Dornbusch · Fischermeier · Löwisch
AR
Kommentar zum gesamten Arbeitsrecht

Dornbusch · Fischermeier · Löwisch

AR
Kommentar zum gesamten Arbeitsrecht

Herausgegeben von

Dr. Gregor Dornbusch
Rechtsanwalt und Fachanwalt für Arbeitsrecht, Frankfurt/Main

Dr. Ernst Fischermeier
Vorsitzender Richter am Bundesarbeitsgericht, Erfurt

Prof. Dr. Dr. h.c. Manfred Löwisch
Rechtsanwalt in Lahr/Schwarzwald, Professor an der Universität Freiburg, vorm. Richter am OLG Karlsruhe

8. Auflage

Luchterhand Verlag 2016

Bibliografische Information der Deutschen Nationalbibliothek
Die Deutsche Nationalbibliothek verzeichnet diese Publikation in der Deutschen Nationalbibliografie; detaillierte bibliografische Daten sind im Internet über http://dnb.d-nb.de abrufbar.

ISBN 978-3-472-08686-4

Zitierhinweis	
Rdn 1:	Verweis auf eine Randnummer im selben Paragraphen
§ 1 Rdn 1:	Verweis auf einen anderen Paragraphen im selben Gesetz
§ 1 KSchG Rdn 1:	Verweis auf eine Randnummer zu einem Paragraphen eines anderen Gesetzes
Rn:	externer Verweis
Zitiervorschlag	
AR-*Löwisch* § 1 WissZeitVG Rn 5	

www.wolterskluwer.de
www.luchterhand-fachverlag.de

Alle Rechte vorbehalten.
© 2016 Wolters Kluwer Deutschland GmbH, Luxemburger Straße 449, 50939 Köln.
Luchterhand – eine Marke von Wolters Kluwer Deutschland GmbH.

Das Werk einschließlich aller seiner Teile ist urheberrechtlich geschützt. Jede Verwertung außerhalb der engen Grenzen des Urheberrechtsgesetzes ist ohne Zustimmung des Verlages unzulässig und strafbar. Das gilt insbesondere für Vervielfältigungen, Übersetzungen, Mikroverfilmungen und die Einspeicherung und Verarbeitung in elektronischen Systemen.
Verlag und Autor übernehmen keine Haftung für inhaltliche oder drucktechnische Fehler.

Umschlagkonzeption: Martina Busch, Grafikdesign, Homburg Kirrberg
Satz: Innodata Inc., Noida, Indien
Druck und Weiterverarbeitung: Williams Lea & tag GmbH, München
Gedruckt auf säurefreiem, alterungsbeständigem und chlorfreiem Papier.

Vorwort

Dieser Kommentar erscheint nun in achter Auflage und zum zweiten Mal als »AR«. Die Fachleserschaft hat die äußerliche Anpassung an das Schwesterwerk »KR«, also den Gemeinschaftskommentar zum Kündigungsschutzgesetz und zu sonstigen kündigungsschutzrechtlichen Vorschriften, sehr positiv aufgenommen, worüber Verlag und Herausgeber sich freuen.

Die Neuauflage des AR wahrt einen etwas größeren zeitlichen Abstand von der Vorauflage. Sie hat den Stand 1. April 2016. Angesichts der Entwicklungen im Arbeitsrecht in den letzten Jahren haben sich Verlag und Herausgeber zu einem Erscheinungsrhythmus von etwa zwei Jahren entschlossen, was etwas länger als bisher ist. Damit soll auch der immer wieder zu beobachtenden hektischen Betriebsamkeit des Gesetzgebers eine Betrachtung mit etwas Abstand entgegengesetzt werden, um die Auswirkungen solcher Betriebsamkeit mit der erforderlichen Ruhe kommentieren zu können. So wurde beispielsweise der Mindestlohn in der Praxis deutlich geräuschloser umgesetzt, als es die »Begleitmusik« auch in der Fachpresse zunächst erwarten ließ, und die Spannung liegt eher bei der Frage, wie groß die in der dafür zuständigen Kommission zu behandelnde Erhöhung ausfallen wird. Das soll weiter mit der nötigen Gelassenheit beobachtet werden.

In der vorliegenden Auflage sind zahlreiche Neuerungen aus Gesetzgebung und Judikatur berücksichtigt. Zu nennen sind aus der Arbeit des Gesetzgebers unter anderem die lange und kontrovers diskutierte und nun frisch gesetzlich eingeführte Frauenquote in mitbestimmten Aufsichtsräten, die tarifrechtlichen Auswirkungen des Gesetzes zur Tarifeinheit einschließlich der verfassungsrechtlich begründeten Angriffe darauf sowie die Änderungen des Befristungsrechts, die sich im Gesetz über befristete Arbeitsverträge in der Wissenschaft (WissZeitVG) niedergeschlagen haben. Der Arbeitnehmerdatenschutz ist nach wie vor im Umbruch; genannt sei hier zunächst die Entscheidung des Europäischen Gerichtshofs zur Unanwendbarkeit der »Safe Harbor«-Regelungen, die zu großer Aufregung vor allem bei grenzüberschreitend mit den U.S.A. tätigen Unternehmen führte. Auf europäischer Seite ist hier aber – man ist geneigt, zu sagen, nun endlich, siehe dazu schon das Vorwort zur 5. Auflage – noch mehr in Bewegung geraten: Am 4. Mai 2016 wurde die Datenschutzverordnung im Amtsblatt der EU veröffentlicht (VO (EU) 2016/679, Abl L 119 S 1). Sie wird zum 25. Mai 2018 die EU-Datenschutzrichtlinie aufheben. Hier wird sich noch zeigen müssen, wie und mit welchen Auswirkungen der deutsche Gesetzgeber die neuen Vorgaben umsetzen wird. Auch für die nächste Auflage des AR bleibt es also spannend. Das gilt gleichermaßen für die Regelungen zur Arbeitnehmerüberlassung, bei der sich Änderungen abzeichnen, die Diskussion darüber aber noch nicht abgeschlossen ist. Einigermaßen gesichert erscheint, dass die Überlassungsdauer auf 18 Monate beschränkt und eine Pflicht zur Vergütungsgleichheit nach neun Monaten Überlassung eingeführt werden wird. Hier wird in der kommenden Auflage aus der Praxis zu berichten sein.

Das eingespielte Autorenteam ist weitgehend unverändert geblieben.

Herr Richter am Bundesarbeitsgericht Oliver Klose hat seine Bearbeitung des FPfZG und des PflegeZG abgegeben. Seine Kommentierungen werden von Herrn Richter am Bundesarbeitsgericht Markus Krumbiegel fortgeführt. Herr Rechtsanwalt Dr. Thomas Reineke ist aus dem Autorenteam ausgeschieden; Herr Rechtsanwalt Dr. Alexander Beck übernimmt seine Kommentierungen.

Herrn Dr. Reineke sei für seine Beiträge ganz herzlich gedankt, und Herrn Krumbiegel begrüßen wir ebenso herzlich.

Konzeption, Aufbau und Gestaltung des Werkes sind wie bisher. Die Verzahnung mit dem KR ist durch wechselseitige Verweise stärker geworden, und die weiterführenden Hinweise nennen JURION als verlässliche Quelle für die Rechtsprechung. Autoren, Herausgeber und Verlag würden sich freuen, wenn der Kommentar weiterhin in bewährter Manier allen arbeitsrechtlich Tätigen in Rechtsprechung, Personalabteilungen und in der Anwaltschaft eine kompetente, verlässliche und an der Praxis orientierte Unterstützung bei der täglichen Arbeit böte. Anregungen wie auch Kritik sind selbstverständlich willkommen; beides mag an den Verlag (info@wolterskluwer.de) gerichtet werden, der es an die Autoren und Herausgeber weiterleiten wird.

Frankfurt am Main, Erfurt und Freiburg im Breisgau, im Mai 2016

Die Herausgeber

Die Bearbeiter

Prof. Dr. Frank Bayreuther
Professor an der Universität Passau

Dr. Alexander Beck
Rechtsanwalt, Hamburg

Hans Joachim Beckers
Geschäftsführer Aus- und Weiterbildung der Industrie- und Handelskammer zu Kiel

Christian Brodersen
Rechtsanwalt, Steuerberater und Wirtschaftsprüfer, Frankfurt/Main

Dr. Barbara Deilmann
Rechtsanwältin, Düsseldorf

Dr. Gregor Dornbusch
Rechtsanwalt und Fachanwalt für Arbeitsrecht, Frankfurt/Main

Dr. Ernst Fischermeier
Vorsitzender Richter am Bundesarbeitsgericht, Erfurt, und Vizepräsident des Kirchlichen Arbeitsgerichtshofes

Axel Groeger
Rechtsanwalt und Fachanwalt für Arbeitsrecht, Bonn

Prof. Dr. Martin Gutzeit
Professor an der Universität Gießen

Günther Heckelmann
Rechtsanwalt und Fachanwalt für Arbeitsrecht, Frankfurt/Main

Engelbert Heider
Präsident des Landesarbeitsgerichts a.D., Nürnberg, und Vorsitzender des Kirchlichen Arbeitsgerichts Bayern

Prof. Dr. Hans Hofmann
Ministerialdirektor Bundesministerium des Innern, Leiter der Zentralabteilung, Berlin, und Lehrbeauftragter an der Humboldt Universität Berlin

Prof. Dr. Dagmar Kaiser
Professorin an der Universität Mainz

Prof. Dr. Sudabeh Kamanabrou
Professorin an der Universität Bielefeld

Dr. Markus Kappenhagen
Rechtsanwalt, Düsseldorf

Margret Kisters-Kölkes
Rechtsanwältin und Steuerberaterin, Mülheim/Ruhr

Oliver Klose
Richter am Bundesarbeitsgericht, Erfurt

Dr. Sebastian Kolbe
Privatdozent an der Universität München

Dr. Stefan Krauss
Rechtsanwalt und Fachanwalt für Arbeitsrecht, Lahr/Schwarzwald

Prof. Dr. Sebastian Krebber
Professor an der Universität Freiburg

Die Bearbeiter

Markus Krumbiegel
Richter am Bundesarbeitsgericht, Erfurt

Klaus Lauterbach
Vorsitzender Richter am Landessozialgericht Sachsen-Anhalt, Halle

Werner Leschnig
Vorsitzender Richter am Sächsischen Landesarbeitsgericht a.D., Würzburg

Lara Link
Rechtsanwältin, Frankfurt/Main

Prof. Dr. Dr. h.c. Manfred Löwisch
Rechtsanwalt, Lahr/Schwarzwald, Professor an der Universität Freiburg, vorm. Richter am Oberlandesgericht Karlsruhe

Dr. Susanna Lukas
Vorsitzende Richterin am Hessischen Landesarbeitsgericht, Frankfurt/Main

Prof. Dr. Frank Maschmann
Professor an der Universität Regensburg

Dr. Thomas Reineke
Rechtsanwalt, BASF SE, Ludwigshafen/Rhein

Waldemar Reinfelder
Richter am Bundesarbeitsgericht, Erfurt

Prof. Dr. Volker Rieble
Professor an der Universität München, Direktor des Zentrums für Arbeitsbeziehungen und Arbeitsrecht, München

Dr. Matthias Scholz
Rechtsanwalt, Frankfurt/Main

Prof. Dr. Peter Schüren
Professor an der Universität Münster

Karin Spelge
Richterin am Bundesarbeitsgericht, Erfurt

Prof. Dr. Reinhard Vossen
Vorsitzender Richter am Landesarbeitsgericht a.D., Düsseldorf, und Honorarprofessor an der Universität Düsseldorf

Horst Weigand
Landesschlichter a.D., Berlin

Dr. Michaela Weigl
Rechtsanwältin, Frankfurt/Main

Dr. Alexander Wolff
Rechtsanwalt und Fachanwalt für Arbeitsrecht, Berlin

Im Einzelnen haben bearbeitet

Prof. Dr. Frank Bayreuther	§ 613a BGB
Dr. Alexander Beck	AÜG (§§ 1b, 3, 4-13, 13b-17a, 17c-18 AÜG gemeinsam mit Dr. Thomas Reineke)
Hans Joachim Beckers	BBiG (Auszug) JArbSchG (Auszug)
Christian Brodersen	EStG (Auszug)
Dr. Barbara Deilmann	AktG (Auszug)
Dr. Gregor Dornbusch	DrittelbG; InsO (Auszug); MitbestG; SGB IX (zusammen mit *Link*; Auszug); UmwG (Auszug); ZPO (Auszug)
Dr. Ernst Fischermeier	§§ 620–626 BGB; Einigungsvertrag (Auszug); §§ 15, 16 KSchG
Axel Groeger	Art 1, 2, 4, 5, 6, 14, 72–74 GG (zusammen mit *Hofmann*); Art. 33, 103 GG
Prof. Dr. Martin Gutzeit	BUrlG
Günther Heckelmann	EBRG (zusammen mit *Wolff*; Auszug)
Engelbert Heider	§§ 1–63 ArbGG; §§ 17, 17a, 17b GVG
Prof. Dr. Hans Hofmann	Art 1, 2, 4, 5, 6, 14, 72–74 GG (zusammen mit *Groeger*)
Prof. Dr. Dagmar Kaiser	§§ 1, 1a, 2 KSchG
Prof. Dr. Sudabeh Kamanabrou	§§ 611–613, 614–619a BGB
Dr. Markus Kappenhagen	Art. 157 AEUV; AGG; Art 3 GG
Margret Kisters-Kölkes	BetrAVG
Oliver Klose	ATZG (Auszug); BEEG (Auszug);
Dr. Sebastian Kolbe	GewO (Auszug)
Dr. Stefan Krauss	ArbZG
Prof. Dr. Sebastian Krebber	AEntG; Art 45, 267 AEUV; MiArbG; MiLoG; Rom I-VO; Rom II-VO; TVG mit Arbeitskampfrecht

Im Einzelnen haben bearbeitet

Markus Krumbiegel	FPfZG (Auszug); PflegeZG
Klaus Lauterbach	SGB II (Auszug); SGB III (Auszug); SGB IV (Auszug); SGB V (Auszug); SGB VI (Auszug); SGB VII (Auszug); SGB X (Auszug)
Werner Leschnig	§§ 17–25 KSchG
Lara Link	SGB IX (zusammen mit *Dornbusch*, Auszug); Stichwortverzeichnis
Prof. Dr. Dr. h.c. Manfred Löwisch	§§ 12, 13, 26–32, 38, 39, 54, 113, 117–127a, 130–134, 138–157, 164–181, 186–199, 202–215, 241–247, 266–298, 305–316, 320, 326, 339–345, 362–368, 387–400, 576–576b, 666–670, 675, 687, 779–782, 812, 814, 817–826, 840, 854, 855, 858–863, 950, 1004 BGB; WissZeitVG
Dr. Susanna Lukas	§§ 3–14 KSchG
Prof. Dr. Frank Maschmann	§§ 1–73b BetrVG; SprAuG
Dr. Thomas Reineke	§§ 1b, 3, 4–13, 13b–17a, 17c–18 AÜG (gemeinsam mit Dr. Alexander Beck)
Waldemar Reinfelder	§§ 80–117 ArbGG; BPersVG (Auszug); HGB (Auszug)
Prof. Dr. Volker Rieble	§§ 74–132 BetrVG
Dr. Matthias Scholz	BDSG (Auszug)
Prof. Dr. Peter Schüren	TzBfG
Karin Spelge	§§ 64–79 ArbGG Art 9, 12, 19, 20 GG
Prof. Dr. Reinhard Vossen	AAG; EFZG; MuSchG
Horst Weigand	AbgG (Auszug); ArbPlSchG (Auszug); §§ 627–630 BGB; SchwArbG (Auszug)
Dr. Michaela Weigl	GenDG (Auszug)
Dr. Alexander Wolff	EBRG (zusammen mit *Heckelmann*; Auszug) NachwG

Inhaltsverzeichnis

Vorwort V
Die Bearbeiter VII
Im Einzelnen haben bearbeitet IX
Inhaltsverzeichnis XI
Abkürzungsverzeichnis XV
Literaturverzeichnis XXXI

Gesetz über den Ausgleich der Arbeitgeberaufwendungen für Entgeltfortzahlung
(Aufwendungsausgleichsgesetz – AAG) 1

Gesetz über die Rechtsverhältnisse der Mitglieder des Deutschen Bundestages
(Abgeordnetengesetz – AbgG) 12

Gesetz über zwingende Arbeitsbedingungen für grenzüberschreitend entsandte und für
regelmäßig im Inland beschäftigte Arbeitnehmer und Arbeitnehmerinnen (Arbeitnehmer-
Entsendegesetz – AEntG) 14

Europäisches Arbeitsrecht Vertrag über die Arbeitsweise der Europäischen Union (AEUV) 31

Allgemeines Gleichbehandlungsgesetz (AGG) 47

Aktiengesetz (AktG) 97

Arbeitsgerichtsgesetz (ArbGG) 128

Gesetz über den Schutz des Arbeitsplatzes bei Einberufung zum Wehrdienst (Arbeitsplatz-
schutzgesetz – ArbPlSchG) 353

Arbeitszeitgesetz (ArbZG) 369

Altersteilzeitgesetz (ATZG) 406

Gesetz zur Regelung der Arbeitnehmerüberlassung (Arbeitnehmerüberlassungsgesetz – AÜG) 428

Berufsbildungsgesetz (BBiG) 511

Bundesdatenschutzgesetz (BDSG) 538

Gesetz zum Elterngeld und zur Elternzeit (Bundeselterngeld- und Elternzeitgesetz – BEEG) 578

Gesetz zur Verbesserung der betrieblichen Altersversorgung (Betriebsrentengesetz – BetrAVG) 598

Betriebsverfassungsgesetz (BetrVG) 696

Bürgerliches Gesetzbuch (BGB) 990

Bundespersonalvertretungsgesetz (BPersVG) 1360

Mindesturlaubsgesetz für Arbeitnehmer (Bundesurlaubsgesetz – BUrlG) 1375

Gesetz über die Drittelbeteiligung der Arbeitnehmer im Aufsichtsrat (Drittelbeteiligungsgesetz – DrittelbG) 1428

Gesetz über Europäische Betriebsräte (Europäische Betriebsräte-Gesetz – EBRG) 1439

Gesetz über die Zahlung des Arbeitsentgelts an Feiertagen und im Krankheitsfall
(Entgeltfortzahlungsgesetz – EFZG) 1491

Einigungsvertrag (EinigungsV) 1546

Inhaltsverzeichnis

Einkommensteuergesetz (EStG)	1550
Familienpflegezeitgesetz (FPfZG)	1562
Gesetz über genetische Untersuchungen bei Menschen (Gendiagnostikgesetz – GenDG)	1571
Gewerbeordnung (GewO)	1583
Grundgesetz für die Bundesrepublik Deutschland (GG)	1651
Gerichtsverfassungsgesetz (GVG)	1790
Handelsgesetzbuch (HGB)	1794
Insolvenzordnung (InsO)	1827
Gesetz zum Schutze der arbeitenden Jugend (Jugendarbeitsschutzgesetz – JArbSchG)	1843
Kündigungsschutzgesetz (KSchG)	1861
Gesetz zur Regelung eines allgemeinen Mindestlohns (Mindestlohngesetz – MiLoG)	2045
Mitbestimmungsgesetz (MitBestG)	2063
Gesetz zum Schutze der erwerbstätigen Mutter (Mutterschutzgesetz – MuSchG)	2094
Gesetz über den Nachweis der für ein Arbeitsverhältnis geltenden wesentlichen Bedingungen (Nachweisgesetz – NachwG)	2127
Gesetz über die Pflegezeit (Pflegezeitgesetz – PflegeZG)	2141
Verordnung (EG) Nr 593/2008 des Europäischen Parlaments und des Rates vom 17. Juni 2008 über das auf vertragliche Schuldverhältnisse anzuwendende Recht (Rom I)	2153
Verordnung (EG) Nr 864/2007 des Europäischen Parlaments und des Rates vom 11. Juli 2007 über das auf außervertragliche Schuldverhältnisse anzuwendende Recht (Rom II)	2161
Gesetz zur Bekämpfung der Schwarzarbeit und illegalen Beschäftigung (Schwarzarbeitsbekämpfungsgesetz – SchwArbG)	2164
Sozialgesetzbuch (SGB) Zweites Buch (II) – Grundsicherung für Arbeitsuchende – (SGB II)	2174
Sozialgesetzbuch (SGB) Drittes Buch (III) – Arbeitsförderung – (SGB III)	2178
Viertes Buch Sozialgesetzbuch – Gemeinsame Vorschriften für die Sozialversicherung – (SGB IV)	2228
Sozialgesetzbuch (SGB) Fünftes Buch (V) – Gesetzliche Krankenversicherung – (SGB V)	2246
Sozialgesetzbuch (SGB) Sechstes Buch (VI) – Gesetzliche Rentenversicherung – (SGB VI)	2258
Sozialgesetzbuch (SGB) Siebtes Buch (VII) – Gesetzliche Unfallversicherung – (SGB VII)	2262
Sozialgesetzbuch (SGB) Neuntes Buch (IX) – Rehabilitation und Teilhabe behinderter Menschen – (SGB IX)	2274
Zehntes Buch Sozialgesetzbuch – Sozialverwaltungsverfahren und Sozialdatenschutz – (SGB X)	2309
Gesetz über Sprecherausschüsse der leitenden Angestellten (Sprecherausschussgesetz – SprAuG)	2310
Tarifvertragsgesetz (TVG)	2332

Gesetz über Teilzeitarbeit und befristete Arbeitsverträge (Teilzeit- und Befristungsgesetz – TzBfG)	2398
Umwandlungsgesetz (UmwG)	2469
Gesetz über befristete Arbeitsverträge in der Wissenschaft (Wissenschaftszeitvertragsgesetz – WissZeitVG)	2481
Zivilprozessordnung (ZPO)	2491

Abkürzungsverzeichnis

(Abgekürzte Literatur außer Zeitschriften – siehe Literaturverzeichnis)

AA	Agentur für Arbeit
aA	anderer Ansicht
AAG	Aufwendungsausgleichsgesetz
aaO	am angegebenen Ort
ABA	Arbeitsgemeinschaft für betriebliche Altersversorgung; Arbeit, Beruf und Arbeitslosenhilfe (Zeitschrift)
AbgG	Abgeordnetengesetz
Abk	Abkommen
Abl	ablehnend
ABl	Amtsblatt
ABlEG	Amtsblatt der Europäischen Gemeinschaften
ABM	Arbeitsbeschaffungsmaßnahme
Abs	Absatz
Abschn	Abschnitt
Abt	Abteilung
Abw	abweichend
AcP	Archiv für die civilistische Praxis (Zeitschrift)
aE	am Ende
AE	Arbeitsrechtliche Entscheidungen (Zeitschrift)
ÄArbVtrG	Gesetz über befristete Arbeitsverträge mit Ärzten in der Weiterbildung
AEntG	Arbeitnehmer-Entsendegesetz
AerlV	Arbeitserlaubnisverordnung
AEUV	Vertrag über die Arbeitsweise der Europäischen Union (AEU-Vertrag)
AEVO	Ausbilder-Eignungsverordnung
aF	alte Fassung
AFG	Arbeitsförderungsgesetz
AFKG	Arbeitsförderungs-Konsolidierungsgesetz
AfP	Archiv für Presserecht (Zeitschrift)
AFRG	Arbeitsförderungs-Reformgesetz
AG	Arbeitgeber; Amtsgericht; Aktiengesellschaft; Die Aktiengesellschaft (Zeitschrift)
AGB	Allgemeine Geschäftsbedingungen
AGB-DDR	Arbeitsgesetzbuch der DDR
AGBG	Gesetz zur Regelung des Rechts der Allgemeinen Geschäftsbedingungen
AGG	Allgemeines Gleichbehandlungsgesetz
AiB	Arbeitsrecht im Betrieb (Zeitschrift)
AK	Alternativkommentar
AktG	Aktiengesetz
Alg	Arbeitslosengeld
Alg II	Arbeitslosengeld II
allg	allgemein
Alt	Alternative
aM	anderer Meinung
AMBl	Amtsblatt des Bayerischen Staatsministeriums für Arbeit und Sozialordnung
amtl	amtlich
AmtlBegr	Amtliche Begründung
AmtlMitt	Amtliche Mitteilungen
AN	Arbeitnehmer
ANBA	Amtliche Nachrichten der Bundesagentur für Arbeit
Änd	Änderung
ÄndG	Änderungsgesetz

Abkürzungsverzeichnis

Änderungs-Kdg	Änderungskündigung
AnfG	Anfechtungsgesetz
Ang	Angestellte/-r
AngKSchG	Gesetz über die Fristen für die Kdg von Angestellten
Anh	Anhang
Anl	Anlage
Anm	Anmerkung
AnwK-ArbR	Hümmerich/Boecken/Düwell, AnwaltKommentar Arbeitsrecht
AnwBl	Anwaltsblatt (Zeitschrift)
AO	Abgabenordnung
AöR	Archiv des öffentlichen Rechts (Zeitschrift)
AP	Arbeitsrechtliche Praxis (Entscheidungssammlung)
APR	Allgemeines Persönlichkeitsrecht
ArbG	Arbeitsgericht
ArbGBeschlG	Arbeitsgerichtsbeschleunigungsgesetz
ArbGG	Arbeitsgerichtsgesetz
AR-Blattei	Arbeitsrecht-Blattei (Loseblattausgabe)
ArbnErfG	Gesetz über Arbeitnehmererfindungen
ArbPlSchG	Arbeitsplatzschutzgesetz
ArbR	Arbeitsrecht; Arbeitsrecht Aktuell (Zeitschrift)
ArbRB	Der Arbeits-Rechts-Berater (Zeitschrift)
ArbRBerG	Arbeitsrechtsbereinigungsgesetz
ArbSchG	Arbeitsschutzgesetz
ArbSichG	Arbeitssicherstellungsgesetz
ArbStättR	Arbeitsstättenrichtlinie
ArbStättV	Arbeitsstättenverordnung
ArbuR,	AuR Arbeit und Recht (Zeitschrift)
ArbuSozPol	Arbeit und Sozialpolitik (Zeitschrift)
ArbuSozR	Arbeits- und Sozialrecht (Zeitschrift)
ArbZG	Arbeitszeitgesetz
arg	argumentum
ARGE,	Arge Arbeitsgemeinschaft
ARS	Arbeitsrechtssammlung, Entscheidungen des Reichsarbeitsgerichts, der Landesarbeitsgerichte und Arbeitsgerichte
ARSt	Arbeitsrecht in Stichworten (Entscheidungssammlung)
Art	Artikel
ArztR	ArztRecht (Zeitschrift)
ASiG	Arbeitssicherheitsgesetz
ATG,	ATZG Altersteilzeitgesetz
ATO	Allgemeine Tarifordnung für Arbeitnehmer des öffentlichen Dienstes
ATZG	Altersteilzeitgesetz
AuA	Arbeit und Arbeitsrecht (Zeitschrift)
AuB	Arbeit und Beruf (Zeitschrift)
AufenthG	Aufenthaltsgesetz
Aufl	Auflage
AÜG	Arbeitnehmerüberlassungsgesetz
AuR, ArbuR	Arbeit und Recht (Zeitschrift)
AusbPlFöG	Ausbildungsplatzförderungsgesetz
ausdrückl	ausdrücklich
ausf	ausführlich
AusfVO	Ausführungsverordnung
AuslG	Ausländergesetz
Austausch-Kdg	Austauschkündigung
AVAVG	Gesetz über Arbeitsvermittlung und Arbeitslosenversicherung
AVE	Allgemeinverbindlicherklärung
AVG	Angestelltenversicherungsgesetz
AvmG	Altersvermögensgesetz

AVR	Arbeitsvertragsrichtlinien
AWD	Außenwirtschaftsdienst des Betriebs-Beraters (Zeitschrift)
AWG	Außenwirtschaftsgesetz
Az	Aktenzeichen
AZO	Arbeitszeitordnung
BA	Bundesagentur für Arbeit
BaFin	Bundesanstalt für Finanzdienstleistungen
BaföG	Bundesausbildungsförderungsgesetz
BAG	Bundesarbeitsgericht
BAGE	Amtliche Sammlung der Entscheidungen des Bundesarbeitsgerichts
Banz	Bundesanzeiger
BarbBl	Bundesarbeitsblatt
BAT	Bundes-Angestelltentarifvertrag
BAV	Betriebliche Altersversorgung
BayBS	Bereinigte Sammlung des bayerischen Landesrechts
BayObLG	Bayerisches Oberstes Landesgericht
BayVBl	Bayerische Verwaltungsblätter (Zeitschrift)
BayVGH	Bayerischer Verwaltungsgerichtshof
BB	Betriebs-Berater (Zeitschrift)
BBergG	Bundesberggesetz
BBesG	Bundesbesoldungsgesetz
Bbg	Brandenburg
BBG	Bundesbeamtengesetz
BBiG	Berufsbildungsgesetz
Bd	Band
BDA	Bundesvereinigung Deutscher Arbeitgeberverbände
BDI	Bundesverband der Deutschen Industrie
BDO	Bundesdisziplinarordnung
BDSG	Bundesdatenschutzgesetz
BeamtVG	Beamtenversorgungsgesetz
bearb	bearbeitet
Bearb	Bearbeiter(in)
BeckOK	Beck'scher Online-Kommentar
BEEG	Bundeselterngeld- und Elternzeitgesetz
Beendigungs-Kdg	Beendigungskündigung
Begr	Begründung
BehindR	Behindertenrecht (Zeitschrift)
Bek	Bekanntmachung
Bekl, bekl	Beklagte(r), beklagte(r)
Bem	Bemerkung
ber	berichtigt
Ber	Bericht
BerBiFG	Berufsbildungsförderungsgesetz
BerHG	Beratungshilfegesetz
Berl	Berlin
Berl-Bbg	Berlin-Brandenburg
BErzGG	Bundeserziehungsgeldgesetz
bes	besonders, besonderen
BeschSchutzG	Beschäftigtenschutzgesetz
BeschFG	Beschäftigungsförderungsgesetz
Beschl	Beschluss
betr	betrifft
BetrAV	Betriebliche Altersversorgung (auch Zeitschrift)
BetrAVG	Gesetz zur Verbesserung der betrieblichen Altersversorgung

Abkürzungsverzeichnis

BetrSichV	Verordnung über Sicherheit und Gesundheitsschutz bei der Bereitstellung von Arbeitsmitteln und deren Benutzung bei der Arbeit, über Sicherheit beim Betrieb überwachungsbedürftiger Anlagen und über die Organisation des betrieblichen Arbeitsschutzes
BetrVG	Betriebsverfassungsgesetz
BeurkG	Beurkundungsgesetz
BewG	Bewertungsgesetz
BezG	Bezirksgericht
BfA	Bundesversicherungsanstalt für Angestellte (jetzt: Deutsche Rentenversicherung Bund)
BFH	Bundesfinanzhof
BFHE	Amtliche Sammlung der Entscheidungen des Bundesfinanzhofs
BfV	Bundesamt für Verfassungsschutz
BG	Die Berufsgenossenschaft (Zeitschrift)
BGB	Bürgerliches Gesetzbuch
BGBl	Bundesgesetzblatt
BGH	Bundesgerichtshof
BGHZ	Amtliche Sammlung der Entscheidungen des Bundesgerichtshofs in Zivilsachen
BGleiG	Bundesgleichstellungsgesetz
BGremBG	Bundesgremienbesetzungsgesetz
BGSG	Bundesgrenzschutzgesetz
BHO	Bundeshaushaltsordnung
BIBB	Bundesinstitut für Berufsbildung
BilMoG	Gesetz zur Modernisierung des Bilanzrechts
BImSchG	Bundesimmissionsschutzgesetz
BinnSchG	Gesetz betreffend die privatrechtlichen Verhältnisse der Binnenschifffahrt
BK	Berliner Kommentar zum Grundgesetz (Loseblattausgabe)
BK	Bauer/Krieger, Allgemeines Gleichbehandlungsgesetz
BKGG	Bundeskindergeldgesetz
BKK	Die Betriebskrankenkasse (Zeitschrift)
Bl	Blatt
BlStSozArbR	Blätter für Steuerrecht, Sozialversicherung und Arbeitsrecht (Zeitschrift)
BMAS	Bundesminister(ium) für Arbeit und Soziales
BMF	Bundesminister(ium) der Finanzen
BMI	Bundesminister(ium) des Innern
BMJ	Bundesminister(ium) der Justiz
BMTG	Bundesmanteltarifvertrag für Arbeiter der Gemeinden
BMTV	Bundesmanteltarifvertrag
BMTV-Ä	Bundesmanteltarifvertrag – Ärzte
b + p	Betrieb und Personal (Zeitschrift)
BPersVG	Bundespersonalvertretungsgesetz
BR	Betriebsrat; Der Betriebsrat (Zeitschrift); Bundesrat
BRAGO	Bundesgebührenordnung für Rechtsanwälte (jetzt: RVG)
BRAK-Mitt	»BRAK-Mitteilungen« (früher: Mitteilungen der Bundesrechtsanwaltskammer)
BRD	Bundesrepublik Deutschland
BR-Drs	Bundesrats-Drucksache
BReg	Bundesregierung
Breithaupt	Breithaupt (Hrsg), Sozialgerichtliche Urteilssammlung
Brem	Bremen
BR-Prot	Bundesratsprotokolle
BRRG	Beamtenrechtsrahmengesetz
BRT	Bundesrahmentarif
BRTV	Bundesrahmentarifvertrag
BSeuchG	Bundesseuchengesetz
BSG	Bundessozialgericht

Abkürzungsverzeichnis

BSGE	Amtliche Sammlung der Entscheidungen des Bundessozialgerichts
BSHG	Bundessozialhilfegesetz
Bsp	Beispiel
bspw	beispielsweise
BStBl	Bundessteuerblatt
BT	Bundestag
BT-Drs	Bundestags-Drucksache
BT-Prot	Bundestagsprotokolle
Buchst	Buchstabe
BUrlG	Bundesurlaubsgesetz
BuW	Betrieb und Wirtschaft (Zeitschrift)
BV	Betriebsvereinbarung
BVerfG	Bundesverfassungsgericht
BVerfGE	Amtliche Sammlung der Entscheidungen des Bundesverfassungsgerichts
BVerfGG	Bundesverfassungsgerichtsgesetz
BVerwG	Bundesverwaltungsgericht
BVerwGE	Amtliche Sammlung der Entscheidungen des Bundesverwaltungsgerichts
BVFG	Gesetz über die Angelegenheiten der Vertriebenen und Flüchtlinge (Bundesvertriebenengesetz)
BVG	Bundesversorgungsgesetz; Besonderes Verhandlungsgremium
BVR	Bernische Verwaltungsrechtsprechung
BW	Baden-Württemberg
bzgl	bezüglich
BZRG	Bundeszentralregistergesetz
bzw	beziehungsweise
CCZ	Corporate Compliance Zeitschrift, Zeitschrift für Haftungsvermeidung im Unternehmen
CGB	Christlicher Gewerkschaftsbund Deutschland
ChemG	Chemikaliengesetz
CR	Computer und Recht (Zeitschrift)
DA	Durchführungsanordnung; Dienstanweisung
DAG	Deutsche Angestelltengewerkschaft
DAngVers	Die Angestelltenversicherung (Zeitschrift)
dAR, DArbR	Deutsches Arbeitsrecht (Zeitschrift)
DArbRdGgw	Das Arbeitsrecht der Gegenwart
DAV	Deutscher Anwaltsverein
DB	Der Betrieb (Zeitschrift)
DCGK	Deutscher Corporate Governance Kodex
DDR	Deutsche Demokratische Republik
ders	derselbe
DEVO	Datenerfassungs-Verordnung
DGB	Deutscher Gewerkschaftsbund
dgl	dergleichen, desgleichen
DGVO	Datenschutzgrundverordnung
dh	das heißt
dies	dieselbe(n)
diff	differenzierend
Diss	Dissertation
DJ	Deutsche Justiz (Zeitschrift)
DJT	Deutscher Juristentag
DJZ	Deutsche Juristenzeitung (1896–1936)
DNotZ	Deutsche Notar-Zeitschrift
DöD	Der öffentliche Dienst (Zeitschrift)
DöV	Die Öffentliche Verwaltung (Zeitschrift)
Dok	Dokument

Abkürzungsverzeichnis

DOK	Die Ortskrankenkasse (Zeitschrift)
DRdA	Das Recht der Arbeit (Österreichische Zeitschrift)
DRiG	Deutsches Richtergesetz
DRiZ	Deutsche Richterzeitung (Zeitschrift)
Drs	Drucksache
DRV	Deutsche Rentenversicherung
DSG	Datenschutzgesetz
DSRL	Richtlinie des Europäischen Parlaments und des Rats vom 24. Oktober 1995 zum Schutz natürlicher Personen bei der Verarbeitung personenbezogener Daten und zu freien Datenverkehr
DStR	Deutsches Steuerrecht (Zeitschrift)
dt	deutsch
DtZ	Deutsch-Deutsche Rechtszeitschrift
DuD	Datenschutz und Datensicherung (Zeitschrift)
DÜVO	Datenübermittlungs-Verordnung
DV	Datenverarbeitung
DVBL	Deutsches Verwaltungsblatt (Zeitschrift)
DVO	Durchführungsverordnung
DZWiR, DZWIR	Deutsche Zeitschrift für Wirtschaftsrecht (bis 1999), Deutsche Zeitschrift für Wirtschafts- und Insolvenzrecht (ab 1999)
EBR	Europäischer Betriebsrat
EBRG	Europäisches Betriebsräte-Gesetz
EEK	Entscheidungssammlung zur Entgeltfortzahlung im Krankheitsfalle
EFG	Entscheidung der Finanzgerichte (Zeitschrift)
EFTA	European Free Trade Association
EFZ	Entgeltfortzahlung
EFZG	Entgeltfortzahlungsgesetz
EG	Europäische Gemeinschaft
EGBGB	Einführungsgesetz zum Bürgerlichen Gesetzbuch
EGInsO	Einführungsgesetz zur Insolvenzordnung
EGMR	Europäischer Gerichtshof für Menschenrechte
EGV	Vertrag zur Gründung der Europäischen Gemeinschaft
EheG	Ehegesetz
EhfG	Entwicklungshelfer-Gesetz
EignÜG	Eignungsübungsgesetz
Einf	Einführung
EinigungsV	Einigungsvertrag
Einl	Einleitung
einschl	einschließlich
EKD	Evangelische Kirche Deutschlands
EKMR	Europäische Kommission für Menschenrechte
EMRK	Konvention zum Schutze der Menschenrechte und Grundfreiheiten
ENeuOG	Eisenbahnneuordnungsgesetz
engl	englisch
entg	entgegen
Entsch	Entscheidung
entspr	entsprechend
Entw	Entwurf
EPA	Europäisches Patentamt
EPÜ	Europäisches Patentübereinkommen
Erg	Ergebnis; Ergänzung
erg	ergänzend
ErgBd	Ergänzungsband
Erl	Erläuterung
Ersk	Die Ersatzkasse (Zeitschrift)
ES	Entscheidungssammlung

ESC	Europäische Sozialcharta
ESt	Einigungsstelle, Einkommensteuer
EStDV	Einkommensteuer-Durchführungsverordnung
EStG	Einkommensteuergesetz
EStR	Einkommensteuer-Richtlinien
etc	et cetera
EU	Europäische Union
EuAbgG	Europaabgeordnetengesetz
EÜG	Eignungsübungsgesetz
EuGH	Gerichtshof der Europäischen Union
EuGHE	Entscheidungen des Gerichtshofs der Europäischen Union
EuGRZ	Europäische Grundrechte (Zeitschrift)
EuGVÜ	Übereinkommen über die gerichtliche Zuständigkeit und die Vollstreckung gerichtlicher Entscheidungen in Zivil- und Handelssachen
EuGVVO	EG-Verordnung Nr. 44/2001 über die gerichtliche Zuständigkeit und die Anerkennung und Vollstreckung von Entscheidungen in Zivil- und Handelssachen
EuR	Europarecht (Zeitschrift)
EuroAS	Informationsdienst zum Europäischen Arbeits- und Sozialrecht (Zeitschrift)
EuZA	Europäische Zeitschrift für Arbeitsrecht
EuZW	Europäische Zeitschrift für Wirtschaftsrecht
ev	evangelisch
eV	eingetragener Verein
evtl	eventuell
EWG	Europäische Wirtschaftsgemeinschaft
EWGV	Vertrag zur Gründung der Europäischen Wirtschaftsgemeinschaft
EWG-VO	Europäische Wirtschaftsgemeinschaft-Verordnung
EWiR	Entscheidungen zum Wirtschaftsrecht (Zeitschrift)
EWR	Europäischer Wirtschaftsraum
EWS	Europäisches Währungssystem
EZ	Elternzeit
EzA	Entscheidungssammlung zum Arbeitsrecht (Loseblattausgabe)
EzA-SD	EzA Schnelldienst (Zeitschrift)
EzAÜG	Entscheidungssammlung zum Arbeitnehmerüberlassungsgesetz (Loseblattausgabe)
EzBAT	Entscheidungssammlung zum Bundesangestelltentarifvertrag (Loseblattausgabe)
f, ff	folgende(r), fortfolgende
FA	Fachanwalt Arbeitsrecht (Zeitschrift)
FamG	Familiengericht
FamRZ	Zeitschrift für das gesamte Familienrecht
FAZ	Frankfurter Allgemeine Zeitung
FernUSG	Fernunterrichtsschutzgesetz
FFG	Frauenfördergesetz
FG	Finanzgericht
FGG	Gesetz über die freiwillige Gerichtsbarkeit
FGO	Finanzgerichtsordnung
Fn	Fußnote
frz	französisch
FS	Festschrift für
G	Gesetz
GA	Geschäftsanweisung
GaststG	Gaststättengesetz
GBl	Gesetzblatt
GbR	Gesellschaft bürgerlichen Rechts

Abkürzungsverzeichnis

GBR	Gesamtbetriebsrat
GBV	Gesamtbetriebsvereinbarung
GdB	Grad der Behinderung
GefStoffV	Gefahrstoffverordnung
gem	gemäß
GenDG	Gendiagnostikgesetz
GenG	Genossenschaftsgesetz
GenTG	Gentechnikgesetz
GerSiG	Gerätesicherheitsgesetz
GesO	Gesamtvollstreckungsordnung
GewArch	Gewerbearchiv (Zeitschrift)
GewJB	Gewerkschaftsjahrbuch
GewMH	Gewerkschaftliche Monatshefte
GewO	Gewerbeordnung
GG	Grundgesetz
ggf	gegebenenfalls
ggü	gegenüber
GJAV	Gesamt-Jugend und Auszubildendenvertretung
GK	Gemeinschaftskommentar
GKG	Gerichtskostengesetz
GleiBG	Gleichberechtigungsgesetz
GmbH	Gesellschaft mit beschränkter Haftung
GmbHG	Gesetz betreffend die Gesellschaft mit beschränkter Haftung
GmbHR	GmbH-Rundschau (Zeitschrift)
GmBl	Gemeinsames Ministerialblatt
GmS-OGB	Gemeinsamer Senat der obersten Gerichtshöfe des Bundes
GO	Gemeindeordnung
GPR	Zeitschrift für Gemeinschaftsprivatrecht
GPSG	Gesetz über technische Arbeitsmittel und Verbraucherprodukte (Geräte- und Produktsicherheitsgesetz)
grdl	grundlegend
grds	grundsätzlich
Grds	Grundsatz, Grundsätze
GRUR	Gewerblicher Rechtsschutz und Urheberrecht (Zeitschrift)
GS	Großer Senat; Gedächtnisschrift
GSG	Gesundheitsstrukturgesetz
GSprAu	Gesamtsprecherausschuss
GUG	Gesamtvollstreckungsunterbrechungsgesetz
GVBl	Gesetz- und Verordnungsblatt
GVG	Gerichtsverfassungsgesetz
GVNW	Gesetzes- und Verordnungsblatt Nordrhein-Westfalen
GWB	Gesetz gegen Wettbewerbsbeschränkungen (Kartellgesetz)
HAG	Heimarbeitsgesetz
HandwO	Handwerksordnung
HebG	Hebammengesetz
Hess	Hessen, Hessischer
HGB	Handelsgesetzbuch
HH	Hamburg
HHG	Häftlingshilfegesetz
hins	hinsichtlich
hL	herrschende Lehre
hM	herrschende Meinung
HReg	Handelsregister
HRG	Hochschulrahmengesetz
HRR	Höchstrichterliche Rechtsprechung (Zeitschrift)
Hrsg	Herausgeber

Hs	Halbsatz
HwO	Handwerksordnung
iA	im Allgemeinen
IAA	Internationales Arbeitsamt
IAO	Internationale Arbeitsorganisation
IAR	Internationales Arbeitsrecht
idF	in der Fassung
idR	in der Regel
iE	im Einzelnen
ieS	im engeren Sinne
IfSG	Infektionsschutzgesetz
IG	Industriegewerkschaft
IHK	Industrie- und Handelskammer
iHv	in Höhe von
ILO	International Labour Organisation
insb	insbesondere
InsO	Insolvenzordnung
int	international
IPR	Internationales Privatrecht
IPrax	Praxis des Internationalen Privatrechts (Zeitschrift)
iR	im Rahmen
iRv	im Rahmen von
iS	im Sinne
iSd	im Sinne des/der
iSv	im Sinne von
iÜ	im Übrigen
iVm	in Verbindung mit
iW	im Wesentlichen
IWB	Internationale Wirtschaftsbriefe (Zeitschrift)
iwS	im weiteren Sinne
IZPR	Internationales Zivilprozessrecht
JA	Juristische Arbeitsblätter (Zeitschrift)
JArbSchG	Jugendarbeitsschutzgesetz
JAV	Jugend- und Auszubildendenvertretung
Jb	Jahrbuch
jew	jeweils
Jg	Jahrgang
JGG	Jugendgerichtsgesetz
JR	Juristische Rundschau (Zeitschrift)
JSchG	Jugendschutzgesetz
Jura	Juristische Ausbildung (Zeitschrift)
JurA	Juristische Analysen (Zeitschrift)
JurBüro	Das juristische Büro (Zeitschrift)
juris	Juristisches Informationssystem
Juris-PR	Juris Praxis Report
JuS	Juristische Schulung (Zeitschrift)
JW	Juristische Wochenschrift (Zeitschrift)
JZ	Juristenzeitung (Zeitschrift)
Kap	Kapitel
KAPOVAZ	kapazitätsorientierte variable Arbeitszeit
KBR	Konzernbetriebsrat
KBV	Konzernbetriebsvereinbarung
Kdg	Kdg
Kfm	Kaufmann

Abkürzungsverzeichnis

kfm	kaufmännisch
KG	Kammergericht, Kommanditgesellschaft
KGaA	Kommanditgesellschaft auf Aktien
KHG	Krankenhausgesetz
KirchE	Entscheidungen in Kirchensachen
KJ	Kritische Justiz (Zeitschrift)
KJAV	Konzern-Jugend- und Auszubildendenvertretung
Kl	Kläger(in)
KO	Konkursordnung
KOM	Kommissionsdokumente
Komm	Kommentar
KostG	Kostengesetz
KRG	Kontrollratsgesetz
krit	kritisch
KrPflG	Krankenpflegegesetz
KrV	Die Krankenversicherung (Zeitschrift)
KSchG	Kündigungsschutzgesetz
KSprAu	Konzernsprecherausschuss
KStG	Körperschaftsteuergesetz
KTS	Zeitschrift für Insolvenzrecht (Konkurs-Treuhand-Sanierung)
KündFG	Kündigungsfristengesetz
KUG	Kurzarbeitergeld
KVRS	Die Krankenversicherung in Rechtsprechung und Schrifttum
kw	künftig wegfallend
LAA	Landesarbeitsamt
LadSchlG	Ladenschlussgesetz
LAG	Landesarbeitsgericht
LAGE	Entscheidungssammlung der Landesarbeitsgerichte
LDSG	Landesdatenschutzgesetz
Lfg	Lieferung
LFZG	Lohnfortzahlungsgesetz
LG	Landgericht
lit	litera, Buchstabe(n)
Lit	Literatur
LPersVG	Landespersonalvertretungsgesetz
LPVG	Landespersonalvertretungsgesetz
LReg	Landesregierung
LS	Leitsatz
LSchlG	Ladenschlussgesetz
LSG	Landessozialgericht
LStDV	Lohnsteuer-Durchführungsverordnung
LStR	Lohnsteuer-Richtlinien
lt	laut
ltd	leitend
LuftVG	Luftverkehrsgesetz
LVA	Landesversicherungsanstalt (jetzt: Deutsche Rentenversicherung)
Lverf	Landesverfassung
m	mit
mA	meiner Ansicht
Mat	Materialien
MAVO	Mitarbeitervertretungsordnung
maW	mit anderen Worten
max	maximal
MB	Mitbestimmung

MBG	Mitbestimmungsgesetz
MBl	Ministerialblatt
MBR	Mitbestimmungsrecht
MDR	Monatsschrift für Deutsches Recht (Zeitschrift)
MDStV	Mediendienstestaatsvertrag
MedR	Medizinrecht (Zeitschrift)
mE	meines Erachtens
MfS	Ministerium für Staatssicherheit der DDR
MgVG	Gesetz über die Mitbestimmung der Arbeitnehmer bei einer grenzüberschreitenden Verschmelzung
MiArbG	Gesetz über die Festsetzung von Mindestarbeitsbedingungen
mind	mindestens
Mio	Million
Mitbest	Die Mitbestimmung (Zeitschrift)
MitbestErgG	Mitbestimmungsergänzungsgesetz
MitbestG	Mitbestimmungsgesetz
Mitt	Mitteilungen
mH	mit Hinweisen
mN	mit Nachweisen
Montan-MitbestG	Gesetz über die Mitbestimmung der Arbeitnehmer in den Aufsichtsräten und Vorständen der Unternehmen des Bergbaus und der Eisen und Stahl erzeugenden Industrie
Mot	Motive
Mrd	Milliarde
MRK	Menschenrechtskonvention
MTB	Manteltarifvertrag für Arbeiter des Bundes
MTL	Manteltarifvertrag für Arbeiter der Länder
MTV	Manteltarifvertrag
MuSchG	Mutterschutzgesetz
MV	Mecklenburg-Vorpommern
mvN	mit vielen Nachweisen
mwN	mit weiteren Nachweisen
mWv	mit Wirkung von
mzN	mit zahlreichen Nachweisen
Nachw	Nachweise
NachwG	Nachweisgesetz
NATO	North Atlantic Treaty Organization, Atlantikpakt-Organisation
Nbg	Nürnberg
Nds	Niedersachsen
nF	neue Fassung; neue Folge
n.i.Slg	noch nicht in amtlicher Sammlung veröffentlicht
NJ	Neue Justiz (Zeitschrift)
NJOZ	Neue Juristische Online Zeitschrift
NJW	Neue Juristische Wochenschrift (Zeitschrift)
NJW-CoR	NJW-Computerreport (Zeitschrift)
NJW-RR	NJW-Rechtsprechungs-Report Zivilrecht (Zeitschrift)
Nr	Nummer
n rkr	nicht rechtskräftig
NRW	Nordrhein-Westfalen
NStZ	Neue Zeitschrift für Strafrecht
NTS	NATO-Truppenstatut
nv	nicht veröffentlicht
NV	Normalvertrag
NVwZ	Neue Zeitschrift für Verwaltungsrecht
NZA	Neue Zeitschrift für Arbeits- und Sozialrecht
NZA-RR	NZA-Rechtsprechungs-Report Arbeitsrecht (Zeitschrift)

Abkürzungsverzeichnis

NZI	Neue Zeitschrift für das Recht der Insolvenz und Sanierung (Zeitschrift)
NZM	Neue Zeitschrift für Miet- und Wohnungsrecht
NZS	Neue Zeitschrift für Sozialrecht
NZV	Neue Zeitschrift für Verkehrsrecht
oa	oben angegeben
oÄ	oder Ähnliche(s)
OdW	Ordnung der Wissenschaft (Zeitschrift)
OECD	Organisation for Economic Cooperation and Development
öffentl	öffentlich
og	oben genannte(r)
OGH	Oberster Gerichtshof
oHG	offene Handelsgesellschaft
OLG	Oberlandesgericht
öR	öffentlich-rechtlich
OVG	Oberverwaltungsgericht
OWiG	Gesetz über Ordnungswidrigkeiten
PatG	Patentgesetz
PersF	Personalführung (Zeitschrift)
PersR	Personalrat, Der Personalrat (Zeitschrift)
PersV	Die Personalvertretung (Zeitschrift)
PersVG	Personalvertretungsgesetz (des Landes)
PflR	Zeitschrift für Rechtsfragen der stationären und ambulanten Pflege
PflVG	Pflichtversicherungsgesetz
pFV	positive Forderungsverletzung
PKH	Prozesskostenhilfe
PostG	Postgesetz
PostO	Postordnung
PrAR	Praktisches Arbeitsrecht (Entscheidungssammlung)
Prot	Protokoll
PSA	Personal-Service-Agentur
PSVaG	Pensionssicherungsverein auf Gegenseitigkeit
PVG	Personalvertretungsgesetz
RabelsZ	Zeitschrift für ausländisches und internationales Privatrecht, begründet von E. Rabel
RABl	Reichsarbeitsblatt
RAG	Reichsarbeitsgericht
RAGE	Amtliche Sammlung der Entscheidungen des Reichsarbeitsgerichts
RAM	Reichsarbeitsministerium
RBerNG	Gesetz zur Neuregelung des Rechtsberatungsrechts
rd	rund
RdA	Recht der Arbeit (Zeitschrift)
RdErl	Runderlass
RDG	Rechtsdepesche für das Gesundheitswesen
Rdn	Randnummer(n) (interner Verweis)
Rdschr	Rundschreiben
RDV	Recht der Datenverarbeitung (Zeitschrift)
RefE	Referentenentwurf
RegBl	Regierungsblatt
RegE	Regierungsentwurf
RegelungG	Regelungsgesetz
RG	Reichsgericht
RGBl	Reichsgesetzblatt
RGZ	Amtliche Sammlung der Entscheidungen des Reichsgerichts in Zivilsachen
Rh-Pf	Rheinland-Pfalz

RiA	Recht im Amt (Zeitschrift)
RiW	Recht der Internationalen Wirtschaft (Zeitschrift)
rkr	rechtskräftig
RL	Richtlinie(n)
Rn	Randnummer(n) (externer Verweis)
Rpfleger	Der Rechtspfleger (Zeitschrift)
RPflG	Rechtspflegergesetz
RRa	ReiseRecht aktuell (Zeitschrift)
RRG	Rentenreformgesetz
Rs	Rechtssache
Rspr	Rechtsprechung
RStV	Rundfunkstaatsvertrag
RTV	Rahmentarifvertrag
RuW	Recht und Wirtschaft (Zeitschrift)
RVG	Rechtsanwaltsvergütungsgesetz
RVO	Reichsversicherungsordnung
RWS	Recht und Wirtschaft der Schule
RzK	Rechtsprechung zum Kündigungsrecht (Entscheidungssammlung)
s	siehe
S	Seite; Satz
s.a.	siehe auch
Sa-Anh	Sachsen-Anhalt
Saarl	Saarland
sachl	sachlich
Sachs	Sachsen
SachbezV	Sachbezugs-Verordnung
SAE	Sammlung arbeitsrechtlicher Entscheidungen (Zeitschrift)
sächs	sächsisch
Schl-Holst	Schleswig-Holstein
SchuldRModG	Schuldrechtsmodernisierungsgesetz
SchwArbG	Gesetz zur Bekämpfung der Schwarzarbeit
SchwBeschG	Schwerbeschädigtengesetz
SchwbG	Schwerbehindertengesetz
SE	Societas Europaea
SeeArbG	Seearbeitsgesetz
SeemG	Seemannsgesetz
SG	Sozialgericht
SGb	Die Sozialgerichtsbarkeit (Zeitschrift)
SGB	Sozialgesetzbuch
SGB I	SGB – I. Buch: Allgemeiner Teil
SGB II	SGB – II. Buch: Grundsicherung für Arbeitsuchende
SGB III	SGB – III. Buch: Arbeitsförderung
SGB IV	SGB – IV. Buch: Gemeinsame Vorschriften für die Sozialversicherung
SGB V	SGB – V. Buch: Gesetzliche Krankenversicherung
SGB VI	SGB – VI. Buch: Gesetzliche Rentenversicherung
SGB VII	SGB – VII. Buch: Gesetzliche Unfallversicherung
SGB VIII	SGB – VIII. Buch: Kinder- und Jugendhilfe
SGB IX	SGB – IX. Buch: Rehabilitation und Teilhabe behinderter Menschen
SGB X	SGB – X. Buch: Verwaltungsverfahren
SGB XI	SGB – XI. Buch: Soziale Pflegeversicherung
SGG	Sozialgerichtsgesetz
SigG	Signaturgesetz
SigV	Signaturverordnung
Slg	Sammlung von Entscheidungen, Gesetzen etc.
s.o.	siehe oben
sog	so genannt(e, er, es)

Abkürzungsverzeichnis

SoldG	Soldatengesetz
SozFort	Sozialer Fortschritt (Zeitschrift)
SozPlKonkG	Gesetz über den Sozialplan im Konkurs
SozR	Sozialrecht; Sozialrecht (Entscheidungssammlung), bearbeitet von Richtern des Bundessozialgerichts
SozSich	Soziale Sicherheit (Zeitschrift)
SozV	Sozialversicherung
SozVers	Die Sozialversicherung (Zeitschrift)
Sp	Spalte
SprAu	Sprecherausschuss
SprAuG	Sprecherausschussgesetz
SpTrUG	Gesetz über die Spaltung der von der Treuhandanstalt verwalteten Unternehmen
SR	Sonderregelung (zum BAT)
st	ständig
Stasi	Staatssicherheit, siehe MfS
StGB	Strafgesetzbuch
str	streitig
st Rspr	ständige Rechtsprechung
StUG	Stasi-Unterlagen-Gesetz
StVG	Straßenverkehrsgesetz
StVO	Straßenverkehrsordnung
StVollzG	Strafvollzugsgesetz
StVZO	Straßenverkehrszulassungsordnung
s.u.	siehe unten
SVG	Soldatenversorgungsgesetz
teilw	teilweise
Thür	Thüringen
TKG	Telekommunikationsgesetz
TMG	Telemediengesetz
TO	Tarifordnung
TOA	Tarifordnung für Angestellte
TSG	Transsexuellengesetz
TV	Tarifvertrag
TVAl	Tarifvertrag für Angehörige alliierter Dienststellen
TVG	Tarifvertragsgesetz
TV-L	Tarifvertrag für den öffentlichen Dienst der Länder
TVP	Tarifvertragspartei
TzBfG	Teilzeit- und Befristungsgesetz
u	und
ua	und andere, unter anderem
uÄ	und Ähnliches
Übk	Übereinkommen
UFiTA	Archiv für Urheber-, Film-, Funk- und Theaterrecht (Zeitschrift)
ULA	Union der leitenden Angestellten
umstr	umstritten
UmwG	Umwandlungsgesetz
unstr	unstreitig
Unterabs	Unterabsatz
unveröff	unveröffentlicht
UrhG	Urhebergesetz
Urt	Urteil
USG	Gesetz über die Sicherung des Unterhalts der zum Wehrdienst einberufenen Wehrpflichtigen und ihrer Angehörigen (Unterhaltssicherungsgesetz)
USK	Urteilssammlung für die gesetzliche Krankenversicherung

UsprAu	Unternehmenssprecherausschuss
UStG	Umsatzsteuergesetz
usw	und so weiter
uU	unter Umständen
UVV	Unfallverhütungsvorschriften
UWG	Gesetz gegen den unlauteren Wettbewerb
v	von; vom
V	Verordnung
VA	Verwaltungsakt
VAA	Veröffentlichungen der Arbeitsgemeinschaft Arbeitsrecht im Deutschen Anwaltsverein
VAG	Versicherungsaufsichtsgesetz
vAw	von Amts wegen
VBL	Versorgungsanstalt des Bundes und der Länder
VBlBW	Verwaltungsblätter für Baden-Württemberg (Zeitschrift)
VEB	Volkseigener Betrieb
Vereinb	Vereinbarung
Verf	Verfassung
VerglO	Vergleichsordnung
VergGr	Vergütungsgruppe
Verh	Verhandlungen
VermBG	Gesetz zur Förderung der Vermögensbildung der Arbeitnehmer
VermG	Gesetz zur Regelung offener Vermögensfragen
Veröff	Veröffentlichungen
VersG	Versammlungsgesetz
VersR	Versicherungsrecht (Zeitschrift)
VG	Verwaltungsgericht
VGH	Verwaltungsgerichtshof
vgl	vergleiche
VglO	Vergleichsordnung
vH	vom Hundert
VO	Verordnung
VOBl	Verordnungsblatt
Vor	Vorbemerkung
Voraufl	Vorauflage
Vorb	Vorbemerkung
VorstAG	Gesetz zur Angemessenheit der Vorstandsvergütung
VRG	Vorruhestandsgesetz
VSSR	Vierteljahresschrift für Sozialrecht (Zeitschrift)
VvaG	Versicherungsverein auf Gegenseitigkeit
VVG	Versicherungsvertragsgesetz
VwGO	Verwaltungsgerichtsordnung
VwKostG	Verwaltungskostengesetz
VwVfG	Verwaltungsverfahrensgesetz
VwVG	Verwaltungsvollstreckungsgesetz
VwZG	Verwaltungszustellungsgesetz
WA	Westdeutsche Arbeitsrechtsprechung
WahlO,	Wahlordnung
WiA	Wirtschaftsausschuss
WIB	Wirtschaftliche Beratung (Zeitschrift)
wirtschaftl	wirtschaftlich
WM	Wertpapier-Mitteilungen (Zeitschrift)
WO	Wahlordnung
WPflG	Wehrpflichtgesetz
WRV	Weimarer Reichsverfassung

Abkürzungsverzeichnis

WuM	Wohnungswirtschaft und Mietrecht (Zeitschrift)
WuW	Wirtschaft und Wettbewerb (Zeitschrift)
WSI-Mitt	Mitteilungen des Wirtschafts- und Sozialwissenschaftliches Instituts des DGB
ZA-NTS	Zusatzabkommen zu dem Abkommen zwischen den Parteien des Nordatlantikvertrages über die Rechtsstellung ihrer Truppen hinsichtlich der in der BRD stationierten ausländischen Truppen
ZAP	Zeitschrift für die Anwaltspraxis
ZAS	Zeitschrift für Arbeitsrecht und Sozialrecht, Österreich
zB	zum Beispiel
ZBR	Zeitschrift für Beamtenrecht
ZDG	Zivildienstgesetz
ZESAR	Zeitschrift für europäisches Sozial- und Arbeitsrecht
ZfA	Zeitschrift für Arbeitsrecht
ZfS	Zentralblatt für Sozialversicherung, Sozialhilfe und Versorgung (Zeitschrift)
ZfSH	Zeitschrift für Sozialhilfe
ZGR	Zeitschrift für Unternehmens- und Gesellschaftsrecht
ZHR	Zeitschrift für das gesamte Handels- und Wirtschaftsrecht
ZIAS	Zeitschrift für ausländisches und internationales Arbeits- und Sozialrecht
Ziff	Ziffer
ZIP	Zeitschrift für Wirtschaftsrecht
zit	zitiert
ZMR	Zeitschrift für Miet- und Raumrecht
ZPO	Zivilprozessordnung
ZRP	Zeitschrift für Rechtspolitik
ZSchG	Zivilschutzgesetz
ZSR	Zeitschrift für Sozialreform, Schweiz
zT	zum Teil
ZTR	Zeitschrift für Tarifrecht
ZUM	Zeitschrift für Urheber- und Medienrecht
zust	zustimmend; zuständig
zutr	zutreffend
ZVG	Zwangsversteigerungsgesetz
ZVK	Zusatzversorgungskasse des Baugewerbes, der Kommunen und der Kirchen
zVv	zur Veröffentlichung vorgesehen
zZ	zurzeit
ZZP	Zeitschrift für Zivilprozess

Literaturverzeichnis

Adomeit	Gesellschaftsrechtliche Elemente im Arbeitsverhältnis, 1986
Andres/Leithaus	Insolvenzordnung, Kommentar, 3. Aufl 2014 (zit: Andres/Leithaus/*Bearbeiter*)
Andresen/Förster/Rößler/Rühmann	Arbeitsrecht der betrieblichen Altersversorgung, Kommentar, Stand: Februar 2011, jetzt Schlewing/Henssler/Schipp/Schnitker (Hrsg)
Annuß (Hrsg)	Festschrift für Reinhard Richardi zum 70. Geburtstag, 2007
Annuß/Thüsing	Teilzeit und Befristungsgesetz, Kommentar, 3. Aufl 2012 (zit: Annuß/Thüsing/*Bearbeiter*)
AnwK-ArbR/Bearbeiter	siehe Hümmerich/Boecken/Düwell
APS/Bearbeiter	siehe Ascheid/Preis/Schmidt
ArbRBGB/Bearbeiter	siehe Schliemann
Ascheid/Preis/Schmidt	Kündigungsrecht, Großkommentar, 4. Aufl 2012 (zit: APS/*Bearbeiter*)
Ascheid	Beweislastfragen im Kündigungsschutzprozeß, 1989 (zit: *Ascheid* Beweislastfragen)
ders	Kündigungsschutzrecht, 1993 (zit: *Ascheid*)
ders	Urteils- und Beschlußverfahren im Arbeitsrecht, 2. Aufl 1998 (zit: *Ascheid* Urteilsverfahren)
Asshoff/Bachner/Kunz	Europäisches Arbeitsrecht im Betrieb: Ein praktischer Ratgeber, 1996
Bader/Bram/Dörner/Kriebel	Kommentar zum Kündigungsschutzgesetz und zu den §§ 620–628 BGB, Loseblattausgabe (zit: BBDK/*Bearbeiter*)
Bader/Creutzfeldt/Friedrich	Kommentar zum Arbeitsgerichtsgesetz, 5. Aufl 2008 (zit: BCF/*Bearbeiter* ArbGG)
Bader/Dörner/Mikosch/Schleusener/Schütz/Vossen	Gemeinschaftskommentar zum Arbeitsgerichtsgesetz, Loseblattausgabe (zit: GK-ArbGG/*Bearbeiter*)
Bader/Lipke/Rost/Weigand	Festschrift für Gerhard Etzel zum 75. Geburtstag, 2011
Baeck (Hrsg)	Festschrift für Jobst-Hubertus Bauer zum 65. Geburtstag, 2010
Bamberger/Roth	Kommentar zum BGB, 3 Bände, 3. Aufl 2012
Bauer	Sprecherausschußgesetz mit Wahlordnung, 2. Aufl 1990 (zit: *Bauer* SprAuG)
Bauer/Diller	Wettbewerbsverbote, 7. Aufl 2015
Bauer/Krieger	Allgemeines Gleichbehandlungsgesetz, 4. Aufl 2015
Bauer/Kort/Möllers/Sandmann (Hrsg)	Festschrift für Herbert Buchner zum 70. Geburtstag, 2009
Bauer/Krieger/Arnold	Arbeitsrechtliche Aufhebungsverträge, 9. Aufl 2014
Bauer/Lingemann/Diller/Haußmann	Anwalts-Formular-Buch Arbeitsrecht, 5. Aufl 2014
Baumbach/Hopt	Handelsgesetzbuch, Kommentar, 36. Aufl 2014
Baumbach/Hueck	GmbH-Gesetz, Kommentar, 20. Aufl 2013
Baumbach/Lauterbach/Albers/Hartmann	Zivilprozessordnung, 74. Aufl 2016 (zit: BLAH)
Bauwens	Aktienkursorientierte Vergütung im arbeitsrechtlichen Regelungssystem, 2001
BBDK/Bearbeiter	siehe Bader/Bram/Dörner/Kriebel
Beck	Gewissenskonflikt und Arbeitsverhältnis, 1995
Becker/Wulfgramm	Kommentar zum Arbeitnehmerüberlassungsgesetz, 3. Aufl 1985

Literaturverzeichnis

Berscheid/ Kunz/ Brand/ Nebeling	(Hrsg)Praxis des Arbeitsrechts, 5. Aufl 2016
BGK	siehe Bauer/Göpfert/Krieger
Bicker	Gläubigerschutz in der grenzüberschreitenden Konzerngesellschaft, 2007
Bieback/ Dieterich/ Hanau/ Kocher/ Schäfer	Tarifgestützte Mindestlöhne, 2007
Bieder/Hartmann	Individuelle Freiheit und kollektive Interessenwahrnehmung im deutschen und europäischen Arbeitsrecht, 2012
Bischof/ Jungbauer/Bräuer	RVG, Kommentar, 7. Aufl 2016
BLAH	siehe Baumbach/Lauterbach/Albers/Hartmann
Blanke	Kommentar zum Europäischen Betriebsräte-Gesetz: Europäische Mitbestimmung – SE, 2. Aufl 2006
Blomeyer/ Rolfs/ Otto	Betriebsrentengesetz, Gesetz zur Verbesserung der betrieblichen Altersversorgung, Kommentar, 6. Aufl 2015
Boecken/Düwell/Diller/ H. Hanau	Gesamtes Arbeitsrecht, NomosKommentar, 2016 (zit: NK-GK/*Bearbeiter*)
Boemke	Gewerbeordnung, Kommentar zu §§ 105–110 GewO, 2003 (zit: Boemke/*Bearbeiter* GewO)
ders	Handbuch zum Arbeitnehmer-Entsendegesetz, 2008
Boemke/ Lembke	Arbeitnehmerüberlassungsgesetz, Kommentar, 3. Aufl 2013
Boewer	Teilzeit- und Befristungsgesetz, Kommentar für die Praxis, 2008
Bonanni	Der gemeinsame Betrieb mehrerer Unternehmen, 2003
Bopf	Der Annahmeverzug im Arbeitsverhältnis, 2004
Borgwardt/ Fischer/ Janert	Sprecherausschußgesetz für leitende Angestellte, 2. Aufl 1990
Boss	Flexible Arbeitszeitgestaltung in deutschen Unternehmen, SGb 2006, 523
Brackmann	Handbuch der Sozialversicherung, Loseblattausgabe
Brox/ Rüthers	Arbeitskampfrecht, 2. Aufl 1982
Brox/ Rüthers/ Henssler	Arbeitsrecht, 18. Aufl 2010
Buchner/ Becker	Mutterschutzgesetz, Bundeselterngeld- und Elternzeitgesetz, 8. Aufl 2008
Buschmann/ Dieball/ Stevens-Bartol	Das Recht der Teilzeitarbeit, 2. Aufl 2001 (zit: TZA/*Bearbeiter*)
Busemann/ Schäfer	Kündigung und Kündigungsschutz im Arbeitsverhältnis, 5. Aufl 2005
Calliess/ Ruffert (Hrsg)	EUV/AEUV, 4. Aufl 2011
Creutzfeldt/ Thüsing/ Hanau/Wißmann	Arbeitsgerichtsbarkeit und Wissenschaft, Festschrift für Klaus Bepler zum 65. Geburtstag, 2012
Däubler	Das Arbeitsrecht, Band 1, 16. Aufl 2006, Band 2, 11. Aufl 1998
ders	Gläserne Belegschaften? – Das Handbuch zum Arbeitnehmerdatenschutz, 5. Aufl 2009
ders	(Hrsg)Tarifvertragsgesetz, mit Arbeitnehmer-Entsendegesetz, 3. Aufl 2012
ders	Arbeitskampfrecht, 3. Aufl 2011
Däubler/ Bertzbach	AGG, 3. Aufl 2013
Däubler/ Bonin/ Deinert	AGB Kontrolle im Arbeitsrecht, 3. Aufl 2010
Däubler/ Hjort/ Schubert/ Wolmerath	Arbeitsrecht, 3. Aufl 2013 (zit: DHSW/*Bearbeiter*)
Däubler/ Kittner/ Klebe/ Wedde	Kommentar zum BetrVG, 14. Aufl 2014 (zit: DKK/*Bearbeiter*)
Dauner-Lieb (Hrsg)	Festschrift für Horst Konzen zum siebzigsten Geburtstag, 2006
Dauner-Lieb/ Konzen/ Schmidt (Hrsg)	Das neue Schuldrecht in der Praxis, 2003

Dietrich/Neef/Schwab	Arbeitsrecht-Blattei, Loseblattausgabe
Di Fabio	Gesetzlich auferlegte Tarifeinheit als Verfassungsproblem, 2014
Diller	Gesellschafter und Gesellschaftsorgane als Arbeitnehmer, 1994
DKK/Bearbeiter	siehe Däubler/Kittner/Klebe/Wedde
DLW/Bearbeiter	siehe Dörner/Luczak/Wildschütz
Doetsch/Lenz	Versorgungszusagen an Gesellschafter, Geschäftsführer und Vorstände, 9. Aufl 2014
Dolzer/Kahl/Waldhoff	Bonner Kommentar zum Grundgesetz, Loseblattausgabe (zit: BK/*Bearbeiter*)
Dörner	Der befristete Arbeitsvertrag, 2. Aufl 2011 (zit: *Dörner* Befr Arbeitsvertrag)
Dörner/Luczak/Wildschütz/ Baeck/Hoß	Handbuch des Fachanwalts Arbeitsrecht, 13. Aufl 2016 (zit: DLW/*Bearbeiter*)
Dornbusch/Wolff	KSchG, Kommentar zum Kündigungsschutzgesetz und zu den wesentlichen Nebengesetzen, 2. Aufl 2008
Dorndorf/Weller/Hauck/ Höland/Kriebel/Neef	Heidelberger Kommentar zum Kündigungsschutzgesetz, 4. Aufl 2001 (zit: HK/*Bearbeiter*)
Dreier	Grundgesetz-Kommentar, 6. Aufl 2011
Dreyer	Race Relations Act 1976 und Rassendiskriminierung in Großbritannien, Diss Halle, 1998
Dumke	Streikrecht i.S. des Art. 6 Nr. 4 ESC und deutsches Arbeitskampfrecht, 2013
Düwell	Betriebsverfassungsgesetz, 4. Aufl 2014 (zit: HK-BetrVG/*Bearbeiter*)
Düwell/Lipke (Hrsg)	Arbeitsgerichtsgesetz, 4. Aufl 2014 (zit: ArbGG/*Bearbeiter*)
Düwell/Schubert (Hrsg.)	Mindestlohngesetz, Handkommentar, 2015
Ehmann/Helfrich	EG-Datenschutzrichtlinie, Kurzkommentar, 5. Aufl 1999
Eicher/Schlegel (Hrsg)	SGB III Arbeitsförderung, Kommentar mit Nebenrecht, Loseblattsammlung (zit: Eicher/Schlegel/*Bearbeiter*)
Eicher/Spellbrink (Hrsg)	SGB II Grundsicherung für Arbeitsuchende, Kommentar, 3. Aufl 2013 (zit: Eicher/Spellbrink/*Bearbeiter*)
Emmerich/Habersack	Aktien- und GmbH-Konzernrecht, Kommentar, 6. Aufl 2010 (zit: *Emmerich/Habersack* Konzernrecht)
ErfK/Bearbeiter	siehe Müller-Glöge/Preis/Schmidt
Erman	Handkommentar zum Bürgerlichen Gesetzbuch, 14. Aufl 2014 (zit: Erman/*Bearbeiter*)
Etzel/Bader/Fischermeier/ Friedrich/Gallner/Griebeling/ Klose/Kreft/Link/Lipke/Rachor/ Rinck/Rost/Spilger/Treber/ Vogt/Weigand	KR Gemeinschaftskommentar zum Kündigungsschutzgesetz und zu sonstigen kündigungsschutzrechtlichen Vorschriften, 11. Aufl 2016 (zit: KR/*Bearbeiter*)
Fehn	Schwarzarbeitsbekämpfungsgesetz, 2005 (zit: HK-SchwarzArbG/*Bearbeiter*)
Fiebig/Gallner/Mestwerdt/ Nägele	Handkommentar Kündigungsschutzgesetz, 4. Aufl 2012 (zit: HaKo/*Bearbeiter*)
Fischer-Lescano/Preis/ Ulber (Hrsg.)	Verfassungsmäßigkeit des Mindestlohns, 2015
Fitting/Engels/Linsenmaier/ Schmidt/Trebinger	Kommentar zum BetrVG, 28. Aufl 2016 (zit: Fitting)
FK-InsO/Bearbeiter	siehe Wimmer
Förster/Cisch/Karst	Betriebsrentengesetz, Kommentar, 14. Aufl 2014
Franzen	Privatrechtsangleichung durch die Europäische Gemeinschaft, 1999

Literaturverzeichnis

Franzen/Gallner/Oetker (Hrsg.)	Kommentar zum europäischen Arbeitsrecht, 2016
Frey	Festschrift zum 60. Geburtstag von Wolfgang Goos, 2009
FS Canaris	siehe Heldrich/Prölss/Koller
FS Kemper	siehe Kisters-Kölkes
FS Wiedemann	siehe Wank/Hirte/Frey
FS Wißmann	siehe Kohte/Dörner/Anzinger
Gagel (Hrsg)	Kommentar zum Arbeitsförderungsrecht, Loseblattausgabe (zit: Gagel/ *Bearbeiter*)
Galperin/Löwisch	Betriebsverfassungsgesetz, 6. Aufl 1982 mit Nachtrag 1985
Gamillscheg	Kollektives Arbeitsrecht, Band 1, 1997
ders	Die Grundrechte im Arbeitsrecht, 1989
Gaul	Das Arbeitsrecht der Betriebs- und Unternehmensspaltung, 2002
ders	Aktuelles Arbeitsrecht, Band 2, 2014
Germelmann/Matthes/Prütting	Arbeitsgerichtsgesetz, Kommentar, 8. Aufl 2013 (zit: GMP/*Bearbeiter*)
GK-ArbGG/Bearbeiter	siehe Bader/Dörner/Mikosch/Schütz/Vossen/Wenzel
GK-BetrVG/Bearbeiter	siehe *Wiese/Kreutz/Oetker/Raab/Weber/Franzen/Gutzeit/Jacobs*
GK-BUrlG/Bearbeiter	siehe Stahlhacke/Bachmann/Bleistein/Berscheid
GK-MitbestG/Bearbeiter	Gemeinschaftskommentar zum Mitbestimmungsgesetz, Loseblattausgabe
GK-SGB III	Gemeinschaftskommentar zum Arbeitsförderungsrecht, Loseblattausgabe, (zit: GK-SGB III/*Bearbeiter*)
GK-SGB IX/Bearbeiter	siehe Großmann/Schimanski
Göksu	Rassendiskriminierung beim Vertragsabschluss als Persönlichkeitsverletzung, Freiburg/CH, 2003
Gola/Schomerus	Bundesdatenschutzgesetz, Kommentar, 12. Aufl 2015
Gola/Wronka	Handbuch zum Arbeitnehmerdatenschutz: Rechtsfragen und Handlungshilfen für die betriebliche Praxis, 6. Aufl 2013
Gooren	Der Tarifbezug des Arbeitskampfes, 2014
Gotthardt	Arbeitsrecht nach der Schuldrechtsreform, 2. Aufl 2003
Greiner	Rechtsfragen der Koalitions-, Tarif- und Arbeitskampfpluralität 2. Aufl 2011
Groeger	Arbeitsrecht im öffentlichen Dienst, 2. Aufl 2014
Gröninger/Thomas	Kommentar zum Mutterschutzgesetz, Loseblattausgabe
dies	SchwbG, Kommentar zum Schwerbehindertengesetz, Loseblattausgabe
Großkommentar Aktiengesetz	siehe Hopt/Wiedemann (Hrsg)
Großmann/Schimanski (Hrsg.)	Gemeinschaftskommentar zum Sozialgesetzbuch IX, Loseblattausgabe (zit: GKSGB IX/*Bearbeiter*)
Grunsky	Arbeitsgerichtsgesetz, Kommentar, 8. Aufl 2014
Gutzeit	Das arbeitsrechtliche System der Lohnfortzahlung, 2000
Hachenburg	Großkommentar zum GmbHG, Band 2, 8. Aufl 1997 (zit: Hachenburg/ *Bearbeiter*)
Hailbronner/Geis	Kommentar zum Hochschulrahmengesetz, Loseblattausgabe
Hamann	Arbeitszeit flexibel gestalten, 2005
Hammer	Berufsbildung und Betriebsverfassung, 1990
Hanau	Festschrift für Günther Wiese zum 70. Geburtstag, 1998
Hanau/Adomeit	Arbeitsrecht, 14. Aufl 2006
Hanau/Arteaga/Rieble/Veit	Entgeltumwandlung, 3. Aufl 2014
Hanau/Steinmeyer/Wank	Handbuch des europäischen Arbeits- und Sozialrechts, 2002

Hartmann	Negative Tarifvertragsfreiheit im deutschen und europäischen Arbeitsrecht, 2014
Hartmer/Dehmer	Hochschulrecht, 2. Aufl 2010 (zit: Hartmer/Dehmer/*Bearbeiter*)
Hauck/Helml/Biebl	Arbeitsgerichtsgesetz, 4. Aufl 2011
Hauck/Noftz (Hrsg)	Kommentare zum SGB III, IV, VII, IX, jeweils Loseblattausgaben (zit. Hauck/Noftz/*Bearbeiter*)
Heckelmann	Erhaltungsarbeiten im Arbeitskampf, 1984
Heinrich	Krisen im Aufschwung, 2009
Heinze/Schmidt	Festschrift für Wolfgang Gitter zum 65. Geburtstag, 1995
Heldrich/Prölss/Koller (Hrsg)	Festschrift für Claus-Wilhelm Canaris zum 70. Geburtstag, 2 Bände, 2007
Hennige	Das Verfahrensrecht der Einigungsstelle, 1995
Henssler	Der Arbeitsvertrag im Konzern, 1983
Henssler/Moll/Bepler (Hrsg)	Der Tarifvertrag, 2013
Henssler/Willemsen/Kalb (Hrsg)	Arbeitsrecht Kommentar, 7. Aufl 2016 (zit: HWK/*Bearbeiter*)
Herkert	Kommentar zum Berufsbildungsgesetz, Loseblattausgabe
Herrmann/Heuer/Raupach	Einkommensteuer- und Körperschaftsteuergesetz, Loseblattausgabe (zit: Herrmann/Heuer/Raupach/*Bearbeiter*)
Hess/Worzalla/Glock/Nicolai/Rose/Huke	Betriebsverfassungsgesetz, Kommentar, 9. Aufl 2014 (zit: HWGNRH/*Bearbeiter*)
Hesse	Grundzüge des Verfassungsrechts der Bundesrepublik Deutschland, 20. Aufl 1995
Hilgenstock	Mindestlohngesetz, Eine systematische Darstellung, 2014
HK/Bearbeiter	siehe Dorndorf/Weller/Hauck/Höland/Kriebel/Neef
HK-BetrVG/Bearbeiter	siehe Düwell
HK-InsO/Bearbeiter	siehe Kayser/Thole
Höfer	BetrAVG, Band 1 Arbeitsrecht, Stand: Oktober 2013 (zit: *Höfer*)
Hönn (Hrsg)	Festschrift für Peter Kreutz zum 70. Geburtstag, 2010
Hoffmann/Lehmann/Weinmann	Mitbestimmungsgesetz, 1978
Hopt/Wiedemann (Hrsg)	Aktiengesetz Großkommentar, Band 1 (Einl, §§ 1 - 53), 4. Aufl 2004; Band 4 (§§ 95 - 117), 4. Aufl, 2005/2006 (zit: Großkommentar AktG/*Bearbeiter*);
von Hoyningen-Huene/Linck	Kündigungsschutzgesetz, 15. Aufl 2013
Hromadka/Maschmann	Arbeitsrecht Band 1, 5. Aufl 2012
dies	Arbeitsrecht Band 2, 6. Aufl 2013
Hromadka/Maschmann/Wallner	Tarifwechsel, 1996
Hromadka/Sieg	SprAuG – Sprecherausschussgesetz, Kommentar, 3. Aufl 2014
HWGNRH/Bearbeiter	siehe Hess/Worzalla/Glock/Nicolai/Rose/Huke
Huber/Faust	Schuldrechtsmodernisierung, 2002
Hubmann/Hübner (Hrsg)	Festschrift für Schnorr von Carolsfeld, 1972
Hueck	Grundsatz der gleichmäßigen Behandlung, 1958
Hueck/Nipperdey	I Lehrbuch des Arbeitsrechts – Band I, 7. Aufl 1963
dies	II/1, II/2 Lehrbuch des Arbeitsrechts – Band II, HalbBand 1 und 2, 7. Aufl 1967/1970
Hüffer	Kommentar zum Aktiengesetz, 12. Aufl 2016
Hümmerich/Boeken/Düwell	AnwaltKommentar Arbeitsrecht, 2. Aufl 2010 (zit: AnwK-ArbR/*Bearbeiter*)
HWK/Bearbeiter	siehe Henssler/Willemsen/Kalb
HzA/Bearbeiter	siehe Leinemann

Literaturverzeichnis

Ignor/ Rixen	Handbuch Arbeitsstrafrecht, 2. Aufl 2008
Jaeger/ Röder/ Heckelmann (Hrsg)	Praxishandbuch Betriebsverfassungsrecht, 2003 (zit: JRH/*Bearbeiter*)
Jacobs	Tarifeinheit und Tarifkonkurrenz, 1999
Jacobs/ Krause/ Oetker/Schubert	Tarifvertragsrecht, 2. Aufl 2013
Jarass/ Pieroth	Grundgesetz für die Bundesrepublik Deutschland, 13. Aufl 2014
Jauernig	Kommentar zum BGB, 16. Aufl 2015
JRH/Bearbeiter	siehe Jaeger/Röder/Heckelmann
Joost	Festschrift für Franz Jürgen Säcker zum 70. Geburtstag, 2011
Kaiser	Erziehungs- und Elternurlaub in Verbundsystemen kleiner und mittlerer Unternehmen, 1993
Kaiser/ Dunkl/ Hold/ Kleinsorge	Entgeltfortzahlungsgesetz, 5. Aufl 2000
Kallmeyer	Umwandlungsgesetz, Kommentar, 5. Aufl 2013 (zit: Kallmeyer/*Bearbeiter*)
Kasseler	Handbuch/Bearbeiter siehe Leinemann
Kasseler	Kommentar Sozialversicherungsrecht Loseblattausgabe
Kayser/Thole	Heidelberger Kommentar zur Insolvenzordnung, 8. Aufl 2016 (zit: HK-InsO/*Bearbeiter*)
KDZ/Bearbeiter	siehe Kittner/Däubler/Zwanziger
Kempen/ Zachert (Hrsg)	Tarifvertragsgesetz, 5. Aufl 2014
Kemper/ Kisters-Kölkes	Arbeitsrechtliche Grundzüge der betrieblichen Altersversorgung, 8. Aufl 2015
Kemper/ Kisters-Kölkes/ Berenz/ Huber	BetrAVG Kommentar zum Gesetz zur Verbesserung der betrieblichen Altersversorgung, 6. Aufl 2014
Kern	Gendiagnostikgesetz, Kommentar, 2012 (zit: Kern/*Bearbeiter*)
Keine	Arbeit auf Abruf iSd § 12 Abs 1 S 1 TzBfG, Diss 2009
Kingreen	Die verfassungsrechtliche Stellung der Ehe im Spannungsfeld zwischen Freiheits- und Gleichheitsrechten, 1995
Kirchhof/ Söhn/ Mellinghoff	Einkommensteuergesetz, Loseblattausgabe (zit: Kirchhof/Söhn/*Bearbeiter*)
Kissel	Arbeitskampfrecht, 2002
Kissel	Gerichtsverfassungsgesetz, Kommentar, 7. Aufl 2013
Kisters-Kölkes (Hrsg)	Festschrift für Kurt Kemper zum 65. Geburtstag, 2005
Kittner/ Däubler/ Zwanziger	Kündigungsschutzrecht – Kommentar für die Praxis, 9. Aufl 2014 (zit: KDZ/*Bearbeiter*)
Kittner/ Zwanziger/ Deinert (Hrsg)	Arbeitsrecht – Handbuch für die Praxis, 7. Aufl 2013
Klebe/ Ratayczak/ Heilmann/ Spoo	Betriebsverfassungsgesetz, Basiskommentar, 18. Aufl 2014
Klebeck	Gleichstellung der Leiharbeitnehmer als Verfassungsverstoß, 2003
Kniggel Ketelsen/ Marschall/ Wittrock	Kommentar zum Arbeitsförderungsgesetz, Loseblattausgabe
Knittel	SGB IX – Rehabilitation und Teilhabe behinderter Menschen, Kommentar, Loseblattausgabe, Stand: Januar 2004
Knopp/ Kraegeloh	Berufsbildungsgesetz, 5. Aufl 2005
Köbler/ Heinze/ Hromadka	Europas universale rechtsordnungspolitische Aufgabe, Festschrift für Alfred Söllner, 2000
Kohte/ Dörner/ Anzinger	Festschrift für Hellmut Wißmann, Arbeitsrecht im Sozialen Dialog, 2005
Kölner Kommentar	Aktiengesetz Band 2, 3. Aufl 2012 (zit: KK-AktG/*Bearbeiter*)
Kölner Kommentar	Umwandlungsgesetz, 2009 (zit: KK-UmwG/*Bearbeiter*)
Kolvenbach/ Sartoris	Bilanzielle Auslagerung von Pensionsverpflichtungen, 2. Aufl 2009

Konzen (Hrsg)	Festschrift für Rolf Birk zum siebzigsten Geburtstag, 2008
Kopp/Ramsauer	Verwaltungsverfahrensgesetz, 14. Aufl 2013
Korinth	Einstweiliger Rechtsschutz im Arbeitsgerichtsverfahren, 2. Aufl 2007
KPK/Bearbeiter	siehe Sowka
KR/Bearbeiter	siehe Etzel/Bader/Fischermeier/Friedrich/Gallner/Griebeling/Klose/Kreft/Link/Lipke/Rachor/Rinck/Rost/Spilger/Treber/Vogt/Weigand
Kramer	Kündigungsvereinbarungen im Arbeitsvertrag, 1994
Krause	Rechtskrafterstreckung im kollektiven Arbeitsrecht, 1996
Krause (Hrsg)	Festschrift für Hansjörg Otto zum 70. Geburtstag am 23. Mai 2008, 2008
Kreft (Hrsg)	Heidelberger Kommentar zur Insolvenzordnung, 7. Aufl 2014 (zit: HK-InsO/*Bearbeiter*)
Kübler/Prütting (Hrsg)	Kommentar zur Insolvenzordnung, Loseblattausgabe (zit: Kübler/Prütting/*Bearbeiter*)
Küttner (Hrsg)	Personalbuch 2015, 22. Aufl 2015 (zit: Küttner/*Bearbeiter*)
ders	Der »gesuchte« wichtige Grund und § 626 Abs. 1 BGB, FS Bartenbach, 2005, S. 599 ff.
Lakies	Basiskommentar zum Mindestlohngesetz, 2. Auflage, 2015
Lambrich	Tarif- und Betriebsautonomie, 1999
Landmann/Rohmer	Gewerbeordnung, Loseblattausgabe
Laux/Schlachter	Teilzeit- und Befristungsgesetz, Kommentar, 2. Aufl 2011 (zit: Laux/Schlachter/*Bearbeiter*)
Leinemann (Hrsg)	Handbuch zum Arbeitsrecht, Loseblattausgabe
Leinemann (Hrsg)	Kasseler Handbuch zum Arbeitsrecht (Bde 1–2), 2. Aufl 2000 (zit: KassArbR/*Bearbeiter*)
Leinemann/Linck	Urlaubsrecht, Kommentar, 2. Aufl 2001
Leinemann/Taubert	Berufsbildungsgesetz, Kommentar, 2. Aufl 2008
Lieb	Arbeitsrecht, 9. Aufl 2006
Liebers	Formularbuch des Fachanwalts Arbeitsrecht, 3. Aufl 2014
Listl/Pirson (Hrsg)	Handbuch des Staatskirchenrechts, 2 Bände, 2. Aufl 1994–1996
Littmann/Bitz/Pust	Das Einkommensteuergesetz, Loseblattausgabe (zit: Littmann/Bitz/Pust/*Bearbeiter*)
Löwisch	Arbeitskampf- und Schlichtungsrecht, 1997
ders	Bundesarbeitsgericht und Recht der Allgemeinen Geschäftsbedingungen, FS Canaris, 2007
ders	Sprecherausschußgesetz, Kommentar, 2. Aufl 1994 (zit: *Löwisch* SprAuG)
Löwisch/Caspers/Klumpp	Arbeitsrecht, 10. Aufl 2014
Löwisch/Kaiser	Betriebsverfassungsgesetz, 6. Aufl 2010
Löwisch/Neumann	Allgemeiner Teil des BGB, 7. Aufl 2004 (zit: *Löwisch/Neumann* AT BGB)
Löwisch/Rieble	Tarifvertragsgesetz, 3. Aufl 2012 (zit: *Löwisch/Rieble* TVG)
Löwisch/Spinner/Wertheimer	Kommentar zum Kündigungsschutzgesetz, 10. Aufl 2013 (zit: *LSW/Bearbeiter*)
Lutter/Krieger	Rechte und Pflichten des Aufsichtsrats, 6. Aufl 2014 (zit: *Lutter/Krieger* AR)
Lutter	Umwandlungsgesetz, Kommentar, 5. Aufl 2014
Maus	Tarifvertragsgesetz, 1956
von Mangoldt/Klein	Kommentar zum Grundgesetz – Band 2 – (Art 20-82), 6. Aufl 2010
von Mangoldt/Klein/Starck	Das Bonner Grundgesetz – Band 1 – (Art 1-5), 6. Aufl 2010
Marsch-Barner/Schäfer	Handbuch börsennotierte AG, 3. Aufl 2014 (zit: Marsch-Barner/Schäfer/*Bearbeiter* Handbuch börsennotierte AG)

Literaturverzeichnis

Martinek (Hrsg)	Festschrift für Dieter Reuter zum 70. Geburtstag am 16. Oktober 2010, 2010
Maschmann	Arbeitsverträge und Verträge mit Selbständigen, 2001
ders (Hrsg)	Festschrift für Wolfgang Hromadka zum 70. Geburtstag, 2008
Maunz/Dürig	Grundgesetz, Loseblattausgabe (zit: Maunz/Dürig/*Bearbeiter*)
Mayer	Das außerdienstliche Verhalten von 160 Arbeitnehmern, 2000
Meier/Recktenwald	Betriebswirtschaft der betrieblichen Altersversorgung, 2006
Meinel/Heyn/Herms	AGG, 2. Aufl 2010
dies	Teilzeit- und Befristungsgesetz, Kommentar, 4. Aufl 2012 (zit: MHH/*Bearbeiter*)
Meilicke/Meilicke	Kommentar zum Mitbestimmungsgesetz, 2. Aufl 1976
Meisel/Sowka	Mutterschutz und Erziehungsurlaub, Kommentar, 5. Aufl 1999
Melsbach	Deutsches Arbeitsrecht, 1923
Menke	Profisportler zwischen Arbeitsrecht und Unternehmertum, 2006
Minnameier	Gewerberechtliche Entgeltvorschriften im modernen Arbeitsrecht, 2001
Monjau	Das Zeugnis im Arbeitsrecht, 2. Aufl 1969
Müller	Kommentar zum Europäischen Betriebsräte-Gesetz (EBRG), 1997
Müller-Glöge/Preis/Schmidt	Erfurter Kommentar zum Arbeitsrecht, 16. Aufl 2016 (zit: ErfK/*Bearbeiter*)
Müller-Graff (Hrsg.)	Europäisches Wirtschaftsordnungsrecht, Band 4 der Enzyklopädie Europarecht, 2015
von *Münch/Kunig* (Hrsg)	Kommentar zum Grundgesetz, Band 1 (Art 1–69), 6. Aufl 2012; Band 2 (Art 70–146), 6. Aufl 2012
MünchArbR/Bearbeiter	siehe Münchener Handbuch zum Arbeitsrecht
Münchener Handbuch zum Arbeitsrecht	2 Bände, 3. Aufl 2009, mit Ergänzungs-Band 2001 (zit: MünchArbR/*Bearbeiter*)
Münchener Handbuch des Gesellschaftsrechts	Band 4: Aktiengesellschaft, 3. Aufl 2007 (zit: MünchGesR IV/*Bearbeiter*)
Münchener Kommentar zum Aktiengesetz	Band 1, 3. Aufl. 2008, Band 2, 4. Aufl 2014 (zit: MüKo-AktG/*Bearbeiter*)
Münchener Kommentar zum Bürgerlichen Gesetzbuch	6. Aufl 2012-2015 (zit: MüKo-BGB/*Bearbeiter*)
Münchener Kommentar zur Insolvenzordnung	Band 2 (§§ 103–269), 2. Aufl 2008 (zit: MüKo-InsO/*Bearbeiter*)
Münchener Kommentar zur Zivilprozessordnung	3 Bände, 4. Aufl 2012 (zit: MüKo-ZPO/*Bearbeiter*)
Musielak	Kommentar zur Zivilprozessordnung, 13. Aufl 2016 (zit: Musielak/*Bearbeiter*)
Namendorf	Der arbeitsrechtliche Status von GmbH-Geschäftsführern, 2003
Nerlich/Römermann (Hrsg)	Kommentar zur Insolvenzordnung, Loseblattausgabe
Neumann/Biebl	Arbeitszeitgesetz, 16. Aufl 2012
Neumann/Fenski/Kühn	Bundesurlaubsgesetz, 11. Aufl 2016
Neumann/Pahlen/Majerski-Pahlen	Sozialgesetzbuch IX, Kommentar, 12. Aufl 2010
Neuvians	Die arbeitnehmerähnliche Person, 2002
Niesel	Arbeitsförderung SGB III, Kommentar, 5. Aufl 2010 (zit: Niesel/*Bearbeiter*);
Nikisch	Lehrbuch zum Arbeitsrecht Bd I, 3. Aufl 1961
ders	Lehrbuch zum Arbeitsrecht Bd III, 2. Aufl 1966

NK-GA/*Bearbeiter*	siehe Boecken/Düwell/Diller/H. Hanau
Nothoff	Das ruhende Arbeitsverhältnis als Schutz des Arbeitsplatzes wehrpflichtiger Arbeitnehmer, Diss, Münster, 1972
Obermüller/Hess	Insolvenzordnung, 4. Aufl 2003
Oetker	Das Dauerschuldverhältnis und seine Beendigung, 1994
ders	Die Durchführung von Not- und Erhaltungsarbeiten bei Arbeitskämpfen, 1984
Oetker/Preis	Europäisches Arbeits- und Sozialrecht, Loseblattausgabe
Oetker/Preis/Rieble (Hrsg)	50 Jahre Bundesarbeitsgericht, 2004
Ostrowicz/Künzl/Scholz	Handbuch des arbeitsgerichtlichen Verfahrens, 5. Aufl 2014
Otto	Arbeitskampf- und Schlichtungsrecht, 2006
Palandt	Kommentar zum Bürgerlichen Gesetzbuch, 75. Aufl 2016 (zit: Palandt/*Bearbeiter*)
Preis	Grundfragen der Vertragsgestaltung im Arbeitsrecht, 1993
ders	Prinzipien des Kündigungsschutzrechts bei Arbeitsverhältnissen, 1987 (zit: *Preis* Prinzipien)
ders	Der Arbeitsvertrag, 4. Aufl 2011 (zit: *Preis* Arbeitsvertrag)
Rademacher	Der Europäische Betriebsrat. Die Richtlinie 94/45/EG des Rates vom 22.9.1994 und ihre Umsetzung ins nationale Recht, 1996
Raiser/Veil	Mitbestimmungsgesetz und Drittelbeteiligungsgesetz, Kommentar, 6. Aufl 20015
Reich	Hochschulrahmengesetz, Kommentar, 11. Aufl 2012
Reichel/Schmandt	Betriebliche Altersversorgung bei Unternehmenskauf und Umstrukturierung, 2006
Reichelt	Die arbeitsrechtliche Stellung der Rot-Kreuz-Schwestern, 2000
Reichold	Arbeitsrecht, 5. Aufl 2016
Reineke	Das Recht der Arbeitnehmerüberlassung in Spanien und Deutschland und sein Verhältnis zu der geplanten europäischen Regelung, 2004
Reuter	Die Stellung des Arbeitsrechts in der Privatrechtsordnung, 1989
RGKU/Bearbeiter	siehe Rolfs/Giesen/Kreikebohm/Udsching
RGRK/Bearbeiter	Kommentar zum Bürgerlichen Gesetzbuch hrsg von Reichsgerichtsräten und Bundesrichtern, 12. Aufl 1978 ff
Richardi	Betriebsverfassungsgesetz mit Wahlordnung, Kommentar, 15. Aufl 2016
ders	Arbeitsrecht in der Kirche, 6. Aufl 2012
Richardi/Dörner/Weber	Personalvertretungsrecht, 4. Aufl 2012 (zit: RDW/*Bearbeiter*)
Richardi/Reichold (Hrsg)	Altersgrenzen und Alterssicherung im Arbeitsrecht, Gedenkschrift für Wolfgang Blomeyer, 2003
Rieble	Arbeitsmarkt und Wettbewerb, 1996, Sonderdruck 2011
ders	Die Kontrolle des Ermessens der betriebsverfassungsrechtlichen Einigungsstelle, 1989
ders	Festschrift für Manfred Löwisch, 2007
ders	Zukunft des Arbeitskampfes, 2005
Rieble/Junker/Giesen	Mindestlohn als politische und rechtliche Herausforderung, 2011
dies (Hrsg)	Entgrenzter Arbeitskampf, 2015
Rieble/Klumpp/Gistel	Rechtsmißbrauch in der Betriebsverfassung, 2006
Riechert/Nimmerjahn	Mindestlohngesetz, 2015
Rolfs	Studienkommentar Arbeitsrecht, 3. Aufl 2010 (zit: StudKomm ArbR)
ders	Teilzeit- und Befristungsgesetz, Kommentar, 2002

Literaturverzeichnis

Rolfs/ Giesen/ Kreikebohm/ Udsching	Arbeitsrecht, Schwerpunktkommentar, 2008
Roos/Bieresborn (Hrsg)	MuSchG - BEEG, Kommentar, 2014
Rosenberg/ Schwab/ Gottwald	Zivilprozessrecht, 17. Aufl 2010
Roßnagel	Handbuch Datenschutzrecht, 2003
Rüthers	Der Konflikt zwischen Kollektivautonomie und Privatautonomie im Arbeitsleben, 2002
Sachs (Hrsg)	Grundgesetz, Kommentar, 6. Aufl 2011
Säcker/ Oetker	Grundlagen und Grenzen der Tarifautonomie, 1992
Sahmer/ Busemann	Arbeitsplatzschutzgesetz, Kommentar mit Erläuterungen zu ergänzenden wehr- und zivildienstrechtlichen Vorschriften, Loseblattausgabe
Sandmann/ Marschall	Arbeitnehmerüberlassungsgesetz, Kommentar, Loseblattausgabe
Schaub	Arbeitsrechts-Handbuch, 16. Aufl 2015 (zit: Schaub/*Bearbeiter*)
ders	Arbeitsrechtliches Formular- und Verfahrenshandbuch, 11. Aufl 2015 (zit: *Schaub* Formb)
Schaub/Künzl	Arbeitsgerichtsverfahren, 7. Aufl 2004 (zit: *Schaub* ArbGV)
Schiefer/ Worzalla	Das arbeitsrechtliche Beschäftigungsförderungsgesetz und seine Auswirkungen für die betriebliche Praxis, 1996
Schiefer/ Worzalla	Agenda 2010, Gesetz zu Reformen am Arbeitsmarkt, 2004
Schiek/ Dieball/ Horstkötter/ Seidel/ Viethen/ Wankel	Frauengleichstellungsgesetz des Bundes und der Länder, 2. Aufl 2002
Schillhorn/ Heidemann	Gendiagnostikgesetz, Kommentar für die Praxis, 2011
Schlachter (Hrsg)	Casebook europäisches Arbeitsrecht, 2005
dies (Hrsg)	Tarifautonomie für ein neues Jahrhundert, Festschrift für Günter Schaub, 1998
Schlegelberger/ Geßler/ Hefermehl/ Schröder	Kommentar zum HGB, 5. Aufl 1973 (zit: Schlegelberger/*Bearbeiter*)
Schleßmann	Das Arbeitszeugnis, 20. Aufl 2012
Schlewing/Henssler/ Schipp/Schnitker (Hrsg)	Arbeitsrecht der betrieblichen Altersversorgung. Stand November 2013
Schliemann (Hrsg)	Das Arbeitsrecht im BGB, 2. Aufl 2002 (zit: ArbRBGB/*Bearbeiter*)
ders	ArbZG, 2. Aufl. 2013
Schmidt (Hrsg)	Einkommensteuergesetz, 35. Aufl 2016 (zit: Schmidt/*Bearbeiter*)
Schmid/ Trenk-Hinterberger	Grundzüge des Arbeitsrechts, 3. Aufl 2003
Schmidt-Bleibtreu/ Hofmann/Henneke	Kommentar zum Grundgesetz, 13. Aufl 2014
Schmitt	Entgeltfortzahlungsgesetz und Aufwendungsausgleichsgesetz, 7. Aufl 2012
Schneider	Handbuch Zeitarbeit, Loseblattausgabe
Schoenauer	Die Kirchenklausel des § 9 AGG im Kontext des kirchlichen Dienst- und Arbeitsrechts, 2010
Scholz	Kommentar zum GmbH-Gesetz, Kommentar, 10. Aufl 2010
Schönke/ Schröder	Strafgesetzbuch StGB, Kommentar, 29. Aufl 2014
Schubert	Anforderungen an ein modernes kollektives Arbeitsrecht, Festschrift für Otto Ernst Kempen, 2013
Schubert/Jerchel/Düwell	Das neue Mindestlohngesetz, Grundlagen und Auswirkungen, 2015
Schüren	Job-Sharing, 1983
Schüren/ Hamann	Arbeitnehmerüberlassungsgesetz, Kommentar, 4. Aufl 2010 (zit: Schüren/*Bearbeiter*)

Schwab/Weth (Hrsg)	Arbeitsgerichtsgesetz, 3. Aufl 2011
Schwarze (Hrsg)	EU-Kommentar, 2. Aufl 2009
Seiter	Streikrecht und Aussperrungsrecht, 1975
Semler/v Schenck	Arbeitshandbuch für Aufsichtsratsmitglieder, 4. Aufl 2013 (zit: Semler/v. Schenck/*Bearbeiter* Arbeitshandbuch AR)
Sievers	TzBfG, Kommentar zum Teilzeit- und Befristungsgesetz, 5. Aufl 2015
Simitis	Bundesdatenschutzgesetz, Kommentar, 8. Aufl 2014 (zit: Simitis/*Bearbeiter*)
Söllner (Hrsg)	Gedächtnisschrift für Meinhard Heinze, 2005
Soergel	Bürgerliches Gesetzbuch mit Einführungsgesetz und Nebengesetzen, 13. Aufl 1999 ff (zit: Soergel/*Bearbeiter*)
Sowka (Hrsg)	Kündigungsschutzgesetz, Kölner Praxiskommentar, 3. Aufl 2004 (zit: KPK/*Bearbeiter*)
Spickhoff	Medizinrecht, Kommentar, 2. Aufl 2014 (zit: Spickhoff/*Bearbeiter*)
Spindler/Stilz	Kommentar zum Aktiengesetz, Band 1, 3. Aufl 2015 (zit: Spindler/Stilz AktG)
Stahlhacke/Bachmann/Bleistein/Berscheid	Gemeinschaftskommentar zum Bundesurlaubsgesetz, 5. Aufl 1992 (GKBUrlG/*Bearbeiter*)
Stahlhacke/Preis/Vossen	Kündigung und Kündigungsschutz im Arbeitsverhältnis, 10. Aufl 2010
Staudinger	Kommentar zum Bürgerlichen Gesetzbuch, §§ 823–825, 14. Aufl 2010
ders	Kommentar zum Bürgerlichen Gesetzbuch, Buch 2, Neubearbeitung 2004 ff (zit: Staudinger/*Bearbeiter*)
Stege/Weinspach/Schiefer	Betriebsverfassungsgesetz, 9. Aufl 2002
Stein/Jonas	Kommentar zur Zivilprozeßordnung, 22. Aufl 2002 ff
Stern/Becker	Grundrechte-Kommentar, 2. Aufl 2015
Stöber	Forderungspfändung, 16. Aufl 2013
Straßmair	Der besondere Gleichheitssatz des Art. 3 Abs. 3 S. 2 GG, 2002
Streinz (Hrsg)	EUV/AEUV, 2. Aufl 2012
Stürner/Matsumoto/Lüke/Deguchi (Hrsg)	Festschrift für Dieter Leipold zum 70. Geburtstag, 2009
Taeger/Gabel	Kommentar zum BDSG und zu den Datenschutzvorschriften des TKG und TMG, 2. Aufl 2014
Tamm	Die Entwicklung der Betriebsrisikolehre und ihre Rückführung auf das Gesetz, 2001
Tettinger/Wank	GewO, 8. Aufl 2011
Thiel/Fuhrmann/Jüngst	MAVO – Kommentar zur Rahmenordnung für eine Mitarbeitervertretungsordnung, 7. Aufl 2014
Thomas/Putzo	Kommentar zur Zivilprozessordnung, 36. Aufl 2015
Thüsing	Arbeitnehmerüberlassungsgesetz, Kommentar, 3. Aufl 2012 (zit: Thüsing/*Bearbeiter*)
Thüsing/Laux/Lembke	Kündigungsschutzgesetz, Kommentar, 3. Aufl 2014
Treber	EFZG, Kommentar zum Entgeltfortzahlungsgesetz, 2. Aufl 2007
Triskatis	Ethikrichtlinien im Arbeitsrecht, 2008
Tschöpe	Anwalts-Handbuch Arbeitsrecht, 8. Aufl 2013 (zit: Tschöpe/*Bearbeiter*)
TZA/Bearbeiter	siehe Buschmann/Dieball/Stevens-Bartol
Uhlenbruck/Hirte/Vallender (Hrsg)	Kommentar zur Insolvenzordnung, 13. Aufl 2010 (zit: Uhlenbruck/*Bearbeiter*)
Ulber	AÜG – Arbeitnehmerüberlassungsgesetz, Kommentar, 4. Aufl 2011

Literaturverzeichnis

Ulmer/ Habersack/ Henssler	Mitbestimmungsrecht, 3. Aufl 2013 (zit: UHH/*Bearbeiter*)
Urban-Crell/ Schulz	Arbeitnehmerüberlassung und Arbeitsvermittlung, 2003
Urban-Crell/Germakowski/ Bissels/Hurst	AÜG, 2. Aufl 2013
Waltermann	Sozialrecht, 10. Aufl 2012
ders	Arbeitsrecht, 16. Aufl 2012
Wandt	Festschrift für Egon Lorenz zum 70. Geburtstag, 2004
Wank	Arbeitnehmer und Selbständige, 1988
ders	Empirische Befunde zur »Scheinselbständigkeit« – Juristischer Teil, 1997 (zit: *Wank* Empirische Befunde)
Wank/ Hirte/ Frey	Festschrift für Herbert Wiedemann zum 70. Geburtstag, 2002
Weber	Die Schweigepflicht des Betriebsrats, 2010
Weber	BBiG Berufsbildungsgesetz und Berufsbildungsförderungsgesetz, Loseblattausgabe
Weber/ Ehrich/ Burmester	Handbuch der arbeitsrechtlichen Aufhebungsverträge, 5. Aufl 2009
Wedde	Telearbeit, 2002
Wedde/ Gerntke/ Kunz/ Platow	Entgeltfortzahlungsgesetz, 3. Aufl 2012
Weiss/ Gagel	Handbuch des Arbeits- und Sozialrechts, Loseblattausgabe (zit: HAS/ *Bearbeiter*)
Widmann/ Mayer (Hrsg)	Umwandlungsrecht, Kommentar, Loseblattausgabe, Stand: Juni 2012
Wiebauer	Kollektiv- und individualrechtliche Sicherung der Mitbestimmung, 2010
Wieczorek/ Schütze	Zivilprozessordnung und Nebengesetze, 3. Aufl 1999 (zit: Wieczorek/ Schütze/*Bearbeiter*)
Wiedemann (Hrsg)	Tarifvertragsgesetz, 7. Aufl 2007
Wiese/ Kreutz/ Oetker/ Raab/ Weber/ Franzen/Gutzeit/Jacobs	Gemeinschaftskommentar zum Betriebsverfassungsgesetz Band 1 (§§ 1–73) und Band 2 (§§ 74–132), 10. Aufl 2014 (zit: GK-BetrVG/ *Bearbeiter*)
Wiesehügel/ Sahl	Die Sozialkassen der Bauwirtschaft und die Entsendung innerhalb der Europäischen Union, 1998
Willemsen/ Hohenstatt/ Schnitker/ Schweibert/ Seibt	Umstrukturierung und Übertragung von Unternehmen, 5. Aufl 2016 (zit: Willemsen/*Bearbeiter* Unternehmensumstrukturierung)
Wimmer (Hrsg)	Frankfurter Kommentar zur Insolvenzordnung, 8. Aufl 2015 (zit: FK-InsO/*Bearbeiter*)
Windbichler	Arbeitsrecht im Konzern, 1989
Wlotzke/Preis/Kreft	Betriebsverfassungsgesetz, 4. Aufl 2009
Wlotzke/ Wißmann/ Koberski/ Kleinsorge	Kommentar zum Mitbestimmungsrecht, 4. Aufl 2011 (zit: WWKK/ *Bearbeiter*)
Wohlgemuth	Berufsbildungsgesetz, Handkommentar, 2011
Wolf/Neuner	Allgemeiner Teil des Bürgerlichen Rechts, 10. Aufl 2012
Zmarzlik/ Zipperer/ Viethen	Mutterschutzgesetz, Mutterschaftsleistungen, 9. Aufl 2005
Zöller	Kommentar zur Zivilprozessordnung, 31. Aufl 2016 (zit: Zöller/*Bearbeiter*)
Zöllner/ Loritz/ Hergenröder	Arbeitsrecht, 6. Aufl 2008 (zit.: ZLH/*Bearbeiter*)
Zwanziger	Das Arbeitsrecht der Insolvenzordnung, 5. Aufl 2015
Zwanziger/ Altmann/ Schneppendahl	Kündigungsschutzgesetz, Basiskommentar mit Nebengesetzen, 4. Aufl 2015

Gesetz über den Ausgleich der Arbeitgeberaufwendungen für Entgeltfortzahlung (Aufwendungsausgleichsgesetz – AAG)

Vom 22.12.2005 (BGBl I S 3686), zuletzt geändert durch Art 6 des Gesetzes vom 15.4.2015 (BGBl I S 583)

§ 1 Erstattungsanspruch

(1) Die Krankenkassen mit Ausnahme der landwirtschaftlichen Krankenkasse erstatten den Arbeitgebern, die in der Regel ausschließlich der zu ihrer Berufsausbildung Beschäftigten nicht mehr als 30 Arbeitnehmer und Arbeitnehmerinnen beschäftigen, 80 Prozent
1. des für den in § 3 Abs. 1 und 2 und den in § 9 Abs. 1 des Entgeltfortzahlungsgesetzes bezeichneten Zeitraum an Arbeitnehmer und Arbeitnehmerinnen fortgezahlten Arbeitsentgelts,
2. der auf die Arbeitsentgelte nach der Nummer 1 entfallenden von den Arbeitgebern zu tragenden Beiträge zur Bundesagentur für Arbeit und der Arbeitgeberanteile an Beiträgen zur gesetzlichen Kranken- und Rentenversicherung, zur sozialen Pflegeversicherung und die Arbeitgeberzuschüsse nach § 172a des Sechsten Buches Sozialgesetzbuch sowie der Beitragszuschüsse nach § 257 des Fünften und nach § 61 des Elften Buches Sozialgesetzbuch.

(2) Die Krankenkassen mit Ausnahme der landwirtschaftlichen Krankenkasse erstatten den Arbeitgebern in vollem Umfang
1. den vom Arbeitgeber nach § 14 Abs. 1 des Mutterschutzgesetzes gezahlten Zuschuss zum Mutterschaftsgeld,
2. das vom Arbeitgeber nach § 11 des Mutterschutzgesetzes bei Beschäftigungsverboten gezahlte Arbeitsentgelt,
3. die auf die Arbeitsentgelte nach der Nummer 2 entfallenden von den Arbeitgebern zu tragenden Beiträge zur Bundesagentur für Arbeit und die Arbeitgeberanteile an Beiträgen zur gesetzlichen Kranken- und Rentenversicherung, zur sozialen Pflegeversicherung und die Arbeitgeberzuschüsse nach § 172a des Sechsten Buches Sozialgesetzbuch sowie der Beitragszuschüsse nach § 257 des Fünften und nach § 61 des Elften Buches Sozialgesetzbuch.

(3) Am Ausgleich der Arbeitgeberaufwendungen nach den Absätzen 1 (U1-Verfahren) und 2 (U2-Verfahren) nehmen auch die Arbeitgeber teil, die nur Auszubildende beschäftigen.

Übersicht	Rdn.		Rdn.
A. Einleitung	1	D. Erstattungsanspruch	8
B. Träger des Ausgleichsverfahrens	2	I. Inhalt	8
C. Ausgleichsberechtigte AG	3	II. Höhe	13

A. Einleitung. Durch Art 1 des »Gesetz über den Ausgleich von Arbeitgeberaufwendungen und zur Änderung weiterer Gesetze« v 22.12.2005 (BGBl I S 3686) ist mit Wirkung v 1.10.2005 bzw 1.1.2006 (vgl näher Art 4 dieses G) das »Gesetz über den Ausgleich der Arbeitgeberaufwendungen für EFZ (Aufwendungsausgleichsgesetz – AAG)« in Kraft getreten (zum Gesetzgebungsverfahren vgl *Buchner* NZA 2006, 121 f). Die §§ 10–19 LFZG traten gleichzeitig außer Kraft (Art 4 S 3 des vorgenannten Gesetzes). Durch Art 41 des »GKV-Wettbewerbsstärkungsgesetz – GKV-WSG« v 26.3.2007 (BGBl I S 348) sind Änderungen in § 2 II, § 3 III und § 9 II erfolgt. Durch Art 4d Nr 1 des G v 21.12.2008 (BGBl I S 2940) ist § 2 III neu gefasst worden. Durch Art 7 Nr 2 lit b des G v 22.12.2011 (BGBl I S 3057) iVm Art 22 des G v 20.12.2011 (BGBl I S 2854) ist § 11 II eine Nr 3 angefügt worden. Mit Wirkung v 1.1.2013 sind in § 1 I und II jeweils die Wörter »landwirtschaftlichen Krankenkassen« durch die Wörter »landwirtschaftlichen Krankenkasse« ersetzt worden (Art 13 VI des G v 12.4.2012, BGBl I S 579). Mit Wirkung v 1.1.2016 sind in § 2 II die Sätze 3 u 4 angefügt u § 2 III neu gefasst worden (Art 6 des G v 15.4.2015, BGBl I S 583). 1

B. Träger des Ausgleichsverfahrens. Das Ausgleichsverfahren führen nach § 1 I und II alle Krankenkassen, mit Ausnahme der landwirtschaftlichen Krankenkasse – dies hat nur für die in der Landwirtschaft hauptberuflich mitarbeitenden Familienangehörigen Bedeutung (vgl § 11 II Nr 1) – durch. Die Zuständigkeit für das Ausgleichsverfahren im Einzelfall richtet sich nach § 2. 2

C. Ausgleichsberechtigte AG. Von den in § 11 Nr 1–4 aufgezählten AG abgesehen nehmen am Ausgleichsverfahren bzgl krankheitsbedingter EFZ alle AG teil, die »idR« ausschließlich der zu ihrer 3

§ 1 AAG Erstattungsanspruch

Berufsausbildung Beschäftigten (zum Begriff § 1 EFZG Rdn 3) nicht mehr als 30 AN beschäftigen (vgl § 1 I Nr 1). Damit ist die für die Anwendung dieses Ausgleichsverfahrens maßgebliche Unternehmensgröße – die Einbeziehung von AGen mit Kleinbetrieb begegnet keinen verfassungsrechtlichen Bedenken (BSG 27.10.2009, B 1 KR 12/09 R, NZA-RR 2010, 368, 369) – ggü § 10 I 1 Hs 1 Nr 1 LFZG um 10 AN erhöht worden (krit hierzu *Buchner* NZA 2006, 121, 123). Es sind, anders als noch gem § 10 I 1 Nr 1 LFZG, nun Arbeiter und Angestellte betroffen. AG, die keine AN, sondern nur Auszubildende beschäftigen, nehmen nach § 1 III ebenfalls am Ausgleichsverfahren teil.

4 Durch § 1 II Nr 1 und 2 werden AG – anders als früher gem § 10 I Nr 2 LFZG – unabhängig von der Anzahl ihrer Beschäftigten einbezogen. Dies setzt den Beschl des BVerfG v 18.11.2003 (1 BvR 302/96, EzA § 14 MuSchG Nr 17) um und beseitigt die Gefahren der faktischen Diskriminierung von Frauen bei der Einstellung in Betrieben (BT-Drs 16/39, S 12). Ausgenommen vom Ausgleichsverfahren bzgl Mutterschaftsleistungen sind aber gem § 11 II Nr 1 die mitarbeitenden Familienangehörigen eines landwirtschaftlichen Unternehmens und nach § 11 II Nr 2 die Dienststellen und Einrichtungen der in der BRD stationierten ausländischen Truppen.

5 Bei der Ermittlung der Beschäftigtenzahl für die Teilnahme am Ausgleichsverfahren nach § 1 I zählen Haupt-, Neben- und Zweigbetriebe als ein Betrieb, wenn sie vom gleichen AG betrieben werden (früher zu § 10 I 1 LFZG *Schmitt* 5. Aufl § 10 LFZG Rn 37). Daraus folgt die Zusammenrechnung der Beschäftigtenzahl bei einem AG mit mehreren Betrieben (*Knorr/Krasney* § 1 Rn 14; *Treber* § 1 Rn 4; früher BSG 16.12.1980, 3 RK 63/78, EEK IV/016). Ein AG mit weniger als 30 AN bleibt auch dann berechtigt, am Ausgleichsverfahren bzgl krankheitsbedingter EFZ teilzunehmen, wenn er mit einer größeren Trägergesellschaft wirtschaftlich verflochten ist (früher BSG 30.10.2002, B 1 KR 19/01 R, SozR 3-2400 § 28p SGB IV Nr 1). Bei der Errechnung der Gesamtzahl der beschäftigten AN bleiben neben den zu ihrer Berufsausbildung Beschäftigten (zum Begriff § 1 EFZG Rdn 3) nach § 3 I 5 schwerbehinderte Menschen iSd SGB IX unberücksichtigt. Das gilt auch für ausländische Saisonarbeitskräfte, die weiterhin dem Sozialversicherungsrecht ihres Heimatlandes unterliegen und dies durch Vorlage eines Vordrucks A 1 (bis 30.4.2010: E 101) nachweisen (Besprechungsergebnis der Spitzenverbände der Krankenkassen vom 26.8.2009). Dagegen werden entgegen § 10 I 5 LFZG (hierzu BSG 27.9.2005, B 1 KR 31/03 R, SozR 4-7860 § 10 LFZG Nr 2) jetzt AN, deren Arbeitszeit wöchentlich 10 Stunden oder monatlich 45 Stunden nicht überschreitet, mitgerechnet. Zu teilzeitbeschäftigten AN vgl § 3 I 6.

6 Im Hinblick auf den Sinn der früheren Begrenzung auf 20 AN als Voraussetzung für die Teilnahme am Ausgleichsverfahren nach § 10 I 1 Hs 1 LFZG (vgl BSG 10.5.2005, B 1 KR 22/03 R, NJW 2005, 3449, 3450) waren bei der Berechnung der Gesamtzahl der AN diejenigen nicht mitzuzählen, deren Arbeitsverhältnis längerfristig (Mindestdauer 8 Monate im Anschluss an die Regelung in § 10 II 2 LFZG) aufgrund einer der in § 3 EFZG Rdn 28 genannten Tatbestände ruhte und deshalb keine Lohnzahlungskosten verursachte (vgl *Schmitt* 5. Aufl § 10 LFZG Rn 33). Hiervon kann auch nach Heraufsetzung der relevanten Unternehmensgröße auf 30 AN ausgegangen werden (ebenso *Treber* § 1 Rn 8).

7 Bei der Errechnung der Gesamtzahl der beschäftigten AN sind mangels AN-Eigenschaft nicht zu berücksichtigen mithelfende Familienangehörige, für die kein Arbeitsverhältnis begründet ist (vgl zu mitarbeitenden Familienangehörigen eines landwirtschaftlichen Unternehmens auch § 11 II Nr 1), sowie Heimarbeiter (§ 1 I lit a HAG) und sonstige AN-ähnliche Personen. Nicht zu berücksichtigen sind auch beim Entleiher beschäftigte Leih-AN aufgrund erlaubter AN-Überlassung (vgl § 1 I 1 AÜG), da sie zum Entleiher in keinem Arbeitsverhältnis stehen.

8 **D. Erstattungsanspruch. I. Inhalt.** Nach § 1 I Nr 1 ist dem AG das **Arbeitsentgelt** zu erstatten, das er für die **Zeit der Arbeitsunfähigkeit** (§ 3 I EFZG) bzw der Arbeitsverhinderung wegen Sterilisation oder Schwangerschaftsabbruch (§ 3 II EFZG) bis zur Dauer von 6 Wochen oder nach § 9 I EFZG für den Zeitraum der Bewilligung einer Maßnahme der medizinischen Vorsorge und Rehabilitation, höchstens jedoch bis zur Dauer von 6 Wochen, an einen AN gezahlt hat. Hierzu zählen gem § 1 II EFZG auch Auszubildende, weshalb diese in § 1 I Nr 1 im Unterschied zu § 10 I 1 Hs 1 Nr 1 LFZG nicht mehr ausdrücklich als Bezieher von fortgezahltem Arbeitsentgelt genannt sind (vgl BT-Drs 16/39, S 12). Beginnt die Arbeitsunfähigkeit im Laufe eines Arbeitstages bzw während einer Arbeitsschicht (vgl hierzu § 3 EFZG Rdn 41), wird das Entgelt für den angebrochenen Tag nicht nach § 1 I Nr 1 erstattet. Der **Erstattungszeitraum beginnt** somit generell **mit dem 1. vollständig ausgefallenen Arbeitstag** und endet dann spätestens nach 6 Wochen (vgl GKV-Spitzenverband Rdschr 2010/222 S 13 ff). Zahlt der AG aufgrund arbeits- oder tarifvertraglicher Regelung über § 3 EFZG bzw § 9 I EFZG hinaus Entgelt an AN iSv § 1 I EFZG, besteht kein Erstattungsanspruch (ebenso *Knorr/Krasney* § 1 Rn 31; *Schmitt* § 1 Rn 23; *Treber* § 1 Rn 12).

Bei der Erstattung ist die nach §§ 3 I 1, 4 I 1 EFZG für die Zeit der Arbeitsunfähigkeit oder der medizinischen Vorsorge- oder Rehabilitationsmaßnahme fortzuzahlende Bruttoarbeitsvergütung (hierzu § 4 EFZG Rdn 5) zugrunde zu legen (vgl *Knorr/Krasney* § 1 Rn 45; *Treber* § 1 Rn 13). Gewährt der AG während der Arbeitsunfähigkeit oder der genannten Maßnahmen Sachleistungen an AN, ist ihr Wert als erstattungsfähige Aufwendung zu berücksichtigen. Dieser Wert bemisst sich aus der aufgrund von § 17 I 1 Nr 4 SGB IV jährlich neu im Voraus erlassenen Sozialversicherungsentgeltverordnung – SvEV – (*Knorr/Krasney* § 1 Rn 45). 9

Nach § 1 II Nr 1 ist der vom AG gem § 14 I MuSchG gezahlte **Zuschuss zum Mutterschaftsgeld** bzw der vom AG nach § 11 I 1 MuSchG gezahlte **Mutterschaftslohn** bei den dort genannten gesetzlichen Beschäftigungsverboten erstattungsfähig. Allerdings muss der AG gerade wegen eines Beschäftigungsverbots nach § 11 I 1 MuSchG und nicht aus anderen Gründen, zB wegen Arbeitsunfähigkeit infolge Schwangerschaft (§ 3 EFZG Rdn 22) – in diesem Fall kann aber ein Erstattungsanspruch nach § 1 I Nr 1 bestehen –, an die AN Arbeitsentgelt fortgezahlt haben (vgl früher BSG 8.3.1995, 1 RK 10/94, NZS 1995, 459, 460). Erstattungsfähig ist nach § 1 II Nr 2 nicht das gesamte Arbeitsentgelt, das »bei« bzw während eines Beschäftigungsverbots gezahlt worden ist. Vielmehr ergibt sich aus der Bezugnahme auf § 11 MuSchG, dass die Krankenkasse nur das Arbeitsentgelt zu erstatten hat, das der AG aufgrund des § 11 MuSchG zum Ausgleich für die wegen des Beschäftigungsverbots ausgefallene Arbeit aufgewendet hat (früher BSG 17.4.1991, 1/3 RK 18/89, EEK IV/034; vgl auch BSG 15.4.1997, 1 RK 13/96, NZA-RR 1998, 49, 50). Die Spitzenorganisationen der Sozialversicherung sind am 8./9.5.2012 übereingekommen, ab 1.7.2012 die Teilnehmer an einem Freiwilligendienst nach dem BFDG oder dem JFDG in das Verfahren zum Ausgleich der Arbeitgeberaufwendungen bei Mutterschaft einzubeziehen (vgl Niederschrift über Besprechung des GKV-Spitzenverbandes, der DRV Bund und der BA über Fragen des gemeinsamen Beitragseinzugs, unter Nr 7). 10

Nach § 1 I Nr 2 sind die auf die gem § 3 I und II EFZG bzw 9 I EFZG fortgezahlte Arbeits- oder Ausbildungsvergütung und gem § 1 II Nr 3 die auf den Mutterschaftslohn (§ 11 I 1 MuSchG) entfallenden, von den AG zu tragenden Beiträge zur BA sowie die AG-Anteile an den Beiträgen zur Kranken-, Renten- und sozialen Pflegeversicherung erstattungsfähig. Unter den Begriff »Beiträge zur gesetzlichen Rentenversicherung« fallen nach erfolgter zulässiger Befreiung des Beschäftigten von der Rentenversicherungspflicht (vgl § 6 I 1 Nr 1 SGB VI) auch die Beitragszuschüsse, die ein AG gem § 172a SGB VI idF von Art 4 Nr 10 des G v 22.12.2011 (BGBl I S 3057) – bis 31.12.2011 vgl § 172 II SGB VI aF – an eine berufsständische Versorgungseinrichtung zu zahlen hat. 11

Nach § 1 I Nr 2, II Nr 3 werden auch die vom AG nach § 257 SGB V und § 61 SGB XI zu zahlenden Beitragszuschüsse ausgeglichen. Da die AG-Anteile an Beiträgen in § 1 I Nr 2, II Nr 2 abschließend aufgeführt sind, sind zB nicht erstattungsfähig Beiträge des AG zu einer gesetzlichen Unfallversicherung und zu einer betrieblichen Altersversorgung. 12

II. Höhe.   In den Fällen der Nr 1 und 2 des § 1 I werden 80 % der AG-Aufwendungen, in denjenigen der Nr 1–3 des § 1 II werden die AG-Aufwendungen voll erstattet. 13

§ 2 Erstattung

(1) ¹Die zu gewährenden Beiträge werden dem Arbeitgeber von der Krankenkasse ausgezahlt, bei der die Arbeitnehmer und Arbeitnehmerinnen, die Auszubildenden oder die nach § 11 oder § 14 Abs. 1 des Mutterschutzgesetzes anspruchsberechtigten Frauen versichert sind. ²Für geringfügig Beschäftigte nach dem Vierten Buch Sozialgesetzbuch ist zuständige Krankenkasse die Deutsche Rentenversicherung Knappschaft-Bahn-See als Träger der knappschaftlichen Krankenversicherung. ³Für Arbeitnehmer und Arbeitnehmerinnen, die nicht Mitglied einer Krankenkasse sind, gilt § 175 Abs. 3 Satz 2 des Fünften Buches Sozialgesetzbuch entsprechend.

(2) ¹Die Erstattung wird auf Antrag erbracht. ²Sie ist zu gewähren, sobald der Arbeitgeber Arbeitsentgelt nach § 3 Abs. 1 und 2 und § 9 Abs. 1 des Entgeltfortzahlungsgesetzes, Arbeitsentgelt nach § 11 des Mutterschutzgesetzes oder Zuschuss zum Mutterschaftsgeld nach § 14 Abs. 1 des Mutterschutzgesetzes gezahlt hat. ³Stellt die Krankenkasse eine inhaltliche Abweichung zwischen ihrer Berechnung der Erstattung und dem Antrag des Arbeitgebers fest, hat sie diese Abweichung dem Arbeitgeber durch Datenübertragung nach § 28a Abs. 1 Satz 3 des Vierten Buches Sozialgesetzbuch unverzüglich zu melden. ⁴§ 28a Abs. 1 Satz 2 des Vierten Buches Sozialgesetzbuch gilt entsprechend.

(3) ¹Der Arbeitgeber hat einen Antrag nach Abs. 2 Satz 1 durch Datenübertragung nach § 28a Abs. 1 Satz 3 und 4 des Vierten Buches Sozialgesetzbuch an die zuständige Krankenkasse zu übermitteln. ²§ 28a

Abs. 1 Satz 2 des Vierten Buches Sozialgesetzbuch gilt für die Meldung nach Satz 1 entsprechend. ³Den Übertragungsweg und die Einzelheiten des Verfahrens wie den Aufbau des Datensatzes legt der Spitzenverband Bund der Krankenkassen in Grundsätzen fest, die vom Bundesministerium für Arbeit und Soziales im Einvernehmen mit dem Bundesministerium für Gesundheit zu genehmigen sind; die Bundesvereinigung der Deutschen Arbeitgeberverbände ist anzuhören.

1 § 2 I regelt die Zuständigkeit einer Krankenkasse für das Ausgleichsverfahren im Einzelfall.

2 Der Anspruch auf die vom AG zu beantragende (§ 2 II 1) Erstattung entsteht nach § 2 II 2, sobald der AG die in § 1 I und II genannten Leistungen erbracht hat (vgl *Giesen* NJW 2006, 721, 722; vgl früher auch BSG 25.9.2000, B 1 KR 2/00 R, EEK 3042). Die Fälligkeit tritt im gleichen Zeitpunkt ein, vorausgesetzt, der AG hat einen Antrag auf Erstattung gestellt (§ 2 II 1). Dem Antrag sind nach § 3 II die für die Gewährung der Erstattungsleistungen notwendigen Angaben, die von der gem § 2 I zuständigen Krankenkasse bestimmt werden (*Knorr/Krasney* § 2 Rn 10), wie zB Grund und Zeitraum der Vergütungszahlung, Höhe des gezahlten Entgelts und der Beitragsanteile (*Knorr/Krasney* § 2 Rn 13), beizufügen. Keine Voraussetzung für das Entstehen und die Fälligkeit des Erstattungsanspruchs ist, dass der AG eine ärztliche Bescheinigung über die Arbeitsunfähigkeit des erkrankten AN vorlegt (*Treber* § 2 Rn 6; früher BSG 9.9.1981, 3 RK 51/80, EEK IV/022).

3 Seit dem 1.1.2009 konnte der AG von sich aus gem § 2 III idF von Art 4d Nr 1 des G v 21.12.2008 (BGBl I S 2940) unter Beachtung des dort geregelten Verfahrens den Erstattungsantrag der Krankenkasse elektronisch übermitteln. Ab 1.1.2011 **ist dies Pflicht** geworden (§ 2 III idF v Art 4d Nr 2, Art 7 Abs 4 des vorgenannten G). Mit den am 27.5.2009 aufgestellten »Grundsätzen für den Datenaustausch des Antrags auf Erstattung nach dem Aufwendungsausgleichsgesetz (AAG)« idF ab 1.1.2010 (GKV Spitzenverband Rdschr 2009/353 S 1 ff) – nunmehr »Grundsätze für das Antragsverfahren auf Erstattung nach dem Aufwendungsausgleichsgesetz (AAG)« idF ab 1.1.2016, hierzu »Verfahrensbeschreibung« idF v 17.06.2015, gültig ab 1.1.2016 – ist der GKV-Spitzenverband der ihm nach § 2 III 4 zugewiesenen Aufgabe nachgekommen.

3.1 Nicht selten kommt es insbesondere bei größeren Betrieben zwischen den Angaben des AG in den Erstattungsanträgen und den Berechnungen der Erstattung durch die Krankenkassen zu Abweichungen. Durch die mit Wirkung vom 1.1.2016 in III 3 eingeführte Rückmeldpflicht soll der Aufwand, der einem AG bei der Feststellung der tatsächlichen Erstattungsgrundlagen üblicherweise entsteht - der AG kann ohne eine exakte inhaltliche Rückmeldung der vorgenannten Abweichungen diese nicht dem einzelnen AN zuordnen –, entfallen (BT-Drucks 18/3699, S 43). Die Neufassung des III beruht darauf, dass der Erstattungsantrag nach II 1 durch Datenübertragung nach § 28a I 2 u 3 SGB IV idF v Art 1 Nr 7 lit a bb des G v 15.4.2015 (BGBl I S 583) zu erfolgen hat.

§ 3 Feststellung der Umlagepflicht

(1) ¹Die zuständige Krankenkasse hat jeweils zum Beginn eines Kalenderjahrs festzustellen, welche Arbeitgeber für die Dauer dieses Kalenderjahrs an dem Ausgleich der Arbeitgeberaufwendungen nach § 1 Abs. 1 teilnehmen. ²Ein Arbeitgeber beschäftigt in der Regel nicht mehr als 30 Arbeitnehmer und Arbeitnehmerinnen, wenn er in dem letzten Kalenderjahr, das demjenigen, für das die Feststellung nach Satz 1 zu treffen ist, vorausgegangen ist, für einen Zeitraum von mindestens acht Kalendermonaten nicht mehr als 30 Arbeitnehmer und Arbeitnehmerinnen beschäftigt hat. ³Hat ein Betrieb nicht während des ganzen nach Satz 2 maßgebenden Kalenderjahrs bestanden, so nimmt der Arbeitgeber am Ausgleich der Arbeitgeberaufwendungen teil, wenn er während des Zeitraums des Bestehens des Betriebs in der überwiegenden Zahl der Kalendermonate nicht mehr als 30 Arbeitnehmer und Arbeitnehmerinnen beschäftigt hat. ⁴Wird ein Betrieb im Laufe des Kalenderjahrs errichtet, für das die Feststellung nach Satz 1 getroffen ist, so nimmt der Arbeitgeber am Ausgleich der Arbeitgeberaufwendungen teil, wenn nach der Art des Betriebs anzunehmen ist, dass die Zahl der beschäftigten Arbeitnehmer und Arbeitnehmerinnen während der überwiegenden Kalendermonate dieses Kalenderjahrs 30 nicht überschreiten wird. ⁵Bei der Errechnung der Gesamtzahl der beschäftigten Arbeitnehmer und Arbeitnehmerinnen bleiben schwerbehinderte Menschen im Sinne des Neunten Buches Sozialgesetzbuch außer Ansatz. ⁶Arbeitnehmer und Arbeitnehmerinnen, die wöchentlich regelmäßig nicht mehr als 10 Stunden zu leisten haben, werden mit 0,25, diejenigen, die nicht mehr als 20 Stunden zu leisten haben, mit 0,5 und diejenigen, die nicht mehr als 30 Stunden zu leisten haben, mit 0,75 angesetzt.

(2) Der Arbeitgeber hat der nach § 2 Abs. 1 zuständigen Krankenkasse die für die Durchführung des Ausgleichs erforderlichen Angaben zu machen.

(3) Der Spitzenverband Bund der Krankenkassen regelt das Nähere über die Durchführung des Feststellungsverfahrens nach Absatz 1.

Der durch VA iSd § 31 S 1 SGB X erfolgenden Feststellung nach § 3 I 1 kommt keine konstitutive Wirkung zu (vgl auch BT-Drs 16/39 S 13; BSG 27.10.2009, B 1 KR 12/09 R, NZA-RR 2010, 368, 369). Für die Teilnahme am Ausgleichsverfahren mit allen Rechten und Pflichten kommt es allein darauf an, ob die gesetzlichen Voraussetzungen vorliegen (BSG 27.10.2009, B 1 KR 12/09, NZA-RR 2010, 368, 369; *Knorr/Krasney* § 3 Rn 4; *Treber* § 3 Rn 5; früher BSG 12.3.1996, 1 RK 11/94, SozR 3-7860 § 14 LFZG Nr 3). Wird allerdings die Feststellung nicht oder erfolglos angefochten (vgl § 54 I 1 SGG), ist sie für das Kalenderjahr selbst dann gem § 77 SGG bindend, wenn die gesetzlichen Voraussetzungen für die Teilnahme des AG am Ausgleichsverfahren nicht erfüllt werden (*Knorr/Krasney* § 3 Rn 5; *Treber* § 3 Rn 5). 1

Streitig war zu § 10 II 2 LFZG, ob der 8-Monats-Zeitraum des § 3 I 2 zusammenhängend verlaufen musste oder nicht. Diese Streitfrage ist weiter aktuell (vgl näher *Knorr/Krasney* § 3 Rn 12). Nach Auffassung der Spitzenverbände der Krankenkassen (vgl Gem Rdschr v 21.12.2005 unter 2.4.4) müssen die 8 Monate nicht zusammenhängend verlaufen, wobei bei der Feststellung der AN-Zahl (nicht mehr als 30) von der Zahl der am 1. des Kalendermonats beschäftigten AN auszugehen ist. 2

§ 3 I 3 und 4 sehen, wie früher § 10 II 3 und 4 LFZG, Sonderregelungen für die Feststellung der Beschäftigtenzahl vor, wenn ein Betrieb in dem Kalenderjahr errichtet wird, das für die Feststellung maßgebend ist (S 3), bzw ein Betrieb im Laufe des Kalenderjahres errichtet wird, für das die Feststellung (allg) bereits getroffen ist (S 4). Schwankt die Arbeitszeit eines Teilzeitbeschäftigten von Woche zu Woche, ist für die Berechnung der Stundenzahl nach § 3 I 6 auf die Durchschnittsarbeitszeit in den letzten 12 Monaten vor Beginn des jeweils für die Beschäftigtenzahl maßgeblichen Kalenderjahres (§ 3 I 2) abzustellen (*Schmitt* § 3 AAG Rn 15; *Treber* § 3 Rn 11). 3

Der AG ist gem § 3 II verpflichtet, der nach § 2 I zuständigen Krankenkasse die für die Durchführung des Ausgleichs erforderlichen Angaben zu machen (hierzu ausf *Knorr/Krasney* § 2 Rn 10–13). Wird diese Pflicht verletzt, kann die Krankenkasse die Erstattung der in § 1 I genannten AG-Leistungen gem § 4 I zeitweilig verweigern. 4

In § 3 III wird dem Spitzenverband Bund der Krankenkassen – insb aus Gründen der Verwaltungsvereinfachung (BT-Drs 16/39 S 13) – die Aufgabe zugewiesen, Näheres über die Durchführung des Feststellungsverfahrens nach § 1 I zu regeln. Der Spitzenverband hat sich dabei iRd AAG einschließlich der nach § 10 entspr anzuwendenden Vorschriften für die gesetzliche Krankenversicherung zu halten (vgl *Knorr/Krasney* § 3 Rn 29). 5

§ 4 Versagung und Rückforderung der Erstattung

(1) Die Erstattung kann im Einzelfall versagt werden, solange der Arbeitgeber die nach § 3 Abs. 2 erforderlichen Angaben nicht oder nicht vollständig macht.

(2) ¹Die Krankenkasse hat Erstattungsbeträge vom Arbeitgeber insbesondere zurückzufordern, soweit der Arbeitgeber
1. schuldhaft falsche oder unvollständige Angaben gemacht hat oder
2. Erstattungsbeträge gefordert hat, obwohl er wusste oder wissen musste, dass ein Anspruch nach § 3 Abs. 1 und 2 oder § 9 Abs. 1 des Entgeltfortzahlungsgesetzes oder nach § 11 oder § 14 Abs. 1 des Mutterschutzgesetzes nicht besteht.

²Der Arbeitgeber kann sich nicht darauf berufen, dass er durch die zu Unrecht gezahlten Beträge nicht mehr bereichert sei. ³Von der Rückforderung kann abgesehen werden, wenn der zu Unrecht gezahlte Betrag gering ist und der entstehende Verwaltungsaufwand unverhältnismäßig groß sein würde.

Übersicht	Rdn.		Rdn.
A. Leistungsverweigerungsrecht	1	B. Rückforderungsrecht	3

A. Leistungsverweigerungsrecht. Nach § 4 I kann die Erstattung versagt werden, solange der AG seiner aus § 3 II folgenden Verpflichtung, die für die Durchführung des Ausgleichsverfahrens notwendigen Angaben zu machen, nicht nachkommt. Es handelt sich um ein **zeitweiliges Leistungsverweigerungsrecht**, dh es besteht nur solange, bis der AG die erforderlichen Angaben nachholt. Die Ausübung dieses Leistungsverweigerungsrechts ist in das pflichtgemäße Ermessen der Krankenkasse gestellt, die für die Erstattung der in § 1 I und II genannten AG-Leistungen nach § 2 I zuständig ist. 1

Außerhalb des Anwendungsbereichs des § 4 I kann die Erstattung versagt werden, wenn die Voraussetzungen für den Anspruch nach § 1 I und II nicht erfüllt sind, der AG einen auf ihn nach § 6 I EFZG 2 übergegangenen Schadensersatzanspruch nicht bis zur anteiligen Höhe des Erstattungsbetrages gem § 5 abgetreten hat (§ 5 Rdn 3) oder der Erstattungsanspruch verjährt ist (vgl § 6 Rdn 1). Dagegen hat die zuständige Krankenkasse kein Leistungsverweigerungsrecht, wenn der AG mit der Zahlung der Umlagebeträge (§ 7 Rdn 8) in Rückstand geraten ist. In diesem Fall besteht lediglich die Aufrechnungsmöglichkeit nach § 6 II Nr 1.

3 **B. Rückforderungsrecht.** Die für die Durchführung des Ausgleichsverfahrens nach § 2 I zuständige Krankenkasse hat **insb** unter den in § 4 II 1 Nr 1 und 2 genannten Voraussetzungen die Erstattungsbeträge vom AG zurückzufordern. Hieraus folgt, dass die Krankenkasse Erstattungsbeträge vom AG **auch aus anderen** als den in dieser Norm genannten **Gründen zurückverlangen** kann (SächsLSG 13.8.2014, L 1 KR 192/11; *Knorr/Krasney* § 4 Rn 4; *Treber* § 4 Rn 4). Die Versagung der Rückforderung in § 4 II 2 unter Bezugnahme auf das Bereicherungsrecht macht deutlich, dass § 4 II nähere Ausformungen des öffentl-rechtlichen Erstattungsanspruchs (§ 50 SGB X) enthält (SächsLSG 13.8.2014, L 1 KR 192/11; vgl früher BSG 25.9.2000, B 1 KR 2/00 R, JurionRS 2000, 15000).

4 Ist der zu Unrecht gezahlte Betrag gering **und** wäre der entstehende Verwaltungsaufwand unverhältnismäßig groß – in Anlehnung an § 110 S 2 SGB X ist von einer Bagatellgrenze iHv 50 € auszugehen (vgl BSG 25.9.2000, B 1 KR 2/00 R, JurionRS 2000, 15000) –, steht es gem § 4 II 3 im Ermessen der Krankenkasse, ob sie von ihrem Rückforderungsrecht Gebrauch macht (näher *Knorr/Krasney* § 4 Rn 11; *Treber* § 4 Rn 12; vgl auch SächsLSG 13.8.2014, L 1 KR 192/11, juris). Der Anspruch auf Rückforderung ist ausgeschlossen, wenn die Krankenkasse die Unrichtigkeit oder Unvollständigkeit der Angaben des AG erkannt oder grob fahrlässig nicht erkannt hat (näher /*Knorr/Krasney* § 4 Rn 6).

§ 5 Abtretung
Ist auf den Arbeitgeber ein Anspruch auf Schadenersatz nach § 6 des Entgeltfortzahlungsgesetzes übergegangen, so ist die Krankenkasse zur Erstattung nur verpflichtet, wenn der Arbeitgeber den auf ihn übergegangenen Anspruch bis zur anteiligen Höhe des Erstattungsbetrags an die Krankenkasse abtritt.

1 Durch diese Regelung wird eine ungerechtfertigte Bereicherung des AG verhindert, die eintreten würde, wenn er gleichzeitig in den Genuss des nach § 6 I EFZG übergegangenen Schadensersatzanspruchs (hierzu § 6 EFZG Rdn 2 ff) und der Erstattung der von ihm erbrachten Leistungen gelangen würde (vgl. auch *Hufnagel* NJW 2008, 1626, 1627). Der in § 5 normierte Abtretungsanspruch der Krankenkasse entfällt, falls der auf den AG übergegangene Schadensersatzanspruch infolge vollständiger Befriedigung durch den Schädiger nach § 362 I BGB erloschen ist und somit nicht mehr abgetreten werden kann (vgl *Knorr/Krasney* § 5 Rn 1; *Schmitt* § 5 Rn 15; *Treber* § 5 Rn 4).

2 Die Krankenkasse darf das Angebot des AG auf Abschluss eines Abtretungsvertrages (vgl § 398 S 1 BGB), um dadurch die Erstattung seiner Leistungen gem § 1 I Nr 1 und 2 zu erlangen, nicht zurückweisen. Mit der Abtretung tritt die Krankenkasse als neuer Gläubiger an die Stelle des AG (vgl § 398 S 2 BGB). Die abgetretene Forderung unterliegt allen Einschränkungen, mit denen der nach § 6 I EFZG gesetzlich übergegangene Anspruch belastet ist (vgl §§ 389–411 BGB). Der Schädiger kann deshalb der Krankenkasse gem § 404 BGB alle Einwendungen entgegenhalten, die er zZ der Abtretung der Forderung gegen den AG als bisherigen Gläubiger hatte.

3 Die Abtretungsverpflichtung des AG gilt »bis zur anteiligen Höhe des Erstattungsbetrages«. Danach muss bei einer Erstattung der in § 1 I Nr 1 und 2 aufgeführten Leistungen in Höhe von 80 % der AG den Schadensersatzanspruch lediglich in Höhe dieses Prozentsatzes abtreten, wobei die Abtretung auf 80 % des Erstattungsbetrages beschränkt bleibt, auch wenn der Schadensersatzanspruch den Betrag der nach § 1 I Nr 1 und 2 zu erstattenden Aufwendungen überschreitet. Erreicht der Schadensersatzanspruch nicht die Höhe des Erstattungsbetrages, ist er in den Fällen des § 1 I Nr 1 und 2 dennoch nur zu 80 % abzutreten (vgl *Knorr/Krasney* § 5 Rn 5). Ist durch die Satzung der Krankenkasse gem § 9 II Nr 1 ein geringerer Erstattungssatz als 80 % festgelegt, ist dieser für die Berechnung der Höhe des an die Krankenkasse abzutretenden Schadensersatzanspruchs maßgebend (*Treber* § 5 Rn 3).

§ 6 Verjährung und Aufrechnung

(1) Der Erstattungsanspruch verjährt in vier Jahren nach Ablauf des Kalenderjahres, in dem er entstanden ist.
(2) Gegen Erstattungsansprüche dürfen nur Ansprüche aufgerechnet werden auf
1. Zahlung von Umlagebeträgen, Beiträge zur gesetzlichen Krankenversicherung und solche Beträge, die die Einzugstelle für andere Träger der Sozialversicherung und die Bundesagentur für Arbeit einzuziehen hat,
2. Rückzahlung von Vorschüssen,
3. Rückzahlung von zu Unrecht gezahlten Erstattungsbeträgen,
4. Erstattung von Verfahrenskosten,
5. Zahlung von Geldbußen,
6. Herausgabe einer von einem Dritten an den Berechtigten bewirkten Leistung, die der Krankenkasse gegenüber wirksam ist.

Übersicht	Rdn.		Rdn.
A. Verjährung	1	C. Rechtsweg	3
B. Aufrechnung	2		

A. Verjährung. Der Erstattungsanspruch verjährt gem § 6 I in 4 Jahren nach Ablauf des Kalenderjahres, in dem er entstanden ist (hierzu § 2 Rdn 2). Für die Hemmung, die Unterbrechung und die Wirkung der Verjährung gelten nach § 45 II SGB I seit dem 1.1.2002 die §§ 203 ff BGB entspr (*Rolfs* NZS 2002, 169, 172; vgl auch BSG 25.9.2000, B 1 KR 2/00 R, JurionRS 2000, 15000). Die 4-jährige Verjährungsfrist des § 6 I ist analog auf den Rückforderungsanspruch nach § 4 II 1 (hierzu § 4 Rdn 3 und 4) anzuwenden (vgl auch *Treber* § 6 Rn 3; i Erg ebenso gem § 45 I SGB I SächsLSG 13.8.2014, L 1 KR 192/11, juris bzw nach § 50 IV 1 SGB X *Knorr/Krasney* § 6 Rn 11). 1

B. Aufrechnung. Die Krankenkasse kann gegen Erstattungsansprüche des AG nur mit den in § 6 II aufgeführten Ansprüchen (hierzu näher *Knorr/Krasney* § 6 Rn 15 ff) aufrechnen. Neben § 51 I SGB I gelten die §§ 387 ff BGB entspr (vgl *Knorr/Krasney* § 6 Rn 12). 2

C. Rechtsweg. Die Rechtsbeziehung zwischen dem Träger des Ausgleichsverfahrens und dem AG ist öffentl-rechtlicher Natur. Es handelt sich um Angelegenheiten der Krankenversicherung, für die der Rechtsweg zu den Sozialgerichten nach § 51 I SGG gegeben ist (*Knorr/Krasney* § 2 Rn 24; vgl früher BSG 15.7.1993, 1 RK 13/92, ZIP 1993, 1399, 1400). 3

§ 7 Aufbringung der Mittel

(1) Die Mittel zur Durchführung der U1- und U2-Verfahren werden von den am Ausgleich beteiligten Arbeitgebern jeweils durch gesonderte Umlagen aufgebracht, die die erforderlichen Verwaltungskosten angemessen berücksichtigen.
(2) [1]Die Umlagen sind jeweils in einem Prozentsatz des Entgelts (Umlagesatz) festzusetzen, nach dem die Beiträge zur gesetzlichen Rentenversicherung für die im Betrieb beschäftigten Arbeitnehmer, Arbeitnehmerinnen und Auszubildenden bemessen werden oder bei Versicherungspflicht in der gesetzlichen Rentenversicherung zu bemessen wären. [2]Bei der Berechnung der Umlage für Aufwendungen nach § 1 Abs. 1 sind Entgelte von Arbeitnehmern und Arbeitnehmerinnen, deren Beschäftigungsverhältnis bei einem Arbeitgeber nicht länger als vier Wochen besteht und bei denen wegen der Art des Beschäftigungsverhältnisses auf Grund des § 3 Abs. 3 des Entgeltfortzahlungsgesetzes kein Anspruch auf Entgeltfortzahlung im Krankheitsfall entstehen kann, sowie einmalig gezahlte Arbeitsentgelte nach § 23a des Vierten Buches Sozialgesetzbuch nicht zu berücksichtigen. [3]Für die Zeit des Bezugs von Kurzarbeitergeld bemessen sich die Umlagen nach dem tatsächlich erzielten Arbeitsentgelt bis zur Beitragsbemessungsgrenze in der gesetzlichen Rentenversicherung.

Übersicht	Rdn.		Rdn.
A. Umlageverfahren	1	D. Entgeltbegriff	7
B. Umlagepflichtige AG	2	E. Umlagesätze	8
C. Bemessungsgrundlagen	3		

§ 7 AAG Aufbringung der Mittel

1 **A. Umlageverfahren.** Nach § 7 I werden die Mittel, die für die Durchführung des Ausgleichs der AG-Aufwendungen notwendig sind, jeweils durch eine Umlage von den am Ausgleichsverfahren beteiligten AG aufgebracht. Es werden gesonderte Umlageverfahren »U1« (Ausgleich der Aufwendungen für die EFZ) sowie »U2« (Ausgleich der Aufwendungen für die Mutterschaftsleistungen) durchgeführt. Anders als früher in § 14 I LFZG wird in § 7 I ausdrücklich klargestellt, dass die Umlagen auch die bei den Krankenkassen anfallenden Verwaltungskosten umfassen. Der jeweilige AG-Beitrag ist gem § 7 II 1 für alle AN neben den weiterhin genannten Auszubildenden in Vom-Hundert-Sätzen des gezahlten Arbeitsentgelts zu berechnen. Entgegen dem Gesetzeswortlaut wird von den teilnehmenden AG also keine Umlage, sondern es werden Beiträge wie zu einer Versicherung erhoben (*Knorr/Krasney* § 7 Rn 1; *Treber* § 7 Rn 2; vgl auch BSG 27.10.2009, B 1 KR 12/09 R, NZA-RR 2010, 368, 370; früher BSG 30.10.2002, B 1 KR 19/01 R, SozR 3-2400 zu 28p SGB IV Nr 1). Mit Hinweis auf § 10 legt das SG HH (20.6.2011, S 6 R 887/10, juris) den Begriff des AN nach sozialversicherungsrechtlichen Kriterien (vgl § 7 I SGB IV) aus.

2 **B. Umlagepflichtige AG.** Der Begriff der Beteiligung am Ausgleich der AG-Aufwendungen ist in § 7 I ebenso wenig wie früher in § 14 I LFZG definiert. Er stimmt aber – wie sich aus Wortlaut und Systematik des G ergibt – mit dem Begriff der Teilnahme in § 1 inhaltlich überein. Danach sind zur Zahlung der Umlagebeträge nur die AG verpflichtet, die am Ausgleich der Aufwendungen iSv § 1 »teilnehmen« (*Treber* § 7 Rn 3; früher BSG 24.6.1992, 1 RK 37/91, EEK IV/036), ohne dass es im Einzelfall auf Alter und Geschlecht der beschäftigten AN ankommt (Sächs LSG 8.4.1998, L 1 KR 23/97, NZS 1999, 204, 205; vgl auch LSG NRW 10.12.2009, L 16 (5) KR 211/08, juris). In das Umlageverfahren sind auch solche AG einbezogen, die keine Frauen beschäftigen (BSG 13.12.2011, B 1 KR 7/11 R, NZA-RR 2012, 429, 432). Dazu gehört im Umlageverfahren »U1« auch ein mit einer größeren Trägergesellschaft wirtschaftlich verflochtener AG, der selbst weniger als 30 AN beschäftigt (vgl näher § 1 Rdn 5).

3 **C. Bemessungsgrundlagen.** Die **Umlage** zur **Deckung** der **Aufwendungen** für die **EFZ** im Krankheitsfall an AN (U1) sowie die Umlagebeträge für die Aufwendungen bei **Mutterschutz** an AN (U2) sind **getrennt festzusetzen**. Dabei gelten unterschiedliche Bemessungsgrundlagen:

4 Bemessungsgrundlage für die Umlage »U1« und »U2« ist nach § 7 II 1 das Arbeitsentgelt, nach dem die Beiträge zu den gesetzlichen Rentenversicherungen für die im Betrieb beschäftigten AN bemessen werden (näher *Knorr/Krasney* § 7 Rn 6 ff) oder zu bemessen wären, wären die betreffenden Personen rentenversicherungspflichtig (näher *Knorr/Krasney* § 7 Rn 14). In die Bemessung der Umlagen sind auch die Entgelte der im Betrieb beschäftigten AN einzubeziehen, für die nach den Regelungen des europäischen Gemeinschaftsrechts – hierzu VO EWG Nr 1408/71 (ABl EG Nr L 149 S 2), vgl seit 1.5.2010 auch VO EG Nr 883/2004 (ABl EU Nr L 166 S 1) idF der VO EG Nr 988/2009 (ABl EU Nr L 284 S 43, zZt idF der VO[EU] Nr 1372/2013 v 19.12.2013 [ABl EU Nr L 346]) – die dt Rechtsvorschriften über soziale Sicherheit gelten. Dies gilt auch für solche AG, die ihren Betriebssitz im Ausland haben und AN in Gebieten außerhalb des Betriebssitz-Staats beschäftigen (näher GKV-Spitzenverband Rdschr 2010/249 S 11 f). Gem § 7 II 2 ist für AN mit einer Beschäftigungsdauer von weniger als 4 Wochen (§ 3 III EFZG) bei einem AG keine Umlage »U1« zu entrichten. Ferner ist in § 7 II 2 geregelt, dass bei der Berechnung der Umlage »U1« Einmalzahlungen nach § 23a SGB IV außer Betracht bleiben.

5 Gem § 7 II 3 aF waren für Zeiten des Bezugs von Kurzarbeiter- oder Winterausfallgeld die Umlagebeträge nach dem in dieser Zeit tatsächlich erzielten Arbeitsentgelt bis zur Beitragsbemessungsgrenze der gesetzlichen Rentenversicherung (hierzu Rdn 7) zu berücksichtigen. Mit Wirkung vom 1.4.2006 gilt dies nach § 7 II 3 idF von Art 10 des »Gesetz zur Förderung ganzjähriger Beschäftigung« v 24.4.2006 (BGBl I S 926) nur noch für Zeiten des Bezugs von Kurzarbeitergeld. Denn das Winterausfallgeld ist seitdem gem § 175 I SGB III idF von Art 1 des vorgenannten Gesetzes (= seit 1.4.2012: § 101 I SGB III idF von Art 1 des G v 20.12.2011, BGBl I S 2854) durch das sog Saison-Kurzarbeitergeld abgelöst worden (vgl näher HzA/*Vossen* Gruppe 2 Rn 131/1).

6 Da in Heimarbeit Beschäftigte (§ 1 I HAG) weder AN sind (§ 10 EFZG Rdn 1) noch im Betrieb beschäftigt werden, sind die an sie gezahlten Arbeitsentgelte selbst dann nicht bei der Berechnung der Umlagebeträge zu berücksichtigen, wenn ihnen nach § 10 IV EFZG durch TV (hierzu § 10 EFZG Rdn 11) ein Anspruch auf EFZ im Krankheitsfall zusteht (*Feichtinger/Malkmus* § 7 Rn 13; *Knorr/Krasney* § 7 Rn 17).

7 **D. Entgeltbegriff.** Die Anknüpfung an die Bemessungsgrundlage für die Rentenversicherung in § 7 II 1 bedeutet, dass für die Berechnung der Umlagen nur solche Bezüge bis zu der jährlich im Voraus vom BMAS durch RechtsVO festgelegten Beitragsbemessungsgrenze der Rentenversicherung (vgl §§ 159, 160 SGB VI) herangezogen werden können, *die Arbeitsentgelt iSd Sozialversicherung sind*, sodass auf die §§ 14–18 SGB IV *und die* gem § 17 I 1 Nr 4 SGB IV jährlich neu im Voraus erlassene Sozialversicherungsentgeltverordnung –

SvEV – zurückzugreifen ist (*Knorr/Krasney* § 7 Rn 4; *Treber* § 7 Rn 7). Umlagen sind daher eigentlich nicht nur vom laufenden Arbeitsentgelt, sondern auch von einmalig gezahlten AG-Leistungen unter Berücksichtigung der anteiligen Jahres-Beitragsbemessungsgrenze der Rentenversicherung (vgl § 23a III 2 SGB IV) zu berechnen (vgl auch BSG 15.4.1997, 1 RK 13/96, NZA-RR 1998, 49, 51). Seit dem 1.1.2006 bleiben nach § 7 II 2 Einmalzahlungen nach § 23a SGB IV bei der Berechnung der Umlagen »U1« und »U2« – für Letztere nicht klar dem Wortlaut der Vorschrift zu entnehmen – unberücksichtigt (BT-Drs 16/39, S 13; *Buchner* NZA 2006, 121, 123; *Treber* § 7 Rn 8).

E. **Umlagesätze.** Die Umlagebeträge werden jeweils in Vom-Hundert-Sätzen der in § 7 II genannten Bemessungsgrundlagen festgesetzt. Die Höhe bestimmt nach § 9 I Nr 1 die für das Ausgleichsverfahren zuständige Krankenkasse (§ 2 I). Für die Festsetzung der Umlagesätze gilt der Grds des § 21 SGB IV, der über § 10 zur Anwendung gelangt (näher *Knorr/Krasney* § 7 Rn 24 ff). Für die Zahlung, Fälligkeit und den Einzug der Umlage sind nach § 10 die entspr sozialrechtlichen Vorschriften des Ersten, Vierten, Fünften und Zehnten Buches des SGB anzuwenden. 8

§ 8 Verwaltung der Mittel
(1) ¹Die Krankenkassen verwalten die Mittel für den Ausgleich der Arbeitgeberaufwendungen als Sondervermögen. ²Die Mittel dürfen nur für die gesetzlich vorgeschriebenen oder zugelassenen Zwecke verwendet werden.
(2) ¹Die Krankenkasse kann durch Satzungsregelung die Durchführung der U1- und U2-Verfahren auf eine andere Krankenkasse oder einen Landes- oder Bundesverband übertragen. ²Der Einzug der Umlagen obliegt weiterhin der übertragenden Krankenkasse, die die von den Arbeitgebern gezahlten Umlagen an die durchführende Krankenkasse oder den Verband weiterzuleiten hat. 3§ 90 des Vierten Buches Sozialgesetzbuch gilt entsprechend.

Die für die Durchführung des Ausgleichsverfahrens gem § 2 I zuständige Krankenkasse hat die Mittel für den Ausgleich der AG-Aufwendungen nach § 8 I 1 als Sondervermögen zu verwalten. Dabei sind die Umlagebeträge für die in § 7 I geregelten Ausgleichsverfahren getrennt zu halten (*Knorr/Krasney* § 8 Rn 1; *Treber* § 8 Rn 2). Gem § 8 I 2 darf die Krankenkasse die Mittel für den Ausgleich der AG-Aufwendungen nur zu den gesetzlich vorgeschriebenen oder zugelassenen Zwecken verwenden. Hierzu gehören die Gewährung der Erstattungsleistungen, die zur Durchführung des Ausgleichs der AG-Aufwendungen notwendigen Verwaltungsaufgaben sowie nach § 9 I Nr 2 die Bildung von Betriebsmitteln. § 8 II 1 räumt den Krankenkassen die Möglichkeit ein, die Durchführung der Aufgaben nach dem AAG auf eine andere Krankenkasse oder einen Landes- oder Bundesverband zu übertragen (näher *Knorr/Krasney* § 8 Rn 4). Hierfür ist ein Satzungsbeschl nach § 9 II Nr 4 nötig. Der Einzug der Umlagen obliegt nach § 8 II 2 weiterhin der übertragenden Krankenkasse, die die von den AG gezahlten Umlagen an die durchführende Krankenkasse oder den Verband weiterzuleiten hat (vgl auch Gem Rdschr der Spitzenverbände der Krankenkassen vom 21.12.2005, unter 2.15 und 2.16). 1

§ 9 Satzung
(1) Die Satzung der Krankenkasse muss insbesondere Bestimmungen enthalten über die
1. Höhe der Umlagesätze,
2. Bildung von Betriebsmitteln,
3. Aufstellung des Haushalts,
4. Prüfung und Abnahme des Rechnungsabschlusses.
(2) Die Satzung kann
1. die Höhe der Erstattung nach § 1 Abs. 1 beschränken und verschiedene Erstattungssätze, die 40 vom Hundert nicht unterschreiten, vorsehen,
2. eine pauschale Erstattung des von den Arbeitgebern zu tragenden Teils des Gesamtsozialversicherungsbeitrags für das nach § 11 des Mutterschutzgesetzes gezahlte Arbeitsentgelt vorsehen,
3. die Zahlung von Vorschüssen vorsehen,
4. (weggefallen)
5. die Übertragung nach § 8 Abs. 2 enthalten.
(3) Die Betriebsmittel dürfen den Betrag der voraussichtlichen Ausgaben für drei Monate nicht übersteigen.

§ 11 AAG Ausnahmevorschriften

(4) In Angelegenheiten dieses Gesetzes wirken in den Selbstverwaltungsorganen nur die Vertreter der Arbeitgeber mit; die Selbstverwaltungsorgane der Ersatzkassen haben Einvernehmen mit den für die Vertretung der Interessen der Arbeitgeber maßgeblichen Spitzenorganisationen herzustellen.
(5) Die Absätze 1 bis 4 gelten auch für die durchführende Krankenkasse oder den Verband nach § 8 Abs. 2 Satz 1.

1 § 9 I regelt den zwingenden Inhalt der Satzung der für das Ausgleichsverfahren nach § 2 I zuständigen Krankenkasse.

2 Nach § 9 II Nr 1 kann nur in den in § 1 I Nr 1 und 2 genannten Fällen die Höhe der Erstattung von 80 % durch eine entspr Satzungsbestimmung des Trägers des Ausgleichsverfahrens (§ 2 I) beschränkt werden (vgl auch BSG 13.12.2011, B 1 KR 7/11 R, NZA-RR 2012, 429, 431 f; LSG BW 25.8.2010, L 5 KR 5601/09, juris). Zulässig sind seit dem 1.4.2007 gem § 9 II Nr 1 idF von Art 41 Nr 3 lit a des G v 26.3.2007 (BGBl I S 378) mehrere satzungsrechtliche Erstattungssätze bis 40 % (näher BSG 13.12.2011, B 1 KR 3/11 R, NZA-RR 2012, 537, 538 f; Sächs LSG 11.8.2010, L 1 KR 8/10, JurionRS 2010, 28137; zur früheren Rechtslage vgl BSG 18.7.2006, B 1 A 1/06 R, NZA-RR 2007, 84, 85 f). Der Träger des Ausgleichsverfahrens kann aufgrund von § 9 II Nr 2 – ebenfalls durch Satzung – eine pauschale Erstattung des von den AG zu tragenden Teils des Gesamtsozialversicherungsbeitrags für das nach § 11 MuSchG gezahlte Arbeitsentgelt vorsehen. § 9 II erlaubt keine über den Regelungsgehalt des § 1 II Nr 1 hinausgehende, den einzelnen Krankenversicherungen zur freien Ausgestaltung überlassene Beschränkung der Erstattung im U2-Verfahren gem § 1 II (BSG 13.12.2011, B 1 KR 7/11 R, NZA-RR 2012, 429, 431 f).

§ 10 Anwendung sozialversicherungsrechtlicher Vorschriften
Die für die gesetzliche Krankenversicherung geltenden Vorschriften finden entsprechende Anwendung, soweit dieses Gesetz nichts anderes bestimmt.

§ 11 Ausnahmevorschriften
(1) § 1 Abs. 1 ist nicht anzuwenden auf
1. den Bund, die Länder, die Gemeinden und Gemeindeverbände sowie sonstige Körperschaften, Anstalten und Stiftungen des öffentlichen Rechts sowie die Vereinigungen, Einrichtungen und Unternehmungen, die hinsichtlich der für die Beschäftigten des Bundes, der Länder oder der Gemeinden geltenden Tarifverträge tarifgebunden sind, sowie die Verbände von Gemeinden, Gemeindeverbänden und kommunalen Unternehmen einschließlich deren Spitzenverbände,
2. zivile Arbeitskräfte, die bei Dienststellen und diesen gleichgestellten Einrichtungen der in der Bundesrepublik Deutschland stationierten ausländischen Truppen und der dort auf Grund des Nordatlantikpaktes errichteten internationalen militärischen Hauptquartiere beschäftigt sind,
3. Hausgewerbetreibende (§ 1 Abs. 1 Buchstabe b des Heimarbeitsgesetzes) sowie die in § 1 Abs. 2 Satz 1 Buchstabe b und c des Heimarbeitsgesetzes bezeichneten Personen, wenn sie hinsichtlich der Entgeltregelung gleichgestellt sind,
4. die Spitzenverbände der freien Wohlfahrtspflege (Arbeiterwohlfahrt, Diakonisches Werk der Evangelischen Kirche in Deutschland, Deutscher Caritasverband, Deutscher Paritätischer Wohlfahrtsverband, Deutsches Rotes Kreuz und Zentralwohlfahrtsstelle der Juden in Deutschland) einschließlich ihrer selbstständigen und nichtselbstständigen Untergliederungen, Einrichtungen und Anstalten, es sei denn, sie erklären schriftlich und unwiderruflich gegenüber einer Krankenkasse mit Wirkung für alle durchführenden Krankenkassen und Verbände ihre Teilnahme am Umlageverfahren nach § 1 Abs. 1.

(2) § 1 ist nicht anzuwenden auf
1. die nach § 2 Abs. 1 Nr. 3 des Zweiten Gesetzes über die Krankenversicherung der Landwirte versicherten mitarbeitenden Familienangehörigen eines landwirtschaftlichen Unternehmens,
2. Dienststellen und diesen gleichgestellte Einrichtungen der in der Bundesrepublik Deutschland stationierten ausländischen Truppen und der dort auf Grund des Nordatlantikpaktes errichteten internationalen militärischen Hauptquartiere mit Ausnahme der in Absatz 1 Nr. 2 genannten zivilen Arbeitskräfte,
3. im Rahmen des § 54 a des Dritten Buches Sozialgesetzbuch bezuschusste betriebliche Einstiegsqualifizierungen und im Rahmen des § 79 Abs. 2 des Dritten Buches Sozialgesetzbuch bezuschusste Berufsausbildungen in außerbetrieblichen Einrichtungen.

§ 12 Freiwilliges Ausgleichsverfahren

(1) ¹Für Betriebe eines Wirtschaftszweiges können Arbeitgeber Einrichtungen zum Ausgleich der Arbeitgeberaufwendungen errichten, an denen auch Arbeitgeber teilnehmen, die die Voraussetzungen des § 1 nicht erfüllen. ²Die Errichtung und die Regelung des Ausgleichsverfahrens bedürfen der Genehmigung des Bundesministeriums für Gesundheit.
(2) Auf Arbeitgeber, deren Aufwendungen durch eine Einrichtung nach Absatz 1 ausgeglichen werden, finden die Vorschriften dieses Gesetzes keine Anwendung.
(3) Körperschaften, Personenvereinigungen und Vermögensmasse im Sinne des § 1 Abs. 1 des Körperschaftsteuergesetzes, die als Einrichtung der in Absatz 1 bezeichneten Art durch das Bundesministerium für Gesundheit genehmigt sind, sind von der Körperschaftsteuer, Gewerbesteuer und Vermögensteuer befreit.

Nach § 12 I 1 ist es möglich, für Betriebe eines Wirtschaftszweiges Einrichtungen zum Ausgleich der AG-Aufwendungen zu bilden, an denen sich auch AG beteiligen können, die mehr als 30 AN beschäftigen. Die Errichtung und die Regelung des freiwilligen Ausgleichsverfahrens (näher *Knorr/Krasney* § 12 Rn 2 ff; *Treber* § 12 Rn 2 ff) bedarf gem § 12 I 1 der Genehmigung des Bundesministeriums für Gesundheit (hierzu *Knorr/Krasney* § 12 Rn 8 ff; *Treber* § 12 Rn 4). Beteiligen sich AG mit weniger als 30 beschäftigten AN an derartigen freiwilligen Einrichtungen zum Ausgleich der AG-Aufwendungen, scheiden sie gem § 12 II aus dem gesetzlichen Ausgleichsverfahren betreffend Aufwendungen für die EFZ (U1) aus. Nach § 12 III sind Körperschaften, Personen, Vereinigungen und Vermögensmassen iSd § 1 I des Körperschaftsteuergesetzes, die als freiwillige Einrichtungen vom Bundesministerium für Gesundheit genehmigt sind, von der Körperschaftsteuer, Gewerbesteuer und Vermögensteuer befreit.

Gesetz über die Rechtsverhältnisse der Mitglieder des Deutschen Bundestages (Abgeordnetengesetz – AbgG)

In der Fassung der Bekanntmachung vom 21.2.1996 (BGBl I S 326), das zuletzt durch das Gesetz vom 11.7.2014 (BGBl I S 906) geändert worden ist – Auszug –

§ 2 Schutz der freien Mandatsausübung
(1) Niemand darf gehindert werden, sich um ein Mandat im Bundestag zu bewerben, es zu erwerben, anzunehmen oder auszuüben.
(2) Benachteiligungen am Arbeitsplatz im Zusammenhang mit der Bewerbung um ein Mandat sowie dem Erwerb, der Annahme und Ausübung eines Mandates sind unzulässig.
(3) [1]Eine Kündigung oder Entlassung wegen des Erwerbs, der Annahme oder Ausübung des Mandats ist unzulässig. [2]Die Kündigung ist im Übrigen nur aus wichtigem Grunde zulässig. [3]Der Kündigungsschutz beginnt mit der Aufstellung des Bewerbers durch das dafür zuständige Organ der Partei oder mit der Einreichung des Wahlvorschlags. [4]Er gilt ein Jahr nach Beendigung des Mandats fort.

§ 3 Wahlvorbereitungsurlaub
[1]Einem Bewerber um einen Sitz im Bundestag ist zur Vorbereitung seiner Wahl innerhalb der letzten zwei Monate vor dem Wahltag auf Antrag Urlaub von bis zu zwei Monaten zu gewähren. [2]Ein Anspruch auf Fortzahlung seiner Bezüge besteht für die Dauer der Beurlaubung nicht.

§ 4 Berufs- und Betriebszeiten
(1) Die Zeit der Mitgliedschaft im Bundestag ist nach Beendigung des Mandats auf die Berufs- und Betriebszugehörigkeit anzurechnen.
(2) Im Rahmen einer bestehenden betrieblichen oder überbetrieblichen Altersversorgung wird die Anrechnung nach Absatz 1 nur im Hinblick auf die Erfüllung der Unverfallbarkeitsfristen des § 1 des Gesetzes zur Verbesserung der betrieblichen Altersversorgung vorgenommen.

1 Die bes **Statusrechte** des Abgeordneten verbieten als soziales Grundrecht jedweden Zwang am Arbeitsplatz in wirtschaftlicher, beruflicher oder persönlicher Hinsicht. Der Schutz vor Behinderungen und Benachteiligungen bei der Mandatsausübung durch private oder öffentliche AG ist Ausfluss der parlamentarisch und demokratisch ausgerichteten Staatsgestaltung und wird als Teil der staatsbürgerlichen Betätigungsfreiheit und Konkretisierung der »**Abgeordnetenfreiheit**« verstanden (BVerfG 21.9.1976, 2 BvR 350/75, DÖV 1977, 51). Die Statusrechte sind für **Abgeordnete des BT** in Art 48 GG (insoweit auch für die **Mitglieder der Bundesversammlung**) und im AbgG, des **Europaparlaments** im EuAbgG, der **Landtage der dt Bundesländer** in den Landesverfassungen und -abgeordnetengesetzen sowie der **Vertretungen der Landkreise, Gemeinden und Bezirke der Stadtstaaten** in den Gemeinde- und Landkreisordnungen bzw bezirklichen Vorschriften geregelt (Einzelheiten KR/*Weigand* ParlKSch). Art 48 GG kommt unmittelbare Drittwirkung zu. Vertragliche Abreden, die den Statusrechten zuwiderlaufen, sind nichtig (§ 134 BGB). Zuwiderhandlungen gegen die Statusrechte begründen Unterlassungs- und Schadensersatzansprüche, da § 2 AbgG ein Schutzgesetz iSd § 823 II BGB ist.
2 Art 48 GG und das AbgG gelten für **Bundestagsabgeordnete** sowie für **Wahlbewerber** auf ein Bundestagsmandat. Wahlbewerber ist derjenige, der seine Absicht zur Teilnahme an der Bundestagswahl dem AG nachweisen kann, zB wenn er nach Maßgabe des § 21 BWG aufgestellt und der Wahlvorschlag von der Partei gem § 19 BWG (bzw bei einer Wählergruppe gem § 20 BWG) dem Wahlleiter eingereicht ist. Wahlbewerber können Direktkandidaten oder Listenbewerber (Listenplatz unerheblich) sein. Nicht zu den Wahlbewerbern zählt der **Ersatzkandidat**, der das Statusrecht erst erhält, wenn er wegen des Todes oder des Verlustes der Wählbarkeit des Wahlbewerbers an dessen Stelle tritt (LAG Frankfurt 2.9.1975, 5 Sa 128/75, NJW 1976, 1655).
3 Die Schutzregelungen gem Art 48 I, II GG und §§ 2 ff AbgG gelten für jedermann, AN, arbeitnehmerähnliche Personen wie Heimarbeiter und Hausgewerbetreibende iSd § 2 HAG, arbeitnehmerähnliche Handelsvertreter (§ 84 II HGB) sowie »freie Mitarbeiter«, die in einem in § 12a TVG beschriebenen Verhältnis wirtschaftlicher und sozialer Abhängigkeit stehen. Für Ang des öff Dienstes, Beamte, Richter, Soldaten und Hochschullehrer gelten bes Regelungen gem §§ 5 ff AbgG (beamtenrechtl Besonderheiten BayVGH

19.11.2008, 15 B 08.2040). Auch im Rahmen von Gesellschaftsverträgen können Statusrechte geschützt sein (BGH 6.5.1965, II ZR 82/63, NJW 1965, 1958 f), nicht jedoch zugunsten von Rechtsanwälten als freiberuflich Tätigen (BGH 2.5.1985, III ZR 4/84, AP Nr 5 zu Art 48 GG).

Der Schutz gem dem AbgG beginnt mit dem Datum der Bewerbung und endet für gewählte Abgeordnete mit Ablauf eines Jahres nach Beendigung der Mitgliedschaft im Parlament (§ 2 III 4). Eine **Mitteilungspflicht** über eine beabsichtigte oder bestehende Kandidatur oder die Wahrnehmung eines Abgeordnetenmandats besteht bei Abschluss eines AV nicht. Nicht gewählte Parlamentsbewerber können sich vom Datum ihrer Wahlniederlage an nicht mehr auf den Schutz gem Art 48 GG und AbgG berufen. 4

Das **Behinderungsverbot** (§ 2 I) ist **weit auszulegen**. Behindert werden meint jede Art von Androhen und Inaussichtstellen sowie die Ausübung von Zwang, Druck oder anderen unfreiwilligen Einflussnahmen, die den geschützten Personenkreis in der Wahrnehmung seiner staatsbürgerlichen Rechte beeinträchtigen. 5

Das **Benachteiligungsverbot** (§ 2 II) soll den Abgeordneten oder Wahlbewerber vor spezifisch **mandatsbedingten** Nachteilen schützen. Maßnahmen im Betrieb, die allen AN gelten und ihre Position verändern, müssen auch vom Statusträger hingenommen werden; denn der Schutzgedanke beabsichtigt nicht eine allg rechtliche Besserstellung ggü anderen Betriebsangehörigen. Vom Benachteiligungsverbot erfasst sind neben der Kdg oder Entlassung auch Versetzungen, Umsetzungen, niedrigere Einstufung, Verweigerung betrieblicher Sozialleistungen und der Anrechnung der Mandatszeit auf die Berufs- und Betriebszugehörigkeit, die Nichtberücksichtigung bei arbeitsplatzbedingten Fortbildungen sowie andere **arbeitsrechtliche oder tatsächliche Beeinträchtigungen** wie zB die ungünstige Einteilung der Arbeitszeit oder im Hinblick auf die Mandatsübernahme vereinbarte Befristung des Arbeitsverhältnisses, nicht jedoch ein Anspruch auf fiktive Fortschreibung der letzten Regelbeurteilung nach langjähriger Abgeordnetentätigkeit (BVerwG 16.12.2010, 2 C 11/09, ZTR 2011, 327). Der Schutz gem § 2 II bezieht sich auf das Androhen und Inaussichtstellen von Benachteiligungen. 6

Mit der Unzulässigkeit der **Kündigung** oder **Entlassung** (§ 2 III) ist jede unfreiwillige Beendigung eines Beschäftigungsverhältnisses gemeint, die ursächlich ist oder im Zusammenhang mit der Bewerbung um ein oder der Annahme oder der Ausübung des Mandats stehen, auch wenn diese Gründe nicht ausdrücklich benannt werden. Langfristige mandatsbedingte Abwesenheit vom Arbeitsplatz berechtigt nicht zur Kdg, auch wenn betriebliche Dispositionen wie eine Ersatzeinstellung oder die Wegrationalisierung des Arbeitsplatzes erforderlich werden. Kündigungen aus anderen Gründen bleiben nach Maßgabe der allgemeinen Vorschriften möglich (BAG 30.6.1994, 8 AZR 94/93, EzA Art 48 GG Nr 1). Hängen die Gründe mit dem Mandat zusammen, sind sowohl die **ordentliche** als auch die **außerordentliche** Kdg unzulässig. 7

Eine **Kdg aus anderen als mandatsbedingten Gründen** ist nur aus **wichtigem Grunde** iSd § 626 I BGB zulässig, wobei das Merkmal »ohne Einhaltung einer Kündigungsfrist« kein konstitutives Element der außerordentlichen Kdg darstellt (LAG Schl-Holst 26.1.1989, 6 Sa 460/88). Insoweit wird der Mandatsträger ggü anderen AN des Betriebs privilegiert. Ausgeschlossen wird damit eine Änderungs-Kdg zum Zwecke der niedrigeren Einstufung (BT-Drs VII/5531 S 14) wie auch eine Kdg zB aus **betriebsbedingten Gründen**, die mehrere AN treffen können (außer bei Betriebsstilllegung) oder im Fall von kostenträchtigen Um- und Neudispositionen, die der AG wegen des Mandats des AN treffen muss. Im Fall betrieblicher Erfordernisse ist die Kdg aus wichtigem Grunde nicht fristlos, sondern nur fristgemäß in der für den AN ohne Statusrecht geltenden Frist zulässig (LSG Darmstadt, 30.4.1981, L 1 AR 1242/79). Die mandatsbedingte unbezahlte Abwesenheit vom Arbeitsplatz stellt keinen wichtigen Grund zur Kdg dar (LAG Düsseldorf 7.1.1966, AP 2 zu Art 48 GG). Dagegen kann in Einzelfällen die Fortsetzung des Arbeitsverhältnisses für den AG unzumutbar sein, zB in einem Tendenzbetrieb, wenn der Mandatsträger bzw -bewerber der Tendenz zuwiderläuft (*Zinn/Stein* HessLV Art 76 Rn 4c). Die **Beweislast** für das Vorliegen der Voraussetzungen einer Kdg aus wichtigem Grunde trägt der AG (LAG Schl-Holst 26.1.1989, 6 Sa 460/88). 8

Den Regelungen gem Art 48 GG und §§ 2 bis 4 AbgG iW entsprechende Statusrechte sind für Landtags-, Bezirks- und Kreistagsabgeordnete und für Gemeindevertreter festgeschrieben: **Baden-Württemberg** Art 29 LVerf, § 2 AbgG, § 26 KrO, § 32 GO; **Bayern** Art 30 LVerf, § 2 AbgG; **Berlin** Art 19 LVerf, § 2 LAbgG, § 10 BezVerwG; **Brandenburg** Art 2, 21 LVerf, § 2 AbgG, § 30 GO; **Bremen** Art 97 LVerf, § 2 AbgG; **Hamburg** Art 13 LVerf, § 8 AbgG; **Hessen** Art 76 LVerf, § 2 AbgG, § 28a LkrO, § 35a GO; **Mecklenburg-Vorpommern** Art 23 LVerf, § 2 AbgG, §§ 27, 19, 102 KommVerf; **Niedersachsen** Art 13 LVerf, § 2 AbgG, § 54 KommVerfG; **Nordrhein-Westfalen** Art 46 LVerf, § 2 AbgG, § 29 KrO, § 44 GO; **Rheinland-Pfalz** Art 96 LVerf, § 2 AbgG, § 12a LKrO, § 18a GO; **Saarland** Art 84 LVerf, § 2 AbgG; **Sachsen** Art 42 LVerf, § 2 AbgG, § 31 LKrO, § 35 GO; **Sachsen-Anhalt** Art 56 LVerf, § 2 AbgG, § 43 KVG; **Schleswig-Holstein** Art 5 LVerf, § 2 AbgG, § 27 KrO, § 24a GO; **Thüringen** Art 51 LVerf, § 2 AbgG, §§ 12, 94 ThürKO. 9

Den dt **Europaabgeordneten** kommen die gleichen Statusrechte wie den BT-Abgeordneten zu (§ 3 EuAbgG). 10

Gesetz über zwingende Arbeitsbedingungen für grenzüberschreitend entsandte und für regelmäßig im Inland beschäftigte Arbeitnehmer und Arbeitnehmerinnen (Arbeitnehmer-Entsendegesetz – AEntG)

Vom 20.4.2009 (BGBl I S 799), zuletzt geändert durch Artikel 6 des Gesetzes vom 11.8.2014 BGBl. I S. 1348)

Abschnitt 1 Zielsetzung

§ 1 Zielsetzung

¹Ziele des Gesetzes sind die Schaffung und Durchsetzung angemessener Mindestarbeitsbedingungen für grenzüberschreitend entsandte und für regelmäßig im Inland beschäftigte Arbeitnehmer und Arbeitnehmerinnen sowie die Gewährleistung fairer und funktionierender Wettbewerbsbedingungen durch die Erstreckung der Rechtsnormen von Branchentarifverträgen. ²Dadurch sollen zugleich sozialversicherungspflichtige Beschäftigung erhalten und die Ordnungs- und Befriedigungsfunktion der Tarifautonomie gewahrt werden.

Übersicht	Rdn.		Rdn.
A. Normzwecke	1	C. Grundstruktur	7
B. Kernpunkte der Reformen von 2009 sowie 2015 (Gesetz zur Stärkung der Tarifautonomie)	6	D. Vereinbarkeit des AEntG mit der Dienstleistungsfreiheit	8
		E. Arbeitskollisionsrecht und IZPR	9

1 **A. Normzwecke.** Die Urfassung des AEntG wurde nach einem vorläufigen Scheitern der Entsende-RL (RL 96/71/EG des Europäischen Parlaments und des Rates vom 16.12.1996 über die Entsendung von AN iRd Erbringung von Dienstleistungen, ABlEG 1997 Nr L 18/1) zu Beginn des Jahres 1996 autonom vom dt Gesetzgeber in folgendem grenzüberschreitenden Zusammenhang erlassen und anschließend an die RL angepasst:

2 Die Dienstleistungsfreiheit der Art 56 ff AEUV erlaubt es einem Dienstleistungserbringer aus einem Mitgliedstaat, seine Dienstleistung in jedem anderen Mitgliedstaat der EU anzubieten und zur Durchführung der Dienstleistungserbringung seine AN mitzubringen. Gem Art 8 II Rom I-VO findet bei einer solchen nur vorübergehenden Entsendung kein Statutenwechsel statt (s Art 1, 3, 8, 9 Rom I-VO Rdn 10); für das Sozialrecht folgt aus Art 12 I VO 883/2004 (v 29.4.2004, ABlEG 2004 Nr L 166/1; die erforderliche Durchführungsverordnung 987/2009 v 16.9.2009, ABlEG 2009 Nr L 284/1 ist am 1.5.2010 in Kraft getreten, Art 97, womit seit diesem Tag auch VO 883/2004 gilt, Art 91), dass die Sozialabgaben bei einer Entsendung für die Dauer von bis zu 24 Monaten nach dem Recht des entsendenden Staates zu entrichten sind; nach dem bis 1.5.2010 einschlägigen Art 14 VO 1408/71 (ABlEG 1971 Nr L 149/2; *Cornelissen* RdA 1996, 329, 330 f) betrug die Dauer max 12 Monate. Auf die AN, die der Dienstleistungserbringer aus einem anderen Mitgliedstaat mitbringt, bleibt für die Dauer ihrer Entsendung also das Arbeits- und Sozialrecht ihres Heimatstaats anwendbar.

3 Kombiniert man die europa- und kollisionsrechtlichen Aspekte, hat ein Dienstleistungserbringer aus einem Niedriglohnmitgliedstaat ggü einem Konkurrenten aus einem Hochlohnmitgliedstaat im Ergebnis einen Wettbewerbsvorteil. **Ursprüngliches Ziel** von AEntG und Entsende-RL war es allein, diesen Wettbewerbsvorteil des Dienstleistungserbringers aus einem Niedriglohnmitgliedstaat aufzuheben, indem für die Zeit der Entsendung in den Hochlohnmitgliedstaat kostenträchtige Arbeitsbedingungen des Rechts des Hochlohnmitgliedstaats zwingend auch auf die entsandten AN Anwendung finden (ErfK/*Schlachter* § 1 Rn 1 f). Die Urfassung des AEntG richtete sich an die Baubranche, weil sich das beschriebene Problem aus deutscher Sicht dort stellte, und knüpfte an das Instrument des allgemeinverbindlichen TV an, weil die maßgeblichen Wettbewerbsfaktoren in jener Branche durch TV geregelt werden. Die spätere RL hingegen wurde von vornherein nicht generell auf bestimmte Branchen beschränkt und umfasst in ihrem Art 3 zudem auch Mindestarbeitsbedingungen, die in Rechts- und Verwaltungsvorschriften geregelt sind (zur Ausnahme s § 3 Rdn 3).

4 Erste Änderungen am AEntG erfolgten, um den Vorgaben der RL zu genügen. Dass auch der inländische AG von diesen Mindestbedingungen betroffen wird, diente zunächst nur dem Zweck, den Vorwurf der Diskriminierung zwischen inländischen und ausländischen Dienstleistungserbringern zu vermeiden (*Schwab* NZA-RR 2004, 1, 4). Inzwischen gerät die europarechtliche Facette des AEntG jedoch immer mehr in den Hintergrund, während gleichzeitig das AEntG als Grundlage für einen Mindestlohn in das Zentrum der

politischen Auseinandersetzung rückt. Warum insoweit nicht mit § 5 TVG gearbeitet wird, lässt sich erklären: Es wurde die Gesetzestechnik der Urfassung des AEntG aufgegriffen, die AVE von TV von im Gesetz bestimmten Branchen. Die nach §§ 7 f im Vergleich zu § 5 TVG anders ausgestaltete Rechtstechnik zur Überwindung der Geltung von TV nur bei beiderseitiger Tarifbindung legt diese Entscheidung noch stärker in die Hände der Exekutive. Zur Änderung durch das Gesetz zur Stärkung der Tarifautonomie s Rdn 6.1.

In seiner geltenden Fassung verfolgt das AEntG damit **mehrere Normzwecke**: Korrektiv der Ausübung der europarechtlichen Dienstleistungsfreiheit auf der einen und Instrument zur Schaffung branchenspezifischer tariflicher Mindestlöhne auf der anderen Seite. Die allgemeine und wenig sagende Formulierung in § 1 versucht, alle diese Facetten aufzufangen. Unausgesprochen kommt dem AEntG im System zwingender Mindestentgelte langfristig auch die Aufgabe zu, ein Absinken des Lohnniveaus in Branchen, in denen auf der Grundlage des AEntG bisher höhere Löhne bestanden, auf die Höhe des allgemeinen gesetzlichen Mindestlohns zu verhindern, § 1 III 1 MiLoG. Kurzfristig ist wegen § 24 I MiLoG über das AEntG aber auch ein Unterschreiten des allgemeinen gesetzlichen Mindestlohns möglich. 5

B. Kernpunkte der Reformen von 2009 sowie 2015 (Gesetz zur Stärkung der Tarifautonomie). In der Reform von **2009** wurde der sachliche Anwendungsbereich des AEntG durch Aufnahme der Branchen Sicherheitsdienstleistungen, Bergbauspezialarbeiten auf Steinkohlebergwerken, Wäschereidienstleistungen im Objektkundengeschäft, Abfallwirtschaft einschließlich Straßenreinigung und Winterdienst, Aus- und Weiterbildungsleistungen nach dem zweiten und dritten Buch des SGB sowie der Pflegebranche erneut erweitert. Nicht unwesentlich verändert wurde die Technik der nicht tarifautonomen Geltung, die nunmehr in § 7 geregelt ist: Einbindung des Tarifausschusses des § 5 TVG in das Verfahren zur Überwindung der nur tarifautonomen Geltung bei den neu einbezogenen Branchen in § 7 V, Vorgaben für die Auswahl des TV, wenn mehrere einschlägige TV existieren, § 7 II u III, und eine gesetzliche Regelung der Tarifkonkurrenz in § 8 II. Weil in der vom sachlichen Anwendungsbereich seitdem auch erfassten Pflegebranche wegen der zahlreichen dort tätigen kirchlichen Einrichtungen die Arbeitsbedingungen nicht durchweg durch TV festgelegt werden, wurde ein Alternativweg zu der sonst im Gesetz zugrunde gelegten Rechtstechnik nicht tarifautonomer Geltung eines TV geschaffen: die Durchsetzung der von einer Kommission, § 12, vorgeschlagenen Mindestarbeitsbedingungen durch RechtsVO. Schließlich wurde die gesamte Gesetzesstruktur verändert. 6

Die wichtigste Änderung des AEntG durch das Gesetz zur Stärkung der Tarifautonomie findet sich in dem neuen § 4 II: Das AEntG löst sich in § 4 II von der Bindung an die in § 4 I genannten Branchen. § 3 gilt nun auch für TV aus anderen Branchen, wenn die Erstreckung der Rechtsnormen des TV im öffentlichen Interesse geboten erscheint, um die in § 1 genannten Gesetzesziele zu erreichen und dabei insbesondere einem Verdrängungswettbewerb über die Lohnkosten entgegenzuwirken. Die Voraussetzungen für den Erlass der RechtsVO finden sich für diese Fälle in einem neuen § 7a. Eine weitere wichtige Änderung betrifft die **Regelungstechnik**, mit der ein TV für Außenseiter verbindlich gemacht wird: Nach bisherigem Recht waren AVE gem § 5 TVG und RechtsVO gem § 3 S 1 Alternativen. In der Neufassung von § 3 S 1 wird die Möglichkeit der AVE auf § 4 I Nr 1 beschränkt, während für alle anderen Branchen von § 4 I u II RechtsVO erforderlich sind. § 24a enthält eine § 24 I MiLoG entsprechende Übergangsregelung zum Verhältnis zwischen Löhnen auf der Grundlage des MiLoG und des AEntG. Änderungen wurden auch an §§ 1, 3-9, 12 sowie im 6. Abschnitt zur Kontrolle und Durchsetzung vorgenommen. 6.1

C. Grundstruktur. Die beiden Ziele des Gesetzes (Rdn 5) lassen sich technisch nicht auf demselben Weg verwirklichen. Die branchenspezifische nicht tarifautonome Geltung von TV regeln die §§ 3 ff, während die RL im Kern in §§ 2 f umgesetzt wird. Das Zusammenspiel beider Mechanismen ist nicht einfacher gestaltet als in der früheren Fassung des AEntG: 7
- Geht es um einen grenzüberschreitenden Sachverhalt, sind die Abschnitte 2 und 3 nebeneinander anwendbar. Sind die entsprechenden Arbeitsbedingungen in Rechts- oder Verwaltungsvorschriften geregelt, folgt ihre Anwendung auch auf entsandte AN aus § 2. Soweit sie ihre Grundlage in einem allgemeinverbindlich erklärten TV haben, ergibt sich der Anwendungsbefehl aus § 3 S 1.
- Die innerdeutschen Sachverhalte, in denen für eine der in § 4 genannten Branchen ein tariflicher Mindestlohn geschaffen werden soll, werden nach dem 3. Abschnitt beurteilt. Wegen der Besonderheiten der Pflegebranche wurde für diese der beschriebene alternative Weg zur nicht tarifautonomen Geltung (Rdn 6) erforderlich, dem in den §§ 10 ff ein eigener 4. Abschnitt gewidmet wird.

Die Abschnitte 5 und 6 schließlich betreffen die zivilrechtliche und staatliche Durchsetzung.

D. Vereinbarkeit des AEntG mit der Dienstleistungsfreiheit. Für die Praxis ist von einer Vereinbarkeit der Entsende-RL und des AEntG mit Art 56 AEUV auszugehen (dagegen etwa noch *Krebber* 8

§ 2 AEntG   Allgemeine Arbeitsbedingungen

ZEuP 2001, 358 ff mwN zum Streitstand). Der EuGH hat zunächst nur zu Detailfragen der Vereinbarkeit mitgliedstaatlicher Umsetzungsakte mit der Dienstleistungsfreiheit entschieden (EuGH 12.10.2004, Rs C-60/03, Slg 2004, I-9553 – Wolff & Müller; 24.1.2002, Rs C-164/99, Slg 2002, I-787 – Portugaia Construções; 25.10.2001, Rs C-49, 50, 52–54, 68–71/98, Slg 2001, I-7831 – Finalarte; 15.3.2001, Rs C-165/98, Slg 2001, I-2189 – Mazzoleni; 14.4.2005, Rs C-341/02, Slg 2005, I-2733 – Kommission/Deutschland; 23.11.1999, Rs C-369/96, Slg 1999, I-8453 – Arblade). In der folgenden Rechtsprechung (EuGH 18.12.2007, Rs C-341/05, Slg 2007, I-11767 – Laval; 3.4.2008, Rs C-346/06, Slg 2008, I-1989 – Rüffert; 19.6.2008, Rs C-319/06, Slg 2008, I-4323 – Kommission/Großherzogtum Luxemburg) hat der EuGH den Widerspruch zwischen allgemeiner Grundfreiheitendogmatik und Anwendung des Rechts des Bestimmungslandes auf entsandte AN aufgelöst und die EntsendeRL in das allgemeine Prüfungsschema für Grundfreiheiten eingebaut: Die Anwendung des Arbeitsrechts des Bestimmungsstaats auf entsandte AN ist eine Beschränkung der Dienstleistungsfreiheit des AG. Der diese Beschränkung möglicherweise rechtfertigende zwingende Grund des Allgemeininteresses ist der Schutz der entsandten AN. Das Ausmaß des zulässigen Schutzes dieser AN durch Anwendung des Arbeitsrechts des Bestimmungsstaats wird abschließend durch die EntsendeRL konkretisiert. Nur soweit es die EntsendeRL vorsieht, ist die Verdrängung des Herkunftslandprinzips zugunsten des Bestimmungslandprinzips mithin unionsrechtskonform (*Krebber* CMLRev 46, 2009, 1725).

8.1 Das **Nebeneinander** unterschiedlicher nicht tarifautonom geltender Mindestlöhne, die teilweise allg gelten (MiLoG), branchenabhängig (AEntG) oder von vornherein nur auf ein Gesetz beschränkt sind (§ 3a AÜG), welches durch die Reformen in 2015 verstärkt wurde, kann aber einen eigenständigen Grund für einen **Verstoß** gegen die Dienstleistungsfreiheit liefern (§ 5 TVG Rdn 1).

8.2 **E. Arbeitskollisionsrecht und IZPR.** Zu den internationalen privatrechtlichen Aspekten s Art 1, 3, 8, 9 Rom I-VO Rdn 20–26. Zum Gerichtsstand und zur gerichtlichen Durchsetzung in wirklichen Entsendefällen s § 15 Rdn 1 f.

Abschnitt 2 Allgemeine Arbeitsbedingungen

§ 2 Allgemeine Arbeitsbedingungen

Die in Rechts- oder Verwaltungsvorschriften enthaltenen Regelungen über
1. die Mindestentgeltsätze einschließlich der Überstundensätze,
2. den bezahlten Mindestjahresurlaub,
3. die Höchstarbeitszeiten und Mindestruhezeiten,
4. die Bedingungen für die Überlassung von Arbeitskräften, insbesondere durch Leiharbeitsunternehmen,
5. die Sicherheit, den Gesundheitsschutz und die Hygiene am Arbeitsplatz,
6. die Schutzmaßnahmen im Zusammenhang mit den Arbeits- und Beschäftigungsbedingungen von Schwangeren und Wöchnerinnen, Kindern und Jugendlichen und
7. die Gleichbehandlung von Männern und Frauen sowie andere Nichtdiskriminierungsbestimmungen

finden auch auf Arbeitsverhältnisse zwischen einem im Ausland ansässigen Arbeitgeber und seinen im Inland beschäftigten Arbeitnehmern und Arbeitnehmerinnen zwingend Anwendung.

1 § 2 entspricht dem früheren § 7 und dient der Umsetzung von Art 3 Entsende-RL. Während der frühere § 7 die Reihenfolge, in der die Arbeitsbedingungen in Art 3 Entsende-RL aufgeführt wurden, übernommen hatte, löst sich § 2 hiervon ohne erkennbaren Grund und Nutzen.

2 § 2 hat Bedeutung allein für den ursprünglichen Normzweck, dem Korrektiv der Ausübung der europarechtlichen Dienstleistungsfreiheit in grenzüberschreitenden Sachverhalten (§ 1 Rdn 1–3). In einem rein innerstaatlichen Sachverhalt folgt die Anwendung entsprechender Regelungen ohne den Umweg über § 2 aus dem Gesetz selbst. Für grenzüberschreitende Sachverhalte hingegen definiert § 2 einen harten Kern, der sich notfalls auch gegen das Arbeitsverhältnisstatut durchsetzt. § 2 statuiert damit international zwingende Normen iSv Art 9 Rom I-VO (Art 1, 3, 8, 9 Rom I-VO Rdn 18–25). § 2 nennt wesentliche Bereiche des Arbeitsrechts – zu den einzelnen im Katalog aufgeführten Bereichen s *Krebber* IPRax 2001, 22, 24 – und entwertet damit weitgehend die Bedeutung des Arbeitsverhältnisstatuts (zu dessen Bestimmung Art 1, 3, 8, 9 Rom I-VO Rdn 6–17). Bis auf Nr 1 sind inzwischen sämtliche in § 2 genannten Themenbereiche europarechtlich harmonisiert (Vorbemerkungen zu Art. 45, 157, 267 AEUV Rdn 4 ff).

Ausland iSd Gesetzes sind nicht nur Mitgliedstaaten der EU (BAG 25.6.2002, 9 AZR 405/00, EzA § 1 AEntG Nr 1; 25.6.2002, 9 AZR 439/01, AP § 1 AEntG Nr 15). Trotz des europarechtlichen Hintergrundes wird aufgrund der ausdrücklichen Anordnung in Art 2 II RL 96/71/EG nach dt Recht definiert, wer AN iSd AEntG ist. Bei aus dem Ausland entsandten AN ist der ihnen in ihrem Mitgliedstaat verliehene Status demnach unerheblich.

Abschnitt 3 Tarifvertragliche Arbeitsbedingungen

§ 3 Tarifvertragliche Arbeitsbedingungen

[1]Die Rechtsnormen eines bundesweiten Tarifvertrages finden unter den Voraussetzungen der §§ 4 bis 6 auch auf Arbeitsverhältnisse zwischen einem Arbeitgeber mit Sitz im Ausland und seinen im räumlichen Geltungsbereich dieses Tarifvertrages beschäftigten Arbeitnehmern und Arbeitnehmerinnen zwingend Anwendung, wenn der Tarifvertrag als Tarifvertrag nach § 4 Absatz 1 Nummer 1 für allgemeinverbindlich erklärt ist oder eine Rechtsverordnung nach § 7 oder § 7a vorliegt. [2]Eines bundesweiten Tarifvertrages bedarf es nicht, soweit Arbeitsbedingungen im Sinne des § 5 Nr. 2 oder 3 Gegenstand tarifvertraglicher Regelungen sind, die zusammengefasst räumlich den gesamten Geltungsbereich dieses Gesetzes abdecken.

§ 3 wurde durch das Gesetz zur Stärkung der Tarifautonomie geändert. Während nach aF AVE gem § 5 TVG und RechtsVO auf der Grundlage des AEntG Alternativen waren, ist die Möglichkeit einer AVE nunmehr auf die in § 4 I Nr 1 genannte Baubranche begrenzt, während (zur besseren Abgrenzung der unterschiedlichen Regelungen s BT-Drs 18/1558, S 50) in den anderen Branchen von § 4 I, II eine RechtsVO erforderlich ist. Bei der Baubranche sollte der Tradition von AVE (Sozialkassen) Rechnung getragen werden (BT-Drs 18/1558, S 50).

Unmittelbare Bedeutung hat § 3 ferner für den ursprünglichen Normzweck des AEntG, das Korrektiv der Ausübung der europarechtlichen Dienstleistungsfreiheit. Er ergänzt § 2 für Mindestarbeitsbedingungen in einem TV. § 3 statuiert den Anwendungsbefehl, durch den die Normen des entsprechenden TV zu international zwingenden Normen iSv Art 9 Rom I-VO werden, die sich ggf auch gegen das Arbeitsverhältnisstatut durchsetzen (Art 1, 3, 8, 9 Rom I-VO Rdn 20-22). Welche Normen eines TV von diesem Anwendungsbefehl erfasst werden, ist § 5 zu entnehmen. Die Regelung berücksichtigt nicht, dass Art 3 I, VIII Entsende-RL die Anwendung tarifvertraglicher Mindestarbeitsbedingungen nur für folgende Tätigkeiten vorschreibt, die im Anhang der RL aufgeführt werden: Aushub, Erdarbeiten, Bauarbeiten im engeren Sinne, Errichtung und Abbau von Fertigbauelementen, Einrichtung oder Ausstattung, Umbau, Renovierung, Reparatur, Abbauarbeiten, Abbrucharbeiten, Wartung, Instandhaltung (Maler- und Reinigungsarbeiten), Sanierung. Vielmehr wird der entsprechende Anwendungsbefehl auch in grenzüberschreitenden Fällen für alle Branchen erteilt. Ob diese überschießende Umsetzung europarechtskonform ist, ist angesichts der Entscheidungen des EuGH (EuGH 18.12.2007, Rs C-341/05, Slg 2007, I-11767 – Laval; 3.4.2008, Rs C-346/06, Slg 2008, I-1989 – Rüffert; 19.6.2008, Rs C-319/06, Slg 2008, I-4323 – Kommission/Großherzogtum Luxemburg), in denen dieser die Entsende-RL als Definition der äußeren Grenze derjenigen Regelungen versteht, die ein Mitgliedstaat auf entsandte AN anwenden darf (§ 1 Rdn 8), zweifelhaft.

Dass der TV bundesweit gelten soll, S 1, und auch die Ausnahme zu diesem Grundsatz in S 2 finden ihren Ursprung nicht in der Umschreibung des TV in Art 3 VIII Entsende-RL. Diese stellt auf den »jeweiligen geographischen Bereich« ab. Die Funktion dieses Teils von § 3 wird nicht ganz klar. Die Begründung des Regierungsentwurfs spricht von einer Fortschreibung der bisherigen Praxis, ohne dies näher zu erläutern (BT-Drs 16/10486, S 14). In Beschlussempfehlung und Bericht des Ausschusses für Arbeit und Soziales, auf dessen Anregung S 2 eingefügt wurde (BT-Drs 16/11669, S 10), wird der Hintergrund ebenfalls nicht erkennbar. Auch das Urteil EuGH 3.4.2008, Rs C-346/06, Slg 2008, I-1989 – Rüffert erklärt diesen Passus nicht. Der EuGH verlangt ausdrücklich nur, dass im Geltungsbereich des jew TV sämtliche Arbeitsverhältnisse *erfasst* sind. Die Verhinderung einer regionalen Aufsplittung wird hiermit nicht zwangsläufig vermieden, da ein bundesweiter TV eine regionale Differenzierung selbst vorsehen könnte. Daher kann auch S 2 nicht so verstanden werden, dass die jeweiligen Arbeitsbedingungen in den verschiedenen TV identisch ausgestaltet sein müssen.

§ 4 Branchen

(1) § 3 gilt für Tarifverträge
1. des Bauhauptgewerbes oder des Baunebengewerbes im Sinne der Baubetriebe-Verordnung vom 28. Oktober 1980 (BGBl. I S. 2033), zuletzt geändert durch die Verordnung vom 26. April 2006 (BGBl. I S. 1085), in der jeweils geltenden Fassung einschließlich der Erbringung von Montageleistungen auf Baustellen außerhalb des Betriebssitzes,
2. der Gebäudereinigung,
3. für Briefdienstleistungen,
4. für Sicherheitsdienstleistungen,
5. für Bergbauspezialarbeiten auf Steinkohlebergwerken,
6. für Wäschereidienstleistungen im Objektkundengeschäft,
7. der Abfallwirtschaft einschließlich Straßenreinigung und Winterdienst,
8. für Aus- und Weiterbildungsdienstleistungen nach dem Zweiten oder Dritten Buch Sozialgesetzbuch und
9. für Schlachten und Fleischverarbeitung.

(2) § 3 gilt darüber hinaus für Tarifverträge aller anderen als der in Absatz 1 genannten Branchen, wenn die Erstreckung der Rechtsnormen des Tarifvertrages im öffentlichen Interesse geboten erscheint, um die in § 1 genannten Gesetzesziele zu erreichen und dabei insbesondere einem Verdrängungswettbewerb über die Lohnkosten entgegen zu wirken.

1   **A. Allgemeines/Regelungstechnik.** § 4 aF nannte abschließend die Branchen, in denen eine nicht tarifautonom geltende Tarifordnung auf der Grundlage des AEntG geschaffen werden kann. Diese Regelung ist nun in § 4 I übergangen. Die Nr 1 bis 3 betreffen die von der vor 2009 geltenden Fassung des AEntG umfassten Branchen. In dem politischen Prozess, der zur Reform des AEntG im Jahre 2009 geführt hat, konnten andere Branchen unter der Voraussetzung einer Tarifbindung von mindestens 50 % ihre Aufnahme in das Gesetz beantragen (Begründung Regierungsentwurf, BT-Drs 16/10486, S 14). Nicht in § 4 I aufgelistet ist die Pflegebranche, die wegen ihrer Besonderheiten (§ 1 Rdn 6) in den §§ 10 ff einem eigenen Mechanismus folgt.

1.1   Durch das Gesetz zur Stärkung der Tarifautonomie hat der Gesetzgeber mit dem neuen § 4 II darauf verzichtet, die in Betracht kommenden Branchen abschließend selbst zu bestimmen (krit *Lobinger* JZ 2014, 810, 817 f), aber an dem grundlegenden Ansatz des AEntG, nicht tarifautonom geltende Tarifordnungen nur branchenweise zu schaffen, festgehalten. § 4 I ist damit eigentlich überflüssig, soll indes sogar erweitert werden können (BT-Drs 18/1558, S 51), und § 6, der seiner alten Funktion nach § 4 I präzisierte und dabei auch bestimmte Tätigkeiten vom Anwendungsbereich des AEntG ausnimmt, steht zu der Freigabe gem § 4 II in einem gewissen Widerspruch. Hinter dieser Gesetzestechnik steht folgendes System: § 4 I iVm § 6 umschreiben eine Branche (abschließend) und nehmen damit auch die Unsicherheit, ob es sich überhaupt um eine Branche handelt und grenzen ein, welche Tätigkeiten erfasst sind. Daher können die Präzisierungen in § 4 I iVm § 6 auch nicht dadurch umgangen werden, dass für Tätigkeiten, die nach diesen Bestimmungen vom Anwendungsbereich des AEntG ausgenommen sind, die Verabschiedung einer nicht tarifautonom geltenden Tarifordnung auf der Grundlage von § 4 II möglich ist. Wegen größerer Unsicherheiten bei § 4 II knüpft § 7a den Erlass der RechtsVO teilweise an strengere Voraussetzungen.

1.2   Die Erweiterung des sachlichen Anwendungsbereichs erfolgt auch vor dem Hintergrund der innerstaatlichen Auseinandersetzung um Mindestlöhne und soll ein Absinken des Lohnniveaus in Branchen, in denen bisher höhere Löhne bestanden, auf die Höhe des allgemeinen gesetzlichen Mindestlohns verhindern, § 1 III 1 MiLoG. Die Erweiterung des sachlichen Anwendungsbereichs wirkt jedoch auch in dem europarechtlichen Zusammenhang. Zu einer möglichen Europarechtswidrigkeit § 3 Rdn 2.

2   **B. Die Branchen von § 4 I.** § 4 I wird ergänzt durch § 6 (Konkretisierung der in § 4 verwendeten Begriffe, Ausnahme bestimmter Tätigkeiten in der Baubranche, bei Wäschereidiensten und bei Aus- und Weiterbildungsmaßnahmen sowie vor allem die Regelung, dass die Tätigkeit des infrage stehenden Betriebs jeweils überwiegend eine der Tätigkeiten des § 4 betreffen muss) und § 8 III, der in solchen Betrieben eingesetzte Leih-AN in den Schutzmechanismus des AEntG einbezieht. Welche Betriebe im Ergebnis konkret erfasst werden, ergibt sich mitunter erst aus dem TV, an den angeknüpft wird (zum Gebäudereinigerhandwerk *Boemke* Handbuch zum Arbeitnehmer-Entsendegesetz, S 57, 145 f). Verbindlich ist dies freilich nur, soweit die Regelung im TV durch die Bestimmung des sachlichen Anwendungsbereichs in § 4 gedeckt ist.

3   Die Konkretisierung von Nr 1 erfolgt über die ausdrückliche Bezugnahme auf die Baubetriebe-VO, des Weiteren in § 6 II über die Bezugnahme auf Bauleistungen gem § 175 II SGB III (zum Begriff des

Gebäudereinigerhandwerks s *Boemke* Handbuch zum Arbeitnehmer-Entsendegesetz, S 56). Durch die bereits anlässlich einer früheren Novellierung erfolgte Umstellung von Gebäudereinigerhandwerk auf Gebäudereinigung besteht grds die Möglichkeit, dass auch nicht handwerkliche Reinigungsbetriebe unter das AEntG fallen können. Zu den praktischen Folgen der Beschränkung der mit dieser Ausweitung nicht im Einklang stehenden Tarifzuständigkeit des Bundesinnungsverbands auf Handwerksbetriebe *Rieble* DB 2009, 789. Briefdienstleistungen sind in § 6 IV näher umschrieben. Zur Rechtswidrigkeit des auf dieser Grundlage verabschiedeten Mindestlohns s OVG Berlin 18.12.2008, OVG 1 B 13.08, SAE 2009, 167 mit Anmerkung *Klebeck/Weninger* S 159, bestätigt durch BVerwG 28.1.2010, 8 C 19/09, NZA 2010, 718. Beschlussempfehlung und Bericht des Ausschusses für Arbeit und Soziales umschreiben die Branchen der Nr 4 bis 8 (BT-Drs 16/11669, S 21): Danach ist die Branche der Sicherheitsleistung weitläufig und umfasst neben Objekt- und Wachschutz einschließlich Geld- und Wertdiensten den Schutz von kerntechnischen Anlagen, von Verkehrsflughäfen und militärischen Liegenschaften, daneben: City-Streifen, Personenschutz, die Überwachung des öffentlichen Personenverkehrs, Pfortenempfangsdienste, Ordnungsdienste, Revier- und Interventionsdienste, Sicherungsposten bei Gleisarbeiten, Notruf- und Service-Leitstellen, Werkfeuerwehren sowie sonstige sicherheitsrelevante Serviceaufgaben. Bergbauspezialarbeiten sollen von Drittfirmen erbrachte Serviceleistungen im Steinkohlenbergbau wie Grubenräumen, Schacht- und Streckenbauarbeiten sein. Im Objektkundengeschäft tätige Wäschereien reinigen waschbare Textilien für gewerbliche Kunden wie Hotels oder für öffentlich-rechtliche oder kirchliche Einrichtungen wie Krankenhäuser. Nicht umfasst sind: chemische Reinigungen, Wäschereiabteilungen eines insgesamt einer anderen Branche zuzuordnenden Betriebs (Krankenhauswäscherei; Grund: Der Betrieb ist kein Kunde seiner Wäschereiabteilung iSv § 6 VII) sowie Werkstätten für behinderte Menschen, die Wäschereidienstleistungen erbringen; dieser Ausschluss findet sich in § 6 VII. Unter Abfallwirtschaft soll nicht nur das Sammeln, Transportieren, Sortieren, Verarbeiten, Verbrennen und Deponieren von Abfällen und das Wiedergewinnen von Rohstoffen aus Abfall fallen, sondern auch das Reinigen öffentlicher Straßen und Plätze, ferner das Räumen von Schnee und das Streuen (§ 6 VIII). Welche Aus- und Weiterbildungsmaßnahmen erfasst sind, ergibt sich aus der Bezugnahme zu SGB II und SGB III (§ 16 SGB II, §§ 59 ff SGB III). Die jeweiligen Umschreibungen in den Gesetzesmaterialien sind anders als die in § 4 I Nr 1 und 8 sowie die in § 6 erfolgenden Konkretisierungen durch Verweis rechtlich nicht verbindlich. Häufig decken sie sich aber mit den Formulierungen des § 6.

C. § 4 II. Der durch das Gesetz zur Stärkung der Tarifautonomie eingefügte § 4 II eröffnet die Möglichkeit, auf der Grundlage des AEntG nicht tarifautonom geltende Tarifordnungen für sämtliche anderen Branchen zu verabschieden. Voraussetzung ist, dass die Erstreckung im **öffentlichen Interesse** geboten erscheint, um die in § 1 genannten Ziele zu erreichen. Eine Erstreckung der Tarifnormen eines TV ist insbesondere dann im öffentlichen Interesse geboten, um einem Verdrängungswettbewerb über die Lohnkosten entgegenzuwirken. § 7a I macht diese Voraussetzung auch zum Maßstab der Ermessensausübung, ob eine RechtsVO erlassen wird. Die weit gefasste Formulierung lässt **wenig** Raum für eine **gerichtliche** Überprüfung, auch wenn die Gesetzesmaterialien die Konkretisierung (einem Verdrängungswettbewerb über die Lohnkosten entgegenwirken) als zusätzliche Voraussetzung bezeichnet (BT-Drs 18/1558, S 52); dies trifft sprachlich nicht zu. § 7a flankiert auch sonst § 4 II. 4

Der **Branchenbezug** bleibt in § 4 II erhalten und ist insofern von rechtlicher Bedeutung, als eine nicht tarifautonom geltende Tarifordnung auf der Grundlage des AEntG nur für eine Branche verabschiedet werden kann. Zur möglichen Klärung durch § 4 I iVm § 6, Rdn 2. In der Praxis hat sich ein allgemeiner Sprachgebrauch zu Wirtschaftszweigen, auf den der frühere § 1 II MiArbG abstellte, und Branchen herausgebildet, der vielfach Ergebnis einer wirtschaftshistorischen Entwicklung ist und der sich insbesondere in den Regelungen der Tarifzuständigkeit der Gewerkschaften und Arbeitgeberverbände niedergeschlagen hat. Zwischen Wirtschaftszweig und Branche besteht kein wesentlicher Unterschied. Im Zweifel umschreiben die Regelungen zur **Tarifzuständigkeit** damit eine Branche iSv § 4 II. Den Gesetzesmaterialien nach gilt der in § 6 ausgedrückte Gedanke, dass die entsprechenden tariflichen Arbeitsbedingungen nur auf Betriebe erstreckt werden, in denen **überwiegend** branchenspezifische Tätigkeiten verrichtet werden, auch bei § 4 II (BT-Drs 18/1558, S 52); im Gesetzeswortlaut kommt dies nicht zum Ausdruck. 5

§ 5 Arbeitsbedingungen
¹Gegenstand eines Tarifvertrages nach § 3 können sein
1. Mindestentgeltsätze, die nach Art der Tätigkeit, Qualifikation der Arbeitnehmer und Arbeitnehmerinnen und Regionen differieren können, einschließlich der Überstundensätze,
2. die Dauer des Erholungsurlaubs, das Urlaubsentgelt oder ein zusätzliches Urlaubsgeld,

§ 6 AEntG Besondere Regelungen

3. die Einziehung von Beiträgen und die Gewährung von Leistungen im Zusammenhang mit Urlaubsansprüchen nach Nr. 2 durch eine gemeinsame Einrichtung der Tarifvertragsparteien, wenn sichergestellt ist, dass der ausländische Arbeitgeber nicht gleichzeitig zu Beiträgen zu der gemeinsamen Einrichtung der Tarifvertragsparteien und zu einer vergleichbaren Einrichtung im Staat seines Sitzes herangezogen wird und das Verfahren der gemeinsamen Einrichtung der Tarifvertragsparteien eine Anrechnung derjenigen Leistungen vorsieht, die der ausländische Arbeitgeber zur Erfüllung des gesetzlichen, tarifvertraglichen oder einzelvertraglichen Urlaubsanspruchs seines Arbeitnehmers oder seiner Arbeitnehmerin bereits erbracht hat, und
4. Arbeitsbedingungen im Sinne des § 2 Nr 3 bis 7.
²Die Arbeitsbedingungen nach Satz 1 Nummer 1 bis 3 umfassen auch Regelungen zur Fälligkeit entsprechender Ansprüche einschließlich hierzu vereinbarter Ausnahmen und deren Voraussetzungen.

1 Aus § 5 ergibt sich, welche Arbeitsbedingungen eines TV iSv § 3, der eine der in § 4 I genannten oder gem § 4 II einbezogenen Branchen umfasst, ohne Rücksicht auf Tarifbindung verbindlich werden. Für den ursprünglichen Gesetzeszweck, das Korrektiv der Ausübung der europarechtlichen Dienstleistungsfreiheit in grenzüberschreitenden Sachverhalten, ist der gesamte Katalog einschließlich des § 2 bedeutsam, auf dessen Nr 3 bis 7 in § 5 S 1 Nr 4 verwiesen wird. Für den zweiten Normzweck, die Schaffung eines innerstaatlichen Mindestlohns, kommt es im Wesentlichen auf § 5 S 1 Nr 1 an. Infolge der offenen Formulierung (»Gegenstand ... können sein«) bestimmt im konkreten Fall der infrage stehende TV, welche Arbeitsbedingungen verbindlich werden. § 5 setzt insoweit den äußeren Rahmen. § 5 wurde durch das Gesetz zur Stärkung der Tarifautonomie um einen S 2 ergänzt, der klarstellt, dass die Arbeitsbedingungen in Nr 1-3 auch Regelungen zur Fälligkeit entsprechender Ansprüche (und hierzu vereinbarter Ausnahmen wie Arbeitszeitkonten, BR-Drs 18/1558, S 51, und deren Voraussetzungen) umfassen. Dies gilt nicht für die Arbeitsbedingungen, auf die § 5 S 1 Nr 4 verweist.

2 § 5 S 1 Nr 3, der § 1 III der 1. Fassung entspricht, schließt sog Sozialkassenverfahren in den Mechanismus des Gesetzes mit ein. Er ist praktisch für den ursprünglichen Normzweck des Gesetzes bedeutsam. Die Erstreckung auf Sozialkassen erfolgt nur, wenn der TV, der die Einziehung von Beiträgen und die Gewährung von Leistungen einer gemeinsamen Einrichtung der TV-Parteien überträgt, sicherstellt, dass ausländische AG nicht gleichzeitig zu Beiträgen in ihrem Heimatstaat verpflichtet sind und eine Anrechnung bereits erbrachter Leistungen erfolgt, § 5 S 1 Nr 3; hiermit sollte dem europarechtlichen Verbot der Doppelbelastung (*Krebber* ZEuP 2001, 358, 373 f) entsprochen werden. Diese Vorgehensweise entspricht nicht mehr dem neueren Verständnis zur gerichtlichen Durchsetzung des AEntG in echten Entsendefällen, s § 15 Rdn 2.

§ 6 Besondere Regelungen

(1) ¹Dieser Abschnitt findet keine Anwendung auf Erstmontage- oder Einbauarbeiten, die Bestandteil eines Liefervertrages sind, für die Inbetriebnahme der gelieferten Güter unerlässlich sind und von Facharbeitern oder Facharbeiterinnen oder angelernten Arbeitern oder Arbeiterinnen des Lieferunternehmens ausgeführt werden, wenn die Dauer der Entsendung acht Tage nicht übersteigt. ²Satz 1 gilt nicht für Bauleistungen im Sinne des § 101 Abs. 2 des Dritten Buches Sozialgesetzbuch und nicht für Arbeitsbedingungen nach § 5 Nr. 4.
(2) Im Falle eines Tarifvertrages nach § 4 Absatz 1 Nr. 1 findet dieser Abschnitt Anwendung, wenn der Betrieb oder die selbstständige Betriebsabteilung im Sinne des fachlichen Geltungsbereichs des Tarifvertrages überwiegend Bauleistungen gemäß § 101 Abs. 2 des Dritten Buches Sozialgesetzbuch erbringt.
(3) Im Falle eines Tarifvertrages nach § 4 Absatz 1 Nr. 2 findet dieser Abschnitt Anwendung, wenn der Betrieb oder die selbstständige Betriebsabteilung überwiegend Gebäudereinigungsleistungen erbringt.
(4) Im Falle eines Tarifvertrages nach § 4 Absatz 1 Nr. 3 findet dieser Abschnitt Anwendung, wenn der Betrieb oder die selbstständige Betriebsabteilung überwiegend gewerbs- oder geschäftsmäßig Briefsendungen für Dritte befördert.
(5) Im Falle eines Tarifvertrages nach § 4 Absatz 1 Nr. 4 findet dieser Abschnitt Anwendung, wenn der Betrieb oder die selbstständige Betriebsabteilung überwiegend Dienstleistungen des Bewachungs- und Sicherheitsgewerbes oder Kontroll- und Ordnungsdienste erbringt, die dem Schutz von Rechtsgütern aller Art, insbesondere von Leben, Gesundheit oder Eigentum dienen.
(6) Im Falle eines Tarifvertrages nach § 4 Absatz 1 Nr. 5 findet dieser Abschnitt Anwendung, wenn der Betrieb oder die selbstständige Betriebsabteilung im Auftrag eines Dritten überwiegend auf inländischen Steinkohlebergwerken Grubenräume erstellt oder sonstige untertägige bergbauliche Spezialarbeiten ausführt.

(7) ¹Im Falle eines Tarifvertrages nach § 4 Absatz 1 Nr. 6 findet dieser Abschnitt Anwendung, wenn der Betrieb oder die selbstständige Betriebsabteilung gewerbsmäßig überwiegend Textilien für gewerbliche Kunden sowie öffentlich-rechtliche oder kirchliche Einrichtungen wäscht, unabhängig davon, ob die Wäsche im Eigentum der Wäscherei oder des Kunden steht. ²Dieser Abschnitt findet keine Anwendung auf Wäschereidienstleistungen, die von Werkstätten für behinderte Menschen im Sinne des § 136 des Neunten Buches Sozialgesetzbuch erbracht werden.
(8) Im Falle eines Tarifvertrages nach § 4 Absatz 1 Nr. 7 findet dieser Abschnitt Anwendung, wenn der Betrieb oder die selbstständige Betriebsabteilung überwiegend Abfälle im Sinne des § 3 Abs. 1 Satz 1 des Kreislaufwirtschaftsgesetzes sammelt, befördert, lagert, beseitigt oder verwertet oder Dienstleistungen des Kehrens und Reinigens öffentlicher Verkehrsflächen und Schnee- und Eisbeseitigung von öffentlichen Verkehrsflächen einschließlich Streudienste erbringt.
(9) ¹Im Falle eines Tarifvertrages nach § 4 Absatz 1 Nr. 8 findet dieser Abschnitt Anwendung, wenn der Betrieb oder die selbstständige Betriebsabteilung überwiegend Aus- und Weiterbildungsmaßnahmen nach dem Zweiten oder Dritten Buch Sozialgesetzbuch durchführt. ²Ausgenommen sind Einrichtungen der beruflichen Rehabilitation im Sinne des § 35 Abs. 1 Satz 1 des Neunten Buches Sozialgesetzbuch.
(10) ¹Im Falle eines Tarifvertrages nach § 4 Absatz 1 Nr. 9 findet dieser Abschnitt Anwendung in Betrieben und selbstständigen Betriebsabteilungen, in denen überwiegend geschlachtet oder Fleisch verarbeitet wird (Betriebe der Fleischwirtschaft) sowie in Betrieben und selbstständigen Betriebsabteilungen, die ihre Arbeitnehmer und Arbeitnehmerinnen überwiegend in Betrieben der Fleischwirtschaft einsetzen. ²Das Schlachten umfasst dabei alle Tätigkeiten des Schlachtens und Zerlegens von Tieren mit Ausnahme von Fischen. ³Die Verarbeitung umfasst alle Tätigkeiten der Weiterverarbeitung von beim Schlachten gewonnenen Fleischprodukten zur Herstellung von Nahrungsmitteln sowie deren Portionierung und Verpackung. ⁴Nicht erfasst ist die Verarbeitung, wenn die Behandlung, die Portionierung oder die Verpackung beim Schlachten gewonnener Fleischprodukte direkt auf Anforderung des Endverbrauchers erfolgt.

§ 6 ist eine gesetzestechnisch missglückte Bestimmung, in der es in weiten Teilen versäumt wurde, Einzelregelungen, die einem identischen Grundprinzip folgen, in eine einzige abstrakte Norm zu gießen. § 6 I entspricht § 1 IV der 1. Fassung. Abgesehen von der Unterausnahme in S 2 nimmt Abs 1 Erstmontage- oder Einbauarbeiten vom Anwendungsbereich des AEntG aus. § 6 II bis IX verlangen, dass die Tätigkeit des infrage stehenden Betriebs oder einer selbstständigen Betriebsabteilung jeweils überwiegend der verlangten Tätigkeit gewidmet sein muss. Mindestlöhne nach dem AEntG betreffen daher nicht eine bestimmte Tätigkeit, unabhängig davon, in welcher Art von Betrieb sie ausgeübt wird. Die zusätzliche Voraussetzung der § 6 II bis IX lässt sich nicht rechtssicher handhaben (Rieble/Junker/Giesen/*Rieble* Mindestlohn als politische und rechtliche Herausforderung, S 17, 27 ff). Eine Betriebsabteilung liegt vor, wenn sich der maßgebliche Bereich nicht nur durch eine besondere personelle Einheit, organisatorische Abgrenzbarkeit, eigene technische Betriebsmittel und einen autonomen spezifischen Zweck hervorhebt, sondern auch eine für Außenstehende wahrnehmbare räumliche und organisatorische Abgrenzung erfahren hat (BAG 25.1.2005, 9 AZR 44/04, EzA § 1 AEntG Nr 8). Der Begriff der Betriebsabteilung ähnelt damit dem Begriff des Betriebsteils iSv § 613a BGB, ohne ihm jedoch zwingend zu entsprechen. Die Erstreckung auf Betriebsabteilungen erfolgt nach Maßgabe des fachlichen Geltungsbereichs des TV (zum Hintergrund s ErfK/*Schlachter* § 6 Rn 3). Im Fall der Bauleistungen (Abs 2) und der Aus- und Weiterbildungsbranche (Abs 9) ergibt sich die Verwendung des Begriffs der Betriebsabteilung aus der Verweisung auf das SGB. Darüber hinaus kann die Verwendung des Begriffs der Betriebsabteilung, anstelle des ansonsten im Arbeitsrecht gewöhnlich verwendeten Begriffs des Betriebsteils, nur mit der Einheitlichkeit der Terminologie innerhalb des Gesetzes erklärt werden. 1

Zum Überwiegenheitsprinzip BAG 24.8.1994, 10 AZR 980/93, EzA § 4 Bauindustrie Nr 75; 25.1.2005, 9 AZR 258/04, AP § 1 AEntG Nr 20. 2

Etwaige Einschränkungen, die auf § 6 beruhen, können nicht umgangen werden, indem auf § 4 II zurückgegriffen wird (§ 4 Rdn 5). 3

§ 7 Rechtsverordnung für die Fälle des § 4 Absatz 1
(1) Auf gemeinsamen Antrag der Parteien eines Tarifvertrages im Sinne von § 4 Absatz 1 sowie §§ 5 und 6 kann das Bundesministerium für Arbeit und Soziales durch Rechtsverordnung ohne Zustimmung des Bundesrates bestimmen, dass die Rechtsnormen dieses Tarifvertrages auf alle unter seinen Geltungsbereich fallenden und nicht an ihn gebundenen Arbeitgeber sowie Arbeitnehmer und Arbeitnehmerinnen Anwendung finden, wenn dies im öffentlichen Interesse geboten erscheint, um die in § 1 genannten Gesetzesziele zu erreichen.

§ 7 AEntG   Rechtsverordnung für die Fälle des § 4 Absatz 1

(2) ¹Kommen in einer Branche mehrere Tarifverträge mit zumindest teilweise demselben fachlichen Geltungsbereich zur Anwendung, hat der Verordnungsgeber bei seiner Entscheidung nach Absatz 1 im Rahmen einer Gesamtabwägung ergänzend zu den in § 1 genannten Gesetzeszielen die Repräsentativität der jeweiligen Tarifverträge zu berücksichtigen. ²Bei der Feststellung der Repräsentativität ist vorrangig abzustellen auf
1. die Zahl der von den jeweils tarifgebundenen Arbeitgebern beschäftigten unter den Geltungsbereich des Tarifvertrages fallenden Arbeitnehmer und Arbeitnehmerinnen,
2. die Zahl der jeweils unter den Geltungsbereich des Tarifvertrages fallenden Mitglieder der Gewerkschaft, die den Tarifvertrag geschlossen hat.

(3) Liegen für mehrere Tarifverträge Anträge auf Allgemeinverbindlicherklärung vor, hat der Verordnungsgeber mit besonderer Sorgfalt die von einer Auswahlentscheidung betroffenen Güter von Verfassungsrang abzuwägen und die widerstreitenden Grundrechtsinteressen zu einem schonenden Ausgleich zu bringen.

(4) Vor Erlass der Rechtsverordnung gibt das Bundesministerium für Arbeit und Soziales den in den Geltungsbereich der Rechtsverordnung fallenden Arbeitgebern sowie Arbeitnehmern und Arbeitnehmerinnen, den Parteien des Tarifvertrages sowie in den Fällen des Absatzes 2 den Parteien anderer Tarifverträge und paritätisch besetzten Kommissionen, die auf der Grundlage kirchlichen Rechts Arbeitsbedingungen für den Bereich kirchlicher Arbeitgeber zumindest teilweise im Geltungsbereich der Rechtsverordnung festlegen, Gelegenheit zur schriftlichen Stellungnahme innerhalb von drei Wochen ab dem Tag der Bekanntmachung des Entwurfs der Rechtsverordnung.

(5) ¹Wird in einer Branche nach § 4 Absatz 1 erstmals ein Antrag nach Absatz 1 gestellt, wird nach Ablauf der Frist nach Absatz 4 der Ausschuss nach § 5 Absatz 1 Satz 1 des Tarifvertragsgesetzes (Tarifausschuss) befasst. ²Stimmen mindestens vier Ausschussmitglieder für den Antrag oder gibt der Tarifausschuss innerhalb von zwei Monaten keine Stellungnahme ab, kann eine Rechtsverordnung nach Absatz 1 erlassen werden. ³Stimmen zwei oder drei Ausschussmitglieder für den Antrag, kann eine Rechtsverordnung nur von der Bundesregierung erlassen werden. ⁴Die Sätze 1 bis 3 gelten nicht für Tarifverträge nach § 4 Absatz 1 Nummer 1 bis 8.

Übersicht

		Rdn.			Rdn.
A.	Das Nebeneinander von § 7 und § 7a	1	I.	Voraussetzungen	2
B.	Hintergrund der Regelungstechnik von § 7 f	1.1	II.	Verfahren	4
			D.	Die Entscheidung bei mehreren Tarifverträgen	5
C.	Das Verabschieden der RechtsVO gem § 7	2	E.	Existierende RechtsVO	8

1   **A. Das Nebeneinander von § 7 und § 7a.**   Als Konsequenz der Aufgabe des Grundsatzes, dass der Gesetzgeber selbst abschließend die Branchen definieren muss, in denen auf der Grundlage des AEntG nicht tarifautonom geltende Tarifordnungen geschaffen werden können, wurde durch das Gesetz zur Stärkung der Tarifautonomie in § 7a eine eigene Grundlage für RechtsVO für Branchen gem § 4 II geschaffen. Die Unterschiede zwischen den beiden Normen sind damit zu erklären, ob der Gesetzgeber die Branche selbst in das Gesetz aufgenommen hat oder nicht. § 7a versucht, Besonderheiten und Unsicherheiten Rechnung zu tragen, die entstehen können, wenn gesetzlich nicht definierte Branchen betroffen sind. Weil beide Normen ohnehin schwer zu lesen sind, ist diese Gesetzgebungstechnik nachvollziehbar, selbst wenn beide Grundlagen für den Erlass einer RechtsVO einander im Kern entsprechen.

1.1   **B. Hintergrund der Regelungstechnik von § 7 f.**   § 7 orientiert sich am früheren § 1 I, IIIa AEntG, wurde jedoch 2009 nicht unwesentlich geändert. Der 3. Abschnitt des AEntG setzt (beschränkt auf § 4 I Nr 1, vgl § 3 S 1) einen gem § 5 TVG allgemeinverbindlich erklärten TV oder eine RechtsVO iSv §§ 7 f AEntG voraus. Diese RechtsVO, vormals in § 1 IIIa geregelt, ist eine der Besonderheiten des AEntG, welche dazu geführt haben, dass dieses Gesetz und nicht etwa § 5 TVG im Zentrum der Auseinandersetzung um Mindestlöhne stand (§ 1 Rdn 4). Sie legt die Entscheidung über die nicht tarifautonome Geltung in die Hände der Exekutive. Anders als bei § 5 TVG (dort Rdn 24) kann daher das jew geschlossene Auftreten der Vertreter der Spitzenorganisationen der AG- oder AN-Seite allein das Entstehen eines unabhängig von der Tarifgebundenheit maßgeblichen tariflichen Mindestlohns **nicht** verhindern.

2   **C. Das Verabschieden der RechtsVO gem § 7. I. Voraussetzungen.**   Während in der aF auf § 5 I 1 Nr 2 TVG aF (AVE im öffentlichen Interesse geboten) verwiesen wurde, nennt § 7 I diese Voraussetzung nun selbst und bezieht das öffentliche Interesse auf die Ziele von § 1. Anders als in §§ 4 II, 7a I wird der

Verdrängungswettbewerb über die Lohnkosten nicht genannt. Angesichts der Weite der Begriffe ist daraus kein sachlicher Unterschied konstruierbar, zumal §§ 4 II, 7a I diesen Verdrängungswettbewerb als Unterfall des öffentlichen Interesses am Erreichen der Ziele von § 1 definieren (aA wohl BT-Drs 18/1558, S 52). § 7 I 3 aF nahm die Arbeitsbedingungen nach § 5 Nr 4 aus (zum Hintergrund 7. Aufl Rdn 3). Damit ist 3 eine RechtsVO gem § 7 nunmehr auch für die in §§ 5 S 1 Nr 4, 2 Nr. 3-7 genannten Arbeitsbedingungen möglich.

II. Verfahren. Voraussetzung sind stets ein gemeinsamer Antrag der TV-Parteien nach § 7 I sowie die 4 Gelegenheit zur schriftlichen Stellungnahme der in § 7 IV Genannten innerhalb von drei Wochen. Durch das Gesetz zur Stärkung der Tarifautonomie wurde der Kreis um paritätisch besetzte Kommissionen, die im Bereich kirchlicher AG Arbeitsbedingungen festlegen, erweitert. Wird ein Antrag nach § 7 I erstmals gestellt, wird der Tarifausschuss iSv § 5 TVG am Verfahren des Erlasses der RechtsVO beteiligt. § 7 V sieht in seiner Neufassung keine Veröffentlichungspflicht mehr vor. Von dem Verhalten des Tarifausschusses hängt das weitere Verfahren ab: Stimmen mindestens vier Mitglieder für den Antrag, also wenigstens ein Mitglied der anderen Seite, oder gibt der Tarifausschuss binnen 2 Monaten keine Stellungnahme ab, kann die RechtsVO nach § 7 I durch das BMAS verabschiedet werden. Gibt es nur 2 oder 3 Stimmen dafür, egal von welcher Seite, verschiebt sich die Zuständigkeit zum Erlass der RechtsVO vom BMAS auf die gesamte Bundesregierung, was vor allem in einer Koalitionsregierung praktische Folgen hat. Bei nur einer Stimme – wohl aber nur ein theoretischer Fall – ist im Umkehrschluss keine RechtsVO möglich. Von dem Einschalten des Tarifausschusses ausgenommen sind die 8 Branchen, in denen schon bisher entsprechende RechtsVO möglich waren, § 7 V 4. Hierin liegt eine gewisse Konsequenz, da es sich nicht um Erstanträge handelt, doch ist die Regelung deshalb auch überflüssig. Zum Rechtsschutz gegen Mindestlöhne auf der Grundlage des AEntG, *Latzel/Serr* ZfA 2011, 391 ff.

Nicht ausdrücklich gesetzlich geregelt ist, unter welchen Voraussetzungen eine RechtsVO **aufgehoben** wer- 4.1 den kann. Es gelten spiegelbildlich die Voraussetzungen für ihren Erlass, weshalb auch der gemeinsame Antrag nach § 7 I erforderlich ist (anders ErfK/*Schlachter* § 7 Rn 7). Wird die RechtsVO aufgehoben, tritt keine Nachwirkung ein. Soweit der TV trotz Aufhebung der RechtsVO nicht endet, gilt er (nur noch) tarif-autonom. Die RechtsVO bildet anders als die AVE gem § 5 TVG eine eigenständige rechtliche Grundlage für die Geltung und Erstreckung des zugrundeliegenden TV. Endet dieser, endet daher nicht automatisch die RechtsVO (zu alledem BAG 20. 4. 2011, 4 AZR 467/09, NZA 2011, 1105).

D. Die Entscheidung bei mehreren Tarifverträgen. In § 7 II, III widmet sich das AEntG erstmals der 5 Frage, wie vorzugehen ist, wenn mehrere TV in Betracht kommen. § 7 III betrifft die Situation, in der für mehrere TV Anträge iSv § 7 I vorliegen. § 7 II kann daher nur die Fälle meinen, in denen in einer Branche der Antrag iSv § 7 I nur für einen TV vorliegt, neben diesem TV aber auch andere TV zur Anwendung kommen, für die ein entsprechender Antrag indes nicht gestellt ist (anders *Sittard* NZA 2009, 346, 348). Bei § 7 III geht es folglich darum, den TV auszuwählen, für den die RechtsVO verabschiedet wird. Dies ergibt sich nicht aus dem Wortlaut, aber aus dem Sinn: In einer Branche ist nur ein entsprechender TV denkbar. Bei § 7 II hingegen ist die Entscheidung, ob die VO für den TV, für den sie beantragt wurde, überhaupt verabschiedet wird. Dies ist erforderlich, weil sich der TV nach § 8 II anders als nach den allgemeinen Grundsätzen über Tarifkonkurrenz in jedem Fall durchsetzt. Wird für mehrere TV ein Antrag gestellt und existieren darüber hinaus weitere TV, sind die Verfahren des II und des III zu kombinieren.

Kriterium bei § 7 II ist die Repräsentativität, so wie sie gesetzlich näher umschrieben wird. Die Höhe der 6 im TV gewährten Leistungen kann mittelbar über die ebenfalls zu berücksichtigenden Ziele des § 1 in die Entscheidung miteinbezogen werden. Doch ist die Entscheidung vor allem an Art 9 III GG zu messen. Die Verdrängung anderer TV ist nur zur Sicherung eines Existenzminimums verfassungsmäßig (*Caspers* Beschlussempfehlung und Bericht des Ausschusses für Arbeit und Soziales, BT-Drs 16/11669, S 18). Zur Verfassungsmäßigkeit *Thüsing* ZfA 2008, 590, 629 ff; *Sodan/Zimmermann* ZfA 2008, 526, 544 ff; *Löwisch* RdA 2009, 215, 220; *Bayreuther* NJW 2009, 2006, 2008; *Preis/Greiner* ZfA 2009, 825, 832 ff.

Bei der Entscheidung zwischen mehreren TV nach § 7 III kneift der Gesetzgeber. Die von ihm statuierte 7 Vorgabe ist ein nichtssagender Allgemeinplatz. Liegen die sonstigen Voraussetzungen vor, ist Maßstab für die Auswahlentscheidung, welcher der TV am besten geeignet ist, den Zielen des § 1 zu genügen (vgl auch *Greiner* BB 2008, 840, 842; anders Bieback/Dieterich/Hanau/Kocher/Schäfer/*Dieterich* Tarifgestützte Mindestlöhne, S 103, 116, 124; *Sittard* NZA 2009, 346, 348: Repräsentativität; ebendort Bieback/Dieterich/Hanau/Kocher/Schäfer/*Hanau* Tarifgestützte Mindestlöhne, S 127, 156: TV mit den für die AN günstigeren Arbeitsbedingungen). Dies ist nicht zwingend der TV, der die höheren Mindestarbeitsbedingungen gewährt, weil grundsätzlich auch derjenige TV mit niedrigeren Arbeitsbedingungen solche gewähren kann, die angemessen iSd § 1 sind.

8 E. Existierende RechtsVO. Die per RechtsVO für allgemeinverbindlich erklärten TV finden sich im Verzeichnis der für allgemeinverbindlich erklärten TV unter http://www.bmas.de (https://www.bmas.de/SharedDocs/Downloads/DE/pr-mindestloehne-aentg-uebersicht.pdf?underscoreunderscoreblob=publicationFile). Je nach Branche variiert die Lohnhöhe nicht unerheblich. Dass hierin eine Diskriminierung wegen des Geschlechts liegt, weil die höheren Löhne bei typischen Männerberufen zu finden sind (Rieble/Junker/Giesen/*Rieble* Mindestlohn als politische und rechtliche Herausforderung, S 17, 32 ff) ist nicht von der Hand zu weisen.

§ 7a Rechtsverordnung für die Fälle des § 4 Absatz 2

(1) Auf gemeinsamen Antrag der Parteien eines Tarifvertrages im Sinne von § 4 Absatz 2 sowie §§ 5 und 6 Absatz 1 kann das Bundesministerium für Arbeit und Soziales durch Rechtsverordnung ohne Zustimmung des Bundesrates bestimmen, dass die Rechtsnormen dieses Tarifvertrages auf alle unter seinen Geltungsbereich fallenden und nicht an ihn gebundenen Arbeitgeber sowie Arbeitnehmer und Arbeitnehmerinnen Anwendung finden, wenn dies im öffentlichen Interesse geboten erscheint, um die in § 1 genannten Gesetzesziele zu erreichen und dabei insbesondere einem Verdrängungswettbewerb über die Lohnkosten entgegenzuwirken.
(2) § 7 Absatz 2 und 3 findet entsprechende Anwendung.
(3) ¹Vor Erlass der Rechtsverordnung gibt das Bundesministerium für Arbeit und Soziales den in den Geltungsbereich der Rechtsverordnung fallenden und den möglicherweise von ihr betroffenen Arbeitgebern sowie Arbeitnehmern und Arbeitnehmerinnen, den Parteien des Tarifvertrages sowie allen am Ausgang des Verfahrens interessierten Gewerkschaften, Vereinigungen der Arbeitgeber und paritätisch besetzten Kommissionen, die auf der Grundlage kirchlichen Rechts Arbeitsbedingungen für den Bereich kirchlicher Arbeitgeber festlegen, Gelegenheit zur schriftlichen Stellungnahme innerhalb von drei Wochen ab dem Tag der Bekanntmachung des Entwurfs der Rechtsverordnung. ²Die Gelegenheit zur Stellungnahme umfasst insbesondere auch die Frage, inwieweit eine Erstreckung der Rechtsnormen des Tarifvertrages geeignet ist, die in § 1 genannten Gesetzesziele zu erfüllen und dabei insbesondere einem Verdrängungswettbewerb über die Lohnkosten entgegenzuwirken.
(4) ¹Wird ein Antrag nach Absatz 1 gestellt, wird nach Ablauf der Frist nach Absatz 3 der Ausschuss nach § 5 Absatz 1 Satz 1 des Tarifvertragsgesetzes (Tarifausschuss) befasst. ²Stimmen mindestens vier Ausschussmitglieder für den Antrag oder gibt der Tarifausschuss innerhalb von zwei Monaten keine Stellungnahme ab, kann eine Rechtsverordnung nach Absatz 1 erlassen werden. ³Stimmen zwei oder drei Ausschussmitglieder für den Antrag, kann eine Rechtsverordnung nur von der Bundesregierung erlassen werden.

1 § 7a stellt die eigenständige Grundlage für Rechtsverordnungen für Branchen iSv § 4 II dar, die nicht im Gesetz definiert sind (§§ 4 I, 6). Die Abweichungen im Vergleich zu § 7 werden vom Gesetzgeber als Ausgleich für das Fehlen der gesetzlichen Definition der Branche angesehen (BT-Drs 18/1558, S 52).
2 Die wesentlichen Abweichungen sind: (1) Im Zusammenhang mit dem öffentlichen Interesse wird wie auch in § 4 II als die Gesetzesziele von § 1 konkretisierend zusätzlich vorausgesetzt, dass die Verabschiedung der Rechtsverordnung geeignet erscheint, einem Verdrängungswettbewerb über die Lohnkosten entgegenzuwirken (BT-Drs 18/1558, S 52). Dies überzeugt sprachlich nicht (§ 4 Rdn 4), ist wegen der Weite des Begriffs des öffentlichen Interesses und der in § 1 genannten Ziele im Erg aber auch ohne rechtliche Bedeutung; (2) Der Kreis der Institutionen, die eine schriftliche Stellungnahme abgeben können, wird erweitert, da eine mögliche Betroffenheit ausreicht, und es wird der mögliche Inhalt der Stellungnahme präzisiert; (3) Das in § 7 V nur für den Erstantrag vorgesehene Verfahren hat bei § 7a allgemeine Geltung und ist bei jedem Antrag einzuhalten.
3 Gem § 7a II gelten § 7 II, III entsprechend. Soweit keine Abweichungen bestehen, wird auf die Kommentierung zu § 7 verwiesen.

§ 8 Pflichten des Arbeitgebers zur Gewährung von Arbeitsbedingungen

(1) ¹Arbeitgeber mit Sitz im In- oder Ausland, die unter den Geltungsbereich eines für allgemeinverbindlich erklärten Tarifvertrages nach § 4 Absatz 1 Nummer 1 sowie §§ 5 und 6 Absatz 2 oder einer Rechtsverordnung nach § 7 oder § 7a fallen, sind verpflichtet, ihren Arbeitnehmern und Arbeitnehmerinnen mindestens die in dem Tarifvertrag für den Beschäftigungsort vorgeschriebenen Arbeitsbedingungen zu gewähren sowie einer gemeinsamen Einrichtung der Tarifvertragsparteien die ihr nach § 5 Nr. 3 zustehenden Beiträge zu leisten. ²Satz 1 gilt unabhängig davon, ob die entsprechende Verpflichtung kraft

Tarifbindung nach § 3 des Tarifvertragsgesetzes oder kraft Allgemeinverbindlicherklärung nach § 5 des Tarifvertragsgesetzes oder aufgrund einer Rechtsverordnung nach § 7 oder § 7a besteht.
(2) Ein Arbeitgeber ist verpflichtet, einen Tarifvertrag nach § 4 Absatz 1 Nummer 1 sowie §§ 5 und 6 Absatz 2, der durch Allgemeinverbindlicherklärung sowie einen Tarifvertrag nach §§ 4 bis 6, der durch Rechtsverordnung nach § 7 oder § 7a auf nicht an ihn gebundene Arbeitgeber sowie Arbeitnehmer und Arbeitnehmerinnen erstreckt wird, auch dann einzuhalten, wenn er nach § 3 des Tarifvertragsgesetzes oder kraft Allgemeinverbindlicherklärung nach § 5 des Tarifvertragsgesetzes an einen anderen Tarifvertrag gebunden ist.
(3) Wird ein Leiharbeitnehmer oder eine Leiharbeitnehmerin vom Entleiher mit Tätigkeiten beschäftigt, die in den Geltungsbereich eines für allgemeinverbindlich erklärten Tarifvertrages nach § 4 Absatz 1 Nummer 1 sowie §§ 5 und 6 Absatz 2 oder einer Rechtsverordnung nach § 7 oder § 7a fallen, hat der Verleiher zumindest die in diesem Tarifvertrag oder in dieser Rechtsverordnung vorgeschriebenen Arbeitsbedingungen zu gewähren sowie die der gemeinsamen Einrichtung nach diesem Tarifvertrag zustehenden Beiträge zu leisten; dies gilt auch dann, wenn der Betrieb des Entleihers nicht in den fachlichen Geltungsbereich dieses Tarifvertrages oder dieser Rechtsverordnung fällt.

§ 8 wurde ebenfalls durch das Gesetz zur Stärkung der Tarifautonomie geändert: I u II werden an die Änderungen in §§ 3, 4 sowie das Einführen von § 7a angepasst. III wurde daneben auch sachlich ergänzt und stellt nunmehr klar, dass es nicht darauf ankommt, dass der Betrieb des Entleihers in den fachlichen Anwendungsbereich des erstreckten TV fällt. 1

§ 8 I ist die gegen den AG gerichtete Anspruchsgrundlage auf Gewährung der durch den TV vorgesehenen Mindestarbeitsbedingungen. Daneben ist § 8 vor dem Hintergrund von Art 3 VIII Entsende-RL zu lesen. Der AN muss im Inland (*Krebber* IPrax 2001, 22, 24) und im Geltungsbereich eines vom AEntG erfassten TV beschäftigt sein. 1.1

§ 8 III weitet den persönlichen Anwendungsbereich auf Leih-AN aus, die Tätigkeiten ausüben, die in den Geltungsbereich eines vom AEntG erfassten TV fallen; zum Hintergrund: EuGH 25.10.2001, Rs C-493/99, Slg 2001, I-8163 – Kommission/Deutschland; *Raab* ZfA 2003, 389 ff; zu den Voraussetzungen BAG 21.10.2009, 5 AZR 951/08, NJW 2010, 460. Dass es nicht darauf ankommt, ob der Betrieb des Entleihers in den fachlichen Anwendungsbereich des erstreckten TV fällt, sondern dass allein entscheidend sein soll, dass der Leiharbeitnehmer eine Tätigkeit ausübt, für die Tarifnormen auf der Grundlage des AEntG auf Außenseiter erstreckt sind, soll eine Reaktion auf BAG 21.10.2009, 5 AZR 951/08, NJW 2010, 460 sein (BT-Drs 18/1558, S 52): Das BAG hatte den Anspruch des Leiharbeitnehmers davon abhängig gemacht, dass der Entleiherbetrieb in den betrieblichen Geltungsbereich des erstreckten TV fällt. Die Entscheidung des Gesetzgebers durchbricht für Leiharbeitnehmer ohne überzeugenden Grund das Prinzip des Branchenbezugs des AEntG. 2

§ 8 II regelt das Verhältnis eines dem Regime des AEntG unterliegenden TV zu sonst (§§ 3, 5 TVG) geltenden TV. Die Auflösung von Tarifkonkurrenzen erfährt durch § 8 II eine Korrektur: Der dem Regime des AEntG unterliegende TV ist immer anwendbar und verdrängt alle anderen TV, an die der AG gebunden ist. Diese Wirkung macht die Entscheidung über das »Ob« des Einbezugs eines TV besonders brisant (§ 7 Rdn 5). Die Wirkung als solche ist aber konsequent dem europarechtlichen Hintergrund des AEntG geschuldet (*Thüsing/Bayreuther* AEntG, § 8 Rn 20) und greift im Übrigen eine entsprechende frühere Rspr des BAG auf (BAG 18.10.2006, 10 AZR 576/05, EzA § 4 TVG Bauindustrie Nr 128). Aufgrund anderer geltender TV zu gewährende günstigere Arbeitsbedingungen gehen gem § 8 I (»mindestens«) auch ohne Verweis auf das TVG vor (Begr RegE BT-Drs 16/10485, S 11). 3

§ 9 Verzicht, Verwirkung

¹Ein Verzicht auf den entstandenen Anspruch auf das Mindestentgelt nach § 8 ist nur durch gerichtlichen Vergleich zulässig; im Übrigen ist ein Verzicht ausgeschlossen. ²Die Verwirkung des Anspruchs der Arbeitnehmer und Arbeitnehmerinnen auf das Mindestentgelt nach § 8 ist ausgeschlossen. ³Ausschlussfristen für die Geltendmachung des Anspruchs können ausschließlich in dem für allgemeinverbindlich erklärten Tarifvertrag nach den §§ 4 bis 6 oder dem der Rechtsverordnung nach § 7 zugrunde liegenden Tarifvertrag geregelt werden; die Frist muss mindestens sechs Monate betragen.

§ 9 dient der Absicherung der Rechte aus einem TV, der dem Regime des AEntG unterliegt. Er trifft erstmals eine gesetzliche Aussage zur Mindestdauer einer tariflichen Ausschlussfrist. § 9 lehnt sich an § 3 MiLoG an, übernimmt in § 9 S 1 Hs 2 dessen Regelung, ist aber weiter als § 3 MiLoG, weil er Ausschlussfristen ermöglicht. Wie auch § 3 S 2 MiLoG und anders als § 4 IV TVG lässt er einen Verzicht nur durch gerichtlichen Vergleich und für entstandene Ansprüche zu (dazu näher § 3 MiLoG Rdn 6). 1

Abschnitt 4 Arbeitsbedingungen in der Pflegebranche

§ 10
¹Dieser Abschnitt findet Anwendung auf die Pflegebranche. ²Diese umfasst Betriebe und selbstständige Betriebsabteilungen, die überwiegend ambulante, teilstationäre oder stationäre Pflegeleistungen oder ambulante Krankenpflegeleistungen für Pflegebedürftige erbringen (Pflegebetriebe). ³Pflegebedürftig ist, wer wegen einer körperlichen, geistigen oder seelischen Krankheit oder Behinderung für die gewöhnlichen und regelmäßig wiederkehrenden Verrichtungen im Ablauf des täglichen Lebens vorübergehend oder auf Dauer der Hilfe bedarf. 4Keine Pflegebetriebe im Sinne des Satzes 2 sind Einrichtungen, in denen die Leistungen zur medizinischen Vorsorge, zur medizinischen Rehabilitation, zur Teilhabe am Arbeitsleben oder am Leben in der Gemeinschaft, die schulische Ausbildung oder die Erziehung kranker oder behinderter Menschen im Vordergrund des Zweckes der Einrichtung stehen, sowie Krankenhäuser.

§ 11 Rechtsverordnung
(1) Das Bundesministerium für Arbeit und Soziales kann durch Rechtsverordnung ohne Zustimmung des Bundesrates bestimmen, dass die von einer nach § 12 errichteten Kommission vorgeschlagenen Arbeitsbedingungen nach § 5 Nr. 1 und 2 auf alle Arbeitgeber sowie Arbeitnehmer und Arbeitnehmerinnen, die unter den Geltungsbereich einer Empfehlung nach § 12 Abs. 4 fallen, Anwendung finden.
(2) Das Bundesministerium für Arbeit und Soziales hat bei seiner Entscheidung nach Absatz 1 neben den in § 1 genannten Gesetzeszielen die Sicherstellung der Qualität der Pflegeleistung sowie den Auftrag kirchlicher und sonstiger Träger der freien Wohlfahrtspflege nach § 11 Abs. 2 Elftes Buch Sozialgesetzbuch zu berücksichtigen.
(3) Vor Erlass einer Rechtsverordnung gibt das Bundesministerium für Arbeit und Soziales den in den Geltungsbereich der Rechtsverordnung fallenden Arbeitgebern und Arbeitnehmern und Arbeitnehmerinnen sowie den Parteien von Tarifverträgen, die zumindest teilweise in den fachlichen Geltungsbereich der Rechtsverordnung fallen, und paritätisch besetzten Kommissionen, die auf der Grundlage kirchlichen Rechts Arbeitsbedingungen für den Bereich kirchlicher Arbeitgeber in der Pflegebranche festlegen, Gelegenheit zur schriftlichen Stellungnahme innerhalb von drei Wochen ab dem Tag der Bekanntmachung des Entwurfs der Rechtsverordnung.

§ 12 Kommission
(1) ¹Das Bundesministerium für Arbeit und Soziales errichtet eine Kommission zur Erarbeitung von Arbeitsbedingungen oder deren Änderung. ²Die Errichtung erfolgt im Einzelfall auf Antrag einer Tarifvertragspartei aus der Pflegebranche oder der Dienstgeberseite oder der Dienstnehmerseite von paritätisch besetzten Kommissionen, die auf der Grundlage kirchlichen Rechts Arbeitsbedingungen für den Bereich kirchlicher Arbeitgeber in der Pflegebranche festlegen.
(2) ¹Die Kommission besteht aus acht Mitgliedern. ²Das Bundesministerium für Arbeit und Soziales benennt je zwei geeignete Personen sowie jeweils einen Stellvertreter aufgrund von Vorschlägen
1. der Gewerkschaften, die in der Pflegebranche tarifzuständig sind,
2. der Vereinigungen der Arbeitgeber in der Pflegebranche,
3. der Dienstnehmerseite der in Absatz 1 genannten paritätisch besetzten Kommissionen sowie
4. der Dienstgeberseite der in Absatz 1 genannten paritätisch besetzten Kommissionen.
(3) ¹Die Sitzungen der Kommission werden von einem oder einer nicht stimmberechtigten Beauftragten des Bundesministeriums für Arbeit und Soziales geleitet. ²Die Kommission kann sich eine Geschäftsordnung geben.
(4) ¹Die Kommission beschließt unter Berücksichtigung der in den §§ 1 und 11 Abs. 2 genannten Ziele Empfehlungen zur Festsetzung von Arbeitsbedingungen nach § 5 Nr. 1 und 2. ²Sie kann eine Ausschlussfrist empfehlen, die den Anforderungen des § 9 Satz 3 entspricht. ³Empfehlungen sind schriftlich zu begründen.
(5) ¹Die Kommission ist beschlussfähig, wenn alle Mitglieder anwesend oder vertreten sind. ²Ein Beschluss der Kommission bedarf jeweils einer Mehrheit von drei Vierteln der Mitglieder

1. der Gruppe der Mitglieder nach Absatz 2 Nr. 1 und 2,
2. der Gruppe der Mitglieder nach Absatz 2 Nr. 3 und 4,
3. der Gruppe der Mitglieder nach Absatz 2 Nr. 1 und 3 sowie
4. der Gruppe der Mitglieder nach Absatz 2 Nr. 2 und 4.

³Die Sitzungen der Kommission sind nicht öffentlich; der Inhalt ihrer Beratungen ist vertraulich.
(6) Mit Beschlussfassung über Empfehlungen nach Absatz 4 wird die Kommission aufgelöst.

§ 13 Rechtsfolgen

Eine Rechtsverordnung nach § 11 steht für die Anwendung der §§ 8 und 9 sowie der Abschnitte 5 und 6 einer Rechtsverordnung nach § 7 gleich.

Die §§ 10 ff sehen einen besonderen Abschnitt für die Pflegebranche vor, welcher sich in der Technik, mit der das Gesetz zu einem Mindestlohn gelangt, grundlegend von den §§ 3 ff unterscheidet. Hintergrund sollen die Besonderheiten der Pflegeeinrichtungen sein, die von kirchlichen Trägern betrieben werden (§ 1 Rdn 6, 7), doch wird die Sonderregelung nicht auf diese kirchlichen Träger beschränkt, sondern allgemein zugrunde gelegt. Weil zudem in § 10 S 4 eine Reihe von Einrichtungen, die auch in kirchlicher Trägerschaft stehen können, vom Anwendungsbereich ausgenommen werden, ist die Regelung insgesamt nicht rund. In Anlehnung an § 10 IV 1 MiLoG bestimmt nun auch § 12 V 3, dass die Sitzungen der Kommission nicht öffentlich sind und der Inhalt der Beratungen vertraulich ist. 1

Dort, wo außerhalb des kirchlichen Bereichs bei den erfassten Pflegebetrieben die Arbeitsbedingungen bisher durch TV festgelegt wurden, ist der Weg zu Mindestarbeitsbedingungen, die von einer Kommission vorgeschlagen und dann durch RechtsVO umgesetzt werden, nicht mit Art 9 III GG vereinbar. Auch der Wunsch nach einheitlichen Mindestarbeitsbedingungen in diesen Betrieben kann den damit verbundenen Eingriff in Art 9 III GG nicht rechtfertigen. Ein geringerer Eingriff wäre es insoweit etwa gewesen, in einer Kommission eine Abstimmung zwischen den kirchlichen und den nicht kirchlichen Trägern herbeizuführen. Nicht nachvollziehbar ist auch, warum nicht an die kollektiven Regelungen angeknüpft wird, mit denen bei kirchlichen Trägern gearbeitet wird (vgl *Birk* AuR 1979 Sonderheft, S 9; *Richardi* Arbeitsrecht in der Kirche, §§ 14, 15). Das Gesetz geht davon aus, dass dem Selbstbestimmungsrecht der Kirchen gem Art 140 GG iVm Art 137 WRV wegen ihrer Beteiligung in der Kommission nach § 12 genügt wird (s dazu *Löwisch* RdA 2009, 215, 222). 2

Nur der Weg zur RechtsVO ist für die Pflegebranche ein anderer, während die Rechtsfolgen sich gem § 13 nicht von denen eines TV unterscheiden, der in einen der in § 4 genannten Bereiche fällt (s auch *Löwisch* RdA 2009, 215, 219). 3

Abschnitt 5 Zivilrechtliche Durchsetzung

§ 14 Haftung des Auftraggebers

¹Ein Unternehmer, der einen anderen Unternehmer mit der Erbringung von Werk- oder Dienstleistungen beauftragt, haftet für die Verpflichtungen dieses Unternehmers, eines Nachunternehmers oder eines von dem Unternehmer oder einem Nachunternehmer beauftragten Verleihers zur Zahlung des Mindestentgelts an Arbeitnehmer oder Arbeitnehmerinnen oder zur Zahlung von Beiträgen an eine gemeinsame Einrichtung der Tarifvertragsparteien nach § 8 wie ein Bürge, der auf die Einrede der Vorausklage verzichtet hat. ²Das Mindestentgelt im Sinne des Satzes 1 umfasst nur den Betrag, der nach Abzug der Steuern und der Beiträge zur Sozialversicherung und zur Arbeitsförderung oder entsprechender Aufwendungen zur sozialen Sicherung an Arbeitnehmer oder Arbeitnehmerinnen auszuzahlen ist (Nettoentgelt).

§ 14 entspricht im Kern § 1a der 1. Fassung. Er statuiert eine **verschuldensunabhängige Haftung** des Generalunternehmers für das nach § 8 geschuldete Mindestentgelt und die Sozialkassenbeiträge. Der Normzweck wird nicht ganz klar. Möglicherweise soll der ausländische AN iVm § 15 seine gegen seinen AG im Heimatstaat nicht oder nur schwer durchsetzbaren Ansprüche gegen den Generalunternehmer (ErfK/ *Schlachter* § 15 Rn 1) geltend machen können. Vorstellbar ist auch, dass der Gesetzgeber durch diese Bestimmung die Baubranche insgesamt disziplinieren wollte (*Blanke* AuR 1999, 417, 422; *Rieble/Lessner* ZfA 2002, 29, 32). Die Bestimmung ist nunmehr allerdings allgemein anwendbar, wenn der sachliche Anwendungsbereich des AEntG eröffnet ist. § 14 greift auch in der Pflegebranche, § 13. Über den Verweis in § 13 MiLoG besteht die Haftung des Generalunternehmers nach § 14 auch für die Zahlung des gesetzlichen Mindestlohns. 1

§ 15 AEntG Gerichtsstand

2   Die Haftung ist auf § 8 bezogen (ErfK/*Schlachter* § 14 Rn 1, 3; Däubler/*Lakies* § 14 Rn 26) und betrifft demnach nicht gem § 2 anwendbare Bestimmungen in Rechts- und Verwaltungsvorschriften. Nettoentgelt iSv § 14 S 2 ist der nach dem für den betreffenden AN maßgeblichen Steuer- und Sozialversicherungsrecht zur Auszahlung verbleibende Betrag des Mindestentgelts, BAG 17.8.2011, 5 AZR 490/10, BB 2012, 1100. Welches Steuerrecht maßgeblich ist, richtet sich nach Doppelbesteuerungsabkommen, das anwendbare Sozialrecht nach VO 883/2004/EG (Art 45 AEUV Rdn 21).
3   Es haftet der **Generalunternehmer**, der für alle nachfolgenden Sub- und Nachunternehmer einsteht (*Harbrecht* BauR 1999, 1376, 1377; im Erg auch *Heuschmid/Hlava* NJW 2015, 1719, 1720). Den Generalunternehmer trifft selbst die Pflicht zur Erfüllung, doch bedient er sich zur Erfüllung dieser wenigstens teilweise eines oder mehrerer Subunternehmen. Nur diese Arbeitsteilung rechtfertigt die Haftung des Generalunternehmers (vgl auch *Fuhlrott/Oltmanns* NZA 2015, 392, 393; *Bissels/Falter* DB 2015, 65, 66). Nicht Generalunternehmer ist daher der Bauherr als Unternehmer iSd § 14 BGB (BAG 6.11.2002, 5 AZR 617/01 (A), EzA § 1a AEntG Nr 1; *Franzen* SAE 2003, 181, 190, 192). Trotz zunächst Ausweitung des AEntG auf andere Branchen als die Baubranche und inzwischen allgemeiner sachlicher Anwendbarkeit dieses Gesetzes ändert sich die Anforderung an das Vorliegen eines Generalunternehmers auch dann nicht, wenn es um die Anwendung von § 14 kraft Verweises in § 13 MiLoG geht (*Kühn/Reich* BB 2014, 2938, 2940; aA *Heuschmid/Hlava* NJW 2015, 1719, 1720; ErfK/*Schlachter* § 14 Rn 3; ErfK/*Franzen* § 13 MiLoG Rn 2; *Lakies*, MiLoG, § 13 Rn 13). Generalunternehmer iSv § 14 kann nur ein Unternehmer sein, weshalb Privatpersonen von vornherein ausscheiden (*Bayreuther* NZA 2015, 961, 964). Der Wortlaut schließt auch die öffentliche Hand von der Haftung aus (eine Änderung des Gesetzes fordernd *Bayreuther* NZA 2015, 961, 964; die öffentliche Hand vom Wortlaut erfasst sehend *Lakies* MiLoG, § 13 Rn 11).
4   Der Generalunternehmer haftet nach § 14 wie ein Bürge, der auf die Einrede der Vorausklage verzichtet hat. Voraussetzungen für die Haftung sind daher allein: Bestehen der Hauptschuld (die durch Verstreichen einer tariflichen Ausschlussfrist entfallen kann, *Vogel* BauR 2002, 1013) und das Fehlen von Einreden iSd § 768 BGB. Keine Voraussetzung ist ein Verschulden des Generalunternehmers, weshalb es für die Haftung nach § 14 unerheblich ist, ob und wie sich der Generalunternehmer im Verhältnis zu den Sub- und Nachunternehmers absichern kann (zu den Möglichkeiten *Harbrecht* BauR 1999, 1376, 1378 f; *C Meyer* AuA 1999, 113, 114; OLG Stuttgart 28.9.2001, 2 und 218/00, BauR 2002, 1093; s auch BAG 6.11.2002, 5 AZR 617/01 (A), EzA § 1a AEntG Nr 1). Zum Erlöschen der Haftung des Generalunternehmers bei Insolvenz des Nachunternehmers und Zahlung von Insolvenzgeld BAG 8.12.2010, 5 AZR 95/10, DB 2011, 939.
5   Wegen der verschuldensunabhängigen Haftung wird teilw die Vereinbarkeit mit Art 12 GG infrage gestellt (*Badura* FS Söllner, 2000, 111, 122 ff; *v Danwitz* RdA 1999, 322, 326 f; *Rieble/Lessner* ZfA 2002, 29, 83 ff). Das BVerfG und das BAG haben die Verfassungsmäßigkeit indes bejaht (BVerfG 20.3.2007, 1 BvR 1047/05, NZA 2007, 609; BAG 6.11.2002, 5 AZR 617/01 (A), EzA § 1a AEntG Nr 1; 12.1.2005, 5 AZR 617/01, EzA § 1a AEntG Nr 3). Einen Verstoß gegen den jetzigen Art 56 AEUV hat der EuGH abgelehnt (EuGH 12.10.2004, Rs C-60/03, Slg 2004, I-9553 – Wolff & Müller; BAG 12.1.2005, 5 AZR 617/01, EzA § 1a AEntG Nr 3).

§ 15 Gerichtsstand

[1]Arbeitnehmer und Arbeitnehmerinnen, die in den Geltungsbereich dieses Gesetzes entsandt sind oder waren, können eine auf den Zeitraum der Entsendung bezogene Klage auf Erfüllung der Verpflichtungen nach den §§ 2, 8 oder 14 auch vor einem deutschen Gericht für Arbeitssachen erheben. [2]Diese Klagemöglichkeit besteht auch für eine gemeinsame Einrichtung der Tarifvertragsparteien nach § 5 Nr. 3 in Bezug auf die ihr zustehenden Beiträge.

1   § 15 geht auf Art 6 der Entsende-RL zurück. AN müssen die ihnen zustehenden Ansprüche gegen ihren AG selbst gerichtlich durchsetzen; eine § 25 HAG vergleichbare Regelung kennt das AEntG nicht. Nach den allg Zuständigkeitsregeln (Art 19 EuGVVO; s hierzu Art 1, 3, 8, 9 Rom I-VO Rdn 28a) besteht am tatsächlichen Arbeitsort der Entsendung kein Gerichtsstand. Die Entsende-RL geht davon aus, dass ihre Anwendung bei einer Klage im Ursprungsland nicht gesichert sei (Wiesehügel/Sahl/*Däubler* Die Sozialkassen der Bauwirtschaft und die Entsendung innerhalb der Europäischen Union, S 94, 106) und statuiert daher einen Gerichtsstand im Inland. Die Zuständigkeit nach § 15 ist nicht ausschließlich (Wiesehügel/Sahl/*Birk* Die Sozialkassen der Bauwirtschaft und die Entsendung innerhalb der Europäischen Union, S 111, 115). Zu den Einzelheiten Wiesehügel/Sahl/*Birk* Die Sozialkassen der Bauwirtschaft und die Entsendung innerhalb der Europäischen Union, S 111 ff; MünchArbR/*Birk* 2. Aufl, § 23 Rn 33 ff.

In wirklichen Entsendefällen führt § 2 AEntG zu einer Verdoppelung der Arbeitnehmerpflichten und es stellt sich die Frage, ob bereits bei der Anwendung von § 2 AEntG eine Anrechnung erfolgen muss. Ältere bei § 1 Rdn 8 zitierte Urteile des EuGH legen dies nahe. § 5 S 1 Nr 3 AEntG greift diese Sicht auf (s § 5 Rdn 2). Nach EuGH 18.12.2007, Rs C-341/05, Slg 2007, I-11767 – Laval; 3.4.2008, Rs C-346/06, Slg 2008, I-1989 – Rüffert; 19.6.2008, Rs C-319/06, Slg 2008, I-4323 – Kommission/Großherzogtum Luxemburg ist es jedoch nicht mehr erforderlich, dass die Anrechnung bereits bei der Anwendung von § 2 AEntG erfolgt. Diese Entscheidungsserie und die Besinnung auf den Zweck des Gerichtsstands des § 15 AEntG erlauben folgende Arbeitsteilung: Vor dem Gerichtsstand des § 15 AEntG wird nur der harte Kern des § 2 AEntG durchgesetzt. Alle weiteren Fragen und insbesondere Art 3 Abs 7 EntsendeRL sowie Anrechnung sind vor dem allgemeinen Gerichtsstand der Art 20 ff EuGVVO nF auszutragen (*Krebber* IPRax 2013, 474). 2

Abschnitt 6 Kontrolle und Durchsetzung durch staatliche Behörden

§§ 16–25
(Text nicht abgedruckt)

Die Gewährung von Mindestentgelt und Mindesturlaub vor allem an AN eines Dienstleistungserbringers aus einem anderen Mitgliedstaat bedeutet im Ergebnis, dass dieser Dienstleistungserbringer einen Wettbewerbsvorteil verliert. Es ist daher nicht unwahrscheinlich, dass die AN eines solchen Dienstleistungserbringers ihre Rechte nach dem AEntG nicht durchsetzen werden. Neben §§ 14 f wird nach den §§ 16 ff Externen ein Kontrollrecht eingeräumt. §§ 16, 18-20, 22 f wurden teilweise durch das Gesetz zur Stärkung der Tarifautonomie geändert (vgl BT-Drs 18/1558, S 53 f). Akzeptiert man den Versuch des AEntG, dt AN vor Konkurrenz aus anderen Mitgliedstaaten zu schützen, ist dieser Schritt nachvollziehbar. Allerdings ist ein solcher Kontrollmechanismus am Primärrecht zu messen und gerade Kontroll- und Meldepflichten wurden vom EuGH im Kontext der Grundfreiheiten nicht selten beanstandet (EuGH 18.1.1979, verb Rs 110 und 111/78, Slg 1979, 35 – van Wesemael; 4.12.1986, Rs 205/84, Slg 1986, 3755 – Kommission/Deutschland; 17.12.1981, Rs 279/80, Slg 1981, 3305 – Webb). 1

In den verb Rs C–369/96 und C–376/96, Slg 1999, I-8453 Rn 55 – Jean-Claude Arblade und Arblade & Fils SARL/Bernard Leloup, Serge Leloup und Sofrage SARL hat der EuGH diese Rspr auf die Entsendeproblematik übertragen und entschieden, dass eine Kontrolle nach dem Recht des Aufnahmestaats allenfalls in Betracht kommt, wenn sie eine Verpflichtung betrifft, die den Dienstleistungserbringern vom Aufnahmestaat europarechtskonform auferlegt wird. 2

Der Absicherung der Pflichten dienen insbes §§ 21, 23. § 23 sieht Ordnungswidrigkeitentatbestände vor. § 21 verstärkt den Druck auf die AG, indem sie unter den aufgeführten Voraussetzungen vom Wettbewerb um Aufträge auszuschließen sind (zur Problematik der Tariftreueerklärungen s § 5 TVG Rdn 36). Zur Durchsetzung des AEntG eingehend, auch zu den erheblichen rechtlichen Bedenken gegen diesen Durchsetzungsmechanismus, Rieble/Junker/Giesen/*Rixen* Mindestlohn als politische und rechtliche Herausforderung, S 103 ff; *Löwisch/Rieble* § 4 TVG Rn 101 ff; auch *Schwab* NZA-RR 2010, 225, 230 f; *Aulmann* NJW 2012, 2074. Zur gerichtlichen Kontrolle *Treber* FS Bepler, 2012, 557. Thematisch geht es bei §§ 16 ff jedoch um die Kontrolle der AG durch Meldepflichten und Bereithalten von Dokumenten (§§ 18 f), die Möglichkeit des Ausschlusses von AG von der Vergabe öffentlicher Aufträge (§ 21) sowie Bußgeldvorschriften (§ 23). Die Durchsetzung der privatrechtlichen Ansprüche aus TV und RechtsVO des einzelnen AN gegen seinen AG obliegt allein ersterem; eine § 25 HAG vergleichbare Regelung kennt das AEntG nicht. Zur gerichtlichen Durchsetzung steht der Gerichtsstand des § 15 zur Verfügung. 3

§ 24a Übergangsregelung
In der Zeit vom 1. Januar 2015 bis zum 31. Dezember 2017 gilt § 1 mit der Maßgabe, dass eine Unterschreitung des nach dem Mindestlohngesetz vorgeschriebenen Mindestlohns mit den Zielen des § 1 vereinbar ist, wenn diese Unterschreitung erforderlich ist, um in der betreffenden Branche eine schrittweise Heranführung des Lohnniveaus an die Vorgaben des Mindestlohngesetzes zu bewirken und dabei faire und funktionierende Wettbewerbsbedingungen und den Erhalt sozialversicherungspflichtiger Beschäftigung zu berücksichtigen.

§ 24a AEntG Übergangsregelung

1 § 24a sichert die nach § 24 I MiLoG mögliche Unterschreitung des allgemeinen gesetzlichen Mindestlohns durch TV nach dem AEntG auch in diesem Gesetz ab. Der neu eingefügte § 24a stellt klar, dass eine Unterschreitung von 8,50 € je Zeitstunde mit den Zielen von § 1 vereinbar sein kann. Voraussetzung ist, dass in der entsprechenden Branche eine schrittweise Heranführung an das Lohnniveau des MiLoG erforderlich ist. § 24 I MiLoG nennt diese Voraussetzung nicht, weil es dort nur um das Verhältnis zum allgemeinen gesetzlichen Mindestlohn geht. § 24a betrifft hingegen das Ermessen gem §§ 7 I, 7a I und ermöglicht so im Grundsatz die Erstreckung von TV nach dem AEntG, deren Lohnniveau das des allgemeinen gesetzlichen Mindestlohns unterschreitet. Zu einem Überblick über die auf der Grundlage des AEntG verabschiedeten RechtsVO, die überwiegend höhere Löhne als den des MiLoG vorsehen, https://www.bmas.de/SharedDocs/Downloads/DE/pr-mindestloehne-aentg-uebersicht.pdf?underscoreunderscoreblob=publicationFile.

Europäisches Arbeitsrecht
Vertrag über die Arbeitsweise der Europäischen Union (AEUV)

In der Fassung der Bekanntmachung vom 9.5.2008 (ABlEU 2008 Nr C 115 S 47) EU-Dok-Nr 1 1957 E, zuletzt geändert durch Art 2 Vertrag von Lissabon vom 13.12.2007 (ABlEU 2007 Nr C 306 S 1, ber ABlEU 2008 Nr C 111 S 56 u ABlEU 2009 Nr C 290 S 1) – Auszug –

Vorbem. zu Art 45, 157, 267 AEUV

Übersicht	Rdn.		Rdn.
A. Grundlagen	1	B. Einwirkung des europäischen ArbR auf das dt ArbR	13

A. Grundlagen. Die praktische Bedeutung des europäischen ArbR für die dt Arbeitsrechtsordnung steigt **1** seit Mitte der 70er Jahre kontinuierlich. Dabei kennt das Europarecht keine inhaltlich umfassende Normierung arbeitsrechtlicher Fragen. Es ist vielmehr auf einzelne und vergleichsweise enge Regelungskomplexe beschränkt; nur für das Arbeitsschutzrecht sowie das Antidiskriminierungsrecht gibt es inzwischen eine umfassende europarechtliche Grundlage. Das Inkrafttreten des Vertrages von Lissabon bringt keine weitreichenden Änderungen der Rechtslage auf der Ebene des Primärrechts. Die sensiblen Bereiche des ArbR sind nach wie vor entweder einer Harmonisierung insgesamt oder jedenfalls dem ordentlichen Gesetzgebungsverfahren entzogen (Rdn 12). Die Grundrechtecharta ist nunmehr in Kraft. Sie stellt rechtlich nicht die einzige Quelle europäischer sozialer Rechte dar. Indem der EuGH zunehmend Rechte auf anderer Grundlage in die Grundrechtecharta überführt (EuGH, 19.1.2010, Rs C-555/07, Slg 2010, I-365, Rn 22 – Kücükdeveci; EuGH, 15.9.2011, Rs C-155/10, Slg 2011, I-8409, Rn 18 – Williams u.a.), zeigt er, dass er die GRC als die primäre Quelle unionsrechtlicher Grundrechte betrachtet.

Mit der AN-Freizügigkeit des Art 45 AEUV und dem Entgeltgleichheitsgebot in Art 157 I und II AEUV **2** finden sich Regelungen des europäischen ArbR zunächst im Primärrecht. Den Schwerpunkt bilden allerdings Normen des europäischen Sekundärrechts. Verordnungen flankieren die AN-Freizügigkeit (VO [EU] Nr 492/2011 vom 5.4.2011 über die Freizügigkeit der AN innerhalb der Union [ABlEU 2011 Nr L 141/1]; VO [EG] Nr 592/2008 vom 17.6.2008 zur Änderung der VO [EWG] Nr 1408/71 des Rates zur Anwendung der Systeme der sozialen Sicherheit auf AN und Selbständige sowie deren Familienangehörige, die innerhalb der Gemeinschaft zu- und abwandern [ABlEU 2008 Nr L 177/1] und ihre DurchführungsVO [EG] Nr 120/2009 vom 9.2.2009 zur Änderung der Verordnung [EWG] Nr 574/72 [ABlEU 2009 Nr L 39/29]; zu letzterer Art 45 Rdn 21).

Wesentliche Sekundärrechtsakte des europäischen ArbR sind (zu den Rechtsgrundlagen der AN-Freizügig- **3** keit Art 45 Rdn 2):
Antidiskriminierungsrecht: **4**
– RL 2000/43/EG des Rates vom 29.6.2000 zur Anwendung des Gleichbehandlungsgrundsatzes ohne Unterschied der Rasse oder der ethnischen Herkunft (ABlEG 2000 Nr L 180/22);
– RL 2000/78/EG des Rates vom 27.11.2000 zur Festlegung eines allg Rahmens für die Verwirklichung der Gleichbehandlung in Beschäftigung und Beruf (ABlEG 2000 Nr L 303/16);
– RL 2006/54/EG des Europäischen Parlaments und des Rates vom 5.7.2006 zur Verwirklichung des Grundsatzes der Chancengleichheit und Gleichbehandlung von Männern und Frauen in Arbeits- und Beschäftigungsfragen (Neufassung) (ABlEU 2006 Nr L 204/23); nach ihrem Art 34 hebt diese RL mit Wirkung vom 15.8.2009 die RL 75/117/EWG, 76/207/EWG, 86/378/EWG und 97/80/EG auf;
– RL 2009/13/EG vom 16.2.2009 zur Durchführung der Vereinbarung zwischen dem Verband der Reeder in der Europäischen Gemeinschaft (ECSA) und der Europäischen Transportarbeiter-Föderation (ETF) über das Seearbeitsübereinkommen 2006 und zur Änderung der RL 1999/63/EG (ABlEU 2009 Nr L 124/30; es handelt sich um eine Querschnittsrichtlinie, die nicht nur das Antidiskriminierungsrecht betrifft);
– RL 2010/41/EU des Europäischen Parlaments und des Rates vom 7.7.2010 zur Verwirklichung des Grundsatzes der Gleichbehandlung von Männern und Frauen, die eine selbständige Erwerbstätigkeit ausüben, und zur Aufhebung der RL 86/613/EWG des Rates (ABlEU 2010 Nr L 180/1); nach ihrem Art 17 hebt diese RL mit Wirkung vom 5.8.2012 die RL 86/613/EWG auf.

5 Individualarbeitsrecht:
- RL 91/533/EWG des Rates vom 14.10.1991 über die Pflicht des AG zur Unterrichtung des AN über die für seinen Arbeitsvertrag oder sein Arbeitsverhältnis geltenden Bedingungen (ABlEG 1991 Nr L 288/32);
- RL 2010/18/EU des Rates vom 8.3.2010 zur Durchführung der von BUSINESSEUROPE, UEAPME, CEEP und EGB geschlossenen überarbeiteten Rahmenvereinbarung über den Elternurlaub und zur Aufhebung der RL 96/34/EG (ABlEU 2010 Nr L 68/13), zuletzt geändert durch Art 1 ÄndRL 2013/62/EU vom 17.12.2013 (ABlEU 2013 Nr L 353/7);
- RL 96/71/EG des Europäischen Parlaments und des Rates vom 16.12.1996 über die Entsendung von AN iRd Erbringung von Dienstleistungen (ABlEG 1997 Nr L 18/1);
- RL 2014/67/EU des Europäischen Parlaments und des Rates vom 15.5.2014 zur Durchsetzung der RL 96/71/EG über die Entsendung von AN iRd Erbringung von Dienstleistungen und zur Änderung der Verordnung (EU) Nr 1024/2012 über die Verwaltungszusammenarbeit mit Hilfe des Binnenmarkt-Informationssystems (»IMI-Verordnung«) (ABlEU 2014 Nr L 159/11). Mit dem letztgenannten Rechtsakt sowie dem in Rdn 9 erwähnten Vorschlag einer VO des Rates über die Ausübung des Rechts auf Durchführung kollektiver Maßnahmen im Kontext der Niederlassungs- und der Dienstleistungsfreiheit wollte der europäische Gesetzgeber das Verhältnis zwischen Niederlassungs- und Dienstleistungsfreiheit auf der einen und Ausübung der sozialen Rechte auf der anderen Seite klären, ohne die Rspr des EuGH (Anhang TVG Arbeitskampfrecht Rdn 47) umzustoßen, KOM (2012) 130 endgültig, S 11. Inhaltlich war der VO-Vorschlag sehr allg gehalten. Die RL enthält Begriffspräzisierungen, statuiert vor allem aber Kontrollmöglichkeiten und Durchsetzungsmechanismen. Aus der Literatur *Schubert* Der Vorschlag der EU-Kommission für eine Monti-II-Verordnung, 2012; *Franzen* EuZA 2013, 1; *Bruun/Bücker* NZA 2012, 1136; *Rocca* ELLJ 2012, 19.
- RL 97/81/EG des Rates vom 15.12.1997 zu der von UNICE, CEEP und EGB geschlossenen Rahmenvereinbarung über Teilzeitarbeit (ABlEG 1998 Nr L 14/9, ber Nr L 128/71); erweitert durch RL 98/23/EG des Rates vom 7.4.1998 zur Ausdehnung der RL 97/81/EG zu der von UNICE, CEEP und EGB geschlossenen Rahmenvereinbarung über Teilzeitarbeit auf das Vereinigte Königreich Großbritannien und Nordirland (ABlEG 1998 Nr L 131/10);
- RL 98/59/EG des Rates vom 20.7.1998 zur Angleichung der Rechtsvorschriften der Mitgliedstaaten über Massenentlassungen (ABlEG 1998 Nr L 225/16);
- RL 1999/70/EG des Rates vom 28.6.1999 zu der EGB-UNICE-CEEP-Rahmenvereinbarung über befristete Arbeitsverträge (ABlEG 1999 Nr L 175/43), zuletzt geändert durch Art 1 ÄndB 2007/882/EG vom 20.12.2007 (ABlEU 2007 Nr L 346/19);
- RL 2001/23/EG des Rates vom 12.3.2001 zur Angleichung der Rechtsvorschriften der Mitgliedstaaten über die Wahrung von Ansprüchen der AN beim Übergang von Unternehmen, Betrieben oder Unternehmens- oder Betriebsteilen (ABlEG 2001 Nr L 82/16);
- RL 2003/88/EG des Europäischen Parlaments und des Rates vom 4.11.2003 über bestimmte Aspekte der Arbeitszeitgestaltung (ABlEG 2003 Nr L 299/9);
- RL 2005/36/EG des Europäischen Parlaments und des Rates vom 7.9.2005 über die Anerkennung von Berufsqualifikationen (ABlEU 2005 Nr L 255/22), zuletzt geändert durch Art 1 ÄndRL 2013/55/EU vom 20.11.2013 (ABlEU 2013 Nr L 354/132);
- RL 2008/94/EG des Europäischen Parlaments und des Rates vom 22.10.2008 über den Schutz der AN bei Zahlungsunfähigkeit des AG (ABlEU 2008 Nr L 283/36); nach ihrem Art. 16 hebt diese RL die RL 80/987/EWG des Rates vom 20.10.1980 zur Angleichung der Rechtsvorschriften der Mitgliedstaaten über den Schutz der AN bei Zahlungsunfähigkeit des AG (ABlEG 1980 Nr L 283/23) auf;
- RL 2008/104/EG des Europäischen Parlaments und des Rates vom 19.11.2008 über Leiharbeit (ABlEU 2008 Nr L 327/9; es handelt sich um eine Querschnittsrichtlinie, die nicht nur das Individualarbeitsrecht betrifft);
- RL 2008/106/EG des Europäischen Parlaments und des Rates vom 19.11.2008 über Mindestanforderungen für die Ausbildung von Seeleuten (ABlEU 2008 Nr L 323/33), zuletzt geändert durch Art 1 ÄndRL 2012/35/EU vom 21.11.2012 (ABlEU 2012 Nr L 343/78);
- RL 2011/98/EU des Europäischen Parlaments und des Rates vom 13.12.2011 über ein einheitliches Verfahren zur Beantragung einer kombinierten Erlaubnis für Drittstaatsangehörige, sich im Hoheitsgebiet eines Mitgliedstaats aufzuhalten und zu arbeiten, sowie über ein gemeinsames Bündel von Rechten für DrittstaatsAN, die sich rechtmäßig in einem Mitgliedstaat aufhalten (ABlEU 2011 Nr L 343/1).

Kollektives ArbR: 6
- VO (EG) Nr 2157/2001 des Rates vom 8.10.2001 über das Statut der Europäischen Gesellschaft (SE) (ABlEG 2001 Nr L 294/1), zuletzt geändert durch Art 1 ÄndVO (EG) Nr 1791/2006 vom 20.11.2006 (ABlEU 2006 Nr L 363/1); RL 2001/86/EG des Rates vom 8.10.2001 zur Ergänzung des Statuts der Europäischen Gesellschaft hins der Beteiligung der AN (ABlEG 2001 Nr L 294/22);
- RL 2002/14/EG des Europäischen Parlaments und des Rates vom 11.3.2002 zur Festlegung eines allg Rahmens für die Unterrichtung und Anhörung der AN in der Europäischen Gemeinschaft (ABlEG 2002 Nr L 80/29);
- RL 2009/38/EG des Europäischen Parlaments und des Rates vom 6.5.2009 über die Einsetzung eines EBR oder die Schaffung eines Verfahrens zur Unterrichtung und Anhörung der AN in gemeinschaftlich operierenden Unternehmen und Unternehmensgruppen (Neufassung) (ABlEU 2009 Nr L 122/28); nach ihrem Art 17 hebt diese RL mit Wirkung vom 6.6.2011 die RL 94/45/EG auf;
- RL 2003/41/EG des Europäischen Parlaments und des Rates vom 3.6.2003 über die Tätigkeiten und die Beaufsichtigung von Einrichtungen der betrieblichen Altersversorgung (ABlEG 2003 Nr L 235/10), zuletzt geändert durch Art 1 ÄndRL 2013/14/EU vom 21.5.2013 (ABlEU 2013 Nr L 145/1).

Arbeitsschutz: 7
Technischer Arbeitsschutz:
- RL 89/391/EWG des Rates vom 12.6.1989 über die Durchführung von Maßnahmen zur Verbesserung der Sicherheit und des Gesundheitsschutzes der AN bei der Arbeit (ABlEG 1989 Nr L 183/1), zuletzt geändert durch Anh N 2.1. ÄndVO 1137/2008/EG vom 22.10.2008 (ABlEU 2008 Nr L 311/1); die sog Rahmenrichtlinie zum europarechtlichen Arbeitsschutz, die durch zahlreiche Einzelrichtlinien ergänzt wird, s Art 16 I sowie die Übersicht in Beck-Texte EU-Arbeitsrecht, Nr 61;
- RL 98/24/EG des Rates vom 7.4.1998 zum Schutz von Gesundheit und Sicherheit der AN vor der Gefährdung durch chemische Arbeitsstoffe bei der Arbeit (14. Einzelrichtlinie iSd Art 16 I der RL 89/391/EWG) (ABlEG 1998 Nr L 131/11), zuletzt geändert durch Art 4 ÄndRL 2014/27/EU vom 26.2.2014 (ABlEU 2014 Nr L 65/1);
- RL 2009/104/EG des Europäischen Parlaments und des Rates vom 16.9.2009 über Mindestvorschriften für Sicherheit und Gesundheitsschutz bei Benutzung von Arbeitsmitteln durch AN bei der Arbeit (ABlEU 2009 Nr L 260/5);
- RL 2009/148/EG des Europäischen Parlaments und des Rates vom 30.11.2009 über den Schutz der AN gegen Gefährdung durch Asbest am Arbeitsplatz (ABlEU 2009 Nr L 330/28).

Sozialer Arbeitsschutz:
- RL 91/383/EWG des Rates vom 25.6.1991 zur Ergänzung der Maßnahmen zur Verbesserung der Sicherheit und des Gesundheitsschutzes von AN mit befristetem Arbeitsverhältnis oder Leiharbeitsverhältnis (ABlEG 1991 Nr L 206/19), zuletzt geändert durch Art 2 Abs 2, Art 3 Nr 7 ÄndRL 2007/30/EG vom 20.6.2007 (ABlEU 2007 Nr L 165/21);
- RL 92/85/EWG des Rates vom 19.10.1992 über die Durchführung von Maßnahmen zur Verbesserung der Sicherheit und des Gesundheitsschutzes von schwangeren ANinnen, Wöchnerinnen und stillenden ANinnen am Arbeitsplatz (ABlEG 1992 Nr L 348/1), zuletzt geändert durch Art 2 ÄndRL 2014/27/EU vom 26.2.2014 (ABlEU 2014 Nr L 65/1);
- RL 94/33/EG des Rates vom 22.6.1994 über den Jugendarbeitsschutz (ABlEG 1994 Nr L 216/12), zuletzt geändert durch Art 3 ÄndRL 2014/27/EU vom 26.2.2014 (ABlEU 2014 Nr L 65/1);
- RL 2003/88/EG des Europäischen Parlaments und des Rates vom 4.11.2003 über bestimmte Aspekte der Arbeitszeitgestaltung (ABlEG 2003 Nr L 299/9).

Geplant, in der Diskussion oder jedenfalls nicht zurückgenommen, sind Vorschläge zu folgenden Rechtsakten: 8
- RL des Europäischen Parlaments und des Rates zur Änderung der RL 2003/88/EG des Parlaments und des Rates vom 4.11.2003 über bestimmte Aspekte der Arbeitszeitgestaltung, KOM (2004) 607 endgültig; gescheitert im April 2009 (http://ec.europa.eu/prelex/detail_dossier_real.cfm?CL=de&DosId=191740), nicht anders als frühere Überarbeitungsvorschläge. Der Prozess iSv Art 154 wurde erneut in Gang gesetzt, KOM (2010) 801 endgültig. Die Frist ist abgelaufen (31.12.12). Es ist möglich, dass die Kommission einen Vorschlag vorlegt, Ergebnisse sind noch nicht bekannt;
- RL des Europäischen Parlaments und des Rates zur Gewährleistung einer ausgewogeneren Vertretung von Frauen und Männern unter den nicht geschäftsführenden Direktoren/Aufsichtsratsmitgliedern börsennotierter Gesellschaften und über damit zusammenhängende Maßnahmen, KOM (2012) 614 endgültig, die in Ländern mit Unternehmensmitbestimmung arbeitsrechtliche Auswirkungen haben kann;

Vorbem. zu Art 45, 157, 267 AEUV

Erörterung im Rat zuletzt im Dezember 2014 (http://eur-lex.europa.eu/legal-content/DE/HIS/?uri=CELEX:52012PC0614&qid=1441801720347);
– Mitteilung über einen Aktionsplan Europäisches Gesellschaftsrecht und Corporate Governance – ein modernder Rechtsrahmen für engagierte Aktionäre und besser überlebensfähige Unternehmen, KOM (2012) 740 endgültig, dessen Abschnitt 3.5. Fragen der Kapitalbeteiligung von AN betrifft.

9 Zurückgenommen wurden die Vorschläge zu folgenden Rechtsakten:
– VO des Rates über die Ausübung des Rechts auf Durchführung kollektiver Maßnahmen im Kontext der Niederlassungs- und der Dienstleistungsfreiheit, KOM (2012) 130 endgültig; Rücknahme durch die Kommission am 10.1.2013 (http://ec.europa.eu/prelex/detail_dossier_real.cfm?CL=de&DosId=201461).
– RL des Europäischen Parlaments und des Rates zur Änderung der RL 92/85/EWG des Rates vom 19.10.1992 über die Durchführung von Maßnahmen zur Verbesserung der Sicherheit und des Gesundheitsschutzes von schwangeren ANinnen, Wöchnerinnen und stillenden ANinnen am Arbeitsplatz, KOM (2008) 637 endgültig; Rücknahme durch die Kommission am 6.8.2015 (http://eur-lex.europa.eu/procedure/DE/197460).

10 Quelle europäischen ArbR sind auch **Vereinbarungen der Sozialpartner** gem Art 155 II AEUV. Art 155 II AEUV erlaubt es den europäischen Sozialpartnern (Calliess/Ruffert/*Krebber* Art 154 Rn 20), arbeitsrechtliche Fragen in sog Vereinbarungen selbst zu regeln. Diese Vereinbarungen können durch RL umgesetzt werden, Art 155 II AEUV, wodurch sie die rechtliche Wirkung einer RL erlangen. Bisher sind dies: Rahmenvereinbarung der europäischen Sozialpartner (BUSINESSEUROPE, UEAPME, CEEP, EGB) über den Elternurlaub (ABlEU 2010 Nr L 68/13) (diese ersetzt die Rahmenvereinbarung über den Elternurlaub [ABlEG 1996 Nr L 145/4]); Rahmenvereinbarung der europäischen Sozialpartner (UNICE, CEEP, EGB) über Teilzeitarbeit (ABlEG 1998 Nr L 14/9); Rahmenvereinbarung der europäischen Sozialpartner (UNICE, CEEP, EGB) über befristete Arbeitsverträge (ABlEG 1999 Nr L 175/43); Vereinbarung des Verbandes der Reeder in der Europäischen Gemeinschaft (ECSA) und des Verbandes der Verkehrsgewerkschaften in der Europäischen Union (FST) über die Regelung der Arbeitszeit von Seeleuten (ABlEG 1999 Nr L 167/33); über eine Sozialpartnervereinbarung zur Sicherung angemessener Arbeitsbedingungen für Fischer an Bord von Fischereifahrzeugen wird nachgedacht, KOM (2011) 306 endgültig; Europäische Vereinbarung von der Vereinigung Europäischer Fluggesellschaften (AEA), der Europäischen Transportarbeiter-Föderation (ETF), der European Cockpit Association (ECA), der European Regions Airline Association (ERA) und der International Air Carrier Association (IACA) über die Arbeitszeitorganisation für das fliegende Personal der Zivilluftfahrt (ABlEG 2000 Nr L 302/57); Vereinbarung zwischen der Gemeinschaft der Europäischen Bahnen (CER) und der Europäischen Transportarbeiter-Föderation (ETF) über bestimmte Aspekte der Einsatzbedingungen des fahrenden Personals im interoperablen grenzüberschreitenden Verkehr im Eisenbahnsektor (ABlEG 2005 Nr L 195/15); Rahmenvereinbarung der europäischen Sozialpartner HOSPEEM und EGÖD zur Vermeidung von Verletzungen durch scharfe/spitze Instrumente im Krankenhaus- und Gesundheitssektor (ABlEU 2010 Nr L 134/66). Art 155 II AEUV räumt den Sozialpartnern ferner die Möglichkeit ein, festzulegen, dass die Vereinbarung nach den jeweiligen Verfahren und Gepflogenheiten der Sozialpartner und der Mitgliedstaaten durchgeführt wird. Dann hat die Vereinbarung keine rechtlich verbindliche Wirkung (Calliess/Ruffert/*Krebber* Art 155 Rn 20 f). Bsp solcher Vereinbarungen sind: Rahmenvereinbarung über Telearbeit (dt Fassung unter http://www.arbeitgeber.de/www/arbeitgeber.nsf/res/Rahmenvereinbarung_Telearbeit.pdf/$file/Rahmenvereinbarung_Telearbeit.pdf); Rahmenvereinbarung über Stress am Arbeitsplatz (dt Fassung unter http://resourcecentre.etuc.org/linked_files/documents/Framework%20agreement%20-%20work%20related%20stress%20DE.pdf?PHPSESSID=-00de9f282a37ac54cf56dfc29aef2df1); Vereinbarung über einen Aktionsrahmen betreffend das lebenslange Lernen (dt Fassung unter http://www.jugendpolitikineuropa.de/downloads/4-20-2384/Aktionsrahem%20lebenslange%20Entwicklung%20Kompetenzen.pdf [Anhang II]); Vereinbarung über einen Aktionsrahmen betreffend die Gleichbehandlung von Mann und Frau (engl Fassung unter http://www.etuc.org/sites/www.etuc.org/files/framework_of_actions_gender_equality_010305-2_2.pdf); Rahmenvereinbarung zu Belästigung und Gewalt am Arbeitsplatz (dt Fassung unter http://resourcecentre.etuc.org/linked_files/documents/DE%20Framework%20Agreement%20Harassment%20and%20Violence%20at%20Work.pdf); Rahmenvereinbarung zu *Inclusive Labour Markets* (engl Fassung unter http://www.arbeitgeber.de/www/arbeitgeber.nsf/res/Inclusive_Labour_Markets.pdf/$file/Inclusive_Labour_Markets.pdf).

11 Grundlage europäischen ArbR kann nach Auffassung des EuGH schließlich ein europarechtliches **soziales Recht** sein. Dazu EuGH 8.4.1976, Rs 43/75, Slg 1976, 455 – Defrenne II; 22.11.2005, Rs C-144/04, Slg 2005, I-9981 – Mangold; 19.1.2010, Rs C-555/07, Slg 2010, I-356 – Kücükdeveci; *Krebber*

Comparative Labor Law & Policy Journal 2006, 377; *ders* RdA 2009, 224; *Gerken/Rieble/Roth/Stein/Streinz* »Mangold« als ausbrechender Rechtsakt, 2009; das BVerfG hat in der Behauptung eines sozialen Rechts in Mangold keinen hinreichend qualifizierten Kompetenzverstoß des EuGH gesehen und eine Ultra-vires-Kontrolle abgelehnt, BVerfG 6.7.2010, 2 BvR 2661/06, NZA 2010, 995. Praktische Folgen hat ein soziales Recht iSd Mangold-Rspr für die Wirkung des Verbots der Altersdiskriminierung auf entgegenstehendes mitgliedstaatliches Recht: Der EuGH verlangt die Nichtanwendung entgegenstehenden mitgliedstaatlichen Rechts auch im Verhältnis zwischen Privaten. Im Ergebnis geht es damit materiell um eine partielle Ausnahme zum Verbot der horizontalen Wirkung von RL (s.a. Rdn 16).

Ermächtigungsgrundlagen sind: Art 46, 48 AEUV für die AN-Freizügigkeit; Art 153 IIb iVm Ia-h AEUV 12 für das ArbR und Art 19, 153 IIb iVm Ii, 157 III AEUV für das Antidiskriminierungsrecht. Die allg arbeitsrechtliche Ermächtigungsgrundlage des Art 153 IIb AEUV entzieht Art 153 Ic, d, f und g grds dem ordentlichen Gesetzgebungsverfahren und verlangt einen einstimmigen Beschluss des Rates. Zudem umfasst die Ermächtigungsgrundlage nach Art 153 V AEUV nicht das Arbeitsentgelt, das Koalitionsrecht, das Streikrecht sowie das Aussperrungsrecht (näher Calliess/Ruffert/*Krebber* Art 153 Rn 10 ff). Der Europäischen Union ist damit insb die Kompetenz für eine Harmonisierung des Arbeitskampfrechts entzogen. Hieran ändert das Inkrafttreten der Europäischen Grundrechtecharta, deren Art 28 auch das Arbeitskampfrecht betrifft, nichts. Allerdings finden auf europäischer Ebene zum einen tatsächlich Arbeitskämpfe statt, die sich auf Materien des europäischen ArbR und auf die Tätigkeit der Organe der EU beziehen (Bsp: Arbeitsniederlegungen in mehreren europäischen Städten im Januar 2006 – ua in Hamburg [ab 10.1.2006] und Bremerhaven [11.1.2006] – um gegen den Vorschlag einer RL zur Liberalisierung der Häfen [KOM (2004) 654: Vorschlag für eine RL des Europäischen Parlaments und des Rates über den Zugang zum Markt für Hafendienste] zu demonstrieren). Es ist nicht auszuschließen, dass hierdurch längerfristig faktisch Mosaiksteine eines europäischen Arbeitskampfrechts geschaffen werden. Zum anderen können Arbeitskämpfe die Ausübung von Grundfreiheiten (Warenverkehrsfreiheit, EuGH 9.12.1997, Rs C-265/95, Slg 1997, I-6959 – Kommission/Frankreich; Dienstleistungsfreiheit, EuGH 18.12.2007, Rs C-341/05, Slg 2007, I-11767 – Laval; Niederlassungsfreiheit, EuGH 11.12.2007, Rs C-438/05, Slg 2007, I-10779 – Viking) beschränken. Genauso wie die RL 96/71/EG über die Entsendung von AN iRd Erbringung von Dienstleistungen (ABlEG 1997 Nr L 18/1) auf die Ermächtigungsgrundlagen der Dienstleistungsfreiheit gestützt wurde, wäre es auch möglich, auf der Grundlage der Art 50, 59 AEUV RL zu erlassen, die die Auswirkungen der Grundfreiheiten für das mitgliedstaatliche Arbeitskampfrecht konkretisieren. Zur rechtlichen Bedeutung für das dt Arbeitskampfrecht näher Anhang TVG Arbeitskampfrecht Rdn 48.

B. Einwirkung des europäischen ArbR auf das dt ArbR. Das Europarecht allg, und damit auch das 13 europäische ArbR, genießt Anwendungsvorrang vor dem jeweiligen mitgliedstaatlichen Recht (Erklärung zum Vorrang, ABlEU 2008 Nr C 115/344). Der Mechanismus, mit dem sich das europäische ArbR seine Wirkung verschafft, variiert dennoch iE. Art 45 und 157 I und II AEUV (dazu s § 8 AGG Rdn 16) wirken unmittelbar. Der AN kann folglich einen Anspruch gegen seinen AG unmittelbar auf diese Bestimmungen stützen (näher Streinz/*Eichenhofer* Art 157 Rn 7 ff; EuGH 8.4.1976, Rs 43/75, Slg 1976, 455 – Defrenne II). Art 288 II AEUV ordnet die unmittelbare Wirkung von VO an. Hingegen ist gem Art 288 III AEUV die RL für den Mitgliedstaat nur hins des zu erreichenden Ziels verbindlich (Calliess/Ruffert/*Ruffert* Art 288 Rn 23; Streinz/*Schroeder* Art 288 Rn 77), während sie dem Vertragstext nach erst in mitgliedstaatliches Recht umgesetzt werden muss, um in der mitgliedstaatlichen Rechtsordnung Wirkung entfalten zu können.

In der Praxis werden die Mitgliedstaaten den Anforderungen an die Umsetzung einer RL jedoch häufig 14 nicht gerecht. Nicht wenige Unstimmigkeiten zwischen mitgliedstaatlichem Umsetzungsakt und RL wären zu vermeiden, wenn die Umsetzungsbestimmungen nicht als Vehikel zur Verhinderung ungewünschter Wirkungen der umzusetzenden RL missbraucht würden. Bestehen Bedenken gegen eine RL, sollte bei ihrer Abfassung und nicht erst anlässlich ihrer Umsetzung darauf hingewirkt werden, dass den Bedenken Rücksicht getragen wird. In anderen Fällen entsteht die Abweichung zwischen Umsetzungsrecht und RL durch eine Auslegung von in der RL verwendeten Begriffen durch den EuGH, die nicht zwingend ist und gut vertretbar auch anders hätte ausfallen können (zB EuGH 3.10.2000, Rs C-303/98, Slg 2000, I-7963 – Simap; BAG 5.6.2003, 6 AZR 114/02, EzA § 7 ArbZG Nr 6). In diesen Konstellationen lassen sich Diskrepanzen zwischen Richtlinienrecht und mitgliedstaatlichem Recht kaum vermeiden; wünschenswert wäre es, wenn dann der EuGH die Wirkung seiner Urteile zumindest auf die Zukunft beschränkte (hieran fehlt es jedoch regelmäßig: EuGH 27.1.2005, Rs C-188/03, Slg 2005, I-885 – Junk; Ausnahme zu Art 157 AEUV hins der Altersversorgung s EuGH 17.5.1990, Rs 262/88, Slg 1990, I-1889, Rn 40 ff – Barber). Doch können die mitgliedstaatlichen Gerichte Vertrauensschutz gewähren (BAG 23.3.2006, 2 AZR 343/05, EzA § 17

Art. 45 AEUV Freizügigkeit der Arbeitnehmer

KSchG Nr 16; nicht überzeugend hingegen BAG 26.4.2006, 7 AZR 500/04, EzA § 14 TzBfG Nr 28; hiergegen zu Recht BVerfG 6.7.2010, 2 BvR 2661/06, EzA § 14 TzBfG Nr 66). Von bes Bedeutung für das dt ArbR waren bislang: Diskriminierungsschutz (s dazu AGG), Betriebsübergangsrichtlinie (s dazu § 613a BGB), sowie punktuell die Arbeitszeitrichtlinie (Bereitschaftsdienst, s dazu ArbZG) und die RL zu Massenentlassungen (Begriff der Entlassung, s dazu § 17 KSchG).

15 Im Wege der Rechtsfortbildung hat der EuGH rechtliche Instrumente geschaffen, mit denen Umsetzungsdefizite ausgeglichen werden sollen: die richtlinienkonforme Auslegung; die unmittelbare Wirkung von RL; den gemeinschaftsrechtlichen Staatshaftungsanspruch. Zum sozialen Recht Rdn 11.

16 Unter folgenden Voraussetzungen entfalten RL **unmittelbare Wirkung**: Fristablauf; fehlende oder mangelhafte Umsetzung; inhaltliche Unbedingtheit und hinreichende Genauigkeit der anzuwendenden Richtlinienbestimmung (Calliess/Ruffert/*Ruffert* Art 288 Rn 47 ff). Die Rechtssache Mangold (EuGH 22.11.2005, Rs C-144/04, Slg 2005, I-9981) kann anders erklärt werden als mit Aufgabe des Erfordernisses des Fristablaufs (*Krebber* Comparative Labor Law & Policy Journal 2006, 377; s aber Rdn 11). Weil die RL nach Art 288 III AEUV an den Mitgliedstaat gerichtet ist, ist die unmittelbare Wirkung von RL zwischen Privaten ausgeschlossen (keine horizontale unmittelbare Richtlinienwirkung, näher Streinz/*Schroeder* Art 288 Rn 116). Gegen das Verbot der horizontalen unmittelbaren Richtlinienwirkung gibt es allerdings regelmäßig Vorstöße von Generalanwälten (Schlussanträge des GA Tizziano in der Rs C-144/04, Slg 2005, I-9981, Rn 106 ff – Mangold; Schlussanträge der GA Kokott in der Rs C-212/04, Slg 2006, I-6057, Rn 52 – ELOG). Bislang hat der EuGH an seiner Haltung indes festgehalten, allerdings die Möglichkeiten der richtlinienkonformen Auslegung dahin gehend ausgeweitet, dass einer Richtlinienbestimmung entgegenstehendes mitgliedstaatliches Recht kraft »Auslegung« nicht mehr angewandt werden darf (EuGH 4.7.2006, Rs C-212/04, Slg 2006, I-6057, Rn 90 ff – ELOG; 22.11.2005, Rs C-144/04, Slg 2005, I-9981, Rn 78 – Mangold; 19.1.2010, Rs C-555/07, Slg 2010, I-356 – Kücükdeveci). Durch dieses Verständnis der richtlinienkonformen Auslegung wird das Verbot der horizontalen Direktwirkung im Ergebnis erheblich abgeschwächt (Rdn 11). Für das ArbR hat das Verbot der horizontalen Direktwirkung wesentliche Bedeutung, weil es alle Sachverhalte zwischen AN und nichtstaatlichem AG betrifft. Für jede Form des staatlichen AG gilt das Verbot der unmittelbaren horizontalen Richtlinienwirkung hingegen nicht (EuGH 26.2.1986, Rs 152/84, Slg 1986, 723, Rn 49, 51 – Marshall I).

17 Das mitgliedstaatliche Recht muss im Lichte des Wortlauts und des Zwecks der RL **ausgelegt** werden (EuGH 10.4.1984, Rs 14/83, Slg 1984, 1891, Rn 26 – von Colson und Kamann). Zur Frage des Beginns des Gebots der richtlinienkonformen Auslegung EuGH 22.11.2005, Rs C-144/04, Slg 2005, I-9981 – Mangold einerseits und Calliess/Ruffert/*Ruffert* Art 288 Rn 80 andererseits. Zur Überschneidung der richtlinienkonformen Auslegung und des Verbots der unmittelbaren horizontalen Richtlinienwirkung Rdn 11, 16. Zur unmittelbaren Wirkung eines sozialen Rechts EuGH 22.11.2005, Rs C-144/04, Slg 2005, I-9981 – Mangold; 19.1.2010, Rs C-555/07, Slg 2010, I-356 – Kücükdeveci; *Krebber* Comparative Labor Law & Policy Journal 2006, 377; Rdn 11.

18 Liegen die Voraussetzungen für eine unmittelbare Wirkung einer RL nicht vor und lässt sich das mitgliedstaatliche Recht nicht richtlinienkonform auslegen, besteht die Möglichkeit eines Haftungsanspruches gegen den entspr Mitgliedstaat. Zu den Voraussetzungen Calliess/Ruffert/*Ruffert* Art 340 Rn 40.

Art. 45 Freizügigkeit der Arbeitnehmer

(1) Innerhalb der Union ist die Freizügigkeit der Arbeitnehmer gewährleistet.
(2) Sie umfasst die Abschaffung jeder auf der Staatsangehörigkeit beruhenden unterschiedlichen Behandlung der Arbeitnehmer der Mitgliedstaaten in Bezug auf Beschäftigung, Entlohnung und sonstige Arbeitsbedingungen.
(3) Sie gibt – vorbehaltlich der aus Gründen der öffentlichen Ordnung, Sicherheit und Gesundheit gerechtfertigten Beschränkungen – den Arbeitnehmern das Recht,
a) sich um tatsächlich angebotene Stellen zu bewerben;
b) sich zu diesem Zweck im Hoheitsgebiet der Mitgliedstaaten frei zu bewegen;
c) sich in einem Mitgliedstaat aufzuhalten, um dort nach den für die Arbeitnehmer dieses Staates geltenden Rechts- und Verwaltungsvorschriften eine Beschäftigung auszuüben;
d) nach Beendigung einer Beschäftigung im Hoheitsgebiet eines Mitgliedstaats unter Bedingungen zu verbleiben, welche die Kommission durch Verordnungen festlegt.
(4) Dieser Artikel findet keine Anwendung auf die Beschäftigung in der öffentlichen Verwaltung.

| Freizügigkeit der Arbeitnehmer | **Art. 45 AEUV** |

Übersicht	Rdn.		Rdn.
A. Die AN-Freizügigkeit im System der Grundfreiheiten	1	C. Diskriminierungs- und Beschränkungsverbot	12
B. Anwendungsbereich	4	I. Diskriminierungsverbot	12
I. Persönlicher Anwendungsbereich	4	II. Beschränkungsverbot	17
II. Räumlicher Anwendungsbereich	10	D. Freizügigkeitsrecht	18
III. Ausschluss interner Sachverhalte	11	E. Vorbehalte	19
		F. Europäisches Sozialrecht	21

A. Die AN-Freizügigkeit im System der Grundfreiheiten. Die AN-Freizügigkeit ist die Grundfreiheit 1 im AEUV, die abhängige Arbeit betrifft. Das System der Grundfreiheiten ist insoweit unvollständig, als mit der Dienstleistungs- und der Niederlassungsfreiheit für die selbständige Tätigkeit jeweils eine Grundfreiheit für die Verlegung der selbständigen Tätigkeit in einen anderen Mitgliedstaat einerseits und die vorübergehende Erbringung der selbständigen Tätigkeit in einem anderen Mitgliedstaat andererseits vorhanden ist. Art 45 AEUV betrifft nur die Verlegung des Arbeitsorts in einen anderen Mitgliedstaat; maßgebliches Kriterium soll sein, dass der AN Zugang zum Arbeitsmarkt sucht (EuGH 9.8.1994, Rs C-43/93, Slg 1994, I-3803, Rn 21 – van der Elst). Konsequenz ist, dass AN, die zusammen mit ihrem AG vorübergehend in einen anderen Mitgliedstaat kommen, weil ihr AG dort eine Dienstleistung erbringt, unmittelbar von keiner Grundfreiheit erfasst werden. Ihr AG ist als Dienstleistungserbringer von der Dienstleistungsfreiheit gem Art 56 AEUV geschützt. Zur Problematik s iÜ § 1 AEntG Rdn 2.

Rechtsgrundlagen sind: Art 45-48 AEUV; die FreizügigkeitsVO (EU) Nr 492/2011 des Europäischen Parlaments und des Rates vom 5.4.2011 über die Freizügigkeit der Arbeitnehmer innerhalb der Union (ABlEU 2011 Nr L 141/1); RL 2004/38/EG des Europäischen Parlaments und des Rates vom 29.4.2004 über das Recht der Unionsbürger und ihrer Familienangehörigen, sich im Hoheitsgebiet der Mitgliedstaaten frei zu bewegen und aufzuhalten, zur Änderung der VO (EWG) Nr 1612/68 und zur Aufhebung der RL 64/221/EWG, 68/360/EWG, 72/194/EWG, 73/148/EWG, 75/34/EWG, 75/35/EWG, 90/364/EWG, 90/365/EWG und 93/96/EWG (ABlEU 2004 Nr L 158/77); die sozialrechtliche KoordinierungsVO (EG) Nr 883/2004 des Europäischen Parlaments und des Rates vom 29.4.2004 zur Koordinierung der Systeme der sozialen Sicherheit (ABlEU 2004 Nr L 166/1) zusammen mit der DurchführungsVO (EG) Nr 987/2009 des Europäischen Parlaments und des Rates vom 16.9.2009 zur Festlegung der Modalitäten für die Durchführung der VO (EG) Nr 883/2004 über die Koordinierung der Systeme der sozialen Sicherheit (ABlEU 2009 Nr L 284/1); RL 2014/50/EU des Europäischen Parlaments und des Rates vom 16.4.2014 über Mindestvorschriften zur Erhöhung der Mobilität von Arbeitnehmern zwischen den Mitgliedstaaten durch Verbesserung des Erwerbs und der Wahrung von Zusatzrentenansprüchen (ABlEU 2014 Nr. L 128/1); RL 2014/66/EU des Europäischen Parlaments und des Rates vom 15.5.2014 über die Bedingungen für die Einreise und den Aufenthalt von Drittstaatsangehörigen im Rahmen eines unternehmensinternen Transfers (ABlEU 2014 Nr. L 157/1). Mit Art 15 II ist das Recht der Unionsbürger, in jedem Mitgliedstaat Arbeit zu suchen und auszuüben, in der GR-Charta verankert. Die Anerkennung von Berufsqualifikationen betrifft: RL 2005/36/EG des Europäischen Parlaments und des Rates vom 7.9.2005 über die Anerkennung von Berufsqualifikationen (ABlEU 2005 Nr L 255/22). Daneben existieren für besondere Berufsgruppen: Rechtsanwaltsberuf (RL 77/249/EWG des Rates vom 22.3.1977 zur Erleichterung der tatsächlichen Ausübung des freien Dienstleistungsverkehrs der Rechtsanwälte [ABlEG 1977 Nr L 78/17]); Kraftverkehrsunternehmer (VO [EG] Nr 1071/2009 des Europäischen Parlaments und des Rates vom 21.10.2009 zur Festlegung gemeinsamer Regeln für die Zulassung zum Beruf des Kraftverkehrsunternehmers und zur Aufhebung der RL 96/26/EG des Rates [ABlEU 2009 Nr L 300/51]); Seeleute (RL 2008/106/EG des Europäischen Parlaments und des Rates vom 19.11.2008 über Mindestanforderungen für die Ausbildung von Seeleuten [Neufassung] [ABlEU 2008 Nr L 323/33]; RL 2005/45/EG des Europäischen Parlaments und des Rates vom 7.9.2005 über die gegenseitige Anerkennung von Befähigungszeugnissen der Mitgliedstaaten für Seeleute und zur Änderung der RL 2001/25/EG [ABlEU 2005 Nr L 255/160]); Inhaber von Binnenschifferpatenten (RL 96/50/EG des Rates vom 23.7.1996 zur Harmonisierung der Bedingungen für den Erwerb einzelstaatlicher Schifferpatente für den Binnenschiffsgüter- und -personenverkehr in der Gemeinschaft [ABlEG 1996 Nr L 235/31]; RL 91/672/EWG des Rates vom 16.10.1991 über die gegenseitige Anerkennung der einzelstaatlichen Schifferpatente für den Binnenschiffsgüter- und -personenverkehr [ABlEG 1991 Nr L 373/29]); Personal der Zivilluftfahrt (RL 91/670/EWG des Rates vom 16.10.1991 zur gegenseitigen Anerkennung von Erlaubnissen für Luftfahrtpersonal zur Ausübung 2 von Tätigkeiten in der Zivilluftfahrt [ABlEG 1991 Nr L 373/21]; aufgehoben unter den Voraussetzungen des Art 69 II der VO (EG) Nr 216/2008 des Europäischen Parlaments und des Rates vom 20.2.2008 zur Festlegung gemeinsamer Vorschriften für die Zivilluftfahrt und zur Errichtung einer Europäischen Agentur für Flugsicherheit, zur Aufhebung der RL 91/670/EWG des Rates, der VO (EG) Nr 1592/2002 und der RL 2004/36/EG [ABlEU 2008 Nr L 79/1]); Abschlussprüfer (Art 3-14 der RL 2006/43/EG des Europäischen Parlaments und des Rates vom 17.5.2006 über Abschlussprüfungen von Jahresabschlüssen und konsolidierten Abschlüssen, zur Änderung der RL 78/660/EWG und 83/349/EWG des Rates und zur Aufhebung der RL 84/253/EWG des Rates [ABlEU 2006 Nr L 157/87]); Versicherungsvermittler (RL 2002/92/EG des Europäischen Parlaments und des Rates vom 9.10.2002 über Versicherungsvermittlung [ABlEG 2003 Nr L 9/3]).

3 Folgende Rechtsakte sind geplant:
- RL des Europäischen Parlaments und des Rates über die Bedingungen für die Einreise und den Aufenthalt von Drittstaatsangehörigen zwecks Ausübung einer saisonalen Beschäftigung, KOM (2010) 379 endgültig; ; Unterzeichnung von Parlament und Rat am 26.2.2014 (http://ec.europa.eu/prelex/detail_dossier_real.cfm?CL=de&DosId=199533);
- RL des Europäischen Parlaments und des Rates über Maßnahmen zur Erleichterung der Ausübung der Rechte, die Arbeitnehmern im Rahmen der Freizügigkeit zustehen, KOM (2013) 236 endgültig; Unterzeichnung von Parlament und Rat am 16.4.2014 (http://ec.europa.eu/prelex/detail_dossier_real.cfm?CL=de&DosId=202604);
- Vorschlag für eine Verordnung des Europäischen Parlaments und des Rates über ein Europäisches Netz der Arbeitsvermittlungen, den Zugang von Arbeitskräften zu mobilitätsfördernden Diensten und die weitere Integration der Arbeitsmärkte, KOM (2014) 006 endgültig, Erörterung im Rat oder seiner vorbereitenden Dienststellen zuletzt im Dezember 2014 (http://eur-lex.europa.eu/legal-content/DE/HIS/?uri=CELEX:52014PC0006&qid=1443712528529).

4 **B. Anwendungsbereich   I. Persönlicher Anwendungsbereich.** Die AN-Freizügigkeit der Art 45 ff AEUV und der VO (EU) Nr 492/2011 erfasst AN der Staatsangehörigkeit eines der Mitgliedstaaten und deren Familienangehörige (Streinz/*Franzen* Art 45 Rn 37, 138).

5 Eine Legaldefinition des AN-Begriffs existiert nicht. Art 1 I VO (EU) Nr 492/2011 stellt auf eine »Tätigkeit im Lohn- oder Gehaltsverhältnis« ab. Der EuGH hat einen autonomen europarechtlichen AN-Begriff entwickelt. Wesentliches Merkmal ist, dass jemand während einer bestimmten Zeit für einen anderen nach dessen Weisung Leistungen erbringt, für die er als Gegenleistung eine Vergütung erhält (st Rspr seit EuGH 3.7.1986, Rs 66/85, Slg 1986, 2121, Rn 17 – Lawrie-Blum). Damit stimmt der AN-Begriff des Art 45 AEUV grds mit dem der Mitgliedstaaten überein. Da es sich um einen autonomen europarechtlichen Begriff handelt, können Zweifelsfälle jedoch nicht unter Rückgriff auf mitgliedstaatliche Ansätze gelöst werden (Streinz/*Franzen* Art 45 Rn 15); ggf ist dem EuGH die entspr Frage im Wege des Vorabentscheidungsverfahrens vorzulegen. Das Merkmal der Weisungsgebundenheit dient der Abgrenzung zur Selbständigkeit; auf Selbständige wären die Grundfreiheiten der Niederlassungsfreiheit oder der Dienstleistungsfreiheit anwendbar. Rspr, die Antidiskriminierungsrichtlinien auf Selbständige (EuGH 12.1.2010, Rs C-341/08, Slg 2010, I-47, Rn 32 f – Petersen) und auf Organe einer Gesellschaft anwendet (EuGH 11.11.2010, Rs C-232/09, Slg 2010, I-11405, Rn 64 f – Danosa), ist daher iRd Grundfreiheiten ohne Bedeutung. Zum AN-Begriff des Unionsrechts allg *Ziegler* Arbeitnehmerbegriffe im Europäischen Arbeitsrecht; *Borelli* AuR 2011, 472.

6 Das Recht der AN-Freizügigkeit begründet kein arbeitsrechtliches Schutzregime im eigentlichen Sinne, sondern dient der Verwirklichung des Binnenmarktes. Zusätzlich zur AN-Eigenschaft ist daher grds Voraussetzung für die Anwendbarkeit der Art 45 ff AEUV, dass der AN die Staatsangehörigkeit eines Mitgliedstaats hat. Eine unionsrechtliche Grundlage für den Erwerb der Staatsangehörigkeit eines Mitgliedstaats existiert nicht, sodass es in Grundsatz Sache der Mitgliedstaaten ist, die Voraussetzungen für den Erwerb und den Verlust ihrer Staatsangehörigkeit festzulegen (näher Calliess/Ruffert/*Brechmann* Art 45 Rn 26).

7 Beim Beitritt neuer Mitgliedstaaten wurden regelmäßig Übergangsfristen vereinbart, wenn die neuen Mitgliedstaaten wirtschaftlich erheblich schwächer waren. Zur Übergangsregelung im Zusammenhang mit der Osterweiterung im Jahr 2004 s Gesetz über den Arbeitsmarktzugang iRd EU-Erweiterung vom 23.4.2004 (BGBl I S 602); *Nowak* EuZW 2003, 101; *Langer* NZA Beil 2/2005, 8; zum Beitritt Bulgariens und Rumäniens 2007 s Gesetz zur Anpassung von Rechtsvorschriften des Bundes infolge des Beitritts der Republik Bulgarien und Rumäniens zur Europäischen Union (BGBl I S 2814); Deutschland hatte die Übergangsregelungen für die Beitrittsstaaten von 2004 bis zum 30.4.2011, für Bulgarien und Rumänien

bis zum 31.12.2013 verlängert; zum Beitritt Kroatiens 2013 s Gesetz zur Anpassung von Rechtsvorschriften des Bundes infolge des Beitritts der Republik Kroatien zur Europäischen Union (BGBl I S 1555); Es existiert eine Übergangsfrist bis 30.6.2015; s.a. http://ec.europa.eu/social/main.jsp?catId=370&langId=de&featuresId=122&furtherFfurther=yes. Zur vollständigen AN-Freizügigkeit *Bayreuther* DB 2011, 706; *Kocher* GPR 2011, 132.

Familienangehörigen von EU-AN werden auf der Grundlage der RL 2004/38/EG des Europäischen Parlaments und des Rates vom 29.4.2004 über das Recht der Unionsbürger und ihrer Familienangehörigen, sich im Hoheitsgebiet der Mitgliedstaaten frei zu bewegen und aufzuhalten (ABlEU 2004 Nr L 158/77), sowie auf der Grundlage von Art 10 VO (EU) Nr 492/2011 die entspr Freizügigkeits- und Aufenthaltsrechte gewährt. Zu nichtehelichen Lebensgemeinschaften s Art 2 Nr 2b RL 2004/38/EG; EuGH 17.4.1986, Rs 59/85, Slg 1986, 1283, Rn 15, 30 – Reed. 8

Drittstaatsangehörige, die nicht Familienangehörige eines EU-AN sind, unterfallen nicht Art 45 ff AEUV. Die EU kann mit Drittstaaten jedoch Assoziations- oder Kooperations-Abk schließen, die einzelne oder weitgehende Freizügigkeitsrechte einräumen. Von bes Bedeutung insoweit ist das Assoziations-Abk mit der Türkei vom 12.9.1963 (ABlEG 1964 Nr L 217/3687). Im Verhältnis zu Island, Liechtenstein und Norwegen gewährt Art 28 EWR-Abk in etwa dieselben Freizügigkeitsrechte wie Art 45 AEUV (Schwarze/*Schneider*/*Wunderlich* EU-Kommentar Art 45 Rn 23). Entspr gilt für die Schweiz auf der Grundlage des zwischen der schweizerischen Eidgenossenschaft und der EG abgeschlossenen Abk über die Freizügigkeit, welches seit dem 1.6.2002 in Kraft ist (dazu *Fehrenbacher* ZAR 2002, 278; näher Calliess/Ruffert/*Brechmann* Art 45 Rn 39; zu sonstigen Abk ebend Rn 44 f). 9

II. Räumlicher Anwendungsbereich. Auf außerhalb des Gemeinschaftsgebiets ausgeübte Berufstätigkeiten findet Art 45 AEUV Anwendung, wenn das Arbeitsverhältnis einen hinreichend engen Bezug zum Gemeinschaftsgebiet aufweist (EuGH 30.4.1996, Rs C-214/94, Slg 1996, I-2253, Rn 15 – Boukhalfa). Die Kriterien entsprechen denen, die iRv Art 3, 8 Rom I-VO bei der Prüfung einer konkludenten Rechtswahl oder der Anwendbarkeit der Ausweichklausel zugunsten des engeren Rechts iSv Art 8 IV Rom I-VO zu berücksichtigen sind (Art 1, 3, 8, 9 Rom I-VO Rdn 7). 10

III. Ausschluss interner Sachverhalte. Art 45 AEUV greift nach st Rspr des EuGH nur, wenn der Sachverhalt sich nicht ausschließlich innerhalb eines Mitgliedstaats abspielt, sondern Elemente über die Grenzen eines Mitgliedstaats hinaus aufweist (seit EuGH 28.3.1979, Rs 175/78, Slg 1979, 1129 – Saunders). Dieser Anforderung wird allerdings genügt, wenn sich ein AN in seinem eigenen Heimatstaat in einer vergleichbaren Situation wie ein EG-Ausländer befindet. Bsp: Erwerb einer Qualifikation in einem anderen Mitgliedstaat oder Berufsausübung in einem anderen Mitgliedstaat (EuGH 31.3.1993, Rs C-19/92, Slg 1993, I-1663, Rn 15 f – Kraus). Reine Inlandssachverhalte, auf die Art 45 AEUV nicht anwendbar ist, sind demgemäß selten. 11

C. Diskriminierungs- und Beschränkungsverbot. I. Diskriminierungsverbot. Art 45 II AEUV untersagt jede auf der Staatsangehörigkeit beruhende unterschiedliche Behandlung eines EU-AN hins Beschäftigung, Entlohnung und sonstigen Arbeitsbedingungen (Müller-Graff/*Krebber* Europäisches Wirtschaftsordnungsrecht (EnzEuR Bd 4), § 2 Rn 35 ff). Verboten ist nicht nur die unmittelbare Diskriminierung, die offen an die unterschiedliche Staatsangehörigkeit anknüpft (EuGH 11.3.2008, Rs C-89/07, Slg 2008, I-45 – Kommission/Frankreich; 11.9.2008, Rs C-447/07, Slg 2008, I-125– Kommission/Italien), sondern auch die mittelbare Diskriminierung, bei der eine neutral formulierte Vorschrift des mitgliedstaatlichen Rechts sich ihrem Wesen nach eher auf EU-AN als auf inländische AN auswirkt. Klassisches Bsp iRd AN-Freizügigkeit ist insoweit das Wohnsitzerfordernis für bestimmte Leistungen an AN (EuGH 9.3.2000, Rs C-355/98, Slg 2000, I-1221, Rn 31 – Kommission/Belgien; 13.12.2012, Rs C-379/11, n.i.Slg – Caves Krier Frères Sárl; 8.11.2012, Rs C-461/11, n.i.Slg – Radziejewski). Eine solche mittelbare Diskriminierung kann jedoch durch zwingende Gründe des Allgemeininteresses gerechtfertigt werden (EuGH 23.5.1996, Rs C-237/94, Slg 1996, I-2617, Rn 19 f – O'Flynn). Art 45 AEUV hat über Art 7 IV VO (EU) Nr 492/2011 hinaus unmittelbare Wirkung auch **ggü Dritten** (EuGH 6.6.2000, Rs C-281/98, Slg 2000, I-4139, Rn 30 ff – Angonese; 17.7.2008, Rs C-94/07, Slg 2008, I-5939 – Raccanelli). 12

Die aus Art 45 II AEUV fließenden Rechte werden durch die VO (EU) Nr 492/2011 sowie teilw auch durch die RL 2004/38/EG konkretisiert. Art 1 bis 6 der VO (EU) Nr 492/2011 betreffen das Recht auf gleichen Zugang zur Beschäftigung. 13

Die praktisch überaus wichtige Frage der Gleichwertigkeit von universitären und außeruniversitären Ausbildungen war jedoch in verschiedenen anderen Rechtsakten geregelt, die mit Wirkung vom 20.10.2007 in 14 der RL 2005/36/EG über die Anerkennung von Berufsqualifikationen (AB1EU 2005 Nr L 255/22) zusammengefasst wurden (Vorschlag einer RL des Europäischen Parlaments und des Rates zur Änderung der RL 2005/36/EG vom 19.12.2011, KOM [2011] 883 endgültig); zu dieser RL *Kluth/Rieger* EuZW 2005, 486; s.a. http://ec.europa.eu/internal_market/qualifications/index_en.htm. Diese Rechtsakte treffen freilich nicht zu allen Konstellationen Regelungen. Maßgeblich ist dann zunächst der Wert des Abschlusses (BAG 21.2.2007, 4 AZR 225/06, ZTR 2007, 675 ff). Wenn der AN trotz eines geringwertigeren Abschlusses genauso eingesetzt wird wie dt VergleichsAN mit höherwertigem Abschluss, wäre es allerdings eine Diskriminierung, den AN mit Hinweis auf den geringeren Wert des Abschlusses schlechter zu behandeln. Eines der Ziele des sog Bologna-Prozesses ist, dass die Gleichwertigkeit der Hochschulabschlüsse sich bereits aus der Gleichwertigkeit der Studiengänge ergibt. Näher Müller-Graff/*Krebber* Europäisches Wirtschaftsordnungsrecht (EnzEuR Bd 4), § 2 Rn 50 ff.

15 Art 7 I VO (EU) Nr 492/2011 konkretisiert das Recht der AN-Freizügigkeit in Bezug auf die gleichen Beschäftigungs- und Arbeitsbedingungen. Bsp aus der Rspr (zur Vorgängervorschrift Art 7 I VO [EWG] Nr 1612/68): EuGH 12.2.1974, Rs 152/73, Slg 1974, 153, Rn 9 – Sotgiu (Trennungsentschädigung als Ergänzung der Arbeitsvergütung stellt eine Arbeitsbedingung dar; wird AN, die an einem anderen Ort als ihrem Wohnsitz eingestellt wurden, eine solche Entschädigung gewährt, darf nicht danach differenziert werden, ob der Wohnsitz im In- oder Ausland liegt); 15.10.1969, Rs 15/69, Slg 1969, 363, Rn 5 ff – Ugliola (Anrechnung des im Ausland erbrachten Wehrdienstes auf die Dauer der Betriebszugehörigkeit); 13.12.1972, Rs 44/72, Slg 1972, 1243, Rn 3 ff – Marsman/Rosskamp (Anwendung des Kündigungsschutzes für Schwerbeschädigte auch auf AN aus dem europäischen Ausland); 24.9.1998, Rs C-35/97, Slg 1998, I-5325, Rn 36 – Kommission/Frankreich (Geltung besonderer Kündigungsregelungen für EU-Ausländer); 16.6.1987, Rs 225/85, Slg 1987, 2625, Rn 14 – Kommission/Italien (Laufbahnbedingungen: Forscher mit Staatsangehörigkeit eines anderen Mitgliedstaats erhalten keine unbefristeten Verträge und das Fehlen einer Laufbahn macht es ihnen unmöglich in höhere Besoldungsgruppen aufzusteigen); 15.1.1998, Rs C-15/96, Slg 1998, I-47, Rn 28 – Schöning-Kongebetopoulo (Laufbahnbedingungen: Keine Berücksichtigung von Dienstzeiten, die im öffentlichen Dienst eines anderen Mitgliedstaats zurückgelegt wurden, bei Eingruppierung eines AN in BAT); 12.3.1998, Rs C-187/96, Slg 1998, I-1095, Rn 23 – Kommission/Griechenland (Laufbahnbedingungen: Keine Berücksichtigung von Dienstzeiten in der öffentlichen Verwaltung eines anderen Mitgliedstaats bei tariflicher Einstufung eines AN, weil diese Dienstzeiten nicht in der nationalen Verwaltung zurückgelegt wurden); 5.12.2013, Rs C-514/12 n.i.Slg – Zentralbetriebsrat der gemeinnützigen Salzburger Landeskliniken Betriebs GmbH (Vorrücken in höhere Entlohnungsstufe).

16 Praktisch von großer Bedeutung ist das Recht des EU-AN aus Art 7 II VO (EU) Nr 492/2011 auf gleiche soziale und steuerliche Vergünstigungen. Soziale Vergünstigungen iSd Art 7 II VO (EU) Nr 492/2011 sind alle staatlich gewährten Vergünstigungen, die geeignet sind, die Eingliederung eines AN und dessen Familie in den Aufnahmestaat zu fördern und somit zur Verwirklichung des Ziels der Freizügigkeit der AN beizutragen (EuGH 17.4.1986, Rs 59/85, Slg 1986, 1283, Rn 28 – Reed). Bsp: Altersvorsorgezulage wie bei der sog Riester-Rente (EuGH 10.9.2009, Rs C-269/07, Slg 2009, I-7811 – Kommission/Deutschland); Leistungen für kinderreiche Familien (EuGH 30.9.1975, Rs 32/75, Slg 1975, 1085, Rn 10, 13 – Cristini); Leistungen zur Sicherstellung des Existenzminimums (EuGH 12.7.1984, Rs 261/83, Slg 1984, 3199, Rn 12 – Castelli); Ausbildungsförderung und Stipendien für ein Universitätsstudium, soweit dem früheren AN weiterhin die Rechte aus Art 45 AEUV zukommen (EuGH 26.2.1992, Rs C-3/90, Slg 1992, I-1071, Rn 23 – Bernini); Überbrückungsgelder für junge Arbeitslose (EuGH 16.9.2004, Rs C-400/02, Slg 2004, I-8471, Rn 25 ff – Merida); Elterngeld (früher Erziehungsgeld) (EuGH 12.5.1998, Rs C-85/96, Slg 1998, I-2691, Rn 26 – Sala); Leistungen für Behinderte (EuGH 27.5.1993, Rs C-310/91, Slg 1993, I-3011, Rn 26 – Schmid); Kindergeld (EuGH 12.6.1997, Rs C-266/95, Slg 1997, I-3279, Rn 32 ff – Garcia); Entschädigung wegen der Auflösung des Arbeitsverhältnisses (EuGH 27.11.1997, Rs C-57/96, Slg 1997, I-6689, Rn 42 – Meints). Zu allem s näher Calliess/Ruffert/*Brechmann* Art 45 Rn 70; Müller-Graff/*Krebber* Europäisches Wirtschaftsordnungsrecht (EnzEuR Bd 4), § 2 Rn 56 ff. Zu den Rechten der Familienangehörigen s Art 23 f RL 2004/38/EG sowie Art 10 VO (EU) 492/2011; s ferner EuGH 30.9.1975, Rs 32/75, Slg 1975, 1085, Rn 14, 18 – Cristini.

17 **II. Beschränkungsverbot.** In Anwendung seiner allg Rspr zu den Grundfreiheiten hat der EuGH in der Rs Bosman (EuGH 15.12.1995, Rs C-415/93, Slg 1995, I-4921, Rn 94 ff) entschieden, dass Art 45 II AEUV über das Diskriminierungsverbot hinaus auch ein Beschränkungsverbot für Maßnahmen oder Bestimmungen enthält, die einen Unionsbürger daran hindern oder davon abhalten könnten, sein Herkunftsland zu verlassen, um von dem Recht auf Freizügigkeit Gebrauch zu machen (Streinz/*Franzen* Art 45 Rn 86 ff). Vom Tatbestand dieses Beschränkungsverbots erfasst sind jedoch nur solche Beschränkungen, die in

Anlehnung an die Keck-Rspr zur Warenverkehrsfreiheit (EuGH 24.11.1993, Rs C-267/91 und C-268/91, Slg 1993, I-6097) den **Zugang** des EU-AN zum Arbeitsmarkt des anderen Mitgliedstaats betreffen (EuGH 15.12.1995, Rs C-415/93, Slg 1995, I-4921, Rn 103, 129 – Bosman; 27.1.2000, Rs C-190/98, Slg 2000, I-493, Rn 23 – Graf). Eine tatbestandsmäßige Beschränkung liegt auch vor, wenn eine unterschiedslos anwendbare Bestimmung einen AN daran hindert oder davon abhält, sein Herkunftsland zu verlassen (EuGH 16.3.2010, Rs C-325/08, Slg 2010, I-2177 – Olympique Lyonnais). Beschränkungen können zudem aus zwingenden Gründen des Allgemeininteresses (darunter fällt bspw die Kohärenz des innerstaatlichen Steuersystems, der Schutz der öffentl Gesundheit, die ordnungsgemäße Verwaltung der Universitäten sowie die Aufrechterhaltung eines wirtschaftlichen und sportlichen Gleichgewichts unter Sportvereinen, s näher Streinz/*Franzen* Art 45 Rn 84) gerechtfertigt werden. Große praktische Bedeutung hat das Beschränkungsverbot iRv Art 45 nicht erlangt.

D. Freizügigkeitsrecht. Den allg Umfang des Freizügigkeitsrechts legt Art 45 III AEUV fest. Geschützt sind das Recht auf Einreise und Aufenthalt zur Stellensuche und zur Ausübung der Beschäftigung (Art 45 III b, c AEUV) und das Verbleiberecht im Mitgliedstaat nach Maßgabe von Durchführungsbestimmungen (Art 45 III d AEUV). Das Recht auf Stellenbewerbung (Art 45 III a AEUV) betrifft die arbeitsrechtliche Facette der AN-Freizügigkeit. Seit dem Vertrag von Maastricht kennt das Europarecht eine 2. Grundlage für die Freizügigkeit von Personen: Art 21 AEUV. Beide Regime werden nun einheitlich in der RL 2004/38/EG des Europäischen Parlaments und des Rates vom 29.4.2004 über das Recht der Unionsbürger und ihrer Familienangehörigen, sich im Hoheitsgebiet der Mitgliedstaaten frei zu bewegen und aufzuhalten (ABlEU 2004 Nr L 158/1) geregelt. Die bisher maßgeblichen RL sind zum 30.6.2006 außer Kraft getreten (Calliess/Ruffert/*Brechmann* Art 45 Rn 81). Art 5 RL 2004/38/EG verpflichtet die Mitgliedstaaten, allen Unionsbürgern und ihren Familienangehörigen, die einen gültigen Personalausweis oder Reisepass mit sich führen, die Einreise zu gestatten. Die Garantie der Einreisefreiheit umfasst notwendigerweise auch die Ausreisefreiheit (Calliess/Ruffert/*Brechmann* Art 45 Rn 82). Art 7 I der RL 2004/38/EG konkretisiert das Aufenthaltsrecht des Art 45 III c AEUV. Voraussetzung des Aufenthaltsrechts ist, dass die betreffende Person einer tatsächlichen und dauerhaften Erwerbstätigkeit im Aufnahmemitgliedstaat nachkommt. Zu den Einschränkungen s Art 7 III RL 2004/38/EG. Zu dem bis zu einem Zeitraum von 3 Monaten bestehenden Aufenthaltsrecht zur Stellensuche s Art 6 I RL 2004/38/EG. Die Details zu den Rechten von Familienangehörigen finden sich in den Art 7 II, IV, 12, 13 RL 2004/38/EG. Nach einem ununterbrochenen und rechtmäßigen Aufenthalt von 5 Jahren im Mitgliedstaat erwirbt der Familienangehörige ein vom EU-AN unabhängiges dauerhaftes Aufenthaltsrecht (Art 16 ff RL 2004/38/EG).

E. Vorbehalte. Gem Art 45 III AEUV steht die Freizügigkeit der AN unter dem Vorbehalt der öffentl Ordnung, Sicherheit und Gesundheit. Der EuGH hat diese Begriffe autonom und als Ausnahmen vom Geltungsbereich einer Grundfreiheit eng ausgelegt (EuGH 4.12.1974, Rs 41/74, Slg 1974, 1337, Rn 21, 23 – van Duyn; 9.3.2000, Rs C-355/98, Slg 2000, I-1221, Rn 28 f – Kommission/Belgien). Konkretisiert wird der Vorbehalt des Art 45 III AEUV durch die Art 27 ff RL 2004/38/EG. Wirtschaftliche Zwecke, also insb arbeitsmarktpolitische Ziele, rechtfertigen keine Beschränkung der AN-Freizügigkeit (s Art 27 I RL 2004/38/EG, der eine entspr st Rspr des EuGH umsetzt, s EuGH 5.6.1997, Rs C-398/95, Slg 1997, I-3091, Rn 23 – Syndesmos ton en Elladi Touristikon kai Taxidiotikon Grafeion/Ypourgos Ergasias). Nach Art 45 IV AEUV ist die Beschäftigung in der **öffentl Verwaltung** von der AN-Freizügigkeit ausgenommen. Der EuGH hat einen autonomen europarechtlichen Begriff der Beschäftigung in der öffentl Verwaltung entwickelt. Zudem hat er auch diesen Ausnahmetatbestand von einer Grundfreiheit eng ausgelegt. Beschäftigung in der öffentl Verwaltung liegt demnach nur vor, wenn die Stelle eine unmittelbare oder mittelbare Teilnahme an der Ausübung hoheitlicher Befugnisse und eine Wahrnehmung von Aufgaben mit sich bringt, die auf die Wahrung der allg Belange des Staats und anderer öffentl Körperschaften gerichtet sind (EuGH 3.7.1986, Rs 66/85, Slg 1986, 2121, Rn 27 – Lawrie-Blum). Dem Vorbehalt unterfällt demgemäß nicht jede Beschäftigung im öffentl Dienst. Auch eine öffentl-rechtliche Ausgestaltung des Beschäftigungsverhältnisses, wie es bei Beamten der Fall ist, führt nicht zwingend zum Eingreifen von Art 45 IV AEUV (Hanau/Steinmeyer/Wank/*Hanau* § 15 Rn 141 ff). Erfasst sind nach dem Standpunkt der Kommission (ABlEG 1988 Nr C 72/2) lediglich Tätigkeiten in der klassischen Eingriffsverwaltung: Polizei, Rechtspflege, Ordnungs- und Steuerverwaltung, Streitkräfte (vgl Calliess/Ruffert/*Brechmann* Art 45 Rn 105; Müller-Graff/*Krebber* Europäisches Wirtschaftsordnungsrecht [EnzEuR Bd 4], § 2 Rn 72 ff).

F. Europäisches Sozialrecht. AN-Freizügigkeit kann in der Praxis nur funktionieren, wenn durch die Ausübung der Freizügigkeit sozialrechtliche Ansprüche nicht verloren gehen oder deren Durchsetzung nicht erschwert wird. Auf der Grundlage von Art 48 AEUV hat die EU eine VO erlassen, die nicht etwa das

Sozialrecht der Mitgliedstaaten harmonisiert, sondern die die verschiedenen Sozialrechte für die Belange der Wander-AN **koordiniert** (s dazu Streinz/*Eichenhofer* Art 48 Rn 18 ff; Müller-Graff/*Krebber* Europäisches Wirtschaftsordnungsrecht [EnzEuR Bd 4], § 2 Rn 62 ff). Bislang waren maßgeblich die VO (EWG) Nr 1408/71 (ABlEG 1971 Nr L 149/2) und die DurchführungsVO (EWG) Nr 574/72 (ABlEG 1972 Nr L 74/1). Die VO (EG) Nr 883/2004 (ABlEU 2004 Nr L 166/1; dazu *Eichenhofer* SGb 2001, 53) ersetzt die VO (EWG) Nr 1408/71 ab 1.5.2010; die hierzu erforderliche DurchführungsVO (EG) Nr 987/2009 (ABlEU 2009 Nr L 284/1) trat einhergehend mit der ÄnderungsVO (EG) Nr 988/2009 (ABlEU 2009 Nr L 284/43) zum 1.5.2010 in Kraft. S.a. EU-Weißbuch »Eine Agenda für angemessene, sichere und nachhaltige Pensionen und Renten«, KOM (2012) 55 endgültig, http://eur-lex.europa.eu/LexUriServ/LexUriServ.do?uri=COM:2012:0055:FIN:DE:PDF.

Art. 157 Gleiches Entgelt für Männer und Frauen

(1) Jeder Mitgliedstaat stellt die Anwendung des Grundsatzes des gleichen Entgelts für Männer und Frauen bei gleicher oder gleichwertiger Arbeit sicher.

(2) ¹Unter »Entgelt« im Sinne dieses Artikel sind die üblichen Grund- oder Mindestlöhne und -gehälter sowie alle sonstigen Vergütungen zu verstehen, die der Arbeitgeber aufgrund des Dienstverhältnisses dem Arbeitnehmer unmittelbar oder mittelbar in bar oder in Sachleistungen zahlt. ²Gleichheit des Arbeitsentgelts ohne Diskriminierung auf Grund des Geschlechts bedeutet,

a) dass das Entgelt für eine gleiche nach Akkord bezahlte Arbeit aufgrund der gleichen Maßeinheit festgesetzt wird,
b) dass für eine nach Zeit bezahlte Arbeit das Entgelt bei gleichem Arbeitsplatz gleich ist.

[...]

Art 157 konsolidierte Fassung des Vertrages über die Arbeitsweise der Europäischen Union (ABlEU 9.5.2008, C 115, 154)

Übersicht		Rdn.			Rdn.
A.	Verhältnis zum sonstigen Antidiskriminierungsrecht	1	E.	Beweislast	11
B.	Anwendungsbereich	2	F.	Rechtsfolgen	12
C.	Entgeltdiskriminierungsverbot	7	G.	Sekundärrechtliche Diskriminierungsverbote der Antidiskriminierungs-RL	13
D.	Rechtfertigung	10			

1 **A. Verhältnis zum sonstigen Antidiskriminierungsrecht.** Art 157 I und II AEUV enthalten das vormals in Art 119 EWGV bzw Art 141 EGV enthaltene **Entgeltgleichheitsgebot**, das eine unterschiedliche Behandlung aufgrund des Geschlechts beim Arbeitsentgelt verbietet. Das sonstige Antidiskriminierungsrecht ist – auch in Bezug auf Diskriminierungsverbote wegen des Geschlechts – in RL geregelt (s Vorb Art 45, 157, 267 Rdn 4). Dieses historisch zu erklärende (Callies/Ruffert/*Krebber* Art 141 Rn 3) Nebeneinander von Primär- und Sekundärrecht hat zur misslichen Folge, dass der Anwendungsbereich der RL und der des Art 157 AEUV präzise abgegrenzt werden müssen, weil RL anders als Art 157 I und II AEUV nicht unmittelbar im Verhältnis zwischen AN und AG wirken (s Vorb zu Art 45, 157, 267 Rdn 15). Entscheidend ist, ob eine Arbeitsbedingung die Höhe des Entgelts »quasi automatisch« betrifft (EuGH 2.10.1997, Rs C-1/95, Slg 1997, I-5253, Rn 23 ff – Gerster). Nur dann ist Art 157 AEUV und nicht die RL 76/207/EWG (ABlEG 1976 Nr L 39/40, geändert durch RL 2002/73/EG [ABlEG 2002 Nr L 269/15]; zum Primäranspruch beim Elternurlaub gem § 2 Nr 6 Rahmenvereinbarung Anhang zur RL 96/34 EG, näher Rdn 4) anwendbar.

2 **B. Anwendungsbereich.** Über seine unmittelbare Wirkung begründet Art 157 AEUV bei Entgeltbenachteiligung wegen des Geschlechts einen **Anspruch auf gleiches Entgelt** des einzelnen AN gegen seinen AG (Rdn 12). Der AN-Begriff ist in Anlehnung an die zu Art 45 AEUV entwickelten Grundsätze autonom zu bestimmen (Art 45 AEUV Rdn 3). Der AG-Begriff erfasst alle privaten und öffentl AG. Auch wenn der Entgeltanspruch typischerweise unmittelbar zwischen AN und AG besteht, ist Art 157 AEUV nicht auf Sachverhalte beschränkt, in denen der Leistungsempfänger der AN und der Anspruchsverpflichtete der AG ist. Empfänger des Entgelts kann naturgemäß auch ein Dritter sein (Hinterbliebenenrente, EuGH 1.4.2008, Rs C-267/06, EAS Teil C RL 2000/78/EG Art 1 Nr 2 – Tadao Maruko) und der AG kann sich zur Verwaltung bzw Auszahlung von Entgeltbestandteilen Dritter bedienen (EuGH 28.9.1994, Rs C-200/91, Slg 1994, I-4389, Rn 20 ff – Coloroll Pension Trustees; Zusatzversorgung des öffentlichen

Dienstes, BGH 4.11.2009, IV ZR 57/07, VersR 2010, 102). Auch in solchen Fällen werden entspr Ansprüche durch Art 157 AEUV geschützt.

In grenzüberschreitenden Sachverhalten ist Art 157 AEUV sowohl dann anwendbar, wenn das Recht eines 3 Mitgliedstaates nach Art 3, 8 Rom I-VO Arbeitsverhältnisstatut ist, als auch dann, wenn es um ein Arbeitsverhältnis mit einem in der Union niedergelassenen AG geht oder der tatsächliche Arbeitsort des AN in einem Mitgliedstaat liegt (Callies/Ruffert/*Krebber* Art 141 Rn 22).

Der **Entgeltbegriff** des Art 157 II AEUV ist weit. Übliche Grund- oder Mindestlöhne und -gehälter betref- 4 fen das eigentliche Arbeitsentgelt. Praktisch von großer Bedeutung für Art 157 AEUV ist das weite Verständnis der sonstigen Vergütung (vgl die Übersicht in EuGH 21.7.2005, Rs C-207/04 – Vergani, EAS Teil C EG-Vertrag [1999] Art 141 Nr 13). Anerkannt sind: Entgeltfortzahlung im Krankheitsfall (EuGH 8.9.2005, Rs C-191/03 – McKenna, EzA Art 141 EG-Vertrag 1999 Nr 18); Übergangsgeld (EuGH 27.6.1990, Rs C-33/89, Slg 1990, I-2591, Rn 11 – Kowalska; 9.12.2004, Rs C-19/02, Slg 2004, I-11491, Rn 38 ff. – Hlozek); Aufwandsentschädigung während Betriebs- oder Personalratsschulung (EuGH 4.6.1992, Rs C-360/90, Slg 1992, I-3589, Rn 13 f – Bötel); Abfindungen und Entschädigungen bei Beendigung des Arbeitsverhältnisses (EuGH 17.5.1990, Rs 262/88, Slg 1990, I-1889, Rn 14, 20 – Barber); Leistungen aus betrieblichen Versorgungssystemen (BAG 9.10.2012 NZA-RR 2013, 150); AN-Beiträge zu solchen Systemen (EuGH 28.9.1994, Rs C-200/91, Slg 1994, I-4389, Rn 80 – Coloroll Pension Trustees; EuGH 1.4.2008, Rs. C-267/06 – Tadeo Maruko); Leistungen im Fall der Arbeitslosigkeit (EuGH 17.2.1993, Rs C-173/91, Slg 1993, I-673, Rn 2, 12 ff, 22 – Kommission/Belgien); unter bestimmten Voraussetzungen die Beamtenversorgung (EuGH 28.9.1994, Rs C-7/93, Slg 1994, I-4471, Rn 16 ff, 46 – Beune); Leistungen während und bei Antritt des Mutterschaftsurlaubs (EuGH 13.2.1996, Rs C-342/93, Slg 1996, I-475, Rn 14 – Gillespie; 16.9.1999, Rs C-218/98, Slg 1999, I-5723, Rn 14 – Abdoulaye); Elternzeit/Erziehungsurlaub (EuGH 20.9.2007, Rs C 116/06 – Kiiski, EzA-RL 76/207 EG-Vertrag 1999 Nr 7; ggf Primäranspruch aus § 2 Nr 6 Rahmenvereinbarung über den Elternurlaub, Anhang zur RL 96/34 EG, EuGH 22.10.2009, Rs C-116/08 – Meerts, NZA 2010, 29); vergünstigte Bahnreisen (EuGH 9.2.1982, Rs 12/81, Slg 1982, 359, Rn 5 ff – Garland); Erleichterungen bei Krediten (obiter dictum in EuGH 11.3.1981, Rs 69/80, Slg 1981, 767, Rn 26 – Worringham); Weihnachtsgratifikationen (EuGH 9.9.1999, Rs C-281/97, Slg 1999, I-5127, Rn 17 – Krüger). Neben Mehrarbeitsvergütung (EuGH 6.12.2007, Rs C 300/06 – Voß/Land Berlin, NJW 2008, 499, dazu *Kock* NJW 2008, 501; *Feldhoff* ZESAR 2008, 509) dürften auch entspr Freizeitausgleichsansprüche als Entgelt iSv Art 157 AEUV anzusehen sein.

Nicht »aufgrund des Dienstverhältnisses« geleistet werden Vergünstigungen aus der **gesetzlichen** Sozial- 5 versicherung (EuGH 25.5.1971, Rs 80/70, Slg 1971, 445, Rn 7 ff – Defrenne I; EuGH 1.4.2008, Rs. C-267/06 – Tadeo Maruko; EuGH 22.11.2012, Rs. C-385/11 – NZA 2012, 1425 – Elbal Moreno). Entsprechendes gilt für Steuervergünstigungen bzgl Entlassungsentschädigungen (EuGH 21.7.2005, Rs C-207/04 – Vergani, EAS Teil C EG-Vertrag [1999] Art 141 Nr 13) oder Frauendiskriminierung durch die Besteuerung tatsächlich nicht geleisteter Sonntags-, Feiertags- oder Nachtarbeit beim Mutterschutzlohn des § 11 MuSchG (BFH 27.5.2009, VI B 69/08, BFHE 225, 137).

Durch das Merkmal »zahlt« wird klargestellt, dass Art 157 AEUV nicht nur greift, wenn auf das entspr 6 Entgelt ein rechtlicher Anspruch besteht. Die übrigen Merkmale haben praktisch keine wesentliche eigenständige Bedeutung.

C. Entgeltdiskriminierungsverbot. Art 157 I AEUV verbietet die **unmittelbare** Diskriminierung, die 7 vorliegt, wenn Frauen und Männer aufgrund des Geschlechts unterschiedlich behandelt werden. Wichtigster Fall: unterschiedliche Rentenzugangsalter in Systemen der betrieblichen Altersversorgung, bei denen typischerweise die männlichen AN unmittelbar diskriminiert werden (Zusf der Entwicklung seit »Barber« bei *Steinmeyer* Anm zu BAG 7.9.2004, 3 AZR 550/03, EzA Art 141 EG-Vertrag 1999 Nr 16; zur Rentenberechnung Rdn 12).

Erfasst ist unter folgenden Voraussetzungen auch die **mittelbare** Diskriminierung: (1) Die Regelung knüpft 8 nicht unmittelbar an das Geschlecht an, sondern ist geschlechtsunspezifisch formuliert; (2) Sie betrifft erheblich mehr Angehörige eines Geschlechts; (3) Sie ist nicht gerechtfertigt (Callies/Ruffert/*Krebber* Art 141 Rn 43). Es handelt sich hierbei um die Definition, die sich auch in den Antidiskriminierungs-RL (s Vorb zu Art. 45, 157, 267 Rdn 4) sowie in § 3 II des AGG wieder findet. Wesentlicher Anwendungsfall für eine mittelbare Diskriminierung iRd Art 157 AEUV ist die **Teilzeitbeschäftigung** (vgl die Anm zu § 4 I TzBfG). Grds mittelbar diskriminierend sind: geringere Stundensätze (EuGH 31.3.1981, Rs 96/80, Slg 1981, 911, Rn 13 – Jenkins), auch bzgl Mehrarbeit (EuGH 6.12.2007, C-300/06 – Voß/Land Berlin, NJW 2008, 499), für Teilzeitbeschäftigte; ihr Ausschluss von Betriebsrenten, von der EFZ im Krankheitsfall, vom Übergangsgeld bei Beendigung des Arbeitsverhältnisses, von Weihnachtsgratifikationen (EuGH

Art. 157 AEUV Gleiches Entgelt für Männer und Frauen

13.5.1986, Rs 170/84, Slg 1986, 1607, Rn 24 ff – Bilka; 28.9.1994, Rs C-57/93, Slg 1994, I-4541, Rn 17 – Vroege; 13.7.1989, Rs 171/88, Slg 1989, 2743, Rn 16 – Rinner-Kühn; 27.6.1990, Rs C-33/89, Slg 1990, I-2591, Rn 13 – Kowalska; 9.9.1999, Rs C-281/97, Slg 1999, I-5127, Rn 30 – Krüger); die Anrechnung von Renten aus der gesetzl Rentenversicherung wie bei Vollzeitlern (BAG 14.7.2015, 3 AZR 594/13, BeckRS 2015, 72447); Einschränkungen für Teilzeitbeschäftigte bei EFZ während PersR- und BR-Schulungen (EuGH 4.6.1992, Rs C-360/90, Slg 1992, I-3589, Rn 13 f, 27 – Bötel); Berücksichtigung der Arbeitszeit bei tariflichem Einstufungssystem (EuGH 1.7.1986, Rs 237/85, Slg 1986, 2101, Rn 17 – Rummler/Dato Druck). Grds mittelbar entgeltdiskriminierend (jedoch meist gerechtfertigt, s Rdn 10) ist darüber hinaus das Anknüpfen an die **Dauer der Betriebszugehörigkeit**, etwa als Voraussetzung für den Bewährungsaufstieg (EuGH 7.2.1991, Rs C-184/89, Slg 1991, I-297, Rn 15 – Nimz); die Herausnahme von **Geringverdienerzeiten** bei der Berechnung des Dienstalters (EuGH 10.3.2005, Rs C-196/02 – Nikoloudi, NZA 2005, 807) sowie die Gewährung von Lohnzuschlägen für Flexibilität, Mobilität, Berufsausbildung (EuGH 17.10.1989, Rs 109/88, Slg 1989, 3199, Rn 17 ff – Danfoss). Zusammenstellung der dt Rspr *Rolfs/Wessel* NW 2009, 3332.

9 **Verglichen** werden die jeweiligen Entgeltbestandteile (EuGH 17.5.1990, Rs 262/88, Slg 1990, I-1989, Rn 34 – Barber). Einen Vergleich mit einem nur hypothetischen AN hat der EuGH bislang abgelehnt (EuGH 27.3.1980, Rs 129/79, Slg 1980, 1275, Rn 15 – Macarthys/Smith; 28.4.1994, Rs C-200/91, Slg 1994, I-4389, Rn 100 ff – Coloroll Pension Trustees). In räumlicher Hinsicht ist der Vergleich typischerweise betriebsbezogen (EuGH 27.3.1980, Rs 129/79, Slg 1980, 1275, Rn 15 – Macarthys/Smith), es sei denn, die Ursache der Diskriminierung ist in einem Gesetz oder in einem TV begründet (EuGH 13.1.2004, Rs C-256/01, Slg 2004, I-873, Rn 45, 73, 81 – Allonby). Verglichen wird neben gleicher auch gleichwertige Arbeit. Das gemeinschaftsrechtliche Konzept der gleichwertigen Arbeit ist bislang nicht vom EuGH herausgearbeitet worden (Callies/Ruffert/*Krebber* Art 141 Rn 58 f; *Colneric* FS Dieterich, 1999, 45 ff; dies NZA Beilage 2008, Nr 2, 66–73; int Übersicht bei MünchKomm BGB/*Thüsing* § 8 AGG Rn 48; zum dt Ansatz s § 611 BGB Rdn 298 f).

10 **D. Rechtfertigung.** Unmittelbare und mittelbare Diskriminierung können **gerechtfertigt** werden (zur Möglichkeit der Rechtfertigung bei der unmittelbaren Diskriminierung s EuGH 26.6.2001, Rs C-381/99, Slg 2002, I-4961, Rn 62 ff – Brunnhofer). Die Rechtfertigung einer unmittelbaren Diskriminierung ist jedoch nur in Ausnahmefällen vorstellbar (Bsp Art 10 Nr 2 der Mutterschutz-RL 92/85 EWG), während die mittelbare Diskriminierung in ihren Auswirkungen überhaupt erst über die Rechtfertigungsebene kontrollierbar wird. Einzelfälle, bei denen der EuGH eine Rechtfertigung grds in Betracht gezogen hat: Personalpolitik, weniger Teilzeitkräfte zu beschäftigen (EuGH 13.5.1986, Rs 170/84, Slg 1986, 1607, Rn 37 – Bilka); Lohnzuschläge für Flexibilität, Mobilität, Berufsausbildung (EuGH 17.10.1989, Rs 109/88, Slg 1989, 3199, Rn 18–25 – Danfoss); Vergütung nach Dienstalter und Berufserfahrung (EuGH 3.10.2006, Rs C-17/05 – Cadman, EzA Art 141 EG-Vertrag 1999 Nr 20); zeitanteilige Bemessung des Ruhegehalts bei Teilzeitbeschäftigung (EuGH 23.10.2003, verb Rs C-4/02 und C-5/02, Slg 2003, I-12575, Rn 90 ff – Schönheit; jedoch wegen Art 3 III GG kein doppelter Versorgungsabschlag für Teilzeitbeschäftigungszeiten nach § 85 IV 2 BeamtVG, BVerfG 18.6.2008, 2 BvL 6/07, BGBl I 2008, 1330).

11 **E. Beweislast.** Es ist ausreichend, dass der AN das Vorliegen einer Diskriminierung glaubhaft macht. Gelingt ihm dies, wird die Beweislast umgekehrt (Callies/Ruffert/*Krebber* Art 141 Rn 67).

12 **F. Rechtsfolgen.** Rechtsfolge ist, dass die AN des benachteiligten Geschlechts einen **Anspruch auf das Entgelt** gegen ihren AG haben, das dieser dem bevorzugten Geschlecht gewährt (»Angleichung nach oben«, st Rspr seit EuGH 8.4.1976, Rs 43/75, Slg 1976, 455, Rn 14/15 – Defrenne II, umf Nw *Krebber* EuZA 2009, 200; nicht ohne Weiteres übertragbar auf § 7 II AGG, dort Rdn 13, § 8 II AGG, dort Rdn 15). Zur zeitlichen Beschränkung der Wirkung der Anwendung von Art 157 AEUV auf betriebliche Rentenansprüche, s Protokoll Nr 17 zu Art 141 des EGV von 1992, der insoweit die Entscheidung in der Rechtssache Barber übernimmt (EuGH 17.5.1990, Rs 262/88, Slg 1990, I-1889, Rn 40 ff – Barber; Bsp BAG 11.12.2007, 3 AZR 249/06, Rn 31, EzA § 2 AGG Nr 1; BAG 17.9.2008, 3 AZR 1061/06, EzA § 2 BetrAVG Nr 31). Zu den Zahlungsmodalitäten für Berichtigungsbeiträge s EuGH 21.6.2007, Rs C-231/06 – Jonkmann, EzA-RL 79/7 EG-Vertrag 1999 Nr 1. Für die nach der Feststellung des Verstoßes gegen das Entgeltgleichheitsgebot liegende Zeit ist es dem AG möglich, durch sog Angleichungsmaßnahmen die Diskriminierung dadurch zu beseitigen, dass er das Niveau des bevorzugten Geschlechts auf das des Benachteiligten absenkt (EuGH 28.9.1994, Rs C-200/91, Slg 1994, I-4389, Rn 30 – Coloroll Pension Trustees; 28.9.1994, Rs C-408/92, Slg 1994, I-4435, Rn 25 ff, 17 f – Avdel Systems; 28.9.1994, Rs C-28/93, Slg 1994, I-4527, Rn 19 – Van den Akker). Einer solchen Lösung können

freilich arbeitsrechtliche Regeln des Mitgliedstaats entgegenstehen (in Deutschland: Notwendigkeit der sozialen Rechtfertigung einer Änderungskündigung gem § 2 KSchG).

G. Sekundärrechtliche Diskriminierungsverbote der Antidiskriminierungs-RL. Die Rspr des EuGH zur Interpretation der Antidiskriminierung-RL (s Vorb zu Art 45, 157, 267 AEUV Rdn 4) gibt Orientierung zur Feststellung und Beseitigung von Geschlechterbenachteiligung, außerhalb des Anwendungsbereiches von Art 157 AEUV. Aktuelle Impulse für das deutsche Recht finden sich (zur Umsetzung im AGG s die dortigen Hinw) in Bezug auf: § 9 MuSchG, Kündigungsschutz von Schwangeren (EuGH 11.10.2007, Rs C-460/06 – Paquay, EzA-RL 92/85 EG-Vertrag 1999 Nr 2, *Benecke* EuZA 2008, 385); § 16 III 3 BEEG, Elternzeit (EuGH 20.9.2007, Rs C-116/06 – Kliiski, EzA-RL 76/207 EG-Vertrag 1999 Nr 7, *Joussen* EuZA 2008, 375); § 1 IV BEEG, Erziehungsgeld für Grenzgänger (EuGH 18.7.2007, Rs C-213/05 – Geven, NZA 2007, 887); Art 1a Abs 1 EWG/EAGBeamtStat, Ruhegehaltzeiten nach Dienstrecht der EU (EuGH 11.9.2007, Rs C-227/04 P, EAS Beamtenstatut der EG Art 1a Nr 1); Vertikale Richtlinienwirkung in Zahlungsmodalitäten zur rückwirkenden Berichtigung langjähriger Diskriminierung in Rentensystemen (EuGH 21.6.2007, Rs C-231/06 – Jonkmann, EzA-RL 79/7 EG-Vertrag 1999 Nr 1); Geschlechtsumwandlung und vorgezogener Ruhestand (EuGH 27.4.2006, Rs C-423/04 – Richards, EAS Teil C RL 79/7/EWG Art 4 Nr 24, vgl Meyer-Ladewig NJW-RR 2004, 289 zu Goodwin); Hinterbliebenenversorgung für gleichgeschlechtliche Partner (EuGH 1.4.2008, Rs C 267/06 – Tadao Maruko, EzA Richtlinie 2000/78 EG-Vertrag 1999 Nr 4); Steuervorteile bei Entlassungsentschädigungen (EuGH 21.7.2005, Rs C-207/04 – Vergani, EAS Teil C EG-Vertrag [1999] Art 141 Nr 13). S auch die Übersicht bei *Sprenger* BB 2008, 2405 f.   13

Art. 267 Vorabentscheidungsverfahren

¹Der Gerichtshof der Europäischen Union entscheidet im Wege der Vorabentscheidung
a) über die Auslegung der Verträge,
b) über die Gültigkeit und die Auslegung der Handlungen der Organe, Einrichtungen oder sonstigen Stellen der Union.
²Wird eine derartige Frage einem Gericht eines Mitgliedstaats gestellt und hält dieses Gericht eine Entscheidung darüber zum Erlass seines Urteils für erforderlich, so kann es diese Frage dem Gerichtshof zur Entscheidung vorlegen.
³Wird eine derartige Frage in einem schwebenden Verfahren bei einem einzelstaatlichen Gericht gestellt, dessen Entscheidungen selbst nicht mehr mit Rechtsmitteln des innerstaatlichen Rechts angefochten werden können, so ist dieses Gericht zur Anrufung des Gerichtshofs verpflichtet.
⁴Wird eine derartige Frage in einem schwebenden Verfahren, das eine inhaftierte Person betrifft, bei einem einzelstaatlichen Gericht gestellt, so entscheidet der Gerichtshof innerhalb kürzester Zeit.

Das an sich mögliche Vertragsverletzungsverfahren gem Art 258 f AEUV spielt in der Praxis bei der Durchsetzung des europäischen ArbR eine nur geringfügige Rolle (typischerweise wenn der Mitgliedstaat seiner Umsetzungspflicht überhaupt nicht nachkommt, EuGH 28.4.2005, Rs C-329/04, ABlEU 2005 Nr C 143/13 – Kommission/Deutschland).   1

Das zur gerichtlichen Durchsetzung des europäischen ArbR gängige Verfahren ist das Vorabentscheidungsverfahren nach Art 267 AEUV (*Bussewitz* FS Etzel, 2011, 119). Das Vorabentscheidungsverfahren wird durch ein mitgliedstaatliches Gericht eingeleitet, welches dem EuGH eine Frage über die Auslegung von Unionsrecht vorlegt. **Vorlageberechtigt** sind nach Art 267 II und III AEUV nur Gerichte – im arbeitsrechtlichen Bereich also insb nicht die Einigungsstelle oder eine tariflich eingerichtete Schlichtungsstelle. **Vorlagepflicht** besteht nach Art 267 III AEUV, wenn sich die Frage nach der Auslegung von Europarecht bei einem Gericht stellt, dessen Entscheidungen selbst nicht mehr mit Rechtsmitteln des innerstaatlichen Rechts angefochten werden können. Es liegt nahe, diese Voraussetzung konkret im zur Entscheidung stehenden Rechtsstreit zu betrachten, also die Vorlagepflicht der jeweils höchsten Instanz anzunehmen, und nicht die Vorlagepflicht lediglich auf das abstrakt höchste Gericht zu beschränken; jedoch ist die Frage abschließend vom EuGH noch nicht entschieden (Calliess/Ruffert/*Wegener* Art 267 Rn 32). Die von Art 267 II AEUV geforderte Beurteilung der Erforderlichkeit der Vorlage ist grds Sache des nationalen Gerichts. Durch das dt Recht wird die Vorlagepflicht nach Europarecht abgesichert, indem das BVerfG einen Verstoß als Verletzung des Rechts auf den gesetzlichen Richter ansieht, BVerfG 25.2.2010, 1 BvR 230/09, NZA 2010, 439; 20.9.2007, 2 BvR 855/06, NJW 2008, 209, 211 (Rn 28) mwN; 6.10.2010, 2 BvR 2661/06, NJW 2010, 3422; 22.10.1986, 2 BvR 197/83, BVerfGE 73, 339; *Thüsing/Pötters/Traut*   2

NZA 2010, 930, 931; *Krieger* NZA Heft 8/2010 Editorial; *Britz* NJW 2012, 1313. Das BAG nimmt seine Vorlagepflicht nicht immer hinreichend ernst (*Krebber* JZ 2012, 1078 f mit Fn 14).

3 Was vor allem im Anschluss an EuGH 22.11.2005, Rs C-144/04, Slg 2005, I-9981, Rn 32 ff – Mangold und 19.1.2010, Rs C-555/07, Slg 2010, I-356 – Kücükdeveci als Normverwerfungskompetenz des EuGH kritisiert wird (*Hailbronner* NZA 2006, 811; *Stenslik* RdA 2010, 247, 249; ohne Begründung *Löw* BB 2010, 243; vgl auch *Thüsing* ZIP 2010, 199, 201), beruht teilw auf einem Missverständnis: Dass einem Diskriminierungsverbot entgegenstehende Bestimmungen in Gesetzen und Tarifverträgen nicht angewandt werden dürfen, ist seit langem st Rspr (EuGH 26.2.1986, Rs 152/84, Slg 1986, 723, Rn 54 – Marshall I; s.a. *Franz* RdA 2010, 229; BAG 29.9.2011, 2 AZR 177/10, NZA 2012, 754). Voraussetzung ist allerdings, dass der Verstoß feststeht, was gerade angesichts der Unsicherheiten bei den neuen Diskriminierungstatbeständen regelmäßig im Rahmen eines Vorabentscheidungsverfahrens durch den EuGH festgestellt werden sollte. Dass EuGH 19.1.2010, Rs C-555/07, Slg 2010, I-365 – Kücükdeveci eine vorherige allg formelle Vorlagepflicht mitgliedstaatlicher Gerichte ablehnt, ändert nichts daran, dass nationale Gerichte jeder Instanz hierzu befugt sind und dass ein Gericht, dessen Entscheidungen selbst nicht mehr mit Rechtsmitteln des innerstaatlichen Rechts angefochten werden können, vorlegen muss (Rdn 2). Letzteres sichert in Dtl das BVerfG ab, sodass jede Partei sich gegen eine Normverwerfungskompetenz unterinstanzlicher Gerichte wehren und eine Vorlage an den EuGH erzwingen kann. Sache des nationalen Gerichts ist es auch zu prüfen, ob es sich um einen konstruierten Rechtsstreit handelt, für dessen Entscheidung nach innerstaatlichem Verständnis das Rechtsschutzinteresse fehlt (EuGH 22.11.2005, Rs C-144/04, Slg 2005, I-9981, Rn 32 ff – Mangold).

4 Gegenstand des Vorabentscheidungsverfahrens ist die Auslegung von Europarecht, nicht hingegen das Verständnis des nationalen Rechts. Dies ist schon bei der Formulierung der Vorlagefrage zu beachten (Streinz/ *Ehricke* Art 267 Rn 13 f). Diese darf nicht darauf gerichtet sein, den EuGH prüfen zu lassen, ob eine Bestimmung des nationalen Rechts mit einer des Europarechts übereinstimmt. Zu fragen ist vielmehr, wie eine Norm des Europarechts auszulegen ist und ob diese Norm ggf einer mitgliedstaatlichen Bestimmung, wie sie im Ausgangsrechtsstreit anwendbar wäre, entgegensteht. Nur ein sorgsames Formulieren der Vorlagefragen verhindert, dass das vorlegende Gericht sich ggf nach der Entscheidung des EuGH mit weiteren Vorlagefragen an diesen wenden muss.

Allgemeines Gleichbehandlungsgesetz (AGG)

Vom 14.8.2006 (BGBl I S 1897), zuletzt geändert durch Art 8 des Gesetzes vom 3.4.2013 (BGBl I S 610)

Übersicht	Rdn.		Rdn.
A. Umsetzung europäischer RL.............	1	I. Vertikale Wirkung – Staat als AG	9
B. Aufbau des AGG	2	II. Eingeschränkte horizontale Wirkung......	10
C. Systematik	7	III. Gemeinschaftsrechtskonforme Auslegung...	11
D. Gemeinschaftsrechtskonforme Auslegung...	8		

A. Umsetzung europäischer RL Dem AGG liegen die RL 2000/43/EG (v 29.6.2000, **Antirassismus-RL**), 1 2000/78/EG (v 27.11.2000, **Rahmen-RL Beschäftigung**), 2002/73/EG (v 23.9.2002, **Gender-RL**, Überarbeitung der RL 76/207/EWG) und 2004/113/EG (v 13.12.2004, **Dienstleistungs-RL**) zugrunde. Die frühere Umsetzung in nationales Recht (§§ 611a, 611b, 612 III BGB; §§ 75, 80 I Nr 2a BetrVG, BeschSchG und § 81 II SGB IX) war unzureichend. Das AGG beruht auf einem RegE vom 8.6.2006 (BT-Drs 16/1780), der auf Intervention des BR (16.6.2006, BT-Drs 16/1852) am 29.6.2006 in einzelnen Punkten deutlich verändert (BT-Drs 16/2022) verabschiedet wurde. Das »Gesetz zur Umsetzung europäischer RL zur Verwirklichung des Grundsatzes der Gleichbehandlung«, das in Art 1 das AGG enthält, trat am 18.8.2006 (BGBl I S 1897) in Kraft. »Redaktionelle« Änderungen gelten aufgrund des BetrAVG ua ÄndG vom 2.12.2006 seit dem 12.12.2006 (BGBl I S 2742). Das RBerNG führte ab 1.7.2008 zu Änderungen in § 23 AGG (BGBl I S 2840).

B. Aufbau des AGG Das AGG enthält im **Abschnitt 1** (Allg Teil) Bestimmungen, die im gesamten 2 Anwendungsbereich (§ 2) gelten: das Ziel, Benachteiligungen aus Gründen der Rasse oder wegen der ethnischen Herkunft, des Geschlechts, der Religion oder Weltanschauung, einer Behinderung, des Alters oder der sexuellen Identität zu verhindern oder zu beseitigen (§ 1), den sachlichen Anwendungsbereich (§ 2, Beschäftigung und Beruf, SozR, Bildung, Zivilrecht), Begriffsbestimmungen (§ 3) und Regelungen zur Mehrfachdiskriminierung (§ 4) sowie zu positiven Maßnahmen (§ 5).
Der folgende **ausschließlich arbeitsrechtl 2. Abschnitt** des Gesetzes dient dem Schutz der Beschäftigten vor 3 Benachteiligung. § 6 bestimmt die Anwendung auf AN, AG und Bewerber für ein Beschäftigungsverhältnis. Erfasst sind zudem der Tatbestand des Zugangs zu selbstständiger Erwerbstätigkeit sowie die Geltung für Personen, deren Arbeitsverhältnis beendet ist (betriebliche Altersversorgung, vgl aber § 2 II). Dreh- und Angelpunkt des Beschäftigtenschutzes ist § 7. Diese Norm enthält ein ausdrückliches Benachteiligungsverbot ggü Beschäftigten und ordnet die Unwirksamkeit von individual- und kollektivrechtl Vereinbarungen an, die gegen dieses Prinzip verstoßen. Benachteiligungen können nur ausnahmsweise und unter ganz bestimmten Voraussetzungen zulässig sein (§§ 5, 8–10). Dem AG werden in § 12 umfassende Organisations- und Informationspflichten aufgegeben. Er muss – auch präventiv – die erforderlichen Maßnahmen zum Schutz vor Benachteiligungen treffen und darauf hinwirken, dass unzulässige Benachteiligungen (sei es durch ihn selbst, durch seine Beschäftigten oder durch Dritte ggü seinen Beschäftigten) unterbleiben. Bei Verstößen gegen das Benachteiligungsverbot haben die AN iW 3 Arten von Rechten: das Beschwerderecht (§ 13), die Möglichkeit der (bezahlten) Leistungsverweigerung (§ 14) sowie die Geltendmachung von Entschädigung und Schadensersatz (§§ 15, 16). Unter bestimmten Umständen muss der AG auch für Verstöße seiner Beschäftigten und Dritter Entschädigung und Schadensersatz leisten. § 17 enthält neben einem gesetzlichen Appell das Recht des BR oder einer im Betrieb vertretenen Gewerkschaft, bei groben Verstößen des AG das ArbG anzurufen.
Der **3. Abschnitt** des AGG betrifft den Schutz vor Benachteiligungen im Zivilrechtsverkehr. 4
Der Rechtsschutzteil (**4. Abschnitt**) enthält Beweiserleichterungen für Benachteiligte in Form einer abge- 5 stuften Beweislastregelung (§ 22). Ferner können sog »Antidiskriminierungsverbände« die Benachteiligten bei der Wahrnehmung ihrer (gerichtlichen) Interessen unterstützen (§ 23).
Abschnitt 5 enthält Sonderregelungen für öffentl-rechtl Dienstverhältnisse und **Abschnitt 6** die Einrich- 6 tung und Zuständigkeiten der Antidiskriminierungsstelle des Bundes.

C. Systematik. Das Gesetz (vgl bspw § 15 Rdn 1–3) wurde in der Literatur eher negativ beurteilt, statt 7 aller *Preis* ZESAR 2007, 249 ff, 308 ff: »*Paradigma für die Verunsicherung des Gesetzgebers, ... unzureichende Gesetzeskonzeption, ... methodische Mängel, ... verfehlte Gesetzestechnik, ... inhomogene Gesetzesbegründung, ... rechtssystematisches Durcheinander*«.

§ 1 AGG Ziel des Gesetzes

8 **D. Gemeinschaftsrechtskonforme Auslegung.** Nach Ablauf der Umsetzungsfristen stellt sich bei nicht vollständiger oder nicht korrekter Umsetzung in nationales Recht stets die Frage, ob eine unmittelbare Anwendung (Direktwirkung) der RL möglich ist. Dabei muss die direkte Anwendung im Verhältnis Mitgliedsstaat/Bürger (vertikale Wirkung) von der direkten Anwendung im Verhältnis Bürger/Bürger (horizontale Wirkung) unterschieden werden.

9 **I. Vertikale Wirkung – Staat als AG.** Ist ein EG-Mitgliedsstaat zur Umsetzung einer RL verpflichtet, so kann er sich nach Verstreichen der Umsetzungsfrist Bürgern ggü nicht auf die Nichtumsetzung der RL berufen, wenn diese Rechte aus der RL geltend machen. Dabei kommt es für die unmittelbare Wirkung neben dem Verstreichen der Umsetzungsfrist auf die hinreichende Bestimmtheit der durch die RL begründeten konkreten Rechte zugunsten der Marktbürger (s näher Vorb zu Art 45, 157, 267 AEUV Rdn 16) an. Diese Grundsätze gelten immer dann, wenn der Staat als AG gilt, gleichgültig ob ein privatrechtl Arbeitsverhältnis oder ein öffentl-rechtl Dienstverhältnis besteht. Öffentl AG sind dabei nicht nur der Staat und seine Untergliederungen, sondern unabhängig von der gesellschaftsrechtl Gestaltung alle Einrichtungen, die kraft staatlichen Rechtsaktes unter staatlicher Aufsicht eine Dienstleistung im öffentl Interesse erbringen (vgl Art 3 GG Rdn 28).

10 **II. Eingeschränkte horizontale Wirkung.** Nach wie vor gilt der Grundsatz, dass RL keine horizontale Direktwirkung entfalten (s Vorb zu Art 45, 157, 267 AEUV Rdn 16; EuGH 19.1.2010, C-555/07, NZA 2010, 85). Andererseits besteht die Pflicht zu gemeinschaftsfreundlichem Verhalten, die insb die Gerichte bindet. Das Europarecht wirkt als höherrangige Rechtsquelle auslegungsleitend auf das nationale Recht ein. Darüber hinaus sind Gerichte gehalten, europarechtswidrige nationale Normen auch in Privatrechtsstreitigkeiten nicht anzuwenden (Nachw s § 2 Rdn 17; zuletzt EuGH 19.1.2010, C-555/07, NZA 2010, 85). Das Verhältnis von prinzipieller Nichtgeltung der RL zwischen Privaten (diesen Aspekt betont etwa *Reich* EuZW 2006, 22) einerseits und der »Sperrwirkung« bzgl gemeinschaftswidriger Normen in gerichtlichen Verfahren andererseits (darauf abstellend *Schiek* AuR 2006, 148) ist nicht völlig klar (*Wendeling-Schröder* Einl Rn 51 f mN); vgl die Anm zu Art 267 AEUV.

11 **III. Gemeinschaftsrechtskonforme Auslegung.** Alternativ kann das Schutzniveau der RL durch gemeinschaftsrechtskonforme Auslegung bzw Fortbildung des nationalen Rechts gesichert werden. Nach dt Methodenverständnis dürfen allerdings die Grenzen des Auslegungsspielraums nicht überschritten werden. Zumindest wenn eine Gesamtbetrachtung der Auslegungskriterien einen eindeutig mit dem Richtlinieninhalt nicht zu vereinbarenden Gestaltungswillen des Gesetzgebers ergibt, darf dieser aus Gründen der Gewaltenteilung (vgl Art 100 I GG) grds nicht im Wege der Auslegung übergangen werden. Richtlinienkonforme Rechtsfortbildung setzt eine unbewusste Regelungslücke im Gesetz voraus, an der es jedenfalls dann fehlt, wenn das Umsetzungsgesetz die str Frage bewusst anders entschieden hat. Gleichwohl dürfen die Gerichte richtlinienwidrige Normen nicht anwenden; das richtlinienkonforme Einzelfallergebnis ist mittels der Nutzung aller verfügbaren methodischen Kategorien aus anderen Normen abzuleiten (*Schlachter* RdA 2005, 115 f zu EuGH 5.10.2004, C-397/01, Pfeiffer).

§ 1 Ziel des Gesetzes

Ziel des Gesetzes ist, Benachteiligungen aus Gründen der Rasse oder wegen der ethnischen Herkunft, des Geschlechts, der Religion oder Weltanschauung, einer Behinderung, des Alters oder der sexuellen Identität zu verhindern oder zu beseitigen.

Übersicht	Rdn.		Rdn.
A. Gesetzgeberisches Ziel des AGG.........	1	III. Religion und Weltanschauung...........	6
B. Benachteiligungsmerkmale.............	2	IV. Behinderung.....................	8
I. Rasse und ethnische Herkunft..........	3	V. Alter.......................	10
II. Geschlecht......................	5	VI. Sexuelle Identität.................	12

1 **A. Gesetzgeberisches Ziel des AGG.** § 1 formuliert das programmatische (und auslegungsleitende, MüKo-BGB/*Thüsing* § 1 AGG Rn 1 f) Ziel, Benachteiligungen wegen der in § 1 genannten Gründe im Anwendungsbereich des § 2 zu verhindern und zu beseitigen. Die Verwendung des Begriffs Benachteiligung statt Diskriminierung soll dabei verdeutlichen, dass nicht jeder aufgrund unterschiedlicher Behandlung zugefügte Nachteil diskriminierenden Charakter hat (BT-Drs 16/1780 S 30). Der Benachteiligungs- und Gleichbehandlungsbegriff des AGG ist mit Blick auf Diskriminierungstatbestände, die ebenfalls umfasste (sexuelle) Belästigung sowie schließlich die fortgeltenden (§ 2 III) anderen Institute des

arbeitsrechtl Benachteiligungsschutzes (Zusammenstellung *Thüsing* Rn 153 ff) wenig hilfreich (BGK Einl AGG Rn 10).

B. Benachteiligungsmerkmale. Die in § 1 aufgelisteten Merkmale sind abschließend (EuGH 11.7.2006, C-13/05, EzA RL 2000/78 EG-Vertrag 1999 Nr 1; keine Analogie zur Diskriminierung wegen politischer Ansichten oder der Staatsangehörigkeit, MüKo-BGB/*Thüsing* § 1 AGG Rn 93 f). Sie folgen wörtlich der Kompetenzerweiterung in Art 19 AEUV (früher Art 13 EGV), sodass letztlich eine einheitlich gemeinschaftsautonome Auslegung der Begriffe anzustreben sein wird (EuGH 11.7.2006, C-13/05, aaO zum Behindertenbegriff). Zur Definition des Ausdrucks »Benachteiligung« s § 3 AGG; zum Benachteiligungsgrund (»wegen«) s § 7 Rdn 4 ff. 2

I. Rasse und ethnische Herkunft. Diese Begriffe werden weder in Art 19 AEUV (früher Art 13 EGV) noch in der Antirassismus-RL näher umschrieben. Der Begriff »Rasse« ist problematisch (vgl Erwägungsgrund 6 der RL 2000/43/EG und BT-Drs 16/1780 S 30), wurde aber wohl wegen der sprachlichen Anknüpfung an »Rassismus« und »Rassendiskriminierung« gewählt (Göbel-Zimmermann/Marquardt ZAR 2012, 369, *Göksu* S 8 ff). Rassendiskriminierung ist nach dem CERD-Übereinkommen vom 7.3.1966 (BGBl II 1969 S 961) »jede auf der Rasse, der Hautfarbe, der Abstammung, nach dem nationalen Ursprung oder dem Volkstum beruhende Unterscheidung, Ausschließung, Beschränkung oder Bevorzugung, die zum Ziel oder zur Folge hat, dass ein gleichberechtigtes Anerkennen, Genießen oder Ausüben von Menschenrechten und Grundfreiheiten im politischen, wirtschaftlichen, sozialen, kulturellen oder jedem sonstigen Bereich des öffentl Lebens vereitelt oder beeinträchtigt wird.« 3

Zur Definition des Begriffs **Ethnie** (**nicht**: Staatsangehörigkeit oder Nationalität, vgl Art 45 AEUV Rdn 12 und bspw Art 3 II Rahmen-RL, anders § 75 BetrVG, s § 75 BetrVG Rdn 13) kann auf die englische Rspr zum Race Relations Act 1976 (*Thüsing* Rn 178 f) zurückgegriffen werden. Für eine ethnische Gruppe ist charakteristisch (1) eine lange gemeinsame Geschichte, die von der Gruppe bewusst als andersartig im Vergleich zu anderen Gruppen wahrgenommen wird und deren Erinnerung lebendig gehalten wird; (2) eine eigene kulturelle Tradition, die familiäre und gesellschaftliche Sitten und Gebräuche mit einbezieht und oft, aber nicht notwendigerweise, verbunden ist mit Befolgung religiöser Gebote sowie (3) eine gemeinsame Religion unterschiedlich von der benachbarten Gruppe oder der Allgemeinheit. Es geht um die Zugehörigkeit eines Menschen zu einer durch religiöse, soziale, geschichtliche, sprachliche und/oder kulturelle Werte und Bräuche verbundenen Gemeinschaft (ArbG Stuttgart 15.4.2010, 17 Ca 8907/09, NZA-RR 2010, 344; Göbel-Zimmermann/Marquardt ZAR 2012, 369). Dazu zählen ua die Sinti und Roma, die Sikhs und die Waliser, die Juden oder je nach Kontext Gruppen wie die »Islamisten«, die Türken oder die Polen sowie schließlich anerkannte Minderheiten (Wenden, Sorben, Dänen). Eine ethnische Gruppe sind demgggü nicht »Farbige«; Diskriminierung wegen der Hautfarbe ist Rassendiskriminierung (Einzelheiten s *Schiek* AuR 2003, 44). Es genügt, dass die Benachteiligung allein daran anknüpft, dass der Betroffene nicht deutscher Herkunft ist (LAG Hess 15.6.2015, 16 Sa 1619/14; JurionRS 2015, 22681). Der Begriff »Ossi« bezeichnet keine Ethnie (ArbG Stuttgart 15.4.2010, 17 Ca 8907/09, NZA-RR 2010, 344). 4

II. Geschlecht. Entspr dem außerjuristischen Wortsinn bezeichnet Geschlecht die durch die Geschlechtschromosomen bestimmte Erscheinungsform des menschlichen Organismus als männlich oder weiblich. Verboten ist auch Benachteiligung von Hermaphroditen oder Transsexuellen (EuGH 30.4.1996, C-13/94, NZA 1996, 695), unabhängig von der gesetzlichen Anerkennung bspw in § 8 TSG (*Thüsing* Sonderbeil zu NZA 22/2004, 3, 10 mN; er ordnet iÜ Transsexualität der sexuellen Identität zu). 5

III. Religion und Weltanschauung. Die nähere Bestimmung dieser Merkmale wird anhand der Rspr zu Art 4 GG (s Art 4 GG Rdn 8) zu treffen sein. Allein die Behauptung und das Selbstverständnis, eine Gemeinschaft bekenne sich zu einer Religion und sei eine Religionsgemeinschaft, kann für diese und ihre Mitglieder die Berufung auf die Freiheitsgewährung des Art 4 I GG nicht rechtfertigen; vielmehr muss es sich auch nach geistigem Gehalt und äußerem Erscheinungsbild um eine Religionsgemeinschaft handeln. Unter Religion oder Weltanschauung ist eine mit der Person des Menschen verbundene Gewissheit über bestimmte Aussagen zum Weltganzen sowie zur Herkunft und zum Ziel des menschlichen Lebens zu verstehen. Dabei legt die Religion eine den Menschen überschreitende und umgebende (transzendente) Wirklichkeit zugrunde, während sich die Weltanschauung auf innerweltliche (immanente) Bezüge beschränkt. Eine politische Anschauung erreicht idR nicht die Tiefe, die eine Weltanschauung kennzeichnet (zB bei Sympathie gegenüber der KP Chinas und deren Programm BAG 20.6.2013, 8 AZR 482/12, DB 2014, 126; zu »Marxismus-Leninismus«, ArbG Berlin 30.7.2009, 33 Ca 5772/09, BB 2008, 2251). 6

International umstr ist die Einordnung von **Scientology**. US-amerikanische Gerichte bejahen den Status »Religionsgemeinschaft« (Nachw bei *Thüsing* Rn 184 ff), während dt Scientology für eine 7

§ 2 AGG Anwendungsbereich

kommerzielle Organisation halten (BAG 22.3.1995, 5 AZB 21/94, NZA 1995, 823 mN; VGH BW 16.1.2008, 5 S 393/06, VBlBW 2008, 298). Die religiösen oder weltanschaulichen Lehren dienen nach Drs 14/1153 LTBW v 18.4.2007 (zur angeblichen Anerkennung durch den EGMR) lediglich als Vorwand für die Verfolgung wirtschaftlicher Ziele.

8 **IV. Behinderung.** Der Begriff der Behinderung entspricht den gesetzlichen Definitionen in § 2 I 1 SGB IX und in § 3 des Gesetzes zur Gleichstellung behinderter Menschen. Nach diesen Vorschriften sind Menschen behindert, »wenn ihre körperliche Funktion, geistige Fähigkeit oder seelische Gesundheit mit hoher Wahrscheinlichkeit länger als 6 Monate von dem für das Lebensalter typischen Zustand abweichen und daher ihre Teilhabe am Leben in der Gemeinschaft beeinträchtigt ist.« Richtlinienkonformer Diskriminierungsschutz lässt sich nicht auf die Personengruppe schwerbehinderter (§ 2 II 1 SGB IX, s § 69 SGB IX Rdn 3 f) oder gleichgestellter Menschen (s § 69 SGB IX Rdn 8) reduzieren (*Düwell* BB 2006, 1741; BAG 28.11.2008, 9 AZR 643/07, EzA § 81 SGB IX Nr 19).

9 Nach internationaler Begriffsbildung ist die Behinderung als eine Kausalkette von Impairment (= Schaden), Disability (= Funktionsbeeinträchtigung) und Handicap (= soziale Beeinträchtigung) zu verstehen (Nachw bei *Straßmair* S 168). In diese Richtung geht die Begriffsbestimmung des EuGH zur Auslegung des Behindertenbegriffs iSd Rahmen-RL (EuGH 11.7.2006, C-13/05, EzA Richtlinie 2000/78 EG-Vertrag 1999 Nr 1; *Thüsing/Grosse-Brockhoff* EWiR 2006, 473). Die Praxis steht damit vor der Schwierigkeit, Behinderung von Krankheit abzugrenzen (Bsp LAG Berl-Bbg 4.12.2008, LAGE § 3 AGG Nr 1, krit Anm *Fuerst* DB 2009, 2153; BAG 17.12.2009, 8 AZR 670/08, Pressemitteilung Nr 118/09; BAG 28.4.2011, 8 AZR 515/10). Eine Krankheit also solche ist kein Diskriminierungsmerkmal des § 1, nach neuerer Rechtsprechung eine chronische Erkrankung aber schon (EuGH 11.4.2013, C-335/11 und 337/11, NZA 2013, 553; Einzelfälle § 7 Rdn 9; MüKo-BGB/*Thüsing* § 1 AGG Rn 80 f). Eine HIV-Infektion (AIDS) gilt als Behinderung (BAG 19.12.2013, 6 AZR 190/12, NZA 2014, 372).

10 **V. Alter.** Das gemeinschaftsrechtl Verbot der Altersdiskriminierung ist erst mit Art 19 AEUV (früher Art 13 EGV) in das Primärrecht der EU aufgenommen worden. Entgegen der Darstellung des EuGH (22.11.2005, C-144/04, EzA § 14 TzBfG Nr 21) ist das Altersdiskriminierungsverbot aber weder verschiedenen völkerrechtl Verträgen noch den gemeinsamen Verfassungstraditionen der Mitgliedsstaaten zu entnehmen (*Krebber* Comparative Labour Law and Policy Journal 2006, 377, 390 f mN). Ein unmittelbar wirkender europäischer (Alters) Gleichbehandlungsgrundsatz läßt sich daher nicht begründen (*Konzen* SAE 2007, 194 ff). Anders der EuGH für Fälle mit gemeinschaftsrechtl Bezug (EuGH 23.9.2008, C 427/06, NZA 2008, 1119).

11 Der Begriff »Alter« meint Lebensalter, schützt also gegen ungerechtfertigte unterschiedliche Behandlungen, die an das konkrete Lebensalter anknüpfen. Es geht nicht ausschließlich um den Schutz älterer Menschen vor Ausgrenzung; auch eine Benachteiligung von Jüngeren ggü Älteren wäre unzulässig (*Adomeit/Mohr* § 1 Rn 118 f; vgl EuGH 19.1.2010, C-555/07, NZA 2010, 85, Kücükdeveci;). Das wirft insb für TV-Parteien eine Reihe von Problemen auf (s § 7 Rdn 12, § 10 Rdn 6 ff).

12 **VI. Sexuelle Identität.** Die Materialien verweisen zur Begriffsbestimmung auf § 75 BetrVG. Erfasst werden laut dortiger Begründung homosexuelle Männer und Frauen, bisexuelle, transsexuelle oder zwischengeschlechtliche Menschen (BT-Drs 14/5741 S 45). Sexuelle Identität bezeichnet danach anders als das Merkmal »Geschlecht« die Präferenz bei der sexuellen Objektwahl (»sexuelle Ausrichtung« iSd RL 2000/78/EG; *Mallmann* PersR 2009, 435). Nach dem Wortlaut ist jede intensiv persönlichkeitsbildende (SSV/*Schleusener* § 1 Rn 73) Ausrichtung diskriminierungsgeschützt; allerdings gelten die Grenzen des Strafrechts (§§ 168, 176 184a, 184b StGB). Ebenfalls nicht geschützt sind (abnorme, s BGK § 1 Rn 52, str) sexuelle Orientierungen wie etwa Pädophilie, Sodomie oder Nekrophilie.

§ 2 Anwendungsbereich

(1) Benachteiligungen aus einem in § 1 genannten Grund sind nach Maßgabe dieses Gesetzes unzulässig in Bezug auf:
1. die Bedingungen, einschließlich Auswahlkriterien und Einstellungsbedingungen, für den Zugang zu unselbstständiger und selbstständiger Erwerbstätigkeit, unabhängig von Tätigkeitsfeld und beruflicher Position, sowie für den beruflichen Aufstieg,
2. die Beschäftigungs- und Arbeitsbedingungen einschließlich Arbeitsentgelt und Entlassungsbedingungen, insbesondere in individual- und kollektivrechtlichen Vereinbarungen und Maßnahmen bei der Durchführung und Beendigung eines Beschäftigungsverhältnisses sowie beim beruflichen Aufstieg,

3. den Zugang zu allen Formen und allen Ebenen der Berufsberatung, der Berufsbildung einschließlich der Berufsausbildung, der beruflichen Weiterbildung und der Umschulung sowie der praktischen Berufserfahrung,
4. die Mitgliedschaft und Mitwirkung in einer Beschäftigten- oder Arbeitgebervereinigung oder einer Vereinigung, deren Mitglieder einer bestimmten Berufsgruppe angehören, einschließlich der Inanspruchnahme der Leistungen solcher Vereinigungen,
5. den Sozialschutz, einschließlich der sozialen Sicherheit und der Gesundheitsdienste,
6. die sozialen Vergünstigungen,
7. die Bildung,
8. den Zugang zu und die Versorgung mit Gütern und Dienstleistungen, die der Öffentlichkeit zur Verfügung stehen, einschließlich von Wohnraum.

(2) ¹Für Leistungen nach dem Sozialgesetzbuch gelten § 33c des Ersten Buches Sozialgesetzbuch und § 19a des Vierten Buches Sozialgesetzbuch. ²Für die betriebliche Altersvorsorge gilt das Betriebsrentengesetz.

(3) ¹Die Geltung sonstiger Benachteiligungsverbote oder Gebote der Gleichbehandlung wird durch dieses Gesetz nicht berührt. ²Dies gilt auch für öffentlich-rechtliche Vorschriften, die dem Schutz bestimmter Personengruppen dienen.

(4) Für Kündigungen gelten ausschließlich die Bestimmungen zum allgemeinen und besonderen Kündigungsschutz.

Übersicht	Rdn.		Rdn.
A. Anwendungsbereich, I	1	C. Abgrenzung zu dt Schutzgesetzen, insb	
B. Bereichsausnahmen, II	10	zum Kdg-Schutz, III und IV	13

A. Anwendungsbereich, I. Die Nr 1–4 entnehmen den Anwendungsbereich »Beschäftigung« nahezu wörtlich (die Ergänzung in § 2 Nr 2 dient lediglich der »Klarstellung«) aus Art 3 Ia-d der Rahmen-RL bzw der geänderten Gender-RL; die Nr 5–7 entsprechen Art 3 Ie-g Antirassismus-RL, Nr 8 übernimmt Art 3 Ih Antirassismus-RL sowie Art 3 I der Dienstleistungs-RL. 1

Der gemeinschaftsrechtl Beschäftigungsbegriff erfasst nicht nur persönlich abhängige AN iSv § 6 GewO (dort Rdn 21 ff), was die Umsetzung in nationales Recht erheblich erschwerte. Bspw berücksichtigen die dt Begriffe »AN« und »arbeitnehmerähnliche Personen« (§ 6 I) nicht alle Tatbestände unselbständiger Erwerbstätigkeit iSd der RL, teilw gelten die Diskriminierungsverbote des SozR (Rn 10), wie etwa für 1-€-Jobber. 2

Zudem mussten mit **Nr 1** (»Zugang zu **selbstständiger Erwerbstätigkeit**«) Sachverhalte in den Beschäftigtenschutz des 2. Abschnitts einbezogen werden, die nicht dem dt Arbeitsvertragsbegriff entsprechen (vgl § 6 I Nr 3, III, s § 6 Rdn 4). Das gilt insb für Dienst-, Werk-, Franchise-, Belegarzt- oder Partnerschaftsverträge, soweit diese die Grundlage und den Rahmen selbstständiger Erwerbstätigkeit (nicht deren Ausübung) darstellen (nach *Thüsing* Rn 94). Der Tatbestand **Zugang** erfasst die Vertragsanbahnungsphase, die jeder Form von selbstständiger oder unselbstständiger Erwerbstätigkeit vorausgeht (vgl § 11; § 611 BGB Rdn 57 ff; zu den Begrifflichkeiten »Zugang« und »(Schein)bewerbung/AGG-Hopping« vgl Vorlagebeschluss des BAG zum EuGH 18.6.2015, 18 AZR 848/14, NZA 2015, 1063 sowie *Horcher* NZA 2015, 1047). Ebenfalls gemeint ist der Zeitraum vor dem beruflichen Aufstieg (ErfK/*Schlachter* § 2 Rn 6). Dieser bezeichnet die Änderung des Tätigkeitsbereichs oder hierarchische Veränderungen, die bloße Veränderung der Vergütung reicht nicht aus. 3

Nr 2 zielt auf sämtliche **Beschäftigungsbedingungen** (vgl § 611 BGB Rdn 111–394). Die Aufzählung soll die ausnahmslose Anwendung sicherstellen, auch in Bezug auf einseitige AG-Maßnahmen (etwa des Direktionsrechts, § 106 GewO) oder im Anschluss an die Beendigung des Beschäftigungsverhältnisses. Zum Entgeltbegriff s Art 157 II AEUV (dort Rdn 4). Mit »Entlassungsbedingungen« sind etwa Ausscheidensaltersgrenzen (BAG 17.6.2009, 7 AZR 112/08, BB 2009, 1469), nicht Fragen des individualrechtl gesetzlichen Kdg-Schutzes oder der Wirksamkeit einzelner AG-Kündigungen gemeint (gegen ErfK/*Schlachter* § 2 Rn 9, die § 2 IV im Anschluss an K, 2008, 0103 für europarechtswidrig hält; zu Kdg-Fristen § 10 Rdn 8). 4

Der 2. Hs stellt klar, dass das Diskriminierungsverbot sämtliche **Vereinbarungen** erfasst, also nicht nur Arbeitsverträge (inkl Gesamtzusagen, betriebliche Übung, s ErfK/*Schlachter* § 2 Rn 10), sondern auch TV und BV, auch soweit sie den Zugang zur Erwerbstätigkeit (s Rdn 3) oder Entlassungsbedingungen festlegen (*Löwisch* DB 2006, 1729). »Entlassungsbedingungen« iSv § 2 I Nr 2 HS 2 sind damit individual- (etwa Aufhebungsverträge, *Cornelius/Lipinski* BB 2007, 496 f oder Befristungsabreden, LAG Köln 5

§ 2 AGG   Anwendungsbereich

12.2.2009, 7 Sa 1132/08, BB 2009, 1693) und kollektivvertragliche Beendigungsvereinbarungen (*Löwisch* BB 2006, 2582).

6   **Nr 3** betrifft den Zugang zu allen Formen und allen Ebenen der **Berufsberatung**.

7   Abgerundet wird der Benachteiligungsschutz in Beschäftigung und Beruf von den RL durch die in **Nr 4** genannte Möglichkeit der ungehinderten **Mitwirkung** in entspr **Berufsverbänden** und ähnlichen Vereinigungen (zur Regelungskompetenz der EG und Bezügen zur Koalitionsfreiheit *Schiek* NZA 2004, 882).

8   Die **Nr 5–8** sind der Rassismus-RL (die Nr 8 auch der Dienstleistungs-RL) entnommen, die über Beschäftigung und Beruf hinaus auch die Bereiche Sozialschutz, soziale Vergünstigungen und Bildung sowie die Versorgung mit öffentl angebotenen Gütern und Dienstleistungen einbeziehen. Überwiegend werden die Sachverhalte der Nr 5–7 öffentl Recht unterliegen (insoweit gilt Art 3 III GG, s Art 3 GG Rdn 14 ff). Soweit die Leistungen auf privatrechtl Grundlage erbracht werden, ist der zivilrechtl Diskriminierungsschutz (§ 19) einschlägig.

9   **Nr 8** erfasst den Zugang zu und die Versorgung mit Gütern und Dienstleistungen (vgl Art 28 ff AEUV – früher Art 23 ff EGV – Art 56 ff AEUV – früher Art 49 ff EGV) im Zivilrechtsverkehr, mithin grds den gesamten Endverbrauchermarkt. Eingeschränkt wird dieser weite Anwendungsbereich dadurch, dass die Güter und Dienstleistungen sowie der Wohnraum »der Öffentlichkeit zur Verfügung« stehen müssen (s Art 3 Ih der Rassismus-RL und Art 3 I der Dienstleistungs-RL). Zudem muss es sich (mit Ausnahme der Rassendiskriminierung, vgl § 19 II) um Massengeschäfte oder Versicherungsverträge handeln (§ 19 I, s § 19 Rdn 6). Öffentl offeriert werden Güter und Dienstleistungen, wenn ein Angebot zum Vertragsschluss etwa durch Anzeigen, Schaufensterauslagen oder Internet öffentl gemacht wird. Es kommt nach der Begründung nicht darauf an, wie groß die angesprochene Öffentlichkeit ist. Öffentl offeriert wird jedes Angebot, das über die Privatsphäre des Anbietenden hinaus gelangt (krit *Meier-Reimer* NJW 2006, 2580).

10   **B. Bereichsausnahmen, II.** Für Leistungen nach dem **SGB** gelten ausschließlich die Regelungen in § 33c SGB I, § 36 II SGB III, § 19a SGB IV und § 36 S 3 SGB IX (zur Herausnahme staatlicher Sozialsysteme bspw Art 3 III Rahmen-RL). Zur Umsetzung von RL im bestehenden dt SozR *Husmann* Beil 2 NZA 2008, 94.

11   Im Bereich der **betrieblichen Altersversorgung** sollen nach § 2 II 2 allein die Diskriminierungsverbote des BetrAVG gelten (*Wendeling-Schröder* § 2 Rn 30). Diese gesetzgeberische Wertung ist als europarechtswidrig infrage gestellt worden (*Thüsing* NZA 2006, 774, 777), sodass möglicherweise entspr ursprünglicher Planungen (BT-Drs 15/5717 S 36) im BetrAVG nachgebessert werden muss (Vorschläge bei *Rolfs* NZA 2008, 553 f). Bis dahin behilft sich die Rspr der Instanzgerichte im praktisch bedeutsamen Fall geschlechtsbedingter Ungleichbehandlung in Betriebsrentensystemen dadurch, dass sie das AGG anwendet, soweit das BetrAVG nicht vorrangige Sonderregelungen enthält (nicht überzeugend BAG 11.12.2007, 3 AZR 249/06, EzA § 2 AGG Nr 1, das in einem Altfall geschlechtsbedingte Diskriminierungsverbote aus dem AGG ableitet und § 2 II 2 gegen den Wortlaut als bloße Kollisionsregel deutet, dazu *Walk/Lipke* BB 2008, 557; bestätigt durch BAG 18.3.2014, 3 AZR 69/12 und BAG 12.11.2013, 3 356/12 AuR 2014, 160 (L); sehr str, aA etwa *Heymer* AuA 2009, 57). Zum Anpassungsbedarf von Versorgungsordnungen *Thum* BB 2008, 2291 f.

12   Altersabstandsklauseln bzgl der Hinterbliebenenversorgung von Ehegatten sind idR zulässig (EuGH 23.9.2008, C-427/06, NZA 2008, 1119), Hauptnährerklauseln nicht (BAG 11.12.2007, 3 AZR 249/06, EzA § 2 AGG Nr 1). Die Ungleichbehandlung von eingetragenen Lebenspartnerschaften ggü Ehegatten ist unzulässig (EuGH 1.4.2008, C-267/06, EuZW 2008, 257; BVerwG 25.7.2007, 6 C 27/07, NJW 2008, 246; BAG 14.1.2009 3 AZR 20/07, EzA § 2 AGG Nr 3, dazu *Böhm* BB 2009, 954; BVerfG 7.7.2009, 1 BvR 1164/07, DB 2009, 2441). Zu gesetzlichen Mindestaltersgrenzen (§ 1b I BetrAVG) s § 10 Rdn 16; zu Spätehenklauseln BAG 28.7.2005, 3 AZR 457/04, EzA § 1 BetrAVG, Hinterbliebenenversorgung Nr 12; zu Eingriffen in Versorgungsanwartschaften BAG 21.11.2006, 3 AZR 309/05, ZTR 2007, 551.

13   **C. Abgrenzung zu dt Schutzgesetzen, insb zum Kdg-Schutz, III und IV.** Zunächst stellt § 2 III klar, dass das AGG lediglich der Umsetzung der 4. Antidiskriminierungs-RL (vgl Einleitung AGG Rdn 1) dient und keine abschließende Regelung des Benachteiligungsschutzes darstellt. So verbleibt es bspw bei § 4 TzBfG, dem Schwerbehindertenrecht des SGB IX, dem BGleiG (s Art 3 GG Rdn 75 f) oder Mutterschutzvorschriften.

14   Schwierigkeiten bereitet der **gesetzliche** (zum vertraglichen s § 2 I Nr 2, oben Rdn 4, 5) **Kdg-Schutz** (§ 2 IV), der klar vom Anwendungsbereich des AGG abgegrenzt werden soll (BR-Drs 329/06).

15   Nach dem BAG (6.11.2008, 2 AZR 523/07, EzA § 1 KSchG Soziale Auswahl Nr 82 m Anm *Jacobs/Krois*; BAG 15.12.2011, 2 AZR 42/10, NZA 2012, 1044; *Schiefer* DB 2009, 733; *Adomeit/Mohr* NJW 2009, 2255; *Lingemann/Beck* NZA 2009, 577; *Gaul/Niklas* NZA-RR 2009, 457) sind die Diskriminierungsverbote des AGG – einschl der ebenfalls im AGG vorgesehenen Rechtfertigungen für

unterschiedliche Behandlungen – bei der Auslegung der unbestimmten Rechtsbegriffe des KSchG in der Weise zu beachten, dass sie Konkretisierungen des Begriffs der Sozialwidrigkeit darstellen. Damit können gemeinschaftskonforme Ergebnisse durch Anwendung der bestehenden allg und bes Kdg-Schutzvorschriften sichergestellt werden (ErfK/*Schlachter* § 2 Rn 17); eine gesonderte Diskriminierungsklage, die parallel zur Kdg-Schutzklage angestrengt werden könnte, ist durch § 2 IV gesperrt (*Lingemann/Beck* NZA 2009, 577; vgl LAG Köln 1.9.2009, 7 Ta 184/09, EzA-SD 2009, Nr 22: fehlende Erfolgsaussicht im PKH-Verfahren). Die Sperrwirkung gilt jedoch nicht bei Kdgen in der Wartezeit des § 1 KSchG oder im Kleinbetrieb: hier ist eine diskriminierende Kdg gem § 134 BGB iVm § 7 I unwirksam, zugleich spricht das BAG dem Gekündigten den Entschädigungsanspruch des § 15 II zu (BAG 19.12.2013, 6 AZR 190/12, NZA 2014, 372). Aber auch bei Geltung des KSchG gewährt das BAG in diesem Urteil parallel zur Unwirksamkeit einer krankheitsbedingten, sozialwidrigen Kündigung einen Entschädigugsanspruch nach § 15 II. Die in der Diskriminierung liegende Persönlichkeitsrechtsverletzung müsse unabhängig von der Unwirksamkeit der Kdg sanktioniert werden. Bei der Vorbereitung von krankheitsbedingten Kdgen (zB Betriebsratsanhörung nach § 102 BetrVG) müssen Arbeitgeber daher darauf achten, dass die Begründung die Anforderungen der §§ 3, 7 und 8 erfüllt (*Hiebert* DB 2014, 1555).

Der bes Kdg-Schutz (etwa § 9 MuSchG, §§ 18, 19 BEEG, § 2 ArbPlSchG, § 2 EÜG oder §§ 85 ff SGB IX) erfasst einzelne Diskriminierungsmerkmale detailliert; der allg Kdg-Schutz (etwa die Bestimmungen der §§ 1–14 KSchG oder §§ 242, 138 BGB) garantiert seit ehedem Gleichbehandlung bei Kdg. Diskriminierungsschutz –insb für die in Art 3 III GG genannten Merkmale (s Art 3 GG Rdn 59 f) – gehört zum objektiven Schutzbereich des Art 3 GG und strahlt in die Generalklauseln des Privatrechts aus. Die diskriminierende Kdg zählt zu den Tatbeständen einer treuwidrigen (s BAG 25.4.2001, 5 AZR 360/99, EzA § 242 BGB Kündigung Nr 4; Kleinbetrieb: LAG Schleswig-Holstein 22.6.2011, 3 Sa 95/11,) oder sozialwidrigen Kdg (Bsp zur krankheitsbedingten Kdg in Abgrenzung zur Behindertendiskriminierung, *Schrader/Müller* SAE 2007, 222; LAG Berl-Bdb 4.12.2008, 26 Sa 343/08, LAGE § 3 AGG Nr 1; zu § 1 III KSchG s § 10 Rdn 4). 16

Europarechtl Fragen wirft § 2 IV auf mit Blick auf die Rechtsfolgen, die über die Nichtigkeit der Kdg hinausgehen, und hins der Beweislastverteilung bei treuwidrigen Kdg. Dürfte man die Rechtsgedanken der §§ 13 ff, 22 im Fall der diskriminierenden Kdg tatsächlich stets und ausnahmslos nicht anwenden, wäre das offenkundig richtlinienwidrig (s Art 3 Ic Rahmen-RL). Ob das KSchG letztlich für die Umsetzung ausreicht, kann derzeit nicht abschließend gesagt werden (ebenso MüKo-BGB/*Thüsing* § 2 AGG Rn 24; Überlegungen zu Schadensersatzfragen näher § 15 Rdn 12; zur Entschädigungspflicht § 15 Rdn 42; zur Beweislast § 22 Rdn 13, 18). 17

§ 2 IV geht nach dem BAG von der Möglichkeit und dem Gebot richtlinienkonformer Auslegung der allg und bes Kdg-Schutzbestimmungen aus (ebenso *Löwisch* BB 2006, 2189 f; *Wendeling-Schröder* § 2 Rn 39 f mN) und ist nach derzeitigem Erkenntnisstand wohl nicht europarechtswidrig (BAG 6.11.2008, 2 AZR 523/07, EzA § 1 KSchG Soziale Auswahl Nr 82 mwN zu abweichenden Stimmen). 18

§ 3 Begriffsbestimmungen

(1) [1]Eine unmittelbare Benachteiligung liegt vor, wenn eine Person wegen eines in § 1 genannten Grundes eine weniger günstige Behandlung erfährt, als eine andere Person in einer vergleichbaren Situation erfährt, erfahren hat oder erfahren würde. [2]Eine unmittelbare Benachteiligung wegen des Geschlechts liegt in Bezug auf § 2 Abs. 1 Nr. 1 bis 4 auch im Fall einer ungünstigeren Behandlung einer Frau wegen Schwangerschaft oder Mutterschaft vor.

(2) Eine mittelbare Benachteiligung liegt vor, wenn dem Anschein nach neutrale Vorschriften, Kriterien oder Verfahren Personen wegen eines in § 1 genannten Grundes gegenüber anderen Personen in besonderer Weise benachteiligen können, es sei denn, die betreffenden Vorschriften, Kriterien oder Verfahren sind durch ein rechtmäßiges Ziel sachlich gerechtfertigt und die Mittel sind zur Erreichung dieses Ziels angemessen und erforderlich.

(3) Eine Belästigung ist eine Benachteiligung, wenn unerwünschte Verhaltensweisen, die mit einem in § 1 genannten Grund in Zusammenhang stehen, bezwecken oder bewirken, dass die Würde der betreffenden Person verletzt und ein von Einschüchterungen, Anfeindungen, Erniedrigungen, Entwürdigungen oder Beleidigungen gekennzeichnetes Umfeld geschaffen wird.

(4) Eine sexuelle Belästigung ist eine Benachteiligung in Bezug auf § 2 Abs. 1 Nr. 1 bis 4, wenn ein unerwünschtes, sexuell bestimmtes Verhalten, wozu auch unerwünschte sexuelle Handlungen und Aufforderungen zu diesen, sexuell bestimmte körperliche Berührungen, Bemerkungen sexuellen Inhalts sowie unerwünschtes Zeigen und sichtbares Anbringen von pornographischen Darstellungen gehören,

§ 3 AGG Begriffsbestimmungen

bezweckt oder bewirkt, dass die Würde der betreffenden Person verletzt wird, insbesondere wenn ein von Einschüchterungen, Anfeindungen, Erniedrigungen, Entwürdigungen oder Beleidigungen gekennzeichnetes Umfeld geschaffen wird.

(5) ¹Die Anweisung zur Benachteiligung einer Person aus einem in § 1 genannten Grund gilt als Benachteiligung. ²Eine solche Anweisung liegt in Bezug auf § 2 Abs. 1 Nr. 1 bis 4 insbesondere vor, wenn jemand eine Person zu einem Verhalten bestimmt, das einen Beschäftigten oder eine Beschäftigte wegen eines in § 1 genannten Grundes benachteiligt oder benachteiligen kann.

Übersicht	Rdn.		Rdn.
A. Unmittelbare Benachteiligung	2	II. Rechtfertigung der Ungleichbehandlung, 2. Stufe (II HS 2)	9
B. Mittelbare Benachteiligung	5	C. Belästigung	12
I. Benachteiligende Wirkung, erste Stufe (II HS 1)	6	D. Sexuelle Belästigung	15
		E. Anweisung zur Diskriminierung	18

1 § 3 setzt Art 2 II Rahmen-RL, der Antirassismus-RL, der Gender-RL und Art 2a–d der Dienstleistungs-RL um. Die Begriffsbestimmungen sind weitgehend wörtlich aus den RL übernommen. Nur vereinzelt sind Ergänzungen erfolgt, die der Klarstellung dienen sollen (BT-Drs 16/1780 S 32).

2 **A. Unmittelbare Benachteiligung.** Der **Benachteiligungs**begriff erfasst alle denkbaren Formen der **objektiv feststellbaren** (vgl § 22 Rdn 3) Zurücksetzung ggü einer (uU: hypothetischen, näher *Bayreuther* NZA 2008, 988) Vergleichsperson oder Vergleichsgruppe (dazu *Däubler* ZfA 2006, 479, 481 f; MüKo-BGB/*Thüsing* § 3 AGG Rn 15). Die Benachteiligung kann grds auch Folge eines Unterlassens sein (BT-Drs 16/1780 S 32); maßgeblich ist allein die Feststellung einer zur Benachteiligung führenden Kausalkette. Keine Zurücksetzung durch Unterlassen ist die Verweigerung angemessener Vorkehrungen, etwa von Organisationsmaßnahmen der §§ 11 ff oder Verstöße gegen § 84 SGB IX (vgl insoweit Art 5 Rahmen-RL, dazu *Däubler* ZfA 2006, 485). Die Benachteiligung muss entweder noch andauern bzw bereits abgeschlossen sein; oder aber es muss eine hinreichend konkrete Gefahr bestehen, dass eine solche Benachteiligung eintritt (krit zur Benachteiligungsgefahr *Thüsing* Rn 237 f). Die Materialien ziehen zur näheren Bestimmung der hinreichend konkreten Gefahr die Kommentierungen zu § 1004 I 2 BGB zurate (BT-Drs 16/1780 S 32).

3 **Unmittelbar** ist eine Benachteiligung, wenn die Maßnahme ausdrücklich oder ihrem Inhalt nach (**untrennbarer Zusammenhang**, s BGK § 1 Rn 56) uU auch verdeckt an ein verpöntes Merkmal anknüpft (Bsp *Rupp* RdA 2009, 307). Dieser Zusammenhang besteht auch bei Benachteiligung von Eltern eines behinderten Kindes (»assoziierte Diskriminierung«, EuGH 17.7.2008, C 303/06, NZA 2008, 932, näher § 7 Rdn 9). Unmittelbar benachteiligend sind ebenso Unterscheidungen, die (wie etwa Kopftuchverbote) an ein Merkmal anschließen, das ausschließlich bei einer geschützten Gruppe anzutreffen ist (*Thüsing* Rn 242). Es ist nahe liegend, im Fall der Benachteiligung von Teilgruppen die unmittelbare (verdeckte, Rdn 4) Diskriminierung mit mittelbarer Benachteiligung zu verwechseln. Derartige Fehlzuordnungen sollten vermieden werden, denn sie führen zu den Rechtfertigungserleichterungen des § 3 II HS 2 und nicht zu den §§ 8 ff. Zum Zurechnungszusammenhang »wegen« s § 7 Rdn 4 f. Im Anschluss an die EuGH-Rspr (s § 11 Rdn 9) enthält § 3 I 2 den Tatbestand verdeckter unmittelbarer Frauendiskriminierung durch Anknüpfung an die Schwangerschaft.

4 **Diskriminierungsvorsatz** ist zur Verwirklichung des Tatbestandes von § 3 I nicht erforderlich. Liegt die Benachteiligungsabsicht oder ein diskriminierendes Motiv hingegen vor (s § 7 Rdn 4) oder ist derartiges zumindest zu vermuten (§ 22), wird unmittelbare Benachteiligung in der Praxis regelmäßig in Gestalt der sog **verdeckten Diskriminierung** (*Thüsing* Rn 21; SSV/*Schleusener* § 1 Rn 13; BGK § 1 Rn 57) anzutreffen sein.

5 **B. Mittelbare Benachteiligung.** Die mittelbare Benachteiligung ist in 2 Stufen zu prüfen. Differenzierungen nach neutralen Kriterien, Vorschriften oder Verfahren können eine unzulässige Diskriminierung darstellen, sofern sie geeignet sind, Merkmalsträger in bes Weise ggü anderen Personen zu benachteiligen (benachteiligende Wirkung, § 3 II Hs 1, Stufe 1). In diesem 1. Prüfungsschritt geht es um die Feststellung **gruppenspezifisch unterschiedlicher Ergebnisse**. Die der Feststellung uU (s Rdn 7) folgende Vermutung der Diskriminierung kann widerlegt werden, wenn die Vorschriften, Kriterien oder Verfahren durch ein rechtmäßiges Ziel sachlich gerechtfertigt und die Mittel zur Erreichung dieses Zieles angemessen und erforderlich sind (objektive Rechtfertigung, § 3 II Hs 2, Stufe 2). Auch dieser Tatbestand kann verschuldensunabhängig, mithin ohne Diskriminierungsvorsatz der Handelnden, verwirklicht werden.

I. Benachteiligende Wirkung, erste Stufe (II HS 1). Das Verbot mittelbarer Diskriminierung richtet sich 6
gegen solche Benachteiligungen, die sich in merkmalsspezifisch unterschiedlichen Ergebnissen manifestieren. Der EuGH und ihm folgend Art 2 II Beweislast-RL 97/80/EG ging zunächst im Kern von einem rein statistischen Vergleichsgruppenkonzept aus. Mittlerweile könnte der praktisch kaum zu führende Nachweis einer statistischen Ungleichbehandlung zum Beleg mittelbarer Benachteiligung entbehrlich sein (so *Schiek* NZA 2004, 873, 874). Daran ist richtig, dass statt des streng statistischen Beweises auch auf andere Weise plausibel gemacht werden kann, dass Merkmalsträger in bes Weise nachteilig betroffen sind. Allerdings wird man nach wie vor den Nachweis der prozentual wesentlich stärkeren Belastung einer Gruppe fordern müssen (BAG 13.2.2007, 9 AZR 729/95, EzA § 4 TzBfG Nr 11; *Thüsing* Rn 257).
Schwierigkeiten bereiten in diesem Zusammenhang die Merkmale Geschlecht, Alter und Behinderung 7
(nicht Schwerbehinderung), die jeder Mensch aufweist bzw aufweisen kann. Die Vergleichsgruppenbildung (etwa nach Jahrgängen) hat Zufälligkeiten und macht nur dann Sinn, wenn das Merkmal (Jahrgang) in bes Weise benachteiligend wirkt. Insofern erfordert zumindest bei diesen universalen Merkmalen bereits die Feststellung merkmalsspezifisch unterschiedlicher Ergebnisse eine über die statistische Ermittlung hinausgehende Bewertung (Bsp LAG HH 20.11.2008, 7 Sa 41/08, ZTR 2009, 204; fehlt bei LAG Berl-Bbg 26.11.2008, 15 Sa 517/08, LAGE § 22 Nr 1; näher § 7 Rdn 6). Erforderlich ist ein der Kausalität vergleichbarer **Zurechnungszusammenhang** (nach Merkmalen differenzierend *Bayreuther* NJW 2009, 806 m Nachw; vgl Art 3 GG Rdn 2), gewissermaßen die Feststellung einer spezifisch merkmalsbezogenen Tendenz in der Gruppenbildung. Fallgruppen s § 7 Rdn 5 ff, § 10 Rdn 6 ff, zur entspr Vermutung s § 22 Rdn 5.
Auch bei der mittelbaren Benachteiligung genügt eine abstrakte Gefährdungslage nicht. Der Benachteiligte 8
muss von der mittelbaren Benachteiligung konkret betroffen sein bzw es muss eine hinreichend konkrete Gefahr bestehen, dass ihm im Vergleich zu Angehörigen anderer Personengruppen ein bes Nachteil droht.

II. Rechtfertigung der Ungleichbehandlung, 2. Stufe (II HS 2). Die Definition der mittelbaren Benach- 9
teiligung in § 3 II beinhaltet, dass bereits bei der Feststellung, ob tatbestandlich eine mittelbare Benachteiligung vorliegt, zu prüfen ist, ob es sachlich rechtfertigende Gründe gibt. Die Indizwirkung des Gruppenergebnisses (Stufe 1) kann gewissermaßen mit der Darlegung eines erkennbaren Sachzusammenhangs zu einem rechtmäßigen Ziel entkräftet werden (ErfK/*Schlachter* § 3 Rn 9). Es kommt deshalb auf die weiteren speziellen Rechtfertigungsgründe, die das Gesetz in den §§ 5, 8–10, 20 vorsieht, regelmäßig gar nicht mehr an. Zur Darlegungs- und Beweislast s § 22 Rdn 15.
Inhaltlich kann die Rspr zur Rechtfertigung mittelbarer geschlechtsbedingter Entgeltdiskriminierung 10
(s Art 157 AEUV Rdn 10; ErfK/*Schlachter* § 3 Rn 9) oder zum arbeitsrechtl Gleichbehandlungsgrundsatz (§ 611 BGB Rdn 300; *Thüsing* Rn 264) als Orientierung dienen. Mögliche **Gesichtspunkte einer gerechtfertigten Ungleichbehandlung** der Geschlechter sind etwa Unternehmensauthentizität (vgl § 8 Rdn 3); die Arbeitsmarktlage (EuGH 7.10.1993, C-29/93, EuZW 1994, 505); die Berufsausbildung (BAG 26.1.2005, 4 AZR 509/03, EzA § 611 BGB 2002 Kirchliche Arbeitnehmer Nr 5); Betriebszugehörigkeit und Zuwachs an Erfahrungswissen (allerdings müssen Familienpausen angemessen berücksichtigt werden; zur EZ unzutr wegen Art 16 RL 2006/54/EG LAG BW 17.9.2009, 12 Sa 8/09); berufsbedingt notwendige zeitliche und örtliche Flexibilität. Insb bei Differenzierung nach Voll- und Teilzeitbeschäftigung kann die darin liegende mittelbare Ungleichbehandlung wegen des Geschlechts bes gerechtfertigt werden müssen (§ 4 TzBfG Rdn 5 f; Art 157 AEUV Rdn 8). In einer Pensionsordnung darf die anrechenbare Dienstzeit auf 40 Jahre beschränkt werden, da Dotierung und finanzielle Belastung für den AG kalkulierbar bleiben muss, BAG 11.12.2012, 3 AZR 634/10, NZA 2013, 564; Bsp zur Rechtfertigung mittelbarer Benachteiligung wegen der anderen Merkmale werden bei den Anm zu § 8 (Rdn 3 ff) bearbeitet.
Die Formulierung von § 3 II Hs 2 ist iÜ wortgleich mit den erleichterten Rechtfertigungsmöglichkeiten 11
des § 10 S 1. Damit erfassen insb die Fallgruppen des § 10 S 3 über § 3 II Hs 2 inhaltlich wesentliche Sachverhalte zulässiger mittelbarer Ungleichbehandlung wegen des Alters.

C. Belästigung. Entspr Art 2 III Rahmen-RL, Antirassismus-RL, Art 2 II Gender-RL ist auch eine 12
Belästigung als Diskriminierung anzusehen. Dabei erfordert die Benachteiligung durch Belästigung ein kontinuierliches Handeln, mithin die belästigende Prägung des Arbeitsumfeldes (*Thüsing* Rn 284; BAG 28.4.2008, 8 AZR 347/07, DB 2008, 2086, Rn 29; krit *Däubler* ZfA 2006, 479, 489). Die Würdeverletzung einer Person und ein sog feindliches Umfeld müssen kumulativ vorliegen (BAG 24.9.2009, 8 AZR 705/08, NZA 2010, 387). Einmalige Vorgänge stellen noch keine schadensersatzauslösende Belästigung dar. Jedoch können einmalige Vorgänge bereits die Schutz- und Organisationspflichten des AG (s § 12 Rdn 1)

auslösen. Der Verstoß gegen diese Pflichten kann dann wiederum Schadensersatz- oder Entschädigungsansprüche auch in Bezug auf einmalige Sachverhalte begründen. Dass eine (verbale oder nonverbale) Verhaltensweise unerwünscht ist, muss nicht bereits vorab ggü den Belästigenden zum Ausdruck gebracht worden sein. Es reicht aus, dass die Handelnden aus der Sicht eines objektiven Beobachters davon ausgehen können, dass ihr Verhalten unter den gegebenen Umständen nicht akzeptiert ist (ErfK/*Schlachter* § 3 Rn 16).

13 § 3 III hat der Rspr zum Mobbing (durch systematisches Anfeinden, Schikanieren und Diskriminieren von AN untereinander oder durch Vorgesetzte, BAG 25.10.2007, 8 AZR 593/06, EzA 611 BGB Persönlichkeitsrecht Nr 7) neue Konturen gegeben. Schadensersatzbegründendes Mobbing wurde nur bei vorsätzlichem Handeln angenommen (LAG Berlin 15.7.2004, 16 Sa 2280/03, NZA-RR 2005, 13), während eine Belästigung auch dann gegeben sein kann, wenn ein kontinuierliches Verhalten die Würde des Betroffenen verletzt, ohne dass dies vorsätzlich geschieht. Diskriminierungsrechtl genügt es, dass der Betroffene das Handeln als Belästigung empfindet. Das Erfordernis systematischer, aufeinander aufbauender Tathandlungen (so BGK § 3 Rn 16; aA ErfK/*Schlachter* § 3 Rn 15; *Grosch* AuA 2009, 516) geht zu weit, weil die schuldrechtl Lösung auch fahrlässige Begehungsformen erfasst.

14 Im **Zivilrecht** soll auf § 3 III nach den Materialien (BT-Drs 16/1780 S 33) nicht zurückgegriffen werden müssen. Wer iR eines Vertrages eine Person wegen der in § 1 genannten Merkmale belästige, verletze § 241 II BGB und begehe eine Vertragsverletzung. IÜ seien bei Verletzungen des Persönlichkeitsrechts die §§ 823 II, 253 II BGB einschlägig.

15 **D. Sexuelle Belästigung** Die Definition der eine Benachteiligung darstellenden sexuellen Belästigung baut auf der Struktur des § 3 III auf. Ggü der Formulierung in § 2 II BeschSchutzG ist an die Stelle des »vorsätzlichen« und »erkennbar abgelehnten« Verhaltens entspr Art 2d Gender-RL die Formulierung »unerwünscht« getreten. Das unerwünschte Verhalten muss zusätzlich sexuell bestimmt sein, wobei § 3 IV Bsp nennt. Auch hier kommt es auf den sog objektiven Betrachter, nicht auf die Reaktion des Opfers oder die Intention der Handelnden an. Damit fallen uU auch »freundschaftlich gemeinte« Handlungen sowie sexuelle Belästigungen schuldunfähiger Personen unter den Tatbestand des § 3 IV. Auch die Pflegerin, die von dementen Patienten angegriffen wird, bedarf des Schutzes (§ 12 IV).

16 **Unerwünscht** ist ein sexuell bestimmtes Verhalten nur, wenn ein objektiver Betrachter oder eine objektive Betrachterin unter Berücksichtigung aller Umstände annehmen muss, das Verhalten werde weder gewünscht noch akzeptiert (ErfK/*Schlachter* § 3 Rn 19). Voraussetzung ist nicht, dass das vermeintliche Opfer die Ablehnung vorher deutlich zum Ausdruck gebracht und der Täter dennoch nicht aufgehört hat (aA BGK § 3 Rn 52). Gleichwohl reichen für den Gegenüber nicht erkennbare innere Vorbehalte (Einwilligung gegen das Versprechen von Vorteilen oder Betriebsfestexzesse) mangels objektiver Anhaltspunkte für die Unerwünschtheit nicht aus (vgl LAG Rh-Pf 24.10.2007, 8 Sa 125/07, JurionRS 2007, 47459). Eine fristlose Kdg des Belästigers kann bei einem Irrtum über die Unerwünschtheit, langjähriger beanstandungsfreier Tätigkeit sowie ehrlicher Reue gleichwohl unverhältnismäßig sein (BAG 20.11.2014, 2 AZR 651/13, NZA 2015, 294).

17 Da § 3 IV (entspr Art 2 II Gender-RL) bzgl der Schaffung eines feindlichen Umfeldes den Begriff »insb« verwendet, genügen zur Verwirklichung des Tatbestandes der sexuellen Benachteiligung einmalige Vorgänge. Kontinuierliches Handeln ist anders als bei III nicht erforderlich.

18 **E. Anweisung zur Diskriminierung.** Auch eine Anweisung zur Benachteiligung (ausgesprochen von Kollegen oder Vorgesetzten des Benachteiligenden) stellt ihrerseits eine eigenständige Benachteiligung dar, für die der AG, nicht der Anweisende, haftet (§ 15 Rdn 13 f). Ob die Anweisung ausgeführt wird, ist unerheblich. Die Weisung muss vorsätzlich erfolgen (zum Unterlassen s §§ 11, 12), wobei sich der Anweisende des diskriminierenden Inhalts nicht bewusst sein muss (bspw Vorgabe eines unfairen Bewerberauswahlverfahrens, OLG Frankfurt 9.5.2014, 16 U 175/13: Mitteilung des Unternehmens an den Personalberater, man wünsche für die zu besetzende Stelle keine Frau; vgl § 11 Rdn 3 f). Wie beim direkt diskriminierenden Vorgesetzten, Kollegen oder Kunden (s § 12 Rdn 6, 10) fehlt im AGG eine Haftungsbestimmung ggü dem Angewiesenen, der die Weisung ausführt (MüKo-BGB/*Thüsing* § 3 AGG Rn 83). Zivilrechtl könnte eine Anweisung Verletzungen des Persönlichkeitsrechts nicht ohne Weiteres entschuldigen (vgl zur Mobbinghaftung LAG Rh-Pf 14.8.2009, 9 Sa 199/09, juris).

§ 4 Unterschiedliche Behandlung wegen mehrerer Gründe
Erfolgt eine unterschiedliche Behandlung wegen mehrerer der in § 1 genannten Gründe, so kann diese unterschiedliche Behandlung gemäß den §§ 8 bis 10 und 20 nur gerechtfertigt werden, wenn sich die Rechtfertigung auf alle diese Gründe erstreckt, derentwegen die unterschiedliche Behandlung erfolgt.

Diese Vorschrift betrifft Mehrfachdiskriminierungen oder intersektionelle Diskriminierungen (*Schiek* NZA 2004, 876). Mehrfachdiskriminierung soll vorliegen, wenn sich Diskriminierungen aus mehreren Gründen (ggf in einem längeren Konflikt nacheinander) »summieren«. Von intersektioneller Diskriminierung spricht man, wenn Diskriminierung eine Teilgruppe trifft, die neben den benachteiligenden Merkmalen der Hauptgruppe weitere verpönte Merkmale aufweist (bspw das Kopftuch, das Anknüpfungspunkt für religiöse, ethnische und Geschlechtsdiskriminierung sein kann). Für eine aufsummierende Betrachtung des Diskriminierungstatbestandes geben die RL indes nichts her. § 4 ist daher nur anwendbar, nachdem für jedes in Betracht kommende Merkmal getrennt die Frage des kausalen Zusammenhangs (»wegen«), also das Vorliegen einer unmittelbaren oder mittelbaren Benachteiligung iSv § 3 I und II, festgestellt wurde (aA *Mallmann* AiB 2008, 212 für HIV).

Häufig wird bei diesem ersten Schritt (im Zuge der Darlegungs- und Beweislast iSv § 22) bei unmittelbarer Ungleichbehandlung ein einzelnes sachverhaltsrepräsentatives Merkmal übrig bleiben, dessen Rechtfertigungsfragen den Benachteiligungsschutz hinreichend sicherstellen (*Thüsing* Rn 697 ff zum Zusammenhang Kleiderordnungen/Religion). Wird bspw die kopftuchtragende Muslima anhand des Bewerbungsphotos aus dem Bewerberkreis aussortiert (§ 11 Rdn 5), ist das in einem katholischen Kindergarten als nach § 9 zulässige unterschiedliche Behandlung anzusehen. Wollte man nach § 4 zusätzlich die Rechtfertigung von Geschlechts- oder ethnischer Diskriminierung (etwa nach § 8) überprüfen, ergäben sich unauflösbare Wertungswidersprüche. Taucht bei mittelbarer Ungleichbehandlung die Frage nach vermeintlicher Mehrfachdiskriminierung auf, muss in aller Regel die Vergleichsgruppenbildung (§ 3 Rdn 7) überprüft werden.

§ 5 Positive Maßnahmen
Ungeachtet der in den §§ 8 bis 10 sowie in § 20 benannten Gründe ist eine unterschiedliche Behandlung auch zulässig, wenn durch geeignete und angemessene Maßnahmen bestehende Nachteile wegen eines in § 1 genannten Grundes verhindert oder ausgeglichen werden sollen.

Zulässig sind gezielte Maßnahmen zur Förderung bisher benachteiligter Gruppen und zur präventiven Vermeidung künftiger Nachteile durch den Gesetzgeber (wie etwa durch das BGleiG, s Art 3 GG Rdn 73 f) oder durch AG, TV- und Betriebspartner sowie Vertragsparteien (*Wendeling-Schröder* § 5 Rn 7, str; zu Diversity Management *Maschmann*, NZA-Beil. 2012, 1031; *Frankel/Merx* AuR 2007, 235). Die »umgekehrte« Diskriminierung in Form spezifischer Vergünstigungen ist allerdings infolge des Ausnahmecharakters nur möglich, wenn das Ziel effektiver Gewährleistung der Gleichstellung verfolgt wird und die geplanten Maßnahmen zur Durchsetzung dieses Ziels geeignet und erforderlich sind (bejaht für Frauenförderung im Stellenausschreibungstext LAG Düsseldorf 12.11.2008, 12 Sa 1102/08, ZTR 2009, 271). Der EuGH hat die Bereitstellung subventionierter Kinderbetreuungsplätze nur an weibliche AN (19.3.2002, C-476/99, AP EWG-RL 76/207 Nr 29) und die Quotierung von Ausbildungsplätzen (28.3.2000, C 158/97, AP EWG-RL 76/207 Nr 20) als zulässige Fördermaßnahmen angesehen. Hingegen war die in § 14 III aF TzBfG vorgesehene Befristungsmöglichkeit als Maßnahme zur Förderung des Zugangs von älteren AN zur Erwerbstätigkeit ungeeignet (s § 14 TzBfG Rdn 81). Zur Quotenregelung des § 15 II BetrVG s § 15 BetrVG Rdn 2; *Kamanabrou* RdA 2006, 186; zur Frauenförderung im öffentl Dienst s Art 3 GG Rdn 73 f.

§ 6 Persönlicher Anwendungsbereich
(1) ¹Beschäftigte im Sinne dieses Gesetzes sind
1. Arbeitnehmerinnen und Arbeitnehmer;
2. die zu ihrer Berufsbildung Beschäftigten;
3. Personen, die wegen ihrer wirtschaftlichen Unselbstständigkeit als arbeitnehmerähnliche Personen anzusehen sind; zu diesen gehören auch die in Heimarbeit Beschäftigten und die ihnen Gleichgestellten.

²Als Beschäftigte gelten auch die Bewerberinnen und Bewerber für ein Beschäftigungsverhältnis sowie die Personen, deren Beschäftigungsverhältnis beendet ist.
(2) ¹Arbeitgeber (Arbeitgeber und Arbeitgeberinnen) im Sinne dieses Abschnitts sind natürliche und juristische Personen sowie rechtsfähige Personengesellschaften, die Personen nach Absatz 1 beschäftigen. ²Werden Beschäftigte einem Dritten zur Arbeitsleistung überlassen, so gilt auch dieser als Arbeitgeber im Sinne dieses Abschnitts. ³Für die in Heimarbeit Beschäftigten und die ihnen Gleichgestellten tritt an die Stelle des Arbeitgebers der Auftraggeber oder Zwischenmeister.
(3) Soweit es die Bedingungen für den Zugang zur Erwerbstätigkeit sowie den beruflichen Aufstieg betrifft, gelten die Vorschriften dieses Abschnitts für Selbstständige und Organmitglieder, insbesondere Geschäftsführer oder Geschäftsführerinnen und Vorstände, entsprechend.

§ 7 AGG Benachteiligungsverbot

Übersicht

	Rdn.		Rdn.
A. Beschäftigte, I.	1	C. Selbstständige und Organmitglieder, III.	4
B. AG, II.	2		

1 **A. Beschäftigte, I.** Die Regelungen zum Schutz der Beschäftigten vor Benachteiligung verpflichten den AG ggü eigenen AN (§ 611 BGB Rdn 11 ff), den zur Berufsbildung Beschäftigten (iSv § 26 BBiG), ernsthaften (§ 11 Rdn 5) Bewerbern sowie Personen, die wegen ihrer wirtschaftlichen Unselbstständigkeit als arbeitnehmerähnliche Personen (§ 5 I ArbGG, s § 5 ArbGG Rdn 5, § 12a TVG, s § 12 TVG Rdn 1; *Willemsen/Müntefering* NZA 2008, 193) anzusehen sind. Zu diesen gehören auch die in Heimarbeit (§ 6 I Nr 3 Hs 2) oder die in Behindertenwerkstätten (BT-Drs 16/1780 S 34) Beschäftigten. Außerdem erfasst das Gesetz Personen, deren Beschäftigungsverhältnis beendet ist (§ 6 I 2 Alt 2).

2 **B. AG, II.** Entgegen der sonst üblichen Terminologie (§ 611 BGB Rdn 23) ist hierunter nicht nur der Vertragspartner des AN zu verstehen. Es kommt vielmehr allein auf die tatsächlich entgeltliche Beschäftigung von fremden Erwerbspersonen an (BGK § 6 Rn 16). Maßgeblich ist die Weisungsbefugnis des AG. Nach § 6 II 2 gilt unabhängig von erlaubter oder unerlaubter AN-Überlassung stets auch der Entleiher als AG (dazu *Rösch* Gleichbehandlung zum Nachteil des Leiharbeitnehmers?, Diss 2009).

3 Die Eigenhaftung für diskriminierende Bewerberauswahlverfahren folgt bei Personaldienstleistern den §§ 280, 311 III BGB; sie sind nicht AG (*Oberwetter* BB 2007, 1109).

4 **C. Selbstständige und Organmitglieder, III.** Soweit es um die Bedingungen für den Zugang zur Erwerbstätigkeit sowie den beruflichen Aufstieg geht, gelten die arbeitsrechtl Bestimmungen nach § 6 III »entspr« für Selbstständige (zB freie Mitarbeiter, Handelsvertreter) und Organmitglieder, insb für Geschäftsführer und Vorstände (BGH 23.4.2012, II ZR 163/10, NZA 2012, 979; *Bauer/Arnold* ZIP 2008, 993). Der Gesetzgeber geht von insoweit vergleichbaren Interessenlagen aus. Daraus folgt, dass beim Abschluss von erwerbsbegründenden Verträgen aller Art (s Rdn 6), dem Wechsel von AN in die Geschäftsführung, der Bewerbung des bisherigen Geschäftsführers um eine Verlängerung seiner Bestellung oder der Entscheidung über den Vorsitzenden einer Geschäftsführung auf die Einhaltung des allg Diskriminierungsverbots geachtet werden muss. Überarbeitungsbedürftig sind insb die in Gesellschaftsverträgen häufig anzutreffenden Altersgrenzen für die Berufung zum Vorstands- oder Aufsichtsratsmitglied (*Lutter* BB 2007, 25). Zu Besonderheiten des Rechtsweges *Oberthür/Becker* ArbRB 2009, 26; zu Vorständen von Kapitalgesellschaften *Thüsing* ZESAR 2009, 486.

5 Für Selbstständige hat der Gesetzgeber für diesen Personenkreis nur das unbedingt Notwendige getan, indem er das AGG auf den Zugang zur Erwerbstätigkeit beschränkt. Die »Beschäftigungs- und Arbeitsbedingungen, einschl der Entlassungsbedingungen und des Entgelts« von Selbstständigen sind (entspr Art 3c der oa RL) nicht einbezogen. Weisungsabhängige Organmitglieder sind gemeinschaftsrechtl AN (Art 45 AEUV Rdn 5; EuGH 11.11.2010 C-232/09, ZIP 2010, 2414 – Danosa), was bei richtlinienkonformer Auslegung berücksichtigt werden muss (BGK § 6 Rn 33; *Thüsing* Rn 97).

6 In § 6 III finden sich Sachverhalte, die den Kategorien des dt ArbR fremd sind. Es geht nicht nur um freie Mitarbeiter oder Handelsvertreter, die man letztlich als »artverwandt« ansehen könnte. Die RL erfassen den **Zugang zu selbstständiger Erwerbstätigkeit** in sämtlichen zivilrechtl oder öffentl-rechtl Vertragsvarianten und Sachverhaltsgestaltungen, soweit diese den Rahmen und die Grundlage (nicht Ausübung) selbstständiger Erwerbstätigkeit bilden (*Thüsing* Rn 94). Dazu gehört bspw der Zugang zu Franchise- oder Partnerschaftsverträgen. Bei öffentl-rechtl Fragestellungen, wie etwa der Zulassung zur kassenärztlichen Versorgung, folgt der Anspruch auf diskriminierungsfreien Zugang idR bereits aus Art 3 I, III GG (*Rixen* ZESAR 2007, 345; s Art 3 GG Rdn 7).

§ 7 Benachteiligungsverbot

(1) Beschäftigte dürfen nicht wegen eines in § 1 genannten Grundes benachteiligt werden; dies gilt auch, wenn die Person, die die Benachteiligung begeht, das Vorliegen eines in § 1 genannten Grundes bei der Benachteiligung nur annimmt.
(2) Bestimmungen in Vereinbarungen, die gegen das Benachteiligungsverbot des Absatzes 1 verstoßen, sind unwirksam.
(3) Eine Benachteiligung nach Absatz 1 durch Arbeitgeber oder Beschäftigte ist eine Verletzung vertraglicher Pflichten.

Übersicht	Rdn.			Rdn.
A. **Diskriminierungsverbot**	1		3. Benachteiligung wegen der Religion	
I. Verbot	1		oder Weltanschauung	7
II. Benachteiligungsgrund	4		4. Benachteiligung wegen des Alters	8
III. Fallgruppen	5		5. Benachteiligung wegen Behinderung	9
1. Benachteiligung aus Gründen der			6. Benachteiligung wegen der	
Rasse und ethnischen Herkunft	5		sexuellen Identität	10
2. Benachteiligung wegen des		B.	**Nichtigkeit diskriminierender**	
Geschlechts	6		**Vereinbarungen**	11
		C.	**Vertragsverletzung**	15

A. Diskriminierungsverbot. I. Verbot. Kern des 2. Abschnittes des AGG ist das in § 7 I normierte 1 Benachteiligungsverbot wegen der Merkmale des § 1. Es richtet sich an jedermann, als Anspruchsgegner der §§ 13–15 kommt allein der AG (s § 6 Rdn 2) in Betracht. Soweit den AG seinerseits im Rechtssinne die Pflicht treffen soll, Benachteiligungen oder Belästigungen aus den genannten Gründen zu unterlassen, zu verhindern oder zu beseitigen (vgl die Formulierung in § 21 I), muss auf § 12 I–IV (s § 12 Rdn 2) zurückgegriffen werden.

Das Benachteiligungsverbot gilt für alle Phasen des Arbeitsverhältnisses, mithin von der Stellenausschrei- 2 bung über das Einstellungsverfahren (Einzelheiten s § 11 Rdn 3 f), danach für sämtliche Arbeitsbedingungen (insb Entgeltgleichheit s § 8 Rdn 13 f) sowie für den beruflichen Aufstieg und schließlich die Beendigung des Arbeitsverhältnisses (s § 2 Rdn 4, 14).

Beschäftigte und Stellenbewerber dürfen weder durch Repräsentanten des AG noch durch Arbeitskollegen 3 oder Dritte (§ 12 Rdn 10) aus den Gründen des § 1 benachteiligt oder belästigt werden. Selbst wenn der Benachteiligende das Vorliegen eines in § 1 genannten Merkmales nur annimmt, dieses in Wirklichkeit jedoch gar nicht vorliegt, kann er wegen eines Merkmales aus § 1 diskriminieren (§ 7 I 2; Praxishinweise s § 11 Rdn 5).

II. Benachteiligungsgrund. Der Benachteiligungsgrund muss (bei unmittelbarer Benachteiligung s § 3 4 Rdn 3, zum Zurechnungszusammenhang bei mittelbarer Benachteiligung § 3 Rdn 7) **kausal** bzw maßgeblich für die Schlechterstellung sein, wobei das Opfer selbst das Merkmal gar nicht tragen muss (sog »assoziierte« Benachteiligung, EuGH 17.7.2008, C 303/06, NZA 2008, 932; dazu *Sutschet* EuZA 2009, 245). Ist die entspr Motivation des Täters (*Wendeling-Schröder* § 7 Rn 14; BGK § 7 Rn 13) zu vermuten, muss das Merkmal nicht das ausschließliche Motiv für das Handeln des Benachteiligenden sein. Vielmehr liegt eine verbotene Benachteiligung schon vor, wenn der Benachteiligende aus einem »**Motivbündel**« gehandelt hat, und das nach § 1 verpönte Motiv ggü anderen Motiven nicht gänzlich unbedeutend ist (*Diller/Krieger/Arnold* NZA 2006, 887, 892; vgl Art 3 GG Rdn 56). Das Kausalitätserfordernis kommt im Begriff »wegen« zum Ausdruck. Hierauf bezieht sich § 22 (s § 22 Rdn 3), sodass im Rechtsstreit die Vermutung iSd überwiegenden Wahrscheinlichkeit ausreicht, um Rechtfertigungsobliegenheiten des AG (s § 22 Rdn 14) auszulösen.

III. Fallgruppen. 1. Benachteiligung aus Gründen der Rasse und ethnischen Herkunft. Unmittel- 5 bare Benachteiligung ist bei rassistisch (s § 1 Rdn 3) motivierter Belästigung (§ 3 III, LAG Düsseldorf 18.6.2008, 7 Sa 383/08, Toilettenparolen), insb wegen der Hautfarbe, anzunehmen. An die ethnische Herkunft kann unmittelbar anknüpfen, wer eine bestimmte landsmannschaftliche Herkunft oder Zugehörigkeit anhand von ethnischen Merkmalen (s § 1 Rdn 4, zB Asiaten, Kurden) in den Mittelpunkt der Unterscheidung rückt (Bsp Bekanntgabe einer diskriminierenden Einstellungspolitik, EuGH 10.7.2008, C 54/07, EzA-RL 2000/43 EG-Vertrag 1999 Nr 1; Anm *Lindner* RdA 2009, 45; *Lobinger* EuZA 2009, 365). Eine mittelbare Benachteiligung kann vorliegen, wenn sich Maßnahmen oder Regelungen im Erg vor allem zum Nachteil einer bestimmten ethnischen Herkunft auswirken (Anforderungen an Sprachkenntnisse, um optimale Arbeitsergebnisse zu erzielen, sind je nach Tätigkeit zulässig (BAG 28.1.2010, AZR 764/08, BB 2010, 1733; *Maier* AuR 2008, 112; näher § 8 Rdn 11). Zum Kopftuchverbot s Rdn 7.

2. Benachteiligung wegen des Geschlechts. Eine unmittelbare Benachteiligung liegt vor, wenn der Benach- 6 teiligungstatbestand ausschließlich für eines der beiden Geschlechter gilt. Als Fälle sind bspw anerkannt: Anknüpfung an Schwangerschaft und Mutterschaft, geschlechtsspezifische Altersgrenzen, Anknüpfung an geleisteten oder nicht geleisteten Wehr- oder Zivildienst oder Zölibatsklauseln, nicht Kopftuchverbote, s Rdn 7. Die wesentliche Fallgruppe mittelbarer Geschlechterbenachteiligung bildet die Benachteiligung aufgrund von

§ 7 AGG Benachteiligungsverbot

Teilzeitbeschäftigung (s § 4 TzBfG Rdn 5). Mittelbar benachteiligend wirkt sich typischerweise auch die Nichtberücksichtigung von EZ oder Kindererziehungszeiten aus (vgl. LAG Hamm 6.6.2013, 11 Sa 335/13, NZA-RR 2013, 570, Rev. zugelassen; Nachw und weitere Bsp zur Entgeltbenachteiligung s *Rolfs/Wessel* NJW 2009, 3332).

7 **3. Benachteiligung wegen der Religion oder Weltanschauung.** Unmittelbar benachteiligend sind alle Maßnahmen, die an verschiedene Religionszugehörigkeit anknüpfen (etwa Zubilligung von Feiertagen oder Kirchenbesuchen je nach Bekenntnis). Unmittelbare Benachteiligung wird auch vorliegen, wenn sich aus der Religion oder der Vornahme religiös vorgeschriebener Handlungen im Einzelfall nachteilige Folgen ergeben (SSV/*Schleusener* § 1 Rn 54 ff). Hierzu gehört das Kopftuchverbot (*Thüsing* Rn 705) in öffentl Schulen s Art 3 GG Rdn 64. Als Fälle mittelbarer Religionsbenachteiligung kommen vor allem Maßnahmen und Regelungen in Betracht, deren Vorgaben mit den durch die Religion vorgegebenen Handlungen in Widerspruch stehen (Arbeitszeitregelungen gegen Betzeiten/Fastenzeiten oder Arbeitsschutzbekleidungsvorschriften). Zu Marxismus-Leninismus als Weltanschauung s ArbG Berlin, BB 2009, 2251.

8 **4. Benachteiligung wegen des Alters.** Unmittelbare Benachteiligungen wegen des Alters stellen diejenigen Regelungen oder Maßnahmen dar, die an das Lebensalter anknüpfen (Bsp BAG 18.3.2014, 3 AZR 69/12; BAG 22.1.2009, 8 AZR 906/07, EzA § 15 AGG Nr 1). Eine mittelbare Benachteiligung wegen des Alters ist gegeben, wenn das an sich neutrale Differenzierungskriterium, auf dem die abw Behandlung beruht, weit überwiegend Angehörige eines bestimmten Lebensalters erfasst (vgl § 3 Rdn 6). Zur statistischen Betroffenheit tritt die Feststellung des Zurechnungszusammenhangs (§ 3 Rdn 7), der etwa bei Abfindungs-Höchstbetragsklauseln – ein an sich neutrales Differenzierungskriterium – in Sozialplänen fehlt (BAG 21.7.2009, 1 AZR 566/08, DB 2009, 2666; näher § 75 BetrVG Rdn 12 m Nachw). IE s § 10 Rdn 6 f; zu Indizien einer Altersdiskriminierung § 22 Rdn 10, 11.

9 **5. Benachteiligung wegen Behinderung.** Unmittelbare Behindertenbenachteiligung ist über die Tatbestände des § 82 II SGB IX aF (bspw BAG 3.4.2007, 9 AZR 823/06, EzA § 81 SGB IX Nr 15) hinaus auch ggü pflegenden Angehörigen möglich (EuGH 17.7.2008, C 303/06, NZA 2008, 932; zust *Welti* ZESAR 2009, 148; *Sutschet* EuZA 2009, 245). Anknüpfungspunkte (verdeckter, s § 3 Rdn 4) unmittelbarer Behindertenbenachteiligung sind alle Arten von Suchterkrankungen (s iE BGK § 1 Rn 44 f; MüKo-BGB/*Thüsing* § 1 AGG Rn 81 f), auch die symptomlose HIV-Infektion (BAG 19.12.2013, 6 AZR 190/12, NZA 2014, 372) nicht jedoch Nikotinabhängigkeit, Fettleibigkeit (VG Hannover 19.11.2009, 13 A 6085/08, juris; ArbG Darmstadt 12.6.2014, 6 Ca 22/13) und (je nach Dauer, LAG München 8.7.2008, 8 Sa 112/08, AuA 2008, 624) psychische Beeinträchtigungen (bei dauerhafter Beeinträchtigung bejahend EuGH 11.4.2013, C-335/11 und 337/11, NZA 2013, 553). Mittelbare Behindertenbenachteiligung kann sich insb aus Maßnahmen und Zugangsregeln betr der körperlichen Fähigkeiten oder der Konstitution ergeben. Die Forderung nach einer Mindestkörpergröße für Bundespolizisten diskriminiert nicht wg einer Behinderung, jedoch weibliche Bewerber mittelbar wg des Geschlechts, da Frauen im Durchschnitt kleiner sind als Männer (VG Schleswig, 26.3.2015, 12 A 120/14). Die Rechtfertigungsmöglichkeiten sind im Lichte von Art 3 III 2 GG (zur Privatrechtswirkung, Sachs/*Osterloh* GG Art 3 Rn 307 f) und § 5 AGG deutlich eingeschränkt (s § 8 Rdn 8), da Schutzpflichten (§ 12 I, § 84 SGB IX) vorgehen (*Welti* AP Nr 13 zu § 81 SGB IX; *Fürst* DB 2009, 2153).

10 **6. Benachteiligung wegen der sexuellen Identität.** Unmittelbare Benachteiligung folgt aus der Ungleichbehandlung wegen Homosexualität (auch wenn diese von »outing« abhängig gemacht würde), Bisexualität oder Transsexualität bzw infolge einer Geschlechtsumwandlung (Bsp s BGK § 1 Rn 49 f). Mittelbare Ungleichbehandlung wird sich etwa aus der fehlenden Gleichstellung von Ehe und anerkannter Lebenspartnerschaft ergeben (EuGH 1.4.2008, C-267/06, EuZW 2008, 257; BVerwG 25.7.2007, 6 C 27/07, NJW 2008, 246; BAG 14.1.2009, 3 AZR 20/07, EzA § 2 AGG Nr 3 dazu *Böhm* BB 2009, 954; BVerfG 7.7.2009, 1 BvR 1164/07, DB 2009, 2441).

11 **B. Nichtigkeit diskriminierender Vereinbarungen.** § 7 II erklärt alle Bestimmungen in individual- oder kollektivrechtl Vereinbarungen (auch kirchliche, s SSV/*Schleusener* § 7 Rn 38; KAG Rottenburg-Stuttgart 22.2.2008, AS 05/08, ZMV 2008, 143), die gegen das Benachteiligungsverbot verstoßen, für unwirksam (BAG 6.4.2011, 7 AZR 524/09, EzA BGB 2002 § 620 Nr. 7 Hochschulen). Das ist für sich genommen eine Selbstverständlichkeit (§ 134 BGB; Teilnichtigkeit § 139 Hs 2 BGB), die für die meisten Merkmale des § 1 schon lange im geltenden ArbR umgesetzt war (*Preis* ZESAR 2007, 249).

12 Allerdings können bislang aus Diskriminierungssicht rechtssichere Regelungen aufgrund der Beweiserleichterungen des § 22 I bei jeder Durchführung (§ 33 Rdn 2) erneut auf den Prüfstand kommen. Dies

sollte insb bei der Arbeitsvertragsgestaltung (iE *Lingemann/Müller* BB 2007, 2006 f) oder der Gestaltung von Versorgungsordnungen (iE *Thum* BB 2008, 2291 f) berücksichtigt werden. Schwierigkeiten bereitet der Praxis neben der Geschlechterbenachteiligung beim Entgelt (s die Anm zu Art 157 AEUV – früher Art 141 EGV) insb das **neue Verbot der Ungleichbehandlung wegen des Alters,** Bsp: kollektivrechtl Kdg-Verbote für ältere AN (s § 10 Rdn 9); Berechnung von Kdg-Fristen (s § 10 Rdn 8); Rechtfertigung bes Schutz- und Förderbestimmungen für ältere AN, wie etwa dem Eintrittsalter für die ATZ, Staffelung der Entgelte nach Lebensaltersstufen und altersabhängige Urlaubsansprüche (s § 10 Rdn 6). Zur Abfindungshöhe in Sozialplänen s § 10 Rdn 19 und zu Pensionsgrenzen s § 10 Rdn 17.

Die **Rechtsfolgenregelung** des Referentenentw (§ 7 II 2 ADG-E) wurde schon im 1. Gesetzentwurf gestrichen (s BT Drs 15/4538). Damit sind die Folgen unwirksamer Vereinbarungen (analog: diskriminierender Gesetze, *Krebber* EuZA 2009, 210) mitgliedsstaatlich nicht geregelt und stehen primärrechtl lediglich für die Fälle des Art 157 I, II AEUV (früher Art 141 I, II EGV) fest. An die Stelle nichtiger Kollektivbestimmungen stellt die hM im Wege **ergänzender Vertragsauslegung** (s näher Art 3 GG Rdn 49, § 75 BetrVG Rdn 19) diejenige Regelung, die dem hypothetischen Parteiwillen entspricht. Das wird idR auf eine rückwirkende (*Thüsing* Rn 500) »Anpassung nach oben« hinauslaufen (*Thüsing* Rn 495 mN; *Löwisch* DB 2006, 1725, 1731; *Wiedemann* NZA 2007, 952), die zudem europarechtl geboten scheint (*Thüsing* Rn 499; ErfK/*Schlachter* § 7 Rn 6; differenzierend *Krebber* EuZA 2009, 200 f, der etwa für diskriminierende Stufenregelwerke die »Anpassung nach unten« vorschlägt), da anders die Ungleichbehandlung nicht beseitigt werden könne. Der Individualanspruch des benachteiligten AN auf rückwirkende Gleichbehandlung mit den nicht benachteiligten AN kann durchaus krit gesehen werden (s Art 3 GG Rdn 50 mN; BGK § 7 Rn 24 f; *Thüsing* Rn 496: rechtspolitisch unbefriedigend). Das AGG verschärft die Streitfragen erheblich, wenn der Entgeltgleichheitsgrundsatz des Art 157 AEUV (früher Art 141 EGV) unterschiedslos auf alle Merkmale des § 1 ausgedehnt würde (vgl Art 8 Rn 15; Bsp bei BGK § 7 Rn 32) und das Thema darüber hinaus mit den Grundsätzen des Schadensersatz- und Entschädigungsrechts des AGG (s etwa § 15 II, s § 15 Rdn 41) in Einklang gebracht werden müsste. Es spricht daher viel dafür, die Anpassungsfrage außerhalb der geschlechtsbedingten Entgeltdiskriminierung nicht eindimensional »nach oben«, sondern einzelfallbezogen nach dem Zweck der entfallenen Vereinbarung festzulegen (nach *Krebber* aaO). 13

Dem Gleichheitsverstoß in arbeitsvertraglichen Bestimmungen wurde schon bisher durch Zuerkennung von Gleichstellungsansprüchen (arbeitsvertragliche Gleichbehandlung s § 611 BGB Rdn 285 f) abgeholfen (BAG 30.7.2008, 10 AZR 497/07, EzA § 242 BGB 2002 Gleichbehandlung Nr 17). Dem dürfte in Diskriminierungsfällen inhaltlich nunmehr § 15 I entsprechen. 14

C. Vertragsverletzung. Nach § 7 III ist jede Benachteiligung durch den AG oder seine Beschäftigte als Verletzung vertraglicher Pflichten zu bewerten. Damit folgt jede Benachteiligung durch den AG oder seinen Beschäftigten dem allg Recht der Leistungsstörungen nach bürgerlichem Recht (§§ 15 V, 32). Es ist klargestellt, dass die Ansprüche aus § 15 I und II vertragliche Ansprüche sind, was ua zur Folge hat, dass der AG das Verhalten von »Erfüllungsgehilfen« (§ 278 BGB), also iW der Vorgesetzten, stets als vertragliche Nebenpflichtverletzung (§ 241 II BGB) zu vertreten hat (s § 15 Rdn 13). Das durch die Vertragsverletzungslösung in § 7 in Bezug genommene (bzw weitergeltende, § 15 V) bürgerlich-rechtl Parallelhaftungssystem (Übersicht *Wendeling-Schöder* § 7 Rn 29 ff) wirft die Frage auf, ob für diese Ansprüche auch die Frist des § 15 IV gelten soll (s § 15 Rdn 51). 15

§ 8 Zulässige unterschiedliche Behandlung wegen beruflicher Anforderungen

(1) Eine unterschiedliche Behandlung wegen eines in § 1 genannten Grundes ist zulässig, wenn dieser Grund wegen der Art der auszuübenden Tätigkeit oder der Bedingungen ihrer Ausübung eine wesentliche und entscheidende berufliche Anforderung darstellt, sofern der Zweck rechtmäßig und die Anforderung angemessen ist.

(2) Die Vereinbarung einer geringeren Vergütung für gleiche oder gleichwertige Arbeit wegen eines in § 1 genannten Grundes wird nicht dadurch gerechtfertigt, dass wegen eines in § 1 genannten Grundes besondere Schutzvorschriften gelten.

Übersicht	Rdn.		Rdn.
A. Allgemeines zu I	1	IV. Religion oder Weltanschauung	9
B. Einzelfragen	4	V. Rasse und ethnische Herkunft.	11
I. Geschlecht	4	VI. Sexuelle Identität.	12
II. Alter	7	C. Entgeltgleichheitsgrundsatz für alle	
III. Behinderung	8	Diskriminierungsmerkmale?	13

§ 8 AGG Zulässige unterschiedliche Behandlung wegen beruflicher Anforderungen

I.	Die Reichweite des § 8 II	13	1. Unmittelbare Benachteiligung	15
II.	Entgeltgleichheit und Arbeitsvertragsfreiheit	14	2. Mittelbare Benachteiligung	16
III.	Das Entgeltgleichheitsgebot in TV	15	IV. Betriebliche Entgeltsysteme	18

1 **A. Allgemeines zu I.** I regelt entspr Art 4 I Antirassismus-RL und Rahmen-RL sowie Art 2 VI Gender-RL, unter welchen allg Voraussetzungen berufliche Anforderungen eine Ungleichbehandlung rechtfertigen können. Der Hauptanwendungsbereich ist bei Fällen der **unmittelbaren Benachteiligung** zu sehen (*Adomeit/Mohr* § 8 Rn 3). Bei der mittelbaren Benachteiligung zählt die Rechtfertigung durch einen sachlichen Grund bereits zu den tatbestandlichen Voraussetzungen (§ 3 II Hs 2); bei einer Belästigung oder sexuellen Belästigung kommt Rechtfertigung regelmäßig nicht in Betracht.

2 Eine »wesentliche und entscheidende« berufliche Anforderung bezieht sich auf die **zentrale Aufgabenstellung** der Tätigkeit nach dem **Organisationskonzept des AG** (*Adomeit/Mohr* § 8 Rn 20). Die an den Beschäftigten gestellte Anforderung muss (1) zur Erreichung eines legitimen Ziels nach objektiven Kriterien **unabdingbar erforderlich** (iSv ex § 611a II 1 BGB »unverzichtbar«) sein und (2) dem **Grundsatz der Verhältnismäßigkeit** (BT-Drs 16/1780 S 35) des eingesetzten Mittels in der Relation von beruflichem Zweck und Schutz vor Benachteiligung standhalten. Die Systematisierung fällt schwer, weshalb sich die Praxis mit Fallgruppen behelfen muss (*Adomeit/Mohr* § 8 Rn 24 f; MüKo-BGB/*Thüsing* § 8 AGG Rn 23 ff).

3 Zulässige Diskriminierungen sind Ausnahmetatbestände (Erwägungsgrund 23 der Rahmen-RL). Wesentliche und entscheidende berufliche Anforderungen liegen bspw vor, wenn sie durch nicht diskriminierende (EuGH 3.2.2000, C-207/98, AP § 611a Nr 18) öffentl-rechtl **Schutzbestimmungen** (zu Beschäftigungsverboten Rdn 5) oder konkrete Sicherheitsinteressen der Öffentlichkeit geboten sind. So sind Ausscheidensaltersgrenzen (s § 10 Rdn 17) nach § 8 I zulässig, wenn die objektive Gefahr besteht, dass ein plötzlicher körperlicher Ausfall schwerwiegende Folgen für die Sicherheit und Gesundheit Dritter hat (s Art 2 V Rahmen-RL zur öffentl Sicherheit; Altersgrenze 60 für Piloten unzulässig, vgl. EuGH 13.9.2011, C-447/09, EzA BGB 2002 § 620 Nr. 11 Altersgrenze). Die Kündigung eines HIV-infizierten AN in der Probezeit stellt eine zulässige unterschiedliche Behandlung dar, wenn der AG eine Verunreinigung der produzierten Medikamente durch Krankheitskeime verhindern will (LAG Berl-Bbg, 13.1.2012, 6 Sa 2159, NZA-RR 2012, 183, aA BAG 19.12.2013, 6 AZR 190/12, NZA 2014, 372). Des Weiteren wird man das **Persönlichkeitsrecht** all jener schützen dürfen, die mit der Unternehmensleistung in Kontakt kommen. Schließlich können auch Kundenerwartungen oder sonstige Gründe der **Unternehmensauthentizität** wesentliche und entscheidende Bedingungen für die Berufsausübung darstellen. Vor generalisierenden Annahmen (etwa der fehlenden Eignung von Frauen für körperliche Schwerarbeit, EuGH 1.2.2005, C 203/03, EuGRZ 2005, 124) ist jedoch zu warnen. Die Rspr wird schlüssige Unternehmens- und Organisationskonzepte akzeptieren (vgl zur Unternehmerentscheidung BAG 23.4.2008, 2 AZR 1110/06, NJW 2008, 3309), jedenfalls dann, wenn nicht sachgrundlos benachteiligenden Kundenwünschen (*Adomeit/Mohr* § 8 Rn 38; *Novara*, NZA 2015, 142) nachgegeben wird.

4 **B. Einzelfragen. I. Geschlecht.** Die unmittelbare Ungleichbehandlung wegen des Geschlechts war gem ex § 611a I 2 BGB nur zulässig, soweit ein bestimmtes Geschlecht eine unverzichtbare Voraussetzung für die fragliche Tätigkeit darstellte. Diese rigide Formulierung ist in der geänderten Gender-RL nicht mehr enthalten, was jedoch keinen Abbau des Diskriminierungsschutzes gegen Geschlechterbenachteiligung bedeuten soll. Die Rspr hat die Unverzichtbarkeit schon bislang iSd geänderten Gender-RL verstanden und konkret nach der geschuldeten Tätigkeit abgewogen (guter Überblick bei *Thüsing* RdA 2001, 319 ff). So wurde Unverzichtbarkeit im engeren Sinn angenommen, wenn einem AN die Erfüllung der geschlechtsneutral formulierten Arbeitsaufgabe tatsächlich oder rechtl unmöglich ist. Unverzichtbarkeit im weiteren Sinn lag vor, wenn ein bestimmtes Geschlecht die Arbeitsleistung zwar erbringen kann, jedoch schlechter als das andere Geschlecht, und dieser Qualifikationsnachteil auf biologischen Gründen beruht (BAG 14.8.2007, 9 AZR 943/06, EzA § 611a BGB Nr 5). Die Grundsätze gelten fort (BAG 28.5.2009, 8 AZR 536/08, NJW 2009, 3672, Mädcheninternat). Einzelheiten s *Rolfs/Wessel* NJW 2009, 3329).

5 Die Frage nach zulässigen geschlechtsspezifischen beruflichen Anforderungen stellt sich der Praxis insb mit Blick auf Einstellungs- oder Aufstiegsvoraussetzungen bei Schwangerschaft und Mutterschaft (§ 3 I 2). Nach der Rspr des EuGH (4.10.2001, C-438/99, EzA § 611a BGB Nr 16) darf der AG bei der Einstellung eine Schwangerschaft nicht berücksichtigen, selbst wenn eine AN befristet eingestellt wird und infolge der Schwangerschaft während des befristeten Arbeitsverhältnisses überwiegend (etwa wegen § 3, 4 MuSchG) nicht arbeiten kann und dies bereits bei der Einstellung weiß. § 8 I wird wegen des Absenkungsverbots (etwa Art 8 II Rahmen-RL) keine neuen Gesichtspunkte ergeben (teilw aA unter Bezugnahme

auf US-amerikanisches Recht BGK § 2 Rn 41), wenngleich zumindest bei der befristeten Einstellung von Schwangerschaftsvertretungen das Nichtvorliegen einer Schwangerschaft eine wesentliche u entscheidende berufliche Anforderung darstellen dürfte.

Geschlechtsspezifische Vergütungs- oder Versorgungsfragen (Art 157 AEUV – früher Art 141 EGV) sind präzise unmittelbarer (dann Rechtfertigung nach § 8 I) oder mittelbarer Ungleichbehandlung (dann § 3 II Hs 2) zuzuordnen. Konkret arbeitsplatzbezogene Kriterien der Entgeltfindung wie körperlich schwere Arbeit, bes Verantwortung für Finanz- und Sachmittel oder Führungsverantwortung sind keine verdeckte unmittelbare Frauendiskriminierung und wären hilfsweise zulässige berufliche Anforderungen iSv § 8 I (vgl zur Vertragsfreiheit Rdn 14). Anders bei Rechtfertigungsüberprüfung im Fall des statistischen Nachweises einer mittelbaren Ungleichbehandlung, insb durch Entgeltsysteme der Kollektivvertragsparteien (s näher Rdn 16). 6

II. Alter. Die Ungleichbehandlung wegen des Alters kann auch infolge wesentlicher und entscheidender beruflicher Anforderungen zulässig sein. Vorrangig gelten allerdings selbst bei unmittelbarer Altersbenachteiligung die erleichterten Rechtfertigungsmöglichkeiten des § 10. Praxisrelevant wird § 8 I damit idR mit Blick auf Altersbenachteiligung nur, wenn sich die Ungleichbehandlung wegen des Alters aus gesetzlichen Bestimmungen (§ 95 VII 3 SGB V, § 10 FeV, § 6 BNotO, § 4 DVLuftPersV, § 5 BPolBG, § 41a BBG) ergibt, die als »legitime« Ziele iSv § 10 S 1 und 2 zu gelten haben. Die bislang vom BAG gebilligte tarifliche Altersgrenze von 60 für Piloten (BAG 16.10.2008, 7 AZR 253/07 und BAG 17.6.2009, 7 AZR 112/08, NJW 2009, 3808) wurde vom EuGH kassiert (EuGH 13.9.2011, C-447/09, EzA BGB 2002 § 620 Nr. 11 Altersgrenze, mit der fragwürdigen Begründung, die Flugsicherheit rechtfertige die Ungleichbehandlung nicht, weil diese »kein sozialpolitisches Ziel« sei). 7

III. Behinderung. Behinderungen wirken sich oft auf die Fähigkeit zur Erbringung einer bestimmten Arbeitsleistung aus. Deshalb wird die Berechtigung zur Unterscheidung wegen der Einschränkung einer körperlichen Funktion, einer geistigen Fähigkeit oder seelischen Gesundheit im vorvertraglichen Bereich durch europarechtskonforme Auslegung von § 8 I, iÜ durch § 81 IV, § 84 IV 4 SGB IX begrenzt. Der AG muss zusätzliche Maßnahmen zur Integration der Betroffenen in das Arbeitsleben bzw zum Laufbahnaufstieg vorsehen und »geeignete und angemessene Vorkehrungsmaßnahmen« treffen (EuGH 11.4.2013, C-335/11 und 337/11, NZA 2013, 553), wenn Integrationsmaßnahmen nicht mit unzumutbaren oder unverhältnismäßigen Aufwendungen verbunden sind (BAG 4.10.2005, 9 AZR 532/04, AP SGB IX § 81 Nr 9; BVerfG 10.12.2008, 2 BvR 2571/07, NVwZ 2009, 389; zu den Pflichten aus § 618 I BGB, *Fuerst* DB 2009, 2153). Die Behinderung ist so besehen nur dann »wesentlich und entscheidend«, wenn sie nicht durch angemessene (Art und Kosten der Anpassung; Größe des Unternehmens und dessen finanzielle Ressourcen; Möglichkeit der Finanzierung von 3. Seite und steuerliche Vergünstigungen; Auswirkungen der Maßnahme auf andere AN und das Unternehmen insgesamt) Fördermaßnahmen kompensiert werden kann (*Adomeit/Mohr* § 8 Rn 65). Zum »offensichtlichen Fehlen der fachlichen Eignung« iSv § 82 S 3 SGB IX vgl BAG 21.7.2009, 9 AZR 431/08, NJW 2009, 3319. 8

IV. Religion oder Weltanschauung. Berufliche Anforderungen im Zusammenhang mit Religion und Weltanschauung stellen idR nur Religions- und Weltanschauungsgemeinschaften. Insoweit gilt speziell § 9. 9

Für nichtkirchliche AG stellt sich in der Praxis die Frage, inwieweit religiöse oder weltanschauliche Belange im Betriebsalltag berücksichtigt werden müssen. Das AGG soll AN wegen eines der in § 1 genannten Merkmale nicht besser stellen, sondern lediglich vor Benachteiligungen schützen. Wünscht der AN Rücksichtnahme auf religions- oder weltanschauungsbedingte Besonderheiten (Bsp bei *Abel* NJW 2005, 114), nimmt er das Grundrecht der Glaubens- und Bekenntnisfreiheit (Art 4 I GG) in Anspruch. Dieses muss ggf im Zuge der Auslegung unbestimmter Rechtsbegriffe des ArbR (etwa § 106 S 1 GewO) gegen die unternehmerische Betätigungsfreiheit abgewogen werden (Bsp s *Oetker* RdA 2004, 14; BVerfG 24.9.2003, 2 BvR 1436/02, NJW 2003, 3111). Der AG hat generell die Pflicht, auf religiöse Belange der Beschäftigten insoweit Rücksicht zu nehmen, als betriebliche Belange dem nicht entgegenstehen (s Art 4 GG Rdn 8; vgl zB LAG Hamm 26.2.2002, 5 Sa 1582/01, LAGE Art 4 GG Nr 3; BAG 10.10.2002, 2 AZR 472/01, EzA § 1 KSchG Verhaltensbedingte Kündigung Nr 58). Der Verstoß gegen die Rücksichtnahmepflicht kann die Vermutung religiöser Diskriminierung begründen. Entspr gilt für den Erlass von Kleiderordnungen (ggf §§ 87 I Nr 1, 75 BetrVG) bzw Anweisungen im Zusammenhang mit der Bekleidung, die unmittelbar oder mittelbar wegen der Religion (zur vermeintlichen Mehrfachdiskriminierung im Fall des Kopftuchverbots, § 4 Rdn 2) benachteiligen können. Dabei werden überwiegende betriebliche Belange eine Rechtfertigung nach § 8 I und § 3 II Hs 2 darstellen können (bspw rechtfertigt die religiös-weltanschauliche Neutralität des Staates das Kopftuchverbot im öffentl Schulwesen, BVerwG 16.12.2008, 2 B 46/08, ZTR 2009, 167; 10

außerdem LAG Hamm 17.2.2012 18 Sa 867/11 für ein evangelisches Krankenhaus, nicht jedoch in einer Zahnarztpraxis: ArbG Berlin 28.3.2012, 55 Ca 2426/12, NZA-RR 2012, 627).

11 **V. Rasse und ethnische Herkunft.** Die Unternehmensauthentizität kann in aller Regel keine zulässigen beruflichen Anforderungen der Rassendiskriminierung definieren (EuGH 10.7.2008, C 54/07, EzA-RL 2000/43 EG-Vertrag 1999 Nr 1), allenfalls bei entspr Unternehmensausrichtung, zB chinesisches Restaurant. Stellenprofile (s § 11 Rdn 3) dürfen nur bei konkretem Tätigkeitsbezug Anforderungen an die Nationalität (Art 18 AEUV – früher Art 12 EGV) oder die Sprache (ArbG Berlin 11.2.2009, 55 Ca 16952/08, BB 2009, 1181; abl *Tolmein* jurisPR-ArbR 24/2009 und *Hunold* NZA-RR 2009, 17) enthalten. Dabei ist allerdings im Vorfeld (so § 3 Rdn 3) meist fraglich, ob der untrennbare Zusammenhang zwischen Sprachkenntnissen und ethnischer Herkunft vermutet werden muss (differenzierend *Herbert/Oberrath* DB 2009, 2434). Zu Fremdsprachenlektoren, vgl Art 3 GG Rdn 62; zu Diskriminierung aus Gründen der Staatsangehörigkeit s Art 45 AEUV Rdn 12.

12 **VI. Sexuelle Identität.** Die Privilegierung der Ehe ggü der Lebenspartnerschaft kann beim Ortszuschlag nach BAT nicht (BAG 29.4.2004, 6 AZR 101/03, EzA § 1 TVG Auslegung Nr 37), bei kirchlichen AG hingegen gerechtfertigt sein (BAG 26.10.2006, 6 AZR 307/06, EzA § 611 BGB kirchliche AG Nr 9). Erwägungsgrund 22 der RahmenRL (Vorrang einzelstaatlicher Regelungen über den Familienstand, dazu *Thüsing* Rn 354) ließe die Privilegierung nur ausnahmsweise zu, s die Nachw bei § 7 Rdn 10.

13 **C. Entgeltgleichheitsgrundsatz für alle Diskriminierungsmerkmale? I. Die Reichweite des § 8 II.** Gem § 8 II wird die Vereinbarung einer geringeren Vergütung für gleiche oder gleichwertige Arbeit wegen eines der im Gesetz genannten Diskriminierungsgründe nicht dadurch gerechtfertigt, dass wegen eines dieser Gründe bes Schutzvorschriften gelten. Das bedeutet zunächst, dass die durch den bes Schutz (SGB IX, MuSchG, BEEG) bewirkten Zusatzkosten keine Entgeltbenachteiligung wegen beruflicher Anforderungen rechtfertigen. Nach den Materialien (BT-Drs 16/1780 S 35) soll der im Zusammenhang mit § 612 III BGB aF entwickelte Entgeltgleichheitsgrundsatz auf alle Merkmale des § 1 erweitert und die §§ 7 I, 2 I Nr 2, 8 II als eigenständige »Anspruchsgrundlage für vorenthaltene Entgeltbestandteile« (so BAG 11.12.2007, 3 AZR 359/06 EzA § 2 AGG Nr 1, Rn 45) ausgestaltet werden. Die Ausdehnung der Interpretation von § 612 III BGB aF auf alle Diskriminierungsmerkmale ist nach derzeitigem Erkenntnisstand europarechtl nicht vorgegeben (*Krebber* EuZA 2009, 200 f) und »sinnwidrig« (*Thüsing* Rn 360); Art 157 AEUV (ex Art 141 EGV) gebietet die ausnahmslose Gleichbehandlung und Gleichstellung beim Entgelt für gleiche und gleichwertige Arbeit allein beim **Geschlecht**. Man mag europarechtl das Entgeltgleichheitsgebot zudem noch für das Merkmal **Behinderung** herleiten (Absenkungsverbot Art 8 II Rahmen-RL, § 81 II SGB IX), sodass § 8 II als einfachgesetzliche (gemeinschaftsrechtskonforme Auslegung, Einstrahlung der Gleichstellungsgebote der Art 3 II 2, III 2 GG) Anspruchsgrundlage auf Entgeltgleichheit lediglich für diese beiden Merkmale herangezogen werden kann. IÜ ist jede Vergütungsbenachteiligung wegen der Merkmale des § 1 an den §§ 2 II 2, 7 I (Rechtfertigung §§ 3 II HS 2, 5 oder 8 ff) zu messen; deren Folgen ergeben sich aus § 7 II bzw §§ 13 ff s § 7 Rdn 13.

14 **II. Entgeltgleichheit und Arbeitsvertragsfreiheit.** Der Grundsatz »gleicher Lohn für gleiche Arbeit« ist nach dt Recht keine allgemeingültige Anspruchsgrundlage, jedenfalls dann nicht, wenn es sich um frei ausgehandelte Entgelte handelt (BAG 21.6.2000, 5 AZR 806/98, EzA § 242 BGB Gleichbehandlung Nr 83). Vergütungsfragen zwischen AG u AN sind in den Grenzen des Lohnwuchers (§ 138 BGB), der tariflichen Mindestentgelte bei tarifgebundenen Vertragsparteien sowie ggf betrieblicher Entlohnungssysteme (§ 87 I Nr 10 BetrVG) frei aushandelbar. Lohndifferenzierungen sind damit iRd Privatautonomie auch weiterhin möglich. Allerdings ist nicht zu verkennen, dass die Rspr unabhängig von Diskriminierungsverboten bereits seit Längerem den Schutz vor einseitigen, schlecht begründeten und willkürlichen AG-Entscheidungen zulasten der Vertragsfreiheit ausgebaut hatte (etwa BAG 1.12.2004, 5 AZR 664/03, EzA § 242 BGB 2002 Gleichbehandlung Nr 5 zu Vergütungsstruktur bei AT-Angestellten; BAG 29.9.2004, 5 AZR 43/04, EzA § 242 BGB 2002 Gleichbehandlung Nr 4 transparentes Zulagensystem). Einzelheiten s § 611 BGB Rdn 301 ff. Unmittelbar benachteiligende Vertragsabreden (§ 7 II) sind idR nach § 8 I oder § 10 gerechtfertigt (Bsp s *Lingemann/Müller* BB 2007, 2006). Insofern fügt das AGG den mittlerweile hohen Anforderungen an Vergütungstransparenz und -gerechtigkeit wenig hinzu. Das Verbot mittelbarer Entgeltdiskriminierung kann sich definitionsgem (§ 3 II) ausschließlich auf kollektive Sachverhalte oder vertragliche Einheitsregelungen beziehen.

15 **III. Das Entgeltgleichheitsgebot in TV. 1. Unmittelbare Benachteiligung.** Unmittelbare Benachteiligung liegt nur vor, wenn ein in § 1 genanntes Merkmal direkter Anknüpfungspunkt kollektivvertraglicher Regelungen ist, die Merkmalsträger ungünstiger behandeln. In der Praxis sind dies neben der

Geschlechterbenachteiligung (ausf *Rolfs/Wessel* NJW 2009, 3329; vgl die Anm zu Art 157 AEUV – ex Art 141 EGV), ggf (§ 3 I 2) infolge Schwangerschaft und Mutterschaft (BAG 2.8.2006, 10 AZR 425/05, DB 2006, 2636), iW Themen der Altersdiskriminierung (s die Anm zu § 10 und die Darstellung von *Bayreuther* Mitarbeitervergütung auf dem Prüfstand 2008, S 77 ff; *Henssler/Tillmanns* FS Birk 2008, S 179 f). Die Nichtanknüpfung an andere Merkmale ist durch die Rspr zur Gleichheitskontrolle von TV (s Art 3 GG Rdn 30 f) sichergestellt.

2. Mittelbare Benachteiligung. Anderes gilt für mittelbare Ungleichbehandlung. Hier scheinen die groben Linien nur für das Merkmal des **Geschlechts** festzustehen: Die Tarifpartner müssen den Entgeltgleichheitsgrundsatz (Art 157 AEUV – ex Art 141 EGV) für gleiche und gleichwertige Arbeit beachten. Wie gleichwertige Arbeit festgestellt wird, ist europarechtl nicht eindeutig (s Art 157 AEUV Rdn 9). Jedenfalls aber müssen die Tarifpartner bei Eingruppierungsregeln die Gruppen bzgl aller Vergütungsarten so bilden, dass nicht nur die bes Fähigkeiten bewertet werden, die etwa den Angehörigen eines Geschlechts typischerweise zu eigen sind (Körperkraft, Führungsverantwortung, Verantwortung für Finanz- und Sachmittel), aber die typischerweise an das andere Geschlecht gestellten Anforderungen unberücksichtigt bleiben (etwa manuelle Geschicklichkeit, Verantwortung für Menschen in Erziehungs-, Gesundheits- und Pflegeberufen, s *Tondorf* AiB 2004, 404 f). Die Differenzierungskriterien müssen durchschaubar sein; sie müssen die Art der zu verrichtenden Arbeit richtig und vollständig widerspiegeln und sie müssen gleichmäßig angewendet sowie diskriminierungsfrei gewichtet werden. Gerechtfertigt (§ 3 II Hs 2) ist die Unterscheidung, wenn sie der Umsetzung eines mit dem Gemeinschaftsrecht zu vereinbarenden unternehmerischen Bedürfnisses oder sozialpolitischen Konzepts dient und für dieses Ziel in geeigneter, erforderlicher sowie verhältnismäßiger Weise eingesetzt wird (instruktiv zu dienstaltersgekoppelten Einstufungssystemen EuGH 3.10.2006, C-17/05, NZA 2006, 1205; zur Berücksichtigung von EZ BAG 21.5.2008, 5 AZR 187/08, EzA § 611 BGB 2002 Inhaltskontrolle Nr 3). IE s Art 157 AEUV Rdn 8, § 4 TzBfG Rdn 12 f.

Zu Fragen mittelbarer Altersdiskriminierung durch Tarifvertragsparteien s die Anm zu § 10. Ob und inwieweit sich die Praxis richterrechtl Gleichheitskontrolle von TV-Klauseln (Art 3 GG Rdn 30 f) wegen anderer Benachteiligungsmerkmale mit Blick auf die §§ 2 II 2, 7 bzw 5, 8 ff oder § 3 II HS 2 wesentlich ändern wird, ist derzeit nicht absehbar.

IV. Betriebliche Entgeltsysteme. Diese (§ 87 Nr 10 BetrVG, s § 87 BetrVG Rdn 60) müssen sich am betriebsverfassungsrechtl Gleichbehandlungsgrundsatz orientieren und bereits nach § 75 BetrVG (s § 75 BetrVG Rdn 9) diskriminierungsfrei ausgestaltet sein. Zu Abfindungsansprüchen in Sozialplänen s § 10 Rdn 19.

§ 9 Zulässige unterschiedliche Behandlung wegen der Religion oder Weltanschauung

(1) Ungeachtet des § 8 ist eine unterschiedliche Behandlung wegen der Religion oder Weltanschauung bei der Beschäftigung durch Religionsgemeinschaften, die ihnen zugeordneten Einrichtungen ohne Rücksicht auf ihre Rechtsform oder durch Vereinigungen, die sich die gemeinschaftliche Pflege einer Religion oder Weltanschauung zur Aufgabe machen, auch zulässig, wenn eine bestimmte Religion oder Weltanschauung unter Beachtung des Selbstverständnisses der jeweiligen Religionsgemeinschaft oder Vereinigung im Hinblick auf ihr Selbstbestimmungsrecht oder nach der Art der Tätigkeit eine gerechtfertigte berufliche Anforderung darstellt.

(2) Das Verbot unterschiedlicher Behandlung wegen der Religion oder der Weltanschauung berührt nicht das Recht der in Absatz 1 genannten Religionsgemeinschaften, der ihnen zugeordneten Einrichtungen ohne Rücksicht auf ihre Rechtsform oder der Vereinigungen, die sich die gemeinschaftliche Pflege einer Religion oder Weltanschauung zur Aufgabe machen, von ihren Beschäftigten ein loyales und aufrichtiges Verhalten im Sinne ihres jeweiligen Selbstverständnisses verlangen zu können.

Übersicht	Rdn.		Rdn.
A. Grundlagen	1	C. Religionszugehörigkeit als berufliche	
B. Geltungsbereich	4	Anforderung	6
		D. Sonstige Loyalitätspflichten, § 9 II	9

A. Grundlagen. Die Religionszugehörigkeit gehört zu den verbotenen Diskriminierungsmerkmalen des § 1, sodass danach grds nicht differenziert werden darf. Art 4 II und Erwägungsgrund 24 der Rahmen-RL ermöglichen den Mitgliedsstaaten, bereits geltende Rechtsvorschriften und Gepflogenheiten beizubehalten, wonach eine Ungleichbehandlung wegen der Religion oder Weltanschauung keine Benachteiligung darstellt, wenn das Ethos der Organisation entspr berufliche Anforderungen stellt. Von dieser Möglichkeit wird mit § 9 Gebrauch gemacht (zur Entstehungsgeschichte *Thüsing* Rn 473 f).

2 Nach dt Verfassungsrecht (Art 140 GG iVm Art 136 ff der WRV) steht den Kirchen und sonstigen Religions- und Weltanschauungsgemeinschaften nicht nur hins ihrer körperschaftlichen Organisation und ihrer Ämter, sondern auch den der Kirche zugeordneten Einrichtungen ohne Rücksicht auf deren Rechtsform das Recht zu, über Ordnung und Verwaltung ihrer Angelegenheiten selbstständig zu entscheiden. Die Einzelheiten zur Ausprägung des **verfassungsrechtl garantierten Selbstbestimmungsrechts der Kirchen** ergeben sich im IndividualarbR aus komplex ausdifferenzierten Abwägungsvorgängen zwischen rechtmäßigen Loyalitätsobliegenheiten, den Grundrechten der AN und dem Geltungsanspruch der allg Gesetze (s nur *Richardi* Arbeitsrecht in der Kirche, 5. Aufl, 2008; *Dütz* NZA 2006, 65 ff). Das kollektive KirchenarbR wird unter dem Schlagwort »Dritter Weg« (s *Richardi* aaO, § 14 S 208 ff) zusammengefasst.

3 Die EU achtet nach Erklärung Nr 11 zum Vertrag von Amsterdam (BGBl II 1998 S 387) den Status, den Kirchen und religiöse Vereinigungen oder Gemeinschaften in den Mitgliedstaaten nach deren Rechtsvorschriften genießen, und beeinträchtigt ihn nicht; sie achtet auch den Status weltanschaulicher Gemeinschaften in gleicher Weise. Der Gesetzgeber hat den Gesetzeswortlaut angepasst und die kirchliche Selbstbestimmungsrecht bes hervorgehoben. Die Umsetzung ist europarechtskonform (*Thüsing/Fink-Jamann/von Hoff* ZfA 2009, 153; *Joussen* NZA 2008, 675; *von Tiling* ArbRB 2009, 80; sehr str, aA *Busch* AiB 2008, 298; *Deinert* EuZA 2009, 332).

4 **B. Geltungsbereich.** Die verfassungsrechtl gewährleistete Eigenständigkeit und Regelungsautonomie besteht für den gesamten Bereich der verfassten Kirche. Zu ihr gehören Behörden und Dienststellen der Kirchenorganisationen, die ihrerseits als Körperschaften des öffentl Rechts anerkannt sind (EKD und Gliedkirchen, dazu *Campenhausen* HdB des Staatskirchenrechts, S 384 ff; Bistümer und Dt Bischofskonferenz, sowie Ordensgemeinschaften iwS, s *Schlief* aaO S 347 ff). Die Kirchen können sich staatlicher oder privatrechtl Organisationsformen bedienen (sog nichtverfasster Bereich), um ihren Auftrag zu erfüllen, ohne dass dadurch die Zugehörigkeit zur Kirche aufgehoben wird. Deshalb besteht arbeitsrechtl Regelungsautonomie für alle Einrichtungen (unabhängig von der Rechtsform, iE *Richardi* aaO, § 3 Rn 11 ff), die nach kirchlichem Selbstverständnis einen Teil der Wesens- und Lebensäußerung der Kirche repräsentieren (vgl BVerfG 15.1.2002, 1 BvR 2283/99, NJW 2002, 663). Dazu gehören insb alle Caritas-, Diakonie-, AWO-, Johanniter- oder Malteseinrichtungen, die kirchliche Krankenhäuser, Jugendheime, Kindergärten und Tagesstätten betreiben, die ihrerseits Ausdruck religiöser Fürsorge für hilfsbedürftige Menschen einschl ihrer Erziehung und Ausbildung sind.

5 Nach Art 137 VII WRV werden Weltanschauungsgemeinschaften den Religionsgemeinschaften gleichgestellt, sodass die oa Ausführungen sinngem auch für diese gelten.

6 **C. Religionszugehörigkeit als berufliche Anforderung.** § 9 sieht die Rechtfertigung unterschiedlicher Behandlung wegen der Religion oder Weltanschauung vor, wenn eine bestimmte Religion oder Weltanschauung unter Beachtung des Selbstverständnisses der jeweiligen Religionsgemeinschaft oder Vereinigung im Hinblick auf ihr Selbstbestimmungsrecht oder nach der Art der beruflichen Tätigkeit oder der Bedingungen ihrer Ausübung eine wesentliche rechtmäßige und gerechtfertigte berufliche Anforderung darstellt. Die Angemessenheit der Anforderung ist entspr § 8 I (s § 8 Rdn 2) nach objektiven Gesichtspunkten zu entscheiden; § 9 stellt den Bezug zum jeweiligen Selbstverständnis der Gemeinschaften her.

7 Zur kirchlichen Selbstverwaltung und -ordnung gehört der Abschluss von Arbeitsverträgen als rechtl Vorsorge für die Wahrnehmung kirchlicher Dienste. Das schließt ein, dass die Kirchen bei der Gestaltung des kirchlichen Dienstes, auch wenn sie diesen durch Arbeitsverträge regeln, das bes Leitbild der christlichen Dienstgemeinschaft zu Grunde legen und die Arbeits- und Wirtschaftsbedingungen gem den christlichen Glaubensgeboten regeln können (*Belling* NZA 2004, 888; s insoweit bspw die Grundordnung des kirchlichen Dienstes iR kirchlicher Arbeitsverhältnisse vom 20.9.1993, ABl der Erzdiözese FR, S 247 sowie die jeweiligen Beschlüsse der Zentral-KODA; Rl über Anforderungen der privatrechtl beruflichen Mitarbeit in der Ev Kirche in Deutschland und der Diakonischen Werke vom 1.7.2005, ABl EKD S 413 = AuR 2005, 374). Es handelt sich um Authentizitätsgesichtspunkte (s § 8 Rdn 3). So fordern etwa die oa RL der Ev Kirche die Konfessionszugehörigkeit im kirchlichen Kernbereich (Verkündung, Seelsorge, Unterweisung und Leitung, vgl *Fey* AuR 2005, 349 f), sonst allg Loyalität. Keine der großen Kirchen verlangt ohne beruflichen Bezug (bspw von Personal im Bereich Gebäudereinigung oder Küche, vgl LAG HH 29.10.2008, 3 Sa 15/08, AuR 2009, 97) eine bestimmte Konfessionszugehörigkeit.

8 Schwierigkeiten bereitet allenfalls § 10 MVG-EKD, der (im Unterschied zur katholischen MAVO) das passive Wahlrecht zu Mitarbeitervertretungen an die Zugehörigkeit zur einer »ACK« (Arbeitsgemeinschaft Christlicher Kirchen in Deutschland)-Kirche knüpft (dazu *Hammer* Arbeitsrecht und Kirche 3/2004, 70 ff).

D. Sonstige Loyalitätspflichten, § 9 II. Die Zulässigkeit sonstiger Loyalitätsverpflichtungen im kirchlichen Dienst ist nach dt Verständnis ein Grundrechtsproblem und demzufolge stets durch Abwägung kollektiver Glaubensfreiheit mit dem grundrechtl vorgegebenen »ordre public« und AN-Grundrechten behandelt worden. Die entwickelten Grundsätze (Art 4 GG, s Art 4 GG Rdn 8; *Mohr* BB 2008, 2122 f) gelten nach § 9 II fort (LAG Rh-Pf 2.7.2008, 7 Sa 250/08, KuR 2008, 280). Demnach kann ein Kopftuchverbot im evangelischen Krankenhaus wegen Verstosses gegen Loyalitätspflichten zulässig sein (BAG 24.9.2014, 5 AZR 611/12, NZA 2014, 1407; LAG Hamm, 8.5.2015, 18 Sa 1727/14). 9

Zur Berücksichtigung von religiösen Bräuchen im allg ArbR nichtkirchlicher AG s § 8 Rdn 10. 10

§ 10 Zulässige unterschiedliche Behandlung wegen des Alters

¹Ungeachtet des § 8 ist eine unterschiedliche Behandlung wegen des Alters auch zulässig, wenn sie durch ein legitimes Ziel gerechtfertigt ist. ²Die Mittel zur Erreichung dieses Ziels müssen angemessen und erforderlich sein. ³Derartige unterschiedliche Behandlungen können insbesondere Folgendes einschließen:

1. die Festlegung besonderer Bedingungen für den Zugang zur Beschäftigung und zur beruflichen Bildung sowie besonderer Beschäftigungs- und Arbeitsbedingungen, einschließlich der Bedingungen für Entlohnung und Beendigung des Beschäftigungsverhältnisses, um die berufliche Eingliederung von Jugendlichen, älteren Beschäftigten und Personen mit Fürsorgepflichten zu fördern oder ihren Schutz sicherzustellen,
2. die Festlegung von Mindestanforderungen an das Alter, die Berufserfahrung oder das Dienstalter für den Zugang zur Beschäftigung oder für bestimmte mit der Beschäftigung verbundene Vorteile,
3. die Festsetzung eines Höchstalters für die Einstellung auf Grund der spezifischen Ausbildungsanforderungen eines bestimmten Arbeitsplatzes oder auf Grund der Notwendigkeit einer angemessenen Beschäftigungszeit vor dem Eintritt in den Ruhestand,
4. die Festsetzung von Altersgrenzen bei den betrieblichen Systemen der sozialen Sicherheit als Voraussetzung für die Mitgliedschaft oder den Bezug von Altersrente oder von Leistungen bei Invalidität einschließlich der Festsetzung unterschiedlicher Altersgrenzen im Rahmen dieser Systeme für bestimmte Beschäftigte oder Gruppen von Beschäftigten und die Verwendung von Alterskriterien im Rahmen dieser Systeme für versicherungsmathematische Berechnungen,
5. eine Vereinbarung, die die Beendigung des Beschäftigungsverhältnisses ohne Kündigung zu einem Zeitpunkt vorsieht, zu dem der oder die Beschäftigte eine Rente wegen Alters beantragen kann; § 41 des Sechsten Buches Sozialgesetzbuch bleibt unberührt,
6. Differenzierungen von Leistungen in Sozialplänen im Sinne des Betriebsverfassungsgesetzes, wenn die Parteien eine nach Alter oder Betriebszugehörigkeit gestaffelte Abfindungsregelung geschaffen haben, in der die wesentlich vom Alter abhängenden Chancen auf dem Arbeitsmarkt durch eine verhältnismäßig starke Betonung des Lebensalters erkennbar berücksichtigt worden sind, oder Beschäftigte von den Leistungen des Sozialplans ausgeschlossen haben, die wirtschaftlich abgesichert sind, weil sie, gegebenenfalls nach Bezug von Arbeitslosengeld, rentenberechtigt sind.

Übersicht

	Rdn.			Rdn.
A.	Allg Rechtfertigungsvoraussetzungen	1	III. Höchstalter für Einstellung (§ 10 S 3 Nr 3)	14
I.	Grundsätze (§ 10 S 1 und 2)	1	IV. Altersgrenzen in betrieblicher Altersversorgung (§ 10 S 3 Nr 4)	16
II.	Insb: Altersbenachteiligung und Sozialauswahl, § 10 S 3 Nr 6 aF	4	V. Altersgrenzenregelungen für Beendigung der Beschäftigung (§ 10 S 3 Nr 5)	17
B.	Fallgruppen	6	VI. Sozialplanleistungen (§ 10 S 3 Nr 6)	19
I.	Bes Schutz- und Förderbestimmungen (§ 10 S 3 Nr 1)	6		
II.	Mindestalter bei Berufszugang, Beförderung und Berufsbildung (§ 10 S 3 Nr 2)	12		

A. Allg Rechtfertigungsvoraussetzungen. I. Grundsätze (§ 10 S 1 und 2). § 10 enthält den bes Rechtfertigungsgrund für unterschiedliche Behandlung wegen des Alters. Eine unterschiedliche Behandlung wegen des Alters ist über die allg Regelung in Art 4 Rahmen-RL, § 8 (berufliche Anforderungen s § 8 Rdn 7) hinaus schon dann zulässig, wenn sie objektiv durch ein legitimes Ziel gerechtfertigt ist (S 1); das angewandte Mittel muss zudem angemessen und erforderlich sein (S 2). Diese Generalklausel zur Rechtfertigung der Ungleichbehandlung wegen des Alters entspricht inhaltlich § 3 II HS 2 (ErfK/*Schlachter* 1

§ 10 AGG Zulässige unterschiedliche Behandlung wegen des Alters

§ 10 Rn 1) und eröffnet bei Altersbenachteiligung eine umfassende **Verhältnismäßigkeitsprüfung** im Einzelfall (BGK § 10 Rn 10; Bsp EuGH 18.6.2009, C 88/08, 15, m Anm *Potz* ZESAR 2009, 490).

2 Nach BT-Drs 16/1780 S 36 sind **legitime Ziele** unter Berücksichtigung der fachlich-beruflichen Zusammenhänge aus der Sicht von AG, Betriebs- oder Tarifparteien zu beurteilen. Legitim sind auch Gemeinwohlbelange wie Beschäftigungspolitik, Arbeitsmarkt oder berufliche Bildung (Art 6 I 1 der Rahmen-RL, dazu *Sprenger* EuZA 2009, 355), wobei lange umstritten war, ob Zweck und Ausmaß der zulässigen Ungleichbehandlung durch die Mitgliedsstaaten im Umsetzungsgesetz näher konturiert werden müssen (s Nachw bei *Waltermann* NZA 2005, 1267 Fn 13; erneut *Löwisch* BB 2006, 2582). Dazu dienen die Regelbeispiele in § 10 S 3 Nr 1–6, die zudem wesentliche Tatbestände zulässiger Positivmaßnahmen iSd Art 7 Rahmen-RL erfassen (vgl insoweit *Schmidt/Senne* RdA 2002, 84; *Wendeling-Schröder* § 10 Rn 19 ff zu Eingliederungskonzepten). Gleichwohl bleiben auch in diesen Fallgruppen § 10 S 1 und 2 entscheidender Maßstab zulässiger Ungleichbehandlung wegen des Alters.

3 Die Streichung von § 10 S 3 Nr 6–8 aF verdeutlicht den weitgehenden Verzicht des Gesetzgebers auf die mögliche Festlegung von Zweck und Ausmaß zulässiger Ungleichbehandlung wegen des Alters. Deshalb kommt es bei Berufung auf die geregelten Ausnahmetatbestände, insb aber bei Geltendmachung vergleichbarer Rechtfertigungen entscheidend auf die Verhältnismäßigkeit der Maßnahmen und Regelungen an, die zur Ungleichbehandlung führen.

4 **II. Insb: Altersbenachteiligung und Sozialauswahl, § 10 S 3 Nr 6 aF.** Nach bisherigem Verständnis von § 1 III KSchG (BAG 25.2.2010 – 6 AZR 911/08; BAG 6.11.2008, 2 AZR 523/07, EzA § 1 KSchG Soziale Auswahl Nr 82; *Schiefer* DB 2009, 733; *Gaul* NZA-RR 2009, 319) steigt die Schutzbedürftigkeit des AN mit dem Lebensalter, was (s § 2 Rdn 14 f) mit dem Altersdiskriminierungsverbot in Konflikt geraten kann, wenn dadurch Jüngere benachteiligt werden. Dabei muss sowohl dem Grundprinzip des § 1 III 1 KSchG (Reduktion der zu berücksichtigenden sozialen Gesichtspunkte) als auch dem Verbot der Ungleichbehandlung wegen des Alters Rechnung getragen werden. § 1 III KSchG kann ohne Weiteres richtlinienkonform interpretiert werden (s § 1 KSchG Rdn 203; *Thüsing* Rn 456, Maßstab bleibt § 10 S 3 Nr 6 aF): Dem Lebensalter darf erstens kein genereller Vorrang vor den anderen in § 1 III 1 KSchG genannten sozialen Gesichtspunkten zukommen. Zweitens ist die Vorschrift dahin zu verstehen, dass unter mehreren AN, die sonst über vergleichbare Sozialdaten verfügen, das Alter nicht den Ausschlag geben darf. Nur insoweit sind die Besonderheiten des Einzelfalles, insb die Chancen auf dem Arbeitsmarkt (vgl insoweit EuGH 22.11.2005, C-144/04, EzA § 14 TzBfG Nr 21) ausschlaggebend (nach *Löwisch* BB 2006, 2582; im Kleinbetrieb: LAG Hamm 18.12.2008, 15 Sa 838/08). Das sollte auch bei der Ausgestaltung von Punkteschemata (BAG 15.12.2011 2 AZR 42/10; BAG 6.11.2008, 2 AZR 523/07, aaO), ggf nach § 1 V KSchG (Hess LAG 19.11.2008, 8 Sa 722/08: »Relativierung« der Bevorzugung älterer AN durch Altersgruppen; s § 1 KSchG Rdn 235, §§ 112-112a BetrVG Rdn 18) berücksichtigt werden (Prinzipien s *Schiefer* aaO; *Lingemann/Beck* NZA 2009, 577; *Löwisch/Röder/Krieger* BB 2008, 610 f; *Wendeling-Schröder* AuR 2007, 389).

5 Unabhängig vom Alter müssen auch die übrigen Sozialdaten (s § 1 KSchG Rdn 201 ff) diskriminierungsfrei berücksichtigt werden. Hier ist an die Einbindung der Unterhaltspflichten aus einer eingetragenen gleichgeschlechtlichen Lebensgemeinschaft oder an die Schwerbehinderung zu denken.

6 **B. Fallgruppen. I. Bes Schutz- und Förderbestimmungen (§ 10 S 3 Nr 1).** Die nach Lebensjahren gestaffelte Wochenarbeitszeit ist als unmittelbare Benachteiligung jüngerer AN zulässig, wenn ein Schutzbedürfnis für ältere AN, etwa wegen hoher Arbeitsplatzbelastungen nahe liegt. Entspr gilt für **tarifvertraglich** (§ 26 I TVöD, § 48 I BAT, *Wulfers/Hecht* ZTR 2007, 475; LAG Rheinland Pfalz 7.9.2012, 6 Sa 709/11; LAG Hessen 17.1.2014, 14 Sa 646/13, BeckRS 2014, 68625; LAG Düsseldorf 18.1.2011, 8 Sa 1274/10) oder arbeitsvertraglich **altersgestaffelte Urlaubsansprüche** (BAG 21.10.2014, 9 AZR 956/12, DB 2015, 748), ebenso für die Befreiung von Wechselschichten, die jedoch allein mit der unbewiesenen und pauschalen Annahme höherer Regenerationsbedürftigkeit Älterer nicht zu rechtfertigen sind (*Thüsing* Rn 409). Das BAG (21.10.2014, 9 AZR 956/12, DB 2015, 748) stellt auf die körperlich anstrengenden Tätigkeiten im Produktionsbetrieb ab und läßt dahinstehen, ob es einen generellen Zusammenhang zwischen Alter und Erholungsbedarf gibt. Die **Lebensaltersstufen** des § 27 BAT sind mit Blick auf die offensichtliche Altersdiskriminierung (Hess LAG 22.4.2009, 2 Sa 1689/08, NZA 2009, 799; *Dornbusch/Kasprzyk* NZA 2009, 1000; zu den Rechtsfolgen LAG Köln 6.2.2009, 8 Sa 1016/08, ZTR 2009, 492; s § 7 Rdn 13) aufgegeben worden. Die Übergangsregelungen im TVöD sind zulässig (EuGH 8.9.2011, C-297/10, EzA EG-Vertrag 1999 Nr. 28 RL 2000/78). Auch die **tarifliche Verdienstsicherung** für ältere Beschäftigte bedarf einer bes arbeitsplatzbezogenen Begründung (etwa Absicherung des langjährig gehaltenen Akkordsatzes, *Bertelsmann* ZESAR 2005, 245). Die Altersgrenzen des **ATZG und von Altersteilzeit-TV sind** gerechtfertigt

(BAG 14.10.2008, 9 AZR 511/07, EzA § 4 TVG Altersteilzeit Nr 29), wenn und soweit sie Älteren aus Gesundheitsschutzgründen pauschal die langsame Reduzierung der Erwerbstätigkeit ermöglichen.

Arbeitsentgelte, die Gewährung von Zusatzleistungen sowie die Staffelung von Arbeitszeit und Urlaub sollten statt an das Alter an die Dauer der Betriebszugehörigkeit (iE *Schmidt/Senne* RdA 2002, 88, 89) gekoppelt werden. Das könnte zwar mittelbare Ungleichbehandlung wegen des Alters oder des Geschlechts darstellen, wäre aber mit dem legitimen personalpolitischen Ziel der Honorierung von Betriebstreue bzw der Berufserfahrung zu rechtfertigen (§ 3 II Hs 2, s *Löwisch* DB 2006, 1731; vorsichtiger *Thüsing* Rn 463; vgl EuGH 3.10.2006, C-17/05, EzA Art 141 EG-Vertrag Nr 20). 7

Die Nichtberücksichtigung der Betriebszugehörigkeitszeiten vor Vollendung eines bestimmten Lebensjahres (etwa bei der Berechnung von **Kdg-Fristen**, § 622 II 2 BGB) ist nicht mehr zu rechtfertigen (EuGH 19.1.2010, C-555/07, EzA EG-Vertrag 1999 Nr 14 Richtlinie 2000/78; *Schleusener* NZA 2007, 359; aA *von Medem* NZA 2009, 1072; zweifelnd *Thüsing* ZESAR 2009, 26;). Die nach Betriebszugehörigkeit gestaffelten Kdg-Fristen benachteiligen jüngere AN nicht unangemessen; sie sind wegen der zunehmenden persönl Bindung, die zu einer längeren »Vorwarnfrist« bei Kündigungen führt, gerechtfertigt (Hess LAG 13.5.2013, 7 Sa 511/12; Revision beim BAG unter 6 AZR 636/13). Ob es darüber hinaus zur erneuten Überprüfung der (bereits im Zuge tariflicher Gleichbehandlungskontrolle von Arbeitern und Angestellten bearbeiteten) kurzen Kdg-Fristen vieler Handwerkertarifverträge kommen wird, bleibt abzuwarten. 8

Die Reichweite **tarifvertraglicher Kdg-Verbote** zugunsten älterer AN, wie sie etwa in 4.4 des Südwestdt Metallmantel-TV (zulässig: LAG BW 15.3.2007, 21 Sa 97/06, juris) oder in § 34 II TVöD enthalten sind, ist schon außerhalb der Altersdiskriminierung umstr (§ 1 KSchG Rdn 188; *Körner*, NZA 2008, 497). Das BAG (20.6.2013, 2 AZR 295/12 DB 2014, 186) hält eine tarifliche Alterssicherung grundsätzlich für zulässig, da die Berücksichtigung des Lebensalters bei der Sozialauswahl ein im Allgemeininteresse liegendes Ziel aus dem Bereich der Sozialpolitik verfolge, nämlich ältere Arbeitnehmer möglichst vor einer Entlassung zu schützen. Die Rechtfertigung steht allerdings unter dem Vorbehalt, dass hierdurch die Sozialauswahl nicht grob fehlerhaft werden darf. Zunächst ist eine Sozialauswahl unter den kündbaren AN vorzunehmen. Daraufhin sind die Sozialdaten der am besten geschützten, aber gleichwohl zu kündigenden AN mit den Sozialdaten der am wenigsten geschützten unkündbaren AN zu vergleichen. Dabei kann sich ergeben, dass es grob fehlerhaft und unverhältnismäßig wäre, dem unkündbaren AN den Vorzug zu geben (BAG, aaO). Dessen Sonderkündigungsschutz muss dann zurücktreten, und es besteht ein wichtiger Grund für die außerordentliche Kdg mit sozialer Auslauffrist (aA *Gaul* DB 2014, 663: ordentlich betriebsbedingt, der zu Recht darauf hinweist, dass künftige Tarifverträge diese Einschränkung enthalten müssen). 9

Die **individualrechtl vereinbarte Unkündbarkeit** ist schon bislang als unwirksam angesehen worden, soweit dadurch der Kdg-Schutz einzelner AN, die nach den Sozialdaten an sich weniger schutzbedürftig sind, zulasten anderer AN verbessert wurde (§ 1 KSchG Rdn 189). 10

Zur AGG-Kontrolle von Schutzbestimmungen für Ältere (etwa Versetzungsschutz) in BV s BAG 13.10.2009, 9 AZR 722/08, NZA 2010, 327; näher § 75 BetrVG Rdn 11 f. 11

II. Mindestalter bei Berufszugang, Beförderung und Berufsbildung (§ 10 S 3 Nr 2). Mindestaltersgrenzen für etwaige mit der Beschäftigung verbundene Vorteile sind idR Folge von Schutz- und Förderkonzepten, die zur Verdeutlichung des Sachzusammenhangs bei Nr 1 (dort Rdn 6, 7) geprüft werden sollten. Die im öffentl Dienstrecht für den Berufszugang vorgesehenen Mindestaltersgrenzen (§ 9 BBG, §§ 23, 29, 33a BLV) können mit der Sicherung einer gewissen Lebenserfahrung zu rechtfertigen sein (vgl § 8 Rdn 7). Mindestanforderungen an das Alter finden sich zudem häufig in Stellenausschreibungen oder Stellenprofilen, insb zur Besetzung bes qualifizierter Positionen (s näher § 11 Rdn 3). In diesen Fällen ist zu fragen, ob ein bestimmtes Lebensalter tatsächlich zwangsläufig mit der an sich geforderten persönlichen Reife, Berufserfahrung oder Qualifikation einhergeht (BGK § 10 Rn 31). 12

Der BR hat nach § 96 II 2 BetrVG bei der betrieblichen Weiterbildung auf die Belange älterer AN zu achten. AN dürfen nicht aufgrund des Erreichens einer Altersgrenze von beruflichen oder betrieblichen Weiterbildungsmaßnahmen ausgeschlossen werden (Mindestanforderung oder Höchstaltersgrenze). Der Kosten- und Zeitaufwand mag eine gewisse Verbleibenszeit erfordern; dieses Ziel muss jedoch ggf über Mindestbetriebszugehörigkeitszeiten oder über Rückzahlungsklauseln erreicht werden; Altersgrenzen sind generell nicht geeignet. 13

III. Höchstalter für Einstellung (§ 10 S 3 Nr 3). Die in Nr 3 eng formulierten legitimen Zwecksetzungen zeigen, dass die in der Praxis weit verbreitete berufliche Ausgrenzung Älterer nur noch in ganz engen Grenzen (nach BT-Drs 16/1780 S 36 Beschäftigte, deren Rentenalter bereits absehbar ist) gerechtfertigt werden kann. Es erscheint danach als unzulässig, Höchsteintrittsaltersgrenzen für Traineeprogramme, Praktika oder Schnupperphasen mit dem Zweck der »Einführung und Vorbereitung zu einem langfristigen 14

Karriereweg innerhalb eines Konzerns, Unternehmens oder Betriebs« (so BGK § 10 Rn 35) zu rechtfertigen. Die Festlegung des Eintrittsalters von unter 33 bei Piloten ist eine unzulässige Altersdiskriminierung (BAG 8.12.2010, 7 ABR 98/09, EzA TVG § 1 Nr. 5 Betriebsnorm). Die ausdrückliche Suche nach »Berufsanfängern« oder »jungen Kollegen« ist idR diskriminierend, s § 22 Rdn 11. Zu Rechtfertigungsgründen für derartige Einschränkungen in Stellenanzeigen *Kaufmann* BB 2013, 2997)

15 Entfallen könnte ein Großteil der Höchsteintrittsaltersgrenzen im öffentl Dienst, etwa § 38 BLV, wobei sich Verwaltungs- und ArbG in der Bewertung erst noch verständigen müssen (s *Bertelsmann* ZESAR 2006, 248; LAG Köln 12.2.2009, 7 Sa 1132/08, ZTR 2009, 596 für Vorfeldbefristungen; Hess LAG 17.3.2009, 4 TaBV 168/08, ArbR 2009, 68 einerseits und BVerwG 24.9.2009, 2 C 31/08, juris für die Verbeamtung andererseits; vermittelnd *Thüsing* ZESAR 2009, 83). Die in der Praxis häufige und bislang von der Vertragsfreiheit gedeckte generelle Ausgrenzung Älterer in Stellenanzeigen, Einstellungsfragebögen und bei Auswahlentscheidungen ist in aller Regel unmittelbar diskriminierend (s Anm zu § 11). Der Verweis auf die gewünschte Beschäftigtenstruktur oder berufliche Leistungsanforderungen kann allenfalls über § 8 Berücksichtigung finden.

16 **IV. Altersgrenzen in betrieblicher Altersversorgung (§ 10 S 3 Nr 4).** Entspr Art 6 II Rahmen-RL stellt die Festsetzung von Altersgrenzen bei der betrieblichen Altersversorgung regelmäßig keine Benachteiligung wegen des Alters dar. Zulässig bleibt, sowohl die Mitgliedschaft von einem bestimmten Höchstalter, als auch den Bezug von Altersrente von einem bestimmten Lebensalter abhängig zu machen. Auch § 1b BetrAVG oder ein tarifvertragliches Mindestalter (im Zusammenhang mit einer ablösenden Versorgungsordnung, LAG Köln 31.8.2007, 11 Sa 564/07) bzw als Unverfallbarkeitsvoraussetzung ist gerechtfertigt (BAG 28.5.2013, 3 AZR 210/11, DB 2013, 1972; *Rolfs* NZA 2008, 553). Altersdiskriminierend ist die Regelung in einer Versorgungsordnung, wonach der Mitarbeiter bei Erfüllung der 10jährigen Wartezeit nicht älter als 55 sein darf, um Anspruch auf Altersversorgung zu haben (BAG 18.3.2014, 3 AZR 69/12, DB 2014, 1685). Zu Gestaltungsmöglichkeiten vgl *Wilhelm/Sprick*, DB 2014, 1927.

17 **V. Altersgrenzenregelungen für Beendigung der Beschäftigung (§ 10 S 3 Nr 5).** § 10 S 2 Nr 5 gestattet nunmehr ausdrücklich gesetzliche (§ 51 BBG), kollektiv- (BAG 5.3.2013, 1 AZR 417/12) oder individualvertragliche Regelungen betr Beendigung des Beschäftigungsverhältnisses ohne Kdg zu einem Zeitpunkt, zu dem der Beschäftigte eine Rente wegen Alters beantragen kann. Vertragliche Altersgrenzenregelungen zur obligatorischen Pensionierung mit Vollendung des 65. bzw 67. Lebensjahres, wie sie auch in § 41 SGB VI vorgesehen sind, sind damit weiterhin in den Grenzen des § 14 TzBfG (s § 14 TzBfG Rdn 49; *Bissels/ Dietrich* AuA 2009, 76) statthaft, ebenso eine Befristung nach Überschreiten der Regelaltersgrenze (BAG 11.2.2015, 7 AZR 17/13, NZA 2015, 1066). Das legitime Ziel ist die sachgerechte und berechenbare Personal- und Nachwuchsplanung, die der AG nach BAG aaO jedoch darlegen muss. So ist die tarifliche Altersgrenze von 65 für Gebäudereiniger aus Gründen einer ausgewogenen Personalstruktur und einer Beschäftigungsverteilung zwischen den Generationen zulässig (EuGH 12.10.2010, C-45/09, EzA BGB 2002 § 620 Nr. 9 Altersgrenze; s auch BVerfG zu Art 12 GG BVerfG 25.11.2004, 1 BvR 2529/04, BB 2005, 1231; *von Roetteken* ZTR 2008, 250; Eckpunkte: *Thüsing* ZESAR 2009, 129; vgl auch Vorlagebeschl des SG Dortmund 25.6.2008, S 16 KA 117/07 wegen § 95 VII 2 SGB V; EuGH 12.1.2010, C-341/08).

18 Niedrigere Höchstaltersgrenzen können nach § 8 (s § 8 Rdn 7) dann gerechtfertigt sein, wenn sie dem Schutz von Leben und Gesundheit Dritter dienen (Flugkapitäne, Flugingenieure, sonst Personenbeförderung, Polizeidienst, str). Die in den Arbeitsverträgen der Lufthansapiloten festgelegte tarifliche Altersgrenze von 60 Jahren soll jedoch altersdiskriminierend sein (EuGH 13.9.2011, C-447/09, EzA BGB 2002 § 620 Nr. 11 Altersgrenze, BAG 18.1.2012, 7 AZR 112/08, DB 2012, 981).

19 **VI. Sozialplanleistungen (§ 10 S 3 Nr 6).** § 10 S 3 Nr 6 eröffnet den Betriebsparteien einen Gestaltungs- und Beurteilungsspielraum und erlaubt unter engen Voraussetzungen nach Alter und Betriebszugehörigkeit gestaffelte Abfindungsregelungen in Sozialplänen. Soweit sich eine Sozialabfindung durch die Verwendung gängiger Formeln (s §§ 112-112a BetrVG Rdn 15 f) altersabhängig erhöht, handelt es sich um eine nach § 5 AGG zulässige Differenzierung (BAG 12.4.2011, 1 AZR 743/09, EzA BetrVG 2001 § 112 Nr. 42; BAG 26.5.2009, 1 AZR 198/08, EzA BetrVG 2001 § 112 Nr 31; Praxishinweise *Döring/Nimmerjahn* BB 2009, 2428; *Lingemann/Beck* NZA 2009, 577; *Löwisch/Röder/Krieger* BB 2008, 610). Kappungsgrenzen und Höchstbetragsklauseln sind umgekehrt unabhängig von statistischer Alterssignifikanz in aller Regel nicht mittelbar altersdiskriminierend iSv § 3 II HS 1 (*Roth* EWiR 2009, 167; s § 3 Rdn 7, § 7 Rdn 8). Auch die Kürzung für rentennahe Jahrgänge wird im Zusammenhang mit dem legitimen Ziel von Sozialplänen (§ 112 I 2 BetrVG) meist gerechtfertigt sein (s BGK § 10 Rn 56; BAG 9.12.2014, 1 AZR 102/13, NZA 2015, 365; BAG 26.3.2013 1 AZR 813/11; BAG 7.6.2011, 1 AZR 34/10, EzA BetrVG 2001 § 112 Nr. 45;

BAG 11.11.2008, 1 AZR 475/07, EzA § 112 BetrVG 2001 Nr 30; vgl §§ 112-112a BetrVG Rdn 18 f). Knüpft die Minderung jedoch an die Möglichkeit der Inanspruchnahme einer vorzeitigen Altersrente wegen Schwerbehinderung an, ist dies eine unzulässige Diskriminierung (EuGH 6.12.2012 C-152/11 – Odar/Baxter, vgl. *Zange*, NZA 2013, 601).

Sozialpläne außerhalb des Geltungsbereiches der §§ 112, 112a BetrVG, etwa nach §§ 32, 28 SprAuG, Sozialpläne des öffentl Dienstes oder Tarifsozialpläne profitieren ebenfalls von der Ausnahmeregelung (hier über § 10 S 1, s BGK § 10 Rn 51). 20

§ 10 S 2 Nr 6 verdeutlicht, dass mittelbare Alters- oder Frauendiskriminierung aus der Anknüpfung an die Dauer der Betriebszugehörigkeit regelmäßig nicht hergeleitet werden kann (s *Löwisch* DB 2006, 1731); zu mittelbarer Diskriminierung infolge des (zufälligen) statistischen Ergebnisses von Interessenausgleichen und Sozialplänen s § 3 Rdn 7. 21

§ 11 Ausschreibung
Ein Arbeitsplatz darf nicht unter Verstoß gegen § 7 Abs. 1 ausgeschrieben werden.

Übersicht	Rdn.		Rdn.
A. Grundsätze	1	IV. Die Absage	10
B. Praxishinweise zu Stellenbesetzungsverfahren	3	V. Behandlung und Archivierung von Bewerbungsunterlagen	11
I. Die neutrale Ausschreibung	3	C. Folgen diskriminierender Einstellungsverfahren	12
II. Die Auswahlentscheidung	5		
III. Das Vorstellungsgespräch	8		

A. Grundsätze. Benachteiligende Ausschreibungen und Stellenbesetzungsverfahren sind verboten. Die Regelung entspricht inhaltlich ex § 611b BGB und § 7 TzBfG (s § 7 TzBfG Rdn 2). Dabei werden öffentl und innerbetriebliche Ausschreibungen (Bekanntgabe der Einstellungsabsicht an eine Vielzahl mgl Interessenten, nicht eine einzelne Bewerbungsaufforderung, SSV/*Suckow* § 11 Rn 13) gleichermaßen erfasst. Einbezogen sind alle Ausschreibungen bzgl Stellen im pers Anwendungsbereich des § 6. Vergleichbar mit § 7 TzBfG wird damit (vorbehaltlich § 81 I 2 und § 82 I 1 SGB IX, § 93 BetrVG) jedoch keine allg Verpflichtung zur Stellenausschreibung geschaffen. 1

Hauptsächlich geschlechtsspezifische Stellenausschreibungen hatten den EuGH (22.4.1997, C 180/95, Slg 1997, I-2195, Draehmpaehl) auf den Plan gerufen, der **verschuldensunabhängige** Sanktionen für die Teilnahme an geschlechtsbenachteiligenden Besetzungsverfahren forderte (s § 15 Rdn 1–3). Praxisrelevant wird diese Besonderheit des europäischen Sanktionssystems, wenn sich der AG zur Stellenausschreibung eines **Dritten**, zB eines Stellenvermittlers oder der BA bedient und ein so eingeschalteter Dritter die Pflicht zur Durchführung des diskriminierungsfreien Stellenbesetzungsverfahrens verletzt. Der AG hat jeden Verstoß gegen das Recht auf ein neutrales Bewerbungsverfahren grds verschuldensunabhängig zu entschädigen (zur Versicherbarkeit *Mohr/Grimminger* BB 2008, 1170). Diskriminierungsrechtl Zurechnungstatbestand der Ausschreibung ist so besehen der tatsächliche »öffentl Auftritt«, sodass im Fall der Fremdausschreibung die Sorgfaltspflicht besteht, die Ordnungsmäßigkeit der Ausschreibung zu überwachen. Dies gilt nicht nur im Fall der Einschaltung eines Personalberatungsunternehmens (§ 278 BGB; OLG Frankfurt 9.5.2014, 16 U 175/13: Mitteilung des Unternehmens an den Personalberater, man wünsche für die zu besetzende Stelle keine Frau) sondern auch dann, wenn die Ausschreibung etwa auf telefonische Mitteilung allein in Medien der BA auftaucht (so für einen Verstoß gegen das Verbot geschlechtsbezogener Benachteiligung BAG 5.2.2004, 8 AZR 112/03, EzA § 611a BGB 2002 Nr 3; einschränkend nunmehr LAG Hamm 24.4.2008, 11 Sa 95/08, AuR 2008, 360; zur Behindertenbenachteiligung durch die BA s *Mohr* SAE 2008, 106 f). Zu Ansprüchen gegen Dritte s § 12 Rdn 13; *Diller* NZA 2007, 649; *Fischer* NJW 2009, 3547. 2

B. Praxishinweise zu Stellenbesetzungsverfahren. I. Die neutrale Ausschreibung. Die Vorschrift des ex § 611b BGB ist auf alle Merkmale des § 1 ausgedehnt. Damit steigt das Diskriminierungsrisiko für AG beträchtlich. Manche Stellenanzeige knüpft direkt an ein Merkmal des § 1 an (Bsp: »Dt Metallfacharbeiter, männlich, nicht älter als 25 Jahre gesucht«; »...zwischen 25 und 35 Jahren«, BAG 23.8.2012, 8 AZR 285/11, NZA 2013, 37), oft werden scheinbar neutrale Zusammenhangsmerkmale (Beispiel: »Lagerhilfskraft gesucht, gute Deutschkenntnisse in Wort und Schrift erwünscht, körperlich kräftig«, vgl LAG Nürnberg 5.10.2011, 2 Sa 171/11, LAGE § 11 AGG Nr. 1) formuliert. Ähnliche Texte begründen die Vermutung (näher § 22 Rdn 5 f), dass Merkmalsträger aus dem Bewerberkreis von vornherein ausgeschieden 3

§ 11 AGG Ausschreibung

werden sollen (Praxistipps bei SSV/*Suckow* § 11 Rn 18 ff; zur geschlechtsneutralen Ausschreibung *Rolfs/Wessel* NJW 2009, 3329; zu den Pflichten des SGB IX *Schrader/Klagges* NJW-RR 2009 169; Bsp zur altersdiskriminierenden Ausschreibung BAG 18.8.2009, 1 ABR 47/08; siehe auch § 22 Rdn 11). Das sind Fälle (ggf **verdeckter**, s § 3 Rdn 4) **unmittelbarer** Diskriminierung, da Anknüpfungspunkt der Benachteiligung die konkrete Absage oder Nichtberücksichtigung darstellt. Vermieden werden kann das nur durch konsequent tätigkeitsbezogene Formulierungen, also durch die aussagekräftige Beschreibung der Tätigkeit und die sich daraus ergebenden Anforderungen an den Bewerber. Dazu ist hilfreich, vor der Ausschreibung ein **Stellenprofil** (zum Nachw von § 82 S 3 SGB IX zwingend, s BAG 21.7.2009, 9 AZR 431/08, NJW 2009, 3319) zu entwickeln (bei Fehlen s Rdn 12) – ggf unter freiwilliger (da nicht mitbestimmungspflichtig) Beteiligung des BR –. Es ist grundsätzlich zulässig, in einem Stellenprofil eine bestimmte Mindestnote oder sonstige bes Qualifikationen zu fordern. Anforderungsprofile sind dann maßgeblich, wenn der AG sie an einen Bewerber in redlicher Weise stellen durfte. Der AG darf über die geforderten Qualifikationen des Stelleninhabers grundsätzlich frei entscheiden, solange er nicht durch überzogene Anforderungen, die unter keinem nachvollziehbaren Gesichtspunkt durch die Erfordernisse der wahrzunehmenden Aufgaben gedeckt sind, die Vergleichbarkeit der Situation willkürlich gestaltet und dadurch den Schutz des Gesetzes de facto beseitigt (BAG 4.11.2013, 8 AZR 997/12, NZA 2014, 489). Anwaltskanzleien dürfen die Erreichung zweier Prädikatsexamina verlangen (LAG Köln, 23.1.2013, 23.1.2013, 3 Sa 686/12). Statt der Angabe eines bestimmten Mindest-/Höchstlebensalters (Bsp LAG Hamm 26.6.2008, 15 Sa 63/08, EzA-SD 2008 Nr 22) sollte auf Berufserfahrung, Team- oder Durchsetzungsfähigkeit bzw allg bes Qualifikationen oder persönliche Qualitäten abgestellt werden (BGK § 10 Rn 31). Der AG sollte von sich aus nicht die Zusendung von Fotos oder Altersangaben bzw Deutschkenntnisse fordern (str, wie hier SSV/*Suckow* Rn 21 Fn 45; aA *Gruber* NZA 2009, s § 8 Rdn 11). Ein Postzusteller muss sich lt ArbG Hamburg (ArbuR 2010, 223) nicht »klar und deutlich« auf Deutsch ausdrücken können, hingegen darf der AG von einem Softwareentwickler mit Kundenkontakt »sehr gutes Deutsch« verlangen (LAG Nürnberg 5.10.2011, 2 Sa 171/11). Für eine Bürohilfe zur Unterstützung eines Redakteurs darf nach LAG Hess (15.6.2015, 16 Sa 1619/14; JurionRS 2015, 22681) nicht »Deutsch als Muttersprache« verlangt werden. Um die Anzahl der Bewerber zu reduzieren, kann in geeigneten Medien ausgeschrieben werden (s *Wisskirchen* DB 2006, 1493; zum online-Bewerbermanagement *Ege* AuA 2008, 154 f).

4 Frauenförderung im Stellenausschreibungstext ist zul (LAG Düsseldorf 12.11.2008, 12 Sa 1102/08, ZTR 2009, 271), nach ArbG Berlin (42 Ca 1530/14) nicht jedoch die ausdrückliche Suche nach einer »Frau mit Migrationshintergrund« für die Stelle der Volontärin bei einer Tageszeitung. Der unterbliebene Hinweis auf erwünschte Bewerbungen Schwerbehinderter ist kein Indiz iSv § 22 (LAG Köln 21.1.2009, 3 Sa 1369/08, LAGE § 22 AGG Nr 1a).

5 **II. Die Auswahlentscheidung.** Eingereichte Bewerbungen sind strikt anhand des Anforderungsprofils, keinesfalls nach Merkmalen des § 1, zu sortieren, was insb bei ausländisch klingenden Namen (vgl *Thüsing* NZA 2006, 776 zu Testing-Verfahren), der Vorlage merkmalslastiger Lichtbilder oder sonst deutlichen Hinweisen auf Merkmale beachtet werden muss (§ 7 I 2). Die Nichtberücksichtigung einer Schwangeren nach Befristungsablauf kann (BAG 24.4.2008, 8 AZR 257/07, EzA § 611a BGB 2002 Nr 6) gegen § 7 I verstoßen, s *Diller/Kern* FA 2007, 103 f; *Pallasch* NZA 2007, 306 f. Ohne Weiteres aussortiert werden dürfen nicht ernsthafte Bewerbungen (BAG 12.11.1998, 8 AZR 365/97, EzA § 611a BGB Nr 14; LAG Hamm 26.6.2008, 15 Sa 63/08, LAGE § 15 AGG Nr 5; Indizien für eine Scheinbewerbung s *Jacobs* RdA 2009, 199 mN; aber uU § 15 II 2 bei diskriminierenden Verfahrensfehlern, s Rdn 12). Auf die objektive Eignung des Bewerbers kommt es für den Bewerberstatus nicht an (BAG. 23. 8. 2012, 8 AZR 285/11, NZA 2013, 37), sofern nicht ein krasses Missverhältnis zwischen Anforderungsprofil der zu vergebenden Stelle und Qualifikation des Bewerbers die Ernsthaftigkeit der Bewerbung infrage stellt (BAG 19.8.2010, 8 AZR 466/09, BeckRS 2011, 65294; 18.3.2010, 8 AZR 77/09, NZA 2010, 872; 4.11.2013, 8 AZR 997/12, NZA 2014, 489 aA: BGK § 6 Rn 10, 11; LAG HH 12.1.2009, 3 Ta 26/08, LAGE § 15 AGG Nr 8; 29.10.2008, 3 Sa 15/08, AuR 2009, 97 m abl Anm *Kocher*).

6 Für Bewerbungen Schwerbehinderter gelten Sondervorschriften (§§ 81 I 4; 82 S 2 und 3, dazu BAG 21.7.2009, 9 AZR 431/08, NZA 2009, 1087 und §§ 82–84 SGB IX, § 32 BetrVG), deren Nichtbeachtung als Indiz (§ 22) einer Benachteiligung Behinderter (BAG 17.8.2010, 9 AZR 839/08, BeckRS 2010, 74183; 12.9.2006, 9 AZR 807/05, DB 2007, 747, näher § 22 Rdn 5) gewertet wird. Freilich dürfte Art 5 der Rahmen-RL (angemessene Vorkehrungen für Menschen mit Behinderung, vgl § 1 Rdn 8) weiter gehen als das dt Schwerbehindertenrecht. Zur Sicherung des diskriminierungsfreien Zugangs zur Beschäftigung darf der AG die Einstellung eines Behinderten nicht ablehnen, weil die Abwesenheit der Behinderung

wesentliche und entscheidende Voraussetzung der Ausübung der Tätigkeit ist, sofern angemessene Vorkehrungen zumutbar sind (s § 8 Rdn 8).

Die der endgültigen Personalentscheidung zugrunde liegenden Fakten müssen nachvollziehbar dokumentiert werden (Auswahlrichtlinien oder Checkliste diskriminierungsfreier Ablehnungsgründe, etwa Schulnoten, Sprachen, Auslandserfahrung, fachspezifische Abschlüsse, aber auch soft skills, wie Teamfähigkeit, Kommunikationsvermögen oder Durchsetzungsfähigkeit). Der AG muss uU belegen können, dass die unterschiedliche Behandlung nicht auf einer Verletzung des Benachteiligungsverbots beruht. 7

III. Das Vorstellungsgespräch. Der AG darf vor der Einstellung des Bewerbers mündlich oder in Einstellungsfragebögen alle Fragen stellen, mit denen er die Eignung für die Tätigkeit feststellen will (vgl zum Fragerecht § 611 BGB Rdn 68 f). Unabhängig von Zulässigkeit und Anfechtungsmöglichkeiten infolge wahrheitswidriger Beantwortung sollten Fragen im Zusammenhang mit Diskriminierungsmerkmalen unterbleiben, da sie Indizien iSv § 22 darstellen können (vgl LAG München 8.7.2008, 8 Sa 112/08, AuA 2008, 624). Das gilt insb für die nach BAG zulässige Frage (BAG 3.12.1998, 2 AZR 754/97, NZA 1999, 584) nach dem Vorliegen einer Schwerbehinderung. Ausf Praxishinweise zu allen Merkmalen bei SSV/*Suckow* § 11 Rn 63 ff; MüKo-BGB/*Thüsing* § 11 AGG Rn 15 f. 8

Die Frage nach dem Vorliegen einer Schwangerschaft ist generell unzulässig (EuGH 3.2.2000, C-207/98, EzA § 611a BGB Nr 15 m krit Anm *Gamillscheg*; EuGH 4.10.2001, C-109/00, EzA § 611a BGB Nr 16. Wird die Frage (ggf in Umgehungsabsicht: Frage nach dem Vorliegen von absehbaren Beschäftigungshindernissen) gestellt, ist unmittelbare Geschlechtsdiskriminierung zu vermuten (gegen LAG Berlin 19.2.2006, 2 Sa 1776/06, ZTR 2007, 96; zu Rechtfertigungsgründen s § 8 Rdn 4 f). 9

IV. Die Absage. Missbrauchsrisiken lassen AG vorsichtig werden. So wird angeraten, das Absageschreiben so neutral und inhaltsleer wie möglich zu formulieren und sich ggü Risikobewerbern Zugangsnachweise (Frist des § 15 IV) zu verschaffen (Praxishinweise s *Böhm* DB 2008, 2193 f). Entsprechendes gilt für telefonische Rückfragen der Bewerber. Ansprüche auf Auskunft über den Grund der Ablehnung und auf Vorlage der Unterlagen des eingestellten Bewerbers bestehen nicht (EuGH 19.4.2012, C-415/10, DB 2012, 980; LAG HH 9.11.2007, H 3 Sa 102/07, besprochen bei *Schreiner/Kuhn* EWiR 2008, 321). Die Verweigerung von Informationen über die Gründe der Ablehnung soll jedoch ein Indiz für Diskriminierung sein können (EuGH 19.4.2012, C-415/10, DB 2012, 980; BAG 25.4.2013 – 8 AZR287/08). Gibt der AG allerdings eine Begründung für seine Absage, muss diese Auskunft zutreffen, andernfalls wäre eine Diskriminierung indiziert (BAG 21.6.2012 – 8 AZR 364/11). 10

V. Behandlung und Archivierung von Bewerbungsunterlagen. Der AG ist infolge der §§ 311 II, 241 II BGB verpflichtet, die ihm ausgehändigten Unterlagen des Bewerbers sorgfältig aufzubewahren und unverzüglich zurückzugeben, sobald feststeht, dass die Bewerbung nicht zum Erfolg führt. Er macht sich schadensersatzpflichtig, wenn er diese Pflichten schuldhaft verletzt. Die dauerhafte Archivierung von Bewerbungs- oder hierüber gefertigten Daten kann das Persönlichkeitsrecht des Bewerbers verletzen und ist mit schutzwürdigen Belangen des AG (etwa der Erwartung von Rechtsstreitigkeiten, BAG 6.6.1984, 5 AZR 286/81, EzA § 1004 BGB Nr 2) abzuwägen. Zu praktischen Möglichkeiten der Dokumentation von Stellenbesetzungsverfahren s *Schrader* DB 2006, 2574, 2575. 11

C. Folgen diskriminierender Einstellungsverfahren. Der AG hat benachteiligt abgelehnten Bewerbern selbst dann eine angemessene Entschädigung iHv (in der Regel einem) höchstens 3 Monatsgehältern zu zahlen (s § 15 Rdn 37 f), wenn diese für die Stelle gar nicht qualifiziert waren. Dabei steht die Praxis vor der Schwierigkeit, Scheinbewerbungen (Indizien *Jacobs* RdA 2009, 199) entschädigungslos zu stellen. Denn der Diskriminierungstatbestand steht bei einer benachteiligenden Stellenausschreibung im Entschädigungsprozess praktisch schon fest; das Nachschieben von Einstellungsvoraussetzungen ist idR unzulässig (s § 22 Rdn 16; BAG 28.5.2009, 8 AZR 536/08, EzA AGG § 8 Nr 1; LAG Hamm 4.6.2004, 15 Sa 2047/03, AuA 2005, 56; BAG 5.2.2004, 8 AZR 112/03, EzA § 611a BGB 2002 Nr 3; großzügiger LAG Rh-Pf 20.3.2008, 2 Sa 51/08, 8 AZR 536/08). Das kann zu Missbrauch einladen (vgl LAG Berl 14.7.2004, 15 Sa 417/04, NZA-RR 2005, 124; *Diller* NZA 2007, 1321 ff, sog AGG-Hopping). 12

Bei Nichteinstellung eines Bewerbers, der bei benachteiligungsfreier Auswahl eingestellt oder befördert worden wäre, ist Schadensersatz nach § 15 I zu zahlen. Anders als noch nach ex § 611b BGB können hier (wenn auch einmalig) erhebliche Belastungen auf den AG zukommen (s § 15 Rdn 11). Es besteht nach wie vor kein Anspruch auf Einstellung (§ 15 VI). Allerdings kann nach § 15 II zusätzlich ein der Höhe nach unbegrenzter Anspruch auf angemessene Entschädigung für den erlittenen ideellen Schaden fällig sein (s näher § 15 Rdn 40). 13

§ 12 Maßnahmen und Pflichten des Arbeitgebers

(1) ¹Der Arbeitgeber ist verpflichtet, die erforderlichen Maßnahmen zum Schutz vor Benachteiligungen wegen eines in § 1 genannten Grundes zu treffen. ²Dieser Schutz umfasst auch vorbeugende Maßnahmen.
(2) ¹Der Arbeitgeber soll in geeigneter Art und Weise, insbesondere im Rahmen der beruflichen Aus- und Fortbildung, auf die Unzulässigkeit solcher Benachteiligungen hinweisen und darauf hinwirken, dass diese unterbleiben. ²Hat der Arbeitgeber seine Beschäftigten in geeigneter Weise zum Zwecke der Verhinderung von Benachteiligung geschult, gilt dies als Erfüllung seiner Pflichten nach Absatz 1.
(3) Verstoßen Beschäftigte gegen das Benachteiligungsverbot des § 7 Abs. 1, so hat der Arbeitgeber die im Einzelfall geeigneten, erforderlichen und angemessenen Maßnahmen zur Unterbindung der Benachteiligung wie Abmahnung, Umsetzung, Versetzung oder Kündigung zu ergreifen.
(4) Werden Beschäftigte bei der Ausübung ihrer Tätigkeit durch Dritte nach § 7 Abs. 1 benachteiligt, so hat der Arbeitgeber die im Einzelfall geeigneten, erforderlichen und angemessenen Maßnahmen zum Schutz der Beschäftigten zu ergreifen.
(5) ¹Dieses Gesetz und § 61b des Arbeitsgerichtsgesetzes sowie Informationen über die für die Behandlung von Beschwerden nach § 13 zuständigen Stellen sind im Betrieb oder in der Dienststelle bekannt zu machen. ²Die Bekanntmachung kann durch Aushang oder Auslegung an geeigneter Stelle oder den Einsatz der im Betrieb oder der Dienststelle üblichen Informations- und Kommunikationstechnik erfolgen.

Übersicht	Rdn.		Rdn.
A. Allg Organisationspflichten	1	C. Maßnahmen bei Benachteiligungen durch Dritte	10
B. Sanktionsverpflichtung bei Benachteiligungen durch Beschäftigte	6	D. Bekanntmachungspflichten	14

1 **A. Allg Organisationspflichten.** § 12 I ist § 2 BeschSchutzG nachgebildet. Die Vorschrift begründet iS einer Generalklausel die Verpflichtung des AG, konkrete und geeignete Maßnahmen zum Schutz der Beschäftigten zu ergreifen. Welche Maßnahmen erforderlich sind, um unerwünschten Benachteiligungen entgegenzuwirken, ist nach den Umständen des Einzelfalles anhand objektiver Gesichtspunkte (nicht nach der subjektiven Einschätzung von AG oder BR) zu beurteilen (BT-Drs 16/1780 S 37). Gleichwohl ist dem AG der Spielraum unternehmerischer Entscheidungen (*Göpfert/Siegrist* ZIP 2006, 1710, 1714 f) zuzubilligen, der von der Vorhersehbarkeit etwaigen Handlungsbedarfs und der Verhältnismäßigkeit der sich daraus ergebenden Verpflichtungen begrenzt ist (iE *Grobys* NJW 2006, 2950).

2 Dass der AG die Pflicht hat, Benachteiligungen oder Belästigungen aus den genannten Gründen zu unterlassen, zu verhindern oder zu beseitigen, ergibt sich entweder aus § 7 I oder aus § 12 I–IV (unklar LAG Köln 9.5.2007, 7 Sa 1363/06, NZA-RR 2007, 628). Insofern kann es nur um die Frage gehen, bei welcher Norm der grds bestehende Unterlassungs- und Beseitigungsanspruch (Abwehrrecht in Anlehnung an § 1004 BGB, vgl § 21 Rdn 2, 3) verortet wird. Der Gesetzgeber kann mit Blick auf § 21 I nicht beabsichtigt haben, individualrechtl Abwehransprüche gegen den AG unmittelbar aus § 1004 BGB abzuleiten (anders *Grobys* NZA 2006, 899; SSV/*Voigt* § 15 Rn 6).

3 Der Gesetzgeber will unerwünschten Benachteiligungen im Beruf präventiv begegnen (zur Einführung von Ethik-RL *Schneider/Sittard* NZA 2007, 654 f; *Wisskirchen/Lützeler* AuA 2009, 509; Datenschutzbedenken *Wybitul* BB 2009, 1582). Dem AG wird (§ 12 I und II) insb die Pflicht auferlegt, die Beschäftigten iRd beruflichen Aus- und Weiterbildung entspr zu **schulen** (wohl MBR bzgl der Schulungsinhalte, vgl VG Frankfurt 10.9.2007, 23 L 1680/07, EzB BPersVG § 76 Nr 1). Die Einzelheiten hängen von den betrieblichen Gegebenheiten ab (Praxistipps *Zielke/Stauf* AiB 2007, 104 f). Für größere Unternehmen bieten sich Aspekte des sog »diversity managements« (etwa *Vedder* Diversity-orientiertes Personalmanagement, 2006) an, das auf Veränderung der Unternehmenskultur durch »Bewusstseinsbildung und Diskriminierungskontrolle« zielt. Der BR (vgl §§ 80, 75 I BetrVG) sollte nach Schulung (ggf § 37 VI BetrVG, Hess LAG 25.10.2007, 9 TaBV 84/07, AuA 2008, 442) in Antidiskriminierungsvereinbarungen und den Aufbau betrieblicher Konfliktmanagementsysteme (s § 13 Rdn 3) einbezogen werden.

4 Die Erfüllung der Organisationspflichten zum Schutz vor Diskriminierungen erhöht insb nach entspr Dokumentation für den AG die Chance, in Prozessen den Entlastungsbeweis (§§ 12 II 2, 15 I 2) zu führen und wird Einfluss auf die Höhe von Entschädigungszahlungen (§ 15 II, s § 15 Rdn 35) haben. Allerdings wird dem AG Verschulden von Führungspersonal in dessen Pflichtenkreis stets zugerechnet (§ 7 III AGG, § 278 BGB, s § 15 Rdn 16), sodass die Vorlage von Schulungsnachweisen in einem erheblichen praktischen Anwendungsbereich nicht entlasten kann.

Der BR oder eine im Betrieb vertretene Gewerkschaft können die Durchführung der erforderlichen Maß- 5
nahmen unter den Voraussetzungen des § 17 klageweise erzwingen.

B. Sanktionsverpflichtung bei Benachteiligungen durch Beschäftigte. Die korrekte Erfüllung allg Orga- 6
nisationspflichten entbindet den AG nicht davon, bei konkreten Problemstellungen tätig zu werden. Verstoßen Beschäftigte des AG gegen das Benachteiligungsverbot (bspw durch diskriminierende Anweisungen, Mobbing, sexuelle Belästigungen), so hat der AG nach § 12 III »geeignete, angemessene und erforderliche« Maßnahmen (s Rdn 1) zur Unterbindung der Benachteiligung zu ergreifen (selbstständig einklagbarer Anspruch des Benachteiligten, BAG 25.10.2007, 8 AZR 593/06, EzA § 611 BGB Persönlichkeitsrecht Nr 7; abl *Gehlhaar* NZA 2009, 825). Voraussetzung ist, dass der Verstoß objektiv vorliegt, in Verdachtsfällen gilt § 12 I (iE BGK § 12 Rn 30 mN).

Einzelheiten sind anhand des konkreten Konfliktes zu entscheiden, wobei der Arbeitgeber einen Ermessens- 7
spielraum hat, mit welchen Maßnahmen er zB auf Konflikte zwischen Mitarbeitern reagiert (LAG Rh-Pf 19.12.2013, 10 Sa 375/13, BeckRS 2014, 66087). Dabei ist nicht nur der Schutz des Betroffenen, sondern auch die Wahrung arbeitsrechtl (ggf disziplinarrechtl, dazu BVerwG 16.7.2009, 2 AV 4/09, juris) Vorgaben, insb des Grundsatzes der Verhältnismäßigkeit (BGK § 12 Rn 32 f; *Thüsing* Rn 686; idR Abmahnung vor Kdg, LAG Niedersachsen 29.11.2008, 1 Sa 547/08, LAGE § 12 AGG Nr 1; aA LAG Kiel 4.3.2009, 3 Sa 410/08, Anm *Herrmann* BB 2009, 1816), ggü den Diskriminierenden zu beachten. Verstößt der BR gegen § 75 BetrVG, können zudem betriebsverfassungsrechtl Sanktionsgrenzen bestehen. Der AG ist berechtigt, zunächst das »mildeste Mittel«, bspw eine Ermahnung auszusprechen, es sei denn, die Schwere des Verstoßes verlangt nach weiter gehenden Maßnahmen.

Soweit das Gesetz Umsetzung oder Versetzung als geeignete Maßnahmen nennt, können diese Maßnahmen 8
nicht nur ggü den Diskriminierenden sondern auch zum Schutz des Betroffenen ggü diesem selbst erfolgen. Diskriminierte können darüber hinaus Versetzungsansprüche haben (§§ 106 GewO iVm § 12 III AGG, BAG aaO Rn 68).

Die Verletzung der Pflichten aus § 12 III führt zu Schadensersatzansprüchen des Benachteiligten aus § 15 9
I (zu Ansprüchen aus § 15 II s § 15 Rdn 42); der AG hat hier eigenes Verschulden zu vertreten. Ansprüche des AG (Rückgriff) oder des Diskriminierungsopfers gegen den benachteiligenden Beschäftigten sind vom AGG nicht erfasst und folgen allg Regeln (dazu *Bauer/Evers* NZA 2006, 897; *Stoffels* RdA 2009, 209).

C. Maßnahmen bei Benachteiligungen durch Dritte. Werden Benachteiligungen iSd AGG durch Dritte 10
begangen, so trifft den AG auch hier die konkrete objektive Handlungspflicht, den Beschäftigten oder Bewerber zu schützen, soweit die Benachteiligung im Zusammenhang mit dem Arbeitsverhältnis steht. Eine Vertragsbeziehung des AG zum Dritten (etwa Kunden, Lieferanten, Besucher, Geschäftspartner, Personaldienstleister) wird idR vorliegen, ist jedoch nicht zwingend notwendig. Bsp: Der farbige Zusteller eines Zustelldienstes wird bei seiner Tour, die ihn durch einen sozialen Brennpunkt führt, wegen seiner Hautfarbe permanent angepöbelt und beleidigt.

Welche Maßnahmen der AG ergreifen muss, ist situationsabhängig. Auch hier wird der AG zunächst mit 11
milderen Mitteln beginnen dürfen. In Betracht kommt die Herausnahme des betroffenen AN aus dem belasteten Arbeitsbereich; ist das nicht möglich, kann der AG gezwungen sein, gegen den Dritten bspw ein Hausverbot auszusprechen und die Kundenbeziehung abzubrechen (so bei § 4 I Nr 1 S 1 BeschSchutzG), wobei das Belästigungsopfer hierauf keinen subjektiven Anspruch hat (*Adomeit/Mohr* § 12 Rn 44).

Da dem AG das Handeln Dritter nach allg Regeln grds nicht zuzurechnen ist, kommen Schadensersatz- 12
ansprüche (§ 15 I 2) des benachteiligten AN aus dem Verhalten Dritter nach dem AGG nur insoweit in Betracht, als der AG die Schutzpflicht des § 12 IV (die konkrete Handlungsanlässe voraussetzt) nicht beachtet hat. Zu Entschädigungsansprüchen s § 15 Rdn 26 f.

Die Ansprüche des AG (Rückgriff) oder des Benachteiligten gegen diskriminierende Dritte sind vom AGG 13
nicht erfasst. Es gelten die allg Regeln (BAG 27.8.2008, 5 AZB 71/08, EzA § 2 ArbGG 1979 Nr 71). Besteht zum Dritten eine schuldrechtl Beziehung, wird dessen diskriminierende Handlung nebenvertragliche Schutzpflichten verletzen (§ 241 II BGB, uU mit § 311 BGB) und Ansprüche nach § 280 I BGB auslösen (Bsp Personaldienstleister s *Oberwetter* BB 2007, 1109 f). IÜ dürfte § 7 I bei der Inanspruchnahme diskriminierender Dritter (etwa des Personaldienstleisters bei anonymer Stellenanzeige, verkannt bei AG Bonn 8.12.2006, 13 C 435/06) Schutzgesetz iSv § 823 II BGB sein (Nw s § 15 Rdn 24), sodass diese deliktisch haften.

D. Bekanntmachungspflichten. Schließlich sieht § 12 V die Verpflichtung des AG vor, das AGG und 14
§ 61b ArbGG sowie Informationen über die für die Behandlung von Beschwerden zuständigen Stellen (§ 13) im Betrieb oder in der Dienststelle bekannt zu machen. Die Bekanntmachung kann auch durch

§ 15 AGG Entschädigung und Schadensersatz

Aushang oder Auslegung an geeigneter Stelle oder den Einsatz der im Betrieb oder der Dienststelle üblichen Informations- und Kommunikationstechnik (ggf also Veröffentlichung im Intranet) erfolgen. Allein die unzureichende Bekanntmachung stellt noch kein Indiz iSv § 22 dar (BGK § 12 Rn 43; SSV/*Suckow* § 12 Rn 68).

§ 13 Beschwerderecht
(1) ¹Die Beschäftigten haben das Recht, sich bei den zuständigen Stellen des Betriebs, des Unternehmens oder der Dienststelle zu beschweren, wenn sie sich im Zusammenhang mit ihrem Beschäftigungsverhältnis vom Arbeitgeber, von Vorgesetzten, anderen Beschäftigten oder Dritten wegen eines in § 1 genannten Grundes benachteiligt fühlen. ²Die Beschwerde ist zu prüfen und das Ergebnis der oder dem beschwerdeführenden Beschäftigten mitzuteilen.
(2) Die Rechte der Arbeitnehmervertretungen bleiben unberührt.

1 Sofern der AG nichts anderes geregelt hat (kein erzwingbares MBR BAG 21.7.2009, 1 ABR 42/08, NZA 2009, 1049; Bsp Einigungsstellenspruch NZA 2008, 96), sind wie bei § 84 BetrVG alle betrieblichen Stellen zuständig, zu deren Aufgaben die Personalführung gehört. Solche Stellen sind zB Vorgesetzte, Personalabteilung oder Geschäftsführung. Daneben kann sich der AN auch immer an die AN-Vertretungen wenden wie zB Betriebs- oder Personalrat, Schwerbehindertenvertretung, Frauen-/Gleichstellungsbeauftragte. Die Beschwerde ist nach § 13 I 2 zu prüfen und das Ergebnis mitzuteilen. Inhaltliche Vorgaben gibt es nicht (zur personellen Reichweite *Oetker* NZA 2008, 264). Der BR ist über die Behandlung der Beschwerde nach § 85 III BetrVG zu informieren. Bei der Prüfung, ob bei einer Kündigung wegen Nachstellens (»Stalking«) eine Abmahnung entbehrlich war, kann von Bedeutung sein, dass wegen eines vergleichbaren Vorwurfs gegenüber dem Arbeitnehmer bereits ein Beschwerdeverfahren nach § 13 durchgeführt worden ist (BAG 19.4.2012, 2 AZR 258/11, DB 2012, 2404).
2 Praktisch bedeutsamer sind die Beschwerdemöglichkeiten nach § 84–86 BetrVG, die zur Einsetzung von Einigungsstellen führen können (zur Abgrenzung zu § 13 s *Oetker* NZA 2008, 265, 269). Darüber hinaus kann sich der betroffene AN auch an die Antidiskriminierungsstelle des Bundes wenden (§ 27 I).
3 Vor dem Hintergrund langwieriger, teurer und rufschädigender Diskriminierungsprozesse implementieren US-Konzerne weltweit interne Konfliktmanagementsysteme. Die AN werden kraft TV, BV oder Individualabrede verpflichtet, im Streitfall zunächst ein betriebsinternes Konfliktmanagementsystem zu durchlaufen. Durch Kollektivvereinbarungen könnten etwa gem § 86 S 1 BetrVG die Einzelheiten des in den §§ 84 und 85 BetrVG vorgesehenen Beschwerdeverfahrens geregelt werden (Bsp s *Lembke* IDR 2004, 29, 32; *Schrader* DB 2006, 2571, 2577).

§ 14 Leistungsverweigerungsrecht
¹Ergreift der Arbeitgeber keine oder offensichtlich ungeeignete Maßnahmen zur Unterbindung einer Belästigung oder sexuellen Belästigung am Arbeitsplatz, sind die betroffenen Beschäftigten berechtigt, ihre Tätigkeit ohne Verlust des Arbeitsentgelts einzustellen, soweit dies zu ihrem Schutz erforderlich ist. ²§ 273 des Bürgerlichen Gesetzbuchs bleibt unberührt.

1 § 14 lehnt sich an § 4 II BeschSchutzG an. Das Leistungsverweigerungsrecht besteht allerdings nur, soweit dies zum Schutz des Benachteiligten (s § 12) erforderlich ist. Das Risiko einer unberechtigten Leistungsverweigerung (etwa bei gerechtfertigten Vorgängen oder Unkenntnis der ergriffenen Gegenmaßnahmen) trägt der Beschäftigte (*von Steinau-Steinrück* NZA 2005, 30), weil die Belästigung objektiv vorliegen muss. Insofern wird eine Leistungsverweigerung aus Sicht der Beschäftigten nur sinnvoll sein (*Willemsen/Schweibert* NJW 2006, 2583, 2588), wenn eine Beschwerde erfolglos geblieben ist oder die Belästigungen vom AG ausgehen.
2 Die Regelung ist für die Leistungsverweigerung lex specialis zu § 275 I, III BGB und für die Gegenleistung lex specialis zu § 326 II BGB (*Adomeit/Mohr* § 14 Rn 2).

§ 15 Entschädigung und Schadensersatz
(1) ¹Bei einem Verstoß gegen das Benachteiligungsverbot ist der Arbeitgeber verpflichtet, den hierdurch entstandenen Schaden zu ersetzen. ²Dies gilt nicht, wenn der Arbeitgeber die Pflichtverletzung nicht zu vertreten hat.
(2) ¹Wegen eines Schadens, der nicht Vermögensschaden ist, kann der oder die Beschäftigte eine angemessene Entschädigung in Geld verlangen. ²Die Entschädigung darf bei einer Nichteinstellung drei

Monatsgehälter nicht übersteigen, wenn der oder die Beschäftigte auch bei benachteiligungsfreier Auswahl nicht eingestellt worden wäre.
(3) Der Arbeitgeber ist bei der Anwendung kollektivrechtlicher Vereinbarungen nur dann zur Entschädigung verpflichtet, wenn er vorsätzlich oder grob fahrlässig handelt.
(4) ¹Ein Anspruch nach Absatz 1 oder 2 muss innerhalb einer Frist von zwei Monaten schriftlich geltend gemacht werden, es sei denn, die Tarifvertragsparteien haben etwas anderes vereinbart. ²Die Frist beginnt im Falle einer Bewerbung oder eines beruflichen Aufstiegs mit dem Zugang der Ablehnung und in den sonstigen Fällen einer Benachteiligung zu dem Zeitpunkt, in dem der oder die Beschäftigte von der Benachteiligung Kenntnis erlangt.
(5) Im Übrigen bleiben Ansprüche gegen den Arbeitgeber, die sich aus anderen Rechtsvorschriften ergeben, unberührt.
(6) Ein Verstoß des Arbeitgebers gegen das Benachteiligungsverbot des § 7 Abs. 1 begründet keinen Anspruch auf Begründung eines Beschäftigungsverhältnisses, Berufsausbildungsverhältnisses oder einen beruflichen Aufstieg, es sei denn, ein solcher ergibt sich aus einem anderen Rechtsgrund.

Übersicht	Rdn.			Rdn.
A. Allgemeines	1	I.	Allgemeines	26
I. Europarechtliche Anforderungen an Sanktionen	1		1. Garantiehaftung des AG?	26
			2. Richtlinienkonforme Auslegung	28
II. Kritik an der Umsetzung in § 15 I und II	4	II.	Immaterieller Schaden	33
B. Ersatz des materiellen Schadens	7	III.	Höhe der Entschädigung	35
I. Vermögensschaden	8		1. Allgemeines	35
II. Vertretenmüssen	13		2. Regelsätze und Obergrenzen	36
1. Zurechnung von eigenem Verschulden nach § 276 BGB	14		3. Entschädigung bei Teilnahme an benachteiligenden Einstellungs- und Beförderungsverfahren	37
2. Zurechnung des Verschuldens von Erfüllungsgehilfen, § 278 BGB	16	IV.	Verhältnis zu materiellem Schadensersatz nach § 15 I	40
3. Zurechnung des Verhaltens von sonstigen Beschäftigten	17	V.	Haftungsbeschränkung bei der Anwendung kollektivrechtl Vereinbarungen	43
4. Zurechnung des Verhaltens von Dritten	18	VI.	Zivilrechtl Ansprüche gegen den AG aus Verletzung des allg Persönlichkeitsrechts	46
III. Beweislast	19			
IV. Deliktische Ansprüche gegen den AG	22	D.	Ansprüche gegen den AG aus anderen Rechtsvorschriften	49
C. Entschädigung des immateriellen Schadens		E.	Fristen	51

A. Allgemeines. I. Europarechtliche Anforderungen an Sanktionen. Art 15 Rassismus-RL, Art 17 Rahmen-RL und Art 8d Gender-RL fordern, dass Verstöße Sanktionen zur Folgen haben, die angemessen, verhältnismäßig und abschreckend sind. Die Abschreckungs- und Ausgleichsfunktion der Sanktion sind trennbar; insb kann die Ausgleichsfunktion dem Zivilrecht und die Abschreckungsfunktion dem Straf- oder Ordnungswidrigkeitsrecht zugewiesen werden (zur Abschreckung »staatliches Anprangern« EuGH 10.7.2008, C 54/07, EzA-RL 2000/43 EG-Vertrag 1999 Nr 1, *Lindner* RdA 2009, 45). Die Mitgliedstaaten durften damit für sämtliche Merkmale (Ausnahme Art 6 II Gender-RL, s Rdn 2) anderes als individuell durchsetzbare zivilrechtl Ansprüche vorsehen. Falls ein Mitgliedstaat sich jedoch entscheidet, Diskriminierungssanktionen **ausschließlich** dem Zivilrecht zuzuordnen, **muss** das Rechtsfolgenprogramm auch die Abschreckungsfunktion wahren. Deshalb beharrte der EuGH (22.4.1997, C-180/95, Slg 1997, I-2195 = NZA 1997, 644, Draehmpaehl) bei ex § 611a I BGB auf verschuldensunabhängiger Präventiventschädigung. Die Ausgleichsfunktion verlangt ein angemessenes oder proportionales Verhältnis zwischen erlittenem Unrecht und Sanktion (EuGH 2.8.1993, C-271/91, Slg 1993, I-4367, EuZW 1993, 706 Rn 2, Marshall II: »... finanzielle Wiedergutmachung ... muss ... angemessen in dem Sinne sein, dass sie ... die durch die diskriminierende Entlassung tatsächlich entstandenen Schäden ... in vollem Umfang ausgleicht«), womit die Höchstgrenzen des ex § 611a III BGB nicht vereinbar waren.

Art 6 II Gender-RL greift die vom EuGH mehrfach geforderte Anpassung von ex § 611a BGB auf (*Adomeit/ Mohr* § 15 Rn 9 f; vgl KR/*Pfeiffer* 7. Aufl, § 611a BGB Rn 95 ff). Nach Art 6 II Gender-RL muss bei Geschlechterdiskriminierung (nur dort!) der einer Person entstandene Schaden voll ausgeglichen werden.

Der dt Gesetzgeber hat mit dem AGG durchgehend (für alle Diskriminierungsmerkmale des § 1 und für alle von § 2 erfassten Sachverhalte) das zivilrechtl Modell gewählt. Damit müssen die arbeitsrechtl Sanktionen angemessen, verhältnismäßig und abschreckend ausgestaltet sein bzw den eingetretenen materiellen

Schaden vollständig kompensieren. Abschreckung (besser: Prävention, s Rdn 31) wiederum scheint im zivilrechtl Umsetzungsmodell vornehmlich mit verschuldensunabhängigen Zahlungsverpflichtungen erreichbar (EuGH 8.11.1990, C-177/88, AP EWG-Vertrag Art 119 Nr 23).

4 **II. Kritik an der Umsetzung in § 15 I und II.** Die dt Sanktionsregelung geht über RL-Vorgaben insofern hinaus, als die Ordnungswidrigkeitenoption außer Acht gelassen und durchgehend die zivilrechtl Lösung gewählt wurde. Schwerer wiegt, dass die vom EuGH allein bei Geschlechterbenachteiligung geforderten Sanktionen nicht nur auf alle Diskriminierungsmerkmale, sondern weit darüber hinaus auf den gesamten Anwendungsbereich des § 2 (etwa auf Fragen der Entgeltgleichheit) ausgeweitet werden. Damit steht eine Garantiehaftung des AG auf immateriellen Schadensersatz (§ 15 II, s Rdn 26 f) im Raum, die außerhalb der geschlechterbedingten Einstellungsdiskriminierung vor allem dann als unangemessen erscheint, wenn der AG den materiellen Schaden vollständig ausgeglichen hat oder wenn der AG auch bei größter Sorgfalt für unvorhersehbares Verhalten von Dritten Entschädigung zahlen müsste.

5 An anderer Stelle werden europarechtl Vorgaben nur mit Mühe erreicht. Der vollständige Ersatz des Vermögensschadens setzt nach § 15 I 2 Vertretenmüssen des AG voraus. Das bleibt hinter den Standards von ex § 611a BGB zurück, da nach dieser Norm materieller Schadensersatz zur Prävention verschuldensunabhängig anfiel (s KR/*Pfeiffer* 7. Aufl, § 611a BGB Rn 98). Bzgl des Merkmals Geschlecht muss nun jedenfalls schon wegen des Absenkungsverbotes in Art 6 I Gender-RL dem Präventions- und Abschreckungsgedanken im Haftungssystem des Antidiskriminierungsrechts anderweitig Geltung verschafft werden.

6 Schließlich ist die in § 15 I und II vorgenommene Trennung zwischen materiellem und immateriellem Schadensersatz nicht glücklich. Die bürgerlich-rechtliche Dogmatik zum Ersatz immaterieller Schäden in Gestalt des Schadensersatzes wegen Persönlichkeitsrechtsverletzung befindet sich im Umbruch (s Rdn 46) und ist – da ohne Entsprechung in den RL bzw in der Rspr des EuGH zu Diskriminierungssanktionen – bei der europarechtskonformen Auslegung von § 15 I und II wenig hilfreich.

7 **B. Ersatz des materiellen Schadens.** § 15 I regelt die aus einem Verstoß gegen das Benachteiligungsverbot folgende Pflicht des AG zum Ersatz materieller Schäden (wortgleich mit § 21 II AGG, § 280 I 1 und 2 BGB, damit Sekundäranspruch, *Wiedemann* NZA 2007, 953). Voraussetzungen des Anspruchs sind (*Stoffels* RdA 2009, 207; Klagemuster *Mückl* BB 2008, 1842 f): der eingetretene Verstoß gegen das Benachteiligungsverbot des § 7 I (objektiv feststellbare Zurücksetzung und Maßgeblichkeit des Merkmals), Vertretenmüssen des AG, Eintritt eines ersatzfähigen Schadens, haftungsausfüllende Kausalität sowie rechtzeitige formgerechte Geltendmachung (§ 15 IV AGG, § 61b ArbGG). Es handelt sich nicht um eine abschließende Regelung der vertragsrechtl Folgen einer ungerechtfertigten Benachteiligung (§ 15 V). Daneben sind gegen den AG insb Ansprüche aus § 280 BGB (str, s Rdn 50) sowie deliktische Ansprüche (s Rdn 22 f) denkbar.

8 **I. Vermögensschaden.** Es gelten die §§ 249 ff BGB. Praktisch bedeutsame Vermögensschäden des Diskriminierungsschadensersatzes sind Heilbehandlungs- und Rehabilitationskosten (§ 249 II 2 BGB; ergänzend die §§ 842–846 BGB) und entgangener Verdienst (§ 252 BGB).

9 Der **diskriminierend nicht eingestellte/beförderte Bewerber** hat keinen Anspruch auf Naturalrestitution in Gestalt der Einstellung oder Beförderung (§ 15 VI). Er erhält Schadensersatz in Form des Verdienstausfalls.

10 Der Schadensersatzanspruch wegen **Beförderungsbenachteiligung** umfasst den Unterschiedsbetrag zwischen dem tatsächlichen Monatsverdienst und dem entgangenen Monatsverdienst des Bewerbers (wohl Arbeitsentgelt iSv § 7 SGB IV). Wird Schwerbehinderten im bestehenden AV trotz Möglichkeit und Zumutbarkeit kein behindertengerechter Arbeitsplatz eingerichtet, ist die entgangene Vergütung unbefristet geschuldet (BAG 4.10.2005, 9 AZR 632/04, AP SGB IX § 81 Nr 9).

11 Der Forderung nach genereller **Begrenzung der Höhe des möglichen materiellen Schadensersatzes** ist der Gesetzgeber nicht gefolgt. Er hat sich für die zivilrechtl Schadensersatzlösung entschieden (Rdn 3), sodass es im Unterschied zu § 628 II BGB (BAG 4.10.2005, 9 AZR 632/04, aaO) geboten erscheint, die Schadensersatznormen des bürgerlichen Rechts (vgl §§ 252, 842–846 BGB) bzw § 287 ZPO ohne pauschale Limitierungen anzuwenden (ebenso LAG Berlin 26.11.2008, 15 Sa 517/08, LAGE § 22 AGG Nr 1, anhängend 8 AZR 1012/08). Es bietet sich an, auf die Grundsätze zum Annahmeverzugslohn bei Fortbestand des Arbeitsverhältnisses nach ungerechtfertigter Kdg (§ 615 S 1 BGB und § 11 KSchG, Anrechnung böswillig unterlassenen anderweitigen Erwerbs) zurückzugreifen. Damit kann nur die Schadensminderungspflicht des § 254 BGB oder § 287 ZPO den materiellen Schaden begrenzen (MüKo-BGB/*Thüsing* § 15 AGG Rn 29 orientiert sich an der Dauer der durchschnittlichen Fluktuation).

12 Eine diskriminierende **Kdg** (vgl § 2 Rdn 14 f) ist nichtig und das Arbeitsverhältnis ggf mit Zahlung von Annahmeverzugsvergütung fortzusetzen. Damit tritt materieller Schaden grds nicht ein (zu

Entschädigungsansprüchen s Rdn 46). Jedoch wird die Fortsetzung des Arbeitsverhältnisses nach diskriminierungsbedingter Nichtigkeit der Kdg für den Benachteiligten häufig nicht mehr von Interesse sein. Der Gekündigte hat dann die Möglichkeit, den (steinigen) Weg über die §§ 9, 10 KSchG oder §§ 626, 628 II BGB einzuschlagen.

II. Vertretenmüssen. Über das Erfordernis des Vertretenmüssens werden eingetretene Verstöße gegen das Benachteiligungsverbot (§§ 7 I, 11) zugerechnet. Es gelten die §§ 276–278 BGB. 13

1. Zurechnung von eigenem Verschulden nach § 276 BGB. Das AGG normiert die Pflicht zur diskriminierungsfreien Stellenbesetzung (§ 11) und allg bzw anlassbezogene Schutz- und Organisationspflichten (§ 12 I–IV). Es handelt sich um nicht-leistungsbezogene Handlungspflichten (iSv § 241 II BGB) des AG zum Schutz von Beschäftigten und Bewerbern (§ 311 II BGB). In diesen Fällen steht bereits mit der Feststellung des Tatbestandes einer objektiven Pflichtverletzung des AG auch fest, dass der AG sorgfaltswidrig gehandelt hat (vgl MüKo-BGB/*Ernst* § 280 BGB Rn 22). 14

Entspr gilt für alle sonstigen Benachteiligungshandlungen des AGG, die im gesamten Geltungsbereich der § 2 I Nr 1–4 als Vertragspflichtverletzung (§ 7 III) angesehen werden. Auch hier steht mit der Verwirklichung des objektiven Tatbestandes fest, dass der AG sorgfaltswidrig gehandelt hat. Folgt die Benachteiligung aus der Anwendung diskriminierender Kollektivvereinbarungen, kann sich der AG nicht auf die ausschließlich für Entschädigungsansprüche nach § 15 II geltende Haftungserleichterung (§ 15 III) berufen. Der AG hat Gleichheitsverstöße in TV verschuldensunabhängig auszugleichen (s § 8 Rdn 13). 15

2. Zurechnung des Verschuldens von Erfüllungsgehilfen, § 278 BGB. Der AG haftet für das Verschulden seiner Vertreter und Erfüllungsgehilfen. Erfüllungsgehilfe iSv § 278 BGB ist, wer nach den rein tatsächlichen Umständen mit dem Willen des Schuldners bei der Erfüllung einer diesem obliegenden Verbindlichkeit als seine Hilfsperson tätig wird (BGH 24.11.2002, III ZR 133/01, BGHZ 153, 380, 383, st Rspr). Vorausgesetzt wird schuldhaftes Fehlverhalten einer vom Schuldner zur Erfüllung einer Verbindlichkeit eingesetzten Hilfsperson. Danach sind Vorgesetzte (nicht Kollegen) Erfüllungsgehilfen des AG, soweit sie vertragliche Rechte und Pflichten des AG, insb das Weisungsrecht des AG (§ 106 GewO), ausüben (BAG 25.10.2007, 8 AZR 593/06, EzA § 611 BGB Persönlichkeitsrecht Nr 7; *Stoffels* RdA 2009, 208). Im Fall von Benachteiligungen durch Führungspersonal werden danach die eingetretenen Diskriminierungen auch bei korrekten Organisationsmaßnahmen (§ 12) stets zugerechnet (soweit sie in Wahrnehmung der dem AG obliegenden Pflichten ausgeführt werden). 16

3. Zurechnung des Verhaltens von sonstigen Beschäftigten. Der AG hat die von seinen Beschäftigten verübten Diskriminierungen (mit Ausnahme von Führungskräften) dann nicht zu vertreten, wenn die Mitarbeiter und der BR ausreichend geschult (§ 12 II 2) und bei konkreten Anlässen die erforderlichen Sanktionen (§ 12 III) umgesetzt sind. 17

4. Zurechnung des Verhaltens von Dritten. Das Verhalten von Dritten ist dem AG (als eigenes Verschulden) nach den AGG nur zurechenbar, wenn er die Schutzpflicht des § 12 IV (die konkrete Anlässe voraussetzt, s § 12 Rdn 10) nicht beachtet hat. 18

III. Beweislast. § 15 I ist § 280 I BGB nachgebildet. In den Fällen der §§ 280 I, 241 II BGB trägt der Gläubiger die volle Beweislast für die objektive Pflichtverletzung, den Ursachenzusammenhang und den Schaden. Das Vertretenmüssen wird unterstellt, dem Schuldner obliegt es nach § 280 I 2 BGB, sich zu exkulpieren. Diese Grundregeln verändert § 22. Der AN muss zur Geltendmachung von Ansprüchen nach § 15 I lediglich Indizien (Hilfstatsachen) darlegen und beweisen, die eine Benachteiligung wegen der Merkmale des § 1 wahrscheinlich machen (sowie später ggf den Schaden). Dem AG obliegt die volle Darlegungs- und Beweislast dafür, dass entweder eine Benachteiligung nicht vorlag bzw gerechtfertigt war oder dass er sie nicht zu vertreten hat. 19

Der Benachteiligte hat nach allg Regeln den Vollbeweis für das Vorliegen eines ersatzfähigen Schadens zu führen. Dafür gibt es keine Beweiserleichterung entspr § 22, was auch bei der Geschlechterbenachteiligung nicht hinter bisherige Standards zurückfällt. 20

Der Entschädigungsanspruch kann unter dem Gesichtspunkt des Rechtsmißbrauchs (§ 242 BGB) ausgeschlossen sein, wenn die Bewerbung nicht ernsthaft und allein deshalb erfolgt ist, um Entschädigungsansprüche zu erlangen (BAG 13.10.2011, 8 AZR 608/10; LAG HH, 19.02.2014, 3 Sa 39/13, NZA-RR 2014, 343). Die Beweislast für entsprechende Indizien trägt der AG (BAG 23.8.2012, 8 AZR 285/11, EzA-SD 25/2012, 10; BAG 13.10.1011, 8 AZR 608/10 – EzA AGG § 15 Nr. 16; zur strafrechtl S *Brand/Rahimi-Azar*, NJW 2015, 2993). 21

§ 15 AGG Entschädigung und Schadensersatz

22 **IV. Deliktische Ansprüche gegen den AG.** Außerhalb von § 15 I kann der aus einer Diskriminierung entstandene Vermögensschaden (iSv §§ 249 ff, 842 ff BGB) wegen unerlaubter Handlung des AG zu ersetzen sein.

23 Die in § 823 I BGB geschützten Rechtsgüter legen nahe, dass materieller Schadensersatz (zum Schadensersatz wegen Verletzung des Persönlichkeitsrechts s Rdn 46) infolge Benachteiligung nur bei Gesundheitsschäden des Diskriminierten anfallen kann.

24 Bedeutsamer ist § 823 II BGB. Die wohl hM wertet Diskriminierungsverbote bislang als Schutzgesetze (zu § 611a BGB s nur MünchArbR/*Buchner* § 37 Rn 194; zu § 2 BeschSchutzG BAG 25.4.2001, 5 AZR 368/99, NZA 2002, 1211; zu § 81 IV 1 Nr 4 und 5 SGB IX BAG 4.10.2005, 9 AZR 632/04, EzA Sozialgesetzbuch § 81 SGB IX Nr 9). Nimmt man an, auch § 7 I sei Schutzgesetz iSv § 823 II BGB, ergibt sich die Folgefrage, worauf sich das Verschulden beziehen soll. Für die Gegenansicht (KR/*Pfeiffer* 7. Aufl, § 611a BGB Rn 127; zu § 2 BeschSchutzG Ffm NJW-RR 2000, 976, diesem folgend BGK § 7 Rn 7) sprachen, zumindest was Ansprüche gegen den AG angeht (vgl § 12 Rdn 13), schon bisher die besseren Argumente. § 15 I ist ggü § 823 II BGB die speziellere Norm. Zudem wird dem Schutzbereich von § 7 mit Vertragsschadensersatz (§ 7 III) hinreichend Rechnung getragen.

25 Denkbar sind schließlich selbstständige Ansprüche aus § 831 BGB gegen den AG wegen eigenen Auswahl- oder Überwachungsverschuldens. Bei Belästigungen kann der AG Vermögensschadensersatz aus § 826 BGB oder § 823 II BGB iVm Normen des StGB, etwa § 185 StGB, zu leisten haben.

26 **C. Entschädigung des immateriellen Schadens. I. Allgemeines. 1. Garantiehaftung des AG?** Nach § 15 II hat der AG bei Verstoß gegen das Benachteiligungsverbot für immaterielle Schäden des Beschäftigten eine angemessene Entschädigung in Geld zu zahlen. Damit soll (BT-Drs 16/1780 S 38) die Forderung des EuGH nach einer wirksamen und verschuldensunabhängig ausgestalteten Sanktion bei Verletzung des Benachteiligungsverbots durch den AG erfüllt werden. Es liegt nahe, daraus die einschränkungslose Übertragung der Haftungsgrundsätze zum geschlechtsneutralen Auswahlverfahren auf alle Diskriminierungsmerkmale im Anwendungsbereich des § 2 zu folgern. Ideeller Diskriminierungsschadensersatz würde, da verschuldensunabhängig, bspw auch dann fällig, wenn in einer iSv § 12 I und II diskriminierungsfreien Organisation ausreichend geschulte Beschäftigte (außerhalb des § 278 BGB), der ausreichend geschulte BR oder betriebsferne Dritte diskriminieren/belästigen (ausländerfeindliche Randale in Fußballstadien), der AG mithin materiellen Schadensersatz gar nicht schuldet. Das wäre korrekturbedürftig.

27 Zudem hat die Rspr im Bereich der Entgeltdiskriminierung (s § 8 Rdn 13 f) unzulässige Ungleichbehandlung stets mit materiellem Schadensersatz in Gestalt gleicher materieller Arbeitsbedingungen, nicht jedoch obendrein mit Entschädigungsansprüchen für den erlittenen ideellen Schaden, geahndet. Würde Garantiehaftung angenommen, wäre in allen Diskriminierungsfällen ausnahmslos zusätzlich Ausgleich des erlittenen immateriellen Diskriminierungsschadens fällig. Das erscheint als zu weitgehend.

28 **2. Richtlinienkonforme Auslegung.** Die Wortlaut- und systematische Interpretation legt nahe, § 15 II wie § 253 I BGB und § 21 II 3 als haftungsausfüllend zu verstehen. § 15 II 1 wäre danach eine Norm über Art und Umfang des Schadensersatzes (§§ 249 ff BGB) auf der Anspruchsbasis von § 15 I, der seinerseits Vertretenmüssen voraussetzt. Die allein europarechtl Interpretation anhand der Materialien würde die einschränkungslose Übertragung der gesetzlichen Garantiehaftung des AG für ein geschlechtsneutrales Auswahlverfahren auf alle Diskriminierungsmerkmale im Anwendungsbereich des § 2 bedeuten. Beides ist jeweils für sich allein nicht tragfähig (Rdn 4, 5) und muss – was leider der Gesetzgeber nicht geleistet hat – noch synchronisiert werden.

29 Arbeitsrechtl kann man ausgehend von der zivilrechtl Sicht eine Art bes »Diskriminierungspersönlichkeitsrecht« (näher Rdn 33) konturieren und als Konzession an Europarecht annehmen, ideeller Schadensersatz müsse nach den Materialien zwar verschuldensunabhängig zugesprochen werden, sei aber gleichwohl nur fällig, wenn die Diskriminierung dem AG wegen Verstoßes gegen § 12 I und II (damit spezifisch AGG-rechtl) »zugerechnet« werden könne (so *Bauer/Evers* NZA 2006, 893 ff; *Willemsen/Schweibert* NJW 2006, 2590; wohl auch LAG Hamm 7.9.2008, 11 Sa 284/08, LAGE § 15 AGG Nr 6). Das erscheint als handhabbar. Die Ergebnisse sind mit Ausnahme der Kumulierungsfrage (Rdn 40 f) akzeptabel.

30 Orientiert man sich aus europarechtl Gründen ausschließlich an der Entschädigungsdogmatik von ex § 611a II und III BGB, ist durchgängig das »Vertretenmüssen« spezifisch diskriminierungsrechtl und generell (also auch bzgl § 15 I) verschuldensunabhängig zu definieren. Diese Deutung von § 15 I und II hätte allerdings mit der zivilrechtl Interpretation des wortlautidentischen § 21 II nur noch wenig gemein.

31 Die zivilrechtl Haftungsgrundsätze des BGB geben auch im ArbR das Auslegungsmaß vor. Wo die so gefundenen Ergebnisse europarechtl nicht tragfähig sind, etwa weil **Präventionsgesichtspunkte** (abschreckende

Wirkung, dazu BGK § 15 Rn 36) oder das **Absenkungsverbot** (Art 8 II Rahmen-RL bzgl ex § 611a II, III BGB und ex § 81 II SGB IX, die letztlich verschuldensunabhängige Ansprüche auch nur zur Prävention und Abschreckung normierten) den Ausschlag geben, kann (Einl AGG Rdn 11) § 15 II 1 richtlinienkonform als eigenständige Anspruchsgrundlage auf »**verschuldensunabhängige Präventiventschädigung nach europarechtl Grundsätzen**« interpretiert werden. Systematisch richtiger ist es, diesen Entschädigungsanspruch unmittelbar aus § 7 I, ggf iVm § 1004 BGB abzuleiten (*Wiedemann* NZA 2007, 953). Das BAG (22.1.2009, 8 AZR 906/07, EzA § 15 AGG Nr 1 und 24.9.2009, 8 AZR 636/08) scheint der in den Materialien angelegten einschränkungslosen Übertragung der Haftungsgrundsätze zum geschlechtsneutralen Auswahlverfahren auf alle Diskriminierungsmerkmale des § 1 im Anwendungsbereich des § 2 zu folgen. Danach setzt der eigenständige Anspruch des AN nach § 15 II gegen den AG auf Entschädigung wegen eines Nichtvermögensschadens aufgrund eines Verstoßes gegen das Benachteiligungsverbot generell kein schuldhaftes Verhalten des AG voraus. 32

II. Immaterieller Schaden. Entschädigung wird ausschließlich für den Schaden gewährt, der nicht Vermögensschaden ist (immaterieller Schaden, vgl § 253 I BGB). Nach den Materialien zu § 15 verursacht **jede ungerechtfertigte Benachteiligung** aus den in § 1 benannten Gründen idR **immaterielle Schäden** (BT-Drs 16/1780 S 38). Entspr galt die vereitelte Chance auf ein diskriminierungsfreies Bewerbungsverfahren in ex § 611a II und III BGB im Regelfall als immaterielle Beeinträchtigung (KR/*Pfeiffer* 7. Aufl, § 611a BGB Rn 108; MüKo-BGB/*Müller-Glöge* § 611a BGB Rn 60 f). Die Materialien veranlassten mit dieser Aussage die Kreation des Begriffs »**Diskriminierungspersönlichkeitsrecht**«. Die Benachteiligung wegen eines der in § 1 genannten Merkmale stellt regelm eine Verletzung des allg Persönlichkeitsrechts dar (BAG v 19.12.2013, 6 AZR 190/12, NZA 2014, 372). Bei einem Verstoß des AG gegen das Benachteiligungsverbot ist grds das Entstehen eines immateriellen Schadens beim AN anzunehmen, welcher zu einem Entschädigungsanspruch führt. 33

Die Entschädigungspflichten des ex § 611a BGB und ex § 81 II SGB IX bzw die Sanktionen des europäischen Diskriminierungsverbots zum Schutz von Beschäftigten (s Rdn 1 f) haben mit der zivilrechtl Kategorie »Ersatz für erlittene immaterielle Schäden« nichts zu tun. Soweit sich die Kommentierungen zu ex § 611a II und III BGB auch bislang nach Schadensarten gegliedert haben (etwa KR/*Pfeiffer* 7. Aufl, § 611a BGB 97 ff), war dies nur auf der Basis des verschuldensunabhängigen materiellen Schadensersatzes (KR/*Pfeiffer* aaO Rn 98) möglich, den § 15 I aber gerade nicht mehr vorsieht. 34

III. Höhe der Entschädigung. 1. Allgemeines. Nach § 15 II 1 hat ein betroffener AN bei Verstoß gegen das Benachteiligungsverbot Anspruch auf »eine angemessene Entschädigung« für den entstandenen Nichtvermögensschaden in Geld. Die Formulierung ist dem Schmerzensgeldanspruch (§ 253 II BGB) angelehnt. Deshalb sollte man zunächst Maßstäbe des BGB zum Ersatz immateriellen Schadens, insb bei Persönlichkeitsrechtsverletzung (Rdn 48), heranziehen. Zitat aus BAG (22.1.2009, 8 AZR 906/07, II.1.e dGrde m Nachw, EzA § 15 AGG Nr 1):»Bei der Festsetzung der angemessenen Entschädigung durch das Tatgericht sind alle Umstände des Einzelfalles zu berücksichtigen. Zu diesen zählen etwa die Art und Schwere der Benachteiligung, ihre Dauer und Folgen, der Anlass und der Beweggrund des Handelns, der Grad der Verantwortlichkeit des AG, etwa geleistete Wiedergutmachung oder erhaltene Genugtuung und das Vorliegen eines Wiederholungsfalles. Ferner ist der Sanktionszweck der Norm zu berücksichtigen, so dass die Höhe auch danach zu bemessen ist, was zur Erzielung einer abschreckenden Wirkung erforderlich ist. Dabei ist zu beachten, dass die Entschädigung geeignet sein muss, eine wirklich abschreckende Wirkung gegenüber dem AG zu haben und in jedem Fall in einem angemessenen Verhältnis zum erlittenen Schaden stehen muss.« Schließlich wird in die Einzelfallbetrachtung auch die wirtschaftliche Lage des AG einfließen können (BGK § 15 Rn 36 aE; aA *Zwanziger* DB 1998, 1331). Die Unternehmensgröße spielt allerdings keine Rolle (in ex § 611a BGB wurde die Kleinbetriebsklausel schon 1998 aufgehoben). 35

2. Regelsätze und Obergrenzen. Aus dem Zusammenspiel von ex § 611a II und III BGB sollten Regeln zur Bemessung der Entschädigung bei Einstellungsdiskriminierung folgen (KR/*Pfeiffer* 7. Aufl, § 611a BGB Rn 109; dagegen *Schiek* NZA 2004, 879). Der Streit dürfte sich erledigt haben. Jedenfalls außerhalb geschlechtsbedingter Einstellungsdiskriminierung (s dazu Rdn 37) ist die Angabe von Obergrenzen (vgl APS/*Linck* § 611a BGB Rn 104) oder Orientierungsgrößen für Regelfälle mangels gesetzlicher Parallelwertungen (zu ex § 611a BGB: MüKo-BGB/*Müller-Glöge* § 611a BGB Rn 74) wegen der nunmehr erfolgten Ausweitung der Entschädigungspflicht auf alle Diskriminierungsmerkmale und -tatbestände nicht mehr begründbar. 36

3. Entschädigung bei Teilnahme an benachteiligenden Einstellungs- und Beförderungsverfahren. Der Entschädigungsanspruch aller Bewerber, die auch bei diskriminierungsfreiem Verfahren den Arbeitsplatz nicht erhalten hätten, wird begrenzt auf jeweils höchstens 3 Monatsverdienste (§ 15 II 2). 37

38 Zur konkreten Höhe kann auf Rdn 35 verwiesen werden, wobei als Orientierungsgröße für Regelfälle zurechenbarer Benachteiligung nach wie vor ein Bruttomonatsverdienst (ArbG Düsseldorf 10.6.2008, 11 Ca 754/08, NZA-RR 2008, 511 f; Hess LAG 28.8.2009, 19/3 Sa 1636/08, BB 2009, 2533) gelten kann (vorsichtiger ErfK/*Schlachter* § 15 Rn 11; aA *Böhm* DB 2008, 2193 f). Nach § 61b ArbGG aF (bis 1998) war im gerichtlichen Verfahren die Summe aller Entschädigungen auf Antrag des AG auf 6 Monatsverdienste zu begrenzen, wenn mehrere Bewerber um dieselbe Stelle benachteiligt worden waren. Diese Regelung war schon nach altem Recht der Geschlechterbenachteiligung ersatzlos entfallen. Allerdings wird man aus der heutigen Fassung von § 61b ArbGG (insb III) zu folgern haben, dass die Höhe des Entschädigungsanspruches benachteiligter chancenloser Bewerber auch von der Frage abhängt, wie viele Parallelklagen eingereicht wurden.

39 Nicht in jedem Fall der tatbestandsmäßigen und zurechenbaren Benachteiligung mehrerer Bewerber kann einer von ihnen unbegrenzten Schadensersatz nach § 15 I und zusätzlich Entschädigung für die ggf erlittene Persönlichkeitsrechtsverletzung oder Präventiventschädigung nach europarechtl Grundsätzen beanspruchen. Außerhalb des Anwendungsbereichs von Art 33 II GG sind AG nicht gehindert, ihre Auswahlentscheidung auf Gesichtspunkte zu stützen, die nicht allein die Eignung, Leistung und fachliche Befähigung betreffen; es muss nicht in jedem Fall eine Bestenauslese geben (MüKo-BGB/*Thüsing* § 15 AGG Rn 19).

40 **IV. Verhältnis zu materiellem Schadensersatz nach § 15 I.** Die uneingeschränkte Ausweitung der Garantiehaftung hätte zur Konsequenz, dass Entschädigung unabhängig von § 15 I und damit grds zusätzlich zum materiellen Ausgleich aller Schäden fällig würde. Die Frage stellte sich bei ex § 611a II BGB so nicht, weil zwischen den Schadensarten nicht unterschieden wurde. Was bei geschlechtsdiskriminierender Einstellung präventiv notwendig sein mag, führt in Bezug auf andere Diskriminierungsmerkmale im Anwendungsbereich des § 2 zu teilweise nicht hinnehmbaren Ergebnissen.

41 Insb im Bereich der Entgeltdiskriminierung folgte unzulässiger Ungleichbehandlung stets materieller Schadensersatz in Gestalt gleicher materieller Arbeitsbedingungen, nicht jedoch zusätzlich Entschädigung für den (vermeintlich) erlittenen ideellen Schaden. Dementspr kann Entschädigung nach § 15 II zusätzlich zum Schadensersatz nach § 15 I in diesen Fällen nur geschuldet sein, wenn kompensationsbedürftiger immaterieller Schaden in Gestalt der Verletzung des allg Persönlichkeitsrechts (Rdn 46) überhaupt eingetreten ist (Rdn 35). Europarechtl Korrekturen wären allenfalls dann anzubringen, wenn bes Präventions- und Abschreckungsgesichtspunkte zu beachten sind (Rdn 31). Letzteres ist nur bei notorischen Wiederholungstätern oder marktrepräsentativen, aber völlig uneinsichtigen AG anzunehmen.

42 Diskriminierende Kdg sind nichtig; es bestehen idR Ansprüche auf Annahmeverzugsvergütung und Fortsetzung des AV. Unabhängig von der zivilrechtl Option auf kompensatorischen materiellen Schadensersatz (s Rdn 12) könnte zusätzlich Entschädigung des erlittenen immateriellen Schadens nach § 15 V, § 823 I BGB fällig werden. Nach neuer BAG-Rspr (19.12.2013, 6 AZR 190/12, NZA 2014, 372; ebenso ArbG Berl 13.5.2015, 28 Ca 18485/14) kommt eine Entschädigung nach § 15 II in Betracht, die Sperre des § 2 IV greift nicht (anders noch LAG Köln 1.9.2009, 7 Ta 184/09, EzA-SD 2009, Nr 22, 15). Hier werden sicher weitere Konkretisierungen der Rspr folgen, da zu erwarten ist, dass Kläger künftig zusätzlich zum Feststellungsantrag (Kündigung) auch den Zahlungsantrag (Entschädigung, § 15 II) stellen werden.

43 **V. Haftungsbeschränkung bei der Anwendung kollektivrechtl Vereinbarungen.** Erfolgen Benachteiligungen im Betrieb oder der Dienststelle durch die Anwendung (nichtiger § 7 II) kollektivrechtl Vereinbarungen, trifft den AG die Entschädigungspflicht des § 15 II nur, wenn er vorsätzlich oder grob fahrlässig handelt (§ 15 III). Die Haftungserleichterung gilt nach den Materialien auch für nicht tarifgebundene AG. Begründet wird die Beschränkung der Entschädigungspflicht mit der erhöhten Richtigkeitsgewähr von Kollektivvereinbarungen. Für AG, die selbst Tarifvertragspartei sind, gilt § 15 III nicht (*Krebber* EuZA 2009, 214).

44 Der Begrenzung der evtl Garantiehaftung (s Rdn 26) oder Ersatzpflicht für immaterielle Schäden ist in der Sache zuzustimmen, wenngleich aus Sicht des Praktikers die Vermutung erhöhter Richtigkeitsgewähr für BV oder Einigungsstellensprüche nicht überzeugt.

45 Zu erwägen ist die analoge Anwendung von § 15 III auf Fälle der (unterstellten Garantie-) Entschädigungspflicht des AG (§ 15 II), wenn Merkmalsträger trotz der Erfüllung aller Organisationspflichten aus § 12 nicht seitens des AG sondern aufgrund von Gremienentscheidungen seitens des BR benachteiligt werden.

46 **VI. Zivilrechtl Ansprüche gegen den AG aus Verletzung des allg Persönlichkeitsrechts.** Geldentschädigung bzgl ideeller Nachteile ist nach dt Recht grds nur geschuldet, wenn durch eine rechtswidrige und schuldhafte Handlung in bestimmte Persönlichkeitsgüter (Leben, Körper, Gesundheit, Freiheit) oder

spezielle Persönlichkeitsrechte, wie etwa das Namensrecht, das Recht am eigenen Bild oder das Urheberpersönlichkeitsrecht eingegriffen wird. Ansprüche können aus § 280 I BGB (ggf iVm § 311 II BGB) oder aus Deliktsrecht (idR § 823 I BGB) resultieren. Daneben besteht ein Anspruch aus § 823 II BGB iVm § 185 StGB im Fall der Ehrverletzung sowie aus § 826 BGB bei sittenwidriger Schädigung.

Da dieser Schutz zunehmend als lückenhaft empfunden wurde, hat der BGH das allg Persönlichkeitsrecht als einheitliches, umfassendes Recht des Einzelnen ggü jedermann auf Achtung seiner Menschenwürde und Entfaltung seiner individuellen Persönlichkeit (Art 1, 2 GG) anerkannt und qualifiziert es als sonstiges Recht iSv § 823 I BGB (BGH 5.12.1995, VI ZR 332/94, NJW 1996, 984). Die Wahrung des allg Persönlichkeitsrechts zählt im Schuldverhältnis zu den Nebenpflichten des § 241 II BGB. Zum Schutzbereich gehören anerkanntermaßen insb der Schutz der Privatsphäre und der Selbstdarstellung des Einzelnen in der Öffentlichkeit, das Recht auf informationelle Selbstbestimmung und der soziale Geltungsanspruch (Sachs/Murswiek Art 2 Rn 68 f; vgl Art 2 GG Rdn 7). 47

Wird das allg Persönlichkeitsrecht eines AN durch den AG rechtswidrig und schuldhaft verletzt, kann neben Vermögens-Schadensersatz (vgl *Peifer* GRUR 2002, 495, sehr umstr) der Ersatz ideeller Schäden geschuldet sein, wobei für Letzteres allg die Analogie zu § 253 II BGB abgelehnt wird. Vielmehr verbleibt es für die Frage von Entschädigungspflichten für erlittene ideelle Schäden bei den von der Rspr zu § 823 I BGB, Art 1 und 2 GG entwickelten Grundsätzen: Der Schutzfunktion der Art 1 und 2 GG wird genügt, wenn Geldentschädigung nur wegen schwerwiegender Persönlichkeitsrechtsverletzungen zugesprochen wird, die bspw allein durch Widerruf (Unterlassungs- und Beseitigungsanspruch nach § 1004 BGB analog) nicht kompensiert werden können. Dabei hängt die Entscheidung, ob eine hinreichend schwerwiegende Verletzung des Persönlichkeitsrechts vorliegt, insb von der Bedeutung und Tragweite des Eingriffs, ferner auch von Anlass und Beweggrund des Handelnden sowie von dem Grad seines Verschuldens ab (BGH 5.12.1995, VI ZR 332/94, aaO). Die Schwelle ist hoch (vgl Art 2 GG Rdn 8) und setzt etwa voraus, dass die Diskriminierung in herabwürdigender Weise öffentl gemacht wird (instruktiv KR/*Pfeiffer* 7. Aufl, § 611a BGB Rn 126). Die neuere BAG-Rspr (19.12.2013, 6 AZR 190/12, NZA 2014, 372) senkt diese Anforderungen in einem obiter dictum ab, indem sie bei diskriminierender Benachteiligung generell eine Persönlichkeitsrechtsverletzung annimmt. 48

D. Ansprüche gegen den AG aus anderen Rechtsvorschriften. Unberührt bleiben nach § 15 V zB zivilrechtl Ansprüche auf Beseitigung und Unterlassung (§ 1004 BGB analog) sowie vertragliche (§§ 280, 241 II BGB, ggf iVm § 311 II BGB) und deliktische Ansprüche (§§ 823 I und II, 826, 831 BGB) gegen den AG. Diese Ansprüche können auf Ersatz des Vermögensschadens (Einzelheiten s Rdn 8 f) oder auf den Ersatz immaterieller Schäden (Einzelheiten s Rdn 33 f) gerichtet sein. Insb ist ein Einstellungsanspruch aus anderen Rechtsgründen (Wiedereinstellungsanspruch nach betriebsbedingter Kdg, s APS/*Kiel* § 1 KSchG Rn 799 f), auch nach bürgerlichem Recht (§§ 280 I, 311 II BGB, s KR/*Pfeiffer* 7. Aufl, § 611a BGB Rn 93) nicht ausgeschlossen. 49

Aus dem Satzteil »iÜ« kann nicht gefolgert werden, dass die Anspruchsbeschränkungen des § 15 III und IV AGG oder § 61b I ArbGG auf die oa Ansprüche ebenfalls Anwendung finden müssen (gegen BGK § 15 Rn 67). Es verstieße gegen das Absenkungsverbot des Art 8 II Rahmen-RL, seit Langem bestehende zivilrechtl Anspruchsgrundlagen im Zuge der Umsetzung einzuschränken. 50

E. Fristen. Zur Geltendmachung der Ansprüche nach § 15 I–III gilt eine Frist von 2 Monaten (§ 15 IV). Tarifvertraglich kann eine Verkürzung (Grenze effektiver Rechtsschutz, vgl BAG 28.9.2005, 5 AZR 52/05, EzA § 612 BGB 2002 Nr 5) oder Verlängerung vorgesehen werden. Damit gelten **tarifvertragliche Ausschlussfristen** vorrangig, soweit sie diskriminierende Absagen erfassen. Dem AG sollen Dokumentationen über Einstellungsverfahren etc bis zum Ablauf der allg Verjährungsfrist von 3 Jahren nicht zugemutet werden. 51

Die Frist beginnt mit dem Zeitpunkt, an dem der oder die Benachteiligte von der Benachteiligung Kenntnis erlangt. Im Fall einer Bewerbung für eine Einstellung oder einen beruflichen Aufstieg beginnt die Frist zum Zeitpunkt des Zugangs (§ 130 BGB) der Ablehnung durch den AG. Vielfach wird dem AG empfohlen, Bewerbungsabsagen mit Zugangsnachweis zuzustellen. 52

In den Materialien zum ADG (BT-Drs 15/4538 S 35) wird auf die Rspr zu tariflichen Ausschlussfristen bei Dauertatbeständen (bspw fortgesetzte Handlungen zur Schaffung eines feindlichen Umfeldes) verwiesen. 53

Ist der Anspruch rechtzeitig schriftlich geltend gemacht, beginnt die **Klagefrist** von 3 Monaten (§ 61b ArbGG). Trotz des etwas undeutlichen Wortlauts werden alle Ansprüche aus § 15, insb auch der Schadensersatzanspruch nach § 15 I erfasst. Bezeichnet die Klage die Diskriminierungsmerkmale nicht konkret und vollständig, ist die Frist hinsichtlich dieser Merkmale nicht gewahrt (BAG 26.9.2013, 8 AZR 650/12, NZA 2014, 258: nur Behinderung geltend gemacht, nicht auch Alter; LAG Rheinland-Pfalz 9.4.2014, 7 Sa 501/13: Geschlecht, nicht sexuelle Identität). 54

55 Die Geltendmachungs- und die Klagefrist erfassen nicht nur Ansprüche nach § 15, sondern auch Schadensersatzansprüche auf anderer, allg zivilrechtl Grundlage, wenn sie sich auf einen Sachverhalt beziehen, bei dem eine Diskriminierung wegen AGG-Merkmalen gerügt wird (BAG 21.6.2012, 8 AZR 188/11, s auch die vorausgegangene Vorlageentscheidung EuGH 8.7.2010, C-246/09, NZA 2010, 869, dazu auch *Thüsing* ZESAR 2009, 489). Sie gelten jedoch nicht für Erfüllungsansprüche, zB auf die Lohndifferenz wegen geschlechtsbezogener Benachteiligung (LAG Rh-Pf, 13.5.2015, 5 Sa 436/13, NZA-RR 2015, 517).

56 Die Versäumung der Klagefrist des § 4 KSchG hindert den Anspruchsteller zwar, die Unwirksamkeit der Kdg geltend zu machen (die Fiktion des § 7 KSchG erfasst alle möglichen Unwirksamkeitsgründe). Ob damit auch Schadensersatz nach § 15 I und Entschädigung nach § 15 II ausgeschlossen ist, wofür nach den Wertungen des KSchG viel spricht, wird die Rspr mit Blick auf § 2 IV klären müssen. Entspr gilt für den Fall, dass der Gekündigte die Frist bewusst untätig verstreichen und die Kdg so wirksam werden lässt (vgl LAG Köln 1.9.2009, 7 Ta 184/09, EzA-SD 2009, Nr 22, 15). Jedenfalls aber können nach Fristablauf noch zivilrechtl Ansprüche realisiert werden.

§ 16 Maßregelungsverbot

(1) ¹Der Arbeitgeber darf Beschäftigte nicht wegen der Inanspruchnahme von Rechten nach diesem Abschnitt oder wegen der Weigerung, eine gegen diesen Abschnitt verstoßende Anweisung auszuführen, benachteiligen. ²Gleiches gilt für Personen, die den Beschäftigten hierbei unterstützen oder als Zeuginnen oder Zeugen aussagen.
(2) ¹Die Zurückweisung oder Duldung benachteiligender Verhaltensweisen durch betroffene Beschäftigte darf nicht als Grundlage für eine Entscheidung herangezogen werden, die diese Beschäftigten berührt. ²Absatz 1 Satz 2 gilt entsprechend.
(3) § 22 gilt entsprechend.

1 Die bereits in § 612a BGB, § 5 TzBfG enthaltenen Maßregelungsverbote werden in § 16 (entspr Art 9 Antirassismus-RL, Art 11 Rahmen-RL und Art 7 Gender-RL) speziell normiert. Der Rückgriff auf die bekannten Grundsätze ist allerdings wegen § 16 III nur eingeschränkt möglich.

2 Benachteiligt iSd § 16 ist nicht nur, wer schlechter gestellt wird, sondern auch derjenige, dem Vorteile vorenthalten werden. Die Ausübung von Rechten nach dem AGG muss im Fall von § 16 anders als bei § 7 I (s § 7 Rdn 4 f) der **tragende Beweggrund** für die Benachteiligung sein (Kausalitätserfordernis, s SSV/*Voigt* § 16 Rn 7; ErfK/*Preis* § 612a BGB Rn 11), wofür der AN nach allg Regeln die Darlegungs- und Beweislast trägt. In Betracht kommt allerdings schon nach bisherigem Stand der Rspr zu § 612a BGB eine Beweiserleichterung durch Anscheinsbeweis, wenn ein offensichtlicher Zusammenhang zwischen benachteiligender Maßnahme und der Rechtsausübung besteht (ErfK/*Preis* § 612a BGB Rn 22). Dies ist infolge von § 16 III weiter erleichtert. Es genügt mithin, dass der Gemaßregelte Indizien beweist, die eine Benachteiligung in Maßregelungsabsicht vermuten lassen (idR genügt ein enger zeitlicher Zusammenhang, *Thüsing* Rn 306).

3 Da nach § 16 I 2 auch Unterstützer und Zeugen geschützt sind, setzt die Beweiserleichterung der §§ 16 III, 22 nicht voraus, dass der Anspruchsteller seinerseits Merkmalsträger oder Diskriminierungsopfer ist. Vielmehr ist die Beweiserleichterungskette bzgl der Kausalität verdoppelt. Es genügt, Indizien zum Diskriminierungstatbestand bzgl des Opfers und weitere Indizien zum Maßregelungstatbestand bzgl der Unterstützungsperson vorzubringen.

4 Gegen das Maßregelungsverbot verstoßende Rechtsgeschäfte (auch einseitige, wie etwa Kdg) sind nichtig. Maßregelnde Anweisungen sind ohne vorherige Geltendmachung des Leistungsverweigerungsrechts (§ 14 AGG, § 273 BGB) unverbindlich. Der betroffene AN kann Beseitigung von fortwirkenden Maßnahmen oder bei Wiederholungsgefahr Unterlassung verlangen. Ein etwaiger Anspruch auf Schadensersatz wegen Verstoßes des AG gegen § 16 (geltend gemacht durch nicht merkmalstragende Unterstützer) folgt bürgerlichem Recht (§ 280 mit § 241 II BGB), da § 16 III lediglich den Verweis auf § 22, nicht jedoch den Verweis auf § 15 enthält (ebenso *Thüsing* Rn 608).

§ 17 Soziale Verantwortung der Beteiligten

(1) Tarifvertragsparteien, Arbeitgeber, Beschäftigte und deren Vertretungen sind aufgefordert, im Rahmen ihrer Aufgaben und Handlungsmöglichkeiten an der Verwirklichung des in § 1 genannten Ziels mitzuwirken.
(2) ¹In Betrieben, in denen die Voraussetzungen des § 1 Abs. 1 Satz 1 des Betriebsverfassungsgesetzes vorliegen, können bei einem groben Verstoß des Arbeitgebers gegen Vorschriften aus diesem Abschnitt der Betriebsrat oder eine im Betrieb vertretene Gewerkschaft unter der Voraussetzung des § 23 Abs. 3

Satz 1 des Betriebsverfassungsgesetzes die dort genannten Rechte gerichtlich geltend machen; § 23 Abs. 3 Satz 2 bis 5 des Betriebsverfassungsgesetzes gilt entsprechend. ²Mit dem Antrag dürfen nicht Ansprüche des Benachteiligten geltend gemacht werden.

Übersicht	Rdn.		Rdn.
A. Allgemeines......................	1	C. Feststellungslast...................	8
B. Antragsbefugnis des BR oder der Gewerkschaften bei grober Pflichtverletzung..................	4	D. Rechtsfolgen......................	9

A. Allgemeines. § 17 I setzt Art 11 II der Antirassismus-RL, Art 13 II Rahmen-RL sowie Art 8b II und III der Gender-RL um. Er enthält als Programmsatz die Aufforderung an die Tarif- und Betriebspartner, ihren Beitrag zur Verwirklichung des in § 1 genannten Ziels zu leisten. 1

Nach § 17 II ist der BR oder eine im Betrieb vertretene Gewerkschaft (dazu s § 2 BetrVG Rdn 3) befugt, bei groben Verstößen gegen die arbeitsrechtl Vorschriften des AGG im Wege des arbeitsgerichtlichen Beschlussverfahrens (s § 2a ArbGG) vorzugehen. 2

BR und die im Betrieb vertretenen Gewerkschaften können Antragsrechte bzgl aller groben Verstöße des AG gegen seine Pflichten aus dem AGG (insb § 11, Bsp Hess LAG 6.3.2008, 9 TaBV 251/07, AuR 2008, 215, bestätigt BAG 18.8.2009, 1 ABR 47/08; LAG Saarland 11.2.2009, 1 TaBV 73/08, anhängend 1 ABR 27/09 oder § 12; zur Erzwingbarkeit der Beschwerdestelle s § 13 Rdn 1, 2) haben. Der betriebsverfassungsrechtl Bezug etwaiger Rechtsverstöße schien im RegE (BT-Drs 16/1780) zu fehlen, womit BR und Gewerkschaft die allgemeinpräventive Aufgabe zugekommen wäre, im gesamten Antidiskriminierungsbereich »dafür zu sorgen, dass sich der AG in Zukunft gesetzeskonform verhält« (BT-Drs 16/2022 S 12). So weit wollte der Gesetzgeber nicht gehen und so ist der in § 17 II vermeintlich fehlende kollektivrechtl Bezug des Pflichtenverstoßes über die gesetzgeberische »Klarstellung« mittels Einfügung des Begriffes »grob« doch auf den Zusammenhang mit der »guten Ordnung« des Betriebes (BT-Drs 16/2022 S 12) eingeschränkt worden (s *Klumpp* NZA 2006, 905 und BGK § 17 Rn 16). Ob man diesen Umstand insb für **gewerkschaftliche Aktivitäten** zur Sicherung des Diskriminierungsschutzes in Betrieben als eine Über- oder Untererfüllung der RL bewertet, hängt von politischen Vorstellungen zu Anforderungen an die Ausgestaltung des »Sozialen Dialoges« (Art 155 AEUV – ex Art 139 EGV) ab. Die Konsequenzen werden in der Praxis vielfach überschätzt, da die Beweiserleichterungen des § 22 im arbeitsgerichtlichen Beschlussverfahren keine Anwendung finden (s Rdn 8). 3

B. Antragsbefugnis des BR oder der Gewerkschaften bei grober Pflichtverletzung. Dem AG kann (wörtlich aus BT-Drs 16/2022 S 12) »aufgegeben werden, gegen das AGG verstoßende Handlungen zu unterlassen (zB eine Einstellungspraxis, die eine der in § 1 genannten Gruppen ausgrenzt), vom AGG erlaubte Handlungen zu dulden (bspw die Ausübung des Beschwerderechts nach § 13) oder dem AGG entspr Handlungen vorzunehmen (zB Maßnahmen nach § 12 I).« Im Ergebnis könnte der BR mit gerichtlicher Hilfe Maßnahmen erzwingen, die ihm betriebsverfassungsrechtl weitgehend verwehrt wären, zB die Vornahme einer bestimmten Einstellung oder die Unterlassung einer Kdg. Aus dem geforderten kollektivrechtl Bezug (Rdn 3) und aus § 17 II 2 wird man folgern müssen, dass der BR oder die im Betrieb vertretene Gewerkschaft dann keine Antragsbefugnis (s ErfK/*Eisemann* § 81 ArbGG Rn 10) haben, wenn der Benachteiligte das gleiche Rechtsschutzziel durch eine Individualklage erreichen könnte. 4

Weitergehende Beschränkungen der Antragsbefugnis bestehen nach den Materialien nicht. Insb kann mE aus dem für Maßnahmen nach § 12 anerkannten Beurteilungsspielraum des AG (s § 12 Rdn 1) nicht geschlossen werden, der BR könne einen hinreichend bestimmten Antrag auf konkrete Organisationshandlungen des AG nur bei »Ermessensreduzierung auf Null« stellen. Das dürfte im Einzelfall die Frage der Begründetheit des Antrages sein. Gleichwohl könnten vor dem Hintergrund des § 17 II eine BV über innerbetriebliche Konfliktbewältigung (vgl § 13 Rdn 3) oder Compliance-Regeln (*Wisskirchen/Lützeler* AuA 2009, 509 f) schon im Vorfeld sicherstellen, dass nicht ohne Not staatlicher Rechtsschutz in Anspruch genommen werden muss. 5

Voraussetzung für das Einschreiten von BR und Gewerkschaft bleibt, dass drohende (str, aA SSV/ *Schleusener* § 17 Rn 16) oder bereits erfolgte grobe Verstöße des AG gegen seine Verpflichtungen aus den AGG vorliegen müssen. Eine Pflichtverletzung ist grob, wenn sie objektiv erheblich und offensichtlich schwerwiegend ist (BAG 29.2.2000, 1 AGR 4/99, NZA 2000, 1066; s iÜ § 23 BetrVG Rdn 5). 6

§ 17 II 2 soll klarstellen, dass BR und Gewerkschaften nicht als Prozessstandschafter des Benachteiligten auftreten (entspr Richardi/*Thüsing* § 23 BetrVG Rn 75) und für diesen Entschädigungs- oder Schadensersatzansprüche geltend machen können. 7

§ 19 AGG Zivilrechtliches Benachteiligungsverbot

8 **C. Feststellungslast.** § 22 gilt im Beschlussverfahren nicht, auch nicht analog. Die Art 8 V der Antirassismus-RL, Art 10 V der Rahmen-RL sowie Art 9 V der Dienstleistungs-RL lassen ausdrücklich zu, dass bei Umsetzung der Beweislastregeln Verfahren ausgenommen werden können, in denen der Amtsermittlungsgrundsatz herrscht. Insofern trägt der Antragsteller die Feststellungslast (ErfK/*Eisemann* § 83 ArbGG Rn 4) und die Folgen von unzulänglichem Vortrag oder fehlenden Aufklärungsmöglichkeiten.

9 **D. Rechtsfolgen.** Das Ordnungsgeld nach § 23 III 2 BetrVG ist an die Staatskasse zu zahlen. Der betroffene AN kann seinerseits ggf Schadensersatz (§ 15 I) und wegen des immateriellen Schadens oder bei Präventivforderernissen Entschädigung (§ 15 II) verlangen. Dabei ist theoretisch sogar ein Wettlauf zwischen Entschädigung und Ordnungsgeld möglich (s *Klumpp* NZA 2006, 906), weil die jeweils zu zahlenden Beträge gegenseitig in die Bemessung einzustellen sind. Der Antrag nach § 23 III 1 BetrVG kann so zu einer Minderung des Entschädigungsanspruchs führen und den AN belasten.

§ 18 Mitgliedschaft in Vereinigungen
(1) Die Vorschriften dieses Abschnitts gelten entsprechend für die Mitgliedschaft oder die Mitwirkung in einer
1. Tarifvertragspartei,
2. Vereinigung, deren Mitglieder einer bestimmten Berufsgruppe angehören oder die eine überragende Machtstellung im wirtschaftlichen oder sozialen Bereich innehat, wenn ein grundlegendes Interesse am Erwerb der Mitgliedschaft besteht,

sowie deren jeweiligen Zusammenschlüssen.
(2) Wenn die Ablehnung einen Verstoß gegen das Benachteiligungsverbot des § 7 Abs. 1 darstellt, besteht ein Anspruch auf Mitgliedschaft oder Mitwirkung in den in Absatz 1 genannten Vereinigungen.

1 Die Vorschrift setzt Art 3 I lit d der Antirassismus-RL, der Rahmen-RL und der Gender-RL um (vgl § 2 I Nr 4, s § 2 Rdn 4). Nach I gelten für die Mitgliedschaft und Mitwirkung in Berufsorganisationen (näher SSV/*Suckow* § 18 Rn 7 f) die Regelungen über die Benachteiligungsverbote und deren Rechtsfolgen entspr wie im Beschäftigungsverhältnis. Da Berufsvereinigungen (I Nr 2) eine monopolartige Stellung bei der Wahrnehmung beruflicher Interessen haben, kann in Abweichung von § 15 VI eine Benachteiligung regelmäßig nur in der Weise behoben werden, dass den Benachteiligten ein Anspruch auf Aufnahme (II) bzw auf Inanspruchnahme satzungsgem Leistungen zugebilligt wird, soweit iÜ die vereinsrechtl und satzungsgem Voraussetzungen dafür erfüllt sind (Bsp s SSV/*Suckow* § 18 Rn 61).

2 Praxisrelevante Fragen wird die Norm zur Zulässigkeit von verbindlichen Geschlechterquoten bzgl der Zusammensetzung von Gremien der Verbände aufwerfen (vgl zu § 15 II BetrVG *Kamanabrou* RdA 2006, 185 f). Die Rechte nach § 18 rechtfertigen zudem die Regelungsbefugnis der Tarifvertragsparteien für Eingriffe in die Besitzstände von Betriebsrentnern (§ 17 III BetrAVG, BAG 17.6.2008, 3 AZR 409/06, DB 2008, 2314; krit Anm *Waas* AP Nr 136 zu Art 9 GG).

§ 19 Zivilrechtliches Benachteiligungsverbot
(1) Eine Benachteiligung aus Gründen der Rasse oder wegen der ethnischen Herkunft, wegen des Geschlechts, der Religion, einer Behinderung, des Alters oder der sexuellen Identität bei der Begründung, Durchführung und Beendigung zivilrechtlicher Schuldverhältnisse, die
1. typischerweise ohne Ansehen der Person zu vergleichbaren Bedingungen in einer Vielzahl von Fällen zustande kommen (Massengeschäfte) oder bei denen das Ansehen der Person nach der Art des Schuldverhältnisses eine nachrangige Bedeutung hat und die zu vergleichbaren Bedingungen in einer Vielzahl von Fällen zustande kommen oder
2. eine privatrechtliche Versicherung zum Gegenstand haben,

ist unzulässig.
(2) Eine Benachteiligung aus Gründen der Rasse oder wegen der ethnischen Herkunft ist darüber hinaus auch bei der Begründung, Durchführung und Beendigung sonstiger zivilrechtlicher Schuldverhältnisse im Sinne des § 2 Abs. 1 Nr. 5 bis 8 unzulässig.
(3) Bei der Vermietung von Wohnraum ist eine unterschiedliche Behandlung im Hinblick auf die Schaffung und Erhaltung sozial stabiler Bewohnerstrukturen und ausgewogener Siedlungsstrukturen sowie ausgeglichener wirtschaftlicher, sozialer und kultureller Verhältnisse zulässig.
(4) Die Vorschriften dieses Abschnitts finden keine Anwendung auf familien- und erbrechtliche Schuldverhältnisse.

(5) ¹Die Vorschriften dieses Abschnitts finden keine Anwendung auf zivilrechtliche Schuldverhältnisse, bei denen ein besonderes Nähe- oder Vertrauensverhältnis der Parteien oder ihrer Angehörigen begründet wird. ²Bei Mietverhältnissen kann dies insbesondere der Fall sein, wenn die Parteien oder ihre Angehörigen Wohnraum auf demselben Grundstück nutzen. ³Die Vermietung von Wohnraum zum nicht nur vorübergehenden Gebrauch ist in der Regel kein Geschäft im Sinne des Absatzes 1 Nr. 1, wenn der Vermieter insgesamt nicht mehr als 50 Wohnungen vermietet.

Übersicht

	Rdn.
A. Allgemeines zum Schutz vor Benachteiligung im Zivilrechtsverkehr.	1
B. Anwendungsbereich.	5
C. Sonderregelungen für die Vermietung von Wohnraum.	8
D. Bes Nähe- und Vertrauensverhältnisse	10

A. Allgemeines zum Schutz vor Benachteiligung im Zivilrechtsverkehr. Anders als im ArbR bestanden ausdrücklich geregelte Diskriminierungsverbote im allg Zivilrecht bislang nicht. Allerdings wurden Diskriminierungsverbote auch schon bisher mit Wertungen des GG (insb Art 3 II und III, 4, 6 V GG) über zivilrechtl Generalklauseln (§§ 138, 242 BGB), vertragliche Nebenpflichten (§ 241 II BGB) und die Rspr zum allg Persönlichkeitsrecht (s § 15 Rdn 46) in weiten Bereichen berücksichtigt. 1

Umzusetzen war das Benachteiligungsverbot aus Gründen der **Rasse** oder wegen der **ethnischen Herkunft** aufgrund der Antirassismus-RL. Zudem enthält die Dienstleistungs-RL insb für private **Versicherungsverträge** differenzierte Vorgaben zur Gleichbehandlung wegen des Geschlechts. Weitere Umsetzungsverpflichtungen bestanden nicht. 2

Das AGG erweitert den zivilrechtl Diskriminierungsschutz mit Ausnahme der Weltanschauung auf alle Merkmale des Art 13 EU. Das ist vom Gesetzgeber trotz Kritik beibehalten worden (Begr s BT-Drs 16/1780 S 39 f; BT-Drs 16/2022 S 13), obwohl bereits die Antirassismus-RL und die Dienstleistungs-RL zivilrechtl EU-Kompetenzen sprengten (*Maier-Reimer* NJW 2006, 2578 mN) und der Grundsatz der Privatautonomie (s die Nachw bei *Adomeit* Einl Rn 214 ff; *Picker* ZfA 2005, 167 f) eingeschränkt scheint. 3

Nach der Begr zu § 3 III bzw IV (BT-Drs 16/1780 S 33) soll das zivilrechtl Benachteiligungsverbot des AGG die Belästigungstatbestände idR nicht erfassen. Im Gesetzestext hat diese Überlegung zu Recht (vgl Art 2 Dienstleistungs-RL) keinen Niederschlag gefunden. 4

B. Anwendungsbereich. Das »überschießende« (*Armbrüster* ZRP 2005, 42) zivilrechtl Diskriminierungsverbot wird gesetzestechnisch unglücklich dadurch »eingefangen«, dass lediglich die Begr, Durchführung und Beendigung von **Massengeschäften** (und als Unterfall von privatrechtl Versicherungen, dazu BGK § 19 Rn 11; *Thüsing/v Hoff* VersR 2007, 1 ff) erfasst sein soll. Bei iSd RL »**öffentl offerierten**« Schuldverhältnissen (s § 2 I Nr 5–8, s insb § 2 Rdn 7), seien es nun Massengeschäfte oder nicht, ist der Anwendungsbereich von vornherein auf die Benachteiligung wegen Rasse oder ethnischer Herkunft beschränkt (§ 19 II). Ein Massengeschäft soll (lt BT-Drs 16/1780 S 40) nur dann vorliegen, wenn das Schuldverhältnis typischerweise ohne Ansehen der Person zu vergleichbaren Bedingungen in einer Vielzahl von Fällen zustande kommt; gleichgestellt ist der Fall, dass das Ansehen der Person nach der Art des Schuldverhältnisses nur nachrangige Bedeutung hat. Für das Merkmal »Vielzahl von Fällen« ist auf den konkreten Anbieter abzustellen, sodass regelmäßig nur Unternehmer iSv § 14 BGB erfasst werden (Hauptfälle: Einzelhandel, Gastronomie, Transportgewerbe, Tarifgestaltung des öffentl Nahverkehrs, AG Mannheim 6.6.2008, 10 C 34/08, NJW 2008, 3442). Hingegen fallen etwa privatrechtl Behandlungs- oder Schuldverträge oder der Verkauf eines Gebrauchtwagens durch einen Verbraucher mit Ausnahme der Merkmale Rasse und ethnische Herkunft nicht unter die zivilrechtl Benachteiligungsverbote. 5, 6

Nach EuGH 1.3.2011, C-236/09, NJW 2011, 907 sind ab dem 21.12.2012 im privaten Versicherungsgewerbe grds sogenannte Unisex-Tarife vorzusehen, bei denen die Beiträge nicht mehr nach dem Geschlecht differenziert sind. Neuverträge sind nach dem 21.12.2012 abgeschlossene oder verlängerte Verträge. 7

C. Sonderregelungen für die Vermietung von Wohnraum. Auch Wohnraummietverträge (dazu *Wackerbarth* ZIP 2007, 453 ff; *Derleder* NZM 2008, 505 ff) können Massengeschäfte sein, sodass mit Einführung dieser Kategorie in § 19 I Nr 1 die Ausnahmeregelungen des § 19 II und V notwendig wurden, wollte man die Erlaubnis nach Erwägungsgrund 4 Antirassismus-RL bzw Erwägungsgrund 3 Dienstleistungs-RL nutzen. Es schien wohl nicht möglich § 19 III und V als Rechtfertigungen (§ 20) auszugestalten, weil insb die Antirassismus-RL keine Rechtfertigungstatbestände vorsieht. 8

Europarechtl unterliegen alle öffentl angebotenen Mietverträge dem Verbot einer Benachteiligung wegen Rasse und ethnischer Herkunft. Allerdings sind für bestimmte Verträge, bei denen ein bes Nähe- oder Vertrauensverhältnis begründet wird, nach den Erwägungsgründen der RL durchaus Ausnahmen begründbar. 9

Darunter können insb Mietverträge fallen, bei denen der Vermieter oder seine Angehörigen auf demselben Grundstück wohnen (§ 19 V 2). Die Einfügung von § 19 V 3 (s zur Begr BT-Drs 16/2022 S 13) bewegt sich europarechtl auf dünnem Eis, wird aber wohl aufgrund der Möglichkeit zur Einzelfallabwägung (BT-Drs 16/2022 S 13) richtlinienkonform sein.

10 **D. Bes Nähe- und Vertrauensverhältnisse.** § 19 V trägt den Erwägungsgründen 4 der Antirassismus-RL und 3 der Dienstleistungs-RL Rechnung, wonach der Schutz der Privatsphäre und des Familienlebens bzgl der in diesem Kontext getätigten Geschäfte gewahrt bleiben soll. Entspr soll § 19 V gewährleisten, dass nicht unverhältnismäßig in den engsten Lebensbereich der durch das Benachteiligungsverbot verpflichteten Personen eingegriffen wird. Ein bes Nähe- oder Vertrauensverhältnis geht über die Beziehungen hinaus, die ohnehin jedem Schuldverhältnis zugrunde liegen. Begründet wird dies etwa durch bes Nähe zur Privatsphäre, die bes Bedeutung des Geschäfts (Rechtsanwälte, Ärzte, Steuerberater, Architekten) oder infolge von engem und langandauerndem Kontakt (Dauerlieferverträge).

§ 20 Zulässige unterschiedliche Behandlung

(1) ¹Eine Verletzung des Benachteiligungsverbots ist nicht gegeben, wenn für eine unterschiedliche Behandlung wegen der Religion, einer Behinderung, des Alters, der sexuellen Identität oder des Geschlechts ein sachlicher Grund vorliegt. ²Das kann insbesondere der Fall sein, wenn die unterschiedliche Behandlung
1. der Vermeidung von Gefahren, der Verhütung von Schäden oder anderen Zwecken vergleichbarer Art dient;
2. dem Bedürfnis nach Schutz der Intimsphäre oder der persönlichen Sicherheit Rechnung trägt;
3. besondere Vorteile gewährt und ein Interesse an der Durchsetzung der Gleichbehandlung fehlt;
4. an die Religion eines Menschen anknüpft und im Hinblick auf die Ausübung der Religionsfreiheit oder auf das Selbstbestimmungsrecht der Religionsgemeinschaften, der ihnen zugeordneten Einrichtungen ohne Rücksicht auf ihre Rechtsform sowie der Vereinigungen, die sich die gemeinschaftliche Pflege einer Religion zur Aufgabe machen, unter Beachtung des jeweiligen Selbstverständnisses gerechtfertigt ist.

(2) ¹Kosten im Zusammenhang mit Schwangerschaft und Mutterschaft dürfen auf keinen Fall zu unterschiedlichen Prämien oder Leistungen führen. ²Eine unterschiedliche Behandlung wegen der Religion, einer Behinderung, des Alters oder der sexuellen Identität ist im Falle des § 19 Abs. 1 Nr. 2 nur zulässig, wenn diese auf anerkannten Prinzipien risikoadäquater Kalkulation beruht, insbesondere auf einer versicherungsmathematisch ermittelten Risikobewertung unter Heranziehung statistischer Erhebungen.

1 § 20 regelt, in welchen Fällen eine unterschiedliche Behandlung wegen einer Behinderung, der Religion, des Alters, der sexuellen Identität oder des Geschlechts, die den Tatbestand des § 19 I erfüllt, gleichwohl zulässig ist. Das Verbot gilt nicht, wenn für die Benachteiligung aus anderen Gründen als solchen der Rasse oder der ethnischen Herkunft »ein sachlicher Grund vorliegt«. Das Gesetz nennt einige nicht abschließende Regelbeispiele, wann dies »insb der Fall sein« kann.

2 § 20 I 2 Nr 1 gewährleistet die Beachtung von Verkehrssicherungspflichten, wobei die abstrakte Gefährdung genügt. § 20 I 2 Nr 2 soll insb Unterscheidungen nach dem Geschlecht ermöglichen. § 20 I 2 Nr 3 ist Spezialvorschrift zu § 5. Eine bes Ausnahme gilt für Benachteiligungen aus Gründen der Religion mit Rücksicht auf die Religionsfreiheit und das Selbstbestimmungsrecht der Religionsgemeinschaften (§ 20 I 2 Nr 4; vgl § 9). Die Feststellung des sachlichen Grundes bedarf auch in den Regelbeispielsfällen der wertenden Feststellung im Einzelfall nach den Grundsätzen von Treu und Glauben (Details s BT-Drs 16/1780 S 43 f).

3 Private Versicherer müssen eine Prämiendifferenzierung aus Gründen des Geschlechts, der Religion, einer Behinderung, des Alters oder der »sexuellen Identität« durch risikoadäquate Kalkulationen unter Heranziehung statistischer Risikoerhebungen rechtfertigen (Einzelheiten s BT-Drs 16/1780 S 45), wobei Differenzierungen aufgrund des Geschlechts nach EuGH 1.3.2011, C-236/09, NJW 2011, 907 für Verträge ab dem 21.12.2012 nicht mehr zulässig sind, daher die Neuregelung in § 33 V, siehe dort. Kosten im Zusammenhang mit Schwangerschaft und Mutterschaft dürfen in keinem Fall zu unterschiedlichen Prämien oder Leistungen führen (§ 20 II 1). Im Streitfall werden Versicherer ihre Kalkulation nach § 22 rechtfertigen müssen. Damit werden diese Kosten in der Kalkulation gleichmäßig auf männliche und weibliche Versicherte verteilt.

§ 21 Ansprüche

(1) ¹Der Benachteiligte kann bei einem Verstoß gegen das Benachteiligungsverbot unbeschadet weiterer Ansprüche die Beseitigung der Beeinträchtigung verlangen. ²Sind weitere Beeinträchtigungen zu besorgen, so kann er auf Unterlassung klagen.
(2) ¹Bei einer Verletzung des Benachteiligungsverbotes ist der Benachteiligende verpflichtet, den hierdurch entstandenen Schaden zu ersetzen. ²Dies gilt nicht, wenn der Benachteiligende die Pflichtverletzung nicht zu vertreten hat. ³Wegen eines Schadens, der nicht Vermögensschaden ist, kann der Benachteiligte eine angemessene Entschädigung in Geld verlangen.
(3) Ansprüche aus unerlaubter Handlung bleiben unberührt.
(4) Auf eine Vereinbarung, die von dem Benachteiligungsverbot abweicht, kann sich der Benachteiligende nicht berufen.
(5) ¹Ein Anspruch nach den Absätzen 1 und 2 muss innerhalb einer Frist von zwei Monaten geltend gemacht werden. ²Nach Ablauf der Frist kann der Anspruch nur geltend gemacht werden, wenn der Benachteiligte ohne Verschulden an der Einhaltung der Frist verhindert war.

Übersicht	Rdn.		Rdn.
A. Beseitigungsanspruch.................	2	C. Schadensersatz und Entschädigung......	4
B. Unterlassungsanspruch................	3		

§ 21 regelt die Rechtsfolgen einer Benachteiligung iSv § 19 und soll die Art 15 Antirassismus-RL und Art 13 Dienstleistungs-RL umsetzen. **1**

A. Beseitigungsanspruch. Der Beseitigungsanspruch des § 21 I ist § 1004 BGB nachgebildet. Danach **2** ist die Beseitigung der Benachteiligung ihre Abstellung für die Zukunft (Abwehr), nicht die Herstellung des früheren Zustandes, die unter § 21 II fällt. Es genügt ein objektiver Verstoß gegen Benachteiligungsverbote. Verschulden ist nicht erforderlich. Die Abgrenzung zwischen verschuldensunabhängigem Beseitigungsanspruch und deliktsrechtl Schadensersatzanspruch gehört zu den ungelösten Problemen des Zivilrechts (BGH 1.12.1995, 5 ZR 9/94, NJW 1996, 845; s Palandt/*Bassenge* § 1004 BGB Rn 2 mN). In der Rechtsfolgenregelung des AGG hätte man bei Zuerkennung des Anspruches auf Abschluss eines Vertrages (§ 22 II ADG aF, BT-Drs 15/4538) zu einer schärferen Grenzziehung kommen müssen, was sich nach der Neufassung erübrigt.

B. Unterlassungsanspruch. Auch der Unterlassungsanspruch ist § 1004 BGB nachgebildet. Für den Unter- **3** lassungsanspruch muss die bevorstehende Benachteiligung konkret drohen, wobei auch hier Verschulden nicht erforderlich ist. Da idR eine vorausgegangene rechtswidrige Benachteiligung die tatsächliche Vermutung für das Bestehen der Wiederholungsgefahr trägt (BGH 12.12.2003, V ZR 239/99, NJW 2004, 1035), muss der Benachteiligende entspr § 22 beweisen, dass Wiederholungsgefahr nicht besteht.

C. Schadensersatz und Entschädigung. § 21 II normiert die Rechtsfolgen von Verstößen gegen das **4** zivilrechtl Benachteiligungsverbot in weitestgehender Übereinstimmung mit der allg Privatrechtsordnung (BT-Drs 16/1780 S 45 f). § 21 II 1 und 2 entspricht § 280 I 1 und 2 BGB. S 3 regelt mit Blick auf § 253 I BGB den Ersatz des durch die Benachteiligung eingetretenen ideellen Schadens entspr der Grundsätze zu immateriellem Schadensersatz bzgl Verletzungen des allg Persönlichkeitsrechts (BT-Drs 16/1780 S 46). Der Gesetzgeber war im Zivilrecht anders als im ArbR nicht durch europäische Vorgaben und die **5** Rspr zu § 611a II und III BGB (vgl § 15 Rdn 26 f) gebunden, sodass außerhalb des Beschäftigtenschutzes ohne Weiteres auf bestehende zivilrechtl Haftungssysteme zurückgegriffen werden konnte. Das ist auch für Benachteiligungen wegen des Geschlechts (vgl Art 8 II Dienstleistungs-RL) ausreichend.
Wegen § 21 III s § 15 V (s § 15 Rdn 49); zu § 21 IV s § 31 und zu § 21 V s § 15 Rdn 51 f. **6**

Kappenhagen

§ 22 Beweislast

Wenn im Streitfall die eine Partei Indizien beweist, die eine Benachteiligung wegen eines in § 1 genannten Grundes vermuten lassen, trägt die andere Partei die Beweislast dafür, dass kein Verstoß gegen die Bestimmungen zum Schutz vor Benachteiligung vorgelegen hat.

Übersicht	Rdn.		Rdn.
A. Allgemeines	1	III. Fallgruppen	8
B. Darlegungs- und Nachweisobliegenheiten des Benachteiligten.	3	C. Rechtfertigung des AG . . . . D. Besonderheiten zum	14
I. Beweiserleichterungen bzgl der Kausalität. . .	3	Anwendungsbereich	17
II. Vermutungstatsachen	5		

1 **A. Allgemeines.** § 22 lehnt sich eng an ex § 611a I 3 BGB bzw § 81 II Nr 1 S 3 SGB IX aF an und setzt die Art 10 Rahmen-RL, Art 8 Antirassismus-RL, Art 1 der Beweislast-RL 97/80/EG sowie Art 9 Dienstleistungs-RL in nationales Recht um. Daran ändert die vom Rechtsausschuss in letzter Minute erwirkte Änderung des Gesetzeswortlauts nichts. Statt einer »Glaubhaftmachung« von »Tatsachen« sieht das Gesetz nun den Beweis von »Indizien« vor. Diese Auswechselung von Begrifflichkeiten soll verdeutlichen, dass § 294 ZPO nicht unmittelbar anwendbar ist (BT-Drs 16/2022 S 13), womit die frühere Streitfrage (s KR/*Pfeiffer* 7. Aufl, § 611a BGB Rn 140) sich erledigt hat. IÜ bleibt die Rechtslage im Vergleich zu dem ursprünglichen RegE unverändert. Auf die zu ex § 611a I 3 BGB vorhandene Lit und Rspr kann daher grds zurückgegriffen werden.

2 Die Beweiserleichterung des § 22 bezieht sich allein auf den **Benachteiligungsgrund**. Sofern der AN im Streitfall Tatsachen nachweist, die eine Benachteiligung **wegen** eines in § 1 genannten Grundes vermuten lassen, muss der AG darlegen und beweisen, dass sein Handeln rechtl zulässig ist. Erforderlich ist also ein zweistufiges Vorgehen. Auf der 1. Stufe steht der (gelungene) Nachweis einer Diskriminierungsvermutung durch den AN; auf der 2. Stufe die Rechtfertigung durch den AG.

3 **B. Darlegungs- und Nachweisobliegenheiten des Benachteiligten. I. Beweiserleichterungen bzgl der Kausalität.** Der AN muss zunächst konkret darlegen und ggf beweisen, dass überhaupt eine Benachteiligung seiner Person, dh eine ihn benachteiligende Maßnahme oder ein ihn benachteiligender Sachverhalt vorliegt (ErfK/*Schlachter* § 22 Rn 2). Dazu gehört sowohl das Vorliegen eines benachteiligenden Vorgangs oder Sachverhalts als auch das Betroffensein von dieser Maßnahme/diesen Umständen. Das gilt auch bei mittelbarer Benachteiligung (s § 8 Rdn 16).

4 Die Beweiserleichterung des § 22 bezieht sich allein auf die **Kausalität eines Merkmals** für die Benachteiligung. Bei mittelbarer Diskriminierung erfasst sie die an die Stelle der Kausalität tretende merkmalsbezogene des Benachteiligungstendenz (§ 3 Rdn 7). § 22 greift die Rspr des BAG (5.2.2004, 8 AZR 112/03, EzA § 611a BGB 2002 Nr 3; dazu *Boesche* EuZW 2005, 264 ff) zu § 611a I 3 BGB auf: »Die zweistufige Regelung des § 611a I 3 BGB bezieht sich auf den Benachteiligungsgrund, also auf die Tatsache der Benachteiligung aus geschlechtsspezifischen Gründen. Die Glaubhaftmachung durch den AN lässt die Beweisverteilung zunächst unberührt, sie senkt nur das Beweismaß. Dabei ist die Glaubhaftmachung nicht als Glaubhaftmachung iSd § 294 ZPO zu verstehen; verlangt ist lediglich eine Darlegung, die eine Benachteiligung wegen des Geschlechts als wahrscheinlich erscheinen lässt. Überdies handelt es sich nicht um eine Vermutungsregelung iSd § 292 ZPO. Die Vorschrift ist vielmehr so zu verstehen, dass der klagende AN eine Beweislast des AG dadurch herbeiführen kann, dass er Hilfstatsachen darlegt und ordnungsgem unter Beweis stellt, die eine Benachteiligung wegen des Geschlechts vermuten lassen. Hierzu genügt die Überzeugung des Gerichts von der überwiegenden Wahrscheinlichkeit für die Kausalität zwischen Geschlechtszugehörigkeit und Nachteil« (bestätigt und fortgeführt in BAG 24.4.2008, 8 AZR 257/07, NJW 2008, 3658).

5 **II. Vermutungstatsachen.** Wann eine solche Vermutung begründet ist, ist eine Frage des Einzelfalles wie zB Äußerungen des AG oder andere Verfahrenshandlungen, die die Annahme einer Benachteiligung wegen des Diskriminierungsmerkmals nahe legen (BAG 21.6.2012, 8 AZR 364/11, NZA 2012, 1345; BAG 24.4.2008, 8 AZR 257/07, aaO). Ein Hinweis auf die Pensionsberechtigung der gekündigten Mitarbeiterin sowie den »gemeinsam gegangenen beruflichen Weg« im Kdgsschreiben läßt lt BAG (23.7.2015, 6 AZR 457/14, NZA 2015, 1380) eine unmittelbare Benachteiligung wegen des Lebensalters vermuten, sodass AGn eine neutrale Formulierung der Kdg zu empfehlen ist. Es genügen (bewiesene) Indizien, die zwar nicht zwingend den Schluß auf die Kausalität zulassen, die aber den Annahme rechtfertigen, dass die Kausalität gegeben ist (BAG. 23. 8. 2012, 8 AZR 285/11, NZA 2013, 37; BAG 27.1.2011, 8 AZR 580/09, EzA AGG § 22 Nr. 3; LAG HH, 19.2.2014 , 3 Sa 39/13, NZA-RR 2014, 343), dh dass die Verhaltensweisen auf eine

merkmalsbezogene motivierte Entscheidung schließen lassen (LAG Berlin 21.7.2008, 10 Sa 555/08, juris: auch hier gilt § 286 ZPO). Ein Anspruch auf Auskunft über die Ablehnung besteht nicht (EuGH 19.4.2012, C-415/10), die Verweigerung jeder Auskunft soll jedoch ihrerseits ein Umstand sein, der eine Diskriminierung vermuten lassen kann (im konkreten Fall abgelehnt bei BAG 25.4.2013, 8 AZR 287/08). Gibt der AG eine Begründung für seine Ablehnungsentscheidung, darf die Begründung nicht falsch, wechseln oder widersprüchlich sein, sonst hat dies Indizwirkung (BAG 21.6.2012, 8 AZR 364/11, NZA 2012, 1345).

Werden die Vermutungstatsachen bestritten, hat der Anspruchsteller sie nach der klarstellenden Neufassung mit den in der ZPO vorgesehenen Beweismitteln **nachzuweisen**. Praktisch relevant wird das bei der nicht auf schriftlich dokumentierte Vorgänge gestützten, sondern allein mit (angeblichen) mündlichen Äußerungen des AG begründeten Diskriminierungsvermutung, etwa im Bewerbungsgespräch. Das Verfahrensrecht hilft dem Kläger dadurch, dass alle zulässigen Möglichkeiten der Anhörung (§ 148 ZPO) und Vernehmung des Klägers (§ 448 ZPO, insb bzgl 4-Augen-Gesprächsinhalten, dazu *Kappenhagen/Markus*, BB 2006, 506) sowie die Regeln zur richterlichen Überzeugungsbildung (§ 286 ZPO, instruktiv BAG 19.2.1997, 5 AZR 747/93, EzA § 5 EntgfzG Nr 3 unter II.2. der Gründe, NZA 1997, 708) auszuschöpfen sind. 6

Obwohl § 22 bisherigem Rspr-Stand zu § 611a BGB entspricht (BAG, 19.2.1997, 5 AZR 747/93, aaO), wird die Vereinbarkeit mit den Beweislastbestimmungen der RL (etwa Art 10 Rahmen-RL) in Zweifel gezogen werden können. Bereits zu § 611a BGB wurde vertreten, dass der Beweis auch hins des Vorliegens der Vermutungstatsachen erleichtert werde (KR/*Pfeiffer* 7. Aufl, § 611a BGB Rn 140) und es mithin genüge, dass das Vorliegen der Vermutungstatsachen – etwa behaupteter AG-Äußerungen – überwiegend wahrscheinlich sei. Der Ansatz ist nicht weiterführend, weil dann noch auf der 1. Stufe die Gegenglaubhaftmachung bzw Erschütterung des Anscheinsbeweises zugelassen werden muss. 7

III. Fallgruppen. Die Kenntnis des AG von der Schwangerschaft allein ist keine Indiztatsache für **Geschlechterbenachteiligung** (BAG 24.4.2008, 8 AZR 257/07, EzA § 611a BGB 2002 Nr 6). Auch die Kündigung während der Schwangerschaft ohne Kenntnis des AG hiervon ist nicht diskriminierend, ebensowenig ein »Festhalten« an der (damit unwirksamen) Kündigung (BAG 17.10.2013, 8 AZR 742/12, DB 2014, 959). Statistische Angaben indizieren für sich genommen ebenfalls keine Geschlechterbenachteiligung (BAG 21.6.2012, 8 AZR 364/11, NZA 2012, 1345; BAG 22.7.2010, 8 AZR 1012/08, EzA AGG § 22 Nr. 2; aA die Vorinstanz LAG Berlin 26.11.2008, 15 Sa 517/08, LAGE § 22 AGG Nr 1, weitere Nachw bei *Rolfs/Wessel* NJW 2009, 3329; differenzierend *Bayreuther* NJW 2009, 806 m Nachw; vgl § 3 Rdn 6). Die Suche nach Mitarbeitern »m/w« genügt, um auszudrücken, dass sowohl männliche als auch weibliche Bewerber gesucht werden (LAG Hamm, 4.2.2014, 7 Sa 1026, NZA-RR 2014, 412; LAG Schl-Holst 13.11.2012, 2 Sa 217/12). 8

Nach hM ist der Verstoß gegen die in § 81 SGB IX iE genannten Verpflichtungen des AG (Erkundigung bei der ArbAgentur, etc.) grds geeignet, ein Indiz für die Diskriminierung wegen der **Behinderung** zu begründen (LAG Berl-Bbg 2.6.2009, 3 Sa 499/09; LAG München 19.11.2008, 5 Sa 556/08; LAG Hamm 26.6.2008, 15 Sa 198/08, DÖD 2009, 72 ff; *Wendeling-Schröder/Stein* AGG § 22 Rn 23; noch zur alten Rechtslage vor Inkrafttreten des AGG: BAG 12.9.2006, 9 AZR 807/05, DB 2007, 747 ff; aA *Diller* NZA 2007, 1321 f; abweichend für einen internen schwerbehinderten Bewerber bei einem Verstoß gegen § 81 I 4 SGB IX: ArbG Berlin 16.4.2008, 48 Ca 1210/08, AE 2008, 173 f; für die Bewerbung auf eine bereits besetzte Stelle LAG BW 26.3.2009, 11 Sa 83/08). Erfolgt die Absage nach erfolgtem Vorstellungsgespräch, muss die schwerbehinderte Bewerberin Indizien für eine Ablehnung wegen der Schwerbehinderung vortragen, BAG 21.2.2013, 8 AZR 180/12). Die Beweiserleichterung gilt nicht für »einfach« behinderte Menschen, die auch nicht gleichgestellt wurden (BAG 27.1.2011, 8 AZR 580/09, EzA AGG § 22 Nr. 3). 9

Eine unmittelbare **Altersdiskriminierung** liegt vor, wenn ein öffentl AG die Auswahl, welche Beschäftigte er einem sog »Personalüberhang« zuordnet und dann in einen Stellenpool versetzt, auf Beschäftigte einer bestimmten Altersgruppe beschränkt (BAG 22.1.2009, 8 AZR 906/07, EzA § 15 AGG Nr 1). 10

Indizien für eine mittelbare Altersdiskriminierung sehen das BAG (18.8.2009, 1 ABR 47/08) und das LAG Saarland (11.2.2009, 1 TaBV 73/08, beim BAG unter 1 ABR 27/09) in der Begrenzung einer innerbetrieblichen Stellenausschreibung auf AN im ersten Berufsjahr, da AN mit mehreren Berufsjahren typischerweise gegenüber AN im ersten Berufsjahr ein höheres Lebensalter aufweisen. Das gleiche soll bei einer an »Hochschulabsolventen/Young Professionals« gerichteten Stellenanzeige der Fall sein (BAG 24.1.2013, 8 AZR 429/11, NZA 2013, 498; der Kläger war allerdings ein bekannter »Berufskläger«, sodass Rechtsmißbräuchlichkeit zu prüfen gewesen wäre, vgl. *Bauer*, ArbRAktuell 2013, 75; gleiche Konstellation bei LAG Düsseldorf 30.1.2014, 13 Sa 1198/13: 60jähriger Anwalt bewirbt sich auf Anzeige einer Kanzlei, die »Berufseinsteiger« sucht: Diskriminierung ja, Rechtsmissbrauch ebenfalls, Prozess endete durch 11

Vergleich.) Nach Ansicht des LAG Köln (27.8.2008, 9 Sa 649/08, ZTR 2009, 155) kann sich eine ältere Mitarbeiterin nicht auf die Beweiserleichterung des § 22 AGG berufen, wenn sie als Indizientatsache für das Vorliegen einer Altersdiskriminierung vorträgt, der AG habe erklärt, die interne Bewerbung könne nicht berücksichtigt werden, da die von ihr angegebenen EDV-Kenntnisse veraltet seien. Die Verwendung der Formulierungen »Wir suchen daher zur Verstärkung unseres Teams sofort: jüngere/n Buchhalter/in in Vollzeit« trägt hingegen nach LAG Schl-Holst (9.12.2008, 5 Sa 286/08, LAGE § 15 AGG Nr 7) die Vermutung einer Altersdiskriminierung, ebenso die Suche nach Bewerbern »gerade frisch gebacken aus einer kfm Ausbildung« (LAG Düsseldorf 9.6.2015, 16 Sa 1269/14). Gleiches gilt für die Formulierung »Zum sofortigen Eintritt suchen wir für unsere Rechtsabteilung eine(n) junge(n), engagierte(n) Volljuristin/Volljuristen« (BAG 19.8.2010, 8 AZR 530/09, NZA 2010, 1412; zu Rechtfertigungsgründen für Einschränkungen der Berufserfahrung in Stellenanzeigen Kaufmann BB 2013, 2997).

12 Erhält eine Bewerberin auf einen ausgeschriebenen Arbeitsplatz frühzeitig eine Absage, weil sie »keine dt Muttersprachlerin« sei, ist nach ArbG Berlin (11.2.2009, 55 Ca 16952/08, BB 2009, 1181; abl *Tolmein* jurisPR-ArbR 24/2009 und *Hunold* NZA-RR 2009, 17) eine Indiztatsache iSv § 22 AGG für eine Diskriminierung wegen der **ethnischen Herkunft** gesetzt.
Homophobe Äußerungen des »Patrons« eines Fußballclubs können eine diskriminierende Einstellungspolitik indizieren (EuGH 25.4.2013, C-81/12, EuZW 2013, 469).

13 Bei **Kdg** im Geltungsbereich des KSchG werden sich allenfalls Auswirkungen auf die Darlegungslast des AN bei der Sozialauswahl (§ 1 III 3 KSchG) ergeben. Weist der AN Indizien nach, die darauf hindeuten, dass die vom AG genannten sozialen Gesichtspunkte nur vorgeschoben sind und in Wahrheit eines der in § 1 genannten Merkmale den Ausschlag gegeben hat, muss der AG dies widerlegen (*Löwisch* BB 2006, 2189, 2190). Außerhalb des KSchG folgt die Unwirksamkeit diskriminierender Kdg aus §§ 242, 138 BGB (s § 2 Rdn 15). Die Beweislastanforderungen der RL müssen durch entspr Anwendung der Beweiserleichterung des Anscheinsbeweises (LAG HH 31.1.2008, 1 Sa 5/07, n rkr, zum Maßregelungsverbot § 612a BGB) und abgestufter Darlegungs- und Beweislast umgesetzt werden. § 22 dürfte nach dem Gesetzesbefehl in § 2 IV evtl nicht unmittelbar angewendet werden können (vgl Einleitung AGG Rdn 10).

14 **C. Rechtfertigung des AG.** Ist dem AN der Nachweis einer Diskriminierungsvermutung auf der »ersten Stufe« gelungen, trifft den AG auf der »2. Stufe« die volle Darlegungs- und Beweislast dafür, dass sein Verhalten nicht gegen Bestimmungen des AGG verstößt. Dabei ist zu klären, ob das Vorbringen des AG den Schluss rechtfertigt, dass das Merkmal in dem Motivbündel, das die Entscheidung beeinflusst hat, nicht als negatives Merkmal enthalten ist (BAG 18.11.2008, 9 AZR 643/07, EzA SGB IX § 81 Nr 19). Der AG kann dazu sämtliche objektiven Tatsachen vortragen, die geeignet sind, die Vermutung der Benachteiligung zu widerlegen (keine Präklusion durch Unterrichtung iSv § 81 SGB IX, BAG 18.11.2008, 9 AZR 643/07, aaO). Allerdings sind ggf die Besonderheiten des Bewerbungsverfahrens für ein öffentl Amt iSv Art 33 II GG zu beachten (zur Dokumentationspflicht vgl BVerfG 9.7.2007, 2 BvR 206/07, ZTR 2007, 707; vgl Rdn 16).

15 Bei einer vermuteten unmittelbaren Benachteiligung (§ 3 I) kann der AG also insb nachweisen, dass die angegriffene Maßnahme in keinerlei Zusammenhang mit einem Diskriminierungsmerkmal des § 1 steht. Es genügt nicht, weitere Hilfstatsachen vorzutragen und zu beweisen, die die überwiegende Wahrscheinlichkeit einer Diskriminierung erschüttern (s Rdn 7). Der AG muß beweisen, dass es ausschließlich andere Gründe waren als das Diskriminierungsmerkmal, die zu der weniger günstigen Behandlung geführt haben (BAG 23.8.2012, 8 AZR 285/11, NZA 2013, 37). Er kann alternativ darlegen und beweisen, dass die Benachteiligung aufgrund beruflicher Anforderungen gem § 8 oder durch einen anderen Rechtfertigungsgrund (§§ 5, 9, 10) gerechtfertigt ist (zu »Berufsanfänger« Kaufmann, BB 2013, 2997). Bei mittelbaren Benachteiligungen hat der AG das Vorliegen eines sachlichen Grundes iSv § 3 II Hs 2 zu beweisen. Belästigungen und sexuelle Belästigungen (§ 3 III und IV) sind regelmäßig nicht zu rechtfertigen.

16 Bei Einstellungsverfahren hat der AG zu beachten, dass er eine Auswahlentscheidung nicht mit Anforderungen rechtfertigen darf, die »weder in der Ausschreibung noch während des Auswahlverfahrens formuliert« worden waren (BAG 5.2.2004, 8 AZR 112/03, EzA § 611a BGB 2002 Nr 3; krit *Grobys* NZA 2006, 901). Insofern sollten aussagekräftige Stellenprofile (vgl § 11 Rdn 3) vorab und nicht erst im Nachhinein erstellt werden.

17 **D. Besonderheiten zum Anwendungsbereich.** § 22 bezieht sich auf den Nachweis des Benachteiligungsgrundes bezogen auf alle Diskriminierungsarten iSv § 3 und auf alle vom AGG erfassten Diskriminierungsverbote bzw aus dem AGG folgenden Verpflichtungen.

18 Die Beweislastanforderungen der RL (s Rdn 1) müssen auch bei den Beweislastregeln des allg Kdg-Schutzes der §§ 1–14 KSchG oder §§ 242, 138 BGB Berücksichtigung finden, da die RL die Entlassungsbedingungen

dezidiert erfassen. Der Gesetzgeber geht davon aus, den Anforderungen bereits mit den bestehenden nationalen Standards zu entsprechen (§ 2 IV). S näher Rdn 13.

§ 22 gilt für alle Klagearten des Urteilsverfahrens, jedoch nicht im Beschlussverfahren nach §§ 80 ff ArbGG. 19
Die Art 8 V der Antirassismus-RL, Art 10 V der Rahmen-RL sowie Art 9 V der Dienstleistungs-RL lassen ausdrücklich zu, dass bei Umsetzung der Beweislastregeln Verfahren ausgenommen werden können, in denen der Amtsermittlungsgrundsatz (§ 83 ArbGG) herrscht. Inwieweit das im verwaltungsgerichtlichen Verfahren wegen Diskriminierung von Beamten, Richtern und Soldaten gilt (§ 86 VwGO), ist soweit ersichtlich noch nicht thematisiert.

§ 23 Unterstützung durch Antidiskriminierungsverbände
(1) ¹Antidiskriminierungsverbände sind Personenzusammenschlüsse, die nicht gewerbsmäßig und nicht nur vorübergehend entsprechend ihrer Satzung die besonderen Interessen von benachteiligten Personen oder Personengruppen nach Maßgabe von § 1 wahrnehmen. ²Die Befugnisse nach den Absätzen 2 bis 4 stehen ihnen zu, wenn sie mindestens 75 Mitglieder haben oder einen Zusammenschluss aus mindestens sieben Verbänden bilden.
(2) ¹Antidiskriminierungsverbände sind befugt, im Rahmen ihres Satzungszwecks in gerichtlichen Verfahren als Beistände Benachteiligter in der Verhandlung aufzutreten. ²Im Übrigen bleiben die Vorschriften der Verfahrensordnungen, insbesondere diejenigen, nach denen Beiständen weiterer Vortrag untersagt werden kann, unberührt.
(3) Antidiskriminierungsverbänden ist im Rahmen ihres Satzungszwecks die Besorgung von Rechtsangelegenheiten Benachteiligter gestattet.
(4) Besondere Klagerechte und Vertretungsbefugnisse von Verbänden zu Gunsten von behinderten Menschen bleiben unberührt.

Die Vorschrift regelt die Mitwirkungsbefugnisse von Verbänden, die sich die Bekämpfung von Benachteiligungen zur Aufgabe gemacht haben. Sie setzt zugleich die Art 7 II Antirassismus-RL, Art 9 II Rahmen-RL, Art 6 III der Gender-RL und Art 8 III der Dienstleistungs-RL um. 1

I enthält die **Legaldefinition**, die idR anhand einer Vereinssatzung zu überprüfen sein wird (näher SSV/*Voigt* § 23 Rn 5 f). Verlangt ist nicht, dass Personen oder Personengruppen betreut werden, die bereits benachteiligt worden sind. Der Personenzusammenschluss steht bereit, um potenziell Unterstützung zu gewähren (Migrantenverbände, Frauenverbände, »Graue Panther«, Homosexuelleninitiativen, Zentralrat der Muslime und der Juden). Wegen der Auslegung der Tatbestandsmerkmale »nicht gewerbsmäßig« und »nicht nur vorübergehend« kann auf § 4 II des Unterlassungsklagengesetzes (UKlaG) zurückgegriffen werden. 2

Die Antidiskriminierungsverbände können Verstöße gegen zivilrechtl Benachteiligungsverbote nach § 1 UKlaG (Unterlassungsanspruch bei Verwendung unzulässiger AGB) oder nach dem UWG (Unlauterer Wettbewerb) im Wege der Verbandsklage verfolgen; die Möglichkeiten zur Prozessvertretung (§ 85 ZPO) oder gesetzlicher Prozessstandschaft (entspr § 63 SGB IX) sind gestrichen worden. 3

Antidiskriminierungsverbände **beraten** benachteiligte Personen oder lassen ihnen sonstige Hilfen zukommen. Im arbeitsgerichtlichen Verfahren erster Instanz kann der Antidiskriminierungsverband als **Beistand** iSv § 11 ArbGG auftreten, sofern die rechtl Beratung in Zusammenhang mit dem Diskriminierungsschutz steht (Göbel-Zimmermann/Marquardt ZAR 2012, 369, 369; zu den Befugnissen s Zöller/*Vollkommer* ZPO § 90 Rn 4; *Thüsing/Burg* ZTR 2007, 71 f; *Düwell* FA 2008, 200 f) auf. Die Materialien erwähnen iÜ die Möglichkeit, dass Verbände mit spezialisierten Rechtsanwälten zusammenarbeiten. Diese Anwälte können die Benachteiligten vertreten, wobei der Verband auch während des Prozesses unterstützend aktiv bleiben kann. 4

Machen Verbände Befugnisse nach § 23 II und III geltend, so kann das Vorliegen der Voraussetzungen im Rechtsstreit gerügt werden. Es ist dann im Anwendungsbereich der jeweiligen Verfahrensordnung vom jeweils zuständigen Gericht zu prüfen, ob die genannten Voraussetzungen vorliegen (BT-Drs 16/1780 S 54). 5

Antidiskriminierungsverbände haben anders als Behindertenverbände nach § 63 SGB IX nicht das gesetzlich eingeräumte Recht, als Prozessstandschafter der Benachteiligten tätig zu werden. Eine gesetzliche Prozessstandschaft nach AGG hätte ermöglicht, dass Benachteiligte Forderungen nach dem AGG nach Abtretung nicht selbst hätten weiterverfolgen müssen (Prozessführungsbefugnis kraft materiell-rechtl gesetzlicher Ermächtigung, vgl Zöller/*Vollkommer* ZPO Vor § 50 Rn 23 f). Nach aktueller Gesetzeslage dürfte auch die sog **gewillkürte Prozessstandschaft** nach zivilprozessualen Regeln (s Zöller/*Vollkommer* aaO Rn 42 ff, 44) unzulässig sein. 6

§ 24 Sonderregelung für öffentlich-rechtliche Dienstverhältnisse

Die Vorschriften dieses Gesetzes gelten unter Berücksichtigung ihrer besonderen Rechtsstellung entsprechend

1. für Beamtinnen und Beamte des Bundes, der Länder, der Gemeinden, der Gemeindeverbände sowie der sonstigen der Aufsicht des Bundes oder eines Landes unterstehenden Körperschaften, Anstalten und Stiftungen des öffentlichen Rechts,
2. Richterinnen und Richter des Bundes und der Länder,
3. Zivildienstleistende sowie anerkannte Kriegsdienstverweigerer, soweit ihre Heranziehung zum Zivildienst betroffen ist.

1 § 24 ergänzt den Anwendungsbereich von § 6 und normiert die entspr Anwendung des arbeitsrechtl Teils auf die bezeichneten Dienstverhältnisse. Dabei verweist die Vorschrift auf die besondere Rechtsstellung der in Nr 1–3 genannten Personen und damit auf das gesamte öffentl Dienstrecht inkl Art 33 II GG. Diskriminierungsschutz war mit Ausnahme des Alters (dazu OVG NRW 16.4.2008, 6 A 153/06, juris) für diesen Personenkreis bereits aus Art 3 III und Art 3 I GG sichergestellt; mit Art 33 II GG musste auch bisher praktische Konkordanz hergestellt werden (vgl Art 3 GG Rdn 12 und Rdn 75). Die seitherige Interpretation steht gleichwohl stets unter dem Vorbehalt der Übereinstimmung mit RL, der über die vertikale Direktwirkung auch zur Entwicklung des öffentl Dienstrechts nutzbar gemacht werden kann (s Einleitung AGG Rdn 9).

2 Komplett neu dürfte dem öffentl Dienstrecht der Diskriminierungsschadensersatz, die Diskriminierungsentschädigung und nicht zuletzt die Beweislastregel des § 22 sein. Da Diskriminierungstatbestände im Beamten- und Richterrecht auf dem Verwaltungsrechtsweg zu verfolgen sind, stellt sich die Frage, ob und wie § 22 im Lichte von Art 10 V Rahmen-RL mit § 86 VwGO harmoniert (mit Recht krit *von Roetteken* jurisPR-ArbR 41/2008 zu VGH BW 4.8.2009, S 3330/08, DVBl 2009, 1328).

§ 27 Aufgaben

(1) Wer der Ansicht ist, wegen eines in § 1 genannten Grundes benachteiligt worden zu sein, kann sich an die Antidiskriminierungsstelle des Bundes wenden.
(2) ¹Die Antidiskriminierungsstelle des Bundes unterstützt auf unabhängige Weise Personen, die sich nach Absatz 1 an sie wenden, bei der Durchsetzung ihrer Rechte zum Schutz vor Benachteiligungen. ²Hierbei kann sie insbesondere
1. über Ansprüche und die Möglichkeiten des rechtlichen Vorgehens im Rahmen gesetzlicher Regelungen zum Schutz vor Benachteiligungen informieren,
2. Beratung durch andere Stellen vermitteln,
3. eine gütliche Beilegung zwischen den Beteiligten anstreben.

³Soweit Beauftragte des Deutschen Bundestages oder der Bundesregierung zuständig sind, leitet die Antidiskriminierungsstelle des Bundes die Anliegen der in Absatz 1 genannten Personen mit deren Einverständnis unverzüglich an diese weiter.
(3) Die Antidiskriminierungsstelle des Bundes nimmt auf unabhängige Weise folgende Aufgaben wahr, soweit nicht die Zuständigkeit der Beauftragten der Bundesregierung oder des Deutschen Bundestages berührt ist:
1. Öffentlichkeitsarbeit,
2. Maßnahmen zur Verhinderung von Benachteiligungen aus den in § 1 genannten Gründen,
3. Durchführung wissenschaftlicher Untersuchungen zu diesen Benachteiligungen.
(4) ¹Die Antidiskriminierungsstelle des Bundes und die in ihrem Zuständigkeitsbereich betroffenen Beauftragten der Bundesregierung und des Deutschen Bundestages legen gemeinsam dem Deutschen Bundestag alle vier Jahre Berichte über Benachteiligungen aus den in § 1 genannten Gründen vor und geben Empfehlungen zur Beseitigung und Vermeidung dieser Benachteiligungen. ²Sie können gemeinsam wissenschaftliche Untersuchungen zu Benachteiligungen durchführen.
(5) Die Antidiskriminierungsstelle des Bundes und die in ihrem Zuständigkeitsbereich betroffenen Beauftragten der Bundesregierung und des Deutschen Bundestages sollen bei Benachteiligungen aus mehreren der in § 1 genannten Gründe zusammenarbeiten.

1 Nach Art 13 I RL 2000/43/EG und Art 8a RL 2002/73/EG sind die Mitgliedstaaten verpflichtet, Stellen zu benennen, deren Aufgabe darin besteht, die Verwirklichung des Grundsatzes der Gleichbehandlung im Bereich der Rassen- und Geschlechtsdiskriminierung zu fördern. Eine vergleichbare Einrichtung existierte in Deutschland bislang noch nicht. Wie in § 25 vorgesehen, ist deshalb im BMFSFJ eine

Antidiskriminierungsstelle mit Zuständigkeit für alle Diskriminierungsmerkmale errichtet worden (§ 25); krit zum Leistungsspektrum *Wenckebach* AuR 2008, 340; *Köppen* NZA Beilage Nr 2 2008, 91.

Nach § 27 I kann sich jeder, der der Ansicht ist, wegen eines in § 1 genannten Grundes benachteiligt worden zu sein, an die Antidiskriminierungsstelle des Bundes wenden. Die Inanspruchnahme dieser Stelle ist an keine Voraussetzungen gebunden und insb nicht davon abhängig, dass die vermeintliche Benachteiligung einen Lebenssachbereich betrifft, in dem Ungleichbehandlungen gesetzlich untersagt sind. Die Anrufung kann formlos (mündlich oder schriftlich, telefonisch oder per E-Mail) erfolgen und ist an keine Frist gebunden (BT-Drs 16/1780 S 57).

Nach § 27 II unterstützt die Antidiskriminierungsstelle des Bundes Personen, die sich gem § 27 I an sie wenden, bei der Durchsetzung ihrer Rechte zum Schutz vor Benachteiligungen. Bemerkenswert ist, dass es weder nach dem Gesetzeswortlaut noch nach der Begr notwendig zu sein scheint, dass eine Benachteiligung tatsächlich vorliegt. Insoweit kann der vermeintlich Benachteiligende nur auf den Amtsermittlungsgrundsatz des VwVfG rechnen; ähnliche Regeln wie bei § 22 dürften richtlinienkonform (vgl § 17 Rdn 8) nicht gelten.

Nach § 27 II 2 Nr 1 kann die Antidiskriminierungsstelle des Bundes insb über Ansprüche und Möglichkeiten des rechtl Vorgehens im Bereich des Diskriminierungsschutzes informieren. Die Antidiskriminierungsstelle des Bundes leistet damit Rechtsberatung bzw Rechtsdienstleistungen (§§ 2, 6 RDG-E).

Nach § 27 II 2 Nr 2 soll sie die Beratung durch andere Stellen vermitteln. Nach den Materialien soll über allg Informationen nach Nr 1 hinaus eine gezielte und ggf auf den Einzelfall bezogene Beratung zugänglich gemacht werden. Es ist damit zu rechnen, dass die Antidiskriminierungsstelle des Bundes Benachteiligte an örtliche Antidiskriminierungsverbände, andere Verbände oder direkt an spezialisierte Rechtsanwälte vermittelt.

§ 27 II 2 Nr 3 soll gerichtliche Auseinandersetzungen vermeiden. Die Antidiskriminierungsstelle betreibt außergerichtliches Konfliktmanagement, auch und gerade bei Beteiligung von Unternehmen (BT-Drs 16/1680 S 57). Sie kann dazu nach § 28 I alle am Sachverhalt beteiligten Personen um Stellungnahme ersuchen (Ombudsfunktion).

Nach § 27 II 3 leitet die Antidiskriminierungsstelle Anliegen an andere Stellen des Bundes weiter. Auf Ebene der Länder und Kommunen kann an die Landesministerien oder deren Verwaltungsaufbau, kommunale Gleichstellungsbeauftragte, Ausländer- und Bürgerbeauftragte weitergeleitet werden.

§ 27 III begründet Befugnisse der Antidiskriminierungsstelle zur Abschreckung durch »staatliches Anprangern« des AG wegen Verstößen gegen das AGG (so in Anlehnung an EuGH 10.7.2008, C 54/07, EzA-RL 2000/43 EG-Vertrag 1999 Nr 1, *Lindner* RdA 2009, 45).

§ 31 Unabdingbarkeit
Von den Vorschriften dieses Gesetzes kann nicht zuungunsten der geschützten Personen abgewichen werden.

§ 31 erfüllt europarechtl Verpflichtungen (BT-Drs 16/1780 S 53), da die Antidiskriminierungs-RL jeweils rechtl Vorgaben für einen Mindestschutz vor Benachteiligungen enthalten. Günstigere Regelungen sind zulässig; es ist ein punktueller Einzelvergleich vorzunehmen (s zu § 12 EFZG ErfK/*Dörner* Rn 15). Kürzere tarifvertragliche Fristen zur Geltendmachung der Ansprüche nach § 15 AGG sind zulässig (§ 15 IV, dazu MüKo-BGB/*Thüsing* § 31 AGG Rn 2).

Wie bei allen zwingenden AN-Schutzrechten stellt sich das Problem der Zulässigkeit gerichtlicher oder außergerichtlicher Vergleiche bzw Vereinbarungen über Ansprüche des AGG (s bspw § 13 BUrlG Rdn 1, § 14 TzBfG Rdn 47 oder § 12 EFZG Rdn 5). Anders als bei § 13 I 3 BUrlG sollte man zumindest nach Beendigung des Arbeitsverhältnisses entspr Ausgleichsvereinbarungen (Bsp s *Göpfert/Siegrist* ZIP 2006, 1710, 1716) zulassen (BGK § 31 Rn 13 f). Mit sog »Tatsachenvergleichen« wird von Vorschriften des Gesetzes dagegen überhaupt nicht abgewichen.

§ 33 Übergangsbestimmungen
(1) Bei Benachteiligungen nach den §§ 611a, 611b und 612 Abs. 3 des Bürgerlichen Gesetzbuchs oder sexuellen Belästigungen nach dem Beschäftigtenschutzgesetz ist das vor dem 18. August 2006 maßgebliche Recht anzuwenden.

(2) ¹Bei Benachteiligungen aus Gründen der Rasse oder wegen der ethnischen Herkunft sind die §§ 19 bis 21 nicht auf Schuldverhältnisse anzuwenden, die vor dem 18. August 2006 begründet worden sind. ²Satz 1 gilt nicht für spätere Änderungen von Dauerschuldverhältnissen.

§ 33 AGG   Übergangsbestimmungen

(3) ¹Bei Benachteiligungen wegen des Geschlechts, der Religion, einer Behinderung, des Alters oder der sexuellen Identität sind die §§ 19 bis 21 nicht auf Schuldverhältnisse anzuwenden, die vor dem 01. Dezember 2006 begründet worden sind. ²Satz 1 gilt nicht für spätere Änderungen von Dauerschuldverhältnissen.

(4) ¹Auf Schuldverhältnisse, die eine privatrechtliche Versicherung zum Gegenstand haben, ist § 19 Abs. 1 nicht anzuwenden, wenn diese vor dem 22. Dezember 2007 begründet worden sind. ²Satz 1 gilt nicht für spätere Änderungen solcher Schuldverhältnisse.

(5) Bei Versicherungsverhältnissen, die vor dem 21. Dezember 2012 begründet werden, ist eine unterschiedliche Behandlung wegen des Geschlechts im Falle des § 19 Absatz 1 Nummer 2 bei den Prämien oder Leistungen nur zulässig, wenn dessen Berücksichtigung bei einer auf relevanten und genauen versicherungsmathematischen und statistischen Daten beruhenden Risikobewertung ein bestimmender Faktor ist. Kosten im Zusammenhang mit Schwangerschaft und Mutterschaft dürfen auf keinen Fall zu unterschiedlichen Prämien oder Leistungen führen.

1 Im ArbR gelten für die Zeit vor 18.8.2006 die alten Regelungen, wobei es sich um ein Redaktionsversehen handeln dürfte, dass nicht auch § 81 II SGB IX aF in Bezug genommen ist. Entscheidend ist nach § 33 I die Benachteiligung, mithin der Zeitpunkt der Benachteiligungshandlung (s BGK § 33 Rn 8; BAG 14.8.2007, 9 AZR 943/06, AP Nr 1 zu § 33 AGG). Im Fall von Dauertatbeständen (etwa § 3 III oder IV) wird man ausgehend vom Endpunkt auf die neue Rechtslage abzustellen haben (SSV/*Suckow* § 33 Rn 3; bestätigt für betriebliche Altersversorgung: BAG 14.1.2009, 3 AZR 20/07, EzA § 2 AGG Nr 3; teilw großzügiger BGK § 33 Rn 10).

2 Davon zu unterscheiden ist die Frage, inwieweit Umstände, die vor Erlass des AGG liegen, bei Anwendung des AGG berücksichtigt werden dürfen (etwa bei der Bemessung der Entschädigungshöhe oder der Indizwirkung nach § 22). IdR wird das nicht möglich sein, insb dann, wenn die Verhältnisse nach alter Rechtslage noch zulässig waren (bspw altersdiskriminierende Stellenanzeige vor dem 18.8.2006).

3 Allerdings kann sich aus in der Vergangenheit liegenden Umständen (Klauseln in Kollektivvereinbarungen oder Arbeitsverträgen) eine aktuelle Benachteiligungshandlung (etwa aus konkreter Anwendung der Klausel) ergeben, sodass das AGG eingreift (§ 33 II 2 entspr). Das führt dazu, dass eine Entgeltdiskriminierung aufgrund anderer Merkmale als des Geschlechts erst ab 18.8.2006 bzw jeweils für 2 Monate rückwirkend (§ 15 IV) auszugleichen sein dürfte (ebenso BAG 16.12.2008, 9 AZR 985/07, EzA § 2 AGG Nr 3 für eine Vorruhestandsvereinbarung).

4 Die Entsch EuGH 1.3.2011, C-236/09, NJW 2011, 907 (Unisex-Tarife) hat die Neuregelung des § 33 V erforderlich gemacht: für Verträge ab dem 21.12.2012 müssen private Versicherer eine Prämiendifferenzierung aus Gründen des Geschlechts durch risikoadäquate Kalkulationen unter Heranziehung »relevanter und genauer« statistischer Daten rechtfertigen (Einzelheiten s BT-Drs 16/1780 S 45).

Aktiengesetz (AktG)

Vom 6.9.1965 (BGBl I S 1089), zuletzt geändert durch Art 1 des Gesetzes vom 22.12.2015 (BGBl I S 2565)

– Auszug –

§ 15 Verbundene Unternehmen

Verbundene Unternehmen sind rechtlich selbständige Unternehmen, die im Verhältnis zueinander in Mehrheitsbesitz stehende Unternehmen und mit Mehrheit beteiligte Unternehmen (§ 16), abhängige und herrschende Unternehmen (§ 17), Konzernunternehmen (§ 18), wechselseitig beteiligte Unternehmen (§ 19) oder Vertragsteile eines Unternehmensvertrags (§§ 291, 292) sind.

Übersicht	Rdn.		Rdn.
A. Regelungsgegenstand	1	C. Bedeutung	3
B. Unternehmensbegriff	2		

A. Regelungsgegenstand. Die §§ 15–19 enthalten Definitionen der verschiedenen Konzernierungstatbestände. **Verbundene Unternehmen** sind nach § 15 im Mehrheitsbesitz stehende und mit Mehrheit beteiligte Unternehmen (§ 16), abhängige und herrschende Unternehmen (§ 17), Konzernunternehmen (§ 18), wechselseitig beteiligte Unternehmen (§§ 19, 328) sowie die Vertragsteile eines Unternehmensvertrages iSd §§ 291, 292. Diese Definitionsnormen gelten für rechtlich selbstständige Unternehmen unabhängig von deren Rechtsform und Nationalität. 1

B. Unternehmensbegriff. Der Unternehmensbegriff selbst wird in den §§ 15 ff nicht definiert. Es gibt keinen einheitlichen Unternehmensbegriff. Abgeleitet vom Regelungszweck ist bei der Definition zwischen herrschenden und abhängigen Unternehmen zu unterscheiden. **Herrschendes Unternehmen** ist danach jeder Gesellschafter ohne Rücksicht auf die Rechtsform, wenn er neben der Beteiligung an der Gesellschaft anderweitige wirtschaftliche Interessensbindungen aufweist, die nach Art und Intensität ernsthafte Sorge begründen, er könne wegen dieser Bindungen seinen aus der Mitgliedschaft folgenden Einfluss auf die Gesellschaft nachteilig ausüben (BGH 13.10.1977, II ZR 123/76, BGHZ 69, 334, 336 ff; *Hüffer* § 15 Rn 8). Dabei ist von einer abstrakten Betrachtung auszugehen, sodass die Qualifikation als herrschendes Unternehmen nicht daran scheitert, dass im konkreten Fall ein Interessenkonflikt ausgeschlossen werden kann. Bei der GmbH & Co KG führt eine Mehrheitsbeteiligung an der Kommanditgesellschaft und ihrer Komplementär-GmbH (soweit sich deren Tätigkeit auf die Geschäftsführung der Kommanditgesellschaft beschränkt) allerdings nicht dazu, dass der Gesellschafter als herrschendes Unternehmen zu qualifizieren ist (vgl MüKo-AktG/*Bayer* § 15 Rn 45, 46). Herrschende Unternehmen können neben juristische und natürliche Personen, rechtsfähige Personengesellschaften, die öffentl Hand (vgl auch *Emmerich/Habersack* Konzernrecht § 15 Rn 26 ff) oder Gewerkschaften sein, sofern sie die vorgenannten Voraussetzungen erfüllen. **Abhängiges Unternehmen** kann jede rechtlich bes organisierte Vermögenseinheit ohne Rücksicht auf Rechtsform oder Geschäftsbetrieb sein. Darunter fallen also Gesellschaften, einschl Personengesellschaften, Vereine, Stiftungen, öffentl-rechtliche Anstalten. Ob auch Einzelunternehmer bei atypisch stiller Beteiligung darunter fallen, ist umstr (vgl *Hüffer* § 15 Rn 14). Bei der Unternehmensverbindung muss es sich um eine Verbindung aufgrund Anteilsbesitzes handeln. Eine mittelbare Verbindung reicht aus (vgl *Hüffer* § 15 Rn 16). 2

C. Bedeutung. An § 15 schließen keine unmittelbaren Rechtsfolgen an. An den Begriff der »verbundenen Unternehmen« knüpfen jedoch zahlreiche aktienrechtliche Regelungen (zB §§ 90 III, 131 I 2, 145 III, 311 I), aber auch mitbestimmungsrechtliche Regelung (zB § 5 MitbestG, § 2 DrittelbG) an. Andere Normen knüpfen an die Definition des Tochterunternehmens in § 290 HGB an (zB § 131 IV 2 AktG, § 22 III WpHG), die ihrerseits allerdings wiederum an den Begriff des beherrschenden Einflusses des § 17 anknüpft. 3

§ 16 In Mehrheitsbesitz stehende Unternehmen und mit Mehrheit beteiligte Unternehmen

(1) Gehört die Mehrheit der Anteile eines rechtlich selbständigen Unternehmens einem anderen Unternehmen oder steht einem anderen Unternehmen die Mehrheit der Stimmrechte zu (Mehrheitsbeteiligung), so ist das Unternehmen ein in Mehrheitsbesitz stehendes Unternehmen, das andere Unternehmen ein an ihm mit Mehrheit beteiligtes Unternehmen.

§ 17 AktG   Abhängige und herrschende Unternehmen

(2) ¹Welcher Teil der Anteile einem Unternehmen gehört, bestimmt sich bei Kapitalgesellschaften nach dem Verhältnis des Gesamtnennbetrags der ihm gehörenden Anteile zum Nennkapital, bei Gesellschaften mit Stückaktien nach der Zahl der Aktien. ²Eigene Anteile sind bei Kapitalgesellschaften vom Nennkapital, bei Gesellschaften mit Stückaktien von der Zahl der Aktien abzusetzen. ³Eigenen Anteilen des Unternehmens stehen Anteile gleich, die einem anderen für Rechnung des Unternehmens gehören.
(3) ¹Welcher Teil der Stimmrechte einem Unternehmen zusteht, bestimmt sich nach dem Verhältnis der Zahl der Stimmrechte, die es aus den ihm gehörenden Anteilen ausüben kann, zur Gesamtzahl aller Stimmrechte. ²Von der Gesamtzahl aller Stimmrechte sind die Stimmrechte aus eigenen Anteilen sowie aus Anteilen, die nach Absatz 2 Satz 3 eigenen Anteilen gleichstehen, abzusetzen.
(4) Als Anteile, die einem Unternehmen gehören, gelten auch die Anteile, die einem von ihm abhängigen Unternehmen oder einem anderen für Rechnung des Unternehmens oder eines von diesem abhängigen Unternehmens gehören und, wenn der Inhaber des Unternehmens ein Einzelkaufmann ist, auch die Anteile, die sonstiges Vermögen des Inhabers sind.

Übersicht	Rdn.		Rdn.
A. Mehrheitsbeteiligung	1	B. Zurechnung von Anteilen	2

1   **A. Mehrheitsbeteiligung.** Mehrheitsbeteiligung nach § 16 I kann Anteils- oder Stimmenmehrheit sein. **Anteilsmehrheit** ist die Mehrheit der Kapitalanteile. **Stimmenmehrheit** ist die Mehrheit an den aus den Anteilen folgenden Stimmrechten. Anteils- und Stimmenmehrheit fallen regelmäßig, aber nicht notwendig zusammen (Ausnahmen zB Mehrstimmaktien, stimmrechtslose Vorzugsaktien). Die Berechnung der Kapitalmehrheit ist in II, die der Stimmenmehrheit in III geregelt. **Stimmrechtsbeschränkungen** (etwa auch nach § 20 VII, § 28 WpHG) sind zu berücksichtigen, da die Berechnung gem. III 1 auf ausübbare Stimmen abstellt. Eigene Anteile des Unternehmens werden nicht berücksichtigt, sie sind von der Gesamtzahl der Aktien bzw. Stimmrechte abzuziehen (II 2, III 2). Das Gleiche gilt für Anteile die einem Dritten für Rechnung des Unternehmens gehören (II 3, III 2). Angesichts des eindeutigen Wortlauts sind allerdings Anteile zu berücksichtigen, die ein abhängiges Unternehmen oder ein Dritter für Rechnung des abhängigen Unternehmens hält (vgl. *Hüffer* § 16 Rn 9).

2   **B. Zurechnung von Anteilen.** **Mittelbare Beteiligungen** werden unter den Voraussetzungen des IV zugerechnet. Anteile gehören einem Dritten für Rechnung des Unternehmens, wenn der Dritte zwar formal Anteilsinhaber ist, das Unternehmen aber die Kosten und das wirtschaftliche Risiko trägt. Die Zurechnung hat zur Folge, dass in den von IV erfassten Fällen für die Ermittlung einer Mehrheitsbeteiligung die Anteile zusammengerechnet werden. Eine Mehrheitsbeteiligung nach I kann sich allein durch Zurechnung nach IV ergeben. Die Zurechnung führt grds zu keiner Absorption, die Anteile sind vielmehr bei dem abhängigen Unternehmen oder Dritten, das/der sie unmittelbar hält, und dem Unternehmen, dem sie zugerechnet werden, in Ansatz zu bringen. Werden die Anteile für Rechnung des Unternehmens von einem Dritten gehalten, erfolgt eine Zurechnung lediglich beim Unternehmen und nicht beim Dritten in dem Fall, dass die Chancen und Risiken ausschließlich beim Unternehmen liegen. Auch wenn dem herrschenden Unternehmen nicht alle Anteile des abhängigen Unternehmens gehören, erfolgt die Zurechnung in vollem Umfang und nicht nur anteilig.

3   S zur Berechnung der Anteilsmehrheit und Zurechnung bei Personengesellschaften *Hüffer* § 16 Rn 8 ff.

§ 17 Abhängige und herrschende Unternehmen

(1) Abhängige Unternehmen sind rechtlich selbständige Unternehmen, auf die ein anderes Unternehmen (herrschendes Unternehmen) unmittelbar oder mittelbar einen beherrschenden Einfluss ausüben kann.
(2) Von einem in Mehrheitsbesitz stehenden Unternehmen wird vermutet, dass es von dem an ihm mit Mehrheit beteiligten Unternehmen abhängig ist.

Übersicht	Rdn.		Rdn.
A. Einflussmöglichkeit kraft Beteiligung	1	D. Widerlegung der Abhängigkeitsvermutung	4
B. Abhängigkeitstatbestand	2		
C. Abhängigkeitsvermutung	3	E. Rechtsfolgen	5

A. Einflussmöglichkeit kraft Beteiligung. Die Möglichkeit zur Ausübung eines **beherrschenden Einflusses** muss durch gesellschaftsrechtlich vermittelte Einflussmöglichkeiten begründet sein. Tatsächliche, rein wirtschaftliche Abhängigkeiten reichen nicht aus (vgl. *Hüffer* § 17 Rn 8).

B. Abhängigkeitstatbestand. Eine **Sperrminorität** als solche ist nicht abhängigkeitsbegründend, da mit ihr nur Entscheidungen blockiert, die Gesellschaft aber nicht zu einem bestimmten Handeln veranlasst werden kann. Eine Minderheitsbeteiligung kann im Einzelfall eine Abhängigkeit begründen; etwa wenn sie bei der durchschnittlichen Hauptversammlungspräsenz eine gesicherte Hauptversammlungsmehrheit verleiht. Auch durch Satzungsbestimmungen kann die Position eines Minderheitsgesellschafters so verstärkt werden, dass ihm ein beherrschender Einfluss zukommt. Ferner können Absprachen unter den Gesellschaftern (etwa **Stimmbindungsvereinbarungen**) dazu führen, dass das Unternehmen von einem Gesellschafter oder einer Gesellschaftergruppe abhängig ist. Eine tatsächliche Ausübung des Einflusses ist nach I nicht erforderlich, die Möglichkeit der Einflussnahme muss aber beständig und umfassend sein (OLG Frankfurt 22.12.2003, 19 U 78/03, AG 2004, 567 f). Eine bestimmte Dauer der Einflussmöglichkeit wird nicht vorausgesetzt, auch eine vorübergehende Beteiligung kann ausreichen, wenn sie eine verlässliche, breite Einflussnahme ermöglicht. Ebenfalls muss der Einfluss nicht sofort und jederzeit ausübbar sein. Es reicht aus, wenn er unter Ausnutzung der gesellschaftsrechtlichen Befugnisse, etwa durch Wahlen zum Aufsichtsrat auf der nächsten Hauptversammlung ausgeübt werden kann. Wie sich aus I ergibt, reicht es aus, wenn die Einflussmöglichkeit zwar nicht unmittelbar aber mittels eines Dritten (der nicht Unternehmen sein muss) ausgeübt werden kann. Ausreichend ist, dass die Mitwirkung des Dritten sichergestellt ist. Dies muss nicht durch ein Abhängigkeitsverhältnis geschehen, auch Stimmbindungsverträge, Treuhandabreden etc sind ausreichend (vgl *Hüffer* § 17 Rn 6). Eine mehrfache Abhängigkeit kann bei **Gemeinschaftsunternehmen** gegeben sein mit der Folge, dass eine Abhängigkeit von jedem der beteiligten Unternehmen vorliegt. S zu rechtsformspezifischen Besonderheiten der Abhängigkeit MüKo-AktG/*Bayer* § 17 Rn 115 ff.

C. Abhängigkeitsvermutung. II begründet eine widerlegbare **Vermutung der Abhängigkeit**, wenn das Unternehmen im Mehrheitsbesitz eines anderen Unternehmens steht. Maßgeblich ist das Bestehen einer Mehrheitsbeteiligung (Kapital- und/oder Stimmenmehrheit) iSv § 16 I.

D. Widerlegung der Abhängigkeitsvermutung. Für die **Widerlegung** ist erforderlich, dass Tatsachen vorgetragen und bewiesen werden, aus denen sich ergibt, dass der beherrschende Einfluss aus Rechtsgründen nicht ausgeübt werden kann. Dass vorhandener Einfluss tatsächlich nicht ausgeübt wird, ist unerheblich, weil bereits die Möglichkeit der Einflussnahme Abhängigkeit begründet. Als Widerlegungsmittel kommen Regelungen in der Satzung (**Stimmrechtbeschränkungen**), Stimmbindungsverträge, **Entherrschungsverträge, Beherrschungsverträge** mit einem Drittunternehmen in Betracht (vgl iE *Hüffer* § 17 Rn 20 ff). Bei mehrstufiger Abhängigkeit ist für die Widerlegung entscheidend, worauf die mehrstufige Abhängigkeit beruht (s MüKo-AktG/*Bayer* § 17 Rn 114).

E. Rechtsfolgen. An § 17 schließen keine unmittelbaren Rechtsfolgen an. An den Abhängigkeitstatbestand knüpfen jedoch eine Reihe anderer aktienrechtlicher Vorschriften an, etwa § 56 II, § 71d 2, § 89 II 2, § 100 II 2 1 Nr 2, § 115 I 2, § 311, §§ 312 ff.

§ 18 Konzern und Konzernunternehmen

(1) ¹Sind ein herrschendes und ein oder mehrere abhängige Unternehmen unter der einheitlichen Leitung des herrschenden Unternehmens zusammengefasst, so bilden sie einen Konzern; die einzelnen Unternehmen sind Konzernunternehmen. ²Unternehmen, zwischen denen ein Beherrschungsvertrag (§ 291) besteht oder von denen das eine in das andere eingegliedert ist (§ 319), sind als unter einheitlicher Leitung zusammengefasst anzusehen. ³Von einem abhängigen Unternehmen wird vermutet, dass es mit dem herrschenden Unternehmen einen Konzern bildet.
(2) Sind rechtlich selbständige Unternehmen, ohne dass das eine Unternehmen von dem anderen abhängig ist, unter einheitlicher Leitung zusammengefasst, so bilden sie auch einen Konzern; die einzelnen Unternehmen sind Konzernunternehmen.

Übersicht	Rdn.			Rdn.
A. Regelungsgegenstand	1	D.	Konzernvermutungen	4
B. Einheitliche Leitung	2	E.	Gleichordnungskonzern	5
C. Mehrfache Konzernbindung	3	F.	Rechtsfolgen	6

§ 95 AktG Zahl der Aufsichtsratsmitglieder

1 **A. Regelungsgegenstand.** In § 18 wird der **Konzern** einheitlich als die Zusammenfassung rechtlich selbstständiger Unternehmen unter einheitlicher Leitung umschrieben. In I wird dabei der **Unterordnungs-** und in II der **Gleichordnungskonzern** definiert.

2 **B. Einheitliche Leitung.** Zentrales Konzernierungsmerkmal ist die **einheitliche Leitung**. Sie ist gegeben, wenn bestimmte Leitungs- und Planungsentscheidungen der beteiligten Unternehmen in den Händen des herrschenden Unternehmens liegen und dieses seine unternehmerische Zielkonzeption in den beteiligten Unternehmen verwirklicht. In welcher Form die einheitliche Leitung erfolgt, ist gleichgültig. Es kommen sämtliche Möglichkeiten der Leitungsausübung in Betracht (zB Weisungsrechte, personelle Verflechtungen aber auch informelle Einflussnahmen). Eine bestimmte Dauer der Konzernleitung ist nicht erforderlich, wie bei der Abhängigkeit nach § 17 genügt eine gewisse Beständigkeit.

3 **C. Mehrfache Konzernbindung.** Ein **Konzern im Konzern** wird definiert als ein **mehrstufiges Konzernverhältnis**, in dem bei einer mehrstufigen Abhängigkeit die einheitliche Leitung sowohl durch die Muttergesellschaft als auch durch die Tochtergesellschaft in der Enkelgesellschaft ausgeübt wird. Während diese Rechtsfigur im Anwendungsbereich der Mitbestimmung Zustimmung findet, wird sie im Gesellschaftsrecht weitgehend abgelehnt (vgl *Hüffer* § 18 Rn 14 mwN). Wird die Leitung von den beteiligten herrschenden Unternehmen einheitlich ausgeübt, so steht auch ein **Gemeinschaftsunternehmen** in einem Konzernverhältnis zu den beteiligten Unternehmen. Zur Kombination von Unterordnungs- und Gleichordnungskonzern s. MüKo-AktG/*Bayer* § 18 Rn 5.

4 **D. Konzernvermutungen.** Soweit zwischen den Unternehmen ein Beherrschungsvertrag besteht, oder das eine Unternehmen in das andere eingegliedert ist, wird nach I 2 unwiderlegbar vermutet, dass zwischen den beteiligten Unternehmen ein Konzernverhältnis besteht. Ebenso wird für ein abhängiges Unternehmen widerlegbar vermutet, dass es mit dem herrschenden Unternehmen einen Konzern bildet. Die **Konzernvermutung** ist widerlegt, wenn die Abhängigkeit widerlegt ist, s § 17 Rdn 4 oder dargelegt und nachgewiesen wird, dass tatsächlich keine einheitliche Leitung ausgeübt wird, wobei die Einzelheiten der Widerlegung weitgehend ungeklärt sind (vgl MüKo-AktG/*Bayer* § 18 Rn 48).

5 **E. Gleichordnungskonzern.** Der **Gleichordnungskonzern** ist nach II durch eine einheitliche Leitung mehrerer Unternehmen ohne Beherrschung oder Abhängigkeit gekennzeichnet. IdR liegt ihm ein Gleichordnungsvertrag zugrunde. Unterstellen sich an sich unabhängige Unternehmen rein tatsächlich auf Dauer einer einheitlichen Leitung, liegt ein faktischer Gleichordnungskonzern vor. Die Grenzen zum konkludent abgeschlossenen **Gleichordnungsvertrag** sind allerdings fließend.

6 **F. Rechtsfolgen.** Der Tatbestand des Unterordnungskonzerns hat ua Bedeutung für die Konzernrechnungslegung (§§ 290 ff HGB), das Statusverfahren nach § 97 AktG, die Berechnung der Höchstzahl der zulässigen Aufsichtsratsmandate nach § 100 II AktG. Die rechtliche Zulässigkeit von Vertragskonzern (§§ 291 ff AktG) und der Eingliederung (§§ 319 ff) ergeben sich daraus, dass das AktG die Voraussetzungen ihres wirksamen Entstehens regelt. Der faktische Konzern (§§ 311 ff) wird, da das Gesetz seine Rechtsfolgen regelt, zumindest hingenommen.

§ 95 Zahl der Aufsichtsratsmitglieder

[1]Der Aufsichtsrat besteht aus drei Mitgliedern. [2]Die Satzung kann eine bestimmte höhere Zahl festsetzen. [3]Die Zahl muß durch drei teilbar sein, wenn dies zur Erfüllung mitbestimmungsrechtlicher Vorgaben erforderlich ist. [4]Die Höchstzahl der Aufsichtsratsmitglieder beträgt bei Gesellschaften mit einem Grundkapital

bis zu	1.500.000 Euro	neun,
von mehr als	1.500.000 Euro	fünfzehn,
von mehr als	10.000.000 Euro	einundzwanzig.

[5]Durch die vorstehenden Vorschriften werden hiervon abweichende Vorschriften des Mitbestimmungsgesetzes vom 4. Mai 1976 (BGBl. I S. 1153), des Montan-Mitbestimmungsgesetzes und des Gesetzes zur Ergänzung des Gesetzes über die Mitbestimmung der Arbeitnehmer in den Aufsichtsräten und Vorständen der Unternehmen des Bergbaus und der Eisen und Stahl erzeugenden Industrie in der im Bundesgesetzblatt Teil III, Gliederungsnummer 801-3, veröffentlichten bereinigten Fassung – Mitbestimmungsergänzungsgesetz – nicht berührt.

Übersicht	Rdn.		Rdn.
A. Regelungsgegenstand	1	D. Änderungen	4
B. Mitgliederzahl	2	E. Rechtsfolgen	5
C. Mitbestimmungsrechtliche Vorschriften	3		

A. Regelungsgegenstand. Bei der Aktiengesellschaft ist zwingend ein **Aufsichtsrat** zu bilden. Nach wohl zutreffender Ansicht muss der auch als Aufsichtsrat bezeichnet werden. Die Satzung kann neben dem Aufsichtsrat auch einen Beirat vorsehen. Diesem können jedoch keine Aufgaben übertragen werden, die das Aktienrecht dem Aufsichtsrat zugeordnet hat. 1

B. Mitgliederzahl. § 95 gibt die **Mindestzahl** an Aufsichtsratsmitgliedern vor. Durch Satzungsregelung kann davon nur nach oben abgewichen werden, jedoch nur bis zu der nach S 4 vorgegebenen **Höchstzahl**. Die höhere Zahl der Aufsichtsratsmitglieder muss durch 3 teilbar sein und sie ist in der Satzung als konkrete Zahl anzugeben; **variable Angaben** (etwas bis zu 9 Mitgliedern) sind nicht zulässig. Nach § 108 II 3 ist der Aufsichtsrat nur beschlussfähig, wenn mind 3 Mitglieder an der Beschlussfassung mitwirken. Bei einem Dreier-Aufsichtsrat besteht also ein erhöhtes Risiko, dass dieser wegen Bestellungsmängeln oder des Wegfalls eines einzelnen Aufsichtsratsmitglieds oder dessen Weigerung an der Beschlussfassung mitzuwirken, nicht beschlussfähig ist. Zum Stimmverbot s BGH 2.4.2007, II ZR 325/05, AG 2007, 484 ff. 2

C. Mitbestimmungsrechtliche Vorschriften. Soweit mitbestimmungsrechtliche Vorschriften (zB § 7 MitbestG, § 4 Montan-MitbestG, § 5 MitbestErgG) Regelungen zur Zahl der Aufsichtsratsmitglieder enthalten, gehen diese Regelungen nach S 5 den aktienrechtlichen Bestimmungen vor. § 95 ist folglich nur insoweit maßgeblich, als es sich um einen nicht mitbestimmten oder um einen nach dem Drittelbeteiligungsgesetz mitbestimmten Aufsichtsrat handelt. Für den obligatorischen, d.h. zwingend zu bildenden Aufsichtsrat sind die gesetzlichen Vorgaben zur Zahl der Aufsichtsratsmitglieder bindend (Otte BB 2012, 667). 3

D. Änderungen. Bei der **Änderung der Größe** des Aufsichtsrates sind verschiedene Fälle zu unterscheiden. Wird die Zahl der Aufsichtsratsmandate durch **Satzungsregelung** erhöht, sind **Ergänzungswahlen** durch die Hauptversammlung bzw nach den mitbestimmungsrechtlichen Regelungen durchzuführen. Bei der **Verminderung** der Aufsichtsratsgröße durch Satzungsbestimmung bleiben nach hM die Aufsichtsratsmitglieder bis zum Ablauf der Amtszeit im Amt. Ändert sich die Zahl der Aufsichtsratsmandate aufgrund der Änderung des Mitbestimmungsstatus, sind die Regelungen des Statusverfahrens (§§ 97–99) zu beachten. 4

E. Rechtsfolgen. Verstöße gegen S 1 und 3 führen zur Nichtigkeit entspr Satzungsbestimmungen. Bei Verstößen gegen S 2 und 4 gelten die gesetzlichen Regelungen anstelle der Satzung. 5

§ 96 Zusammensetzung des Aufsichtsrats

(1) Der Aufsichtsrat setzt sich zusammen bei Gesellschaften, für die das Mitbestimmungsgesetz gilt, aus Aufsichtsratsmitgliedern der Aktionäre und der Arbeitnehmer, bei Gesellschaften, für die das Montan-Mitbestimmungsgesetz gilt, aus Aufsichtsratsmitgliedern der Aktionäre und der Arbeitnehmer und aus weiteren Mitgliedern, bei Gesellschaften, für die die §§ 5 bis 13 des Mitbestimmungsergänzungsgesetzes gelten, aus Aufsichtsratsmitgliedern der Aktionäre und der Arbeitnehmer und aus einem weiteren Mitglied, bei Gesellschaften, für die das Drittelbeteiligungsgesetz gilt, aus Aufsichtsratsmitgliedern der Aktionäre und der Arbeitnehmer, bei Gesellschaften für die das Gesetz über die Mitbestimmung der Arbeitnehmer bei einer grenzüberschreitenden Verschmelzung gilt, aus Aufsichtsratsmitgliedern der Aktionäre und der Arbeitnehmer, bei den übrigen Gesellschaften nur aus Aufsichtsratsmitgliedern der Aktionäre.

(2) [1]Bei börsennotierten Gesellschaften, für die das Mitbestimmungsgesetz, das Montan-Mitbestimmungsgesetz oder das Mitbestimmungsergänzungsgesetz gilt, setzt sich der Aufsichtsrat zu mindestens 30 Prozent aus Frauen und zu mindestens 30 Prozent aus Männern zusammen. [2]Der Mindestanteil ist vom Aufsichtsrat insgesamt zu erfüllen. [3]Widerspricht die Seite der Anteilseigner- oder Arbeitnehmervertreter auf Grund eines mit Mehrheit gefassten Beschlusses vor der Wahl der Mitglieder des Aufsichtsrats gegenüber dem Aufsichtsratsvorsitzenden, so ist der Mindestanteil für diese Wahl von der Seite der Anteilseigner und der Seite der Arbeitnehmer getrennt zu erfüllen. [4]Es ist in allen Fällen auf volle Personenzahlen mathematisch auf- beziehungsweise abzurunden. [5]Verringert sich bei Gesamterfüllung der höhere Frauenanteil einer Seite nachträglich und widerspricht sie nun der Gesamterfüllung, so wird dadurch die Besetzung auf der anderen Seite nicht unwirksam. [6]Eine Wahl der Mitglieder des Aufsichtsrats durch die Hauptversammlung und eine Entsendung in den Aufsichtsrat unter Verstoß gegen das Mindestanteilsgebot ist nichtig. [7]Ist eine Wahl aus anderen Gründen für nichtig erklärt, so verstoßen zwischenzeitlich erfolgte

§ 97 AktG   Bekanntmachung über die Zusammensetzung des Aufsichtsrats

Wahlen insoweit nicht gegen das Mindestanteilsgebot. [8]Auf die Wahl der Aufsichtsratsmitglieder der Arbeitnehmer sind die in Satz 1 genannten Gesetze zur Mitbestimmung anzuwenden.
(3) [1]Bei börsennotierten Gesellschaften, die aus einer grenzüberschreitenden Verschmelzung hervorgegangen sind und bei denen nach dem Gesetz über die Mitbestimmung der Arbeitnehmer bei einer grenzüberschreitenden Verschmelzung das Aufsichts- oder Verwaltungsorgan aus derselben Zahl von Anteilseigner- und Arbeitnehmervertretern besteht, müssen in dem Aufsichts- oder Verwaltungsorgan Frauen und Männer jeweils mit einem Anteil von mindestens 30 Prozent vertreten sein. [2]Absatz 2 Satz 2, 4, 6 und 7 gilt entsprechend.
(4) Nach anderen als den zuletzt angewandten gesetzlichen Vorschriften kann der Aufsichtsrat nur zusammengesetzt werden, wenn nach § 97 oder nach § 98 die in der Bekanntmachung des Vorstands oder in der gerichtlichen Entscheidung angegebenen gesetzlichen Vorschriften anzuwenden sind.

Übersicht
		Rdn.			Rdn.
A.	Regelungsgegenstand	1	C.	Zielgrößen für Frauen und Männer	
B.	Mitbestimmungsvereinbarungen	2		im Aufsichtsrat	3

1   **A. Regelungsgegenstand.** I verweist hins der Zusammensetzung des Aufsichtsrates auf die mitbestimmungsrechtlichen Vorschriften. II und III enthalten Regelungen zu Zielgrößen für die Anzahl von Frauen und Männern im Aufsichtsrat börsennotierter mitbestimmter Gesellschaften. IV geht vom Grundsatz der **Amtskontinuität** aus und dient der Rechtssicherheit. Die Zusammensetzung des Aufsichtsrates wird danach als richtig unterstellt, solange im Statusverfahren nach §§ 97 ff keine andere verbindliche Festsetzung getroffen worden ist. Das gilt auch, wenn wegen des dauerhaften Absinkens der Arbeitnehmerzahl Mitbestimmungsfreiheit eintritt (Hölters/*Simons* § 96 Rn 52); die Regelung soll sogar gelten, wenn (wie bei der nicht mehr mitbestimmten GmbH) das Erfordernis zur Bildung eines Aufsichtsrats insgesamt wegfällt (OLG Frankfurt 2.11.2010, 20 W 362/10, NZG 2011, 353, 354).

2   **B. Mitbestimmungsvereinbarungen.** Ob und innerhalb welcher Grenzen privatautonome **Mitbestimmungsvereinbarungen** zulässig sind, wird unterschiedlich beurteilt (s Seibt AG 2005, 413 ff). Angesichts der Regelung des § 96 sind solche bei der Aktiengesellschaft unzulässig (vgl *Hüffer* § 96 Rn 3).

3   **C. Zielgrößen für Frauen und Männer im Aufsichtsrat.** Nach der Änderung von § 96 und von §§ 17, 24 SEAG durch das G für die gleichberechtigte Teilhabe von Frauen und Männern an Führungspositionen in der Privatwirtschaft und dem öffentl Dienst (BGBl I 2015 S 642) muss sich der Aufsichtsrat von börsennotierten (s § 3 II) AGs, KGaAs und SEs zu mindestens 30% aus Frauen und zu zumindest 30% aus Männern zusammensetzen. Der Mindestanteil ist vom Aufsichtsrat insgesamt zu erfüllen, das heißt eine Übererfüllung auf Seiten der Anteilseignervertreter bzw. der Arbeitnehmervertreter kommt der jeweils anderen Gruppe zu Gute. Die **Gesamtbetrachtung** gilt nach II 3 allerdings nur, wenn keine der beiden Seiten durch Mehrheitsbeschluss vor der Wahl ggü dem Aufsichtsratsvorsitzenden widerspricht. Ein solches Widerspruchsrecht ist für die aus einer grenzüberschreitenden Verschmelzung hervorgegangene AG/KGaA in III und die börsennotierte SE in dem neu eingefügten § 17 II SEAG (für die dualistische SE) § 24 III SEAG (für die monistische SE) nicht vorgesehen. Bestehende Mandate können bis zu ihrem Ende auslaufen (§ 25 II 3 EGAktG, § 17 II 4, § 24 III 4 SEAG). Werden Sitze im Aufsichtsrat frei, sind diese unter Beachtung der **Quotenregelung** neu zu besetzen (§ 25 II 1, 2 EGAktG, §§ 17 II 3, 24 III 3 SEAG) bis die vorgegebene Mindestquote erreicht ist. Quotenwidrige Wahlen bzw. Entsendungen sind nichtig, dies gilt auch für die Arbeitnehmervertreter, auch wenn II 6 diese Rechtsfolge nur ausdrücklich für die Anteilseignervertreter bestimmt (*Junker/Schmidt-Pfitzner* NZG 2015 929, 931). S zu den Unklarheiten der gesetzlichen Regelung *Schulz/Ruf* BB 2015, 1155 ff. Gem § 289a II Nr. 5, III HGB ist in der Erklärung zur Unternehmensführung im Lagebericht über die Einhaltung bzw. die Gründe der Nichteinhaltung zu berichten. Die Verletzung dieser **Berichtspflicht** ist bußgeldbewehrt (§ 334 I Nr. 3 HGB).

§ 97 Bekanntmachung über die Zusammensetzung des Aufsichtsrats

(1) [1]Ist der Vorstand der Ansicht, dass der Aufsichtsrat nicht nach den für ihn maßgebenden gesetzlichen Vorschriften zusammengesetzt ist, so hat er dies unverzüglich in den Gesellschaftsblättern und gleichzeitig durch Aushang in sämtlichen Betrieben der Gesellschaft und ihrer Konzernunternehmen bekanntzumachen. [2]In der Bekanntmachung sind die nach Ansicht des Vorstands maßgebenden gesetzlichen Vorschriften anzugeben. [3]Es ist darauf hinzuweisen, dass der Aufsichtsrat nach diesen Vorschriften

zusammengesetzt wird, wenn nicht Antragsberechtigte nach § 98 Abs. 2 innerhalb eines Monats nach der Bekanntmachung im Bundesanzeiger das nach § 98 Abs. 1 zuständige Gericht anrufen.
(2) ¹Wird das nach § 98 Abs. 1 zuständige Gericht nicht innerhalb eines Monats nach der Bekanntmachung im Bundesanzeiger angerufen, so ist der neue Aufsichtsrat nach den in der Bekanntmachung des Vorstands angegebenen gesetzlichen Vorschriften zusammenzusetzen. ²Die Bestimmungen der Satzung über die Zusammensetzung des Aufsichtsrats, über die Zahl der Aufsichtsratsmitglieder sowie über die Wahl, Abberufung und Entsendung von Aufsichtsratsmitgliedern treten mit der Beendigung der ersten Hauptversammlung, die nach Ablauf der Anrufungsfrist einberufen wird, spätestens sechs Monate nach Ablauf dieser Frist insoweit außer Kraft, als sie den nunmehr anzuwendenden gesetzlichen Vorschriften widersprechen. ³Mit demselben Zeitpunkt erlischt das Amt der bisherigen Aufsichtsratsmitglieder. ⁴Eine Hauptversammlung, die innerhalb der Frist von sechs Monaten stattfindet, kann an Stelle der außer Kraft tretenden Satzungsbestimmungen mit einfacher Stimmenmehrheit neue Satzungsbestimmungen beschließen.
(3) Solange ein gerichtliches Verfahren nach §§ 98, 99 anhängig ist, kann eine Bekanntmachung über die Zusammensetzung des Aufsichtsrats nicht erfolgen.

§ 98 Gerichtliche Entscheidung über die Zusammensetzung des Aufsichtsrats
(1) Ist streitig oder ungewiss, nach welchen gesetzlichen Vorschriften der Aufsichtsrat zusammenzusetzen ist, so entscheidet darüber auf Antrag ausschließlich das Landgericht, in dessen Bezirk die Gesellschaft ihren Sitz hat.
(2) ¹Antragsberechtigt sind
1. der Vorstand,
2. jedes Aufsichtsratsmitglied,
3. jeder Aktionär,
4. der Gesamtbetriebsrat der Gesellschaft oder, wenn in der Gesellschaft nur ein Betriebsrat besteht, der Betriebsrat,
5. der Gesamt- oder Unternehmenssprecherausschuss der Gesellschaft oder, wenn in der Gesellschaft nur ein Sprecherausschuss besteht, der Sprecherausschuss,
6. der Gesamtbetriebsrat eines anderen Unternehmens, dessen Arbeitnehmer nach den gesetzlichen Vorschriften, deren Anwendung streitig oder ungewiss ist, selbst oder durch Delegierte an der Wahl von Aufsichtsratsmitgliedern der Gesellschaft teilnehmen, oder, wenn in dem anderen Unternehmen nur ein Betriebsrat besteht, der Betriebsrat,
7. der Gesamt- oder Unternehmenssprecherausschuss eines anderen Unternehmens, dessen Arbeitnehmer nach den gesetzlichen Vorschriften, deren Anwendung streitig oder ungewiss ist, selbst oder durch Delegierte an der Wahl von Aufsichtsratsmitgliedern der Gesellschaft teilnehmen, oder, wenn in dem anderen Unternehmen nur ein Sprecherausschuss besteht, der Sprecherausschuss,
8. mindestens ein Zehntel oder einhundert der Arbeitnehmer, die nach den gesetzlichen Vorschriften, deren Anwendung streitig oder ungewiss ist, selbst oder durch Delegierte an der Wahl von Aufsichtsratsmitgliedern der Gesellschaft teilnehmen,
9. Spitzenorganisationen der Gewerkschaften, die nach den gesetzlichen Vorschriften, deren Anwendung streitig oder ungewiss ist, ein Vorschlagsrecht hätten,
10. Gewerkschaften, die nach den gesetzlichen Vorschriften, deren Anwendung streitig oder ungewiss ist, ein Vorschlagsrecht hätten,

²Ist die Anwendung des Mitbestimmungsgesetzes oder die Anwendung von Vorschriften des Mitbestimmungsgesetzes streitig oder ungewiss, so sind außer den nach Satz 1 Antragsberechtigten auch je ein Zehntel der wahlberechtigten in § 3 Abs. 1 Nr. 1 des Mitbestimmungsgesetzes bezeichneten Arbeitnehmer oder der wahlberechtigten leitenden Angestellten im Sinne des Mitbestimmungsgesetzes antragsberechtigt.
(3) Die Absätze 1 und 2 gelten sinngemäß, wenn streitig ist, ob der Abschlussprüfer das nach § 3 oder § 16 des Mitbestimmungsergänzungsgesetzes maßgebliche Umsatzverhältnis richtig ermittelt hat.
(4) ¹Entspricht die Zusammensetzung des Aufsichtsrats nicht der gerichtlichen Entscheidung, so ist der neue Aufsichtsrat nach den in der Entscheidung angegebenen gesetzlichen Vorschriften zusammenzusetzen. ²§ 97 Abs. 2 gilt sinngemäß mit der Maßgabe, dass die Frist von sechs Monaten mit dem Eintritt der Rechtskraft beginnt.

§ 99 Verfahren

(1) Auf das Verfahren ist das Gesetz über das Verfahren in Familiensachen und in den Angelegenheiten der freiwilligen Gerichtsbarkeit anzuwenden, soweit in den Absätzen 2 bis 5 nichts anderes bestimmt ist.
(2) [1]Das Landgericht hat den Antrag in den Gesellschaftsblättern bekanntzumachen. [2]Der Vorstand und jedes Aufsichtsratsmitglied sowie die nach § 98 Abs. 2 antragsberechtigten Betriebsräte, Sprecherausschüsse, Spitzenorganisationen und Gewerkschaften sind zu hören.
(3) [1]Das Landgericht entscheidet durch einen mit Gründen versehenen Beschluss. [2]Gegen die Entscheidung des Landgerichts findet die Beschwerde statt. [3]Sie kann nur auf eine Verletzung des Rechts gestützt werden; § 72 Abs. 1 Satz 2 und § 74 Abs. 2 und 3 des Gesetzes über das Verfahren in Familiensachen und in den Angelegenheiten der freiwilligen Gerichtsbarkeit sowie § 547 der Zivilprozessordnung gelten sinngemäß. [4]Die Beschwerde kann nur durch die Einreichung einer von einem Rechtsanwalt unterzeichneten Beschwerdeschrift eingelegt werden. [5]Die Landesregierung kann durch Rechtsverordnung die Entscheidung über die Beschwerde für die Bezirke mehrerer Oberlandesgerichte einem der Oberlandesgerichte oder dem Obersten Landesgericht übertragen, wenn dies der Sicherung einer einheitlichen Rechtsprechung dient. [6]Die Landesregierung kann die Ermächtigung auf die Landesjustizverwaltung übertragen.
(4) [1]Das Gericht hat seine Entscheidung dem Antragsteller und der Gesellschaft zuzustellen. [2]Es hat sie ferner ohne Gründe in den Gesellschaftsblättern bekanntzumachen. [3]Die Beschwerde steht jedem nach § 98 Abs. 2 Antragsberechtigten zu. [4]Die Beschwerdefrist beginnt mit der Bekanntmachung der Entscheidung im Bundesanzeiger, für den Antragsteller und die Gesellschaft jedoch nicht vor der Zustellung der Entscheidung.
(5) [1]Die Entscheidung wird erst mit der Rechtskraft wirksam. [2]Sie wirkt für und gegen alle. [3]Der Vorstand hat die rechtskräftige Entscheidung unverzüglich zum Handelsregister einzureichen.
(6) [1]Die Kosten können ganz oder zum Teil dem Antragsteller auferlegt werden, wenn dies der Billigkeit entspricht. [2]Kosten der Beteiligten werden nicht erstattet.

Übersicht

	Rdn.		Rdn.
A. Regelungsgegenstand	1	D. Gerichtliches Verfahren	4
B. Bekanntmachung des Vorstands	2	E. Kosten	5
C. Wirkung der Bekanntmachung	3	F. Entscheidungswirkung	6

1 A. Regelungsgegenstand. In den §§ 97–99 ist das sog **Statusverfahren** geregelt. § 6 II 2 MitbestG und § 1 I Nr. 3 DrittelbG verweisen auf diese Regelungen. Das Statusverfahren findet Anwendung, wenn die tatsächliche Zusammensetzung des Aufsichtsrates im Widerspruch zu den gesetzlichen Vorschriften steht. Darunter fallen die Änderung des mitbestimmungsrechtlichen Status der Gesellschaft einschließlich der Begründung der Mitbestimmungspflichtigkeit und der Eintritt der Mitbestimmungsfreiheit. Dieses Verfahren gilt demnach nicht, wenn durch Satzungsregelung die Größe des Aufsichtsrates verändert wird (*Hüffer* § 97 Rn 3; MüKo-AktG/*Habersack* § 97 Rn 14; KK-AktG/*Mertens/Cahn* §§ 97–99 Rn 44; aA BAG 3.10.1989, 1 ABR 12/88, AP BetrVG 1952 § 76 Nr 28; *Oetker* ZHR 149 [1985] 575, 585 ff). Und zwar auch dann nicht, wenn in den Fällen von § 7 I 2, 3 MitbestG mit der Satzungsänderung die Satzungsregelung als Grundlage der größenmäßigen Zusammensetzung entfällt (Hölters/*Simons* § 97 Rn 14). Ebenfalls kein Fall des Statusverfahrens ist die Änderung in Hinblick auf den Gruppenproporz in der Zusammensetzung des AN-Vertreter (z.B. ein Vertreter der AN im Aufsichtsrat wird zum leitenden Angestellten; s Hölters/*Simons* § 97 Rn 16). Das Statusverfahren ist hingegen auch durchzuführen, wenn der Aufsichtsrat einer GmbH aufgelöst werden soll, weil die Voraussetzungen für die Bildung eines mitbestimmten Aufsichtsrats (nach DrittelbG oder MitbestG) nicht mehr gegeben sind und auch die Regelungen der Mitbestimmungsbeibehaltung (§ 325 UmwG) nicht eingreifen. Bei formwechselnden Umwandlungen nach dem UmwG ist das Statusverfahren durchzuführen, wenn beim Rechtsträger neuer Rechtsform der Aufsichtsrat nach anderen gesetzlichen Vorschriften gebildet und zusammengesetzt wird und die Voraussetzungen des § 203 UmwG nicht vorliegen. Bei AG, die vor dem 10.8.1994 eingetragen wurden und keine Familiengesellschaften sind, kann ein Statusverfahren durchgeführt werden, wenn die Gesellschaft weniger als 5 AN hat. Nach der Rspr des BGH (BGH 7.2.2012, II ZB 14/11, ZIP 2012, 669, 670 f.) findet das DrittelbG auf solche Alt-AG nur Anwendung, wenn diese entspr § 1 I BetrVG mindestens 5 AN haben. Solange das Statusverfahren nicht durchgeführt ist, gilt das Status-Quo- bzw. Kontinuitätsprinzip nach § 96 II und der Aufsichtsrat bleibt rechtmäßig im Amt (Hölters/*Simons* § 96 Rn 52, § 97 Rn 4; *Hüffer* § 96 Rn 13). Dieses schließt allerdings nicht aus, dass einzelne Aufsichtsratsmitglieder etwa wegen Verlust der Wählbarkeit vorher aus dem Aufsichtsrat ausscheiden. Die häufig gewählte, aber missverständliche Formulierung des Fortbestehens des Aufsichtsrats in der gegenwärtigen personellen Besetzung meint insofern die Festschreibung der gesetzlichen Grundlagen der Zusammensetzung des Aufsichtsrats bis zum Abschluss des Statusverfahrens also die Festschreibung des Verhältnisses der AN-Vertreter und der Anteilseignervertreter.

B. Bekanntmachung des Vorstands. Das Statusverfahren wird durch die **Bekanntmachung des Vorstands** 2
nach § 97 I 1 eingeleitet. Diese hat unverzüglich zu erfolgen, wenn der Vorstand der Ansicht ist, der Aufsichtsrat ist nicht nach den maßgeblichen gesetzlichen Regelungen zusammengesetzt. Diese Ansicht setzt einen einstimmigen bzw mit der in der Satzung bzw Geschäftsordnung vorgesehenen Mehrheit gefassten **Beschluss des Vorstandes** voraus. Die Bekanntmachung enthält die Mitteilung über die nach Ansicht des Vorstands fehlerhafte Zusammensetzung sowie die Angabe der anzuwendenden gesetzlichen Vorschriften. Ob daneben auch die Anzahl der beschäftigten AN und der konzernzugehörigen Unternehmen anzugeben ist, ist umstr. Die Bekanntmachung erfolgt im **Bundesanzeiger** und durch Aushang in sämtlichen Betrieben. Der **Aushang** sollte datiert sein und erkennen lassen, dass es sich um eine Bekanntmachung des Vorstands handelt. Es ist nicht erforderlich, vom Vorstand original unterzeichnete Dokumente auszuhängen. Üblicherweise erfolgt der Aushang am sog schwarzen Brett, an dem auch sonstige Aushänge und Mitteilungen erfolgen, an allgemein zugänglicher Stelle, zumindest in deutscher Sprache und in allen inländischen Betrieben (zu den aushangpflichtigen Betrieben MüKo-AktG/*Habersack* § 97 Rn 21). Solange ein gerichtliches Verfahren nach §§ 98, 99 anhängig ist, kann nach § 97 IV keine Bekanntmachung durch den Vorstand erfolgen. Nach zutreffender Ansicht kann der Vorstand nach einer rechtskräftigen Entscheidung jederzeit eine abw Bekanntmachung nach § 97 vornehmen (str, vgl *Hüffer* § 97 Rn 7). Nach zutreffender Ansicht kann der Vorstand seine Bekanntmachung bis zum Ablauf der Monatsfrist widerrufen, wenn er der Auffassung ist, Inhalt oder Form der Bekanntmachung entsprächen nicht den gesetzlichen Anforderungen (MüKo-AktG/*Habersack* § 97 Rn 27). Der Widerruf ist in gleicher Weise wie die Bekanntmachung zu veröffentlichen.

C. Wirkung der Bekanntmachung. Wird binnen 1 Monats nach Bekanntmachung im Bundesanzeiger 3
das nach § 98 zust Gericht nicht angerufen, muss der neue Aufsichtsrat nach den in der Bekanntmachung als einschlägig bezeichneten Regelungen zusammengesetzt werden. Diese **Bindungswirkung** entfällt erst mit erneuter Durchführung des Statusverfahrens. Soweit Satzungsregelungen im Widerspruch dazu stehen, treten sie mit Ablauf der 1. Hauptversammlung, die nach Ablauf der mit der Bekanntmachung im Bundesanzeiger in Gang gesetzten Monatsfrist einberufen wird, spätestens aber 6 Monate nach Ablauf der Monatsfrist außer Kraft. § 97 II 2 stellt zwar darauf ab, dass die Einberufung der Hauptversammlung (bzw Gesellschafterversammlung der GmbH) nach Ablauf der Monatsfrist erfolgt. Es ist aber nicht erkennbar, dass damit die Vollversammlung (§ 121 VI) ausgeschlossen werden sollte. Dem Sinn und Zweck entsprechend soll vermieden werden, dass eine Haupt-/Gesellschafterversammlung einberufen wird, bevor feststeht, ob ein Antrag auf gerichtliche Entscheidung (mit der Folge, dass sich die Frist nach § 98 IV 2 bestimmt) gestellt wird. Entscheidend ist mithin, dass keine Einberufung vor Ablauf der Monatsfrist erfolgt. Eine nach Ablauf der Monatsfrist ohne Einhaltung der Einberufungsformalien abgehaltene Haupt-/Gesellschafterversammlung löst die Rechtsfolgen von § 97 II 2 aus. Gleichzeitig erlischt nach § 97 II 3 auch das Amt der bisherigen Aufsichtsratsmitglieder unabhängig davon, ob neue Mitglieder bestellt werden oder nicht. Eine die nunmehr maßgeblichen Vorschriften missachtende Wahl von Aufsichtsratsmitgliedern ist nichtig (MüKo-AktG/*Habersack* § 97 Rn 31). Auch für das Wahlverfahren gelten die nunmehr maßgeblichen gesetzlichen Vorschriften. So gilt z.B. § 32 MitbestG für die erstmalige Wahl der Anteilseignervertreter des dem MitbestG unterfallenden Aufsichtsrats einer Tochtergesellschaft, deren Muttergesellschaft nach dem MitbestG mitbestimmt ist (MüKo-AktG/*Gach* § 32 MitbestG Rn 5); unterfällt der Aufsichtsrat der Tochtergesellschaft nicht mehr dem MitbestG, gilt für die erstmalige Bestellung der neue Mitglieder § 32 MitbestG nicht mehr, auch nicht, wenn diese Wahl in der 1. Hauptversammlung erfolgt. Die erforderliche Satzungsänderung kann eine innerhalb des 6-Monats-Zeitraums abgehaltene Hauptversammlung mit einfacher Stimmenmehrheit beschließen. Für weiter gehende oder andere Satzungsänderungen gelten die allg Vorschriften.

D. Gerichtliches Verfahren. Das **gerichtliche Verfahren** wird bei **Anfechtung der Bekanntmachung** nach 4
§ 97 bzw unabhängig davon auf Antrag eines nach § 98 II Antragsberechtigten durchgeführt. Die **antragsberechtigten Organe bzw Gruppen** sind in § 98 II abschließend aufgezählt. Die in Nr 6–10 Genannten sind dabei nur dann antragsberechtigt, wenn sie die Wahrnehmung mitbestimmungsrechtlicher Belange nachweisen. Auch der Vorstand kann ein gerichtliches Verfahren einleiten, statt den Weg über § 97 zu wählen. Voraussetzung ist, das Streit oder Ungewissheit über die maßgeblichen gesetzlichen Vorschriften besteht, wobei für die Ungewissheit die konkrete Möglichkeit künftiger Streitigkeiten genügen soll (*Hüffer*

§ 98 Rn 3). Zuständig ist ausschließlich das LG am Sitz der Gesellschaft und dort die KfH, wenn eine solche gebildet ist (§§ 71 II Nr 4b, 95 II GVG). Nach § 71 IV GVG ist eine Verfahrenskonzentration bei einem LG für mehrere Landgerichtsbezirke möglich, wovon zT Gebrauch gemacht wurde. Ergänzend zu den Vorschriften der §§ 99 II–VI gilt nach § 99 I das FamFG. Nach §§ 3 II Nr 5 ff Montan-MitbestErgG sind die Umsatzverhältnisse für die Anwendbarkeit dieses Gesetzes entscheidend. § 98 III bestimmt die entspr Anwendbarkeit der §§ 98 I, II, wenn die richtige Ermittlung der Umsatzverhältnisse str ist. Der Antrag auf gerichtliche Entscheidung kann vom Antragsteller ohne Zustimmung des Antraggegners zurückgenommen werden (OLG Frankfurt aM 8.4.2009, 20 W 106/2009, AG 2009, 701).

5   **E. Kosten.** Die Kosten des Verfahrens sind grds von der Gesellschaft zu tragen, soweit das Gericht nicht aus Billigkeitsgründen eine abw Entscheidung trifft. Eine außergerichtliche **Kostenerstattung** findet nicht statt (§ 99 VI 2). Materiell-rechtliche Kostenerstattungsansprüche (zB § 40 BetrVG) bleiben unberührt.

6   **F. Entscheidungswirkung.** Stellt das Gericht fest, dass der Aufsichtsrat nach anderen, im Beschluss näher bezeichneten Vorschriften zusammenzusetzen ist, muss der Aufsichtsrat entspr neu zusammengesetzt werden. Dafür gilt die 6-Monats-Frist des § 97 ab Rechtskraft der Entscheidung entspr. Ist eine Satzungsänderung erforderlich, hat der Vorstand die Hauptversammlung zur Beschlussfassung darüber einzuberufen. Der Vorstand hat die Entscheidung des Gerichts, auch eine Abweisung des Antrags, unverzüglich zum Handelsregister einzureichen (§ 99 V 3).

§ 100 Persönliche Voraussetzungen für Aufsichtsratsmitglieder

(1) ¹Mitglied des Aufsichtsrats kann nur eine natürliche, unbeschränkt geschäftsfähige Person sein. ²Ein Betreuer, der bei der Besorgung seiner Vermögensangelegenheiten ganz oder teilweise einem Einwilligungsvorbehalt (§ 1903 des Bürgerlichen Gesetzbuchs) unterliegt, kann nicht Mitglied des Aufsichtsrats sein.
(2) ¹Mitglied des Aufsichtsrats kann nicht sein, wer
1. bereits in zehn Handelsgesellschaften, die gesetzlich einen Aufsichtsrat zu bilden haben, Aufsichtsratsmitglied ist,
2. gesetzlicher Vertreter eines von der Gesellschaft abhängigen Unternehmens ist,
3. gesetzlicher Vertreter einer anderen Kapitalgesellschaft ist, deren Aufsichtsrat ein Vorstandsmitglied der Gesellschaft angehört, oder
4. in den letzten zwei Jahren Vorstandsmitglied derselben börsennotierten Gesellschaft war, es sei denn, seine Wahl erfolgt auf Vorschlag von Aktionären, die mehr als 25 Prozent der Stimmrechte an der Gesellschaft halten.

²Auf die Höchstzahl nach Satz 1 Nr. 1 sind bis zu fünf Aufsichtsratssitze nicht anzurechnen, die ein gesetzlicher Vertreter (beim Einzelkaufmann der Inhaber) des herrschenden Unternehmens eines Konzerns in zum Konzern gehörenden Handelsgesellschaften, die gesetzlich einen Aufsichtsrat zu bilden haben, innehat. ³Auf die Höchstzahl nach Satz 1 Nr. 1 sind Aufsichtsratsämter im Sinne der Nummer 1 doppelt anzurechnen, für die das Mitglied zum Vorsitzenden gewählt worden ist.
(3) Die anderen persönlichen Voraussetzungen der Aufsichtsratsmitglieder der Arbeitnehmer sowie der weiteren Mitglieder bestimmen sich nach dem Mitbestimmungsgesetz, dem Montan-Mitbestimmungsgesetz, dem Mitbestimmungsergänzungsgesetz, dem Drittelbeteiligungsgesetz und dem Gesetz über die Mitbestimmung der Arbeitnehmer bei einer grenzüberschreitenden Verschmelzung.
(4) Die Satzung kann persönliche Voraussetzungen nur für Aufsichtsratsmitglieder fordern, die von der Hauptversammlung ohne Bindung an Wahlvorschläge gewählt oder auf Grund der Satzung in den Aufsichtsrat entsandt werden.
(5) Bei Gesellschaften im Sinn des § 264d des Handelsgesetzbuchs muss mindestens ein unabhängiges Mitglied des Aufsichtsrats über Sachverstand auf den Gebieten Rechnungslegung oder Abschlussprüfung verfügen.

Übersicht	Rdn.		Rdn.
A. Persönliche Voraussetzungen	1	C. Rechtsfolgen	5
B. Maßgeblicher Zeitpunkt	4		

1   **A. Persönliche Voraussetzungen.** § 100 stellt für die Anteilseigner- und die AN-Vertreter im Aufsichtsrat gleichermaßen **persönliche Voraussetzungen** auf. I schließt juristische Personen und Minderjährige zwingend von der Übernahme eines Aufsichtsratsmandats aus. Weitere Kriterien, in Form von Empfehlungen,

enthält der DCGK in Ziffern 5.4.1, 5.4.5. II soll eine effektive Überwachungstätigkeit sicherstellen. Nr 1 beschränkt die Zahl der ausgeübten Mandate. Dabei werden allerdings nur Mandate in obligatorischen Aufsichtsräten berücksichtigt. Die Vorschrift ist zusammen mit S 2 und 3 zu lesen. Nach S 2 werden bis zu 5 Aufsichtsratsmandate in Konzerntochtergesellschaften nicht angerechnet. Auf der anderen Seite werden Aufsichtsratsvorsitze doppelt angerechnet. Nach Nr 2 kann der gesetzliche Vertreter eines abhängigen Unternehmens nicht Mitglied des Aufsichtsrats des herrschenden Unternehmens sein. Nr 3 enthält das Verbot der Verflechtung. Eine solche liegt vor, wenn derjenige, der Aufsichtsratsmitglied werden soll, gesetzlicher Vertreter einer anderen Kapitalgesellschaft ist, und deren Aufsichtsrat ein Vorstandsmitglied der betreffenden Gesellschaft angehört. Nr 4 sieht für den Wechsel vom Vorstand in den Aufsichtsrat eine grundsätzliche Cooling-off-Periode von 2 Jahren vor. Danach dürfen Vorstandsmitglieder vor Ablauf von 2 Jahren nach Ende ihrer Bestellung nicht Mitglied des Aufsichtsrats werden, es sei denn, ihre Wahl erfolgt auf Vorschlag von Aktionären, die mehr als 25 % der Stimmrechte an der Gesellschaft halten (vgl zu Fragen der Umsetzung des Vorschlagsrechts *Bosse* BB 2009, 1650, 1652 f). Nach IV kann die Satzung für Aufsichtsratsmitglieder der Aktionäre weitere persönliche Voraussetzungen aufstellen. Ein solches Recht besteht für die AN-Vertreter nicht. S. auch die Inkompatibilitätsregelungen in § 105.

Bei AN-Vertretern sind die Sonderregelungen der Mitbestimmungsgesetze zu beachten (zB §§ 7 II–IV MitbestG, §§ 4 II, 6 I Montan-MitbestG, §§ 5, 6 MitbestErgG, § 4 III DrittelbG). Für die Vertreter von Gewerkschaften gelten diese besonderen persönlichen Voraussetzungen nicht; sie müssen weder im Unternehmen beschäftigt sein, noch der Gewerkschaft angehören (vgl MüKo-AktG/*Gach* § 7 MitbestG Rn 36). 2

Nach V muss bei kapitalmarktorientierten Unternehmen ein unabhängiges Aufsichtsratsmitglied über Sachverstand auf den Gebieten Rechnungslegung oder Abschlussprüfung verfügen. Was ein kapitalmarktorientiertes Unternehmen ist, ist in § 264d HGB geregelt. Wann ein Aufsichtsratsmitglied nicht als unabhängig anzusehen ist, wird in Ziffer 5.4.2 S 2 DCGK definiert. Das Kriterium des Sachverstands auf dem Gebiet der Rechnungslegung oder Abschlussprüfung setzt voraus, dass zumindest ein unabhängiges Aufsichtsratsmitglied beruflich mit Rechnungslegung oder Abschlussprüfung befasst ist oder war (vgl auch OLG München 28.4.2010, 23 U 5517/09, BB 2010, 1783 ff). Dass es sich dabei um eine deutsche Fachqualifikation handeln muss, ist dem Gesetz und der Begründung nicht zu entnehmen und dürfte angesichts IFRS und der internationalen Ausrichtung der meisten kapitalmarktorientierten Unternehmen auch nicht sachgerecht sein. S zu den Kriterium der Unabhängigkeit und des Sachverstands auch die Begründung des Regierungsentwurfs zu Art 5 Nr 3 (§ 100 AktG). 3

B. Maßgeblicher Zeitpunkt. Maßgeblicher Zeitpunkt für das Vorliegen der persönlichen Voraussetzungen des § 100 ist der Beginn der Amtszeit. 4

C. Rechtsfolgen. Fehlen die Voraussetzungen zu Beginn der Amtszeit, führt dies zur Nichtigkeit des Wahlbeschlusses (§ 250 I Nr 4). Fallen die persönlichen Voraussetzungen nach Amtsantritt weg, erlischt das Amt des Aufsichtsratsmitglieds (vgl MüKo-AktG/*Habersack* § 100 Rn 47). Fehlen die satzungsmäßigen Voraussetzungen bei Beginn der Amtszeit ist der Beschluss anfechtbar, der spätere Wegfall führt nach hM (vgl MüKo-AktG/*Habersack* § 100 Rn 44) nicht zum **automatischen Amtsverlust**, es bleibt die Möglichkeit der Abberufung nach § 103. Bei AN-Vertretern sind die Sonderregelungen der Mitbestimmungsgesetze zu beachten, wenn die bes persönlichen Voraussetzungen für AN-Vertreter entfallen. So erlischt das Amt eines als Arbeitnehmer des Unternehmens nach § 7 II MitbestG in den Aufsichtsrat gewählten AN-Vertreters mit dessen Ausscheiden aus dem Unternehmen (wegen Verlust der Wählbarkeit nach § 7 III MitbestG) gemäß § 24 I MitbesG. Eine Änderung der Zuordnung zu der Gruppe der Arbeitnehmer iSv § 3 I Nr. 1, 2 MitbestG führt hingegen nicht zum Erlöschen des Aufsichtsratsamts (§ 24 II MitbestG). Bei den Vertretern von Gewerkschaften gelten diese besonderen persönlichen Voraussetzungen nicht; bei ihnen führt weder ein Ausscheiden aus dem Unternehmen noch aus der Gewerkschaft zum Verlust des Aufsichtsratsmandats (vgl MüKo-AktG/*Gach* § 16 MitbestG Rn 8). 5

§ 101 Bestellung der Aufsichtsratsmitglieder

(1) ¹Die Mitglieder des Aufsichtsrats werden von der Hauptversammlung gewählt, soweit sie nicht in den Aufsichtsrat zu entsenden oder als Aufsichtsratsmitglieder der Arbeitnehmer nach dem Mitbestimmungsgesetz, dem Mitbestimmungsergänzungsgesetz, dem Drittelbeteiligungsgesetz oder dem Gesetz über die Mitbestimmung der Arbeitnehmer bei einer grenzüberschreitenden Verschmelzung zu wählen sind. ²An Wahlvorschläge ist die Hauptversammlung nur gemäß §§ 6 und 8 des Montan-Mitbestimmungsgesetzes gebunden.

§ 101 AktG Bestellung der Aufsichtsratsmitglieder

(2) ¹Ein Recht, Mitglieder in den Aufsichtsrat zu entsenden, kann nur durch die Satzung und nur für bestimmte Aktionäre oder für die jeweiligen Inhaber bestimmter Aktien begründet werden. ²Inhabern bestimmter Aktien kann das Entsendungsrecht nur eingeräumt werden, wenn die Aktien auf Namen lauten und ihre Übertragung an die Zustimmung der Gesellschaft gebunden ist. ³Die Aktien der Entsendungsberechtigten gelten nicht als eine besondere Gattung. ⁴Die Entsendungsrechte können insgesamt höchstens für ein Drittel der sich aus dem Gesetz oder der Satzung ergebenden Zahl der Aufsichtsratsmitglieder der Aktionäre eingeräumt werden.

(3) ¹Stellvertreter von Aufsichtsratsmitgliedern können nicht bestellt werden. ²Jedoch kann für jedes Aufsichtsratsmitglied mit Ausnahme des weiteren Mitglieds, das nach dem Montan-Mitbestimmungsgesetz oder dem Mitbestimmungsergänzungsgesetz auf Vorschlag der übrigen Aufsichtsratsmitglieder gewählt wird, ein Ersatzmitglied bestellt werden, das Mitglied des Aufsichtsrats wird, wenn das Aufsichtsratsmitglied vor Ablauf seiner Amtszeit wegfällt. ³Das Ersatzmitglied kann nur gleichzeitig mit dem Aufsichtsratsmitglied bestellt werden. ⁴Auf seine Bestellung sowie die Nichtigkeit und Anfechtung seiner Bestellung sind die für das Aufsichtsratsmitglied geltenden Vorschriften anzuwenden.

Übersicht	Rdn.		Rdn.
A. Regelungsgegenstand	1	D. Entsendungsrecht	4
B. Wahl durch die Hauptversammlung	2	E. Ersatzmitglieder	5
C. Wahl der AN-Vertreter	3	F. Rechtsfolgen	6

1 **A. Regelungsgegenstand.** § 101 fasst unter dem Begriff »**Bestellung**« die **Wahl** von Aufsichtsratsmitgliedern durch die Hauptversammlung, die **Entsendung** sowie die Bestellung nach den anzuwendenden Mitbestimmungsgesetzen zusammen. Nach I sind die Aufsichtsratsmitglieder, die nicht entsandt werden, oder als Aufsichtsratsmitglieder der AN nach den mitbestimmungsrechtlichen Vorschriften gewählt werden, von der Hauptversammlung zu wählen. Die Hauptversammlung ist nur insoweit an **Wahlvorschläge** gebunden, als sich dies aus dem Montan-MitbestG ergibt.

2 **B. Wahl durch die Hauptversammlung.** Das **Wahlverfahren** der Hauptversammlung ist durch die Regelungen zur Einberufung der Hauptversammlung (§§ 121 ff AktG) näher ausgestaltet. Der Aufsichtsrat hat mit der Mehrheit den Stimmen der Anteilseignervertreter (*Deilmann* BB 2012, 2191, 2194) einen Wahlvorschlag an die Hauptversammlung zu unterbreiten (§ 124 III 1, 5), der für diese aber nicht bindend ist. Nach § 124 II ist in der Bekanntmachung über die Einberufung der Hauptversammlung anzugeben, nach welchen gesetzlichen Vorschriften der Aufsichtsrat zusammenzusetzen ist. Bei der nach § 124 III 4 neben Name und Wohnort erforderlichen Angabe des ausgeübten Berufs der Kandidaten werden in der Praxis häufig Fehler gemacht (Hölters/*Simons* § 124 Rn 18). Zur Wahl der Aufsichtsratsmitglieder ist nach § 133 die Mehrheit der abgegebenen Stimmen erforderlich, soweit die Satzung keine qualifizierte Mehrheit bestimmt. Aktionäre sind bei ihrer eigenen Wahl stimmberechtigt (Hölters/*Simons* § 101 Rn 11). S zur Frage der Zulässigkeit von Listenwahlen LG München 15.4.2004, 5 K O 10813/03, AG 2004, 330 ff; *Mutter* AG 2004, 305 ff. Der DCGK (Ziffer 5.4.3) empfiehlt Einzelwahl. Zur Wirksamkeit der Wahl ist erforderlich, dass der Gewählte sie ausdrücklich oder konkludent annimmt; die Annahme kann bereits vor der Wahl erklärt werden, sie kann dann allerdings bis zur Wahl widerrufen werden (Hölters/*Simons* § 101 Rn 21).

3 **C. Wahl der AN-Vertreter.** Die AN-Vertreter werden nach Maßgabe der anzuwendenden Mitbestimmungsgesetze bestellt (§§ 6 ff MitbestG, §§ 5 ff DrittelbG).

4 **D. Entsendungsrecht.** Die Satzung kann zugunsten eines Aktionärs oder bei Namensaktien dem Inhaber bestimmter Aktien ein **Entsendungsrecht** für höchstens 1/3 der Anteilseignervertreter einräumen.

5 **E. Ersatzmitglieder.** Nach III können **Ersatzmitglieder** bestellt werden. Die Bestellung der Ersatzmitglieder hat gleichzeitig mit der Bestellung der ordentlichen Aufsichtsratsmitglieder zu erfolgen. Dabei kann auch ein Ersatzmitglied für mehrere bestimmte Aufsichtsratsmitglieder bestellt werden. Ebenso ist eine Bestellung mehrerer Ersatzmitglieder, die dann in einer bei der Bestellung anzugebenden Reihenfolge nachrücken, möglich. Das Ersatzmitglied rückt nach, wenn das bisherige Aufsichtsratsmitglied vor Ende der Amtszeit wegfällt. S zur Frage, wann ein Aufsichtsratsmitglied wegfällt, *Krauel/Fackler* AG 2009, 686, 687 f.

6 **F. Rechtsfolgen.** Die Rechtsfolgen einer fehlerhaften Bestellung richten sich nach den für das jeweilige Aufsichtsratsmitglied anzuwendenden Vorschriften. Für die Anteilseignervertreter sind dies die §§ 250 ff AktG, für die AN-Vertreter § 22 MitbestG, § 10k MitbestErgG, § 11 DrittelbG.

§ 102 Amtszeit der Aufsichtsratsmitglieder

(1) ¹Aufsichtsratsmitglieder können nicht für längere Zeit als bis zur Beendigung der Hauptversammlung bestellt werden, die über die Entlastung für das vierte Geschäftsjahr nach dem Beginn der Amtszeit beschließt. ²Das Geschäftsjahr, in dem die Amtszeit beginnt, wird nicht mitgerechnet.
(2) Das Amt des Ersatzmitglieds erlischt spätestens mit Ablauf der Amtszeit des weggefallenen Aufsichtsratsmitglieds.

Übersicht	Rdn.		Rdn.
A. Höchstdauer.....................	1	C. Wiederbestellung...................	4
B. Satzungsgestaltung..................	3		

A. Höchstdauer. I bestimmt die **Höchstdauer** für die **Amtsperiode** eines Aufsichtsratsmitglieds. Danach können Aufsichtsratsmitglieder nicht länger als bis zum Ende der Hauptversammlung bestellt werden, die über die Entlastung für das 4. Geschäftsjahr beschließt, wobei das Geschäftsjahr, in dem die Amtszeit beginnt, nicht mitgerechnet wird. Unerheblich ist, ob Entlastung erteilt oder verweigert wird. Dies führt zu einer faktischen Amtszeit von max 5 Jahren. Beschließt die danach maßgebliche Hauptversammlung nicht über die Entlastung der Aufsichtsratsmitglieder, so endet nach der Rspr des BGH (24.6.2002, II ZR 296/01, NJW-RR 2000, 146) die Amtszeit spätestens mit Ablauf des Monats, in dem über die Entlastung hätte Beschluss gefasst werden müssen. S zu den Folgen, wenn der Aufsichtsrat, dessen Mandat erloschen ist, seine Tätigkeit faktisch fortsetzt *Fortun/Knies* DB 2007, 1451 ff. Für den 1. Aufsichtsrat sind die Sonderregelungen der §§ 30 III und 31 III zu beachten. 1
Die gesetzliche Höchstdauer gilt auch für **gerichtlich bestellte Aufsichtsratsmitglieder** (§ 104), sofern der Mangel nach § 105 nicht zuvor behoben wurde. 2

B. Satzungsgestaltung. Die **Satzung** kann kürzere Amtszeiten vorsehen. Die Amtszeiten der Aufsichtsratsmitglieder müssen nicht gleich sein, allerdings muss bei **Differenzierungen** darauf geachtet werden, dass die Rechtsstellung aller Aufsichtsratsmitglieder gleichwertig ist. Unzulässig ist danach für AN-Vertreter grds kürzere Amtszeiten vorzusehen als für Anteilseignervertreter. Eine **nachträgliche Verkürzung** der Amtszeit amtierenden AN-Vertreter im Aufsichtsrat durch Satzungsänderung ist nicht möglich, da dieses einer Abberufung gleich käme, zu der die Hauptversammlung nicht befugt ist (vgl Großkommentar AktG/*Hopt/Roth/Peddinghaus* § 102 Rn 61). Ob eine nachträgliche Verkürzung der Amtszeit der amtierenden Anteilseignervertreter durch Satzungsänderung zulässig ist, ist streitig (vgl zum Meinungsstand MüKo-AktG/*Habersack* § 102 Rn 11). 3

C. Wiederbestellung. Eine Wiederbestellung ist zulässig. 4

§ 103 Abberufung der Aufsichtsratsmitglieder

(1) ¹Aufsichtsratsmitglieder, die von der Hauptversammlung ohne Bindung an einen Wahlvorschlag gewählt worden sind, können von ihr vor Ablauf der Amtszeit abberufen werden. ²Der Beschluss bedarf einer Mehrheit, die mindestens drei Viertel der abgegebenen Stimmen umfasst. ³Die Satzung kann eine andere Mehrheit und weitere Erfordernisse bestimmen.
(2) ¹Ein Aufsichtsratsmitglied, das auf Grund der Satzung in den Aufsichtsrat entsandt ist, kann von dem Entsendungsberechtigten jederzeit abberufen und durch ein anderes ersetzt werden. ²Sind die in der Satzung bestimmten Voraussetzungen des Entsendungsrechts weggefallen, so kann die Hauptversammlung das entsandte Mitglied mit einfacher Stimmenmehrheit abberufen.
(3) ¹Das Gericht hat auf Antrag des Aufsichtsrats ein Aufsichtsratsmitglied abzuberufen, wenn in dessen Person ein wichtiger Grund vorliegt. ²Der Aufsichtsrat beschließt über die Antragstellung mit einfacher Mehrheit. ³Ist das Aufsichtsratsmitglied auf Grund der Satzung in den Aufsichtsrat entsandt worden, so können auch Aktionäre, deren Anteile zusammen den zehnten Teil des Grundkapitals oder den anteiligen Betrag von einer Million Euro erreichen, den Antrag stellen. ⁴Gegen die Entscheidung ist die Beschwerde zulässig.
(4) Für die Abberufung der Aufsichtsratsmitglieder, die weder von der Hauptversammlung ohne Bindung an einen Wahlvorschlag gewählt worden sind noch auf Grund der Satzung in den Aufsichtsrat entsandt sind, gelten außer Absatz 3 das Mitbestimmungsgesetz, das Montan-Mitbestimmungsgesetz, das Mitbestimmungsergänzungsgesetz, das Drittelbeteiligungsgesetz, das SE-Beteiligungsgesetz und das Gesetz über die Mitbestimmung der Arbeitnehmer bei einer grenzüberschreitenden Verschmelzung.
(5) Für die Abberufung eines Ersatzmitglieds gelten die Vorschriften über die Abberufung des Aufsichtsratsmitglieds, für das es bestellt ist.

§ 104 AktG Bestellung durch das Gericht

Übersicht

	Rdn.		Rdn.
A. Abberufung durch die Hauptversammlung	1	C. Gerichtliche Abberufung	3
B. Abberufung entsandter Aufsichtsratsmitglieder	2	D. Abberufung der AN-Vertreter	4

1 **A. Abberufung durch die Hauptversammlung.** § 103 enthält Regelungen zur **Abberufung** der Aufsichtsratsmitglieder. Nach I 1 kann die Hauptversammlung von ihr gewählte Aufsichtsratsmitglieder, soweit sie nicht an Wahlvorschläge gebunden war, jederzeit abberufen. Ein **sachlicher Grund** ist dafür nicht erforderlich. Für die Abberufung ist nach I 2 grds eine **Mehrheit** von mind ³/₄ der abgegeben Stimmen erforderlich. Diese Mehrheit kann durch Satzungsregelung auf einfache Stimmenmehrheit abgesenkt, die Voraussetzungen können aber auch verschärft werden. In der Praxis ist eine Satzungsregelung üblich, mit der für Hauptversammlungsbeschlüsse das Mehrheitserfordernis generell auf die einfache Stimmen- bzw. Kapitalmehrheit herabgesetzt wird, soweit eine qualifizierte Mehrheit nicht zwingend gesetzlich vorgeschrieben ist. Diese generelle Satzungsregelung gilt dann auch für die Abberufung (vgl. MüKo-AktG/*Habersack* § 103 Rn 15). Einer Minderheit kann das Recht allerdings nicht eingeräumt werden; auch ist aus Gründen der Rechtssicherheit eine Differenzierung hinsichtlich des Mehrheitserfordernisses zwischen Abberufung mit und ohne wichtigem Grund nicht zulässig; ebenfalls unzulässig ist eine unterschiedliche Behandlung der von der Hauptversammlung gewählten Aufsichtsratsmitglieder (vgl. MüKo-AktG/*Habersack* § 103 Rn 15 ff.). Die Abberufung wird ggü dem betroffenen Aufsichtsratsmitglied wirksam, sobald sie ihm ggü erklärt ist. Nach richtiger Ansicht erfolgt die Erklärung durch den Vorstand.

2 **B. Abberufung entsandter Aufsichtsratsmitglieder.** II räumt dem Entsendungsberechtigten das Recht ein, die von ihm entsandten Aufsichtsratsmitglieder abzuberufen und durch andere zu ersetzen. Entfällt das satzungsmäßige Entsendungsrecht, kann die Hauptversammlung mit einfacher Stimmenmehrheit entsandte Aufsichtsratsmitglieder abberufen.

3 **C. Gerichtliche Abberufung.** Daneben besteht ein **gerichtliches Abberufungsverfahren** (III 3), das einen wichtigen Grund in der Person des Aufsichtsratsmitglieds voraussetzt. Diese Regelung gilt für AN und Anteilseignervertreter im Aufsichtsrat gleichermaßen. Ein wichtiger Grund für die gerichtliche Abberufung liegt vor, wenn der Verbleib des Mitglieds im Aufsichtsrat bis zum Ablauf seiner Amtszeit für die Gesellschaft unzumutbar ist (OLG Frankfurt aM 1.10.2007, 20 W 142/07, AG 2008, 456 f). Eine vorherige **Abmahnung** des betreffenden Aufsichtsratsmitglieds ist nicht erforderlich (vgl MüKo-AktG/*Habersack* § 103 Rn 33). Das **Antragsrecht** steht dem Aufsichtsrat, der darüber durch Beschluss entscheidet, bzw bei aufgrund Satzungsregelung entsandten Aufsichtsratsmitgliedern auch Aktionären zu, die 10 % des Grundkapitals oder einen anteiligen Betrag von 1 Mio Euro erreichen. Siehe zu der Problematik der Beschlussfassung durch einen 3-köpfigen Aufsichtsrat BGH 2.4.2007, II ZR 325/05, AG 2007, 484 ff; BayObLG 28.3.2003, 3 Z BR 199/02, BB 2003, 2140 ff; *Stadler/Berner* NZG 2003, 49 ff.

4 **D. Abberufung der AN-Vertreter.** Für die **AN-Vertreter** richtet sich gem IV die Abberufung nach den maßgeblichen mitbestimmungsrechtlichen Regelungen (§ 23 MitbestG, § 11 Montan-MitbestG, § 10m Montan-MitbestErgG, § 12 DrittelbG).

§ 104 Bestellung durch das Gericht

(1) ¹Gehört dem Aufsichtsrat die zur Beschlussfähigkeit nötige Zahl von Mitgliedern nicht an, so hat ihn das Gericht auf Antrag des Vorstands, eines Aufsichtsratsmitglieds oder eines Aktionärs auf diese Zahl zu ergänzen. ²Der Vorstand ist verpflichtet, den Antrag unverzüglich zu stellen, es sei denn, dass die rechtzeitige Ergänzung vor der nächsten Aufsichtsratssitzung zu erwarten ist. ³Hat der Aufsichtsrat auch aus Aufsichtsratsmitgliedern der Arbeitnehmer zu bestehen, so können auch den Antrag stellen
1. der Gesamtbetriebsrat der Gesellschaft oder, wenn in der Gesellschaft nur ein Betriebsrat besteht, der Betriebsrat, sowie, wenn die Gesellschaft herrschendes Unternehmen eines Konzerns ist, der Konzernbetriebsrat,
2. der Gesamt- oder Unternehmenssprecherausschuss der Gesellschaft oder, wenn in der Gesellschaft nur ein Sprecherausschuss besteht, der Sprecherausschuss sowie, wenn die Gesellschaft herrschendes Unternehmen eines Konzerns ist, der Konzernsprecherausschuss,
3. der Gesamtbetriebsrat eines anderen Unternehmens, dessen Arbeitnehmer selbst oder durch Delegierte an der Wahl teilnehmen, oder, wenn in dem anderen Unternehmen nur ein Betriebsrat besteht, der Betriebsrat,

4. der Gesamt- oder Unternehmenssprecherausschuss eines anderen Unternehmens, dessen Arbeitnehmer selbst oder durch Delegierte an der Wahl teilnehmen, oder, wenn in dem anderen Unternehmen nur ein Sprecherausschuss besteht, der Sprecherausschuss,
5. mindestens ein Zehntel oder einhundert der Arbeitnehmer, die selbst oder durch Delegierte an der Wahl teilnehmen,
6. Spitzenorganisationen der Gewerkschaften, die das Recht haben, Aufsichtsratsmitglieder der Arbeitnehmer vorzuschlagen,
7. Gewerkschaften, die das Recht haben, Aufsichtsratsmitglieder der Arbeitnehmer vorzuschlagen.

⁴Hat der Aufsichtsrat nach dem Mitbestimmungsgesetz auch aus Aufsichtsratsmitgliedern der Arbeitnehmer zu bestehen, so sind außer den nach Satz 3 Antragsberechtigten auch je ein Zehntel der wahlberechtigten in § 3 Abs. 1 Nr. 1 des Mitbestimmungsgesetzes bezeichneten Arbeitnehmer oder der wahlberechtigten leitenden Angestellten im Sinne des Mitbestimmungsgesetzes antragsberechtigt. ⁵Gegen die Entscheidung ist die Beschwerde zulässig.

(2) ¹Gehören dem Aufsichtsrat länger als drei Monate weniger Mitglieder als die durch Gesetz oder Satzung festgesetzte Zahl an, so hat ihn das Gericht auf Antrag auf diese Zahl zu ergänzen. ²In dringenden Fällen hat das Gericht auf Antrag den Aufsichtsrat auch vor Ablauf der Frist zu ergänzen. ³Das Antragsrecht bestimmt sich nach Absatz 1. ⁴Gegen die Entscheidung ist die Beschwerde zulässig.

(3) Absatz 2 ist auf einen Aufsichtsrat, in dem die Arbeitnehmer ein Mitbestimmungsrecht nach dem Mitbestimmungsgesetz, dem Montan-Mitbestimmungsgesetz oder dem Mitbestimmungsergänzungsgesetz haben, mit der Maßgabe anzuwenden,
1. dass das Gericht den Aufsichtsrat hinsichtlich des weiteren Mitglieds, das nach dem Montan-Mitbestimmungsgesetz oder dem Mitbestimmungsergänzungsgesetz auf Vorschlag der übrigen Aufsichtsratsmitglieder gewählt wird, nicht ergänzen kann,
2. dass es stets ein dringender Fall ist, wenn dem Aufsichtsrat, abgesehen von dem in Nummer 1 genannten weiteren Mitglied, nicht alle Mitglieder angehören, aus denen er nach Gesetz oder Satzung zu bestehen hat.

(4) ¹Hat der Aufsichtsrat auch aus Aufsichtsratsmitgliedern der Arbeitnehmer zu bestehen, so hat das Gericht ihn so zu ergänzen, dass das für seine Zusammensetzung maßgebende zahlenmäßige Verhältnis hergestellt wird. ²Wenn der Aufsichtsrat zur Herstellung seiner Beschlussfähigkeit ergänzt wird, gilt dies nur, soweit die zur Beschlussfähigkeit nötige Zahl der Aufsichtsratsmitglieder die Wahrung dieses Verhältnisses möglich macht. ³Ist ein Aufsichtsratsmitglied zu ersetzen, das nach Gesetz oder Satzung in persönlicher Hinsicht besonderen Voraussetzungen entsprechen muss, so muss auch das vom Gericht bestellte Aufsichtsratsmitglied diesen Voraussetzungen entsprechen. ⁴Ist ein Aufsichtsratsmitglied zu ersetzen, bei dessen Wahl eine Spitzenorganisation der Gewerkschaften, eine Gewerkschaft oder die Betriebsräte ein Vorschlagsrecht hätten, so soll das Gericht Vorschläge dieser Stellen berücksichtigen, soweit nicht überwiegende Belange der Gesellschaft oder der Allgemeinheit der Bestellung des Vorgeschlagenen entgegenstehen; das gleiche gilt, wenn das Aufsichtsratsmitglied durch Delegierte zu wählen wäre, für gemeinsame Vorschläge der Betriebsräte der Unternehmen, in denen Delegierte zu wählen sind.

(5) Die Ergänzung durch das Gericht ist bei börsennotierten Gesellschaften, für die das Mitbestimmungsgesetz, das Montan-Mitbestimmungsgesetz oder das Mitbestimmungsergänzungsgesetz gilt, nach Maßgabe des § 96 Absatz 2 Satz 1 bis 5 vorzunehmen.

(6) Das Amt des gerichtlich bestellten Aufsichtsratsmitglieds erlischt in jedem Fall, sobald der Mangel behoben ist.

(7) ¹Das gerichtlich bestellte Aufsichtsratsmitglied hat Anspruch auf Ersatz angemessener barer Auslagen und, wenn den Aufsichtsratsmitgliedern der Gesellschaft eine Vergütung gewährt wird, auf Vergütung für seine Tätigkeit. ²Auf Antrag des Aufsichtsratsmitglieds setzt das Gericht die Auslagen und die Vergütung fest. ³Gegen die Entscheidung ist die Beschwerde zulässig; die Rechtsbeschwerde ist ausgeschlossen. ⁴Aus der rechtskräftigen Entscheidung findet die Zwangsvollstreckung nach der Zivilprozessordnung statt.

Übersicht	Rdn.		Rdn.
A. Regelungsgegenstand................	1	D. Amtsdauer........................	4
B. Ergänzung bei Beschlussunfähigkeit.....	2	E. Auswahl..........................	7
C. Ergänzung bei Unterbesetzung.........	3		

A. Regelungsgegenstand. Nach I kann ein **beschlussunfähiger** und nach II ein **unterbesetzter Aufsichts-** 1
rat auf Antrag durch gerichtliche Entscheidung ergänzt werden. S zur Bestellung von fehlenden Aufsichtsratsmitgliedern nach § 104 im Fall der Insolvenz KG 4.8.2005, 1 W 397/03, AG 2005, 736 f und zur

Ersetzung dauerhaft verhinderter Aufsichtsratsmitglieder *Krauel/Fackler* AG 2009, 686 ff. § 104 findet auf den fakultiven Aufsichtsrat der GmbH keine Anwendung (hM, vgl auch zur Frage der analogen Anwendung OLG Frankfurt 19.11.2013, 20 W 335/13, JurionRS 2013, 55559, BeckRS 2014, 06805 mwN).

2 **B. Ergänzung bei Beschlussunfähigkeit.** Der Aufsichtsrat ist **beschlussunfähig**, wenn ihm weniger als die nach Gesetz oder Satzung für die **Beschlussfähigkeit** erforderliche Zahl von Mitgliedern angehören, die drohende Beschlussunfähigkeit reicht nicht aus (zur verfrühten Antragstellung *Hölters/Simons* § 104 Rn 7 mwN). In Betracht kommt daher, dass **satzungsmäßige Anforderungen** an die Beschlussfähigkeit nicht gewahrt sind, oder die **gesetzlichen** dergestalt, dass dem Aufsichtsrat weniger als die Hälfte der nach Gesetz oder Satzung erforderlichen Mitgliederzahl, oder alternativ weniger als 3 Mitglieder, angehören (vgl. *Hölters/Hambloch-Gesinn/Gesinn* § 108 Rn 40 ff.). S zur Beschlussunfähigkeit wegen dauerhafter Amtsverhinderung *Hölters/Simons* § 104 Rn 7 mwN. **Antragsberechtigt** sind der Vorstand, jedes Aufsichtsratsmitglied und jeder Aktionär. Der Vorstand ist nach I 2 zur Antragsstellung verpflichtet. Unterliegt der Aufsichtsrat mitbestimmungsrechtlichen Regelungen, so sind auch die in I 3 Nr 1–7 aufgeführten Organisationen antragsberechtigt. Das Gericht entscheidet im FGG-Verfahren. Es ist zwar an **Vorschläge** nicht gebunden, solche Vorschläge sind aber üblich und zweckmäßig. Dem Antrag sollte zudem die Erklärung des zur gerichtlichen Bestellung vorgeschlagenen Kandidaten beigefügt werden, dass er im Falle seiner Bestellung das Amt annimmt und dass in seiner Person keine Bestellungshindernisse bestehen. Zur Bestellung von Arbeitnehmern des Unternehmens iSv § 7 II, III MitbestG sollte die Unternehmenszugehörigkeit des vorgeschlagenen Kandidaten im Antrag erläutert und von diesem versichert werden. Dem Vorschlag eines Kandidaten als Vertreter der Gewerkschaften sollte die Erklärung der Gewerkschaft beigefügt werden, dass sie dem Antrag und dem Vorschlag zustimmt, soweit die Gewerkschaft den Antrag nicht selbst stellt. Das Gericht bestellt bei einem Antrag nach I nur so viele Mitglieder, wie zur Wiederherstellung der Beschlussfähigkeit erforderlich (MüKo-AktG/*Habersack* § 104 Rn 23). Um einen vollständig besetzten Aufsichtsrat zu erhalten, kann es sich daher empfehlen, den Antrag nach I mit einem Antrag nach II zu verbinden, über welchen das Gericht dann allerdings auch nach Maßgabe von II gesondert entscheidet. Solange kein Statusverfahren (§§ 97 f) durchgeführt wurde, hat das Gericht auf Grund des Kontinuitätsprinzips (§ 96 II) bei der Bestellung davon auszugehen, dass der Aufsichtsrat sich nach den zuletzt angewandten gesetzlichen Vorschriften zusammensetzt (OLG Frankfurt 2.11.2010, 20 W 362/10, NZG 2011, 353, 354).

3 **C. Ergänzung bei Unterbesetzung.** Eine Ergänzung des Aufsichtsrates nach II wegen **Unterbesetzung** ist idR erst möglich, wenn dem Aufsichtsrat länger als 3 Monate die durch Gesetz oder Satzung vorgeschriebene Zahl von Mitgliedern nicht angehört. In **dringenden Fällen** kann das Gericht auch bereits vor Ablauf der 3-Monats-Frist auf Antrag des Aufsichtsrates diesen ergänzen. Ein dringender Fall ist nach III stets gegeben, wenn die Gesellschaft nach dem MitbestG, dem Montan-MitbestG oder MitbestErgG mitbestimmt ist. Es sei denn, das weitere Mitglied nach dem Montan-MitbestG fehlt, dieses kann das Gericht nach III 1 Nr 1 nicht bestellen. IÜ kann ein dringender Fall auch vorliegen, wenn wichtige Entscheidungen im Aufsichtsrat anstehen. Für das Antragsrecht gilt iÜ I entspr. Eine Antragspflicht des Vorstands besteht nach II nicht (BayObLG 29.3.2000, 3 Z BR 11/00, NZG 2000, 647, 648). Ist gegen die Wahl eines Aufsichtsratsmitglieds durch die Hauptversammlung Anfechtungs- oder Nichtigkeitsklage erhoben, kommt eine gerichtliche Ergänzung während des laufenden Klageverfahrens zur Beseitigung der mit der Rückwirkung eines stattgebenden Urteils verbundenen Gefahren nicht in Betracht (OLG Köln 29.3.2007, 2 Wx 4/07, ZIP 2008, 508 f; aA *E. Vetter/van Laak* ZIP 2008, 1806, 1809).

4 **D. Amtsdauer.** Für die gerichtlich bestellten Aufsichtsratsmitglieder gilt grds die sich aus Gesetz (§ 102) bzw Satzung ergebende **Höchstamtsdauer**. Nach VI erlischt das Amt bereits zuvor, wenn der **Mangel behoben** ist. Der Mangel ist behoben, wenn die Unterbesetzung beseitigt worden ist. Dieses ist der Fall, wenn das zuständige Gremium (Hauptversammlung bzw Arbeitnehmer) einen Nachfolger entsprechend dem vorgegebenen Verfahren gewählt oder entsandt hat und dieser die Wahl bzw Entsendung angenommen hat (vgl MüKo-AktG/*Habersack* § 104 Rn 47). Dieses gilt auch dann, wenn der Wahlbeschluss für den Nachfolger Mängel aufweist (BayObLG 9.7.2004, 3 Z BR 99/04, AG 2005, 352 f; *Hüffer* § 104 Rn 13). S zur Behebung des Mangels bei dauerhafter Amtsverhinderung *Hölters/Simons* § 104 Rn 34. Ist eine Ersatzbestellung durch das Gericht erfolgt, wird in der Literatur teilweise vertreten, dass in diesen Fällen **Nachwahlen** nur durchgeführt werden könnten, aber nicht müssten. Die Rechtsprechung (vgl LAG Köln 30.6.2000, 12 [4] TaBV 11/00, NZA-RR 2001, 317 ff) vertritt jedoch die Auffassung, dass Nachwahlen stattfinden müssen. Die gerichtliche Ersatzbestellung sei insoweit nur zeitweiliger Notbehelf, kein gleichwertiger Ersatz. Etwas Anderes soll nur dann gelten, wenn Nachwahlen ausnahmsweise unzumutbar sind, etwa wegen der zeitlichen Nähe zur nächsten turnusmäßigen Aufsichtsratswahl oder wegen hoher Kosten für das Unternehmen.

Das LAG Köln (30.6.2000, 12 [4] TaBV 11/00, NZA-RR 2001, 317 ff) hat eine zeitliche Nähe etwa dann angenommen, wenn unter Berücksichtigung aller Vorbereitungen Nachwahlen erst etwa 1 Jahr vor der turnusmäßigen Neuwahl stattfinden könnten.

Der Mangel kann aber ggf auch durch Verkleinerung des Aufsichtsrats oder Herabsetzung der für die 5 Beschlussfähigkeit erforderlichen Zahl von Aufsichtsratsmitgliedern beseitigt werden (vgl MüKo-AktG/ *Habersack* § 104 Rn 48).

Auch ohne Mangelbehebung kann das Amt durch gerichtliche Abberufung enden. Ob es dazu eines wichti- 6 gen Grundes entspr § 103 III AktG bedarf, ist str (verneinend AG Charlottenburg 5.11.2004, HRB 93752, DB 2004, 2630; bejahend *Vetter* DB 2005, 875 ff). Ebenso kommt eine Beendigung durch **Amtsniederlegung** (unter Beachtung etwaiger Regularien der Satzung) in Betracht. Zudem kann das Gericht die Bestellung zeitlich befristen (MüKo-AktG/*Habersack* § 104 Rn 51). Der DCGK (Ziffer 5.4.3) empfiehlt Anträge auf gerichtliche Bestellung von Aufsichtsratsmitgliedern auf den Zeitraum bis zur nächsten Hauptversammlung zu begrenzen.

E. Auswahl. Das Gericht entscheidet über die **Auswahl** der als Aufsichtsratsmitglieder zu bestellenden 7 Person ohne Bindung an Wahlvorschläge des Antragstellers grds frei (vgl *Hüffer* § 104 Rn 5). In der Praxis folgt das Gericht jedoch idR dem Vorschlag des Antragstellers. Unter dem Aspekt sachgerechter Ermessensausübung soll es dazu auch verpflichtet sein, wenn der Vorschlag dem hypothetischen Willen des für den Regelfall der Bestellung zust Organs entspricht (so AG Charlottenburg 5.11.2004, HRB 93752, DB 2004, 2630). Dieses setzt einen einheitlichen Vorschlag von Seiten des Unternehmens voraus. In der Praxis einigen sich daher regelmäßig die Beteiligten im Vorfeld des Antrags über die Personen, die vorgeschlagen werden. Im Antrag wird deutlich gemacht, dass dies ein abgestimmter Vorschlag ist. Für die **Wahl der Gewerkschaftsvertreter** ist als Sonderregelung aber IV 4 zu beachten. Demnach soll das Gericht in diesen Fällen Vorschläge der Gewerkschaft berücksichtigen, soweit nicht überwiegende Belange der Gesellschaft oder der Allgemeinheit der Bestellung des Vorgeschlagenen entgegenstehen. Zu den Belangen der Gesellschaft zählt ein Interesse an der fachlichen Qualifikation und an der Zuverlässigkeit der zu bestellenden Person (insbesondere was die Beachtung der Verschwiegenheitspflicht betrifft); diesbezügliche Bedenken sind vom Gericht zu berücksichtigen. S zur Ermessensentscheidung des Gerichts insbes im Hinblick auf Interessenkonflikte auch LG Hamburg 12.3.2009, 21 T 2/09, AG 2009, 341 ff. und zu der Kandidatenauswahl generell auch Hölters/*Simons* § 104 Rn 27 ff. Das Gericht entscheidet nach pflichtgemäßem Ermessen und unter Abwägung mit der Eilbedürftigkeit des Antrags, ob es vor seiner Entscheidung dem Vorstand und dem amtierenden Aufsichtsrat rechtliches Gehör gewährt (LG Hannover 5. 3.2009, 21 T 2/09, ZIP 2009, 760). Um eine Verzögerung der Entscheidung durch die Gewährung rechtlichen Gehörs zu vermeiden, empfiehlt es sich, dass die Gesellschaft im Rahmen der Vorbereitung des Antrags die Aufsichtsratsmitglieder über den geplanten Antrag informiert und günstigstenfalls auch deren zustimmende Rückantwort einholt. In der Praxis reicht dem Gericht dann häufig die Zusicherung des/der Antragsteller(s) im Antrag, dass die amtierenden Aufsichtsratsmitglieder unterrichtet wurden und keine Einwände erhoben haben. Der Vorstand ist regelmäßig am Antragsverfahren beteiligt.

Nach dem durch das G für die gleichberechtigte Teilhabe von Frauen und Männern an Führungspositionen 8 in der Privatwirtschaft und dem öffentl Dienst (BGBl I 2015 S 642) eingefügten V ist die **Quotenregelung** des § 96 II bei der gerichtlichen Bestellung von Aufsichtsratsmitgliedern bei Gesellschaften zu berücksichtigen, die dem deutschen Mitbestimmungsrecht unterliegen. Für die SE gilt das deutsche Mitbestimmungsrecht nicht, allerdings erfasst der generelle Verweis auf das AktG in Art. 9 I c) ii) SE-VO für die dualistische auch § 104 V. S. zu den Unklarheiten der Weisung eingehend *Sagan* RdA 2015, 255, 257.Für die monistische SE enthält § 30 SEAG eine Sonderregelung für die gerichtliche Bestellung von Verwaltungsratsmitgliedern, der nicht auf den neuen § 24 III SE-AG verweist. §§ 17, 24 SEAG beachtet werden.

§ 105 Unvereinbarkeit der Zugehörigkeit zum Vorstand und zum Aufsichtsrat

(1) Ein Aufsichtsratsmitglied kann nicht zugleich Vorstandsmitglied, dauernd Stellvertreter von Vorstandsmitgliedern, Prokurist oder zum gesamten Geschäftsbetrieb ermächtigter Handlungsbevollmächtigter der Gesellschaft sein.

(2) ¹Nur für einen im Voraus begrenzten Zeitraum, höchstens für ein Jahr, kann der Aufsichtsrat einzelne seiner Mitglieder zu Stellvertretern von fehlenden oder behinderten Vorstandsmitgliedern bestellen. ²Eine wiederholte Bestellung oder Verlängerung der Amtszeit ist zulässig, wenn dadurch die Amtszeit insgesamt ein Jahr nicht übersteigt. ³Während ihrer Amtszeit als Stellvertreter von Vorstandsmitgliedern können die

§ 106 AktG Bekanntmachung der Änderungen im Aufsichtsrat

Aufsichtsratsmitglieder keine Tätigkeit als Aufsichtsratsmitglied ausüben. [4]Das Wettbewerbsverbot des § 88 gilt für sie nicht.

1 § 105 bestimmt die **Inkompatibilität** der Aufsichtsratsmitgliedschaft mit der Mitgliedschaft im Vorstand und der Ausübung weiterer, in I aufgeführter leitender Funktion. Nach II kann der Grundsatz der Funktionentrennung ausnahmsweise durchbrochen werden, indem der Aufsichtsrat einzelne seiner Mitglieder zu Stellvertretern von Vorstandsmitgliedern bestellt. Dies ist für einen Zeitraum von höchstens 1 Jahr zulässig. Das Aufsichtsratsmitglied wird dann Vorstandsmitglied, ohne das Aufsichtsratsmandat zu verlieren. Es darf das Aufsichtsratsmandat jedoch für die Dauer der Bestellung nicht ausüben, s dazu auch *Heidbüchel* WM 2004, 1317 ff, *Hüffer* § 105 Rn 7 f. Mit dem Aufsichtsratsamt ist nach I auch die Stellung als Prokurist (§§ 48 ff. HGB) und Handlungsbevollmächtigten mit Generalhandlungsvollmacht (§ 54 HGB) unvereinbar (Hölters/*Simons* § 105 Rn 4, 8). Eine wichtige Ausnahmeregelung für die Arbeitnehmervertreter enthält § 6 II 1 MitbestG. Danach ist ein Prokurist nur dann von der Wahl ausgeschlossen, wenn er dem zur gesetzlichen Vertretung berufenen Organ (dem Vorstand/der Geschäftsführung) unmittelbar unterstellt und zur Ausübung der Prokura für den gesamten Geschäftsbereich des Organs ermächtigt ist. Die anderen Mitbestimmungsgesetze wie das DrittelbG enthalten keine entsprechende Ausnahmeregelung, sodass I im Geltungsbereich dieser Mitbestimmungsgesetze uneingeschränkt gilt (Hölters/*Simons*, § 105 Rn 7).

2 Für die Inkompatibilität ist der Zeitpunkt des Amtsantritts maßgeblich. Entsprechend kann das Aufsichtsratsmandat nicht angetreten werden, solange nicht die frühere, inkompatibilitätsbegründende Position aufgegeben wird. Wird die inkompatible Position nicht aufgegeben, wird die Wahl endgültig unwirksam (ErfK/*Oetker* § 105 AktG Rn 3). Nimmt ein gemäß II zum Stellvertreter von Vorstandsmitgliedern bestelltes Aufsichtsratsmitglied an Abstimmungen im Aufsichtsrat teil, ist die Stimmabgabe nichtig (Hölters/*Simons*, § 105 Rn 28).

§ 106 Bekanntmachung der Änderungen im Aufsichtsrat

Der Vorstand hat bei jeder Änderung in den Personen der Aufsichtsratsmitglieder unverzüglich eine Liste der Mitglieder des Aufsichtsrats, aus welcher Name, Vorname, ausgeübter Beruf und Wohnort der Mitglieder ersichtlich ist, zum Handelsregister einzureichen; das Gericht hat nach § 10 des Handelsgesetzbuchs einen Hinweis darauf bekannt zu machen, dass die Liste zum Handelsregister eingereicht worden ist.

1 § 106 verpflichtet zur Bekanntmachung von personellen Änderungen im Aufsichtsrat. Gegenstand der Pflicht zur Bekanntmachung ist der Wechsel in der Person der Aufsichtsratsmitglieder, also auch das bloße Ausscheiden (*Hüffer* § 106 Rn 2). **Wechsel** ist neben Ein- und Austritt auch das Nachrücken eines Ersatzmitglieds. Es sind Name, Vorname, ausgeübter Beruf und Wohnort der Aufsichtsratsmitglieder in Form einer Liste (d.h. in verkörperter Form) dem Handelsregister durch den Vorstand mitzuteilen. Die Liste hat alle aktuellen (neu bestellte/nachrückende und unveränderte Mitglieder zu enthalten). Die Einreichung hat unverzüglich (§ 121 BGB) nach Wirksamwerden der Änderung zur Aufnahme in die Registerakte (nicht zur Eintragung) zu erfolgen (Hölters/*Simons* § 106 Rn 6, 8). Verpflichteter ist der Vorstand (die Geschäftsführung). Eine Unterzeichnung der Liste durch den Vorstand (die Geschäftsführer) ist nicht erforderlich, zur Identifikation des Vorstands als Einreichenden reicht auch ein durch ihn in vertretungsberechtigter Zahl unterzeichneten Anschreiben (Hölters/*Simons*, § 106 Rn 7). Für die Übermittlung an das Handelsregister, die elektronisch zu erfolgen hat (§ 12 II HGB), kann sich der Vorstand unternehmensinterner Hilfspersonen oder Dritter bedienen. Die **Hinweisbekanntmachung** im elektronischen Bundesanzeiger erfolgt durch das Gericht. Für den mitbestimmten Aufsichtsrat sind darüber hinaus die mitbestimmungsrechtlichen Bekanntmachungspflichten (§ 8 DrittelbG, § 19 MitbestG) der Veröffentlichung im Bundesanzeiger und Bekanntmachung in den Betrieben zu beachten. Anders als nach § 106 hat nach den mitbestimmungsrechtlichen Regelungen nur eine Bekanntmachung der Bestellung (d.h. der Begründung der Mitgliedschaft im Aufsichtsrat durch Wahl, gerichtliche Bestellung, Nachrücken eines Ersatzmitglieds) zu erfolgen; eine Bekanntmachung des Ausscheidens verlangen diese Vorschriften nicht (s.a. § 8 DrittelbG Rdn 1, §§ 9-20 MitbestG Rdn 17). In der Praxis erfolgt sie jedoch gleichwohl häufig zusammen mit der Bekanntmachung der Neubestellung.

2 Die Einreichung der Liste kann im Zwangsgeldverfahren (§ 14 HGB) durchgesetzt werden, das Versäumen der Einreichung hat für die Wirksamkeit der Änderungen im Aufsichtsrat aber keine Bedeutung (Hölters/*Simons* § 106 Rn 10). Dem gegenüber beginnt mit der Veröffentlichung im Bundesanzeiger nach § 8 DrittelbG bzw § 19 MitbestG die 2-Wochenfrist für die Anfechtung der Wahl der AN-Vertreter im Aufsichtsrat (§ 11 II 2 DrittelbG, § 22 II 2 MitbestG). Wenn und solange die Veröffentlichung im Bundesanzeiger nicht erfolgt, bleibt die Wahl der betreffenden AN-Vertreter während der Amtszeit jederzeit anfechtbar (WWKK/*Wißmann* § 19 Rn 8).

Nach § 130 V sind Hauptversammlungsniederschriften (und damit auch solche, die Aufsichtsratswahlen betreffen) unverzüglich nach der Hauptversammlung zum Handelsregister einzureichen. Börsennotierte (§ 3 II) Gesellschaften haben zudem Abstimmungsergebnisse nach § 130 VI auf ihrer Internetseite zu veröffentlichen. Die während des Geschäftsjahres oder eines Teils davon im Amt befindlichen Aufsichtsratsmitglieder sind nach § 285 Nr. 10 HGB im Anhang zum Jahresabschluss anzugeben. 3

§ 107 Innere Ordnung des Aufsichtsrats

(1) ¹Der Aufsichtsrat hat nach näherer Bestimmung der Satzung aus seiner Mitte einen Vorsitzenden und mindestens einen Stellvertreter zu wählen. ²Der Vorstand hat zum Handelsregister anzumelden, wer gewählt ist. ³Der Stellvertreter hat nur dann die Rechte und Pflichten des Vorsitzenden, wenn dieser verhindert ist.
(2) ¹Über die Sitzungen des Aufsichtsrats ist eine Niederschrift anzufertigen, die der Vorsitzende zu unterzeichnen hat. ²In der Niederschrift sind der Ort und der Tag der Sitzung, die Teilnehmer, die Gegenstände der Tagesordnung, der wesentliche Inhalt der Verhandlungen und die Beschlüsse des Aufsichtsrats anzugeben. ³Ein Verstoß gegen Satz 1 oder Satz 2 macht einen Beschluss nicht unwirksam. ⁴Jedem Mitglied des Aufsichtsrats ist auf Verlangen eine Abschrift der Sitzungsniederschrift auszuhändigen.
(3) ¹Der Aufsichtsrat kann aus seiner Mitte einen oder mehrere Ausschüsse bestellen, namentlich, um seine Verhandlungen und Beschlüsse vorzubereiten oder die Ausführung seiner Beschlüsse zu überwachen. ²Er kann insbesondere einen Prüfungsausschuss bestellen, der sich mit der Überwachung des Rechnungslegungsprozesses, der Wirksamkeit des internen Kontrollsystems, des Risikomanagementsystems und des internen Revisionssystems sowie der Abschlussprüfung, hier insbesondere der Unabhängigkeit des Abschlussprüfers und vom Abschlussprüfer zusätzlich erbrachten Leistungen, befasst. ³Die Aufgaben nach Absatz 1 Satz 1, § 59 Abs. 3, § 77 Abs. 2 Satz 1, § 84 Abs. 1 Satz 1 und 3, Abs. 2 und Abs. 3 Satz 1, § 87 Abs. 1 und Abs. 2 Satz 1 und 2, § 111 Abs. 3, §§ 171, 314 Abs. 2 und 3 sowie Beschlüsse, dass bestimmte Arten von Geschäften nur mit Zustimmung des Aufsichtsrats vorgenommen werden dürfen, können einem Ausschuss nicht anstelle des Aufsichtsrats zur Beschlussfassung überwiesen werden. ⁴Dem Aufsichtsrat ist regelmäßig über die Arbeit der Ausschüsse zu berichten.
(4) Richtet der Aufsichtsrat einer Gesellschaft im Sinn des § 264d des Handelsgesetzbuchs einen Prüfungsausschuss im Sinn des Absatzes 3 Satz 2 ein, so muss mindestens ein Mitglied die Voraussetzungen des § 100 Abs. 5 erfüllen.

Übersicht	Rdn.		Rdn.
A. Regelungsgegenstand	1	D. Niederschrift	4
B. Vorsitzender, Stellvertreter	2	E. Ausschüsse	5
C. Amtszeit und Aufgaben	3		

A. Regelungsgegenstand. § 107 regelt die innere Ordnung des Aufsichtsrates, insb die Wahl des Vorsitzenden, seines Stellvertreters, die Ausfertigung von Sitzungsniederschriften sowie die Bildung von Ausschüssen. Eine nähere Ausgestaltung kann durch Satzung und Geschäftsordnung erfolgen. Die Geschäftsordnung kann dabei auch Pflichten des einzelnen Aufsichtsratsmitglieds regen, etwa die Pflicht eines Aufsichtsratsmitglieds unverzüglich nach Ausscheiden aus dem Aufsichtsrat sämtliche in seinem Besitz befindlichen Unterlagen der Gesellschaft herauszugeben (OLG Düsseldorf 22.3.2007, I-6 U 119/06, NZG 2007, 632 f). 1

B. Vorsitzender, Stellvertreter. I schreibt die Wahl eines **Aufsichtsratsvorsitzenden** und mind eines **Stellvertreters** vor. Diese Personen sind vom Vorstand zum Handelsregister anzumelden. Die Anmeldung wird zu den Registerakten genommen, es erfolgt keine Eintragung. Kommt der Aufsichtsrat dieser Verpflichtung nicht nach, so kommt analog § 104 II eine gerichtliche Ersatzbestellung in Betracht (str, s zum Meinungsstand *Hüffer* § 107 Rn 3b). 2

C. Amtszeit und Aufgaben. Die **Amtszeit des Aufsichtsratsvorsitzenden** kann durch Satzung, Geschäftsordnung oder Wahlbeschluss festgelegt werden. Sie endet stets mit dem Ende der Mitgliedschaft im Aufsichtsrat. Der Aufsichtsrat kann die **Bestellung** durch Beschluss, welcher der gleichen Mehrheit wie der Wahlbeschluss bedarf, jederzeit **widerrufen**. **Aufgaben und Befugnisse des Aufsichtsvorsitzenden** regelt das Gesetz nur vereinzelt. Er hat die Befugnis zur Einberufung (§ 110 I) und Leitung der Aufsichtsratssitzung sowie diejenigen Aufgaben und Rechte, die dem Vorsitzenden eines Gremiums üblicherweise zustehen. S zu den Aufgaben auch *Schlitt* DB 2005, 2007 ff. Ob der Aufsichtsratsvorsitzende kraft seiner Amtsstellung zur Kundgabe von Beschlüssen des Aufsichtsrats ermächtigt ist, ist str (vgl *Bednarz* NZG 2005, 418 ff). Der 3

Stellvertreter hat nach § 107 I 3 die Rechte und Pflichten des Vorsitzenden, wenn dieser verhindert ist. Dies ist der Fall, wenn der Vorsitzende eine ihm obliegende Maßnahme innerhalb der zur Verfügung stehenden Zeit nicht selbst wahrnehmen kann. Außerhalb des Vertretungsfalls hat der Stellvertreter mit Ausnahme des § 27 III MitbestG keine hervorgehobene Rechtsstellung.

4 **D. Niederschrift.** II normiert eine **Protokollpflicht** und gibt den **Mindestinhalt** vor. Für die Erstellung von Niederschriften über die Aufsichtsratssitzung kann ein **Protokollführer** hinzugezogen werden. Der Vorsitzende übernimmt mit der Unterzeichnung die Verantwortung für die inhaltliche Richtigkeit und Vollständigkeit des Protokolls. Er – nicht etwa der Aufsichtsrat – entscheidet über **Berichtigungsverlangen** der Aufsichtsratsmitglieder. Die Niederschrift hat **Beweisfunktion**. Sie begründet eine tatsächliche Vermutung für die Richtigkeit und Vollständigkeit ihres Inhalts. Die Wiedergabe des Inhalts der Verhandlungen bedeutet kein Wortprotokoll, sondern dass die tragenden Gesichtspunkte der Verhandlungen wiederzugeben sind. Beschlüsse sind mit ihrem Wortlaut bzw dem Wortlaut des Beschlussantrags in das Protokoll aufzunehmen. Die **Wiedergabe des Abstimmungsergebnisses** erfordert idR keine namentliche Angabe des Abstimmungsverhaltens der einzelnen Aufsichtsratsmitglieder. Aus haftungsrechtlichen Gründen, oder weil die Ordnungsmäßigkeit einzelner Stimmabgaben fraglich oder bestritten ist, kann im Einzelfall eine abw Handhabung erforderlich sein. Für **Beschlussfassungen außerhalb von Aufsichtsratssitzungen** gilt II entspr. Jedem Aufsichtsratsmitglied, auch demjenigen, das an der betreffenden Sitzung/Beschlussfassung nicht teilgenommen hat, steht eine **Abschrift des vollständigen Protokolls** zu. Die Aufsichtsratsmitglieder können nicht auf Auszüge oder Einsichtnahme in das Protokoll verwiesen werden. Ein Recht auf Protokollabschriften über Sitzungen vor seiner Amtszeit hat das Aufsichtsratsmitglied allerdings nicht. S. zu fremdsprachigen Niederschriften Hölters/*Simons* § 107 Rn 79 und zu Vorlagepflichten und Beschlagnahme Hölters/*Simons* § 107 Rn 88; *Hüffer* § 107 Rn 15.

5 **E. Ausschüsse.** Nach III kann der Aufsichtsrat aus seiner Mitte **Ausschüsse** bilden. Ausschüsse **mit Entscheidungsbefugnissen** müssen aus mind 3 Mitgliedern bestehen. Für die Bildung des **Vermittlungsausschusses** nach dem MitbestG gilt die Sonderregelung des § 27 III MitbestG. Empfehlungen (vgl zur Rechtsnatur *Hüffer* § 161 Rn 3) zugunsten der Bildung von Ausschüssen enthält für börsennotierte Aktiengesellschaften der DCGK in Ziff 5.3.1. Der DCGK nennt in Ziffer 5.3.2 den Prüfungsausschuss (Audit Committee) und in Ziffer 5.3.3 den Nominierungsausschuss, mit entsprechenden Aufgabenzuordnungen. Dass ein **Prüfungsausschuss** eingerichtet werden kann, sieht auch III 2 vor. III 2 konkretisiert auch das Aufgabenspektrum dieses Prüfungsausschusses. Zudem bestimmt IV, dass, wenn der Prüfungsausschuss eingerichtet wird, ihm ein Aufsichtsratsmitglied angehören muss, welches die Voraussetzungen des § 100 V erfüllt. Eine Pflicht zur Einrichtung eines Prüfungsausschusses ergibt sich aus IV allerdings nicht (vgl *Hüffer* § 107 Rn 17a). Siehe auch § 100 Rdn 3. **AN-Vertreter** dürfen bei der Besetzung von Ausschüssen nicht allein aufgrund ihrer Gruppenzugehörigkeit von der Mitarbeit ausgeschlossen sein, ohne dass dafür im Einzelfall erhebliche sachliche Gründe vorliegen. Die in III 2 genannten Aufgaben können einem Ausschuss nicht zur abschließenden Beschlussfassung, allerdings zur vorbereitenden Beratung übertragen werden. Darüber hinaus gibt es Aufgaben, die ihrer Natur noch nicht delegiert werden können, wie der Erlass der Geschäftsordnung für den Aufsichtsrat, die Wahl des Vorsitzenden und des Stellvertreters. Der Gesamtaufsichtsrat hat die Arbeit der von ihm eingesetzten Ausschüsse zu überwachen. Er kann an einen Ausschuss delegierte Aufgaben jederzeit wieder an sich ziehen.

§ 108 Beschlussfassung des Aufsichtsrats

(1) Der Aufsichtsrat entscheidet durch Beschluss.
(2) ¹Die Beschlussfähigkeit des Aufsichtsrats kann, soweit sie nicht gesetzlich geregelt ist, durch die Satzung bestimmt werden. ²Ist sie weder gesetzlich noch durch die Satzung geregelt, so ist der Aufsichtsrat nur beschlussfähig, wenn mindestens die Hälfte der Mitglieder, aus denen er nach Gesetz oder Satzung insgesamt zu bestehen hat, an der Beschlussfassung teilnimmt. ³In jedem Fall müssen mindestens drei Mitglieder an der Beschlussfassung teilnehmen. ⁴Der Beschlussfähigkeit steht nicht entgegen, dass dem Aufsichtsrat weniger Mitglieder als die durch Gesetz oder Satzung festgesetzte Zahl angehören, auch wenn das für seine Zusammensetzung maßgebende zahlenmäßige Verhältnis nicht gewahrt ist.
(3) ¹Abwesende Aufsichtsratsmitglieder können dadurch an der Beschlussfassung des Aufsichtsrats und seiner Ausschüsse teilnehmen, dass sie schriftliche Stimmabgaben überreichen lassen. ²Die schriftlichen Stimmabgaben können durch andere Aufsichtsratsmitglieder überreicht werden. ³Sie können auch durch Personen, die nicht dem Aufsichtsrat angehören, übergeben werden, wenn diese nach § 109 Abs. 3 zur Teilnahme an der Sitzung berechtigt sind.

Beschlussfassung des Aufsichtsrats § 108 AktG

(4) Schriftliche, fernmündliche oder andere vergleichbare Formen der Beschlussfassung des Aufsichtsrats und seiner Ausschüsse sind vorbehaltlich einer näheren Regelung durch die Satzung oder eine Geschäftsordnung des Aufsichtsrats nur zulässig, wenn kein Mitglied diesem Verfahren widerspricht.

Übersicht	Rdn.		Rdn.
A. Beschlussfassung.	1	E. Schriftliche Stimmabgabe.	7
B. Stimmrecht.	4	F. Beschlussfassung ohne Sitzung.	8
C. Beschlussfähigkeit	5	G. Fehlerhafter Beschluss	9
D. Beschlussfassung in Sitzungen	6		

A. Beschlussfassung. § 108 regelt die Grundzüge der **Beschlussfassung im Aufsichtsrat und seinen Ausschüssen**. Beschluss ist die Bildung des Organwillens durch Abstimmung über einen Antrag. S zum Gegenstand der Beschlussfassung auch Hölters/*Simons* § 108 Rn 3 ff. Die **Beschlussfassung** hat ausdrücklich zu erfolgen (vgl BGH 21.6.2010, II ZR 24/09, DB 2010, 1697, 1698). Stillschweigende oder konkludente Zustimmung hat nicht die Wirkung eines Beschlusses, weil etwa Beschlussfähigkeit und Stimmenverhältnis nicht festgestellt werden können. Beschlüsse sind der Auslegung zugänglich, die unter Berücksichtigung des Ausdrücklichkeitsgebots zu erfolgen hat (Hölters/*Simons* § 108 Rn 8; *Hüffer* § 108 Rn 4). Bei einer über den Wortlaut hinausgehenden Auslegung ist jedoch Zurückhaltung geboten. Der gesetzliche Regelfall ist die Beschlussfassung in der Sitzung. Nach III können abwesende Aufsichtsratsmitglieder ihre Stimme schriftlich, durch sog **Stimmbotschaft** abgeben. Eine wirksame Stimmbotschaft muss den Willen des abwesenden Aufsichtsratsmitglieds zur Geltung bringen. Der Stimmbote darf keinerlei Entscheidungsspielraum haben. 1

Ob **geheime Abstimmung** zulässig ist, ist str. Die wohl hM bejaht dies (vgl *Hüffer* § 108 Rn 5). Folgt man dem, kann der Aufsichtsratsvorsitzende sie nach pflichtgemäßem Ermessen im Gesellschaftsinteresse (etwa bei Personalentscheidungen) anordnen, aber auch jedes Aufsichtsratsmitglied sie verlangen. 2

Für **positive Beschlussfassung** reicht, soweit sich nicht aus Gesetz oder Satzung abw Mehrheitserfordernisse ergeben, die **Mehrheit der abgegebenen Stimmen**. Sie ist erreicht, wenn mehr gültige Ja- als Nein-Stimmen abgegeben wurden. Bei **Stimmengleichheit** ist der Antrag abgelehnt. Stimmenthaltungen werden nicht berücksichtigt. 3

B. Stimmrecht. Jedes Aufsichtsratsmitglied hat das gleiche **Stimmrecht**. Bei der Beschlussfassung über den Vorschlag an die Hauptversammlung zur Wahl der Anteilseignervertreter im Aufsichtsrat (§ 124 III 1, 5) und der Beschlussfassung des Aufsichtsrats vor der Ausübung von Beteiligungsrechten nach § 32 MitbestG sind nur die Anteilseignervertreter im Aufsichtsrat stimmberechtigt; ob die Arbeitnehmervertreter im Aufsichtsrat von der Abstimmung oder auch von der Beratung zu dem Beschlussgegenstand ausgeschlossen sind, ist umstritten (vgl. Hüffer § 124 Rn 17). Die Satzung kann das Recht zum **Stichentscheid** bzw eine zweite Stimme bei erneuter Abstimmung vorsehen (s zu den Einzelheiten Hölters/*Simons* § 108 Rn 30). Vgl auch § 29 II MitbestG für den nach dem MitbestG mitbestimmten Aufsichtsrat. Dem Aufsichtsratsvorsitzende oder dem Stellvertreter steht kein Vetorecht zu. (vgl *Hüffer* § 108 Rn 8). Für den **Stimmrechtsausschluss** ist § 34 BGB analog heranzuziehen. Ein **Stimmverbot** besteht danach, wenn über ein Rechtsgeschäft, an dem das Aufsichtsratsmitglied beteiligt ist oder die Einleitung oder Erledigung eines Rechtsstreits der Gesellschaft, mit dem Aufsichtsratsmitglied zu beschließen ist. Generell unterliegt das Aufsichtsratsmitglied einem Stimmverbot, wenn er Richter in eigener Sache würde. Es handelt sich dabei um Einzelfallentsch, zu denen in der Literatur zT unterschiedliche Ansichten vertreten werden (vgl zu den einzelnen Fällen Großkommentar AktG/*Hopt/Roth* § 108 Rn 55). **Ausnahmen vom Stimmverbot** bestehen für **Organakte**. So darf das Aufsichtsratsmitglied an seiner eigenen Wahl zum Vorsitzenden des Aufsichtsrats oder in eine andere Funktion mitwirken. Ob es bei seiner Wahl in den Vorstand mitwirken darf, ist hingegen umstr (vgl *Hüffer* § 108 Rn 9). Ein generelles **Stimmverbot bei Interessenkonflikten** besteht nicht. Interessenkonflikte können jedoch im Einzelfall zu einem Stimmverbot oder einer Pflicht an der Abstimmung nicht teilzunehmen, führen. Ggf kann eine Pflicht bestehen, der Sitzung fern zu bleiben. S zu den Einzelheiten Großkommentar AktG/*Hopt/Roth* § 108 Rn 58 ff. Häufen sich die Interessenkonflikte oder besteht ein Dauerkonflikt, kann das Aufsichtsratsmitglied gehalten sein, sein Mandat niederzulegen. Nach Ziffer 5.5.2 des DCGK soll jedes Aufsichtsratsmitglied Interessenkonflikte dem Aufsichtsrat offenlegen und der Aufsichtsrat soll nach Ziff 5.5.3 des DCGK die Hauptversammlung über aufgetretene Interessenkonflikte und deren Behandlung informieren. 4

C. Beschlussfähigkeit. Nach II 3 ist für die **Beschlussfähigkeit** in jedem Fall erforderlich, dass mind 3 Mitglieder an der Beschlussfassung teilnehmen. Beim 3-köpfigen Aufsichtsrat besteht mithin ein erhöhtes Risiko der Beschlussunfähigkeit, auch wenn der BGH (BGH 2.4.2007, II ZR 325/05, AG 2007, 484 ff.) für den Fall des Stimmverbots entschieden hat, das betroffene Aufsichtsratsmitglied dürfe sich der Stimme 5

Deilmann 117

enthalten und so die Beschlussfähigkeit sicherstellen. Die Beschlussfähigkeit kann darüber hinaus, soweit sie **gesetzlich** nicht geregelt ist, durch die **Satzung** bestimmt werden. Die Regelungen des MitbestG, des Montan-MitbestG und des Montan-MitbestErgG sehen insoweit vor, dass die Satzung keine geringen Anforderungen als die des § 108 II 2 aufstellen kann, die mind. die Hälfte der Mitglieder des Aufsichtsrates müssten an der Beschlussfassung teilnehmen. Auch soweit diese Regelungen nicht gelten, ist eine Regelung unzulässig nach der die Beschlussfähigkeit von der Teilnahme bestimmter Aufsichtsratsmitglieder abhängt. Beim nach dem AktG oder DrittelbG zu bildenden Aufsichtsrat ist § 108 II 2 anders als II 3 hingegen satzungsdisponibel. Der Satzungsfreiheit sind jedoch auch dort Grenzen gesetzt; wo diese verlaufen, ist in der Literatur umstritten (Hölters/*Hambloch-Gesinn/Gesinn* § 108 Rn 28; *Deilmann* BB 2012, 2191, 2193).

6 **D. Beschlussfassung in Sitzungen.** Der Aufsichtsrat trifft seine Beschlüsse idR in Sitzungen. Für das Abhalten von Sitzungen ist eine gleichzeitige Anwesenheit an einem Ort nicht erforderlich. Es reicht aus, wenn eine wechselseitige Kommunikation sicher gestellt ist (*Schiessl* AG 2002, 593, 599; Hölters/*Hambloch-Gesinn/Gesinn* § 108 Rn 9). Ob dabei neben der akustischen auch eine visuelle Wahrnehmung erforderlich ist, ist str. Verlangt man beides, kommt als Sitzung nur die Zuschaltung per **Videokonferenz** oder Internetkonferenz mit Bildübertragung in Betracht (so Großkommentar AktG/*Hopt/Roth* § 108 Rn 27, 117; *Spindler/Stilz* AktG § 110 Rn 35), die Telefonkonferenz ist dann Beschlussfassung nach IV. Anderenfalls genügte eine **Telefonkonferenz** (so *Spindler/Stilz* AktG § 110 Rn 35). Empfehlenswert ist in jedem Fall eine Regelung in der Satzung oder Geschäftsordnung des Aufsichtsrats (Hölters/*Hambloch-Gesinn/Gesinn* § 108 Rn 9). S zur Aufsichtsratssitzung in Form der Videokonferenz auch *Wagner* NZG 2002, 57 ff.

7 **E. Schriftliche Stimmabgabe.** Nach III kann ein abwesendes Aufsichtsratsmitglied an der Beschlussfassung des Aufsichtsrats oder seiner Ausschüsse durch sog **Stimmboten** teilnehmen. Dieser überreicht die schriftliche Stimmabgabe des abwesenden Aufsichtsratsmitglieds. Stimmboten können andere Aufsichtsratsmitglieder sein. Sonstige Personen kommen als Stimmboten nur in Betracht, wenn ihre Teilnahme an der Sitzung durch die Satzung zugelassen wird (§ 108 III iVm § 109 III). Die **Stimmbotschaft** ist eine schriftliche Erklärung des Aufsichtsratsmitgliedes, die von diesem eigenhändig unterschrieben ist und aus der sich ergibt, wie das Aufsichtsratsmitglied zu einem bestimmten Beschlussgegenstand abstimmt (s zu den Einzelheiten Marsch-Barner/Schäfer/*Vetter* Handbuch börsennotierte AG § 27 Rn 70). Ob Telefax oder auch Telegramm, Telex oder E-Mail genügen, ist str (vgl *Hüffer* § 108 Rn 15), zumindest für das Telefax dürfte dies zu bejahen sein. S zur Unterzeichnung durch einen Vertreter mit dem Namen des Vertretenen Hölters/*Hambloch-Gesinn/Gesinn* § 108 Rn 49. Der Stimmbote ist kein Vertreter des abwesenden Aufsichtsratsmitglieds, ihm steht kein eigener Entscheidungsspielraum zu. Er übermittelt nur die Willenserklärung des Aufsichtsratsmitglieds.

8 **F. Beschlussfassung ohne Sitzung.** Nach IV können Beschlüsse auch ohne Sitzung schriftlich oder fernmündlich gefasst werden. Zulässig ist auch eine **gemischte Abstimmung**, bei der ein Teil der Stimmen in der Sitzung abgegeben und den abwesenden Aufsichtsratsmitgliedern ermöglicht wird, ihre Stimmen nachträglich innerhalb einer angemessenen Frist abzugeben (so Marsch-Barner/Schäfer/*Vetter* Handbuch börsennotierte AG § 27 Rn 56). Jedenfalls dann, wenn diese Form der Abstimmung auch ohne Zustimmung aller Aufsichtsratsmitglieder möglich sein soll, ist sie in der Satzung oder Geschäftsordnung des Aufsichtsrats vorzusehen.

9 **G. Fehlerhafter Beschluss.** Ein **fehlerhafter Aufsichtsratsbeschluss** liegt vor, wenn das Beschlussverfahren unter Mängeln leidet oder der Beschluss seinem Inhalt nach gegen Gesetz oder Satzung verstößt. Mängel der einzelnen Stimmenabgaben führen dagegen nicht ohne Weiteres zur Fehlerhaftigkeit des Beschlusses. Sie sind relevant, wenn sie Einfluss auf das Abstimmungsergebnis haben. Für den wichtigen Fall der Einberufung einer Aufsichtsratssitzung, die zB Beschluss fassen soll über die Zustimmung zu einem Kataloggeschäft nach § 111 IV 2, gilt: Wird diese nicht fristgerecht eingeladen oder der Beschlussgegenstand nicht so konkret und nicht rechtzeitig mitgeteilt, dass eine Stimmbotschaft (§ 108 III) möglich ist, kann ein Beschluss nur getroffen werden, wenn keines der anwesenden Aufsichtsratsmitglieder widerspricht und die abwesenden Aufsichtsratsmitglieder innerhalb einer angemessenen Frist die Möglichkeit bekommen, Widerspruch einzulegen oder ihre Stimme abzugeben (Großkommentar AktG/*Hopt/Roth* § 110 Rn 24; Marsch-Barner/Schäfer/*Vetter* Handbuch börsennotierte AG § 27 Rn 53).

10 Nach der Rspr des BGH sind **Aufsichtsratsbeschlüsse nichtig**, die verfahrensmäßig oder inhaltlich gegen zwingendes Gesetzes- oder Satzungsrecht verstoßen. Die Nichtigkeit eines Aufsichtsratsbeschlusses kann mit einer Feststellungsklage gerichtlich geltend gemacht werden. Ein die Nichtigkeit feststellendes rechtskräftiges Urteil wirkt analog § 248 I für und gegen alle Aktionäre sowie die Mitglieder des Vorstandes und des Aufsichtsrates. Keine Nichtigkeit tritt nach hM ein, wenn zwar ein Verfahrensverstoß vorliegt, dieser aber weniger gravierend ist. S zu den Einzelheiten Hölters/*Hambloch-Gesinn/Gesinn* § 108 Rn 71 ff.

§ 109 Teilnahme an Sitzungen des Aufsichtsrats und seiner Ausschüsse

(1) ¹An den Sitzungen des Aufsichtsrats und seiner Ausschüsse sollen Personen, die weder dem Aufsichtsrat noch dem Vorstand angehören, nicht teilnehmen. ²Sachverständige und Auskunftspersonen können zur Beratung über einzelne Gegenstände zugezogen werden.
(2) Aufsichtsratsmitglieder, die dem Ausschuss nicht angehören, können an den Ausschusssitzungen teilnehmen, wenn der Vorsitzende des Aufsichtsrats nichts anderes bestimmt.
(3) Die Satzung kann zulassen, dass an den Sitzungen des Aufsichtsrats und seiner Ausschüsse Personen, die dem Aufsichtsrat nicht angehören, an Stelle von verhinderten Aufsichtsratsmitgliedern teilnehmen können, wenn diese sie hierzu in Textform ermächtigt haben.
(4) Abweichende gesetzliche Vorschriften bleiben unberührt.

Übersicht	Rdn.		Rdn.
A. Regelungsgegenstand	1	B. Teilnahme für verhinderte Aufsichtsratsmitglieder	3

A. Regelungsgegenstand. In § 109 ist geregelt, welche Personen berechtigt sind, an Sitzungen des Aufsichtsrats und seiner Ausschüsse teilzunehmen. Aufsichtsratsmitglieder haben aufgrund ihrer Stellung ein **Teilnahmerecht**. Vorstandsmitglieder können an Sitzungen des Aufsichtsrats teilnehmen, ohne dass es eines bes Anlasses bedarf. Ein Teilnahmerecht steht ihnen allerdings nicht zu. Verlangt der Aufsichtsrat/der Vorsitzende ihre Teilnahme, so sind sie zur Teilnahme verpflichtet. Der Aufsichtsrat oder der Vorsitzende kann Mitglieder des Vorstands von der Teilnahme ausschließen (Hölters/*Hambloch-Gesinn/Gesinn* § 109 Rn 6). Sachverständige und Auskunftspersonen können zur Beratung einzelner Gegenstände hinzugezogen werden. Die Entscheidung liegt beim Sitzungsleiter, der aber an einen abw Beschluss des Aufsichtsrates bzw Ausschusses gebunden ist. S zu dem Kreis der Teilnahmeberechtigen nach IV Hölters/*Hambloch-Gesinn/Gesinn* § 109 Rn 20. 1

Nicht einem Ausschuss angehörende Aufsichtsratsmitglieder sind berechtigt, an den Sitzungen des Ausschusses teilzunehmen. Der Aufsichtsratsvorsitzende kann jedoch bestimmen, dass Aufsichtsratsmitglieder, die dem Ausschuss nicht angehören, von der Teilnahme ausgeschlossen sind (II). Der Ausschluss bedarf eines **sachlichen Grundes** (vgl MüKo-AktG/*Habersack* § 109 Rn 26), ein solcher kann etwa die Behandlung vertraulicher Themen im Ausschuss sein (vgl LG München 26.7.2007, 12 O 8466/07, WM 2007, 1975, 1977). Ein solches **Teilnahmeverbot** sollte Einzelfallmaßnahme sein. Der Aufsichtsratsvorsitzende hat sein Recht im Gesellschaftsinteresse auszuüben. In der Praxis nehmen ausschussfremde Aufsichtsratsmitglieder idR nicht an Ausschusssitzungen teil, ohne dass ein Teilnahmeverbot ausgesprochen wurde (Hölters/*Hambloch-Gesinn/Gesinn* § 109 Rn 16). 2

B. Teilnahme für verhinderte Aufsichtsratsmitglieder. III bestimmt, dass die Satzung zulassen kann, dass anstelle verhinderter Aufsichtsratsmitglieder dazu ermächtigte Personen an Sitzungen des Aufsichtsrats und seiner Ausschüsse teilnehmen. Das Teilnahmerecht ist Anwesenheitsrecht. Ein eigenes Rede- und Antragsrecht hat der Teilnahmeberechtigte nicht. Kraft seiner botenartigen Stellung darf er nur Erklärungen des verhinderten Aufsichtsratsmitglieds vortragen und dessen Anträge stellen. Für Stimmabgaben gilt die Form der Stimmbotschaft nach § 108 III. 3

§ 110 Einberufung des Aufsichtsrats

(1) ¹Jedes Aufsichtsratsmitglied oder der Vorstand kann unter Angabe des Zwecks und der Gründe verlangen, dass der Vorsitzende des Aufsichtsrats unverzüglich den Aufsichtsrat einberuft. ²Die Sitzung muss binnen zwei Wochen nach der Einberufung stattfinden.
(2) Wird dem Verlangen nicht entsprochen, so kann das Aufsichtsratsmitglied oder der Vorstand unter Mitteilung des Sachverhalts und der Angabe einer Tagesordnung selbst den Aufsichtsrat einberufen.
(3) ¹Der Aufsichtsrat muss zwei Sitzungen im Kalenderhalbjahr abhalten. ²In nichtbörsennotierten Gesellschaften kann der Aufsichtsrat beschließen, dass eine Sitzung im Kalenderhalbjahr abzuhalten ist.

Übersicht	Rdn.		Rdn.
A. Einberufung	1	D. Reichweite der Regelung	5
B. Modalitäten der Einberufung	3	E. Rechtsfolgen	6
C. Sitzungsfrequenz	4		

A. Einberufung. I sieht als Regelfall die **Einberufung durch den Aufsichtsratsvorsitzenden** bzw im Fall seiner Verhinderung durch seinen Stellvertreter vor. Einzelne Aufsichtsratsmitglieder oder der Vorstand (als 1

§ 111 AktG   Aufgaben und Rechte des Aufsichtsrats

Organ) können vom Aufsichtsratsvorsitzenden unter Angabe des Zwecks und der Gründe die **Einberufung verlangen**. Der Zweck wird sich regelmäßig durch die Gegenstände der Sitzung ergeben. Die Gründe beziehen sich auf die Notwendigkeit und den Zeitpunkt der Sitzung. Das Verlangen kann formfrei gestellt werden. Der Vorsitzende kann die Einberufung ablehnen, wenn das Verlangen rechtsmissbräuchlich ist. Sind kein Aufsichtsratsvorsitzender und Stellvertreter bestellt, kann jedes Aufsichtsratsmitglied oder der Vorstand analog II einberufen.

2   Das **Selbsteinberufungsrecht** nach II ermöglicht es einzelnen Aufsichtsratsmitgliedern als auch dem Vorstand (als Organ) den Aufsichtsrat selbst einzuberufen, wenn ein Einberufungsantrag nach I erfolglos bleibt. Das Recht steht nur dem zu, der den vergeblichen Einberufungsantrag gestellt hat. Die üblichen Modalitäten für die Einberufung sind zu beachten, auch ist der Sachverhalt des Selbsteinberufungsrechts darzulegen.

3   **B. Modalitäten der Einberufung.**   Enthält die Satzung keine Regelungen (s.u.), kann die Einberufung in jeder Weise (auch mündlich/telefonisch) erfolgen; die **Einberufungsfrist** hat angemessen zu sein. Die Einberufung muss die Gesellschaft, den Ort, Tag und die Uhrzeit der Sitzung enthalten. Darüber hinaus sind die Gegenstände der Tagesordnung anzugeben (hM).

4   **C. Sitzungsfrequenz.**   In III ist die Mindestzahl der Aufsichtsratssitzungen geregelt. Diese beträgt im Grundsatz 2 Sitzungen im Kalenderhalbjahr. Bei nicht börsennotierten Gesellschaften kann der Aufsichtsrat beschließen, dass eine Sitzung im Kalenderhalbjahr abzuhalten ist. Die Aufsichtsratssitzungen können als virtuelle Sitzungen abgehalten werden. Durch die Formulierung, dass Sitzungen abzuhalten sind, soll klargestellt werden, dass persönliches Präsens der Aufsichtsratsmitglieder zwar die Regel sein soll, in Ausnahmefällen sind aber auch Telefon- und Videokonferenz zulässig (RegBegr BT-Drs 14/8769 S 17 li Sp, str für die Telefonkonferenz s § 108 Rdn 6). Zu der Frage, ob diese virtuellen Sitzungen auf die Mindestzahl der Aufsichtsratssitzungen anzurechnen sind Hölters/*Hambloch-Gesinn/Gesinn* § 108 Rn 9. S auch § 108 Rdn 8.

5   **D. Reichweite der Regelung.**   Die Regelung ist nicht abschließend. Die Satzung kann Modalitäten der Einberufung regeln. Dabei ist § 110 insoweit zwingend als die Sitzungsfrequenz nicht reduziert und Anforderungen an die Einberufung nicht erhöht werden können. Die Einberufungsfrist des I 2 gilt nur in den Sonderfällen des I 1; iÜ kann die Satzung/Geschäftsordnung längere Fristen vorsehen.

6   **E. Rechtsfolgen.**   **Einberufungsmängel** führen als Verfahrensverstöße zur Nichtigkeit soweit sie gravierend sind, es sei denn, alle Mitglieder des Aufsichtsrats sind erschienen und halten eine Vollversammlung ab. Die Grenze zwischen gravierenden und weniger schweren Mängeln ist nicht eindeutig.

§ 111 Aufgaben und Rechte des Aufsichtsrats

(1) Der Aufsichtsrat hat die Geschäftsführung zu überwachen.
(2) [1]Der Aufsichtsrat kann die Bücher und Schriften der Gesellschaft sowie die Vermögensgegenstände, namentlich die Gesellschaftskasse und die Bestände an Wertpapieren und Waren, einsehen und prüfen. [2]Er kann damit auch einzelne Mitglieder oder für bestimmte Aufgaben besondere Sachverständige beauftragen. [3]Er erteilt dem Abschlussprüfer den Prüfungsauftrag für den Jahres- und den Konzernabschluss gemäß § 290 des Handelsgesetzbuchs.
(3) [1]Der Aufsichtsrat hat eine Hauptversammlung einzuberufen, wenn das Wohl der Gesellschaft es fordert. [2]Für den Beschluss genügt die einfache Mehrheit.
(4) [1]Maßnahmen der Geschäftsführung können dem Aufsichtsrat nicht übertragen werden. [2]Die Satzung oder der Aufsichtsrat hat jedoch zu bestimmen, dass bestimmte Arten von Geschäften nur mit seiner Zustimmung vorgenommen werden dürfen. [3]Verweigert der Aufsichtsrat seine Zustimmung, so kann der Vorstand verlangen, dass die Hauptversammlung über die Zustimmung beschließt. [4]Der Beschluss, durch den die Hauptversammlung zustimmt, bedarf einer Mehrheit, die mindestens drei Viertel der abgegebenen Stimmen umfasst. [5]Die Satzung kann weder eine andere Mehrheit noch weitere Erfordernisse bestimmen.
(5) [1]Der Aufsichtsrat von Gesellschaften, die börsennotiert sind oder der Mitbestimmung unterliegen, legt für den Frauenanteil im Aufsichtsrat und im Vorstand Zielgrößen fest. [2]Liegt der Frauenanteil bei Festlegung der Zielgrößen unter 30 Prozent, so dürfen die Zielgrößen den jeweils erreichten Anteil nicht mehr unterschreiten. [3]Gleichzeitig sind Fristen zur Erreichung der Zielgrößen festzulegen. [4]Die Fristen dürfen jeweils nicht länger als fünf Jahre sein. [5]Soweit für den Aufsichtsrat bereits eine Quote nach § 96 Absatz 2 gilt, sind die Festlegungen nur für den Vorstand vorzunehmen.
(6) *Die Aufsichtsratsmitglieder können ihre Aufgaben nicht durch andere wahrnehmen lassen.*

Übersicht	Rdn.		Rdn.
A. Regelungsgegenstand	1	F. Keine Geschäftsführung	8
B. Überwachungspflicht	2	G. Zustimmungsvorbehalte	9
C. Instrumente der Überwachung	5	H. Erteilung der Zustimmung	11
D. Abschlussprüfer	6	I. Verweigerung der Zustimmung	12
E. Einberufung der Hauptversammlung	7	K. Pflicht zur Festlegung von Zielgrößen	13

A. Regelungsgegenstand. § 111 enthält Regelungen zu den Aufgaben und Rechten des Aufsichtsrates, 1 allerdings nicht umfassend. Weitere Befugnisse ergeben sich etwa aus § 77 II 1, § 84, § 90, § 112, § 171, § 172, § 204 I 2, 314 I.

B. Überwachungspflicht. Nach I hat der Aufsichtsrat die Geschäftsführung zu überwachen. Inhalt der 2 Überwachungspflicht ist zum einen die vergangenheitsbezogene **Kontrolle** der vom Vorstand bereits entfalteten Tätigkeit. Dazu gehört aber auch die Teilhabe an Leitungsaufgaben des Vorstands, indem der Aufsichtsrat durch **Beratung** mit dem Vorstand auf die künftige Geschäftspolitik Einfluss nimmt. Die Überwachungspflicht trifft den Aufsichtsrat als Organ. Gegenstand der Überwachung ist der Vorstand als Organ (die Gesamtheit der Vorstandsmitglieder) und auch das einzelne Vorstandsmitglied, nicht aber Mitarbeiter des Unternehmens (str., s zum Meinungsstand *Hölters/Hambloch-Gesinn/Gesinn* § 111 Rn 22; *Spindler/Stilz* AktG § 111 Rn 9).

Der Aufsichtsrat hat die Rechtmäßigkeit, Ordnungsmäßigkeit sowie Zweckmäßigkeit bzw Wirtschaftlich- 3 keit der Geschäftsführung zu überwachen. Die **Intensität der Überwachung** hängt von der wirtschaftlichen Lage der Gesellschaft ab. S zu den Einzelheiten der Überwachung *Hölters/Hambloch-Gesinn/Gesinn* § 111 Rn 11 ff.

Die Gesellschaft kann weder auf Überwachung klagen, noch kann das Registergericht sie mit Ordnungsmit- 4 teln erzwingen (vgl Großkommentar AktG/*Hopt/Roth/Peddinghaus* § 111 Rn 384). Der Gesellschaft kann aber ein Schadensersatzanspruch gegen die Aufsichtsratsmitglieder wegen Verletzung der Überwachungspflicht zustehen.

C. Instrumente der Überwachung. Als Instrumente der Überwachung nennt II das Recht zur Einsicht- 5 nahme und Prüfung, die Pflicht (und damit auch das Recht) die Hauptversammlung aus Gründen des Gesellschaftswohls einzuberufen, die Begründung von Zustimmungsvorbehalten. Weitere Überwachungsinstrumente sind der Erlass einer Geschäftsordnung für den Vorstand und die Ausübung der Personalkompetenz des § 84 (s auch *Hölters/Hambloch-Gesinn/Gesinn* § 111 Rn 30 ff). Siehe zur Unterstützung des Aufsichtsrats durch einen eigenen Stab (Aufsichtsratsbüro) *Plagemann* NZG 2016, 211 ff.

D. Abschlussprüfer. Die Bestellung des Abschlussprüfers für den Jahresabschluss erfolgt durch die 6 Hauptversammlung nach § 119 I Nr 4. Die Gesellschafter des Mutterunternehmens bestellen nach § 318 I 1 HGB den Abschlussprüfer für den Konzernabschluss. Der Aufsichtsrat unterbreitet der Hauptversammlung nach § 124 III 1 einen Wahlvorschlag, der bei kapitalmarktorientierten Gesellschaften (§ 264d HGB) auf eine Empfehlung seines Prüfungsausschusses zu stützen ist (§ 124 III 2), soweit ein solcher eingerichtet ist (*Hüffer* § 124 Rn 13b). Dem Aufsichtsrat obliegt nach § 111 I 3 die **Erteilung des Prüfungsauftrags** (der Abschluss des Geschäftsbesorgungsvertrages, der die Prüfung zum Gegenstand hat). Der Aufsichtsrat beschließt über die Auftragserteilung. Ob eine Delegation auf einen Ausschuss zulässig ist, ist str (vgl zum Meinungsstand *Hüffer* § 111 Rn 12c). Der Aufsichtsrat kann eigene Prüfungsschwerpunkte setzen. Der Prüfungsumfang für die Abschlussprüfung kann dadurch aber nur erweitert werden. Die Abschlussprüfung im üblichen Umfang hat in jedem Fall zu erfolgen. Die Erklärungsvertretung bei Abschluss des Vertrages kann einzelnen Mitgliedern oder dem Vorsitzenden überlassen werden. Wenn die Satzung oder Geschäftsordnung keine generelle Regelung enthalten, sollte der Beschluss über die Auftragserteilung die Ermächtigung zu der Erklärungsvertretung enthalten.

E. Einberufung der Hauptversammlung. Der Aufsichtsrat ist nur dann zur Einberufung der Haupt- 7 versammlung berechtigt und verpflichtet, wenn das Wohl der Gesellschaft die Einberufung erfordert. Str ist, ob der Aufsichtsrat die Hauptversammlung auch zur bloßen Erörterung einberufen darf (vgl *Hüffer* § 111 Rn 14). Da das Einberufungsrecht dem Aufsichtsrat als Organ zusteht, entscheidet er über die Ausübung durch einen mit einfacher Mehrheit zu treffenden Beschluss (III 2, s auch § 108 Rdn 3). Über Geschäftsführungsmaßnahmen kann nur die nach § 119 II vom Vorstand einberufene Hauptversammlung beschließen.

F. Keine Geschäftsführung. IV bestimmt, dass dem Aufsichtsrat Maßnahmen der Geschäftsführung nicht 8 übertragen werden dürfen. Es dürfen ihm solche also weder durch Satzung übertragen werden, noch darf er sie selbst begründen. § 32 MitbestG ist insoweit Sonderregelung.

§ 112 AktG   Vertretung der Gesellschaft gegenüber Vorstandsmitgliedern

9   **G. Zustimmungsvorbehalte.** IV ordnet an, dass Satzung oder Aufsichtsrat Zustimmungsvorbehalte zugunsten des Aufsichtsrats anzuordnen haben. Enthält die Satzung keinen Katalog, muss der Aufsichtsrat tätig werden. Enthält die Satzung Zustimmungsvorbehalte, darf der Aufsichtsrat diese nicht aufheben und auch nicht durch Generalkonsens leer laufen lassen. Der Aufsichtsrat kann aber neben dem Satzungskatalog weitere Zustimmungsvorbehalte anordnen. Im Einzelfall kann er auch ad hoc für eine Einzelmaßnahme einen Zustimmungsvorbehalt anordnen (Hölters/*Hambloch-Gesinn/Gesinn* § 111 Rn 75). Die Kompetenzen von Hauptversammlung und Aufsichtsrat konkurrieren insoweit.

10 Satzung und Aufsichtsrat können Zustimmungsvorbehalte und damit ein Vetorecht des Aufsichtsrats begründen, nicht aber den Vorstand verpflichten, entspr einem Verlangen des Aufsichtsrats bestimmte Geschäfte vorzunehmen. Bei den unter Zustimmungsvorbehalt stehenden Geschäften kann es sich um Rechtsgeschäfte, grds aber auch um unternehmerische Leitungsmaßnahmen, Maßnahmen der Unternehmensplanung handeln, wenn sie angesichts ihres Konkretisierungsgrades mit bestimmten Geschäftsarten vergleichbar sind. Die Leitungsverantwortung des Vorstands muss jedoch in ihrem Kern unberührt bleiben. S zu den Einzelheiten *Hüffer* § 111 Rn 18; *Lieder* DB 2004, 2251 ff. Zur Erstreckung auf Konzernsachverhalte s *Hüffer* § 111 Rn 21 f.

11 **H. Erteilung der Zustimmung.** Es ist **vorherige Zustimmung** erforderlich. Ob bei Eilbedürftigkeit ausnahmsweise **nachträglich Genehmigung** genügt, ist str.

12 **I. Verweigerung der Zustimmung.** Der Aufsichtsrat entscheidet über die Verweigerung nach pflichtgemäßem Ermessen. Das dennoch vom Vorstand vorgenommene Geschäft ist nicht unwirksam. Der Vorstand handelt jedoch pflichtwidrig. Verweigert der Aufsichtsrat die Zustimmung, kann der Vorstand jedoch verlangen, dass die Hauptversammlung über die Zustimmung beschließt. Für den Hauptversammlungsbeschluss gilt zwingend das Mehrheitserfordernis des IV 4. Angesichts der Einberufungsfrist für Hauptversammlungen hat dieses Instrument nur für nicht börsennotierte AGs praktische Relevanz, deren Aktionäre auf die Einberufungsförmlichkeiten verzichten. Hat der Aufsichtsrat zugestimmt, kann der Vorstand nach pflichtgemäßem Ermessen von der Maßnahme Abstand nehmen, die Zustimmung begründet keine Handlungspflicht des Vorstands.

13 **K. Pflicht zur Festlegung von Zielgrößen.** Mit dem G für die gleichberechtigte Teilhabe von Frauen und Männern an Führungspositionen in der Privatwirtschaft und dem öffentl Dienst (BGBl I 2015 S 642) wurde ein neuer V eingefügt. Börsennotierte und/oder mitbestimmungspflichtige Gesellschaften sind danach verpflichtet **Zielgrößen** für den Anteil von Frauen im Vorstand und im Aufsichtsrat (soweit dieser nicht bereits von der Quotenregelung § 96 II, III erfasst wird), sowie die Umsetzungsfristen festzulegen. Soweit der **Frauenanteil** bei der Festlegung der Zielgrößen unter 30% liegt, dürfen die Zielgrößen den erreichten Anteil nicht unterschreiten. S im Übrigen zur Festlegung der Zielgrößen *Junker/Schmidt-Pfitzner* NZG 2015 929, 935. Die Umsetzungsfrist darf nicht mehr als 5 Jahre betragen, wobei für die erste Zielfestlegung, die bis zum 30.9.2015 zu erfolgen hatte, eine Frist von höchstens zwei Jahren vorzusehen war (§ 25 I EG AktG). Erfolgen keine **Zielfestlegungen** so liegt darin eine Pflichtverletzung. Regelmäßig wird es jedoch an einem daraus resultierenden Schaden fehlen. Sanktionen für den Fall der **Zielverfehlung** bestimmt das G nicht (vgl. *Rubner/Leuering* NZW-Spezial 2015, 2007, 2008). In der Lit (*Drygala* NZG 2015, 1129, 1133, 1136) wird vertreten, es bestehe eine Verpflichtung, sich für die Zielerreichung einzusetzen und das gesetzte Ziel bei der Personalentscheidung zu berücksichtigen. Gem § 289a II Nr 4, III HGB ist jährlich über die festgelegten Zielgrößen und die Fristen für deren Erreichung zu berichten. Über das Erreichen bzw die Gründe für das Nichterreichen der Zielgrößen ist nach Ablauf der Umsetzungsfristen zu berichten. Die Verletzung dieser **Berichtspflicht** ist bußgeldbewehrt (§ 334 I Nr 3 HGB).
Für die Festlegung der Zielgrößen der mitbestimmten GmbH gelten die Regelungen in §§ 36, 52 II GmbHG und § 5 EGGmbHG, für die Berichtspflicht § 289a IV HGB.

§ 112 Vertretung der Gesellschaft gegenüber Vorstandsmitgliedern

[1]Vorstandsmitgliedern gegenüber vertritt der Aufsichtsrat die Gesellschaft gerichtlich und außergerichtlich. [2]§ 78 Abs. 2 Satz 2 gilt entsprechend.

Übersicht

		Rdn.			Rdn.
A.	Regelungsgegenstand	1	C.	Rechtsfolgen	3
B.	Vertretung ggü Vorstandsmitgliedern	2			

1   **A. Regelungsgegenstand.** § 112 findet Anwendung, soweit es um Rechtsgeschäfte oder Rechtshandlungen zwischen der Gesellschaft und Vorstandsmitgliedern geht. § 112 ist zwingend. Die Regelung ist aber

nicht abschließend (s zu den nicht in § 112 geregelten Vertretungsbefugnissen des Aufsichtsrats Großkommentar AktG/*Hopt/Roth* § 112 Rn 55 ff). Sie gilt ggü Vorstandsmitgliedern (amtierenden, zukünftigen und ausgeschiedenen), nicht ggü Dritten (zur Ausnahme für Angehörige s.u.) und auch nicht insoweit als Vorstandsmitglieder in einer anderen Funktion (zB als Geschäftsführer einer abhängigen Gesellschaft) tätig werden, also die Angelegenheit ihren Ursprung nicht in der Vorstandstätigkeit hat. Soweit es etwa um Ansprüche in Zusammenhang mit dem Vorstandsverhältnis geht, besteht die Vertretungsbefugnis auch ggü Angehörigen des Vorstandsmitglieds. S zur Reichweite der Vertretungsbefugnis im Einzelnen MüKo-AktG/ *Habersack* § 112 Rn 7 ff.

B. Vertretung ggü Vorstandsmitgliedern. Die Regelung gilt auch für die Vertretung ggü allen Vorstandsmitgliedern, dh amtierenden (unabhängig von der Wirksamkeit der Bestellung) und ausgeschiedenen Vorstandsmitgliedern einschließlich Stellvertreter von Vorstandsmitgliedern (§ 94) und vom Aufsichtsrat nach § 105 II abgeordneter Vorstandsmitglieder. Die Vertretungsbefugnis des Aufsichtsrats umfasst alle Rechtsgeschäfte und Rechtshandlungen mit Vorstandsmitgliedern ohne Rücksicht auf deren Umfang, einschl Geschäften des tägl Lebens (ErfK/*Oetker* § 112 AktG Rn 3) und der Kündigung eines ruhenden Arbeitsverhältnisses eines ausgeschiedenen Vorstandsmitgliedes, wenn die Kündigungsgründe ihren Ursprung in der früheren Vorstandstätigkeit haben (BAG 4.7.2001 AP BGB § 611 Organvertreter Nr. 18; LAG K 30.11.1999 EWiR 2000, 653 f.; ErfK/*Oetker* § 112 AktG Rn 3). Erfasst werden auch Geschäfte im Vorfeld der Bestellung (BGH 13.1.1958, II ZR 212/56, BGHZ 26, 236, 238). Soweit das Prozessverhältnisse die vorstehend beschriebenen Rechtsgeschäfte/Rechtshandlungen betrifft, gilt § 112 für die Vertretung in Aktiv- und Passivprozessen (ErfK/*Oetker* § 112 AktG Rn 3). S zur Reichweite auch *Hüffer* § 112 Rn 2, 3. § 112 weist dem Gesamtaufsichtsrat die Vertretungsmacht zu. Bei Passivvertretung genügt die Abgabe der Erklärung ggü einem Aufsichtsratsmitglied. Bei Aktivvertretung muss der Aufsichtsrat über den Vornamen des Geschäftes beschließen (s § 108). Ob die Erklärung durch sämtliche Mitglieder oder durch die Mehrheit abzugeben ist, ist str (*Hüffer* § 112 Rn 4). Soweit anstelle des Gesamtaufsichtsrates ein Ausschuss beschließt, kann ihm auch die Vertretung der AG zugewiesen werden. Für einzelne Aufsichtsratsmitglieder, einschl des Aufsichtsratsvorsitzenden, gilt das nach hM nur mit der Maßgabe, dass sie den durch Beschluss des Aufsichtsrats oder seines Ausschusses gebildeten Willen erklären, aber den Willen nicht selbst bilden dürfen. Sie können also nur als Erklärungs-, nicht aber als Willensvertreter tätig werden (BGH 24.2.1954, II ZR 63/53, BGHZ 12, 327, 334 ff; BGH 17.3.2008, II ZR 239/06, DB 2008, 1314 f).

C. Rechtsfolgen. Wird die Gesellschaft fehlerhaft durch den Vorstand vertreten, ist str, ob dieses zur Nichtigkeit nach § 134 BGB führt oder das betreffende Rechtsgeschäft schwebend unwirksam ist, sodass der Aufsichtsrat es analog §§ 177 ff BGB genehmigen kann (vgl *Hüffer* § 112 Rn 7). Eine fehlerhafte prozessuale Vertretung der Gesellschaft durch den Vorstand hat die Unzulässigkeit der Klage zur Folge. Die Prozessführung des Vorstandes kann der Aufsichtsrat jedoch genehmigen (BGH 21.6.1999, II ZR 27/98, NJW 1999, 3263 f).

§ 113 Vergütung der Aufsichtsratsmitglieder

(1) ¹Den Aufsichtsratsmitgliedern kann für ihre Tätigkeit eine Vergütung gewährt werden. ²Sie kann in der Satzung festgesetzt oder von der Hauptversammlung bewilligt werden. ³Sie soll in einem angemessenen Verhältnis zu den Aufgaben der Aufsichtsratsmitglieder und zur Lage der Gesellschaft stehen. ⁴Ist die Vergütung in der Satzung festgesetzt, so kann die Hauptversammlung eine Satzungsänderung, durch welche die Vergütung herabgesetzt wird, mit einfacher Stimmenmehrheit beschließen.
(2) ¹Den Mitgliedern des ersten Aufsichtsrats kann nur die Hauptversammlung eine Vergütung für ihre Tätigkeit bewilligen. ²Der Beschluss kann erst in der Hauptversammlung gefasst werden, die über die Entlastung der Mitglieder des ersten Aufsichtsrats beschließt.
(3) ¹Wird den Aufsichtsratsmitgliedern ein Anteil am Jahresgewinn der Gesellschaft gewährt, so berechnet sich der Anteil nach dem Bilanzgewinn, vermindert um einen Betrag von mindestens vier vom Hundert der auf den geringsten Ausgabebetrag der Aktien geleisteten Einlagen. ²Entgegenstehende Festsetzungen sind nichtig.

Übersicht	Rdn.		Rdn.
A. Vergütungsanspruch	1	D. Rechtsfolgen	5
B. Höhe der Vergütung	3	E. Herabsetzung	6
C. Auslagenersatz	4	F. Berechnung des Gewinnanteils	7

§ 114 AktG Verträge mit Aufsichtsratsmitgliedern

1 **A. Vergütungsanspruch.** Ein Vergütungsanspruch besteht nur unter den Voraussetzungen des § 113. Die Vergütung kann durch Satzungs- oder Hauptversammlungsbeschluss bewilligt werden. Die **Bewilligung der Vergütung** für die Mitglieder des 1. Aufsichtsrates obliegt der Hauptversammlung, die über deren Entlastung beschließt. Ziff 5.4.6 DCGK enthält ausführliche Empfehlungen zur Aufsichtsratsvergütung. S zur Verpflichtung der (teilweisen) Abführung der Aufsichtsratsvergütung und deren Wirksamkeit (Hölters/*Hambloch-Gesinn/Gesinn* § 113 Rn 7.

2 § 113 gilt für die Vergütung von Aufsichtsratsmitgliedern. Ehrenvorsitzende und Ehrenmitglieder sind keine Aufsichtsratsmitglieder; die Hauptversammlung oder der Aufsichtsrat (je nachdem, wer die Bestellung vorgenommen hat) können für sie einen Ehrensold festlegen (Hölters/*Hambloch-Gesinn/Gesinn* § 113 Rn 7; *Spindler/Stilz* AktG § 113 Rn 8). Zu der Vergütung von Aufsichtsratsmitgliedern gehören auch **Sondervergütungen** für **Sonderleistungen** und **Nebenleistungen**. Ob dieses auch für den Abschluss einer **Directors & Officers (D&O) Versicherung** gilt und für diese daher eine Satzungsregelung oder ein Hauptversammlungsbeschluss erforderlich ist, ist str. S zu den Einzelheiten *Hüffer* § 113 Rn 2a; *Deilmann/Otte* AG 2010, 323 ff insb zur Entsch über den Selbstbehalt. Ein Herabsetzungsbeschluss nach I 4 muss die Vergütung insgesamt (nicht nur die Vergütung einzelner Aufsichtsratsmitglieder) betreffen (*Spindler/Stilz* AktG § 113 Rn 35).

3 **B. Höhe der Vergütung.** Die Vergütung soll nach I 2 angemessen sein. Hins der Höhe der Vergütung kann differenziert werden, insb dem Aufsichtsratsvorsitzenden und seinem Stellvertreter eine höhere Vergütung als den anderen Aufsichtsratsmitgliedern gewährt werden.

4 **C. Auslagenersatz.** Keine Vergütung ist der Ersatz angemessener Auslagen. Insoweit bedarf es weder einer Satzungsregelung noch eines Bewilligungsbeschlusses. S zu den erstattungsfähigen Auslagen im Einzelnen und der Zulässigkeit einer Kostenpauschale *Spindler/Stilz* AktG § 113 Rn 9 ff.

5 **D. Rechtsfolgen.** Vergütungsregelungen, die nicht in Voraussetzung des § 113 entsprechen, sind nichtig.

6 **E. Herabsetzung.** Ein satzungsändernder Beschluss, mit dem die in der Satzung festgesetzte Vergütung herabgesetzt wird, kann mit einfacher Stimmenmehrheit gefasst werden; diese Regelung in I 4 ist zwingend. Als Satzungsänderung wird die Herabsetzung mit Eintragung im Handelsregister wirksam. I 4 gilt nicht für völlige oder quasi vollständige Aufhebung der Vergütungsbestimmungen in der Satzung (*Spindler/Stilz* AktG § 113 Rn 35). Im Fall der Herabsetzung der Vergütung sind die Aufsichtsratsmitglieder berechtigt, ihr Amt nieder zu legen (MüKo-AktG/*Habersack* § 113 Rn 33), dieses darf nicht zur Unzeit geschehen (*Spindler/Stilz* AktG § 113 Rn 37).

7 **F. Berechnung des Gewinnanteils.** III, der seine Berechtigung mit der Aufhebung der Parallelregelung für Vorstandsmitglieder (§ 86) eigentlich verloren hat, gibt vor, wie ein dem Aufsichtsratsmitglied gewährter Anteil am Jahresgewinn zu berechnen ist. Die variable Vergütung der Aufsichtsratsmitglieder kann aber auch an andere Bemessungsgrößen als an dem Jahresgewinn anknüpfen.

§ 114 Verträge mit Aufsichtsratsmitgliedern

(1) Verpflichtet sich ein Aufsichtsratsmitglied außerhalb seiner Tätigkeit im Aufsichtsrat durch einen Dienstvertrag, durch den ein Arbeitsverhältnis nicht begründet wird, oder durch einen Werkvertrag gegenüber der Gesellschaft zu einer Tätigkeit höherer Art, so hängt die Wirksamkeit des Vertrags von der Zustimmung des Aufsichtsrats ab.

(2) ¹Gewährt die Gesellschaft auf Grund eines solchen Vertrags dem Aufsichtsratsmitglied eine Vergütung, ohne dass der Aufsichtsrat dem Vertrag zugestimmt hat, so hat das Aufsichtsratsmitglied die Vergütung zurückzugewähren, es sei denn, dass der Aufsichtsrat den Vertrag genehmigt. ²Ein Anspruch des Aufsichtsratsmitglieds gegen die Gesellschaft auf Herausgabe der durch die geleistete Tätigkeit erlangten Bereicherung bleibt unberührt; der Anspruch kann jedoch nicht gegen den Rückgewähranspruch aufgerechnet werden.

Übersicht	Rdn.		Rdn.
A. Regelungsgegenstand	1	C. Rechtsfolgen	3
B. Erfasste Verträge	2		

1 **A. Regelungsgegenstand.** Nach § 114 bedürfen bestimmte **Verträge zwischen den Aufsichtsratsmitgliedern und der Gesellschaft** der Zustimmung des Aufsichtsrates, um eine Umgehung des § 113 zu verhindern. § 115 III soll entspr Anwendung finden (so etwa LG Köln 8.5.2002, 91 O 204/00, AG 2003, 167 f, s auch

Hüffer § 114 Rn 2a f). Unter die Regelung fallen nach der Rechtsprechung des BGH (20.11.2006, II ZR 279/05; BGHZ 170, 60; NZG 2007, 103) auch Beratungsverträge, die mit einer Gesellschaft geschlossen werden, an der das Aufsichtsratsmitglied beteiligt ist, und ihm dadurch mittelbare Zuwendungen zufließen, die abstrakt betrachtet nicht ganz geringfügig sind oder die im Vergleich zur Aufsichtsratsvergütung einen vernachlässigenswerten Umfang haben. Die Zustimmung kann als Einwilligung oder Genehmigung erteilt werden (BGH 10. 7. 2012, II ZR 48/11, NZG 2012, 1064, 1065). Zur Zahlung vor Genehmigung s Rdn 3.

B. Erfasste Verträge. § 114 gilt für Dienst- und Werkverträge, kraft deren eine Tätigkeit höherer Art geschuldet wird. Der Vertrag muss eine Tätigkeit zum Gegenstand haben, die nicht zum organschaftlichen Aufgabenbereich des Aufsichtsratsmitglieds gehört. Andernfalls ist der Vertrag bereits nach § 113 nichtig. S zur Abgrenzung der Anwendungsbereiche von § 113 und § 114 *Werner* DB 2006, 935 ff. Hölters/*Hambloch-Gesinn/Gesinn* § 114 Rn 15 ff. Erfasst werden Verträge mit Aufsichtsratsmitgliedern ohne Rücksicht darauf, ob der Vertrag vor oder nach Amtsantritt geschlossen worden ist. Zu der Erfassung von Verträgen mit Unternehmen, die mit dem Aufsichtsratsmitglied verbunden sind s Rdn 1. 2

C. Rechtsfolgen. § 114 ist zwingend. Solange der Aufsichtsrat die Zustimmung nicht erteilt, ist der Vertrag schwebend unwirksam, bei endgültiger Verweigerung nichtig. Aufgrund unwirksamen Vertrages gezahlte Vergütungen sind danach sofort zurückzugewähren. Vorstandsmitglieder handeln pflichtwidrig und sind nach § 93 schadensersatzpflichtig, wenn sie einen Anspruch nicht geltend machen. Der Anspruch entfällt nur und erst mit Genehmigung des Aufsichtsrates. Nach Auffassung des BGH (BGH 10. 7. 2012, II ZR 48/11, NZG 2012, 1064, 1065) handelt der Vorstand zudem idR pflichtwidrig, wenn er dem Aufsichtsratsmitglied schon vor der Genehmigung des Vertrags durch den Aufsichtsrat eine Vergütung zahlt (aA. *Drygala* ZIP 2011, 427; *Becker* Der Konzern 2011, 233 234 f.). Der Vertrag sei bis zur Entscheidung über die Genehmigung schwebend unwirksam; ein Zahlungsanspruch aus dem Vertrag bestehe daher noch nicht. Das betroffene Aufsichtsratsmitglied kann Wertersatz fordern. Da II 2 eine Tatbestandsverweisung auf das Bereicherungsrecht enthält, ist auch § 814 BGB anwendbar, der allerdings auf positive Kenntnis abstellt. Die Aufrechnung ist dem Aufsichtsratsmitglied nach II 2 verwehrt. 3

§ 115 Kreditgewährung an Aufsichtsratsmitglieder

(1) ¹Die Gesellschaft darf ihren Aufsichtsratsmitgliedern Kredit nur mit Einwilligung des Aufsichtsrats gewähren. ²Eine herrschende Gesellschaft darf Kredite an Aufsichtsratsmitglieder eines abhängigen Unternehmens nur mit Einwilligung ihres Aufsichtsrats, eine abhängige Gesellschaft darf Kredite an Aufsichtsratsmitglieder des herrschenden Unternehmens nur mit Einwilligung des Aufsichtsrats des herrschenden Unternehmens gewähren. ³Die Einwilligung kann nur für bestimmte Kreditgeschäfte oder Arten von Kreditgeschäften und nicht für länger als drei Monate im Voraus erteilt werden. ⁴Der Beschluss über die Einwilligung hat die Verzinsung und Rückzahlung des Kredits zu regeln. ⁵Betreibt das Aufsichtsratsmitglied ein Handelsgewerbe als Einzelkaufmann, so ist die Einwilligung nicht erforderlich, wenn der Kredit für die Bezahlung von Waren gewährt wird, welche die Gesellschaft seinem Handelsgeschäft liefert.
(2) Absatz 1 gilt auch für Kredite an den Ehegatten, Lebenspartner oder an ein minderjähriges Kind eines Aufsichtsratsmitglieds und für Kredite an einen Dritten, der für Rechnung dieser Personen oder für Rechnung eines Aufsichtsratsmitglieds handelt.
(3) ¹Ist ein Aufsichtsratsmitglied zugleich gesetzlicher Vertreter einer anderen juristischen Person oder Gesellschafter einer Personenhandelsgesellschaft, so darf die Gesellschaft der juristischen Person oder der Personenhandelsgesellschaft Kredit nur mit Einwilligung des Aufsichtsrats gewähren; Absatz 1 Satz 3 und 4 gilt sinngemäß. ²Dies gilt nicht, wenn die juristische Person oder die Personenhandelsgesellschaft mit der Gesellschaft verbunden ist oder wenn der Kredit für die Bezahlung von Waren gewährt wird, welche die Gesellschaft der juristischen Person oder der Personenhandelsgesellschaft liefert.
(4) Wird entgegen den Absätzen 1 bis 3 Kredit gewährt, so ist der Kredit ohne Rücksicht auf entgegenstehende Vereinbarungen sofort zurückzugewähren, wenn nicht der Aufsichtsrat nachträglich zustimmt.
(5) Ist die Gesellschaft ein Kreditinstitut oder Finanzdienstleistungsinstitut, auf das § 15 des Gesetzes über das Kreditwesen anzuwenden ist, gelten anstelle der Absätze 1 bis 4 die Vorschriften des Gesetzes über das Kreditwesen.

Übersicht	Rdn.		Rdn.
A. Regelungsgegenstand	1	C. Rechtsfolgen	3
B. Einwilligung	2		

§ 116 AktG Sorgfaltspflicht und Verantwortlichkeit der Aufsichtsratsmitglieder

1 A. Regelungsgegenstand. Einwilligungspflichtig nach § 115 ist die **Kreditgewährung an Mitglieder des Aufsichtsrates** sowie an nahestehende Angehörige, an Aufsichtsratsmitglieder in bestimmten verbundenen Unternehmen und Gesellschaften, zu denen in der Person des Aufsichtsratsmitglieds begründete personelle Verflechtungen bestehen. S zur Geltung für Mitarbeiterdarlehen an AN-Vertreter im Aufsichtsrat *Hüffer* § 115 Rn 2. Von der Geltung ausgenommen sind sog Warenkredite nach I 5. Nach hM muss das kreditgewährende Unternehmen eine Gesellschaft deutschen Rechts sein (Hölters/*Hambloch-Gesinn/Gesinn* § 115 Rn 6).

2 B. Einwilligung. Die Einwilligung ist vor der Kreditgewährung (dem Abschluss des Kreditvertrages) einzuholen. Entscheidend ist mithin, ob die betreffende Person in diesem Zeitpunkt dem Aufsichtsrat angehört. Der Kreditgewährungsbeschluss des Aufsichtsrates muss die inhaltlichen Anforderungen des I 3–5 erfüllen. Die Entscheidung kann einem Aufsichtsratsausschuss übertragen werden. S zum Mindestinhalt des Beschlusses Hölters/*Hambloch-Gesinn/Gesinn* § 115 Rn 8. Nach Maßgabe von I 3 kann ein Vorratsbeschluss getroffen werden.

3 C. Rechtsfolgen. Ein ohne Zustimmung gewährter Kredit ist sofort zurückzugewähren, soweit der Aufsichtsrat diesem nicht nachträglich zustimmt.

§ 116 Sorgfaltspflicht und Verantwortlichkeit der Aufsichtsratsmitglieder

[1]Für die Sorgfaltspflicht und Verantwortlichkeit der Aufsichtsratsmitglieder gilt § 93 mit Ausnahme des Absatzes 2 Satz 3 über die Sorgfaltspflicht und Verantwortlichkeit der Vorstandsmitglieder sinngemäß. [2]Die Aufsichtsratsmitglieder sind insbesondere zur Verschwiegenheit über erhaltene vertrauliche Berichte und vertrauliche Beratungen verpflichtet. [3]Sie sind namentlich zum Ersatz verpflichtet, wenn sie eine unangemessene Vergütung festsetzen (§ 87 Absatz 1).

Übersicht

	Rdn.		Rdn.
A. Regelungsgegenstand	1	C. Vertraulichkeit	3
B. Sorgfaltsmaßstab	2	D. Rechtsfolgen	4

1 A. Regelungsgegenstand. Wegen der Verweisung auf § 93 finden für die Sorgfalt- und Verschwiegenheitspflicht sowie die Verantwortlichkeit der Aufsichtsratsmitglieder grds die für den Vorstand geltenden Regelungen entspr Anwendung. Bei dieser sinngemäßen Anwendung müssen allerdings die Unterschiede in den Aufgaben, in der Struktur der Tätigkeit und der beruflichen Herkunft berücksichtigt werden. Enthaftende Satzungsklausel oder Vereinbarungen sind unzulässig; Dritte können allerdings Freistellungserklärungen abgeben. D&O Versicherungen sind ebenfalls ein gebräuchliches Mittel der Haftungsbegrenzung, ihr Schutzumfang wird allerdings vielfach überschätzt.
Der bei Abschluss einer D&O Versicherung durch die Gesellschaft nach § 93 II 3 zwingende Selbstbehalt für Vorstandsmitglieder gilt nach S 1 nicht für die Aufsichtsratsmitglieder. Allerdings empfiehlt der DCGK (Ziffer 3.8) diesen auch für den Aufsichtsrat.

2 B. Sorgfaltsmaßstab. Die von den Aufsichtsratsmitgliedern **einzuhaltende Sorgfalt** orientiert sich an der Organfunktion des Gesamtaufsichtsrats. Im Mittelpunkt steht die Überwachungsfunktion. Bei der Wahrnehmung der Überwachungsaufgabe sind die Aufsichtsratsmitglieder insb verpflichtet, für eine **funktionsgerechte Organisation** des Aufsichtsrates und ausreichende **Berichterstattung durch den Vorstand** zu sorgen. Soweit Anhaltspunkte für eine fehlerhafte Geschäftsführung vorliegen, haben die Aufsichtsratsmitglieder auf entspr Maßnahmen des Gesamtaufsichtsrats hinzuwirken. Die bloße **Delegation, von Aufgaben auf Ausschüsse** wirkt wegen der Gesamtverantwortung aller Aufsichtsratsmitglieder nicht per se enthaftend; der Aufsichtsrat muss sich vielmehr von einer sachgemäßen Arbeit seiner Ausschüsse überzeugen (*Lutter/ Krieger/Verse* AR § 11 Rn 748). Die Mitglieder des Aufsichtsrates stehen ggü der Gesellschaft in einem bes Treueverhältnis, das sie zur Loyalität ggü der Gesellschaft und zur Wahrung der Unternehmensinteressen verpflichtet. Der Charakter des Aufsichtsratsmandats als Nebenamt bedingt jedoch, dass das Aufsichtsratsmitglied bei **Interessenkonflikten** iR seiner Organtätigkeit nicht stets den Belangen der Gesellschaft den Vorrang einräumen muss. Bei der Ausübung des Aufsichtsratsmandats hat das Aufsichtsratsmitglied aber stets im Unternehmensinteresse zu handeln (*Hüffer* § 116 Rn 5). S auch § 108 Rdn 4. Bei einem dauerhaften Pflichtenwiderstreit bleibt idR nur die Niederlegung eines der kollidierenden Ämter.

3 C. Vertraulichkeit. Die Aufsichtsratsmitglieder haben über vertrauliche Angaben und Geheimnisse der Gesellschaft, die ihnen durch ihre Aufsichtsratstätigkeit bekannt geworden sind, Stillschweigen zu wahren. Die **AN-Vertreter** unterliegen dabei der Pflicht zur Verschwiegenheit in genau der gleichen Weise wie

Vertreter der Anteilseigner, es gibt keine gespaltene Vertraulichkeit. Die **Verschwiegenheitspflicht** kann in der Satzung nicht begrenzt oder erweitert werden. Der Vertraulichkeit unterliegen nicht nur schriftlichen Berichten, sondern generell alle Sachverhalte im Aufsichtsrat wie der Gang der Beratung und die Entscheidungsfindung, Meinungsäußerungen und das Abstimmungsverhalten einzelner Aufsichtsratsmitglieder, Abstimmungsergebnis. Zur Vertraulichkeit gehört auch, dass Unterlagen, die vertrauliche Informationen enthalten, so verwahrt werden, dass sie vor dem Zugriff unbefugter Dritter sicher sind.

D. Rechtsfolgen. Unter den Prämissen des § 93 II sind auch Aufsichtsratsmitglieder der Gesellschaft, nicht dem Aktionär, schadensersatzpflichtig. Das Aufsichtsratsmitglied muss eine ihn treffende Sorgfalts- oder Verhaltenspflicht verletzt haben. Die sog **Business Judgement Rule** des § 93 I 2 greift dabei zugunsten des Aufsichtsratsmitglieds nur bei unternehmerischer Tätigkeit des Aufsichtsrats. Die Pflichtverletzung ist verschuldet, wenn die Sorgfalt eines ordentlichen und gewissenhaften Aufsichtsratsmitglieds nicht beachtet wird. Der Verschuldensmaßstab gilt grds für alle AN- und Anteilseignervertreter im Aufsichtsrat gleichermaßen (BGH 15.11.1985, II ZR 27/83, BGHZ 85, 293, 295 ff). Allerdings kann bei den Sorgfaltspflichten nach bes Funktionen, Art und Größe des Unternehmens eine Differenzierung geboten sein (vgl *Hüffer* § 116 Rn 3). Für die einzelnen Aufsichtsratsmitglieder kann ein unterschiedlicher Sorgfaltsmaßstab gelten, etwa ein erhöhter bei Spezialkenntnissen (BGH 20.9.2011, II ZR 234/09, NZG 2011, 1271 ff.) Die verschuldete Pflichtverletzung muss zu einem Schaden der Gesellschaft führen. Dabei wird es sich idR um ein Vermögensschaden handeln. Die Beweislast für die Anwendung der Sorgfalt eines ordentlichen und gewissenhaften Aufsichtsratsmitglieds liegt beim in Anspruch genommenen Aufsichtsratsmitglied soweit nicht die Vermutungswirkung der Business Judgement Rule greift. Die Gesellschaft als Anspruchsteller hat nur das Vorliegen einer Pflichtverletzung und eines dazu kausalen Schadens, einschl dessen Höhe zu beweisen. Das Aufsichtsratsmitglied muss den Beweis für ein nicht schuldhaftes Handeln führen. Diese Beweislastverteilung gilt auch in den Fällen, in denen das Aufsichtsratsmitglied bereits ausgeschieden ist. Das ehemalige Aufsichtsratsmitglied hat ein Recht auf Einsichtnahme in die relevanten Unterlagen (*Deilmann/Otte* BB 2011, 1291,1293).

Mit der Neuregelung der Höhe und Zusammensetzung der Vorstandsvergütung und deren Herabsetzung in § 87 I und II ist ein S 3 angefügt worden, der bestimmt, dass die Aufsichtsratsmitglieder namentlich zum Ersatz verpflichtet sind, wenn sie eine unangemessen hohe Vorstandsvergütung nach § 87 I festsetzten. Auch wenn diese Regelung in der Sache nur eine Klarstellung in Hinblick auf die ohnehin gegebene Haftung bei pflichtwidrigem Verhalten ist (*van Kann/Keiluweit* DStR 2009, 1587, 1591), führt die Änderung des § 87, die das Aufsichtsratsermessen einschränkt, im Ergebnis zur einer Erhöhung des Haftungsrisikos bzw zu einer vermehrten Einschaltung von Vergütungsberatern (vgl *Fleischer* NZG 2009, 801, 804) und einem erhöhten Dokumentationsaufwand zur Haftungsvermeidung.

Neben dem § 116 iVm § 93 bestehen weitere aktienrechtliche Haftungsnormen wie zB §§ 117, 310, 318. S zum Umfang der Haftung auch weiterführend in Semler/v Schenck/*Doralt* Arbeitshandbuch AR § 13.

Arbeitsgerichtsgesetz (ArbGG)

In der Fassung der Bekanntmachung vom 2.7.1979 (BGBl I S 853, 1036),
zuletzt geändert durch Art 170 des Gesetzes vom 31.8.2015 (BGBl I S 1474)

§ 1 Gerichte für Arbeitssachen
Die Gerichtsbarkeit in Arbeitssachen – §§ 2 bis 3 – wird ausgeübt durch die Arbeitsgerichte – §§ 14 bis 31 –, die Landesarbeitsgerichte – §§ 33 bis 39 – und das Bundesarbeitsgericht – §§ 40 bis 45 – (Gerichte für Arbeitssachen).

	Übersicht	Rdn.			Rdn.
A.	Gliederung der Arbeitsgerichtsbarkeit	1	C.	Internationale Zuständigkeit	4
B.	Deutsche Gerichtsbarkeit	2	I.	Allgemeines	4
I.	Allgemeines	2	II.	Europäische Union	5
II.	Kirchliche Arbeitsverhältnisse	3			

1 **A. Gliederung der Arbeitsgerichtsbarkeit.** In dieser Bestimmung wird der 3-stufige Gerichtsaufbau für die Arbeitsgerichtsbarkeit vorgegeben. Die ArbG fungieren als Eingangsinstanz, die LAG als 2. Tatsacheninstanz sind Berufungs- und Beschwerdegerichte, während das BAG als Revisions- und Rechtsbeschwerdegericht tätig wird (s.a. § 8 Rdn 2). Die Eigenständigkeit als Fachgerichtsbarkeit gründet sich allerdings auf Art 95 GG, der jedenfalls als verfassungsrechtliche Institutsgarantie bezeichnet werden kann (GMP/*Prütting* Einl Rn 49). Seit dem 4. VwGO-ÄnderungsG v 17.12.1990 gilt diese Eigenständigkeit auch ggü der allg Zivilgerichtsbarkeit. §§ 17, 17a, b GVG dokumentieren den bes Rechtsweg zu den Gerichten für Arbeitssachen. Zum Bestimmungsverfahren für den Rechtsweg s § 48 Rdn 2–4. Die von Teilen der Politik immer wieder vorgetragenen Überlegungen, auch die Arbeitgerichtsbarkeit als eigenständige Fachgerichtsbarkeit zur Disposition zu stellen (»Große Justizreform«), sind von den beteiligten Fachkreisen ganz überwiegend abgelehnt worden.

2 **B. Deutsche Gerichtsbarkeit. I. Allgemeines.** Zu den vAw zu prüfenden Prozessvoraussetzungen gehört die Zuständigkeit der dt Gerichtsbarkeit. Grds gilt sie für alle Personen, die sich im Geltungsbereich des ArbGG aufhalten. Anderes gilt in Fällen der Exterritorialität (§§ 18 ff GVG) und der Immunität. Für die Beschäftigten des diplomatischen Dienstes ausländischer Staaten greift diese **Exterritorialität** nur, wenn sie nach der Arbeitsaufgabe mit hoheitlichen Tätigkeiten betraut sind (BAG 20.11.1997, 2 AZR 631/96, EzA Art 30 EGBGB Nr 4) und endet mit der Ausreise des Diplomaten (BAG 22.8.2012, 5AZR 949/11, NZA 2013, 343). Die Zuordnung hat dabei nach der inhaltlichen Natur der jeweiligen Staatstätigkeit (funktionaler Zusammenhang) zu geschehen; stets hoheitlich ist nur staatliches Handeln, das dem Kernbereich der Staatsgewalt zuzurechnen ist (BAG 10.4.2014, 2 AZR 741/13, BB 2014, 2228). Danach ist für das Arbeitsverhältnis einer Lehrkraft an einer von einem ausländischen Staat betriebenen (Privat-)Schule die dt Gerichtsbarkeit zuständig (BAG 25.4.2013, 2 AZR 960/11, EzA § 20 GVG Nr 8); auch die sog Staatenimmunität steht nicht entgegen (BAG 10.4.2013, 5 AZR 78/12, NJW 2013, 2461). Die zivilen AN bei den in Deutschland stationierten Militäreinrichtungen der NATO-Vertragsstaaten unterliegen der dt Arbeitsgerichtsbarkeit, wobei die Prozessstandschaft der BRD zu beachten ist (Art 56 VIII ZA-NTS). Dies gilt nicht für das sog zivile Gefolge der NATO-Truppen.

3 **II. Kirchliche Arbeitsverhältnisse.** Für kirchliche Arbeitsverhältnisse gelten wegen des über Art 140 GG iVm Art 137 WRV garantierten Selbstbestimmungs- und Selbstverwaltungsrechts der Kirchen Besonderheiten. Für Rechtsstreite der Geistlichen, Ordensangehörigen und Kirchenbeamten gegen ihre Dienstgeber ist die staatliche Gerichtsbarkeit nicht eröffnet (BAG 7.2.1990, 5 AZR 84/89, EzA § 13 GVG Nr 1; **aA** nun BVerwG 27.2.2014, 2 C 19/12, NJW 2014, 2810). Soweit jedoch mit AN ein privatrechtliches Arbeitsverhältnis begründet ist, gilt für Streitigkeiten daraus die staatliche Arbeitsgerichtsbarkeit. Diese entscheidet dann auch über kirchenrechtliche Vorfragen (BAG 11.11.2008, 1 AZR 646/07, EzA § 4 TzbfG Nr 19). Das häufig vereinbarte kirchliche Schlichtungsverfahren hat nur fakultativen Charakter, ist insb keine Prozessvoraussetzung (BAG 18.5.1999, 9 AZR 682/98, AP ArbGG 1979 § 4 Nr 1). Allerdings haben auch die staatlichen ArbG bei ihrer Spruchtätigkeit über kirchliche Arbeitsverhältnisse die spezifischen Loyalitätsanforderungen der Kirchen zu beachten. Art und Inhalt der Loyalitätspflichten bestimmen die Kirchen in den Grenzen der Verfassung selbst (BVerfG 4.6.1985, 2 BvR 1703/83, EzA § 611 BGB Kirchliche Arbeitnehmer Nr 24). Ausfluss der Kirchenautonomie ist auch die Ausnahme der Kirchen und ihrer

karitativen und erzieherischen Einrichtungen von der betrieblichen Mitbestimmung (§ 118 II BetrVG, § 112 BPersVG). Soweit kirchliche Mitarbeitervertretungen gebildet sind, gehören Streitigkeiten daraus vor die kirchlichen ArbG (für die ev Kirche: Kirchengerichtsgesetz der Ev Kirche in Deutschland – KiGG EKD idF v 10.11.2010; für die Kath Kirche: Kirchliche Arbeitsgerichtsordnung – KAGO idF v 25.2.2010, vgl Düwell/Lipke/*Flick/Stodolka*, Anhang 3, Rn 6 ff).

C. Internationale Zuständigkeit. I. Allgemeines. Bei Verfahren mit Auslandsbezug ist vAw – auch noch 4 in der Revisionsinstanz – zu prüfen, ob für das angerufene dt Gericht die int Zuständigkeit gegeben ist. Diese richtet sich grds nach den allg Bestimmungen über die örtliche Zuständigkeit aus §§ 12 ff ZPO (BAG 9.10.2002, 5 AZR 307/01, EzA § 29 ZPO 2002 Nr 1), wobei die Regelungen der EuGVVO und des Luganer Abkommens vorrangig zu beachten sind (BAG 8.12.2010, 10 AZR 562/08, EzA § 38 ZPO 2002 Nr 1). Häufig einschlägig sind: allg Gerichtsstand (§§ 12, 13 ZPO), Aufenthaltsort (§ 20 ZPO), Niederlassung (§ 21 ZPO), Erfüllungsort (§ 29 ZPO). Letzterer bestimmt sich nach dem materiellen Recht des anzuwendenden int Privatrechts (BAG 20.4.2004, 3 AZR 301/03, EzA § 29 ZPO 2002 Nr 2). Gerichtsstandsvereinbarungen zur int Zuständigkeit sind in den Grenzen von §§ 38–40 ZPO zulässig (dazu BAG 13.11.2007, 9 AZR 134/07, NZA 2008, 761), Gleiches gilt für das rügelose Einlassen gem §§ 504, 39 ZPO. Für Ansprüche aus §§ 1, 1a, 7 AEntG ist die int Zuständigkeit der dt ArbG jetzt in § 8 AEntG ausdrücklich geregelt, aber nur für den Fall der grenzüberschreitenden Entsendung (BAG 2.7.2008, 10 AZR 355/07, NZA 2008, 1084).

II. Europäische Union. Ab dem 1.3.2002 folgt die int Zuständigkeit für die Angehörigen der **EU-Mitglied-** 5 **staaten** (ohne Dänemark) der EuGVVO v 22.12.2000 (VO-EG Nr 44/2001 des Rates). Diese stellt unmittelbar anzuwendendes Recht dar, die nationale Umsetzung ist nicht erforderlich (BAG 2.7.2008, 10 AZR 355/07, aaO). Danach gilt für das Individualarbeitsrecht ein eigenständiger – ggü der ZPO vorrangiger – Zuständigkeitskatalog (BAG 24.9.2009, 8 AZR 306/08, DB 2010, 512). Als wesentliche Gerichtsstände sind zu nennen: der Wohnsitz der beklagten Partei (Art 19, 20 I EuGVVO), der Ort der arbeitgeberseitig einstellenden Niederlassung (Art 5, 18 II, 19 EuGVVO) und schließlich der gewöhnliche Arbeitsort (Erfüllungsort), vgl dazu Thomas/Putzo/*Hüßtege* Art 19 EuGVVO Rn 5. Letzterer ist der Ort, an dem oder von dem aus der AN seine Verpflichtungen aus dem Arbeitsvertrag tatsächlich erfüllt (BAG 20,12.2012, 2 AZR 481/11, BB 2013, 1460); er kann nicht durch die Vertragsparteien bestimmt werden, sondern er folgt dem Recht, das kollisionsrechtlich für den str Anspruch gilt (BAG 20.8.2003, 5 AZR 45/03, EzA Art 28 EGBGB Nr 1). Zum Ort der Hauptverwaltung (Art 60 I EuGVVO) als Gerichtsstand vgl BAG 23.1.2008, 5 AZR 60/07, NJW 2008, 2797 und zur Zweigniederlassung (Art 18 II EuGVVO) vgl BAG 25.6.2013, 3 AZR 138/11, NZA-RR 2014, 47. Gerichtsstandsvereinbarungen hins der int Zuständigkeit sind nur nach Art 21, 23 V EuGVVO eingeschränkt möglich (EuGH 19.7.2012, C-154/11, NZA 2012, 935; BAG 10.4.2014, 2 AZR 741/13, BB 2014, 2228). Für die rügelose Einlassung gilt Art 24 EuGVVO.

Für **Nicht-EU-Mitglieder** (Norwegen, Schweiz, Island), die Unterzeichner des Luganer Abkommens v 6 16.9.1988 sind, gilt dieses weiterhin. Eine int Zuständigkeit wird insoweit auch an dem Ort begründet, der den tatsächlichen Mittelpunkt der beruflichen Tätigkeit des AN bildet (BAG 29.5.2002, 5 AZR 141/01, AP ZPO § 38 Internationale Zuständigkeit Nr 17).

Falls für das angegangene dt Gericht die int Zuständigkeit nicht festgestellt werden kann, ist die Verweisung 7 an ein zuständiges ausländisches Gericht nicht möglich. Vielmehr ist die Klage als unzulässig abzuweisen (BAG 23.11.2000, 2 AZR 490/99, EzA § 20 GVG Nr 3). Die positive Feststellung der int Zuständigkeit erfolgt durch Zwischenurteil gem § 280 ZPO (BAG 20.10.2015, 9 AZR 525/14, BB 2016, 308).

§ 2 Zuständigkeit im Urteilsverfahren

Die Gerichte für Arbeitssachen sind ausschließlich zuständig für
1. bürgerliche Rechtsstreitigkeiten zwischen Tarifvertragsparteien oder zwischen diesen und Dritten aus Tarifverträgen oder über das Bestehen oder Nichtbestehen von Tarifverträgen;
2. bürgerliche Rechtsstreitigkeiten zwischen tariffähigen Parteien oder zwischen diesen und Dritten aus unerlaubten Handlungen, soweit es sich um Maßnahmen zum Zwecke des Arbeitskampfes oder um Fragen der Vereinigungsfreiheit einschließlich des hiermit im Zusammenhang stehenden Betätigungsrechts der Vereinigungen handelt;
3. bürgerliche Rechtsstreitigkeiten zwischen Arbeitnehmern und Arbeitgebern
   a) aus dem Arbeitsverhältnis;
   b) über das Bestehen oder Nichtbestehen eines Arbeitsverhältnisses;
   c) aus Verhandlungen über die Eingehung eines Arbeitsverhältnisses und aus dessen Nachwirkungen;

§ 2 ArbGG Zuständigkeit im Urteilsverfahren

d) aus unerlaubten Handlungen, soweit diese mit dem Arbeitsverhältnis im Zusammenhang stehen;
e) über Arbeitspapiere;
4. bürgerliche Rechtsstreitigkeiten zwischen Arbeitnehmern oder ihren Hinterbliebenen und
   a) Arbeitgebern über Ansprüche, die mit dem Arbeitsverhältnis in rechtlichem oder unmittelbar wirtschaftlichem Zusammenhang stehen;
   b) gemeinsamen Einrichtungen der Tarifvertragsparteien oder Sozialeinrichtungen des privaten Rechts über Ansprüche aus dem Arbeitsverhältnis oder Ansprüche, die mit dem Arbeitsverhältnis in rechtlichem oder unmittelbar wirtschaftlichem Zusammenhang stehen, nicht die ausschließliche Zuständigkeit eines anderen Gerichts gegeben ist;
5. bürgerliche Rechtsstreitigkeiten zwischen Arbeitnehmern oder ihren Hinterbliebenen und dem Träger der Insolvenzsicherung über Ansprüche auf Leistungen der Insolvenzsicherung nach dem Vierten Abschnitt des Ersten Teils des Gesetzes zur Verbesserung der betrieblichen Altersversorgung;
6. bürgerliche Rechtsstreitigkeiten zwischen Arbeitgebern und Einrichtungen nach Nummer 4 Buchstabe b und Nummer 5 sowie zwischen diesen Einrichtungen, soweit nicht die ausschließliche Zuständigkeit eines anderen Gerichts gegeben ist;
7. bürgerliche Rechtsstreitigkeiten zwischen Entwicklungshelfern und Trägern des Entwicklungsdienstes nach dem Entwicklungshelfergesetz;
8. bürgerliche Rechtsstreitigkeiten zwischen den Trägern des freiwilligen sozialen oder ökologischen Jahres oder den Einsatzstellen und Freiwilligen nach dem Jugendfreiwilligendienstegesetz; bürgerliche Rechtsstreitigkeiten zwischen dem Bund oder den Einsatzstellen des Bundesfreiwilligendienstes oder deren Trägern und Freiwilligen nach dem Bundesfreiwilligendienstgesetz;
9. bürgerliche Rechtsstreitigkeiten zwischen Arbeitnehmern aus gemeinsamer Arbeit und aus unerlaubten Handlungen, soweit diese mit dem Arbeitsverhältnis im Zusammenhang stehen;
10. bürgerliche Rechtsstreitigkeiten zwischen behinderten Menschen im Arbeitsbereich von Werkstätten für behinderte Menschen und den Trägern der Werkstätten aus den in § 138 des Neunten Buches Sozialgesetzbuch geregelten arbeitnehmerähnlichen Rechtsverhältnissen.

(2) Die Gerichte für Arbeitssachen sind auch zuständig für bürgerliche Rechtsstreitigkeiten zwischen Arbeitnehmern und Arbeitgebern,
a) die ausschließlich Ansprüche auf Leistung einer festgestellten oder festgesetzten Vergütung für eine Arbeitnehmererfindung oder für einen technischen Verbesserungsvorschlag nach § 20 Abs. 1 des Gesetzes über Arbeitnehmererfindungen zum Gegenstand haben;
b) die als Urheberrechtsstreitsachen aus Arbeitsverhältnissen ausschließlich Ansprüche auf Leistung einer vereinbarten Vergütung zum Gegenstand haben.

(3) Vor die Gerichte für Arbeitssachen können auch nicht unter die Absätze 1 und 2 fallende Rechtsstreitigkeiten gebracht werden, wenn der Anspruch mit einer bei einem Arbeitsgericht anhängigen oder gleichzeitig anhängig werdenden bürgerlichen Rechtsstreitigkeit der in den Absätzen 1 und 2 bezeichneten Art in rechtlichem oder unmittelbar wirtschaftlichem Zusammenhang steht und für seine Geltendmachung nicht die ausschließliche Zuständigkeit eines anderen Gerichts gegeben ist.

(4) Auf Grund einer Vereinbarung können auch bürgerliche Rechtsstreitigkeiten zwischen juristischen Personen des Privatrechts und Personen, die kraft Gesetzes allein oder als Mitglieder des Vertretungsorgans der juristischen Person zu deren Vertretung berufen sind, vor die Gerichte für Arbeitssachen gebracht werden.

(5) In Rechtsstreitigkeiten nach diesen Vorschriften findet das Urteilsverfahren statt.

Übersicht	Rdn.		Rdn.
A. Grundsätzliches	1	3. Streitigkeiten über das Bestehen oder Nichtbestehen des Arbeitsverhältnisses	10
B. Die Tatbestände nach I	2		
I. Bürgerliche Streitigkeit	2	4. Eingehen und Nachwirkungen eines Arbeitsverhältnisses	11
II. Streitigkeiten über TV (I Nr 1)	4	5. Unerlaubte Handlungen	12
III. Streitigkeiten im Zusammenhang mit Arbeitskampf und Vereinigungsfreiheit (I Nr 2)	5	6. Arbeitspapiere	13
IV. Streitigkeiten zwischen AN und AG (I Nr 3)	7	V. Streitigkeiten im rechtlichen und unmittelbar wirtschaftlichen Zusammenhang (I Nr 4)	14
1. Allgemeines	7	VI. Streitigkeiten aus der Insolvenzsicherung der betrieblichen Altersversorgung (I Nr 5, 6)	16
2. Aus dem Arbeitsverhältnis	8		

VII.	Streitigkeiten nach I Nr 7, 8 und 8a	18	III.	Die Hauptklage..................... 24
VIII.	Streitigkeiten zwischen Arbeitnehmern (I Nr 9)............................	19	E.	Gesetzliche Vertreter juristischer Personen des Privatrechts (IV) 26
IX.	Streitigkeiten in Werkstätten für behinderte Menschen (I Nr 10)..........	20	F.	Zuständigkeit bei Widerklage und Aufrechnung....................... 27
C.	Arbeitnehmererfindungs- und urheberrechtsstreitigkeiten (II)..........	21	G.	Die örtliche Zuständigkeit............. 29
D.	Zusammenhangsklagen (III)	22	H.	Die gerichtliche Zuständigkeitsprüfung... 30
I.	Anwendungsbereich	22	I.	Allgemeines........................ 30
II.	Der rechtliche oder unmittelbar wirtschaftliche Zusammenhang..........	23	II.	Prüfungsinhalt (Rechtsweg)............. 31
			I.	Urteilsverfahren (V) 32

A. Grundsätzliches. Mit dieser Bestimmung wird die **ausschließliche** Zuständigkeit der Gerichte für Arbeitssachen in den in I und II genannten Rechtsstreitigkeiten festgelegt. In III ergibt sich die Zuständigkeit aus dem Sachzusammenhang, während IV für die dort genannten Parteien eine fakultative Rechtswegwahl ermöglicht. Für all diese Verfahren ist in V das Urt-Verfahren angeordnet. Die Ausschließlichkeit der Zuständigkeit hindert sowohl die Vereinbarung eines anderen Rechtsweges wie auch die Zuständigkeitsbegr durch rügelose Einlassung (§ 39 ZPO). Denkbar bleibt die Zuständigkeit eines anderen Gerichts im Fall der zwar fehlerhaften, aber (noch) bindenden Verweisung (§ 17a II 3 GVG). Ist seitens des ArbG der Rechtsweg formell korrekt bejaht worden, bindet dies die Rechtsmittelgerichte (§ 17a V GVG). Zu den Einzelheiten der Vorabentscheidung über den Rechtsweg s § 48 Rdn 2–4. 1

B. Die Tatbestände nach I. I. Bürgerliche Streitigkeit. Alle hier enumerativ aufgeführten Zuständigkeitsfälle erfordern eine **bürgerliche Rechtsstreitigkeit**, also eine Abgrenzung ggü dem öffentl Recht. Kennzeichen der bürgerlichen Streitigkeit ist die Herleitung der streitgegenstandsbezogenen Rechtsfolge aus dem Zivilrecht und die gleichrangige Positionierung der Parteien. Maßgebend ist die Natur des str Rechtsverhältnisses (GmS-OGB 10.4.1986, GmS-OGB 1/85, AP GVG § 13 Nr 3), auch ob die begehrte Rechtsfolge von den Bestimmungen des bürgerlichen oder öffentl Rechts geprägt ist. Der Schadensersatz-/Entschädigungsanspruch eines schwerbehinderten Beamtenbewerbers gehört nicht zum bürgerlichen Recht (OVG Rh-Pf 22.6.2007, 2 F 10596/07, NZA-RR 2007, 491). Bei mehreren Anspruchsgrundlagen genügt es, wenn das angerufene Gericht für eine zuständig ist. Die möglichen Anspruchsgrundlagen stehen nicht zur Disposition der Parteien (BAG 16.2.2000, 5 AZB 71/99, EzA § 2 ArbGG 1979 Nr 49). 2

Die Zuordnung zum öffentl Recht ist hingegen gekennzeichnet durch ein Über-Unterordnungsverhältnis der beteiligten Rechtssubjekte oder durch gleichrangige Träger öffentl Gewalt. Im ArbR ergeben sich insoweit bes Nahtstellen zum Sozialversicherungs-, dem Schwerbehinderten- und dem Lohnsteuerrecht. So sind die SG zuständig für die Entsch über die Abführungspflicht von Sozialversicherungsbeiträgen (BSG 7.6.1979, 12 RK 13/78, AP RVO §§ 394, 395 Nr 4), über die Anmeldepflicht zu den Sozialkassen (BAG 5.10.2005, 5 AZB 27/05, NJW 2006, 171) oder die Zahlung oder Rückforderung des AG-Zuschusses zur Krankenversicherung (BAG 19.8.2008, 5 AZB 75/08, DB 2008, 2492). Zur Beschäftigung nach § 16 III 2 SGB II (1-€-Job) s.u. Rdn 8. Bei Streit über die Höhe und Abführung der Lohnsteuer sind die FG zuständig, wenn dies originärer Streitgegenstand ist. Anders hingegen, wenn der AN eine vertragliche Abrede über die Übernahme von Abgaben seitens des AG behauptet – Nettolohnvereinbarung – (BFH 29.6.1993, VI B 108/92, AP ArbGG 1979 § 2 Nr 20). Die ArbG bleiben auch zuständig, wenn der str Anspruch nur von einer öffentl-rechtlichen Vorfrage (des Steuer-/Sozialversicherungsrechts) abhängt (BAG 21.3.1984, 5 AZR 320/82, EzA § 2 ArbGG 1979 Nr 3). 3

II. Streitigkeiten über TV (I Nr 1). Hier sind einschlägig die Rechtsstreite zwischen den TV-Parteien selbst. Auf die Tariffähigkeit kommt es an dieser Stelle nicht an (GMP/*Matthes* § 2 Rn 25). Ausreichend ist aber auch, dass das Verfahren zwischen einer TV-Partei und einem Dritten geführt wird. Solche Dritte können sein die Mitglieder einer TV-Partei, andere Koalitionen oder Außenseiter. Die str Ansprüche können sich aus dem obligatorischen Teil des TV ergeben, also auf Durchführung des TV, Wahrung der Friedenspflicht und Unterlassung diese störende Arbeitskampfmaßnahmen, auf Führung von TV-Verhandlungen oder auch wegen eines Zutrittsrechts der Gewerkschaft zum Betrieb (BAG 8.12.1978, 1 AZR 303/77, EzA Art 9 GG Nr 28). Zum normativen Teil des TV sind der Inhalt oder die Wirksamkeit einer TV-Norm, auch die Auslegung (BAG 25.9.1987, 7 AZR 315/86, EzA § 1 BeschFG 1985 Nr 2) mögliche Streitgegenstände. Weiter gehören hierher Streitigkeiten über den wirksamen Abschluss, die Gültigkeit oder eine rechtswirksame Kdg des TV (BAG 26.9.1984, 4 AZR 343/83, EzA § 1 TVG Nr 18). 4

§ 2 ArbGG   Zuständigkeit im Urteilsverfahren

5   **III. Streitigkeiten im Zusammenhang mit Arbeitskampf und Vereinigungsfreiheit (I Nr 2).** Der hier genannte Begriff der unerlaubten Handlung ist weit zu fassen und nicht iSd BGB zu verstehen. Auch auf rechtswidriges und/oder schuldhaftes Verhalten kommt es für die Zuständigkeitsprüfung nicht an. Allerdings muss sich die unerlaubte Handlung auf eine Arbeitskampfmaßnahme beziehen. Auch der Tatbestand des **Arbeitskampfes** ist weit zu ziehen (GMP/*Schlewing* § 2 Rn 36). Erfasst werden neben Streik und Aussperrung auch sonstige Formen der kollektiven Druckausübung wie Warnstreik, Sympathiestreik, sog wilder Streik oder politischer Streik mit Zielrichtung auf die Gesetzgebung. Auf das Ziel oder den Adressaten der Arbeitskampfmaßnahme kommt es nämlich nicht an. Der Bezug zum Arbeitskampf ist auch bei der Verweigerung von Notstandsarbeiten, Werksbesetzungen, der Behinderung Arbeitswilliger oder dem Einsatz von Beamten in bestreikten Bereichen (BAG 10.9.1985, 1 AZR 262/84, EzA Art 9 GG Arbeitskampf Nr 60) gegeben.

6   Auch die Zuständigkeit bei Streitigkeiten über die **Vereinigungsfreiheit** ist, wie schon die Gesetzesfassung zeigt, breit angelegt. Neben dem Recht auf Bildung einer AN- oder AG-Koalition als solcher treten hier die koalitionsspezifischen Betätigungsrechte und ihre betriebsbezogenen Ausformungen in den Vordergrund: Werbung und Betreuung von Mitgliedern im Betrieb (BAG 30.8.1983, 1 AZR 121/81, EzA Art 9 GG Nr 37), Zutrittsrechte oder Wahl gewerkschaftlicher Vertrauensleute im Betrieb; Mailing-Aktion einer Gewerkschaft (OLG Frankfurt, 28.3.2007, 3 W 20/07, NZA 2007, 710). Nicht die ArbG, sondern die ordentlichen Gerichte sollen hingegen zuständig sein bei Streitigkeiten konkurrierender Gewerkschaften aus der gewerkschaftlichen Betätigung (so BGH 18.5.1971, VI ZR 220/69, AP GG Art 5 I Meinungsfreiheit Nr 6; aA GMP/*Schlewing* § 2 Rn 46). Auch für Streitigkeiten der Koalitionen mit ihren Mitgliedern wird überwiegend die Zuständigkeit der ordentlichen Gerichte bejaht (BGH 30.5.1983, II ZR 138/82, AP BetrVG 1972 § 20 Nr 9).

7   **IV. Streitigkeiten zwischen AN und AG (I Nr 3). 1. Allgemeines.** Dies ist die Zentralnorm der arbeitsgerichtlichen Zuständigkeit für die individualrechtlichen Streitigkeiten des Arbeitsverhältnisses. Zum AN-Begriff ist auf § 5 zu verweisen (s § 5 Rdn 2). Eine AG-Definition kennt das Gesetz nicht. AG ist aber jeder, der AN beschäftigt; auch der persönlich haftende Gesellschafter der OHG oder KG (BAG 28.2.2006, 5 AS 19/05, EzA § 36 ZPO 2002 Nr 4; 1.3.1993, 3 AZB 44/92, EzA § 2 ArbGG 1979 Nr 24) und der bei Durchgriffshaftung in Anspruch genommene GmbH-Gesellschafter (BAG 13.6.1997, 9 AZB 38/96, EzA § 3 ArbGG 1979 Nr 1). Bei Streitigkeiten aus dem Leiharbeitsverhältnis zwischen Leih-AN und Entleiher gilt Letzterer als AG (BAG 15.3.2011, 10 AZB 49/10, DB 2011,1116).

8   **2. Aus dem Arbeitsverhältnis.** Zwischen den Parteien des Rechtsstreits muss das **Arbeitsverhältnis** bestehen, bestanden haben oder zukünftig zu begründen sein. Auf die Wirksamkeit kommt es nicht an; es kann sich auch um ein rechtlich fehlerhaftes (faktisches) Arbeitsverhältnis, Schwarzarbeit oder ein (behauptetes) Scheingeschäft handeln. Hingegen handelt es sich um kein Arbeitsverhältnis, sondern öffentl-rechtliche Beschäftigung bei Einsatz eines Sozialhilfeempfängers nach § 19 II Alt 2 BSHG (LAG Berl 2.12.2005, 8 Ta 1987/05, LAGE § 2 ArbGG 1979 Nr 49) oder **1-EUR-Job** gem § 16 III SGB II (BAG 8.11.2006, 5 AZB 36/06, DB 2007, 64; 26.9.2007, 5 AZR 857/06, EzA § 611 BGB 2002 AN-Begriff Nr 12); zum sog sic-non-Fall s.u. Rdn 31. Wegen der gesetzlichen Definition (§ 5 I 1) befindet sich auch der Auszubildende (Volontär, Praktikant) in einem Arbeitsverhältnis iSd Nr 3. Auf die jeweilige (materiell-rechtliche) Anspruchsgrundlage kommt es nicht an; deshalb ist für den Rückgewähranspruch des Insolvenzverwalters (§ 143 InsO) gegen den AN der arbeitsgerichtliche Rechtsweg gegeben (so GmS-OGB 27.9.2010, GmS-OGB 1/09, DB 2010, 2722); hingegen ordentlicher Rechtsweg, wenn im Anfechtungsfall die Arbeitsvergütung durch einen Dritten gezahlt wurde (BGH 19.7.2012, IX ZB 27/12, MDR 2012, 1123) oder die Rückgewähr der seitens des Schuldners geleisteten Lohnsteuer vom Finanzamt gefordert wird (BAG 17.9.2014,10 AZB 4/14, BB 2014, 2804). Auch eine betriebsverfassungsrechtliche Anspruchsnorm ist denkbar. Eine Zwangsvollstreckungsabwehrklage (§ 767 ZPO) gegen einen Titel über arbeitsrechtliche Ansprüche gehört zum Arbeitsverhältnis (OLG Frankfurt 10.12.1984, 17 W 46/84, DB 1985, 75), nicht hingegen der Auskunftsanspruch aus § 840 ZPO des Pfändungsgläubigers gegen den Drittschuldner bzw ein darauf bezogener Schadensersatzanspruch (BAG 31.10.1984, 4 AZR 535/82, EzA § 840 ZPO Nr 1). Bei der arbeitsgerichtlichen Zuständigkeit bleibt es wegen § 2 III für den umgestellten Ersatzanspruch auf Prozesskosten nach ursprünglicher Erfüllungsklage gegen den Drittschuldner (LAG Köln 17.11.1989, 9 Sa 906/89, LAGE § 12a ArbGG Nr 14).

9   Einschlägig sind alle möglichen Ansprüche aus dem Arbeitsvertrag selbst und dem arbeitsrechtlichen Normenwerk aus Gesetz, TV und BV, auch bei sog fehlgegangener Vergütungserwartung (BAG 28.9.1977, 5 AZR 303/76, EzA § 612 BGB Nr 6). Wegen des Erfordernisses der bürgerlichen Streitigkeit kommen Ansprüche aus dem Beamtenverhältnis oder anderen öffentl-rechtlichen Beschäftigungsverhältnissen nicht infrage (zu Beamten der Dt Post AG vgl BAG 16.6.1999, 5 AZB 16/99, EzA § 13

GVG Nr 13). Arbeiter und Angestellte des öffentl Dienstes sowie Dienstordnungsangestellte der SozV stehen hingegen auch dann im Arbeitsverhältnis, wenn sie hoheitliche Funktionen wahrnehmen. Bei Überlassung von **Wohnraum** ist zu unterscheiden: Bei Werkmietwohnungen (§ 576 BGB) besteht neben dem Arbeitsvertrag ein eigenständiger Mietvertrag (dazu BAG 28.11.2007, 5 AZB 44/07, EzA § 2 ArbGG 1979 Nr 68). Für Streitigkeiten sind ausschließlich (§ 29a ZPO) die ordentlichen Gerichte zuständig. Bei der Werkdienstwohnung (zB Hausmeister) sind hingegen für alle Streitigkeiten die ArbG zuständig (BAG 2.11.1999, 5 AZB 18/99, EzA § 2 ArbGG 1979 Nr 48; LG Berlin 29.11.2012, 63 T 198/12, juris). Bei den Ansprüchen der **BR-Mitglieder** gehören die arbeitsvertraglichen Vergütungsansprüche hierher, auch wenn sie auf § 37 II, III, IV BetrVG beruhen (BAG 19.6.1979, 6 AZR 638/77, EzA § 37 BetrVG 1972 Nr 65). Gleiches gilt für das Weiterbeschäftigungsverlangen des Auszubildenden gem § 78a BetrVG (BAG 14.5.1987, 6 AZR 498/85, EzA § 78a BetrVG 1972 Nr 18).

3. Streitigkeiten über das Bestehen oder Nichtbestehen des Arbeitsverhältnisses. Hier sind alle Streitigkeiten zum Bestand des Arbeitsverhältnisses (vergangen, gegenwärtig oder zukünftig) erfasst. Hauptanwendungsfälle sind Kdg, Befristung, Bedingung oder Anfechtung. Auch die Klage auf Feststellung des Arbeitsverhältnisses (Statusklage) oder die des Leih-AN gegen den Entleiher gem § 10 I AÜG gehören hierher. Gleiches gilt für den Weiterbeschäftigungsanspruch während des Kdg-Schutzprozesses und den entspr Entbindungsantrag des AG (GMP/*Schlewing* § 2 Rn 69). 10

4. Eingehen und Nachwirkungen eines Arbeitsverhältnisses. Mögliche Streitgegenstände sind Schadensersatz wegen Pflichtverletzung bei Vertragsverhandlungen, Vorstellungskosten, Abschluss des Arbeitsvertrages, Rückgabe von Bewerbungsunterlagen, Entschädigungsansprüche eines Bewerbers (§ 15 AGG). Streitpartei muss aber der potenzielle AG sein, nicht ein beauftragter Dritter (BAG 27.8.2008, 5 AZB 71/08, NZA 2008, 1259). Bei den Nachwirkungen: Zeugnis oder sonstige Bescheinigungen, Karenzentschädigungen, Leistungen nach dem ATZG, Ansprüche wegen unrichtiger Auskünfte bzw arbeitgeberseitig Unterlassung von Wettbewerb oder Rückgabe von Arbeitsgerät. 11

5. Unerlaubte Handlungen. In Abgrenzung zu I Nr 9 muss die unerlaubte Handlung zwischen AN und AG (oder Erfüllungsgehilfen) begangen sein (BAG 7.7.2009, 5 AZB 8/09, NZA 2009, 919). Die Zuständigkeit besteht auch bei der Klage gegen den Geschäftsführer der AG-GmbH (BAG 24.6.1996, 5 AZB 35/95, EzA § 2 ArbGG 1979 Nr 32; LAG BW 29.7.2014, 13 Ta 20/14, NZA-RR 2014, 562). Der notwendige **Zusammenhang** der unerlaubten Handlung mit dem Arbeitsverhältnis ist nur vorhanden, wenn diese die bes Eigenart des Arbeitsverhältnisses und die ihm innewohnenden Reibungs- und Berührungspunkte reflektiert, also nicht bei Nachbarschaftsstreitigkeiten, wenn die Beteiligten auch zufällig als AN und AG verbunden sind (BAG 11.7.1995, 5 AS 13/95, EzA § 2 ArbGG 1979 Nr 30). Unerheblich soll sein, dass die unerlaubte Handlung vor Beginn des Arbeitsverhältnisses oder nach dessen Ende begangen wurde (GMP/*Schlewing* § 2 Rn 76). Auch ein Verstoß gegen das UWG durch einen ehemaligen AN kann eine unerlaubte Handlung iSv Nr 3d sein (OLG Bbg 4.3.2008, 6 U 37/07, MDR 2008, 1417). 12

6. Arbeitspapiere. Hierunter fallen sämtliche Dokumente, die der AG dem AN zu erteilen hat, wie Lohnsteuerbescheinigung, Versicherungsnachweisheft, Arbeits-, Urlaubs- oder Verdienstbescheinigung und Zeugnisse, nicht jedoch die Meldung gem § 28a SGB IV (BAG 5.10.2005, 5 AZB 27/05, EzA § 2 ArbGG 1979 Nr 63). Auch wenn im Ausgangspunkt die Zuständigkeit für Arbeitspapiere breit angelegt scheint, muss es sich doch um eine bürgerliche Rechtsstreitigkeit handeln. Dies macht bei rein privatrechtlichen Papieren (Zeugnis, Urlaubsbescheinigung, Lohnnachweiskarte des Baugewerbes) keine Probleme. Anders hingegen bei Arbeitspapieren mit öffentl-rechtlichem Charakter (Lohnsteuerbescheinigung, Sozialversicherungsausweis, Arbeitsbescheinigung): Aus systematischen Gründen ist hier mit der überwiegenden Rspr davon auszugehen, dass die Zuständigkeit der ArbG nur für das Ausstellen als solches und die Herausgabe, nicht jedoch für die Berichtigung gegeben ist (BAG 7.5.2013, 10 AZB 8/13, DB 2013, 1308; BSG 12.12.1990, 11 RAr 43/88, NZA 1991, 696; dazu krit GMP/*Schlewing* § 2 Rn 80 mwN). Unproblematisch vor die ArbG gehören Schadensersatzansprüche wegen unterlassener oder verspäteter Herausgabe der Arbeitspapiere. 13

V. Streitigkeiten im rechtlichen und unmittelbar wirtschaftlichen Zusammenhang (I Nr 4). Nr 4a ist die ggü § 2 III (Zusammenhangsklage) speziellere Vorschrift. Während für Letztere ein Zusammenhang mit einer Streitigkeit aus dem Zuständigkeitskatalog von I oder II genügt, muss für die (ausschließliche) Zuständigkeit nach Nr 4a ein Zusammenhang mit dem Arbeitsverhältnis gegeben sein. Der notwendige **rechtliche Zusammenhang** mit dem Arbeitsverhältnis besteht, wenn der Anspruch auf dem Arbeitsverhältnis beruht oder durch dieses bedingt ist (Auskunftsanspruch nach Vertragsende wegen gespeicherter personenbezogener 14

§ 2 ArbGG   Zuständigkeit im Urteilsverfahren

Daten: BAG 3.2.2014, 10 AZB 77/13, BB 2014,756). (Unmittelbarer) **wirtschaftlicher Zusammenhang** meint, dass der Anspruch mit dem Gegenleistungsverhältnis von Arbeit und Vergütung eng verbunden ist, so zB bei Nebenleistungen des AG (verbilligter Warenbezug, AG-Darlehen, Nutzung von Einrichtungen des AG), die er wegen des bestehenden Arbeitsverhältnisses erbringt (BAG 24.9.2004, 5 AZB 46/04, EzA § 2 ArbGG 1979 Nr 62). Auch die **Hinterbliebenen** des AN können Partei des Rechtsstreites sein. EFZ, Sterbegeld, Hinterbliebenenrente oder Schadensersatz sind mögliche Streitgegenstände.

15 Die Zuständigkeit für Streitigkeiten zwischen AN und **gemeinsamen Einrichtungen der TV-Parteien** oder **Sozialeinrichtungen** des privaten Rechts regelt **Nr 4b**, entspr für die AG **Nr 6**. Unter den gemeinsamen Einrichtungen der TV-Parteien sind diejenigen des § 4 II TVG (s § 4 TVG Rdn 37) zu verstehen. Für die Praxis bedeutsam: Lohnausgleichs- und Urlaubskasse des Baugewerbes. Sozialeinrichtungen sind iW solche iSd § 87 I Nr 8 BetrVG (s § 87 BetrVG Rdn 47); für den arbeitsgerichtlichen Rechtsweg bedarf es aber der besonderen Nähe zum Arbeitsverhältnis (BAG 5.12.2013, 10 AZB 25/13, NZA 2014, 221). Da es sich um Sozialeinrichtungen des Privatrechts handeln muss, ist für die AN des öffentl Dienstes wegen der Ansprüche gegen die Zusatzversorgungskassen (VBL als Anstalt des öffentl Rechts) der arbeitsgerichtliche Rechtsweg nicht eröffnet. Für die Streitigkeiten zwischen den versicherten AN und den Zusatzversorgungskassen sind die ordentlichen Gerichte zuständig (BAG 28.4.1981, 3 AZR 255/80, AP TVG § 4 Gemeinsame Einrichtungen Nr 3; BGH 14.12.2005, IV ZB 45/04, NZA-RR 2006, 430).

16 **VI. Streitigkeiten aus der Insolvenzsicherung der betrieblichen Altersversorgung (I Nr 5, 6).** Träger der Insolvenzsicherung sind der Pensionssicherungsverein (PSVaG) und ggf die Kreditanstalt für Wiederaufbau (§ 14 II BetrAVG). Es muss sich um Ansprüche der (ehemaligen) AN oder Hinterbliebenen auf Leistungen gem §§ 7–9 BetrAVG handeln. Notwendig ist eine bürgerliche Streitigkeit, also ohne Insolvenz müssten die Ansprüche gegen den AG bzw eine Sozialeinrichtung nach I Nr 4 gerichtet sein. Auf die jeweilige Parteistellung kommt es hingegen nicht an (zB Aktivklage des PSVaG wegen Überzahlung). Auch bei Streitigkeiten aus auf den PSVaG übergegangenen AN-Ansprüchen gegen den AG bzw Insolvenzverwalter sind die ArbG zuständig (BAG 11.11.1986, 3 AZR 228/86, EzA § 2 ArbGG 1979 Nr 9).

17 In Nr 6 sind die (bürgerlichen) Streitigkeiten der AG mit den Einrichtungen nach Nr 4b u 5 in den arbeitsgerichtlichen Rechtsweg einbezogen. Praxisrelevant ist dies für die Urlaubskasse der Bauwirtschaft. Für die insolvenzrechtliche Anfechtung von Beitragszahlungen des AG an die Baukasse bleibt es aber beim Rechtsweg zu den ordentlichen Gerichten (BGH 6.12.2012, IX ZB 84/12, DB 2012, 2928). Ggü dem PSVaG ist die Bedeutung seit der Änderung des § 7 BetrAVG gering. Das (allg) Rechtsverhältnis zwischen dem PSVaG und den einzelnen AG hat nämlich öffentl-rechtlichen Charakter. Klagen wegen Beitragszahlungen oä gehören deshalb vor die VG.

18 **VII. Streitigkeiten nach I Nr 7, 8 und 8a.** Die hier genannten Personen (**Entwicklungshelfer, Teilnehmer am freiwilligen sozialen/ökologischen Jahr oder Bundesfreiwilligendienst**) stehen zum jeweiligen Träger dieser Sozialdienste nicht im Arbeitsverhältnis (BAG 12.2.1992, 7 ABR 42/91, EzA § 5 BetrVG Nr 53). Deshalb war die konkrete Zuweisung in die arbeitsgerichtliche Zuständigkeit für die Streitigkeiten zwischen den Helfern bzw Freiwilligen und den in Nr 7, 8 und 8a aufgeführten Trägern dieser Dienste geboten.

19 **VIII. Streitigkeiten zwischen Arbeitnehmern (I Nr 9).** Der Zuständigkeitstatbestand der **gemeinsamen Arbeit** kommt insb infrage, wenn die AN in einer Betriebs- oder Eigengruppe zusammenarbeiten. Denkbar sind Vergütungs-, Ausgleichs- oder Schadensersatzansprüche der Gruppenmitglieder. Der Streit über die Beteiligung von angestellten Krankenhausärzten an dem Vergütungspool gehört hierher (BGH 26.2.1998, III ZB 25/97, AP ArbGG 1979 § 2 Zuständigkeitsprüfung Nr 5). Die weiter hier genannte **unerlaubte Handlung** muss mit dem Arbeitsverhältnis im Zusammenhang stehen (s Rdn 12). Dazu gehören Ansprüche aus einem Arbeitsunfallgeschehen, aber auch aus unerlaubten Handlungen anlässlich von Arbeitskämpfen, Betriebsausflügen oder Fahrgemeinschaften. Nicht erforderlich ist, dass die AN bei demselben AG im Vertragsverhältnis stehen (GK-ArbGG/*Schütz* § 2 Rn 181; vgl aber OLG Hamm 23.9.1999, 6 W 31/99, NZA-RR 2000, 499).

20 **IX. Streitigkeiten in Werkstätten für behinderte Menschen (I Nr 10).** Soweit die dort beschäftigten Behinderten nicht im Arbeitsverhältnis stehen, sondern ein AN-ähnliches Rechtsverhältnis (§ 138 I SGB IX) besteht, folgt die Zuständigkeit der ArbG für den Streit zwischen den Behinderten und dem Werkstattträger aus dieser Bestimmung. Aus dem Werkstattvertrag sind dabei Ansprüche auf den leistungsabhängigen Steigerungsbetrag denkbar.

21 **C. Arbeitnehmererfindungs- und urheberrechtsstreitigkeiten (II).** Die Bestimmung muss in Abgrenzung zu § 39 I ArbnErfG gesehen werden, wonach für AN-Erfinderstreitigkeiten die (ausschließliche)

Zuständigkeit der für Patentstreitsachen zuständigen Gerichte gegeben ist. Die arbeitsgerichtliche Zuständigkeit wird deshalb hier nur für den Streit über die **festgestellte oder festgesetzte Vergütung** (§ 12 ArbnErfG) für eine AN-Erfindung eröffnet. Beim technischen Verbesserungsvorschlag (§ 20 I ArbnErfG) sind die ArbG hingegen auch für die Frage zuständig, ob ein Vergütungsanspruch besteht (GMP/*Schlewing* § 2 Rn 113). Im Urheberrechtsstreit muss es um die vereinbarte Vergütung gehen. Zu beachten ist, dass die arbeitsgerichtliche Zuständigkeit nur besteht, soweit **ausschließlich** die genannten Vergütungsansprüche geltend gemacht werden. So ist auch der Weg über die Zusammenhangsklage (III) abgeschnitten. Solch andere Ansprüche sind gem § 17a GVG an die ordentlichen Gerichte zu verweisen (BAG 9.7.1997, 9 AZB 14/97, EzA § 2 ArbGG 19979 Nr 39). Da II keine ausschließliche Zuständigkeit anordnet, sind Gerichtsstandsvereinbarungen für die Zuständigkeit der ordentlichen Gerichte zulässig (GMP/*Schlewing* § 2 Rn 115).

D. Zusammenhangsklagen (III). I. Anwendungsbereich. Hier wird die arbeitsgerichtliche Zuständigkeit über den Katalog der I und II hinaus erweitert, um rechtlich oder wirtschaftlich verbundene Streitverfahren einer einheitlichen Entsch vor den Gerichten für Arbeitssachen zuzuführen. Die umgekehrte Möglichkeit einer einheitlichen Entscheidung vor den ordentlichen Gerichten für arbeitsgerichtliche Tatbestände besteht nicht. Der Zusammenhang eröffnet nur eine fakultative Zuständigkeit, sie wird durch eine entspr Parteidisposition ausgelöst. Es muss sich um eine bürgerliche Streitigkeit handeln, für die das Urt-Verfahren gilt. Betriebsverfassungsrechtliche Ansprüche scheiden deshalb als Zusammenhangsklagen aus. 22

II. Der rechtliche oder unmittelbar wirtschaftliche Zusammenhang. Dieser ist weit auszulegen. Vom unmittelbar wirtschaftlichen Zusammenhang ist immer dann auszugehen, wenn die – bürgerlichen – Streitigkeiten demselben einheitlichen Lebenssachverhalt entstammen und keine zufällige Verbindung besteht; meist indiziert der wirtschaftliche auch den rechtlichen Zusammenhang (GMP/ *Schlewing* § 2 Rn 118). Für Letzteren genügt jedenfalls der Zusammenhang zu den Verteidigungsmitteln (Aufrechnung, Widerklage) der beklagten Partei (BAG 23.8.2001, 5 AZB 20/01, EzA § 2 ArbGG 1979 Nr 54). Zusammenhang bejaht: Mittäter bei unerlaubter Handlung (LAG Köln 19.7.2006, 9 Ta 228/06, juris), gemischte Verträge mit einem Arbeitsvertrag, Bürgschaftsklage; verneint hingegen bei Gebührenstreit des RA gegen den Mandanten iVm einem arbeitsgerichtlichen Verfahren (BAG 28.10.1997, 9 AZB 35/97, EzA § 34 ZPO Nr 1). 23

III. Die Hauptklage. Sie muss **anhängig sein** oder **gleichzeitig** anhängig gemacht werden. Aus Gründen der Prozessökonomie wird es auch genügen, wenn die Hauptklage nachfolgend erhoben wird (BCF/*Bader* § 2 Rn 21 mwN; aA ErfK/*Koch* § 2 Rn 39). Eine gänzliche Parteiidentität ist nicht erforderlich, es genügt, wenn eine Partei der Hauptklage auch diejenige der Zusammenhangsklage ist (BAG 11.9.2002, 5 AZB 3/02, EzA § 2 ArbGG Nr 59). Für die Hauptklage muss die Zuständigkeit nach I gegeben sein. Lediglich die Zuständigkeit über einen Hilfsantrag oder die Zwischenfeststellungsklage zum Rechtsweg genügen nicht (BAG 28.10.1993, 2 AZB 12/93, EzA § 2 ArbGG 1979 Nr 26). Besonderheiten gelten für die Status-/Kdg-Schutzklage (sog sic-non-Fall) als Hauptklage, weil hier bereits die Behauptung der AN-Eigenschaft für die Begr des Rechtsweges genügt. Es gilt, Manipulationen zum gesetzlichen Richter über das Institut der Zusammenhangsklage zu verhindern (BVerfG 31.8.1999, 1 BvR 1389/97, EzA § 2 ArbGG 1979 Nr 47). Aus verfassungsrechtlichen Gründen muss deshalb hier die AN-Eigenschaft für die Hauptklage zumindest schlüssig dargelegt sein, da anderenfalls die Zusammenhangsklage nicht zulässig ist (BAG 11.6.2003, 5 AZB 43/02, EzA § 2 ArbGG Nr 60). Besteht für die Streitigkeit die **ausschließliche** Zuständigkeit eines anderen Gerichts (zB Mietsachen gem § 29a ZPO oder Wettbewerbsstreitigkeiten gem § 13 I UWG), ist die Erhebung als Zusammenhangsklage nicht möglich (BAG 10.6.2010, 5 AZB 3/10, NZA 2010, 1086). 24

Aufgrund des Wortlauts kann die Zusammenhangsklage nur erhoben werden, wenn die Hauptklage noch vor dem ArbG, also in 1. Instanz, anhängig ist (GK-ArbGG/*Schütz* § 2 Rn 211c mit ausf Begr; jetzt auch GMP/*Schlewing* § 2 Rn 126). Für die Zusammenhangswirkung ist die Rechtshängigkeit der Klage maßgeblich. Die danach geschehene Rücknahme, Abtrennung, Erledigterklärung oder Teilurteil zur Hauptklage sind unschädlich (GK-ArbGG/*Schütz* § 2 Rn 211b; **aA** BAG 29.11.2006, 5 AZB 47/06, NZA 2007, 110; 15.8.1975, 5 AZR 217/75, AP ArbGG 1953 § 2 Zuständigkeitsprüfung Nr 32: Zusammenhang entfällt, wenn Hauptklage vor str Verhandlung zurückgenommen wird). Ein Streit über die Zuständigkeit für die Zusammenhangsklage ist nach § 17a III GVG vorab zu entscheiden. 25

E. Gesetzliche Vertreter juristischer Personen des Privatrechts (IV). Diese Bestimmung eröffnet eine optionale Zuständigkeit der Gerichte für Arbeitssachen. Erforderlich ist eine **Vereinbarung.** Diese kann allg im Anstellungs- oder Gesellschaftsvertrag geschehen sein oder auch nur für den Einzelfall getroffen werden. Die Schriftform ist nicht notwendig (IV geht § 38 II ZPO vor). Rügeloses Einlassen (§ 39 ZPO) genügt nicht, da diese Bestimmung rechtswegübergreifend nicht gilt (GMP/*Schlewing* § 2 Rn 135). Die 26

Vorschrift greift nur für gesetzliche Vertreter der juristischen Personen des Privatrechts, nicht jedoch für Organe der Personengesellschaften (GbR, OHG, KG) oder der juristischen Personen des öffentl Rechts. Mit den jeweiligen Mitgliedern der Vertretungsorgane (Geschäftsführer, Vorstände) kann die zuständigkeitsbegründende Vereinbarung geschlossen werden. Unbeachtlich ist, wenn die Kompetenzen im Innenverhältnis stark beschränkt sind (BAG 6.5.1999, 5 AZB 22/98, EzA § 5 ArbGG 1979 Nr 33). Auch der Geschäftsführer der Komplementär-GmbH einer GmbH & Co. KG wird nun als gesetzliches Vertretungsorgan angesehen, mit dem eine solche Vereinbarung möglich ist (BAG 20.8.2003, 5 AZB 79/02, EzA § 5 ArbGG 1979 Nr 38).

27 **F. Zuständigkeit bei Widerklage und Aufrechnung.** Für die zum ArbG erhobene **Widerklage** muss die Zuständigkeit nach allg Regeln gegeben sein. Falls nicht, kommt die Zusammenhangsklage (III) infrage (s.o. Rdn 23). Andernfalls ist die Widerklage unter Abtrennung vAw in den richtigen Rechtsweg zu verweisen (§ 17a II GVG).

28 Ob eine in einen anderen Rechtsweg gehörende Forderung im Verfahren vor den Gerichten für Arbeitssachen zur **Aufrechnung** gestellt werden kann, ist wegen der einschlägigen Rechtskraftwirkung (§ 322 II ZPO) nicht über die bloße Vorfragenkompetenz der ArbG zu lösen. Eine arbeitsgerichtliche Zuständigkeit kann auch nicht aus § 17 II GVG gefolgert werden, wonach der Rechtsstreit unter allen in Betracht kommenden rechtlichen Gesichtspunkten zu entscheiden ist. Haupt- und Gegenforderung sind getrennt zu betrachten. Die Zuständigkeit zur Aufrechnungsforderung kann sich für das angerufene ArbG nicht schon daraus ergeben, dass die Rechtswegzuständigkeit für die Hauptforderung gegeben ist (BAG 23.8.2001, 5 AZB 3/01, EzA § 17 GVG Nr 1). Allerdings kann der vor dem ArbG beklagten Partei nicht die Möglichkeit der Verteidigung mit einer (ausschließlich) in den anderen Rechtsweg gehörenden Aufrechnungsforderung verwehrt werden. Richtigerweise hat das ArbG durch Vorbehaltsurteil (§ 302 ZPO) über die Hauptforderung zu entscheiden und hins der Aufrechnungsforderung gem § 17a II GVG (nach Rechtskraft des Vorbehaltsurteils) in den richtigen Rechtsweg zu verweisen. Dort ist im Fall der Begründetheit der Aufrechnungsforderung das Vorbehaltsurteil aufzuheben und die Klage abzuweisen (so jetzt BAG 28.11.2007, 5 AZB 44/07, EzA § 2 ArbGG 1979 Nr 68). Dass damit das für die Aufrechnung zuständige Gericht letztlich auch über die Hauptforderung entscheidet, ist in Anbetracht der von diesem Gericht zu beachtenden Bindungswirkung (§ 318 ZPO) hinzunehmen (vgl GMP/*Schlewing* § 2 Rn 148/149).

29 **G. Die örtliche Zuständigkeit.** Eine eigenständige Regelung für das Urteilserfahren findet sich nur im § 48 Ia zum Gerichtsstand des gewöhnlichen Arbeitsortes (s § 48 Rdn 13–15). IÜ gelten über § 46 II die allg Gerichtsstandsregeln gem §§ **12 ff ZPO**. Sofern nicht ein ausschließlicher Gerichtsstand zur Anwendung kommt, gilt der **allg Gerichtsstand** (§ 12 ZPO). Er wird für die natürliche Person durch den Wohnsitz (§ 13 ZPO) bestimmt. Bei den juristischen Personen und den parteifähigen Personengesellschaften ist der Sitz (Ort der Verwaltung, § 17 ZPO) maßgeblich. Für den Bund oder die Bundesländer als AG ist der Sitz der jeweiligen Vertretungsbehörde bestimmt (§ 18 ZPO). Bei den bes Gerichtsständen sind zum einen derjenige der Niederlassung (§ 21 ZPO) und derjenige der unerlaubten Handlung (§ 32 ZPO) zu nennen. Von bes Bedeutung ist allerdings der Gerichtsstand des **Erfüllungsortes** (§ 29 ZPO). Dieser bestimmt sich grds aus den Umständen, insb aus der Natur des Schuldverhältnisses (§ 269 I BGB). Dies ist für das Arbeitsverhältnis der Betriebsort, an dem der AN ständig beschäftigt ist (BAG 9.10.2002, 5 AZR 307/01, EzA § 29 ZPO 2002 Nr 1). Für AN mit wechselnden Einsatzorten (Außendienst, Montage) soll der Wohnsitz des AN, von dem aus er seiner Tätigkeit nachgeht, der Erfüllungsort sein (hM BAG 12.6.1986, 2 AZR 398/85, EzA § 269 BGB Nr 2; 3.11.1993, 5 AS 20/93, EzA § 36 ZPO Nr 18 mwN). Insgesamt wird im Schwerpunkt des Arbeitsverhältnisses eine bes Anknüpfung gesehen. Ggf kann hier auch § 48 Ia (Arbeitsort) einschlägig sein. Schwerpunkt kann auch die Betriebsstätte sein, von der aus der Einsatz gesteuert wird (HWK/*Ziemann* § 2 Rn 143 mwN). Der Erfüllungsort soll einheitlich für alle Vertragspflichten oder jedenfalls für die gegenseitigen Hauptpflichten – auch bei Beendigung des Arbeitsverhältnisses (GMP/*Germelmann* § 48 Rn 43) – bestimmt werden. Von daher gilt er auch für die Kdg-Schutzklage (BAG 12.6.1986, aaO). Bei mehreren Gerichtsständen hat der Kläger ein – nur einmal auszuübendes – Wahlrecht (§ 35 ZPO). **Gerichtsstandsvereinbarungen** sind nur unter den engen Voraussetzungen nach § 38 II, III ZPO möglich. Die Zuständigkeitsbegründung im Wege der rügelosen Einlassung (§ 39 S 1 ZPO) ist möglich, wenn das Gericht ordnungsgem belehrt hat und die beklagte Partei in der Streitverhandlung zur Hauptsache verhandelt (BCF/*Bader* § 1 Rn 12).

30 **H. Die gerichtliche Zuständigkeitsprüfung. I. Allgemeines.** Die Zuständigkeit des angerufenen Gerichts ist Sachurteilsvoraussetzung und vAw zu prüfen. Es ist auf den Zeitpunkt der Rechtshängigkeit der Klage abzustellen. Eine nachträgliche Veränderung entzieht die ursprüngliche Zuständigkeit nicht mehr

(§ 261 III Nr 2 ZPO). Bei der Klagehäufung ist die Zuständigkeit für jeden Klagegegenstand gesondert zu prüfen. Häufig wird jedoch hier die Zusammenhangsklage (III) helfen. In der Reihenfolge der Prüfung soll der Rechtsweg der örtlichen Zuständigkeit vorgehen (GMP/*Germelmann* § 48 Rn 10). Falls es am Rechtsweg oder an der örtlichen Zuständigkeit fehlt, ist vAw an das zuständige Gericht zu verweisen (vgl § 48 Rdn 4).

II. Prüfungsinhalt (Rechtsweg). Er bezieht sich auf die die Zuständigkeit begründenden Tatsachen. Je nach Klageantrag kann sich eine unterschiedliche Prüfungstiefe ergeben. Die Rspr hat dazu 3 Fallgruppen herausgebildet: Die bloße Behauptung der arbeitsgerichtlichen Zuständigkeit ist dann genügend, wenn die Klage nur unter Bejahung der AN-Eigenschaft erfolgreich sein kann. Die anspruchsbegründenden Tatsachen sind doppelrelevant für den Rechtsweg und die Sachentscheidung (sog **sic-non-Fall**, BAG 24.4.1996, 5 AZB 25/95, EzA § 2 ArbGG 1979 Nr 31). Bleibt die behauptete AN-Eigenschaft unschlüssig oder unbewiesen, ist die Klage als unbegründet abzuweisen. Hierher gehören: Feststellungsklage auf (Fort-) Bestand eines Arbeitsverhältnisses, Kdg-Schutzklage nach KSchG, Vergütungsklage mit ausschließlich arbeitsrechtlicher Anspruchsgrundlage (vgl ErfK/*Koch* § 2 Rn 40), nicht hingegen eine Klage auf »Brutto«-Vergütung (LAG Berl 22.7.2005, 10 Ta 1331/05, NZA-RR 2006, 98). Davon zu unterscheiden sind Klagebegehren mit konkurrierenden Anspruchsgrundlagen: **aut-aut-Fall** (2 sich ausschließende Anspruchsgrundlagen, von denen nur eine in den arbeitsgerichtlichen Rechtsweg gehört) bzw **et-et-Fall** (von 2 sich nicht ausschließenden Anspruchsgrundlagen gehört nur eine in den arbeitsgerichtlichen Rechtsweg). Für diese Fälle wird überwiegend vertreten, dass der schlüssige Vortrag zu den den Rechtsweg begründenden Tatsachen erforderlich, aber genügend ist, der Beweis hingegen bei der Begründetheitsprüfung zu führen ist (ErfK/*Koch* § 2 Rn 41; so auch im Erg LAG Hessen 27.6.2012, 16 Ta 134/12, FA 2012, 301; offengelassen BAG 8.9.2015, 9 AZB 21/15, NJW 2015, 3469; aA BGH 27.10.2009, VIII ZB 42/08, MDR 2010, 228). Besteht bei konkurrierenden Anspruchsgrundlagen für eine ein ausschließlicher Rechtsweg (zB Amtspflichtverletzung Art 34 S 3 GG, § 839 BGB), hat wohl dieser den Vorrang. Es ist dann gem § 17 II GVG unter allen rechtlichen Gesichtspunkten zu entscheiden. Allerdings kann die arbeitsgerichtliche Zuständigkeit eintreten, wenn eine bindende Verweisung seitens der ordentlichen Gerichtsbarkeit geschehen ist (BAG 14.12.1998, 5 AS 8/98, EzA § 65 ArbGG 1979 Nr 4). Zur möglichen Wahlfeststellung bei AN-ähnlichen Personen vgl § 5 Rdn 5.

I. Urteilsverfahren (V). Für alle Tatbestände nach I–IV ist das Urteilsverfahren angeordnet. Dieses ist für die Durchsetzung individualrechtlicher Ansprüche aus dem Arbeitsverhältnis gegeben. So wird iVm § 2a die gebotene Abgrenzung zum Beschlussverfahren (s dort Rdn 1) ermöglicht. Wird der Rechtsstreit in der unrichtigen Verfahrensart anhängig gemacht, hat da s Gericht vAw in das zutreffende Verfahren zu verweisen. §§ 17, 17a GVG gelten – einschl der Bindungswirkung für die 2. und 3. Instanz – entspr.

§ 2a Zuständigkeit im Beschlussverfahren
(1) Die Gerichte für Arbeitssachen sind ferner ausschließlich zuständig für
1. Angelegenheiten aus dem Betriebsverfassungsgesetz, soweit nicht für Maßnahmen nach seinen §§ 119 bis 121 die Zuständigkeit eines anderen Gerichts gegeben ist;
2. Angelegenheiten aus dem Sprecherausschussgesetz, soweit nicht für Maßnahmen nach seinen §§ 34 bis 36 die Zuständigkeit eines anderen Gerichts gegeben ist;
3. Angelegenheiten aus dem Mitbestimmungsgesetz, dem Mitbestimmungsergänzungsgesetz und dem Drittelbeteiligungsgesetz, soweit über die Wahl von Vertretern der Arbeitnehmer in den Aufsichtsrat und über ihre Abberufung sowie über die Abberufung, mit Ausnahme der Abberufung nach § 103 Abs. 3 des Aktiengesetzes zu entscheiden ist;Angelegenheiten aus den §§ 94, 95, 139 des Neunten Buches Sozialgesetzbuch,
3b. Angelegenheiten aus dem Gesetz über Europäische Betriebsräte, soweit nicht für Maßnahmen nach seinen §§ 43 bis 45 die Zuständigkeit eines anderen Gerichts gegeben ist;
3c. Angelegenheiten aus § 51 des Berufsbildungsgesetzes;
3d. Angelegenheiten aus § 10 des Bundesfreiwilligendienstgesetzes;
3e. Angelegenheiten aus dem SE-Beteiligungsgesetz vom 22. Dezember 2004 (BGBl. I S. 3675, 3686) mit Ausnahme der §§ 45 und 46 und nach den §§ 34 bis 39 nur insoweit, als über die Wahl von Vertretern der Arbeitnehmer in das Aufsichts- oder Verwaltungsorgan sowie deren Abberufung mit Ausnahme der Abberufung nach § 103 Abs. 3 des Aktiengesetzes zu entscheiden ist;
3f. Angelegenheiten aus dem SCE-Beteiligungsgesetz vom 14. August 2006 (BGBl. I S. 1911, 1917) mit Ausnahme der §§ 47 und 48 und nach den §§ 34 bis 39 nur insoweit, als über die Wahl von Vertretern der Arbeitnehmer in das Aufsichts- oder Verwaltungsorgan sowie deren Abberufung zu entscheiden ist;

§ 2a ArbGG Zuständigkeit im Beschlussverfahren

3g. Angelegenheiten aus dem Gesetz über die Mitbestimmung der Arbeitnehmer bei einer grenzüberschreitenden Verschmelzung vom 21. Dezember 2006 (BGBl. I S. 3332) mit Ausnahme der §§ 34 und 35 und nach den §§ 23 bis 28 nur insoweit, als über die Wahl von Vertretern der Arbeitnehmer in das Aufsichts- oder Verwaltungsorgan sowie deren Abberufung mit Ausnahme der Abberufung nach § 103 Abs. 3 des Aktiengesetzes zu entscheiden ist;
4. die Entscheidung über die Tariffähigkeit und die Tarifzuständigkeit einer Vereinigung;
5. die Entscheidung über die Wirksamkeit einer Allgemeinverbindlicherklärung nach § 5 des Tarifvertragsgesetzes, einer Rechtsverordnung nach § 7 oder § 7a des Arbeitnehmer-Entsendegesetzes und einer Rechtsverordnung nach § 3a des Arbeitnehmerüberlassungsgesetzes;
6. die Entscheidung über den nach § 4a Absatz 2 Satz 2 des Tarifvertragsgesetzes im Betrieb anwendbaren Tarifvertrag.

(2) In Streitigkeiten nach diesen Vorschriften findet das Beschlussverfahren statt.

Übersicht	Rdn.		Rdn.
A. Grundsätzliches	1	II. Streitigkeiten aus SprAuG, MitbestG,	
B. Der Zuständigkeitskatalog nach I.	2	SGB IX, EBRG, BBiG, BFDG,	
I. Streitigkeiten aus dem BetrVG (Nr 1)	2	SE-BeteiligungsG, SCE-BeteiligungsG, MgVG, TVG (Nr 2–6)	4

1 **A. Grundsätzliches.** Für die hier aufgeführten kollektivrechtlichen Streitsachen wird sowohl die **ausschließliche Zuständigkeit** der Gerichte für Arbeitssachen wie auch das **Beschlussverfahren** als Verfahrensart (II) bestimmt. Eine bürgerliche Streitigkeit ist hingegen nicht erforderlich. Urteils- und Beschlussverfahren schließen sich gegenseitig aus, eine Verbindung (§ 147 ZPO) der unterschiedlichen Streitgegenstände ist nicht möglich. Über Rechtsweg und Verfahren ist vAw nach § 17a II GVG zu entscheiden und entspr zu verweisen. Trotz der umfassend angelegten betriebsverfassungsrechtlichen Zuständigkeit gilt für §§ 119–121 BetrVG der Rechtsweg zu den ordentlichen Gerichten. Für bloße betriebsverfassungsrechtliche Vorfragen der Rechtsstreite nach § 2 I–IV oder arbeitsvertragliche Streitigkeiten mit einer Anspruchsnorm aus dem BetrVG s.u. Rdn 3. Für die personalvertretungsrechtlichen Streitigkeiten aus dem BPersVG und den entspr Gesetzen der Bundesländer ist der Rechtsweg zu den VG gegeben (§§ 106 BPersVG, 187 II VwGO). Wegen Art 140 GG iVm Art 137 WRV ist für die Streitigkeiten aus dem Mitarbeitervertretungsrecht der Kirchen der arbeitsgerichtliche Rechtsweg nicht eröffnet (s.o. § 1 Rdn 3).

2 **B. Der Zuständigkeitskatalog nach I. I. Streitigkeiten aus dem BetrVG (Nr 1).** Hieraus ergibt sich die **umfassende Zuständigkeit** für die betriebsverfassungsrechtlichen Angelegenheiten, wobei diese über den Wortlaut hinaus nicht auf das BetrVG beschränkt sind (GMP/*Matthes/Schlewing* § 2a Rn 10). Von praktischer Bedeutung sind bspw: Streitigkeiten über die Bildung von BR, GBR, KBR, Wirtschaftsausschuss, JAV; Auflösung des BR oder Ausschluss eines Mitgliedes; Auflösungsantrag des AG gem § 78a BetrVG (BAG 5.4.1984, 6 AZR 70/83, EzA § 78a BetrVG 1972 Nr 14); Bildung eines gemeinsamen Betriebes mehrerer Unternehmen (BAG 7.8.1986, 6 ABR 57/85, EzA § 4 BetrVG Nr 5); Anfechtung der BR-Wahl und sonstige Streitigkeiten über das Wahlverfahren; Streitigkeiten zwischen Betriebsverfassungsorganen; Kosten der BR-Tätigkeit einschl Sachmittel und Schulungsaufwand; Bestellung der Einigungsstelle und Anfechtung ihres Spruchs; Existenz und Umfang der Beteiligungsrechte der Betriebsverfassungsorgane; Anspruch auf Durchführung einer BV (BAG 18.1.2005, 3 ABR 21/04, DB 2005, 2417); Befugnisse der Koalitionen, soweit sie betriebsverfassungsrechtliche Aufgaben wahrnehmen (Zutrittsrechte für Gewerkschaftsbeauftragte, Anträge gem § 23 III BetrVG oder nun § 17 II AGG, Unterlassungsansprüche ggü BV – BAG 20.4.1999, 1 ABR 72/98, EzA Art 9 GG Nr 65). Auch iÜ können sich betriebsverfassungsrechtliche Zuständigkeiten ergeben aus § 17 KSchG, § 9 ASiG, § 21a JArbschG, § 14 AÜG, § 93 SGB IX, §§ 122, 126 InsO (GK-ArbGG/*Dörner* § 2a Rn 13). Ebenso gehören die Streitigkeiten aus der Betriebsvertretung der Zivilkräfte bei den Stationierungsstreitkräften in das arbeitsgerichtliche Beschlussverfahren (Nr 9 zu Art 56 IX ZA-NTS).

3 Hingegen gilt das Urteilsverfahren für individualrechtliche Streitigkeiten, die lediglich ihre Anspruchsnorm im Betriebverfassungsrecht haben, so für den Vergütungsanspruch des BR-Mitglieds gem § 37 II, III BetrVG (st Rspr BAG 26.9.1990, 7 AZR 208/89, AP BPersVG § 8 Nr 4; 27.6.1990, 7 AZR 292/89, EzA § 37 BetrVG 1972 Nr 104) oder die Feststellungsklage des Auszubildenden nach § 78a BetrVG (BAG 23.8.1984, 6 AZR 519/82, AP BPersVG § 9 Nr 1).

II. Streitigkeiten aus SprAuG, MitbestG, SGB IX, EBRG, BBiG, BFDG, SE-BeteiligungsG, SCE- 4
BeteiligungsG, MgVG, TVG (Nr 2–6). Nr 2 bringt eine umfassende Zuständigkeit im Beschlussverfahren für alle Streitigkeiten aus dem SprAuG (ohne §§ 34–36) ähnlich dem BetrVG für die BR-Tätigkeit. Nach Nr 3 gilt dasselbe für die Angelegenheiten aus dem MitbestG, dem MitbestErgG und dem Drittelbeteiligungsg, soweit es um die Wahl oder die Abberufung von AN (ohne § 103 III AktG) in den oder aus dem **Aufsichtsrat** geht. Nach Nr 3e–g gehören hierher auch die Beteiligungsangelegenheiten der **Europäischen Gesellschaft/Europäischen Genossenschaft (SEBG/SCEBG)** bzw bei grenzüberschreitenden Verschmelzungen, allerdings ohne Straf- u Bußgeldsachen u bzgl der Mitbestimmung nur zur Wahl oder Abberufung der AN-Vertreter. Streitigkeiten über die Rechte und Pflichten der AN-Vertreter aus dem Aufsichtsratsamt gehören hingegen vor die ordentlichen Gerichte (GMP/*Matthes*/*Schlewing* § 2a Rn 77). Das arbeitsgerichtliche Beschlussverfahren ist eröffnet für den Streit über Wahl, Amtszeit oder Befugnisse der **Schwerbehindertenvertretung** und der Werkstatträte (§ 139 SGB IX), auch für die Schwerbehindertenvertretung des öffentl Dienstes (BAG 11.11.2003, 7 AZB 40/03, EzA § 2a ArbGG 1979 Nr 5) und die Gesamtschwerbehindertenvertretung (BAG 22.3.2012, 7 AZB 51/11, NZA 2012,690). Entspr gilt in analoger Anwendung für organschaftliche Streitigkeiten aus § 96 SGB IX (BAG 30.3.2010, 7 AZB 32/09, NZA 2010, 668). Für Streitigkeiten der Schwerbehindertenvertretung in **kirchlichen** Einrichtungen sollen die staatlichen ArbG zuständig sein, wenn das Rechtsschutzziel auf eine staatliche Rechtsgrundlage gestützt wird, iÜ bleibt es bei der Zuständigkeit der kirchlichen ArbG (BAG 30.4.2014, 7 ABR 30/12, MDR 2014, 1332). Weiter ist die Zuständigkeit der ArbG im Beschlussverfahren für die Angelegenheiten aus dem **EBRG** (ohne §§ 43–45 EBRG) sowie für die Interessenvertretung gem § 51 I BBiG und die Sprecher nach § 10 BFDG angeordnet.

In Nr 4 ist das Beschlussverfahren für Streitigkeiten über die **Tariffähigkeit** und **Tarifzuständigkeit** von 5 Vereinigungen bestimmt. Diese Streitgegenstände können nicht als Vorfrage eines anderen Verfahrens entschieden werden, vielmehr verlangt § 97 V die Aussetzung. Dies gilt über den arbeitsgerichtlichen Rechtsweg hinaus auch für andere Gerichte (vgl dazu § 97 Rdn 10). Eine Frage der Tariffähigkeit bzw Tarifzuständigkeit ist es, ob die AG-Koalition Mitglieder ohne Tarifbindung (sog OT-Mitgliedschaft) haben kann (BAG 23.10.1996, 4 AZR 409/95, EzA § 97 ArbGG 1979 Nr 3; vgl auch 18.7.2006, 1 ABR 36/05, DB 2006, 2185). Erstinstanzlich ist hier nun das LAG zuständig, in dessen Bezirk die streitbefangene Vereinigung ihren Sitz hat (§ 97 II nF).

Mit der durch das TarifautonomiestärkungsG (BGBl. I S. 1348) neu eingefügten Nr 5 sind die Verfahren 6 über die **Wirksamkeit einer Allgemeinverbindlichkeitserklärung** nach § 5 TVG, einer RVO nach §§ 7, 7a AEntG u einer RVO nach § 3a AÜG (als Ergänzung zum MiLoG) nun dem arbeitsgerichtlichen Rechtsweg (bisher VG) zugewiesen worden. Der Gesetzgeber will damit eine Konzentration der Zuständigkeit bei den Gerichten für Arbeitssachen erreichen, weil er dort aufgrund der Befassung mit dem Arbeits- u Tarifrecht eine besondere Sachnähe sieht. Das Beschlussverfahren ist wegen der hier geltenden Amtsermittlung die zutreffende Verfahrensart. Auch hier ist nun das LAG erstinstanzlich zuständig (§ 98 II nF).

Ebenfalls dem Beschlussverfahren als Verfahrensart zugewiesen sind die Streitigkeiten über den nach § 4a II 7 2 TVG nF im Betrieb anwendbaren Tarifvertrag aufgrund des TarifeinheitsG v. 3.7.2015 (BGBl I, 1130). Die Amtsermittlung war auch hier die zentrale Überlegung. Die weiteren verfahrensrechtlichen Vorgaben finden sich in § 99 nF.

§ 3 Zuständigkeit in sonstigen Fällen

Die in den §§ 2 und 2a begründete Zuständigkeit besteht auch in den Fällen, in denen der Rechtsstreit durch einen Rechtsnachfolger oder durch eine Person geführt wird, die kraft Gesetzes an Stelle des sachlich Berechtigten oder Verpflichteten hierzu befugt ist.

Übersicht	Rdn.			Rdn.
A. Grundsätzliches	1	C.	Prozessstandschaft	4
B. Rechtsnachfolge	2			

A. Grundsätzliches. Die Vorschrift perpetuiert den arbeitsgerichtlichen Rechtsweg nach §§ 2, 2a auch 1 für die Fälle, in denen vor Rechtshängigkeit der Klageanspruch auf einen Rechtsnachfolger übergegangen oder eine gesetzliche Prozessstandschaft eingetreten ist. Auch hier handelt es sich um eine ausschließliche Zuständigkeit, die der Parteivereinbarung entzogen ist (GMP/*Schlewing* § 3 Rn 3). Für die hiesige Zuständigkeit genügt die Rechtsbehauptung der eingetretenen Rechtsnachfolge oder Prozessstandschaft (BAG 15.3.2000, 5 AZB 70/99, EzA § 3 ArbGG 1979 Nr 2).

§ 4 ArbGG   Ausschluss der Arbeitsgerichtsbarkeit

2   B. Rechtsnachfolge. Es ist von einem weiten Begriff der **Rechtsnachfolge** auszugehen. Zu nennen sind die Fälle der gesetzlichen (Gesamt- oder Einzel-) Rechtsnachfolge: Erbfall, Umwandlung (§ 1 UmwG), Verschmelzung von Kapitalgesellschaften, gesetzlicher Forderungsübergang (§ 426 II BGB, § 6 EFZG, § 9 II BetrAVG, § 115 SGB IX), **Pfändungsgläubiger** eines in den arbeitsgerichtlichen Rechtsweg gehörenden Anspruchs; zum Anspruch gegen den Drittschuldner nach § 840 II ZPO s.o. § 2 Rdn 8. Weiter gehört die Inanspruchnahme des Insolvenzverwalters gem § 61 InsO hierher (BAG 9.7.2003, 5 AZB 34/03, EzA § 3 ArbGG 1979 Nr 5; BGH 16.11.2006, IX ZB 57/06, MDR 2007, 296). Zur Klage des Insolvenzverwalters auf Rückgewähr (§ 143 InsO) gegen den AN s § 2 Rdn 8.

3   Bei der Rechtsnachfolge durch **Rechtsgeschäft** kommt – ohne Rücksicht auf die Zulässigkeit – die Abtretung infrage, daneben Schuldübernahme (§§ 414 ff BGB), Firmenfortführung (§§ 25 ff HGB), Bürgschaft und der Vertreter ohne Vertretungsmacht (BAG 7.4.2003, 5 AZB 2/03, EzA § 3 ArbGG 1979 Nr 4) sowie ein arbeitsrechtlicher Anspruch im Wege des Durchgriffs ggü einem Dritten (BAG 15.3.2000, 5 AZB 70/99, EzA § 3 ArbGG 1972 Nr 2); auch die Inanspruchnahme einer Versorgungskasse anstelle des Vertrags-AG ist hier einschlägig (BGH 14.7.2011, III ZB 75/10, NZA-RR 2011,603). Anders hingegen die Betriebsübernahme (§ 613a BGB) – der Betriebsübernehmer tritt nämlich unmittelbar in die AG-Stellung ein, sodass sich die arbeitsgerichtliche Zuständigkeit bereits aus §§ 2, 2a ergibt.

4   C. Prozessstandschaft. Die die Zuständigkeit ebenfalls begründende Prozessstandschaft bedeutet, dass der Rechtsstreit anstelle des sachlich Berechtigten durch eine kraft Gesetzes befugte andere Person geführt wird. Bsp: Testamentsvollstrecker, Nachlass- oder Zwangsverwalter, vorläufiger oder endgültiger Insolvenzverwalter (dazu iE GMP/*Schlewing* Rn 14). Auch die Bundesländer bei Durchsetzung von Heimarbeiterentgelten sind gesetzliche Prozessstandschafter (§ 25 HAG). Für die zivilen Arbeitskräfte bei den NATO-Truppen gilt Art 56 VIII ZA-NTS. Über den Wortlaut hinaus gilt § 3 auch für die gewillkürte Prozessstandschaft (GMP/*Schlewing* Rn 16).

§ 4 Ausschluss der Arbeitsgerichtsbarkeit
In den Fällen des § 2 Abs. 1 und 2 kann die Arbeitsgerichtsbarkeit nach Maßgabe der §§ 101 bis 110 ausgeschlossen werden.

Übersicht   Rdn.   Rdn.
A.   Grundsätzliches   1   B.   Schiedsgericht   2

1   A. Grundsätzliches. Mit dieser Bestimmung wird die ausschließliche Zuständigkeit der ArbG verfestigt. Die einheitliche Anwendung und Auslegung des materiellen ArbR gebieten dies. Die Durchbrechung dieses Prinzips ist auf die engen Grenzen nach §§ 101 ff beschränkt und gilt nur für das Urteilsverfahren. Für die Verfahren gem § 2a ist dieser Weg hingegen verschlossen. Über betriebsverfassungsrechtliche Angelegenheiten oder den Streit über die Tariffähigkeit sind also Schiedsabreden unzulässig.

2   B. Schiedsgericht. Die Vereinbarung eines **Schiedsgerichts** – für Streitigkeiten nach § 2 I und II – ist nur für die TV-Parteien nach Maßgabe des § 101 I und II, insb für die dort genannten Berufsgruppen (Bühnenkünstler, Filmschaffende usw) möglich. In diesem Fall ist die unmittelbar vor dem ArbG erhobene Klage unzulässig (BAG 28.1.2009, 4 AZR 987/07, BB 2009, 2376), Außerhalb von § 101 kann in einem Sozialplan nicht geregelt werden, dass Streitigkeiten daraus zwischen AG und AN ausschließlich durch die Einigungsstelle entschieden werden (BAG 27.10.1987, 1 AZR 80/86, EzA § 76 BetrVG 1972 Nr 37). Zur Schiedsabrede bei einem Arbeitsverhältnis mit Auslandsbezug vgl GMP/*Germelmann* § 4 Rn 6. Ein außergerichtliches **Vorverfahren** ist hingegen ohne Weiteres zulässig und nicht an eine Vereinbarung der TV-Parteien gebunden. Eine solche Abrede ist auch für betriebsverfassungsrechtliche Streitigkeiten möglich und muss beachtet werden (BAG 20.11.1990, 1 ABR 45/89, EzA § 76 BetrVG 1972 Nr 55). Zur Vereinbarung einer kirchlichen Schlichtungsstelle im kirchlichen Arbeitsverhältnis s.o. § 1 Rdn 3.

3   Von der Schiedsgerichtsabrede ist das **Schiedsgutachten** zu unterscheiden. In ihm wird lediglich die Beurteilung einzelner Elemente eines Rechtsverhältnisses verbindlich festgelegt. Dazu gehört auch die Tatsachenfeststellung durch einen Dritten (§ 317 BGB). Die Rspr sieht darin keine unzulässige Umgehung des § 4 (BAG 22.1.1997, 10 AZR 468/96, EzA § 4 TVG Schiedsgutachten Nr 1: Bestimmung einer tariflichen Leistungszulage durch paritätische Kommission; krit GMP/*Germelmann* Rn 9).

4   Die fakultative Zuständigkeit (§ 2 III und IV) der Gerichte für Arbeitssachen ist in § 4 nicht genannt. In diesen Fällen ist deshalb die Vereinbarung eines Schiedsgerichtsverfahrens unter Ausschluss der staatlichen Gerichtsbarkeit ohne Weiteres möglich.

§ 5 Begriff des Arbeitnehmers

(1) ¹Arbeitnehmer im Sinne dieses Gesetzes sind Arbeiter und Angestellte sowie die zu ihrer Berufsausbildung Beschäftigten. ²Als Arbeitnehmer gelten auch die in Heimarbeit Beschäftigten und die ihnen Gleichgestellten (§ 1 des Heimarbeitsgesetzes vom 14. März 1951 – BGBl. I S. 191 –) sowie sonstige Personen, die wegen ihrer wirtschaftlichen Unselbständigkeit als arbeitnehmerähnliche Personen anzusehen sind. ³Als Arbeitnehmer gelten nicht in Betrieben einer juristischen Person oder einer Personengesamtheit Personen, die kraft Gesetzes, Satzung oder Gesellschaftsvertrags allein oder als Mitglieder des Vertretungsorgans zur Vertretung der juristischen Person oder der Personengesamtheit berufen sind.
(2) Beamte sind als solche keine Arbeitnehmer.
(3) ¹Handelsvertreter gelten nur dann als Arbeitnehmer im Sinne dieses Gesetzes, wenn sie zu dem Personenkreis gehören, für den nach § 92a des Handelsgesetzbuchs die untere Grenze der vertraglichen Leistungen des Unternehmers festgesetzt werden kann, und wenn sie während der letzten sechs Monate des Vertragsverhältnisses, bei kürzerer Vertragsdauer während dieser, im Durchschnitt monatlich nicht mehr als 1.000 Euro auf Grund des Vertragsverhältnisses an Vergütung einschließlich Provision und Ersatz für im regelmäßigen Geschäftsbetrieb entstandene Aufwendungen bezogen haben. ²Das Bundesministerium für Arbeit und Soziales und das Bundesministerium der Justiz und für Verbraucherschutz können im Einvernehmen mit dem Bundesministerium für Wirtschaft und Energie die in Satz 1 bestimmte Vergütungsgrenze durch Rechtsverordnung, die nicht der Zustimmung des Bundesrates bedarf, den jeweiligen Lohn- und Preisverhältnissen anpassen.

Übersicht	Rdn.		Rdn.
A. Grundsätzliches	1	D. Vertretungsorgane (I 3)	6
B. AN	2	E. Beamte (II)	9
C. AN-ähnliche Personen (I 2 Alt 2)	5	F. Handelsvertreter (III)	10

A. Grundsätzliches. Hier ist die verfahrensrechtliche Zuordnung des AN iSd ArbGG bestimmt. Allerdings wird nur eine formelle Festlegung durch die Abgrenzung zu den Vertretungsorganen, den Beamten und den Handelsvertretern vorgenommen. 1

B. AN. Die Bestimmung bezeichnet Arbeiter und Angestellte sowie die zur Berufsausbildung Beschäftigte als AN, enthält aber keine inhaltliche Definition des AN-Begriffs. Es ist daher auf den **allg AN-Begriff** des ArbR zurückzugreifen. AN ist danach derjenige, der aufgrund eines privatrechtlichen Vertrages im Dienste eines anderen zur Leistung weisungsgebundener, fremdbestimmter Tätigkeit in persönlicher Abhängigkeit verpflichtet ist (st Rspr, zuletzt BAG 15.2.2012, 10 AZR 301/10, EzA § 611 BGB 2002 Arbeitnehmerbegriff Nr 21 mwN). In jüngster Zeit wird die Einordnung verstärkt im Gegenschluss zum freien Dienstnehmer vorgenommen. Selbstständig ist, wer iW frei seine Tätigkeit gestalten und seine Arbeitszeit bestimmen kann (§ 84 I 2 HGB). Im Umkehrschluss ist hingegen AN derjenige Mitarbeiter, der nicht iW frei seine Tätigkeit gestalten und seine Arbeitszeit bestimmen kann. Eine wirtschaftliche Abhängigkeit ist nicht erforderlich. Da der AN im Zweifel zur persönlichen Dienstleistung verpflichtet ist, liegt kein Arbeitsverhältnis vor, wenn der Verpflichtete zur Diensterfüllung auf Dritte angewiesen und dazu vertraglich auch berechtigt ist (BAG 4.12.2002, 5 AZR 667/01, EzA § 611 BGB 2002 Arbeitnehmerbegriff Nr 2). Es sind alle Umstände des Einzelfalls in Betracht zu ziehen und in ihrer Gesamtheit zu würdigen (BAG 11.8.2015, 9 AZR 98/14, BB 2016, 52). Der jeweilige Vertragstyp ergibt sich aus dem wirklichen Geschäftsinhalt. Vereinbaren die Parteien ausdrücklich ein Arbeitsverhältnis, gilt dies auch für den Rechtsweg. Widersprechen sich Vereinbarung und tatsächliche Durchführung, ist Letztere maßgebend (BAG 25.5.2005, 5 AZR 347/04, aaO); ist die tatsächliche Handhabung nicht eindeutig, soll der gewählte Vertragstypus maßgeblich sein (BAG 9.6.2010, 5 AZR 332/09, EzA § 611 BGB 2002 Arbeitnehmerbegriff Nr 18). Zu den Einzelheiten s § 6 GewO Rdn 42 ff. 2

AN-Status besitzen auch die zu ihrer **Berufsausbildung Beschäftigten**. Solches liegt vor, wenn iR einer Berufsausbildung gem § 1 I BBiG der Auszubildende aufgrund eines privatrechtlichen Vertrages im Dienste eines anderen tätig wird. Dabei kann die Tätigkeit auch in einer sonstigen Berufsbildungseinrichtung (§ 2 I Nr 3 BBiG) geschehen (BAG 24.2.1999, 5 AZB 10/98, EzA § 5 ArbGG 1979 Nr 32). Ein wirtschaftliches Interesse des Ausbildenden ist nicht erforderlich, jedoch muss der Auszubildende einem Weisungsrecht nach Zeit, Ort und Inhalt der Tätigkeit unterliegen (BAG 24.9.2002, 5 AZB 12/02, EzA § 5 ArbGG 1979 Nr 37). § 5 I 1 gilt deshalb auch für Umschüler, Teilnehmer an berufsvorbereitenden Lehrgängen, Volontäre, Praktikanten, Lernschwestern, Alten- und Krankenpflegeschüler (vgl GMP/*Müller-Glöge* § 5 Rn 22 mwN) sowie Studierende an Berufsakademien mit Ausbildung im dualen System (BAG 27.9.2006, 5 AZB 33/06, 3

NZA 2006, 1432). Für die Ausbildung von Strafgefangenen in Justizvollzugsanstalten besteht keine arbeitsgerichtliche Zuständigkeit (BAG 18.11.1986, 7 AZR 311/85, EzA § 2 ArbGG 1979 Nr 8).

4 Kraft zwingender gesetzlicher Anordnung gelten auch die **Heimarbeiter**, Hausgewerbetreibenden und die gem § 1 II HAG Gleichgestellten als AN ggü ihren Auftraggebern/Zwischenmeistern. Für die Gleichstellung bedarf es des förmlichen Beschl des Heimarbeitsausschusses. Eine nur partielle Gleichstellung gem § 1 III 2 HAG ist für die Zuständigkeit der ArbG genügend (GMP/*Müller-Glöge* Rn 30).

5 **C. AN-ähnliche Personen (I 2 Alt 2).** Hier ist die arbeitsgerichtliche Zuständigkeit auf Personen ausgedehnt, die als Selbstständige in keiner oder nur geringen persönlichen Abhängigkeit zu ihrem Auftraggeber stehen, sich aber in einer **wirtschaftlichen Abhängigkeit** befinden und deshalb der sozialen Stellung nach einem AN vergleichbar schutzbedürftig sind (BAG 17.6.1999, 5 AZB 23/98, EzA § 5 ArbGG 1979 Nr 34). Diese Schutzbedürftigkeit wird für **Franchise-Nehmer** häufig verneint (BGH 16.10.2002, VIII ZB 27/02, DB 2003, 198), bejaht für Anwalt als »freien Mitarbeiter« (LAG Köln 6.5.2005, 4 Ta 40/05, MDR 2006, 35; aA LAG Hess 20.2.2012, 13 Ta 468/11, FA 2012, 237). Für das Abhängigkeitsverhältnis wird dabei darauf abgestellt, dass aus dem Vertragsverhältnis, für das der Rechtsweg zu den ArbG reklamiert wird, die erkennbar überwiegende (wirtschaftliche) Existenz gesichert wird (BAG 21.12.2010, 10 AZB 14/10, DB 2011, 308). Unschädlich ist, wenn daneben noch andere Auftragsverhältnisse bestehen (BAG 30.8.2000, 5 AZB 12/00, EzA § 2 ArbGG 1979 Nr 51). Die bloße Gewährung einer Verdienstmöglichkeit genügt nicht (BAG 21.2.2007, 5 AZB 52/06, EzA § 5 ArbGG 1979 Nr 41). Zur wirtschaftlichen Abhängigkeit wird auch ergänzend auf die Regelungen in § 12a I TVG zurückgegriffen werden können (BCF/*Bader* § 5 Rn 8). IRd gerichtlichen Zuständigkeitsprüfung ist diese bereits dann zu bejahen, wenn entweder der AN-Status oder derjenige der AN-ähnlichen Person festgestellt werden kann. Diese **Wahlfeststellung** ist für die Rechtswegzuständigkeit genügend (BAG 14.1.1997, 5 AZB 22/96, EzA § 5 ArbGG 1979 Nr 16).

6 **D. Vertretungsorgane (I 3).** Aufgrund der abschließenden gesetzlichen Anordnung gelten die hier genannten gesetzlichen Vertreter prozessual nicht als AN. Dabei ist die materiell-rechtliche Natur des der Organstellung zugrunde liegenden Vertragsverhältnisses ohne Belang (BAG 3.2.2009, 5 AZB 100/08, DB 2009, 907; 20.8.2003, 5 AZB 79/02, EzA § 5 ArbGG 1979 Nr 38). Die Grds der Rechtswegbestimmung in den sog sic-non-Fällen (s.o. § 2 Rdn 31) sind hier nicht anwendbar. Der einschlägige Personenkreis nimmt regelmäßig AG-Funktionen wahr, so ist der Ausschluss des arbeitsgerichtlichen Rechtsweges gerechtfertigt. Es muss eine **gesetzliche** Vertretungsmacht allein oder als Mitglied des Vertretungsorgans ausgeübt werden. Eine Beschränkung im Innenverhältnis oder eine (gewisse) Weisungsgebundenheit verändern die prozessuale Organstellung nicht (BAG 23.8.2011, 10 AZB 51/10, DB 2011, 2386). Die nur rechtsgeschäftlich begründete Vertretungsmacht ist hier nicht einschlägig (BAG 6.5.1999, 5 AZB 22/98, EzA § 5 ArbGG 1979 Nr 33). Gesetzliche Vertretungsmacht liegt vor bei: Vorstand der AG, GmbH-Geschäftsführer (auch der Vor-GmbH), Vorstand von eV, Stiftung oder eingetragenen Genossenschaft, Geschäftsführer von Kreishandwerkerschaft oder Landesinnungsverbandes (GMP/*Müller-Glöge* § 5 Rn 46a mwN). Personengesamtheiten iS dieser Bestimmung sind OHG, KG, GbR, nichtrechtsfähiger Verein und Gewerkschaften. Der Geschäftsführer der Komplementär-GmbH einer GmbH & Co KG wird nun als gesetzlicher Vertreter der KG angesehen (BAG 20.8.2003, 5 AZB 79/02, aaO).

7 Wird ein **ursprünglicher AN** der Gesellschaft nachfolgend zum **Vertretungsorgan berufen**, wird nach der neueren Rspr (zuletzt BAG 14.6.2006, 5 AZR 592/05, DB 2006, 2239) idR das bisherige Arbeitsverhältnis aufgehoben. Die dafür erforderliche Schriftform (§ 623 BGB) wird regelmäßig durch den neuen (schriftlichen) Geschäftsführer-Dienstvertrag gewahrt (BAG 19.7.2007, 6 AZR 774/06, EzA BGB 2002 § 623 Nr 7). Ist Letzterer jedoch nur mündlich geschlossen, bleibt das Arbeitsverhältnis bestehen (BAG 15.3.2011, 10 AZB 32/10, DB 2011, 1400). IÜ lebt ohne bes Vereinbarung auch bei Wegfall der Organstellung das Arbeitsverhältnis nicht mehr auf, der arbeitsgerichtliche Rechtsweg besteht für den Streit aus dem Organverhältnis nicht (BAG 15.11.2013, 10 AZB 28/13, GmbHR 2014, 137; BAG 5.6.2008, 2 AZR 754/06, NJW 2008, 3514). Solange der Geschäftsführer nicht abberufen ist, bleibt es für Streitigkeiten aus diesem Rechtsverhältnis beim Ausschluss des arbeitsgerichtlichen Rechtswegs; dies gilt auch im Insolvenzfall (BAG 4.2.2013, 10 AZR 78/12, DB 2013, 521). Allerdings kann auch während der Organbestellung für einen Streit aus dem früheren (oder anderem) Arbeitsverhältnis der Rechtsweg zu den ArbG gegeben sein, wenn dieses Arbeitsverhältnis der wesentliche Anknüpfungspunkt ist (GMP/*Müller-Glöge* Rn 45c).

Der arbeitsgerichtliche Rechtsweg besteht auch, wenn die **Organstellung beendet** ist und Ansprüche aus einem (noch) bestehenden Arbeitsverhältnis geltend gemacht werden. Dabei genügt es, wenn die Abberufung oder die Amtsniederlegung vor der rechtskräftigen Entscheidung über die Rechtswegzuständigkeit wirksam geworden sind, ohne dass es auf die Eintragung im HReg ankommt (so jetzt BAG 3.12.2014, 10 AZB 98/14, NJW 2015, 718 u BAG 22.10.2014, 10 AZB 46/14, NJW 2015, 570 unter Aufgabe von BAG 15.11. 2013, aaO); auch bei der Behauptung eines - nach Abberufung als Organ - wieder aufgelebten Arbeitsverhältnisses bleibt es bei dem Rechtsweg zu den ArbG (BAG 26.10.2012, 10 AZB 60/12, DB 2012, 2699); dies gilt unabhängig von einem sog sic-non-Fall (BAG 8.9.2015, 9 AZB 21/15, NJW 2015, 3469). 7.1

Eine **Vereinbarung** des arbeitsgerichtlichen Gerichtsstandes ist für die Personen, die allein oder als Mitglieder des Vertretungsorgans zur gesetzlichen Vertretung juristischer Personen berufen sind, zulässig (§ 2 IV, s § 2 Rdn 26). 8

E. Beamte (II). Diese stehen in einem öffentl-rechtlichen Dienst- und Treueverhältnis und sind deshalb keine AN. § 5 II stellt dies klar und gilt entspr für Soldaten und Richter (nicht für Dienstordnungsangestellte). Zuständig sind die VG; so auch, wenn Beamte einen Sozialplananspruch gegen die Bahn AG geltend machen (BAG 24.10.1997, 10 AZB 28/97, EzA § 2 ArbGG 19979 Nr 42). Allerdings kann der arbeitsgerichtliche Rechtsweg eröffnet sein, wenn der Streit aus einer Nebenbeschäftigung als AN herrührt oder der frühere Beamte eine Statusklage auf ein Arbeitsverhältnis führen will (BAG 16.6.1999, 5 AZB 16/99, EzA § 13 GVG Nr 2: Maßgeblich ist die Anspruchsgrundlage). 9

F. Handelsvertreter (III). Für sie ist der arbeitsgerichtliche Rechtsweg nur eröffnet, wenn die in III 1 genannten Voraussetzungen erfüllt sind. Die Abgrenzung zwischen dem Handelsvertreter und einem als AN tätigen Außendienstmitarbeiter geschieht nach § 84 I HGB. Geschäftstypische Weisungen berühren den Handelsvertreterstatus nicht (BAG 15.12.1999, 5 AZR 169/99, EzA § 611 BGB Arbeitnehmerbegriff Nr 82). Allerdings sollen für die Zulässigkeit des arbeitsgerichtlichen Rechtswegs die sog sic-non-Grundsätze (s § 2 Rdn 31) gelten (LAG Hamm 18.3.2015, 2 Ta 662/14, FA 2015,199). IÜ müssen für die Zuständigkeit der ArbG zunächst die Voraussetzungen gem § 92a HGB (**Einfirmenvertreter**) erfüllt sein (dazu BAG 15.2.2005, 5 AZB 13/04, EzA § 5 ArbGG 1979 Nr 39; BGH 16.10.2014, VII ZB 16/14, MDR 2014, 1454). Weiter darf die **Verdienstgrenze** von durchschnittlich monatlich 1.000 € in den letzten 6 Monaten bzw bei kürzerer Vertragsdauer in diesem Zeitraum nicht überschritten sein. Entscheidend sind die **tatsächlich** (unbedingt) entstandenen Ansprüche auf Vergütung, Provisionen und Auslagen, wobei auf den Zeitpunkt der Anhängigkeit des Rechtsstreits abzustellen ist. Aufwendungen des Handelsvertreters werden nicht abgezogen (BGH 12.2.2008, VIII ZB 51/06, BB 2008, 777 teilw str); ebenso Stornoforderungen, wenn sie vor dem 6-Monatszeitraum entstandene Provisionen betreffen (BGH 4.2.2015, VII ZB 36/14, MDR 2015, 407). Unerheblich ist hingegen, ob der Handelsvertreter im konkreten Anspruchszeitraum über der obigen Verdienstgrenze lag, er vor Klageerhebung überhaupt nicht gearbeitet hat (BAG 15.2.2005, 5 AZB 13/04, aaO) oder welchen Anspruchs er sich berühmt (BAG 20.10.2009, 5 AZB 30/09, NJW 2009, 3803). Vorschusszahlungen bleiben außer Betracht. Ist die arbeitsgerichtliche Zuständigkeit nach III nicht gegeben, ist kein Raum für die Einordnung als AN-ähnliche Person gem § 5 I 3. 10

§ 6 Besetzung der Gerichte für Arbeitssachen
(1) Die Gerichte für Arbeitssachen sind mit Berufsrichtern und mit ehrenamtlichen Richtern aus den Kreisen der Arbeitnehmer und Arbeitgeber besetzt.
(2) (weggefallen)

§ 6a Allgemeine Vorschriften über das Präsidium und die Geschäftsverteilung
Für die Gerichte für Arbeitssachen gelten die Vorschriften des Zweiten Titels des Gerichtsverfassungsgesetzes nach Maßgabe der folgenden Vorschriften entsprechend:
1. Bei einem Arbeitsgericht mit weniger als drei Richterplanstellen werden die Aufgaben des Präsidiums durch den Vorsitzenden oder, wenn zwei Vorsitzende bestellt sind, im Einvernehmen der Vorsitzenden wahrgenommen. Einigen sich die Vorsitzenden nicht, so entscheidet das Präsidium des Landesarbeitsgerichts oder, soweit ein solches nicht besteht, der Präsident dieses Gerichts.
2. Bei einem Landesarbeitsgericht mit weniger als drei Richterplanstellen werden die Aufgaben des Präsidiums durch den Präsidenten, soweit ein zweiter Vorsitzender vorhanden ist, im Benehmen mit diesem wahrgenommen.

3. Der aufsichtführende Richter bestimmt, welche richterlichen Aufgaben er wahrnimmt.
4. Jeder ehrenamtliche Richter kann mehreren Spruchkörpern angehören.
5. Den Vorsitz in den Kammern der Arbeitsgerichte führen die Berufsrichter.

§ 7 Geschäftsstelle, Aufbringung der Mittel

(1) ¹Bei jedem Gericht für Arbeitssachen wird eine Geschäftsstelle eingerichtet, die mit der erforderlichen Zahl von Urkundsbeamten besetzt wird. ²Die Einrichtung der Geschäftsstelle bestimmt bei dem Bundesarbeitsgericht das Bundesministerium für Arbeit und Soziales im Benehmen mit dem Bundesministerium der Justiz und Verbraucherschutz . ³Die Einrichtung der Geschäftsstelle bestimmt bei den Arbeitsgerichten und Landesarbeitsgerichten die zuständige oberste Landesbehörde.
(2) ¹Die Kosten der Arbeitsgerichte und der Landesarbeitsgerichte trägt das Land, das sie errichtet. ²Die Kosten des Bundesarbeitsgerichts trägt der Bund.

Übersicht	Rdn.		Rdn.
A. Grundsätzliches	1	II. Ehrenamtliche Richter	3
B. Die Richter in der Arbeitsgerichtsbarkeit . . .	2	C. Präsidium und Geschäftsverteilung (§ 6a) . . .	4
I. Berufsrichter	2	D. Die Geschäftsstelle (§ 7)	6

1 **A. Grundsätzliches.** In den §§ 6, 6a und 7 werden die allg Besetzung der Spruchkörper, Bestimmungen über Präsidium und Geschäftsverteilung sowie die Einrichtung der Geschäftsstelle geregelt. Es handelt sich um generelle gerichtsorganisatorische Festlegungen, die jeweils an anderer Stelle im Gesetz bzw im GVG weitere Konkretisierung erfahren.

2 **B. Die Richter in der Arbeitsgerichtsbarkeit. I. Berufsrichter.** Im ArbGG finden sich für die **Berufsrichter** keine amtsrechtlichen Bestimmungen. Dazu ist vielmehr auf die allg Regeln im DRiG hins der Befähigung zum Richteramt, Statusformen, Dienstaufsicht und richterlichen Dienstpflichten zu verweisen. Auch wenn sich für die Arbeitsgerichtsbarkeit keine Besonderheiten ergeben, wird doch – wegen der hier spezifischen Interessengegensätze – das Mäßigungsgebot (§ 39 DRiG) gerade bei koalitionspolitischer Betätigung des Arbeitsrichters Rücksichtnahme auf die unabhängige Amtsführung verlangen dürfen (vgl GMP/*Prütting* § 6 Rn 7).

3 **II. Ehrenamtliche Richter.** Zu diesen enthält das DRiG nur wenige allg Regeln (§§ 44 ff), iÜ wird auf die einzelnen Verfahrensordnungen verwiesen. Rechtspolitisch soll mit der Laienbeteiligung die bes Lebens- und Berufserfahrung in die Spruchtätigkeit eingebunden sowie die Akzeptanz der Entsch gefördert werden. Die ehrenamtlichen Richter nehmen ein öffentl Richteramt wahr, in dem sie mit den gleichen verfassungsrechtlichen Garantien und Vorgaben (Art 97, 20 III GG) ausgestattet sind wie die Berufsrichter. Sie unterliegen keinerlei Bindungen oder Weisungen aus den Interessenverbänden, die sie vorgeschlagen haben. Das Haftungsprivileg (§ 839 II BGB) gilt für sie. In den Aufgaben sind sie grds den Berufsrichtern gleichgestellt, insb hat ihre Stimme bei der Entscheidungsfindung das gleiche Gewicht (GK-ArbGG/*Mikosch* § 6 Rn 8). Davon unbenommen ist, dass einzelne richterliche Aufgaben – meist solche außerhalb der Streitverhandlung – dem Berufsrichter vorbehalten sind (vgl §§ 53–55). Die Laienrichter üben ein öffentl Ehrenamt aus und beziehen keine Vergütung. Die ihnen zustehende Entschädigung und der Aufwendungsersatz richten sich nach dem Justizvergütungs- und -entschädigungsgesetz (JVEG) v 5.5.2004.

4 **C. Präsidium und Geschäftsverteilung (§ 6a).** Das Präsidium ist ein richterliches Selbstverwaltungsorgan mit den die Spruchtätigkeit vorbereitenden (Verwaltungs-) Aufgaben (§ 21a GVG). Zentrale Aufgabe ist die Verteilung der richterlichen Geschäfte. Dies sichert den gesetzlichen Richter (Art 101 I GG). Auch bei den Gerichten für Arbeitssachen gelten die allg Vorschriften nach §§ 21a – 21i GVG. Zu den Einzelheiten vgl BCF/*Bader* § 6a Rn 2–6. Die hiesigen Modifikationen ergeben sich iW aus der geringen Zahl von Berufsrichtern, die an kleinen ArbG oder LAG tätig sind. Nach Nr 1 sind bei einem ArbG mit weniger als 3 Vorsitzenden die Aufgaben des Präsidiums durch die Vorsitzenden einvernehmlich bzw bei fehlendem Einvernehmen durch das Präsidium des übergeordneten LAG (ersatzweise LAG-Präsident) wahrzunehmen. Für LAG mit weniger als 3 Vorsitzenden gilt Nr 2. Der aufsichtsführende Richter (Präsident/Direktor) bestimmt selbst, welche richterlichen Aufgaben er übernimmt (Nr 3). Weiter regelt Nr 4, dass die ehrenamtlichen Richter mehreren Kammern/Senaten angehören können (s.u. §§ 26–31 Rdn 9). Für die ArbG und LAG ist der Kammervorsitz allein den Berufsrichtern übertragen (Nr 5).

Im richterlichen **Geschäftsverteilungsplan** werden die richterlichen Geschäfte im Voraus für das ganze 5
Geschäftsjahr nach abstrakten Grds verteilt und die personelle Besetzung der Spruchkörper einschl Vertretung geregelt. Eine Änderung während des Geschäftsjahres ist nur unter den engen Voraussetzungen nach
§ 21e III 1 GVG möglich. Eine nach dieser Bestimmung erforderliche Umverteilung kann auch anhängige
Sachen betreffen, hat allerdings nach abstrakt-generellen Grds zu geschehen (BVerwG 18.10.1990, 3 C
19/88, NJW 1991, 1370). Für den betroffenen Richter ist der Geschäftsverteilungsplan gerichtlich anfechtbar, wobei der Rechtsweg streitig ist (VG oder Richterdienstgericht, vgl GMP/*Prütting* § 6a Rn 53). Für die
Prozessparteien ist der Geschäftsverteilungsplan als solcher nicht anfechtbar (LAG Hess 10.6.1988, 2 Ta
197/88, BB 1988, 2180). Allerdings kann die fehlerhafte Besetzung des Gerichts im Rechtsmittelverfahren
gerügt werden (zB § 547 Nr 1 ZPO).

D. Die Geschäftsstelle (§ 7). Es handelt sich um eine gerichtsorganisatorische Vorschrift, mit der für 6
jedes Gericht die Einrichtung einer Geschäftsstelle vorgegeben wird. Eine Untergliederung in Kammer-/
Senats-/Gruppengeschäftsstellen ist unbedenklich. Teil der arbeitsgerichtlichen Geschäftsstelle ist auch die
Rechtsantragstelle. Sie darf keine Rechtsberatung betreiben (Düwell/*Lipke* § 7 Rn 10). Die Aufgaben der
Geschäftsstelle ergeben sich aus den einschlägigen Bestimmungen der ZPO (über § 46 II) sowie aus dem
ArbGG selbst (iE GK-ArbGG/*Mikosch* § 7 Rn 14 ff). Personell sind die Geschäftsstellen mit Urkundsbeamten (§ 153 II, III GVG) in der erforderlichen Zahl zu besetzen.

§ 8 Gang des Verfahrens

(1) Im ersten Rechtszug sind die Arbeitsgerichte zuständig, soweit durch Gesetz nichts anderes bestimmt ist.
(2) Gegen die Urteile der Arbeitsgerichte findet die Berufung an die Landesarbeitsgerichte nach Maßgabe des § 64 Abs. 1 statt.
(3) Gegen die Urteile der Landesarbeitsgerichte findet die Revision an das Bundesarbeitsgericht nach Maßgabe des § 72 Abs. 1 statt.
(4) Gegen die Beschlüsse der Arbeitsgerichte und ihrer Vorsitzenden im Beschlussverfahren findet die Beschwerde an das Landesarbeitsgericht nach Maßgabe des § 87 statt.
(5) Gegen die Beschlüsse der Landesarbeitsgerichte im Beschlussverfahren findet die Rechtsbeschwerde an das Bundesarbeitsgericht nach Maßgabe des § 92 statt.

Übersicht	Rdn.			Rdn.
A. Eingangsgerichte	1	B.	Rechtsmittelgerichte.	2

A. Eingangsgerichte. Mit dieser Bestimmung wird die Zuständigkeit der Gerichte für Arbeitssachen im 1
Instanzenzug festgelegt. Sie gilt auch für das Beschlussverfahren (IV und V). In der Eingangsinstanz sowohl
des Urteils- wie des Beschlussverfahrens sind ausschließlich – ohne Rücksicht auf die Höhe des Streitwertes – die ArbG funktionell und sachlich zuständig. Eine Ausnahme besteht nur bei den Sonderverfahren
nach §§ 21 V, 27, 37 II, 43 III und bei einem Verfahren nach § 158 Nr 5 SGB IX. Die förmliche Einschränkung in I erfolgt durch das neue TarifautonomiestärkungsG (BGBl. I S. 1348), weil nun die LAG für die
Verfahren nach §§ 97, 98 nF erstinstanzlich zuständig sind.

B. Rechtsmittelgerichte. Rechtsmittelgerichte sind die LAG und das BAG. Dabei sind die LAG zustän- 2
dige Berufungsgerichte gegen die arbeitsgerichtlichen Urteile (§ 64) sowie Beschwerdegerichte im Beschwerdeverfahren (§ 87) und gegen sonstige erstinstanzliche Beschlüsse (§ 78 I iVm § 567 ff ZPO). Das BAG ist
Revisionsgericht gegen die Urteile der LAG (§ 72) und im Fall der Sprungrevision gegen Urteile der ArbG
(§ 76) sowie Rechtsbeschwerdegericht im Beschlussverfahren (§§ 92, 96a). Weiter entscheidet das BAG
über die Nichtzulassungsbeschwerden (§§ 72a, 92a), über Rechtsbeschwerden bei deren Zulassung (§ 78
S 2 und 3) und die sofortigen Beschwerden gem §§ 72b, 92b.

§ 9 Allgemeine Verfahrensvorschriften und Rechtsschutz bei überlangen Gerichtsverfahren

(1) Das Verfahren ist in allen Rechtszügen zu beschleunigen.
(2) Die Vorschriften des Gerichtsverfassungsgesetzes über Zustellungs- und Vollstreckungsbeamte, über die Aufrechterhaltung der Ordnung in der Sitzung, über die Gerichtssprache, über die Wahrnehmung richterlicher Geschäfte durch Referendare und über Beratung und Abstimmung gelten in allen Rechtszügen entsprechend. Die Vorschriften des Siebzehnten Titels des Gerichtsverfassungsgesetzes sind mit der Maßgabe entsprechend anzuwenden, dass an die Stelle des Oberlandesgerichts das Landesarbeitsgericht, an die Stelle des Bundesgerichtshofs das Bundesarbeitsgericht und an die Stelle der Zivilprozessordnung das Arbeitsgerichtsgesetz tritt.
(3) ¹Die Vorschriften über die Wahrnehmung der Geschäfte bei den ordentlichen Gerichten durch Rechtspfleger gelten in allen Rechtszügen entsprechend. ²Als Rechtspfleger können nur Beamte bestellt werden, die die Rechtspflegerprüfung oder die Prüfung für den gehobenen Dienst bei der Arbeitsgerichtsbarkeit bestanden haben.
(4) Zeugen und Sachverständige erhalten eine Entschädigung oder Vergütung nach dem Justizvergütungs- und -entschädigungsgesetz.
(5) ¹Alle mit einem befristeten Rechtsmittel anfechtbaren Entscheidungen enthalten die Belehrung über das Rechtsmittel. ²Soweit ein Rechtsmittel nicht gegeben ist, ist eine entsprechende Belehrung zu erteilen. ³Die Frist für ein Rechtsmittel beginnt nur, wenn die Partei oder der Beteiligte über das Rechtsmittel und das Gericht, bei dem das Rechtsmittel einzulegen ist, die Anschrift des Gerichts und die einzuhaltende Frist und Form schriftlich belehrt worden ist. ⁴Ist die Belehrung unterblieben oder unrichtig erteilt, so ist die Einlegung des Rechtsmittels nur innerhalb eines Jahres seit Zustellung der Entscheidung zulässig, außer wenn die Einlegung vor Ablauf der Jahresfrist infolge höherer Gewalt unmöglich war oder eine Belehrung dahin erfolgt ist, dass ein Rechtsmittel nicht gegeben sei; § 234 Abs. 1, 2 und § 236 Abs. 2 der Zivilprozessordnung gelten für den Fall höherer Gewalt entsprechend.

Übersicht	Rdn.		Rdn.
A. Allgemeines	1	IV. JVEG	7
B. Die Verfahrensbeschleunigung	2	D. Die Rechtsmittelbelehrung	8
C. Anwendung anderweitigen Verfahrensrechts	3	I. Allgemeines	8
I. GVG	3	II. Form und Inhalt	9
II. Rechtsschutz bei überlangen Gerichtsverfahren	4	III. Fehlende oder unrichtige Rechtsmittelbelehrung	10
		IV. Fehlende Urteilszustellung	12
III. Rechtspfleger	6	V. Heilung	13

1 **A. Allgemeines.** In dieser Vorschrift werden Regelungsbereiche, für die ein innerer Zusammenhang nicht unmittelbar erkennbar ist, verbunden. Als wesentliche Komplexe sind der Beschleunigungsgrds, die Verweisung auf andere Verfahrensgesetze und die Rechtsmittelbelehrung zu nennen.

2 **B. Die Verfahrensbeschleunigung.** Das Beschleunigungsgebot als allg Verfahrensgrds hat im arbeitsgerichtlichen Verfahren einen bes Rang einzunehmen. Dies findet seine Gründe in der sozialen und wirtschaftlichen Bedeutung, die der raschen Durchsetzung der arbeitsrechtlichen Ansprüche zukommt. Nicht umsonst ist daher das Gebot in der Vorschrift erstrangig platziert. Im Gesetz ist die Beschleunigung in einer Reihe von Vorschriften (§§ 9 I, 47 I, 49 III, 50 I, 55, 56 II, 57, 59 S 1, 60 I, 61a I, 67, 68) konkretisiert und vertieft (GMP/*Prütting* § 9 Rn 6). Auch bei der Anwendung und Auslegung von verfahrensleitenden Entsch soll das Beschleunigungsgebot maßgeblich sein (hM, BAG 4.12.1975, 2 AZR 462/74, EzA § 518 ZPO Nr 16; ErfK/*Koch* § 9 Rn 1 mwN; krit GMP/*Prütting* § 9 Rn 7). In der gerichtlichen Praxis wird § 9 I bei der Entsch über Fristverlängerungs- oder Terminverlegungsanträge häufig herangezogen. Dasselbe gilt bei Entsch gem §§ 148, 149 oder 251 ZPO. So soll eine **Aussetzung** bei festgestellter Vorgreiflichkeit mit oder gegen den Willen der Parteien nur in engen Grenzen zulässig sein (BVerfG 5.8.2013, 1 BvR 2965/10, NJW 2013, 3432; so auch für Vergütungsansprüche bei noch schwebendem Kdgrechtsstreit: LAG Schl-Holst 6.5.2009, 5 Ta 91/09, NZA-RR 2009, 672; LAG Köln 19.6.2006, 3 Ta 60/06, BB 2006, 2476). Zur Aussetzung von Bestandsstreitigkeiten vgl § 61a Rdn 2.

3 **C. Anwendung anderweitigen Verfahrensrechts. I. GVG.** Dazu verweist II – nicht abschließend – auf Vorschriften aus dem GVG, die auch im arbeitsgerichtlichen Verfahren gelten: Zustellungs- und Vollstreckungsbeamte (§§ 154, 155 GVG), Sitzungsordnung und Gerichtssprache (§§ 176 ff GVG), Beratung und

Abstimmung (§§ 192 ff GVG), Wahrnehmung richterlicher Geschäfte durch Referendare (§ 10 GVG). Daneben verweisen auch §§ 13 II, 48 I und 52 auf das GVG.

II. Rechtsschutz bei überlangen Gerichtsverfahren. Die Bestimmungen über den Rechtsschutz bei überlangen Gerichtsverfahren (§§ 198 ff GVG nF, vgl BGBl I 2011, 2302) gelten auch im arbeitsgerichtlichen Verfahren. Damit wurde – in Umsetzung der EMRK – ein (verschuldensunabhängiger) Staatshaftungsanspruch sui generis bei unangemessener Verfahrensdauer (§ 198 I, 2 GVG) eingeführt (iE *Heine* MDR 2014, 1008 ff mit Nachw aktueller Rspr). Zum Begriff der - stets einzelfallbezogenen - unangemessenen Verfahrensdauer vgl BGH 14.11.2013, III ZR 376/12, NJW 2014, 220; BVerwG 11.7.2013, 5 C 23/12 D, NJW 2014, 96; *v Stein/Brand* NZA 2014, 114 ff. Ersatzfähig sind **materielle und immaterielle Schäden**. Der Nichtvermögensschaden ist bes geregelt (§ 198 II GVG nF). Soweit in diesem Fall eine Wiedergutmachung auf andere Weise (§ 198 IV GVG) nicht ausreicht, ist eine pauschale Entschädigung von 1200 EUR für jedes Jahr der Verzögerung vorgesehen (§ 198 II, 3 GVG). 4

Ausschließlich zuständig für **Entschädigungsklagen** ist (erstinstanzlich) das LAG, in dessen Bezirk das streitgegenständliche (erst- oder zweitinstanzliche) Verfahren durchgeführt wurde (II, 2 iVm § 201 I GVG idF v 6.12.2011, BGBl I 2011, 2554). Die Klage wegen des durch die unangemessene Verfahrensdauer erlittenen Nachteils (§ 198 I GVG) kann frühestens 6 Monate nach der Erhebung der Verzögerungsrüge (§ 198 III GVG) oder muss spätestens 6 Monate nach Eintritt der Rechtskraft der verfahrensbeendenden Entsch oder einer anderen Verfahrenserledigung erhoben werden (§ 198 V GVG). Anspruchsgegner ist das jeweilige Bundesland, in dem das Verfahren mit der unangemessenen Dauer geführt wurde. Für das Verfahren gilt das ArbGG (1. Rechtszug), allerdings mit den einschlägigen Verweisungen auf die ZPO. Der Kl ist grds darlegungs- u beweisbelastet. Wegen § 11 IV besteht Vertretungszwang; § 12a I ist nicht anzuwenden. Als Rechtsmittel gegen die Entsch des LAG ist nur die Revision (bzw Nichtzulassungsbeschwerde) nach den allg Vorschriften (§§ 72, 72a ArbGG) zum BAG statthaft. Im Unterschied zum sonstigen arbeitsgerichtlichen Verfahren besteht bei der Entschädigungsklage **Vorschusspflicht** für die Verfahrensgebühr (§§ 11 S. 3, 12 I, 12a GKG nF). Wird eine Entschädigung wegen überlanger Dauer eines Revisions- oder Rechtsbeschwerdeverfahrens geltend gemacht, ist der Bund der Anspruchsgegner und das BAG allein zuständig. Sowohl beim BAG wie LAG sind die Richter kraft Gesetzes ausgeschlossen, die bei dem (wegen Überlänge) beanstandeten Verfahren mitgewirkt haben (§ 41 Nr 7 ZPO). 5

III. Rechtspfleger. Die Vorschriften über die Wahrnehmung der Geschäfte durch Rechtspfleger in der ordentlichen Gerichtsbarkeit werden in allen Rechtszügen für anwendbar erklärt. Voraussetzung für die Bestellung ist die entspr laufbahnrechtliche Prüfung. Die Aufgaben des Rechtspflegers in der Arbeitsgerichtsbarkeit ergeben sich aus § 3 Nr 3 und 4 RPflG mit der Verweisung auf §§ 20–24a und 29–31 RPflG. 6

IV. JVEG. Für die **Vergütung** der Sachverständigen und die **Entschädigung** der Zeugen gilt das Justizvergütungs- und -entschädigungsgesetz (JVEG) v 5.5.2004. 7

D. Die Rechtsmittelbelehrung. I. Allgemeines. Im (teilweisen) Unterschied zur ZPO sind alle arbeitsgerichtlichen Entsch (Urt- u Beschlverfahren), die mit einem befristeten Rechtsmittel anfechtbar sind, mit einer Rechtsmittelbelehrung zu versehen. Ist kein Rechtsmittel statthaft, ist darüber zu belehren (V 2). Ein Rechtsmittel wird durch seinen Devolutiv- und Suspensiveffekt gekennzeichnet und grenzt sich so zum bloßen Rechtsbehelf ab (GMP/*Prütting* § 9 Rn 21). Rechtsmittel sind danach: Berufung, Revision, Beschwerde/Rechtsbeschwerde (Beschlverfahren), sofortige Beschwerde, Revisionsbeschwerde, Rechtsbeschwerde nach § 78 S 3 sowie Sprungrevision und Sprungrechtsbeschwerde. Die **Nichtzulassungsbeschwerde** ist nach Auffassung des BAG (9.7.2003, 5 AZN 316/03, EzA § 72a ArbGG 1979 Nr 96; aA GMP/*Prütting* § 9 Rn 26) kein Rechtsmittel, sondern Rechtsbehelf. Auch die Gehörsrüge (§ 78a) ist Rechtsbehelf (BAG 22.7.2008, 3 AZN 584/08, EzA § 78a ArbGG 1979 Nr 6). Beim **Rechtsbehelf** gilt § 9 V nicht, allerdings sind Spezialregelungen zu beachten, so für den Einspruch gegen Versäumnisurt bzw Vollstreckungsbescheid (§ 59 S 3). 8

II. Form und Inhalt. Zur Rechtsmittelbelehrung ist anerkannt, dass sie Bestandteil der gerichtlichen Entsch zu sein hat. Dies ist durch die abschließende(n) Richterunterschrift(en) zu dokumentieren. Ein Hinweis auf einen am Ende des Urt angebrachten Vordruck genügt nicht (BAG 1.3.1994, 10 AZR 50/93, EzA § 9 ArbGG 1979 Nr 7). Für den **Inhalt** ist entscheidend, dass die Rechtsmittelbelehrung konkret und eindeutig zu fassen ist. IE sind anzugeben: ob und welches Rechtsmittel statthaft ist, bei welchem Gericht (vollständige postalische Anschrift), in welcher Frist und in welcher Form (einschl Postulationserfordernis gem § 11 IV), vgl GK-ArbGG/*Bader* § 9 Rn 89 mwN. Eine Belehrung über die Anschlussberufung oder zur 9

§ 10 ArbGG   Parteifähigkeit

Begr des Rechtsmittels ist nicht erforderlich (so trotz § 66 nF BAG 4.6.2003, 10 AZR 586/02, EzA § 209 InsO Nr 1). Auch wenn eine auf die jeweiligen Parteien und die unterschiedlichen prozessualen Situationen individuell abgestimmte Rechtsmittelbelehrung nicht verlangt werden kann, genügt jedenfalls eine lediglich abstrakte Wiedergabe des Gesetzes (§ 64 I, II) nicht. Die Belehrung muss so gefasst sein, dass auch eine rechtunkundige Partei das für sie gegebene Rechtsmittel erkennen kann (BAG 20.2.1997, 8 AZR 15/96, EzA § 9 ArbGG 1979 Nr 11).

10 **III. Fehlende oder unrichtige Rechtsmittelbelehrung.** Solange keine (ordnungsgem) Rechtsmittelbelehrung erteilt ist, läuft die Rechtsmittelfrist nicht an. Das Rechtsmittel kann dann innerhalb einer Jahresfrist ab Zustellung der Entscheidung eingelegt werden (V 4). War die Einlegung wegen höherer Gewalt nicht möglich oder war – unrichtig – belehrt, dass kein Rechtsmittel gegeben sei, gilt die Jahresfrist nicht. Im Fall der Fristversäumnis wegen höherer Gewalt bedarf es eines Wiedereinsetzungsantrages. Dabei beinhaltet höhere Gewalt einen erkennbar strengeren Sorgfaltsmaßstab als das fehlende Verschulden gem § 233 ZPO (GK-ArbGG/*Bader* § 9 Rn 110; aA GMP/*Prütting* § 9 Rn 51). Wird eine Belehrung über die Unanfechtbarkeit der Entsch versäumt, hat dies keine Rechtsfolgen. Ist in der Belehrung unrichtig ein Rechtsmittel für statthaft erklärt worden, so führt dies nicht zu einer im Gesetz nicht vorgesehenen Anfechtbarkeit der Ausgangsentsch und kann auch nicht die in der Sache unterbliebene Zulassung der Berufung begründen (BAG 20.9.2000, 2 AZR 345/00, EzA § 72 ArbGG 1979 Nr 25). Ist nur eine Partei unrichtig belehrt worden, läuft nur für sie die Rechtsmittelfrist nicht (BAG 20.2.1999, 8 AZR 15/96, EzA § 9 ArbGG 1972 Nr 11). Bei den Rechtsfolgen gem § 9 V 4 bleibt es auch dann, wenn die Fehlerhaftigkeit der Belehrung offenkundig oder für die betroffene Partei erkennbar war (BAG 13.4.2005, 5 AZB 76/04, EzA § 9 ArbGG 1979 Nr 16).

11 Wird eine unrichtige Belehrung zur Frist für die Rechtsmittelbegr erteilt, rechtfertigt dies idR die Annahme des fehlenden Verschuldens an der Fristversäumung und damit die Wiedereinsetzung (BAG 10.6.2010, 5 AZB 3/10, NZA 2010, 1086).

12 **IV. Fehlende Urteilszustellung.** Für den Fall, dass die **Zustellung der ganzen Entsch** unterblieben ist, ergaben und ergeben sich Konkurrenzprobleme für die Berufungs- bzw Revisionsfrist zwischen der hiesigen Bestimmung und §§ 66 I, 74 I. Seit der Neufassung dieser Bestimmungen werden Letztere nun zutreffend als vorrangige Spezialvorschriften gesehen, die § 9 V verdrängen. **Berufungs- und Revisionsfrist** berechnen sich also ausschließlich nach §§ 66 I, 74 I und beginnen spätestens 5 Monate nach der Verkündung (BAG 23.6.2005, 2 AZR 423/04, AP ArbGG 1979 § 66 Nr 31). Zu unrichtiger Belehrung und Wiedereinsetzungsantrag in diesem Zusammenhang vgl BAG 16.12.2004, 2 AZR 611/03, EzA § 233 ZPO 2002 Nr 3. Eine unrichtige Belehrung nach Fristablauf ist unbeachtlich (BAG 24.10.2006, 9 AZR 709/05, NJW 2007, 862). Gegen nicht zugestellte LAG-Urt besteht nun die Möglichkeit der sofortigen Beschwerde (§ 72b). Für diese gilt § 9 V nicht.

13 **V. Heilung.** Eine fehlende oder fehlerhafte Rechtsmittelbelehrung kann das Gericht über § 319 ZPO heilen, wobei aber das ganze Urt mit korrekter Belehrung erneut zuzustellen ist (BAG 13.4.2005, 5 AZB 76/04, EzA § 9 ArbGG 1979 Nr 16). Ab diesem Zeitpunkt läuft dann die Rechtsmittelfrist (BAG 8.6.2000, 2 AZR 584/99, EzA § 9 ArbGG 1979 Nr 15). Hätte eine Partei wegen eines aufgrund falscher Belehrung eingelegten Rechtsmittels Gerichtskosten zu zahlen, sind diese gem § 21 I GKG niederzuschlagen.

§ 10 Parteifähigkeit

¹Parteifähig im arbeitsgerichtlichen Verfahren sind auch Gewerkschaften und Vereinigungen von Arbeitgebern sowie Zusammenschlüsse solcher Verbände; in den Fällen des § 2a Abs. 1 Nr. 1 bis 3 f sind auch die nach dem Betriebsverfassungsgesetz, dem Sprecherausschussgesetz, dem Mitbestimmungsgesetz, dem Mitbestimmungsergänzungsgesetz, dem Drittelbeteiligungsgesetz, dem § 139 des Neunten Buches Sozialgesetzbuch, dem § 51 des Berufsbildungsgesetzes und den zu diesen Gesetzen ergangenen Rechtsverordnungen sowie die nach dem Gesetz über Europäische Betriebsräte, dem SE-Beteiligungsgesetz, dem SCE-Beteiligungsgesetz und dem Gesetz über die Mitbestimmung der Arbeitnehmer bei einer grenzüberschreitenden Verschmelzung beteiligten Personen und Stellen Beteiligte. ²Parteifähig im arbeitsgerichtlichen Verfahren sind in den Fällen des § 2a Abs. 1 Nr. 4 auch die beteiligten Vereinigungen von Arbeitnehmern und Arbeitgebern sowie die oberste Arbeitsbehörde des Bundes oder derjenigen Länder, auf deren Bereich sich die Tätigkeit der Vereinigung erstreckt. ³Parteifähig im arbeitsgerichtlichen Verfahren sind in den Fällen des § 2a Abs. 1 Nr. 5 auch die oberste Arbeitsbehörde des Bundes oder die oberste Arbeitsbehörde eines Landes, soweit ihr nach § 5 Abs.6 des Tarifvertragsgesetzes Rechte übertragen sind.

Übersicht	Rdn.		Rdn.
A. Allgemeines	1	C. Beschlussverfahren	5
B. Parteifähigkeit im Urteilsverfahren	2	D. Prozessfähigkeit	8

A. Allgemeines. Die Bestimmung gilt für das Urteils- wie für das Beschlussverfahren und ergänzt die 1
Vorschriften der ZPO. Die Parteifähigkeit ist allg Prozessvoraussetzung und in jeder Instanz vAw zu prüfen.
Allerdings findet keine Amtsermittlung statt, es bleibt beim Beibringungsgrundsatz. Regelmäßig trägt die
Klagepartei die objektive Beweislast für die Prozessvoraussetzungen. Es geht zu ihren Lasten, wenn trotz
Amtsprüfung Zweifel bleiben (BAG 20.1.2000, 2 AZR 733/98, EzA § 56 ZPO Nr 2). Im Beschlussverfahren tritt an die Stelle der Parteifähigkeit die Beteiligtenfähigkeit.

B. Parteifähigkeit im Urteilsverfahren. Über § 46 II gilt § 50 I ZPO, wonach parteifähig ist, wer rechts- 2
fähig ist. Die Rechtsfähigkeit wiederum folgt aus dem materiellen Recht. Danach sind alle natürlichen
Personen sowie die juristischen Personen des privaten und öffentl Rechts rechtsfähig (iE s BCF/*Bader* § 10
Rn 2). Für ausländische juristische Personen gilt das Heimatrecht (§ 7 EGBGB). Wird der Sitz aus einem
EU-Mitgliedsstaat nach Deutschland verlegt, besteht die Rechtsfähigkeit fort (BGH 13.3.2003, VII ZR
370/98, NJW 2003, 1461). Parteifähig sind auch die Vorgesellschaft (nach Abschluss des Gesellschaftsvertrages und vor Eintragung) und die gelöschte GmbH, wenn noch verteilbares Vermögen vorhanden ist
(BAG 4.6.2003, 10 AZR 448/02, EzA § 50 ZPO 2002 Nr 1). Für die vermögenslose (gelöschte) GmbH
gilt dies zur passiven Parteifähigkeit auch, wenn Streitgegenstände ohne Vermögensbezug (Kdg, Zeugnis)
geltend gemacht werden (BAG 9.7.1981, 2 AZR 329/79, EzA § 50 ZPO Nr 1). Die Parteifähigkeit der KG
und OHG folgt aus §§ 124, 161 HGB. Für die am Rechtsverkehr teilnehmende GbR ist nun für die Aktiv-
und Passivseite ebenfalls die Parteifähigkeit anerkannt (zuletzt BAG 1.12.2004, 5 AZR 597/03, EzA § 50
ZPO 2002 Nr 3). Der nicht rechtsfähige Verein ist gem § 50 II ZPO aktiv u passiv parteifähig. Ebenso ist
die gemeinsame Einrichtung nach § 44b SGB II (Jobcenter) parteifähig (BAG 23.6.2015, 9 AZR 261/14).
Für das arbeitsgerichtliche Verfahren erweitert § 10 S 1 Hs 1 die Parteifähigkeit auch für **Gewerkschaften** 3
und AG-Vereinigungen sowie Zusammenschlüsse solcher Verbände. Da die Gewerkschaften als nicht rechtsfähige Vereine organisiert sind, war die Regelung bisher notwendig. Nun wird aber der nicht rechtsfähige
Verein (vgl § 50 II ZPO) als aktiv parteifähig angesehen (BGH 2.7.2007, II ZR 111/05, NJW 2008, 69).
Auch im Verfahrensrecht wird auf den allg arbeitsrechtlichen Gewerkschaftsbegriff abgestellt (BAG
15.3.1977, 1 ABR 16/75, EzA § 2 TVG Nr 12; ErfK/*Koch* § 10 Rn 5). Insb ist also die Tariffähigkeit der
AN-Koalition iSd fühlbaren Drucks auf den sozialen Gegenspieler erforderlich (vgl § 2 TVG Rdn 8). Die
Parteifähigkeit endet auch, wenn während des Rechtsstreits die Tariffähigkeit der Gewerkschaft endet. Im
Streit um die Gewerkschaftseigenschaft ist der Verband in diesem Verfahren parteifähig (vgl § 10 S 2).
Gebietsgliederungen von Gewerkschaften sind nur selbst parteifähig, wenn sie körperschaftlich organisiert
sind und ggü dem Hauptverband eine erkennbare Selbstständigkeit besitzen (verneint für DGB-Landesbezirk: LAG München 19.7.1997, 9 TaBV 54/97, LAGE § 112 BetrVG 1972 Nr 1). Die Vereinigungen
von AN mit sozial- oder berufspolitischer Zwecksetzung iSd § 11 II 2 Nr 3 sind jetzt als nichtrechtsfähige
Vereine parteifähig (§ 50 II ZPO).
Die Parteifähigkeit der AG-Vereinigungen ist meist schon deshalb unproblematisch, weil sie als einge- 4
tragene Vereine organisiert sind. Andernfalls müssen sie den arbeitgeberseitigen Koalitionsstatus besitzen,
also mit körperschaftlicher Organisation als Zusammenschluss von AG mit dem Ziel der Regelung der
Arbeits- und Wirtschaftsbedingungen tariffähig sein. Eine bes Durchsetzungsmacht wird nicht gefordert
(BAG 20.11.1990, 1 ABR 62/89, EzA § 2 TVG Nr 20).

C. Beschlussverfahren. Diese Verfahrensart ist kein Parteiprozess, deshalb tritt an die Stelle der Parteifä- 5
higkeit die **Beteiligtenfähigkeit.** Dieserhalb sind auch im Beschlussverfahren zunächst alle natürlichen und
juristischen Personen, Personengesellschaften sowie sonstige Verbände beteiligtenfähig, die gem § 10 S 1 Hs
1 parteifähig sind. In Hs 2 wird für die Verfahren nach § 2a Nr 1–3 f die Beteiligtenfähigkeit auf einen
Kreis von Personen und Stellen erweitert, die in den genannten Gesetzen funktional beteiligt sind. Von der
(abstrakten) Beteiligtenfähigkeit ist aber die konkrete Stellung als Beteiligter in einem Beschlussverfahren
zu unterscheiden. Letztere bestimmt sich aus § 83 III und schließt sich aus der betriebsverfassungsrechtlichen (materiellen) Rechtsstellung (BAG 25.8.1981, 1 ABR 61/79, AP ArbGG 1979 § 83 Nr 2; s.u. § 83
Rdn 3–7). Dass in Hs 2 die beteiligten **Personen** als beteiligtenfähig genannt werden, hat – wegen § 50
ZPO – nur eine die verfahrensrechtliche Stellung unterstreichende Bedeutung. Hierunter fallen neben
dem AG (bzw Insolvenzverwalter) oder AN die Vertrauensperson der Schwerbehinderten, Beauftragte der
Gewerkschaften oder AG-Verbände, BR- oder Aufsichtsratsmitglieder sowie Sicherheitsbeauftragte.

§ 11 ArbGG Prozessvertretung

6 Eine iSd Hs 2 **beteiligtenfähige Stelle** ist dadurch gekennzeichnet, dass ihr die betriebsverfassungsrechtlichen Befugnisse unabhängig von einem Wechsel im personalen Bestand zugewiesen sind. Die Stelle als solche ist Verfahrenssubjekt, nicht jedoch ihre einzelnen Mitglieder (GMP/*Matthes*/*Schlewing* § 10 Rn 26). Eine Veränderung in der Zusammensetzung durch Mandatsniederlegung, Nachrücken oder Neuwahl ist deshalb ohne Bedeutung. Ist die Beteiligtenfähigkeit selbst im Streit, ist sie in dem darüber geführten Verfahren zu unterstellen (BAG 18.3.2015, 7 ABR 42/12, NZA 2015, 1144). Für die Praxis sind folgende beteiligtenfähige Stellen bes zu erwähnen: BR (auch für Restmandat bei Stilllegung, BAG 12.1.2000, 7 ABR 61/98, EzA § 24 BetrVG 1972 Nr 2), Betriebsversammlung, Betriebsausschuss, JAV, Einigungsstelle, Wirtschaftsausschuss, Wahlvorstände (§ 2a I Nr 1); Sprecherausschüsse der leitenden Angestellten (§ 2a I Nr 2); KBR, Aufsichtsrat (§ 2a I Nr 3); Werkstatträte (§ 2a I Nr 3a); das bes Verhandlungsgremium gem §§ 8 ff EBRG, EBR; die bes Interessenvertretung gem § 51 BBiG; AN-Verband, der Rechte aus dem BetrVG geltend macht (BAG 19.9.2006, 1 ABR 53/05, NJW 2007, 1018).

7 In § 10 S 2 wird für die bes Beschlussverfahren nach § 2a I Nr 4 (Entscheidung über Tariffähigkeit und Tarifzuständigkeit) die Beteiligtenfähigkeit zusätzlich erweitert. Dies bezieht sich neben den beteiligten Vereinigungen der AN und AG auch auf die obersten Arbeitsbehörden des Bundes bzw der örtlich betroffenen Länder. Ebenso war wegen der neu geregelten Rechtswegzuweisung der ArbG für die (Beschluss-) Verfahren nach § 2a Nr 5 den hier zuständigen Behörden (BMAS bzw oberste Arbeitsbehörde eines Landes) insoweit die Beteiligtenfähigkeit zuzuerkennen (S 3).

8 **D. Prozessfähigkeit.** Sie ist im arbeitsgerichtlichen **Urteilsverfahren** nicht eigenständig geregelt, es gelten vielmehr die allg Bestimmungen (§ 52 ZPO). Soweit sich eine Person durch Verträge verpflichten kann, ist sie prozessfähig. Für geschäftsfähige Personen ist also die Prozessfähigkeit unproblematisch. Beschränkt Geschäftsfähige, die gem §§ 112, 113 BGB ermächtigt sind, sind für die daraus entstehenden Streitigkeiten (Eingehen, Aufhebung, Erfüllung der Vertragspflichten) auch prozessfähig. § 113 BGB bezieht sich aber nicht auf das Berufsausbildungsverhältnis, sodass dem minderjährigen Auszubildenden dafür die Prozessfähigkeit fehlt (hM GMP/*Matthes*/*Schlewing* § 10 Rn 39). Nicht prozessfähig sind die juristischen Personen und Personengesellschaften. Für sie handeln im Rechtsstreit die gesetzlichen Vertreter oder geschäftsführenden Gesellschafter. Für das **Beschlussverfahren** gelten zur Prozessfähigkeit (hier: Verfahrensfähigkeit) die nämlichen Regeln wie für das Urteilsverfahren. Das gilt auch für den beschränkt Geschäftsfähigen, soweit es im Zusammenhang mit dem eingegangenen Arbeitsverhältnis betriebsverfassungsrechtliche Rechte und Pflichten betrifft. Das Weiterbeschäftigungsverlangen (§ 78a BetrVG) gehört nicht dazu, weil es die Begründung eines Arbeitsvertrages betrifft (GMP/*Matthes*/*Schlewing* § 10 Rn 42). Die sonstigen Stellen iSd § 10 S 1 Hs 2 sind, soweit sie beteiligtenfähig sind, auch prozessfähig. Da die Prozessfähigkeit bei der Stelle selbst liegt, bedarf es für die Prozesshandlung einer ordnungsgemäßen Beschlussfassung. Diese ist im Verfahren von der beteiligten Stelle, also zB dem BR, darzulegen; nachholende Heilung ist zulässig (ErfK/*Koch* § 10 Rn 8). Die Jugendvertretung allein ist ggü dem AG nicht prozessfähig, es ist vielmehr für Prozesshandlungen auch ein Beschluss des BR notwendig (BAG 20.2.1986, 6 ABR 25/85, EzA § 64 BetrVG 1972 Nr 2).

§ 11 Prozessvertretung

(1) ¹Die Parteien können vor dem Arbeitsgericht den Rechtsstreit selbst führen. ²Parteien, die eine fremde oder ihnen zum Zweck der Einziehung auf fremde Rechnung abgetretene Geldforderung geltend machen, müssen sich durch einen Rechtsanwalt als Bevollmächtigten vertreten lassen, soweit sie nicht nach Maßgabe des Absatzes 2 zur Vertretung des Gläubigers befugt wären oder eine Forderung einziehen, deren ursprünglicher Gläubiger sie sind.

(2) ¹Die Parteien können sich durch einen Rechtsanwalt als Bevollmächtigten vertreten lassen. ²Darüber hinaus sind als Bevollmächtigte vor dem Arbeitsgericht vertretungsbefugt nur

1. Beschäftigte der Partei oder eines mit ihr verbundenen Unternehmens (§ 15 des Aktiengesetzes); Behörden und juristische Personen des öffentlichen Rechts einschließlich der von ihnen zur Erfüllung ihrer öffentlichen Aufgaben gebildeten Zusammenschlüsse können sich auch durch Beschäftigte anderer Behörden oder juristischer Personen des öffentlichen Rechts einschließlich der von ihnen zur Erfüllung ihrer öffentlichen Aufgaben gebildeten Zusammenschlüsse vertreten lassen,
2. volljährige Familienangehörige (§ 15 der Abgabenordnung, § 11 des Lebenspartnerschaftsgesetzes), Personen mit Befähigung zum Richteramt und Streitgenossen, wenn die Vertretung nicht im Zusammenhang mit einer entgeltlichen Tätigkeit steht,
3. selbständige Vereinigungen von Arbeitnehmern mit sozial- oder berufspolitischer Zwecksetzung für ihre Mitglieder,

4. Gewerkschaften und Vereinigungen von Arbeitgebern sowie Zusammenschlüsse solcher Verbände für ihre Mitglieder oder für andere Verbände oder Zusammenschlüsse mit vergleichbarer Ausrichtung und deren Mitglieder,
5. juristische Personen, deren Anteile sämtlich im wirtschaftlichen Eigentum einer der in Nummer 4 bezeichneten Organisationen stehen, wenn die juristische Person ausschließlich die Rechtsberatung und Prozessvertretung dieser Organisation und ihrer Mitglieder oder anderer Verbände oder Zusammenschlüsse mit vergleichbarer Ausrichtung und deren Mitglieder entsprechend deren Satzung durchführt, und wenn die Organisation für die Tätigkeit der Bevollmächtigten haftet.
³Bevollmächtigte, die keine natürlichen Personen sind, handeln durch ihre Organe und mit der Prozessvertretung beauftragten Vertreter.
(3) ¹Das Gericht weist Bevollmächtigte, die nicht nach Maßgabe des Absatzes 2 vertretungsbefugt sind, durch unanfechtbaren Beschluss zurück. ²Prozesshandlungen eines nicht vertretungsbefugten Bevollmächtigten und Zustellungen oder Mitteilungen an diesen Bevollmächtigten sind bis zu seiner Zurückweisung wirksam. ³Das Gericht kann den in Absatz 2 Satz 2 Nr. 1 bis 3 bezeichneten Bevollmächtigten durch unanfechtbaren Beschluss die weitere Vertretung untersagen, wenn sie nicht in der Lage sind, das Sach- und Streitverhältnis sachgerecht darzustellen.
(4) ¹Vor dem Bundesarbeitsgericht und dem Landesarbeitsgericht müssen sich die Parteien, außer im Verfahren vor einem beauftragten oder ersuchten Richter und bei Prozesshandlungen, die vor dem Urkundsbeamten der Geschäftsstelle vorgenommen werden können, durch Prozessbevollmächtigte vertreten lassen. ²Als Bevollmächtigte sind außer Rechtsanwälten nur die in Absatz 2 Satz 2 Nr. 4 und 5 bezeichneten Organisationen zugelassen. ³Diese müssen in Verfahren vor dem Bundesarbeitsgericht durch Personen mit Befähigung zum Richteramt handeln. ⁴Eine Partei, die nach Maßgabe des Satzes 2 zur Vertretung berechtigt ist, kann sich selbst vertreten; Satz 3 bleibt unberührt.
(5) ¹Richter dürfen nicht als Bevollmächtigte vor dem Gericht auftreten, dem sie angehören. ²Ehrenamtliche Richter dürfen, außer in den Fällen des Absatzes 2 Satz 2 Nr. 1, nicht vor einem Spruchkörper auftreten, dem sie angehören. ³Absatz 3 Satz 1 und 2 gilt entsprechend.
(6) ¹In der Verhandlung können die Parteien mit Beiständen erscheinen. ²Beistand kann sein, wer in Verfahren, in denen die Parteien den Rechtsstreit selbst führen können, als Bevollmächtigter zur Vertretung in der Verhandlung befugt ist. ³Das Gericht kann andere Personen als Beistand zulassen, wenn dies sachdienlich ist und hierfür nach den Umständen des Einzelfalls ein Bedürfnis besteht. ⁴Absatz 3 Satz 1 und 3 und Absatz 5 gelten entsprechend. ⁵Das von dem Beistand Vorgetragene gilt als von der Partei vorgebracht, soweit es nicht von dieser sofort widerrufen oder berichtigt wird.

Übersicht

		Rdn.			Rdn.
A.	Grundsätzliches	1	C.	Vertretung vor den LAG u dem BAG	9
B.	Das erstinstanzliche Urteilsverfahren	2	D.	Vertretungsverbot für Richter des eigenen Gerichts	10
I.	Die Prozessführung durch die Partei	2			
II.	Prozessvertretung durch Dritte	4	E.	Beistände	11
III.	Zurückweisung/Untersagung der Vertretung	8	F.	Vertretung im Beschlussverfahren	12

A. Grundsätzliches. Diese durch das Gesetz zur Neuregelung des Rechtsberatungsrechts v 12.12.2007 (BGBl I, S 2840) mit Wirkung v 1.7.2008 neu gefasste Bestimmung führt für das arbeitsgerichtliche Verfahren die allg Regeln aus §§ 78, 79 ZPO fort. Sie gilt für Urteils- und Beschlussverfahren, wobei für Letzteres die Besonderheiten in §§ 87 II, 92 II zu beachten sind. Inhaltlich ist zu unterscheiden zwischen dem Auftreten der Partei selbst und ihrer Vertretung in der 1. Instanz (I–III) und der Prozessvertretung vor den LAG u dem BAG (IV). Neu aufgenommen wurde das Vertretungsverbot für Richter des eigenen Gerichts. 1

B. Das erstinstanzliche Urteilsverfahren. I. Die Prozessführung durch die Partei. Vor dem ArbG kann die **prozessfähige Partei** den Rechtsstreit selbst führen. Prozessfähig sind die geschäftsfähigen (natürlichen) Personen. Für die beschränkt Geschäftsfähigen mit Ermächtigung nach §§ 112, 113 BGB vgl § 10 Rdn 8. Die juristischen Personen und Personengesellschaften sind nicht selbst prozessfähig, sie können prozessual nur durch ihre gesetzlichen Vertreter handeln. Der Staat (Fiskus) wird durch die gesetzlich bestimmte Vertretungsbehörde bzw deren Leiter vertreten. Bei den juristischen Personen des öffentl Rechts folgt die Vertretungsbefugnis aus Gesetz, Satzung oder Einzelanordnung. Wird eine **fremde** oder **zum Zwecke der Einziehung auf fremde Rechnung abgetretene Geldforderung** geltend gemacht, ist nun idR die Vertretung durch einen RA zwingend (I, 2 nF). Voll- u Sicherungsabtretungen sind davon nicht erfasst (GK-ArbGG/ *Bader* § 11 Rn 61). 2

3 Vor dem ArbG kann die Partei sich nur selbst vertreten, wenn sie die **Prozessführungsbefugnis** besitzt. Diese steht regelmäßig demjenigen zu, von dem oder gegen den der materiellrechtliche Anspruch geltend gemacht wird. Fallen Prozessführungsbefugnis und materiellrechtlicher Anspruch auseinander, liegt **Prozessstandschaft** vor. Eine gesetzliche Prozessstandschaft besteht bei § 265 ZPO, § 25 HAG, Art 56 VIII ZA-NTS und den Parteien kraft Amtes (Insolvenzverwalter, Zwangsverwalter, Testamentsvollstrecker). Auch eine gewillkürte Prozessstandschaft kann bei schutzwürdigen Interessen in engen Grenzen zulässig sein, so bei der Durchsetzung von Vergütungsansprüchen des AN, die auf die BA übergegangen sind (BAG 23.9.2009, 5 AZR 518/08, EzA § 615 BGB 2002 Nr 30) oder für Ansprüche des AN aus der betriebl Altersversorgung im Fall des § 9 II 1 BetrAVG (BAG 5.5.2015, 1 AZR 763/13, DB 2015, 2096); ebenso für den insolventen AN mit beantragter Restschuldbefreiung (§ 287 II InsO), vgl BAG 19.2.2014, 5 AZR 1047/12, BB 2014,1658.

4 **II. Prozessvertretung durch Dritte.** Dieser ist durch das RDG eine neue Struktur gegeben worden. Erstrangiger Prozessvertreter ist danach der (in Deutschland zugelassene) **Rechtsanwalt**. Der Syndikusanwalt ist vertretungsberechtigt, muss aber die Beschränkung aus § 46 BRAO beachten (s.a. Rdn 9). Ausschluss aus der Anwaltschaft oder ein einschlägiges Berufsverbot lassen die Vertretungsbefugnis entfallen. Ausländische Rechtsanwälte aus der EU können ohne bes Zulassung vor den ArbG auftreten (§ 4 RechtsanwaltsdienstleistungsG), bei Vertretungszwang (IV) aber nur im Einvernehmen mit einem dt Anwalt (§§ 28, 29 EuRAG). Der Nachweis des Einvernehmens kann durch die Mitunterzeichnung der Rechtsmittelschrift seitens des dt Anwalts erfolgen (BAG 13.12.2012, 6 AZR 303/12, NJW 2013, 1620). Der Rechtsanwalt seinerseits kann an einen anderen Anwalt oder an einen bei ihm im Vorbereitungsdienst tätigen Rechtsreferendar Untervollmacht (§ 157 nF ZPO) erteilen, nicht jedoch an den Bürovorsteher (GK-ArbGG/*Bader* § 11 Rn 71). Der **Kammerrechtsbeistand** u der registrierte Erlaubnisinhaber – mit Gestattung der Vertretung u des Auftretens in der mündlichen Verhandlung – sind gem § 3 I, II RDGEG aber nur für das erstinstanzliche Verfahren dem RA gleichgestellt (BAG 18.6.2015, 2 AZR 58/14, BB 2016, 628).

5 Weitere Vertretungsbefugnisse ergeben sich aus der abschließenden Aufzählung in II, 2 nF: Dies sind die **Beschäftigten** der Partei oder eines mit ihr iSd § 15 AktG verbundenen Konzernunternehmens. Neben eigenen Mitarbeitern können sich Behörden, juristische Personen des öffentlichen Rechts u in deren Aufgabenkreis gebildete Zusammenschlüsse auch durch Beschäftigte anderer Behörden oder juristischer Personen des öffentlichen Rechts (zB Aufsichtsbehörden, kommunaler Spitzenverband) vertreten lassen. Weiter sind zur Vertretung befugt die (prozessfähigen) **Familienangehörigen** (personell begrenzt durch die Verweisung auf §§ 15 AO, 11 LebenspartnerschaftsG) sowie **Personen mit Befähigung zum Richteramt** u **Streitgenossen**. In den drei genannten Bereichen muss die Vertretung **unentgeltlich** geschehen; bloßer Auslagenersatz ist unschädlich. Auf die Häufigkeit der Vertretungen kommt es hingegen nicht mehr an (HWK/*Kalb* § 11 Rn 8).

6 Entsprechend dem bisherigen Recht sind die selbstständigen **Vereinigungen** von AN mit **sozial- oder berufspolitischer Zwecksetzung** für ihre Mitglieder vertretungsbefugt. Dazu gehören die AN-Verbände der christlichen Kirchen u die christlichen Gewerkschaften, soweit sie nicht tariffähig sind, nicht jedoch die AN-Kammern in Bremen u Saarl. In der Praxis von besonderer Bedeutung sind die Vertretungsbefugnis der **Gewerkschaften** und **AG-Vereinigungen** sowie Zusammenschlüsse solcher Verbände. Weiter ist auch die Vertretung durch einen **anderen Verband** mit vergleichbarer Ausrichtung möglich. Dabei genügt die gleiche generelle Zielsetzung, also ob AN- oder AG-Interessen wahrgenommen werden (GK-ArbGG/*Bader* § 11 Rn 90). Die Handwerkskammern u die Industrie- u Handelskammern sind keine AG-Vereinigungen. Schließlich sind auch juristische Personen, die vollständig im wirtschaftlichen Eigentum von Gewerkschaften oder AG-Vereinigungen stehen, zur Vertretung berechtigt, wenn sie ausschließlich Rechtsberatung u Prozessvertretung für die Trägerorganisation u deren Mitglieder durchführen u diese Trägerorganisation für die Bevollmächtigten haftet (DGB-Rechtsschutz-GmbH). Sind die Bevollmächtigten keine natürlichen Personen, handeln sie durch ihre Organe oder beauftragte Vertreter (II, 3). Diese **Verbandsvertreter** stehen iW den Rechtsanwälten gleich, insbesondere im gerichtlichen Zustellwesen (§ 50 II iVm §§ 172 I, 174 I, 178 I ZPO) und beim Vertreterverschulden (§ 85 II ZPO); § 195 ZPO gilt aber nicht.

7 Voraussetzung der Prozesshandlungsbefugnis (Postulationsfähigkeit) für die Vertreter der Verbände ist aber, dass die Prozesspartei **Mitglied** der hier genannten AN- oder AG-Vereinigungen ist, bzw diese selbst Prozesspartei sind. Die Tarifgebundenheit des jeweiligen Mitglieds ist hingegen nicht erforderlich (BAG 16.11.1989, 8 AZR 368/88, EzA § 11 ArbGG 1979 Nr 6). Die Postulationsbefugnis für die Partei endet mit deren Ausscheiden aus der Vereinigung, bisherige Prozesshandlungen behalten die Wirksamkeit. Der Insolvenzverwalter kann nur solange durch den Verbandsvertreter vertreten werden, wie die Mitgliedschaft des Insolvenzschuldners im Verband andauert (BAG 20.11.1997, 2 AZR 52/97, EzA § 11 ArbGG 1979 Nr 14). Weiter ist für den Verbandsvertreter geboten, dass er kraft Satzung oder Vollmacht des

Verbandes zur Prozessvertretung der Mitglieder (oder des Verbandes) befugt ist. Dabei ist es genügend, wenn die erteilte Vollmacht vom Verbandszweck gedeckt ist (BAG 6.9.2006, 5 AZR 684/05, DB 2006, 2640). Beschränkungen der Vertretungsbefugnis (zB für eine Instanz) sind möglich, müssen aber eindeutig sein.

III. **Zurückweisung/Untersagung der Vertretung.** Bevollmächtigte, die nicht nach II vertretungsbefugt sind, sind durch unanfechtbaren Beschluss **zurückzuweisen**. Zuständig ist – aber nur außerhalb der Streitverhandlung – der Vorsitzende (§ 55 I Nr 11 nF). Prozesshandlungen seitens des Bevollmächtigten (auch Zustellungen an ihn) bis zum Zurückweisungsbeschluss bleiben wirksam. Geschieht die Zurückweisung erst im Termin, kann kein Versäumnisurteil ergehen (vgl § 335 I Nr 5 nF ZPO). Gegenüber den gem II Nr 1–3 befugten Vertretern ist die **Untersagung** der weiteren Vertretung durch ebenfalls unanfechtbaren Beschluss dann möglich, wenn sie nicht zur sachgerechten Darlegung des Sach- u Streitverhältnisses in der Lage sind. Infrage kommen (offenkundig) fehlende intellektuelle Leistungsfähigkeit, Aggressivität oder Trunkenheit. Gegenüber Rechtsanwälten u Vertretern gem II Nr 4 u 5 ist eine Untersagung nicht möglich.

8

C. **Vertretung vor den LAG u dem BAG.** Vor den LAG u dem BAG besteht grds **Vertretungszwang** durch Bevollmächtigte. Die Partei selbst kann im Verfahren vor dem LAG/BAG keine wirksamen Prozesshandlungen vornehmen. Ausgenommen sind nur diejenigen, die vor dem Urkundsbeamten der Geschäftsstelle zu Protokoll erklärt werden können (zB Befangenheitsantrag, PKH-Antrag, Erledigterklärung der Hauptsache, sofortige Beschwerde) sowie das Verfahren vor dem beauftragten bzw ersuchten Richter. Postulationsbefugt sind nur die Verbandsvertreter der Organisationen iSd II Nr 4 u 5 sowie Rechtsanwälte; der Syndikusanwalt muss klarstellen, dass er als unabhängiger Prozessbevollmächtigter ohne Bindung an Weisungen seines AG auftritt (BAG 17.9.2013, 9 AZR 75/12, NJW 2014, 247). Auch die Unterbevollmächtigung darf nur an solche postulationsfähige Personen erteilt werden, also an Referendare und Assessoren nur, wenn sie allgemein bestellte Vertreter sind (§ 53 IV BRAO). Den Einspruch gegen das Versäumnisurteil kann die Partei vor dem LAG selbst einlegen (§§ 64 VII, 59), in der anschließenden mündlichen Verhandlung muss sie jedoch wieder vertreten sein. Vertreter von Verbänden nach II Nr 3 sind vor dem LAG/BAG nicht zugelassen. Vor dem **BAG** gilt die Vertretungsbefugnis für die Vertreter nach II Nr 4 u 5 nur, wenn sie die Befähigung zum Richteramt besitzen. Sind die Arbeitgebervereinigungen oder Gewerkschaften selbst Partei, können sie sich selbst vertreten (IV, S 4).

9

D. **Vertretungsverbot für Richter des eigenen Gerichts.** Die neu eingefügte Regelung in V enthält ein Vertretungsverbot für Richter vor dem Gericht, an dem sie selbst ein Richteramt innehaben. Die **Berufsrichter** dürfen generell vor dem eigenen Gericht nicht auftreten. Für die **ehrenamtlichen Richter** ist die Vertretung nur vor dem Spruchkörper untersagt, dem sie angehören. Diese Bestimmung, die die Unabhängigkeit zwischen Gericht u Prozessvertretung sichern soll, ist im arbeitsgerichtlichen Verfahren deshalb von besonderer Bedeutung, weil hier häufig Verbandsvertreter (II Nr 4 u 5) auch als ehrenamtliche Richter tätig sind. Um hier eine Inkompatibilität zu vermeiden, muss für diese Personen die Zuweisung zu einem bestimmten Spruchkörper (Kammer) durch den Geschäftsverteilungsplan erfolgen. Bei allen anderen Kammern des Gerichts bleiben sie dann vertretungsbefugt. Auch in der Funktion des **Beistandes** unterliegen die Richter den nämlichen Beschränkungen (VI, 4).

10

E. **Beistände.** In der mündlichen Verhandlung kann sich die Partei eines Beistandes (vgl § 90 ZPO) bedienen. Dabei kann grds derjenige Beistand sein, der im Parteiprozess als Bevollmächtigter gem II, S 2 auftreten könnte. Das Gericht kann weitere Personen als Beistände zulassen, wenn dies sachdienlich ist und ein auf den Einzelfall bezogenes Bedürfnis besteht (VI, S 2). Die Regeln über Zurückweisung/Untersagung gelten auch für Beistände (VI, S 4). Der **Vortrag** des Beistandes wird der Partei zugerechnet, soweit diese nicht sofort widerspricht oder berichtigt. Die Antidiskriminierungsverbände sind kraft Gesetzes als Beistände zugelassen (§ 23 II AGG). Wegen des bisherigen Ausschlusses der Prozessagenten/Rechtsbeistände von der mündlichen Verhandlung (§ 11 III aF) vgl nun Rdn 4.

11

F. **Vertretung im Beschlussverfahren.** Die Vorschriften des Urteilsverfahrens über Prozessfähigkeit und Prozessvertretung werden für das Beschlussverfahren **1. Instanz** in § 80 II 1 für entspr anwendbar erklärt. Die Beteiligten können sich deshalb selbst vertreten, soweit sie partei-(beteiligten-) und prozessfähig sind (s § 10 Rdn 5 und 6). Für die betriebsverfassungsrechtlichen Gremien (BR, GBR, Sprecherausschuss) handelt – aber nur iRd geschehenen Beschlussfassung – der Vorsitzende. Lässt sich ein solches Organ durch einen Verbandsvertreter (II S 2 nF) vertreten, muss mind ein Organmitglied wiederum Mitglied des vertretenden Verbandes sein (GK-ArbGG/*Bader* § 11 Rn 132). Natürlich ist auch die Vertretung durch Rechtsanwälte zulässig.

12

13 Im Unterschied zum Urteilsverfahren können sich die partei- und prozessfähigen Beteiligten in der 2. und 3. Instanz selbst vertreten (§§ 87 II 2, 92 II 2 iVm § 11 I–III, V). Allerdings müssen Beschwerdeschrift und -begründung zum LAG bzw die Rechtsbeschwerde und -begründung von einem Rechtsanwalt oder einem Verbandsvertreter iSd § 11 IV unterzeichnet sein (§§ 89 I, 94 I nF), wobei beim BAG die Befähigung zum Richteramt erforderlich ist. Dies gilt auch für die Nichtzulassungsbeschwerde gem § 92a (BAG 18.8.2015, 7 ABN 32/15, NJW 2015, 3263).

§ 11a Beiordnung eines Rechtsanwalts, Prozesskostenhilfe

(1) Die Vorschriften der Zivilprozessordnung über die Prozesskostenhilfe und über die grenzüberschreitende Prozesskostenhilfe innerhalb der Europäischen Union nach der Richtlinie 2003/8/EG gelten in Verfahren vor den Gerichten für Arbeitssachen entsprechend.

(2) Das Bundesministerium für Arbeit und Soziales wird ermächtigt, zur Vereinfachung und Vereinheitlichung des Verfahrens durch Rechtsverordnung mit Zustimmung des Bundesrates Formulare für die Erklärung der Partei über ihre persönlichen und wirtschaftlichen Verhältnisse (§ 117 Abs. 2 der Zivilprozessordnung) einzuführen.

Übersicht

		Rdn.			Rdn.
A.	Grundsätzliches	1	VI.	Die gerichtliche Entscheidung	12
B.	Die Prozesskostenhilfe	2		1. Der Regelfall	12
I.	Anwendungsbereich	2		2. Länderöffnungsklausel für Rechtspflegerzuständigkeit	15
II.	Antrag	3			
III.	Die persönlichen und wirtschaftlichen Verhältnisse	5	VII.	Nachträgliche Änderung der Bewilligung	16
IV.	Erfolgsaussicht und fehlender Mutwillen	9	VIII.	Rechtsmittel gegen die PKH-Entscheidung	17
V.	Die Beiordnung eines Rechtsanwalts (PKH)	11			

1 **A. Grundsätzliches.** Die Vorschrift ist durch das **Gesetz zur Änderung des Prozesskostenhilfe - u Beratungshilferechts** (PKH/BerHRÄndG) v 31.8.2013, BGBl I 2013, 3533 – in Kraft ab 1.1.2014 – grundlegend umgestaltet worden. Nunmehr wird nur die Geltung der zivilprozessualen Bestimmungen über die Prozesskostenhilfe (PKH) und die der grenzüberschreitenden PKH innerhalb der EU (§§ 1076–1078 ZPO) auch für das arbeitsgerichtlichen Verfahren angeordnet (I). Das bisher hier verankerte bes Institut der **anwaltlichen Beiordnung** (I, II und IIa aF) ist ersatzlos weggefallen. Der Gesetzgeber war dabei der Auffassung, dass die bisherige Sonderregelung im Hinblick auf die Waffengleichheit der Parteien nicht länger erforderlich ist, weil dieses Prinzip durch § 121 II, 2. Alt ZPO in ähnlicher Weise gewährleistet werde. Weiter hält der Gesetzgeber die im allg ZPO-Recht geforderte hinreichende Erfolgsaussicht der Rechtsverfolgung vor dem Hintergrund der dazu vorliegenden Rspr auch in der Arbeitsgerichtsbarkeit für akzeptabel. Für alle **vor dem 1.1.2014** gestellten Anträge auf PKH eines Rechtszuges gilt das bisherige Recht weiter (§ 40 EGZPO). Für die anwaltschaftliche Beratungshilfe gilt unverändert das BerHG, nun in der Fassung v 31.8.2013.

2 **B. Die Prozesskostenhilfe. I. Anwendungsbereich.** Es gelten die allg Bestimmungen nach §§ 114 ff ZPO. Die PKH wird allg als eine Art Sozialhilfe für den gerichtlichen Rechtsschutz angesehen. § 115 I 2 und III ZPO stellen den Bezug her. Mit der PKH-Bewilligung ist die Partei von der Zahlung der Gerichtskosten und im Fall des § 121 ZPO von den Anwaltskosten befreit bzw auf die Ratenzahlung gem § 115 II ZPO beschränkt (§ 122 I ZPO). Die PKH-Bewilligung ist für **alle selbstständigen Gerichtsverfahren** (also auch Mahnverfahren, Beweissicherung, Zwangsvollstreckung) und für alle Instanzen, aber für jede Instanz getrennt, möglich (auch Nichtzulassungsbeschwerde); keine PKH idR für das PKH-Bewilligungsverfahren gem § 118 ZPO (vgl Thomas/Putzo/*Seiler* § 114 Rn 1 mwN). Die PKH gilt grds auch für das Beschlussverfahren, wobei sie aber für die sonstigen (beteiligtenfähigen) Stellen iSd § 10 S 1 HS 2 wegen der arbeitgeberseitigen Kostenpflicht (§ 40 BetrVG) selten praktisch wird (vgl BCF/*Bader* § 11a Rn 9).

3 **II. Antrag.** Antragsberechtigt sind Klage-, Beklagtenpartei und Nebenintervenienten, wobei in 1. Linie an natürliche Personen zu denken ist und für ausländische Staatsangehörige keine Beschränkungen gelten. Die grenzüberschreitende PKH im EU-Bereich regelt sich nach §§ 1076 ff ZPO. Für juristische Personen und Personengesellschaften gilt die Sonderregelung gem § 116 ZPO. Für den Insolvenzverwalter als Partei kraft Amtes liegen die Voraussetzungen nach § 116 S 1 Nr 1 ZPO wohl dann vor, wenn Masseunzulänglichkeit (§ 208 InsO) besteht (BAG 8.5.2003, 2 AZB 56/02, EzA § 116 ZPO 2002 Nr 1).

Der **PKH-Antrag** kann (unterzeichnet) schriftlich, in der mündlichen Verhandlung oder zu Protokoll der 4
Geschäftsstelle (§ 117 I 1 ZPO) und damit in allen Instanzen von der Partei selbst gestellt werden. Das
Streitverhältnis ist darzustellen, soweit es sich nicht aus den Akten ergibt. Die Erklärung über die persönlichen und wirtschaftlichen Verhältnisse ist beizufügen. Dabei sind die amtlichen Vordrucke nach der
PKH-FormularVO v 6.1.2014 (BGBl I 2014, 34) zu verwenden (§ 11a II iVm § 117 II ZPO) und die
entspr Belege beizufügen. Die PKH kann vorweg für eine erst beabsichtigte Klage oder ein Rechtsmittel
beantragt werden. Der Antragsteller hat klarzustellen, ob vorab nur der PKH-Antrag zu behandeln ist
oder die Klage (Rechtsmittel) unabhängig davon erhoben sein soll, erforderlichenfalls ist auszulegen. Die
bedingte Klageerhebung für den Fall der PKH-Bewilligung wird für unzulässig gehalten (vgl Thomas/
Putzo/*Seiler* § 117 Rn 4). Ein ordnungsgem gestellter PKH-Antrag hemmt den Eintritt der Verjährung
(§ 204 I Nr 14 BGB, § 167 ZPO) und kann die Wiedereinsetzung begründen. Da ein ablehnender Beschl
nicht in Rechtskraft erwächst, ist eine Wiederholung des Antrages bei verändertem Sachverhalt oder zur
Beseitigung eines formellen Fehlers möglich (GK-ArbGG/*Bader* § 11a Rn 37).

III. Die persönlichen und wirtschaftlichen Verhältnisse. Sie bestimmen, ob die Partei die Kosten der 5
Prozessführung überhaupt nicht, nur teilw oder in Raten aufbringen kann. In welchem Umfang eigenes
Einkommen und Vermögen einzusetzen sind, wird in § 115 ZPO und den dort enthaltenen Verweisungen
festgelegt. **Einkommen** sind alle Einkünfte in Geld oder Geldeswert (§ 115 I 2 ZPO). Es gilt der sozialrechtliche Einkommensbegriff. Maßgeblich ist, was aktuell und tatsächlich zufließt. Dazu gehören insb:
Arbeitseinkommen einschl aller Zuschläge und Sonderzahlungen; Ertrag aus Kapitalvermögen; Krankengeld/Arbeitslosengeld; Renten; Einkünfte aus selbstständiger Tätigkeit oder Vermietung/Verpachtung; Sozialhilfe oder andere Sozialleistungen (nicht Mutterschafts- oder Erziehungsgeld), Essenszuschüsse, Naturalleistungen (Kost, Logis, Dienstwohnung, Dienst-PKW) nach Maßgabe der jeweiligen SachbezugsVO, s iE
bei GK-ArbGG/*Bader* § 11a Rn 45. Nicht zum Einkommen rechnen die vermögenswirksamen Leistungen
u das Wohngeld (str). Das Kindergeld wird nun (aA noch Vorauﬂ) als Einkommen des Kindes bewertet u
ist als Abzug von dem auf das Kind entfallenden Unterhaltsfreibetrag zu berücksichtigen (LAG Berl-Bbg
29.9.2014, 3 Ta 1494/14, NZA-RR 2015, 44; Thomas/Putzo/*Seiler*, § 115 Rn 2).

Von dem so ermittelten Einkommen sind die **Abzüge** gem § 115 I 3 Nr 1–5 ZPO vorzunehmen. Dies sind 6
zuerst die Abzüge, die sich aus der Verweisung auf § 82 II SGB XII ergeben: Einkommensteuern, Pﬂichtbeiträge zur Sozialversicherung, sonstige (angemessene) Versicherungsbeiträge, Werbungskosten, weiter
Freibeträge für den Antragsteller, Ehegatten und unterhaltsberechtigte Angehörige (vgl PKH-Bekanntmachung 2015, BGBl 2014 I, 2007), Kosten für Unterkunft (abzüglich Wohngeld), Mehrbedarfe nach §§ 21
SGB II, 30 SGB XII und bes Belastungen, unter auch Ratenzahlungsverpﬂichtungen, die aus der Zeit vor
dem Prozesserfordernis stammen (LAG Schl-Holst 25.1.1989, 5 Ta 211/88, LAGE § 115 ZPO Nr 37).
Von dem nach den Abzügen verbleibenden Einkommen (einzusetzendes Einkommen) sind **Monatsraten in
Höhe der Hälfte dieses Einkommens** festzusetzen (§ 115 II ZPO nF); die Monatsraten sind auf volle Euro
abzurunden. Beträgt die Höhe einer Monatsrate weniger als 10 EUR, ist von deren Festsetzung abzusehen.
Übersteigt das einzusetzende Einkommen 600 EUR, beträgt die Monatsrate 300 EUR zuzüglich des einzusetzenden Einkommensteil, der über 600 EUR hinausgeht. Unabhängig von der Zahl der Rechtszüge sind
höchstens 48 (tatsächlich gezahlte) Monatsraten aufzubringen (§ 115 II 4 ZPO nF). PKH wird nicht bewilligt, wenn die Kosten der Prozessführung (Gerichts- und Anwaltsgebühren bei normalem Prozessverlauf)
4 Monatsraten und die aus dem Vermögen aufzubringenden Teilbeträge voraussichtlich nicht übersteigen
(§ 115 IV ZPO).

Soweit es zumutbar ist, hat die Partei ihr **Vermögen** einzusetzen (§ 115 III 1 ZPO). Der zumutbare Vermö- 7
genseinsatz richtet sich auch nach § 90 SGB XII, wobei zur Vermeidung von Rechtsunsicherheit auch die VO
zur Durchführung des § 90 II Nr 9 SGB XII herangezogen werden kann (GK-ArbGG/*Bader* § 11a Rn 99).
Unter Vermögen werden alle beweglichen und unbeweglichen Sachen sowie sonstige Rechte verstanden, die
einer ﬁnanziellen Bewertung zugänglich und verwertbar sind (GMP/*Germelmann* § 11a Rn 43). Dies gilt
auch für erhebliche Geldausgaben im engen zeitlichen Zusammenhang zu dem Rechtsstreit (LAG Berl-Bbg
25.3.2008, 17 Ta 2485/07, DB 2008, 1756). In der Praxis ist das selbst genutzte Hausgrundstück von bes
Bedeutung. Dabei ist ein für den Antragsteller und seine Familie angemessener Wohnbedarf geschützt (iE
ErfK/*Koch* § 11a Rn 23). Besteht eine eintrittspﬂichtige Rechtsschutzversicherung, ist dies ein zu berücksichtigender Vermögenswert. Auch der gewährte **Rechtsschutz der Gewerkschaft** stellt grds eine zu verwertende Forderung dar, die einzusetzen ist. Im Einzelfall kann aber die Inanspruchnahme unzumutbar sein,
so bei einer erheblichen Störung des Vertrauensverhältnisses zur Gewerkschaft (BAG 5.11.2012, 3 AZB
23/12, NZA 2013, 110); anders jedoch bei Gewerkschaftsaustritt ohne nachvollziehbare Gründe (BAG
18.11.2013, 10 AZB 38/13, NZA 2014, 107). Verfügbares Kapital ist einzusetzen, Sparguthaben aber

§ 11a ArbGG Beiordnung eines Rechtsanwalts, Prozesskostenhilfe

nur nach § 90 II Nr 9 SGB XII (gegenwärtiger Freibetrag: 2.600 €); ebenso Lebensversicherungen (BGH 9.6.2010, XII ZB 120/08, NJW 2010, 2887) und Bausparguthaben (BAG 26.4.2006, 3 AZB 54/04, EzA § 115 ZPO 2002 Nr 3), soweit die Verwertung zumutbar ist (BAG 5.5.2006, 3 AZB 62/04, EzA § 115 ZPO 2002 Nr 4). Schonvermögen ist hingegen die Riester-Rente (§ 90 II Nr 2 SGB XII).

8 Eine zugeflossene **Abfindung** (auch aus Sozialplan) für den Arbeitsplatzverlust stellt regelmäßig einen anzurechnenden Vermögenswert dar. Allerdings besteht über den Umfang des einzusetzenden Betrages eine sehr unterschiedliche Kasuistik. Richtigerweise sind die Schonbeträge nach § 90 II Nr 9 SGB XII zu beachten (BAG 24.4.2006, 3 AZB 12/05, NZA 2006, 751) und (einzelfallbezogen) die Härtefallklausel gem § 90 III SGB XII in die Bewertung einzubeziehen (BCF/*Bader* § 11a Rn 32; s.a. LAG Rh-Pf 22.7.2003, 6 Ta 860/03, NZA-RR 2003, 659; LAG Nürnberg 27.1.2000, 3 Sa 140/99, MDR 2000, 588; aA LAG Hamm 29.5.2002, 4 Ta 320/02, LAGReport 2003, 125: nur 10 % der Abfindung). Der Anspruch auf **Prozesskostenvorschuss** gem § 1360a IV BGB hat Vermögenswert, der arbeitsgerichtliche Bestandsstreit ist eine persönliche Angelegenheit (BAG 29.10.2007, 3 AZB 25/07, EzA § 115 ZPO 2002 Nr 5). Es ist aber zu beachten, ob der Anspruch realisierbar und seine Durchsetzung zumutbar ist (BAG 5.4.2006, 3 AZB 61/04, EzA § 115 ZPO 2002 Nr 1). IÜ wird in § 115 I 3 ZPO eine abschließende Regelung gesehen, sodass für die Berücksichtigung des Ehegatteneinkommens kein weiterer Raum ist (BAG 5.4.2006, 3 AZB 61/04, EzA § 115 ZPO 2002 Nr 1).

9 **IV. Erfolgsaussicht und fehlender Mutwillen.** Weiter kann die PKH nur bewilligt werden, wenn die Rechtsverfolgung oder -verteidigung **hinreichende Erfolgsaussicht** bietet und **nicht mutwillig** ist (§ 114 S 1 ZPO). Um den verfassungsrechtlich garantierten Zugang zum gerichtlichen Rechtsschutz nicht übermäßig zu verengen, dürfen die Anforderungen an die Erfolgsaussicht nicht überdehnt werden. Das Maß der Erfolgsaussicht muss aber die staatliche Kostenübernahme rechtfertigen. Eine vorweggenommene Beweiswürdigung ist nur in sehr engen Grenzen möglich; ist eine Beweisaufnahme ernsthaft in Betracht zu ziehen, ohne dass konkrete Anhaltspunkte für ein negatives Erg erkennbar sind, ist PKH zu bewilligen (BVerfG 19.2.2008, 1 BvR 1807/07, NJW 2008, 1060; 14.4.2003, 1 BvR 1998/02, NJW 2003, 2976). Gleiches gilt, wenn schwierige oder grundsätzliche Rechts- und Tatfragen bisher nicht hinreichend geklärt sind (BAG 10.7.2015, 10 AZB 23/15, BB 2015, 2036). Hat das Vordergericht das Rechtsmittel zugelassen, ist im Regelfall die Erfolgsaussicht zuzugestehen. Die Erfolgsaussicht ist für den Rechtsmittelbekl nicht zu prüfen (§ 119 S 2 ZPO). Ihm ist PKH aber erst zu bewilligen, wenn klar ist, dass das Rechtsmittel durchgeführt wird, also vom Rechtsmittelführer begründet ist (BAG 15.2.2005, 5 AZN 781/04 (A), EzA § 119 ZPO 2002 Nr 1). Bei PKH-Antrag für die Nichtzulassungsbeschwerde darf auch auf die Erfolgsaussicht der beabsichtigten Revision abgestellt werden (BVerfG 13.7.2005, 1 BvR 1041/05, NJW 2006, 496).

10 Nach der neu eingefügten gesetzlichen Definition liegt **Mutwillen** bei der Rechtsverfolgung oder Rechtsverteidigung dann vor, wenn die keine PKH beanspruchende Partei bei verständiger Würdigung aller Umstände von einer solchen Rechtsverfolgung/ Rechtsverteidigung absehen würde, obwohl eine hinreichende Erfolgsaussicht besteht (§ 114 II ZPO nF). Maßstab für die Mutwilligkeit wird danach sein, ob eine mit hinreichenden Eigenmitteln ausgestattete, besonnen die Prozessrisiken abwägende Partei den Rechtsstreit führen würde (BT-Drs 17/11472, 29). Dies schließt allerdings Verfahren mit geringen Streitwerten, gerade in besonderen Rechtsgebieten wie dem Arbeits- und Sozialrecht, keineswegs aus. Wenn auch mit der Neufassung der Gesetzgeber der Mutwillensprüfung nun eine gestärkte Bedeutung beimessen will, werden die praktischen Auswirkungen nicht gewichtig sein (*Gnisa* DRiZ 2013, 350). Von den bisherigen Grundsätzen der Rspr kann daher im Wesentlichen weiter ausgegangen werden: Danach ist es mutwillig, wenn eine verständige, wirtschaftlich leistungsfähige Partei von einer derartigen Rechtsverfolgung Abstand nehmen würde, so, wenn eine freiwillige Leistung des Anspruchsgegners zu erwarten ist oder ein einfacherer (kostengünstigerer) Weg zur Durchsetzung des Anspruchs zur Verfügung steht (LAG Nds 4.6.2004, 10 Ta 241/04, LAGE § 114 ZPO 2002 Nr 2); wegen der (idR vorrangigen) Möglichkeit der Klageerweiterung vgl BAG 17.2.2011, 6 AZB 3/11, NJW 2011, 1161; ähnlich BAG 8.9.2011, 3 AZB 46/10, NJW 2011, 3260; BGH 21.11.2013, III ZA 28/13, JurBüro 2014, 203. Eine mit der Kdg-Schutzklage verbundene Zeugnisklage soll idR mutwillig sein, wenn vorher kein Streit über das Zeugnis bestand (LAG Berl-Bbg 31.10.2014, 17 Ta 1587/14, BB 2014, 3123). Zur Aufnahme bisher nicht str Gegenstände in einen gerichtlichen Vergleich s BAG 16.2.2012, 3 AZB 34/11, EzA § 114 ZPO 2002 Nr 3 und Rdn 14.

11 **V. Die Beiordnung eines Rechtsanwalts (PKH).** Sie ist im Anwaltsprozess zwingend (§ 121 I ZPO). Ist die anwaltliche Vertretung nicht zwingend, ist ein Anwalt beizuordnen, wenn dies erforderlich erscheint oder die Gegenseite anwaltlich vertreten ist (§ 121 II ZPO). Ein dahingehender Antrag der Partei ist – schon vom Wortlaut her – notwendig (ErfK/*Koch* § 11a Rn 32; aA LAG Schl-Holst 24.1.2011, 4 Ta 2/11, juris: konkludent im PKH-Antrag). Bei der Erforderlichkeit kommt es neben der tatsächlichen oder rechtlichen

Komplexität auch darauf an, ob eine leistungsfähige Partei in vergleichbarer Situation einen Anwalt beauftragt hätte (BAG 18.5.2010, 3 AZB 9/10, NJW 2010, 2748: auch zur Inanspruchnahme der Rechtsantragstelle; keine Erforderlichkeit bei abgerechneten Lohnansprüchen: LAG Schl-Holst 16.2.2006, 1 Ta 248/05, juris). Für die Rechtsbeziehungen der Partei und des beigeordneten Anwalts gilt § 122 ZPO, insb kann Letzterer keinen Honoraranspruch gegen die Partei geltend machen, sondern ist auf den Anspruch ggü der Staatskasse beschränkt (§§ 45 ff RVG).

VI. Die gerichtliche Entscheidung. 1. Der Regelfall. Vorher ist dem Gegner Gelegenheit zur Stellungnahme - auch zu den persönlichen und wirtschaftlichen Verhältnissen des Antragstellers - zu geben (§ 118 I 1 ZPO nF). Die Erklärung zu den persönlichen und wirtschaftlichen Verhältnissen darf aber weiterhin nur mit Zustimmung des Antragstellers dem Gegner zur Kenntnis gegeben werden (§§ 117 II 2 ZPO). Das Gericht kann zu den tatsächlichen Angaben eine Glaubhaftmachung, insbesondere die Abgabe der eidesstattlichen Versicherung, verlangen und iÜ eigene Erhebungen anstellen (§ 118 II 2 ZPO). Kommt der Antragsteller seiner Mitwirkungspflicht oder den gerichtlichen Anforderungen - trotz Fristsetzung - nicht nach, kann die PKH schon deshalb ganz oder teilweise versagt werden (§ 118 II 4 ZPO). Allerdings ist die Nachholung eines entsprechenden Vortrags in der Beschwerdeinstanz nicht präkludiert (Zöller/ *Geimer*, § 118 Rn 17). 12

Im Übrigen ist die Entsch, wenn Entschreife vorliegt, ohne Zögern zu treffen. **Entscheidungsreif** ist der (zulässige) Antrag dann, wenn alle erforderlichen Unterlagen (insb diejenigen, die zu der Erklärung über die persönlichen und wirtschaftlichen Verhältnisse gehören) beigebracht sind. Weitergehende gerichtliche Auflagen sollten nicht zulasten des Antragstellers gehen (s.a. LAG Köln 23.10.2006, 2 (13) Ta 394/06, NZA-RR 2007, 155). Diese Entsch- oder Bewilligungsreife ist für die Beurteilung der Erfolgsaussicht maßgeblich. Ist bis zu diesem Zeitpunkt die Erfolgsaussicht weggefallen, kann keine PKH bewilligt werden (ErfK/*Koch* § 11a Rn 35). Dieserhalb ist auch eine **rückwirkende Bewilligung** frühestens auf den Zeitpunkt der Entscheidungsreife im obigen Sinn möglich (BAG 8.11.2004, 3 AZB 54/03, BAGReport 2005, 381; LAG Hamm 4.12.2002, 4 Ta 808/02, LAGE § 118 ZPO 2002 Nr 2; GK-ArbGG/*Bader* § 11a Rn 137 mwN). Insoweit soll eine gerichtliche Verzögerung dem Antragsteller nicht zum Nachteil gereichen. Nach Beendigung der Instanz oder des Rechtsstreits kann daher ein PKH-Antrag nicht mehr mit Erfolg gestellt werden oder eine fehlende Erklärung zu den persönlichen und wirtschaftlichen Verhältnissen vorgelegt werden, es sei denn, das Gericht hat dies ausdrücklich nachgelassen (GK-ArbGG/*Bader* § 11a aaO; LAG Nds 10.2.1992, 2 Ta 34/92, MDR 1993, 91). 13

Die Entsch selbst ergeht regelmäßig durch Beschluss ohne mündliche Verhandlung, zuständig ist also der Vorsitzende (§§ 127 I ZPO, 53 I 1 ArbGG). **Im Fall der Bewilligung** ist über eine Ratenzahlung bzw den Vermögenseinsatz und erforderlichenfalls über die Anwaltsbeiordnung zu entscheiden. Der Anwalt ist namentlich zu benennen. Grds ist es zulässig, einen **nicht am Gerichtsort ansässigen Anwalt** nur zu den Bedingungen eines hier ansässigen Anwalts beizuordnen (BAG 18.7.2005, 3 AZB 65/03, EzA § 121 ZPO 2002 Nr 1). Allerdings ist nun wegen § 121 III nF ZPO auf den **Bezirk des Prozessgerichts** abzustellen (zur konkreten Berechnung vgl LAG Köln 8.3.2013, 3 Ta 8/13, NZA-RR 2013, 311; LAG Düsseldorf 3.11.2009, 3 Ta 656/09, JurBüro 2010, 263; GMP/*Germelmann* § 11a Rn 95). Liegen bes Umstände vor, sind die Reisekosten – beschränkt auf die ersparten Kosten eines Verkehrsanwalts – zu erstatten (BAG 17.9.2007, 3 AZB 23/06, NZA 2007, 1317). Die Bewilligung erfasst nur die jeweilige Instanz (ohne Zwangsvollstreckung) mit dem Streitumfang im Bewilligungszeitpunkt. Für eine nachfolgende Klageerweiterung oder Widerklage bedarf es deshalb eines neuen (rechtzeitigen) Antrages. Dasselbe gilt für nicht streitgegenständliche, aber im **gerichtlichen Vergleich miterledigte Ansprüche** (LAG Schl-Holst 4.8.2009, 1 Ta 138 e/09, juris); häufig wird aber eine dahingehende Auslegung des ursprünglichen Antrags greifen (BAG 30.4.2014, 10 AZB 13/14, NZA-RR 2014,382; LAG Köln 23.7.2012, 1 Ta 153/12, juris; aA LAG München 2.10.2014, 5 Ta 279/14, juris). Ein solch (erweiternder) PKH-Antrag kann noch bis zum Schluss der mündlichen Verhandlung in der jeweiligen Instanz gestellt werden (BAG 16.2.2012, 3 AZB 34/11, EzA § 114 ZPO 2002 Nr 3). Im Fall der ganzen oder teilw Ablehnung ist der Beschl kurz zu begründen und mit der Belehrung über das Rechtsmittel oder dem Hinweis, dass ein solches nicht statthaft ist, zu versehen (§ 9 V). Wird im Beschluss ein - auch im Wege der Auslegung gestellter - Antrag übergangen, ist § 321 II ZPO zu beachten (BAG 30.4.2014 aaO). 14

2. Länderöffnungsklausel für Rechtspflegerzuständigkeit. Den Bundesländern wurde die Möglichkeit eingeräumt, die Prüfung der persönlichen und wirtschaftlichen Verhältnisse (§§ 114,115 ZPO) durch den Richter auf den **Rechtspfleger zu übertragen** (§ 20 II 1 RpflG nF). Ergibt diese Prüfung, dass die Voraussetzungen für die PKH-Bewilligung nicht vorliegen, erlässt der Rechtspfleger die ablehnende Entscheidung; 15

andernfalls vermerkt er in den Akten, dass dem Antragsteller nach den persönlichen und wirtschaftlichen Voraussetzungen PKH gewährt werden kann und welche Monatsraten oder Beträge aus dem Vermögen zu zahlen sind (§ 20 II 3 RpflG nF). Die Prüfung der Erfolgsaussicht bleibt also in der richterlichen Zuständigkeit. Zu den Einzelheiten eines solchen Verfahrens vgl GK-ArbGG/*Bader* § 11a Rn 137.

15.1 Von dieser Öffnungsklausel hat mit der VO v 10.4.2014 (GBl. v 23.4.2014, 212) nur das Land BW mit Wirkung ab 1.5.2014 Gebrauch gemacht.

16 **VII. Nachträgliche Änderung der Bewilligung.** Der im PKH/BerHRÄndG v 31.8.2013 neu eingefügte § 120a ZPO (Soll-Vorschrift) schränkt das richterliche Ermessen bei Änderungstatbeständen zu den zu leistenden Zahlungen ein. Auf Verlangen des Gerichts ist nun jederzeit zu erklären, ob eine Veränderung der Verhältnisse eingetreten ist (§ 120a I 3 ZPO). Weiter hat in einer Frist von 4 Jahren seit Verfahrensbeendigung die Partei einen Wohnsitzwechsel oder eine **wesentliche Verbesserung ihrer wirtschaftlichen Verhältnisse** unverzüglich dem Gericht mitzuteilen. Bei laufendem monatlichen Einkommen liegt eine wesentliche Verbesserung aber erst dann vor, wenn die Erhöhung nicht nur einmalig mehr als 100 EUR brutto beträgt (§ 120a II 2 ZPO). Diese Wertgrenze gilt auch beim Wegfall von (bisherigen) abzugsfähigen Belastungen (zB Darlehensraten). Über die Mitteilungspflichten und die Folgen eines etwaigen Verstoßes ist die Partei bereits in den Antragsformularen zu belehren. Liegen solche Verstöße vor, soll das Gericht die Bewilligung aufheben, wenn die Partei absichtlich oder aus grober Nachlässigkeit gehandelt hat (§ 124 I Nr 4 ZPO nF). Eine wesentliche Verbesserung der wirtschaftlichen Verhältnisse kann auch durch den Prozesserfolg der Partei eintreten. Das Gericht soll deshalb nach Verfahrensende von Amts wegen prüfen, ob eine Änderung der Entscheidung über die zu leistenden Zahlungen im Hinblick auf das im Prozess Erlangte geboten ist (§ 120a III 2 und 3 ZPO).

17 **VIII. Rechtsmittel gegen die PKH-Entscheidung.** Nach § 127 II 2 ZPO ist für den Antragsteller die (sofortige) Beschwerde immer eröffnet, wenn wegen der persönlichen und wirtschaftlichen Voraussetzungen die Bewilligung ganz abgelehnt oder Ratenzahlungen angeordnet wurden. In den sonstigen Ablehnungsfällen ist die Beschwerde nur statthaft bei **Bestandsstreitigkeiten** (§ 46 II 3) oder wenn der **Hauptsachestreitwert 600 €** übersteigt (§ 127 II 2 HS 2 ZPO). Bei bewilligter PKH ist die Beschwerde nur für die Staatskasse gem § 127 III ZPO unter den dortigen Voraussetzungen gegeben; also nicht mit dem Antrag, die PKH-Bewilligung aufzuheben (BAG 18.11.2015, 10 AZB 34/15, NJW 2016, 892). Für den Gegner besteht keine Beschwerdeberechtigung. Die **Beschwerdefrist** beträgt 1 Monat (§ 127 II 3 ZPO). Für das Verfahren gelten § 78 iVm §§ 567 ff ZPO, also auch der neue Tatsachenvortrag gem § 571 II 1 ZPO. Dies führt aber nicht dazu, dass formelle Versäumnisse aus dem Antragsverfahren geheilt werden können und so nachträglich der Zeitpunkt der Entscheidungsreife (s.o. Rdn 12) nach vorne verlagert würde (BAG 3.12.2003, 2 AZB 19/03, MDR 2004, 415; LAG Nürnberg 15.4.2003, 6 Ta 134/02, LAGE § 118 ZPO 2002 Nr 1). Die Rechtsbeschwerde kann zugelassen werden (§ 78 S 2 iVm § 72 II); nicht jedoch, wenn die Erfolgsaussicht unter Bezug auf § 72 II Nr 1 strittig ist (BAG 10.7.2015, 10 AZB 23/15, BB 2015, 2036). Eine Nichtzulassungsbeschwerde ist unstatthaft (BAG 11.6.2009, 9 AZA 8/09, DB 2009, 1660). Zur Kostenentscheidung in der Beschwerde vgl GK-ArbGG/*Bader* § 11a Rn 165.

§ 12 Kosten

¹Das Justizverwaltungskostengesetz und die Justizbeitreibungsordnung gelten entsprechend, soweit sie nicht unmittelbar Anwendung finden. ²Bei Einziehung der Gerichts- und Verwaltungskosten leisten die Vollstreckungsbehörden der Justizverwaltung oder die sonst nach Landesrecht zuständigen Stellen den Gerichten für Arbeitssachen Amtshilfe, soweit sie diese Aufgaben nicht als eigene wahrnehmen. ³Vollstreckungsbehörde ist für die Ansprüche, die beim Bundesarbeitsgericht entstehen, die Justizbeitreibungsstelle des Bundesarbeitsgerichts.

Übersicht	Rdn.		Rdn.
A. Grundsätzliches	1	I. Grundsatz	10
B. Die Kosten	2	II. Rechtsanwaltsgebühren	11
I. Urteilsverfahren 1. Instanz	4	III. Streitwertberechnung	12
II. Urteilsverfahren 2. und 3. Instanz	7	IV. Einzelfälle	17
III. Fälligkeit	8	V. Die Streitwertfestsetzung im Beschluss-	
IV. Kostenschuldner	9	verfahren	18
C. Der Streitwert	10	VI. Streitwertkatalog	19

A. Grundsätzliches. Mit dem KostenrechtsmodernisierungsG v 5.5.2004 (BGBl I S 718 ff) hat die 1 Vorschrift mit Wirkung ab 1.7.2004 eine wesentliche Veränderung erfahren. Die bisher hier enthaltenen kostenrechtlichen Sonderregelungen sind beseitigt und insgesamt in die allg Kostenbestimmungen (GKG mit Kostenverzeichnis gem Anlage 1 zu § 3 GKG, JVEG, RVG) integriert worden. Inzwischen ist das 2. Kostenrechtsmodernisierungsgesetz (KostRMoG) v 23.7.2013 (BGBl I 2013, 2586) beschlossen worden. Es ist am 1.8.2013 in Kraft getreten. Bei der folgenden Darstellung der wichtigsten kostenrechtlichen Bestimmungen für das Arbeitsgerichtsverfahren sind die neuen Regelungen berücksichtigt worden.

B. Die Kosten. Hierbei ist zunächst zwischen den Gerichtskosten und den außergerichtlichen Kosten 2 (Kosten des Prozessbevollmächtigten, Reisekosten, Auslagen) zu unterscheiden. Die **Gerichtskosten** wiederum gliedern sich in Gebühren (als öffentl Abgaben) und Auslagen (Aufwendungsersatz, zB Zeugen- und Sachverständigenentschädigung). In den **Beschlussverfahren** und in den Verfahren gem §§ 103 III, 108 III, 109 sowie in denjenigen nach §§ 122, 126 InsO werden Gerichtskosten (also auch Auslagen) nicht erhoben (§ 2 II GKG). In diesen Verfahren ergeht deshalb keine Kostenentscheidung. Zu einem möglichen Erstattungsanspruch außergerichtlicher Kosten eines Beschlussverfahrens vgl BAG 2.10.2007, 1 ABR 59/06, EzA § 280 BGB 2002 Nr 3.

Ansonsten ergeht die Kostenentscheidung mit der Hauptsache vAw; ein Antrag ist nicht erforderlich (§ 308 3 II ZPO). Die isolierte Anfechtung (sofortige Beschwerde) ist nur im Fall des § 99 II ZPO unter den dortigen Voraussetzungen möglich (BAG 14.2.2012, 3 AZB 59/11, NJW 2012, 470, Rn 8).

I. Urteilsverfahren 1. Instanz. Hier bestimmen sich die Gerichtsgebühren nun in gleicher Weise wie 4 in der ordentlichen Gerichtsbarkeit (§§ 3, 34, 35 GKG). Ausgehend vom Streitwert wird diesem nach § 34 I GKG ein Gebührenbetrag zugeordnet. Im folgenden Schritt ist anhand der geschehenen gerichtlichen Handlungen der Umfang der verwirkten »Gebühren« (iS eines Vielfachen oder eines Bruchteils) im Kostenverzeichnis (Anlage 1 zu § 3 II GKG) zu ermitteln. Die Gebührensätze für das arbeitsgerichtliche Verfahren sind im 8. Teil des Kostenverzeichnisses (Nr 8100 ff) niedergelegt. Nach Nr 8210 wird für das erstinstanzliche Verfahren eine pauschale Gebühr mit einem Wert von 2,0 erhoben. Dies deckt das ganze Gerichtsverfahren – unabhängig von einzelnen Gerichtshandlungen wie Beweisaufnahme – in der Instanz ab. Der Gebührenwert ist aus sozialen Gründen niedriger als in der ordentlichen Gerichtsbarkeit (dort 3,0). Weiter sind im arbeitsgerichtlichen Verfahren verschiedene Tatbestände, weil sie justizpolitisch erwünscht sind, **gebührenrechtlich privilegiert**. So entfällt die Gebühr bei einem gerichtlichen **Vergleich** oder einem solchen gem § 278 VI 2 ZPO ganz (Vorb 8 zu Teil 8 des Kostenverzeichnisses). Dies gilt nicht bei einem Teilvergleich, einem von den Parteien nur mitgeteilten Vergleich oder einem Vergleich, bei dem die Kostenentscheidung dem Gericht übertragen wird (hM, BAG 16.4.2008, 6 AZR 1049/06, EzA § 3 GKG 2004 Nr 1). Weiter entfällt die Gebühr, wenn das Verfahren ohne str Verhandlung und ohne Versäumnisurt endet (Nr 8210 II 1). Hierunter fällt vorrangig die **Klagerücknahme** (auch diejenige gem § 54 V 4), wobei str erst verhandelt ist, wenn die Anträge – im Kammertermin – gestellt sind (GMP/*Germelmann* § 12 Rn 18). Die Teilrücknahme ist wegen des eindeutigen Wortlautes nicht kostenprivilegiert; bei übereinstimmender Erklärung nach § 91a ZPO entfällt die Gebühr nur, wenn keine gegensätzlichen Kostenanträge gestellt werden. Geschehen solche Anträge, bleibt es bei der vollen Gebühr gem Nr 8210 (GK-ArbGG/ *Schleusener* § 12 Rn 45).

Eine **Gebührenermäßigung** auf den Wert von 0,4 findet statt, wenn die Klage **nach str Verhandlung** 5 zurückgenommen wird und eine Kostenentsch gem § 269 III ZPO nicht erforderlich ist (Nr 8211 Ziff 1). Dasselbe gilt (nach str Verhandlung) bei einem Anerkenntnis- oder Verzichtsurt oder einem Urt gem § 313a II ZPO (Rechtsmittelverzicht der beschwerten Partei). Allerdings darf kein anderes als die genannten Urt vorausgegangen sein. Auch ein vorheriges Versäumnisurt lässt die Kostenprivilegierung entfallen (BCF/*Creutzfeldt* §§ 12, 12a Rn 21). Die ermäßigte Gebühr gilt schließlich auch für die übereinstimmende Erledigterklärung (§ 91a ZPO) nach str Verhandlung ohne Kostenanträge (Nr 8211 Ziff 3).

Die Kosten des arbeitsgerichtlichen **Mahnverfahrens** sind durch das KostenrechtsmodernisierungsG neu 6 geregelt worden. Die Gebühr von 0,4 wird erst durch den Antrag auf Erlass des Vollstreckungsbescheides ausgelöst und beträgt ab 1.8.2013 mind 26 € (Nr 8100). In den in Rdn 4 genannten Fällen, in denen die Gebühr ganz entfällt, gilt dies auch für die Gebühr eines vorhergegangenen Mahnverfahrens. In den **Eilverfahren** (Arrest und einstweilige Verfügung) wird eine Verfahrensgebühr von 0,4 ausgelöst, die sich auf 2,0 erhöht, wenn ein Urt ergeht oder eine str Kostenentsch erforderlich ist (Nr 8310/8311).

II. Urteilsverfahren 2. und 3. Instanz. Es gilt eine allg Verfahrensgebühr von 3,2 (Nr 8220). Diese ermä- 7 ßigt sich im Fall der Berufungs- oder Klagerücknahme (vor Eingang der Berufungsbegründung) sowie der Erledigterklärung ohne str Kostenentsch auf 0,8 (Nr 8221). Wird die Berufung oder Klage vor Schluss der mündlichen Verhandlung zurückgenommen oder ergeht ein Anerkenntnis-, ein Verzichtsurt oder ein Urt gem § 313a II ZPO, beträgt die Gebühr 1,6 (Nr 8222). Schließlich reduziert sich die Gebühr auf den Wert 2,4 (Nr 8223), wenn die Parteien auf eine schriftliche Urtbegr verzichtet haben. Im **Revisionsverfahren** beträgt die allg Gebühr 4,0 (Nr 8230). Sie wird im Fall der Rücknahme vor Eingang der Revisionsbegründung auf 0,8 reduziert (Nr 8231) und beträgt in den in Nr 8232 aufgeführten Privilegierungstatbeständen 2,4. Für die Nichtzulassungsbeschwerde gelten die Nr 8611 und 8612 des Kostenverzeichnisses. Für die im Kostenverzeichnis nicht bes aufgeführten **Beschwerden** beträgt die Unterliegensgebühr einheitlich 50 € (Nr 8614), bei den Kostenbeschwerden hingegen 70 € (Nr 8610). Für die erfolglose Gehörsrüge (§ 78a) fallen 50 € an (Nr 8500).

8   III. **Fälligkeit.** Der Zeitpunkt der **Fälligkeit** der Gerichtgebühren und Auslagen ist im arbeitsgerichtlichen Verfahren über § 6 IV GKG in § 9 GKG bes bestimmt. Nach § 9 I Nr 1 GKG tritt Fälligkeit ein, wenn eine unbedingte Kostenentsch ergangen ist. Für die Fälligkeit nach Nr 2 muss der gesamte Rechtsstreit beendet sein, eine Kostenentsch ist nicht zwingend (BCF/*Creutzfeldt* §§ 12, 12a Rn 30). Das Ruhen des Verfahrens (Nr 3) setzt eine dahin gehende gerichtliche Anordnung voraus, während Nichtbetreiben einen faktischen Verfahrensstillstand auf übereinstimmende Anregung der Parteien (»terminlos«) meint. Als Unterbrechungstatbestände (Nr 4) sind §§ 239, 240 ZPO zu nennen. Klarzustellen ist, dass die Kostenfälligkeit ohne Einfluss auf die Rechtshängigkeit ist (BCF/*Creutzfeldt* §§ 12, 12a Rn 33). **Vorschüsse** auf die Gerichtskosten sind vor den Gerichten für Arbeitssachen nicht zu leisten, auch dann nicht, wenn das AG Vollstreckungsgericht ist (§ 11 GKG mit der Ausnahme für die Verfahren nach § 9 II 2).

9   IV. **Kostenschuldner.** Ohne Unterschied zum Verfahren der Zivilgerichtsbarkeit ist Kostenschuldner derjenige, dem die Kosten in der gerichtlichen Entsch auferlegt sind (§ 29 Nr 1 GKG). Dieser sog Entscheidungsschuldner ist grds heranzuziehen; eine **Zweitschuldnerhaftung** gibt es hingegen nicht (§ 22 II 1 GKG). Deshalb besteht ein Erstattungsanspruch gegen die Staatskasse auch dann, wenn nachträglich (auf Rechtsmittel hin) an anderer Entscheidungsschuldner feststeht, dieser aber zahlungsunfähig ist (GMP/*Germelmann* § 12 Rn 87). Ist jedoch im Fälligkeitszeitpunkt ein Entsch- oder Übernahmeschuldner nicht vorhanden (so bei § 9 I Nr 3–5 GKG), bleibt es bei der Haftung des Kl oder Antragstellers (BCF/*Creutzfeldt* §§ 12, 12a Rn 140). Der Kosteneinzug hat nach den Vorschriften der Justizverwaltungskostenordnung zu geschehen. Die Vollstreckungsbehörden der Justizverwaltung sind ggü den Gerichten für Arbeitssachen zur Amtshilfe verpflichtet. Für die Beitreibung der Kosten gilt die Justizbeitreibungsordnung (§ 12 S 1).

10 C. **Der Streitwert.** I. **Grundsatz.** Unter diesem Oberbegriff werden unterschiedliche Strukturen und Funktionen zusammengefasst, für die jedoch in der gerichtlichen Praxis Differenzierungen geboten sind. Es sind iW 3 Bereiche zu nennen: Im erstinstanzlichen Urt ist der Streitwert festzusetzen (§ 61 I). Er hat als **Rechtsmittelstreitwert** die Aufgabe die Statthaftigkeit der Berufung klarzustellen (s.u. § 61 Rdn 5). Von ihm ist der Streitwert zur Berechnung der Gerichtsgebühren zu unterscheiden. Diese Festsetzung des **Gebührenstreitwertes** erfolgt auf Antrag – nach Anhörung der Beteiligten – durch Beschl (§ 63 II 2 GKG) mit Rechtsbehelfsbelehrung (§ 5b GKG). Maßgeblich ist grds der höchste Wert, der während der Instanz streitgegenständlich war (BCF/*Creutzfeldt* §§ 12, 12a Rn 38). Das Gericht ist zur nachträglichen Änderung seiner Festsetzung befugt (§ 63 III 1 GKG). Wenn aus bes Gründen keine Gerichtsgebühren erhoben werden (s.o. Rdn 2), ist kein Raum für einen solchen Festsetzungsantrag. Fallen hingegen die Gerichtsgebühren (nur) nachträglich weg, gilt auch für die RA-Gebühren das Antragsrecht nach § 63 GKG iVm § 32 I RVG (str). Gegen den Beschl ist nach Maßgabe des § 68 I 1 und 2 GKG die **Beschwerde** statthaft. Für die Beschwerdefrist gilt § 68 I 3 iVm § 63 III 2 GKG. In der Beschwerde kann die Festsetzung zum Nachteil des Beschwerdeführers geändert werden (LAG Nürnberg 8.12.2008, 4 Ta 148/08, JurBüro 2009, 196); die Zulassung der Rechtsbeschwerde an das BAG bzw die Zulassung der weiteren Beschwerde sind nicht möglich (§§ 68 I 5, 66 III 3 und IV GKG).

11 II. **Rechtsanwaltsgebühren.** Weiter hat der Streitwert Bedeutung für die Berechnung der **Rechtsanwaltsgebühren** (§ 32 I RVG). Fehlt ein Wert gem § 63 II GKG oder sind streitwerterhöhende Tatbestände aus bes Grund in ihm nicht enthalten, kann der RA oder die Partei die Festsetzung des Gegenstandswertes beantragen (§ 33 I, II RVG). Voraussetzung ist die Fälligkeit der Anwaltsgebühren. Gegen die Festsetzung ist die **Beschwerde** gem § 33 III RVG eröffnet, wenn der Beschwerdegegenstand (Gebührendifferenz: LAG Rh-Pf 27.1.2012, 1 Ta 285/11, NZA-RR 2012, 443) **200 € übersteigt** oder das Gericht die Beschwerde zugelassen hat. Die Beschwerdefrist beträgt 2 Wochen (§ 33 III 3 RVG). Das Beschwerdegericht prüft nur, ob das Erstgericht sein Ermessen fehlerfrei ausgeübt hat (hM LAG Nürnberg 2.12.2003, 9 Ta 190/03, NZA-RR 2004, 660). Das Verschlechterungsverbot soll hier gelten (wohl hM LAG Köln 25.9.2009, 13 Ta 302/09, juris; 13.12.1999, 13 (7) Ta 366/99, LAGE § 10 BRAGO Nr 9).

III. Streitwertberechnung. Dafür sind zunächst die §§ 39 ff GKG und erg §§ 3 ff ZPO heranzuziehen. **12** Sie gelten grds für die Gerichtsgebühren, sind aber über § 32 I RVG auch für die Anwaltsgebühren maßgeblich. Einzelne prozessuale Situationen sind bes geregelt: Bei der **Stufenklage** ist jeweils nur die höher bewertete Stufe maßgeblich (§ 44 GKG). Die **Widerklage** wird grds mit dem Klageanspruch zusammengerechnet, es sei denn, sie betrifft denselben Gegenstand, dann zählt nur der höhere Wert (§ 45 I 3 GKG). Gleiches gilt für den **Hilfsantrag**, aber nur soweit eine Entscheidung über ihn ergeht (§ 45 I 2 GKG). Geschieht die **Aufrechnung hilfsweise**, erfolgt die Zusammenrechnung der Werte nur, wenn über sie eine rechtskraftfähige Entsch ergeht (§ 45 III GKG).

Von bes Bedeutung bei der Ermessensausübung im arbeitsgerichtlichen Verfahren sind die Spezialvorschriften gem § 42 GKG. Wegen der großen praktischen Dimension steht dabei die Regelung für **Bestandsstreitigkeiten** (§ 42 II 1 GKG) im Vordergrund. Hier ist angeordnet, dass der Wert höchstens das für ein Vierteljahr zu leistende Arbeitsentgelt betragen darf, ohne dass eine Abfindung hinzuzurechnen wäre. Nach der Intention des Gesetzgebers sollen sich entspr Streitigkeiten in einem überschaubaren, kostengünstigen Rahmen bewegen. Abzustellen ist auf das **Bruttoentgelt**, wobei fest vereinbarte Sonderzahlungen (13. Monatsgehalt – nicht Gratifikationen) anteilig hinzugerechnet werden können (LAG Köln 17.11.1995, 5 Ta 288/95, MDR 1996, 505). Der Rechtscharakter des Vierteljahresentgelts ist unverändert umstr. Das BAG hat ihn in einer länger zurückliegenden Entscheidung (30.11.1984, 2 AZN 572/82, EzA § 12 ArbGG 1979 Nr 36) als Höchst- oder Obergrenze bezeichnet und dann eine typisierende Lösung vertreten (bis 6 Monate Beschäftigung: 1 Monatsentgelt; bis 1 Jahr: 2 Monatsentgelte; dann Vierteljahresentgelt). Die überwiegende Zahl der – wegen §§ 66 III 3, 68 I 5 GKG abschließend zuständigen – LAG ist dem nicht gefolgt und sieht im Vierteljahresbezug einen **Regelwert** (bisher wohl hM LAG BW 8.1.2014, 5 Ta 184/13, JurBüro 2014, 190; LAG Hess 21.1.1999, 15/6 Ta 630/98, LAGE § 12 ArbGG 1979 Streitwert Nr 116; GMP/*Germelmann* § 12 Rn 103 mwN; aA LAG Rh-Pf 28.12.2011, 1 Ta 272/11, NZA-RR 2012, 155). Danach ist der Regelwert nur zu unterschreiten, wenn der Fortbestand des Arbeitsverhältnisses unter 3 Monaten liegt; **aA nun** - unter Aufgabe der bisherigen Rspr - LAG Hessen 16.8.2013, 1 Ta 178/13, JurBüro 2014, 75: Arbeitsverhältnis unter 6 Monaten idR nur 1 Monatsentgelt. Wird aber der Fortbestand des Arbeitsverhältnisses unabhängig von der Geltung des KSchG beantragt, soll es beim Vierteljahresentgelt verbleiben (LAG Hess 20.3.2014, 1 Ta 379/13, NZA-RR 2014,384). **13**

Sind im Wege der objektiven Klagehäufung **mehrere Kdg** streitgegenständlich, sind sie nicht eigenständig zu bewerten, wenn sie zeitlich und/oder inhaltlich im engen Zusammenhang stehen (LAG Düsseldorf 19.5.2011, 2 Ta 279/11, JurBüro 2012, 365; LAG Rh-Pf 27.12.2010, 1 Ta 224/10, NZA-RR 2011, 434). Andernfalls ist die weitere Kdg mit einem Monatsentgelt zusätzlich zu bewerten (LAG Hess 21.1.1999, 15/6 Ta 630/98, aaO; HWK/*Kalb* § 12 Rn 19). Werden hingegen jeweils gesonderte Klagen erhoben, kann in jedem Verfahren der Höchstwert (§ 42 II 1 GKG) angesetzt werden (BAG 19.10.2010, 2 AZN 194/10 (A), DB 2011, 772). Wird neben dem punktuellen Kdg-Schutzantrag ein **allg Feststellungsantrag** (§ 256 ZPO) gestellt, erfährt Letzterer keine bes Bewertung (hM LAG Köln 16.10.2007, 9 Ta 298/07, NZA-RR 2008, 380; LAG Nürnberg 1.8.2003, 6 Ta 98/03, MDR 2004, 1444; Streitwertkatalog 2014; aA BCF/*Creutzfeldt* §§ 12, 12a Rn 46). Wird neben dem Kdg-Schutzantrag der allg **Weiterbeschäftigungsantrag** geltend gemacht, ist dieser mit (mind) 1 Monatsentgelt zusätzlich zu bewerten (LAG BW 27.4.2010, 5 Ta 63/10, NZA-RR 2010, 376). Dies gilt auch (jedenfalls für den Anwaltsgebührenwert), wenn der Beschäftigungsanspruch als unechter Hilfsantrag gestellt ist und über ihn nicht entschieden wird (LAG HH 12.8.2011, 4 Ta 17/11, JurBüro 2012, 26; **aA** BAG 13.8.2014, 2 AZR 871/12, NZA 2014, 1359; LAG BW 30.12.2015, 5 Ta 71/15, JurionRS 2015, 34418). **Vergütungsansprüche**, die von dem Kdg-Schutzantrag unabhängig sind, werden immer addiert (§§ 39 I GKG, 5 ZPO); § 42 III 1, HS 2 GKG nF steht nicht entgegen. Hängen sie hingegen von der Kdg-Schutzklage ab, soll wegen des sozialen Schutzzwecks gem § 42 II 1 GKG nF und der wirtschaftlichen Identität eine gesonderte Bewertung nicht stattfinden. Es soll der jeweils höhere Wert gelten (GMP/*Germelmann* § 12 Rn 114/115) oder es wird pauschal 1 Monatsentgelt zusätzlich angesetzt (LAG Rh-Pf 20.1.2009, MDR 2009, 454). Zur Gegenposition vgl LAG München 14.12.2012, 6 Ta 404/12, ArbRB 2013, 116; GK-ArbGG/*Wenzel* § 12 Rn 300. **14**

Bei der **Änderungs-Kdg** werden sehr unterschiedliche Lösungen vertreten. So soll bei Vergütungsänderungen der 3-fache Jahresbetrag (§ 42 I 1 GKG nF) der Änderung unter Beachtung der Obergrenze des § 42 II 1 GKG nF anzuwenden sein (BAG 22.1.1997, 5 AZR 658/95, NZA 1997, 711; LAG BW 31.7.2009, 5 Ta 35/09, NZA 2010, 303). Soweit § 42 I 1 GKG nicht als einschlägig angesehen wird, stellt man auf die vierteljährliche Vergütungsdifferenz ab (GMP/*Germelmann* § 12 Rn 120 mwN), wobei teilw eine Untergrenze von 1 Monatsverdienst angenommen wird (LAG Thür 14.12.1999, 8 Ta 180/99, ArbuR 2000, 318). Im Vordringen ist eine Auffassung, die – gerade bei gleich bleibender Vergütung – eine Pauschalierung bei **15**

§ 12 ArbGG Kosten

einem (ggf 2) Monatsverdienst(en) vornehmen will (LAG Sachsen 23.5.2012, 4 Ta 103/12, juris; LAG Hess 18.2.1999, 15/6 Ta 352/98, MDR 1999, 945; ähnlich Streitwertkatalog 2014 Ziff I.4). Jenseits von dogmatischen Bedenken ist solches schon wegen einer überschaubaren und transparenten Gerichtspraxis zu empfehlen.

16 Bei Streit über **wiederkehrende Leistungen** ist der 3-jährige Bezug maßgeblich, es sei denn, der geforderte Gesamtbetrag ist geringer (§ 42 I 1 GKG nF). Bis zur Klageerhebung entstandene Rückstände werden nicht hinzugerechnet (§ 42 III 1 HS 2 GKG). Anwendungsfälle sind Klagen auf Ruhegelder oder Betriebsrenten, aber auch Eingruppierungsklagen (§ 42 II 2 GKG). Wird eine solche, wie häufig, als eine Eingruppierungsfeststellungsklage erhoben, soll auf einen Streitwertabschlag verzichtet werden (LAG Köln 27.11.1992, 14(11) Ta 225/92, LAGE § 12 ArbGG 1979 Streitwert Nr 95). Wird erst über die Anwartschaft auf Betriebsrente gestritten, soll ein 30%-Abschlag auf den dreifachen Jahresbetrag gelten (BAG 22.9.2015, 3 AZR 391/13 A, JurBüro 2016, 20, JurionRS 2015, 27268).

17 **IV. Einzelfälle.** Solche mit großer Praxisrelevanz sollen anhand der Rspr noch dargestellt werden:
- **Abfindung**: Sie erhält im Kdg-Schutzverfahren, auch bei einem **Auflösungsantrag** und -urt gem §§ 9, 10 KSchG (LAG BW 22.9.2004, 3 Ta 136/04, LAGE § 12 ArbGG 1979 Streitwert Nr 132), keine eigenständige Bewertung (§ 42 III 1 HS 2 GKG); anders nur bei einer reinen Zahlungsklage auf Abfindung (zB aus Sozialplan) oder Nachteilsausgleich gem § 113 BetrVG (LAG Hess 5.8.2013, 1 Ta 251/13, JurBüro 2014,303).
- **Abmahnung**: 1 Monatsentgelt (LAG Nürnberg 11.11.1992, 6 Ta 153/92, NZA 1993, 430); Einzelfallinteresse konkret ca. $^{1}/_{2}$ Monatsentgelt (LAG BW 11.6.2004, 3 Ta 95/04, LAGReport 2005, 224); bei mehreren Abmahnungen (in Klagehäufung) in engem Zeitabstand Kürzungen: 1. Abmahnung 1 Monatsentgelt, jede weitere Abmahnung 1/3 Monatsentgelt (LAG Nürnberg 4.10.2012, 4 Ta 131/12, JurBüro 2013, 25).
- **Arbeitspapiere**: je Dokument 250 € (LAG Köln 13.12.1999, 13 (7) Ta 366/99, LAGE § 10 BRAGO Nr 9; aA jetzt 500 € LAG Hess 9.7.2003, 15 Ta 123/03, LAGE § 10 BRAGO Nr 15).
- **Auskunft**: 10–20 % des zu schätzenden Zahlungsanspruches; die Beschwer für das Rechtsmittel des zur Auskunft verurteilten Beklagten kann niedriger sein (BAG 27.5.1994, 5 AZB 3/94, EzA § 64 ArbGG 1979 Nr 32).
- **Befristung**: wie Bestandsstreitigkeiten (s.o. Rdn 13).
- **Berufsausbildungsverhältnis**: bei Bestandsstreit die monatliche Ausbildungsvergütung mit Obergrenze gem § 42 III 1 GKG (BAG 22.5.1984, 2 AZB 25/82, EzA § 64 ArbGG 1979 Nr 14).
- **Beschäftigungsanspruch**: wenn zusammen mit Kdg-Schutzklage: 1 Monatsentgelt (vgl GK-ArbGG/*Schleusenert* § 12 Rn 224 mwN), ansonsten auch höher (LAG Köln 24.5.2004, 2 Ta 194/04, nv: 2 Monatsentgelte).
- **Direktionsrecht**: je nach Umfang des ausgeübten Weisungsrechts (zB Versetzung) bis zu 3 Monatsvergütungen (LAG Sachs 31.3.1999, 2 Sa 1384/97, LAGE § 12 ArbGG 1979 Streitwert Nr 118; LAG Sachs 5.3.1997, 9 Ta 17/97, LAGE § 12 ArbGG 1979 Streitwert Nr 109).
- **Firmenfahrzeug** (Nutzungsüberlassung): 36-facher monatlicher Sachbezugswert (LAG HH 2.8.2012, 7 Ta 11/12, NZA-RR 2013, 102).
- **Freistellung**: Im Vergleich, wenn unstrittig, kein eigener Wert (LAG Köln 3.3.2009, 4 Ta 467/08, NZA-RR 2009, 503; ErfK/*Koch* § 12 Rn 28; aA LAG Rh-Pf 17.10.2008, 1 Ta 192/08, JurBüro 2009, 139: 10–25 % der Vergütung für den Freistellungszeitraum; LAG Nds 26.11.2007, 9 Ta 314/07, JurBüro 2008, 147: 1 Monatsentgelt).
- **Lohnabrechnung**: wie Auskunft, 10–50 % des Zahlungsanspruchs (LAG Köln 21.1.2002, 5 Ta 22/02, nv).
- **Teilzeitantrag** (§ 8 TzBfG, § 15 BEEG): Überwiegend werden die – allerdings sehr unterschiedlichen – Regeln zur Änderungs-Kdg angewendet (s.o. Rdn 15); teilw weiter gehend: LAG BW 1.7.2010, 5 Ta 128/10, NZA-RR 2011, 43.
- **Urlaub**: regelmäßig die für den Urlaubszeitraum geschuldete Vergütung; davon sind auch im Eilverfahren kaum Abstriche zu machen (GK-ArbGG/*Schleusener* § 12 Rn 307).
- **Vergleichsmehrwert**: werterhöhend, wenn durch den Vergleich ein Streit oder Ungewissheit bzgl der Regelung beseitigt wird (LAG HH 22.1.2013, 5 Ta 33/12, JurBüro 2013, 251; LAG Rh-Pf 20.12.2007, 1 Ta 279/07, NZA-RR 2008, 270); keine Erhöhung bei (bloßer) Titulierung von Abrechnungs- u Zahlungsansprüchen als Folge eines Beendigungsvergleichs (LAG HH 23.9.2013, 4 Ta 14/13, JurBüro 2014, 24).
- **Wettbewerbsverbot**: Durchsetzung eines nachvertraglichen Wettbewerbsverbotes oder Feststellung des Nichtbestehens: die darauf entfallende Karenzentschädigung, höchstens 1 Jahreseinkommen (LAG Nürnberg 25.6.1999, 2 Ta 56/99, BB 1999, 1929; GK-ArbGG/*Schleusener* § 12 Rn 329).

- **(Wieder-) Einstellung**: höchstens Vierteljahresentgelt (LAG Berl 6.3.2006, 17 Ta 6042/06, MDR 2006, 1319).
- **Zeugnis**: Erteilung oder Berichtigung eines qualifizierten Zeugnisses idR 1 Monatsentgelt (LAG HH 29.12.2010, 4 Ta 27/10, NZA-RR 2011, 52; LAG Sachs 3.8.2000, 4 Ta 117/00, MDR 2001, 282; aA LAG BW 28.7.2006, 3 Ta 125/06, NZA-RR 2006, 537: auch über 1 Monatsentgelt).
- **Zwischenzeugnis**: jetzt überwiegend 1 Monatsentgelt (LAG Köln 21.1.2015, 4 Ta 347/14, juris u auch Streitwertkatalog 2014 Ziff. I, 25.3; aA LAG Rh-Pf 2.9.2008, 1 Ta 155/08, DB 2008, 2260: 1/2 Monatsentgelt).

V. Die Streitwertfestsetzung im Beschlussverfahren. Wegen der Kostenfreiheit gem § 2 II GKG wird kein Gebührenstreitwert festgesetzt. Die erforderliche Festsetzung für seine Gebührenberechnung kann der Anwalt nach § 33 I, II RVG beantragen. Diese hat grds gem § 23 RVG zu geschehen. Soweit sich auf diesem Weg ein Wert nicht ergibt und er auch sonst nicht feststeht, ist er nach **billigem Ermessen** zu bestimmen (§ 23 III 2 RVG). Bei dem dort genannten Wert von jetzt 5.000 € (RVG nF) handelt es sich auch bei nichtvermögensrechtlichen Streitigkeiten nicht um einen Regelwert, sondern um einen **Auffang- und Hilfswert**, der nur dann anzuwenden ist, wenn keine anderen Erkenntnismöglichkeiten bestehen (hM LAG Hamm 12.6.2001, 10 TaBV 50/01, LAGE § 8 BRAGO Nr 50; LAG Hess 11.2.2004, 5 Ta 510/03, LAGE § 8 BRAGO Nr 57). Die Bedeutung der str betriebsverfassungsrechtlichen Rechtsposition wird als wertbestimmender Faktor angesehen (LAG Köln 27.6.2007, 7(9) Ta 479/06, NZA 2008, 728). Die Betriebsgröße allein ist nicht maßgeblich (LAG Köln 12.6.2006, 2 Ta 221/06, NZA-RR 2007, 34). Bei den Zustimmungsersetzungsverfahren (§ 103 BetrVG) wird allerdings weitgehend auf die Wertbestimmungen nach § 42 II nF GKG zurückgegriffen (LAG Rh-Pf 30.3.2004, 2 Ta 69/04, LAGE § 8 BRAGO Nr 58; LAG Nürnberg 21.6.2001, 6 Ta 115/01, JurBüro 2001, 595). Auch für die Verfahren gem § 99 BetrVG (Einstellung/Versetzung) wird § 42 II nF GKG als Anhaltspunkt für das Ermessen gesehen (zB Versetzung: 1 Monatsentgelt LAG HH 17.5.2013, 2 Ta 8/13, NZA-RR 2013, 431; LAG Düsseldorf 11.5.1999, 7 Ta 143/99, LAGE § 8 BRAGO Nr 41; aA Hilfswert nach § 23 III 2 RVG: LAG BW 5.3.2010, 5 Ta 39/10, juris). Zu den Staffelwerten bei Anfechtung der BR-Wahl vgl LAG Brem 16.2.2007, 3 Ta 4/07, LAGE § 23 RVG Nr 9; zu weiteren Einzelfällen im Beschlverfahren vgl GK-ArbGG/*Schleusner* §§ 12 Rn 434 ff. **18**

VI. Streitwertkatalog. Wegen der teilw unübersichtlichen Spruchpraxis der Gerichte bei der Streitwertfestsetzung hat eine Kommission im Auftrag der LAG-Präsidentinnen u Präsidenten 2012/2013 einen **Streitwertkatalog** für Urteils- u Beschlussverfahren erarbeitet und unter *Bader/Jörchel*, NZA 2014, 745 ff in einer überarbeiteten Fassung (2014) veröffentlicht. Dadurch soll - bei strenger Wahrung der richterlichen Unabhängigkeit - eine Handreichung zu einer gewissen Vereinheitlichung und Transparenz des Festsetzungsverfahrens gegeben werden; vgl aber auch krit Stellungnahmen (*Willemsen* ua, NZA 2013, 1112 u DLW/*Luczak* Kapitel 15 Rn 552a). **19**

§ 12a Kostentragungspflicht

(1) ¹In Urteilverfahren des ersten Rechtszugs besteht kein Anspruch der obsiegenden Partei auf Entschädigung wegen Zeitversäumnis und auf Erstattung der Kosten für die Zuziehung eines Prozessbevollmächtigten oder Beistandes. ²Vor Abschluss der Vereinbarung über die Vertretung ist auf den Ausschluss der Kostenerstattung nach Satz 1 hinzuweisen. ³Satz 1 gilt nicht für Kosten, die dem Beklagten dadurch entstanden sind, dass der Kläger ein Gericht der ordentlichen Gerichtsbarkeit, der allgemeinen Verwaltungsgerichtsbarkeit, der Finanz- oder Sozialgerichtsbarkeit angerufen und dieses den Rechtsstreit an das Arbeitsgericht verwiesen hat.

(2) ¹Werden im Urteilverfahren des zweiten und dritten Rechtszugs die Kosten nach § 92 Abs. 1 der Zivilprozessordnung verhältnismäßig geteilt und ist die eine Partei durch einen Rechtsanwalt, die andere Partei durch einen Verbandsvertreter nach § 11 Abs. 2 Satz 2, 4 und 5 vertreten, so ist diese Partei hinsichtlich der außergerichtlichen Kosten so zu stellen, als wenn sie durch einen Rechtsanwalt vertreten worden wäre. ²Ansprüche auf Erstattung stehen ihr jedoch nur insoweit zu, als ihr Kosten im Einzelfall tatsächlich erwachsen sind.

Übersicht	Rdn.		Rdn.
A. Grundsätzliches	1	II. Erstattungsfähige Kosten	4
B. Die Kostenerstattung im Urteilsverfahren 1. Instanz	2	III. Belehrungspflicht	5
		C. Sonderregelungen	6
I. Erstattungsausschluss	2		

§ 12a ArbGG Kostentragungspflicht

1 **A. Grundsätzliches.** Entgegen § 91 I 1 ZPO, wonach die unterliegende Partei der obsiegenden Partei die Kosten zu erstatten hat, wird hier spezialgesetzlich geregelt, dass im Urteilsverfahren 1. Instanz die obsiegende Partei keinen Erstattungsanspruch wegen der Kosten für die Beiziehung eines Prozessbevollmächtigten oder auf Entschädigung wegen Zeitversäumnisses hat. Die Vorschrift ist ambivalent: Zwar begrenzt sie das Kostenrisiko der Partei im Unterliegensfall, nimmt ihr aber auch die Chance bei Obsiegen kostenfrei zu sein. Verfassungsrechtliche Bedenken bestehen nicht (BVerfG 20.7.1971, 1 BvR 231/69, AP ArbGG 1953 § 61 Nr 12). In dem speziellen Beschlussverfahren gem § 126 I InsO gelten § 12a I 1 und 2 für die dortigen Beteiligten ebenfalls. Zu beachten ist, dass es für die sonstigen (erstattungsfähigen) Kosten außer den ausdrücklich genannten bei der allg Regel gem § 91 I ZPO verbleibt. Gleiches gilt für das Beschwerdeverfahren nach § 78 (BAG 27.10.2014, 10 AZB 93/14, NZA 2015, 182).

2 **B. Die Kostenerstattung im Urteilsverfahren 1. Instanz. I. Erstattungsausschluss.** Die Kosten für die Zuziehung eines Prozessbevollmächtigten oder Beistandes muss die unterliegende Partei **nicht erstatten**. Dies bezieht sich auf die Kosten jedweder Prozessvertretung, nicht nur auf Anwaltskosten. Auch der sich selbst vertretende Anwalt hat keinen Anspruch (Ausnahme: hypothetische Parteikosten, vgl BCF/*Creutzfeldt* §§ 12, 12a Rn 144). Die Vorschrift gilt auch für das Mahn- und Eilverfahren 1. Instanz sowie die Kosten der Nebenintervention. § 12a schließt aber nicht nur den prozessualen Erstattungsanspruch aus, sondern gilt auch für einen möglichen **materiellrechtlichen Anspruch** aus Verzug oder Schadensersatz (BAG 27.10.2005, 8 AZR 546/03, EzA § 12a ArbGG 1979 Nr 12). Kommt allerdings der Drittschuldner seinen **Auskunftspflichten (§ 840 II ZPO)** ggü dem Gläubiger nicht nach, sind die insoweit entstehenden Anwaltskosten der Drittschuldnerklage nicht von § 12a I erfasst, können also als materieller Schaden geltend gemacht werden; eine dahin gehende Klageänderung nach geschehener Auskunft ist zulässig (BAG 16.5.1990, 4 AZR 56/90, EzA § 840 ZPO Nr 3; GK-ArbGG/*Schleusener* § 12a Rn 43/44). Im Kostenfestsetzungsverfahren (§ 104 ZPO) können solche Anwaltskosten aber nicht berücksichtigt werden (BAG 16.11.2005, 3 AZB 45/05, NJW 2006, 717); möglich bleibt die Festsetzung gegen den Schuldner gem § 788 ZPO (BGH 20.12.2005, VII ZB 57/05, NJW 2006, 1141). Im Fall des § 826 BGB kann ebenfalls ein materiellrechtlicher Ersatzanspruch gegeben sein (LAG Sachs 16.11.2007, 2 Sa 24/07, LAGE § 826 BGB 2002 Nr 2). Auch ist es möglich, dass die Parteien die Kostenerstattung in einem (gerichtlichen) **Vergleich vereinbaren** (BAG 27.10.2005, 8 AZR 546/03, aaO). Da es sich dabei aber um keine gesetzlichen Prozesskosten handelt, ist – auch im Fall eines gerichtlichen Vergleichs – die Kostenfestsetzung (§§ 103, 104 ZPO) ausgeschlossen (hM LAG Düsseldorf 27.5.2004, 16 Ta 274/04, LAGE § 103 ZPO 2002 Nr 2; aA LAG München 4.12.1978, 1 Ta 90/78, AnwBl 1979, 67).

3 Ausgeschlossen sind neben den RVG-Gebühren auch die anwaltlichen Auslagen (Reise-, Schreib- und Portokosten), die vorgerichtlichen Mahnkosten und die Umsatzsteuer. Weiter sind in der 1. Instanz auch die Kosten für **Zeitversäumnis** ausgeschlossen. Darunter ist jeder prozessbezogene Zeitaufwand zu verstehen, wie Anwaltsbesuch, Schriftsatzfertigung oder Gerichtstermine (auch im Fall des § 141 I ZPO).

4 **II. Erstattungsfähige Kosten.** **Erstattungsfähig** bleiben die sonstigen Kosten, die zur zweckentspr Rechtsverfolgung oder -verteidigung nötig waren, so insb Fahrt-, Verpflegungs- und Übernachtungskosten, aber auch Telefon- und Portokosten, die der **Partei selbst** entstanden sind. Bei juristischen Personen des öffentl Rechts und entspr bei Unternehmen der Privatwirtschaft sind die Reisekosten eines von dem Hauptsitz anreisenden Vertreters dann nicht erstattungsfähig, wenn am Gerichtsort eine Außenstelle mit geeigneten Vertretern besteht (BAG 21.1.2004, 5 AZB 43/03, NZA 2004, 398; LAG Nürnberg 23.11.1992, 7 Ta 154/92, LAGE § 91 ZPO Nr 20); maßgeblich sind im Einzelfall die konkreten Gegebenheiten zur ordnungsgemäßen Prozessführung durch eigene Mitarbeiter am Gerichtsort (BAG 17.8.2015, 10 AZB 27/15, DB 2015, 2340). Hat die Partei durch die Beauftragung des Rechtsanwaltes solche Reisekosten erspart, sind die Anwaltskosten im Umfang der **hypothetischen Reisekosten** der Partei (auch kostengünstigste Flugreise) erstattungsfähig (LAG HH 9.10.2009, 1 Ta 10/09, JurBüro 2010, 309; GMP/*Germelmann* § 12a Rn 22). Gleiches gilt für die anwaltlichen Sachkosten (Telefon, Kopien), wenn diese sonst von der Partei hätten aufgewendet werden müssen. Die Kosten eines im Verfahren verwendeten **Privatgutachtens** können ausnahmsweise erstattungsfähig sein (BAG 20.8.2007, 3 AZB 57/06, EzA § 91 ZPO 2002 Nr 1), **Detektivkosten** nur, wenn sie konkret prozessbezogen erforderlich waren (LAG Berlin 20.9.2001, 17 Ta 6117/01, LAGE § 91 ZPO Nr 31; LAG Hamburg 7.11.1995, 3 Ta 13/95, LAGE § 91 ZPO Nr 26).

5 **III. Belehrungspflicht.** Wegen der vom allg Zivilprozess abw Rechtssituation ist dem Prozessbevollmächtigten eine dahin gehende Belehrungspflicht übertragen (§ 12a I 2). Die Belehrung muss vor Abschluss des Mandatsvertrages geschehen. Eine bes Form ist nicht vorgeschrieben. Bei rechtsschutzversicherten Mandanten soll die Hinweispflicht entbehrlich sein, nicht hingegen bei PKH-Bewilligung (dazu GMP/*Germelmann*

§ 12a Rn 33/34). Wird gegen die Belehrungspflicht verstoßen, kann – je nach Kausalität – ein Schadensersatzanspruch gem § 311 II BGB entstehen, mit dem gegen den Honoraranspruch aufgerechnet werden kann.

C. Sonderregelungen. Der Ausschluss der Kostenerstattung gilt nicht für Kosten des Beklagten, die dadurch entstanden sind, dass die Klagepartei ein **unzuständiges Gericht** in einem anderen Rechtsweg angerufen hat und dieses Gericht den Rechtsstreit an das ArbG verwiesen hat (§ 12a I 3). Mit dieser Bestimmung besteht nun ein eigenständiger Kostenerstattungsanspruch der beklagten Partei für alle vor dem Gericht des unzulässigen Rechtsweges entstandenen Kosten **ohne Beschränkung** auf die sog Mehrkosten und ohne Anrechnung der Kosten, die vor dem zuständigen Gericht auch entstanden wären (BAG 19.2.2013, 10 AZB 2/13, NZA 2013, 395; BAG 1.11.2004, 3 AZB 10/04, EzA § 12a ArbGG 1979 Nr 11). Dies soll nicht gelten, wenn nach der Verweisung an das ArbG ein Vergleich ohne ausdrückliche Kostenregelung geschlossen wird (LAG Düsseldorf 15.8.2006, 16 Ta 392/06, DB 2006, 2472). Wird zunächst das unzuständige ArbG angerufen und von dort in die ordentliche Gerichtsbarkeit verwiesen, sind die der beklagten Partei vor dem ArbG entstandenen Anwaltskosten – wegen § 12a I – nicht erstattungsfähig. Nur die nachfolgend vor dem ordentlichen Gericht anfallenden Kosten sind erstattungsfähig (*Hauck/Helml* § 12a Rn 13).

6

In den **Rechtsmittelverfahren** vor den LAG und dem BAG gilt uneingeschränkt § 91 ZPO. Dabei sind im Berufungsverfahren die Anwaltskosten auch dann zu erstatten, wenn eine Vereinigung iSv § 11 II 2 Nr 4/5 zur unentgeltlichen Vertretung bereit gewesen wäre (BAG 18.11.2015, 10 AZB 43/15, BB 2016, 179). Für die in der 2. und 3. Instanz postulationsbefugten Verbandsvertreter (§ 11 II S 2 Nr 4) besteht grds der Kostenerstattungsanspruch, wenn die Partei satzungsgemäß solche Vertretungskosten dem Verband bezahlt hat und soweit sie die vergleichbaren Anwaltsgebühren nicht übersteigen (iE vgl GK-ArbGG/*Schleusener* § 12a Rn 89). Tragen die Parteien vor dem LAG/BAG die **Kosten anteilig** (§ 92 I ZPO), soll eine Schlechterstellung der durch einen Verbandsvertreter vertretenen Partei ggü der anwaltschaftlich vertretenen Partei vermieden werden. Für den Kostenausgleich (§ 106 ZPO) ist deshalb die durch den Verband vertretene Partei so zu stellen, als wäre sie durch einen Anwalt vertreten (§ 12a II 1). Ein konkreter Erstattungsanspruch entsteht aber nur, wenn die vom Verband vertretene Partei tatsächlich Kosten hat (§ 12a II 2). Auch im Beschwerdeverfahren findet § 12a II Anwendung.

7

Für die Erstattung der Kosten der Prozessbevollmächtigten in der **Zwangsvollstreckung** von arbeitsgerichtlichen Titeln gilt § 12a nicht. Es bleibt also bei den allg Regeln gem § 788 I ZPO. Dabei gehört die Vollstreckungsabwehrklage (§ 767 ZPO) allerdings zum Erkenntnisverfahren (GMP/*Germelmann* § 12a Rn 27).

8

§ 13 Rechtshilfe

(1) ¹Die Arbeitsgerichte leisten den Gerichten für Arbeitssachen Rechtshilfe. ²Ist die Amtshandlung außerhalb des Sitzes eines Arbeitsgerichts vorzunehmen, so leistet das Amtsgericht Rechtshilfe.
(2) Die Vorschriften des Gerichtsverfassungsgesetzes über Rechtshilfe und des Einführungsgesetzes zum Gerichtsverfassungsgesetz über verfahrensübergreifende Mitteilungen von Amts wegen finden entsprechende Anwendung.

Übersicht	Rdn.		Rdn.
A. Grundsätzliches	1	C. Die Rechtshilfegerichte	4
B. Die inländische Rechtshilfe	2	D. Rechtshilfe im Ausland	5
I. Ersuchen	2	E. Amtliche Mitteilungen	6
II. Ausführung	3		

A. Grundsätzliches. Rechtshilfe liegt dann vor, wenn das ersuchende ArbG die (richterliche) Amtshandlung aufgrund seiner sachlichen Zuständigkeit auch selbst vornehmen könnte, aber Gründe der Zweckmäßigkeit für die Vornahme durch das ersuchte Gericht sprechen (GMP/*Germelmann* § 13 Rn 1). Verfassungsrechtlich ist die Rechtshilfe in Art 35 I GG verankert. § 13 regelt nur die Rechtshilfe im Inland. Sie wird zum einen durch andere ArbG oder durch die Amtsgerichte geleistet. Für die inhaltliche Durchführung der Rechtshilfe ist die entspr Geltung der §§ 156 ff GVG angeordnet. Für Vollstreckungen, Ladungen und Zustellungen bedarf es der Rechtshilfe nicht (§§ 160, 161 GVG).

1

B. Die inländische Rechtshilfe. I. Ersuchen. Das Rechtshilfeverfahren wird mit einem entspr Ersuchen des Ausgangsgerichtes an das Gericht, in dessen Bezirk die Amtshandlung vorgenommen werden soll, eingeleitet. Sollte dieses Gericht örtlich unzuständig sein, ist das Ersuchen an das zuständige Gericht

2

§ 13 ArbGG Rechtshilfe

abzugeben (§ 158 II 2 GVG). Grds kann das Rechtshilfeersuchen von dem ersuchten Gericht **nicht abgelehnt** werden (§ 158 I GVG). Für das Ersuchen des im Rechtszug übergeordneten Gerichts (also zuständiges LAG) gilt dies ausnahmslos. Ansonsten ist die Ablehnung nur dann möglich, wenn die vorzunehmende Handlung gegen ein Verbot, also gegen Bundes- oder Landesrecht verstößt. Ein solcher Verstoß kann sich aus prozessualen Vorschriften ergeben, so wenn eine Partei als Zeuge vernommen werden soll oder die Beweistatsachen im Beweisbeschluss nicht bezeichnet sind (BAG 26.10.1999, 10 AS 5/99, EzA § 158 GVG Nr 1). Mit der Begründung, es liege ein **Ausforschungsbeweis** vor, kann das Ersuchen nicht abgelehnt werden, es sei denn, die Ausforschung ist offensichtlich (BAG 26.10.1999, 10 AS 5/99, aaO; GMP/*Germelmann* § 13 Rn 5). Auch ist nicht zu prüfen, ob das Ausgangsgericht § 375 I Nr 3 ZPO richtig angewendet hat (BAG 23.1.2001, 10 AS 1/01, EzA § 158 GVG Nr 2). Keinesfalls rechtfertigt es die Ablehnung, wenn das ersuchte Gericht die Beweisaufnahme für unzweckmäßig oder nicht erforderlich ansieht. Gegen die Ablehnung des Rechtshilfeersuchens können die Parteien und das ersuchende Gericht die Entscheidung des übergeordneten LAG (bzw OLG, wenn ein Amtsgericht ersucht ist) einholen (§ 159 I und II GVG). Nach Maßgabe von § 159 I 2 GVG ist die weitere Beschwerde zum BAG bzw BGH möglich.

3 II. Ausführung. Für diese ist beim ersuchten Gericht der Vorsitzende allein zuständig (§ 53 I 2). Die Beweisaufnahme vor dem Rechtshilfegericht ist (nur) parteiöffentlich (§ 357 ZPO iVm § 169 S 1 GVG). Die Parteien sind entspr zu laden. Die Einvernahme geschieht unabhängig von ihrem Erscheinen. Für die Zeugeneinvernahme gelten die allg Regeln gem §§ 380, 383 ff, 395, 397 ZPO. Eine Beeidigung wird nur vorgenommen, wenn sie das ersuchende Gericht angeordnet hat. Nach Rücksendung der Akten ist der Fortsetzungstermin zur mündlichen Verhandlung zu bestimmen (§ 370 II 2 ZPO). Dort ist das Beweisergebnis über eine Protokollbezugnahme in das Verfahren einzuführen (§§ 285 II ZPO). Die **Kosten der Rechtshilfe** sind solche der Hauptsache, über sie wird nicht gesondert entschieden. Kostenvorschüsse werden auch dann nicht erhoben, wenn das Amtsgericht ersucht ist (GK-ArbGG/*Bader* § 13 Rn 22).

4 C. Die Rechtshilfegerichte. Vorrangig sind die Rechtshilfeersuchen der Gerichte für Arbeitssachen an andere ArbG (nie höhere Instanzen) zu richten. Hingegen dürfen die **Amtsgerichte** nur dann um Rechtshilfe ersucht werden, wenn die Amtshandlung außerhalb des Sitzes eines ArbG vorzunehmen ist (§ 13 I 2). Dabei steht der Sitz einer auswärtigen Kammer oder eines Gerichtstages dem Sitz des ArbG gleich (GK-ArbGG/*Bader* § 13 Rn 25). Unter Beachtung dieser Voraussetzungen steht es im Ermessen des ersuchenden Gerichts, ob es sich mit dem Gesuch an das ArbG oder das Amtsgericht wendet. Der Grundsatz der Unmittelbarkeit der Beweiserhebung gebietet es, dass Amtshandlungen im eigenen Bezirk durch das ArbG selbst vorgenommen werden, ggf durch den Vorsitzenden (§ 58 I 2). Hier ist das Rechtshilfegesuch nicht zulässig (ErfK/*Koch* § 13 Rn 2; aA GMP/*Germelmann* § 13 Rn 8).

5 D. Rechtshilfe im Ausland. Hier ist zunächst für Zustellungen auf § 183 I, II ZPO und für die Beweisaufnahme auf § 363 I, II ZPO zu verweisen. Die jeweiligen Einzelheiten zur Durchführung ergeben sich aus internationalen Vereinbarungen, die in der Rechtshilfeordnung für Zivilsachen vom 19.10.1956 (**ZRHO**-) niedergelegt sind. Für den Rechtshilfeverkehr mit den **EU-Mitgliedsstaaten** (ohne Dänemark) bestehen bes Regeln: Für Beweisaufnahmen gelten die EG-Beweisaufnahmeverordnung (Nr 1206/2001) vom 28.5.2001 sowie §§ 1072 ff ZPO. Wesentliche Neuerung ist der unmittelbare Geschäftsverkehr zwischen den beteiligten Gerichten. Unter engen Voraussetzungen (Art 17 III VO Nr 1206/2001) kann die Beweisaufnahme auch unmittelbar durch das Prozessgericht im EU-Mitgliedsstaat durchgeführt werden (*Hauck/Helml* § 13 Rn 15). Für Zustellungen innerhalb des EU-Raums vgl § 13a Rdn 2.

6 E. Amtliche Mitteilungen. Für solche verfahrensübergreifende Mitteilungen verweist § 13 II auf §§ 12–22 EGGVG. Von bes Bedeutung ist § 13 I Nr 1 EGGVG, der die Übermittlung personenbezogener Daten seitens der Gerichte regelt. Danach dürfen solche Daten an Empfänger mit einem einschlägigen Aufgabenkreis übermittelt werden, wenn des Rechtsvorschriften dies vorsehen oder zwingend voraussetzen. Beispielhaft ist hier die Anordnung über Mitteilungen in Zivilsachen (MiZi) zu nennen (dazu BCF/*Bader* § 13 Rn 11). § 17 Nr 1 EGGVG regelt die Datenweitergabe zur Verfolgung von Straftaten und Ordnungswidrigkeiten. Hier ist nicht erforderlich, dass die entspr Verfolgung bereits begonnen hat. Es ist genügend, wenn das ArbG der Auffassung ist, es müsse ein entspr Verfahren eingeleitet werden. Auskunftsersuchen der **Sozialversicherungsträger** ggü den Gerichten für Arbeitssachen gehören nicht hierher. Solche sind nur über die allg Vorschriften der Amtshilfe gem § 299 II ZPO, Art 35 I GG, §§ 67, 78 SGB X möglich (GMP/*Germelmann* § 13 Rn 17). Für den **Rechtsschutz** wegen der Datenübermittlung gelten §§ 23–30 EGGVG.

§ 13a Internationale Verfahren

Die Vorschriften des Buches 11 der Zivilprozessordnung über die justizielle Zusammenarbeit in der Europäischen Union finden in Verfahren vor den Gerichten für Arbeitssachen Anwendung, soweit dieses Gesetz nichts anderes bestimmt.

Übersicht

	Rdn.			Rdn.
A. Regelungszweck...................	1	B.	Die Bereiche der Justiz-Zusammenarbeit in der EU.....................	2

A. Regelungszweck. Durch Art 2 II EG-Vollstreckungstitel-Durchführungsgesetz vom 18.8.2005 (BGBl I S 2477) ist diese Bestimmung mit Wirkung vom 21.10.2005 in das ArbGG eingefügt worden. Mit ihr wird nun generell das 11. Buch der ZPO (§§ 1067–1092 ZPO) über die justizielle Zusammenarbeit in der EU im arbeitsgerichtlichen Verfahren für anwendbar erklärt, soweit das ArbGG nichts anderes regelt. 1

B. Die Bereiche der Justiz-Zusammenarbeit in der EU. Für die **Zustellungen** im EU-Raum gelten die §§ 1067–1071 ZPO. Dazu war bisher die VO (EG) Nr 1348/2000 des Rates v 29.5.2000 über die Zustellung gerichtlicher und außergerichtlicher Schriftstücke in Zivil- und Handelssachen (EuZustVO) einschlägig. Diese ist nun abgelöst durch die VO (EG) Nr 1393/2007 v 13.11.2007, die wiederum mit dem Gesetz zur Verbesserung der grenzüberschreitenden Forderungsdurchsetzung und Zustellung v 30.10.2008 (in Kraft ab 12.12.2008) national umgesetzt wurde. 2

Für die **Beweisaufnahme** gelten die Regelungen nach §§ 1072–1075 ZPO, mit denen die VO (EG) Nr 1206/2001 des Rates vom 28.5.2001 (EG-Beweisaufnahmeverordnung) umgesetzt worden ist (vgl § 13 Rdn 5). Zur EU-weiten **PKH** ist die RL des Rates 2003/8/EG vom 27.1.2003 mit den §§ 1076–1078 ZPO umgesetzt worden. Die entspr Geltung im Verfahren der Gerichte für Arbeitssachen ist durch § 11a III bestimmt. 3

Mit dem EG-Vollstreckungstitel-Durchführungsgesetz vom 18.8.2005 (in Kraft ab 21.10.2005) sind die Regelungen über **Europäische Vollstreckungstitel** auch im Inland eingeführt worden (§§ 1079–1086 ZPO). Damit wird für bestimmte Titel wegen unbestrittener Forderungen für den ganzen EU-Raum (ohne Dänemark) eine vereinfachte Vollstreckung ermöglicht. Voraussetzung der Bestätigung als Europäischer Vollstreckungstitel (§§ 1079, 1080 ZPO) ist jedoch, dass im Erkenntnisverfahren bestimmte Belehrungs- und Hinweispflichten beachtet sind. Dazu waren innerstaatlich ua §§ 215 und 499 ZPO anzupassen. Diese gelten über § 46 II auch für das arbeitsgerichtliche Verfahren. 4

Mit dem Gesetz zur Verbesserung der grenzüberschreitenden Forderungsdurchsetzung und Zustellung v 30.10.2008 (BGBl I, 2122) wird das **Europäisches Mahnverfahren** in die ZPO (§§ 1087–1092) eingefügt (vgl dazu § 46b Rdn 1). 5

Seit 1.1.2009 gilt die VO (EG) Nr. 861/2007 über das Verfahren für **geringfügige Forderungen**, umgesetzt in §§ 1097–1109 ZPO. Nach Art 2 dieser VO ist dieses vereinfachte Klageverfahren in der Arbeitsgerichtsbarkeit nicht anwendbar. 6

§ 14 Errichtung und Organisation

(1) In den Ländern werden Arbeitsgerichte errichtet.
(2) Durch Gesetz werden angeordnet
1. die Errichtung und Aufhebung eines Arbeitsgerichts;
2. die Verlegung eines Gerichtssitzes;
3. Änderungen in der Abgrenzung der Gerichtsbezirke;
4. die Zuweisung einzelner Sachgebiete an ein Arbeitsgericht für die Bezirke mehrerer Arbeitsgerichte;
5. die Errichtung von Kammern des Arbeitsgerichts an anderen Orten;
6. der Übergang anhängiger Verfahren auf ein anderes Gericht bei Maßnahmen nach den Nummern 1, 3 und 4, wenn sich die Zuständigkeit nicht nach den bisher geltenden Vorschriften richten soll.

(3) Mehrere Länder können die Errichtung eines gemeinsamen Arbeitsgerichts oder gemeinsamer Kammern eines Arbeitsgerichts oder die Ausdehnung von Gerichtsbezirken über die Landesgrenzen hinaus, auch für einzelne Sachgebiete, vereinbaren.

(4) ¹Die zuständige oberste Landesbehörde kann anordnen, dass außerhalb des Sitzes des Arbeitsgerichts Gerichtstage abgehalten werden. ²Die Landesregierung kann ferner durch Rechtsverordnung bestimmen, dass Gerichtstage außerhalb des Sitzes des Arbeitsgerichts abgehalten werden. ³Die Landesregierung kann die Ermächtigung nach Satz 2 durch Rechtsverordnung auf die zuständige oberste Landesbehörde übertragen.

(5) Bei der Vorbereitung gesetzlicher Regelungen nach Absatz 2 Nr. 1 bis 5 und Absatz 3 sind die Gewerkschaften und Vereinigungen von Arbeitgebern, die für das Arbeitsleben im Landesgebiet wesentliche Bedeutung haben, zu hören.

§ 15 Verwaltung und Dienstaufsicht

(1) ¹Die Geschäfte der Verwaltung und Dienstaufsicht führt die zuständige oberste Landesbehörde. ²Vor Erlass allgemeiner Anordnungen, die die Verwaltung und Dienstaufsicht betreffen, soweit sie nicht rein technischer Art sind, sind die in § 14 Abs. 5 genannten Verbände zu hören.
(2) ¹Die Landesregierung kann durch Rechtsverordnung Geschäfte der Verwaltung und Dienstaufsicht dem Präsidenten des Landesarbeitsgerichts oder dem Vorsitzenden des Arbeitsgerichts oder, wenn mehrere Vorsitzende vorhanden sind, einem von ihnen übertragen. ²Die Landesregierung kann die Ermächtigung nach Satz 1 durch Rechtsverordnung auf die zuständige oberste Landesbehörde übertragen.

§ 16 Zusammensetzung

(1) ¹Das Arbeitsgericht besteht aus der erforderlichen Zahl von Vorsitzenden und ehrenamtlichen Richtern. ²Die ehrenamtlichen Richter werden je zur Hälfte aus den Kreisen der Arbeitnehmer und der Arbeitgeber entnommen.
(2) Jede Kammer des Arbeitsgerichts wird in der Besetzung mit einem Vorsitzenden und je einem ehrenamtlichen Richter aus Kreisen der Arbeitnehmer und der Arbeitgeber tätig.

§ 17 Bildung von Kammern

(1) Die zuständige oberste Landesbehörde bestimmt die Zahl der Kammern nach Anhörung der in § 14 Abs. 5 genannten Verbände.
(2) ¹Soweit ein Bedürfnis besteht, kann die Landesregierung durch Rechtsverordnung für die Streitigkeiten bestimmter Berufe und Gewerbe und bestimmter Gruppen von Arbeitnehmern Fachkammern bilden. ²Die Zuständigkeit einer Fachkammer kann durch Rechtsverordnung auf die Bezirke anderer Arbeitsgerichte oder Teile von ihnen erstreckt werden, sofern die Erstreckung für eine sachdienliche Förderung oder schnellere Erledigung der Verfahren zweckmäßig ist. ³Die Rechtsverordnungen auf Grund der Sätze 1 und 2 treffen Regelungen zum Übergang anhängiger Verfahren auf ein anderes Gericht, sofern die Regelungen zur sachdienlichen Erledigung der Verfahren zweckmäßig sind und sich die Zuständigkeit nicht nach den bisher geltenden Vorschriften richten soll. ⁴§ 14 Abs. 5 ist entsprechend anzuwenden.
(3) Die Landesregierung kann die Ermächtigung nach Absatz 2 durch Rechtsverordnung auf die zuständige oberste Landesbehörde übertragen.

§ 18 Ernennung der Vorsitzenden

(1) Die Vorsitzenden werden auf Vorschlag der zuständigen obersten Landesbehörde nach Beratung mit einem Ausschuss entsprechend den landesrechtlichen Vorschriften bestellt.
(2) ¹Der Ausschuss ist von der zuständigen obersten Landesbehörde zu errichten. ²Ihm müssen in gleichem Verhältnis Vertreter der in § 14 Abs. 5 genannten Gewerkschaften und Vereinigungen von Arbeitgebern sowie der Arbeitsgerichtsbarkeit angehören.
(3) Einem Vorsitzenden kann zugleich ein weiteres Richteramt bei einem anderen Arbeitsgericht übertragen werden.
(4) –(6) (weggefallen)
(7) Bei den Arbeitsgerichten können Richter auf Probe und Richter kraft Auftrags verwendet werden.

§ 19 Ständige Vertretung

(1) Ist ein Arbeitsgericht nur mit einem Vorsitzenden besetzt, so beauftragt das Präsidium des Landesarbeitsgerichts einen Richter seines Bezirks mit der ständigen Vertretung des Vorsitzenden.
(2) ¹Wird an einem Arbeitsgericht die vorübergehende Vertretung durch einen Richter eines anderen Gerichts nötig, so beauftragt das Präsidium des Landesarbeitsgerichts einen Richter seines Bezirks längstens für zwei Monate mit der Vertretung. ²In Eilfällen kann an Stelle des Präsidiums der Präsident des Landesarbeitsgerichts einen zeitweiligen Vertreter bestellen. ³Die Gründe für die getroffene Anordnung sind schriftlich niederzulegen.

Übersicht	Rdn.		Rdn.
A. Allgemeines	1	D. Der Spruchkörper des ArbG (§§ 16, 17)	4
B. Errichtung und Organisation der ArbG (§ 14)	2	E. Bestellung der Vorsitzenden und Vertreter (§§ 18, 19)	5
C. Verwaltung und Dienstaufsicht (§ 15)	3		

A. Allgemeines. Bei den §§ 14–19 handelt es sich ausschließlich um allg Regelungen zur **Gerichtsorganisation** der ArbG. Sie zielen iW auf den inneren Dienstbetrieb und sind deshalb für das rechtsuchende Publikum von geringerer Bedeutung. Sie werden deshalb im Zusammenhang und nur kursorisch kommentiert. 1

B. Errichtung und Organisation der ArbG (§ 14). Die Errichtung der ArbG liegt in der Pflicht und Zuständigkeit der Bundesländer. Die dazu erforderlichen Entscheidungen stehen unter dem Gesetzesvorbehalt (§ 14 II). Die Einrichtung auswärtiger Kammern liegt im Ermessen des Landesgesetzgebers. Dasselbe gilt für Gerichtstage, wobei sowohl der bloße VA wie auch eine Rechtsverordnung möglich sind (§ 14 IV). Eine länderübergreifende Organisation der ArbG bzw auswärtiger Kammern ermöglicht § 14 III. Vor der gesetzlichen Regelung gem § 14 II und III sind die Verbände des Arbeitslebens zu hören. Ein möglicher Verstoß führt aber nicht zu einer fehlerhaften Besetzung des Gerichts (BCF/*Bader* § 14 Rn 7). 2

C. Verwaltung und Dienstaufsicht (§ 15). Dafür ist nur allg die zuständige oberste Landesbehörde bestimmt. Je nach Ressortierung kann dies die oberste Arbeitsbehörde oder – wie nun überwiegend – die Landesjustizverwaltung sein. Unter Verwaltung sind sowohl die interne Gerichtsverwaltung (Personal und Sachmittel) wie die Justizverwaltung zu verstehen. Zu Letzterer gehören Verwaltungstätigkeiten mit Außenwirkung, wie Veröffentlichungspraxis, Akteneinsicht Dritter oder Behandlung von Aufsichtsbeschwerden. Geschäfte der Verwaltung und Dienstaufsicht können durch Rechtsverordnung den Präsidenten der LAG oder den Gerichtsvorständen der ArbG übertragen werden (§ 15 II 1). 3

D. Der Spruchkörper des ArbG (§§ 16, 17). Die Bestimmung befasst sich nur mit dem richterlichen Personal. Die erforderliche Anzahl hängt wiederum von den eingerichteten Kammern (§ 17 I) ab. Beides bestimmt die oberste Landesbehörde. Für die Berufsrichter gilt das allg Amtsrecht nach dem DRiG und den landesrechtlichen Gesetzen. Zum Status der ehrenamtlichen Richter s §§ 6, 6a, 7 Rdn 3. Zur **Besetzung der Kammer** wird der Berufsrichter als Vorsitzender und je ein ehrenamtlicher Richter aus Kreisen der AN und der AG vorgegeben (§ 16 II). Die jeweiligen Befugnisse ergeben sich aber nur aus §§ 53, 55. Bei der Bestimmung der Kammerzahl (§ 17 I) wird die oberste Landesbehörde den Justizgewährungsanspruch der Rechtsuchenden zu beachten haben. Da der Norm aber die unmittelbare Außenwirkung fehlt, ist eine verwaltungsgerichtliche Klage dagegen nicht möglich (BCF/*Bader* § 17 Rn 3). Für die (vorübergehende) Errichtung einer Hilfskammer ist das Präsidium zuständig (§ 21e III GVG). Soweit ein Bedürfnis besteht, kann die Landesregierung bzw die zuständige oberste Landesbehörde durch Rechtsverordnung für bestimmte Berufe, Gewerbe oder AN-Gruppen **Fachkammern** einrichten (§§ 17 II, III). Ist fehlerhaft die Zuständigkeit oder Unzuständigkeit der Fachkammer angenommen worden, liegt ein Verstoß gegen den Geschäftsverteilungsplan vor, der der nicht ordnungsgemäßen Besetzung des Gerichts gleichsteht. In der Berufung bleibt diese Rüge wegen § 68 jedoch ohne Auswirkung (GK-ArbGG/*Dörner* § 17 Rn 11). Ist die Berufungskammer fehlerhaft besetzt, kann die Revision oder die Nichtzulassungsbeschwerde darauf gestützt werden (§ 72a III Nr 3 iVm § 547 Nr 1 ZPO). 4

E. Bestellung der Vorsitzenden und Vertreter (§§ 18, 19). Der Kammervorsitz liegt ausschließlich bei den Berufsrichtern (§ 6a Nr 5). Diese werden unter Beachtung der Vorgaben des DRiG nach den landesrechtlichen Vorschriften ernannt. Ggf ist der nach Landesrecht bestehende Richterwahlausschuss zu beteiligen. In jedem Fall ist der der Bestellung gem § 18 II zu bildende **beratende Ausschuss** zu beteiligen. Dieser hat in Drittelparität aus den Vertretern des Arbeitslebens (jeweils Gewerkschaften und AG-Vereinigungen) sowie der Arbeitsgerichtsbarkeit zu bestehen. Die weiteren Einzelheiten zu Größe, Auswahl der Mitglieder oder Verfahren richten sich nach den landesrechtlichen Vorschriften. Nach durchgeführter Beratung ist die Ernennungsbehörde in ihrer Entscheidung frei. Eine fehlerhafte Beteiligung des Ausschusses führt nicht zur Unwirksamkeit der Richterernennung (BCF/*Bader* § 18 Rn 5). Dem Richter kann auch ein weiteres Richteramt bei einem anderen ArbG übertragen werden (§ 18 III). Für die **Vertretungsregelung** (§ 19) ist eigentlich nur der II noch von praktischer Bedeutung. Falls an einem Gericht die Vertretung nach dem Geschäftsverteilungsplan wegen Urlaubs und/oder Erkrankung nicht mehr gesichert ist, kann das Präsidium des LAG einen Richter eines anderen Gerichts mit der vorübergehenden Vertretung beauftragen. In Eilfällen ist der Präsident des LAG zuständig. 5

§ 20 Berufung der ehrenamtlichen Richter

(1) ¹Die ehrenamtlichen Richter werden von der zuständigen obersten Landesbehörde oder von der von der Landesregierung durch Rechtsverordnung beauftragten Stelle auf die Dauer von fünf Jahren berufen. ²Die Landesregierung kann die Ermächtigung nach Satz 1 durch Rechtsverordnung auf die zuständige oberste Landesbehörde übertragen.

(2) Die ehrenamtlichen Richter sind in angemessenem Verhältnis unter billiger Berücksichtigung der Minderheiten aus den Vorschlagslisten zu entnehmen, die der zuständigen Stelle von den im Land bestehenden Gewerkschaften, selbständigen Vereinigungen von Arbeitnehmern mit sozial- oder berufspolitischer Zwecksetzung und Vereinigungen von Arbeitgebern sowie von den in § 22 Abs. 2 Nr. 3 bezeichneten Körperschaften oder deren Arbeitgebervereinigungen eingereicht werden.

§ 21 Voraussetzungen für die Berufung als ehrenamtlicher Richter

(1) Als ehrenamtliche Richter sind Arbeitnehmer und Arbeitgeber zu berufen, die das fünfundzwanzigste Lebensjahr vollendet haben und im Bezirk des Arbeitsgerichts tätig sind oder wohnen.

(2) ¹Vom Amt des ehrenamtlichen Richters ist ausgeschlossen,
1. wer infolge Richterspruchs die Fähigkeit zur Bekleidung öffentlicher Ämter nicht besitzt oder wegen einer vorsätzlichen Tat zu einer Freiheitsstrafe von mehr als sechs Monaten verurteilt worden ist;
2. wer wegen einer Tat angeklagt ist, die den Verlust der Fähigkeit zur Bekleidung öffentlicher Ämter zur Folge haben kann;
3. wer das Wahlrecht zum Deutschen Bundestag nicht besitzt.

²Personen, die in Vermögensverfall geraten sind, sollen nicht als ehrenamtliche Richter berufen werden.

(3) Beamte und Angestellte eines Gerichts für Arbeitssachen dürfen nicht als ehrenamtliche Richter berufen werden.

(4) ¹Das Amt des ehrenamtlichen Richters, der zum ehrenamtlichen Richter in einem höheren Rechtszug berufen wird, endet mit Beginn der Amtszeit im höheren Rechtszug. ²Niemand darf gleichzeitig ehrenamtlicher Richter der Arbeitnehmerseite und der Arbeitgeberseite sein oder als ehrenamtlicher Richter bei mehr als einem Gericht für Arbeitssachen berufen werden.

(5) ¹Wird das Fehlen einer Voraussetzung für die Berufung nachträglich bekannt oder fällt eine Voraussetzung nachträglich fort, so ist der ehrenamtliche Richter auf Antrag der zuständigen Stelle (§ 20) oder auf eigenen Antrag von seinem Amt zu entbinden. ²Über den Antrag entscheidet die vom Präsidium für jedes Geschäftsjahr im voraus bestimmte Kammer des Landesarbeitsgerichts. ³Vor der Entscheidung ist der ehrenamtliche Richter zu hören. ⁴Die Entscheidung ist unanfechtbar. ⁵Die nach Satz 2 zuständige Kammer kann anordnen, dass der ehrenamtliche Richter bis zu der Entscheidung über die Entbindung vom Amt nicht heranzuziehen ist.

(6) Verliert der ehrenamtliche Richter seine Eigenschaft als Arbeitnehmer oder Arbeitgeber wegen Erreichens der Altersgrenze, findet Absatz 5 mit der Maßgabe Anwendung, dass die Entbindung vom Amt nur auf Antrag des ehrenamtlichen Richters zulässig ist.

§ 22 Ehrenamtlicher Richter aus Kreisen der Arbeitgeber

(1) Ehrenamtlicher Richter aus Kreisen der Arbeitgeber kann auch sein, wer vorübergehend oder regelmäßig zu gewissen Zeiten des Jahres keine Arbeitnehmer beschäftigt.

(2) Zu ehrenamtlichen Richtern aus Kreisen der Arbeitgeber können auch berufen werden
1. bei Betrieben einer juristischen Person oder einer Personengesamtheit Personen, die kraft Gesetzes, Satzung oder Gesellschaftsvertrag allein oder als Mitglieder des Vertretungsorgans zur Vertretung der juristischen Person oder der Personengesamtheit berufen sind;
2. Geschäftsführer, Betriebsleiter oder Personalleiter, soweit sie zur Einstellung von Arbeitnehmern in den Betrieb berechtigt sind, oder Personen, denen Prokura oder Generalvollmacht erteilt ist;
3. bei dem Bund, den Ländern, den Gemeinden, den Gemeindeverbänden und anderen Körperschaften, Anstalten und Stiftungen des öffentlichen Rechts Beamte und Angestellte nach näherer Anordnung der zuständigen obersten Bundes- oder Landesbehörde;
4. Mitglieder und Angestellte von Vereinigungen von Arbeitgebern sowie Vorstandsmitglieder und Angestellte von Zusammenschlüssen solcher Vereinigungen, wenn diese Personen kraft Satzung oder Vollmacht zur Vertretung befugt sind.

§ 23 Ehrenamtlicher Richter aus Kreisen der Arbeitnehmer

(1) Ehrenamtlicher Richter aus Kreisen der Arbeitnehmer kann auch sein, wer arbeitslos ist.
(2) ¹Den Arbeitnehmern stehen für die Berufung als ehrenamtliche Richter Mitglieder und Angestellte von Gewerkschaften, von selbständigen Vereinigungen von Arbeitnehmern mit sozial- oder berufspolitischer Zwecksetzung sowie Vorstandsmitglieder und Angestellte von Zusammenschlüssen von Gewerkschaften gleich, wenn diese Personen kraft Satzung oder Vollmacht zur Vertretung befugt sind. ²Gleiches gilt für Bevollmächtigte, die als Angestellte juristischer Personen, deren Anteile sämtlich im wirtschaftlichen Eigentum einer der in Satz 1 genannten Organisationen stehen, handeln und wenn die juristische Person ausschließlich die Rechtsberatung und Prozessvertretung der Mitglieder der Organisation entsprechend deren Satzung durchführt.

§ 24 Ablehnung und Niederlegung des ehrenamtlichen Richteramts

(1) Das Amt des ehrenamtlichen Richters kann ablehnen oder niederlegen,
1. wer die Regelaltersgrenze nach dem Sechsten Buch Sozialgesetzbuch erreicht hat;
2. wer aus gesundheitlichen Gründen daran gehindert ist, das Amt ordnungsgemäß auszuüben;
3. wer durch ehrenamtliche Tätigkeit für die Allgemeinheit so in Anspruch genommen ist, dass ihm die Übernahme des Amtes nicht zugemutet werden kann;
4. wer in den zehn der Berufung vorhergehenden Jahren als ehrenamtlicher Richter bei einem Gericht für Arbeitssachen tätig gewesen ist;
5. wer glaubhaft macht, dass ihm wichtige Gründe, insbesondere die Fürsorge für seine Familie, die Ausübung des Amtes in besonderem Maß erschweren.
(2) ¹Über die Berechtigung zur Ablehnung oder Niederlegung entscheidet die zuständige Stelle (§ 20). ²Die Entscheidung ist endgültig.

Übersicht	Rdn.		Rdn.
A. Regelungszweck	1	D. Die ehrenamtlichen Richter aus AN-Kreisen (§ 23)	7
B. Die Berufung der ehrenamtlichen Richter (§ 20)	2	E. Ablehnung und Niederlegung des ehrenamtlichen Richteramtes (§ 24)	8
C. Die ehrenamtlichen Richter aus AG-Kreisen (§ 22)	6		

A. Regelungszweck. Die §§ 20–24 stehen in einem inneren Zusammenhang und werden deshalb gemeinsam kommentiert. Sie regeln die Berufungsvoraussetzung für die **ehrenamtlichen Richter** in allg Form und getrennt für die AN- und AG-Beisitzer. Der ehrenamtliche Richter übt ein öffentl Ehrenamt aus. Die Amtsübernahme folgt aus generellen staatsbürgerlichen Pflichten. Ob und wann diese Pflicht entfällt, bestimmt § 24. 1

B. Die Berufung der ehrenamtlichen Richter (§ 20). Sie erfolgt durch die zuständige oberste Landesbehörde, falls nicht durch Rechtsverordnung der Landesregierung eine andere Stelle (zB LAG-Präsident) beauftragt ist. Die Amtsdauer beträgt 5 Jahre. Die Berufung erfolgt aus den **Vorschlagslisten**, die die im jeweiligen Bundesland vertretenen Gewerkschaften, selbständige AN-Vereinigungen mit sozial- oder berufspolitischer Zielsetzung, AG-Vereinigungen und Körperschaften gem § 22 II Nr 3 einreichen. Wenn die sonstigen Berufungsvoraussetzungen erfüllt sind, hat die Auswahl nach der Reihenfolge in den Vorschlagslisten zu geschehen (BCF/*Bader* § 20 Rn 9). Das **angemessene Verhältnis**, in dem die jeweils Vorschlagsberechtigten zu berücksichtigen sind, wird sich an den Mitgliederzahlen der Verbände bzw der Beschäftigtenzahl bei den AG-Vereinigungen orientieren. Auf Minderheiten ist zu achten. Gegen die Berufungsentscheidungen haben idR nur die vorschlagenden Verbände, nicht jedoch eine nicht berufene Person ein Klagerecht zum VG (GMP/*Prütting* § 20 Rn 39 ff). 2

Voraussetzung der Berufung sind die Vollendung des 25. Lebensjahres und die Tätigkeit als AN oder AG im Gerichtsbezirk (§ 21 I). Erforderlich ist die **Tätigkeit** oder – seit dem SGG-ArbGG-ÄndG v 26.3.2008 – der **Wohnsitz** im Gerichtsbezirk. Wird die Tätigkeit in mehreren Gerichtsbezirken ausgeübt, ist dies unschädlich, es sei denn die Tätigkeit im Bezirk, in dem man das Richteramt ausüben will, ist zeitlich gänzlich unbedeutend. 3

Der **Ausschluss** vom Amt des ehrenamtlichen Richters ergibt sich aus dem Katalog des § 21 II Nr 1–3. Bei Vermögensverfall (Eröffnung des Insolvenzverfahrens/Eintrag in das Schuldnerverzeichnis) ist nach pflichtgemäßem Ermessen zu entscheiden (§ 21 II 2). Beamte und Angestellte eines ArbG dürfen nicht berufen werden (§ 21 III). Niemand darf gleichzeitig ehrenamtlicher Richter aus Kreisen der AG und AN sein oder bei mehreren Gerichten für Arbeitssachen berufen sein (§ 21 IV 2). Bei einer Doppelfunktion 4 als AG und AN besteht kein Wahlrecht, die Berufung als ehrenamtlicher Richter scheidet aus (LAG BW 17.6.2013, 1 SHa 17/13, LAGE § 21 ArbGG 1979 Nr 10). Aus Art 33 II GG ergibt sich, dass niemand bestellt werden darf, der nicht die Gewähr dafür bietet, jederzeit für die freiheitliche demokratische Grundordnung einzutreten (s.u. §§ 26–31 Rdn 4). Dazu ist nun auch § 44a DRiG zu beachten.

5 Die **Amtszeit endet** nicht nur mit Ablauf der Amtsperiode, sondern auch nach Bestellung für eine höhere Instanz mit Beginn der dortigen Amtszeit (§ 21 IV 1). Eine **Amtsentbindung** hat stattzufinden, wenn eine fehlende Berufungsvoraussetzung nachträglich bekannt wird oder eine solche Voraussetzung nachträglich wegfällt (§ 21 V 1). Solches liegt auch dann vor, wenn der ursprüngliche AN-Beisitzer während der Amtszeit zum AG wird (BAG 19.8.2004, 1 AS 6/03, EzA § 43 ArbGG 1979 Nr 3). Dass sich der ehrenamtliche Richter weiterhin der AN-Seite verbunden fühlt, ist unbeachtlich (LAG BW 17.12.2014, 1 SHa 34/14). Antragsberechtigt sind die zuständige Stelle (§ 20) oder der ehrenamtliche Richter; im Fall des Erreichens der Altersgrenze (Ruhestand, auch Freistellung in der ATZ) nur Letzterer (§ 21 VI). Die Entscheidung ergeht durch Beschluss der nach dem Geschäftsverteilungsplan bestimmten Kammer des LAG. Sie ist unanfechtbar (§ 21 V 4).

6 **C. Die ehrenamtlichen Richter aus AG-Kreisen (§ 22).** Wer vorübergehend oder saisonal keine AN beschäftigt, kann trotzdem ehrenamtlicher Richter für die AG-Seite sein. § 22 II Nr 1–4 nennt Personen- und Funktionsgruppen, die inhaltlich zum AG-Bereich gehören und deshalb als ehrenamtliche Richter aus AG-Kreisen bestellt werden können. Nach Nr 3 können nach näherer Anordnung der jeweiligen Bundes- oder Landesbehörde (aktive) Beamte oder Angestellte berufen werden, dabei muss es sich aber nach dem Gesamtzusammenhang der Regelung um Mitarbeiter mit Leitungsfunktion handeln (hM GMP/*Prütting* § 22 Rn 17; LAG Hamm 13.6.1991, 8 AR 8/91, NZA 1991, 821).

7 **D. Die ehrenamtlichen Richter aus AN-Kreisen (§ 23).** Hier wird zunächst klargestellt, dass Arbeitslosigkeit (vgl § 119 SGB III) die Berufung zum ehrenamtlichen Richter aus dem AN-Bereich nicht hindert. In II werden den AN die Mitglieder und Angestellten von Gewerkschaften und selbstständigen AN-Vereinigungen sowie vertretungsberechtigte Vorstandsmitglieder und Angestellte von Gewerkschaftszusammenschlüssen gleichgestellt. Da die Genannten idR AN sind, hat die Vorschrift nur geringe praktische Bedeutung.

8 **E. Ablehnung und Niederlegung des ehrenamtlichen Richteramtes (§ 24).** Der Katalog der Ablehnungs- bzw Niederlegungsgründe ist nicht abschließend (hM GMP/*Prütting* § 24 Rn 6). Nr 1–4 erklären sich aus sich selbst heraus. Nr 5 enthält eine Art Auffangtatbestand, wonach das Amt niedergelegt werden kann, wenn **wichtige Gründe** die Amtsausübung erschweren. Beispielhaft ist die Familienfürsorge genannt. Auch eine nicht nur kurzzeitige berufliche Überlastung wird man anerkennen müssen. Ungünstige Verkehrsverbindungen sollen hingegen nicht genügen (GK-ArbGG/*Dörner* § 24 Rn 6). Über die Berechtigung von Ablehnung oder Niederlegung entscheidet die zuständige Stelle (§ 20) endgültig (§ 24 II 2). Wegen Art 19 IV GG wird jedoch überwiegend die (verwaltungs-) gerichtliche Anfechtbarkeit bejaht (GK-ArbGG/*Dörner* § 24 Rn 10).

§ 26 Schutz der ehrenamtlichen Richter

(1) Niemand darf in der Übernahme oder Ausübung des Amtes als ehrenamtlicher Richter beschränkt oder wegen der Übernahme oder Ausübung des Amtes benachteiligt werden.
(2) Wer einen anderen in der Übernahme oder Ausübung seines Amtes als ehrenamtlicher Richter beschränkt oder wegen der Übernahme oder Ausübung des Amtes benachteiligt, wird mit Freiheitsstrafe bis zu einem Jahr oder mit Geldstrafe bestraft.

§ 27 Amtsenthebung der ehrenamtlichen Richter

[1]Ein ehrenamtlicher Richter ist auf Antrag der zuständigen Stelle (§ 20) seines Amtes zu entheben, wenn er seine Amtspflicht grob verletzt. [2]§ 21 Abs. 5 Satz 2 bis 5 ist entsprechend anzuwenden.

§ 28 Ordnungsgeld gegen ehrenamtliche Richter

[1]Die vom Präsidium für jedes Geschäftsjahr im voraus bestimmte Kammer des Landesarbeitsgerichts kann auf Antrag des Vorsitzenden des Arbeitsgerichts gegen einen ehrenamtlichen Richter, der sich der Erfüllung seiner Pflichten entzieht, insbesondere ohne genügende Entschuldigung nicht oder nicht rechtzeitig zu den Sitzungen erscheint, ein Ordnungsgeld festsetzen. [2]Vor dem Antrag hat der Vorsitzende des Arbeitsgerichts den ehrenamtlichen Richter zu hören. [3]Die Entscheidung ist endgültig.

§ 29 Ausschuss der ehrenamtlichen Richter

(1) ¹Bei jedem Arbeitsgericht mit mehr als einer Kammer wird ein Ausschuss der ehrenamtlichen Richter gebildet. ²Er besteht aus mindestens je drei ehrenamtlichen Richtern aus den Kreisen der Arbeitnehmer und der Arbeitgeber in gleicher Zahl, die von den ehrenamtlichen Richtern aus den Kreisen der Arbeitnehmer und der Arbeitgeber in getrennter Wahl gewählt werden. ³Der Ausschuss tagt unter der Leitung des aufsichtführenden oder, wenn ein solcher nicht vorhanden oder verhindert ist, des dienstältesten Vorsitzenden des Arbeitsgerichts.

(2) ¹Der Ausschuss ist vor der Bildung von Kammern, vor der Geschäftsverteilung, vor der Verteilung der ehrenamtlichen Richter auf die Kammern und vor der Aufstellung der Listen über die Heranziehung der ehrenamtlichen Richter zu den Sitzungen mündlich oder schriftlich zu hören. ²Er kann den Vorsitzenden des Arbeitsgerichts und den die Verwaltung und Dienstaufsicht führenden Stellen (§ 15) Wünsche der ehrenamtlichen Richter übermitteln.

§ 30 Besetzung der Fachkammern

¹Die ehrenamtlichen Richter einer Fachkammer sollen aus den Kreisen der Arbeitnehmer und der Arbeitgeber entnommen werden, für die die Fachkammer gebildet ist. ²Werden für Streitigkeiten der in § 22 Abs. 2 Nr. 2 bezeichneten Angestellten Fachkammern gebildet, so dürfen ihnen diese Angestellten nicht als ehrenamtliche Richter aus Kreisen der Arbeitgeber angehören. ³Wird die Zuständigkeit einer Fachkammer gemäß § 17 Abs. 2 erstreckt, so sollen die ehrenamtlichen Richter dieser Kammer aus den Bezirken derjenigen Arbeitsgerichte berufen werden, für deren Bezirke die Fachkammer zuständig ist.

§ 31 Heranziehung der ehrenamtlichen Richter

(1) Die ehrenamtlichen Richter sollen zu den Sitzungen nach der Reihenfolge einer Liste herangezogen werden, die der Vorsitzende vor Beginn des Geschäftsjahres oder vor Beginn der Amtszeit neu berufener ehrenamtlicher Richter gemäß § 29 Abs. 2 aufstellt.

(2) Für die Heranziehung von Vertretern bei unvorhergesehener Verhinderung kann eine Hilfsliste von ehrenamtlichen Richtern aufgestellt werden, die am Gerichtssitz oder in der Nähe wohnen oder ihren Dienstsitz haben.

Übersicht	Rdn.		Rdn.
A. Allgemeines	1	III. Antragsbehörde.	6
B. Schutz der ehrenamtlichen Richter (§ 26) . . .	2	D. Ausschuss der ehrenamtlichen Richter (§ 29).	7
C. Disziplinarmaßnahmen gegen ehrenamtliche Richter (§§ 27, 28)	4	E. Besetzung der Fachkammern (§ 30).	8
I. Amtsenthebung.	4	F. Heranziehung der ehrenamtlichen Richter (§ 31).	9
II. Ordnungsgeld	5		

A. Allgemeines. Die §§ 26–31 befassen sich in bes Weise mit der **Amtsausübung** der ehrenamtlichen Richter. Auch sie werden deshalb zusammenhängend kommentiert. Die Amtstätigkeit, ihr Schutz, Sanktionen bei Pflichtverletzungen bis hin zur Amtsenthebung und die Heranziehung zur richterlichen Spruchtätigkeit stehen im Vordergrund. Mit dem Ausschuss der ehrenamtlichen Richter ist ein bes Vertretungsorgan eingerichtet. 1

B. Schutz der ehrenamtlichen Richter (§ 26). Sie sind bei der Übernahme oder Ausübung des Richteramtes vor Beschränkungen oder Benachteiligungen geschützt (eine iW deckungsgleiche Regelung findet sich nun auch in § 45 Ia DRiG). Der Schutz erfasst auch schon den nur auf den eingereichten Listen (§ 20 II) Vorgeschlagenen, ohne dass die Berufung bereits erfolgt wäre. Unter der Amtsausübung ist nicht nur die Sitzungsteilnahme zu verstehen, sondern auch die entspr Vorbereitung oder die allg Schulung für das Ehrenamt (GK-ArbGG/*Dörner* § 26 Rn 5). Eine **Beschränkung** in Übernahme oder Ausübung des Amtes liegt dann vor, wenn rechtswidrige Nachteile, wie Verweigerung der Freistellung, Kdg, Versetzung oder Ausschluss von Sonderzahlungen, angedroht werden. Die **Benachteiligung** tritt dann ein, wenn die vorgenannten Maßnahmen umgesetzt werden. Zulässig ist es jedoch, wenn dem ehrenamtlichen Richter für die Zeit der Amtstätigkeit die Vergütung nicht oder nur teilweise fortgezahlt wird (vgl BAG 22.1.2009, 6 AZR 78/08, BB 2009, 269). 2

Wird gegen § 26 I verstoßen, ergeben sich zivil- und strafrechtliche **Rechtsfolgen**. Da es sich um ein gesetzliches Verbot handelt, sind dahin gehende Rechtsgeschäfte nichtig (§ 134 BGB). Deliktische Schadensersatzansprüche können sich über § 823 II BGB ergeben, da § 26 I Schutzgesetz ist. Weiter ist der Schutz des 3 ehrenamtlichen Richteramtes auch strafbewehrt. Der Strafrahmen reicht bis zu einer Freiheitsstrafe von 1 Jahr (§ 26 II). Die Verfolgung hat vAw zu geschehen.

4 **C. Disziplinarmaßnahmen gegen ehrenamtliche Richter (§§ 27, 28).** **I. Amtsenthebung.** Sie setzt eine grobe Verletzung der Amtspflicht voraus (§ 27 S 1). Die Amtspflicht ist verletzt bei Bruch des Beratungsgeheimnisses, Verweigerung der Urteilsunterschrift oder der Mitwirkung an Beratung und Abstimmung sowie wiederholtem unentschuldigten Fernbleiben (weitere Einzelheiten s GK-ArbGG/*Dörner* § 27 Rn 3). Das Verhalten außerhalb des Richteramtes kann jedenfalls dann auch dann eine Amtspflichtverletzung darstellen, wenn dadurch erkennbar wird, dass der ehrenamtliche Richter keine Gewähr dafür bietet, jederzeit für die freiheitlich demokratische Grundordnung einzutreten (LAG Hamm 25.8.1993, 8 AR 44/92, LAGE § 27 ArbGG 1979 Nr 4) oder er sich an Diffamierungskampagnen gegen die Verfassung beteiligt (LAG BW 11.1.2008, 1 SHa 47/07, LAGE § 27 ArbGG 1979 Nr 5, bestätigt durch BVerfG 6.5.2008, 2 BvR 337/08, NJW 2008, 2568); dazu ist nun auch auf die Abberufungsmöglichkeit gem § 44b DRiG zu verweisen. Es muss eine **grobe Amtspflichtverletzung** vorliegen, also ein gravierender Verstoß gegen die Rspraufgabe und die rechtsstaatliche Glaubwürdigkeit des Gerichts. Das auch dem ehrenamtlichen Richter zustehende Mindestmaß an persönlicher Unabhängigkeit ist aber zu beachten (BVerfG 26.8.2013, 2 BvR 225/13, NJW 2014, 206).

5 **II. Ordnungsgeld.** Als Disziplinarmaßnahme unterhalb der Amtsenthebung kommt die **Verhängung eines Ordnungsgeldes** (§ 28) in Betracht. Hier kommt jede Art von Amtspflichtverletzungen infrage, wobei das nicht genügend entschuldigte Fernbleiben oder das verspätete Erscheinen beispielhaft genannt werden. Die fahrlässige Pflichtverletzung soll genügen (BCF/*Bader* § 28 Rn 2; aA Hauck/*Helml* § 28 Rn 3).

6 **III. Antragsbehörde.** Für die Amtsenthebung ist dies die zust Stelle iSd § 20; iÜ verweist § 27 S 2 auf § 21 V 2–5. Nach Gewährung rechtlichen Gehörs entscheidet die zust Kammer des LAG durch unanfechtbaren Beschl. Bereits vorher sind einstweilige Anordnungen möglich (§ 21 V 5). Mit Verkündung oder Zustellung des Enthebungsbeschl endet das Richteramt. Frühere Amtshandlungen bleiben wirksam. Für die **Festsetzung des Ordnungsgeldes** bedarf es eines Antrages des Kammervorsitzenden, bei dem der ehrenamtliche Richter seine Pflichten verletzt hat (§ 28 S 1). Vorher ist der betroffene Richter zu hören. Die Entsch selbst ergeht wiederum durch Beschl der zust Kammer des LAG. Er ist unanfechtbar (§ 28 S 3). Für die Höhe des Ordnungsgeldes gilt Art 6 I EGStGB (GMP/*Prütting* § 28 Rn 13).

7 **D. Ausschuss der ehrenamtlichen Richter (§ 29).** Dieser ist bei jedem ArbG mit mehr als 1 Kammer zwingend zu errichten. Es ist nur eine **Mindestgröße von je 3 ehrenamtlichen Richtern** der AN- bzw AG-Seite einzuhalten. Eine größere Anzahl ist möglich, es muss nur die Parität gewahrt bleiben. Den Vorsitz führt der Gerichtsvorstand (§ 29 I 3). Die Wahl hat für die jeweilige Seite getrennt zu geschehen und muss allg demokratisch-rechtsstaatlichen Grds entsprechen. Ein bes Wahlverfahren ist für sie nicht angeordnet. Meist findet sie in Form der Briefwahl statt. Wegen der üblichen Fluktuation empfiehlt sich die Wahl von Ersatzmitgliedern. Der Ausschuss kann sich eine Geschäftsordnung geben. Im Regelfall beruft der Gerichtsvorstand den Ausschuss unter Mitteilung der Tagesordnung ein. Die Abstimmungen erfolgen mit einfacher Stimmenmehrheit. Der Ausschuss hat ein **Anhörungsrecht** zu den in § 29 II 1 abschließend aufgeführten Tatbeständen. Die Anhörung kann auch im schriftlichen Verfahren geschehen.

8 **E. Besetzung der Fachkammern (§ 30).** Soweit bei einem (großen) ArbG Fachkammern gebildet sind (§ 17 II), sollen die ehrenamtlichen Richter dieser Kammern aus dem Bereich kommen, für den die Fachkammer eingerichtet ist. Von der Soll-Vorschrift darf das Präsidium nur aus zwingenden Gründen abweichen. Ist eine Fachkammer für leitende Angestellte eingerichtet, dürfen in einer solchen Kammer Angestellte iSd § 22 II Nr 2 nicht als ehrenamtliche Richter der AG-Seite tätig werden. Wird dagegen verstoßen, ist das Gericht nicht ordnungsgem besetzt. Reicht die Zuständigkeit einer Fachkammer über den Bezirk eines ArbG hinaus (§ 17 II 2), sollen die ehrenamtlichen Richter aus diesem erweiterten Bezirk berufen werden. In die anderen Kammern des ArbG dürfen sie wegen § 21 I 2 nicht berufen werden (GMP/*Prütting* § 30 Rn 8).

9 **F. Heranziehung der ehrenamtlichen Richter (§ 31).** Diese Bestimmung sichert auch für die ehrenamtlichen Richter den gesetzlichen Richter (Art 101 I GG). Sie ist deshalb zwingend (BAG 26.9.2007, 10 AZR 35/07, NZA 2007, 1318). Grds hat der Vorsitzende zu Beginn des Geschäftsjahres die **Liste der ehrenamtlichen Richter** zu erstellen, nach deren Reihenfolge sie zur Sitzung heranzuziehen sind. Meist werden die Listen der ehrenamtlichen Richter mit dem Geschäftsverteilungsplan durch das Präsidium beschlossen und dann durch die Vorsitzenden ausdrücklich oder stillschweigend gebilligt. Auch dies ist genügend (BCF/*Bader* § 31 Rn 2). Es ist auch zulässig, für alle Kammern eines Gerichts nur je eine AN- und AG-Liste aufzustellen (hM, BAG 16.10.2008, 7 AZN 427/08, NZA 2009, 510). Üblicherweise wird die Reihung nach dem Alphabet, vereinzelt auch nach dem Berufungsdatum bestimmt. Die Liste unterliegt nicht der Offenlegungspflicht gem § 21e IX GVG (BAG 21.6.2001, 2 AZR 359/00, EzA § 21e GVG Nr 2). Der Ausschuss der ehrenamtlichen Richter hat ein Anhörungsrecht (§ 29 II). Für die Fälle der unvorhergesehenen Verhinderung kann zu einer Heranziehung von Vertretern eine **Hilfsliste** mit kurzfristig abkömmlichen ehrenamtlichen Richtern aufgestellt werden (§ 31 II).

Bei der **konkreten Heranziehung** der ehrenamtlichen Richter ist die vorgegebene Reihung der Liste zwingend zu beachten. Ein Abweichen ist nur möglich, wenn der nächstgenannte Richter an der Teilnahme verhindert ist und dies anzeigt. Der mitgeteilte Verhinderungsgrund ist idR nicht gesondert zu prüfen (BAG 14.12.2010, 1 ABR 19/10, EzA § 2 TVG Nr 31). Die Heranziehung geschieht zu den Sitzungen iSd jeweiligen **Sitzungstags**, also nicht zu den einzelnen Streitsachen (Düwell/Lipke/Wolmerath § 31 Rn 5). Dies bedeutet, dass im Fall der Vertagung einer Sache andere ehrenamtliche Richter heranzuziehen sind. **Dieselben ehrenamtlichen Richter** können hingegen nur dann herangezogen werden, wenn dies nach abstrakten Regeln im Voraus durch den Geschäftsverteilungsplan bestimmt ist; eine Ermessensentsch des Vorsitzenden oder der Kammer im Einzelfall ist hingegen nicht zulässig (BAG 26.9.2007, 10 AZR 35/07, aaO; 26.9.1996, 8 AZR 126/95, EzA § 39 ArbGG 1979 Nr 5). 10

Wird (objektiv) **willkürlich** von der aufgestellten Liste der ehrenamtlichen Richter abgewichen, ist das Gericht nicht ordnungsgem besetzt. Es liegt ein absoluter Revisionsgrund vor (§ 72 II ArbGG, § 547 Nr 1 ZPO). Erfolgt die Heranziehung der ehrenamtlichen Richter entspr dem Zeitpunkt der Terminierung, ist dies nicht zu beanstanden (BAG 23.3.2010, 9 AZN 1030/09, DB 2010, 1020). Auch wenn irrtümlich von der Reihenfolge der Liste abgewichen, bleibt dies ohne Folgen (BAG 16.9.1982, 2 AZR 228/80, EzA § 123 BGB Nr 22). Geschieht ein Fehler bei der Heranziehung der ehrenamtlichen Richter, hat dies für die nachfolgenden Sachen keine Auswirkungen auf die ordnungsgem Besetzung des Gerichts (BAG 7.5.1998, 2 AZR 344/97, EzA § 551 ZPO Nr 6). 11

§ 33 Errichtung und Organisation
¹In den Ländern werden Landesarbeitsgerichte errichtet. ²§ 14 Abs. 2 bis 5 ist entsprechend anzuwenden.

§ 34 Verwaltung und Dienstaufsicht
(1) ¹Die Geschäfte der Verwaltung und Dienstaufsicht führt die zuständige oberste Landesbehörde. ²§ 15 Abs. 1 Satz 2 gilt entsprechend.
(2) ¹Die Landesregierung kann durch Rechtsverordnung Geschäfte der Verwaltung und Dienstaufsicht dem Präsidenten des Landesarbeitsgerichts übertragen. ²Die Landesregierung kann die Ermächtigung nach Satz 1 durch Rechtsverordnung auf die zuständige oberste Landesbehörde übertragen.

§ 35 Zusammensetzung, Bildung von Kammern
(1) ¹Das Landesarbeitsgericht besteht aus dem Präsidenten, der erforderlichen Zahl von weiteren Vorsitzenden und von ehrenamtlichen Richtern. ²Die ehrenamtlichen Richter werden je zur Hälfte aus den Kreisen der Arbeitnehmer und der Arbeitgeber entnommen.
(2) Jede Kammer des Landesarbeitsgerichts wird in der Besetzung mit einem Vorsitzenden und je einem ehrenamtlichen Richter aus den Kreisen der Arbeitnehmer und der Arbeitgeber tätig.
(3) Die zuständige oberste Landesbehörde bestimmt die Zahl der Kammern. § 17 gilt entsprechend.

§ 36 Vorsitzende
Der Präsident und die weiteren Vorsitzenden werden auf Vorschlag der zuständigen obersten Landesbehörde nach Anhörung der in § 14 Abs. 5 genannten Gewerkschaften und Vereinigungen von Arbeitgebern als Richter auf Lebenszeit entsprechend den landesrechtlichen Vorschriften bestellt.

§ 37 Ehrenamtliche Richter
(1) Die ehrenamtlichen Richter müssen das dreißigste Lebensjahr vollendet haben und sollen mindestens fünf Jahre ehrenamtliche Richter eines Gerichts für Arbeitssachen gewesen sein.
(2) Im Übrigen gelten für die Berufung und Stellung der ehrenamtlichen Richter sowie für die Amtsenthebung und die Amtsentbindung die §§ 20 bis 28 entsprechend.

§ 38 Ausschuss der ehrenamtlichen Richter
¹Bei jedem Landesarbeitsgericht wird ein Ausschuss der ehrenamtlichen Richter gebildet. ²Die Vorschriften des § 29 Abs. 1 Satz 2 und 3 und Abs. 2 gelten entsprechend.

§ 39 Heranziehung der ehrenamtlichen Richter
¹Die ehrenamtlichen Richter sollen zu den Sitzungen nach der Reihenfolge einer Liste herangezogen werden, die der Vorsitzende vor Beginn des Geschäftsjahres oder vor Beginn der Amtszeit neu berufener ehrenamtlicher Richter gemäß § 38 Satz 2 aufstellt. ²§ 31 Abs. 2 ist entsprechend anzuwenden.

§ 40 Errichtung
(1) Das Bundesarbeitsgericht hat seinen Sitz in Erfurt.
(1a) (weggefallen)
(2) ¹Die Geschäfte der Verwaltung und Dienstaufsicht führt das Bundesministerium für Arbeit und Soziales im Einvernehmen mit dem Bundesministerium der Justiz und Verbraucherschutz. ²Das Bundesministerium für Arbeit und Soziales kann im Einvernehmen mit dem Bundesministerium der Justiz und Verbraucherschutz Geschäfte der Verwaltung und Dienstaufsicht auf den Präsidenten des Bundesarbeitsgerichts übertragen.

§ 41 Zusammensetzung, Senate
(1) ¹Das Bundesarbeitsgericht besteht aus dem Präsidenten, der erforderlichen Zahl von Vorsitzenden Richtern, von berufsrichterlichen Beisitzern sowie ehrenamtlichen Richtern. ²Die ehrenamtlichen Richter werden je zur Hälfte aus den Kreisen der Arbeitnehmer und der Arbeitgeber entnommen.
(2) Jeder Senat wird in der Besetzung mit einem Vorsitzenden, zwei berufsrichterlichen Beisitzern und je einem ehrenamtlichen Richter aus den Kreisen der Arbeitnehmer und der Arbeitgeber tätig.
(3) Die Zahl der Senate bestimmt das Bundesministerium für Arbeit und Soziales im Einvernehmen mit dem Bundesministerium der Justiz und Verbraucherschutz.

§ 42 Bundesrichter
(1) ¹Für die Berufung der Bundesrichter (Präsident, Vorsitzende Richter und berufsrichterliche Beisitzer nach § 41 Abs. 1 Satz 1) gelten die Vorschriften des Richterwahlgesetzes. ²Zuständiges Ministerium im Sinne des § 1 Abs. 1 des Richterwahlgesetzes ist das Bundesministerium für Arbeit und Soziales; es entscheidet im Benehmen mit dem Bundesminister der Justiz und Verbraucherschutz.
(2) Die zu berufenden Personen müssen das fünfunddreißigste Lebensjahr vollendet haben.

§ 43 Ehrenamtliche Richter
(1) ¹Die ehrenamtlichen Richter werden vom Bundesministerium für Arbeit und Soziales für die Dauer von fünf Jahren berufen. ²Sie sind im angemessenen Verhältnis unter billiger Berücksichtigung der Minderheiten aus den Vorschlagslisten zu entnehmen, die von den Gewerkschaften, den selbständigen Vereinigungen von Arbeitnehmern mit sozial- oder berufspolitischer Zwecksetzung und Vereinigungen von Arbeitgebern, die für das Arbeitsleben des Bundesgebietes wesentliche Bedeutung haben, sowie von den in § 22 Abs. 2 Nr. 3 bezeichneten Körperschaften eingereicht worden sind.
(2) ¹Die ehrenamtlichen Richter müssen das fünfunddreißigste Lebensjahr vollendet haben, besondere Kenntnisse und Erfahrungen auf dem Gebiet des Arbeitsrechts und des Arbeitslebens besitzen und sollen mindestens fünf Jahre ehrenamtliche Richter eines Gerichts für Arbeitssachen gewesen sein. ²Sie sollen längere Zeit in Deutschland als Arbeitnehmer oder als Arbeitgeber tätig gewesen sein.
(3) Für die Berufung, Stellung und Heranziehung der ehrenamtlichen Richter sowie für die Amtsenthebung und die Amtsentbindung sind im Übrigen die Vorschriften der §§ 21 bis 28 und des § 31 entsprechend anzuwenden mit der Maßgabe, dass die in § 21 Abs. 5, § 27 Satz 2 und § 28 Satz 1 bezeichneten Entscheidungen durch den vom Präsidium für jedes Geschäftsjahr im voraus bestimmten Senat des Bundesarbeitsgerichts getroffen werden.

§ 44 Anhörung der ehrenamtlichen Richter, Geschäftsordnung
(1) Bevor zu Beginn des Geschäftsjahres die Geschäfte verteilt sowie die berufsrichterlichen Beisitzer und die ehrenamtlichen Richter den einzelnen Senaten und dem Großen Senat zugeteilt werden, sind je die beiden lebensältesten ehrenamtlichen Richter aus den Kreisen der Arbeitnehmer und der Arbeitgeber zu hören.
(2) ¹Der Geschäftsgang wird durch eine Geschäftsordnung geregelt, die das Präsidium beschließt. ²Absatz 1 gilt entsprechend.

§ 45 Großer Senat
(1) Bei dem Bundesarbeitsgericht wird ein Großer Senat gebildet.
(2) Der Große Senat entscheidet, wenn ein Senat in einer Rechtsfrage von der Entscheidung eines anderen Senats oder des Großen Senats abweichen will.
(3) ¹Eine Vorlage an den Großen Senat ist nur zulässig, wenn der Senat, von dessen Entscheidung abgewichen werden soll, auf Anfrage des erkennenden Senats erklärt hat, dass er an seiner Rechtsauffassung festhält. ²Kann der Senat, von dessen Entscheidung abgewichen werden soll, wegen einer Änderung des Geschäftsverteilungsplanes mit der Rechtsfrage nicht mehr befasst werden, tritt der Senat an seine Stelle, der nach dem Geschäftsverteilungsplan für den Fall, in dem abweichend entschieden wurde, nunmehr zuständig wäre. ³Über die Anfrage und die Antwort entscheidet der jeweilige Senat durch Beschluss in der für Urteile erforderlichen Besetzung.
(4) Der erkennende Senat kann eine Frage von grundsätzlicher Bedeutung dem Großen Senat zur Entscheidung vorlegen, wenn das nach seiner Auffassung zur Fortbildung des Rechts oder zur Sicherung einer einheitlichen Rechtsprechung erforderlich ist.
(5) ¹Der Große Senat besteht aus dem Präsidenten, je einem Berufsrichter der Senate, in denen der Präsident nicht den Vorsitz führt, und je drei ehrenamtlichen Richtern aus den Kreisen der Arbeitnehmer und Arbeitgeber. ²Bei einer Verhinderung des Präsidenten tritt ein Berufsrichter des Senats, dem er angehört, an seine Stelle.
(6) ¹Die Mitglieder und die Vertreter werden durch das Präsidium für ein Geschäftsjahr bestellt. ²Den Vorsitz im Großen Senat führt der Präsident, bei Verhinderung das dienstälteste Mitglied. ³Bei Stimmengleichheit gibt die Stimme des Vorsitzenden den Ausschlag.
(7) ¹Der Große Senat entscheidet nur über die Rechtsfrage. ²Er kann ohne mündliche Verhandlung entscheiden. ³Seine Entscheidung ist in der vorliegenden Sache für den erkennenden Senat bindend.

Übersicht	Rdn.			Rdn.
A. Regelungszweck	1	II.	Vorsitz	7
B. Zuständigkeit	2	III.	Inhaltliche Prüfung, Entscheidung	8
I. Divergenz (II)	2	D.	Ausgangsrechtsstreit	10
II. Grds Bedeutung (IV)	5	E.	Gemeinsamer Senat der Obersten	
C. Verfahren	6		Gerichtshöfe des Bundes	11
I. Besetzung des Großen Senats (V 1)	6			

A. Regelungszweck. Mit dieser Bestimmung sollen die Einheitlichkeit der Rspr und die gebotene Fortbildung des Rechts durch einen bes Spruchkörper des Revisionsgerichts gesichert werden. Auch bei den anderen obersten Bundesgerichten ist ein Großer Senat gebildet (vgl für BGH § 132 GVG). Ist die Einheitlichkeit der Rspr zwischen den obersten Bundesgerichten betroffen, ist der Gemeinsame Senat der obersten Gerichtshöfe des Bundes zur Entscheidung berufen (Art 95 III GG iVm RsprEinhG). 1

B. Zuständigkeit. I. Divergenz (II). Die darauf aufbauende Vorlagepflicht des Fachsenats besteht tatbestandlich dann, wenn in einer Rechtsfrage (nicht Tatfrage) von einer Entscheidung eines anderen oder des Großen Senats abgewichen werden soll. Die beabsichtigte Abweichung muss sich auf **dieselbe Rechtsfrage** beziehen. Dies ist unproblematisch dann der Fall, wenn die Auslegung der nämlichen Rechtsnorm betroffen ist. Denkbar ist aber auch, dass die einschlägige Rechtsfrage 2 verschiedene Rechtsnormen betrifft (vgl GmS-OGB 12.3.1987, GmS-OGB 6/86, AP BetrVG 1972 § 5 Nr 35). Wird allerdings dasselbe Rechtsgebiet in verschiedenen Normbereichen geregelt, soll auch bei weitgehend gleichem Wortgebrauch eine Identität der Rechtsfrage – jedenfalls bei fehlendem Gesamtzusammenhang der Normbereiche – zu verneinen sein (GK-ArbGG/*Dörner* § 45 Rn 21). An der identischen Rechtsfrage fehlt es aber auch dann, wenn dazu nun eine abweichende Entscheidung des BVerfG vorliegt (BAG 19.9.2012, 5 AZR 627/11, DB 2013, 65). 2

Die Rechtsfrage muss sich nicht zwingend auf das kodifizierte Recht beziehen, es genügen auch seitens der Rspr entwickelte Rechtsgrundsätze (zB betriebliche Übung, AN-Haftung).

3 Wesentliches Merkmal der Vorlagepflicht ist die Absicht des vorlegenden Senats, von einer anderen (revisionsgerichtlichen) Entscheidung **abzuweichen** (Divergenz). Darunter ist die bewusste inhaltliche Änderung eines abstrakten Rechtssatzes infolge einer anderen Auslegung der Rechtsnorm oder die inhaltliche Änderung eines sonstigen Rechtssatzes zu verstehen (GK-ArbGG/*Dörner* § 45 Rn 23). Werden Rechtssätze lediglich verdeutlicht oder – ohne Widerspruch zum bisherigen Inhalt – weiter entwickelt, fehlt es an der Divergenz. Weiter muss die die Divergenz auslösende Rechtsfrage klärungsfähig und klärungsbedürftig sein (BAG 7.3.2001, GS 1/00, EzA § 288 BGB Nr 3). Die involvierte Rechtsfrage muss sowohl für die Entscheidung, von der abgewichen werden soll, wie auch für die anstehende Entscheidung tragend sein, die Entscheidungen müssen also **auf ihr beruhen** (BAG 20.4.2011, 5 AZR 191/10, DB 2011, 1979; BAG 16.1.1991, 4 AZR 341/90, EzA § 4 TVG Metallindustrie Nr 80).

4 Die Vorlagepflicht besteht nur, wenn von der Entscheidung eines **anderen Senats** abgewichen wird. Eine Divergenz zu einer früheren Entscheidung des eigenen Senats ist also nicht einschlägig. Der eine Abweichung beabsichtigende Senat hat bei dem anderen Senat **anzufragen**, ob dieser an seiner Rechtsauffassung festhält (§ 45 III 1). Hat die Zuständigkeit der Senate zu der einschlägigen Rechtsfrage zwischenzeitlich gewechselt, gilt für den Adressaten der Anfrage III 2. Die Anfrage und Antwort ergehen jeweils im Beschlussweg. Eine mündliche Verhandlung ist nicht erforderlich, die Anfechtung nicht statthaft (GK-ArbGG/*Dörner* § 45 Rn 33). Hält der andere (oder der nun für die Rechtsfrage zuständige) Senat an der Rechtsauffassung nicht fest, kann der anfragende Senat ohne Anrufung des Großen Senats abweichen. Bleibt er bei seiner Auffassung, ist die Vorlage zwingend.

5 **II. Grds Bedeutung (IV).** Die Regelung ist wegen der in ihr enthaltenen, nicht präzisen Abgrenzung des gesetzlichen Richters (Fachsenate oder Großer Senat) verfassungsrechtlich nicht bedenkenfrei (vgl dazu GK-ArbGG/*Dörner* § 45 Rn 44/45). Die grds Bedeutung ist bisher angenommen worden, wenn die Entscheidung über den Einzelfall hinaus für eine **große Zahl** gleich oder ähnlich gelagerter Sachverhalte richtungsweisend ist oder es sich um eine str Frage von **wesentlichem Gewicht** für die Rechtsordnung und das Rechtsleben handelt (BAG 27.2.1985, GS 1/84, EzA § 611 BGB Beschäftigungspflicht Nr 9; 16.9.1986, GS 1/82, § 77 BetrVG 1972 Nr 17). Die hiesige Grundsatzbedeutung greift aber weiter als die in § 72 II Nr 1 formulierte; sie ist dann gegeben, wenn die Entscheidung des einzelnen Fachsenats der besonderen Bedeutung der Rechtsfrage nicht gerecht würde (BAG 27.1.2010, 4 AZR 549/08 A, EzA § 4 TVG Tarifkonkurrenz Nr 23). Deshalb genügt eine große Zahl Betroffener in einer Einzelfallkonstellation nicht (BAG 28.7.2009, 3 AZR 250/07, NZA 2010, 356). Der Rechtsfortbildung sowie der Wahrung der Rechtseinheit wird hier entgegen dem Wortlaut keine eigenständige Bedeutung zugemessen, da diese Merkmale in der »grds Bedeutung« eo ipso vorliegen müssen (GMP/*Prütting* § 45 Rn 31). Hat der Fachsenat die grds Bedeutung bejaht, ist die Vorlage an den Großen Senat zwingend (*Hauck/Helml* § 45 Rn 5).

6 **C. Verfahren. I. Besetzung des Großen Senats (V 1).** Ihm gehören an Präsident(in), je ein Berufsrichter aus den Senaten, in denen der/die Präsident(in) nicht den Vorsitz führt sowie je 3 ehrenamtliche Richter von AG- und AN-Seite, also – bei gegenwärtig 10 Senaten – insgesamt 16 Mitglieder. Die Berufsrichter und die ehrenamtlichen Richter werden als Mitglieder des Großen Senats durch das Präsidium des BAG für das Geschäftsjahr im Voraus bestellt (VI 1) und im Geschäftsverteilungsplan veröffentlicht.

7 **II. Vorsitz.** Diesen führt im Großen Senat der/die **Präsident(in)** des BAG, im Verhinderungsfall das dienstälteste Mitglied (VI 2). Die Entscheidung selbst ergeht aufgrund einer vom Vorsitzenden terminierten Sitzung des Großen Senats. Eine mündliche Verhandlung ist nicht zwingend (VII 2). Bei einer Abstimmung mit Stimmengleichheit gibt die **Stimme des Vorsitzenden** den Ausschlag (VI 3).

8 **III. Inhaltliche Prüfung, Entscheidung.** Zuerst ist die **Zulässigkeit** der Vorlage zu prüfen und darüber zu entscheiden. Dies bezieht sich auf die Zuständigkeit des vorlegenden Senats, auf den Vorlagegrund nach § 45 II oder IV und das Verfahren nach § 45 III 1. Ob die grds Bedeutung gegeben ist, soll hingegen nicht der Prüfungskompetenz des Großen Senats unterliegen (GK-ArbGG/*Dörner* § 45 Rn 62, str aA BAG 27.2.1985, GS 1/84, EzA § 611 BGB Beschäftigungspflicht Nr 9). Im Fall der Unzulässigkeit ergeht ein dahin gehender Beschluss.

9 Bei Zulässigkeit der Vorlage entscheidet der Große Senat nur über die **gestellte Rechtsfrage**, keinesfalls über den ganzen Rechtsstreit. Die Art der Beantwortung bestimmt der Große Senat, er ist dabei nicht nur auf ein schlichtes Ja oder Nein beschränkt (BCF/*Friedrich* § 45 Rn 10). Die Entscheidung ergeht durch einen zu begründenden **Beschluss**, der nicht isoliert anfechtbar ist. Wichtig ist, dass es auch während des Verfahrens beim Großen Senat bei der **Parteiherrschaft** verbleibt, also die Parteien über den Streitgegenstand durch

Anerkenntnis, Verzicht, Vergleich, Rechtsmittelrücknahme uä disponieren können (GK-ArbGG/*Dörner*
§ 45 Rn 60). Dann entfällt eine Entscheidung des Großen Senats.

D. Ausgangsrechtsstreit. Für diesen ist die Beantwortung der vorgelegten Rechtsfrage durch den Großen   10
Senat **bindend** (VII 3). Der zuständige Fachsenat hat das Verfahren fortzusetzen und ggf nach mündlicher
Verhandlung durch Urteil oder Beschluss abschließend zu entscheiden. Eine erneute Vorlage an den Großen Senat ist nicht zulässig, es sei denn, es treten neue oder andere Rechtsfragen auf.

E. Gemeinsamer Senat der Obersten Gerichtshöfe des Bundes. Dieser ist nach Art 95 III GG iVm dem   11
Gesetz zur Wahrung der Einheitlichkeit der Rechtsprechung der Obersten Gerichtshöfe des Bundes vom
19.6.1968 (RsprEinhG) gebildet. Wegen der Einzelheiten zu Zuständigkeit, Verfahren und Entscheidung
vgl GMP/*Prütting* § 45 Rn 54 ff.

§ 46 Grundsatz

(1) Das Urteilsverfahren findet in den in § 2 Abs. 1 bis 4 bezeichneten bürgerlichen Rechtsstreitigkeiten
Anwendung.
(2) ¹Für das Urteilsverfahren des ersten Rechtszugs gelten die Vorschriften der Zivilprozessordnung über
das Verfahren vor den Amtsgerichten entsprechend, soweit dieses Gesetz nichts anderes bestimmt. ²Die
Vorschriften über den frühen ersten Termin zur mündlichen Verhandlung und das schriftliche Vorverfahren (§§ 275 bis 277 der Zivilprozessordnung), über das vereinfachte Verfahren (§ 495a der Zivilprozessordnung), über den Urkunden- und Wechselprozess (§§ 592 bis 605a der Zivilprozessordnung), über die Entscheidung ohne mündliche Verhandlung (§ 128 Abs. 2 der Zivilprozessordnung) und über die Verlegung von Terminen in der Zeit vom 1. Juli bis 31. August (§ 227 Abs. 3 Satz 1 der Zivilprozessordnung)
finden keine Anwendung. ³§ 127 Abs. 2 der Zivilprozessordnung findet mit der Maßgabe Anwendung,
dass die sofortige Beschwerde bei Bestandsschutzstreitigkeiten unabhängig von dem Streitwert zulässig
ist.

Übersicht	Rdn.			Rdn.
A. Allgemeines	1	III.	Beibringungsgrundsatz (Verhandlungsgrundsatz).................	7
B. Allgemeine Regelungen des Urteilsverfahrens	2	IV.	Beschleunigungsgrundsatz............	8
C. Wesentlicher Grund des		D.	Das Klageverfahren	9
Urteilsverfahrens	5	E.	Die Klagearten	11
I. Dispositionsmaxime	5	I.	Leistungsklage...................	11
II. Mündlichkeitsprinzip (§ 128 I ZPO)	6	II.	Feststellungsklage (§ 256 I ZPO)	13
		III.	Gestaltungsklage..................	21

A. Allgemeines. Die Vorschrift ordnet für die Streitigkeiten nach § 2 I–IV das **Urteilsverfahren** an. Inso-   1
weit wird die Bestimmung des § 2 V wiederholt. Eine eigenständige Definition des Urteilsverfahrens findet
sich im Gesetz nicht. Sein Inhalt ergibt sich deshalb auch wesentlich aus der Abgrenzung zur weiteren
Verfahrensart des Beschlussverfahrens (s.o. § 2 Rdn 28). Im Urteilsverfahren werden individualrechtliche
Ansprüche aus dem Arbeitsverhältnis und solche, die mit ihm im Zusammenhang stehen, entschieden, vgl
dazu § 2 Rdn 2–25. Die eigentliche Bedeutung der Vorschrift liegt in der generellen Verweisung auf die
ZPO-Bestimmungen zum amtsgerichtlichen Verfahren und den angeordneten Einschränkungen (II).

B. Allgemeine Regelungen des Urteilsverfahrens. Vorrangig gelten natürlich die spezialgesetzlichen   2
Bestimmungen des ArbGG (§§ 49–62). Auf sie ist vor Ort einzugehen. IÜ wird auf das **amtsgerichtliche
Verfahren**, also §§ 495–510b ZPO verwiesen. Von dort aus wird über § 495 ZPO wiederum ergänzend
auf das landgerichtliche Verfahren (§§ 253 ff ZPO) verwiesen. Dadurch sind diese Bestimmungen auch im
arbeitsgerichtlichen Verfahren anzuwenden.
Die **nicht anzuwendenden ZPO-Bestimmungen** regelt II 2: Die Vorschriften über den frühen ersten Ter-   3
min und das schriftliche Vorverfahren (§§ 275–277 ZPO) gelten nicht. Die Verfahrensbeschleunigung
wird durch eigenständige Regeln (§§ 54, 56, 61a) gesichert. Das schriftliche Verfahren (§ 128 II ZPO) ist
wegen der bes Bedeutung des Mündlichkeitsgrds hier nicht anzuwenden. Auch das vereinfachte Verfahren
(§ 495a ZPO) ist nicht zugelassen. Der Urkunds- und Wechselprozess als Verfahrensart ist im arbeitsgerichtlichen Verfahren ausgeschlossen. Stammt der Anspruch, für den der Scheck oder Wechsel begeben

§ 46 ArbGG Grundsatz

wurde, aus dem Arbeitsverhältnis, bleibt es wegen § 2 I Nr 4a bei der Zuständigkeit des ArbG (BAG 7.11.1996, 5 AZB 19/96, EzA § 2 ArbGG 1979 Nr 24). Schließlich gilt auch § 227 III 1 ZPO (Terminverlegung in der Sommerzeit) nicht.

4 In **Bestandsstreitigkeiten** ist nach II, 3 die sofortige Beschwerde gegen die wegen fehlender Erfolgsaussicht abgelehnte PKH immer statthaft (vgl § 11a Rdn 17).

5 **C. Wesentlicher Grund des Urteilsverfahrens. I. Dispositionsmaxime.** Sie gilt als allg Grds des Zivilverfahrens auch hier. Allein die Parteien gestalten durch ihre Anträge den Verfahrensinhalt sowie Fortgang oder Beendigung des Rechtsstreites, sei es durch Klagerücknahme, Verzicht, Anerkenntnis, Erledigterklärung oder Vergleich.

6 **II. Mündlichkeitsprinzip (§ 128 I ZPO).** Dies hat im arbeitsgerichtlichen Verfahren – wie auch der Ausschluss des § 128 II ZPO zeigt – eine bes Bedeutung. Urt ergehen grds aufgrund einer mündlichen Verhandlung, ausgenommen das Kostenschlussurt (§ 128 III ZPO) und die Einspruchsverwerfung durch Urt (§ 341 II ZPO). § 128a ZPO nF (Videokonferenztechnik) gilt aber auch im arbeitsgerichtlichen Verfahren. Entscheidungsgrundlage ist nur der Vortrag, über den mündlich verhandelt wurde (BAG 23.1.1996, 9 AZR 600/93, EzA § 128 ZPO Nr 2). Dies gilt nicht für das Vorbringen in einem **nachgelassenen Schriftsatz** (§ 283 ZPO). Solches ist, soweit nur auf den vorhergegangenen Vortrag des Gegners erwidert wird, zu berücksichtigen. Zu den möglichen Auswirkungen des nachgelassenen Vorbringens auf den Gegnervortrag s § 56 Rdn 9. Die bereits geschlossene mündliche Verhandlung kann gem § 156 I ZPO wieder eröffnet werden. Unter den Voraussetzungen nach § 156 II ZPO muss die mündliche Verhandlung wieder eröffnet werden, so insb, wenn das Gericht eine Verletzung der Aufklärungs- oder Hinweispflicht oder des rechtlichen Gehörs feststellt (§ 156 II Nr 1 ZPO). Neue Angriffs- oder Verteidigungsmittel nach Schluss der mündlichen Verhandlung erfordern die Wiedereröffnung nicht (GK-ArbGG/*Schütz* § 46 Rn 70).

7 **III. Beibringungsgrundsatz (Verhandlungsgrundsatz).** Danach bestimmen allein die Parteien den Tatsachenstoff, der als Entscheidungsgrundlage dem Gericht präsentiert wird. Deshalb dürfen auch **offenkundige Tatsachen** nur berücksichtigt werden, wenn sich zumindest eine Partei darauf berufen hat. Von unstrittigen Tatsachen hat das Gericht auszugehen, es sei denn, das Gegenteil ist offenkundig (BAG 9.12.1997, 1 AZR 319/97, EzA § 77 BetrVG 1972 Nr 61). Auch der betriebsverfassungswidrig erlangte Tatsachenstoff ist grds zu berücksichtigen (BAG 13.12.2007, 2 AZR 537/06, NJW 2008, 2732); zur ggf erforderlichen Abwägung vgl BAG 16.12.2010, 2 AZR 485/08, BB 2011,1267. Die Parteiherrschaft begrenzt auch die Hinweispflicht des Gerichts (§ 139 I ZPO). Letztere bezieht sich nicht auf einen erst noch zu präsentierenden, neuen Vortrag (BCF/*Creutzfeldt* § 46 Rn 14). Bei der Ermittlung von **ausländischem Recht** gilt über § 293 ZPO der Untersuchungsgrds (Thomas/Putzo/*Reichold* § 293 Rn 4). Tragen die Parteien zum Inhalt des ausländischen Rechts übereinstimmend vor, kann das Gericht dies übernehmen (BAG 10.4.1975, 2 AZR 128/74, NJW 1975, 2160). Statuten iSd § 293 ZPO sind auch normativ geltende **TV**. Sobald erkennbar ist, dass tarifliche Normen entscheidungserheblich sein können, muss das Gericht prüfen, ob sie für das str Arbeitsverhältnis anzuwenden sind (BAG 9.8.1995, 6 AZR 1047/94, EzA § 293 ZPO Nr 1). Ggf sind Auskünfte der TV-Parteien einzuholen.

8 **IV. Beschleunigungsgrundsatz.** Diesem kommt bes Bedeutung zu, wie §§ 9 I, 47 I, 56, 57, 61a ausweisen. Er ist grds bei allen prozessualen Maßnahmen zu beachten (s.a. § 9 Rdn 2). Nur der Vollständigkeit halber sind hier noch die allg prozessualen Grds der **Öffentlichkeit** (§ 52) und der **Unmittelbarkeit** von Verfahren und Beweisaufnahme (§ 58) zu nennen.

9 **D. Das Klageverfahren.** Zur **Klageerhebung** bedarf es zunächst der Klageschrift (§ 253 ZPO). Mit der Einreichung der Klageschrift wird der Rechtsstreit anhängig, mit der Zustellung an die beklagte Partei rechtshängig (§ 261 I ZPO). Soll mit der Rechtshängigkeit eine Frist gewahrt werden, gilt die **Vorwirkung** nach Maßgabe des § 167 ZPO. Die Klage kann auch mittels Telefax eingereicht werden (BAG 27.3.1996, 5 AZR 576/94, EzA § 72 ArbGG 1979 Nr 21). Die Klageerhebung zu Protokoll der Geschäftsstelle (Rechtsantragstelle) ist ebenfalls möglich (§ 496 ZPO). Für die **Klageschrift** ergibt sich der notwendige Inhalt aus § 253 ZPO. Es ist die genaue **Bezeichnung der Parteien** mit ladungsfähiger Anschrift und – falls erforderlich – die der gesetzlichen Vertreter anzugeben. Unklarheiten oder Unrichtigkeiten der Parteibezeichnung können nachträglich im Wege der Rubrumsberichtigung durch das Gericht nur korrigiert werden, wenn keine Änderung in der rechtlichen Parteiidentität eintritt (Thomas/Putzo/*Hüßtege* vor § 50 Rn 4). Liegt keine Identität vor, kann nur der Parteiwechsel erklärt werden. Für fristgebundene Klagen bedeutet

dies jedoch, dass die materiell-rechtlichen Wirkungen der Rechtshängigkeit der neuen Partei ggü erst mit Zustellung der entspr Prozesserklärungen wirken (BAG 31.3.1993, 2 AZR 467/92, EzA § 4 nF KSchG Nr 46). Ist die Klage versehentlich gegen eine GmbH anstelle der kündigenden KG gerichtet, wobei beide Gesellschaften durch denselben Geschäftsführer bzw Komplementär verbunden sind, hat die KG jedenfalls dann als beklagt zu gelten, wenn der Klage das von der KG stammende Kdg-Schreiben beigefügt war (BAG 12.2.2004, 2 AZR 136/03, EzA § 4 KSchG Nr 66); in gleiche Richtung BAG 18.10.2012, 6 AZR 41/11, BB 2013, 180 u BAG 20.2.2014, 2 AZR 248/13, MDR 2014, 1273 (Klage gegen Entsendestaat anstelle BRD nach Art 56 VIII ZA-NTS).

Weiter hat die Klageschrift neben dem Gegenstand und dem Grund des Anspruchs einen bestimmten **Klageantrag** zu enthalten. Er muss hinreichend deutlich sein, weil er den Streitgegenstand bestimmt. Erforderlichenfalls ist er anhand der Klagebegr auszulegen (zu den Grenzen der Auslegung vgl BAG 17.3.2015, 9 AZR 702/13, BB 2015, 2164). Das Gericht hat auf sachdienliche Anträge hinzuwirken (§ 139 I 2 ZPO). Werden **Hilfsanträge** formuliert, ist klarzustellen, in welchem Verhältnis sie zueinander und zum Hauptantrag stehen sollen. Möglich ist auch ein sog unechter Hilfsantrag (zB Weiterbeschäftigung), also für den Fall, dass der Kläger mit dem Hauptantrag (Kdg-Schutzantrag) obsiegt. Zwischen Haupt- und Hilfsantrag darf aber immer nur ein innerprozessuales Bedingungsverhältnis bestehen (GK-ArbGG/*Schütz* § 46 Rn 80a). Auch die Angaben über einen **Mediationsversuch** oder dem entgegenstehende Gründe sollen nun in der Klageschrift enthalten sein (§ 253 III Nr 1 ZPO). Mit der Klageschrift wird eine Prozesshandlung bewirkt. Als bestimmender Schriftsatz ist deshalb die **eigenhändige Unterschrift** der Partei oder des postulationsbefugten Prozessbevollmächtigten erforderlich. Zu den formellen Anforderungen an die Unterschrift vgl BAG 30.8.2000, 5 AZB 17/00, EzA § 519 ZPO Nr 11. 10

E. Die Klagearten. I. Leistungsklage. Damit begehrt die Klagepartei eine Leistung (Handlung), eine Unterlassung oder Duldung. Haupterscheinungsform ist im arbeitsgerichtlichen Verfahren die (Vergütungs-) **Zahlungsklage**. Dabei müssen mehrere, in einer Klage (§ 260 ZPO) verbundene Zahlungsbeträge wegen § 253 II Nr 2 ZPO hinreichend individualisiert sein (BAG 24.9.2014, 5 AZR 593/12, MDR 2015, 166). Die Klage ist idR auf den **Bruttobetrag** zu richten, da dieser vom AG geschuldet ist. Auf diese Weise sind auch die für den Lohn anfallenden Abgaben (Lohnsteuer, Sozialversicherungsbeiträge) tituliert. Hat der AG die Abgaben zwischenzeitlich abgeführt, ist dies in der Vollstreckung zu berücksichtigen (vgl § 62 Rdn 11). Nur wenn der AG im Rechtsstreit die bereits geschehene Zahlung der Abgaben nachweist, ist dies als teilw Erfüllung in der Entsch zu berücksichtigen. Ein Netto-Betrag darf nur ausgeurteilt werden, wenn eindeutig ist, dass der AG alle Abgaben trägt (BAG 26.5.1998, 3 AZR 96/97, EzA § 4 TVG Bauindustrie Nr 90). Solches ist insb dann der Fall, wenn die Parteien eine originäre **Nettolohnvereinbarung** getroffen haben. Dem Bestimmtheitsgebot entspricht auch die Klage auf einen **Bruttobetrag abzüglich** eines genau **bezifferten Nettowertes**. Ein solcher Antrag ist immer dann geboten, wenn für einen Vergütungsanspruch Lohnersatzleistungen der Sozialbehörden gezahlt worden sind und deshalb ein Anspruchsübergang eingetreten ist (§ 115 SGB X). Werden (Verzugs- oder Prozess-) **Zinsen** geltend gemacht, können diese aus dem Bruttobetrag gefordert werden (BAG 7.3.2001, GS 1/00, EzA § 288 BGB Nr 3). Die Höhe ist in 5 Prozentpunkten über dem Basiszinssatz nach Maßgabe von §§ 288 I, 291 BGB zu formulieren, wobei dies unabhängig von der Verbrauchereigenschaft des AN gilt (BAG 23.2.2005, 10 AZR 602/03, EzA § 209 InsO Nr 4; s.a. §§ 288, 289 BGB Rdn 1). 11

Für eine Klage auf **zukünftige Leistung** (§ 259 ZPO) ist zu beachten, dass sie nur für bereits entstandene (Vergütungs-)Ansprüche zulässig ist; der bloße Abschluss des Arbeitsvertrages genügt dafür nicht (BAG 22.10.2014, 5 AZR 731/12, MDR 2015, 404). Die **Aufrechnung** mit einem Nettobetrag ist gegen den Bruttovergütungsanspruch des AN jedenfalls dann nicht möglich, wenn die unpfändbaren Sozialversicherungsbeiträge (§ 850e ZPO, § 394 BGB) nicht feststehen und auch iÜ das Gericht ohne weitere Angaben den pfändbaren und damit der Aufrechnung zugänglichen Betrag nicht feststellen kann (BAG 16.3.1994, 5 AZR 411/92, JurionRS 1994, 25587; LAG MV 30.8.2011, 5 Sa 11/11, JurionRS 2011, 27383). Zu einer Amtsermittlung der pfändbaren Vergütungsanteile ist das Gericht nicht verpflichtet, vielmehr ist dazu der aufrechnende AG darlegungsbelastet (BAG 22.9.2015, 9 AZR 143/14, DB 2015, 2703; BAG 5.12.2002, 6 AZR 569/01, EzA § 394 BGB 2002 Nr 1). 11.1

Mit der Leistungsklage ist auch der **Beschäftigungsanspruch** bzw der allg Weiterbeschäftigungsanspruch durchzusetzen. Im Hinblick auf die Vollstreckungsfähigkeit des Titels ist die begehrte Beschäftigung nach der Art der Tätigkeit und mit dem Zusatz »Beschäftigung nach den bisherigen Arbeitsbedingungen« hinreichend genau zu beschreiben (BAG 15.4.2009, 3 AZB 93/08, MDR 2009,1284; krit BCF/*Creutzfeldt* § 46 Rn 35). Hierher gehören auch die **Herausgabeklage** (Dienstfahrzeug, Arbeitsgerät, Arbeitskleidung oder Arbeitspapiere) sowie die **Unterlassungsklage** wegen Wettbewerbsverstößen. Aus der Fülle der möglichen 12

Leistungsanträge sollen nur noch beispielhaft genannt werden: Stufenklage auf Auskunft/Abrechnung und Zahlung; Klage auf Abgabe einer Willenserklärung; Klage auf Zeugniserteilung, Widerruf und Entfernung einer Abmahnung aus der Personalakte; Konkurrentenklage (Unterlassung der Stellenbesetzung). Auch die **Urlaubsgewährung** ist im Leistungsantrag zu verfolgen (vgl § 1 BUrlG Rdn 11).

13 **II. Feststellungsklage (§ 256 I ZPO).** Sie bezweckt die verbindliche Klärung zum Bestehen oder Nichtbestehen eines Rechtsverhältnisses. Unter dem Rechtsverhältnis versteht man eine hinreichend konkrete, aus dem dargelegten Sachverhalt abgeleitete rechtliche Beziehung von Personen untereinander oder zu einem Gegenstand (Thomas/Putzo/*Reichold* § 256 Rn 5). Dabei ist nicht erforderlich, dass sich die Feststellungsklage auf das ganze Rechtsverhältnis bezieht. Es genügen auch einzelne Rechtsbeziehungen oder Rechtsfolgen aus dem Gesamtrechtsverhältnis, zB zur Geltung tariflicher Regelungen nach Betriebsübergang (BAG 3.7.2013, 4 AZR 961/11, DB 2013,2335) oder Anwendbarkeit eines bestimmten TV (BAG 6.7.2011, 4 AZR 706/09, ZTR 2012, 34). Hingegen genügen für § 256 ZPO einzelne Elemente oder erhebliche **Vorfragen** eines Rechtsverhältnisses genauso wie abstrakte Rechtsfragen nicht (BAG 18.4.2012, 4 AZR 371/10, DB 2013, 408; Zöller/*Greger* § 256 Rn 3; zum Betriebsübergang: BAG 25.9.2003, 8 AZR 446/02, EzA § 50 ZPO 2002 Nr 2).

14 Eine bes Form zur Klärung eines Rechtsverhältnisses stellt die sog **Status-Klage** dar, mit der die Klagepartei den Bestand eines Arbeitsverhältnisses festgestellt wissen will. Wegen der zentralen Bedeutung des AN-Status für die gesamten Rechtsbeziehungen der Parteien wird sie auch dann für zulässig gehalten, wenn erkennbar ist, dass über den bloßen Status hinaus weitere (Leistungs-) Ansprüche zwischen den Parteien str sind oder werden (BAG 20.7.1994, 5 AZR 169/93, EzA § 256 ZPO Nr 43 mwN). Allerdings muss sich die begehrte Feststellung auf ein **gegenwärtiges** Rechtsverhältnis richten. Ist das Vertragsverhältnis schon beendet, ist die Status-Klage nur zulässig, wenn sich aus der Feststellung – vom Kläger darzulegende – Rechtsfolgen für Gegenwart und Zukunft ergeben (BAG 3.3.1999, 5 AZR 275/98, EzA § 256 ZPO Nr 50).

15 Ganz allg ist das **rechtliche Interesse** an der Feststellung eine Sachurteilsvoraussetzung für die (erfolgreiche) Feststellungsklage. Dies ist in jeder Lage des Verfahrens (auch Revision) vAw zu prüfen. Es muss also nicht nur der Bestand oder Nichtbestand des Rechtsverhältnisses strittig sein, sondern die begehrte Feststellung muss geeignet sein, für die strittige Frage Klärung zu verschaffen. Dieses Bedürfnis nach Klärung muss zumindest in naher Zukunft (»alsbald«) bestehen. Gründe der Prozessökonomie weisen der Feststellungsklage ggü der Leistungsklage einen **subsidiären** Charakter zu. Nur das Leistungsurt ermöglicht einen vollstreckbaren Titel. In bes Fällen sind Ausnahmen zugelassen: So wenn feststeht, dass das Feststellungsurt die Streitlage zwischen den Parteien abschließend klärt oder eine juristische Person des öffentl Rechts auch die Leistungsfolgen aus der Feststellung erfüllt (BAG 5.6.1996, 10 AZR 610/95, EzBAT § 22a BAT Nr 1). Auch wenn der Leistungsantrag erst während des Feststellungsverfahrens möglich wird, muss nicht zur Leistungsklage übergegangen werden (BAG 18.3.1997, 9 AZR 84/96, EzA § 17 BErzGG Nr 6).

16 Mit der **Zwischenfeststellungsklage** (§ 256 II ZPO) wird der Klagepartei einer Leistungsklage ein prozessuales Institut zur Verfügung gestellt, mit dem ein im Laufe des Rechtsstreites str gewordenes Rechtsverhältnis mit (Rechtskraft-) Wirkung für die Leistungsklage geklärt werden kann. Die Vorgreiflichkeit des strittigen Rechtsverhältnisses für den Leistungsantrag ersetzt hier das Feststellungsinteresse (BAG 29.3.2001, 6 AZR 652/99, EzBAT TV Rationalisierungsschutz Nr 4).

17 Auch die **Kdg-Schutzklage** (s.a. § 4 KSchG Rdn 10) ist eine Feststellungsklage, allerdings in einer bes Form deshalb, weil das Feststellungsinteresse durch §§ 4, 7 KSchG fingiert wird (BAG 11.2.1981, 7 AZR 12/79, EzA § 4 nF KSchG Nr 20). Der Klageantrag ist mit dem Inhalt gem § 4 S 1 KSchG zu formulieren. Ggf ist er anhand der Klagebegr auszulegen (BAG 13.12.2007, 2 AZR 818/06, EzA § 4 nF KSchG Nr 82). Das BAG vertritt den sog (erweiterten) punktuellen Streitgegenstandsbegriff in st Rspr (BAG 5.10.1995, 2 AZR 909/94, EzA § 519 ZPO Nr 8). Damit ist nur die Auflösung des Arbeitsverhältnisses durch die konkret angegriffene Kdg Streitgegenstand, wobei allerdings Kdg (oder andere Beendigungstatbestände) mit Auflösungswirkung bis zum ursprünglichen Beendigungszeitpunkt – unter analoger Anwendung von § 6 KSchG – einbezogen sind (BAG 18.12.2014, 2 AZR 163/14, EzA § 4 KSchG nF Nr 96). Daraus folgt, dass danach erklärte Kdg oder andere Beendigungstatbestände nicht einbezogen werden und so Rechtsnachteile drohen. Von daher hat sich ein Bedürfnis für den **allg Feststellungsantrag** (§ 256 ZPO) auf Fortbestand des Arbeitsverhältnisses in Kombination zum Kdg-Schutzantrag ergeben. Allerdings bedarf es für den allg Feststellungsantrag, bei dem der Bestand des Arbeitsverhältnisses zum Schluss der mündlichen Verhandlung in der Tatsacheninstanz Streitgegenstand ist, der Darlegung des entspr Feststellungsinteresses. Es müssen also weitere vom Bekl ausgehende Beendigungstatbestände behauptet werden, die bloße Befürchtung dahin gehend ist nicht genügend (BAG 27.1.1994, 2 AZR 484/93, EzA § 4 KSchG Nr 48). Dieses Feststellungsinteresse muss spätestens zum Schluss der mündlichen Verhandlung bestehen, anderenfalls

der allg Feststellungsantrag als unzulässig abzuweisen ist. Dieses mögliche Kostenrisiko in Kauf zu nehmen, empfiehlt sich aber aus einem anderen Grund: Ist der allg Feststellungsantrag gestellt, durchbricht dieser auch für die nachfolgend erklärten weiteren Kdg die Fiktionswirkung gem §§ 4, 7 KSchG (BAG 13.3.1997, 2 AZR 512/96, EzA § 4 KSchG Nr 57), ohne dass die Klagepartei den Angriff gegen die weitere Kdg innerhalb der 3-Wochenfrist in den Prozess einführen müsste. In Anwendung des Rechtsgedankens aus § 6 KSchG muss dies allerdings bis zum Schluss der mündlichen Verhandlung 1. Instanz geschehen sein (offen gelassen BAG 26.9.2013, 2 AZR 682/12, EzA § 4 nF KSchG Nr 93).

Das Gericht hat bei unklarer Antragstellung zum Kdg-Schutzantrag bzw dem allg Feststellungsantrag eine **Hinweispflicht** (§ 139 I ZPO). Es ist auf die nach Sachstand gebotenen Anträge oder Klarstellungen hinzuwirken (BAG 7.12.1995, 2 AZR 772/94, EzA § 4 KSchG Nr 56). Wird dem Kdg-Schutzantrag **rkr** stattgegeben, steht gleichzeitig fest, dass das Arbeitsverhältnis im Kdg-Zeitpunkt zwischen den Parteien bestanden hatte und dass andere Kdg oder Beendigungstatbestände vor der str Kdg nicht zur Beendigung geführt haben (BAG 25.3.2004, 2 AZR 399/03, EzA § 626 BGB 2002 Unkündbarkeit Nr 4 mwN). 18

Auch die **Eingruppierungsklage** des öffentl Dienstes wird häufig als Feststellungsklage erhoben. Dies wird allg aus Gründen der Prozessökonomie und der insgesamt klärenden Wirkung der Eingruppierungsfeststellung als zulässig angesehen (BAG 5.11.2003, 4 AZR 632/02, EzBAT §§ 22, 23 BAT VergGr IIa Nr 4). Zur sachgerechten Antragstellung vgl GK-ArbGG/*Schütz* § 46 Rn 151. In den einschlägigen Vergütungsordnungen des öffentl Dienstes gilt die Tarifautomatik, dh die Eingruppierung bedarf keines konstitutiven Aktes des AG, sie ist vielmehr schlichte Rechtsanwendung. Der AN ist allein auf der Basis der von ihm auszuübenden Tätigkeit und der entspr Zuordnung der tariflichen Tätigkeitsmerkmale eingruppiert (BAG 16.2.2000, 4 AZR 62/99, EzA § 4 TVG Rückgruppierung Nr 1). Die Vergütungsgruppen des TV beinhalten die jeweils für die Eingruppierung erforderlichen Tätigkeitsmerkmale. Häufig – gerade im öffentl Dienst – bauen die Vergütungsgruppen in ihren Merkmalen aufeinander auf. Sie stehen dann in einem inneren Zusammenhang, der bei Anwendung und Auslegung zu beachten ist. Dies hat für die Darlegungslast des Anspruchstellers zu den subjektiven und objektiven Tarifmerkmalen bes Bedeutung. Es sind nämlich zunächst die Voraussetzungen der Ausgangsgruppe und dann die Qualifizierungsmerkmale darzulegen (BAG 19.5.2010, 4 AZR 912/08, BB 2010, 2627). Bei den sog Heraushebungsmerkmalen sind die Tatsachen darzulegen, die dem Gericht den wertenden Vergleich mit den nicht herausgehobenen Tätigkeiten ermöglichen (BAG 21.3.2012, 4 AZR 292/10, ZTR 2012, 628). Hins der auszuübenden Tätigkeit ist für den öffentl Dienst (jetzt §§ 12, 13 TVöD bzw TV-L) die Gliederung nach **Arbeitsvorgängen** von bes Bedeutung. Den Rechtsbegriff »Arbeitsvorgang« hat das Gericht eigenständig – unabhängig von der Auffassung der Parteien – zu bewerten. Zur klägerseitigen Darlegungslast gehört aber der Tatsachenvortrag, der dem Gericht die Bildung des/der Arbeitsvorgänge ermöglicht (BAG 26.7.1995, 4 AZR 280/94, EzBAT §§ 22, 23 BAT Nr 1). 19

Einen Sonderfall stellt die **korrigierende Rückgruppierung** dar, bei der der AG des öffentl Dienstes wegen fehlerhafter (irrtümlicher) Tarifanwendung eine neue (niedrigere) Eingruppierung vornimmt. Die bloße Angabe der Vergütungsgruppe im Arbeitsvertrag führt nicht zu einem originär vereinbarten Vertragsinhalt, weil der öffentl AG grds nur die Normen des TV vollziehen will. Einer Änderungs-Kdg bedarf es deshalb in diesen Fällen nicht (BAG 18.2.1998, 4 AZR 581/96, EzBAT §§ 22, 23 BAT A Nr 62). Gegen die neue Eingruppierung kann der AN mit der Eingruppierungsfeststellungsklage vorgehen und sich auf die bisherige Eingruppierung berufen. Dann hat der AG darzulegen und ggf zu beweisen, dass er zu der ursprünglichen Eingruppierung aufgrund einer objektiv fehlerhaften Rechtsanwendung gelangt ist und dies zur höheren Vergütung geführt hat (BAG 15.6.2011, 4 AZR 737/09, BB 2012, 116). 20

III. Gestaltungsklage. Hier geht es nicht um die gerichtliche Durchsetzung eines privatrechtlichen Anspruchs gegen den Schuldner, sondern sie ist darauf gerichtet, durch ein Urt mit rechtsbegründender Wirkung eine bisher nicht vorhandene Rechtsfolge zu schaffen (Thomas/Putzo/*Reichold* Vor § 253 Rn 5). Sie ist nur dort anwendbar, wo das Gesetz die Ausübung des Gestaltungsrechts an Klage und Urt knüpft. Im arbeitsgerichtlichen Urteilsverfahren ergeben sich Anwendungsfälle nur bei der Auflösung des Arbeitsverhältnisses (§§ 9, 10 KSchG), der Entbindung von der Weiterbeschäftigungspflicht (§ 102 V 2 BetrVG) sowie der gerichtlichen Leistungsbestimmung (§ 315 III BGB). 21

§ 46a Mahnverfahren

(1) ¹Für das Mahnverfahren vor den Gerichten für Arbeitssachen gelten die Vorschriften der Zivilprozessordnung über das Mahnverfahren einschließlich der maschinellen Bearbeitung entsprechend, soweit dieses Gesetz nichts anderes bestimmt. ²§ 690 Abs. 3 Satz 2 der Zivilprozessordnung ist nicht anzuwenden.

(2) Zuständig für die Durchführung des Mahnverfahrens ist das Arbeitsgericht, das für die im Urteilsverfahren erhobene Klage zuständig sein würde. ²Die Landesregierungen werden ermächtigt, einem Arbeitsgericht durch Rechtsverordnung Mahnverfahren für die Bezirke mehrerer Arbeitsgerichte zuzuweisen. ³Die Zuweisung kann auf Mahnverfahren beschränkt werden, die maschinell bearbeitet werden. ⁴Die Landesregierungen können die Ermächtigung durch Rechtsverordnung auf die jeweils zuständige oberste Landesbehörde übertragen. ⁵Mehrere Länder können die Zuständigkeit eines Arbeitsgerichts über die Landesgrenzen hinaus vereinbaren.

3) Die in den Mahnbescheid nach § 692 Abs. 1 Nr. 3 der Zivilprozessordnung aufzunehmende Frist beträgt eine Woche.

(4) ¹Wird rechtzeitig Widerspruch erhoben und beantragt eine Partei die Durchführung der mündlichen Verhandlung, so gibt das Gericht, das den Mahnbescheid erlassen hat, den Rechtsstreit von Amts wegen an das Gericht ab, das in dem Mahnbescheid gemäß § 692 Absatz 1 Nummer 1 der Zivilprozessordnung bezeichnet worden ist. ²Bei Eingang der Anspruchsbegründung bestimmt der Vorsitzende den Termin zur mündlichen Verhandlung. ³Geht die Anspruchsbegründung nicht rechtzeitig ein, so wird bis zu ihrem Eingang der Termin nur auf Antrag des Antragsgegners bestimmt.

(5) Die Streitsache gilt als mit Zustellung des Mahnbescheids rechtshängig geworden, wenn alsbald nach Erhebung des Widerspruchs Termin zur mündlichen Verhandlung bestimmt wird.

(6) ¹Im Fall des Einspruchs hat das Gericht von Amts wegen zu prüfen, ob der Einspruch an sich statthaft und ob er in der gesetzlichen Form und Frist eingelegt ist. ²Fehlt es an einem dieser Erfordernisse, so ist der Einspruch als unzulässig zu verwerfen. ³Ist der Einspruch zulässig, hat die Geschäftsstelle dem Antragsteller unverzüglich aufzugeben, seinen Anspruch binnen zwei Wochen schriftlich zu begründen. ⁴Nach Ablauf der Begründungsfrist bestimmt der Vorsitzende unverzüglich Termin zur mündlichen Verhandlung.

(7) Das Bundesministerium für Arbeit und Soziales wird ermächtigt, durch Rechtsverordnung mit Zustimmung des Bundesrates den Verfahrensablauf zu regeln, soweit dies für eine einheitliche maschinelle Bearbeitung der Mahnverfahren erforderlich ist (Verfahrensablaufplan).

(8) ¹Das Bundesministerium für Arbeit und Soziales wird ermächtigt, durch Rechtsverordnung mit Zustimmung des Bundesrates zur Vereinfachung des Mahnverfahrens und zum Schutze der in Anspruch genommenen Partei Formulare einzuführen. ²Dabei können für Mahnverfahren bei Gerichten, die die Verfahren maschinell bearbeiten, und für Mahnverfahren bei Gerichten, die die Verfahren nicht maschinell bearbeiten, unterschiedliche Formulare eingeführt werden. ³Die Rechtsverordnung kann ein elektronisches Formular vorsehen; § 130c Satz 2 bis 4 der Zivilprozessordnung gilt entsprechend.

Übersicht	Rdn.			Rdn.
A. Grundsätzliches	1	III.	Entscheidung über den Mahnantrag	7
B. Allg Voraussetzungen	2	IV.	Widerspruch	9
C. Durchführung des Mahnverfahrens	5	V.	Vollstreckungsbescheid	11
I. Mahnantrag	5	VI.	Einspruch	12
II. Elektronisches Formular	6	D.	Kosten des Mahnverfahrens	13

1 **A. Grundsätzliches.** Mit dieser Bestimmung wird auch für das arbeitsgerichtliche Verfahren das Mahnverfahren eröffnet und generell auf die allg Regeln nach §§ 688 ff ZPO verwiesen, soweit hier (II–VIII) nicht Besonderheiten angeordnet sind. Solche beziehen sich auf die örtliche Zuständigkeit und die Widerspruchsfrist. Wegen § 46 II 2 ist auch das Mahnverfahren für einen Urkunds- oder Wechselprozess (§ 703a ZPO) ausgeschlossen. Das Mahnverfahren ist nur für im Urteilsverfahren zu verfolgende Ansprüche eröffnet, nicht hingegen für solche, die in das Beschlussverfahren gehören (BCF/*Bader* § 46a Rn 3). Durch das Gesetz zur Förderung des elektronischen Rechtsverkehrs mit den Gerichten v 10.10.2013 (BGBl I 2013, 3786) ist eine Länderoption zur Errichtung eines zentralen Mahngerichts eingefügt worden (II, 2 nF).

2 **B. Allg Voraussetzungen.** Auch für das Mahnverfahren gelten die allg Prozessvoraussetzungen (Rechtsweg, Partei- und Prozessfähigkeit, Rechtsschutzbedürfnis und örtliche Zuständigkeit). **Örtlich zuständiges Mahngericht** ist dabei – entgegen § 689 II ZPO – das ArbG, das für eine entspr Klage zuständig wäre (II). Es sind also die verschiedenen Gerichtsstände gem §§ 12, 13 ff ZPO möglich (vgl § 2 Rdn 29). Ein Wahlrecht (§ 35 ZPO) muss im Mahnantrag ausgeübt sein. Wirksame Gerichtsstandsvereinbarungen (§ 38 III ZPO) gelten auch im Mahnverfahren. Eine **Verweisung** entspr § 48 I bei Unzuständigkeit ist möglich, wobei allerdings die Bindungswirkung auf das Mahnverfahren beschränkt ist. Dies gilt auch, wenn erst nach Erlass des Mahnbescheides die richtige Anschrift des Schuldners bekannt wird (BAG 28.12.1981, 5 AR

201/81, AP ZPO § 36 Nr 28).
Mit Wirkung ab 1.7.2014 sind die Landesregierungen ermächtigt, durch RVO die Mahnverfahren aus 3
mehreren Arbeitsgerichten einem (**zentralen**) **Arbeitsgericht** zuzuweisen. Ein solch zentrales Mahngericht
kann auch länderübergreifend eingerichtet werden.
Das Mahnverfahren kann ausschließlich auf die Zahlung einer **bestimmten Geldsumme** in Euro, beziffert 4
nach Hauptsache und Nebenforderungen, gerichtet sein (§§ 688 I, 690 I Nr 3 ZPO). Eine ausländische
Währung ist nur bei einer gem § 688 III ZPO iVm dem Anerkennungs- und Vollstreckungsausführungs-
gesetz (AVAG) vom 19.2.2001 zulässigen Auslandszustellung möglich. Das Mahnverfahren findet nicht
statt, wenn der geltend zu machende Anspruch von einer nicht erbrachten Gegenleistung abhängt (§ 688
II Nr 2 ZPO). Darunter fallen zukünftige Vergütungsforderungen. Weiter ist das Mahnverfahren ausgeschlossen, wenn der Mahnbescheid im Wege der öffentl Bekanntmachung zugestellt werden müsste (§ 688
II Nr 3 ZPO).

C. Durchführung des Mahnverfahrens. I. Mahnantrag. Für diesen ist das vorgeschriebene Formular 5
zu verwenden (§ 46a VIII, §§ 703c II, 702 I 2 ZPO iVm VO v 6.5.1977). Er muss handschriftlich unterzeichnet sein. Fax- oder Telekopieübermittlung ist zulässig. Wird das Mahnverfahren maschinell betrieben,
entfallen Vordruckzwang und Unterschriftserfordernis (§ 690 III ZPO). Die nach § 690 III 2 ZPO zwingend vorgegebene, maschinell lesbare Form des Mahnantrages durch einen RA ist für das arbeitsgerichtliche
Verfahren nicht übernommen worden (§ 46a I 2). Allerdings sind nun von den Prozessvertretern nach § 11
II 1 und II 2 Nr 1 sowie Nr 3 – 5 besondere Vordrucke und ein Schreibprogramm bei der Mahnantrag
zu verwenden (§ 1a MahnvordruckVO). Der notwendige **Inhalt** des Mahnantrages ergibt sich aus § 690 I
Nr 1–5 ZPO. Bei Nr 3 genügt es, wenn der Anspruch individualisierbar beschrieben ist. Schlüssigkeit ist
nicht gefordert. Bei Zinsen genügen der Zinssatz und die Anspruchszeit. Aus dem Antrag muss aber der
Rechtsweg zu den Gerichten für Arbeitssachen und die örtliche Zuständigkeit erkennbar sein (BCF/*Bader*
§ 46a Rn 7).

II. Elektronisches Formular. Ab 1.7.2014 kann für das Mahnverfahren durch RVO auch ein elektro- 6
nisches Formular vorgesehen werden. Inhalt und Ablauf für ein solches elektronisches Mahnantragsver-
fahren ergeben sich durch die Verweisung auf die entsprechenden Bestimmungen nach § 130c 2 - 4 ZPO
(VIII 3 nF).

III. Entscheidung über den Mahnantrag. Diese trifft der Rechtspfleger (§ 9 III iVm § 20 Nr 1 RPflG). 7
Liegen die gesetzlichen Voraussetzungen vor, wird der **Mahnbescheid erlassen.** Der Inhalt folgt aus § 692 I
ZPO, wobei Nr 3 (Widerspruchsfrist) durch § 46a III modifiziert ist. Die Unterschrift des Rechtspflegers
kann maschinell ersetzt werden (§ 692 II ZPO). Die Zustellung an den Antragsgegner erfolgt vAw, der
Antragsteller wird formlos benachrichtigt (§ 693 ZPO). Die Zustellung innerhalb der EU hat nach §§ 32
AVAG, 1067 ff ZPO zu geschehen. Für die Fristwahrung und die Verjährungshemmung durch die Zustel-
lung des Mahnbescheides gilt die Vorwirkung nach Maßgabe des § 167 ZPO.
Liegen die gesetzlichen Voraussetzungen gem §§ 688 ff, 703c II ZPO ganz oder nur zum Teil nicht vor, 8
wird der Mahnantrag – nach vorheriger Anhörung des Antragstellers – durch **begründeten Beschluss
zurückgewiesen** (§ 691 I ZPO). Dieser ist vAw zuzustellen. Gegen den zurückweisenden Beschluss des
Rechtspflegers findet die **befristete Erinnerung** statt (§ 11 II 1 RPflG iVm § 691 III 2 ZPO). Hilft der
Rechtspfleger nicht ab, entscheidet der Richter endgültig (§ 11 II 3 RPflG). Die sofortige Beschwerde findet hingegen nur nach Maßgabe des § 691 III 1 ZPO statt. Der Zurückweisungsbeschluss erwächst nicht in
materielle Rechtskraft. Der Anspruch kann im Klagewege erneut verfolgt werden. Geschieht dies innerhalb
eines Monats nach Zustellung des Zurückweisungsbeschlusses und erfolgt die Klagezustellung demnächst,
bleibt die fristwahrende Wirkung des Mahnantrages erhalten (§ 691 II ZPO).

IV. Widerspruch. Gegen den erlassenen Mahnbescheid hat der Antragsgegner den Rechtsbehelf des 9
Widerspruchs (§ 694 I ZPO). Er kann schriftlich (auch per Telefax oder Telekopie) eingelegt oder zu Protokoll der Geschäftsstelle bzw Rechtsantragstelle erklärt werden (§ 702 I ZPO). Eine Begründung ist nicht
erforderlich. Die **Widerspruchsfrist** beträgt **1 Woche** ab Zustellung des Mahnbescheides (§ 46a III). Da
es sich aber nicht um eine Ausschlussfrist handelt, kann der Widerspruch eingelegt werden, solange der
Rechtspfleger den Vollstreckungsbescheid noch nicht verfügt hat (§ 694 I ZPO). Verfügt ist der Vollstreckungsbescheid, wenn er in den Geschäftsgang gelangt ist. Geht der Widerspruch nach diesem Zeitpunkt
ein, wird er als Einspruch behandelt, was dem Widerspruchsführer anzuzeigen ist (§ 694 II ZPO).
Nach Eingang des Widerspruchs darf kein Vollstreckungsbescheid mehr erlassen werden. Bei **rechtzeitigem** 10
Widerspruch und Antrag einer Partei auf Durchführung der mündlichen Verhandlung gibt das Mahngericht von Amts wegen den Rechtsstreit an das Gericht ab, welches im Mahnantrag bezeichnet worden ist,

bzw an das von den Parteien übereinstimmend beantragte Gericht (IV1 nF). Diese Änderung ist Folge der Länderoption zur Errichtung zentraler Mahngerichte. Für das streitige Verfahren wird diese Zentralisierung nämlich nicht beibehalten; es bleibt vielmehr bei den allgemeinen Regeln zur örtlichen Zuständigkeit. Unverändert hat die Geschäftsstelle dem Antragsteller aufgegeben, den Anspruch innerhalb 2 Wochen schriftlich zu begründen (IV 3). Nach Eingang der Begründung bestimmt der Vorsitzende den Termin zur Güteverhandlung. Ist trotz rechtzeitigem Widerspruch von keiner Partei Terminantrag gestellt worden oder hat der den Terminantrag stellende Antragsteller keine Anspruchsbegründung vorgelegt, wird das Verfahren nicht weiter betrieben, sondern nach Ablauf der 6-Monatsfrist der Aktenordnung weggelegt. Die Rechtshängigkeit (§ 261 ZPO) des Anspruchs mit Zustellung des Mahnbescheides tritt nur ein, wenn alsbald nach Erhebung des Widerspruchs Ter min bestimmt wird (§ 46a V). Die sog Vorwirkung nach § 167 ZPO bleibt davon unberührt (GK-ArbGG/*Bader* § 46a Rn 61).

11 V. **Vollstreckungsbescheid.** Für den Erlass des **Vollstreckungsbescheides** bedarf es des **Antrages**, der nicht vor Ablauf der Widerspruchsfrist und längstens bis 6 Monate nach Zustellung des Mahnbescheides gestellt werden kann (§§ 699 I 2, 701 S 1 ZPO). Für den Antrag sind die vorgegebenen Formulare zu verwenden (§ 46a VIII iVm § 703c ZPO). Die inhaltlichen Anforderungen an den Antrag ergeben sich aus § 699 I 2 ZPO. Zuständig für den Erlass des Vollstreckungsbescheides ist der Rechtspfleger (§ 20 Nr 1 RPflG). Er hat die Voraussetzungen für den Erlass vAw zu prüfen. Wird der Antrag nach rechtlichem Gehör zurückgewiesen, besteht für den Antragsteller die Möglichkeit der Erinnerung gem § 11 I RPflG. Der erlassene Vollstreckungsbescheid ist dem Antragsgegner vAw zuzustellen (§ 699 IV 1 ZPO). Er steht dem Versäumnisurteil gleich (§ 700 I ZPO) und ist **Vollstreckungstitel.**

12 **VI. Einspruch.** Gegen den Vollstreckungsbescheid ist der Rechtsbehelf des **Einspruchs** statthaft (§ 338 ZPO). Die **Einspruchsfrist** beträgt gem § 59 S 1 **1 Woche.** Für den Inhalt der Einspruchsschrift gilt § 340 I und II ZPO, nicht hingegen – weil keine Anspruchsbegründung vorliegt – § 340 III ZPO. Das weitere Verfahren regelt nun der neu gefasste VI. Der Vorsitzende hat vAw die Statthaftigkeit und sonstige Zulässigkeit des Einspruchs zu prüfen. Fehlt es daran, ist die **Verwerfung** durch den Vorsitzenden ohne mündliche Verhandlung möglich (§ 55 I Nr 4a, II). Wegen § 341 II ZPO hat dies durch Urteil (hM GK-ArbGG/*Bader* § 46a Rn 80a) zu geschehen. Bei zulässigem Einspruch ist dem Antragsteller die Anspruchsbegründung binnen zwei Wochen aufzugeben. Daran anschließend hat der Vorsitzende Termin zur mündlichen Verhandlung, die nach der Gesetzesbegründung ein Gütetermin (aA GK-ArbGG/*Bader* aaO Rn 79: Kammertermin) sein soll, zu bestimmen. Es ist über Einspruch und Hauptsache zu verhandeln (§ 341a ZPO). Ist der Einspruchsführer in diesem Termin säumig, kann gegen ihn das 2. Versäumnisurteil (§ 345 ZPO) nur ergehen, wenn die Klage schlüssig ist (§§ 700 VI, 331 I, II ZPO). Andernfalls ergeht unter Aufhebung des Vollstreckungsbescheides klageabweisendes Sachurteil.

13 **D. Kosten des Mahnverfahrens.** Auch im arbeitsgerichtlichen Mahnverfahren werden **keine Kostenvorschüsse** erhoben (§ 11 GKG). In der Anlage 1 zu § 3 II GKG, Teil 8 Nr 8100 ist bestimmt, dass für das Verfahren auf Erlass des Vollstreckungsbescheides eine Gerichtsgebühr von 0,4 (jetzt mind 18 €) anfällt. Zustellauslagen werden nach GKG-Kostenverzeichnis Nr 9002 erhoben. Bei Rücknahme des Antrages auf Vollstreckungsbescheid entfällt die Gebühr. Kostenschuldner ist bei Erlass des Vollstreckungsbescheides der Antragsgegner, bei Zurückweisung der Antragsteller. Wird das Verfahren nach Widerspruch oder Einspruch vor dem Prozessgericht fortgeführt, fällt dort eine Gebühr von 2,0 an (Nr 8210 idF des 2. JustizmodernisierungsG, BGBl I 2006 S 3416 ff). Die Gebühr Nr 8100 wird angerechnet. Eine weitere Kostenprivilegierung enthält Nr 8211. Wird ein Vergleich geschlossen, entfällt auch die Gebühr für den Antrag auf Erlass des Vollstreckungsbescheides (Vorbemerkung 8 zu Teil 8).

14 Die außergerichtlichen Kosten wegen Zuziehung eines Prozessbevollmächtigten sind auch im Mahnverfahren nicht erstattungsfähig (§ 12a I). **Prozesskostenhilfe** kann auch für das Mahnverfahren beantragt werden. Eine Bewilligung durch den Rechtspfleger (§ 20 Nr 1 RPflG) beschränkt sich aber auf dieses Verfahren.

§ 46b Europäisches Mahnverfahren nach der Verordnung (EG) Nr. 1896/2006

(1) Für das Europäische Mahnverfahren nach der Verordnung (EG) Nr 1896/2006 des Europäischen Parlaments und des Rates vom 12. Dezember 2006 zur Einführung eines Europäischen Mahnverfahrens (ABl. EU Nr. L 399 S. 1) gelten die Vorschriften des Abschnitts 5 des Buches 11 der Zivilprozessordnung entsprechend, soweit dieses Gesetz nichts anderes bestimmt.

(2) Für die Bearbeitung von Anträgen auf Erlass und Überprüfung sowie die Vollstreckbarerklärung eines Europäischen Zahlungsbefehls nach der Verordnung (EG) Nr. 1896/2006 ist das Arbeitsgericht zuständig, das für die im Urteilsverfahren erhobene Klage zuständig sein würde.
(3) ¹Im Fall des Artikels 17 Abs. 1 der Verordnung (EG) Nr. 1896/2006 ist § 46a Abs. 4 und 5 entsprechend anzuwenden. ²Der Antrag auf Durchführung der mündlichen Verhandlung gilt als vom Antragsteller gestellt.

Übersicht	Rdn.		Rdn.
A. Regelungszweck..................	1	B. Das Europäische Mahnverfahren........	2

A. Regelungszweck. Die in der Normüberschrift genannte VO (EG) gilt auch für arbeitsrechtliche Streitigkeiten. Dieserhalb war mit dem Gesetz über die Verbesserung der grenzüberschreitenden Forderungsdurchsetzung u Zustellung v 30.10.2008 (BGBl I, 2127) auch eine Regelung für das arbeitsgerichtliche Verfahren geboten (in Kraft seit **12.12.2008**). Das hier geregelte Europäische Mahnverfahren ist als fakultative Möglichkeit zu dem Mahnverfahren nach dem nationalen Recht gestaltet. Dabei wird grundsätzlich auf das deutsche Mahnverfahren nach der ZPO verwiesen. Arbeitsgerichtliche Besonderheiten ergeben sich nur bei der (örtlichen) Zuständigkeit u der Überleitung in das streitige Verfahren. 1

B. Das Europäische Mahnverfahren. Mit der Verweisung auf die ZPO-Vorschriften (§§ 1087 ff. ZPO nF) wird § 13a für das Mahnverfahren konkretisiert. Die **Zuständigkeit** für den Erlass des Europäischen Zahlungsbefehls bestimmt sich – anders als nach der ZPO – nach derjenigen die für eine entsprechende Klage im Urteilsverfahren gelten würde. Zu beachten sind dabei insbesondere die VO-EG Nr 44/2001 (vgl § 1 Rdn 5) sowie eine (wirksame) Gerichtsstandsvereinbarung. Die funktionelle Zuständigkeit des Rechtspflegers ergibt sich aus § 9 III iVm § 20 Nr 7 nF RpflG. 2

Im Fall des (fristgerechten) Einspruchs gegen den Europäischen Zahlungsbefehl (Art 17 I VO-EG Nr 1896/2006) erfolgt die **Überleitung in das streitige Verfahren**, ohne dass der Antragsteller die mündliche Verhandlung beantragen müsste. Allerdings darf kein Antrag auf Verfahrenseinstellung für den Fall des Einspruchs gestellt sein (Art 7 IV VO-EG). Dem Antragsteller ist nun die Begründung des Anspruchs aufzugeben. Dann ist Termin zur (Güte-) Verhandlung zu bestimmen (vgl § 46a IV). Fehlt es an der fristgerechten Anspruchsbegründung, gilt § 46a IV 3. Die Wirkung der Rechtshängigkeit bestimmt sich nach § 46a V. 3

§ 46c Einreichung elektronischer Dokumente

(1) ¹Soweit für vorbereitende Schriftsätze und deren Anlagen, für Anträge und Erklärungen der Parteien sowie für Auskünfte, Aussagen, Gutachten und Erklärungen Dritter die Schriftform vorgesehen ist, genügt dieser Form die Aufzeichnung als elektronisches Dokument, wenn dieses für die Bearbeitung durch das Gericht geeignet ist. ²Die verantwortende Person soll das Dokument mit einer qualifizierten elektronischen Signatur nach dem Signaturgesetz versehen. ³Ist ein übermitteltes elektronisches Dokument für das Gericht zur Bearbeitung nicht geeignet, ist dies dem Absender unter Angabe der geltenden technischen Rahmenbedingungen unverzüglich mitzuteilen.
(2) ¹Die Bundesregierung und die Landesregierungen bestimmen für ihren Bereich durch Rechtsverordnung den Zeitpunkt, von dem an elektronische Dokumente bei den Gerichten eingereicht werden können, sowie die für die Bearbeitung der Dokumente geeignete Form. ²Die Landesregierungen können die Ermächtigung durch Rechtsverordnung auf die jeweils zuständige oberste Landesbehörde übertragen. ³Die Zulassung der elektronischen Form kann auf einzelne Gerichte oder Verfahren beschränkt werden.
(3) Ein elektronisches Dokument ist eingereicht, sobald die für den Empfang bestimmte Einrichtung des Gerichts es aufgezeichnet hat.

§ 46d Gerichtliches elektronisches Dokument

Soweit dieses Gesetz dem Richter, dem Rechtspfleger, dem Urkundsbeamten der Geschäftsstelle oder dem Gerichtsvollzieher die handschriftliche Unterzeichnung vorschreibt, genügt dieser Form die Aufzeichnung als elektronisches Dokument, wenn die verantwortenden Personen am Ende des Dokuments ihren Namen hinzufügen und das Dokument mit einer qualifizierten elektronischen Signatur nach dem Signaturgesetz versehen.

§ 46e Elektronische Akte
(1) ¹Die Prozessakten können elektronisch geführt werden. ²Die Bundesregierung und die Landesregierungen bestimmen für ihren Bereich durch Rechtsverordnung den Zeitpunkt, von dem an elektronische Akten geführt werden sowie die hierfür geltenden organisatorisch-technischen Rahmenbedingungen für die Bildung, Führung und Aufbewahrung der elektronischen Akten. ³Die Landesregierungen können die Ermächtigung durch Rechtsverordnung auf die jeweils zuständige oberste Landesbehörde übertragen. ⁴Die Zulassung der elektronischen Akte kann auf einzelne Gerichte oder Verfahren beschränkt werden.
(2) ¹In Papierform eingereichte Schriftstücke und sonstige Unterlagen sollen zur Ersetzung der Urschrift in ein elektronisches Dokument übertragen werden. ²Die Unterlagen sind, sofern sie in Papierform weiter benötigt werden, mindestens bis zum rechtskräftigen Abschluss des Verfahrens aufzubewahren.
(3) Das elektronische Dokument muss den Vermerk enthalten, wann und durch wen die Unterlagen in ein elektronisches Dokument übertragen worden sind.

§ 46f Formulare; Verordnungsermächtigung
¹Das Bundesministerium für Arbeit und Soziales kann durch Rechtsverordnung mit Zustimmung des Bundesrates elektronische Formulare einführen. ²Die Rechtsverordnung kann bestimmen, dass die in den Formularen enthaltenen Angaben ganz oder teilweise in strukturierter maschinenlesbarer Form zu übermitteln sind. ³Die Formulare sind auf einer in der Rechtsverordnung zu bestimmenden Kommunikationsplattform im Internet zur Nutzung bereitzustellen. ⁴Die Rechtsverordnung kann bestimmen, dass eine Identifikation des Formularverwenders abweichend von § 46c Absatz 3 auch durch Nutzung des elektronischen Identitätsnachweises nach § 18 des Personalausweisgesetzes oder § 78 Absatz 5 des Aufenthaltsgesetzes erfolgen kann.

§ 46g
(tritt zum 1.1.2022 in Kraft; nicht abgedruckt)

Übersicht

		Rdn.			Rdn.
A.	Regelungszweck	1	C.	Gerichtliches elektronisches Dokument und elektronische Akte (§§ 46d und e)	5
B.	Einreichung elektronischer Dokumente (§ 46c)	2	D.	Formulare; Verordnungsermächtigung (§ 46f)	7
I.	Gegenwärtige Regelung	2			
II.	Zukünftige Regelung ab 1.1.2018	4			

1 **A. Regelungszweck.** Mit den Bestimmungen der §§ 46c–g nF sind die prozessrechtlichen Voraussetzungen für den **elektronischen Rechtsverkehr** (s.a. §§ 130a, b, 298a ZPO) einschl der elektronischen Aktenführung auf den Weg gebracht worden. Im Hinblick auf die Identität der prozessual handelnden Personen und die Authentizität des Inhalts der jeweiligen Erklärungen spielt dabei die (qualifizierte) elektronische Signatur eine bes Rolle. Insgesamt sollen die modernen Informations- und Kommunikationstechnologien für den Gerichtsbetrieb nutzbar gemacht und auch die einschlägigen europarechtlichen Vorgaben umgesetzt werden. Zwischenzeitlich ist das **Gesetz zur Förderung des elektronischen Rechtsverkehrs** mit den Gerichten (ERVGerFöG) v 10.10.2013 verkündet worden (BGBl I 2013, 3786). Dort werden die §§ 46c -g neu gefasst bzw erweitert. Das Gesetz wird grds am 1.1.2018 in Kraft treten, einzelne Bestimmungen jedoch bereits am 1.7.2014.

2 **B. Einreichung elektronischer Dokumente (§ 46c). I. Gegenwärtige Regelung.** Das prozessuale Schriftformerfordernis (§ 130 ZPO) wird hier für die elektronische Darstellung und Übermittlung umgesetzt. Eine Definition des elektronischen Dokuments enthält das Gesetz nicht. IW wird jedoch der E-Mail-Verkehr einschlägig sein; Telefax (einschl Computer-Fax) werden bereits durch § 130 Nr 6 ZPO erfasst. Dass das elektronische Dokument für die entspr elektronische Verarbeitung bei dem Adressatengericht geeignet sein muss, ergibt sich aus der Natur der Sache. Andernfalls ist dies dem Absender unter Angabe der geltenden technischen Bedingungen unverzüglich mitzuteilen (§ 46 c I 3); zur Hinweispflicht vgl GK-ArbGG/*Schütz* § 46c Rn 25. Die Identität des für den elektronischen Schriftsatz verantwortlichen Autors ist über die **qualifizierte elektronische Signatur** (§ 2 I SigG) zu sichern. Soweit dies § 46c I 2 als Soll-Vorschrift formuliert, muss dies jedenfalls nach dem gegenwärtig möglichen technischen Standard für den bestimmenden Schriftsatz als **zwingende Regelung** verstanden werden (GMP/*Germelmann* § 46c Rn 12; s.a. BGH 14.1.2010, VII ZB 112/08, MDR 2010, 460 zu § 130a I ZPO). Bei zulässigen formlosen

Mitteilungen an das Gericht bedarf es der elektronischen Signatur nicht. Sobald das bei dem Gericht vorhandene Empfangsgerät das elektronische Dokument aufgezeichnet hat, gilt es als dort eingegangen (§ 46c III). Wird ein bestimmender Schriftsatz per E-Mail ohne qualifizierte elektronische Signatur aber mittels **unterzeichneter PDF-Datei** an das Gericht übermittelt, ist er nur dann fristwahrend, wenn er dem Gericht innerhalb der Frist in ausgedruckter Form vorliegt (BAG 11.7.2013, 2 AZB 6/13, NZA 2013, 983). Zu den Sorgfaltspflichten für den Nutzer technischer Übertragungsanlagen vgl BVerfG 21.6.2001, 1 BvR 436/01, NJW 2001, 3473.

Die elektronische Dokumentenübermittlung kann jedoch erst genutzt werden, wenn der Bund oder die Länder mit Rechtsverordnung für die jeweiligen Gerichte (oder ausgewählte) den Zeitpunkt der zulässigen elektronischen Einreichung festgelegt haben (§ 46c II 1). Zwischenzeitlich ist dies mit VO vom 22.2.2006 (BGBl I 2006 S 519) für das **BAG** mit Wirkung vom 1.4.2006 geschehen. Bei den **Berliner** Gerichten für Arbeitssachen ist der elektronische Rechtsverkehr seit 1.4.2010, bei den sächsischen ArbG/LAG seit 1.12.2012 und bei den **NRW-ArbG/LAG** mittels »Elektronischem Gerichts- und Verwaltungspostfach« (EGVP) ab 1.7.2013 eröffnet; ebenso bei den Gerichten für Arbeitssachen in Nds (ab 1.11.2014) und HH (ab 1.12.2014). Zu weiteren Einzelheiten wird auf das Internet-Portal » www.egvp.de« verwiesen. 3

II. Zukünftige Regelung ab 1.1.2018. Zum genannten Zeitpunkt werden die Regeln über den Zugang elektronischer Dokumente einerseits präzisiert, andererseits inhaltlich erweitert. So werden insbesondere neben der qualifizierten elektronischen Signatur auch die Signatur der verantwortenden Person und die Einreichung auf einem sicheren Übermittlungsweg (De-Mail-Dienste) genügen. 4

C. Gerichtliches elektronisches Dokument und elektronische Akte (§§ 46d und e). Mit diesen Bestimmungen wird die elektronische Dokumentenbearbeitung für den Gerichtsbetrieb umgesetzt. Einschlägige Dokumente, die die handschriftliche Unterzeichnung erfordern, sind hier Urteile, Beschlüsse, Verfügungen, Beglaubigungsvermerke und Protokolle. Werden diese elektronisch erstellt oder bearbeitet, ist nicht nur am Dokumentenende der Name des Handelnden hinzuzusetzen, sondern auch die qualifizierte elektronische Signatur anzubringen. Wird dies missachtet, sind die Grundsätze wie bei der fehlenden Richterunterschrift entspr anzuwenden (Thomas/Putzo/*Reichold* § 130b Rn 3). 5

Durch § 46e I wird die Möglichkeit eröffnet, die **Prozessakte in elektronischer Form** zu führen. Auch hier bedarf es zur konkreten Einführung der Rechtsverordnung der jeweiligen Hoheitsträger. Dort sind nicht nur der Zeitpunkt der Einführung, sondern auch die erforderlichen organisatorisch-technischen Rahmenbedingungen für Bildung, Führung und Aufbewahrung der elektronischen Akten festzulegen. Da auch bei elektronischer Aktenführung mit Eingängen in Papierform zu rechnen ist, ist dafür die Übertragung in ein elektronisches Dokument vorgesehen (§ 46e II). Diese Übertragung ist in dem Dokument durch einen Vermerk kenntlich zu machen (§ 46e III). Unabhängig von der elektronischen Sicherung sind die Unterlagen in Papierform idR mindestens bis zum rechtskräftigen Verfahrensende aufzubewahren. 6

D. Formulare; Verordnungsermächtigung (§ 46f). Mit Wirkung ab 1.7.2014 ist das BMAS ermächtigt, durch RVO **elektronische Formulare** für das arbeitsgerichtliche Verfahren einzuführen und diese auf einer geeigneten Kommunikationsplattform im Internet bereit zu stellen. In der RVO kann auch bestimmt werden, dass sich der Formularverwender nicht zwingend nach § 46c III identifizieren muss, sondern dass solches auch durch Nutzung des elektronischen Identitätsnachweises nach § 18 PauswG bzw § 78 V AufenthG geschehen kann. 7

§ 47 Sondervorschriften über Ladung und Einlassung
(1) Die Klageschrift muss mindestens eine Woche vor dem Termin zugestellt sein.
(2) Eine Aufforderung an den Beklagten, sich auf die Klage schriftlich zu äußern, erfolgt in der Regel nicht.
Amtl. Anmerkung: Die Worte »Ladung und« sind gegenstandslos.

Übersicht	Rdn.		Rdn.
A. Anwendungsbereich	1	C. Die Ladungsfrist	4
B. Die Einlassungsfrist	2	D. Schriftliche Gegenäußerung	5

A. Anwendungsbereich. Wie die amtliche Anmerkung ausweist, befasst sich die Vorschrift nicht mehr mit der Ladungsfrist, sondern nur mit der Einlassung. Für die Ladung gilt nunmehr ausschließlich die allg Bestimmung nach § 217 ZPO. 1

2 **B. Die Einlassungsfrist.** Sie ist durch den Zeitraum zwischen der Klagezustellung und dem 1. Termin zur mündlichen Verhandlung (idR Gütetermin) definiert (§ 274 III 1 ZPO). Die Frist beträgt **1 Woche**. Sie muss vor dem Terminstag geendet haben. Für die Berechnung gelten § 222 I und II ZPO, §§ 187 I, 188 II BGB. Für Klageerweiterungen und Widerklagen gilt die Einlassungsfrist nicht (GMP/*Germelmann* § 47 Rn 2 str). Eine Verlängerung der Frist ist nicht möglich (§ 224 II ZPO). Eine **Abkürzung** der Einlassungsfrist ist auf Antrag möglich (§ 226 I ZPO), wobei auf ausreichendes rechtliches Gehör zu achten ist. VAw findet eine Abkürzung nicht statt. Gegen die Ablehnung der Verkürzung ist die sofortige Beschwerde eröffnet (§§ 225, 567 I Nr 2 ZPO). Die Verkürzung ist nicht eigenständig anfechtbar. Im Mahnverfahren gilt § 46a IV. Für den Arrest und die einstweilige Verfügung gilt § 47 I wegen des bes Zweckes dieser Verfahren nicht (HWK/*Ziemann* § 47 Rn 4). Ist die Zustellung **im Ausland** vorzunehmen, bestimmt der Vorsitzende die – regelmäßig großzügig zu bemessende – Einlassungsfrist (§ 46 II iVm § 274 III 2 ZPO). Für die Auslandszustellungen gelten nun die Erleichterungen über §§ 183, 184 ZPO. Für Zustellungen in die EU-Mitgliedsstaaten ist auf §§ 1068, 1069 ZPO zu verweisen (s.a. § 13a Rdn 2).

3 Ist die **Einlassungsfrist nicht eingehalten** worden, ist auf Rüge der beklagten Partei hin zu vertagen (§ 227 I 1 ZPO). Gegen die nicht erschienene beklagte Partei ist eine Versäumnisentscheidung unzulässig (§ 335 I Nr 2 ZPO). Durch rügeloses Einlassen wird der Mangel geheilt (§ 295 ZPO).

4 **C. Die Ladungsfrist.** Darunter wird die Frist verstanden, die in einer anhängigen Sache zwischen der Zustellung der Ladung und dem Terminstag liegen soll (§ 217 ZPO). Es gelten nun auch im arbeitsgerichtlichen Verfahren die allg Regeln der ZPO, wonach die Ladungsfrist im Parteiprozess (§ 11 I 1 ArbGG) **3 Tage** beträgt (§ 46 II ArbGG iVm § 217 ZPO). Die Fristberechnung erfolgt auch hier gem § 222 (auch II!) ZPO, §§ 187 I, 188 II BGB. Die Frist muss vor dem Terminstag enden. Bei einer bloßen Verlegung der Terminstunde am selben Tag ist sie nicht einzuhalten (GK-ArbGG/*Woitaschek* § 47 Rn 25), ansonsten gilt sie für jede Terminbestimmung zur mündlichen Verhandlung (also nicht bei Verkündungsterminen). Eine **Abkürzung** durch den Vorsitzenden (§ 226 III ZPO, § 53 I 1 ArbGG) ist auf Antrag möglich. Von Amts wegen erfolgt sie – auch im Arrest- und einstweiligen Verfügungsverfahren – nicht. Allerdings wird in einer Bitte um schnelle Entscheidung oder ohne mündliche Verhandlung ein zumindest konkludenter Antrag zu sehen sein (GMP/*Germelmann* § 47 Rn 23; aA GK-ArbGG/*Woitaschek* § 47 Rn 23). Bei der Ablehnung des Abkürzungsantrages ist die sofortige Beschwerde wie bei der Einlassungsfrist eröffnet (s.o. Rdn 2). Ist die Ladungsfrist nicht eingehalten, darf eine Versäumnisentscheidung nicht ergehen (§ 335 I Nr 2 ZPO). Heilung über § 295 ZPO ist möglich.

5 **D. Schriftliche Gegenäußerung.** Das schriftliche Vorverfahren (§§ 275 ff ZPO) ist bereits durch § 46 II 2 nicht für das arbeitsgerichtliche Verfahren übernommen worden. Zusätzlich stellt § 47 II klar, dass idR die beklagte Partei nicht zu einer schriftlichen Erwiderung auf die Klage aufgefordert wird. Dies bezieht sich auf die Vorbereitung des Gütetermins. In Ausnahmefällen bei komplexen Sachverhalten und längerer Frist zum Gütetermin kann davon abgewichen werden. Gleiches gilt dann, wenn sich der Streittermin unmittelbar an die Güteverhandlung anschließen soll (GK-ArbGG/*Woitaschek* § 47 Rn 41).

§ 48 Rechtsweg und Zuständigkeit

(1) Für die Zulässigkeit des Rechtsweges und der Verfahrensart sowie für die sachliche und örtliche Zuständigkeit gelten die §§ 17 bis 17b des Gerichtsverfassungsgesetzes mit folgender Maßgabe entsprechend:
1. Beschlüsse entsprechend § 17a Abs. 2 und 3 des Gerichtsverfassungsgesetzes über die örtliche Zuständigkeit sind unanfechtbar.
2. Der Beschluss nach § 17a Abs. 4 des Gerichtsverfassungsgesetzes ergeht, sofern er nicht lediglich die örtliche Zuständigkeit zum Gegenstand hat, auch außerhalb der mündlichen Verhandlung stets durch die Kammer.

(1a) Für Streitigkeiten nach § 2 Abs. 1 Nr. 3, 4a, 7, 8 und 10 sowie Abs. 2 ist auch das Arbeitsgericht zuständig, in dessen Bezirk der Arbeitnehmer gewöhnlich seine Arbeit verrichtet oder zuletzt gewöhnlich verrichtet hat. Ist ein gewöhnlicher Arbeitsort im Sinne des Satzes 1 nicht feststellbar, ist das Arbeitsgericht örtlich zuständig, von dessen Bezirk aus der Arbeitnehmer gewöhnlich seine Arbeit verrichtet oder zuletzt gewöhnlich verrichtet hat.

(2) ¹Die Tarifvertragsparteien können im Tarifvertrag die Zuständigkeit eines an sich örtlich unzuständigen Arbeitsgerichts festlegen für

1. bürgerliche Rechtsstreitigkeiten zwischen Arbeitnehmern und Arbeitgebern aus einem Arbeitsverhältnis und aus Verhandlungen über die Eingehung eines Arbeitsverhältnisses, das sich nach einem Tarifvertrag bestimmt,
2. bürgerliche Rechtsstreitigkeiten aus dem Verhältnis einer gemeinsamen Einrichtung der Tarifvertragsparteien zu den Arbeitnehmern oder Arbeitgebern.

²Im Geltungsbereich eines Tarifvertrags nach Satz 1 Nr. 1 gelten die tarifvertraglichen Bestimmungen über das örtlich zuständige Arbeitsgericht zwischen nicht tarifgebundenen Arbeitgebern und Arbeitnehmern, wenn die Anwendung des gesamten Tarifvertrags zwischen ihnen vereinbart ist. ³Die in § 38 Abs. 2 und 3 der Zivilprozessordnung vorgesehenen Beschränkungen finden keine Anwendung.

Übersicht	Rdn.			Rdn.
A. Anwendungsbereich	1	I. Positive Entscheidung		10
B. Die Vorabentscheidung zum Rechtsweg	2	II. Bei Verweisung		11
I. Grundsatz	2	G. Besonderer Gerichtsstand des Arbeitsortes		13
II. Gerichtliche Prüfung	3	I. Regelungszweck		13
III. Beschluss	4	II. Arbeitsort		14
C. Entscheidung zur örtlichen Zuständigkeit	5	III. Wechselnde Einsatzorte (Reisetätigkeit)		15
D. Entscheidung über die Verfahrensart	6	H. Kompetenzkonflikte (§ 36 ZPO)		16
E. Rechtsmittel	7	I. Zuständigkeitsregelung durch TV (II)		17
F. Die Bindungswirkung der Zuständigkeitsentscheidung	10	I. Anwendungsbereich		17
		II. Vereinbarung		18

A. Anwendungsbereich. In I dieser Bestimmung wird für das Verfahren über die **Zulässigkeit des Rechtsweges, die Verfahrensart und die örtliche Zuständigkeit** auf §§ 17–17b GVG verwiesen. Durch dieses komprimierte Vorabverfahren mit Bindungswirkung sollen verzögernde Zuständigkeitsstreitigkeiten vermieden werden. Aus dem Verweis auf §§ 17 ff GVG ergibt sich, dass es sich auch bei der Abgrenzung zur ordentlichen Gerichtsbarkeit um keine Frage der sachlichen Zuständigkeit, sondern um eine solche des Rechtsweges handelt (BAG 26.5.1992, 2 AZR 443/91, EzA § 48 ArbGG 1979 Nr 5). Dies bedingt, dass die Notzuständigkeit der Amtsgerichte in den Arrest- und Verfügungsverfahren (§ 942 I ZPO) nicht mehr besteht (GMP/*Germelmann* § 48 Rn 2). Soweit die sachliche Zuständigkeit im Gesetz noch genannt wird, handelt es sich um ein Redaktionsversehen. Durch das SGGArbGG-ÄndG v 26.3.2008 (BGBl I, 444) ist in Ia der besondere Gerichtsstand des Arbeitsortes eingefügt worden. In II ist die Prorogationsmöglichkeit für die örtliche Zuständigkeit zugunsten der TV-Parteien aufrechterhalten worden. 1

B. Die Vorabentscheidung zum Rechtsweg. I. Grundsatz. Das Verfahren gem §§ 17 ff GVG ist zwingend angeordnet. Außer über § 2 IV sind Parteivereinbarungen oder ein rügeloses Einlassen zum Rechtsweg nicht zulässig. Im Verhältnis zu einem Schiedsgericht und für die internationale Zuständigkeit sowie die interne Verteilung innerhalb eines Gerichts (Fach- oder Außenkammern) gilt § 48 I nicht. Im Beschlussverfahren, im einstweiligen Rechtsschutz (BAG 29.10.2001, 5 AZB 66/99, EzA § 2 ArbGG 1979 Nr 56), im Mahnverfahren sowie im PKH-Verfahren ist die Vorabentscheidung hingegen eröffnet (ErfK/*Koch* § 48 Rn 3). 2

II. Gerichtliche Prüfung. Bestehen Zweifel an der Zulässigkeit des Rechtsweges, hat das angerufene ArbG vAw zu prüfen. Dieserhalb kann die Klage nicht als unzulässig abgewiesen werden. Bei Klagehäufung muss für jeden prozessualen Anspruch die Rechtswegprüfung gesondert vorgenommen werden; Gleiches gilt für die Widerklage. Ggf ist abzutrennen (§ 145 ZPO). Eine nach Rechtshängigkeit eintretende (tatsächliche oder rechtliche) Veränderung lässt die ursprünglich bestehende Rechtswegzuständigkeit nicht mehr entfallen (§ 17 I 1 GVG). Hingegen können nachträgliche Veränderungen noch zur Zulässigkeit des Rechtsweges führen. Maßgeblicher Zeitpunkt ist der Schluss der mündlichen Verhandlung. Den Parteien ist rechtliches Gehör zu gewähren. Entscheidungsgrundlage ist das klägerseitige Vorbringen. Zur Schlüssigkeit und zum gerichtlichen Prüfungsumfang vgl § 2 Rdn 31. 3

III. Beschluss. Das ArbG entscheidet über die Zulässigkeit des Rechtsweges durch zu **begründenden Beschluss der Kammer**, wobei eine mündliche Verhandlung nicht erforderlich ist (§ 17a IV 1 GVG, § 48 I Nr 2 ArbGG). Ist der Rechtsweg gegeben, wird dies im Tenor positiv formuliert (§ 17a III 1 GVG). Eines (positiven) Vorabbeschlusses bedarf es dann nicht, wenn der Rechtsweg nicht gerügt war (§ 17a III 2 GVG). Es genügen dann Ausführungen in der Hauptsacheentscheidung. Ist der Rechtsweg bei dem angerufenen Gericht nicht gegeben, wird dies zunächst im Beschlusstenor ausgesprochen und gleichzeitig in den zulässigen Rechtsweg und an das zuständige Gericht verwiesen (§ 17a II 1 GVG). Kommen mehrere 4

§ 48 ArbGG Rechtsweg und Zuständigkeit

örtliche Gerichtsstände infrage, hat der Kläger ein Wahlrecht, anderenfalls entscheidet das Gericht (§ 17a II 2 GVG). Der Beschluss ist hins des Rechtsweges bindend (§ 17a II 3 GVG). Er enthält keine Kostenentscheidung (§ 17b II 1 GVG), aber eine Rechtsmittelbelehrung (§ 9 V ArbGG).

5 **C. Entscheidung zur örtlichen Zuständigkeit.** Wegen der fehlenden eigenen Regelungen gelten über § 46 II die Bestimmungen über die Gerichtsstände gem §§ 12 ff ZPO, nun ergänzt durch Ia. Zu den Einzelheiten vgl § 2 Rdn 29. Gerichtsstandsvereinbarungen sind zum einen nach § 38 II ZPO möglich, sonst nur, wenn sie nach Entstehen der Streitigkeit, ausdrücklich und schriftlich geschlossen sind (§ 38 III Nr 1 ZPO). Auch für die erforderliche Vorabentscheidung zur örtlichen Zuständigkeit gelten grds die §§ 17 ff GVG. Die Prüfung hat also vAw zu geschehen, die Parteien sind anzuhören (§ 17a II 1 GVG). Allerdings wird der zu begründende **Beschluss vom Vorsitzenden allein** erlassen (§ 48 I Nr 2 iVm § 55 I Nr 7). Die Entscheidung ist **unanfechtbar** (§ 48 I Nr 1). Davon sind Einschränkungen zur Bindungswirkung zu unterscheiden (vgl Rdn 11). Wird die örtliche Zuständigkeit verneint, ist dies im Beschluss auszusprechen und gleichzeitig an das zuständige Gericht zu verweisen.

6 **D. Entscheidung über die Verfahrensart.** Ob die von Kläger/Antragsteller gewählte Verfahrensart zutreffend ist, obliegt der Prüfung vAw unter Anwendung der §§ 17 ff GVG. Eine Parteivereinbarung ist nicht zulässig. Die inhaltliche Abgrenzung zwischen **Urteils- und Beschlussverfahren** ergibt sich aus §§ 2, 2a. Zum Verfahren gelten die nämlichen Regeln wie bei der Rechtswegentscheidung: Bei Rüge ist durch Beschluss der Kammer vorab zu entscheiden, einer mündlichen Verhandlung bedarf es nicht. Eine bloße Abgabe in die andere Verfahrensart genügt nicht, es bedarf der Verweisung (GMP/*Germelmann* § 48 Rn 107).

7 **E. Rechtsmittel.** Die Beschlüsse über den Rechtsweg oder die Verfahrensart (nicht: örtliche Zuständigkeit) sind mit der **sofortigen Beschwerde anfechtbar** (§ 17a IV 3 GVG, §§ 567 ff ZPO). Die Beschwerdefrist beträgt 2 Wochen und beginnt mit der Zustellung des Beschlusses oder 5 Monate nach Verkündung bzw der formlosen Mitteilung (BAG 1.7.1992, 5 AS 4/92, EzA § 17a GVG Nr 1). Es bedarf der Abhilfeentscheidung (§ 572 I ZPO) durch die Kammer (BAG 17.9.2014, 10 AZB 43/14, BB 2014, 2867). Die ehrenamtlichen Richter bestimmen sich nach dem Geschäftsverteilungsplan (LAG Berl 15.2.2006, 13 Ta 170/06, LAGE § 78 ArbGG 1979 Nr 3). Die **Beschwerdeberechtigung** fehlt, wenn nach dem übereinstimmenden Antrag der Parteien verwiesen wurde oder mit der Beschwerde nur die fehlerhafte örtliche, sachliche oder funktionelle Zuständigkeit des Gerichts, an das verwiesen wurde, gerügt wird (BAG 20.9.1995, 5 AZB 1/95, EzA § 17a GVG Nr 9). Ist lediglich aufgrund eines Hilfsantrages verwiesen worden, bleibt es bei der Beschwerdeberechtigung. Beim LAG entscheidet – auch nach mündlicher Verhandlung – der Vorsitzende allein (§ 78 S 3). Eine Kostenentscheidung gem § 97 I ZPO geschieht nur bei erfolgloser Beschwerde (GK-ArbGG/*Bader* § 48 Rn 66). Eine Zurückverweisung (§ 572 III ZPO) verbietet sich aus dem bes Charakter des Vorabverfahrens (BAG 17.2.2003, 5 AZB 37/02, EzA § 17a GVG Nr 16).

8 Gegen den Beschluss des LAG ist die **Rechtsbeschwerde** (§§ 574 ff ZPO) nur statthaft, wenn sie in dem Beschluss zugelassen worden ist (§ 17a IV 4 GVG). Die Zulassungsgründe ergeben sich aus § 17a IV 5 GVG. Eine Zulassung ist auch iR eines Eilverfahrens möglich (BAG 24.5.2000, 5 AZB 66/99, EzA § 17a GVG Nr 11). Eine **Nichtzulassungsbeschwerde** ist nicht eröffnet; eine analoge Anwendung des § 72a findet nicht statt (BAG 19.12.2002, 5 AZB 54/02, EzA § 17a GVG Nr 15). Bei Verletzung des rechtlichen Gehörs hilft nun § 78a (s § 78a Rdn 2–7). Das BAG ist an die Zulassung der Rechtsbeschwerde gebunden (§ 17a IV 6 GVG); es entscheidet ebenfalls ohne die ehrenamtlichen Richter.

9 Hat das ArbG **unrichtig** eine Rüge übergangen und unmittelbar **zur Hauptsache entschieden**, ist nach dem Grundsatz der Meistbegünstigung sofortige Beschwerde oder Berufung statthaft (BAG 26.3.1992, 2 AZR 443/91, EzA § 48 ArbGG 1979 Nr 5). Dem LAG ist die Zurückverweisung verwehrt; § 65 ist in diesem Fall nicht anzuwenden. Fehlt nach Auffassung des LAG die Rechtswegzuständigkeit, ist unter Abänderung des Ersturteils dies durch Beschluss auszusprechen und in den richtigen Rechtsweg zu verweisen (LAG Berl-Bbg 27.1.2014, 4 Sa 1731/13, BB 2014, 1011). Wird bei eingelegter Berufung der Rechtsweg hingegen im Vorabbeschluss bejaht, kann – wenn das LAG die Rechtsbeschwerde nicht zulässt – sogleich zur Hauptsache entschieden werden (BAG 26.3.1992, 2 AZR 443/91, aaO). Wird eine zugelassene Rechtsbeschwerde eingelegt, ist die Hauptsache gem § 148 ZPO auszusetzen.

10 **F. Die Bindungswirkung der Zuständigkeitsentscheidung. I. Positive Entscheidung.** Wenn ein Gericht rechtskräftig seine Zuständigkeit bejaht hat, sind andere Gerichte, insb diejenigen des Instanzenzuges, daran gebunden (§ 17a I GVG). Dies gilt auch für die Zulässigkeit des Rechtsweges (§ 17a V GVG, §§ 65, 73 II). Voraussetzung der Bindungswirkung ist aber die Einhaltung des Verfahrens gem § 17a GVG (BAG 8.6.1999, 3 AZR 136/98, EzA § 1 BetrAVG Lebensversicherung Nr 8). Bei einem in diesem Sinn

zulässigen Rechtsweg hat das Gericht den Rechtsstreit unter **allen in Betracht kommenden rechtlichen Gesichtspunkten** – also auch solchen eines anderen Rechtsweges – zu prüfen (§ 17 II 1 GVG). Ausgenommen bleiben nur Ansprüche nach Art 14 III, 34 S 3 GG. Die **Aufrechnung** mit einer Forderung aus einem anderen Rechtsweg ist aber, soweit nicht § 2 III angewendet werden kann, nicht zulässig (BAG 23.8.2001, 5 AZB 3/01, EzA § 17 GVG Nr 1; s.o. § 2 Rdn 28).

II. Bei Verweisung. In diesem Fall tritt mit Rechtskraft des Verweisungsbeschlusses die Bindungswirkung für den Rechtsweg bei dem Gericht ein, an das verwiesen wurde (§ 17a II 3 GVG). Ist in einem Rechtsweg wegen örtlicher Unzuständigkeit verwiesen worden, tritt für diesen Rechtsweg keine Bindung ein, es kann also noch in einen anderen Rechtsweg verwiesen werden. Dies gilt nur dann nicht, wenn in der 1. Verweisung (inzidenter) auch zum Rechtsweg eine positive Entscheidung getroffen wurde (ErfK/*Koch* § 48 Rn 13). Ist nur wegen des Rechtsweges verwiesen, kann wegen der **örtlichen Zuständigkeit** – im selben Rechtsweg – weiter verwiesen werden (BAG 14.1.1994, 5 AS 22/93, EzA § 36 ZPO Nr 19). IÜ wird die gesetzlich angeordnete Bindungswirkung nur dann durchbrochen, wenn der Verweisungsbeschluss **offensichtlich gesetzeswidrig** ist. Solches ist anzunehmen, wenn die Verweisung jeder Rechtsgrundlage entbehrt oder willkürlich gefasst ist, also eine krasse Rechtsverletzung vorliegt (BAG 2.7.2014, 10 AS 3/14, NZA 2015, 448; BAG 12.7.2006, 5 AS 7/06, NJW 2006, 2798). Wird (nur) von der obergerichtlichen Rspr abgewichen oder geschieht ein (einfacher) Rechtsfehler, fehlt eine krasse Rechtsverletzung. Die Bindungswirkung wird auch durchbrochen, wenn die Verweisung auf einer Verletzung des rechtlichen Gehörs beruht, also das verweisende Gericht in Wahrheit (örtlich) zuständig und das Adressatgericht unzuständig ist (BAG 29.6.1992, 5 AS 7/92, NZA 1992, 1049; GMP/*Germelmann* § 48 Rn 102). Ebenfalls keine Bindung besteht, wenn das verweisende Gericht den Bezugspunkt der örtlichen Zuständigkeit offenkundig irrtümlich dem falschen Gerichtsbezirk zugeordnet hat (BAG 31.1.1994, 5 AS 23/93, EzA § 36 ZPO Nr 20), vor Rechtshängigkeit verwiesen wurde (BAG 9.2.2006, 5 AS 1/06, EzA § 36 ZPO 2002 Nr 3) oder der Rechtsstreit bei dem verweisenden Gericht nicht (mehr) anhängig war (BAG 21.12.2015, 10 AS 9/15, BB 2016, 372). Wegen fehlender Begründung des Beschl vgl §§ 17 – 17b GVG Rdn 6.

Nach Eintritt der Rechtskraft des Verweisungsbeschlusses sind die Akten dem Adressatgericht zu übersenden; mit dem Eingang wird das Verfahren dort anhängig (§ 17b I 1 GVG). Die Wirkungen der ursprünglichen Rechtshängigkeit bleiben bestehen (§ 17b I 2 GVG). Der Verweisungsbeschluss enthält **keine Kostenentscheidung**. Über die Kosten ist mit der Hauptsache durch das Adressatgericht zu entscheiden (§ 17b II 1 GVG). Die Mehrkosten aus der Anrufung des unzuständigen Gerichts hat die Klagepartei zu tragen (s.o. § 12a Rdn 6).

G. Besonderer Gerichtsstand des Arbeitsortes. I. Regelungszweck. Über die generelle Verweisung auf die Gerichtsstände der ZPO hinaus (vgl § 2 Rdn 29) sah sich der Gesetzgeber veranlasst, einen besonderen (Wahl-) Gerichtsstand des Arbeitsortes einzuführen. Dies resultiert auch aus den teils sehr unterschiedlichen Anforderungen in der Rspr der Instanzgerichte an den (einheitlichen) Gerichtsstand des Erfüllungsorts. Der neu geschaffene Gerichtsstand orientiert sich ganz wesentlich an demjenigen nach Art 19 Nr 2a EuGVVO. Er gilt für sämtliche Klagearten des Urteilsverfahrens (auch für die AG-Klage), aber nur für die Streitigkeiten nach § 2 I Nr 3, 4a, 7, 8 und 10 sowie II.

II. Arbeitsort. Dies ist derjenige Ort, an dem der AN die geschuldete Leistung tatsächlich erbringt. Der im Arbeitsvertrag vereinbarte Arbeitsort hat deshalb nur indizielle Bedeutung. Eine verfestigte Betriebs- oder Organisationsstruktur des AG ist für den Arbeitsort nicht erforderlich. Maßgeblich ist der Ort, an dem die Arbeitsleistung **gewöhnlich** erbracht wird. Ist der Bezirk eines Außendienstmitarbeiters auf einen ArbG-Bezirk begrenzt, ist dies der Arbeitsort. Eine lediglich vorübergehende Änderung des Arbeitsortes für einen überschaubaren Zeitraum vermag damit keinen Gerichtsstand zu begründen (*Reinhard/Böggemann*, NJW 2008, 1265). Ist die Arbeitsleistung nicht auf einen Ort konzentriert, soll nach der Gesetzesbegründung der überwiegende Tätigkeitsort bestimmend sein. Dabei ist nicht das zeitliche Maß der Arbeitsleistung vorrangig maßgeblich (aA GK-ArbGG/*Bader*, § 48 Rn 93a). Es kann vielmehr der inhaltliche Schwerpunkt der Tätigkeit ausschlaggebend sein. Ist das Arbeitsverhältnis beendet, ist auf den letzten gewöhnlichen Arbeitsort abzustellen.

III. Wechselnde Einsatzorte (Reisetätigkeit). Ist bei solcher Tätigkeit der gewöhnliche Arbeitsort nicht feststellbar, ist der Ort bzw Gerichtsbezirk maßgeblich, **von dem aus** der AN gewöhnlich seine Arbeit verrichtet (Ia, S 2). Dabei ist der Abreise- und/oder Wohnort nur entscheidend, wenn dort ein nicht unerheblicher Teil der geschuldeten Arbeitsleistung (zB Einsatzvorbereitung, Berichterstellung) mit Billigung des AG erfolgt (*Reinhard/Böggemann*, aaO); so bei einem sog Home-Office. Ein inhaltlicher Schwerpunkt der Tätigkeit wird dabei aber nicht gefordert. Für Monteure oder Kraftfahrer, die fortgesetzt aufgrund unterschiedlicher Einzelweisungen tätig werden, ist jedoch der Abreiseort/Wohnort idR nicht dem Arbeitsort gleichzusetzen (LAG Brem 9.10.2014, 1 SHa 4/14, BB 2014, 2739; ähnlich BAG 24.9.2009, 8 AZR 306/08, MDR 2010, 641). Es wird dann der Ort maßgeblich sein, von dem aus die Arbeitsleistung gelenkt wird.

16 **H. Kompetenzkonflikte (§ 36 ZPO).** Trotz des stringenten Verfahrens gem § 17 ff GVG können (negative) Zuständigkeitskonflikte unter den Gerichten auftreten, wenn aus bes Gründen eine Durchbrechung der Bindungswirkung reklamiert wird. Die Bestimmung des zuständigen Gerichts hat dann nach § 36 I Nr 6 ZPO zu geschehen. Dies gilt nicht nur für die örtliche Zuständigkeit, sondern auch bei rechtswegübergreifenden Zuständigkeitskonflikten. Hier sind die jeweils obersten Bundesgerichte zuständig und zwar dasjenige, das zuerst um eine Entscheidung ersucht wurde (BAG 12.7.2006, 5 AS 7/06, NZA 2006, 1004). Innerhalb des arbeitsgerichtlichen Rechtsweges ist in entspr Anwendung von § 36 II ZPO dasjenige **LAG zuständig**, zu dessen Bezirk das zuerst mit der Sache befasste ArbG gehört. Die gesetzlich angeordnete Bindungswirkung ist auch im Verfahren nach § 36 I Nr 6 ZPO zu beachten (BAG 13.1.2003, 5 AS 7/02, EzA § 36 ZPO Nr 29). Danach ist regelmäßig das Gericht als zuständig zu bestimmen, an das zuerst verwiesen wurde. Davon ist nur abzuweichen, wenn aus bes Gründen die Bindungswirkung durchbrochen ist (s.o. Rdn 11). Sind mehrere Beklagte keine notwendigen Streitgenossen, kann eine Gerichtsstandsbestimmung nach § 36 Nr 3 ZPO nicht stattfinden, wenn für einen beklagten Streitgenossen schon eine bindende Verweisung an ein anderes Gericht vorliegt (BAG 13.11.1996, 5 AS 11/96, EzA § 36 ZPO Nr 24).

17 **I. Zuständigkeitsregelung durch TV (II).** **I. Anwendungsbereich.** Im normativen Teil eines TV können die TV-Parteien die ausschließliche oder zusätzliche Zuständigkeit eines an sich unzuständigen ArbG vereinbaren (in der Form des § 1 II TVG). Die tarifliche Zuständigkeitsregelung ist nur für die abschließend aufgeführten Rechtsstreitigkeiten zulässig: für bürgerliche Streitigkeiten zwischen **AN und AG aus einem Arbeitsverhältnis** sowie aus Verhandlungen über das **Eingehen eines Arbeitsverhältnisses**, das sich nach einem TV bestimmt (§ 48 II 1 Nr 1). Diese Zuordnung lehnt sich eng an § 2 I Nr 3a und c an. Daraus folgt, dass Streitigkeiten über den Bestand des Arbeitsverhältnisses, aus unerlaubter Handlung und wegen Nachwirkungen aus dem Arbeitsverhältnis nicht der tariflichen Gerichtsstandsregelung zugänglich sind (GMP/ *Germelmann* § 48 Rn 136). Weiter kann für bürgerliche Streitigkeiten aus dem Verhältnis einer gemeinsamen Einrichtung der TV-Parteien zu den AN oder AG ein tariflicher Gerichtsstand festgelegt werden (§ 48 II 1 Nr 2). Auch hier kann die tarifliche Zuständigkeit nicht auf Hinterbliebene des AN ausgedehnt werden (GK-ArbGG/*Bader* § 48 Rn 96).

18 **II. Vereinbarung.** Im Ausgangspunkt gilt die tarifliche Zuständigkeitsbestimmung nur für die Tarifgebundenen (§ 3 I TVG) bzw diejenigen, die von der Allgemeinverbindlichkeit des TV erfasst werden. Allerdings ist auch die individualrechtliche Inbezugnahme des TV für die Geltung der tariflichen Gerichtsstandsregelung genügend, wenn der ganze TV im Arbeitsvertrag einbezogen ist (§ 48 II 2). Die Vereinbarung bedarf nicht der Schriftform und kann im Voraus geschehen (§ 48 II 3).

§ 49 Ablehnung von Gerichtspersonen

(1) Über die Ablehnung von Gerichtspersonen entscheidet die Kammer des Arbeitsgerichts.
(2) Wird sie durch das Ausscheiden des abgelehnten Mitglieds beschlussunfähig, so entscheidet das Landesarbeitsgericht.
(3) Gegen den Beschluss findet kein Rechtsmittel statt.

Übersicht	Rdn.		Rdn.
A. Grundsatz............................	1	D. Richterablehnung...................	6
B. Gerichtspersonen...................	2	I. Gründe............................	6
C. Ausschluss eines Richters.........	3	II. Einzelfälle.........................	7
I. Kraft Gesetzes....................	3	III. Ablehnungsgesuch der Partei....	8
II. Ausschließungsgründe............	4	IV. Gerichtliche Entscheidung........	9

1 **A. Grundsatz.** Die Vorschrift befasst sich unmittelbar nur mit dem Verfahren bei der Ablehnung von Gerichtspersonen. Ansonsten gelten über § 46 II die Bestimmungen gem §§ 41 ff ZPO auch im arbeitsgerichtlichen Verfahren. Dabei ist zu trennen zwischen den Ausschließungsgründen (§ 41 ZPO) und den auf Antrag der Parteien oder der Gerichtspersonen zu prüfenden Ablehnungsgründen (§ 42 ZPO). Die Bestimmung gilt für Urteils-, Beschluss- und Mahnverfahren.

B. Gerichtspersonen. Darunter fallen zum einen die Berufsrichter sowie die ehrenamtlichen Richter. Aber auch Rechtspfleger (§ 10 RPflG) und die Urkundsbeamten der Geschäftsstelle gehören dazu, nicht jedoch Schreibkräfte und Wachtmeister. Sonderregelungen bestehen für Sachverständige (§ 406 ZPO) und Dolmetscher (§ 191 GVG); für die Ablehnung des Sachverständigen gilt aber § 49 entspr (BAG 22.7.2008, 3 AZB 26/08, EzA § 49 ArbGG 1979 Nr 9).

C. Ausschluss eines Richters. I. Kraft Gesetzes. In den Fällen des § 41 ZPO ist der Richter kraft Gesetzes von seinem Amt ausgeschlossen. Es bedarf deshalb keines Antrages und keiner ausdrücklichen Entsch. Der Vertreter nach dem Geschäftsverteilungsplan tritt an die Stelle des Ausgeschlossenen. Ist der gesetzliche Ausschließungsgrund zweifelhaft, hat auf Anzeige des betroffenen Richters eine gerichtliche Entsch des Spruchkörpers ohne den anzeigenden Richter in Anwendung des § 49 zu ergehen.

II. Ausschließungsgründe. Der Richter ist ausgeschlossen, wenn er selbst Partei ist oder zur Partei im Verhältnis des Mitberechtigten, Mitverpflichteten oder Regresspflichtigen steht (§ 41 Nr 1 ZPO). Als Partei gelten auch Streitgenossen und Streithelfer. Mitberechtigte sind Gesellschafter von Personengesellschaften und Vorstände bzw Geschäftsführer von Kapitalgesellschaften (GMP/*Germelmann* § 49 Rn 7). Die Stellung als Aktionär oder die Mitgliedschaft zu einer Gewerkschaft oder dem Arbeitgeberverband als Prozesspartei ist hingegen unschädlich (BAG 6.8.1997, 4 AZR 789/95(A), EzA § 49 ArbGG 1979 Nr 5). Die Ehe, auch wenn sie nicht mehr besteht (Nr 2), die Lebenspartnerschaft (Nr 2a) oder ein nahes Verwandtschaftsverhältnis (Nr 3) zur Partei (nicht zum Prozessbevollmächtigten) sind gesetzliche Ausschließungsgründe. Die Bestellung als Prozessbevollmächtigter, Unterbevollmächtigter oder Beistand ist genauso Ausschließungsgrund wie die gesetzliche Vertretung der Partei (Nr 4); zu den Besonderheiten für die handelnden Vertreter der bevollmächtigten juristischen Personen nach § 11 II Nr 5 vgl BAG 7.11.2012, 7 AZR 646/10(A), NJW 2013, 1180.

Wer als Zeuge oder Sachverständiger in derselben Sache vernommen wurde, ist gleichfalls ausgeschlossen (Nr 5). Die bloße Benennung genügt aber nicht (Thomas/Putzo/*Hüßtege* § 41 Rn 6). Die Mitwirkung in einem früheren Rechtszug oder im schiedsrichterlichen Verfahren bei dem Erlass der angefochtenen Entsch ist ebenfalls Ausschließungsgrund (Nr 6). Erforderlich ist aber eine inhaltliche Mitwirkung an der Entsch; ein Beweisbeschl, eine Beweisaufnahme oder die Durchführung der Güteverhandlung ist deshalb unschädlich (GMP/*Germelmann* § 49 Rn 12). Weiter ist nun die Mitwirkung an einem (einschlägigen) Mediationsverfahren Ausschließungsgrund (§ 41 Nr 8 ZPO). War der Richter **Vorsitzender** (oder Mitglied) einer **Einigungsstelle**, ist er nur dann ausgeschlossen, wenn der Einigungsstellenspruch selbst angefochten ist (BCF/*Creutzfeldt* § 49 Rn 3).

D. Richterablehnung. I. Gründe. Ablehnung ist möglich, wenn ein gesetzlicher Ausschließungsgrund (s.o. Rdn 4,5) besteht oder bei **Besorgnis der Befangenheit** (§ 42 I ZPO). Letzteres erfordert einen Grund, der geeignet ist, das Misstrauen in die Unparteilichkeit des Richters zu rechtfertigen (§ 42 II ZPO). Dabei ist es genügend, wenn die Partei bei objektiver, vernünftiger Betrachtung die begründete Befürchtung hat, der Richter werde nicht frei von unsachlichen Motiven ohne Ansehen der Person und ausschließlich nach Recht und Gesetz verhandeln und entscheiden (BAG 6.8.1997, 4 AZR 789/95 (A), EzA § 49 ArbGG 1972 Nr 5). Eine objektive Parteilichkeit oder Befangenheit des Richters ist nicht erforderlich.

II. Einzelfälle. Ablehnungsgründe können sich aus der Art und Weise der **Prozessführung** ergeben: so wenn der Richter einseitig mit einer Partei Kontakt aufnimmt oder ihr Informationen zuleitet (LAG Berl 18.12.1996, 18 Sa 97/96, LAGE § 49 ArbGG Nr 7); auch wohl bei richterlichem Hinweis auf die Verjährungseinrede (BGH 2.10.2003, V ZB 22/03, NJW 2004, 164; aA Zöller/*Vollkommer* § 42 Rn 27), bei einer (vorschnellen) Drohung mit einer Strafanzeige (BVerfG 25.7.2012, 2 BvR 615/11, NJW 2012, 3228) oder einer grob unsachlichen Äußerung (BVerfG 12.12.2012, 2 BvR 1750/12, MDR 2013, 294). Keine Befangenheit begründen hingegen Äußerungen zur Sach- und Rechtslage, auch zur Erfolgsaussicht. Gebotene Hinweise zum Sachvortrag und zur Antragstellung (§ 139 ZPO) sind immer unschädlich, ebenso Veröffentlichungen in Fachpublikationen oder wissenschaftliche Äußerungen zu im Prozess str Themen (BVerfG 19.4.2010, 1 BvR 626/10, NJW-RR 2010, 1150). Auch aus der gesellschaftlichen oder allg-politischen Betätigung des Richters ist idR eine Befangenheit nicht herzuleiten, solange keine Parteilichkeit im konkreten Verfahren erkennbar ist (BVerfG 11.10.2011, 2 BvR 1010/10, NJW 2011, 3637). Gleiches gilt für aktive Mitgliedschaft eines ehrenamtlichen Richters in der Gewerkschaft bzw dem AG-Verband (BAG 10.7.1996, 4 AZR 759/94(A), EzA § 42 ZPO Nr 4); anders, wenn der ehrenamtliche Richter als Rechtssekretär in einem gleichgelagerten Parallelverfahren tätig war (BAG 7.11.2012, aaO). Befangenheitsgründe können sich aus der bes **Nähe zur Partei** oder zu deren Prozessbevollmächtigten ergeben (BGH 15.3.2012, V ZB 102/11, NJW 2012, 1890; KG 30.10.2013, 23 U 121/13, MDR 2014, 367). Bei freundschaftlichen

Beziehungen gilt dies nur dann, wenn Anzeichen für eine fehlende Unvoreingenommenheit des Richters erkennbar sind (BAG 26.3.2009, 2 AZR 953/07, DB 2009, 1772). Allerdings kann die Nichtoffenbarung eines anzeigepflichtigen Näheverhältnisses einen selbstständigen Ablehnungsgrund bilden (OLG München 26.3.2014, 15 U 4783/12, MDR 2014, 857). Der Berufsrichter ist idR nicht befangen, wenn ein ehrenamtlicher Richter des eigenen Gerichts Prozesspartei ist (LAG Schl-Holst 6.11.2006, AR 57/06, ArbuR 2007, 139).

8   III. Ablehnungsgesuch der Partei.   Dieses ist bei dem Gericht vorzubringen, dem der abgelehnte Richter angehört (§ 44 I). Es kann auch zu Protokoll der Geschäftsstelle erklärt werden, demnach besteht auch vor dem LAG bzw BAG kein Vertretungszwang (§ 78 V ZPO). Das Ablehnungsrecht **verwirkt**, wenn die Partei in Kenntnis des Ablehnungsgrundes sich vor dem Richter auf die mündliche Verhandlung eingelassen oder Anträge gestellt hat (§ 43 ZPO). Eine spätere Antragstellung ist nur zulässig, wenn die Ablehnungsgründe nachträglich entstanden oder bekannt geworden sind (§ 44 IV). Die Ablehnungsgründe sind glaubhaft zu machen, die eidesstattliche Versicherung der Partei ist nicht zugelassen (§ 44 II 1 ZPO). Allerdings ist die Bezugnahme auf die zwingende dienstliche Äußerung des Richters möglich (§ 44 II 2). Der Richter kann sich auch **selbst ablehnen**, so wenn er ein Verhältnis anzeigt, aus dem sich ein gesetzlicher Ausschließungsgrund ergibt, oder sonstige Umstände anzeigt, aus denen sich eine Ablehnung rechtfertigen könnte (§ 48 ZPO). Bis zur Entscheidung über die Ablehnung sind dem Richter nur unaufschiebbare Maßnahmen (zB Terminaufhebung) gestattet. Bei einer Ablehnung während der mündlichen Verhandlung und wenn deshalb eine Vertagung erforderlich würde, kann der Verhandlungstermin (einstweilen) mit dem abgelehnten Richter fortgesetzt werden. Bei begründeter Ablehnung muss der nach der Ablehnung liegende Verhandlungsteil wiederholt werden (§ 47 II 2 ZPO).

9   IV. Gerichtliche Entscheidung.   Über das Ablehnungsgesuch oder die Anzeige gem § 48 ZPO entscheidet **die Kammer** des abgelehnten Richters ohne diesen. Anstelle des Berufsrichters tritt dessen Vertreter nach dem Geschäftsverteilungsplan. Bei der Ablehnung eines ehrenamtlichen Richters ist der nach der Liste (§ 31 I) nächstberufene ehrenamtliche Richter heranzuziehen. Tritt durch die Ablehnung beim ArbG Beschlussunfähigkeit ein, entscheidet das LAG (§ 49 II). Ist das Ablehnungsgesuch offensichtlich unzulässig , weil es für sich allein (also ohne weitere Aktenkenntnis) offenkundig die Ablehnung nicht zu begründen vermag, kann es ausnahmsweise unter Mitwirkung der (s) abgelehnten Richter(s) verworfen werden (BAG 17.3.2016, 6 AZN 1087/15; BAG 7.2.2012, 8 AZA 20/11, NZA 2012, 526; aA GMP/*Germelmann* § 49 Rn 46).

10 Vor der Entsch ist den Parteien rechtliches Gehör zu gewähren, insb zur dienstlichen Äußerung des Richters (BVerfG 8.6.1993, 1 BvR 878/90, NJW 1993, 2229). Entscheidungsform ist der **Beschl**, der keine Kostenentsch enthält. Er ist **unanfechtbar** (§ 49 III), worüber nach § 9 V 2 zu belehren ist. Dem Rechtsmittelausschluss begegnen keine verfassungsrechtlichen Bedenken (BAG 27.7.1998, 9 AZB 5/98, EzA § 49 ArbGG 1979 Nr 7). Für die außerordentliche Beschwerde wegen greifbarer Gesetzeswidrigkeit ist nach der ZPO-Reform kein Raum mehr (GK-ArbGG/*Schütz* § 49 Rn 60). Bei Verletzung des rechtlichen Gehörs hilft § 78a I (BAG 23.9.2008, 6 AZN 84/08, NJW 2009, 1693).

§ 50 Zustellung

(1) ¹Die Urteile werden von Amts wegen binnen drei Wochen seit Übermittlung an die Geschäftsstelle zugestellt. ²§ 317 Abs. 1 Satz 3 der Zivilprozessordnung ist nicht anzuwenden.
(2) Die §§ 174, 178 Abs. 1 Nr. 2 der Zivilprozessordnung sind auf die nach § 11 zur Prozessvertretung zugelassenen Personen entsprechend anzuwenden.
(3) (weggefallen)

Übersicht	Rdn.		Rdn.
A. Grundsatz	1	III. Beurkundung	4
B. Zustellungen	2	IV. Fehlerhafte Zustellung	5
I. Allgemeines	2	C. **Besonderheiten des arbeitsgerichtlichen**	
II. Zustellungsformen	3	**Verfahrens**	6

1   A. Grundsatz.   Die Vorschrift regelt die arbeitsgerichtlichen Besonderheiten des Zustellungswesens. Ansonsten bleibt es über § 46 II bei den allg Regeln (§§ 166–195 ZPO). **Zustellung** ist die Bekanntgabe eines Dokuments (Schriftstücks) an den Adressaten in der gesetzlichen Form (§ 166 I ZPO). Die förmliche Zustellung hat immer dann zu geschehen, wenn bes (prozessuale oder materielle) Rechtswirkungen erreicht werden sollen. Ist lediglich eine Information des Empfängers beabsichtigt, genügt die formlose Mitteilung. § 50 gilt auch für das Berufungs-, Revisions- und Beschlussverfahren (§§ 64 VII, 72 VI, 80 II).

B. Zustellungen. I. Allgemeines. Regelmäßig geschieht die Zustellung vAw (§ 166 II ZPO). Sie ist 2 Aufgabe des Urkundsbeamten der Geschäftsstelle (§ 168 I ZPO). Zustellungen im Parteibetrieb sind meist auf das Vollstreckungsverfahren beschränkt (s.u. Rdn 7). Adressat der Zustellung muss die Person sein, an die das Dokument bekannt zu geben ist. Bei mehreren Beklagten und Streitgenossen ist an jeden Einzelnen zuzustellen. Bei juristischen Personen und Prozessunfähigen ist an den gesetzlichen Vertreter zuzustellen (§ 170 I ZPO). Bei Behörden als Adressaten genügt die Zustellung an den Behördenleiter (§ 170 II ZPO). Ist ein Prozessbevollmächtigter bestellt, kann wirksam nur an diesen zugestellt werden (§ 172 I ZPO).

II. Zustellungsformen. Die Regelform der Zustellung ist die Übergabe an den Adressaten (§ 177 ZPO). 3 Gelingt dies nicht, kann die Zustellung **ersatzweise** an eine andere Person oder anstelle der Übergabe durch eine andere Zustellungsform geschehen. Als andere Personen kommen erwachsene (nicht zwingend volljährige) Familienangehörige, Hausangestellte oder ständige Mitbewohner infrage (§ 178 I Nr 1 ZPO); bei der Zustellung im Geschäftsraum ein dort Beschäftigter (Nr 2). Dabei ist aber § 178 II ZPO zu beachten. Misslingt die unmittelbare Übergabe an einen geeigneten Empfänger, kann ersatzweise durch Einlegen in den Briefkasten (Wohnung oder Geschäftslokal) zugestellt werden (§ 180 ZPO). Ist dies nicht durchführbar, wird das Schriftstück durch **Niederlegung** bei der dafür bestimmten Poststelle oder beim Amtsgericht, zu dessen Bezirk der Zustellort gehört, zugestellt (§ 181 I ZPO). Bei Zustellungen im **Ausland** gilt für die EU-Mitglieder (ohne Dänemark) die VO (EG) Nr 1393/2007, wobei sich die Durchführung nach §§ 1068, 1069 ZPO richtet (s.o. § 13a Rdn 2). Bei den übrigen Staaten ist eine vereinfachte Zustellung (Einschreiben mit Rückschein) nur zulässig, wenn entspr völkerrechtliche Vereinbarungen bestehen (§ 183 I Nr 1 ZPO). Andernfalls hat die Zustellung auf (meist komplexem) diplomatischem Weg zu geschehen (Nr 2 und 3). Ist der Aufenthaltsort einer Person nicht bekannt, kann die Übergabe durch die **öffentl Zustellung** ersetzt werden (§ 185 ZPO). Diese bedarf eines bewilligenden Beschlusses des Vorsitzenden (§§ 186 I ZPO iVm § 53 I). Die Ausführung der öffentl Zustellung richtet sich nach §§ 186 II, III, 187 ZPO.

III. Beurkundung. Die geschehene Zustellung bedarf der **Beurkundung**. Dies kann der Vermerk auf dem 4 Schriftstück oder in den Akten sein (§ 173 S 2 und 3 ZPO). Bei der Zustellung an einen qualifizierten Empfänger (§ 174 I ZPO) stellt das ausgefüllte und von einer postulationsbefugten Person unterzeichnete Empfangsbekenntnis den Nachweis dar. Hier ist auch die elektronische Zustellung durch Telekopie oder E-Mail möglich (§ 174 II, III ZPO). Ist die Post, ein Justizbediensteter oder Gerichtsvollzieher mit der Zustellung beauftragt, ist von dem Zusteller eine vorbereitete Zustellungsurkunde anzufertigen (§ 182 ZPO). Diese hat die Beweiskraft einer öffentl Urkunde (§ 418 ZPO). Bei der Zustellung durch Einschreiben mit Rückschein genügt Letzterer als Nachweis (§ 175 S 2 ZPO).

IV. Fehlerhafte Zustellung. Diese ist zu wiederholen. Sie wirkt aber nicht auf den ursprünglichen Zeit- 5 punkt zurück. Eine **Heilung** von Zustellungsmängeln ist möglich, sie tritt mit dem tatsächlichen Zugang des Dokuments bei dem Adressaten ein (§ 189 ZPO).

C. Besonderheiten des arbeitsgerichtlichen Verfahrens. In § 50 I 1 wird wiederholt, dass Urteile der 6 **Amtszustellung** unterliegen. Allerdings gilt wegen des Beschleunigungsgebotes § 317 I 3 ZPO nicht, wonach auf übereinstimmenden Parteiantrag die Urteilszustellung bis zu 5 Monaten hinausgeschoben werden kann. Vielmehr sind die (vollständig abgefassten u unterzeichneten) Urteile der Gerichte für Arbeitssachen innerhalb von 3 Wochen seit der Übergabe an die Geschäftsstelle zuzustellen. Die Vorschrift gilt auch für den Vollstreckungsbescheid (arg ex § 700 I ZPO). Sie richtet sich an den Urkundsbeamten der Geschäftsstelle (GK-ArbGG/*Schütz* § 50 Rn 72). Die Fristüberschreitung ist ohne prozessuale Folgen.

Im **Zwangsvollstreckungsverfahren** werden die ohne mündliche Verhandlung erlassenen Arreste und einst- 7 weiligen Verfügungen im Parteibetrieb zugestellt (§ 62 iVm §§ 922 II, 936 ZPO). Ergeht die Entscheidung im Eilverfahren jedoch durch Urteil, gilt § 50 I und es ist im Amtsbetrieb zuzustellen. Dies genügt auch allg bei der Vollstreckung von Urteilen und der Zustellung des Titels als Voraussetzung der Zwangsvollstreckung; als speziellere Vorschrift hat § 50 I Vorrang vor § 750 I 2 ZPO (GMP/*Germelmann* § 50 Rn 8). Bei Prozessvergleichen hat die Zustellung im Parteibetrieb zu geschehen (§§ 795 S 1, 750 I ZPO).

Die postulationsbefugten **Prozessvertreter** (§ 11 II) sind den qualifizierten Adressaten gem § 174 I ZPO 8 gleichgestellt (§ 50 II). Es ist also die Zustellung mittels Empfangsbekenntnis möglich und die Ersatzzustellung kann an eine bei dem Verband beschäftigte Person vorgenommen werden (§ 178 I Nr 2 ZPO). Nicht anwendbar ist jedoch § 195 ZPO. Eine wirksame Zustellung der Verbandsvertreter untereinander oder von Verbandsvertreter zum Anwalt scheidet deshalb aus.

§ 51 Persönliches Erscheinen der Parteien

(1) ¹Der Vorsitzende kann das persönliche Erscheinen der Parteien in jeder Lage des Rechtsstreits anordnen. ²Im übrigen finden die Vorschriften des § 141 Abs. 2 und 3 der Zivilprozessordnung entsprechende Anwendung.

(2) ¹Der Vorsitzende kann die Zulassung eines Prozessbevollmächtigten ablehnen, wenn die Partei trotz Anordnung ihres persönlichen Erscheinens unbegründet ausgeblieben ist und hierdurch der Zweck der Anordnung vereitelt wird. ²§ 141 Abs. 3 Satz 2 und 3 der Zivilprozessordnung findet entsprechende Anwendung.

Übersicht	Rdn.		Rdn.
A. Allgemeines	1	C. Folgen des Ausbleibens der Partei	5
I. Zweck	1	I. Ordnungsgeld	5
II. Adressat der Anordnung	2	II. Zurückweisung	6
B. Zulässiges Nichterscheinen der Partei	3		

1 **A. Allgemeines. I. Zweck.** Die Vorschrift, die in I auch für das Berufungsverfahren gilt (§ 64 VII), passt die allg Regel des § 141 I ZPO den arbeitsgerichtlichen Erfordernissen an. § 141 II und III ZPO werden hingegen für entspr anwendbar erklärt. Das persönliche Erscheinen kann in **jeder Lage des Verfahrens** (also auch schon zum Gütetermin) durch den Vorsitzenden angeordnet werden. Die Entscheidung steht im pflichtgemäßen Ermessen des Vorsitzenden und ist nicht an die engeren Voraussetzungen des § 141 I ZPO gebunden. Anordnungszweck ist vorrangig die **Aufklärung des Sachverhalts**, aber auch – wie § 141 III 2 ZPO zeigt – eine **vergleichsweise Erledigung.** In der Anordnung muss der Zweck nicht angegeben sein, er ergibt sich vielmehr aus dem Gesetz (hM GMP/*Germelmann* § 51 Rn 11). Freilich kann die Anordnung nicht willkürlich, schematisch oder zur Disziplinierung der Partei geschehen. Handelt es sich um reine Rechtsfragen und hat die Partei eine gütliche Beilegung bereits eindeutig abgelehnt, wird die Anordnung des persönlichen Erscheinens kaum infrage kommen.

2 **II. Adressat der Anordnung.** Dieser ist namentlich zu bezeichnen. Bei juristischen Personen richtet sie sich an die gesetzlichen Vertreter. Sind mehrere vorhanden, hat der Vorsitzende, nicht die Geschäftsstelle, auszuwählen. Der anordnende Beschluss, aber auch die Verfügung bedarf der vollen Unterschrift des Vorsitzenden (LAG Hamm 11.3.1982, 8 Sa 32/82, EzA § 141 ZPO Nr 2). Gegen die Anordnung selbst ist kein Rechtsmittel statthaft (§ 567 I ZPO). Die konkrete (idR formlose) Ladung der Partei erfolgt durch die Geschäftsstelle. In der Ladung ist auf die Folgen des Ausbleibens hinzuweisen (§ 141 III 3 ZPO), anderenfalls Sanktionen nicht möglich sind (LAG Rh-Pf 4.11.2009, 6 Ta 187/09, ArbuR 2010, 177).

3 **B. Zulässiges Nichterscheinen der Partei.** Solches ist gegeben, wenn sie wegen eines anzuerkennenden **Entschuldigungsgrundes** verhindert ist und dies rechtzeitig mitteilt. § 381 I ZPO gilt entspr. Verhinderungsgründe können eine Verhandlungsunfähigkeit bedingende Erkrankung, Urlaubsabwesenheit oder unaufschiebbare berufliche Termine sein. Die bloße Arbeitsunfähigkeit genügt hingegen genauso wenig wie das Vergessen des Termins oder der fehlerhafte Hinweis des Prozessbevollmächtigten bzw seines Büros (LAG Köln 14.11.1994, 5(4) Ta 159/94, NZA 1995, 864).

4 Die Partei muss nicht selbst erscheinen, wenn sie einen **geeigneten Vertreter** entsendet, der wie sie selbst in der Sache auskunftsfähig und vergleichsberechtigt ist (§ 141 III 2 ZPO). Es genügt, wenn der Vertreter wie die Partei dieselbe Sachkenntnis besitzt, wobei diese nicht unmittelbar selbst erworben sein muss. Von daher kann auch der wie die Partei auskunftsfähige Prozessbevollmächtigte gem § 141 III ZPO entsandt werden (zust ErfK/*Koch* § 51 Rn 9; aA LAG Schl-Holst 24.11.2003, 2 Ta 250/03, NZA-RR 2004, 153). Zur Vergleichsbevollmächtigung muss es genügen, wenn der Vertreter einen widerruflichen Vergleich abschließt und die Partei bei ihrer Anwesenheit auch nicht anders gehandelt hätte (LAG Bbg 23.5.2000, 3 Sa 83/00, LAGE § 51 ArbGG 1979 Nr 7; wohl strenger LAG Hess 16.2.2006, 4 Ta 20/06, ArbuR 2006, 127; GMP/ *Germelmann* § 51 Rn 21).

5 **C. Folgen des Ausbleibens der Partei. I. Ordnungsgeld.** Gegen die persönlich geladene, aber nicht erschienene Partei kann ein Ordnungsgeld wie gegen einen ausgebliebenen Zeugen (§ 141 III 1 ZPO) verhängt werden. Die Höhe richtet sich nach Art 6 I EGStGB. Ordnungshaft und das Auferlegen der Kosten des Termins sind nicht möglich (Düwell/Lipke/*Kloppenburg* § 51 Rn 21). Auch bei einer juristischen Person ist das Ordnungsgeld gegen die Partei, nicht gegen den gesetzlichen Vertreter zu verhängen (hM LAG Schl-Holst 18.2.2015, 5 Ta 27/15, FA 2015, 149; LAG Düsseldorf 28.12.2006, 6 Ta 622/06, MDR 2007, 678). Bei der Verhängung des Ordnungsgeldes ist die Zielrichtung der Anordnung (Verfahrensförderung) zu

beachten. Wird trotz des Ausbleibens der Partei Entscheidungsreife erreicht, ist kein Raum für einen Ordnungsgeldbeschluss (BAG 1.10.2014, 10 AZB 24/14, NZA 2014, 1421; BAG 20.8.2007, 3 AZB 50/05, NJW 2008, 252; aA LAG Hess 1.11.2005, 4 Ta 475/05, ArbuR 2006, 175). Wird dieser Beschluss in der mündlichen Verhandlung erlassen, ergeht er durch die Kammer. Geschieht er außerhalb der mündlichen Verhandlung, was wegen des rechtlichen Gehörs häufig der Fall sein wird, entscheidet der Vorsitzende (LAG Schl-Holst 16.1.2003, 5 Ta 218/02, aaO). Als **Rechtsmittel** ist die sofortige Beschwerde statthaft (§ 380 III ZPO). Geschieht nachträglich eine hinreichende Entschuldigung, kann das Ordnungsgeld entspr § 381 I 3 ZPO wieder aufgehoben werden.

II. Zurückweisung. Als weitere Sanktion für das Ausbleiben kommt die **Zurückweisung** des Prozessbevollmächtigten infrage (§ 51 II 1); dies gilt wegen § 11 IV nicht vor dem LAG. Ordnungsgeld und Zurückweisung stehen selbstständig nebeneinander, können also auch kumulativ verhängt werden (LAG Schl-Holst 24.11.2003, 2 Ta 250/03, NZA-RR 2004, 153). Die Zurückweisung (Nichtzulassung) kann jedoch nur dann erfolgen, wenn durch das Ausbleiben der Partei der Anordnungszweck vereitelt wird. Dies ist nicht der Fall, wenn der Prozessbevollmächtigte wie die Partei zur Sachaufklärung in der Lage ist (LAG Bremen 24.1.2002, 3 Sa 16/02, LAGE § 51 ArbGG 1979 Nr 8). Auch im Kammertermin erfolgt die Zurückweisung des Prozessbevollmächtigten nur durch den **Vorsitzenden**. Dagegen ist kein eigenständiges Rechtsmittel eröffnet (GMP/*Germelmann* § 51 Rn 31). Ist die Partei aufgrund der Zurückweisung des Prozessbevollmächtigten säumig, kann unter den allg Voraussetzungen ein Versäumnisurteil (auch 2. Versäumnisurteil) ergehen. Dagegen kann mit den zulässigen Rechtsbehelfen und Rechtsmitteln vorgegangen werden. 6

§ 52 Öffentlichkeit

¹Die Verhandlungen vor dem erkennenden Gericht einschließlich der Beweisaufnahme und der Verkündung der Entscheidung ist öffentlich. ²Das Arbeitsgericht kann die Öffentlichkeit für die Verhandlung oder für einen Teil der Verhandlung ausschließen, wenn durch die Öffentlichkeit eine Gefährdung der öffentlichen Ordnung, insbesondere der Staatssicherheit, oder eine Gefährdung der Sittlichkeit zu besorgen ist oder wenn eine Partei den Ausschluss der Öffentlichkeit beantragt, weil Betriebs-, Geschäfts- oder Erfindungsgeheimnisse zum Gegenstand der Verhandlung oder der Beweisaufnahme gemacht werden; außerdem ist § 171b des Gerichtsverfassungsgesetzes entsprechend anzuwenden. ³Im Güteverfahren kann es die Öffentlichkeit auch aus Zweckmäßigkeitsgründen ausschließen. ⁴§ 169 Satz 2 sowie die §§ 173 bis 175 des Gerichtsverfassungsgesetzes sind entsprechend anzuwenden.

Übersicht	Rdn.		Rdn.
A. Regelungsbereich und Zweck...........	1	II. Ausschließungsgründe.................	5
B. Ausschließung der Öffentlichkeit........	4	III. Sonderregelung.....................	7
I. Allgemeines........................	4	C. Verfahren zur Ausschließung...........	8

A. Regelungsbereich und Zweck. Die Bestimmung bestätigt das **Öffentlichkeitsprinzip** als wesentliches Element eines rechtsstaatlichen Verfahrens vor den Gerichten für Arbeitssachen. Die Möglichkeiten des Ausschlusses der Öffentlichkeit sind bes geregelt, iÜ wird auf §§ 169 ff GVG verwiesen. 1

Die Verhandlungen einschl der Beweisaufnahme und der Entscheidungsverkündung vor dem Prozessgericht haben öffentl zu geschehen. Für das Rechtshilfegericht gilt dies nicht (s.o. § 13 Rdn 3). **Öffentlichkeit** ist dann hergestellt, wenn beliebigen Zuhörern der Zutritt zum Gerichtsgebäude und Sitzungssaal ermöglicht wird. Muss eine Klingel betätigt werden, ist dies unschädlich (BAG 19.2.2008, 9 AZN 777/07, DB 2008, 2204). Gleiches gilt, wenn vom Gericht nicht veranlasste und nicht bemerkte technische Probleme auftreten. Weiter muss der Termin bekannt gemacht sein, idR durch den Aushang am Eingang des Sitzungssaales. Die Ausgabe von Platzkarten bei großem Zuschauerandrang ist zulässig (iE und auch zu gerichtlichen Eingangskontrollen, vgl GK-ArbGG/*Schütz* § 52 Rn 4a/b). Fordert der Vorsitzende einen benannten Zeugen auf, den Sitzungssaal vorläufig zu verlassen, verletzt dies das Öffentlichkeitsprinzip nicht (BAG 21.1.1988, 2 AZR 449/87, EzA § 394 ZPO Nr 1). Die Öffentlichkeit der Verhandlung ist im Protokoll festzustellen (§ 160 I Nr 5 ZPO). Die entspr Beweiskraft kann nur nach Maßgabe des § 165 S 2 ZPO durchkreuzt werden. 2

Ton- und Fernseh-Rundfunkaufnahmen über die Verhandlung sind unzulässig (§ 52 S 4 iVm § 169 S 2 GVG). Zulässig (und üblich) sind hingegen Aufnahmen vor Beginn der mündlichen Verhandlung (zB beim Einzug des Gerichts) oder in den Sitzungspausen. Die erforderliche Erlaubnis erteilt die Gerichtsleitung bzw für den Sitzungssaal der Vorsitzende. Handschriftliche Aufzeichnungen über den Gang der Verhandlung sind der Presse zum Zwecke der Berichterstattung erlaubt. 3

4 **B. Ausschließung der Öffentlichkeit. I. Allgemeines.** Die in § 52 S 2 genannten Ausschließungsgründe sind grds vAw zu beachten. Nur der Ausschließungsgrund der Erörterung von Geschäfts-, Betriebs- oder Erfindungsgeheimnissen und der in § 171b II GVG genannte Grund erfordern einen Antrag. Dabei ist es möglich, dass sich der Ausschluss der Öffentlichkeit auch nur auf Teile der Verhandlung bezieht.

5 **II. Ausschließungsgründe.** Die Öffentlichkeit kann (pflichtgemäßes Ermessen) ausgeschlossen werden, wenn eine Gefährdung der **öffentl Ordnung**, insb der Staatssicherheit, oder eine Gefährdung der **Sittlichkeit** zu besorgen ist. Eine Gefahr für die öffentl Ordnung liegt dabei erst dann vor, wenn – über den Gerichtssaal hinaus – Unruhen in der Bevölkerung oder im Arbeitsleben drohen. Die Staatssicherheit kann bei Bezug zur Landesverteidigung oder den Nachrichtendiensten betroffen sein (*Hauck/Helml* § 52 Rn 9). Die Sittlichkeit ist bei der Erörterung von gravierenden sexuellen Handlungen (zB ggü Minderjährigen) tangiert.

6 Auf Antrag des Betroffenen ist die Öffentlichkeit auszuschließen zum **Schutz der persönlichen Lebensumstände** (§ 171b II GVG). Darunter fallen bspw medizinische Diagnosen oder familiäre Problemlagen. Eine subjektive Peinlichkeit für den Betroffenen soll nicht genügen (GMP/*Germelmann* § 52 Rn 25). Der Ausschluss hat zu unterbleiben, wenn ihm der Betroffene widerspricht (§ 171b I 2 GVG). Der Ausschluss wegen Gefährdung der **Geschäfts-, Betriebs- oder Erfindungsgeheimnisse** erfordert den Antrag, worauf die Partei hinzuweisen ist. Der Ausschluss ist angezeigt, wenn durch die Erörterung vor Gericht überwiegende schutzwürdige Interessen der Partei verletzt würden (BAG 23.4.1985, 3 AZR 548/82, EzA § 16 BetrAVG Nr 17). Als Bsp sind neben technischen Herstellungs- und Verfahrensprozessen Kalkulationen, Marketingstrategien sowie Preis- und Kundenlisten zu nennen. Das Steuergeheimnis ist nur soweit geschützt als es auch ein Geschäftsgeheimnis darstellt. Für die unter Ausschluss der Öffentlichkeit erörterten Sachverhalte kann das Gericht ein Schweigegebot anordnen (§ 174 III GVG).

7 **III. Sonderregelung.** Eine solche findet sich in § 52 S 3. Danach kann aus Gründen der **Zweckmäßigkeit** für die **Güteverhandlung** die Öffentlichkeit ausgeschlossen werden. Dahinter steht wohl der Gedanke, dass unbeobachtet von Dritten die gütliche Streitbeilegung leichter gelingen kann. Die Praxis scheint diese Überlegung nicht zu teilen, jedenfalls wird von der Bestimmung selten Gebrauch gemacht.

8 **C. Verfahren zur Ausschließung.** Darüber ist grds in öffentl Sitzung zu verhandeln, soweit nicht eine Partei dazu den Ausschluss der Öffentlichkeit beantragt oder das Gericht dies für sachdienlich hält (§ 174 I GVG). Der **Beschluss** ist idR öffentl zu verkünden. Er ergeht im Gütetermin durch den Vorsitzenden, ansonsten durch die Kammer. Der Beschluss ist unanfechtbar. Die spezielle Vorschrift des § 171b III GVG ist auf alle Ausschließungsgründe auszudehnen (GMP/*Germelmann* § 52 Rn 31). Ist die Erörterung der geheimhaltungsbedürftigen Sachverhalte beendet, hat der Vorsitzende die Öffentlichkeit wiederherzustellen. Dies hat spätestens zur **Urteilsverkündung** zu geschehen; für die Verkündung der Urteilsgründe gilt § 173 II GVG.

9 Wird im erstinstanzlichen Verfahren gegen den **Öffentlichkeitsgrundsatz verstoßen**, bleibt dies wegen § 68 im Berufungsverfahren ohne Auswirkungen. Ist ein solcher Verfahrensverstoß hingegen vor dem LAG geschehen, liegt ein absoluter Revisionsgrund (§ 547 Nr 5 ZPO) vor. Wenn die Revision nicht zugelassen ist, kann darauf nun die Nichtzulassungsbeschwerde gestützt werden (§ 72a III Nr 3).

§ 53 Befugnisse des Vorsitzenden und der ehrenamtlichen Richter

(1) ¹Die nicht auf Grund einer mündlichen Verhandlung ergehenden Beschlüsse und Verfügungen erlässt, soweit nichts anderes bestimmt ist, der Vorsitzende allein. ²Entsprechendes gilt für Amtshandlungen auf Grund eines Rechtshilfeersuchens.
(2) Im Übrigen gelten für die Befugnisse des Vorsitzenden und der ehrenamtlichen Richter die Vorschriften der Zivilprozessordnung über das landgerichtliche Verfahren entsprechend.

Übersicht	Rdn.		Rdn.
A. Grundsatz	1	II. Besonderheiten	3
B. Befugnisse des Vorsitzenden außerhalb der mündlichen Verhandlung	2	C. Sonstige Befugnisabgrenzung zwischen Vorsitzenden und ehrenamtlichen Richtern	4
I. Grundregel	2		

1 **A. Grundsatz.** Mit dieser Bestimmung werden die Zuständigkeiten des Vorsitzenden ggü der Kammer als dem Spruchkörper unter Mitwirkung der ehrenamtlichen Richter abgegrenzt. Dies ist schon deshalb notwendig, weil die ehrenamtlichen Richter nur zu den Sitzungen herangezogen werden. Die allg Regel

wird ergänzt durch die Spezialvorschriften nach §§ 55, 56. Sie gilt auch im Berufungsverfahren (§ 64 VII) und im Revisionsverfahren (§ 72 VI), wobei hier an die Stelle des Vorsitzenden die berufsrichterlichen Senatsmitglieder treten.

B. Befugnisse des Vorsitzenden außerhalb der mündlichen Verhandlung. I. Grundregel. Hauptanwendungsbereich für die alleinige Zuständigkeit des Vorsitzenden sind die Beschlüsse und Verfügungen außerhalb der mündlichen Verhandlung. Für die – meist prozessleitenden – Verfügungen ist dies unproblematisch. Bei Beschlüssen ist die mündliche Verhandlung häufig freigestellt. Wird auf diese verzichtet, bedeutet dies auch die Alleinentscheidungsbefugnis des Vorsitzenden. **Praxisrelevante Bsp**: Entscheidung bei übereinstimmender Erledigterklärung (§ 91a ZPO), Entscheidung über PKH und Beiordnung (§ 118 ZPO und § 11a), Bewilligung der öffentl Zustellung (§ 186 I ZPO), Fristenänderung (§ 225 ZPO), Terminänderung (§ 227 ZPO), bei Klagerücknahme (§ 269 III und IV ZPO), Urteilsberichtigung (§ 319 ZPO), Entscheidung in der Zwangsvollstreckung (§§ 707 ff ZPO). Auch für Arrest und einstweilige Verfügung ist die mündliche Verhandlung freigestellt (§§ 922, 936 ZPO); entscheidet der Vorsitzende nach pflichtgemäßem Ermessen ohne mündliche Verhandlung, bleibt es auch hier bei seiner Alleinzuständigkeit (GK-ArbGG/*Schütz* § 53 Rn 12). Für die Erledigung der **Rechtshilfeersuchen** anderer Gerichte ist der Vorsitzende allein zuständig. 2

II. Besonderheiten. In einigen Fällen ist trotz fehlender mündlicher Verhandlung die **Zuständigkeit der Kammer** gesetzlich angeordnet: Zulässigkeit des Rechtsweges (§ 48 I Nr 2), Ablehnung von Gerichtspersonen (§ 49), Wiedereröffnung der mündlichen Verhandlung gem § 156 ZPO (zB bei nachgereichtem Schriftsatz) unter Mitwirkung der ursprünglichen ehrenamtlichen Richter (BAG 25.1.2012, 4 AZR 185/10, EzA § 547 ZPO 2002 Nr 6) und die Urteilsergänzung (§ 321 ZPO). Eine Sonderregelung findet sich für die **Gehörsrüge** in § 78a VI: Die Kammer ist nur zuständig bei einer zulässigen Rüge gegen eine vorangegangene Kammerentscheidung. Über die nachträgliche Zulassung der Kündigungsschutzklage ist nun (§ 5 IV nF KSchG) nach mündlicher Verh durch Zwischenurteil/Urteil zu entscheiden. 3

C. Sonstige Befugnisabgrenzung zwischen Vorsitzenden und ehrenamtlichen Richtern. Dazu wird über § 53 II auf das landgerichtliche Verfahren nach der ZPO verwiesen. Zu den wichtigsten Aufgaben des Vorsitzenden gehören die Terminbestimmung (§ 216 II ZPO), Eröffnung und Leitung der mündlichen Verhandlung (§ 136 ZPO) sowie die Aufrechterhaltung der Ordnung in der Sitzung (§ 9 II iVm § 176 GVG). Die Befugnisse der **ehrenamtlichen Richter** entsprechen denjenigen der Beisitzer der landgerichtlichen Zivilkammer. Sie haben ein Fragerecht in der mündlichen Verhandlung (§ 136 II 2 ZPO). Bei Beratung und Abstimmung über die zu treffenden Kammerentscheidungen sind sie dem Vorsitzenden gleichberechtigt. Einzelne Aufgaben des Vorsitzenden, wie die zeitweise Verhandlungsleitung oder die Einvernahme eines Zeugen, können den ehrenamtlichen Richtern nicht übertragen werden (GMP/*Germelmann* § 53 Rn 23). 4

5

§ 54 Güteverfahren

(1) ¹Die mündliche Verhandlung beginnt mit einer Verhandlung vor dem Vorsitzenden zum Zwecke der gütlichen Einigung der Parteien (Güteverhandlung). ²Der Vorsitzende hat zu diesem Zweck das gesamte Streitverhältnis mit den Parteien unter freier Würdigung aller Umstände zu erörtern. ³Zur Aufklärung des Sachverhalts kann er alle Handlungen vornehmen, die sofort erfolgen können. ⁴Eidliche Vernehmungen sind jedoch ausgeschlossen. ⁵Der Vorsitzende kann die Güteverhandlung mit Zustimmung der Parteien in einem weiteren Termin, der alsbald stattzufinden hat, fortsetzen.
(2) ¹Die Klage kann bis zum Stellen der Anträge ohne Einwilligung des Beklagten zurückgenommen werden. ²In der Güteverhandlung erklärte gerichtliche Geständnisse nach § 288 der Zivilprozessordnung haben nur dann bindende Wirkung, wenn sie zu Protokoll erklärt worden sind. ³§ 39 Satz 1 und § 282 Abs. 3 Satz 1 der Zivilprozessordnung sind nicht anzuwenden.
(3) Das Ergebnis der Güteverhandlung, insbesondere der Abschluss eines Vergleichs, ist in die Niederschrift aufzunehmen.
(4) Erscheint eine Partei in der Güteverhandlung nicht oder ist die Güteverhandlung erfolglos, schließt sich die weitere Verhandlung unmittelbar an oder es ist, falls der weiteren Verhandlung Hinderungsgründe entgegenstehen, Termin zur streitigen Verhandlung zu bestimmen; diese hat alsbald stattzufinden.
(5) ¹Erscheinen oder verhandeln beide Parteien in der Güteverhandlung nicht, ist das Ruhen des Verfahrens anzuordnen. ²Auf Antrag einer Partei ist Termin zur streitigen Verhandlung zu bestimmen. ³Dieser Antrag kann nur innerhalb von sechs Monaten nach der Güteverhandlung gestellt werden. ⁴Nach Ablauf der Frist ist § 269 Abs. 3 bis 5 der Zivilprozessordnung entsprechend anzuwenden.

§ 54 ArbGG Güteverfahren

(6) Der Vorsitzende kann die Parteien für die Güteverhandlung sowie deren Fortsetzung vor einen hierfür bestimmten und nicht entscheidungsbefugten Richter (Güterichter) verweisen. Der Güterichter kann alle Methoden der Konfliktbeilegung einschließlich der Mediation einsetzen.

Übersicht	Rdn.			Rdn.
A. Grundsätzliches	1	II.	Klagerücknahme	6
B. Die Güteverhandlung	2	III.	Ruhen des Verfahrens	7
I. Formelles	2	D.	Die besondere Güteverhandlung vor dem hierfür bestimmten Richter (Güterichter)	8
II. Inhalt	3			
III. Weiterer Gütetermin	4			
C. Mögliche Ergebnisse der Güteverhandlung	5	I.	Allgemeines	8
		II.	Verweisung vor den Güterichter	9
I. Vergleichsvorschlag oder Vergleich	5	E.	Die erfolglose Güteverhandlung	10

1 **A. Grundsätzliches.** Mit dieser Bestimmung besitzt das arbeitsgerichtliche Verfahren seit jeher ein bes Institut der Streitschlichtung. Die jüngere (allg) Vorschrift des § 278 ZPO gilt hier nicht. Zweck des Güteverfahrens ist vorrangig die einvernehmliche Streitbeilegung, anderenfalls die Vorbereitung der Streitverhandlung. Trotz verfahrensrechtlicher Besonderheiten gehört die Güteverhandlung zur mündlichen Verhandlung. Optional ist sie auch im Beschlussverfahren möglich (§ 80 II 2).

2 **B. Die Güteverhandlung. I. Formelles.** Sie geschieht vor dem Vorsitzenden allein. Die ehrenamtlichen Richter wirken nicht mit, auch wenn sie aus anderen Gründen anwesend sein sollten. Die Durchführung ist **obligatorisch.** Auch ein übereinstimmender Verzicht der Parteien ist nicht möglich. Bei einem Rechtsstreit aus dem Berufsausbildungsverhältnis (mit vorausgehender Schlichtung gem § 111 II) oder einer Vollstreckungsabwehrklage ist die Güteverhandlung ebenfalls durchzuführen (BCF/*Creutzfeldt* § 54 Rn 1). **Keine** (neue) **Güteverhandlung** erfordert hingegen eine Klageänderung, eine Widerklage oder ein gewillkürter Parteiwechsel, jedenfalls bei Einwilligung des neuen Bekl. Bei Einspruch gegen einen Vollstreckungsbescheid ist sofort zum Streittermin zu laden (§§ 700 I, 341a ZPO). Auch im einstweiligen Rechtsschutz findet keine Güteverhandlung statt.

3 **II. Inhalt.** Zur **Vorbereitung** der Güteverhandlung ergehen idR keine prozessleitenden Verfügungen, insb soll eine schriftsätzliche Klageerwiderung nur in Ausnahmefällen aufgegeben werden (s.o. § 47 Rdn 5). Auflagen und Anordnungen gem § 56 sind hier möglich, da sich diese nur auf die Streitverhandlung beziehen. Dies schließt allerdings Hinweise zu zentralen Problemen des Klagebegehrens nicht aus. Auch das persönliche Erscheinen kann angeordnet werden (§ 51 I 1). Der **Inhalt** des Gütetermins wird durch den Aufklärungs- und Einigungszweck bestimmt. Förmliche Sachanträge werden nicht gestellt (GMP/*Germelmann* § 54 Rn 37). Prozessrechtliche Vorgaben sollen die möglichst unbefangenen Erklärungen der Parteien nicht einschränken. So haben gerichtliche Geständnisse (§ 288 ZPO) nur dann Geltung, wenn sie förmlich zu Protokoll erklärt worden sind. Nach II, 3 schließt die Einlassung zur Sache im Gütetermin eine nachfolgende Rüge zur örtlichen Zuständigkeit bzw allg zu den Sachurteilsvoraussetzungen nicht aus (BAG 2.7.2008, 10 AZR 355/07, NZA 2008, 1084). Die Sachaufklärung kann durch die informatorische Anhörung von präsenten Zeugen gefördert werden, die förmliche Beweisaufnahme ist jedoch der Streitverhandlung vorbehalten (§ 58 I). Die eidliche Einvernahme ist ausdrücklich ausgeschlossen (§ 54 I 4).

4 **III. Weiterer Gütetermin.** In geeigneten Fällen ist es zulässig, die Güteverhandlung in einen **weiteren Gütetermin** zu vertagen. Dies erfordert aber die Zustimmung der Parteien. Auch hat dieser zusätzliche Gütetermin alsbald stattzufinden (§ 54 I 5). Ist dort eine Partei säumig, kann nach allg Regeln ein Versäumnisurt ergehen. Eine Entsch nach Aktenlage (§ 251a ZPO) kommt nicht infrage, da es an der Antragstellung fehlt (ErfK/*Koch* § 54 Rn 4, str).

5 **C. Mögliche Ergebnisse der Güteverhandlung. I. Vergleichsvorschlag oder Vergleich.** Entspr dem gesetzlichen Auftrag wird häufig ein Vergleichsvorschlag des Vorsitzenden geschehen. Dabei helfen Transparenz und fundierte tatsächliche und rechtliche Begr, die Akzeptanz bei den Parteien zu fördern. Von fortgesetzten Einwirkungsversuchen auf die Parteien ist jedenfalls dann Abstand zu nehmen, wenn von diesen oder von einer der Parteien eindeutig eine vergleichsweise Erledigung abgelehnt worden ist. Ist nach dem bisherigen Prozessgeschehen ein gerichtlicher Vergleichsvorschlag sinnvoll, ist dieser im Protokoll des Gütetermins niederzulegen oder nachfolgend den Parteien schriftlich zu übermitteln. Der Vergleich kann dann durch schriftsätzliche Erklärungen der Parteien ggü dem Gericht wirksam werden (§ 278 VI ZPO). Hierzu ergeht ein feststellender Gerichtsbeschl. Kommt ein **Vergleich** unmittelbar im Gütetermin zustande, ist er

entspr § 54 III iVm §§ 160 III Nr 1, 162 I ZPO zu protokollieren. Besteht Streit über die Wirksamkeit des Vergleiches oder seine Reichweite, ist der bisherige Rechtsstreit fortzusetzen (Thomas/Putzo/*Hüßtege* § 794 Rn 37). Zur Reichweite eines gerichtlichen Vergleichs mit umfassender Ausgleichsklausel vgl BAG 27.5.2015, 5 AZR 137/14, DB 2015, 2032. Massives Verhalten des Vorsitzenden ggü der Partei kann eine wirksame Anfechtung des Vergleichs begründen (BAG 12.5.2010, 2 AZR 544/08, NZA 2010, 1250). Der Vergleich kann aufschiebend bedingt mit **Widerrufsfrist** geschlossen werden. Dabei ist darauf zu achten, wer Adressat des Widerrufs (Gericht oder Prozessgegner) sein soll. Ist im Vergleich eine Außenkammer des Gerichts als Widerrufsadressat festgelegt, kann der Widerruf auch wirksam ggü dem Hauptgericht geschehen (BAG 4.3.2004, 2 AZR 305/03, EzA § 794 ZPO 2002 Nr 1). Gegen die Versäumung der Widerrufsfrist gibt es keine Wiedereinsetzung in den vorigen Stand (BAG 22.1.1998, 2 AZR 367/97, EzA § 794 ZPO Nr 10).

II. Klagerücknahme. Diese kann ebenfalls Erg der Güteverhandlung sein. Da im Gütetermin regelmäßig keine Anträge gestellt werden, bedarf es dazu nicht der Einwilligung der beklagten Partei (§ 54 II 1). Auch für Klagerücknahme gilt Protokollierungspflicht (§ 160 III Nr 8 ZPO). Auf Antrag hat gegen die Klagepartei ein Kostenbeschluss (§ 269 III 2 ZPO) zu ergehen. Allerdings entfällt die Gerichtsgebühr bei Rücknahme vor str Verhandlung (Anl 1 zu § 3 II GKG Nr 8210 II). Die beklagte Partei kann im Gütetermin den Klageanspruch auch wirksam anerkennen bzw die Klagepartei kann auf den Anspruch verzichten. Damit ist die Güteverhandlung beendet und es schließt sich unmittelbar die weitere Verhandlung an (§ 54 IV). In dieser ergeht dann nach entspr Antragstellung das **Anerkenntnis- oder Verzichtsurt** durch den Vorsitzenden (§ 55 I Nr 2 und 3). In gleicher Weise schließt sich bei Säumnis einer der Parteien im Gütetermin (Nichtverhandeln steht der Säumnis gleich, § 333 ZPO) die weitere Verhandlung an, in der dann nach Antragstellung und Vorliegen der Voraussetzungen gem §§ 330 ff ZPO das **Versäumnisurt** durch den Vorsitzenden ergeht (§ 55 I Nr 4). Schließlich können die Parteien den Rechtsstreit in der Hauptsache **übereinstimmend für erledigt** erklären. Es ist dann nach § 91a ZPO über die Kosten zu befinden. Über diese entscheidet der Vorsitzende (§ 55 I Nr 9) in der sich unmittelbar an die Güteverhandlung anschließenden Entsch (§ 55 III) oder außerhalb der mündlichen Verhandlung. Ein Gebührenprivileg tritt aber bei der Erledigterklärung nur ein, wenn keine Kostenentsch ergeht (KV Nr 8210 II).

6

III. Ruhen des Verfahrens. Dieses hat der Vorsitzende zwingend anzuordnen (§ 54 V 1), wenn beide Parteien im Gütetermin säumig sind oder nicht verhandeln. Die Sonderregelung verdrängt – aber nur für den Gütetermin – die allg Vorschrift des § 251 ZPO. Eine Vertagung der Güteverhandlung oder die Bestimmung eines Kammertermins ist nicht möglich. Dies soll aber nicht gelten, wenn bei Säumnis einer Partei die andere, ohne zu verhandeln, die Bestimmung des Kammertermins beantragt (GMP/*Germelmann* § 54 Rn 59). Beantragen die Parteien im Gütetermin übereinstimmend wegen außergerichtlicher Vergleichsverhandlungen das Ruhen des Verfahrens, ergeht die Anordnung gem § 251 ZPO, nicht nach § 54 V 1 (BAG 22.4.2009, 3 AZB 97/08, NZA 2009, 804). Ein Ruhen des Verfahrens mit der Fiktionswirkung des § 54 V 4 liegt auch nicht vor, wenn das Gericht (im Einverständnis der Parteien) nach Erörterung beschließt, dass neuer Termin nur auf Antrag einer der Parteien bestimmt wird (BAG 25.11.2010, 2 AZR 323/09, NZA 2011, 821; LAG Düsseldorf 7.5.2003, 12 Sa 216/03, LAGE § 54 ArbGG 1979 Nr 5). Solches soll weiter gehend auch auf den Fall der einvernehmlichen Anzeige des Nichterscheinens ausgedehnt werden: LAG Saarl 9.6.2000, 2 Ta 2/00, NZA-RR 2000, 546; aA LAG BW 4.12.2014, 13 Ta 27/14, juris. Ist das Ruhen angeordnet, hat jede Partei das Recht, durch Antrag auf Streittermin das Verfahren wieder aufzunehmen (§ 54 V 2). Geschieht dies allerdings nicht in der Frist von **6 Monaten** nach dem Gütetermin, gilt die Klage als **zurückgenommen** (§ 54 V 4). Auf Antrag ist die Kostenfolge des § 269 III 2 ZPO durch Beschluss des Vorsitzenden (§ 55 I Nr 1) auszusprechen. Gegen die die Verfahrensbeendigung feststellende Entsch ist die sofortige Beschwerde analog § 252 ZPO statthaft (BAG 22.4.2009, aaO).

7

D. Die besondere Güteverhandlung vor dem hierfür bestimmten Richter (Güterichter). I. Allgemeines. Im MediationsG v 21.7.2012 (BGBl I 2012, 1577) ist im Gesetzgebungsverfahren nach einem längerem Vermittlungsverfahren (BRDrs 377/12) anstelle der gerichtsinternen Mediation der **Güterichter** als bes hierfür bestimmter Richter verankert und so auch in das arbeitsgerichtliche Verfahren übernommen worden. Die in einigen Bundesländern praktizierten Modellversuche erfahren nun die erforderliche Gesetzesgrundlage. Der Güterichter ist zwar kein Mediator ieS. Er kann aber nach der jetzt gefundenen Gesetzesfassung alle geeigneten mediativen Elemente anwenden. Er wird ggf rechtliche Bewertungen vornehmen und darauf aufbauend Konfliktlösungen vorschlagen; weiter kann er – auch ohne Zustimmung der Parteien – die Gerichtsakten einsehen und ggf einen Vergleich protokollieren.

8

9 II. Verweisung vor den Güterichter. Der Vorsitzende kann (pflichtgem Ermessen) den Rechtsstreit an den Güterichter verweisen. Dazu bedarf es des **Einvernehmens der Parteien**, auch wenn dies im Gesetz selbst nicht ausdrücklich formuliert ist (vgl Gesetzesbegr BT-Drs 17/8058, S 22). Die Verweisung kann vor dem Gütetermin, im Gütetermin sowie im Anschluss daran geschehen. Befindet sich der Rechtsstreit vor der Kammer, ist die Verweisung versperrt (str). Der Beschleunigungsgrds steht dann entgegen. Der Güterichter kann – muss aber nicht – demselben Gericht angehören. Er ist nicht in der Sache entscheidungsbefugt. Da richterliche Tätigkeit ausgeübt wird, bedarf es der Regelung im Geschäftsverteilungsplan. Der Öffentlichkeitsgrds (§ 169 GVG) als solcher gilt nicht; die Parteien können allerdings das Maß der Vertraulichkeit autonom bestimmen (Gesetzesbegr aaO, S 21). Auf übereinstimmenden Antrag der Parteien ist ein Protokoll aufzunehmen (§ 159 II 2 ZPO); es kann ein den Rechtsstreit erledigender Vergleich geschlossen werden.

10 E. Die erfolglose Güteverhandlung. Kann der Rechtsstreit nicht gütlich beigelegt werden, ist dies im Protokoll festzustellen (§ 54 III). Grds kann sich die weitere Verhandlung unmittelbar anschließen, so insb bei beantragter Alleinentscheidung des Vorsitzenden (§ 55 III). Im Normalfall stehen dem jedoch Hinderungsgründe entgegen, sodass durch den Vorsitzenden ein gesonderter **Streittermin** zu bestimmen ist, der alsbald stattzufinden hat (§ 54 IV). Dabei ist die immer wieder geübte Praxis, den Kammertermin »von Amts wegen« zu bestimmen, nur in bes Ausnahmefällen gesetzesgerecht. Wird der Kammertermin am Ende der Güteverhandlung verkündet, bedarf es keiner Ladung der Parteien (§ 218 ZPO). Darüber hinaus wird der Vorsitzende die nach dem bisherigen Streitstand gebotenen **Vorbereitungsmaßnahmen** für den Kammertermin anordnen (§ 56).

§ 54a Mediation, außergerichtliche Konfliktbeilegung
(1) Das Gericht kann den Parteien eine Mediation oder ein anderes Verfahren der außergerichtlichen Konfliktbeilegung vorschlagen.
(2) Entscheiden sich die Parteien zur Durchführung einer Mediation oder eines anderen Verfahrens der außergerichtlichen Konfliktbeilegung, ordnet das Gericht das Ruhen des Verfahrens an. Auf Antrag einer Partei ist Termin zur mündlichen Verhandlung zu bestimmen. Im Übrigen nimmt das Gericht das Verfahren nach drei Monaten wieder auf, es sei denn, die Parteien legen übereinstimmend dar, dass eine Mediation oder eine außergerichtliche Konfliktbeilegung noch betrieben wird.

Übersicht	Rdn.		Rdn.
A. Regelungszweck	1	C. Die Mediation im arbeitsgerichtlichen	
B. Allgemeine Regeln der Mediation	2	Verfahren	5

1 A. Regelungszweck. Diese Bestimmung wurde durch Art 4 des neuen **MediationsG** nach längerem Vermittlungsverfahren in das ArbGG eingefügt. Die Mediation als eine bes Form der einvernehmlichen Konfliktbeilegung soll damit – ähnlich wie in anderen Verfahrensordnungen (vgl § 278a ZPO) – auch für das arbeitsgerichtliche Verfahren nutzbar gemacht werden. Die wesentlichen Vorgaben zur Mediation befinden sich im MediationsG selbst: so zu Verfahren u Aufgaben des Mediators (§ 2), zu Offenbarungspflichten u Tätigkeitsbeschränkungen (§ 3), zu Verschwiegenheitspflichten (§ 4). Entgegen dem ursprünglichen RegE (vgl Vorauflagen) sind die gerichtsnahe Mediation und die gerichtsinterne Mediation im Gesetz nicht mehr vorgesehen (§ 1 I). An deren Stelle ist nun das Institut des bes Güterichters getreten (s § 54 Rdn 8). Insgesamt ist mit dem MediationsG auch die EU-RL 2008/52/EG v 21.5.2008 national umgesetzt worden.

2 B. Allgemeine Regeln der Mediation. Unter der **Mediation** versteht man ein vertrauliches, strukturiertes Verfahren, in dem die Beteiligten mithilfe des Mediators einvernehmlich die Beilegung ihres Konfliktes anstreben. Das Verfahren ist gekennzeichnet durch die Eigenverantwortlichkeit und Freiwilligkeit der Parteien (§ 1 I MediationsG). Deshalb wählen grds die Parteien den Mediator aus (§ 2 I MediationsG).

3 Naturgem kommt dem **Mediator** eine bes Stellung zu. Unabhängigkeit und Neutralität sind von ihm gefordert, eine Entscheidungsbefugnis besitzt er aber nicht (§ 1 II MediationsG). Umstände, die seine Neutralität beeinträchtigen können, hat er offenzulegen. Eine vorherige Tätigkeit für eine Partei schließt seine nachfolgende Mediatorentätigkeit in derselben Sache aus (§ 3 II MediationsG). Auch während oder nach der Mediation besteht ein Tätigkeitsverbot. Der Mediator unterliegt einer Verschwiegenheitspflicht, soweit nicht im § 4 MediationsG selbst Ausnahmen vorgesehen sind. Es besteht demnach ein Zeugnisverweigerungsrecht nach § 383 I Nr 6 ZPO.

Im **Mediationsverfahren** ist es Aufgabe des Mediators, die Parteien in geeigneter Weise durch die Mediation zu führen. Deshalb kann es auch sinnvoll sein, dass die Parteien unter Mithilfe des Mediators eine Verfahrensvereinbarung treffen. Inhaltlich muss sich der Mediator bes der Kommunikation zwischen den Parteien annehmen (§ 2 III MediationsG). Nur im allseitigen Einverständnis können Dritte in die Mediation einbezogen werden (§ 2 IV MediationsG). Dies gilt nach der Gesetzesbegr auch für Rechtsanwälte oder sonstige Parteivertreter. Aus dem Prinzip der Freiwilligkeit folgt, dass die Parteien die Mediation jederzeit beenden können (§ 2 V MediationsG). Auch der Mediator kann nach Maßgabe des § 2 V 2 MediationsG die Mediation beenden. Soll die Mediation mit einer **Vereinbarung** beendet werden, treffen den Mediator besondere Hinweispflichten (§ 2 VI MediationsG). 4

C. Die Mediation im arbeitsgerichtlichen Verfahren. Das Gericht kann (pflichtgem Ermessen) zu jedem 5
geeigneten Zeitpunkt den Parteien eine **Mediation** oder ein anderes Verfahren der außergerichtlichen Konfliktbeilegung vorschlagen. Nach der klaren Intention der jetzt verabschiedeten Gesetzesfassung muss es sich dabei um eine außergerichtliche Mediation handeln. Entscheiden sich die Parteien für ein solches Verfahren, ist seitens des Gerichts das **Ruhen des Verfahrens** (§ 251 ZPO) anzuordnen. Außerhalb der Streitverhandlung ist dazu der Kammervorsitzende allein zuständig (§ 55 Nr 8 nF). Wegen der Freiwilligkeit der Mediation kann jede Partei während des Ruhens des Verfahrens **Terminsantrag** stellen (II 2), dem auch dann stattzugeben ist, wenn das Mediationsverfahren noch nicht abgeschlossen ist. In geeigneten Fällen kann das Gericht auch einen Gütetermin bestimmen. Unabhängig davon hat das Gericht nach 3 Monaten das Verfahren wieder aufzunehmen, es sei denn, die Parteien tragen übereinstimmend vor, dass die Mediation noch andauert (II 3). Mit dieser Regelung wird dem allg Beschleunigungsgrds (§ 9 I) Rechnung getragen.

§ 55 Alleinentscheidung durch den Vorsitzenden

(1) Der Vorsitzende entscheidet außerhalb der streitigen Verhandlung allein
1. bei Zurücknahme der Klage;
2. bei Verzicht auf den geltend gemachten Anspruch;
3. bei Anerkenntnis des geltend gemachten Anspruchs;
4. bei Säumnis einer Partei;
4a. über die Verwerfung des Einspruchs gegen ein Versäumnisurteil oder einen Vollstreckungsbescheid als unzulässig;
5. bei Säumnis beider Parteien;
6. über die einstweilige Einstellung der Zwangsvollstreckung;
7. über die örtliche Zuständigkeit;
8. über die Aussetzung und Anordnung des Ruhens des Verfahrens;
9. wenn nur noch über die Kosten zu entscheiden ist;
10. bei Entscheidungen über die Berichtigung des Tatbestandes, soweit nicht eine Partei eine mündliche Verhandlung hierüber beantragt;
11. im Fall des § 11 Abs. 3 über die Zurückweisung des Bevollmächtigten oder die Untersagung der weiteren Vertretung.

(2) ¹Der Vorsitzende kann in den Fällen des Absatzes 1 Nr. 1, 3 und 4a bis 10 eine Entscheidung ohne mündliche Verhandlung treffen. ²Dies gilt mit Zustimmung der Parteien auch in dem Fall des Absatzes 1 Nr. 2.

(3) Der Vorsitzende entscheidet ferner allein, wenn in der Verhandlung, die sich unmittelbar an die Güteverhandlung anschließt, eine das Verfahren beendende Entscheidung ergehen kann und die Parteien übereinstimmend eine Entscheidung durch den Vorsitzenden beantragen; der Antrag ist in die Niederschrift aufzunehmen.

(4) ¹Der Vorsitzende kann vor der streitigen Verhandlung einen Beweisbeschluss erlassen, soweit er anordnet
1. eine Beweisaufnahme durch den ersuchten Richter;
2. eine schriftliche Beantwortung der Beweisfrage nach § 377 Abs. 3 der Zivilprozessordnung;
3. die Einholung amtlicher Auskünfte;
4. eine Parteivernehmung;
5. die Einholung eines schriftlichen Sachverständigengutachtens.

²Anordnungen nach Nummer 1 bis 3 und 5 können vor der streitigen Verhandlung ausgeführt werden.

§ 55 ArbGG Alleinentscheidung durch den Vorsitzenden

Übersicht

	Rdn.			Rdn.
A. Grundsätzliches	1	IV.	Weitere Alleinentscheidungen	5
B. Fallgruppen der Alleinentscheidung	2	V.	Übereinstimmender Antrag auf	
I. Klagerücknahme	2		Alleinentscheidung	9
II. Verzicht/Anerkenntnis	3	VI.	Beweisbeschluss	10
III. Säumnis, Verwerfung des Einspruchs	4			

1 **A. Grundsätzliches.** Die Bestimmung steht im inneren Zusammenhang mit §§ 53, 56. Sie regelt die Zuständigkeit des Vorsitzenden und die Entbehrlichkeit der mündlichen Verhandlung (II). Mit dem SGG-ArbGGÄndG v 26.3.2008 (BGBl I 2008, 444) ist nun klar gestellt, dass die einschlägige Alleinentscheidungsbefugnis nur **außerhalb der str Verhandlung** besteht. Str Verhandlung ist dabei iS von Kammerverhandlung zu verstehen (GK-ArbGG/*Schütz*, § 55 Rn 7). In den **abschließend** aufgeführten Fällen ist allein der Vorsitzende der gesetzliche Richter. Entscheidet deshalb entgegen § 55 die Kammer, hat der funktionell unzuständige Spruchkörper entschieden (hM GMP/*Germelmann* § 55 Rn 35; aA *Hauck/Helml* § 55 Rn 6). Die Kammer ist ggü dem Vorsitzenden nicht »höherwertig«, sondern ein »aliud« (LAG Berl 14.7.1997, 9 Sa 52/97, LAGE § 66 ArbGG 1979 Berufungsbeantwortung Nr 1). Trotzdem kommt wegen § 68 im Berufungsrechtszug die Zurückverweisung nicht in Betracht. Hat bei einem Berufungsurt der funktionell unzuständige Spruchkörper entschieden, liegt ein absoluter Revisionsgrund vor (§ 547 Nr 1 ZPO). Über § 64 VII gilt § 55 auch im Berufungsverfahren, nicht jedoch im Revisions- und im Beschlverfahren (GMP/*Germelmann* § 55 Rn 2).

2 **B. Fallgruppen der Alleinentscheidung. I. Klagerücknahme.** Für die nach **Klagerücknahme** aus § 269 III ZPO auf Antrag gebotenen Entsch ist der Vorsitzende allein zuständig, wenn sie außerhalb der str Verhandlung ergehen (§§ 53 I, 55 I Nr 1). Ansonsten bleibt es bei der Zuständigkeit der Kammer. Besteht Streit über die Wirksamkeit der Klagerücknahme, entscheidet die Kammer (BCF/*Creutzfeldt* § 55 Rn 4). Bei der übereinstimmenden Erledigterklärung (§ 91a ZPO) ist für die Kostenentsch (I Nr 9) der Vorsitzende allein nur zuständig, wenn er ohne mündliche Verhandlung (s.o. § 53 Rdn 2) oder in der Güteverhandlung entscheidet.

3 **II. Verzicht/Anerkenntnis.** Der Vorsitzende entscheidet auch allein bei **Verzicht** bzw **Anerkenntnis** des str Anspruchs. Nach Maßgabe des § 55 II bedarf es dazu nicht der mündlichen Verhandlung. Allerdings hat die Verzichtserklärung in der mündlichen Verhandlung zu geschehen (§ 306 ZPO). Dies gilt auch für das arbeitsgerichtliche Verfahren (hM BCF/*Creutzfeldt* § 55 Rn 6; aA HWK/*Ziemann* § 55 Rn 6). Von daher hat die Option aus § 55 II 2 nur geringe praktische Bedeutung. Für das – hinreichend eindeutige – Anerkenntnis genügt hingegen die schriftsätzliche Erklärung (§ 307 S 2 ZPO) mit der weiteren Möglichkeit des Anerkenntnisurt ohne mündliche Verhandlung. Auf (auch konkludenten) Antrag ist das Verzichts- bzw Anerkenntnisurt zu erlassen. Bei abgrenzbaren Teilen des Streitgegenstandes ergeht Teilverzichts- oder Teilanerkenntnisurt.

4 **III. Säumnis, Verwerfung des Einspruchs.** Auch bei **Säumnis einer Partei** besteht Alleinentscheidungsbefugnis des Vorsitzenden. Auf Antrag der erschienenen Partei und bei Vorliegen der allg Voraussetzungen (§§ 330 ff ZPO) hat der Vorsitzende allein das Versäumnisurt zu erlassen. Da die Alleinentscheidungskompetenz **bei Säumnis** und nicht aufgrund der Säumnis besteht, ergeht auch das unechte Versäumnisurt (als Sachurteil bei fehlender Schlüssigkeit) durch den Vorsitzenden allein (s.u. § 59 Rdn 6). Gleiches gilt für die Zurückweisung des Antrags auf Versäumnisurt (§ 335 ZPO). Anders nun für das 2. Versäumnisurt sowie die Entsch nach Aktenlage (§§ 331a, 251a I ZPO), da hier regelmäßig in der Kammerverhandlung entschieden wird. Für die Entsch nach Aktenlage ist erforderlich, dass bereits vorher die Sachanträge gestellt worden sind. Daher genügt die (vorherige) Güteverhandlung regelmäßig nicht (hM LAG Hamm 4.3.2011, 18 Sa 907/10, juris; GK/*Schütz* § 55 Rn 31; aA LAG Hess 31.10.2000, 9 Sa 2072/99, MDR 2001, 517). Sind **beide Parteien säumig**, gilt im Gütetermin § 54 V 1. Im Streittermin hingegen entscheidet über Vertagung (§ 227 ZPO) oder Anordnung des Ruhens (§ 251a III ZPO) die Kammer (I, S 1). Auch die **Verwerfung des unzulässigen Einspruchs** gegen Versäumnisurt bzw Vollstreckungsbescheid ist nun der Alleinentsch des Vorsitzenden übertragen, obwohl sie durch Urt zu geschehen hat (§ 341 II ZPO).

5 **IV. Weitere Alleinentscheidungen.** Auch über die **einstweilige Einstellung der Zwangsvollstreckung** (§§ 707, 719, 769 ZPO) entscheidet der Vorsitzende allein. Da diese Entsch meistens außerhalb der mündlichen Verhandlung geschehen, ergibt sich dies bereits aus §§ 53 I, 64 VII. Wird über die **örtliche Zuständigkeit** entgegen der Option nach § 17a IV 1 GVG iVm § 48 I im Gütetermin verhandelt, bleibt es

trotzdem bei der Alleinentsch des Vorsitzenden. Dies gilt auch für die ablehnende Entsch zur Übernahme einer verwiesenen Sache (GK-ArbGG/*Schütz* § 55 Rn 38).

Die Entsch über die **Aussetzung des Verfahrens** (§§ 148, 149, 246 I ZPO) ist allein durch den Vorsitzenden zu treffen. Eine Vorgreiflichkeit (§ 148 ZPO) liegt dabei nur dann vor, wenn feststeht, dass im anderen Rechtsstreit über ein bestimmtes Rechtsverhältnis entschieden werden muss und dieses Rechtsverhältnis für den vorliegenden Rechtsstreit von entscheidender Bedeutung ist, also eine Entsch ohne Klärung des anderen Rechtsverhältnisses nicht möglich ist (LAG Berl-Bbg 26.3.2012, 6 Ta 402/12, DB 2012, 1576). Der Vorsitzende hat nach pflichtgem Ermessen zu entscheiden, wobei der Beschleunigungsgrds bes Berücksichtigung fordert. Einer mündlichen Verhandlung bedarf es nicht (§ 55 II 1). Die Aussetzung (§ 148 ZPO) des Entgeltprozesses bei noch andauerndem Kdg-Rechtsstreit wird idR abgelehnt (BAG 16.4.2014, 10 AZB 6/14, NJW 2014, 1903; LAG Hess 3.7.2002, 12 Ta 213/02, BB 2002, 2075; LAG Köln 24.11.1997, 4 Ta 343/97, LAGE § 148 ZPO Nr 32). Bei der Aussetzung von Bestandsstreitigkeiten ist § 61a bes zu beachten (s.u. § 61a Rdn 2). Keine Alleinentscheidungsbefugnis des Vorsitzenden besteht bei der Richtervorlage an das BVerfG (Art 100 GG) und zum Vorabentscheidungsverfahren beim EuGH nach Art 267 AEUV (GMP/*Germelmann* § 55 Rn 26/27).

Das **Ruhen des Verfahrens** wegen der Durchführung einer Mediation oder eines anderen Verfahrens der außergerichtlichen Konfliktbeilegung (§ 54a II 1) ordnet ebenfalls der Vorsitzende alleine an.

Soweit die **Kostenentsch** dem Vorsitzenden übertragen ist, findet dies seine praktische Anwendung iW bei den Kosten-(schluss)urt. Die mündliche Verhandlung ist hier nicht zwingend (§ 128 III ZPO). Da aber § 53 I nur für Beschl u Verfügungen gilt, war die hiesige Regelung erforderlich. Auch über die **Tatbestandsberichtigung** (§ 320 ZPO) entscheidet der Vorsitzende allein, wenn kein Antrag auf mündliche Verhandlung gestellt ist. Dies gilt nur für das erstinstanzliche Verfahren (vgl § 64 VII). Auch die **Zurückweisung des Bevollmächtigten** oder die Untersagung der weiteren Vertretung (§ 11 III) ist – aber nur außerhalb der Streitverhandlung – dem Vorsitzenden übertragen.

V. Übereinstimmender Antrag auf Alleinentscheidung. Diese Befugnis des Vorsitzenden besteht auch, wenn dies die Parteien **übereinstimmend beantragen** (§ 55 III). Dieser Antrag (unwiderrufliche Prozesshandlung) muss spätestens zum Ende des (erfolglosen) Gütetermins gestellt werden. Er ist zu protokollieren. Weitere wesentliche Voraussetzung für den Antrag ist, dass in der sich anschließenden (streitigen) Verhandlung **eine das Verfahren beendende Entsch** ergehen kann. Die dazu erforderliche Prognose wird nur dann positiv beantwortet werden können, wenn der Tatsachenstoff unstr oder durch präsente Zeugen sofort aufklärbar ist und im Weiteren nur Rechtsfragen zu beantworten sind. Dabei kann die auf die Verfahrensbeendigung gerichtete Entsch idR nur ein Endurt sein. § 55 III stellt den gesetzlichen Richter in die Disposition der Parteien. Für eine solche Ausnahmevorschrift ist eine enge Auslegung zu fordern. Deshalb sind Verweisungsbeschl zum Rechtsweg oder das Zwischenurt gem § 5 IV 2 nF KSchG keine Verfahrensbeendigungen. Hier haben die Zuständigkeitsregelungen nach § 48 I Nr 2 sowie § 5 IV KSchG Vorrang (ErfK/*Koch* § 55 Rn 6; aA GK-ArbGG/*Schütz* § 55 Rn 65 u für § 5 IV 2 KSchG GMP/*Germelmann* § 55 Rn 45). Schließlich muss sich die weitere (str) Verhandlung **unmittelbar** an die Güteverhandlung **anschließen**. Eine dazwischen stattfindende Verhandlung einer anderen Sache soll die Alleinentscheidungsbefugnis konterkarieren (GMP/*Germelmann* § 55 Rn 41). Gleiches gilt, wenn nach Durchführung der weiteren Verhandlung vor dem Vorsitzenden eine Vertagung erforderlich wird.

VI. Beweisbeschluss. Über § 55 IV kann der Vorsitzende zur Vorbereitung des Streittermins **Beweisbeschl erlassen**. Dabei sind diese aber in den Inhalten beschränkt auf die Vorgaben nach Nr 1–5 (also nicht Zeugeneinvernahme oder Augenschein). Zweck der Vorschrift ist, dass Beweisergebnisse, die außerhalb der Kammerverhandlung erhoben werden, zu diesem Termin vorliegen. Dieserhalb wird auch die vorgezogene Ausführung solcher Beweisbeschl ermöglicht (§ 55 IV 2). Davon ausgenommen ist die Parteieinvernahme, die der Kammer vorbehalten ist. Weiter ist die Kammer an die vorgezogenen Beweisbeschl des Vorsitzenden nicht gebunden. Sie kann davon abw Entsch treffen (GMP/*Germelmann* § 55 Rn 56).

§ 56 Vorbereitung der streitigen Verhandlung

(1) ¹Der Vorsitzende hat die streitige Verhandlung so vorzubereiten, dass sie möglichst in einem Termin zu Ende geführt werden kann. ²Zu diesem Zweck soll er, soweit es sachdienlich erscheint, insbesondere
1. den Parteien die Ergänzung oder Erläuterung ihrer vorbereitenden Schriftsätze sowie die Vorlegung von Urkunden und von anderen zur Niederlegung bei Gericht geeigneten Gegenständen aufgeben, insbesondere eine Frist zur Erklärung über bestimmte klärungsbedürftige Punkte setzen;

2. Behörden oder Träger eines öffentlichen Amtes um Mitteilung von Urkunden oder um Erteilung amtlicher Auskünfte ersuchen;
3. das persönliche Erscheinen der Parteien anordnen;
4. Zeugen, auf die sich eine Partei bezogen hat, und Sachverständige zur mündlichen Verhandlung laden sowie eine Anordnung nach § 378 der Zivilprozessordnung treffen.

³Von diesen Maßnahmen sind die Parteien zu benachrichtigen.

(2) ¹Angriffs- und Verteidigungsmittel, die erst nach Ablauf einer nach Absatz 1 Satz 2 Nr. 1 gesetzten Frist vorgebracht werden, sind nur zuzulassen, wenn nach der freien Überzeugung des Gerichts ihre Zulassung die Erledigung des Rechtsstreits nicht verzögern würde oder wenn die Partei die Verspätung genügend entschuldigt. ²Die Parteien sind über die Folgen der Versäumung der nach Absatz 1 Satz 2 Nr. 1 gesetzten Frist zu belehren.

Übersicht

		Rdn.			Rdn.
A.	Grundsätzliches	1	I.	Anwendungsbereich	7
B.	Maßnahmen vor der Streitverhandlung	2	II.	Voraussetzungen der Präklusion	8
I.	Pflichtaufgabe des Vorsitzenden	2	III.	Verzögerung	9
II.	Auflagen	3	IV.	Entschuldigung	10
III.	Amtliche Auskünfte	4	V.	Entscheidung über Zulassung	11
IV.	Zeugenladung	5	VI.	Allgemeine Prozessförderung	12
V.	Rechtliches Gehör	6	D.	Verhinderung der Zurückweisung	13
C.	Zurückweisung des verspäteten Parteivortrages	7			

1 **A. Grundsätzliches.** Die Vorschrift verlangt in Fortführung des § 55 IV vom Vorsitzenden im Vorfeld der Streitverhandlung (nicht Gütetermin) weitere prozessleitende Maßnahmen, um den Rechtsstreit möglichst in einem Termin der Entscheidungsreife zuzuführen. Sie soll die Konzentrations- und Beschleunigungsmaxime des arbeitsgerichtlichen Verfahrens verwirklichen. Dazu dienen auch die Präklusionsregeln (§ 56 II). Über § 64 VII gilt § 56 auch im Berufungsverfahren und grds im Beschlussverfahren (§ 80 II), wobei dort die Präklusion eigenständig geregelt ist (§ 83 Ia).

2 **B. Maßnahmen vor der Streitverhandlung. I. Pflichtaufgabe des Vorsitzenden.** Die Vorbereitung des Kammertermins ist dem Vorsitzenden als Pflichtaufgabe aufgegeben. Die verschiedenen Vorbereitungsmaßnahmen sind in § 56 I 2 **beispielhaft** erläutert. Auch weitere – sachdienliche – Maßnahmen sind möglich. Für die konkrete Auswahl der jeweiligen Vorbereitungsmaßnahmen hat der Vorsitzende ein Beurteilungsermessen. Die Maßnahmen, insb zum notwendigen Tatsachenvortrag und zu geeigneten Beweisanträgen, sind so rechtzeitig zu ergreifen, dass im Kammertermin die Entscheidungsreife herbeigeführt werden kann. Wird dagegen seitens des Vorsitzenden verstoßen, bleibt dies grds prozessual sanktionslos. Bei hartnäckigen Fällen ist an die Dienstaufsicht zu denken.

3 **II. Auflagen.** Häufig wird der Vorsitzende von der Möglichkeit des **Auflagenbeschlusses** mit Fristvorgabe ggü den Parteien Gebrauch machen. Dabei sind den Parteien ggü die klärungsbedürftigen Punkte genau zu bezeichnen (BAG 19.6.1980, 3 AZR 1177/79, EzA § 56 ArbGG 1979 Nr 1). Nur dadurch wird auch die richterliche Aufklärungspflicht (§ 139 ZPO) erfüllt. Eine allg Auflage, zur Klage oder Klageerwiderung Stellung zu nehmen, genügt nicht. Dazu ist die Partei schon wegen ihrer generellen Prozessförderungspflicht (§ 282 ZPO) gehalten. Allerdings darf der Umfang der richterlichen Aufklärungspflicht auch nicht überspannt werden. Richtigerweise wird von dem schon geschehenen Parteivortrag auszugehen und von daher das weitere Aufklärungserfordernis zu beurteilen sein (ähnlich GMP/*Germelmann* § 56 Rn 8; s.a. § 57 Rdn 1) Die aus § 139 ZPO fließende Aufklärungs- und Hinweispflicht gilt auch hins unvollständiger Beweisanträge und bei Unklarheiten zur Beweislastverteilung (Thomas/Putzo/*Reichold* § 139 Rn 8). Der Vorsitzende kann auch die **Vorlage von Urkunden** oder sonstiger, zur Niederlegung bei Gericht geeigneter Gegenstände aufgeben. In Ansehung des neu gefassten § 142 I 1 ZPO ist davon auszugehen, dass nun auch die Vorlage von Urkunden aus dem Besitz Dritter verlangt werden kann (GK-ArbGG/*Schütz* § 56 Rn 16 mwN). Erforderlich bleiben jedoch ein schlüssiger Sachvortrag der Partei und eine Bezeichnung der Urkunde als Beweismittel.

4 **III. Amtliche Auskünfte.** Der Vorsitzende kann Behörden oder Träger eines öffentl Amtes um Mitteilung (Vorlage) von Urkunden oder Erteilung **amtlicher Auskünfte** ersuchen (§ 56 I Nr 2). Auch hier bedarf es des beweiserheblichen Parteivortrages. Eine Amtsermittlung ist unzulässig. Die Befugnis zur Anordnung des persönlichen Erscheinens der Parteien ergibt sich bereits aus § 51 I (s dort Rdn 1).

IV. Zeugenladung. Im Interesse der Verfahrensbeschleunigung kann der Vorsitzende **Zeugen und Sachverständige** zum Streittermin laden (§ 56 I Nr 4). Mit der Ladung ist dem Zeugen der (ggf vorläufige) Gegenstand seiner Vernehmung mitzuteilen. So soll dem Zeuge neben einer sachgerechten Vorbereitung die Prüfung von Zeugnisverweigerungsrechten ermöglicht werden. Ohne Mitteilung des Beweisthemas ist beim Ausbleiben des Zeugen die Verhängung eines Ordnungsgeldes nicht möglich (GMP/*Germelmann* § 56 Rn 18). Aufgabe des Vorsitzenden ist es in diesem Zusammenhang auch, eine erforderliche Aussagegenehmigung (§ 376 III ZPO) einzuholen. Je nach Art des Beweisthemas ist der Zeuge aufzufordern, geeignete Unterlagen und Aufzeichnungen einzusehen sowie diese zum Termin mitzubringen (§ 378 I ZPO). 5

V. Rechtliches Gehör. Von all den vorgenannten Vorbereitungsmaßnahmen des Vorsitzenden sind die Parteien zu **benachrichtigen** (§ 56 I 3). Über das auf diesem Weg gewährte rechtliche Gehör soll den Parteien die sachgerechte Prozessvorbereitung ermöglicht werden. 6

C. Zurückweisung des verspäteten Parteivortrages. I. Anwendungsbereich. Das Gericht hat nach Ablauf der Frist des I 2 Nr 1 vorgebrachte Angriffs- und Verteidigungsmittel nur zuzulassen, wenn die Zulassung zu keiner Verzögerung des Rechtsstreites führt oder wenn eine genügende Entschuldigung der Partei vorliegt. Damit wird der wesentliche Inhalt des § 296 I ZPO in das arbeitsgerichtliche Verfahren übernommen, aber hier eigenständig geregelt. Nach dem Gesetzeswortlaut ist der Ausschluss des verspäteten Vorbringens zwingend, ein Ermessen ist nicht eingeräumt (ErfK/*Koch* § 56 Rn 7). Verfassungsrechtliche Bedenken aus Art 103 GG bestehen nicht (BVerfG 26.10.1999, 2 BvR 1292/96, AP Nr 63 zu Art 103 GG). Zur Definition der Angriffs- und Verteidigungsmittel vgl Thomas/Putzo/*Reichold* § 146 Rn 2. 7

II. Voraussetzungen der Präklusion. § 56 II hat Ausnahmecharakter. Die gesetzlichen Voraussetzungen der Präklusion sind deshalb eng auszulegen und im Lichte der Verfahrensgrundrechte anzuwenden: Die der Partei erteilte **Auflage** muss die klärungsbedürftigen Punkte hinreichend konkretisiert haben (s.o. Rdn 3). Die entspr Anordnung bedarf der richterlichen Unterschrift mit vollem Namen und der Zustellung (§ 329 II ZPO), falls keine Verkündung geschehen ist (BGH 5.3.1990, II ZR 109/89, NJW 1990, 2389). Die **Frist** zur Erfüllung der Auflage muss angemessen sein, sich also am Umfang und Schwierigkeitsgrad orientieren. 2 Wochen sind sicher die untere Grenze. Vor Fristablauf eingegangene Verlängerungsanträge sind gem § 224 II ZPO zu verbescheiden. Die Parteien müssen über die prozessualen Folgen der Fristversäumnis **belehrt** werden (§ 56 II 2). Dabei ist jedenfalls der nicht anwaltlich vertretenen Partei klar vor Augen zu führen, dass der Prozessverlust allein wegen der Fristversäumnis eintreten kann; ist eine Vertretung durch einen RA gegeben, genügt die Wiederholung des Gesetzeswortlautes (BAG 19.5.1998, 9 AZR 362/97, EzA § 56 ArbGG 1979 Nr 2). 8

III. Verzögerung. Die Zulassung verspäteten Vorbringens ist nur ausgeschlossen, wenn es zu einer Verzögerung des Rechtsstreites führt. Eine solche Verzögerung liegt dann vor, wenn das Verfahren bei Zulassung des verspäteten Vorbringens länger dauern würde als ohne diesen Vortrag. Ist jedoch auch ohne den verspäteten Vortrag eine Vertagung erforderlich, ist keine Verzögerung erkennbar. Bestreitet der Gegner den eigentlich verspäteten Vortrag nicht, ist dieser unstr und eine Verzögerung kann nicht eintreten (GK-ArbGG/*Schütz* § 56 Rn 58). Auch die Einräumung einer Schriftsatzfrist für den Gegner und die Ansetzung eines Verkündungstermins, in dem eine Endentscheidung ergehen kann, stellt keine Verzögerung dar (hM BAG 2.3.1989, 2 AZR 275/88, EzA § 130 BGB Nr 22; aA LAG Köln 2.6.1995, 13 Sa 127/95, LAGE § 67 ArbGG 1979 Nr 4). Ein verspätetes Vorbringen führt auch dann zu keiner Verzögerung, wenn das **Gericht** durch **zumutbare Maßnahmen** den gesetzlichen Vorbereitungszweck (§ 56 I) bis zum angesetzten Kammertermin noch erfüllen kann. Überpflichtmäßige Eilmaßnahmen zur Heilung der Verspätungsfolgen sind jedoch nicht veranlasst (GMP/*Germelmann* § 56 Rn 35). Die Vernehmung eines verspätet benannten, zum Kammertermin aber gestellten Zeugen ist idR zumutbar und schließt die Verzögerung aus. Eine solche kann aber dann eintreten, wenn nun für die Vernehmung von Gegenzeugen ein neuer Termin erforderlich wird (BCF/*Creutzfeldt* § 56 Rn 22; ähnlich für die verspätete Benennung mehrerer Zeugen: LAG Köln 17.5.2006, 6 Sa 1632/05, juris; krit GK-ArbGG/*Schütz* § 56 Rn 64). Wird ein Zeuge verspätet, aber noch 10 Tage vor dem Termin benannt, ist er gem § 56 I Nr 4 zu laden (BAG 23.11.1988, 4 AZR 393/88, EzA § 67 ArbGG 1979 Nr 1). Erscheint der Zeuge wegen der kurzfristigen Ladung zum Kammertermin nicht, so soll die dann erforderliche Vertagung eine Verzögerung darstellen (GK-ArbGG/*Schütz* § 56 Rn 67). 9

IV. Entschuldigung. Der verspätete Vortrag ist trotz Verzögerungswirkung zu berücksichtigen, wenn die Verspätung genügend entschuldigt wird. Ein bes Grad des Verschuldens ist nicht gefordert; es gilt der 10

§ 57 ArbGG   Verhandlung vor der Kammer

allgemeine Verschuldensmaßstab nach § 276 BGB (GK-ArbGG/*Schütz* § 56 Rn 76 ff). § 85 II ZPO ist zulasten der Partei anzuwenden. Entschuldigungsgründe können Erkrankung, verzögerte Postlaufzeiten oder objektive, nicht vorhersehbar Hindernisse in der Informationsbeschaffung sein; auch eine zu kurz bemessene gerichtliche Frist, jedenfalls dann, wenn der Verlängerungsantrag ohne zwingenden Grund zurückgewiesen wurde. Bei Zweifeln hat das Gericht Glaubhaftmachung zu verlangen (entspr § 296 IV ZPO).

11 **V. Entscheidung über Zulassung.** Soll das verspätete Vorbringen nicht zugelassen werden, ist vorab rechtliches Gehör (unter Hinweis auf die Entschuldigungsmöglichkeit) zu gewähren. Über die abgelehnte Zulassung ergeht keine eigenständige Entscheidung. Die Begründung erfolgt in der anstehenden Endentscheidung. Deshalb ist die Nichtzulassung auch nicht eigenständig anfechtbar, sondern nur iRd Rechtsmittels gegen die Endentscheidung. Ist diese nicht anfechtbar, bleibt die Möglichkeit der Anhörungsrüge (§ 78a) und der Verfassungsbeschwerde. Ist die Nichtzulassung erstinstanzlich zu Recht erfolgt, wirkt dieser Ausschluss auch im Berufungsverfahren fort (§ 67 I). Auch bei Zulassung des verspäteten Vortrages erfolgt keine eigenständige Entscheidung. Das Verfahren wird fortgesetzt, ohne dass die Gegenpartei dies angreifen könnte. Eine – auch rechtswidrige – Zulassung kann im Rechtsmittelverfahren nicht mit Erfolg gerügt werden.

12 **VI. Allgemeine Prozessförderung.** Neben § 56 II bleibt § 296 II ZPO im arbeitsgerichtlichen Verfahren anwendbar. Die **allg Prozessförderungspflicht** (§ 282 ZPO) gilt auch hier. Allerdings steht die Nichtzulassung hier im Ermessen des Gerichts. Es bedarf weder eines konkreten Auflagenbeschlusses noch einer ausdrücklichen Fristsetzung. Dies wird aber dadurch kompensiert, dass der der verspätet vortragenden Partei vorzuhaltende Grad des Verschuldens deutlich höher ist, weil die Zurückweisung gem § 296 II ZPO **grobe Nachlässigkeit** voraussetzt. Danach muss die prozessuale Sorgfalt in ungewöhnlich grobem Maß verletzt sein, also solches unterlassen worden sein, was von jeder Partei ohne Weiteres zu erwarten ist (BGH 20.3.1997, VII ZR 205/96, NJW 1997, 2244).

13 **D. Verhinderung der Zurückweisung.** Als prozessuale Abwehrstrategie gegen die drohende Zurückweisung eines verspäteten Vortrages ist die sog »**Flucht in die Säumnis**« zu nennen. Es wird kein Sachantrag gestellt, woraufhin ein (vorläufig vollstreckbares) Versäumnisurteil ergeht. In der Einspruchsschrift kann man sich dann auf den ursprünglich verspäteten Vortrag beziehen. Durch den dann immer erforderlichen Termin nach § 341a ZPO entsteht keine Verzögerung. Das Gericht darf den Einspruchstermin nicht sachwidrig mit kürzester Frist ansetzen und muss alle zumutbare Vorbereitungsmaßnahmen (§ 56 I) für die Entscheidungsreife im Kammertermin treffen (ErfK/*Koch* Rn 15). Allerdings bleibt die Kostenfolge gem § 344 ZPO der säumigen Partei.

14 Wird erst in der Streitverhandlung deutlich, dass der bisherige Vortrag nicht ausreichend ist oder ein notwendiges Beweisangebot fehlt, kann es auch überlegenswert sein, dieses verspätete Vorbringen nicht einzuführen, wenn die Zurückweisung droht. Der nicht geschehene Vortrag kann nicht zurückgewiesen werden, mit der Folge, dass er ohne Präklusionsgefahr im **Berufungsverfahren** eingebracht werden kann (§ 67 I). Der neue Vortrag muss aber in der Berufungsbegründung geschehen, um nicht gem § 67 II, III zurückgewiesen zu werden. Dann wird die für die Zurückweisung erforderliche Verzögerung idR nicht vorliegen.

15 Eine Zurückweisung kann auch durch eine Antragstellung, die die Entscheidungsreife hindert, vermieden werden: **Klageänderung oder Widerklage** stellen keine Angriffs- und Verteidigungsmittel dar, sodass dann eine Vertagung erfolgen muss. Diese Strategie setzt aber voraus, dass der ursprüngliche Streitgegenstand keinen prozessual selbstständigen abtrennbaren Anspruch darstellt und deshalb kein Teilurteil möglich ist (vgl BAG 23.3.2005, 4 AZR 243/04, EzA § 301 ZPO 2002 Nr 1).

§ 57 Verhandlung vor der Kammer

(1) ¹Die Verhandlung ist möglichst in einem Termin zu Ende zu führen. ²Ist das nicht durchführbar, insbesondere weil eine Beweisaufnahme nicht sofort stattfinden kann, so ist der Termin zur weiteren Verhandlung, die sich alsbald anschließen soll, sofort zu verkünden.
(2) Die gütliche Erledigung des Rechtsstreits soll während des ganzen Verfahrens angestrebt werden.

Übersicht	Rdn.		Rdn.
A. Grundsätzliches	1	C. Vertagung	3
B. Erledigung im 1. (Kammer-) Termin	2	D. Gütliche Streiterledigung	4

A. Grundsätzliches. Die Vorschrift nimmt die Beschleunigung und die Konzentration als wesentliche 1 Elemente des arbeitsgerichtlichen Verfahrens wieder auf (neben §§ 9 I, 56 I). Der Ablauf der mündlichen Verhandlung ist nicht spezialgesetzlich geregelt. Über § 46 II bleibt es bei den allg Vorschriften gem §§ 136, 137, 139 ZPO. Dabei kommt der richterlichen **Aufklärungs- und Hinweispflicht** bes Bedeutung zu. Sie setzt schon bei der Vorbereitung des Kammertermins an (s.o. § 56 Rdn 3). Transparenz der richterlichen Sachaufklärung und Entscheidungsfindung zum Zwecke materiell möglichst gerechter Entscheidungen hat eine hohe Bedeutung, darf den Beibringungsgrundsatz aber nicht hin zur Amtsermittlung überdehnen. Eine Klageabweisung wegen »unsubstantiierten« Vortrages wird jedenfalls dann einen vorherigen gerichtlichen Hinweis erfordern, wenn keine einschlägige Rüge des Gegners geschehen ist. Tatsächliche oder rechtliche Überlegungen, die im Verfahren nicht erörtert worden sind und mit denen auch der gewissenhafte Prozessvertreter nicht rechnen musste (BAG 31.8.2005, 5 AZN 187/05, EzA § 72a ArbGG 1979 Nr 104), können das Urteil nicht tragen. Solche Überraschungsentscheidungen sind unzulässig; sie verletzen die Partei in ihrem Anspruch auf rechtliches Gehör (BAG 20.3.2008, 8 AZN 1062/07, EzA § 72 ArbGG 1979 Nr 38). Richtigerweise wird die Aufklärungspflicht immer von dem schon vorhandenen Parteivortrag her vollzogen und so nach dem erkennbaren Parteiwillen den jeweiligen Ergänzungs- und Konkretisierungsbedarf aufzeigen. Geschehene Hinweise sind aktenkundig zu machen. Aus § 139 ZPO ist es aber nicht gefordert, dass das Gericht das Auswechseln der Anspruchsgrundlage empfiehlt (BAG 11.4.2006, 9 AZN 892/05, NZA 2006, 750) oder gar auf Gegenrechte (Aufrechnung, Zurückbehaltung und erst recht Verjährung) hinweist (GK-ArbGG/*Schütz* § 46 Rn 31). Hinweispflicht besteht aber, wenn das Gericht nachträglich von einer bereits geäußerten Auffassung abrücken will (BGH 29.4.2014, VI ZR 530/12, MDR 2014, 854).

B. Erledigung im 1. (Kammer-) Termin. Das gesetzgeberische Grundmuster ist die Erledigung des 2 Rechtsstreites im 1. Termin nach der Güteverhandlung. Zur Durchsetzung dieses Zieles hat der Vorsitzende die Möglichkeiten gem §§ 55 IV, 56 I, 61a III, IV zu nutzen. Im Fall des verspäteten Vortrages ist von den Sanktionen nach § 56 II, 61a V Gebrauch zu machen. Weiter ist hier die allg Prozessförderungspflicht der Parteien einschlägig, wonach die mündliche Verhandlung (auf Anordnung) rechtzeitig schriftsätzlich vorzubereiten ist (§§ 282, 129 II ZPO). Jedenfalls bei grober Nachlässigkeit eröffnen sich auch hier die Zurückweisungsmöglichkeiten (§ 296 II ZPO). Wie § 56 I Nr 4 zeigt, hat – wenn es die Umstände zulassen – auch eine erforderliche Beweisaufnahme im 1. Kammertermin zu erfolgen.

C. Vertagung. Kann der Rechtsstreit im 1. Kammertermin nicht beendet werden, ist zu vertagen. § 57 I 2 3 nennt als Vertagungsgrund – nicht abschließend – eine erforderliche Beweisaufnahme. IÜ ist natürlich auch in allen anderen Fällen der fehlenden Entscheidungsreife (vgl § 227 I 1 ZPO) oder im Fall des § 337 ZPO zu vertagen. Der weitere Termin hat **alsbald** stattzufinden und ist datumsmäßig zu bestimmen. Die immer wieder anzutreffende Übung, Termin »von Amts wegen« zu bestimmen, ist idR nicht gesetzeskonform (Düwell/Lipke/*Kloppenburg* § 57 Rn 21). Für den vertagten Termin gilt erneut das Vorbereitungsgebot gem § 56 I, wobei ein entspr Beschluss in der mündlichen Verhandlung (oder im Anschluss an diese) durch die Kammer ergeht und im Termin zu verkünden ist. Erfolgen Terminierung und Auflagenbeschluss außerhalb der mündlichen Verhandlung ist der Vorsitzende zuständig (§ 53 I). Die Bestimmung eines Termins zur Entscheidungsverkündung (§ 60 I) ist keine Vertagung. Ein Rechtsmittel ist gegen den Vertagungsbeschluss nicht statthaft (§ 227 IV 3 ZPO); ausnahmsweise kann die sofortige Beschwerde eröffnet sein, wenn die Vertagung inhaltlich einer Aussetzung gleichkommt (LAG Köln 12.9.1995, 6 Ta 160/95, LAGE § 57 ArbGG 1979 Nr 1).

D. Gütliche Streiterledigung. In § 57 II wird nochmals die Bedeutung der einvernehmlichen Beilegung 4 des Rechtsstreits betont. Dieser gesetzliche Auftrag gilt für jede Lage des Verfahrens, ist also nicht auf die mündliche Verhandlung beschränkt. § 278 VI ZPO ermöglicht den gerichtlichen Vergleich im schriftlichen Verfahren (zur anwaltlichen Termingebühr in diesem Fall, vgl BAG 20.6.2006, 3 AZB 78/05, EzA § 2 RVG Termingebühr Nr 1). Art und Umfang der Vergleichsbemühungen liegen im richterlichen Ermessen. Hat aber eine Partei die Erledigung durch Vergleich eindeutig abgelehnt, ist dies zu respektieren. Bei Vergleichsverhandlungen müssen Offenheit, Transparenz und gleichmäßige Behandlung ggü den Parteien selbstverständlich sein. Von daher sind (notwendig) einseitige Telefonate mit den Parteien nicht unproblematisch, da die vorgenannten Elemente für die Parteien nicht immer erkennbar sind. Nicht nur deshalb ist es geboten, solche Telefonate und deren Inhalt in der Akte zu dokumentieren (GK-ArbGG/*Schütz* § 57 Rn 15).

§ 58 Beweisaufnahme

(1) ¹Soweit die Beweisaufnahme an der Gerichtsstelle möglich ist, erfolgt sie vor der Kammer. ²In den übrigen Fällen kann die Beweisaufnahme, unbeschadet des § 13, dem Vorsitzenden übertragen werden.
(2) ¹Zeugen und Sachverständige werden nur beeidigt, wenn die Kammer dies im Hinblick auf die Bedeutung des Zeugnisses für die Entscheidung des Rechtsstreits für notwendig erachtet. ²Im Falle des § 377 Abs. 3 der Zivilprozessordnung ist die eidesstattliche Versicherung nur erforderlich, wenn die Kammer sie aus dem gleichen Grund für notwendig hält.
(3) Insbesondere über die Zahl der in einem Arbeitsverhältnis stehenden Mitglieder oder das Vertretensein einer Gewerkschaft in einem Betrieb kann Beweis auch durch die Vorlegung öffentlicher Urkunden angetreten werden.

Übersicht	Rdn.		Rdn.
A. Grundsätzliches	1	I. Die Beweisaufnahme	6
B. Beweisrecht der ZPO	2	II. Die Beeidigung	7
C. Spezialregelungen für das arbeitsgerichtliche Beweisverfahren	6	III. Beweis durch Vorlegung öffentlicher Urkunden	8

1 **A. Grundsätzliches.** Für das arbeitsgerichtliche Beweisverfahren gibt es nur im geringen Umfang eigenständige Regelungen, die in § 58 ihren Schwerpunkt haben. Ansonsten gilt über § 46 II das Beweisrecht gem §§ 284 ff, 355 ff ZPO. Die hiesige Vorschrift gilt in beiden Tatsacheninstanzen des Urteils- wie des Beschlussverfahrens (§§ 64 VII, 80 II). Allerdings gilt im Beschlussverfahren der (eingeschränkte) Untersuchungsgrds (§ 83 I). Der Grds der freien Beweiswürdigung (§ 286 ZPO) und das sonstige Beweisrecht der ZPO kommen jedoch auch im Beschlussverfahren zur Anwendung.

2 **B. Beweisrecht der ZPO.** Schwerpunkte des Beweisrechtes der ZPO sind die allg Grundlagen des Beweises (§§ 284–294 ZPO), die Regeln für die konkrete Beweiserhebung (§§ 355–370 ZPO) und die einzelnen Beweismittel des Strengbeweises (§§ 371–455 ZPO). Bei den Beweismitteln steht der **Zeugenbeweis** (§§ 373–401 ZPO) im Vordergrund. Zeuge kann jede natürliche Person sein, die nicht Partei oder gesetzlicher bzw satzungsmäßiger Vertreter der Partei ist. Maßgebender Zeitpunkt für die Zeugnisfähigkeit ist die Vernehmung. Zum ordnungsgem Beweisantritt gehört die Benennung des Zeugen und des Tatsachenvortrages, zu dem der Zeuge gehört werden soll (§ 373 ZPO). Vorher ist die Schlüssigkeit des jeweiligen Vortrages zu prüfen, also ob durch ihn die Tatbestandsmerkmale der Rechtsnorm erfüllt werden, aus der der str Anspruch hergeleitet wird. Fehlt es daran, darf ein solcher »Ausforschungsbeweis« nicht erhoben werden (BAG 12.7.2007, 2 AZR 722/05, EzA § 551 ZPO 2002 Nr 6). Zeugnisverweigerungsrechte können aus persönlichen Gründen und für bestimmte Berufsgruppen (§ 383 ZPO) oder aus sachlichen Gründen zu bestimmten Fragen (§ 384 ZPO) bestehen. Soweit eine Amtsverschwiegenheit von Personen des öffentl Dienstes besteht, ist durch das Prozessgericht eine Aussagegenehmigung einzuholen (§ 376 ZPO).

3 **Beweiserhebungsverbote** können sich dann ergeben, wenn der Beweisvortrag bzw das Beweismittel unter Verletzung verfassungsmäßiger Rechte erlangt worden ist. Dies gilt bes bei der heimlichen Spindkontrolle (BAG 20.6.2013, 2 AZR 546/12, DB 2014, 246) u dem nicht offengelegten Mithören von Telefongesprächen, auch bei geschäftlichen Telefonaten oder der dienstlichen Telefonanlage (BVerfG 9.10.2002, 1 BvR 1611/96, EzA § 611 BGB Persönlichkeitsrecht Nr 15; 2.4.2003, 1 BvR 215/03, NJW 2003, 2375; s.a. § 626 BGB Rdn 245). Ausnahmen sind nur bei einem zufälligen Mithören des Zeugen (BAG 23.4.2009, 6 AZR 189/08, DB 2009, 1936) oder einer notwehrähnlichen Situation zulässig. So soll die Auswertung personenbezogener Daten des Dienst-PC zulässig sein, wenn der AG ausschließlich auf diesem Weg den Nachweis des (massiven) Missbrauchs führen kann (LAG Berl-Bbg 14.1.2016, 5 Sa 657/15, BB 2016, 692). Allerdings stellt das Interesse an der Durchsetzung zivilrechtlicher Ansprüche allein keine Rechtfertigung dar (BAG 21.6.2012, 2 AZR 153/11, EzA § 611 BGB Persönlichkeitsrecht Nr 13).

4 Der **Augenschein** als Beweismittel erfolgt durch unmittelbare Sinneswahrnehmung des Gerichts. Er geschieht häufig durch eine Ortsbesichtigung, aber auch durch eine Inaugenscheinnahme von Gegenständen, von Bildaufzeichnungen oder Abhören von Tonträgern. Die Erg sind zu protokollieren (§ 160 III Nr 5 ZPO). Hier sind verdeckt aufgenommene **Video-Aufzeichnungen** nur dann zugelassen, wenn der (konkrete) Verdacht einer strafbaren Handlung vorliegt, keine anderen Aufklärungsmöglichkeiten bestehen und die Verhältnismäßigkeit gewahrt ist (BAG 27.3.2003, 2 AZR 51/02, EzA § 611 BGB 2002 Persönlichkeitsrecht Nr 1); diese strengen Anforderungen gelten auch für »Zufallsfunde« bei der Videoüberwachung (BAG 21.11.2013, 2 AZR 797/11, DB 2014, 367). Wegen der Beachtung des allg Persönlichkeitsrechts vgl

BAG 16.12.2010, 2 AZR 485/08, EzA § 626 BGB 2002 Nr 33. Sind diese Kriterien eingehalten, führt auch die fehlende Mitbestimmung des BR (§ 87 I Nr 6 BetrVG) nicht zu einem Verwertungsverbot und steht auch das BDSG nicht entgegen (BAG 21.6.2012, aaO). Das **Sachverständigengutachten** als Beweismittel wird idR in schriftlicher Form erstattet (§ 411 I ZPO). Es ist den Parteien zuzuleiten und Gelegenheit zur Stellungnahme zu geben. Die Verwertung eines Gerichtsgutachtens aus einem anderen Verfahren regelt § 411a ZPO. Das Gericht hat für die Tätigkeit des Sachverständigen eine Leitungsaufgabe und kann ihm Weisungen zu Art und Umfang seiner Tätigkeit erteilen (§ 404a ZPO). Nicht nur für die sog Eingruppierungsklagen gilt, dass Rechtsfragen nicht Gegenstand des Sachverständigengutachtens sein können (BAG 14.12.1977, 4 AZR 467/76, AP BAT 1975 §§ 22, 23 Nr 4). Der **Urkundsbeweis** wird grds durch Vorlage der Originalurkunde angetreten (§ 420 ZPO). Eine Kopie genügt, solange der Gegner die Echtheit nicht bestreitet. Beantragt eine Partei die Vorlage einer Urkunde, die sich im Besitz des Gegners oder eines Dritten befindet, kann das Gericht dies nach Maßgabe des §§ 142, 425 ff ZPO anordnen. Zur Verwertung von Dokumenten aus anderen Verfahren im Wege des Urkundsbeweises vgl BAG 12.7.2007, 2 AZR 666/05, EzA § 551 ZPO 2002 Nr 5; auch ein Strafurteil kann als Urkundsbeweis verwertet werden (BAG 23.10.2014, 2 AZR 865/13, NJW 2015, 651). Die **Parteivernehmung** als Beweismittel ist von der (bloßen) Anhörung der Partei zum Zweck der Sachaufklärung zu unterscheiden. Sie ist ggü den vorgenannten Beweismitteln subsidiär und auf die Einvernahme des Gegners gerichtet (§ 445 I ZPO). Die Vernehmung der eigenen (beweispflichtigen) Partei kommt nur bei Zustimmung der Gegenpartei infrage (§ 447 ZPO). Eine Einvernahme einer oder beider Parteien vAw ist nur unter den Voraussetzungen gem § 448 ZPO möglich; die Ablehnung einer solchen Beweiserhebung bedarf der nachvollziehbaren Begründung vgl. BAG 14.11.2013, 8 AZR 813/12, NJW 2014, 1326. Können entscheidungserhebliche Beweistatsachen nur aus einem **4-Augen-Gespräch** einer Partei mit der Gegenpartei bzw deren Zeugen ermittelt werden, wird häufig die Einvernahme (§ 448 ZPO) oder zumindest die Anhörung (§ 141 ZPO) der beweisbelasteten Partei geboten sein (BVerfG 21.2.2001, 2 BvR 140/00, NJW 2001, 2531; BAG 19.11.2008, 10 AZR 671/07, EzA § 448 ZPO 2002 Nr 2).

Bei der Auswertung und Bewertung der erhobenen Beweise ist das Gericht iW frei. Bindungen ergeben sich für die Beweiskraft der öffentl Urkunde aus § 415 I ZPO bzw der Privaturkunde aus § 416 ZPO sowie aus Beweiserhebungsverboten (s.o. Rdn 2). Es gilt der Grds der **freien Beweiswürdigung**, wonach das Gericht aus dem Inbegriff der mündlichen Verhandlung und den Beweisergebnissen über die Wahrhaftigkeit einer Tatsachenbehauptung zu entscheiden hat (§ 286 I ZPO). Danach muss nicht jeder Zweifel ausgeschlossen sein, es genügt ein für das praktische Leben brauchbarer Grad an Gewissheit (BGH 14.4.1999, IV ZR 181/99, NJW-RR 1999, 1184). Die gerichtlichen Überlegungen müssen allerdings im Urt niedergelegt sein (§ 286 I 2 ZPO). Allein aus der persönlichen Nähe eines Zeugen zur Partei (wegen Verwandtschaft oder bestehenden Arbeitsverhältnisses) darf nicht auf verminderte Glaubwürdigkeit geschlossen werden (GK-ArbGG/*Schütz* § 58 Rn 89). 5

C. Spezialregelungen für das arbeitsgerichtliche Beweisverfahren. I. Die Beweisaufnahme. Sie erfolgt an der Gerichtsstelle stets vor der Kammer (§ 58 I 1). Ist dies aus bes Gründen nicht möglich, kann sie durch Kammerbeschl dem Vorsitzenden übertragen werden (§ 58 I 2). Die Beweisaufnahme außerhalb des Gerichtsbezirks im Wege der Rechtshilfe (§ 13) bleibt unbenommen. § 128a II ZPO (Video-Konferenz) gilt auch im arbeitsgerichtlichen Verfahren. Der Grds der Unmittelbarkeit der Beweisaufnahme wird nicht dadurch verletzt, dass eine **notarielle Erklärung** zu einer Beweistatsache (Vertretung einer Gewerkschaft im Betrieb) als Urkunde in den Rechtsstreit eingeführt wird (BAG 25.3.1992, 7 ABR 65/90, EzA § 2 BetrVG 1972 Nr 14). Wird nach Beweisaufnahme vor der Kammer vertagt, muss die die Instanz abschließende Entsch von derselben Kammerbesetzung getroffen werden (GMP/*Prütting* § 58 Rn 46; krit ErfK/*Koch* § 58 Rn 2). Soll dies wegen § 355 ZPO geschehen, muss dies in Geschäftsverteilungsplan abstrakt geregelt sein. Ein dahin gehender Kammerbeschl genügt nicht (BAG 2.12.1999, 2 AZR 843/98, EzA § 579 ZPO Nr 3; s.o. §§ 26–31 Rdn 10). 6

II. Die Beeidigung. Die **Beeidigung** von Zeugen (und Sachverständigen) geschieht im arbeitsgerichtlichen Verfahren nur, wenn das Gericht dies wegen der Entscheidungserheblichkeit der Aussage für notwendig erachtet (§ 58 II 1). Zu beeiden, um eine wahrheitsgemäße Aussage zu erreichen (§ 391 ZPO), ist also nicht zulässig (BAG 5.11.1992, 2 AZR 147/92, EzA § 626 BGB Nr 143). Bei der schriftlichen Zeugenaussage (§ 377 III ZPO) steht die eidesstattliche Versicherung anstelle der Beeidigung. Wird sie dem Zeugen aufgegeben, muss dies wegen der Bedeutung der Aussage notwendig sein und durch die Kammer beschlossen werden (§ 58 II 2). 7

8 III. Beweis durch Vorlegung öffentlicher Urkunden. Durch das TarifeinheitsG v 3.7.2015 (BGBl I 2015, 1130) ist die beweisrechtliche Vorschrift (Abs III) neu eingefügt worden. Dort wird klar gestellt, dass zum Nachweis der Zahl der in einem Arbeitsverhältnis stehenden Gewerkschaftsmitglieder in einem Betrieb (Verfahren nach § 2a I Nr 6) die Vorlage einer öffentlichen Urkunde (§ 415 I ZPO), insbesondere die notarielle Erklärung, geeignet ist. Für die Tatsache des Vertretenseins einer Gewerkschaft im Betrieb war dies in der Vergangenheit schon von der Rspr akzeptiert worden (s.o. Rdn 6). Die Neuregelung ist deshalb nach der Gesetzesbegründung nicht auf das Verfahren nach § 2a I Nr 6 beschränkt. Diese mittelbare Beweisführung soll sicherstellen, dass die Gewerkschaft die Namen der beim AG beschäftigten AN in den einschlägigen Verfahren nicht offenlegen muss und so deren verfassungsmäßigen Rechte aus Art 9 III u 2 I GG geschützt werden. Zu beachten ist jedoch, dass gerade bei der notariellen Erklärung nur diese selbst (also die Bekundung der entsprechenden Tatsachen vor dem Notar), nicht jedoch deren inhaltliche Richtigkeit bestätigt werden. Es ist daher nicht unstr, ob die Notarerklärung zur Beweisführung im Verfahren nach § 2a I Nr 6 immer genügen kann.

§ 59 Versäumnisverfahren

¹Gegen ein Versäumnisurteil kann eine Partei, gegen die das Urteil ergangen ist, binnen einer Notfrist von einer Woche nach seiner Zustellung Einspruch einlegen. ²Der Einspruch wird beim Arbeitsgericht schriftlich oder durch Abgabe einer Erklärung zur Niederschrift der Geschäftsstelle eingelegt. ³Hierauf ist die Partei zugleich mit der Zustellung des Urteils schriftlich hinzuweisen. ⁴§ 345 der Zivilprozessordnung bleibt unberührt.

Übersicht	Rdn.		Rdn.
A. Grundsätzliches	1	II. Form und Inhalt	10
B. Die Säumnisentscheidung	2	III. Wirkung	11
I. Voraussetzungen	2	D. Verfahren nach Einspruch	12
II. Versäumnisentscheidung	5	I. Unzulässiger Einspruch	12
III. Entscheidung nach Aktenlage	8	II. Zulässiger Einspruch	13
C. Der Einspruch	9	III. Säumnis im Einspruchstermin	14
I. Frist	9		

1 **A. Grundsätzliches.** Die hier geregelten Besonderheiten des arbeitsgerichtlichen Versäumnisverfahrens ergeben sich aus der generellen Intention nach Beschleunigung und zügiger Rechtsklarheit. IÜ bleibt es bei den allg Vorschriften gem §§ 330–347 ZPO (ohne §§ 331 III, 335 I Nr 4 ZPO). § 59 gilt auch im Berufungsverfahren, nicht jedoch in der Revision, weil diese Vorschrift in § 72 VI nicht genannt ist. Das Beschlussverfahren kennt keine Säumnisentscheidung (§ 83 I, IV).

2 **B. Die Säumnisentscheidung. I. Voraussetzungen.** Es müssen die **allg Sachurteilsvoraussetzungen** (insb Partei- und Prozessfähigkeit, zulässiger Rechtsweg, örtliche Zuständigkeit, keine anderweitige Rechtshängigkeit) vorliegen. Fehlt es daran und ist die beklagte Partei säumig, ist der Klagepartei Gelegenheit zur Beseitigung des Mangels zu geben. Stellt sie trotz des gerichtlichen Hinweises den Antrag auf Versäumnisentscheidung, ist dieser durch Beschluss zurückzuweisen (§ 335 I Nr 1 ZPO). Dagegen findet die sofortige Beschwerde statt (§ 336 I ZPO). Kann der Mangel zu den allg Prozessvoraussetzungen nicht beseitigt werden und hält die Klagepartei den Antrag aufrecht, ist die Klage durch (kontradiktorisches) Prozessurteil als unzulässig abzuweisen.

3 Die nicht erschienene Partei muss **ordnungsgemäß und rechtzeitig geladen** worden sein (§ 335 I Nr 2 ZPO). Dies setzt eine vom Vorsitzenden unterzeichnete Verfügung oder einen Beschluss voraus. Bei einem Folgetermin genügt die Verkündung des neuen Termins (§ 218 ZPO). Es muss die Einlassungsfrist (§ 47) oder die Ladungsfrist (§ 46 II iVm § 217 ZPO) gewahrt sein. In der Ladung muss die Partei über die Folgen einer Terminversäumung belehrt worden sein (§ 215 I ZPO).

4 Die beklagte Partei muss zum Termin am Terminort **nicht erschienen** sein oder bis zum Schluss der mündlichen Verhandlung **nicht** zur Sache **verhandelt** haben (§ 333 ZPO). Grds ist für das Verhandeln des Klägers oder Rechtsmittelklägers die Antragstellung erforderlich (BAG 4.12.2002, 5 AZR 556/01, EzA § 333 ZPO Nr 1); für die beklagte Partei genügt hingegen schon der in der mündlichen Verhandlung bekundete Wille zur Abwehr des gegnerischen Antrags (BAG 23.1.2007, 9 AZR 492/06, EzA § 333 ZPO 2002 Nr 1). Kein Verhandeln stellen bloße Anträge zur Prozessleitung (zB Vertagung, Aussetzung) dar. Hat die Partei zuerst verhandelt, dann aber im weiteren Verlauf der mündlichen Verhandlung keinen

Antrag mehr gestellt, liegt keine Säumnis vor (ErfK/*Koch* § 59 Rn 2). Ist das Nichterscheinen **unverschuldet**, darf keine Säumnisentscheidung ergehen, es ist viel mehr vAw zu vertagen (§ 337 S 1 ZPO). Solches ist bei einer akut aufgetretenen Erkrankung oder einem plötzlichen Fahrzeugdefekt anzunehmen, wenn dies dem Gericht unverzüglich angezeigt wird. Eine nicht vorhersehbare Verkehrsstörung ist nur dann unverschuldet, wenn alles Zumutbare getan wird, um das Gericht darüber zu verständigen (BGH 3.11.2005, I ZR 53/05, NJW 2006, 448). Besteht ein Gerichtsgebrauch über eine 15-minütige Wartefrist, ist diese einzuhalten. Anwaltschaftliche Standespflichten binden die Gerichte hingegen nicht (GK-ArbGG/*Schütz* § 59 Rn 23).

II. Versäumnisentscheidung. Sie bedarf der entspr Antragstellung der erschienenen Partei. Ist die **Klagepartei säumig und** liegen die allg Sachurteilsvoraussetzungen vor, ist die Klage ohne jede Sachprüfung durch Versäumnisurteil abzuweisen (§ 330 ZPO). 5

Ist die **beklagte Partei säumig**, ergeht zugunsten der Klagepartei ein stattgebendes Versäumnisurteil, soweit ihr tatsächliches Vorbringen den Klageantrag rechtfertigt (§ 331 II ZPO). Wegen der Säumnis gilt das tatsächliche mündliche Vorbringen der Klagepartei als zugestanden (§ 331 I 1 ZPO). Dabei muss aber das tatsächliche Vorbringen oder der Antrag rechtzeitig (§ 47 I bzw § 132 ZPO) der säumigen beklagten Partei bekannt gemacht sein (§ 335 I Nr 3 ZPO). Wie § 331 I 1 ZPO ausweist, führt die Säumnis der beklagten Partei nur zu einer Geständnisfiktion für das tatsächliche Vorbringen des Klägers. **Schlüssigkeit** seines Vortrages liegt also nur vor, wenn alle anspruchsbegründenden Tatsachen behauptet sind. Trägt der Kläger selbst rechtshindernde oder rechtsvernichtende Einwendungen (zB Forderungsübergang auf einen Dritten) oder eine erhobene rechtshemmende Einrede (Verjährung) vor, fehlt die Schlüssigkeit (BAG 14.6.1994, 9 AZR 111/93, EzA § 196 BGB Nr 8). Besteht der Kläger in diesem Fall auf einer Entscheidung, erfolgt die Klageabweisung durch streitiges Urteil (unechtes Versäumnisurteil) seitens des Vorsitzenden oder der Kammer (§ 55 I). Gegen ein solches Urteil sind die allg Rechtsmittel gegeben. 6

Fehlt es für einen (abtrennbaren) **Teil des Klagegegenstandes** an Schlüssigkeit, ist der Kläger darauf hinzuweisen (§ 139 ZPO). Beharrt der Kläger auf seinen Anträgen, ist durch kontradiktorisches (Teil-) Urteil der unschlüssige Teil abzuweisen und iÜ der Klage durch (Schluss-) Versäumnisurteil stattzugeben (ähnlich Düwell/Lipke/*Kloppenburg* § 59 Rn 30; teilw aA GMP/*Germelmann* § 59 Rn 14). Es ist auf die jeweils unterschiedlichen Rechtsmittel- bzw Rechtsbehelfsbelehrungen zu achten. 7

III. Entscheidung nach Aktenlage. Gegen die säumige Partei kann anstelle des Versäumnisurteils die Entscheidung nach Aktenlage beantragt werden (§ 331a ZPO). Ein (streitiges) Urteil kann jedoch nur bei Entscheidungsreife ergehen. Auch muss schon eine mündliche Verhandlung mit Antragstellung stattgefunden haben (s.o. § 55 Rdn 4) und es muss ein bes Verkündungstermin festgesetzt werden, der mind 2 Wochen nach dem Säumnistermin liegt (§§ 331a S 2, 251a II ZPO). Wird die Entscheidung nach Aktenlage abgelehnt, ist dies unanfechtbar (§ 336 II ZPO). 8

C. Der Einspruch. I. Frist. Für die säumige Partei, gegen die das Versäumnisurteil erlassen ist, ist dagegen der Rechtsbehelf des Einspruchs statthaft (§ 338 ZPO). Abweichend vom ZPO-Verfahren beträgt die **Einspruchsfrist** (Notfrist) nur **1 Woche**, die mit der Zustellung des Versäumnisurteils beginnt. Dieses muss eine Belehrung über den Rechtsbehelf, seine Form und Frist enthalten oder diese Belehrung muss zumindest dem Urteil beigefügt sein (§ 59 S 3). Ohne Belehrung läuft die Einspruchsfrist nicht an. Die Fristberechnung geschieht gem §§ 222 ZPO, 187 ff BGB. Bei versäumter Einspruchsfrist kann die Wiedereinsetzung in den vorigen Stand beantragt werden (§§ 233 ff ZPO). 9

II. Form und Inhalt. Der Einspruch kann **schriftlich** oder zu **Protokoll der Geschäftsstelle** eingelegt werden (§ 59 S 2). Die Verwendung des Begriffs »Einspruch« ist nicht Zulässigkeitsvoraussetzung. Es genügt, wenn erkennbar wird, dass der Einspruchsführer das Versäumnisurteil nicht gegen sich gelten lassen will und die Fortsetzung des Verfahrens begehrt. Der Einspruch kann auch in der Form des Telegramms, Telefax oder des Computerfax (LAG Köln 10.4.2001, 6 Ta 58/01, LAGE § 59 ArbGG 1979 Nr 5) geschehen. Hat ein vollmachtsloser Vertreter einen ansonsten zulässigen Einspruch eingelegt, ist die rückwirkende Heilung möglich (§ 89 II ZPO). Für den **Inhalt** der Einspruchsschrift gilt grds § 340 II, III ZPO. Dabei sind allg Auslegungsgrundsätze heranzuziehen. Der Vortrag der Angriffs- und Verteidigungsmittel sowie der Zulässigkeitsrügen (§ 340 III ZPO) ist keine Zulässigkeitsvoraussetzung für den Einspruch. Entspr Vorbringen kann noch innerhalb der Einspruchsfrist nachgeholt werden. Später besteht wegen des hier anwendbaren § 296 I ZPO die Gefahr der Zurückweisung (BAG 9.11.1983, 5 AZR 355/81, AP ZPO § 340 Nr 3; GMP/*Germelmann* § 59 Rn 32). 10

§ 60 ArbGG   Verkündung des Urteils

11 III. **Wirkung.** Der zulässige Einspruch versetzt den Rechtsstreit in die **Lage vor Säumnis zurück** (§ 342 ZPO). Dies hat zur Folge, dass ursprünglich verspätetes (neues) Vorbringen, wenn es in der Einspruchsfrist vorgetragen wird, nun zu berücksichtigen ist (GMP/*Germelmann* § 59 Rn 36; s.o. § 56 Rdn 13). Durch den Einspruch wird der Eintritt der Rechtskraft gehemmt (§ 705 ZPO), allerdings ist die vorläufige Vollstreckbarkeit des Versäumnisurteils zu beachten (§ 62 I 1).

12 **D. Verfahren nach Einspruch. I. Unzulässiger Einspruch.** Das Gericht hat vAw die Statthaftigkeit und sonstige Zulässigkeit des Einspruchs zu prüfen (§ 341 I 1 ZPO). Der unzulässige Einspruch ist durch Urteil zu verwerfen. Eine mündliche Verhandlung ist nicht erforderlich (§ 341 II ZPO). Wird auf sie verzichtet, ist nun der Vorsitzende allein zuständig (§ 55 I Nr 4a nF). Für das Rechtsmittel gelten die allg Vorschriften wie bei einem streitigen Urteil (§ 64 II).

13 **II. Zulässiger Einspruch.** Hier ist Termin über Einspruch und Hauptsache anzuberaumen (§ 341a ZPO). Sind in diesem Termin beide Parteien erschienen, findet die mündliche Verhandlung statt. Bei Antragstellung und Tenorierung der Sachentscheidung ist das vorhergegangene Versäumnisurteil zu berücksichtigen. Je nach der materiellen Rechtslage ist das Versäumnisurteil aufrechtzuerhalten oder das Versäumnisurteil aufzuheben (§ 343 ZPO). Entspricht das Versäumnisurteil nur in einem teilbaren Umfang dem materiellen Recht, ist es insoweit (teilw) aus vollstreckungsrechtlichen Gründen aufrechtzuerhalten und nur iÜ aufzuheben (GK-ArbGG/*Schütz* § 59 Rn 84). Bei der Kostenentscheidung sind die Kosten der Säumnis dergestalt auszusondern, dass sie auch bei Aufhebung des Versäumnisurteils der säumigen Partei aufzuerlegen sind (§ 344 ZPO).

14 **III. Säumnis im Einspruchstermin.** Ist hier die Partei säumig, zu deren Gunsten das Versäumnisurteil ergangen war, ist auf Antrag des Einspruchsführers das frühere Versäumnisurteil aufzuheben und nun durch (echtes) Versäumnisurteil zu seinen Gunsten zu entscheiden, soweit die Voraussetzungen gem § 330 ff ZPO vorliegen. Ist der Einspruchsführer im Einspruchstermin säumig, wird auf Antrag der Gegenpartei durch **2. Versäumnisurteil** der Einspruch – durch die Kammer (§ 55 I nF) – verworfen (§ 59 S 4 iVm § 345 ZPO). Da § 345 ZPO Spezialnorm mit Sanktionscharakter ggü § 342 ZPO ist, wird zutreffend eine erneute Schlüssigkeitsprüfung bei Säumnis der beklagten Partei (als Einspruchsführer) abgelehnt (so BGH 6.5.1999, V ZB 1/99, EzA § 513 ZPO Nr 12; GK-ArbGG/*Schütz* § 59 Rn 91; aA BAG 2.2.1994, 10 AZR 113/93, EzA § 513 ZPO Nr 10; GMP/*Germelmann* § 59 Rn 45). Eine Schlüssigkeitsprüfung hat nur kraft ausdrücklicher gesetzlicher Anordnung beim Einspruch gegen den Vollstreckungsbescheid zu erfolgen (§ 700 VI ZPO). Gegen das 2. Versäumnisurteil ist der Einspruch nicht mehr statthaft. Der säumigen Partei bleibt nur die Möglichkeit der Berufung beschränkt auf das Vorbringen, dass im Einspruchstermin ein Fall der (schuldhaften) Säumnis nicht vorgelegen habe (§ 64 IId iVm § 514 II ZPO).

15 Ist der Einspruchsführer, nachdem im (Einspruchs-) Termin in Anwesenheit beider Parteien verhandelt wurde, in einem späteren Termin **wiederum säumig**, darf auf Antrag nur ein einfaches (1.) Versäumnisurteil ergehen (BAG 26.6.2008, 6 AZR 478/07, EzA § 240 ZPO 2002 Nr 4).

§ 60 Verkündung des Urteils

(1) ¹Zur Verkündung des Urteils kann ein besonderer Termin nur bestimmt werden, wenn die sofortige Verkündung in dem Termin, auf Grund dessen es erlassen wird, aus besonderen Gründen nicht möglich ist, insbesondere weil die Beratung nicht mehr am Tag der Verhandlung stattfinden kann. ²Der Verkündungstermin wird nur dann über drei Wochen hinaus angesetzt, wenn wichtige Gründe, insbesondere der Umfang oder die Schwierigkeit der Sache, dies erfordern. ³Dies gilt auch dann, wenn ein Urteil nach Lage der Akten erlassen wird.
(2) ¹Bei Verkündung des Urteils ist der wesentliche Inhalt der Entscheidungsgründe mitzuteilen. ²Dies gilt nicht, wenn beide Parteien abwesend sind; in diesem Fall genügt die Bezugnahme auf die unterschriebene Urteilsformel.
(3) ¹Die Wirksamkeit der Verkündung ist von der Anwesenheit der ehrenamtlichen Richter nicht abhängig. ²Wird ein von der Kammer gefälltes Urteil ohne Zuziehung der ehrenamtlichen Richter verkündet, so ist die Urteilsformel vorher von dem Vorsitzenden und den ehrenamtlichen Richtern zu unterschreiben.
(4) ¹Das Urteil nebst Tatbestand und Entscheidungsgründen ist vom Vorsitzenden zu unterschreiben. ²Wird das Urteil nicht in dem Termin verkündet, in dem die mündliche Verhandlung geschlossen wird, so muss es bei der Verkündung in vollständiger Form abgefasst sein. ³Ein Urteil, das in dem Termin,

in dem die mündliche Verhandlung geschlossen wird, verkündet wird, ist vor Ablauf von drei Wochen, vom Tag der Verkündung an gerechnet, vollständig abgefasst der Geschäftsstelle zu übermitteln; kann dies ausnahmsweise nicht geschehen, so ist innerhalb dieser Frist das von dem Vorsitzenden unterschriebene Urteil ohne Tatbestand und Entscheidungsgründe der Geschäftsstelle zu übermitteln. [4]In diesem Fall sind Tatbestand und Entscheidungsgründe alsbald nachträglich anzufertigen, von dem Vorsitzenden besonders zu unterschreiben und der Geschäftsstelle zu übermitteln.

Übersicht	Rdn.		Rdn.
A. Grundsätzliches	1	I. Vollständig abgefasstes Urteil	5
B. Urteilsverkündung	2	II. Fristüberschreitungen	6
C. Die Urteilsabfassung	5	III. Richterunterschrift	7

A. Grundsätzliches. Die Mitwirkung der ehrenamtlichen Richter bedingt für die Verkündung der arbeitsgerichtlichen Urteile spezielle Vorschriften. Diese gehen den allg Regeln aus §§ 310, 311 ZPO vor. Für das Berufungsverfahren finden sich in § 69 I 2 kleinere Modifikationen. § 60 gilt im erst- und zweitinstanzlichen Beschlussverfahren entspr für die die Instanz beendenden Beschlüsse (§§ 84 S 3, 91 II 2), nicht jedoch im Revisions- und Rechtsbeschwerdeverfahren. **1**

B. Urteilsverkündung. Das Urteil bedarf zu seiner Wirksamkeit der Verkündung. Dies gilt auch für das Urteil nach Lage der Akten (§§ 251a, 331a ZPO). Diejenigen Urteile, die ohne mündliche Verhandlung ergehen können, also die Anerkenntnis- und Verzichtsurteile (§ 55 I Nr 2 und 3, II) sowie die Einspruchsverwerfung (§ 341 II ZPO), sind von der Verkündungspflicht ausgenommen (hM GMP/*Germelmann* § 60 Rn 5; GK-ArbGG/*Schütz* § 60 Rn 6). In diesen Fällen wird die Verkündung durch die Zustellung des Urteils ersetzt (§ 310 III ZPO). Die immer öffentl Verkündung ist zu protokollieren (§ 160 III Nr 7 ZPO). Regelmäßig wird das Urteil in dem Termin verkündet, in dem die mündliche Verhandlung geschlossen wird (§ 310 I 1 ZPO). Ein **bes Verkündungstermin** ist dann zu bestimmen, wenn aus bes Gründen am Verhandlungstermin die Verkündung nicht mehr stattfinden kann (§ 60 I 1). Als ein solcher Grund wird beispielhaft die fehlende Beratungsmöglichkeit am Verhandlungstag genannt. Weitere Gründe können sein ein umfangreicher Beratungsbedarf, ein nachgelassener Schriftsatz (§ 283 ZPO) oder ein widerruflicher Vergleich. Im Regelfall hat der Verkündungstermin **längstens 3 Wochen** nach Schluss der mündlichen Verhandlung stattzufinden. Aus wichtigem Grund (Umfang oder Schwierigkeit der Sache) sind Ausnahmen möglich (§ 60 I 2). Der aufgrund der mündlichen Verhandlung bestimmte Verkündungstermin ergeht durch die Kammer und benennt ein konkretes Datum. Die immer wieder vorkommende Praxis des Verkündungstermins »von Amts wegen« entspricht nicht der gesetzlichen Vorgabe (BCF/*Creutzfeldt* § 60 Rn 5). Treten bes Umstände auf, bleibt die Möglichkeit der Terminverlegung. **2**

3

Für die **Form der Verkündung** gilt grds § 311 ZPO, allerdings modifiziert durch § 60 II und III. Ist im Verkündungstermin mind eine Partei anwesend, ist nicht nur der Urteilstenor zu verlesen, sondern auch der wesentliche Inhalt der Entscheidungsgründe mitzuteilen (§ 60 II). Für die Wirksamkeit der Verkündung ist die Anwesenheit der ehrenamtlichen Richter nicht erforderlich. Die Anwesenheit anderer ehrenamtlichen Richter als derjenigen, die in der Sache mit entschieden haben, ist unschädlich. Wird das Urteil in Abwesenheit der ehrenamtlichen Richter verkündet, muss die Urteilsformel schriftlich niedergelegt und von der ganzen Kammer unterzeichnet sein (§ 60 III). Ein Verstoß gegen die Unterzeichnungspflicht führt nicht zur Unwirksamkeit der Verkündung (hM GMP/*Germelmann* § 60 Rn 23). Gleiches gilt, wenn die schriftlich niedergelegte Urteilsformel sich nicht in der Prozessakte befindet, die Verkündung in der Form des § 311 II 1 ZPO aber ordnungsgemäß protokolliert ist (BAG 16.5.2002, 8 AZR 412/01, EzA Art 101 GG Nr 7). **4**

C. Die Urteilsabfassung. I. Vollständig abgefasstes Urteil. Ein solches liegt nur dann vor, wenn es Tatbestand und Entscheidungsgründe enthält sowie vom Vorsitzenden unterzeichnet ist (§ 60 IV 1). In dieser Form ist es, wenn es am Tag des Schlusses der mündlichen Verhandlung verkündet wurde, innerhalb einer **Frist von 3 Wochen** der Geschäftsstelle zu übergeben (§ 60 IV 3). Die Übergabe eines Urteilsentwurfs oder eines Tonbanddiktats genügt nicht. Kann die 3-Wochenfrist ausnahmsweise nicht eingehalten werden, so ist ein Urteil ohne Tatbestand und Entscheidungsgründe, aber mit vollem Rubrum, Bezeichnung der mitwirkenden Richter, Urteilstenor und Unterschrift des Vorsitzenden der Geschäftsstelle zu übergeben (§ 60 IV 3 Hs 2). Ein so hergestellter Titel (**abgekürztes Urteil**) ist Grundlage für Vollstreckungsmaßnahmen, setzt aber keine Rechtsmittelfristen in Lauf (§ 66 I 2). Das vollständige Urteil mit Tatbestand und **5**

Heider

Entscheidungsgründen ist dann alsbald nachzufertigen und unterzeichnet der Geschäftsstelle zu übergeben (§ 60 IV 4). Ist ein bes Verkündungstermin festgesetzt worden, hat das Urteil bei der **Verkündung vollständig abgefasst** vorzuliegen (§ 60 IV 2). Kann dies aus wichtigen Gründen ausnahmsweise nicht geschehen, gelten die Regeln über das abgekürzte Urteil (§ 60 IV 3 und 4) auch hier. Ersatzweise kann auch eine Verlegung des Verkündungstermins infrage kommen.

6   **II. Fristüberschreitungen.** Die Fristen des § 60 IV werden als **Ordnungsvorschriften** verstanden, sodass Überschreitungen keine Auswirkungen auf die Rechtmäßigkeit des Urteils haben (BAG 9.2.1994, 2 AZR 666/93, EzA § 613a BGB Nr 116; BAG 25.9.2003, 8 AZR 472/02, EzA § 69 ArbGG 1979 Nr 3; GPMP/ *Germelmann* § 60 Rn 32). Eine Zurückverweisung durch das Berufungsgericht ist schon wegen § 68 ausgeschlossen. Denkbar sind dienstaufsichtliche Interventionen ggü dem säumig handelnden Vorsitzenden. Auch ist zu bedenken, dass den Parteien bei längeren Verzögerungen der Urteilszustellung die Frist zur Tatbestandsberichtigung (§ 320 II 3 ZPO) abgeschnitten werden kann. Ist das erstinstanzliche Urteil 5 Monate nach der Verkündung noch nicht zugestellt, laufen die Berufungs- und Berufungsbegründungsfrist an (§ 66 I 2). Auf die fehlende Rechtsmittelbelehrung (§ 9 V) kommt es nicht an (s.o. § 9 Rdn 12). Für die Berufungsbegründung gelten in einem solchen Fall allerdings vereinfachte Anforderungen (BAG 13.9.1995, 2 AZR 855/94, EzA § 66 ArbGG 1979 Nr 22).

7   **III. Richterunterschrift.** Das vollständig abgefasste Urteil ist in der 1. Instanz nur durch den **Vorsitzenden zu unterzeichnen** (§ 60 IV 1). Eine fehlende Unterschrift ist grds nachholbar. Die Rechtsmittelfrist ist jedoch bis zur Nachleistung der Unterschrift gehemmt (LAG Frankfurt 31.8.1992, 16 Sa 1424/91, EzA § 513 ZPO Nr 9). Ist der Vorsitzende des ArbG auf Dauer an der Unterschriftsleistung gehindert, kann wegen der Spezialvorschrift des § 60 IV keine ersatzweise Unterschrift durch einen ehrenamtlichen Richter geschehen (GMP/*Germelmann* § 60 Rn 37).

§ 61 Inhalt des Urteils

(1) Den Wert des Streitgegenstands setzt das Arbeitsgericht im Urteil fest.
(2) ¹Spricht das Urteil die Verpflichtung zur Vornahme einer Handlung aus, so ist der Beklagte auf Antrag des Klägers zugleich für den Fall, dass die Handlung nicht binnen einer bestimmten Frist vorgenommen ist, zur Zahlung einer vom Arbeitsgericht nach freiem Ermessen festzusetzenden Entschädigung zu verurteilen. ²Die Zwangsvollstreckung nach §§ 887 und 888 der Zivilprozessordnung ist in diesem Fall ausgeschlossen.
(3) Ein über den Grund des Anspruchs vorab entscheidendes Zwischenurteil ist wegen der Rechtsmittel nicht als Endurteil anzusehen.

Übersicht	Rdn.		Rdn.
A. Grundsätzliches	1	I. Anwendungsbereich	7
I. Regelungszweck	1	II. Schaden	8
II. Notwendiger Inhalt	2	III. Entscheidung	9
B. Die Streitwertfestsetzung	5	IV. Folgen für Hauptanspruch	10
C. Verurteilung zur Vornahme einer Handlung	7	D. Zwischenurteil über den Anspruchsgrund	12

1   **A. Grundsätzliches. I. Regelungszweck.** Entgegen der Überschrift behandelt die Bestimmung nicht allg den Inhalt des arbeitsgerichtlichen Urt, sondern nur einige über die generell geltenden ZPO-Regeln (§ 46 II iVm §§ 313 ff ZPO) hinausreichenden Anforderungen bzw Abweichungen. Für den Urteilsinhalt sind daneben die Rechtsmittelbelehrung (§ 9 V) und die Zulassung der Berufung (§ 64 IIIa 1) zu beachten. Für das Beschlussverfahren gilt § 61 nicht.

2   **II. Notwendiger Inhalt.** Dazu ist auf Folgendes zu verweisen: Bei der Urteilsart sind Anerkenntnis-, Verzichts-, und Versäumnisurteile als solche zu bezeichnen (§ 313b I 2 ZPO). Die erforderlichen Angaben zum Rubrum ergeben sich aus § 313 I Nr 1–3 ZPO. Bes Bedeutung hat der **Tenor (Urteilsformel)** iSd § 313 I Nr 4 ZPO. Wegen des Umfangs der Rechtskraft und der Zwangsvollstreckung muss er so klar und bestimmt wie möglich gefasst sowie aus sich heraus verständlich sein (Thomas/Putzo/*Reichold* § 313 Rn 8). Der Tenor des arbeitsgerichtlichen Urt 1. Instanz enthält die Hauptsacheentsch, den Kostenausspruch, die Streitwertfestsetzung (s.u. Rdn 5) und eine Aussage zur Statthaftigkeit der Berufung. Bei der

Hauptsacheentscheidung ist darauf zu achten, dass die gestellten Anträge im vollen Umfang verbeschieden werden. Ist dies nicht geschehen, bleibt nur der Antrag auf Ergänzungsurt (§ 321 ZPO). Eine stattgebende Entsch muss sich in den Grenzen des § 308 I ZPO halten. Bei Festsetzung von Zinsen genügt die Bezugnahme auf den Basiszinssatz und die Angabe des Erhöhungsfaktors in Prozentpunkten (zu Verzugszinsen des AN vgl BAG 23.2.2005, 10 AZR 602/03, EzA § 55 InsO Nr 8).

Das vollständige Urteil hat einen **Tatbestand** zu enthalten (§ 313 I Nr 5 ZPO). Die erhobenen Ansprüche und die darauf bezogenen Angriffs- und Verteidigungsmittel sind konzentriert darzustellen, wobei allerdings auf die präzise Wiedergabe der gestellten Anträge zu achten ist (§ 313 II 1 ZPO). Aus dem Tatbestand muss der unstr und str Tatsachenstoff erkennbar sein. Der Tatbestand hat Beurkundungsfunktion (§ 314 ZPO). Die **Entscheidungsgründe** (§ 313 I Nr 6 ZPO) haben zusammengefasst die tatsächlichen und rechtlichen Erwägungen darzustellen, auf denen die Entsch beruht (§ 313 III ZPO). Trotz des Gebotes der gestrafften Darstellung ist aber darauf zu achten, dass die Gründe aus sich heraus verständlich sind und das Vorbringen der Parteien aufarbeiten (BVerfG 16.6.1995, 2 BvR 382/95, NJW-RR 1995, 1033). Es muss aber nicht jedes einzelne Vorbringen behandelt werden (BAG 19.2.2008, 9 AZN 1085/07, NJW 2008, 2362). In folgenden Fällen muss das Urt **weder Tatbestand noch Entscheidungsgründe** enthalten: Versäumnis-, Anerkenntnis- oder Verzichtsurteil (§ 313b I ZPO) sowie bei Rechtsmittelverzicht der beschwerten Parteien (§ 313a II und III ZPO). Ist gegen das Urt unzweifelhaft kein Rechtsmittel statthaft, entfällt der Tatbestand. Zusätzlich entfallen auch die Entscheidungsgründe bei Verzicht der Parteien oder wenn ihr wesentlicher Inhalt in das Protokoll aufgenommen wird (§ 313a I 2 ZPO). 3

Notwendiger Inhalt des Urt sind auch die **Rechtsmittelbelehrung** (s.o. § 9 Rdn 9) und die **Richterunterschrift**(en). 4

B. Die Streitwertfestsetzung. Hier ist der Streitwert festzusetzen, der sich für die im Urt getroffene Entsch ergibt (**Urteilsstreitwert**). Vorher erledigte Teile des Klagegegenstandes bleiben außer Betracht. Die Streitwertfestsetzung im Urteil ist also für die Statthaftigkeit der Berufung maßgeblich, sie bildet idR die **Obergrenze** für eine mögliche **Beschwer** (BAG 13.1.1988, 5 AZR 410/87, EzA § 64 ArbGG 1979 Nr 22; GK-ArbGG/*Schütz* § 61 Rn 20). In diesem Umfang ist das Berufungsgericht wegen der gebotenen Rechtsmittelklarheit an die erstinstanzliche Wertfestsetzung gebunden. Dies gilt nur dann nicht, wenn sie offensichtlich unrichtig und unter keinem vernünftigen Gesichtspunkt zu rechtfertigen ist (BAG 16.5.2007, 2 AZB 53/06, EzA § 61 ArbGG 1979 Nr 20; dazu krit BCF/*Creutzfeldt* § 61 Rn 20). Weiter wird die Bindungswirkung verneint, wenn der Beschwerdewert für die unterlegene Partei aus bes Gründen mit einem anderen Inhalt zu bilden ist als das Ausgangsinteresse der Klagepartei (so für die auf 1. Stufe unterlegene bekl Partei einer Stufenklage, vgl BAG 27.5.1994, 5 AZB 3/94, EzA § 64 ArbGG 1979 Nr 32). Von dem Urteilsstreitwert sind die Streitwerte für die Gerichtsgebühren bzw die Anwaltsgebühren zu trennen (s.o. § 12 Rdn 10 und 11). Dafür haben ggf gesonderte Festsetzungen nach § 63 II GKG, § 33 I RVG zu geschehen. 5

Der Streitwert ist grds in **jedem Urt** festzusetzen, also auch in Teil- oder Versäumnisurt sowie in Prozessurt gem § 280 ZPO. Eine Ausnahme soll für die Zwischenurt gem § 304 I ZPO iVm § 61 III gelten, weil hier eine Berufung unzweifelhaft nicht statthaft ist (GMP/*Germelmann* § 61 Rn 14). Ist die Streitwertfestsetzung versehentlich unterblieben, kommt je nach Sachlage ein Ergänzungsurt (§ 321 ZPO) oder eine Berichtigung (§ 319 ZPO) infrage. Gegen die Wertfestsetzung gem § 61 I ist **kein eigenständiges Rechtsmittel** statthaft. Der Rechtsmittelführer kann aber nach § 64 V eine höhere Beschwer glaubhaft machen (BCF/*Creutzfeldt* § 61 Rn 22). Für die Berechnung des Beschwerdewertes gelten nur §§ 3 ff ZPO, nicht das GKG (BAG 4.6.2008, 3 AZB 37/08, EzA § 64 ArbGG 1979 Nr 43). 6

C. Verurteilung zur Vornahme einer Handlung. I. Anwendungsbereich. Ist der Klageantrag auf die Verurteilung zur Vornahme einer Handlung gerichtet, wird die Klagepartei über § 61 II in die Lage versetzt, sich beschleunigt einen Titel über eine **Geldentschädigung** anstelle der geschuldeten Handlung zu verschaffen. Wie sich aus § 61 II 2 erschließt, ist der Anwendungsbereich nur für diejenigen Leistungen eröffnet, deren Vollstreckung gem §§ 887, 888 ZPO zu geschehen hat, also bei der Verurteilung zu einer vertretbaren oder unvertretbaren Handlung (hM GMP/*Germelmann* § 61 Rn 26). Duldung oder Unterlassung, Herausgabe von Sachen sowie Abgabe einer Willenserklärung ist hingegen ausgeschlossen. Praxisrelevante Bsp: Ausfüllen von Arbeitspapieren, Abrechnung, Beschäftigung oder Weiterbeschäftigung, Zeugniserteilung. Wird bei einer Stufenklage auf der 1. Stufe (Auskunft) der Antrag gem § 61 II gestellt, wird der Antrag zur 2. Stufe (Zahlung) unzulässig (BAG 24.11.2004, 10 AZR 169/04, EzA § 61 ArbGG 1979 Nr 19). Der 7

§ 61a ArbGG   Besondere Prozessförderung in Kündigungsverfahren

Entschädigungsantrag kann auch im Eilverfahren und im Berufungsrechtszug – jeweils bis zur Entsch über den Hauptantrag – gestellt werden (BCF/*Creutzfeldt* § 61 Rn 38).

8   **II. Schaden.**   Mit dem Antrag auf Geldentschädigung hat die Klagepartei darzulegen, dass ihr durch die Nichtvornahme der geschuldeten Handlung ein entspr Schaden entsteht. Sie hat die **Beweislast** für die Ursächlichkeit zwischen Pflichtwidrigkeit und Schaden (ErfK/*Koch* § 61 Rn 4). Die Schadenshöhe ist, soweit möglich, zu beziffern. Ggf sind die tatsächlichen Grundlagen für eine Schätzung vorzutragen (§ 287 ZPO). Wird die Entschädigungshöhe in das Ermessen des Gerichts gestellt, kann dieser Antrag mit einem nicht zu unterschreitenden Wert verbunden werden. Zur Vornahmefrist bedarf es keiner ausdrücklichen Antragstellung der Klagepartei.

9   **III. Entscheidung.**   In der gerichtlichen **Entsch** ist über die geschuldete Handlung und die Entschädigung gleichzeitig zu befinden. Ein Teilurt über einen der Ansprüche ist also unzulässig. Die zu bestimmende Frist (als Zeitraum ab Urteilszustellung) zur Vornahme der Handlung darf nicht kürzer als die Rechtsmittelfrist sein und hat sich nach Art und Umfang der Verpflichtung zu richten (BAG 5.6.1985, 4 AZR 533/83, EzA § 4 TVG Bauindustrie Nr 30). Für die Entschädigungshöhe ist auf den bei Nichtvornahme der Handlung entstehenden Schaden abzustellen, zB bei Auskunftsansprüchen zur Vorbereitung von Zahlungsklagen 80 % des voraussichtlichen Zahlungsanspruchs (BAG 28.7.2004, 10 AZR 580/03, EzA § 61 ArbGG 1979 Nr 18).

10   **IV. Folgen für Hauptanspruch.**   Wird die beklagte Partei zur Geldentschädigung verurteilt, ist die **Vollstreckung des Hauptanspruchs ausgeschlossen** (GK-ArbGG/*Schütz* § 61 Rn 49). Dies muss die Klagepartei bei ihrer Antragstellung sorgfältig abwägen. Der Ausschluss bezieht sich auch auf einen möglichen Folgeschaden in Bezug auf den Hauptanspruch, es sei denn, die Klagepartei hat die beantragte Entschädigung ausdrücklich als »Teilbetrag« bezeichnet (sowohl BAG 20.2.1997, 8 AZR 121/95, EzA § 611 BGB Arbeitgeberhaftung Nr 5). Trotz nicht erteilter Auskunft und dafür vollstreckter Entschädigung bleibt aber eine Zahlungsklage möglich, für die die allg Regeln der Darlegungs- und Beweislast gelten (BAG 6.5.1987, 4 AZR 641/86, EzA § 61 ArbGG 1979 Nr 15).

11   Wird nur der Hauptanspruch zuerkannt, die beantragte Entschädigung hingegen abgewiesen, kann die geschuldete Handlung nach allg Regeln (§§ 887, 888 ZPO) vollstreckt werden. Für den zuerkannten Entschädigungsanspruch gilt auch bei eingelegtem Rechtsmittel die vorläufige Vollstreckbarkeit (§ 62 I). Nimmt die Klagepartei trotz Fristablaufs die geschuldete Handlung als Erfüllung an, entfällt der Entschädigungsanspruch (BAG 4.10.1989, 4 AZR 396/89, EzA § 61 ArbGG 1979 Nr 16). Gegen eine Vollstreckung der Geldentschädigung bei erfülltem Hauptanspruch kann sich die beklagte Partei mit der Vollstreckungsabwehrklage (§ 767 ZPO) wehren (BAG 28.10.1992, 10 AZR 541/91, EzA § 61 ArbGG 1979 Nr 17).

12   **D. Zwischenurteil über den Anspruchsgrund.**   § 61 III enthält eine wesentliche Abweichung von den allg Bestimmungen der ZPO. Nach § 304 I ZPO kann über den Grund des Anspruchs durch Zwischenurt entschieden werden, wenn Grund und Höhe trennbar sind. In diesem Fall ist bereits das Zwischenurt wie ein Endurt rechtsmittelfähig (§ 304 II ZPO). Im Unterschied dazu kann das **Grundurt** im arbeitsgerichtlichen Verfahren **nicht selbstständig angefochten** werden. Dies soll sich aus Gründen der Prozessökonomie rechtfertigen. Sachlich beschränkt sich deshalb ein solches Zwischenurt auf die Selbstbindung des erkennenden Gerichts (§ 318 ZPO). Es ist auch dann nicht selbstständig anfechtbar, wenn es fälschlich als Teilurt bezeichnet wird oder mit einer unzutreffenden Rechtsmittelbelehrung versehen ist (GK-ArbGG/*Schütz* § 61 Rn 54a). Das Zwischenurt nach § 5 IV 3 KSchG aber ist nach allg Regeln rechtsmittelfähig.

§ 61a Besondere Prozessförderung in Kündigungsverfahren

(1) Verfahren in Rechtsstreitigkeiten über das Bestehen, das Nichtbestehen oder die Kündigung eines Arbeitsverhältnisses sind nach Maßgabe der folgenden Vorschriften vorrangig zu erledigen.
(2) Die Güteverhandlung soll innerhalb von zwei Wochen nach Klageerhebung stattfinden.
(3) Ist die Güteverhandlung erfolglos oder wird das Verfahren nicht in einer sich unmittelbar anschließenden weiteren Verhandlung abgeschlossen, fordert der Vorsitzende den Beklagten auf, binnen einer angemessenen Frist, die mindestens zwei Wochen betragen muss, im einzelnen unter Beweisantritt schriftlich die Klage zu erwidern, wenn der Beklagte noch nicht oder nicht ausreichend auf die Klage erwidert hat.
(4) Der Vorsitzende kann dem Kläger eine angemessene Frist, die mindestens zwei Wochen betragen muss, zur schriftlichen Stellungnahme auf die Klageerwiderung setzen.

(5) Angriffs- und Verteidigungsmittel, die erst nach Ablauf der nach Absatz 3 oder 4 gesetzten Fristen vorgebracht werden, sind nur zuzulassen, wenn nach der freien Überzeugung des Gerichts ihre Zulassung die Erledigung des Rechtsstreits nicht verzögert oder wenn die Partei die Verspätung genügend entschuldigt. (6) Die Parteien sind über die Folgen der Versäumung der nach Absatz 3 oder 4 gesetzten Fristen zu belehren.

Übersicht	Rdn.		Rdn.
A. Zweck	1	C. Spezialregelung aus § 6 KSchG	4
B. Beschleunigungsmaßnahmen	2		

A. Zweck. In der Vorschrift wird eine bes **Prozessförderung** in den **Bestandsstreitigkeiten** (iSd § 2 I Nr 3b) angeordnet. Die praktische Wirkung sollte aber wegen der beschränkten personellen Ressourcen der Arbeitsgerichtsbarkeit nicht überschätzt werden. Auch stehen die arbeitsgerichtlichen Verfahren generell unter dem Beschleunigungsgebot (§ 9 I). Verstöße des Vorsitzenden gegen die bes Prozessförderung im Bestandsstreit sind sanktionslos. § 61a I enthält neben einem allg Beschleunigungsgebot für die Bestandsstreitigkeit den Verweis auf die Konkretisierung in den II–VI, ohne dass diese abschließend wären. 1

B. Beschleunigungsmaßnahmen. Soweit die **Güteverhandlung** innerhalb von 2 Wochen ab Klageerhebung stattfinden soll (§ 61a II), handelt es sich um eine sanktionslose Ordnungsvorschrift. Allerdings wird das richterliche Ermessen gerade bei der **Terminierung** von Bestandsstreitigkeiten gewissen Bindungen aus dem bes Beschleunigungsgebot unterworfen. Dabei ist durchaus einzuräumen, dass das Vorranggebot aus rechtlichen und praktischen Gründen nicht absolut zu verwirklichen ist. Auch bei der Terminsänderung (§ 227 I ZPO) oder der Aussetzung (§§ 148, 149 ZPO) hat das richterliche Ermessen die bes Prozessförderung für den Bestandsstreit zu berücksichtigen (LAG Nürnberg 29.5.2002, 1 Ta 78/02, LAGReport 2002, 385); idR rechtfertigt ein laufendes Straf- (oder Ermittlungs-) verfahren **keine Aussetzung** des Kdg-Schutzprozesses (BAG 25.11.2010, 2 AZR 801/09, EzA § 626 BGB 2002 Verdacht strafbarer Handlung Nr 9). 2

Bleibt die Güteverhandlung erfolglos, ist der beklagten Partei die **Klageerwiderung** unter Beweisantritt mit Fristsetzung aufzugeben, soweit dies noch nicht geschehen ist (§ 61a III). Falls jedoch von den Zurückweisungssanktionen des § 61a V Gebrauch gemacht werden soll, müssen die Auflagen zur Klageerwiderung präzise und detailliert erfolgen. Die bloße Wiederholung des Gesetzeswortlautes genügt nicht (hM BCF/*Creutzfeldt* § 61a Rn 12). Inhaltlich entspricht § 61a V der Regelung gem § 56 II (BAG 25.3.2004, 2 AZR 380/03, EzA § 61a ArbGG 1979 Nr 1). Für eine etwaige Verspätung des Vortrages und die rechtlichen Folgen kann deshalb auf § 56 Rdn 8–10 verwiesen werden. Der Vorsitzende hat weiter die Möglichkeit, der Klagepartei eine **Replik** auf die Klageerwiderung der bekl Partei aufzugeben (§ 61a IV). Auch für diesen Vortrag gelten die Präklusionsregeln gem § 61a V. Immer sind die **Belehrungspflichten** (§ 61a VI) zu beachten. 3

C. Spezialregelung aus § 6 KSchG. Diese Bestimmung hat Vorrang vor den allg Präklusionsvorschriften (offengelassen BAG 20.9.2012, 6 AZR 483/11, NZA 2013, 94) und gibt so die Möglichkeit, im Bestandsstreit bis zum Schluss der mündlichen Verhandlung 1. Instanz weitere Unwirksamkeitsgründe vorzutragen (s.a. § 67 Rdn 16). 4

§ 61b Klage wegen Benachteiligung

(1) Eine Klage auf Entschädigung nach § 15 des Allgemeinen Gleichbehandlungsgesetzes muss innerhalb von drei Monaten, nachdem der Anspruch schriftlich geltend gemacht worden ist, erhoben werden.
(2) ¹Machen mehrere Bewerber wegen Benachteiligung bei der Begründung eines Arbeitsverhältnisses oder beim beruflichen Aufstieg eine Entschädigung nach § 15 des Allgemeinen Gleichbehandlungsgesetzes gerichtlich geltend, so wird auf Antrag des Arbeitgebers das Arbeitsgericht, bei dem die erste Klage erhoben ist, auch für die übrigen Klagen ausschließlich zuständig. ²Die Rechtsstreitigkeiten sind von Amts wegen an dieses Arbeitsgericht zu verweisen; die Prozesse sind zur gleichzeitigen Verhandlung und Entscheidung zu verbinden.
(3) Auf Antrag des Arbeitgebers findet die mündliche Verhandlung nicht vor Ablauf von sechs Monaten seit Erhebung der ersten Klage statt.

§ 61b ArbGG   Klage wegen Benachteiligung

Übersicht

		Rdn.			Rdn.
A.	Grundsätzliches	1	D.	Hinausgeschobene mündliche Verhandlung (§ 61b III)	5
B.	Fristen	2			
C.	Einheitliche örtliche Zuständigkeit	4			

1 **A. Grundsätzliches.** In dieser Vorschrift findet sich das prozessuale Korrelat zu den materiell-rechtlichen Entschädigungsansprüchen wegen Verstoßes gegen das Benachteiligungsverbot im Arbeitsverhältnis oder bei dessen Begründung (§ 15 AGG). Die Kombination der Ausschlussfrist zur gerichtlichen Geltendmachung und der Festlegung eines einheitlichen örtlichen Gerichtsstandes erklärt sich aus der früheren Fassung des § 611a BGB, die eine Obergrenze der Entschädigung aus dem nämlichen Benachteiligungsgeschehen enthielt. Nach dem EuGH-Urt v 22.4.1997 (C-180/95, EzA § 611a BGB Nr 12) ist die Haftungsbegrenzung zwar beseitigt worden. Wegen der Differenzierung in der Entschädigungshöhe für den bestqualifizierten Bewerber und denjenigen, die auch bei benachteiligungsfreier Auswahl nicht eingestellt worden wären (früher: § 611a II, III BGB, jetzt: § 15 II 2 AGG), bleibt die Regelung sinnvoll. Wegen der Einzelheiten zu den einschlägigen Entschädigungsansprüchen s § 15 AGG Rdn 33–36.

2 **B. Fristen.** Der Klagefrist (§ 61b I) vorgeschaltet ist die **Frist zur Geltendmachung** gem § 15 IV 1 AGG. Es liegt also eine 2-stufige Frist vor. Die Frist zur schriftlichen Geltendmachung beträgt grds 2 Monate, falls nicht eine anderweitige tarifliche Regelung gilt. Sie beginnt im Fall der Bewerbung oder des beruflichen Aufstiegs – frühestens – mit Zugang der Ablehnung, wenn damit eine Kenntnis von der Benachteiligung möglich war (iE BAG 15.3.2012, 8 AZR 160/11, BB 2012, 831), ansonsten mit der Kenntniserlangung von der Benachteiligung (§ 15 IV 2 AGG). Für den Fristbeginn ist auf die Kenntnis von den diskriminierenden Tatsachen abzustellen (GMP/*Germelmann* § 61b Rn 5; vgl auch EuGH 8.7.2010, C-246/09, NZA 2010, 869). Für die Schriftform reicht auch ein Telefax (ähnlich BAG 11.10.2000, 5 AZR 313/99, EzA § 4 TVG Ausschlussfristen Nr 134), ebenso E-Mail nach Maßgabe des § 126b BGB (BAG 27.1.2011, 8 AZR 580/09, EzA § 22 AGG Nr 3).

3 An die Frist zur Geltendmachung schließt sich die **Frist zur Klageerhebung** an. Sie gilt – jedenfalls nach dem Wortlaut – nur für Entschädigungsansprüche gem § 15 II AGG (GK-ArbGG/*Schütz* § 61b Rn 8; aA § 15 AGG Rdn 54), beginnt mit dem Zugang der schriftlichen Anspruchsforderung und beträgt **3 Monate** (§ 61b I). Die Frist ist gewahrt, wenn die auf Leistung gerichtete Klage vor Fristablauf bei Gericht eingeht und die Klagezustellung demnächst erfolgt (§ 167 ZPO). In diesem Fall genügt auch der Eingang beim örtlich unzuständigen ArbG. Erhebt der AN ohne vorherige (schriftliche) Geltendmachung sofort die Klage, soll es nun genügen, wenn die Klageschrift vor Ablauf der Frist des § 15 IV AGG beim ArbG eingeht u dann demnächst (§ 167 ZPO) dem bekl AG zugestellt wird (so jetzt BAG 22.5.2014, 8 AZR 662/13, BB 2014,1395; aA GMP/*Germelmann* § 61b Rn 9). Auch bei der Frist zur Klageerhebung handelt es sich um eine materiell-rechtliche **Ausschlussfrist**. Wird sie versäumt, erlischt der Anspruch. Die Klage ist als unbegründet abzuweisen. Auf ein Verschulden bei dem Fristversäumnis kommt es nicht an. Eine Wiedereinsetzung in den vorigen Stand findet nicht statt. Allerdings bleibt dem Anspruchsteller bei entspr Verhalten des Gegners die Arglisteinrede (GK-ArbGG/*Schütz* § 61b Rn 14).

4 **C. Einheitliche örtliche Zuständigkeit.** Es ist denkbar, dass mehrere Bewerber anlässlich derselben Personalmaßnahme die Entschädigungsansprüche gem § 15 II AGG gerichtlich verfolgen. Für die auch bei diskriminierungsfreier Entsch erfolglosen Bewerber gilt die Begrenzung der Entschädigung (§ 15 II 2 AGG). Daher kann die gemeinsame Verhandlung aller Klagen bei einem Gericht sinnvoll sein. Der bekl AG muss einen entspr **formlosen Antrag** an das ArbG richten. Dieser kann aber nur bei Entschädigungsklagen anlässlich von Einstellung oder beruflichem Aufstieg gestellt werden. Es tritt dann eine Konzentration der örtlichen Zuständigkeit – unabhängig von anderen möglichen Gerichtsständen – ein. Ausschließlich zuständig ist das ArbG, das als **Erstes eine entspr Klage zugestellt hat** (GK-ArbGG/*Schütz* § 61b Rn 34). Falls dieser Zeitpunkt nicht exakt ermittelt werden kann, gilt § 36 ZPO. Erhält das ArbG von Parallelklagen Kenntnis, ist – je nach Sachstand – an das andere ArbG vAw zu verweisen (§ 61b II 2) oder das andere ArbG zur Verweisung aufzufordern. Gegen den Verweisungsbeschl ist kein Rechtsmittel statthaft (§ 48 I Nr 1). Bei dem dann zuständigen Gericht sind alle Verfahren bei der Kammer zu verbinden (§ 61b II 2 HS 2), die als Erste zugestellt hat. Die Verbindung bedarf eines Beschl des Vorsitzenden der aufnehmenden Kammer, wenn die Verfahren bei unterschiedlichen Spruchkörpern anhängig sind (BCF/*Creutzfeldt* § 61b Rn 10). Durch die Verbindung werden die verschiedenen Kläger zu einfachen Streitgenossen (§ 61 ZPO).

5 **D. Hinausgeschobene mündliche Verhandlung (§ 61b III).** Damit soll verhindert werden, dass in einem Rechtsstreit auf Entschädigung wegen Benachteiligung entschieden wird, bevor der verpflichtete AG

wegen derselben Personalmaßnahme von anderen Anspruchsstellern vorgerichtlich überhaupt in Anspruch genommen worden ist. Aus diesem bes Zweck ist die Ausnahme vom allg Beschleunigungsgebot (§ 9 I) des arbeitsgerichtlichen Verfahrens gerechtfertigt. Allerdings können bei längeren tariflichen Fristen zur Geltendmachung (§ 15 IV 1 AGG) Konstellationen auftreten, dass auch nach Ablauf der hiesigen Frist der beklagte AG noch mit neuen Entschädigungsansprüchen wegen Benachteiligung überzogen wird.

Das Hinausschieben der **mündlichen Verhandlung um 6 Monate** seit Klageerhebung bedarf des ausdrücklichen **Antrages** des beklagten AG. Für den Antrag muss es genügen, dass eine Klage vorliegt. So kann das Ziel des Gesetzgebers, Einzelentsch zu vermeiden, am besten verwirklicht werden (BCF/*Creutzfeldt* § 61b Rn 12; aA GK-ArbGG/*Schütz* § 61b Rn 44: mind eine weitere Klage). Der Antrag kann auch schon für das Hinausschieben der Güteverhandlung gestellt werden; auch sie ist mündliche Verhandlung iSd § 61b III (aA ErfK/*Koch* § 61b Rn 6: erst für Kammerverhandlung). Ist ein ordnungsgem Antrag gestellt, ist die entspr Terminverlegung zwingend. Der Vorsitzende hat keinen Ermessensspielraum.   6

§ 62 Zwangsvollstreckung

(1) ¹Urteile der Arbeitsgerichte, gegen die Einspruch oder Berufung zulässig ist, sind vorläufig vollstreckbar. ²Macht der Beklagte glaubhaft, dass die Vollstreckung ihm einen nicht zu ersetzenden Nachteil bringen würde, so hat das Arbeitsgericht auf seinen Antrag die vorläufige Vollstreckbarkeit im Urteil auszuschließen. ³In den Fällen des § 707 Abs. 1 und des § 719 Abs. 1 der Zivilprozessordnung kann die Zwangsvollstreckung nur unter derselben Voraussetzung eingestellt werden. ⁴Die Einstellung der Zwangsvollstreckung nach Satz 3 erfolgt ohne Sicherheitsleistung. ⁵Die Entscheidung ergeht durch unanfechtbaren Beschluss.

(2) ¹Im Übrigen finden auf die Zwangsvollstreckung einschließlich des Arrestes und der einstweiligen Verfügung die Vorschriften des Achten Buchs der Zivilprozessordnung Anwendung. ²Die Entscheidung über den Antrag auf Erlass einer einstweiligen Verfügung kann in dringenden Fällen, auch dann, wenn der Antrag zurückzuweisen ist, ohne mündliche Verhandlung ergehen. ³Eine in das Schutzschriftenregister nach § 945a Absatz 1 der Zivilprozessordnung eingestellte Schutzschrift gilt auch als bei allen Arbeitsgerichten der Länder eingereicht.

Übersicht	Rdn.			Rdn.
A. Grundsätzliches	1	D.	Verfahren der Zwangsvollstreckung	10
B. Die vorläufige Vollstreckbarkeit	2	E.	Einstweiliger Rechtsschutz im Verfahren der Gerichte für Arbeitssachen	16
I. Anwendungsbereich	2			
II. Ausschließungsgründe	3	I.	Regelungszweck	16
III. Gerichtliche Entscheidung	5	II.	Der Arrest	17
C. Einstweilige Einstellung der Vollstreckung (§ 62 I 3)	6	III.	Die einstweilige Verfügung	22
		IV.	Schutzschrift	26

A. Grundsätzliches. Die Vorschrift bringt im Interesse des zügigen Rechtsschutzes und der Durchsetzung erlangter Titel Sonderregelungen für die vorläufige Vollstreckbarkeit und die Einstellung der Zwangsvollstreckung im arbeitsgerichtlichen Verfahren. IÜ wird für die Zwangsvollstreckung und Arrest/einstweilige Verfügung auf §§ 704 ff, 916 ff ZPO verwiesen. All dies gilt auch im Berufungsverfahren (§ 64 VII), während das Beschlussverfahren die Vollstreckung partiell eigenständig regelt (§ 85 I).   1

B. Die vorläufige Vollstreckbarkeit. I. Anwendungsbereich. Die Urt der ArbG sind, auch wenn sie nicht rkr sind, ohne bes Ausspruch des erkennenden Gerichts vorläufig vollstreckbar (§ 62 I 1). Hierher gehören alle **End- und Teilurt**, nicht jedoch die Zwischenurt (§ 304 ZPO). Diese sind wegen § 61 III nicht berufungsfähig. Auf Urt im Arrest- und einstweiligen Verfügungsverfahren ist die Vorschrift nicht anwendbar, wobei die vorläufige Vollstreckbarkeit hier aus § 62 II iVm § 929 ZPO folgt (GMP/*Germelmann* § 62 Rn 7). § 62 I gilt auch nicht für sonstige Vollstreckungstitel (Vergleiche, Kostenfestsetzungsbeschl). Da die vorläufige Vollstreckbarkeit für jeden vollstreckungsfähigen Inhalt des Urt anzuwenden ist, erfasst sie auch die im Auflösungsurt (§ 9 I KSchG) festgesetzte Abfindung (BAG 9.12.1987, 4 AZR 561/87, EzA § 9 KSchG Nr 22).   2

II. Ausschließungsgründe. Die vorläufige Vollstreckbarkeit kann im arbeitsgerichtlichen Urt ausgeschlossen werden, wenn die Vollstreckung einen nicht zu ersetzenden Nachteil bringen würde (§ 62 I 2). Erforderlich ist ein Antrag der bekl Partei und die Darlegung des nicht zu ersetzenden Nachteils, welcher glaubhaft zu machen ist (§ 294 ZPO). Ein solch **nicht zu ersetzender Nachteil** liegt regelmäßig dann vor,   3 wenn er nicht abgewendet werden kann und der beim Vollstreckungsschuldner eintretende Schaden im Fall der Beseitigung oder Abänderung des Titels seitens des Gläubigers weder mit Geld noch auf andere Weise ausgeglichen werden kann. Solches wird für die bei Vollstreckung drohende Betriebseinstellung vertreten (LAG Berl-Bbg 6.1.2009, 15 Sa 2311/08, BB 2010, 52). Grds sollen keine endgültigen Verhältnisse geschaffen werden. Dass die Rückabwicklung einer vollstreckten Leistung nicht möglich ist, genügt aber nicht. Andernfalls wäre die vorläufige Vollstreckbarkeit für jeden Anspruch auf Vornahme einer Handlung, Duldung oder Unterlassung blockiert (GK-ArbGG/*Vossen* § 62 Rn 22). Vielmehr ist in diesen Fällen eine sorgfältige Abwägung der Interessen des Gläubigers mit denen des Schuldners geboten. Bei der Vollstreckung des (Weiter-) **Beschäftigungsanspruch** wird, obwohl nicht rückgängig zu machen, idR der unersetzliche Nachteil verneint, weil der AG die Arbeitsleistung als Gegenleistung erhält (BAG GS 27.2.1985, GS 1/84, EzA § 611 BGB Beschäftigungspflicht Nr 9; GMP/*Germelmann* § 62 Rn 22 mwN).

4   Bei einem Titel auf die **Unterlassung von Wettbewerb** wird der unersetzliche Nachteil für den Schuldner eher selten vorliegen, andererseits die Ausschließung der vorläufigen Vollstreckbarkeit den Gläubigeranspruch gerade bei einem befristeten Wettbewerbsverbot gänzlich vereiteln würde (BGH 20.6.2000, X ZR 88/00, NJW 2000, 3008). Bei der Vollstreckung von **Geldforderungen** genügt bloße Arbeitslosigkeit, ausländische Staatsangehörigkeit oder PKH-Bewilligung ohne Raten für den Gläubiger **nicht** für einen unersetzbaren Nachteil (LAG Brem 30.11.1992, 4 Sa 345/92, LAGE § 62 ArbGG 1979 Nr 19). Gleiches gilt für die bevorstehende Wohnsitzverlegung in ein EU-Mitgliedsland; anders bei sonstigem Ausland (GMP/*Germelmann* § 62 Rn 26). Eine mögliche Kreditgefährdung des Schuldners ist kein unersetzbarer Nachteil. Sie ist vielmehr notwendigerweise mit jeder Zwangsvollstreckung zu gewärtigen. Anerkannt wird der nicht zu ersetzende Nachteil bei Vermögenslosigkeit des Gläubigers verbunden mit der auf objektiven Erkenntnissen ruhenden Einschätzung, dass bei Aufhebung des Titels mit der Rückgewähr nicht zu rechnen ist (LAG Düsseldorf 20.12.1985, 15 Sa 1125/85, LAGE § 62 ArbGG 1979 Nr 13). Insgesamt sollte das Merkmal des unersetzlichen Nachteils nicht so rigide strukturiert werden, dass nahezu kein Anwendungsbereich mehr bleibt. Dies hieße die gesetzliche Intention überdehnen. Die **Erfolgsaussicht eines Rechtsmittels** ist bei der Entsch über die Ausschließung der vorläufigen Vollstreckbarkeit gem § 62 I 2 kaum zu berücksichtigen, weil hier das ArbG im Endurt entscheidet. Die Kammer müsste also die eigene Entsch in Bezug auf die Erfolgsaussicht eines hypothetischen Rechtsmittels bewerten. Dies ist nicht abzuverlangen.

5   **III. Gerichtliche Entscheidung.** Über die Ausschließung der vorläufigen Vollstreckbarkeit erfolgt diese im Urteilstenor. Dies gilt auch im Fall der Ablehnung. Die jeweilige Entsch ist im Urt zu begründen. Gegen Sicherheitsleistung kann die Vollstreckbarkeit nicht ausgeschlossen werden (GMP/*Germelmann* § 62 Rn 33). Bei einem versehentlich übergangenen Antrag kann nach §§ 319, 321 ZPO verfahren werden.

6   **C. Einstweilige Einstellung der Vollstreckung (§ 62 I 3).** Im Fall der beantragten Wiedereinsetzung in den vorigen Stand, der Wiederaufnahmeklage, der Anhörungsrüge (§ 78a) sowie der Berufung oder des Einspruchs (§§ 707 I, 719 I ZPO) kann die Zwangsvollstreckung auf Antrag des Schuldners einstweilen eingestellt werden. Wegen der Verweisung auf S 2 ist aber die Einstellung der Vollstreckung nur möglich, wenn vom Schuldner ein **nicht zu ersetzender Nachteil** glaubhaft gemacht worden ist (s.o. Rdn 3 und 4). Bei Berufung ist der Schuldner nicht auf solche Einstellungsgründe beschränkt, die nach Schluss der mündlichen Verh vor dem ArbG bekannt geworden sind (so jetzt LAG Berl-Bbg 6.1.2009, 15 Sa 2311/08, aaO). Der vor dem ArbG unterlassene Antrag nach § 62 I 2 steht einem solchen nach § 62 I 3 nach eingelegter Berufung nicht entgegen. Bei dem hier vorliegenden Angriff des Schuldners auf den Vollstreckungstitel ist es – im Unterschied zu der Konstellation nach § 62 I 2 – durchaus bedenkenswert, die Erfolgsaussicht des Rechtsmittels oder Rechtsbehelfs des Schuldners in die Überlegungen einzubeziehen; zur Berufung gegen einen Weiterbeschäftigungstitel vgl LAG BW 30.6.2010, 19 Sa 22/10, BB 2010, 2172. Jedenfalls wenn der Angriff gegen den Titel voraussichtlich erfolglos bleiben wird, kann in der fortdauernden Vollstreckung kaum ein unersetzbarer Nachteil gesehen werden (GK-ArbGG/*Vossen* § 62 Rn 34).

7   Für die **Entsch** über den Einstellungsantrag zuständig ist bei Rechtsbehelfen (Einspruch gegen Versäumnisurt oder Vollstreckungsbescheid) das für den Rechtsbehelf zuständige Gericht. Dem Gläubiger ist rechtliches Gehör zu gewähren. Der Vorsitzende entscheidet allein (§§ 55 I Nr 6, 64 VII). Ist die Berufung eingelegt, entscheidet der Vorsitzende der Berufungskammer (LAG Hess 31.7.2003, 16 Ta 295/03, LAGE § 62 ArbGG 1979 Nr 30). Auch hier ist die Einstellung nur **ohne Sicherheitsleistung** möglich. Dies ist durch I, S 4 aufgrund des SGG-ArbGG-ÄndG v 26.3.2008 nun ausdrücklich klar gestellt.

Gegen die Entsch (Beschl) des Prozessgerichts ist **kein Rechtsmittel statthaft**; auch dies ist durch den neu 8
angefügten I, S 5 nun ausdrücklich bestimmt. Die früher teilw akzeptierte außerordentliche Beschwerde
»wegen greifbarer Gesetzwidrigkeit« wird seit der ZPO-Novelle abgelehnt. IÜ besteht nun in den meisten
dieser Fälle hinreichender Rechtsschutz über § 78a (BAG 8.8.2005, 5 AZB 31/05, NJW 2005, 3231). Die
Entsch des Vorsitzenden der Berufungskammer ist ebenfalls unanfechtbar; die Rechtsbeschwerde kann auch
durch Zulassung nicht eröffnet werden (BAG 5.11.2003, 10 AZB 59/03, EzA § 62 ArbGG 1979 Nr 12).
Zu beachten ist aber, dass das Gericht seine Entsch jederzeit überprüfen und ggf abändern kann.

Für die **Vollstreckungsabwehrklage** (§ 767 ZPO), die Drittwiderspruchsklage (§ 771 ZPO) und die Klage 9
gegen die Vollstreckungsklausel (§ 768 ZPO) gilt auch im arbeitsgerichtlichen Verfahren die Sonderregel
gem § 62 I 2 und 3 nicht, sondern es bleibt bei den allg Bestimmungen (§ 769 I ZPO). Dies bedeutet,
dass hier die Einstellung der Zwangsvollstreckung **gegen Sicherheitsleistung** möglich ist. Diese Auffassung
ist durch die auf die Fälle der §§ 707, 719 ZPO beschränkte gesetzliche Neuregelung nun wohl bestätigt
(s.a. GMP/*Germelmann* § 62 Rn 50; *Reinhard/Böggemann* NJW 2008, 1267; zu § 62 I aF: LAG HH
29.1.2003, 5 Ta 21/02, LAGReport 2003, 374;GMP/ **aA** LAG Köln 12.6.2002, 4 Sa 480/02, LAGE § 62
ArbGG 1979 N r 28).

D. Verfahren der Zwangsvollstreckung. Abgesehen von den Besonderheiten des § 62 I gelten für die 10
Zwangsvollstreckung im arbeitsgerichtlichen (Urt-) Verfahren die allg Regeln der ZPO (§ 62 II 1 iVm
§§ 704 ff ZPO). Es müssen also die generellen Vollstreckungsvoraussetzungen (Vollstreckungstitel, Klausel und Zustellung) vorliegen. **Vollstreckungsorgane** sind der Gerichtsvollzieher, vor allem für die Vollstreckung von Geldforderungen oder für Herausgabeansprüche (§§ 803 ff, 883 ZPO), weiter das AG
als Vollstreckungsgericht (§ 764 ZPO) sowie das ArbG als Prozessgericht (für die Vollstreckung nach
§§ 887, 888, 890 ZPO).

Die Vollstreckung von **Geldforderungen** geschieht gem §§ 803–882a ZPO. Ist eine Bruttoforderung tituliert, wird der gesamte Betrag beigetrieben, soweit nicht der Schuldner die abgeführte Lohnsteuer und Sozi- 11
alversicherungsbeiträge durch geeignete Quittungen nachweist (§ 775 Nr 4 ZPO); es genügen Quittungen
der amtlichen Einzugsstellen (BAG 15.11.1978, 5 AZR 199/77, EzA § 613a BGB Nr 21). Ist der Gesamtbetrag vollstreckt, muss der AN Lohnsteuer und AN-Anteil zur Sozialversicherung abführen. Vollstreckbar
ist auch ein Titel, der auf einen Bruttobetrag **abzüglich** eines konkreten Nettowertes lautet.

Die Zwangsvollstreckung zur **Herausgabe** von bestimmten, beweglichen **Sachen** wird durch Wegnahme 12
seitens des Gerichtsvollziehers vollzogen (§ 883 I ZPO). Neben Arbeitsmaterialien oder Dienstfahrzeugen
kommen hier die Arbeitspapiere infrage. Bei Letzteren ist aber zwischen dem Ausfüllen und der Herausgabe
der Arbeitspapiere zu trennen (teilw aA LAG Berl-Bbg 4.4.2011, 17 Ta 429/11, juris).

Ist der Schuldner zu einer bestimmten **Handlung** verurteilt, ist für die Vollstreckung zu unterscheiden, 13
ob eine vertretbare oder unvertretbare Handlung geschuldet ist. Kann die Handlung auch von einem
Dritten vorgenommen werden (**vertretbare** Handlung), wird der Gläubiger durch Beschl des ArbG als
Prozessgericht zur Ersatzvornahme ermächtigt (§ 887 I ZPO). Kann die Handlung nur durch den Schuldner selbst vorgenommen werden (**unvertretbare** Handlung), sind durch Beschl Zwangsmaßnahmen anzuordnen (§ 888 I ZPO). Darunter fallen jedenfalls idR die **Abrechnung** der gezahlten Vergütung (BAG
7.9.2009, 3 AZB 19/09, DB 2009, 2719; teilw aA LAG Rh-Pf 10.5.2005, 11 Ta 50/05, MDR 2006, 55),
das **Ausfüllen** der **Arbeitspapiere** (GK-ArbGG/*Vossen* § 62 Rn 48: auch zu einem gleichzeitig titulierten Herausgabeanspruch) und auch die **Beschäftigungspflicht**, wobei das Zwangsgeld einheitlich und
nicht tageweise festzusetzen ist (LAG Köln 21.10.1996, 10 Ta 218/96, LAGE § 888 ZPO Nr 39; GMP/
Germelmann § 62 Rn 62); der Inhalt des Beschäftigungsanspruchs muss hinreichend bestimmt oder aus
dem Titel -widerspruchsfrei - bestimmbar sein (BAG 27.5.2015, 5 AZR 88/14, BB 2015, 2100; BAG
15.4.2009, 3 AZB 93/08, NZA 2009, 917; wegen des Arbeitsortes vgl LAG Schl-Holst 6.9.2012, 1 Ta
142/12, NZA 2013, 232). Auch die **Zeugniserteilung** und der Anspruch auf Entfernung einer Abmahnung (LAG Frankfurt 9.6.1993, 12 Ta 82/93, LAGE § 888 ZPO Nr 32) sind gem § 888 ZPO zu vollstrecken; ein im Prozessvergleich vereinbartes Zeugnis »nach dem Entwurf des AN« kann grds vollstreckungsfähig sein (BAG 9.9.2011, 3 AZB 35/11, DB 2011, 2444; aA mit beachtlicher Begr LAG Düsseldorf
4.3.2014, 13 Ta 654/13, ZTR 2014, 740). Die Pflicht zur Arbeitsleistung kann nicht vollstreckt werden
(§ 888 III ZPO).

Auf **Duldung** oder **Unterlassung** (zB Verstöße gegen Wettbewerbsverbote) gerichtete Titel werden nach 14
§ 890 I ZPO vollstreckt. Ist die **Abgabe einer Willenserklärung** geschuldet, gilt für die Vollstreckung § 894
I ZPO. Hier sind einschlägig die Verpflichtung zum Abschluss des Arbeitsvertrages, die Bewilligung der

Teilzeitbeschäftigung (BAG 19.8.2003, 9 AZR 542/02, EzA § 8 TzBfG Nr 4) und die Urlaubserteilung (GK-ArbGG/*Vossen* § 62 Rn 47; aA ErfK/*Gallner* § 7 BUrlG Rn 31: Vollstreckung nach § 888 ZPO).

15 Für die **Rechtsbehelfe** in der Zwangsvollstreckung gelten die allg Vorschriften der ZPO. Gegen das Verfahren der Vollstreckungsorgane ist die **Erinnerung** (§ 766 ZPO) statthaft. IÜ ist gegen die eine mündliche Verhandlung nicht erfordernden Beschl des ArbG die **sofortige Beschwerde** (§ 793 ZPO) eröffnet. Lediglich die Entsch über die einstweilige Einstellung der Zwangsvollstreckung (§ 62 I 5 nF) ist unanfechtbar (s.o. Rdn 8). Für die Einstellungsentsch gem § 769 I ZPO gelten zur Anfechtbarkeit die allg Regeln, also § 793 ZPO (ErfK/*Koch* § 62 Rn 9; sehr str, für Unanfechtbarkeit: BGH 21.4.2004, XII ZB 279/03, NJW 2004, 2224; LAG Düsseldorf 23.2.2006, 16 Ta 82/06, JurBüro 2006, 383). Soweit die sofortige Beschwerde statthaft ist, entscheidet über sie das LAG, wobei dort die Rechtsbeschwerde nur nach §§ 78 S 2, 72 II zugelassen werden kann.

16 **E. Einstweiliger Rechtsschutz im Verfahren der Gerichte für Arbeitssachen. I. Regelungszweck.** Trotz der immanenten Beschleunigungsgebote besteht auch im arbeitsgerichtlichen Verfahren das Bedürfnis, bereits vor einer Hauptsacheentsch einen Vollstreckungstitel zu erreichen, weil anderenfalls das Recht vereitelt würde oder wesentliche Nachteile drohen würden. Dieserhalb erklärt § 62 II 1 die Vorschriften der ZPO über Arrest und einstweilige Verfügung auch hier für anwendbar. Bei diesen Eilverfahren handelt es sich um (summarische) Erkenntnisverfahren, wobei die Sicherung des str Anspruchs, nicht die Erfüllung, im Vordergrund zu stehen hat.

17 **II. Der Arrest.** Er ist gerichtet auf die Sicherung einer Zwangsvollstreckung wegen einer Geldforderung (§ 916 I ZPO). Es ist zu unterscheiden zwischen dem dinglichen Arrest in das bewegliche und unbewegliche Vermögen (§§ 930–932 ZPO) sowie dem persönlichen Arrest durch Freiheitsbeschränkungen des Schuldners (§ 933 ZPO). In jedem Fall bedarf es eines **Arrestanspruches** (§ 916 ZPO). Es ist also der materiell-rechtliche Anspruch schlüssig darzulegen und es sind die dazu gehörigen Tatsachen glaubhaft zu machen (§ 920 ZPO). Weiter ist ein **Arrestgrund** erforderlich (§ 917 bzw § 918 ZPO). Ein solcher besteht für den dinglichen Arrest dann, wenn die Besorgnis besteht, dass ohne die Arrestanordnung die Vollstreckung vereitelt oder wesentlich erschwert würde. Als gesetzliches Bsp (§ 917 II ZPO) für den Arrestgrund ist genannt, wenn anderenfalls das Urt im Ausland (insb außerhalb der EU) vollstreckt werden müsste. Die allg schlechte Vermögenslage des Schuldners oder die Konkurrenz anderer Gläubiger genügt nicht, vielmehr müssen Vermögensverschiebungen drohen, die den Vollstreckungszugriff beeinträchtigen (Thomas/Putzo/*Reichold* § 917 Rn 2). Für den persönlichen Arrestgrund muss es gerade auf den Schuldner in Person ankommen, um die Anspruchssicherung zu erreichen, so wenn er sich der Abgabe der eidesstattlichen Versicherung entziehen oder er den Wohnsitz dauerhaft außerhalb des EU-Bereichs verlegen will.

18 Für die **Anordnung** des Arrestes ist das ArbG zuständig, das über die **Hauptsache zu entscheiden** hätte (§ 919 ZPO). Eine Zuständigkeit des AG der belegenen Sache ist seit der Eigenständigkeit des arbeitsgerichtlichen Rechtsweges durch die Neufassung von § 48 und §§ 17 ff GVG nicht mehr gegeben (GMP/*Germelmann* § 62 Rn 81; aA Zöller/*Vollkommer* § 919 ZPO Rn 10). Ist die Hauptsache bereits in der Berufungsinstanz anhängig, entscheidet das LAG über das Arrestgesuch (§ 943 I ZPO). Das Gericht ist berechtigt, **ohne mündliche Verhandlung** zu entscheiden. In diesem Fall ergeht die Entsch durch Beschl des Vorsitzenden (§ 53 I), der nur dann zu begründen ist, wenn er im Ausland geltend gemacht wird (§ 922 I 2 ZPO). Gegen den anordnenden Beschl ist für den Schuldner der Rechtsbehelf des **Widerspruchs** eröffnet (§ 924 I ZPO). Über die Rechtmäßigkeit der Arrestanordnung wird dann durch Endurt des ArbG entschieden (§ 925 ZPO). Ist das Arrestgesuch ohne mündliche Verhandlung durch Beschl **zurückgewiesen** worden, ist dagegen die **sofortige Beschwerde** eröffnet (§§ 567, 572 I ZPO). Dem LAG ist es freigestellt, mit oder ohne mündliche Verhandlung zu entscheiden. Je nachdem ergeht ein Urt der Kammer oder ein Beschl des Vorsitzenden. Das LAG kann den erstinstanzlichen Beschl aufheben und zur Durchführung der mündlichen Verhandlung zurückverweisen. § 68 steht hier nicht entgegen. Wird der Arrest erst im Beschwerdeverfahren durch das LAG (ohne mündliche Verhandlung) angeordnet, ist der Widerspruch trotzdem beim ArbG einzulegen (hM Zöller/*Vollkommer* § 924 Rn 6).

19 Hat das ArbG von vornherein **mündliche Verhandlung** angeordnet, ergeht ein Endurt der Kammer (§ 922 I 1 ZPO). Dies kann nach Maßgabe von § 64 II mit der Berufung angegriffen werden. Gegen die Entsch des LAG findet keine Revision statt (§ 72 IV).

20 Der den Arrest anordnende Beschluss wird dem Antragsteller vAw zugestellt, der ihn seinerseits im Parteibetrieb dem Schuldner zuzustellen hat (§ 922 II ZPO). Für die Urt im Arrestverfahren verbleibt es bei der

Amtszustellung (§ 50 I). In dem Arrestbefehl kann das Gericht von der Möglichkeit der Anordnung einer Sicherheitsleistung Gebrauch machen (§ 921 ZPO). Auch ist der Geldbetrag festzusetzen, gegen dessen Hinterlegung die **Vollziehung gehemmt** ist und der Schuldner die Aufhebung beantragen kann (§ 923 ZPO).

Die Vollziehung des Arrestbefehls hat bes Bedeutung, sie stellt die Zwangsvollstreckung des erlangten Titels dar (§ 928 ZPO). Die **Vollziehungsfrist** beträgt 1 Monat und beginnt mit der Entschverkündung oder der Zustellung an den Antragsteller (§ 929 II ZPO). Der Arrest wird durch Pfändung vollzogen (§ 930 ZPO). Der Gläubiger muss eine bestimmte Vollstreckungsmaßnahme, aus der der Wille zur Durchsetzung des erlangten Titels eindeutig ist, innerhalb der Frist bewirkt oder zumindest beantragt hat. Zu den geeigneten Vollziehungshandlungen im Arrestverfahren vgl Zöller/*Vollkommer* § 929 Rn 10. In die versäumte Vollziehungsfrist findet keine Wiedereinsetzung statt. Nach Fristablauf ist die Vollziehung unzulässig. Der Schuldner kann die Aufhebung des Arrestes beantragen (§ 927 ZPO). 21

III. Die einstweilige Verfügung. Sie dient als Sicherungsverfügung (§ 935 ZPO) der Sicherung eines individuellen Leistungsanspruchs oder als Regelungsverfügung (§ 940 ZPO) der Sicherstellung des Rechtsfriedens. Beide Bereiche vermischen sich in der Praxis. Zu beachten ist, dass nur die Sicherung des noch zu erstreitenden Titels zentrales Anliegen des Eilverfahrens ist. Von daher darf es grds nicht zur (endgültigen) Befriedigung des Gläubigers führen. Nur in sehr engen Grenzen ist deshalb die Leistungsverfügung anerkannt. Sie kann nur dort zur Anwendung kommen, wo anderenfalls das Gläubigerrecht endgültig untergehen würde. 22

Neben dem Antrag ist auch hier die schlüssige Darlegung des **Verfügungsanspruchs** erforderlich. Regelmäßig wird dieser auf eine Leistung (Handlung, Duldung, Unterlassung) gerichtet sein. Feststellungsanträge oder solche auf Abgabe einer Willenserklärung scheiden im Eilverfahren idR wegen fehlender Vollstreckungsmöglichkeit aus (zu engen Ausnahmen vgl GK-ArbGG/*Vossen* § 62 Rn 61a). Dieserhalb ergeben sich für die Praxis Probleme: Der **Teilzeitanspruch** (§ 8 I TzBfG) ist, weil auf Abgabe einer Willenserklärung gerichtet, nicht unmittelbar dem Eilverfahren zugänglich. Dem ist dadurch abzuhelfen, dass ein Eilantrag auf Beschäftigung im reduzierten Umfang (als Leistungsantrag) als grds zulässig angesehen wird, wobei aber wegen der eintretenden Befriedigung des Gläubigers hohe Anforderungen an den Verfügungsgrund zu stellen sind. Die Leistungsverfügung muss also unabweisbar, mind dringend erforderlich sein (hM LAG Rh-Pf 12.4.2002, 3 Sa 161/02, LAGE § 8 TzBfG Nr 6; LAG Köln 23.12.2005, 9 Ta 397/05, BB 2006, 1507; s.a. § 8 TzBfG Rdn 58). Eine gleiche Konstellation ergibt sich für die Durchsetzung des **Urlaubsanspruches**. Auch hier wird eine Leistungsverfügung auf Freistellung von der Arbeitspflicht für einen konkreten Zeitraum als zulässig angesehen (LAG HH 15.9.1989, 3 Ta 17/89, LAGE § 7 BUrlG Nr 26; LAG Köln 9.2.1991, 8 Sa 94/91, LAGE § 935 ZPO Nr 3). Weitere Bsp für Leistungsverfügungen: Beschäftigung im ungekündigten Arbeitsverhältnis (oder während der Kdgfrist), Weiterbeschäftigung während des Kdg-Schutzprozesses, Entgeltzahlungen (im Umfang der Pfändungsfreigrenzen), Herausgabe von Dienstfahrzeugen oder Arbeitspapieren, Unterlassung von Wettbewerb, Unterlassung bestimmter Arbeitskampfmaßnahmen; hingegen eher Sicherungscharakter: Konkurrentenschutzantrag im Bewerberauswahlverfahren (HWK/*Ziemann* § 62 Rn 87). 23

Weiter ist ein **Verfügungsgrund** darzulegen. Es muss entweder die Besorgnis bestehen, dass bis zur Hauptsacheentsch das Gläubigerrecht vereitelt bzw seine Durchsetzung wesentlich erschwert wird (§ 935 ZPO) oder die Verfügung zur Abwendung wesentlicher Nachteile geboten sein (§ 940 ZPO). Bei **Leistungsverfügungen** sind wegen der (teilw) vorweggenommenen Befriedigung strenge Anforderungen an den Verfügungsgrund zu stellen; dies gilt gerade für Verfügungen wegen Entgeltansprüchen. Der Gläubiger muss auf die Zahlungen zur Existenzsicherung dringend angewiesen sein (Maßstab: Pfändungsfreigrenzen, § 850c BGB) und es dürfen keine anderen Einkunftsquellen vorhanden sein. Kann Arbeitslosengeld bezogen werden, fehlt es im Zweifel am Verfügungsgrund (GK-ArbGG/*Vossen* § 62 Rn 67; krit GMP/*Germelmann* § 62 Rn 104); anders hingegen bei Bezug von Alg II. Auch darf der Gläubiger die Eilbedürftigkeit nicht selbst herbeigeführt haben, zB durch zögerliches prozessuales Verhalten. So kann eine beantragte Verlängerung der Berufungsbegründungsfrist den Verfügungsgrund gefährden (Thomas/*Putzo*/*Reichold* § 940 Rn 5). 24

Für das **Verfahren** wird grds auf die Arrestvorschriften verwiesen (§ 936 iVm §§ 916 ff ZPO). Demnach sind auch hier Verfügungsanspruch und -grund glaubhaft zu machen (§ 920 ZPO). Zuständig ist stets das ArbG der Hauptsache (§§ 937 I, 943 I ZPO). Eine Notzuständigkeit der AG besteht nicht mehr (s.o. Rdn 18). Die Anordnung der mündlichen Verhandlung steht hier nicht im gerichtlichen Ermessen. 25

§ 63 ArbGG Übermittlung von Urteilen in Tarifvertragssachen

Ohne mündliche Verhandlung darf vielmehr nur in dringenden Fällen entschieden werden, auch wenn der Antrag zurückzuweisen ist (§ 62 II 2). Der Verzicht auf die mündliche Verhandlung ist in der Entsch eingehend zu begründen (LAG Schl-Holst 26.5.2011, 1 Ta 76c/11, NZA-RR 2011, 663). Die mündliche Verhandlung hat vor der Kammer stattzufinden. Auf Antrag kann die Ladungsfrist abgekürzt werden (§ 226 I ZPO). § 47 gilt im Eilverfahren nicht (s.o. § 47 Rdn 2). Zur Form der Entsch und den dazu statthaften **Rechtsbehelfen** und **Rechtsmitteln** kann auf die Arrestvorschriften verwiesen werden (s.o. Rdn 18–20). Bei der **Vollziehung** (§ 928 ZPO) ist darauf zu achten, dass nur bei Unterlassungsurteilen mit Androhung von Ordnungsgeld (§ 890 II ZPO) die Amtszustellung des Urt genügt (LAG Hamm 7.8.1987, 8 Sa 1369/86, NZA 1987, 825; eher abl Thomas/Putzo/*Reichold* § 936 Rn 8); die generelle Zustellung im Parteibetrieb fordern BAG 18.9.2007, 9 AZR 672/06, EzA Art 33 GG Nr 33 mwN u GK-ArbGG/*Vossen* § 62 Rn 102.

26 **IV. Schutzschrift.** Mit dieser steht dem potenziellen Verfügungsbekl ein bes Verteidigungsmittel zur Seite, mit dem er die Abweisung eines erwarteten Eilantrags oder zumindest die Anordnung der mündlichen Verhandlung erreichen will. Auch wenn dieses Instrument gesetzlich nicht vorgesehen ist, deckt es doch ein praktisches Bedürfnis zum rechtlichen Gehör ab. Im arbeitsgerichtlichen Verfahren hat es vor allem bei Streitigkeiten im Rahmen von Arbeitskämpfen Bedeutung erlangt. Mit Wirkung ab 1.1.2016 ist bei der Justizverwaltung Hess ein zentrales, länderübergreifendes elektronisches Schutzschriftenregister (§ 945a I ZPO) eingerichtet worden. Eine dort eingestellte Schutzschrift gilt als bei allen ArbG eingereicht (S. 3).

§ 63 Übermittlung von Urteilen in Tarifvertragssachen

¹Rechtskräftige Urteile, die in bürgerlichen Rechtsstreitigkeiten zwischen Tarifvertragsparteien aus dem Tarifvertrag oder über das Bestehen oder Nichtbestehen des Tarifvertrags ergangen sind, sind alsbald der zuständigen obersten Landesbehörde und dem Bundesministerium für Arbeit und Soziales in vollständiger Form abschriftlich zu übersenden oder elektronisch zu übermitteln. ²Ist die zuständige oberste Landesbehörde die Landesjustizverwaltung, so sind die Urteilsabschriften oder das Urteil in elektronischer Form auch der obersten Arbeitsbehörde des Landes zu übermitteln.

Übersicht	Rdn.		Rdn.
A. Zweck....................	1	C. Zuständigkeiten....................	3
B. Regelungsinhalt....................	2		

1 **A. Zweck.** Mit dieser prozessualen Vorschrift wird die gesetzliche **Intention des § 9 TVG** abgesichert. Diese besteht darin, dass in den Streitigkeiten zwischen den TV-Parteien aus dem TV oder über das Bestehen oder Nichtbestehen des TV die Rechtskraft der hier ergangenen Entsch über die Parteien hinaus auch auf Dritte ausgedehnt wird und diese Entsch für die Gerichte und Schiedsgerichte bindend sind. Um diese Wirkungen sicherzustellen, bedarf es der Publizität der ergangenen Entsch. Diese soll über die hier angeordnete Übersendungspflicht abgesichert werden.

2 **B. Regelungsinhalt.** Zu übersenden sind Urt in bürgerlichen **Rechtsstreitigkeiten zwischen den TV-Parteien**. Es müssen sich also jedenfalls 2 Tarifparteien als Prozessbeteiligte gegenübergestanden haben. Insoweit ist die Vorschrift enger als § 2 I Nr 1 gefasst (BCF/*Creutzfeldt* § 63 Rn 3). Es muss sich um einen Streit über die Auslegung oder den Bestand oder Nichtbestand eines TV handeln. Dort muss eine Sachentsch ergangen sein, auf die Klageart kommt es nicht an. Prozessurt sind genauso wie Vergleiche nicht einschlägig. Weiter müssen die Urt rechtskräftig sein. Ergänzend ist auf die Erweiterung des Anwendungsbereiches des § 63 durch § 97 III zu verweisen (vgl § 97 Rdn 19).

3 **C. Zuständigkeiten.** Die Übersendungspflicht trifft den **Kammer-** bzw **Senatsvorsitzenden**, durch dessen Spruchkörper die einschlägige Entsch ergangen ist. Es ist eine vollständige Kopie des Urt in Schriftform oder nun auch in elektronischer Form alsbald, also ohne Zögern, zu übersenden. Wenn eine Anonymisierung erfolgt, muss erkennbar bleiben, über welchen TV der Rechtsstreit geführt wurde. Die Übersendung hat an das Bundesministerium für Arbeit und Soziales sowie an die zuständige oberste Landesbehörde (§ 15 I) zu geschehen. Ist diese die Justizverwaltung, so muss auch eine Übersendung an die oberste Arbeitsbehörde des Landes erfolgen. Die obersten Landesbehörden bestimmen sich jeweils nach dem Sitz des entscheidenden Gerichts.

§ 64 Grundsatz

(1) Gegen die Urteile der Arbeitsgerichte findet, soweit nicht nach § 78 das Rechtsmittel der sofortigen Beschwerde gegeben ist, die Berufung an die Landesarbeitsgerichte statt.
(2) Die Berufung kann nur eingelegt werden,
a) wenn sie in dem Urteil des Arbeitsgerichts zugelassen worden ist,
b) wenn der Wert des Beschwerdegegenstandes 600 Euro übersteigt,
c) in Rechtsstreitigkeiten über das Bestehen, das Nichtbestehen oder die Kündigung eines Arbeitsverhältnisses oder
d) wenn es sich um ein Versäumnisurteil handelt, gegen das der Einspruch an sich nicht statthaft ist, wenn die Berufung oder Anschlussberufung darauf gestützt wird, dass der Fall der schuldhaften Versäumung nicht vorgelegen habe.
(3) Das Arbeitsgericht hat die Berufung zuzulassen, wenn
1. die Rechtssache grundsätzliche Bedeutung hat,
2. die Rechtssache Rechtsstreitigkeiten betrifft
   a) zwischen Tarifvertragsparteien aus Tarifverträgen oder über das Bestehen oder Nichtbestehen von Tarifverträgen,
   b) über die Auslegung eines Tarifvertrags, dessen Geltungsbereich sich über den Bezirk eines Arbeitsgerichts hinaus erstreckt, oder
   c) zwischen tariffähigen Parteien oder zwischen diesen und Dritten aus unerlaubten Handlungen, soweit es sich um Maßnahmen zum Zwecke des Arbeitskampfs oder um Fragen der Vereinigungsfreiheit einschließlich des hiermit im Zusammenhang stehenden Betätigungsrechts der Vereinigungen handelt, oder
3. das Arbeitsgericht in der Auslegung einer Rechtsvorschrift von einem ihm im Verfahren vorgelegten Urteil, das für oder gegen eine Partei des Rechtsstreits ergangen ist, oder von einem Urteil des im Rechtszug übergeordneten Landesarbeitsgerichts abweicht und die Entscheidung auf dieser Abweichung beruht.
(3a) ¹Die Entscheidung des Arbeitsgerichts, ob die Berufung zugelassen oder nicht zugelassen wird, ist in den Urteilstenor aufzunehmen. ²Ist dies unterblieben, kann binnen zwei Wochen ab Verkündung des Urteils eine entsprechende Ergänzung beantragt werden. ³Über den Antrag kann die Kammer ohne mündliche Verhandlung entscheiden.
(4) Das Landesarbeitsgericht ist an die Zulassung gebunden.
(5) Ist die Berufung nicht zugelassen worden, hat der Berufungskläger den Wert des Beschwerdegegenstands glaubhaft zu machen; zur Versicherung an Eides Statt darf er nicht zugelassen werden.
(6) ¹Für das Verfahren vor den Landesarbeitsgerichten gelten, soweit dieses Gesetz nichts anderes bestimmt, die Vorschriften der Zivilprozessordnung über die Berufung entsprechend. ²Die Vorschriften über das Verfahren vor dem Einzelrichter finden keine Anwendung.
(7) Die Vorschriften des § 49 Abs. 1 und 3, des § 50, des § 51 Abs. 1, der §§ 52, 53, 55 Abs. 1 Nr. 1 bis 9, Abs 2 und 4, der §§ 56 bis 59, 61 Abs. 2 und 3 und der §§ 62 und 63 über Ablehnung von Gerichtspersonen, Zustellungen, persönliches Erscheinen der Parteien, Öffentlichkeit, Befugnisse des Vorsitzenden und der ehrenamtlichen Richter, Vorbereitung der streitigen Verhandlung, Verhandlung vor der Kammer, Beweisaufnahme, Versäumnisverfahren, Inhalt des Urteils, Zwangsvollstreckung und Übersendung von Urteilen in Tarifvertragssachen gelten entsprechend.
(8) Berufungen in Rechtsstreitigkeiten über das Bestehen, das Nichtbestehen oder die Kündigung eines Arbeitsverhältnisses sind vorrangig zu erledigen.

Übersicht	Rdn.		Rdn.
A. Allgemeines	1	3. Rechtsstreitigkeiten über das Bestehen, das Nichtbestehen oder die Kündigung eines Arbeitsverhältnisses	15
B. Die Berufung	3		
I. Prüfungsumfang des Berufungsgerichts	4		
II. Statthaftigkeit der Berufung	5	4. Anschlussberufung	16
1. Zulassung im Urt des ArbG	6	5. Berufung gegen 2. Versäumnisurt	21
2. Beschwerdewert übersteigt 600 €	9	III. Anwendbare Vorschriften 1. Instanz	22
		IV. Beschleunigung	28

A. Allgemeines. Die Berufung ist **Rechtsmittel iSd ZPO**. Mit ihrer Einlegung geht der Rechtsstreit zur Verh und Entsch auf das LAG über (**Devolutiveffekt**). Zugleich wird durch die Einlegung einer statthaften Berufung der Eintritt der Rechtskraft gehemmt (**Suspensiveffekt**). Bei mehreren Streitgegenständen 1

§ 64 ArbGG Grundsatz

erstreckt sich die Hemmungswirkung auch auf Streitgegenstände, die nach den Berufungsanträgen nicht angefochten werden, wenn kein eindeutiger Rechtsmittelverzicht vorliegt. Das gilt auch, wenn ein Streitgegenstand von der insoweit obsiegenden Partei mangels Beschwer von vornherein nicht angefochten werden kann (BGH 12.5.1992, VI ZR 118/91, NJW 1992, 2296).

2 Die Berufung ist **bedingungsfeindlich**. Sie kann deshalb nicht unter der Bedingung eingelegt werden, dass **PKH bewilligt** wird. Wahrt ein innerhalb der Berufungsfrist eingegangener Schriftsatz die erforderlichen Förmlichkeiten, ist er insbes von einem Postulationsfähigen unterzeichnet, kann eine ordnungsgem Berufung vorliegen, auch wenn er mit einem PKH-Gesuch verbunden ist. Dann kommt die Deutung, dass der Schriftsatz nicht als unbedingte Berufung oder Berufungsbegr bestimmt war, nur in Betracht, wenn sich dies aus den Begleitumständen mit einer jeden vernünftigen Zweifel ausschließenden Deutlichkeit ergibt. Weist der Prozessbevollmächtigte ausdrückl darauf hin, dass »beabsichtigt« sei, Berufung einzulegen, nach Entscheidung über das PKH-Gesuch solle »Antrag auf Wiedereinsetzung« gestellt werden und mit dem beigefügten »Entwurf der Berufung und Berufungsbegr« werde die hinreichende Erfolgsaussicht hinsichtlich der PKH dargelegt, liegt nur ein PKH-Gesuch vor (BGH 17.7.2013, XII ZB 174/10 JurionRS 2013, 42783).

3 **B. Die Berufung.** Die Berufung findet gegen **Endurt** der ArbG statt, dh die Entsch, die den Rechtsstreit beim ArbG ganz oder teilw beenden. Das Teilurt nach § 301 ZPO ist ebenso Endurt wie das Vorbehaltsurt nach § 302 ZPO, das Ergänzungsurt nach § 321 ZPO, das ein selbstständiges **Teilurt** ist, und das Anerkenntnisurt nach § 307 ZPO. Ein über den Grund des Anspruchs vorab entscheidendes Zwischenurt ist nach § 61 III im Gegensatz zu § 304 ZPO im arbeitsgerichtlichen Verfahren nicht als Endurt anzusehen (vgl dazu § 61 Rdn 12). Hat das Gericht ein Endurt fehlerhaft als Beschl bezeichnet, gilt der Grds der Meistbegünstigung. Der Partei stehen dann beide Rechtsmittel offen. Das Verfahren ist jedoch vom Gericht so durchzuführen, als sei die angegriffene Entsch in der richtigen Form getroffen und das richtige Rechtsmittel eingelegt worden (BAG 27.2.2007, 3 AZR 618/06, EzA § 240 ZPO 2002 Nr 3; 21.4.1993, 5 AZR 276/92). Keine Berufung findet statt, soweit nach § 78 das Rechtsmittel der sofortigen Beschwerde gegeben ist. Fälle: § 71 II ZPO (Zwischenstreit über Nebenintervention), § 99 II ZPO (Entsch über die Kosten in einem Anerkenntnisurt) und § 387 III ZPO (Rechtmäßigkeit einer Zeugnisverweigerung).

4 **I. Prüfungsumfang des Berufungsgerichts.** Durch die Schuldrechtsreform ist das LAG zwar zu einem Instrument der Kontrolle und Beseitigung von Fehlern der erstinstanzlichen Entsch umgestaltet worden. Es gehört jedoch weiterhin zu den Aufgaben des LAG, das Urt des ArbG auf fehlerhafte Tatsachenfeststellungen zu kontrollieren und ggf zu korrigieren. Insoweit ist das LAG **Tatsachengericht** geblieben. Deshalb ist ungeachtet der Bezugnahme in § 513 I ZPO auf § 546 ZPO die **Prüfungsbefugnis** des LAG bzgl der Auslegung von **Individualvereinbarungen** und **unbestimmten Rechtsbegriffen** durch das ArbG nicht in gleichem Umfang wie die des BAG beschränkt. Vielmehr hat das LAG die Auslegung des ArbG in vollem Umfang darauf zu überprüfen, ob die Auslegung überzeugt. Insoweit haben Berufungs- und Revisionsgerichte auch nach der Schuldrechtsreform weiterhin unterschiedliche Funktionen (BAG 12.9.2013, 6 AZR 121/12, NZA 2013, 1412; aA ErfK/*Koch* 14. Aufl. § 66 ArbGG Rn 28).

5 **II. Statthaftigkeit der Berufung.** Die Berufung ist in den in II lit a–d abschließend geregelten 4 Fällen statthaft. Das **Versäumnisurt** kann grds nicht mit der Berufung angefochten werden. Zur Ausnahme s u Rdn 21.

6 **1. Zulassung im Urt des ArbG.** Die Zulassung der Berufung hat zu erfolgen, wenn die Voraussetzungen des § 64 III vorliegen. Die Voraussetzungen des III Nr 1 und Nr 3 entsprechen denen für die Zulassung der Revision (vgl § 72 a Rdn 9 ff und Rdn 15 ff). Auf einen Antrag der Parteien kommt es nicht an. Die **Entsch des ArbG** über die Zulassung bzw Nichtzulassung der Berufung ist für das weitere Verfahren gem IV **bindend**. Eine **Zulassung der Berufung durch das BAG** wegen grds Bedeutung nach III Nr 1 kommt auch dann nicht in Betracht, wenn das LAG die Revision gegen sein Urt wegen grds Bedeutung zugelassen hat (BAG 23.2.2016, 3 AZR 230/14).

7 Das ArbG kann die **Zulassung** der Berufung auf einzelne Streitgegenstände oder einzelne Ansprüche **beschränken** (BAG 2.4.1982, 6 AZB 9/82, EzA § 64 ArbGG 1979 Nr 11). Insoweit gelten dieselben Grds wie für die Zulassung der Revision (s § 72 Rdn 5 ff). Nach der Rspr des BAG konnte sich die Beschränkung auch aus den Entsch-Gründen ergeben (28.5.1998, 2 AZR 480/97, EzA § 72 ArbGG 1979 Nr 22). Diese Rspr ist jedoch durch den das Arbeitsgerichtsbeschleunigungsgesetz v 20.3.2000 (BGBl I 333) eingefügten IIIa überholt. Die Rspr des BAG sollte den Gleichklang zur Möglichkeit der Zulassung der Revision in den Gründen herstellen (BAG 28.5.1998, 2 AZR 480/97, aaO). Diese Möglichkeit ist jedoch durch IIIa gerade abgeschnitten (aA GMP/*Germelmann*, ArbGG 7. Aufl § 64 Rn 43 unter Berufung auf die Rspr des

BGH, zuletzt 10.6.2010, I ZR 106/08, NJW-RR 2010, 1546. § 511 ZPO enthält jedoch keine IIIa entspr Vorschrift über die Form der Zulassung). Die **Beschränkung** muss demnach **im Tenor** erfolgen.

Zulassungsentsch: Nach IIIa 1 ist die Entsch des ArbG, ob die Berufung zugelassen wird oder nicht, aus Gründen der Rechtsmittelklarheit und der Rechtssicherheit in den Urttenor aufzunehmen. Geschieht dies nicht, kann nach IIIa 2 binnen 2 Wochen nach Verkündung des Urt Urtergänzung beantragt werden. Bei dieser Entsch müssen **dieselben Richter** wie am Urt selbst mitwirken (BAG 23.8.2011, 3 AZR 650/09, NZA 2012, 37). Aus einer Rechtsmittelbelehrung, die Berufung sei statthaft, lässt sich keine Zulassung der Berufung herleiten (BAG 10.5.2000, 8 AZB 6/00, FA 2000, 288). Gegen die im Tenor des Urt des ArbG getroffene Entsch über die Zulassung oder Nichtzulassung gibt es kein **Rechtsmittel**. Ebenso ist gegen die Zulassung durch nachträglichen Beschl nach IIIa kein Rechtsmittel gegeben. Das ergibt sich aus der in IV angeordneten Bindungswirkung. Gegen die Ablehnung der Zulassung in einem Beschl nach IIIa ist nach § 78 I, § 567 I Nr 2 ZPO die sofortige Beschwerde gegeben. Die Prüfungskompetenz des LAG ist aber auf formale Mängel beschränkt (GMP/*Germelmann* ArbGG 7. Aufl § 64 Rn 45). Eine Zulassungsentsch ist **nur im Fall des II lit a erforderlich**, denn in den übrigen in II genannten Fällen ist die Berufung bereits von Gesetzes wegen statthaft. Es empfiehlt sich allerdings, bei mehreren Streitgegenständen und teilw Unterliegen einer Partei jedenfalls bei Zweifeln hinsichtlich der Höhe des Streitwerts für die unterlegene Partei über die Zulassung der Berufung hins einzelner Streitgegenstände im Tenor ausdrückl zu entscheiden (zur Bindung des LAG an die Streitwertfestsetzung bei der Feststellung der Beschwer s Rdn 10).

2. Beschwerdewert übersteigt 600 €. Der Rechtsmittelkl muss durch die Entsch des ArbG mit mehr als 600,– € unterlegen, also **beschwert**, sein. Die Beschwer muss noch **im Zeitpunkt der Entsch** über das Rechtsmittel vorliegen. Beim Kl ist das der Fall, wenn das ArbG einen diesen Betrag erreichenden Teil der Klage abgewiesen hat (sog **formelle Beschwer**). Der Bekl ist dagegen dann bereits beschwert, wenn die Entsch einen nachteiligen, rechtskraftfähigen Inhalt für ihn hat (*Thomas/Putzo* § 511 Vorbem 19). Das ist zB bei Abweisung der Klage als unzulässig statt als unbegründet der Fall (sog **materielle Beschwer**). Beim **Anerkenntnisurt** wird allg eine materielle Beschwer angenommen, auch wenn der Bekl das Anerkenntnis abgegeben hat (BGH 1.10.2003, XII ZB 202/02, FamRZ 2003, 1922 unter Berufung auf 5.1.1955, IV ZR 238/54, NJW 1955, 545). Erfüllt der Schuldner nach Verkündung des Urt aus freien Stücken ohne Vorbehalt endgültig, dh nicht zur Abwendung einer Zwangsvollstreckung, fehlt der Berufung die notwendige Beschwer. Ob die Zahlung freiwillig erfolgt ist, richtet sich nach den für den Empfänger erkennbaren Umständen. Bloße Kostengesichtspunkte begründen den Fortbestand der Beschwer nicht (BAG 21.03.2012, 5 AZR 320/11). **Erledigt sich die Hauptsache vor Berufungseinlegung**, entfällt die Beschwer des Kl durch klagabweisendes Urt nicht, sofern nicht der Kl selbst das erledigende Ereignis ohne Zutun des Gegners herbeigeführt hat (BGH 29.4.1992, XII ZR 221/90, NJW-RR 1992, 1032).

Für die Höhe der Beschwer und damit Statthaftigkeit der Berufung ist grds die **Streitwertfestsetzung im Urt des ArbG maßgeblich**. Etwas anderes gilt nur dann, wenn diese offensichtlich unrichtig ist. An dieser vielfach kritisierten Rspr (Nachw GK-ArbGG/*Vossen* § 64 Rn 32 ff) hat das BAG bis in die jüngste Vergangenheit festgehalten (19.1.2011, 3 AZR 111/09, EzA § 64 ArbGG 1979 Nr 44; grundlegend 23.5.1985, 2 AZR 264/84). **Offensichtlich unrichtig** ist die Streitwertfestsetzung nur dann, wenn sie in jeder Beziehung unverständlich und unter keinem vernünftigen Gesichtspunkt zu rechtfertigen ist und außerdem der zutreffende Streitwert auf den 1. Blick die für den Beschwerdewert maßgebliche Grenze unterschreitet oder übersteigt. Dabei kommt es auf die Sicht des über die Statthaftigkeit des Rechtsmittels entscheidenden Berufungsgerichts an (BAG 16.5.2007, 2 AZB 53/06, EzA § 61 ArbGG 1979 Nr 20).

Mehrere in einer Klage geltend gemachte Ansprüche werden zur Wertfeststellung zusammengerechnet (§ 2, 5 ZPO). Maßgebend ist der im **Zeitpunkt der Einlegung der Berufung** bestehende Wert. Wird der Antrag aber freiwillig beschränkt, ist der bei Entsch über das Rechtsmittel (noch) bestehende Wert maßgeblich (BAG 23.2.2016, 3 AZR 230/14). Bei Abweisung von mehreren Anträgen, die isoliert betrachtet jew die Berufungssumme nicht erreichen, ist die Berufung nur zulässig, wenn der Wert der Anträge, deren Abweisung mit der Berufung angegriffen wird, den Wert von 600 € übersteigt (BAG 27.1.2004, 1 AZR 105/03, EzA § 64 ArbGG 1979 Nr 39). Zwar kann sich die Beschwer auch daraus ergeben, dass ein Antrag **nicht**, wie vom Bekl beantragt, **als unzulässig verworfen**, sondern als unbegründet abgewiesen worden ist (BAG 18.9.1997, 2 ABR 15/97, EzA § 15 KSchG nF Nr 46). Setzt sich die Berufungsbegr mit dieser Abweisung aber nicht auseinander und wird die erforderliche Beschwer nicht bereits durch die mit einer ausreichenden Begr angegriffenen Anträge erreicht, ist die Berufung insgesamt unzulässig. Eine Erweiterung der Berufung auf den bisher nicht angegriffenen Antrag ist nicht mehr möglich (BGH 8.4.2014, XI ZR 317/12; BGH 16.10.2007, VIII ZB 26/07, NJW-RR 2008, 58). Ist der Kl mit seiner Klage unterlegen

§ 64 ArbGG   Grundsatz

und auf eine Widerklage verurteilt worden, errechnet sich die Beschwer aus beiden Positionen zusammen (BGH 28.9.1994, XII ZR 50/94, NJW 1994, 3292).

12 Für die Zulässigkeit der Berufung ist grds der **Wert der Beschwer im Zeitpunkt der Einlegung des Rechtsmittels** maßgebend. **Schränkt** allerdings der **Rechtsmittelkl** seine **Anträge später freiwillig ein**, ohne dazu durch äußere Umstände genötigt zu sein, wird die Berufung unzulässig (BAG 23.3.2004, 3 AZR 35/03, EzA § 64 ArbGG 1979 Nr 38). Das gilt auch dann, wenn das **Berufungsgericht** nicht darauf hinweist, dass das Rechtsmittel nach teilw Berufungsrücknahme unzulässig geworden ist, wenn es **die teilw Berufungsrücknahme angeregt** oder die Berufung auch nach der Beschränkung für zulässig erachtet hat (BAG 19.1.2006, 6 AZR 259/05, EzA § 64 ArbGG Nr 41) und sogar dann, wenn das Berufungsgericht ausdrückl erklärt hat, das **Rechtsmittel sei auch nach teilw Berufungsrücknahme zulässig**. Verfahrensfehler des Gerichts eröffnen weder eine weitere Instanz noch ersetzen sie fehlende oder weggefallene Prozessfortsetzungsbedingungen (BAG 23.3.2004, 3 AZR 35/03, EzA § 64 ArbGG 1979 Nr 38) Das BAG prüft auch nicht, ob dem verbliebenen Teil des Rechtsstreits grds Bedeutung iSv § 64 III Nr 1 zukommt oder ob die Berufung aus anderen Gründen zuzulassen wäre, was zu prüfen für das ArbG nicht veranlasst war (BAG 19.1.2006, 6 AZR 259/05, EzA § 64 ArbGG Nr 41). Wird aufgrund eines **Verhaltens des Berufungsbekl** der Rechtsstreit teilw außergerichtlich einer Einigung zugeführt, deshalb der Rechtsstreit **teilw für erledigt erklärt** und die Berufung auf den nicht erledigten Teil beschränkt, bleibt die Berufung zulässig (BAG 27.1.2004, 1 AZR 105/03, EzA § 64 ArbGG 1979 Nr 39).

13 Voraussetzung für die Zulässigkeit der Berufung ist ferner die **Weiterverfolgung der Beschwer**. Die Berufung ist daher unzulässig, wenn mit ihr lediglich im Wege der Klageänderung ein **neuer**, bislang nicht geltend gemachter **Anspruch** zur Entsch gestellt wird (BAG 17.1.2007, 7 AZR 20/06, EzA § 14 TzBfG Nr 37). Deshalb ist auch bei einer zulässigen **Klageänderung in der Berufungsinstanz** die für Zulässigkeit der Berufung erforderlich, dass der Berufungskl die aus dem erstinstanzlichen Urt folgende Beschwer bei Schluss der mündlichen Verh vor dem Berufungsgericht wenigstens mit einem 600 € übersteigenden Wert noch beseitigt wissen will (BAG 10.2.2005, 6 AZR 183/04, EzA § 64 ArbGG 1979 Nr 40).

14 Zur Beschwer bei einem **unbezifferten Klageantrag** vgl *Bauer* DB 1990, 2471 und *Lepke* BB 1990, 273, mit ausf Hinw auf die Rspr. Der **Beschwerdewert einer Bruttolohnklage** ist ohne Rücksicht auf die AG-Anteile zur Sozialversicherung zu bestimmen (LAG Düsseldorf 23.10.1990, 3 Sa 1078/90, LAGE § 64 ArbGG 1979 Nr 26). Bei einer **Berufung gegen ein 2. Versäumnisurt** muss die Grenze des Beschwerdewertes von 600 € nicht überschritten sein. Die Voraussetzungen für die Statthaftigkeit der Berufung gegen ein 2. Versäumnisurt sind ausschließlich in § 64 II lit d geregelt; eine Bezugnahme auf lit b fehlt. Die noch zu § 64 II aF ergangene Entsch des BAG (4.4.1989, 5 AZB 9/88) ist damit überholt (GK-ArbGG/*Vossen* § 64 Rn 81). Legen mehrere **Streitgenossen** Berufung ein, so sind die auf sie entfallenden Beschwerdewerte zusammenzurechnen (BAG 31.1.1984, 1 AZR 174/81, EzA § 87 BetrVG 1972 Betriebliche Lohngestaltung Nr 7).

15 3. **Rechtsstreitigkeiten über das Bestehen, das Nichtbestehen oder die Kündigung eines Arbeitsverhältnisses.** In diesen Fällen ist eine Berufung streitwertunabhängig und ohne bes Zulassung statthaft. Eine solche Bestandsstreitigkeit ist auch dann gegeben, wenn der AN nur den Fortbestand des Arbeitsverhältnisses bis zu einem bestimmten Zeitpunkt geltend macht (LAG Düsseldorf 28.9.2001, 18 Sa 844/01, LAGE § 64 ArbGG 1979 Nr 36).

16 4. **Anschlussberufung.**   a) **Form**: Für die Anschlussberufung gilt § 524 ZPO. Sie eröffnet dem Berufungsbekl die Möglichkeit, innerhalb des fremden Rechtsmittels **neue**, angriffsweise wirkende **Anträge** zu stellen (BAG 24.4.2014, 8 AZR 429/12 EzA § 313 BGB 2002 Nr 5). Sie ist erforderl, wenn der **Berufungsbekl** das erstinstanzl Urt nicht nur verteidigen, sondern durch einen neuen Antrag **mehr erreichen will** als die bloße Bestätigung des Urt des ArbG (BAG 16.5.2013, 6 AZR 556/11), insb dann, wenn der Kl erstinstanzl voll obsiegt hat und seine **Klage erweitern** will (BAG 6.9.2006, 5 AZR 643/05). Die Anschlussberufung muss durch Einreichung eines bestimmenden Schriftsatzes beim Berufungsgericht eingelegt werden. Die bloße **mündliche Antragstellung** genügt nicht (BAG 16.5.2013, 6 AZR 556/11). Die **ausdrückl Bezeichnung** als Anschlussberufung ist **nicht nötig**. Es reicht, dass schriftsätzl deutlich der Wille zum Ausdruck gebracht wird, auch als Berufungsbekl die Abänderung des Urt des ArbG zu erreichen (BAG 24.5.2012, 2 AZR 124/11, EzA KSchG § 1 betriebsbedingte Kündigung Nr 167). Unter diesen Voraussetzungen kann auch eine unzul Berufung in eine Anschlussberufung **umgedeutet** werden (BAG 12.12.2006, 3 AZR 716/05, EzA BetrAVG § 1 Nr 88). Eine **Beschwer** ist nicht erforderlich (BAG 15.11.2012, 6 AZR 373/11, NZA 2013, 686; 24.5.2012, 2 AZR 124/11, EzA KSchG § 1 betriebsbedingte Kündigung Nr 167).

17 b) **Frist**: Die Anschließung ist gem § 524 II 2 ZPO nur bis zum Ablauf der dem Berufungsgegner gesetzten Frist zur Berufungserwiderung zulässig. Diese Frist ist im arbeitsgerichtl Verfahren **entspr anwendbar**. Voraussetzung ist allerdings, dass die Frist zur Beantwortung der Berufung durch den nach § 66 I 4 erforderl

Hinweis ordnungsgemäß in Lauf gesetzt worden ist. Dafür reicht es aus, dass klargestellt wird, zu welchem Zeitpunkt die Beantwortungsfrist in Gang gesetzt wird. Über die Möglichkeit der **Anschließung als solche muss nicht belehrt** werden. Der Hinweis muss nicht vom Vorsitzenden **unterschrieben** sein (BAG 24.5.2012, 2 AZR 124/11, EzA KSchG § 1 betriebsbedingte Kündigung Nr 167). Liegt ein ordnungsgem Hinweis vor, muss die Anschlussberufung innerhalb von **einem Monat nach Zustellung der Berufungsbegr**, bei Verlängerung der Beantwortungsfrist innerhalb der verlängerten Frist, eingelegt und begründet werden (BAG 24.5.2012, 2 AZR 124/11, EzA KSchG § 1 betriebsbedingte Kündigung Nr 167). Ob davon im Hinblick auf das Gebot der **proz Waffengleichheit** eine Ausnahme zu machen ist, wenn die Anschlussberufung als Reaktion auf eine erst nach Fristablauf eingetretene Änderung der Prozesslage erfolgt, hat das BAG offengelassen (BAG 16.5.2013, 6 AZR 556/11).

Die Frist des § 524 II 2 ZPO gilt auch bei Anschlussberufungen, die den **Streitgegenstand ändern** (BAG 16.5.2013, 6 AZR 556/11). **§ 524 II 3 ZPO** enthält eine Ausnahme für Abänderungsklagen iSv § 323 I ZPO. Voraussetzung für die Anwendung dieser Ausnahmeregelung ist, dass das ArbG eine Partei **zu künftig fällig werdenden wiederkehrenden Leistungen** verurteilt hat, dh zu Leistungen, die aus ein und demselben Rechtsverhältnis in bestimmten Zeitabschnitten fällig werden, so dass die einzelne Leistung nur vom Zeitablauf abhängt (BAG 12.11.2013, 3 AZR 92/12 JurionRS 2013, 54524). § 524 II 3 ZPO erfasst allerdings nach seinem Zweck nicht Änderungen der tatsächlichen Verhältnisse, durch die sich nicht die **Höhe** der wiederkehrenden Leistungen, sondern zB die Anspruchsberechtigung ändert (BAG 16.5.2013, 6 AZR 556/11). 18

c) **Begründung**: Die Anschlussberufung ist in der Anschlussschrift zu begründen, § 524 III ZPO. Geschieht dies nicht, wird aber in der Anschließungsfrist die Anschlussberufung begründet, ist dies als **erneute Einlegung** des Anschlussrechtsmittels zu werten. Es liegt dann nur eine Anschlussberufung vor, über die **einheitlich** zu entscheiden ist (BAG 8.12.2011, 6 AZR 452/10, NZA-RR 2012, 273). Für ihre Begr gelten die Anforderungen wie für die Berufung (vgl dazu § 66 Rdn 27 ff). 19

d) **Akzessorietät**: Die Anschlussberufung ist kein eigenes Rechtsmittel. Sie verliert darum gem § 524 IV ZPO ihre Wirkung, wenn eine Abänderung des erstinstanzlichen Urteils zum Nachteil des Berufungsbekl nicht mehr möglich ist. Das ist nicht nur dann der Fall, wenn die Berufung **zurückgenommen** oder als unzulässig **verworfen** wird, sondern auch dann, wenn über die mit der Hauptberufung geltend gemachten Ansprüche ein **Vergleich** geschlossen wird, der keinen Raum mehr für eine Kostenentsch nach § 91a ZPO lässt. Wird die Anschlussberufung gleichwohl aufrechterhalten, ist sie zu verwerfen (BAG 24.4.2014, 8 AZR 429/12 EzA § 313 BGB 2002 Nr 5). Die Anschlussberufung bleibt dagegen zulässig, wenn die Hauptsache **einseitig** (Zöller/*Heßler* § 524 Rn 28) oder **übereinstimmend für erledigt** erklärt wird (BGH 18.9.2012, X ZR 22/10). Wegen der Abhängigkeit der beiden Rechtsmittel sind dem Berufungskl auch die **Kosten** der Anschlussberufung aufzuerlegen, wenn diese durch die Rücknahme etc. der Berufung wirkungslos geworden ist. Etwas anderes gilt nur dann, wenn die Berufung von vornherein unzulässig war, der Berufungsbekl die wirkungslos gewordene Anschlussberufung weiterverfolgt und diese deshalb als unzulässig verworfen wird (BAG 3.4.2008, 2 AZR 720/06, EzA KSchG § 9 nF Nr 53) oder die Anschlussberufung an eigenen Mängeln leidet. In diesen Fällen wird die Erfolglosigkeit der Anschlussberufung nicht willentlich vom Berufungskl herbeigeführt (Zöller/*Heßler* § 524 Rn 43). 20

5. Berufung gegen 2. Versäumnisurt. Ob eine **unverschuldete Säumnis** iSv § 64 II lit d ArbGG, § 514 II ZPO vorliegt, ist nach denselben Maßstäben zu beurteilen wie bei der **Wiedereinsetzung in den vorigen Stand**. Sie ist bei fehlender Säumnis, zB bei fehlender/fehlerhafter Ladung, ferner bei der auf einem unabwendbaren Zufall beruhenden Säumnis, zB bei einer Autopanne/Stau auf der Fahrt zum Gericht, und schließlich bei unabwendbarer Säumnis, die dem Gericht nicht rechtzeitig hat mitgeteilt werden können, etwa bei einem schweren Autounfall auf dem Weg zum Gericht, zu bejahen. Bei der auf einem unabwendbaren Zufall beruhenden Säumnis liegt eine unverschuldete Säumnis allerdings nur vor, wenn die Partei diesen **Hinderungsgrund dem Gericht rechtzeitig mitgeteilt** hat, um diesem der Entsch über eine Vertagung zu ermöglichen. Ein Anwalt, der an einem Termintag 2 Ladungen zu 2 verschiedenen, räumlich nicht direkt nebeneinander liegenden Gerichten erhält, muss daher um Terminverlegung bitten oder für eine Terminvertretung sorgen (BAG 8.4.1974, 2 AZR 542/73, EzA § 513 ZPO Nr 1; BGH 22.3.2007, IX ZR 100/06, ZIP 2007, 885). Die unverschuldete Säumnis muss vollständig in der Rechtsmittelbegr vorgetragen werden. Die **Schlüssigkeit** des Sachvortrags ist also anders als sonst – bereits **Voraussetzung der Zulässigkeit** des Rechtsmittels (BGH 25.11.2008, VI ZR 317/07, MDR 2009, 355). 21

III. Anwendbare Vorschriften 1. Instanz. Im Berufungsverfahren gelten nach § 64 VII bestimmte Verfahrensvorschriften der 1. Instanz, vgl insoweit die Ausführungen zu den genannten Bestimmungen. 22

§ 65 ArbGG   Beschränkung der Berufung

23 Der Vorsitzende erlässt den Kostenbeschl iSd § 64 VI ArbGG, § 91a I ZPO nach §§ 64 VII, 53 I 1 ArbGG allein, wenn die Parteien den Rechtstreit außerhalb der mündlichen Verh für erledigt erklärt haben. Wird der Rechtstreit in der mündlichen Verh vor der Berufungskammer übereinstimmend für erledigt erklärt oder schließen die Parteien einen **Vergleich**, in dem sie die Kostenregelung ausdrückl dem Gericht überlassen (zur Zulässigkeit einer solchen **negativen Kostenregelung** Zöller/*Vollkommer* ZPO § 91a Rn 58 »Vergleich«), ist der Kostenbeschl vom Vorsitzenden allein zu erlassen (str, GMP/*Germelmann* § 64 Rn 125; aA LAG Hamm 15.12.2005, 4 Sa 1613/0). Jedenfalls dann, wenn – wie in der Praxis üblich – die Kostenentsch nicht sofort in der Sitzung getroffen, sondern nach Schluss der Sitzung vom Vorsitzenden getroffen wird, besteht an seiner Alleinentschbefugnis kein Zweifel. Entspr gilt für die Rücknahme der Berufung, den Verzicht auf die Berufung, das Anerkenntnis und die Säumnis (aA LAG Berl 14.7.1997, 9 Sa 52/97, LAGE § 626 BGB Nr 108).

24 Der Beschl, mit dem eine Berufung als unzulässig verworfen wird, ergeht unter Mitwirkung der ehrenamtlichen Richter, § 522 ZPO, und zwar auch – erst recht – bei Säumnis des Berufungskl in der mündlichen Verh vor der Berufungskammer, etwa, weil die Berufungsbegr nicht den Anforderungen entspricht (LAG Düsseldorf 25.7.2003, 14 Sa 522/03, LAGE § 66 ArbGG 1979 Nr 19). Das gilt auch für die Entsch über die Wiedereinsetzung gegen die Versäumung der Berufungs- und/oder der Berufungsbegrfrist, arg § 238 ZPO.

25 § 49 I und III sind auf die Ablehnung von Richtern entspr anwendbar. Über das Ablehnungsgesuch entscheidet die Kammer des LAG. Für den abgelehnten Richter ist der nächstberufene Vertreter heranzuziehen. Werden alle Richter einer Kammer in der amtierenden Besetzung abgelehnt, entscheiden die jeweiligen Vertreter. Bei Ablehnung sämtlicher Vorsitzender eines LAG entscheidet der nach der Geschäftsverteilung des BAG zuständige Senat unter Hinzuziehung der ehrenamtlichen Richter (GMP/*Germelmann* § 64 Rn 122).

26 Erscheint der Berufungsbekl im Termin zur mündlichen Verh vor der Berufungskammer nicht und beantragt der Berufungsführer ein Versäumnisurt, so ist das zulässige tatsächliche Vorbringen des Berufungskl als zugestanden anzusehen, § 539 II 1 ZPO. Soweit es der Berufungsantrag rechtfertigt, ist nach dem Antrag zu erkennen, § 539 II 2 HS 1 ZPO. Erscheint der Berufungskl nicht, ist seine Berufung auf Antrag des Berufungsbekl durch Versäumnisurt zurückzuweisen, § 539 I ZPO. Der Vorsitzende entscheidet darüber **allein**, auch bei Erlass von **unechten Versäumnisurt** (s § 56 Rdn 4; GMP/*Germelmann* § 55 Rn 17). Wegen der Verweisung auf § 59 beträgt die Einspruchsfrist gegen ein Versäumnisurt des LAG **nur 1 Woche**. Die Partei kann den Einspruch wirksam selbst durch Abgabe einer Erklärung zur Niederschrift der Geschäftsstelle einlegen (BAG GS 10.7.1957, GS 1/57, AP ArbGG 1953 § 64 Nr 5).

27 § 64 VII nennt § 46 nicht. Deshalb ist § 128 II 1 ZPO anwendbar. Die Kammer kann mit Zustimmung der Parteien **ohne mündliche Verh** entscheiden (GK-ArbGG/*Vossen* § 64 Rn 131, 129). § 227 III ZPO, der einen Anspruch auf Terminverlegung für die Zeit vom 1.7.–31.8. einräumt, ist im Verfahren vor den LAG anzuwenden (GK-ArbGG/*Vossen* § 64 Rn 131).

28 **IV. Beschleunigung.** Berufungen in Rechtsstreitigkeiten über das Bestehen oder Nichtbestehen oder die Kdg eines Arbeitsverhältnisses sind vorrangig zu erledigen, § 64 VIII. Der Termin muss nach § 66 II 1 unverzüglich bestimmt werden. Das erfolgt an bereiter Stelle. Es wird sich nicht durchsetzen, dass der Vorsitzende bereits anberaumte Termine abzusetzen hat, um § 64 VIII Rechnung zu tragen. Deshalb betrifft § 64 VIII nur die allg Prozessförderungspflicht, die ohnehin besteht.

§ 65 Beschränkung der Berufung
Das Berufungsgericht prüft nicht, ob der beschrittene Rechtsweg und die Verfahrensart zulässig sind und ob bei der Berufung der ehrenamtlichen Richter Verfahrensmängel unterlaufen sind oder Umstände vorgelegen haben, die die Berufung eines ehrenamtlichen Richters zu seinem Amte ausschließen.

1 Zwecks Verfahrensbeschleunigung und -vereinfachung sollen die Entsch über den beschrittenen Rechtsweg, die richtige Verfahrensart und die sachliche oder örtliche Zuständigkeit abschließend und eine Prüfung in der Berufungsinstanz nicht mehr möglich sein. Entspr gilt für die Frage der Berufung der ehrenamtlichen Richter.

2 Wird ein **Verweisungsbeschl** in die Arbeitsgerichtsbarkeit rkr, ist die Zulässigkeit des Rechtswegs zu den Gerichten für Arbeitssachen vom LAG nicht mehr zu überprüfen (BAG 31.8.2010, 3 ABR 139/09, EzA § 131 InsO Nr 2). Hat das ArbG angenommen, das Beschlverfahren sei die richtige Verfahrensart, ist das LAG daran gebunden. § 65 bindet das LAG auch an die **Verfahrensart**, in die das ArbG den Rechtstreit verwiesen hat (BAG 5.12.2007, 7 ABR 65/06, AP Nr 46 zu § 78a BetrVG 1972). S iÜ § 48.

Die Berufung kann nicht mit Erfolg auf Mängel gestützt werden, die bei der Anwendung der §§ 20–23 entstanden sind. Mängel bei der Berufung der ehrenamtlichen Richter nach § 20 (vgl BAG 28.8.1985, 5 AZR 616/84, EzA § 43 ArbGG 1979 Nr 1) oder das Fehlen der Berufungsvoraussetzungen der §§ 21–23 können somit vom Rechtsmittelkl nicht mit Erfolg gerügt werden (vgl aber § 21 V). 3

§ 65 erstreckt sich nicht auf andere Gründe, die zB die ordnungsgem Besetzung des Gerichts betreffen. Insoweit gelten die allg Grds, dh, die fehlerhafte Besetzung des Gerichts kann auch mit der Berufung gerügt werden. Zu beachten ist jedoch § 68, sodass derartige Rügen für den Rechtsmittelkl praktisch nur dann zum Erfolg führen, wenn er auch in der Sache Erfolg hat. 4

§ 66 Einlegung der Berufung, Terminbestimmung

(1) ¹Die Frist für die Einlegung der Berufung beträgt einen Monat, die Frist für die Begründung der Berufung zwei Monate. ²Beide Fristen beginnen mit der Zustellung des in vollständiger Form abgefassten Urteils, spätestens aber mit Ablauf von fünf Monaten nach der Verkündung. ³Die Berufung muss innerhalb einer Frist von einem Monat nach Zustellung der Berufungsbegründung beantwortet werden. ⁴Mit der Zustellung der Berufungsbegründung ist der Berufungsbeklagte auf die Frist für die Berufungsbeantwortung hinzuweisen. ⁵Die Fristen zur Begründung der Berufung und zur Berufungsbeantwortung können vom Vorsitzenden einmal auf Antrag verlängert werden, wenn nach seiner freien Überzeugung der Rechtsstreit durch die Verlängerung nicht verzögert wird oder wenn die Partei erhebliche Gründe darlegt.
(2) ¹Die Bestimmung des Termins zur mündlichen Verhandlung muss unverzüglich erfolgen. ²§ 522 Abs. 1 der Zivilprozessordnung bleibt unberührt; die Verwerfung der Berufung ohne mündliche Verhandlung ergeht durch Beschluss des Vorsitzenden. ³§ 522 Abs. 2 und 3 der Zivilprozessordnung findet keine Anwendung.

Übersicht	Rdn.		Rdn.
A. Allgemeines	1	I. Adressat	11
I. Einlegung und Begründung der Berufung vor Zustellung	1	II. Form	12
		III. Inhalt	20
II. Berufung im einstweiligen Verfügungsverfahren	2	C. Berufungsbegründung	22
		I. Fristverlängerung	22
III. Berufungsfrist	3	II. Form	26.1
1. Beginn	3	III. Inhalt	27
2. Ende	6	D. Berufungserwiderung	33
3. Versäumung der Berufungsfrist	8	E. Terminierung	37
IV. Berufungsbegrfrist	9	F. Verwerfung der Berufung	38
V. Berufungsbeantwortungsfrist	10	G. Berufungsrücknahme	40
B. Berufungsschrift	11		

A. Allgemeines. I. Einlegung und Begründung der Berufung vor Zustellung. Die Berufung kann schon **vor Zustellung** des Urt wirksam eingelegt werden, wenn die Entsch bereits existent, also verkündet ist (BAG 28.2.2008, 3 AZB 56/07, EzA ArbGG 1979 § 72a Nr 116). Setzt sich die **Berufungsbegr** bereits vor Zustellung des erstinstanzlichen Urt und ohne Kenntnis der schriftlichen Entsch-Gründe mit diesen hypothetisch in einer Weise auseinander, die den Anforderungen des § 520 III ZPO entspricht (dazu s Rdn 27 ff) – etwa weil der Berufungsführer durch die mündliche Verh, einen schriftlichen Hinweis des Gerichts oder die mündliche Urt-Begr Kenntnis der tragenden Gründe des Urt erlangt hat–, ist die Berufung zulässig (BAG 6.3.2003, 2 AZR 596/02 EzA § 520 ZPO 2002 Nr 2). 1

II. Berufung im einstweiligen Verfügungsverfahren. Das Urt im einstweiligen Verfügungsverfahren, durch das über den Widerspruch entschieden wird (§§ 936, 925 I ZPO), unterliegt nach allg Grds der Anfechtbarkeit. Berufungs- und Berufungsbegrfrist unterliegen keinen Besonderheiten. Allerdings wird bei einem Antrag auf Verlängerung der Berufungsbegrfrist von einer **Selbstwiderlegung** des Verfügungsgrundes auszugehen sein (vgl OLG Köln 5.7.1999, 16 U 3/99, OLGR Köln 1999, 416). Einlassungsfrist und Berufungsbeantwortungsfrist des § 66 I 3 gelten im summarischen Verfahren der einstweiligen Verfügung nicht (vgl LAG Berl 20.5.1985, 9 Sa 38/85, LAGE § 7 BUrlG Nr 9; GK-ArbGG/*Vossen* § 66 Rn 40, 149; GMP/ *Germelmann* § 66 Rn 28). 2

III. Berufungsfrist. 1. Beginn. Die Berufungsfrist von 1 Monat beginnt grds auch dann mit der **Zustellung** des in vollständiger Form abgefassten Urt, spätestens aber mit dem Ablauf von **5 Monaten nach der Verkündung** (vgl für die Revisionsfrist BAG 15.10.2013, 3 AZR 640/13 JurionRS 2013, 47224) zu 3 laufen, wenn das Urt später **berichtigt** wird, § 319 I ZPO (BAG 15.8.2001, 7 ABR 53/00, EzA § 66 ArbGG 1979 Nr 32). Ausnahmsweise beginnt mit der Bekanntgabe des Berichtigungsbeschl eine **neue Rechtsmittelfrist** zu laufen, wenn erst die berichtigte Fassung die Beschwer hinreichend erkennen lässt (BGH 9.11.1994, XII ZR 184/93, NJW 1995, 533). Ist die **Rechtsmittelbelehrung** unrichtig erteilt oder ist sie unvollständig, also zB vom Vorsitzenden nicht unterschrieben, beginnt gem § 9 V 3 die Frist für die Berufung zunächst nicht. Sie läuft erst mit der Zustellung einer richtigen Rechtsmittelbelehrung an (BAG 13.4.2005, 5 AZB 76/04, EzA § 9 ArbGG 1979 Nr 16), spätestens aber 5 Monate nach Zustellung (BAG 16.1.2008, 7 AZR 1090/06 für die Revisionsfrist). Die Zustellung ist nur dann ordnungsgem, wenn die Ausfertigung des Urt vom **Urkundsbeamten** der Geschäftsstelle **unterschrieben** und mit dem Gerichtssiegel versehen ist, § 317 IV ZPO. Dabei sind an die Unterschrift des Urkundsbeamten dies Anforderungen zu stellen wie an die Unterzeichnung bestimmender Schriftsätze durch Rechtsanwälte (s Rdn 16). Genügt die Unterschrift diesen Anforderungen nicht, läuft die Frist erst fünf Monate nach Verkündung an (BGH 31.7.2013, VIII ZB 18/13, VIII ZB 19/13, NJW 2013, 3451).

4 Ergeht **innerhalb** der Berufungsfrist ein **Ergänzungsurt**, § 321 ZPO, so beginnt gem § 518 ZPO mit dessen Zustellung eine neue Berufungsfrist gegen die 1. Entsch. Ergeht das Ergänzungsurt erst **nach** Ablauf der Berufungsfrist, aber noch vor Ablauf der Berufungsbegrfrist gegen das ursprüngliche Urt, so bleibt für den Lauf der Berufungsbegrfrist die Zustellung des Ursprungsurt maßgeblich. Das Ergänzungsurt wirkt sich in einem solchen Fall auf den Lauf der Begrfrist nicht aus. Es bleibt also bei der 2-monatigen Begrfrist (BGH 30.10.2008, III ZB 41/08, NJW 2009, 442).

5 Wird das Urt überhaupt nicht oder fehlerhaft zugestellt, so würde keine Rechtskraft eintreten. Mit der Regelung des § 66 I 2 ist sichergestellt, dass die Berufungsfrist in jedem Fall zu laufen beginnt.

6 **2. Ende.** Fällt das Ende der Berufungsfrist auf einen Sonntag, einen Sonnabend oder einen gesetzlichen Feiertag, endet die Frist mit Ablauf des nächsten Werktages, § 222 II ZPO. Gilt ein **Feiertag nicht einheitlich** im gesetzlichen Zuständigkeitsbereich des Rechtsmittelgerichts, ist für den Fristablauf der Ort maßgeblich, an dem das Rechtsmittel einzulegen ist. Ist der Tag dort kein gesetzlicher Feiertag, so greift § 222 II ZPO nicht ein (BAG 24.8.2011, 8 AZN 808/11, EzA § 222 ZPO 2002 Nr 1).

7 Wird das arbeitsgerichtliche **Urt nicht oder fehlerhaft zugestellt**, endet die Berufungsfrist mit Ablauf von **6 Monaten**, die Berufungsbegrfrist mit Ablauf von **7 Monaten** nach der Verkündung des erstinstanzlichen Urt. Die unterbliebene Rechtsmittelbelehrung führt – anders als nach früherem Recht – nicht zu einer Verlängerung der Berufungsfrist auf 17 Monate (BAG 28.10.2004, 8 AZR 492/03, EzA ArbGG 1979 § 66 Nr 38; 24.10.2006, 9 AZR 709/05, EzA § 66 ArbGG 1979 Nr 41).

8 **3. Versäumung der Berufungsfrist.** Die Berufungsfrist ist eine **Notfrist**. Sie kann weder **verlängert noch verkürzt** werden (§ 224 I 2 ZPO). Gegen ihre Versäumung ist nur die Wiedereinsetzung in den vorigen Stand nach § 233 ZPO möglich.

9 **IV. Berufungsbegrfrist.** Die Frist zur Begr der Berufung beträgt **2 Monate**, I 1. Sie beginnt mit der Zustellung des vollständig abgefassten Urt, spätestens mit Ablauf von **5 Monaten** nach Verkündung des Urt, I 2. Sie kann auf Antrag einmal verlängert werden. Einzelheiten zur Fristverlängerung Rdn 22 ff. Ihr Lauf wird weder durch einen die Berufung als unzulässig **verwerfenden Beschl** noch durch ein Wiedereinsetzungsgesuch in den Lauf der Berufungsfrist unterbrochen (BGH 13.01.1998, VIII ZB 48/97, NJW 1998, 1155).

10 **V. Berufungsbeantwortungsfrist.** Für die Berufungsbeantwortung gilt die gesetzliche Frist des I 3. Der in § 66 I 4 vorgesehene Hinweis auf die Frist darf sich nicht auf den bloßen Hinweis auf § 66 beschränken, sondern muss sich auf die Folgen der Nichtbeachtung erstrecken. Ohne einen ordnungsgem Hinweis beginnt die Frist für die **Anschlussberufung** nicht zu laufen (BAG 30.5.2006, 1 AZR 111/05, EzA § 77 BetrVG 2001 Nr 14). Die Parteien können eine Abkürzung der Frist vereinbaren, § 224 I ZPO.

11 **B. Berufungsschrift. I. Adressat.** Die Berufung wird durch Einreichung der Berufungsschrift bei dem Berufungsgericht eingelegt (§ 64 VI iVm § 518 I ZPO). Berufungsgericht ist das LAG (§ 64 I). Der Rechtsmittelkl ist darüber in der nach § 9 V notwendigen Rechtsmittelbelehrung zu informieren, die neben dem Rechtsmittel ua das Gericht und dessen Anschrift zu enthalten hat. Die Berufungsschrift kann fristwahrend auch bei einer sog **Außenkammer** des LAG eingelegt werden. Außenkammer und Stammgericht bilden eine einheitliche Justizbehörde (BAG 23.8.1981, 5 AZR 603/79, AP ArbGG 1979 § 64 Nr 2). Umgekehrt kann eine Berufungsschrift fristwahrend beim Stammgericht eingelegt werden, wenn sie vor den Außenkammern zu verhandeln ist (BAG 12.12.1968, 1 AZB 35/68, AP ArbGG 1953 § 64 Nr 26). Auf die Rechtsmittelbelehrung ist nicht abzustellen, dh, es ist ohne Bedeutung, ob in ihr richtig die Außenkammern oder das Stammgericht als Berufungsgericht angegeben worden sind.

II. Form. Die Berufungsschrift ist ein **bestimmender Schriftsatz**. Nach Ablauf der Berufungsfrist ist der 12
Berufungskl nach § 230 ZPO mit der Prozesshandlung – der Berufung – ausgeschlossen. Eine **Heilung** ist
bei den nach § 519 ZPO vorgesehenen zwingenden Verfahrensvorschriften, die auch dem Interesse an einer
geordneten Rechtspflege dienen, ausgeschlossen. Darum scheidet eine Heilung nach § 295 I ZPO aus, wenn
der Mangel der Unterschrift unter einem bestimmenden Schriftsatz nicht gerügt wird (BAG 25.2.2015,
5 AZR 849/13, NZA 2015, 701).

Wird die Berufungsschrift per **E-Mail** übermittelt, wahrt dies die von § 130 ZPO verlangte **Schriftform** 13
nur, wenn sie entweder eine qualifizierte elektronische Signatur iSd § 130a I 2 ZPO enthält oder noch
innerhalb der Berufungsfrist dem Gericht ausgedruckt und mit der in Kopie wiedergegebenen Unterschrift
des Prozessbevollmächtigten vorliegt (BAG 11.7.2013, 2 AZB 6/13, NZA 2013, 983).

Als bestimmender Schriftsatz muss die Berufungsschrift wegen des nach § 11 IV vor dem LAG geltenden 14
Anwaltszwangs (s § 11 Rdn 9) von einem bei einem dt Gericht zugelassenen (postulationsfähigen) **Rechtsanwalt oder einem Vertreter einem der in § 11 Abs 2 Nr 4 und 5 bezeichneten Organisationen eigenhändig unterschrieben** sein. Ein **Rechtsbeistand** ist auch dann nicht postulationsfähig, wenn er Mitglied
einer Rechtsanwaltskammer ist (BAG 18.6.2015, 2 AZR 58/14, NZA 2016, 380). Legt ein **angestellter
Rechtsanwalt** Berufung ein, muss der Berufungsschrift zu entnehmen sein, dass der Handelnde als unabhängiger Prozessbevollmächtigter und nicht im Rahmen seines Anstellungsverhältnisses auftritt und als solcher ohne Bindung an die Weisungen seines Mandanten die Verantwortung für den Schriftsatz übernimmt
(BAG 17.9.2013, 9 AZR 75/12, NJW 2014, 247). Legt ein **dienstleistender europäischer Rechtsanwalt**
nach §§ 25 ff **EuRAG** Berufung ein, muss er das nach § 28 EuRAG erforderliche Einvernehmen mit
einem zugelassenen Rechtsanwalt (**Einvernehmensanwalt**) gem § 29 I EuRAG bei der ersten Handlung
gegenüber dem Gericht schriftlich nachweisen. Ohne diesen Nachweis fehlt ihm die Postulationsfähigkeit, seine Handlungen sind gem § 29 III EuRAG auf Dauer unwirksam. Für den Nachweis reicht es
aus, dass die Berufungsschrift zusätzlich durch den Einvernehmensanwalt unterzeichnet worden ist (BAG
13.12.2012, 6 AZR 303/12, EzA § 66 ArbGG 1979 Nr 45).

Bei Übermittlung durch **Telefax** muss die Unterschrift auf der bei Gericht erstellten Kopie wiedergegeben 15
sein (BAG 25.2.2015, 5 AZR 849/13, NZA 2015, 701). Die Signale der Seite mit der eigenhändigen
Unterschrift müssen bis zum Fristablauf bei dem Faxgerät des Gerichts eingegangen sein. Anderenfalls ist
der Schriftsatz nicht vollständig (BAG 13.12.2012, 6 AZR 303/12, EzA § 66 ArbGG 1979 Nr 45). Die
Schriftform ist jedoch nicht um ihrer selbst willen einzuhalten. Deshalb dürfen die Anforderungen an sie
nicht überspannt werden. Für Abgrenzungen muss es genügen, dass dem Sinn und Zweck der Schriftform
Rechnung getragen wird: Es muss aus Gründen der Klarheit für alle Verfahrensbeteiligten sichergestellt
sein, dass eine bestimmte Erklärung für den Rechtsverkehr abgegeben ist, dass ihr Urheber identifizerbar ist
und von ihm verantwortet wird (BAG 25.2.2015, 5 AZR 849/13, NZA 2015, 701). Diesem Erfordernis
der Schriftform ist genügt, wenn eine Rechtsanwältin den 2. Teil ihres Doppelnamens mit den beiden
Anfangsbuchstaben abkürzt (BAG 15.12.1987, 3 AZR 606/87, EzA § 518 ZPO Nr 33). Deshalb ersetzt
die Unterschrift unter dem Beglaubigungsvermerk einer fristgemäß eingegangenen **beglaubigten Abschrift**
der Rechtsmittel- oder Rechtsmittelbegrschrift die Unterschrift unter der Urschrift, wenn der Prozessbevollmächtigte zugleich Verfasser der Berufungsschrift ist (BAG 13.2.2013, 7 AZR 284/11). Das Fehlen einer
Unterschrift kann ferner **unschädlich** sein, wenn auch ohne die Unterschrift des Prozessbevollmächtigten
aus anderen, eine **Beweisaufnahme nicht erfordernden** Umständen **zweifelsfrei** feststeht, dass der **Prozessbevollmächtigte** die **Verantwortung** für den Inhalt des Schriftsatzes **übernommen** hat. Dies kann bspw
dann angenommen werden, wenn der in Rede stehende Schriftsatz fest mit einem von dem Rechtsanwalt
unterzeichneten Begleitschreiben verbunden war (BAG 13.2.2013, 7 AZR 284/11; BGH 9.12.2010, IX
ZB 60/10). Die Verwendung des **Briefbogens** der Kanzlei des Anwalts, der den bestimmenden Schriftsatz
unterzeichnet hat, oder die maschinenschriftl Wiedergabe des Namens unter der »Unterschrift« genügt
dagegen nicht (BAG 25.2.2015, 5 AZR 849/13, NZA 2015, 701).

Eine **Unterschrift** setzt einen **individuellen Schriftzug** voraus, der sich, ohne lesbar sein zu müssen, als 16
Wiedergabe eines Namens darstellt und die Absicht einer vollen Unterschriftsleistung erkennen lässt, selbst
wenn er nur flüchtig niedergelegt und von einem starken Abschleifungsprozess gekennzeichnet ist. Ein
Schriftzug, der als bewusste und gewollte Namenskürzung und damit als bloßes Handzeichen oder **Paraphe**
erscheint, stellt keine formgültige Unterschrift dar. Ob ein Schriftzug eine Unterschrift oder lediglich eine
Abkürzung ist, beurteilt sich nach dem äußeren Erscheinungsbild (BAG 25.2.2015, 5 AZR 849/13, NZA
2015, 701 - Verf-Beschwerde anhängig unter 1 BvR 1304/15; 30.8.2000, 5 AZB 17/00, EzA ZPO § 519
Nr 11). Maßgeblich ist, ob der Unterzeichner auch sonst in gleicher oder zumindest ähnlicher Weise unterschreibt (BGH 27.9.2005, VII ZB 105/04, NJW 2005, 3775). Der Wille des Unterzeichners ist dagegen
nur insoweit von Bedeutung, als er in dem Schriftzug Ausdruck gefunden hat (BAG 24.1.2008, 6 AZR

519/07, NZA 2008). Dabei ist in Anbetracht der Variationsbreite, die selbst Unterschriften ein und derselben Person aufweisen, ein **großzügiger Maßstab** anzulegen, wenn die Autorenschaft gesichert ist (BAG 30.8.2000, 5 AZB 17/00, EzA ZPO § 519 Nr 11; BGH 16.7.2013, VIII ZB 62/12, NJW-RR 2013, 1395). Hat das Gericht eine unleserliche Unterschrift längere Zeit **nicht beanstandet**, so können nachteilige Folgen erst nach **Vorwarnung** des Rechtsanwalts gezogen werden (BVerfG 26.4.1988, 1 BvR 669/87 ua, NJW 1988, 2787; BGH 11.4.2013, VII ZB 43/12, NJW 2013, 1966). Das soll nicht gelten, wenn bereits der Gegner die Unterschrift gerügt hat (BAG 25.2.2015, 5 AZR 849/13, NZA 2015, 701 - Verf-Beschwerde anhängig unter 1 BvR 1304/15).

17 **Fehlt die Unterschrift** des Prozessbevollmächtigten unter der Berufungsschrift, gebietet es das aus Art 6 I EMRK, Art 19 IV, 20 III GG abgeleitete Gebot des fairen Verfahrens, auf die fehlende Unterschrift **hinzuweisen**, wenn der nicht unterzeichnete Schriftsatz noch so rechtzeitig bei Gericht eingegangen ist, dass die Unterschrift innerhalb der laufenden Rechtsmittelfrist ohne Weiteres nachgeholt werden kann. Unterbleibt der Hinweis, ist **Wiedereinsetzung** in den vorigen Stand zu gewähren, weil sich ein etwaiges Verschulden des Anwalts an der Fristversäumung nicht mehr auswirkt (BGH 14.10.2008, VI ZB 37/08, NJW-RR 2009, 564; iE Art 19 Rdn 15).

18 Der Berufungskl kann **mehrere Berufungsschriften** einreichen. Genügt **eine** davon dem gesetzlichen Zulässigkeitserfordernis, so kommt es auf die Zulässigkeit der Übrigen nicht mehr an. Die Rechtsmittelschriftsätze, durch die das Rechtsmittel früher oder später nochmals eingelegt worden war, sind gegenstandslos. Es liegt nur **ein Rechtsmittel** vor, über das einheitlich zu entscheiden ist (BAG 26.9.1991, 2 AZR 62/91; 13.9.1972, 2 AZR 32/71, AP ZPO § 519b Nr 8; BGH 28.3.1985, VII ZR 317/84, NJW 1985, 2480). Wird durch Fax eine zulässige Berufung eingelegt und geht das Original noch innerhalb der Berufungsfrist bei Gericht ein, liegt ebenfalls ein einheitliches Rechtsmittel vor.

19 Nimmt der Rechtsmittelkl eine bestimmte Berufung zurück, so ist er dadurch nicht gehindert, innerhalb der Berufungsfrist erneut Berufung einzulegen.

20 **III. Inhalt.** Der notwendige Inhalt der Berufungsschrift folgt aus § 519 II ZPO iVm § 64 VI 1. Danach ist die **vollständige und eindeutige Bezeichnung** des anzufechtenden Urt sowie des Rechtsmittelführers erforderlich. Dies setzt die Angaben der Parteien, des Gerichts, das das anzufechtende Urt erlassen hat, des Verkündungstermins und des Aktenzeichens dieses Urt voraus. Darüber hinaus ist auch die Angabe erforderlich, für und gegen welche Partei die Berufung eingelegt wird. Liegen diese Angaben vor, ist die Verwendung der Begriffe »Revision«, »Beschwerde« oder »Widerspruch« unschädlich, sofern nur deutlich wird, dass die Partei eine Prüfung ihres Antrages, den das erstinstanzliche Gericht abgewiesen hat, **durch das Berufungsgericht** will. Es reicht aus, wenn sich diese Angaben einer entspr § 519 III ZPO der Berufungsschrift beigefügten **Abschrift** des angefochtenen Urt entnehmen lassen oder wenn sich vor Ablauf der Berufungsfrist aus den beigezogenen **Prozessakten** für das Berufungsgericht zweifelsfrei ergibt, welches Urt von wem angegriffen wird (BGH 6.12.2006, IV ZB 20/06, NJW-RR 2007, 935). Dabei sind bei Berufungen beider Parteien auch Erkenntnisse aus dem einer **anderen Kammer** des Gerichts zugeteilten Berufungsverfahren der anderen Partei zu berücksichtigen (BGH 9.4.2008, VIII ZB 58/06, NJW-RR 2008, 1161; instruktiv BVerfG 26.11.1985, 2 BvR 851/84, BVerfGE 71, 202).

21 Der GS des BAG hat auf Vorlage am 16.9.1986 erkannt, die Rechtsmittelschrift sei im arbeitsgerichtlichen Verfahren auch dann ordnungsgem, wenn sie nicht die ladungsfähige Anschrift des Rechtsmittelbekl oder seines Prozessbevollmächtigten enthalte (BAG GS 16.9.1986, GS 1/82, EzA § 518 ZPO Nr 31).

22 **C. Berufungsbegründung. I. Fristverlängerung.** Die Verlängerung der Berufungsbegrfrist ist nach I 5 **nur einmal** zulässig. Auch mit Einverständnis des Gegners darf – anders als nach § 520 II 2 ZPO – keine mehrfache Verlängerung erfolgen. Das gilt auch dann, wenn der Gegner der mehrfachen Verlängerung zugestimmt hat (BAG 7.11.2012, 7 AZR 314/12, NJW 2013, 1467). Der Antrag auf Verlängerung muss **vor** Fristablauf eingehen und kann dann noch **nach** Fristablauf wirksam beschieden werden. Erfolgt die **Fristverlängerung** dagegen auf einen erst **nach Fristablauf eingegangenen Antrag**, ist dies **unwirksam**. Der Verlängerungsbeschl kann die schon eingetretene Rechtskraft nicht aufheben (BAG 13.9.1995, 2 AZR 995/94; BGH 20.10.2009, VIII ZB 97/08, NJW-RR 2010, 998). Der Antrag unterliegt dem Vertretungszwang, dh, er muss von einem in § 11 IV genannten Vertreter gestellt und **eigenhändig unterschrieben** sein. Die Unterzeichnung durch einen Unterbevollmächtigten, der beim Rechtsmittelgericht postulationsfähig ist, reicht aus (BAG 22.5.1990, 3 AZR 55/90, EzA § 519 ZPO Nr 6). Verlängert das Gericht die Frist auf einen **formunwirksam**, etwa telefonisch, gestellten Antrag, ist dies wirksam (BGH 23.1.1985, VIII ZB 18/84, NJW 1985, 1558).

23 **Erhebliche Gründe** iSd I 4 für die Verlängerung der Berufungsbegrfrist können sein: Erkrankung oder Urlaub des Prozessbevollmächtigten und keine oder keine zumutbare Vertretung; Umfang und Schwierigkeit des

Prozessstoffes; berufliche Überlastung bzw **besonders starke Arbeitsbelastung** (BAG 20.10.2004, 5 AZB 37/04, EzA § 66 ArbGG 1979 Nr 37; BVerfG 28.2.1989, 1 BvR 649/88, NJW 1989, 1147); Urlaub oder Abwesenheit des Mandanten und daraus folgende Informationsschwierigkeiten. Der Anwalt kann regelmäßig **erwarten**, dass seinem **Antrag** auf Verlängerung **entsprochen** wird, wenn er einen dieser anerkannten Gründe vorträgt. Eine **Glaubhaftmachung** ist nicht erforderlich. Eine gerichtliche Praxis, die generell die im Verlängerungsgesuch vorgetragenen Gründe dieser Vorschrift ohne Glaubhaftmachung für nicht ausreichend hält, bewegt sich nicht mehr iR zulässiger, am Einzelfall orientierter Ermessensausübung. Auf eine solche Praxis braucht sich der Anwalt nicht einzustellen. Dies hindert das LAG nicht, im **Einzelfall** eine Substantiierung und Glaubhaftmachung der behaupteten erheblichen Gründe zu verlangen, wenn Anhaltspunkte dafür vorliegen, dass sie nicht zutreffen (BAG 20.10.2004, 5 AZB 37/04, EzA § 66 ArbGG 1979 Nr 37; 4.2.1994, 8 AZB 16/93, EzA § 66 ArbGG 1979 Nr 17; BGH 11.7.1985, VersR 1985, 972). Etwas anderes gilt allenfalls dann, wenn dem Anwalt eine von dieser höchstrichterlichen Rspr abweichende, **restriktivere Praxis** der zuständigen Kammer des LAG **bekannt** ist (BAG 27.9.1994, 2 AZB 18/94, EzA § 66 ArbGG 1979 Nr 18).

Der Verlängerungsbeschl muss vom Vorsitzenden **unterzeichnet** werden (§ 329 I 2, 317 II 1 ZPO, BAG 19.7.2011 - 3 AZR 571/09, AP BetrAVG § 2 Nr 64). Er muss nicht förmlich zugestellt werden. Eine nur **telefonisch** durch den Vorsitzenden erfolgte Fristverlängerung soll, auch wenn sie nicht schriftlich fixiert worden ist, aus Gründen des Vertrauensschutzes wirksam sein (BGH 23.1.1985, VIII ZB 18/84, NJW 1985, 1558). Vertrauensschutz besteht in solchen Fällen aber allenfalls dann, wenn eine **schon erlassene richterliche Entsch durch den Richter selbst** mitgeteilt wird. Eine Auskunft der Geschäftsstelle über eine erfolgte Fristverlängerung kann ebenso wie die Auskunft »einer Fristverlängerung steht nichts im Raum« keinen Vertrauensschutz begründen (BGH 15.10.2003, VIII ZB 39/03, BGHReport 2004, 270). Wird die Frist vom Gericht versehentlich um einen **längeren** als den beantragten **Zeitraum verlängert** oder wird dem Anwalt eine beglaubigte **Abschrift** mit einem vom richterlichen Beschl abweichenden, **längeren Frist** übersandt, ist diese längere Frist maßgeblich. Der Anwalt darf sich auf den objektiven Inhalt der Mitteilung des Gerichts verlassen, es sei denn, die Unrichtigkeit ist offensichtlich (BAG 4.8.1961, 2 AZR 482/60, NJW 1962, 125; BGH 21.1.1999, V ZR 31/98, NJW 1999, 1036). Dementspr darf die Partei, der eine Fristverlängerung zugestellt wird, darauf **vertrauen**, dass die Verlängerung wirksam erfolgt ist. Das gilt auch dann, wenn der Vorsitzende den ihm vorgelegten **Entwurf** des Verlängerungsbeschl **nicht unterzeichnet** hat (BAG 19.7.2011, 3 AZR 571/09, AP BetrAVG § 2 Nr 64). 24

Die Zurückweisung des Antrags auf Fristverlängerung ist unanfechtbar, § 225 III ZPO. Die Wirksamkeit dieses Beschl unterliegt deshalb keiner Beurteilung durch das Revisionsgericht (BGH 30.9.1987, IVb ZR 86/86, NJW 1988, 268). 25

Läuft die Berufungsbegrfrist an einem Sonn- oder Feiertag ab, beginnt der verlängerte Teil der Frist erst mit dem Ablauf des nächsten Werktages, das Ende der Frist »springt« also. Endet die Frist zB am So, 24.12., und wird um einen Monat verlängert, beginnt die Verlängerung wegen der Weihnachtsfeiertage erst am Mi, 27.12., und läuft am 27.1. ab. Weil dieser Tag ein Samstag ist, endet die Frist erst am Montag, 29.1. (BGH seit 1.6.1956, V ZB 8/56, NJW 1956, 1278; 10.3.2009, VII ZB 87/08, NJW-RR 2010, 211). Eine Verlängerung um **weniger als 1 Monat** ist aber möglich, sofern der Zeitraum der Verlängerung unter Berücksichtigung des Antragsbegr noch angemessen ist (BAG 20.10.2004, 5 AZB 37/04, EzA § 66 ArbGG 1979 Nr 37). So kann einer unangemessenen Begünstigung einer Partei durch kalendarische Zufälle entgegengewirkt werden. Auch eine Verlängerung um **mehr als 1 Monat** ist zulässig, weil der Gesetzgeber für die Verlängerung der Berufungsbegrfrist – anders als für die Verlängerung der Revisionsbegrfrist in § 74 I 3 (s dazu § 74 Rdn 2) – **keine Höchstfrist** vorgesehen hat (BAG 16.7.2008, 7 ABR 13/07, EzA § 78a BetrVG 2001 Nr 4). 26

II. Form.   S dazu Rdn 12 ff   26.1

III. Inhalt.   Die Berufungsbegr ist das Kernstück des Berufungsverfahrens. Sie steckt den Rahmen ab, in dem der Berufungskl eine Überprüfung des angefochtenen Urt beantragt. Darüber hinaus dient sie iVm § 67 der Konzentration des Verfahrens. Die Berufungsbegr muss die Erklärung enthalten, inwieweit das Urt angefochten wird und welche Abänderung des Urt beantragt werden (**Berufungsanträge**). Die wohl unausrottbare Antragstellung, »unter Aufhebung des erstinstanzlichen Urt nach den Schlussanträgen 1. Instanz zu erkennen«, entspricht nicht den gesetzlichen Anforderungen. Nach § 64 VI iVm § 520 III 2 Nr 1 ZPO ist die Erklärung erforderlich, inwieweit das Urt angefochten wird und welche Abänderungen des Urt beantragt werden. Der Berufungsantrag bestimmt die Grenzen der erneuten Verh des Rechtsstreits. Er macht typischerweise die geltend gemachte Beschwer deutlich. Aus der genannten Antragstellung ist das jedenfalls dann nicht ersichtlich, wenn die Klage teils als unbegründet, teils als unzulässig abgewiesen wird 27

(LAG Hamm 25.10.2005, 4 Sa 1163/04). Nicht notwendig ist es allerdings, dass der Berufungskl einen bes formulierten, vom übrigen Text der Begrschrift abgehobenen Antrag stellt. Es reicht aus, dass aus dem Inhalt der Berufungsbegr ersichtlich ist, in welchem Umfang und mit welchem Ziel das Urt angefochten werden soll (BAG 21.7.2005, 6 AZR 592/04, EzA § 125 InsO Nr 2).

28 **Zweck** des § 520 ZPO ist es, die Beurteilung des Streitfalls durch den Erstrichter zu überprüfen und den Rechtsstreit für die Berufungsinstanz durch eine Zusammenfassung und Beschränkung des Rechtsstoffs ausreichend vorzubereiten. Ausgehend von diesem Zweck genügt die **Berufungsbegr** den Anforderungen des § 64 VI ArbGG iVm. § 520 III 2 Nr 2 bis 4 ZPO nur dann, wenn sie erkennen lässt, in welchen Punkten tatsächlicher oder rechtlicher Art das angefochtene Urt nach Ansicht des Berufungskl unrichtig ist und auf welchen Gründen diese Ansicht im Einzelnen beruht. Eine schlüssige, rechtlich haltbare Begr kann zwar nicht verlangt werden, doch muss die **Berufungsbegr auf den** zur Entsch stehenden **Fall zugeschnitten** sein und sich mit den rechtlichen oder tatsächlichen Argumenten des angefochtenen Urt befassen, wenn sie diese bekämpfen will. Für die erforderliche Auseinandersetzung mit den Urtgründen der angefochtenen Entsch reicht es nicht aus, die tatsächliche oder rechtliche Würdigung durch das ArbG mit **formelhaften Wendungen** zu rügen und lediglich auf das erstinstanzliche Vorbringen zu verweisen oder dieses zu wiederholen. Ebenso wenig kann der bloße **Hinweis auf die Entsch eines anderen Gerichts**, die zu dem vom Berufungsführer mit der Berufung angestrebten Ergebnis gekommen ist, eine eigene Auseinandersetzung des Berufungsführers mit der angefochtenen Entsch ersetzen. Das gilt auch, wenn pauschal auf eine **frühere Entsch der** für die Entsch zuständigen **Kammer** des LAG **Bezug genommen** wird. In derartigen Fällen ist kein Hinweis des LAG nach § 139 ZPO geboten. Das Gericht würde durch einen derartigen Hinweis die gebotene **Äquidistanz** aufgeben (BAG 19.10.2010, 6 AZR 118/10, EzA § 520 ZPO 2002 Nr 8). Die allg Wendung, das Berufungsgericht möge die Rechtsauffassung des ArbG überprüfen oder es werde gerügt, das materielle Recht sei verletzt, reicht darum für eine zulässige Begr nicht aus. Die Beanstandung **tatsächlicher Feststellungen** ist ebenfalls konkret zu bezeichnen, und zwar unter Berücksichtigung des § 520 III Nr 3 ZPO, damit das Berufungsgericht erkennen kann, was genau im Einzelfall beanstandet wird. Allerdings kann vom Berufungskl **nicht mehr** an Begr **verlangt** werden **als vom Gericht selbst aufgewendet** (BAG 15.4.2008, 1 AZR 65/07, EzA § 87 BetrVG 2001 Betriebliche Lohngestaltung Nr 15). Schweigt das angegriffene Urt zu den Gründen einer teilweisen Klageabweisung, ergibt sich also die Abweisung nur aus dem Tenor, kann eine Auseinandersetzung damit nicht erfolgen und ist damit zur Zulässigkeit der Berufung nicht erforderlich. Die Nichtbeachtung der Vorgaben des § 520 III ZPO führt zur Verwerfung der Berufung.

29 Wird allerdings die Berufung ausschließlich auf **neue Angriffs- oder Verteidigungsmittel** gestützt, ist eine **Auseinandersetzung** mit den Gründen des angefochtenen Urt **entbehrlich**, wenn bereits die neuen Angriffe geeignet sind, das angegriffene Urt infrage zu stellen (BAG 19.10.2010, 6 AZR 118/10, EzA § 520 ZPO 2002 Nr 8).

30 Wird im angefochtenen Urt über mehrere Ansprüche entschieden und wird das Urt **insgesamt** angefochten, muss sich die Berufungsbegr mit allen Teilen des Urt befassen. Geschieht dies nicht, so ist die Berufung **insoweit** unzulässig (BAG 16.3.2004, 9 AZR 323/03, EzA § 8 TzBfG Nr 8). Eine gesonderte Auseinandersetzung mit jedem einzelnen Streitgegenstand ist nur entbehrlich, wenn die Begründetheit des einen Anspruchs denknotwendig von der des anderen abhängt (zB erfolglose Kdgschutzklage und Klage auf Verzugslohn; erfolglose Kdgschutzklage und Weiterbeschäftigungsanspruch). Dann genügt die ausreichende Auseinandersetzung mit der »Hauptbegr« für die Zulässigkeit der Berufung insgesamt. Das gilt auch, wenn die geltend gemachten Ansprüche zwar rechtlich selbstständig sind, das LAG sie aber als voneinander abhängig angesehen hat. Vom Rechtsmittelführer kann nicht mehr Begr verlangt werden als vom Gericht aufgewendet (BAG 16.3.2004, 9 AZR 323/03, EzA § 8 TzBfG Nr 8).

31 Hat das erstinstanzliche Gericht seine Entsch auf **mehrere**, voneinander unabhängige, das Urt **selbstständig tragende rechtliche Erwägungen** gestützt, muss die Berufungsbegr das Urt in allen diesen Punkten angreifen. Es ist deshalb für jede der mehreren, rechtlich selbstständig tragenden Erwägungen darzulegen, warum sie nach Auffassung des Berufungsführers die Entsch nicht rechtfertigt. Andernfalls ist das Rechtsmittel **insgesamt** unzulässig. **Selbstständig tragend** ist eine Begr, wenn sich die Klageabweisung aus jedem der angeführten rechtlichen Gesichtspunkte allein ergibt und jede der Begr für sich allein genommen hinweggedacht werden kann, ohne dass sich das Ergebnis der rechtlichen Würdigung des ArbG ändern würde (BAG 19.10.2010, 6 AZR 118/10, EzA § 520 ZPO 2002 Nr 8).

32 **Neue Tatsachen, Beweismittel und Beweiseinreden**, die die Partei zur Rechtfertigung ihrer Berufung anführen will, müssen in der Berufungsbegr enthalten sein (§ 67 IV iVm § 520 III Nr 4 ZPO). Einzelheiten zur **Präklusion** s § 67.

D. Berufungserwiderung. Im Gegensatz zu § 521 II 1 ZPO sieht das ArbGG in § 66 I 3 **zwingend** vor, 33 dass die Berufung innerhalb einer Frist von **1 Monat** nach Zustellung der Berufung beantwortet werden muss. Zu den Auswirkungen dieser Abweichung von der ZPO für die Anschlussberufung s § 64 Rdn 17). Mit der Zustellung der Berufungsbegr ist der Berufungsbekl nach I 4 auf die Frist für die Berufungsbeantwortung hinzuweisen. Zu den Anforderungen an diesen Hinweis s § 64 Rdn 17. Die Berufungserwiderung muss vom postulationsfähigen Prozessbevollmächtigten wie die Berufungsbegrschrift eigenhändig unterschrieben werden.

Die Frist zur Berufungsbeantwortung kann auf Antrag vom Vorsitzenden einmal verlängert werden. Es 34 gelten die Voraussetzungen, die für die **Verlängerung** der Berufungsbegrfrist dargelegt worden sind (oben Rdn 22 ff).

Rechtsfolgen, die sich an die **Versäumung der Berufungsbeantwortungsfrist** knüpfen, sind im Gesetz nicht 35 enthalten. Für neues Vorbringen gilt § 67 IV. Fehlt der Hinweis auf die Berufungsbeantwortungsfrist, ist eine Zurückweisung des Vorbringens nicht möglich. Im einstweiligen Verfügungsverfahren ist die Berufungsbeantwortungsfrist des § 66 I nicht anwendbar (s.o. Rdn 2).

Die in 1. Instanz obsiegende Partei muss in der Berufungserwiderung ihre rechtlichen Argumente nicht wie- 36 derholen oder gar vertiefen. Auch eine Bezugnahme auf ihr erstinstanzliches Vorbringen ist nicht erforderlich. Sie darf sich auf die **Verteidigung des erstinstanzlichen Urt beschränken** (BVerfG 23.6.1999, 2 BvR 762/98, NJW 2000, 131; BGH 2.7.1986, IVb ZR 37/85, FamRZ 1986, 1085).

E. Terminierung. Die Bestimmung des Termins durch den Vorsitzenden hat nach II 1 unverzüglich zu 37 erfolgen. Maßgebend ist der Eingang der Berufungsbegr, nicht der der Berufungsbeantwortung. Insoweit ist auch das durch Art 19 GG gewährleistete Recht auf wirkungsvollen Rechtsschutz (dazu Art 19 GG Rdn 17) zu beachten. Verstöße gegen II 1 sind nunmehr nach § 198 GVG sanktioniert.

F. Verwerfung der Berufung. Die Verwerfung der Berufung nach § 522 I 2 und 3 ZPO »ergeht« nach 38 § 66 II 2 Halbs 2 durch **Beschl** des Vorsitzenden **ohne mündliche Verh**. Ungeachtet dieses Wortlauts, der auf eine zwingende Bestimmung schließen ließe, ist auch die Entsch durch Urt nach mündlicher Verh zulässig. Das weitere Verfahren richtet sich dann nach den für Urte geltenden Regeln. Die Revision kann zugelassen werden (BAG 7.11.2012, 7 AZR 314/12, NJW 2013, 1467). Die Verwerfung der Berufung wegen **Versäumung der Berufungsfrist** hat keinen Einfluss auf den Lauf der **Begrfrist** (s Rdn 9). Der Beschl ergeht durch den Vorsitzenden allein (§ 66 II 2 Hs 2). Diese Befugnis zur **Alleinentsch** durch den Vorsitzenden umfasst auch die Versagung der **Wiedereinsetzung** gegen die Versäumung der Fristen zur Einlegung und Begr der Berufung (BAG 5.10.2010, 5 AZB 10/10, EzA § 66 ArbGG 1979 Nr 44). Vor Erlass des Verwerfungsbeschl ist der Berufungskl **zu hören** (BAG 15.8.1989, 8 AZR 557/88, EzA § 233 ZPO Nr 11). Das Verfahren nach § 522 II ZPO, das das Berufungsgericht von unnötigen mündlichen Verh entlasten soll (dazu *Schellenberg* MDR 2005, 610 ff), ist im arbeitsgerichtlichen Verfahren nicht vorgesehen, II 3. Der Verwerfungsbeschl entfaltet **Bindungswirkung** entspr § 318 ZPO. Einer **neuen Berufung** steht die Bindungswirkung des Verwerfungsbeschl gegen die 1. Berufung entgegen, wenn sie sich auf denselben Sachverhalt bezieht, der bereits Gegenstand der Verwerfungsentsch war. Deshalb kann nach Verwerfung wegen Versäumung der Berufungsfrist mit der erneuten Berufung nicht geltend gemacht werden, dieselbe Frist habe nicht zu laufen begonnen. Dagegen ist nach Verwerfung wegen Versäumung der Berufungsbegrfrist eine erneute Berufung zulässig, wenn mit ihr geltend gemacht wird, die Berufungsfrist habe noch nicht zu laufen begonnen (BAG 21.8.2003, 8 AZR 444/02, EzA § 522 ZPO 2002 Nr 1).

Eine Verwerfung der Berufung als unzulässig kommt nicht in Betracht, wenn im Zeitpunkt der Entsch eine 39 weitere Berufung derselben Partei vorliegt, die sich gegen dasselbe Urt richtet. Das Gericht hat dann eine einheitliche Entsch zu treffen (BAG 12.11.1976, 5 AZR 261/76, EzA § 519b ZPO Nr 3). Eine Verwerfung ist ferner unzulässig, wenn zuvor nicht über einen vorliegenden Antrag auf Verlängerung der Berufungsbegrfrist entschieden wurde (BGH 5.4.2001, VII ZB 37/00, MDR 2001, 951).

G. Berufungsrücknahme. Die Berufungsrücknahme muss **eindeutig** erklärt werden, der Rechtsmittel- 40 führer muss klar und unzweideutig zum Ausdruck bringen, dass er das Verfahren nicht mehr fortsetzen und ohne Entsch des Rechtsmittelgerichts beenden will (BGH 15.3.2006, IV ZB 38/05, NJW-RR 2006, 862). Legen 2 **Prozessbevollmächtigte** unabhängig voneinander Berufung ein und nimmt einer von ihnen »die Berufung« ohne weitere Beschränkung zurück, also ohne deutlich zu machen, dass sich die Rücknahme nur auf seine Berufung bezieht, bewirkt dies regelmäßig den Verlust des Rechtsmittels insgesamt. Gehen Rücknahmeerklärung des einen und Berufungsbegrschrift des anderen Bevollmächtigten **zeitgleich** beim Berufungsgericht ein, sind diese einander widersprechenden Erklärungen allerdings wirkungslos, das

Rechtsmittel bleibt anhängig (BAG 18.11.2009, 5 AZR 41/09, EzA § 66 ArbGG 1979 Nr 43). Die Berufung kann gem § 516 ZPO **bis zum** Beginn der Verkündung des Berufungsurt, also nur bis **zum Beginn der Verlesung der Urtformel**, zurückgenommen werden (BGH 30.6.2011, III ZB 24/11, NJW 2011, 2662; vgl für das Revisionsverfahren BAG 12.12.2012, 4 AZR 171/11), **mit Einwilligung des Gegners** auch nach Verkündung des Berufungsurt **bis zum Eintritt der Rechtskraft** (BAG 20.12.2007, 9 AZR 1040/06, EzA § 91a ZPO 2002 Nr 4). Unter diesen Voraussetzungen kann die Rücknahme auch noch in der **Revisionsinstanz** erfolgen, weil bis zur Verkündung des Revisionsurt keine Rechtskraft eintritt. Stellt der Gegner Kostenantrag, liegt darin die konkludente Zustimmung. Die Berufung kann auch nach **Verkündung eines Versäumnisurt** noch zurückgenommen werden, wenn Einspruch eingelegt ist, weil dieser das Versäumnisurt suspendiert und den Parteien die Gelegenheit zu Verfügungen über den Streitgegenstand zurückgibt (BGH 30.3.2006, III ZB 123/05, NJW 2006, 2124). Die Rücknahme der Berufung führt zum Eintritt der **Rechtskraft**. Wird die Berufung nach Ablauf der Rechtsmittelfrist zurückgenommen, tritt die Rechtskraft nicht rückwirkend, sondern **mit dem Zeitpunkt der Rücknahme** ein (BGH 25.9.2007, X ZR 60/06, NJW 2008, 373).

41 Eine »Flucht in die Rücknahme der Berufung« durch den AG nach Erörterung der Sach- und Rechtslage, um dem erstmals in der Berufungsinstanz angekündigten Auflösungsantrag des AN nach §§ 9, 10 KSchG zu entgehen, ist möglich (BAG 8.4.2008, 2 AZR 720/06, NZA 2008, 1258).

42 Die Rücknahme der Berufung hat nach § 516 III 1 ZPO die Verpflichtung zur Folge, die durch das Rechtsmittel entstandenen **Kosten** zu tragen. Dazu gehören auch die Kosten der dadurch wirkungslos gewordenen (§ 524 IV ZPO) **Anschlussberufung**. Die Kosten von Berufung und Anschließung sind dagegen nach § 92 I ZPO zu **quoteln**: bei der Anschließung an eine von vornherein unzulässige Berufung (BGH 26.1.2005, XII ZB 163/04, NJW-RR 2005, 727), bei der Weiterverfolgung der wirkungslos gewordenen und deshalb als unzulässig zu verwerfenden Anschlussberufung (BAG 3.4.2008, 2 AZR 720/06, NZA 2008, 1258) und schließlich bei von vornherein unzulässiger, zurückgenommener oder unbegründeter Anschlussberufung (BGH 26.1.2005, XII ZB 163/04, NJW-RR 2005, 727). Wird die Berufung erst in der **Revisionsinstanz** zurückgenommen, sind dem Berufungskl sowohl die Kosten der Berufung als auch der Revision aufzuerlegen, § 516 III 1 ZPO. Das gilt auch dann, wenn er in der Berufung obsiegt hat. Ob die Revision des Berufungsbekl Erfolg gehabt hätte, spielt keine Rolle. Der Berufungskl hat sich durch die Rücknahme der Berufung freiwillig in die Rolle des Unterlegenen begeben (BAG 20.12.2007, 9 AZR 1040/06, EzA § 91a ZPO 2002 Nr 4).

43 Hat eine Partei ein Rechtsmittel, das vor Zustellung des Urt eingelegt worden war, in der erkennbaren Absicht zurückgenommen, es nach Zustellung des Urt erneut einzulegen, so hat das Gericht nicht nach § 516 III ZPO über die Kosten der Zurücknahme zu entscheiden, da eine einheitliche Entsch geboten ist (BAG 12.11.1976, 5 AZR 261/76, EzA § 519b ZPO Nr 3).

§ 67 Zulassung neuer Angriffs- und Verteidigungsmittel

(1) Angriffs- und Verteidigungsmittel, die im ersten Rechtszug zu Recht zurückgewiesen worden sind, bleiben ausgeschlossen.
(2) ¹Neue Angriffs- und Verteidigungsmittel, die im ersten Rechtszug entgegen einer hierfür nach § 56 Abs. 1 Satz 2 Nr 1 oder § 61a Abs. 3 oder 4 gesetzten Frist nicht vorgebracht worden sind, sind nur zuzulassen, wenn nach der freien Überzeugung des Landesarbeitsgerichts ihre Zulassung die Erledigung des Rechtsstreits nicht verzögern würde oder wenn die Partei die Verspätung genügend entschuldigt. ²Der Entschuldigungsgrund ist auf Verlangen des Landesarbeitsgerichts glaubhaft zu machen.
(3) Neue Angriffs- und Verteidigungsmittel, die im ersten Rechtszug entgegen § 282 Abs. 1 der Zivilprozessordnung nicht rechtzeitig vorgebracht oder entgegen § 282 Abs. 2 der Zivilprozessordnung nicht rechtzeitig mitgeteilt worden sind, sind nur zuzulassen, wenn ihre Zulassung nach der freien Überzeugung des Landesarbeitsgerichts die Erledigung des Rechtsstreits nicht verzögern würde oder wenn die Partei das Vorbringen im ersten Rechtszug nicht aus grober Nachlässigkeit unterlassen hatte.
(4) ¹Soweit das Vorbringen neuer Angriffs- und Verteidigungsmittel nach den Absätzen 2 und 3 zulässig ist, sind diese vom Berufungskläger in der Berufungsbegründung, vom Berufungsbeklagten in der Berufungsbeantwortung vorzubringen. ²Werden sie später vorgebracht, sind sie nur zuzulassen, wenn sie nach der Berufungsbegründung oder der Berufungsbeantwortung entstanden sind oder das verspätete Vorbringen nach der freien Überzeugung des Landesarbeitsgerichts die Erledigung des Rechtsstreits nicht verzögern würde oder nicht auf Verschulden der Partei beruht.

Übersicht	Rdn.			Rdn.
A. Allgemeines	1	V.	Vorbringen nach Berufungsbegr bzw -beantwortung	10
B. Fallgruppen des § 67	3	C.	Verzögerung	11
I. Übersicht	3	D.	Überprüfung durch das BAG	14
II. Überprüfung der durch das ArbG erfolgten Zurückweisung	4	E.	Kostensanktion	15
III. Erstmaliges Vorbringen trotz vom ArbG gesetzter Frist	7	F.	Verhältnis der Präklusionsbestimmungen des ArbGG zu § 6 KSchG	16
IV. Verstoß gegen die Prozessförderungspflicht	9			

A. Allgemeines. Das Berufungsverfahren ist Tatsacheninstanz. Die daraus folgende grds Zulässigkeit 1 neuen Vorbringens wird allerdings durch § 67 erheblich eingeschränkt. Das LAG soll an nicht angegriffene erstinstanzliche Feststellungen grds gebunden sein. Das Berufungsverfahren soll sich auf eine Fehlerkontrolle und Fehlerbeseitigung beschränken. § 67 ist **lex specialis** ggü den Präklusionsregelungen der ZPO, insb ggü § 529 ZPO (BAG 25.4.2006, 3 AZR 78/05, EzA BetrAVG § 2 Nr 27) und § 531 II ZPO (BAG 15.2.2005, 9 AZN 892/04, EzA § 72a ArbGG 1979 Nr 98; 25.1.2005, 9 AZR 44/04, EzA § 1 Arbeitnehmer-Entsendegesetz Nr 8). Zu unterscheiden ist zwischen neuen Angriffs- und Verteidigungsmitteln, also neuen, konkretisierten oder geänderten Anträgen einerseits und neuem Vorbringen andererseits. Ein **neuer** oder geänderter **Sachantrag** kann nicht wegen Verspätung zurückgewiesen werden, sondern nur das diesem zugrunde liegende neue Vorbringen (BAG 26.8.2009, 4 AZR 294/08, EzA § 3 TVG Nr 33). **Ob neues Vorbringen** vorliegt oder **nur** der Vortrag 1. Instanz **ergänzt** wird, bestimmt sich nach dem Grad der Konkretisierung des bisherigen Vortrags. Wird ein bereits schlüssiges Vorbringen aus der 1. Instanz durch weitere Tatsachenbehauptungen zusätzlich konkretisiert, verdeutlicht oder erläutert, liegt kein neues Vorbringen vor, wohl aber, wenn ein Vortrag erstmals substantiiert wird (BGH 18.10.2005, VI ZR 270/04, NJW 2006, 152). Hat das ArbG Vorbringen einer Partei **zu Unrecht** als verspätet **zurückgewiesen**, ist es in der Berufungsinstanz zu berücksichtigen. Im umgekehrten Fall kann die höhere Instanz die **von der Vorinstanz unterlassene Zurückweisung** nicht nachholen (BAG 25.10.2012, 2 AZR 845/11, EzA § 125 BGB 2002 Nr 3; BVerfG 26.1.1995, 1 BvR 1068/93, EzA § 67 ArbGG 1979 Nr 6). Unstr oder unstr gewordener Sachvortrag ist stets zu berücksichtigen (BGH 31.1.1980, VII ZR 96/79, NJW 1980, 945).

Präklusionsvorschriften **schneiden** der Partei das **rechtliche Gehör ab** und können materiell-rechtl betrach- 2 tet zu unrichtigen Entsch führen. Sie müssen deshalb **Ausnahmecharakter** haben. Ihre Anwendung durch die Fachgerichte unterliegt einer **strengeren verfgerichtlichen Kontrolle**, als dies üblicherweise bei der Anwendung einfachen Rechts der Fall ist. Art 103 I GG ist verletzt, wenn durch die fehlerhafte Anwendung von Präklusionsvorschriften die verfrechtlich erforderliche Anhörung nicht stattgefunden hat. Der Anspruch auf rechtliches Gehör ist dagegen gewahrt, wenn die betroffene Partei ausreichend Gelegenheit hatte, sich in den ihr wichtigen Punkten zur Sache zu äußern, dies aber aus von ihr zu vertretenden Gründen versäumt hat. Die Gerichte müssen deshalb einer Präklusion **so weit als möglich entgegenwirken**. Sind dem Richter im Interesse einer angemessenen Verfahrensgestaltung **Ermessensbefugnisse** eingeräumt, hat er diese Befugnisse so auszulegen und anzuwenden, dass es nicht zu einer Verkürzung des grundrechtlich gesicherten Anspruchs auf einen effektiven Rechtsschutz kommt. Zudem flankieren die Frage- und Hinweispflichten nach **§ 139 ZPO** und der Grds »**iura novit curia**« die gesetzlichen Präklusionsbestimmungen (BAG 18.1.2012, 6 AZR 407/10, EzA-SD 2012, Nr 7, 3 für § 6 S 2 KSchG).

B. Fallgruppen des § 67. I. Übersicht. Während I ein Vorbringen erfasst, das noch in 1. Instanz erfolgt 3 und vom ArbG zurückgewiesen worden ist, betrifft II ein Vorbringen, das trotz einer vom ArbG dafür gesetzten Frist erstmals in 2. Instanz erfolgt. III sanktioniert Verstöße gegen die allg Prozessförderungspflichten des § 282 ZPO und untersagt unter den dort geregelten Voraussetzungen die Zulassung neuen Vorbringens, das erstmals in 2. Instanz erfolgt, auch wenn keine Fristsetzung durch das ArbG vorliegt.

II. Überprüfung der durch das ArbG erfolgten Zurückweisung. Gem § 67 I **bleiben** Angriffs- und Ver- 4 teidigungsmittel, zB Behauptungen, Bestreiten, Beweisanträge und Einreden, die das ArbG nach §§ 56 II, 61a V ArbGG, § 296 II iVm § 282 ZPO, § 46 II 1 ArbGG oder § 340 III 3 ZPO – der nach § 46 II 1 auch im Versäumnisverfahren vor dem ArbG anzuwenden ist (GK-ArbGG/*Vossen* § 67 Rn 22; instruktiv LAG Köln 27.9.2006, 7 Sa 514/06, NZA-RR 2008, 93) – zu Recht zurückgewiesen hat, in der Berufungsinstanz **ausgeschlossen**. Der wirksame Ausschluss ist endgültig und in der Berufungsinstanz **nicht** mehr **heilbar**.

§ 67 I bezieht sich nicht auf Sachvortrag, der nach Auffassung des ArbG **nicht schlüssig** ist, also, die Rich- 5 tigkeit unterstellt, das Begehren nicht zu rechtfertigen vermag.

§ 67 ArbGG   Zulassung neuer Angriffs- und Verteidigungsmittel

6   Das LAG hat zu **überprüfen**, ob das ArbG die Angriffs- und Verteidigungsmittel zu Recht zurückgewiesen hat, ob also alle Voraussetzungen für die Zurückweisung vorgelegen haben. Es prüft, ob beim ArbG eine Verzögerung des Rechtsstreits eingetreten wäre, ob die Verzögerung durch geeignete Prozessleitung seitens des Gerichts hätte vermieden werden können und ob die Partei die Verspätung ihres Vorbringens genügend entschuldigt hat. Eine schuldlos unterbliebene Entschuldigung der Verspätung kann in der Berufungsbegr nachgeholt werden (GK-ArbGG/*Vossen* § 67 Rn 24). Es darf aber **weder** eine vom ArbG unterlassene Zurückweisung **nachholen** noch die Zurückweisung auf eine **andere** als die vom ArbG angewandte **Vorschrift** stützen (BGH 21.3.2013, VII ZR 58/12, NJW-RR 2013, 655).

7   **III. Erstmaliges Vorbringen trotz vom ArbG gesetzter Frist.** Nach II sind neue Angriffs- und Verteidigungsmittel, die entgegen einer vom ArbG hierfür gesetzten zulässigen Frist nach den §§ 56 I 2 Nr 1 oder § 61a III oder IV erst im Berufungsverfahren vorgebracht werden, nur zuzulassen, wenn nach der freien Überzeugung des LAG ihre Zulassung den Rechtsstreit nicht verzögern würde oder wenn die Partei die Verspätung genügend entschuldigt, wobei der Entschuldigungsgrund auf Verlangen des LAG glaubhaft zu machen ist. Bei II handelt sich um einen Fall der **notwendigen Zurückweisung**. Zum Begriff der **Verzögerung** vgl § 56. Die Entsch erfolgt im Urt des Berufungsgerichts. Der Partei **muss Gelegenheit zur Stellungnahme** gegeben werden, damit sie ggf die Verzögerung **entschuldigen** kann.

8   Bei Zurückweisung neuer Angriffs- und Verteidigungsmittel nach Fristsetzung, § 56 II, § 61a V, hat das LAG auch zu prüfen, ob die **Frist wirksam gesetzt** worden war. Das ArbG muss für eine wirksame Fristsetzung die klärungsbedürftigen Punkte genau bezeichnen (§ 56 I 2 Nr 1). Dafür reicht die formelhafte Auflage »auf das Vorbringen der Gegenseite fristgebunden zu erwidern« nicht (BAG 19.5.1998, 9 AZR 362/97, EzA § 56 ArbGG 1979 Nr 2; zur Belehrung grdl BGH 12.1.1983, IVa ZR 135/81, BGHZ 86, 218). Die Fristsetzung muss vom Vorsitzenden **unterschrieben** sein; eine Paraphierung reicht nicht. Außerdem muss die nach § 56 II erforderliche **Belehrung** erfolgt sein, wofür bei einer **Naturalpartei** die bloße **Wiederholung des Gesetzeswortlauts** wegen der einschneidenden Folgen einer Fristversäumung im allg nicht genügt. Etwas anderes gilt, wenn die Partei selbst Anwalt ist (BAG 19.5.1998, 9 AZR 362/97, EzA § 56 ArbGG 1979 Nr 2). Bei einer **anwaltlich vertretenen Partei** soll es nach einer älteren Entsch des BAG ausreichen, wenn die Belehrung wörtlich oder sinngem den Gesetzeswortlaut wiedergibt (BAG 19.5.1998, 9 AZR 362/97, EzA § 56 ArbGG 1979 Nr 2). Das G macht aber die Rechtsfolgenbelehrung in § 56 II 2 und § 61a VI nicht davon abhängig, ob die betroffene Partei zur Zeit der Fristsetzung anwaltlich vertreten ist (BGH 14.7.1983, VII ZR 328/82, BGHZ 88, 180 für das Erfordernis der Belehrung generell). Eine **Differenzierung** bei den Anforderungen an den Inhalt der Belehrung zwischen anwaltlich vertretenen und Naturalparteien **verbietet sich** damit (Zöller/*Greger* ZPO § 277 Rn 2; *Thomas/Putzo* § 277 Rn 11; offen gelassen von BGH 11.7.1985, I ZR 145/83, NJW 1986, 133). Das BAG hat in einer aktuellen Entsch auf diese Differenzierung nicht mehr abgestellt (BAG 14.3.2013, 8 AZR 153/12, JurionRS 2013, 48150). Für die Wirksamkeit der Belehrung kommt es auf den Zeitpunkt der Fristsetzung an. Unabhängig von dem eben dargestellten Streit mindert jedenfalls die **spätere Bestellung eines Anwalts** also die Anforderungen an die Belehrung nicht (BGH 11.7.1985, I ZR 145/83, NJW 1986, 133).

9   **IV. Verstoß gegen die Prozessförderungspflicht.** Nach III ist die Verletzung der **Prozessförderungspflicht des § 282 ZPO** (vgl § 56 Rdn 7 ff) mit Präklusionssanktionen verbunden, im Gegensatz zu § 296 II ZPO im Berufungsverfahren jedoch in Form einer **notwendigen Zurückweisung**. Nach IV 1 muss das neue Vorbringen grds in der Berufungsbegr oder in der Berufungsbeantwortung vorgebracht werden. **Grobe Nachlässigkeit** liegt vor, wenn eine Prozesspartei ihre Pflicht zur Prozessführung in besonders gravierender Weise vernachlässigt, wenn sie also das unterlässt, was nach dem Stand des Verfahrens jeder Partei hätte als notwendig einleuchten müssen. Dass diese Voraussetzungen erfüllt sind, muss das LAG begründen (vgl BGH 2.9.2013, VII ZR 242/12, JurionRS 2013, 44248). Liegt eine solche Verletzung nicht vor, so ist das Vorbringen auch dann zuzulassen, wenn der Rechtsstreit verzögert wird. Die Nichtzulassung setzt voraus, dass **Verzögerung und grobe Nachlässigkeit der Prozesspartei, kumulativ vorliegen** (BVerfG 22.2.1999, 1 BvR 2486/97, NJW-RR 1999, 1079 für den mit III inhaltsgleichen § 528 II ZPO aF). In der Praxis kann daher neues Vorbringen, das **in der Berufungsbegr oder -beantwortung** erfolgt, **nicht nach III zurückgewiesen** werden. Das Gericht muss ohnehin terminieren und dabei die durch das neue Vorbringen erforderlichen prozessleitenden Maßnahmen treffen. Im Erg wird damit § 520 III Nr 4 ZPO verdrängt.

10   **V. Vorbringen nach Berufungsbegr bzw -beantwortung.** Neuer Sachvortrag **in der Berufungsinstanz** nach II und III muss gem IV 1 in der Berufungsbegr bzw -beantwortung vorgebracht werden. Die Fristen des § 66 sind gesetzliche Ausschlussfristen. Werden sie nicht eingehalten, **muss** das Gericht den neuen Sachvortrag zurückweisen, es sei denn, das verspätete Vorbringen ist nach IV 2 ausnahmsweise zuzulassen.

Ein Fall des entschuldigten neuen Vorbringens liegt etwa vor, wenn erst aufgrund einer Beweisaufnahme die Notwendigkeit eines weiteren Zeugenbeweises erkennbar wird. Wegen der strengen Anforderungen an terminleitende Maßnahmen des Gerichts zur Vermeidung einer Verzögerung und dem Erfordernis, bei neuem Vorbringen im Termin durch Gewährung einer Schriftsatznachlassfrist das Vorliegen einer Verzögerung abzuklären (s dazu Rdn 11 f), kann neues Vorbringen auch dann, wenn kein Entschuldigungsgrund vorliegt, idR nur erfolgreich zurückgewiesen werden, wenn es **unmittelbar vor dem oder im Termin** erfolgt, der **Gegner** sich zu diesem Vorbringen schon **eingelassen hat oder im Termin einlässt** und dadurch eine **Beweisaufnahme erforderlich würde**, ohne dass Zeugen sistiert sind. Wegen der hohen Hürden für eine Zurückweisung ist es umso dringender geboten, vor der Entsch über die Zurückweisung die **Schlüssigkeit des neuen Vortrags** krit zu prüfen.

C. Verzögerung. Eine Verzögerung liegt vor, wenn die Zulassung des verspäteten Sachvortrags zu einer nicht ganz unerheblichen zeitlichen Verschiebung zwingt (BAG 19.5.1998, 9 AZR 362/97, EzA § 56 ArbGG 1979 Nr 2). Wegen des **Ausnahmecharakters** von Präklusionsbestimmungen (s Rdn 2) muss das LAG so weit als möglich durch **terminleitende Maßnahmen** Verzögerungen des Rechtsstreits entgegenwirken. Es muss deshalb die Verspätung eines Parteivorbringens durch **im normalen Geschäftsgang mögliche Anordnungen** ausgleichen. **Eilanordnungen** muss es ebenso wenig treffen wie **unzumutbare Maßnahmen**. Zumutbar sind vorbereitende Maßnahmen, wenn es sich um einfache und klar abgegrenzte Streitpunkte handelt, die sich iR der mündlichen Verh ohne unangemessenen zeitlichen Aufwand klären lassen. Die Ladung einzelner, greifbarer Zeugen binnen **2 Werktagen** muss deshalb nicht veranlasst werden (BGH 13.2.1980, VIII ZR 61/79, NJW 1980, 1102), wohl aber dann, wenn **10 Kalendertage** zwischen Eingang des Schriftsatzes und Termin liegen BAG 2.3.1988, 4 AZR 393/88, EzA § 67 ArbGG 1979 Nr 1). Die vorbereitende Ladung von **8 Zeugen** zu einem umfangreichen Prozessstoff darf als unzumutbar angesehen werden (BGH 18.5.1999, X ZR 105/96, NJW 1999, 3272). Lädt das LAG einen wenige Tage vor dem Termin benannten Zeugen noch und erreicht diesen die Ladung, darf der Beweisantritt **nicht als verspätet** zurückgewiesen werden, wenn der **Zeuge** zum Termin nicht erscheint, sondern sich **wegen Krankheit entschuldigt** (BAG 5.11.2009, 2 AZR 487/08, EzA § 15 nF KSchG Nr 64). 11

Erfolgt neues Vorbringen erstmals **im Termin** des LAG und **nimmt der Gegner dazu nicht sofort Stellung**, kann nicht sofort beurteilt werden, ob eine Verzögerung durch die Berücksichtigung dieses Vorbringens vorliegt. Das LAG muss deshalb zunächst dem Gegner eine **Erklärungsfrist** nach § 283 ZPO einräumen. Das gilt auch dann, wenn die gegnerische Partei **keinen Antrag** auf Bewilligung einer solchen Frist gestellt hat. Erst nach Eingang der Stellungnahme kann beurteilt werden, ob eine Verzögerung überhaupt vorliegt oder ob das neue Vorbringen ohne Verzögerung berücksichtigt werden kann, etwa weil es unstr gestellt wird oder das Vorbringen des Gegners unschlüssig ist. Nimmt sich das LAG durch die fehlende Festsetzung einer Erklärungsfrist selbst die Möglichkeit, die Verzögerung abschließend zu beurteilen, darf es das Vorbringen nicht als verspätet zurückweisen (BAG 2.3.1989, 2 AZR 275/88 EzA § 130 BGB Nr 22; BGH 24.4.1985, VIII ZR 95/94, NJW 1985, 1539). Diese Rspr wird nicht nur oft übersehen, sondern führt im Hinblick auf die erforderliche **Beteiligung der ehrenamtlichen Richter** (vgl allg zu deren Beteiligung bei nicht nachgelassenen Schriftsätzen BAG 18.12.2008, 6 AZN 646/08, EzA § 72a ArbGG 1979 Nr 120; zum dabei einzuhaltenden Verfahren § 72a Rdn 23) zu erheblichen **praktischen Schwierigkeiten**. 12

Eine **Verzögerung liegt** dagegen **vor**, wenn ein **Schriftsatz** erst wenige Tage vor dem Termin eingeht und zu Punkten, die bereits Gegenstand des Verfahrens sind, eine **Stellungnahme** des Gegners erfordert, sodass eine Vertagung bei Berücksichtigung des neuen Vorbringens erforderlich gewesen wäre (BAG 23.6.2005, 2 AZR 193/04, EzA § 102 BetrVG 2001 Nr 12). Eine Verzögerung liegt auch vor, wenn **Vortrag erstmals im Termin** des LAG erfolgt und damit entweder bisher Unstr str wird oder der neue Vortrag vom Gegner noch im Termin str gestellt wird. Dann kann die Verzögerung sofort und abschließend beurteilt werden. Ist wegen des neuen Termins eine **Vertagung**, insb zur Vernehmung nicht präsenter Zeugen erforderlich, ist das Vorbringen verspätet (BAG 2.3.1989, 2 AZR 275/88, EzA § 130 BGB Nr 22; 19.5.1998, 9 AZR 362/97, EzA Nr 2 zu § 56 ArbGG 1979). 13

D. Überprüfung durch das BAG. Das BAG prüft im Revisionsverfahren, ob das LAG das Vorbringen einer Partei zu Recht als verspätet zurückgewiesen hat (vgl zB BAG 23.6.2005, 2 AZR 193/04, EzA § 102 BetrVG 2001 Nr 12, betr Zurückweisung nach § 67 IV 2). Hat das LAG verspätetes Vorbringen zugelassen, obwohl die Voraussetzungen nach IV 2 nicht vorlagen, ist das BAG daran gebunden. Die vom LAG akzeptierte Verzögerung kann nicht rückgängig gemacht werden (BAG 25.10.2012, 2 AZR 845/11, EzA § 125 BGB 2002 Nr 3). Allerdings kann mit Erfolg gerügt werden, das LAG habe entgegen § 67 I Vorbringen berücksichtigt; die zwingende Vorschrift des § 67 I ist in der Revisionsinstanz zu beachten (*Hauck/Helml* § 68 Rn 12). 14

15 **E. Kostensanktion.** Ist das neue Vorbringen zuzulassen, hat die aufgrund des neuen Vorbringens obsiegende Partei gem § 97 II ZPO die Kosten des Berufungsverfahrens zu tragen, wenn ihr Prozesserfolg auf dem neuen Vorbringen beruht. Das gilt auch dann, wenn sie Berufungskl war und wenn nicht sicher feststeht, dass das Rechtsmittel ohne das neue Vorbringen erfolglos gewesen wäre (BGH 2.3.2005, VIII ZR 174/04, NJW-RR 2005, 866). § 97 II ZPO sanktioniert also die **nachlässige Prozessführung.** Diese Sanktion ist **zwingend,** wird aber gleichwohl in der Praxis regelmäßig übersehen.

16 **F. Verhältnis der Präklusionsbestimmungen des ArbGG zu § 6 KSchG.** § 6 KSchG ist eine Präklusionsvorschrift (BAG 18.1.2012, 6 AZR 407/10, ZIP 2012, 1193). Ob **daneben die allg Präklusionsbestimmungen** (§§ 61a V ArbGG, § 282, § 296 II ZPO) **Anwendung** finden, ist streitig (verneinend *Bader* NZA 2004, 65, 69; bejahend *Raab* RdA 2004, 321, 328 f; offengelassen von BAG 20.9.2012, 6 AZR 483/11, EzA § 125 InsO Nr 9). Nach dem Willen des Gesetzgebers **verdrängt § 6 KSchG die allg Präklusionsvorschriften.** § 6 KSchG soll seit dem 1.1.2004 dem »meist nicht rechtskundigen« AN die Möglichkeit eröffnen, auch nach Ablauf der Frist des § 4 KSchG noch andere Unwirksamkeitsgründe in den Prozess einzuführen, auf die er sich zunächst nicht berufen hatte. Andererseits soll sich diese Rügemöglichkeit auf die Zeit bis zum Schluss der mündlichen Verh 1. Instanz beschränken, um dem AG alsbald Klarheit über den Bestand oder die Beendigung des Arbeitsverhältnisses zu verschaffen (BT-Drs 15/1204 S 13). Im Widerstreit der Interessen von AG und AN soll also dem AN uneingeschränkt die Möglichkeit eröffnet werden, neue Unwirksamkeitsgründe bis zum Schluss der mündlichen Verh 1. Instanz nicht nur zu rügen, sondern ggf unter Vertagung auch zum neuen Sachvortrag des AG erzwingen zu können, **letztlich also die Sachentsch hinauszuzögern** Insoweit kommt dem Gebot der materiell richtigen Entsch der Vorrang ggü dem Beschleunigungsgrds zu.

§ 68 Zurückverweisung

Wegen eines Mangels im Verfahren des Arbeitsgerichts ist die Zurückverweisung unzulässig.

Übersicht	Rdn.		Rdn.
A. Grundsatz............................	1	2. Entsch nur über die Zulässigkeit	
B. Beispiele.............................	2	der Klage, § 538 II 1 Nr 3 ZPO......	12
I. Zurückverweisung.................	2	3. Grundurt, § 538 II 1 Nr 4 ZPO......	13
II. Keine Zurückverweisung.........	5	4. Urkunden- und Wechselprozess,	
III. Zurückverweisung nach § 538 ZPO......	10	§ 538 II 1 Nr 5 ZPO...............	14
1. Verwerfung eines Einspruchs durch Urt als unzulässig, § 538 II 1 Nr 2 ZPO...............	11	5. 2. Versäumnisurt, § 538 II 1 Nr 6 ZPO.......................	15

1 **A. Grundsatz.** § 68 soll der Prozessbeschleunigung dienen und schließt deshalb abweichend von § 538 II Nr 1 ZPO grds die Zurückverweisung an das ArbG wegen Verfahrensmängeln aus (BAG 20.2.2014, 2 AZR 864/12, EzA § 68 ArbGG 1979 Nr 4). Im **Beschwerdeverfahren nach § 17a IV GVG** gilt § 68 **entspr.** Der darin zum Ausdruck kommende Grundgedanke schließt im lediglich vorgeschalteten Rechtswegbestimmungsverfahren eine Zurückverweisung aus der Beschwerdeinstanz an das ArbG aus (BAG 17.2.2003, 5 AZB 37/02, EzA § 17a GVG Nr 16). Eine Zurückverweisung ist auch bei **schwersten Verfahrensmängeln** und **Verfahrensverstößen** grds nicht möglich (BAG 20.2.2014, 2 AZR 864/12, EzA § 68 ArbGG 1979 Nr 4). Eine Zurückverweisung kann aber erfolgen, wenn das Verfahren unter einem **Mangel** leidet, der in der Berufungsinstanz **nicht korrigiert** werden kann (BAG 20.2.2014, 2 AZR 248/13 EzA § 4 nF KSchG Nr 95). Außerdem gilt über § 64 VI **§ 538 II 1 Nr 2 bis 6 ZPO** (dazu Rdn 10 ff), sodass unter den dort genannten Voraussetzungen **auf Antrag** einer Partei eine Zurückverweisung erfolgen kann. In diesen Fällen hat das ArbG eine Sachentsch entweder überhaupt nicht, nicht abschließend oder nicht aufgrund str Verh getroffen. Es fehlt deshalb jew an einem abschließenden Sachurt des ArbG. Diese Fälle werden von § 68 ArbGG nicht erfasst (BAG 24.2.1982, 4 AZR 313/80, EzA § 68 ArbGG 1979 Nr 1 für § 538 ZPO aF; bestätigt von BAG 20.2.2014, 2 AZR 864/12, EzA § 68 ArbGG 1979 Nr 4). In den Fällen, in denen § 68 ArbGG nicht greift, kann auch das **BAG** den Rechtsstreit an das ArbG zurückverweisen (BAG 20.2.2014, 2 AZR 248/13 EzA § 4 nF KSchG Nr 95).

2 **B. Beispiele. I. Zurückverweisung.** Die anerkannte Ausnahme iR der **nachträglichen Zulassung der Kdg-Schutzklage,** worüber nur das ArbG entscheiden konnte (vgl 3. Aufl Rn 3), ist mit dem 1.4.2008 entfallen. § 5 IV und V KSchG idF des SGGArbGGÄndG v 26.3.2008 (BGBl I S 444, 448) sehen vor, dass idR das ArbG über den gesamten Rechtsstreit entscheidet, also einschl des Antrags auf nachträgliche

Zulassung durch Urt (§ 60), das der Berufung unterliegt. Nur ausnahmsweise, wenn das ArbG zunächst die Klärung des Antrags auf nachträgliche Zulassung für angebracht hält, entscheidet es vorab über diesen Antrag, indes nicht mehr durch Beschl, sondern durch Zwischenurt, das der Berufung unterliegt.

Erlässt das ArbG ein Urt und stellt es zu, obwohl das **Verfahren** nach § 240 ZPO **unterbrochen** ist, muss 3
das LAG den Rechtsstreit an das ArbG zurückverweisen, damit dadurch der Rechtsstreit wieder in 1. Instanz als unterbrochenes Verfahren anhängig wird (BAG 26.6.2008, 6 AZR 478/07, EzA § 240 ZPO 2002 Nr 4). Gleiches gilt, wenn **keine Sachanträge** gestellt waren (BAG 26.6.2008, 6 AZR 478/07, EzA § 240 ZPO 2002 Nr 4) oder eine in Wahrheit **nicht beklagte Partei** verurteilt worden ist (BAG 20.2.2014, 2 AZR 248/13 EzA § 4 nF KSchG Nr 95).

Verneint das ArbG bei einer **Stufenklage** den Anspruch auf Rechnungslegung und weist die Klage insge- 4
samt ab, kann das LAG den Rechtsstreit an das ArbG zur Entsch über die weiteren Stufen der Klage zurückverweisen. Insoweit ist analog § 538 I Nr 3 ZPO ein Bedürfnis für die Aufhebung und Zurückverweisung anzuerkennen. § 68 steht dem nicht entgegen, weil nicht wegen eines Verfahrensmangels zurückverwiesen wird, sondern weil das Berufungsgericht eine eigene Entsch über die weiteren Stufen der Klage nicht für sachdienlich erachtet (BAG 21.11.2000, 9 AZR 665/99, EzA § 242 BGB Auskunftspflicht Nr 6).

II. **Keine Zurückverweisung.** Bei Verstößen des ArbG gegen die **Hinweispflicht nach §§ 17 S 2 TzBfG,** 5
6 S 2 KSchG hat das LAG selbst zu prüfen, ob die Befristung bzw die Kdg wirksam ist (BAG 4.5.2011, 7 AZR 252/10, EzA KSchG § 6 Nr 3).

Hat das ArbG ein **unzulässiges Teilurt** erlassen, muss das **LAG** das Urt aufheben, den verbliebenen Teil 6
des Rechtsstreits an sich ziehen und **selbst entscheiden.** Darum kann ein Verstoß gegen § 308 I ZPO vom LAG korrigiert werden, indem es den unzulässig geteilten Streitgegenstand wieder zusammenführt (BAG 20.2.2014, 2 AZR 864/12, EzA § 68 ArbGG 1979 Nr 4). Unterlässt es dies, muss das Revisionsgericht auch über den in 1. Instanz anhängig gebliebenen Teil des Rechtsstreits entscheiden (BAG 24.11.2004, 10 AZR 169/04, EzA § 61 ArbGG 1979 Nr 19; 12.8.1993, 6 AZR 553/92, EzA § 301 ZPO Nr 3; aA BAG 4.5.2006, 8 AZR 311/05, NZA 2006, 1428; GK-ArbGG/*Vossen* § 68 Rn 17). Hat das ArbG den Antrag falsch ausgelegt und darum über einen Teil des Streitgegenstands nicht entschieden, gelangt durch die Berufung der gesamte Streitgegenstand in die höhere Instanz, so dass das LAG den Fehler korrigieren kann (BAG 20.2.2014, 2 AZR 864/12, EzA § 68 ArbGG 1979 Nr 4). War das Gericht unrichtig besetzt oder ist das Urt sonst unter **Verstoß gegen Art 101 I 2 GG** zustande gekommen, scheidet eine Zurückverweisung an das ArbG aus (BAG 25.2.1988, 2 AZR 500/87).

Erlässt das ArbG ein Urt nach Lage der Akten, obwohl zuvor nur eine Güteverh stattgefunden hatte 7
und damit nicht wie von § 251a II 1 ZPO verlangt Anträge in einer früheren mündlichen Verh gestellt waren, ist der Rechtsstreit analog § 538 II Nr 2 und 6 ZPO an das ArbG zurückzuverweisen (LAG Hamm 4.3.2011, 18 Sa 907/10 [die zugel Rev ist nicht eingelegt worden]; LAG Brem 25.6.2003, 2 Sa 67/03, LAGE § 68 ArbGG 1979 Nr 6; aA LAG Hess 5.11.2010, 3 Sa 602/10: Wiederholung des Sachantrags in Berufungsinstanz reicht).

Gelangt das Urt des ArbG später als 5 Monate nach der Verkündung unterschrieben auf die Geschäftsstelle, 8
ist die Zurückverweisung unzulässig (BAG 24.4.1996, 5 AZN 970/95, EzA § 68 ArbGG 1979 Nr 2).

Auch wenn das Urt des ArbG **keinen Tatbestand** (BAG 19.1.2011, 3 AZR 111/09, EzA § 64 ArbGG 9
1979 Nr 44) oder **keine Unterschrift** enthält, scheidet eine Zurückverweisung aus (BAG 13.3.2013, 7 AZR 334/11; 19.5.1998, 9 AZR 362/97, EzA § 56 ArbGG 1979 Nr 2), ebenso bei Verstößen gegen die **Protokollierungspflichten** des § 160 II ZPO (BAG, 4.5.2006, 8 AZR 311/05).

III. **Zurückverweisung nach § 538 ZPO.** § 538 ZPO erfasst Konstellationen, in denen das ArbG eine 10
Sachentsch entweder überhaupt nicht, nicht abschließend oder nicht aufgrund str Verh getroffen hat. Es fehlt deshalb jew an einem abschließenden Sachurt des ArbG, so dass eine Zurückverweisung an das ArbG möglich ist.

1. **Verwerfung eines Einspruchs durch Urt als unzulässig, § 538 II 1 Nr 2 ZPO.** Vgl hierzu § 341 ZPO. 11

2. **Entsch nur über die Zulässigkeit der Klage, § 538 II 1 Nr 3 ZPO.** Ein solcher Fall ist zB gegeben, 12
wenn das Feststellungsinteresse verneint worden ist. Auch andere Fälle, in denen es zu keiner Sachentsch gekommen ist, fallen hierunter, zB, wenn das ArbG die Klage mangels Zuständigkeit der dt Gerichte als unzul abgewiesen hat (BAG 8.12.2010, 10 AZR 562/08, EzA ZPO 2002 § 38 Nr 1) oder wenn das ArbG den Fortgang des Verfahrens abgelehnt hat, mit der Begr, ein abgeschlossener Vergleich sei wirksam (vgl BAG 18.7.1969, 2 AZR 498/68, AP ZPO § 794 Nr 17). Hat das ArbG in einem Kdg-Schutzstreit die Eigenschaft des AN als eines leitenden Angestellten verneint und die Kdg ohne Prüfung der Kdg-Gründe allein aus § 102 BetrVG 1972 für unwirksam erklärt, so kann das LAG den Rechtsstreit nicht zur Prüfung

der Kdg-Gründe an das ArbG zurückverweisen, wenn es die Statusfrage anders als das ArbG beurteilt (BAG 4.7.1978, 1 AZR 301/77, EzA § 68 ArbGG Nr 1).

13 **3. Grundurt, § 538 II 1 Nr 4 ZPO.** Diese Bestimmung ist im arbeitsgerichtlichen Verfahren nicht anwendbar, arg § 61 III. Nr 4 ist allerdings bei einer Stufenklage analog (§ 254 ZPO) anwendbar: Das ArbG hatte die Klage insgesamt abgewiesen, während die Berufungsinstanz zur Auskunftserteilung verurteilt (BAG 21.11.2000, 9 AZR 665/99, EzA § 242 BGB Auskunftspflicht Nr 6).

14 **4. Urkunden- und Wechselprozess, § 538 II 1 Nr 5 ZPO.** Diese Bestimmung ist im arbeitsgerichtlichen Verfahren nicht anwendbar, weil vor dem ArbG ein solcher Prozess nicht geführt wird, von fehlerhaften, aber das ArbG bindenden Verweisungen einmal abgesehen.

15 **5. 2. Versäumnisurt, § 538 II 1 Nr 6 ZPO.** Das LAG hebt ein Versäumnisurt auf, gegen das der Einspruch an sich nicht statthaft ist, weil ein Fall der schuldhaften Versäumung nicht vorgelegen hat (§ 64 II lit b) und verweist den Rechtsstreit auf Antrag einer Partei an das ArbG zurück (GK-ArbGG/*Vossen* § 68 Rn 27; Sächs LAG 24.11.2004, 2 Sa 263/04, LAGE § 68 ArbGG 1979 Nr 8; LAG Hamm 5.10.2010, 19 Sa 803/10, JurionRS 2010, 33422 betr Erlass eines 2. Versäumnisurt statt eines weiteren 1. Versäumnisurt). Nr 6 ist entspr anwendbar, wenn durch das ArbG ein Anerkenntnisurt (§ 307 ZPO) trotz fehlenden Anerkenntnisses ergangen ist (Schwab/Weth/*Schwab* § 68 Rn 21).

§ 69 Urteil

(1) ¹Das Urteil nebst Tatbestand und Entscheidungsgründen ist von sämtlichen Mitgliedern der Kammer zu unterschreiben. ²§ 60 Abs. 1 bis 3 und Abs. 4 Satz 2 bis 4 ist entsprechend mit der Maßgabe anzuwenden, dass die Frist nach Absatz 4 Satz 3 vier Wochen beträgt und im Falle des Absatzes 4 Satz 4 Tatbestand und Entscheidungsgründe von sämtlichen Mitgliedern der Kammer zu unterschreiben sind.
(2) Im Urteil kann von der Darstellung des Tatbestandes und, soweit das Berufungsgericht den Gründen der angefochtenen Entscheidung folgt und dies in seinem Urteil feststellt, auch von der Darstellung der Entscheidungsgründe abgesehen werden.
(3) ¹Ist gegen das Urteil die Revision statthaft, so soll der Tatbestand eine gedrängte Darstellung des Sach- und Streitstandes auf der Grundlage der mündlichen Vorträge der Parteien enthalten. ²Eine Bezugnahme auf das angefochtene Urteil sowie auf Schriftsätze, Protokolle und andere Unterlagen ist zulässig, soweit hierdurch die Beurteilung des Parteivorbringens durch das Revisionsgericht nicht wesentlich erschwert wird.
(4) ¹§ 540 Abs. 1 der Zivilprozessordnung findet keine Anwendung. ²§ 313a Abs. 1 Satz 2 der Zivilprozessordnung findet mit der Maßgabe entsprechende Anwendung, dass es keiner Entscheidungsgründe bedarf, wenn die Parteien auf sie verzichtet haben; im Übrigen sind die §§ 313a und 313b der Zivilprozessordnung entsprechend anwendbar.

Übersicht	Rdn.		Rdn.
A. Unterschrift	1	C. Verspätete Absetzung	7
B. Absehen von Tatbestand und Entscheidungsgründen	4		

1 **A. Unterschrift.** In der Berufungsinstanz ist das **vollständig abgefasste Urt** vom Vorsitzenden und von den ehrenamtlichen Richtern zu unterschreiben. Ist ein Richter an der **Unterschriftsleistung verhindert**, so wird dies unter Angabe des Verhinderungsgrundes vom Vorsitzenden unter dem Urt vermerkt (§ 64 VI 1; §§ 525 S 1, 315 I 2 ZPO, zur Anwendbarkeit des § 315 I 2 ZPO s BAG 17.8.1999, 3 AZR 526/97, EzA ArbGG 1979 § 69 Nr 2). Die auf diese Weise wirksam ersetzte Unterschrift erfüllt das Unterschriftserfordernis des § 315 Abs. 1 ZPO. Der Verhinderungsvermerk ist formell ordnungsgemäß, wenn er die Tatsache der Verhinderung und deren Grund angibt, ohne dass dabei detaillierte Angaben erforderlich sind (BAG 24.6.2009, 7 ABN 12/09, EzA ArbGG 1979 § 72b Nr 4). Ist der Vorsitzende verhindert, vermerkt der dienstälteste ehrenamtliche Richter den Verhinderungsgrund und unterzeichnet ihn. Im Rechtsmittelverfahren ist nicht vAw zu prüfen, ob der unter dem Urt vermerkte Verhinderungsgrund auch tatsächlich vorgelegen hat (BGH 18.1.1983, 1 StR 757/82, NJW 1983, 1745). Seit Einfügen des § 72b zum 1.1.2005 kann nicht mehr mit der Verfahrensrüge geltend gemacht werden, der Verhinderungsvermerk beruhe auf willkürlichen oder sachfremden Erwägungen bzw der Rechtsbegriff der Verhinderung sei verkannt. Ein Erfolg dieser Rüge hätte zur Folge, dass das Urt nicht innerhalb von 5 Monaten ordnungsgem unterzeichnet worden ist. Dafür ist § 72b der speziellere Rechtsbehelf (s dort Rdn 6).

Die wichtigsten **Verhinderungsgründe** sind: Vorübergehende **Ortsabwesenheit** eines Richters, insb durch Urlaub, oder **Krankheit**. Das BAG lässt bei einer Verhinderung von mehr als 2 Wochen die Ersetzung der Unterschrift zu (BAG 22.8.2007, 4 AZN 1225/06, EzA ArbGG 1979 § 72b Nr 3), das BVerwG bereits nach 1 Woche (BVerwG 9.7.2008, 6 PB 17.08, NJW 2008, 3450). Voraussetzung ist weiter, dass die Verhinderung über den Zeitpunkt der frühestmöglichen Unterschrift noch **mind 1 weitere Woche andauert** (BAG 24.6.2009, 7 ABN 12/09, NZA-RR 2009, 553; ausf § 72b Rdn 4 f). Weitere Verhinderungsgründe sind die **Versetzung** an ein anderes Gericht (vgl BGH 11.4.1991, IX ZR 207/90), die Versetzung in den **Ruhestand** (BVerwG 1.06.1990, 2 CB 5.90, NJW 1991, 1192) sowie der **Ablauf der Berufungsfrist** für ehrenamtl Richter (GMP/*Germelmann* § 69 Rn 8). **Verweigert** ein ehrenamtl Richter die **Unterschrift**, kann sie ebenfalls ersetzt werden (GMP/*Germelmann* § 69 Rn 8 mwN).

In der Praxis ist es weitgehend üblich, dass auch die **verkündete Urtformel** von den ehrenamtlichen Richtern unterzeichnet wird. Das ist sinnvoll, denn so kann stets der Nachweis erbracht werden, dass das Urt in dieser Form beraten und verkündet worden ist. **Weigert** sich ein ehrenamtlicher Richter, das vollständige Urt zu unterschreiben, zB weil die Begr nicht dem Beratungsergebnis entspricht, muss die Kammer in derselben Besetzung über diese Frage abstimmen. Ein überstimmter Richter darf die Unterschrift nicht verweigern Gegen ehrenamtliche Richter können in solchen Fällen Ordnungsmaßnahmen beschlossen werden (§ 28).

B. Absehen von Tatbestand und Entscheidungsgründen. Von der erneuten Darstellung des Tatbestandes kann nach II abgesehen werden. Das kommt nur in Betracht, wenn der Sachverhalt in erster Instanz vollständig festgestellt ist und in 2. Instanz keine neuen Tatsachen vorgetragen werden, es etwa »nur« um eine Rechtsfrage geht. Auch die erneute Darstellung der Entsch-Gründe ist entbehrlich, wenn das Berufungsgericht den Gründen des ArbG folgt und dies in seinem Urt ausschließlich feststellt. In der Praxis findet sich diese Feststellung, anschließend heißt es etwa, dass im Hinblick auf das Vorbringen in der Berufungsinstanz »lediglich folgende Ergänzungen veranlasst sind«.

Ist gegen das Urt des LAG die **Revision statthaft**, »soll« der **Tatbestand** eine gedrängte Darstellung des Sach- und Streitstandes auf der Grundlage des mündlichen Vorbringens der Parteien enthalten, III 1. Allerdings ist eine Bezugnahme auf das arbeitsgerichtliche Urt, die Schriftsätze, die Protokolle und auf andere Unterlagen möglich, soweit hierdurch die Beurteilung des Parteivorbringens durch das Revisionsgericht nicht wesentlich erschwert wird, III 2 (vgl etwa BAG 17.8.2010, 9 AZR 347/09, EzTöD 100 § 2 TVöD-AT Auswahlverfahren Nr 9 c AT). Diese Verkürzungsmöglichkeit bezieht sich allein auf den Tatbestand. Sie erlaubt es nicht, in den Gründen von einer eigenen Argumentation abzusehen (BAG 11.12.2013, 4 AZR 250/12). Wird die Revision auf eine **Nichtzulassungsbeschwerde** hin zugelassen und wird das Beschwerdeverfahren als Revision fortgesetzt, § 72a VI, so ist das Urt ohne III genügenden Tatbestand vAw aufzuheben und der Rechtsstreit an das LAG zurück zu verweisen (BAG 21.4.1993, 5 AZR 513/92, EzA § 543 ZPO Nr 8). Entspr gilt bei vom LAG zugelassener Revision (BAG 20.8.2009, 2 AZR 165/08, EzA § 626 BGB 2002 Nr 27). Etwas anderes gilt nur dann, wenn anhand der in den Entsch-Gründen enthaltenen Anhaltspunkte zum Sach- und Streitstand die aufgeworfenen Rechtsfragen beurteilt werden können (BAG 21.2.2013, 8 AZR 68/12; vgl BAG 13.5.2014, 1 ABR 51/11, EzA § 69 ArbGG 1979 Nr 7).

§ 540 I ZPO (Inhalt des Berufungsurteils) ist auf das landesarbeitsgerichtliche Urt nicht anwendbar, IV 1. **Entsch-Gründe** können nach Maßgabe des § 313a I 2 ZPO, § 69 IV 2 HS 1 entfallen, wenn die Parteien auf sie **verzichtet** haben. Gem § 313a und § 313b ZPO, auf die § 69 IV 2 HS 2 verweist, ist ein Tatbestand nicht erforderlich, wenn ein Rechtsmittel gegen das Urt unzweifelhaft nicht statthaft ist. Ein **völliges Absehen von** der Darstellung des **Tatbestandes** gem § 69 II, § 313a I 1 ZPO kommt bei Berufungsurteilen wegen der Mögl der Nichtzulassungsbeschwerde nur in Betracht, wenn ein Rechtsmittelverzicht erklärt worden ist. Der Verzicht auf Entsch-Gründe nach § 313a I ZPO oder auf Rechtsmittel nach § 313a II ZPO kann bereits vor Verkündung des Urt erfolgen; er muss spätestens innerhalb 1 Woche nach dem Schluss der mündlichen Verh ggü dem Gericht erklärt sein. Ein Absehen von den Gründen im Hinblick darauf, dass sich die wes Gründe aus dem **Protokoll** ergeben, ist im arbeitsgerichtl Verfahren nicht möglich. Insoweit ist § 313 a I 2 ZPO ausdrückl aus der Verweisung in IV ausgenommen. Tatbestand und Entsch-Gründe entfallen (§ 313b I 1 ZPO), wenn es sich um ein **Versäumnis-, Anerkenntnis- oder Verzichtsurt** handelt, das als solches zu bezeichnen ist, § 313b I 2 ZPO. Die abgekürzte Form ist in § 313b II ZPO geregelt. Versäumnis- oder Anerkenntnisurt, die im Ausland geltend gemacht werden sollen, sind in vollständiger Form abzufassen, § 313b III ZPO.

C. Verspätete Absetzung. Die Frist des § 69 I 2 (Verlängerung auf 4 Wochen wegen der erforderlichen Unterschriften der ehrenamtlichen Richter) ist eine **Sollvorschrift**, auf deren Verletzung grds die Revision nicht mit Erfolg gestützt werden kann (vgl BAG 7.12.1983, 4 AZR 394/81, EzA § 69 ArbGG 1979 Nr 1).

§ 72 ArbGG   Grundsatz

Wird das Urt **später als 5 Monate** nach der Verkündung vollständig abgefasst und von den beteiligten Richtern unterschrieben der Geschäftsstelle übergeben, so kann die Überschreitung der 5-Monatsfrist nur mit dem bes Rechtsbehelf der sog Kassationsbeschwerde (sofortige Beschwerde) des § 72b geltend gemacht werden (s Rdn 1 und § 72b Rdn 6).

§ 72 Grundsatz

(1) ¹Gegen das Endurteil eines Landesarbeitsgerichts findet die Revision an das Bundesarbeitsgericht statt, wenn sie in dem Urteil des Landesarbeitsgerichts oder in dem Beschluss des Bundesarbeitsgerichts nach § 72a Abs. 5 Satz 2 zugelassen worden ist. ²§ 64 Abs. 3a ist entsprechend anzuwenden.
(2) Die Revision ist zuzulassen, wenn
1. eine entscheidungserhebliche Rechtsfrage grundsätzliche Bedeutung hat,
2. das Urteil von einer Entscheidung des Bundesverfassungsgerichts, von einer Entscheidung des Gemeinsamen Senats der obersten Gerichtshöfe des Bundes, von einer Entscheidung des Bundesarbeitsgerichts oder, solange eine Entscheidung des Bundesarbeitsgerichts in der Rechtsfrage nicht ergangen ist, von einer Entscheidung einer anderen Kammer desselben Landesarbeitsgerichts oder eines anderen Landesarbeitsgerichts abweicht und die Entscheidung auf dieser Abweichung beruht oder
3. ein absoluter Revisionsgrund gemäß § 547 Nr. 1 bis 5 der Zivilprozessordnung oder eine entscheidungserhebliche Verletzung des Anspruchs auf rechtliches Gehör geltend gemacht wird und vorliegt.
(3) Das Bundesarbeitsgericht ist an die Zulassung der Revision durch das Landesarbeitsgericht gebunden.
(4) Gegen Urteile, durch die über die Anordnung, Abänderung oder Aufhebung eines Arrests oder einer einstweiligen Verfügung entschieden wird, ist die Revision nicht zulässig.
(5) Für das Verfahren vor dem Bundesarbeitsgericht gelten, soweit dieses Gesetz nichts anderes bestimmt, die Vorschriften der Zivilprozessordnung über die Revision mit Ausnahme des § 566 entsprechend.
(6) Die Vorschriften des § 49 Abs. 1, der §§ 50, 52 und 53, des § 57 Abs. 2, des § 61 Abs. 2 und des § 63 über Ablehnung von Gerichtspersonen, Zustellung, Öffentlichkeit, Befugnisse des Vorsitzenden und der ehrenamtlichen Richter, gütliche Erledigung des Rechtsstreits sowie Inhalt des Urteils und Übersendung von Urteilen in Tarifvertragssachen gelten entsprechend.

Übersicht	Rdn.			Rdn.
A. Allgemeines	1	D.	Keine Revision gegen 2. Versäumnisurteil sowie im Verfahren des einstweiligen Rechtsschutzes	8
B. Zulassung der Revision	3			
C. Zulassungsgründe	7	E.	Anzuwendende Vorschriften	9

1   **A. Allgemeines.** §§ 72 ff regeln das **Revisionsverfahren** des arbeitsgerichtlichen Urtverfahrens. Mit dem Rechtsmittel der Revision werden die Urt der LAG und im Fall der Sprungrevision die Urt der ArbG durch das BAG überprüft. Ist die Revision zulässig und ausreichend begründet, hat das BAG das angefochtene Urt **unter allen rechtlichen Gesichtspunkten** auf seine materielle Richtigkeit und mögliche Rechtsfehler hin zu prüfen. Das gilt auch dann, wenn der geltend gemachte Revisionsgrund nicht vorliegt oder die allein erhobene Verfahrensrüge nicht durchgreift. Das Urt ist also **ohne Bindung an die erhobenen Rügen insgesamt auf seine materielle Richtigkeit** zu überprüfen (BGH 21.6.1999, II ZR 47/98, BGHZ 142, 92). Das BAG ist dabei an **Rechtsansichten,** auch wenn sie zwischen den Parteien nicht »im Streit« stehen und vom LAG übernommen worden sind, nicht gebunden (BAG 18.3.2010, 2 AZR 337/08, EzA § 626 BGB 2002 Unkündbarkeit Nr 17).

2   Die Revision ist nach § 72 I nur statthaft, wenn sie das LAG im Urt oder das BAG nach § 72a V zugelassen hat. Auch gegen 2. Versäumnisurt eines LAG ist die Revision ohne Zulassung nicht statthaft. Obwohl § 72 V auch auf § 565 ZPO verweist, gilt dies selbst dann, wenn der Revisionsführer geltend macht, ein Fall der schuldhaften Versäumung habe nicht vorgelegen (BAG 5.6.2007, 5 AZR 276/07, NZA 2007, 944). Das ArbGG enthält eine eigenständige und abschließende Regelung des Revisionszugangs (BAG 22.4.2004, 2 AZR 314/03, EzA § 72 ArbGG 1979 Nr 32).

3   **B. Zulassung der Revision.** Die Entsch des LAG, ob die Revision zugelassen wird oder nicht, ist in den **Urttenor** aufzunehmen, § 72 I 2 iVm § 64 IIIa 1. Sowohl die positive als auch die negative Entsch über die Zulassung der Revision muss im Tenor des Urt enthalten sein. Ist eine Entsch über die Zulassung der Revision im Tenor unterblieben, können die Parteien binnen 2 Wochen ab Verkündung des Urt eine entspr **Ergänzung** beantragen, §§ 72 I 2, 64 IIIa 2. Über diesen Antrag kann die Kammer ohne mündliche Verh entscheiden, § 64 IIIa 3. An dieser Entsch müssen **dieselben Richter** wie am Urt

selbst mitwirken. Ergeht die Entsch ohne mündliche Verh, ist sie durch Beschl zu treffen, § 53 I 1 (BAG 23.8.2011, 3 AZR 650/09, NZA 2012, 37). Wird ein entspr Ergänzungsantrag nicht oder verspätet gestellt, ist die Revision nicht zugelassen. Es bleibt nur die Möglichkeit der Nichtzulassungsbeschwerde. Enthält der verkündete Tenor eine Entsch über die (Nicht-) Zulassung der Revision, die nicht der intern getroffenen Entsch der Kammer entspricht, wird also der **Tenor falsch niedergelegt und verkündet**, kann der Tenor nach § 319 ZPO berichtigt werden, wenn das Gericht in der mündlichen Verh eindeutig zu erkennen gegeben hat, ob es die Revision zulassen will oder nicht (BAG 10.5.2005, 9 AZR 251/04, EzA § 7 BUrlG Nr 113).

Das BAG ist an die Zulassung der Revision durch das LAG **gebunden** (§ 72 III). Ist das zugelassene 4 Rechtsmittel **von vornherein unstatthaft**, ist die Zulassungsentsch allerdings unverbindlich (BAG 16.12.2004, 9 AZN 969/04, EzA § 72 ArbGG 1979 Nr 33). Es gibt kein Rechtsmittel gegen die Zulassung der Revision.

Die Zulassung der Revision kann ohne jede Einschränkung erfolgen (»Die Revision wird zugelassen«), 5 sodass bei entspr Beschwer (zu diesem Erfordernis s § 64 Rdn 9) beide Parteien Revision einlegen können. Eine **Beschränkung** der Zulassung der Revision kann nur wirksam erfolgen, wenn sie sich auf einen tatsächlich und rechtlich selbstständigen und abtrennbaren Teil des Gesamtstreitstoffes bezieht, über den auch durch Teilurt gesondert entschieden werden könnte. Liegen diese Voraussetzungen nicht vor, ist gegen das Urt insgesamt das Rechtsmittel der Revision eröffnet (BAG 15.1.2015, 5 AZN 798/14, EzA § 72 ArbGG 1979 Nr 48). Unzulässig ist die Beschränkung der Zulassung der Revision auf einzelne von mehreren Anspruchsgrundlagen, auf bestimmte Rechtsfragen oder Elemente des geltend gemachten Anspruchs (BAG 15.1.2015, 5 AZN 798/14, EzA § 72 ArbGG 1979 Nr 48). Die im Tenor ausgesprochene Beschränkung der Zulassung der Revision kann in den Entschgründen nicht wirksam weiter eingeschränkt werden (BAG 5.11.2003, 4 AZR 643/02, EzA § 72 ArbGG 1979 Nr 31). Die Beschränkung der Zulassung kann auch nur **für eine Partei** gelten (vgl BAG 21.10.1982, 2 AZR 628/80, EzA § 1 KSchG Tendenzbetrieb Nr 13). Wird die Revision von dieser Partei eingelegt, kann die andere Partei allerdings **Anschlussrevision** einlegen (§ 554 I ZPO, *Thomas/Putzo* § 554 Rn 3; BAG 16.6.2005, 6 AZR 411/04).

Hat das Berufungsgericht die »Revisionsbeschwerde« gegen ein Urt zugelassen, so ist davon auszugehen, 6 dass es die prozessual zulässige Revision zulassen wollte (BAG 5.12.1984, 5 AZR 354/84, EzA § 72 ArbGG 1979 Nr 6).

C. Zulassungsgründe. Das LAG **hat** die Revision in den in § 72 II geregelten Fällen zuzulassen. Eine 7 Zulassung wegen der Verletzung **rechtlichen Gehörs** durch das **LAG** wird allerdings praktisch ausscheiden. Ist noch kein Urt verkündet, wird das LAG den von ihm erkannten Verstoß gegen das rechtliche Gehör durch Wiedereröffnung der mündlichen Verh beseitigen müssen. Die einzelnen Zulassungsgründe werden im Zusammenhang mit der Begr der Nichtzulassungsbeschwerde näher dargestellt (§ 72a Rdn 9 ff).

D. Keine Revision gegen 2. Versäumnisurteil sowie im Verfahren des einstweiligen Rechtsschutzes. Gegen ein **2. Versäumnisurt** ist die Revision nur bei **Zulassung** durch das LAG oder das BAG (zur Nichtzulassungsbeschwerde gegen ein 2. Versäumnisurteil s § 72a Rdn 4) statthaft. §§ 72, 72a regeln den Zugang zum BAG eigenständig und abschließend. Das gilt auch, wenn gerügt wird, es habe keine Säumnis vorgelegen (BAG 17.3.2016, 6 AZN 1087/15). Demgegenüber ist nach § 565 S 1, § 514 II ZPO im Zivilprozess die Revision statthaft, soweit sie auf fehlende Säumnis gestützt wird (BGH 26.11.2015, VI ZR 488/14, NJW 2016, 642). Eine Rechtsschutzlücke besteht im Arbeitsgerichtsverfahren insoweit nicht, weil die Nichtzulassungsbeschwerde ua auf die bei fehlender Säumnis vorliegende Gehörsverletzung gestützt werden u damit eine Zulassung der Revision erreicht werden kann (BAG 17.3.2016, 6 AZN 1087/15). Im **einstweiligen Verfügungsverfahren** ist keine Revision statthaft, IV. Dies trägt dem provisorischen Charakter und der vorläufigen Bedeutung dieser Verfahrensart Rechnung. Ist bereits die Revision unstatthaft, ist folgerichtig die **Nichtzulassungsbeschwerde** ebenfalls nicht statthaft. Das gilt auch dann, wenn das LAG im Tenor die Revision nicht zugelassen hatte. § 72 I 2 iVm § 64 IIIa 1 gilt nicht im Verfahren ua auf Erlass einer einstweiligen Verfügung (BAG 16.12.2004, 9 AZN 969/04, EzA § 72 ArbGG 1979 Nr 33). Ergeht die Entsch durch das LAG im Verfahren vorläufigen Rechtsschutzes durch Beschl, ist eine Rechtsbeschwerde wegen der Systematik des Revisionsrechts selbst dann nicht statthaft, wenn das LAG sie zugelassen hatte (BAG 22.1.2003, 9 AZB 7/03, EzA § 72 ArbGG 1979 Nr 29).

E. Anzuwendende Vorschriften. Für das Verfahren vor dem BAG gelten, soweit das ArbGG nichts anderes bestimmt, nach § 72 V die Vorschriften der **ZPO** über die Revision mit Ausnahme des § 566 entspr. Anwendbar ist damit auch § 564 ZPO. Das BAG kann darum davon absehen zu begründen, warum es Verfahrensrügen nicht für durchgreifend hält, soweit diese nicht absolute Revisionsgründe betreffen (BAG

§ 72 ArbGG Grundsatz

18.7.2012, 7 AZR 451/11, EzA § 1 AÜG Nr 15; vgl zu den anwendbaren Vorschriften iE die Aufstellung bei GK-ArbGG/*Mikosch* § 72 Rn 63 ff).

9.1 Zu den anwendbaren Vorschriften gehört neben § 564 ZPO (BAG 18.1.2012, 7 AZR 451/11, EzA § 1 AÜG Nr 15) auch **§ 552a ZPO** (ebenso GMP/*Müller-Glöge* § 72 Rn 53 und § 74 Rn 88; GK-ArbGG/*Mikosch* § 72 Rn 66; aA wohl ArbGG/*Düwell* § 75 Rn 2a), der mit dem GG zu vereinbaren ist und insb nicht den Anspruch auf rechtliches Gehör verletzt (BVerfG 17.3.2005, 1 BvR 308/05, NJW 2005, 1485). Zwar hat der Gesetzgeber die Entlastung des BGH als Grund für die Einfügung dieser Norm angegeben (BT-Drs 15/3482, S 18 f). Er hat aber § 552a ZPO gerade nicht von der allg Verweisung in V auf die Revisionsbestimmungen der ZPO ausgenommen. Nur wenn dies geschehen wäre, wäre nach der vom Gesetzgeber gewählten Regelungstechnik § 552a ZPO nicht anwendbar. Aus § 74 II 1 und 2 folgt nichts anderes. Zwar hat danach das BAG unverzüglich Termin zu bestimmen, wobei § 552 ZPO unberührt bleibt. Daraus folgt jedoch nicht, dass nur im Falle der Verwerfung der Revision als unzulässig durch Beschl gem § 552 II ZPO eine Terminierung unterbleiben darf. Eine Klarstellung, dass § 552a ZPO eine weitere Ausnahme vom Grds der unverzüglichen Terminierung vorsieht und zulässt, war nicht erforderlich (aA wohl ArbGG/*Düwell* § 75 Rn 2a). § 74 II 2 geht von der sich aus V ergebenden Rechtslage aus und stellt überflüssigerweise klar, dass es einer Terminierung nicht bedarf, wenn wegen der Unzulässigkeit der Revision nach den Revisionsbestimmungen der ZPO ohne mündliche Verh entschieden werden kann. § 74 II 2 erwähnt auch die Möglichkeit, nach § 128 II ZPO im schriftlichen Verfahren zu entscheiden und deshalb von der Terminierung abzusehen, nicht ausdrückl. Gleichwohl findet diese Bestimmung unbestritten Anwendung (so ausdrückl ArbGG/*Düwell* § 75 Rn 36). Für die Anwendung des § 552a ZPO ist unerheblich, ob im Zeitpunkt der Zulassung durch das LAG Zulassungsgründe vorlagen. Allein **maßgeblich** ist, ob im **Zeitpunkt der Entsch des Revisionsgerichts** noch die Voraussetzungen für eine Zulassung vorlägen (BT-Drs 15/3482 S 19; BGH 19.07.2011, XI ZR 191/10, NJW 2011, 3229). Das folgt aus dem **Zweck** der Vorschrift, der das Revisionsgericht von einem die Arbeitskraft der Richter bindenden Termin und Arbeitsaufwand freihalten soll, wenn die Zulassungsrechtsfrage vom Revisionsgericht iSd Berufungsgerichts beantwortet worden ist. So kann die revisionsrichterliche Arbeitskraft effizienter eingesetzt werden. Außerdem kann das Verfahren und können mittelbar andere anhängige Verfahren zügiger durchgeführt werden (BT-Drs 15/3482 S. 19). Dadurch, dass weitere Voraussetzung der Anwendung des § 552a **die mangelnde Erfolgsaussicht der Revision** ist, wird der Einzelfallgerechtigkeit genügt (zur Rechtslage, wenn im **Nichtzulassungsbeschwerdeverfahren** der Zulassungsgrund zwischen Einlegung der Beschwerde bzw Ablauf der Begrfrist entfällt s § 72a Rdn 13). Die **ehrenamtl Richter** wirken am Zurückweisungsbeschl mit. Vor dem Beschl ist zur Wahrung rechtlichen Gehörs auf die beabsichtigte Zurückweisung der Revision unter Angabe der dafür sprechenden Gründe **hinzuweisen**. Aus Gründen der Praktikabilität wird der erforderliche Hinweis allein vom **Vorsitzenden** erteilt (GMP/*Müller-Glöge* § 74 Rn 89). Ungeklärt ist bisher, ob ein Vorgehen nach **§ 552a ZPO ausgeschlossen** ist, wenn das BAG bereits **Termin bestimmt** hat (so GMP/*Müller-Glöge* § 74 Rn 89). Für die Vorschrift des § 522 II ZPO, die Vorbild des § 552a ZPO war (BT-Drs 15/3482 S 19), wird eine Zurückweisung auch nach Terminsanberaumung als zulässig angesehen (OLG Düsseldorf 3.2.2005, II-4UF 150/04 ua., NJW 2005, 833). Sinn und Zweck des § 552a ZPO verbieten seine Anwendung nach Terminsanberaumung nicht generell, sondern sprechen im Gegenteil eher dafür, jedenfalls dann nach Bestimmung eines Termins einen Beschl nach § 552a ZPO zuzulassen, wenn die **Rechtslage zwischen Anterminierung und Terminstag geklärt** wird. Das BAG terminiert idR mindestens ein halbes Jahr im Voraus. Wird eine im Zeitpunkt der Anterminierung noch streitige Rechtsfrage vor dem Termin geklärt, z.B. durch eine Entsch des EuGH, des BVerfG, des BGH oder eines anderen Senats des BAG, tritt gerade der Fall ein, den § 552a ZPO verhindern will: Die Erstellung des Votums, die mündliche Verh und das Absetzen des Urt binden Termine und Kräfte, die das Gericht zur Klärung anderer Rechtsfragen benötigt.

10 Die in § 72 VI genannten Vorschriften des **ArbGG** sind entspr anzuwenden (vgl iE die Darstellung bei GK-ArbGG/*Mikosch* § 72 Rn 67 ff). Soweit nach § 53 bestimmte Beschl vom Vorsitzenden allein erlassen werden können, treten in Revisionsverfahren der Vorsitzende und die berufsrichterlichen Beisitzer an seine Stelle (BAG 2.6.1954, 2 AZR 63/53, AP § 53 ArbGG 1953 § 53 Nr 1). Auch soweit wie zB in § 66 VI 1 GKG durch G ausdrückl **eine Entsch durch den Einzelrichter angeordnet** ist, entscheidet der Senat des BAG mit den Berufsrichtern (vgl BGH 13.1.2005, V ZR 218/04, MDR 2005, 597).

§ 72a Nichtzulassungsbeschwerde

(1) Die Nichtzulassung der Revision durch das Landesarbeitsgericht kann selbständig durch Beschwerde angefochten werden.
(2) ¹Die Beschwerde ist bei dem Bundesarbeitsgericht innerhalb einer Notfrist von einem Monat nach Zustellung des in vollständiger Form abgefassten Urteils schriftlich einzulegen. ²Der Beschwerdeschrift soll eine Ausfertigung oder beglaubigte Abschrift des Urteils beigefügt werden, gegen das die Revision eingelegt werden soll.
(3) ¹Die Beschwerde ist innerhalb einer Notfrist von zwei Monaten nach Zustellung des in vollständiger Form abgefassten Urteils zu begründen. ²Die Begründung muss enthalten:
1. die Darlegung der grundsätzlichen Bedeutung einer Rechtsfrage und deren Entscheidungserheblichkeit,
2. die Bezeichnung der Entscheidung, von der das Urteil des Landesarbeitsgerichts abweicht, oder
3. die Darlegung eines absoluten Revisionsgrundes nach § 547 Nr. 1 bis 5 der Zivilprozessordnung oder der Verletzung des Anspruchs auf rechtliches Gehör und der Entscheidungserheblichkeit der Verletzung.

(4) ¹Die Einlegung der Beschwerde hat aufschiebende Wirkung. ²Die Vorschriften des § 719 Abs. 2 und 3 der Zivilprozessordnung sind entsprechend anzuwenden.
(5) ¹Das Landesarbeitsgericht ist zu einer Änderung seiner Entscheidung nicht befugt. ²Das Bundesarbeitsgericht entscheidet unter Hinzuziehung der ehrenamtlichen Richter durch Beschluss, der ohne mündliche Verhandlung ergehen kann. ³Die ehrenamtlichen Richter wirken nicht mit, wenn die Nichtzulassungsbeschwerde als unzulässig verworfen wird, weil sie nicht statthaft oder nicht in der gesetzlichen Form und Frist eingelegt und begründet ist. ⁴Dem Beschluss soll eine kurze Begründung beigefügt werden. ⁵Von einer Begründung kann abgesehen werden, wenn sie nicht geeignet wäre, zur Klärung der Voraussetzungen beizutragen, unter denen eine Revision zuzulassen ist, oder wenn der Beschwerde stattgegeben wird. ⁶Mit der Ablehnung der Beschwerde durch das Bundesarbeitsgericht wird das Urteil rechtskräftig.
(6) ¹Wird der Beschwerde stattgegeben, so wird das Beschwerdeverfahren als Revisionsverfahren fortgesetzt. ²In diesem Fall gilt die form- und fristgerechte Einlegung der Nichtzulassungsbeschwerde als Einlegung der Revision. ³Mit der Zustellung der Entscheidung beginnt die Revisionsbegründungsfrist.
(7) Hat das Landesarbeitsgericht den Anspruch des Beschwerdeführers auf rechtliches Gehör in entscheidungserheblicher Weise verletzt, so kann das Bundesarbeitsgericht abweichend von Absatz 6 in dem der Beschwerde stattgebenden Beschluss das angefochtene Urteil aufheben und den Rechtsstreit zur neuen Verhandlung und Entscheidung an das Landesarbeitsgericht zurückverweisen.

Übersicht	Rdn.		Rdn.
A. Allgemeines	1	b) Darlegung eines absoluten Revisionsgrundes	23
B. Zulassungsgründe und inhaltliche Anforderungen an die Begründung einer Nichtzulassungsbeschwerde	5	2. Gehörsrüge	24
		a) Verletzung des Anspruchs auf rechtliches Gehör	24
I. Grundsatzbeschwerde	9	b) Darlegung einer Gehörsverletzung	31
1. Grundsätzliche Bedeutung einer Rechtsfrage	9	C. Form und Fristen	37
2. Darlegung der grundsätzlichen Bedeutung in der Beschwerde	14	I. Einlegungsfrist	37
		II. Begrfrist	38
II. Divergenzbeschwerde	15	D. Verfahren und Entsch.	39
1. Divergenz	15	I. Beteiligung des Beschwerdegegners	39
2. Darlegung der Divergenz	18	II. Entsch BAG über die Beschwerde	39.1
III. Auf Verfahrensfehler gestützte Beschwerde	21	III. Verfahren nach erfolgreicher Beschwerde	41
1. Absolute Revisionsgründe	22	E. Kosten	45
a) Anwendungsfälle im Nichtzulassungsbeschwerdeverfahren	22	F. PKH	46

A. Allgemeines. Seit dem 1.1.2005 ist durch das AnhörungsrügenG (BGBl I 2004 S 3220) die Nichtzulassungsbeschwerde grundlegend neu gestaltet. Die Beschwerde kann nunmehr uneingeschränkt auf Grds, Divergenz, die Verletzung rechtlichen Gehörs sowie das Vorliegen der absoluten Revisionsgründe des § 547 Nr 1 bis 5 ZPO gestützt werden. Zum Verhältnis zu § 72b s dort Rdn 6.

§ 72a ArbGG Nichtzulassungsbeschwerde

2 Die Nichtzulassungsbeschwerde ist kein Rechtsmittel, sondern ein **Rechtsbehelf**. Ihr fehlt der **Devolutiveffekt** (BAG 12.12.2012, 5 AZN 1743/12 (F), NZA 2012, 1319). Der Rechtsstreit fällt nicht als solcher beim BAG an. Es geht allein darum, ob die Revision gegen das Berufungsurt zugelassen werden kann. Erst nach der Zulassung ist das Urt des LAG inhaltlich zu prüfen (BAG 13.10.2015, 3 AZN 915/15 (F)). Deshalb muss ungeachtet des Umstands, dass nach VI 1 bei Erfolg der Beschwerde das Verfahren als Revisionsverfahren fortgesetzt wird, über die Möglichkeit und die Anforderungen an die Beschwerde **keine Belehrung** nach § 9 V 3 erfolgen. Ein Hinweis auf die Möglichkeit der Nichtzulassungsbeschwerde genügt (BAG 9.7.2003, 5 AZN 316/03, EzA § 72a ArbGG 1979 Nr 96). Dies begegnet keinen verfrechtlichen Bedenken (BAG 22.7.2008, 3 AZN 584/08 (F), EzA § 78a ArbGG 1979 Nr 6 mit krit Anm Walker AP Nr 7 zu § 78a ArbGG 1979). Darum kommt auch eine Aussetzung nach § 98 VI im Verfahren nach § 72a nicht in Betracht. Die Entsch über die Beschwerde hängt nicht einmal als Vorfrage von der Wirksamkeit der AVE des TV ab (BAG 20.8.2014, 10 AZN 573/14, EzA § 98 nF ArbGG 1979 Nr 1). Hat das LAG die Revision nur zT zugelassen (vgl dazu § 72 Rdn 5), so kann iÜ Nichtzulassungsbeschwerde nach § 72a eingelegt werden.

2.1 Für die Einlegung und Begr der Beschwerde besteht **Anwaltszwang**, § 11 IV 1 (BAG 20.9.2011, 9 AZN 582/11, EzA § 11 ArbGG 1979 Nr 17). Zum Nachweis, dass die Beschwerde Erg der geistigen Arbeit des Anwalts ist, genügt grds dessen Unterschrift. Ergibt sich allerdings aus den Umständen des Einzelfalls, dass der Anwalt die Begr unzweifelhaft **ohne eigene Prüfung** - unbesehen - unterzeichnet hat, oder distanziert er sich von ihr ausdrückl, ist die Beschwerde unzulässig (BAG 20.9.2011, 9 AZN 582/11, EzA § 11 ArbGG 1979 Nr 17; BGH 24.1.2008, IX ZB 258/05, NJW 2008, 1311). Der Anwaltszwang ist **verfkonform** (vgl BVerfG 27.1.1992, 2 BvR 1373/91, NJ 1992, 258).

3 Wie bei jedem Rechtsbehelf muss auch für die Nichtzulassungsbeschwerde eine **Beschwer** bestehen. Diese ergibt sich aus der Differenz zwischen dem zuletzt vor dem LAG gestellten Sachantrag u der darüber ergehenden Entsch (BAG 17.2.2016, 5 AZN 981,15). Entfällt diese während des Nichtzulassungsbeschwerdeverfahrens, fehlt das Rechtsschutzbedürfnis und die Beschwerde ist als unzulässig zu verwerfen, sofern keine Erledigterklärung erfolgt (BAG 15.2.2012, 7 ABN 59/11). Auch das Nichtzulassungsbeschwerdeverfahren kann für **erledigt** erklärt werden. Erledigende Ereignisse sind Umstände, die nach Anhängigkeit des Nichtzulassungsbeschwerdeverfahrens eingetreten sind und dazu führen, dass sich das Begehren auf Zulassung der Revision jedenfalls nunmehr als unzulässig oder unbegründet erweist (BAG 15.2.2012, 7 ABN 74/11, EzA-SD 2012, Nr 7, 15).

4 Gegen ein 2. **Versäumnisurt** ist die Nichtzulassungsbeschwerde statthaft. Gerügt werden können Gehörsverstöße und damit die fehlende Säumnis sowie absolute Revisionsgründe. Damit besteht keine Rechtsschutzlücke gegenüber der Rechtslage im Zivilprozess (s § 72 Rdn 8; BAG 17.3.2016, 6 AZN 1087/15). Im Verfahren auf Erlass einer **einstweiligen Verfügung** ist eine Nichtzulassungsbeschwerde von vornherein unstatthaft, weil das Nichtzulassungsbeschwerdeverfahren auf die Zulassung der Revision gerichtet ist, die nach § 72 IV im Verfahren der einstweiligen Verfügung gesetzlich ausgeschlossen ist (BAG 16.12.2004, 9 AZN 969/04, EzA § 72 ArbGG 1979 Nr 33).

B. Zulassungsgründe und inhaltliche Anforderungen an die Begründung einer Nichtzulassungsbe-
5 **schwerde.** § 72a bestimmt in I die Voraussetzungen der Nichtzulassungsbeschwerde. Das Verfahren ist in II–VII geregelt. Der Rechtsbehelf der Nichtzulassungsbeschwerde ist **eng begrenzt** und **streng formalisiert** (BAG 8.6.2010, 6 AZN 163/10, EzA § 72a ArbGG 1979 Nr 123). Das BAG stellt deshalb strenge Anforderungen an die Darlegung eines Zulassungsgrundes. Die Begr muss den geltend gemachten Zulassungsgrund erkennen lassen. Die Voraussetzungen der Zulassung sind iE darzulegen. Leerformeln oder die Wiederholung des Gesetzestextes reichen nicht aus. Die bloße Darlegung einer nach Auffassung der Beschwerde **unrichtigen Rechtsanwendung** rechtfertigt die Zulassung nicht (BAG 6.12.2006, 4 AZN 529/06, EzA § 72a ArbGG 1979 Nr 111). Diese strengen Anforderungen begegnen **keinen verfrechtlichen Bedenken** (vgl für die Gehörsrüge Rdn 36). Es ist insb mit Art 19 IV GG vereinbar, wenn die Zulassung der Revision aufgrund einer Nichtzulassungsbeschwerde von bestimmten formalen Voraussetzungen wie Begr-, Darlegungs- und Bezeichnungserfordernissen innerhalb einer bestimmten Frist abhängig gemacht wird (BVerfG 4.9.2000, 1 BvR 142/96, NJW 2001, 1200).

6 Zwar ist das BAG auf die Gründe beschränkt, die der **Nichtzulassungsbeschwerdeführer in seiner Begr vorbringt. Entscheidend** ist aber nicht die Bezeichnung der Beschwerdegründe und deren rechtliche Einordnung durch den Beschwerdeführer, sondern der **Inhalt der Beschwerdebegr**. Erfüllt die Beschwerde inhaltlich die Anforderungen an einen **nicht ausdrückl genannten** Zulassungsgrund und ist erkennbar, dass die Zulassung auch auf diesen Grund gestützt werden soll, ist die Revision zuzulassen (BAG 28.7.2009, 3 AZN 224/09, EzA § 1 KSchG Verhaltensbedingte Kündigung Nr 74).

Eine Zulassung kann nur wegen solcher Gründe erfolgen, die **eine Durchführung eines Revisionsverfahrens rechtfertigen**. Das schließt es aus, die Zulassung der Revision auf solche Gründe zu stützen, die nicht mehr der Überprüfung des Revisionsgerichts unterliegen, etwa weil aufgrund des rkr Ausgangs eines Rechtsstreits das BAG gehindert ist, zu einer anderen materiell-rechtlichen Beurteilung zu kommen als das LAG in der anzufechtenden Entsch (BAG 22.12.2009, 3 AZN 753/09, EzA § 72a ArbGG 1979 Nr 121). 7

Enthält die anzufechtende Entsch **Mehrfach- oder Alternativbegr**, ist die Revision nur zuzulassen, wenn für **jede** der Begr ein **Zulassungsgrund** vorliegt und dies vom Beschwerdeführer dargelegt wird. Die Rügen müssen also gegen jede der beiden Begr für sich betrachtet begründet sein (BAG 22.5.2012, 1 ABN 27/12). Das kann der Fall sein, wenn alle Begr von der Beantwortung der aufgeworfenen Rechtsfrage abhängen (BAG 28.9.1989, 6 AZN 303/89, EzA § 72a ArbGG 1979 Nr 55). Ausreichend ist auch die Darlegung eines **anderen Zulassungsgrundes** für die andere Begr. Hinsichtlich der unterschiedl Begransätze muss also nicht derselbe Zulassungsgrund vorliegen (BAG 22.5.2012, 1 ABN 27/12). Liegt hinsichtl eines Begransatzes kein Zulassungsgrund vor, scheidet eine Zulassung aus, weil der gerügte Zulassungsgrund jedenfalls nicht entscherheblich ist. Die Entsch beruht nicht auf dem geltend gemachten Zulassungsgrund (vgl BAG 18.3.2010, 2 AZN 889/09, EzA § 72 ArbGG 1979 Nr 41). 8

I. Grundsatzbeschwerde. 1. Grundsätzliche Bedeutung einer Rechtsfrage. Der Zulassungsgrund »grds Bedeutung« ist lex specialis ggü dem Zulassungsgrund »**Sicherung einer einheitl Rspr**« iSv § 543 II 1 Nr 2 Alt 2 ZPO. Die Sicherung einer einheitlichen Rspr ist damit kein Zulassungsgrund nach dem ArbGG, soweit keine Divergenz, § 72 II Nr 2, vorliegt (BAG 12.12.2006, 3 AZN 625/06, EzA § 72 ArbGG 1979 Nr 34). 9

Grds Bedeutung liegt vor, wenn die Entsch des Rechtsstreits von einer klärungsfähigen, klärungsbedürftigen und entscherheblichen Rechtsfrage abhängt und die Klärung entweder von **allg Bedeutung** für die Rechtsordnung ist oder wegen ihrer tatsächl Auswirkungen die Interessen zumindest eines größeren Teils der Allg berührt. **Rechtsfrage** ist eine Frage, die die Wirksamkeit, den Geltungsbereich oder den Inhalt einer Norm zum Gegenstand hat (BAG 22.5.2012, 1 ABN 27/12). Die Rechtsfrage muss sich in einer **unbestimmten Vielzahl weiterer Fälle** stellen können und deshalb das abstrakte Interesse der Allgemeinheit an der **einheitlichen Entwicklung und Handhabung des Rechts** berühren. Stellt sie sich nur in einem **Einzelfall**, ist die grds Bedeutung ausgeschlossen. Es reicht auch nicht aus, wenn sich die Frage nur **nach den Umständen des Einzelfalls beantworten** lässt (BAG 15.10.2012, 5 AZN 1958/12, NZA 2012, 1388). Dass eine **Vielzahl von AN von einem TV oder einer BV erfasst wird**, kann eine allg Bedeutung allenfalls dann begründen, wenn die zu klärende Rechtsfrage über den Einzelfall hinaus in weiteren Fällen str und maßgeblich für eine Vielzahl bereits anhängiger oder konkret zu erwartender gleichgelagerter Prozesse ist (BAG 28.6.2011, 3 AZN 146/11, EzA § 72 ArbGG 1979 Nr 44). Auch die Frage, ob eine streitentscheidende **Norm verfgem** ist, kann eine Frage von grds Bedeutung sein. Dem steht nicht entgegen, dass das BAG nach Zulassung der Revision die Verfwidrigkeit bei Gesetzen nicht selbst bejahen könnte. Es reicht aus, dass die Frage der Verfkonformität vom BAG zu prüfen ist (BVerfG 27.2.2009, 1 BvR 3505/08, NZA 2009, 509; BAG 25.7.2006, 3 AZN 108/06, NZA 2007, 407). 10

Klärungsfähig ist eine Rechtsfrage, wenn sie in der Revisionsinstanz beantwortet werden kann (BAG 26.6.2008, 6 AZN 648/07, EzA § 4 nF KSchG Nr 85). **Klärungsbedürftig** ist sie, wenn sie höchstrichterlich noch nicht entschieden ist oder zu ihr unterschiedliche Auffassungen vertreten werden und diese noch nicht oder nicht hinreichend höchstrichterlich geklärt sind. **Einzelne Gegenstimmen** können allerdings noch keinen Klärungsbedarf begründen. Erforderlich ist, dass nicht nur einzelne Instanzgerichte oder Litstimmen der höchstrichterlichen Auffassung widersprechen oder dass neue Argumente vorgebracht werden, die das BAG veranlassen können, seine Ansicht zu überprüfen. Nicht klärungsbedürftig ist eine Rechtsfrage, wenn sie so **einfach zu beantworten** ist, dass divergierende Entsch der LAG nicht zu erwarten sind, die Beantwortung der Frage also offenkundig ist (BAG 23.8.2006, 7 AZN 375/06). Schließlich **entfällt der Klärungsbedarf**, wenn einer Rechtsfrage wegen einer Rechtsänderung für die Zukunft keine Bedeutung mehr zukommt (BVerfG 4.11.2008, 1 BvR 2587/06, NZA 2009, 53). 11

Entscherheblich ist die Rechtsfrage, wenn sich das LAG mit ihr befasst hat und bei einer anderen Beantwortung eine Entsch zugunsten des Beschwerdeführers nicht ausgeschlossen ist (BAG 15.10.2012, 5 AZN 1958/12, NZA 2012, 1388). Hat das LAG eine Rechtsfrage nicht abstrakt beantwortet und damit zu der Frage keinen allg Rechtssatz aufgestellt, ist das Interesse der Allgemeinheit an einer einheitlichen Handhabung des Rechts nicht berührt (BAG 8.6.2010, 6 AZN 163/10, EzA § 72a ArbGG 1979 Nr 123). 12

Maßgeblicher Zeitpunkt für die Frage, ob die Rechtsfrage klärungsbedürftig und von allg Bedeutung ist, ist grds der **Zeitpunkt der Entsch des BAG**. In **verfkonformer Auslegung** ist allerdings die Revision auch dann zuzulassen, wenn die grds Bedeutung vor der Entsch des BAG entfallen ist, weil die **Rechtsfrage in** 13 einem anderen Verfahren geklärt worden ist, die **Revision** aber **Aussicht auf Erfolg** hat. Anderenfalls wäre der Justizgewährungsanspruch (dazu Art 19 GG Rdn 11) verletzt und das Interesse des Individualrechtsschutzes zu Unrecht außer Acht gelassen. Hätte also im **Zeitpunkt der Einlegung** der Beschwerde die Revision zugelassen werden müssen, sind die Erfolgsaussichten einer möglichen Revision in vollem Umfang zu prüfen. Die Beschwerde ist nur zurückzuweisen, wenn die Revision keine Erfolgsaussicht gehabt hätte, (BAG 27.3.2012, 3 AZN 1389/11). Ebenso ist zu verfahren, wenn nicht schon bei Eingang, sondern erst bei **Ablauf der Frist für die Begr** der Nichtzulassungsbeschwerde grds Bedeutung bestand und der Nichtzulassungsbeschwerdeführer den entscheidenden Gesichtspunkt, der die grds Bedeutung ausmacht, innerhalb der Begrfrist vorgebracht hat (BVerfG 29.9.2010, 1 BvR 2649/06). Dadurch wird weitgehend **Gleichklang** mit der für **zugelassene Revisionen** nach § 552a ZPO geltenden Rechtslage hergestellt (s dazu § 72 Rdn 9). Allerdings sind unter Beachtung der Ausgestaltung des Rechtsbehelfs der Nichtzulassungsbeschwerde als streng formalisiertes Verfahren (s dazu Rdn 5) **Einschränkungen hinsichtlich des Prüfungsumfangs** zu machen: die Überprüfung der Erfolgsaussicht der Revision kann von Amts wegen nur im Hinblick auf **offenkundige materielle Rechtsfehler** des LAG erfolgen. Eine weitergehende Überprüfung kann nur erfolgen, wenn zumindest ansatzweise Rügen erhoben werden, die erkennen lassen, welche weiteren Fehler, insbesondere Verfahrensfehler, das LAG nach Auffassung des Beschwerdeführers begangen hat. Das kann bei einer neben der Grundsatzbeschwerde erhobenen Gehörsrüge der Fall sein (vgl dazu § 74 Rdn 16). Ist im Zeitpunkt der Einlegung bzw des Ablaufs der Frist zur Beschwerdebegr das Urt des BAG, das die Rechtslage geklärt hat, schon seit einiger Zeit veröffentlicht, ist vom Beschwerdeführer darüber hinaus zu verlangen, dass er aufzeigt, warum seine Revision Erfolg haben müsse. Das gilt insbes dann, wenn die Rechtsfrage zum Nachteil des Beschwerdeführers entschieden ist.

14 **2. Darlegung der grundsätzlichen Bedeutung in der Beschwerde.** Die Beschwerde muss sämtliche unter Rdn 10-14 genannten Voraussetzungen einer grds Bedeutung der aufgeworfenen Rechtsfrage darlegen. Das gilt auch in einem Verfahren nach § 2 I Nr 1 über die Auslegung eines TV (BAG 10.7.2014, 10 AZN 307/14, EzA § 72 ArbGG 1979 Nr 47). Zur Darlegung der **Klärungsbedürftigkeit** reicht der Vortrag, dass eine höchstrichterliche Entsch noch nicht vorliegt, nicht aus. Erforderlich sind vielmehr Ausführungen dazu, aus welchen Gründen, in welchem Umfang und von welcher Seite die aufgeworfene Frage umstritten ist (BAG 14.12.2010, 6 AZN 986/10, EzA § 72a ArbGG 1979 Nr 126). Zur Klärungsbedürftigkeit, Klärungsfähigkeit und der über den Einzelfall hinausgehenden Bedeutung der Sache ist ein Hinweis auf Streit in Rspr und Lit aber **entbehrlich**, wenn der entscherheblichen Rechtsfrage bereits wegen ihres Gewichts für die beteiligten Verkehrskreise grds Bedeutung zukommt (BGH 11.5.2004, XI ZB 39/03, BGHZ 159, 135).

15 **II. Divergenzbeschwerde. 1. Divergenz.** Die Revision ist wegen Divergenz zuzulassen, wenn in der anzufechtenden Entsch ein **abstrakter Rechtssatz** aufgestellt worden ist, der von einem abstrakten Rechtssatz in einer Entsch eines **divergenzfähigen Gerichts** zu **derselben Rechtsfrage abweicht** und die anzufechtende Entsch auf dieser Abweichung **beruht**. Ein abstrakter Rechtssatz liegt nur vor, wenn das Gericht seiner Subsumtion einen Obersatz voranstellt, der über den Einzelfall hinaus Geltung beansprucht (BAG 15.8.2012, 7 AZN 956/12, NZA 2012, 1116). Abstrakte Rechtssätze können nur aus der **mündlichen Urtbegr** des Kammervorsitzenden des LAG bei der Urtverkündung (BAG 17.1.2012, 5 AZN 1358/11, NZA 2012, 411) noch aus dem **LS** einer Entsch entnommen werden. LS sind nicht Bestandteil des Urt. Eine Divergenz ist daher bei Heranziehen eines LS nur hinreichend dargetan, wenn sich der LS voll mit den Ausführungen im angezogenen Urt deckt (GK-ArbGG/*Mikosch* § 72a Rn 61).

16 Die Aufzählung der divergenzfähigen Gerichte ist abschließend. **Nicht divergenzfähig** sind deshalb Urt der anderen **obersten Gerichtshöfe des Bundes, eines OLG oder ders Kammer** des LAG, dessen Entsch mit der Beschwerde angefochten wird. Nur Entsch einer **anderen Kammer desselben LAG** oder eines **anderen LAG** können divergenzfähig sein (BAG 21.2.2002, 2 AZN 909/01, EzA § 72 ArbGG 1979 Nr 27). Entsch eines LAG sind dann nicht divergenzfähig, wenn nur ein vom BAG aufgestellter **Rechtssatz wörtl wiedergegeben** wird. Dann ist die Rechtseinheit nicht gefährdet (BAG 28.4.1998, 9 AZN 227/98, EzA ArbGG 1979 § 72a Nr 84). Auch Entsch des **EuGH** sind nicht divergenzfähig. Mit der Beschwerde kann daher nicht geltend gemacht werden, das LAG sei von einer Entsch des EuGH abgewichen. Allerdings kommt bei einer Divergenz zur Rspr des EuGH die Zulassung wegen **grds Bedeutung** in Betracht (BAG 27.3.2012, 3 AZN 1389/11, EzA ArbGG 1979 § 72 Nr 45; BAG 8.12.2011, 6 AZN 1371/11, NZA 2012, 286; BVerwG 23.1.2001, 6 B 35.00). Die Revision ist zuzulassen, wenn sich eine entscherhebliche Frage des Unionsrechts stellt, wegen der in einem künftigen Revisionsverfahren voraussichtlich die **Vorlage nach Art. 267 III AEUV** erforderlich wäre (BVerfG 8.10.2015, 1 BvR 1320/14). Nicht divergenzfähig sind Vorlagebeschl an den **Großen Senat** (BAG 20.8.1986, 8 AZN 244/86, EzA § 72a ArbGG 1979 Nr 48).

Die Entsch des divergenzfähigen Gerichts muss **vor** dem anzufechtenden Urt ergangen sein (BAG 29.5.1956, 2 AZR 148/56, BAGE 4, 305; 17.1.2012, 5 AZN 1358/11, NZA 2012, 411). Etwas anderes gilt nur dann, wenn die angezogene Entsch lediglich wiederholend auf einen Rechtssatz verweist, den das BAG schon vor der Verkündung des anzufechtenden Urt aufgestellt hat (BAG 15.11.1994, 5 AZN 617/94, EzA ArbGG 1979 § 72a Nr 66). **Ergangen** ist ein Urt dann, wenn es rechtlich zur Entstehung gelangt ist, dh wenn die Urtformel **verkündet** bzw im Fall des **schriftlichen Verfahrens** nach § 128 II ZPO **zugestellt** ist. Ob das Gericht und die Parteien von der divergenzfähigen Entsch **Kenntnis** hatten oder auch nur haben konnten, ist nach der gesetzlichen Konzeption **unerheblich** (BAG 8.2.1961, 4 AZR 473/59, NJW 1961, 1230). Ist die noch im Zeitpunkt der Einlegung der Beschwerde vorliegende Divergenz durch eine Entsch des BAG zwischenzeitlich **behoben**, ist die Beschwerde unbegründet (BAG 3.11.1982, 4 AZN 420/82, EzA § 72a ArbGG 1979 Nr 42). Auch die Abweichung von einer aufgegebenen Rspr des BAG kann keine Divergenz begründen (BAG 8.8.2000, 9 AZN 520/00, EzA ArbGG 1979 § 72a Nr 91). Eine **Ausnahme** ist zur Wahrung des Justizgewährungsanspruchs (s dazu Art 19 GG Rdn 11) erforderlich, wenn die Revision bei Einlegung bzw bei Ablauf der Begrfrist hätte zugelassen werden müssen. Insoweit gilt nichts anderes als für die Grundsatzbeschwerde (s Rdn 13). Für die Frage der Divergenz ist auf die jeweils **letzte Entsch** des BAG zu der Rechtsfrage abzustellen, sofern sie noch vor der Entsch des LAG ergangen ist (BAG 15.7.1986, 1 ABN 13/86, EzA § 72a ArbGG 1979 Nr 47). Ist eine Entsch des LAG vom BAG aufgehoben worden, ist sie nicht mehr divergenzfähig (BAG 05.12.1995, 9 AZN 678/95, EzA § 72a ArbGG 1979 Nr 75). 17

2. Darlegung der Divergenz. Zur ordnungsgem Darlegung einer entscherheblichen Divergenz ist erforderlich, dass der Beschwerdeführer einen abstrakten Rechtssatz aus der anzufechtenden Entsch sowie einen hiervon abweichenden Rechtssatz aus einer Entsch des BAG oder eines anderen divergenzfähigen Gerichts anführt und darlegt, dass das anzufechtende Urt auf dieser Abweichung **beruht.** dh das LAG bei Anwendung des Rechtssatzes aus der angezogenen Entsch möglicherweise eine andere, dem Beschwerdeführer günstigere Entsch getroffen hätte (BAG 15.8.2012, 7 AZN 956/12, NZA 2012, 1116). Allein die Darlegung einer fehlerhaften Rechtsanwendung bzw fehlerhaften oder unterlassenen Anwendung der Rspr des BAG oder eines anderen der im Gesetz genannten Gerichte reicht zur Begr einer Divergenzbeschwerde nicht aus (BAG 17.1.2012, 5 AZN 1358/11, NZA 2012, 411). Erforderlich ist vielmehr eine **konkrete, fallbezogene Darstellung** (vgl BAG 15.9. 2004, 4 AZN 281/04, NZA 2004, 1292). 18

Ein divergenzfähiger abstrakter Rechtssatz kann sich auch aus **scheinbar einzelfallbezogenen Ausführungen** des LAG zur Begr seiner Entsch ergeben (BAG 4.8.1981, 3 AZN 107/81, AP ArbGG 1979 § 72a Divergenz Nr 9; BAG 18.5.2004, 9 AZN 653/03, BAGE 110, 352). Um einen solchen »**verdeckten Rechtssatz**« darzulegen, muss der Beschwerdeführer die Gesichtspunkte und Schlussregeln für die Ableitung des beh abstr Rechtssatzes aus den fallbezogenen Ausführungen des LAG aufzeigen - **Deduktion** (BAG 15.10.2012, 5 AZN 1958/12, NZA 2012, 1388). Es reicht nicht aus, wenn sich der von der Beschwerde formulierte abstrakte Rechtssatz widerspruchsfrei in die Entschgründe des Berufungsgerichts einfügen lässt. Ansonsten würde jede fehlerhaft unterlassene Berücksichtigung eines rechtlichen Gesichtspunktes stets als Aufstellen eines eigenständigen Rechtssatzes gewertet (das zu Recht ablehnend: BAG 10.12.1997, 4 AZN 737/97, EzA ArbGG 1979 § 72a Nr 83). Das gilt umso mehr, wenn das LAG seinen fallbezogenen Ausführungen nicht nur Rechtssätze des BAG vorangestellt hat, sondern sogar solche aus einer Entsch, von denen das LAG nach Auffassung der Beschwerde gerade abgewichen sein soll (BAG 6.12.2006, 4 AZN 529/06, EzA § 72a ArbGG 1979 Nr 111; 29.12.2008, 4 AZN 535/08, AE 2009, 345; ausf 10.12.1997, 4 AZN 737/97, EzA ArbGG 1979 § 72a Nr 83). 19

Bei **Mehrfach- oder Alternativbegr** muss für **jede** der Begr ein Zulassungsgrund dargelegt werden. Nicht erforderlich ist, dass für jede der Begr eine Divergenz vorliegt, vielmehr reicht das Vorliegen eines der Zulassungsgründe aus (Einzelheiten s Rdn 8). 20

III. Auf Verfahrensfehler gestützte Beschwerde. Die Nichtzulassungsbeschwerde kann auf die absoluten Revisionsgründe des § 547 Nr 1–5 ZPO gestützt werden. Ferner kann mit der Nichtzulassung die Verletzung des rechtlichen Gehörs und die Entscherheblichkeit der Verletzung geltend gemacht werden. 21

1. Absolute Revisionsgründe. a) Anwendungsfälle im Nichtzulassungsbeschwerdeverfahren. Zu den absoluten Revisionsgründen s iE § 73 Rdn 10 ff. Zur Möglichkeit, den Rechtsstreit wegen eines solchen Grundes an das LAG zurückzuverweisen s Rdn 42. Im Verf der Nichtzulassungsbeschwerde haben bes folgende Fälle Bedeutung: Die **ordnungsgem Berufung der ehrenamtlichen Richter (§ 547 Nr 1)** kann nicht mit der Nichtzulassungsbeschwerde infrage gestellt werden, weil diese Rüge auch nach Zulassung der Revision nach §§ 73 II, 65 der Überprüfung durch das BAG entzogen wäre (BAG 17.3.2010, 5 AZN 1042/09, 22

§ 72a ArbGG Nichtzulassungsbeschwerde

EzA § 547 ZPO 2002 Nr 3). Aus demselben Grund kann die Verletzung des gesetzlichen Richters durch die Mitwirkung eines **erfolglos als befangen abgelehnten Richters** nicht mit der Nichtzulassungsbeschwerde geltend gemacht werden. Die behauptete Verletzung des rechtlichen Gehörs ist allein mit der Anhörungsrüge geltend zu machen (BAG 23.9.2008, 6 AZN 84/08, NZA 2009, 396). Das gilt allerdings nicht, wenn u soweit eine **Verletzung des Art 101 I 2 GG auf** folgende Entsch, insb die **Endentsch, ausstrahlt**, weil das LAG Bedeutung u Tragweite der Garantie des gesetzlichen Richters grundlegend verkannt hat. Dann stellt auch diese Entsch einen eigenständigen Verstoß gegen den gesetzlichen Richter dar. Das BAG muss dann die in fehlerhafter Besetzung ergangene Entsch auf die Nichtzulassungsbeschwerde aufheben (BAG 17.3.2016, 6 AZN 1087/15). Ein solcher Fall liegt vor allem in Fällen der **unzulässigen Selbstentsch** über ein **Befangenheitsgesuch** vor. Eine solche Selbstentsch ist mit Art 101 I 2 GG nur bei reinen **Formalentsch**, die keine Beurteilung des eigenen Verhaltens des abgelehnten Richters u **keine Aktenkenntnis** verlangen, sowie bei Entsch, die einen offensichtlichen **Missbrauch** des Ablehnungsrechts verhindern sollen, vereinbar. Rechtsmissbräuchlichkeit liegt insoweit nur vor, wenn jedes Eingehen auf den Gegenstand des Verfahrens entbehrlich ist, etwa weil gesetzlich vorgeschriebene Handlungen beanstandet werden. Die Zurückweisung eines Ablehnungsgesuchs wegen **Verschleppungsabsicht** bedarf grds einer Auseinandersetzung mit dem Prozessverlauf u kann darum idR nicht unter Mitwirkung des oder der abgelehnten Richter erfolgen (BAG 17.3.2016, 6 AZN 1087/15).

22.1 Seit der Neuregelung des Rechts der Nichtzulassungsbeschwerde zum 1.1.2005 kann die Beschwerde auf die grds Bedeutung einer Frage des Unionsrechts gestützt werden (vgl Rdn 16). Seitdem gehören die LAG auch bei Nichtzulassung der Revision nicht mehr zu den vorlagepflichtigen Gerichten iSv Art 267 III AEUV (zur Auslegung dieser Bestimmung EuGH 9.9.2015, C-160/14, Ferreira da Silva e Brito ua, EuZW 2016, 111). Mit der Beschwerde kann also nicht geltend gemacht werden, das **LAG** habe seine **Vorlagepflicht an den EuGH verkannt**, sodass der gesetzliche Richter verletzt sei (BAG 8.12.2011, 6 AZN 1371/11, NZA 2012, 286). Allerdings kann die Nichtzulassung der Revision durch das Revisionsgericht Art 101 I 2 GG verletzen (BVerfG 8.10.2015, 1 BvR 1320/14). Prüft das LAG **ohne Mitwirkung der ehrenamtlichen Richter**, die an der letzten mündlichen Verh teilgenommen haben, ob Schriftsätze, die nach Schluss der mündlichen Verh, aber vor der Verkündung des Urt eingegangen sind, Anlass zur **Wiedereröffnung** der Verh geben, ist der gesetzliche Richter verletzt (BAG 14.4.2015, 1 AZR 223/14, EzA-SD 2015, Nr 17, 15; 18.12.2008, 6 AZN 646/08, EzA § 72a ArbGG 1979 Nr 120). Die erforderliche **Nachberatung** kann durch **Telefonkonferenz** erfolgen, wenn alle beteiligten Richter damit einverstanden sind und jederzeit in eine mündliche Beratung eingetreten werden kann, falls ein Richter dies wünscht oder ein neuer Gesichtspunkt das erfordert (BAG 26.3.2015, 2 AZR 417/14, EzA-SD 2015, Nr 17, 14). Das gilt jedoch nur, wenn zuvor eine Beratung über die inhaltliche Entsch des Streitgegenstands im Beisein aller beteiligten Richter stattgefunden hat. Darum kommt eine Nachberatung durch Telefonkonferenz nur bei nicht nachgelassenen Schriftsätzen in Betracht (BAG 14.4.2015, 1 AZR 223/14, EzA-SD 2015, Nr 17, 15). In der Akte ist zu dokumentieren, dass und wann mit den ehrenamtlichen Richtern eine solche Nachberatung erfolgt ist. Weitergehende **Dokumentationen**, etwa über die genaue technische Art der Durchführung, sind nicht erforderlich (BAG 14.4.2015, 1 AZR 223/14, EzA-SD 2015, Nr 17, 15). Ob bei Einverständnis der beteiligten Richter die Nachberatung auch im **Umlaufverfahren** erfolgen kann, wenn die Entsch auf eine mündliche Verh unter Beteilung von ehrenamtl Richtern ergeht, hat das BAG offengelassen. Unzureichend ist es dagegen, die Meinungen der Richter durch **Einzeltelefonate** abzufragen (BAG 26.3.2015, 2 AZR 417/14, EzA-SD 2015, Nr 17, 14).

23 b) **Darlegung eines absoluten Revisionsgrundes.** Nach § 72a III 2 Nr 3 muss die Beschwerdebegr den absoluten Revisionsgrund darlegen. Dafür genügt die bloße Nennung eines der in § 547 Nr 1-5 ZPO aufgeführten Gründe nicht. Die Tatsachen, aus denen sich der Verfahrensfehler des LAG ergeben soll, müssen substantiiert vorgetragen werden (BAG 5.6.2014, 6 AZN 267/14, EzA § 72a ArbGG 1979 Nr 133). Lediglich die **Entscherheblichkeit** eines Verfahrensfehlers wird bei Vorliegen eines der Gründe des § 547 Nr 1–5 ZPO **unwiderleglich vermutet**. Die Nennung der konkret verletzten Rechtsnorm ist allerdings nicht erforderlich (BAG 25.1.2012, 4 AZR 185/10). Die Anforderungen entsprechen denen bei Erhebung der Verfahrensrüge im Revisionsverfahren nach § 551 III 1 Nr 2 lit b ZPO. Die Tatsachen, aus denen sich der behauptete Verfahrensmangel ergeben soll, müssen dargelegt werden. Wird der Verfahrensfehler aus **gerichtsinternen Vorgängen**, etwa der Behandlung eines nicht nachgelassenen Schriftsatzes abgeleitet, muss zumindest dargelegt werden, dass eine zweckentspr Aufklärung durch Einsichtnahme in die Gerichtsakten und die Einholung von Auskünften bei der Geschäftsstelle versucht worden ist. Die Rüge darf nicht auf den bloßen Verdacht des Vorliegens eines Verfahrensmangels iSd § 547 Nr 1 ZPO erhoben werden (BAG 14.4.2015, 1 AZR 223/14, EzA-SD 2015, Nr 17, 15). Hat der Beschwerdeführer diesen Anforderungen

genügt, muss das BAG ggf eine dienstliche Äußerung der beteiligten Richter des LAG einholen (BAG 19.2.2008, 9 AZN 777/07, AP Nr 59 zu § 72a ArbGG 1979). Ergibt sich aus einem vollständigen und nicht auslegungsfähigen **Sitzungsprotokoll** kein Anhalt für einen Ausschluss der Öffentlichkeit und ist kein Protokollberichtigungsantrag gestellt worden, kann die Beschwerde nur beim Nachweis der Fälschung des Protokolls Erfolg haben (BAG 13.11.2007, 3 AZN 414/07, EzA § 547 ZPO 2002 Nr 1).

2. Gehörsrüge.   a) Verletzung des Anspruchs auf rechtliches Gehör. Art 103 I GG verpflichtet das 24 entscheidende Gericht, die Ausführungen der Prozessbeteiligten zur Kenntnis zu nehmen und in Erwägung zu ziehen. Es verpflichtet das Gericht aber **nicht** dazu, der von der Partei vertretenen Rechtsansicht zu folgen (BVerfG 14.3.2013, 1 BvR 1457/12). Auch gewährt Art 103 I GG keinen Schutz dagegen, dass das Gericht Vorbringen aus Gründen des **formellen oder materiellen Rechts** unberücksichtigt lässt, es sei denn, das Vorgehen des Gerichts findet keine Stütze mehr im Prozessrecht (näher dazu Rdn 28). Die Gerichte müssen auch **nicht jedes Vorbringen ausdrückl bescheiden** (BVerfG 14.3.2013, 1 BvR 1457/12, BVerfG 4.8.2004, 1 BvR 1557/01, NVwZ 2005, 81). Auch schützt Art 103 I GG nicht davor, dass ein Gericht für die Entsch des Rechtsstreits maßgeblichen Normen oder Normgefüge **nicht sorgfältig genug liest** und ihm dadurch ein Rechtsfehler unterläuft (BAG 17.1.2012, 5 AZN 1358/11, NZA 2012, 411). Geht aber das Gericht auf den **wesentlichen Kern des Tatsachenvortrags** einer Partei zu einer Frage, die für das Verfahren von zentraler Bedeutung ist, nicht ein, **indiziert** dies eine Gehörsverletzung, wenn dieser Vortrag nicht nach dem Rechtsstandpunkt des Gerichts erkennbar unerheblich oder offensichtlich unsubstantiiert war (BVerfG 14.3.2013, 1 BvR 1457/12; BVerfG 19.5.1992, 1 BvR 986/91, BVerfG 86, 133, 146). Gleiches gilt, wenn ein Gericht das **Gegenteil des Vorgebrachten** annimmt oder den Vortrag eines Beteiligten als nicht vorgetragen behandelt (BVerfG 7.12.2006, 2 BvR 722/06, DVBl 2007, 253). Ein Verstoß gegen Art. 103 I GG liegt vor, wenn eine Entsch ohne vorherigen **Hinweis** auf einen Gesichtspunkt gestützt wird, mit dem auch ein gewissenhafter und kundiger Prozessbeteiligter unter Berücksichtigung der Vielzahl von vertretbaren Rechtsauffassungen nach dem bisherigen Prozessverlauf nicht zu rechnen brauchte (BVerfG 29.5.1991, 1 BvR 1383/90, BVerfGE 84, 188; BAG 8.12.2010, 5 AZN 956/10).

Art 103 I GG verpflichtet das Gericht nicht dazu, sich den **maßgeblichen Vortrag aus den Akten zusam-** 25 **menzusuchen**. An die Ordnung des Parteivortrags können bei anwaltlicher Vertretung erhöhte Anforderungen gestellt werden (BVerfG 4.9.2000, 1 BvR 142/96, NJW 2001, 1200). Die bloße Bezugnahme auf Eingaben, die die Partei selbst einreicht, genügt dieser Anforderung nicht. Die Bezugnahme muss die Durcharbeitung des Vorbringens der Partei erkennen lassen (vgl OLG Hamm 10.6.2005, 29 U 103,04). Das Gebot des rechtlichen Gehörs soll als **Prozess-GR** sicherstellen, dass die vom Fachgericht zu treffende Entsch frei von Verfahrensfehlern ergeht, die ihren Grund in unterlassener Kenntnisnahme und Nichtberücksichtigung des Sachvortrags der Parteien haben. Die auf unzureichende Kenntnisnahme des Parteivortrags gestützte Rüge der Verletzung des Art 103 I GG dient jedoch nicht dazu, rechtliches **Gehör** zu ersetzen, das sich die **Partei in zumutbarer Weise** unter Nutzung ihrer prozessualen Möglichkeiten in der mündlichen Verh **selbst hätte verschaffen können**. Das rechtliche Gehör ist darum grds nicht verletzt, wenn die Partei es ohne sachlichen Grund versäumt hat, Sachvortrag in der mündlichen Verh dem Gericht zur Kenntnis zu bringen und dies nach Schluss der mündlichen Verh mit einem nicht nachgelassenen Schriftsatz nachholen will (BVerfG 18.8.2010, 1 BvR 3268/07; BAG 14.12.2010, 6 AZN 986/10, EzA § 72a ArbGG 1979 Nr 126). Eine Verletzung des rechtlichen Gehörs kann insoweit nicht geltend gemacht werden, wenn nicht durch einen **Vertagungsantrag**, einen Antrag auf Gewährung einer **Schriftsatznachlassfrist** oder der Protokollierung bestimmter Vorhalte an Zeugen oder Erklärungen versucht worden ist, den Vortrag zu ergänzen.

Der aus dem Rechtsstaatsprinzip u dem Gleichheitssatz abgeleitete Grds der »**Waffengleichheit**« gebietet 25.1 es nur, der Partei, die anders als die Gegenpartei für den Inhalt eines Gesprächs keine Zeugen benennen kann, Gelegenheit zu geben, ihre Sicht der Dinge dem Gericht persönlich darzustellen, ohne dass dafür ein »Anbeweis« wie für die Parteivernehmung nach § 448 ZPO erforderlich ist. Zur Wahrung des rechtlichen Gehörs unter dem Gesichtspunkt der Waffengleichheit ist aber keine förmliche Vernehmung nach § 448 ZPO erforderlich. Vielmehr genügt auch die **Anhörung nach § 141 ZPO**. Ebenso ist dem Grds der Waffengleichheit genügt, wenn der Partei das Erg der Vernehmung der gegnerischen Zeugen bekannt ist u sie bei der Beweisaufnahme oder einem späteren Gerichtstermin **anwesend** ist. Sie kann dann ihre Sichtweise persönlich vortragen (BVerfG 27.2.2008, 1 BvR 2588/06, NJW 2008, 2170; BGH 8.7.2010, III ZR 249/09, NJW 2010, 3292). Tut sie dies nicht, hat sie nicht alles Erforderliche zur Wahrung ihres Anspruchs auf rechtliches Gehör getan u kann sich auf eine Verletzung dieses Rechts nicht berufen (zur **Pflicht, sich rechtliches Gehör zu verschaffen** vgl BVerfG 18.8.2010, 1 BvR 3268/07; BAG 14.12.2010, 6 AZN

§ 72a ArbGG   Nichtzulassungsbeschwerde

986/10, EzA § 72a ArbGG 1979 Nr 126). Zur Wahrung des Grds der Waffengleichheit kommt es nicht auf eine formale Beweisposition an, sondern nur darauf, dass das Gericht die ihm angebotenen Erkenntnisquellen nutzt u frei würdigt (vgl EGMR 23.10.1996, Nr. 61/1995/567/653; Zöller/Greger § 448 Rn. 2a).

26 Bleibt die Partei, deren **persönliches Erscheinen** angeordnet ist, dem Termin fern, verletzt dies grds ihren Anspruch auf rechtliches Gehör auch dann nicht, wenn sie vorher mitgeteilt hat, sie könne am Termin nicht teilnehmen. Im Gegenteil **verzichtet** sie damit auf die ihr durch die Anordnung des persönlichen Erscheinens eröffnete Gelegenheit, etwaige Unklarheiten in ihrem Sachvortrag auszuräumen. Art 103 GG garantiert zwar den Parteien die Gelegenheit, zum streitbefangenen Sachverhalt vor Erlass der Entsch Stellung zu nehmen und so auf die Willensbildung des Gerichts Einfluss zu nehmen. Das setzt jedoch außerhalb von den Konstellationen des Grds der Waffengleichheit (s Rdn 25.1) **nicht zwingend die Anhörung** und damit eine persönliche Anwesenheit der Partei im Termin voraus (BGH 25.9.2003, III ZR 384/02, NJW 2003, 3636). Außerhalb dieser Konstellationen dient die Anordnung des persönlichen Erscheinens nach § 141 ZPO nicht der Wahrung rechtlichen Gehörs (Wieczorek/Schütze/*Smid* ZPO § 141, Rn 2, 26), sondern als Maßnahme der sachlichen Prozessleitung dem besseren Verständnis dessen, was die Partei behaupten und beantragen will, also der Behebung von Lücken und Unklarheiten im Sachvortrag, sowie der Beschleunigung des Verfahrens (BVerfG 10.11.1997, 2 BvR 429/97, NJW 1998, 892).

27 Mit der Rüge, das LAG habe gegen **Denkgesetze** verstoßen, kann eine Gehörsrüge nicht begründet werden (BAG 26.8.1983 2 AZN 294/83; BFH 27.6.2002, X B 144/01, BFH/NV 2002, 1336). Auch auf einen Verstoß gegen das **Verbot obj Willkür** (dazu BVerfG 14.3.2013, 1 BvR 1457/12) kann die Gehörsrüge nicht gestützt werden. Dabei handelt es sich um einen Anwendungsfall der Rechtsschutzgleichheit iSd Art 3 I GG, der mit der Nichtzulassungsbeschwerde nicht geltend gemacht werden kann. Die Aufzählung der Anfechtungsgründe in § 72II iVm § 72a AIII ist abschließend.

28 Das rechtliche Gehör ist grds nicht verletzt, wenn ein Vortrag aus Gründen des formellen oder materiellen Rechts unberücksichtigt bleibt, zB das LAG eine **Beweisaufnahme unterlässt**, sofern dies im Prozessrecht noch eine Stütze findet (BVerfG 22.9.2009, 1 BvR 3501/08). Allerdings steht Art 103 I GG im funktionalen Zusammenhang mit der **Rechtsschutzgarantie** des Art 19 GG. Deshalb sind die Anforderungen an eine **Wiedereinsetzung** vom Gericht mit bes Fairness zu handhaben, wenn die Fristversäumung (auch) auf Fehlern des Gerichts beruht. Aus **Fehlern des Gerichts** dürfen keine Verfahrensnachteile für die Beteiligten abgeleitet werden. Bei Verstößen gegen diese Pflicht des Gerichts kommt nicht nur eine Verletzung von Art 19 GG, sondern auch eine Verletzung des rechtlichen Gehörs in Betracht (BVerfG 26.2.2008, 1 BvR 2327/07, NJW 2008 2167). Bei **verfahrensfehlerhafter Beweisaufnahme** besteht kein Verwertungsverbot für das Ergebnis der Beweisaufnahme. Aus einem derartigen Fehler des Gerichts leitet die ZPO keine Hindernisse für die Wahrheitsfindung her (BAG 21.10.1998, 4 AZR 629/97, NZA 1999, 324). Zieht das LAG aus den vorgetragenen und von ihm berücksichtigten Tatsachen **fehlerhafte rechtliche Schlüsse**, liegt darin keine Gehörsverletzung (BVerfG 10.10.1989, 1 BvR 1549/88).

29 Zu einer Verletzung von Art 103 I GG kann nur die **Nichtbeachtung schlüssigen Vorbringens** führen (BAG 18.3.2010, 2 AZN 889/09, EzA § 72 ArbGG 1979 Nr 41; BVerfG 30.6.1994, 1 BvR 2112/93, NJW 1994, 2683). Dem Beschwerdeführer darf über eine erfolgreiche Gehörsrüge kein Vorteil eingeräumt werden, den er ohne die Verletzung des rechtlichen Gehörs nicht gehabt hätte. Deshalb ist vom BAG zu prüfen, ob der **erhobene Anspruch schlüssig** ist. Ergibt die Prüfung, dass die Klage auch ohne die Verletzung des Anspruchs auf rechtliches Gehör abgewiesen worden wäre, bleibt die Gehörsrüge ungeachtet der vorliegenden Verletzung des Anspruchs auf rechtliches Gehör ohne Erfolg.

30 Zur Behandlung einer Gehörsrüge, die der Revisionskl **nach Zulassung der Revision** in der Revisionsbegr **in Bezug nimmt**, als Verfahrensrüge s § 74 Rdn 16.

31 **b) Darlegung einer Gehörsverletzung.** Für die Gehörsrüge gelten die Anforderungen, die an eine ordnungsgem **Verfahrensrüge** iSv § 551 III 1 Nr 2 lit b ZPO gestellt werden. Deshalb sind die Voraussetzungen des Zulassungsgrundes so substantiiert vorzutragen, dass **allein anhand der Beschwerdebegr und des Berufungsurt** das Vorliegen der Voraussetzungen für die Zulassung der Revision geprüft werden kann (BAG 23.9.2008, 6 AZN 84/08, NZA 2009, 396). Gerügt werden können nur Gehörsverstöße des **Berufungsgerichts**, nicht dagegen solche des ArbGs. Der Gesetzgeber hat in Reaktion auf die Entsch des BVerfG v. 30.4.2003 (1 PBvU 1/02, BVerfGE 107, 395) dem BAG nur die Möglichkeit eröffnen wollen, im Wege fachgerichtlicher Kontrolle Gehörsverletzungen der Berufungsinstanz zu korrigieren.

32 Wird gerügt, es sei **Vortrag übergangen** oder **ein Beweisangebot nicht beachtet** worden, muss iE dargestellt werden, **wo** der übergangene Vortrag oder das Beweisangebot zu finden ist. Der Beschwerdeführer muss deshalb unter Angabe des Schriftsatzes nach Datum und bei entspr Umfang nach Seitenzahl konkret vortragen, welcher Vortrag übergangen sein soll, bzw den Beweisantritt mit Thema und Beweismitteln sowie

Fundstelle angeben. Darüber hinaus hat der Beschwerdeführer die Entscherheblichkeit der Gehörsverletzung darzutun, also nachvollziehbar darzulegen, dass das LAG nach seiner Argumentationslinie unter Berücksichtigung des entspr Gesichtspunkts möglicherweise anders entschieden hätte. Anderenfalls wäre das BAG iR der Prüfung der Gehörsrüge verpflichtet, den gesamten Vortrag der Parteien unter allen rechtlichen Gesichtspunkten kursorisch zu prüfen, was sogar den Prüfungsrahmen einer zugelassenen Revision sprengen würde (BAG 23.9.2008, 6 AZN 84/08, NZA 2009, 396). Wird gerügt, das LAG habe **Urkunden**, insbes **Ermittlungsakten**, nicht beigezogen, muss der Beschwerdeführer darlegen, dass sein Beweisantrag den gesetzlichen Anforderungen der **§§ 432, 424 I Nr 1-3 ZPO** entsprochen hat, dh im Einzelnen dargelegt hat, welche Urkunden oder Aktenteile aus der Akte aus welchem Grund für die Entschsfindung erheblich sein sollen. Der Antrag auf Beiziehung »der Akte« XY reicht nicht (BGH 21.3.2012, IV ZR 229/10, JurionRS 2012, 15838).

Wird geltend gemacht, das rechtliche Gehör sei dadurch verletzt, dass in der **mündlichen Verh** eine ausreichende Erörterung der Sach- und Rechtslage nicht stattgefunden habe oder der Partei das Gehör abgeschnitten worden sei, muss dargelegt werden, wozu die Partei sich nicht hat äußern können und warum sie sich **nicht** durch die zumutbare Ausschöpfung der vom einschlägigen Prozessrecht eröffneten und nach Lage der Dinge tauglichen Möglichkeiten **Gehör verschaffen** konnte. Die Gehörsrüge dient nicht dazu, Fragen zu ersetzen, die eine fachkundig vertretene Partei in zumutbarer Weise selbst hätte stellen können, jedoch zu stellen unterlassen hat. Allein aus der **Kürze einer Verh** ergibt sich nicht, dass keine zumutbare Möglichkeit bestanden hat, sich Gehör zu verschaffen (BAG 23.9.2008, 6 AZN 84/08, NZA 2009, 396). Ggf muss die Partei einen Antrag auf **Vertagung** oder Gewährung einer **Schriftsatzfrist** stellen (BVerfG 18.8.2010, 1 BvR 3268/07, BVerfGK 17, 479). Schließlich muss dargelegt werden, was die Partei bei ausreichender Gewährung rechtlichen Gehörs vorgetragen hätte und warum dieser Vortrag dem LAG Anlass hätte geben können, anders zu entscheiden. 33

Will der Beschwerdeführer geltend machen, das LAG habe seinen Anspruch auf Gewährung rechtlichen Gehörs verletzt, indem es der **Hinweispflicht nach § 139 II ZPO** nicht nachgekommen sei, muss er zum einen konkret vortragen, **welchen** Hinweis das LAG hätte geben müssen. Darüber hinaus muss er die Entscherheblichkeit der Verletzung der Hinweispflicht dartun, also die **Kausalität** zwischen der Gehörsverletzung und dem Ergebnis des Berufungsurt begründen. Dabei genügt der nachvollziehbare Vortrag, dass das LAG bei Beachtung seiner Hinweispflicht möglicherweise anders entschieden hätte. Hierfür muss dargelegt werden, wie der Beschwerdeführer auf einen entspr Hinweis reagiert, insb welchen tatsächlichen Vortrag er gehalten oder welche für die Entsch erheblichen rechtlichen Ausführungen er gemacht hätte. Zugleich muss zumindest konkludent behauptet werden, bei Berücksichtigung dieses Vorbringens hätte das LAG möglicherweise anders entschieden (BAG 23.9.2008, 6 AZN 84/08, NZA 2009, 396). 34

Ist die anzufechtende Entsch in dem mit einer Gehörsrüge angegriffenen Punkt auf **mehrere jew selbstständig tragende Begr gestützt**, muss dargelegt werden, dass ein Zulassungsgrund (nicht notwendig ebenfalls ein Gehörsverstoß) für alle tragenden Begr vorliegt. Nur in diesem Fall ist die gerügte Verletzung rechtlichen Gehörs **entscherheblich** (vgl GK-ArbGG/*Mikosch* Stand April 2010 § 72a Rn 73). 35

Diese strengen Anforderungen erschweren den Zugang zur Revisionsinstanz nicht in unzumutbarer, aus Sachgründen nicht zu rechtfertigender Weise (vgl dazu BVerfG 27.2.2009, 1 BvR 3505/08, NZA 2009, 509) und begegnen deshalb **keinen verfrechtlichen Bedenken**. Das Gesetz verlangt eine Begr der Gehörsrüge, um sicherzustellen, dass das BAG lediglich anhand der Begr, also ohne weitere eigene Ermittlungen, über die Zulassung entscheiden kann. Deshalb sind in der Beschwerdebegr die Tatsachen substantiiert darzulegen, aus denen sich die Verletzung des Anspruchs auf rechtliches Gehör ergeben soll (vgl BVerfG 18.2.1999, 1 BvR 1840/98). 36

C. Form und Fristen. I. Einlegungsfrist. Die Nichtzulassungsbeschwerde ist beim BAG (BAG 4.11.1980, 4 AZN 370/80, EzA § 72a ArbGG 1979 Nr 19; die Einlegung beim LAG wirkt nicht fristwahrend) innerhalb einer **Notfrist von 1 Monat** nach Zustellung des in vollständiger Form abgefassten Urt schriftlich einzulegen. Eine **vor Zustellung** des LAG-Urt eingelegte Beschwerde ist allenfalls bei der Geltendmachung eines absoluten Revisionsgrundes zulässig. Bei den übrigen Zulassungsgründen ist vor Kenntnis der schriftlichen Urtgründe eine den gesetzlichen Anforderungen genügende Begr nicht möglich (offengelassen BAG 8.6.2010, 6 AZN 163/10, EzA § 72a ArbGG 1979 Nr 123). Allerdings ist die Beschwerdebegr als **erneute Einlegung** der Nichtzulassungsbeschwerde zu behandeln. Erfolgt die Begr noch innerhalb der Einlegungsfrist des II 1, ist die Beschwerde zulässig. Da es sich um eine Notfrist handelt, ist Wiedereinsetzung in den vorigen Stand zulässig (§ 233 ZPO). Die Beschwerdeschrift muss das Urt bezeichnen, gegen das Revision eingelegt werden soll. Dazu gehört die Angabe des Berufungsgerichts (BAG 27.10.1981, 3 AZN 283/81, EzA § 72a ArbGG 1979 Nr 35). Der Beschwerdeschrift soll eine Ausfertigung 37 oder beglaubigte Abschrift des anzufechtenden Urt beigefügt werden. Die Nichtzulassungsbeschwerde muss erkennen lassen, wer Beschwerdeführer und Beschwerdegegner ist (BAG 27.10.1981, 3 AZN 315/81, EzA § 72a ArbGG 1979 Nr 36). Es besteht Vertretungszwang (§ 11 IV). Gem § 72a IV 1 hat die Einlegung der Beschwerde aufschiebende Wirkung, das Urt wird nicht rkr. Die **Zwangsvollstreckung kann vorläufig eingestellt** werden, wenn die Beschwerde hinreichende Aussicht auf Erfolg bietet. Rechtsgrundlage dafür ist § 719 II ZPO, denn 72 Abs 5 verweist - anders als § 64 Abs 7 für das Berufungsverfahren - nicht auf § 62 und damit auch nicht auf § 62 I 1 bis 3 (BAG 27.6.2000, 9 AZN 525/00, NZA 2000, 1072). Bis zum Eingang einer Begr der Nichtzulassungsbeschwerde kann der Antrag nicht beschieden werden. Er hat – anders als im Verhältnis von LAG und ArbG (LAG BW 26.8.2008, 5 Sa 52/08) – nur Erfolg, wenn schon vor dem LAG ein **Antrag nach § 62 I 2 ArbGG** gestellt worden ist, es sei denn, die Gründe, auf die der Einstellungsantrag gestützt wird, lagen im Zeitpunkt der letzten mündlichen Verh noch nicht vor oder konnten aus anderen Gründen nicht vorgetragen und glaubhaft gemacht werden (BGH 31.10.2000, XII ZR 3/00, NJW 2001, 375; BGH 4.9.2002, XI ZR 110/02).

38 **II. Begrfrist.** Die Beschwerde ist innerhalb einer **Notfrist von 2 Monaten** nach Zustellung des in vollständiger Form abgefassten Urt zu begründen. Es kommt auch für die Begr-Frist allein auf den Tag der Zustellung des Urt an. Wiedereinsetzung in den vorigen Stand gegen die Versäumung der Begrfrist ist möglich. Eine **Verlängerung** der Frist ist **nicht zulässig**. Die Begrfrist endet auch dann 2 Monate nach der Zustellung des Urt des LAG, wenn der Beschwerdeführer die Beschwerdefrist versäumt hat und über seinen Wiedereinsetzungsantrag bei Ablauf der Begr-Frist noch nicht entschieden ist (vgl BAG 26.7.1988, 1 ABN 16/88, EzA § 72a ArbGG 1979 Nr 51). Die Begr-Schrift muss den Voraussetzungen des § 72a III 2 entsprechen (vgl oben Rdn 7 ff). Neue Tatsachen können nicht wirksam vorgetragen werden.

39 **D. Verfahren und Entsch. I. Beteiligung des Beschwerdegegners.** § 72a verdrängt als eigenständige Regelung § 544 ZPO. Die Verweisung in § 72 V entfaltet insoweit keine Wirkung (GK-ArbGG/*Mikosch* § 72 Rn. 63; offengelassen von BAG 18.4.2012, 3 AZB 22/11). Eine § 544 III ZPO entspr Vorschrift, nach der dem Beschwerdegegner rechtliches Gehör zu gewähren ist, fehlt im ArbGG. Auch Art 103 I GG gebietet eine Möglichkeit zur Stellungnahme nur bei einer den Beschwerdegegner belastenden Entsch, also bei einer Zulassung der Beschwerde (vgl BVerfG 12.6.1968, 2 BvR 31/68, BVerfGE 24, 23). Ist die Beschwerde unzulässig oder unbegründet, kann sie dagegen ohne Anhörung des Gegners zurückgewiesen werden (MüKo-ZPO/*Krüger* § 544 Rn. 23 mwN; Zöller/*Heßler* § 544 Rn. 11 für »offensichtlich« unbegründete Beschwerden). Der Gegner ist durch eine solche Entsch nicht beschwert. Anspruch auf eine Entsch mit einer von ihm angestrebten Begr oder einem bestimmten Inhalt hat er nicht. Letztlich ist der Gegner damit nur bei Erfolg der Beschwerde am Verfahren beteiligt. Das BAG hat ihm vor einer stattgebenden Entsch Gelegenheit zur Stellungnahme zu geben. Dafür genügt die Übersendung der Begr der Beschwerde. Eine ausdrückl Fristsetzung zur Stellungnahme ist nicht erforderlich. Es genügt, wenn zwischen Übersendung der Beschwerde nebst Begr und der Entsch eine angemessene Frist liegt (BVerfG 12.6.1968, 2 BvR 31/68, BVerfGE 24, 23). Das ist jedenfalls bei einem Abstand von mehr als einem Monat zwischen Zugang der Begr und dem Entschtermin des BAG der Fall (Rechtsgedanke des §66 I 1 und 3).

39.1 **II. Entsch BAG über die Beschwerde.** Das BAG **entscheidet** über die Nichtzulassungsbeschwerde idR **ohne mündliche Verh.** An der Beschlfassung wirken die **ehrenamtlichen Richter** mit, sofern die Beschwerde nicht als unzulässig verworfen wird. Der Beschl soll begründet werden. Das BAG kann jedoch nach Maßgabe des § 72a V 5 von einer **Begr des Beschl** absehen. Als **letztinstanzliche Entsch**, die mit ordentlichen Rechtsmitteln nicht mehr angegriffen werden kann, bedarf der Beschl, mit eine Nichtzulassungsbeschwerde verworfen oder zurückgewiesen wird, ohnehin nur dann einer Begr, wenn von dem eindeutigen Wortlaut einer Norm abgewichen werden soll und der Grund hierfür nicht ohne weiteres erkennbar ist oder ein im Zeitpunkt der Erhebung der Beschwerde bestehender Zulassungsgrund vor der Entsch über die Nichtzulassungsbeschwerde wegfällt und deswegen eine Prüfung der Erfolgsaussicht auf der Grundlage anderer als der von der Vorinstanz für tragend erachteten Gründe erforderlich ist. Dass gegen den Beschl mit der **Anhörungsrüge** neue und eigenständige Gehörsverletzungen durch die Entsch des BAG gerügt werden können, ändert daran nichts (BVerfG 30.6.2014, 2 BvR 792/11; 8.12.2010, 1 BvR 1382/10, NJW 2011, 1497). Diese Praxis steht im Einklang mit Art 6 EMRK (EGMR 26.2.2008, Nr 14029/05; BVerfG 30.6.2014, 2 BvR 792/14).

40 Mit der **Ablehnung** der Beschwerde wird das Urt des LAG rkr, V 6. Eine **Gegenvorstellung** gegen Entsch des BAG, mit der der Beschwerde als unzulässig verworfen oder als unbegründet zurückgewiesen worden ist, ist darum nicht statthaft. Die Rechtskraft des anzufechtenden Urt kann nicht mehr beseitigt werden. Das BAG ist an seine Entsch gebunden (BAG 10.10.2012, 5 AZN 991/12, NZA 2013, 167). Ein **Rechtsmittel**

ist nicht mehr gegeben. Die aufschiebende Wirkung nach § 72a IV 1 endet. Ein etwa nach § 719 II ZPO ergangener Einstellungsbeschl wird wirkungslos.

III. Verfahren nach erfolgreicher Beschwerde. Gibt das BAG der Beschwerde **statt**, so wird nach VI 41 das Beschwerdeverfahren als Revision fortgesetzt. Die form- und fristgerechte Einlegung der Nichtzulassungsbeschwerde gilt als Einlegung der Revision. Eine gesonderte **Revisionseinlegung** ist damit nicht mehr erforderlich. Mit der Zustellung des der Nichtzulassungsbeschwerde stattgebenden Beschl beginnt die Revisionsbegrfrist. Sie beträgt 2 Monate. Die Begr der Nichtzulassungsbeschwerde macht die gesonderte **Revisionsbegr** aber nicht entbehrlich. Dabei kann allerdings zur Begr der Revision auf die Beschwerdebegr **Bezug genommen** werden, § 72 V ArbGG, § 551 III 2 ZPO. Dies erfüllt die Anforderungen an die Zulässigkeit der Revision aber nur, wenn die Begr innerhalb der 2-Monatsfrist beim BAG eingeht und den inhaltlichen Anforderungen an eine Revisionsbegr entspricht (BAG 15.2.2012, 7 AZR 774/10, EzA § 37 BetrVG 2001 Nr 15). Nur mit diesem Verständnis des VI 2 und 3 lässt sich die Anschlussrevisionsfrist zuverlässig ermitteln (BGH 20.12.2007, III ZR 27/06, EzA § 551 ZPO 2002 Nr 7).

Hat das LAG den Anspruch des Beschwerdeführers auf **rechtliches Gehör** in entscherheblicher Weise ver- 42 letzt, kann das BAG anstelle einer Zulassung der Revision das Urt das LAG aufheben und den Rechtsstreit an das LAG **zurückverweisen**, § 72a VII. Davon macht es regelmäßig Gebrauch. Die Vorschrift dient der Verfahrensbeschleunigung. Die Anwendung dieser Vorschrift bietet sich insb dann an, wenn das Revisionsverfahren keine Möglichkeit bietet, die Gehörsverletzung zu heilen und revisible Rechtsfragen nicht ersichtlich sind (BAG 10.5.2005, 9 AZN 195/05, EzA § 72a ArbGG 1979 Nr 103; 10.5.2005, 9 AZN 195/05, EzA § 72a ArbGG 1979 Nr 103). Bei Vorliegen eines **absoluten Revisionsgrundes** gem § 547 Nr 1 bis 5 ZPO ist eine Zurückverweisung an das LAG in analoger Anwendung des § 72a VII möglich (BAG 5.6.2014, 6 AZN 267/14, EzA § 72a ArbGG 1979 Nr 133). Es besteht auch die Möglichkeit der Zurückverweisung an eine **andere Kammer** in entspr Anwendung von § 563 I 2 ZPO (BAG 12.12.2006, 3 AZN 625/06, EzA § 72 ArbGG 1979 Nr 35).

Hat das BAG die Revision auf eine Nichtzulassungsbeschwerde zugelassen, **enthält das Berufungsurt** 43 **jedoch keinen Tatbestand**, oder genügt er nicht den Anforderungen des § 540 ZPO, so ist das Berufungsurt im Revisionsverfahren aufzuheben (BAG 29.8.1984, 7 AZR 617/82, EzA § 543 ZPO Nr 4).

Die **Wiederaufnahme** des Verfahrens gegen den Beschl des BAG über die Nichtzulassungsbeschwerde ist 44 möglich, wenn die Wiederaufnahmegründe entweder die Zulassungstatbestände oder das -verfahren betreffen. Eine Wiederaufnahme kommt zB in Betracht, wenn der Beschwerdeführer geltend macht, er sei im Nichtzulassungsbeschwerdeverfahren **nicht ordnungsgem vertreten** gewesen oder wenn die Entsch des BAG durch eine in Beziehung auf den Rechtsstreit verübte **Straftat** erwirkt worden ist (BAG 12.12.2012, 5 AZN 1743/12 (F), NZA 2012, 1319).

E. Kosten. Die Kosten einer **erfolglosen** Nichtzulassungsbeschwerde hat nach § 97 I ZPO der Beschwer- 45 deführer zu tragen. Hat die Beschwerde **teilw Erfolg**, ist zwischen den Gerichts- und den außergerichtlichen Kosten zu unterscheiden. Der Beschwerdeführer muss die **Gerichtskosten** aus dem Wert des erfolglosen Teils seiner Beschwerde tragen. Die Gerichtskosten sind dafür nach dem gesamten Wert des Beschwerdegegenstands zu berechnen, jedoch nur in Höhe des erfolglosen Teils des Beschwerdeverfahrens anzusetzen. **Die außergerichtlichen Kosten** des Gegners muss der Beschwerdeführer im Umfang seines Unterliegens, berechnet nach dem gesamten Wert der Beschwerde, tragen (BAG 23.3.2010, 9 AZN 979/09, NZA 2010, 725). Hat die Beschwerde **insgesamt Erfolg**, sind die Kosten des Nichtzulassungsbeschwerdeverfahrens Teil der Kosten des Revisionsverfahrens, was durch § 72a VII deutlich wird. Derjenige, dem die Kosten der Revision auferlegt werden, hat dann auch die Kosten der Nichtzulassungsbeschwerde zu tragen. Wird die zugelassene Revision nicht durchgeführt, weil sie zurückgenommen oder nicht begründet wird, hat nach den allg Kostenregeln der Beschwerdeführer die Kosten zu tragen. Nimmt der Gegner nach Zulassung der Revision die Klage zurück, trägt er die Kosten des Rechtsstreits (vgl *ArbGG/Düwell* § 72a Rn 68a). Die Gerichtsgebühr beträgt nach Nr 8612 des Gebührenverzeichnisses in der Anlage 1 zu § 3 II GKG 1,6 Gebühren, wenn die Nichtzulassungsbeschwerde als unzulässig verworfen oder als unbegründet zurückgewiesen wird. Bei Rücknahme oder Erledigung des Nichtzulassungsbeschwerdeverfahrens auf andere Weise beträgt die Gebühr 0,8. Der Rechtsanwalt erhält für seine Tätigkeit im Verfahren über die Nichtzulassungsbeschwerde eine 1,6-fache Gebühr nach Nr 3506 der Anlage 1 zu § 2 II RVG. Wird die Revision zugelassen, fällt diese Gebühr nicht an (GKV Nr 8612), erhoben werden nur die im Revisionsverfahren anfallenden Gebühren. Der Streitwert des Nichtzulassungsbeschwerdeverfahrens ist der des Berufungsverfahrens, wenn das Nichtzulassungsbeschwerdeverfahren sämtliche Streitgegenstände des Berufungsverfahrens erfasst.

46 F. PKH. Der **Beschwerdeführer** erhält PKH für die beabsichtigte Beschwerde, wenn die Voraussetzungen der §§ 114 ff ZPO erfüllt sind. Nicht höchstrichterlich geklärt ist, welche Anforderungen an die Erfolgsaussicht eines PKH-Antrags zu stellen sind, den eine **Partei selbst** stellt. Das BAG hat offen gelassen, ob und in welchem Umfang eine zumindest laienhafte Darlegung möglicher Zulassungsgründe erforderlich ist (BAG 26.1.2006, 9 AZA 11/05, EzA § 72a ArbGG 1979 Nr 106). Für **Rechtsmittel** nimmt der BGH in stRspr an, dass das Gericht die Erfolgsaussicht bei fehlender Begr **vAw zu prüfen** hat (BGH seit 11.11.1992, X II ZB 118/92, NJW 1993, 732). Dies ist auf die Nichtzulassungsbeschwerde als bloßen, zudem stark formalisierten **Rechtsbehelf** (s Rdn 2) nicht übertragbar. Eine Prüfung von Zulassungsgründen vAw anhand des Akteninhalts würde nicht nur zu der vom Recht der PKH bezweckten Gleichstellung der unbemittelten Partei mit der begüterten Partei führen, sondern **Unbemittelte** dadurch **begünstigen**, dass die Berufsrichter des BAG eine fiktive Begr nach ihren Kenntnissen, die die eines nur gelegentlich mit dem Zulassungsrecht befassten Anwalts deutlich übersteigen, zugrundelegen müssten (vgl GK-ArbGG/*Mikosch* § 72a Rn. 88). Es reicht darum auch nicht aus, dass die Partei wenigstens im Kern deutlich macht, inwieweit sie das anzufechtende Urt beanstandet (so für die Erfolgsaussicht einer Verfbeschwerde BVerfG 5.11.2013, 1 BvR 2544/12, NJW 2014, 681). Andererseits dürfen von ihr auch keine Ausführungen verlangt werden, die in Formulierung, Umfang und Tiefe einer von einem Anwalt verfassten Begr gleichstehen (vgl BVerfG 17.2.2014, 2 BvR 57/13 für den Antrag auf Zulassung der Berufung). Eine Erfolgsaussicht liegt deshalb vor, wenn die **Partei** mit ihren Worten **umschreibt**, worauf sie die begehrte **Zulassung stützen** will, sich diese Ausführungen **im Ansatz** einem der gesetzlichen **Zulassungsgründe zuordnen** lassen (vgl GMPM/*Müller-Glöge* § 72a Rn. 58) und voraussichtlich eine Zulassung rechtfertigen werden (vgl BAG 26.1.2006, 9 AZA 11/05, EzA § 72a ArbGG 1979 Nr 106). Das BAG muss Zulassungsgründe, die nicht wenigstens laienhaft aufgezeigt sind, nicht prüfen. Es muss auch die aufgezeigten Gründe nicht unter anderen, von der Partei nicht angesprochenen Gesichtspunkten prüfen.

47 Unabhängig von der Frage der erforderlichen Darlegung eines möglichen Zulassungsgrundes fehlt die Erfolgsaussicht jedenfalls dann, wenn die Revision auch nach ihrer Zulassung voraussichtlich keinen Erfolg hätte, das Urt des **LAG im Ergebnis** also **voraussichtlich Bestand** hätte. Auch eine bemittelte Partei würde keine Revision einlegen, wenn das Berufungsurt zwar auf Verfahrensfehlern oder anderen Rechtsfehlern beruht, gleichwohl aber die Wahrscheinlichkeit, den Prozess im Endergebnis zu gewinnen, gering ist und sie deshalb auch die Kosten der Beschwerde und der Revision zu tragen hätte. Bei dieser Prüfung ist in engem Rahmen auch eine vorweggenommene **Beweiswürdigung** möglich (BVerfG 7.5.1997, 1 BvR 296/94, NJW 1997, 2745; BGH 14.12.1993, VI ZR 235/92, NJW 1994, 1160). Der Beschl über die Entsch über den Antrag auf PKH unterliegt keinen höheren **Begranforderungen** als der über die Beschwerde selbst, V 4 und 5 finden Anwendung (BAG 7.2.2012, 8 AZA 53/11 (F), EzA Art 103 GG Nr 10).

48 Dem **Beschwerdegegner** ist gem **§ 119 I ZPO** PKH grds unabhängig von der Erfolgsaussicht der Rechtsverteidigung zu gewähren. Diese Norm ist jedoch auf das kontradiktorische Verfahren zugeschnitten. Nach ihrem Zweck ist sie nicht anwendbar, wenn - wie im Verfahren nach § 72a (Rdn 39) - die andere Partei nur eingeschränkt beteiligt ist. Darum ist § 119 I ZPO **teleologisch zu reduzieren** (vgl BAG 15.2.2005, 5 AZN 781/04 (A), EzA § 119 ZPO 2002 Nr 1; BFH 17.4.2014, III S 14/13 (PKH)). Die Norm findet keine Anwendung, wenn die **Beschwerde unzulässig oder unbegründet** ist. In diesen Fällen ist keine Anhörung des Gegners erforderlich. Weder § 72a noch Art. 103 gebieten insoweit die Gewährung rechtlichen Gehörs (Rdn 39). Die Hinzuziehung eines Prozessbevollmächtigten ist darum zur Gewährung ausreichenden Rechtsschutzes für den Gegner, der am Verfahren der Nichtzulassungsbeschwerde nur bei ihrem Erfolg beteiligt ist (Rdn 39), nicht erforderlich. Darauf, ob der Gegner als juristischer Laie die Erfolgsaussicht der Beschwerde beurteilen kann, kommt es nicht an. Der mittellose Gegner ist bei einer solchen Auslegung des § 119 I ZPO auch nicht im Gegensatz zur bemittelten Partei darauf angewiesen, »blind darauf zu vertrauen, das Gericht werde schon richtig entscheiden« (aA ArbGG/*Düwell* § 72a Rn. 64). Auch die bemittelte Partei hat keinen Anspruch darauf, bei einer erfolglosen Beschwerde beteiligt zu werden und auf die Entsch Einfluss zu nehmen (Rdn 39). Auch § 118 I ZPO verlangt ihre Anhörung nicht. In einem solchen Fall ist die Anhörung unzweckmäßig, weil die PKH schon nach dem eigenen Vorbringen des Antragstellers zu verweigern ist (Zöller/*Gummer* § 118 Rn. 3). Eine Zurücksetzung der unbemittelten Partei erfolgt insoweit also nicht. **PKH** ist darum dem **Gegner** erst dann zu bewilligen, wenn die **Beschwerde** nach der vorläufigen Einschätzung des BAG **Erfolg** haben wird. Dann muss es dem Gegner eine angemessene Frist (Rdn 39) zur Stellungnahme gewähren, bevor es endgültig über die Beschwerde entscheidet.

Findet die Partei keinen Anwalt für ihre Vertretung im Nichtzulassungsbeschwerdeverfahren, ist ihr gem 49
§ 78b ZPO auf ihren Antrag ein **Notanwalt** beizuordnen. Der Antrag ist **vor Ablauf der Frist zur Einlegung** der Beschwerde zu stellen (BAG 25.8.2014, 8 AZN 226/14 (A), EzA § 78b ZPO 2002 § 209 Abs. 2 Nr 3). Er ist abzulehnen, wenn die Rechtsverteidigung **mutwillig** oder **aussichtslos** ist. Das stellt geringere Anforderungen als die von § 114 I ZPO verlangte Erfolgsaussicht. Aussichtslos ist eine Rechtsverfolgung erst, wenn ein **Erfolg** der Beschwerde **von vornherein offenbar ausgeschlossen** ist (BAG 19.5.2010, 2 AZN 281/10 (A), EzA § 78b ZPO 2002 § 209 Abs. 2 Nr 2 InsO) oder wenn auch bei anwaltlicher Beratung ein günstigeres Ergebnis offenbar nicht erreicht werden kann, weil die tatbestandlichen **Voraussetzungen** für einen der ges **Zulassungsgründe offenbar nicht vorliegen** (BSG 29.3.2012, B 14 AS 251/11 B, NJW 2012), 2685).

Die Partei muss glaubhaft machen, dass sie eine **gewisse Anzahl von Rechtsanwälten** vergeblich um Mandatsübernahme **gebeten** hat. **Provoziert** die Partei die **Absage** von Anwälten dadurch, dass sie erst unmittelbar vor Fristablauf um Mandatsübernahme ersucht, reicht das zur Glaubhaftmachung der Notwendigkeit eines Notanwalts nicht aus (BAG 25.8.2014, 8 AZN 226/14 (A), EzA § 78b ZPO 2002 § 209 Abs. 2 Nr 3). Jedenfalls in einer größeren Stadt ist die Absage von **mehr als vier Anwälten** nachzuweisen. Dafür sind die **Namen** der Anwälte und die **Gründe der Ablehnung** anzuführen (BGH 16.2.2004, IV ZR 290/03, NJW-RR 2004, 864). § 78b ZPO greift nicht ein, wenn die Ablehnung darauf beruht, dass die Partei den nach dem RVG zu bemessenden **Vorschuss** nicht zahlen kann oder will. Das folgt aus § 78c II ZPO, der auch dem Notanwalt das Recht zu einem solchen Vorschuss gewährt (vgl BGH 25.1.1966, V ZR 166/63, NJW 1966, 780). 50

Nach dem Zweck des § 78b ZPO scheidet die Beiordnung eines Notanwalts aus, wenn die Partei dadurch 51
nur erreichen will, die Nichtzulassungsbeschwerde gegen den Rat ihres bisherigen Prozessbevollmächtigten durchzuführen und hierbei **ihre rechtlichen Überlegungen zur Grundlage eines Begründungsschriftsatzes zu machen**. Das würde dem Zweck des Anwaltszwangs zuwiderlaufen (BGH 18.12.2012, VIII ZR 239/12, NJW 2013, 1011).

Gegen den Beschl des BAG, mit dem der Antrag nach § 78b ZPO abgelehnt wird, ist nur die Anhörungs- 52
rüge gegeben (Zöller/*Vollkommer* § 78b Rn. 7).

§ 72b Sofortige Beschwerde wegen verspäteter Absetzung des Berufungsurteils

(1) ¹Das Endurteil eines Landesarbeitsgerichts kann durch sofortige Beschwerde angefochten werden, wenn es nicht binnen fünf Monaten nach der Verkündung vollständig abgefasst und mit den Unterschriften sämtlicher Mitglieder der Kammer versehen der Geschäftsstelle übergeben worden ist. ²§ 72a findet keine Anwendung.
(2) ¹Die sofortige Beschwerde ist innerhalb einer Notfrist von einem Monat beim Bundesarbeitsgericht einzulegen und zu begründen. ²Die Frist beginnt mit dem Ablauf von fünf Monaten nach der Verkündung des Urteils des Landesarbeitsgerichts. ³§ 9 Abs. 5 findet keine Anwendung.
(3) ¹Die sofortige Beschwerde wird durch Einreichung einer Beschwerdeschrift eingelegt. ²Die Beschwerdeschrift muss die Bezeichnung der angefochtenen Entscheidung sowie die Erklärung enthalten, dass Beschwerde gegen diese Entscheidung eingelegt werde. ³Die Beschwerde kann nur damit begründet werden, dass das Urteil des Landesarbeitsgerichts mit Ablauf von fünf Monaten nach der Verkündung noch nicht vollständig abgefasst und mit den Unterschriften sämtlicher Mitglieder der Kammer versehen der Geschäftsstelle übergeben worden ist.
(4) ¹Über die sofortige Beschwerde entscheidet das Bundesarbeitsgericht ohne Hinzuziehung der ehrenamtlichen Richter durch Beschluss, der ohne mündliche Verhandlung ergehen kann. ²Dem Beschluss soll eine kurze Begründung beigefügt werden.
(5) ¹Ist die sofortige Beschwerde zulässig und begründet, ist das Urteil des Landesarbeitsgerichts aufzuheben und die Sache zur neuen Verhandlung und Entscheidung an das Landesarbeitsgericht zurückzuverweisen. ²Die Zurückverweisung kann an eine andere Kammer des Landesarbeitsgerichts erfolgen.

Die sofortige Beschwerde bei verspätet abgesetzten Urt des LAG, auch **Kassationsbeschwerde** genannt, ist 1
durch das AnhörungsrügenG (BGBl I 2004 S 3220) mit Wirkung ab 1.1.2005 als bes Rechtsbehelf bei verspäteter Entschbegr in das ArbGG eingefügt worden.

Wird ein LAG-Urt nicht innerhalb von 5 Monaten abgesetzt und mit den Unterschriften der Richter 2
versehen der Geschäftsstelle übergeben, kann die beschwerte Partei innerhalb einer **Notfrist von 1 Monat** beim BAG sofortige Beschwerde einlegen, die nur darauf gestützt werden kann, es liege eine Entsch ohne Gründe wegen verspäteter Absetzung vor. Die Frist beginnt mit dem Ablauf von 5 Monaten nach

§ 72b ArbGG Sofortige Beschwerde wegen verspäteter Absetzung des Berufungsurteils

Verkündung des Endurt. Auf die fehlende Rechtsbehelfsbelehrung kommt es nicht an. Nach I 2 ist § 9 V nicht anwendbar.

3 Das **Endurt** des LAG ist iSv § 72b I **vollständig abgefasst**, wenn es den formalen Anforderungen der §§ 313–315b ZPO, § 69 entspricht. § 72b stellt auf den formalen Mindestinhalt eines Urt ab. Die äußere Form des Urt ist entscheidend, nicht aber das Fehlen notwendiger Gründe iSd § 547 Nr 6 ZPO (BAG 20.12.2006, 5 AZB 35/06, EzA § 72b ArbGG 1979 Nr 2 betr übergangene Hilfsaufrechnung).

4 Erforderl sind die Unterschriften der **Richter**, die an der Entsch **mitgewirkt** haben. Wird das Urt erst in einem Verkündungstermin verkündet, müssen die Richter unterschreiben, die an der mündlichen Verh teilgenommen haben. Ist das Urt von anderen Mgl der Kammer unterschrieben, ohne das ein Verhinderungsgrund vorliegt, ist es nicht iSv § 72b unterschrieben. Zwar können die fehlenden Unterschriften **nachgeholt** werden. Dies wirkt jedoch nur für die **Zukunft**. Ist die Frist des § 72b bei Nachholung der Unterschriften bereits abgelaufen, ist die Beschwerde erfolgreich (BAG 19.12.2012, 2 AZB 45/12).

5 Ist die **Unterschrift** eines ehrenamtlichen Richters gem § 315 I 2 ZPO, § 64 VI 1 ArbGG, § 525 ZPO innerhalb der 5-Monats-Frist **wirksam ersetzt**, ist das Urt nicht verspätet abgesetzt. Der Verhinderungsgrund der **Ortsabwesenheit** des ehrenamtlichen Richters unterliegt **strengen Anforderungen** (BAG 3.3.2010, 4 AZB 23/09, EzA § 72b ArbGG 1979 Nr 5; 24.6.2009, 7 ABN 12/09, NZA-RR 2009, 553; BVerwG 9.7.2008, 6 PB 7.08, NZA-RR 2008, 545). Der Vorsitzende der Kammer des LAG muss zum einen prüfen, ob im Zeitpunkt der Unterschriftsreife eine Verhinderung vorliegt. Das BAG lässt dafür eine Verhinderung von mehr als 2 Wochen die Ersetzung der Unterschrift ausreichen (BAG 22.8.2007, 4 AZN 1225/06, EzA ArbGG 1979 § 72b Nr 3), das BVerwG bereits 1 Woche (BVerwG 9.7.2008, 6 PB 17.08, NJW 2008, 3450). Außerdem muss er eine **Prognose** erstellen, ob die Verhinderung über den Zeitpunkt der frühestmöglichen Unterschrift noch **mind 1 weitere Woche andauert**. Ist das nicht der Fall, liegt keine Verhinderung im gesetzlichen Sinn vor. Das gilt auch dann, wenn das Abwarten auf das Ende der Abwesenheit dazu führt, dass die 5-Monats-Frist nicht eingehalten werden kann. Der Vorsitzende darf sich also nicht mit der Auskunft begnügen, der ehrenamtliche Richter sei »im Urlaub« oder »erkrankt«, sondern muss sich über die seiner Prognose zugrunde liegenden Tatsachen hinreichende Gewissheit verschaffen. Tut er das, ist es regelmäßig **unerheblich, ob sich seine Prognose bestätigt hat** oder nicht. Lagen die Voraussetzungen des Verhinderungsvermerks dagegen nicht vor, wird dieser nicht nachträglich dadurch wirksam, dass nach einem dem Vorsitzenden unbekannten Tatsachenverlauf die Voraussetzungen einer Verhinderung vorlagen. Das BAG hat im **Freibeweisverfahren** zu klären, ob der Vorsitzende den Rechtsbegriff der Verhinderung verkannt hat und/oder sich nicht die erforderliche Kenntnis über die aktuelle und die prognostizierte Verhinderung des ehrenamtlichen Richters verschafft. Dies Anforderungen sind an das Vorliegen einer **Erkrankung** als Verhinderungsgrund zu stellen.

6 Liegen die Voraussetzungen für eine sofortige Beschwerde nach § 72b vor, ist dies der **einzige statthafte Rechtsbehelf** gegen ein verspätet abgesetztes Urt des LAG (BAG 2.11.2006, 4 AZN 716/06, EzA § 72b ArbGG 1979 Nr 1). Sind die Voraussetzungen des § 72b erfüllt, ist eine gleichwohl eingelegte Nichtzulassungsbeschwerde – das LAG hatte die Revision gegen sein erst später als 5 Monate nach seiner Verkündung an die Geschäftsstelle gelangtes Urt nicht zugelassen – nach § 72b I 2 unstatthaft und deshalb unzulässig. Eine **Umdeutung** der Nichtzulassungsbeschwerde in eine Kassationsbeschwerde scheidet aus, wenn sie wegen Versäumung der Einlegungs- und Begrfrist ohnehin unzulässig ist (BAG 2.11.2006, 4 AZN 716/06, EzA § 72b ArbGG 1979 Nr 1). Dagegen kann eine Umdeutung erfolgen, wenn die Beschwerde innerhalb der Frist des II eingelegt ist und den Begründungsanforderungen des III entspricht (BAG 24.2.2015, 5 AZN 1007/14, EzA § 72b ArbGG 1979 Nr 6). Eine **vorsorglich**, aber **unbedingt** und fristgerecht eingelegte und begründete **Nichtzulassungsbeschwerde** ist dagegen statthaft, wenn das Urt tatsächlich nicht verspätet abgesetzt ist (BAG 22.8.2007, 4 AZN 1225/06, EzA § 72b ArbGG 1979 Nr 3). Ist im Urt des LAG die Revision zugelassen, kann nicht mit einer **Verfahrensrüge** geltend gemacht werden, es liege ein Urt ohne Gründe vor und bereits deshalb sei das angefochtene Urt aufzuheben. Vielmehr hat das BAG in der Sache zu entscheiden, wenn die durch das verspätet abgesetzte Urt beschwerte Partei keine Beschwerde nach § 72b eingelegt hat (BAG 14.3.2012, 3 AZR 260/10).

7 In der **Beschwerdeschrift** muss die angefochtene Entsch benannt werden und es bedarf der Erklärung, dass gegen sie (sofortige) Beschwerde eingelegt werde. Die Begr muss nicht in der Beschwerdeschrift erfolgen, sondern kann innerhalb der Monatsfrist nachgeholt werden. Zur **Begr** der Beschwerde reicht es nicht aus, nur darauf hinzuweisen, dass das Urt nicht binnen 5 Monaten zugestellt ist und davon auszugehen sei, dass es innerhalb dieser Frist auch nicht von allen Richtern unterzeichnet auf die Geschäftsstelle gelangt sei. Vielmehr muss dargelegt werden, dass und welche Anstrengungen unternommen worden sind, **die gerichtsinternen Vorgänge aufzuklären** (vgl für die Rüge der Verletzung des rechtlichen Gehörs durch gerichtsinterne Vorgänge BAG 14.12.2010, 6 AZN 986/10, EzA § 72a ArbGG 1979 Nr 126).

Bei formell ordnungsgem eingelegter und begründeter Beschwerde ist das Urt ggf durch Beschl der Berufs- 8
richter des zuständigen Senats aufzuheben und die Sache zur neuen Entsch an das LAG zurückzuverweisen.
Der Beschl, der ohne mündliche Verh ergehen »kann« (IV 1), was die Regel ist, »soll« kurz begründet werden (IV 2). Die **Zurückverweisung** kann auch an eine andere als die Kammer erfolgen, die die aufgehobene
Entsch getroffen hat. Das wird sich im Hinblick auf die beschwerte Partei anbieten, dann aber nicht sinnvoll sein, wenn die einzige Fachkammer – zB für den öffentl Dienst – die Entsch getroffen hatte. Außerdem
darf das BAG nicht die Kammer bestimmen. Wegen Art 101 GG ist der Geschäftsverteilungsplan des LAG
maßgeblich.

§ 72b ist entspr anwendbar, wenn ein verkündetes **arbeitsgerichtliches Urt**, in dem die Sprungrevision 9
zugelassen worden ist, verspätet zur Geschäftsstelle gelangt (*Bepler* Änderungen im arbeitsgerichtlichen
Verfahren durch das AnhörungsrügenG, S 32).

Auf sonstige erstinstanzliche Urt, die nicht rechtzeitig abgefasst wurden, ist § 72b nicht anwendbar. Gegen 10
diese ist die Berufung statthaft, die gem § 66 I 2 binnen 6 Monaten eingelegt und binnen 1 weiteren
Monats begründet werden muss (*Oberthür* ArbRB 2004, 371, 373).

Bei verspäteter Absetzung eines Urt des **BAG** bleibt nur die Verfbeschwerde. 11

Für den Prozessbevollmächtigten des durch ein LAG-Urt Beschwerten stellt sich im Fall verspäteter Abset- 12
zung nach Ablauf von 5 Monaten die Frage, ob er den Weg des § 72b geht **oder** aber die im Tenor des
Berufungsgerichts **zugelassene Revision** einlegt. Letzteres kann er jedenfalls dann sinnvoll tun, wenn das
Berufungsgericht, sei es in der mündlichen Verh, sei es bei der Begr des Urt gelegentlich der Verkündung
(§ 69 S 2 iVm § 60 II 1), hinreichend zu erkennen gegeben hat, auf welche Tatsachen und rechtlichen
Erwägungen es seine Entsch stützen will (stützt), also eine ordnungsgem Begr der Revision möglich ist.
Auch der Fall ist denkbar, dass nach Ablauf der 5-Monats-Frist, aber vor Ablauf von 6 Monaten vorsorglich
Revision eingelegt wurde, das Berufungsurt vor Ablauf von 7 Monaten vollständig zugestellt wird und die
Revision daher noch ordnungsgem begründet werden kann. Insb stellt sich die Frage, wenn das Urt zwar
vollständig vorliegt, aber nicht rechtzeitig von allen Richtern ordnungem unterzeichnet worden ist (s dazu
Rdn 5). In diesen Fällen kann sowohl die zugelassene Revision als auch die Kassationsbeschwerde einge-
legt werden. Gibt das BAG der sofortigen Beschwerde statt, ist die Revision gegenstandslos (GK-ArbGG/
Mikosch § 72b Rn 21, 59).

§ 73 Revisionsgründe
(1) ¹Die Revision kann nur darauf gestützt werden, dass das Urteil des Landesarbeitsgerichts auf der Verletzung einer Rechtsnorm beruht. ²Sie kann nicht auf die Gründe des § 72b gestützt werden.
(2) § 65 findet entsprechende Anwendung.

Übersicht	Rdn.		Rdn.
A. Rechtsnormverletzung	1	IV. § 547 Nr 5 ZPO	19
B. Prüfungsumfang des Revisionsgerichts	3	V. § 547 Nr 6 ZPO	20
C. Absolute Revisionsgründe	10	D. VAw zu berücksichtigende Rechtsverlet-	
I. § 547 Nr 1 ZPO	11	zungen	21
II. § 547 Nr 2 und Nr 3 ZPO	17	E. Nicht zu berücksichtigende Rechtsver-	
III. § 547 Nr 4 ZPO	18	letzungen	28

A. Rechtsnormverletzung. Die Revision ist begründet, wenn das Urt des LAG auf der Verletzung einer 1
Rechtsnorm beruht, dh eine Rechtsnorm nicht oder nicht richtig angewandt worden ist (vgl § 546 ZPO).
Im Verfahren vor dem BAG gilt § 547 Nr 1–6 ZPO (sog absolute Revisionsgründe; s aber noch Rdn 2 und
näher Rdn 10 ff). Das ist ganz allg anerkannt, obwohl das ArbGG keine dem § 551 ZPO vergleichbare
Vorschrift enthält und auch eine Verweisung fehlt (su. Rdn 10).

Gerügt werden können Verletzungen des formellen Rechts (**Verfahrensrüge**) oder des materiellen Rechts 2
(**Sachrüge**). Die Verletzung des § 69 I 2 und § 60 IV 3 kann mit der Revision grds nicht gerügt werden, da
es sich nur um Sollvorschriften mit bloßer Ordnungsfunktion handelt (BAG 15.8.1984, 7 AZR 228/82,
EzA § 1 KSchG Nr 40). Wenn Tatbestand und Entsch-Gründe nicht innerhalb von 5 Monaten nach
der Verkündung des Berufungsurt schriftlich niedergelegt und von allen Richtern unterschrieben vorliegen, liegt zwar ein Verstoß gegen § 547 Nr 6 ZPO vor, insoweit ist aber die Kassationsbeschwerde des
§ 72b der einzig vorgesehene Rechtsbehelf (§ 72b Rdn 6). Die frühere Rspr, wonach die Revision auf die
verspätete Abfassung und Zustellung eines Urt gestützt werden konnte, wenn der Rechtsmittelkl infolge
der Verspätung die Möglichkeit verloren hatte, eine **Tatbestandsberichtigung** zu beantragen, und wenn

§ 73 ArbGG Revisionsgründe

das angefochtene Urt auf dem Sachverhalt, dessen Berichtigung beantragt worden wäre, beruhte (BAG 20.4.1994, 4 AZR 342/93, EzA § 613a BGB Nr 118), ist damit überholt, wenn das Urt erst nach Ablauf von mehr als 5 Monaten vollständig abgefasst wird. Revisibel sind neben den staatlichen Rechtsnormen auch **ausländische Rechtsnormen, tarifliche Normen** und solche einer BV sowie **Satzungsrecht** (Satzungen von Vereinen).

3 **B. Prüfungsumfang des Revisionsgerichts.** Unbestimmte Rechtsbegriffe (zB die Sozialwidrigkeit einer Kdg) können vom Revisionsgericht nur daraufhin überprüft werden, ob der Rechtsbegriff selbst verkannt ist, ob die Unterordnung des Sachverhalts (Subsumtion) unter den Rechtsbegriff Denkgesetze oder allg Erfahrungssätze verletzt und ob die Beurteilung wegen Außerachtlassung wesentlicher Umstände offensichtlich fehlerhaft ist (st Rspr BAG 21.2.2007, 4 AZR 183/06, ZTR 2007, 379).

4 Werden die Auslegung **nicht typisierter Verträge** und die Feststellungen des LAG, dass und welche Erklärungen abgegeben worden sind, nicht mit Verfahrensrügen angegriffen, sind sie für das BAG grds bindend, § 559 II ZPO. Das BAG prüft nur, ob bei der Auslegung die Vorschriften über die Auslegung richtig angewandt worden sind, ob der Tatsachenstoff vollständig verwertet worden ist, ob bei der Auslegung gegen Denkgesetze und Erfahrungssätze verstoßen worden ist, ob eine gebotene Auslegung unterlassen worden ist und ob die Auslegung rechtlich möglich ist (BAG 23.4.2009, 6 AZR 533/08, EzA § 16 TzBfG Nr 1). Dagegen unterliegen **typisierte Willenserklärungen** (typisierte Verträge), insb Bezugnahmeklauseln, AGB-Klauseln sowie Gesamtzusagen und ihre Auslegung durch das LAG, der uneingeschränkten revisionsrechtlichen Überprüfung (BAG 30.8.2000, 4 AZR 581/99, EzA § 3 TVG Bezugnahme auf Tarifvertrag Nr 13; 16.5.2000, 9 AZR 245/99, EzA § 125 BGB Nr 15). Bedeutung haben diese Grds ferner für die Auslegung von **Ruhegeldzusagen**, die aufgrund einheitlicher Arbeitsbedingungen im Betrieb gelten (vgl *Grunsky* § 73 Rn 15 mit Hinw).

5 Eine **Klageänderung** oder -erweiterung ist in der Revisionsinstanz nur für den Rechtsmittelführer überhaupt möglich (BAG 28.5.2014, 5 AZR 794/12, EzA § 10 AÜG Nr 28). Sie ist **grds unzulässig**. Auch der Wechsel von der Feststellungs- zur Leistungsklage ist deshalb idR nicht möglich (BAG 25.1.2012, 4 AZR 147/10, NZA-RR 2012, 530). Das BAG prüft nur, ob die Vorinstanz über die Klage rechtsfehlerfrei entschieden hat. **Ausnahmsweise** ist eine Klageänderung oder -erweiterung noch in der Revision **zulässig**, wenn eine Änderung des Klageantrages iSv § 264 Nr 2 oder 3 ZPO vorliegt oder wenn sich der geänderte Sachantrag auf einen in der Berufungsinstanz festgestellten bzw von den Parteien übereinstimmend vorgetragenen Sachverhalt stützen kann, sich das rechtliche Prüfprogramm nicht wesentlich ändert und die Verfahrensrechte der anderen Partei durch eine Sachentsch nicht verkürzt werden (BAG 28.5.2014, 5 AZR 794/12, EzA § 10 AÜG Nr 28). Eine Klageänderung oder -erweiterung setzt aber auch in diesem Fall voraus, dass die Revision zulässig ist (vgl BAG 15.4.2014, 1 ABR 80/12). Die Umstellung des Antrags von künftiger auf sofortige Leistung ist zulässig, wenn schon im Zeitpunkt der letzten mündlichen Verh vor dem LAG die Zahlungsansprüche fällig waren. Für später fällig gewordene Ansprüche gelten die strengen, oben genannten Anforderungen (BAG 22.10.2014, 5 AZR 731/12, EzA § 259 ZPO 2002 Nr 2). Zulässig ist auch die Umstellung der **Reihenfolge von Hilfsanträgen**, wenn das LAG über alle Anträge entschieden hat (BAG 19.3.2014, 5 AZR 954/12).

6 **Neue Tatsachen** können in der Revisionsinstanz grds nicht mehr vorgetragen werden. Das gilt auch für **Rechtstatsachen** (BAG 22.2.2012, 4 AZR 579/10, AP TVG § 1 Bezugnahme auf Tarifvertrag Nr 110), dh die Umschreibung rechtl Gegebenheiten durch einen einfachen Rechtsbegriff, der jedem Teilnehmer des Rechtsverkehrs geläufig ist (BAG 16.12.2010, 6 AZR 487/09, EzA § 4 TVG Bühnen Nr 11) Neues Vorbringen kann **nur** ausnahmsweise berücksichtigt werden, wenn es **unstr** (BAG 16.4.2015, 6 AZR 352/14) oder seine Richtigkeit **offenkundig** ist oder wenn es einen Grund für die **Wiederaufnahme** des Verfahrens abgeben würde. Außerdem ist neues Vorbringen zu beachten, wenn die Parteien nach der Rechtsauffassung des Berufungsgerichts keinen Anlass hatten, bestimmte Tatsachen vorzutragen, es aber nach der Rechtsansicht des Revisionsgerichts auf diese Tatsachen ankommt. Dann ist den Parteien durch Zurückverweisung des Rechtsstreits Gelegenheit zu geben, ihr Vorbringen zu ergänzen (BAG 29.1.2014, 6 AZR 345/12, EzA § 133 InsO Nr 4).

7 Die Rechtsverletzung muss für das Urt **kausal** sein, also zu einer Änderung des Ergebnisses der Entsch führen. Erweist sich das Urt im Ergebnis aus anderen Gründen als richtig, ist die Revision zurückzuweisen (§ 561 ZPO iVm § 72 V). Bei Verfahrensverstößen reicht es nach der Rspr aus, dass das LAG möglicherweise anders erkannt hätte (vgl BAG 6.1.2004, 9 AZR 680/02, EzA § 551 ZPO 2002 Nr 1). Bei Vorliegen der **absoluten Revisionsgründe** in § 547 Nr 1–5 ZPO wird die Kausalität des Rechtsfehlers **unwiderleglich vermutet**.

Ist die Revision statthaft und zulässig, ist das angefochtene Urt **insgesamt** auf seine materielle Richtigkeit 8
zu überprüfen. Das gilt auch dann, wenn der geltend gemachte Revisionsgrund nicht vorliegt. Das angefochtene Urt ist bei Vorliegen eines Rechtsfehlers auch dann aufzuheben, wenn dieser nicht gerügt ist (BAG 11.12.2014, 6 AZR 562/13, NZA-RR 2015, 199). Gem § 557 III 1 ZPO ist das Revisionsgericht nicht an die geltend gemachten Revisionsgründe gebunden. Es hat das Urt innerhalb desselben Streitgegenstands ohne Bindung an die erhobenen Sachrügen unter allen rechtlichen Gesichtspunkten auf seine materielle Richtigkeit und mögliche Rechtsfehler hin zu prüfen (BAG 24.9.2015, 6 AZR 497/14). Wenn Tatbestand oder Verhsprotokoll nichts Gegenteiliges ergeben, kann das BAG dabei davon ausgehen, dass durch die **Antragstellung** und das anschließende Verhandeln der **gesamte** bis zum Termin angefallene **Akteninhalt** zum Gegenstand der mündlichen Verh vor dem LAG gemacht worden ist. In diesem Fall unterliegt der gesamte Inhalt der Verfahrensakten der revisionsrechtl Beurteilung (BAG 12.5.2010, 2 AZR 544/08, EzA § 123 BGB 2002 Nr 9).

Bei dieser Prüfung ist das **BAG an den vom LAG festgestellten Tatbestand gebunden**. Eine Unrichtigkeit 9
dieser Feststellungen kann grds nur nach § 320 ZPO geltend gemacht werden (BAG 19.11.2014, 5 AZR 121/13, EzA § 4 TVG Ausschlussfristen Nr 210). Ebenso entfällt die Beweiskraft des Tatbestands und damit auch die Bindung für das BAG, wenn die Feststellungen des Berufungsgerichts **Widersprüche oder Unklarheiten** aufweisen (BAG 13.4.2010, 9 AZR 113/09, EzA BGB 2002 § 308 Nr 11). Solche Mängel sind vAw auch ohne Verfahrensrüge zu berücksichtigen. Ergibt sich aus der Zurückweisung des Berichtigungsantrags, dass die tatbestandlichen Feststellungen des LAG widersprüchlich sind, kann zur Wahrung des Anspruchs auf rechtliches Gehör auch im Revisionsverfahren mit der **Verfahrensrüge** geltend gemacht werden, dass die tatbestandlichen Feststellungen falsch sind (BGH 25.3.2014, VI ZR 271/13, NJW-RR 2014, 830).

C. Absolute Revisionsgründe. Das BAG prüft auch die absoluten Revisionsgründe des § 547 10
Nr 1–6 ZPO **nicht vAw**, sondern nur aufgrund einer ordnungsgem erhobenen Rüge. Das gilt selbst dann, wenn gerade die Rüge der Verletzung eines absoluten Revisionsgrunds zur Zulassung der Revision verholfen hat. Der Beschwerdeführer kann diese Rüge im anschließenden Revisionsverfahren fallen lassen (BAG 9.6.2011, 2 AZR 284/10, EzA § 626 BGB 2002 Nr 37). Der Revisionsführer kann also auf die Rüge eines absoluten Revisionsgrundes **verzichten**, um eine materielle Entsch zu erreichen. Für die Rüge des Vorliegens eines absoluten Revisionsgrundes sind die Tatsachen genau anzugeben, die die Gesetzesverletzung ausmachen sollen. Darüber hinaus muss die Revision statthaft und in der richtigen Form und Frist eingelegt worden sein (dazu § 74). Zu den absoluten Revisionsgründen s bereits § 72a Rdn 22 ff.

I. § 547 Nr 1 ZPO. Nicht ordnungsgem **Besetzung des Gerichts**: Erfasst werden Befähigung zum Richteramt und ordnungsgem Bestellung, §§ 8 ff DRiG. Wegen der Verweisung in II auf § 65 prüft das BAG 11
nicht, ob in der Vorinstanz bei der Berufung der **ehrenamtlichen Richter** Verfahrensmängel unterlaufen sind oder ob Umstände vorgelegen haben, die die Berufung eines ehrenamtlichen Richters zu seinem Amt ausschließen. Ebenso wenig kann das BAG überprüfen, ob der ehrenamtliche Richter (zB nach § 21 V) von seinem Amt hätte entbunden werden müssen. Verliert ein ehrenamtlicher Richter die Eigenschaft als AG oder AN, wirkt aber trotzdem an einer Entsch des ArbG oder LAG mit, kann dies nicht mit einem Rechtsmittel gerügt werden, solange er nicht von seinem Amt entbunden ist (BAG 15.5.2012, 7 AZN 423/12). Von Nr 1 werden aber die Fälle erfasst, in denen über den Streit **andere Richter** entscheiden als die gesetzlich Berufenen. Dabei ist zwischen dem »Fällen« des Urts und seiner bloßen Verkündung, die auch durch andere Richter erfolgen darf, zu unterscheiden. Ist vor einem Richterwechsel nach Schluss der mündlichen Verh das Urt noch nicht gefällt, dh ist über das Urt noch nicht abschließend beraten und abgestimmt, ist die Verh gem § 156 II Nr 3 ZPO zwingend wiederzueröffnen (BAG 6.5.2015, 2 AZN 984/14, EzA § 547 ZPO 2002 Nr 8). Nr 1 ist insbes verletzt, wenn die **ehrenamtlichen Richter** bei der Entsch über **die Wiedereröffnung der mündlichen Verh** aufgrund eines zwischen Schluss der mündlichen Verh und Urt-Verkündung eingegangenen Schriftsatzes nicht beteiligt werden (BAG 14.4.2015, 1 AZR 223/14, EzA-SD 2015, Nr 17, 15; s dazu auch § 72a Rdn 22 f). Ist einer der an der letzten mündlichen Verh beteiligten Richter **ausgeschieden**, entscheiden über die Wiedereröffnung die verbliebenen Richter (BAG 6.5.2014, 2 AZN 984/14, EZA § 547 ZPO 2002 Nr 8).

Ebenso ist Nr 1 gegeben, wenn das LAG zu Unrecht eine **Entsch nach Aktenlage** nach § 331a ZPO trifft. 11.1
Die Entsch hätte dann mit den ehrenamtlichen Richtern und nicht durch den Vorsitzenden allein ergehen müssen (BAG 5.6.2014, 6 AZN 267/14, EzA § 72a ArbGG 1979 Nr 133). Zur Verletzung des gesetzlichen Richters durch **Selbstentsch über ein Befangenheitsgesuch** s § 72a Rdn 22 f. Bei Abweichungen vom Geschäftsverteilungsplan oder bei der Prüfung des Geschäftsverteilungsplans liegt ein absoluter Revisionsgrund nur bei **objektiver Willkür** vor (BAG 25.8.1983, 6 ABR 31/82, EzA § 39 ArbGG 1979 Nr 3). Das

Spelge

ist der Fall, wenn sich das Gericht bei der Auslegung und Anwendung einer Zuständigkeitsnorm so weit von dem sie beherrschenden Grds des gesetzlichen Richters entfernt hat, dass die Verfahrensweise des Gerichts nicht mehr zu rechtfertigen ist (BAG 23.3.2010, 9 AZN 1030/09, EzA § 72 a ArbGG 1979 Nr 122). **Willkür** ist bereits dann anzunehmen, wenn die Geschäftsstelle irrtümlich handelt und das Gericht in Kenntnis der fehlerhaften Besetzung die Verh durchführt (vgl BAG 20.6.2007, 10 AZR 375/06, EzA Art 101 GG Nr 8).

12 Die **Vereidigung** der ehrenamtlichen Richter muss in öffentl Sitzung vor Stellung der Sachanträge erfolgen (BAG 17.3.2010, 5 AZN 1042/09, EzA § 547 ZPO 2002 Nr 3). Die Vereidigung erstreckt sich auf die Dauer des Amtes, bei erneuter Bestellung auch für die sich unmittelbar anschließende Amtszeit (§ 45 II 2 DRiG idF des ArbGG-Änderungsgesetzes v 26.6.1990, BGBl I S 1206). Scheidet in der Zeit zwischen Verhsschluss und Verkündung des Urt in einem späteren **Verkündungstermin** ein ehrenamtlicher Richter aus, so ist dieser nicht mehr der gesetzl Richter. Es kann auch kein anderer ehrenamtlicher Richter an seine Stelle treten; dieser wäre infolge der prozessualen Grundsätze der Mündlichkeit und Unmittelbarkeit des § 309 ZPO ausgeschlossen. Darum muss die Verh gem § 156 ZPO wieder eröffnet werden, damit dem Grds des gesetzl Richters nach Art 101 GG und § 309 ZPO entsprochen wird (BAG 16.5.2002, 8 AZR 412/01, EzA GG Art 101 Nr 7).

13 Eine Regelung im Geschäftsverteilungsplan, wonach die bei dem Gericht berufenen **ehrenamtlichen Richter allen Kammern angehören**, führt nicht zur Verletzung des gesetzlichen Richters (BAG 16.10.2008, 7 AZN 427/08, NZA 2009, 510). Zur Rüge des ges Richters bei unterlassener **Vorlage an den EuGH** sowie zur Mitwirkung erfolglos als befangen **abgelehnter Richter** s § 72 a Rdn 22.

14 Die Rüge der ordnungsgem Besetzung der Richterbank ist **unverzichtbar**, sodass der abs Revgrund nach Nr 1 auch bei Zustimmung der Parteien zum Verf vorliegen kann. Die Einhaltung der Besetzungsvorschriften liegt im öffentl Interesse. Dem steht das Verbot widersprüchlichen Verhaltens nicht entgegen. Die Unverzichtbarkeit des gesetzlichen Richters kann durch einen Rückgriff auf den Grds von Treu und Glauben nicht unterlaufen werden (BAG 26.9.2007, 10 AZR 35/07, NZA 2007, 1318; BGH 15.10.2013, II ZR 112/11). Erklärt sich ein zu einem Terminstag herangezogener **ehrenamtlicher Richter** unter Angabe eines Grundes für verhindert, so muss das Gericht das Vorliegen des angeführten **Hinderungsgrundes nicht näher nachprüfen**. Nur bei Anhaltspunkten für eine pflichtwidrige Entsch des ehrenamtlichen Richters kann Veranlassung bestehen, den angegebenen Hinderungsgrund nachzuprüfen und ggf auf einer Teilnahme des ehrenamtlichen Richters an der Sitzung zu bestehen (BAG 14.12.2010, 1 ABR 19/10, EzA § 2 TVG Nr 31).

15 Nur die zur Entsch berufenen Richter haben zu entscheiden. **Kurzfristige Abwesenheit** eines mitwirkenden Richters oder der **Schlaf** eines Richters führen zu einer nicht ordnungsgem Besetzung des Gerichts. Die Richter müssen körperlich und geistig in der Lage sein, der Verh in allen ihren wesentlichen Abschnitten zu folgen (BVerwG 31.1.1980, 3 C 118.79, Buchholz 310 § 138 Ziff 1 VwGO Nr 19; 15.11.2004, 7 B 56.04, juris). Allerdings sind Zeichen einer großen Ermüdung, Neigung zum Schlaf und das **Kämpfen mit der Müdigkeit** noch kein sicherer Beweis dafür, dass der Richter die Vorgänge in der Verh nicht mehr wahrnehmen konnte. Erforderlich sind sichere Anzeichen für einen nicht nur **Sekundenschlaf**, wie bspw tiefes, hörbares und gleichmäßiges Atmen oder gar Schnarchen oder ruckartiges Aufrichten mit Anzeichen von fehlender Orientierung (BVerwG 19.7.2007, 5 B 84/06). Der gesetzliche Richter ist auch verletzt, wenn entgegen § 193 GVG, Personen **an der Beratung mitwirken**, die dazu nicht berufen sind (GK-ArbGG/ *Mikosch* § 73 Rn 55 mwN; BVerwG 9.12.1981, 8 C 29/79, NJW 1982, 1716 für den Fall der Anwesenheit einer nicht förmlich zugewiesenen Referendarin; aA BAG 22.2.1967, 4 AZR 127/66, AP GVG § 193 Nr 2 mit zutr Anm *Wieczorek*). Zu ihrer juristischen Ausbildung beschäftigte Personen und wissenschaftliche Mitarbeiter dürfen bei der Beratung und Abstimmung zugegen sein, soweit der Vorsitzende deren Anwesenheit gestattet.

16 Wird die vorschriftsmäßige Besetzung des Gerichts beanstandet, müssen die Tatsachen vorgetragen werden, die die Fehlerhaftigkeit der Besetzung begründen sollen.

17 **II. § 547 Nr 2 und Nr 3 ZPO.** Nr 2 ist erfüllt, wenn bei der Entsch ein **Richter** mitgewirkt hat, der von der Ausübung des Richteramts kraft Gesetzes **ausgeschlossen** war (§ 41 ZPO), sofern nicht dieses Hindernis mittels eines Ablehnungsgesuchs ohne Erfolg geltend gemacht ist (§ 46 II ZPO). Nr 3 liegt vor, wenn bei der Entsch ein Richter mitgewirkt hat, obgleich er wegen Besorgnis der Befangenheit **abgelehnt** und das Ablehnungsgesuch für **begründet** erklärt war – auch bei Selbstablehnung – (§§ 42–48 ZPO), allerdings nicht nach Ergehen der die Instanz beendenden Entsch (BSG 28.1.2004, BGKA 101/03 B, juris). Wird dagegen das Ablehnungsgesuch **zurückgewiesen**, liegt Nr 3 nicht vor (BAG 24.2.2005, 2 AZR 373/03, EzA § 23 KSchG Nr 28).

III. § 547 Nr 4 ZPO. Nr 4 ist erfüllt, wenn eine **Partei** in dem Verfahren **nicht nach Vorschrift der** 18
Gesetze vertreten war, sofern sie nicht die Prozessführung ausdrückl oder stillschweigend genehmigt hat.
Dieser absolute Revisionsgrund liegt vor, wenn trotz Unterbrechung des Verfahrens wegen Insolvenz, § 240
ZPO, das LAG ein Urt in der Sache verkündet: Vor dem LAG herrscht Vertretungszwang. Die Eröffnung
des Insolvenzverfahrens beendete die Vollmacht des Prozessbevollmächtigten des Insolvenzschuldners, so
dass dieser vor dem LAG nicht mehr ordnungsgem vertreten ist. Auf die **Kenntnis des Gerichts** vom Unterbrechungsgrund kommt es nicht an (BAG 6.12.2006, 5 AZR 844/06; ebenso für den Fall der Aufhebung
der Betreuung eines nicht prozessfähigen Kl BSG 16.12.2009, B 7 AL 13/08 R, juris; weitere Bsp bei
GK-ArbGG/*Mikosch* § 73 Rn 59). Nr 4 ist dagegen nicht erfüllt, wenn dem Prozessvertreter die **Postulationsfähigkeit** fehlt (BAG 18.10.1990, 8 AS 1/90, EzA ArbGG § 79 Nr 1). Nr 4 kann **nur von der Partei
geltend gemacht werden**, die in dem vorangegangenen Rechtsstreit nicht ordnungsgem vertreten war, **nicht**
aber auch von ihrem **Prozessgegner**, der insoweit nicht beschwert ist (BAG 9.9.2010, 4 AZN 354/10, EzA
§ 72 ArbGG 1979 Nr 42).

IV. § 547 Nr 5 ZPO. Nr 5 liegt vor, wenn die Entsch aufgrund einer mündlichen Verh ergangen ist, bei 19
der die Vorschriften über die **Öffentlichkeit des Verfahrens** verletzt sind. Schließt das Gericht die **Öffentlichkeit** nicht nach § 52 S 2 aus, ist die Verh öffentl. Das Gericht muss dafür sorgen, dass **jedermann** bei
der Sitzung **anwesend** sein kann. Das wird regelmäßig dadurch gewährleistet, dass das Gerichtsgebäude
während der Sitzungsdauer durchgehend geöffnet ist. Der absolute Revisionsgrund des § 547 Nr 5 ZPO ist
jedoch auch dann nicht erfüllt, wenn zwar die Eingangstür zum Gerichtsgebäude geschlossen ist, Zuhörer
sich aber mithilfe einer **Klingel** Einlass verschaffen können. Das gilt auch, wenn dem Gericht die Existenz der Klingel nicht bekannt war (BAG 19.2.2008, 9 AZN 777/07, AP Nr 59 zu § 72a ArbGG 1979).
Tatsächlich vorhandene Beschränkungen der Öffentlichkeit, die **nicht auf einer gesetzwidrigen Anordnung** des Gerichts beruhen und die das **Gericht** trotz aufmerksamer Beachtung der Vorschriften über die
Öffentlichkeit des Verfahrens **nicht bemerkt** hat, können dem Gericht nicht als Verfahrensfehler angelastet
werden (BAG 12.4.1973, 2 AZR 291/72, EzA BGB § 611 Nr 12; BVerwG 17.3.2000, 8 B 287.99,
BVerwGE 111, 61). Die Frage des Gerichtspersonals, zu welcher Verh ein Besucher will, stellt keine
Verletzung des Grds der Öffentlichkeit dar (BVerwG 17.3.2000, 8 B 287.99, BVerwGE 111, 61).
Verhandelt das LAG in nicht öffentl Sitzung unter Verstoß gegen § 169 GVG, entscheidet aber erst später
im **schriftlichen Verfahren,** liegt Nr 5 nicht vor. Das gilt selbst dann, wenn auch die Voraussetzungen für
die Anordnung des schriftlichen Verfahrens nicht vorlagen, etwa weil das Urt nicht binnen 3 Monaten
nach Erteilung der Zustimmung, § 128 II 3 ZPO, verkündet worden ist (BGH 7.9.2005, XII ZR 209/02,
NJW 2005, 3710).

V. § 547 Nr 6 ZPO. Eine **Entsch ohne Gründe** iSv Nr 6 liegt nicht nur vor, wenn das Berufungsurt 20
überhaupt keine Begr enthält, sondern auch dann, wenn aus dem Urt **nicht zu erkennen ist, welche** tatsächlichen **Feststellungen** und welche **rechtlichen Erwägungen** für die getroffene Entsch maßgeblich waren.
Gleiches gilt, wenn auf einzelne **Ansprüche** oder Angriffs- und Verteidigungsmittel überhaupt **nicht eingegangen** wird. Erforderlich ist, dass die angeführten Gründe unter keinem denkbaren Gesichtspunkt geeignet
sind, den Tenor zu stützen (BAG 11.12.2013, 4 AZR 250/12).

D. VAw zu berücksichtigende Rechtsverletzungen. VAw zu berücksichtigen ist das **Fehlen der staatli-** 21
chen Rspr-Gewalt. Darum ist die **internationale Zuständigkeit** der deutschen Gerichte ungeachtet des
§ 545 II ZPO vAw zu prüfen (BAG 20.9.2012, 6 AZR 253/11, EzA § 125 InsO Nr 8). Ebenso ist die
Zuständigkeit der staatlichen Gerichte im Verhältnis zu den kirchlichen Gerichten und die int Zuständigkeit ungeachtet des Verweises in II auf § 65 zu prüfen (vgl für § 545 II ZPO BGH 28.3.2003, V ZR
261/02, NJW 2003, 2097).
VAw zu prüfen sind **allg Prozessvoraussetzungen**, also solche Umstände, die in jedem Verfahren vorliegen 22
müssen, etwa wirksame Klageerhebung, Partei- und Prozessfähigkeit, gesetzliche Vertretung Prozessunfähiger, Prozessführungsbefugnis, keine entgegenstehende Rechtskraft, keine doppelte Rechtshängigkeit (BAG
16.7.2015, 2 AZR 15/15, EzA-SD 2016, Nr 1, 3-4), Rechtsschutzbedürfnis.
Auch die Zulässigkeit der **Revision** wird vAw geprüft, § 552 ZPO. 23
VAw sind auch die **Prozessfortführungsvoraussetzungen** zu prüfen, insb die **Zulässigkeit der Berufung** 24
(BAG 25.2.2015, 5 AZR 849/13, NZA 2015, 701). Kommt es für die Zulässigkeit der Berufung darauf
an, ob ein **Wiedereinsetzungsantrag,** der noch beim Revisionsgericht gestellt werden kann, Erfolg (gehabt)
hätte, ist allerdings § 237 ZPO zu beachten. Danach hat idR das LAG über die Wiedereinsetzung zu
entscheiden. Der säumigen Partei darf grds nicht die Chance genommen werden, vom LAG eine unanfechtbare und damit vom BAG nicht überprüfbare Wiedereinsetzung bewilligt zu erhalten. Das BAG kann

25 Ferner wird vAw geprüft, ob der **Streitgegenstand** iSd § 253 II Nr 2 ZPO **hinreichend bestimmt** ist (BAG 24.3.2011, 6 AZR 691/09, EzA § 253 ZPO 2002 Nr 5 bei Unklarheit, wie sich die Klagforderung zusammensetzt; BAG 2.12.1998, 4 AZR 59/98, EzBAT §§ 22, 23 BAT F.2 Erziehungsdienst VergGr Vc Nr 16; 20.9.2000, 5 AZR 20/99, AP § 8 BMT-G II Nr 1). Indes kann die fehlende hinreichende Bestimmtheit des Streitgegenstandes noch in der Revisionsinstanz durch eine entspr Erklärung des Kl beseitigt werden, sodass eine Sachentsch ergehen kann, wenn dazu keine neuen Tatsachen erforderlich sind oder diese in der Revisionsinstanz unstr gestellt werden (GK-ArbGG/*Mikosch* § 73 Rn 48).

Bei Aktenlage unzweifelhaft Wiedereinsetzung zu gewähren ist oder wenn dies zugunsten der säumigen Partei unterstellt werden kann, weil die Entsch in der Sache dasselbe Ergebnis wie die Versagung der Wiedereinsetzung hat (BAG 13.12.2012, 6 AZR 303/12, EzA § 66 ArbGG 1979 Nr 45; 13.2.2013, 7 AZR 284/11, EzA-SD 2013 Nr 14, 9).

26 In der Revisionsinstanz ist die **Zulässigkeit eines Teilurt** vAw zu prüfen. Nur so wird im Allg sichergestellt, dass das weitere Verfahren nicht auf einer als unrichtig erkannten Grundlage aufbaut, im weiteren Verfahren der erkannte Verfahrensfehler nicht vertieft wird und das Urt nicht dazu führt, dass die Gefahr einander widersprechender Entsch aufrechterhalten bleibt (BGH 11.5.2011, VIII ZR 42/10, NJW 2011, 2736. **Ausnahmsweise** hat die **Aufhebung** des Urt und Zurückverweisung ans LAG jedoch **zu unterbleiben**, wenn bei Aufrechterhaltung des Teilurt weder die Gefahr widersprüchlicher Entsch besteht noch der Verfahrensfehler weiter vertieft wird (BAG 10.11.2011, 6 AZR 342/10, ZInsO 2012, 450).

27 Ist ein Urt **widersprüchlich**, etwa weil es eine Bruttoforderung zuspricht, zugleich aber eine die Bruttoforderung übersteigende Nettoforderung von der zugesprochenen Summe absetzt, entfaltet das **Urt keine Rechtswirkungen** und ist vAw aufzuheben, uzw auch, soweit es zugunsten der Partei ergangen ist, die Revision eingelegt hat (BGH 22.2.2001, IX ZR 293/99, NJW-RR 2001, 1351). Dem steht das **Verbot der reformatio in peius** (Verschlechterungsverbot) nicht entgegen. Geschützt sind nur die Vorteile des Rechtsmittelführers, die ihm ohne Fortführung des Verfahrens sicher gewesen wären und die von anderer Stelle hätten beachtet werden müssen. Entfaltet das Urt keine Rechtswirkungen, kommt das Verbot der reformatio in peius nicht zum Tragen (BGH 19.1.1996, V ZR 298/94, MDR 1996, 579).

28 **E. Nicht zu berücksichtigende Rechtsverletzungen.** § 73 II 1 bestimmt die entspr Anwendung des § 65, dh, die dort genannten Rechtsverletzungen werden im Revisionsverfahren nicht geprüft: (1) Zulässigkeit des **Rechtsweges** und der Verfahrensart; (2) Mängel bei der Berufung der **ehrenamtlichen Richter**; (3) Vorliegen von Umständen, die die Berufung eines Richters zu seinem Amt ausschließen (vgl dazu BAG 28.8.1985, 5 AZR 616/84, EzA § 43 ArbGG 1979 Nr 1). In entspr Anwendung von § 268 ZPO ist die **Zulassung einer Klageänderung** durch das LAG vom BAG nicht mehr zu überprüfen, also unanfechtbar. Der Zweck des § 533 ZPO kann in solchen Fällen nicht mehr erreicht werden (BAG 16.2.2012, 8 AZR 242/11, JurionRS 2012, 18252; BGH 25.10.2007, VII ZR 27/06, MDR 2008, 158). Dagegen ist das BAG nicht gem § 17a V GVG iVm § 73 II, § 65 ArbGG an die – stillschweigende – Bejahung der **Rechtswegzuständigkeit** durch das LAG gebunden, wenn es das in § 48 ArbGG, § 17a III 2 GVG geregelte Verfahren nicht eingehalten hat (BAG 16.12.2009, 5 AZR 125/09, EzA § 48 ArbGG 1979 Nr 6).

§ 74 Einlegung der Revision, Terminbestimmung

(1) ¹Die Frist für die Einlegung der Revision beträgt einen Monat, die Frist für die Begründung der Revision zwei Monate. ²Beide Fristen beginnen mit der Zustellung des in vollständiger Form abgefassten Urteils, spätestens aber mit Ablauf von fünf Monaten nach der Verkündung. ³Die Revisionsbegründungsfrist kann einmal bis zu einem weiteren Monat verlängert werden.

(2) ¹Die Bestimmung des Termins zur mündlichen Verhandlung muss unverzüglich erfolgen. ²§ 552 Abs. 1 der Zivilprozessordnung bleibt unberührt. ³Die Verwerfung der Revision ohne mündliche Verhandlung ergeht durch Beschluss des Senats und ohne Zuziehung der ehrenamtlichen Richter.

Übersicht	Rdn.		Rdn.
A. Allgemeines	1	II. Anforderungen an die Revisionsbegründung	15
B. Fristen	2	E. Terminbestimmung	21
C. Form und Inhalt der Revisionsschrift	4	F. Entsch über die Zulässigkeit	22
D. Form und Inhalt der Revisionsbegründung	7	G. Anschlussrevision	23
I. Antragsstellung	8	H. Revisionsrücknahme	24
		I. Zwangsvollstreckung	25

A. Allgemeines. Revisionsgericht ist das BAG. Der Revisionskl muss durch das Urt des LAG beschwert 1
sein. Revision kann nur von den **Prozessbeteiligten** eingelegt werden. Dazu zählen neben den Parteien
auch die **Streithelfer**. Für die erforderliche Prozessbeteiligung genügt die bloße Streitverkündung nicht,
erforderlich ist der Streitbeitritt. Der Streitbeitritt erfordert eine eindeutige Äußerung, dass sich der Streit-
verkündete aktiv – als Streithelfer – am Prozess beteiligen will und auf wessen Seite er beitreten will. Die
bloße Bezeichnung als Nebenintervenient reicht nicht, wenn unklar bleibt, auf welcher Seite der Beitritt
erfolgen soll (BAG 31.1.2008, 8 AZR 11/07). Wird die Revision durch den Streithelfer eingelegt, so ist
wegen der Beschwer auf die prozessuale Lage der Hauptpartei abzustellen. Der streitgenössische Nebenintervenient kann Revision auch gegen den Willen der Hauptpartei einlegen (BAG 15.1.1985, 3 AZR 39/84,
EzA § 256 ZPO Nr 23). Zur Zulässigkeit des **Parteiwechsels** auf den früheren Nebenintervenienten in der
Revisionsinstanz s BAG 21.6.2011, 9 AZR 236/10, EzA § 9 TzBfG Nr 5.

B. Fristen. Die Revisionseinlegungsfrist beträgt **1 Monat**. Die Revisionsbegr-Frist beträgt **2 Monate**, 2
längstens aber 5 Monate nach der Verkündung. Wird das Urt erst knapp vor Ablauf der 5-Monats-Frist
oder nach deren Ablauf zugestellt, kann die Partei deshalb die Begrfrist nicht voll ausschöpfen (BAG
12.10.2005, 4 AZR 414/04). Für Fristbeginn, Fristberechnung und -verlängerung wird auf § 66 Rdn 3 ff
verwiesen. Abweichend von § 66 I 5 (s dort Rdn 22) ist die **Frist zur Verlängerung der Revisionsbegr** in
I 3 jedoch eine gesetzliche **Höchstfrist**. Eine Verlängerung über 1 Monat hinaus ist daher nicht möglich
(BAG 16.7.2008, 7 ABR 13/07, EzA § 78a BetrVG 2001 Nr 4). Ist die Revision vor Ablauf der Revisionsbegrfrist nicht begründet worden, kann das Verfahren nicht mehr durch übereinstimmende Erledigun-
gerklärung beendet werden (BAG 23.9.2015, 5 AZR 290/15 (F)). Der einfache Streithelfer (§ 66 ZPO)
kann Revision nur solange einlegen, wie die Rechtsmittelfrist für die Hauptpartei läuft. Die rechtlich
unnötige Zustellung des Urt an den Streithelfer setzt für diesen keine eigene Rechtsmittelfrist in Lauf
(BAG 17.8.1984, 3 AZR 597/83, EzA § 74 ArbGG 1979 Nr 1).
Fällt der letzte Tag der Frist zur Begr auf einen Sonn- und Feiertag, läuft die Frist bei einer Verlängerung 3
erst ab dem ersten Werktag (s § 66 Rdn 22), bei der Verlängerung wird also »**gesprungen**« (GMPM/
Müller-Glöge § 74 Rn 36 mwN; vgl das Berechnungsbeispiel in § 66 Rdn 22). Die Verlängerung knüpft
begriffsnotwendig an den Tag, an dem die Frist abgelaufen wäre. Das wäre wegen § 193 BGB aber erst der
Werktag. Allerdings kann nach I 3 die Frist »bis zu« 1 Monat verlängert werden. Das begründet die Möglichkeit, auch bei einer wegen des erforderlichen »Sprungs« an sich längeren Frist das Fristende so festzusetzen, dass im Ergebnis zwischen Zustellung und Ablauf der Begrfrist nur 3 Monate zur Verfügung stehen.

C. Form und Inhalt der Revisionsschrift. Für die Revisionsschrift gilt **Schriftform**. Es besteht Vertre- 4
tungszwang (§ 11 IV). Zum **elektronischen Rechtsverkehr** s §§ 46b ff.
Zum **Inhalt der Revisionsschrift** s BAG 16.11.2011, 4 AZR 839/09. IÜ wird auf die Ausführungen zum 5
Inhalt der Berufungsschrift verwiesen (§ 66 Rdn 11 ff).
War der Nichtzulassungsbeschwerde stattgegeben worden, gilt die form- und fristgerechte Einlegung der 6
Nichtzulassungsbeschwerde als Einlegung der Revision, § 72a VI 1, 2. Eine Begr der Revision allein in der
Begr der Nichtzulassungsbeschwerde ist allerdings nicht möglich. Erforderlich ist zumindest eine Bezug-
nahme gem. § 72 V, § 551 III 2 ZPO auf die Ausführungen in der Beschwerdebegr. Entsprechen diese
Ausführungen den Anforderungen der §§ 72 V, 551 III S. 1 ZPO und ist die Bezugnahme innerhalb der
Zweimonatsfrist des § 72a VI S. 3 iVm. § 74 I S. 1 ArbGG erfolgt, ist die Revision ausreichend begründet
(BAG 8.5.2008, 1 ABR 56/06, BAGE 126, 339). Ließe man eine Begr bereits im Nichtzulassungsbeschwer-
deverfahren zu, ließe sich nicht sicher feststellen, wann die Frist für die Anschlussrevision begänne.

D. Form und Inhalt der Revisionsbegründung. Zur Fristverlängerung s § 66 Rdn 22 ff. 7

I. Antragsstellung. Immer wieder wird bei der Antragsstellung nicht beachtet, dass das BAG als Revisions- 8
gericht Urt des LAG nicht abändert, sondern **aufhebt**. Eine nicht ausrottbare Unsitte ist es auch, schlicht
auf die »**letzten Anträge**« bzw »**Schlussanträge**« Bezug zu nehmen und dabei zu übersehen, dass bisher noch
keine Anträge über das Schicksal des LAG-Urt gestellt waren. Außerdem wird regelmäßig nicht beachtet,
dass vielfach einzelne Streitgegenstände **rkr** aus dem Prozess **ausgeschieden** sind. Derartige Nachlässigkeiten
werden zwar vom BAG nach dem Grds, dass eine Partei mit ihrer Prozesshandlung das erreichen will, was
nach den Maßstäben der Rechtsordnung vernünftig ist und ihrer recht verstandenen Interessenlage entspricht, großzügig behoben. Gleichwohl sollte schon im Interesse des Ansehens ggü der eigenen Mandant-
schaft, bei der es auf Verwunderung stoßen dürfte, wenn in der mündlichen Verh vor dem BAG zunächst
ausf über Sinn und Unsinn der angekündigten Anträge verhandelt werden muss, auf eine sorgfältige, den
Besonderheiten des Revisionsverfahrens gerecht werdende Antragstellung geachtet werden.
Die **korrekten Anträge** lauten wie folgt: 9

§ 74 ArbGG Einlegung der Revision, Terminbestimmung

10   Ist der Kl als Revisionskl in beiden Instanzen unterlegen, lautet der Antrag: »unter Aufhebung des Urt des LAG vom ..., Az ... auf die Berufung des Kl das Urt des ArbG (genaue Bezeichnung) abzuändern und den Bekl zu verurteilen ...«.

11   Hat der Kl als Revisionskl in 1. Instanz gewonnen und in 2. Instanz verloren, lautet der Antrag: »unter Aufhebung des angefochtenen Urt die Berufung des Bekl gegen das Urt des ArbG zurückzuweisen«.

12   Ist der Bekl als Revisionskl in beiden Instanzen unterlegen, ist zu beantragen: »unter Aufhebung des Urt des LAG auf die Berufung des Bekl das Urt des ArbG abzuändern und die Klage abzuweisen«.

13   Hat der Bekl als Revisionskl in 1. Instanz gewonnen, vor dem LAG aber verloren, lautet der Antrag: »auf die Revision des Bekl wird unter Aufhebung des angefochtenen Urt die Berufung des Kl gegen das Urt des ArbG zurückgewiesen«

14   Enthält die Revisionsbegr entgegen § 551 III Nr 1 ZPO keinen ausdrückl Revisionsantrag, ist dies unschädlich, soweit aus der Revisionsbegr ersichtlich ist, in welchem Umfang das LAG-Urt angegriffen wird (BAG 31.1.2008, 8 AZR 11/07, juris).

15   **II. Anforderungen an die Revisionsbegründung.**   Zur ordnungsgem Revisionsbegr gehört die Angabe der **Revisionsgründe**, § 551 III Nr 2 ZPO. Dafür muss bei einer **Sachrüge** die Begr den Rechtsfehler des LAG so aufzeigen, dass Gegenstand und Richtung des Revisionsangriffs erkennbar sind. Zweck der Begr ist es sicherzustellen, dass der Revisionskl das angefochtene Urt im Hinblick auf das Rechtsmittel überprüft und mit Blickrichtung auf die Rechtslage durchdenkt. Außerdem soll die Revisionsbegr durch ihre Kritik am angefochtenen Urt zur richtigen Rechtsfindung durch das Revisionsgericht beitragen (BAG 24.2.2011, 6 AZR 719/09). Die Begr muss sich also mit den Gründen des angefochtenen Urt **auseinandersetzen**. Das erfordert die konkrete Darlegung der Gründe, aus denen das angefochtene Urt rechtsfehlerhaft sein soll. Gegenstand und Richtung des Revisionsangriff müssen erkennbar sein und die Angriffe müssen eine abweichende Entsch durch das BAG als möglich erscheinen lassen (BAG 24.9.2015, 6 AZR 497/14). Es genügt aber nicht, der angegriffenen Entsch die eigene Rechtsauffassung lediglich entgegenzusetzen. Auch Angriffe auf die Ausführungen des ArbG reichen nicht (BAG 8.7.2015, 4 AZR 323/14). Die Revision kann aber allein auf neue Tatsachen gestützt werden, wenn diese nach der letzten mündlichen Verh in der Tatsacheninstanz entstanden sind, in der Revisionsinstanz berücksichtigt werden (dazu § 73 Rdn 6) und zu einem abweichenden Erg führen können (BAG 16.4.2015, 6 AZR 352/14). Ob die Argumentation schlüssig ist und der gerügte Rechtsfehler tatsächlich vorliegt, ist für die Zulässigkeit unerheblich (BAG 11.6.2013, 9 AZR 855/11, JurionRS 2013, 45969). Bei **mehreren Streitgegenständen** muss bei einer unbeschränkt eingelegten Revision für **jeden** eine diesen Anforderungen genügende Begr gegeben werden. Fehlt sie zu einem Streitgegenstand, ist das Rechtsmittel insoweit unzulässig. Eine eigenständige **Begr ist allerdings dann nicht erforderlich**, wenn die Entsch über den einen Streitgegenstand notwendig von der Entsch über den anderen **abhängt**, sodass mit der Begr der Revision über den einen Streitgegenstand gleichzeitig auch dargelegt ist, dass die Entsch über den anderen unrichtig ist. Sind mehrere Kdg erklärt und sieht das LAG alle als unwirksam an, reicht darum zur Zulässigkeit der Revision der Angriff auf die zeitlich als erste greifende Kdg (BAG 18.6.2015, 2 AZR 480/14, EzA-SD 2015, Nr 18, 3). Eine formelhafte Begr reicht nicht aus (BAG 10.4.1984, 1 ABR 62/82, EzA § 94 ArbGG 1979 Nr 2), ebenso wenig eine Bezugnahme auf einen Vortrag in den Instanzen, der eine ausreichende Auseinandersetzung mit dem Urt des LAG beinhalten würde (BAG 8.12.2011, 6 AZR 452/10, NZA-RR 2012, 273). Enthält das Urt des LAG **tragende Alternativ- oder Mehrfachbegr**, muss die Begr **alle Erwägungen** angreifen. Nur dann ist sie geeignet, das angefochtene Urt in Frage zu stellen. Setzt sich die Begr nur mit einer der Begr des LAG auseinander, ist deshalb die Revision insgesamt unzulässig (BAG 22.7.2014, 9 AZR 449/12).

16   Erhebt die Revision **Verfahrensrügen** iSv § 551 III Nr 2b ZPO müssen die Tatsachen, die den **Verfahrensmangel** ergeben, genau vorgetragen werden. Dabei sind **strenge Anforderungen** zu stellen., die mit den bei der Gehörsverletzung dargestellten übereinstimmen (s § 72a Rdn 32) Dazu ist auch die **Kausalität** zwischen Verfahrensmangel und Ergebnis des Berufungsurt darzulegen. Nimmt der Revisionsführer **nach Zulassung der Revision aufgrund einer Nichtzulassungsbeschwerde** in der Revisionsbegr eine im Beschwerdeverfahren erhobene **Gehörsrüge in Bezug**, so ist diese im Revisionsverfahren als **Verfahrensrüge** zu behandeln. Das gilt auch dann, wenn die Zulassung der Revision nicht wegen des mit der Gehörsrüge gerügten Verfahrensfehlers oder überhaupt nicht aufgrund einer Gehörsrüge zugelassen worden ist. Es wäre eine unnütze Förmelei, vom Beschwerdeführer nach der Zulassung der Revision in deren Begr die inhaltliche Wiederholung seines Vorbringens aus dem Nichtzulassungsbeschwerdeverfahren zu verlangen

(BAG 8.12.2011, 6 AZR 354/10, NZA 2012, 495). Genügt die bereits im Nichtzulassungsbeschwerdeverfahren erhobene Gehörsrüge den Anforderungen an eine ordnungsgem Verfahrensrüge (dazu Rdn 17 ff), ist die Verfahrensrüge durch die Bezugnahme ausreichend begründet. Beschränkt er seine Rügen in der Revisionsbegr allerdings ausdrückl auf die Verletzung materiellen Rechts, ist eine unspezifizierte abschließende Bezugnahme auf die Beschwerdebegr dahin zu verstehen, dass die Gehörsrüge gerade nicht in Bezug genommen werden soll (BAG 22.10.2015, 6 AZR 538/14).

Wird gerügt, das LAG habe § 139 II ZPO verletzt (**Aufklärungsrüge**), muss der Revisionskl konkret darlegen, welchen Hinweis das Gericht hätte geben müssen und wie er auf einen entspr Hinweis reagiert, insb welchen tatsächlichen Vortrag er gehalten oder welche für die Entsch erheblichen rechtlichen Ausführungen er gemacht hätte (BAG 16.12.2010, 2 AZR 770/09, EzA § 1 KSchG Betriebsbedingte Kündigung Nr 165). Es muss deutlich gemacht werden, aufgrund welcher Tatsachen weiterer Aufklärungsbedarf bestand. Der Vortrag muss über die Verfahrensrüge schlüssig gemacht werden (BAG 18.10.2000, 2 AZR 380/99, EzA § 123 BGB Nr 56). Es ist darzulegen, dass die Entsch anders ausgefallen wäre (BAG 15.12.1994, 2 AZR 327/97, EzA § 1 KSchG Betriebsbedingte Kündigung Nr 75). 17

Rügt der Revisionskl das **Übergehen eines Beweisantrages**, ist iE anzugeben, in welchen Schriftsätzen sich wo (Blattzahl) die übergangenen Beweisangebote befinden, dh, zu welchen Punkten das LAG eine Beweisaufnahme unterlassen hat und welches Ergebnis sie gehabt hätte, mit anderen Worten, dass die Unterlassung der Beweiserhebung kausal für die Entsch gewesen ist (BAG 6.1.2004, 9 AZR 680/02, EzA § 551 ZPO 2002 Nr 1). 18

Mit der Verfahrensrüge kann **nicht die Richtigstellung des Tatbestandes durchgesetzt werden**. Dafür ist allein der **Tatbestandsberichtigungsantrag** nach § 320 ZPO gegeben (BGH 16.12.2010, I ZR 161/08, NJW 2011, 1513; BAG 21.1.1982, 2 AZR 759/79). Das gilt auch dann, wenn die maßgeblichen Feststellungen des LAG in den Entsch-Gründen enthalten sind (zur Zulässigkeit solcher Feststellungen BAG 24.2.2011, 6 AZR 626/09, EzA BGB 2002 § 611 Aufhebungsvertrag Nr 8). 19

Nach Ablauf der Begr-Frist kann die Verletzung von Verfahrensnormen nicht mehr gerügt werden, es sei denn, es handelt sich um **vAw zu beachtende Verfahrensverstöße** (vgl GMP/*Müller-Glöge* § 74 Rn 68). 20

E. **Terminbestimmung.** Die Terminbestimmung erfolgt durch den Vorsitzenden. Mit der Terminbestimmung ist über die Zulässigkeit der Revision noch nichts gesagt. Die Revision kann auch noch nach mündlicher Verh durch Urt als unzulässig verworfen werden, etwa, weil die Begr als nicht ausreichend erachtet wurde. 21

F. **Entsch über die Zulässigkeit.** Ist die Revision nicht statthaft oder nicht in der gesetzlichen Form und Frist eingelegt und begründet worden, so ist sie als unzulässig zu verwerfen (§ 552 ZPO). Das gilt auch dann, wenn nur unzulässige Verfahrensrügen erhoben worden sind. Die Überprüfung der sachlichen Richtigkeit des angefochtenen Urt ist dann nicht möglich. Die Entsch kann ohne mündliche Verh durch **Beschl** ergehen. Die Zuziehung der ehrenamtlichen Richter ist nicht vorgesehen. Der Beschl nach § 552 II ZPO kann auch die Zulässigkeit der Revision bejahen (BAG 15.5.1984, 1 AZR 532/80, NZA 1984, 98). Wird mündlich vor dem Senat verhandelt, wird durch Urt entschieden, und zwar unter Mitwirkung der ehrenamtlichen Richter. 22

G. **Anschlussrevision.** Nach § 72 V iVm § 554 ZPO ist die Anschlussrevision als unselbstständiges Angriffsmittel möglich. Mit ihr schließt sich der Revisionsbekl dem Rechtsmittel des Gegners an. Sie kann auch dann eingelegt werden, wenn das LAG die Revision für den Anschlussrevisionskl nicht zugelassen hat, § 554 II 1 ZPO (BAG 17.1.2012, 3 AZR 10/10, BB 2012, 1099). Legen beide Parteien nach entspr Zulassung Revision ein, ist die zeitlich spätere keine Anschlussrevision. Es liegen 2 voneinander unabhängige Revisionen vor. Die Anschließung erfolgt durch Einreichung der Revisionsanschlussschrift, § 554 I 2 ZPO, und ist nur bis zum Ablauf eines Monats nach Zustellung der Revisionsbegr möglich. Sie ist zugleich zu **begründen**, § 554 III ZPO. Wird die Revision erst in einem späteren Schriftsatz, aber noch innerhalb der Anschließungsfrist des § 554 II 2 ZPO begründet, ist dies als erneute Einlegung der Anschlussrevision zu werten (BAG 8.12.2011, 6 AZR 452/10, NZA-RR 2012, 273). An die Begr der Anschlussrevision sind **dieselben Anforderungen** wie an die der Revision zu stellen (BAG 23.8.2011, 3 AZR 575/09, NZA 2012, 211; 8.12.2011, 6 AZR 452/10, NZA-RR 2012, 273). Die Anschlussrevision muss einen **Lebenssachverhalt** betreffen, der mit dem von der Revision erfassten **Streitgegenstand in einem unmittelbaren rechtlichen oder wirtschaftlichen Zusammenhang** steht (BAG 17.1.2012, 3 AZR 10/10, BB 2012, 1099). Für die Anschlussrevision ist eine **Beschwer** durch die Entsch des Berufungsgerichts erforderlich, weil eine 23

Klageerweiterung oder Widerklage in der Revisionsinstanz nicht zulässig ist (GK-ArbGG/*Mikosch* § 74 Rn 93; BAG 26.1.1995, 2 AZR 355/94, EzA § 626 BGB nF Nr 155).

24 **H. Revisionsrücknahme.** Bis zum 31.12.2013 galten für die Revisionsrücknahme dieselben Grundsätze wie für die Berufungsrücknahme (s § 66 Rdn 40 ff). Seit dem 1.1.2014 kann die Revision nach Beginn der mündlichen Verh des Revisionsbekl zur Hauptsache gem § 565 S 2 ZPO **nur mit Einwilligung des Revisionsbekl** zurückgenommen werden. Die Rücknahme ist damit idR **ab Verlesung des Antrags auf Zurückweisung der Revision** nicht mehr möglich (§§ 137 I, 297 ZPO), sofern damit eine mind stillschweigende Bezugnahme auf in Schriftsätzen enthaltenen Sachvortrag verbunden ist (vgl BGH 3.6.1987, IVb ZR 68/86, NJW-RR 1987, 1534). Damit ist die bis zur Schuldrechtsreform geltende Rechtslage wiederhergestellt. In der Gesamtschau mit § 555 III ZPO, der das Anerkenntnisurt an den Antrag des Revisionskls bindet (s § 75 Rdn 12), kann ohne die Mitwirkung des Revisionskl eine Grundsatzentsch des BAG nicht mehr verhindert werden. Der Gesetzgeber hat damit dem öff Interesse an Leitentsch Vorrang vor dem mit der Schuldrechtsreform verfolgten Ziel der Entlastung der Obergerichte gegeben (BT-Drs 17/13948, 52). Auch durch **Flucht in die Säumnis** kann eine Leitentsch nicht verhindert werden. Die Geständnisfiktion des § 331 I 1 ZPO hat im Revisionsverfahren keine Bedeutung. Die Säumnis des Revisionsbekl ist deshalb im Regelfall folgenlos (BGH 4.4.1962, V ZR 110/60, BGHZ 37, 79). Es wird über den Revisionsantrag sachlich, jedoch durch Versäumnisurt entschieden, das sich im Umfang der Nachprüfung und der Begr regelmäßig nicht von einem streitigen Urt unterscheidet, wenn die Revision begründet ist. Ist die Revision unbegründet, ist sie durch kontradiktorisches Endurt (unechtes Versäumnisurt) zurückzuweisen (BGH 10.2.1993, XII ZR 239/91, NJW 1993, 1788). Zur **Rücknahme der Berufung** in der Revisionsinstanz s § 66 Rdn 40, zu deren Kostenfolge § 66 Rdn 42

25 **I. Zwangsvollstreckung.** Liegen die Voraussetzungen des § 719 II ZPO vor, stellt das BAG auf Antrag die Zwangsvollstreckung aus dem Urt des LAG einstweilen ein. Der Antrag hat keinen Erfolg, wenn einer zeitlich beschränkten Verurteilung jede Wirkung genommen werden würde (BAG 22.6.1972, 3 AZR 263/72, AP ZPO § 719 Nr 4; GK-*Mikosch* § 719 Rn 98; ArbGG/*Düwell* § 74 Rn 99) oder die Revision keine Aussicht auf Erfolg hat (GK-ArbGG/*Mikosch* § 74 Rn 98). Außerdem muss **bereits im Berufungsrechtszug ein Antrag nach § 62 I 2 gestellt** worden sein, es sei denn, die Gründe, auf die der Einstellungsantrag gestützt wird, lagen im Zeitpunkt der letzten mündlichen Verh vor dem LAG noch nicht vor oder konnten aus anderen Gründen nicht vorgetragen und glaubhaft gemacht werden (BGH 31.10.2000, XII ZR 3/00, NJW 2001, 375; aA GK-*Mikosch* § 74 Rn 98; vgl für die Einstellung der Zwangsvollstreckung im Nichtzulassungsbeschwerdeverfahren § 72a Rdn 37).

26 Wenn das LAG die vorläufige Vollstreckbarkeit des an sich nach § 62 I vorläufig vollstreckbaren Urt ausgeschlossen hat, kann das BAG das Urt gem § 558 ZPO iVm § 72 V für vorläufig vollstreckbar erklären, soweit es durch die Revision nicht angegriffen ist (GK-ArbGG/*Mikosch* § 74 Rn 98).

§ 75 Urteil

(1) ¹Die Wirksamkeit der Verkündung des Urteils ist von der Anwesenheit der ehrenamtlichen Richter nicht abhängig. ²Wird ein Urteil in Abwesenheit der ehrenamtlichen Richter verkündet, so ist die Urteilsformel vorher von sämtlichen Mitgliedern des erkennenden Senats zu unterschreiben.

(2) Das Urteil nebst Tatbestand und Entscheidungsgründen ist von sämtlichen Mitgliedern des erkennenden Senats zu unterschreiben.

Übersicht	Rdn.		Rdn.
A. Allgemeines	1	E. Übergabe an die Geschäftsstelle	9
B. Verkündung des Urteils	2	F. Zustellung	10
C. Form und Inhalt des Urt	4	G. Sonderfälle	11
D. Unterzeichnung des Urt	8	H. Kosten	14

1 **A. Allgemeines.** Mit dieser Vorschrift werden Verkündung und Unterzeichnung des Revisionsurt geregelt. Zum Inhalt des Urt vgl die §§ 561–565 ZPO, die über § 72 V anwendbar sind. Verkündungstermine kann der Senat nach § 310 ZPO bestimmen. Für die Form der Verkündung gilt § 311 ZPO.

2 **B. Verkündung des Urteils.** Das Urt des BAG ist wie jedes andere Urt zu verkünden, und zwar unabhängig davon, ob es aufgrund mündlicher Verh oder im schriftlichen Verfahren nach § 128 ZPO ergeht. Das Urt wird erst durch die Verkündung existent, zuvor ist es ein unverbindlicher Entwurf, der der Einsicht oder

Mitteilung entzogen ist (§ 299 IV ZPO; GK-ArbGG/*Mikosch* § 75 Rn 2). Nach § 310 I ZPO (anwendbar durch die Verweisung in § 72 V, § 555 ZPO) wird das Urt in dem Termin, in dem die mündliche Verh geschlossen wird, oder in einem sofort anzuberaumenden Termin verkündet. Der **Verkündungstermin** wird nur dann über 3 Wochen hinaus angesetzt, wenn wichtige Gründe, insb der Umfang oder die Schwierigkeit der Sache, dies erfordern (§ 310 I 2 ZPO). Die ehrenamtlichen Richter müssen bei der Verkündung nicht anwesend sein (§ 75 I 1), wohl aber die berufsrichterlichen Beisitzer. Üblicherweise werden die Urt am Ende der Sitzung des Senats nach seiner Beratung (nicht am Ende der jeweiligen mündlichen Verh) im Beisein aller Mitglieder des Senats, die an der Sitzung teilgenommen haben, also auch der ehrenamtlichen Richter, verkündet. Das jeweilige Verfahren wird erneut aufgerufen und die jeweils dazu Erschienenen werden im Protokoll festgehalten.

Erfolgt die Verkündung ohne die ehrenamtlichen Richter, ist die Urtformel von sämtlichen erkennenden **3** Richtern des Senats (also bei überbesetzten Senaten von den Berufsrichtern der Sitzgruppe und von den hinzugezogenen 2 ehrenamtlichen Richtern) zu unterschreiben. Bei einem Verkündungstermin kann der Senatsvorsitzende das Urt allein verkünden, § 311 IV ZPO. Das Urt wird durch Verlesung der Urtformel verkündet, § 311 II 1 ZPO. Die Verlesung der Urtformel kann durch Bezugnahme auf die Urtformel ersetzt werden, wenn von den Parteien oder ihren Vertretern niemand erschienen ist, § 311 II 2 ZPO. Versäumnis-, Anerkenntnis- oder Verzichtsurt können nach § 311 II 3 ZPO auch ohne vorherige schriftliche Niederlegung verkündet werden.

C. Form und Inhalt des Urt. Ist die Revision nicht statthaft oder unzulässig, wird sie nach mündlicher **4** Verh durch Urt als unzulässig verworfen, ohne mündliche Verh durch Beschl, § 74 II 2 (s dort). Ist die Revision zulässig, wird das Berufungsurt ohne Bindung an die geltend gemachten Rügen der Verletzung materiellen Rechts auf seine Richtigkeit überprüft. Ist die Revision begründet, wird das Berufungsurt ganz oder teilw aufgehoben (§ 562 ZPO). Bei teilw Aufhebung ist die Revision iÜ zurückzuweisen. Wird das Berufungsurt ganz oder teilw aufgehoben, muss über die Berufung entschieden werden. Das BAG trifft eine **eigene Sachentsch**, wenn das möglich ist. Diese kann zB lauten: »Auf die Berufung des Bekl wird das Urt des ArbG … vom … Az … abgeändert: Die Klage wird abgewiesen. Der Kl trägt die Kosten des Rechtsstreits.«; oder: »Auf die Berufung des Kl wird das Urt des ArbG … vom … Az … abgeändert und die Bekl verurteilt, an den Kl … € brutto nebst … Zinsen zu zahlen. Die Bekl trägt die Kosten des Rechtsstreits.«

Bei teilw Unterliegen und Obsiegen der Parteien in den Instanzen, insb auch bei Klageerweiterungen und/ **5** oder teilw Klagerücknahmen, kann die schulmäßige Fassung des Tenors unverständlich werden. In solchen Fällen empfiehlt es sich trotz Bedenken hins der Vollstreckung, die möglicherweise bereits – teilw – erfolgt ist, den Tenor völlig neu zu fassen. Ist eine abschließende Entsch nicht möglich, etwa weil Tatsachen nicht festgestellt sind, die festzustellen das LAG von seinem Standpunkt aus keinen Anlass hatte (zB die Anhörung des BR wurde als unzureichend angesehen und deshalb den str Kdg-Tatsachen nicht, auch nicht hilfsweise, nachgegangen), ist der Rechtsstreit zur neuen Verh und Entsch an das LAG zurückzuverweisen, § 563 I 1 ZPO, § 72 V. Das kann auch an eine andere Kammer des LAG geschehen (§ 563 I 2 ZPO), nicht aber an eine bestimmte, etwa die »Präsidentenkammer«. Die zuständige Kammer ergibt sich allein aus dem Geschäftsverteilungsplan des LAG. Die **Zurückverweisung** setzt das Verfahren in die Lage zurück, in der es sich bei Schluss der mündlichen Verh des LAG befunden hat. Das Verfahren vor und nach der Zurückverweisung ist eine Einheit. Darum kann das LAG, wenn im Durchlauf eine mündliche Verh erfolgt ist, nach Zurückverweisung gem § 251a II ZPO **nach Lage der Akten** entscheiden. Etwas anderes gilt nur dann, wenn das BAG nach § 562 II ZPO wegen eines Verfahrensmangels zugleich das diesem zugrunde liegende Verfahren aufgehoben hat (BAG 8.5.2014, 2 AZR 75/13, EzA § 251a ZPO 2002 Nr 1). Bei der neuen Verh ist das LAG an die Rechtsauffassung des BAG gebunden, § 563 II ZPO. Die **Bindungswirkung** beschränkt sich auf die **tragende Begr**, dh den Ausführungen, mit denen das BAG die Rechtsauffassung des LAG verwirft. Kommt es zu einem weiteren Revisionsverfahren im selben Rechtsstreit, ist auch das BAG an die rechtliche Beurteilung im ersten Revisionsverfahren gebunden (BAG 23.2.2016, 3 AZR 960/13). Neue Tatsachen können iRd § 67 vorgetragen werden, also auch solche, die in der Revisionsinstanz vorgetragen wurden, aber wegen der grds Bindung des Revisionsgerichts an die tatsächlichen Feststellungen des Berufungsgerichts (§ 559 ZPO), nicht berücksichtigt werden konnten, nachdem sie auch nicht unstr gestellt worden waren.

.In den Fällen, in denen § 68 ArbGG nicht greift, kann auch das **BAG** den Rechtsstreit an das **ArbG** **6** zurückverweisen (BAG 20.2.2014, 2 AZR 248/13 EzA § 4 nF KSchG Nr 95; Einzelheiten s § 68 Rdn 1 ff).

Die Entsch braucht hins gerügter Verfahrensmängel nicht begründet zu werden, wenn sie für nicht durch- **7** greifend erachtet werden, was allerdings nicht für absolute Revisionsgründe (§ 547 ZPO) gilt. Versäumnis-,

§ 75 ArbGG Urteil

Anerkenntnis- oder Verzichtsurt bedürfen keiner Begr, § 313b ZPO. Auf Entschgründe können die Parteien verzichten, die Gebührenermäßigung ist allerdings (leider) entfallen. Das gilt jedoch nicht bei Zurückverweisung des Rechtsstreits zur neuen Verh und Entsch an das LAG. Es muss wissen, weshalb sein Urt aufgehoben wurde (Schwab/Weth/*Ulrich* § 75 Rn 29 mwN).

8 **D. Unterzeichnung des Urt.** Das vollständig abgefasste Urt ist nach II von sämtlichen Mitgliedern des erkennenden Senats zu unterschreiben, also auch von den ehrenamtlichen Richtern Ist ein Richter verhindert, seine Unterschrift zu leisten, so vermerkt dieses der Vorsitzende des Senats oder, ist dieser verhindert, der dienstälteste beisitzende Richter (§ 315 ZPO), bei gleichem Dienstalter der lebensälteste Richter (§ 21 f II GVG; Zöller/*Vollkommer* § 315 Rn 1 mwN). Sind diese verhindert, so unterschreibt der verbliebene berufsrichterliche Beisitzer die Verhinderungsvermerke, notfalls der letzte verbliebene ehrenamtliche Richter. Der Vermerk muss die Tatsache und den Grund der Verhinderung angeben (zB Richter X ist krank und kann daher nicht unterschreiben) und ist zu unterschreiben (zutr Zöller/*Vollkommer* § 315 Rn 1 mwN). Die von einem nicht verhinderten (etwa überstimmten) Richter verweigerte Unterschrift fällt nicht unter § 315 ZPO. Die Weigerung ist nicht zulässig. Die Unterschrift bedeutet nicht die volle Zustimmung zu der Entsch und deren Formulierungen, sondern nur die Beurkundung ihres ordnungsgem Zustandekommens, der Übereinstimmung mit dem Beratungsergebnis (Kissel/*Mayer* § 195 Rn 6).

9 **E. Übergabe an die Geschäftsstelle.** Das Urt, das in dem Termin, in dem die mündliche Verh geschlossen wird, verkündet wird, ist vor Ablauf von 3 Wochen gerechnet vom Tage der Verkündung an vollständig abgefasst der Geschäftsstelle zu übergeben (§ 315 II 1 ZPO). Kann dies ausnahmsweise nicht geschehen, ist nach § 315 II 2 ZPO innerhalb dieser Frist das von den Richtern unterschriebene Urt ohne Tatbestand und Entschgründe der Geschäftsstelle zu übergeben und nach § 315 II 3 ZPO sind Tatbestand und Entschgründe alsbald nachträglich anzufertigen, von den Richtern bes zu unterschreiben und an die Geschäftsstelle zu übergeben. Die Ausnahme ist beim BAG die Regel, dies schon deswegen, weil das Absetzen der Entsch, die Unterschriften der berufsrichterlichen Mitglieder des Senats und das Versenden des Urtentwurfs an die ehrenamtlichen Richter per Post zur Unterzeichnung und dessen Rücksendung schlechterdings nicht innerhalb 3 Wochen zu schaffen sind.

10 **F. Zustellung.** Das Revisionsurt wird den Parteien vAw zugestellt, § 72 VI iVm § 50.

11 **G. Sonderfälle.** Das **Versäumnisverfahren** bei der Revision bestimmt sich nach § 555 iVm §§ 330 ff ZPO. § 539 ZPO ist entspr anwendbar (GMP/*Müller-Glöge* § 74 Rn 145 mwN). Zum Inhalt der Entsch des BAG bei Säumnis s § 74 Rdn 24. Die Einspruchsfrist beträgt 2 Wochen, §§ 565, 525, 339 ZPO. § 59 gilt im Revisionsverfahren nicht (GMP/*Müller-Glöge* § 74 Rn 148; ArbGG/*Düwell* § 75 Rn 25). Der Einspruch kann wegen des Vertretungszwangs vor dem Revisionsgericht wirksam nur durch einen Vertreter iSd § 11 IV eingelegt werden. Ein unzulässiger Einspruch wird verworfen bei freigestellter mündlicher Verh, aber unter Mitwirkung der ehrenamtlichen Richter (GMP/*Müller-Glöge* § 74 Rn 148). Wird trotz Säumnis des Revisionsbekl die Revision durch ein unechtes Versäumnisurt zurückgewiesen, hat es damit sein Bewenden.

12 Eine **Entsch nach Lage der Akten** ist auch in der Revisionsinstanz möglich, wenn die Voraussetzungen des § 331a ZPO vorliegen. Ein **Anerkenntnisurt** ergeht nach § 555 III ZPO seit dem 1.1.2014 nur auf **Antrag** des Revisionskl. Damit ist die bis Ende 2001 in allen Instanzen geltende Rechtslage für die Revisionsinstanz wiederhergestellt. Der Revisionsbekl kann also durch sein Anerkenntnis eine höchstrichterliche Entsch nicht gegen den Willen des Revisionskl verhindern.

13 Bei **Erledigung der Hauptsache** in der Revisionsinstanz gilt § 91a ZPO. Eine beiderseitige Erledigungserklärung setzt eine zulässige Revision voraus, anderenfalls ist die Revision als unzulässig zu verwerfen. Der Beschl nach § 91a ZPO bedarf der Mitwirkung der ehrenamtlichen Richter nur, wenn aufgrund mündlicher Verh entschieden wird, was die Ausnahme ist. Der Revisionskl kann die Hauptsache einseitig für erledigt erklären. Die Hauptsache ist erledigt, wenn die Revision ursprünglich zulässig gewesen ist, die Klage zulässig und begründet war und nachträglich ein erledigendes Ereignis eingetreten ist. Ist das erledigende Ereignis str, ist darüber vor dem BAG Beweis zu erheben (einer der seltenen Fälle der Beweiserhebung vor dem Revisionsgericht!). Liegt ein erledigendes Ereignis nicht vor oder ist es nicht bewiesen, ist die Klage auf Feststellung, dass der Rechtsstreit in der Hauptsache erledigt ist, abzuweisen. Liegen alle Voraussetzungen vor, wird festgestellt, dass die Hauptsache erledigt ist. War die Klage unzulässig oder unbegründet, ist die Klage auf Feststellung der Erledigung in der Hauptsache abzuweisen.

14 **H. Kosten.** Der Revisionskl hat die Kosten seiner unzulässigen oder unbegründeten Revision zu tragen, § 97 I ZPO. Hat die Revision Erfolg, richtet sich die Kostenentsch nach § 91 ZPO. Wird der Rechtsstreit zur neuen Verh und Entsch an das LAG zurückverwiesen, ergeht keine Kostenentsch, sie erfolgt durch das LAG. Die Gerichtsgebühr beträgt 4,0. Bei Revisions- oder Klagerücknahme vor Eingang der Revisionsbegrschrift ermäßigt sich die Gerichtsgebühr auf 0,8.

Weitere Ermäßigungen ergeben sich aus Nr 8232 des Gebührenverzeichnisses. Für den Rechtsanwalt ergeben sich die Vergütungen aus dem RVG. Die Verfahrensgebühr beträgt 1,6, die Verhsgebühr 1,5 der Gebühr nach § 13 RVG (Nr 3206, 3210 Vergütungsverzeichnis zu § 2 II RVG). 15

§ 76 Sprungrevision

(1) ¹Gegen das Urteil eines Arbeitsgerichts kann unter Übergehung der Berufungsinstanz unmittelbar die Revision eingelegt werden (Sprungrevision), wenn der Gegner schriftlich zustimmt und wenn sie vom Arbeitsgericht auf Antrag im Urteil oder nachträglich durch Beschluss zugelassen wird. ²Der Antrag ist innerhalb einer Notfrist von einem Monat nach Zustellung des in vollständiger Form abgefassten Urteils schriftlich zu stellen. ³Die Zustimmung des Gegners ist, wenn die Revision im Urteil zugelassen ist, der Revisionsschrift, andernfalls dem Antrag beizufügen.

(2) ¹Die Sprungrevision ist nur zuzulassen, wenn die Rechtssache grundsätzliche Bedeutung hat und Rechtsstreitigkeiten betrifft
1. zwischen Tarifvertragsparteien aus Tarifverträgen oder über das Bestehen oder Nichtbestehen von Tarifverträgen,
2. über die Auslegung eines Tarifvertrags, dessen Geltungsbereich sich über den Bezirk des Landesarbeitsgerichts hinaus erstreckt, oder
3. zwischen tariffähigen Parteien oder zwischen diesen und Dritten aus unerlaubten Handlungen, soweit es sich um Maßnahmen zum Zwecke des Arbeitskampfs oder um Fragen der Vereinigungsfreiheit einschließlich des hiermit im Zusammenhang stehenden Betätigungsrechts der Vereinigungen handelt.

²Das Bundesarbeitsgericht ist an die Zulassung gebunden. ³Die Ablehnung der Zulassung ist unanfechtbar.

(3) ¹Lehnt das Arbeitsgericht den Antrag auf Zulassung der Revision durch Beschluss ab, so beginnt mit der Zustellung dieser Entscheidung der Lauf der Berufungsfrist von neuem, sofern der Antrag in der gesetzlichen Form und Frist gestellt und die Zustimmungserklärung beigefügt war. ²Lässt das Arbeitsgericht die Revision durch Beschluss zu, so beginnt mit der Zustellung dieser Entscheidung der Lauf der Revisionsfrist.

(4) Die Revision kann nicht auf Mängel des Verfahrens gestützt werden.

(5) Die Einlegung der Revision und die Zustimmung gelten als Verzicht auf die Berufung, wenn das Arbeitsgericht die Revision zugelassen hat.

(6) ¹Verweist das Bundesarbeitsgericht die Sache zur anderweitigen Verhandlung und Entscheidung zurück, so kann die Zurückverweisung nach seinem Ermessen auch an dasjenige Landesarbeitsgericht erfolgen, das für die Berufung zuständig gewesen wäre. ²In diesem Falle gelten für das Verfahren vor dem Landesarbeitsgericht die gleichen Grundsätze, wie wenn der Rechtsstreit auf eine ordnungsmäßig eingelegte Berufung beim Landesarbeitsgericht anhängig geworden wäre. ³Das Arbeitsgericht und das Landesarbeitsgericht haben die rechtliche Beurteilung, die der Aufhebung zugrunde gelegt ist, auch ihrer Entscheidung zugrunde zu legen. ⁴Von der Einlegung der Revision nach Absatz 1 hat die Geschäftsstelle des Bundesarbeitsgerichts der Geschäftsstelle des Arbeitsgerichts unverzüglich Nachricht zu geben.

Übersicht	Rdn.			Rdn.
A. Allgemeines	1	III.	Zulassung durch das Arbeitsgericht	7
B. Voraussetzungen.	2	C.	Bindung an die Zulassung	9
I. Antrag.	3	D.	Berufung	10
II. Zustimmung des Gegners	4			

A. Allgemeines. § 76 regelt die Sprungrevision abschließend. § 566 ZPO, der die Sprungrevision von einer Zulassung durch das Revisionsgericht abhängig macht, gilt im arbeitsgerichtlichen Verfahren nicht, § 72 V. Die Sprungrevision ist **Ausnahme**. Sie kommt nur in Betracht, wenn die Tatsachen unstr sind oder erstinstanzlich vollständig aufgeklärt wurden und es idR nur um Rechtsfragen geht, die beschleunigt geklärt werden sollen. Vor Einlegung und Durchführung der Sprungrevision sollte daher sorgfältig geprüft werden, ob die **Tatsachenfeststellung vollständig** ist. Anderenfalls ist die Sprungrevision nicht sinnvoll. Angesichts 1

§ 76 ArbGG Sprungrevision

des komplizierten, fehlerträchtigen Verfahrens der Sprungrevision, ist es nicht unwahrscheinlich, dass das BAG die Rechtsfrage nicht entscheidet, die unterlegene Partei aber die Berufungsmöglichkeit eingebüßt hat. Auch dies sollte dazu führen, von diesem Verfahren sparsam Gebrauch zu machen.

2 **B. Voraussetzungen.** Die Sprungrevision setzt einen **Antrag** voraus, die **schriftliche Zustimmung** des Rechtsmittelgegners sowie die **Zulassung** durch das ArbG, die allerdings nur erfolgen kann, wenn die Voraussetzungen des § 76 II vorliegen.

3 **I. Antrag.** Der Antrag ist nach I 2 innerhalb einer Notfrist von 1 Monat nach Zustellung des arbeitsgerichtlichen Urt zu stellen. Der Antrag ist jedoch bereits vor Erlass des erstinstanzl Urt schriftlich oder mündlich möglich.

4 **II. Zustimmung des Gegners.** Die Zustimmung muss **eindeutig** erfolgen (BAG 4.12.2002, 10 AZR 83/02, EzA § 76 ArbGG Nr 9), weil sie den nach V zum Verzicht auf das Rechtsmittel der Berufung führt (BAG 28.10.1986, 3 AZR 218/86, EzA § 76 ArbGG 1979 Nr 5; 16.6.1998, 5 AZR 67/97, EzA § 4 EFZG Tarifvertrag Nr 3). Sie kann auch von dem Prozessbevollmächtigten des ersten Rechtszugs abgegeben werden (BGH 19.10.2011, I ZR 69/11).

5 Die Zustimmungserklärung unterliegt **nicht** dem Vertretungszwang, bedarf aber der **Schriftform**. Wird die Einwilligung nicht telegrafisch, per Telefax, Computerfax oder elektronisch erklärt, muss die **handschriftlich unterzeichnete** Einwilligungserklärung im **Original** eingereicht werden; eine vom Anwalt des Antragstellers gefertigte - auch beglaubigte - Fotokopie der Einwilligungserklärung genügt nicht (BGH 19.10.2011, I ZR 69/11; BAG 14.2.2001, 4 AZR 368/00, EzA § 76 ArbGG 1979 Nr 8; BAG 28.10.1986, 3 AZR 218/86, EzA § 76 ArbGG 1979 Nr 5).

6 Die Zustimmungserklärung des Gegners ist **notwendiger Bestandteil** der Sprungrevision. Wurde die Revision im arbeitsgerichtlichen Urt zugelassen, ist die schriftliche Zustimmung nach I 3 der Revisionsschrift beizufügen. Wird sie erst innerhalb der Notfrist von 1 Monat nach Zustellung des in vollständiger Form abgefassten Urt schriftlich beantragt, ist die schriftliche Zustimmung dem Antrag beizufügen. Es reicht aus, wenn die Zustimmung innerhalb der Revisionsfrist beim BAG eingeht, und zwar auch durch den Gegner. Wurde die Zustimmungserklärung zu Protokoll 1. Instanz erklärt, muss die erstinstanzliche Akte innerhalb der Revisionsfrist beim BAG vorliegen.

7 **III. Zulassung durch das Arbeitsgericht.** Die Sprungrevision ist vom ArbG bei Vorliegen der Voraussetzungen des § 76 II, dh wenn die dort genannten tarif- oder kollektivrechtlichen Streitigkeiten gegeben sind und die Rechtssache grds Bedeutung hat, zuzulassen. Ein **Ermessensspielraum** besteht nicht (GK-ArbGG/ *Mikosch* § 76 Rn 17).

8 Die Zulassung erfolgt im Urt, wobei sie sich aus dem **Tenor** ergeben muss (GK-ArbGG/*Mikosch* § 76 Rn 12: entspr Anwendung des § 64 IIIa 1), oder gem I 1 Alt 2 auf einen innerhalb der Frist des I 2 gestellten Antrag nachträglich durch **Beschl** der Kammer, die für die Hauptsache zuständig war, aber nicht notwendig in derselben Besetzung. Die Entsch kann auch ohne mündliche Verh durch den Vorsitzenden allein ergehen, § 53 I (BAG 9.6.1982, 4 AZR 247/80, AP §§ 22, 23 BAT Lehrer Nr 8). Sowohl die Zulassung der Sprungrevision als auch deren Ablehnung sind **unanfechtbar**. Hat das ArbG die Sprungrevision im Tenor des Urt abgelehnt, kann deshalb der Antrag nach I 1 Alt 2 nicht mehr gestellt werden, auch nicht mehr von der Partei, die bisher keine Sprungrevision beantragt hatte (*GMP/Müller-Glöge* § 76, Rn 11).

9 **C. Bindung an die Zulassung.** Das BAG ist an die Zulassung gebunden, soweit das ArbG die grds Bedeutung der Rechtssache bejaht hat. Ob das BAG auch an die Beurteilung, es liege eine Streitigkeit iSd § 76 II 1 vor, gebunden ist, ist ungeklärt. Der Wortlaut spricht eindeutig für eine Bindung des BAG hinsichtlich beider Zulassungsvoraussetzungen (ablehnend BAG 12.2.1985, 3 AZR 335/82, EzA § 76 ArbGG 1979 Nr 3; für eine Bindung 25.4.1996, 3 AZR 316/95(A), EzA § 76 ArbGG 1979 Nr 6 [Vorlagebeschl, der durch Vergleich in der Hauptsache nicht zum Tragen kam]; ArbGG/*Düwell* § 76 Rn 21).

10 **D. Berufung.** Legt die durch das Urt beschwerte Partei die zugelassene Sprungrevision nicht ein, sondern **Berufung**, ist diese **statthaft**. Ungeklärt ist, ob die Partei trotz der Verzichtswirkung des § 76 V noch Berufung einlegen kann, wenn die vom ArbG zugelassene Sprungrevision vom BAG als unzulässig verworfen wird, weil die Voraussetzungen des § 76 II 1 Nr 1–3 nicht vorliegen (offengelassen von BAG 12.2.1985, 3 AZR 335/82, EzA § 76 ArbGG 1979 Nr 3; zust GMP/*Müller-Glöge* § 76 Rn 28). Folgt man dieser Ansicht, darf die Berufung nicht daran scheitern, dass die **Berufungs- und Begrfrist** als verstrichen angesehen werden. Es spricht viel dafür, in entspr Anwendung des III 1 die Fristen erst mit Zustellung der

Entsch des BAG anlaufen zu lassen (*ArbGG/Düwell* § 76 Rn 25). Folgt man dem nicht, ist Rechtsschutz über die Wiedereinsetzungsvorschriften zu gewähren (so wohl *GMPM-Müller-Glöge* § 76 Rn 28). Nimmt man entspr dem Wortlaut des II 2 eine uneingeschränkte Bindung des BAG an die Zulassung der Sprungrevision an, stellt sich dieses Problem nicht. Es besteht jedoch die Gefahr, dass das BAG die Rechtsfrage nicht entscheiden kann, weil entweder Fehler im Verfahren unterlaufen, insb die Zustimmungserklärung nicht oder nicht in der richtigen Form vorgelegt wird, oder die Tatsachenfeststellungen unzureichend sind. In letzterem Fall kann das BAG allerdings nach VI 1 den Rechtsstreit an das zuständige LAG zurückverweisen. Gem V 2 gelten dann die Verfahrensregeln des Berufungsverfahrens. Das Verfahren ist so zu behandeln, als sei von vornherein Berufung eingelegt worden.

§ 77 Revisionsbeschwerde

¹Gegen den Beschluss des Landesarbeitsgerichts, der die Berufung als unzulässig verwirft, findet die Rechtsbeschwerde nur statt, wenn das Landesarbeitsgericht sie in dem Beschluss zugelassen hat. ²Für die Zulassung der Rechtsbeschwerde gilt § 72 Abs. 2 entsprechend. ³Über die Rechtsbeschwerde entscheidet das Bundesarbeitsgericht ohne Zuziehung der ehrenamtlichen Richter. ⁴Die Vorschriften der Zivilprozessordnung über die Rechtsbeschwerde gelten entsprechend.

Übersicht	Rdn.			Rdn.
A. Allgemeines	1	C.	Einlegung der Beschwerde	6
B. Zulassung	2	D.	Entsch über die Beschwerde	8

A. Allgemeines. Die Rechtsbeschwerde ist nur statthaft, wenn das LAG sie zugelassen hat. Außerdem ist **1** erforderlich, dass gegen ein Urt gleichen Inhalts bei **Zulassung die Revision statthaft** wäre. In Arrestverfahren und in Verfahren über den Erlass einer einstweiligen Verfügung kann darum die Rechtsbeschw nicht wirksam zugelassen werden. Hat das LAG die Berufung durch Urt als unzulässig verworfen, ist nicht die Revisionsbeschwerde, sondern die Revision gegeben, wenn sie zugelassen wurde (BAG 31.7.2007, 3 AZN 326/07, EzA Art 103 GG Nr 9 <b1>; vgl aber 5.9.2007, 3 AZB 41/06, EzA § 72a ArbGG 1979 Nr 114 <II 2>).

B. Zulassung. Der Beschl über die Verwerfung der Berufung nach § 522 I ZPO ist nur dann anfechtbar, **2** wenn das LAG die Rechtsbeschw zugelassen hat. Eine nachträgliche Zulassung ist nicht möglich. Die Zulassung muss im Verwerfungsbeschl selbst erfolgen. Das kann allerdings auch **in den Gründen** des Beschl erfolgen, der ohne mündliche Verh ergeht und deshalb mit Zustellung an die Parteien (§ 329 III ZPO) wirksam wird. § 77 ist entspr anzuwenden, wenn das LAG einen Antrag auf Wiedereinsetzung in den vorigen Stand gegen die Versäumung der Berufungsfrist oder der Berufungsbegrfrist zurückgewiesen hat (BAG 23.5.1989, 2 AZB 1/89, EzA § 233 ZPO Nr 10), und zwar unabhängig davon, ob die Berufung bereits vorher durch Beschl als unzulässig verworfen worden war (BAG 4.8.1969, 1 AZB 16/69, AP ZPO § 519b Nr 6). Die Zulassung in dem nachfolgenden Verwerfungsbeschl ist entscheidend (BAG 4.2.1994, 8 AZB 16/93, EzA § 66 ArbGG 1979 Nr 17; Schwab/Weth/*Ulrich* § 77 Rn 5, 8). Bei unterbliebener Zulassung kann in entspr Anwendung des § 72 i iVm § 64 IIIa ZPO binnen 2 Wochen nach der Zustellung des Verwerfungsbeschl eine **Ergänzung** beantragt werden. Hat das LAG die »**Revision**« zugelassen, so liegt darin die nach § 77 notwendige Zulassung der sofortigen Beschwerde, da davon auszugehen ist, dass das LAG das gesetzlich vorgeschriebene Rechtsmittel zulassen wollte.

Für die Entsch über die Zulassung der Rechtsbeschwerde gilt § 72 II entspr. Sie ist nur wegen **grds Bedeu- 3 tung** einer entscherheblichen Rechtsfrage oder wegen **Divergenz** zuzulassen und nach der Neufassung des § 72 II auch dann, wenn ein **abs Revisionsgrund** gem § 547 Nr 1–5 ZPO oder eine **Gehörsverletzung** geltend gemacht wird und vorliegt. Das LAG braucht die Zulassung nicht zu begründen. Das BAG ist an die Zulassung der Beschwerde gebunden. Ist die Rechtsbeschwerde zugelassen worden, ist dem Beschl eine Rechtsmittelbelehrung beizufügen.

Die **Nichtzulassung** der Beschwerde kann nach der aktuellen Rechtslage nicht selbstständig angefochten **4** werden. § 72a I ist nicht entspr anzuwenden (BAG 6.1.2015, 6 AZB 105/14, EzA § 77 ArbGG 1979 Nr 5 mit krit Anm *Gravenhorst* jurisPR-ArbR 7/2015 Nr 5). Durch das 6. SGB IVÄnderungsG soll § 77 dahin geändert werden, dass die Nichtzulassungsbeschwerde entspr § 72 II und § 72a eröffnet wird. Über die Beschwerde soll das BAG ebenso wie über die Revisionsbeschwerde ohne die ehrenamtlichen Richter entscheiden. Damit wäre in allen Fällen der Verwerfung der Berufung die Nichtzulassungsbeschwerde statthaft (BR-Drs 117/16, S 579).

5 Entscheidet das LAG nach mündlicher Verh durch **Endurt**, gelten für die Revision die allg Grds. Unter den in § 72a geregelten Voraussetzungen findet die Nichtzulassungsbeschwerde statt.

6 **C. Einlegung der Beschwerde.** Die Rechtsbeschwerde muss beim BAG durch Einreichung einer Beschwerdeschrift eingelegt werden, § 575 I S 1 ZPO, § 77 S 4. Es besteht Vertretungszwang (§ 11 IV).

7 Die Beschwerdefrist beträgt **1 Monat**. Sie beginnt mit der Zustellung des Verwerfungsbeschl. Es handelt sich um eine **Notfrist** (§ 575 I 1 ZPO), sodass § 233 ZPO anwendbar ist. Eine Begr der Beschwerde ist nach § 575 II ZPO innerhalb der Monatsfrist vorzulegen, sofern nicht schon die Beschwerdeschrift die Begr enthält. Die Begr-Frist kann auf Antrag durch den Senatsvorsitzenden verlängert werden, bei Einwilligung des Gegners ohne zeitliche Begrenzung durch das Gesetz, sonst um bis zu 2 Monate.

8 **D. Entsch über die Beschwerde.** Die Entsch erfolgt idR ohne mündliche Verh, und zwar nur durch die berufsrichterlichen Mitglieder des Senats. Ist sie begründet, wird der Verwerfungsbeschl aufgehoben und zur erneuten Entsch an das LAG zurückverwiesen, § 577 IV 4 ZPO. Das gilt sowohl dann, wenn das BAG die Berufung für zulässig hält (dann hat das LAG den Streit materiell-rechtlich zu entscheiden), als auch dann, wenn die Beschwerde zwar Erfolg hat, weil mit den Gründen des LAG die Berufung nicht als unzulässig verworfen werden durfte, aber die Zulässigkeit der Berufung noch nicht feststeht (GK-ArbGG/*Mikosch* § 77 Rn 29 mwN).

9 Ist die Rechtsbeschwerde nicht zugelassen worden, obwohl eindeutig die Voraussetzungen des § 72 II vorliegen, ist dagegen allein die Verf-Beschwerde gegeben.

§ 78 Beschwerdeverfahren

[1]Hinsichtlich der Beschwerde gegen Entscheidungen der Arbeitsgerichte oder ihrer Vorsitzenden gelten die für die Beschwerde gegen Entscheidungen der Amtsgerichte maßgebenden Vorschriften der Zivilprozessordnung entsprechend. [2]Für die Zulassung der Rechtsbeschwerde gilt § 72 Abs. 2 entsprechend. [3]Über die sofortige Beschwerde entscheidet das Landesarbeitsgericht ohne Hinzuziehung der ehrenamtlichen Richter, über die Rechtsbeschwerde das Bundesarbeitsgericht.

Übersicht

		Rdn.			Rdn.
A.	Allgemeines	1	I.	Einlegung der sofortigen Beschwerde	3
B.	Beschwerdefähige Entscheidungen des ArbG	2	II.	Nichtabhilfebeschluss durch das ArbG	6
			III.	Entscheidung durch das LAG	7
C.	Beschwerdeverfahren der sofortigen Beschwerde	3	D.	Rechtsbeschwerde zum BAG	9

1 **A. Allgemeines.** Das ArbGG verweist auf das Beschwerdeverfahren nach der ZPO (§§ 567–577 ZPO). Nach § 78 S 1 ist gegen Entsch der 1. Instanz die sof Beschwerde statthaft. Dagegen kann gegen Entsch des LAG nur **Rechtsbeschwerde** eingelegt werden, wofür deren Zulassung durch das LAG Voraussetzung ist (BAG 21.6.2006, 3 AZB 65/05, EzA § 91a ZPO 2002 Nr 2). Eine außerordentliche Beschwerde wegen greifbarer Gwidrigkeit ist nicht statthaft (BAG 25.11.2008, 3 AZB 64/08, EzA § 319 ZPO 2002 Nr 1). Für das Beschlverfahren verweist § 83 V auf § 78. Zu beachten ist das bes Beschwerderecht außerhalb der ZPO mit zuweilen abw Verfahrensvorschriften (zB §§ 66–70 GKG, §§ 33, 56, 59 RVG). So findet nach § 66 III 3 GKG, § 33 IV 3 RVG, § 4 IV 3 JVEG eine Beschwerde an einen obersten Gerichtshof des Bundes nicht statt. **Streitwertfestsetzungen** sind damit einer Überprüfung durch das BAG entzogen.

2 **B. Beschwerdefähige Entscheidungen des ArbG.** Beschwerdefähig gem S 1 sind Entsch des ArbG, gegen die die sof Beschwerde **ausdrückl gesetzlich zugelassen** ist, § 567 I Nr 1 ZPO (zB § 127 II, III ZPO,; § 141 III ZPO; § 252 ZPO; § 319 II ZPO; §§ 380 III, 390 III, 409 II ZPO; § 793 ZPO; § 159 GVG; § 48 I iVm § 17a IV 3 GVG), außerdem nach § 567 I Nr 2 ZPO Entsch des ArbG, die ohne mündliche Verh ergehen können und durch die ein das Verfahren betreffendes Gesuch einer der Parteien zurückgewiesen wurde (zB § 11a; § 204 ZPO; § 255 ZPO). Gegen Entsch über **Kosten**, Gebühren und Auslagen ist die sofortige Beschwerde nur zulässig, wenn der Wert des Beschwerdegegenstandes 200 € übersteigt, § 567 II ZPO. § 64 II ist nicht entspr anzuwenden.

C. Beschwerdeverfahren der sofortigen Beschwerde. I. Einlegung der sofortigen Beschwerde. Die 3
Einlegung beim ArbG erfolgt durch Einreichung einer Beschwerdeschrift (§ 569 II ZPO). Sie kann auch durch Erklärung zu Protokoll der Geschäftsstelle, auch eines anderen ArbG, eines AG oder des LAG, eingelegt werden. **Vertretungszwang** besteht nicht. Die sof Beschwerde ist grds bei dem **ArbG** einzulegen, dessen Entsch angefochten werden soll. Zwar ist auch die Einlegung beim Beschwerdegericht möglich (§ 569 I ZPO) Wegen der erforderl Abhilfeentsch des ArbG ist dies aber nicht zweckmäßig. Die sof Beschwerde muss die Bezeichnung der angefochtenen Entsch sowie die Erklärung enthalten, dass Beschwerde gegen diese Entsch eingelegt werde, was sich auch aus dem Zusammenhang ergeben kann (vgl BGH 8.10.1991, XI ZB 6/91, NJW 1992, 243). Die **Beschwerdeschrift** muss vom Beschwerdeführer oder von seinem Bevollmächtigten eigenhändig unterschrieben sein, anders bei Einreichung durch Telegramm, Fernschreiben, Telebrief oder Telefax. Die sofortige Beschwerde muss **nicht begründet** werden (§ 571 I ZPO), wenngleich ohne Begr die Beschwerde idR keinen Erfolg haben wird. Neue Angriffs- und Verteidigungsmittel sind zulässig, § 571 II ZPO. Grenzen neuen Vorbringens setzt § 571 III ZPO. Der Beschwerdeführer muss durch die angefochtene Entsch **Beschwer** muss noch im Zeitpunkt der Entsch durch das LAG vorliegen (GMP/*Müller-Glöge* § 78 Rn 23).

Die sofortige Beschwerde ist nach § 569 I 1 ZPO innerhalb einer **Notfrist** von **2 Wochen** einzulegen, falls 4
gesetzlich keine andere Frist bestimmt ist (wie zB in § 127 II 3 und III ZPO: Beschwerdefrist von 1 Monat). **Wiedereinsetzung** nach § 233 ZPO ist zulässig. Die Frist beginnt mit der Zustellung der angefochtenen Entsch. Bei fehlerhafter oder unterbliebener Zustellung beginnt die Beschwerdefrist in entspr Anwendung des § 569 I 2 ZPO spätestens mit Ablauf von 5 Monaten nach Verkündung der Entsch. Wegen an sich erforderlichen, aber in diesen Fällen **fehlenden Rechtsmittelbelehrung** nach § 9 V beträgt die Rechtsmittelfrist 12 Monate, weil eine § 66 I 2 und § 74 I 2 entspr Regelung in § 78 fehlt. Die Beschwerde kann damit bis zum Ablauf von **17 Monaten** nach Verkündung zulässig eingelegt werden (*GMP/Müller-Glöge* § 78 Rn 24; ArbGG/*Oesterle* § 78 Rn 28; **aA** GK-ArbGG/*Dörner* § 78 Rn 46: nur 5 Monats-Frist). Wird die anzufechtende Entsch nur **formlos mitgeteilt**, kann dagegen bereits zulässig Beschwerde eingelegt werden (BAG 3.8.2011, 3 AZB 8/11, EzA ZPO 2002 § 166 Nr 2).

Nach § 570 ZPO hat die sofortige Beschwerde nur dann **aufschiebende Wirkung**, wenn sie gegen die 5
Festsetzung eines Ordnungs- oder Zwangsgeldes gerichtet ist. Der **Vollzug** der Entsch kann allerdings auf Antrag oder vAw durch Beschl des ArbG oder des Kammervorsitzenden **ausgesetzt** werden. Ab Vorlage der Beschwerde an das LAG ist dieses für die Entsch darüber zuständig, § 570 III ZPO. Die sofortige Beschwerde kann bis zur Entsch **zurückgenommen** werden (Kosten: § 516 III ZPO in entspr Anwendung). Die **Anschlussbeschwerde** durch den Beschwerdegegner ist in § 567 III ZPO geregelt. Die Anschließung verliert ihre Wirkung, wenn die sofortige Beschwerde zurückgenommen oder als unzulässig verworfen wird.

II. Nichtabhilfebeschluss durch das ArbG. Das ArbG hat – vor der Vorlage an das LAG zu prüfen, ob 6
es der sof Beschwerde abhilft, § 572 I 1 ZPO. **Neuer Tatsachenvortrag** ist zu berücksichtigen. Die Nichtabhilfeentsch ist keine gerichtsinterne Angelegenheit, sondern eine echte Sachentsch, die in **Beschlform** zu erlassen und den Beteiligten zumindest formlos **bekannt zu geben** ist. Geschieht das nicht, kann dieser Verfahrensmangel durch das Beschwerdegericht **geheilt** werden, indem es die Beteiligten über die Nichtabhilfe unterrichtet und insb dem nachteilig Betroffenen zumindest dadurch Gelegenheit zur ergänzenden Stellungnahme gibt, dass es mit der Beschwerdeentsch einen angemessenen Zeitraum abwartet (BGH 15.7.2010, V ZB 10/10, NVwZ 2011, 127 für § 68 FamFG). Ein bloßer **Nichtabhilfevermerk** reicht nicht aus, auch wenn er den Parteien zugeleitet wird (GMP/Müller-Glöge § 78 Rn 28; aA GK-ArbGG/*Dörner* § 78 Rn 58). Die Nichtabhilfeentsch ist regelmäßig Voraussetzung einer Beschwerdeentsch des LAG. Ausnahme: das ArbG hält eine Abhilfeentsch nicht für zulässig und das LAG ist anderer Auffassung. Da die ordnungsgem Durchführung des Abhilfeverfahrens nicht Verfahrensvoraussetzung für das Beschwerdeverfahren oder für die Beschwerdeentsch ist, kann das Beschwerdegericht bei fehlerhaftem Abhilfeverfahren selbst in der Sache entscheiden (LAG Berl 15.2.2006, 13 Ta 170/06, LAGE § 623 BGB 2002 Nr 5; LAG Hamm 3.2.2010, 10 Ta 537/09, juris mwN). Die Abhilfeentsch kann grds durch den oder die Vorsitzende(n) der Kammer allein ergehen. Etwas anderes gilt bei Entsch über den Rechtsweg nach § 17a IV GVG. Hier muss nach § 48 I Nr 2 ArbGG stets die Kammer entscheiden (BAG 17.9.2014, 10 AZB 4/14, EzA § 2 ArbGG 1979 Nr 86). Vor einer Entsch, mit der der Beschwerde abgeholfen wird, ist dem Gegner **rechtliches Gehör** zu gewähren. Wird ganz oder teilw abgeholfen, kann der Gegner beschwert sein, dem dann ggf seinerseits die sofortige Beschwerde eröffnet ist. Hilft das ArbG der sofortigen Beschwerde nicht ab, ist sie unverzüglich dem LAG vorzulegen.

Spelge

§ 78 ArbGG Beschwerdeverfahren

7   **III. Entscheidung durch das LAG.** Das LAG verwirft die Beschwerde als unzulässig, wenn die Prüfung ergibt, dass sie **nicht statthaft** (zB Ablehnung eines Akteneinsichtsantrags durch den Gerichtsvorstand gem § 299 II ZPO: Justiz-VA, LAG Hamm 19.7.2010, 1 Ta 174/10, juris unter Hinweis auf BGH 16.7.2003, IV AR (VZ) 1/03, NJW 2003, 1165) oder **nicht in der gesetzlichen Form** und/oder **Frist** eingelegt ist, § 572 II ZPO. Die Entsch ergeht durch Beschl. Bei offensichtlicher Unzulässigkeit braucht der Gegner nicht gehört zu werden. Ist die Beschwerde unbegründet, wird sie zurückgewiesen. Ist die Beschwerde begründet, wird die angegriffene Entsch aufgehoben und in der Sache entschieden, also ggf das Begehrte zugesprochen, etwa bei Ablehnung eines Antrages. Das LAG kann aber auch die Sache an das ArbG **zurückverweisen**. Das Zurückverweisungsverbot des § 68 gilt im Beschwerdeverfahren nicht (LAG Brem 30.4.1987, 4 Ta 25/87, LAGE § 78 ArbGG 1979 Nr 1). Im Verfahren der **Rechtswegbestimmung** ist allerdings aus Gründen der Verfahrensbeschleunigung eine Zurückverweisung ausgeschlossen (BAG 17.9.2014, 10 AZB 4/14, EzA § 2 ArbGG 1979 Nr 86). **Neue Tatsachen** und Beweismittel sind zu berücksichtigen, § 571 II 1 ZPO. Da eine Beschwerdebeantwortungsfrist gesetzlich nicht vorgeschrieben ist, sollte eine Beantwortungsfrist gesetzt werden, § 571 III ZPO. Der Beschl ergeht idR **ohne mündliche Verh** (im Fall des § 127 I 1 ZPO ohnehin), und zwar **ohne** Mitwirkung der **ehrenamtl Richter**, § 78 S 3. Wird mdl Verh angeordnet, besteht für diese Vertretungszwang, § 11 IV. Sind Gerichtskosten oder erstattungsfähige außergerichtliche Kosten entstanden, bedarf es einer Kostenentsch, wenn das LAG in der Sache entscheidet.

8   Der Beschl wird formlos mitgeteilt, § 329 II 1 ZPO, es sei denn, die Rechtsbeschwerde wurde zugelassen und/oder weist einen vollstreckbaren Inhalt auf, dann ist sie zuzustellen, § 329 II 2, III ZPO.

9   **D. Rechtsbeschwerde zum BAG.** Die Rechtsbeschwerde gegen Entsch des LAG ist nur statthaft, wenn sie vom LAG zugelassen worden ist. Dabei ist zu differenzieren zwischen den Beschlüssen, die das LAG im **anhängigen Berufungsverfahren** trifft (zB eine Entsch über den bei ihm gestellten PKH-Antrag) und den Entsch, die es als **Beschwerdegericht** (Ta-Verfahren) trifft. Die Beschwerdemöglichkeit richtet sich im ersten Fall allein nach § 574 I 1 ZPO (BAG 21.6.2006, 3 AZB 65/05, EzA § 91a ZPO 2002 § 209 Abs. 2 Nr 2 InsO). Das LAG kann also die Rechtsbeschwerde auch bei sog. »Erstentsch« zulassen (vgl BAG 20.8.2002, 2 AZB 16/02, EzA § 5 KSchG Nr 34). Entscheidet das LAG als Beschwerdegericht, ist die Beschwerde statthaft, wenn sie nach §§ 72 II, 78 S 2 zugelassen worden ist, also bei **grds Bedeutung** einer entscherheblichen Rechtsfrage oder **Divergenz**. Die ebenfalls mögliche Zulassung wegen einer Verletzung des **rechtl Gehörs** dürfte theoretisch bleiben. Nicht gegeben ist die **Rechtsbeschwerde bei nicht verfahrensbeendenden Entsch des LAG** während des Berufungsverfahrens (Hess LAG 19.7.2006, 8 Sa 104/05, AE 2006, 299; GK-ArbGG/*Dörner* § 78 Rn 87). Die Rechtsbeschwerde muss **im Beschl des LAG ausdrückl zugelassen** werden; schweigt der Beschl dazu, ist die Rechtsbeschwerde nicht zugelassen. Die Zulassung kann vom BAG nicht nachgeholt werden (BAG 19.12.2002, 5 AZB 54/02, AP § 72a ArbGG 1979 Nr 47). Das gilt auch dann, wenn das Beschwerdegericht **übersehen** hat, dass ihm die Entsch über die Zulassung obliegt (BGH 10.5.2012, IX ZB 295/11, ZIP 2012, 1146). Es reicht aus, wenn die Zulassungsentsch in den Gründen erfolgt. § 78 verweist weder unmittelbar noch mittelbar – über § 78 S 2 – auf § 64 IIIa (BAG 17.1.2007, 5 AZB 43/06, EzA § 78 ArbGG 1979 Nr 8). Die Zulassung kann auf einen tatsächlich oder rechtlich selbständigen Teil des Streitstoffs **beschränkt** werden, der Gegenstand eines Teil-Urt sein kann. Ist die Beschränkung unzulässig, ist die Rechtsbeschwerde für den gesamten Streitstoff statthaft (BAG 28.5.2014, 10 AZB 20/14).

10 Die Beschwerde ist uU auch statthaft, wenn sie vom LAG nicht im ursprüngl, sondern erst in einem weiteren Beschl zugelassen wird. In entspr Anwendung des § 78a ist vom LAG auf **Gegenvorstellung** die Rechtsbeschwerde zuzulassen, wenn durch die Nichtzulassung **Verfahrens-GR verletzt** worden sind. Das ist zB der Fall, wenn das LAG die Rechtsbeschwerde trotz Divergenz nicht zugelassen hat (BAG 3.8.2011, 3 AZB 8/11, EzA ZPO 2002 § 116 Nr 2).

11 Lässt das LAG die Rechtsbeschwerde nicht zu, ist in beiden unter Rdn 9 dargestellten Konstellationen keine **Nichtzulassungsbeschwerde** statthaft. Für **Erstentsch** des LAG folgt dies daraus, dass das Rechtsbeschwerdeverfahren nach dem Willen des Gesetzgebers die Nichtzulassungsbeschwerde nicht kennt (BGH 16.11.2006, IX ZA 26/06). Gegen Entsch des LAG als **Beschwerdegericht** ist nach dem Willen des Gesetzgebers die entspr Anwendung des § 72a ArbGG nicht vorgesehen (BAG 3.6.2015, 2 AZB 116/14, NZA 2015, 894).

12 Das BAG ist an die Zulassung **gebunden**, § 574 III 2 ZPO. Indes wird die Statthaftigkeit der Beschwerde an sich geprüft. § 574 I Nr 2, III ZPO sind nur anwendbar, wenn auf die ZPO verwiesen wird. Das ist nicht immer der Fall. In Kostenfestsetzungsverfahren nach § 104 ZPO und in Verfahren um eine Klauselerteilung ist die Rechtsbeschwerde an sich statthaft (GMP/*Müller-Glöge* § 78 Rn 46 mN).

Spelge

Die Rechtsbeschwerde ist innerhalb einer **Notfrist** (Wiedereinsetzung in den vorigen Stand nach § 233 ZPO also möglich) von **1 Monat** nach Zustellung des Beschl des LAG beim BAG einzulegen und zu begründen, § 575 ZPO. Die Einreichung beim LAG wahrt die Frist nicht. Das LAG ist allerdings gehalten, im normalen Geschäftsgang die Beschwerde an das BAG weiterzuleiten. Geht die Beschwerde dort innerhalb der Frist ein, ist die Frist gewahrt. Fehlen die Zustellung und/oder die Rechtsmittelbelehrung, gilt in entspr Anwendung der §§ 515, 548 ZPO eine 5-Monatsfrist, der sich die Jahresfrist des § 9 V anschließt (GMP/*Müller-Glöge* § 78 Rn 51; aA Schwab/Weth/*Schwab* § 78 Rn 78 wegen Fehlens einer § 569 I 2 vergleichbaren Vorschrift in § 575 ZPO; GK-ArbGG/*Dörner* § 78 Rn 98, 46). Ist der Beschl nicht einmal zugestellt, sondern nur **formlos mitgeteilt**, kann die Rechtsbeschwerde ab dem Zeitpunkt der formlosen Mitteilung eingelegt werden. Es handelt sich um eine Einlegung der Beschwerde vor Zustellung (BAG 18.5.2010, 3 AZB 9/10, EzA § 121 ZPO 2002 Nr 3) Für die Rechtsbeschwerde besteht **Vertretungszwang**. Die Begr-Frist kann nach § 575 II 2, § 551 II 5, 6 ZPO verlängert werden. Eine **Anschlussrechtsbeschwerde** durch einzureichenden Schriftsatz, der den Anforderungen an eine Rechtsbeschwerde entspricht, innerhalb einer Notfrist von 1 Monat nach Zustellung der Rechtsbeschwerdebegr ist möglich, § 574 IV ZPO. Da sie unselbstständig ist, verliert sie ihre Wirkung, wenn die Rechtsbeschwerde zurückgenommen oder als unzulässig verworfen wird. 13

Die Rüge der nicht vorschriftsmäßigen Besetzung des Gerichts wird vom BAG nur beachtet, wenn die Beschwerde darauf ausdrückl gestützt wird. War das ArbG nicht ordnungsgem besetzt, hat dieser Fehler aber durch die in ordnungsgem Besetzung ergangene Entsch des LAG seine Bedeutung verloren, hat die Rechtsbeschwerde grds keinen Erfolg. Ob etwas anderes gilt, wenn das ArbG willkürlich vorgegangen ist, hat das BAG offen gelassen (BAG 17.9.2014, 10 AZB 4/14, EzA § 2 ArbGG 1979 Nr 86). 13.1

Das BAG entscheidet über die Rechtsbeschwerde durch Beschl ohne Heranziehung der ehrenamtlichen Richter, und zwar auch dann, wenn – ausnahmsweise – aufgrund mündlicher Verh entschieden wird. Bei einer abschließenden Entsch erfolgt eine Kostenentsch. Bei Zurückverweisung der Sache an das LAG bleibt die Kostenentsch über das Rechtsbeschwerdeverfahren idR dem LAG überlassen. In Verfahren über die Bewilligung von PKH ergeht keine Kostenentsch (GMP/*Müller-Glöge* § 78 Rn 58 mwN). 14

§ 78a Abhilfe bei Verletzung des Anspruchs auf rechtliches Gehör

(1) ¹Auf die Rüge der durch die Entscheidung beschwerten Partei ist das Verfahren fortzuführen, wenn
1. ein Rechtsmittel oder ein anderer Rechtsbehelf gegen die Entscheidung nicht gegeben ist und
2. das Gericht den Anspruch dieser Partei auf rechtliches Gehör in entscheidungserheblicher Weise verletzt hat.

²Gegen eine der Endentscheidung vorausgehende Entscheidung findet die Rüge nicht statt.
(2) ¹Die Rüge ist innerhalb einer Notfrist von zwei Wochen nach Kenntnis von der Verletzung des rechtlichen Gehörs zu erheben; der Zeitpunkt der Kenntniserlangung ist glaubhaft zu machen. ²Nach Ablauf eines Jahres seit Bekanntgabe der angegriffenen Entscheidung kann die Rüge nicht mehr erhoben werden. ³Formlos mitgeteilte Entscheidungen gelten mit dem dritten Tage nach Aufgabe zur Post als bekannt gegeben. ⁴Die Rüge ist schriftlich bei dem Gericht zu erheben, dessen Entscheidung angegriffen wird. ⁵Die Rüge muss die angegriffene Entscheidung bezeichnen und das Vorliegen der in Absatz 1 Satz 1 Nr. 2 genannten Voraussetzungen darlegen.
(3) Dem Gegner ist, soweit erforderlich, Gelegenheit zur Stellungnahme zu geben.
(4) ¹Das Gericht hat von Amts wegen zu prüfen, ob die Rüge an sich statthaft und ob sie in der gesetzlichen Form und Frist erhoben ist. ²Mangelt es an einem dieser Erfordernisse, so ist die Rüge als unzulässig zu verwerfen. ³Ist die Rüge unbegründet, weist das Gericht sie zurück. ⁴Die Entscheidung ergeht durch unanfechtbaren Beschluss. ⁵Der Beschluss soll kurz begründet werden.
(5) ¹Ist die Rüge begründet, so hilft ihr das Gericht ab, indem es das Verfahren fortführt, soweit dies aufgrund der Rüge geboten ist. ²Das Verfahren wird in die Lage zurückversetzt, in der es sich vor dem Schluss der mündlichen Verhandlung befand. ³§ 343 der Zivilprozessordnung gilt entsprechend. ⁴In schriftlichen Verfahren tritt an die Stelle des Schlusses der mündlichen Verhandlung der Zeitpunkt, bis zu dem Schriftsätze eingereicht werden können.
(6) ¹Die Entscheidungen nach den Absätzen 4 und 5 erfolgen unter Hinzuziehung der ehrenamtlichen Richter. ²Die ehrenamtlichen Richter wirken nicht mit, wenn die Rüge als unzulässig verworfen wird oder sich gegen eine Entscheidung richtet, die ohne Hinzuziehung der ehrenamtlichen Richter erlassen wurde.

§ 78a ArbGG Abhilfe bei Verletzung des Anspruchs auf rechtliches Gehör

(7) § 707 der Zivilprozessordnung ist unter der Voraussetzung entsprechend anzuwenden, dass der Beklagte glaubhaft macht, dass die Vollstreckung ihm einen nicht zu ersetzenden Nachteil bringen würde.
(8) Auf das Beschlussverfahren finden die Absätze 1 bis 7 entsprechende Anwendung.

Übersicht

	Rdn.		Rdn.
A. Einführung...................	1	E. Frist und Form....................	8
B. Statthaftigkeit.................	2	F. Prüfung, Entsch und Begründung.......	12
C. Zulässigkeit, insb Darlegung einer Gehörsverletzung..............	5	G. Einstweilige Einstellung der Zwangsvollstreckung..................	19
D. Begründetheit..................	6		

1 **A. Einführung.** § 78a ermöglicht in engen Grenzen die **Selbstkorrektur unanfechtbarer instanzbeendender Entsch**. Es handelt sich um einen Sonderfall der Verfahrensrüge, die der Beschwerdepartei Gelegenheit gibt aufzuzeigen, dass die Entsch unter Verletzung des Anspruchs auf rechtliches Gehör von einer fehlerhaften Tatsachengrundlage ausgegangen ist oder unter Verletzung des Anspruchs auf rechtliches Gehör auf Rechtsfehlern beruht. Sie soll **ausschließlich Verletzungen des rechtlichen Gehörs** heilen (BAG 7.2.2012, 8 AZA 53/11 (F), NZA 2012, 524). Sie dient nicht dazu, dass mit ihr eine nach Auffassung des Rügeführers fehlerhafte Rechtsanwendung durch das Gericht geltend gemacht wird, durch die er nicht in seinem Anspruch auf rechtliches Gehör verletzt ist. Die **Erfolglosigkeit** eines Rechtsmittels gegen einen behaupteten Gehörsverstoß der Vorinstanz, insb also der auf die Verletzung rechtlichen Gehörs gestützten **Nichtzulassungsbeschwerde**, begründet dabei, für sich genommen, keine neue Gehörsverletzung durch das über das Rechtsmittel entscheidende Gericht (BVerfG 5.5.2008, 1 BvR 562/08, NJW 2008, 2635).

2 **B. Statthaftigkeit.** Die Anhörungsrüge setzt voraus: (1) Eine mit Rechtsmitteln oder Rechtsbehelfen nicht mehr angreifbare Endentsch, und zwar unabhängig davon, in welcher Instanz sie ergeht und ob es sich um ein Urt oder um einen Beschl handelt. **Zwischenentsch** sind nicht erfasst (vgl aber zu Befangenheitsanträgen Rdn 3); (2) Rüge der Verletzung des Anspruchs auf rechtliches Gehör, (3) Beschwer der rügenden Partei oder des Beteiligten durch die Entsch, (4) in entscherheblicher Weise beeinträchtigter Anspruch des Rügenden auf rechtliches Gehör.

3 Die Anhörungsrüge ist **subsidiär**, also nur gegeben, wenn ein anderes Rechtsmittel oder ein anderer Rechtsbehelf nicht mehr möglich ist. Ist gegen die angef Entsch noch ein Rechtsmittel oder Rechtsbehelf statthaft, etwa die auf Verletzung rechtl Gehörs gestützte **Nichtzulassungsbeschw** (s dazu § 72a Rdn 24 ff), sind diese Mittel zu nutzen, um die Verletzung des Anspruchs auf rechtliches Gehör geltend zu machen. Ist die Frist eines statthaften Rechtsmittels oder Rechtsbehelfs versäumt, wird die Anhörungsrüge nicht statthaft (GK-ArbGG/*Dörner* § 78a Rn 12). Wesentl **Anwendungsbereich** des § 78a sind daher Anhörungsrügen gegen Endentsch des BAG, Endentsch im Verfahren des einstweiligen Rechtsschutzes und bei sonstigen Endentsch, die Rechtsmitteln oder Rechtsbehelfen nicht unterliegen (vgl GK-ArbGG/*Dörner* § 78a Rn 11; LAG Hamm 20.6.2006, 2 Ta 641/05 [Rechtswegentsch des LAG, bei der die Rechtsbeschwerde nach § 17a IV 4 GVG nicht zugelassen worden war]). Allerdings ist ausnahmsweise auch bei **Zwischenentsch** die Anhörungsrüge statthaft. § 78a II 2 ist verfkonform dahin auszulegen, dass Entsch, die ein **selbstständiges Zwischenverfahren** abschließen, das im Hinblick auf mögliche Gehörsverletzungen im weiteren fachgerichtlichen Verfahren nicht mehr überprüft und korrigiert werden kann, mit der Anhörungsrüge angegriffen werden können. Das gilt zB für Entsch über **Befangenheitsanträge** (BAG 23.9.2008, 6 AZN 84/08 AP § 78a ArbGG 1979 Nr 5; vgl BVerfG 12.1.2009 – 1 BvR 3113/08, NJW 2009, 833; s auch § 72a Rdn 22). oder für die Anhörungsrüge der **Gegenpartei gegen die Gewährung einer Wiedereinsetzung** (BGH 20.1.2009, Xa ZB 34/08, NJW-RR 2009, 642).

4 Seit Inkrafttreten des § 78a am 1.1.2005 ist eine außerordentliche Beschwerde wegen Verletzung des Anspruchs auf rechtliches Gehör nicht mehr statthaft (BAG 25.11.2008, 3 AZB 64/08, EzA § 319 ZPO 2002 Nr 1 mwN aus der Rspr des BAG und der anderen obersten Bundesgerichte).

5 **C. Zulässigkeit, insb Darlegung einer Gehörsverletzung.** Die Rüge muss die angegriffene Entsch bezeichnen und das Vorliegen der in § 78a I 1 Nr 2 genannten Voraussetzungen darlegen. Dazu ist **in der Rügeschrift** und damit **innerhalb der Rügefrist** (BAG 27.4.2010, 5 AZN 336/10 (F), EzA § 78a ArbGG 1979 Nr 10) darzulegen, dass und inwieweit das **rechtliche Gehör neu und eigenständig** durch das Gericht **verletzt** worden ist, gegen dessen Entsch sich der Betroffene wendet. Das BAG hat offen

gelassen, ob es für die Zulässigkeit genügt, wenn die Anhörungsrüge zunächst ohne Begr erhoben und **innerhalb der Rügefrist ausreichend begründet** wird (BAG 27.4.2010, 5 AZN 336/10 (F) EZA § 78a ArbGG 1979 Nr 10), das LAG Nds hat dies verneint (20.5.2015, 2 Sa 944/14, Rn. 170). Das dürfte ausgehend vom Zweck der Anhörungsrüge, dem Gericht eine Selbstkorrektur zu ermöglichen (Rdn 1), zu streng sein. Der Gesetzgeber eröffnet den Parteien eine zweiwöchige Frist, eine solche Selbstkorrektur anzuregen. Ob die Partei mit der Einlegung der Rüge diese sofort oder erst später, aber noch innerhalb der Frist begründet, ist ausgehend von diesem Zweck unerheblich. Darzulegen ist ferner, dass die nach Auffassung der Rüge übergangenen Tatsachen nach § 559 ZPO **berücksichtigungsfähig** waren und eine für den Beschwerdeführer **günstigere Entsch ergangen** wäre, wenn der Anspruch auf rechtliches Gehör gewahrt worden wäre (BAG 31.5.2006, 5 AZR 342/06 (F), EzA § 78a ArbGG 1979 Nr 3). Die Behauptung einer Gehörsverletzung im Zusammenhang mit den Gehörsrügen, die bereits **als Zulassungsgründe für die Nichtzulassungsbeschwerde** vorgebracht worden sind, ist dazu ungeeignet (BVerfG 5. 5.2008, 1 BvR 562/0, NJW 2008, 2635; BGH 13.12.2007, I ZR 47/06, NJW 2008, 2126). Für die **Darlegung** einer Gehörsverletzung gelten dieselben Anforderungen wie für die Darlegung einer solchen Verletzung im Rahmen einer Verfahrensrüge im Revisionsverfahren oder einer Gehörsrüge im Rahmen einer Nichtzulassungsbeschw (BAG 5.2.2013, 7 AZR 947/12 (F); zu diesen Anforderungen s auch § 72a Rdn 31 ff).

D. Begründetheit. Die Anhörungsrüge ist begründet, wenn eine Verletzung des Anspruchs auf rechtl 6 Gehör vorliegt. Dabei ist zu beachten, dass der **Beschl** des BAG über die **Zurückweisung** bzw Verwerfung der **Nichtzulassungsbeschwerde** wie regelmäßig alle unanfechtbaren letztinstanzlichen gerichtlichen Entsch **keiner Begr bedarf,** § 72a V 5. Aus § 78a IV 5 ergibt sich kein Recht der Partei, deren Nichtzulassungsbeschwerde keinen Erfolg hatte, eine weiter gehende oder erläuternde Begr der Entsch zu erzwingen. Eine Anhörungsrüge kann nicht mit dem Ziel eingelegt werden, eine **Begrergänzung** herbeizuführen (BT-Drs 15/3706, S 16; BAG 9.4.2014, 1 AZN 262/14 (F)). Zur Verletzung des rechtlichen Gehörs iE § 72a Rdn 24 ff.

Der Anspruch auf rechtliches Gehör muss **entscherheblich** verletzt sein. Dafür reicht es aus, dass eine 7 andere Entsch nicht ausgeschlossen werden kann. Darum fehlt die Entscherheblichkeit, wenn eine die Entsch selbst tragende Zweitbegr, vorliegt, es sei denn, es liegt auch insoweit eine Gehörsverletzung vor (LAG Schl-Holst 30.1.2007, 1 Ta 62/07).

E. Frist und Form. Die **Rügefrist** beträgt **2 Wochen.** Sie beginnt mit der subjektiven **Kenntnis** der Ver- 8 letzung des Anspruchs auf rechtliches Gehör. »Kennenmüssen« ist also nicht ausreichend. Die Fiktion in II 3 bezieht sich ausschließlich auf die Bekanntgabe der angegriffenen Entscheidung (BVerfG 4.4.2007, 1 BvR 66/07, EzA § 78a ArbGG 1979 Nr 5). Durch die Bekanntgabefiktion soll allein vermieden werden, dass bisher nicht zuzustellende Entsch allein wegen einer möglichen Gehörsrüge zustellungspflichtig werden (BTDrucks 15/3706, S. 16).Verschließt sich aber die Partei bzw ihr Bevollmächtigter der Kenntnis bewusst, etwa in dem sie die Entsch **nicht liest**, ist dies einer Kenntnis gleichzusetzen (BVerfG 14.4.2010, 1 BvR 299/10, NJW-RR 2010, 1215). Darum erscheint es zweifelhaft, allg davon auszugehen, dass mit der **Zustellung** bzw **Zugang** der angefochtenen Entsch **Kenntnis** von der (angeblichen) Gehörsverletzung **erlangt** wird (so aber BGH 16.10.2012, II ZB 6/09, MDR 2013, 421). Hat die Partei keine Kenntnis von der Zustelllung, kann sie die Gehörsverletzung noch nicht kennen, die Frist läuft nicht an. Darauf, dass erst später – etwa bei der Prüfung einer Verf-Beschwerde – die Überzeugung gewonnen wird, dass eine Gehörsverletzung vorliegt, kommt es für den Fristbeginn nicht an (BFH 20.4.2011, I S 2/11; BSG 9.9.2010, B 11 AL 4/10 C).

Wiedereinsetzung in den vorigen Stand gegen die Versäumung der Frist ist möglich, § 233 ZPO. Die 8.1 **Unkenntnis** darüber, dass nach st Rspr des BVerfG (seit 25.4.2005, 1 BvR 644/05, NJW 2005, 3059) die **Verf-Beschwerde unzulässig ist, wenn nicht zuvor die Anhörungsrüge** eingelegt worden ist, entschuldigt die Fristversäumnis grds nicht, sodass deswegen keine Wiedereinsetzung zu gewähren ist. Die Verantwortung für die ordnungsgem Einlegung der Anhörungsrüge trifft auch die **juristisch nicht geschulte Partei** grds allein. Sie ist verpflichtet, sich von sich aus rechtzeitig über Form und Frist der Anhörungsrüge alsbald zu **erkundigen** (vgl BVerwG 13.4.2006, 7 B 5.06 ua. – für die Anhörungsrüge nach § 152a VwGO; BGH 19.3.1997, XII ZB 139/96, NJW 1997, 1989 allg für Rechtsmittel). Verletzt die Partei diese Sorgfaltspflicht, liegt ein **Verschulden** vor, das Wiedereinsetzung ausschließt (BGH 21.2.1992, XII ZB 108/91). Wiedereinsetzung in den Lauf der Rügefrist ist daher in solchen Fällen nur zu gewähren, wenn der Beschwerdeführer Umstände vorträgt, aus denen sich ergibt, dass er zu den erforderlichen Erkundigungen nicht in der Lage war.

9 Die Frist läuft **ohne entspr Belehrung**; § 9 V bezieht sich nur auf Rechtsmittel (BAG 22.7.2008, 3 AZN 584/08 (F), EzA § 78a ArbGG 1979 Nr 6). Nach **Ablauf eines Jahres** nach Bekanntgabe der Entsch ist eine Anhörungsrüge nicht mehr möglich. Eine Wiedereinsetzung gegen die Versäumung der 1-Jahresfrist kommt nicht in Betracht.

11 Die Anhörungsrüge ist unter Beachtung der **Schriftform** bei dem Gericht zu erheben, dessen Entsch angegriffen wird (sog iudex a quo). Beim ArbG genügt die Erklärung **zu Protokoll** der Rechtsantragsstelle, auch eines anderen ArbG. Besteht wie beim LAG **Vertretungszwang**, besteht er sich auch für die Anhörungsrüge (LAG Rh-Pf 2.2.2005, 2 Sa 1212/03, LAGReport 2005, 157).

12 **F. Prüfung, Entsch und Begründung.** Nach § 78a III ist dem Gegner vor der Entsch Gelegenheit zur Stellungnahme zu geben, »soweit erforderlich«.

13 Wird die Anhörungsrüge als **unzulässig** verworfen, wirken die **ehrenamtlichen Richter** nicht mit, § 78a VI 2 Hs 1. Ist die Anhörungsrüge **unbegr**, wirken die **ehrenamtlichen Richter** mit, es sei denn, es geht um eine Entsch, die vom Vorsitzenden bzw den Berufsrichtern allein erlassen wurde, § 78a VI 1. Aus § 78a ergibt sich nicht, dass die Richter, deren Entsch angegriffen ist, über die Gehörsrüge entscheiden müssen. Zu entscheiden hat der betroffene Spruchkörper in der durch das Gesetz vorgegebenen Zusammensetzung und in der **geschäftsplanmäßigen Besetzung**. Mitzuwirken haben also die ehrenamtlichen Richter, die nach dem Geschäftsverteilungsplan im Fall einer zulässigen Anhörungsrüge zur Entsch heranzuziehen sind. Schweigt der Geschäftsverteilungsplan, sind die ehrenamtlichen Richter heranzuziehen, die an dem Tag, an dem über die Anhörungsrüge entschieden wird, nach der Liste heranzuziehen sind, nicht aber die, die an der angefochtenen Entsch mitgewirkt haben. Ist - etwa nach einer Änderung des Geschäftsverteilungsplans - ein **anderer Senat** zuständig geworden, entscheidet dieser in der geschäftsplanmäßigen Besetzung über die Rüge (BAG 22.7.2008, 3 AZN 584/08 (F), EzA § 78a ArbGG 1979 Nr 6). Dieser Auffassung hat sich inzwischen das Schrifttum angeschlossen (GK-ArbGG/*Dörner* § 78a Rn 39; GMP/*Müller-Glöge* § 78a Rn 23; ArbGG/*Oesterle* § 78a Rn 51).

14 [Nicht belegt]
15 [Nicht belegt]
16 Die Entsch ergeht ohne mündliche Verh durch Beschl, der kurz begründet werden »soll«, § 78a IV 5. Letztinstanzliche Entsch bedürfen nicht zwingend einer Begründung (BAG 9.4.2014, 1 AZN 262/14 (F)). Die Entsch ist **unanfechtbar**. Eine weitere Anhörungsrüge ist daher ebensowenig statthaft wie eine Gegenvorstellung (BAG 19.11.2014, 10 AZN 618/14 (A), EzA § 78a ArbGG 1979 Nr 12).

17 Ist die Anhörungsrüge **begründet**, hat also das Gericht den Anspruch auf rechtliches Gehör der rügenden Partei in entscherheblicher Weise verletzt, wird das Verfahren in die Lage zurückversetzt, in der es sich vor dem Schluss der mündlichen Verh befand, § 78a V 2, und zwar wie beim Einspruch gegen ein Versäumnisurt, § 78a V 3, dies gilt aber bei mehreren Streitgegenständen nur, »soweit« die Gehörsrüge begründet ist.

18 Hat das BAG die gegen seine Entsch erhobene Rüge der Verletzung des rechtlichen Gehörs als unzulässig verworfen oder zurückgewiesen und dem Rügenden die Kosten auferlegt, so betrifft diese **Kostenentsch** nur die das Verfahren nach § 78a betreffenden Gerichtskosten. Ein **Kostenerstattungsanspruch** steht dem Prozessbevollmächtigten einer Partei nicht zu; das Verfahren nach § 78a gehört zum Rechtszug, § 19 I 2 RVG (LAG München 13.11.2008, 10 Ta 460/08, AGS 2009, 24).

19 **G. Einstweilige Einstellung der Zwangsvollstreckung.** Sie erfolgt nach § 707 ZPO wie bei § 62 I 3: Der Vollstreckungsschuldner muss glaubhaft machen, dass die Vollstreckung ihm einen nicht zu ersetzenden Nachteil bringen würde, § 78a VII.

§ 79 Wiederaufnahme des Verfahrens

¹Die Vorschriften der Zivilprozessordnung über die Wiederaufnahme des Verfahrens gelten für Rechtsstreitigkeiten nach § 2 Abs. 1 bis 4 entsprechend. ²Die Nichtigkeitsklage kann jedoch nicht auf Mängel des Verfahrens bei der Berufung der ehrenamtlichen Richter oder auf Umstände, die die Berufung eines ehrenamtlichen Richters zu seinem Amt ausschließen, gestützt werden.

Übersicht	Rdn.			Rdn.
A. Allgemeines	1	C.	Restitutionsklage	8
B. Nichtigkeitsklage	2	D.	Wiederaufnahmeverfahren	28

A. Allgemeines. Die Wiederaufnahme ermöglicht eine neue Verh und Entsch eines bereits rkr abge- 1
schlossenen Verfahrens. In Betracht kommt bei schweren Verfahrensverstößen die Nichtigkeitsklage gem
§ 579 ZPO, bei falschen Urt-Grundlagen die Restitutionsklage nach § 580 ZPO. Das **Wiederaufnahmeverfahren** ist statthaft, wenn das Verfahren durch **rkr Endurt** abgeschlossen ist, § 578 ZPO, oder wenn
die letzte Entsch ein **urteilsvertretender Beschl** war, etwa bei Verwerfung der Berufung oder der Revision
als unzulässig. Auch das **Nichtzulassungsbeschwerdeverfahren** kann wiederaufgenommen werden. Das
setzt allerdings voraus, dass die Wiederaufnahmegründe entweder die Tatbestände des § 72a ArbGG oder
das Zulassungsverfahren selbst betreffen. Das ist etwa dann der Fall, wenn geltend gemacht wird, über
die Nichtzulassungsbeschwerde sei in nicht gesetzmäßiger Besetzung entschieden worden. Die Tatsachen,
aus denen der Antragsteller einen solchen Grund ableitet, müssen schlüssig vorgetragen werden. Wiederaufnahmegründe, die den Rechtsstreit im Übrigen betreffen, sind bei dem Gericht anzubringen, das den
Rechtsstreit in der Sache entschieden hat. Das BAG entscheidet durch Beschl, der ohne mündliche Verh
ergehen kann. Die Beteiligung der ehrenamtlichen Richter erfolgt entsprechend § 72a V (zum Ganzen
BAG 13.10.2015, 3 AZN 915/15 (F)). Der Antrag unterliegt dem Anwaltszwang (BVerwG 26.3.1997, 5
A 1.97). Nach § 80 II 1 gelten die Vorschriften über die Wiederaufnahme des Verfahrens entspr auch für
das **Beschlverfahren**.

B. Nichtigkeitsklage. § 579 I **Nr 1** ZPO (**nicht vorschriftsmäßige Besetzung des Gerichts**) wird durch 2
§ 79 S 2 eingeschränkt. Auf fehlerhafte Berufung des ehrenamtlichen Richters nach §§ 22 ff kann die
Nichtigkeitsklage nicht mit Erfolg gestützt werden. Die Heranziehung des ordnungsgem berufenen ehrenamtlichen Richters zu den einzelnen Termin ist davon ebenso wenig erfasst wie ein Ausschluss von der
Ausübung des Richteramtes nach § 41 im konkreten Verfahren.
Der Nichtigkeitsgrund der Nr 1 liegt bei Verstößen gegen den gesetzl Richter vor. Die praktische Bedeu- 3
tung dürfte gering sein, weil diese Verstöße vorrangig mit der Nichtzulassungsbeschw bzw der Anhörungsrüge zu verfolgen sind. Der Nichtigkeitsgrund der Nr 1 ist gegenüber diesen **subsidiär**, § 579 II ZPO
(ArbGG/*Lipke* § 79 Rn 9).
Nr 2 (Ausschluss vom Richteramt) bezieht sich auf § 41 ZPO. Die Nichtigkeitsklage ist nicht statthaft, 4
wenn der Ausschließungsgrund erfolglos mit einem Ablehnungsgesuch oder durch ein Rechtsmittel geltend
gemacht worden war, § 579 Nr 2 HS 2 ZPO.
Nr 3 (Befangenheit) bezieht sich auf § 42 ZPO und ist nach dem Wortlaut der Nr 3 nur einschlägig, 5
wenn der Richter erfolgreich abgelehnt worden war und gleichwohl bei der Entsch mitgewirkt hat. Darum
soll nach der älteren Rspr nicht reichen, dass nur die **Möglichkeit** einer Ablehnung bestand. Ob daran
noch uneingeschränkt festgehalten werden kann, obwohl ein Verstoß gegen § 48 ZPO die Aufhebung eines
Urts durch das BAG rechtfertigen kann, hat das BAG offengelassen (BAG 13.10.2015, 3 AZN 915/15
(F)). Auch dieser Nichtigkeitsgrund ist subsidiär, § 579 II ZPO. Deshalb geht bei einem angeblichen Verstoß gegen Hinweispflichten die Anhörungsrüge dem Nichtigkeitsantrag vor (BAG 13.10.2015, 3 AZN
915/15 (F)).
Nr 4 (Vertretungsmängel) soll die **prozessunfähige** Partei schützen, die nicht durch ihren gesetzlichen 6
Vertreter oder überhaupt nicht vertreten gewesen ist. Ist die Partei bei Erteilung der Prozessvollmacht prozessfähig und hat sie wirksam einen Prozessbevollmächtigten bestellt, wird sie aber später prozessunfähig, so
ist sie iSd Nr 4 ZPO »nach den Vorschriften der Gesetze vertreten«. Der Nichtigkeitsgrund Nr 4 kann nur
von der Partei geltend gemacht werden, die im vorausgegangenen Verfahren nicht gesetzlich vertreten war
(vgl für § 547 Nr 4 ZPO BAG 9.9.2010, 4 AZN 354/10, EzA § 72 ArbGG 1979 Nr 42).
Nr 4 ist weder **analog** anzuwenden, wenn die Partei infolge **öff Zustellung** Kenntnis von Klage und 7
Ladung erlangt hat (BGH 11.12.2002, XII ZR 51/00, NJW 2003, 1326) noch dann, wenn die Voraussetzungen einer öff Zustellung für das Gericht erkennbar nicht vorlagen (BGH 6.10.2006, V ZR
282/05, NJW 2007, 303). Eine analoge Anwendung bei Verletzungen **rechtl Gehörs** scheidet jedenfalls
seit Einführung der Anhörungsrüge aus. Seitdem fehlt es an einer Regelungslücke (BAG 13.10.2015,
3 AZN 915/15 (F)).

C. Restitutionsklage. Die Restitutionsklage soll verhindern, dass die Autorität der Gerichte und das 8
Vertrauen der Allgemeinheit in die Rspr beeinträchtigt werden, wenn rkr Urt nicht überprüft wer-
den können, obwohl ihre Grundlage erschüttert wird (GK-ArbGG/*Mikosch* § 79 Rn 35). Bei den
Restitutionsgründen § 580 Nr 1–5 ZPO ist eine **strafbare Handlung** für das Urt ursächlich. Die

Restitutionsgründe § 580 Nr 6–8 ZPO beziehen sich auf **neues Vorbringen**, das die Grundlage des Urt entweder beseitigt oder vervollständigt. Die Hauptsache soll, soweit sie vom Restitutionsgrund betroffen ist, von Neuem verhandelt werden, § 590 I ZPO. Die Neuverh der Hauptsache ist eine Fortsetzung des früheren Prozesses im Zeitpunkt vor UrtErlass, soweit er von dem Restitutionsgrund betroffen ist. Ziel ist eine neue Entsch auf der Grundlage des Ergebnisses der neuen Verh und der früheren Lage, soweit sie bindend geblieben ist. Bereits im Revisionsverf kann das Vorbringen von Restitutionsgründen beachtlich sein. Das Revisionsgericht ist nicht gezwungen, sehenden Auges ein rkr Urt zu erlassen, das alsbald durch eine Restitutionsklage wieder beseitigt würde (BAG 16.5.2002, 2 AZR 730/00, EzA MuSchG § 9 nF Nr 37).

9 Die Restitutionsklage ist **stets subsidiär**, § 582 ZPO. An die Sorgfaltspflicht der Partei sind strenge Anforderungen zu stellen. Eine auch nur leicht fahrlässige Verletzung dieser Pflichten schließt die Restitution aus. Der RestitutionsKl ist, unbeschadet der Verpflichtung des Gerichts zur Prüfung vAw, für sein mangelndes Verschulden **beweispflichtig** (BGH 24.4.2013, XII ZB 242/09, NJW-RR 2013, 833).

10 Die Restitutionsklage ist nur dann begründet, wenn der Restitutionsgrund für die Unrichtigkeit der angegriffenen Entsch **kausal** war. Bei § 580 Nr 1–5 ZPO ergibt sich das aus dem Zusammenhang zwischen der strafbaren Handlung und dem Urt (GK-ArbGG/*Mikosch* § 79 Rn 38), bei den weiteren Restitutionsgründen unmittelbar aus dem Gesetzeswortlaut.

11 Der Restitutionsgrund § 580 **Nr 1 (falscher Parteieid)** bezieht sich auf die Parteivernehmung des Gegners, § 452 ZPO, § 426 S 3 ZPO und den in diesem Zusammenhang geleisteten Meineid, § 154 StGB, bzw fahrlässigen Falscheid, § 163 StGB. Die Beteuerung nach § 484 ZPO steht dem gleich, nicht aber die eidesstattliche Versicherung (Thomas/Putzo/*Reichold* § 580 Rn 5).

12 **Nr 2 (Urkundenfälschung)** bezieht sich auf die §§ 267 ff StGB iRd Urkundenbeweises nach §§ 415 ff ZPO.

13 **Nr 3 (falsches Zeugnis oder Gutachten)** bezieht sich auf §§ 153–156, 163 StGB bei Zeugen oder Sachverständigen, §§ 319 ff, 410 ZPO. Ob die rkr Verurteilung des Zeugen Voraussetzung ist, hat der BGH offengelassen (BGH 13.1.2000, IX ZB 3/99). Jedenfalls kann Nr 3 solange nicht geltend gemacht werden, als ein Strafverfahren noch nicht durchgeführt ist (BAG 16.5.2002, 2 AZR 730/00, EzA MuSchG § 9 nF Nr 37). Objektiv falsche Gutachten fallen nicht unter die Vorschrift (GK-ArbGG/*Mikosch* § 79 Rn 42). Dolmetscher werden erfasst, §§ 189, 191 GVG.

14 **Nr 4 (Urterschleichung)** erfasst in 1. Linie Straftaten im Zusammenhang mit Prozessbetrug, etwa §§ 156, 160, 240, 263, 266 StGB durch den eigenen Vertreter, den Gegner oder dessen Vertreter.

15 **Nr 5 (Amtspflichtverletzung eines Richters)** erfasst Straftaten des Richters nach §§ 334, 336, 348 StGB.

16 **Nr 6 (Urtaufhebung)** setzt dreierlei voraus: (Erstens) ein **präjudizielles Urt oder einen präjudiziellen VA** (zur Anwendung der Nr 6 auf den VA ausf BAG 29.9.2011, 2 AZR 674/10 EzA § 580 ZPO 2002 Nr 2), auf dem (zweitens) das mit der Restitutionsklage angegriffene Urt beruht, und (drittens) ein weiteres - rkr - Urt, durch das das präjudizielle Urt aufgehoben worden ist. Nicht das mit der Restitutionsklage angegriffene Urt, sondern ein Urt, auf das dieses angegriffene Urt lediglich gegründet ist, muss also durch ein anderes rechtskräftiges Urt aufgehoben worden sein (BAG 19.5.2010, 2 AZN 281/10 (A), EzA § 78b ZPO 2002 Nr 2). Zwischen dem Restitutionsgrund und der mit der Restitutionsklage angegriffenen Entsch muss ein Ursachenzusammenhang bestehen. Dem angegriffenen Urt muss durch den Restitutionsgrund eine der Grundlagen, auf denen es beruht, entzogen werden (BGH 21.1.1988, III ZR 252/86, NJW 1988, 1914). Dafür genügt es, dass die aufgehobene Entsch die Feststellung einer Tatsache, die Beweiswürdigung oder rechtliche Erwägungen **mitbestimmt** hat (Thomas/Putzo/*Reichold* § 580 Rn 10). Kein Fall der Nr 6 liegt vor, wenn dem Urt durch eine spätere **Entsch des BVerfG** die Grundlage entzogen wird. Insoweit hat § 79 BVerfGG Vorrang (BGH 26.4.2006, IV ZR 26/05, NJW 2006, 2856).

17 Ist der **Zustimmungsbescheid des Integrationsamtes** zur Kdg eines schwerbehinderten Menschen im verwaltungsgerichtlichen Verfahren rkr aufgehoben worden, ist Nr 6 erfüllt, wenn zuvor das ArbG wegen der Zustimmung die Rechtswirksamkeit der Kdg festgestellt hatte (BAG 25.11.1980, 6 AZR 210/80, EzA § 580 ZPO Nr 1). Wird nach rkr Abweisung der Kdgfeststellungsklage die zunächst von der zuständigen Landesbehörde erteilte Zustimmung zur außerordentlichen Kdg einer AN während ihrer Schwangerschaft später im verwaltungsrechtlichen Klageverfahren aufgehoben, kann die AN im Wege der Restitutionsklage die Abänderung des arbeitsgerichtlichen Urt erreichen (BAG 17.6.2003, 2 AZR 245/02, EzA § 9 MuSchG nF Nr 39).

Da § 127 InsO vermeiden will, dass es zu 2 widersprüchlichen Entsch kommt (eine im Kdg-Schutzverfahren, eine im Beschlverfahren nach § 126 InsO), und sich aus der Vorschrift ergibt, dass das Beschlverfahren vorgehen soll, kann ein Urt, das im Kdg-Schutzprozess gleichwohl gegen den Insolvenzverwalter – etwa im Wege des Versäumnisurt – ergeht, für das Beschlverfahren nicht bindend sein und daher in entspr Anwendung des Restitutionsgrundes der Nr 6 beseitigt werden (*Zwanziger* § 127 InsO Rn 11; GK-ArbGG/*Mikosch* § 79 Rn 51). 18

Eine **Einstellungsverfügung** nach § 170 II StPO oder der »ergebnislose« Verlauf eines Ermittlungsverfahrens stehen einem präjudiziellen »Urt« iSv Nr 6 nicht gleich (BAG 18.1 29.9.2011, 2 AZR 674/10 EzA § 580 ZPO 2002 Nr 2). 19

Nr 7a (Auffinden eines früheren Urt) bezieht sich auf ein Urt, das in derselben Sache ergangen und rkr ist, wobei es ausreicht, wenn sich die Rechtskraft nach §§ 325 ff ZPO auf die Parteien erstreckt (GK-ArbGG/*Mikosch* § 79 Rn 53). Eine **grundlegende Änderung der Rspr** nach Erlass des Urt ist kein Restitutionsgrund iSv Nr 7a (BAG 20.10.1955, 2 AZR 438/54, AP § 580 ZPO Nr 1). 20

Nr 7b (Auffinden einer anderen Urkunde) ist der in der Praxis **häufigste Fall** der Restitutionsklage. Erfasst werden nur solche Urkunden, die tatsächliche Grundlagen des Rechtsstreits betreffen und zu Beweiszwecken geeignet sind (BAG 4.3.1977, 5 AZR 65/77, AP ZPO § 580 Nr 9) und die eine **günstigere Entsch** herbeigeführt haben würden (BGH 14.5.2013, II ZR 262/08). Erfasst sind nicht nur Urkunden mit **formeller Beweiskraft** iSd §§ 415 ff ZPO, sondern auch Urkunden, die wie zB **Strafurt** für die zu beweisende Tatsache nur einen frei zu würdigenden Beweiswert haben (BAG 25.4.2007, 6 AZR 436/05, EzA ZPO 2002 § 520 Nr 5). Voraussetzung ist grds, dass die Urkunde im Zeitpunkt des früheren Verfahrens **bereits existiert** hat und das Gericht sie bei Vorlage im Prozess **hätte berücksichtigen müssen**. Ist die Berufung als unzulässig verworfen worden, kommt deshalb eine Restitution nach Nr 7 nicht in Betracht, weil das Berufungsgericht keine Sachentsch zu treffen hatte (BAG 25.4.2007, 6 AZR 436/05, EzA ZPO 2002 § 520 Nr 5). Ausnahmsweise wird auch eine **nachträglich errichtete** Urkunde als Restitutionsgrund anerkannt, wenn sie ihrer Rechtsnatur nach nicht im zeitlichen Zusammenhang mit den durch sie bezeugten Tatsachen errichtet werden können und deshalb zwangsläufig Tatsachen beweist, die einer zurückliegenden Zeit angehören (BAG 29.9.2011, 2 AZR 674/10 EzA § 580 ZPO 2002 Nr 2). 21

Anwendungsfälle: Wird im noch nicht abgeschlossenen sozialgerichtl Verf festgestellt, dass der Kl tatsächlich zum Zeitpunkt des Zugangs der Kdg schwerbehindert war, ist ggf. Nr 7b ZPO analog anwendbar, da dann die Kdg rückwirkend wegen fehlender Zustimmung des Integrationsamts nichtig ist, (BAG 24.11.2005, 2 AZR 514/04, EzA KSchG § 1 Krankheit Nr 51; anders wenn die Kdg-Schutzklage wegen Versäumung der Klagefrist, §§ 4, 7 KSchG, abgewiesen worden war; die Wirkung des § 7 HS 1 KSchG umfasst auch die Zustimmung des Integrationsamtes, VG München 8.10.2009 M 15 K 09.363, juris). 22

Nicht erfasst sind: Unbeglaubigte **Fotokopien** eines Schriftstücks (Thomas/Putzo/*Reichold* § 580 Rn 14), Fotografien und Gegenstände der Augenscheinsnahme wie Kfz-Kennzeichen, Tonträger (GK-ArbGG/*Mikosch* § 79 Rn 54), Gutachten mit neuen wissenschaftlichen Erkenntnissen (Thomas/Putzo/*Reichold* § 580 Rn 15), ärztliche Sachverständigengutachten (BAG 9.9.1958, 3 AZR 11/58, AP ZPO § 580 Nr 5; hins Kontoauszügen über Geldeingänge offengelassen von LAG München 12.5.2005, 4 Sa 1271/04); **Privaturkunden**, mit denen durch die schriftliche Erklärung einer als Zeuge in Betracht kommenden Person der Beweis für die Richtigkeit der in der Erklärung bekundeten Tatsachen geführt werden soll (BGH 24.4.2013, XII ZB 242/09). Auch **Strafurt** oder **Strafbefehle**, die erst nach rkr Beendigung eines Kdgrechtsstreits ergangen sind, fallen nicht unter Nr 7 (BAG 29.9.2011, 2 AZR 674/10 EzA § 580 ZPO 2002 Nr 2). Die **Berufung gegen ein 2. VU** kann nicht auf Nr 7b gestützt werden. Das stünde im Widerspruch zu Sinn und Zweck der Vorschriften über die Folgen der Säumnis. Die Einwendungen, die sich aus der Urkunde ergeben, hatte das Gericht bei seiner Prüfung des Einspruchs nicht zu prüfen (BGH 6.10.2011, IX ZB 148/11, NJW-RR 2011, 1692). 23

Aufgefunden wird eine Urkunde, wenn ihre Existenz oder ihr Verbleib der Partei bis zum Schluss der mündliche Verh des Vorprozesses bzw bis zum Ablauf der Rechtsmittelfrist **unverschuldet unbekannt** war (BGH 24.4.2013, XII ZB 242/09). **Bloße Unkenntnis des Inhalts der Urkunde** reicht nicht aus. Der BGH hat offengelassen, ob ein Auffinden auch vorliegen kann, wenn die Erheblichkeit einer Urkunde für den Rechtsstreit **fernliegend** war. »**Nachträglich zur Nutzung in Stand gesetzt**« ist die Partei, wenn ihr bislang 24

§ 79 ArbGG Wiederaufnahme des Verfahrens

die Urkunde **nicht zugänglich** war, insb, wenn sich die Urkunde in Händen eines nicht vorlagebereiten bzw vorlegungsverpflichteten Dritten befand (BGH 24.4.2013, XII ZB 242/09).

25 Nr 7 will den nachträglichen Urkundenbeweis ermöglichen. Die Urkunde **allein** muss dem früheren Urt eine tragende Stütze nehmen. Nur dann hat das Aufhebungsverfahren Erfolg und erst danach kann in den weiteren Verfahrensabschnitt der neuen Verh und Entsch eingetreten werden (BAG 19.10.1967, 5 AZR 203/67, AP ZPO § 580 Nr 7). Die **Möglichkeit** einer anderen Entsch bei früherer Vorlage der Urkunde reicht nicht aus (GK-ArbGG/*Mikosch* § 79 Rn 61).

26 Einer Partei ist als **Verschulden iSd § 582 ZPO** anzurechnen, wenn sie es unterlässt, die dem Gericht vorgelegten Akten einer Behörde einzusehen und deshalb die in diesen Akten enthaltenen Urkunden nicht kennt oder Möglichkeiten nicht nutzt, die maßgeb Informationen auf andere Weise zu erhalten. Dabei steht das Verschulden des Prozessbevollmächtigten dem der Partei gleich (BGH 24.4.2013, XII ZB 242/09).

27 **Nr 8 (Verstoß gegen Europäische Menschenrechtskonvention)** wurde durch Art 10 Nr 6 des 2. JuMoG (BGBl I S 3416) mit Wirkung vom 31.12.2006 angefügt und setzt eine Entsch des EGMR voraus, in der festgestellt wird, dass das Urt gegen eine Norm der EMRK verstößt. Außerdem muss schlüssig dargelegt werden, dass das Urt auf diesem Verstoß beruht (Thomas/Putzo/*Reichold* § 580 Rn 23). Auf Verfahren, die vor dem 31.12.2006 rkr abgeschlossen sind, ist der neue Wiederaufnahmegrund der Nr 8 nicht anzuwenden, § 35 EGZPO. Diese Überleitungsvorschrift greift ein, wenn **formelle Rechtskraft** des Ausgangsverfahrens vor dem 31.12.2006 eingetreten ist. Die Rechtskraft bestimmt sich also nach § 19 EGZPO. Maßgeblich ist, wann ein Endurt vorlag, das mit einem ordentl Rechtsmittel nicht mehr angefochten werden konnte. Nichtzulassungsbeschwerde und Verfbeschwerde sind keine ordentl Rechtsmittel. Darauf, ob erst nach diesem Ztpkt das Urt des EGMR ergangen ist, das die Konventionsverletzung feststellt, kommt es nicht an. Die EMRK verpflichtet Dtld als Vertragsstaat nicht dazu, bei einer Konventionsverletzung die Mögl der Wiederaufnahme vorzusehen (vgl bereits BVerfG 14.10.12004, 2 BvR 1481/04, NJW 2004, 3407). In dieser Auslegung ist § 35 EGZPO weder konventions- noch verfwidrig und steht im Einklang mit dem Grds der Effektivität des Unionsrechts (BAG 22.11.2012, 2 AZR 570/11, MDR 2013, 726; Verf-Beschwerde anhängig unter 1 BvR 1595/13).

28 **D. Wiederaufnahmeverfahren. Zuständig** ist nach § 584 ZPO regelmäßig das Gericht, das zuletzt eine Sachentsch gefällt hat. Das Revisionsgericht ist nach § 584 I letzte Alt zuständig, wenn ein in der Revisionsinstanz erlassenes Urt nach § 579 ZPO angefochten wird (BAG 20.8.2002, 3 AZR 133/02, EzA § 586 ZPO 2002 Nr 1), und zwar auch dann, wenn der Nichtigkeitsgrund nicht nur die Revisionsentsch, sondern auch die Entsch der Vorinstanzen betrifft (GK-ArbGG/*Mikosch* § 79 Rn 64 mwN). Bei einem Vollstreckungsbescheid eines ArbG ist das ArbG zuständig, das im Streitverfahren zuständig gewesen wäre (ArbGG/*Lipke* § 79 Rn 19).

29 Die **Zulässigkeitsvoraussetzungen** sind vAw zu prüfen. Die Klage ist innerhalb einer **Notfrist** von **1 Monat** seit Kenntnis des Anfechtungsgrundes zu erheben. »Kenntnis« iSv § 586 II 1 ZPO liegt vor bei positiver, sicherer Kenntnis der Tatsachen, die den Wiederaufnahmegrund ausmachen (sollen). Dem positiven Wissen stehen Tatsachen gleich, deren Kenntnisnahme sich die Partei bewusst verschließt (BAG 20.8.2002, 3 AZR 133/02, EzA § 586 ZPO 2002 Nr 1). 5 Jahre ab Rechtskraft des Urt im Vorprozess wird die Klage unabhängig vom Zeitpunkt der Kenntnis unstatthaft, § 586 II 2 ZPO. Ausgenommen von den Fristen des § 586 I sind Nichtigkeitsklagen wegen mangelnder Vertretung, §§ 586 III, 579 Nr 4 ZPO. Hier beginnt der Lauf der Frist an dem Tag, an dem der Partei und bei mangelnder Prozessfähigkeit ihrem gesetzlichen Vertreter die Entsch zugestellt wurde.

30 Ist die Wiederaufnahmeklage begründet, ergeht entweder ein **Zwischenurt** nach § 303 ZPO oder es wird in den Gründen des Endurt das frühere Urt aufgehoben. Liegt ein Wiederaufnahmegrund vor, wird der Rechtsstreit neu entschieden (GK-ArbGG/*Mikosch* § 79 Rn 94). Das Revisionsgericht hat nach § 590 III ZPO selbst die notwendigen tatsächlichen Feststellungen über den Wiederaufnahmegrund zu treffen und verweist iÜ erforderlichenfalls zur neuen Verh und Entsch der Hauptsache an das LAG zurück. Bleibt es bei der Entsch des Vorprozesses, so kann entweder das frühere Urt aufgehoben und mit dem gleichen Inhalt erneut erlassen werden oder das frühere Urt aufrechterhalten werden (*Thomas/Putzo/Reichold* § 590 Rn 5).

31 Für **Rechtsmittel** gegen Entsch im Wiederaufnahmeverfahren bestimmt § 591 ZPO, dass sich diese nach den allg Vorschriften richten.

32 Die **Kosten** der Wiederaufnahme trägt der Kl, bei unzulässiger Wiederaufnahmeklage ohnehin, iÜ erfolgt je nach dem Ergebnis der neuen Entsch ggf eine Kostenquotelung.

§ 80 Grundsatz

(1) Das Beschlussverfahren findet in den in § 2a bezeichneten Fällen Anwendung.
(2) ¹Für das Beschlussverfahren des ersten Rechtszugs gelten die für das Urteilsverfahren des ersten Rechtszugs maßgebenden Vorschriften über Prozessfähigkeit, Prozessvertretung, Ladungen, Termine und Fristen, Ablehnung und Ausschließung von Gerichtspersonen, Zustellungen, persönliches Erscheinen der Parteien, Öffentlichkeit, Befugnisse des Vorsitzenden und der ehrenamtlichen Richter, Mediation und außergerichtliche Konfliktbeilegung, Vorbereitung der streitigen Verhandlung, Verhandlung vor der Kammer, Beweisaufnahme, gütliche Erledigung des Verfahrens, Wiedereinsetzung in den vorigen Stand und Wiederaufnahme des Verfahrens entsprechend; soweit sich aus den §§ 81 bis 84 nichts anderes ergibt. ²Der Vorsitzende kann ein Güteverfahren ansetzen; die für das Urteilsverfahren des ersten Rechtszugs maßgebenden Vorschriften über das Güteverfahren gelten entsprechend.
(3) § 48 Abs. 1 findet entsprechende Anwendung.

Übersicht	Rdn.		Rdn.
A. Allgemeines	1	C. Beschlussverfahren nach der InsO	22
B. Anwendbare Vorschriften und Besonderheiten	4		

A. Allgemeines. Das Beschlussverfahren findet in den in § 2a abschließend aufgezählten Fällen, aber auch in den Fällen der §§ 122, 126 InsO statt. Es ist neben dem Urteilsverfahren die 2. eigenständige Verfahrensart der Arbeitsgerichtsbarkeit, die für kollektivrechtliche Streitigkeiten iwS Anwendung findet. 1
Die Beschwerde gegen das Verfahren beendende Beschl des ArbG (vgl §§ 87 ff) und die Rechtsbeschwerde 2 gegen das Verfahren beendende Beschl des LAG (vgl §§ 94 ff) sind den Vorschriften über die Berufung und über die Revision angepasst. Die Nichtzulassung der Rechtsbeschwerde durch das LAG kann nach § 92a selbstständig angefochten werden.
Beschlussverfahren und Urteilsverfahren schließen sich gegenseitig aus. Die **richtige Verfahrensart** ist als 3 **Prozessvoraussetzung** vAw zu prüfen (vgl Rdn 20).

B. Anwendbare Vorschriften und Besonderheiten. § 80 II 1 verweist für iE genannte Regelungsbereiche 4 auf die für das Urteilsverfahren des 1. Rechtszuges geltenden Vorschriften, soweit sich aus den §§ 81–84 nichts anderes ergibt. Obwohl eine allg Verweisung auf die ZPO fehlt, sind bei Regelungslücken die Bestimmungen der Zivilprozessordnung anzuwenden, soweit der Charakter des Beschlussverfahrens dem nicht entgegensteht (BAG 16.7.1996, 3 ABR 13/95, EzA § 80 ArbGG 1979 Nr 1).
Ausdrücklich in Bezug genommen sind die Vorschriften über die **Prozessfähigkeit** (§ 46 II iVm §§ 51 ff 5 ZPO). Die **Parteifähigkeit/Beteiligtenfähigkeit** richtet sich nach § 10. Das Gesetz verwendet für das Beschlussverfahren den Begriff **Beteiligter**, sodass anstelle der Prozessfähigkeit der Begriff Beteiligtenfähigkeit tritt (vgl dazu § 10). Die Rechtsfähigkeit ist keine Voraussetzung für die Fähigkeit, in einem Beschlussverfahren Beteiligter zu sein. Von der Beteiligtenfähigkeit ist die Antragsbefugnis zu unterscheiden (dazu § 81).
Die **Prozessvertretung** bestimmt sich nach § 11. Wenn ein Beteiligter nicht selbst auftreten will, kann 6 er sich durch Verfahrensbevollmächtigte vertreten lassen. Voraussetzung für die Vertretung durch einen Verband ist die Mitgliedschaft in diesem. Bei der Vertretung des BR durch eine Gewerkschaft reicht es aus, wenn ein Mitglied des BR der betreffenden Gewerkschaft angehört (HWK/*Bepler*/*Treber* § 80 Rn 4). Sind Mitglieder des BR in verschiedenen Verbänden organisiert, so wird durch Beschl bestimmt, wer den BR vertreten soll. Ohnehin bedarf es eines Beschlusses des Gremiums hins der Vertretung im Beschlussverfahren (*Fitting* § 40 Rn 32 mwN). Der BR kann grds für die jeweilige Instanz wählen, ob er einen Rechtsanwalt oder einen Gewerkschaftsvertreter mit der Vertretung betraut (*Fitting* § 40 Rn 26 f).
Die Bewilligung v **Prozesskostenhilfe** und die **Beiordnung eines Rechtsanwalts** (§ 11a I, §§ 114 ff. ZPO) 7 kommen nur bei natürlichen Personen in Betracht, etwa dem nach § 103 II 2 BetrVG zu beteiligenden Mitglied des BR. Die Kostentragung für betriebsverfassungs- oder personalvertretungsrechtliche Organe bestimmt sich dagegen nach materiellem Recht (zB § 40 BetrVG; dazu BAG 18.1.2012, 7 ABR 83/10, EzA § 40 BetrVG 2001 Nr 22).
Ladungen, Termine und Fristen richten sich nach § 47 I und über § 46 II nach §§ 214 ff ZPO. Die 8 Ladungsfrist beträgt mindestens 3 Tage, Abkürzung auf Antrag ist nach § 226 ZPO möglich. Die Einlassungsfrist beträgt auch für das Beschlussverfahren 1 Woche und kann auf Antrag abgekürzt werden, § 226 ZPO. Die Verwendung **elektronischer Dokumente** und Akten regeln die §§ 46c ff.

9 Für die **Ablehnung und Ausschließung v Gerichtspersonen** gelten über § 46 II die §§ 41 ff ZPO, wobei statt Partei Beteiligter zu lesen ist. Ob der Beteiligte Antragsteller oder sonstiger Beteiligter ist, ist unerheblich. Ist der Ausschließungsgrund nur hins eines Mitglieds der betriebsverfassungsrechtlichen Stelle gegeben, ist der Richter nicht schon kraft Gesetzes v der Ausübung des Richteramtes ausgeschlossen (GK-ArbGG/*Dörner* § 80 Rn 40). Entspr § 41 Nr 6 ZPO ist in einem Verfahren, in dem es um die Wirksamkeit des Spruches einer ESt geht, der Richter ausgeschlossen, der Mitglied der ESt war (Düwell/Lipke/*Kloppenburg* § 49 Rn 13).

10 **Zustellungen** richten sich nach § 50 iVm den §§ 166 ff ZPO. § 50 II erstreckt die Regelungen über die Zustellung gegen Empfangsbekenntnis (§ 174 ZPO) und die Ersatzzustellung in Geschäftsräumen (§ 178 I Nr. 2 ZPO) auch auf die nach § 11 vertretungsberechtigten Personen. Die Zustellung an den BR oder an andere betriebsverfassungsrechtliche Stellen hat entspr § 170 II ZPO an den Vorsitzenden oder dessen Stellvertreter zu erfolgen. Eine Ersatzzustellung nach § 178 I Nr 2 ZPO ist nur möglich, wenn der BR ein eigenes Büro unterhält (Schwab/Weth/*Weth* § 80 Rn 32). Der Betrieb als solcher ist nicht Geschäftsraum des BR. Eine Ersatzzustellung durch Einlegen in den Briefkasten nach § 180 ZPO ist nur möglich, wenn der BR über einen Briefkasten verfügt, bei dem ein Zugriff Dritter ausgeschlossen ist.

11 Das **persönliche Erscheinen** der Beteiligten kann nach § 51 I, § 56 I Nr 3 und § 141 ZPO angeordnet werden. Ein Ordnungsgeld kann nach § 141 III ZPO verhängt werden. Bei Organen ist Schuldner der Vorsitzende oder der an seiner Stelle geladene Stellvertreter (GK-ArbGG/*Dörner* § 80 Rn 44). Wegen des Amtsermittlungsgrundsatzes kommt eine Zurückweisung des Bevollmächtigten wegen Nichterscheinens des Beteiligten nach § 51 II nicht in Betracht (GMP/*Matthes*/*Spinner* § 80 Rn 52).

12 Die **Öffentlichkeit** oder der Ausschluss der Öffentlichkeit bei der Anhörung der Beteiligten richten sich nach § 52 iVm §§ 169 S 2, 173–175 GVG. Im Güteverfahren reichen dabei Zweckmäßigkeitserwägungen aus (§ 52 S. 3).

13 Für die **Befugnisse des Vorsitzenden und der ehrenamtlichen Richter** gelten die §§ 53–55, soweit keine Sonderregelungen bestehen (zB § 81 II 2). Da es ein Versäumnisverfahren im Beschlussverfahren nicht gibt, ist § 55 I Nr 4, 4a, 5 nicht anwendbar. Verfahrensbeendende Beschl ergehen durch die Kammer, auch wenn nach § 83 IV 3 im Einverständnis der Beteiligten ohne mündliche Anhörung entschieden wird, es sei denn, es ergeht eine Alleinentscheidung durch den Vorsitzenden nach § 55 III (vgl unten Rdn 19). Für die **Vorbereitung des Termins** zur Anhörung der Beteiligten gilt § 56 I. Dabei ist auch zu klären, wer am Verfahren zu beteiligen ist (GK-ArbGG/*Dörner* § 80 Rn 57). Nach § 83 Ia kann der Vorsitzende den Beteiligten eine Frist für ihr Vorbringen setzen, nicht rechtzeitiges Vorbringen kann ausgeschlossen werden. Für die **Anhörung der Beteiligten vor der Kammer** gilt § 57: Das Beschlussverfahren soll möglichst in einem Anhörungstermin erledigt werden. Eine gütliche Erledigung des Beschlussverfahrens soll nach § 57 II in jeder Lage des Verfahrens angestrebt werden. Dies setzt allerdings voraus, dass die Beteiligten über den Streitgegenstand verfügen können (§ 83a I).

14 Die **Beweisaufnahme** »erfolgt vor der Kammer«, § 58 I 1, soweit sie im Gerichtsgebäude möglich ist. Andernfalls kann die Beweisaufnahme dem Vorsitzenden übertragen werden. Außerhalb des Sitzes des ArbG kann sie nach § 13 im Wege der Rechtshilfe erfolgen.

15 Die **Wiedereinsetzung in den vorigen Stand** bestimmt sich nach den §§ 233 ff ZPO. Sie kommt nur für verfahrensrechtliche Fristen in Betracht, nicht aber für materielle Antragsfristen wie etwa § 19 II BetrVG (GK-ArbGG/*Dörner* § 80 Rn 61). Die Wiederaufnahme des Verfahrens richtet sich über §§ 80 II, 79 nach den §§ 578 ff ZPO, wobei die Wiederaufnahme v jedem Beteiligten beantragt werden kann.

16 Die §§ 59 ff ZPO sind in § 80 II nicht in Bezug genommen. Gleichwohl ist eine **Streitgenossenschaft** auch im Beschlussverfahren möglich (BAG 14.12.2010, 1 ABR 19/10, EzA § 2 TVG Nr 31). In bestimmten Verfahren wird sie vorausgesetzt (zB § 19 II 1 BetrVG). Ausgeschlossen ist hingegen die Anwendbarkeit der Vorschriften der Zivilprozessordnung (§§ 66 ff ZPO) über die **Beteiligung Dritter** am Rechtsstreit. Vielmehr werden diese durch §§ 81, 83 I 2 und III verdrängt (BAG 5.12.2007, 7 ABR 72/06, EzA § 118 BetrVG 2001 Nr 8).

17 **Nicht anwendbar** sind die §§ 331 ff ZPO (Säumnis) und die §§ 688 ff ZPO (Mahnverfahren). Dagegen finden die neugeschaffenen Bestimmungen über **Mediation und außergerichtliche Konfliktbeilegung** Anwendung. Insbesondere kann das Gericht den Parteien eine Mediation oder ein anderes Verfahren der außergerichtlichen Konfliktbeilegung nach § 54a vorschlagen.

18 Das arbeitsgerichtliche Beschlussverfahren ist gem § 2 II GKG gerichtskostenfrei, eine **Kostenentscheidung** ist nicht zu treffen. Eine Anwendung der §§ 91 ff ZPO scheidet auch hinsichtlich der außergerichtlichen Kosten aus (BAG 2.10.2007, 1 ABR 59/06, EzA § 280 BGB 2002 Nr 3). Die einzige Ausnahme bildet § 126 I 1 InsO für das Verfahren vor dem BAG (BAG 20.1.2000, 2 ABR 30/99, EzA § 126 InsO Nr 1).

Der Vorsitzende der Kammer des ArbG kann nach § 80 II 2 nach seinem Ermessen statt eines Termins zur **19** Anhörung der Beteiligten vor der Kammer zunächst einen **Gütetermin** bestimmen. Das ist dann sinnvoll, wenn ein **Vergleich** wegen der Verfügungsbefugnis der Beteiligten über den Streitgegenstand überhaupt möglich ist (vgl § 83a I) und als nicht ausgeschlossen erscheint, oder wenn eine ausführliche Erörterung des Sachverhalts zur Vorbereitung des Anhörungstermins für erforderlich gehalten wird. Regelmäßig ausscheiden dürfte die Bestimmung eines Gütetermins hingegen bei Verfahren nach § 99 (Entsch über den im Betrieb anwendbaren TV) und – schon aus zeitlichen Gründen – in Verfahren über die Einsetzung einer ESt nach § 100. In § 97 (Klärung der Tariffähigkeit oder Tarifzuständigkeit einer Vereinigung) und § 98 (Wirksamkeit einer AVE oder VO) ist § 80 II 2 v vorherin nicht in Bezug genommen. IÜ kann der Vorsitzende nach § 54 VI die Parteien für die Güteverhandlung sowie deren Fortsetzung an einen Güterichter verweisen. Bei Anwesenheit und Einverständnis aller Beteiligten, also nicht nur des Antragstellers und des Antraggegners, kann der Vorsitzende nach § 55 III allein entscheiden (*GK-ArbGG/Dörner* § 80 Rn 55; GMP/*Matthes/Spinner* § 80 Rn 57; Schwab/Weth/*Weth* § 84 Rn 1; aA ErfK/*Koch* § 80 Rn 4).

Nach III gelten für die **Verfahrensart** und die **örtliche Zuständigkeit** die §§ 17–17b GVG mit den in § 48 **20** I genannten Maßgaben entspr. Damit ist der Rechtsstreit nach Anhörung der Beteiligten gem § 17a II GVG vAw v Beschlussverfahren in das Urteilsverfahren zu verweisen und umgekehrt, wenn er in der unzutreffenden Verfahrensart eingeleitet wurde. Auf Rüge muss eine Entscheidung über die Verfahrensart vorab erfolgen (vgl zB BAG 30.3.2010, 7 AZB 32/09, EzA § 2a ArbGG 1979 Nr 6). Gegen den entsprechenden Beschl ist die sofortige Beschwerde statthaft; die Rechtsbeschwerde nur, wenn sie zugelassen wurde (§ 17a IV GVG). In den höheren Instanzen ist nicht zu prüfen, ob die Verfahrensart zulässig ist, §§ 88, 93 II iVm 65 (zB BAG 2.6.2010, 7 ABR 24/09, EzA § 96 SGB IX Nr 1).

§ 83 II BPersVG und die Landespersonalvertretungsgesetze erklären für **Rechtsstreitigkeiten aus dem Per- 21 sonalvertretungsrecht** die Vorschriften über das Beschlussverfahren des ArbGG für entspr anwendbar (Einzelheiten bei GMP/*Matthes/Spinner* § 80 Rn 8 ff; GK-ArbGG/*Dörner* § 80 Rn 63).

C. Beschlussverfahren nach der InsO. Nach § 122 I InsO kann der Insolvenzverwalter 3 Wochen nach **22** Aufnahme erfolgloser Verh über einen Interessenausgleich die gerichtliche Zustimmung zur Durchführung der geplanten Betriebsänderung beantragen. Beteiligte an dem Verfahren sind gem § 122 II 2 InsO ausschließlich der Insolvenzverwalter und BR. Die Vorschrift dient der zügigen Abwicklung des Insolvenzverfahrens (BAG 22.7.2003, 1 AZR 541/02, EzA § 111 BetrVG 2001 Nr 1); das Beschlussverfahren unterliegt daher dem besonderen Beschleunigungsgebot gem § 61a III bis VI. Gegen den Beschl des ArbG gibt es keine Beschwerde zum LAG (§ 122 III InsO). Das ArbG kann die Rechtsbeschwerde zum BAG aus den Gründen des § 72 II zulassen; eine Nichtzulassungsbeschwerde ist nicht statthaft (BAG 14.8.2001, 2 ABN 20/01, AP ArbGG 1979 § 72a Divergenz Nr 44).

Nach § 125 I InsO können Insolvenzverwalter und Betriebsrat einen Interessenausgleich abschließen, in **23** dem die zu kündigenden AN namentlich benannt sind. Die Betriebsbedingtheit der Kdg und die soziale Auswahl des Gekündigten sind dann gem. § 125 I 1 Nr 1 bzw 2 InsO nur eingeschränkt überprüfbar (BAG 24.10.2013, 6 AZR 854/11, EzA § 125 InsO Nr 11; 28.8.2003, 2 AZR 368/02, EzA § 125 InsO Nr 1). Hat der Betrieb keinen BR oder kommt ein solcher Interessenausgleich nicht innerhalb v 3 Wochen nach Verhandlungsbeginn zustande, so kann der Verwalter die soziale Rechtfertigung v Kdg bestimmter AN in einem arbeitsgerichtlichen Beschlussverfahren gem § 126 InsO feststellen lassen. Haben die Betriebspartner einen Interessenausgleich nach § 125 InsO abgeschlossen, ist ein späteres Beschlussverfahren nach § 126 InsO gleichwohl zulässig, wenn wegen einer weiteren Betriebsänderung ein Interessenausgleich nicht zustande kommt (BAG 20.1.2000, 2 ABR 30/99, EzA § 126 InsO Nr 1). Das Beschlussverfahren ist auch dann zulässig, wenn die Kdg der im Antrag bezeichneten AN schon vor Einleitung des Verfahrens erfolgt ist. Die gerichtliche Prüfung im Beschlussverfahren erstreckt sich auch auf die Kündigungsbefugnis des vorläufigen Insolvenzverwalters (BAG 29.6.2000, 8 ABR 44/99, EzA § 126 InsO Nr 2).

Beteiligte in diesem Verfahren sind der Insolvenzverwalter, ein ggf. vorhandener BR, die betroffenen AN, **24** soweit sie nicht mit der Beendigung des Arbeitsverhältnisses oder der Änderung der Arbeitsbedingungen einverstanden sind und ggf. ein Betriebserwerber (§ 128 I 2 InsO). Die rechtskräftige Entscheidung im Verfahren nach § 126 InsO hat gem. § 127 InsO weitgehende Bindungswirkung für individuelle Kündigungsrechtsstreitigkeiten, die bis zur Entscheidung des Beschlussverfahrens auszusetzen sind. Der Verwalter kann das Verfahren auch zugunsten des Betriebserwerbers durchführen. Für die Rechtsmittel gilt § 122 III InsO entsprechend, für die außergerichtlichen Verfahrenskosten der Beteiligten § 12a I 1, 2. Vor dem BAG findet – anders als sonst im Beschlussverfahren – eine Kostenerstattung nach allg zivilprozessualen Regeln statt (§ 126 III 2 InsO).

§ 81 Antrag

(1) Das Verfahren wird nur auf Antrag eingeleitet; der Antrag ist bei dem Arbeitsgericht schriftlich einzureichen oder bei seiner Geschäftsstelle mündlich zur Niederschrift anzubringen.
(2) ¹Der Antrag kann jederzeit in derselben Form zurückgenommen werden. ²In diesem Fall ist das Verfahren vom Vorsitzenden des Arbeitsgerichts einzustellen. ³Von der Einstellung ist den Beteiligten Kenntnis zu geben, soweit ihnen der Antrag vom Arbeitsgericht mitgeteilt worden ist.
(3) ¹Eine Änderung des Antrags ist zulässig, wenn die übrigen Beteiligten zustimmen oder das Gericht die Änderung für sachdienlich hält. ²Die Zustimmung der Beteiligten zu der Änderung des Antrags gilt als erteilt, wenn die Beteiligten sich, ohne zu widersprechen, in einem Schriftsatz oder in der mündlichen Verhandlung auf den geänderten Antrag eingelassen haben. ³Die Entscheidung, dass eine Änderung des Antrags nicht vorliegt oder zugelassen wird, ist unanfechtbar.

Übersicht

		Rdn.			Rdn.
A.	Antrag und Begründung	1	III.	Betriebsratsmitglieder	14
B.	Rechtsschutzinteresse	7	IV.	AG	15
C.	Fristen	9	V.	AN	16
D.	Antragsbefugnis	10	E.	Zustellung des Antrags	17
I.	Gewerkschaften	12	F.	Änderung und Rücknahme	18
II.	Betriebsrat	13			

1   **A. Antrag und Begründung.** Das »Beschlussverfahren« wird nach § 81 I **nur auf Antrag** eingeleitet. Gemeint ist ein Sachantrag, über den das ArbG entscheiden soll. Der Antrag kann **schriftlich** eingereicht werden, und muss v Antragsteller oder v seinem Verfahrensbevollmächtigten unterschrieben sein. Der Antrag kann auch bei der Geschäftsstelle **mündlich zur Niederschrift** eingebracht werden. Für die Einreichung in elektronischer Form vgl § 46c; iÜ gelten die allg Grundsätze.

2   Die Antragsschrift muss § 253 II Nr 2 ZPO entsprechen; dh sie muss einen **bestimmten Antrag** enthalten, damit der Streitgegenstand mit Rechtskraftwirkung zwischen den Beteiligten entschieden werden kann (st Rspr zB BAG 27.10.2010, 7 ABR 86/09, EzA § 99 BetrVG 2001 Einstellung Nr 15). Die Wiederholung des Gesetzeswortlauts im Antrag reicht nicht aus, auch wenn die Beteiligten sich über die zutreffende Auslegung einig sind. Auch ein bedingter Antrag ist unzulässig. Dagegen sind **Hilfsanträge** möglich und mitunter auch angebracht, macht doch gerade die richtige Antragstellung im Beschlussverfahren nicht unerhebliche Schwierigkeiten. Besteht Streit über Mitbestimmungsrechte, so muss derjenige, der das (Nicht-) Bestehen des Mitbestimmungsrechts festgestellt wissen will, diejenige Maßnahme des AG oder denjenigen betrieblichen Vorgang, für die bzw für den er ein Mitbestimmungsrecht in Anspruch nimmt oder leugnet, so genau bezeichnen, dass mit der Entscheidung über den Antrag feststeht, für welche Maßnahme oder Vorgänge das Mitbestimmungsrecht bejaht oder verneint worden ist. **Unterlassungsanträge** müssen aus rechtsstaatlichen Gründen für den in Anspruch genommenen Beteiligten eindeutig erkennen lassen, welcher Handlungen er sich enthalten soll und in welchen Fällen gegen ihn als Sanktion ein Ordnungsgeld verhängt werden kann (BAG 22.7.2014, 1 ABR 9/13; 14.9.2010, 1 ABR 32/09, EzA § 253 ZPO 2002 Nr 4).

3   Ausreichend ist, wenn der Antrag in einer dem Bestimmtheitserfordernis genügenden Weise **ausgelegt** werden kann (BAG 23.6.2009, 1 ABR 23/08, EzA § 99 BetrVG 2001 Nr 13). In jeden Fall hat das Gericht auf sachdienliche Anträge hinzuwirken. Auch steht die – teilweise unvermeidbare – Verwendung allg Rechtsbegriffe der Bestimmtheit nicht entgegen (BAG 25.8.2004, 1 AZB 41/03, EzA § 78 ArbGG 1979 Nr 7). Etwas anderes gilt allerdings, wenn gerade über deren Auslegung im konkreten Fall Streit herrscht. Auch kann es dem AG überlassen werden, wie er eine bestimmte Verpflichtung erfüllt (zB EDV-Ausstattung des Betriebsrates), ohne dass dadurch der Antrag unbestimmt würde (BAG 14.7.2010, 7 ABR 80/08, EzA § 40 BetrVG 2001 Nr 21). Erfasst ein Antrag auf Feststellung eines best Mitbestimmungsrechts des BR alle Fälle der entsprechenden Arbeitgebermaßnahme – sog **Globalantrag** –, so ist das zwar bestimmt genug, der Antrag ist jedoch schon dann **unbegründet**, wenn auch nur in einem Fall ein Mitbestimmungsrecht zu verneinen ist (zuletzt zB BAG 17.9.2013, 1 ABR 26/12, EzA § 80 BetrVG 2001 Nr 17; 29.6.2011, 7 ABR 135/09, EzA § 37 BetrVG 2001 Nr 12).

4   Die Antragsschrift hat nach § 253 II Nr 2 ZPO eine **Begründung** zu enthalten. Es ist der Sachverhalt zu schildern, aus dem sich die v Antragsteller gewünschte Rechtsfolge ergeben soll, wobei wegen des im Beschlussverfahren herrschenden Amtsermittlungsgrundsatzes keine großen Anforderungen an die Begründung gestellt werden. Die Antragsschrift muss den Namen des Antragstellers einschl Vertretungsverhältnissen und ladungsfähiger Anschrift angeben. Der Antragsgegner sollte angegeben werden (v wem wird etwas verlangt oder gegen wen soll ein Recht festgestellt werden?), wobei es im Gesetz einen Antragsgegner

nicht gibt, sondern nur **Beteiligte**. Er ergibt sich häufig aus dem Zusammenhang der Antragsschrift. Nicht notwendig ist die Angabe der Namen der etwaigen weiteren Beteiligten, wenngleich dies zu empfehlen ist. Die Beteiligten ermittelt das Gericht vAw.

Der Antragsteller bestimmt mit seinem Antrag den **Streitgegenstand** des Beschlussverfahrens. Mehrere 5 Personen oder Stellen iSd § 10 können einen Antrag stellen (zB bei einer Wahlanfechtung »mindestens 3 Wahlberechtigte«, § 19 II BetrVG), auch **mehrere Anträge** können gestellt werden, v Hilfsanträgen ohnehin abgesehen.

Auch ein **Widerantrag** (Gegenantrag) ist möglich. Seine Zulässigkeit ist genau zu prüfen. Häufig ist sein 6 Streitgegenstand bereits v den Anträgen des Antragstellers erfasst, etwa, wenn das Fehlen eines Mitbestimmungstatbestandes festgestellt werden soll. Eine positive und eine negative Feststellungsklage zu demselben Streitgegenstand schließen sich aus. Ggf gilt § 261 III Nr 1 ZPO: Der später rechtshängig gewordene Antrag mit demselben Streitgegenstand ist vAw als unzulässig zu verwerfen.

B. Rechtsschutzinteresse. Für den Antrag muss auch im Beschlussverfahren ein Rechtsschutzinteresse 7 bestehen (BAG 20.1.2015, 1 ABR 1/14, EzA § 256 ZPO 2002 Nr 12; 18.2.2003, 1 ABR 2/02, EzA § 7 ArbZG Nr 4). Bei Gestaltungsanträgen fehlt das Rechtsschutzinteresse nur, wenn eine gerichtliche Entscheidung die Rechtsbeziehungen der Beteiligten aufgrund veränderter tatsächlicher oder rechtlicher Umstände nicht mehr erfassen kann (zB BAG 13.3.1991, 7 ABR 5/90, EzA § 19 BetrVG 1972 Nr 29). Ausnahmsweise kann das Rechtsschutzinteresse auch bei zweckwidriger oder missbräuchlicher Prozessbetreibung fehlen (BAG 18.7.2012, 7 ABR 21/11, EzA § 19 BetrVG 2001 Nr 9). Bei Leistungsanträgen ist das Rechtsschutzinteresse im Grundsatz stets vorhanden (vgl BAG 17.3.2010, 7 ABR 95/08, EzA § 74 BetrVG 2001 Nr 1). Bei Feststellungsanträgen muss nach § 256 ZPO ein besonderes Feststellungsinteresse gegeben sein. Dieses Erfordernis verhindert, dass noch eine gerichtliche Entscheidung ergeht, wenn die streitige Maßnahme bereits beendet und für die Beteiligten ohne Bedeutung für die Zukunft ist (BAG 23.2.2010, 1 ABR 65/08, AP Nr 100 zu § 77 BetrVG 1972). Häufigster Anwendungsfall für einen Feststellungsantrag ist die Festlegung des Umfangs eines Beteiligungsrechts in der Betriebsverfassung. Das Rechtsschutzinteresse fehlt, wenn ausschließlich beantragt wird, dass eine bestimmte, bereits abgeschlossene Maßnahme unwirksam ist und sie unter den Beteiligten keine Wirksamkeit mehr entfalten kann (BAG 18.2.2003, 1 ABR 17/02, EzA § 77 BetrVG 2001 Nr 4). Ist hingegen die Maßnahme noch nicht beendet oder besteht eine Wiederholungsgefahr in der Zukunft, liegt ein Rechtsschutzinteresse vor. Möglich ist die isolierte Feststellung eines Beteiligungsrechts nur für die Zukunft, wenn im Antrag bestimmte, konkret bezeichnete betriebliche Voraussetzungen für das Eingreifen des Mitwirkungsrechts genannt sind. In diesem Fall können beide Anträge nebeneinander in einem Verfahren gestellt werden (BAG 29.7.1982, 6 ABR 51/79, EzA § 81 ArbGG 1979 Nr 2). Das Rechtsschutzinteresse für den Antrag muss auch noch in der Rechtsbeschwerdeinstanz gegeben sein, anderenfalls wird der Antrag als unzulässig verworfen (BAG 15.2.2012, 7 ABN 59/11, NZA-RR 2012, 602).

Ein Feststellungsantrag des BR hinsichtlich des Umfangs seines Mitbestimmungsrechts ist auch dann noch 8 zulässig, wenn eine **ESt** in dieser Angelegenheit bereits eingerichtet ist. Trifft diese aber eine inhaltliche Entscheidung zu der v BR beanspruchten Regelungsmaterie, entfällt das Rechtsschutzbedürfnis und der BR ist auf eine Anfechtung nach § 76 V BetrVG beschränkt (BAG 13.10.1987, 1 ABR 53/86, EzA § 81 ArbGG 1979 Nr 12). Das Feststellungsinteresse für ein solches Verfahren entfällt wiederum, wenn sich aus dem EStnspruch keine Rechtswirkungen mehr für die Zukunft ergeben können (BAG 23.2.2010, 1 ABR 65/08, AP Nr 100 zu § 77 BetrVG 1972).

C. Fristen. Ist für den Antrag eine gesetzliche Frist vorgesehen, so ist erforderlich und ausreichend, dass 9 die Antragschrift innerhalb dieser Frist beim Gericht eingeht. Wiedereinsetzung in den vorigen Stand ist nicht möglich, da die Fristen **materiellrechtliche Ausschlussfristen** sind, zB §§ 19 II; 103 II BetrVG iVm § 626 II BGB.

D. Antragsbefugnis. Antragsteller eines Beschlussverfahrens können neben natürlichen und juristischen 10 Personen auch diejenigen Stellen sein, denen nach § 10 Parteifähigkeit zukommt (vgl dazu die Erl zu § 10). Dem Antragsteller muss das Recht zustehen, eine gerichtliche Entscheidung herbeiführen zu können. Diese Antragsbefugnis ist nicht identisch mit der Beteiligtenbefugnis des § 83 III (BAG 5.3.2013, 1 ABR 75/11, EzA § 81 ArbGG 1979 Nr 20). Die Antragsbefugnis ist nach Maßgabe des § 81 I zu bestimmen (BAG 20.5.2008, 1 ABR 19/07, EzA § 81 ArbGG 1979 Nr 19; 17.6.2009, 7 ABR 96/07).

Vielfach ergibt sich diese unmittelbar aus dem Gesetz. Ist das nicht der Fall, muss der Antragsteller geltend 11 machen, durch das Verfahren werde eine ihm zustehende **betriebsverfassungsrechtliche (oder mitbestimmungsrechtliche) Position** berührt (BAG 4.12.2013, 7 ABR 7/12; 5.3.2013, 1 ABR 75/11, EzA § 81

ArbGG 1979 Nr 20; 20.5.2008, 1 ABR 19/07, EzA § 81 ArbGG 1979 Nr 19). Ob das tatsächlich der Fall ist, ist eine Frage der Begründetheit des Antrages. Die Antragsbefugnis ist in jeder Lage des Verfahrens vAw zu prüfen. Ihr Fehlen führt zur Abweisung des Antrages als unzulässig.

12 **I. Gewerkschaften.** Eine Antragsbefugnis besteht außerhalb der gesetzlich bestimmten Fälle, wenn sie in ihren eigenen Rechten unmittelbar betroffen sind. Dies wurde bejaht bei Streitigkeiten um den Zutritt v Gewerkschaftsvertretern zu Sitzungen der Arbeitnehmervertretungen (BAG 18.11.1980, 1 ABR 31/78, EzA § 108 BetrVG 1972 Nr 4) oder zu einer Betriebsversammlung. Gleiches gilt für die Anfechtung der Wahl des Betriebsratsvorsitzenden bzw dessen Stellvertreter, da es sich um einen konstitutiven Akt des BR handelt (BAG 12.10.1976, 1 ABR 17/76, EzA § 26 BetrVG 1972 Nr 2). Anderes gilt zB hinsichtlich der Wahl der Schwerbehindertenvertretung (BAG 29.07.2009, 7 ABR 25/08, EzA § 94 SGB IX Nr 4). Tarifwidrige Betriebsvereinbarungen oder entsprechende Regelungsabsprachen kann eine Gewerkschaft auch außerhalb des Anwendungsbereichs des § 23 III BetrVG angreifen, wenn sie geltend macht, es liege ein Eingriff in ihre durch Art 9 III GG geschützte Koalitionsfreiheit vor (BAG 20.4.1999, 1 ABR 72/98, EzA Art 9 GG Nr 65).

13 **II. Betriebsrat.** Er ist antragsbefugt bei Streitfragen über das aktive und passive Wahlrecht, die Bestellung des Wahlvorstands, über die Durchsetzung v Freistellungs- und Kostenersatzansprüchen für seine Mitglieder (BAG 28.6.1995, 7 ABR 55/94, EzA § 40 BetrVG 1972 Nr 74), die Bildung eines GBR (BAG 30.10.1986, 6 ABR 52/83, EzA § 47 BetrVG 1972 Nr 4) und die Zuziehung eines Sachverständigen. Auch kann er sich gegen eine behauptete Störung und Behinderung seiner Arbeit, zB durch eine Abmahnung ggüber dem BRV, wenden (BAG 4.12.2013, 7 ABR 7/12). Gleiches gilt bei Streitigkeiten über Bestehen und Reichweite eines Mitbestimmungsrechts und die Wirksamkeit einer Betriebsvereinbarung (BAG 18.2.2003, 1 ABR 17/02, EzA § 77 BetrVG 2001 Nr 4) oder die Anwendung eines TV im Betrieb durch den AG. Allerdings kann er nicht abstrakt und unabhängig v einem Eingriff in eigene Rechtspositionen die Wirksamkeit einer v einer anderen AN-Vertretung abgeschlossenen BV überprüfen lassen (BAG 5.3.2013, 1 ABR 75/11, EzA § 81 ArbGG 1979 Nr 20). Der BR ist antragsbefugt, wenn er Rechte im Rahmen seines Übergangs- oder Restmandats nach §§ 21a, 21b BetrVG geltend macht. Hingegen fehlt dem BR die Antragsbefugnis zur Anfechtung der Wahl der Schwerbehindertenvertretung und seiner eigenen Wahl. Er ist auch nicht berechtigt, individualrechtliche Ansprüche oder Rechte einzelner AN geltend zu machen (BAG 18.2.2003, 1 ABR 17/02, aaO). Dies gilt auch hinsichtlich v Rechten aus Betriebsvereinbarungen; insoweit hat er sich auf die Durchsetzung seines Durchführungsanspruchs ggü dem AG zu beschränken (BAG 21.8.2012, 3 ABR 20/10, BetrAV 2013, 63; 18.5.2010, 1 ABR 6/09, EzA § 77 BetrVG 2001 Nr 30). Die Abgrenzung kann im Einzelfall schwierig sein, entscheidend ist, was der BR »mit seinem Antrag letztlich begehrt« (BAG 17.10.1989, 1 ABR 31/87, EzA § 76 BetrVG 1972 Nr 54).

14 **III. Betriebsratsmitglieder.** Antragsbefugt ist auch das einzelne BR-Mitglied für die Überprüfung der Rechtswirksamkeit eines BR-Beschlusses (BAG 15.8.2012, 7 ABR 16/11, EzA § 27 BetrVG 2001 Nr 1) sowie bei der Anfechtung betriebsratsinterner Wahlen. Ebenso kann es selbst v AG den Ersatz v Aufwendungen verlangen, die ihm durch seine Tätigkeit entstanden sind (BAG 23.6.2010, 7 ABR 103/08, EzA § 40 BetrVG 2001 Nr 20). Eine Antragsbefugnis einer Minderheit im BR gegen den Willen der Mehrheit des BR zur Durchsetzung v Rechten des BR besteht nicht (vgl LAG Düsseldorf 24.10.1989, 16(5) TaBV 67/89, LAGE § 81 ArbGG 1979 Nr 2). Anders ist es, wenn die Minderheit ein eigenes Recht auf Tätigwerden des BR geltend macht.

15 **IV. AG.** Er ist antragsbefugt bei Streitfragen über das aktive und passive Wahlrecht und bei Meinungsverschiedenheiten über die Zuordnung zu den leitenden Angestellten. Ferner ist er antragsbefugt bei Streitigkeiten über die Unwirksamkeit der Bestellung des Wahlvorstands, über die Nichtigkeit einer BR-Wahl, auch wenn die Anfechtungsfrist bereits verstrichen ist (BAG 28.11.1977, 1 ABR 36/76, EzA § 19 BetrVG 1972 Nr 14), über die Wirksamkeit einer abgeschlossenen BV (BAG 10.3.1992, 3 ABR 54/91, EzA § 77 BetrVG 1972 Nr 46) und die Reichweite der Beteiligungsrechte des Betriebsrats.

16 **V. AN.** Sie sind antragsbefugt, wenn ihre betriebsverfassungs- oder unternehmensmitbestimmungsrechtliche Rechtsstellung betroffen ist, es etwa um die Frage geht, ob ein AN wahlberechtigt oder leitender Angestellter ist (zB BAG 23.1.1986, 6 ABR 47/82, EzA § 233 ZPO Nr 7).

17 **E. Zustellung des Antrags.** Die Antragsschrift ist vAw allen Beteiligten zuzustellen, § 80 II iVm § 47. Gleiches gilt iF einer Antragsänderung. Die Beteiligten sind zum Gütetermin oder zum Termin zur Anhörung vor der Kammer zu laden (§ 215 ZPO). Die Terminbestimmung hat unverzüglich zu erfolgen, sinnvollerweise allerdings erst dann, wenn alle Beteiligten ermittelt sind.

F. Änderung und Rücknahme. III entspricht der Vorschrift des § 263 ZPO. Entsprechende Anwendung findet aber auch § 264 ZPO, sodass die dort genannten Fälle nicht als Antragsänderung anzusehen sind (BAG 30.9.2008, 1 ABR 54/07, EzA § 80 BetrVG 2001 Nr 10). Eine Antragsänderung kann vorliegen, wenn der Gegenstand des gerichtlichen Verfahrens durch Veränderungen des Antrags selbst, des dem Verfahren zugrunde liegenden Lebenssachverhaltes (BAG 8.12.2010, 7 ABR 69/09, EzA § 83a ArbGG 1979 Nr 9), der Rechtslage (BAG 25.1.2005, 1 ABR 61/03, EzA § 99 BetrVG 2001 Nr 7) oder der Beteiligten (BAG 31.1.1989, 1 ABR 60/87, EzA § 81 ArbGG 1979 Nr 14) nicht mehr derselbe ist. Zu unterscheiden hiervon ist die bloße Auslegung der Anträge oder die Klarstellung deren Inhalts durch den Antragsteller. Eine Antragsänderung ist zulässig, wenn ihr alle Beteiligten ausdrücklich zustimmen oder sich, ohne zu widersprechen, in einem Schriftsatz oder in der mündlichen Verh auf den Antrag eingelassen haben. In diesem Fall gilt ihre Zustimmung gem III 2 als erteilt. Die Vorschrift geht insoweit über § 267 ZPO hinaus. Die Zustimmung ist aber auch v den Beteiligten erforderlich, die sich bisher im Verfahren noch nicht geäußert haben. 18

Das Gericht kann unabhängig v Verhalten der Beteiligten die Antragsänderung nach § 264 ZPO als sachdienlich zulassen. Dies ist der Fall, wenn der bisherige Verfahrensstoff zumindest teilweise genutzt werden kann und ein neues Verfahren auf diese Weise vermieden wird. Dies gilt auch in der Rechtsbeschwerdeinstanz (BAG 15.3.2011, 1 ABR 112/09, EzA § 80 BetrVG 2001 Nr 13). Der Gesichtspunkt der Prozesswirtschaftlichkeit steht dabei im Vordergrund (BAG 6.12.2001, 2 AZR 733/00, EzA § 5 BetrVG 1972 Nr 65). Die stattgebende Entscheidung ergeht durch die Kammer entweder durch Zwischenbeschluss nach § 303 ZPO oder in den Gründen des verfahrensabschließenden Beschlusses und ist unanfechtbar (III 3; BAG 12.11.2002, 1 ABR 60/01, EzA § 99 BetrVG 2001 Nr 2). Das Gericht muss nach einer Antragsänderung und vor einer Endentscheidung stets prüfen, ob neue Beteiligte in das Verfahren einzubeziehen sind oder bisherige Beteiligte ausscheiden (BAG 31.1.1989, 1 ABR 60/87, EzA § 81 ArbGG 1979 Nr 14). 19

Der Antrag kann v Antragsteller bis zur Verkündung einer Entscheidung in der ersten Instanz jederzeit schriftlich, zu Protokoll der Geschäftsstelle oder im Anhörungstermin ohne Einverständnis der anderen Beteiligten zurückgenommen werden. Im Beschwerde- und im Rechtsbeschwerdeverfahren ist eine Rücknahme hingegen nur mit Zustimmung der Beteiligten möglich, §§ 87 II 3, 92 II 3 (BAG 26.4.1990, 1 ABR 79/89, EzA § 83a ArbGG 1979 Nr 1). Auch eine Teilrücknahme ist möglich, wenn der Verfahrensgegenstand teilbar ist. Bei mehreren Antragstellern kann jeder seinen Antrag zurücknehmen. Dies gilt auch dann, wenn eine notwendige Mehrheit v Antragstellern erforderlich ist; ggf. werden die Anträge der verbliebenen Antragsteller dadurch unzulässig. 20

Soweit der Antrag zurückgenommen ist, hat der Vorsitzende das Verfahren durch Beschl einzustellen (II 2). Dieser Beschl ist den am Verfahren Beteiligten bekannt zu geben, soweit ihnen der Antrag mitgeteilt worden war (II 3). Eine vorherige Anhörung der Beteiligten ist nicht erforderlich (GMP/*Matthes/Spinner* § 81 Rn 77). Erst durch den Einstellungsbeschluss endet die Instanz (BAG 10.3.2009, 1 ABR 93/07, EzA § 99 BetrVG 2001 Nr 12); er kann mit der Beschwerde nach §§ 87 ff angefochten werden (ErfK/*Koch*, § 81 Rn 6; aA LAG Nürnberg, 20.8.2014, 2 TaBV 5/14; LAG Hamm, 21.9.1999, 13 TaBV 53/99, NZA-RR 2000, 660; Schwab/Weth/*Weth* § 83 Rn 122: Beschwerde nach § 83 V). Bei Streit über das Vorliegen der Einstellungsvoraussetzungen kann auch durch Zwischenbeschluss gem § 303 ZPO entschieden werden. Der Antrag kann nach Rücknahme später neu erhoben werden. Dies gilt auch innerhalb eines Rechtsstreits, wenn ein Antrag in erster Instanz zurückgenommen wurde und nunmehr in zweiter Instanz erneut gestellt werden soll (BAG 12.11.2002, 1 ABR 60/01, EzA § 99 BetrVG 2001 Nr 2). Die Regelung über die Kostentragungspflicht in § 269 III 2 und 3 ZPO findet keine Anwendung. 21

§ 82 Örtliche Zuständigkeit

(1) ¹Zuständig ist das Arbeitsgericht, in dessen Bezirk der Betrieb liegt. ²In Angelegenheiten des Gesamtbetriebsrats, des Konzernbetriebsrats, der Gesamtjugendvertretung oder der Gesamt-Jugend- und Auszubildendenvertretung, des Wirtschaftsausschusses und der Vertretung der Arbeitnehmer im Aufsichtsrat ist das Arbeitsgericht zust, in dessen Bezirk das Unternehmen seinen Sitz hat. ³Satz 2 gilt entsprechend in Angelegenheit des Gesamtsprecherausschusses, des Unternehmenssprecherausschusses und des Konzernsprecherausschusses.

(2) ¹In Angelegenheiten eines Europäischen Betriebsrats, im Rahmen eines Verfahrens zur Unterrichtung und Anhörung oder des besonderen Verhandlungsgremiums ist das Arbeitsgericht zust, in dessen Bezirk das Unternehmen oder das herrschende Unternehmen nach § 2 des Gesetzes über Europäische Betriebsräte seinen Sitz hat. ²Bei einer Vereinbarung nach § 41 Absatz 1 bis 7 des Gesetzes über Europäische Betriebsräte ist der Sitz des vertragsschließenden Unternehmens maßgebend.

§ 82 ArbGG   Örtliche Zuständigkeit

(3) In Angelegenheiten aus dem SE-Beteiligungsgesetz ist das Arbeitsgericht zuständig, in dessen Bezirk die Europäische Gesellschaft ihren Sitz hat; vor ihrer Eintragung ist das Arbeitsgericht zuständig, in dessen Bezirk die Europäische Gesellschaft ihren Sitz haben soll.
(4) In Angelegenheiten nach dem SCE-Beteiligungsgesetz ist das Arbeitsgericht zuständig, in dessen Bezirk die Europäische Genossenschaft ihren Sitz hat; vor ihrer Eintragung ist das Arbeitsgericht zuständig, in dessen Bezirk die Europäische Genossenschaft ihren Sitz haben soll.
(5) In Angelegenheiten nach dem Gesetz über die Mitbestimmung der Arbeitnehmer bei einer grenzüberschreitenden Verschmelzung ist das Arbeitsgericht zuständig, in dessen Bezirk die aus der grenzüberschreitenden Verschmelzung hervorgegangene Gesellschaft ihren Sitz hat; vor ihrer Eintragung ist das Arbeitsgericht zuständig, in dessen Bezirk die aus der grenzüberschreitenden Verschmelzung hervorgehende Gesellschaft ihren Sitz haben soll.

1 § 82 regelt die örtliche Zuständigkeit im Beschlussverfahren. Das ArbG prüft seine örtliche Zuständigkeit vAw. Hält es seine Zuständigkeit für nicht gegeben, verweist es das Verfahren an das örtlich zust ArbG, § 48 I iVm § 17a GVG. Die Entsch, die der Vorsitzende bei freigestellter mündlicher Verh allein trifft (§ 55 I Nr 7, II), ist unanfechtbar (§ 48 I Nr 1). Im Fall negativer Kompetenzkonflikte zweier ArbG entscheidet nach § 36 Nr 2 da LAG, zu dessen Bezirk das zuerst mit der Sache befasste Gericht gehört (BAG 2.7.2014, 10 AS 3/14, EzA § 17a GVG Nr 20).

2 § 82 ist **zwingendes Recht**. Die Vorschriften der ZPO sind nicht anwendbar. Die Beteiligten können weder einen Gerichtsstand vereinbaren noch kommt eine rügelose Einlassung in Betracht. Ein Wahlrecht des Antragstellers besteht nur in dem Fall, in dem nach § 82 die Zuständigkeit v 2 Gerichten gegeben ist. Die örtliche Zuständigkeit richtet sich in Beschlussverfahren **grds** nach der **Lage des Betriebes**; es ist das ArbG zust, in dessen Bezirk der Betrieb liegt. Der Begriff des Betriebs nach § 82 I 1 bestimmt sich nach materiellem Betriebsverfassungsrecht (vgl zB BAG 9.12.2009, 7 ABR 38/08, EzA § 1 BetrVG 2001 Nr 8). Für Streitigkeiten einer Vertretung der im Flugbetrieb beschäftigten AN nach § 117 II BetrVG ist das der Flughafen, v dem aus der Flugbetrieb erfolgt (LAG Berl-Bbg 8.2.2011, 7 TaBV 2744/10). Nur **in den Fällen des § 82 I 2, 3, II–V ist der Sitz des Unternehmens** entscheidend. Dies ist – soweit nichts anderes bestimmt ist – der Ort, an dem die Verwaltung geführt wird (§ 17 I ZPO). Maßgebend für die Anwendung des § 82 I 2 ist, ob es sich um eine betriebsverfassungsrechtliche Angelegenheit auf Unternehmensebene handelt. Das ist der Fall, wenn über die Rechtswirksamkeit einer BV gestritten wird, die der GBR nach § 50 I BetrVG in originärer Zuständigkeit abgeschlossen hat (BAG 19.6.1986, 6 ABR 66/84, EzA § 82 ArbGG 1979 Nr 1).

3 Entscheidend ist, ob der Streitgegenstand betriebsbezogen oder unternehmensbezogen ist. Bei Streit darüber, ob ein Gemeinschaftsbetrieb vorliegt, liegt eine betriebliche Angelegenheit vor (GK-ArbGG/*Ahrendt* § 82 Rn 14). Bei Streitigkeiten iRd § 4 BetrVG ist der Ort des Betriebsteils für die örtliche Zuständigkeit maßgebend (vgl iE GK-ArbGG/ *Ahrendt* § 82 Rn 15). Wird über Angelegenheiten in v BetrVG abw Gestaltung der betriebsverfassungsrechtlichen Organisationseinheiten iSv § 3 BetrVG gestritten, ist regelmäßig das ArbG am Sitz des Unternehmens zust, es sei denn, es handelt sich um eine zusätzliche betriebsverfassungsrechtliche Vertretung auf Betriebsebene iSd § 3 I Nr 5 BetrVG (vgl iE GK-ArbGG/ *Ahrendt* § 82 Rn 31 ff und ArbG Frankfurt 19.5.1998, 2 BV 9/98, NZA-RR 1998, 408 zu § 3 I Nr 3 BetrVG; LAG BW 7.8.2009, 3 SHa 2/09, LAGE § 82 ArbGG 1979 Nr 2 betr Filialbetriebe und Betriebsratsbezirke).

4 Für Beschlussverfahren nach §§ 122 I, 126 I InsO ist das ArbG örtlich zust, in dessen Bezirk der Betriebssitz ist. Auf den Sitz des Unternehmens kommt es nicht an, weil es um Fragen im Zusammenhang mit dem Betrieb geht (ArbG Bautzen 30.11.2005, 5 BV 5001/05, LAGE § 82 ArbGG 1979 Nr 1).

5 § 82 I 2 ist nicht einschlägig, wenn ein BR oder gar sämtliche BR den GBR mit einer betrieblichen Angelegenheit beauftragt hat/haben; in einem solchen Fall ist das ArbG zust, in dessen Bezirk der Betrieb liegt (GK-ArbGG/ *Ahrendt* § 82 Rn 23 mwN). Eine unternehmenseinheitliche Regelung liegt gerade nicht vor.

6 Für Streitigkeiten über Angelegenheiten aus dem EBRG (zB über Mitwirkungsrechte des EBR oder des besonderen Verhandlungsgremiums) ist grds das ArbG zust, in dessen Bezirk das Unternehmen oder das herrschende Unternehmen seinen Sitz hat. Der Begriff »Angelegenheiten« ist dabei weit zu verstehen (ErfK/ *Koch* § 82 Rn 2). Voraussetzung für eine int Zuständigkeit der deutschen Arbeitsgerichtsbarkeit ist, dass ein solcher Sitz in Deutschland besteht (BAG 18.4.2007, 7 ABR 30/06, EzA § 82 ArbGG 1979 Nr 2).

7 Nach § 82 II 2 ist für Streitigkeiten aus einer gem § 41 I - VII EBRG fortgeltenden Vereinbarung über grenzüberschreitende Unterrichtung und Anhörung der AN das ArbG zust, in dessen Bezirk das vertragsschließende Unternehmen seinen Sitz hat.

8 III trifft für die Zuständigkeit in Angelegenheiten aus dem SE-Beteiligungsgesetz eine Regelung: Das ArbG ist zust, in dessen Bezirk die **Europäische Gesellschaft** ihren Sitz hat oder haben soll, wenn die Eintragung

noch nicht erfolgt ist. Dies gilt freilich nur, wenn ein solcher Sitz in Deutschland besteht oder beabsichtigt ist.

Gleiches gilt nach IV für Angelegenheiten nach dem SEC-Beteiligungsgesetz. Es ist das ArbG zust, in dessen Bezirk die **Europäische Genossenschaft** ihren Sitz hat oder haben soll. 9

Zust für Streitigkeiten aus Art 2 des Gesetzes zur Umsetzung der Reglungen über die Mitbestimmung der AN bei einer Verschmelzung v Kapitalgesellschaften aus verschiedenen Mitgliedsstaaten v 21.12.2006 ist nach V das ArbG, in dessen Bezirk die aus der **grenzüberschreitenden Verschmelzung** hervorgegangene Gesellschaft ihren Sitz hat oder haben soll. 10

In Streitigkeiten um die Tariffähigkeit oder Tarifzuständigkeit einer Vereinigung nach § 2a I Nr 4 ist das ArbG örtlich zust, in dessen Bezirk die Vereinigung ihren Sitz hat, deren Tariffähigkeit oder Tarifzuständigkeit im Streit ist (hM, vgl zB GMP/*Matthes*/*Spinner* § 82 Rn 20; GK-ArbGG/ *Ahrendt* § 82 Rn 42). In Verfahren über die Wirksamkeit einer AVE oder einer RechtsVO ist nach § 98 II das LAG zust, in dessen Bezirk die Behörde ihren Sitz hat, die den TV für allgemeinverbindlich erklärt oder die VO erlassen hat. 11

Bei Streit um die Anerkennung einer Schulungsveranstaltung nach § 37 VII BetrVG ist das ArbG örtlich zust, in dessen Bezirk die zuständige oberste Landesbehörde ihren Sitz hat (GK-ArbGG/*Dörner* § 82 Rn 41). 12

In Angelegenheiten der Schwerbehindertenvertretung und des Werkstattrates nach §§ 94, 95, 139 SGB IX ist § 82 entspr anzuwenden: In betrieblichen Angelegenheiten der örtlichen Schwerbehindertenvertretung und des Werkstattrats richtet sich die örtliche Zuständigkeit nach dem Sitz des Betriebes (GK-ArbGG/ *Ahrendt* § 82 Rn 38). In Angelegenheiten der Gesamt- und Konzernschwerbehindertenvertretung ist das ArbG örtlich zust, in dessen Bezirk das Unternehmen seinen Sitz hat (ErfK/*Koch* § 82 Rn 3). 13

Für Angelegenheiten der nur auf Betriebsebene möglichen Interessenvertretung der Auszubildenden nach § 51 BBiG ist das ArbG zust, in dessen Bezirk der Betrieb liegt (GK-ArbGG/ *Ahrendt* § 82 Rn 39; ErfK/ *Koch* § 82 Rn 3). 14

Für den Erlass einer **einstweiligen Verfügung** ist das Gericht der Hauptsache zust, § 85 II iVm §§ 937 I, 943 I ZPO. 15

§ 83 Verfahren

(1) ¹Das Gericht erforscht den Sachverhalt im Rahmen der gestellten Anträge von Amts wegen. ²Die am Verfahren Beteiligten haben an der Aufklärung des Sachverhalts mitzuwirken.
(1a) ¹Der Vorsitzende kann den Beteiligten eine Frist für ihr Vorbringen setzen. ²Nach Ablauf einer nach Satz 1 gesetzten Frist kann das Vorbringen zurückgewiesen werden, wenn nach der freien Überzeugung des Gerichts seine Zulassung die Erledigung des Beschlussverfahrens verzögern würde und der Beteiligte die Verspätung nicht genügend entschuldigt. ³Die Beteiligten sind über die Folgen der Versäumung der nach Satz 1 gesetzten Frist zu belehren.
(2) Zur Aufklärung des Sachverhalts können Urkunden eingesehen, Auskünfte eingeholt, Zeugen, Sachverständige und Beteiligte vernommen und der Augenschein eingenommen werden.
(3) In dem Verfahren sind der Arbeitgeber, die Arbeitnehmer und die Stellen zu hören, die nach dem Betriebsverfassungsgesetz, dem Sprecherausschussgesetz, dem Mitbestimmungsgesetz, dem Mitbestimmungsergänzungsgesetz, dem Drittelbeteiligungsgesetz, den §§ 94, 95, 139 des Neunten Buches Sozialgesetzbuch, dem § 18a des Berufsbildungsgesetzes und den zu diesen Gesetzen ergangenen Rechtsverordnungen sowie nach dem Gesetz über Europäische Betriebsräte, dem SE-Beteiligungsgesetz, dem SCE-Beteiligungsgesetz und dem Gesetz über die Mitbestimmung der Arbeitnehmer bei einer grenzüberschreitenden Verschmelzung im einzelnen Fall beteiligt sind.
(4) ¹Die Beteiligten können sich schriftlich äußern. ²Bleibt ein Beteiligter auf Ladung unentschuldigt aus, so ist der Pflicht zur Anhörung genügt; hierauf ist in der Ladung hinzuweisen. ³Mit Einverständnis der Beteiligten kann das Gericht ohne mündliche Verhandlung entscheiden.
(5) Gegen Beschlüsse und Verfügungen des Arbeitsgerichts oder seines Vorsitzenden findet die Beschwerde nach Maßgabe des § 78 statt.

Übersicht	Rdn.		Rdn.
A. Allgemeines	1	III. Betriebsrat	12
B. Beteiligte	3	IV. Sonstige	14
I. AG	8	C. Untersuchungsgrundsatz	16
II. AN	11	D. Verfahren	19

§ 83 ArbGG Verfahren

1 **A. Allgemeines.** Die Norm verpflichtet nach I 1 das Gericht den Sachverhalt vAw zu erforschen. Hierin liegt der entscheidende Unterschied zum Urteilsverfahren.

2 I 2 begründet eine **Mitwirkungspflicht** aller Verfahrensbeteiligten an der Aufklärung des maßgeblichen Sachverhalts. Der Umfang der Mitwirkungspflicht und die Anforderungen an den Vortrag der Beteiligten hängen nicht zuletzt v Verfahrensgegenstand ab (vgl zB BAG 22.4.2004, 8 ABR 10/03, ZTR 2004, 582). Aufgabe des Gerichts ist es dabei, durch gezielte und konkrete Auflagen die Mitwirkung der Beteiligten zu steuern und zu fördern. Das Verhalten eines Beteiligten vor Verfahrenseinleitung kann sich auf Umfang und Inhalt seiner Mitwirkungspflicht auswirken (BAG 25.3.1992, 7 ABR 65/90, EzA § 2 BetrVG 1972 Nr 14). Eine unmittelbare Sanktion ist bei Verletzung der Mitwirkungspflicht nicht vorgesehen. Soweit Aufklärungsmöglichkeiten ohne die Mitwirkung der Beteiligten bestehen, hat das Gericht diese auszuschöpfen. Die Nichtberücksichtigung v Vorbringen wegen nicht hinreichender Substanziierung ist nur zulässig, wenn ohne Mitwirkung der Beteiligten keine weitere Sachaufklärung möglich ist, das Gericht auf diese Einschätzung hingewiesen und die Beteiligten zu einer Ergänzung des Vorbringens anhand konkreter Fragestellungen aufgefordert hat (BAG 12.5.1999, 7 ABR 36/97, EzA § 40 BetrVG 1972 Nr 87).

3 **B. Beteiligte.** Wer Beteiligter iSd § 83 III ist, bestimmt sich nach **materiellem Recht**, ohne dass es einer darauf gerichteten Handlung der Person, der Stelle oder des Gerichts bedarf (BAG 8.12.2010, 1 ABR 69/09, EzA § 83a ArbGG 1979 Nr 9). § 10 HS 2 enthält keine vollständige Aufzählung. Der **Antragsteller** kommt lediglich in § 83a III 1 vor, er ist jedenfalls notwendiger Beteiligter (BAG 14.12.2010, 1 ABR 93/09, EzA § 256 ZPO 2002 Nr 10). Er bestimmt mit seinem Antrag den Streitgegenstand. Der Gegenstand des Verfahrens ist die Grundlage dafür, wer Beteiligter ist oder sein könnte. Entscheidend ist die materiellrechtliche Betroffenheit im Einzelfall. Das ArbG hat vAw die Beteiligten **festzustellen**, was idR bei der Bestimmung eines Gütetermins oder eines Termins zur Anhörung der Beteiligten vor der Kammer geschieht. Dabei hat der Antragsteller auf Aufforderung mitzuwirken. Stellt sich im Verlaufe des Verfahrens heraus, dass eine weitere Person oder Stelle zu beteiligen ist, ist diese in das Verfahren einzubeziehen. Die **Beteiligtenfähigkeit** im Beschlussverfahren entspricht der Parteifähigkeit im Urteilsverfahren und ist notwendige, in jeder Lage des Verfahrens vAw zu prüfende **Verfahrensvoraussetzung**. Der unstr Verlust der Beteiligtenfähigkeit führt zur Unzulässigkeit eines Antrags bzw Rechtsmittels (BAG 27.5.2015, 7 ABR 20/13). Ist jedoch die Beteiligungsfähigkeit gerade str, so ist die betreffende Person oder Stelle als beteiligtenfähig zu behandeln, um eine Sachentscheidung herbeiführen zu können (BAG 18.3.2015, 7 ABR 42/12, EzA § 256 ZPO 2002 Nr 14; 12.1.2000, 7 ABR 61/98, EzA § 24 BetrVG 1972 Nr 2).

4 Richtet der Antragsteller seinen Antrag gegen eine bestimmte Person oder ein in III genanntes Organ bzw Organteil, so ist der so bezeichnete **Antragsgegner** ebenfalls notwendig Beteiligter (BAG 30.10.1986, 6 ABR 52/83, EzA § 47 BetrVG 1972 Nr 4) und bleibt dies, solange er in Anspruch genommen wird (BAG 20.8.2014, 7 ABR 60/12, EzA § 40 BetrVG 2001 Nr 25).

5 Für die verfahrensrechtliche Stellung des antragstellenden BR ist der bloße Wechsel des Betriebsinhabers bei fortbestehender Betriebsidentität ohne Bedeutung (BAG 28.9.1988, 1 ABR 37/87, EzA § 95 BetrVG 1972 Nr 14).

6 Die **sonstigen Beteiligten** ergeben sich aus dem Gesetz, zB ist im Zustimmungsersetzungsverfahren nach § 103 BetrVG der betroffene AN Beteiligter, vgl auch § 78a IV 2 BetrVG, § 126 II InsO. Die Person oder die Stelle ist beteiligt, die durch die erstrebte Entscheidung in ihrer betriebsverfassungsrechtlichen (ggf personalvertretungsrechtlichen, mitbestimmungsrechtlichen) Rechtsstellung unmittelbar betroffen ist (vgl zB BAG 16.8.2011, 1 ABR 30/10, EzA § 4 TVG Metallindustrie Nr 141), was das Gericht vAw auch noch in der Rechtsbeschwerdeinstanz zu beachten hat (BAG 17.4.2012, 1 ABR 84/10, EzA § 83 ArbGG 1979 Nr 12).

7 Geht im Laufe eines Beschlussverfahrens die Zuständigkeit für die Wahrnehmung des im Verfahren umstrittenen Mitbestimmungsrecht auf ein anderes betriebsverfassungsrechtliches Organ – zB v BR auf den GBR – über, wird dieses Organ Beteiligter im anhängigen Beschlussverfahren und ist dann (rechts-)beschwerdebefugt (BAG 23.6.2010, 7 ABR 3/09, EzA § 99 BetrVG 2001 Einstellung Nr 14). Wenn ein (kleinerer) Betrieb unter Verlust seiner Identität in einen (größeren) Betrieb eingegliedert wird, verliert der im aufgenommenen Betrieb gebildete BR sein Amt, wenn auch im aufnehmenden Betrieb ein BR gebildet ist. Da auch kein Übergangsmandat, § 21a BetrVG, verbleibt, wird der BR des aufnehmenden Betriebes Beteiligter des v BR des aufgenommenen Betriebes eingeleiteten Beschlussverfahrens (BAG 21.1.2003, 1 ABR 9/02, EzA § 77 BetrVG 2001 Nr 3; vgl auch BAG 9.12.2009, 7 ABR 90/07, EzA § 40 BetrVG 2001 Nr 16).

8 **I. AG.** Der AG ist in betriebsverfassungsrechtlichen Streitigkeiten immer Beteiligter, weil er durch die betriebsverfassungsrechtliche Ordnung stets betroffen ist (BAG 22.5.2012, 1 ABR 11/11, EzA Art. 9 GG

Nr 106). Dies gilt auch bei rein betriebsratsinternen Streitigkeiten (BAG 16.3.2005, 7 ABR 37/04, EzA § 51 BetrVG 2001 Nr 2; enger GMP/*Matthes*/*Spinner* § 83 Rn 38). Zu Besonderheiten bei den Alliierten Streitkräften vgl zB BAG 11.9.2013, 7 ABR 18/11, EzA § 97 SGB IX Nr 2. Im **Gemeinschaftsbetrieb** kommt es darauf an, ob beide AG in ihrer betriebsverfassungsrechtlichen Stellung betroffen sind (zB BAG 8.12.2009, 1 ABR 66/08, EzA § 87 BetrVG 2001 Betriebliche Lohngestaltung Nr 20) oder nur der Vertragsarbeitgeber (zB BAG 17.2.2010, 7 ABR 89/08, EzA § 78a BetrVG 2001 Nr 5). Entsprechendes gilt bei Streitigkeiten nach dem SprAuG. Auch bei Streitigkeiten nach den verschiedenen in III genannten Bestimmungen zur Unternehmensmitbestimmung ist das betroffene Unternehmen stets zu beteiligen.

Beim **Betriebsübergang** wird der Erwerber Beteiligter im laufenden Beschlussverfahren. Wie der neue Inhaber in die betriebsverfassungsrechtliche Stellung des bisherigen Betriebsinhabers eintritt, tritt er in die verfahrensrechtliche Stellung als Beteiligter des anhängigen Beschlussverfahrens ein (BAG 28.4.2009, 1 ABR 97/07, EzA § 99 BetrVG 2001 Eingruppierung Nr 4). Dies gilt jedenfalls dann, wenn der Betriebsübergang nicht streitig ist (BAG 9.12.2008, 1 ABR 75/07, EzA § 83 ArbGG 1979 Nr 11). Eine Ausnahme gilt, wenn auch der Veräußerer noch in Anspruch genommen wird (BAG 20.8.2014, 7 ABR 60/12, EzA § 40 BetrVG 2001 Nr 25). **9**

Im **Personalvertretungsrecht** ist die Dienststelle Beteiligte. **10**

II. AN. Diese sind immer beteiligt, sofern sie Antragsteller sind oder dies – wie beispielsweise in §§ 78a IV, 103 II, III BetrVG (entspr zu § 104 BetrVG: LAG Hamm 23.10.2009, 10 TaBV 39/09 mwN) oder § 126 II InsO – gesetzlich angeordnet ist. Eine Beteiligung nach III kommt in Betracht, wenn um ihren individuellen Status (zB BAG 29.6.2011, 7 ABR 5/10, EzA § 5 BetrVG 2001 Nr 6) oder individuelle betriebsverfassungsrechtliche Rechtspositionen gestritten wird (zB BAG 17.11.2010, 7 ABR 113/09, EzA § 37 BetrVG 2001 Nr 10). Soll der arbeitsrechtliche Status einer nach abstrakten Merkmalen abgegrenzten Personengruppe generell geklärt werden, müssen die einzelnen zu dieser Gruppe gehörenden Personen nicht beteiligt werden (BAG 27.6.2001, 7 ABR 50/99, EzA § 24 SchwbG 1986 Nr 1). Entsprechendes gilt nach dem SprAuG, dem EBRG und den genannten Regelungen über die Unternehmensmitbestimmung. Hingegen sind die Arbeitnehmer nach der Rspr auch dann nicht in Verfahren über personelle Einzelmaßnahme nach §§ 99 ff BetrVG oder in Verfahren über die Reichweite v Mitbestimmungsrechten zu beteiligen, wenn sie davon mittelbar betroffen sind (BAG 12.12.2006, 1 ABR 38/05, EzA § 87 BetrVG 2001 Betriebliche Lohngestaltung Nr 13). Gleiches gilt für zugewiesene Beamte (BAG 23.6.2009, 1 ABR 30/08, AP Nr 59 zu § 99 BetrVG 1972 Einstellung). Der AN ist auch nicht Beteiligter in einem Verfahren nach § 85 II BetrVG über seine eigene Beschwerde (BAG 22.11.2005, 1 ABR 50/04, EzA § 85 BetrVG 2001 Nr 1) oder einem Verfahren nach § 17 II AGG iVm § 23 III BetrVG (Fitting, BetrVG § 23 Rn 114). **11**

III. Betriebsrat. Der BR ist Beteiligter, wenn seine Wahl, sein Bestand, seine Zusammensetzung, Kostenerstattungsansprüche (zB BAG 23.6.2010, 7 ABR 103/08, EzA § 40 BetrVG 2001 Nr 20) oder der Umfang seiner eigenen Beteiligungsrechte umstritten ist. Der BR ist auch zu beteiligen in einem Verfahren nach § 23 III BetrVG über eine möglw tarifwidrige Betriebsvereinbarung (BAG 20.8.1991, 1 ABR 85/90, EzA § 77 BetrVG 1972 Nr 41). Gleiches dürfte gelten bei einem durch die Gewerkschaft eingeleiteten Verfahren nach § 17 II AGG iVm § 23 III BetrVG. Keine Beteiligung des BR hat hingegen bei Streitigkeiten über die Wahl der Arbeitnehmervertreter im Aufsichtsrat oder ähnlichen mitbestimmungsrechtlichen Streitigkeiten zu erfolgen (BAG 17.1.1993, 7 ABR 37/92, EzA § 76 BetrVG 1972 Nr 14). Entsprechende Grundsätze gelten für den **Sprecherausschuss** und den **Europäischen BR**. Die Jugend- und Auszubildendenvertretung ist ohne gesetzliche Regelung (zB § 78a IV BetrVG) regelmäßig nicht zu beteiligen, da sie kein selbständiges Organ der Betriebsverfassung ist. Etwas anderes gilt nur, wenn der Verfahrensgegenstand besonders den in § 60 I BetrVG genannten Personenkreis betrifft oder sie im Verhältnis zum BR eigene Beteiligungsrechte wahrnimmt. Der **Wirtschaftsausschuss** ist idR nicht beteiligt, es sei denn, es werden Rechte gegen ihn geltend gemacht (BAG 5.11.1985, 1 ABR 56/83, EzA § 117 BetrVG 1972 Nr 2). **12**

Bei der Beteiligung v **GBR** bzw. KBR bestehen keine Besonderheiten. Maßgeblich ist, ob eine Entscheidung in die Rechtsstellung dieses Organs unmittelbar eingreift (BAG 15.11.2006, 7 ABR 15/06, EzA § 78a BetrVG 2001 Nr 3). Dies gilt zB bei einem Streit um die Bildung eines Wirtschaftsausschusses (BAG 22.5.2012, 1 ABR 7/11, EzA § 118 BetrVG 2001 Nr 12). Beansprucht der GBR nach § 50 I BetrVG ein Beteiligungsrecht, sind regelmäßig auch die örtlichen BRe zu hören. Dasselbe gilt im umgekehrten Fall (BAG 23.3.2010, 1 ABR 82/08, EzA § 50 BetrVG 2001 Nr 7). Der GBR ist hingegen nicht in ein Verfahren einbezogen, in dem ausschließlich um das Bestehen eines Mitbestimmungsrechts des örtlichen BR gestritten wird (BAG 8.11.2011, 1 ABR 42/10, EzA § 87 BetrVG 2001 Gesundheitsschutz Nr 6; 13.3.1984, 1 ABR 49/82, EzA § 83 ArbGG 1979 Nr 2). **13**

§ 83 ArbGG   Verfahren

14 **IV. Sonstige.** Im Verfahren um die Wirksamkeit eines Spruchs der **ESt** ist Letztere nicht Beteiligte. Dies gilt auch, wenn sie sich für unzust erklärt hat (BAG 22.1.1980, 1 ABR 28/78, EzA § 111 BetrVG 1972 Nr 11). Anders kann es sein, wenn die Betriebsparteien sich etwa gegen die Aussetzung des Verfahrens durch die ESt oder gegen ein bestimmtes Tätigwerden wenden (GMP/*Matthes/Spinner* § 83 Rn 67). Im Wahlanfechtungsverfahren ist der **Wahlvorstand** nicht Beteiligter (BAG 14.1.1983, 6 ABR 39/82, EzA § 81 ArbGG 1979 Nr 1). Anderes gilt während des Wahlverfahrens wegen Maßnahmen des Wahlvorstandes oder bei Streitigkeiten über die Statthaftigkeit der Wahl selbst (BAG 27.7.2011, 7 ABR 61/10, EzA § 19 BetrVG 2001 Nr 8). Die **Schwerbehindertenvertretung** ist zu beteiligen, wenn es um ihre Wahl, um Rechte nach §§ 94 ff SGB IX, aus dem BetrVG oder anderen Normen geht (zB BAG 11.9.2013, 7 ABR 18/11, EzA § 97 SGB IX Nr 2; 17.8.2010, 9 ABR 83/09, EzA § 95 SGB IX Nr 3). Gleiches gilt für den Werkstattrat nach § 139 SGB IX.

15 Auch **Gewerkschaften** sind nur zu beteiligen, wenn sie in ihrer betriebsverfassungs- oder mitbestimmungsrechtlichen Stellung unmittelbar berührt sind (BAG 14.2.2007, 7 ABR 26/06, EzA § 54 BetrVG 2001 Nr 3), so bsplw im Verfahren über das Zugangsrecht v Beauftragten zu Sitzungen des BR und seiner Ausschüsse. Im Wahlanfechtungsverfahren ist dies nur die Gewerkschaft, die v ihrem Anfechtungsrecht Gebrauch gemacht hat (BAG 19.9.1985, 6 ABR 4/85, EzA § 19 BetrVG 1979 Nr 22). Eine Beteiligung kommt auch in Betracht, wenn es um die Feststellung der Fortgeltung einer Tarifregelung geht, nicht aber wenn dies lediglich eine Vorfrage im Streit über Rechte des BR ist (BAG 11.11.1998, 4 ABR 40/97, EzA § 50 BetrVG 1972 Nr 16). Dem **AG-Verband** sind keine eigenen betriebsverfassungs- oder personalvertretungsrechtlichen Rechtspositionen eingeräumt, er ist daher nicht zu beteiligen.

16 **C. Untersuchungsgrundsatz.** Der Antragsteller und die weiteren am Verfahren Beteiligten geben durch ihre Anträge vor, worüber das Gericht zu entscheiden hat. Der Antragsteller muss dabei die Tatsachen vortragen, aus denen das Gericht ggf nach Hinweisen und Auslegung des Antrags den Umfang des Verfahrensgegenstands bestimmen kann. Im nächsten Schritt hat das Gericht festzustellen, wer zu beteiligen ist und für die tatsächliche Beteiligung zu sorgen. Auch die weitere Verantwortung für die Ermittlung des entscheidungserheblichen Sachverhalts liegt iW beim Gericht. Es hat alle Tatsachen zu erforschen, die nach seiner Ansicht in dem durch den Antrag konkretisierten Verfahrensgegenstand entscheidungserheblich sind. Diese Aufklärungspflicht zwingt das Gericht aber nicht zu einer unbegrenzten Amtsermittlungstätigkeit und Beweisaufnahme (**eingeschränkter Untersuchungsgrundsatz**; BAG 25.3.1992, 7 ABR 65/90, EzA § 2 BetrVG 1972 Nr 14).

17 In einem Spannungsverhältnis zum Untersuchungsgrundsatz steht die Möglichkeit der **Zurückweisung verspäteten Vorbringens**, die der Verfahrensbeschleunigung dient. Nach Ia kann der Vorsitzende den Beteiligten eine Frist für ihr Vorbringen setzen; die Entscheidung darüber liegt in seinem pflichtgemäßen Ermessen. War die Auflage zu den klärungsbedürftigen Punkten hinreichend bestimmt (vgl BAG 25.3.2004, 2 AZR 380/03, EzA § 611 BGB 2002 Kirchliche Arbeitnehmer Nr 3) und ist ein konkreter Hinweis auf die Folgen einer Verspätung erfolgt, kann das nach Ablauf der Frist Vorgebrachte zurückgewiesen werden, wenn nach der freien Überzeugung des Gerichts seine Zulassung die Erledigung des Verfahrens verzögern würde und der Beteiligte die Verzögerung nicht genügend entschuldigt. Eine Zurückweisung ist ausgeschlossen, wenn das Gericht seiner Hinweis- und Aufklärungspflicht selbst nicht genügend nachgekommen ist und andernfalls die Verzögerung nicht eingetreten wäre.

18 Als **Mittel zur Aufklärung** des Sachverhaltes zählt § 83 II die Einsichtnahme in Urkunden, die Einholung v Auskünften, die Einvernahme v Zeugen, Sachverständigen sowie die Einnahme eines Augenscheins auf. Außerdem kann das persönliche Erscheinen der Beteiligten bzw der vertretungsberechtigten Personen angeordnet werden. Für die Beweisaufnahme gilt § 58 (vgl § 80 II). Hinsichtlich der Beteiligten selbst kommt nur eine Parteivernehmung in Betracht. Ist der BR Beteiligter, gilt das nur für dessen Vorsitzenden, die übrigen BR-Mitglieder können als Zeugen vernommen werden (GMP/*Matthes/Spinner* § 83 Rn 102). Die Beteiligten können den Sachvortrag des Antragstellers nicht zugestehen, die §§ 138 III, 288 ZPO sind nicht anwendbar. Allerdings wird das Gericht grds keine Veranlassung haben, vAw Beweise über Tatsachen zu erheben, die v allen Beteiligten übereinstimmend vorgetragen werden. Das ArbG ist andererseits verpflichtet, angetretene Beweise über entscheidungserhebliche, str Tatsachen zu erheben. Eine Ermessensfreiheit besteht insoweit auch nach dem Untersuchungsgrundsatz nicht (BAG 25.9.1986, 6 ABR 68/84, EzA § 1 BetrVG 1972 Nr 6). Aus der fehlenden Mitwirkungsbereitschaft eines Beteiligten (vgl I 2) kann das Gericht Rückschlüsse auf die Erweislichkeit einer Tatsache ziehen. IRd freien Beweiswürdigung (§ 286 I ZPO) kann sich dementsprechend das erforderliche Beweismaß für den ansonsten mit der (objektiven) Beweislast belasteten Beteiligten verringern (BAG 25.3.1992, 7 ABR 65/90, EzA § 2 BetrVG 1972 Nr 14). Können die Tatsachen nicht geklärt werden, geht das zulasten des Beteiligten, der einen Anspruch durchsetzen oder ein Recht festgestellt wissen will, wenn dies v einem behaupteten, aber nicht bewiesenen Sachverhalt

abhängt – Feststellungslast oder **objektive Beweislast**. Eine Darlegungs- und Beweislast im zivilprozessualen Sinn gibt es hingegen im Beschlussverfahren nicht.

D. Verfahren. Im Verfahren sind die **Beteiligten vor der Kammer zu hören**, § 83 III 1, und zwar auch dann, wenn ein Güteverfahren stattgefunden hat. Die mündliche Anhörung dient dazu, den Sachverhalt vollständig aufzuklären und den Beteiligten Gelegenheit zur Stellungnahme zu geben (rechtliches Gehör). Die Anhörung vor der Kammer ist **öffentl**. Sie beginnt mit der Stellung der Anträge. Es ist ein Protokoll über den Anhörungstermin zu fertigen, die gestellten Anträge sind aufzunehmen. 19

Bleibt der Antragsteller dem Termin fern, was ihm unbenommen bleibt, arg § 83 IV 2, wird über den in der Antragsschrift enthaltenen Antrag verhandelt und entschieden. Das ArbG hat auf sachdienliche Anträge hinzuwirken (BAG 27.3.1979, 6 ABR 15/77, EzA § 89 ArbGG Nr 9), wobei es sich als zweckmäßig erweisen kann, die ursprünglichen Anträge als Hilfsanträge aufrechtzuerhalten, weil LAG und/oder BAG die Frage des »richtigen« Antrages anders sehen können. Nach § 139 IV ZPO sind die v der Kammer gegebenen **Hinweise** in das Protokoll aufzunehmen, soweit sie nicht bereits anderweitig aktenkundig gemacht worden sind, etwa in einem Auflagenbeschl. 20

Unterbleibt eine Beteiligung in 1. Instanz, kann sie im Beschwerdeverfahren nachgeholt werden (vgl nur LAG Hamm 14.8.2009, 10 TaBV 175/08 mwN). Eine Zurückverweisung ist nicht zulässig (§ 91 I 2). Hat auch das LAG eine gebotene Beteiligung unterlassen, so kann dies in der Rechtsbeschwerdeinstanz nachgeholt werden (BAG 23.3.2010, 1 ABR 82/08, EzA § 50 BetrVG 2001 Nr 7), sofern der Kreis der anzuhörenden Personen oder Stellen bestimmt werden kann (BAG 17.4.2012, 1 ABR 84/10, EzA § 83 ArbGG 1979 Nr 12). Andernfalls führt dieser Rechtsfehler zur Zurückverweisung. Ausnahmsweise kann die Beteiligung unterbleiben, wenn der Antrag als unzulässig abzuweisen ist und deshalb nicht in Rechtskraft erwächst (BAG 9.7.2013, 1 ABR 17/12). 21

Hat das ArbG zu Unrecht jemanden als Beteiligten hinzugezogen, ist er im Rechtsmittelverfahren nicht mehr anzuhören. Hat er das Rechtsmittel eingelegt, ist es als unzulässig zu verwerfen (BAG 8.11.2011, 1 ABR 42/10, EzA § 87 BetrVG 2001 Gesundheitsschutz Nr 6). Eine Aufhebung der Vorentscheidung kommt nicht in Betracht. 22

Schriftliche Äußerung ist nach § 83 IV 1 zulässig. Sie kann nicht erzwungen werden. 23

Das Beschlussverfahren kennt **kein Versäumnisverfahren**. Eine Verpflichtung der Beteiligten zum Erscheinen im Anhörungstermin besteht nicht. Das gilt selbst für den Antragsteller. Das Gericht kann (und muss) auf Grundlage des schriftsätzlichen Vortrags entscheiden, wenn es die Sache für entscheidungsreif hält (LAG Berlin 5.3.1990, 9 TaBV 6/89, LAGE § 5 BetrVG 1972 Nr 18). Hat ein Beteiligter sein Fernbleiben genügend entschuldigt, ist ein neuer Termin zu bestimmen und alle Beteiligten sind hierzu zu laden (HWK/*Bepler/Treber* § 83 Rn 38). 24

§ 83 IV 3 stellt klar, dass das Gericht mit Einverständnis der Parteien **ohne mündliche Verh** entscheiden kann. Selbst bei Einverständnis aller Beteiligten liegt dies aber im Ermessen des Gerichts (ErfK/*Koch* § 83 Rn 10). 25

§ 83 V verweist auf § 78 und damit auf die §§ 567–577 ZPO (vgl die Anm zu § 78). Gemeint sind verfahrensleitende Beschl, also Anordnungen und Entscheidungen im laufenden Verfahren (zB eine Aussetzung nach § 148 ZPO: LAG Düsseldorf 9.3.1979, 8 TaBV 3/79, EzA § 148 ZPO Nr 7). Entscheidungen über den Rechtsweg und die zulässige Verfahrensart unterliegen nach den §§ 17a IV GVG, 48 ebenfalls der sofortigen Beschwerde; solche über die örtliche Zuständigkeit sind hingegen nach § 48 I Nr 1 unanfechtbar. Gegen den das Beschlussverfahren beendenden Beschl ist hingegen die **Beschwerde** (§§ 87 ff.) bzw die Sprungrechtsbeschwerde (§ 96a) gegeben. Um einen solchen instanzbeendenden Beschl handelt es sich auch bei der Einstellungsentscheidung nach § 81 II 2 oder § 83a II 1. Das LAG kann auch im Beschlussverfahren die Rechtsbeschwerde zulassen, wenn es als Rechtsmittelgericht über eine sofortige Beschwerde nach § 78 iVm § 83 V entscheidet (BAG 25.8.2004, 1 AZB 41/03, AP BetrVG 1972 § 23 Nr 41). Hat das LAG die Rechtsbeschwerde nicht zugelassen, findet dagegen keine Nichtzulassungsbeschwerde statt (BAG 19.12.2002, 5 AZB 54/02, EzA § 17a GVG Nr 15). 26

§ 83a Vergleich, Erledigung des Verfahrens

(1) Die Beteiligten können, um das Verfahren ganz oder zum Teil zu erledigen, zur Niederschrift des Gerichts oder des Vorsitzenden oder des Güterichters einen Vergleich schließen, soweit sie über den Gegenstand des Vergleichs verfügen können, oder das Verfahren für erledigt erklären.

(2) [1]Haben die Beteiligten das Verfahren für erledigt erklärt, so ist es vom Vorsitzenden des Arbeitsgerichts einzustellen. [2]§ 81 Abs. 2 Satz 3 ist entsprechend anzuwenden.

§ 83a ArbGG   Vergleich, Erledigung des Verfahrens

(3) ¹Hat der Antragsteller das Verfahren für erledigt erklärt, so sind die übrigen Beteiligten binnen einer von dem Vorsitzenden zu bestimmenden Frist von mindestens zwei Wochen aufzufordern, mitzuteilen, ob sie der Erledigung zustimmen. ²Die Zustimmung gilt als erteilt, wenn sich der Beteiligte innerhalb der vom Vorsitzenden bestimmten Frist nicht äußert.

Übersicht

	Rdn.		Rdn.
A. Vergleich...............................	1	II. Einseitige Erledigungserklärung	6
B. Erledigung.............................	3	III. Automatische Erledigung	9
I. Übereinstimmende Erledigungserklärung...	3		

1 **A. Vergleich.** § 83a I stellt klar, dass die Beteiligten einen Vergleich schließen können, um das Verfahren zu beenden. Dem Abschluss des Vergleichs müssen alle Beteiligten zustimmen. Gem § 80 II, 46 II ist § 278 VI ZPO anwendbar (ErfK/*Koch* § 83a Rn 1). Der gerichtlich protokollierte Vergleich beendet das Verfahren, eine Einstellung ist nicht erforderlich. Vorher ergangene, noch nicht rechtskräftige Entsch werden ohne Aufhebung wirkungslos. Beim außergerichtlichen Vergleich bedarf es hingegen noch einer verfahrensbeendenden Erklärung. Die Zwangsvollstreckung aus einem Vergleich richtet sich nach § 85 I 1 (vgl zB LAG Köln 3.12.2009, TaBV 76/09).

2 Eine gütliche Erledigung des Verfahrens kommt nur in Betracht, wenn nach materiellem Recht eine Verfügungsbefugnis der Beteiligten über den Verfahrensgegenstand besteht. Dies ist im Bereich des zwingend gesetzlich geregelten formellen Betriebsverfassungsrechts und der Organisation der Betriebsverfassung (zB Betriebsbegriff, aktives und passives Wahlrecht) regelmäßig nicht der Fall. Bei vermögensrechtlichen Ansprüchen können die Beteiligten hingegen idR über den Verfahrensgegenstand verfügen. Im Bereich des materiellen Betriebsverfassungsrechts ist zu unterscheiden: Die Beteiligten können im Vergleichswege alle Regelungen treffen, die bei innerbetrieblichen Einigungen zulässig wären. Dies schließt eine vorläufige oder endgültige Regelung über einen konkreten Mitbestimmungsstreit ein. Ebenso kann ein Streit über die für die streitige Rechtsfrage zugrunde liegenden Tatsachen beseitigt werden. Die Grenze der Verfügungsbefugnis ist aber überschritten, wenn der BR auf zukünftige Beteiligungsrechte verzichtet (BAG 23.6.1992, 1 ABR 53/91, EzA § 87 BetrVG 1972 Arbeitszeit Nr 50). Ebenso wenig dürfen Regelungen getroffen werden, die nicht auf die Wiederherstellung eines betriebsverfassungsmäßigen Zustandes gerichtet sind (vgl zB BAG 19.1.2010, 1 ABR 62/08, EzA § 23 BetrVG 2001 Nr 3: Keine Vertragsstrafe an Dritte bei Verletzung der Rechte nach §§ 99 ff BetrVG).

3 **B. Erledigung. I. Übereinstimmende Erledigungserklärung.** § 83a I ermöglicht die übereinstimmende Erledigungserklärung durch die Beteiligten (BAG 27.8.1996, 3 ABR 21/95, EzA § 83a ArbGG 1979 Nr 4). Die Erledigungserklärung haben **alle Beteiligten** abzugeben (vgl zB BAG 3.6.2015, 2 AZB 116/14, EzA § 103 BetrVG 2001 Nr 9). Sie erfolgt ggü dem Gericht schriftlich oder zu Protokoll und ist bis zur rechtskräftigen Entsch über den Antrag möglich. In den Rechtsmittelinstanzen ist Voraussetzung, dass das Rechtsmittel, also die Beschwerde nach § 87 oder die Rechtsbeschwerde nach § 92, zulässig ist (BAG 15.8.2001, 7 ABR 2/99, EzA § 47 BetrVG 1972 Nr 8). Die Erledigungserklärung ist unwiderruflich. Zu beachten ist, dass im Verfahren **vor dem ArbG** der Antragsteller den Antrag ohne Zustimmung der übrigen Beteiligten jederzeit zurücknehmen kann. In der Erledigungserklärung des Antragstellers liegt **im Zweifel** auch eine **Antragsrücknahme**. In der Beschwerde- und Rechtsbeschwerdeinstanz bedarf die Rücknahme des Antrags der Zustimmung der übrigen Beteiligten, § 87 II 3, § 92 II 3. Wird diese nicht gegeben, ist die Rücknahme des Antrags unzulässig; dieser ist nach wie vor gestellt, über ihn ist in der Sache zu entscheiden.

4 Nach § 83a II erfolgt im Fall der Erledigungserklärung durch die Beteiligten die **Einstellung des Verfahrens** durch den Vorsitzenden des ArbG, v der die Beteiligten nach Maßgabe des § 81 II 3 zu benachrichtigen sind. Der Vorsitzende prüft nicht, ob das Verfahren tatsächlich erledigt ist, insb ob ein erledigendes Ereignis eingetreten ist (BAG 26.4.1990, 1 ABR 79/89, EzA § 83a ArbGG 1979 Nr 1). Gegen den Einstellungsbeschl findet die Beschwerde nach § 87 statt (GMP/*Matthes/Spinner* § 83a Rn 14 mwN; vgl aber BVerwG 8.3.2010, 6 PB 47/09, PersR 2010, 210 = PersV 2011, 355 mwN). Für eine Kostenentsch ist kein Raum. Wird das Verfahren wegen Erledigung eingestellt, verlieren alle bis dahin ergangenen, noch nicht rkr Entsch ihre Wirkung (BAG 3.6.2015, 2 AZB 116/14, EzA § 103 BetrVG 2001 Nr 9).

5 § 83a III enthält eine praktikable Lösung für die Erledigungserklärung durch den Antragsteller. Hier gilt die Zustimmung der übrigen Beteiligten nach Ablauf der v Vorsitzenden bestimmten Frist (die mindestens 2 Wochen beträgt) als erteilt, allerdings ist auf die Rechtsfolge ihres Schweigens hinzuweisen. Stimmen die übrigen Beteiligten der Erledigungserklärung des Antragstellers zu oder gilt die jeweils erforderliche Zustimmung als erteilt, wird das Verfahren eingestellt und den Beteiligten davon Kenntnis gegeben.

II. Einseitige Erledigungserklärung. **Sie** wird in § 83a nicht geregelt. Im Verfahren vor dem ArbG ist aber 6
zu beachten, dass der **Antragsteller** den Antrag jederzeit zurücknehmen kann (§ 81 II). Befindet sich das
Beschlussverfahren in den Rechtsmittelinstanzen, so kann der Antragsteller nicht mehr einseitig über die
Beendigung des Verfahrens bestimmen (zur **Zustimmungsfiktion nach** der **Fristsetzung** des Vorsitzenden
vgl § 83a III). Hat der Antragsteller das Beschlussverfahren für erledigt erklärt, aber mindestens einer der
Beteiligten nicht zugestimmt, ist zu prüfen, ob sich die Hauptsache erledigt hat, also ein **erledigendes Ereignis** gegeben ist und deshalb der Antrag vor (BAG 23.1.2008, 1 ABR 64/06, EzA § 83a ArbGG 1979 Nr 8)
oder nach Rechtshängigkeit unzulässig oder unbegründet geworden ist. Es kommt anders als im Urteilsverfahren nicht darauf an, ob der Antrag vor Eintritt des erledigenden Ereignisses zulässig und begründet
war (BAG 19.2.2008, 1 ABR 65/05, AP § 83a ArbGG 1979 Nr 11; 8.12.2010, 7 ABR 69/09, EzA § 83a
ArbGG 1979 Nr 9).
Ist ein erledigendes Ereignis eingetreten, ist das Verfahren in entsprechender Anwendung des § 83a II einzustellen (BAG 8.12.2010, 7 ABR 99/09, EzA § 83a ArbGG 1979 Nr 10; Bsple für erledigende Ereignisse 7
bei GK-ArbGG/*Dörner* § 83a Rn 31a). Dabei kann – auf Antrag muss – entspr § 269 ZPO festgestellt
werden, dass die Entscheidung(en) der Vorinstanz(en) wirkungslos ist (sind). In der Rechtsmittelinstanz
muss die Beschwerde oder die Rechtsbeschwerde zulässig sein. Ist das nicht der Fall, ist das Rechtsmittel als
unzulässig zu verwerfen. Liegt ein erledigendes Ereignis vor, ist das Verfahren entspr § 83 II einzustellen.
Über die einseitige Erledigungserklärung entscheidet die Kammer **durch Beschl** nach § 84, gegen den die
Beschwerde nach den §§ 87 ff stattfindet (BAG 23.1.2008, 1 ABR 64/06, EzA § 83a ArbGG 1979 Nr 8).
Liegt kein erledigendes Ereignis vor, ist in der Sache zu entscheiden.
Erklären nicht der Antragsteller, sondern **andere Beteiligte** das Verfahren für erledigt, ist das rechtlich grds 8
unbeachtlich (BAG 26.1.1991, 1 ABR 43/90, EzA § 87 BetrVG 1972 Arbeitszeit Nr 47). In Betracht
kommt uU eine einseitige Erledigterklärung durch den Beschwerdeführer einer Nichtzulassungsbeschwerde
(BAG 15.2.2012, 7 ABN 74/11). Jedenfalls gibt die Erledigungserklärung eines anderen Beteiligten als
des Antragstellers Veranlassung zu prüfen, ob ein Rechtsschutzbedürfnis für den Antrag noch gegeben
ist (GK-ArbGG/*Dörner* § 83a Rn 32; LAG Hamm 3.10.2009, 10 TaBV 59/09). Ist es entfallen, so ist
der Antrag als unzulässig zurückzuweisen, in der Rechtsbeschwerdeinstanz, die das Rechtsschutzinteresse
vAw zu prüfen hat, unter Aufhebung bzw Abänderung der vorinstanzlich stattgebenden Entsch (zB BAG
28.6.2006, 7 ABR 45/05).

III. Automatische Erledigung. Nach der Rspr sind Verfahren auf Ersetzung der Zustimmung des BR zu 9
einer personellen Einzelmaßnahme, auf Feststellung, dass eine vorläufige personelle Maßnahme aus sachlichen Gründen dringend erforderlich ist, §§ 99 IV, 100 II 1 BetrVG, ebenso wie ein Antrag des BR auf
Aufhebung einer personellen Maßnahme, § 101 BetrVG, auch ohne Erledigungserklärung entspr § 81 II 2,
§ 83a II 1 einzustellen, wenn die personelle Einzelmaßnahme beendet ist (BAG 26.4.1990, 1 ABR 79/89,
EzA § 83a ArbGG 1979 Nr 1).
Der Antrag des AG auf Ersetzung der v BR verweigerten Zustimmung zu einer in Aussicht genommenen 10
außerordentlichen Kdg ggü einem Mitglied des BR erledigt sich mit der Erteilung der Zustimmung durch
den BR (BAG 23.6.1993, 2 ABR 58/92, EzA § 103 BetrVG 1972 Nr 34). Der Antrag des AG nach § 100
II 3 BetrVG auf Feststellung der dringenden Erforderlichkeit der personellen Maßnahme erledigt sich,
wenn diese endgültig zulässig (BAG 16.1.2007, 1 ABR 16/06, EzA § 99 BetrVG 2001 Versetzung Nr 3)
oder nicht mehr aufrechterhalten wird (BAG 15.9.1987, 1 ABR 44/86, AP BetrVG 1972 § 99 Nr 57) bzw
mit der Erledigung des Zustimmungsersetzungsverfahrens (BAG 18.10.1988, 1 ABR 36/87, EzA § 100
BetrVG 1972 Nr 4).

§ 84 Beschluss
¹Das Gericht entscheidet nach seiner freien, aus dem Gesamtergebnis des Verfahrens gewonnenen Überzeugung. ²Der Beschluss ist schriftlich abzufassen. ³§ 60 ist entsprechend anzuwenden.

Übersicht	Rdn.		Rdn.
A. Allgemeines	1	C. Reichweite der Rechtskraft	6
B. Form und Inhalt	2		

A. Allgemeines. § 84 S 1 legt fest, dass über den gestellten Antrag durch Beschl entschieden und damit das 1
erstinstanzliche Verfahren abgeschlossen wird. Das Gericht trifft auch im Beschlussverfahren keine Ermessens-, sondern eine Rechtsentscheidung auf Grundlage des materiellen Rechts und des Verfahrensrechts.

§ 84 ArbGG Beschluss

Das notwendige Maß an Überzeugung unterscheidet sich nicht v Urteilsverfahren. Die §§ 280, 300 ff ZPO sind anwendbar, soweit dem nicht Sonderregelungen des arbeitsgerichtlichen Verfahrens entgegenstehen. Über die Anträge ist bei Entscheidungsreife zu erkennen. Möglich ist ein Teilbeschluss (§ 301 ZPO), sofern der Rechtsstreit nur hinsichtlich eines abgrenzbaren Teils entscheidungsreif ist (BAG 10.3.2009, 1 ABR 93/07, EzA § 99 BetrVG 2001 Nr 12). Der Erlass eines Anerkenntnis- bzw Verzichtsbeschlusses kommt in Betracht, sofern die anerkennende bzw. verzichtende Partei über den Verfahrensgegenstand verfügen kann (vgl. § 83a Rdn 2). Das Gesetz kennt eine gesonderte und selbstständig anfechtbare Entscheidung über die Zulässigkeit des Antrags durch Zwischenbeschluss gem. § 280 ZPO (BAG 18.4.2007, 7 ABR 30/06, EzA § 99 BetrVG 2001 Nr 12). Die ebenfalls mögliche Entscheidung über den Anspruchsgrund gem § 304 ZPO ist – anders als im Urteilsverfahren – eigenständig anfechtbar, da § 61 III nicht in Bezug genommen ist (GMP/*Matthes/Spinner* § 84 Rn 5). Eine Versäumnisentscheidung kann hingegen mangels Anwendbarkeit der §§ 313 ff ZPO nicht erfolgen. Schließlich gilt auch im Beschlussverfahren § 308 ZPO, wonach die Entscheidung nicht über die Anträge der Beteiligten hinausgeht oder etwas anderes als beantragt zusprechen darf (BAG 9.12.2009, 7 ABR 46/08, EzA § 40 BetrVG 2001 Nr 17). In diesem Rahmen muss sich auch die Sachaufklärung durch das ArbG halten. Der Beschl ergeht durch die Kammer unter **Mitwirkung der ehrenamtlichen Richter**, auch wenn im Einverständnis der Beteiligten ohne mündliche Anhörung entschieden wird, § 83 IV 3. Auch über die einseitige Erledigungserklärung ist durch Beschl im Erkenntnisverfahren gem § 84 unter Beteiligung der ehrenamtlichen Richter zu befinden (BAG 23.1.2008, 1 ABR 64/06, EzA § 83a ArbGG 1979 Nr 8; vgl iÜ § 83a).

2 **B. Form und Inhalt.** Der Beschl muss **schriftlich** abgefasst werden. Das bezieht sich auf den gesamten Beschl, dh den Tenor (sog Beschlussformel) und die Gründe, die die Sachverhaltsschilderung (Tatbestand) und die Begründung für die getroffene Entscheidung enthalten. Im Rubrum sind sämtliche Beteiligte aufzuführen, auch wenn sie sich nicht geäußert haben. Der Beschl einschl der Rechtsmittelbelehrung ist (nur) v Vorsitzenden zu unterschreiben, § 60 IV 1. Eine Kostenentscheidung hat zu unterbleiben, da nach § 2 II GKG Kosten nicht erhoben und Auslagen v der Staatskasse getragen werden. Eine Anwendung der §§ 91 ff ZPO scheidet auch hinsichtlich der außergerichtlichen Kosten aus (BAG 2.10.2007, 1 ABR 59/06, EzA § 280 BGB 2002 Nr 3). Da Entscheidungen in vermögensrechtlichen Streitigkeiten kraft Gesetzes (§ 85 I 2) vorläufig vollstreckbar sind, hat ein Ausspruch darüber im Tenor nur deklaratorische Wirkung (LAG Berlin-Brandenburg 17.7.2012, 10 Ta 1367/12; ErfK/*Koch* § 84 Rn 1; aA GMP/ *Matthes/Spinner* § 84 Rn 12). Der Streitwert wird im Beschl nicht festgesetzt, § 61 I ist wegen fehlenden Verweises in § 84 nicht anwendbar. Eine Streitwertfestsetzung kann nach § 33 RVG auf Antrag eines Rechtsanwaltes, seines Auftraggebers oder des erstattungspflichtigen Beteiligten erfolgen. In den Fällen der §§ 122 II und 126 II InsO muss der Beschl eine Entscheidung über die Zulassung der Rechtsbeschwerde enthalten.

3 Auf die **Verkündung** des Beschlusses findet § 60 entspr Anwendung. Bei mündlicher Anhörung der Beteiligten vor der Kammer ist der Beschl idR am Schluss des Termins der Anhörung zu verkünden. Ausnahmsweise kann ein Verkündungstermin bestimmt werden, wenn die sofortige Verkündung des Beschlusses nicht möglich ist, etwa weil die Beratung der Kammer nicht mehr am Tag der Anhörung stattfinden kann. Die Verkündung des Beschl erfolgt durch Verlesen der Beschlussformel, § 311 II 2 ZPO findet Anwendung. Die Anwesenheit der ehrenamtlichen Richter ist bei der Verkündung nicht erforderlich, wenn die Beschlussformel auch v ihnen unterschrieben worden war. Der Vorsitzende muss den wesentlichen Inhalt der Entscheidungsgründe mitteilen, wenn auch nur ein Beteiligter bei der Verkündung anwesend ist. Ist nach § 83 IV 3 ein Termin zur Beratung und Entscheidung bestimmt, ist der Beschl an diesem Tage zu verkünden (GK-ArbGG/*Ahrendt* § 84 Rn 16).

4 Der Beschl beendet wie das Endurteil die Instanz. Die **Zustellung** erfolgt an alle Beteiligten nach den §§ 80 II, 50 I vAw. Die Gründe können nur unter den Voraussetzungen des § 313a II ZPO weggelassen werden. Zulässig ist eine Berichtigung wegen offenbarer Unrichtigkeiten gem. § 319 ZPO, eine Tatbestandsberichtigung gem. § 320 ZPO oder ein Ergänzungsbeschluss nach § 321 ZPO (BAG 10.3.2009, 1 ABR 93/07, EzA § 99 BetrVG 2001 Nr 12). Gegen den Beschl ist die Beschwerde nach § 87 statthaft.

5 Der Beschl hat nach § 9 V (s die dortigen Erl) eine zutreffende **Rechtsmittelbelehrung** zu enthalten. Sie muss v der Unterschrift des Vorsitzenden umfasst sein und die Beschwerdeberechtigten konkret bezeichnen. Das gilt auch für die Sprungrechtsbeschwerde nach § 96a nach deren Zulassung.

6 **C. Reichweite der Rechtskraft.** Beschl im arbeitsgerichtlichen Beschlussverfahren sind der formellen und materiellen Rechtskraft fähig. Nach dem Eintritt ihrer Unanfechtbarkeit können die im Beschl behandelten Fragen durch die am Verfahren Beteiligten bei unverändertem Sachverhalt nicht erneut einer gerichtlichen Entscheidung zugeführt werden. Damit soll der Gefahr widersprechender Entscheidungen entgegengewirkt und Rechtssicherheit und Rechtsfrieden gewährleistet werden (BAG 15.1.2002, 1 ABR 10/01, EzA § 50

BetrVG 1972 Nr 19). Wird der Beschl nicht rechtzeitig durch eine Beschwerde angegriffen, tritt **formelle Rechtskraft** ein. Der Umfang der **materiellen Rechtskraft** richtet sich nach den §§ 323, 325 ZPO. Der Beschl wirkt zwischen sämtlichen Beteiligten des Beschlussverfahrens, auch wenn sie sich nicht geäußert haben. Ein erneutes Verfahren mit demselben Streitgegenstand ist unzulässig.

Die Rechtskraft einer Entscheidung mit Dauerwirkung kann enden, soweit sich nach Eintritt der Unanfechtbarkeit die tatsächlichen oder rechtlichen Verhältnisse geändert haben. Dazu müssen gerade diejenigen Tatsachen oder Rechtsgrundlagen eine Änderung erfahren haben, die maßgebend für die in der früheren Entscheidung ausgesprochene Rechtsfolge waren (BAG 6.6.2000, 1 ABR 222/99, EzA § 322 ZPO Nr 12; 15.1.2002, 1 ABR 10/01, EzA § 50 BetrVG 1972 Nr 19). 7

Wird die Zustimmung des BR zur außerordentlichen Kdg eines Mitglieds des BR nach **§ 103 II BetrVG** rechtskräftig ersetzt, steht für einen nachfolgenden Kündigungsschutzprozess zwischen AN und AG bindend fest, dass die außerordentliche Kdg berechtigt ist (st Rspr, vgl zB BAG 23.6.1993, 2 ABR 58/92, EzA § 103 BetrVG 1972 Nr 34). Das BR-Mitglied kann nur mit Erfolg geltend machen, es lägen neue Tatsachen vor, die im Zustimmungsersetzungsverfahren noch nicht berücksichtigt werden konnten (etwa bei neuen Erkenntnissen im Fall einer Verdachtskündigung) oder solche, die er im Zustimmungsersetzungsverfahren nicht geltend gemacht hat und auch nicht hätte geltend machen können (BAG 15.8.2002, 2 AZR 214/01, EzA § 103 BetrVG 1972 Nr 44). Gleiches gilt für Feststellungen zu § 15 KSchG (BAG 18.9.1997, 2 ABR 15/97, EzA § 15 KSchG nF Nr 46). 8

Das ist im **kirchenarbeitsrechtlichen Beschlussverfahren** schon deswegen anders, weil es eine entspr Bestimmung im MVG.EKD über die Beteiligung des betroffenen AN nicht gibt (KGH.EKD 30.6.2006, I-0124/M 21-06, ZMV 2006, 307; 30.9.2009, II-0124/P48-08, ZMV 2009, 31). Im Bereich der MAVO wird die Erklärung einer außerordentlichen Kdg ggü einem Mitglied der Mitarbeitervertretung nicht v der Zustimmung der Mitarbeitervertretung abhängig gemacht (§ 19 I 1 MAVO, insg dazu KR/*Friedrich* Kirchl ArbN Rn 31 ff.). Das hat zur Folge, dass das staatliche ArbG iR einer Kündigungsschutzklage des AN die Kdg voll zu überprüfen hat. 9

Bei personellen Einzelmaßnahmen entfaltet eine das Mitbestimmungsrecht nach § 99 BetrVG verneinende Entscheidung **Bindungswirkung im Individualprozess** (BAG 21.9.1989, 1 ABR 32/89, EzA § 99 BetrVG 1972 Nr 76). Ebenso wenig kann sich der AG in einem späteren Rechtsstreit auf eine Eingruppierung berufen, die den Feststellungen eines Beschlussverfahrens nach § 99 BetrVG widerspricht (BAG 28.8.2008, 2 AZR 967/06, EzA § 99 BetrVG 1972 Nr 122). Die Bindungswirkung ist allerdings nur eine partielle; der Arbeitnehmer ist nicht gehindert, eine ihm günstigere Eingruppierung geltend zu machen (BAG 3.5.1994, 1 ABR 58/93, EzA § 99 BetrVG 1972 Nr 122). Andererseits führt die rechtskräftige Abweisung eines Antrags auf Ersetzung der v BR verweigerten Zustimmung zu einer Versetzung nicht zur Unwirksamkeit einer Änderungskündigung ggü dem AN, da die Ausführung der mit der Änderungskündigung beabsichtigten Vertragsänderung nicht dauernd unmöglich wird (BAG 22.4.2010, 2 AZR 491/09, EzA § 2 KSchG Nr 77). 10

Eine im Beschlussverfahren ergangene rechtskräftige Entscheidung über das Bestehen eines Freistellungsanspruchs nach § 37 II, III, VI und VII BetrVG ist bindend für ein etwa nachfolgendes Urteilsverfahren eines einzelnen BR-Mitglieds auf Vergütung oder bezahlte Freistellung (GK-ArbGG/*Ahrendt* § 84 Rn 38 mwN). Wird in einem Beschlussverfahren zwischen BR und AG rechtskräftig festgestellt, dass ein Mitbestimmungsrecht nicht besteht, können sich AN ggü Maßnahmen des AG nicht mit Erfolg auf die angebliche Verletzung eines Mitbestimmungsrechts berufen; insoweit hat das Beschlussverfahren präjudizielle Wirkung (BAG 10.3.1998, 1 AZR 658/97, EzA § 84 ArbGG 1979 Nr 2; vgl auch LAG Nürnberg 23.12.2002, 6 Sa 66/00, LAG Report 2003, 131; weitere Bsp bei GK-ArbGG/*Ahrendt* § 84 Rn 35). Inter-omnes Wirkung kommt kraft gesetzlicher Regelung den Entsch über die Tariffähigkeit oder Tarifzuständigkeit v Vereinigungen (§ 97 III 1), den Entsch über die Wirksamkeit einer AVE oder Rechtsverordnung (§ 98 IV 1) und den Entsch über den im Betrieb anwendbaren TV (§ 99 III) zu. Ausdrücklich geregelt ist in § 127 I InsO die Präjudizwirkung eines Beschlussverfahrens nach § 126 I InsO. 11

§ 85 Zwangsvollstreckung

(1) ¹Soweit sich aus Absatz 2 nichts anderes ergibt, findet aus rechtskräftigen Beschlüssen der Arbeitsgerichte oder gerichtlichen Vergleichen, durch die einem Beteiligten eine Verpflichtung auferlegt wird, die Zwangsvollstreckung statt. ²Beschlüsse der Arbeitsgerichte in vermögensrechtlichen Streitigkeiten sind vorläufig vollstreckbar; § 62 Abs. 1 Satz 2 bis 5 ist entsprechend anzuwenden. ³Für die Zwangsvollstreckung gelten die Vorschriften des Achten Buches der Zivilprozessordnung entsprechend mit der Maßgabe, dass der nach dem Beschluss Verpflichtete als Schuldner, derjenige, der die Erfüllung der Verpflichtung auf Grund des Beschlusses verlangen kann, als Gläubiger gilt und in den Fällen des § 23

Abs. 3, des § 98 Abs. 5 sowie der §§ 101 und 104 des Betriebsverfassungsgesetzes eine Festsetzung von Ordnungs- oder Zwangshaft nicht erfolgt.

(2) ¹Der Erlass einer einstweiligen Verfügung ist zulässig. ²Für das Verfahren gelten die Vorschriften des Achten Buches der Zivilprozessordnung über die einstweilige Verfügung entsprechend mit der Maßgabe, dass die Entscheidungen durch Beschluss der Kammer ergehen, erforderliche Zustellungen von Amts wegen erfolgen und ein Anspruch auf Schadensersatz nach § 945 der Zivilprozessordnung in Angelegenheiten des Betriebsverfassungsgesetzes nicht besteht. ³Eine in das Schutzschriftenregister nach § 945a Absatz 1 der Zivilprozessordnung eingestellte Schutzschrift gilt auch als bei allen Arbeitsgerichten der Länder eingereicht.

Übersicht	Rdn.		Rdn.
A. Vollstreckbare Beschlüsse und Vergleiche	1	B. Vollstreckungsverfahren . . . . C. Einstweiliger Rechtsschutz	9 13

1 **A. Vollstreckbare Beschlüsse und Vergleiche.** § 85 I regelt die Zwangsvollstreckung aus **rechtskräftigen** Beschlüssen, vorläufig vollstreckbaren Beschlüssen in vermögensrechtlichen Streitigkeiten und gerichtlichen Vergleichen im Beschlussverfahren. LAG-Beschl, in denen die Rechtsbeschwerde nicht zugelassen wird, werden rechtskräftig, wenn die Frist zur Einlegung der Nichtzulassungsbeschwerde abgelaufen ist. Beschl in vermögensrechtlichen Streitigkeiten sind nach § 85 I 2 **vorläufig vollstreckbar** (vgl die entspr Bestimmung für Urt in § 62 I 1). Insb Streitigkeiten über Sachmittel und Kosten der Tätigkeiten des BR einschl Wahlkosten sind vermögensrechtliche Streitigkeiten (GK-ArbGG/*Vossen* § 85 Rn 10); nicht hingegen ein Streit über den Anspruch des BR auf Aufstellung, Durchführung oder Wirksamkeit eines Sozialplans (BAG 22.1.2013, 1 ABR 92/11, EzA § 85 ArbGG 1979 Nr 6). Beschl, die nur ein Rechtsverhältnis oder ein Recht feststellen, sind nicht vollstreckbar. Auch bei einem **Vergleich** in einem Verfahren nach **§ 23 III 1 BetrVG** kann auf die allg Vollstreckungsmöglichkeiten zurückgegriffen werden, § 85 I 3 iVm § 890 ZPO (BAG 25.8.2004, 1 AZB 41/03, EzA § 78 ArbGG 1979 Nr 7). Kein geeigneter Titel ist hingegen der Spruch einer ESt.

2 Grds sind vollstreckungsfähig nur Beschl, die einem Beteiligten des Beschlussverfahrens eine **Verpflichtung** auferlegen. Die Verpflichtung ergibt sich aus dem materiellen Recht. Dabei kann es um die Verpflichtung zur Vornahme einer vertretbaren oder unvertretbaren Handlung, zur Unterlassung oder Duldung einer Handlung gehen. Um vollstreckungsfähig zu sein, muss die im Tenor enthaltene Verpflichtung hinreichend bestimmt sein. Der Schuldner muss zuverlässig erkennen können, welche Handlungen er zu tun oder zu unterlassen hat und in welchen Fällen er mit einem Zwangsmittel rechnen muss (BAG 14.9.2010, 1 ABR 32/09, EzA § 253 ZPO 2002 Nr 4).

3 Vor Erlass des Beschl kann ein Antrag gestellt werden, die vorläufige Vollstreckbarkeit auszuschließen. Ihm ist nur unter den Voraussetzungen des § 62 I 2 stattzugeben, also wenn ein Beteiligter glaubhaft macht, die Vollstreckung würde ihm einen nicht zu ersetzenden Nachteil bringen. Wird gegen den Beschl Beschwerde eingelegt, kann die Einstellung der Zwangsvollstreckung nach Maßgabe der §§ 85 I 2, 62 I 3 und § 719 I ZPO erfolgen. Eine Einstellung gegen Sicherheitsleistung scheidet aus.

4 Für die Zwangsvollstreckung gelten die Vorschriften des 8. Buches der ZPO, allerdings mit den in § 85 I 3 bestimmten Besonderheiten.

5 Der nach dem Beschl Verpflichtete gilt als Schuldner, derjenige, der die Erfüllung der Verpflichtung aufgrund des Beschl verlangen kann, als Gläubiger. Ohne Rücksicht auf ihre Rechtsfähigkeit können nach dem BetrVG zu beteiligende Stellen (zB BR, Wahlvorstand, JAV) **Vollstreckungsgläubiger oder Vollstreckungsschuldner** sein. Allerdings sind Zwangsvollstreckungsmaßnahmen unmittelbar gegen Stellen der Betriebsverfassung nicht möglich, wenn Vermögen Voraussetzung für die Vollstreckung ist (Einzelheiten bei GK-ArbGG/*Vossen* § 85 Rn 21 ff). So kann gegenüber dem BR Ordnungs- oder Zwangsgeld nach §§ 888 ff ZPO nicht festgesetzt werden kann. Auch ist eine Verhängung v Zwangs- oder Ordnungshaft ausgeschlossen, ein Kollegialorgan als solches kann nicht in Haft genommen werden (BAG 17.3.2010, 7 ABR 95/08, EzA § 74 BetrVG 2001 Nr 1).

6 Aus einem Titel gegen den BR kann nicht gegen ein Mitglied des BR vollstreckt werden (Einzelheiten bei GMP/*Matthes/Spinner* § 85 Rn 18; GK-ArbGG/*Vossen* § 85 Rn 25). Dazu ist vielmehr ein vollstreckbarer Titel gegen das BR-Mitglied notwendig.

7 Wenn der Schuldner einer Verpflichtung zuwider handelt, eine näher bezeichnete (unvertretbare) Handlung vorzunehmen oder zu unterlassen, kann **Zwangs- oder Ordnungsgeld** nach § 85 I 3 iVm §§ 888, 890 ZPO verhängt werden. Allerdings ist die Verhängung v Ordnungs- oder Zwangshaft wegen der Wertung des § 85

I 3 auch bei Durchsetzung des allg Unterlassungsanspruchs oder vergleichbaren Verpflichtungen unzulässig (BAG 5.10.2010, 1 ABR 71/09, EzA § 85 ArbGG 1979 Nr 4). Die allg Zwangsvollstreckungsvoraussetzungen müssen vorliegen: Rechtskräftiger **Titel** mit vollstreckungsfähigem Inhalt, **Vollstreckungsklausel** nach § 725 ZPO (vollstreckbare Ausfertigung), die im Beschwerdeverfahren gegen den Vollstreckungsbeschl des ArbG nachgeholt werden kann (LAG Hamm 3.5.2007, 10 Ta 692/06), und **Zustellung** des Beschl (Titels). Ordnungsgeld muss **angedroht** sein, § 890 II ZPO, was idR bereits im arbeitsgerichtlichen Beschl erfolgt, aber durch zuzustellenden weiteren Beschl nachgeholt werden kann. Die Androhung in einem Vergleich genügt nicht. Die Verhängung eines Ordnungsgeldes setzt **Verschulden** bei der Zuwiderhandlung gegen die Verpflichtung voraus, Fahrlässigkeit genügt. Das Verschulden kann auch in einem Organisations-, Auswahl- oder Überwachungsfehler liegen. Der Schuldner muss alle erforderlichen und zumutbaren Maßnahmen treffen, um Zuwiderhandlungen durch Mitarbeiter oder Beauftragte zu verhindern. Der AG muss sich so organisieren, dass er der Unterlassungsverfügung genügen kann. Mitarbeiter müssen zur Einhaltung der Unterlassungsverfügung angehalten und überwacht werden (LAG Hamm 3.5.2007, 10 Ta 692/06; 3.7.2008, 10 Ta 355/08 instruktiv zum Verschulden eines AG im Einzelfall). Die Höhe des Ordnungsgeldes liegt im Ermessen, darf aber nicht höher als angedroht sein. Maßgebend ist, welcher Druck als erforderlich erscheint, um den Schuldner zur künftigen Titelbefolgung zu veranlassen. Art, Umfang und Dauer der Verletzungshandlung, der Grad des Verschuldens und die wirtschaftliche Leistungsfähigkeit und der Vorteil, der wirtschaftliche Erfolg, den der Schuldner bei einer weiteren Nichtbeachtung des Titels erzielen könnte, sind zu berücksichtigen (Thomas/Putzo/*Seiler* § 890 Rn 26). 8

B. Vollstreckungsverfahren. Organe der Zwangsvollstreckung sind der **Gerichtsvollzieher** und das **Amtsgericht als Vollstreckungsgericht** oder das **Prozessgericht**, also das ArbG in den im arbeitsgerichtsgerichtlichen Beschlussverfahren häufigeren Verpflichtungen, die nach §§ 887, 888, 890, 891 S 1 und 2 ZPO durchzusetzen sind. Der Vorsitzende entscheidet durch Beschl ohne mündliche Verh. Das Verfahren ist kostenfrei (§ 2 II GKG analog); eine Erstattung der außergerichtlichen Kosten findet nicht statt (BAG 2.6.2008, 3 AZB 24/08, EzA § 23 BetrVG 2001 Nr 2). Im personalvertretungsrechtlichen Beschlussverfahren ist das **VG** zuständig, soweit es **als Prozessgericht** zu entscheiden hat, iÜ das Amtsgericht als Vollstreckungsgericht. 9

Gegen den ArbG-Beschl ist die **sofortige Beschwerde** statthaft, § 78 iVm §§ 793, 567 I Nr 1 ZPO. Der Vorsitzende entscheidet allein, auch wenn, was die Ausnahme ist, aufgrund mündlicher Verh entschieden wird. Auch das Beschwerdeverfahren ist gebührenfrei. Gegen die Entsch des LAG findet die **Rechtsbeschwerde**, § 574 ZPO, nur bei deren Zulassung statt. Eine Nichtzulassungsbeschwerde ist gesetzlich nicht vorgesehen (BAG 2.6.2008, 3 AZB 24/08, aaO). 10

Über die selbstständigen Klagen nach den §§ **731, 767, 771 ZPO** entscheidet das ArbG durch neuerliches Beschlussverfahren (BAG 19.6.2012, 1 ABR 35/11, EzA § 85 ArbGG 1979 Nr 5; 18.3.2008, 1 ABR 3/07, EzA § 3 BetrVG 2001 Nr 2; 19.2.2008, 1 ABR 86/06, EzA § 85 ArbGG 1979 Nr 2). 11

Schadensersatzansprüche nach § 717 II ZPO sind – entgegen der bisher ganz hM im Schrifttum - nach Auffassung des BAG (12.11.2014, 7 ABR 86/12, EzA § 85 ArbGG 1979 Nr 7) nicht generell **ausgeschlossen**. Ob hinsichtlich der Haftung vermögensloser betriebsverfassungsrechtlicher Stellen etwas anderes gilt, hat das BAG ausdrücklich offen gelassen. Daneben steht der Bereicherungsanspruch nach § 717 III iVm § 85 I 3 (GK-ArbGG/*Vossen* § 85 Rn 32). 12

C. Einstweiliger Rechtsschutz. **Einstweilige Verfügungen** können auch im Beschlussverfahren erlassen werden (§ 85 II). Der **Arrest** kommt zur Sicherung v Geldforderungen in Betracht (zB Kostenerstattungsansprüche betriebsverfassungsrechtlicher Organe, ErfK/*Koch* § 85 Rn 4). **Zuständig** für den Erlass einer einstweiligen Verfügung ist das Gericht der Hauptsache. Das ist idR das ArbG. Wenn die Hauptsache bereits beim LAG anhängig ist, ist dieses zuständig. Unanwendbar ist § 85 II in Verfahren nach §§ 97-100. Im Bereich der Organisation der Betriebsverfassung sind bestimmte Verfahren (zB §§ 19 I, 23 I, II BetrVG) ebenfalls dem Eilverfahren entzogen. Bei den **personellen Einzelmaßnahmen** ist zu differenzieren: Es gibt Spezialvorschriften, wie zB §§ 98 V 3, 103, 104 S 2 BetrVG, die die Anwendung des § 85 II ausschließen. Auch die §§ 99 bis 101 BetrVG geben keinen v den Voraussetzungen des § 23 III BetrVG unabhängigen allg Unterlassungsanspruch. Ebenso enthält § 100 BetrVG eine Sonderregelung zur Vornahme vorläufiger Maßnahmen, die eine einstweilige Verfügung des AG, die verweigerte Zustimmung durch das Gericht ersetzen zu lassen, ausschließt. Der Erlass einer einstweiligen Verfügung ist aber sowohl im Fall des Vorliegens der Voraussetzungen des § 23 III BetrVG als auch zur Sicherung des gesetzlichen Aufhebungsanspruchs aus § 101 S 1 BetrVG denkbar (BAG 23.6.2009, 1 ABR 23/08, EzA § 99 BetrVG 2001 Nr 13; LAG HH 3.7.2013, 6 TaBVGa 3/13). 13

§ 85 ArbGG   Zwangsvollstreckung

14   IÜ kommt der Erlass einer einstweiligen Verfügung in Betracht, falls ein **Verfügungsanspruch** und ein **Verfügungsgrund** bestehen. Nach dem Amtsermittlungsgrundsatz sind unter Zugrundelegung der Glaubhaftmachung v Verfügungsanspruch, was eine Frage des materiellen Rechts ist (BAG 17.5.1983, 1 ABR 21/80, EzA § 80 BetrVG 1972 Nr 25, zB betriebsverfassungsrechtlicher Anspruch, Anspruch aus TV oder BV), und Verfügungsgrund (Besorgnis, dass die Verwirklichung eines Rechts ohne alsbaldige Regelung vereitelt oder wesentlich erschwert wird; § 920 II ZPO) die Ermittlungen anzustellen, die erforderlich sind, um bei Beachtung der Dringlichkeit zu einer alsbaldigen Entsch zu gelangen (zB LAG Nbg 8.2.2011, 6 TaBVGa 17/10). Denkbar sind Sicherheitsverfügung (§ 935 ZPO), Regelungsverfügung (§ 940 ZPO), aber auch – ausnahmsweise – eine Leistungs- oder Befriedigungsverfügung.

15   So kann berichtigend in eine laufende **BR-Wahl** eingegriffen werden. Dies kann dadurch geschehen, dass dem Wahlvorstand bestimmte Maßnahmen aufgegeben oder untersagt werden (zB Sächs LAG 22.4.2010, 2 TaBVGa 2/10). Ein Abbruch der Wahl kommt aber nur in Betracht, wenn die Mängel des Wahlverfahrens nicht korrigierbar und so schwerwiegend sind, dass sie voraussichtlich zur Nichtigkeit der BR-Wahl führen würden (BAG 27.7.2011, 7 ABR 61/10, EzA § 19 BetrVG 2001 Nr 8; LAG Hamm 6.9.2013, 7 TaBVGa 7/13, NZA-RR 2013, 637). Der Wahlvorstand kann seinerseits im Eilverfahren die Herausgabe notwendiger Unterlagen v AG verlangen (LAG Nbg 8.2.2011, 6 TaBVGa 17/10). BR-Mitglieder können ihr Zutrittsrecht nach § 78 BetrVG erzwingen (zB LAG München, 18.11.2009, 11 TaBVGa 16/09, NZA-RR 2010, 189), ebenso Gewerkschaften ihr Zugangsrecht nach § 2 II BetrVG (zB LAG Rh-Pf 11.1.2013, 9 TaBVGa 2/12; Sächs LAG 27.3.2006, 3 TaBV 6/06).

16   IRd des allg Unterlassungsanspruchs nach § 87 BetrVG kann der BR v AG auch im Wege der einstweiligen Verfügung verlangen, eine mitbestimmungspflichtige Maßnahme bis zur ordnungsgemäßen Beteiligung des BR zu unterlassen (zB LAG Hamm 22.10.2010, 10 TaBVGa 19/10 [Überstunden]; LAG Köln, 07.06.2010, 5 Ta 176/10, NZA-RR 2010, 469 [Technische Kontrolleinrichtungen]; LAG Hamburg 28.01.2010, 7 TaBVGa 2/09, AE 2010, 182 [Arbeitszeit]). Bei anderen Mitbestimmungsrechten kommt es auf deren Ausgestaltung an (BAG 3.5.1994, 1 ABR 23/94, EzA § 23 BetrVG 1972 Nr 36).

17   Dagegen kann der AG nicht durch einstweilige Verfügung eine vorläufige Regelung einer str Angelegenheit im Anwendungsbereich des § 87 I BetrVG vor Einigung der Betriebsparteien oder der Entsch der ESt herbeiführen. Regelungsstreitigkeiten fallen in die ausschließliche Kompetenz der ESt (GK-ArbGG/*Vossen* § 85 Rn 64; GK-BetrVG/*Wiese* § 87 BetrVG Rn 161). Will der BR im arbeitsgerichtlichen Beschlussverfahren mithilfe einer einstweiligen Verfügung die Anwendung einer bestimmten, zwischen ihm und dem AG in einem weiteren Beschlussverfahren str betrieblichen Regelung (BV, Spruch der ESt) verhindern, so kann er dies, wenn die Betriebsregelung nichtig oder offensichtlich rechtswidrig ist, arg § 80 I Nr 1 BetrVG einerseits und § 77 I BetrVG andererseits. Eine durchführungshindernde einstweilige Verfügung kann nicht erlassen werden, wenn nur str ist, ob die ESt die Grenzen des ihr eingeräumten Ermessens (§ 76 V 4 BetrVG) überschritten hat (LAG Hamm, 4.8.2015, 7 TaBVGa 7/15).

18   Str ist die Zulässigkeit einstweiliger Verfügungen im Rahmen geplanter **Betriebsänderungen** nach § 111 BetrVG. Nach Maßgabe des § 111 BetrVG hat der Unternehmer den BR über geplante Betriebsänderungen zu unterrichten und mit ihm darüber zu beraten. Kommt der AG dieser Verpflichtung nicht nach, kann der BR den Unterrichtungs- und Beratungsanspruch im Wege der einstweiligen Verfügung verfolgen. Nach zutreffender Auffassung kann dem AG durch einstweilige Verfügung untersagt werden, eine Betriebsänderung durchzuführen, insb bei einer Betriebsstilllegung betriebsbedingte Kdg auszusprechen, bis das Interessenausgleichsverfahren abgeschlossen ist (zB LAG Hamm 17.2.2015, 7 TaBVGa 1/15, NZA-RR 2015, 247; LAG München 22.12.2008, 6 TaBVGa 6/08, AuR 2009, 142; LAG Hamm 21.8.2008, 13 TaBVGa 16/08; LAG Schleswig-Holstein 20.7.2007, 3 TaBVGa 1/07, NZA-RR 2008, 244; LAG Hessen 27.6.2007, 4 TaBVGa 137/07, AuR 2008, 267; LAG Niedersachsen 4.5.2007, 17 TaBVGa 57/07, LAGE BetrVG 2001 § 111 Nr. 7; aA LAG Köln 27.5.2009, 2 TaBVGa 7/09; LAG München 8.6.2005, 5 TaBV 46/05, ArbRB 2006, 78; LAG Rheinland-Pfalz 30.3.2006, 11 TaBV 53/05; LAG Sachsen-Anhalt 30.11.2004, 11 TaBV 18/04; LAG Niedersachsen 29.11.2002, 12 TaBV 1117/02, BB 2003, 1337). Umstritten ist auch, ob ein Unterlassungsanspruch des EBR zur Sicherung seiner Unterrichtungs- und Anhörungsrechte besteht (abl. LAG Köln 8.9.2011, 13 Ta 267/11, LAGE § 30 EBRG Nr 1).

19   Die Entsch ergeht durch **Beschl der Kammer**. Das gilt auch, wenn die Entsch ohne mündliche Verh ergeht. § 53 I ist nicht anwendbar. Nur in dringenden Fällen, dh, wenn die Heranziehung der ehrenamtlichen Richter zu einer nicht vertretbaren Hinauszögerung der Entsch führen würde, kann der Vorsitzende des ArbG allein entscheiden (vgl § 944 ZPO; ErfK/*Koch* § 85 Rn 6; Schwab/Weth/*Walker* § 85 Rn 68; **aA** BAG 28.8.1991, 7 ABR 72/90, EzA § 113 BetrVG 1972 Nr 21; GK-ArbGG/*Vossen* § 85 Rn 80). Für das Verfahren ist seit 1.1.2016 § 85 II 3 zu beachten: Schutzschriften, die in das zentrale Schutzschriftenregister nach

§ 945a ZPO eingestellt sind, gelten als bei allen ArbG der Länder als eingereicht. Eine Nichtbeachtung einer eingereichten Schutzschrift vor Erlass einer eV würde eine Verletzung der Rechte des Antragsgegners auf Gewährung rechtlichen Gehörs (Art. 103 I GG) darstellen.

Ergeht der Beschl der Kammer aufgrund einer mündlichen Verh, in der die Beteiligten angehört worden sind, so findet nach § 87 I die **Beschwerde** an das LAG statt. Darüber ist – wie bei allen mit einem befristeten Rechtsmittel angreifbaren Entsch – zu belehren. Die Rechtsbeschwerde gegen Entsch des LAG ist gem § 92 I 3 hingegen nicht statthaft; eine fehlerhafte Zulassung bindet das BAG nicht (BAG 22.1.2003, 9 AZB 7/03, EzA § 72 ArbGG 1979 Nr 29). 20

Wird die einstweilige Verfügung ohne mündliche Verh nach § 937 II ZPO erlassen, sei es durch die Kammer oder den Vorsitzenden allein, findet gegen den Beschl **Widerspruch** nach § 924 ZPO statt. Der Widerspruch ist nicht fristgebunden. Er ist bei dem ArbG einzulegen, das die einstweilige Verfügung erlassen hat. Dieses hat über den Widerspruch aufgrund mündlicher Anhörung zu entscheiden. Die Entsch ergeht durch Beschl, gegen den nach § 87 I die Beschwerde an das LAG stattfindet. 21

Wurde der Antrag auf Erlass einer einstweiligen Verfügung ohne mündliche Verh abgewiesen, so ist gegen diese Entsch die **sofortige Beschwerde** nach § 567 I Nr 2 ZPO iVm § 78 S 1, § 83 V gegeben. Wegen des Abhilfeverfahrens nach § 572 I 1 ZPO sollte die sofortige Beschwerde binnen der Notfrist v 2 Wochen, die mit der Zustellung beginnt, beim ArbG eingelegt werden, um unnötige Aktenversendung zu vermeiden. Die Beschwerde kann allerdings auch wirksam beim LAG eingelegt werden. Hilft das ArbG der Beschwerde nicht ab, ist sie unverzüglich dem LAG als Beschwerdegericht vorzulegen. 22

Alle **Zustellungen** erfolgen im Verfahren über den Erlass einer einstweiligen Verfügung vAw, § 85 II 2; eine Ausnahme gilt nur für den Fall der Zurückweisung des Antrags ohne mdl Verh (§ 922 III ZPO). Das entbindet den Antragsteller aber nicht v seiner Verpflichtung, die einstweilige Verfügung zu vollziehen. Um die Vollziehungsfrist v 1 Monat (§ 929 II ZPO) zu wahren, ist zu vollstrecken; eine Unterlassungsverfügung ist **im Parteibetrieb** zuzustellen (BAG 28.8.1991, 7 ABR 72/90, EzA § 113 BetrVG 1972 Nr 21). 23

Schadensersatzansprüche nach Maßgabe des § 945 ZPO sind **ausgeschlossen**, § 85 II 2. Dieser Ausschluss gilt umfassend, also nicht nur für die nicht rechtsfähigen und vermögenslosen BR und andere betriebsverfassungsrechtliche Stellen, sondern auch für natürliche und juristische Personen. Zu beachten ist aber, dass § 717 II ZPO nach neuester Rspr des BAG grds anwendbar sein soll (BAG 12.11.2014, 7 ABR 86/12, EzA § 85 ArbGG 1979 Nr 7). 24

§ 87 Grundsatz

(1) Gegen die das Verfahren beendenden Beschlüsse der Arbeitsgerichte findet die Beschwerde an das Landesarbeitsgericht statt.

(2) ¹Für das Beschwerdeverfahren gelten die für das Berufungsverfahren maßgebenden Vorschriften über die Einlegung der Berufung und ihre Begründung, über Prozessfähigkeit, Ladungen, Termine und Fristen, Ablehnung und Ausschließung von Gerichtspersonen, Zustellungen, persönliches Erscheinen der Parteien, Öffentlichkeit, Befugnisse des Vorsitzenden und der ehrenamtlichen Richter, Güterichter, Mediation und außergerichtliche Konfliktbeilegung, Vorbereitung der streitigen Verhandlung, Verhandlung vor der Kammer, Beweisaufnahme, gütliche Erledigung des Rechtsstreits, Wiedereinsetzung in den vorigen Stand und Wiederaufnahme des Verfahrens sowie die Vorschriften des § 85 über die Zwangsvollstreckung entsprechend. ²Für die Vertretung der Beteiligten gilt § 11 Abs. 1 bis 3 und 5 entsprechend. ³Der Antrag kann jederzeit mit Zustimmung der anderen Beteiligten zurückgenommen werden; § 81 Abs. 2 Satz 2 und 3 und Absatz 3 ist entsprechend anzuwenden.

(3) ¹In erster Instanz zu Recht zurückgewiesenes Vorbringen bleibt ausgeschlossen. ²Neues Vorbringen, das im ersten Rechtszug entgegen einer hierfür nach § 83 Abs. 1a gesetzten Frist nicht vorgebracht wurde, kann zurückgewiesen werden, wenn seine Zulassung nach der freien Überzeugung des Landesarbeitsgerichts die Erledigung des Beschlussverfahrens verzögern würde und der Beteiligte die Verzögerung nicht genügend entschuldigt. ³Soweit neues Vorbringen nach Satz 2 zulässig ist, muss es der Beschwerdeführer in der Beschwerdebegründung, der Beschwerdegegner in der Beschwerdebeantwortung vortragen. ⁴Wird es später vorgebracht, kann es zurückgewiesen werden, wenn die Möglichkeit, es vorzutragen vor der Beschwerdebegründung oder der Beschwerdebeantwortung entstanden ist und das verspätete Vorbringen nach der freien Überzeugung des Landesarbeitsgerichts die Erledigung des Rechtsstreits verzögern würde und auf dem Verschulden des Beteiligten beruht.

(4) Die Einlegung der Beschwerde hat aufschiebende Wirkung; § 85 Abs. 1 Satz 2 bleibt unberührt.

§ 87 ArbGG Grundsatz

Übersicht

	Rdn.			Rdn.
A.	Statthaftigkeit und Einlegung der Beschwerde	1	D. Antragsänderung	7
B.	Anwendbare Vorschriften	4	E. Beschleunigung, neues Vorbringen	8
C.	Rücknahme	6	F. Suspensiveffekt	9

1 **A. Statthaftigkeit und Einlegung der Beschwerde.** Das Beschwerdeverfahren wird in den §§ 87–91 geregelt. Die Beschwerde ist statthaft gegen alle Beschl nach § 84 (Ausnahme: §§ 122, 126 InsO) und entspricht der Berufung im Urteilsverfahren. Die Beschwerde nach § 87 ist nicht mit der Beschwerde nach § 78 S 1 iVm § 83 V gegen Beschl und Verfügungen des Vorsitzenden oder des ArbG zu verwechseln, die nicht in der Sache selbst ergehen und das Verfahren 1. Instanz nicht beenden. Die Beschwerde ist **beim LAG** einzulegen (§ 89).

2 Die Beschwerde findet nach § 87 I gegen alle das Verfahren 1. Instanz beendenden Beschl statt, ohne Rücksicht auf einen Streitwert oder die Höhe der Beschwer. Dies gilt auch für verfahrenseinstellende Beschl nach §§ 81 II, 83a II (vgl § 81 Rdn 21). Eine **Beschwer** ist für den Beschwerdeführer jedoch notwendig. Diese ist gegeben, wenn der Beschl 1. Instanz hinter dem dort gestellten Antrag zurückbleibt. Für andere Beteiligte ist eine Beschwer gegeben, wenn sie durch die Entsch in ihrer Rechtsstellung, die die Beteiligung begründet, in irgendeiner Form beeinträchtigt werden (GMP/*Matthes/Schlewing* § 89 Rn 7 f).

3 Eine **Anschlussbeschwerde** ist für beschwerdebefugte Beteiligte statthaft, auch und gerade wenn die jeweilige Beschwerdefrist verstrichen ist. Sie ist für den erstinstanzlich voll obsiegenden Antragsteller die einzige Möglichkeit, in zweiter Instanz eine Antragsänderung zu erreichen (BAG 17.2.2015, 1 ABR 45/13, EzA § 95 BetrVG 2001 Nr 9; 14.5.2013, 1 ABR 10/12, EzA § 118 BetrVG 2001 Nr 13). Die Anschlussbeschwerde ist beim Beschwerdegericht einzulegen, § 524 II 2 ZPO, und zwar durch einen Rechtsanwalt oder einen gem § 11 II 2 und 3 Vertretungsbefugten. Sie ist zugleich zu begründen, § 524 I 2, III 1 ZPO (BAG 14.9.2010, 1 ABR 26/09), und zwar hinreichend, §§ 87 II, 64 VI, §§ 520 III 2 Nr 2, 524 III ZPO, anderenfalls ist sie unzulässig (LAG Berl-Bbg 17.8.2009, 10 TaBV 725/09 ua, DB 2011, 2329). Da das Beschlussverfahren keine Beschwerdeerwiderungsfrist kennt (vgl Rdn 4), kann sie grds unbefristet bis zum Anhörungstermin eingelegt werden. Anderes gilt, wenn der Vorsitzende den Beteiligten eine Frist zur Äußerung auf die Beschwerde nach 90 I 1 gesetzt hat; dann ist die Anschlussbeschwerde nur innerhalb dieser Frist zulässig (BAG 10.3.2009, 1 ABR 47/09, EzA § 99 BetrVG 2001 Nr 12). Gem § 524 IV ZPO verliert sie ihre Wirkung, wenn die Beschwerde, der sich der Anschlussbeschwerdeführer angeschlossen hatte, zurückgenommen oder als unzulässig verworfen wird, aber auch dann, wenn das Verfahren durch sämtliche Beteiligte für erledigt erklärt, der Hauptantrag zurückgenommen oder der Gegenstand der Hauptbeschwerde verglichen wird (ErfK/*Koch* § 89 Rn 5).

4 **B. Anwendbare Vorschriften.** Nach § 87 II sind zahlreiche Vorschriften über das **Berufungsverfahren** entspr anzuwenden (vgl iE die Tabelle bei GK-ArbGG/*Ahrendt* § 87 Rn 11). Eine Verlängerung der Beschwerdebegründungsfrist um mehr als 1 Monat ist zulässig, da in §§ 87 II 1, 66 I 5 - anders als für die Rechtsbeschwerdebegründungsfrist, § 92 II 1 iVm § 74 I 2 - keine Frist bestimmt ist, bis zu der die Frist für die Berufungsbegründung verlängert werden darf (BAG 16.7.2008, 7 ABR 13/07, EzA § 78a BetrVG 2001 Nr 4). Nicht übernommen wurde die Berufungsbeantwortung (§ 66 I 3). § 90 S 1 sieht vor, dass die Beteiligten mit Zustellung der Beschwerdebegründung »zur Äußerung« aufzufordern sind (vgl § 90 Rdn 3 f).

5 Die **Vertretung der Beteiligten** richtet sich nach § 11, sodass sie das Verfahren selbst führen oder sich entsprechend den dortigen Bestimmungen vertreten lassen können. Für **Beschwerdeschrift** und **Beschwerdebegründung** besteht ebenso wie für andere bestimmende Schriftsätze Vertretungszwang, § 89 iVm § 11 IV.

6 **C. Rücknahme.** § 87 II 3 bestimmt ausdrücklich, dass der Antrag mit Zustimmung aller anderen Beteiligten jederzeit zurückgenommen werden kann. Die Zustimmung muss ausdrücklich erklärt werden. § 83 III (Zustimmung durch Schweigen nach Fristsetzung) ist nicht entspr anwendbar. Die Zurücknahme des Antrages darf nicht mit der Rücknahme der Beschwerde verwechselt werden. § 87 I 3 bezieht sich nur auf den Antragsteller, und zwar unabhängig davon, ob er auch Beschwerdeführer ist. Bei wirksamer Antragsrücknahme ist das Verfahren v Vorsitzenden der Kammer einzustellen. Davon sind die Beteiligten zu unterrichten, soweit ihnen der Antrag v ArbG mitgeteilt worden war. Der **Einstellungsbeschl** ist ein verfahrensbeendender Beschl, gegen den die **Rechtsbeschwerde** nach § 92 bei deren Zulassung gegeben ist (LAG Rh-Pf 25.6.1982, 6 TaBV 10/82, EzA § 92 ArbGG 1979 Nr 1; GK-ArbGG/*Ahrendt* § 87 Rn 33; aA LAG Hamm 26.5.1989, 8 TaBV 34/89, LAGE § 81 ArbGG 1979 Nr 1).

D. Antragsänderung. Auch im Beschwerdeverfahren ist die Änderung v Anträgen entspr § 81 III zulässig 7
(§ 87 II 3). Dabei müssen alle übrigen Beteiligten zustimmen oder das Gericht die Antragsänderung für
sachdienlich halten. So liegt in der Umstellung eines unzulässigen Feststellungsantrages auf einen Leistungsantrag eine auch in der Beschwerdeinstanz mögliche Klageerweiterung, weil sich der Leistungsantrag
auf dasselbe Rechtsverhältnis bezieht, §§ 87 II 3 Hs 2, 81 I 3 iVm § 264 Nr 2 ZPO (zB LAG Hamm
4.3.2005, 10 TaBV 124/04). Für den erstinstanzlich voll obsiegenden Antragsteller ist allerdings die
Anschlussbeschwerde die einzige Möglichkeit, in zweiter Instanz eine Antragsänderung zu erreichen (BAG
17.2.2015, 1 ABR 45/13, EzA § 95 BetrVG 2001 Nr 9; 14.5.2013, 1 ABR 10/12, EzA § 118 BetrVG
2001 Nr 13); eine Antragsänderung kann entspr umgedeutet werden (ErfK/Koch § 87 Rn 3). Die Entsch
des LAG, die Änderung zuzulassen oder nicht zuzulassen, ist unanfechtbar (§ 87 II 3 iVm § 81 III 3;
GK-ArbGG/*Ahrendt* § 87 Rn 38).

E. Beschleunigung, neues Vorbringen. § 87 III regelt den Beschleunigungsgrundsatz in der Beschwerdeinstanz. 8
Die Vorschrift ist der entspr Regelung im Urteilsverfahren (§ 67) nachgebildet, sodass auf die Erläuterungen zu § 67 verwiesen werden kann. Vorbringen in der Beschwerdeinstanz ist zwingend ausgeschlossen,
wenn es bereits in 1. Instanz vorgebracht und v ArbG zutreffend (§ 83 Ia 2) zurückgewiesen worden war,
und zwar unabhängig davon, ob seine Berücksichtigung die Erledigung des Rechtsstreits verzögern würde.
Erstmaliges Vorbringen in der Beschwerdeinstanz, für das in 1. Instanz eine Frist gem § 83 Ia 1, 3 gesetzt
worden war, kann zurückgewiesen werden, wenn seine Zulassung die Erledigung des Verfahrens verzögern
würde, es sei denn, dass die Nichteinhaltung der erstinstanzlich gesetzten Frist genügend entschuldigt wird.
Nach § 87 III 2 zulässiges Vorbringen muss in der Beschwerdebegründung oder in der Beschwerdebeantwortung vorgebracht werden. Im letztgenannten Fall wird die Vorschrift allerdings nur relevant, wenn eine
Äußerungsfrist nach § 90 I 1 gesetzt wurde (vgl zu § 87 III 4 Hess LAG 27.11.2007, 4 TaBV 134/07). Nach
Ablauf einer v LAG gesetzten Äußerungsfrist Vorgebrachtes kann bei Erfüllung der Voraussetzungen der
§§ 83 Ia, 90 II zurückgewiesen werden. Abgesehen davon können alle Beteiligten sich zur Beschwerdebegründung äußern, und zwar bei fehlender Fristsetzung bis unmittelbar vor dem Anhörungstermin. Neues
Vorbringen außerhalb v Beschwerdebegründung und Beschwerdebeantwortung kann das LAG zurückweisen, wenn die Möglichkeit des Vortrags vor der Begründung oder Beantwortung entstanden ist, also mit der
Begründung oder mit der Beantwortung hätte vorgetragen werden können, die Zulassung des Vorbringens
die Erledigung des Verfahrens nach der freien Überzeugung des LAG verzögern würde und das verspätete
Vorbringen auf Vorsatz oder Fahrlässigkeit des Beteiligten beruht. Diese Voraussetzungen werden selten
sämtlich gegeben sein.

F. Suspensiveffekt. Die Einlegung der Beschwerde hat aufschiebende Wirkung, dh es tritt keine Rechts- 9
kraft ein. Mit Ausnahme der Beschl in vermögensrechtlichen Streitigkeiten, die vorläufig vollstreckbar sind
(§ 85 I 2), kann die Zwangsvollstreckung also nicht betrieben werden. § 87 IV HS 2 stellt dies ausdrücklich
klar (eingehend Hess LAG 12.11.2003, 3 Ta 2142/03, LAGE § 85 ArbGG 1979 Nr 6).

§ 88 Beschränkung der Beschwerde
§ 65 findet entsprechende Anwendung.

Die Verweisung auf § 65 (s dort) stellt klar, dass die Beschwerde nicht mit Erfolg darauf gestützt werden 1
kann, der beschrittene **Rechtsweg** und die **Verfahrensart** (BAG 22.5.2012, 1 ABR 1/11, EzA Art 9 GG
Nr 106) seien unzulässig, das Gericht des 1. Rechtszuges habe seine Zuständigkeit zu Unrecht angenommen oder bei der **Berufung der ehrenamtlichen Richter** hätten Verfahrensmängel vorgelegen. Die fehlende
Beeidigung eines beteiligten ehrenamtlichen Richters, seine Heranziehung abw v der nach der Liste (§ 31)
gebotenen Reihenfolge oder nach Ablauf seiner Amtszeit, ist indes zu prüfen (Düwell/Lipke/*Maul-Satori*
§ 65 Rn 8; HWK/*Bepler/Treber* § 88 Rn 4).
Hatte das ArbG allerdings entgegen § 17a II und III GVG trotz entspr Rüge nicht vorab durch Beschl über 2
seine sachliche Zuständigkeit entschieden, sondern in den Gründen des Beschl in der Hauptsache, gilt der
Grundsatz der Meistbegünstigung: Es kann wahlweise sofortige Beschwerde nach § 17a IV 3 GVG iVm
§ 78, § 577 ZPO eingelegt werden oder Beschwerde nach § 87. Das LAG entscheidet über die Frage der
Zulässigkeit des Rechtswegs und führt das Verfahren in die richtige Bahn. Bejaht das LAG die Zulässigkeit
des Rechtsweges, entscheidet es darüber durch Beschl nach § 17a IV GVG. Wird die Beschwerde nach
§ 17a IV 4 GVG zugelassen, setzt das LAG die Entsch in der Hauptsache bis zur Entsch durch das BAG aus.
Wird die Zulässigkeit des Rechtswegs verneint, hebt es die Entsch des LAG auf und verweist den Rechtsstreit an das zuständige Gericht (vgl insg GMP/*Matthes/Schlewing* § 88 Rn 7 f mwN).

3 Entspr gilt, wenn das ArbG zu Unrecht trotz entspr Rüge nicht vorab, sondern erst im instanzbeendenden Beschl oder Urt über die zutreffende Verfahrensart entschieden hat. Verneint das LAG entgegen dem ArbG die Zulässigkeit des Beschluss- oder Urteilsverfahrens, entscheidet es darüber vorab durch Beschl nach § 17a IV GVG. Nach Rechtskraft dieses Beschl entscheidet dann die nach dem Geschäftsverteilungsplan zuständige Kammer des LAG in der zutreffenden Verfahrensart über das Rechtsmittel in der Hauptsache (HWK/*Bepler* § 88 Rn 5). Teilt das LAG die Auffassung des ArbG, ist eine Vorabentsch nicht erforderlich, es sei denn, die Beschwerde nach § 17a IV 4 GVG soll zugelassen werden. Das LAG entscheidet in der Hauptsache (HWK/*Bepler/Treber* § 88 Rn 5).

4 Wird der Verstoß gegen § 17a II und III GVG allerdings im Beschwerde- oder Berufungsverfahren nicht gerügt, ist das Verfahren in der v ArbG angenommenen Verfahrensart fortzusetzen. Das LAG entscheidet dann ggf in der falschen Verfahrensart (LAG Rh-Pf 8.11.2007, 9 Ta BV 37/07).

5 Hins der **örtlichen Zuständigkeit** ergibt sich die fehlende Überprüfungsmöglichkeit aus § 80 III iVm § 48 I Nr 1. Eine Vorabentsch über die örtliche Zuständigkeit ist unanfechtbar. Dann ist auch die Annahme der örtlichen Zuständigkeit in der Hauptsacheentsch des ArbG nicht überprüfbar. Das Prinzip der Meistbegünstigung eröffnet keine Möglichkeiten, die auch bei richtiger Verfahrensweise nicht gegeben wären (Düwell/Lipke/*Maul-Satori* § 65 Rn 11; HWK/*Bepler/Treber* § 88 Rn 6; BAG 5.9.1995, 9 AZR 533/94, EzA § 4 TVG Ausschlussfristen Nr 117).

§ 89 Einlegung

(1) Für die Einlegung und Begründung der Beschwerde gilt § 11 Abs. 4 und 5 entsprechend.
(2) ¹Die Beschwerdeschrift muss den Beschluss bezeichnen, gegen den die Beschwerde gerichtet ist, und die Erklärung enthalten, dass gegen diesen Beschluss die Beschwerde eingelegt wird. ²Die Beschwerdebegründung muss angeben, auf welche im einzelnen anzuführenden Beschwerdegründe sowie auf welche neuen Tatsachen die Beschwerde gestützt wird.
(3) ¹Ist die Beschwerde nicht in der gesetzlichen Form oder Frist eingelegt oder begründet, so ist sie als unzulässig zu verwerfen. ²Der Beschluss kann ohne vorherige mündliche durch den Vorsitzenden ergehen; er ist unanfechtbar. ³Er ist dem Beschwerdeführer zuzustellen. ⁴§ 522 Abs. 2 und 3 der Zivilprozessordnung ist nicht anwendbar.
(4) ¹Die Beschwerde kann jederzeit in der für ihre Einlegung vorgeschriebenen Form zurückgenommen werden. ²Im Falle der Zurücknahme stellt der Vorsitzende das Verfahren ein. ³Er gibt hiervon den Beteiligten Kenntnis, soweit ihnen die Beschwerde zugestellt worden ist.

Übersicht	Rdn.		Rdn.
A. Allgemeines	1	E. Beschwerdebegründung	7
B. Beschwerdebefugnis	2	F. Verwerfung	9
C. Frist	3	G. Rücknahme, Verzicht	10
D. Beschwerdeschrift	5		

1 **A. Allgemeines.** § 89 regelt die **Einlegung der Beschwerde** (I und II) und die **Verwerfung** der nicht in der gesetzlichen Form und Frist eingelegten und/oder begründeten Beschwerde (III). § 89 IV enthält Regeln über die **Zurücknahme** der Beschwerde. Die allg Verweisung in § 87 II auf die Vorschriften über die Berufung bedingt die Anwendbarkeit des § 66 und über § 64 VI weiterer einschlägiger Vorschriften der ZPO. Zur Zulässigkeit der **Anschlussbeschwerde**, die v einer selbstständigen Beschwerde ohne Bezug zu einer bereits eingelegten Beschwerde zu unterscheiden ist, vgl § 87 Rdn 3.

2 **B. Beschwerdebefugnis.** Beschwerdebefugt sind **alle Beteiligten** des Verfahrens, soweit sie durch die Entsch beschwert sind. Eine **Beschwer** des Antragstellers ergibt sich aus dem Vergleich zwischen dem gestellten Antrag und dem Inhalt der Entsch des ArbG. Bei anderen Beteiligten reicht aus, dass sie durch den angegriffenen Beschl in ihrer materiellen Rechtsstellung objektiv nachteilig betroffen sind (vgl § 87 Rdn 2).

3 **C. Frist.** Die Beschwerde ist **beim LAG** innerhalb der Beschwerdefrist v **1 Monat** einzulegen (§ 87 II iVm § 66 I 1). Diese beginnt mit der Zustellung des in vollständiger Form abgefassten Beschl, spätestens aber mit Ablauf v 5 Monaten nach seiner Verkündung (§ 66 I 2). § 9 V ist nicht mehr anwendbar (zum Urteilsverfahren BAG 28.10.2004, 8 AZR 492/03, EzA § 66 ArbGG 1979 Nr 38; HWK/*Bepler/Treber* § 89 Rn 3). Wird die Beschwerde fehlerhaft beim ArbG eingereicht, ist die Beschwerdefrist nur bei noch fristgerechtem Eingang beim LAG nach Weiterleitung gewahrt (ErfK/*Koch* § 89 Rn 3; Düwell/Lipke/ *Oesterle* § 89 Rn 7).

Die Beschwerdefrist ist eine Notfrist; sie kann weder verlängert noch verkürzt werden; Wiedereinsetzung 4
nach § 233 ZPO ist zulässig. Vgl iÜ § 66 Rdn 3 ff, 8 ff.

D. Beschwerdeschrift. Die Beschwerde muss den angegriffenen Beschl genau bezeichnen, was durch 5
Angabe des erstinstanzlichen ArbG, das den Beschl erlassen hat, des Az und des Verkündungsdatums
erfolgt. Entspr § 519 III ZPO sollte der Beschwerdeschrift eine Abschrift des angefochtenen Beschl beigefügt werden, wodurch Fehler oder Auslassungen in der Beschwerdeschrift geheilt werden können (vgl
BAG 27.7.2011, 10 AZR 454/10, NZA 2011, 998). Außerdem ist der Beschwerdeführer mit Namen und
Anschrift aufzuführen. Die Angabe der übrigen Beteiligten und deren ladungsfähiger Anschriften ist nicht
erforderlich (BAG-GS 16.9.1986, GS 4/85, EzA § 518 ZPO Nr 31). Das LAG als Beschwerdegericht
ermittelt das vAw. Die Beschwerdeschrift muss erkennen lassen, dass gegen den Beschl 1. Instanz das zulässige Rechtsmittel eingelegt wird. Das Wort »Beschwerde« muss nicht benutzt werden. Eine der Zahl der
Beteiligten entspr Anzahl v Abschriften der Beschwerdeschrift sollte dem Original der Beschwerde beigefügt
werden, §§ 519 IV, 133 I 1 ZPO
Die Beschwerdeschrift unterliegt dem **Vertretungszwang** nach § 11 IV. Wegen der weiteren Einzelheiten 6
kann auf die Kommentierung zu § 66 verwiesen werden.

E. Beschwerdebegründung. Die **Beschwerde ist schriftsätzlich zu begründen**, was bereits in der 7
Beschwerdeschrift geschehen kann. Die **Begründungsfrist** beträgt **2 Monate** (§ 87 II iVm § 66 I 1). Sie
beginnt mit der Zustellung des in vollständiger Form abgefassten Beschl, spätestens aber mit Ablauf v 5
Monaten seit Verkündung. Die Begründungsfrist kann einmal v Vorsitzenden verlängert werden (vgl dazu
§ 66 Rdn 22 ff). Dabei muss der Verlängerungsantrag innerhalb der zweimonatigen Begründungsfrist beim
LAG eingehen. IdR wird die Begründungsfrist um 1 Monat verlängert werden, es sei denn, der Beschleunigungsgrundsatz stünde dem entgegen. Eine Verlängerung der Beschwerdebegründungsfrist um mehr als
1 Monat ist zulässig (BAG 16.7.2008, 7 ABR 13/07, EzA § 78a BetrVG 2001 Nr 4). Bei schuldloser Versäumung der Beschwerdebegründungsfrist ist die Wiedereinsetzung in den vorigen Stand möglich, § 233
ZPO (zB LAG Hamm 7.10.2005, 10 TaBV 93/05). Die **Beschwerdebegründungsschrift** unterliegt dem
Vertretungszwang nach § 11 IV. Es muss erkennbar sein, dass der zugelassene Rechtsanwalt den Beteiligten
als solchen vertritt. Eine auf dem Briefbogen der AG befindliche Unterschrift eines Rechtsanwalts, der
einen Anstellungsvertrag als Personalreferent Arbeitsrecht bei einer Servicegesellschaft der Unternehmensgruppe hat, genügt auch unter Vorlage einer Vollmacht des Geschäftsführers der AG nicht (Hess LAG
28.5.2009, 9 TaBV 35/09, BRAK-Mitt 2010, 36).
Der Beschwerdeführer hat vorzutragen, inwieweit eine Abänderung der Entsch begehrt wird. Das kann sich 8
auch aus der Begründung ergeben. Ein ausdrücklicher Antrag ist nicht erforderlich. Die Beschwerdegründe
sind iE anzuführen. Ferner sind die neuen Tatsachen zu nennen, auf die die Beschwerde gestützt werden
soll. Ob solche neuen Tatsachen zu berücksichtigen sind, richtet sich nach § 87 III (vgl dort). Die **Begründung** muss sich mit dem angefochtenen Beschl befassen und auseinandersetzen (BAG 30.10.2012, 1 ABR
64/11, NZA 2013, 287). Formelhafte Redewendungen reichen hier ebenso wenig aus wie bei der Berufungsbegründung (vgl § 66 Rdn 28 ff, instruktiv Hess LAG 4.9.2007, 4/5 TaBV 88/07). Eine Bezugnahme
auf erstinstanzliches Vorbringen genügt nicht (LAG Hamm 22.10.2010, 10 TaBVGa 19/10 mwN). Ist der
angefochtene Beschl zu mehreren Streitgegenständen ergangen, kann die Beschwerde auf einzelne Streitgegenstände beschränkt werden. Ergibt sich das nicht aus dem Antrag, so muss sich die Begründung mit allen
Streitgegenständen auseinandersetzen, anderenfalls die Beschwerde insoweit unzulässig ist (zB Hess LAG
3.7.2008, 4 Ta BV 204/06).

F. Verwerfung. Ist die Beschwerde nicht in der gesetzlichen Form eingelegt oder begründet worden, so 9
ist sie v dem Vorsitzenden der Kammer als unzulässig zu verwerfen. Der **Beschl** kann ohne mündliche
Verh ergehen. Gegen den Beschl findet **kein Rechtsmittel** statt (§ 89 III 2). Eine mündliche Anhörung
ändert daran nichts. Eine Zulassung der Rechtsbeschwerde ist unzulässig. Sie kann der Partei das nach dem
Gesetz nicht gegebene Rechtsmittel nicht zuerkennen (BAG 25.7.1989, 1 ABR 48/88, EzA § 89 ArbGG
1979 Nr 3). Eine Zurückweisung der Beschwerde nach § 522 II, III ZPO scheidet hingegen nach § 89 III
4 aus.

G. Rücknahme, Verzicht. Die **Beschwerderücknahme** (nicht Antragsrücknahme) ist jederzeit bis zum 10
Eintritt der Rechtskraft möglich. Auch eine teilweise Rücknahme der Beschwerde ist denkbar, soweit der
Gegenstand teilbar ist oder mehrere Ansprüche oder Rechte verfolgt werden. Sie unterliegt dem **Vertretungszwang**. Eine Zustimmung der Beteiligten ist nicht notwendig. Der angefochtene Beschl wird damit
rechtskräftig, wenn nicht noch eine Beschwerde eines anderen Beteiligten anhängig ist. Ist die Beschwerdefrist noch nicht abgelaufen, kann eine Beschwerde erneut eingelegt werden. Ist das nicht der Fall, ist

§ 90 ArbGG Verfahren

das Verfahren nach Rücknahme der Beschwerde v Vorsitzenden einzustellen. Gegen diesen verfahrensbeendenden Beschl findet die – v LAG oder v BAG aufgrund erfolgreicher Nichtzulassungsbeschwerde zugelassene – Rechtsbeschwerde statt (LAG Rheinland-Pfalz 25.6.1982, 6 TaBV 10/82, EzA § 92 ArbGG 1979 Nr 1; aA LAG Nürnberg 20.8.2014, 2 TaBV 5/14 mwN zum Streitstand). Deshalb ist er förmlich zuzustellen (ErfK/*Koch* § 89 Rn 7). Die Rücknahme der Beschwerde hat den Verlust des eingelegten Rechtsmittels zur Folge, § 516 III 1 ZPO analog. Eine etwa bereits ergangene, noch nicht rechtskräftige Entsch des LAG wird wirkungslos (HWK/*Bepler/Treber* § 89 Rn 12). In einem unanfechtbaren Beschl, der ohne mündliche Verh vAw ergeht, werden die Wirkungen der Rücknahme der Beschwerde ausgesprochen, § 516 II 2 ZPO (GK-ArbGG/*Ahrendt* § 89 Rn 68).

11 Auch ein **Verzicht** auf die Beschwerde ist entspr § 515 ZPO möglich. Er führt im Gegensatz zur Rücknahme der Beschwerde zum endgültigen Verlust des Rechtsmittels und macht dieses unzulässig. Er muss eindeutig erklärt werden und kann vor Erlass des arbeitsgerichtlichen Beschl (BAG 8.9.2010, 7 ABR 73/09, EzA § 99 BetrVG 2001 Nr 17), danach, aber auch in der Beschwerdeinstanz abgegeben werden (GK-ArbGG/*Ahrendt* § 89 Rn 71). Der Verzicht kann ggü dem LAG erklärt werden, aber auch ggü den anderen Beteiligten und kann v diesen einredeweise geltend gemacht werden.

§ 90 Verfahren

(1) ¹Die Beschwerdeschrift und die Beschwerdebegründung werden den Beteiligten zur Äußerung zugestellt. ²Die Äußerung erfolgt durch Einreichung eines Schriftsatzes beim Beschwerdegericht oder durch Erklärung zur Niederschrift der Geschäftsstelle des Arbeitsgerichts, das den angefochtenen Beschluss erlassen hat.
(2) Für das Verfahren sind die §§ 83 und 83a entsprechend anzuwenden.
(3) Gegen Beschlüsse und Verfügungen des Landesarbeitsgerichts oder seines Vorsitzenden findet kein Rechtsmittel statt.

1 § 90 sieht einige Besonderheiten für das Beschwerdeverfahren im arbeitsrechtlichen Beschlussverfahren vor.
2 **Die Beschwerdeschrift** und **Beschwerdebegründung** sind den **Beteiligten** zur Äußerung vAw zuzustellen. Das LAG prüft vAw, wer Beteiligter ist. Auch denjenigen, die bislang unrichtig nicht beteiligt worden waren, ist zuzustellen (GK-ArbGG/*Ahrendt* § 90 Rn 3). War ein Beteiligter in erster Instanz v einem Rechtsanwalt oder einem Verbandsvertreter vertreten worden, ist an diesen zuzustellen, §§ 87 II 1, 64 VII, 50 II, § 172 ZPO (Düwell/Lipke/*Oesterle* § 90 Rn 4). Wenn schon bei Eingang der Beschwerdeschrift oder der Beschwerdebegründungsschrift deutlich ist, dass die Beschwerde unzulässig ist, kann die Zustellung unterbleiben (ErfK/*Koch* § 90 Rn 1). Der Verwerfungsbeschl wird den Beteiligten formlos mitgeteilt.
3 Mit der Zustellung einer Beschwerdeschrift, die bereits eine Begründung enthält, spätestens mit Zustellung der Beschwerdebegründung, sind die Beteiligten zur **Äußerung aufzufordern**. Mit dieser Aufforderung kann nach § 90 II iVm § 83 Ia eine **Fristsetzung** zur Stellungnahme erfolgen. Eine Verpflichtung zur Stellungnahme besteht nicht. Äußert sich ein Beteiligter nicht, bleibt er gleichwohl Beteiligter des Verfahrens. In der Praxis wird eine Frist zur Äußerung v 1 Monat gesetzt. Die Einlassungsfrist muss mind 2 Wochen betragen, wenn mit der Zustellung zugleich ein Termin zur Anhörung der Beteiligten vor der Beschwerdekammer des LAG anberaumt wird (GK-ArbGG/*Ahrendt* § 90 Rn 8).
4 Die **Äußerung** der Beteiligten erfolgt durch Einreichung eines Schriftsatzes beim Beschwerdegericht oder Erklärung zu Protokoll der Geschäftsstelle des ArbG, das den angegriffenen Beschl erlassen hat. Vertretungszwang besteht nicht (BAG 20.3.1990, 1 ABR 20/89, AP BetrVG 1972 § 99 Nr 79). Auch der Beteiligte, der sich nicht äußert, ist zum Termin zur Anhörung vor der Kammer zu laden. Sein Vorbringen kann nur bei Vorliegen der Voraussetzungen nach §§ 90 II, 83 Ia als verspätet zurückgewiesen werden, wenn eine angemessene Frist zur Äußerung gesetzt wurde. Im Übrigen gilt § 87 III (vgl dort Rdn 8). Etwa eingehende Äußerungen sind dem Beschwerdeführer und den übrigen Beteiligten zur Kenntnis formlos zuzuleiten, § 270 ZPO. Eine Zustellung ist nicht erforderlich, es sei denn, es wird ein eigener Antrag gestellt, etwa iR einer Anschlussbeschwerde.
5 Der Vorsitzende der Beschwerdekammer bestimmt einen **Termin zur Anhörung** der Beteiligten und lädt sie zu diesem Termin, was tunlichst zugleich mit der Zustellung der eine Begründung enthaltenden Beschwerdeschrift, spätestens aber mit der Zustellung der Beschwerdebegründung erfolgen sollte. Die **Ladungsfrist** beträgt 2 Wochen.
6 Die Beteiligten werden vor der Kammer angehört. Bleibt ein Beteiligter auf Ladung unentschuldigt dem Anhörungstermin fern, ist der Pflicht zu seiner **Anhörung** genügt, wenn er in der Ladung auf die Folgen unentschuldigten Ausbleibens hingewiesen worden war, § 90 II iVm § 83 IV 2. Fehlt dieser Hinweis, liegt

ein Verfahrensfehler vor, der mit der Rechtsbeschwerde oder Nichtzulassungsbeschwerde (Verstoß gegen Art. 103 I GG; LAG Bremen 11.6.2008, 3 Sa 110/07, NZA 2008, 968) gerügt werden kann.

Das LAG hat den Sachverhalt iRd gestellten Anträge vAw aufzuklären, § 90 II iVm § 83 I (**Untersuchungs-** 7 **grundsatz**). Es kann gehalten sein, eine Beweisaufnahme durchzuführen oder zu wiederholen.

Im Einverständnis mit den Beteiligten kann das Gericht ohne mündliche Verh entscheiden (§ 90 II iVm 8 § 83 IV 3).

Für das Verfahren verweist § 90 ua auf § 83a. Es kann also auch im Beschwerdeverfahren ein **Vergleich** 9 geschlossen oder das Verfahren für erledigt erklärt werden. Ein Vergleich setzt voraus, dass die Beteiligten über den Verfahrensgegenstand verfügen können. Das LAG hat auf eine gütliche Einigung hinzuwirken, arg §§ 87 II, 64 VII, 57 II (GK-ArbGG/*Ahrendt* § 90 Rn 19). Die Beteiligten können auch in der Beschwerdeinstanz die Hauptsache übereinstimmend für erledigt erklären, was indes eine zulässige Beschwerde voraussetzt. Fehlt es daran, ist die Beschwerde als unzulässig zu verwerfen (BAG 27.8.1996, 3 ABR 21/95, EzA § 83a ArbGG 1979 Nr 4). Nach übereinstimmender **Erledigungserklärung** ist das Verfahren einzustellen. Bei einer lediglich einseitigen Erledigungserklärung hat das Beschwerdegericht zu prüfen, ob das Verfahren tatsächlich erledigt ist. Ist das der Fall, so ist das Verfahren ebenso einzustellen, wie wenn die Beteiligten es übereinstimmend für erledigt erklärt hätten. Der Einstellungsbeschl nach § 90 II, 83 II 1 ist rechtsbeschwerdefähig; das LAG kann diese zulassen (LAG Köln 11.3.2010, 7 TaBV 46/08, AE 2010, 114, Rn 16). Fehlt es an einem erledigenden Ereignis, so liegt in der Erledigungserklärung eine unzulässige Antragsrücknahme, sodass über den Antrag in der Sache zu entscheiden ist (BAG 27.8.1996, 3 ABR 21/95, EzA § 83a ArbGG 1979 Nr 4). Der angefochtene Beschl wird gegenstandslos, wenn das Verfahren übereinstimmend für erledigt erklärt wurde oder wegen eines erledigenden Ereignisses aufgrund einseitiger Erledigungserklärung tatsächlich erledigt ist.

Beschl und Verfügungen des LAG oder seines Vorsitzenden unterliegen nicht der Anfechtung. § 83 V ist 10 nicht anwendbar. Dabei geht es um **Beschl und Verfügungen des LAG** oder des Vorsitzenden der Kammer, die nicht verfahrensbeendend sind, sondern **im Laufe des Verfahrens** ergehen, es lenken oder begleiten. Für Beschl, die das LAG oder der Vorsitzende der Kammer als Rechtsmittelgericht über verfahrensleitende oder verfahrensbegleitende Beschl des ArbG treffen, gelten die §§ 83 V, 78 I und II iVm § 574 I Nr 2 ZPO: Das LAG kann auch im Beschlussverfahren die **Rechtsbeschwerde** zulassen (BAG 28.2.2003, 1 AZB 53/02, EzA § 78 ArbGG 1979 Nr 5; vgl iE GK-ArbGG/*Ahrendt* § 90 Rn 22).

Eine Kostenentsch hat auch im Beschwerdeverfahren des arbeitsgerichtlichen Beschlussverfahrens nicht zu 11 ergehen. **Kosten** werden nicht erhoben, eine prozessuale Kostentragungspflicht besteht nicht. Der **Streitwert** des Beschwerdeverfahrens kann auf Antrag nach § 33 RVG festgesetzt werden.

§ 91 Entscheidung

(1) ¹Über die Beschwerde entscheidet das Landesarbeitsgericht durch Beschluss. ²Eine Zurückverweisung ist nicht zulässig. ³§ 84 Satz 2 gilt entsprechend.
(2) ¹Der Beschluss nebst Gründen ist von den Mitgliedern der Kammer zu unterschreiben und den Beteiligten zuzustellen. ²§ 69 Abs. 1 Satz 2 gilt entsprechend.

Übersicht	Rdn.		Rdn.
A. Allgemeines	1	C. Verkündung	7
B. Form und Inhalt des Beschlusses	4	D. Rechtskraft	8

A. Allgemeines. § 91 regelt die Form und den Inhalt, die Verkündung und Zustellung der die 2. Instanz 1 abschließenden Entsch des LAG über die Beschwerde gegen einen die 1. Instanz abschließenden Beschl des ArbG im Beschlussverfahren. Lediglich die Verwerfung der Beschwerde als unzulässig ist in § 89 III gesondert geregelt.

Die Entsch des LAG im Beschwerdeverfahren gegen einen Beschl des ArbG ergeht durch Beschl der **Kam-** 2 **mer**, also unter Beteiligung der ehrenamtlichen Richter. Die Kammer entscheidet auch dann **in voller Besetzung**, wenn ohne mündliche Anhörung der Beteiligten entschieden wird, was nach § 90 II iVm § 83 IV 3 möglich ist. Der Einstellungsbeschl nach Antragsrücknahme, Beschwerderücknahme, Vergleich oder Erledigterklärung ergeht durch den Vorsitzenden allein (§ 87 II 3 iVm § 81 II 2; § 89 IV 2; § 90 II iVm § 83a II).

Eine **Zurückverweisung** ist **unzulässig**. Ausnahmen bestehen hier, anders als im Urteilsverfahren (vgl § 68), 3 nicht (Sächs LAG 5.5.2015, 2 TaBV 26/14). Verweist das LAG gleichwohl das Verfahren zurück, so ist es, falls die Rechtsbeschwerde nicht zugelassen ist oder erfolglos war, wieder beim ArbG anhängig, das unter

§ 92 ArbGG   Rechtsbeschwerdeverfahren, Grundsatz

Beachtung der Rechtsauffassung des LAG erneut zu entscheiden hat (Düwell/Lipke/*Oesterle* § 91 Rn 4 mwN).

4   **B. Form und Inhalt des Beschlusses.** Der Beschl ist **schriftlich** abzufassen (§ 84 S 2). Er enthält das **Rubrum**, also die Angabe der Beteiligten, ihrer Vertreter und ihrer Verfahrensbevollmächtigten, des entscheidenden Gerichts, des Az und des Datums der Entsch, ferner die Entscheidungsformel (den **Tenor**). Das LAG hat auch darüber zu entscheiden, ob es die Rechtsbeschwerde an das BAG zulässt oder nicht, wobei die Entsch über die **Zulassung der Rechtsbeschwerde** in den Tenor aufzunehmen ist. Enthält der Tenor des Beschl keine Entsch über die Zulassung oder Nichtzulassung der Rechtsbeschwerde, ist ein Antrag auf entspr Ergänzung des Beschl binnen 2 Wochen ab Verkündung möglich, über den die Kammer in derselben Besetzung durch Beschl entscheidet (HWK/*Bepler/Treber* § 91 Rn 5). Eine **vorläufige Vollstreckbarkeit** des Beschl kann deklaratorisch in den Tenor aufgenommen werden. Eine Kostenentsch ergeht nicht. Auch der Streitwert wird nicht festgesetzt. Für die Berechnung der Rechtsanwaltsgebühren erfolgt die Streitwertfestsetzung ggf nach § 33 RVG. Unter der Überschrift »Gründe« sind stets **Tatbestand** und **Entscheidungsgründe** darzustellen. Weder § 69 II, III 2 (BAG 13.5.2014, 1 ABR 51/11, EzA § 69 ArbGG 1979 Nr 7) noch § 313a ZPO (GMP/*Matthes/Schlewing* § 91 Rn 5) finden Anwendung. Enthält der angefochtene Beschl keinen Tatbestand, so ist er grds wegen eines vAw zu beachtenden Mangels aufzuheben und das Verfahren an das LAG zurückzuverweisen, es sei denn, das tatsächliche Vorbringen der Beteiligten und deren im Beschwerdeverfahren gestellte Anträge sind auf andere Weise zuverlässig feststellbar (BAG 13.5.2014, 1 ABR 51/11, aaO).

5   Der Beschl ist zusammen mit den Gründen v allen Mitgliedern der Kammer **zu unterschreiben**, der Geschäftsstelle vor Ablauf v 4 Wochen nach Verkündung zu übergeben (§ 91 II 2, 69 I 2, § 60 IV 3) und den Beteiligten vAw binnen 3 Wochen seit Übergabe an die Geschäftsstelle **zuzustellen**. Ist ein Richter verhindert zu unterschreiben, vermerkt dies der Vorsitzende der Kammer unter Angabe des Verhinderungsgrundes (BVerwG 9.7.2008, 6 PB 17/08, NZA-RR 2008, 542). Ist der Vorsitzende an der Unterschrift gehindert, vermerkt das der älteste ehrenamtliche Richter. § 315 I 2 ZPO gilt entspr.

6   Wird die Rechtsbeschwerde zugelassen, muss der Beschl eine **Rechtsmittelbelehrung** enthalten, § 9 V. Die Nichtzulassungsbeschwerde stellt nach ständiger – allerdings umstrittener – Rspr des BAG kein Rechtsmittel dar, über das das LAG zu belehren hätte (zB BAG 22.7.2008, 3 AZN 584/08 (F), EzA § 78a ArbGG 1979 Nr 6; aA zB GK-ArbGG/*Bader* § 9 Rn 88). Deshalb bedarf es auch keines einfachen Hinweises auf die Möglichkeit der Einlegung der Nichtzulassungsbeschwerde. Dieser wird allerdings regelmäßig v den LAG gegeben.

7   **C. Verkündung.** Der Beschl ist zu verkünden, und zwar auch dann, wenn er im schriftlichen Verfahren ergangen ist. Aus der Verweisung in § 91 II 2 auf § 69 I 2 und der in ihm enthaltenen Weiterverweisung ergibt sich, dass bei mündlicher Anhörung der Beschl im Termin aufgrund der Anhörung verkündet werden soll. Wird ausnahmsweise ein bes **Verkündungstermin** anberaumt, muss der Beschl bei Verkündung vollständig abgefasst, also mit Gründen und allen Unterschriften versehen, vorliegen, § 60 IV 2. Bei der Verkündung müssen die ehrenamtlichen Richter nicht anwesend sein, allerdings ist dann die Beschlussformel v dem Vorsitzenden und den ehrenamtlichen Richtern zu unterschreiben, § 60 III. Die Verkündung des Beschl hat in öffentl Sitzung zu erfolgen und besteht in der Verlesung der Entscheidungsformel und der Mitteilung der wesentlichen Gründe für den getroffenen Beschl. Davon kann abgesehen werden, wenn keiner der Beteiligten oder ihrer Vertreter bei der Verkündung anwesend ist. Dann genügt die Bezugnahme auf die schriftliche Beschlussformel. Die Verkündung des Beschl ist als wesentliche Förmlichkeit in das Protokoll aufzunehmen (vgl dazu BAG 2.10.2013, 10 AZB 19/13).

8   **D. Rechtskraft.** Der Beschl des LAG beendet die 2. Instanz. Er wird, wenn die Rechtsbeschwerde nicht zugelassen wurde, mit Ablauf der Nichtzulassungsbeschwerdefrist oder mit der Verwerfung oder Zurückweisung der Nichtzulassungsbeschwerde durch das BAG rechtskräftig (BAG 9.7.1998, 2 AZR 142/98, EzA § 103 BetrVG 1972 Nr 39).

§ 92 Rechtsbeschwerdeverfahren, Grundsatz

(1) [1]Gegen den das Verfahren beendenden Beschluss eines Landesarbeitsgerichts findet die Rechtsbeschwerde an das Bundesarbeitsgericht statt, wenn sie in dem Beschluss des Landesarbeitsgerichts oder in dem Beschluss des Bundesarbeitsgerichts nach § 92a Satz 2 zugelassen wird. [2]§ 72 Abs. 1 Satz 2, Abs. 2 und 3 ist entsprechend anzuwenden. [3]In den Fällen des § 85 Abs. 2 findet die Rechtsbeschwerde nicht statt.

(2) ¹Für das Rechtsbeschwerdeverfahren gelten die für das Revisionsverfahren maßgebenden Vorschriften über Einlegung der Revision und ihre Begründung, Prozessfähigkeit, Ladung, Termine und Fristen, Ablehnung und Ausschließung von Gerichtspersonen, Zustellungen, persönliches Erscheinen der Parteien, Öffentlichkeit, Befugnisse des Vorsitzenden und der Beisitzer, gütliche Erledigung des Rechtsstreits, Wiedereinsetzung in den vorigen Stand und Wiederaufnahme des Verfahrens sowie die Vorschriften des § 85 über die Zwangsvollstreckung entsprechend, soweit sich aus den §§ 93 bis 96 nichts anderes ergibt. ²Für die Vertretung der Beteiligten gilt § 11 Abs. 1 bis 3 und 5 entsprechend. ³Der Antrag kann jederzeit mit Zustimmung der anderen Beteiligten zurückgenommen werden; § 81 Abs. 2 Satz 2 und 3 ist entsprechend anzuwenden.

(3) ¹Die Einlegung der Rechtsbeschwerde hat aufschiebende Wirkung. ²§ 85 Abs. 1 Satz 2 bleibt unberührt.

Übersicht	Rdn.			Rdn.
A. Allgemeines	1	II.	Verfahrensbeendender Beschluss	5
B. Statthaftigkeit	3	C.	Anwendbare Vorschriften	6
I. Zulassung	3			

A. Allgemeines. Das Rechtsbeschwerdeverfahren ist in den §§ 92–96a geregelt. Im Rechtsbeschwerdeverfahren wird die Entscheidung des LAG, bei der Sprungrechtsbeschwerde (§ 96a) der Beschl des ArbG, durch das BAG als Rechtsbeschwerdegericht rechtlich überprüft. Es ist an die tatsächlichen Feststellungen, den festgestellten Sachverhalt gebunden. Eine vollständige eigene Regelung für das Rechtsbeschwerdeverfahren fehlt. Es wird weitgehend auf das Revisionsverfahren verwiesen. 1

§ 92 I bestimmt, in welchen Fällen die Rechtsbeschwerde statthaft ist. § 92 II 1 verweist auf Bestimmungen über die Revision im arbeitsgerichtlichen Urteilsverfahren. § 92 II 2 regelt die Antragsrücknahme im Rechtsbeschwerdeverfahren. § 92 III befasst sich mit der Wirkung der Einlegung der Rechtsbeschwerde und mit der Vollstreckbarkeit der Entscheidung der Vorinstanz in vermögensrechtlichen Streitigkeiten. 2

B. Statthaftigkeit. I. Zulassung. Das Rechtsbeschwerdeverfahren ist dem Revisionsverfahren angeglichen. Die Rechtsbeschwerde gegen das Verfahren beendende Beschl des LAG nach § 91 an das BAG findet statt, wenn das LAG die Rechtsbeschwerde im Beschl zugelassen hat oder das BAG sie aufgrund einer Nichtzulassungsbeschwerde durch Beschl (§ 92a S 2 iVm § 72a V) zugelassen hat. Eine teilweise Zulassung ist möglich für einen tatsächlich und rechtlich abtrennbaren Teil des Streitstoffs (vgl BAG 2.4.1996, 1 ABR 47/95, EzA § 87 BetrVG 1972 Bildschirmarbeit Nr 1). Die Beschwerde ist zuzulassen, wenn eine entscheidungserhebliche Rechtsfrage **grds Bedeutung** hat (§ 92 I 2, § 72 II Nr 1) oder einer der in § 72 II Nr 2 aufgeführten Fälle einer **Divergenz** gegeben ist (§ 92 I 2, § 72 II Nr 1) oder der Zulassungsgrund des Verfahrensverstoßes vorliegt (§ 92 I 2, § 72 II Nr 3; dazu zB BAG 9.6.2011, 2 ABR 35/10, EzA § 547 ZPO 2002 Nr 5). Die Entscheidung des LAG über die Zulassung der Rechtsbeschwerde ist in den **Tenor** aufzunehmen (§ 92 I 2, § 72 I 1, § 64 IIIa). An die Zulassung des Rechtsmittels ist das BAG gebunden (Verweisung auf § 72 III). Das gilt nur dann nicht, wenn die Zulassung erfolgt, obwohl ein Rechtsmittel nach der gesetzlichen Regelung gar nicht möglich ist (BAG 25.7.1989, 1 ABR 48/88, EzA § 89 ArbGG 1979 Nr 3). Eine Rechtsbeschwerde findet im einstweiligen Verfügungsverfahren nach § 85 II nicht statt, § 92 I 3. Nicht rechtsbeschwerdefähig ist auch der Verwerfungsbeschl nach § 89 III 2 (Verwerfung einer unzulässigen Beschwerde) und der Beschl im Verfahren nach § 100 II 4 (Beschwerde gegen den Beschl des ArbG über die Besetzung der ESt). Nicht statthaft ist die Rechtsbeschwerde gegen Beschl nach § 90 III (verfahrensbegleitende Beschl des LAG oder des Kammervorsitzenden); das LAG kann allerdings die Rechtsbeschwerde gegen verfahrensbegleitende Beschl jedenfalls dann zulassen, wenn es als Rechtsmittelgericht über eine sofortige Beschwerde nach § 78 iVm § 83 V entscheidet (BAG 28.2.2003, 1 AZB 53/02, EzA § 78 ArbGG 1979 Nr 5). 3

4

II. Verfahrensbeendender Beschluss. Str ist, ob auch **Einstellungsbeschl** nach Rücknahme der Beschwerde (§ 89 IV 2), Rücknahme des Antrags (§ 87 II 3, § 81 II 2) oder nach Verfahrenserledigung (§ 90 II, § 83a II 1) rechtsbeschwerdefähig sind (bejahend LAG Rh-Pf 25.6.1982, 6 TaBV 10/82, EzA § 92 ArbGG 1979 Nr 1; ErfK/*Koch* § 92 Rn 1; GMP/*Matthes/Schlewing* § 92 Rn 4; aA LAG Nürnberg 20.8.2014, 2 TaBV 5/14; aA Düwell/Lipke/*Düwell* § 92 Rn 5 unter Hinweis auf BVerwG 8.3.2010, 6 PB 47/09, PersR 2010, 210), wobei die Zulassung der Rechtsbeschwerde eher die Ausnahme sein wird. **Teilbeschl** entspr § 301 ZPO unterliegen der Rechtsbeschwerde, soweit sie abschließend sind. **Zwischenbeschl** entspr § 303 ZPO sind rechtsbeschwerdefähig, soweit sie anfechtbar sind (GK-ArbGG/*Ahrendt* § 92 Rn 4). Darüber hinaus ist das 5

§ 92a ArbGG   Nichtzulassungsbeschwerde

BAG auch mit der sog **Sprungrechtsbeschwerde** nach § 96a befasst, wenn das ArbG die Rechtsbeschwerde unter Überspringung der 2. Instanz unmittelbar zum BAG zugelassen hat (vgl Erl zu § 96a).

6   **C. Anwendbare Vorschriften.** § 92 II 1 verweist auf zahlreiche Vorschriften über das **Revisionsverfahren** (vgl die Tabelle bei GK-ArbGG/*Ahrendt* § 92 Rn 19), soweit sich aus den §§ 93–96 nichts anderes ergibt. Der Umfang der Verweisung entspricht iW dem des § 87 II: An die Stelle der Berufungsvorschriften treten die der Revision. Die Fristen für die Einlegung der Rechtsbeschwerde und die Begründung entsprechen den Fristen im Revisionsverfahren (s.a. Erl zu § 84 und § 94). Die **Anschlussrechtsbeschwerde** ist zulässig (BAG 20.12.1988, 1 ABR 63/87, EzA § 80 BetrVG 1972 Nr 33), aber v einer Beschwerde ohne Bezug auf eine bereits eingelegte Rechtsbeschwerde zu unterscheiden.

7   Die **ehrenamtlichen Richter** wirken an den Entscheidungen mit, die bei mündlicher Anhörung mit ihnen ergehen würden (Düwell/Lipke/*Düwell* § 92 Rn 18; GK-ArbGG/*Ahrendt* § 92 Rn 23), soweit nicht etwas anderes bestimmt ist (wie nach § 94 II 3 iVm § 74 II und § 92a 2 iVm § 72a V 3 bei Verwerfung der Rechtsbeschwerde oder Nichtzulassungsbeschwerde).

8   In der Rechtsbeschwerdeinstanz ist grds eine **Antragsänderung nicht mehr möglich** (BAG 22.11.2005, 1 ABR 50/04, EzA § 85 BetrVG 2001 Nr 1; 8.12.2010, 7 ABR 69/09, EzA § 83a ArbGG 1979 Nr 9). Das ergibt sich aus der fehlenden Verweisung auf § 81 III in § 92 (GK-ArbGG/*Ahrendt* § 92 Rn 27). Ausnahmsweise ist eine Antragsänderung in Fällen des § 264 Nr 2 ZPO zulässig, wenn sich der neue Sachantrag auf den in der Beschwerdeinstanz festgestellten Sachverhalt und auf den unstr Beteiligtenvortrag stützt (BAG 20.4.2010, 1 ABR 78/08, EzA § 118 BetrVG 2001 Nr 9). Keine Antragsänderung liegt trotz Wechsels der Person des Antragstellers bei **Übergang des Betriebes** auf einen neuen Inhaber vor; dieser nimmt automatisch die verfahrensrechtliche Stellung des bisherigen Betriebsinhabers ein (BAG 22.11.2005, aaO).

9   Nach § 92 II 1 iVm § 79 S 1, § 578 I ZPO ist ein Nichtigkeitsantrag statthaft, wenn das Verfahren durch einen Beschl des BAG als Rechtsbeschwerdegericht in der Sache selbst rechtskräftig abgeschlossen wurde (BAG 21.7.1993, 7 ABR 25/92, EzA § 579 ZPO Nr 1).

10 **Rechtsbeschwerdebefugt** ist jeder Beteiligte des Verfahrens, der beschwert ist (BAG 29.1.1992, 7 ABR 29/91, EzA § 11 ArbGG 1979 Nr 11), und zwar unabhängig davon, ob er sich durch Stellung eigener Anträge am Verfahren beteiligt hat (vgl GMP/*Matthes/Schlewing* § 94 Rn 2 und § 89 Rn 3 ff).

11 Die **Antragsrücknahme** ist auch im Rechtsbeschwerdeverfahren jederzeit mit Zustimmung der anderen Beteiligten möglich. Das Verfahren ist in diesem Fall v Vorsitzenden des Senats durch Beschl (§ 92 II 3 iVm § 81 II 2) einzustellen. Davon zu unterscheiden ist die **Beschwerderücknahme** nach § 94 III (vgl dort).

12 Fehlt eine Vorschrift über die **Befugnis des Vorsitzenden**, haben trotz der Verweisung in § 92 II, § 76 VI auf § 53 die berufsrichterlichen Mitglieder des Senats zu entscheiden. § 53 grenzt nur die Befugnisse der Berufsrichter v denen der ehrenamtlichen Richter ab (GK-ArbGG/*Ahrendt* § 92 Rn 23; vgl BAG 10.12.1992, 8 AZB 6/92, EzA § 17a GVG Nr 3).

13 Die Beteiligten können sich im Rechtsbeschwerdeverfahren selbst **vertreten**. Das folgt aus der Verweisung in § 92 II 2 auf § 11 I–III, V. Nur für die Rechtsbeschwerdeschrift und die Rechtsbeschwerdebegründung besteht Vertretungszwang.

14 Die Einlegung der Rechtsbeschwerde hat aufschiebende Wirkung, dh der Beschl des LAG wird nicht rechtskräftig (**Suspensiveffekt**). Das Verfahren gelangt durch die Einlegung der Rechtsbeschwerde in die nächst höhere Instanz (Devolutiveffekt). Die **Vollstreckbarkeit** aus vorläufig vollstreckbaren Beschl des LAG nach § 85 I 2 bleibt auch nach Einlegung der Rechtsbeschwerde bestehen. Auf Antrag kann nach § 62 I 2 und 3 iVm § 719 ZPO die Vollstreckung vorläufig eingestellt werden.

§ 92a Nichtzulassungsbeschwerde

¹Die Nichtzulassung der Rechtsbeschwerde durch das Landesarbeitsgericht kann selbständig durch Beschwerde angefochten werden. ²§ 72a Abs. 2 bis 7 ist entsprechend anzuwenden.

1   Für die Nichtzulassungsbeschwerde im arbeitsgerichtlichen Beschlussverfahren gelten die **Zulassungsgründe** des Urteilsverfahrens: **Grds Bedeutung** einer entscheidungserheblichen Rechtsfrage, **Divergenz**, **Verfahrensfehler nach § 547 ZPO** und die Gehörsrüge (**Art. 103 I GG**). Wegen der Zulassungsgründe, der Anforderungen an die Begründung der Nichtzulassungsbeschwerde und des Verfahrens s die Kommentierung zu §§ 72, 72a (zu den Anforderungen an die Begründung vgl zB BAG 22.5.2012, 1 ABN 27/12; 22.3.2005, 1 ABN 1/05, EzA § 72a ArbGG 1979 Nr 1).

Für die Nichtzulassungsbeschwerde und ihre Begründung besteht Vertretungszwang nach Maßgabe des 2
§ 11 IV. Für die übrigen Beteiligten besteht im Verfahren über die Nichtzulassungsbeschwerde kein Vertretungszwang.
Eine **Kostenentsch entfällt**, § 2 II GKG. Der Gegenstandswert zur Berechnung der Rechtsanwaltsgebühren 3
wird auf Antrag nach § 33 RVG durch Beschl der berufsrichterlichen Mitglieder des Senats ohne Mitwirkung der ehrenamtlichen Richter, § 33 VIII 3 RVG, festgesetzt.
Ist die Nichtzulassungsbeschwerde erfolgreich, wird das Beschwerdeverfahren **als Rechtsbeschwerdeverfah-** 4
ren fortgesetzt. Mit der Zustellung der Entsch beginnt die zweimonatige Rechtsbeschwerdebegründungsfrist. Es bedarf einer fristgerechten eigenständigen Rechtsbeschwerdebegründung. Eine Bezugnahme auf die Nichtzulassungsbeschwerdebegründung genügt nur, wenn diese den inhaltlichen Anforderungen des § 94 II entspricht (BAG 8.5.2008, 1 ABR 56/06, EzA § 551 ZPO 2002 Nr 9).
§ 92a ist abschließend. Eine Zulassung der Rechtsbeschwerde in anderen Fällen ist nicht möglich. In 5
einem Beschlussverfahren **nach** § 126 InsO ist die Nichtzulassungsbeschwerde **nicht statthaft** (BAG 14.8.2001, 2 ABN 20/01, AP ArbGG 1979 § 72a Divergenz Nr 44). Das gilt auch für das Beschlussverfahren nach § 122 InsO, es fehlt die Verweisung auf §§ 92a, 72a. Bei einem Verstoß gegen den Anspruch auf rechtliches Gehör ist allerdings eine Rüge nach § 78a möglich (*Zwanziger* § 122 InsO Rn 58).
Da nach §§ 93 II, 65 in der Rechtsbeschwerdeinstanz nicht mehr zu prüfen ist, ob das Beschlussverfahren 6
die zulässige Verfahrensart ist (BAG 20.4.1999, 1 ABR 72/98, EzA Art 9 GG Nr 65; 5.12.2007, 7 ABR 65/06), ist die Rechtsbeschwerde bei Vorliegen der genannten Voraussetzungen zuzulassen, auch wenn **im falschen Verfahren** entschieden worden ist (GK-ArbGG/*Mikosch* § 92a Rn 3).

§ 92b Sofortige Beschwerde wegen verspäteter Absetzung der Beschwerdeentscheidung

¹Der Beschluss eines Landesarbeitsgerichts nach § 91 kann durch sofortige Beschwerde angefochten werden, wenn er nicht binnen fünf Monaten nach der Verkündung vollständig abgefasst und mit den Unterschriften sämtlicher Mitglieder der Kammer versehen der Geschäftsstelle übergeben worden ist. ²§ 72b Abs. 2 bis 5 gilt entsprechend. ³§ 92a findet keine Anwendung.

Mit § 92b werden die Regelungen zur sofortigen Beschwerde gegen verspätete Entsch im Urteilsverfahren 1
(§ 72b) ohne Änderung auf verspätete zweitinstanzliche Beschl iSd § 91 übertragen. Wegen dieses bes Rechtsmittels schließt § 92b S 3 die Nichtzulassungsbeschwerde aus dem Grunde der verspäteten Absetzung der Beschwerdeentsch ausdrücklich aus (vgl BAG 24.6.2009, 7 ABN 12/09, EzA § 72b ArbGG 1979 Nr 4).
Die sofortige Beschwerde nach § 92b ist gegen Beschl des LAG nach § 91 gegeben, also gegen die 2
Beschwerdeinstanz **abschließende Sachentsch des LAG**. Darunter fallen auch die entspr § 301 ZPO ergangenen Teilbeschl. Verfahrensbegleitende Entsch nach § 90 III, der Verwerfungsbeschl nach § 83 III, Beschwerdeentsch im Verfahren der einstweiligen Verfügung im Beschlussverfahren, verfahrensbeendende Einstellungsbeschl, Zwischenbeschl entspr § 303 ZPO sowie Beschwerdeentsch über die Besetzung der ESt nach § 100 sind nicht erfasst (GK-ArbGG/*Mikosch* § 92b Rn 4).
Beschwerdeberechtigt ist jeder am Verfahren Beteiligter, der durch die ergangene Entsch beschwert ist, und 3
zwar unabhängig davon, ob er seine Rechte durch Antragstellung oder auf sonstige Weise wahrgenommen hat. Vgl iÜ die Erl zu § 72b.
Eine **Kostenentsch entfällt**, § 2 II GKG. Auf Antrag erfolgt eine Festsetzung des Gegenstandswertes zur 4
Berechnung der Rechtsanwaltsvergütung nach § 33 RVG durch Beschl des BAG.

§ 93 Rechtsbeschwerdegründe

(1) ¹Die **Rechtsbeschwerde kann** nur darauf gestützt werden, dass der Beschluss des Landesarbeitsgerichts auf der Nichtanwendung oder der unrichtigen Anwendung einer Rechtsnorm beruht. ²Sie kann nicht auf die Gründe des § 92b gestützt werden.
(2) § 65 findet entsprechende Anwendung.

§ 93 entspricht § 73. Die Rechtsbeschwerde kann nach I 1 zulässig nur auf die **Verletzung einer Rechts-** 1
norm gestützt werden (BAG 15.5.2007, 1 ABR 32/06, EzA § 1 BetrVG 2001 Nr 5 Rn 38 zu Betriebsvereinbarungen). Der Beschl muss auch darauf beruhen. Es findet also nur eine Rechtskontrolle statt. Ausdrücklich ausgenommen ist die Verspätungsrüge mit § 93 I 2. Außerdem können nicht zulässig Rechtsweg (BAG 5.12.2007, 7 ABR 65/06; 31.8.2010, 3 ABR 139/09, EzA § 131 InsO Nr 2), Verfahrensart (BAG

22.5.2012, 1 ABR 1/11, EzA Art 9 GG Nr 106), Zuständigkeit oder Berufung der ehrenamtlichen Richter gerügt werden, § 93 II iVm § 65. Die Norm gilt aber nicht für das Verhältnis der ArbG zu betriebsverfassungsrechtlichen Stellen zur innerbetrieblichen Streitschlichtung (BAG 11.2.2014, 1 ABR 76/12, EzA § 76 BetrVG 2001 Nr 7).

2 Das BAG ist an den v LAG festgestellten Sachverhalt gebunden. Dem steht der Untersuchungsgrundsatz des Beschlussverfahrens nicht entgegen (BAG 27.1.1977, 2 ABR 77/76, EzA § 103 BetrVG 1972 Nr 16). Offenkundige Tatsachen können noch im Rechtsbeschwerdeverfahren eingeführt werden (GMP/*Matthes/ Schlewing* § 93 Rn 4 iVm § 96 Rn 11). S iÜ die Erl zu §§ 73, 65.

§ 94 Einlegung

(1) Für die Einlegung und Begründung der Rechtsbeschwerde gilt § 11 Abs. 4 und 5 entsprechend.
(2) ¹Die Rechtsbeschwerdeschrift muss den Beschluss bezeichnen, gegen den die Rechtsbeschwerde gerichtet ist, und die Erklärung enthalten, dass gegen diesen Beschluss die Rechtsbeschwerde eingelegt werde. ²Die Rechtsbeschwerdebegründung muss angeben, inwieweit die Abänderung des angefochtenen Beschlusses beantragt wird, welche Bestimmungen verletzt sein sollen und worin die Verletzung bestehen soll. ³§ 74 Abs. 2 ist entsprechend anzuwenden.
(3) ¹Die Rechtsbeschwerde kann jederzeit in der für ihre Einlegung vorgeschriebenen Form zurückgenommen werden. ²Im Falle der Zurücknahme stellt der Vorsitzende das Verfahren ein. ³Er gibt hiervon den Beteiligten Kenntnis, soweit ihnen die Rechtsbeschwerde zugestellt worden ist.

Übersicht	Rdn.		Rdn.
A. Allgemeines	1	E. Form und Inhalt der Begründung	9
B. Einlegungsfrist	3	F. Verwerfung	13
C. Form und Inhalt der Rechtsbeschwerdeschrift	6	G. Anschlussrechtsbeschwerde	14
		H. Anhörung der Beteiligten	15
D. Begründungsfrist	7	I. Rücknahme und Verzicht	16

1 **A. Allgemeines.** § 94 regelt die Form der Rechtsbeschwerdeschrift und der Rechtsbeschwerdebegründung sowie die Rücknahme der Rechtsbeschwerde. Ergänzend gelten die §§ 92 II, 74. Die Rechtsbeschwerde ist **beim BAG einzureichen.** Durch Eingang der Rechtsbeschwerde beim LAG wird die Frist zur Einlegung der Rechtsbeschwerde nicht gewahrt. Wird sie v LAG an das BAG weitergeleitet, muss sie innerhalb der Rechtsbeschwerdefrist beim BAG eingehen.

2 Die Rechtsbeschwerde richtet sich gegen die Instanz abschließende Beschl des LAG, wenn sie v ihm oder v BAG **zugelassen** worden ist. Rechtsbeschwerdebefugt ist jeder Beteiligte. Die **Rechtsmittelbefugnis** folgt aus der Beteiligtenbefugnis (BAG 8.11.2011, 1 ABR 42/10, EzA § 87 BetrVG 2001 Gesundheitsschutz Nr 6). Der Beteiligte muss durch den angefochtenen Beschl beschwert sein.

3 **B. Einlegungsfrist.** Die Frist für die Einlegung der Rechtsbeschwerde beträgt **1 Monat** (§ 92 II 1, § 74 I). Sie kann nicht verlängert werden und beginnt mit der Zustellung des in vollständiger Form abgefassten Beschl des LAG (§ 92 II 1, § 72 V; § 552 ZPO). Ob eine zugestellte Ausfertigung als vollständig anzusehen ist, entscheidet sich danach, ob der Zustellungsempfänger aus der Ausfertigung den Inhalt der Urschrift und insb den Umfang seiner Beschwer erkennen kann und damit die Entsch über die Einlegung des Rechtsmittels möglich ist (BAG 22.4.1997, 1 ABR 74/96, EzA § 99 BetrVG 1972 Einstellung Nr 3). Es handelt sich um eine **Notfrist** (§ 552 ZPO), § 233 ZPO (Wiedereinsetzung) ist anwendbar.

4 Unabhängig davon, beginnt die Rechtsbeschwerdefrist in jedem Fall 5 Monate nach Verkündung des anzufechtenden Beschl zu laufen, § 92 II 1, § 74 I 2, auch wenn die Rechtsmittelbelehrung fehlt oder fehlerhaft ist. Die Jahresfrist des § 9 V ist nicht hinzuzurechnen (zum Urteilsverfahren BAG 28.10.2004, 8 AZR 492/03, EzA § 66 ArbGG 1979 Nr 38; 16.1.2008, 7 AZR 1090/06; Düwell/Lipke/*Düwell* § 94 Rn 2; GK-ArbGG/*Ahrendt* § 94 Rn 15).

5 Wird die Rechtsbeschwerde durch Beschl des BAG aufgrund einer Nichtzulassungsbeschwerde zugelassen, ist eine Rechtsbeschwerdeschrift nicht mehr erforderlich: Die form- und fristgerecht eingelegte Nichtzulassungsbeschwerde gilt als Einlegung der Rechtsbeschwerde, § 92a iVm § 72a VI 1 und 2.

6 **C. Form und Inhalt der Rechtsbeschwerdeschrift.** Für sie besteht Vertretungszwang nach § 94 I iVm § 11 IV (BAG 18.3.2015, 7 ABR 6/13). Die Beschwerdeschrift kann durch Telefax eingelegt werden (BAG 14.1.1986, 1 ABR 86/83, EzA § 94 ArbGG 1979 Nr 3). Der erforderliche Inhalt der Rechtsbeschwerdeschrift ergibt sich aus § 94 II 1. Sie muss den Beschl bezeichnen, gegen den die Rechtsbeschwerde gerichtet

ist, und die Erklärung enthalten, dass gegen den Beschl Rechtsbeschwerde eingelegt wurde. Die Einlegung der Beschwerde muss unbedingt erfolgen. Es muss klar sein, ob der landesarbeitsgerichtliche Beschl rechtskräftig wird oder nicht (GK-ArbGG/*Ahrendt* § 94 Rn 11).

D. Begründungsfrist. Die Frist zur Begründung der Rechtsbeschwerde beträgt **2 Monate** (§ 92 II 1, § 74 I 1). Sie beginnt mit der Zustellung des anzufechtenden landesarbeitsgerichtlichen Beschlusses (vgl § 551 II ZPO) bzw des Zulassungsbeschl des BAG (§ 92a iVm § 72a VI 3). Nach hM ist eine einmalige **Verlängerung** der Frist zur Begründung der Rechtsbeschwerde bis zu 1 weiteren Monat möglich (Düwell/Lipke/ *Düwell* § 94 Rn 2; ErfK/*Koch* § 94 Rn 2; GK-ArbGG/*Ahrendt* § 94 Rn 20; GMP/*Matthes/Schlewing* § 94 Rn 15; HWK/*Bepler/Treber* § 94 Rn 6; Schwab/Weth/*Busemann* § 94 Rn 5 iVm § 92 Rn 29; aA *Hauck/ Helml/Biebl/Hauck* § 94 Rn 4). § 233 ZPO (**Wiedereinsetzung**) findet Anwendung.

Abw davon ist in Beschlussverfahren nach §§ 126 II 2, 122 III InsO die Rechtsbeschwerde zum BAG innerhalb 1 Monats nach Zustellung der in vollständiger Form abgefassten Entsch einzulegen und zu begründen.

E. Form und Inhalt der Begründung. Für die Rechtsbeschwerdebegründung besteht Vertretungszwang nach § 11 IV, § 94 I ((BAG 18.3.2015, 7 ABR 6/13; s.a. Rdn 6). Sie ist beim BAG einzureichen. Die Einreichung beim LAG wahrt die Frist nicht.

Die Rechtsbeschwerdebegründung muss angeben, inwieweit die Abänderung des angefochtenen Beschl beantragt wird, welche Bestimmungen verletzt sein sollen und worin die Verletzung bestehen soll, § 94 II 2. Wenngleich ein ausdrücklicher Antrag nicht erforderlich ist, wenn das Begehren aus der Beschwerdeschrift oder der Beschwerdebegründungsschrift hinreichend deutlich wird, ist eine korrekte **Antragstellung** angebracht, wobei es ausreicht, wenn beantragt wird, den landesarbeitsgerichtlichen Beschl aufzuheben, wenn sich aus der Begründung ergibt, dass der Rechtsbeschwerdeführer seinen zuletzt gestellten Sachantrag weiterverfolgt. Eine Änderung des Sachantrages ist in der Rechtsbeschwerdeinstanz grds nicht mehr zulässig (vgl § 92 Rdn 8), es sei denn, dass der geänderte Sachantrag sich auf einen in der Beschwerdeinstanz festgestellten Sachverhalt stützen kann (BAG 15.4.2014, 1 ABR 80/12, EzA § 551 ZPO 2002 Nr 11; 26.10.2004, 1 ABR 37/03, EzA § 99 BetrVG 2001 Umgruppierung Nr 2; ausf GK-ArbGG/*Ahrendt* § 94 Rn 26 f; GMP/*Matthes* § 94 Rn 18).

Die Rechtsbeschwerdebegründung muss sich mit den Gründen des angefochtenen Beschl auseinandersetzen. Es muss dargelegt werden, warum der landesarbeitsgerichtliche Beschl für falsch gehalten wird. Die Rechtsbeschwerdebegründung muss – über das Revisionsverfahren hinausgehend (BAG 1.12.1999, 7 ABR 53/98) – die Vorschriften bezeichnen, die verletzt sein sollen, und es muss dargestellt werden, worin die Verletzung liegen soll (BAG 17.9.2013, 1 ABR 37/12, NZA 2014, 219; 10.4.1984, 1 ABR 62/82, EzA § 94 ArbGG 1979 Nr 2). Die bloße Bezeichnung der verletzten Rechtsnorm mit dem Hinweis, das Beschwerdegericht habe den darin enthaltenen Rechtsbegriff verkannt, genügt nicht. Der Beschwerdeführer muss also darlegen, wie die angeblich verletzte Norm richtig auszulegen ist (BAG 10.4.1984, 1 ABR 62/82, aaO). Wird die Verletzung v Verfahrensvorschriften gerügt, sind nach § 551 III Nr 2b auch die Tatsachen anzugeben, aus denen sich die Verletzung der Verfahrensvorschriften ergeben soll, und es ist darzulegen, wie sich der Verfahrensfehler auf die Entsch des LAG ausgewirkt haben soll. Die Rechtsbeschwerde ist insoweit nur begründet, wenn der angefochtene Beschl auf dem Verfahrensverstoß beruht. Wird die Verletzung der Amtsermittlungspflicht gerügt, so bedarf es der Angabe, welche entscheidungserheblichen Tatsachen hätten ermittelt und welche weiteren Beweismittel hätten herangezogen werden können und inwiefern sich dem Beschwerdegericht eine weitere Aufklärung des Sachverhalts hätte aufdrängen müssen (BAG 16.5.2007, 7 ABR 45/06, EzA § 40 BetrVG 2001 Nr 12). Anders ist es nur bei absoluten Revisionsgründen, § 547 ZPO. Liegt einer dieser Gründe vor, wird unwiderleglich vermutet, dass der angegriffene Beschl auf der Gesetzesverletzung beruht. Die Rechtsbeschwerde kann nicht mit Erfolg auf neue Tatsachen gestützt werden.

Hat der angefochtene Beschl über verschiedene Streitgegenstände entschieden, so muss sich die Begründung der Rechtsbeschwerde mit **jedem Streitgegenstand** befassen. Geschieht dies hins eines Streitgegenstandes nicht, ist die Rechtsbeschwerde insoweit als unzulässig zu verwerfen (BAG 18.3.2008, 1 ABR 81/06, EzA § 99 BetrVG 2001 Einstellung Nr 9). Das gilt nur dann nicht, wenn die Begründetheit des einen Anspruchs v der Begründetheit des anderen Anspruchs unmittelbar abhängt. Hat das LAG seine Entsch auf 2 voneinander unabhängige, selbstständig tragende Erwägungen gestützt, muss die Rechtsbeschwerdebegründung beide Erwägungen hinreichend angreifen. Setzt sich die Begründung nur mit einer der beiden Erwägungen auseinander, ist die Rechtsbeschwerde insgesamt unzulässig. Die Rechtsbeschwerdebegründung muss geeignet sein, die gesamte Entsch infrage zu stellen (BAG 11.2.2004, 7 ABR 33/03, EzA § 94 ArbGG 1979 Nr 4; zusammenfassend BAG 10.11.2009, 1 ABR 64/08, EzA § 25 BetrVG

2001 Nr 2). Die Bezugnahme auf Ausführungen in der Vorinstanz genügt als Beschwerdebegründung nicht (BAG 15.11.2006, 7 ABR 6/06).

13 **F. Verwerfung.** Entspricht die Rechtsbeschwerde nicht der gesetzlichen Form oder ist sie nicht innerhalb der gesetzlichen Frist eingelegt oder begründet worden, so ist sie durch Beschl als unzulässig zu verwerfen, § 94 II 3, § 74 II 2; § 522 I ZPO (BAG 10.4.1984, 1 ABR 62/82, EzA § 94 ArbGG 1979 Nr 2; BAG 1.12.1999, 7 ABR 53/98). Die Verwerfung kann ohne mündliche Anhörung der Beteiligten ergehen und erfolgt dann ohne Mitwirkung der ehrenamtlichen Richter des Senats, also durch die 3 Berufsrichter allein. Findet eine mündliche Anhörung statt oder wird ein Termin zur Beratung anberaumt (GK-ArbGG/*Ahrendt* § 94 Rn 46), sind die ehrenamtlichen Richter heranzuziehen. Der Verwerfungsbeschl ist dem Rechtsbeschwerdeführer und den übrigen Beteiligten formlos mitzuteilen, § 329 II ZPO. Der Verwerfungsbeschl ist unanfechtbar. Bei Streit um die Zulässigkeit der Rechtsbeschwerde kann ihre Zulässigkeit durch einen unselbstständigen Zwischenbeschl entspr § 303 ZPO ausgesprochen werden (BAG 30.5.1974, 2 ABR 17/74, EzA § 212a ZPO Nr 1).

14 **G. Anschlussrechtsbeschwerde.** Im Rechtsbeschwerdeverfahren ist eine Anschlussrechtsbeschwerde zulässig (BAG 12.6.1996, 1 ABR 1/95, EzA § 96a ArbGG 1979 Nr 1). Die Anschlussrechtsbeschwerde muss nach § 554 II 2 ZPO bis zum Ablauf 1 Monats nach Zustellung der Rechtsbeschwerdebegründung beim BAG eingelegt und innerhalb dieser Frist auch begründet werden, was in verschiedenen Schriftsätzen geschehen kann. Eine Verlängerung der Frist zur Anschließung und/oder Begründung ist ausgeschlossen (HWK/*Bepler/Treber* § 94 Rn 12 mwN). Die Anschlussrechtsbeschwerde ist auch statthaft, wenn sie nicht zugelassen worden ist, § 554 II ZPO (BAG 3.12.2003, 10 AZR 124/03, AP Nr 19 zu § 1 TVG Tarifverträge: Musiker).

15 **H. Anhörung der Beteiligten.** Nach hM muss das BAG über die Rechtsbeschwerde nicht mündlich verhandeln, kann aber die **mündliche Verh** anordnen, wenn dies mit Rücksicht auf die Bedeutung der Rechtssache oder in Hinblick auf neue rechtliche Gesichtspunkte geboten erscheint (zB GMP/*Matthes/Schlewing* § 95 Rn 8; HWK/*Bepler/Treber* § 95 Rn 2). Die Einwilligung der Beteiligten ist dazu nicht erforderlich (BAG 22.10.1985, 1 ABR 42/84, EzA § 99 BetrVG 1972 Nr 44). In der Praxis wird in aller Regel Termin zur mündlichen Anhörung der Beteiligten bestimmt. Jedenfalls bestimmt der/die Senatsvorsitzende einen Termin zur Beratung des Senats unter Einbeziehung der ehrenamtlichen Richter.

16 **I. Rücknahme und Verzicht.** Nach § 94 III kann die Rechtsbeschwerde jederzeit in der für ihre Einlegung vorgeschriebenen Form zurückgenommen werden (Vertretungszwang). Der/die Vorsitzende des Senats stellt das Verfahren ein. Der Beschl ist den Beteiligten formlos mitzuteilen, soweit ihnen die Rechtsbeschwerde zugestellt worden ist. Ein Verzicht auf das Rechtsmittel der Rechtsbeschwerde ist möglich. Er führt zu ihrem endgültigen Verlust.

§ 95 Verfahren

¹Die Rechtsbeschwerdeschrift und die Rechtsbeschwerdebegründung werden den Beteiligten zur Äußerung zugestellt. ²Die Äußerung erfolgt durch Einreichung eines Schriftsatzes beim Bundesarbeitsgericht oder durch Erklärung zur Niederschrift der Geschäftsstelle des Landesarbeitsgerichts, das den angefochtenen Beschluss erlassen hat. ³Geht von einem Beteiligten die Äußerung nicht rechtzeitig ein, so steht dies dem Fortgang des Verfahrens nicht entgegen. ⁴§ 83a ist entsprechend anzuwenden.

1 § 95 enthält in Ergänzung zu den nach § 92 II für entspr anwendbar erklärten Bestimmungen Sonderregelungen über das Rechtsbeschwerdeverfahren.

2 Rechtsbeschwerde und Rechtsbeschwerdebegründung werden sämtlichen übrigen Beteiligten zur Äußerung zugestellt, und zwar unabhängig davon, ob sie Anträge gestellt oder sonst sich tatsächlich beteiligt haben. Die **Zustellung** erfolgt auch an diejenigen, deren Beteiligung fehlerhaft unterblieben ist. Auch das BAG hat die **Beteiligten vAw zu ermitteln**. Die Zustellung erfolgt unabhängig davon, ob über die Rechtsbeschwerde im schriftlichen Verfahren oder nach Anhörung entschieden werden soll.

3 Die Zustellung kann unterbleiben, wenn die Rechtsbeschwerde offensichtlich unzulässig und daher zu verwerfen ist, es sei denn, es kommt ein Antrag auf Wiedereinsetzung in den vorigen Stand gegen die Versäumung der Rechtsbeschwerdefrist oder der Rechtsbeschwerdebegründungsfrist in Betracht.

4 Das Gesetz schreibt eine **Äußerungsfrist** nicht vor, diese wird aber aus § 95 S 3 gefolgert (GK-ArbGG/ *Ahrendt* § 95 Rn 4). Jedenfalls ist es zweckmäßig, dass den Beteiligten eine nicht zu kurze Frist zur Äußerung gesetzt wird. Sie muss so bemessen sein, dass die übrigen Beteiligten zu der jeweiligen Äußerung noch

rechtzeitig vor dem angesetzten Beratungstermin oder dem Termin zur mündlichen Anhörung der Beteiligten vor dem Senat erwidern können. Notfalls kann die Äußerungsfrist auf entspr Antrag bei Vorliegen wichtiger Gründe verlängert werden. In der Aufforderung zur fristgerechten Äußerung sollte auf § 95 S 3 hingewiesen werden, also darauf, dass über die Rechtsbeschwerde auch dann entschieden werden wird, wenn innerhalb der gesetzten oder im Einzelfall verlängerten Frist keine Äußerung eingeht (BAG 20.8.2014, 7 ABR 60/12, EzA § 40 BetrVG 2001 Nr 25). Das Gesetz (§ 95 S 2) sieht schriftliche **Äußerung** durch das Einreichen eines Schriftsatzes oder durch Erklärung zur Niederschrift der Geschäftsstelle des LAG vor, durch das der angegriffene Beschl ergangen ist. Letztere Möglichkeit hat wenig praktische Bedeutung. Für diese Äußerung besteht kein Vertretungszwang. Die Äußerungen werden den übrigen Beteiligten formlos mitgeteilt; eine Zustellung ist nicht erforderlich (GK-ArbGG/*Ahrendt* § 95 Rn 10).

Nach hM muss das BAG über die Rechtsbeschwerde nicht mündlich verhandeln, kann aber die **mündliche** 5 **Verh** anordnen (zB Düwell/Lipke/*Düwell* § 95 Rn 3; GMP/*Matthes/Schlewing* § 95 Rn 8). Die Einwilligung der Beteiligten ist dazu nicht erforderlich (BAG 22.10.1985, 1 ABR 42/84, EzA § 99 BetrVG 1972 Nr 44). Wird eine Frist zur Äußerung gesetzt, so darf vor Fristablauf nicht entschieden werden (rechtliches Gehör). Zum Termin zur Anhörung der Beteiligten vor dem Senat sind diese Beteiligten durch Zustellung zu laden. 6 Auch für die mündliche Anhörung besteht **kein Vertretungszwang** (Düwell/Lipke/*Düwell* § 95 Rn 3).

Durch die entspr Anwendung des § 83a im Rechtsbeschwerdeverfahren wird klargestellt, dass ein **Vergleich** 7 abgeschlossen werden kann, wenn die Beteiligten über den Streitgegenstand verfügen können, und dass die Beendigung des Verfahrens durch übereinstimmende Erledigungserklärung zulässig ist. Das Verfahren ist dann durch die berufsrichterlichen Mitglieder des Senats einzustellen (HWK/*Bepler/Treber* § 95 Rn 3). Der **Einstellungsbeschl** setzt voraus, dass die Rechtsbeschwerde zulässig ist (vgl zum Urteilsverf BAG 23.9.2015, 5 AZR 290/15 (F), EzA § 91a ZPO 2002 Nr 5), anderenfalls ist sie durch Beschl als unzulässig zu verwerfen (GK-ArbGG/*Ahrendt* § 95 Rn 13).

§ 96 Entscheidung

(1) ¹Über die Rechtsbeschwerde entscheidet das Bundesarbeitsgericht durch Beschluss. ²Die §§ 562, 563 der Zivilprozessordnung gelten entsprechend.
(2) Der Beschluss nebst Gründen ist von sämtlichen Mitgliedern des Senats zu unterschreiben und den Beteiligten zuzustellen.

Übersicht	Rdn.			Rdn.
A. Allgemeines	1	C.	Form	7
B. Grundlagen und Inhalt der Entscheidung	3	D.	Zurückverweisung an das ArbG im	
I. Grundlagen	3		Beschlussverfahren nach §§ 122,	
II. Zurückweisung	5		126 InsO	8
III. Stattgabe	6			

A. Allgemeines. § 96 hat die Entsch des BAG als Rechtsbeschwerdegericht über eine **zulässige Rechts-** 1 **beschwerde** zum Gegenstand. I 1 bestimmt, dass der Senat in der Besetzung **mit den ehrenamtlichen Richtern durch Beschl** entscheidet (BAG 23.1.2008, 1 ABR 64/06, EzA § 83a ArbGG 1979 Nr 8 betr einseitige Erledigungserklärung). I 2 verweist auf § 562 ZPO (**Aufhebung** der Entsch) und § 563 ZPO (**Zurückverweisung** an die Vorinstanz oder **eigene ersetzende Entsch**). Zwar ist § 561 ZPO nicht genannt. Die **Zurückweisung** der Rechtsbeschwerde als unbegründet ist aber selbstverständlich möglich.
Die Entsch über eine zulässige Rechtsbeschwerde ergeht durch Beschl unabhängig davon, ob eine mündli- 2 che Anhörung der Beteiligten vor dem Senat stattgefunden hat. Ist die **Beschwerde** an sich nicht statthaft oder nicht in der gesetzlichen Form und Frist eingelegt oder begründet worden oder ist sie aus sonstigen Gründen **unzulässig**, ergeht **Verwerfungsbeschl** (s § 94 Rdn 13). § 95 I 2 verweist auf die §§ 562 und 563 ZPO. Außerdem sind auch §§ 559, 561, 564 ZPO und die allg Bestimmungen der ZPO über Form und Inhalt gerichtlicher Entsch anwendbar (Düwell/Lipke/*Düwell* § 96 Rn 4; GMP/*Matthes/Schlewing* § 96 Rn 1).

B. Grundlagen und Inhalt der Entscheidung. I. Grundlagen. IRd Sachprüfung des angefochtenen 3 LAG-Beschl ist das BAG an die v dem Beschwdeführer gestellten Anträge gebunden (§ 557 I ZPO), nicht aber an die Rechtsbeschwerdebegründung und an die Begründung der übrigen Beteiligten. Auf die Überprüfung bestimmter Rechtsfragen kann das BAG v den Beteiligten nicht beschränkt werden (GMP/ *Matthes/Schlewing* § 96 Rn 4). Vielmehr hat es im Rahmen der Anträge die Entsch des Beschwerdegerichts in jeder rechtlichen Hinsicht zu überprüfen.

Grundlage für die Entsch des Rechtsbeschwerdegerichts sind die tatsächlichen Feststellungen des Beschwerdegerichts. **Neues tatsächliches Vorbringen** ist grds nicht zu berücksichtigen. Ausnahmen: Unstr oder offenkundig richtiges Vorbringen; neue Tatsachen zum Rechtschutzinteresse (GK-ArbGG/*Ahrendt* § 96 Rn 9). **Verfahrensmängel** müssen ordnungsgemäß gerügt sein, zB wenn das Beschwerdegericht eine materiell beteiligte Person oder Stelle nicht beteiligt hat (BAG 20.2.1986, 6 ABR 25/85, EzA § 64 BetrVG 1972 Nr 2). Unabhängig davon hat das BAG alle am Verfahren materiell Beteiligten vAw in der Rechtsbeschwerdeinstanz zu beteiligen (BAG 17.4.2012, 1 ABR 84/10, EzA § 83 ArbGG Nr 12). Nach § 557 II 1 ZPO iVm § 92 II 1, 72 V ArbGG hat das Rechtsbeschwerdegericht den angefochtenen Beschl auf vAw zu berücksichtigende Verfahrensmängel v sich aus zu prüfen. Ein solcher Verfahrensmangel liegt zB vor, wenn die Beschwerde, in deren Rahmen das LAG über den Sachantrag des Beschwerdeführers entschieden hat, nicht zulässig war – **Verfahrensfortsetzungsbedingung** (BAG 17.2.2010, 7 ABR 58/08; BAG 16.7.2008, 7 ABR 13/07, EzA 78a BetrVG 2001 Nr 4 Rn 13).

4 Hat das LAG in seiner Beschwerdeentsch keine Sachverhaltsfeststellungen getroffen, ist der angegriffene Beschl auf die Rechtsbeschwerde aufzuheben und zur neuen Verh und Entsch an das LAG zurückzuverweisen, § 563 I 1 ZPO (BAG 13.5.2014, 1 ABR 51/11, EzA § 69 ArbGG 1979 Nr 7). Das gilt auch dann, wenn der Weg für die Rechtsbeschwerde erst durch eine Nichtzulassungsbeschwerde eröffnet worden war (BAG 31.1.1985, 6 ABR 25/82, EzA § 91 ArbGG 1979 Nr 1). Ausnahme: Der Sachverhalt ist auf andere Weise zuverlässig feststellbar (BAG 26.4.2005, 1 ABR 1/04, EzA § 87 BetrVG 2001 Gesundheitsschutz Nr 3). Bei Verfahrensfehlern ist der landesarbeitsgerichtliche Beschl aufzuheben, wenn die Entsch auf dem Mangel beruht, was dann der Fall ist, wenn es ohne diesen Mangel möglicherweise zu einer anderen Entsch gekommen wäre. Sind materiell beteiligte Personen oder Stellen nicht beteiligt worden, kommt es nur dann zu einer Aufhebung der Beschwerdeentsch und zur Zurückverweisung zur neuen Verh und Entsch an das Beschwerdegericht, wenn tatsächliche Feststellungen gerügt werden und davon auszugehen ist, dass aufgrund ihres in der Beschwerdeinstanz unterbliebenen Vorbringens das LAG zu anderen tatsächlichen Feststellungen und damit möglicherweise zu einer anderen Entsch gekommen wäre (BAG 28.1.1975, 1 ABR 92/73, EzA § 37 BetrVG 1972 Nr 37; vgl. zur Situation ohne entspr Verfahrensrüge: BAG 31.5.2005, 1 ABR 22/04, EzA § 87 BetrVG 2001 Betriebliche Lohngestaltung Nr 7).

5 **II. Zurückweisung.** Die Rechtsbeschwerde wird als **unbegründet** zurückgewiesen, wenn der angefochtene Beschl aufgrund des festgestellten Sachverhaltes jedenfalls im Ergebnis richtig ist, also keine Rechtsverletzung enthält oder zwar in der Begründung ganz oder teilweise unrichtig ist, sich aber im Ergebnis als zutreffend erweist, § 561 ZPO.

6 **III. Stattgabe.** Die Rechtsbeschwerde ist **begründet**, wenn gerügte Verfahrensfehler vorliegen und die angegriffene Entsch auf dem Verfahrensfehler beruht oder ein vAw zu berücksichtigender Verfahrensfehler vorliegt oder sich der LAG-Beschl aus Rechtsgründen als unrichtig erweist. Die Beschwerdeentsch wird dann aufgehoben, § 562 I ZPO. Beruht der Beschwerdebeschl auf einem Mangel im Verfahren, ist auch das Verfahren aufzuheben, § 562 II ZPO (HWK/*Bepler/Treber* § 96 Rn 6). Das Verfahren wird zur neuen Verh und Entsch an das LAG zurückverwiesen, wenn aus Verfahrens- oder Rechtsgründen eine weitere Sachaufklärung erforderlich ist, § 563 I 1 ZPO. Ist das Verfahren für eine abweichende Entsch in der Sache reif, entscheidet das BAG selbst, § 563 III ZPO.

7 **C. Form.** Der unter Mitwirkung der ehrenamtlichen Richter ergangene Beschl ist **mit Gründen** zu versehen und **v allen** an der Beschlussfassung beteiligten Mitgliedern des Senats, also auch v den ehrenamtlichen **Richtern zu unterschreiben** (§ 96 II). Der Beschl bedarf der **Verkündung**, wenn eine mündliche Anhörung der Beteiligten vor dem Senat stattgefunden hat. Er wird dann mit Gründen versehen den Beteiligten zugestellt. Im Fall eines Beratungstermins bedarf es keiner Verkündung, die **Zustellung** des mit Gründen versehenen Beschl reicht aus; allerdings schadet eine Verkündung nicht.

8 **D. Zurückverweisung an das ArbG im Beschlussverfahren nach §§ 122, 126 InsO.** Da es keine Beschwerdeinstanz gibt und Entsch des BAG nur aufgrund v ArbG zugelassener Rechtsbeschwerden möglich sind, hat eine erforderliche Zurückverweisung an das ArbG – ggf gem § 563 I ZPO in entspr Anwendung an eine andere Kammer – zu erfolgen (BAG 20.1.2001, 2 ABR 30/99, EzA § 126 InsO Nr 1; *Zwanziger* § 122 Rn 63; vgl iÜ HWK/*Bepler/Treber* § 96 Rn 7).

§ 96a Sprungrechtsbeschwerde

(1) ¹Gegen den das Verfahren beendenden Beschluss eines Arbeitsgerichts kann unter Übergehung der Beschwerdeinstanz unmittelbar Rechtsbeschwerde eingelegt werden (Sprungrechtsbeschwerde), wenn

die übrigen Beteiligten schriftlich zustimmen und wenn sie vom Arbeitsgericht wegen grundsätzlicher Bedeutung der Rechtssache auf Antrag in dem verfahrensbeendenden Beschluss oder nachträglich durch gesonderten Beschluss zugelassen wird. ²Der Antrag ist innerhalb einer Notfrist von einem Monat nach Zustellung des in vollständiger Form abgefassten Beschlusses schriftlich zu stellen. ³Die Zustimmung der übrigen Beteiligten ist, wenn die Sprungrechtsbeschwerde in dem verfahrensbeendenden Beschluss zugelassen ist, der Rechtsbeschwerdeschrift, andernfalls dem Antrag beizufügen.
(2) § 76 Abs. 2 Satz 2, 3, Abs. 3 bis 6 ist entsprechend anzuwenden.

Übersicht	Rdn.		Rdn.
A. Allgemeines	1	D. Einlegung und Verhältnis zur Beschwerde .	9
B. Voraussetzungen	3	E. Zurückverweisung	11
C. Entscheidung über die Zulassung	7	F. Anschlusssprungrechtsbeschwerde	12

A. Allgemeines. Auch im Beschlussverfahren ist es unter bestimmten Bedingungen möglich, eine Tatsacheninstanz zu überspringen und den verfahrensbeendenden Beschl des ArbG unmittelbar v BAG überprüfen zu lassen. Die Voraussetzungen und Wirkungen der Sprungrechtsbeschwerde entsprechen iW der Sprungrevision (§ 76), allerdings wird für die Zulässigkeit der Sprungrechtsbeschwerde allein auf die **grds Bedeutung** der Rechtssache abgestellt. Die Zulassung der Sprungrechtsbeschwerde ist daher in allen Rechtsstreitigkeiten möglich, die im Beschlussverfahren (§ 2a) entschieden werden (BAG 24.1.2006, 1 ABR 6/05, EzA § 87 BetrVG 2001 Arbeitszeit Nr 8). Die Sprungrechtsbeschwerde soll der Beschleunigung des Verfahrens dienen und kann sinnvoll sein, wenn der Sachverhalt in der 1. Instanz geklärt ist und die Entsch über eine Rechtsfrage im Vordergrund steht, sodass ohnehin eine Entsch durch das BAG angestrebt wird. 1

Geht es um mehrere Anträge, die unterschiedliche Streitgegenstände betreffen, kann die Zulassung der Sprungrechtsbeschwerde auf solche **beschränkt** werden, die die Voraussetzungen für die Sprungrechtsbeschwerde erfüllen; iÜ bleibt es bei der Beschwerde (Düwell/Lipke/*Düwell* § 96a Rn 9). Nicht um eine Sprungrechtsbeschwerde handelt es sich in den Fällen der §§ 126 II 2, 122 III InsO. Vielmehr ist dort als Rechtsmittel lediglich die Rechtsbeschwerde an das BAG gegeben. 2

B. Voraussetzungen. Die Sprungrechtsbeschwerde ist **nur auf Antrag** (§ 96a I 1, 2) **und nach** ausdrücklicher **Zulassung** durch das ArbG **statthaft** (§ 96a I 1), und zwar in der die 1. Instanz abschließenden Entsch, also in dem Beschl des ArbG (§ 84) oder nachträglich durch das ArbG im Wege eines gesonderten Beschl nach § 96a I 2 2. Alt. Antragsbefugt sind alle Beteiligten des Verfahrens. 3

Der **Antrag** auf Zulassung der Sprungrechtsbeschwerde kann bereits während des erstinstanzlichen Verfahrens, also vor Verkündung des Beschl des ArbG gestellt werden. Für diesen Antrag besteht kein Vertretungszwang. Er kann schriftlich gestellt, zur Niederschrift der Geschäftsstelle oder zu Protokoll des Gerichts erklärt werden. 4

Der Antrag auf Zulassung der Sprungrechtsbeschwerde kann auch erst nach Verkündung des verfahrensbeendenden Beschl gestellt werden, allerdings nur innerhalb einer **Notfrist** v **1 Monat** nach Zustellung des in vollständiger Form abgefassten Beschl, § 96a I 2. Gegen die Versäumung dieser Frist kann Wiedereinsetzung in den vorigen Stand gewährt werden. Der Antrag hat schriftlich zu erfolgen. Vertretungszwang besteht auch für den nachträglichen Antrag nicht. 5

Die Einlegung der Sprungrechtsbeschwerde bedarf der **Zustimmung der übrigen Beteiligten**. Wird der Antrag auf Zulassung der Sprungrechtsbeschwerde bereits vor Erlass der erstinstanzlichen Entsch gestellt, muss die Zustimmung der übrigen Beteiligten noch nicht vorliegen. Es reicht aus, wenn sie der Rechtsbeschwerdeschrift beigefügt werden, § 96a I 3. Bei nachträglichem Antrag muss die Zustimmung der übrigen Beteiligten der Antragsschrift beigefügt werden, § 96a I 3 letzter Hs. Das Zustimmungserfordernis betrifft allerdings nur die v ArbG als Beteiligte hinzugezogenen Personen und Stellen. Ist die Beteiligung fehlerhaft nicht erfolgt, so steht dies der Zulässigkeit der Sprungrechtsbeschwerde nicht entgegen (BAG 16.5.2007, 7 ABR 63/06, AP § 96a ArbGG 1979 Nr 3; Düwell/Lipke/*Düwell* § 96a Rn 8). 6

C. Entscheidung über die Zulassung. Über die Zulassung der Sprungrechtsbeschwerde entscheidet die Kammer des ArbG in voller Besetzung, soweit der Antrag vor Verkündung des erstinstanzlichen Beschl gestellt worden war. Liegen die Voraussetzungen nach § 96a vor, muss die Sprungrechtsbeschwerde zugelassen werden. Ein Ermessensspielraum besteht nicht. Das BAG ist an die Zulassung gebunden; es darf daher nicht überprüfen, ob die grds Bedeutung (iSv §§ 72, 76, 92) v ArbG zu Recht bejaht worden ist (BAG 12.6.1996, 4 ABR 1/95, EzA § 96a ArbGG 1979 Nr 19). Die Zulassung ist in die Beschlussformel aufzunehmen. Die Zulassung muss nicht begründet werden. Eine **Rechtsmittelbelehrung** ist dahin zu erteilen, dass gegen den arbeitsgerichtlichen Beschl **sowohl Beschwerde als auch Rechtsbeschwerde** gegeben ist. Die 7 ebenfalls in den Tenor aufzunehmende **Zurückweisung** des Zulassungsantrages ist zu begründen. Bei nachträglichem Antrag kann der Vorsitzende der Kammer des ArbG ohne mündliche Verh allein entscheiden.

8 Ist der nachträgliche gestellte Antrag abgelehnt worden (die Ablehnung des Antrages ist unanfechtbar), beginnt der Lauf der Beschwerdefrist mit der Zustellung dieser Entsch v neuem (§ 96a II, § 76 III), allerdings nur dann, wenn der Antrag in der gesetzlichen Form und Frist gestellt und die Zustimmungserklärung(en) beigefügt worden waren (GMP/*Müller-Glöge* § 76 Rn 24).

9 **D. Einlegung und Verhältnis zur Beschwerde.** Nach Zulassung der Sprungrechtsbeschwerde kann sie wirksam eingelegt werden. Die **Rechtsbeschwerdefrist v 1 Monat** beginnt mit der Zustellung des Beschl zu laufen. Der Beschwerdebefugte braucht die Sprungrechtsbeschwerde nicht einzulegen, er kann auch **Beschwerde** beim LAG einlegen. Legt ein Beteiligter die Sprungrechtsbeschwerde ein, ist die Beschwerde nicht mehr möglich. Die Einlegung gilt als **Verzicht** auf die Beschwerde, §§ 96a II, 76 V. Die Zustimmung der Beteiligten gilt ebenfalls als Verzicht auf die Beschwerde, wenn ein anderer Beteiligter die Rechtsbeschwerde tatsächlich einlegt. Wird die Sprungrechtsbeschwerde zurückgenommen oder als unzulässig verworfen, ist die Beschwerde nicht mehr möglich.

10 Die Sprungrechtsbeschwerde kann nicht mit Erfolg auf Verfahrensmängel gestützt werden, es sei denn, diese seien vAw zu beachten. Allerdings kann ein materiell Beteiligter, der in 1. Instanz nicht hinzugezogen wurde, dies in der Rechtsbeschwerdeinstanz rügen.

11 **E. Zurückverweisung.** Wird auf die Sprungrechtsbeschwerde der arbeitsgerichtliche Beschl v BAG aufgehoben, kann das Verfahren an das ArbG oder an das LAG zurückverwiesen werden (BAG 12.6.1996, 4 ABR 1/95, EzA § 96a ArbGG 1979 Nr 1).

12 **F. Anschlusssprungrechtsbeschwerde.** Sie ist möglich und setzt voraus, dass erklärt oder erkennbar wird, dass ein Anschluss an eine bereits eingelegte Sprungrechtsbeschwerde vorgenommen wird (vgl BAG 12.6.1996, 4 ABR 1/95, EzA § 96a ArbGG 1979 Nr 1). Die Anschlusssprungrechtsbeschwerde kann sich bei beschränkter Zulassung der Sprungrechtsbeschwerde auch auf einen anderen Streitgegenstand beziehen (GMP/*Matthes/Schlewing* § 96a Rn 14).

§ 97 Entscheidung über die Tariffähigkeit oder Tarifzuständigkeit einer Vereinigung

(1) In den Fällen des § 2a Abs. 1 Nr. 4 wird das Verfahren auf Antrag einer räumlich und sachlich zuständigen Vereinigung von Arbeitnehmern oder von Arbeitgebern oder der obersten Arbeitsbehörde des Bundes oder der obersten Arbeitsbehörde eines Landes, auf dessen Gebiet sich die Tätigkeit der Vereinigung erstreckt, eingeleitet.

(2) Für Verfahren nach § 2a Absatz 1 Nummer 4 ist das Landesarbeitsgericht zuständig, in dessen Bezirk die Vereinigung, über deren Tariffähigkeit oder Tarifzuständigkeit zu entscheiden ist, ihren Sitz hat.

(2a) ¹Für das Verfahren sind § 80 Absatz 1, 2 Satz 1 und Absatz 3, §§ 81, 83 Absatz 1 und 2 bis 4, §§ 83a, 84 Satz 1 und 2, § 90 Absatz 3, § 91 Absatz 2 und §§ 92 bis 96 entsprechend anzuwenden. ²Für die Vertretung der Beteiligten gilt § 11 Absatz 4 und 5 entsprechend.

(3) ¹Der rechtskräftige Beschluss über die Tariffähigkeit oder Tarifzuständigkeit einer Vereinigung wirkt für und gegen jedermann. ²Die Vorschrift des § 63 über die Übersendung von Urteilen gilt entsprechend für die rechtskräftigen Beschlüsse von Gerichten für Arbeitssachen im Verfahren nach § 2a Abs. 1 Nr. 4.

(4) ¹In den Fällen des § 2a Abs. 1 Nr. 4 findet eine Wiederaufnahme des Verfahrens auch dann statt, wenn die Entscheidung über die Tariffähigkeit oder Tarifzuständigkeit darauf beruht, dass ein Beteiligter absichtlich unrichtige Angaben oder Aussagen gemacht hat. ²§ 581 der Zivilprozessordnung findet keine Anwendung.

(5) ¹Hängt die Entscheidung eines Rechtsstreits davon ab, ob eine Vereinigung tariffähig oder ob die Tarifzuständigkeit der Vereinigung gegeben ist, so hat das Gericht das Verfahren bis zur Erledigung des Beschlussverfahrens nach § 2a Abs. 1 Nr. 4 auszusetzen. ²Im Falle des Satzes 1 sind die Parteien des Rechtsstreits auch im Beschlussverfahren nach § 2a Abs. 1 Nr. 4 antragsberechtigt.

Übersicht

		Rdn.			Rdn.
A.	Allgemeines	1	IV.	Streitgegenstände	12
B.	Verfahren	4	D.	Exklusivität des Verfahrens	13
C.	Die Streitgegenstände und ihre Abgrenzung	6	E.	Antragsberechtigung	20
			F.	Beteiligte	21
I.	Tariffähigkeit	6	G.	Entscheidung und Rechtsmittel	22
II.	Tarifzuständigkeit	10	H.	Die Rechtskraft und ihre Reichweite	23
III.	Tarifgebundenheit	11			

A. Allgemeines. Die Vorschrift sieht für das Beschlussverfahren über die Tariffähigkeit oder Tarifzuständigkeit einer Vereinigung iSd § 2a I Nr 4 Sonderregelungen vor. Die Frage der Tariffähigkeit und der Tarifzuständigkeit kann nicht im Wege der Feststellungsklage über den Geltungsbereich eines TV ggü einem einzelnen AG, sondern nur im Beschlussverfahren nach § 97 geklärt werden (BAG 10.5.1989, 4 AZR 80/89, EzA § 256 ZPO Nr 32). Das Urteilsverfahren ist ausgeschlossen. Ebenso wenig darf über die Tariffähigkeit und die Tarifzuständigkeit als Vorfrage in einem anderen Rechtsstreit entschieden werden. Erforderlich ist die Aussetzung des Verfahrens und die Durchführung des Beschlussverfahrens nach § 97. 1

Durch Art 2 Nr 4 des Tarifautonomiestärkungsgesetzes (v. 11.8.2014, BGBl. I S. 1348) ist § 97 teilweise neu gefasst worden. Neben klarstellenden Regelungen, wie der Anpassung der Überschrift und des IV 1 (»oder« statt »und«), und der Kodifizierung bisheriger Rspr, zB hins der inter-omnes-Wirkung, ist als wesentliche Neuregelung eine Verkürzung des Instanzenzuges enthalten. Verfahren nach § 97 beginnen künftig beim LAG; dementsprechend ist v Beginn an eine Vertretung durch Prozessbevollmächtigte vorgeschrieben. 2

Die Neuregelung gilt gem der Übergangsregelung in § 112 für Verfahren, die ab dem Inkrafttreten des Tarifautonomiestärkungsgesetzes am 16.8.2014 bei Gericht eingereicht werden. Zu diesem Zeitpunkt bereits anhängige Verfahren durchlaufen in vollem Umfang den bisherigen Instanzenzug und es gilt bis zur ihrem rkr Abschluss weiterhin § 97 aF nebst den hierzu v der Rspr entwickelten Grundsätzen (vgl dazu die Erl zu § 97 in der Vorauf). 3

B. Verfahren. § 97 II bestimmt die **sachliche Zuständigkeit** abweichend v § 8 I: Erstinstanzlich ist das LAG zuständig, nicht mehr das ArbG. Ziel ist eine Verfahrensbeschleunigung und eine schnellere Herbeiführung v Rechtssicherheit über die wichtige Frage der Tariffähigkeit oder Tarifzuständigkeit einer Vereinigung (BT-Drs 18/1558 S 44). Gleichzeitig regelt § 97 II in Anlehnung an die bisher hM (vgl § 82 Rdn 11; ArbG Berlin 29.5.2013, 21 BV 3777/13) die **örtliche Zuständigkeit**: Zuständig ist das LAG, in dessen Bezirk die Vereinigung, über deren Tariffähigkeit oder Tarifzuständigkeit gestritten wird, ihren Sitz hat. Dabei spielt es keine Rolle, ob die Vereinigung Antragstellerin ist oder ob ihre Tariffähigkeit oder Tarifzuständigkeit durch andere in Frage gestellt wird. 4

Für das Verfahren selbst kann zunächst auf die bisherigen Rspr und Kommentierung zurückgegriffen werden; abgesehen v der erstinstanzlichen Zuständigkeit des LAG sind keine wesentlichen prozessualen Änderungen vorgenommen worden. Grds gelten daher die allg Vorschriften über das Beschlussverfahren. Auch hins der Beteiligten (§ 83 III) kann auf die bisherige Rspr zurückgegriffen werden (vgl Rdn 21). Besondere Bedeutung kommt wegen der Verkürzung des Instanzenzuges - und generell wegen des Stellenwerts der Verfahren nach § 97 - allerdings dem Untersuchungsgrundsatz (§ 83 I) zu; § 83 Ia (Zurückweisung v Vorbringen) ist dementsprechend v der Bezugnahme ausgenommen. Die Präzisierung der in § 97 in Bezug genommenen Vorschriften soll iÜ der **Eigenart des Streitgegenstandes** bzw. der Besonderheit des Verfahrens vor dem LAG Rechnung tragen (BT-Drs 18/1558 S 44). So wurde ua klargestellt, dass kein Güteverfahren stattfindet. Generell wird bei der Anwendung der allg Bestimmungen zu beachten sein, dass das Verfahren vor dem LAG beginnt und das Gesetz ausdrückl nur eine entsprechende Anwendung vorsieht. Aus dem Beginn des Rechtszuges beim LAG folgt iÜ der Zwang, sich in Verfahren über die Tariffähigkeit oder Tarifzuständigkeit durch Rechtsanwälte oder Verbandsvertreter vertreten zu lassen. Auf Anregung des Ausschusses für Arbeit und Soziales (BT-Drs 18/2010 S 6, 25) ist dieser **Vertretungszwang** in § 97 IIa 2 durch Bezugnahme auf § 11 IV und V ausdrücklich klargestellt worden. 5

C. Die Streitgegenstände und ihre Abgrenzung. I. Tariffähigkeit. Tariffähigkeit ist die rechtliche Fähigkeit, mit dem sozialen Gegenspieler durch TV Arbeitsbedingungen mit normativer Wirkung zu regeln, sodass sie für die tarifgebundenen Personen unabdingbar wie Rechtsnormen gelten. 6

Hinsichtlich der Mindestvoraussetzungen, die eine **AN-Vereinigung** erfüllen muss, um tariffähig und damit eine **Gewerkschaft** iSv § 2 I TVG zu sein, wird auf die Rspr des BAG verwiesen (vgl zB BAG 5.10.2010, 1 ABR 88/09, EzA § 2 TVG Nr 30; 28.3.2006, 1 ABR 58/04, EzA § 2 TVG Nr 28; 14.12.2004, 1 ABR 51/03, EzA § 2 TVG Nr 27). Zur Tariffähigkeit einer v Gewerkschaften gebildeten Spitzenorganisation iSd § 2 III TVG: BAG 14.12.2010, 1 ABR 19/10, EzA § 2 TVG Nr 31. 7

AG sind nach § 2 I TVG stets tariffähig. Ein **AG-Verband** ist tariffähig, ohne dass es darauf ankommt, dass er eine bestimmte Durchsetzungskraft (Mächtigkeit) hat (BAG 20.11.1990, 1 ABR 62/89, EzA § 2 TVG Nr 20). 8

Handwerksinnungen sind gem § 54 III Nr 1 HandwO befugt, TV abzuschließen, soweit und solange solche Verträge nicht durch den Innungsverband für den Bereich der Handwerksinnung geschlossen sind (dazu BAG 6.3.2003, 1 AZR 241/02, EzA § 2 TVG Nr 26; vgl zum Ausschluss einer Mitgliedschaft ohne Tarifbindung BVerwG 23.3.2016, 10 C 23.14). 9

10 **II. Tarifzuständigkeit.** Tarifzuständigkeit ist die in der **Satzung** geregelte Befugnis eines tariffähigen Verbandes, TV mit einem bestimmten räumlichen, betrieblich-fachlichen und persönlichen Geltungsbereich abzuschließen (st Rspr, vgl zuletzt BAG 11.6.2013, 1 ABR 32/12, EzA § 97 ArbGG 1979 Nr 13; 17.4.2012, 1 ABR 5/11, EzA § 2 TVG Tarifzuständigkeit Nr 13).

11 **III. Tarifgebundenheit.** Sie betrifft den einzelnen AN oder AG und ist, sofern es auf sie ankommt, inzident im jeweiligen Rechtsstreit zu prüfen (BAG 18.7.2006, 1 ABR 36/05, EzA § 2 TVG Tarifzuständigkeit Nr 10). Das Beschlussverfahren nach § 97 und damit auch eine Aussetzung des Rechtsstreits finden insoweit nicht statt (GK-ArbGG/*Ahrendt*§ 97 Rn 22; vgl BAG 23.2.2005, 4 AZR 186/04, EzA § 3 TVG Verbandsaustritt Nr 2). Die **OT-Mitgliedschaft** betrifft die Tarifgebundenheit des AG als Mitglied im AG-Verband, eine Aussetzung kommt nicht in Betracht (LAG Düsseldorf 26.11.2007, 17 Sa 1298/07, ZTR 2008, 258; LAG BW 19.1.2007, 7 Sa 86/06, LAGE § 3 TVG Nr 7; BAG 18.7.2006, 1 ABR 36/05, aaO). Während eine im Verfahren nach § 97 I ergehende Entsch über die Tarifzuständigkeit Bindungswirkung auch für am Verfahren nicht beteiligte Dritte entfaltet, ist die Wirkung einer inzidenten Entsch über die Tarifgebundenheit einzelner AG oder AN auf die jeweiligen Verfahrensbeteiligten beschränkt (BAG 18.7.2006, 1 ABR 36/05, aaO).

12 **IV. Streitgegenstände.** Der Streit muss also darum gehen, ob eine AN-Vereinigung (vgl Hess LAG 8.8.2003, 12 TaBV 138/01, ArbuR 2004, 478; Rechtsbeschwerdeentsch BAG 14.12.2004, 1 ABR 51/03, EzA § 2 TVG Nr 9) oder eine AG-Vereinigung (vgl BAG 29.6.2004, 1 AZR 143/03, EzA § 1 TVG Nr 46) TV mit normativer Wirkung schließen kann, wobei die Frage der Tariffähigkeit auf AN-Seite der Frage nach der Gewerkschaftseigenschaft gleichsteht (BAG 23.4.1971, 1 ABR 76/70, EzA § 2 TVG Nr 2; LAG Düsseldorf 2.3.2006, 6 Ta 89/06), und/oder eine an sich tariffähige Vereinigung nach ihrer Satzung befugt ist, TV mit einem bestimmten Geltungsbereich abzuschließen. Dabei ist es unerheblich, zwischen welchen Parteien der Streit besteht und aus welchem Anlass der Streit entflammt ist. § 97 I lässt grds auch eine vergangenheitsbezogene Feststellung zu (BAG 11.6.2013, 1 ABR 32/12, EzA § 97 ArbGG 1979 Nr 13; dazu auch BVerfG 25.4.2015, 1 BvR 2314/12, EzA § 97 ArbGG 1979 Nr 10a).

13 **D. Exklusivität des Verfahrens.** Bei Entscheidungserheblichkeit der Tariffähigkeit und/oder Tarifzuständigkeit einer Vereinigung in einem Rechtsstreit ist das Verfahren nach § 97 V – nicht nach § 148 ZPO – vAw auszusetzen. Eine Aussetzung ist nur erforderlich und zulässig, wenn die Entsch ausschließlich davon abhängt, ob der AG-Verband oder die AN-Vereinigung tariffähig ist und/oder ob Tarifzuständigkeit besteht (BAG 24.7.2012, 1 AZB 47/11, EzA § 97 ArbGG 1979 Nr 12; 28.1.2008, 3 AZB 30/07, EzA § 97 ArbGG 1979 Nr 9; 29.6.2004, 1 AZR 143/03, EzA § 1 TVG Nr 46).

14 Diese **Aussetzungspflicht** besteht nicht nur für die Arbeitsgerichtsbarkeit, sondern ebenso in einem anderen Rechtsweg und hat auch noch im Rechtsmittelverfahren zu erfolgen (BAG 23.10.1996, 4 AZR 409/95 (A), EzA § 97 ArbGG 1979 Nr 3). Verletzt das Gericht die Aussetzungspflicht, kann dieser Verfahrensfehler mit Erfolg in der Berufungs- oder Revisionsinstanz gerügt werden: Das Verfahren wird dann ausgesetzt. Die Parteien oder Beteiligten des Ausgangsverfahrens können die Tariffähigkeit und/oder Tarifzuständigkeit nicht wirksam unstr stellen, § 97 V ist zwingendes Recht.

15 Die Aussetzung erfolgt vAw. Ein entspr Antrag ist nur eine Anregung an das Gericht. Zu prüfen ist aber stets, ob die Entsch des Rechtsstreits v der Tariffähigkeit und/oder Tarifzuständigkeit abhängt (BAG 28.1.2008, 3 AZB 30/07, EzA § 97 ArbGG 1979 Nr 9). Das Verfahren ist nicht auszusetzen, wenn die Tariffähigkeit eines Bundesverbandes als Spitzenverband geleugnet wird, diese aber dahinstehen kann, weil er »in Vollmacht« der Untergliederungen gehandelt hat (BAG 29.6.2004, 1 AZR 143/03, EzA § 1 TVG Nr 46).

16 Wenn zwischen den Parteien über die Tariffähigkeit und/oder Tarifzuständigkeit kein Streit besteht und auch vAw insoweit keine ernsthaften Bedenken gerechtfertigt sind, besteht keine Veranlassung zur Aussetzung des Rechtsstreits nach § 97 V (BAG 6.5.2003, 1 AZR 241/02, EzA § 2 TVG Nr 26; evtl enger BAG 21.9.2011, 4 AZR 828/09, AP § 1 TVG Tarifverträge: Arzt Nr 58). **Im einstweiligen Verfügungsverfahren** kommt eine Aussetzung nicht in Betracht, weil sonst ein vorläufiger Rechtsschutz nicht gewährleistet werden kann (Hess LAG 11.1.2007, 9 SaGa 2098/06; 22.7.2004, 9 SaGa 593/04, NZA-RR 2005, 262; LAG Hamm 31.1.1991, 16 Sa 119/91, LAGE Art 9 GG Arbeitskampf Nr 41; 12.6.1975, 8 TaBV 37/75, LAGE § 46 BetrVG 1972 Nr 1).

17 Wird das Verfahren nach § 97 V ausgesetzt, kommt es nicht automatisch zu einem **Beschlussverfahren**, vielmehr **bedarf es eines entspr Antrages**, den nach § 97 V 2 auch die Parteien oder Beteiligten des ausgesetzten Verfahrens stellen können, aber nicht müssen. Deren Antragsbefugnis ist auf die Vorfrage beschränkt, derentwegen das Gericht sein Verfahren ausgesetzt hat (BAG 18.7.2006, 1 ABR 36/05, EzA § 2 TVG Tarifzuständigkeit Nr 10).

Gegen den Aussetzungsbeschl nach § 97 V 1 ist in einem Urteilsverfahren die **sofortige Beschwerde** gem 18
§ 78 iVm, §§ 252, 567 ff ZPO möglich (BAG 28.1.2008, 3 AZB 30/07, EzA § 97 ArbGG 1979 Nr 9;
18.7.2006, 1 ABR 36/05, EzA § 2 TVG Tarifzuständigkeit Nr 10). Nach § 569 I 1 ZPO ist die Beschwerde
binnen einer Notfrist v 2 Wochen einzulegen, die nach Satz 2 mit Zustellung des arbeitsgerichtlichen
Beschl beginnt (LAG Hamm 30.11.2010, 7 Ta 557/10). Gleiches gilt über § 83 V im arbeitsgerichtlichen Beschlussverfahren. Das LAG kann die Rechtsbeschwerde zulassen, wenn es im Urteilsverfahren oder
als Rechtsmittelgericht im Beschlussverfahren entschieden hat (BAG 28.2.2003, 1 AZB 53/02, EzA § 78
ArbGG 1979 Nr 5). Wenn die Aussetzung im Beschlussverfahren hingegen erstmals durch das LAG erfolgt
ist, ist ein Rechtsmittel nicht gegeben, § 90 III (GMP/*Matthes/Schlewing* § 97 Rn 16; offen gelassen in BAG
28.02.2003, 1 AZB 53/02, aaO). Gleiches gilt in der Revisions- oder Rechtsbeschwerdeinstanz. Allenfalls
kommt in diesen Fällen die Rüge nach § 78a in Betracht (GK-ArbGG/*Ahrendt* § 97 Rn 86).

An den Aussetzungsbeschl ist das LAG, das über die Tariffähigkeit oder Tarifzuständigkeit zu entscheiden 19
hat, gebunden. Es darf nicht nachprüfen, ob die Frage für das andere Verfahren tatsächlich vorgreiflich ist,
sich die Tariffähigkeit oder Tarifzuständigkeit als Vorfrage überhaupt stellt (BAG 18.7.2006, 1 ABR 36/05,
EzA § 2 TVG Tarifzuständigkeit Nr 10).

E. **Antragsberechtigung.** Antragsberechtigt sind neben den Parteien oder Beteiligten, deren Verfahren 20
ausgesetzt wurde, die räumlich und sachlich zuständigen Vereinigungen v AG oder AN (§ 97 I), die selber
tariffähig iSd § 2 TVG sein oder ihre Tariffähigkeit und/oder Tarifzuständigkeit zumindest in Anspruch nehmen müssen. Die Zuständigkeit muss mit der Zuständigkeit derjenigen Vereinigung konkurrieren, deren
Tariffähigkeit oder Tarifzuständigkeit umstr ist (BAG 14.12.2010, 1 ABR 19/10, EzA § 2 TVG Nr 31).
Der Umstand, dass an eine gemeinsame Einrichtung Beiträge abzuführen sind, begründet keine Antragsbefugnis der gemeinsamen Einrichtung nach § 97 I (BAG 29.6.2004, 1 ABR 14/03, EzA § 97 ArbGG
1979 Nr 4). Dem BR fehlt die für die Einleitung eines Verfahrens nach § 2a I Nr 4 erforderliche Antragsbefugnis; sie ergibt sich auch nicht aus § 97 IIa iVm § 81 I (BAG 17.4.2012, 1 ABR 5/11, EzA § 2 TVG Tarifzuständigkeit Nr 13; 13.3.2007, 1 ABR 24/06, EzA § 97 ArbGG 1979 Nr 8). Antragsbefugt ist die oberste
Arbeitsbehörde des Bundes (das ist der BMAS), und zwar unabhängig davon, ob die Tätigkeit der Vereinigung, die im Streit steht, über das Gebiet eines Landes hinausreicht, und eines Landes (das ist der jeweilige Minister oder Senator für Arbeit, wobei die Bezeichnungen in den einzelnen Ländern unterschiedlich
sind), auf dessen Gebiet sich die Tätigkeit der Vereinigung (auch) erstreckt (iE BAG 14.12.2010, 1 ABR
19/10, aaO). Ferner sind antragsberechtigt einzelne AG (BAG 13.3.2007, 1 ABR 24/06, EzA § 97 ArbGG
1979 Nr 8) und die betroffene Vereinigung, die ihre eigene Tariffähigkeit und/oder Tarifzuständigkeit festgestellt wissen will (BAG 29.6.2004, 1 ABR 14/03, EzA § 97 ArbGG 1979 Nr 4). § 97 V 2 erweitert die
Antragsbefugnis in den Fällen, in denen ein Gericht einen Rechtsstreit gem § 97 V 1 bis zur Erledigung
eines Beschlussverfahrens nach § 2a I Nr 4 ausgesetzt hat, auf die Parteien/Beteiligten des ausgesetzten
Rechtsstreits. Die Antragsbefugnis nach § 97 V 2 beschränkt sich jedoch für diese auf die Vorfrage, derentwegen das Gericht sein Verfahren ausgesetzt hat. Die Partei/Beteiligte des ausgesetzten Verfahrens ist nicht
befugt, eine andere als die v dem aussetzenden Gericht für entscheidungserheblich angesehene Frage der
Tariffähigkeit und/oder Tarifzuständigkeit gerichtlich klären zu lassen (BAG 17.4.2012, 1 ABR 5/11, aaO;
29.6.2004, 1 ABR 14/03, aaO). Die Möglichkeit des DGB-Schiedsverfahrens nach § 16 der DGB-Satzung
schließt einen Antrag einer DGB-Gewerkschaft nicht aus, die eigene Tarifzuständigkeit im Verhältnis zu
anderen DGB-Gewerkschaften klären zu lassen (aA ErfK/*Koch* § 97 Rn 3).

F. **Beteiligte.** An dem Verfahren nach § 2a I Nr 4 zu beteiligen sind gem §§ 97 IIa, 83 III neben dem(n) 21
Antragsteller(n) diejenigen, die durch das Verfahren unmittelbar in ihrer Rechtsstellung betroffen sind
(BAG 11.6.2013, 1 ABR 33/12, EzA § 97 ArbGG 1979 Nr 14). Dazu gehört stets der Verband, dessen
Tariffähigkeit und/oder Tarifzuständigkeit im Streit ist (BAG 17.4.2012, 1 ABR 5/11, EzA § 2 TVG Tarif-
zuständigkeit Nr 13). Beteiligt sind ferner die AN- und AG-Seite, wobei die Beteiligung der jeweiligen
Spitzenverbände grds ausreicht (BAG 14.12.2010, 1 ABR 19/10, EzA § 2 TVG Nr 31 [Tariffähigkeit]).
Die jew sachlich zust Mitgliedsverbände können als Antragsteller nach I auftreten (ErfK/*Koch* § 97 Rn 4).
Einzelne AG, die Vereinbarungen mit einer AN-Vereinigung abgeschlossen haben, deren Tariffähigkeit
umstr ist, sind nicht im Verfahren nach § 97 anzuhören (BAG 14.12.2010, 1 ABR 19/10, aaO). Erstreckt
sich die Zuständigkeit der Vereinigung, deren Tariffähigkeit umstritten ist, auf das Gebiet mehrerer Bundesländer, ist in dem Verfahren auch die oberste Arbeitsbehörde des Bundes beteiligt, und zwar unabhängig
davon, ob sie einen Antrag stellt oder gestellt hat (BAG 5.10.2010, 1 ABR 88/09, EzA § 2 TVG Nr 30;
str, vgl zum Meinungsstand GMP/*Matthes/Schlewing* § 97 Rn 27). In Verfahren über die Tarifzuständigkeit scheidet mangels unmittelbarer Betroffenheit eine Beteiligung der Spitzenverbände und der obersten
Arbeitsbehörden aus (BAG 11.6.2013, 1 ABR 32/12, EzA § 97 ArbGG 1979 Nr 13). Nicht zu beteiligen

sind Organe der Betriebsverfassung (etwa BR oder GBR); eine mittelbare Betroffenheit, etwa wegen Regelungsmöglichkeiten für die Betriebsparteien durch Öffnungsklauseln, reicht nicht aus (ArbG Frankfurt 29.8.2003, 14 BV 47/02). Bei einem nach § 97 V 2 eingeleiteten Verfahren sind die Parteien des Ausgangsrechtsstreits zu beteiligen.

22 **G. Entscheidung und Rechtsmittel.** Die Entsch des Verfahrens ergeht durch das LAG als Beschl, der entspr §§ 97 IIa, 84 S 1 und 2, 91 II v allen Mitgliedern der Kammer zu unterzeichnen ist. Gegen den Beschl des LAG ist die Rechtsbeschwerde an das BAG gegeben, wenn sie v LAG oder nach erfolgreicher Nichtzulassungsbeschwerde v BAG zugelassen worden ist. Sie setzt eine Beschwer voraus, die sich aus dem Vergleich zwischen Antrag und Entschiedenem ergibt. Eine Beschwer liegt auch vor, wenn der Antrag als unzulässig abgewiesen wurde, aber eine Sachentsch gewollt war (GK-ArbGG/*Ahrendt* § 97 Rn 78). Wird im Beschlussverfahren nach § 97 ein zulässiges Rechtsmittel v einem Beteiligten eingelegt, so führt das dazu, dass der Rechtsstreit hinsichtlich aller Beteiligten in die Rechtsmittelinstanz gelangt; über den Streitgegenstand kann nur einheitlich entschieden werden (LAG Köln 20.7.2009, LAGE § 2 TVG Nr 7; BAG 25.11.1986, 1 ABR 22/85, EzA § 2 TVG Nr 17).

23 **H. Die Rechtskraft und ihre Reichweite.** § 97 III 1 stellt klar, dass rechtskräftige Beschl über die Tariffähigkeit oder Tarifzuständigkeit einer Vereinigung für und gegen jedermann wirken (sog. **inter-omnes-Wirkung**). Dies entspricht der st Rspr des BAG (zuletzt zB BAG 23.5.2012, 1 AZB 67/11, EzA § 97 ArbGG 1979 Nr 11). Ist die Gewerkschaftseigenschaft und damit die Tariffähigkeit einer AN-Vereinigung rkr bejaht worden, steht die Rechtskraft dieser Entsch einer erneuten Entsch nicht entgegen, wenn eine **wesentliche Änderung** der entscheidungserheblichen tatsächlichen oder rechtlichen Verhältnisse vorliegt (BAG 6.6.2000, 1 ABR 21/99, EzA § 322 ZPO Nr 12; Verfassungsbeschwerde nicht angenommen durch BVerfG 23.2.2001, 1 BVR 4/01, EzA § 322 ZPO Nr 12a). Entspr gilt für die rkr Verneinung der Tariffähigkeit einer AN-Vereinigung (BAG 1.2.1983, 1 ABR 33/78, EzA § 322 ZPO Nr 4; 25.11.1986, 1 ABR 22/85, EzA § 2 TVG Nr 17; vgl auch BAG 23.5.2012, 1 AZB 58/11, aaO und 1 AZB 67/11, EzA § 97 ArbGG Nr 11 [CGZP]).
Die rkr Entsch in den Verfahren nach § 97 sind nach III 2 iVm § 63 alsbald der zuständigen obersten Landesbehörde und dem Bundesministerium für Arbeit und Soziales in vollständiger Form abschriftlich zu übersenden. Nach rkr Abschluss des Verfahrens nach § 97 sind nach § 97 V ausgesetzte Verfahren fortzusetzen.

24 § 97 IV sieht Erleichterungen der **Wiederaufnahme des Verfahrens** vor. Für eine Wiederaufnahme nach §§ 579, 580 ZPO genügt die beabsichtigte unrichtige Angabe oder Aussage. Ein Meineid oder fahrlässiger Falscheid ist nicht erforderlich. § 581 ZPO ist unanwendbar (§ 97 IV 2).

§ 98 Entscheidung über die Wirksamkeit einer Allgemeinverbindlicherklärung oder einer Rechtsverordnung

(1) In den Fällen des § 2a Absatz 1 Nummer 5 wird das Verfahren eingeleitet auf Antrag
1. jeder natürlichen oder juristischen Person oder
2. einer Gewerkschaft oder einer Vereinigung von Arbeitgebern,
die nach Bekanntmachung der Allgemeinverbindlicherklärung oder der Rechtsverordnung geltend macht, durch die Allgemeinverbindlicherklärung oder die Rechtsverordnung oder deren Anwendung in ihren Rechten verletzt zu sein oder in absehbarer Zeit verletzt zu werden.
(2) Für Verfahren nach § 2a Absatz 1 Nummer 5 ist das Landesarbeitsgericht zuständig, in dessen Bezirk die Behörde ihren Sitz hat, die den Tarifvertrag für allgemeinverbindlich erklärt hat oder die Rechtsverordnung erlassen hat.
(3) ¹Für das Verfahren sind § 80 Absatz 1, 2 Satz 1 und Absatz 3, §§ 81, 83 Absatz 1 und 2 bis 4, §§ 83a, 84 Satz 1 und 2, § 90 Absatz 3, § 91 Absatz 2 und §§ 92 bis 96 entsprechend anzuwenden. ²Für die Vertretung der Beteiligten gilt § 11 Absatz 4 und 5 entsprechend. 3In dem Verfahren ist die Behörde, die den Tarifvertrag für allgemeinverbindlich erklärt hat oder die Rechtsverordnung erlassen hat, Beteiligte.
(4) ¹Der rechtskräftige Beschluss über die Wirksamkeit einer Allgemeinverbindlicherklärung oder einer Rechtsverordnung wirkt für und gegen jedermann. ²Rechtskräftige Beschlüsse von Gerichten für Arbeitssachen im Verfahren nach § 2a Absatz 1 Nummer 5 sind alsbald der obersten Arbeitsbehörde des Bundes in vollständiger Form abschriftlich zu übersenden oder elektronisch zu übermitteln. ³Soweit eine Allgemeinverbindlicherklärung oder eine Rechtsverordnung rechtskräftig als wirksam oder unwirksam festgestellt wird, ist die Entscheidungsformel durch die oberste Arbeitsbehörde des Bundes im Bundesanzeiger bekannt zu machen.

(5) ¹In den Fällen des § 2a Absatz 1 Nummer 5 findet eine Wiederaufnahme des Verfahrens auch dann statt, wenn die Entscheidung über die Wirksamkeit einer Allgemeinverbindlicherklärung oder einer Rechtsverordnung darauf beruht, dass ein Beteiligter absichtlich unrichtige Angaben oder Aussagen gemacht hat. ²§ 581 der Zivilprozessordnung findet keine Anwendung.

(6) ¹Hängt die Entscheidung eines Rechtsstreits davon ab, ob eine Allgemeinverbindlicherklärung oder eine Rechtsverordnung wirksam ist, so hat das Gericht das Verfahren bis zur Erledigung des Beschlussverfahrens nach § 2a Absatz 1 Nummer 5 auszusetzen. ²Im Falle des Satzes 1 sind die Parteien des Rechtsstreits auch im Beschlussverfahren nach § 2a Absatz 1 Nummer 5 antragsberechtigt.

I. Allgemeines. Durch Art 2 Nr 1 Buchst b, 5 des Tarifautonomiestärkungsgesetzes (v. 11.8.2014, BGBl. I S. 1348) ist mit Wirkung ab 16.8.2014 eine neue und ausschließliche Zuständigkeit der Gerichte für Arbeitssachen zur Feststellung der (Un-)Wirksamkeit einer AVE v TV nach § 5 TVG und bestimmter Rechtsverordnungen nach dem AEntG und dem AÜG geschaffen worden. Ziel der Neuregelung ist es, die rechtliche Überprüfung der Erstreckung v TV bei den für Fragen des Arbeits- und Tarifrechts besonders sachnahen ArbG zu konzentrieren (BT-Drs 18/1558 S 44 f). Konkurrierende Entscheidungen verschiedener Gerichtsbarkeiten über die Wirksamkeit einer AVE oder einer solchen VO sollen damit ausgeschlossen werden. Der Sache nach handelt es sich um ein **abstraktes Normenkontrollverfahren**; die Ausgestaltung des Verfahrens ist an das Modell des § 97 (Entscheidung über die Tariffähigkeit oder Tarifzuständigkeit einer Vereinigung) angelehnt (BT-Drs 18/1558 S 45). Die Möglichkeit einer vor den ArbG durchzuführenden Normerlassklage für den Fall der Ablehnung einer AVE (vgl dazu BVerwG 3.11.1988, 7 C 115/86, EzA § 5 TVG Nr 9) oder einer VO eröffnen die neuen Vorschriften hingegen nicht. Die **Aussetzungspflicht** gem § 98 VI 1 besteht mangels Übergangsregelung auch für bereits anhängige Rechtsstreitigkeiten, unabhängig davon, in welcher Gerichtsbarkeit und in welchem Verfahrensstand sich diese befinden (BAG 17.2.2016, 10 AZR 600/14; 7.1.2015, 10 AZB 109/14, EzA § 98 nF ArbGG 1979 Nr 3; BT-Drs 18/1558 S 46). 1

II. Verfahrensgegenstand und Antrag. Gegenstand einer Überprüfung im Verfahren nach § 98 können gem § 2a I Nr 5 zum einen **AVE nach § 5 TVG** – der durch Art 5 Nr 1 des Tarifautonomiestärkungsgesetzes ebenfalls umfänglich neu gefasst wurde – sein. Dabei spielt es keine Rolle, ob die AVE durch das BMAS oder durch die oberste Arbeitsbehörde eines Landes (§ 5 VI TVG) erfolgt. Zum anderen können **Rechtsverordnungen nach § 7 und § 7a AEntG und nach § 3a AÜG** einer arbeitsgerichtlichen Überprüfung auf ihre Rechtswirksamkeit unterzogen werden. Zum Gegenstand eines Verfahrens nach § 98 kann eine AVE oder VO erst werden, wenn sie bekannt gemacht wurde; ein Inkrafttreten ist demgegenüber noch nicht erforderlich (GK-ArbGG/*Ahrendt* § 98 Rn 8). Die Aufzählung ist abschließend; Rechtsverordnungen, die auf Vorschlag einer Kommission erlassen werden (§ 11 AEntG, § 11 MiLoG), erfasst § 98 nicht (BT-Drs 18/1558 S 45). Eine entspr Anwendung der Norm scheidet aus (ErfK/*Koch* § 98 Rn 2). Deren Wirksamkeit ist ggf inzident in anderen Verfahren zu prüfen. Das Verfahren nach § 9 TVG (»Verbandsklage«; vgl dazu BAG 18.4.2012, 4 AZR 371/10, EzA § 9 TVG Nr 7) hat einen anderen Streitgegenstand und bleibt v § 98 ebenfalls unberührt. 2

Ziel des Verfahrens nach § 98 ist die Entscheidung über die Wirksamkeit der AVE bzw VO, also die Prüfung, ob sie formell ordnungsgemäß zustande gekommen sind und materiell die gesetzlichen Voraussetzungen für die Erstreckung der Tarifnormen auf nicht tarifgebundene AN und AG vorlagen. Maßgeblich ist dabei der Zeitpunkt der AVE bzw des Erlasses der VO. Wie sich aus § 98 IV 3 ergibt, ist die Frage der (Un-)Wirksamkeit einer konkret bezeichneten AVE oder VO dem Gericht im Wege des **Feststellungsantrags** zu unterbreiten. Auch insoweit ist das Verfahren § 97 nachgebildet (vgl dazu zB BAG 11.6.2013, 1 ABR 33/12, EzA § 97 ArbGG 1979 Nr 14), nicht § 47 VwGO (zur dortigen Antragstellung zB HessVGH 12.9.2013, 8 Ca 1776/12.N, NVwZ 2014, 380). Dementsprechend ist stets ein v der Antragsbefugnis (vgl Rdn 6f) zu unterscheidendes **Feststellungsinteresse** nach § 256 I ZPO erforderlich (vgl zu § 97 BAG 14.12.2010, 1 ABR 19/10, EzA § 2 TVG Nr 31). Dieses liegt vor, wenn die Wirksamkeit einer AVE oder VO in Zweifel gezogen wird und die erstreckte Tarifregelung noch Bedeutung im Arbeitsleben hat. Rein vergangenheitsbezogene Feststellungen, ohne dass die Normen noch praktische Bedeutung haben, dürften daher ausscheiden. 3

III. Sachliche und örtliche Zuständigkeit. § 98 II bestimmt die **sachliche Zuständigkeit** abweichend v § 8 I: Erstinstanzlich ist - ebenso wie nunmehr in Verfahren nach § 97 - das LAG zuständig, nicht das ArbG. Ziel ist eine Verfahrensbeschleunigung und eine schnellere Herbeiführung v Rechtssicherheit über die wichtige Frage der Wirksamkeit einer AVE oder einer VO nach AEntG und AÜG (BT-Drs 18/1558 S 45). Gleichzeitig regelt § 98 II die **örtliche Zuständigkeit**: Zuständig ist das LAG, in dessen Bezirk die Behörde ihren Sitz hat, die den TV für allgemeinverbindlich erklärt oder die VO erlassen hat. Im Regelfall, nämlich 4 im Fall der AVE oder des VO-Erlasses durch das BMAS, wird daher eine Zuständigkeit des LAG Berl-Bbg gegeben sein. Lediglich im Fall der AVE durch eine oberste Landesbehörde ist das für deren Sitz zuständige LAG zu befassen.

5 **IV. Verfahrensgrundsätze.** Grds gelten die allg Vorschriften über das Beschlussverfahren; die Struktur des Verfahrens entspricht § 97. Besonderer Bedeutung kommt wegen der Verkürzung des Instanzenzuges - und generell wegen des Stellenwerts der Verfahren nach § 98 - dem Untersuchungsgrundsatz (§ 83 I) zu; § 83 Ia (Zurückweisung v Vorbringen) ist dementsprechend v der Bezugnahme ausgenommen. Die Präzisierung in § 98 III in Bezug genommenen Vorschriften soll iÜ der **Eigenart des Streitgegenstandes** bzw. der Besonderheit des Verfahrens vor dem LAG Rechnung tragen (BT-Drs 18/1558 S 44). So wurde ua klargestellt, dass kein Güteverfahren stattfindet. Generell wird bei der Anwendung der allg Bestimmungen zu beachten sein, dass das Verfahren vor dem LAG beginnt und das Gesetz nur eine entsprechende Anwendung vorsieht. Aus dem Beginn des Rechtszuges beim LAG folgt iÜ der Zwang, sich in Verfahren über die Wirksamkeit einer AVE oder VO durch Rechtsanwälte oder Verbandsvertreter vertreten zu lassen. Auf Anregung des Ausschusses für Arbeit und Soziales (BT-Drs 18/2010 S 6, 25) ist dieser **Vertretungszwang** in § 98 III 2 durch Bezugnahme auf § 11 IV und V ausdrücklich klargestellt worden.

6 **V. Antragsbefugnis.** Antragsbefugt sind neben den Parteien oder Beteiligten, deren Verfahren nach § 98 VI ausgesetzt wurde, alle natürlichen und juristischen Personen, Gewerkschaften oder Vereinigungen v AG, die geltend machen, durch die AVE oder VO oder deren Anwendung in ihren Rechten verletzt zu sein oder in absehbarer Zeit verletzt zu werden. Eine Antragsbefugnis kann nach dem eindeutigen Wortlaut v § 98 I frühestens nach Bekanntmachung - ggf also schon vor Inkrafttreten - der AVE oder VO gegeben sein. Eine vorbeugende Überprüfung einer möglichen AVE oder VO ist nach dem Gesetz nicht statthaft. Hieran ändert § 98 I letzter Hs nichts, der lediglich bestimmt, dass eine Rechtsverletzung noch nicht eingetreten sein muss und trotzdem eine Antragsbefugnis bestehen kann. Der Wortlaut der Regelung der Antragsbefugnis ist auch insoweit an § 47 II 1 VwGO orientiert (vgl BT-Drs 18/1558 S 45). Mit der Orientierung an dieser Norm hat der Gesetzgeber die Antragsbefugnis aus Gründen des Individualrechtsschutzes weit gefasst. Nach der v dem VG in st Rspr zu § 47 VwGO verwendeten Formel ist eine Antragsbefugnis für ein Normenkontrollverfahren gegeben, wenn der Antragsteller hinreichend substantiiert Tatsachen vorträgt, die es zumindest als möglich erscheinen lassen, dass er durch den zur Prüfung gestellten Rechtssatz in einem subjektiven Recht verletzt wird (vgl zB BVerwG 29.12.2011, 3 BN 1/11; 22.8.2005, 6 BN 1/05, DÖV 2006, 518; 24.9.1998, 4 CN 2/98, NJW 1999, 592). Damit wird deutlich, dass die bloße Behauptung der Unwirksamkeit einer AVE oder VO zur Bejahung der Antragsbefugnis noch nicht genügt; vielmehr muss der Antragsteller konkrete Umstände benennen, die auf eine solche Unwirksamkeit schließen lassen (vgl zur bish Rechtslage: BAG 25.9.2002, 9 AZR 405/00, EzA § 1 AEntG Nr 1; 22.9.1993, 10 AZR 371/92, EzA § 5 TVG Nr 11). Darüber hinaus muss deutlich gemacht werden, welches subjektive Recht aktuell oder zumindest in absehbarer Zeit durch die mgl Unwirksamkeit verletzt wird. Popularklagen sind damit ausgeschlossen.

7 § 98 I trifft keine ausdrückl Regelung zu der Frage, ob und unter welchen Voraussetzungen ein positiver Antrag auf Feststellung der Wirksamkeit einer AVE oder VO zulässig ist. Eine Rechtsverletzung iSv § 98 I kann in diesem Fall ja nicht geltend gemacht werden. Allerdings setzt § 98 IV 3 anscheinend eine solche Möglichkeit voraus, da auch eine Entscheidungsformel über die Wirksamkeit einer AVE oder VO zu veröffentlichen ist. ME folgt daraus, dass zwar mangels Antragsbefugnis ein Verfahren nicht (vorbeugend) mit dem positiven Antrag auf Feststellung der Wirksamkeit einer AVE oder VO eingeleitet werden kann (weiter wohl HWK/*Treber* § 98 Rn 3). Ist aber ein auf die Feststellung der Unwirksamkeit einer AVE oder VO gerichtetes Verfahren anhängig, können die weiteren Beteiligten einen positiven Feststellungsantrag als Gegenantrag stellen. Die Antragsbefugnis dafür ergibt sich aus dem Grund für die Beteiligung, also der unmittelbaren Betroffenheit in ihrer Rechtsstellung. Das Feststellungsinteresse folgt aus § 98 IV 3; die entspr Feststellung ist für die beteiligten Verkehrskreise ua wegen der Aussetzungspflicht nach VI v Bedeutung (BT-Drs 18/1558 S 45 f).

8 **VI. Beteiligte.** Für die Frage, wer zu beteiligen ist, gilt gem § 98 III grds § 83 III (vgl die dortigen Erl). Neben dem(n) Antragsteller(n) nach § 98 I oder VI 2 sind das zunächst andere Antragsbefugte, die einen eigenen Antrag stellen (vgl GK-ArbGG/*Ahrendt* § 98 Rn 37 »notwendige Beteiligte«). Darüber hinaus sind diejenigen zu beteiligen, die durch das Verfahren unmittelbar in ihrer Rechtsstellung betroffen sind. Dazu gehören stets die **TVP**, die den TV abgeschlossen haben, den die AVE oder VO betrifft (GK/*Ahrendt* § 98 Rn 39; HWK/*Treber* § 98 Rn 8; aA ErfK/*Koch* § 98 Rn 5). Kraft ausdrückl gesetzlicher Anordnung ist weiter die **Behörde** zu beteiligen, die die AVE oder die VO erlassen hat (§§ 10, 98 III 3). In Betracht kommt auch

die Beteiligung konkurrierender Gewerkschaften oder Arbeitgeberverbände im räumlichen und fachlichen Geltungsbereich der AVE oder VO, sofern diese TVe abgeschlossen haben oder deren Abschluss anstreben. Nicht zu beteiligen sind hingegen einzelne AG oder AN, die in den Geltungsbereich der AVE oder VO fallen, solange sie selbst keinen Antrag nach §§ 2a I Nr 5, 98 stellen. Dafür sprechen auch Gründe der Verfahrensökonomie (vgl zum Verfahren nach § 97: BAG 14.12.2010, 1 ABR 19/10, EzA § 2 TVG Nr 31).

VII. Exklusivität des Verfahrens, Aussetzungspflicht. Die Unwirksamkeit einer AVE nach § 5 TVG oder einer VO nach §§ 7, 7a AEntG und § 3a AÜG kann nunmehr ausschließlich in Verfahren nach § 98 in der Arbeitsgerichtsbarkeit geltend gemacht werden. Die unbefriedigende Situation, dass verschiedene Gerichtsbarkeiten in unterschiedl Verfahrensarten (vgl zB BVerwG 28.1.2010, 8 C 38/09, NZA 2010, 1137; 28.1.2010, 8 C 19/09, EzA § 1 AEntG Nr 13; LSG Berl-Bbg 29.10.2010, L 1 KR 24/04) inzidenter die Wirksamkeit einer AVE oder VO überprüfen mussten, ohne dass eine Bindungswirkung entsprechender Entscheidungen bestanden hätte (BAG 26.10.2009, 3 AZB 24/09, EzA § 148 ZPO 2002 Nr 1), ist damit im Anwendungsbereich der Norm beseitigt. Deshalb ist bei Entscheidungserheblichkeit der Wirksamkeit einer AVE oder einer der in § 2a I Nr 5 genannten VO das Verfahren nach § 98 VI – nicht nach § 148 ZPO – vAw auszusetzen. Eine Aussetzung ist nur erforderlich und zulässig, wenn die Entsch ausschließlich davon abhängt, ob die AVE oder VO rechtswirksam ist (BAG 7.1.2015, 10 AZB 109/14, EzA § 98 nF ArbGG 1979 Nr 3; vgl zur Aussetzung nach § 97 V: BAG 24.7.2012, 1 AZB 47/11, EzA § 97 ArbGG 1979 Nr 12). Eine Aussetzung im Nichtzulassungsbeschwerdeverfahren scheidet deshalb ebenso aus (BAG 20.8.2014, 10 AZN 573/14, EzA § 98 nF ArbGG 1979 Nr 1), wie im Fall der Unzulässigkeit eines Rechtsmittels (BAG 17.2.2016, 10 AZR 600/14).

Diese **Aussetzungspflicht** besteht nicht nur für die Arbeitsgerichtsbarkeit, sondern in jedem Rechtsweg unabhängig v Verfahrensstand (BT-Drs 18/1558 S 46). Sie hat auch noch im Rechtsmittelverfahren zu erfolgen (BAG 17.2.2016, 10 AZR 600/14; 7.1.2015, 10 AZB 109/14, EzA § 98 nF ArbGG 1979 Nr 3). Verletzt das Gericht die Aussetzungspflicht, kann dieser Verfahrensfehler mit Erfolg in der Berufungs- oder Revisionsinstanz gerügt werden: Das Verfahren wird dann ausgesetzt. Die Aussetzungspflicht setzt auch für bereits anhängige Verfahren unmittelbar mit Inkrafttreten des Tarifautonomiestärkungsgesetzes ein. Der Grundsatz der perpetuatio fori steht dem nicht entgegen, da der Streitgegenstand nicht identisch mit dem eines Verfahrens nach § 98 ist (BAG 7.1.2015, 10 AZB 109/14, EzA § 98 nF ArbGG 1979 Nr 3; BT-Drs 18/1558 S 46): Dies liegt bei individualrechtlichen Streitigkeiten auf der Hand, gilt aber auch in Fällen, in denen zB die Feststellung der Verletzung eigener Rechte aus Art 9 III GG vor den VGen begehrt wird (vgl. dazu zB BVerwG 28.1.2010, 8 C 38/09, NZA 2010, 1137; 28.1.2010, 8 C 19/09, EzA § 1 AEntG Nr 13).

Die Parteien oder Beteiligten des Ausgangsverfahrens können die Wirksamkeit oder Unwirksamkeit einer AVE oder VO nicht unstr stellen, § 98 VI ist zwingendes Recht. Die Aussetzung erfolgt vAw. Ein entspr Antrag ist nur eine Anregung an das Gericht. Zu prüfen ist aber stets, ob die Entsch des Rechtsstreits v der Wirksamkeit der AVE oder VO abhängt (BAG 7.1.2015, 10 AZB 109/14, EzA § 98 nF ArbGG 1979 Nr 3; zu § 97 V: BAG 28.1.2008, 3 AZB 30/07, EzA § 97 ArbGG 1979 Nr 9). Wenn zwischen den Parteien über die Wirksamkeit der AVE oder VO kein Streit besteht und auch vAw insoweit keine ernsthaften Zweifel gerechtfertigt sind, besteht keine Veranlassung zur Aussetzung des Rechtsstreits (BAG 7.1.2015, 10 AZB 109/14, EzA § 98 nF ArbGG 1979 Nr 3; ErfK/*Koch* § 98 Rn 7; GK-ArbGG/*Ahrendt* § 98 Rn 53 ff; HWK/*Treber* § 98 Rn 10). **Im einstweiligen Verfügungsverfahren** kommt eine Aussetzung nicht in Betracht, weil sonst ein vorläufiger Rechtsschutz nicht gewährleistet werden kann (zu § 97 V: Hess LAG 11.1.2007, 9 SaGa 2098/06; 22.7.2004, 9 SaGa 593/04, NZA-RR 2005, 262; LAG Hamm 31.1.1991, 16 Sa 119/91, LAGE Art 9 GG Arbeitskampf Nr 41; 12.6.1975, 8 TaBV 37/75, LAGE § 46 BetrVG 1972 Nr 1). Ebenso scheidet eine Aussetzung aus, wenn bereits rkr über die (Un-)Wirksamkeit der maßgeblichen AVE oder VO entschieden ist (zur inter-omnes-Wirkung einer solchen Entscheidung vgl. Rdn 15).

Wird das Verfahren nach § 98 VI ausgesetzt, kommt es nicht automatisch zu einem **Beschlussverfahren**, vielmehr **bedarf** es **eines entspr Antrages**, den nach § 98 VI 2 auch die Parteien oder Beteiligten des ausgesetzten Verfahrens stellen können, aber nicht müssen. Deren Antragsbefugnis ist auf die Vorfrage beschränkt, derentwegen das Gericht sein Verfahren ausgesetzt hat (zu § 97 V: BAG 18.7.2006, 1 ABR 36/05, EzA § 2 TVG Tarifzuständigkeit Nr 10).

Gegen den Aussetzungsbeschl nach § 98 VI 1 ist in einem Urteilsverfahren die **sofortige Beschwerde** gem § 78 iVm, §§ 252, 567 ff ZPO möglich (zu § 97 V: BAG 28.1.2008, 3 AZB 30/07, EzA § 97 ArbGG 1979 Nr 9; 18.7.2006, 1 ABR 36/05, EzA § 2 TVG Tarifzuständigkeit Nr 10). Gleiches gilt über § 83 V im arbeitsgerichtlichen Beschlussverfahren. Das LAG kann die Rechtsbeschwerde zulassen, wenn es im Urteilsverfahren oder als Rechtsmittelgericht im Beschlussverfahren entschieden hat (BAG

28.2.2003, 1 AZB 53/02, EzA § 78 ArbGG 1979 Nr 5). Wenn die Aussetzung im Beschlussverfahren hingegen erstmals durch das LAG erfolgt ist, ist ein Rechtsmittel nicht gegeben, § 90 III (GMP/*Matthes/ Schlewing* § 97 Rn 16; offen gelassen in BAG 28.02.2003, 1 AZB 53/02, aaO). Gleiches gilt in der Revisions- oder Rechtsbeschwerdeinstanz. Allenfalls kommt in diesen Fällen die Rüge nach § 78a in Betracht (vgl zu § 97: GK-ArbGG/*Ahrendt* § 97 Rn 86).

14 An den Aussetzungsbeschl ist das LAG, das über die Wirksamkeit der AVE oder VO zu entscheiden hat, gebunden. Es darf nicht nachprüfen, ob die Frage für das andere Verfahren tatsächlich vorgreiflich ist, sich die Frage der Wirksamkeit der AVE oder VO als Vorfrage überhaupt stellt. Ist allerdings bereits rkr über die Wirksamkeit einer bestimmten AVE oder VO entschieden, ist ein trotzdem gestellter Antrag nach § 98 unzulässig. Nach einem entspr Ausspruch ist das Ausgangsverfahren fortzusetzen und es ist in der Sache entspr der rkr Entsch zu entscheiden.

15 **VIII. Entscheidung und Rechtskraft.** Die Entscheidung des Verfahrens ergeht durch das LAG als Beschl, der entspr §§ 98 III, 84 S 1 und 2, 91 II v allen Mitgliedern der Kammer zu unterzeichnen ist. Dabei hat das LAG die angegriffene AVE oder VO unter allen rechtlichen Gesichtspunkten zu prüfen; eine Bindung an die vorgebrachten Rügen besteht nicht (HWK/*Treber* § 98 Rn 4). Eine Rechtsbeschwerde ist nach den allg Regeln zulässig, wenn sie v LAG oder nach erfolgreicher Nichtzulassungsbeschwerde v BAG zugelassen wird. § 98 IV 1 stellt klar, dass rechtskräftige Beschl über die (Un-)Wirksamkeit einer AVE oder einer VO nach §§ 7, 7a AEntG oder § 3a AÜG für und gegen jedermann wirken (sog. **inter-omnes-Wirkung**). Sie sind daher der obersten Arbeitsbehörde des Bundes zu übermitteln und die Entscheidungsformel ist durch diese im BAnz bekannt zu machen, wenn eine Sachentscheidung ergeht. Nach § 98 IV 3 soll die Entscheidungsformel die Feststellung der Unwirksamkeit oder Wirksamkeit enthalten. Wie es zur letztgenannten Feststellung kommen kann, macht das Gesetz nicht ganz deutlich, da typischerweise der Antrag weiterer Beteiligter nur auf Abweisung des Antrags des Antragstellers gerichtet ist. Wenn kein entsprechender Gegenantrag (vgl Rdn 8) vorliegt, kommt eine Auslegung des Abweisungsantrags im Lichte des § 98 IV 3 in Betracht. Dass es an jeglichem Gegenantrag fehlt, dürfte im Verfahren nach § 98 schon wegen der verpflichtenden Beteiligung der erlassenden Behörde nach § 98 III 3 in der Praxis nicht vorkommen.

16 Eine Durchbrechung der Rechtskraft wegen veränderter Umstände kommt im Verfahren nach § 98 - anders als bei § 97 (vgl dort Rdn 23) - nicht in Betracht, da bei der Feststellung der Wirksamkeit maßgeblich auf den Zeitpunkt der AVE bzw des Erlasses der VO abzustellen ist. IÜ ist die Laufzeit der entspr TVe regelmäßig begrenzt. Wegen der weitreichenden Wirkung der Entscheidung sieht § 98 VI aber - ähnlich wie § 97 IV - eine **erleichterte Wiederaufnahme** vor, wenn ein Beteiligter absichtlich unrichtige Angaben oder Aussagen gemacht hat. § 581 ZPO findet keine Anwendung.

§ 99 Entscheidung über den nach § 4a Absatz 2 Satz 2 des Tarifvertragsgesetzes im Betrieb anwendbaren Tarifvertrag

(1) In den Fällen des § 2a Absatz 1 Nummer 6 wird das Verfahren auf Antrag einer Tarifvertragspartei eines kollidierenden Tarifvertrags eingeleitet.
(2) Für das Verfahren sind die §§ 80 bis 82 Absatz 1 Satz 1, die §§ 83 bis 84 und 87 bis 96a entsprechend anzuwenden.
(3) Der rechtskräftige Beschluss über den nach § 4a Absatz 2 Satz 2 des Tarifvertragsgesetzes im Betrieb anwendbaren Tarifvertrag wirkt für und gegen jedermann.
(4) [1]In den Fällen des § 2a Absatz 1 Nummer 6 findet eine Wiederaufnahme des Verfahrens auch dann statt, wenn die Entscheidung über den nach § 4a Absatz 2 Satz 2 des Tarifvertragsgesetzes im Betrieb anwendbaren Tarifvertrag darauf beruht, dass ein Beteiligter absichtlich unrichtige Angaben oder Aussagen gemacht hat. [2]§ 581 der Zivilprozessordnung findet keine Anwendung.

1 **I. Allgemeines.** Durch Art. 2 Nr 3 des TarifeinheitsG v 3.7.2015 (BGBl. I S. 1130) ist mit Wirkung ab 10.7.2015 mit §§ 2a Nr 6, 99 ein Verfahren zur Klärung des nach § 4a II 2 TVG im Betrieb anwendbaren TV geschaffen worden. Die ArbG sollen im Fall kollidierender TV iSv § 4a TVG auf Antrag einer TVP im Beschlussverfahren mit Untersuchungsgrundsatz mit bindender Wirkung für Dritte über den jeweils anwendbaren TV entscheiden (BT-Drs 18/4062 S 10, 16). Hins der damit in Zusammenhang stehenden grds Fragestellungen wird auf die Erl zu § 4a TVG verwiesen, hinsichtlich der Bestimmung über die Beweisführung über die Mitgliederzahl einer Gewerkschaft im Betrieb durch Vorlegung öffentlicher Urkunden auf die Erl zu § 58 III. Die Ausgestaltung des Verfahrens ist nach Auffassung des Gesetzgebers an die Verfahren nach § 97 (Tariffähigkeit oder Tarifzuständigkeit einer Vereinigung) und § 98 (Wirksamkeit einer AVE oder Rechtsverordnung) »angelehnt« (BT-Drs 18/4062 S 16). Erhebliche Unterschiede (anderer Instanzenzug,

Entscheidung über den nach § 4a Absatz 2 Satz 2 anwendbaren Tarifvertrag **§ 99 ArbGG**

keine Aussetzungspflicht) sind allerdings nicht zu verkennen. Beim BVerfG sind mehrere unmittelbar gegen das G gerichtete Verfassungsbeschwerden v Branchen-/Berufsgruppen-Gewerkschaften anhängig (vgl zu den Bedenken auch GK-ArbGG/*Ahrendt* § 99 Rn 3 mwN). Den Erlass einer einstweiligen Anordnung hat das BVerfG abgelehnt (BVerfG 6.10.2015, 1 BvR 1571, 1582, 1588/15, EzA Art. 9 GG Nr 111).

§ 4a TVG ist gem § 13 TVG nicht auf TV anzuwenden, die am 10.7.2015, dem Tag des Inkrafttretens des TVG bereits galten. Hinsichtlich solcher TV kann deshalb auch kein Verfahren nach § 99 durchgeführt werden. Ein entsprechender Antrag wäre unzulässig. 2

II. Verfahrensgegenstand und Antrag. Gegenstand eines Verfahrens kann nur die Frage sein, welcher v mehreren kollidierenden TV iSv § 4a TVG weiter kraft Tarifbindung im Betrieb Anwendung findet. Nicht Gegenstand kann die Feststellung der Verdrängung eines (vermeintlichen) Minderheits-TV sein (GK-ArbGG/*Ahrendt* § 99 Rn 5); ebenso wenig die Anwendbarkeit v TV aufgrund einer AVE oder aufgrund vertraglicher Bezugnahmeklauseln (HWK/*Treber* § 99 Rn 2). Da § 4a TVG nach § 13 TVG nicht auf TV anzuwenden ist, die am 10.7.2015 bereits galten, kann Gegenstand nur ein nach diesem Stichtag in Kraft getretener TV sein. 3

Ziel des Verfahrens nach § 99 ist die Entsch über den anwendbaren TV im Betrieb nach dem betriebsbezogenen Mehrheitsprinzip (§ 4a II 2 TVG; vgl die dortigen Erl). Auch wenn sich dies aus § 99 nicht eindeutig ergibt, ist die Frage des anwendbaren TV dem Gericht im Wege des positiven **Feststellungsantrags** zu unterbreiten (BT-Drs 18/4602 S 16). Dieser muss sowohl im Hinblick auf die betriebliche Einheit als auch den konkreten TV und die betroffene AN-Gruppe hinreichend bestimmt sein (GK-ArbGG/*Ahrendt* § 99 Rn 7). Das Verfahren ist insoweit § 97 nachgebildet (vgl dazu BAG 11.6.2013, 1 ABR 33/12, EzA § 97 ArbGG 1979 Nr 14). Dementsprechend ist stets ein v der Antragsbefugnis (vgl Rdn 6) zu unterscheidendes **Feststellungsinteresse** nach § 256 I ZPO erforderlich (vgl zu § 97 BAG 14.12.2010, 1 ABR 19/10, EzA § 2 TVG Nr 31). Dieses liegt vor, wenn Anwendbarkeit eines oder mehrerer TV im Hinblick auf eine Kollision iSv § 4a TVG tatsächlich in Zweifel steht und die Frage des anwendbaren TV (noch) Bedeutung im Arbeitsleben hat. Das Feststellungsinteresse könnte fehlen, wenn der AG die TV trotz einer möglichen Kollision auf die jeweiligen Verbandsmitglieder zur Anwendung bringt (iE ebenso ErfK/*Koch* § 99 Rn 3 u GK-ArbGG/*Ahrendt* § 99 Rn 13 ff; allerdings die Antragsbefugnis verneinend). Rein vergangenheitsbezogene Feststellungen, ohne dass die Normen noch praktische Bedeutung haben, dürften daher ausscheiden. 4

III. Verfahrensgrundsätze. Grds gelten nach § 99 II die allg Vorschriften über das Beschlussverfahren einschl des Amtsermittlungsgrundsatzes (BT-Drs 18/4062 S 16; vgl ausführlich zum gerichtlichen Prüfprogramm GK-ArbGG/*Ahrendt* § 99 Rn 24 ff). Im Gegensatz zu den Verfahren nach §§ 97 und 98 hat sich der Gesetzgeber – trotz der beabsichtigten Anlehnung an diese Verfahren (BT-Drs 18/4062 S 16) - nicht für eine Verkürzung des Instanzenzuges entschieden. Die örtliche Zuständigkeit ergibt sich aus § 82 I 1, zust ist das ArbG, in dessen Bezirk der Betrieb liegt (vgl iÜ § 82 Rdn 1). Zwar ist § 80 II 2 (Güteverfahren) v der Bezugnahme in § 99 II nicht ausgenommen; wegen des Verfahrensgegenstandes dürfte die Ansetzung eines Gütetermins aber idR ausscheiden. Ebenso wenig erscheint eine Verfahrensbeendigung durch Vergleich iSv § 83a I naheliegend. Als verfahrensrechtliche Neuregelung im Zusammenhang mit § 99 ist für die Frage der Beweisführung auf § 58 III und die dort Erl zu verweisen. Eine Zwangsvollstreckung aus einer Entsch nach § 99 scheidet ebenso aus wie eine einstweilige Verfügung über diesen Streitgegenstand - § 85 ist v der Bezugnahme in § 99 II ausgenommen. 5

IV. Antragsbefugnis. Antragsbefugt sind nach § 99 I ausschließlich TVP iSv § 2 TVG (Gewerkschaften, AG-Verbände, AG oder Spitzenorganisationen), die einen kollidierenden TV iSv § 4a TVG abgeschlossen haben (BT-Drs 18/4062 S 16). Ist dies der Fall, sind für die Bejahung der Antragsbefugnis keine weiteren Voraussetzungen erforderlich, insbesondere nicht die Darlegung einer (möglichen) Rechtsverletzung (einschränkend bei Gewerkschaften ErfK/*Koch* § 98 Rn 3; GK-ArbGG/*Ahrendt* § 99 Rn 13 ff). Eine Antragsbefugnis kann demnach aber erst im Fall der tatsächlichen Kollision bestehen; eine vorbeugende Entsch ist nach dem Gesetz nicht statthaft. Keine Antragsbefugnis haben hingegen einzelne AN oder AG, außer letztere sind selbst Partei eines kollidierenden TV. Ebenso wenig können Gewerkschaften ein Verfahren nach § 99 einleiten, die selbst noch keinen kollidierenden TV abgeschlossen haben. Zum daneben erforderlichen Feststellungsinteresse vgl Rdn 4. 6

V. Beteiligte. Für die Frage, wer zu beteiligen ist, gilt gem § 99 II grds § 83 III (vgl die dortigen Erl). Neben dem(n) Antragsteller(n) nach § 99 I sind das zunächst andere Antragsbefugte, die einen eigenen Antrag stellen (vgl zu § 98: GK-ArbGG/*Ahrendt* § 98 Rn 37 »notwendige Beteiligte«). Darüber hinaus sind diejenigen Personen, Vereinigungen und Stellen zu beteiligen, die durch das Verfahren unmittelbar in ihrer Rechtsstellung betroffen sind (BT-Drs 18/4062 S 16). Dazu gehören stets die **TVP**, die die iSv § 4a TVG 7 kollidierenden TV abgeschlossen haben. Ebenso ist immer der AG zu beteiligen, um dessen Betrieb es bei der Frage der Tarifanwendung geht. Eine Beteiligung der einzelnen AN ist hingegen nicht erforderlich; soweit sie an einen der umstrittenen TV kraft Gewerkschaftsmitgliedschaft gebunden sind (§ 3 TVG), werden ihre Interessen durch die Beteiligung der tarifschließenden Gewerkschaft gewahrt.

8 **VI. Exklusivität des Verfahrens.** Die Entscheidung über den anwendbaren TV im Fall einer Kollision iSv § 4a TVG kann wegen der inter-omnes-Wirkung nach § 99 III ausschließlich in einem solchen Verfahren in der Arbeitsgerichtsbarkeit geltend gemacht werden (BT-Drs 18/4062 S 16). Eine inzidente Entscheidung über diese Frage in einem anderen (Individual-)Rechtsstreit vor den ArbG, aber auch in jedem anderen Rechtsweg, scheidet deshalb jedenfalls dann aus, wenn ein Verfahren nach § 99 anhängig ist. Insoweit entspricht die Rechtslage derjenigen bei Verfahren über die Tariffähigkeit oder Tarifzuständigkeit einer Vereinigung (§ 97) und über die Wirksamkeit einer AVE oder Rechtsverordnung nach AÜG und AEntG (§ 98). Im Gegensatz zu diesen Verfahren sieht § 99 aber keine grds Pflicht zur Aussetzung anderer Rechtsstreite vor, bei denen es auf diese Frage ankommt (BT-Drs 18/4062 S 16). Dies erscheint widersprüchlich, da die Gerichte diese Vorfrage wegen § 99 III nicht verbindlich entscheiden können. In Betracht kommt daher eine Aussetzung nach § 148 ZPO wegen Vorgreiflichkeit, wenn ein Verfahren nach § 99 anhängig ist (aA wegen des Beschleunigungsgrundsatzes HWK/*Treber* § 99 Rn 7; ähnlich GK-ArbGG/*Ahrendt* § 99 Rn 36: Aussetzung regelmäßig ermessensfehlerhaft). Ist ein solches Verfahren aber noch nicht anhängig, dürfte eine Aussetzung ausscheiden, da die Parteien des Rechtsstreits – anders als in Verfahren nach § 97 und § 98 – nicht antragsbefugt sind und deshalb ihr Rechtsstreit auf unbestimmte Zeit nicht fortgeführt werden könnte. In einem solchen Fall muss mE nach der gesetzgeberischen Konstruktion eine mögliche Kollision unbeachtet bleiben. Von einem solchen Verständnis der »Subsidiarität« des Verfahrens nach §§ 4a TVG, 99 geht offensichtlich auch das BVerfG in seinem Beschl v 6.10.2015 (1 BvR 1571, 1582, 1588/15, EzA Art 9 GG Nr 111, Rn 4 »unterbleibt ein Antrag an die ArbG, ist der AG nach § 4a II 1 TVG weiter an unterschiedliche TV gebunden«) aus. Nach aA ist im Ausgangsverfahren inzident zu prüfen, welcher TV nach § 4a TVG gilt (ErfK/*Koch* § 99 Rn 5; GK-ArbGG/*Ahrendt* § 99 Rn 37; HWK/*Treber* § 99 Rn 7).

9 **VII. Entscheidung und Rechtskraft.** Die Entscheidung über den anwendbaren TV ergeht nach allg Grundsätzen durch die nach der Geschäftsverteilung zust Kammer des ArbG. Gegen den Beschl des ArbG ist die Beschwerde an das LAG gegeben. Sie setzt eine Beschwer voraus, die sich aus dem Vergleich zwischen Antrag und Entschiedenem ergibt. Eine Beschwer liegt auch vor, wenn der Antrag als unzulässig abgewiesen wurde, aber eine Sachentsch gewollt war (vgl. zu § 97: GK-ArbGG/*Ahrendt* § 97 Rn 78). Gegen die Entsch des LAG ist ebenfalls nach allg Grunsätzen die v ihm oder nach erfolgreicher Nichtzulassungsbeschwerde durch das BAG zugelassene Rechtsbeschwerde gegeben.

10 § 99 III stellt klar, dass rechtskräftige Beschl über den/die im Betrieb anwendbaren TV für und gegen jedermann wirken (sog. **inter-omnes-Wirkung**; vgl BT-Drs 18/4062 S 17). Eine Durchbrechung der Rechtskraft wegen veränderter Umstände kommt in Betracht, wenn sich der Betrieb, für den der anwendbare TV festgestellt wurde, wesentlich ändert. IÜ spielen Veränderungen zB bei der Mitgliederzahl der Gewerkschaften während der Laufzeit des TV, keine Rolle, da bei der Feststellung des anwendbaren TV nach § 4a II 2 und 3 maßgeblich auf einen bestimmten Zeitpunkt ankommen soll, nämlich regelmäßig den des zuletzt abgeschlossenen kollidierenden TV (Einzelheiten § 4a TVG). Da die Laufzeit der entspr TV regelmäßig begrenzt ist, ist dadurch auch die Reichweite der Rechtskraft einer Entsch nach § 99 beschränkt. Wegen der weitreichenden Wirkung der Entscheidung sieht § 99 IV aber - ähnlich wie § 97 IV und 98 V - eine **erleichterte Wiederaufnahme** vor, wenn ein Beteiligter absichtlich unrichtige Angaben oder Aussagen gemacht hat. § 581 ZPO findet keine Anwendung.

§ 100 Entscheidung über die Besetzung der Einigungsstelle

(1) [1]In den Fällen des § 76 Abs. 2 Satz 2 und 3 des Betriebsverfassungsgesetzes entscheidet der Vorsitzende allein. [2]Wegen fehlender Zuständigkeit der Einigungsstelle können die Anträge nur zurückgewiesen werden, wenn die Einigungsstelle offensichtlich unzuständig ist. [3]Für das Verfahren gelten die §§ 80 bis 84 entsprechend. [4]Die Einlassungs- und Ladungsfristen betragen 48 Stunden. [5]Ein Richter darf nur dann zum Vorsitzenden der Einigungsstelle bestellt werden, wenn aufgrund der Geschäftsverteilung ausgeschlossen ist, dass er mit der Überprüfung, der Auslegung oder der Anwendung des Spruchs der Einigungsstelle befasst wird. [6]Der Beschluss des Vorsitzenden soll den Beteiligten innerhalb von zwei Wochen nach Eingang des Antrags zugestellt werden; er ist den Beteiligten spätestens innerhalb von vier Wochen nach diesem Zeitpunkt zuzustellen.

(2) ¹Gegen die Entscheidungen des Vorsitzenden findet die Beschwerde an das Landesarbeitsgericht statt. ²Die Beschwerde ist innerhalb einer Frist von zwei Wochen einzulegen und zu begründen. ³Für das Verfahren gelten § 87 Abs. 2 und 3 und die §§ 88 bis 90 Abs. 1 und 2 sowie § 91 Abs. 1 und 2 entsprechend mit der Maßgabe, dass an die Stelle der Kammer des Landesarbeitsgerichts der Vorsitzende tritt. ⁴Gegen dessen Entscheidungen findet kein Rechtsmittel statt.

Übersicht	Rdn.		Rdn.
A. Allgemeines	1	E. Der zu bestellende Vorsitzende	14
B. Antrag und Begründung	4	F. Zahl der Beisitzer	17
C. Verfahren	6	G. Entscheidung und Rechtsmittel	18
D. Offensichtliche Unzuständigkeit der Einigungsstelle	8	H. Befangenheitsablehnung ggü Mitgliedern der Einigungsstelle	25

A. Allgemeines. § 100 regelt das Beschlussverfahren in dem bes Fall der Bestellung des Vorsitzenden der 1
ESt und/oder der Bestimmung der Zahl der Beisitzer. Die Bestimmung ergänzt verfahrensrechtlich die materielle Regelung des § 76 II BetrVG. § 100 **gilt nicht für** die Errichtung der nach den **PersVG** einzurichtenden ESt. Durch Art 2 Nr 6 des Tarifautonomiestärkungsgesetzes (BGBl. I S. 1348) war der bisherige § 98 ohne inhaltliche Änderung mit Wirkung ab 16.8.2014 zu § 99 geworden; dann durch Art. 2 Nr 4 des Tarifeinheitsgesetzes v 3.7.2015 (BGBl. I S. 1130) mit Wirkung ab 10.7.2015 zu § 100.
Nach § 76 I BetrVG ist zur Beilegung von Meinungsverschiedenheiten zwischen den Betriebsparteien (also 2
AG und BR, GBR oder KBR) bei Bedarf eine ESt zu bilden. Die ESt nach § 76 II BetrVG besteht aus einer gleichen Anzahl v Beisitzern und einem unparteiischen Vorsitzenden. Die Beteiligten müssen sich über die Person des Vorsitzenden und über die Zahl der Beisitzer einigen. Kommt eine Einigung nicht zustande, so entscheidet das ArbG in einem Beschlussverfahren mit einigen verfahrensrechtlichen Besonderheiten.
Die **Entscheidung** ergeht nach § 100 I 1 nicht durch die Kammer, sondern **durch den Vorsitzenden** der 3
nach der Geschäftsverteilung zust Kammer durch Beschl und ist zu begründen, §§ 100 I 3, 84. Das gilt auch dann, wenn zwischen AG und BR Streit darüber besteht, ob sie sich bereits über die Person des ESt-Vorsitzenden geeinigt haben (LAG Schl-Holst 4.9.2002, 4 TaBV 8/02, LAGE § 98 ArbGG 1979 Nr 39).

B. Antrag und Begründung. Die Entsch setzt einen Antrag voraus, wobei diejenigen Stellen und Personen antragsbefugt sind, die die ESt nach dem BetrVG »anrufen« können, also AG, BR, GBR oder KBR. 4
Der Antrag des BR ist unzulässig, wenn er nicht auf einem ordnungsgemäßen Beschl des BR vor Einleitung des Verfahrens nach § 100 beruht (LAG Nbg 16.10.2012, 7 TaBV 28/12, NZA-RR 2013, 23; LAG Nds 14.2.2006, 1 TaBV 105/05, LAGE § 98 ArbGG 1979 Nr 46; vgl BAG 29.4.2004, 1 ABR 30/02, EzA § 77 BetrVG 2001 Nr 8), der allerdings noch nachträglich erfolgen kann (LAG Berl-Bbg 3.6.2010, 10 TaBV 1058/10, LAGE § 98 ArbGG 1979 Nr 60 mwN). Der Gegenstand des Verfahrens ist so genau zu bezeichnen, dass feststeht, über welchen Gegenstand die ESt zu entscheiden hat. Schlagwörter genügen dabei nicht (zB LAG Schl-Holst 1.10.2013, 1 TaBV 33/13; LAG HH 12.2.2007, 8 TaBV 18/06, MDR 2007, 1083; Hess LAG 31.1.2006, 4 TaBV 208/05, ArbuR 2006, 214). Ein Vorschlag für einen Vorsitzenden erfolgt idR, zwingend ist dies ebenso wenig wie eine Angabe zur Anzahl der Beisitzer.
Erforderlich ist ein **Rechtsschutzinteresse** für den Antrag, also gescheiterte Verh. Ein solches Scheitern 5
liegt auch dann vor, wenn sich die Gegenseite auf Aufforderungen zur Verh nicht einlässt (LAG Rh-Pf 3.8.2006, 11 TaBV 23/06). Dabei kommt es auf den Zeitpunkt der letzten Anhörung – ggf in der Beschwerdeinstanz – an (LAG Hamburg 27.10.1997, 4 TaBV 6/97, LAGE § 98 ArbGG 1979 Nr 30). Ob die Einhaltung der Verhandlungspflicht nach § 74 I 2 BetrVG eine Verfahrensvoraussetzung für die Einsetzung einer ESt darstellt ist str (abl zB LAG Rhld-Pf 2.11.2012, 9 TaBV 34/12; LAG Schl-Holst 2.3.2011, 3 TaBV 1/11 zu §§ 111, 112 BetrVG; aA LAG Rhld-Pf 13.1.2012, 6 TaBV 33/11). Auch wenn man die subj Einschätzung einer Seite über die Aussichtslosigkeit weiterer Gespräche idR ausreichen lässt, darf dies aber nicht ohne jeden Anlass angenommen werden (LAG Hamm 19.9.2011, 13 TaBV 62/11; LAG Schl-Holst, 3 TaBV 1/11, aaO). Zumindest den Versuch, mit Einigungswillen zu verhandeln, wird man verlangen können (LAG Hamm 14.6.2010, 13 TaBV 44/10; 10.5.2010, 10 TaBV 23/10). Nicht erforderlich ist die Durchführung eines Vermittlungsverfahrens durch die Bundesagentur für Arbeit und dessen förmliches Scheitern nach § 112 II 2 BetrVG und die Durchführung des Konsultationsverfahrens nach § 17 II 2 KSchG bei Massenentlassungen (LAG Rh-Pf 25.10.2010, 10 TaBV 44/10).

C. Verfahren. Beteiligte des Verfahrens sind AG und BR (GBR, KBR). Die Entsch kann **nicht im einst-** 6
weiligen Verfügungsverfahren erfolgen, da § 100 I 3 nicht auf § 85 II verweist (ganz hM Düwell/Lipke/ *Lipke* § 98 Rn 13; HWK/*Bepler/Treber* § 100 Rn 4 mwN; ErfK/*Koch* § 100 Rn 4; GK-BetrVG/*Kreutz*/

Jacobs § 76 Rn 43; LAG Nds 29.9.1988, 14 TaBV 84/88; **aA** LAG Düsseldorf 8.2.1991, 15 TaBV 11/91, LAGE § 98 ArbGG 1979 Nr 19).

7 Wegen der Verweisung auf die §§ 80–84 unterscheidet sich das Verfahren nach § 100 nicht wesentlich v einem normalen Beschlussverfahren. Der Vorsitzende entscheidet nach mündlicher Anhörung der Beteiligten, wobei sich diese schriftlich äußern können (§ 83 IV 1 iVm § 100 I 3), es sei denn, die Beteiligten sind mit einer Entsch im schriftlichen Verfahren einverstanden. § 100 I 3 verweist auf § 83 IV 3. Allerdings ist wegen des beschleunigten Verfahrens nach § 100 trotz des Verweises auf § 80 II 3 in § 100 I 3 ein **Güteverfahren ausgeschlossen** (GK-ArbGG/*Dörner* § 80 Rn 56; GMP/*Matthes/Schlewing* § 98 Rn 19; HWK/*Bepler/Treber* § 100 Rn 4; aA, wenn sich die Kammerverhandlung unmittelbar anschließt: ErfK/*Koch* § 100 Rn 4).

8 **D. Offensichtliche Unzuständigkeit der Einigungsstelle.** Wegen fehlender Zuständigkeit der ESt können die Anträge nur zurückgewiesen werden, wenn die ESt offensichtlich unzust ist, § 100 I 2. Es geht darum, ob ein erzwingbares Mitbestimmungsrecht bestehen könnte. Offenbar unzust ist die ESt nur dann, wenn ihre Zuständigkeit unter keinem denkbaren rechtlichen Gesichtspunkt als möglich erscheint (zB LAG Hamm 31.3.2015, 7 TaBV 15/15; LAG Nds 21.1.2011, 1 TaBV 68/10, LAGE § 98 ArbGG 1979 Nr 62 betr Ausgleich v Belastungen durch stehende Tätigkeit; LAG Schl-Holst 8.2.2012, 6 TaBV 47/11 betr Gefährdungsbeurteilung und Unterweisung; LAG Hamm 4.10.2010, 10 TaBV 75/10).

9 Eine offensichtliche Unzuständigkeit kann zB hinsichtlich des Streits über eine Abmahnung vorliegen, wenn nur individualrechtliche Ansprüche geltend gemacht werden (LAG Köln 2.9.1999, 10 TaBV 44/99, LAGE § 98 ArbGG 1979 Nr 36), wenn eine Frage nicht der Mitbestimmung unterliegt, weil es an einer Betriebsänderung fehlt (LAG München 13.3.1986, 7 TaBV 5/86, LAGE § 98 ArbGG 1979 Nr 10 betr Verhältnis zu § 613a BGB; vgl für die »Aufspaltung« LAG HH 4.7.1991, 1 TaBV 2/91, LAGE § 98 ArbGG 1979 Nr 22; zu Betriebsänderungen im Tendenzbetrieb LAG Nds 11.11.1993, 1 TaBV 59/93, LAGE § 98 ArbGG 1979 Nr 27) oder ein Recht des BR auf einen Interessenausgleich nicht mehr vorliegt, weil die Betriebsänderung bereits durchgeführt wurde (LAG Hamm 6.9.2010, 10 TaBV 51/10). Ist ein Initiativrecht des BR iRd sozialen Mitbestimmung des § 87 BetrVG umstr (zB Einführung eines Prämienlohnsystems), ist die ESt nicht offensichtlich unzust (LAG Schl-Holst 28.1.1993, 4 TaBV 38/92, LAGE § 98 ArbGG 1979 Nr 24; LAG Berlin 16.2.1980, 9 TaBV 5/79, EzA § 98 ArbGG 1979 Nr 1; Hess LAG 15.06.1984, 14/5 TaBV 8/84, NZA 1985, 33). Ebenso kann eine offensichtlich Unzuständigkeit vorliegen, wenn der Regelungsgegenstand jedenfalls teilidentisch mit dem einer anderen ESt ist (LAG HH 12.1.2015, 8 TaBV 14/14).

10 Bei Streit der Beteiligten im **Tatsachenbereich** ist der Sachverhalt v Gericht festzustellen. Das folgt aus dem Amtsermittlungsgrundsatz, § 83 I 1 iVm § 100 I 3. Daher sind zwischen den Beteiligten str Tatsachen zu klären, die, liegen sie vor, zur offensichtlichen Unzuständigkeit der ESt führen, ein schlüssiger Sachvortrag reicht nicht aus (LAG Nds 8.6.2007, 1 TaBV 27/07, LAGE § 98 ArbGG 1979 Nr 49; LAG München 31.1.1985, 9 TaBV 27/84, LAGE § 98 ArbGG 1979 Nr 5; auch durch Zeugenbeweis: LAG Düsseldorf 21.8.1987, 9 TaBV 132/86, NZA 1988, 211; HWK/*Bepler/Treber* § 100 Rn 5; **aA** Hess LAG 15.7.2008, 4 TaBV 128/08 mit Streitstand, arg § 98 nF: nur in ihrer Echtheit unstr Urkunden). Daher ist zB im Wege der Beweisaufnahme zu klären, ob in dem betroffenen Betrieb überwiegend mehr als 20 AN (§§ 111, 112, 112a BetrVG) beschäftigt sind (LAG Nds 8.6.2007, 1 TaBV 27/07, aaO; aA LAG Berlin 27.1.1993, 1 TaBV 5/92, AiB 1993, 733). Die Offensichtlichkeitsprüfung des Bestellungsverfahrens als summarisches Eilverfahren betrifft nur die Rechtsfrage, ob der Sachverhalt ein Mitbestimmungsrecht hergibt, nicht aber die Frage, ob die tatsächlichen Voraussetzungen gegeben sind (zutr GMP/*Matthes/Schlewing* § 98 Rn 19).

11 Umstr ist, ob der Maßstab der offensichtlichen Unzuständigkeit auch für alle sonstigen im Zusammenhang mit der Entschg zu prüfenden Fragen, zB auch für das Scheitern der Verhn (LAG Nürnberg 5.4.2005, 7 TaBV 7/05, LAGE § 98 ArbGG 1979 Nr 44; LAG Rh-Pf 3.8.2006, 11 TaBV 23/06) anzuwenden ist. Eine Mittelmeinung reduziert das auf **andere rechtliche Vorfragen** (*Fitting* § 76 BetrVG Rn 35 mit Bsp; LAG Köln 1.3.2001, 3 TaBV 92/00, AP ArbGG 1979 § 98 Nr 11).

12 Das ESt-Verfahren ist keine Prozessvoraussetzung für ein arbeitsgerichtliches **Beschlussverfahren**, in dem **über das Bestehen eines Mitbestimmungsrechts** des BR und damit über die Zuständigkeit der ESt in einer bestimmten Angelegenheit gestritten wird (vgl BAG 24.4.1981, 1 ABR 42/79, EzA § 76 BetrVG 1972 Nr 33). Auch ist eine Entsch im Bestellungsverfahren, es bestehe offensichtlich keine Zuständigkeit der ESt, kein Hindernis, im Beschlussverfahren über das Mitbestimmungsrecht des BR zu streiten. Der BR kann, nachdem sein Mitbestimmungsrecht rechtskräftig festgestellt worden ist, erneut die Bestellung eines ESt-Vorsitzenden beantragen (BAG 25.4.1989, 1 ABR 91/87, EzA § 98 ArbGG 1979 Nr 6).

Die **Aussetzung des Bestellungsverfahrens** nach § 100 bis zur Entsch eines schwebenden Beschlussverfahrens über die Zuständigkeit der ESt nach § 148 ZPO ist nicht zulässig, da das Gesetz den Zweck verfolgt, den Beteiligten die Bildung einer ESt bald zu ermöglichen (ErfK/*Koch* § 100 Rn 4). Die ESt befindet dann in eigener Kompetenz über ihre Zuständigkeit (BAG 24.11.1981, 1 ABR 42/79, EzA § 76 BetrVG 1972 Nr 33; LAG Schl-Holst 2.3.2011, 3 TaBV 1/11; GK-BetrVG/*Kreutz/Jacobs* § 76 BetrVG Rn 73 mwN). Die Aussetzung eines Verfahrens nach § 100 ist aber dann möglich, wenn der Spruch der zum gleichen Regelungsgegenstand gebildeten ESt gerichtlich angefochten ist: Bei erfolgreicher Anfechtung bliebe die »alte« ESt zuständig (LAG Berlin 24.4.2003, 10 Ta 598/03, LAGE § 98 ArbGG 1979 Nr 40). 13

E. Der zu bestellende Vorsitzende. Vielfach werden Richter der Arbeitsgerichtsbarkeit benannt und bestellt (vgl dazu LAG München 31.1.1998, 3 TaBV 62/88, LAGE § 98 ArbGG 1979 Nr 14).§ 100 I 5 sieht vor, dass ein Richter nur dann zum Vorsitzenden der ESt bestellt werden darf, wenn aufgrund der Geschäftsverteilung ausgeschlossen ist, dass er mit der Überprüfung, der Auslegung oder der Anwendung des Spruchs der ESt befasst wird. Damit dürfte die Bestellung eines Richters des zuständigen ArbG, aber auch des zuständigen LAG und des entsprechenden Senats des BAG ausgeschlossen sein, es sei denn, die Geschäftsverteilung sieht einen Vertretungsfall vor, wenn es in der Sache – auch in einer individualrechtlichen – auf die Wirksamkeit oder den Inhalt des ESt-Spruches ankommt, an dem der Richter beteiligt war (LAG Schl-Holst 17.5.1989, 6 TaBV 23/89, LAGE § 98 ArbGG 1979 Nr 17; LAG HH 7.3.1985 NZA 1985, 604; GMP/*Matthes/Schlewing* § 98 Rn 24; Schwab/Weth/*Walker* § 99 Rn 49; zur Nebentätigkeitsgenehmigung in diesem Zusammenhang vgl ErfK/*Koch* § 100 Rn 4; GK-BetrVG/*Kreutz/Jacobs* § 76 BetrVG Rn 63). § 100 I 5 ist zwingend. Deshalb können sich die Beteiligten nicht wirksam auf eine Richterpersönlichkeit einigen, die nach § 100 I 5 ausgeschlossen ist (GMP/*Matthes/Schlewing* § 98 Rn 25; GK-BetrVG/*Kreutz/Jacobs* § 98 BetrVG Rn 63). 14

Der Vorsitzende sollte das Vertrauen beider Seiten haben. Trotzdem reichen rein subjektive Vorbehalte gegen seine Person nicht aus, um eine Bestellung zu verhindern (LAG Berl-Bbg 18.6.2015, 21 TaBV 745/15 mwN; LAG Schl-Holst 22.6.1989, 6 TaBV 23/89, LAGE § 98 ArbGG 1979 Nr 17; str aA zB LAG Hamm 4.10.2010, 13 TaBV 74/10 mwN zum Meinungsstand). Der Vorsitzende des ArbG ist an den Antrag oder Vorschlag des Antragstellers bzw der Beteiligten zwar nicht gebunden. Er kann eine andere Person allerdings nur dann zum Vorsitzenden der ESt bestimmen, wenn Einwände gegen den Vorgeschlagenen erhoben werden und diese als ernsthaft angesehen werden müssen (vgl zB LAG Berl-Bbg 18.6.2015, 21 TaBV 745/15; Hess LAG 20.5.2008, 4 TaBV 97/08, AuR 2008, 406; LAG Hamm 19.7.2010, 10 TaBV 39/10; LAG BW 30.9.2010, 15 TaBV 4/10, AE 2011, 66; LAG Berl-Bbg 22.1.2010, 10 TaBV 2829/09, LAGE § 98 ArbGG 1979 Nr 56; 3.6.2010, 10 TaBV 1058/10, LAGE § 98 ArbGG 1979 Nr 60: »Müllerprinzip« »Wer zuerst kommt, mahlt zuerst«). Vielfach wird bei Streit um die Person des Vorsitzenden ein Vorsitzender bestellt, den kein Beteiligter benannt und gegen den kein Beteiligter Bedenken erhoben hat (LAG Schl-Holst 4.9.2002, 4 TaBV 8/02, LAGE § 98 ArbGG 1979 Nr 39; LAG Hamm 4.10.2010, 13 TaBV 74/10, aaO; LAG Berl-Bbg 4.6.2010, 6 TaBV 901/10, LAGE § 98 ArbGG 1979 Nr 59). Aus Vorstehendem folgt bereits, dass der v ArbG ausgewählte Vorsitzende in der mündlichen Anhörung zur Diskussion gestellt werden muss, anderenfalls gegen den Grundsatz des rechtlichen Gehörs verstoßen wird, Art 103 I GG (LAG München 31.1.1989, 3 TaBV 62/88, LAGE § 98 ArbGG 1979 Nr 14). Lehnen die Beteiligten im Bestellungsverfahren den jeweils v der Gegenseite benannten objektiv geeigneten Kandidaten für den Vorsitz der ESt ab, ohne nachvollziehbare Gründe vorzutragen, und können sich die Beteiligten auf einen Dritten nicht verständigen, so hat nach LAG Nürnberg (2.7.2004, 7 TaBV 19/04, LAGE Art 101 GG Nr 2) das Beschwerdegericht den v ArbG eingesetzten ESt-Vorsitzenden zu bestätigen. 15

Einigen sich die Betriebsparteien während des laufenden Bestellungsverfahrens auf einen Vorsitzenden der zu bildenden ESt, so gilt die Vereinbarung; das Verfahren ist einzustellen. Wird der Antrag zurückgenommen, was bis zur Rechtskraft des Beschl möglich ist, ergeht ebenfalls Einstellungsbeschl (GK-BetrVG/*Kreutz/Jacobs* § 76 BetrVG Rn 74). 16

F. Zahl der Beisitzer. Die Zahl der Beisitzer beträgt **idR 2 für jede Seite**. Das ist sinnvoll, weil dann jede Seite die Möglichkeit hat, einen Betriebsangehörigen und einen Außenstehenden zum Beisitzer zu bestellen und auf diese Weise interne Kenntnisse und externe Fachkenntnisse eingebracht werden können (GMP/*Matthes/Schlewing* § 98 Rn 29 mwN; ErfK/*Koch* § 100 Rn 6; LAG Hamm 17.6.2013, 13 TaBV 48/13; LAG Nds 15.8.2006, 1 TaBV 43/06, LAGE § 98 ArbGG 1979 Nr 47; LAG Rh-Pf 7.1.2010, 11 TaBV 45/09;). Entscheidend sind letztlich aber die **Bedeutung, die Schwierigkeit und der Umfang der Angelegenheit**. Die Betriebspartei, die v der Regelbesetzung abweichen will, hat Tatsachen vorzutragen, die eine andere Anzahl v Beisitzern rechtfertigen sollen, etwa Komplexität des zu regelnden Sachverhaltes, die Anzahl der betroffenen AN oder AN-Gruppen, die mit dem Regelungsgegenstand verbundenen Rechtsfragen und/ 17 oder Zumutbarkeit der ESt-Kosten (LAG Nds 15.8.2006, 1 TaBV 43/06, LAGE § 98 ArbGG 1979 Nr 47). Str ist, ob und ggf unter welchen Voraussetzungen das Gericht an den Antrag gebunden ist (so ErfK/*Koch* § 100 Rn 6 mwN; aA GMP/*Matthes/Schlewing* § 98 Rn 28). Einigen sich die Betriebsparteien nachträglich auf eine andere als die v ArbG festgelegte Zahl der Beisitzer, so gilt diese.

18 **G. Entscheidung und Rechtsmittel.** Das Gericht hat in seiner Entsch im **Tenor** neben der namentlichen Bestellung des Vorsitzenden und ggf der Festlegung der Zahl der Beisitzer (nicht der Personen) zu bestimmen, für welchen Regelungsstreit die ESt zuständig ist (»Kompetenzrahmen der ESt«, GMP/*Matthes/Schlewing* § 98 Rn 34; LAG HH 1.2.2007, 8 TaBV 18/06, MDR 2007, 1083). Die ESt kann darüber hinaus nicht entscheiden, es sei denn, die Beteiligten führen insoweit eine Einigung herbei.

19 Nach § 100 I 6 soll der Beschl innerhalb v 2 Wochen nach Eingang des Antrages zugestellt werden; spätestens innerhalb v 4 Wochen muss dies der Fall sein. Unmittelbare Rechtsfolgen sind an eine Verletzung dieser Vorgaben nicht geknüpft; allerdings kommen Entschädigungsansprüche nach § 9 II 2 iVm §§ 198 ff GVG in Betracht.

20 Gegen den Beschl des Vorsitzenden der Kammer des ArbG findet die **Beschwerde** an das LAG statt. Beschwerdebefugt ist der durch den arbeitsgerichtlichen Beschl Beschwerte, also der Beteiligte, der mit der zum Vorsitzenden der ESt bestellten Persönlichkeit und/oder mit der festgesetzten Zahl der Beisitzer für jede Seite nicht einverstanden ist. Im Gegensatz zur Regelung im allg Beschlussverfahren ist die Beschwerde **innerhalb v 2 Wochen** einzulegen und zu begründen. Die Verlängerung der Begründungsfrist gem §§ 100 II 3, 66 I 5 ist wegen des beschleunigten Verfahrensablaufs unzulässig (aA LAG BW 20.12.2012, 1 TaBV 1/12, ZTR 2013, 151; LAG Nürnberg 17.6.2010, 7 TaBV 32/10, AE 2011, 78). Wiedereinsetzung in den vorigen Stand gegen die Versäumung der Einlegungs- oder Begründungsfrist ist möglich. Für das Beschwerdeverfahren sind die für das Beschwerdeverfahren im »normalen« Beschlussverfahren geltenden Vorschriften maßgebend, §§ 87 II, III, 88–90 I 2, 91 I 2 iVm § 100 II 3.

21 Wird gegen die Bestellung des Vorsitzenden Beschwerde geführt, ist der v ArbG bestellte Vorsitzende wegen deren aufschiebenden Wirkung, §§ 100 II 3, 87 III 1, daran gehindert, das ESt-Verfahren bereits einzuleiten (GK-BetrVG/*Kreutz/Jacobs* § 76 BetrVG Rn 77).

22 Die Entsch über die Beschwerde trifft nicht die Kammer, sondern der **Vorsitzende** allein. Er überprüft die erstinstanzliche Entsch in vollem Umfang hins der Frage der offensichtlichen Unzuständigkeit. IÜ ist umstr, ob lediglich eine Überprüfung der Ermessensentscheidung des ArbG erfolgt (ErfK/*Koch* § 100 Rn 7; Schwab/Weth/*Walker* § 99 Rn 67) oder eine neue Entsch nach eigenem Ermessen getroffen werden kann (Düwell/Lipke/*Lipke* § 98 Rn 21; GMP/*Matthes/Schlewing* § 98 Rn 40 mwN). Der erstgenannten Auffassung ist der Vorzug zu geben, soweit keine Ermessensfehler vorliegen. Gegen die Entsch des Vorsitzenden des LAG gibt es nach § 100 II 4 kein Rechtsmittel, die **Rechtsbeschwerde** ist zwingend **ausgeschlossen**. Eine gleichwohl v LAG erfolgte Zulassung ist gesetzwidrig und bindet das BAG nicht (GMP/*Matthes/Schlewing* § 98 Rn 41; Schwab/Weth/*Walker* § 99 Rn 68).

23 Da der zum Vorsitzenden Bestellte nicht verpflichtet ist, das Amt anzunehmen, sollte der Vorsitzende des ArbG/LAG vorher durch Rückfrage die Bereitschaft klären. Lehnt der Bestellte das Amt ab (oder wird ihm keine Nebentätigkeitsgenehmigung erteilt), ist ggf ein neues Beschlussverfahren nach § 100 durchzuführen (HWK/*Bepler/Treber* § 100 Rn 10; aA Fitting § 76 Rn 39: Bestellungsverfahren noch nicht abgeschlossen).

24 Der Streit um die Bestellung nach § 100 ist als Beschlussverfahren **gerichtsgebührenfrei**, § 2 II GKG.

25 **H. Befangenheitsablehnung ggü Mitgliedern der Einigungsstelle.** Der Vorsitzende und die Beisitzer der ESt können in entspr Anwendung der §§ 1036 I, 1037 II, III ZPO wegen Besorgnis der **Befangenheit** abgelehnt werden (BAG 17.11.2010, 7 ABR 100/09, EzA § 76 BetrVG 2001 Nr 3, dort auch eingehend zum Verfahren der Behandlung v Ablehnungsgesuchen in Analogie zu §§ 1036 ff ZPO, nicht zu § 98 [jetzt § 100]). Eine (gerichtliche) Abberufung scheidet aus. Nur durch Einigung der Beteiligten auf einen neuen Vorsitzenden verliert der Vorsitzende sein Amt (ebenso GMP/*Matthes/Schlewing* § 98 Rn 33).

§ 101 Grundsatz

(1) Für bürgerliche Rechtsstreitigkeiten zwischen Tarifvertragsparteien aus Tarifverträgen oder über das Bestehen oder Nichtbestehen von Tarifverträgen können die Parteien des Tarifvertrags die Arbeitsgerichtsbarkeit allgemein oder für den Einzelfall durch die ausdrückliche Vereinbarung ausschließen, dass die Entscheidung durch ein Schiedsgericht erfolgen soll.

(2) ¹Für bürgerliche Rechtsstreitigkeiten aus einem Arbeitsverhältnis, das sich nach einem Tarifvertrag bestimmt, können die Parteien des Tarifvertrags die Arbeitsgerichtsbarkeit im Tarifvertrag durch die ausdrückliche Vereinbarung ausschließen, dass die Entscheidung durch ein Schiedsgericht erfolgen soll,

wenn der persönliche Geltungsbereich des Tarifvertrags überwiegend Bühnenkünstler, Filmschaffende oder Artisten umfasst. ²Die Vereinbarung gilt nur für tarifgebundene Personen. ³Sie erstreckt sich auf Parteien, deren Verhältnisse sich aus anderen Gründen nach dem Tarifvertrag regeln, wenn die Parteien dies ausdrücklich und schriftlich vereinbart haben; der Mangel der Form wird durch Einlassung auf die schiedsgerichtliche Verhandlung zur Hauptsache geheilt.
(3) Die Vorschriften der Zivilprozessordnung über das schiedsrichterliche Verfahren finden in Arbeitssachen keine Anwendung.

§ 102 Prozesshindernde Einrede

(1) Wird das Arbeitsgericht wegen einer Rechtsstreitigkeit angerufen, für die die Parteien des Tarifvertrages einen Schiedsvertrag geschlossen haben, so hat das Gericht die Klage als unzulässig abzuweisen, wenn sich der Beklagte auf den Schiedsvertrag beruft.
(2) Der Beklagte kann sich nicht auf den Schiedsvertrag berufen,
1. wenn in einem Fall, in dem die Streitparteien selbst die Mitglieder des Schiedsgerichts zu ernennen haben, der Kläger dieser Pflicht nachgekommen ist, der Beklagte die Ernennung aber nicht binnen einer Woche nach der Aufforderung des Klägers vorgenommen hat;
2. wenn in einem Fall, in dem nicht die Streitparteien, sondern die Parteien des Schiedsvertrags die Mitglieder des Schiedsgerichts zu ernennen haben, das Schiedsgericht nicht gebildet ist und die den Parteien des Schiedsvertrags von dem Vorsitzenden des Arbeitsgerichts gesetzte Frist zur Bildung des Schiedsgerichts fruchtlos verstrichen ist;
3. wenn das nach dem Schiedsvertrag gebildete Schiedsgericht die Durchführung des Verfahrens verzögert und die ihm von dem Vorsitzenden des Arbeitsgerichts gesetzte Frist zur Durchführung des Verfahrens fruchtlos verstrichen ist;
4. wenn das Schiedsgericht den Parteien des streitigen Rechtsverhältnisses anzeigt, dass die Abgabe eines Schiedsspruchs unmöglich ist.

(3) In den Fällen des Absatzes 2 Nummern 2 und 3 erfolgt die Bestimmung der Frist auf Antrag des Klägers durch den Vorsitzenden des Arbeitsgerichts, das für die Geltendmachung des Anspruchs zuständig wäre.
(4) Kann sich der Beklagte nach Absatz 2 nicht auf den Schiedsvertrag berufen, so ist eine schiedsrichterliche Entscheidung des Rechtsstreits auf Grund des Schiedsvertrags ausgeschlossen.

§ 103 Zusammensetzung des Schiedsgerichts

(1) ¹Das Schiedsgericht muss aus einer gleichen Zahl von Arbeitnehmern und von Arbeitgebern bestehen; außerdem können ihm Unparteiische angehören. ²Personen, die infolge Richterspruchs die Fähigkeit zur Bekleidung öffentlicher Ämter nicht besitzen, dürfen ihm nicht angehören.
(2) Mitglieder des Schiedsgerichts können unter denselben Voraussetzungen abgelehnt werden, die zur Ablehnung eines Richters berechtigen.
(3) ¹Über die Ablehnung beschließt die Kammer des Arbeitsgerichts, das für die Geltendmachung des Anspruchs zuständig wäre. ²Vor dem Beschluss sind die Streitparteien und das abgelehnte Mitglied des Schiedsgerichts zu hören. ³Der Vorsitzende des Arbeitsgerichts entscheidet, ob sie mündlich oder schriftlich zu hören sind. ⁴Die mündliche Anhörung erfolgt vor der Kammer. ⁵Gegen den Beschluss findet kein Rechtsmittel statt.

§ 104 Verfahren vor dem Schiedsgericht

Das Verfahren vor dem Schiedsgericht regelt sich nach den §§ 105 bis 110 und dem Schiedsvertrag, im Übrigen nach dem freien Ermessen des Schiedsgerichts.

§ 105 Anhörung der Parteien

(1) Vor der Fällung des Schiedsspruchs sind die Streitparteien zu hören.
(2) ¹Die Anhörung erfolgt mündlich. ²Die Parteien haben persönlich zu erscheinen oder sich durch einen mit schriftlicher Vollmacht versehenen Bevollmächtigten vertreten zu lassen. ³Die Beglaubigung der Vollmachtsurkunde kann nicht verlangt werden. ⁴Die Vorschrift des § 11 Abs. 1 gilt entsprechend, soweit der Schiedsvertrag nicht anderes bestimmt.

(3) Bleibt eine Partei in der Verhandlung unentschuldigt aus oder äußert sie sich trotz Aufforderung nicht, so ist der Pflicht zur Anhörung genügt.

§ 106 Beweisaufnahme

(1) ¹Das Schiedsgericht kann Beweise erheben, soweit die Beweismittel ihm zur Verfügung gestellt werden. ²Zeugen und Sachverständige kann das Schiedsgericht nicht beeidigen, eidesstattliche Versicherungen nicht verlangen oder entgegennehmen.
(2) ¹Hält das Schiedsgericht eine Beweiserhebung für erforderlich, die es nicht vornehmen kann, so ersucht es um die Vornahme den Vorsitzenden desjenigen Arbeitsgerichts oder, falls dies aus Gründen der örtlichen Lage zweckmäßiger ist, dasjenige Amtsgericht, in dessen Bezirk die Beweisaufnahme erfolgen soll. ²Entsprechend ist zu verfahren, wenn das Schiedsgericht die Beeidigung eines Zeugen oder Sachverständigen gemäß § 58 Abs. 2 Satz 1 für notwendig oder eine eidliche Parteivernehmung für sachdienlich erachtet. ³Die durch die Rechtshilfe entstehenden baren Auslagen sind dem Gericht zu ersetzen; § 22 Abs. 1 und § 29 des Gerichtskostengesetzes finden entsprechende Anwendung.

§ 107 Vergleich

Ein vor dem Schiedsgericht geschlossener Vergleich ist unter Angabe des Tages seines Zustandekommens von den Streitparteien und den Mitgliedern des Schiedsgerichts zu unterschreiben.

§ 108 Schiedsspruch

(1) Der Schiedsspruch ergeht mit einfacher Mehrheit der Stimmen der Mitglieder des Schiedsgerichts, falls der Schiedsvertrag nichts anderes bestimmt.
(2) ¹Der Schiedsspruch ist unter Angabe des Tages seiner Fällung von den Mitgliedern des Schiedsgerichts zu unterschreiben und muss schriftlich begründet werden, soweit die Parteien nicht auf schriftliche Begründung ausdrücklich verzichten. ²Eine vom Verhandlungsleiter unterschriebene Ausfertigung des Schiedsspruchs ist jeder Streitpartei zuzustellen. ³Die Zustellung kann durch eingeschriebenen Brief gegen Rückschein erfolgen.
(3) ¹Eine vom Verhandlungsleiter unterschriebene Ausfertigung des Schiedsspruchs soll bei dem Arbeitsgericht, das für die Geltendmachung des Anspruchs zuständig wäre, niedergelegt werden. ²Die Akten des Schiedsgerichts oder Teile der Akten können ebenfalls dort niedergelegt werden.
(4) Der Schiedsspruch hat unter den Parteien dieselben Wirkungen wie ein rechtskräftiges Urteil des Arbeitsgerichts.

§ 109 Zwangsvollstreckung

(1) ¹Die Zwangsvollstreckung findet aus dem Schiedsspruch oder aus einem vor dem Schiedsgericht geschlossenen Vergleich nur statt, wenn der Schiedsspruch oder der Vergleich von dem Vorsitzenden des Arbeitsgerichts, das für die Geltendmachung des Anspruchs zuständig wäre, für vollstreckbar erklärt worden ist. ²Der Vorsitzende hat vor der Erklärung den Gegner zu hören. ³Wird nachgewiesen, dass auf Aufhebung des Schiedsspruchs geklagt ist, so ist die Entscheidung bis zur Erledigung dieses Rechtsstreits auszusetzen.
(2) ¹Die Entscheidung des Vorsitzenden ist endgültig. ²Sie ist den Parteien zuzustellen.

§ 110 Aufhebungsklage

(1) Auf Aufhebung des Schiedsspruchs kann geklagt werden,
1. wenn das schiedsgerichtliche Verfahren unzulässig war;
2. wenn der Schiedsspruch auf der Verletzung einer Rechtsnorm beruht;
3. wenn die Voraussetzungen vorliegen, unter denen gegen ein gerichtliches Urteil nach § 580 Nr 1 bis 6 der Zivilprozessordnung die Restitutionsklage zulässig wäre.

(2) Für die Klage ist das Arbeitsgericht zuständig, das für die Geltendmachung des Anspruchs zuständig wäre.
(3) ¹Die Klage ist binnen einer Notfrist von zwei Wochen zu erheben. ²Die Frist beginnt in den Fällen des Absatzes 1 Nr 1 und 2 mit der Zustellung des Schiedsspruchs. ³Im Falle des Absatzes 1 Nr 3 beginnt sie mit der Rechtskraft des Urteils, das die Verurteilung wegen der Straftat ausspricht, oder mit dem Tag,

an dem der Partei bekannt geworden ist, dass die Einleitung oder die Durchführung des Verfahrens nicht erfolgen kann; nach Ablauf von zehn Jahren, von der Zustellung des Schiedsspruchs an gerechnet, ist die Klage unstatthaft.

(4) Ist der Schiedsspruch für vollstreckbar erklärt, so ist in dem der Klage stattgebenden Urteil auch die Aufhebung der Vollstreckbarkeitserklärung auszusprechen.

Übersicht	Rdn.			Rdn.
A. Grundsatz	1	E.	Verfahren vor dem Schiedsgericht	6
B. Zulässige Vereinbarung einer Schiedsgerichtsbarkeit	2	F.	Schiedsspruch	10
		G.	Zwangsvollstreckung	12
C. Prozesshindernde Einrede	4	H.	Aufhebungsklage	13
D. Errichtung und Zusammensetzung des Schiedsgerichts	5			

A. Grundsatz. Nach § 4 kann in den Fällen des § 2 I und II die Arbeitsgerichtsbarkeit nach Maßgabe der §§ 101–110 ausgeschlossen werden. Danach kommt **nur ausnahmsweise** eine Streitentsch durch Schiedsgerichte in den Fällen des § 101 I und II in Betracht. Die Aufzählung ist abschließend. Für das arbeitsgerichtliche **Beschlussverfahren** scheidet ein Schiedsverfahren damit aus (ErfK/*Koch* § 110 Rn 1; GMP/*Germelmann* § 4 Rn 4 f; GK-ArbGG/*Mikosch* § 101 Rn 1; die TV-Parteien haben mit § 7 Entgeltrahmenabkommen für die Metall- und Elektroindustrie NRW – paritätische Kommission – ERA – ETV – keine Schiedsgutachterstelle iSd § 101 geschaffen: LAG Hamm 25.11.2008, 14 Sa 354/08 mwN; LAG Düsseldorf 12.1.2007, 10 Sa 1082/06, ZTR 2007, 314). Das arbeitsgerichtliche Schiedsverfahren ist in den §§ 101–110 abschließend geregelt, die §§ 1025 ff ZPO sind daneben nicht anwendbar, § 101 III. 1

B. Zulässige Vereinbarung einer Schiedsgerichtsbarkeit. Für bürgerliche Rechtsstreitigkeiten zwischen **TV-Parteien** aus TV oder über das Bestehen v TV können die TV-Parteien durch ausdrückliche Vereinbarung bestimmen, dass die Entsch durch ein Schiedsgericht erfolgen soll, § 101 I. Eine solche **Gesamtschiedsvereinbarung** ist vor, während oder nach Entstehen der Streitigkeit möglich (vgl zB LAG BW 23.11.2009, 15 Sa 71/09 zu § 19.3 MTV für Beschäftigte in der Metall- und Elektroindustrie Nordwürttemberg/Nordbaden). 2

Nach § 101 II 1 können TV-Parteien auch für Streitigkeiten zwischen einzelnen Arbeitsvertragsparteien (**Einzelschiedsvereinbarung**) die Arbeitsgerichtsbarkeit im TV ausschließen. Das gilt nur für bestimmte Berufsgruppen: Der persönliche Geltungsbereich des TV muss überwiegend **Bühnenkünstler, Filmschaffende oder Artisten** umfassen. Die Erstreckungsmöglichkeit auf **Kapitäne und Besatzungsmitglieder ist seit dem 1.8.2013 entfallen (BGBl I 868).** Diese Regelung ist abschließend (GK-ArbGG/*Mikosch* § 101 Rn 19). Die Vereinbarung gilt grds nur **für tarifgebundene Parteien**, §§ 4 I, 5 TVG. Nach § 101 II 3 ist eine **einzelarbeitsvertragliche Erstreckung** einer tarifvertraglichen Schiedsvereinbarung möglich (vgl dazu BAG 15.2.2012, 7 AZR 626/10, EzA § 110 ArbGG 1979 Nr 4), und zwar durch ausdrückliche schriftliche Vereinbarung. Bei lediglich mündlicher Absprache kann der Mangel der Form durch Einlassung auf die schiedsgerichtliche Verh zur Hauptsache geheilt werden, § 101 II 3 letzter HS. Die in § 101 II 3 eröffnete Möglichkeit der einzelvertraglichen Vereinbarung geht nicht weiter als die entspr Regelungsbefugnis der TV-Parteien. Die Vereinbarung kann nur für solche Arbeitsverhältnisse erfolgen, bei denen auch bei Tarifgebundenheit die Schiedsgerichtsbarkeit hätte Anwendung finden können, also nicht für Mitglieder anderer Berufsgruppen (BAG 6.8.1997, 7 AZR 156/96, EzA § 101 ArbGG 1979 Nr 3 betr Tontechniker ohne künstlerische Aufgaben; BAG 25.2.2009, 7 AZR 942/07, Bühnengenossenschaft 2010, Nr 6/7, 8 betr Bühnentechniker/Theaterplastiker – Normalvertrag Bühne; BAG 28.1.2009, 4 AZR 987/07, EzA § 101 ArbGG 1979 Nr 4 betr Maskenbildner – Normalvertrag Bühne; Sächs LAG 30.1.2009, 2 Sa 225/08, ZTR 2009, 273 betr Bühnentechniker – Normalvertrag Bühne). 3

C. Prozesshindernde Einrede. Wird das ArbG wegen einer Rechtsstreitigkeit angerufen, obwohl die TV-Parteien einen Schiedsvertrag geschlossen haben, begründet der Schiedsvertrag eine (verzichtbare) prozesshindernde Einrede. Die Schiedsabrede wird nicht vAw berücksichtigt. Beruft sich der Beklagte auf den Schiedsvertrag, ist die Klage als unzulässig abzuweisen, § 102 I. Die Einrede verfängt allerdings **nicht im Verfahren des Arrestes und der einstweiligen Verfügung**, weil in diesen Fällen ausreichender Rechtsschutz vor dem Schiedsgericht nicht zu erreichen ist (ErfK/*Koch* § 110 Rn 1). Ordnet das ArbG die Erhebung der Klage in der Hauptsache nach § 926 ZPO an, ist das Schiedsgericht anzurufen. Die **Einrede entfällt** nach der nicht abschließenden (GMP/*Germelmann* § 102 Rn 26) Aufzählung des § 102 II bei Nichternennung eines Schiedsrichters durch die beklagte Partei, bei Nichternennung eines Schiedsrichters durch die Parteien 4 des Schiedsvertrages, nach erfolgloser Fristsetzung durch das ArbG, bei Verzögerung des Verfahrens durch das Schiedsgericht nach erfolgloser Fristsetzung durch das ArbG und bei Anzeige der Unmöglichkeit eines Schiedsspruchs. In den genannten Fällen kann das ArbG unmittelbar angerufen werden.

5 **D. Errichtung und Zusammensetzung des Schiedsgerichts.** Das Schiedsgericht muss nach § 103 I 1 mit einer gleichen Zahl v AN und v AG besetzt sein. Ihm können Unparteiische angehören, und zwar sowohl Vorsitzende als auch Beisitzer. Allerdings darf das Schiedsgericht nicht nur aus Unparteiischen bestehen. Eine Besetzung mit nur einer Person scheidet nach dem Wortlaut der Norm aus. Die Errichtung und Besetzung des Schiedsgerichts ist iÜ Sache der TV-Parteien. Auch die **Rechtsstellung der Schiedsrichter** ist gesetzlich nicht geregelt. Sie sind v Weisungen der Parteien des Ausgangsverfahrens unabhängig, haben in eigener Person das Amt wahrzunehmen. Durch die Ausübung des Amtes dürfen ihnen keine Nachteile entstehen. Sie haben einen Vergütungsanspruch nach § 612 II BGB, wenn sie nicht betriebsangehörig sind (ErfK/*Koch* § 110 Rn 6). Mitglieder des Schiedsgerichts können unter denselben Voraussetzungen abgelehnt werden wie Richter, § 103 II iVm § 43. Über die **Ablehnung** entscheidet nach § 103 III die Kammer des ArbG (unter Einbeziehung der ehrenamtlichen Richter), das für die Geltendmachung des Anspruchs zuständig wäre, durch Beschl nach freigestellter mündlicher Anhörung. Gegen diesen Beschl gibt es kein Rechtsmittel, § 103 III 5.

6 **E. Verfahren vor dem Schiedsgericht.** § 104 enthält die Grundregel, dass das Schiedsgericht sein Verfahren nach freiem Ermessen bestimmt. Lediglich die zwingenden Vorschriften der §§ 105–110 und evtl tarifvertragliche Vorgaben sind zu beachten. Außerdem sind die allg Grundsätze und Prozessvoraussetzungen auch im schiedsgerichtlichen Verfahren anzuwenden. Das bezieht sich etwa auf die Prüfung der sachlichen und örtlichen Zuständigkeit, der Parteifähigkeit, des Rechtsschutzinteresses und der hinreichenden Bestimmtheit des Klageantrages, § 253 ZPO.

7 Nach § 105 hat vor Fällung des Schiedsspruchs eine mündliche **Anhörung** stattzufinden. Die Parteien haben persönlich zu erscheinen oder sich entspr § 11 vertreten zu lassen. Die Anhörung hat sich auf alle Tatsachen und rechtlichen Gesichtspunkte zu erstrecken. Das Schiedsgericht hat den Sachverhalt entspr § 139 ZPO aufzuklären. Dazu kann es den Parteien Auflagen unter Fristsetzung erteilen. Da § 105 III bei unentschuldigtem Ausbleiben der Partei nur anordnet, dass der Pflicht zur Anhörung genügt ist, gibt es keinen »Versäumnisschiedsspruch«. Wird die Säumnis hinreichend entschuldigt, was auch nach der mündlichen Verh bis zur Zustellung des Beschlusses erfolgen kann, ist ein neuer Termin zu bestimmen. Nach Zustellung des Schiedsspruchs können entsprechende Einwendungen nur in einem ggf. vorgesehenen Berufungsverfahren oder im Wege der Aufhebungsklage, § 110, geltend gemacht werden (Düwell/Lipke/ *Voßkühler* § 105 Rn 6).

8 Das Schiedsgericht ist befugt eine **Beweisaufnahme** durchzuführen, soweit ihm die Beweismittel zur Verfügung stehen. Allerdings hat es keine Möglichkeiten, das Erscheinen v Zeugen und Sachverständigen zu erzwingen. Hat eine Partei einen Beweis angeboten und hält das Schiedsgericht eine Beweisaufnahme für erforderlich, die es selbst nicht vornehmen kann, so muss es das zuständige ArbG oder AG, § 106 II 1, im Wege der **Rechtshilfe** ersuchen, die Beweisaufnahme durchzuführen. Entspr gilt, wenn das Schiedsgericht die Beeidigung eines Zeugen oder eines Sachverständigen (§ 58 II 1) für notwendig oder eine eidliche Parteivernehmung als sachdienlich ansieht, § 106 II 2.

9 Die **Beendigung des Schiedsverfahrens** kann nach § 107 durch **Vergleich** vor dem Schiedsgericht erfolgen. § 278 VI ZPO ist nicht anwendbar (Düwell/Lipke/*Voßkühler* § 107 Rn 8). Der Schiedsvergleich ist unter Angabe des Tages seines Zustandekommens v den Streitparteien und allen Mitgliedern des Schiedsgerichts zu unterschreiben. Ein Widerrufsvergleich ist möglich. Er wird wirksam, wenn die Widerrufsfrist abgelaufen ist. Der Vergleich beendet das Schiedsverfahren. Er kann v ArbG auf Antrag nach § 109 für vollstreckbar erklärt werden.

10 **F. Schiedsspruch.** Nach 108 I ergeht der Schiedsspruch mit einfacher Mehrheit der Mitglieder des Schiedsgerichts; der Schiedsvertrag kann etwas anderes vorsehen. Auf Grundlage der Anhörung einschl der etwa erfolgten Beweisaufnahme und des gesamten Akteninhalts hat eine Beratung und Abstimmung zu erfolgen (GMP/*Germelmann* § 108 Rn 6; GK-ArbGG/*Mikosch* § 108 Rn 3); das Beratungsgeheimnis muss gewahrt werden. Ist der Schiedsantrag unzulässig, wird er verworfen. Ein Teilschiedsspruch ist möglich (GK-ArbGG/*Mikosch* § 108 Rn 4). Kommt die erforderliche Mehrheit für einen Schiedsspruch nicht zustande, so ist den Streitparteien mitzuteilen, dass die Fällung eines Schiedsspruchs nicht möglich ist; in einem solchen Fall entfällt die Einrede der Schiedsgerichtsbarkeit (GK-ArbGG/*Mikosch* § 108 Rn 6; GMP/ *Germelmann* § 108 Rn 5). Der Schiedsspruch einschl der Begründung ist unter Angabe des Entscheidungsdatums v sämtlichen Mitgliedern des Schiedsgerichts zu unterschreiben. Die Begründung muss den

Sachverhalt enthalten, v dem das Schiedsgericht ausgegangen ist, sowie die tragenden rechtlichen Erwägungen, die zu seiner Entsch geführt haben, einschl einer etwaigen Beweiswürdigung. Allerdings können die Parteien auf eine schriftliche Begründung »ausdrücklich« verzichten (§ 108 II 1). Der Schiedsspruch muss in entspr Anwendung der §§ 91 ff ZPO eine Kostenentsch enthalten, es sei denn, der Schiedsvertrag sieht etwas anderes vor (Düwell/Lipke/*Voßkühler* § 108 Rn 5). Eine Rechtsmittelbelehrung ist im Gesetz nicht vorgeschrieben, ist aber mitunter in Schiedsverträgen vorgesehen. Zu Ausfertigung und Zustellung vgl § 108 II 2 und 3. Ein Verstoß gegen die Niederlegungspflicht des § 108 III macht den Schiedsspruch nicht unwirksam (GMP/*Germelmann* § 108 Rn 25).

Der Schiedsspruch hat unter den Parteien dieselbe **Wirkung wie ein rechtskräftiges Urt** des ArbG, § 108 11
IV (BAG 20.5.1960, 1 AZR 268/57, AP ArbGG § 101 Nr 8). Sieht der Schiedsvertrag ein Rechtsmittel vor, wie etwa die Schiedsverträge im Bühnenbereich, so gilt dies für den letztinstanzlichen Schiedsspruch. Die Wirkung tritt zwischen den Parteien ein, entspr § 325 ZPO auch hins der Rechtsnachfolger, wenn diese an den Schiedsvertrag gebunden sind (GMP/*Germelmann* § 108 Rn 30). Allerdings sind tarifgebundene Dritte nach § 9 TVG gebunden, wenn die TV-Parteien vor dem Schiedsgericht ein Verfahren austragen (LAG München 18.12.2013, 11 Sa 331/13). Das Schiedsgericht ist an seinen Schiedsspruch entspr § 318 ZPO gebunden (GK-ArbGG/*Mikosch* § 108 Rn 20). Der Schiedsspruch hat präjudizielle Wirkung, wenn es um einen neuen Streitgegenstand geht, für den das rechtskräftig Entschiedene vorgreiflich ist. IÜ besteht die Wirkung in 1. Linie darin, dass jede erneute Verh und Entsch über denselben Streitgegenstand auch vor staatlichen Gerichten unzulässig ist. Diese haben einen Schiedsspruch aber nur auf Einrede, nicht vAw, zu berücksichtigen (GK-ArbGG/*Mikosch* § 108 Rn 19; GMP/*Germelmann* § 108 Rn 29).

G. Zwangsvollstreckung. Die Zwangsvollstreckung aus Schiedsspruch oder Schiedsvergleich ist gem 12
§ 109 nur nach **Vollstreckbarerklärung** durch den Vorsitzenden des ArbG, das für die Geltendmachung des Anspruchs zuständig wäre, möglich (LAG Bremen 18.7.2003, AR 4/03, LAGE § 109 ArbGG 1979 Nr 1). Diese erfordert einen Antrag und die Anhörung des Gegners. Dabei prüft der Vorsitzende nicht, ob der Schiedsspruch inhaltlich richtig ist oder ob eine Aufhebungsklage nach § 110 Erfolg hätte, sondern nur, ob ein wirksamer und zugestellter Schiedsspruch oder ein wirksamer Vergleich vorliegt (GMP/*Germelmann* § 109 Rn 7) und ob dieser einen vollstreckungsfähigen Inhalt aufweist. Wird durch den Gegner nachgewiesen, dass auf Aufhebung des Schiedsspruchs geklagt wurde, hat der Vorsitzende die Entsch bis zur Erledigung der Aufhebungsklage auszusetzen. Die Entsch des Vorsitzenden ergeht durch zuzustellenden Beschl. Sie ist endgültig (§ 109 II 1).

H. Aufhebungsklage. Die **gerichtliche Kontrolle des Schiedsspruches** erfolgt eingeschränkt ausschließ- 13
lich nach Maßgabe des § 110. Es handelt sich in allen drei Instanzen der staatlichen Gerichtsbarkeit um ein revisionsähnliches Verfahren, in dem der Spruch des Schiedsgerichts nur auf Rechtsfehler überprüft werden kann (BAG 15.5.2013, 7 AZR 665/11, EzA § 110 ArbGG 199 Nr 5; 15.2.2012, 7 AZR 626/10, EzA § 110 ArbGG 1979 Nr 4; 16.12.2010, 6 AZR 487/09, EzA § 4 TVG Bühnen Nr 11, auch zum Kontrollmaßstab bei der Bühnenschiedsgerichtsbarkeit). Neuer Sachvortrag scheidet grundsätzlich aus (BAG 2.7.2003, 7 AZR 613/02, AP Nr 39 zu § 611 BGB Musiker). Ein Aufhebungsgrund liegt nach § 110 II Nr 1 vor, wenn das Schiedsverfahren unzulässig war, zB weil kein Schiedsvertrag nicht bestand oder ein Verstoß gegen wesentliche Verfahrensgrundsätze vorliegt (BAG 15.2.2012, 7 AZR 626/10, aaO; GK-ArbGG/ *Mikosch* § 110 Rn 12). Der Verfahrensverstoß muss im Aufhebungsverfahren in entspr Anwendung des § 551 III Nr 2b ZPO ausdrücklich gerügt werden, ob bereits innerhalb der Notfrist v 2 Wochen des § 110 III 1 ist str (so GMP/*Germelmann* § 110 Rn 9; LAG Köln 17.8.2010, 12 Sa 164/10; offengelassen in BAG 16.12.2010, 6 AZR 487/09, aaO). Zu spät ist eine Rüge mehr als 1 Monat nach Zustellung des Schiedsspruchs (entspr Revisionsfrist des § 74: BAG 16.12.2010, 6 AZR 487/09, aaO), jedenfalls aber nach Abschluss 1. Instanz (BAG 12.1.2000, 7 AZR 925/98, EzA § 4 TVG Bühnen Nr 8). Der Fehler muss für den Inhalt des Schiedsspruchs ursächlich sein (GK-ArbGG/*Mikosch* § 110 Rn 10). Als Verletzung einer Rechtsnorm nach § 110 II Nr 2 können alle Verstöße gegen formelles und materielles Recht vorgebracht werden, auf denen der Schiedsspruch beruht. Die Verletzung tarifvertr Vorschriften über das schiedsgerichtliche Verf kann aber weder nach § 110 I Nr 1 noch nach Nr 2 mit einer Aufhebungsklage erfolgreich gerügt werden (BAG 15.2.2012, 7 AZR 626/10, aaO). § 110 I Nr 3 bezieht sich auf die Fälle, die v § 580 ZPO erfasst sind. Liegen die Voraussetzungen für eine Nichtigkeitsklage vor, kann die Aufhebungsklage auf I Nr 1 gestützt werden (vgl iE GK-ArbGG/*Mikosch* § 110 Rn 19).

Die Klage ist innerhalb einer Notfrist v 2 Wochen (§ 110 III 1) bei dem ArbG zu erheben, das für die Gel- 14
tendmachung des Anspruchs zuständig wäre (§ 110 II). Die Frist beginnt mit Zustellung des Schiedsspruchs an die aufhebungsklagende Streitpartei; bei Vorliegen v Restitutionsgründen gilt § 110 III 2. Wiedereinsetzung in den vorigen Stand ist nach § 233 ZPO möglich. Ist die Frist versäumt, ist die Aufhebungsklage

unzulässig. Die Klage muss den Anforderungen des § 253 ZPO entsprechen und innerhalb der Klagefrist eine auf § 110 I zugeschnittene Begründung enthalten (BAG 12.1.2000, 7 AZR 925/98, aaO; LAG Köln 21.1.2008, 2 Sa 1046/07, LAGE § 14 TzBfG Nr 42). Es entscheidet die Kammer in voller Besetzung, also unter Einbeziehung der ehrenamtlichen Richter. Wird die Aufhebungsklage rkr abgewiesen, verbleibt es bei dem Schiedsspruch (GK-ArbGG/*Mikosch* § 110 Rn 28; vgl BAG 27.1.1993, 7 AZR 124/92, EzA § 110 ArbGG 1979 Nr 1). Wird der Schiedsspruch aufgehoben, entscheidet die Kammer auch in der Sache selbst, wenn ein entspr Antrag vorliegt (zB auf Feststellung des Fortbestandes des Arbeitsverhältnisses, LAG Köln 5.3.2008, 8 Sa 723/07). Nach rkr Aufhebung des Schiedsspruchs steht die Kompetenz zur Sachentsch allein den Gerichten für Arbeitssachen zu. Eine Zurückverweisung an das Schiedsgericht kommt nicht in Betracht (BAG 27.1.1993, 7 AZR 124/92, aaO; 7.11.1995, 3 AZR 955/94, EzA § 4 TVG Bühnen Nr 4). War der Schiedsspruch für vorläufig vollstreckbar erklärt worden, so ist im Urt auch die Aufhebung der Vollstreckbarkeitserklärung auszusprechen, § 110 IV. Etwa bereits erbrachte Leistungen sind nach §§ 812 ff BGB zurückzugeben. § 717 III ZPO ist nicht anwendbar. Das Urt muss über die Kosten entscheiden und den Streitwert festsetzen. Das Aufhebungsurt unterliegt der Berufung unter den Voraussetzungen des § 64. Gegen das Urt des LAG kann die Revision durch das LAG oder aufgrund Nichtzulassungsbeschwerde durch das BAG zugelassen werden.

§ 111 Änderung von Vorschriften

(1) ¹Soweit nach anderen Rechtsvorschriften andere Gerichte, Behörden oder Stellen zur Entscheidung oder Beilegung von Arbeitssachen zuständig sind, treten an ihre Stelle die Arbeitsgerichte. ²Dies gilt nicht für Seemannsämter, soweit sie zur vorläufigen Entscheidung von Arbeitssachen zuständig sind.
(2) ¹Zur Beilegung von Streitigkeiten zwischen Ausbildenden und Auszubildenden aus einem bestehenden Berufsausbildungsverhältnis können im Bereich des Handwerks die Handwerksinnungen, im übrigen die zuständigen Stellen im Sinne des Berufsbildungsgesetzes Ausschüsse bilden, denen Arbeitgeber und Arbeitnehmer in gleicher Zahl angehören müssen. ²Der Ausschuss hat die Parteien mündlich zu hören. ³Wird der von ihm gefällte Spruch nicht innerhalb einer Woche von beiden Parteien anerkannt, so kann binnen zwei Wochen nach ergangenem Spruch Klage beim zuständigen Arbeitsgericht erhoben werden. ⁴§ 9 Abs. 5 gilt entsprechend. ⁵Der Klage muss in allen Fällen die Verhandlung vor dem Ausschuss vorangegangen sein. ⁶Aus Vergleichen, die vor dem Ausschuss geschlossen sind, und aus Sprüchen des Ausschusses, die von beiden Seiten anerkannt sind, findet die Zwangsvollstreckung statt. ⁷Die §§ 107 und 109 gelten entsprechend.

Übersicht	Rdn.		Rdn.
A. Zuständigkeit der Seeämter	1	III. Anrufungsfrist bei Kdg	5
B. Ausschüsse für Streitigkeiten aus Berufsausbildungsverhältnissen	2	IV. Besetzung der Ausschüsse und Verfahren vor dem Ausschuss	6
I. Bildung der Ausschüsse	3	V. Klage nach Spruch des Ausschusses	7
II. Verfahren vor dem Ausschuss als Prozessvoraussetzung	4	VI. Zwangsvollstreckung	8
		VII. Kosten	9

1 **A. Zuständigkeit der Seeämter.** § 111 I 2 betraf die Zuständigkeit der Seemannsämter für vorläufige Entsch v Streitigkeiten aus dem SeemG (vgl dazu die Erl in der Vorauf). Die Vorschrift ist nicht aufgehoben worden, obwohl das SeemG zum 1.8.2013 durch das SeeArbG (v. 20.4.2013, BGBl I 868) abgelöst wurde und damit auch die Grundlage für entsprechende Entscheidungen der Seemannsämter entfallen ist. Im Erg dürfte seitdem eine alleinige Zuständigkeit der Arbeitsgerichtsbarkeit bestehen. Für die Binnenschifffahrt gilt § 111 I 2 ohnehin nicht (GK-ArbGG/*Mikosch* § 111 Rn 2).

2 **B. Ausschüsse für Streitigkeiten aus Berufsausbildungsverhältnissen.** § 111 II sieht eine Sonderregelung für Streitigkeiten aus einem bestehenden Berufsausbildungsverhältnis nach den §§ 4 ff BBiG vor. Dieses »Vorschaltverfahren« stößt aus unterschiedlichen Gründen auf Ablehnung (GK-ArbGG/*Mikosch* § 111 Rn 4; GMP/*Prütting* § 111 Rn 11).

3 **I. Bildung der Ausschüsse.** Nach § 111 II 1 können zur Beilegung v Streitigkeiten zwischen Ausbildenden und Auszubildenden aus einem bestehenden Berufsausbildungsverhältnis Ausschüsse gebildet werden, denen AG und AN in gleicher Zahl angehören müssen. Im Bereich des Handwerks sind die Handwerksinnungen (also nicht die Handwerkskammern) zust, iÜ die zustigen Stellen iSd §§ 71 ff BBiG. Dies sind die Berufskammern, also zB die Industrie- und Handelskammern oder die Ärzte-, Zahnärzte- und

Apothekerkammern. Für den öffentl Dienst und für Kirchen und Religionsgemeinschaften gibt es Sonderregelungen. Die Errichtung v Schlichtungsausschüssen ist nicht zwingend, sie liegt im Ermessen der jeweils zust Stelle.

II. Verfahren vor dem Ausschuss als Prozessvoraussetzung. Die in § 111 II 5 vorgeschriebene Verh vor dem Schlichtungsausschuss ist eine **unverzichtbare Prozessvoraussetzung** für die Klage (BAG 13.4.1989, 2 AZR 441/88, EzA § 13 KSchG nF Nr 4). Das muss vAw geprüft werden (KR/*Weigand* §§ 21–23 BBiG Rn 111). Die vor Anrufung des Ausschusses eingereichte Klage ist unzulässig (LAG Rh-Pf 4.8.2011, 8 Ta 137/11; LAG Nürnberg 2.9.2009, 4 Ta 85/09; LAG Schl-Holst 20.1.2009, 1 Ta 206/08, EzB § 111 ArbGG Nr 45). Sie wird aber nachträglich zulässig, wenn das nach Klageerhebung eingeleitete Verfahren beendet und der Spruch nicht anerkannt wurde (BAG 25.11.1976, 2 AZR 751/75, EzA § 15 BBiG Nr 3). Bei Streit um die Beendigung eines Ausbildungsverhältnisses ist zunächst ein errichteter Ausschuss anzurufen. Das folgt aus dem Zweck der Vorschrift, vor Anrufung des ArbG im Interesse der gütlichen Beilegung des Beendigungsstreits im Wege des Vorschaltverfahrens durch den bes mit den Verhältnissen vertrauten Ausschuss auf die Parteien einzuwirken (BAG 17.6.1998, 2 AZR 741/97, EzA BBiG § 15 Abs 3; 13.4.1989, 2 AZR 441/88, EzA § 13 KSchG nF Nr 4; LAG Nürnberg 2.9.2009, 4 Ta 85/09). Der Grund für die Prozessvoraussetzung des Berufsausbildungsverhältnisses entfällt aber, wenn das Ausbildungsverhältnis endet, weil es danach nicht mehr mit einem Rechtsstreit belastet werden kann (BAG 19.2.2008, 9 AZR 1091/06, EzA § 10 BBiG Nr 14; 22.1.2008, 9 AZR 999/06, EzA § 10 BBiG Nr 13). Die Parteien können auf die Anrufung des Ausschusses nicht wirksam verzichten, etwa durch rügeloses Verhandeln zur Hauptsache; § 295 ZPO ist nicht entspr anwendbar (BAG 13.4.1989, 2 AZR 441/88, EzA § 13 KSchG nF Nr 4). In der Praxis bereitet es mitunter Schwierigkeiten, festzustellen, ob die zust Stelle einen Ausschuss iSd § 111 II gebildet hat. Sinnvollerweise ist eine Auskunft bei der Stelle einzuholen, bei der der Ausbildungsvertrag im Verzeichnis der Berufsausbildungsverhältnisse eingetragen ist oder werden soll. Ist ein Ausschuss nicht gebildet worden, kann das ArbG unmittelbar angerufen werden. Für den einstweiligen Rechtsschutz gilt § 111 II nicht, zust ist ausschließlich die Arbeitsgerichtsbarkeit.

III. Anrufungsfrist bei Kdg. Bei der Anrufung des Schlichtungsausschusses findet die *3-Wochen-Frist* nach §§ 4 S 1, 13 I 2, 7 KSchG *keine Anwendung* (BAG 23.7.2015, 6 AZR 490/14, EzA § 111 ArbGG 1979 Nr 3; 13.4.1989, 2 AZR 441/88, EzA § 13 KSchG nF Nr 4; ebs zB Düwell/Lipke/*Voßkühler* § 111 Rn 15; aA KR/*Weigand* §§ 21–23 BBiG Rn 116 ff mwN; GMP/*Prütting* § 111 Rn 22 ff). Die Anrufung des Ausschusses ist danach unbefristet zulässig. Der Klageerhebung kann nur der Einwand der Prozessverwirkung entgegengehalten werden (HWK/*Kalb* § 111 Rn 16 mwN; LAG MV 30.8.2011, 5 Sa 3/11; LAG Rh-Pf 23.5.2007, 6 Ta 133/07, EzB § 111 ArbGG Nr 40). Besteht kein Schlichtungsausschuss, ist also der Weg zu den ArbG unmittelbar gegeben, ist die Klagefrist der §§ 4, 13 I 2 KSchG dagegen einzuhalten (BAG 23.7.2015, 6 AZR 490/14, EzA § 111 ArbGG 1979 Nr 3; 26.1.1999, 2 AZR 134/98, EzA § 4 KSchG nF Nr 58). In der Praxis sollte bei Unklarheiten aus Vorsichtsgründen unter Einhaltung der Klagefrist Kündigungsschutzklage beim ArbG erhoben werden, zumal einem Auszubildenden in entspr Anwendung des § 85 II ZPO das Verschulden des Prozessbevollmächtigten zuzurechnen ist (LAG Berlin 30.6.2003, 6 Ta 1276/03, MDR 2004, 160; vgl auch LAG Köln 10.3.2006, 3 Ta 47/06, LAGE § 111 ArbGG Nr 4). Gibt es entgegen der Vorstellung des Auszubildenden doch einen Ausschuss, ist die Klage zwar zunächst unzulässig, sie wird aber zulässig, wenn das Verfahren vor dem Ausschuss beendet ist, weil der Spruch v den Parteien nicht anerkannt wird.

IV. Besetzung der Ausschüsse und Verfahren vor dem Ausschuss. Der Ausschuss ist **paritätisch** mit AG und AN zu besetzen (§ 111 II 1). Nach § 111 II 2 sind die Parteien vor dem Ausschuss mündlich zu hören. Allerdings können Schriftsätze eingereicht werden und die Parteien können sich vertreten lassen; § 11 I gilt entspr. Angebotene Beweise sind zu erheben. Der Ausschuss hat aber keine rechtliche Handhabe, Zeugen und Sachverständige zum Erscheinen und zur Aussage zu zwingen. Erscheint eine der Parteien nicht, ergeht **kein »Versäumnisspruch«**, sondern es wird entweder ein neuer Termin anberaumt oder nach Lage der Akten entschieden (HWK/*Kalb* § 111 Rn 19; **aA** GMP/*Prütting* § 111 Rn 31 f: Spruch, gegen den es keinen Einspruch gibt, sondern gegen den nur Klage vor dem ArbG gegeben ist). Das Vorschaltverfahren endet entweder durch **Vergleich**, auf sonstige Weise oder durch **Spruch**, der nicht verkündet zu werden braucht. Eine Zustellung des schriftlich abgefassten Beschl ist ausreichend, er muss aber in jedem Fall begründet und v allen Mitgliedern des Ausschusses unterschrieben werden. Dem Spruch ist nach § 111 II 4 iVm § 9 V eine **Belehrung** beizufügen; die 2-wöchige Klagefrist des § 111 II beginnt erst zu laufen, wenn die klagende Prozesspartei über die einzuhaltende Frist und die Form der weiteren Rechtswahrung nach ergangenem

§ 117 ArbGG Verfahren bei Meinungsverschiedenheiten der beteiligten Verwaltungen

Spruch des Ausschusses schriftlich belehrt worden ist (LAG Frankfurt 14.6.1989, 10 Sa 1678/88, LAGE § 111 ArbGG 1979 Nr 2; LAG Düsseldorf 15.8.1997, 9 Sa 532/97, LAGE § 111 ArbGG 1979 Nr 2).

7 **V. Klage nach Spruch des Ausschusses.** Wird der v Ausschuss ergangene Spruch nicht innerhalb v 1 Woche seit Zustellung des Spruches v beiden Parteien anerkannt, wobei die Anerkennung formlos ggü dem Ausschuss oder ggü der anderen Partei erklärt werden kann (für das Vollstreckungsverfahren ist indes die Nachweisbarkeit der Anerkennung notwendig, § 111 II 6, 7 iVm § 109), kann **binnen 2 Wochen nach Zustellung** des Spruches Klage beim zust ArbG erhoben werden. Die Klagefrist beträgt auch dann 2 Wochen, wenn es sich um eine Kündigungsschutzklage handelt. Wird nicht fristgerecht Klage erhoben, so ist sie unzulässig. **Wiedereinsetzung** in den vorigen Stand gegen die Versäumung der Klagefrist des § 111 II 3 gem § 233 ZPO ist möglich (HWK/*Kalb* § 111 Rn 35). Wird Klage eingereicht, richtet sich das Verfahren nach §§ 46 ff, es ist eine Güteverhandlung anzuberaumen. Hatte der Antragsteller Erfolg, hat aber der Gegner den Spruch nicht anerkannt, muss der Antragsteller klageweise mit seinem ursprünglichen Antrag vorgehen, will er Rechtskraftwirkung und Vollstreckbarkeit erreichen, was durch die Nichtanerkennung gerade nicht eingetreten war (HWK/*Kalb* § 111 Rn 32). Gleiches gilt im Fall seines Unterliegens vor dem Ausschuss.

8 **VI. Zwangsvollstreckung.** Aus Vergleichen, die vor dem Ausschuss geschlossen sind, und aus Sprüchen des Ausschusses, die v beiden Seiten anerkannt sind, findet die Zwangsvollstreckung statt, § 111 II 6. Der Vorsitzende des ArbG muss sie für vollstreckbar erklären (§ 111 II 5 iVm § 109). Dabei ist zu überprüfen, ob der Ausschuss für die Entsch zust war, er ordnungsgemäß besetzt war, rechtliches Gehör gewährt und der Spruch angenommen worden ist, nicht aber die inhaltliche Richtigkeit des Spruchs. War der Spruch nicht anerkannt worden, darf er nicht für vollstreckbar erklärt werden, auch wenn die Klagefrist v 2 Wochen (§ 111 II 3) abgelaufen ist.

9 **VII. Kosten.** Für die Vertretung vor dem Ausschuss erhält der Rechtsanwalt eine volle Gebühr, die nach § 17 Nr. 7b RVG nicht auf die im arbeitsgerichtlichen Anschlussverfahren entstehenden Gebühren angerechnet wird (HWK/*Kalb* § 111 Rn 36). Ein prozessualer Erstattungsanspruch für die Kosten, die durch die Hinzuziehung eines Rechtsanwaltes entstehen, besteht nicht. Allenfalls sind materiell-rechtliche Kostenerstattungsansprüche denkbar iR geschuldeten Schadensersatzes, was § 12a nicht ausschließt (GMP/*Prütting* § 111 Rn 65). **Prozesskostenhilfe** für das Schlichtungsverfahren in Ausbildungsstreitigkeiten nach § 111 II kann nicht gewährt werden, der sachliche Geltungsbereich der §§ 114 ff ZPO bezieht sich auf staatliche Gerichte (LAG Bremen 19.8.2014, 2 Ta 33/14 mwN). Für die anwaltliche Beratung zur Durchsetzung v Ansprüchen außerhalb eines gerichtlichen Verfahrens gibt es die Beratungs- und Vertretungshilfe nach dem BerHG.

§ 112 Übergangsregelung
Für Beschlussverfahren nach § 2a Absatz 1 Nummer 4, die bis zum Ablauf des 15. August 2014 anhängig gemacht worden sind, gilt § 97 in der an diesem Tag geltenden Fassung bis zum Abschluss des Verfahrens durch einen rechtskräftigen Beschluss fort.

1 Die **Übergangsregelung** ist durch Art 2 Nr 7 des Tarifautonomiestärkungsgesetzes (v. 11.8.2014, BGBl. I S. 1348) eingefügt worden. Sie bestimmt, ab welchem Zeitpunkt für Beschlussverfahren über die Tariffähigkeit oder Tarifzuständigkeit einer Vereinigung die neue Fassung des § 97 Anwendung findet und was für bereits anhängige Verfahren gilt.
2 Nach § 112 gilt § 97 nF nur für Verfahren, die ab dem Inkrafttreten des Tarifautonomiestärkungsgesetzes am 16.8.2014 bei Gericht eingereicht werden. Bereits anhängige Verfahren durchlaufen bis zu ihrem rechtskräftigen Abschluss in vollem Umfang den bisherigen Instanzenzug und es gilt § 97 aF nebst den v der Rspr entwickelten Grundsätzen (vgl dazu die Erl zu § 97 in der Voraufl).

§ 117 Verfahren bei Meinungsverschiedenheiten der beteiligten Verwaltungen
Soweit in den Fällen der §§ 40 und 41 das Einvernehmen nicht erzielt wird, entscheidet die Bundesregierung.

1 Das erforderliche Einvernehmen zwischen dem BMAS und BMJV bedeutet vorherige Zustimmung (GMP/*Prütting* § 117 Rn 2). Einvernehmen ist daher mehr als das nach § 42 I 2 HS 2 vorgesehene Benehmen, was lediglich heißt, dass das BMJ angehört werden muss und dessen Argumente zur Kenntnis genommen werden müssen. Soweit das erforderliche Einvernehmen nicht erzielt wird, entscheidet die BReg.

Gesetz über den Schutz des Arbeitsplatzes bei Einberufung zum Wehrdienst (Arbeitsplatzschutzgesetz – ArbPlSchG)

In der Fassung der Bekanntmachung vom 16.7.2009 (BGBl I S 2055), zuletzt geändert durch Art 3 des Gesetzes vom 29.6.2015 BGBl I S 1061).

– Auszug –

§ 1 Ruhen des Arbeitsverhältnisses
(1) Wird ein Arbeitnehmer zum Grundwehrdienst oder zu einer Wehrübung einberufen, so ruht das Arbeitsverhältnis während des Wehrdienstes.
(2) ¹Einem Arbeitnehmer im öffentlichen Dienst hat der Arbeitgeber während einer Wehrübung Arbeitsentgelt wie bei einem Erholungsurlaub zu zahlen. ²Zum Arbeitsentgelt gehören nicht besondere Zuwendungen, die mit Rücksicht auf den Erholungsurlaub gewährt werden.
(3) Der Arbeitnehmer hat den Einberufungsbescheid unverzüglich seinem Arbeitgeber vorzulegen.
(4) Ein befristetes Arbeitsverhältnis wird durch Einberufung zum Grundwehrdienst oder zu einer Wehrübung nicht verlängert; das Gleiche gilt, wenn ein Arbeitsverhältnis aus anderen Gründen während des Wehrdienstes geendet hätte.
(5) ¹Wird der Einberufungsbescheid zum Grundwehrdienst oder zu einer Wehrübung vor Diensteintritt aufgehoben oder wird der Grundwehrdienst oder die Wehrübung vorzeitig beendet und muss der Arbeitgeber vorübergehend für zwei Personen am gleichen Arbeitsplatz Lohn oder Gehalt zahlen, so werden ihm die hierdurch ohne sein Verschulden entstandenen Mehraufwendungen vom Bund auf Antrag erstattet. ²Der Antrag ist innerhalb von sechs Monaten, nachdem die Mehraufwendungen entstanden sind, bei der vom Bundesministerium der Verteidigung bestimmten Stelle zu stellen.

Übersicht	Rdn.		Rdn.
A. Inhalt und Zweck des ArbPlSchG	1	b) Sonstige Ausländer	10
B. Geltungsbereich des ArbPlSchG	2	4. Sonstige Dienste	14
I. Funktioneller Geltungsbereich	2	5. Verpflichtete nach dem Arbeitssicherstellungsgesetz (ASistG)	16
1. Wehrdienstleistende	2	II. Persönlicher Geltungsbereich	17
2. Sonstige Wehrdienste	3	III. Zeitlicher Geltungsbereich	18
3. Ausländische Wehrpflichtige	7	IV. Räumlicher Geltungsbereich	21
a) Staatsangehörige der Signatarstaaten der ESC	8	C. Ruhen des Arbeitsverhältnisses	22

A. Inhalt und Zweck des ArbPlSchG. In Ausführung der Fürsorgeverpflichtung gem § 31 SoldG werden 1 im ArbPlSchG Regelungen zum Schutz von gem dem WPflG zum Grundwehrdienst, ab dem 1.7.2011 dem freiwilligen Wehrdienst, oder zu einer Wehrübung eingezogenen AN, in Heimarbeit Beschäftigten, Handelsvertretern, Beamten und Richtern hins ihrer bestehenden Arbeits- bzw Dienstverhältnisse getroffen. Anlässlich und während des Wehrdienstes sollen den Betroffenen keine beruflichen oder betrieblichen Nachteile entstehen. Die im ArbPlSchG geregelten arbeitsrechtlichen Auswirkungen des Wehrdienstes betreffen das Ruhen des Arbeitsverhältnisses (§ 1), den Kündigungsschutz (§ 2), Bestandsschutz für Wohnraum und Sachbezüge (§ 3), die Weiterbeschäftigung nach dem Wehrdienst (§ 6), Ansprüche auf Anrechnung der Wehrdienstzeit auf die Berufs- und Betriebszugehörigkeit (§§ 6 II–IV, 12, 13), Urlaubsansprüche (§ 4), Entgeltfortzahlungsansprüche bei Vorladung zur Erfassungs- bzw Wehrersatzbehörde (§ 14), bevorzugte Einstellungsbedingungen in den öffentl Dienst (§ 11a), die Alters- und Hinterbliebenenversorgung (§§ 14a, b) sowie die iW entspr Sonderbedingungen für die og sonstigen Berufsgruppen. Die Regelungen des ArbPlSchG sind **zwingend** und stehen zulasten der AN nicht zur Disposition der Arbeitsvertragsparteien.

B. Geltungsbereich des ArbPlSchG. I. Funktioneller Geltungsbereich. 1. Wehrdienstleistende. Bis zum 2 Inkrafttreten des Wehrrechtsänderungsgesetzes am 1.7.2011 sind alle Männer vom vollendeten 18. Lebensjahr an, die Deutsche iSd GG sind und ihren ständigen Aufenthalt in der BRD haben (§ 1 I WehrpflG aF), wehrpflichtig gewesen. Ab dem 1.7.2011 ist die allgemeine Wehrpflicht ausgesetzt worden (WehrRÄndG 2011 vom 28.4.2011, BGBl I S 678), die jedoch gem § 2 WPflG im Spannungs- und Verteidigungsfall wieder gilt. Stattdessen wird gem § 58b SoldG ein »**Freiwilliger Wehrdienst**« für Frauen und Männer, die

§ 1 ArbPlSchG   Ruhen des Arbeitsverhältnisses

Deutsche iSd GG sind, eingeführt. Gem § 58f SoldG erhalten die freiwillig Wehrdienstleistenden den gleichen soldatenrechtlichen Status wie die ehemals Wehrpflichtigen. Der Schutz des ArbPlSchG greift ein, wenn die freiwillig Wehrdienstleistenden zu ihrem Dienst herangezogen werden; denn das ArbPlSchG gilt auch im Fall des freiwilligen Wehrdienstes nach § 58b Abs. 1 SoldG mit der Maßgabe, dass die Vorschriften über den Grundwehrdienst anzuwenden sind (§ 16 VII ArbPlSchG).

3   **2. Sonstige Wehrdienste.**   Die für den Grundwehrdienst der Wehrpflichtigen geltenden Vorschriften des ArbPlSchG (mit Ausnahmen derjenigen über die Alters- und Hinterbliebenenversorgung im öffentl Dienst) finden auch Anwendung im Fall des **Wehrdienstes auf Zeit** sowohl für die zunächst auf 6 Monate festgesetzte Dienstzeit als auch für die endgültig auf insgesamt nicht mehr als 2 Jahre festgesetzte Dienstzeit als auch bei einer Dienstzeitverlängerung aus Gründen der Verteidigung gem § 54 III SoldG (§ 16a I, V ArbPlSchG). Dem AG ist eine Festsetzung der Dienstzeit auf mehr als 2 Jahre oder eine Ernennung zum Zeitsoldaten während des Grundwehrdienstes von der Bundeswehr unverzüglich mitzuteilen (§ 16a IV). Ebenso sind die für den Grundwehrdienst geltenden Vorschriften des ArbPlSchG im Fall des sich an den Grundwehrdienst anschließenden **freiwilligen zusätzlichen Wehrdienstes** gem § 6b WPflG anzuwenden (§ 16 II).

4   Zeitlich längerfristig dienstverpflichtete Soldaten und Berufssoldaten fallen nicht unter den Geltungsbereich des ArbPlSchG (s.a. *Kreizberg* AR-Blattei SD Wehr- und Zivildienst Rn 100).

5   Lediglich die Vorschriften über Wehrübungen des ArbPlSchG sind anzuwenden im Fall des **unbefristeten Wehrdienstes im Verteidigungsfall** (§ 16 I) sowie gem § 16 III in den Fällen des freiwilligen Wehrdienstes in bes **Auslandsverwendungen** gem § 6a WPflG und gem § 16 V von **Hilfeleistungen im Innern** gem § 6c WPflG (in den Fällen des § 16 III und V findet § 10 keine Anwendung). Der gleiche Schutz steht gem § 16 IV **früheren Berufssoldaten** und **früheren Soldaten auf Zeit** sowie solchen aufgrund freiwilliger schriftlicher Verpflichtung zu, soweit sie gem § 60 SoldG zu befristeten Übungen (§ 61 SoldG), bes Auslandsverwendungen (§ 62 SoldG), Hilfeleistungen im Innern (§ 63 SoldG), unbefristeten Übungen, die von der BReg als Bereitschaftsdienst angeordnet worden sind und unbefristetem Wehrdienst im Spannungs- und Verteidigungsfall herangezogen werden (in diesen Fällen findet § 10 keine Anwendung).

6   Die Vorschriften des ArbPlSchG gelten auch für die der **Grenzschutzdienstpflicht unterliegenden Personen** nach § 49 BGSG (§ 59 I BGSG).

7   **3. Ausländische Wehrpflichtige.**   Das ArbPlSchG ist **grds nicht anwendbar** auf die Arbeitsverhältnisse von ausländischen AN in der BRD, wenn sie wegen der Einberufung zum Wehrdienst in die Armee ihres Heimatlandes den Arbeitsplatz in Deutschland verlassen. Diese Differenzierung zwischen dt und ausländischen AN ist sachlich gerechtfertigt, weil sie nicht die Nationalität des AN, sondern die Nationalität der Armee betrifft. Das ArbPlSchG ist ein Nebengesetz zum dt WPflG und soll Benachteiligungen in privaten Arbeitsverhältnissen wegen des Dienstes in der Bundeswehr verhindern; es ist also nicht einschlägig für Einberufene nach den entspr Gesetzen anderer Länder (*Schimana* BB 1978, 1017 und 1722; *Riegel* BB 1978, 1422). Unabhängig von der Anwendbarkeit der Regelungen des ArbPlSchG auf **ausländische Wehrpflichtige** ist dieser Personenkreis ggü dem inländischen AG verpflichtet, unverzüglich den Zeitpunkt der Einberufung unter Vorlage des Bescheides mitzuteilen. Die Verletzung dieser arbeitsvertraglichen Nebenpflicht kann eine Kdg rechtfertigen.

8   a) **Staatsangehörige der Signatarstaaten der ESC.**   Mit G vom 31.7.2008, in Kraft getreten am 9.8.2008, können **Wander-AN**, die Staatsangehörige der Signatarstaaten der Europäischen Sozialcharta vom 18.10.1961 (BGBl 1964 II S 1262) sind, zur Ableistung des ausländischen Wehrdienstes den Schutz der Vorschriften gem § 1 I, III und IV sowie der §§ 2 bis 8 ArbPlSchG in Anspruch nehmen (§ 16 VI ArbPlSchG). Vertragsparteien der ESC sind (mit Deutschland) – teilweise mit einzelnen Vorbehalten – Albanien, Andorra, Armenien, Aserbaidschan, Belgien, Bosnien und Herzegowina, Bulgarien, Dänemark, Estland, Finnland, Frankreich, Georgien, Griechenland, Irland, Island, Italien, Lettland, Litauen, Luxemburg, Malta, Moldau, Monaco, Montenegro, Niederlande, Norwegen, Österreich, Polen, Portugal, Rumänien, Russland, San Marino, Schweden, Serbien, Slowakei, Slowenien, Spanien, Tschechische Republik, Türkei, Ukraine, Ungarn, Vereinigtes Königreich und Zypern.

9   Voraussetzung für die Inanspruchnahme der Schutzregelungen des ArbPlSchG ist der rechtmäßige Aufenthalt des **Wander-AN** in Deutschland und seine Einziehung zum Wehrdienst aufgrund der in seinem Heimatstaat bestehenden Wehrpflicht.

10   b) **Sonstige Ausländer.**   Das ArbPlSchG, das für die Dauer des Wehrdienstes das Ruhen des Arbeitsverhältnisses vorsieht, gilt nicht für Angehörige von Staaten, die nicht Vertragsparteien der ESC sind. Soweit jedoch AN, die zum **ausländischen Wehrdienst** in ihre Heimatarmee außerhalb des Katalogs der

ESC-Signatarstaaten einberufen werden, aus diesem Grunde vorübergehend (verkürzter Wehrdienst von wenigen Monaten wie ehemals im Fall türkischer AN vgl Vorauf Rn 9) ihre Pflichten aus einem Arbeitsverhältnis mit einem AG im Geltungsbereich des ArbPlSchG nicht erfüllen können, steht diesen AN ein **Leistungsverweigerungsrecht für die Zeit des verkürzten Wehrdienstes** zu (ohne Vergütungsanspruch nach § 616 BGB, keine entspr Anwendung des § 6 II ArbPlSchG; KDZ/*Brecht-Heitzmann* § 2 ArbPlSchG Rn 5; *Kreizberg* AR-Blattei SD Wehr- und Zivildienst Rn 32; MünchArbR/*Berkowsky* § 160 Rn 86). Dieses Recht ergibt sich aus einer objektiven Abwägung der bei einer Kollision zwischen der Wehrpflicht und der vertraglichen Arbeitspflicht zu berücksichtigenden schutzwürdigen beiderseitigen Interessen. Das Leistungsverweigerungsrecht wird vom BAG letztlich im Wege der Rechtsanalogie zu den Vorschriften des § 616 BGB, des § 72 HGB idF vom 18.4.1950 sowie den §§ 228, 904 BGB zuerkannt. Soweit der Ausfall des AN nicht zu unzumutbaren Betriebsstörungen führt, kann das Bestehen des AG auf der Erfüllung der Arbeitspflicht als ein Verstoß gegen Treu und Glauben (§ 242 BGB) angesehen werden. Damit scheidet wegen der Ableistung eines verkürzten Wehrdienstes eine fristlose oder -gerechte Kdg aus. Die Androhung einer Kdg, um den AN zur Beendigung des Arbeitsverhältnisses zu veranlassen, mit der Folge einer Arbeitsvertragsauflösung durch den AN berechtigt diesen zur Anfechtung der Auflösungserklärung gem § 123 BGB (BAG 22.12.1982, 2 AZR 282/82, EzA § 123 BGB Nr 20; zust Anm *Misera* SAE 1983, 271).

Sonderurlaub für den Fall des verkürzten Wehrdienstes (ArbG Bochum 13.5.1981, 1 GA 1/81, BB 1981, 1951) oder sogar **Erholungsurlaub** (LAG Nürnberg 7.4.1982, 3 Sa 73/81, AiB 1982, 112) sind ebenso möglich (**aA** LAG Hamm 14.4.1982, 2 Sa 1604/81, zit nach AiB 1982, 112) wie die Vereinbarung eines Auflösungsvertrages vor Antritt des Wehrdienstes verbunden mit der vertraglichen Zusage der Wiedereinstellung nach Ableistung des Wehrdienstes (BAG 22.12.1982, 2 AZR 282/82, EzA § 123 BGB Nr 20). Allerdings sind die ausländischen AN, die den verkürzten Wehrdienst von wenigen Monaten ableisten müssen, verpflichtet, den AG unverzüglich über den Zeitpunkt der Einberufung zu unterrichten und ihm auf Verlangen eine amtliche Bescheinigung vorzulegen. Die Verletzung dieser arbeitsvertraglichen Nebenpflicht kann je nach den Umständen des Einzelfalles eine ordentliche oder eine fristlose Kdg rechtfertigen (BAG 7.9.1983, 7 AZR 433/82, EzA § 626 BGB nF Nr 87). 11

Auf ein **Leistungsverweigerungsrecht** nicht berufen kann sich ein Ausländer, der zu einem 12-monatigen Wehrdienst einberufen wird (hier: nach – ehemals – Jugoslawien); denn sonst würde der nicht unter das nur für Deutsche geltende ArbPlSchG fallende Wehrpflichtige zu weitgehend dem deutschen AN gleichgestellt. Der längere **ausländische Wehrdienst** kann einen **personenbedingten Kündigungsgrund** iSd § 1 II 1 KSchG darstellen (Staatsangehörigkeit als persönliche Eigenschaft) und zur Kdg berechtigen, wenn die Fehlzeit des ausländischen AN betriebliche Belange erheblich beeinträchtigt und nicht durch zumutbare Maßnahmen überbrückt werden kann (BAG 20.5.1988, 2 AZR 682/87, EzA § 1 KSchG Personenbedingte Kündigung Nr 3; MünchArbR/*Berkowsky* § 160 Rn 86; *Kreizberg* AR-Blattei SD Wehr- und Zivildienst Rn 33); denn im Fall der Generalklausel im § 1 II 1 KSchG bedarf es stets einer an den Umständen des Einzelfalles ausgerichteten Interessenabwägung. Bei der Abwägung der bei der Kollision von Arbeits- und Wehrpflicht zu berücksichtigenden schutzwürdigen Interessen von Arbeitgeber und Arbeitnehmer darf für den Arbeitgeber keine Zwangslage entstehen, erhebliche Betriebsablaufstörungen braucht er nicht hinzunehmen. 12

Im Fall eines 12-monatigen Wehrdienstes bedarf es vor einer personenbedingten Kdg der Prüfung, ob durch eine befristete Versetzung eines fachlich geeigneten AN des Unternehmens die Weiterbeschäftigung des ausländischen Wehrpflichtigen hätte gewährleistet werden können (BAG 20.5.1988, 2 AZR 682/87, EzA § 1 KSchG Personenbedingte Kündigung Nr 3). 13

4. Sonstige Dienste. Teilnehmer am **Bundesfreiwilligendienst** gem dem BFDG vom 28.4.2011 (BGBl I S 687) fallen im Unterschied zu den bisherigen Zivildienstleistenden **nicht** unter die Schutzbestimmungen des ArbPlSchG. 14

Entwicklungshelfer nach § 1 Nr 1 oder 2 EhfG, die **anstatt des Wehrdienstes** einen mindestens 2-jährigen Entwicklungshilfedienst leisten, werden **nicht in den Schutzbereich des ArbPlSchG** einbezogen. 15

5. Verpflichtete nach dem Arbeitssicherstellungsgesetz (ASistG). Die Vorschriften des § 1 IV und V, §§ 2, 3 und 4 I 1, II 4, §§ 6, 12 I, 13, 14a III und VI, 14b I und V **ArbPlSchG gelten gem § 15 I ASistG entspr** für AN der privaten Wirtschaft, wenn sie nach den Vorschriften des ASistG als Wehrpflichtige für Zwecke der Verteidigung einschließlich des Schutzes der Zivilbevölkerung in ein Arbeitsverhältnis verpflichtet werden (§ 2 ASistG). Die genannten Vorschriften des ArbPlSchG gelten auch für Frauen vom vollendeten 18. bis zum vollendeten 55. Lebensjahr, die im zivilen Sanitäts- oder Heilwesen sowie in der ortsfesten militärischen Lazarettorganisation in ein Arbeitsverhältnis verpflichtet werden (§ 2 ASistG). Für 16

§ 1 ArbPlSchG   Ruhen des Arbeitsverhältnisses

Verpflichtete im öffentl Dienst bleibt das bisherige Arbeitsverhältnis bestehen. Die angeführten Vorschriften des ArbPlSchG gelten entspr.

17 **II. Persönlicher Geltungsbereich.** Das ArbPlSchG ist anzuwenden auf wehrdienstleistende **AN der privaten Wirtschaft**, hierzu zählen Arbeiter und Angestellte sowie die zu ihrer Berufsausbildung Beschäftigten (§ 15 I). Ebenso werden **AN im öffentl Dienst** betroffen. Öffentl Dienst iS dieses G ist die Tätigkeit im Dienste des Bundes, eines Landes, einer Gemeinde (eines Gemeindeverbandes) oder anderer Körperschaften, Anstalten und Stiftungen des öffentl Rechts und der Verbände von solchen; ausgenommen ist die Tätigkeit bei öffentl-rechtlichen Religionsgemeinschaften oder ihren Verbänden (§ 15 II), **Heimarbeiter** (§ 7), die ihren Lebensunterhalt überwiegend aus der Heimarbeit beziehen (es gelten die §§ 1–4 sowie § 6 II sinngemäß), **Handelsvertreter** iSd § 84 I 1 HGB (Begriff vgl § 8 Rdn 1). **Beamte und Richter** werden für die Wehr- oder Zivildienstzeiten beurlaubt und werden durch das ArbPlSchG vor Entlassung und anderen Nachteilen geschützt (§ 9). **Zivile Arbeitskräfte bei einer Truppe einer ausländischen Stationierungsstreitkraft** (vgl Art 56 Ia des Zusatzabkommens zum Abkommen zwischen den Parteien des Nordatlantik-Vertrags über die Rechtsstellung ihrer Truppen hinsichtlich der in der BRD stationierten ausländischen Truppen vom 3.8.1959 (BGBl 1961 II S 1218) idF des Änderungsabkommens vom 18.3.1993 (BGBl II 1994 S 2598) unterfallen auch dem Anwendungsbereich des ArbPlSchG.

18 **III. Zeitlicher Geltungsbereich.** Das ArbPlSchG findet gem § 1 I Anwendung auf den **freiwilligen Wehrdienst**, der gem § 58b Abs. 1 SoldG aus 6 Monaten freiwilligem **Grundwehrdienst** (Probezeit) und bis zu 17 Monaten anschließendem freiwilligem Wehrdienst sowie Dienstleistungen nach dem Vierten Abschnitt des SoldG besteht. Für Wehrpflichtige, die vor dem Inkrafttreten des Wehrrechtsänderungsgesetzes ihrer Wehrpflicht Folge geleistet haben, findet das ArbPlSchG auf den Grundwehrdienst Anwendung und auf **Wehrübungen** (s.a. Rdn 5) einerseits gem § 6 WPflG als Pflichtwehrübung, die höchstens 3 Monate dauert, und andererseits gem § 4 III 1 und 2 WPflG mit den Einschränkungen gem § 10 ArbPlSchG. Demnach greift der Schutz der §§ 1–4, 6–9, 14a und 14b ArbPlSchG bei freiwilligen Wehrübungen ein, wenn sie in einem Kalenderjahr bis zu 6 Wochen (zusammenhängend oder mehrere Übungen) oder länger dauern, aber in das jeweilige Kalenderjahr nur insgesamt 6 Wochen fallen. Zeitlich längere freiwillige Wehrübungen unterfallen nicht dem Schutzregeln. Ebenso wird nicht jede freiwillige – bei mehreren – Wehrübung, die über die Periode von 6 Monaten hinausgeht, vom Schutz des ArbPlSchG erfasst. Zu den Wehrübungen iSd ArbPlSchG zählen auch Alarmübungen und die Abend- und Wochenendübungen, zu denen die Angehörigen der Territorialreserve einberufen werden (s iÜ § 17 V).

19 Auf **Zeitsoldaten** findet das ArbPlSchG gem § 16a I dann Anwendung, wenn die Dienstzeit zunächst auf 6 Monate oder endgültig auf nicht mehr als 2 Jahre festgesetzt ist (s Rdn 3).

20 Für Einberufene zu **Eignungsübungen** ist nicht das ArbPlSchG, sondern das EignÜG (idF vom 23.12.2003, BGBl I S 2848; s Wortlaut der §§ 1–3 im Anh zum ArbPlSchG) anzuwenden (§ 17 III). Im EignÜG werden den AN iW dem ArbPlSchG vergleichbare Schutzrechte eingeräumt.

21 **IV. Räumlicher Geltungsbereich.** Das ArbPlSchG gilt für die private Wirtschaft und den öffentl Dienst im **Geltungsbereich des GG der BRD.** Das G hat keine Gültigkeit für Wehr- und Zivildienstpflichtige, die im Ausland bei einem ausländischen AG beschäftigt sind, gleichgültig, ob sie ihren ständigen Wohnsitz in der BRD oder im Ausland haben (sog **Grenzgänger** betreffend). Die Nichtanwendbarkeit des ArbPlSchG auf ein im Ausland bestehendes Arbeitsverhältnis ist für sich allein kein Zurückstellungsgrund vom Wehrdienst. Allerdings sind die Zurückstellungsvoraussetzungen wegen bes Härte der Einberufung zu bejahen, wenn bereits die Einräumung einer angemessenen Zurückstellung geeignet ist, von dem außerhalb des Geltungsbereichs des ArbPlSchG beschäftigten Wehrpflichtigen vermeidbare Nachteile abzuwenden (BVerwG 16.7.1970, VIII C 208/67, NJW 1971, 479).

22 **C. Ruhen des Arbeitsverhältnisses.** Gem § 1 III hat der AN den Einberufungsbescheid unverzüglich, dh ohne schuldhaftes Zögern (§ 121 I BGB), dem AG vorzulegen. Der Einberufungsbescheid soll dem Wehrpflichtigen 4 Wochen vor dem Diensteintrittstermin zugestellt sein (§ 21 III 1 WPflG). Zwar hindert die Verletzung der unverzüglichen Vorlagepflicht nicht das Ruhen des Arbeitsverhältnisses, jedoch können daraus Schadensersatzansprüche erwachsen (HWK/*Hergenröder* § 1 Rn 22).

23 Durch die Einberufung zum Wehrdienst und zu Wehrübungen wird ein bestehendes Arbeitsverhältnis nicht automatisch beendet. Vielmehr ruht das Arbeitsverhältnis (§ 1 I). Die Betriebszugehörigkeit bleibt bestehen (BAG 29.3.1974, 1 ABR 27/73, AP BetrVG 1972 § 19 Nr 2). Damit bleibt zB auch das aktive und passive Wahlrecht zum BR gem BetrVG bestehen (idR tritt an die Stelle des Wehrdienstleistenden ein Ersatzmitglied, § 25 I 2 BetrVG). Das **Ruhen des Arbeitsverhältnisses** bezieht sich vornehmlich auf die sog Hauptpflichten aus dem Arbeitsverhältnis, die Arbeitspflicht des AN sowie die Entgeltzahlungspflicht des AG,

soweit nicht ausdrücklich etwas anderes vereinbart ist (BAG 15.12.2009, 9 AZR 795/08, NZA 2010, 728). Bei der Vereinbarung von **Sonderzahlungen** entfällt die Leistungspflicht während des Ruhenszeitraumes bei reinem Entgeltcharakter. Handelt es sich aber um eine Erfolgsprämie, die unabhängig vom Einsatz des Arbeitnehmers während des Ruhenszeitraums fällig wird, so ist der Arbeitgeber auch zur Zahlung verpflichtet, wenn der Arbeitnehmer seiner Wehrpflicht nachkommt (LAG Düsseldorf 23.11.2007, 9 Sa 1339/07, LAGE § 1 ArbPlSchG Nr 1). Hins des Anspruchs auf **Weihnachtsgratifikation**, wenn der Auszahlungszeitpunkt während des Wehrdienstes eintritt, kommt es auf den jeweiligen Leistungszweck an (*Sahmer/Busemann* E § 1 Nr 10). Der Anspruchsgrundlage ist zu entnehmen, ob eine tatsächliche Leistung oder die Betriebstreue durch die Gratifikation entgolten werden soll. IÜ wird dem AN, dessen Arbeitsverhältnis gem ArbPlSchG ruht, das entfallende Arbeitsentgelt gem USG ersetzt. Gegen die unterschiedliche Behandlung von AN im öffentl Dienst und anderen AN im Fall von Wehrübungen (§ 1 II 1) bestehen nach der Rspr des BVerwG keine Bedenken (BVerwG 28.11.1974, VIII C 44/73). Die arbeitsvertraglichen Treue- und Fürsorgepflichten bleiben dagegen für beide Vertragspartner bestehen, zB sind die Verschwiegenheitspflicht oder das Wettbewerbsverbot während des Wehrdienstes zu beachten (LAG Düsseldorf 23.11.2007, 9 Sa 1339/07, LAGE § 1 ArbPlSchG Nr 1).

Mit dem Beginn des Wehrdienstes (nicht Dienstantritt, *Sahmer/Busemann* E § 1 Nr 2 mwN) bzw der Wehrübung tritt das **Ruhen des Arbeitsverhältnisses** ein. Diese Rechtsfolge betrifft bestehende Arbeitsverhältnisse unabhängig davon, ob sie unbefristet, befristet oder auch nur faktisch eingegangen worden sind (ErfK/*Kiel* § 1 Rn 5). Fällt der vertraglich vereinbarte Beginn des Arbeitsverhältnisses in die Laufzeit des Wehrdienstes bzw der Wehrübung, beginnt ab diesem Zeitpunkt die Suspendierung der Hauptpflichten zu laufen. Das Ruhen des Arbeitsverhältnisses tritt auch ein, wenn der AN dem Einberufungsbescheid nicht Folge leistet, sei es wegen Krankheit oder Fahnenflucht (*Sahmer/Busemann* E § 1 Nr 28). Im Fall der Erkrankung nach Zustellung des Einberufungsbescheides besteht der Anspruch auf EFZ nach den arbeitsvertraglichen Voraussetzungen bis zum Beginn des Wehrdienstes gegen den AG. 24

Das **Ruhen des Arbeitsverhältnisses endet** mit Ablauf der im Einberufungsbescheid festgesetzten Wehrdienstzeit bzw des durch Nachdienen verlängerten Wehrdienstes mit Ablauf des Tages, an dem der AN aus der Bundeswehr ausscheidet (§ 2 II SoldG). Der AN hat sich unverzüglich nach dem Ende des Wehrdienstes beim AG zurückzumelden und seine Arbeitskraft anzubieten. Mit dem Ende des Ruhens leben die gegenseitigen Rechte und Pflichten aus dem Arbeitsverhältnis wieder auf; insb kann der AN wieder Beschäftigung an seinem alten oder einem gleichwertigen Arbeitsplatz beanspruchen (arg ex § 6). **Befristete Arbeitsverhältnisse** (vgl auch § 2 Rdn 2) werden durch die Heranziehung zum Wehrdienst oder zu Wehrübungen nicht verlängert, sie enden also auch während des Dienstes, ohne dass es einer Kdg bedarf (§ 1 IV). Wird der AN während des Wehrdienstes **arbeitsunfähig krank**, so kann er EFZ vom AG nicht beanspruchen (ArbG Aachen 27.3.1974, 2 Ca 453/74, ARSt 1975, 12), vor allem, wenn der AN nicht wieder in die Dienste des AG treten will (ArbG Aachen 10.10.1973, 2 Ca 793/73, ARSt 1974, 190 f). Dauert die Krankheit bis über das Ende des Ruhens des Arbeitsverhältnisses fort, so trifft den AG mit dem Aufleben der Hauptpflichten auch die EFZ-Pflicht. 25

Während der Teilnahme des sozialversicherten AN an einer in die Beschäftigung bei demselben AG »eingeschobenen« Wehrübung (§ 6 I WPflG) bleibt die **Versicherungs- und Beitragspflicht** bestehen (§ 25 II SGB III). Der durch die Wehrzeit bedingte Ruhenszeitraum ist als Anwartschaftszeit für Leistungen wegen Arbeitslosigkeit nur im Fall des bei einem deutschen Hoheitsträger abgeleisteten Wehrdienstes aufgrund des deutschen WPflG zu berücksichtigen, nicht aber im Fall eines in Spanien absolvierten Pflichtwehrdienstes (BSG 6.4.2006, B 7a/7AL86/04 R, ZESAR 2006, 406; EuGH 11.11.2004, C-372/02, ZESAR 2006, 400). 26

Der **Ersatzanspruch des AG** gem § 1 V schützt ihn vor von ihm nicht zu vertretenden Mehrkosten. S 1 Hs 1 und S 2 sind durch das StreitkräfteneuordnungsG vom 22.4.2005 eingeführt worden. Der AG ist verpflichtet, im Fall der Einstellung einer Ersatzkraft die vertraglichen Bedingungen so zu gestalten, dass bei der vorzeitigen Rückkehr des Wehrpflichtigen in den Betrieb doppelte Kosten vermieden werden. Sofern der AG das Arbeitsverhältnis der Ersatzkraft sofort kündigt, sind ihm die Mehraufwendungen bis zur Beendigung des Vertrages zu erstatten. Den öffentl-rechtlichen Ersatzanspruch gegen den Bund (BVerwG 29.9.1982, 8 C 74/81, MDR 1983, 696) hat er innerhalb von 6 Monaten nach Entstehen der Mehrausgaben an die am Betriebssitz des AG regional zuständige Stelle gem Bekanntmachung vom 18.3.2002, PSZ II 4 – AZ 23-12-02 (BAnz Nr 66 vom 9.4.2002) zu stellen. 27

§ 2 Kündigungsschutz für Arbeitnehmer, Weiterbeschäftigung nach der Berufsausbildung

(1) Von der Zustellung des Einberufungsbescheides bis zur Beendigung des Grundwehrdienstes sowie während einer Wehrübung darf der Arbeitgeber das Arbeitsverhältnis nicht kündigen.
(2) ¹Im Übrigen darf der Arbeitgeber das Arbeitsverhältnis nicht aus Anlass des Wehrdienstes kündigen. ²Muss er aus dringenden betrieblichen Erfordernissen (§ 1 Abs. 2 des Kündigungsschutzgesetzes) Arbeitnehmer entlassen, so darf er bei der Auswahl der zu Entlassenden den Wehrdienst eines Arbeitnehmers nicht zu dessen Ungunsten berücksichtigen. ³Ist streitig, ob der Arbeitgeber aus Anlass des Wehrdienstes gekündigt oder bei der Auswahl der zu Entlassenden den Wehrdienst zu Ungunsten des Arbeitnehmers berücksichtigt hat, so trifft die Beweislast den Arbeitgeber.
(3) ¹Das Recht zur Kündigung aus wichtigem Grund bleibt unberührt. ²Die Einberufung des Arbeitnehmers zum Wehrdienst ist kein wichtiger Grund zur Kündigung; dies gilt im Falle des Grundwehrdienstes von mehr als sechs Monaten nicht für unverheiratete Arbeitnehmer in Betrieben mit in der Regel fünf oder weniger Arbeitnehmern ausschließlich der zu ihrer Berufsbildung Beschäftigten, wenn dem Arbeitgeber infolge Einstellung einer Ersatzkraft die Weiterbeschäftigung des Arbeitnehmers nach Entlassung aus dem Wehrdienst nicht zugemutet werden kann. ³Bei der Feststellung der Zahl der beschäftigten Arbeitnehmer nach Satz 2 sind teilzeitbeschäftigte Arbeitnehmer mit einer regelmäßigen wöchentlichen Arbeitszeit von nicht mehr als 20 Stunden mit 0,5 und nicht mehr als 30 Stunden mit 0,75 zu berücksichtigen. ⁴Eine nach Satz 2 zweiter Halbsatz zulässige Kündigung darf jedoch nur unter Einhaltung einer Frist von zwei Monaten für den Zeitpunkt der Entlassung aus dem Wehrdienst ausgesprochen werden.
(4) Geht dem Arbeitnehmer nach der Zustellung des Einberufungsbescheides oder während des Wehrdienstes eine Kündigung zu, so beginnt die Frist des § 4 Satz 1 des Kündigungsschutzgesetzes erst zwei Wochen nach Ende des Wehrdienstes.
(5) ¹Der Ausbildende darf die Übernahme eines Auszubildenden in ein Arbeitsverhältnis auf unbestimmte Zeit nach Beendigung des Berufsausbildungsverhältnisses nicht aus Anlass des Wehrdienstes ablehnen. ²Absatz 2 Satz 3 gilt entsprechend. ³Der Arbeitgeber darf die Verlängerung eines befristeten Arbeitsverhältnisses oder die Übernahme des Arbeitnehmers in ein unbefristetes Arbeitsverhältnis nicht aus Anlass des Wehrdienstes ablehnen.

Übersicht

	Rdn.		Rdn.
A. Kündigungsschutz für AN	1	3. Einberufung zum Wehrdienst (§ 2 III)	10
I. Allgemeines	1	C. Kdg vor und nach dem Wehrdienst	18
II. Anwendbarkeit des KSchG	3	I. Aus Anlass des Wehrdienstes (§ 2 II 1)	19
B. Kdg während des Wehrdienstes	4	II. Aus dringenden betrieblichen Gründen (§ 2 II 2)	20
I. Ordentliche Kdg (§ 2 I)	4	III. Beweislastumkehr	22
II. Außerordentliche Kdg aus wichtigem Grund (§ 2 III)	6	D. Auszubildende (§ 2 V)	25
1. Wichtiger Grund	7	E. Kündigungsrecht des AN	26
2. Betriebsstilllegung	8	F. Klagefrist	27

1 **A. Kündigungsschutz für AN. I. Allgemeines.** Der Sinn des ArbPlSchG, die ökonomische und soziale Sicherung des einberufenen Wehrdienstleistenden bzgl bestehender Arbeits-, Dienst- und Beschäftigungsverhältnisse (vgl Begründung zum 3. ÄndG des ArbPlSchG, BT-Drs VIII/855, S 6), erfährt seine bes Ausprägung in einem weitreichenden Kündigungsschutz in § 2. Zwar statuiert diese Vorschrift **kein absolutes Kündigungsverbot** für den AG, doch soll sie eine erhebliche Einschränkung der Kündigungsmöglichkeiten gewähren, eine Entlassung gerade anlässlich oder im Zusammenhang mit der Ableistung des Wehrdienstes verhindern (zur Geltung für Ausländer vgl § 1 Rdn 7 ff).

2 Zunächst umfasst die relative Kündigungsschutz nach dem ArbPlSchG das **Verbot der ordentlichen Kdg** während des Wehrdienstes und von der Zustellung des Einberufungsbescheids bis zur Beendigung des Wehrdienstes oder während der Wehrübung (I). Unberührt davon bleibt das Recht des AG, den AN in dieser Zeit bei Vorliegen eines wichtigen Grundes fristlos zu entlassen (III). Vor und nach dem Wehrdienst bzw der Wehrübung darf der AG den AN nur aus dringenden betrieblichen Erfordernissen entlassen, wobei er die Einberufung zum Wehrdienst nicht zum Anlass der Kdg nehmen darf (II). Die Klagefrist im Fall einer Kdg beginnt in jedem Fall erst 2 Wochen nach dem Ende des Wehrdienstes (IV). Aus dem Benachteiligungsverbot bei Verlängerung eines befristeten Arbeitsverhältnisses oder im Fall einer Übernahme in ein unbefristetes Arbeitsverhältnis gem § 2 V 3 erwächst kein Rechtsanspruch. Gem § 2 V 2 iVm II 3 obliegt dem AG die Beweislast (VG Saarland 1.4.2010, 2 L 274/10, NVwZ-RR 2010, 733).

II. Anwendbarkeit des KSchG. Das KSchG bleibt auch anwendbar für den hier betroffenen Personenkreis, soweit das Arbeitsverhältnis den Voraussetzungen des § 1 I KSchG entspricht und der Betrieb die Voraussetzungen des § 23 I KSchG erfüllt. Allerdings kann die **Anwendbarkeit des KSchG** nicht an der gem § 1 I KSchG erforderlichen Dauer der Betriebs- oder Unternehmenszugehörigkeit wegen des Ruhens scheitern; denn während des Ruhens auch eines erst kurzfristig bestehenden Arbeitsverhältnisses wegen des Wehrdienstes bleibt der AN Betriebsangehöriger. Sein Arbeitsverhältnis erfährt folglich während seiner Abwesenheit im Betrieb keine Unterbrechung, und der Schutz des KSchG bleibt bestehen (*Sahmer/Busemann* ArbPlSchG E § 2 Nr 2). 3

B. Kdg während des Wehrdienstes. I. Ordentliche Kdg (§ 2 I). Eine ordentliche Kdg darf der AG während der Dauer der Wehrzeit oder -übung und ab der Zustellung des Einberufungsbescheides bis zur Beendigung des Wehrdienstes nicht aussprechen. Im Fall der Einberufung zu einer **Wehrübung** gilt das Verbot der ordentlichen Kdg nicht ab der Zustellung des Einberufungsbescheides, sondern vom Beginn der Wehrübung bis zu deren Ende. Die Kdg eines zum Wehrdienst einberufenen AN ist auch dann unzulässig, wenn sie während einer vereinbarten **Probezeit** ausgesprochen wird (ArbG Verden 22.3.1979, 2 Ca 108/79, ARSt 1980, 27). Das **Verbot der ordentlichen Kündigung** gilt für alle Betriebe und Unternehmen der privaten Wirtschaft und des öffentl Rechts, auch für die Kleinbetriebe der in § 2 III genannten Größe und besteht während der gesamten Dauer des Ruhens des Arbeitsverhältnisses. Diese Vorschrift ist schon vom Wortlaut her **zwingend** und kann im Arbeitsvertrag nicht abbedungen werden. Ergeht dennoch eine Kdg, so ist sie nichtig (§ 134 BGB). 4

Insb berechtigen **dringende betriebliche Gründe** wie die Betriebsstilllegung den AG nicht zu einer ordentlichen Kdg; denn das würde contra legem das Kündigungsverbot des § 2 I durchlöchern (ErfK/*Kiel* § 2 Rn 3; *Sahmer/Busemann* ArbPlSchG E § 2 Nr 11). Wenn dem AG das Festhalten am Arbeitsverhältnis nicht zugemutet werden kann, weil die betrieblichen Verhältnisse es nicht zulassen, so kann er lediglich darauf verwiesen werden, das Ende des Ruhens des Arbeitsverhältnisses abzuwarten und dann aus betrieblichen Gründen eine ordentliche Kdg auszusprechen (s.a. Rdn 8, 9). 5

II. Außerordentliche Kdg aus wichtigem Grund (§ 2 III). Das generelle Verbot der ordentlichen Kdg gem § 2 I lässt das Recht des AG unberührt, eine **außerordentliche Kdg** aus wichtigem Grund auch während der Ableistung des Wehrdienstes oder der Wehrübung auszusprechen (so auch *Sahmer/Busemann* ArbPlSchG E § 2 Nr 12). 6

1. Wichtiger Grund. Ein **wichtiger Grund** ist immer dann gegeben, wenn Tatsachen vorliegen, aufgrund derer dem Kündigenden unter Berücksichtigung aller Umstände des Einzelfalles und unter Abwägung der Interessen beider Vertragsteilnehmer die Fortsetzung des Arbeitsverhältnisses bis zum Ablauf der Kündigungsfrist – oder, wenn eine ordentliche Kdg ausgeschlossen ist, bis zum Wiedereintritt der Kündbarkeit oder der sonstigen Beendigung des Arbeitsverhältnisses – nicht zugemutet werden kann. Dabei ist im Fall der außerordentlichen Kdg eines unkündbaren AN wie dem einberufenen **Wehrpflichtigen** bei der Prüfung des Vorliegens eines wichtigen Grundes ein **bes strenger Maßstab** anzulegen. Die Einberufung zum Wehrdienst ist grds kein wichtiger Grund zur Kdg (§ 2 III 2, s.a. Rdn 10). Unerheblich für das Vorliegen eines wichtigen Grundes ist, dass er schon vor der Einberufung entstanden, aber erst während der Abwesenheit des AN und dem Ruhen des Arbeitsverhältnisses entdeckt worden ist. Auch die Verletzung einer Nebenpflicht während des Ruhens des Arbeitsverhältnisses berechtigt zur fristlosen Kdg, wenn ein wichtiger Grund nach den entwickelten arbeitsrechtlichen Grundsätzen vorliegt. 7

2. Betriebsstilllegung. Die **fristlose Kdg aus wichtigem Grund** eines an sich unkündbaren AN kann aus personen- oder verhaltensbedingten Gründen erfolgen, aber nicht aus betrieblichen Gründen, zB bei Arbeitsmangel (ArbG Rheine 17.2.1967, 1 Ca 807/66, ARSt 1967, 108). Zwar ist es nach der Rspr (ArbG Bochum 17.12.1971, 1 Ca 1531/71, DB 1972, 441) im Fall einer **Betriebsstilllegung** dem AG nicht verwehrt, zur Lösung auch unkündbarer Arbeitsverhältnisse auf das rechtliche Mittel der Kdg aus wichtigem Grund zurückzugreifen, soweit ein Festhalten am Arbeitsvertrag für den AG unzumutbar ist. Das sei insb dann der Fall, wenn der AG nach Beendigung des Wehrdienstes den AN wegen der Liquidation des Betriebes nicht mehr weiterbeschäftigen kann. Begründet wird diese Entscheidung damit, dass der Sinn und Zweck des Kündigungsschutzes nach dem ArbPlSchG nicht leerlaufen würde, wenn der AG allen AN wegen der Stilllegung des Betriebes kündigen muss. 8

Demggü kann jedoch dem AG nach Sinn und Zweck der Vorschrift iRd ArbPlSchG bei der Betriebsstilllegung iA **nicht das Recht zur fristlosen Kdg** aus wichtigem Grund zustehen (APS/*Dörner* § 2 Rn 15; MüKo/*Schwerdtner* § 622 Anh Rn 699; KDZ/*Brecht-Heitzmann* § 2 Rn 12). Wer die Vorschriften so eng interpretiert, dass der einberufene Wehrdienstleistende allein vor leichtfertiger Entlassung wegen des 9

§ 2 ArbPlSchG Kündigungsschutz für Arbeitnehmer, Weiterbeschäftigung nach der Berufsausbildung

Dienstes geschützt werden soll (ArbG Bochum 17.12.1971, 1 Ca 1531/71, DB 1972, 441), verkennt den allg Schutzgedanken des ArbPlSchG, insb den Schutz vor verschiedensten Benachteiligungen wegen der Einberufung. Eine Betriebsstilllegung berechtigt idR zur ordentlichen Kdg aus betrieblichen Gründen mit einer Kündigungsfrist. Die Kündigungsfrist soll dem Betroffenen Zeit geben, sich rechtzeitig um eine andere Beschäftigungsmöglichkeit zu bemühen, zumal da während des Laufens der Kündigungsfrist dem AN ein gesetzlicher Freistellungsanspruch (§ 629 BGB) zur Arbeitsuche zusteht. Dieser Anspruch kann nur verwirklicht werden, wenn dem AN nach Beendigung des Wehrdienstes mindestens die gesetzliche Regelkündigungsfrist zur neuen Stellungssuche zur Verfügung steht. Folglich darf der AG im Fall der Betriebsstilllegung erst **nach Ablauf des Ruhens des Arbeitsverhältnisses** dem AN ordentlich kündigen (so im Ergebnis auch ErfK/*Kiel* § 2 Rn 8). Sonst würde der Schutzzweck des ArbPlSchG und die intendierte Verhinderung von Benachteiligungen vereitelt, denn bei einer außerordentlichen Kdg wird der AN nach seiner Entlassung aus dem Wehrdienst sofort ohne Beschäftigungsverhältnis sein, somit benachteiligt ggü jenen AN, denen unter Einhaltung der Kündigungsfrist ordentlich aus betrieblichen Gründen gekündigt wurde. Etwas anderes ergibt sich auch nicht aus dem Argument, dass auch dem in § 2 III 2 Hs 2 ArbPlSchG beschriebenen Personenkreis (s Rdn 13 f) keine Kündigungsfrist verbleibt; weil es sich hierbei um einen genau eingegrenzten Personenkreis mit fest umrissenen persönlichen Daten handelt. Die Möglichkeit einer fristlosen Kdg ggü dieser Gruppe ist nicht ausdehnbar auf andere wehrpflichtige AN.

10   **3. Einberufung zum Wehrdienst (§ 2 III).**   Die Einberufung zum Wehrdienst oder zu einer Wehrübung ist **kein wichtiger Grund** für eine außerordentliche Kdg (§ 2 III 2). Diese Vorschrift gilt allerdings nicht im Fall des Grundwehrdienstes von mehr als 6 Monaten – folglich auch im Fall des freiwilligen Wehrdienstes gem § 54 WehrPflG – für unverheiratete AN in Betrieben mit idR 5 oder weniger AN ausschließlich der zur Berufsausbildung Beschäftigten, wenn dem AG infolge der Einstellung einer Ersatzkraft die Weiterbeschäftigung des AN nach Entlassung aus dem Wehrdienst nicht zugemutet werden kann. Zu den Voraussetzungen des **Schwellenwertes:**

11   Der AG darf **idR nur 5 oder weniger AN** beschäftigen, wenn er die **Ausnahmeregelung** in Anspruch nehmen will. Bei der Feststellung der Zahl der AN sind teilzeitbeschäftigte AN mit einer regelmäßigen wöchentlichen Arbeitszeit von nicht mehr als 20 Stunden mit 0,5 und nicht mehr als 30 Stunden mit 0,75 zu berücksichtigen. AN mit einer wöchentlichen Arbeitszeit von mehr als 30 Stunden werden den übrigen vollzeitbeschäftigten AN gleichgestellt. Hins der Berechnungswerte der Teilzeitbeschäftigten ist nicht von der im jeweiligen Betrieb iE geltenden Vollarbeitszeit auszugehen, sondern die gesetzliche Neuregelung gem § 2 III 3 schreibt die Prozentsätze für die Berücksichtigung von Teilzeitbeschäftigten pauschal vor.

12   IÜ ist bei der Berechnung des **Schwellenwertes** iW auf die Disposition des Betriebes abzustellen, der aus einem zahlenmäßig gleichbleibenden oder saisonal unterschiedlichen Belegschaftsstamm bestehen kann, wobei im letzteren Fall die Zahl der während der Saison beschäftigten AN zugrunde zu legen ist. Das Merkmal »idR« umfasst nicht die zu außergewöhnlichen Zeiten zusätzlich eingestellten Arbeitskräfte (Inventar-, Stoß- und Saison-Geschäfte). Seit der Änderung des § 2 III durch das BeschFG 1985 ist der Kreis der nicht mitzuzählenden Beschäftigten erweitert worden: Die zur Ausbildung Beschäftigten (zB Volontäre, Praktikanten, Anlernlinge und andere kurzfristig Auszubildende) werden nunmehr wie die Auszubildenden gem BBiG bei der Zählung nicht mehr berücksichtigt. Das Recht zur Kdg gem § 2 III 2 besteht bei Einberufung zum Wehrdienst oder der Wehrübung von länger als 6 Monaten.

13   **Unverheiratet** ist der AN, der keine gültige Ehe vor dem Standesbeamten (§ 1310 BGB) geschlossen hat, geschieden oder verwitwet ist.

14   Eine **Ersatzkraft** eingestellt hat der AG nicht, wenn er lediglich eine innerbetriebliche Versetzung vornimmt, sondern erforderlich ist die Eingliederung eines betriebsfremden AN ausdrücklich zum Zwecke des Ersatzes für den einberufenen AN.

15   Die **Weiterbeschäftigung** des aus dem Wehrdienst oder der Wehrübung entlassenen AN ist dem AG dann unzumutbar, wenn er das Beschäftigungsverhältnis mit der Ersatzkraft nicht mehr lösen kann. Allerdings ist von dem AG zu erwarten, dass er von vornherein ein befristetes Arbeitsverhältnis mit der Ersatzkraft eingeht, sodass der Arbeitsplatz wieder rechtzeitig für den Wehrpflichtigen nach dessen Entlassung aus dem Wehrdienst oder Wehrübung frei wird. Ein AG, der schlüssig Tatsachen für fehlende Arbeit vortragen will, muss das Arbeitsvolumen iE insoweit darlegen, als die vorhandenen und die aufgrund des üblichen Auftragseingangs zum Zeitpunkt der Beendigung des Wehrdienstes des AN zu erwartenden Aufträge zur Auslastung lediglich der gegenwärtigen sächlichen und personellen Kapazität des Betriebs führen, dagegen aber eine personelle Überkapazität entstünde, würde der den Wehrdienst ableistende AN nach Beendigung des Wehrdienstes weiter beschäftigt werden müssen. Hierzu hat der AG Tatsachen in Form belastbarer Berechnungen vorzutragen, wie sich zum Kündigungszeitpunkt die Auftragslage und die Auslastung der

AN im vorangegangenen Jahr dargestellt hat, und vergleichend die künftige Entwicklung spezifiziert darzustellen (*LAG Schleswig-Holstein* 31.10.1985, 5 Sa 69/85, nv). Die Unzumutbarkeit muss noch im Zeitpunkt der letzten mündlichen Verhandlung vorliegen.

Als **Betrieb** ist hier jede organisatorische Einheit anzusehen, innerhalb derer ein Unternehmer in Gemeinschaft mit den AN mithilfe von sächlichen und immateriellen Mitteln bestimmte arbeitstechnische Zwecke fortgesetzt verfolgt. Dazu gehören gerade im Hinblick auf den Zweck der Vorschrift, kleine Unternehmungen zu entlasten, auch die Praxis eines Arztes, das Büro eines Rechtsanwaltes, nicht aber der Haushalt. Auszunehmen ist die Verwaltung iRd öffentl Dienstes, soweit hier der Entlastungsgedanke nicht zutrifft (vgl auch *Sahmer/Busemann* ArbPlSchG E § 2 Nr 14 lit f). 16

Der AG kann die Kdg gem § 2 III 2 **nur innerhalb eines bestimmten Zeitraums** aussprechen. Das Datum der Einstellung einer Ersatzkraft ist der früheste Zeitpunkt für eine Kdg. Nach § 2 III 5 kann der AG bis zu 2 Monaten vor der Beendigung des Wehrdienstes spätestens die Kdg erklären. Versäumt der AG diese bindende Frist, ist die Kdg – auch bei Vorliegen aller anderen Voraussetzungen – unzulässig. Die Kdg kann nur mit Wirkung zum Ende des Wehrdienstes oder der Wehrübung erfolgen. 17

C. Kdg vor und nach dem Wehrdienst. Vor und nach dem Wehrdienst steht dem AG iA das Recht zur ordentlichen und außerordentlichen Kdg des Arbeitsverhältnisses des Wehrpflichtigen zu. Hiervon sind im Gesetz 2 Ausnahmen vorgesehen: 18

I. Aus Anlass des Wehrdienstes (§ 2 II 1). Zunächst darf das Arbeitsverhältnis eines wehrpflichtigen AN vor Beginn und nach Beendigung des Wehrdienstes nicht aus Anlass des Wehrdienstes gekündigt werden (§ 2 I 1), weder ordentlich noch aus wichtigem Grund fristlos. Das gilt auch für die fristlose Entlassung unmittelbar nach Beendigung einer Wehrübung (LAG Hamm 26.5.1967, 5 Sa 247/67, DB 1967, 1272). Aus **Anlass des Wehrdienstes** erfolgt jede Kdg, für die der bestehende oder bereits abgeleistete Wehrdienst den Grund abgibt (vgl auch die Erwägungen des BAG 5.2.1998, 2 AZR 270/97, EzA § 8 EntgfzG Nr 1). Dabei genügt es schon, wenn der Wehrdienst mitbestimmendes Motiv des AG ist (*Hess LAG* 17.1.2014, 3 Sa 232/13). Eine aus Anlass des Wehrdienstes erklärte Kdg ist rechtsunwirksam (§ 134 BGB). Dieses Kündigungsverbot ist zeitlich nicht begrenzt (*Sahmer/Busemann* E § 2 Nr 15). 19

II. Aus dringenden betrieblichen Gründen (§ 2 II 2). Weiterhin erfährt das Recht zur Kdg eine Einschränkung durch die Bezugnahme in § 2 II 2 auf das KSchG bei denjenigen Arbeitsverhältnissen, die den Vorschriften des KSchG unterliegen. Zwar darf der AG aus dringenden betrieblichen Erfordernissen Kdg ggü Wehrpflichtigen, die unmittelbar vor dem Dienst stehen oder ihn bereits abgeleistet haben, aussprechen, doch er darf bei der Auswahl der zu entlassenden AN nicht die Einberufung des wehrpflichtigen AN zum Wehrdienst zu dessen Ungunsten berücksichtigen. Demnach ist auch die Kdg aus **Anlass des Wehrdienstes**, bei der sich der AG auf die **Auswahl nach sozialen Gesichtspunkten** gem § 1 III KSchG beruft, unzulässig (LAG Hamm 26.5.1967, 5 Sa 247/67, DB 1967, 1272). Bei einer Kdg aus dringenden betrieblichen Erfordernissen ist ein zum Zeitpunkt der Kündigungserklärung unter den bes Schutz gem § 2 I fallender AN dann in die soziale Auswahl mit einzubeziehen, wenn dieser bes Schutz vor Ablauf der Kündigungsfrist endet (ArbG Hamburg 23.4.1998, 8 Ca 551/97, AiB 1999, 50). 20

Die Einberufung liegt zwar nach dem Wortlaut der Vorschrift nur mit dem Einberufungsbescheid im technischen Sinne vor. Doch Sinn und Zweck des ArbPlSchG – Verhinderung beruflicher Nachteile – gebietet die Ausdehnung der Anwendung dieser Vorschrift auch auf den **Bereitstellungsbescheid**. Denn mit dem Bereitstellungsbescheid liegt die Einberufung unmittelbar im Bereich des möglichen. Da der Wehrpflichtige den Bereitstellungsbescheid dem AG auch vorlegen muss, wird dieser rechtzeitig gewarnt und könnte den Schutz des § 2 II 2 umgehen und die Kdg vor dem Erlass des Einberufungsbescheides aussprechen (ArbG Aalen 8.3.1965, Ca 599/64, BB 1965, 791). 21

III. Beweislastumkehr. Das Vorliegen der Tatbestandsmerkmale der Kdg »**aus Anlass des Wehrdienstes**« (s.a. Rdn 10) und die »**Berücksichtigung der Einberufung**« bei Entlassungen aus dringenden betrieblichen Erfordernissen ist für einen betroffenen AN schwer zu erkennen und nachzuweisen, weil sie nur Gegenstand eines möglicherweise nach außen hin nicht erkennbaren Entscheidungsfindungsprozesses des AG sein können. Nach den allg Beweisregeln würde dem AN der **Beweis** dafür, dass der AG sein Arbeitsverhältnis gerade aus Anlass des Wehrdienstes gekündigt hat, obliegen. 22

Nach § 2 II 3 wird die **Beweislast** jedoch für diese Kündigungsgründe umgekehrt: Nur wenn der AN behauptet, die Kdg verstoße gegen die Kündigungsverbote gem § 2 II 1 und 2 und der AG dies bestreitet, muss der **AG beweisen**, dass die Einberufung zum Wehrdienst seinen Entschluss zur Kdg des Wehrpflichtigen nicht bestimmt hat. Entspr gilt im Fall der Nichtübernahme eines **Auszubildenden** in ein Arbeitsverhältnis (Rdn 25). Hins der Anforderungen an die Beweisführung muss mindestens verlangt werden, 23

§ 3 ArbPlSchG Wohnraum und Sachbezüge

dass der AG Gründe dartut, die unabhängig von der Einberufung bei einem verständig denkenden AG ein Motiv für die Auflösung des Arbeitsverhältnisses darstellen können (*Hess LAG* 17.1.2014, 3 Sa 232/13; 7.3.1969, 3 Sa 443/68, AP ArbPlSchG § 2 Nr 1); denn zunächst einmal spricht die gesetzliche Vermutung bei einer Kdg des AG nach Kenntniserlangung von der Einberufung des AN dafür, dass die Kdg aus diesem Anlass erfolgte und daher gem § 2 II 1 unwirksam ist (LAG Bremen 1.7.1964, 1 Sa 121/63, NJW 1965, 127). Die gesetzliche Vermutung des § 2 II 3, dass der AG aus Anlass der Einberufung zum Wehrdienst gekündigt hat, gilt auch dann, wenn der ursprüngliche Einberufungsbescheid wegen Ablegung der Abschlussprüfung zunächst zurückgenommen und die Einberufung aufgehoben wird, der AG jedoch alsdann vor der erneuten Einberufung kündigt (LAG Köln 6.10.1982, 5 Sa 532/82, EzB § 2 ArbPlSchG Nr 1). Zur Beweislast vgl auch *Lorenz* DB 1978, 890 f.

24 Unabhängig von der Einberufung zum Wehrdienst kann die Kdg jedoch auch noch aus anderen Gründen unwirksam sein (zB sozial ungerechtfertigt gem § 1 II KSchG oder Nichtberücksichtigung sozialer Gesichtspunkte gem § 1 III KSchG). Hier gelten die sonst für den Kündigungsschutzprozess maßgeblichen Beweisregeln.

25 **D. Auszubildende (§ 2 V).** Das Ablehnungsverbot der Übernahme eines **Auszubildenden** iSv § 10 BBiG (gilt nicht für Ausbildungsverhältnisse nach § 26 BBiG) in ein Arbeitsverhältnis aus Anlass des Wehrdienstes gilt nur für **bestehende Berufsausbildungsverhältnisse** und hins des bisherigen Ausbildungsbetriebes. Andere AG sind hiervon nicht betroffen (BT-Drs VI-II/855, S 6). Zwar liegt in dem Ablehnungsverbot nicht explizit eine gesetzliche Pflicht zum Abschluss eines unbefristeten Arbeitsvertrages nach Beendigung des Ausbildungsverhältnisses, denn das widerspräche nach der Begründung zum ÄndG (BT-Drs VIII/855, S 6) unserer freiheitlichen Wirtschaftsordnung. Doch kann der Gesetzeswortlaut nicht nur als einfacher Appell an den ausbildenden AG verstanden werden. Der Sinn und Zweck des ArbPlSchG besteht gerade darin, Benachteiligungen wegen der Einberufung zum Wehrdienst – insb den Verlust des Arbeitsplatzes – zu verhindern. Wenn der AG aber trotzdem mit dem Auszubildenden ein Arbeitsverhältnis nicht eingeht – insb wenn dies ursprünglich vorgesehen war –, ohne durch andere – betriebliche, persönliche oder verhaltensbedingte – Gründe dazu veranlasst worden zu sein, deren Vorliegen er auch zu **beweisen** hat (Rdn 21), würde dies dem gesetzlichen Verbot der Ablehnung des Arbeitsvertragsschlusses widersprechen (so mit Verweis auf § 249 BGB im Ergebnis auch MünchArbR/*Berkowsky* § 160 Rn 106; aA KDZ/*Brecht-Heitzmann* Rn 19). Zum Schutz von AN in befristeten Arbeitsverhältnissen gem § 2 V 3 ArbPlSchG vgl Rdn 17). Von der Übernahmepflicht auszunehmen sind allerdings AG, deren Betrieb wirtschaftlich gefährdet wird, wenn sie zum Abschluss eines Arbeitsvertrages gezwungen würden. In allen anderen Fällen berechtigt der Verstoß gegen die Pflicht zur Eingehung eines Arbeitsverhältnisses den AN zur Geltendmachung von Schadensersatzansprüchen (APS/*Dörner* § 3 Rn 20; KDZ/*Brecht-Heitzmann* § 3 Rn 20; *Sahmer/Busemann* ArbPlSchG E § 2 Nr 26).

26 **E. Kündigungsrecht des AN.** Von den Vorschriften des § 2 bleibt das Recht des AN zur Kdg nach den allg arbeitsrechtlichen Grundsätzen unberührt.

27 **F. Klagefrist.** Geht dem AN nach der Einberufung oder während des Wehrdienstes eine Kdg zu, so beginnt – wenn er unter den Geltungsbereich des KSchG fällt – die **Dreiwochenfrist** gem § 4 1 KSchG, binnen derer Kündigungsschutzklage zu erheben ist, erst nach Ablauf von **2 Wochen nach Beendigung des Wehrdienstes** zu laufen (§ 2 IV). Versäumt der AN diese Frist, so bleibt ihm noch die Möglichkeit der nachträglichen Zulassung durch das Gericht (§ 5 KSchG).

§ 3 Wohnraum und Sachbezüge

(1) Das Ruhen des Arbeitsverhältnisses (§ 1 Abs. 1) lässt eine Verpflichtung zum Überlassen von Wohnraum unberührt.
(2) ¹Für die Auflösung eines Mietverhältnisses über Wohnraum, der mit Rücksicht auf das Arbeitsverhältnis zur Unterbringung des Arbeitnehmers und seiner Familie überlassen ist, darf die durch den Grundwehrdienst oder eine Wehrübung veranlasste Abwesenheit des Arbeitnehmers nicht zu seinem Nachteil berücksichtigt werden. ²Dies gilt entsprechend für alleinstehende Arbeitnehmer, die den Wohnraum während ihrer Abwesenheit aus besonderen Gründen benötigen.
(3) ¹Bildet die Überlassung des Wohnraumes einen Teil des Arbeitsentgelts, so hat der Arbeitnehmer für die Weitergewährung an den Arbeitgeber eine Entschädigung zu zahlen, die diesem Teil des Arbeitsentgelts entspricht. ²Ist kein bestimmter Betrag vereinbart, so hat der Arbeitnehmer eine angemessene Entschädigung zu zahlen.

(4) Sachbezüge sind während des Grundwehrdienstes oder während einer Wehrübung auf Verlangen weiterzugewähren. Absatz 3 gilt sinngemäß.
(5) Die Absätze 3 und 4 finden keine Anwendung, wenn der Arbeitgeber nach diesem Gesetz das Arbeitsentgelt während des Wehrdienstes weiterzuzahlen hat.

Das Ruhen der arbeitsvertraglichen Hauptpflichten gem § 1 I betrifft nicht die Überlassung von Wohnraum (§ 3 I) und die Gewährung von Sachbezügen (§ 3 IV) vom AG. Der wehrdienstleistende AN und seine Familie sollen auch anlässlich des Wehrdienstes vor Benachteiligungen im Fall der Auflösung eines Mietverhältnisses über Wohnraum geschützt werden (§ 3 II). Allerdings hat der AN während des Zeitraumes des wehrdienstbedingten Ruhens des Arbeitsverhältnisses dem AG eine Entschädigung für die Überlassung des Wohnraums zu gewähren (§ 3 III). 1

Unter Wohnraum sind **Werkmietwohnungen** gem § 565b BGB und **Werkdienstwohnungen** gem § 565c BGB zu verstehen. Gem § 3 II 1 ist die Kdg eines Mietverhältnisses über Wohnraum anlässlich der Ableistung des Wehrdienstes gegenüber einem AN mit Familie nicht zulässig. Das Verbot richtet sich gegen den Vermieter, der die Wohnung mit Rücksicht auf das Arbeitsverhältnis überlassen hat. Dieser Vermieter muss also nicht gleichzeitig der AG sein. Im Fall eines alleinstehenden AN verlangt das Gesetz für den Wohnungsmietschutz bes Gründe. Dieses Merkmal ist weit auszulegen, weil naturgemäß jeder Mensch eine Wohnung braucht. 2

Auf Verlangen des wehrdienstleistenden AN hat der AG **Sachbezüge** (zB Nahrungsmittel), die er bereits vor der Einberufung gewährt hat, dem AN weiter zu gewähren. Bei diesen Sachbezügen handelt es sich um einen Teil des Entgeltes als Naturallohn, auf den der AN mit Beginn des Ruhens des Arbeitsverhältnisses keinen Anspruch mehr hat, der aber mit seinem Verlangen wieder auflebt. Da der Gewährung von Sachbezügen keine Arbeitsleistung gegenübersteht, hat der AN eine Entschädigung zu leisten. Rechtlich stellt dieses Austauschverhältnis insoweit einen **Kaufvertrag** dar (*Sahmer/Busemann* E § 3 Nr 12). Ebenso ist eine Entschädigung für die Überlassung des Wohnraums zu leisten. Das Merkmal der **Angemessenheit der Entschädigung**, soweit arbeitsvertraglich der Mietwert nicht beziffert ist, richtet sich nicht nach dem objektiven Nutzungswert, sondern ist nach den Umständen des Einzelfalls angemessen zu berechnen (*Sahmer/Busemann* aaO Nr 7). 3

§ 4 Erholungsurlaub

(1) Der Arbeitgeber kann den Erholungsurlaub, der dem Arbeitnehmer für ein Urlaubsjahr aus dem Arbeitsverhältnis zusteht, für jeden vollen Kalendermonat, den der Arbeitnehmer Wehrdienst leistet, um ein Zwölftel kürzen. Dem Arbeitnehmer ist der ihm zustehende Erholungsurlaub auf Verlangen vor Beginn des Wehrdienstes zu gewähren.
(2) Hat der Arbeitnehmer den ihm zustehenden Urlaub vor seiner Einberufung nicht oder nicht vollständig erhalten, so hat der Arbeitgeber den Resturlaub nach dem Wehrdienst im laufenden oder im nächsten Urlaubsjahr zu gewähren.
(3) Endet das Arbeitsverhältnis während des Wehrdienstes oder setzt der Arbeitnehmer im Anschluss an den Wehrdienst das Arbeitsverhältnis nicht fort, so hat der Arbeitgeber den noch nicht gewährten Urlaub abzugelten.
(4) Hat der Arbeitnehmer vor seiner Einberufung mehr Urlaub erhalten als ihm nach Absatz 1 zustand, so kann der Arbeitgeber den Urlaub, der dem Arbeitnehmer nach seiner Entlassung aus dem Wehrdienst zusteht, um die zu viel gewährten Urlaubstage kürzen.
(5) Für die Zeit des Wehrdienstes richtet sich der Urlaub nach den Urlaubsvorschriften für Soldaten.

Der gesetzliche oder vertragliche **Urlaubsanspruch** des AN gem BUrlG bleibt unangetastet; er wird wegen des Wehrdienstes insoweit durch § 4 geändert (vgl § 15 BUrlG), als Übervorteilungen verhindert werden sollen. Das Kürzungsrecht des AG gem § 4 I 1, das nicht zwingend ausgeübt werden muss, setzt voraus, dass der AN in dem Zeitraum bis zum Beginn des Wehrdienstes bereits einen Urlaubsanspruch erworben hat, er also die Wartezeit gem § 4 BUrlG erfüllt hat. Der AG übt sein Kürzungsrecht durch empfangsbedürftige Willenserklärung aus. Bei der Berechnung der Kürzung ist auch dann vom vollen Jahresurlaub auszugehen, wenn das Arbeitsverhältnis des Wehrdienstleistenden erst im Laufe des Urlaubsjahres beginnt oder bereits vor Jahresende ausläuft (*Sahmer/Busemann* E § 4 Nr 5). Ergibt die Berechnung keine vollen Urlaubstage, ist nach der Regel gem § 5 II BUrlG zu verfahren. Der AG kann von seinem Kürzungsrecht vor und nach dem Wehrdienst Gebrauch machen. Die Kürzungstage können auch in das folgende Urlaubsjahr verrechnet werden. Entspr der **Kürzung des Urlaubs** folgen Verringerungen des Urlaubsentgelts (§ 11 BUrlG) und des Urlaubsgeldes (*Sahmer/Busemann* E § 4 Nr 13). Die Kürzung des Urlaubs ist nach dem Wortlaut des § 4 I 1 1 nicht zulässig bei Wehrübungen, deren Dauer in der Jahressumme 1 vollen Kalendermonat nicht erreichen (BAG 15.12.2009, 9 AZR 795/08, NZA 2010, 728).

2 Anders als gem § 7 I 1 BUrlG kann der AN gem § 4 I 2 die Gewährung des ihm zustehenden **Erholungsurlaubs vor Beginn des Wehrdienstes** (freiwillige Wehrübung s § 10) verlangen. Vorbehaltlich der Ausübung des Kündigungsrechts des AG kann der AN nach den Voraussetzungen des BUrlG die Gewährung des vollen Jahresurlaubs, soweit ihm dieser zusteht, oder eines Teilurlaubs (§ 5 BUrlG) verlangen. Dem AG steht kein Recht zur Verweigerung zu (*Sahmer/Busemann* E § 4 Nr 14; APS/*Dörner* § 4 Rn 13), es sei denn, es liegt ein betrieblich begründeter Notfall vor. Verweigert der AG die verlangte Gewährung des Erholungsurlaubs, ist der AN nicht zum eigenmächtigen Urlaubsantritt berechtigt, ihm steht der Klageweg, ggf der Antrag auf Erlass einer einstweiligen Verfügung gem § 940 ZPO, offen.

3 Die Grundregel zur Urlaubsabgeltung gem § 7 IV BUrlG wird durch die beiden Abgeltungsvoraussetzungen gem § 4 III ergänzt. Diese Regelung gilt für den Grundwehrdienst, Wehrübungen, den unbefristeten Wehrdienst im Verteidigungsfall und für die Verfügungsbereitschaft gem § 5a WPflG (*Sahmer/Busemann* E § 4 Nr 17). Der Begriff der **Abgeltung** entspricht dem gem § 7 IV BUrlG (*Sahmer/Busemann* aaO Nr 18).

§ 6 Fortsetzung des Arbeitsverhältnisses

(1) Nimmt der Arbeitnehmer im Anschluss an den Grundwehrdienst oder im Anschluss an eine Wehrübung in seinem bisherigen Betrieb die Arbeit wieder auf, so darf ihm aus der Abwesenheit, die durch den Wehrdienst veranlasst war, in beruflicher und betrieblicher Hinsicht kein Nachteil entstehen.
(2) ¹Die Zeit des Grundwehrdienstes oder einer Wehrübung wird auf die Berufs- und Betriebszugehörigkeit angerechnet; bei Auszubildenden und sonstigen in Berufsausbildung Beschäftigten wird die Wehrdienstzeit auf die Berufszugehörigkeit jedoch erst nach Abschluss der Ausbildung angerechnet. ²Die Zeit des Grundwehrdienstes oder einer Wehrübung gilt als Dienst- und Beschäftigungszeit im Sinne der Tarifordnungen und Tarifverträge des öffentlichen Dienstes.
(3) Auf Probe- und Ausbildungszeiten wird die Zeit des Grundwehrdienstes oder einer Wehrübung nicht angerechnet.
(4) ¹Auf Bewährungszeiten, die für die Einstufung in eine höhere Lohn- oder Vergütungsgruppe vereinbart sind, wird die Zeit des Grundwehrdienstes nicht angerechnet. ²Während der Zeit, um die sich die Einstufung in eine höhere Lohn- oder Vergütungsgruppe hierdurch verzögert, erhält der Arbeitnehmer von seinem Arbeitgeber zum Arbeitsentgelt eine Zulage in Höhe des Unterschiedsbetrages zwischen seinem Arbeitsentgelt und dem Arbeitsentgelt, das ihm bei der Einstufung in die höhere Lohn- oder Vergütungsgruppe zustehen würde.

1 Das **Benachteiligungsverbot** gem § 6 betrifft die arbeitsrechtliche Stellung des AN **nach dem wehrdienstbedingten Ruhenszeitraum** in dem Betrieb, in dem der AN vor Ableistung des Wehrsdienstes bereits beschäftigt war. Verstößt der AG gegen das Benachteiligungsverbot, sei es durch aktives Tun, sei es durch Unterlassen, steht dem AN ein Unterlassungs- bzw Leistungsanspruch zu (*Sahmer/Busemann* E § 6 Nr 1; ErfK/*Kiel* § 6 Rn 5). Der AN kann den Schutz nicht beanspruchen, wenn er nach dem Wehrdienst zu einem anderen AG wechselt (anders im Fall der Voraussetzungen gem § 6 I EÜG; vgl *Sahmer/Busemann* aaO). Im Fall eines **Betriebsübergangs** (§ 613a BGB) tritt der Erwerber in die bestehenden Rechte und Pflichten aus dem Arbeitsverhältnis ein. Wenn der AN nicht unverzüglich nach dem Wehrdienst das bestehende Arbeitsverhältnis wieder antritt, sondern erst nach einer kurzen Erholungspause, bleiben die Rechte gem § 6 dennoch gewahrt (BAG 25.7.2006, 3 AZR 307/05, EzA § 6 ArbPlSchG Nr 6; ErfK/*Kiel* § 6 Rn 2; *Sahmer/Busemann* aaO Nr 2).

2 Das **Benachteiligungsverbot hins der beruflichen und betrieblichen Stellung** des AN betrifft alle Sachverhalte, die nicht eine tatsächliche Tätigkeit während des Ruhenszeitraums im Betrieb voraussetzen. Der AN kann zB nicht die Gewährung einer vom AG an tatsächliche Leistungen geknüpfte Zuwendung oder Entgelthöhe verlangen, wenn zu diesem Zeitpunkt die Hauptpflichten aus dem Arbeitsverhältnis ruhten (BAG 27.1.1994, 6 AZR 446/93, NZA 1994, 1007; *Sahmer/Busemann* E § 6 Nr 1 und 3). Demggü soll das Benachteiligungsverbot vor tatsächlichen und rechtlichen Nachteilen »aus der Abwesenheit« des AN schützen, soweit nach objektiver Betrachtungsweise seine berufliche(n) und betriebliche(n) Stellung, Ausstattung, Entwicklungsmöglichkeiten und vertraglich bestehenden Rechte betroffen sind. Das schließt die Teilnahme an während des Ruhenszeitraums vorgenommener allg Entgelterhöhungen ein (ErfK/*Kiel* § 6 Rn 3). Andererseits hat der AN auch die während und unabhängig vom Ruhen seiner Hauptpflichten eingetretenen Folgen von zB wirtschaftlichen Verschlechterungen im Betrieb hinzunehmen, wenn dadurch

zB Arbeitszeit- oder Entgeltkürzungen auf betrieblicher Ebene eintreten oder Versetzungen wegen Umorganisationen erforderlich geworden sind.

Die für beide Arbeitsvertragsparteien **zwingende Anrechnungsvorschrift gem II** betrifft die **Berufszugehörigkeit** zum bei Beginn des Wehrdienstes ausgeübten Beruf (vgl den von der BA geführten Katalog im Internet unter www.berufenet.de) und die **Betriebszugehörigkeit** zu dem Betrieb, in dem der AN vor Beginn des Wehrdienstes bereits beschäftigt war. Über den Wortsinn hinaus sind die Begriffe der Berufs- und der Betriebszugehörigkeit nicht auslegungsfähig (BAG 25.7.2006, 3 AZR 307/05, EzA § 6 ArbPlSchG Nr 6). Für nach dem Wehrdienst neu begründete Arbeitsverhältnisse gilt § 12 I. Die Anrechnung ist eine gesetzliche Folge des Wehrdienstes und bedarf keiner zusätzlichen Abrede. Die Anrechnungsvorschrift gem II bewirkt Rechtsfolgen für die Berechnung der Dauer der Berufszugehörigkeit nur, wenn lediglich die bloße Zugehörigkeit zu Ansprüchen zB auf eine höhere Lohngruppe führt, nicht dagegen, wenn mit der Dauer der **Berufszugehörigkeit** bestimmte qualifizierte Tätigkeiten zur Erfüllung einer Anspruchsnorm vorausgesetzt werden (BAG 28.6.1994, 3 AZR 988/93, NZA 1995, 433; *Sahmer/Busemann* E § 6 Nr 13). Für reine **Bewährungszeiten** bzgl arbeitsrechtlicher Ansprüche trifft IV eine Regelung. An die Dauer der **Betriebszugehörigkeit** knüpfen zahlreiche Anspruchsmerkmale hins Entgeltsteigerungen (im Fall von im TV vorgegebenen Steigerungsstufen differenziert das BAG 10.9.1980, 4 AZR 719/78, AP TVG § 1 Auslegung Nr 125 zwischen Beschäftigungs- und Dienstjahren), Sonderzuwendungen, Altersversorgung, Kündigungsschutz (s § 2 Rdn 3), Urlaubsanspruch gem § 4 BUrlG an. Der Wehrdienst ist auf die Dauer der Betriebszugehörigkeit anzurechnen. Sie fingiert keinen früheren als den tatsächlichen Eintrittszeitpunkt. Richtet sich der persönliche Geltungsbereich verschiedener Versorgungsordnungen nach dem Eintrittsdatum in den Betrieb, so ist an den tatsächlichen Eintrittszeitpunkt des entlassenen Soldaten anzuknüpfen (BAG 25.7.2006, 3 AZR 307/05, EzA § 6 ArbPlSchG Nr 6). **Ausnahmen vom Anrechnungsprinzip** betreffen Probe- und Ausbildungszeiten gem III, die sich entspr der Dauer des Wehrdienstes verlängern. AN, die nicht Staatsangehörige der Vertragsparteien der ESC (§ 16 VI) sind und die zum Wehrdienst ihres Heimatlandes eingezogen werden, haben grds keinen Anspruch auf Anrechnung der Wehrdienstzeit auf die Berufs- und Betriebszugehörigkeit in ihrem dt Betrieb (Hess LAG 2.3.1973, 6 Sa 725/72, NJW 1974, 2198). 3

§ 7 Vorschriften für in Heimarbeit Beschäftigte

(1) **Für in Heimarbeit Beschäftigte, die ihren Lebensunterhalt überwiegend aus der Heimarbeit beziehen, gelten die §§ 1 bis 4 sowie § 6 Abs. 2 sinngemäß.**

(2) ¹**Vor und nach dem Wehrdienst dürfen in Heimarbeit Beschäftigte aus Anlass des Wehrdienstes bei der Ausgabe von Heimarbeit im Vergleich zu den anderen in Heimarbeit Beschäftigten des gleichen Auftraggebers oder Zwischenmeisters nicht benachteiligt werden; andernfalls haben sie Anspruch auf das dadurch entgangene Entgelt.** ²**Der Berechnung des entgangenen Entgelts ist das Entgelt zu Grunde zu legen, das der in Heimarbeit Beschäftigte im Durchschnitt der letzten 52 Wochen vor der Vorlage des Einberufungsbescheides beim Auftraggeber oder Zwischenmeister erzielt hat.**

In Heimarbeit Beschäftigte sind die Heimarbeiter gem § 2 I HAG und die Hausgewerbetreibenden gem § 2 II HAG. Nicht dazu zählen sog fremde Hilfskräfte gem § 2 VI HAG, die als abhängig Beschäftigte selbst AN iSd § 15 I sind und auf die insoweit die Regelungen des ArbPlSchG anzuwenden sind. 1

Im Unterschied zur Regelung gem § 29 HAG, die lediglich Fristen für die Kdg vorsieht, wird gem § 2 I den in Heimarbeit Beschäftigten ein Bestandsschutz von der Zustellung des Einberufungsbescheides bis zur Beendigung des Wehrdienstes zugesichert. Da Heimarbeiter nicht unter den Geltungsbereich des KSchG fallen (KR/*Rost* ArbNähnl Pers Rn 147) findet die Regelung gem § 2 II 2 keine Anwendung (*Fenski* HzA Gruppe 17 Rn 266; anders *Schmidt/Koberski/Tiemann/Wascher* § 29 HAG Rn 129). 2

Im Unterschied zum Benachteiligungsverbot gem § 6 I werden die in Heimarbeit Beschäftigten lediglich hins der Ausgabe von Heimarbeit im Vergleich zur Auftragsmenge anderer vergleichbarer Beschäftigter vor Benachteiligungen geschützt. Wird gegen das Benachteiligungsverbot verstoßen, steht zur Abwehr nicht ein Unterlassungsanspruch (s § 6 Rdn 2), sondern ein Ersatzanspruch auf entgangenes Entgelt zu. 3

§ 8 Vorschriften für Handelsvertreter

(1) **Das Vertragsverhältnis zwischen einem Handelsvertreter und einem Unternehmer wird durch Einberufung des Handelsvertreters zum Grundwehrdienst oder zu einer Wehrübung nicht gelöst.**

(2) **Der Handelsvertreter hat den Einberufungsbescheid unverzüglich den Unternehmern vorzulegen, mit denen er in einem Vertragsverhältnis steht.**

§ 12 ArbPlSchG Anrechnung der Wehrdienstzeit und der Zeit einer Berufsförderung

(3) Ein befristetes Vertragsverhältnis wird durch Einberufung zum Grundwehrdienst oder zu einer Wehrübung nicht verlängert; das Gleiche gilt, wenn ein Vertragsverhältnis aus anderen Gründen während des Wehrdienstes geendet hätte.
(4) Der Unternehmer darf das Vertragsverhältnis aus Anlass der Einberufung des Handelsvertreters zum Grundwehrdienst oder zu einer Wehrübung nicht kündigen.
(5) ¹Ist dem Handelsvertreter ein bestimmter Bezirk oder ein bestimmter Kundenkreis zugewiesen und kann er während des Grundwehrdienstes oder während einer Wehrübung seine Vertragspflichten nicht in dem notwendigen Umfang erfüllen, so kann der Unternehmer aus diesem Grund erforderliche Aufwendungen von dem Handelsvertreter ersetzt verlangen. ²Zu ersetzen sind nur die Aufwendungen, die dem Unternehmer dadurch entstehen, dass er die dem Handelsvertreter obliegende Tätigkeit selbst ausübt oder durch Angestellte oder durch andere Handelsvertreter ausüben lässt; soweit der Unternehmer selbst die Tätigkeit ausübt, kann er nur die aufgewendeten Reisekosten ersetzt verlangen. ³Die Aufwendungen sind nur bis zur Höhe der Vergütung des Handelsvertreters zu ersetzen; sie können mit ihr verrechnet werden.
(6) Der Unternehmer ist, auch wenn der Handelsvertreter zum Alleinvertreter bestellt ist, während des Grundwehrdienstes oder einer Wehrübung des Handelsvertreters berechtigt, selbst oder durch Angestellte oder durch andere Handelsvertreter sich um die Vermittlung oder den Abschluss von Geschäften zu bemühen.

1 Handelsvertreter ist, wer als selbstständiger Gewerbetreibender ständig damit betraut ist, für einen anderen Unternehmer Geschäfte zu vermitteln oder in dessen Namen abzuschließen. Selbstständig ist, wer iW frei seine Tätigkeit gestalten und seine Arbeitszeit bestimmen kann. Dazu zählen auch der Versicherungs- (§ 92 I HGB, BAG 15.12.1999, 5 AZR 169/99, NZA 2000, 1162) und Bausparkassenvertreter (§ 92 V HGB, BAG 15.12.1999, 5 AZR 770/98, NZA 2000, 481). Wer, ohne selbstständig zu sein, ständig damit betraut ist, für einen Unternehmer Geschäfte zu vermitteln oder in dessen Namen abzuschließen, gilt als Angestellter und unterfällt somit den Vorschriften über das Arbeitsverhältnis im ArbPlSchG. Nicht betroffen werden vom ArbPlSchG sog Gelegenheitsvertreter oder Zivilagenten.
2 Die Rechte und Pflichten zwischen dem Unternehmer und dem Handelsvertreter ruhen während des Wehrdienstes nicht, sondern bestehen im angepassten Umfang fort (*Sahmer/Busemann* E § 8 Nr 3). Der Handelsvertreter kann folglich selbst, soweit der Wehrdienst dies überhaupt zulässt, oder durch einen Dritten die Geschäfte betreiben (lassen). Gelingt ihm dies in dem ihm zugewiesenen Bezirk oder Kundenkreis nicht, kann der Unternehmer selbst oder durch andere die erforderlichen Tätigkeiten vornehmen und die Aufwendungen innerhalb gesetzlicher Grenzen dafür ersetzt verlangen.
3 Der Handelsvertreter behält auch während des Wehrdienstes den Anspruch auf die ihm zustehenden Provisionen (§ 87 I HGB).

§ 10 Freiwillige Wehrübungen
Wird der Wehrpflichtige zu einer Wehrübung auf Grund freiwilliger Verpflichtung (§ 4 Abs. 3 Satz 1 und 2 des Wehrpflichtgesetzes) einberufen, so gelten die §§ 1 bis 4 und 6 bis 9 nur, soweit diese Wehrübung allein oder zusammen mit anderen freiwilligen Wehrübungen im Kalenderjahr nicht länger als sechs Wochen dauert.

§ 12 Anrechnung der Wehrdienstzeit und der Zeit einer Berufsförderung bei Einstellung entlassener Soldaten
(1) ¹Wird ein entlassener Soldat im Anschluss an den Grundwehrdienst oder an eine Wehrübung als Arbeitnehmer eingestellt, gilt § 6 Abs. 2 bis 4, nachdem er sechs Monate lang dem Betrieb oder der Verwaltung angehört. ²Das Gleiche gilt für Wehrpflichtige, die im Anschluss an den Grundwehrdienst oder eine Wehrübung eine für den künftigen Beruf als Arbeitnehmer förderliche, über die allgemein bildende Schulbildung hinausgehende Ausbildung ohne unzulässige Überschreitung der Regelzeit durchlaufen und im Anschluss daran als Arbeitnehmer eingestellt werden. ³In einer betrieblichen oder überbetrieblichen Altersversorgung beschränkt sich eine Anrechnung nach Satz 1 auf die Berücksichtigung bei den Unverfallbarkeitsfristen nach dem Betriebsrentengesetz. ⁴Ist dem Soldaten infolge einer Wehrdienstbeschädigung nach Entlassung aus der Bundeswehr auf Grund des Soldatenversorgungsgesetzes Berufsumschulung oder Berufsfortbildung gewährt worden, so wird auch die hierfür erforderliche Zeit auf die Berufs- und Betriebszugehörigkeit oder als Dienst- und Beschäftigungszeit angerechnet.

(2) ¹Die Besoldungsgesetze regeln unter Berücksichtigung des § 9 Abs. 7 und 11 die Anrechnung der Wehrdienstzeit auf das Besoldungsdienstalter für entlassene Soldaten, die nach dem Grundwehrdienst oder nach einer Wehrübung als Beamter oder Richter eingestellt werden. ²Bei Einstellung als Beamter oder Richter des Bundes gilt Satz 1 mit der Maßgabe, dass an die Stelle des Besoldungsdienstalters die Erfahrungszeit tritt.
(3) Bewirbt sich ein Soldat oder entlassener Soldat bis zum Ablauf von sechs Monaten nach Beendigung des Grundwehrdienstes oder einer Wehrübung um Einstellung als Beamter und wird er in den Vorbereitungsdienst eingestellt, so gelten Absatz 2 und § 9 Abs. 8 Satz 4 bis 6 entsprechend.
(4) Absatz 3 gilt entsprechend für einen Arbeitnehmer, dessen Ausbildung für ein späteres Beamtenverhältnis durch eine festgesetzte mehrjährige Tätigkeit im Arbeitsverhältnis an Stelle des sonst vorgeschriebenen Vorbereitungsdienstes durchgeführt wird.

In Ergänzung zur Anrechnungsregelung gem § 6 II wird die Wehrdienstzeit eines gem § 29 WPflG entlassenen Soldaten auf das nach dem Wehrdienst erste neu begründete Arbeitsverhältnis angerechnet, wenn der Zeitraum zwischen Wehrdienstende und Arbeitsbeginn den vom Gesetz beabsichtigten Schutzzweck noch erkennen lässt, höchstens 6 Monate. Das Arbeitsverhältnis kann beim gleichen oder einem anderen AG neu begründet sein. Allerdings muss es 6 Monate ununterbrochen bestanden haben (vgl KR/*Griebeling/Rachor* § 1 KSchG Rn 108 ff), um die Wehrdienstzeit auf die Berufs- und Betriebszugehörigkeit (im öffentl Dienst auf die Dienst- und Beschäftigungszeiten) anrechnen zu können. Auf Probe- und Ausbildungszeiten erfolgt keine Anrechnung (vgl § 6 III). Die Anrechnung betrifft nur den Beruf, den der AN nach dem Wehrdienst begonnen hat, nicht dagegen einen anderen Beruf vor dem Wehrdienst (ErfK/*Kiel* § 12 Rn 1). Da das Gesetz die Anrechnung vorschreibt, bedarf es keines zusätzlichen Rechtsaktes seitens der Arbeitsvertragsparteien. Die **Anrechnung der Wehrdienstzeit** gem § 12 I 1 iVm § 6 II 1 wirkt sich nur insoweit aus, wie im neuen Beschäftigungsbetrieb Rechte dem Grunde nach oder der Höhe nach von der Dauer der Betriebs- oder Berufszugehörigkeit abhängen (BAG 25.7.2006, 3 AZR 307/05 EzA § 6 ArbPlSchG Nr 6). 1

Soweit der AN nach dem Wehrdienst **Maßnahmen zur Förderung der beruflichen Leistungsfähigkeit** in angemessenem Zeitraum durchläuft, ist der Wehrdienst ebenfalls auf die Berufs- und Beschäftigungszeit anzurechnen (§ 12 I 2). Allerdings muss auch in diesem Fall ein zeitlicher Zusammenhang zwischen dem Ende des Wehrdienstes auf der einen Seite und der **Ausbildung** und dem anschließenden Arbeitsverhältnis auf der anderen Seite erkennbar sein. Dies ist nicht der Fall, wenn iRd Ausbildungszeit zunächst eine Berufsausbildung und anschließend ein Studium absolviert wird, um dann erst das Arbeitsverhältnis zu beginnen (*Sahmer/Busemann* E § 12 Nr 6). Die Regelzeit iSd § 12 Abs 1 Ziffer 2 umfasst nicht die für das Hochschulstudium durchschnittliche, sondern die einschlägig festgelegte Regelstudienzeit. Eine Überschreitung der Regelstudienzeit ist nur aus Gründen der Gestaltung und Organisation der Prüfungsmodalitäten oder vergleichbaren Umständen zulässig (BAG 19.8.2008, 3 AZR 1063/06). 2

Der Zeitraum für berufliche Fördermaßnahmen (berufliche Umschulung und Fortbildung) ist im Fall einer Wehrdienstbeschädigung iSd § 81 SoldatenversorgungsG auf die Berufs- und Betriebszugehörigkeit anzurechnen, soweit sie außerhalb der Wehrdienstzeit stattgefunden haben. 3

§ 13 Anrechnung des Wehrdienstes im späteren Berufsleben

(1) **Die Zeit des Grundwehrdienstes und der Wehrübungen wird auf die bei der Zulassung zu weiterführenden Prüfungen im Beruf nachzuweisende Zeit einer mehrjährigen Tätigkeit nach der Lehrabschlussprüfung angerechnet, soweit eine Zeit von einem Jahr nicht unterschritten wird.**
(2) **Beginnt ein entlassener Soldat im Anschluss an den Grundwehrdienst oder eine Wehrübung eine für den künftigen Beruf als Beamter oder Richter über die allgemein bildende Schulbildung hinausgehende vorgeschriebene Ausbildung (Hochschul-, Fachhochschul-, Fachschul- oder andere berufliche Ausbildung) oder wird diese durch den Grundwehrdienst oder durch Wehrübungen unterbrochen, so gelten für Beamte § 9 Abs. 8 Satz 4 bis 6 und § 12 Abs. 2, für Richter § 9 Abs. 11 Satz 2 und § 12 Abs. 2 entsprechend, wenn er sich bis zum Ablauf von sechs Monaten nach Abschluss der Ausbildung um Einstellung als Beamter oder Richter bewirbt und auf Grund dieser Bewerbung eingestellt wird.**
(3) Für einen Arbeitnehmer, dessen Ausbildung für ein späteres Beamtenverhältnis durch eine festgesetzte mehrjährige Tätigkeit im Arbeitsverhältnis an Stelle des sonst vorgeschriebenen Vorbereitungsdienstes durchgeführt wird, gelten § 9 Abs. 8 Satz 4 bis 6 und § 12 Abs. 2 entsprechend.

§ 14 Weiterzahlung des Arbeitsentgelts

(1) Wird ein Arbeitnehmer nach Maßgabe des Wehrpflichtgesetzes von der Erfassungsbehörde oder einer Wehrersatzbehörde aufgefordert, sich persönlich zu melden oder vorzustellen, so hat der Arbeitgeber für die ausfallende Arbeitszeit das Arbeitsentgelt weiterzuzahlen.
(2) Der Arbeitnehmer hat die Ladung unverzüglich seinem Arbeitgeber vorzulegen.
(3) Die Absätze 1 und 2 gelten entsprechend für den Arbeitnehmer, der zu Dienstleistungen nach dem Vierten Abschnitt des Soldatengesetzes herangezogen werden soll.

§ 16 Sonstige Geltung des Gesetzes

...

(6) § 1 Abs. 1, 3 und 4 und die §§ 2 bis 8 dieses Gesetzes gelten auch für in Deutschland beschäftigte Ausländer, wenn diese in ihrem Heimatstaat zur Erfüllung ihrer dort bestehenden Wehrpflicht zum Wehrdienst herangezogen werden. Dies gilt nur für Ausländer, die Staatsangehörige der Vertragsparteien der Europäischen Sozialcharta vom 18. Oktober 1961 (BGBl. 1964 II S. 1262) sind und die ihren rechtmäßigen Aufenthalt in Deutschland haben.

Arbeitszeitgesetz (ArbZG)

Vom 6.6.1994 (BGBl I S 1170, 1171), zuletzt geändert durch Art 3 Abs. 6 des Gesetzes zur Umsetzung des Seearbeitsübereinkommens 2006 der internationalen Arbeitsorganisation vom 20.4.2013 (BGBl I S 868)

§ 1 Zweck des Gesetzes
Zweck des Gesetzes ist es,
1. die Sicherheit und den Gesundheitsschutz der Arbeitnehmer in der Bundesrepublik Deutschland und in der ausschließlichen Wirtschaftszone bei der Arbeitszeitgestaltung zu gewährleisten und die Rahmenbedingungen für flexible Arbeitszeiten zu verbessern sowie
2. den Sonntag und die staatlich anerkannten Feiertage als Tage der Arbeitsruhe und der seelischen Erhebung der Arbeitnehmer zu schützen.

Sicherheit: Zu lange Arbeitszeiten, zu wenige oder keine Pausen oder nicht ausreichende Ruhezeiten bringen steigende Unfallgefahren mit sich. Diese sollen ebenso vermieden werden wie eine Überbeanspruchung des AN, die zu einer **Gesundheits**gefährdung führen kann. Dies gilt auch dann, wenn der AN mit einer solchen Beanspruchung einverstanden ist. Das G schützt den AN ggf vor sich selbst, wobei jedoch nur der AG sich einer Strafandrohung bei Missachtung ausgesetzt sieht, §§ 22, 23. Eine Veränderung des den AN schützenden status quo ist nicht bezweckt. 1

Anders dagegen bei der **Flexibilität**. Diese betrifft sowohl die Dauer der Arbeitszeit, also die Frage der täglichen, wöchentlichen, monatlichen oder gar jährlichen Dauer, als auch deren Lage innerhalb eines bestimmten Zeitraumes. Der AG soll bei der Nutzung seines Betriebes bessere Möglichkeiten durch Flexibilisierung erhalten. Immer aufwendigere Investitionen in immer komplexere Maschinen und Anlagen bedürfen einer weiter gehenden Betriebsnutzungszeit, die sich mit starren Arbeitszeiten von AN nicht mehr in Einklang bringen lassen. Andererseits besteht auf AN-Seite ebenfalls ein erhebliches Interesse an einer weitestgehend individuellen Gestaltung der Arbeitszeit. Der Zweck des Gesundheitsschutzes ist ggü der Verbesserung der Rahmenbedingungen für flexible Arbeitszeiten nicht vorrangig (ebenso *Neumann/Biebl* § 1 Rn 8; aA *Zmarzlik/Anzinger* § 1 Rn 7). 2

Gleichrangiges, 3. Schutzziel ist die Sicherstellung der **Sonn- und Feiertagsruhe**. Der Hinweis auf die seelische Erhebung entspricht schon Art 139 WRV und verdeutlicht, dass der Sonntag Ruhetag ist nach dem Wort Gottes. Geschützte Feiertage sind gleichwohl nur die staatlich anerkannten Feiertage, nicht aber die landesgesetzlich geschützten kirchlichen Feiertage. 3

Mit der Föderalismusreform ist die Gesetzgebungskompetenz für den **Ladenschluss** auf die Länder übergegangen: Art 74 I Nr 11 GG nimmt das Recht des Ladenschlusses von der konkurrierenden Gesetzgebungskompetenz des Bundes für das Recht der Wirtschaft ausdrücklich aus. Dementspr haben alle Länder bis auf Bayern eigene G erlassen, welche die Ladenöffnungszeiten weitgehend freigeben. Wiedergegeben wird das G etwa bei *Neumann*, Ladenschlussrecht, 5. Aufl 2008. In Bayern gelten die Bestimmungen des LadSchlG nach Art 125a II 1 GG fort (zur Weitergeltung nach Art 125a II GG iE *Tegebauer* GewArch 2007, 49 ff). 4

Seit dem 1.8.2013 gilt das Gesetz auch in der ausschließlichen Wirtschaftszone, dh jenseits der Küstengewässer. Zeitgleich ist die Verordnung über die Arbeitszeit bei Offshore-Tätigkeiten (Offshore-ArbZV v 5.7.2013, BGBl 2013 I Nr. 36) in Kraft getreten. Diese soll der wachsenden Bedeutung der Arbeit auf Offshore-Anlagen, insbesondere durch die Errichtung von Windparks als Beitrag beim Umbau der Energieversorgung in Deutschland Rechnung tragen. 5

Der **Gesetzeszweck** stellt kein materielles Recht dar, gibt aber wertvolle Hinweise für die Auslegung bei der Gesetzesanwendung, sowohl für die Gerichte als auch für die im G genannten Normanwender im kollektiven Bereich, also den TV- und Betriebsparteien. 6

§ 2 Begriffsbestimmungen
(1) ¹Arbeitszeit im Sinne dieses Gesetzes ist die Zeit vom Beginn bis zum Ende der Arbeit ohne die Ruhepausen; Arbeitszeiten bei mehreren Arbeitgebern sind zusammenzurechnen. ²Im Bergbau unter Tage zählen die Ruhepausen zur Arbeitszeit.

(2) Arbeitnehmer im Sinne dieses Gesetzes sind Arbeiter und Angestellte sowie die zu ihrer Berufsbildung Beschäftigten.

§ 2 ArbZG Begriffsbestimmungen

(3) Nachtzeit im Sinne dieses Gesetzes ist die Zeit von 23 bis 6 Uhr, in Bäckereien und Konditoreien die Zeit von 22 bis 5 Uhr.
(4) Nachtarbeit im Sinne dieses Gesetzes ist jede Arbeit, die mehr als zwei Stunden der Nachtzeit umfasst.
(5) Nachtarbeitnehmer im Sinne dieses Gesetzes sind Arbeitnehmer, die
1. auf Grund ihrer Arbeitszeitgestaltung normalerweise Nachtarbeit in Wechselschicht zu leisten haben oder
2. Nachtarbeit an mindestens 48 Tagen im Kalenderjahr leisten.

Übersicht	Rdn.			Rdn.
A. Arbeitszeit	1	D.	Nachtarbeit	14
B. Arbeitnehmerbegriff	12	E.	Wechselschicht	15
C. Nachtzeit	13			

1 **A. Arbeitszeit.** Nach Art 2 Nr 1 der EG-ArbeitszeitRL (RL 2003/88/EG) gilt als Arbeitszeit jede Zeitspanne, während derer ein AN gem den einzelstaatlichen Rechtsvorschriften oder Gepflogenheiten arbeitet, dem AG zur Verfügung steht und seine Tätigkeit ausübt oder Aufgaben wahrnimmt. Arbeitszeit liegt also nur vor, wenn der AN entweder arbeitet oder seine Arbeitsleistung anbietet. Zeiten amtlicher Tätigkeit, etwa als Wahlvorstandsmitglied oder Betriebsrat sind keine Zeiten im Sinne des G (LAG Hamm, 30.01.2015, 13 Sa 604/14; 20.02.2015, 13 Sa 1386/14). Sie können aber im Rahmen der Zusammenrechnung mit Arbeitszeiten berücksichtigt werden, wenn ansonsten die Höchstarbeitszeit überschritten werden würde (LAG NS, 20.04.2015, 12 TaBV 76/14).

2 Die **Arbeitszeit beginnt**, wenn der AG in der Lage ist, die Arbeitskraft des AN zu verwerten. Dazu muss der AN arbeitsbereit an seinem Arbeitsplatz zur Verfügung stehen. Arbeit in diesem Sinne ist auch die vom AG veranlasste Untätigkeit, während derer der AN am Arbeitsplatz anwesend sein muss und nicht frei über die Nutzung des Zeitraums bestimmen kann (BAG 20.04.2011, 5 AZR 200/10). Wegezeiten, also sowohl Reisezeiten von und zum Arbeitsplatz innerhalb als auch außerhalb des Betriebes oder Waschzeiten zählen nicht zur Arbeitszeit.

3 Zeiten für das Anlegen von Arbeitskleidung gehören zur Arbeitszeit, wenn diese Kleidung besonders auffällig ist und deshalb nicht bereits auf dem Arbeitsweg getragen werden braucht (BAG 10.11.2009, 1 ABR 54/08); sogar die durch das Umkleiden veranlassten innerbetrieblichen Wegezeiten können Arbeitszeit sein, wenn der Arbeitgeber das Tragen einer bestimmten Kleidung vorschreibt und das Umkleiden im Betrieb erfolgen muss (BAG 19.09.2012, 5 AZR 678/11). Damit ist die bisherige Rechtsprechung, wonach Umkleidezeiten keine Arbeitszeiten sind, selbst wenn es gesetzlich vorgeschriebene Schutzkleidung ist (ebenso *Baeck/Lösler* NZA 2005, 248; BAG 11.10.2000, 5 AZR 122/99, NZA 2001, 458, teilweise aufgegeben worden. Noch weitergehend qualifiziert die Rspr. jetzt sogar die Entgegennahme und Abgabe von arbeitsnotwendigen Betriebsmitteln als Arbeitszeit, wenn diese Tätigkeiten einem fremden Bedürfnis dienen und nicht zugleich ein eigenes Bedürfnis des AN erfüllen. Dieses umfasse auch die Zeiten für die Herstellung der Einsatzfähigkeit der Arbeitsmittel (BAG 12.11.2013, 1 ABR 59/12). Allerdings führt die Qualifizierung solcher Zeiten als Arbeitszeit nicht automatisch zu deren Vergütungspflicht. Die Vergütungserwartung nach § 612 I BGB ist anhand eines objektiven Maßstabs unter Berücksichtigung der Verkehrssitte, der Art, des Umfangs und der Dauer der Dienstleistung und der Stellung der Beteiligten zueinander festzustellen, ohne dass es auf deren persönliche Meinung ankäme (BAG 11.10.2000, 5 AZR 122/99). Deshalb ist jedenfalls für die Deutsche Bahn AG eine solche Vergütungserwartung für Umkleidezeiten nicht festzustellen (LAG MVP, 25.09.2012, 5 Sa 276/11, n.rkr.), was sicherlich für die größere Zahl der AN festzuhalten sein wird, die Dienstkleidung oder Uniformen zu tragen haben. Bei einem Rettungsassistenten stellen Umkleidezeiten vergütungspflichtige Arbeitszeit dar (Sächsisches LAG, 10.12.2014, 2 Sa 424/14). Wird vom AG für eine Dienstreise die Nutzung eines öffentl Verkehrsmittels vorgegeben, bleibt dem AN aber überlassen, wie er die **Reisezeit** nutzt, so stellt diese Zeit gleichwohl keine Arbeitszeit dar und löst auch keine Vergütungspflicht aus. Anderes gilt, wenn der AN auf dem Weg zum Einsatzort sich auf die Arbeit, zB durch Aktenstudium, vorbereiten muss oder anschließend nachbereitet. Die dafür aufgewandte Zeit ist vergütungspflichtige Arbeitszeit (BAG 11.7.2006, 9 AZR 519/05). Keine Arbeitszeiten sind Transportzeiten nach § 9 der Offshore-ArbZV. Sie sind wie Arbeitszeiten zu berücksichtigen und durch Freizeit auszugleichen. Die **Arbeitszeit endet**, wenn der AN die Arbeitskraft nicht weiter vertragsgemäß anbietet.

4 Arbeitsbereitschaft und Bereitschaftsdienst sind arbeitszeitrechtlich Arbeitszeit, § 7 I Nr 1a. **Arbeitsbereitschaft** ist definiert als Zeit der wachen Achtsamkeit im Zustand der Entspannung (*Gitter* ZfA 1983, 375). Diese Bereitschaft liegt dann vor, wenn der AN im Verhältnis zur normalen Vollarbeit weniger beansprucht

wird und deshalb der Grad der Belastung so viel geringer ist, dass er sich entspannen kann. Neuerdings werden derartige Zeiten auch »Verfügbarkeitszeiten« genannt (LAG München, 29.01.2015, 4 Sa 557/14).

Bereitschaftsdienst ist die Zeitspanne, während derer sich der AN für Zwecke des Betriebes an einem vom AG bestimmten Ort, innerhalb oder außerhalb des Betriebes aufzuhalten hat, damit er erforderlichenfalls seine volle Arbeitstätigkeit sofort oder zeitnah aufnehmen kann. Bereitschaftsdienst ist arbeitszeitrechtlich Arbeitszeit (st. Rspr., zuletzt BAG 16.05.2013, 6 AZR 619/11). Er muss bei der Berechnung des zulässigen Umfangs der Arbeitszeit in vollem Umfang und nicht nur im Umfang der tatsächlichen Arbeitseinsätze berücksichtigt werden (BAG 16.3.2004, 9 AZR 93/03, EzA ArbZG § 7 Nr 7). Wann die tatsächliche Arbeitsleistung während des Bereitschaftsdienstes erbracht wird, bestimmt alleine der Arbeitgeber. Er bestimmt auch, ob diese Arbeitsleistung ggf. Mehrarbeit darstellt (LAG Schl-Holst 25.7.2006, 5 Sa 60/06). 5

Keine Regelung enthält das G für die Frage der **Vergütung** dieser Arbeitszeiten. Diese richtet sich ausschließlich nach der arbeits- oder tarifvertraglichen Regelung. Bei Arbeitsbereitschaft kann die Vergütung in Anbetracht der geringeren Belastung geringer sein (ErfK/*Wank* § 2 Rn 2). Bei Bereitschaftsdiensten sind pauschalierende Vergütungsvereinbarungen zulässig, wobei die in tarifvertraglichen Regelungen enthaltenen Abschläge, wonach bei Bereitschaftsdiensten 68 % der regelmäßigen Vergütung bezahlt werden, angemessen sind (BAG 28.1.2004, 5 AZR 530/02, EzA BGB 2002 § 611 Arbeitsbereitschaft Nr 2). Ebenfalls zulässig ist es, anstelle einem **Bereitschaftsdienstentgelt** einen Freizeitausgleich zu gewähren (BAG 19.11.2009, 6 AZR 624/08). Das Mindestentgelt nach § 2 PflegeArbbV ist nicht nur für Vollarbeit, sondern auch für Arbeitsbereitschaft und Bereitschaftsdienst zu zahlen (BAG 19.11.2014, 5 AZR 1101/12). 6

Eine pauschale Abgeltung von »Überstunden« oder Mehrarbeit kann durch eine entspr arbeitsvertragliche Klausel geregelt werden. Wirksamkeitsvoraussetzung hierfür ist, dass die Klausel klar und in sich verständlich ist, wie zB: »In der Monatsvergütung sind die ersten zwanzig Überstunden mit drin« (BAG 16.05.2012, 5 AZR 331/11). Ein allg Rechtsgrundsatz, dass jede Mehrarbeitszeit oder jede dienstliche Anwesenheit über die vereinbarte Arbeitszeit hinaus zu vergüten ist, gibt es (gerade jedenfalls bei Diensten höherer Art, BAG 17.08.2011, 5 AZR 406/10) und auch sonst, nicht (BAG 21.09.2011, 5 AZR 629/10). Erhält der AN zusätzlich zur Festvergütung für einen Teil seiner Aufgaben nicht unerheblich Provisionen, so lässt sich eine Vergütungserwartung für »Überstunden« nicht ohne Hinzutreten besonderer Umstände oder einer entsprechenden Verkehrssitte begründen (BAG 27.06.2012, 5 AZR 530/11; s hierzu § 611 BGB Rn 144 ff). 7

Keine Arbeitszeit stellt dagegen die **Rufbereitschaft** dar. Das ist die Zeit des Bereithaltens zur Arbeit, in der der AN aber seinen Aufenthaltsort frei wählen kann. Er ist lediglich verpflichtet, den AG über den Aufenthaltsort und dessen Wechsel zu informieren, was angesichts der flächendeckenden Erreichbarkeit über Mobiltelefon kein Problem mehr darstellen. Bei Rufbereitschaft wird nur die tatsächlich geleistete Arbeit als Arbeitszeit vergütet. 8

Ruhepausen sind alle vorhersehbaren Unterbrechungen der Arbeitszeit von bestimmter Dauer, die der Erholung dienen (BAG 27.2.1992, 6 AZR 478/90, EzA AZO § 12 Nr 5). Deren Dauer schreibt § 4 vor. 9

Mehrere Beschäftigungen sind zu addieren. Maßgeblich sind freilich nur Beschäftigungen in einem Arbeitsverhältnis, nicht also selbstständige Nebentätigkeiten oder Ehrenämter. Tätigkeiten als Heimarbeiter werden ebenfalls nicht hinzugerechnet. Für Jugendliche gilt Entspr nach § 4 V JArbSchG. Die Addition ist vor allem von Bedeutung bei der Berechnung der Einhaltung der Höchstarbeitszeiten nach § 3 I. Aus der Vorschrift folgt ein Anspruch des AG gegen den AN auf Mitteilung einer Nebentätigkeit, denn nur so kann der AG sicherstellen, dass bei der Beschäftigung dieses AN die Höchstarbeits- und auch die Ruhezeiten eingehalten werden. 10

Die Sonderregelung in I 2 betrifft nicht nur den Steinkohlebergbau, sondern meint jeden **Bergbau unter Tage**, also auch den Kali- oder Braunkohlebergbau. Dort beginnt die Arbeitszeit – je nach TV – mit dem Betreten des Förderkorbes oder des Stollenlochmundes bei der Einfahrt und endet mit dem Verlassen des Förderkorbes oder des Stollenlochmundes bei der Ausfahrt. 11

B. Arbeitnehmerbegriff. AN ist, wer in fremder Organisation abhängige, dh weisungsgebundene Arbeit leistet (s hierzu § 611 BGB Rdn 22 sowie § 6 GewO mzN zur Rspr des BAG). Die Definition in § 2 II ist weiter gehend als die in § 5 I BetrVG, bei der nur die zur Berufsausbildung Beschäftigten umfasst sind. Hierunter fallen deshalb auch Volontäre, Praktikanten, BA-Studenten, nicht aber Helfer im freiwilligen sozialen Jahr (BAG 12.2.1992, 7 ABR 42/91, EzA § 5 BetrVG 1972 Nr 53) oder Rehabilitanten (BAG 26.1.1994, 7 ABR 13/92, EzA § 5 BetrVG 1972 Nr 57). Außertarifliche (AT) Angestellte sind AN, auch leitende Angestellte iSd § 5 III BetrVG. Auf diese findet aber, ebenso wie auf Chefärzte, das G gem § 18 I Nr 1 keine Anwendung. Organe von juristischen Personen sind keine AN, ebenso wenig Handelsvertreter oder Beamte sowie Mitglieder von Ordensgemeinschaften. Für Personen unter 18 Jahren gilt das JArbSchG, § 18 II, und nicht das ArbZG. 12

13 **C. Nachtzeit.** Die EG-ArbeitszeitRL (93/104 v 23.11.1993 und 2003/88 v 4.11.2003) schreiben eine Zeitspanne von **7 Stunden** jedenfalls zwischen 24 und 5 Uhr als Nachtzeit vor. Die **Nachtzeit** ist nun gesetzlich auf die Zeit von 23–6 Uhr festgelegt. Es ist zulässig, den Beginn der Nachtzeit um bis zu 2 Stunden vorzuziehen, § 7 I Nr 5. **Bäckereien** sind Betriebe, die Backwaren wie Brötchen, Brote oder Brezeln, **Konditoreien** solche, die Kuchen und Torten, auch Eistorten, herstellen. Betriebe, die Dauerbackwaren wie Zwieback oder Kekse fertigen, fallen nur dann unter den Bäckereibegriff, wenn sie gleichzeitig auch Bäckerware fertigen. Darunter lassen sich auch solche Produkte fassen, die vom Verbraucher selbst noch fertig gebacken werden müssen (OVG Münster 9.6.1993, 4 A 2279/92). In solchen Betrieben beginnt die Nacht bereits um 22 Uhr und endet um 5 Uhr.

14 **D. Nachtarbeit.** Erst und nur dann, wenn mind 2 volle Arbeitsstunden in die Nachtzeit fallen, liegt Nachtarbeit vor. Arbeitszeiten davor oder danach werden nicht zur Nachtarbeit, wenn die Arbeitszeit während der Nachtzeit beginnt oder endet. Maßgeblich ist hierbei die jeweils einschlägige Nachtzeit, also auch eine verschobene Nachtzeit iSd III Hs 2 oder § 7 I Nr 5. Bloße Arbeitsbereitschaft ist noch keine Nachtarbeit (EuGH 3.10.2000, C-303/98, AP EWG-Richtlinie 93/104 Nr 2 – Simap).

15 **E. Wechselschicht.** Eine Wechselschicht liegt vor, wenn der AN die Arbeit zu wechselnden Zeiten zu erbringen hat. Auf die Abwechslung mit anderen AN kommt es dabei nicht an. Maßgeblich ist die Ableistung der individuellen Arbeit zu verschiedenen Zeiten, die den Biorhythmus stören. Auf die Zahl der Schichten (2, 3, 4 oder mehr) kommt es ebenso wenig an, wie auf die Frage, ob das Schichtsystem vollkontinuierlich (24/7 = 24 Stunden an 7 Tagen), oder mit Unterbrechung ausgestaltet ist oder in welcher Reihenfolge der Schichtwechsel vollzogen wird. Normalerweise muss Schichtbetrieb zu leisten sein, eine ausnahmsweise Einbeziehung in ein Schichtsystem genügt nicht. Allerdings kommt es auf die tatsächliche Arbeitsleistung in Schicht nicht an; maßgeblich ist einzig die arbeitsvertragliche Leistungspflicht, wonach der AN Nachtarbeit in Wechselschicht zu leisten hat.

16 Nur bei tatsächlicher Nachtarbeitsleistung an mind 48 Tagen im Kalenderjahr ist auch derjenige AN **Nacht-AN**, der keine Wechselschicht erbringt. Es zählt bei der Berechnung der Tage freilich nur ein Tag, wenn die Nachtarbeit vor Mitternacht beginnt und nach Mitternacht endet. Ausnahmsweise ist denkbar, dass bei vorverlegter Nachtzeit und einer Tätigkeit bei einem AG dort ein Nachtarbeitstag durch die Arbeit von 22–24 Uhr entstehen kann, und bei einer Tätigkeit bei einem anderen AG etwa von 2–6 Uhr ein weiterer Nachtarbeitstag. Ein solcher AN kann zwar ggü beiden AG die Vergünstigungen des § 6 für sich in Anspruch nehmen, den Ausgleich nach § 6 V allerdings nur im jeweiligen Arbeitsverhältnis. Für die Berechnung der 48 Tage pro Kalenderjahr ist das Kalenderjahr maßgeblich. Ein unterjähriger Arbeitsbeginn oder eine unterjährige Änderung des Arbeitsvertrags unter Einbeziehung der Nachtarbeit führen nicht zu einer anteiligen Berechnung.

§ 3 Arbeitszeit der Arbeitnehmer
¹**Die werktägliche Arbeitszeit der Arbeitnehmer darf acht Stunden nicht überschreiten.** ²Sie kann auf bis zu zehn Stunden nur verlängert werden, wenn innerhalb von sechs Kalendermonaten oder innerhalb von 24 Wochen im Durchschnitt acht Stunden werktäglich nicht überschritten werden.

1 Die zulässige **Arbeitszeitdauer** für AN über 18 Jahren beträgt **8 Stunden** am Werktag. Werktage sind die Wochentage von Montag bis Samstag. Maßgeblich ist der individuelle Werktag des AN, bei einem Arbeitsbeginn zB am Dienstag um 8 Uhr also die Zeit bis 8 Uhr am Mittwoch. Die Begrenzung auf 8 Stunden begründet der Gesetzgeber mit arbeitswissenschaftlichen und arbeitsmedizinischen Erkenntnissen und Erfahrungen, wonach die Konzentration und die Arbeitsfähigkeit nach 8 Stunden nachlassen und bei dauerhaftem Einsatz ohne Ausgleich auch die Gesundheit Schaden nehmen würde. Fehlt es an einer ausdrücklichen arbeitsvertraglichen Bestimmung des Umfangs der Arbeitszeit, darf der durchschnittliche AN die Klausel, er werde in »Vollzeit« beschäftigt, so verstehen, dass die regelmäßige Arbeitszeit 40 Wochenstunden nicht übersteigt (BAG 25.03.2015, 5 AZR 602/13).

2 Aus der Begrenzung der Tagesarbeitszeit folgt mittelbar eine gesetzliche Höchstgrenze für die **Wochenarbeitszeit** von 48 Stunden, die schon die RL 93/104/EG vorgegeben hat. Tarifvertragliche Regelungen zur Wochenarbeitszeit wie etwa die 35-Stunden-Woche in der Metall- und Elektroindustrie ändern hieran nichts und verkürzen insb die gesetzliche Grenze nicht. Eine Überschreitung der tariflichen Wochenarbeitszeit stellt deshalb keine Ordnungswidrigkeit gegen die §§ 22, 23 dar.

3 Eine Ausweitung der täglichen Höchstarbeitszeit auf bis zu **10 Stunden** und der Wochenarbeitszeit auf **60 Stunden** ist zulässig. Voraussetzung ist deren Ausgleich innerhalb von 6 Monaten oder innerhalb von 24

Wochen auf dann 8 Stunden werktäglich. Möglich ist ein Ausgleich der ausgeweiteten Arbeitszeit sowohl im Voraus wie auch im Nachhinein. Das G sieht den Ausgleich innerhalb von 6 Kalendermonaten vor, nicht innerhalb der folgenden 6 Kalendermonate. Kalendermonate sind nach allg zutreffender Auffassung in diesem Sinne **Zeitmonate**. Zwar kann aus dem Vergleich mit dem alternativen **Ausgleichszeitraum** von 24 Wochen, die nicht als Kalenderwochen bezeichnet sind, geschlossen werden, dass Kalendermonate bei der Berechnung des Ausgleichszeitraums gemeint sind. Dagegen sprechen aber der Sinn der Vorschrift, einen Ausgleich innerhalb eines definierten Zeitraums herbeizuführen, und praktische Erwägungen. In der Praxis hat sich deshalb auch die Verwendung von längeren, monatlichen oder jahresbezogenen Ausgleichszeiträumen durchgesetzt, weshalb die Diskussion über die Frage, weshalb mit dem 24 Wochen-Zeitraum ein kürzerer Zeitraum als der von 6 Monaten als Alternative im G geboten ist, akademischer Natur ist. Erklärt werden kann die Zahl von 24 Wochen wohl am ehesten damit, dass das G den Monat mit 4 Wochen rechnet (vgl § 5 II) und 6 Monate dann eben 24 Wochen sind.

Nach § 3 I der Offshore-ArbZV ist in deren Geltungsbereich eine Ausweitung der täglichen Arbeitszeit auf bis zu 12 Stunden möglich. Dabei können AN bei Offshore-Tätigkeiten bis zu 21 Tage ununterbrochen auf See verbringen, § 6 I Offshore-ArbZV. Die durchschnittliche Arbeitszeit in diesem Zeitraum darf 10 Stunden nicht überschreiten. Arbeiten sie nach § 6 II Offshore-ArbZV in 12 Stunden-Schichten, so dürfen sie dies maximal 14 Tage lang am Stück, was eine Wochenarbeitszeit von bis zu 84 Stunden erlaubt. Die Offshore-ArbZV ermöglicht also sowohl Modelle mit einem Zeitraum von 21 Tagen mit 210 Stunden Arbeitszeit, als auch 14-Tage-12-Stunden-Schichten mit 168 Stunden Arbeitszeit. 4

In diesen Fällen beträgt der Ausgleichszeitraum nach § 7 VI der Verordnung 12 Kalendermonate.

Die VO schreibt vor, dass jede Arbeitszeit über acht Stunden täglich hinaus zwingend in freien Tagen auszugleichen ist. Jeweils volle acht Stunden geben Anspruch auf einen freien Tag, § 7 I Offshore-ArbZV. Bei Arbeitszeitverlängerung über 10 Stunden am Tag an mehr als zwei Tagen ist ein zwingender Freizeitausgleich im Anschluss an die 21 bzw. 14 Tage-Periode vorgeschrieben, in der die Ersatzruhetage für die Sonntagsbeschäftigung einzubeziehen ist, § 7 II Offshore-ArbZV. Diese Freistellungsphase darf bis um zwei Tage nach hinten verschoben werden, wenn an Land erforderliche Nacharbeiten erledigt werden müssen, die im unmittelbaren Zusammenhang mit der Offshore-Tätigkeit stehen. Alle Freizeitausgleichsansprüche sind an Land zu gewähren, § 7 V Offshore-ArbZV.

Bei der Berechnung von Ausgleichszeiten sind die tatsächlich angefallenen Arbeitszeiten maßgeblich. Arbeitet der AN an einem Tag zB 6 Stunden, bleiben 2 Stunden Ausgleichszeit zur Verrechnung übrig. Arbeitet er an einem Samstag nicht, so können 8 Stunden für diesen Werktag gutgeschrieben werden. Fehltage bei Krankheit, Urlaub oder Freistellung zählen dagegen nicht zum Zeitausgleich, da der AN in diesen Fällen so gestellt wird, wie er stünde, wenn er gearbeitet hätte. Freischichttage sind keine Arbeitstage, sondern Wochentage, an dem der AN wegen der Verteilung der Arbeitszeit auf Arbeitsschichten nicht zur Arbeit verpflichtet ist (BAG 19.1.2010, 9 AZR 246/09). Legt der AG solche Freischichttage fest, erfüllt er damit Ansprüche auf Zeitausgleich (BAG 9.1.2010, 9 AZR 426/09). Freizeitausgleich bedeutet, bezahlte Freizeit zu erhalten, statt Arbeitszeit ableisten zu müssen (BAG 17.3.2010, 5 AZR 269/09). In TV bestehen dazu allerdings häufig einschränkende Regelungen, so zB in der Metall- und Elektroindustrie, wo grds bei Fehltagen 1/5 der individuellen regelmäßigen Wochenarbeitszeit (IRWAZ) zur Anrechnung kommt. Bei gesetzlichen Feiertagen findet ebenfalls keine Ausgleichsberechnung statt, es sei denn, dieser Tag wäre in einem festen Schichtplan mit einer längeren Arbeitszeit eingeplant gewesen, die dann wegen des Feiertags nicht geleistet werden durfte. 5

Zum 1.1.2009 ist das **G zur Verbesserung der Rahmenbedingungen für die Absicherung flexibler Arbeitszeitregelungen** und zur Änderung anderer G (Flexi II) in Kraft getreten. Zweck des G ist es, geleistete Arbeitszeit in einem bes **Wertguthaben** anzusammeln und zu einem späteren Zeitpunkt zur Freistellung von der Arbeit einzusetzen. Gleichzeitig sollen die Sozialversicherungsbeiträge erst beim Auszahlen der Wertguthaben anfallen. Langzeitkonten mit Wertguthaben der AN sollen bei einer Insolvenz des AG geschützt werden und über die Deutsche Rentenversicherung Bund portabel sein, dh beim Wechsel des AG vom AN zu seinem neuen AG »mitgenommen« werden können. 6

Die Bildung von **Wertguthaben für Arbeitszeiten**, die nach Flexi II ausschließlich in Geld zu führen sind, erfolgt jedoch nur für sog Langzeit- oder Lebensarbeitszeitkonten. Flexikonten sind davon nicht betroffen. Die Unterscheidung zwischen den verschiedenen Kontenarten trifft § 7b Nr 2 SGB IV durch eine **Negativabgrenzung** über den Verwendungszweck. **Langzeitkonten** sind solche Zeitkonten, die auf einer Vereinbarung beruhen, die nicht das Ziel der flexiblen Gestaltung der werktäglichen oder wöchentlichen Arbeitszeit oder den Ausgleich betrieblicher Produktions- und Arbeitszyklen verfolgt. Damit sind betriebliche flexible Arbeitszeitkonten, die der Gesetzgeber mit der Regelung des Ausgleichszeitraums nach den §§ 3 und 7 ermöglicht hat, vom Insolvenzschutz nicht umfasst. Die betrieblichen Arbeitszeitkonten in 7

Form der Flexikonten werden weiterhin in Zeit und nicht in Geld geführt. Die Sozialversicherungsbeiträge werden weiter erst zum Zeitpunkt der Inanspruchnahme fällig. Ein Arbeitszeitkonto drückt aus, in welchem Umfang der AN Arbeit geleistet hat und deshalb Vergütung beanspruchen kann. Ein Ausweis von Guthabenstunden in einem vom AG für den AN geführten Arbeitszeitkonto stellt den Saldo ebenso streitlos wie eine Gehaltsmitteilung eine Geldforderung (BAG 28.7.2010, 5 AZR 521/09). Die Belastung eines Arbeitszeitkontos mit Minusstunden setzt voraus, dass der AG diese Stunden im Rahmen einer verstetigten Vergütung entlohnt hat und der AN zur Nachleistung verpflichtet ist, weil er die in Minusstunden ausgedrückte Arbeitszeit vorschussweise vergütet bekommen hat (BAG 26.01.2011, 5 AZR 819/09).

8 Arbeitszeitrechtlich sind die Zeiten, die zur Speisung des Wertguthabens führen, keinen Besonderheiten unterworfen. Es gelten die Vorschriften des ArbZG. Die Zeiten, die der AN zum Aufbau eines Wertguthabens verwenden möchte, können nur dann hierzu verwendet werden, wenn zuvor eine schriftliche **Wertguthabenvereinbarung** abgeschlossen worden ist, § 7b Nr 1 SGB IV. Der AN behält somit das jederzeitige Wahlrecht, seine Arbeitszeit iR der betrieblichen Zeitkonten innerhalb der möglichen Ausgleichszeiträume zu erbringen bzw Freizeit in Anspruch zu nehmen, oder sich zur Bildung eines Wertguthabens zu entschließen, sofern der AG dieses anbietet. Die Bildung von Langzeitkonten bleibt auch nach dem Flexi II fakultativ für den AG.

9 Der BR oder PersR hat bei der Festlegung des Beginns und des Endes der Arbeitszeit sowie bei der Bestimmung der Lage der Pausen ein gesetzliches **Mitbestimmungsrecht** nach § 87 I Nr 2 BetrVG bzw § 75 III Nr 1 BPersVG, welches sie freilich nur im Rahmen der gesetzlichen oder tarifvertraglichen Grenzen ausüben dürfen (BAG 10.12.2013, 1 ABR 40/12, JurionRS 2013, 55812) . Keine Mitbestimmung besteht dagegen bei der Festlegung der Dauer der Arbeitszeit (*Krauss* DB 1995, 1563; BAG 18.8.1987, 1 ABR 30/86, EzA § 77 BetrVG 1972 Nr 18). Diese ist alleine den TV- und Arbeitsvertragsparteien vorbehalten. Nach § 87 I Nr 3 BetrVG hat der BR ferner mitzubestimmen über die vorübergehende Verlängerung oder Verkürzung der Arbeitszeit, weshalb auch sämtliche Modelle einer unterschiedlichen Arbeitszeitverteilung innerhalb des gesetzlichen oder eines tarifvertraglich eröffneten Ausgleichszeitraums des Abschlusses einer BV bedürfen (*Krauss* NZA 1996, 294). Dies wird auch für die Bildung von Langzeit- oder Lebensarbeitszeitkonten gelten, zu deren Nutzung aber eine zusätzliche Wertguthabenvereinbarung zwischen AG und AN abzuschließen ist. Allerdings hat der BR oder PersR keine Befugnis, eine Höchstarbeitszeit zu bestimmen. Dies ist auch keiner Einigungsstelle zugänglich (BAG 22.6.1993, 1 ABR 62/92, EzA § 23 BetrVG 1972 Nr 35).

§ 4 Ruhepausen

¹Die Arbeit ist durch im Voraus feststehende Ruhepausen von mindestens 30 Minuten bei einer Arbeitszeit von mehr als sechs bis zu neun Stunden und 45 Minuten bei einer Arbeitszeit von mehr als neun Stunden insgesamt zu unterbrechen. ²Die Ruhepausen nach Satz 1 können in Zeitabschnitte von jeweils mindestens 15 Minuten aufgeteilt werden. ³Länger als sechs Stunden hintereinander dürfen Arbeitnehmer nicht ohne Ruhepause beschäftigt werden.

1 Die **Ruhepausen** dienen der Erhaltung der Arbeitskraft und der Gesundheit der AN und sollen der auf Ermüdung beruhenden Unfallgefahr entgegenwirken (*Zmarzlik/Anzinger* § 4 Rn 2). Damit eine Ruhepause gegeben ist, müssen 4 Merkmale erfüllt sein: im Voraus feststehend, Mindestdauer, freie Verfügbarkeit des AN bzgl Art und Ort seiner Pausengestaltung. In der Pause darf keine Arbeitsbereitschaft (§ 2 Rdn 4) gefordert werden (BAG 5.5.1988, 6 AZR 658/85, EzA § 12 AZO Nr 3). Die inaktiven Zeiten des Bereitschaftsdienstes stellen keine Pausen iSd § 4 dar. Die Pause kann aber in den Bereitschaftsdienst (§ 2 Rdn 5) gelegt werden (BAG 5.6.2003, 6 AZR 114/02, BAGE 106, 252, BAG 16.12.2009, 5 AZR 157/09) und auch in die Rufbereitschaft (§ 2 Rdn 8).

2 Es genügt, wenn ein vorher festgelegter **zeitlicher Rahmen** für die Pause gegeben ist, etwa 30 Minuten Mittagspause zwischen 12 und 14 Uhr. Ausreichend ist es, wenn die Pause unmittelbar vor deren Beginn festgelegt wird, es genügt auch, wenn dem AN Beginn und Dauer der Ruhepause zu Beginn der täglichen Arbeitszeit mitgeteilt wird (BAG 25.02.2015, 1 AZR 642/13). Sie muss nicht bereits bei Schichtbeginn feststehen (LAG Köln 17.12.2013, 12 Sa 351/13). Die **Mindestdauer** der Pausen hängt von der Dauer der jeweiligen individuellen täglichen Arbeitszeit ab. Bei bis zu 6 Stunden Arbeitszeit ist keine Pause vorgeschrieben. Nach 6 Stunden muss eine Pause gewährt werden, deren erster Abschnitt mind 15 Minuten dauert. In diesem Fall muss bis zur Arbeitszeitdauer von 9 Stunden ein weiterer, mind 15 Minuten dauernder 2. Pausenabschnitt gewährt werden. Überschreitet die Arbeitszeit 9 Stunden am Tag, muss die Pause insgesamt 45 Minuten dauern, wobei diese in 3 Pausenabschnitten von je 15 Minuten möglich wäre.

Im Geltungsbereich der Offshore-ArbZV muss bei einer Arbeitszeit von mehr als 10 Stunden die Ruhepause mindestens 60 Minuten betragen, § 4 Offshore-ArbZV. Zu beachten ist stets, dass der Erholungszweck der Pause erreicht werden soll. Deshalb ist auch eine Verlängerung der Pausenzeiten zulässig (BAG 16.12.2009, 5 AZR 157/09). Allerdings verstoßen (unbezahlte) Zwangspausen, die über den Umfang der notwendigen Pausen wesentlich hinausgehen, gegen den Grds, dass die Festlegung der Arbeitszeit billigem Ermessen entsprechen muss (LAG Köln 15.6.2009, 5 Sa 179/09). Die Darlegungs- und Beweislast für die Wirksamkeit der getroffenen Ermessensausübung liegt beim AG (BAG 26.09.2012, 10 AZR 412/11, JurionRS 2012, 28014) Unangemessene Pausenanordnungen beseitigen nicht die Folgen des Annahmeverzugs (LAG Köln 26.04.2013, 4 Sa 1121/12). Die Pausenzeiten sind keine Höchstzeiten. Pausen stellen immer **Arbeitsunterbrechungen** dar, weshalb Pausen nicht vor oder am Beginn bzw am Ende der Arbeitszeit liegen dürfen. Daraus folgt auch, dass Pausen grds nicht vergütet werden müssen, denn sie stellen keine Arbeitszeit dar (BAG 18.11.2009, 5 AZR 774/08). Es lässt sich aus § 4 allerdings auch nicht herleiten, dass ein AG stets solche Zeiten als Arbeitszeit zu vergüten hat, die keine Ruhepausen sind (LAG Hess 10.08.2011, 18 Sa 1986/10). Der AN muss die vom AG eingeräumten ges. Ruhepausen auch in Anspruch nehmen (LAG Köln 12.12.2013, 13 Sa 746/13) Erholungspausen iS von § 5 Bildschirmarbeitsverordnung sind dagegen vergütungspflichtig, allerdings nur, wenn sie auch tatsächlich gewährt werden (LAG MV 15.09.2011, 5 Sa 268/10). Ordnet der AG Arbeit während einer festgelegten Pause an, die in einer BV vereinbart ist, oder nimmt er diese entgegen, kann der BR nach § 23 III BetrVG von ihm verlangen, dies zu unterlassen (BAG 07.11.2012, 1 ABR 77/10).

Der Ort der Pause ist frei wählbar. Bei Betrieben mit mehr als 10 Beschäftigten muss der AG nach § 29 der ArbeitsstättenVO einen leicht erreichbaren **Pausenraum** zur Verfügung stellen, dessen Ausstattung sogar vorgeschrieben ist. Bei AN, die in Büroräumen tätig sind, kann allerdings davon abgesehen werden. Es ist zulässig, den Aufenthalt während der Pause auf den Betrieb zu beschränken, auch um Überschreitungen der Pause zu verhindern (BAG 21.8.1990, 1 AZR 567/89, EzA § 87 BetrVG 1972 Betriebliche Ordnung Nr 16). Ein während einer solchen Pause vom AG angeordneter Ortswechsel bzgl. der Tätigkeit steht dem Charakter der Pause als Erholungspause entgegen (LAG Köln, 17.12.2013, 12 Sa 351/13). Der BR oder PersR hat bei der Pausenregelung mitzubestimmen. Das betrifft sowohl die Lage als auch die Gestaltung der Pause, also auch die Frage, ob der AN den Betrieb während der Pause verlassen darf oder ob er während der Pause das Zeiterfassungssystem bedienen muss. Ordnet der AG Pausen ohne Wahrung der Mitbestimmungsrechte des BR an, so sind diese unter dem Gesichtspunkt des Annahmeverzugs selbst dann zu vergüten, wenn sie ansonsten den Regelungen des § 4 entsprechen (LAG Köln 26.04.2013, 4 Sa 1120/12).   3

Für Jugendliche enthält § 11 II JArbSchG, für Kraftfahrer Art 7 EG-VO 3820/85 speziellere Regelungen zu Lage und Dauer der Pausen.   4

§ 5 Ruhezeit

(1) **Die Arbeitnehmer müssen nach Beendigung der täglichen Arbeitszeit eine ununterbrochene Ruhezeit von mindestens elf Stunden haben.**
(2) Die Dauer der Ruhezeit des Absatzes 1 kann in Krankenhäusern und anderen Einrichtungen zur Behandlung, Pflege und Betreuung von Personen, in Gaststätten und anderen Einrichtungen zur Bewirtung und Beherbergung, in Verkehrsbetrieben, beim Rundfunk sowie in der Landwirtschaft und in der Tierhaltung um bis zu eine Stunde verkürzt werden, wenn jede Verkürzung der Ruhezeit innerhalb eines Kalendermonats oder innerhalb von vier Wochen durch Verlängerung einer anderen Ruhezeit auf mindestens zwölf Stunden ausgeglichen wird.
(3) Abweichend von Absatz 1 können in Krankenhäusern und anderen Einrichtungen zur Behandlung, Pflege und Betreuung von Personen Kürzungen der Ruhezeit durch Inanspruchnahmen während der Rufbereitschaft, die nicht mehr als die Hälfte der Ruhezeit betragen, zu anderen Zeiten ausgeglichen werden.
(4) (weggefallen)

Übersicht	Rdn.		Rdn.
A. Ruhezeit	1	C. Sonderregelungen für Krankenhäuser	10
B. Verkürzung der Ruhezeit	3	D. Sonderregelungen für Kraftfahrer	11

A. Ruhezeit. Die Ruhezeit ist die Freizeit des AN zwischen 2 Schichten, dem Ende der Arbeit und dem Beginn der Nächsten. Sie muss mind 11 Stunden dauern (für Jugendliche 12 Stunden nach § 13 JArbSchG), weshalb eine Arbeitsschicht max 13 Stunden dauern darf. Sie ist für den AN frei verfügbare   1

§ 5 ArbZG Ruhezeit

Zeit der Ruhe und Erholung von der täglichen Arbeit, zur Wiedergewinnung der verbrauchten Kräfte, insb durch ununterbrochenen Schlaf (*Zmarzlik/Anzinger* § 5 Rn 7). Eine **Unterbrechung** der Ruhezeit lässt diese neu beginnen. Wenn also der AN zB nach 5 Stunden Ruhezeit während der Rufbereitschaft (§ 3 Rdn 7) zum Einsatz geholt wird, beginnt nach dem Ende des Einsatzes die Ruhezeit aufs Neue. Ein Vergütungsanspruch für die aufgrund der so verlängerten Ruhezeit ausfallende Arbeitszeit besteht nach zutreffender Ansicht jedoch nicht (BAG 5.7.1976, 5 AZR 264/75, EzA § 12 AZO Nr 2). Der Gesundheitsschutz wirkt hier »zu Lasten« des AN (dies abl *Linnenkohl/Rauschenberg* § 5 Rn 7).

2 Der AN ist nicht berechtigt, während der Ruhezeit bei einem anderen AG tätig zu werden, weil dies dem Zweck der Ruhezeit zuwiderläuft. Er ist allerdings nicht daran gehindert, Nachbarschaftshilfe zu leisten, ehrenamtliche oder karitative Tätigkeiten zu entfalten. Auch kann die Ruhezeit in einen Urlaubstag gelegt werden. Möglich ist es ferner, den Freizeitausgleich für Bereitschaftsdienstzeiten in die gesetzliche Ruhezeit zu legen (BAG 22.7.2010, 6 AZR 78/09).

3 **B. Verkürzung der Ruhezeit.** Eine Verkürzung ist nur ausnahmsweise und nur in den in II abschließend genannten Einrichtungen zulässig, wenn der dort vorgeschriebene Ausgleich erreicht wird. Die max Verkürzung beträgt 1 Stunde, wobei auch kleinere Zeiteinheiten erlaubt sind. Nur beim Ausgleich ist zwingend vorgeschrieben, dass dieser durch Erhöhung der Ruhezeit auf mind 12 Stunden zu erfolgen hat. Hier ist ein Ausgleich durch »Abbummeln« nicht erlaubt. Erlaubt ist es jedoch, etwa die Ruhezeit 2-mal um 30 Minuten zu verkürzen und dann innerhalb des Ausgleichszeitraums einmal die Ruhezeit auf 12 Stunden zu verlängern. Im Durchschnitt des Ausgleichszeitraums muss die Ruhezeit 11 Stunden betragen.

4 Der **Ausgleichszeitraum** beträgt 4 Wochen oder 1 Monat. Obwohl das Gesetz vom Kalendermonat spricht, ist nach allg und zutreffender Auffassung wie beim Ausgleichszeitraum nach § 3 S 2 von Zeitmonaten auszugehen. Der Zeitausgleich der Ruhezeit kann vor- und nachgeholt werden.

5 Der Begriff des **Krankenhauses** geht hier weiter als in § 107 SGB V und umfasst auch Kurkrankenhäuser, Vorsorge- und Reha-Einrichtungen. Die anderen Einrichtungen sind von der Verkürzungsmöglichkeit privilegiert, wenn sie Personen betreuen, also Menschen beschäftigen, die für die Bewohner im weitesten Sinne sorgen. Darunter fallen Altenheime ebenso wie Frauenhäuser, Kinderheime oder Obdachlosenstationen (*Baeck/Deutsch* § 5 Rn 26).

6 Ebenso weit gefasst werden auch die Einrichtungen zur Bewirtung und Beherbergung, die neben den **Gaststätten** nach den §§ 1, 23 GaststG von der Verkürzungsmöglichkeit profitieren können. Hierunter fallen alle Arten von Einrichtungen, die eine gewerbsmäßige Beherbergung und Verpflegung von Gästen vornehmen, also auch Straußenwirtschaften und Trinkhallen, Pizzadienste und Partyservice.

7 **Verkehrsbetriebe** sind alle öffentl und privaten Betriebe, deren Zweck auf die Beförderung von Personen, Gütern oder Nachrichten gerichtet ist, sowie die dazugehörigen selbstständigen oder unselbstständigen Hilfs- oder Nebenbetriebe. Der Begriff ist daher sehr weit auszulegen: Es gehört quasi alles dazu, was mit Verkehr zu tun hat, mit Ausnahme der Seeschifffahrt, für die das Seemannsgesetz gilt, § 18 III. Bei den Nebenbetrieben sind etwa gemeint der ADAC, die Tankstellenbetriebe und auch die Rettungsdienste.

8 Unter den Begriff des **Rundfunks** werden hier gefasst die öffentl-rechtlichen und privaten Rundfunk- und Fernsehanstalten, nicht dagegen bloße Produktionseinrichtungen, die Beiträge auf Vorrat oder Bestellung herstellen.

9 **Landwirtschaft** ist die naturhafte Hervorbringung von Bodenerzeugnissen, weshalb darunter auch Gärtnereien, die Urproduktion betreiben, fallen. Forstwirtschaft gehört dagegen nicht zur Landwirtschaft. **Tierhaltungsbetriebe** sind nicht nur Züchter, sondern auch Zoos, Bienenfarmen und Wildgehege. Alle diese sind berechtigt, die Ruhezeit zu verkürzen, wenn der Ausgleich eingehalten wird.

10 **C. Sonderregelungen für Krankenhäuser.** Um einen Rund-um-die-Uhr laufenden Krankenhausbetrieb zu ermöglichen, wird für die genannten Betreuungseinrichtungen (Rdn 5) eine Verkürzung der Ruhezeit auf mind 5,5 Stunden durch **Inanspruchnahme während der Rufbereitschaft** gestattet. Wird der AN mehr als diese Zeit während der Ruhezeit in Anspruch genommen, so ist ihm eine ununterbrochene Ruhezeit von 11 Stunden zu gewähren, nicht etwa 12 Stunden wie bei II, bevor er die Arbeit wieder aufnehmen muss. Bei geringerer Inanspruchnahme hat ein Ausgleich zu anderer Zeit zu erfolgen, was idR durch freie Tage im Schichtplan erfolgt. Ein Ausgleichszeitraum ist hier nicht vorgegeben.

11 **D. Sonderregelungen für Kraftfahrer.** Die EG-VO 3820/85 v 20.12.1985 schreibt grds auch eine Ruhezeit von 11 Stunden innerhalb von 24 Stunden vor, die allerdings 3-mal pro Woche auf 9 Stunden am Stück verkürzt werden darf, bei 2 Fahrern sogar auf 8 Stunden, wenn bis zum Ende der folgenden Woche eine entspr Ruhezeit zum Ausgleich gewährt wird. Die Ruhezeit darf im Fahrzeug genommen werden. Ohne den IV würden Kraftfahrer und Beifahrer unter die Regelung des II fallen, was aber einen Wettbewerbsnachteil

für in Deutschland ansässige Verkehrsbetriebe bedeutet hätte. Allerdings gelten die EG-Ruhezeiten auch für den selbst fahrenden Fuhrunternehmer.

§ 6 Nacht- und Schichtarbeit

(1) Die Arbeitszeit der Nacht- und Schichtarbeitnehmer ist nach den gesicherten arbeitswissenschaftlichen Erkenntnissen über die menschengerechte Gestaltung der Arbeit festzulegen.

(2) ¹Die werktägliche Arbeitszeit der Nachtarbeitnehmer darf acht Stunden nicht überschreiten. ²Sie kann auf bis zu zehn Stunden nur verlängert werden, wenn abweichend von § 3 innerhalb von einem Kalendermonat oder innerhalb von vier Wochen im Durchschnitt acht Stunden werktäglich nicht überschritten werden. ³Für Zeiträume, in denen Nachtarbeitnehmer im Sinne des § 2 Abs. 5 Nr. 2 nicht zur Nachtarbeit herangezogen werden, findet § 3 Satz 2 Anwendung.

(3) ¹Nachtarbeitnehmer sind berechtigt, sich vor Beginn der Beschäftigung und danach in regelmäßigen Zeitabständen von nicht weniger als drei Jahren arbeitsmedizinisch untersuchen zu lassen. ²Nach Vollendung des 50. Lebensjahres steht Nachtarbeitnehmern dieses Recht in Zeitabständen von einem Jahr zu. ³Die Kosten der Untersuchungen hat der Arbeitgeber zu tragen, sofern er die Untersuchungen den Nachtarbeitnehmern nicht kostenlos durch einen Betriebsarzt oder einen überbetrieblichen Dienst von Betriebsärzten anbietet.

(4) ¹Der Arbeitgeber hat den Nachtarbeitnehmer auf dessen Verlangen auf einen für ihn geeigneten Tagesarbeitsplatz umzusetzen, wenn
a) nach arbeitsmedizinischer Feststellung die weitere Verrichtung von Nachtarbeit den Arbeitnehmer in seiner Gesundheit gefährdet oder
b) im Haushalt des Arbeitnehmers ein Kind unter zwölf Jahren lebt, das nicht von einer anderen im Haushalt lebenden Person betreut werden kann, oder
c) der Arbeitnehmer einen schwerpflegebedürftigen Angehörigen zu versorgen hat, der nicht von einem anderen im Haushalt lebenden Angehörigen versorgt werden kann,

sofern dem nicht dringende betriebliche Erfordernisse entgegenstehen. ²Stehen der Umsetzung des Nachtarbeitnehmers auf einen für ihn geeigneten Tagesarbeitsplatz nach Auffassung des Arbeitgebers dringende betriebliche Erfordernisse entgegen, so ist der Betriebs- oder Personalrat zu hören. ³Der Betriebs- oder Personalrat kann dem Arbeitgeber Vorschläge für eine Umsetzung unterbreiten.

(5) Soweit keine tarifvertraglichen Ausgleichsregelungen bestehen, hat der Arbeitgeber dem Nachtarbeitnehmer für die während der Nachtzeit geleisteten Arbeitsstunden eine angemessene Zahl bezahlter freier Tage oder einen angemessenen Zuschlag auf das ihm hierfür zustehende Bruttoarbeitsentgelt zu gewähren.

(6) Es ist sicherzustellen, dass Nachtarbeitnehmer den gleichen Zugang zur betrieblichen Weiterbildung und zu aufstiegsfördernden Maßnahmen haben wie die übrigen Arbeitnehmer.

Übersicht	Rdn.		Rdn.
A. Schichtarbeitnehmer	1	D. Umsetzungsanspruch	6
B. Begrenzung des Ausgleichszeitraums	4	E. Ausgleichsanspruch	12
C. Arbeitsmedizinische Untersuchungen	5	F. Benachteiligungsverbot	14

A. Schichtarbeitnehmer. Eine gesetzliche Definition des Schicht-AN besteht im Gegensatz zum Nacht-AN 1 (§ 2 V) nicht. **Schichtarbeit** liegt vor, wenn mind 2 AN eine übereinstimmende Arbeitsaufgabe erfüllen, indem sie sich regelmäßig nach einem feststehenden Plan ablösen. Der jew abgelöste Arbeitsplatz braucht dabei nicht identisch zu sein, wenn nur die betroffenen AN austauschbar sind (BAG 18.7.1990, 4 AZR 295/89, NZA 1991, 23). Der Grund für die Arbeitszeitbegrenzung bei Nacht- und Schichtarbeit ist in der unstr gegebenen Beeinträchtigung im gesundheitlichen und gesellschaftlichen (Wohl-) Befinden insb durch den Arbeitszeitwechsel und die Belastung durch Nachtarbeit gegeben. Deshalb gilt § 6 nur für AN in Wechselschicht, nicht für solche, die ausschließlich Früh- oder Spätschicht arbeiten (KassArbR/*Meyer* Rn 401).

Menschengerechte Gestaltung der Arbeit bedeutet den Vorrang der persönlichen Einflüsse ggü den Erfor- 2 dernissen der Technik, der Maschinen, dem Wettbewerbsdruck und den Kosten (*Neumann/Biebl* § 6 Rn 6). Die Arbeit ist dann menschengerecht gestaltet, wenn sowohl die körperliche, als auch die geistig-seelische Gesundheit sowie die Arbeitsfähigkeit über ein normales Erwerbsleben hinaus gewährleistet sind und die Menschenwürde des AN geschützt ist (*Linnenkohl/Rauschenberg* § 6 Rn 34). Im Erg sollen Belastungen vermieden werden. Dies ist vor allem subjektiv zu sehen. Wenn dem AN eine Wahl gegeben wird, freiwillig nachts oder in einem Schichtsystem zu arbeiten, so steht ein besseres Arbeitserg zu erwarten. Gesichert sind

arbeitswissenschaftliche Erkenntnisse, wenn sie empirisch belegt sind. Die Arbeitswissenschaft umfasst alle Bereiche der Wissenschaften, die mit menschlicher Arbeit befasst sind, also etwa die Arbeitsmedizin, die Arbeitstechnologie oder die Arbeitspädagogik.

3 Die Arbeitszeitgestaltung bei der Nacht- und Wechselschicht ist in vollem Umfang, dh bzgl deren Beginn und Ende, als auch hins der Lage der Pausen, **mitbestimmungspflichtig**. Bei Abschluss der BV müssen die Betriebsparteien die arbeitswissenschaftlichen Erkenntnisse und die menschengerechte Gestaltung der Arbeit berücksichtigen. Gleiches gilt für einen Einigungsstellenspruch.

4 **B. Begrenzung des Ausgleichszeitraums.** Nur für Nacht-, nicht für Schicht-AN greift die **Begrenzung des Ausgleichszeitraums** für eine verlängerte Arbeitszeit auf 1 Monat oder 4 Wochen. Bei Offshore-Tätigkeiten kann nach § 3 I Offshore-ArbZV die Arbeitszeit auf bis zu 12 Stunden verlängert werden, der Ausgleichszeitraum beträgt dabei 12 Kalendermonate. Wie bei § 3 S 2 und § 5 II ist auch hier der Kalendermonat als Zeitmonat zu sehen. Ein Ausgleich ist sowohl im Vorhinein wie im Nachhinein möglich. Nicht notwendig ist es, dass der Zeitausgleich zur Nachtzeit erfolgt. Möglich ist es deshalb ohne Weiteres, dass das größere Arbeitszeitvolumen aus der Nachtarbeit während des Tages ausgeglichen wird. Für die Anrechenbarkeit von Zeiten gilt das zu § 3 S 2 Festgehaltene (s § 3 Rdn 5). Die ungeschickte Formulierung des S 3 besagt, dass der kürzere Ausgleichszeitraum nur für Nacht-AN nach § 2 V Nr 1 greift und für die **Nacht-AN nach § 2 V Nr 2** nur dann, wenn sie zur Nachtarbeit tatsächlich herangezogen werden und auch dann nur für die Zeiten, in denen sie dann verlängerte Nachtarbeit leisten.

5 **C. Arbeitsmedizinische Untersuchungen.** Keine Pflicht besteht für den Nacht-AN, wohl aber das Recht, sich arbeitsmedizinisch untersuchen zu lassen. Ein AN kann also seine Tätigkeit als Nacht-AN aufnehmen, ohne sich zuvor untersuchen zu lassen. Lässt er sich aber untersuchen, so besteht so lange, bis das Untersuchungsergebnis keine Hemmnisse gegen die Nachtarbeit feststellt, ein **Beschäftigungshindernis**. Die Untersuchung kann alle 3 Jahre, bei Nacht-AN ab 50 jedes Jahr wiederholt werden. Der AG hat die **Kosten der Untersuchung** zu tragen, nicht also die der Anfahrt oder der ausgefallenen Arbeitszeit. Wählt der Nacht-AN die Untersuchung bei einem Arzt seiner Wahl und hat der AG eine betriebsärztliche Untersuchung angeboten, so hat der Nacht-AN die Kosten selbst zu tragen. Diese Untersuchungsmaßnahmen kann ein AN, der Offshore-Tätigkeiten ausübt, unabhängig von einer Nachtarbeitnehmereigenschaft in Anspruch nehmen, § 10 I Offshore-ArbZV.

6 **D. Umsetzungsanspruch.** Einem **Umsetzungsverlangen** des Nacht-AN muss der AG entsprechen, wenn die im G genannten Bedingungen gegeben sind, die der AN dem AG nachweisen muss. Gleiches gilt für ein solches Verlangen eines Offshore-AN auf einen geeigneten Arbeitsplatz an Land, § 10 II Offshore-ArbZV. Ein mündliches Verlangen genügt. Urkunden, wie der Behindertenausweis, muss der AN nur dann vorlegen, wenn der AG diese verlangt. Umsetzung schließt das Verlangen nach einer mitbestimmungspflichtigen Versetzung ein.

7 Ein **Tagesarbeitsplatz** ist einer, bei dem keine Nachtarbeit iS dieses G geleistet werden muss. Das bedeutet, dass der AN durchaus bis um 24 Uhr oder ab 5 Uhr arbeiten darf (str, wie hier: *Zmarzlik/Anzinger* § 6 Rn 40, aA *Linnenkohl/Rauschenberg* § 6 Rn 73).

8 Die Gründe, die das Umsetzungsverlangen begründen können, sind abschließend aufgezählt. Die **Gesundheitsgefährdung** von lit a) muss durch einen Arbeitsmediziner individuell konkret festgestellt werden, wobei deren Erwartung ausreichend sein soll. Das Kind unter 12 Jahren bei lit b) muss mit dem AN nicht verwandt sein. Ebenso wenig muss die das Kind betreuende Person ein Familienangehöriger sein. Es kommt lediglich auf das gemeinsame Wohnen und Wirtschaften an, was den gemeinsamen Haushalt ausmacht. Die andere **Person** im Haushalt muss das Kind objektiv nicht betreuen können, die subjektive Unlust reicht zur Begr des Umsetzungsverlangens nicht aus. Soweit ein schwer pflegebedürftiger (Pflegestufen I–III) Angehöriger versorgt werden muss, muss dieser nicht im Haushalt des Nacht-AN leben, damit der Umsetzungsgrund nach lit c) erfüllt ist. Hier genügt es, wenn kein **Angehöriger** iSd § 11 I Nr 1 StGB, der im Haushalt des Schwerpflegebedürftigen lebt, diesen pflegen kann.

9 Der Tagesarbeitsplatz ist für den Nacht-AN **geeignet**, wenn dieser die nötigen Kenntnisse und Fähigkeiten hat, um diesen auszufüllen. Der die Umsetzung verlangende AN hat allerdings keinen Anspruch auf einen besser bezahlten oder höher qualifizierten Arbeitsplatz. Der AG kann verpflichtet sein, einen geeigneten Tagesarbeitsplatz freizumachen, wenn dies im Wege des Direktionsrechts ggü dem anderen AN möglich ist. Dies kann auch im Ringtausch geschehen. Kein Anspruch besteht jedenfalls darauf, dass der AG den Tagesarbeitsplatz durch eine Änderungs- oder Beendigungs-Kdg frei kündigt (LAG München 21.03.2013, 2 Sa 1047/12).

Die **dringenden betrieblichen Erfordernisse**, die der Umsetzung entgegenstehen, müssen nicht solche iSd § 1 II KSchG sein (str). Zwar spricht der Wortlaut für eine entspr Anwendung, der Sinn der Vorschrift zielt aber vielmehr darauf ab, dass die beiderseitigen Interessen, hier Gesundheitsschutz, dort betriebliche Belange, gegeneinander abgewogen werden. Das ist etwas anderes, als die Prüfung dringender betrieblicher Gründe im Fall des Kdg-Schutzes (*Diller* NJW 1994, 2726). Dringend ist ein betriebliches Erfordernis, wenn es nicht möglich ist, der betrieblichen Lage durch andere organisatorische oder technische Maßnahmen zu entsprechen (st Rspr, BAG 22.5.2003, 2 AZR 326/02, EzA § 1 KSchG Betriebsbedingte Kündigung Nr 126).

10

Nur dann, wenn nach Auffassung des AG dringende betriebliche Belange dem Umsetzungsverlangen auf einen für den Nacht-AN geeigneten Tagesarbeitsplatz entgegenstehen, hat der AG die AN-Vertretung zu hören. Entspricht er dem Verlangen, so wären BR oder PersR nur nach den einschlägigen Bestimmungen für Umsetzung oder Versetzung anzuhören. Unterlässt der AG bei Ablehnung des Umsetzungsgesuchs die **Anhörung** des BR oder PersR, bei der er sowohl den Antrag des AN bekannt geben muss, als auch die geprüften Tagesarbeitsplätze und den Grund, weshalb eine Umsetzung aus seiner Sicht nicht möglich ist, so ist seine Ablehnung schon **unwirksam**. Die Anhörungsverpflichtung nach IV 3 ist ein zusätzliches Mitbestimmungsrecht, welches über die im BetrVG oder PersVG eingeräumten Rechte hinausgeht. Die AN-Vertretung kann dann ihrerseits eigene Vorschläge unterbreiten. Diese hat der AG zu prüfen. Entfallen daraufhin die betrieblichen Hinderungsgründe, so wäre die Ablehnung grundlos. In jedem Fall hat der AG dem AN die Entsch mitzuteilen.

11

E. Ausgleichsanspruch. Nachtarbeit kostet Geld und Zeit. Die **Kompensation** für die erschwerte Form der Arbeit kann sowohl in zusätzlichen freien Tagen, in einem Zuschlag zur Vergütung, als auch durch eine Kombination beider Möglichkeiten erfolgen. Der AG kann hieraus wählen (BAG 27.5.2003, 9 AZR 180/02, EzA § 6 ArbZG Nr 5), sofern nicht eine abschließende tarifvertragliche Regelung besteht. Eine Ausgleichspflicht für Pausenzeiten während der Nachtarbeit besteht nicht (BAG 18.11.2009, 5 AZR 774/08). Die vertragliche Regelung kann auch in Allgemeinen Geschäftsbedingungen des AG getroffen werden. Diese haben die bes gesetzlichen Anforderungen der §§ 305 ff BGB einzuhalten (BAG 15.7.2009, 5 AZR 867/08). Gleich welche, der nicht in einem Vorrangverhältnis stehenden Ausgleichsmöglichkeiten gewählt wird, maßgeblich ist, dass diese **angemessen** ist. Diese richtet sich nach der Notwendigkeit und Üblichkeit der Nachtarbeit. Die höheren Kosten der Nachtarbeit sollen Druck auf den AG bilden, diese zu reduzieren. Maß für die Angemessenheit sind stets tarifvertragliche Ausgleichsregelungen, wenn die Nachtarbeit im sachlichen Geltungsbereich des TV anfällt. Dies gilt sogar, wenn der tarifliche Ausgleich für Nachtarbeit nicht ausdrücklich, sondern nur stillschweigend geregelt ist (BAG 18.5.2011, 10 AZR 369/10). Normalerweise steigen die Zuschläge nach der Häufigkeit der Nachtarbeit und können von 20 % bis über 100 % betragen, etwa wenn Nachtarbeit an einem Feiertag geleistet werden muss. In der BAG Rspr sind als angemessen angesehen worden 30 % Zuschlag bei Dauernachtschicht (5.9.2002, 9 AZR 202/01), 25 % Zuschlag bei Wechselschicht (27.5.2003, 9 AZR 180/02) und 20 % bei Nachtarbeit im Rahmen von Schichtarbeit (11.12.2013, 10 AZR 736/12). Bei Tätigkeiten, die ausschließlich nachts anfallen, wie die eines Nachtwächters, kann der Ausgleich bereits im regelmäßigen Entgelt enthalten sein. Auch Auszubildende haben Anspruch auf einen Nachtarbeitszuschlag (LAG Schleswig-Holstein 07.11.2013, 4 Sa 254/13). Bei der Gewährung von zusätzlicher Freizeit dürfte ein Verhältnis von einer zusätzlichen freien Stunde pro 10 Stunden Nachtarbeit als angemessen anzusehen sein.

12

Bei der Entscheidung darüber, ob Zeit oder Geld oder eine Kombination zum Ausgleich der Nachtarbeit gewährt wird, hat der BR ein **Mitbestimmungsrecht** nach § 87 I Nr 10 BetrVG. Wenn allerdings eine tarifliche Ausgleichsregelung besteht, die zum Wegfall der Wahlmöglichkeit des AG führt, entsteht kein Mitbestimmungsrecht des BR (BAG 17.01.2012, 1 ABR 62/10). Wie hoch der Ausgleich ausfällt, bleibt der Alleinentsch des AG überlassen (BAG 26.8.1997, 1 ABR 16/97, EzA § 87 BetrVG 1972 Gesundheitsschutz Nr 1).

13

F. Benachteiligungsverbot. Nacht-AN dürfen wegen der Nachtarbeit nicht benachteiligt werden. Der allg **Gleichbehandlungsgrds** wird durch VI konkretisiert. Dies hat zur Folge, dass Nacht-AN ggf Anspruch auf entspr Schichteinteilungen haben, die ihnen die Möglichkeit der Teilnahme an Schulungsveranstaltungen am Tage eröffnet oder auch auf Einräumung bezahlter Freizeit, um Kurse besuchen zu können. Die Vorschrift gibt aber keinen Anspruch auf besondere aufstiegsfördernde Maßnahmen, sondern nur darauf, in gleichem Maße teilnehmen zu können, wie die übrigen (Tagschicht-) AN.

14

§ 7 Abweichende Regelungen

(1) In einem Tarifvertrag oder auf Grund eines Tarifvertrags in einer Betriebs- oder Dienstvereinbarung kann zugelassen werden,
1. abweichend von § 3
   a) die Arbeitszeit über zehn Stunden werktäglich zu verlängern, wenn in die Arbeitszeit regelmäßig und in erheblichem Umfang Arbeitsbereitschaft oder Bereitschaftsdienst fällt,
   b) einen anderen Ausgleichszeitraum festzulegen,
   c) (weggefallen)
2. abweichend von § 4 Satz 2 die Gesamtdauer der Ruhepausen in Schichtbetrieben und Verkehrsbetrieben auf Kurzpausen von angemessener Dauer aufzuteilen,
3. abweichend von § 5 Abs. 1 die Ruhezeit um bis zu zwei Stunden zu kürzen, wenn die Art der Arbeit dies erfordert und die Kürzung der Ruhezeit innerhalb eines festzulegenden Ausgleichszeitraums ausgeglichen wird,
4. abweichend von § 6 Abs. 2
   a) die Arbeitszeit über zehn Stunden werktäglich hinaus zu verlängern, wenn in die Arbeitszeit regelmäßig und in erheblichem Umfang Arbeitsbereitschaft oder Bereitschaftsdienst fällt,
   b) einen anderen Ausgleichszeitraum festzulegen,
5. den Beginn des siebenstündigen Nachtzeitraums des § 2 Abs. 3 auf die Zeit zwischen 22 und 24 Uhr festzulegen.

(2) Sofern der Gesundheitsschutz der Arbeitnehmer durch einen entsprechenden Zeitausgleich gewährleistet wird, kann in einem Tarifvertrag oder auf Grund eines Tarifvertrags in einer Betriebs- oder Dienstvereinbarung ferner zugelassen werden,
1. abweichend von § 5 Abs. 1 die Ruhezeiten bei Rufbereitschaft den Besonderheiten dieses Dienstes anzupassen, insbesondere Kürzungen der Ruhezeit infolge von Inanspruchnahmen während dieses Dienstes zu anderen Zeiten auszugleichen,
2. die Regelungen der §§ 3, 5 Abs. 1 und § 6 Abs. 2 in der Landwirtschaft der Bestellungs- und Erntezeit sowie den Witterungseinflüssen anzupassen,
3. die Regelungen der §§ 3, 4, 5 Abs. 1 und § 6 Abs. 2 bei der Behandlung, Pflege und Betreuung von Personen der Eigenart dieser Tätigkeit und dem Wohl dieser Personen entsprechend anzupassen,
4. die Regelungen der §§ 3, 4, 5 Abs. 1 und § 6 Abs. 2 bei Verwaltungen und Betrieben des Bundes, der Länder, der Gemeinden und sonstigen Körperschaften, Anstalten und Stiftungen des öffentlichen Rechts sowie bei anderen Arbeitgebern, die der Tarifbindung eines für den öffentlichen Dienst geltenden oder eines im Wesentlichen inhaltsgleichen Tarifvertrags unterliegen, der Eigenart der Tätigkeit bei diesen Stellen anzupassen.

(2a) In einem Tarifvertrag oder auf Grund eines Tarifvertrags in einer Betriebs- oder Dienstvereinbarung kann abweichend von den §§ 3, 5 Abs. 1 und § 6 Abs. 2 zugelassen werden, die werktägliche Arbeitszeit auch ohne Ausgleich über acht Stunden zu verlängern, wenn in die Arbeitszeit regelmäßig und in erheblichem Umfang Arbeitsbereitschaft oder Bereitschaftsdienst fällt und durch besondere Regelungen sichergestellt wird, dass die Gesundheit der Arbeitnehmer nicht gefährdet wird.

(3) ¹Im Geltungsbereich eines Tarifvertrags nach Absatz 1, 2 oder 2a können abweichende tarifvertragliche Regelungen im Betrieb eines nicht tarifgebundenen Arbeitgebers durch Betriebs- oder Dienstvereinbarung oder, wenn ein Betriebs- oder Personalrat nicht besteht, durch schriftliche Vereinbarung zwischen dem Arbeitgeber und dem Arbeitnehmer übernommen werden. ²Können auf Grund eines solchen Tarifvertrags abweichende Regelungen in einer Betriebs- oder Dienstvereinbarung getroffen werden, kann auch in Betrieben eines nicht tarifgebundenen Arbeitgebers davon Gebrauch gemacht werden. ³Eine nach Absatz 2 Nr. 4 getroffene abweichende tarifvertragliche Regelung hat zwischen nicht tarifgebundenen Arbeitgebern und Arbeitnehmern Geltung, wenn zwischen ihnen die Anwendung der für den öffentlichen Dienst geltenden tarifvertraglichen Bestimmungen vereinbart ist und die Arbeitgeber die Kosten des Betriebs überwiegend mit Zuwendungen im Sinne des Haushaltsrechts decken.

(4) Die Kirchen und die öffentlich-rechtlichen Religionsgesellschaften können die in Absatz 1, 2 oder 2a genannten Abweichungen in ihren Regelungen vorsehen.

(5) In einem Bereich, in dem Regelungen durch Tarifvertrag üblicherweise nicht getroffen werden, können Ausnahmen im Rahmen des Absatz 1, 2 oder 2a durch die Aufsichtsbehörde bewilligt werden, wenn dies aus betrieblichen Gründen erforderlich ist und die Gesundheit der Arbeitnehmer nicht gefährdet wird.

(6) Die Bundesregierung kann durch Rechtsverordnung mit Zustimmung des Bundesrates Ausnahmen im Rahmen des Absatzes 1 oder 2 zulassen, sofern dies aus betrieblichen Gründen erforderlich ist und die Gesundheit der Arbeitnehmer nicht gefährdet wird.

(7) ¹Auf Grund einer Regelung nach Absatz 2a oder den Absätzen 3 bis 5 jeweils in Verbindung mit Absatz 2a darf die Arbeitszeit nur verlängert werden, wenn der Arbeitnehmer schriftlich eingewilligt hat. ²Der Arbeitnehmer kann die Einwilligung mit einer Frist von 6 Monaten schriftlich widerrufen. ³Der Arbeitgeber darf einen Arbeitnehmer nicht benachteiligen, weil dieser die Einwilligung zur Verlängerung der Arbeitszeit nicht erklärt oder die Einwilligung widerrufen hat.

(8) ¹Werden Regelungen nach Absatz 1 Nr. 1 und 4, Absatz 2 Nr. 2 bis 4 oder solche Regelungen auf Grund der Absätze 3 und 4 zugelassen, darf die Arbeitszeit 48 Stunden wöchentlich im Durchschnitt von zwölf Kalendermonaten nicht überschreiten. ²Erfolgt die Zulassung auf Grund des Absatzes 5, darf die Arbeitszeit 48 Stunden wöchentlich im Durchschnitt von sechs Kalendermonaten oder 24 Wochen nicht überschreiten.

(9) Wird die werktägliche Arbeitszeit über zwölf Stunden hinaus verlängert, muss im unmittelbaren Anschluss an die Beendigung der Arbeitszeit eine Ruhezeit von mindestens elf Stunden gewährt werden.

Übersicht

		Rdn.			Rdn.
A.	Öffnungsklausel	2	II.	Landwirtschaft	13
I.	Arbeitszeit	3	III.	Pflege	14
	1. Werktägliche Arbeitszeit	3	IV.	Öffentlicher Dienst	15
	2. Ausgleichszeitraum	4	C.	Ausgleichslose Arbeitszeitverlängerung	16
II.	Kurzpausen	5	D.	Tariferstreckung	17
III.	Ruhezeitverkürzung	6	E.	Kirchen	18
IV.	Höchstarbeitszeitverlängerung	8	F.	Tariflose Bereiche	19
	1. Arbeitsbereitschaft	8	G.	Generelle Ausnahmen	20
	2. Ausgleichszeitraum	9	H.	Schriftformerfordernis	21
V.	Nachtzeitraumverschiebung	10	I.	Maximaler Ausgleichszeitraum	22
B.	Zeitausgleich	11	J.	Mindestruhezeit	23
I.	Ruhezeitanpassung	12			

Die Regelungen dienen der **betrieblichen Flexibilisierung** der ungleich- und unregelmäßigen Verteilung der Arbeitszeit. Tarifvertraglich gefundene Lösungen können auch in nicht tarifgebundenen und auch in betriebs- oder personalratslosen Betrieben angewendet werden. § 7 stellt mithin eine der wichtigsten Regelungen des G dar. Einen umfangreichen Überblick über die tarifvertraglichen Arbeitszeitregelungen geben *Neumann/Biebl* Anhang zu § 7. 1

A. Öffnungsklausel. Damit von den gesetzlichen Höchstgrenzen der Arbeitszeitdauer und der Länge des Ausgleichszeitraums abgewichen werden darf, ist stets ein **TV** erforderlich, der die Abweichung entweder explizit regelt, oder den Betriebsparteien die Abweichungsmöglichkeiten und deren Grenzen eröffnet. I ist keine gesetzliche Öffnungsklausel nach § 77 III 2 BetrVG, sondern eine teilw Rücknahme der Regelungssperre des § 77 III 1 BetrVG. Alle Nr. in I betreffen die Arbeitszeit; tarifliche Normen darüber sind deshalb Betriebsnormen iSd § 3 II TVG, weshalb es für die Geltung des TV nicht auf die Koalitionszugehörigkeit des AN ankommt. Die Tarifgebundenheit des AG genügt. Schließen die Betriebsparteien eine **BV oder Personalvereinbarung**, so muss diese formal wirksam zustande kommen, dh schriftlich niedergelegt und unterschrieben sein. Regelungsabreden oder mündliche Vereinbarungen genügen nicht (BAG 18.12.1997, 2 AZR 709/96, EzA § 2 KSchG Nr 28). 2

I. Arbeitszeit. 1. Werktägliche Arbeitszeit. Der TV kann eine Ausweitung der werktäglichen Arbeitszeit auf über 10 Stunden zulassen. Die Ermächtigung greift nicht für Sonn- und Feiertagsarbeit. Eine Höchstgrenze der so ausgeweiteten Arbeitszeit enthält das G nicht. Diese ergibt sich aus dem Umkehrschluss, dass die Ruhezeit nach § 5 mind 11 bzw 10 Stunden betragen muss, mithin kann die Arbeitszeit max 13 bzw 14 Stunden betragen. Zur Definition von Arbeitsbereitschaft vgl § 2 Rdn 4, zum Bereitschaftsdienst § 2 Rdn 5. Beides muss regelmäßig anfallen und in erheblichem Umfang, damit die Öffnung statthaft ist. **Regelmäßigkeit** ist gegeben, wenn es nach der Erfahrung immer wieder zu Bereitschaftsdiensten kommt (BAG 24.9.1992, 6 AZR 101/90, AP BAT § 15 Nr 24). Die **Erheblichkeit** bestimmt sich danach, in welchem Verhältnis die normale Arbeitszeit und die Zeit mit Arbeitsbereitschaft zueinanderstehen. Ab 30 % Bereitschaftszeiten kann von einem erheblichen Umfang ausgegangen werden. Bereitschaftsdienst darf nur angeordnet werden, wenn zu erwarten ist, dass zwar Arbeit anfällt, erfahrungsgemäß aber die Zeit ohne Arbeitsleistung überwiegt (VG Düsseldorf 22.2.2011, 3 K 8454/09). 3

4   **2. Ausgleichszeitraum.** Die Festlegung eines anderen Ausgleichszeitraums als den in § 3 S 2 benannten, ist dem TV vorbehalten. Dabei sind sowohl **kürzere** als auch **längere Ausgleichszeiträume** möglich. § 17 IV der EG-Arbeitszeit-RL schreibt hierfür als Höchstgrenze 12 Monate vor. Deshalb wird vertreten, ein betroffener Bürger könne sich gegen eine tarifvertraglich längere Festlegung eines Ausgleichszeitraums erfolgreich mit einer Unzulässigkeitserklärung wehren (*Linnenkohl/Rauschenberg* § 7 Rn 37). In der Realität spielen solche Überlegungen allerdings keine Rolle. Die Tarifparteien haben etwa in der Metall- und Elektroindustrie nahezu bundesweit Ausgleichszeiträume von bis zu 24 Monaten eröffnet. Dies entspricht iÜ auch der Möglichkeit, den Ausgleich im Vorhinein und im Nachhinein zu nehmen, mithin 2-mal 12 Monate einzuräumen. Wichtig bei alledem ist lediglich, dass die Wochenarbeitszeitgrenze von 48 Stunden eingehalten bleibt. Schließlich wird im Altersteilzeitgesetz sogar ein Ausgleichszeitraum von bis zu 60 Monaten eröffnet, was nichts anderes darstellt, als eine gesetzliche Erweiterung des Ausgleichszeitraums.

5   **II. Kurzpausen.** Nur in Schicht- (§ 6 Rdn 1) und Verkehrsbetrieben (§ 5 Rdn 7) ist eine Reduktion der **Länge der einzelnen Pausen** möglich, allerdings ohne die Pausendauer insgesamt verkürzen zu dürfen. Es sind dann mehrere kürzere Pausen zu gewähren. Auch die verkürzten Pausen sollen allerdings noch einen gewissen Erholungseffekt haben, weshalb mind 3–5 Minuten Pausenlänge gewährt werden müssen. Kurzpausen von mind 8 Minuten haben regelmäßig eine angemessene Dauer (BAG 13.10.2009, 9 AZR 139/08).

6   **III. Ruhezeitverkürzung.** Die Verkürzung der Ruhezeit auf mind **9 Stunden** ist entgegen dem Wortlaut auch für Betriebe nach § 5 II möglich. Denn die dort vorgesehene Verkürzungsmöglichkeit soll eine Erweiterung der Flexibilisierung ermöglichen, die dann aber nicht hinter einer nach TV möglichen Verkürzung der Ruhezeit um 2 Stunden von 11 auf 9 Stunden zurückstehen soll. Eine Verkürzung der Ruhezeit auf nur 8 Stunden ist dagegen ausdrücklich nicht zu gestatten, denn die Grenze von 9 Stunden ergibt sich aus dem Verweis auf § 5 I.

7   Voraussetzung für die Verkürzung der Ruhezeit ist zwingend, dass die **Art der Arbeit** diese erfordert und die Kürzung in einem festzulegenden Ausgleichszeitraum ausgeglichen wird. Betroffen sind hier vor allem Gaststätten- oder Verkehrsbetriebe, das Gesundheitswesen und die Rettungsdienste, aber auch die Energieversorger. Im TV muss exakt festgelegt werden, welche Betriebe die Ruhezeitverkürzung benötigen. Das G legt eine Grenze für den festzulegenden Ausgleichszeitraum wieder nicht fest, sondern vertraut auch hier darauf, dass die Tarifparteien die notwendige **Angemessenheitsprüfung** vornehmen.

8   **IV. Höchstarbeitszeitverlängerung. 1. Arbeitsbereitschaft.** Bei der tarifvertraglich möglichen Verlängerung der werktäglichen Arbeitszeit über 10 Stunden ist zu beachten, dass der Zweck des G, die Gesundheit der AN zu schützen, gewahrt bleibt. Eine Höchstgrenze der Verlängerung ist nicht vorgesehen, ergibt sich aber aus dem Erfordernis der Ruhezeiten (Rdn 4). Wegen der weiteren Voraussetzungen, die die Tarifparteien zu beachten haben, gilt das zu I Nr 1a) Festgehaltene.

9   **2. Ausgleichszeitraum.** Der Zeitraum für den Ausgleich der so verlängerten Arbeitszeit ist offen. Es gilt das oben bei Rdn 4 Festgehaltene.

10 **V. Nachtzeitraumverschiebung.** Bei der **Verschiebung** des gesetzlich definierten Nachtzeitraums bedarf es keiner Begr. Fest steht lediglich, dass der **Nachtzeitraum 7 Stunden** beträgt, der ab 22 Uhr, spätestens ab 24 Uhr beginnen kann. In der Praxis richtet sich eine solche Verschiebung regelmäßig nach der Lage des Schichtmodells oder der Verkehrsanbindung des Betriebes.

11 **B. Zeitausgleich.** Alle Abweichungen in der Aufzählung des II setzen **zwingend einen Zeitausgleich** zur Aufrechterhaltung der Gesundheit des AN voraus. Eine Vergütungserhöhung darf diesen Zeitausgleich nicht ersetzen. Wohl kann es aber angezeigt sein, eine erhebliche Inanspruchnahme bei der Dauer der Arbeitszeit auch durch einen längeren Freizeitausgleich zu kompensieren. Den Tarifparteien kommt hier ein weiter Ausgestaltungsrahmen zu.

12 **I. Ruhezeitanpassung.** Bei Rufbereitschaft (§ 2 Rdn 8) und Bereitschaftsdienst (§ 2 Rdn 5) darf die Ruhezeit angepasst, also gekürzt werden, wenn die **Besonderheiten dieses Dienstes** es erfordern. In diesem Fall muss der TV vorsehen, wie der Ausgleich bei einer Inanspruchnahme im Bereitschaftsdienst während der Ruhezeit aussehen soll. Die sprachlich verunglückte Regelung wird kaum einen Anwendungsbereich haben.

13 **II. Landwirtschaft.** Auch die Regelungen zur Höchstarbeitszeit, zum Ausgleichszeitraum, zur Ruhezeit und zur Nachtarbeitszeitdauer dürfen aufgrund eines TV in der Landwirtschaft angepasst werden, wenn der Gesundheitsschutz der AN durch Zeitausgleich gesichert wird. Nr 2 geht also weiter als Nr 1.

III. Pflege. Bei der Betreuung von Personen können darüber hinaus auch noch die Dauer und die Lage der Ruhepausen aufgrund eines TV geändert werden.

IV. Öffentlicher Dienst. Der gleiche Anpassungsbereich kommt dem gesamten öffentl Sektor zugute. Die Ausweitung »benachteiligt« den **öffentl Dienst** ggü den Mitarbeitern in der privaten Wirtschaft, denn der TV kann weiter gehende Anpassungen zulassen, als es bei den AN außerhalb der in den Nr 1–3 genannten Betrieben möglich wäre. Rechtfertigung hierfür soll die höhere Arbeitsplatzsicherheit der im öffentl Dienst beschäftigten Mitarbeiter sein (*Linnenkohl/Rauschenberg* § 7 Rn 58).

C. Ausgleichslose Arbeitszeitverlängerung. Fällt in die Arbeitszeit regelmäßig und in erheblichem Umfang Arbeitsbereitschaft (§ 2 Rdn 4) oder Bereitschaftsdienst (§ 2 Rdn 5), dann kann aufgrund einer einschlägigen tarifvertraglichen Regelung dann, wenn durch bes Regelungen sichergestellt wird, dass die Gesundheit der AN nicht gefährdet wird, die Arbeitszeit auch ohne Ausgleich auf über 8 Stunden werktäglich verlängert werden. Um eine bes Regelung in diesem Sinne zu haben, reichen allg Vorgaben des Arbeitsschutzrechtes, wie etwa die Erstellung einer Gefährdungsanalyse gem § 5 ArbSchG nicht aus. Erforderlich sind zusätzliche, über das G hinausgehende Regelungen (BAG 23.6.2010, 10 AZR 543/09). Der AG muss unter den sachlichen Geltungsbereich des TV fallen; fachfremde Regelungen gestatten keine Ausweitung der Arbeitszeit. Voraussetzung für die **ausgleichslose Arbeitszeitverlängerung** ist die schriftliche Einverständniserklärung des AN nach VII. Umstr ist, ob die im G eingeräumte grenzenlose Erweiterungsmöglichkeit bezüglich der Dauer der Arbeitszeit den Vorgaben der RL 93/104 EG entspricht. Allerdings werden die Tarifparteien eine schranken- und ausgleichslose Ausdehnung der Arbeitszeit ohnehin nicht vereinbaren (zum TVöD: BAG 17.12.2009, 6 AZR 729/08).

D. Tariferstreckung. Die Regelung in III eröffnet die Anwendung **tarifvertraglicher Flexibilisierungsmöglichkeiten** auch für nicht tarifgebundene AG. Dieser muss aber zumindest unter den sachlichen und räumlichen **Geltungsbereich** des TV fallen, sodass branchen- oder fachfremde Tarifregelungen nicht durch BV- oder Personalvereinbarungen und auch nicht durch einzelvertragliche Einbeziehung zur Geltung gelangen können. Die Übernahme der tarifvertraglichen Regelung ist auch im Nachwirkungszeitraum des TV möglich. Besteht eine AN-Vertretung, so kann die tarifliche Regelung durch eine BV oder Personalvereinbarung übernommen werden. Tarifvertragliche Öffnungsklauseln wirken hier auch zugunsten eines nicht tarifgebundenen AG. Es steht den Betriebsparteien aber frei, ob sie von der Übernahmemöglichkeit Gebrauch machen, oder nicht. Deshalb kann der Abschluss einer entspr BV auch nicht durch eine Einigungsstelle nach § 76 I BetrVG erzwungen werden (LAG HH 17.12.2008, 5 TaBV 8/08). Im öffentl Dienst wirkt eine nach II Nr 4 getroffene Regelung automatisch auch bei nicht tarifgebundenen AG, wenn einzelvertraglich die Einbeziehung der TV des öffentl Dienstes vereinbart worden ist und Zuwendungen iSd Haushaltsrechts die Kosten des Betriebes decken.

E. Kirchen. In Art 140 GG ist das **Selbstbestimmungsrecht der Kirchen** und der öffentl Religionsgemeinschaften verfassungsrechtlich garantiert. Jede Religionsgemeinschaft darf ihre Angelegenheiten selbstständig regeln iRd G. Kirchliche Regelungen dürfen gleich wie TV die Öffnungs- und Erweiterungsmöglichkeiten des G nutzen. Wie TV sind auch die kirchlichen Regelungen schriftlich zu fassen.

F. Tariflose Bereiche. Die Bereiche, in denen TV üblicherweise nicht abgeschlossen werden, sind bspw die der Kammern, Verbände, Gewerkschaften, Anwälte oder Notare. Hier bedarf es für eine Abweichung der aufsichtsbehördlichen Genehmigung. Voraussetzung für die Abweichung ist das Vorliegen **betrieblicher Gründe**, die der AG darlegen und ggf beweisen muss. Zuständige Behörde ist idR das **Gewerbeaufsichtsamt**. Die praktische Relevanz der Vorschrift ist denkbar gering.

G. Generelle Ausnahmen. Darüber hinausgehende generelle Abweichungen sind nur mit einer gesonderten **RechtsVO** zu ermöglichen, die immer den Gesundheitsschutz der AN zu beachten haben. Diese Abweichungen sind unabhängig davon, ob eine tarifliche Regelung oder Tarifgeltung besteht, möglich. Die Tarifautonomie soll dabei nicht verletzt werden.

H. Schriftformerfordernis. Alle gesetzlich gegebenen Möglichkeiten einer einzelvertraglichen Verlängerung der Arbeitszeit über 8 Stunden werktäglich hinaus ohne Ausgleich, bedürfen der **schriftlichen Einwilligung** des AN. Bei einer tariflich vorgesehenen Erweiterung des Ausgleichszeitraums ist ein solches Einverständnis des AN nicht erforderlich. Von der Einverständniserklärung kann sich der AN jederzeit durch schriftliche Erklärung wieder lösen, muss dabei aber eine **sechsmonatige Frist** beachten. Sowohl die Verweigerung der Einwilligung, als auch deren Widerruf durch den AN darf der AG nicht zum Anlass einer **Benachteiligung** des AN nehmen. Keine solche Benachteiligung und damit kein Verstoß gegen das

Benachteiligungsverbot ist es freilich, wenn der AG dem AN, der nicht (mehr) ohne Ausgleich länger arbeitet, eine zuvor gezahlte zusätzliche Vergütung streicht.

22 **I. Maximaler Ausgleichszeitraum.** Der gesetzlich **höchstzulässige Ausgleichszeitraum** beträgt 12 Monate, wobei hierin allerdings lediglich eine durchschnittliche 48-Stunden-Woche einzuhalten ist. Bei behördlicher Arbeitszeitverlängerung ist diese im Zeitraum von 6 Monaten (§ 3 Rdn 3) oder 24 Wochen auszugleichen.

23 **J. Mindestruhezeit.** Die Regelung in IX führt dazu, dass es nun nicht mehr möglich ist, im Anschluss an eine ausgeweitete tägliche Arbeitszeit von über 12 Stunden einen Bereitschaftsdienst oder Arbeitsbereitschaft anzuschließen und daran eine erneute Arbeitsschicht (BAG 24.2.1982, 4 AZR 223/80, AP BAT § 17 Nr 7). Die volle Ruhezeit, die nicht verkürzt werden darf, muss gewährt werden.

§ 8 Gefährliche Arbeiten

[1]Die Bundesregierung kann durch Rechtsverordnung mit Zustimmung des Bundesrates für einzelne Beschäftigungsbereiche, für bestimmte Arbeiten oder für bestimmte Arbeitnehmergruppen, bei denen besondere Gefahren für die Gesundheit der Arbeitnehmer zu erwarten sind, die Arbeitszeit über § 3 hinaus beschränken, die Ruhepausen und Ruhezeiten über die §§ 4 und 5 hinaus ausdehnen, die Regelungen zum Schutz der Nacht- und Schichtarbeitnehmer in § 6 erweitern und die Abweichungsmöglichkeiten nach § 7 beschränken, soweit dies zum Schutz der Gesundheit der Arbeitnehmer erforderlich ist. [2]Satz 1 gilt nicht für Beschäftigungsbereiche und Arbeiten in Betrieben, die der Bergaufsicht unterliegen.

1 Eine RechtsVO kann für den Bereich erlassen werden, in dem bes Gefahren für die Gesundheit von AN bestehen. Früher waren dies etwa Koksöfen, Stahlwerke, Zementwerke. Heute wird eine solche abstrakte **Gefährdungssituation** anzunehmen sein etwa bei Arbeiten in Atomkraftwerken oder beim Umgang mit gefährlichen Chemikalien. Vereinzelt wird sogar die Arbeit an Bildschirmgeräten als gefährlich in diesem Sinne angesehen (*Buschmann/Ulber* § 8 Rn 2; *Linnenkohl/Rauschenberg* § 8 Rn 6). Dies dürfte aber angesichts der flimmerfreien Qualität der modernen Monitore nicht mehr anzunehmen sein.

2 Von der Ermächtigung, solche RechtsVO zu erlassen, wird erkennbar kein Gebrauch gemacht, denn die tariflichen Wochenarbeitszeiten sind mittlerweile so gering, dass jedenfalls von deren Dauer keine Gesundheitsgefahr mehr ausgeht (*Neumann/Biebl* § 8 Rn 3).

3 Betriebe, die der Bergaufsicht unterliegen, fallen unter § 66 BBergG. Hiernach können entspr Einschränkungen durch den Bundesarbeitsminister vorgenommen werden, weshalb es keiner VO durch die BReg bedarf.

§ 9 Sonn- und Feiertagsruhe

(1) Arbeitnehmer dürfen an Sonn- und gesetzlichen Feiertagen von 0 bis 24 Uhr nicht beschäftigt werden.
(2) In mehrschichtigen Betrieben mit regelmäßiger Tag- und Nachtschicht kann Beginn oder Ende der Sonn- und Feiertagsruhe um bis zu sechs Stunden vor- oder zurückverlegt werden, wenn für die auf den Beginn der Ruhezeit folgenden 24 Stunden der Betrieb ruht.
(3) Für Kraftfahrer und Beifahrer kann der Beginn der 24-stündigen Sonn- und Feiertagsruhe um bis zu zwei Stunden vorverlegt werden.

Übersicht	Rdn.		Rdn.
A. Beschäftigungsverbot................	1	C. Kraftfahrer......................	6
B. Verschiebung der Ruhezeit............	5		

1 **A. Beschäftigungsverbot.** Die Vorschrift **untersagt** jede Beschäftigung von AN an Sonn- und Feiertagen (§ 1 Rdn 3). Dazu gehört auch die Weiterbeschäftigung von AN an Samstagen und vor (Wochen-) Feiertagen nach 24 Uhr zur Erledigung von Tagesabschlussarbeiten im Einzelhandel (VG Berlin 30.11.2011, 35 K 388/09). Der AG darf auch dann die Arbeit des AN an einem Sonn- oder Feiertag nicht annehmen, wenn dieser sie freiwillig anbietet. Unter den Begriff der Beschäftigung fallen auch Bereitschaftsdienste (§ 2 Rdn 5) und die Rufbereitschaft (§ 2 Rdn 8). Nach allg Meinung gehören auch Schulungs- und Weiterbildungsmaßnahmen unter den Begriff der verbotenen Beschäftigung (BayObLG 22.1.1986, 3 ObOWi 136/85, BB 1986, 880). Eine arbeitsvertragliche Verpflichtung zur Sonn- und Feiertagsarbeit verstieße gegen § 134 BGB und ist nichtig.

Von der Föderalismusreform unberührt geblieben ist jedoch die in § 17 LadSchlG enthaltene Regelung 2 der Beschäftigung von AN in Verkaufsstellen an Sonn- und Feiertagen, weil es sich um Arbeitsschutzrecht handelt, für das der Bund nach Art 74 I Nr 12 GG die Gesetzgebungskompetenz hat (*Neumann* aaO S 31; *Löwisch* FS Otto [2008] S 319 f; aA wohl VerfGH Berl 1.4.2008, 120/07 Rn 55); diese Bestimmungen gehen den allg Bestimmungen über die Sonn- und Feiertagsruhe in den §§ 9 ff ArbZG vor. Unberührt geblieben sind die allg Arbeitszeitregelungen ArbZG, JArbSchG und des MuSchG, sodass sie auch für AN in Verkaufsstellen gelten (*Neumann* aaO; ErfK/ *Wank* § 1 ArbZG Rn 5; *Buschmann* AiB 2007, 202 f; aA *Pieroth/Kingreen* NVwZ 2006, 1223).

Vom Beschäftigungsverbot ausgenommen sind AN, die Offshore-Tätigkeiten durchführen, § 5 Offshore-ArbZV. 3

Von dem Beschäftigungsverbot nicht betroffen sind die selbst und ständig arbeitenden **Selbstständigen** und 4 alle anderen Nicht-AN, wie Handelsvertreter oder Heimarbeiter. Der mannlose Betrieb einer Produktionsanlage fällt ebenfalls nicht unter das Verbot.

B. Verschiebung der Ruhezeit. Eine Vorverlegung oder eine Verschiebung des Beginns der 24-Stunden-Ruhezeit ist nur in mehrschichtigen Betrieben (§ 2 Rdn 15) mit **regelmäßiger Tag- und Nachtschicht** möglich. Der Sonntag kann daher schon am Samstag um 18 Uhr beginnen und am Sonntag um diese Zeit enden, oder erst um 6 Uhr am Sonntag anfangen und am Montag zur selben Stunde beendet sein. Schließt sich ein gesetzlicher Feiertag (§ 1 Rdn 3) an, so beträgt die Ruhezeit 48 Stunden. Ein Vorholen der Ruhezeit wie beim Ausgleich einer verlängerten Arbeitszeit ist nicht möglich. Auch eine Reduzierung der 24-Stunden-Ruhezeit durch eine Verschiebung des Beginns nach hinten und des Endes nach vorne ist unzulässig. 5

C. Kraftfahrer. Die **Vorverlegungsmöglichkeit** nach III betrifft nur den Kraftfahrer und seinen Beifahrer, 6 nicht dagegen den Betrieb der Spedition, also etwa die Disposition. Die zeitliche Begrenzung auf 2 Stunden folgt aus § 30 StVO.

§ 10 Sonn- und Feiertagsbeschäftigung

(1) Sofern die Arbeiten nicht an Werktagen vorgenommen werden können, dürfen Arbeitnehmer an Sonn- und Feiertagen abweichend von § 9 beschäftigt werden
1. in Not- und Rettungsdiensten sowie bei der Feuerwehr,
2. zur Aufrechterhaltung der öffentlichen Sicherheit und Ordnung sowie der Funktionsfähigkeit von Gerichten und Behörden und für Zwecke der Verteidigung,
3. in Krankenhäusern und anderen Einrichtungen zur Behandlung, Pflege und Betreuung von Personen,
4. in Gaststätten und anderen Einrichtungen zur Bewirtung und Beherbergung sowie im Haushalt,
5. bei Musikaufführungen, Theatervorstellungen, Filmvorführungen, Schaustellungen, Darbietungen und anderen ähnlichen Veranstaltungen,
6. bei nichtgewerblichen Aktionen und Veranstaltungen der Kirchen, Religionsgesellschaften, Verbände, Vereine, Parteien und anderer ähnlicher Vereinigungen,
7. beim Sport und in Freizeit-, Erholungs- und Vergnügungseinrichtungen, beim Fremdenverkehr sowie in Museen und wissenschaftlichen Präsenzbibliotheken,
8. beim Rundfunk, bei der Tages- und Sportpresse, bei Nachrichtenagenturen sowie bei den der Tagesaktualität dienenden Tätigkeiten für andere Presseerzeugnisse einschließlich des Austragens, bei der Herstellung von Satz, Filmen und Druckformen für tagesaktuelle Nachrichten und Bilder, bei tagesaktuellen Aufnahmen auf Ton- und Bildträger sowie beim Transport und Kommissionieren von Presseerzeugnissen, deren Ersterscheinungstag am Montag oder am Tag nach einem Feiertag liegt,
9. bei Messen, Ausstellungen und Märkten im Sinne des Titels IV der Gewerbeordnung sowie bei Volksfesten,
10. in Verkehrsbetrieben sowie beim Transport und Kommissionieren von leicht verderblichen Waren im Sinne des § 30 Abs. 3 Nr. 2 der Straßenverkehrsordnung,
11. in den Energie- und Wasserversorgungsbetrieben sowie in Abfall- und Abwasserentsorgungsbetrieben,
12. in der Landwirtschaft und in der Tierhaltung sowie in Einrichtungen zur Behandlung und Pflege von Tieren,
13. im Bewachungsgewerbe und bei der Bewachung von Betriebsanlagen,
14. bei der Reinigung und Instandhaltung von Betriebseinrichtungen, soweit hierdurch der regelmäßige Fortgang des eigenen oder eines fremden Betriebs bedingt ist, bei der Vorbereitung der

Wiederaufnahme des vollen werktägigen Betriebs sowie bei der Aufrechterhaltung der Funktionsfähigkeit von Datennetzen und Rechnersystemen,

15. zur Verhütung des Verderbens von Naturerzeugnissen oder Rohstoffen oder des Misslingens von Arbeitsergebnissen sowie bei kontinuierlich durchzuführenden Forschungsarbeiten,

16. zur Vermeidung einer Zerstörung oder erheblichen Beschädigung der Produktionseinrichtungen.

(2) Abweichend von § 9 dürfen Arbeitnehmer an Sonn- und Feiertagen mit den Produktionsarbeiten beschäftigt werden, wenn die infolge der Unterbrechung der Produktion nach Absatz 1 Nr. 14 zulässigen Arbeiten den Einsatz von mehr Arbeitnehmern als bei durchgehender Produktion erfordern.

(3) Abweichend von § 9 dürfen Arbeitnehmer an Sonn- und Feiertagen in Bäckereien und Konditoreien für bis zu drei Stunden mit der Herstellung und dem Austragen oder Ausfahren von Konditorwaren und an diesem Tag zum Verkauf kommenden Bäckerwaren beschäftigt werden.

(4) Sofern die Arbeiten nicht an Werktagen vorgenommen werden können, dürfen Arbeitnehmer zur Durchführung des Eil- und Großbetragszahlungsverkehrs und des Geld-, Devisen-, Wertpapier- und Derivatehandels abweichend von § 9 Abs. 1 an den auf einen Werktag fallenden Feiertagen beschäftigt werden, die nicht in allen Mitgliedstaaten der Europäischen Union Feiertage sind.

Übersicht		Rdn.			Rdn.
A.	Ausnahmen	1	X.	Verkehrsbetriebe	21
I.	Not- und Rettungsdienste	5	XI.	Energieversorger	23
II.	Öffentliche Sicherheit	7	XII.	Landwirtschaft	24
III.	Krankenhäuser	8	XIII.	Bewachungsgewerbe	25
IV.	Gaststätten	9	XIV.	Instandhaltung	27
V.	Darbietungen	10	XV.	Verhütung	30
VI.	Vereine	11	XVI.	Vermeidung von Beschädigungen	33
VII.	Sport	12	B.	Reduzierung der Sonntagsarbeitnehmer	36
VIII.	Medien	17	C.	Backwaren	37
IX.	Messen	20	D.	Eil-Zahlungsverkehr	38

1 **A. Ausnahmen.** Der **abschließende Katalog** des I enthält alle Ausnahmen vom Sonn- und Feiertagsarbeitsverbot kraft G. Der AG muss selbst in eigener Verantwortung prüfen, ob die Voraussetzungen der Ausnahme vorliegen. Einer gesonderten Genehmigung durch die Aufsichtsbehörde bedarf es nicht; wohl aber kann der AG dort die Zulässigkeit der Arbeiten durch einen VA feststellen lassen.

2 **Zwingende Voraussetzung** ist, dass die Arbeiten nicht an einem Werktag durchgeführt werden können. Das ist selbstverständlich bei nicht-verschiebbaren Tätigkeiten wie bei Not- und Pflegediensten, aber auch dann der Fall, wenn dies trotz genügender Vorsicht und rechtzeitiger Vorsorge technisch nicht möglich oder wirtschaftlich unzumutbar ist (BVerwG 19.9.2000, 1 C 17/99, EzA ArbZG § 10 Nr 1). Ob Unzumutbarkeit vorliegt, ist Frage des Einzelfalls und iR einer Güterabwägung zu entscheiden. Der AG muss nicht seine komplette Produktionsmethode umstellen, damit er Sonn- und Feiertagsarbeit unbedingt vermeidet (so schon BayObLG 10.1.1963, 4 St 236/62, AP GewO § 105c Nr 1). Offenbar soll ein strenger Maßstab gelten, denn das Erfordernis zeitnaher Zustellung und das Interesse am Abbau rückständiger Sendungen nach einem Streik sind zumindest bei gewöhnlicher Post nicht höher zu gewichten, als die verfassungsrechtlich geschützte Sonn- und Feiertagsruhe (OVG NRW, 10.07.2015, 4 B 791/15).

3 Soweit für die Arbeit ein Ausnahmetatbestand des Katalogs gegeben ist, sind auch die dazu erforderlichen Neben- und Hilfstätigkeiten im Betrieb des AG, unabhängig von deren Organisationsform erlaubt. Zuarbeiter aus Drittbetrieben sind dagegen nicht umfasst; hier muss deren AG gesondert prüfen, ob eine Ausnahmeregelung greift.

4 Keine Auswirkung auf das **individualvertragliche Arbeitsverhältnis** hat diese Vorschrift. Ob ein AN an Sonn- und Feiertagen arbeiten muss, bestimmt sich insoweit ausschließlich nach seinem Arbeitsvertrag. Gleiches gilt für die diesbezügliche **Vergütung**. Denn anders als bei Nachtarbeit enthält das G keine Regelung hierzu. Nach dem BVerwG (19.9.2000, 1 C 17/99, EzA ArbZG § 10 Nr 1) sind AN, die individualrechtlich zur Sonn- und Feiertagsarbeit verpflichtet sind, klagebefugt gegen einen VA, der die Beschäftigung von AN an Sonn- und Feiertagen zulässt.

5 **I. Not- und Rettungsdienste.** Bei der Bestimmung des Umfangs der **Not- und Rettungsdienste** kommt es auf »die helfende Funktion der Dienste« an. Hierunter fallen auch Schlüsseldienste, die ADAC-Notrufzentrale, oder die Sperrannahmedienste der Banken und Kreditkartenunternehmen. Für Apotheken-Notdienste gilt § 4 LadSchlG als Sonderregelung.

Feuerwehren sind Werks-, Berufs- aber auch die freiwilligen Feuerwehren einschließlich derer Leitstellen. 6

II. Öffentliche Sicherheit. Die Aufrechterhaltung der **öffentl Sicherheit und Ordnung** obliegt idR Beamten, die der Funktionsfähigkeit der Gerichte den Richtern und die Landesverteidigung den Soldaten. Deshalb hat die Vorschrift keine wirkliche praktische Bedeutung, da für diese Personengruppen das G nicht gilt, § 2 II. 7

III. Krankenhäuser. Nicht nur **Krankenhäuser** (§ 5 Rdn 5), in denen eine medizinische Erstversorgung erfolgt, sondern auch alle anderen Einrichtungen, in denen Patienten zur Behandlung untergebracht werden, unterfallen der Ziffer 3. Dazu gehören Reha-Kliniken, Sanatorien, Pflegeheime (BAG 9.3.1993, 1 ABR 41/92, AP AZOKr § 1 Nr 1). Andere **Einrichtungen** können sein Kinder- und Jugendheime, Internate oder Seniorenhäuser, sofern darin Betreuungspersonal zur Verfügung steht. In diesen Krankenhäusern und Einrichtungen sind alle Arbeiten zulässig zur Behandlung, Pflege und Betreuung, die nicht verschiebbar sind. 8

IV. Gaststätten. Nicht nur in **Gaststätten** und Bewirtungseinrichtungen (§ 5 Rdn 6), sondern auch für AN in (Privat-) **Haushalt**en gilt die Ausnahmemöglichkeit. Sie umfasst alle Arbeiten wie Kindererziehung, Gartenpflege oder Wohnungsreinigung, freilich nur dann, wenn diese Arbeiten nicht auf den Werktag verschiebbar sind. 9

V. Darbietungen. Bei den **Darbietungen**, die vom Verbot ausgenommen sind, kommt es nicht darauf an, ob sie gewerblich oder unentgeltlich stattfinden. Erfasst werden Kinovorführungen ebenso, wie Geld- oder Musikspielautomaten, deren Aufstellung oder Instandsetzung und sogar die Kabinen einer Peep-Show. Die Ausnahmevorschrift erlaubt auch die Tätigkeit der Hilfsdienste um diese Aufführungen herum, wie Garderobiere oder Süßigkeitenverkauf. 10

VI. Vereine. **Nicht-gewerblich** ist eine genehmigungsfreie Aktion dann, wenn die Veranstaltung nicht auf Gewinnerzielungsabsicht ausgerichtet ist oder nicht fortgesetzt durchgeführt wird. Es darf freilich ein Reingewinn erzielt werden, nur muss dieser dann einem gemeinnützigen Zweck zugeführt werden. Die Vorschrift hat aber deshalb keinen wirklich großen Anwendungsbereich, weil derartige Aktionen idR ehrenamtlich – durchgeführt werden, und ehrenamtlich Tätige nicht unter § 2 II fallen. 11

VII. Sport. Sport meint hier jede **sportliche Betätigung**, gleich ob amateurhaft oder professionell betrieben und unabhängig davon, ob zu Wettkampfzwecken oder zur bloßen Vorführung. Auch geistige Sportarten wie Schach fallen unter die Ausnahmeregelung. Sie erfasst sowohl die Sportler selbst, als auch die dazugehörigen Helfer wie Ordner. 12

Freizeit-, Erholungs- und Vergnügungseinrichtungen umfassen alle Betriebe aus diesem Bereich, einschließlich des reisenden Schaustellergewerbes. Die Begriffe sind weit zu verstehen. 13

Alles, was zur Betreuung von Urlaubsgästen und Reisenden dient, fällt unter den Begriff des **Fremdenverkehrs**, also etwa Fremdenführer und Zimmervermittlung. 14

Zu den in **Museen** erlaubten Tätigkeiten an Sonn- und Feiertagen gehören die Aufsicht, die Betreuung, die Kasse und die Reinigung. 15

Wissenschaftliche Präsenzbibliotheken sind solche, bei denen die Bücher in deren Räumen benutzt und idR nicht ausgeliehen werden dürfen. 16

VIII. Medien. Rundfunk meint **Radio und Fernsehen**, gleich ob über Kabel oder Satellit. Umfasst ist auch Videotext und die Nachrichtenverbreitung über das Internet. Die erlaubten Tätigkeiten sind neben der journalistischen Betätigung auch die der Techniker und Kameraleute. Nicht umfasst sind sog Vorratsproduktionen, die erst zu einem späteren – nicht aktuellen – Zeitpunkt ausgestrahlt werden sollen. 17

Die **Tagespresse** umfasst auch Sonntagszeitungen einschließlich Anzeigenblätter. Unzulässig bleiben aber wegen der fehlenden Tagesaktualität die Herstellung und das Austragen von Werbematerialien am Sonn- und Feiertag. Bei Zeitschriften kommt es darauf an, ob sie beim Erscheinen noch Aktualität herstellen können. Dann bleibt deren Herstellung und Vertrieb wegen des geschützten Informationsinteresses (Art 5 GG) am Sonntag erlaubt. 18

Die **Kommissionierung** und der Transport von Presseerzeugnissen sind dann an Sonn- und Feiertagen erlaubt, wenn deren Erscheinungstag am Montag oder am Tag nach dem Feiertag liegt. Dabei spielt es keine Rolle, ob das Erzeugnis täglich oder nur monatlich erscheint. Maßgeblich ist der geplante Erscheinungstag. 19

IX. Messen. Der Begriff der Messe ist in § 64 GewO, der der **Ausstellung** in § 65 GewO und der der **Märkte** in § 66 GewO definiert. Hausmessen von Firmen oder Händlern fallen nicht darunter, weil idR dort keine Vielzahl von Anbietern gegeben ist. Vom Ausnahmetatbestand umfasst sind alle zusätzlichen Tätigkeiten, die den Verkauf ermöglichen. 20

§ 10 ArbZG Sonn- und Feiertagsbeschäftigung

21 **X. Verkehrsbetriebe.** Verkehrsbetriebe (§ 5 Rdn 7) sind alle Betriebe des Nah- und Fernverkehrs deren Zweck auf die Beförderung von Gütern und Personen gerichtet ist (BAG 4.5.1993, 1 ABR 57/92, EzA § 105 GewO Nr 3).

22 **Transportieren und Kommissionieren** umfasst sowohl das Herrichten, Verpacken, Sortieren und Verladen von Waren und deren Transport zum Kunden. **Leicht verderbliche Ware** in diesem Sinne ist frische Milch, frische Milcherzeugnisse, frisches Fleisch und frische Fleischerzeugnisse, frischer Fisch und frische Fischerzeugnisse, Obst und Gemüse. Dazu gehören Salate, Tomaten, Spargel, frische Pilze, Weintrauben, Pfirsiche und Erdbeeren.

23 **XI. Energieversorger.** In den **Energie- und Wasserversorgungs**betrieben darf sonn- und feiertags gearbeitet werden. Darunter fallen etwa Kernkraft- oder Gaswerke, Wasserkraftanlagen. **Abfall- und Abwasserentsorgungs**betriebe sind Kläranlagen, Müllverbrennungsbetriebe oder Tierkörperbeseitigungsanstalten. Hier wird die Arbeit nicht auf den nächsten Werktag verschiebbar sein, wenn aus Hygienegründen oder wegen des Gesundheitsschutzes die Entsorgung erforderlich ist (*Linnenkohl/Rauschenberg* § 10 Rn 65).

24 **XII. Landwirtschaft.** Zur Definition der **landwirtschaftlichen Betriebe** und der **Tierhaltung** siehe § 5 Rdn 9. Die Einrichtungen zur Behandlung und Pflege von Tieren sind Tierheime und Tierkliniken.

25 **XIII. Bewachungsgewerbe.** Das **Bewachungsgewerbe** ist in § 34a GewO definiert: das gewerbsmäßige Bewachen von Leben oder Eigentum fremder Personen. Darunter fällt auch der Objektschutz. Nicht vom Ausnahmetatbestand gedeckt ist die Tätigkeit eines Detektivs, der eine Person oder ein Objekt beobachtet (*Baeck/Deutsch* § 10 Rn 94).

26 Die Bewachung von **Betriebsanlagen** betrifft die Pförtnerdienste oder den Werkschutz, nicht aber die Aufsicht über automatisch laufende Produktionseinrichtungen (*Neumann/Biebl* § 10 Rn 36).

27 **XIV. Instandhaltung.** Bei der erlaubten Sonn- und Feiertagsarbeit für die **Reinigung und Instandhaltung von Betriebseinrichtungen** sieht die Nr 14 3 Alt vor: Der 1. Fall meint die Reinigung der Anlagen und Maschinen einschließlich der Transporteinrichtungen in der Firma, der Versorgungsleitungen und Werkzeuge, sofern sie erforderlich ist, damit der Betrieb weitergehen kann. Die Instandhaltung meint diejenigen Arbeiten, die erforderlich sind, damit die Maschinen einsatzfähig bleiben. Weder die Reinigung des Produktionsmaterials, noch die Aufstellung neuer Maschinen oder der Wechsel von Werkzeugen fällt unter den Ausnahmetatbestand.

28 Der 2. Fall betrifft die Vorbereitung der **Wiederaufnahme** des Betriebs. Das geht so weit, bis die Anlage produktionsfertig ist, dh ggf soweit, bis die ersten Teile wieder produziert werden können (str: wie hier *Neumann/Biebl* § 10 Rn 41, aA *Linnenkohl/Rauschenberg* § 10 Rn 76). Der Gesetzgeber wollte den ungehinderten Start der Produktion am 1. Werktag ermöglichen, was den Anlauf bis zum 1. Teil beinhaltet. Erst dann sind die Vorbereitungen wirklich abgeschlossen.

29 Mit der 3. Alt soll sichergestellt werden, dass die Funktionsfähigkeit von Rechnern an 24 Stunden an 365 Tagen im Jahr gewährleistet ist. Die **Datennetze und Rechnersysteme** umfassen dabei alle Komponenten wie Computer, Terminals, Geldautomaten oder auch das Internet. Aufrechterhalten bedeutet Kontrolle und Instandhaltung, nicht aber zB das Bestücken eines Geldautomaten, denn das hat mit dem Datennetz nichts zu tun. Daten dürfen eingegeben und auch ausgewertet werden, soweit sie nicht auch am Werktag rechtzeitig bearbeitet werden können.

30 **XV. Verhütung.** Die Nr 15 hat 3 alternative Ausnahmetatbestände: Verderben von Naturerzeugnissen, Misslingen von Arbeitsergebnissen sowie kontinuierliche Forschungsarbeiten. Das **Verderben** von Naturerzeugnissen (tierische und pflanzliche Produkte) oder Rohstoffen (Rohprodukte und daraus hergestellte Halbfabrikate) ist dann gegeben, wenn durch chemische oder biologische Prozesse diese sich so verändern, dass sie nur noch von minderer Güte sind. Die Sonn- und Feiertagsarbeit ist dann erlaubt, wenn sie erforderlich ist, um diese Verschlechterung zu vermeiden.

31 Wenn wegen der Unterbrechung der Arbeit am Sonn- und Feiertag **Arbeitserg misslingen** würden, kann zu dessen Vermeidung trotzdem gearbeitet werden. Ein Misslingen soll nach der Gesetzesbegr dann gegeben sein, wenn 5 % der Produktion wegen der Arbeitsunterbrechung fehlerhaft sind. Diese Grenze ist aber nicht starr, sondern abhängig vom Einzelfall zu betrachten. Wenn die Fehlerquote auch durch andere Maßnahmen reduziert werden kann, ist die Sonntagsarbeit nicht zulässig. Sie ist auch dann nicht erlaubt, wenn sie nur zur Verbesserung der Produktivität oder zur Kostenreduktion durchgeführt werden soll (BVerwG 19.9.2000, 1 C 17/99, AP ArbzG § 1 Nr 1).

32 Der 3. Fall sind die **kontinuierlich durchzuführenden Forschungsarbeiten**, die bereits vor dem Sonn- oder Feiertag begonnen haben müssen. Die Forschung kann sowohl im universitären, wie im privaten oder im

gewerblichen Bereich stattfinden. Sie ist dann kontinuierlich, wenn sie eine Unterbrechung nicht duldet (*Zmarzlik/Anzinger* § 10 Rn 206).

XVI. Vermeidung von Beschädigungen. Ferner ist die Sonn- und Feiertagsarbeit dann erlaubt, wenn 33 die Unterbrechung der Arbeit die Produktionseinrichtungen oder Teile davon erheblich beschädigen oder zerstören würde. Von einer **Beschädigung** ist dann auszugehen, wenn die Substanz oder die Funktionsfähigkeit beeinträchtigt wird. **Erheblichkeit** soll nach hM dann gegeben sein, wenn der Reparaturaufwand so ins Gewicht fällt, dass eine unzumutbare Belastung des AG die Folge ist, etwa durch Produktionsausfälle (*Baeck/Deutsch* § 10 Rn 139).

Eine **Zerstörung** ist über den Wortlaut hinaus auch dann gegeben, wenn durch die Arbeitsunterbrechung 34 ein so großer Schaden an den Produktionseinrichtungen eintritt, dass diese nicht mehr wieder hergestellt werden können (*Linnekohl/Rauschenberg*, § 10 Rn 89).

Die Unterbrechung der Arbeit muss **ursächlich** sein für die Zerstörung oder Beschädigung. Der AG sollte 35 hier nach § 13 III Nr 1 einen Feststellungsbescheid bei der Aufsichtsbehörde erwirken, um sicher zu gehen, ob ein Ausnahmefall nach Nr 16 gesehen wird.

B. Reduzierung der Sonntagsarbeitnehmer. Die Ausnahmevorschrift des II hat den Zweck, die **Zahl** der 36 am Sonn- und Feiertag arbeitenden Mitarbeiter zu reduzieren. Sie greift ausschließlich für die Ausnahme der Nr 14 des I und nur für Mitarbeiter der **Produktion**, also nicht für Dienstleistungsarbeiten oder Forschungseinrichtungen. Str ist, ob bei der Vergleichsrechnung auf die Arbeitsstunden, oder die Zahl der AN abzustellen ist. Ausgehend vom Gesetzeszweck ist im Grds auf die Zahl der AN abzustellen und im Einzelfall zu prüfen, ob nicht durch die Erhöhung der Stundenzahl für wenigere AN ein Missbrauch der Ausnahmevorschrift vorliegt.

C. Backwaren. Damit die Verbraucher an Sonn- und Feiertagen nicht nur bei Tankstellen und an Flug- 37 häfen oder Bahnhöfen Backwaren einkaufen können, wird Betrieben, die **Backwaren und Konditoreiprodukte** (Kuchen, Torten) herstellen, die Beschäftigung von AN an diesen Tagen erlaubt. Es kommt nicht darauf an, ob die Backwaren noch roh sind (Rohlinge), oder vom Kunden noch fertig gebacken werden müssen (OVG Münster 9.6.1993, 4 A 2279/92, NVwZ-RR 1994, 82). Das erlaubte Volumen beträgt 3 Stunden für den jeweiligen AN. Umfasst vom Ausnahmetatbestand ist nur der Umgang mit Waren, die am selben Tag verkauft werden sollen (*Baeck/Deutsch* § 1 Rn 153).

D. Eil-Zahlungsverkehr. An **Wochenfeiertagen** dürfen AN im internationalen **Eil-Zahlungsverkehr** 38 beschäftigt werden, wenn der dt Feiertag nicht gleichzeitig ein Feiertag im gesamten Gebiet der EU ist. Diese sind nur der 25.12. und der 1.1. Der Zweck der Norm folgt aus dem Umstand, dass Deutschland die höchste Zahl von Feiertagen in der EU hat und nicht deshalb der Zahlungsverkehr in der Gemeinschaft unterbrochen werden soll. Der normale Massenzahlungsverkehr wird von der Ausnahme nicht umfasst, da insoweit keine Notwendigkeit besteht, die Arbeiten nicht erst am nächsten Werktag zu erledigen.

§ 11 Ausgleich für Sonn- und Feiertagsbeschäftigung

(1) Mindestens 15 Sonntage im Jahr müssen beschäftigungsfrei bleiben.
(2) Für die Beschäftigung an Sonn- und Feiertagen gelten die §§ 3 bis 8 entsprechend, jedoch dürfen durch die Arbeitszeit an Sonn- und Feiertagen die in den §§ 3, 6 Abs. 2, §§ 7 und 21a Abs. 4 bestimmten Höchstarbeitszeiten und Ausgleichszeiträume nicht überschritten werden.
(3) ¹Werden Arbeitnehmer an einem Sonntag beschäftigt, müssen sie einen Ersatzruhetag haben, der innerhalb eines den Beschäftigungstag einschließenden Zeitraums von zwei Wochen zu gewähren ist. ²Werden Arbeitnehmer an einem auf einen Werktag fallenden Feiertag beschäftigt, müssen sie einen Ersatzruhetag haben, der innerhalb eines den Beschäftigungstag einschließenden Zeitraums von acht Wochen zu gewähren ist.
(4) Die Sonn- oder Feiertagsruhe des § 9 oder der Ersatzruhetag des Absatzes 3 ist den Arbeitnehmern unmittelbar in Verbindung mit einer Ruhezeit nach § 5 zu gewähren, soweit dem technische oder arbeitsorganisatorische Gründe nicht entgegenstehen.

Übersicht	Rdn.		Rdn.
A. Beschäftigungsfreie Sonntage	1	C. Ersatzruhetag	3
B. Höchstarbeitszeit	2	D. Ruhezeit – Zusammenhang	5

§ 12 ArbZG   Abweichende Regelungen

1 **A. Beschäftigungsfreie Sonntage.** Die 15 Sonntage sind die **Zahl der Sonntage**, die der einzelne AN garantiert freizuhaben hat, dh nicht zur Arbeit, auch nicht mit Rufbereitschaft oder Bereitschaftsdienst (§ 2 Rdn 5) herangezogen werden darf. Bezugszeitraum sind **12 Monate**, gerechnet ab der 1. Sonntagsarbeit des jeweiligen AN, nicht das Kalenderjahr. Die Mindestzahl freier Sonntage bezieht sich auf ihn und nicht etwa auf den Betrieb, der durchaus während des gesamten Jahres durchlaufen darf. Eine Mindestanzahl von beschäftigungsfreien Feiertagen sieht das G nicht vor.

2 **B. Höchstarbeitszeit.** Auch an Sonn- und Feiertagen gilt unverändert die **tägliche Höchstarbeitszeit** von 8 bzw 10 Stunden. Ausgenommen sind AN, die Offshore-Tätigkeiten ausüben, hier darf die Arbeitszeit auf bis zu 12 Stunden verlängert werden, § 3 Abs. 1 Offshore-ArbZV. Die **max Wochenarbeitszeit** darf an Land auch durch die Sonn- und Feiertagsarbeit im Durchschnitt 48 Stunden nicht überschreiten. Es kann also durchaus von Montag bis Sonntag jew 9 Stunden gearbeitet werden, wenn innerhalb des Ausgleichszeitraums die 48-Stunden-Grenze eingehalten wird. Der Ausgleichszeitraum wird durch die erlaubte Sonn- und Feiertagsarbeit nicht verändert. Ruhepausen (§ 4) und Ruhezeiten (§ 5) bleiben gänzlich unberührt und sind in gleichem Maße einzuhalten.

3 **C. Ersatzruhetag.** Als Ausgleich für den mit Arbeit (einschließlich Rufbereitschaft und Bereitschaftsdienst, § 1 Rdn 4) belegten **Sonntag** ist dem AN ein **Ersatzruhetag** zu gewähren. Dieser ist ein Tag ohne jede Arbeitspflicht, kann also jeder Werktag, bei einer 5-Tage-Woche auch der Samstag sein (str: hM wie hier, BAG 12.12.2001, EzA § 11 ArbZG Nr 1; aA *Buschmann/Ulber* § 11 Rn 6a). Ziel ist es, eine Überforderung des AN zu vermeiden, was aber nicht bedeutet, ihm einen zusätzlichen freien Tag einzuräumen, sondern nur, ihm einen **Ruhetag ersatzweise** zu gewähren. Eine bezahlte Freistellung an einem Beschäftigungstag kann nicht verlangt werden (LAG Schleswig-Holstein 08.05.2013, 3 Sa 201/12). Dieser kann sowohl vor als auch nach dem betreffenden Sonntag liegen, wenn der 2-Wochen-Zeitraum gewahrt wird, in dem der mit Arbeit belegte Sonntag eingeschlossen sein muss. Bei Offshore-AN beträgt der Zeitraum hiervon abweichend 3 Wochen, § 7 IV Offshore-ArbZV.
Die Vorschrift gibt keinen Anspruch auf Zahlung eines Zuschlags für die Arbeit an Sonn- und Feiertagen (BAG 11.01.2006, 5 AZR 97/05, JurionRS 2006, 10803).

4 Bei Arbeit an einem **Wochenfeiertag** ist der Ersatzruhetag in einem Zeitraum von 8 Wochen einzuräumen, der ebenfalls vor oder nach dem Feiertag liegen kann, den Feiertag aber einschließen muss.

5 **D. Ruhezeit – Zusammenhang.** Der Ersatzruhetag nach III ist im Zusammenhang mit der Ruhezeit nach § 5 zu gewähren, es sei denn, technische oder arbeitsorganisatorische Zwecke stehen dem entgegen. Damit wird sichergestellt, dass der AN in der Woche mind eine zusammenhängende **arbeitsfreie Zeit von 35 Stunden** hat, nämlich die Ruhezeit mit 11 Stunden und den Ruhetag mit 24 Stunden. Technische Gründe gegen eine zusammenhängende Ruhezeit mit Ruhetag können durch die Produktion selbst bedingt sein, wobei das G keinen weiteren Hinweis gibt. Mit den **organisatorischen Gründen** wird die übliche Verschiebung des Schichtendes am Freitag oder Samstag auf 22 Uhr und den Beginn am Montag um 6 Uhr gerechtfertigt, die die arbeitsfreie Zeit dann auf 32 Stunden reduziert.

§ 12 Abweichende Regelungen

[1]In einem Tarifvertrag oder auf Grund eines Tarifvertrags in einer Betriebs- oder Dienstvereinbarung kann zugelassen werden,
1. abweichend von § 11 Abs. 1 die Anzahl der beschäftigungsfreien Sonntage in den Einrichtungen des § 10 Abs. 1 Nr. 2, 3, 4 und 10 auf mindestens zehn Sonntage, im Rundfunk, in Theaterbetrieben, Orchestern sowie bei Schaustellungen auf mindestens acht Sonntage, in Filmtheatern und in der Tierhaltung auf mindestens sechs Sonntage im Jahr zu verringern,
2. abweichend von § 11 Abs. 3 den Wegfall von Ersatzruhetagen für auf Werktage fallende Feiertage zu vereinbaren oder Arbeitnehmer innerhalb eines festzulegenden Ausgleichszeitraums beschäftigungsfrei zu stellen,
3. abweichend von § 11 Abs. 1 bis 3 in der Seeschifffahrt die den Arbeitnehmern nach diesen Vorschriften zustehenden freien Tage zusammenhängend zu geben,
4. abweichend von § 11 Abs. 2 die Arbeitszeit in vollkontinuierlichen Schichtbetrieben an Sonn- und Feiertagen auf bis zu zwölf Stunden zu verlängern, wenn dadurch zusätzliche freie Schichten an Sonn- und Feiertagen erreicht werden.

[2]§ 7 Abs. 3 bis 6 findet Anwendung.

Die Voraussetzungen in S 1 entsprechen denen des § 7 Eingangssatz. Den Tarifparteien wird vom Gesetzgeber zugetraut, den Gesundheitsschutz ausreichend zu berücksichtigen. Die Einbeziehung betriebsratsloser oder nicht-tarifgebundener Unternehmen erfolgt nach S 2 identisch wie bei § 7 (s § 7 Rdn 19). 1

Die **Nr 1** normiert die Ausnahme von der Ausnahme und legt **Mindestzahlen** fest, die nicht unterschritten werden dürfen. Die Aufzählung ist **abschließend**. Sie darf nicht auf die anderen Betriebe und Bereiche etwa des § 10 I Nr 5 ausgedehnt werden oder der Rundfunk auf die Tagespresse iSd § 10 I Nr 8. Die Abweichung von den Regelungen des § 11 bezieht sich nicht auf die Dauer des Zeitraums, in dem der Ersatzruhetag zu gewähren ist. 2

Nr 2: Wochenfeiertage müssen nicht zwingend in Freizeit ersatzweise gewährt werden, wenn die Tarifparteien dies so regeln. Den Tarifparteien ist es auch erlaubt, den **Ausgleichszeitraum**, innerhalb dessen der Ersatzruhetag gewährt werden soll, von 8 Wochen zu verkürzen oder auch auf einen längeren Zeitraum auszuweiten. Eine Grenze für die Ausweitung enthält das G nicht. Die Tarifparteien werden regelmäßig den Ausgleichszeitraum nach dieser Norm dem entsprechen lassen, den sie nach § 7 eröffnen, also idR 12–24 Monate. Damit bleibt ein flexibles Arbeitszeitsystem konsistent. 3

Nr 3: Die Zahl der freien Tage darf bei der **Seeschifffahrt** nicht reduziert werden. Aus nachvollziehbaren Gründen kann für diesen Bereich unter den Voraussetzungen einer tariflichen Regelung die Freizeit am Stück gewährt werden. 4

Nr 4: Vollkontinuierliche Schichtbetriebe sind solche Betriebe, die 168 Stunden-Woche (24 Stunden × 7 Tage) Betriebsnutzungszeit haben. Diese werden durch die Regelung in IV in die Lage versetzt, an Sonn- und Feiertagen mit einer Schicht weniger auszukommen und damit den AN weniger in Anspruch zu nehmen. Voraussetzung ist, dass die AN, die die 12-Stunden-Schichten leisten, durch dieses System mehr freie Sonn- und Feiertage haben, als bei einem durchlaufenden 8-Stunden-Schicht-Modell. 5

§ 13 Ermächtigung, Anordnung, Bewilligung

(1) Die Bundesregierung kann durch Rechtsverordnung mit Zustimmung des Bundesrates zur Vermeidung erheblicher Schäden unter Berücksichtigung des Schutzes der Arbeitnehmer und der Sonn- und Feiertagsruhe
1. die Bereiche mit Sonn- und Feiertagsbeschäftigung nach § 10 sowie die dort zugelassenen Arbeiten näher bestimmen,
2. über die Ausnahmen nach § 10 hinaus weitere Ausnahmen abweichend von § 9
    a) für Betriebe, in denen die Beschäftigung von Arbeitnehmern an Sonn- oder Feiertagen zur Befriedigung täglicher oder an diesen Tagen besonders hervortretender Bedürfnisse der Bevölkerung erforderlich ist,
    b) für Betriebe, in denen Arbeiten vorkommen, deren Unterbrechung oder Aufschub
        ba) nach dem Stand der Technik ihrer Art nach nicht oder nur mit erheblichen Schwierigkeiten möglich ist,
        bb) besondere Gefahren für Leben oder Gesundheit der Arbeitnehmer zur Folge hätte,
        bc) zu erheblichen Belastungen der Umwelt oder der Energie- oder Wasserversorgung führen würde,
    c) aus Gründen des Gemeinwohls, insbesondere auch zur Sicherung der Beschäftigung,und die zum Schutz der Arbeitnehmer und der Sonn- und Feiertagsruhe notwendigen Bedingungen bestimmen.
(2) ¹Soweit die Bundesregierung von der Ermächtigung des Absatzes 1 Nr. 2 Buchst. a keinen Gebrauch gemacht hat, können die Landesregierungen durch Rechtsverordnung entsprechende Bestimmungen erlassen. ²Die Landesregierungen können diese Ermächtigung durch Rechtsverordnung auf oberste Landesbehörden übertragen.
(3) Die Aufsichtsbehörde kann
1. feststellen, ob eine Beschäftigung nach § 10 zulässig ist,
2. abweichend von § 9 bewilligen, Arbeitnehmer zu beschäftigen
    a) im Handelsgewerbe an bis zu zehn Sonn- und Feiertagen im Jahr, an denen besondere Verhältnisse einen erweiterten Geschäftsverkehr erforderlich machen,
    b) an bis zu fünf Sonn- und Feiertagen im Jahr, wenn besondere Verhältnisse zur Verhütung eines unverhältnismäßigen Schadens dies erfordern,
    c) an einem Sonntag im Jahr zur Durchführung einer gesetzlich vorgeschriebenen Inventur,
und Anordnungen über die Beschäftigungszeit unter Berücksichtigung der für den öffentlichen Gottesdienst bestimmten Zeit treffen.

(4) Die Aufsichtsbehörde soll abweichend von § 9 bewilligen, dass Arbeitnehmer an Sonn- und Feiertagen mit Arbeiten beschäftigt werden, die aus chemischen, biologischen, technischen oder physikalischen Gründen einen ununterbrochenen Fortgang auch an Sonn- und Feiertagen erfordern.
(5) Die Aufsichtsbehörde hat abweichend von § 9 die Beschäftigung von Arbeitnehmern an Sonn- und Feiertagen zu bewilligen, wenn bei einer weitgehenden Ausnutzung der gesetzlich zulässigen wöchentlichen Betriebszeiten und bei längeren Betriebszeiten im Ausland die Konkurrenzfähigkeit unzumutbar beeinträchtigt ist und durch die Genehmigung von Sonn- und Feiertagsarbeit die Beschäftigung gesichert werden kann.

Übersicht		Rdn.			Rdn.
A.	Verordnungsermächtigung	1	I.	Feststellungsbescheid	8
I.	Konkretisierung der Sonn- und Feiertagsbeschäftigung	2	II.	Bewilligungsbescheid	9
			D.	Ununterbrochener Fortgang	12
II.	Ausnahmenkatalog	3	E.	Beschäftigungssicherung und Konkurrenzfähigkeit	13
B.	Bedürfnisgewerbe	6			
C.	Befugnisse der Aufsichtsbehörde	7			

1 **A. Verordnungsermächtigung.** Die Ausnahmeregelungen zur Sonn- und Feiertagsruhe sind in § 10 nur generalklauselhaft gefasst. Damit diese **konkretisiert** werden können, zum Schutz vor Missbrauch und zur Sicherstellung eines einheitlichen Verwaltungshandelns, gibt es die **VO-Ermächtigung**. Von ihr darf nur dann Gebrauch gemacht werden, damit **erhebliche Schäden** vermieden werden. Der Schaden kann sowohl im Bereich der Gesundheit des AN als auch bei der Bevölkerung, in einer Umweltbelastung und beim AG drohen. Die Möglichkeit des Schadenseintritts genügt, soweit sie hinreichend wahrscheinlich ist. Die Landesregierungen sind nicht befugt, Ausnahmen zu den Bundesgesetzgeber vorbehaltenen wesentlichen Grundentscheidungen zu treffen (Hess Verwaltungsgerichtshof 12.09.2013, 8 C 1776/12.N).

2 **I. Konkretisierung der Sonn- und Feiertagsbeschäftigung.** Die RechtsVO kann innerhalb des Katalogs des § 10 I Nr 1–14 **nur** die darin aufgezählten Bereiche und die dort erlaubten Tätigkeiten konkretisieren, nicht aber den Katalog ausweiten oder eingrenzen.

3 **II. Ausnahmenkatalog.** Der Katalog des § 10 mit Ausnahmen zu § 9 kann erweitert werden. Für das **Bedürfnisgewerbe**: Ein tägliches Bedürfnis liegt nach dem BVerwG (14.11.1989, 1 C 29/88, DB 1990, 1244) vor, wenn Waren oder Dienstleistungen von einem **wesentlichen Teil der Bevölkerung** als täglich wichtig in Anspruch genommen und ihr Fehlen als Mangel empfunden werden würde. Darunter fallen zB das Bestattungsgewerbe, Parkhäuser, Lottogesellschaften, wissenschaftliche Präsenzbibliotheken, nicht aber öffentliche Bibliotheken, Videotheken oder unter Umständen auch Callcenter (BVerwG, 26.11.2014, 6 CN 1/13).

4 Die Arbeit von Betrieben, die das ganze Jahr hindurch arbeiten (Vollkontinuierliche Betriebe), dulden idR keinen Aufschub, (1.) auch weil es zwar technisch möglich sein könnte, die Produktion herunter zu fahren, dies aber **wirtschaftlich unzumutbar** ist. (2.) Leben und Gesundheit von AN könnten gefährdet sein, wenn durch die Unterbrechung der **Produktionsprozess unkontrollierbar** wird. (3.) **Umweltbelastungen** können entstehen beim Wiederanfahren der Produktion durch erhöhten Schadstoffausstoß. Eine Verpflichtung zur Sonn- und Feiertagsarbeit aus Gründen der Vermeidung solcher erhöhter Umweltbelastungen besteht jedoch nicht.

5 **Gemeinwohlgründe** können in der Existenzgefährdung von Betrieben oder auch in einer schwierigen globalen Wettbewerbssituation begründet sein. Der einzelne Betrieb hat jedoch keinen Anspruch auf Erlass einer ihn schützenden RechtsVO.

6 **B. Bedürfnisgewerbe.** Nur für das Bedürfnisgewerbe wird dem Landesverordnungsgeber die Befugnis eingeräumt, Bestimmungen zu erlassen. Damit sollen regionale Bedürfnisse Berücksichtigung finden können (Bsp für **BedürfnisgewerbeVO** bei KassArbR/*Meyer* Rn 747).

7 **C. Befugnisse der Aufsichtsbehörde.** Die Aufsichtsbehörde ist in § 17 geregelt. Deren Entsch betrifft stets den gesamten Betrieb und nicht nur den einzelnen AN.

8 **I. Feststellungsbescheid.** Um **Auslegungsschwierigkeiten** zu lösen, kann sie durch einen VA die Zulässigkeit der Sonn- und Feiertagsarbeit feststellen. Dem AG wird so das Fehleinschätzungsrisiko genommen. Er kann hierzu auch eine Verpflichtungsklage führen (str).

9 **II. Bewilligungsbescheid.** Unter dem **Handelsgewerbe** ist der Umsatz von Waren und von Geld zu sehen. Wenn bes Verhältnisse es dort erforderlich machen, **kann** sie, muss aber nicht, an bis zu 10 Tagen die

Arbeit bewilligen. Bes Verhältnisse sind etwa dann gegeben, wenn Kursschwankungen an int Börsen auch in Deutschland die Arbeit am Feiertag erfordern (OVG Münster 30.6.1980, 4 A 650/79, DB 1980, 2088). Hier fragt es sich allerdings, ob die Aufsichtsbehörde bei solchen unvorhersehbaren Ereignissen rechtzeitig eine Bewilligung erteilen kann.

Sonn- und Feiertage können zur Arbeit bewilligt werden, wenn ein **unverhältnismäßiger Schaden** verhütet werden soll. Aus der Bedingung des bes Verhältnisses folgt, dass es sich um ein **vorübergehendes Ereignis** handeln muss. Ansonsten wäre es nichts Bes, sondern der Normalfall. Gemeint sind Überschwemmungen, Brand, Krankheitsepidemien. Der zu verhütende Schaden, also jeder Vermögensnachteil des AG, muss unverhältnismäßig sein zu der Belastung der AN durch die Sonn- oder Feiertagsarbeit. Auch hier ist der Anwendungsbereich sehr begrenzt. 10

Die Durchführung der Inventur an **einem einzigen Sonntag** bedarf der expliziten Erlaubnis. Sie kann nicht zu diesem Zweck auf mehrere Sonntage oder einen Feiertag ausgedehnt werden. Sie wird nur dann erteilt, wenn die Inventur gesetzlich, zB in § 240 II HGB vorgeschrieben ist. Betriebliche Inventuren zur internen Bestandsfeststellung fallen hierunter nicht zwingend. 11

D. Ununterbrochener Fortgang. Die Gründe, die einen ununterbrochenen Fortgang erfordern sollen, sind allesamt betrieblicher und nicht menschlicher Natur. Str ist, ob die Vorschrift eng auszulegen ist (Kass-ArbR/*Schliemann* Rn 778; *Neumann/Biebl* § 13 Rn 20), oder, wie es der Wortlaut und der Gesetzeszweck nahe legen, weit (*Baeck/Deutsch* § 13 Rn 57; *Linnenkohl/Rauschenberg* § 13 Rn 37). Versteht man die Norm als **Option für die Zukunft**, so soll dem technisch Möglichen nicht die Ermessensentsch der Behörde entgegengehalten werden. Bei Vorliegen der Gründe muss die Ausnahmebewilligung erteilt werden. 12

E. Beschäftigungssicherung und Konkurrenzfähigkeit. Von wirklich erheblicher Bedeutung in der Praxis ist die ermessensspielraumfreie Bewilligung der Sonn- und Feiertagsarbeit zur Beschäftigungssicherung. Damit diese erteilt wird, müssen 5 Voraussetzungen erfüllt sein. Der gesetzlich mögliche Rahmen der **Betriebsnutzungszeit** von 144 Stunden (6 Werktage à 24 Stunden) muss **weitgehend ausgenutzt** sein. Die **ausländische (nicht inländische) Konkurrenz** darf mehr als 144 Stunden pro Woche arbeiten, wobei es auf die ggf tariflichen, jedenfalls aber die gesetzlichen Normen dort und nicht die tatsächlich gearbeitete Betriebsnutzungszeit ankommt. Der Konkurrenzbetrieb darf hierbei auch demselben Unternehmen angehören, was insb bei internationalen Konzernen zu sog benchmark-Vergleichen führt. Die **Wettbewerbsfähigkeit** muss beeinträchtigt sein, was dann der Fall ist, wenn dort länger gearbeitet werden darf. **Unzumutbar** ist die Beeinträchtigung dann, wenn der Betrieb dadurch auf Sicht gefährdet wird oder entscheidende Marktanteile verloren gehen. Schließlich muss durch die Genehmigung die **inländische Beschäftigung gesichert** werden, was allerdings schon und auch dann zu bejahen ist, wenn bestehende Arbeitsplätze gehalten werden, und freilich erst recht, wenn weitere Arbeitsplätze dadurch geschaffen werden (*Zmarzlik/Anzinger* § 13 Rn 135). Ausreichend ist, dass die Genehmigung geeignet ist, die Beschäftigung zu sichern. Einen Kausalitätsbeweis muss der AG nicht führen. 13

Die **persönliche Verpflichtung der AN**, an Sonn- und Feiertagen entspr der Ermächtigungen, Anordnung und Bewilligungen zu arbeiten, wird von der Genehmigung der Aufsichtsbehörde nicht berührt. Diese richtet sich ausschließlich nach deren individuellem Arbeitsvertrag oder ggf einer tarifvertraglichen Bestimmung. Soweit ein BR oder PersR existiert, ist dieser in Bezug auf die Beschäftigung der einzelnen AN zu beteiligen. Im Verfahren vor der Aufsichtsbehörde ist es jedoch keine Voraussetzung, dass eine entspr mitbestimmte BV oder Dienstvereinbarung über die Sonn- und Feiertagsarbeit vorgelegt wird. 14

§ 14 Außergewöhnliche Fälle

(1) **Von den §§ 3 bis 5, 6 Abs. 2, §§ 7, 9 bis 11 darf abgewichen werden bei vorübergehenden Arbeiten in Notfällen und in außergewöhnlichen Fällen, die unabhängig vom Willen der Betroffenen eintreten und deren Folgen nicht auf andere Weise zu beseitigen sind, besonders wenn Rohstoffe oder Lebensmittel zu verderben oder Arbeitsergebnisse zu misslingen drohen.**
(2) Von den §§ 3 bis 5, 6 Abs. 2, §§ 7, 11 Abs. 1 bis 3 und § 12 darf ferner abgewichen werden,
1. wenn eine verhältnismäßig geringe Zahl von Arbeitnehmern vorübergehend mit Arbeiten beschäftigt wird, deren Nichterledigung das Ergebnis der Arbeiten gefährden oder einen unverhältnismäßigen Schaden zur Folge haben würden,
2. bei Forschung und Lehre, bei unaufschiebbaren Vor- und Abschlussarbeiten sowie bei unaufschiebbaren Arbeiten zur Behandlung, Pflege und Betreuung von Personen oder zur Behandlung und Pflege von Tieren an einzelnen Tagen,

wenn dem Arbeitgeber andere Vorkehrungen nicht zugemutet werden können.

§ 14 ArbZG Außergewöhnliche Fälle

(3) Wird von den Befugnissen nach Absatz 1 oder 2 Gebrauch gemacht, darf die Arbeitszeit 48 Stunden wöchentlich im Durchschnitt von sechs Kalendermonaten oder 24 Wochen nicht überschreiten.

Übersicht	Rdn.			Rdn.
A. Notfälle.............................	1	II.	Forschung und Lehre	7
B. Abweichungen......................	5	C.	Maximale Wochenarbeitszeit	9
I. Geringe Zahl von Arbeitnehmern........	6			

1 **A. Notfälle.** Notfälle und außergewöhnliche Fälle berechtigen den **AG**, über die gesetzlichen Grenzen der in I aufgezählten Vorschriften zu disponieren. Er selbst **entscheidet**, ob die Voraussetzungen gegeben sind. Liegen diese nicht vor, so drohen Bußgelder oder Strafverfahren.

2 Ein **Notfall** liegt vor, wenn es sich um ein ungewöhnliches, nicht vorhersehbares und vom Willen des Betroffenen unabhängiges Ereignis handelt, das die Gefahr eines unverhältnismäßigen Schadens mit sich bringt (OLG HH 24.10.1962, 1 Ss 90/62, AP BäckArbZG § 8 Nr 1). Die Mehrarbeit in diesen Fällen unterfällt nicht der Mitbestimmung nach § 87 I Nr 2 BetrVG, weil schon aus Zeitgründen hier nicht erst der BR oder PersR gerufen und gehört werden kann.

3 **Außergewöhnliche Fälle** sind keine solchen Notfälle, gleichwohl aber ungewöhnliche Ereignisse, die vom AG nicht vorhersehbar sind und unabhängig von seinem Willen eintreten, also auch nicht von ihm vorwerfbar verursacht worden sind. Hier ist weitere Voraussetzung für das Vorliegen der Ausnahme kraft G, dass die Folgen nicht auf andere Weise zu beseitigen sind. Das ist dann anzunehmen, wenn einer der im G genannten Beispielsfälle gegeben ist, oder auch, wenn beim Kunden des AG eine Maschine steht, die betriebswesentlich ist und die nur durch eine sofortige Reparatur wieder zum Einsatz gelangen kann. Solche Eilfälle unterliegen der Mitbestimmung des BR, die aber ggf nachgeholt werden kann, wenn der AG zur Folgenbeseitigung gehandelt hat und der BR oder PersR zuvor keinen Beschl fassen konnte (BAG 19.2.1991, 1 ABR 31/90, EzA § 87 BetrVG 1972 Arbeitszeit Nr 46).

4 Erlaubt sind nur **vorübergehende Arbeiten**, also die, die erforderlich sind, um den Schaden abzuwenden bzw die Folgen zu beseitigen. Wie viele AN hierzu erforderlich sind, und ob diese Stunden oder Tage dazu benötigen, ist Frage des Einzelfalls.

5 **B. Abweichungen.** Dem AG können keine anderen Vorkehrungen zugemutet werden, wenn bei **wirtschaftlicher Betrachtung** der Aufwand für die anderen Vorkehrungen in keinem vernünftigen Verhältnis zu den Belastungen steht, der den betroffenen AN aus der abw Arbeitszeit erwächst.

6 **I. Geringe Zahl von Arbeitnehmern.** Im Fall der **vorübergehenden Mehrarbeit** der Nr 1 darf nur eine verhältnismäßig geringe Mitarbeiterzahl beschäftigt werden. Gering ist die Mitarbeiterzahl entweder, wenn absolut die Zahl klein ist, also bei einem Handwerksbetrieb auch dann, wenn von 10 Mitarbeitern 8 mehr arbeiten, oder auch wenn bei einem größeren Betrieb im Verhältnis eine kleine Zahl betroffen ist. Die Arbeiten dürfen nur **vorübergehend** sein, was nicht bedeutet, dass sie nicht vorhersehbar sein dürfen. Das Erg der bereits begonnenen Arbeit ist gefährdet, wenn deren Zweck dann nicht mehr erreicht werden könnte, wenn die Arbeit nicht am selben Tag beendet werden würde, bspw die Herstellung von Bauteilen aus glasfaserverstärkten Kunststoffen. Der Schaden ist **unverhältnismäßig**, wenn der beim AG entstehende Vermögensschaden, der auch in entgangenem Gewinn bestehen kann, in keinem Verhältnis zur möglichen Einbuße beim Gesundheitsschutz des AN steht. Wenn etwa durch eine Nacharbeit von 30 Minuten eine erneute Anfahrt mit deren Kosten vermieden werden kann, ist jedenfalls die Ausnahme nach Nr 1 gegeben.

7 **II. Forschung und Lehre.** Forschung und Lehre haben das Ziel neuer **Erkenntnisgewinnung**. Diese lässt sich nicht auf einen festen Zeitraum am Tag beschränken, weshalb das Zuendebringen eines Gedankens erlaubt ist. **Unaufschiebbare** Vor- und Abschlussarbeiten sind die Maschineninstandhaltung oder Pflege, die während des laufenden Betriebes nicht möglich ist. Die bloße Reinigung der Anlagen oder das Beseitigen von Bearbeitungsabfällen sind dagegen nicht unaufschiebbar, sondern können während der Arbeitszeit erledigt werden. Die Arbeiten müssen nicht zwingend im Betrieb des eigenen AG erfolgen; denkbar sind auch Arbeitszeitüberschreitungen, weil der Service-Monteur beim Kunden die Anlage erst dann warten kann, wenn der dortige Bediener seine Arbeit abgeschlossen hat. Auch das Zuendebedienen von Kunden unterfällt dieser Ausnahme, ohne dass das G eine zeitliche Grenze hierfür aufgestellt hat.

8 Die Behandlung und Betreuung von **Personen und Tieren** ist unaufschiebbar, wenn sie erforderlich ist, um Gesundheitsstörungen oder vermeidbare Belastungen zu vermeiden. Die Überschreitung der Arbeitszeit darf aber immer nur an **einzelnen Tagen** und damit nicht über längere Zeiträume erfolgen.

C. **Maximale Wochenarbeitszeit.** Auch bei vorübergehender Mehrarbeit iSd § 14 darf die **Wochenarbeits-** 9
zeit 48 Stunden nicht überschreiten. Der Ausgleichszeitraum ist hier auf 6 Monate/24 Wochen begrenzt und nicht von der Verlängerungsoption des § 7 umfasst. Dieser stellt nämlich nur auf den Ausgleichszeitraum in § 3 S 2 ab, nicht dagegen auf den des § 14 III.

§ 15 Bewilligung, Ermächtigung
(1) Die Aufsichtsbehörde kann
1. eine von den §§ 3, 6 Abs. 2 und § 11 Abs. 2 abweichende längere tägliche Arbeitszeit bewilligen
   a) für kontinuierliche Schichtbetriebe zur Erreichung zusätzlicher Freischichten,
   b) für Bau- und Montagestellen,
2. eine von den §§ 3, 6 Abs. 2 und § 11 Abs. 2 abweichende längere tägliche Arbeitszeit für Saison- und Kampagnebetriebe für die Zeit der Saison oder Kampagne bewilligen, wenn die Verlängerung der Arbeitszeit über acht Stunden werktäglich durch eine entsprechende Verkürzung der Arbeitszeit zu anderen Zeiten ausgeglichen wird,
3. eine von den §§ 5 und 11 Abs. 2 abweichende Dauer und Lage der Ruhezeit bei Arbeitsbereitschaft, Bereitschaftsdienst und Rufbereitschaft den Besonderheiten dieser Inanspruchnahmen im öffentlichen Dienst entsprechend bewilligen,
4. eine von den §§ 5 und 11 Abs. 2 abweichende Ruhezeit zur Herbeiführung eines regelmäßigen wöchentlichen Schichtwechsels zweimal innerhalb eines Zeitraums von drei Wochen bewilligen.

(2) Die Aufsichtsbehörde kann über die in diesem Gesetz vorgesehenen Ausnahmen hinaus weitergehende Ausnahmen zulassen, soweit sie im öffentlichen Interesse dringend nötig werden.

(2a) Die Bundesregierung kann durch Rechtsverordnung mit Zustimmung des Bundesrates:
1. Ausnahmen von den §§ 3, 4, 5 und 6 Absatz 2 sowie von den §§ 9 und 11 für Arbeitnehmer, die besondere Tätigkeiten zur Errichtung, zur Änderung oder zum Betrieb von Bauwerken, künstlichen Inseln oder sonstigen Anlagen auf See (Off-shore-Tätigkeiten) durchführen, zulassen und
2. die zum Schutz der in Nummer 1 genannten Arbeitnehmer sowie der Sonn- und Feiertagsruhe notwendigen Bedingungen bestimmen.

(3) Das Bundesministerium der Verteidigung kann in seinem Geschäftsbereich durch Rechtsverordnung mit Zustimmung des Bundesministeriums für Arbeit und Soziales aus zwingenden Gründen der Verteidigung Arbeitnehmer verpflichten, über die in diesem Gesetz und in den auf Grund dieses Gesetzes erlassenen Rechtsverordnungen und Tarifverträgen festgelegten Arbeitszeitgrenzen und -beschränkungen hinaus Arbeit zu leisten.

(4) Werden Ausnahmen nach Absatz 1 oder 2 zugelassen, darf die Arbeitszeit 48 Stunden wöchentlich im Durchschnitt von sechs Kalendermonaten oder 24 Wochen nicht überschreiten.

Übersicht	Rdn.			Rdn.
A. Ausnahmebewilligung	1	B.	Ausnahmen im öffentlichen Interesse	8
I. Tägliche Höchstarbeitszeit	1	C.	Offshore-Tätigkeiten	9
II. Saisonbetriebe	3	D.	Verteidigungsfall	10
III. Öffentlicher Dienst	6	E.	Maximaler Ausgleichszeitraum	11
IV. Abweichende Ruhezeit	7			

A. Ausnahmebewilligung. I. Tägliche Höchstarbeitszeit. Die Aufsichtsbehörde kann die tägliche 1
Höchstarbeitszeit (grenzenlos) verlängern, wenn dadurch zusätzliche **Freischichten** erreicht werden, der Mitarbeiter also mehr freie Tage hat, als ohne das Schichtmodell mit verlängerter Tagesarbeitszeit.
Bei **Bau- und Montagestellen** liegt der Grund für die mögliche Ermächtigung ganz im Interesse der betrof- 2
fenen AN. Diese werden eher den Wunsch haben, nach einem auswärtigen Montage- oder Baueinsatz einige Tage zum Zeitausgleich ansammeln zu können und dann zusammenhängend zu nehmen.

II. Saisonbetriebe. Ein **Saisonbetrieb** ist ein Betrieb, der neben der regelmäßigen Auslastung während des 3
restlichen Jahres innerhalb der Saison einen außergewöhnlichen zusätzlichen Arbeitsbedarf hat. Hierunter fallen die Spargelbauern und Winzer mit Reben, aber auch die Hersteller von Lebkuchen oder Saisonkleidung sowie Reifenhändler.
Kampagnebetriebe sind der Natur nach auf bestimmte Jahreszeiten beschränkt und arbeiten ansonsten 4
während des restlichen Jahres gar nicht, wie zB ein Zuckerrübenbetrieb.
Die tägliche Arbeitszeit darf nur dann (unbeschränkt) verlängert werden, wenn im Ausgleichszeitraum 5
durchschnittlich 8 Stunden werktäglich erreicht werden. Wegen der Unfallgefahren soll jedoch eine max

§ 16 ArbZG   Aushang und Arbeitszeitnachweise

tägliche Arbeitszeit von 12 Stunden nicht überschritten werden (*Zmarzlik/Anzinger* § 15 Rn 15). Der BR ist zu beteiligen, wobei der betriebsverfassungsbezogene Organisationsgrad in solchen Betrieben eher gering ist.

6   **III. Öffentlicher Dienst.**   Nur im **öffentl Dienst** können Dauer und Lage der Ruhezeit bei den genannten Arbeitszeitformen abweichend geregelt werden. Die Vorschrift ist abschließend. Öffentl Dienst ist die Verwaltung des Bundes und der Länder, der Gemeinden und Anstalten des öffentl Rechts. Ermöglicht wird durch diese Vorschrift zB der ggf ununterbrochene Einsatz von Winterdienstfahrzeugen.

7   **IV. Abweichende Ruhezeit.**   Die **Ruhezeit** darf abw geregelt werden, was deren Verkürzung bedeuten kann, nicht aber deren Lage nach und vor der Arbeitsschicht. Diese Abweichung ist nur statthaft, wenn dadurch ein 2-maliger regelmäßiger Schichtwechsel im Zeitraum von 3 Wochen herbeigeführt wird. Die **Mitbestimmungsrechte** des BR werden durch diese Vorschrift nicht beschränkt. Der AG hat ihn stets bei der Aufstellung von Schichtmodellen (nicht Schichtplänen) nach § 87 I Nr 2 BetrVG zu beteiligen.

8   **B. Ausnahmen im öffentlichen Interesse.**   Wenn es im öffentl Interesse, also im **Interesse der Allgemeinheit**, dringend geboten ist, kann die Aufsichtsbehörde noch weiter gehendere Ausnahmen zulassen. Das wird dann der Fall sein, wenn die Versorgung der Bevölkerung mit Energie sichergestellt werden muss und dies nicht innerhalb der gesetzlichen Arbeitszeitgrenzen abgeschlossen werden kann. Die Vorschrift gibt dem AG lediglich einen Anspruch auf eine Entsch, nicht auf eine Bewilligung.

9   **C. Offshore-Tätigkeiten.**   Der Bundesgesetzgeber hat die Verordnungsermächtigung des IIa mit dem Erlass der Offshore-ArbZV ausgeübt (§ 1 Rdn 6). Die Verordnung passt insbesondere die Arbeitszeiten für AN und Besatzungsmitglieder bei Offshore-Tätigkeiten den besonderen Bedingungen dieses Umfeldes an.

10   **D. Verteidigungsfall.**   Im **Verteidigungsfall** dürfen die Zivilbeschäftigten der Bundeswehr durch RechtsVO des Verteidigungsministers zur Mehrarbeit **gezwungen** werden. Beteiligungsrechte der Personalvertretung nach § 75 BPersVG bestehen insoweit nicht mehr.

11   **E. Maximaler Ausgleichszeitraum.**   Der **Ausgleichszeitraum** für Abweichungen nach den I und II bleibt ggü § 3 unverändert und darf auch nicht durch die Aufsichtsbehörde verändert werden. Auch die nach § 7 gegebene Verlängerungsmöglichkeit greift hier nicht ein, denn § 15 ist dort nicht aufgezählt.

§ 16 Aushang und Arbeitszeitnachweise

(1) Der Arbeitgeber ist verpflichtet, einen Abdruck dieses Gesetzes, der auf Grund dieses Gesetzes erlassenen, für den Betrieb geltenden Rechtsverordnungen und der für den Betrieb geltenden Tarifverträge und Betriebs- oder Dienstvereinbarungen im Sinne des § 7 Abs. 1 bis 3, §§ 12 und 21a Abs. 6 an geeigneter Stelle im Betrieb zur Einsichtnahme auszulegen oder auszuhängen.
(2) ¹Der Arbeitgeber ist verpflichtet, die über die werktägliche Arbeitszeit des § 3 Satz 1 hinausgehende Arbeitszeit der Arbeitnehmer aufzuzeichnen und ein Verzeichnis der Arbeitnehmer zu führen, die in eine Verlängerung der Arbeitszeit gemäß § 7 Abs. 7 eingewilligt haben. ²Die Nachweise sind mindestens zwei Jahre aufzubewahren.

Übersicht
	Rdn.		Rdn.
A. Auslege- und Aushangpflicht	1	B. Aufzeichnungspflicht	2

1   **A. Auslege- und Aushangpflicht.**   Die AN sollen Gelegenheit erhalten, die für sie geltenden Bestimmungen zur Kenntnis zu nehmen. Diese Auslege- oder **Aushangpflicht** folgt aus der Fürsorgepflicht des AG. Es genügt 1 Exemplar an **geeigneter Stelle** des Betriebes, bei Zweig- und Nebenbetrieben wohl dort zusätzlich. Geeignete Stelle ist regelmäßig das Schwarze Brett, aber auch im Aufenthaltsraum. Die hM nimmt an, das Personalbüro sei hierfür nicht geeignet, weil der AN sich bei der Lektüre vom AG beaufsichtigt fühlen könnte. Dem ist nicht zuzustimmen, denn die bloße Einsichtnahme in geltende Bestimmungen ist nichts, weswegen sich der AN irgendwelcher Repressalien ausgesetzt fühlen kann. Nicht erforderlich ist eine Übersetzung des G, der BV und TV in die jeweilige Sprache der Mitarbeiter (ErfK/*Wank* § 16 Rn 2).

2   **B. Aufzeichnungspflicht.**   Die **Aufzeichnungspflicht** des II betrifft ausschließlich die Zeiten, die über 8 Stunden pro Werktag hinausgehen (LAG Rheinland-Pfalz 05.06.2013, 8 Sa 571/12). Sie dient dazu, der Aufsichtsbehörde die Kontrolle zu ermöglichen, ob die Überzeiten innerhalb der jew zu beachtenden

Ausgleichszeiträume ausgeglichen werden. Weil Sonn- und Feiertage keine Werktage sind, müssen stets sämtliche Arbeitszeiten an diesen Tagen aufgezeichnet werden.

Abweichend hiervon sind nach § 8 Offshore-ArbZV die gesamte Arbeitszeit sowie der Ausgleich der Mehrarbeit über 8 Stunden und die Ersatzruhetage für die Sonn- und Feiertagsbeschäftigung täglich vom AG aufzuzeichnen. 3

Die **Art der Aufzeichnung** bleibt dem AG überlassen. Er kann dies durch eine elektronische Zeiterfassung ebenso vornehmen lassen, wie durch eine mechanische Stempeluhr, Stundenzettel oder Selbstaufschriebe der Mitarbeiter. Dies ist regelmäßig bei externen Einsätzen der Fall. Dagegen kann der AG nicht vom AN verlangen, dass er sämtliche Arbeitszeiten nebst Pausen aufzeichnet. Dies wäre nach dem Direktionsrecht des AG nur dann zulässig, wenn die zugehörige Weisung billigem Ermessen entsprechen würde (LAG Rheinland-Pfalz 05.06.2013, 8 Sa 571/12). 4

Aus der Aufzeichnungspflicht, die gesondert nach § 22 I Nr 9 bußgeldbewehrt ist, folgt die Verpflichtung des AN, **Nebentätigkeiten** neben seinem Anstellungsverhältnis dem AG mitzuteilen. Nur dann, wenn der AG von der Nebentätigkeit und deren Umfang Kenntnis hat, kann er feststellen, ob ihn eine Aufzeichnungspflicht bezüglich der Arbeitszeit des AN in seinem Hauptarbeitsverhältnis trifft. Der AG muss sich hins der Erfüllung seiner Verpflichtungen jedoch nicht in die Hand des AN begeben und hat deshalb einen Anspruch gegen den AN auf wahrheitsgem und zeitnahe Mitteilung über dessen weitere nicht-selbstständige Beschäftigungen. 5

Über die AN, die eine Vereinbarung über verlängerte Arbeitszeiten, die über 8 Stunden pro Werktag hinausgehen, getroffen haben, hat der AG ein **Verzeichnis** aufzustellen. Die Mitarbeiter, die ihre schriftlich erklärte Bereitschaft zu einer solchen längeren Arbeitszeit widerrufen haben, bleiben jedenfalls bis zum Ablauf der vorgeschriebenen Nachweisdauer im Verzeichnis aufgeführt, wobei durch einen Zusatz auf den erklärten Widerruf hinzuweisen ist. 6

Der AG muss die Nachweise **2 Jahre**, gerechnet ab Beginn der Mehrarbeit nach § 187 I BGB aufbewahren. 7

§ 17 Aufsichtsbehörde

(1) Die Einhaltung dieses Gesetzes und der auf Grund dieses Gesetzes erlassenen Rechtsverordnungen wird von den nach Landesrecht zuständigen Behörden (Aufsichtsbehörden) überwacht.
(2) Die Aufsichtsbehörde kann die erforderlichen Maßnahmen anordnen, die der Arbeitgeber zur Erfüllung der sich aus diesem Gesetz und den auf Grund dieses Gesetzes erlassenen Rechtsverordnungen ergebenden Pflichten zu treffen hat.
(3) Für den öffentlichen Dienst des Bundes sowie für die bundesunmittelbaren Körperschaften, Anstalten und Stiftungen des öffentlichen Rechts werden die Aufgaben und Befugnisse der Aufsichtsbehörde vom zuständigen Bundesministerium oder den von ihm bestimmten Stellen wahrgenommen; das Gleiche gilt für die Befugnisse nach § 15 Abs. 1 und 2.
(4) ¹Die Aufsichtsbehörde kann vom Arbeitgeber die für die Durchführung dieses Gesetzes und der auf Grund dieses Gesetzes erlassenen Rechtsverordnungen erforderlichen Auskünfte verlangen. ²Sie kann ferner vom Arbeitgeber verlangen, die Arbeitszeitnachweise und Tarifverträge oder Betriebs- oder Dienstvereinbarungen im Sinne des § 7 Abs. 1 bis 3, §§ 12 und 21a Abs. 6 vorzulegen oder zur Einsicht einzusenden.
(5) ¹Die Beauftragten der Aufsichtsbehörde sind berechtigt, die Arbeitsstätten während der Betriebs- und Arbeitszeit zu betreten und zu besichtigen; außerhalb dieser Zeit oder wenn sich die Arbeitsstätten in einer Wohnung befinden, dürfen sie ohne Einverständnis des Inhabers nur zur Verhütung von dringenden Gefahren für die öffentliche Sicherheit und Ordnung betreten und besichtigt werden. ²Der Arbeitgeber hat das Betreten und Besichtigen der Arbeitsstätten zu gestatten. ³Das Grundrecht der Unverletzlichkeit der Wohnung (Artikel 13 des Grundgesetzes) wird insoweit eingeschränkt.
(6) Der zur Auskunft Verpflichtete kann die Auskunft auf solche Fragen verweigern, deren Beantwortung ihn selbst oder einen der in § 383 Abs. 1 Nr. 1 bis 3 der Zivilprozessordnung bezeichneten Angehörigen der Gefahr strafgerichtlicher Verfolgung oder eines Verfahrens nach dem Gesetz über Ordnungswidrigkeiten aussetzen würde.

Übersicht	Rdn.		Rdn.
A. Aufsichtsbehörde	1	E. Betretungsrecht	5
B. Anordnungsbefugnis	2	F. Auskunftsverweigerungsrecht des	
C. Öffentlicher Dienst	3	Arbeitgebers	8
D. Auskunftsanspruch................	4		

§ 18 ArbZG Nichtanwendung des Gesetzes

1 **A. Aufsichtsbehörde.** Für die private Wirtschaft sind idR die **Gewerbeaufsichtsämter** oder die **Ämter für Arbeitsschutz** die Aufsichtsbehörden. Dies bestimmt sich nach dem jeweiligen Landesrecht. Örtlich zuständig ist das Amt, in dessen Bezirk die jeweilige Betriebsstätte liegt. Es überwacht die Einhaltung des G und der dazu gehörigen VO des Landes.

2 **B. Anordnungsbefugnis.** Wenn die Aufsichtsbehörde die erforderlichen Maßnahmen ggü dem AG anordnet, erfolgt dies durch **VA**. Hierzu kann zB die Anordnung gehören, nicht nur die übersteigenden Zeiten nach § 16 II aufzuzeichnen, sondern auch die Pausen und Ruhezeiten (VG Augsburg 18.04.2013, Au 5 K 11.783). Dies ist jedenfalls dann nicht unverhältnismäßig, wenn zuvor erheblich gegen die Vorschriften des Gesetzes verstoßen worden war. Gleiches gilt hinsichtlich einer Aufzeichnungspflicht bzgl sämtlicher Arbeitszeiten der AN (VG Augsburg 27.05.2013, Au 5 K 12.665). Auch ein solcher VA kann beim VG überprüft werden. Zur Durchsetzung der Anordnungen kann die Aufsichtsbehörde die nach den Landesverwaltungsverfahrensgesetzen vorgesehenen **Zwangsmittel** einsetzen, also Ersatzvornahme, Zwangsgeld oder unmittelbaren Zwang.

3 **C. Öffentlicher Dienst.** Für den Bereich des öffentl Dienstes und der in III genannten Einrichtungen ist die Aufsichtsbehörde das zuständige **Bundesministerium**. Es hat die Befugnisse nach II.

4 **D. Auskunftsanspruch.** Der AG hat nach S 1 ggü der Aufsichtsbehörde eine **Auskunftspflicht**, damit diese die Einhaltung des G überprüfen kann. Diese kann nach S 2 **formlos** die Herausgabe der genannten Nachweise verlangen, worunter die Aufzeichnungen nach § 16 II (Rdn 2, 4) fallen. Die Vorlage der BV oder Dienstvereinbarungen kann nur durch den AG erfolgen, die TV könnte die Aufsichtsbehörde auch beim Tarifregister einsehen. Aus Vereinfachungsgründen hat die Behörde Anspruch auf unmittelbare Vorlage oder Übersendung zur Einsicht gegen den AG.

5 **E. Betretungsrecht.** Das Betretungs- und Besichtigungsrecht ist zeitlich nicht eingeschränkt. Die Behörde darf deshalb **jederzeit**, also insb zur Nachtzeit und an Sonn- und Feiertagen den Betrieb aufsuchen, um die Einhaltung des G zu überwachen. Ein konkreter Verdacht für einen Verstoß ist hierzu nicht erforderlich. Auch eine vorherige Anmeldung wird nicht verlangt; vielmehr ist diese wenig zweckmäßig, denn ansonsten könnten bestehende Missstände zur Vermeidung von Aufsichtsmaßnahmen zeitweise abgestellt werden, ohne diese gänzlich aufzulösen.

6 Außerhalb der Betriebs- oder Arbeitszeiten bedarf die Aufsichtsbehörde der **Erlaubnis des Betriebsinhabers** zum Betreten und Besichtigen. Diese **muss** vom Betriebsinhaber erteilt werden, S 2. Sie ist nur dann entbehrlich, wenn Gefahr im Verzug ist. Gleiches gilt, wenn die Arbeitsstätte in einer Wohnung liegt, was wenig häufig der Fall sein dürfte. Der S 3 kommentiert das G in sich und ist überflüssig.

7 Kommt es zu einem Besuch der Aufsichtsbehörde, so ist in einem mitbestimmten Betrieb der **BR** hinzuziehen, § 89 II BetrVG. Dieser ist sogar berechtigt, solche Kontrollen anzuregen (BAG 6.12.1983, 1 AZR 43/81, EzA § 87 BetrVG 1972 Bildschirmarbeitsplatz Nr 1). Häufig nutzen BR diese Möglichkeit zur Reduktion ungewollter Mehrarbeit, indem sie der Aufsichtsbehörde Überschreitungen der täglichen Höchstarbeitszeit melden. Bieten sie ein Unterlassen einer solchen Meldung im Gegenzug zu anderen Leistungen, wie etwa höheren Zuschlägen für Mehrarbeit an, so ist dies zwar nicht unüblich, aber rechtsmissbräuchlich.

8 **F. Auskunftsverweigerungsrecht des Arbeitgebers.** Dieses betrifft nur die Auskünfte nach IV 1. Die Herausgabe der in S 2 genannten Unterlagen und Nachweise kann er nicht unter Berufung auf das Auskunftsverweigerungsrecht verwehren.

§ 18 Nichtanwendung des Gesetzes
(1) Dieses Gesetz ist nicht anzuwenden auf
1. leitende Angestellte im Sinne des § 5 Abs. 3 des Betriebsverfassungsgesetzes sowie Chefärzte,
2. Leiter von öffentlichen Dienststellen und deren Vertreter sowie Arbeitnehmer im öffentlichen Dienst, die zu selbständigen Entscheidungen in Personalangelegenheiten befugt sind,
3. Arbeitnehmer, die in häuslicher Gemeinschaft mit den ihnen anvertrauten Personen zusammenleben und sie eigenverantwortlich erziehen, pflegen oder betreuen,
4. den liturgischen Bereich der Kirchen und der Religionsgemeinschaften.

(2) Für die Beschäftigung von Personen unter 18 Jahren gilt anstelle dieses Gesetzes das Jugendarbeitsschutzgesetz.

(3) Für die Beschäftigung von Arbeitnehmern als Besatzungsmitgliedern auf Kauffahrteischiffen im Sinne des § 3 des Seemannsgesetzes gilt anstelle dieses Gesetzes das Seearbeitsgesetz.

(4) (weggefallen)

Übersicht	Rdn.			Rdn.
A. Anwendungsausschluss	1	IV.	Kirchen	6
I. Leitende Angestellte	2	B.	Minderjährige	7
II. Öffentlicher Dienst	4	C.	Schifffahrt	8
III. Häusliche Gemeinschaft	5			

A. Anwendungsausschluss. Für die hier aufgezählten Personengruppen ist gemein, dass deren Arbeitszeit 1 wegen der bes Merkmale der ausgeübten Tätigkeit nicht gemessen oder nicht im Voraus festgelegt werden kann (Art 17 I EG-Arbeitszeit-RL v 23.11.1993). Für sie gelten die Grenzen des ArbZG nicht. Wohl aber darf kein AG vom AN ein Arbeitsvolumen verlangen, welches unzumutbar ist (BAG 24.2.1982, 4 AZR 223/80, AP BAT § 17 Nr 7).

I. Leitende Angestellte. Für die **leitenden Angestellten** enthält § 5 III BetrVG eine Legaldefinition. Auf 2 die dortige Kommentierung (s § 5 BetrVG Rdn 13 ff) wird verwiesen. Bloße Titularprokuristen, die über eine unbedeutende Prokura verfügen, sind keine leitenden Angestellten (BAG 11.1.1995, 7 ABR 33/94, EzA § 5 BetrVG 1972 Nr 58). Maßgeblich kommt es auf deren Entscheidungsbefugnisse und -freiheit an. Im Zweifel gibt § 5 IV BetrVG eine Auslegungsregel vor.
Chefärzte sind ärztliche Leiter eines Krankenhauses oder einer Krankenhausabteilung, die Vorgesetzte 3 des ärztlichen und nichtärztlichen Personals sind. Oberärzte zählen hierzu nicht (ErfK/*Wank* § 18 Rn 3). Chefärzte sind (erst) dann als leitende Angestellte zu qualifizieren, wenn sie nach dem Arbeitsvertrag und der tatsächlichen Stellung in der Klinik der Leitungs- und Führungsebene zuzurechnen sind und unternehmens- oder betriebsleitende Entsch entweder selbst treffen, oder maßgeblich vorbereiten (BAG 5.5.2010, 7 ABR 97/08).

II. Öffentlicher Dienst. Die Nr 2 betrifft die leitenden Angestellten im öffentl Dienst nach den 4 §§ 7, 14 III BPersVG, die ebenso wie die leitenden Angestellten nach § 5 IV BetrVG nicht in die Personalvertretung gewählt werden dürfen.

III. Häusliche Gemeinschaft. Bei AN, die in **häuslicher Gemeinschaft** mit den anvertrauten Personen 5 leben, ist die Unterscheidung zwischen Arbeitszeit und Freizeit häufig nicht klar abzugrenzen. Es muss sich nicht um den Haushalt des Betreuten und auch nicht um den Haushalt des Betreuers handeln. Maßgeblich ist das Zusammenleben, -wohnen und -wirtschaften. Weil das gemeinsame Leben im Vordergrund steht, ist die gesundheitliche Belastung der Arbeit, die zugleich Leben ist, nicht so gravierend, dass des Schutzes des ArbZG bedarf. Erzieherinnen und Erzieher wohnen während der Rund-um-die-Uhr-Betreuung von Kindern und Jugendlichen nicht in der Wohngruppe, sondern arbeiten dort ausschließlich, denn auch in Zeiten mit geringerer Belastungsintensität befinden sie sich in Arbeitsbereitschaft oder im Bereitschaftsdienst (VG berlin, 24.03.2015, 14 K 184/14).

IV. Kirchen. Der **liturgische Bereich** der Kirchen und der Religionsgemeinschaften ist aus dem Anwen- 6 dungsbereich des G genommen worden, weil die ungestörte Religionsausübung, die nach Art 4 II GG geschützt ist, gewährleistet werden soll. Deshalb dürfen Orgelspieler in der Kirche ohne Beachtung der Arbeitszeitgrenzen eingesetzt werden.

B. Minderjährige. In Bezug auf die Arbeitszeit enthält das **Jugendarbeitsschutzgesetz** Grenzen: Die täg- 7 liche Arbeitszeit darf nach dessen § 8 8 Stunden, die Wochenarbeitszeit 40 Stunden nicht übersteigen; es gilt die 5-Tage-Woche, § 15 JArbSchG. § 12 JArbSchG enthält eine Begrenzung der Schichtzeiten auf 10 Stunden. Für Pausen und Ruhezeiten sind die Grenzen nach den §§ 11, 13 JArbSchG enger. Nachtarbeit, Samstags-, Sonn- und Feiertagsarbeit sind fast ausnahmslos verboten, §§ 14, 16, 17, 18 des JArbSchG. Der Gesetzeszweck insb des Gesundheitsschutzes wird deshalb durch das JArbSchG bereits gewährleistet, weshalb für **Personen unter 18 Jahren** das ArbZG nicht zur Anwendung kommt, unabhängig davon, ob sie sich in Ausbildung befinden, oder nicht.

C. Schifffahrt. In den §§ 42–54 SeeArbG sind die dort einschlägigen Arbeitszeitvorschriften geregelt. 8

§ 19 Beschäftigung im öffentlichen Dienst
Bei der Wahrnehmung hoheitlicher Aufgaben im öffentlichen Dienst können, soweit keine tarifvertragliche Regelung besteht, durch die zuständige Dienstbehörde die für Beamte geltenden Bestimmungen über die Arbeitszeit auf die Arbeitnehmer übertragen werden; insoweit finden die §§ 3 bis 13 keine Anwendung.

§ 21a ArbZG Beschäftigung im Straßentransport

1 Beamte und AN im öffentl Dienst arbeiten vielfach zusammen. Deshalb kann ein Interesse an einheitlichen Arbeitszeitregelungen für beide Gruppen bestehen, die dann auf die AN angewandt werden. Möglich ist dies nur bei der Wahrnehmung **hoheitlicher Aufgaben**, was eine privatrechtliche Tätigkeit ausschließt. Voraussetzung ist weiterhin, dass keine tarifliche Regelung besteht, was aber mit dem BAT bzw dem TVöD im Bereich der Arbeitszeit weitgehend der Fall ist.
2 Der **PersR** ist nicht nach § 75 III BPersVG zu beteiligen, denn die Übertragung ist eine gesetzlich vorgesehene Maßnahme.

§ 20 Beschäftigung in der Luftfahrt
Für die Beschäftigung von Arbeitnehmern als Besatzungsmitglieder von Luftfahrzeugen gelten anstelle der Vorschriften dieses Gesetzes über Arbeits- und Ruhezeiten die Vorschriften über Flug-, Flugdienst- und Ruhezeiten der Zweiten Durchführungsverordnung zur Betriebsordnung für Luftfahrtgerät in der jeweils geltenden Fassung.

1 In der Luftfahrt sind aus **Gründen der Verkehrssicherheit** gesonderte Vorschriften über die max Dienstzeiten erlassen worden. Diese gehen den Regelungen des ArbZG vor. Sie regeln jedoch dieselben Gegenstände, weshalb die Vorschriften der **2. DVLuftBO** auch AN-Schutzvorschriften darstellen.
2 Das einzelne Besatzungsmitglied (Pilot und Kabinenpersonal) kann die Einhaltung der 2 DVLuftBO in Bezug auf seine Flug-, Flugdienst- und Ruhezeiten verlangen (BAG 21.1.2003, 9 AZR 600/01, EzA § 4 TVG Luftfahrt Nr 7).

§ 21 Beschäftigung in der Binnenschifffahrt
^{1}Die Vorschriften dieses Gesetzes gelten für die Beschäftigung von Fahrpersonal in der Binnenschifffahrt, soweit die Vorschriften über Ruhezeiten der Binnenschiffsuntersuchungsordnung in der jeweils geltenden Fassung dem nicht entgegenstehen. ^{2}Sie können durch Tarifvertrag der Eigenart der Binnenschifffahrt angepasst werden.

1 Die einzig entgegenstehenden Vorschriften der Untersuchungsordnungen sind die über die Ruhezeiten. Diese gehen den Regelungen des ArbZG vor. Ansonsten können die Abweichungsmöglichkeiten der §§ 7 und 12 durch TV genutzt werden, um den Eigenheiten der Binnenschifffahrt gerecht zu werden.

§ 21a Beschäftigung im Straßentransport
(1) ^{1}Für die Beschäftigung von Arbeitnehmern als Fahrer oder Beifahrer bei Straßenverkehrstätigkeiten im Sinne der Verordnung (EG) Nr. 561/2006 des Europäischen Parlaments und des Rates vom 15. März 2006 zur Harmonisierung bestimmter Sozialvorschriften im Straßenverkehr und zur Änderung der Verordnungen (EWG) Nr. 3821/85 und (EG) Nr. 2135/98 des Rates sowie zur Aufhebung der Verordnung (EWG) Nr 3820/85 des Rates (ABl. EG Nr. L 102 S. 1) oder des Europäischen Übereinkommens über die Arbeit des im internationalen Straßenverkehr beschäftigten Fahrpersonals (AETR) vom 1. Juli 1970 (BGBl. II 1974 S. 1473) in ihren jeweiligen Fassungen gelten die Vorschriften dieses Gesetzes, soweit nicht die folgenden Absätze abweichende Regelungen enthalten. ^{2}Die Vorschriften der Verordnung (EG) Nr. 561/2006 und des AETR bleiben unberührt.
(2) Eine Woche im Sinne dieser Vorschriften ist der Zeitraum von Montag 0 Uhr bis Sonntag 24 Uhr.
(3) ^{1}Abweichend von § 2 Abs. 1 ist keine Arbeitszeit:
1. die Zeit, während derer sich ein Arbeitnehmer am Arbeitsplatz bereithalten muss, um seine Tätigkeit aufzunehmen,
2. die Zeit, während derer sich ein Arbeitnehmer bereithalten muss, um seine Tätigkeit auf Anweisung aufnehmen zu können, ohne sich an seinem Arbeitsplatz aufhalten zu müssen;
3. für Arbeitnehmer, die sich beim Fahren abwechseln, die während der Fahrt neben dem Fahrer oder in einer Schlafkabine verbrachte Zeit.

^{2}Für die Zeiten nach Satz 1 Nr. 1 und 2 gilt dies nur, wenn der Zeitraum und dessen voraussichtliche Dauer im Voraus, spätestens unmittelbar vor Beginn des betreffenden Zeitraums bekannt ist. ^{3}Die in Satz 1 genannten Zeiten sind keine Ruhezeiten. ^{4}Die in Satz 1 Nr. 1 und 2 genannten Zeiten sind keine Ruhepausen.
(4) ^{1}Die Arbeitszeit darf 48 Stunden wöchentlich nicht überschreiten. ^{2}Sie kann auf bis zu 60 Stunden verlängert werden, wenn innerhalb von vier Kalendermonaten oder 16 Wochen im Durchschnitt 48 Stunden wöchentlich nicht überschritten werden.

(5) ¹Die Ruhezeiten bestimmen sich nach den Vorschriften der Europäischen Gemeinschaften für Kraftfahrer und Beifahrer sowie nach dem AETR. ²Dies gilt auch für Auszubildende und Praktikanten.
(6) ¹In einem Tarifvertrag oder auf Grund eines Tarifvertrags in einer Betriebs- oder Dienstvereinbarung kann zugelassen werden,
1. nähere Einzelheiten zu den in Absatz 3 Satz 1 Nr. 1, 2 und Satz 2 genannten Voraussetzungen zu regeln,
2. abweichend von Absatz 4 sowie den §§ 3 und 6 Abs. 2 die Arbeitszeit festzulegen, wenn objektive, technische oder arbeitszeitorganisatorische Gründe vorliegen. ²Dabei darf die Arbeitszeit 48 Stunden wöchentlich im Durchschnitt von sechs Kalendermonaten nicht überschreiten.
²§ 7 Abs. 1 Nr. 2 und Abs. 2a gilt nicht. ³§ 7 Abs. 3 gilt entsprechend.
(7) ¹Der Arbeitgeber ist verpflichtet, die Arbeitszeit der Arbeitnehmer aufzuzeichnen. ²Die Aufzeichnungen sind mindestens zwei Jahre aufzubewahren. ³Der Arbeitgeber hat dem Arbeitnehmer auf Verlangen eine Kopie der Aufzeichnungen seiner Arbeitszeit auszuhändigen.
(8) ¹Zur Berechnung der Arbeitszeit fordert der Arbeitgeber den Arbeitnehmer schriftlich auf, ihm eine Aufstellung der bei einem anderen Arbeitgeber geleisteten Arbeitszeit vorzulegen. ²Der Arbeitnehmer legt diese Angaben schriftlich vor.

Übersicht	Rdn.			Rdn.
A. Anwendung der EU Verordnungen	1	E.	Ruhezeiten	10
B. Woche	2	F.	Öffnungsklausel	11
C. Keine Arbeitszeit	3	I.	Ergänzungs- und Abweichungsmöglichkeiten	11
I. Arbeitsbereitschaft	3			
II. Bereitschaftsdienst	4	II.	Grenzen	13
III. Beifahrer	5	G.	Aufzeichnungspflicht	15
D. Höchstarbeitszeiten	6	H.	Angaben zu Nebentätigkeiten	19

A. Anwendung der EU Verordnungen. Die Vorschrift stellt klar, dass (selbstverständlich) auch für (Berufs-) Kraftfahrer das Arbeitszeitgesetz und dessen Regelungen gelten. **Fahrer** bei Straßenverkehrstätigkeiten iSd genannten VO ist jede Person, die das Fahrzeug, sei es auch nur kurze Zeit, selbst lenkt oder sich im Fahrzeug befindet, um es als Bestandteil seiner Pflichten ggf selbst lenken zu können. **Beifahrer** ist jede Person, die den Fahrer begleitet, um ihn bei bestimmten im Verkehr zu verrichtenden Tätigkeiten zu unterstützen und sich idR an den Beförderungshandlungen beteiligt, ohne Fahrer zu sein. 1

B. Woche. Die Arbeitswoche ist nicht auf die Werktage beschränkt (§ 1 Rdn 3) und beginnt am Montag um 0 Uhr. 2

C. Keine Arbeitszeit. I. Arbeitsbereitschaft. Obgleich **Arbeitsbereitschaft** Arbeitszeit iSd § 2 I (§ 2 Rdn 4) ist, nimmt die Vorschrift sie für Fahrpersonal aus. Dies hat den Zweck, die in IV gesetzte Höchstarbeitszeit nicht durch bloße Arbeitsbereitschaft, also ohne echte Arbeitsleistung, zu erreichen, etwa wenn sich ein Kraftfahrer im Güterkraftverkehr am Verladeort in seinem Fahrzeug aufhält und auf die planmäßige nächste Tour wartet. Zugleich regelt S 2, dass diese Wartezeiten keine Ruhezeiten (§ 5 Rdn 1) und auch keine Ruhepausen (§ 4 Rdn 1) sind, auch wenn sie im Voraus festgelegt worden sind. Steht die Arbeitsbereitschaft nicht im Voraus fest, so ist dieser Zeitraum Arbeitszeit iSd § 2. Im Voraus ist auch dann gegeben, wenn unmittelbar vor Beginn der Arbeitsbereitschaft mitgeteilt wird, dass sie jetzt beginnt. 3

II. Bereitschaftsdienst. Auch **Bereitschaftsdienst** (§ 2 Rdn 5) ist Arbeitszeit. Sie soll nur dann nicht als solche zählen, wenn im Voraus feststeht, dass er stattfinden wird. Dabei genügt es, wenn der Kraftfahrer im Gebäude der Spedition wartet, bis die Fracht eingetroffen ist und er sodann die Anweisung erhält, zum planmäßigen Zeitpunkt die Fahrt anzutreten. Die Zeiten des Bereitschaftsdienstes sind weder Ruhezeiten (§ 5 Rdn 1) noch -pausen (§ 4 Rdn 1). 4

III. Beifahrer. Bei der Besetzung von Fahrzeugen durch 2 Fahrer, die sich gegenseitig beim Fahren abwechseln, ist die Zeit, während der der Beifahrer lediglich mitfährt, keine Arbeitszeit iSd § 2 I (§ 2 Rdn 4). Dies ist insb für die Frage der Einhaltung der höchstzulässigen Lenk- und Ruhezeiten von Bedeutung. **Ruhezeit** ist aber auch nicht die Zeit als Beifahrer und dies sogar auch dann nicht, wenn er sie in der Schlafkabine zubringt. Allerdings müssen die Zeiten auch nicht im Voraus feststehen und können als Ruhepausen angerechnet werden. Dies sind sie nicht automatisch, denn Ruhepausen iSd § 4 sind Zeiten, die die Arbeit(szeit) unterbrechen, was hier aber deshalb, weil die Beifahrerzeiten keine Arbeitszeiten sind, nicht notwendigerweise der Fall 5 ist. Die Vorschrift der Nr 3 ist keine Modifikation dessen, was unter Arbeit zu verstehen ist und schließt auch nicht die Vergütung der dort genannten Zeiten aus (BAG 20.4.2011, 5 AZR 200/11).

6 **D. Höchstarbeitszeiten.** Auch bei Kraftfahrern gilt eine gesetzliche Höchstgrenze für die **Wochenarbeitszeit** von 48 Stunden, die schon die RL 93/104/EG vorgegeben hat. Diese folgt aus der täglichen Arbeitszeitgrenze von 8 Stunden und den 6 Werktagen in der Woche. Dagegen ist es arbeitszeitrechtlich wirksam, mit einem Kraftfahrer eine feste monatliche Vergütung für eine Arbeitszeit von bis zu 260 Stunden zu vereinbaren (LAG BB 6.10.2011, 6 Sa 932/11; 22.7.2011, 10 Sa 668/11). Ist keine kalendertägliche Arbeitszeit vereinbart, kann der AG die Lage der Arbeitszeit kraft seines Weisungsrechts nach billigem Ermessen innerhalb des geltenden Zeitrahmens gem. § 106 S 1 GewO bestimmen. Überstunden werden danach erst dann geleistet, wenn der Rahmen überschritten ist (BAG 18.04.2012, 5 AZR 195/11).

7 Eine Ausweitung der Wochenarbeitszeit auf **60 Stunden** und damit der täglichen Höchstarbeitszeit auf bis zu **10 Stunden** ist nun auch für angestellte Kraftfahrer zulässig (VG Hamburg, 12.03.2015, 17 K 3507/14). Sondervorschriften für die Höchstarbeitszeit gab es für Kraftfahrer nach der EG-VO Nr 3820/85. Diese durften eine Tageslenkzeit von 9 Stunden nicht überschreiten, wobei 2-mal pro Woche eine Verlängerung auf 10 Stunden zulässig war. Damit durfte in der Doppelwoche die Gesamtlenkzeit 90 Stunden nicht übersteigen (*Neumann/Biebl* § 3 Rn 12 ff). Diese Begrenzung ist durch die im Eingangssatz genannte VO entfallen.

8 Voraussetzung für die Ausweitung der Wochenarbeitszeit ist deren Ausgleich innerhalb von **4 Monaten** oder innerhalb von 16 Wochen auf dann 48 Stunden wöchentlich bzw 8 Stunden werktäglich. Möglich ist ein Ausgleich der ausgeweiteten Arbeitszeit sowohl im Voraus, wie auch im Nachhinein. Das G sieht den Ausgleich innerhalb von 4 Kalendermonaten vor, nicht innerhalb der folgenden 4 Kalendermonate. Kalendermonate sind nach allg zutreffender Auffassung in diesem Sinne **Zeitmonate**. Zwar kann aus dem Vergleich mit dem alternativen **Ausgleichszeitraum** von 16 Wochen, die nicht als Kalenderwochen bezeichnet sind, geschlossen werden, dass Kalendermonate bei der Berechnung des Ausgleichszeitraums gemeint sind. Dagegen sprechen aber der Sinn der Vorschrift, einen Ausgleich innerhalb eines definierten Zeitraums herbeizuführen, und praktische Erwägungen. In der Praxis hat sich deshalb auch die Verwendung von längeren, auch monatlichen Ausgleichszeiträumen durchgesetzt, weshalb die Diskussion über die Frage, weshalb mit dem 16 Wochen-Zeitraum ein kürzerer Zeitraum als der von 4 Monaten als Alt im G geboten ist, akademischer Natur ist. Erklärt werden kann die Zahl von 16 Wochen wohl am ehesten damit, dass das G den Monat mit 4 Wochen rechnet (vgl § 5 II) und 4 Monate dann eben 16 Wochen sind.

9 Bei der Berechnung von Ausgleichszeiten sind die tatsächlich angefallenen Arbeitszeiten maßgeblich. Arbeitet der AN an einem Tag als Fahrer zB 5 Stunden und sitzt er weitere 4 Stunden als Beifahrer im Fahrzeug, bleiben 3 Stunden Ausgleichszeit zur Verrechnung übrig. Fährt er am Samstag nicht, so können 8 Stunden für diesen Werktag gutgeschrieben werden. Fehltage bei Krankheit, Urlaub oder Freistellung zählen dagegen nicht zum Zeitausgleich, da der AN in diesen Fällen so gestellt wird, wie er stünde, wenn er gearbeitet hätte. Bei gesetzlichen Feiertagen findet ebenfalls keine Ausgleichsberechnung statt.

10 **E. Ruhezeiten.** Diese bestimmen sich ausschließlich nach den Vorschriften der EG und dem AETR: Danach ist **Ruhezeit** jeder ununterbrochene Zeitraum von mind 1 Stunde, in der der Fahrer frei über seine Zeit verfügen kann (Art 1m AETR). Auch **Auszubildende** und **Praktikanten** werden danach behandelt, wobei die Bestimmungen des JArbSchG durch die EU-Vorschriften nicht aufgehoben werden. Jugendliche Auszubildende und Praktikanten müssen danach eine Ruhezeit von mind 12 Stunden nach § 13 JArbSchG einhalten.

11 **F. Öffnungsklausel. I. Ergänzungs- und Abweichungsmöglichkeiten.** Damit die näheren Einzelheiten von Arbeitsbereitschaft (§ 21a Rdn 3) und Bereitschaftsdienst (§ 21a Rdn 4) den Erfordernissen der Branche und der Betriebe angepasst werden können, und damit die Arbeitszeitdauer mit den Arbeitszeitregelungen, insb den Schichtmodellen ineinandergreifen können, enthält VI eine **Öffnungsklausel**. Erforderlich ist dazu stets ein **TV**, der die Einzelheiten entweder explizit regelt, oder den Betriebsparteien die Möglichkeit einräumt, diese selbstständig zu bestimmen. VI ist keine gesetzliche Öffnungsklausel nach § 77 III 2 BetrVG, sondern eine teilw Rücknahme der Regelungssperre des § 77 III 1 BetrVG. Alle Anpassungsmöglichkeiten betreffen die Arbeitszeit im weitesten Sinne; tarifliche Normen darüber sind deshalb **Betriebsnormen** iSd § 3 II TVG, weshalb es für die Geltung des TV nicht auf eine Koalitionszugehörigkeit des AN ankommt. Die Tarifgebundenheit des AG genügt. Schließen die Betriebsparteien eine **BV oder Personalvereinbarung**, so muss diese formal wirksam zustande kommen, dh schriftlich niedergelegt und unterschrieben sein. Regelungsabreden oder mündliche Vereinbarungen genügen nicht (BAG 18.12.1997, 2 AZR 709/96, EzA § 2 KSchG Nr 28).

Es bleibt aber auch bei der Nutzung der Öffnungsklausel dabei, dass der Ausgleichszeitraum für den Ausgleich der übersteigenden Arbeitszeiten max 6 Kalendermonate betragen darf. Die Varianz ist hier also nur gering, dürfte aber bei intelligenter Wahl des Beginns des Ausgleichszeitraums dafür genügen, saisonale Schwankungen im Transportgewerbe auszugleichen.

II. Grenzen. Im Straßentransport dürfen die **Ruhepausen** nicht auf Kurzpausen von angemessener Dauer aufgeteilt werden. Grund für diese Einschränkung ist der Zweck der Ruhepause, der auf Ermüdung beruhenden **Unfallgefahr** entgegenzuwirken (*Zmarzlik/Anzinger* § 4 Rn 2).

Aus demselben Grund ist die in § 7 IIa für andere Tätigkeiten normierte Ausweitungsmöglichkeit der täglichen Arbeitszeitdauer ohne Ausgleich für Fahrer und Beifahrer bei Straßenverkehrstätigkeiten ausdrücklich ausgeschlossen. Hier besteht lediglich die Möglichkeit, über die Regelung der Einzelheiten von Arbeitsbereitschaft (§ 21a Rdn 3) und Bereitschaftsdienst (§ 21a Rdn 4) den spezifischen Bedürfnissen Rechnung zu tragen.

G. Aufzeichnungspflicht. Die **Aufzeichnungspflicht** des VII betrifft, anders als die nach § 16 II (§ 16 Rdn 2), **sämtliche Arbeitszeiten** der AN. Daraus muss der Schluss gezogen werden, dass nicht nur die Überzeiten und die Einhaltung der Ausgleichszeiträume von der Aufsichtsbehörde kontrolliert werden können müssen, sondern auch die Einhaltung der Ruhezeiten und der Ruhepausen. Deshalb sind Beginn und Ende der Arbeitszeit ebenso aufzuzeichnen, wie die Ruhepausen.

Die **Art der Aufzeichnung** bleibt dem AG überlassen. Er kann dies durch eine elektronische Zeiterfassung ebenso vornehmen lassen, wie durch eine mechanische Stempeluhr, Stundenzettel oder Selbstaufschreibe der Mitarbeiter. Im Güterkraftverkehr wird allerdings regelmäßig durch die **elektronische Tachoscheibe, den digitalen Tachometer oder durch die Fahrerkarten** die Aufzeichnung vorbereitet werden (LAG Hess 12.10.2011, 18 Sa 563/11).

Der AG muss die Nachweise 2 Jahre, gerechnet ab dem jeweiligen Beginn der Arbeit nach § 187 I BGB aufbewahren.

Der AN kann jederzeit eine Kopie der Aufzeichnungen des AG zur Aushändigung verlangen. Dieser Herausgabeanspruch ist auf die dem Verlangen vorhergehenden 2 Jahre begrenzt (LAG Hamm 11.11.2011, 19 Sa 858/11).

H. Angaben zu Nebentätigkeiten. Anders als in § 16 (§ 16 Rdn 5) ist in VIII explizit die Verpflichtung des AN aufgenommen, Nebentätigkeiten und deren zeitlichen Umfang schriftlich dem AG vorzulegen. Die dazu vorgesehene Aufforderung des AG kann bereits im Anstellungsvertrag enthalten sein und bedarf keiner Wiederholung im Zeitablauf. Dies folgt einerseits aus dem Umstand, dass die Einhaltung der Aufzeichnungspflicht gesondert nach § 22 I Nr 9 bußgeldbewehrt ist und andererseits daraus, dass der AG sich nach § 23 iVm § 22 I 1 sogar strafbar macht, sofern er die Höchstarbeitszeitgrenzen missachtet (§ 16 Rdn 6).

§ 22 Bußgeldvorschriften

(1) Ordnungswidrig handelt, wer als Arbeitgeber vorsätzlich oder fahrlässig
1. entgegen §§ 3, 6 Abs. 2 oder § 21a Abs. 4, jeweils auch in Verbindung mit § 11 Abs. 2, einen Arbeitnehmer über die Grenzen der Arbeitszeit hinaus beschäftigt,
2. entgegen § 4 Ruhepausen nicht, nicht mit der vorgeschriebenen Mindestdauer oder nicht rechtzeitig gewährt,
3. entgegen § 5 Abs. 1 die Mindestruhezeit nicht gewährt oder entgegen § 5 Abs. 2 die Verkürzung der Ruhezeit durch Verlängerung einer anderen Ruhezeit nicht oder nicht rechtzeitig ausgleicht,
4. einer Rechtsverordnung nach § 8 Satz 1, § 13 Abs. 1 oder 2, § 15 Abs. 2 a oder § 24 zuwiderhandelt, soweit sie für einen bestimmten Tatbestand auf diese Bußgeldvorschrift verweist,
5. entgegen § 9 Abs. 1 einen Arbeitnehmer an Sonn- oder Feiertagen beschäftigt,
6. entgegen § 11 Abs. 1 einen Arbeitnehmer an allen Sonntagen beschäftigt oder entgegen § 11 Abs. 3 einen Ersatzruhetag nicht oder nicht rechtzeitig gewährt,
7. einer vollziehbaren Anordnung nach § 13 Abs. 3 Nr. 2 zuwiderhandelt,
8. entgegen § 16 Abs. 1 die dort bezeichnete Auslage oder den dort bezeichneten Aushang nicht vornimmt,
9. entgegen § 16 Abs. 2 oder § 21a Abs. 7 Aufzeichnungen nicht oder nicht richtig erstellt oder nicht für die vorgeschriebene Dauer aufbewahrt oder

10. entgegen § 17 Abs. 4 eine Auskunft nicht, nicht richtig oder nicht vollständig erteilt, Unterlagen nicht oder nicht vollständig vorlegt oder nicht einsendet oder entgegen § 17 Abs. 5 Satz 2 eine Maßnahme nicht gestattet.
(2) Die Ordnungswidrigkeit kann in den Fällen des Absatzes 1 Nr. 1 bis 7, 9 und 10 mit einer Geldbuße bis zu fünfzehntausend Euro, in den Fällen des Absatzes 1 Nr. 8 mit einer Geldbuße bis zu zweitausendfünfhundert Euro geahndet werden.

Übersicht	Rdn.		Rdn.
A. Abschließender Katalog	1	B. Bußgeldrahmen	2

1   **A. Abschließender Katalog.** Der Katalog der Vorschriften, deren Verletzung eine Ordnungswidrigkeit darstellen kann, ist **abschließend**. Seine Behandlung richtet sich nach dem OWiG. Eine Ordnungswidrigkeit begeht, wer den Tatbestand rechtswidrig und schuldhaft erfüllt oder unterlässt. **Adressat** des Katalogs ist der AG. Bei juristischen Personen (GmbH, AG, Genossenschaften, rechtsfähige Vereine) ist der AG das vertretungsbefugte Organ, Geschäftsführer oder Vorstand, bei Personengesellschaften deren vertretungsbefugte Gesellschafter in Person. Diesen gleichgestellt sind Personen, die vom Inhaber mit der **Leitung des Betriebs beauftragt** worden sind und dabei auch verpflichtet wurden, die Aufgaben des Inhabers in Bezug auf dieses G wahrzunehmen.

2   **B. Bußgeldrahmen.** Der Rahmen des Bußgelds beträgt 15.000 €. Lediglich die Verletzung der Aushangpflicht des G sieht einen geringeren Rahmen mit max 2.500 € Bußgeld vor. Wie der Rahmen ausgenutzt wird, entscheidet die Bußgeldbehörde nach dem **Opportunitätsprinzip**. Sie kann in Fällen mit geringer Bedeutung auch eine gebührenpflichtige Verwarnung aussprechen. Kommt es zum Bußgeldbescheid, so soll die Höhe des Bußgelds den wirtschaftlichen Vorteil, der durch den Verstoß dem AG erwachsen ist, übersteigen, vgl § 17 OWiG.

§ 23 Strafvorschriften

(1) Wer eine der in § 22 Abs. 1 Nr. 1 bis 3, 5 bis 7 bezeichneten Handlungen
1. vorsätzlich begeht und dadurch Gesundheit oder Arbeitskraft eines Arbeitnehmers gefährdet oder
2. beharrlich wiederholt,
wird mit Freiheitsstrafe bis zu einem Jahr oder mit Geldstrafe bestraft.
(2) Wer in den Fällen des Absatzes 1 Nr. 1 die Gefahr fahrlässig verursacht, wird mit Freiheitsstrafe bis zu sechs Monaten oder mit Geldstrafe bis zu 180 Tagessätzen bestraft.

Übersicht	Rdn.		Rdn.
A. Vorsatztaten	1	II. Beharrlichkeit	2
I. Gesundheitsgefährdung	1	B. Fahrlässigkeit	3

1   **A. Vorsatztaten. I. Gesundheitsgefährdung.** Die Ordnungswidrigkeit wird zur Straftat, wenn der AG oder sein Beauftragter (§ 22 Rdn 1) durch den Verstoß die Gesundheit oder die Arbeitskraft des AN **vorsätzlich** gefährdet. Bedingter Vorsatz genügt. Die Verletzung der Arbeitszeitvorschriften muss kausal für die konkrete Gefahr sein. Diese kann im Einzelfall sogar schon in der Übermüdung des AN liegen. Eine Schädigung muss nicht eintreten, damit der Tatbestand erfüllt ist.

2   **II. Beharrlichkeit.** Ein **beharrliches Wiederholen** des Verstoßes ist dann anzunehmen, wenn der AG oder sein Beauftragter durch das erneute Missachten der Vorschriften eine **rechtsfeindliche Einstellung** gegen das ArbZG erkennen lässt. Das wird dann der Fall sein, wenn er nach einem Bußgeldbescheid trotzdem regelmäßig die Höchstarbeitszeitgrenzen missachtet oder das Verbot der Sonn- und Feiertagsarbeit ignoriert.

3   **B. Fahrlässigkeit.** Bei fahrlässiger Begehung in Bezug auf die Herbeiführung der Gefährdung, also wenn die verkehrserforderliche Sorgfalt außer Acht gelassen wurde, ist die Strafandrohung halbiert.

4   Die Straftaten sind vAw zu verfolgen. Zuständig für die Bestrafung ist das AG.

§ 24 Umsetzung von zwischenstaatlichen Vereinbarungen und Rechtsakten der Europäischen Gemeinschaften

Die Bundesregierung kann mit Zustimmung des Bundesrates zur Erfüllung von Verpflichtungen aus zwischenstaatlichen Vereinbarungen oder zur Umsetzung von Rechtsakten des Rates oder der Kommission der Europäischen Gemeinschaften, die Sachbereiche dieses Gesetzes betreffen, Rechtsverordnungen nach diesem Gesetz erlassen.

Da die BReg nach dem Art 189 EWGV ohnehin zur Umsetzung von Gemeinschaftsrecht verpflichtet ist, hat § 24 nur deklaratorische Bedeutung. 1

§ 25 Übergangsregelung für Tarifverträge

[1]Enthält ein am 1. Januar 2004 bestehender oder nachwirkender Tarifvertrag abweichende Regelungen nach § 7 Abs. 1 oder 2 oder § 12 Satz 1, die den in diesen Vorschriften festgelegten Höchstrahmen überschreiten, bleiben diese tarifvertraglichen Bestimmungen bis zum 31. Dezember 2006 unberührt. [2]Tarifverträgen nach Satz 1 stehen durch Tarifvertrag zugelassene Betriebsvereinbarungen sowie Regelungen nach § 7 Abs. 4 gleich.

Zum Zeitpunkt der Veröffentlichung des Kommentars entfaltet die Vorschrift keine Wirkung mehr. 1

Altersteilzeitgesetz (ATZG)

Vom 23.7.1996 (BGBl I S 1078, zuletzt geändert durch Artikel 3a des Gesetzes vom 10.12.2014 (BGBl. I S. 2082).

– Auszug –

§ 1 Grundsatz
(1) Durch Altersteilzeitarbeit soll älteren Arbeitnehmern ein gleitender Übergang vom Erwerbsleben in die Altersrente ermöglicht werden.
(2) Die Bundesagentur für Arbeit (Bundesagentur) fördert durch Leistungen nach diesem Gesetz die Teilzeitarbeit älterer Arbeitnehmer, die ihre Arbeitszeit ab Vollendung des 55. Lebensjahres spätestens ab 31. Dezember 2009 vermindern und damit die Einstellung eines sonst arbeitslosen Arbeitnehmers ermöglichen.
(3) ¹Altersteilzeit im Sinne dieses Gesetzes liegt unabhängig von einer Förderung durch die Bundesagentur auch vor bei einer Teilzeitarbeit älterer Arbeitnehmer, die ihre Arbeitszeit ab Vollendung des 55. Lebensjahres nach dem 31. Dezember 2009 vermindern. ²Für die Anwendung des § 3 Nr. 28 des Einkommensteuergesetzes kommt es nicht darauf an, dass die Altersteilzeit vor dem 1. Januar 2010 begonnen wurde und durch die Bundesagentur nach § 4 gefördert wird.

Übersicht	Rdn.		Rdn.
A. Gesetzeszweck	1	D. Zeitliche Erweiterung des Geltungsbereichs (III)	6
B. Befristung der Förderung	2		
C. Praktische Bedeutung	5		

1　**A. Gesetzeszweck.** Dem Gesetz liegt ein Konzept zur Förderung arbeitsmarktentlastender ATZ zugrunde. Es soll der Einschränkung der früheren sog Frühverrentung zwecks Erleichterung des Personalabbaues und personeller Umstrukturierungen dienen (s BT-Drs 13/4336). Deswegen bietet es durch Förderleistungen der BA einen Anreiz für Unternehmen und AN, die bisher planmäßige Entlassung älterer AN in die Arbeitslosigkeit zu unterlassen und stattdessen durch ATZ den Weg eines »gleitenden« Ausscheidens aus dem Erwerbsleben zu wählen. Zugleich soll durch die Pflicht zur Einstellung eines arbeitslosen AN, eines AN nach Abschluss der Ausbildung oder eines Auszubildenden (s § 3 I 1 Nr 2) eine Entlastung des Arbeitsmarktes erreicht werden (BAG 13.12.2005, 9 AZR 220/05, EzA Art 3 GG Nr 104).

2　**B. Befristung der Förderung.** Um Förderungsberechtigt zu sein, muss der AN bis spätestens am 31.12.2009 das 55. Lebensjahr vollendet und seine Arbeit vermindert haben, sodass ab diesem Zeitpunkt ein sonst arbeitsloser AN iSd § 3 I 1 Nr 2 eingestellt werden konnte. Letztmöglicher Geburtstag des Altersteilzeit-AN ist demnach der 31.12.1954. Eine Verlängerung der Laufzeit der Förderung ist nicht erfolgt.

3　»Arbeitsloser AN« iSd II Hs 2 muss nach Sinn und Zweck der Regelung auch ein Auszubildender iSd § 3 I 1 Nr 2b sein können, da in § 3 I 1 Nr 2 bzgl der Neueinstellung zwischen arbeitslosen AN, AN nach Abschluss der Ausbildung und Auszubildenden kein Unterschied gemacht wird.

4　Ist eine Blockfreistellung vereinbart, so ist es ausreichend, wenn die sog Arbeitsphase am 31.12.2009 beginnt und der arbeitslose AN mit Beginn der Freistellungsphase eingestellt wird (ErfK/*Rolfs* § 16 ATZG Rn 1; *Rittweger/Petri/Schweigert* Altersteilzeit, § 16 Rn 1). Durch die Neufassung des § 16 ab 1.7.2004 ist klargestellt, dass es entgegen der früheren Rechtslage nicht mehr darauf ankommt, dass mit dem spätestmöglichen Beginn der ATZ zugleich die Wiederbesetzung erfolgt sein musste. Wegen der häufigen Änderungen des Gesetzes sind für Altfälle die **Übergangsvorschriften der §§ 15a–15i** zu beachten.

5　**C. Praktische Bedeutung.** I hat keinen unmittelbaren Anwendungsbereich. Ihm kommt aber Bedeutung bei der Auslegung der übrigen gesetzlichen Vorschriften zu, wenn deren Sinn und Zweck zu ermitteln ist. Das Gesetz begründet keinen Anspruch des AN oder AG auf Abschluss eines ATZ-Arbeitsverhältnisses. Ein solcher kann sich nur aufgrund einer privatrechtl Anspruchsgrundlage (zB TV oder BV) ergeben. Überwiegend regelt das Gesetz die Beziehungen AG – BA (BAG 10.2.2004, 9 AZR 89/03, EzA § 4 TVG Nr 10).

D. Zeitliche Erweiterung des Geltungsbereichs (III). III stellt klar, dass ATZ-Arbeit iSd Gesetzes über 6
den 31.12.2009 hinaus möglich ist und auf dieses ATZ-Arbeitsverhältnis das Gesetz auch dann anzuwenden
ist, wenn keine Förderleistungen der BA erbracht werden. III 2 bestimmt, dass die bisherige Steuerfreiheit
für den vom AG gezahlten Aufstockungsbetrag nach § 3 I Nr 1a sowie für Beiträge und Aufwendungen
iSd § 3 I Nr 1b und des § 4 II erhalten bleibt. Dies gilt auch dann, wenn die ATZ nach dem 31.12.2009
begonnen und nicht nach § 4 durch die BA gefördert wird (vgl 3.1.6 der DA-BA ATZG). So sieht zB der
für die unter den Geltungsbereich des TVöD fallenden Beschäftigten abgeschlossene »Tarifvertrag zur Regelung
flexibler Arbeitszeiten für ältere Beschäftigte« vom 27.2.2010 in Abschnitt II weiterhin Regelungen zur
Altersteilzeit vor.

§ 2 Begünstigter Personenkreis

(1) Leistungen werden für Arbeitnehmer gewährt, die
1. das 55. Lebensjahr vollendet haben,
2. nach dem 14. Februar 1996 auf Grund einer Vereinbarung mit ihrem Arbeitgeber, die sich zumindest auf die Zeit erstrecken muss, bis eine Rente wegen Alters beansprucht werden kann, ihre Arbeitszeit auf die Hälfte der bisherigen wöchentlichen Arbeitszeit vermindert haben, und versicherungspflichtig beschäftigt im Sinne des Dritten Buches Sozialgesetzbuch sind (Altersteilzeitarbeit) und
3. innerhalb der letzten fünf Jahre vor Beginn der Altersteilzeitarbeit mindestens 1.080 Kalendertage in einer versicherungspflichtigen Beschäftigung nach dem Dritten Buch Sozialgesetzbuch oder nach den Vorschriften eines Mitgliedstaates der Europäischen Union, eines Vertragsstaates des Abkommens über den Europäischen Wirtschaftsraum oder der Schweiz gestanden haben. ²Zeiten mit Anspruch auf Arbeitslosengeld oder Arbeitslosenhilfe, Zeiten des Bezuges von Arbeitslosengeld II sowie Zeiten, in denen Versicherungspflicht nach § 26 Abs. 2 des Dritten Buches Sozialgesetzbuch bestand, stehen der versicherungspflichtigen Beschäftigung gleich.

(2) ¹Sieht die Vereinbarung über Altersteilzeit unterschiedliche wöchentliche Arbeitszeiten oder eine unterschiedliche Verteilung der wöchentlichen Arbeitszeit vor, ist die Voraussetzung nach Abs. 1 Nr. 2 auch erfüllt, wenn
1. die wöchentliche Arbeitszeit im Durchschnitt eines Zeitraums von bis zu drei Jahren oder bei Regelung in einem Tarifvertrag, auf Grund eines Tarifvertrages in einer Betriebsvereinbarung oder in einer Regelung der Kirchen und der öffentlich-rechtlichen Religionsgesellschaften im Durchschnitt eines Zeitraums von bis zu sechs Jahren die Hälfte der bisherigen wöchentlichen Arbeitszeit nicht überschreitet und der Arbeitnehmer versicherungspflichtig beschäftigt im Sinne des Dritten Buches Sozialgesetzbuch ist und
2. das Arbeitsentgelt für die Altersteilzeit sowie der Aufstockungsbetrag nach § 3 Abs. 1 Nr. 1 Buchstabe a fortlaufend gezahlt werden.

²Im Geltungsbereich eines Tarifvertrages nach Satz 1 Nr. 1 kann die tarifvertragliche Regelung im Betrieb eines nicht tarifgebundenen Arbeitgebers durch Betriebsvereinbarung oder, wenn ein Betriebsrat nicht besteht, durch schriftliche Vereinbarung zwischen dem Arbeitgeber und dem Arbeitnehmer übernommen werden. ³Können auf Grund eines solchen Tarifvertrages abweichende Regelungen in einer Betriebsvereinbarung getroffen werden, kann auch in Betrieben eines nicht tarifgebundenen Arbeitgebers davon Gebrauch gemacht werden. ⁴Satz 1 Nr. 1, 2. Alternative gilt entsprechend. ⁵In einem Bereich, in dem tarifvertragliche Regelungen zur Verteilung der Arbeitszeit nicht getroffen sind, oder üblicherweise nicht getroffen werden, kann eine Regelung im Sinne des Satzes 1 Nr. 1, 2. Alternative auch durch Betriebsvereinbarung oder, wenn ein Betriebsrat nicht besteht, durch schriftliche Vereinbarung zwischen Arbeitgeber und Arbeitnehmer getroffen werde.

(3) ¹Sieht die Vereinbarung über Altersteilzeitarbeit unterschiedliche wöchentliche Arbeitszeiten oder eine unterschiedliche Verteilung der wöchentlichen Arbeitszeit über einen Zeitraum von mehr als sechs Jahren vor, ist die Voraussetzung nach Absatz 1 Nr. 2 auch erfüllt, wenn die wöchentliche Arbeitszeit im Durchschnitt eines Zeitraums von sechs Jahren, der innerhalb des Gesamtzeitraums der vereinbarten Altersteilzeitarbeit liegt, die Hälfte der bisherigen wöchentlichen Arbeitszeit nicht überschreitet, der Arbeitnehmer versicherungspflichtig beschäftigt im Sinne des Dritten Buches Sozialgesetzbuch ist und die weiteren Voraussetzungen des Absatzes 2 vorliegen. ²Die Leistungen nach § 3 Abs. 1 Nr. 1 sind nur in dem in Satz 1 genannten Zeitraum von sechs Jahren zu erbringen.

§ 2 ATZG Begünstigter Personenkreis

Übersicht	Rdn.		Rdn.
A. Grundsatz	1	II. Blockmodell	7
B. Voraussetzungen in der Person (I)	2	III. Verlängerung des Ausgleichszeitraums	10
C. Voraussetzungen bzgl der Verteilung der Arbeitszeit (II)	5	IV. Fortzahlung des Arbeitsentgelts	14
I. Kontinuierliche Verringerung	6	D. Verlängerung	15

1 **A. Grundsatz.** § 2 bestimmt, mit welchen AN ein ATZ-Arbeitsverhältnis vereinbart werden kann, das der Förderung durch die BA nach § 4 unterliegt.

2 **B. Voraussetzungen in der Person (I).** **Vollendung des 55. Lebensjahres** zum Zeitpunkt des Beginns des ATZ-Arbeitsverhältnisses, dh am 1. Tag der Halbierung der Arbeitszeit. Die Vereinbarung über die ATZ kann schon früher geschlossen worden sein.

3 **Verringerung** der bisherigen wöchentlichen Arbeitszeit **auf die Hälfte.** Der Begriff der »bisherigen wöchentlichen Arbeitszeit« ist in § 6 II 2 definiert. Eine Verringerung auf die Hälfte ist zwingend; nicht mehr und nicht weniger. Die Arbeitszeit kann allerdings auf die Dauer des ATZ-Arbeitsverhältnisses ungleichmäßig verteilt werden (II und III) (BAG 10.2.2004, 9 AZR 401/02, EzA § 2 ATG Nr 1). Die Vereinbarung, dass die Arbeitszeit immer die Hälfte der jeweils einschlägigen tariflichen Arbeitszeit eines Vollzeitbeschäftigten betragen soll, ist ausgeschlossen. Die spätere Erhöhung der tariflichen Arbeitszeit im Betrieb lässt die Arbeitszeit des AN in ATZ unberührt, führt aber zu einer Verdienstkürzung, wenn die tarifliche Arbeitszeiterhöhung ohne Lohnausgleich erfolgt (BAG 11.4.2006, 9 AZR 369/05, EzA § 2 ATG Nr 2). Der AN muss zuvor nicht vollzeitbeschäftigt gewesen sein. Die Vereinbarung der ATZ bedarf wegen § 7b Nr 1 SGB IV (Aufbau eines Wertguthabens) der Schriftform und muss sich zumindest auf einen Zeitraum erstrecken, bis der AN Rente wegen Alters beanspruchen kann. Alle gesetzlichen Altersrenten sind als Anknüpfungspunkt geeignet, auch wenn sie mit Abschlägen vorzeitig in Anspruch genommen werden (Bauer/Gehring Altersteilzeit Rn 13). Die Anknüpfung an die Altersrente für schwerbehinderte Menschen kann aber zu einer unzulässigen Benachteiligung führen (BAG 12.11.2013, 9 AZR 484/12, JurionRS 2013, 54525). »Zumindest« heißt, der Zeitraum kann auch länger sein, jedoch nicht über den Zeitpunkt hinausgehen, an dem der AN das gesetzliche Regelrentenalter (§ 35 SGB VI) erreicht. Hat sich dieses aufgrund des Altersgrenzenanpassungsgesetzes vom 20.4.2007 verschoben, so ist die ATZ-Vereinbarung durch Vertragsauslegung der geänderten Rechtslage anzupassen. Diese führt grds zu folgenden Ergebnissen: bei kontinuierlicher Verringerung (Rdn 6): Weiterarbeit bis zum neuen Renteneintrittsalter und Zahlung der Teilzeitvergütung bis zu diesem Zeitpunkt. Beim Blockmodell (Rdn 7): Verlängerung der Arbeitsphase um die Hälfte des Zeitraumes, der entgegen ihrer Annahme zusätzlich bis zum Erreichen der Rentenaltersgrenze verstreicht (*Löwisch* ZTR 2011, 67). Da das ATZ-Arbeitsverhältnis mit dem Renteneintritt endet, handelt es sich um eine gesetzlich zulässige Befristung eines Arbeitsvertrages (s § 8 III). Insoweit folgt das Schriftformerfordernis auch aus § 14 IV TzBfG. Hat der Arbeitnehmer einen tariflichen Anspruch auf Begründung eines Altersteilzeitarbeitsverhältnisses, kann der Arbeitgeber zur Annahme des Angebots des Arbeitnehmers verurteilt werden. Seit Inkrafttreten des § 311a I BGB idF des Gesetzes zur Modernisierung des Schuldrechts vom 26. November 2001 (BGBl. I S. 3138) kommt die **Verurteilung** zur **Abgabe einer Willenserklärung** mit Rückwirkung in Betracht. Ein Vertragsangebot kann deshalb auch dann noch angenommen werden, wenn es auf eine Vertragsänderung zu einem in der Vergangenheit liegenden Zeitpunkt gerichtet ist (BAG 21.2.2012, 9 AZR 479/10, EzA § 4 TVG Altersteilzeit Nr 37). Während des gesamten ATZ-Arbeitsverhältnisses muss eine versicherungspflichtige Beschäftigung nach dem SGB III bestehen. Wer nicht versicherungspflichtig ist, regelt § 27 SGB III. Zu beachten ist insb § 27 II SGB III iVm § 8 SGB IV für geringfügig Beschäftigte (I 1 Nr 2).

4 Bei Beginn der ATZ (nicht bereits beim Abschluss des ATZ-Arbeitsvertrages) muss eine **Vorbeschäftigungszeit** vorliegen. Der AN muss innerhalb der letzten 5 Jahre **mind 1.080 Kalendertage** (nicht Arbeitstage) in einer versicherungspflichtigen Beschäftigung nach dem SGB III gestanden haben. Diese Beschäftigung kann bei verschiedenen AG bestanden haben. Da nur insgesamt 1.080 Kalendertage gefordert werden, muss die Beschäftigung nicht ununterbrochen gewesen sein. Nicht zulässig ist es jedoch, einen arbeitslosen AN unmittelbar als ATZ-Arbeitnehmer neu einzustellen, weil I 1 Nr 2 eine Verminderung der »bisherigen« wöchentlichen Arbeitszeit verlangt (BSG 23.7.1992, 7 RAr 74/91, DB 1993, 492). Nach § 7 III 1 SGB IV gilt eine versicherungspflichtige Beschäftigung als nicht unterbrochen, solange das Beschäftigungsverhältnis ohne Anspruch auf Arbeitsentgelt fortdauert, jedoch nicht länger als einen Monat. Einer versicherungspflichtigen Beschäftigung gleichgestellt sind Zeiten, in denen Anspruch auf Alg oder Arbeitslosenhilfe bestand oder Alg II bezogen wurde. Gleiches gilt für Zeiten, in denen Versicherungspflicht nach § 26 II

SGB III bestand (zB Wehrdienst, Zivildienst). Die Versicherungspflicht in einem Mitgliedsstaat der EU, in dem die VO (EG) 883/2004 Anwendung findet, steht einer Versicherungspflicht in Deutschland nach dem SGB III gleich (I 1 Nr 3).

C. Voraussetzungen bzgl der Verteilung der Arbeitszeit (II). Grds sind 2 Modelle der Arbeitszeitreduzierung möglich.

I. Kontinuierliche Verringerung. Darunter fällt neben der klassischen Halbtagsarbeit auch die Arbeit an jedem 2. Arbeitstag oder nur jede 2. Woche/jeden 2. Monat oder eine Verringerung der Arbeitszeit in Schritten.

II. Blockmodell. Diese fast zum Regelfall gewordene - und mit dem Ziel des § 1 I nur teilweise in Einklang zu bringende- Variante sieht vor, dass der AN in der 1. Hälfte des ATZ-Arbeitsverhältnisses voll arbeitet und in der 2. Hälfte freigestellt wird. Der Übergang von der Arbeits- in die Freistellungsphase stellt keine Beendigung des Arbeitsverhältnisses iSd § 7 IV BUrlG dar, sodass bis zu diesem Zeitpunkt noch nicht genommener Urlaub nicht abzugelten ist (BAG 16.10.2012, 9 AZR 234/11; BAG 15.3.2005, 9 AZR 143/04, AP § 7 BUrlG Nr 31).

Das ATZ-Arbeitsverhältnis eines sich in der Freistellungsphase befindlichen AN geht bei einem Betriebsübergang auf den neuen Betriebsinhaber über (BAG 31.1.2008, 8 AZR 27/07, EzA § 613a BGB 2002 Nr 89). Dies gilt auch, wenn der Betrieb aus der Insolvenz erworben wird. Die ATZ-Vergütung wird Insolvenzforderung, wenn die Arbeitsphase vor der Insolvenzeröffnung geendet hatte und die Vergütungsansprüche bereits für die gesamte ATZ erarbeitet waren (BAG 30.10.2008, 8 AZR 54/07, EzA § 613a BGB 2002 Nr 101). Aus diesem Grund ist nach § 8a eine Insolvenzsicherung vorzunehmen. Ein Betriebserwerber haftet für das Entgelt, das »spiegelbildlich« für die Vorleistung geschuldet wird, welche der AN während der nach der Insolvenzeröffnung noch andauernden Arbeitsphase erbringt (BAG 30.10.2008, 8 AZR 54/07, aaO).

II schreibt einen Verteilungszeitraum für den Fall vor, dass unterschiedliche wöchentliche Arbeitszeiten oder eine unterschiedliche Verteilung der wöchentlichen Arbeitszeit vereinbart werden sollen. Danach darf die wöchentliche Arbeitszeit im Durchschnitt von 3 Jahren die Hälfte der bisherigen wöchentlichen Arbeitszeit nicht überschreiten. Ein »Unterschreiten« scheitert regelmäßig daran, dass dann keine Verringerung der Arbeitszeit auf die Hälfte vorliegt. Durch TV, eine durch TV zugelassene BV oder Regelungen der Kirchen oder öffentl-rechtl Religionsgesellschaften darf dieser Ausgleichszeitraum auf 6 Jahre erweitert werden.

III. Verlängerung des Ausgleichszeitraums. II 2–5 ermöglichen **folgende Varianten** zur Verlängerung des Ausgleichszeitraumes nach II 1 Nr 1 Alt 2:
TV enthält Regelungen über Ausgleichszeitraum:
a) AG tarifgebunden: Tarifliche Regelung kann unmittelbar übernommen werden.
b) AG nicht tarifgebunden, unterfällt aber Geltungsbereich des TV:
   aa) Übernahme der tariflichen Regelung durch BV.
   bb) Übernahme der tariflichen Regelung durch schriftliche Vereinbarung mit dem AN, wenn keine BR besteht.

TV enthält Regelung über Ausgleichszeitraum, lässt aber abw Regelung durch BV zu:
a) AG tarifgebunden: Abw Regelung entspr der tariflichen Öffnungsklausel durch BV zulässig.
b) AG nicht tarifgebunden, unterfällt aber Geltungsbereich des TV: Abw Regelung durch BV entspr der tariflichen Öffnungsklausel zulässig.

Es bestehen keine tariflichen Regelungen über Ausgleichszeitraum oder solche werden üblicherweise nicht getroffen:
a) Ausgleichszeitraum kann durch BV bis zu 6 Jahren verlängert werden.
b) Ausgleichszeitraum darf durch schriftliche Vereinbarung mit AN auf bis zu 6 Jahre verlängert werden, wenn kein BR besteht.

Diese Regelung hat insb für außertarifliche Angestellte Bedeutung und findet auch auf leitende Angestellte Anwendung, obwohl für diese eine Regelung durch BV wegen § 5 III BetrVG ausscheidet.

IV. Fortzahlung des Arbeitsentgelts. II 1 Nr 2 verlangt, dass während des gesamten Ausgleichszeitraums das Arbeitsentgelt und der Aufstockungsbetrag nach § 3 I 1 Nr 1a fortlaufend gezahlt werden. Dh unabhängig vom Umfang der in den einzelnen Zeitabschnitten jeweils tatsächlich erbrachten Arbeitsleistung ist immer das halbe Entgelt zuzüglich des Aufstockungsbetrages zu zahlen.

D. Verlängerung. III erlaubt eine Verlängerung des ATZ-Arbeitsverhältnisses mit unterschiedlichen wöchentlichen Arbeitszeiten oder unterschiedlicher Verteilung der wöchentlichen Arbeitszeit über den

§ 3 ATZG Anspruchsvoraussetzungen

Zeitraum von 6 Jahren hinaus, wenn die Voraussetzungen der I u II vorliegen. Da ATZ erst ab Vollendung des 55. Lebensjahres möglich ist, I 1 Nr 1, und spätestens mit Ablauf des Kalendermonats vor dem Kalendermonat, für den der AN eine Rente wegen Alters beanspruchen kann, enden muss, I 1 Nr 2, kann eine Verlängerung bis zu diesem Zeitpunkt erfolgen. Innerhalb dieses Zeitraumes muss ein Zeitraum von 6 Jahren liegen, in dem die wöchentliche Arbeitszeit im Durchschnitt die Hälfte der bisherigen wöchentlichen Arbeitszeit nicht überschreitet. Die konkrete Lage dieses 6-Jahres-Zeitraumes kann beliebig vereinbart werden. Nur für diesen Zeitraum hat der AG die Aufstockungsleistungen und die zusätzlichen Beiträge zur Rentenversicherung nach § 3 I 1 Nr 1 zu erbringen. Auch die BA erstattet dem AG diese Leistungen nach § 4 I nur für diese Zeit. Für den 6 Jahre übersteigenden Zeitraum hat der AG nur die dem Arbeitsumfang entspr Arbeitsvergütung ohne die Zusatzleistungen nach § 3 I Nr 1 zu zahlen.

§ 3 Anspruchsvoraussetzungen

(1) Der Anspruch auf die Leistungen nach § 4 setzt voraus, dass
1. der Arbeitgeber auf Grund eines Tarifvertrages, einer Regelung der Kirchen und der öffentlich-rechtlichen Religionsgesellschaften, einer Betriebsvereinbarung oder einer Vereinbarung mit dem Arbeitnehmer
    a) das Regelarbeitsentgelt für die Altersteilzeitarbeit um mindestens 20 vom Hundert aufgestockt hat, wobei die Aufstockung auch weitere Entgeltbestandteile umfassen kann, und
    b) für den Arbeitnehmer zusätzlich Beiträge zur gesetzlichen Rentenversicherung mindestens in Höhe des Beitrags entrichtet hat, der auf 80 vom Hundert des Regelarbeitsentgelts für die Altersteilzeitarbeit, begrenzt auf den Unterschiedsbetrag zwischen 90 vom Hundert der monatlichen Beitragsbemessungsgrenze und dem Regelarbeitsentgelt, entfällt, höchstens bis zur Beitragsbemessungsgrenze, sowie
2. der Arbeitgeber aus Anlass des Übergangs des Arbeitnehmers in die Altersteilzeitarbeit
    a) einen bei einer Agentur für Arbeit arbeitslos gemeldeten Arbeitnehmer, einen Bezieher von Arbeitslosengeld II oder einen Arbeitnehmer nach Abschluss der Ausbildung auf dem freigemachten oder auf einem in diesem Zusammenhang durch Umsetzung frei gewordenen Arbeitsplatz versicherungspflichtig im Sinne des Dritten Buches Sozialgesetzbuch beschäftigt; bei Arbeitgebern, die in der Regel nicht mehr als 50 Arbeitnehmer beschäftigen, wird unwiderleglich vermutet, dass der Arbeitnehmer auf dem freigemachten oder auf einem in diesem Zusammenhang durch Umsetzung frei gewordenen Arbeitsplatz beschäftigt wird, oder
    b) einen Auszubildenden versicherungspflichtig im Sinne des Dritten Buches Sozialgesetzbuch beschäftigt, wenn der Arbeitgeber in der Regel nicht mehr als 50 Arbeitnehmer beschäftigt

und
3. die freie Entscheidung des Arbeitgebers bei einer über fünf vom Hundert der Arbeitnehmer des Betriebes hinausgehenden Inanspruchnahme sichergestellt ist oder eine Ausgleichskasse der Arbeitgeber oder eine gemeinsame Einrichtung der Tarifvertragsparteien besteht, wobei beide Voraussetzungen in Tarifverträgen verbunden werden können.

(1a) Die Voraussetzungen des Absatzes 1 Nr. 1 Buchstabe a sind auch erfüllt, wenn Bestandteile des Arbeitsentgelts, die für den Zeitraum der vereinbarten Altersteilzeitarbeit nicht vermindert worden sind, bei der Aufstockung außer Betracht bleiben.

(2) Für die Zahlung der Beiträge nach Absatz 1 Nr. 1 Buchstabe b gelten die Bestimmungen des Sechsten Buches Sozialgesetzbuch über die Beitragszahlung aus dem Arbeitsentgelt.

(3) Hat der in Altersteilzeitarbeit beschäftigte Arbeitnehmer die Arbeitsleistung oder Teile der Arbeitsleistung im voraus erbracht, so ist die Voraussetzung nach Absatz 1 Nr. 2 bei Arbeitszeiten nach § 2 Abs. 2 und 3 erfüllt, wenn die Beschäftigung eines bei einer Agentur für Arbeit arbeitslos gemeldeten Arbeitnehmers oder eines Arbeitnehmers nach Abschluss der Ausbildung auf dem freigemachten oder durch Umsetzung freigewordenen Arbeitsplatz erst nach Erbringung der Arbeitsleistung erfolgt.

Übersicht

		Rdn.			Rdn.
A.	Grundsatz	1	IV.	Auszubildende in Kleinunternehmen	
B.	Aufstockungsbetrag (I 1 Nr 1a)	3		(I 1 Nr 2b)	12
C.	Zusätzliche Beiträge zur gesetzlichen		E.	Sachzusammenhang (I 1 Nr 2a Hs 1)	14
	Rentenversicherung (I 1 Nr 1b)	6	I.	Sachlicher Zusammenhang	16
D.	Wiederbesetzung (I 1 Nr 2)	8	II.	Zeitlicher Zusammenhang	17
I.	Arbeitslos Gemeldeter (I 1 Nr 2a Alt 1)	9	III.	Sonderregelung für Kleinunternehmen	
II.	ALG II–Bezieher (I Nr 2a Alt 2)	10		(I 1 Nr 2a Hs 2)	20
III.	Ausgebildeter (I 1 Nr 2a Alt 3)	11	F.	Überforderungsschutz (I 1 Nr 3)	22

A. Grundsatz. Ein **Anspruch** des AG ggü der BA auf **Erstattung** der ihm durch das ATZ-Arbeitverhältnis 1 zusätzlich entstehenden Kosten durch Zahlung eines Aufstockungsbetrages zum ATZ–Entgelt und durch Entrichtung zusätzlicher Beiträge zur gesetzlichen Rentenversicherung besteht nur, wenn die Voraussetzungen des I 1 Nr 1 (Aufstockungsbetrag und Zusatzbeiträge in bestimmter Höhe), des I 1 Nr 2 (Wiederbesetzung des Arbeitsplatzes) und des I 1 Nr 3 (Überforderungsschutz in TV oder BV) vorliegen. Hat der AG einen ATZ-Vertrag geschlossen, obwohl er keinen Erstattungsanspruch hat, berührt das die Wirksamkeit des Vertrages nicht (LAG Berl-Bbg 20.2.2009, 6 Sa 2372/08).
Die Aufstockungsbeträge orientieren sich der Höhe nach rechnerisch zwar zT auch an der Arbeitsleistung 2 des AN im ATZ-Arbeitverhältnis, haben aber daneben das Ziel, den Lebensstandard des AN zu sichern. Insoweit stellen sie keine Gegenleistung für geschuldete Arbeitsleistung dar (BAG 4.10.2005, 9 AZR 449/04, EzA § 4 TVG Altersteilzeit Nr 18; BSG 17.4.2007, B 5 RJ 33/05 R, SozR 4-2400 § 18a Nr 1).

B. Aufstockungsbetrag (I 1 Nr 1a). Der AG muss das Regelarbeitsentgelt für die ATZ-Arbeit um min- 3 destens 20 % aufgestockt haben. Die früher vorgesehene Aufstockung auf 70 % des um die gesetzlichen Abzüge, die bei Arbeitnehmern gewöhnlich anfallen, verminderten Arbeitsentgelts (Mindestnettobetrag) wurde durch das Dritte Gesetz für moderne Dienstleistungen am Arbeitsmarkt zum 1. Juli 2004 aufgegeben (BGBl. I S. 2848). Die auf der Grundlage von § 15 erlassene Mindestnettobetragsverordnung 2008 (BGBl. I S. 3040) wurde vor diesem Hintergrund vom BMAS zuletzt nicht mehr geändert. Damit stellte sich die Frage, ob Tarifverträge, die zur Berechnung des Aufstockungsbetrags auf die Mindestnettobetragsverordnung Bezug nehmen, lückenhaft geworden sind (verneinend BAG 19.2.2013 – 9 AZR 452/11-). Sagt der AG auch nach dem 1.7.2004 weiterhin eine Nettoaufstockung zu, kann dies für Grenzgänger unionsrechtlich unzulässig sein (EuGH 28.6.2012, C-172/11 [Erny], NZA 2012, 863). Es ist unerheblich, ob der AG zur Aufstockung aufgrund TV, BV oder einer Regelung der Kirchen oder öffentl-rechtl Religionsgesellschaften verpflichtet war oder ob es sich um eine freiwillige Vereinbarung mit dem AN gehandelt hat. Nach § 8 II 1 kann die Verpflichtung zur Zahlung von Aufstockungsleistungen nicht für den Fall ausgeschlossen werden, dass der Anspruch des Arbeitgebers auf die Leistungen nach § 4 nicht besteht, weil die Voraussetzung des § 3 I Nr. 2 nicht vorliegt. Da es sich um eine Mindestanforderung handelt, kann auch ein höherer Aufstockungsbetrag vereinbart sein. Die BA erstattet dann jedoch nach § 4 I Nr 1 nur den Mindestbetrag. Der Begriff des Regelarbeitsentgelts ist in § 6 I definiert. Da während des ATZ-Arbeitsverhältnisses die Arbeitszeit halbiert ist, beträgt das Regelarbeitsentgelt für die ATZ grds nur die Hälfte des ursprünglichen Regelarbeitsentgelts.
Der AG kann nach I 1 Nr 1 aE auch Entgeltbestandteile, die nicht unter das Regelarbeitsentgelt iSd § 6 I 4 fallen (zB Sonderzahlungen, Gewinnbeteiligungen, Prämien) freiwillig aufstocken. Solche Aufstockungsbestandteile unterfallen ebenso wie der allg Aufstockungsbetrag der Steuerbefreiung nach § 3 Nr 28 EStG (FG Hannover 14.6.2007, 11 K 541/06, EFG 2007, 1410). Dies gilt aber nur, wenn die Vorgaben des § 2 I Nr 2 ggf iVm § 2 II erfüllt sind (Hess FG 3.12.2007, 11 K 2422/06, EFG 2008, 781).
Unschädlich ist, wenn keine Aufstockung bei den Leistungen erfolgt, die während des ATZ-Arbeitsverhält- 5 nisses unvermindert, dh nicht entspr der Arbeitszeitverkürzung gekürzt weiterbezahlt werden. Das sind insb vermögenswirksame Leistungen, Sachbezüge (zB Dienstwagen, Dienstwohnung), Jubiläumszuwendungen, Leistungs- oder Treueprämien.

C. Zusätzliche Beiträge zur gesetzlichen Rentenversicherung (I 1 Nr 1b). Neben den vom AN und AG 6 zu tragenden Rentenversicherungsbeiträgen für das normale Arbeitsentgelt für die ATZ-Arbeit, sind nach einem komplizierten Berechnungsmodus durch den AG Zusatzbeiträge zu entrichten (vgl 3.1.2 der DA-BA ATZG). Diese errechnen sich auf der Grundlage folgenden fiktiven Arbeitsentgelts des AN:
80 % des Regelarbeitsentgelts für die ATZ-Arbeit (Leistungen iSd I 1 Nr 1a sind Bestandteile des Regelarbeitsentgelts, nicht jedoch Einmalzahlungen iSd I 1 Nr 1 aE), aber höchstens: 90 % der Beitragsbemessungsgrenze (Anlage 2 zu SGB VI) abzüglich Regelarbeitsentgelt. Für dieses fiktive Entgelt zahlt der AG

§ 3 ATZG Anspruchsvoraussetzungen

auch die AN-Beiträge (§§ 163 V, 168 I Nr 6 SGB VI). Darüber hinausgehende Aufstockungen der Rentenversicherungsbeiträge sind grundsätzlich nicht mehr möglich. Das Recht der Rentenversicherung lässt seit dem 1.1.1998 eine Höherversicherung nicht mehr zu (§ 280 SGB VI).

7 Für die Zahlung der zusätzlichen Beiträge gelten die Bestimmungen des SGB VI über die Beitragszahlung aus dem Arbeitsentgelt (II). Es ist str, ob die Klage eines AN im Altersteilzeitarbeitsverhältnis auf Abführung höherer Zusatzbeiträge zur gesetzlichen Rentenversicherung an die Einzugsstelle vor den ArbG zulässig ist (bejahend LAG Rh-Pf 13.8.2015, 5 Sa 156/15, JurionRS 2015, 25843; mit guten Gründen verneinend LAG Hamm 19.11.2014, 4 Sa 750/14, JurionRS 2014, 30737). Nach § 28h II 1 SGB IV ist die Entsch über die Höhe des Beitrags zur Rentenversicherung der Einzugsstelle vorbehalten.

8 **D. Wiederbesetzung (I 1 Nr 2).** Weitere Voraussetzung für die Förderfähigkeit der ATZ nach § 4 ist, dass der AG aus Anlass des Übergangs des AN in ein ATZ-Arbeitsverhältnis einen anderen AN beschäftigt, welcher die Voraussetzungen des I 1 Nr 2 erfüllt. Vier Gruppen von AN kommen dafür in Betracht.

9 **I. Arbeitslos Gemeldeter (I 1 Nr 2a Alt 1).** Der AN muss sich bei der zust BA arbeitslos gemeldet haben (zu Einzelh vgl Voraufl.).

10 **II. ALG II–Bezieher (I Nr 2a Alt 2).** Voraussetzung ist nicht mehr – wie vor dem 1.1.2008 – dass die Zusage der Förderung des ATZ-Arbeitsverhältnisses durch die BA nach § 16 II 2 Nr 6 SGB II vorliegt. Es reicht aus, wenn Alg II als Teil einer Bedarfsgemeinschaft (§ 38 SGB II) bezogen wird.

11 **III. Ausgebildeter (I 1 Nr 2a Alt 3).** Das sind AN, die nach Abschluss ihrer Ausbildung beschäftigt werden. Der AN kann im selben Betrieb oder Unternehmen oder in einem anderen ausgebildet worden sein. Es kommen nicht nur nach dem BBiG Ausgebildete in Betracht, sondern alle Absolventen einer Erstausbildung, sofern sie mindestens 2 Jahre gedauert hat (s DA-BA(ATG) § 3 Nr 3.1.7.2. Abs 1). Nicht erforderlich ist das Bestehen der Abschlussprüfung. Die Prüfung muss jedoch angetreten worden sein. Die Beschäftigung hat im Anschluss an die Ausbildung zu erfolgen. Eine »Suchzeit« von bis zu 1 Jahr ist unschädlich. Dies gilt sogar dann, wenn der AN während dieser eine »ausbildungsadäquate« Zwischenbeschäftigung ausgeübt hat. Unterbrechungen der »Suchzeit« wegen Krankheit, Mutterschutz, Elternzeit, Wehr- oder Zivildienst uÄ sind unschädlich (DA-BA(ATG) § 3 Nr 3.1.7.2 Abs 1–3).

12 **IV. Auszubildende in Kleinunternehmen (I 1 Nr 2b).** AG mit idR nicht mehr als 50 AN erfüllen die Fördervoraussetzungen auch, wenn sie einen Auszubildenden einstellen. Die Beschäftigtenzahl ist nach § 7 I u III zu berechnen (s dort). Der durch den in ATZ gehenden AN frei werdende Arbeitsplatz kann und muss nicht durch den Auszubildenden ersetzt werden. Dieser kann an jeder beliebigen Stelle eingesetzt werden. Der Auszubildende muss innerhalb von 6 Monaten nach dem Übergang des AN in die ATZ eingestellt werden. Wird dieser Zeitraum überschritten, hat der AG den Zusammenhang zwischen ATZ und Einstellung zu begründen. Nach über einem Jahr geht die BA nicht mehr von einem Zusammenhang aus (DA-BA(ATG) § 3 Nr 3.1.7.3. Abs 2 u 3).

13 Auszubildende iSd I 1 Nr 2b sind in der beruflichen Erstausbildung beschäftigte Personen, die in Betrieben der Wirtschaft, in vergleichbaren Einrichtungen außerhalb der Wirtschaft (insb des öffentl Dienstes) oder bei Angehörigen freier Berufe einen nach dem BBiG, nach der HandWO oder nach der Schiffsmechaniker-Ausbildungsverordnung anerkannten Ausbildungsberuf absolvieren (DA-BA(ATG) § 3 Nr 3.1.7.3 Abs 1).

14 **E. Sachzusammenhang (I 1 Nr 2a Hs 1).** Der neue AN muss auf dem freigemachten Arbeitsplatz oder einem im Zusammenhang mit der ATZ durch Umsetzung frei gewordenen Arbeitsplatz **versicherungspflichtig iSd SGB III** beschäftigt werden. Geringfügig Beschäftigte iSd § 8 SGB VI und Versicherungsfreie iSd § 6 SGB VI scheiden damit bspw aus. Eine befristete Einstellung genügt; mit Ablauf der Befristung kann jedoch nach § 5 II die Förderung enden (s dort).

15 Str ist, ob der neue AN im selben Umfang wie der AN in ATZ beschäftigt werden muss (s ErfK/*Rolfs* § 3 ATZG Rn 11; *Kittner/Zwanziger/Deinert* § 131 Rn 59). Die BA verlangt, dass der neue AN im selben Umfang – Abweichung um 10 % zulässig – beschäftigt werden muss (DA-BA(ATG) § 3 Nr 3.1.7 Abs 13). Dieser Ansicht ist das BSG nicht gefolgt (BSG 14.5.2014, B 11 AL 9/13 R, SozR 4-4170 § 3 Nr 4).

16 **I. Sachlicher Zusammenhang.** Dieser ist gegeben, wenn der AN auf demselben Arbeitsplatz oder mit derselben Arbeit betraut wird wie der AN in ATZ. Er wird auch angenommen, wenn infolge der technischen Entwicklung u/oder des strukturellen Wandels der mit der Tätigkeit verfolgte übergeordnete Zweck erhalten bleibt und die neue Tätigkeit iW die gleichen Kenntnisse und Fertigkeiten erfordert (DA-BA(ATG) § 3 Nr 3.1.7 Abs 7). Es ist auch zulässig, den Arbeitsplatz für den neuen AN erst durch Umsetzungen

freizumachen. Das ist dann der Fall, wenn der wegen der ATZ frei werdende Arbeitsplatz durch einen Betriebsangehörigen besetzt wird und dessen Arbeitsplatz seinerseits durch den neuen AN eingenommen wird. Auch längere »Nachrückketten« sind möglich. Immer hat jedoch der AG den Zusammenhang zwischen dem frei werdenden ATZ-Arbeitsplatz und dem wiederbesetzten Arbeitsplatz schlüssig und lückenlos nachzuweisen (DA-BA(ATG) § 3 Nr 3.1.7. Abs 4). Die Umsetzungen können innerhalb des gesamten Unternehmens, nicht jedoch innerhalb des Konzerns erfolgen (DA-BA(ATG) § 3 Nr 3.1.7 Abs 4).

II. **Zeitlicher Zusammenhang.** Die Einstellung muss in einem zeitlichen Zusammenhang mit der ATZ stehen. Bei einer **kontinuierlichen Verringerung** der Arbeitszeit muss der neue AN zu Beginn der ATZ eingestellt werden; beim **Blockmodell** mit Beginn der Freistellungsphase, wie III klarstellt. 17

Eine **frühere Einstellung** ist unschädlich, wenn sie dazu dient, den Eingestellten im notwendigen Umfang einzuarbeiten. Die BA verneint bei einem Zeitraum von über einem Jahr den erforderlichen Zusammenhang bei einer kontinuierlichen Arbeitsreduzierung (DA-BA(ATG) § 3 Nr 3.1.7 Abs 17), geht jedoch beim Blockmodell von der Möglichkeit einer Einstellung bereits zum Beginn der ATZ aus, ohne auf das Erfordernis einer Einarbeitung abzustellen (DA-BA(ATG) § 3 Nr 3.1.7 Abs 17 UAbs 3). Eine **spätere Einstellung** ist unschädlich, weil dem AG eine gewisse Zeit für die Suche nach einer Ersatzkraft eingeräumt werden muss. Je länger die Frist zwischen ATZ und Einstellung ist, desto substanziierter hat der AG darzulegen, dass er von Anfang an die Absicht hatte, die Stelle wieder zu besetzen. 6 Monate gelten allg als Höchstfrist. 18

Die **Förderung** durch die BA **nach § 4** beginnt jedoch erst, wenn die ATZ bzw Freistellungsphase begonnen **und** der Arbeitsplatz tatsächlich wieder besetzt worden ist. Dies ergibt sich aus § 12 III 1 (HWK/*Stindt/Nimscholz* § 4 ATZG Rn 4). 19

III. **Sonderregelung für Kleinunternehmen (I 1 Nr 2a Hs 2).** Bei AG, die idR nicht mehr als 50 AN beschäftigen (Berechnung nach § 7 I u III), wird unwiderleglich vermutet, dass der eingestellte AN auf dem freigemachten oder auf einem in diesem Zusammenhang durch Umsetzung frei gewordenen Arbeitsplatz beschäftigt wird. 20

Diese Regelung wendet die BA entgegen dem Gesetzeswortlaut auch auf **größere Unternehmen** an, wenn diese in **eigenständigen Organisationseinheiten** mit nicht mehr als 50 AN Wiederbesetzungen bei ATZ vornehmen. Eine eigenständige Organisationseinheit ist idR gekennzeichnet durch einen abgeschlossenen Aufgabenbereich, der sich nach seinem Zweck nicht mit anderen Aufgabenbereichen überschneidet und sich von diesen deutlich abgrenzt. Indizien können sein: Eigene Leitung, ein vom Umfeld abtrennbarer arbeitstechnischer Zweck, eine durch Aufgabenstellung in sich geschlossene Organisationseinheit. Bei der Beurteilung können die Durchführungsanweisungen der BA zum Begriff der Betriebsabteilung im Kug-Bereich (Durchführungsanweisung der BA zu § 171 SGB III) herangezogen werden (DA-BA(ATG) § 3 Nr 3.1.7 Abs 10 UAbs 2). 21

F. **Überforderungsschutz (I 1 Nr 3).** Sieht ein TV oder eine BV einen Anspruch auf Begründung eines ATZ-Arbeitsverhältnisses vor, darf sie diesen Anspruch nicht mehr als 5 % der AN des Betriebs (nicht Unternehmens!) einräumen. Für die Berechnung der Zahl der AN gilt § 7 II, III u IV. Wird diese Klausel nicht beachtet, besteht nach dem Gesetzeswortlaut kein Anspruch des AG auf Leistungen der BA nach § 4 (BAG 30.9.2003, 9 AZR 590/02, EzA § 4 TVG Altersteilzeit Nr 8). Für Betriebe mit weniger als 20 AN kann rein rechnerisch kein Anspruch auf ATZ begründet werden. Bei der Berechnung sind alle AN, also auch nicht organisierte und außertarifliche, mit zu berücksichtigen (BAG 18.9.2001, 9 AZR 397/00, EzA § 4 TVG Altersteilzeit Nr 3). 22

Dem Überforderungsschutz kann nach I 1 Nr 3 Alt 2 ein TV auch dadurch genügen, dass er eine Ausgleichskasse der AG oder/und eine gemeinsame Einrichtung der TV-Parteien vorsieht (§ 9). 23

Machen mehr als 5 % der AN einen Anspruch auf Begründung eines ATZ-Arbeitsverhältnisses geltend und enthält der TV oder die BV keine Regelungen für diesen Fall, so liegt der Abschluss des ATZ-Arbeitsvertrags im Ermessen des AG. Das BAG (12.12.2000, 9 AZR 706/99, EzA § 4 TVG Altersteilzeit Nr 1) hatte zunächst dem AN einen Anspruch auf eine Entscheidung nach billigem Ermessen (§ 315 BGB) eingeräumt. In seiner neueren Rechtsprechung gewährt das BAG (10.2.2004, 9 AZR 89/03, EzA § 4 TVG Altersteilzeit Nr 10) keinen Anspruch auf Entscheidung nach billigem Ermessen, wenn ein TV dem AG die Entscheidung überlässt, ob er einen ATZ-Arbeitsvertrag abschließen will. Auf jeden Fall, darf der AG keine Entscheidung treffen, die gegen Benachteiligungsverbote verstößt oder sich als gegen Treu und Glauben verstoßend (§ 242 BGB) darstellt. Die Auswahl muss nach einheitlichen Kriterien erfolgen. Nicht zu beanstanden ist idR, wenn der, der als erster die Voraussetzungen für ATZ erfüllt, ggü denen bevorzugt wird, die diese erst später erfüllt haben. Dies gilt auch dann, wenn Letztere ihren Antrag auf Abschluss eines ATZ-Arbeitsvertrags früher gestellt haben. Gewährt der AG freiwillig mehr als 5 % seiner Belegschaft ATZ, 24 ist er an den Gleichbehandlungsgrundsatz gebunden. Bestimmt er einen **Stichtag** in der Zukunft, ab dem er weitere ATZ-Anträge ablehnen will, muss er diesen seinen AN bekannt machen (BAG 15.11.2011, 9 AZR 387/10, EzA SD 2012, Nr. 2, 15–16). Erfährt ein altersteilzeitberechtigter AN erst nach dem Stichtag von diesem, ist die Ablehnung seines verspäteten ATZ-Antrages sachlich nicht berechtigt. Er hat dann Anspruch auf Abschluss eines ATZ-Vertrages (BAG 15.4.2008, 9 AZR 111/07, EzA § 4 TVG Altersteilzeit Nr 27). IÜ besteht kein Anspruch auf Abschluss eines ATZ-Vertrages, wenn keine tariflichen oder BV-Regelungen bestehen.

25 Streitwert einer Klage auf Abschluss eine ATZ-Vertrages: Vierteljahresentgelt (§ 42 IV 1 GKG) (LAG Köln 28.1.2009, 2 Sa 875/08; LAG Hamburg 15.2.2012, 1 Sa 31/11). Das überzeugt nur für den Fall, dass durch den Altersteilzeitarbeitsvertrag ein vorzeitiges Ende des Arbeitsverhältnisses geregelt wird. Ansonsten sollten die Grundsätze über die Änderungskündigungsschutzklage entsprechend herangezogen werden (LAG Hamm 17.8.2007, 6 Ta 444/07; GK-ArbGG/Schleusener § 12 Rn 196). Nach dem jüngst veröffentlichten Streitwertkatalog der LAG (NZA 2013, 810) soll der Streitwert die 36-fache Monatsdifferenz, maximal die Vergütung für ein Vierteljahr betragen.

§ 4 Leistungen

(1) Die Bundesagentur erstattet dem Arbeitgeber für längstens sechs Jahre
1. den Aufstockungsbetrag nach § 3 Abs. 1 Nr. 1 Buchstabe a in Höhe von 20 vom Hundert des für die Altersteilzeitarbeit gezahlten Regelarbeitsentgelts und
2. den Betrag, der nach § 3 Abs. 1 Nr. 1 Buchstabe b geleistet worden ist, der auf den Betrag entfällt, der sich aus 80 vom Hundert des Regelarbeitsentgelts für die Altersteilzeitarbeit ergibt, jedoch höchstens des auf den Unterschiedsbetrag zwischen 90 vom Hundert der monatlichen Beitragsbemessungsgrenze und dem Regelarbeitsentgelt entfallenden Beitrags.

(2) ¹Bei Arbeitnehmern, die nach § 6 Abs. 1 Satz 1 Nr. 1 oder § 231 Abs. 1 und 2 des Sechsten Buches Sozialgesetzbuch von der Versicherungspflicht befreit sind, werden Leistungen nach Abs. 1 auch erbracht, wenn die Voraussetzung des § 3 Abs. 1 Nr. 1 Buchstabe b nicht erfüllt ist. ²Dem Betrag nach Abs. 1 Nr. 2 stehen in diesem Fall vergleichbare Aufwendungen des Arbeitgebers bis zur Höhe des Beitrags gleich, den die Bundesagentur nach Absatz 1 Nr. 2 zu tragen hätte, wenn der Arbeitnehmer nicht von der Versicherungspflicht befreit wäre.

Übersicht	Rdn.			Rdn.
A. Grundsatz	1	D.	Festlegung des Erstattungsbetrages	5
B. Anspruchsvoraussetzungen	2	E.	Nicht versicherungspflichtige AN in ATZ (II)	6
C. Erstattung der Aufstockungsbeträge (I Nr 1) und Zusatzbeiträge (I Nr 2)	3			

1 **A. Grundsatz.** Es handelt sich um eine **abschließende Regelung** bzgl der Leistungen, auf die der AG ggü der BA Anspruch hat. Das sind Erstattung des Aufstockungsbetrags (§ 3 I 1 Nr 1a) und der zusätzlichen Beiträge zur Rentenversicherung (§ 3 I 1 Nr 1b).

2 **B. Anspruchsvoraussetzungen.** Anspruchsvoraussetzungen sind: 1. Vereinbarung eines nach § 2 zulässigen ATZ-Arbeitverhältnisses; 2. Wiederbesetzung der Stelle mit einem Arbeitslosen (§ 3 I 1 Nr 2a) oder in Betrieben mit nicht mehr als 50 AN mit einem Auszubildenden (§ 3 I 1 Nr 2b); 3. Tatsächliche Erbringung der Aufstockungsleistungen durch den AG; 4. Schriftlicher Leistungsantrag des AG und Bewilligung durch die BA (§ 12).

3 **C. Erstattung der Aufstockungsbeträge (I Nr 1) und Zusatzbeiträge (I Nr 2).** Es wird nur der gesetzliche Mindestaufstockungsbetrag nach § 3 I 1 Nr 1a erstattet. Zusätzliche Beträge sind nicht erstattungsfähig, selbst wenn diese aufgrund tariflicher Verpflichtung gewährt werden. Die Erstattung beginnt erst mit der Wiederbesetzung des Arbeitsplatzes. Das gilt auch bei ATZ im Blockmodell (§ 12 III 1). Bei diesem tritt der AG mit seinen Zusatzleistungen in Vorlage und erhält dann mit Beginn der Freistellungsphase und Wiedereinstellung eine Erstattung auch für die zurückliegende Zeit der Arbeitsphase (§ 12 III 3 u 4). Der AG kann aber gem § 12 I 3 bei der BA beantragen, dass diese ihm vorab bestätigt, ob der AN in ATZ dem begünstigten Personenkreis nach § 2 unterfällt und die Fördervoraussetzungen vorliegen, falls eine zulässige Wiederbesetzung iSd § 3 I 1 Nr 2 und 3 vorgenommen wird.

Auch die Aufstockung »weiterer Entgeltbestandteile« iSd § 3 I 1 Nr 1a ist erstattungsfähig (DA-BA(AtG) 4.1 Abs 4). 4

D. Festlegung des Erstattungsbetrages. Die Erstattung erfolgt in monatlichen Festbeträgen für die **Dauer von höchstens 6 Jahren.** Diese werden durch die BA zu Beginn des Erstattungsverfahrens für den gesamten Förderzeitraum festgelegt (§ 12 II 1) und jeweils am Monatsende ausgezahlt (§ 12 II 3). Eine Anpassung der Festbeträge erfolgt nur, wenn sich das berücksichtigungsfähige Regelarbeitsentgelt (§ 6 I) um mind 10 Euro verringert. Damit gehen Erhöhungen des Regelarbeitsentgelts, zB aufgrund TV, die zu einer Mehrbelastung des AG führen, zu dessen Lasten. 5

E. Nicht versicherungspflichtige AN in ATZ (II). Erbringt der AG für AN, die von der gesetzlichen Rentenversicherungspflicht befreit sind, Aufstockungsleistungen zu deren Altersvorsorge, zB Beiträge zu einer berufsständischen Versorgungseinrichtung, so sind diese erstattungsfähig, aber nur bis zur Höhe der gesetzlichen Aufstockungsbeträge nach § 3 I 1 Nr 1b. 6

§ 5 Erlöschen und Ruhen des Anspruchs

(1) Der Anspruch auf die Leistungen nach § 4 erlischt
1. mit Ablauf des Kalendermonats, in dem der Arbeitnehmer die Altersteilzeitarbeit beendet hat,
2. mit Ablauf des Kalendermonats vor dem Kalendermonat, für den der Arbeitnehmer eine Rente wegen Alters oder, wenn er von der Versicherungspflicht in der gesetzlichen Rentenversicherung befreit ist, das 65. Lebensjahr vollendet hat oder eine der Rente vergleichbare Leistung einer Versicherungs- oder Versorgungseinrichtung oder eines Versicherungsunternehmens beanspruchen kann; dies gilt nicht für Renten, die vor dem für den Versicherten maßgebenden Rentenalter in Anspruch genommen werden können oder
3. mit Beginn des Kalendermonats, für den der Arbeitnehmer eine Rente wegen Alters, eine Knappschaftsausgleichsleistung, eine ähnliche Leistung öffentlich-rechtlicher Art oder, wenn er von der Versicherungspflicht in der gesetzlichen Rentenversicherung befreit ist, eine vergleichbare Leistung einer Versicherungs- oder Versorgungseinrichtung oder eines Versicherungsunternehmens bezieht.

(2) ¹Der Anspruch auf die Leistungen besteht nicht, solange der Arbeitgeber auf dem freigemachten oder durch Umsetzung freigewordenen Arbeitsplatz keinen Arbeitnehmer mehr beschäftigt, der bei Beginn der Beschäftigung die Voraussetzungen des § 3 Abs. 1 Nr. 2 erfüllt hat. ²Dies gilt nicht, wenn der Arbeitsplatz mit einem Arbeitnehmer, der diese Voraussetzungen erfüllt, innerhalb von drei Monaten erneut wiederbesetzt wird oder der Arbeitgeber insgesamt für vier Jahre die Leistungen erhalten hat.

(3) ¹Der Anspruch auf die Leistungen ruht während der Zeit, in der der Arbeitnehmer neben seiner Altersteilzeitarbeit Beschäftigungen oder selbständige Tätigkeiten ausübt, die die Geringfügigkeitsgrenze des § 8 des Vierten Buches Sozialgesetzbuch überschreiten oder auf Grund solcher Beschäftigungen eine Entgeltersatzleistung erhält. ²Der Anspruch auf die Leistungen erlischt, wenn er mindestens 150 Kalendertage geruht hat. ³Mehrere Ruhenszeiträume sind zusammenzurechnen. ⁴Beschäftigungen oder selbständige Tätigkeiten bleiben unberücksichtigt, soweit der altersteilzeitarbeitende Arbeitnehmer sie bereits innerhalb der letzten fünf Jahre vor Beginn der Altersteilzeitarbeit ständig ausgeübt hat.

(4) ¹Der Anspruch auf die Leistungen ruht während der Zeit, in der der Arbeitnehmer über die Altersteilzeitarbeit hinaus Mehrarbeit leistet, die den Umfang der Geringfügigkeitsgrenze des § 8 des Vierten Buches Sozialgesetzbuch überschreitet. ²Absatz 3 Satz 2 und 3 gilt entsprechend.

(5) § 48 Abs. 1 Nr. 3 des Zehnten Buches Sozialgesetzbuch findet keine Anwendung.

Übersicht	Rdn.		Rdn.
A. Erlöschen des Anspruchs des AG auf Leistungen der BA nach § 4	1	I. Fehlende Wiederbesetzung	7
I. Beendigung des ATZ-Arbeitverhältnisses (I Nr 1 Alt 1)	1	II. Nebenbeschäftigung oder selbstständige Tätigkeit des AN (III)	10
II. Anspruch auf Rente (I Nr 2)	2	III. Mehrarbeit des AN (IV)	14
III. Tatsächlicher Bezug einer Rente (I Nr 3) . . .	5	IV. Mitteilungspflicht des AN	16
B. Ruhen des Anspruchs des AG auf Leistungen der BA nach § 4 (II)	7	V. Aufhebung der Bewilligung der Förderleistungen durch die BA (V)	17

§ 5 ATZG Erlöschen und Ruhen des Anspruchs

A. Erlöschen des Anspruchs des AG auf Leistungen der BA nach § 4.   I. Beendigung des ATZ-Arbeit-
1 **verhältnisses (I Nr 1 Alt 1).** Trotz des unklaren Wortlauts erlischt der Förderanspruch unabhängig vom Grund für die Beendigung des ATZ-Arbeitverhältnisses. Infrage kommen damit: Tod des AN, Kdg durch AG oder AN, Aufhebungsvertrag, Ablauf der Befristung, Rückkehr in ein Vollzeit-AV.

2 **II. Anspruch auf Rente (I Nr 2).** Der Anspruch auf Förderung erlischt, wenn der AN einen Rentenanspruch wegen Alters aus der gesetzlichen Rentenversicherung hat. Ob er die Rente tatsächlich bezieht, ist ohne Bedeutung. Infrage kommen (§§ 33 II SGB VI): Regelaltersrente, Altersrente für langjährig Versicherte, Altersrente für schwerbehinderte Menschen, Altersrente für besonders langjährig Versicherte, Altersrente für Bergleute, Altersrente wegen Arbeitslosigkeit oder nach ATZ, Altersrente für Frauen. Nach dem mit Wirkung zum 1.7.2014 in das Gesetz eingefügten § 15h erlischt abweichend von I Nr 2 der Anspruch auf die Leistungen nach § 4 nicht, wenn mit der Altersteilzeit vor dem 1.1.2010 begonnen worden ist und die Voraussetzungen für einen Anspruch auf eine Rente für besonders langjährig Versicherte nach § 236b SGB VI erfüllt sind. Die Möglichkeit, eine Rente schon vorzeitig, aber mit Abschlägen, in Anspruch zu nehmen, führt nicht zum Erlöschen der Förderung (I Nr 2 Hs 2). Zeitpunkt des Erlöschens des Förderungsanspruchs ist der Ablauf des Kalendermonats, der dem Kalendermonat, für den der Rentenanspruch entsteht, vorausgeht. Auf diesen Zeitpunkt kann das Altersteilzeitarbeitsverhältnis wirksam befristet werden (BAG 27.4.2004, 9 AZR 18/03, EzA § 4 TVG Altersteilzeit Nr 12).

3 Der Anspruch auf Rente wegen **voller Erwerbsminderung** (§ 43 SGB VI) führt zur Versicherungsfreiheit in der gesetzlichen Arbeitslosenversicherung (§ 28 I Nr 3 SGB III) und damit wegen § 2 I 1 Nr 2 ebenfalls zum Wegfall der Förderungsvoraussetzungen.

4 Ist der AN von der gesetzlichen **Rentenversicherungspflicht befreit**, erlischt der Förderanspruch mit Ablauf des Monats vor dem Monat, für den er einen mit den Leistungen der gesetzlichen Rentenversicherung vergleichbaren Anspruch auf Regelleistungen zur Alterssicherung erwirbt (zB aus einem berufsständischen Versorgungswerk oder einer privaten Versicherung) oder in dem er das 65. Lebensjahr vollendet hat. Hat er am Monatsersten Geburtstag, vollendet er sein 65. Lebensjahr am Monatsletzten des Vormonats (§§ 187 II 2, 188 II BGB), sodass zu diesem Termin sein ATZ-Arbeitverhältnis endet.

5 **III. Tatsächlicher Bezug einer Rente (I Nr 3).**   Bezieht der AN tatsächlich eine der genannten Renten, so erlischt der Förderanspruch unabhängig davon, ob der AN wegen vorzeitigen Rentenbezugs Abschläge hinnehmen muss. »Ähnliche Leistung öffentl-rechtl Art« sind Leistungen, welche die gleichen gemeinsamen und typischen Merkmale aufweisen wie die in § 5 aufgeführten Altersruhegelder aus der gesetzlichen Rentenversicherung. Hierunter fallen nur ab Erreichen einer bestimmten Altersgrenze gezahlte Lohnersatzleistungen, die ihrer Gesamtkonzeption nach so bemessen sind, dass iA der Lebensunterhalt sichergestellt ist (BAG 24.3.1992, 9 AZR 451/90, EzA § 2 VRG Bauindustrie Nr 8). Außerdem müssen sie aufgrund öffentl-rechtl Regelungen gewährt werden. Darunter fallen insb ausländische Altersrenten (DA-BA(ATG) § 5 Nr 5.3 Abs 1). Der Förderanspruch erlischt auch, wenn der AN eine Rente gem § 42 SGB VI nur als Teilrente in Anspruch nimmt.

6 Von der gesetzlichen Rentenversicherungspflicht freigestellte AN werden wie im Fall des I Nr 2 gleichgestellt, sobald sie eine vergleichbare Altersversorgung beziehen.

7 **B. Ruhen des Anspruchs des AG auf Leistungen der BA nach § 4 (II).   I. Fehlende Wiederbesetzung.**   Der Erstattungsanspruch ruht, wenn der AG auf dem freigemachten oder durch Umsetzung freigewordenen Arbeitsplatz keinen AN »mehr« beschäftigt. Dh, die Regelung greift nur, wenn ursprünglich eine wirksame Wiederbesetzung iSd § 3 I 1 Nr 2 vorgelegen hatte. Ohne Bedeutung ist, warum der AN wieder ausgeschieden ist. Unschädlich ist, wenn der Wiederbesetzer aufgrund gesetzlicher Regelungen zeitweise nicht beschäftigt wird (zB Elternzeit, Beschäftigungsverbote nach dem MuSchG).

8 Wird der Arbeitsplatz innerhalb von 3 Monaten mit einem AN wieder besetzt, der die Voraussetzungen des § 3 I 1 Nr 2 erfüllt, so tritt kein Ruhen des Förderanspruchs ein (II 2); der AG erhält dann die Förderung auch für die Zeit, in welcher der Arbeitsplatz nicht besetzt war. Scheidet der Wiederbesetzer erneut aus, gilt der 3-Monats-Zeitraum für eine Wiedereinstellung erneut.

9 Das Ruhen des Förderanspruches tritt nicht ein, wenn der Wiederbesetzer erst ausscheidet, nachdem der AG die Förderleistungen für insgesamt 4 Jahre erhalten hat. Das bedeutet, dass beim Blockmodell ein 2-jähriger Leistungsbezug ausreicht, weil dieser für die zurückliegenden 2 Jahre mitgewährt, dh in doppelter Höhe ausgezahlt wurde (DA-BA(ATG) § 5 Nr 5.1 Abs 4).

10 **II. Nebenbeschäftigung oder selbstständige Tätigkeit des AN (III).**   Der Anspruch des AG auf Erstattungsleistungen der BA ruht für die Zeiten, in denen der AN in ATZ Nebenbeschäftigungen oder selbstständige Tätigkeiten ausübt, welche die Geringfügigkeitsgrenze des § 8 SGB IV überschreiten oder wenn

er aufgrund solcher Beschäftigungen eine Entgeltersatzleistung (zB Teilarbeitslosengeld, Kurzarbeitergeld, Winterausfallgeld) erhält. Der Ruhenstatbestand ist vor dem Hintergrund zu sehen, dass die Arbeitnehmer durch die Altersteilzeit dauerhaft zur Entlastung des Arbeitsmarkts beitragen sollen (BT-Drucks. 13/4336 S. 19). Dieser Zweck würde vereitelt, wenn der Arbeitnehmer neben der Altersteilzeit anderweitig tätig wird und damit in diesem Umfang die Erwerbstätigkeit eines Arbeitssuchenden verhindert (BAG, 15.10.2013, 9 AZR 256/12, JurionRS 2013, 54892).

Unberücksichtigt bleiben allerdings solche Beschäftigungen, die der AN bereits innerhalb der letzten 5 Jahre vor Beginn der ATZ ständig ausgeübt hat (III 4). Diese Beschäftigungen können förderunschädlich auch in erweitertem Umfang während des ATZ-Arbeitsverhältnisses ausgeübt werden. Es handelt sich um eine **Bestandsschutzregelung**. Die betroffenen AN sollen nicht gezwungen werden, durch die Vereinbarung von Altersteilzeitarbeitsverhältnissen auf ihre bisherigen, ihren Lebensstandard prägenden Nebeneinnahmen verzichten zu müssen. Dieser Zweck gebietet eine weite Auslegung des Begriffs »ständig«. Damit sind allenfalls bisherige Tätigkeiten ausgeschlossen, die nur vereinzelt und damit nicht den Lebensstandard prägend ausgeübt wurden (BAG, 15.10.2013, 9 AZR 256/12, JurionRS 2013, 54892). Die Nebentätigkeiten dürfen aber nicht zur eigentlichen Haupterwerbsquelle des AN werden, da dann das ATZ-Arbeitsverhältnis zur »Nebenbeschäftigung« würde. Unschädlich ist es jedoch, wenn neben einer privilegierten Beschäftigung nach III 4 eine Nebenbeschäftigung ausgeübt wird, welche die Geringfügigkeitsgrenze (III 1) nicht übersteigt. 11

Hat der Anspruch des AG auf Förderleistungen durch die BA wegen Nebenbeschäftigungen oder selbstständiger Tätigkeiten des AN **mind 150 Kalendertage geruht, erlischt er völlig** (III 2). Diese Beschäftigungen müssen nicht zusammenhängend ausgeübt worden sein. Es erfolgt eine Addition der einzelnen Ruhenszeiten (III 3). 12

Der AG kann sich gegen den Verlust der Förderleistungen wegen Nebenbeschäftigungen des AN während der ATZ dadurch absichern, dass er im ATZ-Arbeitsvertrag entweder ein Verbot von Nebentätigkeiten über der Geringfügigkeitsgrenze vereinbart (DLW/Hoß, Kap 7 Rn 282) oder der Anspruch des AN auf Aufstockungsleistungen nach § 3 I 1 Nr 1 unter der Bedingung vereinbart wird, dass der Anspruch auf Förderleistungen durch die BA nicht wegen einer Nebentätigkeit des AN erlischt (DLW/Hoß, Kap 7 Rn 266). 13

III. Mehrarbeit des AN (IV). Leistet der AN während des ATZ-Arbeitsverhältnisses bei seinem AG Mehrarbeit, die den Umfang der Geringfügigkeitsgrenze des § 8 SGB IV übersteigt, so ruht der Anspruch des AG auf Förderleistungen der BA in gleicher Weise wie im Fall des III. Die für Nebentätigkeiten iSd III erzielten Entgelte werden nicht mit denjenigen aufgrund von Mehrarbeit iSd IV addiert. Allerdings gilt die Privilegierung des III 4 nicht. 14

Es ist unschädlich, wenn die Mehrarbeit im Laufe des ATZ-Arbeitsverhältnisses durch Freizeit ausgeglichen wird. Hierfür verlangt die BA einen plausiblen Plan zum Abbau der Mehrarbeit oder eine konkrete arbeitsvertragliche Regelung (DA-BA(ATG) § 2 Nr 2.2 Abs 10). So ist es zB zulässig, die Mehrarbeit einem Arbeitszeitkonto gutzuschreiben und diese Gutschrift zur Verkürzung der Arbeitsphase beim Blockmodell zu verwenden. Während der Freistellungsphase scheidet zulässige Mehrarbeit bereits begrifflich aus. 15

IV. Mitteilungspflicht des AN. Übt der AN Nebenbeschäftigungen oder selbstständige Tätigkeiten aus, die nach II zu einem Ruhen des Anspruches des AG auf Leistungen der BA nach § 4 führen, so hat er den AG oder ggf eine bestehende Ausgleichskasse bzw gemeinsame Einrichtung der TV-Parteien unverzüglich darüber zu unterrichten (§ 11 I). Die BA verlangt iRd Antragsverfahrens nach § 12 die Bestätigung des AG, dass er den AN auf dessen Pflichten nach § 11 hingewiesen hat (DA-BA(ATG) § 11 Nr 11 Abs 1). Der vorsätzliche oder fahrlässige Verstoß gegen diese Pflicht kann als Ordnungswidrigkeit geahndet werden (§ 14 I Nr 1). 16

V. Aufhebung der Bewilligung der Förderleistungen durch die BA (V). Hatte die BA Leistungen nach § 4 an den AG aufgrund eines Bescheides nach § 12 gewährt, waren aber wegen Nebenbeschäftigung des AN die Anspruchsvoraussetzungen für diese nicht (mehr) gegeben, so bestünde nach der Regelung des § 48 I 2 Nr 3 SGB X (Soll-Vorschrift) die Möglichkeit, den Bewilligungsbescheid nicht nur für die Zukunft, sondern bereits rückwirkend zu dem Zeitpunkt aufzuheben, zu dem der AN die Nebeneinkünfte erzielt hat. Diese Möglichkeit ist jedoch nach IV ausgeschlossen. Wusste der AG jedoch von den Nebeneinkünften oder hatte er aufgrund Verletzung der erforderlichen Sorgfalt in bes schwerem Maße von diesen keine Kenntnis, so kommt nach § 48 I 2 Nr 4 SGB X eine rückwirkende Aufhebung des Bewilligungsbescheides mit entspr Rückzahlungspflicht (§ 50 SGB X) in Betracht. 17

§ 6 Begriffsbestimmungen

(1) ¹Das Regelarbeitsentgelt für die Altersteilzeitarbeit im Sinne dieses Gesetzes ist das auf einen Monat entfallende vom Arbeitgeber regelmäßig zu zahlende sozialversicherungspflichtige Arbeitsentgelt, soweit es die Beitragsbemessungsgrenze des Dritten Buches Sozialgesetzbuch nicht überschreitet. ²Entgeltbestandteile, die nicht laufend gezahlt werden, sind nicht berücksichtigungsfähig.

(2) ¹Als bisherige wöchentliche Arbeitszeit ist die wöchentliche Arbeitszeit zugrunde zu legen, die mit dem Arbeitnehmer vor dem Übergang in die Altersteilzeitarbeit vereinbart war. ²Zugrunde zu legen ist höchstens die Arbeitszeit, die im Durchschnitt der letzten 24 Monate vor dem Übergang in die Altersteilzeit vereinbart war. ³Die ermittelte durchschnittliche Arbeitszeit kann auf die nächste volle Stunde gerundet werden.

Übersicht	Rdn.		Rdn.
A. Regelarbeitsentgelt (I)	1	B. Bisherige wöchentliche Arbeitszeit (II)....	5

1   **A. Regelarbeitsentgelt (I).** Dieser seit 1.7.2004 in das Gesetz aufgenommene Begriff wird in einer Reihe von Bestimmungen verwendet (§§ 3 I 1 Nr 1a, 4 I Nr 1 u 2, 8a I 1, 12 II 2). Es ist grundsätzlich eine Frage der Auslegung der Versorgungsordnung, ob im Rahmen der Berechnung einer betrieblichen Altersversorgung auch das Regelarbeitsentgelt oder zB das letzte Entgelt vor der ATZ zugrunde zu legen ist (BAG 17.4.2012, 3 AZR 280/10, BetrAV 2012, 632). I definiert das Regelarbeitsentgelt für die ATZ als das auf einen Monat entfallende vom AG regelmäßig zu zahlende sozialversicherungspflichtige Arbeitsentgelt, soweit es die **Beitragsbemessungsgrenze des SGB III** (s § 341 IV iVm Anl 2 zu SGB VI) **nicht übersteigt**. Was zum sozialversicherungspflichtigen Arbeitsentgelt zählt, bestimmt § 14 SGB IV iVm der Sozialversicherungsentgeltverordnung.

2   Zum Regelarbeitsentgelt zählen vermögenswirksame Leistungen, Prämien, Zulagen, Zuschläge für Arbeit zu bestimmten Zeiten, Pauschalvergütungen für Bereitschaftsdienst oder Arbeitsbereitschaft oder geldwerte Sachbezüge, sofern diese Leistungen regelmäßig gewährt werden und **nicht steuerfrei** sind (§ 1 SvEV). Zu beachten ist insb die teilw Befreiung der Nacht-, Sonn- und Feiertagszuschläge von der Einkommensteuer (§ 3b I EStG). Unschädlich ist, wenn der AN in einzelnen Monaten die Zulagen begründende Tätigkeit tatsächlich nicht ausübt (DA-BA(ATG) § 3 Nr 3.1.1 Abs 5).

3   Zum Regelarbeitsentgelt gehören auch im Abrechnungszeitraum angefallene Zulagen, deren Anfall nicht von vornherein feststand, wenn eine auf 3 Monate bezogene Rückschau ergibt, dass in diesen die Zulagen durchgehend angefallen sind. Dann gelten sie (nur) im jeweiligen Abrechnungsmonat als Bestandteil des Regelarbeitsentgelts. Volle Monate einer Abwesenheit des AN (Urlaub, Krankheit) werden bei der Festlegung des 3-Monats-Zeitraumes ausgeklammert (DA-BA(ATG) § 3 Nr 3.1.1 Abs 6).

4   Zum Regelarbeitsentgelt zählen insb keine Einmalzahlungen (I 2). Werden solche – wie zB Weihnachts- oder Urlaubsgeld – jedoch anteilig auf die regelmäßige Monatsvergütung umgelegt, zählen sie dazu. Ebenso wenig werden Entgelte berücksichtigt, die nicht für die vereinbarte Arbeit gezahlt werden, wie zB Überstundenvergütungen. Unzulässig ist es, wenn der AG seinen voll- und teilzeitbeschäftigten AN eine jährliche Leistungsprämie gewährt, AN in einem ATZ-Arbeitsverhältnis davon aber grundlos ausnimmt (BAG 24.10.2006, 9 AZR 681/05, EzA § 611 BGB 2002 Gratifikation, Prämien Nr 19).

5   **B. Bisherige wöchentliche Arbeitszeit (II).** Unter diesem in § 2 I 1 Nr 2, II 1 Nr 1, III 1 verwendeten Begriff wird die wöchentliche Arbeitszeit verstanden, die mit dem AN vor dem Übergang in die ATZ-Arbeit vereinbart war. »Vereinbart« ist die tatsächlich geschuldete Arbeitszeit, wie sie sich aus den anzuwendenden arbeitsvertraglichen Regelungen, zu denen auch tarifliche zählen, ergibt (BAG 18.8.2009, 9 AZR 482/08, NZA 2010, 503; BAG 11.6.2013, 9 AZR 758/11, EzA § 6 ATG Nr 3). War diese während der letzten 24 Monate vor dem Übergang in die ATZ unverändert, bestehen auch keine Besonderheiten. War jedoch in diesem Zeitraum eine Arbeitszeit in unterschiedlicher Höhe vereinbart, so ist der Durchschnitt der letzten 24 Monate zu errechnen. Ist dieser geringer als die Letzte vor dem Übergang in die ATZ vereinbarte Arbeitszeit, so ist dieser Durchschnitt zugrunde zu legen (II 2). Die im Rahmen des Gesetzes zur Fortentwicklung der Altersteilzeit vom 20. Dezember 1999 geschaffene Vorschrift soll Missbräuche durch eine vorübergehende Anhebung der Arbeitszeit vor Beginn der Altersteilzeitarbeit ausschließen (BT-Drucks. 14/3392 S. 7). Zeiträume, in denen der AN Sonderurlaub hatte, bleiben dabei außer Betracht, da während desselben die Arbeitszeit nicht vertraglich auf »Null« verringert wurde (BAG 1.10.2002, 9 AZR 278/02, EzA § 6 ATG Nr 1). Gleichfalls bleiben Zeiten außer Ansatz, für die der AN Entgeltersatzleistungen iSd 26 II SGB III, wie zB Krankengeld, Versorgungskrankengeld, bezogen hat. Auch Kurzarbeit wird nicht berücksichtigt. Diese nicht zu berücksichtigenden Zeiten verlängern nicht den Referenzzeitraum von 24 Monaten (DA-BA(ATG)

§ 6 Nr 6.2 Abs 2). Überstunden können schon begrifflich nicht als »vereinbarte« wöchentliche Arbeitszeit gelten. Sog planmäßige Mehrarbeit von Lehrkräften stellt dagegen vereinbarte Arbeitszeit dar (BAG 19.5.2009, 9 AZR 145/08, ZTR 2009, 487). Den ermittelten Durchschnittswert können die Vertragsparteien auf die nächste volle Stunde auf- oder abrunden (II 3); die Regeln über die kaufmännische Rundung gelten nicht (DA-BA(ATG) 2.2 Abs 2).

§ 7 Berechnungsvorschriften

(1) ¹Ein Arbeitgeber beschäftigt in der Regel nicht mehr als 50 Arbeitnehmer, wenn er in dem Kalenderjahr, das demjenigen, für das die Feststellung zu treffen ist, vorausgegangen ist, für einen Zeitraum von mindestens acht Kalendermonaten nicht mehr als 50 Arbeitnehmer beschäftigt hat. ²Hat das Unternehmen nicht während des ganzen nach Satz 1 maßgebenden Kalenderjahrs bestanden, so beschäftigt der Arbeitgeber in der Regel nicht mehr als 50 Arbeitnehmer, wenn er während des Zeitraums des Bestehens des Unternehmens in der überwiegenden Zahl der Kalendermonate nicht mehr als 50 Arbeitnehmer beschäftigt hat. ³Ist das Unternehmen im Laufe des Kalenderjahrs errichtet worden, in dem die Feststellung nach Satz 1 zu treffen ist, so beschäftigt der Arbeitgeber in der Regel nicht mehr als 50 Arbeitnehmer, wenn nach der Art des Unternehmens anzunehmen ist, dass die Zahl der beschäftigten Arbeitnehmer während der überwiegenden Kalendermonate dieses Kalenderjahrs 50 nicht überschreiten wird.
(2) ¹Für die Berechnung der Zahl der Arbeitnehmer nach § 3 Abs. 1 Nr. 3 ist der Durchschnitt der letzten zwölf Kalendermonate vor dem Beginn der Altersteilzeitarbeit des Arbeitnehmers maßgebend. ²Hat ein Betrieb noch nicht zwölf Monate bestanden, ist der Durchschnitt der Kalendermonate während des Zeitraums des Bestehens des Betriebes maßgebend.
(3) ¹Bei der Feststellung der Zahl der beschäftigten Arbeitnehmer nach Absatz 1 und 2 bleiben schwerbehinderte Menschen und Gleichgestellte im Sinne des Neunten Buches Sozialgesetzbuch sowie Auszubildende außer Ansatz. ²Teilzeitbeschäftigte Arbeitnehmer mit einer regelmäßigen wöchentlichen Arbeitszeit von nicht mehr als 20 Stunden sind mit 0,5 und mit einer regelmäßigen wöchentlichen Arbeitszeit von nicht mehr als 30 Stunden mit 0,75 zu berücksichtigen.
(4) Bei der Ermittlung der Zahl der in Altersteilzeitarbeit beschäftigten Arbeitnehmer nach § 3 Abs. 1 Nr. 3 sind schwerbehinderte Menschen und Gleichgestellte im Sinne des Neunten Buches Sozialgesetzbuch zu berücksichtigen.

Übersicht	Rdn.		Rdn.
A. Grundsatz...................	1	C. Überforderungsklausel...............	6
B. Kleinbetriebsklausel................	2		

A. Grundsatz. Die Vorschrift dient ausschl der Berechnung der Beschäftigtenzahlen iRd § 3 I. 1

B. Kleinbetriebsklausel. I 1 bestimmt, wann ein Unternehmen idR nicht mehr als 50 AN iSd § 3 I 2 1 Nr 2b beschäftigt. Abzustellen ist auf das Vorjahr des für die Berechnung maßgeblichen Kalenderjahres, das sog Referenzjahr. In diesem darf er für einen Zeitraum von mind 8 Kalendermonaten, die nicht zusammenhängen müssen (DA-BA(ATG) § 7 Nr 7.1 Abs 2), nicht mehr als 50 AN beschäftigt haben. Sind in einem Kalendermonat auch nur an einigen Tagen über 50 AN beschäftigt worden, so zählt dieser nicht mit. Ist die Zahl von 8 Kalendermonaten erfüllt, so ist es unschädlich, wenn in der übrigen Zeit wesentlich mehr AN beschäftigt wurden. Keine Durchschnittsberechnung!

I 2 regelt den Fall, dass das Unternehmen nicht während des gesamten Referenzjahres bestanden hat. Das 3 ist der Fall, wenn es im Laufe eines Kalenderjahres geschlossen wird. Für die Unternehmensgründung im Laufe des Kalenderjahres ist S 3 einschlägig. Danach beschäftigt er dann idR nicht mehr als 50 AN, wenn er während des Zeitraumes des Bestehens des Unternehmens in der überwiegenden Zahl der Kalendermonate nicht mehr als 50 AN beschäftigt hat.

I 3 legt für den Fall der Errichtung des Unternehmens während des laufenden Kalenderjahres eine pro- 4 gnostische Berechnungsweise fest. Wenn nach der Art des Unternehmens anzunehmen ist, dass die Zahl der beschäftigten AN während der überwiegenden Zahl der Kalendermonate dieses Kalenderjahres – nicht des Zeitraums des Bestehens des Unternehmens im Kalenderjahr! – 50 nicht überschreiten wird, so beschäftigt er idR nicht mehr als 50 AN in diesem Kalenderjahr. Dies hat der AG glaubhaft darzulegen (DA-BA(ATG) § 7 Nr 7.1 Abs 2).

§ 8 ATZG Arbeitsrechtliche Regelungen

5 Welche AN zu berücksichtigen sind, regelt III. Zwar bestimmt die DA-BA(ATG) § 7 Nr 7.1 Abs 2, dass im öffentl Dienst auch Beamte mitzuberücksichtigen sind, jedoch ist dies vom Wortlaut der Vorschrift nicht gedeckt.

6 **C. Überforderungsklausel.** II regelt die Berechnung, die der »5 %-Klausel« des § 3 I 1 Nr 3 zugrunde zu legen ist. Die Ermittlung der Zahl der beschäftigten AN richtet sich dabei ebenfalls nach III. Bei der Ermittlung der Zahl der in ATZ beschäftigten AN sind nach IV schwerbehinderte Menschen und Gleichgestellte iSd SGB IX jedoch mitzuberücksichtigen.

7 Zu beachten ist, dass hier nicht auf das Unternehmen, sondern auf den Betrieb abzustellen ist.

§ 8 Arbeitsrechtliche Regelungen

(1) Die Möglichkeit eines Arbeitnehmers zur Inanspruchnahme von Altersteilzeitarbeit gilt nicht als eine die Kündigung des Arbeitsverhältnisses durch den Arbeitgeber begründende Tatsache im Sinne des § 1 Abs. 2 Satz 1 des Kündigungsschutzgesetzes; sie kann auch nicht bei der sozialen Auswahl nach § 1 Abs. 3 Satz 1 des Kündigungsschutzgesetzes zum Nachteil des Arbeitnehmers berücksichtigt werden.
(2) ¹Die Verpflichtung des Arbeitgebers zur Zahlung von Leistungen nach § 3 Abs. 1 Nr. 1 kann nicht für den Fall ausgeschlossen werden, dass der Anspruch des Arbeitgebers auf die Leistungen nach § 4 nicht besteht, weil die Voraussetzung des § 3 Abs. 1 Nr. 2 nicht vorliegt. ²Das gleiche gilt für den Fall, dass der Arbeitgeber die Leistungen nur deshalb nicht erhält, weil er den Antrag nach § 12 nicht, nicht richtig, nicht vollständig oder nicht rechtzeitig gestellt hat oder seinen Mitwirkungspflichten nicht nachgekommen ist, ohne dass dafür eine Verletzung der Mitwirkungspflichten des Arbeitnehmers ursächlich war.
(3) Eine Vereinbarung zwischen Arbeitnehmer und Arbeitgeber über die Altersteilzeitarbeit, die die Beendigung des Arbeitsverhältnisses ohne Kündigung zu einem Zeitpunkt vorsieht, in dem der Arbeitnehmer Anspruch auf eine Rente wegen Alters hat, ist zulässig.

Übersicht	Rdn.		Rdn.
A. Verhältnis der ATZ zum BetrVG	1	C. Koppelungsverbot (II)	5
B. Kündigungsrechtl Besonderheiten	3	D. Zulässigkeit der Befristung (III)	6

1 **A. Verhältnis der ATZ zum BetrVG.** Bei der Begründung eines ATZ-Arbeitsverhältnisses im Einzelfall besteht kein Mitbestimmungsrecht des BR. Es liegt keine Einstellung (vgl BAG 25.1.2005, 1 ABR 59/03, EzA § 99 BetrVG 2001 Einstellung Nr 3; zum BPersVG: BVerwG 12.6.2001, 6 P 11.00, NZA 2001, 1091) oder Versetzung iSd § 99 I BetrVG vor. Die Einführung eines allg ATZ-Modells im Betrieb unterliegt jedoch nach § 87 I Nr 2 BetrVG der Mitbestimmung, sofern keine tariflichen Regelungen bestehen (str, s ErfK/*Rolfs* § 8 ATZG Rn 23).

2 AN in ATZ sind nach wie vor AN des Betriebes mit allen Rechten und Pflichten nach dem BetrVG. Dies gilt nicht mehr mit dem Eintritt in die Freistellungsphase bei ATZ im Blockmodell. Dann endet auch eine etwaige Mitgliedschaft in AN-Vertretungen (s AN-Vertreter im Aufsichtsrat BAG 25.10.2000, 7 ABR 18/00, EzA § 76 BetrVG; zur Mitgliedschaft im PersR BVerwG 15.5.2002, 6 P 8/01, BVerwGE 116, 242). AN in der Freistellungsphase sind nicht mehr »AN des Betriebs« iSd BetrVG (BAG 16.4.2003, 7 ABR 53/02, EzA § 9 BetrVG 2001 Nr 1). Zur Wahlberechtigung s § 7 BetrVG Rdn 4.

3 **B. Kündigungsrechtl Besonderheiten.** I stellt klar, dass die Möglichkeit, ATZ in Anspruch zu nehmen, keinen Kündigungsgrund iSd § 1 II 1 darstellt und im Fall betriebsbedingter Kdg auch nicht zulasten eines AN bei der sozialen Auswahl berücksichtigt werden darf. Dies gilt auch für Änderungskündigungen. Ansonsten darf der AN in ATZ bei Kdg bereits wegen § 4 I 1 TzBfG nicht wegen der ATZ benachteiligt werden. Vor einer Kündigung wegen der Inanspruchnahme von ATZ schützt § 612a BGB (KR-Friedrich § 13 KSchG Rn 305). IRd sozialen Auswahl bei betriebsbedingten Kdg darf der AN andererseits nicht wegen seiner ATZ bevorzugt werden.

4 Während der **Freistellungsphase** im Blockmodell ist eine betriebsbedingte Kdg – auch wegen Betriebsstilllegung – unzulässig. Das gilt auch für Kdg durch den Insolvenzverwalter (BAG 5.12.2002, 2 AZR 571/01, EzA § 1 KSchG Betriebsbedingte Kündigung Nr 125). Bei schweren Vertragsverletzungen des AN, die erst während der Freistellung bekannt oder begangen werden, kommt eine verhaltensbedingte Kdg infrage (zB Konkurrenztätigkeit).

5 **C. Koppelungsverbot (II).** Der AN soll seinen Anspruch auf die Aufstockungsleistungen durch den AG nicht dadurch verlieren, dass dieser die Erstattungsleistungen durch die BA nach § 4 aus Gründen nicht

erhält, die in seinen Verantwortungsbereich fallen. Deshalb verbietet II entgegenstehende Vereinbarungen. Nach hM sind jedoch abw Vereinbarungen zulässig, wenn die Erstattungsansprüche aus Gründen im Verantwortungsbereich des AN nicht entstehen oder entfallen (Diller NZA 1996, 847, 851; HWK/*Stindt/Nimscholz* § 8 ATZG Rn 10); zB wegen Eigenkündigung des AN oder Nebentätigkeiten in einem die Grenzen des § 5 III überschreitenden Umfange (s § 5 Rdn 13).

D. Zulässigkeit der Befristung (III). Diese Bestimmung lässt eine Befristung des ATZ-Arbeitsverhältnisses auf den Zeitpunkt zu, zu dem der AN eine Rente wegen Alters beanspruchen kann. Dies stellt eine Spezialregelung zu § 41 S 2 SGB VI dar, der eine solche Befristung nur dann als wirksam ansieht, wenn sie innerhalb von 3 Jahren vor dem Zeitpunkt des möglichen Rentenbezugs geschlossen oder durch den AN bestätigt worden ist. 6

Über die Regelung des III hinaus ist eine Befristung auch sachlich gerechtfertigt, wenn das ATZ-Arbeitsverhältnis zu dem Zeitpunkt enden soll, in dem der AN zwar keinen Anspruch auf eine Altersrente nach ATZ (§ 237 SGB VI) hat, aber einen auf die Regelaltersrente nach § 35 SGB VI oder im Fall der Befreiung von der Versicherungspflicht auf Leistungen einer Versicherungs- oder Versorgungseinrichtung oder eines Versicherungsunternehmens. Als Befristungsende kann also auch der Bezug der abschlagsfreien Altersrente für besonders langjährig Versicherte nach § 236b SGB VI vereinbart werden. Hat sich die Möglichkeit einer solchen Befristung erst im Nachhinein ergeben, besteht im Regelfall kein Anspruch auf Vertragsanpassung nach § 313 BGB (*Koch* BB 2014, 1589; *van Dorp* AuA 2016, 86). Die Befristung auf den Bezug einer Rente mit Abschlägen kann zu einer Benachteiligung von Frauen u schwerbehinderten Menschen führen. Das BAG hat die Benachteiligung von schwerbehinderten Menschen als gerechtfertigt angesehen (BAG 27.4.2004, 9 AZR 18/03, JurionRS 2004, 20770). Es wird aber bezweifelt, dass diese Rspr Bestand haben wird. Daher wird empfohlen, die Rente für Frauen sowie die Rente für schwerbehinderte Menschen vorsorglich in der Befristungsabrede auszunehmen (*Schwab/Teschabai* DB 2016, 530, 531). Die Befristung nach III kann auch in TV vereinbart werden (BAG 16.11.2005, 7 AZR 86/05, EzA § 8 ATG Nr 1). 7

Die Befristungsabrede ist hinreichend bestimmt, wenn kein konkretes Beendigungsdatum genannt ist, sondern allg als Beendigungszeitpunkt derjenige angegeben wird, zu dem der AN Anspruch auf Rente wegen Alters hat. Zu beachten ist, dass für Versicherte, die vor dem 1.1.1955 geboren sind u vor dem 1.1.2007 Altersteilzeitarbeit im Sinne der §§ 2 und 3 Abs. 1 Nr. 1 vereinbart haben, die Regelaltersgrenze nicht angehoben wird. 8

§ 8a Insolvenzsicherung

(1) ¹Führt eine Vereinbarung über die Altersteilzeitarbeit im Sinne von § 2 Abs. 2 zum Aufbau eines Wertguthabens, das den Betrag des Dreifachen des Regelarbeitsentgelts nach § 6 Abs. 1 einschließlich des darauf entfallenden Arbeitgeberanteils am Gesamtsozialversicherungsbeitrag übersteigt, ist der Arbeitgeber verpflichtet, das Wertguthaben einschließlich des darauf entfallenden Arbeitgeberanteils am Gesamtsozialversicherungsbeitrag mit der ersten Gutschrift in geeigneter Weise gegen das Risiko seiner Zahlungsunfähigkeit abzusichern; § 7e des Vierten Buches Sozialgesetzbuch findet keine Anwendung. ²Bilanzielle Rückstellungen sowie zwischen Konzernunternehmen (§ 18 des Aktiengesetzes) begründete Einstandspflichten, insbesondere Bürgschaften, Patronatserklärungen oder Schuldbeitritte, gelten nicht als geeignete Sicherungsmittel im Sinne des Satzes 1.

(2) Bei der Ermittlung der Höhe des zu sichernden Wertguthabens ist eine Anrechnung der Leistungen nach § 3 Abs. 1 Nr. 1 Buchstabe a und b und § 4 Abs. 2 sowie der Zahlungen des Arbeitgebers zur Übernahme der Beiträge im Sinne des § 187a des Sechsten Buches Sozialgesetzbuch unzulässig.

(3) ¹Der Arbeitgeber hat dem Arbeitnehmer die zur Sicherung des Wertguthabens ergriffenen Maßnahmen mit der ersten Gutschrift und danach alle sechs Monate in Textform nachzuweisen. ²Die Betriebsparteien können eine andere gleichwertige Art und Form des Nachweises vereinbaren; Absatz 4 bleibt hiervon unberührt.

(4) ¹Kommt der Arbeitgeber seiner Verpflichtung nach Absatz 3 nicht nach oder sind die nachgewiesenen Maßnahmen nicht geeignet und weist er auf schriftliche Aufforderung des Arbeitnehmers nicht innerhalb eines Monats eine geeignete Insolvenzsicherung des bestehenden Wertguthabens in Textform nach, kann der Arbeitnehmer verlangen, dass Sicherheit in Höhe des bestehenden Wertguthabens geleistet wird. ²Die Sicherheitsleistung kann nur erfolgen durch Stellung eines tauglichen Bürgen oder Hinterlegung von Geld oder solchen Wertpapieren, die nach § 234 Abs. 1 und 3 des Bürgerlichen Gesetzbuchs zur Sicherheitsleistung geeignet sind. ³Die Vorschriften der §§ 233, 234 Abs. 2, §§ 235 und 239 des Bürgerlichen Gesetzbuchs sind entsprechend anzuwenden.

§ 8a ATZG Insolvenzsicherung

(5) Vereinbarungen über den Insolvenzschutz, die zum Nachteil des in Altersteilzeitarbeit beschäftigten Arbeitnehmers von den Bestimmungen dieser Vorschrift abweichen, sind unwirksam.

(6) Die Absätze 1 bis 5 finden keine Anwendung gegenüber dem Bund, den Ländern, den Gemeinden, Körperschaften, Stiftungen und Anstalten des öffentlichen Rechts, über deren Vermögen die Eröffnung eines Insolvenzverfahrens nicht zulässig ist, sowie solchen juristischen Personen des öffentlichen Rechts, bei denen der Bund, ein Land oder eine Gemeinde kraft Gesetzes die Zahlungsfähigkeit sichert.

Übersicht	Rdn.		Rdn.
A. Grundsatz.	1	E. Nachweispflicht (III)	8
B. Voraussetzungen der Insolvenzsicherungspflicht (I)	4	F. Verletzung der Nachweispflicht (IV)	10
		G. Unabdingbarkeit (V)	11
C. Geeignete Sicherungsmittel (I 2)	5	H. Ausnahmen (VI).	12
D. Umfang der Sicherung (II)	7		

1 **A. Grundsatz.** Diese nachträglich in das Gesetz eingefügte Vorschrift gilt nur für ATZ-Arbeitsverhältnisse, die **seit dem 1.7.2004** begonnen haben. Sie hat nur Bedeutung für ATZ- Arbeitsverhältnisse im Blockmodell. Für **ältere** ATZ-Arbeitsverhältnisse galt nur § 7d SGB IV aF, der jedoch im Gegensatz zu § 8a kein Schutzgesetz iSd § 823 II BGB darstellte (BAG 13.12.2005, 9 AZR 436/04, EzA § 823 BGB 2002 Nr 4), dh eine unterbliebene oder unzulängliche Insolvenzsicherung durch eine juristische Person (zB GmbH, AG) führte nicht zur persönlichen Haftung des Organvertreters, wenn kein Fall des § 826 BGB vorlag (BAG 16.8.2005, 9 AZR 79/05, EzA § 823 BGB 2002 Nr 3). § 8a ist nur im Verhältnis zum AG Schutzgesetz iSd § 823 II BGB und begründet keine Durchgriffshaftung der gesetzlichen Vertreter des AG. Diese haften nur, wenn sie in ihrer Person alle Voraussetzungen für die deliktische Haftung erfüllen oder wenn eine bes haftungsrechtl Zurechnungsnorm eingreift (BAG 23.2.2010, 9 AZR 44/09, EzA § 823 BGB 2002 Nr 9). § 8a ist nunmehr lex specialis zu § 7e SGB IV (I 1 letzter HS; BT-Drs 16/10289 S 20). Die Durchgriffshaftung der organschaftlichen Vertreter nach § 7e VII 2 SGB IV findet daher bzgl der Insolvenzsicherung von Altersteilzeitguthaben keine Anwendung (LAG MV 11.2.2015, 3 Sa 107/14, bestätigt durch BAG 23.2.2016, 9 AZR 293/15; aA *Deinert* RdA 2014, 327, 328 ff). Ein Wertguthaben ist auch kein »sonstiges Recht« iSd § 823 I BGB (BAG 13.12.2005, 9 AZR 436/04, aaO).

2 Eine unterbliebene Insolvenzsicherung führt nicht zur Unwirksamkeit der übrigen Vereinbarungen über die ATZ. Der AN kann vielmehr gem IV Sicherheitsleistung verlangen.

3 Wird das **Insolvenzverfahren** während der Freistellungsphase eröffnet, stellen die Vergütungsansprüche des AN einfache Insolvenzforderungen nach § 108 II InsO dar (BAG 19.10.2004, 9 AZR 647/03, EzA § 613a BGB 2000 Nr 29; 23.2.2005, 10 AZR 600/03, EzA § 55 InsO Nr 7). Ansprüche aus einem ATZ-Arbeitsverhältnis im Blockmodell, die für die in der Insolvenz des AG liegende Arbeitsphase geschuldet werden, sind Masseverbindlichkeiten nach § 55 I Nr 2 InsO (BAG 23.2.2005, 10 AZR 602/03, EzA § 209 InsO Nr 4). Das gilt auch für die vom AG zu zahlenden Aufstockungsbeträge (BAG 19.10.2004, 9 AZR 647/03, EzA § 613a BGB 2000 Nr 29; 23.2.2005 aaO).

4 **B. Voraussetzungen der Insolvenzsicherungspflicht (I).** Das Entstehen einer Insolvenzsicherungspflicht setzt den Aufbau eines Wertguthabens voraus, welches das 3-fache Regelarbeitsentgelt nach § 6 I einschl des darauf entfallenden AG-Anteils am Gesamtsozialversicherungsbeitrags (s dort) übersteigt. Entscheidend ist, ob nach den vertraglichen Vereinbarungen die Überschreitung dieses Betrages zu erwarten ist. Ob es dann tatsächlich zur Überschreitung kommt, ist ohne Belang. Deshalb muss die Sicherung vorliegen, sobald der AN sein erstes Wertguthaben aufgebaut hat, dh idR nach dem ersten Arbeitsmonat.

5 **C. Geeignete Sicherungsmittel (I 2).** Das Gesetz schreibt keine bestimmte Art der Sicherung vor, schließt jedoch folgende Sicherungsmittel aus (I 2): Bilanzielle Rückstellungen, Einstandspflichten zwischen Konzernunternehmen iSd § 18 AktG, insb Bürgschaften, Patronatserklärungen, Schuldbeitritte.

6 Infrage kommen ua: Bürgschaften durch einen Bürgen mit ausreichender Bonität (nicht durch Konzernunternehmen!); Verpfändungsmodell; Kautionsversicherung (s *Grabmeier* Insolvenzschutz von Arbeitszeitkonten, 2003; *Hanau/Arteaga* BB 1998, 2054; *Podewin* RdA 2005, 295). Wird zur Absicherung eines Altersteilzeitguthabens eine sog. Doppeltreuhand vereinbart, ist die zugunsten des Arbeitnehmers vereinbarte Sicherungstreuhand idR insolvenzfest und begründet in der Insolvenz des Arbeitgebers (Treugebers) ein Absonderungsrecht an dem Sicherungsgegenstand (BAG, 18.7.2013, 6 AZR 47/12, EzA § 35 InsO Nr 2). Das BAG hat es allerdings offen gelassen, ob eine Anlage in Wertpapiere durch den Treuhänder dem

Sicherungszweck genügt. Hier könnte ggf nach der Art der Wertpapiere zu differenzieren sein (zu Wertpapieren mit Kapitalerhaltungsschutz *Otto* NZI 2014, 174).

D. Umfang der Sicherung (II). Der AG darf von ihm bereits gezahlte Aufstockungsleistungen (§ 3 I 1 Nr 1a) und zusätzliche Rentenversicherungsbeiträge (§ 3 I Nr 1b) nicht in Abzug bringen. Andererseits ist er aber auch nicht verpflichtet, erst in der Freistellungsphase zu zahlende, dh künftige Aufstockungsleistungen und zusätzliche Rentenversicherungsbeiträge gegen Insolvenz abzusichern (s BAG 23.2.2010, 9 AZR 71/09, BB 2010, 2698; LAG BW 6.3.2014, 3 Sa 47/13, JurionRS 2014, 12841, Revision durch Vergleich erledigt; *Podewin* RdA 2005, 295, 297 f.). Erbringt der AG über seine gesetzliche Verpflichtung aus § 3 I 1 Nr 1b hinaus Beiträge nach § 187a SGB VI, verbietet II letzte Alt die Anrechnung. Das Anrechnungsverbot gilt auch für Leistungen des AG für eine Altersvorsorge des AN iSd § 4 II. Hat der AG Aufstockungsleistungen in einem vor dem 1.7.2004 begonnenen Altersteilzeitarbeitsverhältnis über das gesetzliche Mindestmaß des § 3 I 1 Nr 1a u b hinaus erbracht, darf er diese von dem zu sichernden Wertguthaben abziehen (s BAG 14.10.2003, 9 AZR 146/03, EzA § 4 TVG Altersteilzeit Nr 11). Bei späterem Beginn ist die Anrechnung ausgeschlossen (*Rolfs* RdA 2004, 370, 373). Nach Auffassung des LAG Düsseldorf steht II bei einem während der Arbeitsphase vorzeitig beendeten Altersteilzeitverhältnis im Blockmodell einer vertraglich geregelten Anrechnung der gezahlten Aufstockungsbeträge auf das dem AN zu zahlende Entgelt für die tatsächlich erbrachte Leistung nicht entgegen (LAG Düsseldorf 8.4.2014, 16 Sa 118/14, ZInsO 2014, 2062, Revision unter 9 AZR 351/14 ohne Urteil erledigt).

E. Nachweispflicht (III). Spätestens mit der 1. Gutschrift, dh nach der 1. Gehaltsabrechnung seit Beginn des ATZ- Arbeitsverhältnisses und dann alle 6 Monate, hat der AG dem AN die zur Insolvenzsicherung ergriffenen Maßnahmen nachzuweisen und zwar in Textform (s § 126b BGB). Die Betriebsparteien können bzgl des Nachweises auch eine andere gleichwertige Art und Form vereinbaren (III 2), aber keine längeren Zeiträume, innerhalb derer der Nachweis zu erbringen ist; dies wäre eine unzulässige Abweichung zuungunsten des AN (V). Zum Inhalt des Nachweises fehlen Vorgaben des Gesetzes. Nach der Gesetzesbegründung (BT-Drs 15/1515 S 135) besteht ein Anspruch des AN auf Vorlage von Unterlagen. Die Verwendung des Wortes »nachweisen« spricht ebenfalls für einen solchen Anspruch. Ein »Nachweis« in Textform bedarf idR immer der Vorlage von Unterlagen. Die Unterlagen müssen es dem betroffenen Arbeitnehmer ermöglichen, die Richtigkeit der Angaben des Arbeitgebers zu überprüfen (LAG BW 6.3.2014, 3 Sa 47/13, JurionRS 2014, 12841; 30.01.2014, 21 Sa 54/13, JurionRS 2014, 13771, Revision durch Vergleich erledigt).

Neben den Nachweispflichten ggü dem AN bleiben die Informationspflichten ggü dem BR weiter bestehen (§ 80 I Nr 1, II BetrVG).

F. Verletzung der Nachweispflicht (IV). Weist der AG die Insolvenzsicherung nicht ordnungsgem iSd III nach oder sind die nachgewiesenen Maßnahmen nicht geeignet, entsteht ein Anspruch des AN auf Sicherheitsleistung iSd IV 2 u 3 (vgl LAG BW 30.01.2014, 21 Sa 54/13, JurionRS 2014, 13771, Revision anhängig unter 9 AZR 195/14). Voraussetzung für einen solchen Anspruch ist, dass der AN den AG schriftlich (§ 126 BGB) zu einem ordnungsgem Nachweis iSd III oder zu einer geeigneten Insolvenzsicherungsmaßnahme aufgefordert hat und der AG dem innerhalb eines Monats nicht nachgekommen ist. Ist die Frist erfolglos verstrichen, ist der Anspruch entstanden. Er geht nicht allein deshalb unter, weil der AG den Nachweis nach Fristablauf doch noch erbringt. Die Sicherheitsleistung bezieht sich aber nur auf das bisher erworbene Wertguthaben, nicht auf Zukünftiges. Erfüllt der AG den Anspruch auf Sicherheitsleistung nicht, kann der AN ihn einklagen u/oder ein Zurückbehaltungsrecht bzgl seiner Arbeitsleistung geltend machen (§ 273 BGB), wodurch der AG in Annahmeverzug versetzt wird (§§ 298, 615 BGB). Der Anspruch auf Sicherheitsleistung endet mit Eröffnung des Insolvenzverfahrens über das Vermögen des AG (BAG 15.1.2013, 9 AZR 448/11).

G. Unabdingbarkeit (V). Für alle ab 1.7.2004 begründeten ATZ-Arbeitsverhältnisse sind zulasten des AN abw Vereinbarungen unwirksam. Das gilt auch für Bestimmungen in TV oder BV.

H. Ausnahmen (VI). Die Vorschriften über die Insolvenzsicherung gelten nicht für AN des »öffentl Dienstes« iSd VI.

§ 9 Ausgleichskassen, gemeinsame Einrichtungen

(1) Werden die Leistungen nach § 3 Abs. 1 Nr. 1 auf Grund eines Tarifvertrages von einer Ausgleichskasse der Arbeitgeber erbracht oder dem Arbeitgeber erstattet, gewährt die Bundesagentur auf Antrag der Tarifvertragsparteien die Leistungen nach § 4 der Ausgleichskasse.
(2) Für gemeinsame Einrichtungen der Tarifvertragsparteien gilt Absatz 1 entsprechend.

1 Werden die nach § 3 I 1 ursprünglich dem einzelnen AG obliegenden Aufstockungsleistungen durch eine Ausgleichskasse der AG (I) oder eine gemeinsame Einrichtung der TV-Parteien (II) unmittelbar dem AN ggü erbracht oder dem AG erstattet, so werden die Erstattungsleistungen der BA nach § 4 diesen Einrichtungen iSd I u II und nicht dem einzelnen AG gewährt, wenn sie dies beantragen. Mangels Errichtung solcher Ausgleichskassen und gemeinsamer Einrichtungen hat die Vorschrift zzt keine praktische Bedeutung.

§ 10 Soziale Sicherung des Arbeitnehmers

(1) ¹Beansprucht ein Arbeitnehmer, der Altersteilzeitarbeit (§ 2) geleistet hat und für den der Arbeitgeber Leistungen nach § 3 Abs. 1 Nr. 1 erbracht hat, Arbeitslosengeld oder Arbeitslosenhilfe, erhöht sich das Bemessungsentgelt, das sich nach den Vorschriften des Dritten Buches Sozialgesetzbuch ergibt, bis zu dem Betrag, der als Bemessungsentgelt zugrunde zu legen wäre, wenn der Arbeitnehmer seine Arbeitszeit nicht im Rahmen der Altersteilzeit vermindert hätte. ²Kann der Arbeitnehmer eine Rente wegen Alters in Anspruch nehmen, ist von dem Tage an, an dem die Rente erstmals beansprucht werden kann, das Bemessungsentgelt maßgebend, das ohne die Erhöhung nach Satz 1 zugrunde zu legen gewesen wäre. ³Änderungsbescheide werden mit dem Tag wirksam, an die Altersrente erstmals beansprucht werden konnte.
(2) ¹Bezieht ein Arbeitnehmer, für den die Bundesagentur Leistungen nach § 4 erbracht hat, Krankengeld, Versorgungskrankengeld, Verletztengeld oder Übergangsgeld und liegt der Bemessung dieser Leistungen ausschließlich die Altersteilzeit zugrunde oder bezieht der Arbeitnehmer Krankentagegeld von einem privaten Krankenversicherungsunternehmen erbringt die Bundesagentur anstelle des Arbeitgebers die Leistungen nach § 3 Abs. 1 Nr. 1 in Höhe der Erstattungsleistungen nach § 4. ²Satz 1 gilt soweit und solange nicht, als Leistungen nach § 3 Abs. 1 Nr. 1 vom Arbeitgeber erbracht werden. ³Durch die Leistungen darf der Höchstförderzeitraum nach § 4 Abs. 1 nicht überschritten werden. ⁴§ 5 Abs. 1 gilt entsprechend.
(3) Absatz 2 gilt entsprechend für Arbeitnehmer, die nur wegen Inanspruchnahme der Altersteilzeit nach § 2 Abs. 1 Nr. 1 und 2 des Zweiten Gesetzes über die Krankenversicherung der Landwirte versicherungspflichtig in der Krankenversicherung der Landwirte sind, soweit und solange ihnen Krankengeld gezahlt worden wäre, falls sie nicht Mitglied der landwirtschaftlichen Krankenkasse geworden wären.
(4) Bezieht der Arbeitnehmer Kurzarbeitergeld, gilt für die Berechnung der Leistungen des § 3 Abs. 1 Nr. 1 und des § 4 das Entgelt für die vereinbarte Arbeitszeit als Arbeitsentgelt für die Altersteilzeitarbeit.
(5) ¹Sind für den Arbeitnehmer Aufstockungsleistungen nach § 3 Abs. 1 Nr. 1 Buchstabe a und b gezahlt worden, gilt in den Fällen der nicht zweckentsprechenden Verwendung von Wertguthaben für die Berechnung der Beiträge zur gesetzlichen Rentenversicherung der Unterschiedsbetrag zwischen dem Betrag, den der Arbeitgeber der Berechnung der Beiträge nach § 3 Abs. 1 Nr. 1 Buchstabe b zugrunde gelegt hat, und dem Doppelten des Regelarbeitsentgelts bis zum Zeitpunkt der nicht zweckentsprechenden Verwendung, höchstens bis zur Beitragsbemessungsgrenze, als beitragspflichtige Einnahme aus dem Wertguthaben; für die Beiträge zur Krankenversicherung, Pflegeversicherung oder nach dem Recht der Arbeitsförderung gilt § 23b Abs. 2 bis 3 des Vierten Buches Sozialgesetzbuch. ²Im Falle der Zahlungsunfähigkeit des Arbeitgebers gilt Satz 1 entsprechend, soweit Beiträge gezahlt werden.

Übersicht	Rdn.		Rdn.
A. Grundsatz.............................	1	D. Kurzarbeitergeld (IV).................	8
B. Arbeitslosigkeit (I)...................	2	E. Rentenrechtl Behandlung eines	
C. Krankheit (II u III)...................	3	Störfales (V).........................	9

1 **A. Grundsatz.** Die Vorschrift regelt vor allem, wie sich Störfälle (Arbeitslosigkeit, Krankheit, Kurzarbeit, vorzeitige Beendigung des ATZ-Arbeitverhältnisses) auf die sozialversicherungsrechtl Behandlung der ATZ auswirken. Bedeutsam ist, dass während des gesamten ATZ-Arbeitverhältnisses – auch in der Freistellungsphase beim Blockmodell – der AN in einem sozialversicherungsrechtl Beschäftigungsverhältnis steht, §§ 7 Ia, 23b I SGB IV. Dies gilt auch, wenn das ATZ-Arbeitverhältnis nicht durch die BA gefördert wird.

B. Arbeitslosigkeit (I). Diese kommt idR nur bei Insolvenz des AG in Betracht. I 1 stellt klar, dass für 2
Leistungen wegen Arbeitslosigkeit als Bemessungsgrundlage auf das Entgelt abgestellt wird, das der AN
ohne ATZ erhalten hätte. Voraussetzung ist, dass der AG Aufstockungsleistungen nach § 3 I 1 Nr 1 erbracht
hat. Ob das ATZ-Arbeitsverhältnis durch die BA gefördert wurde, ist ohne Belang. Diese Privilegierung
endet jedoch ab dem Tag, ab dem der AN Rente wegen Alters in Anspruch nehmen könnte (I 2). Dies gilt
auch, wenn er Rentenabschläge wegen vorzeitiger Inanspruchnahme hinnehmen müsste. Nimmt der AN
die Rente nicht in Anspruch, sind seine Ansprüche wegen Arbeitslosigkeit auf der Grundlage seines tatsächlich erzielten Entgelts neu zu berechnen. Entspr Änderungsbescheide werden mit dem Tag wirksam, an dem
die Altersrente erstmals beansprucht werden konnte (I 3).

C. Krankheit (II u III). Bezieht der AN nachdem die Entgeltfortzahlungspflicht des AG beendet ist, Kran- 3
kengeld, Versorgungskrankengeld, Verletztengeld oder Übergangsgeld, die sich alle nach dem ATZ-Entgelt
ohne Aufstockung berechnen, so zahlt die BA dem AN die Aufstockungsleistungen nach § 3 I 1 Nr 1a in
der Höhe, wie sie diese ihrerseits dem AG nach § 4 erstatten müsste. Die Zusatzbeiträge an die Rentenversicherung nach § 3 I 1 Nr 1b leistet die BA unmittelbar an den Rentenversicherungsträger. Dies gilt jedoch
nur, wenn die ATZ durch die BA gefördert wurde. Diese Zahlungen durch die BA erfolgen nicht, wenn und
solange der AG auch nach Ablauf des Entgeltfortzahlungszeitraums die Aufstockungsleistungen an den AN
erbringt (II 2). Dann kann der AG nach § 12 II 4 die Erstattung dieser Leistungen durch die BA verlangen.
Diese Regelungen gelten auch, wenn der AN Krankentagegeld von einer privaten Krankenversicherung 4
erhält (II 1).
Kommt es wegen einer Erkrankung des AN während der Arbeitsphase im **Blockmodell** zu Leistungen iSd 5
II 1 an den AN, so kommt es nicht zu Leistungen der BA an den AN, da diese erst in der Freistellungsphase
nach Erfüllung der Voraussetzungen des § 3 I 1 Nr 2 (Wiederbesetzung oder Ersatzeinstellung) Förderleistungen erbringt (§ 12 III 1). Es empfiehlt sich, dass der AG in diesem Fall zunächst die Aufstockungsleistungen weiter erbringt und nach Eintritt der Freistellungsphase deren Erstattung von der BA nach § 12
II verlangt. Der AG trägt aber das Risiko, dass es nicht zur Förderung des ATZ-Arbeitsverhältnisses durch
die BA kommt, weil der Arbeitsplatz nicht wiederbesetzt wird oder die sonstigen Fördervoraussetzungen
während der Freistellungsphase nicht eintreten.
Für Nebenerwerbslandwirte enthält III eine Sonderregelung. 6
Die Leistungen der BA nach II dürfen für keinen längeren Zeitraum als den Höchstförderzeitraum nach 7
§ 4 I (6 Jahre) gewährt werden (II 3). Erlischt der Anspruch auf Erstattungsleistungen der BA nach § 5 I,
erlöschen auch Ansprüche nach II (II 4).

D. Kurzarbeitergeld (IV). Für die Bezieher dieser Leistung bemessen sich die vom AG weiter zu zah- 8
lenden Aufstockungsleistungen nicht nach dieser verringerten Leistung, sondern nach dem für die ATZ
vereinbarten Entgelt. Dh die Entgeltverringerung durch Kurzarbeit wirkt sich auf die Höhe der Aufstockungsbeträge nicht aus.

E. Rentenrechtl Behandlung eines Störfalles (V). Es handelt sich um eine Spezialvorschrift zu § 23b II 9
SGB IV, die im Fall einer vorzeitigen Beendigung des ATZ-Arbeitsverhältnisses beim Blockmodell eingreift.
In diesem Fall gilt die Differenz zwischen dem Betrag, den der AG der Beitragsberechnung zugrunde gelegt
hat, dh Regelarbeitsentgelt und zusätzliche beitragspflichtige Einnahmen, und dem Doppelten des Regelarbeitsentgelts bis zum Störfall (höchstens jedoch bis zur Beitragsbemessungsgrenze) als beitragspflichtige
Einnahme aus dem Wertguthaben. Diese Bestimmung will sicherstellen, dass der AG im Fall der vorzeitigen Beendigung des ATZ-Arbeitsverhältnisses im Blockmodell wie im Teilzeitmodell nur Beiträge auf der
Grundlage von 100 % des bis zur vorzeitigen Beendigung des Beschäftigungsverhältnisses erzielten Vollzeitarbeitsentgelts erbringen muss (BAG 18.11.2003, 9 AZR 270/03, EzA § 4 TVG Altersteilzeit Nr 9).
Dies gilt nicht für die Beiträge zur Kranken-, Pflege- und Arbeitslosenversicherung. Für diese gilt § 23b II 10
bis III SGB IV (V 1 letzter Hs).

§ 11 Mitwirkungspflichten des Arbeitnehmers
(1) ¹Der Arbeitnehmer hat Änderungen der ihn betreffenden Verhältnisse, die für die Leistungen nach
§ 4 erheblich sind, dem Arbeitgeber unverzüglich mitzuteilen. ²Werden im Fall des § 9 die Leistungen
von der Ausgleichskasse der Arbeitgeber oder der gemeinsamen Einrichtung der Tarifvertragsparteien
erbracht, hat der Arbeitnehmer Änderungen nach Satz 1 diesen gegenüber unverzüglich mitzuteilen.

(2) ¹Der Arbeitnehmer hat der Bundesagentur die dem Arbeitgeber zu Unrecht gezahlten Leistungen zu erstatten, wenn der Arbeitnehmer die unrechtmäßige Zahlung dadurch bewirkt hat, dass er vorsätzlich oder grob fahrlässig
1. Angaben gemacht hat, die unrichtig oder unvollständig sind, oder
2. der Mitteilungspflicht nach Absatz 1 nicht nachgekommen ist.
²Die zu erstattende Leistung ist durch schriftlichen Verwaltungsakt festzusetzen. Eine Erstattung durch den Arbeitgeber kommt insoweit nicht in Betracht.

Übersicht	Rdn.		Rdn.
A. Mitteilungspflichten des AN (I)	1	B. Erstattungspflicht (II)	5

1 **A. Mitteilungspflichten des AN (I).** Alle Umstände, die Höhe und Dauer der Leistungen der BA nach § 4 beeinflussen muss der AN dem AG mitteilen (I 2). Dazu zählen insb der tatsächliche Bezug von Altersrente, 5 I Nr 3, oder die Möglichkeit des Bezugs von Altersrente, § 5 I Nr 2. Leistung von Mehrarbeit beim AG, die zum Ruhen des Leistungsanspruchs nach § 5 IV führt, muss der AN nicht bes anzeigen, weil der AG davon selbst Kenntnis hat.

2 Die Mitteilungspflicht des I 2 ggü Ausgleichskassen oder gemeinsamen Einrichtungen der TV-Parteien ergänzt § 9, hat aber keine praktische Bedeutung.

3 Die BA verlangt bei der Stellung eines Leistungsantrags durch den AG nach § 13, dass er bestätigt, den AN auf seine Mitwirkungspflichten nach I hingewiesen zu haben (DA-BA(ATG) § 11 Nr 11 Abs 1).

4 Hat der AN nach § 10 II Leistungen unmittelbar von der BA erhalten, so trägt er die Mitteilungspflichten ggü der BA. Dies folgt aus § 60 I Nr 2 SGB I.

5 **B. Erstattungspflicht (II).** Hat die BA Leistungen nach § 4 an den AG deshalb zu Unrecht gewährt, weil der AN vorsätzlich oder grob fahrlässig unrichtige oder unvollständige Angaben gemacht hat (II 1 Nr 1) oder entgegen I Änderungen nicht angezeigt hat (II Nr 2), muss er die durch die BA an den AG gezahlten Leistungen der BA zurückerstatten. Die Erstattungspflicht ist durch die BA durch einen schriftlichen VA ihrer Höhe nach festzusetzen, II 2. Ist dies geschehen, scheidet insoweit eine Erstattungspflicht des AG ggü der BA aus, II 3.

6 Hatte der AN unmittelbar von der BA zu Unrecht Leistungen nach § 10 II erhalten, ergeben sich deren Erstattungsansprüche ggü dem AN aus §§ 45, 48, 50 SGB X.

7 Hat der AN ggü dem AG seine Auskunftspflichten erfüllt, hat dieser die Auskünfte jedoch nicht an die BA weitergegeben, sodass diese zu Unrecht Leistungen an den AG erbracht hat, ergeben sich Ansprüche der BA gegen den AG aus §§ 45, 48, 50 SGB X.

§ 12 Verfahren

(1) ¹Die Agentur für Arbeit entscheidet auf schriftlichen Antrag des Arbeitgebers, ob die Voraussetzungen für die Erbringung von Leistungen nach § 4 vorliegen. ²Der Antrag wirkt vom Zeitpunkt des Vorliegens der Anspruchsvoraussetzungen, wenn er innerhalb von drei Monaten nach deren Vorliegen gestellt wird, andernfalls wirkt er vom Beginn des Monats der Antragstellung. ³In den Fällen des § 3 Abs. 3 kann die Agentur für Arbeit auch vorab entscheiden, ob die Voraussetzungen des § 2 vorliegen. ⁴Mit dem Antrag sind die Namen, Anschriften und Versicherungsnummern der Arbeitnehmer mitzuteilen, für die Leistungen beantragt werden. ⁵Zuständig ist die Agentur für Arbeit, in deren Bezirk der Betrieb liegt, in dem der Arbeitnehmer beschäftigt ist. ⁶Die Bundesagentur erklärt eine andere Agentur für Arbeit für zuständig, wenn der Arbeitgeber dafür ein berechtigtes Interesse glaubhaft macht.

(2) ¹Die Höhe der Leistungen nach § 4 wird zu Beginn des Erstattungsverfahrens in monatlichen Festbeträgen für die gesamte Förderdauer festgelegt. ²Die monatlichen Festbeträge werden nur angepasst, wenn sich das berücksichtigungsfähige Regelarbeitsentgelt um mindestens 10 Euro verringert. ³Leistungen nach § 4 werden auf Antrag erbracht und nachträglich jeweils für den Kalendermonat ausgezahlt, in dem die Anspruchsvoraussetzungen vorgelegen haben. ⁴Leistungen nach § 10 Abs. 2 werden auf Antrag des Arbeitnehmers oder, im Falle einer Leistungserbringung des Arbeitgebers an den Arbeitnehmer gemäß § 10 Abs. 2 Satz 2, auf Antrag des Arbeitgebers monatlich nachträglich ausgezahlt.

(3) ¹In den Fällen des § 3 Abs. 3 werden dem Arbeitgeber die Leistungen nach Absatz 1 erst von dem Zeitpunkt an ausgezahlt, in dem der Arbeitgeber auf dem freigemachten oder durch Umsetzung freigewordenen Arbeitsplatz einen Arbeitnehmer beschäftigt, der bei Beginn der Beschäftigung die Voraussetzungen des § 3 Abs. 1 Nr. 2 erfüllt hat. ²Endet die Altersteilzeitarbeit in den Fällen des § 3 Abs. 3

vorzeitig, erbringt die Agentur für Arbeit dem Arbeitgeber die Leistungen für zurückliegende Zeiträume nach Satz 3, solange die Voraussetzungen des § 3 Abs. 1 Nr. 2 erfüllt sind und soweit dem Arbeitgeber entsprechende Aufwendungen für Aufstockungsleistungen nach § 3 Abs. 1 Nr. 1 und § 4 Abs. 2 verblieben sind. ³Die Leistungen für zurückliegende Zeiten werden zusammen mit den laufenden Leistungen jeweils in monatlichen Teilbeträgen ausgezahlt. ⁴Die Höhe der Leistungen für zurückliegende Zeiten bestimmt sich nach der Höhe der laufenden Leistungen.

(4) ¹Über die Erbringung von Leistungen kann die Agentur für Arbeit vorläufig entscheiden, wenn die Voraussetzungen für den Anspruch mit hinreichender Wahrscheinlichkeit vorliegen und zu ihrer Feststellung voraussichtlich längere Zeit erforderlich ist. ²Aufgrund der vorläufigen Entscheidung erbrachte Leistungen sind auf die zustehende Leistung anzurechnen. ³Sie sind zu erstatten, soweit mit der abschließenden Entscheidung ein Anspruch nicht oder nur in geringerer Höhe zuerkannt wird.

Übersicht	Rdn.		Rdn.
A. Antrag auf Anerkennung (I)	1	C. Vorzeitige Beendigung des ATZ-	
B. Leistungsantrag (II)	5	Arbeitsverhältnisses (III)	8

A. Antrag auf Anerkennung (I). Der AG muss die Leistungen der BA nach § 4 schriftlich beantragen. 1
Wenn der Antrag innerhalb von 3 Monaten nach Vorliegen der Anspruchsvoraussetzungen gestellt wird, kommt eine rückwirkende Leistungsgewährung infrage. Ansonsten werden Leistungen erst ab Antragsstellung gewährt.

Die BA entscheidet zunächst nicht über die Höhe der Leistungen, sondern nur darüber, ob dem Grunde 2
nach Leistungen gewährt werden.

Beim **Blockmodell (§ 3 III)** könnte erst mit Beginn der Freistellungsphase entschieden werden, ob die Leis- 3
tungsvoraussetzungen (zB Wiederbesetzung) vorliegen. Deshalb ermöglicht I 3 dem AG, einen Antrag auf Vorabentscheidung zu stellen, ob die Voraussetzungen des § 2 vorliegen. Dieser Antrag kann ab Beginn der Arbeitsphase im ATZ-Arbeitverhältnis gestellt werden. Er gibt dem AG die Planungssicherheit, die deshalb erforderlich ist, weil er bereits während der Arbeitsphase die Aufstockungsleistungen erbringt.

Zuständig ist die AA, in deren Bezirk der Betrieb liegt (I 5). Macht der AG ein berechtigtes Interesse dafür 4
glaubhaft, so kann die BA eine andere Agentur für zuständig erklären (I 6). Ein solches Interesse ist idR zu bejahen, wenn der AG überregional tätig ist und seine Anträge zentral bei einer Agentur bearbeiten und entscheiden lassen will, und dadurch sein Verwaltungsaufwand reduziert werden kann (DA-BA(ATG) § 12 Nr 12.1 Abs 3).

B. Leistungsantrag (II). Die Förderleistungen sind durch den AG zu beantragen. Der Leistungsantrag ist 5
nur einmal zu stellen. Er wirkt für die gesamte Förderdauer. Die Leistungen, deren Höhe zu Beginn der Förderung in monatlichen Festbeträgen festgelegt wird, werden nachträglich jeweils für einen Kalendermonat ausgezahlt, in dem die Anspruchsvoraussetzungen vorgelegen haben. Die Festbeträge werden nur angepasst, wenn sich das berücksichtigungsfähige Regelarbeitsentgelt auf vertraglicher Grundlage um mind 10 Euro vermindert (II 2).

Beim **Blockmodell** werden die Leistungen durch die BA erst mit Beginn der Freistellungsphase, dafür 6
jedoch in doppelter Höhe erbracht, sofern dem AG während der Arbeitsphase tatsächlich Aufwendungen entstanden sind.

Bezieht der AN in ATZ Leistungen nach § 10 II 1 und erbringt der AG die Aufstockungsleistungen und 7
Höherversicherungsbeiträge trotzdem weiter, so kann er auch deren Erstattung nach II 4 beantragen.

C. Vorzeitige Beendigung des ATZ-Arbeitsverhältnisses (III). Die Regelung stellt sicher, dass der AG den 8
Anspruch auf Förderleistungen für zurückliegende Zeiten im Blockmodell nicht dadurch verliert, dass das ATZ-Arbeitverhältnis vorzeitig beendet wird. Dem AG müssen aber die entspr Aufwendungen für die Aufstockungsleistungen tatsächlich verblieben sein (III 2). Sie dürfen daher nicht gegen fällige Entgeltansprüchen des AN aufgerechnet worden sein.

Gesetz zur Regelung der Arbeitnehmerüberlassung (Arbeitnehmerüberlassungsgesetz – AÜG)

In der Fassung der Bekanntmachung vom 3.2.1995 (BGBl I S 158), zuletzt geändert durch Art 7 G vom 11.8.2014 (BGBl I S 1348)

§ 1 Erlaubnispflicht

(1) ¹Arbeitgeber, die als Verleiher Dritten (Entleihern) Arbeitnehmer (Leiharbeitnehmer) im Rahmen ihrer wirtschaftlichen Tätigkeit zur Arbeitsleistung überlassen wollen, bedürfen der Erlaubnis. ²Die Überlassung von Arbeitnehmern an Entleiher erfolgt vorübergehend. ³Die Abordnung von Arbeitnehmern zu einer zur Herstellung eines Werkes gebildeten Arbeitsgemeinschaft ist keine Arbeitnehmerüberlassung, wenn der Arbeitgeber Mitglied der Arbeitsgemeinschaft ist, für alle Mitglieder der Arbeitsgemeinschaft Tarifverträge desselben Wirtschaftszweiges gelten und alle Mitglieder auf Grund des Arbeitsgemeinschaftsvertrages zur selbstständigen Erbringung von Vertragsleistungen verpflichtet sind. ⁴Für einen Arbeitgeber mit Geschäftssitz in einem anderen Mitgliedstaat des Europäischen Wirtschaftsraumes ist die Abordnung von Arbeitnehmern zu einer zur Herstellung eines Werkes gebildeten Arbeitsgemeinschaft auch dann keine Arbeitnehmerüberlassung, wenn für ihn deutsche Tarifverträge desselben Wirtschaftszweiges wie für die anderen Mitglieder der Arbeitsgemeinschaft nicht gelten, er aber die übrigen Voraussetzungen des Satzes 2 erfüllt.

(2) Werden Arbeitnehmer Dritten zur Arbeitsleistung überlassen und übernimmt der Überlassende nicht die üblichen Arbeitgeberpflichten oder das Arbeitgeberrisiko (§ 3 Abs. 1 Nr. 1 bis 3), so wird vermutet, dass der Überlassende Arbeitsvermittlung betreibt.

(3) Dieses Gesetz ist mit Ausnahme des § 1b Satz 1, des § 16 Abs. 1 Nr. 1b und Abs. 2 bis 5 sowie der §§ 17 und 18 nicht anzuwenden auf die Arbeitnehmerüberlassung

1. zwischen Arbeitgebern desselben Wirtschaftszweiges zur Vermeidung von Kurzarbeit oder Entlassungen, wenn ein für den Entleiher und Verleiher geltender Tarifvertrag dies vorsieht,
2. zwischen Konzernunternehmen im Sinne des § 18 des Aktiengesetzes, wenn der Arbeitnehmer nicht zum Zweck der Überlassung eingestellt und beschäftigt wird,
2a. zwischen Arbeitgebern, wenn die Überlassung nur gelegentlich erfolgt und der Arbeitnehmer nicht zum Zweck der Überlassung eingestellt und beschäftigt wird, oder
3. in das Ausland, wenn der Leiharbeitnehmer in ein auf der Grundlage zwischenstaatlicher Vereinbarungen begründetes deutsch-ausländisches Gemeinschaftsunternehmen verliehen wird, an dem der Verleiher beteiligt ist.

Übersicht		Rdn.			Rdn.
A.	Gegenstand und Zweck der Regelung	1	7.	Keine Arbeitsvermittlung	41
B.	Reform des AÜG im Jahr 2011	4	8.	Abordnung zu einer Arbeitsgemeinschaft (ARGE) (I 3, 4)	44
I.	Ziele und wesentliche Inhalte	4			
II.	RL-Leiharbeit als Grundlage	7	IV.	Ausnahmen vom Anwendungsbereich des AÜG	51
C.	Geltungsbereich des AÜG	10			
I.	Räumlicher Anwendungsbereich	11	1.	AN-Überlassung zur Vermeidung von Kurzarbeit und Entlassungen (III Nr 1)	53
II.	Persönlicher Anwendungsbereich	12			
III.	Sachlicher Anwendungsbereich	13	2.	Konzerninterne AN-Überlassung (III Nr 2)	58
	1. Voraussetzungen	13			
	2. Leiharbeitsvertrag	15	3.	»Gelegentliche« AN-Überlassung zwischen AG (III Nr 2a)	62
	3. AN-Überlassungsvertrag	20			
	4. Exkurs: Rechtsverhältnis zwischen Leih-AN und Entleiher	29	4.	AN-Überlassung in ein dt-ausländisches Gemeinschaftsunternehmen (III Nr 3)	63
	5. Wirtschaftliche Tätigkeit	33			
	6. »Vorübergehende« AN-Überlassung	38			

1 **A. Gegenstand und Zweck der Regelung.** § 1 legt die wesentlichen Grundstrukturen zulässiger AN-Überlassung fest. AN-Überlassung im Rahmen wirtschaftlicher Tätigkeit ist grds verboten, es sei denn, der Verleiher verfügt über eine entspr Erlaubnis (präventives Verbot mit Erlaubnisvorbehalt). Nach dem »Ersten Gesetz zur Änderung des Arbeitnehmerüberlassungsgesetzes – Verhinderung von Missbrauch der

Arbeitnehmerüberlassung« (BGBl I vom 29.4.2011, S 642 ff) wurde mit Wirkung vom 1.12.2011 die Erlaubnispflicht ausgeweitet: Nunmehr erfordert jegliche AN-Überlassung, die vom Verleiher **im Rahmen seiner wirtschaftlichen Tätigkeit** erfolgt, eine Erlaubnis (s.u. Rdn 33 ff). Die Notwendigkeit von gewerbsmäßiger AN-Überlassung (s.u. Rdn 37) wurde insoweit gestrichen. AN-Überlassung iSd AÜG auch Leiharbeit, Zeitarbeit oder Personalleasing genannt, liegt vor, wenn ein AG (Verleiher) einem Dritten (Entleiher) aufgrund einer entgeltlichen Vereinbarung vorübergehend geeignete, bei ihm angestellte Arbeitskräfte (Leih-AN) zur Verfügung stellt, die dieser nach seinen Vorstellungen und Zielen in seinem Betrieb wie seine eigenen AN zur Förderung seiner Betriebszwecke unter Erteilung von Weisungen einsetzt (BAG 25.10.2000, 7 AZR 487/99, AP AÜG § 10 Nr 15). Um den rechtl und sozialen Schutz der verliehenen AN in dieser Konstellation zu gewährleisten und Missbrauchsmöglichkeiten entgegenzutreten, ist AN-Überlassung nur innerhalb des durch das AÜG vorgegebenen engen rechtl Rahmens zulässig. Ausfluss dieses Schutzgedankens ist ua die **Anordnung der Erlaubnispflicht für AN-Überlassung in § 1 I 1**. Ein Verstoß gegen die Erlaubnispflicht wird durch die gesetzliche Fiktion eines Arbeitsverhältnisses zum Entleiher sanktioniert (§ 10 I) und ist überdies straf- bzw bußgeldbewährt.

Das AÜG enthält gewerberechtliche Vorschriften über die Erlaubnis und die diesbezüglichen Rechte und Pflichten (§§ 1–8, 17 I, 18a), arbeits- und zivilrechtliche Vorschriften über die Rechtsbeziehungen von Verleiher, Leih-AN und Entleiher zueinander (§§ 9–13b, 19), einschließlich einer betriebsverfassungsrechtlichen Sonderregelung (§ 14), sowie strafrechtliche (§§ 15, 15a) und ordnungswidrigkeitenrechtliche Regelungen (§§ 16, 18). Das AÜG regelt die Rechtsverhältnisse bei AN-Überlassung **nicht abschließend**. Soweit nichts Abweichendes bestimmt ist, gelten die allg Regelungen des ArbR (bspw des KSchG und des TzBfG) und Gewerberechts. Gewerberechtl sind die Regelungen für das stehende Gewerbe nach §§ 14 ff GewO einschlägig. Die Erlaubnispflicht nach § 1 besteht unabhängig von sonstigen für das Betreiben eines Gewerbes erforderlichen behördlichen Genehmigungspflichten, denen ggf zusätzlich Rechnung getragen werden muss (BAG 8.11.1978, 5 AZR 261/77, EzAÜG § 10 AÜG Fiktion Nr 1). 2

Teilbereiche von AN-Überlassung sind in **Spezialgesetzen** geregelt. Diese gehen dem AÜG vor und schließen die Anwendung der Bestimmungen des AÜG für diesen Bereich aus (vgl hierzu *Sandmann/Marschall* § 1 Rn 45). Zu den spezialgesetzlichen Regelungen gehören das G über die Schaffung eines bes AG für Hafenarbeiter vom 3.8.1950 (BGBl I S 352, Gesamthafenbetriebe), Bestimmungen des Personenbeförderungsgesetzes vom 21.3.1961 (BGBl I S 241, Vermietung von Kraftwagen mit Fahrer durch Mietwagenunternehmen) sowie die VO über das Bewachungsgewerbe (idF der Bekanntmachung vom 10.7.2003 [BGBl I S 1378]; zur Abgrenzung zum AÜG bei Überwachungsverträgen vgl BAG 8.11.1978, 5 AZR 261/77, EzA § 10 AÜG Nr 1). Dagegen ist das AN-Überlassungsverbot für Lohnfuhrverträge im Güterkraftverkehrsg mit Wirkung vom 26.11.2011, dh einen Tag nach Verkündung des G zur Änderung des Güterkraftverkehrsg und des Personenbeförderung (BGBl I 2011, 2272), entfallen. 3

B. Reform des AÜG im Jahr 2011. I. Ziele und wesentliche Inhalte. Die aktuelle Fassung des AÜG basiert im Wesentlichen auf dem »**Ersten Gesetz zur Änderung des Arbeitnehmerüberlassungsgesetzes – Verhinderung von Missbrauch der Arbeitnehmerüberlassung**« (BGBl I Nr 18, 29.4.2011, S 643). Dieses G beruht auf der RL-Leiharbeit 2008/104/EG (s.u. Rdn 7 ff). Das G ist am 28.4.2011 verabschiedet worden und am 1.12.2011 in Kraft getreten. Die §§ 3 I Nr 3, 9 Nr 2, 10 IV sowie § 19 sind bereits am 30.4.2011 in Kraft getreten. **Ziele des G** sind die Umsetzung der RL-Leiharbeit, die Verhinderung des Missbrauchs der AN-Überlassung und schließlich die Verhinderung des grenzüberschreitenden Lohndumpings. 4

Wesentliche Neuerungen sind: 5
- In § 1 wurde das Merkmal »gewerbsmäßig« durch den Begriff »im Bereich ihrer wirtschaftlichen Tätigkeit« ersetzt (vgl § 1 Rdn 33 ff).
- Nach § 1 I 2 erfolgt die AN-Überlassung »vorübergehend« (vgl § 1 Rdn 38 f).
- Das Konzernprivileg wurde erheblich eingeschränkt (vgl § 1 Rdn 58) während gleichzeitig »gelegentliche« AN-Überlassung zwischen AG nach § 1 III Nr 2a privilegiert wurde (vgl § 1 Rdn 62).
- Die 6-Wochen-Ausnahme in § 3 I Nr 3 S 1 aF wurde gestrichen (vgl § 3 Rdn 26).
- Verhinderung des sog »Drehtüreffekts«: Um einen Missbrauch der Leiharbeit zu verhindern, scheidet eine Abweichung vom Gleichstellungsgrundsatz durch TV aus, wenn der Leih-AN zuvor beim Entleiher oder bei einem anderen Unternehmen desselben Konzerns, dem der Entleiher angehört, vor weniger als sechs Monaten beschäftigt war (vgl § 3 Rdn 38).
- Nach § 3a ist erstmals eine Lohnuntergrenze in der Leiharbeit vorgesehen (vgl § 3 Rdn 1 ff).
- Nach § 9 Nr 5 ist eine Vermittlungsgebühr zulasten des Leih-AN unzulässig (vgl § 9 Rdn 13).
- Der Leih-AN ist nach § 13a über freie Arbeitsplätze im Unternehmen des Entleihers zu informieren (vgl § 13a Rdn 1 ff).

Beck

— Der Entleiher muss dem Leih-AN nach § 13b Zugang zu Gemeinschaftseinrichtungen verschaffen (vgl § 13b Rdn 1 ff).

6 Am 20.7.2011 wurde mit Wirkung zum 21.7.2011 zudem das G zur Änderung des Arbeitnehmerüberlassungsgs und des Schwarzarbeitsbekämpfungsg (BGBl I S 1506) verabschiedet. Kern dieses G ist die Institutionalisierung von Kontroll- und Überprüfungsmaßnahmen einer etwaigen Lohnuntergrenze in der Leiharbeit nach § 3a. Durch die Neufassung der §§ 17 ff werden den Behörden der Zollverwaltung entsprechende Kontroll- und Überprüfungsrechte übertragen, um die Leih-AN effektiv zu schützen (vgl hierzu § 17 Rdn 1 ff). Noch im Jahr 2016 ist mit der Verabschiedung des vom BMAS überarbeiteten RefE eines »Gesetzes zur Änderung des Arbeitnehmerüberlassungsgesetzes und anderer Gesetze« vom 17.2.2016 zu rechnen. Dieses G soll am 1.1.2017 in Kraft treten u enthält zahlreiche Änderungen des AÜG. Nach dem RefE soll ua das Merkmal »vorübergehend« durch eine arbeitnehmerbezogene Höchstüberlassungsdauer v 18 Monaten konkretisiert werden. Derselbe AN soll hiernach mit Wirkung zum 1.1.2017 grds zukünftig nicht länger als 18 aufeinander folgende Monate demselben Entleiher überlassen werden (vgl auch zu den Ausnahmen ausf § 1 Rdn 38). Weiterhin soll sowohl die nicht nur vorübergehende AN-Überlassung als auch die sogenannte verdeckte AN-Überlassung über Scheinwerk- und Scheindienstverträge mit AN-Überlassungserlaubnis zukünftig der Überlassung ohne Erlaubnis gleichgestellt werden u grds zu einer Fiktion eines Arbeitsverhältnisses zwischen dem Entleiher und dem Leih-AN führen.

7 **II. RL-Leiharbeit als Grundlage.** Grundlage der AÜG-Reform im Jahr 2011 war die RL-Leiharbeit (RL 2008/104/EG des Europäischen Rates vom 19.11.2008 über Leiharbeit, Amtsblatt EU 2008 L 327, S 9 ff) vom 19.11.2008. Diese hat nach Umsetzung ins dt Recht nicht gänzlich an Bedeutung verloren. Denn nach dem Grundsatz der europarechtsfreundlichen Auslegung und des effet utile ist das nationale Recht nunmehr entspr europarechtskonform auszulegen. Das Recht der AN-Überlassung war Gegenstand europäischer Harmonisierungsaktivitäten mit dem Ziel, für alle EU-Mitgliedsstaaten einen einheitlichen Rechtsrahmen für die Leiharbeit zu schaffen. Mit der RL soll gem der Erwägungsgründe 12 und 23 der RL-Leiharbeit durch Einführung von Mindestvorschriften ein auf Gemeinschaftsebene harmonisierter, diskriminierungsfreier, transparenter und verhältnismäßiger Rahmen zum Schutz der Leih-AN bei gleichzeitiger Wahrung der Vielfalt der Arbeitsmärkte und Arbeitsbeziehungen geschaffen werden. Gem Art 13 ist sie am Tag ihrer Veröffentlichung (5.12.2008) in Kraft getreten. Die Frist zur Umsetzung der RL-Leiharbeit lief gem Art 11 I am 5.12.2011 ab.

8 Kern der RL ist die Verankerung des Gleichbehandlungsgrundsatzes, wonach Leih-AN während der Dauer ihrer Überlassung mind die wesentlichen Arbeits- und Beschäftigungsbedingungen eines AN des Entleihers erhalten müssen (Art 5 I RL). Allerdings sieht die RL in Art 5 II auch die Möglichkeit vor, für unbefristet angestellte Leih-AN hiervon durch tarifvertragliche Regelungen abzuweichen und dadurch den Grundsatz des *equal pay* zu umgehen.

9 Die RL-Leiharbeit löste **Anpassungsbedarf** beim dt Recht der AN-Überlassung aus, da dieses nicht in vollem Umfang deren Anforderungen entsprach (ausf *Hamann* NZA 2011, 70 ff; *Schüren/Wank* RdA 2011, 1 ff; *Düwell/Dahl* DB 2010, 1759 ff; *Ulber* AuR 2010, 412 ff). Während der überwiegende Teil der Vorgaben der RL im nationalen Recht umgesetzt wurde, gibt es auch einige Ausnahmen: Zu beachten ist bspw, dass die RL eine Abweichung vom Gleichbehandlungsgrundsatz durch tarifliche Regelungen nur für **unbefristet** beim Verleiher angestellte Leih-AN zulässt. Die in der Praxis häufigen Fälle, wonach Leih-AN nur befristet beim Verleiher beschäftigt sind, können nicht unter Art 5 II RL gefasst werden. Da das dt Recht insoweit jedoch keine Unterscheidung zwischen unbefristet und befristet eingestellten Leih-AN trifft, besteht weiterhin Anpassungsbedarf (so auch Schüren/*Riederer von Paar* Einl Rn 611, die vorschlägt, Leih-AN vom Anwendungsbereich des § 14 II TzBfG auszunehmen). Die Reform aus dem Jahr 2011 ging hierauf nicht ein.

10 **C. Geltungsbereich des AÜG.** Das AÜG erfasst nicht jeden drittbezogenen Personaleinsatz, sondern nur denjenigen, der seinem räumlichen, persönlichen und sachlichen Anwendungsbereich unterfällt.

11 **I. Räumlicher Anwendungsbereich.** Der räumliche Anwendungsbereich des AÜG ist nach dem Territorialitätsprinzip auf Deutschland beschränkt. Hierzu zählen auch unter dt Bundesflagge geführte Schiffe ebenso wie dt Luftfahrzeuge, die in der Luftfahrzeugrolle eingetragen sind. Außerdem ist jede AN-Überlassung durch Unternehmen mit Sitz außerhalb Deutschlands in Deutschland, aus Deutschland heraus und auch nach Deutschland hinein, erlaubnispflichtig (vgl zur grenzüberschreitenden AN-Überlassung § 3 Rdn 49 ff). Nicht anwendbar ist das AÜG auf den Fall, dass ein Ausländer von einem ausländischen Verleiher an einen ausländischen Entleiher zur Arbeit in Deutschland überlassen wird (Thüsing/*Thüsing* Einf Rn 47).

II. Persönlicher Anwendungsbereich. Charakteristikum der AN-Überlassung und Anknüpfungspunkt **12** für das AÜG ist eine **dreipolige Rechtsbeziehung**, die sich durch **eine gespaltene Arbeitgeberstellung** auszeichnet: Der Leih-AN unterhält zwar ein Arbeitsverhältnis mit seinem Vertrags-AG, dem Verleiher, wird jedoch nicht bei diesem sondern dem sogenannten Entleiher weisungsabhängig tätig. An den Entleiher delegiert der Verleiher im Rahmen des AN-Überlassungsvertrages das arbeitsrechtliche Direktionsrecht gem § 106 GewO hins des überlassenen Leih-AN (vgl hierzu Rdn 16). »Gespalten« ist die AG-Stellung insoweit, als den Verleiher einerseits die arbeitsvertraglichen Verpflichtungen hins des Arbeitsentgelts, der Gehaltsabrechnung, des Nachweises der Arbeitsbedingungen (vgl § 11 I) etc treffen, und andererseits der Entleiher den Leih-AN zumindest für die Dauer der Überlassung in seine Arbeitsorganisation eingliedert, ihn nach seinen Weisungen einsetzt und dessen Arbeitskraft nutzt (*Lembke*, BB 2012, 2497). Entscheidend ist dabei, dass die 3 Beteiligten rechtl selbstständig sind. AN-Überlassung iSd AÜG kann zwischen konzernverbundenen rechtl selbstständigen Unternehmen gegeben sein, jedoch ist diese im Hinblick auf rechtl Zulässigkeitsanforderungen privilegiert (§ 1 III Nr 2), wobei diese Privilegierung im Wege der AÜG Reform im Jahr 2011 eingeschränkt wurde (vgl Rdn 58 ff). Keine AN-Überlassung iSd AÜG liegt vor, wenn der Entleiher über keine eigene Betriebsorganisation verfügt oder wenn er mit dem Verleiher einen Gemeinschaftsbetrieb führt (BAG 3.12.1997, 7 AZR 764/96, EzAÜG § 1 AÜG konzerninterne Arbeitnehmerüberlassung Nr 3). Bei einer AN-Überlassung können auch mehr als 3 Parteien beteiligt sein, etwa bei **Ketten- oder Zwischenverleih**. Dies ist der Fall, wenn zwischen dem überlassenden AG und dem die Leistung entgegennehmenden Dritten weitere Personen eingeschaltet sind, die ihrerseits den AN weiterüberlassen. Verfügt der Weiterverleiher seinerseits über eine Verleiherlaubnis, ist der Kettenverleih zulässig (str, so auch *Boemke/Lembke* § 1 Rn 14 mwN; aA GA der BA zum AÜG [Stand 1/2016] § 1 AÜG Nr 1.1.2). Dem AÜG unterfallen zudem Unternehmen, die in der Hauptsache andere Tätigkeiten verrichten (zB Produktionsbetriebe) und nur nebenbei AN ausleihen (**Mischbetrieb**). Für die Anwendung des AÜG ist auf die einzelne Überlassung abzustellen. Schließlich ist auch AN-Überlassung von Personalführungsgesellschaften an Unternehmen, welche ihrerseits an den Personalführungsgesellschaften beteiligt sind, vom Anwendungsbereich des AÜG erfasst (vgl auch Rdn 58 ff).

III. Sachlicher Anwendungsbereich. 1. Voraussetzungen. Nicht jeder drittbezogene Personaleinsatz **13** unterfällt dem AÜG. Nach der Legaldefinition des § 1 I 1 wird vom AÜG die Überlassung von Leih-AN an Entleiher erfasst, die iRd wirtschaftlichen Tätigkeit des AG (Verleihers) erfolgt (vgl hierzu Rdn 33 ff). **Nicht erfasst** vom sachlichen Anwendungsbereich des AÜG sind Fälle drittbezogenen Personaleinsatzes aufgrund **Werkvertrages, Dienstvertrages, Geschäftsbesorgungsvertrages** oder **Dienstverschaffungsvertrages** (zur Abgrenzung s.u. Rdn 21 ff). Insb ist die AN-Überlassung von der **Arbeitsvermittlung** abzugrenzen, welche ebenfalls nicht unter das AÜG fällt (s.u. Rdn 37). Aus den Begriffen »AG« und »AN« ergibt sich, dass AN-Überlassung nur dort vorliegt, wo der drittbezogene Personaleinsatz auf die Erbringung von **Arbeitsleistung** gerichtet ist (vgl § 611 BGB Rdn 1 ff). Keine AN-Überlassung iSd AÜG liegt vor, wenn sich der drittbezogene Personaleinsatz aufseiten des Vertrags-AG nicht darauf beschränkt, den AN einem Dritten zur Förderung von dessen Betriebszwecken zur Verfügung zu stellen, sondern der Vertrags-AG damit auch eigene Betriebszwecke verfolgt (BAG 25.10.2000, 7 AZR 487/99, AP AÜG § 10 Nr 15).
AN-Überlassung iSv § 1 I hat folgende Voraussetzungen: **14**
– Zwischen Verleiher und Leih-AN muss ein Leiharbeitsvertrag bestehen,
– zwischen dem Verleiher und Entleiher bedarf es einer Vertragsbeziehung, auf deren Grundlage der Leih-AN dem Entleiher zur Arbeitsleistung überlassen wird,
– diese Arbeitsleistung wird tatsächlich bei einem Dritten erbracht,
– die Überlassung muss iRd wirtschaftlichen Tätigkeit des AG (Verleihers) erfolgen,
– die Überlassung erfolgt vorübergehend,
– es liegt keine Arbeitsvermittlung vor.

2. Leiharbeitsvertrag. Voraussetzung für AN-Überlassung ist die **AN-Eigenschaft** des Überlassenen. **15** Nach allg arbeitsrechtl Grundsätzen muss der Leih-AN auf Grundlage eines privatrechtl Vertrages über entgeltliche Dienste für einen anderen in persönlicher Abhängigkeit weisungsgebunden tätig sein. **Abw von § 613 S 2 BGB** ist inhaltlicher Bestandteil des Leiharbeitsvertrages, dass der Leih-AN zustimmt, seine Tätigkeit nicht bei seinem AG, sondern bei einem Dritten, nämlich dem Entleiher, zu erbringen. Da **freie Mitarbeiter** oder sonstige **Selbstständige** ihre Dienste weisungsfrei erbringen, sind sie keine AN und können nicht als Leih-AN einem Dritten überlassen werden. Nicht als Leih-AN iSd AÜG verliehen werden können Geschäftsführer einer GmbH (LAG Schl-Holst 1.12.2015, 1 Sa 439 b/14, JurionRS 2015, 35227). Dies gilt ebenso für **Handelsvertreter** nach § 84 HGB und **Heimarbeiter** wie Hausgewerbetreibende nach § 2 HAG. Ebenso können Personen, die aufgrund öffentl-rechtl Rechtsverhältnisse tätig werden, nicht als Leih-AN

§ 1 AÜG   Erlaubnispflicht

iSd AÜG verliehen werden. So werden **Beamte, Richter und Soldaten** nicht auf Grundlage eines privatrechtl Vertrages tätig. Ihre Überlassung richtet sich nicht nach dem AÜG, sondern nach den beamtenrechtl Regelungen zur Abordnung oder Versetzung (vgl hierzu auch § 14 Rdn 24). **Auszubildende** können keine Leih-AN sein. Werden sie zu Ausbildungszwecken an geeignete Einrichtungen außerhalb der Ausbildungsstätte überlassen, fehlt es am Merkmal »Arbeitsleistung« iSv § 1 I 1 AÜG. Eine Überlassung zum Zwecke der Erbringung von Arbeitsleistungen bei einem Dritten wäre dagegen mit § 14 II BBiG nicht vereinbar. Ausgehend vom arbeitsrechtl AN-Begriff sind **Vereinsmitglieder**, die nach ihrer Vereinssatzung iSd § 25 BGB zur Ableistung von Arbeit verpflichtet sind, keine AN. Erfolgt die Arbeit als Beitragsleistung und damit, um den Vereinszweck zu fördern, fehlt es an der Erwerbsabsicht des Dienstverpflichteten (BAG 26.9.2002, 5 AZB 19/01, EzA § 2 ArbGG 1979 Nr 57). Ebenfalls keine AN und damit keine Leih-AN sind die **Mitglieder von Produktionsgenossenschaften** und von **Orden**, wie auch von **Schwesternschaften** (HWK/*Kalb* § 1 Rn 10). Dieser Personenkreis wird auf mitgliedschaftlicher Grundlage tätig. Erbringen also Schwestern oder andere Ordensleute Leistungen auf Grundlage eines sog Gestellungsvertrages in einem anderen Krankenhaus, so ist dies keine AN-Überlassung iSd AÜG. Im Hinblick auf mögliche Rechtsformumgehungen ist im Einzelfall zu prüfen, ob die vereins- oder gesellschaftsrechtl Grundlage nur vorgeschoben ist und die Leistung in Wirklichkeit auf arbeitsvertraglicher Grundlage erbracht wird (BAG 22.3.1995, 5 AZB 21/94, EzA Art 140 GG Nr 26). Entscheidend ist die tatsächliche Vertragsdurchführung (BAG 3.4.1999, 3 AZR 258/88, EzA § 2 HAG Nr 1). Das BAG hat dem EuGH mit Beschl v 17.3.2015 (1 ABR 62/12, BeckRS 2015, 68729) nunmehr jedoch die Frage vorgelegt, ob die Leiharbeits-RL auf die Überlassung eines Vereinsmitglieds an ein anderes Unternehmen Anwendung findet.

16 Besonderheit des Leiharbeitsvertrages ist, dass der Leih-AN seine Arbeitsleistung beim **Entleiher nach dessen Weisungen**, etwa im Hinblick auf Ort und Zeit zu erbringen hat, da dem Entleiher für den Überlassungszeitraum das arbeitgeberseitige **Direktionsrecht** gem § 106 GewO übertragen ist. Begrenzt wird das Direktionsrecht des Entleihers durch das im Überlassungsvertrag mit dem Verleiher Vereinbarte sowie den Inhalt des Leiharbeitsvertrages.

17 Auch wenn der Leih-AN seine Arbeitsleistung nicht bei seinem AG, dem Verleiher, erbringt, bleiben seine arbeitsvertraglichen Nebenpflichten (vgl § 611 BGB Rdn 369 ff) ggü dem Verleiher unberührt. Gleiches gilt für den Verleiher ggü dem Leih-AN (§ 611 BGB Rdn 311 ff). Soweit das AÜG keine abw Regelungen für das Leiharbeitsverhältnis vorsieht, gilt das **allg ArbR und Schuldrecht** (vgl zum Inhalt des Leiharbeitsverhältnisses und Nachweispflichten auch § 11 Rdn 5 ff). Insofern hat ein Leih-AN, der arbeitsvertraglich verpflichtet ist, seine Arbeitsleistung an wechselnden Einsatzorten zu erbringen grds einen Anspruch auf Aufwendungsersatz nach § 670 BGB, der auch nicht durch die Eigenart von Leiharbeit ausgeschlossen ist (LAG Düsseldorf 30.7.2009, 15 Sa 268/09). Demzufolge können Leiharbeitsverträge auch **formlos** abgeschlossen werden, sofern nicht abweichende tarifliche Regelungen (zB § 9.1. des zwischen dem Bundesverband Zeitarbeit Personal-Dienstleistungen e. V. und der DGB Tarifgemeinschaft Zeitarbeit abgeschlossenen Mantel-TV Zeitarbeit in der Fassung vom 17.9.2013) Schriftform festsetzen.

18 Nach der Änderung bzw dem Wegfall der in § 3 I Nr 3–5 sowie § 9 Nr 2 u 3 AÜG aF enthaltenen Bestimmungen iRd Reform durch das Erste Gesetz für moderne Dienstleistungen am Arbeitsmarkt (vom 23.12.2002, BGBl I S 4607) richtet sich die Möglichkeit für Verleiher, **Arbeitsverträge** mit Leih-AN zu **befristen**, nach den allg Regelungen der §§ 14 ff TzBfG: In Betracht kommt, bei Vorliegen eines entspr Sachgrundes, eine Befristung nach § 14 I TzBfG bzw ohne Sachgrund in den Fällen von § 14 II, IIa u III TzBfG. Ob eine zeitlich befristete Beschäftigungsmöglichkeit bei einem Entleiher iR eines zeitlich begrenzten Überlassungseinsatzes die entspr Befristung des Leiharbeitsvertrages nach § 14 I 2 Nr 1 TzBfG rechtfertigt, ist str (vgl hierzu ausf *Reineke* FS Löwisch S 211, 219 ff). Mit Hinweis auf die Abschaffung des Synchronisationsverbots wird dies teilw bejaht und mit einer zeitlich begrenzten Überlassungsmöglichkeit zugleich ein nur vorübergehender Bedarf des Verleihers iSd § 14 I 2 Nr 1 TzBfG angenommen (so *Bauer/Krets* NJW 2003, 536, 540; *Boemke/Lembke* § 9 Rn 561). Diesem Gedanken steht jedoch die Regelung in § 11 IV 2 AÜG entgegen, wonach der Vergütungsanspruch des Leih-AN für Zeiträume ohne Arbeitseinsatz bei einem Entleiher weder aufgehoben noch beschränkt werden kann, der **Verleiher** also grds das **Beschäftigungsrisiko in Bezug auf den Leih-AN zu tragen** hat (zur Frage, inwieweit im Bereich der AN-Überlassung eine Flexibilisierung der Arbeitszeit durch Zeitkonten in Betracht kommt *Thüsing/Poetters* BB 2012, 317; *Schüren* BB 2012, 1411). Dieses gesetzliche Leitbild wäre durch die Annahme einer entspr Befristungsmöglichkeit gem § 14 I 2 Nr 1 TzBfG vollständig unterwandert und liefe letztlich leer. Für die Befristungsmöglichkeit eines Leiharbeitsvertrages nach § 14 I 2 Nr 1 TzBfG muss deshalb verlangt werden, dass schon bei Abschluss des Leiharbeitsvertrages auf Grundlage greifbarer Tatsachen mit hinreichender Sicherheit zu erwarten ist, dass der Verleiher den Leih-AN nur für einen bestimmten Zeitraum an einen oder mehrere Entleiher überlassen kann (ErfK/*Wank* Einl Rn 7; Thüsing/*Pelzner* § 3 Rn 104). Anzunehmen ist dies,

wenn die Nachfrage nach entspr qualifiziertem Personal am Markt nur in einem begrenzten Zeitraum besteht (so zu Recht Schüren/*Schüren* § 3 Rn 100), etwa im Fall von Erntehelfern oder Strandposten.

In der Praxis kommt es nicht selten zum sogenannten »**Befristungskarusell**« (vgl ausf *Lembke*, BB 2012, 2497): Das Instrument der sachgrundlosen Befristung wird im Rahmen konzerninterner AN-Überlassung dergestalt genutzt, dass der AN nach Ablauf der Befristungshöchstdauer iSd § 14 II 1 TzBfG - ggf. mehrfach - bei einem anderen Konzernunternehmen neu angestellt und dann an den alten Arbeitsplatz beim ursprünglichen AG zurücküberlassen wird. Nach der Rechtsprechung des BAG kann die Ausnutzung der Gestaltungsmöglichkeiten des TzBfG rechtsmissbräuchlich sein mit der Folge, dass der (aktuelle) Arbeitgeber an der Berufung auf die Wirksamkeit der sachgrundlosen Befristung nach § 242 BGB gehindert und ein Sachgrund nach § 14 I Abs. 1 TzBfG notwendig wäre. Dieser Gestaltungsmissbrauch komme nach dem BAG in Betracht, wenn mehrere rechtlich und tatsächlich verbundene Vertrags-AG in bewusstem und gewolltem Zusammenwirken mit einem AN aufeinanderfolgende befristete Arbeitsverträge nur deshalb schließen, um auf diese Weise über die nach § 14 II 2 TzBfG vorgesehenen Befristungsmöglichkeiten hinaus sachgrundlose Befristungen aneinanderreihen zu können (BAG 9.3.2011, 7 AZR 657/09, NZA 2011, 1147). Jedenfalls bis zu einer zeitlichen Grenze von vier Jahren (vgl § 14 II TzBfG) könne die Ausnutzung der durch § 14 II 2 TzBfG und §§ 3, 9 eröffneten Gestaltungsmöglichkeiten regelmäßig nicht als rechtsmissbräuchlich angesehen werden (BAG 9.3.2011, 7 AZR 657/09, NZA 2011, 1147; vgl ausf *Lembke*, BB 2012, 2497).

3. AN-Überlassungsvertrag. AN-Überlassung setzt den Abschluss einer Vereinbarung zwischen Verleiher 20 und Entleiher voraus (BAG 26.4.1995, 7 AZR 850/94, EzAÜG § 10 AÜG Fiktion Nr 86). Inhalt dieser Vereinbarung ist gem § 1 I die entgeltliche Überlassung von Arbeitskräften. Der Verleiher ist nach dem Überlassungsvertrag verpflichtet, einen oder mehrere AN auszuwählen und zur Verfügung zu stellen. Die Erbringung einer eigenen Arbeitsleistung schuldet der Verleiher nicht (BAG 5.5.1992, 1 ABR 78/91, AP BetrVG 1972 § 99 Nr 97). Nach Abschaffung der Höchstüberlassungsdauer in § 10 V AÜG aF konnten Überlassungsverträge bis zum 30.11.2011 zeitlich unbefristet geschlossen werden (zum Inhalt des Überlassungsvertrages sowie Formerfordernissen vgl ausf § 12 Rdn 2 ff). Daran hat zwar nach überzeugender Auffassung die Aufnahme des Merkmals »vorübergehend« in I 2 mit Wirkung vom 1.12.2011 nichts geändert. Der BAG scheint dies jedoch nun anders zu sehen (BAG 10.7.2013, 7 ABR 91/11, NZA 2013, 1296, vgl Rdn 38 f). Aufgrund der Entsch des BAG vom 10.12.2013 (9 AZR 51/13, NZA 2014, 196) führt eine nicht-vorübergehende AN-Überlassung – sofern sich der Verleiher im Besitz einer AN-Überlassungserlaubnis befindet – aber nicht zur Fiktion eines Arbeitsverhältnisses zwischen Entleiher und Leih-AN gem §§ 9 Nr 1, 10 I (analog). Der Entleiher BR kann allerdings der Einstellung eines Leih-AN, der nicht nur vorübergehend überlassen werden soll, gem §§ 14 III AÜG, 99 II Nr 1 BetrVG widersprechen (BAG 10.7.2013, 7 ABR 91/11, NZA 2013, 1296; vgl zu den Rechtsfolgen ausf Rdn 39 f sowie § 14 Rdn 17). Das AÜG erstreckt sich nicht auf die Überlassung kraft Gesetzes, wie sie zB für bei einem Bundesland angestellte Ärzte vorgesehen ist, die bei einem verselbständigten Universitätsklinikum tätig werden (s *Löwisch/Domisch* BB 2012, 1408 ausf zu Personalgestellungen durch juristische Personen des öffentlichen Rechts). Zumindest nach Auffassung des LAG BW findet das AÜG jedoch auf eine Personalgestellung nach § 4 III TVöD Anwendung (zuletzt LAG BW 11.2.2016, 3 TaBV 2/14, JurionRS 2016, 11606).

Drittbezogener Personaleinsatz hat verschiedene Erscheinungsformen. So kann er sich etwa iR eines 21 Werk-, Dienst-, Dienstverschaffungs- oder Geschäftsbesorgungsvertrages vollziehen. Eine Abgrenzung der AN-Überlassung von diesen anderen Formen ist erforderlich, da nur die AN-Überlassung iSd AÜG **erlaubnispflichtig** ist. Zentrales Kriterium für die Abgrenzung von AN-Überlassung ggü den übrigen Formen des drittbezogenen Personaleinsatzes ist, dass für die Annahme von **AN-Überlassung** nach dem Wortlaut des § 1 I 1 das Tätigwerden des betreffenden AN im Betrieb des jeweiligen Vertragspartners nicht ausreicht, der betreffende AN vielmehr dem Dritten dergestalt zur Arbeitsleistung überlassen werden muss, dass der **AN** in den **Betrieb des Dritten eingegliedert** wird u **Weisungen des Dritten hins der Arbeitsausführung** unterliegt (BAG 18.1.2012, 7 AZR 723/1, NZA-RR 2012, 455; BAG 1.6.1994, 7 AZR 7/93, EzA § 1 AÜG Nr 3). Der drittbezogene Personaleinsatz auf Basis der übrigen Vertragstypen ist nicht vom AÜG erfasst und damit erlaubnisfrei. In der Praxis wird dies durch sogenannte Scheinwerkverträge und Scheindienstverträge ausgenutzt, um damit die Bestimmungen des AÜG zu unterlaufen. Als anstößig werden dabei Fälle wahrgenommen, bei denen betriebliche Daueraufgaben, die zum »Kerngeschäft« gehören und damit unmittelbar den Betriebszweck verwirklichen, dauerhaft auf Werkvertragsbasis fremdvergeben werden (*Greiner* NZA 2013, 697; BT-Drs 17/12378, S 1). Die Politik versuchte in den vergangenen Jahren in mehreren Gesetzesentwürfen unterschiedlicher Fraktionen (BT-Drs 17/7220 (Die Linke), BT-Drs 17/7428 (Die Grünen) sowie BT-Drs 12378 (SPD)) bislang vergeblich, derartig problematische Fälle zu erfassen

§ 1 AÜG Erlaubnispflicht

und die Regeln der AN-Überlassung für anwendbar zu erklären. Der vom BMAS überarbeitete RefE eines »Gesetzes zur Änderung des Arbeitnehmerüberlassungsgesetzes und anderer Gesetze« vom 17.2.2016 sieht nunmehr in Umsetzung des am 27.11.2013 zwischen CDU/CSU und SPD abgeschlossenen Koalitionsvertrages diverse Änderungen des AÜG ua zur Einschränkung des Missbrauchs v Scheinwerkverträgen u Scheinwerkverträgen mit Wirkung zum 1.1.2017 vor. Mit der Verabschiedung eines entspr Gesetzes ist im Jahre 2016 zu rechnen. Ua soll die verdeckte AN-Überlassung über Scheinwerk- und Scheindienstverträge mit AN-Überlassungserlaubnis zukünftig der Überlassung ohne Erlaubnis gleichgestellt werden u zu einer Fiktion eines Arbeitsverhältnisses zwischen dem Entleiher u dem Leih-AN führen.

22 In der Theorie sind Werkvertrag und AN-Überlassungsvertrag aufgrund ihrer verschiedenen Leistungsgegenstände klar voneinander abgrenzbar. **Gegenstand eines Werkvertrages** kann gem § 631 II BGB sowohl die Herstellung oder Veränderung einer Sache als auch ein anderer durch Arbeit oder Dienstleistung herbeizuführender Erfolg sein. Maßgeblich für die Unterscheidung zwischen AN-Überlassungs- und Werkvertrag ist also ua, ob ein **Werkerfolg** oder nur **Arbeitsleistung** geschuldet wird (vgl BAG 14.8.1985, 5 AZR 84/84, EzAÜG § 10 AÜG Fiktion Nr 42). Beim Werkvertrag wird der Unternehmer oder Subunternehmer für einen anderen tätig und organisiert die zur Erreichung des wirtschaftlichen Erfolges notwendigen Handlungen nach eigener Entsch eigenverantwortlich. Anders als bei AN-Überlassung übt der Werkunternehmer ggü seinen AN als seinen Erfüllungsgehilfen das arbeitsrechtl **Direktionsrecht** gem § 106 GewO aus. Die Werkausführenden werden auch nicht in den Betrieb des Werkbestellers **eingegliedert**, sondern bleiben allein dem Werkunternehmerbetrieb zugehörig.

23 Über die rechtl Einordnung eines Vertrages als AN-Überlassungsvertrag entscheidet der Geschäftsinhalt und nicht die von den Vertragsparteien gewünschte Rechtsfolge oder eine Bezeichnung, die dem tatsächlichen Geschäftsinhalt nicht entspricht (BAG 18.1.2012, 7 AZR 723/10). Der Geschäftsinhalt bestimmt sich anhand der tatsächlichen Vertragsdurchführung (BAG 30.1.1991, 7 AZR 497/89, EzAÜG § 10 AÜG Fiktion Nr 66). Nach einer aktuellen Entsch des LAG BW kann bei einem Fremdpersonaleinsatz unter jahrelanger Tätigkeit in den Betriebsräumen mit Betriebsmitteln des AG ungeachtet einer werkvertraglichen Vereinbarung aufgrund einer Eingliederung in den Betrieb von einer AN-Überlassung ausgegangen werden (LAG BW 1.8.2013, 2 Sa 6/13, NZA 2013, 1017).

24 Ob eine Werkvertragsgestaltung ein echter Werkvertrag ist, oder aber verdeckte AN-Überlassung darstellt, kann nur in einer **wertenden Gesamtbetrachtung** anhand der Kriterien Werkergebnis, Weisungsbefugnis, unternehmerische Dispositionsfreiheit, erfolgsorientierte Abrechnung, und Unternehmerrisiko/Gewährleistung durch die nach § 18 zuständigen Zollbehörden ermittelt werden (*Karthaus/Klebe* NZA 2012, 417). Entscheidend ist regelmäßig die Frage, ob die AN in dem Betrieb, in dem sie tätig werden, organisatorisch eingegliedert sind, was für eine AN-Überlassung spricht. In der Praxis kommt **Indizien für die Eingliederung** in den Einsatzbetrieb wie zB Planung und Organisation der Arbeit durch den Auftraggeber, Pflicht zur Vorlage von Personaleinsatz- und Anwesenheitslisten, Ausstattung mit Betriebsmitteln des Auftraggebers, gemeinsame Nutzung der Sozialräume des Auftraggebers oder die Teilnahme an Teambesprechungen bes Bedeutung zu (BAG 9.11.1994, 7 AZR 217/94, EzAÜG § 10 AÜG Fiktion Nr 85). Langjährige Tätigkeit im Betrieb ist dagegen kein taugliches Abgrenzungskriterium, sie spricht weder für noch gegen eine AN-Überlassung (BAG 13.5.1992, 7 AZR 284/91, EzA § 10 AÜG Nr 4). Auch **Weisungen** des Dritten, bei dem die Arbeitsleistung erbracht wird, sprechen für AN-Überlassung, wenn sie über das werkvertragliche Weisungsrecht nach § 645 I 1 BGB hinausgehen und nicht nur in Ausnahmefällen auftreten (LAG Düsseldorf 27.8.2007, 17 Sa 270/07). Eine AN-Überlassung scheidet nur dann aus, wenn das Weisungsrecht allein beim Dritten liegt (BAG 13.8.2008, 7 AZR 269/07, AP AÜG § 10 Nr 19). Der Werkbesteller kann nur Anweisungen im Hinblick auf das in Auftrag gegebene Werk insgesamt geben, nicht jedoch hins einzelner Verrichtungen. Auch das Fehlen eines abgrenzbaren, dem »Werkunternehmer« als eigene Werkleistung zurechenbaren Werkes, spricht für AN-Überlassung (zu weiteren Abgrenzungskriterien vgl *Boemke/Lembke* § 1 Rn 84 ff; *Thüsing/Waas* § 1 Rn 76). Unterschiede zwischen AN-Überlassung und Werkvertrag bestehen zudem im Hinblick auf die **Gefahrtragungsregeln**. Beim Werkvertrag trägt der Werkunternehmer bis zur Abnahme des Werkes die Vergütungsgefahr bei zufälligem Untergang. Dagegen steht einem Verleiher ein Anspruch auf Überlassungsvergütung bereits zu, sobald er einen geeigneten Leih-AN überlassen hat.

25 Gegenstand eines **Dienstvertrages** nach § 611 BGB ist, in Abgrenzung zum Arbeitsvertrag, die entgeltliche Erbringung von selbstständigen Dienstleistungen. Die Dienste werden in persönlicher und wirtschaftlicher Unabhängigkeit erbracht. Charakteristikum für den Dienstvertrag ist, dass die Person im Wesentlichen ihre Tätigkeit weisungsfrei gestalten und ihre Arbeitszeit und den Arbeitsort frei bestimmen kann. Abgrenzungsschwierigkeiten zur AN-Überlassung treten insb in dem Fall auf, dass der Dienstverpflichtete seine Leistung durch Erfüllungsgehilfen erbringt. In Abgrenzung zur AN-Überlassung, bei der der Verleiher dem Entleiher

keine Dienstleistung, sondern die Zurverfügungstellung von Arbeitskräften schuldet, die der Entleiher iR seines Direktionsrechts steuern kann, erbringt der Dienstverpflichtete die von ihm geschuldeten Dienstleistungen durch seine Erfüllungsgehilfen in **eigener Verantwortung** und nach **eigenen Vorgaben** (vgl BAG 8.11.1978, 5 AZR 261/77, EzAÜG § 10 AÜG Fiktion Nr 1). Wird dem Dienstberechtigten ein Weisungsrecht eingeräumt oder übt er ein solches tatsächlich aus, spricht das für AN-Überlassung. Demgem ist der ständige Einsatz von Wachleuten eines gewerblichen Bewachungsunternehmens zur Bewachung von Bundeswehreinrichtungen keine AN-Überlassung, wenn die Ausführung der zu leistenden Wachdienste einschl der Verhaltenspflichten in dem zugrunde liegenden Bewachungsvertrag genau festgelegt ist (BAG 31.3.1993, 7 AZR 338/92, EzAÜG § 10 AÜG Fiktion Nr 76).

Für die Abgrenzung von AN-Überlassung und **Gebrauchsüberlassung von Maschinen oder Geräten nebst Bedienpersonal** ist das Kriterium, dass der Entleiher den Einsatz der Maschinen oder Geräte mit dem dazugehörigen Personal nach seinen betrieblichen Erfordernissen selbst bestimmt und organisiert, alleine untauglich. Derartige gemischte Verträge werden vom AÜG dann nicht erfasst, wenn nicht die Überlassung von Personal, sondern die Gebrauchsüberlassung von Maschinen oder Geräten den Inhalt des Vertrages prägt (BAG 17.2.1993, 7 AZR 167/92, EzA § 10 AÜG Nr 9). Entscheidend ist dabei, ob das Zurverfügungstellen des Personals nur untergeordnete Funktion hat. Dies ist der Fall, wenn vom eingesetzten Personal lediglich in den Gebrauch des Geräts eingewiesen werden soll. 26

Drittbezogener Personaleinsatz kann auch aufgrund eines **Dienstverschaffungsvertrages** erfolgen. Ein Dienstverschaffungsvertrag liegt vor, wenn sich eine Partei verpflichtet, dem Vertragspartner Dienste eines Dritten zu verschaffen. Die Dienste können dabei von einem Selbstständigen oder von einem abhängig Beschäftigten geleistet werden. Dabei entsteht keine Vertragsbeziehung zwischen dem dienstleistenden Dritten und dem Empfänger der Dienste. 27

Der **AN-Überlassungsvertrag** als **Vertrag sui generis** ist ein Unterfall des Dienstverschaffungsvertrages (ErfK/*Wank* § 1 Rn 25). AN-Überlassung und nicht Dienstverschaffung liegt vor, wenn ein AG einem anderen das **arbeitsbezogene Weisungsrecht** in Bezug auf einen **AN** verschafft. Somit fällt die Verschaffung von **selbstständigen Diensten** wie zB eines Architekten oder Unternehmensberaters aus dem Anwendungsbereich des AÜG (*Sandmann/Marschall* § 1 Rn 22). 28

4. Exkurs: Rechtsverhältnis zwischen Leih-AN und Entleiher. Zwischen dem Entleiher und dem Leih-AN besteht ein Schuldverhältnis, welches nicht als Arbeitsverhältnis qualifiziert werden kann, da die AG-Stellung nach dem AÜG allein dem Verleiher zugewiesen ist (§ 1 I 1). Eine Ausnahme gilt nur in der Konstellation der §§ 10 I, 9 Nr 1. Das Rechtsverhältnis zwischen Leih-AN und Entleiher wird inhaltlich durch den Leiharbeitsvertrag bestimmt. Aufgrund der im Leiharbeitsvertrag getroffenen Vereinbarung ist der Verleiher ermächtigt, seinen Anspruch auf Arbeitsleistung sowie sein arbeitgeberseitiges Direktionsrecht an einen Dritten abzutreten. Entspr qualifiziert die wohl hM den Leiharbeitsvertrag als unechten Vertrag zugunsten Dritter, bei dem ein eigenes Forderungsrecht des Entleihers nur dann entsteht, wenn das Forderungsrecht des Verleihers gegen den Leih-AN an den Entleiher abgetreten wird (vgl zum Streitstand Schüren/*Schüren* Einl Rn 109 ff; *Urban-Crell/Schulz* Rn 472 ff). 29

Im Fall von Schlechtleistung oder sonstigen Pflichtverletzungen des Leih-AN stehen dem Entleiher Schadensersatzansprüche gegen den Leih-AN nach §§ 280 ff BGB grds nur dann zu, wenn ihm der Verleiher den Anspruch auf die Arbeitsleistung und damit auch Folgeansprüche abgetreten hat. Allerdings sind im Verhältnis zwischen Leih-AN und Entleiher die arbeitsrechtl Regeln zum betrieblichen Schadensausgleich und die Haftungsbeschränkungen zugunsten von AN (vgl § 611 BGB Rdn 418 ff) anwendbar. Ebenso gelten die Haftungsbeschränkungen nach §§ 104 f SGB VII im Verhältnis des Entleihers und dessen Belegschaft zu einem Leih-AN. IÜ greifen für das Verhältnis zwischen Leih-AN und Entleiher die allg arbeitsrechtl Fürsorge-, Schutz- und Treuepflichten (vgl § 611 BGB Rdn 369 ff). Dies rechtfertigt sich durch die Eingliederung des Leih-AN in den Betrieb des Entleihers, der den Leih-AN seinen Vorstellungen und Zielen gem innerhalb seiner Betriebsorganisation wie einen eigenen AN zur Förderung seiner Betriebszwecke einsetzt. 30

Dieser bes Situation von Leih-AN hat der Gesetzgeber auch iR des **Allgemeinen Gleichbehandlungsgesetzes** (AGG) (vom 14.8.2006, BGBl I S 1897, zuletzt geändert durch G vom 3.4.2013 [BGBl I S 610]) Rechnung getragen, indem er in § 6 II 2 AGG den Entleiher in gleichem Umfang wie den Verleiher als AG den Benachteiligungsverboten ggü Beschäftigten unterworfen hat. 31

Schädigt ein vom Entleiher als **Verrichtungsgehilfe** eingesetzter Leih-AN einen Dritten, kann dies zu einer Haftung des Entleihers nach § 831 I BGB führen, sofern sich der Entleiher nicht wegen Aufbringung der erforderlichen Sorgfalt bei der Auswahl des Verrichtungsgehilfen entlasten kann (BAG 5.5.1988, 8 AZR 32

484/85, EzA § 831 BGB Nr 1). Setzt der Entleiher den Leih-AN zur Erfüllung von Vertragspflichten ein, ist der Leih-AN als **Erfüllungsgehilfe** des Entleihers gem § 278 BGB zu qualifizieren.

33 **5. Wirtschaftliche Tätigkeit.** Die Erlaubnispflichtigkeit einer AN-Überlassung ist mit Wirkung vom 1.12.2011 (vgl oben Rdn 1) nach § 1 I 1 nicht mehr von der »Gewerbsmäßigkeit« der AN-Überlassung abhängig. Es reicht jetzt aus, dass die AN-Überlassung iRd »wirtschaftlichen Tätigkeit« des AG (Verleihers) erfolgt. Das G folgt mit dieser Änderung der Vorgabe der RL-Leiharbeit 2008/104/EG. Der Begriff der »wirtschaftlichen Tätigkeit« ist weder im AÜG noch in der RL definiert. Es kann für die Auslegung aber auf andere, durch das Europarecht geregelte Bereiche zurückgegriffen werden. Nach st Rspr des EuGH im europäischen Wettbewerbsrecht ist eine wirtschaftliche Tätigkeit jede Tätigkeit, die darin besteht, Güter und Dienstleistungen auf einem bestimmten **Markt anzubieten** (EuGH v 10.1.2006, Rs C-222/04, Rn 107). Sie wird zumindest dann auf dem Markt angeboten, wenn der Verleiher seine Leistung in Konkurrenz zu anderen Mitbewerbern anbietet, sodass der Entleiher die Möglichkeit der Auswahl hat. AN-Überlassung fällt daher grds dann in den Anwendungsbereich des § 1 I 1, wenn sie gegen Entgelt erfolgt (*Boemke/Lembke* § 1 Rn 47 f mwN). Keine Rolle spielt es, ob die wirtschaftliche Tätigkeit für den Betrieb einen Haupt- oder bloßen Nebenzweck darstellt. Der Begriff der »wirtschaftlichen Tätigkeit« in § 1 I 1 ist **weit auszulegen:** Zwar kann an dem zum Gewerbebegriff (s hierzu Rdn 35) gehörenden Merkmal der Selbstständigkeit festgehalten werden. Allerdings muss der Verleiher nunmehr weder mit Gewinnerzielungsabsicht handeln, noch muss die AN-Überlassung auf Dauer angelegt sein (BR-Drs 847/10 S 6 f; *Lembke* DB 2011, 414). Ob durch eine Tätigkeit Einnahmen oder andere wirtschaftliche Vorteile erzielt werden, ist unerheblich.

34 Die **konzerninterne AN-Überlassung** zum Selbstkostenpreis durch Personalführungsgesellschaften stellt eine wirtschaftliche Tätigkeit dar (hM, LAG Düsseldorf 26.7.2012, 15 Sa 788/12, BeckRS 2012, 62; *Thüsing/Thieken* DB 2012, 347; *Boemke/Lembke* § 1 Rn 50 mwN; aA *Rieble/Vielmeier* EuZA 2011, 474, 480). Dies war beim bislang bestehenden Merkmal der Gewerbsmäßigkeit umstritten (gegen eine Gewerbsmäßigkeit BAG 20.4.2005, 7 ABR 20/04, DB 2005, 1855; dafür zuletzt BAG 9.2.2011, 7 AZR 32/10, DB 2011, 1528). Nach dem eindeutigen **Willen des Gesetzgebers** unterliegen nun konzerninterne Personalservicegesellschaften, die Leih-AN zum Selbstkostenpreis an andere Konzernunternehmen überlassen, der Erlaubnispflicht nach § 1 I 1 (BT-Drs 17/4804 S 8; BR-Drs 847/10 S 7). Dem steht nicht entgegen, dass die konzerninternen Personalservicegesellschaften bei genauerer Betrachtung nicht dem Begriff der wirtschaftlichen Tätigkeit zum europäischen Wettbewerbsrecht unterfallen, weil sie ihre Dienstleistung nicht auf dem externen Markt anbieten und nicht mit anderen Leiharbeitsunternehmen im Wettbewerb stehen, da es aufseiten des Konzernunternehmens bereits an notwendigen Willen fehlt, externe Angebote einzuholen (vgl ausf *Thüsing/Thieken* DB 2012, 347; *Rieble/Vielmeier* EuZA 2011, 474, 480; aA *Ulber* § 1 Rn 204; *Lembke* DB 2011, 414). Denn die RL steht einer Erweiterung des Begriffes »wirtschaftliche Tätigkeit« nicht entgegen. Die Bestimmungen in der RL sind lediglich Mindestvorschriften. Dem nationalen Gesetzgeber stand es frei, zugunsten der Leih-AN günstigere Normen zu erlassen und in den Kreis der erfassten Unternehmen weitere Unternehmen aufzunehmen (*Boemke/Lembke* § 1 Rn 50; *Thüsing/Thieken* DB 2012, 347; aA *Rieble/Vielmeier* EuZA 2011, 474 nach denen der Wille des Gesetzgebers hins einer Aufnahme konzerninterner Personalservicegesellschaften im G nicht hinreichend zum Ausdruck kommt).

35 Im **Baugewerbe** ist nach der Neufassung der §§ 1 I, 1b grds jede AN-Überlassung verboten, die von einem Verleiher iR seiner wirtschaftlichen Tätigkeit betrieben wird. Möglich ist lediglich, dass einer der Ausnahmetatbestände des § 1b S 2 AÜG die AN-Überlassung gestattet (vgl § 1b Rdn 8 ff).

36 Erfasst werden von der Erlaubnispflicht nunmehr auch **gemeinnützige, karitative und ähnliche Unternehmen**, weil sie als Verleiher in Konkurrenz zu anderen Verleihern auftreten und damit am Wirtschaftsverkehr teilnehmen, sodass die Überlassung im Rahmen einer wirtschaftlichen Tätigkeit stattfindet (*Lembke* DB 2011,414; ErfK/*Wank* § 1 AÜG Rn 31; aA *Hamann* NZA 2011, 70, 71). **Hoheitlich** ausgestaltete Tätigkeiten unterfallen dann nicht dem AÜG, wenn sie mit der durch Zwangsbefugnisse gekennzeichneten Ausübung öffentlicher Gewalt verbunden sind. Für alle anderen hoheitlichen Tätigkeiten bietet sich eine Differenzierung an: Während die materiellen Vorschriften des AÜG für den Inhalt des Arbeitsverhältnisses gelten, besteht keine Erlaubnispflicht, weil diese bei juristischen Personen des öffentlichen Rechts eine unnötige Förmelei darstellen würde (so ausf *Löwisch/Domisch* BB 2012, 1408 zu Personalgestellungen durch juristische Personen des öffentlichen Rechts; s hierzu auch *Löwisch* § 1 WissZeitVG Rdn 7; aA LAG Düsseldorf 26.7.2012, 15 Sa 1452/11, BeckRS 2012, 71607; *Boemke/Lembke* § 1 Rn 51, nach denen hoheitliche Tätigkeiten grds nicht von § 1 I 1 erfasst seien). Da die Vorschrift nicht an die Art des Unternehmens sondern an die Tätigkeit anknüpft, unterfallen nicht nur reine Verleihunternehmen sondern auch Mischunternehmen der Erlaubnispflicht (*Boemke/Lembke* § 1 Rn 51 mwN).

Lediglich für **Altfälle** war mit Geltung bis zum 30.11.2011 weiterhin das Kriterium der **Gewerbsmäßig-** 37
keit für die Erlaubnispflicht der AN-Überlassung maßgebend. Für die Bestimmung von Gewerbsmäßigkeit iS dieser Norm war der gewerberechtl Begriff der Gewerbsmäßigkeit zugrunde zu legen (hM, BAG 21.3.1990, 7 AZR 198/89, EzAÜG § 1 AÜG Arbeitsvermittlung Nr 13). Unter gewerbsmäßige Tätigkeit fällt jede nicht nur gelegentliche, sondern auf eine gewisse Dauer angelegte und auf die Erzielung unmittelbarer oder mittelbarer wirtschaftlicher Vorteile ausgerichtete selbstständige Tätigkeit (zuletzt BAG 20.4.2005, 7 ABR 20/04, NZA 2005, 1006). Abzustellen war dabei auf den Verleiher. Die AN-Überlassung musste **auf Dauer** angelegt sein. Dies konnte schon bei einer erstmaligen Überlassung der Fall sein, wenn sie nicht allein an eine bestimmte Situation, etwa einmaligen Beschäftigungsmangel im Verleiherbetrieb, anknüpfte oder gelegentlich erfolgen sollte, sondern der Unternehmer mit **Wiederholungsabsicht** handelte. Auf die Dauer der einzelnen Überlassungen oder den Umfang der Überlassungstätigkeit kam es nicht an (HWK/*Kalb* § 1 Rn 34). Weiteres Kriterium für die Gewerbsmäßigkeit war die **Gewinnerzielungsabsicht**, wobei es keine Rolle spielte, ob tatsächlich ein Gewinn erwirtschaftet wurde. Es reichte aus, dass mithilfe der AN-Überlassung ein unmittelbarer oder mittelbarer wirtschaftlicher Vorteil angestrebt wurde. **Selbstständig** tätig war, wer im eigenen Namen und idR auf eigene Rechnung unter Übernahme des unternehmerischen Risikos agierte. Es war nicht erforderlich, dass AN-Überlassung alleiniger oder, bei Mischbetrieben, überwiegender Betriebszweck ist (BAG 8.11.1978, 5 AZR 261/77, EzAÜG § 10 AÜG Fiktion Nr 1).

6. »**Vorübergehende**« **AN-Überlassung**. Der Begriff »vorübergehend« wurde in der Neufassung des § 1 I 38
2 zum 1.12.2011 aufgenommen. Während in der früheren Fassung weder eine feste Höchstzeitdauer noch das Merkmal »vorübergehend« in der Vorschrift enthalten war, besteht nun erheblicher Streit und damit verbundene **Rechtsunsicherheit** hins der **Auslegung sowie** – weitaus praxisrelevanter – **der Rechtsfolgen des Begriffs** (vgl hierzu Rdn 39). Die bisherige Rspr der LAG ist im Hinblick auf die Auslegung des Begriffes genauso gespalten (im Fall des LAG Berl-Bbg sogar innerhalb des Gerichts selbst) wie die Lehre. Das BAG hat in den jüngsten Entscheidungen (BAG 10.7.2013, 7 ABR 91/11, NZA 2013, 1296; BAG 30.9.2014, 1 ABR 79/12, NZA 2015, 240) in Fallkonstellationen, bei denen ein Entleiher beabsichtigte, die Leih-AN ohne zeitliche Begrenzung statt einer Stammkraft einzusetzen, das Merkmal »vorübergehend« verneint. Diese Streitfälle verlangten jedoch keine genaue Abgrenzung des Begriffs. Zum Teil wird vertreten, dass man sich für die **Auslegung des Begriffs** an den Befristungsregelungen des § 14 TzBfG orientieren müsse, und gefordert, dass jede einzelne Überlassung von vornherein zeitlich oder vom Zweck her befristet sein müsse (*Hamann* NZA 2011, 70; *Düwell* ZESAR 2011, 449). Nach zwei Entsch des LAG Berl-Bbg sei das Merkmal dagegen arbeitsplatzbezogen zu verstehen: Es komme nicht auf die geplante Dauer des Einsatzes des Leih-AN beim Entleiher an, sondern darauf, dass es sich bei der zu besetzenden Stelle um einen sog »**Dauerarbeitsplatz**« handele. Ein Einsatz auf Dauerarbeitsplätzen sei nach der Neufassung des § 1 I 2 nicht mehr möglich (LAG Berl-Bbg 19.12.2012, 4 TaBV 1163/12, BeckRS 2012, 76380; LAG Berl-Bbg 9.1.2013, 15 Sa 1635/12). Solche sachlichen oder zeitlichen Beschränkungen des Begriffs sind jedoch richtigerweise weder dem nationalen Recht noch der RL zu entnehmen (ausf LAG Düsseldorf, 2.10.2012, 17 TaBV 38/12 und 17 TaBV 48/12, NZA 2012, 1378; *Thüsing/Stiebert* DB 2012, 632; *Boemke/Lembke* § 1 Rn 107). Der Gesetzgeber hat den Begriff im Sinn der RL-Leiharbeit als **flexible Zeitkomponente** verstanden und bewusst auf genau bestimmte Höchstfristen verzichtet (BT-Drs 17/4804, S 8). Demnach ist auch weiterhin eine nicht von vornherein zeitlich befristete Überlassung von Zeitarbeitnehmern möglich (Antwort des BMAS auf eine parlamentarische Anfrage v 29.2.2012, BT-Drs 17/8829, S 24). Vorübergehend ist danach **jede nicht als zeitlich unbegrenzt geplante Überlassung**, bei der die Rückkehr zum Verleiher, jedoch nicht zwingend der Rückkehrtermin, schon zum Zeitpunkt der Überlassung feststeht. Der vom BMAS überarbeitete RefE eines »Gesetzes zur Änderung des Arbeitnehmerüberlassungsgesetzes und anderer Gesetze« vom 17.2.2016 sieht vor, dass das Merkmal »vorübergehend« durch eine Höchstüberlassungsdauer von 18 Monaten konkretisiert werden soll. Derselbe AN soll hiernach mit Wirkung zum 1.1.2017 grds zukünftig nicht länger als 18 aufeinander folgende Monate demselben Entleiher überlassen werden. Auf den konkreten Arbeitsplatz käme es dagegen nicht an. Nach dem RefE sollen nur Verleihzeiten ab dem 1.1.2017 berücksichtigt werden. Ähnlich wie vor dem Wegfall der Höchstüberlassungsdauer im Jahr 2003, müssen Unterbrechungen, die eine Nichtanrechnung v Überlassungszeiten zu Folge hätten, mindestens 6 Monate umfassen. Für tarifgebundene AG können Ausnahmen v der Höchstüberlassungsdauer jedoch im TV der Einsatzbranche oder aufgrund eines solchen TVs in Betriebs- oder Dienstvereinbarungen festgelegt werden. Nicht tarifgebundene AG können im Geltungsbereich eines solchen TVs durch Betriebsvereinbarung die Höchstüberlassungsdauer dagegen nur auf maximal 24 Monate anheben. Mit der Verabschiedung eines entspr G ist im Jahre 2016 zu rechnen.

39 Unsicherheit bestand zudem über die praktische **Bedeutung** bzw die **Rechtsfolge des I 2**. Das BAG hat die wesentlichen Fragen nunmehr zumindest vorläufig für die Praxis entschieden: Nach den relevanten Entsch des BAG vom 10.7.2013 (7 ABR 91/11, NZA 2013, 1296; bestätigt durch BAG 30.9.2014, 1 ABR 79/12, NZA 2015, 240) ist das Merkmal »vorübergehend« als **echtes Tatbestandsmerkmal der AN-Überlassung** und als **Verbot der dauerhaften AN-Überlassung** anzusehen; I 2 stellt darüber hinaus ein **Verbotsgesetz im Sinne des § 99 II 2 Nr 1 BetrVG** dar. Dies hat zur Folge, dass der Entleiher-BR der Einstellung eines Leih-AN, der nicht nur vorübergehend überlassen werden soll, widersprechen kann (s § 14 Rdn 17). Dies war zuvor in den Instanzgerichten als auch in der Lehre heftig umstritten (vgl ausf *Teusch/Versteige* NZA 2012, 1326 mwN). Dagegen hat das BAG in seiner Entsch vom 10.12.2013 (9 AZR 51/13, NZA 2014, 196) richtigerweise entschieden, dass eine nicht-vorübergehende AN-Überlassung – sofern sich der Verleiher im Besitz einer AN-Überlassungserlaubnis befindet – keine **Fiktion eines Arbeitsverhältnisses zwischen Entleiher und Leih-AN** gem §§ 9 Nr 1, 10 I (analog) zur Folge hat. § 10 I fingiert das Zustandekommen eines Arbeitsverhältnisses ausschließlich bei fehlender AN-Überlassungserlaubnis des Verleihers. Für eine analoge Anwendung dieser Vorschrift fehlt es an einer planwidrigen Regelungslücke. Der Gesetzgeber hat bei einer nicht nur vorübergehenden Arbeitnehmerüberlassung bewusst nicht die Rechtsfolge der Begründung eines Arbeitsverhältnisses mit dem Entleiher angeordnet. Das Unionsrecht gibt kein anderes Ergebnis vor. Die RL 2008/104/EG v 19.11.2008 (ABlEG v 5.12.2008 L327 S 9 ff) sieht keine bestimmte Sanktion bei einem nicht nur vorübergehenden Einsatz des Leiharbeitnehmers vor. Art. 10 II 1 der Leiharbeits-RL überlässt die Festlegung wirksamer, angemessener und abschreckender Sanktionen bei Verstößen gegen Vorschriften des AÜG den Mitgliedstaaten. Angesichts der Vielzahl möglicher Sanktionen obliegt deren Auswahl dem Gesetzgeber und nicht den Gerichten für Arbeitssachen (BAG 10.12.2013, 9 AZR 51/13).

40 **Empfehlungen für die Praxis:** Aufgrund der Entsch des BAG vom 10.7.2013 und der immer noch bestehenden Rechtsunsicherheit über die Auslegung des Begriffs **empfiehlt sich** für Entleiher – bereits vor der Einführung einer geplanten zeitlichen Höchstüberlassungsdauer (18 Monate) durch den Gesetzgeber – im Überlassungsvertrag eine Zeit- und/oder Zweckbefristung vorzusehen. Damit kann argumentiert werden, dass keine dauerhafte Überlassung geplant war. Ferner sollte eine ordentliche Kündigungsmöglichkeit im Überlassungsvertrag vereinbart werden (*Lembke* BB 2012, 2497). Darüber hinaus sollten möglichst keine Arbeitsplätze von Stamm-AN durch Leih-AN im Entleiherbetrieb besetzt werden. Bis zu einer Gesetzesänderung ist eine nicht-vorübergehende AN-Überlassung nach der Entsch des BAG vom 10.12.2013 jedoch weitestgehend sanktionslos; jedenfalls droht keine Fiktion eines Arbeitsverhältnisses mit dem Leih-AN, sofern der Verleiher über eine AN-Überlassungserlaubnis verfügt.

41 **7. Keine Arbeitsvermittlung.** Trotz Wegfalls des ausdrücklichen Hinweises in § 1 I 1 aF ist AN-Überlassung ausgeschlossen, wenn eine Tätigkeit als Arbeitsvermittlung zu qualifizieren ist. Gem § 35 I 2 SGB III fallen unter Arbeitsvermittlung alle Tätigkeiten, die darauf gerichtet sind, Ausbildungsuchende mit AG zur Begr eines Ausbildungsverhältnisses und Arbeitsuchende mit AG zur Begr eines Beschäftigungsverhältnisses zusammenzuführen (zur Neuregelung des Rechts der privaten Arbeitsvermittlung in §§ 292 ff SGB III vgl *Kossens* DB 2002, 843; *Marschner* DB 2004, 380). AN-Überlassung und Arbeitsvermittlung können zwar kombiniert werden, etwa in Form einer der Arbeitsvermittlung vorgeschalteten AN-Überlassung (vgl hierzu auch § 9 Rdn 10 f). Allerdings müssen dabei die Zulässigkeitsvoraussetzungen für AN-Überlassung und private Arbeitsvermittlung kumulativ vorliegen.

42 Gem § 1 II wird unter den dort normierten Umständen **vermutet**, dass der Überlassende nicht AN-Überlassung, sondern **Arbeitsvermittlung** betreibt. Danach wird Arbeitsvermittlung vermutet, wenn AN Dritten zur Arbeitsleistung überlassen werden und der Überlassende **nicht die üblichen AG-Pflichten** oder das **AG-Risiko** (§ 3 I Nr 1–3 AÜG) übernimmt. Unter welchen Voraussetzungen von einer Nichtübernahme der üblichen AG-Pflichten oder des AG-Risikos auszugehen ist, hat der Gesetzgeber durch Verweis auf die Erlaubnisversagungsgründe in § 3 I Nr 1–3 abschließend bestimmt. Die Vermutungswirkung kann durch den Überlassenden **widerlegt** werden (*Sandmann/Marschall* § 1 Rn 63). Die Widerlegung der Vermutung erfolgt durch den Nachweis von Tatsachen, aus denen sich ergibt, dass der Überlassende AG geblieben ist, die AG-Stellung sowie der Schwerpunkt des Arbeitsverhältnisses also nicht iRd Vollzuges der Überlassung auf den Entleiher übergegangen sind, etwa weil Verstöße gegen § 3 I Nr 1 u 2 geringfügig waren oder versehentlich geschahen (*Boemke/Lembke* § 1 Rn 177 ff).

43 Kann der Überlassende die Vermutung des § 1 II nicht widerlegen, kommt es, nach Wegfall des § 13 aF durch das AFRG mit Wirkung zum 1.4.1997, nicht mehr zur gesetzlichen Fiktion eines Arbeitsverhältnisses des überlassenen AN zum Entleiher (BAG 28.6.2000, 7 AZR 100/99, EzAÜG § 1 AÜG Arbeitsvermittlung Nr 20; aA Schüren/*Schüren* § 1 Rn 398 ff). Das Arbeitsverhältnis zwischen Überlassendem und

überlassenem AN bleibt unverändert bestehen. Gleiches gilt für die Wirksamkeit des Überlassungsvertrages. Eigenständige Rechtsfolgen zieht die Erfüllung des Vermutungstatbestandes in § 1 II in der derzeitigen Fassung des AÜG nicht nach sich. Die in Bezug genommen § 3 I Nr 1–3 können allerdings Einfluss auf Erteilung bzw Fortbestand einer Verleiherlaubnis haben. Ob der Vermutungstatbestand auch im Straf- und Ordnungswidrigkeitsverfahren, etwa im Zusammenhang mit § 404 II Nr 9 SGB III, Berücksichtigung findet, ist str (zum Streitstand *Boemke/Lembke* § 1 Rn 175).

8. Abordnung zu einer Arbeitsgemeinschaft (ARGE) (I 3, 4). Die Abordnung eines AN in eine Arbeitsgemeinschaft stellt, unter den kumulativ zu erfüllenden Voraussetzungen des § 1 I 3, 4, keine nur innerhalb der engen Grenzen des AÜG zulässige AN-Überlassung dar. Zweck der Regelung ist es, so die wirtschaftlich sinnvolle Zusammenarbeit in ARGE, etwa bei Großprojekten, zu fördern (BT-Drs 10/4221 S 32 f). 44

Der Privilegierungstatbestand des § 1 I 3, 4 setzt voraus, dass eine **ARGE** gebildet wurde. Unter einer ARGE versteht man den Zusammenschluss mehrerer Unternehmen auf vertraglicher Grundlage zur Verfolgung eines gemeinsamen Zwecks (*Sandmann/Marschall* § 1 Rn 52h). Eine bes Rechtsform ist für einen solchen Zusammenschluss nicht vorgeschrieben. Vielfach handelt es sich um eine GbR nach §§ 705 ff BGB. Zwar hat die ARGE ihren Ursprung in der Bauwirtschaft, sie kommt aber auch in anderen Branchen zur Anwendung, etwa für unternehmensübergreifende Forschungsprojekte in der Chemie- oder Pharmaindustrie. 45

Die Zusammenarbeit in der ARGE muss auf die **Herstellung eines Werkes** iSd § 631 BGB gerichtet sein. Allg, nicht auf ein bestimmtes Werk spezifizierte Vorhaben sowie reine Kooperations- oder Serviceverträge fallen nicht in den Anwendungsbereich des Privilegierung. 46

Der überlassende AG muss **Mitglied dieser ARGE** und gem **ARGE-Vertrag selbst** zur Erbringung von **Vertragsleistungen** im Hinblick auf die Werkerstellung durch die ARGE **verpflichtet** sein. Die jeweiligen Leistungen der Mitglieder müssen sich als selbstständig abgrenzbare Teilleistungen der werkvertraglich geschuldeten Gesamtleistung der ARGE darstellen (*Boemke/Lembke* § 1 Rn 124) und vom Mitglied in eigener unternehmerischer Verantwortung, ggf auch unter Einsatz von Subunternehmern, erbracht werden (BAG 1.6.1994, 7 AZR 7/93, EzA § 1 AÜG Nr 3). Der Beitrag des Mitglieds kann sich nicht auf das Zurverfügungstellen von AN an die ARGE erschöpfen. 47

Schließlich müssen für die Mitglieder die **TV desselben Wirtschaftszweiges** anwendbar sein. Ob derselbe Wirtschaftszweig betroffen ist, richtet sich in erster Linie nach den Satzungen der AG-Verbände sowie Gewerkschaften und den dort geregelten Zuständigkeitsverteilungen. Bei Mischbetrieben ist auf den überwiegenden Betriebszweck abzustellen (*Ulber* § 1 Rn 245). Sind unterschiedliche Wirtschaftszweige betroffen (zB Bau- und Chemieindustrie), greift die Privilegierung des § 1 I 3 nicht. Nicht erforderlich ist, dass dieselben TV für alle Mitglieder gelten. Die Tarifgeltung kann auf einer Tarifbindung nach § 3 TVG, Allgemeinverbindlichkeit nach § 5 TVG, aber auch auf Grundlage arbeitsvertraglicher Bezugnahme basieren. Auch bei Inbezugnahme eines TV wird der Regelungszweck, den an die ARGE abgeordneten AN vor Lohndumping zu schützen, erreicht (so auch *Boemke/Lembke* § 1 Rn 136; nunmehr auch, in Abkehr von der Voraufl, *Schüren/Hamann* § 1 Rn 330). 48

Abgeordnet ist ein AN, wenn der AG sein Direktionsrecht für den Zeitraum, in dem der AN die Leistungsverpflichtung des AG ggü der ARGE erfüllen soll, auf die ARGE überträgt (BT-Drs 10/4211 S 32). 49

Gem § 1 I 4 kommt dem AG mit Geschäftssitz in einem anderen Mitgliedstaat des EWR die Privilegierung des § 1 I 3, bei Vorliegen der übrigen Voraussetzungen, auch ohne das Erfordernis der Tarifbindung zugute. Eine solche Tarifbindung setzte die Gründung einer Niederlassung in Deutschland zwingend voraus, was gegen die Dienstleistungs- und Niederlassungsfreiheit (Art 20, 49, 56 AEUV – früher Art 43, 49 EGV) verstieße (vgl EuGH 25.10.2001, Rs C-493/99, EzA § 1 AÜG Nr 11; zu Beschränkungen in Bezug auf AN aus den zum 1.5.2004 der EU beigetretenen Staaten vgl *Boemke/Lembke* § 1 Rn 148). Geschäftssitz ist der Ort, von dem aus die Geschäfte tatsächlich geführt werden, regelmäßig die Hauptverwaltung eines Unternehmens. 50

IV. Ausnahmen vom Anwendungsbereich des AÜG. § 1 III nimmt durch Neueinführung der Nr 2a seit dem 1.12.2011 nicht mehr nur noch 3 sondern nunmehr 4 Fallkonstellationen, in denen weder der soziale Schutz der Leih-AN noch die Wahrung der Ordnung auf dem Teilarbeitsmarkt Leiharbeit enge rechtl Rahmenbedingungen erfordern, von der uneingeschränkten Anwendbarkeit des AÜG aus: Die wirtschaftszweiginterne AN-Überlassung zur Vermeidung von Kurzarbeit und Entlassungen (Nr 1), AN-Überlassung im Konzern (Nr 2), gelegentliche AN-Überlassung zwischen AG (Nr 2a) sowie AN-Überlassung in das Ausland (Nr 3). Die Aufzählung ist nach hM abschließend, eine entspr Anwendung auf weitere Fallgruppen unzulässig (*Boemke/Lembke* § 1 Rn 190 mwN). Liegt einer der Ausnahmetatbestände vor, ist das AÜG mit Ausnahme von §§ 1b S 1, 16 I Nr 1b, II bis V, 17 u 18 nicht anwendbar. Der Verleiher braucht damit keine 51

§ 1 AÜG Erlaubnispflicht

Erlaubnis nach § 1 I 1 und unterfällt nicht dem Gleichbehandlungsgebot nach § 3 I Nr 3. Die Vorschriften über die Rechte von Leih-AN ggü dem Entleiher (§§ 13, 13a, 13b) finden ebenfalls keine Anwendung. Das Verbot der AN-Überlassung im Rahmen einer wirtschaftlichen Tätigkeit im Baugewerbe gilt aber auch in diesem Fall. Der BR des Entleiherbetriebs ist bei einer Überlassung im Rahmen des § 1 III nach hM gem § 99 BetrVG zu beteiligen (*Boemkel Lembke* § 1 Rn 251 mwN).

52 Nach hM verstoßen die Regelungen des § 1 III jedoch gegen RL-Leiharbeit 2008/104/EG, weil die RL keine Ausnahmetatbestände für die in § 1 III Nr 1 bis 3 enthält (hM, ausf *Boemkel Lembke* § 1 Rn 198 mwN). Die Praxis kann daher nicht auf die Bestandskraft dieser Regelungen vertrauen. Ein Gericht könnte im Streitfall entweder ein Vorabentscheidungsverfahren nach Art 267 AEUV initiieren oder die Regelungen des § 1 III wegen des Anwendungsvorrangs des Europarechts außer Betracht lassen (*Boemkel Lembke* § 1 Rn 198).

53 **1. AN-Überlassung zur Vermeidung von Kurzarbeit und Entlassungen (III Nr 1).** Nach Nr 1 privilegiert ist AN-Überlassung, die zwischen AG desselben Wirtschaftszweiges erfolgt, der Vermeidung von Kurzarbeit oder Entlassungen dient und von einem für Entleiher und Verleiher geltenden TV vorgesehen ist. Zur Frage der **Zugehörigkeit zum selben Wirtschaftszweig** s.o. Rdn 48. Auch Verleihunternehmen können, im Hinblick auf das Schutzziel, trotz Auftragsmangels Kurzarbeit und Entlassungen zu vermeiden, von der Privilegierung in Nr 1 profitieren und ihre AN anderen Verleihern zur Verfügung stellen (so auch *Boemkel Lembke* § 1 Rn 200; aA *Sandmann/Marschall* § 1 Rn 76; zur Europarechtswidrigkeit der Vorschrift vgl Rdn 51).

54 Dem **Zweck der Vermeidung von Kurzarbeit und Entlassungen** dient die AN-Überlassung, wenn sie aus der Sicht **ex ante objektiv geeignet** ist, beim Verleiher Kurzarbeit und Entlassungen zu vermeiden und dies auch **Handlungsmotiv** des Verleihers ist.

55 In Bezug auf **Kurzarbeit** fordert die hM in diesem Zusammenhang, dass die materiell-rechtl Voraussetzungen zur Gewährung von Kurzarbeitergeld nach §§ 95 ff SGB III vorliegen müssen (ErfK/*Wank* § 1 Rn 55). Das betriebsverfassungsrechtl Verständnis von Kurzarbeit als vorübergehende Verkürzung der betrieblichen Arbeitszeit ist nicht anwendbar. Die Vermeidung von Transferkurzarbeitergeld nach § 111 SGB III begründet die Privilegierung hingegen nicht, da Transfermaßnahmen nicht zu einer nur vorübergehenden Arbeitszeitverringerung iR eines laufenden Arbeitsverhältnisses führen, sondern das Arbeitsverhältnis nach Ablauf der Maßnahme endet. Regelmäßig wird in einer solchen Konstellation die 2. Variante des III Nr 1, Vermeidung von Entlassungen, einschlägig sein.

56 Unter **Entlassung** iSv § 1 III Nr 1 ist die Beendigung von Arbeitsverhältnissen aus betriebsbedingten Gründen durch den Verleiher zu verstehen. Im Hinblick auf ihren Schutzzweck greift die Regelung aber auch, wenn der AG den AN bei Vorliegen betriebsbedingter Kündigungsgründe ansonsten zum Abschluss eines Aufhebungsvertrages veranlassen würde (*Thüsing/Waas* § 1 Rn 173). Nicht anwendbar ist Nr 1 auf mögliche Änderungskündigungen. Denn insofern besteht eine Weiterbeschäftigungsmöglichkeit, wenngleich zu geänderten Konditionen.

57 Die Privilegierung des III Nr 1 setzt ferner voraus, dass sie für den Wirtschaftszweig **tarifvertraglich zugelassen** ist. Der Gesetzgeber überträgt den zuständigen Sozialpartnern die Entscheidungsfreiheit, die Privilegierung zuzulassen oder darauf zu verzichten. **Nicht erforderlich** ist, dass für Verleiher und Entleiher **derselbe TV gilt**. Ist der Verleiher etwa an einen Flächen-TV, der Entleiher dagegen an einen mit derselben Gewerkschaft geschlossenen Haus-TV gebunden, die beide zur Anwendung von § 1 II Nr 1 ermächtigen, reicht dies aus (*Schüren/Hamann* § 1 Rn 465 ff; aA *Boemkel Lembke* § 1 Rn 209 f mwN). Die tatbestandliche Voraussetzung, dass Ver- und Entleiher demselben Wirtschaftszweig angehören müssen, ergäbe im Zusammenspiel mit einem Erfordernis identischer Tarifbindung keinen Sinn. Für diese Auslegung spricht auch die Entstehungsgeschichte der Norm (vgl hierzu HWK/*Kalb* § 1 Rn 52). Die Geltung des TV kann auf einer Tarifbindung gem § 3 I TVG, Allgemeinverbindlichkeit (§ 5 TVG), aber auch auf arbeitsvertraglicher Inbezugnahme beruhen (so auch Schüren/*Hamann* § 1 Rn 472).

58 **2. Konzerninterne AN-Überlassung (III Nr 2).** In der Praxis gewinnt die konzerninterne AN-Überlassung zunehmend an Bedeutung. Es existieren drei wesentliche **Erscheinungsformen in der Praxis** (ausf Lembke BB 2012, 2497): Das »Secondment« bzw die »Entsendung« von AN von einem Konzernunternehmen in ein anderes Konzernunternehmen, die vorübergehende Überlassung von AN an andere Konzernunternehmen als sog »Kollegenhilfe« zur flexiblen Abdeckung von Arbeitskräftebedarf sowie die konzerngehörigen Verleihgesellschaften. Insb eigens gegründete konzerninterne Verleihgesellschaften mit dem Ziel, die Personalkosten durch Anwendung von günstigen Leiharbeits-TV zu senken, sind dabei immer mehr in den Fokus der Öffentlichkeit/Kritik geraten. Der »Fall Schlecker« hat in diesem Zusammenhang eine intensive Diskussion über die konzerninterne AN-Überlassung und die Frage des **Rechtsmissbrauchs** ausgelöst.

Gem § 1 III Nr 2 ist AN-Überlassung zwischen **Konzernunternehmen** iSd § 18 AktG im Hinblick auf ihre 59
Zulässigkeitsvoraussetzungen nur noch dann privilegiert, sofern der AN nicht zum Zweck der Überlassung
eingestellt und beschäftigt wird (vgl ausf Rdn 61). Damit wurde das Konzernprivileg mit Wirkung vom
1.12.2011 erheblich eingeschränkt, um den mit dem Konzernprivileg betriebenen Missbrauch insb durch
eigens gegründete konzerninterne Verleihgesellschaften einzuschränken. Zuvor setzte Nr 2 tatbestandlich
lediglich voraus, dass ein AN seine Arbeit vorübergehend nicht bei seinem AG, sondern bei einem konzernverbundenen Unternehmen leistet. Die Ausnahmevorschrift des Nr 2 verstößt dennoch gegen die RL
2008/104/EG (*Lembke* DB 2011, 414, 416; ErfK/*Wank* § 1 Rn 57; *Ulber* AuR 2010, 1, 12; vgl bereits
Rdn 51. Denn die RL erlaubt keine Ausnahme für die konzerninterne AN-Überlassung. Daher gelten die
materiellen Regelungen der RL, insb der Grundsatz der Gleichbehandlung (Art 5 RL) sowie die Vorschriften über den Zugang der Leih-AN zu Beschäftigung, Gemeinschaftseinrichtungen und beruflicher Bildung
(Art 6 RL), auch für die konzerninterne AN-Überlassung. Damit die RL-Leiharbeit europarechtskonform
umgesetzt wird, bedarf es folglich entweder der Streichung der Ausnahmetatbestände des § 1 III oder
zumindest einer entspr Anpassung des Einleitungssatzes von § 1 III (*Lembke* DB 2011, 414, 416 mwN).
Die Berufung auf das Konzernprivileg ist in der Praxis damit mit allergrößter Vorsicht zu genießen. Ob sich
Unternehmen für die konzerninterne AN-Überlassung vorsorglich eine Erlaubnis einholen sollten, ist im
Ergebnis aber oft eine unternehmenspolitische Entsch.

Der Konzernbegriff des § 18 AktG erfasst alle Konzernarten, also Unterordnungskonzern, Gleichordnungs- 60
konzern, Vertragskonzern ebenso wie den faktischen Konzern. Die Rechtsform der im Verhältnis zueinander verbundenen Unternehmen ist irrelevant (BAG 5.5.1988, 2 AZR 795/87, EzAÜG § 10 AÜG Fiktion
Nr 55). Demzufolge können internationale Konzerne mit einer dem dt Recht nicht bekannten Rechtsform
das Privileg in Nr 2 für sich in Anspruch nehmen, wenn eines der beteiligten Unternehmen seinen Sitz in
Deutschland hat oder ein sonstiger Bezug zum dt Staatsgebiet vorhanden ist und mithin das AÜG auf dieses
Unternehmen Anwendung findet (Schüren/*Hamann* § 1 Rn 491).

Die Inanspruchnahme des Konzernprivilegs ist seit dem 1.12.2011 ausgeschlossen, sofern der AN **zum** 61
Zwecke der Überlassung eingestellt und beschäftigt wird. Die Ergänzung stellt zunächst klar, dass die Privilegierung des Konzernverleihs nicht für die AN-Überlassung durch Personalführungsgesellschaften gilt,
deren Zweck die Einstellung und Überlassung von Personal ist (BT-Drs 17/4804 S 8). Str ist aufgrund
des unklaren Wortlautes des G, ob es darauf ankommt, dass der AN »überhaupt nicht« oder »nicht ausschließlich« zum **Zweck der Überlassung** eingestellt und beschäftigt wird. Aufgrund des Gesetzeszwecks,
das Konzernprivileg nicht auf Personalführungsgesellschaften zu erstrecken, welche die AN ausschließlich
an andere Konzernunternehmen überlassen, ist die Vorschrift einschränkend auszulegen. Das Konzernprivileg gilt somit, wenn der AN »nicht ausschließlich« zum Zweck der Überlassung eingestellt und beschäftigt wird, sondern auch beim überlassenden Unternehmen eingesetzt wird (hM, vgl *Boemke/Lembke* § 1
Rn 233 mwN; aA *Leuchten* NZA 2011, 608, 609; *Ulber* § 1 Rn 370). Damit findet das AÜG nach § 1
III Nr 2 keine Anwendung, wenn der konzernintern überlassene AN als »normaler« AN eingestellt
und beschäftigt wird, aber zB aufgrund einer Konzernversetzungsklausel auch als Leih-AN eingesetzt werden kann oder bei gelegentlichem Einsatz bei anderen Konzernunternehmen, solange eine Rückkehr zum ver-
leihenden Unternehmen noch in Betracht kommt (*Lembke* DB 2011, 414, 416; *Huke/Neufeld/Luickhardt*
BB 2012, 961, 966). Mit der Formulierung »**eingestellt und beschäftigt**« wollte der Gesetzgeber sicherstellen, dass es nicht allein auf den bei Abschluss des Arbeitsvertrages festgelegten Leistungsinhalt ankommt,
sondern auch darauf, dass die AN nicht später zum Zwecke der Überlassung beschäftigt werden (BT-Drs
17/4804 S 8). Daher genügt eine Änderung des Arbeitsvertrags, durch die der AN zu Leiharbeit verpflichtet
wird, für die Anwendung der Norm, sofern dieser Zweck von Anfang an bestand. Angesichts dieses gesetzgeberischen Willens erscheint der Wortlaut der Vorschrift allerdings wenig gelungen. Zum sogenannten
»Befristungskarussel« vgl oben Rdn 18.

3. »Gelegentliche« AN-Überlassung zwischen AG (III Nr 2a). Von der Anwendung des AÜG ausgenom- 62
men ist seit der Neuregelung des § 1 III Nr 2a mit Wirkung zum 1.12.2011 auch die AN-Überlassung zwischen AG, sofern sie nur gelegentlich erfolgt und der AN nicht zum Zweck der Überlassung eingestellt und
beschäftigt wird (hierzu vgl oben Rdn 61). Vor dem Hintergrund des Ausnahmecharakters des § 1 III, aber
auch im Hinblick auf den Schutzzweck der Norm, sind an das Erfordernis einer »nur gelegentlichen Überlassung« nach dem Willen des Gesetzgebers strenge Anforderungen zu stellen. Mit der Ausnahmevorschrift sollen in Bezug sowohl auf den AN als auch auf das überlassende Unternehmen gelegentlich auftretende Überlassungsfälle ausgeklammert werden, wie zB die Abdeckung eines kurzfristigen Spitzenbedarfs eines anderen
Unternehmens (BT-Drs 17/4804 S 8). Diese Privilegierung war nach Ansicht der Gesetzgebers vor dem
Hintergrund der Ausweitung des Anwendungsbereichs des AÜG durch die Änderung des § 1 I 1 geboten,

§ 1a AÜG   Anzeige der Überlassung

um zB die gelegentliche Überlassung durch Handwerksbetriebe oder gemeinnützige Organisationen nicht unnötig zu erschweren (BT-Drs 17/4804 S 8). »Gelegentlich« bezieht sich nicht auf die Dauer des Einsatzes, sondern darauf, **ob die Übernahme planmäßig oder nur gelegentlich, bei besonderem Bedarf**, erfolgt (s.a. BA Ausschuss-Drs 17/11/431 »fehlende Wiederholungsabsicht«). Bei der Begriffsauslegung muss allerdings dem Interesse der AN Rechnung getragen werden. Insbesondere ist daran zu denken, dass AN im Interesse ihrer Fortbildung vorübergehend bei anderen AG tätig werden. In diesem Fall muss die Ausnahmevorschrift ebenfalls gelten (*Löwisch/Domisch* BB 2012, 1408). § 1 III Nr 2a gilt auch für Personalführungsgesellschaften. Die Vorschrift ist jedoch **europararechtswidrig** (vgl. ausf zur Problematik und den Folgen Rdn 51, 58), da die RL 2008/104/EG keine entspr Ausnahme zulässt (*Lembke* DB 2011, 414, 416; ErfK/*Wank* § 1 Rn 57). Aufgrund der Europarechtswidrigkeit der Neuregelung kann die Praxis nicht auf deren Bestandskraft vertrauen.

63   **4. AN-Überlassung in ein dt-ausländisches Gemeinschaftsunternehmen (III Nr 3).** Gem § 1 III Nr 3 ist die Überlassung eines Leih-AN ins Ausland in ein auf Grundlage zwischenstaatlicher Vereinbarung begründetes dt-ausländisches Gemeinschaftsunternehmen, an dem der Verleiher beteiligt ist, unter erleichterten rechtl Voraussetzungen zulässig. Zweck der Regelung ist, neben der Erleichterung der Bildung dt-ausländischer Joint-Venture-Unternehmen, auch der Schutz der Leih-AN durch fortbestehende Anwendbarkeit des dt Arbeits- und Sozialrechts (BT-Drs 13/4941 S 248). Der Umfang der Beteiligung des Verleihers an dem Gemeinschaftsunternehmen ist ebenso unerheblich wie Staatsangehörigkeit des Leih-AN. Grds spielt auch die Dauer der Überlassung für Nr 3 keine Rolle. Jedoch setzen Art 8 Rom I-VO sowie § 4 I SGB IV voraus, dass eine Rückkehr des Leih-AN zum Verleiher vorgesehen ist, soll das dt Arbeits- und Sozialrecht auf das Leiharbeitsverhältnis Anwendung finden (*Boemkel Lembke* § 1 Rn 205). Zur Europarechtswidrigkeit der Vorschrift Rdn 51.

§ 1a Anzeige der Überlassung

(1) Keiner Erlaubnis bedarf ein Arbeitgeber mit weniger als 50 Beschäftigten, der zur Vermeidung von Kurzarbeit oder Entlassungen an einen Arbeitgeber einen Arbeitnehmer, der nicht zum Zweck der Überlassung eingestellt und beschäftigt wird, bis zur Dauer von zwölf Monaten überlässt, wenn er die Überlassung vorher schriftlich der Bundesagentur für Arbeit angezeigt hat.
(2) In der Anzeige sind anzugeben
1. Vor- und Familiennamen, Wohnort und Wohnung, Tag und Ort der Geburt des Leiharbeitnehmers,
2. Art der vom Leiharbeitnehmer zu leistenden Tätigkeit und etwaige Pflicht zur auswärtigen Leistung,
3. Beginn und Dauer der Überlassung,
4. Firma und Anschrift des Entleihers.

Übersicht	Rdn.			Rdn.
A. Regelungsinhalt und Regelungszweck	1	C.	Tatbestand	3
B. Geltungsbereich	2	D.	Rechtsfolge	6

1   **A. Regelungsinhalt und Regelungszweck.** § 1a befreit Kleinbetriebe vom Erlaubniserfordernis für AN-Überlassung (§ 1 I 1), um diesen zu ermöglichen, bei fehlenden Beschäftigungsmöglichkeiten und damit verbundener Gefahr von Kurzarbeit und Entlassungen, schnell und flexibel durch Einsatz ihrer Belegschaft in anderen Unternehmen reagieren zu können (sog Kollegenhilfe). Andere allg Ausnahmen von dem Erlaubniserfordernis enthalten § 1 I 3 und § 1 III Nr 1, Nr 2 und Nr 2a. Anders als in § 1 III Nr 1 kommt es nicht darauf an, dass ein TV die Überlassungsmöglichkeit vorsieht. Indem die **Privilegierung der sog Kollegenhilfe** nunmehr auf die **Überlassung von AN** beschränkt wird, die nicht »zum Zweck der Überlassung eingestellt und beschäftigt werden« (vgl zur Auslegung dieses Begriffs ausf § 1 Rdn 61), wird sichergestellt, dass die Regelung den europarechtl Vorgaben entspricht. Denn vom Anwendungsbereich der RL-Leiharbeit erfasst sind lediglich AN, die mit einem Leiharbeitsunternehmen einen Arbeitsvertrag geschlossen haben, um einem entleihenden Unternehmen überlassen zu werden (BT-Drs 17/4804 S 9). Ggü den Privilegierungstatbeständen des § 1 III ist § 1a subsidiär.

2   **B. Geltungsbereich.** § 1a ist auf AG ohne Verleiherlaubnis anwendbar, wobei, im Hinblick auf den Schutz der AN, dem AG die Verleiherlaubnis nicht entzogen worden sein darf. AG mit Sitz im Ausland fallen grds mit in den Geltungsbereich von § 1a, sofern nicht der Rechtsgedanke des § 3 II entgegensteht. Dies ist der Fall, wenn der Betrieb, aus dem die Überlassung erfolgen soll, nicht in einem Mitgliedstaat der EU oder des EWR liegt (*Boemkel Lembke* § 1a Rn 118). Auf die Frage der Gewerbsmäßigkeit der Überlassung kommt es nicht mehr an, da Voraussetzung jetzt eine »wirtschaftliche Tätigkeit« ist (vgl hierzu § 1 Rdn 33 ff).

C. Tatbestand. Voraussetzung des § 1a ist, dass der AG im Zeitpunkt der Überlassung **weniger als 50,** 3
also höchstens 49 **Beschäftigte** hat. Unter den Begriff des Beschäftigten fallen in Teilzeit wie in Vollzeit
beschäftigte Personen, da weder auf die Anzahl der Beschäftigungsverhältnisse noch auf deren Umfang
abgestellt wird. Neben Arbeitern und Angestellten sind auch geringfügig Beschäftigte und Auszubildende,
nicht dagegen – im Hinblick auf den Regelungszweck – Personen mit ruhendem Arbeitsverhältnis oder
beim AG eingesetzte Leih-AN zu berücksichtigen. Der Schwellenwert in § 1a ist arbeitgeberbezogen und
nicht betriebs- oder unternehmensbezogen, um ein Unterlaufen des Schwellenwerts durch Aufsplittung
von Organisationseinheiten zu vermeiden. Für die Bestimmung des Schwellenwertes ist auf den Zeitpunkt
des Überlassungsbeginns abzustellen (Thüsing/ *Waas* § 1a Rn 13).
Zweck der Überlassung muss, wie bei § 1 III Nr 1, die **Vermeidung von Kurzarbeit und Entlassungen** sein 4
(vgl hierzu § 1 Rdn 53 ff). Die **Beweislast** hierfür trägt der Verleiher.
§ 1a legt eine **Überlassungshöchstdauer** von 12 Monaten fest, während derer ein Leih-AN mehrfach an 5
einen oder mehrere Entleiher überlassen werden kann. Eine erneute Überlassung eines Leih-AN unter den
Voraussetzungen des § 1a ist nach Ablauf der Höchstüberlassungsdauer nur bei Entstehen einer neuen
wirtschaftlichen Zwangslage zulässig (ErfK/*Wank* § 1a Rn 5).

D. Rechtsfolge. Sind die Voraussetzungen des § 1a I erfüllt, darf der AG auch ohne Verleiherlaubnis 6
AN-Überlassung nach vorheriger schriftlicher Anzeige an die BA, die den Inhaltserfordernissen des II entsprechen muss, betreiben, wobei die übrigen Vorschriften des AÜG in vollem Umfang Anwendung finden,
etwa § 1b S 2 für Kollegenhilfe im Baugewerbe. Eine Frist für die vorherige Anzeige besteht nicht. Der BR
im Entleihbetrieb ist nach § 14 III zu beteiligen.
Erfolgt in einem Fall der Kollegenhilfe nach § 1a I die Anzeige nicht oder nicht rechtzeitig oder wird die 7
Höchstüberlassungsdauer überschritten, liegt illegale, da ohne Erlaubnis durchgeführte AN-Überlassung
nach § 9 Nr 1 vor, sodass gem § 10 I ein Arbeitsverhältnis des Leih-AN zum Entleiher qua lege entsteht.
Zudem sind die Straf- und Ordnungswidrigkeitstatbestände der §§ 15 f, 16 einschlägig.
Verstöße gegen die Inhaltserfordernisse an die Anzeige in II sind dagegen nur gem § 16 I Nr 2a als Ord- 8
nungswidrigkeit verfolgbar, führen aber nicht zur Illegalität der Überlassung iSv § 9 Nr 1 (hM, *Boemke/
Lembke* § 1a Rn 33 mwN). Die fehlerhaften oder unvollständigen Angaben müssen nachträglich berichtigt
und ergänzt werden.

§ 1b Einschränkungen im Baugewerbe

¹Arbeitnehmerüberlassung nach § 1 in Betriebe des Baugewerbes für Arbeiten, die üblicherweise von
Arbeitern verrichtet werden, ist unzulässig. ²Sie ist gestattet
 a) zwischen Betrieben des Baugewerbes und anderen Betrieben, wenn diese Betriebe erfassende, für
    allgemeinverbindlich erklärte Tarifverträge dies bestimmen,
 b) zwischen Betrieben des Baugewerbes, wenn der verleihende Betrieb nachweislich seit mindestens drei
    Jahren von denselben Rahmen- und Sozialkassentarifverträgen oder von deren Allgemeinverbindlich-
    keit erfasst wird.
³Abweichend von Satz 2 ist für Betriebe des Baugewerbes mit Geschäftssitz in einem anderen Mitgliedstaat
des Europäischen Wirtschaftsraumes Arbeitnehmerüberlassung auch gestattet, wenn die ausländischen
Betriebe nicht von deutschen Rahmen- und Sozialkassentarifverträgen oder für allgemeinverbindlich
erklärten Tarifverträgen erfasst werden, sie aber nachweislich seit mindestens drei Jahren überwiegend
Tätigkeiten ausüben, die unter den Geltungsbereich derselben Rahmen- und Sozialkassentarifverträge
fallen, von denen der Betrieb des Entleihers erfasst wird.

Übersicht	Rdn.		Rdn.
A. Gegenstand und Zweck der Regelung	1	3. Weitere Folgen	7
B. Verbotsregelung	2	C. Ausnahmen vom Verbot	8
I. Voraussetzungen	2	I. Zulassung durch TV	8
II. Rechtsfolgen eines Verstoßes	5	II. Ausnahme bei Tarifgeltung	10
1. Überlassungsvertrag..............	5	III. Ausnahme für ausländische Verleiher......	11
2. Leiharbeitsvertrag	6		

A. Gegenstand und Zweck der Regelung. § 1b S 1 enthält ein gesetzliches Verbot, wonach AN-Überlas- 1
sung in Betriebe des Baugewerbes, soweit es um Arbeiten geht, die üblicherweise von Arbeitern verrichtet
werden, grds unzulässig ist. Gesetzgeberische Beweggründe für das Verbot waren zum einen das häufige

§ 1b AÜG   Einschränkungen im Baugewerbe

Auftreten **illegal praktizierter AN-Überlassung** im Bereich der Baubranche, dem mit den gesetzlich verankerten Kontroll- und Meldepflichten nicht hinreichend beizukommen war. Zum anderen waren die Leih-AN mangels entspr Tarifbindung auch von den Leistungen der Urlaubs-, Lohnausgleichs- und Zusatzversorgungskasse ausgeschlossen und ihr **sozialer Schutz** im Vergleich zu Stammbeschäftigten in Bauunternehmen somit geringer ausgestaltet. Als Folge dieser fehlenden Tarifbindung war der Einsatz von Leih-AN regelmäßig wirtschaftlich günstiger als der von Stammbelegschaft, sodass ein fortschreitender Abbau von Stammarbeitsplätzen befürchtet wurde (BT-Drs 9/846, S 35 f). Im Hinblick auf die genannten Schutzziele sah das BVerfG die Verbotsregelung als mit **Art 12 I GG vereinbar** an (BVerfG 6.10.1987, 1 BvR 1086/82 ua, NJW 1988, 1195 ff). Ob der Sozialschutz der Leih-AN ein grds Verbot der AN-Überlassung in das Baugewerbe weiter trägt, erscheint nach der Einführung von § 1 IIa AEntG sowie des Gleichstellungsgrundsatzes in §§ 3 I Nr 3, 9 Nr 2 zumindest fraglich (krit auch *Löwisch* RdA 1999, 69, 73).

2   **B. Verbotsregelung. I. Voraussetzungen.** Das grds Verbot der AN-Überlassung in § 1b S 1 bezieht sich auf den Fall, dass Entleiher ein **Betrieb des Baugewerbes** ist. Gem der Legaldefinition in § 101 II SGB III muss es sich um einen Betrieb handeln, der gewerblich überwiegend Bauleistungen auf dem Baumarkt erbringt. Bauleistungen sind alle Leistungen, die der Herstellung, Instandsetzung, Instandhaltung, Änderung oder Beseitigung von Bauwerken dienen. Eine Aufzählung von Betrieben des Baugewerbes ergibt sich aus § 1 der Baubetriebe-VO v 28.10.1980 (BGBl I S 2033) (LAG Hessen 20.1.2010, 18 Sa 1339/09), welcher insofern abschließender Charakter zukommt (BGH 17.2.2000, III ZR 78/99, EzAÜG § 16 AÜG Nr 14). Sofern die Vermietung von Baumaschinen mit Personal gem § 1 II Nr 38 Baubetriebe-VO, etwa wegen Übertragung des arbeitgeberseitigen Direktionsrechts, als AN-Überlassung zu qualifizieren ist (vgl zur Abgrenzung der AN-Überlassung von anderen Formen drittbezogenen Personaleinsatzes § 1 Rdn 22 ff), greift das Verbot des § 1b S 1 ein. In einem **Mischbetrieb** werden überwiegend Bauleistungen erbracht, wenn mehr als die Hälfte der dort abgeleisteten Arbeitsstunden für Bauleistungen aufgewandt werden (BAG 28.9.1988, 4 AZR 343/88, AP TVG § 1 Tarifverträge: Bau Nr 98).

3   Erfasst werden nur Bauleistungen, die üblicherweise von **Arbeitern** (vgl das Berufsgruppenverzeichnis im BRTV-Bau), in Abgrenzung zu Angestellten (vgl hierzu § 133 II SGB VI aF), erbracht werden.

4   Durch das Erste Gesetz zur Änderung des Arbeitnehmerüberlassungsgesetzes – Verhinderung von Missbrauch der Arbeitnehmerüberlassung v 29.4.2011 (BGBl I S 642 ff) wurde in Umsetzung der europäischen RL 2008/104/EG v 19.11.2008 (ABlEG v 5.12.2008 L327 S 9 ff) mit Wirkung zum 1.12.2011 die Einschränkung der Anwendbarkeit des § 1b auf **gewerbsmäßige** AN-Überlassung abgeschafft. Nunmehr fallen Verleiher, die im Rahmen ihrer wirtschaftlichen Tätigkeiten AN in das Baugewerbe überlassen, in den Anwendungsbereich des Gesetzes (s.o. § 1 Rdn 33 ff). Die Abordnung von Bauarbeitern an eine Bau-Arbeitsgemeinschaft ist unter den Voraussetzungen des § 1 I 2 zulässig (s § 1 Rdn 44 ff).

5   **II. Rechtsfolgen eines Verstoßes. 1. Überlassungsvertrag.** § 1b S 1 stellt ein Verbotsgesetz gem § 134 BGB dar (Schüren/*Hamann* § 1b Rn 1). Ein unter Verletzung von § 1b S 1 zwischen Verleiher und Entleiher abgeschlossener Überlassungsvertrag ist **nichtig** (zur Rückabwicklung vgl BGH 17.2.2000, III ZR 78/99, EzAÜG § 16 AÜG Nr 14).

6   **2. Leiharbeitsvertrag.** Welche Auswirkungen ein Verstoß gegen § 1b S 1 auf den Leiharbeitsvertrag zwischen Verleiher und Leih-AN hat, ist str (ausf zum Streitstand Schüren/*Hamann* § 1b Rn 84 ff mwN; Thüsing/*Waas* § 1b Rn 49 ff). Nach überwiegender Auffassung ist zu differenzieren: Leiharbeitsverträge, die ausschließlich Arbeitertätigkeiten in fremden Baubetrieben zum Gegenstand haben, trifft die Nichtigkeitsfolge des § 134 BGB, da die Vertragserfüllung auf ein gesetzlich unzulässiges Ziel gerichtet ist. Das Interesse des Leih-AN am Bestand seines Arbeitsvertrages müsse in diesem Fall hinter dem mit § 1b S 1 verfolgten gesetzgeberischen Ziel (s.o. Rdn 1) zurücktreten. Verfügt der Verleiher nicht über eine Verleiherlaubnis, greift § 10 I ein, wonach ein Arbeitsverhältnis des Leih-AN zum Entleiher gesetzlich fingiert wird (BAG 8.7.1998, 10 AZR 274/97, EzAÜG § 16 AÜG Nr 8). Hat der Verleiher eine Verleiherlaubnis, kommt bei einem Verstoß gegen § 1b S 1 eine analoge Anwendung der Regelung des § 10 I mangels planwidriger Regelungslücke nicht in Betracht (BAG 13.12.2006, 10 AZR 674/05, AP AÜG § 1 Nr 31). Stattdessen wird auf die Grundsätze des fehlerhaften Arbeitsverhältnisses für das Verhältnis zwischen Verleiher und Leih-AN zurückgegriffen (so Schüren/*Hamann* § 1b Rn 84, 92 mwN). Leiharbeitsverträge, die nicht ausschließlich auf die Erbringung von Arbeitertätigkeiten in fremden Baubetrieben gerichtet sind, soll dagegen keine Nichtigkeitsfolge treffen. Dem Leih-AN wird für den Fall der Anordnung einer gem § 1b S 1 unzulässigen Tätigkeit in einem fremden Baubetrieb ein Leistungsverweigerungsrecht zugestanden, dessen Ausübung Annahmeverzug des Verleihers begründet (§ 615 S 1 BGB iVm § 11 IV 2; vgl Schüren/*Hamann* § 1b Rn 93 ff).

3. Weitere Folgen. Ein Verstoß gegen das Verbot des § 1b S 1 indiziert die Unzuverlässigkeit des Verleihers iSv § 3 I Nr 1, was zu einem Widerruf der Erlaubnis nach § 5 I Nr 3 durch die Arbeitsbehörde führen kann. Daneben greift für Verleiher und Entleiher der Ordnungswidrigkeitentatbestand des § 16 I Nr 1b. Den Entleiher trifft die Verpflichtung, Sozialkassenbeiträge für die illegal überlassenen Leih-AN zu entrichten (BAG 17.4.2013, 10 AZR 185/12). 7

C. Ausnahmen vom Verbot. **I. Zulassung durch TV.** Eine Ausnahme vom Verbot besteht gem § 1b S 2 lit a) für AN-Überlassung **zwischen Betrieben des Baugewerbes und anderen Betrieben**, wenn diese Betriebe erfassende, für allgemein verbindlich erklärte TV dies bestimmen. Da die Verbotsregelung in § 1b S 1 nach ihrem Regelungszweck nur den Fall der AN-Überlassung in das Baugewerbe, also an einen dem Baugewerbe zugehörigen Entleiher, erfasst, setzt auch die Ausnahmeregelung in S 2 lit a) voraus, dass der Entleiher dem Baugewerbe angehört. Der Verleiher muss dagegen nicht dem Baugewerbe zugehören. Daneben setzt § 1b S 2 lit a) voraus, dass die AN-Überlassung für Verleiher und Entleiher tarifvertraglich zugelassen ist. Nicht erforderlich ist, dass die Zulassung für Ver- und Entleiher aufgrund desselben TV gegeben wird, dieser also branchenübergreifend sein muss. Der Gesetzeswortlaut setzt nur fest, dass »Tarifverträge« dies bei Ver- und Entleiher vorsehen (*Sandmann/Marschall* § 1b Rn 15a; aA wohl ErfK/*Wank* § 1b Rn 3). Allerdings muss die bei Ver- und Entleiher die Überlassung gestattende tarifliche Regelung **allgemein verbindlich** iSv § 5 TVG sein. 8

Von der Ausnahmeregelung in § 1b S 2 lit a) unberührt bleibt das Erfordernis einer gültigen Verleiherlaubnis. 9

II. Ausnahme bei Tarifgeltung. AN-Überlassung **zwischen Betrieben des Baugewerbes** ist auch dann zulässig, wenn der Verleiher seit mindestens 3 Jahren von denselben Rahmen- und Sozialkassen-TV oder von deren Allgemeinverbindlichkeit erfasst wird (§ 1b S 2 lit b). Durch die Verankerung einer Mindestbindungsfrist von 3 Jahren im Zeitpunkt der Überlassung soll verhindert werden, dass Baubetriebe allein zu dem Zweck, AN-Überlassung in das Baugewerbe zu betreiben, gegründet werden. Anders als in § 1b S 2 aF ist nicht erforderlich, dass Verleiher und Entleiher in denselben fachlichen Geltungsbereich **derselben Rahmen- und Sozialkassen-TV** fallen, der vorgenannte Schutzzweck der Norm wird erreicht, wenn der Verleiher drei Jahre lang in der Baubranche aktiv und an die dort geltenden TV gebunden war (*Boemke/Lembke* § 1b Rn 40; aA *Thüsing/Waas* § 1b Rn 36 f) . Die Erlaubnispflicht nach § 1 I 1 bleibt unberührt. 10

III. Ausnahme für ausländische Verleiher. Zugunsten von ausländischen Betrieben des Baugewerbes mit Sitz in anderen EWR-Mitgliedstaaten wird in § 1b S 3 das Erfordernis einer Bindung an dt TV für die Zulässigkeit der Verleihtätigkeit aufgehoben, um so eine Verletzung der Dienstleistungsfreiheit (Art 56 ff AEUV – früher Art 49 EG) sowie der Niederlassungsfreiheit (Art 49 AEUV – früher Art 43 EG) zu vermeiden (vgl die § 1b S 3 zugrunde liegende Entscheidung des EuGH 25.10.2001, Rs C-493/99, NZA 2001, 1299). Für diese Betriebe reicht es aus, dass sie seit mindestens 3 Jahren überwiegend, dh zu mehr als der Hälfte der betrieblichen Gesamtarbeitszeit, innerhalb des EWR Bauleistungen erbringen und damit, bei sinngemäßer Anwendung, in den fachlichen Geltungsbereich derselben Rahmen- und Sozialkassen-TV fallen, von denen der Entleiherbetrieb erfasst ist (ausf *Sandmann/Marschall* § 1b Rn 18a). Zur Erlaubnispflicht vgl § 3 IV. 11

§ 2 Erteilung und Erlöschen der Erlaubnis

(1) Die Erlaubnis wird auf schriftlichen Antrag erteilt.

(2) ¹Die Erlaubnis kann unter Bedingungen erteilt und mit Auflagen verbunden werden, um sicherzustellen, dass keine Tatsachen eintreten, die nach § 3 die Versagung der Erlaubnis rechtfertigen. ²Die Aufnahme, Änderung oder Ergänzung von Auflagen sind auch nach Erteilung der Erlaubnis zulässig.

(3) Die Erlaubnis kann unter dem Vorbehalt des Widerrufs erteilt werden, wenn eine abschließende Beurteilung des Antrags noch nicht möglich ist.

(4) ¹Die Erlaubnis ist auf ein Jahr zu befristen. ²Der Antrag auf Verlängerung der Erlaubnis ist spätestens drei Monate vor Ablauf des Jahres zu stellen. ³Die Erlaubnis verlängert sich um ein weiteres Jahr, wenn die Erlaubnisbehörde die Verlängerung nicht vor Ablauf des Jahres ablehnt. ⁴Im Fall der Ablehnung gilt die Erlaubnis für die Abwicklung der nach § 1 erlaubt abgeschlossenen Verträge als fortbestehend, jedoch nicht länger als zwölf Monate.

(5) ¹Die Erlaubnis kann unbefristet erteilt werden, wenn der Verleiher drei aufeinanderfolgende Jahre lang nach § 1 erlaubt tätig war. ²Sie erlischt, wenn der Verleiher von der Erlaubnis drei Jahre lang keinen Gebrauch gemacht hat.

§ 2 AÜG Erteilung und Erlöschen der Erlaubnis

Übersicht	Rdn.		Rdn.
A. Gegenstand und Zweck der Regelung	1	4. Befristung, Verlängerung und Nachwirkung	7
B. Erteilung der Erlaubnis	2	a) Befristung	7
I. Verfahren	2	b) Verlängerung der Erlaubnis	8
II. Nebenbestimmungen zur Erlaubnis	3	c) Nachwirkung	9
1. Bedingung	4	5. Unbefristete Erlaubnis	10
2. Auflage	5	6. Erlöschen der Erlaubnis	11
3. Widerrufsvorbehalt	6	C. Prozessuales	12

1 A. Gegenstand und Zweck der Regelung. § 2 regelt das Verfahren der Erteilung der Verleiherlaubnis und sieht Mechanismen vor, die eine Kontrolle der Verleiher ermöglichen sollen. Insoweit treten die Normen des VwVfG als subsidiär zurück (*Boemke/Lembke* § 2 Rn 5). Bestehen keine Versagungsgründe (§ 3), hat der Verleiher einen Anspruch auf Erlaubniserteilung.

2 B. Erteilung der Erlaubnis. I. Verfahren. Formelle Voraussetzung der Erlaubniserteilung ist ein **Antrag** in Schriftform (§ 126 BGB). Die Verwendung entspr behördlicher Antragsformulare ist keine Wirksamkeitsvoraussetzung für den Antrag. Die Notwendigkeit einer Antragsbegründung sieht § 2 nicht vor, allerdings ergibt sich aus dem Verfahrensgrundsatz des § 26 II VwVfG eine Obliegenheit des Antragstellers, an der Sachverhaltsermittlung durch die Behörde mitzuwirken. **Antragsteller** können natürliche Personen, aber auch Personengesamtheiten, Personengesellschaften und juristische Personen des privaten oder öffentl Rechts sein (§ 7 I 2). Antragsgegner ist gem § 17 die BA, jedoch kann der Antrag bei jeder AA eingereicht werden. Die Erlaubnis wird personen- bzw rechtsträgergebunden erteilt und ist nicht übertragbar.

3 II. Nebenbestimmungen zur Erlaubnis. Die Arbeitsbehörde kann die Erlaubnis nach Maßgabe der § 2 II–IV mit Nebenbestimmungen versehen, um so einem bestehenden oder erwarteten Versagungsgrund entgegenzutreten:

4 1. Bedingung. Durch Verbindung mit einer Bedingung wird die Wirksamkeit der Erlaubnis in Abhängigkeit zu einem künftigen ungewissen Ereignis gesetzt. Mithilfe einer **aufschiebenden** Bedingung kann die Wirksamkeit der Erlaubnis vom Vorliegen aller Erlaubnisvoraussetzungen bzw vom Entfall von Versagungsgründen abhängig gemacht werden. Eine **auflösende** Bedingung ist dagegen nicht einsetzbar, da der Bedingungseintritt den rückwirkenden Entfall der Erlaubnis und damit die Rechtswidrigkeit vollzogener AN-Überlassungen zur Folge hätte (hM, vgl *Boemke/Lembke* § 2 Rn 23).

5 2. Auflage. Durch eine Auflage wird der Verleiher als Adressat zu einem bestimmten Tun, Dulden oder Unterlassen verpflichtet. Die Wirksamkeit der Verleiherlaubnis bleibt von der Erfüllung der Auflage unberührt. Bei Nichterfüllung kann die Behörde die Auflage, sofern sie ein Handlungsgebot enthält, im Wege der Zwangsvollstreckung durchsetzen bzw mit Widerruf der Erlaubnis (§ 5 I Nr 2) reagieren. Daneben greift der Ordnungswidrigkeitstatbestand des § 16 I Nr 3 ein. Eine Erlaubnis kann noch nach Erteilung mit einer Auflage verbunden werden, um so dem Entstehen von Versagungsgründen entgegenzutreten (LSG Hessen 17.8.1981, L 10/Ar 624/80, EzAÜG § 2 AÜG Erlaubnisarten Nr 1), ebenso kann eine Auflage nachträglich geändert oder ergänzt werden (§ 2 II 2).

6 3. Widerrufsvorbehalt. Liegt im Zeitpunkt der Stellung des Antrags auf Erteilung einer Verleiherlaubnis noch **keine Beurteilungsreife** vor, kann die Arbeitsbehörde im Hinblick auf das Interesse des Antragstellers, die Verleihtätigkeit zeitnah aufnehmen zu können, die Erlaubnis erteilen, sich gleichzeitig aber eine Widerrufsmöglichkeit vorbehalten (§ 2 III). Die in diesem Zusammenhang teilw vorgenommene tatbestandliche Einschränkung, die Ursache für mangelnde Entscheidungsreife dürfe nicht der »Sphäre des Antragstellers« entstammen (so Schüren/*Schüren* § 2 Rn 61; aA Thüsing/*Kämmerer* § 2 Rn 17) findet im G keine Verankerung.

7 4. Befristung, Verlängerung und Nachwirkung. a) Befristung. Die Verleiherlaubnis wird gem § 2 IV 1 grds zunächst nur auf 1 Jahr befristet erteilt, sowohl bei erstmaliger Erteilung aber auch bei Verlängerung für die beiden Folgejahre. Die Befristung der Erlaubnis erfolgt unabhängig davon, ob die Erlaubnis mit zusätzlichen Nebenbestimmungen versehen wird. Eine unbefristete Erlaubnis kann nur nach gem § 1 erlaubter Tätigkeit innerhalb dreier aufeinanderfolgender Jahre erteilt werden (§ 2 V 1).

8 b) Verlängerung der Erlaubnis. Gem § 2 IV 2 ist der Antrag auf Verlängerung der Verleiherlaubnis spätestens 3 Monate vor Ablauf der Jahresbefristung zu stellen. Lehnt die Arbeitsbehörde einen fristgerecht gestellten Verlängerungsantrag nicht vor Ablauf der Jahresfrist ab, verlängert sich die Erlaubnis um ein weiteres Jahr. Nebenbestimmungen gelten fort. Dies gilt auch für einen Widerrufsvorbehalt, da § 2 IV 3 dem Verleiher die Erlaubnis nur in ihrem **status quo** fortschreiben will (*Sandmann/Marschall* § 2 Rn 24; aA *Becker/Wulfgramm* § 2 Rn 26). Durch die Verlängerung der Erlaubnis qua lege soll verhindert werden, dass der Verleiher wegen einer Verfahrensverzögerung seine Tätigkeit einstellen muss bzw er den Folgen erlaubnisloser und damit rechtswidriger AN-Überlassung ausgesetzt wird. Im Fall eines **verspätet gestellten** Verlängerungsantrags greift die automatische Erlaubnisverlängerung nach § 2 IV 3 nicht ein und die Erlaubnis erlischt mit Ablauf der Jahresfrist (LAG Schl-Holst 6.4.1984, 3 (4) Sa 597/82, EzAÜG § 10 AÜG Fiktion Nr 35). Die Verlängerung der Erlaubnis unterliegt den gleichen Voraussetzungen wie die erstmalige Erteilung.

c) **Nachwirkung.** Lehnt die Arbeitsbehörde den Antrag auf Verlängerung der Verleiherlaubnis ab, gilt 9 die Erlaubnis für die Abwicklung der nach § 1 erlaubt abgeschlossenen Verträge als fortbestehend, jedoch längstens für 12 Monate (§ 2 IV 4). Im Hinblick auf den Schutzzweck der Verleiherlaubnis beginnt die **Abwicklungsfrist** bereits mit dem Zugang der Ablehnung der Verlängerung und nicht erst mit zeitlichem Ablauf der Erlaubnis (Schüren/*Schüren* § 2 Rn 72; aA *Thüsing/Kämmerer* § 2 Rn 22). Die Abwicklungsfrist soll dem Verleiher insb dazu dienen, AN-Überlassungs- und Leiharbeitsverträge geordnet beenden zu können. Aus diesem Grund ist der Neuabschluss von Überlassungsverträgen auch dann, wenn ihre Laufzeit nicht über das Ende des Abwicklungszeitraums hinausreicht, unzulässig. **Überlassungsverträge**, die über das Ende der Abwicklungsfrist hinausreichen, muss der Verleiher **kündigen**, sofern eine ordentliche Kdg zeitlich nicht ausreicht, auch außerordentlich nach § 314 I BGB (*Boemke/Lembke* § 2 Rn 38). Der **Neuabschluss** von **Leiharbeitsverträgen** im Abwicklungszeitraum, so Verpflichtungen aus noch laufenden Überlassungsverträgen nachzukommen, ist mit dem von § 1 bezweckten AN-Schutz nicht vereinbar und deshalb **unzulässig** (*Sandmann/Marschall* § 2 Rn 27; aA *Boemke/Lembke* § 2 Rn 39). Das Auslaufen der Abwicklungsfrist und der damit verbundene Entfall der Verleiherlaubnis rechtfertigen in reinen Verleihunternehmen regelmäßig die **Kdg** der Leiharbeitsverhältnisse **aus betrieblichen Gründen** (zu den Anforderungen an die betriebsbedingte Kdg von Leih-AN vgl BAG 18.5.2006, 2 AZR 412/05, NZA 2006, 1007). ISd AN-Schutzes enden Leiharbeitsverhältnisse nicht automatisch mit Auslaufen der Abwicklungsfrist (so aber *Ulber* § 2 Rn 48), sondern mit Ablauf der Kdg-Frist bzw mit Ende der Laufzeit des Leiharbeitsverhältnisses (Schüren/*Schüren* § 2 Rn 79 ff). Aus dem gleichen Schutzzweck heraus scheidet in diesem Zusammenhang auch eine außerordentliche Kdg von Leiharbeitsverträgen aus.

5. Unbefristete Erlaubnis. War der Verleiher während drei aufeinanderfolgender Jahre nach § 1 erlaubt 10 tätig, kann ihm die Arbeitsbehörde die Erlaubnis unbefristet erteilen (§ 2 V 1). Im Hinblick auf die Berufsfreiheit des Verleihers aus Art 12 I GG **reduziert** sich das gesetzlich vorgesehene **Ermessen** der Behörde allerdings **auf Null**, wenn der Verleiher seine Tätigkeit während dreier Jahre ordnungsgemäß ausgeübt hat. Vereinzelte, geringfügige Beanstandungen sind insofern unschädlich (*Thüsing/Kämmerer* § 2 Rn 29), bei wiederholten Unregelmäßigkeiten kommt dagegen die Erteilung einer wiederum befristeten Erlaubnis in Betracht.

6. Erlöschen der Erlaubnis. Macht der Verleiher von der unbefristeten Erlaubnis drei Jahre lang keinen 11 Gebrauch, erlischt sie gem § 2 V 2. In diesem Zusammenhang ist auf die Kerntätigkeit des Verleihers abzustellen und danach zu fragen, ob der Verleiher während dieses Zeitraums eigene AN einem Dritten überlassen hat (Schüren/*Schüren* § 2 Rn 115). Aufgrund der Personenbezogenheit der Verleiherlaubnis stellt auch das Ende der Existenz des Erlaubnisinhabers grds einen Erlöschenstatbestand dar, bei juristischen Personen also etwa der Abschluss ihrer Abwicklung. Im Fall des **Todes des Verleihers** ist die Abwicklungsfrist des § 2 IV 4 in Bezug auf die Erben entspr anzuwenden (hM, vgl *Boemke/Lembke* § 2 Rn 45). Dies dient auch dem sozialen Schutz der Leih-AN, deren Arbeitsverhältnisse wegen Wegfalls der Verleiherlaubnis gem § 9 Nr 1 unwirksam würden und die vielfach nur eine befristete Beschäftigung beim Entleiher erhalten könnten (§ 10 I 1, 2). Wollen die Erben das Verleihunternehmen dauerhaft weiterführen, müssen sie eine neue eigene Verleiherlaubnis beantragen.

C. Prozessuales. Lehnt die Arbeitsbehörde den Antrag auf Erteilung einer Verleiherlaubnis ab, erteilt 12 sie nur eine bedingte Erlaubnis oder verbindet sie diese mit einem Widerrufsvorbehalt, besteht für den Antragsteller nach erfolglos durchgeführtem Widerspruchsverfahren (§§ 51, 78, 83 SGG) die Möglichkeit einer Verpflichtungsklage auf Erlaubniserteilung (§ 54 I 1 SGG) bzw einer Bescheidungsklage auf ermessensfehlerfreie Entsch, etwa in den Fällen des § 3 III (§ 54 II 2 SGG). Dagegen stellt eine Auflage einen selbstständigen, abgrenzbaren Teil der Erlaubnis dar, der eigenständig angefochten werden kann (zum Sonderfall modifizierende Auflage vgl Schüren/*Schüren* § 2 Rn 53). Zum vorläufigen Rechtsschutz vgl LSG Hamburg 26.4.1991, V ARBs 24/91, EzAÜG § 2 AÜG Erlaubnisarten Nr 6, sowie 16.5.1991, V EABs 41/91, EzAÜG § 1 AÜG Erlaubnispflicht Nr 20).

§ 2a Kosten

(1) Für die Bearbeitung von Anträgen auf Erteilung und Verlängerung der Erlaubnis werden vom Antragsteller Kosten (Gebühren und Auslagen) erhoben.

(2) ¹Die Bundesregierung wird ermächtigt, durch Rechtsverordnung die gebührenpflichtigen Tatbestände näher zu bestimmen und dabei feste Sätze und Rahmensätze vorzusehen. ²Die Gebühr darf im Einzelfall 2.500 Euro nicht überschreiten.

Übersicht	Rdn.		Rdn.
A. Gegenstand und Zweck der Regelung	1	C. Umfang der Kostenpflicht	3
B. Geltungsbereich der Kostenpflicht	2	D. Rechtsschutz	4

1   **A. Gegenstand und Zweck der Regelung.** § 2a begründet die Kostenpflichtigkeit von Anträgen auf Erteilung und Verlängerung der Verleiherlaubnis im Hinblick auf den mit ihrer Bearbeitung und Prüfung verbundenen Verwaltungsaufwand.

2   **B. Geltungsbereich der Kostenpflicht.** Kostenpflichtig iSv § 2a ist die einen Antrag auf Erteilung oder Verlängerung der Verleiherlaubnis stellende natürliche oder juristische Person, auch wenn sie ihren Geschäftssitz in einem anderen EU-Mitgliedstaat hat und ggf dort schon über eine Verleiherlaubnis verfügt (zur Vereinbarkeit mit Art 49 EG – nun Art 56 ff AEUV – vgl EuGH 17.12.1981, C-279/80, EzAÜG EGV Nr 1). Die Kostenpflicht entsteht unabhängig vom Ausgang des Prüfungsverfahrens, also auch bei Ablehnung des Antrags. Wird bei Neu- oder Verlängerungsanträgen der Antrag zurückgenommen, bevor mit seiner Sachbearbeitung begonnen wurde, entfällt eine Gebührenerhebung (GA der BA zum AÜG Nr 4 zu § 2a [Stand 1/2016]). Ein Antrag auf Bescheinigung der Erlaubnisfreiheit der iSv § 1 III betriebenen AN-Überlassung ist ebenfalls kostenfrei (Thüsing/*Kämmerer* § 2a Rn 2).

3   **C. Umfang der Kostenpflicht.** Für die Bestimmung der Kosten des Antragsverfahrens finden die Regelungen des BGebG (v 7.8.2013 [BGBl I S 3154] sowie der Verordnung über die Kosten der Erlaubnis zur gewerbsmäßigen AN-Überlassung (AÜKostV v 18.6.1982 [BGBl I S 692 in der Fassung vom 7.8.2013 [BGBl I S 3154]) Anwendung. Die Gebühr für die Erteilung oder Verlängerung einer befristeten Erlaubnis beträgt nach § 2 AÜKostV 750 €, für eine unbefristete Erlaubnis 2.000 €. Im Fall einer abschlägigen Entsch ermäßigt sich die Gebühr um ein Viertel (§ 23 V BGebG, § 15 II VwKostG). Zu weiteren Einzelheiten vgl *Sandmann/Marschall* § 2a Rn 7 ff.

4   **D. Rechtsschutz.** Gem § 22 VwKostG kann die Kostenentsch zusammen mit der Sachentsch oder selbstständig angefochten werden.

§ 3 Versagung

(1) ¹Die Erlaubnis oder ihre Verlängerung ist zu versagen, wenn Tatsachen die Annahme rechtfertigen, dass der Antragsteller
1. die für die Ausübung der Tätigkeit nach § 1 erforderliche Zuverlässigkeit nicht besitzt, insbesondere weil er die Vorschriften des Sozialversicherungsrechts, über die Einbehaltung und Abführung der Lohnsteuer, über die Arbeitsvermittlung, über die Anwerbung im Ausland oder über die Ausländerbeschäftigung, die Vorschriften des Arbeitsschutzrechts oder die arbeitsrechtlichen Pflichten nicht einhält;
2. nach der Gestaltung seiner Betriebsorganisation nicht in der Lage ist, die üblichen Arbeitgeberpflichten ordnungsgemäß zu erfüllen;
3. dem Leiharbeitnehmer für die Zeit der Überlassung an einen Entleiher die im Betrieb dieses Entleihers für einen vergleichbaren Arbeitnehmer des Entleihers geltenden wesentlichen Arbeitsbedingungen einschließlich des Arbeitsentgelts nicht gewährt. ²Ein Tarifvertrag kann abweichende Regelungen zulassen, soweit er nicht die in einer Rechtsverordnung nach § 3a Absatz 2 festgesetzten Mindeststundenentgelte unterschreitet. ³Im Geltungsbereich eines solchen Tarifvertrages können nicht tarifgebundene Arbeitgeber und Arbeitnehmer die Anwendung der tariflichen Regelungen vereinbaren. ⁴Eine abweichende tarifliche Regelung gilt nicht für Leiharbeitnehmer, die in den letzten

sechs Monaten vor der Überlassung an den Entleiher aus einem Arbeitsverhältnis bei diesem oder einem Arbeitgeber, der mit dem Entleiher einen Konzern im Sinne des § 18 des Aktiengesetzes bildet, ausgeschieden sind.
(2) Die Erlaubnis oder ihre Verlängerung ist ferner zu versagen, wenn für die Ausübung der Tätigkeit nach § 1 Betriebe, Betriebsteile oder Nebenbetriebe vorgesehen sind, die nicht in einem Mitgliedstaat der Europäischen Wirtschaftsgemeinschaft oder einem anderen Vertragsstaat des Abkommens über den Europäischen Wirtschaftsraum liegen.
(3) Die Erlaubnis kann versagt werden, wenn der Antragsteller nicht Deutscher im Sinne des Artikels 116 des Grundgesetzes ist oder wenn eine Gesellschaft oder juristische Person den Antrag stellt, die entweder nicht nach deutschem Recht gegründet ist oder die weder ihren satzungsmäßigen Sitz noch ihre Hauptverwaltung noch ihre Hauptniederlassung im Geltungsbereich dieses Gesetzes hat.
(4) ¹Staatsangehörige der Mitgliedstaaten der Europäischen Wirtschaftsgemeinschaft oder eines anderen Vertragsstaates des Abkommens über den Europäischen Wirtschaftsraum erhalten die Erlaubnis unter den gleichen Voraussetzungen wie deutsche Staatsangehörige. ²Den Staatsangehörigen dieser Staaten stehen gleich Gesellschaften und juristische Personen, die nach den Rechtsvorschriften dieser Staaten gegründet sind und ihren satzungsgemäßen Sitz, ihre Hauptverwaltung oder ihre Hauptniederlassung innerhalb dieser Staaten haben. ³Soweit diese Gesellschaften oder juristische Personen zwar ihren satzungsmäßigen Sitz, jedoch weder ihre Hauptverwaltung noch ihre Hauptniederlassung innerhalb dieser Staaten haben, gilt Satz 2 nur, wenn ihre Tätigkeit in tatsächlicher und dauerhafter Verbindung mit der Wirtschaft eines Mitgliedstaates oder eines Vertragsstaates des Abkommens über den Europäischen Wirtschaftsraum steht.
(5) ¹Staatsangehörige anderer als der in Absatz 4 genannten Staaten, die sich aufgrund eines internationalen Abkommens im Geltungsbereich dieses Gesetzes niederlassen und hierbei sowie bei ihrer Geschäftstätigkeit nicht weniger günstig behandelt werden dürfen als deutsche Staatsangehörige, erhalten die Erlaubnis unter den gleichen Voraussetzungen wie deutsche Staatsangehörige. ²Den Staatsangehörigen nach Satz 1 stehen gleich Gesellschaften, die nach den Rechtsvorschriften des anderen Staates gegründet sind.

Übersicht	Rdn.		Rdn.
A. Gegenstand und Zweck der Regelung	1	d) Ausnahmen vom Gleichstellungsgrundsatz	26
B. Allgemeine Versagungsgründe (I)	5	aa) Neugestaltung der Ausnahmen vom Gleichstellungsgrundsatz	26
I. Unzuverlässigkeit des Antragstellers	6		
1. Grundsätze	6		
2. Gesetzliche Regelbeispiele	9	bb) Anwendbarkeit einer abweichenden Tarifregelung	27
II. Unzureichende Betriebsorganisation	16		
III. Verstoß gegen das Gleichstellungsgebot	17	C. Versagungsgrund bei Verleiherbetriebsstätte außerhalb des EWR	39
1. Einführung	17		
2. Inhalt und Anwendungsbereich des Gleichstellungsgebots	18	D. Versagungsgrund für natürliche oder juristische Personen aus Nicht-EWR-Staaten	43
a) Wesentliche Arbeitsbedingungen einschließlich des Arbeitsentgelts	20	E. Ergänzung: Grenzüberschreitende AN-Überlassung	49
aa) Wesentliche Arbeitsbedingungen	20	I. Gewerberecht	50
bb) Arbeitsentgelt	21	II. Vertragsstatut	51
b) Vergleichbare AN des Entleihers	22	III. Arbeitsvertragsstatut	52
c) Günstigkeitsvergleich	25		

A. Gegenstand und Zweck der Regelung. Um Leih-AN vor unzuverlässigen Verleihern zu schützen und 1 die Beachtung der bes AG-Verpflichtungen des Verleihers bei Leiharbeit sicherzustellen, regelt § 3, unter welchen Voraussetzungen ein Antrag auf Erteilung oder Verlängerung einer Verleiherlaubnis iSv § 1 I 1 zu versagen ist und versperrt unzuverlässigen Verleihern damit den Zugang zum Leiharbeitsmarkt.
Im Hinblick auf den hiermit verbundenen Eingriff in die von Art 12 I GG geschützte Berufsfreiheit des 2 Verleihers steht ihm ein Anspruch auf Erlaubniserteilung zu, wenn keine Versagungsgründe vorliegen, es besteht insofern kein Ermessensspielraum der Erlaubnisbehörde (LSG Bremen 17.12.1975, L 5 Ar 11/75, EzAÜG § 3 AÜG Versagungsgründe Nr 1). Die in § 3 aufgeführten Versagungsgründe sind **abschließend** (hM, *Sandmann/Marschall* § 3 Rn 1). Mit Ausnahme der Konstellation in § 3 III muss die Arbeitsbehörde bei Vorliegen eines Versagungsgrundes, sofern die ordnungsgemäße Ausübung der AN-Überlassung nicht durch ein milderes Mittel, etwa die Erteilung der Erlaubnis unter Auflagen, sichergestellt werden kann, die Verleiherlaubnis verweigern (BSG 22.3.1979, 7 RAr 47/78, EzAÜG § 2 AÜG Erlaubnisverfahren Nr 2).

§ 3 AÜG Versagung

3 Maßgeblicher **Beurteilungszeitpunkt** im Hinblick auf Versagungsgründe ist der Moment der behördlichen Entsch über den Antrag auf Erteilung einer Verleiherlaubnis. Im Fall eines Widerspruchs gegen einen ablehnenden Bescheid ist auf den Moment des Erlasses des Widerspruchsbescheides, im Fall einer Anfechtungsklage auf den Zeitpunkt der letzten mündlichen Verhandlung abzustellen (BSG 6.2.1992, 7 RAr 140/90, EzAÜG § 3 Versagungsgründe Nr 15).

4 Die **Beweislast** in Bezug auf das Bestehen von Versagungsgründen liegt aufseiten der Behörde. Allerdings kommt ihr eine Beweiserleichterung dergestalt zu, dass nur das Bestehen von Tatsachen, aus denen sich auf das Vorliegen von Versagungsgründen schließen lässt, nicht dagegen das Vorliegen von Versagungsgründen selbst, bewiesen werden muss.

5 **B. Allgemeine Versagungsgründe (I).** Während § 3 I Versagungsgründe enthält, die allg für die AN-Überlassung iRd wirtschaftlichen Tätigkeit des Verleihers nach § 1 I gelten, regeln § 3 II–V Erlaubnisversagungsgründe in Bezug auf Verleiher mit Sitz im Ausland. Für die Versagung der Erlaubnis reicht grds aus, wenn ein Versagungsgrund aus dem Katalog des § 3 vorliegt. Im Hinblick auf den **Verhältnismäßigkeitsgrundsatz** rechtfertigen nur schwerwiegende oder wiederholte Verstöße gegen die Pflichten aus § 3 I eine Versagung der Verleiherlaubnis (BayLSG 29.7.1986, L 8/AI 40/83, EzAÜG § 3 AÜG Versagungsgründe Nr 9; Schüren/*Schüren* § 3 Rn 43).

6 **I. Unzuverlässigkeit des Antragstellers. 1. Grundsätze.** Gem § 3 I Nr 1 ist die Erlaubnis zu versagen, wenn Tatsachen die Annahme rechtfertigen, dass der Antragsteller die für AN-Überlassung erforderliche Zuverlässigkeit nicht besitzt. Zuverlässigkeit iSv Nr 1 stellt einen unbestimmten Rechtsbegriff dar, dessen Auslegung durch die Erlaubnisbehörde gerichtlich voll überprüfbar ist. Im Hinblick auf den Schutzzweck des § 3 und die in Nr 1 aufgeführten Regelbeispiele ist ein Antragsteller als **zuverlässig** anzusehen, wenn er AN-Überlassung voraussichtlich unter Einhaltung sämtlicher hierfür geltender gesetzlicher Bestimmungen ausüben wird (BSG 6.2.1992, 7 RAr 140/90, EzAÜG § 3 Versagungsgründe Nr 15).

7 Die Erlaubnisbehörde muss auf der Grundlage aktueller oder in der Vergangenheit liegender tatsächlicher Umstände im Wege einer Zukunftsprognose einschätzen, ob der Antragsteller die entspr gesetzlichen Vorgaben einhalten wird. Geringfügige Gesetzesverstöße, die die Rechte von Leih-AN und Entleiher nicht im Kern verletzen, führen nicht ohne Weiteres zur Annahme der Unzuverlässigkeit (BayLSG 14.3.1985, L 9/AI 146/83, EzAÜG § 3 AÜG Versagungsgründe Nr 8). Lässt sich keine eindeutige Prognose erstellen, hat die Behörde die Verleiherlaubnis zu erteilen (BSG 6.2.1992, 7 RAr 140/90, aaO).

8 Da die Verleiherlaubnis **personenbezogenen** Charakter hat, muss die Zuverlässigkeitsprüfung an die Person des Antragstellers anknüpfen. Bei natürlichen Personen kommt es auf deren persönliche Zuverlässigkeit an. Bewertungsgrundlage ist ihnen zurechenbares Verhalten, auf Verschulden kommt es nicht an (*Sandmann/Marschall* § 3 Rn 7). Betraut der Antragsteller unzuverlässiges Personal mit Führungsaufgaben oder fungiert er nur als Strohmann für einen unzuverlässigen Hintermann, ist dem Antragsteller das **Drittverhalten** zuzurechnen (ausf *Urban-Crell/Schulz* Rn 625 f). Bei **juristischen Personen** (zB GmbH, AG) ist auf die Zuverlässigkeit der vertretungsberechtigten Organe (zB Geschäftsführer, Vorstand) abzustellen. Ist Antragsteller eine **Personengesellschaft** (zB GbR, OHG, KG) oder **Personengesamtheit** (zB Erbengemeinschaft), kommt es auf die Zuverlässigkeit der zur Geschäftsführung berechtigten Gesellschafter bzw Gesamthänder an. Erfüllt ein vertretungsberechtigter Gesellschafter bzw Gesamthänder das Zuverlässigkeitskriterium nicht, ist die Verleiherlaubnis auch den anderen vertretungsberechtigten Gesellschaftern zu versagen (Thüsing/*Pelzner/Kock* § 3 Rn 15; aA *Sandmann/Marschall* § 3 Rn 8). Eine Beschränkung der Vertretungsmacht des unzuverlässigen Gesellschafters iR einer Auflage zur Verleiherlaubnis (§ 2 II) scheidet mangels entspr Regelungsmacht der Erlaubnisbehörde aus (so auch HWK/*Kalb* § 3 Rn 12; aA Thüsing/*Pelzner/Kock* aaO). Der Wechsel eines gesetzlichen Vertreters oder geschäftsführenden Gesellschafters lässt die erteilte Verleiherlaubnis zunächst unberührt, ist der Erlaubnisbehörde zum Zwecke der Zuverlässigkeitsprüfung aber unaufgefordert mitzuteilen (§ 7 I 2).

9 **2. Gesetzliche Regelbeispiele.** Das G konkretisiert den Begriff der Unzuverlässigkeit durch Aufzählung von Verstößen gegen AG-Pflichten in Form von nicht abschließenden Regelbeispielen: So lassen Verstöße gegen das **Sozialversicherungsrecht**, also die Normen des SGB und seiner Nebengesetze und VO, vor allem die Nichteinhaltung der AG-Pflichten bzgl Kranken-, Renten-, Unfall-, Pflege-, und Arbeitslosenversicherung, auf die Unzuverlässigkeit des Antragstellers schließen. Zu den AG-Pflichten gehören insb die Abführung von Beiträgen zur Sozialversicherung, Auskunfts- und Meldepflichten sowie die Pflicht zur Ausstellung von Entgeltbescheinigungen (ErfK/*Wank* § 3 Rn 7a).

10 Verstöße des Antragstellers gegen die **Pflicht zur Einbehaltung und Abführung der Lohnsteuer** aus §§ 38, 41a I Nr 2 EStG und der Lohnsteuer-DVO aber auch die Hinterziehung, etwa von Einkommens-,

Umsatz-, oder Körperschaftsteuer, kann den Schluss auf Unzuverlässigkeit rechtfertigen (Schüren/*Schüren* § 3 Rn 77).

Gleiches gilt für Verstöße gegen **Bestimmungen über die Arbeitsvermittlung**. Zwar unterliegt die private 11 Arbeitsvermittlung keiner Erlaubnispflicht mehr (vgl zur Reform des Rechts der privaten Arbeitsvermittlung *Kossens* DB 2002, 843 ff), jedoch können Verstöße gegen §§ 296 ff SGB III die Unzuverlässigkeit des Antragstellers iR der Prüfung bzgl der Erteilung einer Verleiherlaubnis indizieren (*Ulber* § 3 Rn 38 ff).

Eine unzulässige **Anwerbung aus dem Ausland und Auslandsvermittlung** kommt in der Neufassung des 12 § 292 SGB III nur in Betracht, wenn insofern eine entspr vom BMAS durch Rechtsverordnung der BA übertragene Alleinzuständigkeit vorliegt. Unter die Bestimmungen über die **Ausländerbeschäftigung** fallen insb die durch das Zuwanderungsg v 30.7.2004 (BGBl I S 1950) zum 1.1.2005 eingeführten § 284 SGB III nF, §§ 7 ff, 18 ff, 39 ff, 96 ff AufenthG (s hierzu auch § 15).

Auch Verstöße des Antragstellers gegen das öffentl-rechtliche **Arbeitsschutzrecht**, worunter insb ArbSchG, 13 ASiG, ArbZG, MuSchG aber auch die Unfallverhütungsvorschriften der Berufsgenossenschaften fallen, lassen auf seine Unzuverlässigkeit schließen. Im Hinblick auf den Schutzzweck des § 3 sowie die Regelung in § 11 VI ist auch der Fall erfasst, dass der Verleiher seinen Überwachungs- und Kontrollpflichten in Bezug auf die Einhaltung der Arbeitsschutzbestimmungen im Entleiherbetrieb nicht nachkommt (so wohl auch Thüsing/*Pelzner*/*Kock* § 3 Rn 24).

Ein Verstoß gegen **arbeitsrechtliche Pflichten** ist grds bei jeder Nichterfüllung einer auf G, TV, BV oder 14 individual-rechtlicher Grundlage (zB Arbeitsvertrag, betriebliche Übung) bestehenden Verpflichtung gegeben. Um ein Ausufern des Erlaubnisversagungsgrundes zu vermeiden, ist eine teleologische Reduktion dergestalt vorzunehmen, dass ein Verstoß gegen arbeitsrechtlich zwingende Kernpflichten des AG vorliegen muss, etwa die Pflicht zur Lohnzahlung, nicht ausreichend sind dagegen Verstöße gegen freiwillig eingegangene Verpflichtungen zu Nebenleistungen (zB Transport des Leih-AN zum Einsatzort; *Sandmann*/*Marschall* § 3 Rn 18; im Grundsatz wohl auch BayLSG 14.3.1985, L9/AI 146/83, EzAÜG § 3 AÜG Versagungsgründe Nr 8; aA *Ulber* § 3 Rn 53).

Zu den **sonstigen Umständen**, die über die Regelbeispiele des § 3 I Nr 1 hinaus auf die Unzuverlässig- 15 keit des Verleihers schließen lassen, zählen etwa die Begehung von Straftaten, insb Eigentums- und Vermögensdelikte, sowie das Fehlen von Grundkenntnissen im Arbeits- und Sozialversicherungsrecht (BSG 6.2.1992, 7 RAr 140/90, EzAÜG § 3 Versagungsgründe Nr 15; zu weiteren Fällen vgl *Urban-Crell*/*Schulz* Rn 636 ff).

II. Unzureichende Betriebsorganisation. Nach § 3 I Nr 2 muss der Antragsteller seine Betriebsorgani- 16 sation so gestalten, dass er in der Lage ist, seine üblichen AG-Pflichten (s.o. Rdn 9 ff) ordnungsgemäß zu erfüllen. Zwar ist in Bezug auf die Anforderungen an die Betriebsorganisation nach der Größe des Verleihunternehmens zu differenzieren, jedoch gibt es Mindestvoraussetzungen für alle Verleihbetriebe: So ist zum einen Voraussetzung, dass der Verleihbetrieb über eine **feste Betriebsstätte** verfügt, um die postalische Erreichbarkeit, aber auch behördliche Kontrollmöglichkeiten in Bezug auf die ordnungsgemäße Durchführung der AN-Überlassung zu gewährleisten (*Sandmann*/*Marschall* § 3 Rn 19). Ein Bau- oder Wohnwagen, ein Hotelzimmer oder nur ein Postfach genügen diesen Anforderungen nicht. Zum anderen muss der Verleiher auch über eine **ausreichende finanzielle Leistungsfähigkeit** verfügen, um so die Vergütungsansprüche der Leih-AN sowie die Abführung von Sozialversicherungsbeiträgen und der Lohnsteuer sicherzustellen. Ein Mindestbarvermögen ist nicht erforderlich, der Nachweis, einen Bankkredit oder eine Bankbürgschaft in Anspruch nehmen zu können, reicht aus (von den Regionaldirektionen der BA wird idR der Nachweis von 2.000 € pro AN bzw mindestens 10.000 € verlangt, vgl *Schneider* Rn 80). Des Weiteren muss der Antragsteller Gewähr für eine **ordnungsgemäße Buchhaltung und Personalbetreuung** bieten, sei es durch Schaffung entspr betriebsinterner Ressourcen, sei es durch Rückgriff auf einen externen Serviceanbieter. Verletzt der Antragsteller seine Anmeldepflicht zum Handelsregister (§ 29 HGB), obwohl das von ihm betriebene AN-Überlassungsgewerbe nach seinem Umfang einen in kaufmännischer Weise eingerichteten Geschäftsbetrieb (§ 1 II HGB) erfordert, lässt dies allein nicht auf unzureichende Betriebsorganisation schließen (*Sandmann*/*Marschall* § 3 Rn 21). AN-Überlassung kann auch iR eines **Mischbetriebes** vollzogen werden, in dessen Rahmen noch weitere Betriebszwecke, etwa eine eigene Produktionstätigkeit, verfolgt werden. Eine betriebsorganisatorische Trennung der AN-Überlassung von anderen Aktivitäten, etwa auch von Arbeitsvermittlung, ist nicht erforderlich (*Ulber* § 3 Rn 81).

III. Verstoß gegen das Gleichstellungsgebot. 1. Einführung. IRd der Reform durch das Erste 17 G für moderne Dienstleistungen am Arbeitsmarkt v 23.12.2002 (BGBl I S 4607) wurde mit Wirkung zum 1.1.2003 das Prinzip der Gleichstellung von Leih-AN mit vergleichbaren Stamm-AN des Entleihers ab dem ersten Tag der Überlassung im AÜG verankert und durch das Erste G zur Änderung des

§ 3 AÜG   Versagung

Arbeitnehmerüberlassungsgesetzes – Verhinderung von Missbrauch der Arbeitnehmerüberlassung v 29.4.2011 (BGBl I S 642 ff) neu ausgestaltet. Der dt Gesetzgeber orientierte sich hierbei an der Regelung in Art 5 des Vorschlags für eine RL des Europäischen Parlaments und des Rates über die Arbeitsbedingungen von Leih-AN (v 20.3.2002, KOM [2002], 149 endgültig, nunmehr umgesetzt in der RL 2008/104/EG v 19.11.2008 [ABlEG v 5.12.2008 L327 S 9 ff]; vgl hierzu *Fuchs* NZA 2009, 57). Gesetzlich fixiert wurde der Grundsatz von »equal pay« und »equal treatment« durch das Gleichstellungsgebot in § 9 Nr 2 sowie durch die gewerberechtliche Regelung in § 3 I Nr 3, wonach dem Verleiher bei Verstößen gegen das Gleichstellungsgebot die Verleiherlaubnis zu versagen ist. Verstößt der Verleiher gegen den Gleichstellungsgrundsatz, begründet § 10 IV einen Leistungsanspruch des Leih-AN gegen den Verleiher.

18   **2. Inhalt und Anwendungsbereich des Gleichstellungsgebots.** Gegenstand des Gleichstellungsgebots ist die grds Pflicht des Verleihers, einem Leih-AN **für die Zeit der Überlassung** an einen Entleiher die im Entleiherbetrieb für einen vergleichbaren AN des Entleihers geltenden wesentlichen Arbeitsbedingungen einschl des Arbeitsentgelts zu gewähren. Für Zeiträume **zwischen Einsätzen** bei Entleihern findet das Gleichstellungsgebot keine Anwendung und die wesentlichen Arbeitsbedingungen des Leih-AN, insb sein Vergütungsanspruch, richten sich nach dem mit dem Verleiher Vereinbarten (vgl in diesem Zusammenhang § 11 IV 2; zur Möglichkeit der Befristung von Leiharbeitsverträgen s.o. § 1 Rdn 18). Grenzen der individuellen Vertragsfreiheit bilden Sittenwidrigkeit und Lohnwucher (§ 138 BGB). Zum Eingreifen einer Lohnuntergrenze nach § 3a s.u. Rdn 37.

19   Ausnahmen vom Gleichstellungsgebot sieht das G in Bezug auf zuvor arbeitslose Leih-AN sowie im Fall abw tarifvertraglicher Regelung vor. Das Gleichstellungsgebot greift auch nicht in den gesetzlich privilegierten Überlassungsfällen nach § 1 III ein.

20   **a) Wesentliche Arbeitsbedingungen einschließlich des Arbeitsentgelts. aa) Wesentliche Arbeitsbedingungen.** Unter Arbeitsbedingungen fallen alle nach dem allg ArbR vereinbarten Bedingungen wie Dauer der Arbeitszeit und des Urlaubs oder die Nutzung sozialer Einrichtungen (BT-Drs 15/25, S 38). Darüber hinaus liefert der Katalog des § 2 I 2 NachwG, der über § 11 I 1 zur Anwendung kommt, Anhaltspunkte, welche Arbeitsbedingungen als wesentlich anzusehen sind (*Boemke* BB 2003, 98, 101). Rechtsgrundlage dieser Arbeitsbedingungen können G, Kollektivvereinbarung oder Individualvertrag sein. Ausschluss- oder Verfallfristen zählen nicht zu den wesentlichen Arbeitsbedingungen (BAG 23.3.2011, 5 AZR 7/10, NZA 2011, 850).

21   **bb) Arbeitsentgelt.** Der Begriff Arbeitsentgelt in §§ 3 I Nr 3, 9 Nr 2, 10 IV ist weit zu verstehen und erfasst neben der Grundvergütung auch Zuschläge (zB für Überstunden), Zulagen (zB Schmutzzulage), Prämien, Jahressonderzahlungen (zB Weihnachtsgeld), Ansprüche auf Entgeltfortzahlung und Sozialleistungen sowie andere Lohnbestandteile (BAG 13.3.2013, 5 AZR 294/12, NZA 2013, 1226; BT-Drs 15/25, S 38). Soweit im Entleiherbetrieb gewährte **Sachleistungen** (zB Dienstwagen auch zur privaten Nutzung), Sozialleistungen oder Leistungen der betrieblichen Altersversorgung entweder mangels entspr Verfügungsmöglichkeit nicht vom Verleiher erbracht werden können oder ihre Gewährung angesichts der regelmäßig zeitlich begrenzten Überlassungsdauer von Leih-AN keinen Sinn macht (vgl § 1b BetrAVG), sind diese Entgeltbestandteile wirtschaftlich zu bewerten und in Geld auszuzahlen (*Bauer/Krets* NJW 2003, 537, 539; *Schüren/Schüren* § 9 Rn 135; HWK/*Kalb* § 3 Rn 30; krit ErfK/*Wank* § 3 Rn 14). Angesichts des hiermit verbundenen hohen Verwaltungsaufwands kann der Verleiher mit dem Entleiher im Überlassungsvertrag vereinbaren, dass der Entleiher insoweit die Leistungspflichten des Verleihers als AG übernimmt und zB dem Leih-AN einen Dienstwagen zur Verfügung stellt (*Lembke* BB 2003, 98, 101). In Gestalt des zum 1.12.2011 neu geschaffenen § 13b wird ein eigenständiger Zugangsanspruch des Leih-AN zu Gemeinschaftseinrichtungen und -diensten, insb Kinderbetreuungseinrichtungen, Gemeinschaftsverpflegung und Beförderungsmittel geschaffen, der auch nicht vertraglich abbedungen werden kann (§ 9 Nr 2a) (vgl die Kommentierung zu § 13b Rdn 1 ff sowie § 9 Rdn 8).

22   **b) Vergleichbare AN des Entleihers.** Stamm-AN des Entleihers sind einem Leih-AN vergleichbar, wenn sie eine gleiche oder zumindest ähnliche Arbeit wie dieser ausführen (BT-Drs 15/25, S 38). Maßstab für Vergleichbarkeit ist insb, ob die Tätigkeiten im Hinblick auf Qualifikation, Fähigkeiten, Verantwortungsbewusstsein und körperliche Belastung vergleichbare Anforderungen an Stamm- und Leih-AN stellen und beide ohne Weiteres, etwa unter Anwendung der Vergleichbarkeitskriterien der Sozialauswahl nach § 1 III KSchG, gegeneinander ausgetauscht werden könnten (*Thüsing/Mengel* § 9 Rn 24). Ein Anhaltspunkt für Vergleichbarkeit kann sich auch aus der entspr tariflichen Eingruppierung ergeben (*Rieble/Klebeck* NZA 2003, 23, 24). Differierende Arbeitszeiten, etwa Teilzeit- ggü Vollzeitbeschäftigung, stehen einer Vergleichbarkeit in diesem Zusammenhang grds nicht entgegen. Wird der Leih-AN entgegen dem

Überlassungsvertrag in einer höherwertigen Tätigkeit eingesetzt, bestimmt sich sein equal-pay Anspruch nach den Arbeitsbedingungen, die Stamm-AN des Entleihers mit dieser höherwertigen Tätigkeit zustehen (LAG Berl-Bbg, 10.9.2013, 7 Sa 378/13, BB 2013, 3059).

Fehlt es im Entleiherbetrieb an vergleichbaren Stamm-AN, sind nach wohl hM entspr dem Rechtsgedanken des § 612 II BGB die üblichen Arbeitsbedingungen vergleichbarer Stamm-AN von vergleichbaren Betrieben als Maßstab heranzuziehen (so auch Schüren/*Schüren* § 9 Rn 124; *Raab* ZfA 2003, 389, 405). Der Sinn und Zweck des Gleichstellungsgebots, keine unterschiedliche Vergütung bei gleicher Arbeit im Entleiherbetrieb zu dulden, greift jedoch bei Fehlen vergleichbarer Stammbeschäftigter im Entleiherbetrieb gar nicht ein (abl deshalb auch *Rieble/Klebeck* NZA 2003, 23, 24; *Thüsing* DB 2003, 446, 447). 23

Sind im Entleiherbetrieb **mehrere vergleichbare Stamm-AN** mit unterschiedlich ausgestalteten Arbeitsbedingungen tätig, ist auf die relativ ungünstigsten Arbeitsbedingungen abzustellen, da der Gleichstellungsgrundsatz keine Besserstellung von Leih-AN ggü vergleichbaren Stammbeschäftigten trägt (*Bauer/Krets* NJW 2003, 537, 539). 24

c) Günstigkeitsvergleich. Für die Feststellung, ob die Arbeitsbedingungen im Entleiherbetrieb besser sind als beim Verleiher, ist entspr der für § 4 III TVG geltenden Grundsätze kein Günstigkeitsvergleich in Bezug auf einzelne Arbeitsbedingungen, sondern vielmehr ein Sachgruppenvergleich (vgl hierzu BAG 20.4.1999, 1 ABR 72/98, AP TVG § 4 Günstigkeitsprinzip Nr 23 sowie § 4 TVG Rdn 22) anzustellen (*Boemke/Lembke* § 9 Rn 148; Thüsing/*Pelzner/Kock* § 3 Rn 65). Ein »Rosinenpicken« der jeweils günstigeren Arbeitsbedingungen bei Ver- und Entleiher ist vom Gleichstellungsgrundsatz nicht gedeckt. 25

d) Ausnahmen vom Gleichstellungsgrundsatz. aa) Neugestaltung der Ausnahmen vom Gleichstellungsgrundsatz. Mit dem Ziel, die Vorgaben der RL des Europäischen Parlaments und des Rates über die Arbeitsbedingungen von Leih-AN im deutschen Recht umzusetzen und missbräuchlichen Praktiken entgegenzuwirken, wurden die Ausnahmen vom Gleichstellungsgrundsatz vom Gesetzgeber durch das Erste G zur Änderung des Arbeitnehmerüberlassungsg – Verhinderung von Missbrauch der Arbeitnehmerüberlassung v 29.4.2011 (BGBl I S 642 ff) neu gestaltet. Bis dahin sahen §§ 3 I Nr 3 S 1 Hs 2, 3, 9 Nr 2 S 1 Hs 2, 3 aF eine Ausnahme vom Gleichstellungsgrundsatz für den Fall vor, dass der Verleiher einen zuvor arbeitslosen Leih-AN einstellte und ihm, während des Zeitraums der Überlassung an einen Entleiher, für insgesamt höchstens 6 Wochen mind ein Nettoarbeitsentgelt in Höhe des letzten Arbeitslosengeldes gewährte. Die Ausnahmeregelung vom Gleichstellungsgebot in Bezug auf zuvor Arbeitslose griff nicht ein, wenn mit demselben Verleiher bereits in der Vergangenheit ein Leiharbeitsverhältnis bestand. Ziel der Ausnahme war es, die Wiedereingliederung von Arbeitslosen in den Arbeitsmarkt zu fördern und so auch die Sozialkassen zu entlasten. Diese Regelung war jedoch nicht mit der europäischen RL vereinbar und wurde deshalb vom deutschen Gesetzgeber mit Wirkung zum 30.4.2011 gestrichen. Bei Arbeitnehmerüberlassung handelt es sich um reguläre, regelmäßig voll sozialversicherungspflichtige Beschäftigung, sodass der in Art 1 III der RL vorgesehene Ausnahmetatbestand vom Anwendungsbereich der RL im Zusammenhang mit Arbeitsplätzen, die iRv öffentlich geförderten Aus- und Umschulungsprogrammen bestehen, nicht als Grundlage für den Fortbestand der §§ 3 I Nr 3 S 1 Hs 2, 3, 9 Nr 2 S 1 Hs 2, 3 aF herangezogen werden konnte (BR-Drs 17/4804, S 9). Zwar sind die aktuellen gesetzlichen Reformen auf Leiharbeitsverhältnisse, die vor dem 15.12.2010 begründet wurden, nicht anwendbar. Im Zusammenhang mit dem vorgenannten Ausnahmetatbestand führt dies jedoch kaum noch zu praktischen Anwendungsfällen. 26

Auch die Möglichkeit, auf Basis tarifvertraglicher Regelungen vom Gleichstellungsgebot abzuweichen, wurde im Zuge der jüngsten Reform vom Gesetzgeber neu gestaltet.

bb) Anwendbarkeit einer abweichenden Tarifregelung. Als weitere Ausnahme vom Gleichstellungsgrundsatz sehen §§ 3 I Nr 3 S 3, 4; 9 Nr 2 Hs 3, 4 die Möglichkeit abw, schlechterer aber auch besserer TV-Regelungen vor, um so eine flexible Gestaltung der Arbeitsbedingungen von Leih-AN, etwa auch ein Gesamtvergütungskonzept für Zeiträume des Verleihs und verleihfreie Zeiten, zuzulassen (BT-Drs 15/25, S 38; zur Verfassungsmäßigkeit der Regelung insb im Hinblick auf die von Art 9 III GG geschützte Koalitionsfreiheit vgl BVerfG 29.12.2004, 1 BvR 2283/03 ua, NZA 2005, 153; krit *Klebeck* S 45 ff). In der Praxis spielt diese Ausnahme vom Gleichstellungsgrundsatz eine dominierende Rolle. 27

Eine Abweichung vom Gleichstellungsgrundsatz kann sich aus den **TV der Leiharbeitsbranche** ergeben (vgl hierzu die Übersicht bei *Schneider* Rn 855 sowie *Boemke/Lembke* § 9 Rn 200 ff), aber auch aus **anderen Branchen-TV**, sofern diese Leiharbeit in ihrem Regelungsbereich umfassen. Es ist nicht erforderlich, dass der TV auf das gesetzliche Gleichstellungsgebot für Leih-AN Bezug nimmt und explizit davon abw (*Raab* ZfA 2003, 389, 410 f). Verbreitete Tarifwerke der Leiharbeitsbranche stellen die zwischen der Verhandlungsgemeinschaft Zeitarbeit bestehend aus den AG-Verbänden BZA (der in 2011 mit dem 28

§ 3 AÜG   Versagung

Arbeitgeberverband Mittelständischer Personaldienstleister eV zum Bundesarbeitgeberverband der Personaldienstleister BAP fusionierte) und iGZ jeweils mit der Tarifgemeinschaft Zeitarbeit des DGB vereinbarten Tarifpakete dar. Nachdem die EntgeltTV zum 31.12.2008 gekündigt wurden und noch Nachwirkung entfalteten (§ 4 TVG Rdn 40), wurde diskutiert, ob und inwieweit der Gleichstellungsgrundsatz im Anwendungsbereich dieser nachwirkenden EntgeltTV abbedungen wird. Teilw wurde vorgeschlagen, die abbedingende Wirkung im Nachwirkungszeitraum entspr § 613 I 2 BGB auf ein Jahr zu begrenzen und nicht auf Neueinstellungen im Nachwirkungszeitraum anzuwenden (vgl hierzu *Bayreuther* BB 2010, 309 ff; *Ulber* ZTR 2010, 287 ff). Im März bzw April 2010 einigten sich die genannten Tarifparteien jeweils auf neue Tarifpakete, die am 1.7.2010 in Kraft traten. Aktuell gilt das zwischen BAP und iGZ mit der Tarifgemeinschaft Zeitarbeit des DGB vereinbarte und zum 1.11.2013 in Kraft getretene Tarifpaket, welches eine Laufzeit bis zum 31.12.2016 hat und Modifikationen im Mantel-, Entgeltrahmen- sowie Entgelt-TV enthält (zum ab 1.1.2015 geltenden gesetzlichen Mindestlohn s.u. Rdn 37). Um das Entgeltgefälle zwischen Stammbelegschaft beim Entleiher und an Tarifwerke der Leiharbeitsbranche gebundene Leih-AN zu verringern, schloss die aus BAP und iGZ gebildete Verhandlungsgemeinschaft Zeitarbeit mit der IG BCE am 22.5.2012 einen Tarifvertrag über **Branchenzuschläge** für AN-Überlassung in der chemischen Industrie, der am 1.11.2012 in Kraft trat und eine Laufzeit bis 2017 hat. Kern des Tarifabschlusses ist die stufenweise Umsetzung des Equal-Pay Grundsatzes. Abhängig von der Dauer seines Einsatzes beim Entleiher erhält der Leih-AN einen Zuschlag auf das Tarifentgelt, das ihm nach Entgelt-TV der Zeitarbeitsbranche zusteht. Die ersten 6 Wochen der Einsatzzeit bleiben frei von Zuschlägen. Danach reicht die Staffel in den Lohngruppen 1 und 2 von 15 bis 50 Prozent, in den Lohngruppen 3 bis 5 von 10 bis 35 Prozent. In der Endstufe erreichen Leih-AN zwischen 85 und 90 Prozent des Niveaus des Entgelt-TV Chemie. Auch für den Bereich der Metallindustrie wurde mit der IG Metall ein zum 1.11.2012 in Kraft getretener TV über Branchenzuschläge vereinbart, der die Zuschläge nach Einsatz jedoch nicht differenziert nach Entgeltgruppen staffelt (ausf *Mehnert/Stubbe/Haber* BB 2013, 1269 ff; krit zur Wirksamkeit der Branchenzuschlags-TV mangels Tarifzuständigkeit der tarifschließenden Gewerkschaften *Rieble* BB 2012, 2177, 2180). TV über Branchenzuschläge bestehen derzeit auch für die Kunststoff- und Kautschukindustrie, den Schienenverkehrsbereich, die Holz- und Kunststoffindustrie, die Textil- und Bekleidungsindustrie, die Papier, Pappe und Kunststoffe verarbeitende Industrie sowie die Druckindustrie.

29 Wirksamkeitsvoraussetzung für eine abw tarifliche Regelung ist die **Tariffähigkeit** der beteiligten Koalitionen. Im Zusammenhang mit der Tarifgemeinschaft Christlicher Gewerkschaften für Zeitarbeit und Personalserviceagenturen (CGZP) hat das BAG (14.12.2010, 1 ABR 19/10, BB 2011, 827) entschieden, dass die CGZP als Zusammenschluss von Einzelgewerkschaften nicht selbst tariffähig ist, da die Befugnis zum Abschluss von Tarifverträgen auf einen Teil des Organisationsbereichs der Mitgliedsgewerkschaften beschränkt wurde. Zudem geht der in der Satzung der CGZP festgelegte Organisationsbereich für die gewerbliche AN-Überlassung über den ihrer Mitgliedsgewerkschaften hinaus. Auch eine Tariffähigkeit als Gewerkschaft gem § 2 I TVG scheidet aus, da die Satzung der CGZP keine Mitgliedschaft von AN vorsieht (krit ggü der Argumentation des BAG *Löwisch* SAE 2011, 63 ff). Das BAG ging in seiner Entsch auf die Folgen der Tariffunfähigkeit der CGZP für die von ihr seit 2003 geschlossenen TV nicht ein sondern stellte die Tarifunfähigkeit nur gegenwartsbezogen fest. Ob dieser Gegenwartsbezug auf den 14.12.2010, dem Tag der Beschlussfassung des BAG, den 7.12.2009, an dem das LAG Berl-Bbg als letzte Tatsacheninstanz entschied (23 TaBV 1016/09, BB 2010, 1927) oder auf den 1.4.2009, dem Zeitpunkt der erstinstanzlichen Entsch des ArbG Berlin (35 BV 17008/08, BB 2009, 1477) abstellt, war streitig (vgl *Neef* NZA 2011, 618; *Schneider* Rn 854d). Um die Tarifunfähigkeit der CGZP auch schon vor 2009 feststellen zu lassen, wurde ein neues Verfahren eröffnet und vom BAG in drei Entsch festgestellt, dass die CGZP zu keinem Zeitpunkt tariffähig war (v 22. und 23.5.2012, 1 ABN 27/12, 1 AZB 58/11 und 1 AZB 67/11, NZA 2012, 623). Folge der rechtskräftig festgestellten **fehlenden Tariffähigkeit der CGZP** (zur Tariffähig- und Zuständigkeit der die Tarifgemeinschaft Zeitarbeit bildenden DGB Gewerkschaften LAG Hessen 16.1.2014, 9 TaBV 127/13 nrkr) ist, dass der gesetzliche Gleichstellungsgrundsatz ab dem Zeitpunkt der Tarifunfähigkeit nicht durch tarifliche Regelungen verdrängt wurde und Leih-AN sowie Sozialversicherungsträger Nachforderungen stellen können, sofern nicht Vertrauensschutzgesichtspunkte Platz greifen. Da das tarifrechtliche Erfordernis der Deckungsgleichheit der Organisationsbereiche von Spitzenverband und Mitgliedsgewerkschaften in der Entscheidung des BAG vom 14.12.2010 erstmals aufkam, konnte kein Tarifanwender diesen Aspekt in der Zeit vor dem Urteil in Betracht ziehen, so dass für die Vergangenheit schutzwürdiges Vertrauen zu bejahen ist und der Gleichstellungsgrundsatz durch die CGZP-TV wirksam abbedungen wurde (so *Rieble* BB 2012, 2945, 2947; *Boemkel/Lembke* § 9 Rn 304). Das **BAG** hat in seinen Entscheidungen vom 13.3.2013 jedoch nun das Vorliegen schutzwürdigen Vertrauens für die Vergangenheit verneint (5 AZR 954/11, NZA 2013, 680; 5 AZR 146/12, NZA 2013, 782; 5 AZR 242/12; 5 AZR 294/12; 5 AZR

424/12, NZA 2013, 785), der gute Glaube an die Tariffähigkeit eines Verbandes sei nicht geschützt (so schon BAG v 15.11.2006, 10 AZR 665/05, BB 2007, 268). Wendet ein Verleiher die CGZP TV nach deren nunmehr rkr feststehenden Unwirksamkeit weiterhin an, indiziert dies dessen **Unzuverlässigkeit** iSd § 3 I Nr 3 (Thüsing/*Pelzner/Kock* § 3 Rn 88).
Die Spitzenverbände der Sozialversicherung gingen von Anfang an von einer Tarifunfähigkeit der CGZP auch in der Vergangenheit aus und fordern von den Unternehmen, die CGZP-TV angewandt haben Sozialversicherungsbeiträge auf der Grundlage der nach dem Gleichstellungsgrundsatz geschuldeten Vergütung der Leih-AN seit Dezember 2005 nach (eine Übersicht zu den bislang ergangenen und nicht einheitlichen Entscheidungen der LSG zu den Nachforderungsbescheiden geben *Bissels/Raus* BB 2013, 885; zur Frage der Verjährung nach § 25 I SGB IV *Lützeler/Bissels* DB 2011, 1637; *Schlegel* NZA 2011, 380, 383). Lassen sich die Vergütungsansprüche der Leih-AN nach dem Gleichstellungsgrundsatz (s.o. Rdn 20 ff) für die Vergangenheit nicht oder nicht mit vertretbarem Aufwand ermitteln, soll der Nachzahlungsbetrag im Wege der Schätzung ermittelt werden können (zu den Einzelheiten vgl Rundschreiben 2011/244 des GKV-Spitzenverbandes v 25.5.2011 sowie *Schneider* Rn 854f). Zudem räumt der GKV-Spitzenverband eine Stundungsmöglichkeit für Nachzahlungsbeträge ein.

Der gesetzliche Anspruch des Leih-AN auf gleiches Arbeitsentgelt nach § 10 IV AÜG wird zu dem arbeitsvertraglich für die Vergütung vereinbarten Zeitpunkt fällig und unterliegt den **Verjährungsregelungen** der §§ 195, 199 BGB. Die Verjährung beginnt mit dem Ablauf des Jahres, in dem der Anspruch entstanden ist und der Leih-AN von den den Anspruch begründenden Umständen und der Person des Schuldners Kenntnis erlangt hat oder ohne grobe Fahrlässigkeit hätte erlangen müssen. Die von § 199 I Nr 2 BGB geforderte Kenntnis des Gläubigers ist vorhanden, wenn er aufgrund der ihm bekannten Tatsachen gegen eine bestimmte Person eine Klage, sei es auch nur eine Feststellungsklage, erheben kann, die bei verständiger Würdigung so viel Erfolgsaussicht hat, dass sie dem Gläubiger zumutbar ist. Die erforderliche Kenntnis setzt keine zutreffende rechtliche Würdigung voraus, es genügt vielmehr die Kenntnis der den Anspruch begründenden tatsächlichen Umstände. Dementsprechend hat der Leih-AN von dem Anspruch auf gleiches Arbeitsentgelt nach § 10 IV ausreichende Kenntnis iSv § 199 I Nr 2 BGB, wenn er Kenntnis von der Tatsache hat, dass vergleichbare Stamm-AN des Entleihers mehr verdienen als er. Nicht erforderlich ist die zutreffende rechtliche Würdigung einer arbeitsvertraglichen Klausel, mit der der Verleiher von der in § 9 Nr 2, § 10 IV 2 AÜG eröffneten Möglichkeit, von dem Gebot der Gleichbehandlung abzuweichen, Gebrauch macht (BAG v 13.3.2013 5 AZR 424/12 aaO sowie § 10 Rdn 17; ausf zum Streitstand *Boemke/Lembke* § 9 Rn 320 ff mwN). Allgemein unterliegen Ansprüche der Leih-AN auf Zahlung des Differenzlohnes nach §§ 10 IV, 9 Nr 2 gem §§ 195, 199 BGB der regelmässigen Verjährungsfrist von drei Jahren. Arbeitsvertraglich vereinbarte Ausschluss- und Verfallfristen, die eine Frist zur Geltendmachung der Ansprüche von mindestens drei Monaten vorsehen, setzen Nachzahlungsansprüchen Grenzen (BAG aaO). Finden Ausschluss- und Verfallfristen Anwendung, müssen Leih-AN, um keinen Rechtsverlust zu erleiden, ggf Ansprüche schon vorsorglich, also ohne detaillierte Kenntnis ihres Bestehens geltend machen (zur Gestaltung von Verfall- und Ausgleichsklauseln vgl *Lembke* BB 2010, 1533, 1536 ff; *Betz* NZA 2013, 350).

Im Lichte der zweitinstanzlichen Entsch des LAG Berl-Bbg zur Tariffähigkeit der CGZP v 7.12.2009 (23 TaBV 1016/09) wurde das am 15.3.2010 zwischen dem Arbeitgeberverband Mittelständischer Personaldienstleister (AMP) (jetzt BAP) und der CGZP vereinbarte neue Tarifwerk in Form von **mehrgliedrigen TV** (zum mehrgliedrigen TV vgl *Löwisch/Rieble* § 1 TVG Rn 472 ff) unter Einbeziehung von 5 Einzelgewerkschaften des CGB geschlossen. Da bei einem mehrgliedrigen TV die Einzelgewerkschaften unabhängig voneinander berechtigt und verpflichtet sind, strahlt die festgestellte fehlende Tariffähigkeit des CGZP nicht auf Wirksamkeit der mit den Einzelgewerkschaften geschlossen Tarifvereinbarungen aus (vgl *Lembke* aaO). Teilw wurde die Wirksamkeit dieses mehrgliedrigen TV deshalb verneint, da der betriebliche Geltungsbereich die satzungsmäßige Zuständigkeit der Einzelgewerkschaften überschreite (so ArbG Herford 4.5.2011, 2 Ca 144/11; aA *Lützeler/Bissels* DB 2011, 1638; *Lembke* NZA 2011, 1061, 1065; zusammenfassend *Bayreuther* NZA 2012, 14, 16 ff). Soweit in neueren Arbeitsverträgen neben oder anstelle einer Verweisung auf CGZP-Tarifverträge auf den mehrgliedrigen Tarifvertrag zwischen dem Arbeitgeberverband Mittelständischer Personaldienstleister (AMP), der CGZP und den Einzelgewerkschaften vom 15.3.2010 Bezug genommen wird, ist eine solche Klausel intransparent und nach § 307 I 2 BGB unwirksam, wenn sich nicht ersehen lässt, welches der tariflichen Regelwerke bei sich widersprechenden Regelungen den Vorrang haben soll (BAG 13.3.2013 5 AZR 954/11; 5 AZR 146/12; 5 AZR 242/12; 5 AZR 294/12; 5 AZR 424/12 aaO). Mit Wirkung zum 31.3.2013 vereinbarten BAP und die CGB Tarifgemeinschaft die Aufhebung der oben aufgeführten mehrgliedrigen TV und schlossen die Nachwirkung aus. Zur Frage der Tariffähigkeit anderer christlicher Fachgewerkschaften vgl § 2 TVG Rdn 8.

§ 3 AÜG   Versagung

32 Um tariflichem Lohndumping iR konzerninterner AN-Überlassung entgegenzuwirken, enthält der zwischen den AG-Verbänden BZA und iGZ mit der Tarifgemeinschaft Zeitarbeit im März bzw April 2010 jeweils erzielte Tarifkompromiss in Gestalt von § 1.2 MTV einen Ausschluss der tariflichen Entgeltbestimmungen und damit der Abweichung vom Gleichstellungsgrundsatz für den Fall konzerninterner Arbeitnehmerüberlassung (vgl § 1 Rdn 58).

33 Die Abweichung vom Gleichstellungsgrundsatz kann sich **durch tarifliche**, normativ wirkende (§ 4 III TVG) **Regelung** vollziehen (zum Umfang der tarifvertraglichen Richtigkeitsgewähr im Zusammenhang mit TV der Leiharbeitsbranche *Riechert* NZA 2013, 303 ff). Dagegen ist eine tarifvertragliche **Ermächtigung** an Betriebsparteien oder Parteien des Leiharbeitsvertrages durch Kollektiv- oder Individualvereinbarungen vom Gleichstellungsgrundsatz abzuweichen, **nicht ausreichend** (*Raab* ZfA 2003, 389, 409; *Ulber* AuR 2003, 7, 12). Nach der Vorstellung des Gesetzgebers ist der Schutz der Leih-AN nur »durch«, nicht aber »aufgrund« einer Regelung auf Ebene der Tarifpartner gesichert.

34 Verleiher und Leih-AN, die mangels Mitgliedschaft in den tarifschließenden Koalitionen nicht tarifgebunden sind, können auf eine vom Gleichstellungsgrundsatz abw tarifvertragliche Regelung innerhalb des räumlichen, fachlichen und persönlichen Geltungsbereichs des TV **einzelvertraglich** ganz oder beschränkt auf Regelungskomplexe, etwa den Entgelt-TV eines Tarifwerkes (so *Boemkel/Lembke* § 9 Rn 432ff mwN; aA *Schüren/Schüren* § 9 Rn 160 f) **Bezug nehmen** (zur Problematik der Bezugnahme auf möglicherweise unwirksame TV [s.o. Rdn 29] vgl *Thüsing/Mengel* § 9 Rn 41); gegen die Möglichkeit der Inbezugnahme unter Veweis auf den Schutzzweck der RL 2008/104/EG v 19.11.2008 *Zimmer* NZA 2013, 289, 293). Dies gilt auch für einen gem § 4 V TVG nachwirkenden TV (*Thüsing* DB 2003, 446), allerdings nur für den Zeitraum eines Jahres nach Auslaufen des TV. Sofern keine anschließende Tarifregelung vereinbart wird, wird der Gleichstellungsgrds nach Ablauf dieses Zeitraums nicht wirksam abbedungen (*Thüsing/Pelzner/Kock* § 3 Rn 114). Eine Bezugnahme auf Teile von Regelungskomplexen ist nicht zulässig (so wohl auch GA der BA zum AÜG Nr 3.1.6. zu § 3 [Stand 1/2016]). Deshalb müssen die Bezugnahmeklauseln in Leiharbeitsverträgen auch die neuen Branchenzuschlags-TV beinhalten, um dem Transparenzgedanken des § 307 I 2 BGB zu genügen (*Nießen/Fabritius* BB 2013, 375, 380). Dauerhaft bedingt nur eine dynamisch ausgestaltete Bezugnahme den Gleichstellungsgrundsatz ab (zur Ausgestaltung von Bezugnahmeklauseln vgl *Schneider* Rn 858; *Brors* RdA 104, 1 ff). Zur Unwirksamkeit einer dynamischen Bezugnahme auf die zwischen dem Arbeitgeberverband Mittelständischer Personaldienstleister (AMP) und der CGZP vereinbarten mehrgliedrigen TV aufgrund Verstoßes gegen das Transparenzgebot nach § 307 I 2 BGB s.o. Rdn 31. Durch Inbezugnahme eines branchenfremden TV lässt sich der Gleichstellungsgrundsatz nicht abbedingen (*Boemkel/Lembke* § 9 Rn 417). In **Mischunternehmen**, deren Hauptaktivität nicht AN-Überlassung bildet, können Leiharbeits-TV nur dann in Bezug genommen werden, wenn deren jeweiliger fachlicher Geltungsbereich erfüllt ist. Bestimmt ein Leiharbeits-TV seinen fachlichen Geltungsbereich allein durch eine Beschränkung auf die Mitglieder der tarifschließenden Koalitionen ohne Beschreibung der Tarifbranche, hindert dies eine Inbezugnahme dieses TV durch Mischunternehmen ebenso wenig wie durch reine Verleihunternehmen, über das Erfordernis einer Arbeitnehmererlaubnis sind sie der Zeitarbeitsbranche in gleicher Weise zugeordnet (str, wie hier *Thüsing/Mengel* § 9 Rn 37; *Bissels/Khalil* BB 2013, 314 f; *Lembke/Distler* NZA 2006, 952, 954 ff mwN; aA GA der BA zum AÜG Nr 3.1.8 zu § 3 [Stand 1/2016]; ErfK/*Wank* § 3 Rn 22b, für Mischbetriebe, die nicht überwiegend AN-Überlassung betreiben).

35 Eine **Änderungskdg** mit dem Ziel der **Entgeltabsenkung** durch künftige Inbezugnahme eines TV der Leiharbeitsbranche setzt ein entspr dringendes betriebliches Erfordernis voraus (BAG 12.1.2006, 2 AZR 126/05, BB 2006, 1115; zu den Möglichkeiten der Anpassung von Alt-Leiharbeitsverträgen vgl auch *Hamann* BB 2005, 2185 ff). Eine iR einer Änderungskdg angebotene Vertragsänderung ist unklar und nicht hinreichend bestimmt, wenn das Verleihunternehmen sowohl eine Weiterbeschäftigung zu den tariflichen Arbeitsbedingungen der (inzwischen für unwirksam erklärten) Tarifverträge CGZP als auch der BZA anbietet (BAG 15.1.2009, 2 AZR 641/07, NZA 2009, 957).

36 Ist AN-Überlassung in das Baugewerbe ausnahmsweise zulässig (vgl § 1b Rdn 4, 8 ff) oder findet AN-Überlassung in eine der übrigen, von §§ 4, 6, 10 ff AEntG nF (BT-Drs 16/10486 iVm BT-Drs 16/11669, verabschiedet am 13.2.2009) bezeichneten Branchen (Bau(neben)gewerbe, Gebäudereinigung, Briefdienstleistung [zur Rechtswidrigkeit der Mindestlohnverordnung für Briefdienstleistungen v 28.12.2007 vgl BVerwG 28.1.2010, 8 C 19.03], Pflegedienst, Bewachungsgewerbe, Bergbauspezialarbeiten, Wäschereigewerbe, Entsorgungswirtschaft, Aus- und Weiterbildungsdienstleistungen nach SGB II und III) statt, gelten die Arbeitsbedingungen im Entleiherbetrieb auf der Basis von allgemein verbindlichen Tarifverträgen oder einer Rechtsverordnung nach § 7 AEntG auch für das Leiharbeitsverhältnis (§ 8 III AEntG; vgl die Kommentierung zu § 8 AEntG Rdn 3). Entscheidend ist, dass der Entleiher in den betrieblichen Geltungsbereich des entsprechenden TV fällt (BAG 21.10.2009, 5 AZR 951/08, EzA § 3 TVG Nr 32) . Bei

Mischbetrieben ist zu klären, wo der Schwerpunkt ihrer wirtschaftlichen Tätigkeit liegt. Ob der Verleiher in den räumlichen und betrieblichen Geltungsbereich des TV fällt, was insb bei Mischbetrieben eine Rolle spielt, ist insofern unerheblich (vgl hierzu *Schneider* Rn 292). Von diesen gesetzlich gewährten Mindestarbeitsbedingungen kann nicht durch eine tarifliche Regelung iSv §§ 3 I Nr 3, 9 Nr 2 nach unten abgewichen werden (BT-Drs 15/6008, S 21). Zur Frage von Mindestlöhnen in der Leiharbeitsbranche s.u. Rdn 37.

Um nach Wegfall der Beschränkungen zur AN-Freizügigkeit in der EU zum 1.5.2011 (s.u. § 15 Rdn 4) die Sicherung dt Tarifstandards zu gewährleisten und Lohndumping durch an ausländische Tarifwerke gebundene Verleiher, die Leih-AN nach Deutschland überlassen, entgegenzutreten, wurde vom Gesetzgeber durch das Erste G zur Änderung des Arbeitnehmerüberlassungsg – Verhinderung von Missbrauch der Arbeitnehmerüberlassung v 29.4.2011 (BGBl I S 642 ff) die Möglichkeit, auf tarifvertraglicher Grundlage vom Gleichstellungsprinzip abzuweichen, eingeschränkt. Durch tarifliche Regelungen darf hiernach nur noch bis zu der in § 3a verankerten **Lohnuntergrenze** vom Gleichstellungsprinzip abgewichen werden. Zugleich wird durch die Neuregelung sichergestellt, dass bei einer nach § 3a eingeführten Lohnuntergrenze auch eine Unterschreitung der geregelten Mindeststundenentgelte nicht unter Berufung auf den Gleichstellungsgrundsatz möglich ist (BT-Drs 17/5238, S 16). Soweit ein TV Löhne unterhalb der Lohnuntergrenze vorsieht, steht dem Leih-AN gegen den Verleiher ein Anspruch auf Zahlung des für einen vergleichbaren Arbeitnehmer des Entleihers zu zahlende Arbeitsentgelt zu (§ 10 IV S 2 nF) (s.u. § 10 Rdn 17). Gem § 10 V greift die Lohnuntergrenze nicht nur für Zeiträume, in denen der Leih-AN an einen Entleiher überlassen wird, sondern auch für verleihfreie Zeiträume. Am 8.12.2011 stimmte der Tarifausschuss im BMAS dem gemeinsam von BAP, iGZ und den DGB-Gewerkschaften eingereichten Vorschlag auf Festsetzung einer Lohnuntergrenze für die Zeitarbeitsbranche zu, der inhaltlich auf dem TV zur Regelung von Mindestarbeitsbedingungen in der Zeitarbeit vom 9.3.2010 und 30.4.2010 basierte. Daraufhin erließ das BMAS die »Erste Verordnung über eine Lohnuntergrenze in der Arbeitnehmerüberlassung v 21.12.2011 (BAnz 2011 Nr 195 S 4608)«. Diese wurde durch die am 1.4.2014 in Kraft getretene »Zweite Verordnung über eine Lohnuntergrenze in der Arbeitnehmerüberlassung« ersetzt, wonach mit Wirkung zum 1.4.2014 das Mindeststundenentgelt im Zeitraum 1.4.2014 bis 31.3.2015 auf EUR 7,86 (Ost) bzw EUR 8,50 (West), ab 1.4.2015 bis 31.5.2016 auf EUR 8,20 (Ost) bzw EUR 8,80 (West) sowie ab 1.6.2016 auf EUR 8,50 (Ost) und EUR 9,00 (West) festgesetzt wurde. Gem § 2 III der RVO gilt das Mindeststundenentgelt des Arbeitsortes. Auswärtig beschäftigte Leih-AN behalten den Anspruch auf das Entgelt ihres Einstellungsortes, soweit dieses höher ist. Das am 3.7.2014 vom Bundestag und am 11.7.2014 vom Bundesrat verabschiedete Gesetz zur Regelung eines allgemeinen Mindestlohns (MiLog) (BR-Drs 147/14, S 2) sieht die Einführung eines allgemeinen und flächendeckenden Mindestlohns von EUR 8,50 mit Wirkung zum 1.1.2015 vor. Gem § 24 MiLog gilt bis zum 31.12.2017 eine Übergangsregelung für die bestehende Mindestlohn-VO in der Zeitarbeitsbranche. 37

Die Möglichkeit, durch tarifliche Regelungen vom Gleichstellungsgrundsatz nach unten abzuweichen, wurde in der Praxis branchenübergreifend mit zunehmender Häufigkeit dergestalt missbraucht, dass Unternehmen trotz fortbestehenden Beschäftigungsbedarfs AN entließen oder nach Auslaufen eines befristeten Vertrages nicht weiterbeschäftigten, um diese dann als Leih-AN, etwa über eine konzerneigene Personalführungsgesellschaft, zu schlechteren Arbeitsbedingungen wieder im Unternehmen, regelmäßig sogar auf den früheren Stammarbeitsplätzen, einzusetzen (sog »Drehtüreffekt«, der bes im Fall der inzwischen insolventen Drogeriemarktkette »Schlecker« Bekanntheit erlangte). Durch das G zur Verhinderung von Missbrauch der Arbeitnehmerüberlassung hat der Gesetzgeber mit Wirkung zum 30.4.2011 diesen »**Drehtüreffekt**« unterbunden. Gem § 3 I Nr 3 S 4 gilt eine vom Gleichstellungsgebot abweichende tarifliche Regelung nicht für Leih-AN, die in den letzten 6 Monaten vor der Überlassung aus einem Arbeitsverhältnis mit dem Entleiher oder einem anderen Arbeitgeber, der mit dem Entleiher einen Konzern iSd § 18 AktG bildet, ausgeschieden sind, sei es durch einseitige oder durch einvernehmliche Beendigung des Arbeitsverhältnisses. Die Überlassung solcher von Stammbelegschaft in Leih-AN umgewandelter Mitarbeiter bleibt zwar weiterhin rechtlich zulässig, allerdings nur bei Gewährung der für vergleichbare AN des Entleihers geltenden wesentlichen Arbeitsbedingungen einschließlich des Arbeitsentgelts (s.o. Rdn 20 ff). Die Verpflichtung zur Einhaltung des Gleichbehandlungsgrundsatzes steht dem mit der Maßnahme bislang verfolgten Zweck, Personalkosten zu senken, entgegen. Auch die Bindungsfrist von 6 Monaten erschwert die Umwandlung von Stamm-AN in billigere Leih-AN, da ja bei fortbestehendem Beschäftigungsbedarf am originären Arbeitsplatz, Mitarbeiter während dieses Zeitraums in einem Unternehmen außerhalb des Konzerns tätig werden müssten. Die vertragliche Gestaltung eines konzernexternen »Parkens«, etwa durch Mitarbeiteraustausch zwischen zwei Konzernen, dürfte unter dem Gesichtspunkt der Gesetzesumgehung kaum rechtssicher denkbar sein (vgl hierzu *Wank* RdA 2011, 1, 9). Beginnt der Einsatz eines von einem Stammbeschäftigten in einen Leih-AN umgewandelten Mitarbeiters vor Ablauf der Frist von 6 Monaten und setzt sich dann über die Frist hinaus 38 fort, sind mit Ablauf der 6 Monate vom Gleichstellungsgebot abweichende tarifliche Regelungen auf das Leiharbeitsverhältnis anwendbar, da dann die vom Gesetzgeber definierte Schutzfrist nicht mehr besteht (aA *Boemkel Lembke* § 9 Rn 463). Scheidet ein Entleiherunternehmen vor Ablauf der Frist von 6 Monaten aus dem Konzernverbund aus, findet die Drehtürklausel ab diesem Zeitpunkt keine Anwendung mehr. Gleiches gilt für den umgekehrten Fall einer nachträglichen Aufnahme des Entleiherunternehmens in den Konzernverbund vor Ablauf von 6 Monaten, da in diesem Fall die vom Gesetzgeber sanktionierte Missbrauchssituation nicht besteht. Auf die gesetzlich privilegierten Fälle etwa konzerninterner AN-Überlassung nach § 1 III Nr 2 findet die Drehtürklausel keine Anwendung, ggf aber tarifliche Bestimmungen (s.o. Rdn 32). Ebensowenig gilt die Drehtürklausel für Leih-AN, die beim Entleiher in einem Ausbildungsverhältnis standen, da ihre Chancen auf eine Beschäftigung im Anschluss an die Ausbildung nicht verschlechtert werden sollen (*Huke/Neufeld/Luickhardt* BB 2012, 961, 963). Für Leiharbeitsverhältnisse, die vor dem 15.12.2010 begründet wurden, ist § 3 I Nr 3 S 4 gem § 19 nicht anwendbar.

39 **C. Versagungsgrund bei Verleiherbetriebsstätte außerhalb des EWR.** Befindet sich der Betrieb, der Betriebsteil oder der Nebenbetrieb des Antragstellers, der für die Ausübung grenzüberschreitender AN-Überlassung nach § 1 I vorgesehen ist, nicht in Deutschland oder in einem anderen Mitgliedstaat der EU oder des EWR, ist die Verleiherlaubnis nach § 3 II **zwingend** zu versagen, da der Erlaubnisbehörde in diesem Fall kaum Kontroll- und Eingriffsmöglichkeiten zur Sicherung des Schutzes der Leih-AN zur Verfügung stehen (BT-Drs VI/2303, S 12). Die Erlaubnispflicht auch für Antragsteller aus Mitgliedstaaten der EU oder des EWR ist mit der Dienstleistungsfreiheit aus Art 56 AEUV vereinbar (EuGH 17.12.1981, C-279/80, EzAÜG EWG Nr 1). Letztgenannte Antragsteller haben Anspruch auf Erteilung einer Verleiherlaubnis, sofern sich nicht aus § 3 I und III etwas anderes ergibt.

40 Der **EU-Raum** wird in Art 299 EG (teilw in Art 355 AEUV überführt) bestimmt. Nicht zum EU-Raum iSv § 3 II gehören etwa die britischen Hoheitszonen auf Zypern (Art 299 VI lit b EG), die Kanalinseln sowie die Insel Man (Art 299 VI lit c EG). Zum EWR zählen Liechtenstein, Island und Norwegen. Ob der Entleiher seinen Sitz innerhalb der EU oder des EWR hat, spielt im Hinblick auf die Zielrichtung des § 3 II, die Kontrolle des Verleihers zu gewährleisten, keine Rolle (Thüsing/*Pelzner/Kock* § 3 Rn 141; aA *Ulber* § 3 Rn 130).

41 Was unter Betrieben, Betriebsteilen und Nebenbetrieben zu verstehen ist, wird vom AÜG nicht definiert, kann jedoch für die ersten beiden Begriffe unter Rückgriff auf die Begriffsbestimmungen des BetrVG festgestellt werden. Der Begriff »Nebenbetrieb« wird in der aktuellen Fassung des BetrVG nicht mehr verwendet. Unter einem Nebenbetrieb versteht man einen organisatorisch selbstständigen Betrieb, der unter eigener Leitung einen eigenen Betriebszweck verfolgt, jedoch in seiner Aufgabenerfüllung auf Hilfeleistung für den Hauptbetrieb ausgerichtet ist (BAG 1.4.1987, 4 AZR 77/86, AP BGB § 613a Nr 64).

42 Der Versagungsgrund in § 3 II setzt voraus, dass die **Betriebsstätte** außerhalb der EU und des EWR für das **Betreiben** gewerblicher AN-Überlassung **vorgesehen** ist, also ein Zusammenhang zwischen der Betriebsstätte und der grenzüberschreitenden AN-Überlassung besteht. Ein solcher Zusammenhang ist wegen der dann kaum durchsetzbaren Kontrollmöglichkeiten schon zu bejahen, wenn Geschäftsunterlagen oder Leiharbeitsverträge in einer Betriebsstätte außerhalb der EU oder des EWR geführt werden (hM, *Sandmann/ Marschall* § 3 Rn 44; aA *Boemkel Lembke* § 3 Rn 75 mH auf § 7 II).

43 **D. Versagungsgrund für natürliche oder juristische Personen aus Nicht-EWR-Staaten.** Nach § 3 III kann die Verleiherlaubnis bei erstmaliger Antragstellung versagt werden, wenn der Antragsteller nicht Deutscher iSv Art 116 GG ist oder wenn eine Gesellschaft oder juristische Person den Antrag stellt, die weder nach dt Recht gegründet ist noch ihren satzungsmäßigen Sitz, ihre Hauptverwaltung oder ihre Hauptniederlassung im Geltungsbereich des AÜG hat. In diesen genannten Fällen steht die Erteilung der Verleiherlaubnis im **Ermessen** der Behörde, welches den allg verfassungs- und verwaltungsrechtlichen Schranken unterliegt und dessen Ausübung im Hinblick auf Ermessensfehler überprüft werden kann (ErfK/*Wank* § 3 Rn 32; *Kopp/Ramsauer* § 40 VwVfG Rn 58 ff). Durch Niederlassungsabkommen der BRD mit anderen Staaten kann das behördliche Erlaubniserteilungsermessen eingeschränkt oder sogar auf Null reduziert sein (vgl die Aufzählung bei Schüren/*Schüren* § 3 Rn 192 ff). Auf Verlängerungsanträge ist § 3 III nicht anwendbar.

44 § 3 III bezieht sich zum einen auf den Fall, dass es sich bei dem Antragsteller um eine **natürliche Person** handelt, die nicht de iSv Art 116 GG ist und die auch nicht Deutschen gleichgestellt ist. So werden etwa heimatlose Ausländer über § 17 II 1 des G über die Rechtsstellung heimatloser Ausländer im Bundesgebiet v 25.4.1951 (BGBl I S 269) **Deutschen gleichgestellt**. Gem § 3 IV 1 werden Staatsangehörige eines Mitgliedstaates von EU oder EWR Deutschen in Bezug auf die Voraussetzungen der Erlaubniserteilung gleichgestellt. § 3 III greift für sie nicht ein, vielmehr steht ihnen ein Anspruch auf Erlaubniserteilung zu, sofern kein Versagungsgrund nach § 3 I vorliegt. Hierdurch wird den Vorgaben des Gemeinschaftsrechts über

die Dienstleistungs- und Niederlassungsfreiheit (Art 49, 56 ff AEUV – früher Art 43 und 49 EG) sowie den völkerrechtlichen Verpflichtungen aus Art 31 ff, 36 ff des Abkommens über den EWR (vom 2.5.1992 [BGBl 1993 II S 266]) Rechnung getragen. Eine Gleichstellung mit Deutschen kann gem § 3 V auch auf Grundlage internationaler Abkommen der BRD mit nicht der EU oder dem EWR zugehörigen Staaten erfolgen, wenn diese Vereinbarungen die Gleichstellung der sich in Deutschland niederlassenden Drittstaatenangehörigen bei ihrer Geschäftstätigkeit mit Deutschen vorsehen (vgl etwa das EG-Assoziierungsabkommen mit der Türkei in der Bekanntmachung v 21.12.1990 [BGBl 1991 II S 397] sowie die Übersicht bei Thüsing/*Pelzner/Kock* § 3 Rn 157 f). Anerkannte Asylberechtigte sind Deutschen nicht gleichgestellt (*Sandmann/Marschall* § 3 Rn 50).

Zum anderen erfasst § 3 III den Fall, dass Antragsteller eine **Gesellschaft oder juristische Person** ist, die weder nach dt Recht gegründet ist, noch ihren satzungsmäßigen Sitz, ihre Hauptverwaltung oder ihre Hauptniederlassung im Geltungsbereich des AÜG hat. Nach dt Recht gegründete Gesellschaften iSv § 3 III sind Personenhandelsgesellschaften (zB GbR, OHG, KG), zu den juristischen Personen zählen etwa AG und GmbH. Wurde die Gesellschaft oder juristische Person nach dt Recht gegründet, liegt aber ihr satzungsmäßiger Sitz, ihre Hauptverwaltung oder ihre Hauptniederlassung im Geltungsbereich des AÜG, greift § 3 III mit der Ermessensgewährung an die Erlaubnisbehörde nicht ein. 45

Der **satzungsmäßige Sitz** bestimmt sich nach der Gesellschaftssatzung bzw dem Gesellschaftsvertrag. Hauptverwaltung ist der Standort, an dem die wesentlichen Geschäftsentsch getroffen werden und von dem aus die Leitungsmacht ausgeübt wird, während die Hauptniederlassung sich dort befindet, wo der Schwerpunkt der gewerblichen Tätigkeit in Gestalt der wesentlichen personellen und Sachmittel liegt (*Schüren/Schüren* § 3 Rn 218). 46

Gem § 3 IV 2 werden Gesellschaften und juristische Personen, die entspr den rechtlichen Vorgaben eines Mitgliedstaates von EU bzw EWR gegründet wurden und die ihren satzungsmäßigen Sitz, ihre Hauptverwaltung oder ihre Hauptniederlassung innerhalb eines Mitgliedstaates von EU bzw EWR haben, **inländischen** Gesellschaften und juristischen Personen in Bezug auf die Voraussetzungen der Erlaubniserteilung **gleichgestellt**. Ob eine Gesellschaft oder juristische Person wirksam nach den Regelungen eines Mitgliedstaates von EU bzw EWR errichtet wurde, bestimmt sich nach dem jeweiligen nationalen Recht, einer Entspr ihres Rechtscharakters im dt Recht bedarf es nicht (*Thüsing/Pelzner/Kock* § 3 Rn 155). Die Staatsangehörigkeit der Gesellschafter oder Organe spielt in diesem Zusammenhang keine Rolle (*Sandmann/Marschall* § 3 Rn 55). 47

Um eine missbräuchliche Gründung von Gesellschaften zur Umgehung von § 3 II zu verhindern, findet eine Gleichstellung ausländischer Gesellschaften die zwar Sitz, nicht aber Verwaltung oder Hauptniederlassung in einem Mitgliedstaat von EU bzw EWR haben, nur dann statt, wenn eine **tatsächliche und dauerhafte Verbindung** mit der Wirtschaft eines Mitgliedstaates besteht (§ 3 IV 3). Hierfür reicht es aus, dass die Gesellschaft oder juristische Person nicht nur vorübergehend in der EU bzw dem EWR eine Betriebsstätte, deren Betriebszweck nicht auf AN-Überlassung gerichtet sein muss, geführt hat (*Sandmann/Marschall* § 3 Rn 55). Gem § 3 V 2 kann sich eine Gleichstellung ausländischer Gesellschaften auch auf der Grundlage internationaler Abkommen ergeben. 48

E. Ergänzung: Grenzüberschreitende AN-Überlassung. Liegt ein Fall grenzüberschreitender AN-Überlassung vor, bei der der Verleiher in einem anderen Staat als der Entleiher ansässig ist, ergeben sich kollisionsrechtliche Fragen in Bezug auf das Gewerberecht (AN-Überlassungserlaubnis), das allg Vertragsstatut (Überlassungsvertrag) sowie das Arbeitsvertragsstatut (Leiharbeitsvertrag). 49

I. Gewerberecht. Auf das Gewerberecht als Teil des öffentl Rechts findet das Territorialitätsprinzip Anwendung. Im Fall einer grenzüberschreitenden AN-Überlassung bestehen Anknüpfungspunkte für die gewerberechtliche Zulässigkeit im Entsende- und im Einsatzstaat, sodass die rechtlichen Zulässigkeitsvoraussetzungen **beider** Staaten erfüllt sein müssen. Sowohl im Fall einer Überlassung aus Deutschland in das Ausland wie auch bei einer Überlassung aus dem Ausland nach Deutschland bedarf der Verleiher einer Erlaubnis nach § 1 I 1 (BayObLG 26.2.1999, 3 ObOWi 4/99, EzAÜG § 16 AÜG Nr 10; *Brors* DB 2013, 2087 f). In Bezug auf Antragsteller aus Nicht-EWR-bzw Nicht-EU-Staaten sind § 3 II und III zu beachten (s.o. Rdn 39 ff, 43 ff). 50

II. Vertragsstatut. In Bezug auf den Überlassungsvertrag kommt Verleiher und Entleiher Rechtswahlfreiheit zu (Art 8 Rom I-VO). Bei mangelnder Rechtswahl findet gem Art 4 Rom I-VO das Recht des Staates Anwendung, mit dem die engste Verbindung besteht. Nach Art 4 Rom I-VO greift eine Vermutungsregel zugunsten des Staates, in dem der Verleiher seinen Sitz hat. Gem Art 9 Rom I-VO sind zwingende Vorschriften des dt Rechts in jedem Fall anzuwenden, etwa das Schriftformerfordernis für den Überlassungsvertrag (§ 12 I 1) oder das Klauselverbot in § 9 Nr 3 (*Boemke/Lembke* Einl Rn 24). 51

52 III. Arbeitsvertragsstatut. Auch in Bezug auf den Leiharbeitsvertrag ist gem Art 8 Rom I-VO eine Rechtswahl möglich, begrenzt durch das kollisionsrechtliche Günstigkeitsprinzip in Art 8 Rom I-VO. Fehlt es an einer Rechtswahl, greift Art 8 Rom I-VO. Bzgl der Modalitäten der Erfüllung des Leiharbeitsverhältnisses findet nach Art 12 Rom I-VO das Recht des Erfüllungsortes Anwendung (vgl hierzu Thüsing/ *Thüsing* Einl Rn 58, zum Erfüllungsort bei konzerninterner grenzüberschreitender AN-Überlassung vgl LAG Düsseldorf 7.2.1984, 16 Sa 1714/83, EzAÜG § 3 Grenzüberschreitende AN-Überlassung Nr 1). Über Art 9 Rom I-VO sind die zwingenden Normen des dt Rechts in jedem Fall auf das Leiharbeitsverhältnis anwendbar, etwa §§ 2 Nr 4, 8 III AEntG nF sowie § 10. Die Anwendbarkeit des Gleichstellungsgebots aus §§ 3 I Nr 3, 9 Nr 2 ist str (vgl die Übersicht bei Schüren/ *Riederer von Paar* Einl Rn 675 ff).

§ 3a Lohnuntergrenze

(1) ¹Gewerkschaften und Vereinigungen von Arbeitgebern, die zumindest auch für ihre jeweiligen in der Arbeitnehmerüberlassung tätigen Mitglieder zuständig sind (vorschlagsberechtigte Tarifvertragsparteien) und bundesweit tarifliche Mindeststundenentgelte im Bereich der Arbeitnehmerüberlassung miteinander vereinbart haben, können dem Bundesministerium für Arbeit und Soziales gemeinsam vorschlagen, diese als Lohnuntergrenze in einer Rechtsverordnung verbindlich festzusetzen; die Mindeststundenentgelte können nach dem jeweiligen Beschäftigungsort differenzieren und auch Regelungen zur Fälligkeit entsprechender Ansprüche einschließlich hierzu vereinbarter Ausnahmen und deren Voraussetzungen umfassen. ²Der Vorschlag muss für Verleihzeiten und verleihfreie Zeiten einheitliche Mindeststundenentgelte sowie eine Laufzeit enthalten. ³Der Vorschlag ist schriftlich zu begründen.
(2) ¹Das Bundesministerium für Arbeit und Soziales kann, wenn dies im öffentlichen Interesse geboten erscheint, in einer Rechtsverordnung ohne Zustimmung des Bundesrates bestimmen, dass die vorgeschlagenen tariflichen Mindeststundenentgelte nach Absatz 1 als verbindliche Lohnuntergrenze auf alle in den Geltungsbereich der Verordnung fallenden Arbeitgeber sowie Leiharbeitnehmer Anwendung findet. ²Der Verordnungsgeber kann den Vorschlag nur inhaltlich unverändert in die Rechtsverordnung übernehmen.
(3) ¹Der Verordnungsgeber hat bei seiner Entscheidung nach Absatz 2 im Rahmen einer Gesamtabwägung neben den Zielen dieses Gesetzes zu prüfen, ob eine Rechtsverordnung nach Absatz 2 insbesondere geeignet ist, die finanzielle Stabilität der sozialen Sicherungssysteme zu gewährleisten. ²Der Verordnungsgeber hat zu berücksichtigen
1. die bestehenden bundesweiten Tarifverträge in der Arbeitnehmerüberlassung und
2. die Repräsentativität der vorschlagenden Tarifvertragsparteien.
(4) ¹Liegen mehrere Vorschläge nach Absatz 1 vor, hat der Verordnungsgeber bei seiner Entscheidung nach Absatz 2 im Rahmen der nach Absatz 3 erforderlichen Gesamtabwägung die Repräsentativität der vorschlagenden Tarifvertragsparteien besonders zu berücksichtigen. ²Bei der Feststellung der Repräsentativität ist vorrangig abzustellen auf
1. die Zahl der jeweils in den Geltungsbereich einer Rechtsverordnung nach Absatz 2 fallenden Arbeitnehmer, die bei Mitgliedern der vorschlagenden Arbeitgebervereinigung beschäftigt sind;
2. die Zahl der jeweils in den Geltungsbereich einer Rechtsverordnung nach Absatz 2 fallenden Mitglieder der vorschlagenden Gewerkschaften.
(5) ¹Vor Erlass ist ein Entwurf der Rechtsverordnung im Bundesanzeiger bekannt zu machen. ²Das Bundesministerium für Arbeit und Soziales gibt Verleihern und Leiharbeitnehmern sowie den Gewerkschaften und Vereinigungen von Arbeitgebern, die im Geltungsbereich der Rechtsverordnung zumindest teilweise tarifzuständig sind, Gelegenheit zur schriftlichen Stellungnahme innerhalb von drei Wochen ab dem Tag der Bekanntmachung des Entwurfs der Rechtsverordnung im Bundesanzeiger. ³Nach Ablauf der Stellungnahmefrist wird der in § 5 Absatz 1 Satz 1 des Tarifvertragsgesetzes genannte Ausschuss mit dem Vorschlag befasst.
(6) ¹Nach Absatz 1 vorschlagsberechtigte Tarifvertragsparteien können gemeinsam die Änderung einer nach Absatz 2 erlassenen Rechtsverordnung vorschlagen. ²Die Absätze 1 bis 5 finden entsprechend Anwendung.

Übersicht	Rdn.		Rdn.
A. Regelungsinhalt und Regelungszweck....	1	C. Vorschrift im Einzelnen...............	3
B. Geltungsbereich...................	2		

1 **A. Regelungsinhalt und Regelungszweck.** Durch die Neuregelung in Verbindung mit der darauf basierenden Rechts-VO wurde erstmals eine allg **Lohnuntergrenze in der Leiharbeit** eingeführt (vgl unten Rdn 7). § 3a wurde erst im Verlauf des Gesetzgebungsverfahrens zum »Ersten Gesetz zur Änderung des

Arbeitnehmerüberlassungsgesetzes – Verhinderung von Missbrauch der Arbeitnehmerüberlassung« vom 29.4.2011 (BGBl I S 642 ff) in die Novellierung des AÜG eingebracht. Grundlage hierfür war ein im Vermittlungsverfahren zur Neuregelung der Regelsätze zum Alg II erzielter Kompromiss (s ausf *Ulber* § 3a Rn 4). Die Vorschrift trat zum 30.4.2011 in Kraft und wurde durch Art 7 des Gesetzes zur Stärkung der Tarifautonomie v. 11.8.2014 (BGBl. I S. 1348) mit Wirkung zum 16.8.2014 leicht modifiziert (I 1, II 1 sowie Aufhebung des III 1). Die Vorschrift ist entspr gestaltet wie gleichartige Regelungen für andere Branchen im AEntG. Die Leiharbeit sollte aber nicht nach § 4 AEntG mit in das G aufgenommen werden, da unsicher war, ob die Leiharbeit sich von der berufsorientierten Fassung des AEntG einfangen lässt (ErfK/ *Wank* § 3a Rn 1). Durch die Vorschrift wird iVm § 3 I Nr 3 die Möglichkeit, auf tarifvertraglicher Grundlage vom Gleichstellungsprinzip abzuweichen, eingeschränkt. Durch tarifliche Regelungen darf hiernach nur noch bis zu der in § 3a verankerten Lohnuntergrenze vom Gleichstellungsprinzip abgewichen werden. Zugleich wird durch die Neuregelung sichergestellt, dass bei einer nach § 3a eingeführten Lohnuntergrenze auch eine Unterschreitung der geregelten Mindeststundenentgelte nicht unter Berufung auf den Gleichstellungsgrds möglich ist (BT- Drs 17/5238 S 16). Soweit ein TV Löhne unterhalb der Lohnuntergrenze vorsieht, steht dem Leih-AN gegen den Verleiher ein Anspruch auf Zahlung des für einen vergleichbaren AN des Entleihers zu zahlenden Arbeitsentgelts zu (§ 10 IV 2, vgl § 10 Rdn 17). **Zweck** des § 3a ist, nach Wegfall der Beschränkungen zur AN-Freizügigkeit in der EU zum 1.5.2011 (vgl hierzu § 15 Rdn 4) durch die **Festlegung verbindlicher Lohnuntergrenzen** die Sicherung dt Tarifstandards zu gewährleisten, einem Lohndumping Grenzen zu setzen und aus dem Ausland entsandten Leih-AN einen verbindlichen Mindestlohn zu garantieren. Der durch die Rechts-VO vorgesehene **Eingriff in die Tarifautonomie** ist verfassungsrechtl nicht zu beanstanden. Der Eingriff ist wegen der Zielsetzung des G angemessene Arbeitsbedingungen in der Verleihbranche zu garantieren (vgl BVerfG, Nichtannahmebeschluss vom 29.12.2004, 1 BvR 2283/03), die finanzielle Stabilität der sozialen Sicherungssysteme zu gewährleisten (vgl BVerfG 3.4.2001, 1 BvL 32/97) sowie die Arbeitslosigkeit zu bekämpfen (vgl BVerfG, Nichtannahmebeschluss vom 29.12.2004, 1 BvR 2283/03) **verfassungsrechtl legitimiert** (*Ulber* § 3a Rn 6; ErfK/ *Wank* § 3a Rn 10; ausf und krit *Boemke/Lembke/Marseaut* § 3a Rn 21 ff, wonach der Eingriff in die Rechte inländischer Verleiher aber zumindest »unschädlich« sei). Krit zur **Europarechtskonformität** der Vorschrift insb im Hinblick auf die »pönalisierende« Equal-Pay-Rechtsfolge des § 10 IV 3 *Boemke/Lembke/Marseaut* § 3a Rn 33 ff.

B. Geltungsbereich. Die Norm ist auf die Festsetzung von verbindlichen Mindeststundenentgelten 2 beschränkt. Auf Grundlage von § 3a können hingegen keine abweichenden Regelungen getroffen werden, soweit dies sonstige wesentliche Arbeitsbedingungen iSv § 9 Nr 2 betrifft. Im Grunde entspricht das **Mindeststundenentgelt** den Mindestentgeltsätzen iSv § 5 Nr 1 AEntG, umfasst jedoch selbst ohne zusätzliche Erwähnung Überstundenvergütungen. Neben dem Grundstundenlohn zählen zum Mindeststundenentgelt alle Lohnbestandteile, die iVm geleisteten Arbeitsstunden zeitanteilig zu zahlen sind (*Ulber* § 3a Rn 7). Zulagen, insb in Form von Entsendezulagen oder Zuschläge in Form von Mehrarbeitszuschlägen, können genauso als Mindeststundenentgelt geregelt werden (EuGH 14.4.2005, AuR 2005, 193) wie Vergütungen für Zeiten des Bereitschaftsdienstes oder der Rufbereitschaft (*Ulber* § 3a Rn 7). Der etwaig festgelegte Mindestlohn gilt zwingend für einen Verleih innerhalb Deutschlands ebenso wie nach § 2 Nr 4 AEntG für Leih-AN, die von einem im Ausland ansässigen AG ins Inland entsandt werden. Die Vorschrift differenziert nicht zwischen befristeten und unbefristeten Leiharbeitsverhältnissen, weshalb sie für beide gilt.

C. Vorschrift im Einzelnen. Vorschlag einer Lohnuntergrenze (I). Obwohl grds eine Abweichung vom 3 Gleichstellungsgrundsatz durch TV möglich ist, dürfen diese TV nunmehr die auf § 3a basierenden Lohnuntergrenzen nicht unterschreiten, ansonsten greift die insoweit pönalisierende Equal-Pay-Rechtsfolge des § 10 IV 3 ein (vgl hierzu ausf § 10 Rdn 17). Das **gemeinsame Vorschlagsrecht** für eine entspr Lohnuntergrenze steht Gewerkschaften und AG-Vereinigungen zu. Diese müssen beide tariffähig und für die Verleihbranche bundesweit zuständig sein. Dem Vorschlagsrecht steht nicht entgegen, dass die jeweilige TV-Partei neben ihrer Zuständigkeit für die AN-Überlassung auch eine Zuständigkeit für weitere Bereiche hat. Der Vorschlag muss das gesamte Bundesgebiet abdecken, regionale Differenzierungen und daher **unterschied-** 4 **liche Mindestentgelte**, die von der zugrunde liegenden tariflichen Regelung abgedeckt werden, sind zulässig. Darüber hinausgehende Differenzierungen sind nicht möglich. Der Vorschlag muss ein für Verleihzeiten und verleihfreie Zeiten einheitliches Mindeststundenentgelt vorsehen. Die vorgeschlagene Laufzeit muss von der Laufzeit der zugrunde liegenden tariflichen Regelung abgedeckt sein (BT-Drs 17/5238 S 14).

5 **Erlass einer Rechts-VO (II).** § 3a II entspricht den in Art 5 II u III der RL-Leiharbeit enthaltenen Ermächtigungen, nach denen die Mitgliedsstaaten Abweichungen vom Gleichbehandlungsgrundsatz festlegen können und weicht damit von der vergleichbaren Regelung in §§ 7 I, 5 AEntG ab. Denn es wird nicht ein vorhandener TV durch Rechts-VO auf andere Adressaten erstreckt, vielmehr wird nach II das BMAS ermächtigt, die nach I **vorgeschlagenen Mindeststundenentgelte unverändert durch Rechts-VO** festzusetzen. Damit soll den rechtl Besonderheiten der AN-Überlassung Rechnung getragen und sollen Unsicherheiten dahingehend vermieden werden, in welchem Verhältnis ein durch Rechts-VO erstreckter Mindestlohn-TV zum Gleichstellungsgrundsatz steht (BT-Drs 17/5238 S 14 f). Durch Erlass der Rechts-VO gelten deren Bestimmungen im Geltungsbereich des AÜG als **normative Regelungen** unmittelbar als staatliches Recht und begründen über § 10 V einen unmittelbaren Anspruch des Leih-AN gegen den Verleiher.

6 Konkrete **materielle Voraussetzungen** an die Höhe der Mindeststundenentgelte legt § 3a selbst nicht fest. Allerdings muss die Vorschrift richtlinienkonform so angewendet werden, dass die vereinbarten Mindeststundenentgelte einen Gesamtschutz des Leih-AN iSv Art 5 III der RL-Leiharbeit gewährleisten können (*Ulber* § 3a Rn 18).

7 Am 21.12.2011 (BAnZ Nr 195 S 4608) hat das BMAS die »**Erste Verordnung über eine Lohnuntergrenze in der Arbeitnehmerüberlassung**« erlassen, welche zum 1.1.2012 in Kraft trat. Die Rechts-VO basierte auf dem »Tarifvertrag zur Regelung von Mindestarbeitsbedingungen in der Zeitarbeit« vom 9.3.2010 und 30.4.2010. Dieser Vorschlag wurde gemeinsam von BAP, iGZ und den DGB-Gewerkschaften eingereicht. Für die Leiharbeit wurde demnach erstmals seit dem 1.1.2012 ein **Mindestlohn** von 7,89 Euro im Westen und von 7,01 Euro im Osten vorgeschrieben. Dieser Mindestlohn stieg ab 1.11.2012 mit Geltung bis zum 31.10.2013 auf 8,19 Euro im Westen und 7,50 Euro im Osten. Der Mindestlohn-TV lief am 31.10.2013 aus. Erst am 21.3.2014 wurde vom BMAS die »**Zweite Verordnung über eine Lohnuntergrenze in der Arbeitnehmerüberlassung**« erlassen, welche ebenfalls auf einem TV zwischen BAP, iGZ und den DGB-Gewerkschaften basierte. Diese Rechts-VO trat zum 1.4.2014 in Kraft und sieht einen Mindestlohn von 8,50 Euro im Westen und 7,86 Euro im Osten vor, welcher mit Wirkung zum 1.6.2016 auf 9,00 Euro im Westen und 8,50 Euro im Osten ansteigt. Bis einschließlich zum 31.5.2016 weicht der Mindestlohn im Osten damit von dem ab dem 1.1.2015 geltenden gesetzlichen Mindestlohn von 8,50 Euro nach dem MiLoG ab, was für den Bereich der AN-Überlassung gem § 24 MiLoG in der zweijährigen Übergangsphase bis zum 31.12.2016 gestattet ist. Im Übrigen gilt ein den Leih-AN nach dieser Rechts-VO zustehender höherer Mindestlohn dem gesetzlichen Mindestlohn gem § 1 III MiLoG vor. Gem dem jeweiligen § 2 III der beiden Rechts-VO gilt das Mindeststundenentgelt des Arbeitsortes. Auswärtig beschäftigte Leih-AN behalten den Anspruch auf das Entgelt ihres Einstellungsortes, soweit dieses höher ist. Für die Zeit vom 1.11.2013 bis zum 31.3.2014 existierte keine verbindliche Lohnuntergrenze.

8 Für die **Prüfung und die Einhaltung der Lohnuntergrenze** sind nach Maßgabe der §§ 17a bis 18a die **Behörden der Zollverwaltung** zuständig, vgl § 10 V (s hierzu iE § 17 Rdn 2). Gleichzeitig wurden dem Verleiher nach §§ 17b, c I entsprechende Nebenpflichten auferlegt. Bei einem Verstoß liegt eine Ordnungswidrigkeit nach § 16 I Nr 7b, 11 bis 18 vor, die gem § 16 II mit einer Geldbuße von bis zu 500.000 Euro belegt werden kann.

9 **Gesamtabwägung (III).** Das BMAS ist nicht an den Vorschlag der TV-Parteien gebunden, vielmehr entscheidet es nach seinem Ermessen über den Erlass der Rechts-VO. Der Erlass der Rechts-VO muss im öffentl Interesse geboten erscheinen, II 1. Nach III hat der Bundesminister hierfür neben der finanziellen Stabilität der sozialen Sicherungssysteme auch die bestehenden bundesweiten TV in der Arbeitnehmerüberlassung sowie die Repräsentativität der vorschlagenden TV-Partei mit zu berücksichtigen.

10 **Die Entsch bei mehreren TV (IV).** Sofern für mehrere TV Anträge nach § 7 I vorliegen, hat der VO-Geber nach IV zu entscheiden, welcher TV zu Mindeststundenentgelten als Lohnuntergrenze festgesetzt werden soll. Nach IV spielt dabei die »**Repräsentativität**« **der verschiedenen TV-Parteien** die entscheidende Rolle. Bei den hierfür in IV 2 Nr 1 und Nr 2 maßgeblichen genannten Kriterien besteht kein Rangverhältnis, vielmehr sind diese gleichrangig zu berücksichtigen (*Ulber* § 3a Rn 43). Bei den iRv **IV 2 Nr 1** zu berücksichtigenden AN sind nur diejenigen AN mitzuzählen, die als Leih-AN beim entspr über § 3 I TVG tarifgebundenen AG beschäftigt sind und auf die eine Rechts-VO nach II Anwendung findet. AG mit bloßer OT-Mitgliedschaft genügen hierbei nicht. Bei der nach **IV 2 Nr 2** zu berücksichtigenden Anzahl der Mitglieder vorschlagender Gewerkschaften ist ebenfalls nur auf diejenigen Mitglieder abzustellen, die einer Rechts-VO nach II unmittelbar und zwingend unterliegen, folglich nur Leih-AN (*Ulber* § 3a Rn 44 f). IV entspricht iÜ im Wesentlichen § 7 II AEntG (vgl dahen auf *Krebber* § 7 AEntG Rdn 5 ff).

11 **Verfahrensvorschriften (V).** Im Unterschied zu § 7 V 1 AEntG werden von der in V 1 bestimmten **Bekanntmachungspflicht** auch Rechts-VO umfasst, die eine bereits erlassene Rechts-VO ablösen. V 2 statuiert ein

Anhörungsrecht der Betroffenen, räumt ihnen jedoch kein Recht auf Bescheid ein. Ein Verstoß gegen S 1, 2 oder 3 führt zur Unwirksamkeit der erlassenen Rechts-VO (*Ulber* § 3a AÜG Rn 48 ff).

Änderungsvorschlag (VI). Aus einem Umkehrschluss zu VI 1 folgt, dass dem VO-Geber ohne entspr Vorschlag kein Recht zusteht, die erlassene Rechts-VO eigenständig zu ändern. Nach VI 2 unterliegt ein Änderungsvorschlag den gleichen Voraussetzungen wie ein Vorschlag nach I. Dies gilt nach dem Sinn und Zweck allein nicht für den bes Begründungszwang nach I 3, insoweit gilt aufgrund der bereits wirksam bestehenden Rechts-VO ein bes erhöhter Begründungsaufwand. 12

§ 4 Rücknahme

(1) ¹Eine rechtswidrige Erlaubnis kann mit Wirkung für die Zukunft zurückgenommen werden. ²§ 2 Abs. 4 Satz 4 gilt entsprechend.
(2) ¹Die Erlaubnisbehörde hat dem Verleiher auf Antrag den Vermögensnachteil auszugleichen, den dieser dadurch erleidet, dass er auf den Bestand der Erlaubnis vertraut hat, soweit sein Vertrauen unter Abwägung mit dem öffentlichen Interesse schutzwürdig ist. ²Auf Vertrauen kann sich der Verleiher nicht berufen, wenn er
1. die Erlaubnis durch arglistige Täuschung, Drohung oder eine strafbare Handlung erwirkt hat;
2. die Erlaubnis durch Angaben erwirkt hat, die in wesentlicher Beziehung unrichtig oder unvollständig waren, oder
3. die Rechtswidrigkeit der Erlaubnis kannte oder infolge grober Fahrlässigkeit nicht kannte.

³Der Vermögensnachteil ist jedoch nicht über den Betrag des Interesses hinaus zu ersetzen, das der Verleiher an dem Bestand der Erlaubnis hat. ⁴Der auszugleichende Vermögensnachteil wird durch die Erlaubnisbehörde festgesetzt. ⁵Der Anspruch kann nur innerhalb eines Jahres geltend gemacht werden; die Frist beginnt, sobald die Erlaubnisbehörde den Verleiher auf sie hingewiesen hat.
(3) Die Rücknahme ist nur innerhalb eines Jahres seit dem Zeitpunkt zulässig, in dem die Erlaubnisbehörde von den Tatsachen Kenntnis erhalten hat, die die Rücknahme der Erlaubnis rechtfertigen.

Übersicht	Rdn.		Rdn.
A. Regelungsgegenstand	1	D. Entschädigung	8
B. Voraussetzungen für die Rücknahme	2	E. Rechtsschutz	11
C. Wirkung der Rücknahme	6		

A. Regelungsgegenstand. Gem § 4 kann eine **rechtswidrige Erlaubnis** mit Wirkung für die Zukunft zurückgenommen werden. § 4 geht insofern als Spezialregelung § 48 VwVfG vor. Eine **rechtmäßige Erlaubnis** kann dagegen nur nach Maßgabe von § 5 widerrufen werden. 1

B. Voraussetzungen für die Rücknahme. Eine Überlassungserlaubnis ist **rechtswidrig**, wenn sie nicht hätte erteilt werden dürfen, weil zum Zeitpunkt der Erteilung die entspr Voraussetzungen nicht vorlagen. Insb das Bestehen von Versagungsgründen gem § 3 begründet die Rechtswidrigkeit. Dagegen rechtfertigen Verfahrens- bzw Formfehler eine Rücknahme nur dann, wenn sie entspr dem Rechtsgedanken des § 46 VwVfG die Entsch in der Sache beeinflusst haben. Die **Beweislast** in Bezug auf die die Rechtswidrigkeit begründenden Tatsachen liegt aufseiten der Erlaubnisbehörde. 2

Ist eine Erlaubnis nicht nur rechtswidrig, sondern sogar **nichtig**, da sie an einem schweren und offenkundigen Fehler leidet (vgl zur Nichtigkeit von Verwaltungsakten *Kopp/Ramsauer* § 44 VwVfG Rn 7 ff), kommt § 4 (insb § 4 II) nicht zur Anwendung. 3

Für die Beurteilung der Rechtmäßigkeit einer Erlaubnis ist auf den **Zeitpunkt des Genehmigungserlasses** abzustellen. Nach diesem Zeitpunkt eintretende und zur Rechtswidrigkeit der Erlaubnis führende Umstände rechtfertigen keine Rücknahme der Erlaubnis nach § 4. In diesem Fall kommt jedoch ein Widerruf der Erlaubnis nach § 5 in Betracht. Allerdings können nach Erlass der Erlaubnis eintretende Umstände ihre Rechtswidrigkeit, etwa bei Korrektur von Formfehlern, auch heilen. 4

Die Rücknahme einer rechtswidrig erteilten Erlaubnis liegt im **Ermessen** der Erlaubnisbehörde (zur Frage einer Ermessensreduzierung auf Null vgl Schüren/*Schüren* § 4 Rn 19). **Bestandsschutz** bzw **Vertrauensschutz** sind keine Kriterien, die einer Rücknahmeentsch entgegenstehen bzw deren Nichtberücksichtigung die Rücknahmeentsch ermessensfehlerhaft werden lässt (*Boemkel Lembke* § 4 Rn 7). Ihnen trägt das G durch Ersatz des Vertrauensschadens unter den Voraussetzungen des § 4 II Rechnung. Die Rücknahmeentsch muss jedoch den Maßstäben des Verhältnismäßigkeitsgrundsatzes entspr, insb dürfen keine milderen Mittel, etwa die nachträgliche Erteilung einer Auflage nach § 2 II, zur Verfügung stehen, um einen rechtmäßigen Zustand herzustellen. 5

6 **C. Wirkung der Rücknahme.** Die Rücknahme einer rechtswidrigen Erlaubnis kann, anders als iR des § 48 VwVfG, nur mit **Wirkung für die Zukunft** (ex nunc) erfolgen, um den Erlaubnisempfänger nicht rückwirkend als Verleiher ohne Verleiherlaubnis den Rechtsfolgen, etwa des §§ 9 I Nr 1, 10 I, 16 I Nr 1, auszusetzen. Vom Verleiher geschlossene Überlassungsverträge und Leiharbeitsverträge bestehen für einen Abwicklungszeitraum von max 12 Monaten fort (§ 4 I 2 iVm 2 IV 4).

7 Die Rücknahme der Erlaubnis ist gem § 4 III nur innerhalb einer **Rücknahmefrist von einem Jahr** ab behördlicher Kenntnis der die Rücknahme rechtfertigenden Tatsachen zulässig. Maßgeblich ist die Kenntnis der zust Regionaldirektion der BA, wobei diese sich das dienstlich erlangte Wissen ihrer Mitarbeiter zurechnen lassen muss. Bloßes Kennenmüssen der die Rücknahme rechtfertigenden Tatsachen reicht für den Fristlauf nicht aus. Nicht erforderlich für den Fristlauf ist Kenntnis der Rechtswidrigkeit selbst (hM, Thüsing/*Kämmerer* § 4 Rn 6).

8 **D. Entschädigung.** Für den Fall der Rücknahme einer rechtswidrigen Erlaubnis sieht das G in § 4 II einen Entschädigungsanspruch des Verleihers vor. **Formell** setzt dieser einen Antrag des Erlaubnisempfängers voraus, der innerhalb eines Jahres nach entspr behördlichem Hinweis zu stellen ist (§ 4 II 5).

9 Inhaltlich ist der Anspruch auf **Ersatz des Vermögensnachteils** gerichtet, den der Verleiher dadurch erleidet, dass von ihm im Vertrauen auf den Bestand der Erlaubnis getätigte Aufwendungen für seinen Verleihbetrieb nach dem Wegfall der Erlaubnis und Ablauf der Abwicklungsfrist in § 2 IV 4 ihren Nutzen verlieren und sein **Vertrauen** auf die Wirksamkeit der Erlaubnis schutzwürdig ist. Greift eine der Fallgruppen § 4 II 2 Nr 1–3 ein, fehlt es an der Schutzwürdigkeit des Vertrauens des Verleihers (zu Einzelheiten vgl Thüsing/*Kämmerer* § 4 Rn 9). Die Aufzählung in § 4 II ist nicht abschließend (*Sandmann/Marschall* § 4 Rn 11).

10 Ein ersatzfähiger Vertrauensschaden kann sich etwa dann ergeben, wenn ein Mietvertrag über Geschäftsräume sich erst nach Ablauf der Abwicklungsfrist beenden lässt und keine Weiterverwendungsmöglichkeit für den Zeitraum zwischen Ende der Abwicklungsfrist und Mietende besteht. Summenmäßig begrenzt ist der Anspruch auf Vertrauensschaden auf das positive Interesse (§ 4 II 3). Der Verleiher soll finanziell nicht besser gestellt werden, als er bei Bestand der Erlaubnis und daraus resultierender Nutzungsmöglichkeit gestanden hätte.

11 **E. Rechtsschutz.** Die Rücknahmeentsch ist als belastender Verwaltungsakt zunächst mit Widerspruch und anschließend mit Klage vor dem Sozialgericht anfechtbar (§ 51 SGG; zum Verfahren *Boemke/Lembke* § 4 Rn 13 f).

§ 5 Widerruf

(1) Die Erlaubnis kann mit Wirkung für die Zukunft widerrufen werden, wenn
1. der Widerruf bei ihrer Erteilung nach § 2 Abs. 3 vorbehalten worden ist;
2. der Verleiher eine Auflage nach § 2 nicht innerhalb einer ihm gesetzten Frist erfüllt hat;
3. die Erlaubnisbehörde aufgrund nachträglich eingetretener Tatsachen berechtigt wäre, die Erlaubnis zu versagen, oder
4. die Erlaubnisbehörde aufgrund einer geänderten Rechtslage berechtigt wäre, die Erlaubnis zu versagen; § 4 Abs. 2 gilt entsprechend.

(2) ¹Die Erlaubnis wird mit dem Wirksamwerden des Widerrufs unwirksam. ²§ 2 Abs. 4 Satz 4 gilt entsprechend.

(3) Der Widerruf ist unzulässig, wenn eine Erlaubnis gleichen Inhalts erneut erteilt werden müsste.

(4) Der Widerruf ist nur innerhalb eines Jahres seit dem Zeitpunkt zulässig, in dem die Erlaubnisbehörde von den Tatsachen Kenntnis erhalten hat, die den Widerruf der Erlaubnis rechtfertigen.

Übersicht	Rdn.			Rdn.
A. Gegenstand und Zweck der Regelung	1	IV.	Änderung der Rechtslage	10
B. Widerruf der Erlaubnis	3	C.	Unzulässigkeit des Widerrufs	11
I. Widerrufsvorbehalt	3	D.	Widerrufsfrist	12
II. Nichterfüllung einer Auflage	5	E.	Rechtsfolgen des Widerrufs	13
III. Nachträglich eingetretener Versagungsgrund	9	F.	Beweislast	14
		G.	Rechtsschutz	15

1 **A. Gegenstand und Zweck der Regelung.** Eine rechtmäßig erteilte Verleiherlaubnis kann unter den Voraussetzungen des § 5 mit Wirkung für die Zukunft widerrufen werden. Die Regelung des § 5 geht als lex specialis der des § 49 VwVfG vor. Eine Verleiherlaubnis stellt einen begünstigenden Verwaltungsakt iSv

§ 35 VwVfG dar. Der Widerruf eines solchen begünstigenden Verwaltungsaktes ist, insb da er im Zeitpunkt der Erlaubniserteilung als dem maßgeblichen **Beurteilungszeitpunkt** (Thüsing/*Kämmerer* § 5 Rn 2) rechtmäßig erteilt wurde, nur unter engen Voraussetzungen zulässig. Die in § 5 I Nr 1–4 abschließend aufgeführten Fallgruppen stellen das Ergebnis einer gesetzgeberischen Abwägung zwischen dem öffentl Interesse an einer Aufhebung der Erlaubnis einerseits und dem Bestands- sowie Vertrauensschutz des Erlaubnisempfängers andererseits dar (BT-Drs VI/2303, S 12), wobei iR der Widerrufsentsch zusätzlich der Verhältnismäßigkeitsgrundsatz als Ermessensgrenze zu beachten ist.

Auch eine **rechtswidrig** erteilte Verleiherlaubnis kann gem § 5 widerrufen werden. Insb dann, wenn nicht 2 feststellbar ist, ob eine Verleiherlaubnis von Anfang an rechtswidrig war oder erst durch nachträglich eingetretene Umstände rechtswidrig wurde, bietet sich für die Erlaubnisbehörde auf Basis eines Erst-Recht-Schlusses die Rücknahme der Erlaubnis nach Maßgabe von § 5 als rechtlich gangbarer Weg an (hM, Thüsing/*Kämmerer* § 5 Rn 2).

B. Widerruf der Erlaubnis. I. Widerrufsvorbehalt. Gem § 5 I Nr 1 kann die Verleiherlaubnis widerrufen werden, wenn sich die Behörde den Widerruf bei ihrer Erteilung nach § 2 III **vorbehalten** hat und nun iR einer abschließenden Beurteilung des Sachverhalts ein Versagungsgrund nach § 3 festgestellt wird. Aber auch dann, wenn im Zuge des Erlaubnisverfahrens die Behörde veranlasst wird, die mit der vorläufigen Erlaubnis in Zusammenhang stehenden Risiken als nicht mehr tragbar zu erachten, rechtfertigt dies, im Hinblick auf den Schutzzweck des AÜG, einen Widerruf der Erlaubnis nach § 5 I Nr 1 (*Sandmann/ Marschall* § 5 Rn 2; ErfK/*Wank* § 5 Rn 3; aA *Boemke/Lembke* § 5 Rn 8).

Auf sonstige Fälle, in denen eine Erlaubnis nicht aufgrund Fehlens einer entscheidungsreifen Sachlage, 4 sondern zur Beseitigung von Versagungsgründen mit einem Widerrufsvorbehalt versehen wurde, ist § 5 I Nr 1 wegen seiner Bezugnahme auf § 2 III nicht anwendbar. Voraussetzung für einen Widerruf nach § 5 I Nr 1 ist nicht, dass die Erlaubnis rechtmäßig mit einem Widerrufsvorbehalt nach § 2 III verbunden wurde, sofern für sie Bestandskraft eintrat (hM, *Boemke/Lembke* § 5 Rn 7 mwN; aA Schüren/*Schüren* § 5 Rn 15).

II. Nichterfüllung einer Auflage. Nach § 5 I Nr 2 kommt ein Widerruf der Erlaubnis auch dann in 5 Betracht, wenn der Verleiher **eine Auflage** nach § 2 II **nicht innerhalb** einer ihm gesetzten **Frist erfüllt** hat. Im Sinne einer umfassenden Verfolgung der Schutzziele des AÜG kommt es nicht darauf an, ob die Auflage ein Handlungs- oder Unterlassungsgebot an den Verleiher richtet (Thüsing/*Kämmerer* § 5 Rn 6; aA hM vgl Schüren/*Schüren* § 5 Rn 18 mwN). Bei Verstoß gegen ein Unterlassungsgebot spielt eine vorherige Fristsetzung freilich keine Rolle.

Zwar reicht es grds aus, dass eine Auflage gem § 6 I VwVG vollziehbar ist, auf ihre Rechtmäßigkeit kommt 6 es bei § 5 I Nr 2 nicht an. Jedoch stellt sich der Widerruf einer Verleiherlaubnis wegen Nichterfüllung einer rechtswidrigen Auflage zumindest bis zu ihrer Bestandskraft mangels Verfolgung eines legitimen Zwecks jedenfalls als unverhältnismäßig und damit ermessensfehlerhaft dar.

Ob den Erlaubnisempfänger ein Verschulden bzgl der Nichterfüllung der Auflage trifft, spielt für den Tat- 7 bestand des § 5 I Nr 2 keine Rolle, ist jedoch iR des Verhältnismäßigkeitsgrundsatzes als Grenze behördlichen Handlungsermessens zu beachten (Schüren/*Schüren* § 5 Rn 19).

Im Hinblick auf den Verhältnismäßigkeitsgrundsatz hat die Durchsetzung einer vom Verleiher nicht erfüll- 8 ten Auflage im Wege der Verwaltungsvollstreckung grds Vorrang vor dem Widerruf der Erlaubnis (*Boemke/ Lembke* § 5 Rn 12). Daneben besteht die Möglichkeit für die Erlaubnisbehörde, die Nichteinhaltung der Auflage mit Bußgeld zu ahnden (§ 16 I Nr 3).

III. Nachträglich eingetretener Versagungsgrund. Gem § 5 I Nr 3 kommt ein Widerruf der Erlaubnis 9 auch dann in Betracht, wenn die Erlaubnisbehörde **aufgrund nachträglich eingetretener Tatsachen berechtigt wäre, die Erlaubnis zu versagen**. Inhaltlich nimmt die Regelung Bezug auf die Versagungsgründe in § 3. Werden bei Erlaubniserteilung vorliegende Tatsachen der Behörde erst nachträglich bekannt, kommt eine Rücknahme nach § 4 in Betracht (LSG Nds 22.7.1977, L 7 S (Ar) 31/77, EzAÜG § 4 AÜG Rücknahme Nr 1). Im Unterschied zur Situation des Vorliegens von Versagungsgründen schon bei Erteilung der Erlaubnis in § 4 sieht § 5 I Nr 3 für den Fall des nachträglichen Eintretens von Versagungsgründen keine Möglichkeit zum Ausgleich von Vermögensnachteilen vor. Hierin liegt eine gewisse Inkonsistenz des G.

IV. Änderung der Rechtslage. Ein Widerruf der Verleiherlaubnis kommt nach § 5 I Nr 4 auch dann in 10 Betracht, wenn die Erlaubnisbehörde aufgrund einer **geänderten Rechtslage** berechtigt wäre, die Erlaubnis zu versagen. Der Gesetzgeber gibt insofern dem Gedanken der einheitlichen Rechtsanwendung grds Vorrang vor Bestands- und Vertrauensschutz. Eine Änderung der (auch höchstrichterlichen) Rspr stellt keine Änderung der Rechtslage, sondern lediglich eine Änderung der Rechtsauslegung und Rechtsanwendung dar (hM, Schüren/*Schüren* § 5 Rn 27; aA ErfK/*Wank* § 5 Rn 7 mwN).

11 **C. Unzulässigkeit des Widerrufs.** Im Hinblick auf das Prinzip der Gesetzmäßigkeit der Verwaltung ist ein Widerruf ausgeschlossen, wenn eine Erlaubnis gleichen Inhalts erneut erteilt werden müsste (§ 5 III).

12 **D. Widerrufsfrist.** Wie die Rücknahme nach § 4 ist auch der Widerruf der Erlaubnis nur innerhalb eines Jahres seit Erlangung der den Widerruf rechtfertigenden Tatsachenkenntnisse seitens der Behörde zulässig (§ 5 IV; vgl hierzu LSG Nds 25.11.1993, L 10 Ar 218/92, EzAÜG § 5 AÜG Nr 1).

13 **E. Rechtsfolgen des Widerrufs.** Mit Wirksamwerden des Widerrufs durch Bekanntgabe wird die Verleiherlaubnis **für die Zukunft unwirksam** (Wirkung ex nunc; § 5 II). In entspr Anwendung von § 2 IV 4 verbleibt dem Verleiher jedoch eine Abwicklungsfrist von bis zu 12 Monaten. Beruht der Widerruf gem § 5 I Nr 4 auf einer Änderung der Rechtslage, schafft der Verweis auf § 4 II die Voraussetzung für den Ersatz eines möglichen Vertrauensschadens aufseiten des Verleihers.

14 **F. Beweislast.** Die Beweislast für das Bestehen eines Widerrufsgrundes liegt grds aufseiten der Erlaubnisbehörde (BayLSG 29.7.1986, L 8 Al 40/83, EzAÜG § 3 AÜG Versagungsgründe Nr 9). Str ist, ob dies auch für den Fall einer geänderten behördlichen Risikoeinschätzung bei Genehmigungserteilung unter Widerrufsvorbehalt (s.o. Rdn 4) gilt (zum Streitstand *Boemkel Lembke* § 5 Rn 21).

15 **G. Rechtsschutz.** Gegen die Widerrufsverfügung steht, nach Durchführung des Vorverfahrens, der Rechtsweg zu den Sozialgerichten offen (§ 51 I SGG).

§ 6 Verwaltungszwang

Werden Leiharbeitnehmer von einem Verleiher ohne die erforderliche Erlaubnis überlassen, so hat die Erlaubnisbehörde dem Verleiher dies zu untersagen und das weitere Überlassen nach den Vorschriften des Verwaltungsvollstreckungsgesetzes zu verhindern.

Übersicht	Rdn.		Rdn.
A. Regelungsgegenstand	1	C. Vollstreckung	4
B. Untersagungsverfügung	2	D. Rechtsmittel	5

1 **A. Regelungsgegenstand.** Überlässt ein Verleiher Leih-AN, ohne über die nach § 1 I 1 erforderliche Erlaubnis zu verfügen, ermächtigt und verpflichtet § 6 die Behörde zu einem Einschreiten durch Untersagungsverfügung sowie zu einer Durchsetzung dieses Überlassungsverbots mit den Zwangsmitteln des VwVG. Inhaltlich knüpft § 6 an die Rücknahme bzw den Widerruf der Verleiherlaubnis nach §§ 4 und 5 an, erfasst aber auch die Fälle, in denen der Verleiher von Beginn seiner Tätigkeit an keine Verleiherlaubnis gem § 1 besaß.

2 **B. Untersagungsverfügung.** Die Untersagungsverfügung stellt einen Verwaltungsakt iSv § 35 VwVfG dar und muss den hierfür geltenden formellen und materiellen Anforderungen genügen. Liegt mangels erforderlicher Verleiherlaubnis rechtswidrige AN-Überlassung vor, besteht **kein Handlungsermessen** der Behörde, sondern sie ist grds zum Einschreiten nach § 6 verpflichtet. **Adressat** einer Unterlassungsverfügung ist nach dem eindeutigen Wortlaut des § 6 der illegale Verleiher (zum Fall einer Strohmannkonstruktion vgl BVerwG 2.2.1982, 1 C 3/81, NVwZ 1982, 559). Gegen den Entleiher kommt aber ein Vorgehen im Ordnungswidrigkeitsverfahren nach § 16 I Nr 1a in Betracht. Ist Verleiher eine juristische Person, muss die Unterlassungsverfügung gegen Letztere, vertreten durch ihre Organe, nicht dagegen gegen die Organe selbst gerichtet werden (LSG Nds 24.2.1981, L 7 Ar 78/79, EzAÜG § 1 AÜG Erlaubnispflicht Nr 7).

3 Im Hinblick auf den Schutzzweck des AÜG setzt ein behördliches Einschreiten durch Unterlassungsverfügung nicht voraus, dass eine rechtswidrige Verleihtätigkeit bereits aufgenommen wurde, der ohne Erlaubnis verliehene Leih-AN also bereits beim Entleiher tätig ist. Schon dann, wenn der Verleiher konkrete **Vorbereitungshandlungen** für eine bevorstehende Verleihtätigkeit ausführt, etwa Vertragsverhandlungen mit Entleihern aufnimmt und bei behördlichem Zuwarten eine Gefährdung der Schutzgüter nicht ausgeschlossen werden kann, kommt ein Einschreiten nach § 6 in Betracht (*Sandmann/Marschall* § 6 Rn 2).

4 **C. Vollstreckung.** Enthält die Untersagungsverfügung einen vollstreckungsfähigen Inhalt, ist sie gem § 6 I VwVG sofort vollziehbar, da Widerspruch und Anfechtungsklage gegen sie keine aufschiebende Wirkung entfalten (§ 86a IV SGG) und soll deshalb bereits mit einer Zwangsmittelandrohung verbunden werden (§ 13 II 2 VwVG). Als Zwangsmittel gegen den Verleiher stehen **Zwangsgeld** (§ 11 VwVG) oder **unmittelbarer Zwang** (§ 12 VwVG) zur Verfügung, wobei bei der Auswahl der Verhältnismäßigkeitsgrundsatz zu beachten ist (§§ 9 II 2, 12 VwVG). Sofern es zur Abwehr einer drohenden Gefahr erforderlich ist, kommt

im Fall erlaubnisloser AN-Überlassung die Anwendung von Verwaltungszwang auch ohne vorherige Untersagungsverfügung in Betracht (§§ 6 II VwVG iVm 16 I Nr 1 AÜG), etwa im Fall eines Verleihers ohne festen Geschäftssitz (HWK/*Kalb* § 6 Rn 9). Zu den Einzelheiten des Vollstreckungsverfahrens vgl Schüren/*Schüren* § 6 Rn 16 ff.

D. Rechtsmittel. Als Rechtsbehelfe gegen Untersagungsverfügung, Zwangsmittelandrohung und -festsetzung stehen dem Verleiher Widerspruch (§§ 78 ff SGG) und Anfechtungsklage vor den Sozialgerichten (§§ 51 I, 54 I 1 SGG) zur Verfügung. Gegen die Anwendung von Zwangsgeld ist der Finanzrechtsweg eröffnet (§ 33 I Nr 2 FGO), gegen Maßnahmen des unmittelbaren Zwanges steht der Sozialrechtsweg offen (§ 51 I SGG). 5

§ 7 Anzeigen und Auskünfte

(1) ¹Der Verleiher hat der Erlaubnisbehörde nach Erteilung der Erlaubnis unaufgefordert die Verlegung, Schließung und Errichtung von Betrieben, Betriebsteilen oder Nebenbetrieben vorher anzuzeigen, soweit diese die Ausübung der Arbeitnehmerüberlassung zum Gegenstand haben. ²Wenn die Erlaubnis Personengesamtheiten, Personengesellschaften oder juristischen Personen erteilt ist und nach ihrer Erteilung eine andere Person zur Geschäftsführung oder Vertretung nach Gesetz, Satzung oder Gesellschaftsvertrag berufen wird, ist auch dies unaufgefordert anzuzeigen.
(2) ¹Der Verleiher hat der Erlaubnisbehörde auf Verlangen die Auskünfte zu erteilen, die zur Durchführung des Gesetzes erforderlich sind. ²Die Auskünfte sind wahrheitsgemäß, vollständig, fristgemäß und unentgeltlich zu erteilen. ³Auf Verlangen der Erlaubnisbehörde hat der Verleiher die geschäftlichen Unterlagen vorzulegen, aus denen sich die Richtigkeit seiner Angaben ergibt, oder seine Angaben auf sonstige Weise glaubhaft zu machen. ⁴Der Verleiher hat seine Geschäftsunterlagen drei Jahre lang aufzubewahren.
(3) ¹In begründeten Einzelfällen sind die von der Erlaubnisbehörde beauftragten Personen befugt, Grundstücke und Geschäftsräume des Verleihers zu betreten und dort Prüfungen vorzunehmen. ²Der Verleiher hat die Maßnahmen nach Satz 1 zu dulden. ³Das Grundrecht der Unverletzlichkeit der Wohnung (Artikel 13 des Grundgesetzes) wird insoweit eingeschränkt.
(4) ¹Durchsuchungen können nur auf Anordnung des Richters bei dem Amtsgericht, in dessen Bezirk die Durchsuchung erfolgen soll, vorgenommen werden. ²Auf die Anfechtung dieser Anordnung finden die §§ 304 bis 310 der Strafprozessordnung entsprechende Anwendung. ³Bei Gefahr im Verzug können die von der Erlaubnisbehörde beauftragten Personen während der Geschäftszeit die erforderlichen Durchsuchungen ohne richterliche Anordnung vornehmen. ⁴An Ort und Stelle ist eine Niederschrift über die Durchsuchung und ihr wesentliches Ergebnis aufzunehmen, aus der sich, falls keine richterliche Anordnung ergangen ist, auch die Tatsachen ergeben, die zur Annahme einer Gefahr im Verzug geführt haben.
(5) Der Verleiher kann die Auskunft auf solche Fragen verweigern, deren Beantwortung ihn selbst oder einen der in § 383 Abs. 1 Nr. 1 bis 3 der Zivilprozessordnung bezeichneten Angehörigen der Gefahr strafgerichtlicher Verfolgung oder eines Verfahrens nach dem Gesetz über Ordnungswidrigkeiten aussetzen würde.

Übersicht	Rdn.		Rdn.
A. Gegenstand und Zweck der Regelung	1	E. Behördliches Betretungs- und Prüfungsrecht (III)	10
B. Persönlicher Geltungsbereich	2		
C. Anzeigepflichten (I)	3	F. Durchsuchungsrecht (IV)	12
D. Auskunftspflichten (II)	6	G. Auskunftsverweigerungsrecht (V)	16

A. Gegenstand und Zweck der Regelung. Um den sozialen Schutz der Leih-AN und die Ordnung auf dem Teilarbeitsmarkt Leiharbeit sicherzustellen, ermöglicht § 7 der Erlaubnisbehörde auch nach Erteilung der Verleiherlaubnis an einen Verleiher die ordnungsgemäße Durchführung von AN-Überlassung kontrollieren zu können, indem ihr Prüfungs- und Durchsuchungsrechte gewährt und dem Verleiher Anzeigepflichten auferlegt werden. 1

B. Persönlicher Geltungsbereich. Für die Frage, wer Adressat der Pflichten aus § 7 ist, muss differenziert werden. § 7 I richtet sich nach seinem Wortlaut an den mit Erlaubnis gem § 1 I 1 AN-Überlassung betreibenden **Verleiher**, auch wenn es sich um ein Mischunternehmen handelt (LSG Berl 26.1.1988, L 14 AR 7/86, EzAÜG § 7 AÜG Auskunftspflichten Nr 1). Ist die AN-Überlassung wegen erforderlicher aber 2 fehlender Verleiherlaubnis rechtswidrig, greift § 7 nicht ein, da nach II sonst eine Pflicht des Verleihers zur Selbstanzeige bestünde (hM, *Sandmann/Marschall* § 7 Rn 2 f).

3 **C. Anzeigepflichten (I).** Gem § 7 I 1 ist der Verleiher verpflichtet, der BA **unaufgefordert** die nach Erteilung der Verleiherlaubnis beabsichtigte Verlegung, Schließung und Errichtung von der AN-Überlassung dienenden Betrieben, Betriebsteilen und Nebenbetrieben (zur Begriffsbestimmung vgl § 3 Rdn 41) **vor der Realisierung** anzuzeigen. Unter **Verlegung** ist jede örtliche Veränderung der Betriebsstätte unter Wahrung ihrer betrieblichen Identität, etwa im Hinblick auf beschäftigte Leih-AN und Entleiherkundenstamm, zu verstehen. Ändert sich die Identität, liegt regelmäßig eine **Schließung** und **Neuerrichtung** vor. Auch eine Veräußerung oder Verpachtung des Verleihbetriebes ist, im Hinblick auf den Übergang der betrieblichen Leitungsmacht, im Kontext des § 7 I als Schließung zu werten (Thüsing/ *Thüsing* § 7 Rn 9). Durch die Anzeige soll die Erlaubnisbehörde in die Lage versetzt werden, das Eingreifen von § 3 I Nr 2 prüfen und ggf mit einem Widerruf der Erlaubnis nach § 5 reagieren zu können, wobei die Widerrufsfrist nach § 5 IV nicht schon mit der Anzeige, sondern erst mit der Realisierung der betrieblichen Veränderung anläuft (*Sandmann/Marschall* § 7 Rn 9). Die Anzeige unterliegt keinem Formgebot, aus Beweisgründen bietet sich jedoch Schriftform an.

4 Zur Kontrolle der Zuverlässigkeit von Personengesamtheiten (zB Erbengemeinschaft), Personengesellschaften (zB OHG) oder juristischen Personen (zB GmbH) sind **personelle Änderungen der Geschäftsführung**, die auf einer Berufung nach G, Satzung oder Gesellschaftsvertrag beruhen, anzuzeigen (§ 7 I 2). Nicht anzeigepflichtig sind die Erteilung bzw der Entzug einer Prokura oder Handlungsvollmacht (ErfK/ *Wank* § 7 Rn 6).

5 Verstößt der Verleiher gegen die Anzeigepflicht, kann die BA die Abgabe der Anzeige anordnen und mit Verwaltungszwang (§ 6) durchsetzen. Zudem ist der Ordnungswidrigkeitstatbestand nach § 16 I Nr 4 erfüllt und wird, bei wiederholten Verstößen, die Unzuverlässigkeit des Verleihers iSv § 3 I Nr 1 indiziert.

6 **D. Auskunftspflichten (II).** Gem § 7 II ist der Verleiher verpflichtet, **auf Verlangen der BA** wahrheitsgemäß, vollständig, fristgemäß, unentgeltlich und in dt Sprache (§ 23 I VwVfG, § 19 I SGB X), ggf durch den juristischen Vertreter (§ 7 I 2), **Auskunft** zu erteilen, um so eine Prüfung der Rechtmäßigkeit der AN-Überlassung, etwa im Hinblick auf das Vorliegen von Versagungsgründen iSv § 3 oder die Erlaubnispflicht nach § 1 I 1, zu ermöglichen. Zulässiger Inhalt des Auskunftsverlangens können allein Umstände des Verleiherbetriebes sein, etwa bei Mischbetrieben eine Aufschlüsselung nach Leih-AN und anderen AN (LSG Berl 26.1.1988, L 14 AR 7/86, EzAÜG § 7 AÜG Auskunftspflichten Nr 1). Zum Auskunftsverweigerungsrecht nach § 7 V s.u. Rdn 16.

7 Um die Richtigkeit der nach § 7 II 1, 2 erteilten Auskünfte überprüfen zu können, kann die BA die **Vorlage der geschäftlichen Unterlagen**, aus denen sich die Richtigkeit der Angaben ergibt oder die Glaubhaftmachung der Richtigkeit der Angaben durch den Verleiher verlangen. Zu den Geschäftsunterlagen zählen Schriftstücke und elektronische Datenträger, deren Inhalt sich auf den Betrieb der AN-Überlassung bezieht, etwa Überlassungsverträge, Leiharbeitsverträge, Buchhaltung sowie Belege über die Abführung von Lohnsteuer und Sozialversicherungsbeiträgen. Gem § 7 II 4 sind Geschäftsunterlagen zur Sicherung der Kontrollmöglichkeit für den Zeitraum von 3 Jahren ab ihrer Entstehung **aufzubewahren.**

8 Stehen Geschäftsunterlagen für den Nachweis der Richtigkeit nicht zur Verfügung, kann der Verleiher seine Angaben auch auf sonstige Weise glaubhaft machen, wofür es ausreicht, dass ein überwiegender Grad an Wahrscheinlichkeit für die Richtigkeit spricht. Mittel zur **Glaubhaftmachung** sind zB schriftliche Zeugenaussagen. Eine Möglichkeit des Verleihers zur Abgabe einer Versicherung an Eides statt (§ 294 ZPO) sieht das AÜG, wie von § 27 VwVfG, § 23 II SGB X verlangt, dagegen nicht ausdrücklich vor.

9 Kommt der Verleiher seiner Auskunftspflicht nicht nach, kann die BA die Auskunft anordnen und mit Verwaltungszwang durchsetzen. Der Verleiher kann gegen entspr Verfügungen mit Widerspruch and Anfechtungsklage vor dem Sozialgericht vorgehen (BSG 12.7.1989, 7 RAr 46/88, EzAÜG § 7 AÜG Auskunftspflichten Nr 2). Ein Verstoß gegen die Auskunfts- und Aufbewahrungspflicht nach § 7 II ist gem § 16 I Nr 5 und 6 als Ordnungswidrigkeit ahndbar.

10 **E. Behördliches Betretungs- und Prüfungsrecht (III).** Liegen der Erlaubnisbehörde Tatsachen vor, die den konkreten Verdacht rechtswidriger Zustände im Verleihbetrieb begründen, zB substanziiert vorgetragene Beschwerden von Leih-AN aber auch eine Auskunftsverweigerung des Verleihers unter Berufung auf § 7 V (hM, Thüsing/ *Thüsing* § 7 Rn 27) sind gem § 7 III von der Erlaubnisbehörde beauftragte Personen befugt, Grundstücke und Geschäftsräume des Verleihers zu **betreten und** dort **Prüfungen** durchzuführen (S 1). Der Verleiher hat dies zu dulden (S 2). Zwar unterliegt die Erlaubnisbehörde bei ihrem Einschreiten dem Verhältnismäßigkeitsgrundsatz, jedoch führt dies nicht dazu, dass vor Ausübung des Betretungs- und

Prüfungsrechts in jedem Fall zunächst eine Aufforderung zur Auskunftserteilung (BSG 29.7.1992, 11 RAr 57/91, EzAÜG § 7 AÜG Prüfrecht Nr 3) oder eine Androhung der behördlichen **Nachschau** erfolgen muss, wenn so die behördliche Überwachung nicht oder nicht gleich effektiv bewirkt werden kann. § 7 III ermächtigt zum Betreten von Grundstücken und **Geschäftsräumen** des Verleihers und zur Einsichtnahme in die Geschäftsunterlagen des Verleihbetriebs iR der **üblichen Geschäftszeiten** (BSG 29.7.1992, 11 RAr 57/91, aaO). Maßnahmen in Wohnräumen werden dagegen auch dann, wenn der Verleiher sie gleichzeitig für die Verleihtätigkeit nutzt, nicht von § 7 III, ggf aber von § 7 IV gedeckt (vgl in diesem Zusammenhang auch § 3 Rdn 16). Gleiches gilt für Maßnahmen außerhalb der üblichen Geschäftszeiten. § 7 III 3 trägt dem Zitiergebot (Art 19 I 2 GG) in Bezug auf die Ermächtigungsgrundlage für Eingriffe in das Grundrecht auf Unverletzlichkeit der Wohnung aus Art 13 GG, von dessen Schutzbereich auch Geschäftsräume umfasst sind, Rechnung.

Der Verleiher hat nach § 7 III 2 das behördliche Betreten und Prüfen zu **dulden** und die **Mitwirkungshandlungen** vorzunehmen, die das Betreten und Prüfen grds ermöglichen, etwa die Geschäftsunterlagen zugänglich zu machen und diese, gegen Empfangsbestätigung, auch zur vorübergehenden Mitnahme zu überlassen. Erklärungen zu den Geschäftsunterlagen muss der Verleiher dagegen nicht abgeben (*Boemkel Lembke* § 7 Rn 40). Kommt der Verleiher seiner Duldungspflicht nicht nach, begeht er eine Ordnungswidrigkeit nach § 16 I Nr 6a. Zudem kann die Behörde die Duldungspflicht im Wege des Verwaltungszwangs durch Anordnung von Zwangsgeld durchsetzen. 11

F. **Durchsuchungsrecht (IV).** Zur Durchführung von Kontrollen kann die Erlaubnisbehörde unter den Voraussetzungen des IV Durchsuchungen vornehmen. Unter Durchsuchung ist die ohne oder gegen den Willen des Betroffenen durchgeführte **zwangsweise Suche nach Geschäftsunterlagen** in dessen Räumen mit dem Ziel der **Sicherstellung** von Unterlagen zu verstehen (*Sandmann/Marschall* § 7 Rn 26). Zwar ist die Erlaubnisbehörde bei der Auswahl des Eingriffsmittels an den Verhältnismäßigkeitsgrundsatz gebunden, jedoch ist nicht Zulässigkeitsvoraussetzung einer Durchsuchung, dass, bei konkretem Verdacht auf Rechtsverletzungen, zuvor erfolglos vom Verleiher Auskunft verlangt (II) oder eine erfolglose Prüfung gem III vorgenommen wurde (in diesem Sinne auch BSG 29.7.1992, 11 RAr 57/91, aaO). 12

Grds bedarf eine Durchsuchung einer **richterlichen Anordnung**, die auch Wohnräume zur Durchsuchung freigeben bzw die Durchsuchung auch außerhalb der üblichen Geschäftszeiten, in schwerwiegenden Fällen sogar zur Nachtzeit, anordnen kann (vgl hierzu *Sandmann/Marschall* § 7 Rn 28). Gegen die richterliche Durchsuchungsanordnung ist Beschwerde gem §§ 304 ff StPO möglich. 13

Gefährdet die vorherige Einholung der richterlichen Anordnung den Zweck der Durchsuchung, etwa weil konkrete Anhaltspunkte dafür bestehen, dass der Verdächtige zeitnah Beweismittel beseitigen will, liegt **Gefahr im Verzug** iSv § 7 IV 3 vor, sodass eine Durchsuchung von Geschäfts-, aber auch von Wohnräumen während allg üblicher Geschäftszeiten auch ohne richterliche Anordnung zulässig ist. Zur nachträglichen Prüfung der Rechtmäßigkeit kann der Verleiher Feststellungsklage gem § 55 SGG beim Sozialgericht erheben (LSG NRW 11.4.1979, 4L 12 Ar 236/77, EzAÜG § 7 AÜG Prüfrecht Nr 1). 14

Bei jeder Durchsuchung ist gem § 7 IV 4 eine **Niederschrift** über Rahmendaten wie Ort, Zeit und Anwesende, über das Ergebnis, etwa sichergestellte Geschäftsunterlagen, sowie ggf über die die Annahme von Gefahr im Verzug und damit den Verzicht auf richterliche Anordnung rechtfertigende Umstände anzufertigen und dem Verleiher, auf Wunsch, als Abschrift zu übergeben. 15

G. **Auskunftsverweigerungsrecht (V).** Gem V steht dem Verleiher bzw dessen gesetzlichem Vertreter, etwa bei juristischen Personen, ein Auskunftsverweigerungsrecht in Bezug auf solche Fragen zu, deren Beantwortung ihn selbst oder Angehörige iSv § 383 I Nr 1–3 ZPO der **Gefahr strafrechtlicher Verfolgung** aussetzen würde. Im Hinblick auf § 16 I Nr 5 ist erforderlich, dass der Verleiher von seinem Aussageverweigerungsrecht **ausdrücklich** Gebrauch macht, wobei er zumindest generisch darlegen muss, weshalb eine solche Gefahr strafrechtlicher Verfolgung besteht. Zwar darf die Erlaubnisbehörde aus der Auskunftsverweigerung keine für den Verleiher nachteiligen Schlüsse ziehen, etwa hins seiner Zuverlässigkeit iSv § 3 I Nr 1, jedoch steht es ihr offen, Untersuchungsmaßnahmen, etwa gem § 7 III zu ergreifen oder gem § 7 II 3 vom Verleiher Geschäftsunterlagen anzufordern (*Thüsing/ Thüsing* § 7 Rn 42). 16

§ 8 Statistische Meldungen

(1) ¹Der Verleiher hat der Erlaubnisbehörde halbjährlich statistische Meldungen über
1. die Zahl der überlassenen Leiharbeitnehmer getrennt nach Geschlecht, nach der Staatsangehörigkeit, nach Berufsgruppen und nach der Art der vor der Begründung des Vertragsverhältnisses zum Verleiher ausgeübten Beschäftigung,

§ 8 AÜG Statistische Meldungen

2. die Zahl der Überlassungsfälle, gegliedert nach Wirtschaftsgruppen,
3. die Zahl der Entleiher, denen er Leiharbeitnehmer überlassen hat, gegliedert nach Wirtschaftsgruppen,
4. die Zahl und die Dauer der Arbeitsverhältnisse, die er mit jedem überlassenen Leiharbeitnehmer eingegangen ist,
5. die Zahl der Beschäftigungstage jedes überlassenen Leiharbeitnehmers, gegliedert nach Überlassungsfällen,

zu erstatten. ²Die Erlaubnisbehörde kann die Meldepflicht nach Satz 1 einschränken.
(2) Die Meldungen sind für das erste Kalenderhalbjahr bis zum 1. September des laufenden Jahres, für das zweite Kalenderhalbjahr bis zum 1. März des folgenden Jahres zu erstatten.
(3) ¹Die Erlaubnisbehörde gibt zur Durchführung des Absatzes 1 Erhebungsvordrucke aus. ²Die Meldungen sind auf diesen Vordrucken zu erstatten. ³Die Richtigkeit der Angaben ist durch Unterschrift zu bestätigen.
(4) ¹Einzelangaben nach Absatz 1 sind von der Erlaubnisbehörde geheimzuhalten. ²Die §§ 93, 97, 105 Abs. 1, § 111 Abs. 5 in Verbindung mit § 105 Abs. 1 sowie § 116 Abs. 1 der Abgabenordnung gelten nicht. ³Dies gilt nicht, soweit die Finanzbehörden die Kenntnisse für die Durchführung eines Verfahrens wegen einer Steuerstraftat sowie eines damit zusammenhängenden Besteuerungsverfahrens benötigen, an deren Verfolgung ein zwingendes öffentliches Interesse besteht, oder soweit es sich um vorsätzlich falsche Angaben des Auskunftspflichtigen oder der für ihn tätigen Personen handelt. ⁴Veröffentlichungen von Ergebnissen auf Grund von Meldungen nach Absatz 1 dürfen keine Einzelangaben enthalten. ⁵Eine Zusammenfassung von Angaben mehrerer Auskunftspflichtiger ist keine Einzelangabe im Sinne dieses Absatzes.

Übersicht	Rdn.		Rdn.
A. Gegenstand und Zweck der Regelung	1	C. Geheimhaltung von Einzelangaben	3
B. Pflicht zu statistischen Meldungen........	2		

1 **A. Gegenstand und Zweck der Regelung.** § 8 begründet eine Pflicht des Verleihers, im Zusammenhang mit seiner Verleihtätigkeit der BA regelmäßig detaillierte statistische Meldungen zu erstatten. Auf diese Weise soll der BA eine Beobachtung und Kontrolle des Teilarbeitsmarktes Leiharbeit ermöglicht werden. Die im Zuge der statistischen Meldungen erhobenen Daten bilden die Grundlage für die im 4-jährigen Turnus zu erstellenden Berichte der BReg über Erfahrungen bei der Anwendung des AÜG (zuletzt 12. Bericht v 26.2.2014, BT-Drs 18/673).

2 **B. Pflicht zu statistischen Meldungen.** Die Pflicht zu statistischen Meldungen iSv § 8 erfasst jeden AN-Überlassung betreibenden **Verleiher**. Auf die Fälle des § 1 III ist § 8 nicht anwendbar, jedoch auf die Kollegenhilfe nach § 1a, da in § 1a nur das Erlaubniserfordernis nach § 1 I 1 abbedungen ist (*Boemkel Lembke* § 8 Rn 3; aA Thüsing/*Thüsing* § 8 Rn 3). Der **Inhalt** der statistischen Meldepflicht bestimmt sich nach § 8 I 1 Nr 1–5 (hierzu ausf *Sandmann/Marschall* § 8 Rn 3 ff). Von der Ermächtigung in I 2 zur Einschränkung der Meldepflicht hat die BA teilw Gebrauch gemacht und verzichtet etwa auf eine Unterteilung nach Berufs- und Wirtschaftsgruppen (Nr 1). Die Meldungen sind zu den in II genannten Zeitpunkten **unaufgefordert**, unter Verwendung der entspr **Vordrucke der BA mit Unterschrift** versehen (III 2, 3), **unentgeltlich** (§§ 15 III 3, 5 I 1 Gesetz über die Statistik für Bundeszwecke v 22.1.1987, BGBl I S 565, BStatG) und **wahrheitsgemäß** zu erstatten. Verstößt der Verleiher gegen diese Anforderungen, liegt eine Ordnungswidrigkeit nach § 16 I Nr 7 vor. Bei wiederholten Verstößen kommt gem § 5 I Nr 3 der Widerruf der Verleiherlaubnis in Betracht. Die Erlaubnisbehörde kann die Meldung anordnen und mit Verwaltungszwang durchsetzen.

3 **C. Geheimhaltung von Einzelangaben.** Zum Schutze der Unternehmensdaten besteht gem § 8 IV 1 eine **Geheimhaltungspflicht der Erlaubnisbehörde** bzgl der nach I gemeldeten Einzelangaben **gegenüber Dritten**. Einzelangaben sind die Daten, die ein einzelner Verleiher gem § 8 I 1 an die BA meldet, etwa Art und Umfang seines Betriebes. Innerhalb der BA und ihrer Regionaldirektionen sowie im Verhältnis zum BMAS als Fachaufsichtsbehörde (§ 17) gilt die Geheimhaltungspflicht, anders als ggü sonstigen Behörden, nicht. Gem IV 2 greift die Geheimhaltungspflicht, unter Abweichung von den aufgeführten Normen der AO, grds auch ggü den Finanzbehörden. Eine Ausnahme hiervon besteht zum einen dann, wenn hinreichender Tatverdacht einer Steuerstraftat vorliegt und die Finanzbehörden die Angaben für die Durchführung eines Strafverfahrens benötigen, da andere zumutbare Beweismöglichkeiten nicht vorhanden sind (Schüren/ *Stracke* § 8 Rn 18). Zusätzlich bedarf es eines zwingenden öffentl Verfolgungsinteresses, etwa wegen einer den Taten in § 30 IV Nr 5a und b AO vergleichbaren Schwere des Unrechts. Zum anderen ist die Geheimhaltungspflicht ggü Finanzbehörden dann aufgehoben, wenn die statistische Meldung durch den Verleiher oder eine für ihn tätige Person vorsätzlich falsch erteilt wurde, wobei dolus eventualis ausreicht (Thüsing/*Thüsing* § 8 Rn 12). Neben § 8 IV gelten auch die allg datenschutzrechtlichen Bestimmungen, etwa nach SGB oder BDSG (vgl hierzu Schüren/*Schüren* § 8 Rn 20 ff).

§ 9 Unwirksamkeit

Unwirksam sind:
1. Verträge zwischen Verleihern und Entleihern sowie zwischen Verleihern und Leiharbeitnehmern, wenn der Verleiher nicht die nach § 1 erforderliche Erlaubnis hat,
2. Vereinbarungen, die für den Leiharbeitnehmer für die Zeit der Überlassung an einen Entleiher schlechtere als die im Betrieb des Entleihers für einen vergleichbaren Arbeitnehmer des Entleihers geltenden wesentlichen Arbeitsbedingungen einschließlich des Arbeitsentgelts vorsehen; ein Tarifvertrag kann abweichende Regelungen zulassen, soweit er nicht die in einer Rechtsverordnung nach § 3a Absatz 2 festgesetzten Mindeststundenentgelte unterschreitet; im Geltungsbereich eines solchen Tarifvertrages können nicht tarifgebundene Arbeitgeber und Arbeitnehmer die Anwendung der tariflichen Regelungen vereinbaren; eine abweichende tarifliche Regelung gilt nicht für Leiharbeitnehmer, die in den letzten sechs Monaten vor der Überlassung an den Entleiher aus einem Arbeitsverhältnis bei diesem oder einem Arbeitgeber, der mit dem Entleiher einen Konzern im Sinne des § 18 des Aktiengesetzes bildet, ausgeschieden sind,
2a. Vereinbarungen, die den Zugang des Leiharbeitnehmers zu den Gemeinschaftseinrichtungen oder -diensten im Unternehmen des Entleihers entgegen § 13b beschränken,
3. Vereinbarungen, die dem Entleiher untersagen, den Leiharbeitnehmer zu einem Zeitpunkt einzustellen, in dem dessen Arbeitsverhältnis zum Verleiher nicht mehr besteht; dies schließt die Vereinbarung einer angemessenen Vergütung zwischen Verleiher und Entleiher für die nach vorangegangenem Verleih oder mittels vorangegangenem Verleih erfolgte Vermittlung nicht aus,
4. Vereinbarungen, die dem Leiharbeitnehmer untersagen, mit dem Entleiher zu einem Zeitpunkt, in dem das Arbeitsverhältnis zwischen Verleiher und Leiharbeitnehmer nicht mehr besteht, ein Arbeitsverhältnis einzugehen,
5. Vereinbarungen, nach denen der Leiharbeitnehmer eine Vermittlungsvergütung an den Verleiher zu zahlen hat.

Übersicht

		Rdn.			Rdn.
A.	Gegenstand und Zweck der Regelung	1		Gemeinschaftseinrichtungen oder -diensten beim Entleiher beschränken (Nr 2a)	8
B.	Unwirksamkeitsgründe				
I.	Fehlen einer Verleiherlaubnis (Nr 1)	2	IV.	Einstellungsverbot gegenüber dem Entleiher (Nr 3)	9
	1. Tatbestand	2		1. Einstellungsverbot	9
	2. Rechtsfolgen der Unwirksamkeit für das Überlassungsverhältnis	5		2. Vereinbarung einer Vermittlungsprovision	10
	3. Rechtsfolgen der Unwirksamkeit für das Leiharbeitsverhältnis	6	V.	Abschlussverbot für Leih-AN (Nr 4)	12
II.	Verstoß gegen das Gleichstellungsgebot (Nr 2)	7	VI.	Vereinbarung einer Vermittlungsvergütung zwischen Verleiher und Leih-AN (Nr 5)	13
III.	Vereinbarungen die den Zugang von Leih-AN zu				

A. Gegenstand und Zweck der Regelung. Um Verleiher zu gesetzeskonformem Handeln anzuhalten und 1 hierdurch auch den Schutz der Leih-AN sicherzustellen, enthält § 9 einen Katalog mit Unwirksamkeitstatbeständen in Bezug auf Vereinbarungen zwischen Verleiher und Entleiher bzw Verleiher und Leih-AN. Während § 9 Nr 1 einen Verstoß gegen das gewerberechtliche Erfordernis einer Erlaubnis für Verleihtätigkeit iRd wirtschaftlichen Tätigkeit des Verleihers nach § 1 mit zivilrechtlichen Sanktionen belegt und die Grundlage für die gesetzliche Fiktion eines Arbeitsverhältnisses zwischen Entleiher und Leih-AN (§ 10 I) schafft, sanktionieren § 9 Nr 2–5 vom Gesetzgeber unerwünschte, da Leih-AN diskriminierende (Nr 2, 2a) bzw ihre beschäftigungspolitisch gewünschte Übernahme in ein festes Arbeitsverhältnis beim Entleiher behindernde Vereinbarungen (Nr 3–5). Umgesetzt wird die Sanktion jeweils durch die **Unwirksamkeit** entspr Vereinbarungen. Im Unterschied zur Nichtigkeit lässt der Eintritt eines Unwirksamkeitstatbestandes eine Rechtsgrundlage nicht in jedem Fall mit Wirkung ex tunc entfallen, sondern ggf ex nunc, etwa im Fall des § 9 Nr 1 bei Wegfall einer Verleiherlaubnis aufgrund Rücknahme. Die Unwirksamkeitsfolge kann sich auch auf einen Teil eines Regelungskomplexes beschränken, ohne die Wirksamkeit der Restregelung zu berühren.

B. Unwirksamkeitsgründe. I. Fehlen einer Verleiherlaubnis (Nr 1). 1. Tatbestand. Betreibt ein 2 Verleiher AN-Überlassung, ohne über die nach § 1 I 1 erforderliche Verleiherlaubnis zu verfügen, sind der Überlassungsvertrag mit dem Entleiher und der Leiharbeitsvertrag unwirksam. § 9 Nr 1 greift auch dann, wenn erlaubnispflichtige AN-Überlassung unter dem Deckmantel, etwa von Scheindienst- oder Scheinwerkverträgen, betrieben wird und keine Verleiherlaubnis vorliegt (BAG 11.4.1984, 5 AZR 316/82, NZA 1984, 161; vgl auch § 1 Rdn 21 ff). Besitzt ein AG dagegen die Verleihererlaubnis, kommt eine analoge Anwendung von § 9 Nr. 1 nicht in Betracht (LAG BW 7.5.2015, 6 Sa 78/14, NZA-RR 2015, 520; LAG Rh-Pf 28.5.2015, 2 Sa 689/14, BeckRS 2015, 72254). Ob die Beteiligten Kenntnis vom Fehlen der erforderlichen Erlaubnis haben, spielt keine Rolle. Zur Frage des Fehlens einer Verleiherlaubnis bei nicht nur vorübergehender AN-Überlassung s.o. § 1 Rdn 38 f.

3 Überlassungsvertrag und Leiharbeitsvertrag sind von Anfang an unwirksam, wenn dem Verleiher die Verleiherlaubnis schon **bei Vertragsschluss** fehlt. Wird nachträglich eine Verleiherlaubnis erteilt, heilt dies die Unwirksamkeit geschlossener Überlassungs- und Leiharbeitsverträge nicht (LAG Schl-Holst 6.4.1984, 3 (4) Sa 597/82, EzAÜG § 10 AÜG Fiktion Nr 35). Verleiher und Entleiher können nach Erteilung der Verleiherlaubnis jedoch einen neuen Überlassungsvertrag schließen. Im Hinblick auf das Formerfordernis in § 12 I steht die Fortsetzung des unwirksamen Überlassungsvertrages dem Neuabschluss aber nicht gleich (so auch Schüren/*Schüren* § 9 Rn 44; Thüsing/*Mengel* § 9 Rn 13; ErfK/*Wank* § 9 Rn 6). Auf das nach § 10 I zwischen Leih-AN und Entleiher entstandene Arbeitsverhältnis (vgl § 10 Rdn 2) hat die nachträgliche Erteilung einer Verleiherlaubnis keinen Einfluss (*Sandmann/Marschall* § 10 Rn 4a). Vor dem Abschluss eines neuen Leiharbeitsvertrages mit dem Verleiher muss der Leih-AN zunächst das durch Gesetz entstandene Arbeitsverhältnis zum Entleiher beenden.

4 Fällt die Erlaubnis erst **nach Abschluss** eines Überlassungs- oder Leiharbeitsvertrages weg, tritt die Unwirksamkeitsfolge nicht mit Wirkung ex tunc ein, sondern mit dem Zeitpunkt des Wegfalls der Erlaubnis bzw ggf nach Auslaufen der 12-monatigen Abwicklungsfrist aus § 2 IV 4.

5 **2. Rechtsfolgen der Unwirksamkeit für das Überlassungsverhältnis.** Ist der Überlassungsvertrag unwirksam, entfallen die primären Leistungspflichten der Beteiligten, also die Pflicht des Verleihers zur Überlassung eines qualifizierten Leih-AN, wie auch die Pflicht des Entleihers zur Zahlung der vereinbarten Überlassungsvergütung. Der Verleiher haftet aus §§ 311 II, 280 I, 241 II BGB bzw, bei Täuschung über das Bestehen der Verleiherlaubnis, aus § 823 II BGB iVm § 263 StGB und § 826 BGB auf **Schadensersatz**. Wird der Überlassungsvertrag trotz Unwirksamkeit vollzogen, ist eine **Rückabwicklung nach Bereicherungsrecht** vorzunehmen (BGH 21.1.2003, X ZR 261/01, EzAÜG § 9 AÜG Nr 12; 8.11.1979, VII ZR 337/78, EzAÜG § 10 AÜG Fiktion Nr 3). Für eine Übertragung der Grundsätze über das fehlerhafte Arbeitsverhältnis auf das Überlassungsverhältnis fehlt es am Schutzbedürfnis des Verleihers (Schüren/*Schüren* § 9 Rn 36 f). Dem Verleiher steht ein Anspruch auf Ersatz des Marktwertes in Bezug auf die vom Leih-AN erbrachte Arbeitsleistung zu. Nach § 817 S 2 BGB ist der Anspruch des Verleihers auf Wertersatz ausgeschlossen, wenn dieser die Erlaubnispflicht und damit den Grund für die Rechtswidrigkeit der von ihm betriebenen AN-Überlassung kannte (BGH 8.11.1979, VII ZR 337/78, EzAÜG § 10 AÜG Fiktion Nr 3). Gleiches gilt für den Entleiher in Bezug auf seinen zu saldierenden Anspruch auf Rückzahlung der Überlassungsvergütung (Schüren/*Schüren* § 9 Rn 54 mwN; aA *Boemke/Lembke* § 9 Rn 52). Nicht durch § 817 S 2 BGB gesperrt ist jedoch ein Anspruch des Verleihers gegen den Entleiher auf Ersatz der an den Leih-AN geleisteten Vergütung und der in diesem Zusammenhang abgeführten Sozialversicherungsbeiträge, wenn der Verleiher keine Überlassungsvergütung erhalten hat. Grundlage eines solchen Ausgleichsanspruchs ist § 426 BGB. Nimmt man im Fall des § 9 Nr 1 ein fehlerhaftes Arbeitsverhältnis zwischen Verleiher und Leih-AN an (s.u. Rdn 6), hat dies im Zusammenspiel mit der gesetzlichen Fiktion eines Arbeitsverhältnisses zwischen Leih-AN und Entleiher nach § 10 I 1 eine gesamtschuldnerische Haftung von Verleiher und Entleiher in Bezug auf Vergütungsansprüche des Leih-AN und Sozialversicherungsbeiträge zur Folge. Im Innenverhältnis der Gesamtschuldner sind diese Lasten von demjenigen zu tragen, dem die Arbeitsleistung des Leih-AN zukam, also dem Entleiher (in diesem Sinne auch Schüren/*Schüren* § 9 Rn 46 ff; *Ulber* § 9 Rn 18 f; aA *Boemke/Lembke* § 9 Rn 51; Thüsing/*Mengel* § 9 Rn 15, die über eine Rückgriffskondiktion nach § 812 I 1 Alt 2 BGB zum selben Ergebnis kommen).

6 **3. Rechtsfolgen der Unwirksamkeit für das Leiharbeitsverhältnis.** Für den Fall, dass das Leiharbeitsverhältnis durch Überlassung des Leih-AN an einen Entleiher in Vollzug gesetzt wurde, der Leiharbeitsvertrag aber wegen fehlender Verleiherlaubnis nach § 9 Nr 1 unwirksam ist, sind auf die Rechtsbeziehung zwischen Leih-AN und Verleiher die **Grundsätze des fehlerhaften Arbeitsverhältnisses** anzuwenden (str, wie hier BAG 26.7.1984, 2 AZR 482/83, EzAÜG § 1 AÜG Gewerbsmäßige AN-Überlassung Nr 18; Schüren/*Schüren* § 10 Rn 144 ff mwN; ErfK/*Wank* § 9 Rn 5; aA BGH 31.3.1982, 2 StR 744/81, AP AÜG § 10 Nr 4; *Sandmann/Marschall* § 10 Rn 7 f). Bei Rückabwicklung nach Bereicherungsrecht verlöre der Leih-AN entgegen der Intention des § 11 IV 2 seinen Vergütungsanspruch für Zeiten ohne Überlassungseinsatz. Mit

Entstehung eines fingierten Arbeitsverhältnisses zum Entleiher nach § 10 I 1 tritt dieses neben das fehlerhafte Arbeitsverhältnis zum Verleiher. Für Ansprüche des Leih-AN, die sich aus seinem Einsatz beim Entleiher begründen, haften Verleiher und Entleiher gesamtschuldnerisch (§§ 421 ff BGB). Durch Lossagung kann das fehlerhafte Arbeitsverhältnis jederzeit für die Zukunft beendet werden (Schüren/*Schüren* § 10 Rn 156). Bei AN-Überlassung ohne Verleiherlaubnis aus einem Mischbetrieb heraus kann die Unwirksamkeitsfolge für das Arbeitsverhältnis den Interessen des AN, bei fortbestehenden Beschäftigungsmöglichkeiten dauerhaft im Verleiherbetrieb verbleiben zu können, widersprechen. In diesen Fällen ist die Unwirksamkeitsfolge auf die Verpflichtung zur Leistung von Leiharbeit bei einem Dritten zu begrenzen (Schüren/*Schüren* § 9 Rn 29 ff; zur Frage eines Widerspruchsrechts des Leih-AN gegen die Entstehung eines Arbeitsverhältnisses zum Entleiher qua lege vgl § 10 Rdn 3). Bei Insolvenz des Verleihers steht dem Leih-AN als Ersatz für offene Vergütungsansprüche ein Anspruch auf Insolvenzgeld nach §§ 165 ff SGB III zu (BSG 25.3.1982, 10 RAr 2/81, EzAÜG § 10 AÜG Fiktion Nr 13). Zum Anspruch des Leih-AN auf **Schadensersatz** ggü dem Verleiher vgl § 10 Rdn 15.

II. Verstoß gegen das Gleichstellungsgebot (Nr 2). Gem § 9 Nr 2 sind Vereinbarungen, die für den Leih-AN für die Zeit der Überlassung an einen Entleiher schlechtere als die im Entleiherbetrieb für einen vergleichbaren AN geltenden wesentlichen Arbeitsbedingungen einschl des Arbeitsentgelts vorsehen, grds unwirksam. Zu den Vereinbarungen iSv § 9 Nr 2 zählen neben entspr Abreden im Leiharbeitsvertrag auch im Verleiherbetrieb geltende BV (HWK/*Gotthardt* § 9 Rn 12). Die Unwirksamkeitsfolge bezieht sich auf den gegen § 9 Nr 2 verstoßenden Regelungsteil, führt jedoch **nicht** zur **Gesamtunwirksamkeit** einer Vereinbarung, etwa eines Leiharbeitsvertrages, § 139 BGB gilt nicht (Thüsing/*Mengel* § 9 Rn 50). Soweit die Vereinbarung auch Zeiträume zwischen Überlassungen regelt, greift insofern die Unwirksamkeitsfolge nicht. Liegt ein Verstoß gegen § 9 Nr 2 vor, gewährt § 10 IV dem Leih-AN während des Überlassungszeitraums einen gesetzlichen Anspruch auf die wesentlichen Arbeitsbedingungen im Entleiherbetrieb. Ergänzt wird die privatrechtliche Sanktionsregelung in § 9 Nr 2 auch durch die gewerberechtliche Regelung in § 3 I Nr 3. Zu den einzelnen Tatbestandsmerkmalen des Gleichstellungsgrundsatzes sowie den gesetzlichen Ausnahmen, die vom Gesetzgeber durch das Erste G zur Änderung des Arbeitnehmerüberlassungsgesetzes – Verhinderung von Missbrauch der Arbeitnehmerüberlassung v 29.4.2011 (BGBl I S 642 ff) neu ausgestaltet wurden vgl die Kommentierung zu § 3 Rdn 17 ff. Tarifliche Regelungen, die normativ oder kraft Bezugnahme für das Leiharbeitsverhältnis gelten und vom Gleichstellungsgrundsatz abweichen sind hiernach nur wirksam, sofern die gem § 3a durch Rechts-VO festgesetzte Lohnuntergrenze nicht unterschritten wird. Eine solche Lohnuntergrenze bestimmt gem § 10 V auch das verbindliche Mindeststundenentgelt in verleihfreien Zeiten. Zur Übergangsregelung für bis zum 15.12.2010 begründete Leiharbeitsverhältnisse vgl § 19.

III. Vereinbarungen die den Zugang von Leih-AN zu Gemeinschaftseinrichtungen oder -diensten beim Entleiher beschränken (Nr 2a). In Umsetzung von Art 6 IV der RL 2008/104/EG zur Leiharbeit führte der Gesetzgeber durch das Erste G zur Änderung des Arbeitnehmerüberlassungsgesetzes – Verhinderung von Missbrauch der Arbeitnehmerüberlassung v 29.4.2011 (BGBl I S 642 ff) mit Wirkung zum 1.12.2011 iRd neu geschaffenen § 13b einen eigenen einklagbaren Anspruch des Leih-AN ggü dem Entleiher auf Gewährung von Zugang zu den beim Entleiher existierenden Gemeinschaftseinrichtungen und Gemeinschaftsdiensten unter den gleichen Bedingungen wie den übrigen beim Entleiher tätigen AN ein. Nur dann, wenn eine unterschiedliche Behandlung von Stamm-AN und Leih-AN im Entleiherbetrieb aus sachlichen Gründen gerechtfertigt ist, entfällt der Zugangsanspruch der Leih-AN. Exemplarisch für Gemeinschaftseinrichtungen und -dienste bezeichnet § 13b S 2 Kinderbetreuungseinrichtungen, Gemeinschaftsverpflegung und Beförderungsmittel. Zu den Einzelheiten vgl die Kommentierung zu § 13b. In Gestalt des neu geschaffenen § 9 Nr 2a sicherte der Gesetzgeber bereits mit Wirkung zum 30.4.2011 den Zugangsanspruch der Leih-AN gesetzlich ab: Vereinbarungen, durch die sich Leih-AN bereits bei Abschluss des Leiharbeitsvertrages verpflichten, auf ihr Zugangsrecht bzgl Gemeinschaftseinrichtungen und -diensten beim Entleiher zu verzichten, sind unwirksam. Ziel der Regelung ist es auch zu verhindern, dass sich einzelne Verleiher dadurch Wettbewerbsvorteile verschaffen, dass ihre Leih-AN von vornherein, oder wenn der Entleiher dies fordert, auf ihr Zugangsrecht verzichten. Der Wettbewerb zwischen Verleihern soll über die Qualität der Dienstleistung und nicht über die Arbeitsbedingungen der Leih-AN geführt werden (BT-Drs 17/4804, S 10).

IV. Einstellungsverbot gegenüber dem Entleiher (Nr 3). 1. Einstellungsverbot. Gem § 9 Nr 3 Hs 1 sind Vereinbarungen unwirksam, die dem Entleiher untersagen, den Leih-AN **nach Beendigung** des Leiharbeitsverhältnisses zum Verleiher einzustellen. Durch diese Regelung soll das Recht des Leih-AN auf freie Wahl seines Arbeitsplatzes aus Art 12 I GG durchgesetzt, aber auch der beschäftigungspolitisch gewünschte

»Klebeeffekt«, wonach Leiharbeit als Sprungbrett zu einem dauerhaften Arbeitsplatz im Entleiherbetrieb dienen soll (BT-Drs 15/25, S 27 f), gefördert werden. Von § 9 Nr 3 Hs 1 umfasst sind neben expliziten Einstellungsverboten auch solche Vereinbarungen, die in ihrer Wirkung Einstellungsverboten gleichkommen, etwa eine Verpflichtung des Entleihers, dem Leih-AN keinen Arbeitsplatz anzubieten (*Sandmann/Marschall* § 9 Rn 29). Nicht unter § 9 Nr 3 Hs 1 fallen Einstellungsverbote, die sich auf Zeiträume beziehen, in denen das Leiharbeitsverhältnis noch besteht, da sie nur ein Verleiten des Leih-AN zum Bruch des Leiharbeitsvertrages verhindern sollen und damit den Rechtsgedanken aus §§ 1, 3 UWG widerspiegeln (*Ulber* § 9 Rn 346). Im Hinblick auf seinen Schutzzweck gilt § 9 Nr 3 Hs 1 auch in Fällen rechtswidriger AN-Überlassung, etwa bei Scheindienst- oder Scheinwerkverträgen (Schüren/*Schüren* § 9 Rn 73). Rechtsfolge eines Verstoßes gegen § 9 Nr 3 Hs 1 ist die **Unwirksamkeit** des Einstellungsverbots, sonstige Vereinbarungen iR einer Gesamtregelung bleiben dagegen wirksam.

10   **2. Vereinbarung einer Vermittlungsprovision.**   Nicht gem § 9 Nr 3 Hs 1 unwirksam ist nach Hs 2 die Vereinbarung einer angemessenen **Vergütung** zwischen Verleiher und Entleiher für die nach vorangegangenem Verleih oder mittels vorangegangenem Verleih erfolgte **Vermittlung**. Mit der Einführung des § 9 Nr 3 Hs 2 durch das Dritte Gesetz für moderne Dienstleistungen am Arbeitsmarkt v 23.12.2003 (BGBl I S 2848) wurde die Diskussion in Lit und Rspr um die Zulässigkeit von Vereinbarungen bzgl Vermittlungsvergütungen vom Gesetzgeber beendet (gegen die Zulässigkeit von Vermittlungsprämien: BGH 3.7.2003, III ZR 348/02, NZA 2003, 1025; *Urban-Crell/Schulz* Rn 206 f mwN; für ihre Zulässigkeit: *Rambach/Begerau* BB 2002, 937 ff mwN). Unter Arbeitsvermittlung ist gem § 35 I 2 SGB III jede Tätigkeit zu verstehen, die darauf gerichtet ist, Arbeitsuchende mit AG zur Begründung eines Beschäftigungsverhältnisses zusammenzuführen. Im Zusammenhang mit § 9 Nr 3 HS 2 zählt hierzu auch die Überlassung eines AN mit dem Ziel, dem Entleiher auf diese Weise die Möglichkeit der Prüfung auf Eignung im Hinblick auf eine Einstellung zu ermöglichen. Nach § 9 Nr 3 Hs 2 macht es keinen Unterschied, ob eine Vermittlungsvereinbarung schon bei Abschluss des Überlassungsvertrages (»mittels«) oder erst während des Überlassungszeitraums getroffen wird. Das Vermittlungsprovisionsversprechen kann wirksamer Inhalt von AGB sein (BGH 7.12.2006, III ZR 82/06, BB 2007, 332). Die Zulässigkeit der Vereinbarung von Vermittlungsprovisionen wird allerdings insofern beschränkt, als sie nur für den Fall eines Übertritts des Leih-AN zum Entleiher zeitnah nach Ende des Überlassungszeitraums gestattet ist (*Ulber* § 9 Rn 352). Was als »zeitnahe« Übernahme angesehen werden kann, ist im Lichte des Schutzzwecks von § 9 Nr 3 Hs 1 zu bestimmen, eine Zeitspanne von 6 Monaten dürfte noch zulässig sein.

11   Als weitere Einschränkung lässt § 9 Nr 3 Hs 2 nur die Vereinbarung einer **angemessenen** Vermittlungsprämie zu. Für die Frage, ob eine Provision insb im Hinblick auf den Schutzzweck in § 9 Nr 3 Hs 1 als angemessen qualifiziert werden kann, ist die Dauer des vorangegangenen Verleihs, die Höhe des vom Entleiher bezahlten Überlassungsentgelts sowie der Aufwand für die Rekrutierung eines vergleichbaren Leih-AN als Maßstab heranzuziehen (BT-Drs 15/1759, S 29; zuletzt auch BGH 11.3.2010, III ZR 240/09, BB 2010, 1478). Entscheidend ist somit, inwieweit sich die dem Verleiher im Zusammenhang mit der Einstellung des Leih-AN entstandenen Kosten durch die erzielte Überlassungsvergütung amortisiert haben und welche Kosten der Entleiher durch die Möglichkeit der Übernahme des Leih-AN spart (zB Rekrutierungskosten; *Boemke/Lembke* § 9 Rn 508). Nach Auffassung des BGH (v 10.11.2011, 3 ZR 77/11, NZA-RR 2012, 67) ist die Vereinbarung einer gestaffelten Vermittlungsgebühr nach folgendem Muster zulässig: Erfolgte die Übernahme des Leih-AN beim Entleiher innerhalb der ersten 3 Monate der Überlassung, sollten 15 % des Jahresbruttoeinkommens geschuldet sein, nach 3 Monaten 12 % des Jahresbruttoeinkommens, nach 6 Monaten 9 %, nach 9 Monaten 5 %, während nach einer Übernahme nach 12 Monaten keine Provision mehr zu zahlen sein sollte. Außerdem sollte das Vermittlungshonorar auch dann noch anfallen, wenn es innerhalb von 6 Monaten nach der letzten Überlassung zu einem Anstellungsverhältnis zwischen Entleiher und Leih-AN komme (ausf zu Provisionsstaffelungen in der Praxis *Küpperfahrenberg/Lagadère* BB 2012, 2952, 2954). Einer geltungserhaltenden Reduktion einer unangemessenen Provision auf das angemessene Maß gem § 655 S 1 BGB steht der Schutzzweck des § 9 Nr 3 AÜG entgegen (so auch *Boemkel/Lembke* § 9 Rn 514), der Überlassungsvertrag bleibt aber ansonsten wirksam, § 139 BGB greift nicht.

12   **V. Abschlussverbot für Leih-AN (Nr 4).**   Gem § 9 Nr 4 sind Vereinbarungen **unwirksam**, die einem Leih-AN untersagen, mit dem Entleiher zu einem Zeitpunkt, zu dem das Arbeitsverhältnis des Leih-AN zum Verleiher nicht mehr besteht, ein Arbeitsverhältnis einzugehen. Wie Nr 3 zielt auch Nr 4 auf den Schutz des Grundrechts des Leih-AN auf freie Arbeitsplatzwahl sowie des beschäftigungspolitisch gewollten »Klebeeffekts« der AN-Überlassung ab. Neben expliziten Abschlussverboten sind auch alle die **Vereinbarungen, die Abschlussverboten gleichkommen** unwirksam, etwa **Vertragsstrafeversprechen**, sofern diese nicht den Bruch des laufenden Leiharbeitsverhältnisses sanktionieren sowie Abfindungsvereinbarungen

unter der Bedingung, mit einem bestimmten Entleiher kein Arbeitsverhältnis zu begründen (LAG Köln 22.8.1984, 5 Sa 1306/83, EzAÜG § 10 Fiktion Nr 32). Während der Laufzeit des Leiharbeitsvertrages kann dem Leih-AN eine Nebentätigkeit nach den allg Regeln untersagt werden, wenn durch sie die Erfüllung der Arbeitspflicht des Leih-AN ggü dem Verleiher erheblich beeinträchtigt wird (ErfK/*Wank* § 9 Rn 12). Ggü den Normen über nachvertragliche Wettbewerbsverbote für AN nach §§ 74 ff HGB iVm §§ 6 II, 110 GewO geht § 9 Nr 4 als Spezialregelung vor (Thüsing/*Mengel* § 9 Rn 65 mwN). Freilich wäre als »Wettbewerb« iSv §§ 74 ff HGB in diesem Zusammenhang die Aufnahme einer Tätigkeit als Verleiher, nicht dagegen die Begründung eines neuen Leiharbeitsverhältnisses anzusehen. Rechtsfolge des § 9 Nr 4 ist die Unwirksamkeit einer Abschlussverbotsvereinbarung. Sonstige Abreden, etwa innerhalb des Leiharbeitsvertrages, bleiben in ihrer Wirksamkeit unberührt, § 139 BGB greift nicht.

VI. Vereinbarung einer Vermittlungsvergütung zwischen Verleiher und Leih-AN (Nr 5). In Umsetzung von Art 6 III der RL 2008/104/EG zur Leiharbeit bestimmte der Gesetzgeber durch das Erste Gesetz zur Änderung des Arbeitnehmerüberlassungsgesetzes – Verhinderung von Missbrauch der Arbeitnehmerüberlassung vom 29.4.2011 (BGBl I S 642 ff) mit Wirkung zum 30.4.2011 in § 9 Nr 5 ein Verbot von Vereinbarungen, wonach Leih-AN an den Verleiher eine Vermittlungsvergütung zahlen müssen. Dieses Verbot schließt zum einen die Vereinbarung einer vom Leih-AN als Gegenleistung für die Überlassung an ein entleihendes Unternehmen zu zahlenden Vermittlungsvergütung, zum anderen aber auch die Vereinbarung einer Vermittlungsvergütung für den Fall, dass der Leih-AN nach Beendigung des Überlassung in ein Arbeitsverhältnis mit dem Entleiher wechselt, ein (BT-Drs 17/4804, S 10). Schon bislang ging die hM von einer Unzulässigkeit der Vereinbarung einer Vermittlungsvergütung zwischen Verleiher und Leih-AN aus (*Rambach/Begerau* BB 2002, 937, 942). § 9 Nr 5 ist somit als zur Umsetzung der Leiharbeits-RL erforderliche gesetzliche Klarstellung anzusehen.

13

§ 10 Rechtsfolgen bei Unwirksamkeit, Pflichten des Arbeitgebers zur Gewährung von Arbeitsbedingungen

(1) ¹Ist der Vertrag zwischen einem Verleiher und einem Leiharbeitnehmer nach § 9 Nr. 1 unwirksam, so gilt ein Arbeitsverhältnis zwischen Entleiher und Leiharbeitnehmer zu dem zwischen dem Entleiher und dem Verleiher für den Beginn der Tätigkeit vorgesehenen Zeitpunkt als zustande gekommen; tritt die Unwirksamkeit erst nach Aufnahme der Tätigkeit beim Entleiher ein, so gilt das Arbeitsverhältnis zwischen Entleiher und Leiharbeitnehmer mit dem Eintritt der Unwirksamkeit als zustande gekommen. ²Das Arbeitsverhältnis nach Satz 1 gilt als befristet, wenn die Tätigkeit des Leiharbeitnehmers bei dem Entleiher nur befristet vorgesehen war und ein die Befristung des Arbeitsverhältnisses sachlich rechtfertigender Grund vorliegt. ³Für das Arbeitsverhältnis nach Satz 1 gilt die zwischen dem Verleiher und dem Entleiher vorgesehene Arbeitszeit als vereinbart. ⁴Im übrigen bestimmen sich Inhalt und Dauer dieses Arbeitsverhältnisses nach den für den Betrieb des Entleihers geltenden Vorschriften und sonstigen Regelungen; sind solche nicht vorhanden, gelten diejenigen vergleichbarer Betriebe. ⁵Der Leiharbeitnehmer hat gegen den Entleiher mindestens Anspruch auf das mit dem Verleiher vereinbarte Arbeitsentgelt.
(2) ¹Der Leiharbeitnehmer kann im Fall der Unwirksamkeit seines Vertrags mit dem Verleiher nach § 9 Nr. 1 von diesem Ersatz des Schadens verlangen, den er dadurch erleidet, dass er auf die Gültigkeit des Vertrags vertraut. ²Die Ersatzpflicht tritt nicht ein, wenn der Leiharbeitnehmer den Grund der Unwirksamkeit kannte.
(3) ¹Zahlt der Verleiher das vereinbarte Arbeitsentgelt oder Teile des Arbeitsentgelts an den Leiharbeitnehmer, obwohl der Vertrag nach § 9 Nr. 1 unwirksam ist, so hat er auch sonstige Teile des Arbeitsentgelts, die bei einem wirksamen Arbeitsvertrag für den Leiharbeitnehmer an einen anderen zu zahlen wären, an den anderen zu zahlen. ²Hinsichtlich dieser Zahlungspflicht gilt der Verleiher neben dem Entleiher als Arbeitgeber; beide haften insoweit als Gesamtschuldner.
(4) ¹Der Verleiher ist verpflichtet, dem Leiharbeitnehmer für die Zeit der Überlassung an den Entleiher die im Betrieb des Entleihers für einen vergleichbaren Arbeitnehmer des Entleihers geltenden wesentlichen Arbeitsbedingungen einschließlich des Arbeitsentgelts zu gewähren. ²Soweit ein auf das Arbeitsverhältnis anzuwendender Tarifvertrag abweichende Regelungen trifft (§ 3 Absatz 1 Nummer 3, § 9 Nummer 2), hat der Verleiher dem Leiharbeitnehmer die nach diesem Tarifvertrag geschuldeten Arbeitsbedingungen zu gewähren. ³Soweit ein solcher Tarifvertrag die in einer Rechtsverordnung nach § 3a Absatz 2 festgesetzten Mindeststundenentgelte unterschreitet, hat der Verleiher dem Leiharbeitnehmer für jede Arbeitsstunde das im Betrieb des Entleihers für einen vergleichbaren Arbeitnehmer des Entleihers für eine Arbeitsstunde zu zahlende Arbeitsentgelt zu gewähren. ⁴Im Falle der Unwirksamkeit

§ 10 AÜG Rechtsfolgen bei Unwirksamkeit, Pflichten des Arbeitgebers

der Vereinbarung zwischen Verleiher und Leiharbeitnehmer nach § 9 Nummer 2 hat der Verleiher dem Leiharbeitnehmer die im Betrieb des Entleihers für einen vergleichbaren Arbeitnehmer des Entleihers geltenden wesentlichen Arbeitsbedingungen einschließlich des Arbeitsentgelts zu gewähren.
(5) Der Verleiher ist verpflichtet, dem Leiharbeitnehmer mindestens das in einer Rechtsverordnung nach § 3a Absatz 2 für die Zeit der Überlassung und für Zeiten ohne Überlassung festgesetzte Mindeststundenentgelt zu zahlen.

Übersicht	Rdn.		Rdn.
A. Gegenstand und Zweck der Regelung	1	IV. Sonstige Arbeitsbedingungen	13
B. Fiktion eines Arbeitsverhältnisses zum Entleiher	2	E. Fehlerhaftes Arbeitsverhältnis zum Verleiher	14
C. Beginn des fingierten Arbeitsverhältnisses	5	F. Schadensersatzanspruch des Leih-AN	15
D. Inhalt des fingierten Arbeitsverhältnisses	7	G. Gesamtschuldnerische Haftung von Verleiher und Entleiher	16
I. Dauer des Arbeitsverhältnisses	8		
1. Befristung	8	H. Gleichstellungsanspruch des Leih-AN	17
2. Kündigung	9	I. Verpflichtung des Verleihers zur Gewährung des Mindeststundenentgelts	19
II. Arbeitszeit	10		
III. Arbeitsentgelt	11		

1 **A. Gegenstand und Zweck der Regelung.** § 10 regelt die rechtlichen Folgen im Fall der Unwirksamkeit des Leiharbeitsvertrages wegen Fehlens einer Verleiherlaubnis (§ 9 Nr 1) sowie die Folgen eines Verstoßes gegen das Gleichstellungsprinzip (§ 9 Nr 2). Für den letztgenannten Fall begründet § 10 IV eine gesetzliche Anspruchsgrundlage des Leih-AN ggü dem Verleiher auf Gewährung der entspr wesentlichen Arbeitsbedingungen des Entleiherbetriebs, mind aber die durch RVO festgesetzte Lohnuntergrenze (§ 10 V). Zentraler Regelungsgegenstand ist die in § 10 I normierte gesetzliche Fiktion eines Arbeitsverhältnisses zwischen Leih-AN und Entleiher bei Nichtigkeit des Leiharbeitsvertrages nach § 9 Nr 1. Hierdurch soll insb ein sozialer und wirtschaftlicher Schutz der Leih-AN bewirkt werden, deren Erwerbsgrundlage in Gestalt des Arbeitsverhältnisses zum Verleiher wegen des Gesetzesverstoßes entfällt. Zum anderen werden Entleiher durch die Androhung von durch sie zu tragenden rechtlichen Folgen im Hinblick auf die ohne Erlaubnis und damit rechtswidrig ausgeübte AN-Überlassung sensibilisiert und veranlasst, das Vorliegen einer Erlaubnis auf Verleiherseite zu prüfen.

2 **B. Fiktion eines Arbeitsverhältnisses zum Entleiher.** Betreibt der Verleiher erlaubnispflichtige AN-Überlassung iSv § 1 I 1 ohne über eine entspr Erlaubnis zu verfügen, fingiert § 10 I ein Arbeitsverhältnis des Leih-AN zum Entleiher, während den Leiharbeitsvertrag mit dem Verleiher die Unwirksamkeitsfolge des § 9 Nr 1 trifft. Ist der Leiharbeitsvertrag dagegen (auch) aus anderen Gründen unwirksam, etwa bei fehlender Geschäftsfähigkeit oder Vertretungsmacht, greift § 10 I grds nicht ein. IS eines umfassenden Schutzes des Leih-AN schließt aber das Vorliegen weiterer Nichtigkeitsgründe iSv § 134 BGB, etwa ein Verstoß gegen § 1b S 1, die Regelung des § 10 I nicht aus (BAG 8.7.1998, 10 AZR 274/97, DB 1999, 386; aA *Boemke/ Lembke* § 10 Rn 24). Die **Beweislast** für das Vorliegen der Voraussetzungen des § 10 I trägt der Leih-AN (BAG 30.1.1991, 7 AZR 497/89, EzAÜG § 10 AÜG Fiktion Nr 66). Voraussetzung für die Anwendung der Vorschrift des § 10 I ist nach § 1 I 1 ein Arbeitsverhältnis zwischen dem Verleiher und dem Entliehenen. Selbstständige können nicht als Leih-AN an Entleiher überlassen werden (BAG 9.11.1994, 7 AZR 217/94, NZA 1995, 572). Eine Fiktion des Zustandekommens eines Arbeitsverhältnisses gem § 10 I wegen der Zuweisung von AN an ein Jobcenter durch einen seiner Träger kommt schon deshalb nicht in Betracht, weil ein Jobcenter mangels AGfähigkeit gem § 44 d IV SGB II nicht Entleiher iSd AÜG sein kann (BAG 23.6.2015, 9 AZR 261/13, ArbRAktuell 2016, 43). Die Rechtsfolge des § 10 I 1 kann im Übrigen nicht entspr auf den Fall eines freien aber wirtschaftlich abhängigen Mitarbeiters angewendet werden (LAG Düsseldorf 21.7.2015, 3 Sa 6/15, BeckRS 2015, 71812). Besitzt ein AG die Erlaubnis zur AN-Überlassung, führt auch eine verdeckte AN-Überlassung aufgrund eines Scheinwerkvertrages nicht zur Begr eines Arbeitsverhältnisses zwischen dem überlassenen AN und dem Entleiher (LAG Rh-Pf 2 Sa 689/14, BeckRS 2015, 72254; LAG BW 7.5.2015, 6 Sa 78/14, NZA-RR 2015, 520; LAG BW 9.4.2015, 19 Ca 8665/13, NZA-RR 2015, 456; aA LAG BW 3.12.2014, 4 Sa 41/14, NZA-RR 2015, 177 wonach sich Verleiher und Entleiher zumindest dann nicht auf die Verleiherlaubnis berufen können, wenn der Charakter der AN-Überlassung ggü dem AN verschleiert wird). Dies wird sich allerdings bei Verabschiedung des bislang lediglich im überarbeiteten RefE vom 17.2.2016 vorliegenden »Gesetzes zur Änderung des Arbeitnehmerüberlassungsgesetzes und anderer Gesetze« mit Wirkung zum 1.1.2017 ändern. Für eine **analoge Anwendung** des § 10 I fehlt es bislang auch im Falle einer nicht nur vorübergehenden AN-Überlassung (s.o. § 1 Rdn 39) an einer planwidrigen Regelungslücke. Der Gesetzgeber hat bei einer nicht nur vorübergehenden AN-Überlassung bewusst nicht die Rechtsfolge der Begründung eines Arbeitsverhältnisses mit dem Entleiher angeordnet. Das Unionsrecht gibt kein anderes Ergebnis vor. Die RL 2008/104/EG v 19.11.2008 [AblEG v 5.12.2008 L327 S 9 ff] sieht keine bestimmte Sanktion bei einem nicht nur vorübergehenden Einsatz des Leih-AN vor. Art. 10 II 1 der Leiharbeits-RL überlässt die Festlegung wirksamer, angemessener und abschreckender Sanktionen bei Verstößen gegen Vorschriften des AÜG den Mitgliedstaaten. Angesichts der Vielzahl möglicher Sanktionen obliegt deren Auswahl dem Gesetzgeber und nicht den Gerichten für Arbeitssachen (BAG 10.12.2013, 9 AZR 51/13, NZA 2014, 196; BAG 29.4.2015, 9 AZR 883/13, AP AÜG § 1 Nr. 37) (siehe zum Merkmal der vorübergehenden AN-Überlassung oben § 1 Rdn 38 ff). Im Fall der Umsetzung des vom BMAS vorgelegten RefE vom 17.2.2016 wird mit Wirkung zum 1.1.2017 eine Überschreitung der Höchstüberlassungsdauer von 18 Monaten zum Zustandekommen eines Arbeitsverhältnisses zwischen Entleiher u Leih-AN führen, sofern der Leih-AN nicht innerhalb eines Monats nach Ablauf der Überlassungshöchstdauer widerspricht. Nach dem RefE werden bei den 18 Monaten nur Verleihzeiten ab dem 1.1.2017 berücksichtigt.

Die in § 10 I begründete gesetzliche Fiktion und der mit ihr verbundene AG-Wechsel können auch **nicht vertraglich abbedungen** werden. Anders als beim AG-Wechsel durch Betriebsübergang nach § 613a BGB wird durch § 10 I kein bestehendes Arbeitsverhältnis auf den Entleiher übertragen, sondern ein neues Beschäftigungsverhältnis begründet. Aufgrund dieser unterschiedlichen Lage wird dem Leih-AN von der hM auch kein Widerspruchsrecht entspr § 613a VI BGB gegen die Entstehung, sondern ein Recht auf außerordentliche Kdg des Arbeitsverhältnisses zum Entleiher zugestanden (vgl Thüsing/*Mengel* § 10 Rn 47 mwN). Findet rechtswidrige AN-Überlassung iSv § 9 Nr 1 aus einem Mischbetrieb heraus statt, kann, etwa im Hinblick auf die Rechtsfolgen des § 10 I 2, ein Interesse des Leih-AN auf Rückkehr an seinen Stammarbeitsplatz beim Verleiher bestehen, sodass die Regelung des § 10 I 1 sich nicht zu seinem Schutz, sondern sogar zu seinem Nachteil auswirken kann. Durch Begründung einer Wahlmöglichkeit und entspr Anwendung von § 613a VI BGB könnte diesem Interesse entsprochen werden (in diesem Sinne auch LAG Frankfurt 6.3.2001, 2/9 Sa 1246/00, NZA-RR 2003, 73). 3

Rechtsmissbräuchliches Verhalten von Verleiher bzw Leih-AN kann dem Eintritt der Rechtsfolgen des § 10 I entgegenstehen. Gleiches gilt für den Fall der Verwirkung durch den Leih-AN (BAG 30.1.1991, 7 AZR 239/90, EzAÜG § 10 AÜG Fiktion Nr 68). Eine nach Eintritt der Fiktion erteilte Verleiherlaubnis hat auf den Bestand der Fiktion keinen Einfluss (LAG Schl-Holst 6.4.1984, 3 (4) Sa 597/82, EzAÜG § 10 AÜG Nr 35). IS eines umfassenden AN-Schutzes wirkt die Fiktion auch dann weiter fort, wenn ein unter Verstoß gegen § 9 Nr 1 überlassener AN durch einen anderen ersetzt wird (zum Streitstand vgl Schüren/*Schüren* § 10 Rn 65). § 10 I 1 bewirkt, dass der Leih-AN betriebsverfassungsrechtlich auch dem Entleiherbetrieb zuzurechnen ist (zu den Beteiligungsrechten des Entleiher-BR s § 14 Rdn 16). 4

C. Beginn des fingierten Arbeitsverhältnisses. § 10 I knüpft den Zeitpunkt der Entstehung des fingierten Arbeitsverhältnisses an den Zeitpunkt der Unwirksamkeit des Leiharbeitsvertrages nach § 9 Nr 1. Fehlt die Verleiherlaubnis bereits **bei Abschluss des Leiharbeitsvertrages**, entsteht ein Arbeitsverhältnis des Leih-AN zum Entleiher nach dem eindeutigen Gesetzeswortlaut zu dem für den Beginn des Arbeitseinsatzes vorgesehenen Zeitpunkt (str, so *Sandmann*/*Marschall* § 10 Rn 4, Thüsing/*Mengel* § 10 Rn 9; aA Schüren/*Schüren* § 10 Rn 46 ff mwN). Voraussetzung ist allerdings, dass der Leih-AN die Arbeit beim Entleiher, ggf auch nach dem zunächst vorgesehenen Zeitpunkt, tatsächlich aufnimmt, da erst dann die Person des Leih-AN, in Bezug auf die ein Arbeitsverhältnis zum Entleiher fingiert wird, feststeht. Ist der Zeitpunkt der vorgesehenen Arbeitsaufnahme nicht bestimmt oder den Umständen nicht mehr bestimmbar, entsteht das fingierte Arbeitsverhältnis zum Entleiher im Zeitpunkt der tatsächlichen Arbeitsaufnahme (BAG 10.2.1977, 2 ABR 80/76, EzAÜG § 1 AÜG Erlaubnispflicht Nr 3). 5

Entfällt die **Verleiherlaubnis**, nachdem der Leih-AN seine Tätigkeit beim Entleiher aufgenommen hat, gilt das fingierte Arbeitsverhältnis als mit dem Wegfall der Erlaubnis zustande gekommen (§ 10 I 1 Hs 2). In den Fällen der Nichtverlängerung (§ 2 IV 3), der Rücknahme (§ 4) oder des Widerrufs (§ 5) entsteht das fingierte Arbeitsverhältnis erst nach Ablauf der Abwicklungsfrist (§ 2 IV 4), sofern der Leih-AN dann noch im Entleiherbetrieb tätig ist. 6

D. Inhalt des fingierten Arbeitsverhältnisses. Durch § 10 I 1 wird zwischen Entleiher und Leih-AN ein vollwertiges Arbeitsverhältnis begründet. Die Arbeitsbedingungen bestimmen sich grds nach den Regelungen im Entleiherbetrieb, sofern nicht § 10 I 2, 3 und 5 abw Vorgaben treffen oder Leih-AN und Entleiher etwas anderes vereinbaren (BAG 19.12.1979, 4 AZR 901/77, EzA § 10 AÜG Nr 2). In Bezug auf Arbeitsort und Inhalt der Tätigkeit des Leih-AN besteht das im Überlassungsvertrag Vereinbarte fort. 7

I. Dauer des Arbeitsverhältnisses. 1. Befristung. Gem § 10 I 2 gilt das Arbeitsverhältnis als befristet, wenn die Tätigkeit des Leih-AN beim Entleiher nur befristet vorgesehen war und ein die Befristung 8 sachlich rechtfertigender Grund vorliegt. Zum einen ist erforderlich, dass im AN-Überlassungsvertrag eine Befristungsabrede getroffen wurde. Zum anderen bedarf es eines die Befristung sachlich rechtfertigenden Grundes aufseiten des Leih-AN oder Entleihers, wofür auf den Katalog von Befristungsgründen in **§ 14 I TzBfG**, aber auch auf § 21 BEEG zurückgegriffen werden kann. Liegen die genannten Voraussetzungen vor, endet das fingierte Arbeitsverhältnis spätestens zu dem zwischen Verleiher und Entleiher festgelegten Ende des Überlassungszeitraums. Eine darüber hinausgehende, widerspruchlose Fortsetzung der Tätigkeit des Leih-AN im Entleiherbetrieb bewirkt die Fiktion eines unbefristeten Arbeitsverhältnisses zum Entleiher (§ 15 V TzBfG).

9 **2. Kündigung.** Ein als unbefristet fingiertes Arbeitsverhältnis kann unter Beachtung der Regelungen zum Kdg-Schutz und unter Einhaltung der entspr Kdg-Fristen gekündigt werden. Für die Berechnung der Beschäftigungszeit in Bezug auf § 1 I KSchG und § 622 II BGB findet nur der Zeitraum ab Bestehen des (fingierten) Arbeitsverhältnisses zwischen Entleiher und Leih-AN Anwendung (hM, ErfK/*Wank* § 10 Rn 18).

10 **II. Arbeitszeit.** Um den Leih-AN vor unvorhergesehenen Änderungen seiner bisherigen Arbeitszeit zu schützen, ist gem § 10 I 3 die zwischen Verleiher und Entleiher vereinbarte Arbeitszeit des Leih-AN beim Entleiher auch Inhalt des fingierten Arbeitsverhältnisses. Dies betrifft sowohl die Dauer als auch die Lage der Arbeitszeit. Fehlt es an einer solchen Vereinbarung, gelten die entspr tariflichen bzw in BV enthaltenen Regelungen bzw die betriebsübliche Arbeitszeit im Entleiherbetrieb. Innerhalb dieser normativen Vorgaben sind einseitige Änderungen der Lage der Arbeitszeit aufgrund des arbeitgeberseitigen Direktionsrechts (vgl § 106 GewO Rdn 27 ff) nach billigem Ermessen zulässig.

11 **III. Arbeitsentgelt.** Die Höhe des Vergütungsanspruchs des Leih-AN aus dem fingierten Arbeitsverhältnis zum Entleiher bestimmt sich nach § 10 I 4 und 5. Hiernach sind grds die im Entleiherbetrieb für vergleichbare Stamm-AN bzw, sofern im Entleiherbetrieb keine Stamm-AN beschäftigt sind, in vergleichbaren Betrieben, etwa anderen Betrieben des Entleiherunternehmens, für **vergleichbare Stamm-AN geltenden Entgeltregelungen** maßgeblich (zur Frage der Vergleichbarkeit s.o. § 3 Rdn 22). Der Begriff des Arbeitsentgelts erfasst sämtliche Gegenleistungen für verrichtete Arbeit, neben Lohn bzw Gehalt und Zulagen auch Sondervergütungen wie Urlaubsgeld, Weihnachtsgeld, Gratifikationen, Leistungen eines betrieblichen Versorgungswerks (BAG 18.2.2003, 3 AZR 160/02, EzA § 10 AÜG Nr 11), aber auch Sachleistungen, etwa die Überlassung eines Firmenwagens auch zur privaten Nutzung (*Boemke/Lembke* § 10 Rn 70).

12 Um den Leih-AN ggü seiner arbeitsvertraglichen Situation beim Verleiher nicht schlechter zu stellen, sichert § 10 I 5 das aus dem Leiharbeitsvertrag bzw einer anwendbaren Kollektivregelung resultierende Vergütungsniveau auch ggü dem Entleiher als **Mindestgarantie** ab. Zu diesem Zweck ist ein **Günstigkeitsvergleich** der bei Verleiher und Entleiher gewährten Vergütungspakete insgesamt, nicht dagegen ein Rosinenpicken von jeweils günstigeren Entgeltbestandteilen vorzunehmen (so auch *Boemke/Lembke* § 10 Rn 71, aA wohl hM Schüren/*Schüren* § 10 Rn 95 mwN). Allerdings begründet § 10 I 5 keinen Anspruch des Leih-AN auf dauerhafte Aufrechterhaltung eines Vergütungsvorsprungs ggü den übrigen Beschäftigten des Entleihers (BAG 21.7.1993, 5 AZR 554/92, EzAÜG § 10 AÜG Fiktion Nr 78). Leih-AN und Entleiher können eine von § 10 I 5 abw Vergütungsregelung vereinbaren (Thüsing/*Mengel* § 10 Rn 31, zur Möglichkeit einer Änderungskdg zur Entgeltabsenkung vgl *Reiserer/Powietzka* BB 2006, 1109 ff). Verfallsfristen aus einem beim Entleiher geltenden TV beginnen in Bezug auf das fingierte Arbeitsverhältnis erst dann zu laufen, wenn der Entleiher seine Schuldnerstellung eingeräumt und sich zu ihr bekannt hat (BAG 27.7.1983, 5 AZR 194/81, EzAÜG § 10 Fiktion Nr 20).

13 **IV. Sonstige Arbeitsbedingungen.** Die sonstigen, nicht von § 10 I speziell geregelten Arbeitsbedingungen des fingierten Arbeitsverhältnisses bestimmen sich nach den im Entleiherbetrieb geltenden Regelungen bzw hilfsweise nach den Regelungen vergleichbarer Betriebe. Während BV des Entleiherbetriebs sowie betriebliche und betriebsverfassungsrechtliche Tarifregelungen bei Tarifgebundenheit des Entleihers für das fingierte Arbeitsverhältnis normative Wirkung entfalten, gilt dies für tarifliche Inhalts-, Abschluss- und Beendigungsnormen nur bei beidseitiger Tarifgebundenheit von Leih-AN und Entleiher. Behält der Entleiher tarifliche Leistungen tarifgebundenen Stamm-AN vor und verweigert sie nicht tarifgebundenen Leih-AN, die auf Grundlage von § 10 I 1 tätig sind, verstößt er nicht gegen den Gleichstellungsgrundsatz (*Boemke/Lembke* § 10 Rn 65 mwN).

14 **E. Fehlerhaftes Arbeitsverhältnis zum Verleiher.** Für den Fall, dass der Leiharbeitsvertrag wegen fehlender Verleiherlaubnis nach § 9 Nr 1 unwirksam ist, aber dennoch in Vollzug gesetzt wurde, sind auf die Rechtsbeziehung zwischen Leih-AN und Verleiher die Grundsätze des fehlerhaften Arbeitsverhältnisses anzuwenden (s.o. § 9 Rdn 6). Betriebsverfassungsrechtlich ist der Leih-AN aber auch dann, wenn das

fehlerhafte Arbeitsverhältnis vollzogen wird, allein dem Entleiherbetrieb zuzurechnen. § 14 ist in dieser Konstellation nicht entspr anwendbar (BAG 20.4.2005, 7 ABR 20/04, EzA § 14 AÜG Nr 5; teilw aA Schüren/*Hamann* § 14 Rn 502 ff mwN; s.u. § 14 Rdn 10, 20).

F. Schadensersatzanspruch des Leih-AN. Ist der Leiharbeitsvertrag wegen fehlender Verleiherlaubnis 15 unwirksam, gewährt § 10 II 1 dem Leih-AN einen **Anspruch auf Ersatz des Schadens**, den er dadurch erlitten hat, dass er auf die Gültigkeit des Vertrages **vertraute**. Kannte der Leih-AN den Grund der Unwirksamkeit, wusste er also dass der Verleiher nicht oder nicht mehr über die erforderliche Verleiherlaubnis verfügt, ist der Schadensersatzanspruch ausgeschlossen. Kennenmüssen reicht nicht aus (Thüsing/*Mengel* § 10 Rn 54). Der Anspruch nach § 10 II auf Ersatz des Vertrauensschadens erfasst insb Aufwendungen, die der Leih-AN für die Begründung des Leiharbeitsverhältnisses getätigt hat, etwa Umzugskosten, aber auch entgangenen Gewinn, wenn etwa der Leih-AN eine anderweitige Beschäftigung aufgegeben bzw nicht angetreten hat, die, ggü dem Niveau bei Verleiher und Entleiher (§ 10 I 4, 5), besser dotiert gewesen wäre (*Boemke*/*Lembke* § 10 Rn 111). Ersatz des positiven Interesses kann der Leih-AN nicht verlangen, der Umfang des Vertrauensschadensersatzes ist allerdings nicht auf das Erfüllungsinteresse begrenzt (HWK/ *Gotthardt* § 10 Rn 21). Nicht nach § 10 II, aber auf Grundlage des fehlerhaften Arbeitsverhältnisses haftet der Verleiher, wenn der Entleiher seinen Verpflichtungen, etwa der Vergütungspflicht aus dem fingierten Arbeitsverhältnis, nicht nachkommt (hM, Thüsing/*Mengel* § 10 Rn 58 mwN). Dagegen greift § 10 II ein, wenn der Leih-AN in Unkenntnis des fingierten Arbeitsverhältnisses Ansprüche, die allein ggü dem Entleiher bestehen (s.o. Rdn 12 f) nicht rechtzeitig, etwa im Hinblick auf tarifliche Ausschlussfristen, geltend macht (ErfK/*Wank* § 10 Rn 24).

G. Gesamtschuldnerische Haftung von Verleiher und Entleiher. Zahlt der Verleiher im Fall eines man- 16 gels Verleiherlaubnis unwirksamen Leiharbeitsvertrages gleichwohl das Arbeitsentgelt oder Teile davon an den Leih-AN aus, erlegt ihm § 10 III eine gesamtschuldnerische Haftung neben dem Entleiher als AG (§ 10 I) in Bezug auf sonstige Teile des Arbeitsentgelts auf, die, bei Wirksamkeit des Leiharbeitsvertrages, an einen anderen zu zahlen wären. Diese Bestimmung ergänzt die bes Regelungen über die Verleiherhaftung in Bezug auf die Lohnsteuer (§ 42d VI und VII EStG) sowie den Gesamtsozialversicherungsbeitrag (§ 28e II 3 und 4 SGB IV). Der Vollzug des fehlerhaften Arbeitsverhältnisses durch Erbringung der Arbeitsleistung allein reicht noch nicht für die Erfüllung des Haftungstatbestandes nach § 10 III aus, nach dem eindeutigen Wortlaut der Norm bedarf es einer Vergütungszahlung an den Leih-AN durch den Verleiher (*Boemke*/ *Lembke* § 10 Rn 117; aA HWK/*Gotthardt* § 10 Rn 26). Liegt diese tatbestandliche Voraussetzung vor, haftet der Verleiher gesamtschuldnerisch mit dem Entleiher in Bezug auf ggü Dritten zu zahlende Teile des Arbeitsentgelts (zur Gesamtschuldnerhaftung vgl Schüren/*Schüren* § 10 Rn 177 ff). Hierunter fallen etwa an eine Bausparkasse zu entrichtende vermögenswirksame Leistungen auf Grundlage des unwirksamen Leiharbeitsvertrages, Beiträge ggü Trägern der betrieblichen Altersversorgung oder Leistungen an einen Vollstreckungsgläubiger im Fall von Lohnpfändung (*Sandmann*/*Marschall* § 10 Rn 26c).

H. Gleichstellungsanspruch des Leih-AN. IRd Reform durch das Erste G zur Änderung des Arbeitneh- 17 merüberlassungsgesetzes – Verhinderung von Missbrauch der Arbeitnehmerüberlassung v 29.4.2011 (BGBl I S 642 ff) wurde § 10 IV vom Gesetzgeber mit Wirkung zum 30.4.2011 neu gestaltet. Die Neufassung des § 10 IV greift die Ausgestaltung des Gleichstellungsgrundsatzes iRd neu gefassten gewerberechtlichen Norm § 3 I Nr 3 auf (s.o. § 3 Rdn 17 ff) und begründet detaillierte Leistungspflichten des Verleihers ggü dem Leih-AN. Für die Zeit der Überlassung an den Entleiher muss der Verleiher dem Leih-AN die im Betrieb des Entleihers für einen vergleichbaren Arbeitnehmer des Entleihers geltenden wesentlichen Arbeitsbedingungen einschließlich des Arbeitsentgelts gewähren (§ 10 IV S 1). Zur Ermittlung der Höhe des Anspruchs aus § 10 IV ist ein Gesamtvergleich der Entgelte im Überlassungszeitraum anzustellen. Dabei sind das im Betrieb der Entleiherin einem Stamm-AN gewährte Vergleichsentgelt u das dem Leih-AN v Verleiher gezahlte Entgelt miteinander zu saldieren. Die Höhe der Differenzvergütung ist für jeden Überlassungszeitraum getrennt zu ermitteln (BAG 21.10.2015, 5 AZR 604/14, NZA 2016, 422). Soweit tarifliche Regelungen normativ oder durch Bezugnahme auf das Arbeitsverhältnis einwirken, ist der Verleiher zur Gewährung dieser tariflichen Arbeitsbedingungen verpflichtet (§ 10 IV S 2). Für den Fall, dass durch Rechts-VO nach § 3a eine Lohnuntergrenze bestimmt (vgl oben § 3a Rdn 7) ist und eine auf das Leiharbeitsverhältnis anwendbare Tarifregelung diese Lohnuntergrenze unterschreitet, besteht eine **Leistungsverpflichtung** des Verleihers ggü dem Leih-AN nicht nur in Höhe der Lohnuntergrenze, sondern der Verleiher hat dem Leih-AN den für vergleichbare Stammbeschäftigte im Entleiherbetrieb geltenden Stundenlohn zu gewähren (§ 10 IV S 3). § 10 IV S 3 kommt somit Pönalisierungscharakter zu. Über das Schicksal der weiteren tarifvertraglichen Arbeitsbedingungen trifft § 10 IV 3 keine Aussage. Es ist davon auszugehen, dass diese Regelungen des Tarifvertrages, etwa Regelungen über höhere Lohngruppen bzw Zuschläge, ihre Gültigkeit behalten. Die frühere Fassung des § 10 IV wurde in § 10 IV 4 nF fortgeführt. Für den Fall, dass die Vereinbarung zwischen Leih-AN und Verleiher wegen Verstoßes gegen den Gleichstellungsgrundsatz gem § 9 Nr 2 unwirksam ist, besteht eine Leistungspflicht des Verleihers, dem Leih-AN für den Zeitraum seines Einsatzes beim Entleiher die für vergleichbare AN des Entleihers geltenden Arbeitsbedingungen einschl des Arbeitsentgelts zu gewähren. Zur Durchsetzung dieses Anspruchs begründet § 13 zugunsten des Leih-AN einen entspr Auskunftsanspruch ggü dem Entleiher. Für die Schlüssigkeit einer Klage auf »equal pay«-Vergütung genügt die Bezugnahme des Leih-AN auf die ihm erteilte Auskunft (BAG 19.9.2007, 4 AZR 656/06, DB 2008, 243). Dem Leih-AN obliegt es, gem § 13 seinen Auskunftsanspruch ggü dem Entleiher geltend zu machen und die Informationen in das Verfahren aufzunehmen, ansonsten trifft ihn die volle Darlegungs- und Beweislast für die Höhe des Anspruchs auf Differenzvergütung nach § 10 IV AÜG (BAG 25.9.2013, 5 AZR 617/13, NZA 2013, 1231; 5 AZR 604/14, NZA 2016, 422). Die Darlegungslast des Leih-AN umfasst neben dem Arbeitsentgelt vergleichbarer Stamm-AN die Darlegung des Gesamtvergleichs u die Berechnung der Differenzvergütung. Der gesetzliche Anspruch des Leih-AN auf gleiches Arbeitsentgelt nach § 10 IV AÜG wird zu dem arbeitsvertraglich für die Vergütung vereinbarten Zeitpunkt fällig. Die Verjährung gem §§ 195, 199 BGB läuft an, wenn der Leih-AN Kenntnis von der Tatsache hat, dass vergleichbare Stamm-AN des Entleihers mehr verdienen als er. Grundsätzlich unbeachtlich ist dagegen die zutreffende rechtliche Würdigung einer arbeitsvertraglichen Klausel, mit der der Verleiher von der in § 9 Nr 2, § 10 IV 2 AÜG eröffneten Möglichkeit, von dem Gebot der Gleichbehandlung abzuweichen, Gebrauch macht (BAG 13.3.2013, 5 AZR 954/11, NZA 2013, 680; 5 AZR 146/12, NZA 2013, 782; 5 AZR 242/12; 5 AZR 294/12; 5 AZR 424/12, NZA 2013, 785) (zu Nachzahlungsansprüchen im Zusammenhang mit den unwirksamen CGZP TV s.o. § 3 Rdn 30). Tarifvertragliche Ausschlussfristen, die auf die Stammbelegschaft im Entleiherbetrieb Anwendung finden, begrenzen den Leistungsanspruch des Leih-AN aus dem Gleichstellungsgrundsatz nicht (BAG 23.3.2011, 5 AZR 7/10, NZA 2011 850). Ausschlussfristen des Entleihers gehören nicht zu den wesentlichen Arbeitsbedingungen iSd § 10 IV AÜG, sondern sind Vertragsbedingungen, die nur für die dort beschäftigten Stammbeschäftigten gelten. Zum Verjährungseintritt sowie der Frage inwieweit etwaige Nachzahlungsansprüche aus dem Gleichstellungsgrundsatz durch die Aufnahme von Ausschlussfristen oder Ausgleichsklauseln in den Arbeitsvertrag zwischen Verleiher und Leih-AN abbedungen werden können vgl *Lembke* BB 2010, 1533, 1536 ff; *Schlegel* NZA 2011, 380, 382 sowie oben § 3 Rdn 30. Nimmt ein Leih-AN beim Entleiher (arbeitsvertragskonform) Tätigkeiten wahr, die weniger qualifiziert sind als die im Arbeitsvertrag mit dem Verleiher vereinbarte Funktion, richtet sich der Vergütungsanspruch nach § 10 IV nicht nur nach der beim Entleiher wahrgenommenen Tätigkeit, sondern auch nach der im Arbeitsvertrag vereinbarten Funktion. Der Leih-AN ist mit einem AN zu vergleichen, der im Betrieb des Entleihers die im Arbeitsvertrag vereinbarte Funktion innehat (LAG BW 16.5.2014, 12 Sa 36/13, BeckRS 2014, 70739).

18 Art 10 der europäischen RL 2008/104/EG zur Leiharbeit verpflichtet die Mitgliedstaaten, Verstöße gegen die in der RL verankerten Rechte der Leih-AN, also auch den in Art 5 verankerten Gleichbehandlungsgrundsatz wirksam zu sanktionieren. Nach bisheriger Fassung des AÜG beschränkten sich Sanktionsmöglichkeiten gegen Verleiher darauf, Verstöße gegen den Gleichstellungsgrundsatz durch Nicht-Verlängerung oder Widerruf der Verleiherlaubnis zu ahnden. Im Lichte der Vorgaben der RL begründete der Gesetzgeber in § 16 I Nr 7a nunmehr einen bußgeldbewehrten Ordnungswidrigkeitstatbestand für den Fall, dass der Verleiher eine ihm von § 10 IV auferlegte Leistungspflicht nicht erfüllt. Die ausdrückliche Begründung der Leistungsverpflichtungen in § 10 IV ist Voraussetzung für die Strafandrohung im Fall der Nichteinhaltung in § 16 I Nr 7a (BT-Drs 17/4804, S 10).

19 **I. Verpflichtung des Verleihers zur Gewährung des Mindeststundenentgelts.** Der iRd Reform durch das Erste G zur Änderung des Arbeitnehmerüberlassungsgesetzes – Verhinderung von Missbrauch der Arbeitnehmerüberlassung mit Wirkung zum 30.4.2011 neu geschaffene § 10 V regelt für den Fall, dass nach § 3a eine Lohnuntergrenze durch Rechts-VO verbindlich geregelt ist, die Pflicht des Verleihers, seinen Leih-AN sowohl in den Zeiten der Überlassung wie auch in verleihfreien Zeiten zumindest das verbindliche **Mindeststundenentgelt** zu zahlen. Das mit der Lohnuntergrenze festgesetzte Mindeststundenentgelt ist auch dann zu leisten, wenn das Entgelt eines vergleichbaren Stammbeschäftigten im Betrieb des Entleihers niedriger sein sollte. Die ausdrückliche Begründung der Verpflichtung des Verleihers zur Gewährung des Mindeststundenentgelts in § 10 V ist Voraussetzung für die Strafandrohung im Fall der Nichteinhaltung in § 16 I Nr 7b, die durch das G zur Änderung des Arbeitnehmerüberlassungsgesetzes und des Schwarzarbeitsbekämpfungsgesetzes (BGBl I S 1506) mit Wirkung zum 21.7.2011 neu eingeführt wurde.

§ 11 Sonstige Vorschriften über das Leiharbeitsverhältnis

(1) ¹Der Nachweis der wesentlichen Vertragsbedingungen des Leiharbeitsverhältnisses richtet sich nach den Bestimmungen des Nachweisgesetzes. ²Zusätzlich zu den in § 2 Abs. 1 des Nachweisgesetzes genannten Angaben sind in die Niederschrift aufzunehmen:
1. Firma und Anschrift des Verleihers, die Erlaubnisbehörde sowie Ort und Datum der Erteilung der Erlaubnis nach § 1,
2. Art und Höhe der Leistungen für Zeiten, in denen der Leiharbeitnehmer nicht verliehen ist.

(2) ¹Der Verleiher ist ferner verpflichtet, dem Leiharbeitnehmer bei Vertragsschluss ein Merkblatt der Erlaubnisbehörde über den wesentlichen Inhalt dieses Gesetzes auszuhändigen. ²Nichtdeutsche Leiharbeitnehmer erhalten das Merkblatt und den Nachweis nach Absatz 1 auf Verlangen in ihrer Muttersprache. ³Die Kosten des Merkblatts trägt der Verleiher.

(3) ¹Der Verleiher hat den Leiharbeitnehmer unverzüglich über den Zeitpunkt des Wegfalls der Erlaubnis zu unterrichten. ²In den Fällen der Nichtverlängerung (§ 2 Abs. 4 Satz 3), der Rücknahme (§ 4) oder des Widerrufs (§ 5) hat er ihn ferner auf das voraussichtliche Ende der Abwicklung (§ 2 Abs. 4 Satz 4) und die gesetzliche Abwicklungsfrist (§ 2 Abs. 4 Satz 4 letzter Halbsatz) hinzuweisen.

(4) ¹§ 622 Abs. 5 Nr. 1 des Bürgerlichen Gesetzbuchs ist nicht auf Arbeitsverhältnisse zwischen Verleihern und Leiharbeitnehmern anzuwenden. ²Das Recht des Leiharbeitnehmers auf Vergütung bei Annahmeverzug des Verleihers (§ 615 Satz 1 des Bürgerlichen Gesetzbuchs) kann nicht durch Vertrag aufgehoben oder beschränkt werden; § 615 Satz 2 des Bürgerlichen Gesetzbuchs bleibt unberührt. ³Das Recht des Leiharbeitnehmers auf Vergütung kann durch Vereinbarung von Kurzarbeit für die Zeit aufgehoben werden, für die dem Leiharbeitnehmer Kurzarbeitergeld nach dem Dritten Buch Sozialgesetzbuch gezahlt wird; eine solche Vereinbarung kann das Recht des Leiharbeitnehmers auf Vergütung bis längstens zum 31. Dezember 2011 ausschließen.

(5) ¹Der Leiharbeitnehmer ist nicht verpflichtet, bei einem Entleiher tätig zu sein, soweit dieser durch einen Arbeitskampf unmittelbar betroffen ist. ²In den Fällen eines Arbeitskampfes nach Satz 1 hat der Verleiher den Leiharbeitnehmer auf das Recht, die Arbeitsleistung zu verweigern, hinzuweisen.

(6) ¹Die Tätigkeit des Leiharbeitnehmers bei dem Entleiher unterliegt den für den Betrieb des Entleihers geltenden öffentlich-rechtlichen Vorschriften des Arbeitsschutzrechts; die hieraus sich ergebenden Pflichten für den Arbeitgeber obliegen dem Entleiher unbeschadet der Pflichten des Verleihers. ²Insbesondere hat der Entleiher den Leiharbeitnehmer vor Beginn der Beschäftigung und bei Veränderungen in seinem Arbeitsbereich über Gefahren für Sicherheit und Gesundheit, denen er bei der Arbeit ausgesetzt sein kann, sowie über die Maßnahmen und Einrichtungen zur Abwendung dieser Gefahren zu unterrichten. ³Der Entleiher hat den Leiharbeitnehmer zusätzlich über die Notwendigkeit besonderer Qualifikationen oder beruflicher Fähigkeiten oder einer besonderen ärztlichen Überwachung sowie über erhöhte besondere Gefahren des Arbeitsplatzes zu unterrichten.

(7) Hat der Leiharbeitnehmer während der Dauer der Tätigkeit bei dem Entleiher eine Erfindung oder einen technischen Verbesserungsvorschlag gemacht, so gilt der Entleiher als Arbeitgeber im Sinne des Gesetzes über Arbeitnehmererfindungen.

Übersicht	Rdn.			Rdn.
A. Gegenstand und Zweck der Regelung	1	E.	Unabdingbarkeit von Kündigungsfristen und Annahmeverzugslohn	17
B. Nachweis der wesentlichen Arbeitsvertragsbedingungen	2	F.	Leistungsverweigerungsrecht bei Arbeitskampf	20
I. Schriftlicher Nachweis	3			
II. Gegenstand der Nachweispflicht	5	G.	Verantwortung bzgl Arbeitsschutz	25
C. Merkblatt zum AÜG	15	H.	AN-Erfindungen	26
D. Hinweispflicht bei Wegfall der Erlaubnis	16			

A. Gegenstand und Zweck der Regelung. § 11 begründet zugunsten der Leih-AN verschiedene Informations- und Hinweispflichten des Verleihers und enthält, etwa in Ergänzung zu § 9, zudem eine Reihe von Spezialregelungen in Bezug auf den Inhalt des Leiharbeitsverhältnisses. Diese Spezialregelungen erhöhen den arbeitsrechtlichen Schutz der Leih-AN und tragen damit der bes Situation, wonach Leih-AN ihr Arbeitsverhältnis zum Verleiher haben, ihre Arbeitsleistung aber beim Entleiher erbringen, Rechnung. 1

B. Nachweis der wesentlichen Arbeitsvertragsbedingungen. Zum Zwecke der Information eines Leih-AN über den wesentlichen Inhalt seines Arbeitsverhältnisses verweist § 11 I auf die Nachweispflichten in § 2 NachwG und begründet darüber hinaus eigene, der bes Situation der Leiharbeit geschuldete Nachweispflichten (§ 11 I 2 Nr 1 und 2). 2

§ 11 AÜG   Sonstige Vorschriften über das Leiharbeitsverhältnis

3   **I. Schriftlicher Nachweis.**   Der Verleiher ist verpflichtet, die in § 2 I NachwG bzw in § 11 I 2 geforderten Angaben schriftlich niederzulegen, die Niederschrift zu unterzeichnen (persönlich oder durch einen Vertreter) und sie dem Leih-AN spätestens 1 Monat nach dem vereinbarten Arbeitsbeginn auszuhändigen. Ein Nachweis in elektronischer Form ist ausgeschlossen (§ 2 I 3 NachwG). Ausländische AN können verlangen, den Nachweis in ihrer Muttersprache zu erhalten (§ 11 II 2). **Ändern** sich wesentliche Arbeitsbedingungen, ist dies dem AN binnen Monatsfrist schriftlich mitzuteilen (§ 3 NachwG). Hat der Leih-AN seine Arbeitsleistung länger als 1 Monat **außerhalb der BRD** zu erbringen, sind die bes Anforderungen des § 2 II NachwG zu beachten (vgl ausf § 2 NachwG Rdn 26 ff).

4   Der Nachweispflicht kann durch Aufnahme der Angaben in einen schriftlichen Leiharbeitsvertrag (§ 2 IV NachwG) oder durch Erstellung eines eigenständigen Dokuments entsprochen werden. § 11 I begründet jedoch **kein gesetzliches Schriftformerfordernis** für den Leiharbeitsvertrag gem § 126 BGB, dessen Verletzung Unwirksamkeit iSv § 125 BGB zur Folge hätte (*Boemke/Lembke* § 11 Rn 44). Ein Verstoß gegen die Nachweispflicht erfüllt den Ordnungswidrigkeitstatbestand des § 16 I Nr 8 und kann zugunsten des Leih-AN Darlegungs- und Beweiserleichterungen zur Folge haben (*Boemke/Lembke* § 11 Rn 97).

5   **II. Gegenstand der Nachweispflicht.**   § 11 I AÜG iVm § 2 NachwG enthält eine nicht abschließende Aufzählung der für das Arbeitsverhältnis und seine Bedingungen (vgl auch § 1 Rdn 15 ff) wesentlichen und damit schriftlich nachzuweisenden Angaben. Vereinbaren Verleiher und Leih-AN darüber hinausgehende wesentliche Bedingungen im Leiharbeitsvertrag, etwa **Vertragsstrafeklauseln** (zur Zulässigkeit s.o. § 9 Rdn 12, zur Angemessenheit ihrer Höhe iSv § 343 BGB vgl *Schüren* § 11 Rn 73 f), sind diese ebenfalls schriftlich nachzuweisen (*Sandmann/Marschall* § 11 Rn 14).

6   Gem § 11 I 2 Nr 1 zählen die **Firma und Anschrift des Verleihers, die Erlaubnisbehörde sowie Ort und Datum der Erteilung der Erlaubnis** nach § 1 zu den schriftlich niederzulegenden Angaben. Dem Leih-AN soll hierdurch zum einen die Identität des Verleihers zur Kenntnis gebracht und er zum anderen durch die Angaben zur Verleiherlaubnis vor den Rechtsfolgen erlaubnisloser AN-Überlassung bewahrt werden. **Name und Anschrift des Leih-AN** sind in den schriftlichen Nachweis aufzunehmen (§ 2 I 2 Nr 1 NachwG), um den Leih-AN zu individualisieren. Im Hinblick auf die bes gesetzlichen Anforderungen bei Beschäftigung ausländischer Leih-AN (vgl hierzu § 15 Rdn 3 ff) bieten sich auch Angaben zur Staatsangehörigkeit des Leih-AN sowie ggf zur Arbeitsberechtigung im Nachweis an (*Schüren/Schüren* § 11 Rn 32).

7   Nach § 2 I 2 Nr 2 und 3 NachwG sind der **Beginn des Arbeitsverhältnisses**, also der Beginn der Vertragslaufzeit (*Boemke/Lembke* § 11 Rn 49) sowie, bei befristeten Arbeitsverhältnissen, die **Dauer** anzugeben. Die Angabe eines Befristungsgrundes ist nicht erforderlich. Im Fall von Zweckbefristungen oder auflösend bedingten Leiharbeitsverhältnissen ist statt eines festen Endtermins der Zweck der Befristung oder die Bedingung detailliert im schriftlichen Nachweis zu benennen.

8   Gem § 2 I 2 Nr 4 NachwG ist in dem schriftlichen Nachweis der **Arbeitsort** zu bezeichnen oder ein Hinweis darauf aufzunehmen, dass der AN an verschiedenen Orten beschäftigt werden kann. Da Leiharbeit vielfach durch Einsätze bei verschiedenen Entleihern an unterschiedlichen Orten gekennzeichnet ist, kommt letztgenanntem Hinweis große praktische Bedeutung zu. Ist zwischen Verleiher und Leih-AN vereinbart, dass dieser auch auswärts, dh außerhalb des Ortes, an dem die Verleihfirma ihren Sitz hat, tätig wird, ist dies, ebenso wie etwa damit verbundene Fahrtkostenerstattungsregelungen, schriftlich festzuhalten (ErfK/*Wank* § 11 Rn 4).

9   Gem § 2 I 2 Nr 5 NachwG bedarf es einer kurzen **Charakterisierung oder Beschreibung** der vom AN zu leistenden **Tätigkeit**. Die Bezeichnung eines gefestigten Berufsbildes reicht grds aus. Besteht ein solches gefestigtes Berufsbild nicht bzw soll der Leih-AN darüber hinausgehende Tätigkeiten verrichten, sind diese nach Art und Umfang detailliert zu bezeichnen und ist die hierfür benötigte Qualifikation anzugeben. Die Zuweisung von Tätigkeiten kann nur iR des arbeitgeberseitigen Direktionsrechts auf der Grundlage des arbeitsvertraglich Vereinbarten erfolgen (vgl hierzu *Schüren/Schüren* § 11 Rn 39 f).

10   Die Nachweispflichten in § 11 I 2 Nr 2 AÜG iVm § 2 I 2 Nr 6 NachwG beziehen sich auf die **Zusammensetzung und die Höhe des Arbeitsentgelts** aus dem Leiharbeitsverhältnis. Neben der Grundvergütung sind auch die Zuschläge, Zulagen, Prämien und Sonderzahlungen einschl ihrer Bemessungsfaktoren sowie andere Bestandteile des Arbeitsentgelts, etwa Leistungen zur betrieblichen Altersversorgung, Urlaubsgeld oder Sachleistungen und deren Fälligkeit in den Nachweis aufzunehmen. Für die **Zeiträume zwischen Einsätzen** bei Entleihern bestimmt sich der Vergütungsanspruch nach der Vereinbarung im Leiharbeitsvertrag (s.o. § 3 Rdn 18). Für **Überlassungszeiträume** finden gem §§ 3 I Nr 3, 9 Nr 2 grds die wesentlichen

Arbeitsbedingungen des Entleihers einschl des Arbeitsentgelts auf das Leiharbeitsverhältnis Anwendung, sodass der Verleiher diese spätestens 1 Monat nach Beginn der Überlassung (§ 3 NachwG) dem Leih-AN schriftlich nachweisen muss (krit in Bezug auf den hiermit verbundenen organisatorischen Aufwand *Hümmerich/Holthausen/Welslau* NZA 2003, 7, 10). Ist der Grundsatz des »equal pay« durch einen entspr TV oder arbeitsvertragliche Inbezugnahme eines solchen TV ausgeschlossen (vgl § 3 Rdn 27 ff), reicht gem § 2 III 1 NachwG der Verweis auf den TV aus.

Gem § 2 I 2 Nr 7 NachwG ist die **Arbeitszeit** nach Umfang und Lage im Nachweis aufzunehmen. **11** Dadurch soll verhindert werden, dass der Verleiher das in § 11 IV 2 enthaltene Verbot der Aufhebung oder Beschränkung der Regelung zum Annahmeverzug in § 615 S 1 BGB durch Herabsetzung der Arbeitszeit unterläuft (ErfK/*Wank* § 11 Rn 7). Auch Regelungen zu Mehrarbeit, Schichtarbeit, Nachtarbeit sowie Sonn- und Feiertagsarbeit sind zu dokumentieren. Ob und inwieweit eine Flexibilisierung der Tätigkeit des Leih-AN in Form von **Arbeit auf Abruf** zulässig ist, ist str (vgl zum Streitstand Thüsing/*Mengel* § 11 Rn 18 mwN). Bestimmt sich die Arbeitszeit des Leih-AN nach einer anwendbaren tarifvertraglichen Regelung, reicht ein entspr Hinweis (§ 2 III 1 NachwG). Zur Zulässigkeit von Arbeitszeitkonten s.u. Rdn 18.

Nach § 2 I 2 Nr 8 NachwG ist die **Dauer des jährlichen Erholungsurlaubs** ggf durch Verweis auf die **12** zugrunde liegende gesetzliche oder kollektivvertragliche Regelung nachzuweisen. Zum Urlaubsgeld s.o. Rdn 10.

Gem § 2 I 2 Nr 9 NachwG sind die **Fristen für die Kdg des Arbeitsverhältnisses** in den schriftlichen **13** Nachweis aufzunehmen. Auch in diesem Zusammenhang reicht ein Hinweis auf geltende tarifvertragliche oder gesetzliche Regelungen aus. Eine tarifvertragliche Regelung zu Kündigungsfristen enthält etwa § 2 des zwischen iGZ und der DGB-Tarifgemeinschaft Zeitarbeit geschlossenen Mantel-TV Zeitarbeit (idF v 1.11.2013).

Nach § 2 I 2 Nr 10 NachwG muss die Niederschrift auch einen in allg Form gehaltenen Hinweis auf **14** die **TV und Betriebsvereinbarungen**, die auf das Leiharbeitsverhältnis Anwendung finden, enthalten. In diesem Zusammenhang reicht eine Übersicht mit genauer Bezeichnung der Kollektivregelungen aus. Eine detaillierte Einzelbeschreibung der Regelungen ist nicht erforderlich. TV und normativ geltende betriebliche Regelungen sind für den AN im Betrieb einsehbar (§§ 8 TVG, 77 II 3 BetrVG). Eine bes Nachweispflicht sieht § 2 I 4 NachwG bzgl Leih-AN vor, die eine **geringfügige Beschäftigung** iSv § 8 I Nr 1 SGB IV ausüben.

C. Merkblatt zum AÜG. Zum Zwecke der Information der Leih-AN über die Regelungen des AÜG **15** und sich daraus ergebende Rechte und Pflichten ist der Verleiher nach § 11 II verpflichtet, bei Vertragsschluss einem Leih-AN ein von der Arbeitsverwaltung vorgefertigtes Merkblatt auszuhändigen und die Kosten hierfür zu tragen. Ausländische AN können, unabhängig von der Qualität ihrer Deutschkenntnisse, verlangen, das Merkblatt in ihrer Muttersprache zu erhalten. Bei der Arbeitsverwaltung sind Merkblätter in vielen Sprachen Europas verfügbar. Wird eine andere Sprache benötigt, muss der Verleiher für eine entspr Übersetzung sorgen und die Kosten tragen (*Sandmann/Marschall* § 11 Rn 19; aA *Boemke/Lembke* § 11 Rn 105).

D. Hinweispflicht bei Wegfall der Erlaubnis. Gem § 11 III ist der Verleiher verpflichtet, den Leih-AN **16** unverzüglich auf den Zeitpunkt des Wegfalls der Erlaubnis hinzuweisen. Für die Fälle der Nichtverlängerung, der Rücknahme oder des Widerrufs der Erlaubnis ist zudem das voraussichtliche Ende der Abwicklung sowie die gesetzliche Abwicklungsfrist, während derer das Arbeitsverhältnis als fortbestehend fingiert wird (vgl hierzu § 2 Rdn 9), anzugeben. Der Leih-AN soll sich so rechtzeitig auf das Ende des Leiharbeitsverhältnisses einstellen können, welches der Verleiher betriebsbedingt kündigen kann (vgl § 2 Rdn 9). Ein Verstoß des Verleihers gegen die Hinweispflicht kann Schadenersatzansprüche des Leih-AN begründen (Thüsing/*Mengel* § 11 Rn 40). Ob der Hinweis über den Wegfall entspr dem Nachweis über die Erteilung der Erlaubnis in § 11 I 2 Nr 1 schriftlich erfolgen muss, ist str (vgl zum Streitstand *Boemke/Lembke* § 11 Rn 109). Zur Vermeidung von Beweisschwierigkeiten ist die Erteilung in schriftlicher Form jedenfalls empfehlenswert.

E. Unabdingbarkeit von Kündigungsfristen und Annahmeverzugslohn. § 11 IV verfolgt den Zweck, die **17** innerhalb enger rechtlicher Grenzen grds zulässigen Möglichkeiten, das Beschäftigungsrisiko für Zeiträume fehlender Einsatzmöglichkeiten vom AG auf den AN abzuwälzen, zum Schutze der Leih-AN zu beschränken (zur Möglichkeit der betriebsbedingten Kdg eines Leih-AN vgl BAG 18.5.2006, 2 AZR 412/05, AP AÜG § 9 Nr 7; BAG 20.6.2013, 2 AZR 271/12, NZA 2013, 837). Gem § 11 IV 1 ist es für den Verleiher ausgeschlossen, einen Leih-AN »zur vorübergehenden Aushilfe« einzustellen, mit ihm einzelvertraglich eine kürzere als von § 622 I BGB vorgesehene Kündigungsfrist zu vereinbaren und so eine Vergütungspflicht im Zeitraum zwischen Überlassungen zu umgehen. Die übrigen in § 622 III–V vorgesehenen Möglichkeiten zur Verkürzung von Kündigungsfristen, etwa iRv für das Verleihunternehmen geltenden TV (IV) oder in Kleinbetrieben (V Nr 2), bleiben jedoch unberührt.

18 Gem § 11 IV 2 sind Vereinbarungen unzulässig, die den **Vergütungsanspruch** des Leih-AN gegen den Verleiher aus § 615 S 1 BGB wegen **Annahmeverzugs** im Fall von fehlenden Einsatzmöglichkeiten bei Entleihern aufheben oder beschränken (etwa für den Fall eines Arbeitskampfes beim Entleiher vgl LSG NRW 30.8.2006, L 12 AL 168/05, NZA 2007, 84; zu den Voraussetzungen von Annahmeverzug des Verleihers vgl LAG Rh-Pf 24.4.2008, 10 Sa 19/08, EzAÜG § 11 AÜG Verleiherpflicht Nr 5; LAG Köln 29.11.2005, 9 Sa 659/05). Gleiches gilt für Vereinbarungen, die die Entstehungsvoraussetzungen des Anspruchs aus § 615 S 1 BGB zum Nachteil des Leih-AN abändern (LAG Frankfurt 23.1.1987, 13 Sa 1007/86, EzAÜG § 11 AÜG Nr 2; zu den allg Voraussetzungen des Annahmeverzugslohns vgl § 615 BGB Rdn 9 ff). Dagegen steht § 11 IV 2 von der Regelung des Betriebsrisikos in § 615 S 3 BGB abw Vereinbarungen nicht entgegen, da insofern die Besonderheiten der Leiharbeit nicht zu einer erhöhten Schutzbedürftigkeit des Leih-AN ggü anderen AN führen. Die Einrichtung von **Arbeitszeitkonten** dergestalt, dass Arbeitszeitguthaben aus Überstunden während Einsätzen beim Entleiher ohne Zustimmung des Leih-AN vom Verleiher in Nichteinsatzzeiten abgebaut werden koennen, wird von der hM als mit § 11 IV vereinbar angesehen, sofern, wie etwa in § 13.1. des zwischen BZA und der DGB Tarifgemeinschaft Zeitarbeit am 9.3.2010 vereinbarten MTV vorgesehen, der Leih-AN unabhängig vom tatsächlichen Arbeitsumfang eine regelmäßige, verstetigte Vergütung auf Basis seiner vertraglichen Arbeitszeit erhält (LAG Düsseldorf 16.11.2011, 7 Sa 567/11; *Thüsing/Poetters* BB 2012, 317; aA *Schüren* BB 2012, 1417). Das Beschäftigungrisiko verbleibt in diesem Fall beim AG und wird nicht auf den AN verlagert, da dieser ja seine vereinbarte monatliche Vergütung in voller Höhe weitererhält. Das G zur Sicherung von Beschäftigung und Stabilität in Deutschland v 2.3.2009 (BGBl I S 416) führte mit der Regelung in § 11 IV 3 eine Ausnahmemöglichkeit vom Grundsatz des § 11 IV 2 für den Fall ein, dass mit dem Leih-AN **Kurzarbeit** vereinbart wurde und er nach § 95 SGB III Kurzarbeitergeld erhält (zu den bes Kriterien für die Bewilligung von Kurzarbeitergeld im Fall von Leih-AN vgl *Schneider* Rn 359c). Durch das G für bessere Beschäftigungschancen am Arbeitsmarkt v 24.10.2010 (BGBl I S 1417) wurde die Ausnahme im Fall von Kurzarbeit befristet und lief zum 31.12.2011 aus.

19 Die **Höhe des Annahmeverzugslohns** bestimmt sich nach dem Lohnausfallprinzip. Der Leih-AN hat Anspruch auf die Vergütung und geldwerten Nebenleistungen, die im Leiharbeitsvertrag vorgesehen sind. Dagegen spielen ggf höhere Vergütungsbedingungen des letzten Entleihers, die während des Einsatzes für den Leih-AN über den Gleichstellungsgrundsatz wirksam wurden, für den Anspruch auf Annahmeverzugslohn keine Rolle. Der »equal pay«-Grundsatz findet im Hinblick auf seine Zielsetzung bzgl verleihfreier Zeiten keine Anwendung (*Boemke/Lembke* § 11 Rn 118). Auf seinen Anspruch auf Annahmeverzugslohn muss sich der Leih-AN ersparte Aufwendungen, insbes nicht angefallene Fahrtkosten oder anderweitigen Erwerb bzw böswillig unterlassenen Erwerb **anrechnen** lassen (§ 615 S 2 BGB). Hiervon Abweichendes kann vereinbart werden. Nicht anzurechnen sind öffentl-rechtliche Leistungen an den Leih-AN, etwa Arbeitslosengeld I, da insoweit Ansprüche des Leih-AN gegen den Verleiher erlöschen und der gesetzliche Forderungsübergang nach § 115 SGB X auf den öffentl Leistungsträger zu dessen Lasten geschmälert würde (Schüren/*Schüren* § 11 Rn 108 ff). In Höhe der öffentl-rechtlichen Leistungen kann der Verleiher jedoch ggü dem Leih-AN die Zahlung verweigern (HWK/*Gotthardt* § 11 Rn 24).

20 **F. Leistungsverweigerungsrecht bei Arbeitskampf.** Um zu verhindern, dass Leih-AN gegen ihren Willen als Streikbrecher eingesetzt werden, gewährt ihnen § 11 V bei Überlassung an einen unmittelbar von einem Arbeitskampf betroffenen Entleiher ein **Leistungsverweigerungsrecht**. Auch nach Einführung des Gleichstellungsgrundsatzes in §§ 3 I Nr 3, 9 Nr 2 in Bezug auf die wesentlichen Arbeitsbedingungen beim Entleiher steht Leih-AN im Fall von Arbeitskämpfen beim Entleiher **kein Streikrecht** zu (ErfK/*Wank* § 11 Rn 20). Die Arbeitsverhältnisse der bei einem Entleiher eingesetzten Leih-AN fallen regelmäßig nicht in den Geltungsbereich des beim Entleiher umkämpften TV, sodass ihre Teilnahme am Arbeitskampf einen unzulässigen Sympathiestreik darstellen würde (ausf zur Frage des Streikrechts von Leih-AN beim Entleiher *Reineke* S 241 ff mwN). Gem § 17 des zwischen BZA und iGZ mit der Tarifgemeinschaft Zeitarbeit des DGB vereinbarten und zum 1.11.2013 in Kraft getretenen neuen MTV dürfen Leih-AN, unbeschadet der Regelung in § 11 V AÜG, nicht in ordnungsgem bestreikten Betrieben oder Betriebsteilen beim Entleiher eingesetzt werden. Hiervon können die Parteien des Arbeitskampfes im Einzelfall abweichende Vereinbarungen treffen (zB Notdienstvereinbarungen). Zur Durchsetzung eines für den Verleiher geltenden TV

iRd allg Grundsätze des Arbeitskampfes ist dagegen ein Streikrecht von Leih-AN gegeben, welches die in jüngster Zeit aufgekommenen TV über Branchenzuschläge, die die Leih-AN Stammbeschäftigten beim Entleiher annähern, einschließt (s.o. § 3 Rdn 28).

Für das Bestehen eines Leistungsverweigerungsrechts nach § 11 V ist Voraussetzung, dass der **Entleiher unmittelbar von Arbeitskampfmaßnahmen betroffen** ist. Nach dem Wortlaut reicht es nicht aus, dass der Entleiherbetrieb lediglich in den fachlichen und räumlichen Geltungsbereich eines umkämpften TV fällt (so auch *Boemke/Lembke* § 11 Rn 131; aA HWK/*Gotthardt* § 11 Rn 28). 21

Macht der Leih-AN sein Leistungsverweigerungsrecht ggü dem Verleiher, ggf noch nach Aufnahme seiner Einsatztätigkeit, geltend, entfällt seine Verpflichtung, im bestreikten Entleiherbetrieb Arbeit leisten zu müssen. Findet der Verleiher keine anderweitige Einsatzmöglichkeit bei einem anderen Entleiher, schuldet er nach den Grundsätzen des arbeitskampfbedingten Vergütungsrisikos für diese beschäftigungslosen Zeiträume dennoch die **Entlohnung des Leih-AN** gem §§ 611, 615 S 1 BGB iVm § 11 V 1 AÜG (*Sandmann/Marschall* § 11 Rn 31; *Thüsing/Mengel* § 11 Rn 53 mwN). Ggü dem Entleiher bleibt der Verleiher aus dem Überlassungsvertrag zur Bereitstellung eines leistungswilligen Leih-AN verpflichtet. Kann er dem nicht nachkommen, verliert er seinen Anspruch auf Überlassungsvergütung (§ 326 I BGB). 22

Nimmt der Leih-AN das Leistungsverweigerungsrecht nicht in Anspruch und beteiligt sich vielmehr an Arbeitskampfmaßnahmen beim Entleiher, stellt dies eine Pflichtverletzung sowohl ggü dem Verleiher als auch ggü dem Entleiher dar, die eine Kdg des Leiharbeitsverhältnisses sowie Schadensersatzansprüche nach sich ziehen kann (*Boemke/Lembke* § 11 Rn 133). Der Entleiher kann vom Verleiher in diesem Fall den unverzüglichen Austausch des Leih-AN verlangen. 23

Gem § 11 V 2 ist der Verleiher verpflichtet, den Leih-AN im Fall eines Arbeitskampfes beim Entleiher vor Arbeitsaufnahme bzw unmittelbar nach Beginn des Arbeitskampfes, sollte der Einsatz des Leih-AN beim Entleiher schon begonnen haben, auf sein Leistungsverweigerungsrecht **hinzuweisen**. 24

G. Verantwortung bzgl Arbeitsschutz. Als AG ist der Verleiher nach §§ 3 ff ArbSchG, §§ 618 f BGB verpflichtet, die erforderlichen Maßnahmen bzgl Arbeitsschutz zu treffen. Um die Arbeitssicherheit der Leih-AN auch während ihrer Einsätze bei Entleihern zu gewährleisten, erklärt § 11 VI die im Entleiherbetrieb geltenden öffentl-rechtlichen Arbeitsschutzvorschriften (zB ArbSchG, MuSchG, JArbSchG, ArbZG, SGB IX) für auch auf Leih-AN anwendbar und verpflichtet Verleiher und Entleiher zur Gewährleistung ihrer Einhaltung. Hiernach trifft den Entleiher die Pflicht, konkrete Maßnahmen des Arbeitsschutzes in seinem Betrieb vorzunehmen, während der Verleiher die Einhaltung der Arbeitsschutznormen durch Überwachung und Kontrolle des Entleihers sicherzustellen hat (ErfK/*Wank* § 11 Rn 21). §§ 11 VI 2 und 3 verpflichten den Entleiher, den Leih-AN über arbeitsplatzspezifische Gefahren und ihre Vermeidung, über das Erfordernis bestimmter beruflicher Qualifikationen oder Fähigkeiten, eine bes ärztliche Überwachung sowie über erhöhte, bes Gefahren des Arbeitsplatzes zu **unterrichten**. Kommt der Entleiher seinen Pflichten in Bezug auf den Arbeitsschutz nicht nach, steht dem Leih-AN im Hinblick auf den Schutzzweck der Norm ein Leistungsverweigerungsrecht zu (HWK/*Gotthardt* § 11 Rn 32). Entsteht dem Leih-AN aufgrund der unterlassenen Unterrichtung ein Schaden, haftet der Entleiher nach §§ 280 I, 823 II BGB. 25

H. AN-Erfindungen. Macht der Leih-AN während seiner Tätigkeit beim Entleiher eine Erfindung (§ 2 ArbNErfG) oder einen technischen Verbesserungsvorschlag (§§ 3, 20 ArbNErfG), gilt gem § 11 VII der Entleiher als AG iSd ArbNErfG. Folge ist, dass die Verwertungsrechte nicht dem Verleiher als AG ieS, sondern dem Entleiher im Hinblick darauf, dass er ja auch die Kosten für die Wertschöpfung des Leih-AN trägt, zufallen. Einschränkend vorausgesetzt wird, dass die Erfindung oder der technische Verbesserungsvorschlag aus der Tätigkeit des Leih-AN beim Entleiher heraus entstanden bzw auf in diesem Zusammenhang gewonnenen Erfahrungen beruhen muss (hM vgl Schüren/*Schüren* § 11 Rn 146 mwN). BV über das betriebliche Vorschlagswesen im Entleiherbetrieb finden auch auf Leih-AN Anwendung (ArbG Frankfurt 10.12.1985, 8 Ca 50/85, EzAÜG § 11 AÜG Inhalt Nr 1). 26

§ 12 Rechtsbeziehungen zwischen Verleiher und Entleiher

(1) ¹Der Vertrag zwischen dem Verleiher und dem Entleiher bedarf der Schriftform. ²In der Urkunde hat der Verleiher zu erklären, ob er die Erlaubnis nach § 1 besitzt. ³Der Entleiher hat in der Urkunde anzugeben, welche besonderen Merkmale die für den Leiharbeitnehmer vorgesehene Tätigkeit hat und welche berufliche Qualifikation dafür erforderlich ist sowie welche im Betrieb des Entleihers für einen vergleichbaren Arbeitnehmer des Entleihers wesentlichen Arbeitsbedingungen einschließlich des Arbeitsentgelts gelten; Letzteres gilt nicht, soweit die Voraussetzungen der in § 3 Abs. 1 Nr. 3 und § 9 Nr. 2 genannten Ausnahme vorliegen.

(2) ¹Der Verleiher hat den Entleiher unverzüglich über den Zeitpunkt des Wegfalls der Erlaubnis zu unterrichten. ²In den Fällen der Nichtverlängerung (§ 2 Abs. 4 Satz 3), der Rücknahme (§ 4) oder des Widerrufs (§ 5) hat er ihn ferner auf das voraussichtliche Ende der Abwicklung (§ 2 Abs. 4 Satz 4) und die gesetzliche Abwicklungsfrist (§ 2 Abs. 4 Satz 4 letzter Halbsatz) hinzuweisen.

Übersicht	Rdn.			Rdn.
A. Gegenstand und Zweck der Regelung	1	II.	Pflichten von Verleiher und Entleiher	7
B. Schriftformerfordernis	2	1.	Hauptleistungspflicht des Verleihers	7
I. Anforderungen	2	2.	Nebenpflichten des Verleihers	9
II. Rechtsfolgen bei Verstoß	3	3.	Hauptleistungspflicht des Entleihers	10
C. Inhalt des Überlassungsvertrages	4	4.	Nebenpflicht des Entleihers	11
I. Erklärungspflichten von Verleiher und Entleiher	5	D.	Beendigung des Überlassungsvertrages	12
		E.	Rechtsweg	13

1 **A. Gegenstand und Zweck der Regelung.** § 12 enthält formelle und inhaltliche Mindestanforderungen an den **AN-Überlassungsvertrag**, die aber nicht abschließend sind. Neben dem Schriftformerfordernis für den Überlassungsvertrag, durch das insb eine staatliche Kontrolle der Rechtmäßigkeit der Überlassung erleichtert werden soll, enthält die Vorschrift verschiedene Hinweis- und Erklärungspflichten. Die dem Verleiher auferlegten Hinweispflichten beziehen sich auf den Bestand bzw den Wegfall der Verleiherlaubnis und dienen insb dem Schutz des Entleihers vor den Folgen des § 10 I. Kenntnis des Entleihers vom Fehlen der Verleiherlaubnis beeinflusst über § 817 S 2 BGB auch die Rückabwicklung des nichtigen AN-Überlassungsvertrages (s.o. § 9 Rdn 5). Die Hinweispflicht des Entleihers nach § 12 I 2 in Bezug auf die zur Tätigkeitserbringung erforderliche Qualifikation dient der Arbeitssicherheit der Leih-AN. Durch die Angaben des Entleihers zu den wesentlichen Arbeitsbedingungen vergleichbarer AN soll der Verleiher in die Lage versetzt werden, seinen Verpflichtungen aus dem Gleichstellungsgrundsatz ggü einem Leih-AN nachkommen zu können.

2 **B. Schriftformerfordernis. I. Anforderungen.** Nach § 12 I 1 bedarf der AN-Überlassungsvertrag der Schriftform nach § 126 BGB. Der Überlassungsvertrag muss eigenhändig durch Namensunterschrift oder notariell beglaubigtes Handzeichen, ggf durch den berechtigten Vertreter einer juristischen Person, unterzeichnet sein. Hiervon erfasst sind die vertraglichen Hauptabreden, aber auch Nebenabreden, allg Geschäftsbedingungen (hierzu ausf *Schneider* Rn 372 ff) und vorvertragliche Vereinbarungen. Im Hinblick auf den Schutzzweck der Norm und damit im Zusammenhang stehende Beweisfragen unterfallen auch die Angabepflichten nach § 12 I 2 und 3 dem Schriftformgebot (Thüsing/*Thüsing* § 12 Rn 8; aA *Boemke/Lembke* § 12 Rn 9). An die Stelle der Schriftform kann die elektronische Form treten (§ 126a BGB). Die Vertragssprache ist frei wählbar. Bei Verwendung einer Fremdsprache kann die Arbeitsbehörde allerdings nach § 7 II 3 AÜG iVm § 23 II VwVfG eine beglaubigte Übersetzung anfordern. Auf gem § 1 III erlaubnisfreie AN-Überlassung ist § 12 I nicht anwendbar (hM Thüsing/*Thüsing* § 12 Rn 4).

3 **II. Rechtsfolgen bei Verstoß.** Ein Verstoß gegen das Schriftformgebot führt nach § 125 S 1 BGB grds zur Nichtigkeit des AN-Überlassungsvertrages (zu einem Ausnahmefall vgl OLG München 12.5.1993, 7 U 5740/92, EzAÜG § 12 AÜG Nr 3). Wurde der formnichtige AN-Überlassungsvertrag in Vollzug gesetzt, sind die erbrachten Leistungen nach Bereicherungsrecht §§ 812 ff BGB zurückzugewähren bzw zu saldieren. Eine entspr Anwendung der Grundsätze über das faktische Arbeitsverhältnis scheidet, mangels Schutzbedürfnis von Verleiher und Entleiher, aus (zum Meinungsstand Schüren/*Brors* § 12 Rn 15 f). Als Umfang der Bereicherung des Entleihers ist der Verkehrswert der erhaltenen Arbeitsleistung inklusive Verleihgewinn anzusetzen (BGH 2.12.2004, IX ZR 200/03, AP BGB § 812 Nr 34).

4 **C. Inhalt des Überlassungsvertrages.** Bzgl des Inhalts des AN-Überlassungsvertrages trifft das G nur in Gestalt der Hinweispflichten in § 12 I 2 und 3 Vorgaben. Als pactum sui generis unterliegt der AN-Überlassungsvertrag den Regeln des allg Schuldrechts (zu Einzelfragen der Vertragsgestaltung vgl *Schneider* Rn 361 ff; *Boemke/Lembke* § 12 Rn 50 ff; allg § 1 Rdn 20 ff).

5 **I. Erklärungspflichten von Verleiher und Entleiher.** Nach § 12 I 2 muss der **Verleiher** in der Überlassungsvertragsurkunde erklären, dass er über eine Verleiherlaubnis verfügt. Erfolgt diese Erklärung wahrheitswidrig, schließt dies die gesetzlichen Folgen erlaubnisloser AN-Überlassung nach §§ 10 I, 9 Nr 1 für den Entleiher nicht aus, jedoch steht ihm ein Schadensersatzanspruch aus §§ 280 I, 241 II BGB sowie §§ 823 II BGB iVm 263 StGB zu. Erfolgt die Erklärung des Verleihers nicht, hat der Entleiher zur Vermeidung der

Folgen rechtswidriger AN-Überlassung ein Leistungsverweigerungsrecht, wonach er die Beschäftigung des Leih-AN und Bezahlung der Überlassungsvergütung ablehnen kann (*Boemke/Lembke* § 12 Rn 17).

Der **Entleiher** ist nach § 12 I 3 zum einen verpflichtet, die bes Merkmale der für den Leih-AN vorgesehenen Tätigkeit sowie die erforderliche berufliche Qualifikation in der Urkunde durch eine konkrete Stellenbeschreibung anzugeben. Hierdurch wird der Verleiher in die Lage versetzt, einen adäquat qualifizierten Leih-AN für den Einsatz auszuwählen. Zum anderen hat der Entleiher die wesentlichen Arbeitsbedingungen einschl des Arbeitsentgelts, die für einen im Entleiherbetrieb beschäftigten und mit dem Leih-AN vergleichbaren AN (vgl § 3 Rdn 22) greifen, anzugeben, etwa durch Verweis auf geltende tarifliche oder durch Benennung betrieblicher Regelungen (vgl zu den Folgen eines Verstoßes *Bauer/Krets* NJW 2003, 537, 538 f). Sind im Entleiherbetrieb keine vergleichbaren AN beschäftigt, entfällt der Gleichstellungsgrundsatz (vgl § 3 Rdn 23) und damit auch die Angabepflicht nach § 12 I 3 (*Thüsing/Thüsing* § 12 Rn 20). Gleiches gilt, soweit der gesetzliche Ausnahmetatbestand in Bezug auf den Gleichstellungsgrundsatz eingreift (§§ 12 I 3 Hs 2, 3 I Nr 3, 9 Nr 2). 6

II. Pflichten von Verleiher und Entleiher. 1. Hauptleistungspflicht des Verleihers. Aus dem AN-Überlassungsvertrag resultierende Hauptleistungspflicht des Verleihers ist die Auswahl und **Überlassung** eines arbeitsfähigen und entspr den Anforderungen qualifizierten AN zur Arbeitsleistung für einen vereinbarten Zeitraum (BGH 9.3.1971, VI ZR 138/69, AP BGB § 611 Leiharbeitsverhältnis Nr 1). Sofern nichts anderes vereinbart wird, ist diese Verpflichtung des Verleihers iS einer **Gattungsschuld** auszulegen. Der Verleiher ist danach nur verpflichtet, einen hinreichend qualifizierten, nicht dagegen einen bestimmten Leih-AN dem Entleiher zur Verfügung zu stellen (vgl zu Gestaltungsmöglichkeiten ausf *Boemke* BB 2006, 997 ff). Daraus folgt auch, dass der Verleiher berechtigt bzw bei Wegfall der Arbeitsfähigkeit des überlassenen AN, verpflichtet ist, einen personellen Wechsel zu vollziehen (*Boemke/Lembke* § 12 Rn 36). 7

Kommt der Verleiher seiner Leistungspflicht nicht nach bzw erfüllt der Leih-AN seine Verpflichtungen beim Entleiher nicht, entfällt nach §§ 275, 326 I BGB der Anspruch des Verleihers auf die Überlassungsvergütung und besteht nach §§ 280 I, III, 283 BGB eine Schadensersatzpflicht des Verleihers. Bei Schlechtleistung des Leih-AN kommt eine Schadensersatzhaftung des Verleihers dagegen nur für Auswahlverschulden iRv § 280 bzw auf der Grundlage von § 831 I BGB (BGH 13.5.1975, VI ZR 247/73, EzAÜG § 11 AÜG Verleiherpflicht Nr 2; BAG 5.5.1988, 8 AZR 484/85, EzAÜG § 823 BGB Nr 2) in Betracht. Eine Zurechnung von schuldhaftem Verhalten des Leih-AN über § 278 BGB ist dagegen nicht möglich, der Leih-AN ist nicht Erfüllungsgehilfe des Verleihers ggü dem Entleiher (BAG 27.5.1983, 7 AZR 1210/79, EzAÜG § 611 BGB Haftung Nr 7). 8

2. Nebenpflichten des Verleihers. Im Hinblick auf die von § 10 I vorgesehenen rechtlichen Folgen für den Entleiher bei Beschäftigung eines Leih-AN trotz Wegfalls der Verleiherlaubnis bzw um dem Entleiher bei Nichtverlängerung, Rücknahme oder Widerruf der Verleiherlaubnis die Möglichkeit zu geben, sich auf die Situation nach Ende des Abwicklungszeitraumes und damit der AN-Überlassung einzustellen, legt § 12 II dem Verleiher entspr **Hinweispflichten** ggü dem Entleiher auf. Ein Verstoß gegen § 12 II begründet Schadensersatzansprüche des Entleihers nach §§ 280 I, 823 II BGB. 9

3. Hauptleistungspflicht des Entleihers. Aus dem AN-Überlassungsvertrag ergibt sich für den Entleiher als Hauptleistungspflicht, die vereinbarte **Überlassungsvergütung** an den Verleiher zu bezahlen. Sofern nichts Abweichendes vereinbart wurde, ist der Verleiher gem § 614 BGB vorleistungspflichtig. Um dem Verleiher die Möglichkeit zu geben, den Beschäftigungsanspruch des Leih-AN aus dem Leiharbeitsverhältnis auch ggü dem Entleiher durchsetzen zu können, ist es auch Hauptleistungspflicht des Entleihers, den Leih-AN einzusetzen (str, so aber auch Thüsing/*Thüsing* § 12 Rn 36 mwN; *Ulber* § 12 Rn 19). 10

4. Nebenpflicht des Entleihers. Zu den Nebenpflichten des Entleihers gehört es insb, die Arbeitssicherheit des Leih-AN während dessen Einsatzes zu gewährleisten. Macht der Leih-AN wegen Nichteinhaltung der Arbeitssicherheitsbestimmungen beim Entleiher von seinem Leistungsverweigerungsrecht (vgl § 11 Rdn 25) Gebrauch, entfällt die Hauptleistungspflicht des Verleihers (§ 275 I BGB), während die Verpflichtung des Entleihers zur Zahlung der Überlassungsvergütung bestehen bleibt (§ 326 II BGB). Daneben kann der Verleiher vom Entleiher Auskunft über Führung und Leistung des Leih-AN verlangen (*Boemke/Lembke* § 12 Rn 48). Nebenpflicht des Entleihers aus dem AN-Überlassungsvertrag ist es auch, den Leih-AN nicht zum Bruch seines laufenden Leiharbeitsverhältnisses und Wechsel zum Entleiher ohne Wahrung der Kdg-Frist zu veranlassen. 11

12 **D. Beendigung des Überlassungsvertrages.** Wird die Laufzeit eines Überlassungsvertrages durch eine Befristung bzw den Eintritt einer auflösenden Bedingung begrenzt, besteht die Möglichkeit einer ordentlichen Kdg durch eine der Vertragsparteien nur bei entspr Vereinbarung. Ansonsten gewährt § 314 BGB ein Kdg-Recht nur aus wichtigem Grund. Der Tod des Leih-AN lässt den Überlassungsvertrag unberührt, bei Tod des Verleihers greift das Fortsetzungsprivileg der Erben (vgl § 2 Rdn 11). Ein nachträglicher Wegfall der Verleiherlaubnis führt im Hinblick auf die gesetzlich vorgesehene Abwicklungsfrist nach § 2 IV 4 nicht zur sofortigen Beendigung des Überlassungsvertrages. Im Fall des Erlöschens der Verleiherlaubnis durch Zeitablauf wird der Überlassungsvertrag, sofern nicht § 2 IV 4 eingreift, dagegen gem § 9 Nr 1 unwirksam (*Boemkel/Lembke* § 12 Rn 43).

13 **E. Rechtsweg.** Für Streitigkeiten in Bezug auf das durch den Überlassungsvertrag begründete Rechtsverhältnis zwischen Verleiher und Entleiher ist der Rechtsweg zu den ordentlichen Gerichten eröffnet.

§ 13 Auskunftsanspruch des Leiharbeitnehmers

Der Leiharbeitnehmer kann im Falle der Überlassung von seinem Entleiher Auskunft über die im Betrieb des Entleihers für einen vergleichbaren Arbeitnehmer des Entleihers geltenden wesentlichen Arbeitsbedingungen einschließlich des Arbeitsentgelts verlangen; dies gilt nicht, soweit die Voraussetzungen der in § 3 Abs. 1 Nr. 3 und § 9 Nr. 2 genannten Ausnahme vorliegen.

Übersicht

		Rdn.			Rdn.
A.	Gegenstand und Zweck der Regelung	1	C.	Rechtsfolgen bei Nichterfüllung	3
B.	Inhalt und Umfang des Auskunftsanspruchs	2	D.	Rechtsschutz	4

1 **A. Gegenstand und Zweck der Regelung.** Mit Hilfe eines Auskunftsanspruchs soll dem Leih-AN ermöglicht werden, die Einhaltung des Gleichstellungsgebots in §§ 3 I Nr 3, 9 Nr 2, 10 IV durch den Verleiher überprüfen zu können. § 13 tritt insoweit neben den Auskunftsanspruch des Verleihers aus § 12 I 3.

2 **B. Inhalt und Umfang des Auskunftsanspruchs.** Gegenstand des Auskunftsanspruchs sind die wesentlichen Arbeitsbedingungen einschl des Arbeitsentgelts für vergleichbare AN (vgl § 3 Rdn 20 ff) in dem Entleiherbetrieb, in dem der Leih-AN eingesetzt ist. Der Entleiher muss etwa sein Vergütungssystem sowie die Vergleichbarkeit von AN bestimmenden Kriterien umfassend darlegen. Ausgeschlossen ist der Auskunftsanspruch, **soweit** die Ausnahme vom Gleichstellungsgebot (vgl § 3 Rdn 26 ff) für das Leiharbeitsverhältnis Anwendung findet. Der Auskunftsanspruch entsteht mit Beginn der Überlassung und besteht auch nach Ende der Überlassung fort, solange der Leih-AN ggü dem Verleiher Ansprüche aus dem Leiharbeitsverhältnis in Bezug auf den Einsatz beim Entleiher geltend machen kann.

3 **C. Rechtsfolgen bei Nichterfüllung.** Kommt der Entleiher seiner Auskunftspflicht nicht oder nur unvollständig nach, steht dem Leih-AN ein Zurückbehaltungsrecht in Bezug auf seine Arbeitsleistung gem § 273 BGB zu. Verliert der Leih-AN bei nicht oder nicht korrekt erteilter Auskunft, etwa wegen Verjährung, einen Teil seines Vergütungsanspruchs, kommt ein Schadensersatzanspruch gegen den Entleiher nach §§ 280 I, 241 II BGB in Betracht.

4 **D. Rechtsschutz.** Für eine Klage des Leih-AN gegen den Entleiher auf Auskunftserteilung ist gem § 2 I Nr 3a ArbGG der Rechtsweg zu den ArbG eröffnet (LAG Hamm 4.8.2003, 2 Ta 739/02, NZA-RR 2004, 106).

§ 13a Informationspflicht des Entleihers über freie Arbeitsplätze

¹Der Entleiher hat den Leiharbeitnehmer über Arbeitsplätze des Entleihers, die besetzt werden sollen, zu informieren. ²Die Information kann durch allgemeine Bekanntgabe an geeigneter, dem Leiharbeitnehmer zugänglicher Stelle im Betrieb und Unternehmen des Entleihers erfolgen.

Übersicht

		Rdn.			Rdn.
A.	Regelungsinhalt und Regelungszweck	1	C.	Rechtsfolgen bei Nichterfüllung	4
B.	Inhalt und Umfang des Informationsanspruchs	2	D.	Rechtsschutz	8

1 **A. Regelungsinhalt und Regelungszweck.** In Umsetzung von Art 6 IV der RL 2008/104/EG zur Leiharbeit führte der Gesetzgeber durch das Erste G zur Änderung des Arbeitnehmerüberlassungsgesetzes – Verhinderung

von Missbrauch der Arbeitnehmerüberlassung vom 29.4.2011 (BGBl I S 642 ff) mit Wirkung zum 1.12.2011 im Rahmen des neu geschaffenen § 13a einen **eigenen einklagbaren Anspruch des Leih-AN** ggü dem Entleiher auf Unterrichtung über offene Stellen im entleihenden Unternehmen ein. Zweck der Vorschrift ist, die Leih-AN mittels dieser Informationen und den damit verschafften Bewerbungschancen bei der Übernahme in die Stammbelegschaft des Entleihers zu unterstützen (BT-Drs 17/4804 S 10). Hiermit soll die AN-Überlassung als flexibles arbeitsmarktpolitisches Instrument gestärkt und ihr Potenzial zur Schaffung von Arbeitsplätzen ausgeschöpft werden. § 13a AÜG gewährt den Leih-AN dabei mehr Rechte als den vergleichbaren Stamm-AN des Entleihers (*Boemke/Lembke* § 13a Rn 2). Denn abgesehen von den speziellen Informationsansprüchen nach §§ 18, 7 II TzBfG besitzt ein AN des Entleihers keinen allg Auskunftsanspruch ggü seinem AG. Eine darüber hinausgehende Pflicht zur internen Stellenausschreibung existiert nur für Betriebe mit BR und auch dann nur, wenn und soweit der BR dies zuvor verlangt hat (§ 93 BetrVG). Dagegen begründet die Norm keine Pflicht zur bevorzugten Berücksichtigung der Bewerbung eines Leih-AN – auch nicht gegenüber externen Bewerbern. Praktisch hat die neue Informationspflicht eine **allg interne Stellenausschreibung** zur Folge. Denn der AG wird die Information über zu besetzende Arbeitsplätze vor seinen Stamm-AN kaum geheim halten können und auch nicht wollen (*Hamann* NZA 2011, 70, 77). Die Informationspflicht aus § 13a AÜG ist eine zwingende Schutznorm zugunsten des Leih-AN, von der weder durch Individual- noch durch Kollektivvereinbarung abgewichen werden kann (*Koch* BB 2012, 323; *Lembke* NZA 2011, 319, 323).

B. Inhalt und Umfang des Informationsanspruchs. Der Informationsanspruch umfasst **jegliche offene Stellen** (neu geschaffene-, bereits existente-, befristete- sowie Teilzeitstellen) in allen Betrieben des Unternehmens des Entleihers und ist nicht auf den Einsatzbetrieb des Leih-AN beschränkt (*Hamann* RdA 2011, 321, 334). Hat das Unternehmen auch ausländische Betriebe, erstreckt sich die Informationspflicht auch auf dortige freie Arbeitsplätze (*Koch* BB 2012, 323; aA *Boemke/Lembke* § 13a Rn 11). Eine Einschränkung auf »entsprechende Stellen« wie im § 18 TzBfG gibt es im § 13a AÜG nicht. Der Leih-AN muss daher nicht für die offene Stelle qualifiziert sein (*Hamann* RdA 2011, 321, 335; *Lembke* NZA 2011, 319, 321; aA *Koch* BB 2012, 323 unter Hinweis auf ein Redaktionsversehen des Gesetzgebers). Nicht umfasst sind lediglich Stellen, die mit einem Leih-AN besetzt werden sollen, da dann das Normziel – Übernahme in die Stammbelegschaft – nicht erreicht werden kann (*Lembke* NZA 2011, 319, 321; *Koch* BB 2012, 323; aA *Ulber* § 13a Rn 3). Die Informationspflicht entsteht mit der getroffenen Entscheidung des AG, einen speziellen Arbeitsplatz zu besetzen bzw wiederzubesetzen.

Eine allg **Bekanntgabe an geeigneter, dem Leih-AN zugänglicher Stelle** kann den Informationsanspruch erfüllen. Hierfür kommt als taugliches Mittel insb ein Aushang am schwarzen Brett, eine Information im für alle Mitarbeiter zugänglichen Intranet oder in einer Werks- bzw Mitarbeiterzeitung in Betracht (*Lembke* NZA 2011, 319, 321; *Koch* BB 2012, 323). Aufgrund des Schutzzwecks der Norm sind auch bestimmte inhaltliche Anforderungen an die Unterrichtung zu machen. Die Information muss inhaltlich so aussagekräftig sein, dass der Leih-AN auf dieser Basis entscheiden kann, ob er sich auf den Arbeitsplatz bewerben möchte (*Boemke/Lembke* § 13a Rn 18). Dazu bedarf es mind Angaben über Bezeichnung, Beginn und Beschreibung der Tätigkeit, ggf Befristung, Anforderungsprofil (insb erforderliche Qualifikationen, Kenntnisse und Fähigkeiten) sowie tarifliche Eingruppierung. Ferner muss der Leih-AN wissen, wie, wo und bis wann er sich bewerben kann (*Koch* BB 2012, 323, 324 mwN). Der Leih-AN muss in zeitlicher Hinsicht so rechtzeitig informiert werden, dass er sich noch mit Erfolg auf die Stelle bewerben kann. Eine Information erst einige Tage vor Ablauf der Bewerbungsfrist reicht daher nicht (*Koch* BB 2012, 323).

C. Rechtsfolgen bei Nichterfüllung. Kommt der Entleiher seiner Informationspflicht nicht nach, steht dem Leih-AN in Anschluss an das EuGH-Urt in der Rs Albron (EuGH 21.10.2010, NJW 2011, 439) ein **Schadensersatzanspruch** gem § 280 I BGB und bei Qualifikation des § 13a AÜG als Schutzgesetz iSv § 823 II BGB auch hiernach zu (ausf und beides bejahend *Lembke* NZA 2011, 319, 321 f). Solche Ansprüche sind für den Leih-AN aber tatsächlich ein »stumpfes Schwert«. Denn wegen § 249 I BGB hat der Leih-AN nur einen Anspruch darauf, so gestellt zu werden, wie er bei pflichtgemäßer Erfüllung der Informationspflicht stünde. Hieraus ergibt sich jedoch praktisch nie ein materieller Schaden. Dass der Leih-AN bei Erfüllung der Informationspflicht eingestellt worden wäre, ergibt sich daraus nämlich gerade nicht und müsste von ihm dargelegt und bewiesen werden, was ihm kaum gelingen dürfte.

Die Nichterfüllung der Informationspflicht stellt aber eine **Ordnungswidrigkeit** iSd zum 1.12.2011 neu geschaffenen § 16 I Nr 9 dar, die mit einer Geldbuße iHv bis zu 2.500 Euro geahndet werden kann (§ 16 II). Diese Sanktion träfe ausschließlich den Entleiher nicht den Verleiher, da dieser nicht Normadressat des Unterrichtungsanspruches ist.

6 Verstößt der Entleiher gegen seine Unterrichtungspflicht nach § 13a, kann der Leih-AN ein **Leistungszurückbehaltungsrecht** nach § 273 I BGB - wie iR des § 13 - bzgl seiner Arbeitsleistung beim Entleiher geltend machen (*Boemke/Lembke* § 13a Rn 27).

7 Unklar ist, ob dem Entleiher-BR bei Verstoß gegen die Informationspflicht ein **Zustimmungsverweigerungsrecht** nach § 99 II Nr 3 oder Nr. 1 BetrVG hins der Einstellung des Konkurrenzbewerbers zusteht. Gegen eine Anwendung von § 99 II Nr 3 BetrVG spricht, dass Leih-AN keine »im Betrieb beschäftigte AN« iSv § 99 II Nr 3 BetrVG sind (*Oetker* NZA 2003, 937; aA wohl *Boemke/Lembke* § 13a Rn 31). Für eine Anwendung von § 99 II Nr 1 BetrVG fehlt es hingegen an dem von der Rspr geforderten Gesetzesverstoß durch die geplante Einzelmaßnahme selbst. Denn durch § 13a AÜG kommt nicht hinreichend klar zum Ausdruck, dass hierdurch die personelle Maßnahme selbst verhindert werden soll. Insb kann ein Vergleich zu § 81 I 1 u 2 SGB IX im Fall von Schwerbehinderten nicht überzeugen, da diese Vorschrift an den AN deutlich höhere Anforderungen stellt als § 13a AÜG und strukturell nicht vergleichbar ist (aA *Boemke/Lembke* § 13a Rn 32 mwN). Gegen ein Zustimmungsverweigerungsrecht nach § 99 II spricht letztlich auch die Existenz von § 99 II Nr 5 BetrVG, nachdem ein Verstoß gegen § 93 BetrVG ein Zustimmungsverweigerungsrecht statuiert. Sofern ein Verstoß gegen § 13a ebenfalls ein solches Verweigerungsrecht nach sich ziehen soll, muss der Gesetzgeber für diesen Fall eine entspr Regelung treffen.

8 **D. Rechtsschutz.** Für eine Klage des Leih-AN gegen den Entleiher auf Informationserteilung oder auf Schadensersatz wegen deren Nicht- oder Schlechterfüllung ist gem § 2 I Nr 3a ArbGG der Rechtsweg zu den ArbG eröffnet.

§ 13b Zugang des Leiharbeitnehmers zu Gemeinschaftseinrichtungen oder -diensten

¹Der Entleiher hat dem Leiharbeitnehmer Zugang zu den Gemeinschaftseinrichtungen oder -diensten im Unternehmen unter den gleichen Bedingungen zu gewähren wie vergleichbaren Arbeitnehmern in dem Betrieb, in dem der Leiharbeitnehmer seine Arbeitsleistung erbringt, es sei denn, eine unterschiedliche Behandlung ist aus sachlichen Gründen gerechtfertigt. ²Gemeinschaftseinrichtungen im Sinne des Satzes 1 sind insbesondere Kinderbetreuungseinrichtungen, Gemeinschaftsverpflegung und Beförderungsmittel.

Übersicht	Rdn.		Rdn.
A. Gegenstand und Zweck der Regelung	1	II. Recht auf Zugang wie vergleichbare Arbeitnehmer des Entleihers	4
B. Inhalt und Umfang des Zugangsanspruchs	2	C. Rechtsfolgen bei Nichterfüllung	6
I. Gemeinschaftseinrichtungen oder -dienste	3	D. Rechtsschutz	7

1 **A. Gegenstand und Zweck der Regelung.** In Umsetzung von Art 6 IV der RL 2008/104/EG zur Leiharbeit führte der Gesetzgeber durch das Erste G zur Änderung des Arbeitnehmerüberlassungsgesetzes – Verhinderung von Missbrauch der Arbeitnehmerüberlassung v 29.4.2011 (BGBl I S 642 ff) mit Wirkung zum 1.12.2011 iRd neu geschaffenen § 13b einen eigenen einklagbaren Anspruch des Leih-AN ggü dem Entleiher auf Gewährung von Zugang zu den beim Entleiher existierenden Gemeinschaftseinrichtungen oder -diensten unter den gleichen Bedingungen wie den übrigen beim Entleiher tätigen AN ein. Nur dann, wenn eine unterschiedliche Behandlung von Stamm-AN und Leih-AN im Entleiherbetrieb aus sachlichen Gründen gerechtfertigt ist, entfällt der Zugangsanspruch von Leih-AN. Schon bislang fanden Gemeinschaftseinrichtungen und -dienste beim Entleiher als wesentliche Arbeitsbedingungen iRd Gleichstellungsgebots in §§ 3 I Nr 3, 9 Nr 2 Berücksichtigung, jedoch konnte durch tarifliche Regelung hiervon abgewichen werden (s.o. § 3 Rdn 27 ff). Der Zugangsanspruch nach § 13b ist dagegen nicht tarifdispositiv (BT-Drs 17/4804, S 10). Der Leih-AN kann auch nicht durch Vereinbarung mit dem Verleiher auf seinen Zugangsanspruch verzichten (§ 9 Nr 2a).

2 **B. Inhalt und Umfang des Zugangsanspruchs.** Während bislang der Gleichstellungsgrundsatz in §§ 3 I Nr 3, 9 Nr 2, 10 IV Grundlage eines Anspruches des Leih-AN gegen den Verleiher auf Gewährung der im Entleiherbetrieb für vergleichbare AN geltenden wesentlichen Arbeitsbedingungen bildete, worunter auch die Nutzung sozialer Einrichtungen beim Entleiher zu fassen war (BT-Drs 15/25, S 38), tritt nun der Anspruch des Leih-AN auf Zugang zu Gemeinschaftseinrichtungen und -diensten aus § 13b hinzu (zur steuer- und sozialversicherungsrechtlichen Einordnung der Gewährung des Zugangs zu Gemeinschaftseinrichtungen bzw -diensten beim Entleiher vgl *Huke/Neufeld/Luickhardt* BB 2012, 961, 968). Ist der

Gleichstellungsanspruch des Leih-AN ggü dem Verleiher nicht durch tarifliche Regelung ausgeschlossen, haften Verleiher und Entleiher als Gesamtschuldner auf Erfüllung des Zugangsanspruchs des Leih-AN auf Zugang zu Gemeinschaftseinrichtungen und -diensten (§§ 421ff BGB). Erfüllt der Entleiher den Zugangsanspruch, wird der Verleiher von seiner Gleichstellungsverpflichtung insoweit frei (§ 422 BGB). Dagegen kann der Verleiher etwa durch eine finanzielle Kompensation des Zugangsanspruchs ggü dem Leih-AN den Entleiher nicht von seiner Verpflichtung befreien, da der Anspruch nach § 13b auf tatsächliche Zugangsgewährung gerichtet ist (*Lembke* NZA 2011, 319, 323).

I. Gemeinschaftseinrichtungen oder -dienste. Das Zugangsrecht der Leih-AN bezieht sich auf »Gemeinschaftseinrichtungen oder -dienste« beim Entleiher. Der Gesetzgeber selbst geht aber nicht von einem alternativen sondern kumulativen Zugangsrecht aus (BT-Drs 17/4804, S 10). Eine gesetzliche Definition von »Gemeinschaftseinrichtungen« bzw. »Gemeinschaftsdiensten« besteht nicht. Nur beispielhaft nennt § 13b S 2 Kinderbetreuungseinrichtungen, Gemeinschaftsverpflegung sowie Beförderungsmittel. Im Lichte der dem § 13b zugrunde liegenden Regelung in Art 6 IV der RL 2008/104/EG sind unter »Gemeinschaftseinrichtungen oder -dienste« nur in institutionalisierter Form an eine Gruppe von AN gewährte Sachleistungen oder Dienste zu verstehen (zB Transport mit Werksbussen, Nutzung von Werksmietwohnungen), nicht dagegen individuell gestaltete Leistungen oder rein monetäre Leistungen (zB Essensgeld, Jubiläumsprämien oder Arbeitgeberzuschuss zur betrieblichen Altersversorgung) (in diesem Sinne auch *Lembke* NZA 2011, 319, 323; *Ulber* AuR 2010, 10, 13; vgl ausf *Boemke/Lembke* § 13b Rn 20 ff). 3

II. Recht auf Zugang wie vergleichbare Arbeitnehmer des Entleihers. Leih-AN im Entleiherbetrieb steht ein Zugangsrecht zu den Gemeinschaftseinrichtungen oder -diensten zu, zu denen vergleichbare Stammbeschäftigte beim Entleiher Zugang haben. Zur Frage, anhand welcher Kriterien die Vergleichbarkeit von Leih-AN und Stammbeschäftigten beim Entleiher zu bestimmen ist s.o. § 3 Rdn 22. 4

Das Zugangsrecht zu den Gemeinschaftseinrichtungen oder -diensten ist Leih-AN unter den gleichen Voraussetzungen und in der gleichen Weise zu gewähren wie vergleichbaren Stammbeschäftigten. Es finden dieselben Nutzungsvoraussetzungen Anwendung (zB Wartezeit, Anzahl Kinder, Entfernung Wohnung zur Arbeitsstätte), die für Stammbeschäftigte gelten (*Hamann* NZA 2011, 70, 77). Der Zugangsanspruch für Leih-AN kann nur dann beschränkt werden, wenn sachliche Gründe eine unterschiedliche Behandlung rechtfertigen. Ist die Aufnahmekapazität einer Gemeinschaftseinrichtung erschöpft, stellt dies einen Sachgrund dar, der Verleiher ist nicht verpflichtet, zusätzliche Kapazitäten zu schaffen (*Kock* BB 2012, 323, 325). Ein Differenzierungsgrund kann etwa auch dann vorliegen, wenn der Entleiher gemessen an der individuellen Einsatzdauer einen unverhältnismäßigen Organisations- bzw Verwaltungsaufwand bei der Gewährung des Zugangs hat (BT-Drs 17/4804, S 10). Insbesondere in Fällen, in denen die Einbeziehung von Zeitarbeitnehmern in den begünstigten Personenkreis sich aus tatsächlichen Gründen nicht ohne Weiteres umsetzen lässt, etwa weil es sich um mit externen Anbietern ausgehandelte Konditionen für eine fest definierte Gruppe handelt, kann eine sachliche Rechtfertigung für eine Ungleichbehandlung in Betracht gezogen werden. Liegt ein sachlicher Grund vor, ist nach dem Willen des Gesetzgebers zu prüfen, inwieweit die Bedingungen für den Zugang von Leih-AN so ausgestaltet werden können, dass ihnen der Zugang doch eingeräumt werden kann, um der Zielsetzung der RL, Leih-AN trotz idR zeitlich begrenzter Tätigkeit beim Entleiher der vergleichbaren Arbeitsbedingungen zukommen zu lassen, Rechnung zu tragen. Ein Anspruch auf Kompensation eines aufgrund Sachgrundes für Leih-AN nicht bestehenden Zugangsrechts durch Ausgleichszahlung ist vom G nicht vorgesehen. 5

C. Rechtsfolgen bei Nichterfüllung. Kommt der Entleiher seiner Verpflichtung auf Zugangsgewährung nicht nach, steht dem Leih-AN neben dem Erfüllungsanspruch ein Anspruch auf Schadensersatz nach § 823 II BGB iVm § 13b zu, etwa auf Erstattung des Differenzbetrages zwischen den Kosten für zu Unrecht verweigerte Kinderbetreuung in der Entleihereinrichtung und tatsächlich entstandenen Betreuungskosten in einer externen Einrichtung. Daneben stellt die Nichtgewährung des Zugangsrechts eine Ordnungswidrigkeit iSd zum 1.12.2011 neu geschaffenen § 16 I Nr 10 dar. 6

D. Rechtsschutz. Für eine Klage des Leih-AN gegen den Entleiher auf Zugangsgewährung zu Gemeinschaftseinrichtungen oder -diensten ist gem § 2 I Nr 3a ArbGG der Rechtsweg zu den ArbG eröffnet. 7

§ 14 Mitwirkungs- und Mitbestimmungsrechte
(1) Leiharbeitnehmer bleiben auch während der Zeit ihrer Arbeitsleistung bei einem Entleiher Angehörige des entsendenden Betriebs des Verleihers.

(2) ¹Leiharbeitnehmer sind bei der Wahl der Arbeitnehmervertreter in den Aufsichtsrat im Entleiherunternehmen und bei der Wahl der betriebsverfassungsrechtlichen Arbeitnehmervertretungen im Entleiherbetrieb nicht wählbar. ²Sie sind berechtigt, die Sprechstunden dieser Arbeitnehmervertretungen aufzusuchen und an den Betriebs- und Jugendversammlungen im Entleiherbetrieb teilzunehmen. ³Die §§ 81, 82 Abs. 1 und die §§ 84 bis 86 des Betriebsverfassungsgesetzes gelten im Entleiherbetrieb auch in Bezug auf die dort tätigen Leiharbeitnehmer.
(3) ¹Vor der Übernahme eines Leiharbeitnehmers zur Arbeitsleistung ist der Betriebsrat des Entleiherbetriebs nach § 99 des Betriebsverfassungsgesetzes zu beteiligen. ²Dabei hat der Entleiher dem Betriebsrat auch die schriftliche Erklärung des Verleihers nach § 12 Abs. 1 Satz 2 vorzulegen. ³Er ist ferner verpflichtet, Mitteilungen des Verleihers nach § 12 Abs. 2 unverzüglich dem Betriebsrat bekanntzugeben.
(4) Die Absätze 1 und 2 Satz 1 und 2 sowie Absatz 3 gelten für die Anwendung des Bundespersonalvertretungsgesetzes sinngemäß.

Übersicht	Rdn.			Rdn.
A.	Regelungsgegenstand und Regelungszweck	1	D. Betriebsverfassungsrechtliche Rechte der Leih-AN im Entleiherbetrieb	12
B.	Betriebsverfassungsrechtliche Zuordnung des Leih-AN zum Verleiherbetrieb	2	E. Beteiligungsrechte des Entleiher-BR in Bezug auf Leih-AN	14
C.	Betriebsverfassungsrechtliche Zuordnung der Leih-AN zum Entleiherbetrieb	10	F. Sinngemäße Anwendung auf das Personalvertretungsrecht	23

1 **A. Regelungsgegenstand und Regelungszweck.** Der Besonderheit der Leiharbeit, wonach der Leih-AN in einem Arbeitsverhältnis zum Verleiher steht, seine Arbeitsleistung regelmäßig aber bei einem Entleiher zu erbringen hat, trägt § 14 durch nicht abschließende Regelungen zur betriebsverfassungsrechtlichen Zuordnung der Leih-AN Rechnung. Der Regelungsinhalt des § 14 findet mangels planwidriger Regelungslücke keine Anwendung auf AN-Überlassung gem § 1 III Nr 1 bis 3 (*Boemkel/Lembke* § 14 Rn 3) oder auf den Einsatz von Fremdpersonal auf Grundlage eines Werk- oder Dienstvertrages. Ebenfalls nicht entspr anwendbar ist § 14 bei mangels Verleiherlaubnis rechtswidriger AN-Überlassung und Entstehung eines Arbeitsverhältnisses zum Entleiher qua lege (§§ 9 Nr 1, 10 I; BAG 20.4.2005, 7 ABR 20/04, EzA § 14 AÜG Nr 5). Auf nicht im Rahmen der wirtschaftlichen Tätigkeit und damit erlaubnisfrei durchführbaren AN-Überlassung gem § 1 I 1 findet § 14 dagegen entspr Anwendung. Für die betriebsverfassungsrechtliche Stellung der Leih-AN kann es keinen Unterschied machen, mit welcher Zielsetzung der Verleiher die Überlassung vornimmt, der Leih-AN wird während seines Einsatzes jedenfalls unter Aufspaltung der Arbeitgeberstellung in die Betriebsorganisation des Entleihers eingegliedert (so BAG aaO im Zusammenhang mit nicht gewerbsmässiger AÜ; aA *Boemkel/Lembke* § 14 Rn 4).

2 **B. Betriebsverfassungsrechtliche Zuordnung des Leih-AN zum Verleiherbetrieb.** Gem § 14 I bleiben Leih-AN auch während ihres Einsatzes beim Entleiher betriebsverfassungsrechtlich Angehörige des Verleiherbetriebs, aus dem heraus sie an den Entleiher überlassen wurden. Das gilt auch bei AN-Überlassung in das Ausland (BAG 22.3.2000, 7 ABR 34/98, EzAÜG § 14 AÜG Betriebsverfassung Nr 42) sowie im Fall von konzernangehörigen Unternehmen, denen als Personalführungsgesellschaften ausschließlich der Zweck zukommt, AN an andere Konzernunternehmen zu überlassen (BAG 20.4.2005, 7 ABR 20/04, aaO; abweichend LAG Nds 20.1.2009, 13 TaBV 3/08, das bei Fehlen einer festen Organisationsstruktur der konzerneigenen Personalservicegesellschaft von einem Gemeinschaftsbetrieb mit dem Verleiher ausgeht).

3 Nach § 7 S 1 BetrVG sind Leih-AN im Verleihbetrieb **wahlberechtigt** und nach § 8 BetrVG **wählbar**. Ihnen stehen ggü dem Verleiher die betriebsverfassungsrechtlichen Individualrechte nach §§ 81 ff BetrVG zu, wobei insofern auch ihre Tätigkeit beim Entleiher einen Anknüpfungspunkt bilden kann (zB im Zusammenhang mit dem Beschwerderecht nach § 84 BetrVG).

4 Dem BR im Verleiherbetrieb kommen sämtliche betriebsverfassungsrechtliche Beteiligungsrechte in den die Leih-AN betreffenden sozialen, personellen und wirtschaftlichen Angelegenheiten ggü dem Verleiher als Vertrags-AG im Verleiherbetrieb zu. Sofern es dagegen um Maßnahmen geht, die der **Entleiher** auf Grundlage des ihm während des Überlassungszeitraums übertragenen **Direktionsrechts** im Entleiherbetrieb vornimmt, etwa in Bezug auf die **betriebliche Ordnung** iSv § 87 I Nr 1 BetrVG, aber auch in Bezug auf **Lage und Verteilung der Arbeitszeit** im Entleiherbetrieb (§ 87 I Nr 2 BetrVG; vgl hierzu BAG 15.12.1992, 1 ABR 38/92, EzAÜG § 14 AÜG Betriebsverfassung Nr 32), liegt dies im Zuständigkeitsbereich des Entleiher- und nicht des Verleiher-BR (Schüren/*Hamann* § 14 Rn 356). Entspr im Entleiherbetrieb geltende BV erfassen auch die Leih-AN (Thüsing/*Thüsing* § 14 Rn 118).

Im Fall von **Mehrarbeit** iSv § 87 I Nr 3 BetrVG ist zu differenzieren: Übersteigt die betriebsübliche Arbeitszeit im Entleiherbetrieb, die der Leih-AN dort erfüllen soll, schon bei Beginn der Überlassung die des Verleiherbetriebs, besteht ein Mitbestimmungsrecht des Verleiher-BR, bei nachträglicher Anordnung durch den Entleiher dagegen ein Mitbestimmungsrecht des Entleiher-BR (BAG 19.6.2001, 1 ABR 43/00, EzA § 87 BetrVG 1972 Arbeitszeit Nr 63 unter 5c; *Raab* ZfA 2003, 389, 441 ff).

Das Mitbestimmungsrecht nach § 87 I Nr 5 BetrVG in Bezug auf Fragen im Zusammenhang mit der Gewährung von **Urlaub** an den Leih-AN kommt, da der Urlaubsanspruch auf dem Leiharbeitsverhältnis zum Verleiher basiert, dem Verleiher- und nicht dem Entleiher-BR zu (*Boemke/Lembke* § 14 Rn 38). Erforderliche Abstimmungen sind insofern zwischen Verleiher und Entleiher iR des Überlassungsvertrages vorzunehmen.

Das Mitbestimmungsrecht bei Einführung und Anwendung von **technischen Überwachungseinrichtungen** (§ 87 I Nr 6 BetrVG) im Entleiherbetrieb ist, auch in Bezug auf die dort beschäftigten Leih-AN, vom Entleiher-BR wahrzunehmen, da Anknüpfungspunkt insoweit nicht das Leiharbeitsverhältnis des Leih-AN zum Verleiher, sondern seine Tätigkeit iR des betrieblichen Organisationsbereiches des Entleihers ist (*Schüren/Hamann* § 14 Rn 272).

Greift der Grundsatz des »**equal pay**« und richtet sich die Vergütung des Leih-AN nach in einem kollektiven Vergütungssystem enthaltenen Bedingungen vergleichbarer Stamm-AN des Entleihers, liegt die Zuständigkeit zur Überprüfung der korrekten **Ein- bzw Umgruppierung** des Leih-AN iSv § 99 I 1 BetrVG beim Verleiher-BR (s hierzu § 12 I 3). Zwar käme dem Entleiher-BR insofern eine größere Sachnähe zu. Den Bezugspunkt bilden jedoch arbeitsvertragliche Ansprüche des Leih-AN gegen den Verleiher. Ggü Letztgenanntem stehen dem Entleiher-BR keine betriebsverfassungsrechtlichen Einflussmöglichkeiten zur Verfügung (*Hamann* NZA 2003, 526, 531 f; vgl hierzu auch Rdn 17).

Im Hinblick auf den typischen Inhalt des Leiharbeitsverhältnisses stellt die Anweisung durch den Verleiher, bei wechselnden Entleihern tätig zu werden, keine **Versetzung** iSv §§ 95 III, 99 I 1 BetrVG dar.

C. Betriebsverfassungsrechtliche Zuordnung der Leih-AN zum Entleiherbetrieb. § 7 S 2 BetrVG gewährt Leih-AN das **aktive Wahlrecht** zum BR des Entleiherbetriebs und das Recht zur Teilnahme an der Wahl der AN-Vertreter im Aufsichtsrat des Entleiherunternehmens (§ 5 II 2 DrittelbG, § 10 II 2 MitbestG), wenn sie länger als 3 Monate im Entleiherbetrieb eingesetzt werden. Gegen die daraus abgeleitete Ansicht, Leih-AN während ihres Einsatzes beim Entleiher betriebsverfassungsrechtlich immer auch dem Entleiherbetrieb iS einer **doppelten Betriebszugehörigkeit** zuzuordnen (so etwa Schüren/*Hamann* § 14 Rn 22 ff mwN) spricht jedoch, dass der Gesetzgeber für die Frage, welche betriebsverfassungsrechtlichen Rechte Leih-AN im Entleiherbetrieb zukommen, eine Regelung in § 14 II 2, 3 vorgesehen hat, der, nach der genannten Auffassung, nur deklaratorischer Charakter zukäme (gegen die Annahme einer doppelten Betriebszugehörigkeit deshalb BAG 16.4.2003, 7 ABR 53/02, EzAÜG § 14 AÜG Betriebsverfassung Nr 54; 7.5.2008, 7 ABR 17/07, NZA 2008, 1142; *Brose* NZA 2005, 797, 798 mwN). Entsteht im Fall des § 9 Nr 1 ein Arbeitsverhältnis zwischen Leih-AN und Entleiher qua lege (§ 10 I) und wird daneben ein fehlerhaftes Arbeitsverhältnis zwischen Leih-AN und Verleiher in Vollzug gesetzt, sind die Leih-AN betriebsverfassungsrechtlich dagegen allein dem Entleiherbetrieb zuzuordnen (s.o. § 10 Rdn 14).

§ 14 II 1 schließt das **passive Wahlrecht** von Leih-AN bei BR-Wahlen sowie bei der Wahl der AN-Vertreter in den Aufsichtsrat des Entleiherunternehmens aus (BAG 10.3.2004, 7 ABR 49/03, NZA 2004, 1340). Gleiches gilt auch für die langfristig angelegte Personalgestellung von einer öffentl-rechtlichen Körperschaft an einen privatrechtlich organisierten Betrieb (LAG Köln 22.6.2009, 2 TaBV 74/08, zur Personalgestellung durch juristische Personen des öffentl Rechts vgl auch *Löwisch/Domisch* BB 2012, 1408). Während das BAG bislang die Auffassung vertrat, dass Leih-AN mangels Betriebszugehörigkeit zum Entleiher bei den betriebsverfassungsrechtlichen **Schwellenwerten** im Entleiherbetrieb (zB §§ 9, 38 BetrVG) grds nicht mitzuzählen seien (BAG 16.4.2003, 7 ABR 53/02, aaO; 22.10.2003, 7 ABR 3/03, AP BetrVG 1972 § 38 Nr 28; krit Thüsing/*Thüsing* § 14 Rn 63 mwN), hat es diese Auffassung in neuester Rspr mit Hinweis auf eine am Sinn und Zweck der Schwellenwerte orientierte Auslegung des Gesetzes aufgegeben (BAG 13.3.2013, 7 ABR 69/11, NZA 2013, 789; LAG Hessen 12.8.2013, 16 TaBV 25/13). Die Größe des BR müsse im Verhältnis zur Zahl der vertretenen AN und damit zum Arbeitsaufwand stehen. Wenn der BR des Entleiherbetriebes auch nur partiell die Vertretung der eingesetzten Leih-AN übernehme, führe dies zu einem erheblichen Arbeitsmehraufwand. Schon bislang galt eine Ausnahme für im Wege der Personalgestellung an privatrechtlich organisierte Unternehmen überlassene Beamte, Soldaten und AN des öffentl Dienstes (ausf *Rieble* NZA 2012, 485). Auch bei der Feststellung des Schwellenwerts im Zusammenhang mit § 111 BetrVG bezog das BAG schon bislang Leih-AN beim Entleiher im Wege teleologischer Auslegung ein, sofern diese mehr als drei Monate dort eingesetzt und deshalb gem § 7 S 2 BetrVG dort wahlberechtigt waren (BAG

18.10.2011, 1 AZR 335/10, NZA 2012, 221). Insgesamt verfolgt das BAG aktuell die klare Tendenz, Leih-AN soweit als möglich Stammbeschäftigten gleichzustellen (vgl auch unten Rdn 17).

12 **D. Betriebsverfassungsrechtliche Rechte der Leih-AN im Entleiherbetrieb.** Die Möglichkeit, die Sprechstunde des BR bzw der JAV aufzusuchen und an den Betriebs- und Jugendversammlungen teilzunehmen, steht einem Leih-AN nicht nur im Verleiher- sondern gem § 14 II 2 auch im Entleiherbetrieb zu. Der Vergütungsanspruch des Leih-AN für den zum Besuch der Sprechstunde erforderlichen Zeitraum bleibt unberührt (s § 39 BetrVG Rdn 4). Findet sich keine abw Regelung im Überlassungsvertrag, ist der Entleiher grds nicht zu einer entspr Kürzung des Überlassungsentgelts befugt (Schüren/*Hamann* § 14 Rn 85).

13 Gem § 14 II 3 stehen einem Leih-AN auch die Unterrichtungs-, Erörterungs- und Beschwerderechte nach §§ 81, 82 I, 84–86 BetrVG ggü dem Entleiher zu. Durch die Verweisung in § 14 II werden die betriebsverfassungsrechtlichen Rechte eines Leih-AN ggü dem Entleiher zwar nicht abschließend festgelegt (BAG 15.12.1992, 1 ABR 38/92, EzAÜG § 14 AÜG Betriebsverfassung Nr 32), jedoch muss ihr Anknüpfungspunkt im Verhältnis des Leih-AN zum Entleiher fußen. Eine Erläuterung von Berechnung und Zusammensetzung des Arbeitsentgelts des Leih-AN iSv § 82 II 1 Hs 1 BetrVG sowie die Gewährung von Einblick in die Personalakte nach § 83 BetrVG kann sachlogisch nur vom Verleiher als Arbeitsvertragspartner vorgenommen werden. Gibt der Entleiher ggü dem Verleiher Leistungsbewertungen über den Leih-AN ab, steht dem Leih-AN ein entspr Erörterungsrecht ggü dem Entleiher zu (§ 82 II 1 Hs 2 BetrVG).

14 **E. Beteiligungsrechte des Entleiher-BR in Bezug auf Leih-AN.** Gem § 14 III ist der BR des Entleiherbetriebs vor der **Übernahme** eines Leih-AN zur Arbeitsleistung nach § 99 BetrVG zu beteiligen. Mangels Eingliederung in den Entleiherbetrieb ist § 14 III bei drittbezogenem Personaleinsatz auf Grundlage eines echten Dienst- oder Werkvertrags nicht anwendbar (BAG 28.11.1989, 1 ABR 90/88, EzAÜG § 14 AÜG Betriebsverfassung Nr 27). § 14 III verweist auf § 99 BetrVG iS einer **Rechtsgrundverweisung**, sodass das Mitbestimmungsrecht tatbestandlich voraussetzt, dass im Entleiherunternehmen idR mehr als 20 wahlberechtigte AN beschäftigt sind. Der teilw vorgebrachten Qualifizierung als Rechtsfolgenverweisung ist entgegenzuhalten, dass im Hinblick auf den Regelungszweck des § 99 eine Beschränkung des Mitbestimmungsrechts bei Einstellung eines Stamm-AN ggü der Übernahme eines Leih-AN sinnwidrig wäre (so auch *Boemke/Lembke* § 14 Rn 101; Schüren/*Hamann* § 14 Rn 144 ff, aA *Sandmann/Marschall* § 14 Rn 16).

15 Übernahme iSv § 14 III 1 liegt nicht schon bei Abschluss des Überlassungsvertrages oder bei Aufnahme des Leih-AN in einen für einen bestimmten Arbeitseinsatz eingerichteten Stellenpool beim Verleiher vor, sondern erst bei konkreter Zuweisung einer Tätigkeit im Entleiherbetrieb, unabhängig von der geplanten Überlassungsdauer (Thüsing/*Thüsing* § 14 Rn 159; BAG 23.1.2008, 1 ABR 74/06, AP AÜG § 14 Nr 14). Auch die Verlängerung der Überlassung oder der Austausch der Person des Leih-AN stellen eine Übernahme iSv § 14 III dar (LAG Frankfurt 9.2.1988, 5 TaBV 113/87, EzAÜG § 14 AÜG Betriebsverfassung Nr 16; ArbG Verden 1.8.1989, 2 BV 24/89, EzAÜG § 14 AÜG Betriebsverfassung Nr 26). Gleiches gilt, wenn ein zuvor Betriebsangehöriger nach einem AG-Wechsel am gleichen Arbeitsplatz als Leih-AN weiterbeschäftigt wird (BAG 16.6.1998, 1 ABR 59/97, EzAÜG § 14 AÜG Betriebsverfassung Nr 41). Wird dem Leih-AN während des Überlassungszeitraums ein anderer Arbeitsplatz zugewiesen, liegt keine Übernahme iSv § 14 III, ggf jedoch eine zustimmungspflichtige **Versetzung** vor (vgl hierzu *Hamann* NZA 2003, 526, 533). Wechselt der Leih-AN unter Fortbestand seiner Tätigkeit beim Entleiher zu einem anderen Verleiher, stellt dies keine das Beteiligungsrecht des BR des Entleihers erneut auslösende Übernahme dar (LAG Düsseldorf 30.10.2008, 15 TaBV 12/08).

16 Um seinem BR die Ausübung des Mitbestimmungsrechts zu ermöglichen, hat der Entleiher alle Informationen, die insb in Zusammenhang mit § 99 II BetrVG von Bedeutung sein können, mitzuteilen. Hierunter fallen etwa Angaben zur Rechtsgrundlage des Fremdpersonaleinsatzes, wovon ja schon das Bestehen des Mitbestimmungsrechts abhängt (zum Vorgehen im Streitfall vgl *Sandmann/Marschall* § 14 Rn 17). Daneben erstreckt sich die **Unterrichtungspflicht** insb auch auf Anzahl und Namen der Leih-AN (BAG 9.3.2011, 7 ABR 137/09, NZA 2011, 871), deren Einsatzdauer, die zu verrichtende Tätigkeit, Arbeitszeit, erforderliche Qualifikation sowie Auswirkungen der Übernahme auf die Stammbelegschaft (LAG Düsseldorf 25.4.1986, 10 TaBV 7/86, EzAÜG § 14 Betriebsverfassung Nr 7). Vorzulegen ist neben dem Überlassungsvertrag (BAG 6.6.1978, 1 ABR 66/75, EzAÜG § 14 AÜG Betriebsverfassung Nr 2) auch die schriftliche Erklärung des Verleihers über das Bestehen einer Verleiherlaubnis nach § 12 I 2. Nicht von der Unterrichtungspflicht umfasst sind die vereinbarte Überlassungsvergütung und die Arbeitsvertragsbedingungen der Leih-AN, insb Vergütung und Eingruppierung sowie eine Vergleichsaufstellung zu Stammbeschäftigten (BAG 1.6.2011, 7 ABR 117/09, NZA 2011, 1435; Schüren/*Hamann* § 14 Rn 167 f). Entfällt die Verleiherlaubnis des Verleihers, hat der Entleiher seinem BR gem § 14 III 3 Mitteilungen des Verleihers

in Bezug auf den Zeitpunkt des Wegfalls der Erlaubnis, das voraussichtliche Ende der Abwicklung sowie die gesetzliche Abwicklungsfrist bekannt zu geben.

Unter den Voraussetzungen des § 99 II BetrVG kann der BR des Entleihers die **Zustimmung** zur Übernahme eines Leih-AN **verweigern** (zu den Folgen einer Zustimmungsverweigerung vgl die Kommentierung zu §§ 100 ff BetrVG; in diesem Zusammenhang sind etwa die in Nr. 2.3. S 2 des TV Leih-/Zeitarbeit der Metall- und Elektroindustrie in Baden-Württemberg vom 19.5.2012 enthaltenen Beschränkungen des Einsatzes von Leih-AN als vorläufige personelle Maßnahme zu beachten). § 99 II Nr 1 BetrVG gewährt in den Fällen, in denen die Überlassung gegen Rechtsvorschriften verstößt, ein Zustimmungsverweigerungsrecht. Erforderlich ist, dass die Übernahme des Leih-AN durch den Entleiher, etwa wegen Verstoßes gegen § 1b oder wegen Fehlens einer Verleiherlaubnis (LAG Schl-Holst 3.7.2008, 4 TaBV 13/08, EzAÜG § 1 AÜG gewerbsmäßige Arbeitnehmerüberlassung Nr 43), rechtswidrig ist. Kommt der Verleiher seinen AG-Pflichten, etwa im Hinblick auf den **Gleichstellungsanspruch** des Leih-AN nach §§ 3 I Nr 3, 9 Nr 2, 10 IV nicht nach, begründet dies kein Zustimmungsverweigerungsrecht des Entleiher-BR in Bezug auf die Übernahme (so zuletzt BAG 21.7.2009, 1 ABR 35/08, AP AÜG § 3 Nr 4; 17.6.2008, 1 ABR 39/07, EzAÜG § 14 Betriebsverfassung Nr 76). Das Zustimmungsverweigerungsrecht nach § 99 II Nr 1 BetrVG ist kein Instrument zur Inhaltskontrolle eines Arbeitsvertrages (BAG 25.1.2005, 1 ABR 61/03, EzAÜG § 14 AÜG Betriebsverfassung Nr 60; LAG Nds 26.11.2007, 6 TaBV 32/07). Dadurch, dass der Gesetzgeber dem Leih-AN mit § 10 IV eine gesetzliche Anspruchsgrundlage für die Durchsetzung seines Gleichstellungsanspruchs zur Verfügung gestellt hat, lässt sich schließen, dass bei einem Verstoß gegen §§ 3 I Nr 3, 9 Nr 2 nicht die Einstellung insgesamt unterbleiben muss. Für die Durchsetzung des Gleichstellungsgrundsatzes im Verhältnis zwischen Verleiher und Leih-AN fehlt dem BR des Entleiherbetriebs auch die Zuständigkeit (s.o. Rdn 8). Auch die Anwendung von TV des CGZP, deren Tariffähigkeit vom BAG verneint wurde (s.o. § 3 Rdn 29) durch den Verleiher stellt keinen Zustimmungsverweigerungsgrund dar. In neuester Rspr vertritt das BAG nun, dass der BR im Entleiherbetrieb die Zustimmung zur Übernahme mit der Begründung verweigern kann, die **Einstellung** von Leih-AN sei **nicht nur** »vorübergehend«, wie im neu gefassten § 1 I 2 vorgesehen (BAG 10.7.2013, 7 ABR 91/11, NZA 2013, 1296; BAG 30.9.2014, 1 ABR 79/12, NZA 2015, 240). Die genannte Norm enthielte nicht nur eine Klarstellung im Hinblick auf den Charakter der Leiharbeit als grds zeitlich begrenzte Einsatzform ohne aber bindende Höchstüberlassungsfristen festzusetzen sondern untersage die nicht nur vorübergehende AN-Überlassung mit dem Ziel, die dauerhafte Aufspaltung der Belegschaft beim Entleiher in Stammbeschäftigte und Leih-AN zu verhindern (aA *Teusch/Verstege* NZA 2012, 1326 ff; siehe auch § 1 Rdn 38 f). Somit setzt das BAG seine aktuelle Tendenz, Leih-AN soweit als möglich Stammbeschäftigten gleichzustellen nahtlos fort (s.o. Rdn 11 zur Frage der Berücksichtigung von Leih-AN bei der Bestimmung der betriebsverfassungsrechtlichen Schwellenwerte).

Sofern sich **Einstellungsrichtlinien** beim Entleiher auch auf die Übernahme von Leih-AN beziehen, ergibt sich bei Verstößen ein Zustimmungsverweigerungsrecht des Entleiher-BR aus § 99 II Nr 2 BetrVG. Drohen AN des Entleihers durch die Einstellung von Leih-AN **Nachteile**, insb durch einen damit zusammenhängenden Entfall von Stammarbeitsplätzen, kann das Zustimmungsverweigerungsrecht aus § 99 II Nr 3 BetrVG eingreifen (vgl BAG 25.1.2005, 1 ABR 61/03, aaO). Gem § 99 II Nr 4 BetrVG besteht ein Zustimmungsverweigerungsrecht des Entleiher-BR, wenn Leih-AN im Entleiherbetrieb benachteiligt werden. Nachteile von Leih-AN ggü der Stammbelegschaft beim Entleiher, die sich aus der gesetzlichen Ausgestaltung der AN-Überlassung ergeben, etwa durch Eingreifen der in §§ 3 I Nr 3, 9 Nr 2 vorgesehene Abweichungsmöglichkeit vom Gleichstellungsgrundsatz, stellen keinen Verstoß gegen § 75 BetrVG dar und begründen kein Zustimmungsverweigerungsrecht nach §§ 99 II Nr 4 BetrVG (LAG Nds 28.2.2006, 13 TaBV 56/05, BB 2007, 2352). Nach Auffassung des BAG kann der BR des Entleihers verlangen, dass sämtliche Arbeitsplätze, die dauerhaft mit Leih-AN besetzt werden sollen, deren Einsatzzeit voraussichtlich 1 Jahr übersteigt, gem § 93 BetrVG innerbetrieblich ausgeschrieben werden (1.2.2011, 1 ABR 79/09). Ist eine gem § 93 BetrVG erforderliche **innerbetriebliche Ausschreibung** eines zu besetzenden Arbeitsplatzes im Betrieb unterblieben, steht dem Entleiher-BR ein Zustimmungsverweigerungsrecht zu (BAG 14.5.1974, 1 ABR 40/73, AP BetrVG 1972 § 99 Nr 2). Dagegen begründet ein Verstoß gegen den Informationsanspruch des Leih-AN im Hinblick auf offene Stellen beim Entleiher nach § 13a kein Zustimmungsverweigerungsrecht (s.o. § 13a Rdn 8).

§ 14 III stellt keine abschließende Regelung der Beteiligungsrechte des Entleiher-BR dar (ErfK/*Wank* § 14 Rn 14 mit Verweis auf die Gesetzesmaterialien; zu einzelnen Mitbestimmungsrechten des Entleiher-BR in sozialen Angelegenheiten s.o. Rdn 4 ff; zu sonstigen Beteiligungsrechten gem §§ 80, 87 BetrVG vgl Thüsing/*Thüsing* § 14 Rn 103 ff).

20 Auch, wenn im Fall mangels Verleiherlaubnis rechtswidriger AN-Überlassung (§ 9 Nr 1) ein **Arbeitsverhältnis des Leih-AN zum Entleiher** nach § 10 I fingiert wird, stehen dem Entleiher-BR die Mitbestimmungsrechte aus § 99 BetrVG zu (str, so aber *Schüren/Hamann* § 14 Rn 517 ff mwN). Trotz Entstehung des Arbeitsverhältnisses qua lege müssen die Interessen der Stammbelegschaft, etwa im Hinblick auf § 99 II Nr 3 und 6, durch Beteiligung der AN-Vertretung gewahrt werden. Folge kann ein Beschäftigungsverbot in Bezug auf den Leih-AN sein (vgl § 99 BetrVG Rdn 6).

21 Will der Entleiher den Einsatz des Leih-AN vorzeitig beenden, ist dies keine nach §§ 102, 103 BetrVG mitbestimmungspflichtige Maßnahme (*Sandmann/Marschall* § 14 Rn 23).

22 Der Einsatz von Leih-AN stellt keine im Wirtschaftsausschuss des Entleihers zu beratende wirtschaftliche Angelegenheit iSv § 106 III Nr 1–10 BetrVG dar. Angesichts des Mitbestimmungsrechts des Entleiher-BR bei der Übernahme von Leih-AN besteht grds auch kein Bedürfnis für eine Beteiligung des Wirtschaftsausschusses (*Boemke/Lembke* § 14 Rn 151; aA ErfK/*Wank* § 14 Rn 28).

23 **F. Sinngemäße Anwendung auf das Personalvertretungsrecht.** Gem § 14 IV gelten I, II 1 und 2 sowie III für die Anwendung des **BPersVG** sinngemäß. In den Ländern bestimmt sich die Frage der Beteiligung von PersR im Fall von AN-Überlassung nach dem Personalvertretungsrecht des jeweiligen Bundeslandes, § 14 IV begründet insofern keine Mitbestimmungsrechte (BVerwG 20.5.1992, 6 P 4.90, AP LPVG Rh-Pf § 80 Nr 2). Sofern die Länder nicht eine dem § 14 IV entspr Regelung getroffen haben (vgl etwa § 115 PersVG Nds), räumen sie der Personalvertretung in Bezug auf den Abschluss eines Überlassungsvertrages, jedenfalls aber durch Qualifizierung der Beschäftigung eines Leih-AN als Einstellung, **Mitwirkungs- bzw Mitbestimmungsrechte** ein (vgl die Normübersicht bei *Boemke/Lembke* § 14 Rn 155). Mangels AN-Eigenschaft findet § 14 IV auf Beamte, Richter und Soldaten keine Anwendung (*Sandmann/Marschall* § 14 Rn 24). Für die Anwendbarkeit des § 14 IV macht es keinen Unterschied, ob AN-Überlassung innerhalb der öffentl Verwaltung, von einem privaten Verleiher in die öffentl Verwaltung oder aus der öffentl Verwaltung in die Privatwirtschaft erfolgt.

24 Aufgrund der sinngemäßen Anwendung des § 14 I bleiben Leih-AN des öffentl Dienstes auch während der Zeit ihrer Überlassung an eine entleihende Dienststelle AN des Verleihers und behalten dort gem § 14 II 1 grds das **passive und aktive Wahlrecht**, sofern nicht § 13 II BPersVG greift. Im Entleiherbetrieb sind sie nicht wählbar (§ 14 II 1), nach Maßgabe des § 13 II BPersVG aber aktiv wahlberechtigt (vgl ausf *Schüren/ Hamann* § 14 Rn 593 ff). Leih-AN können in der entleihenden Dienststelle während der Dienstzeit die Sprechstunden des PersR (§ 43 BPersVG) und der Jugendvertretung (§§ 62, 43 BPersVG) aufsuchen und an Personal- und Jugendversammlungen (§§ 48, 63 BPersVG) teilnehmen. Die in § 67 BPersVG aufgezählten Grundsätze über die Behandlung der Beschäftigten gelten auch in Bezug auf die nur vorübergehend in der Dienststelle beschäftigten AN. Der PersR ist vor Übernahme eines Leih-AN gem § 75 I Nr 1 BPersVG zu beteiligen und kann bei Vorliegen eines der Gründe in § 77 II BPersVG, die inhaltlich § 99 II Nr 1–4 und 6 BetrVG iW entspr, seine Zustimmung verweigern. Daneben können weitere Beteiligungsrechte des PersR bestehen, die etwa an die tatsächliche Eingliederung des Leih-AN in die Dienststelle oder an sein Verhalten in der Dienststelle anknüpfen (zB § 75 II Nr 1, III Nr 1, 8–12, 15–17 BPersVG; vgl *Schüren/ Hamann* § 14 Rn 607 ff).

§ 15 Ausländische Leiharbeitnehmer ohne Genehmigung

(1) Wer als Verleiher einen Ausländer, der einen erforderlichen Aufenthaltstitel nach § 4 Abs. 3 des Aufenthaltsgesetzes, eine Aufenthaltsgestattung oder eine Duldung, die zur Ausübung der Beschäftigung berechtigen, oder eine Genehmigung nach § 284 Abs. 1 des Dritten Buches Sozialgesetzbuch nicht besitzt, entgegen § 1 einem Dritten ohne Erlaubnis überlässt, wird mit Freiheitsstrafe bis zu drei Jahren oder mit Geldstrafe bestraft.

(2) ¹In besonders schweren Fällen ist die Strafe Freiheitsstrafe von sechs Monaten bis zu fünf Jahren. ²Ein besonders schwerer Fall liegt in der Regel vor, wenn der Täter gewerbsmäßig oder aus grobem Eigennutz handelt.

Übersicht	Rdn.		Rdn.
A. Gegenstand und Zweck der Regelung	1	III. Schuld	9
B. Verleih ausländischer Leih-AN ohne Genehmigung	2	IV. Strafmaß	10
		C. Besonders schwerer Fall	11
I. Objektiver Tatbestand	2		
II. Subjektiver Tatbestand	8		

A. Gegenstand und Zweck der Regelung. §§ 15 und 15a sanktionieren die illegale Überlassung bzw 1
den Entleih von ohne Aufenthalts- bzw Arbeitserlaubnis tätigen Leih-AN als Straftaten und ergänzen so
die Ordnungswidrigkeitsregelungen in § 16 I Nr 2 AÜG und § 404 SGB III sowie §§ 10 f SchwArbG und
§ 291 StGB. Normzweck ist zum einen der Schutz der Ordnung des Arbeitsmarktes im Hinblick auf die
Beschäftigungschancen dt und ihnen gleichgestellter AN aus EWR-Staaten sowie die Sicherung der staatlichen Steuer- und Sozialversicherungseinnahmen (BT-Drs 10/2102 S 32). Zum anderen zielt die Norm
auch auf den Schutz ausländischer Leih-AN vor Ausbeutung. Illegal tätige ausländische Leih-AN müssen,
wenden sie sich an die Arbeitsbehörde, gem § 404 II Nr 4 SGB III selbst mit Sanktionen rechnen, sodass
sie sich insofern in einer bes Gefährdungslage befinden (BT-Drs VI/2303 S 15).

B. Verleih ausländischer Leih-AN ohne Genehmigung. I. Objektiver Tatbestand. Täter des § 15 2
ist ein Verleiher, der AN-Überlassung ohne die nach § 1 erforderliche Verleiherlaubnis betreibt. Fehlt
im Fall der Kollegenhilfe nach § 1a die erforderliche vorherige Anzeige bei der BA, greift § 15, der allein
auf § 1 Bezug nimmt, nicht ein (Thüsing/*Kudlich* § 15 Rn 10). Ist Verleiher eine **juristische Person**
oder **Personenhandelsgesellschaft**, findet in Bezug auf die Bestimmung der Strafbarkeit § 14 StGB
Anwendung. Im Fall einer **Strohmann-Konstellation** ist der Hintermann tauglicher Täter des § 15,
wenn er den Verleihbetrieb tatsächlich selbst leitet, anderenfalls der Strohmann (*Boemke/Lembke* § 15
Rn 6). Leih-AN und Entleiher sind notwendige Beteiligte und können deshalb nicht wegen Teilnahme
bestraft werden.
Weitere Voraussetzung des § 15 ist, dass ein **ausländischer Leih-AN ohne Aufenthaltstitel bzw Arbeitser-** 3
laubnis überlassen wird. Ausländer ist jeder, der nicht dt Staatsbürger oder Deutscher iSv Art 116 GG ist.
Ausländer aus **Nicht-EU bzw Nicht-EWR-Staaten** bedürfen, um in Deutschland einer unselbstständigen
Beschäftigung nachgehen zu können, eines Aufenthaltstitels mit Arbeitserlaubnis (§§ 4 III, 18 II
AufenthG). Dies gilt nicht, wenn zwischenstaatliche Vereinbarungen (zum Assoziationsabkommen mit der
Türkei vgl Schüren/*Stracke* § 15 Rn 30), G (zB § 17 HAuslG) oder Rechtsverordnungen (zB § 9 ArGV)
Abweichendes bestimmen. Gem § 40 I Nr 2 AufenthG muss die BA ihre Zustimmung zu einem Aufenthaltstitel mit Arbeitserlaubnis versagen, wenn der Ausländer als Leih-AN tätig werden will.
In Bezug auf Staatsangehörige von Polen, der Tschechischen Republik, der Slowakischen Republik, Slowe- 4
nien, Estland, Lettland, Litauen und Ungarn, die der EU zum 1.5.2004 beigetreten sind, machte Deutschland von der im Beitrittsvertrag enthaltenen Möglichkeit zur temporären Beschränkung der AN-Freizügigkeit in einer Übergangsphase (sog 2+3+2-Modell) Gebrauch; hierzu ausf *Boemke* BB 2005, 266 ff), die zum
30.4.2011 endete. Bis zu diesem Zeitpunkt durften diese Staatsangehörige nur auf der Grundlage einer
Arbeitserlaubnis EU einer Beschäftigung nachgehen. Unter den Voraussetzungen von §§ 284 V SGB III,
12a I ArGV bestand ein Anspruch auf Erlaubniserteilung. Für eine Tätigkeit als Leih-AN konnte gem § 6 I
Nr 2 ArGV jedoch eine Arbeitserlaubnis nicht erteilt werden, sodass nur die Ausländer, die schon über eine
Arbeitserlaubnis verfügten, in Deutschland als Leih-AN tätig werden durften. Seit 1.5.2011 greifen nun die
Regelungen für AN aus den übrigen Mitgliedstaaten der EU (s.u. Rdn 6). Die im EU-Beitrittsvertrag vom
25.4.2005 mit Bulgarien und Rumänien vereinbarten Beschränkungen der AN-Freizügigkeit liefen zum
31.12.2013 aus. Derzeit bestehen Beschränkungen nur noch im Hinblick auf Staatsangehörige Kroatiens,
welches zum 1.7.2013 der EU beigetreten ist.
Verfügt der Leih-AN nicht über eine erforderliche Arbeitserlaubnis, greift § 15 auch dann ein, wenn die 5
materiellrechtlichen Voraussetzungen für die Erlaubniserteilung gegeben wären. Wurde eine Arbeitserlaubnis zu Unrecht erteilt, ist § 15 dennoch ausgeschlossen (*Boemke/Lembke* § 15 Rn 13).
AN aus den übrigen **Mitgliedstaaten der EU bzw des EWR** und ihre Familienangehörigen genießen gem 6
§§ 1, 2 II Nr 1, 3, 12 FreizügG/EU Freizügigkeit, können im Inland unter denselben Voraussetzungen wie
Deutsche einer Beschäftigung nachgehen und bedürfen keiner Aufenthalts- oder Arbeitserlaubnis.
Die **Tathandlung** des § 15 I besteht darin, dass der ausländische Leih-AN einem Dritten überlassen wird. 7
Überlassen ist ein Leih-AN, wenn er vom Verleiher die Weisung erhielt, seine Arbeitsleistung bei einem
Entleiher gem dessen Vorgaben zu erbringen. Der Abschluss eines Leiharbeits- bzw Überlassungsvertrags
stellt insoweit lediglich eine straflose Vorbereitungshandlung dar. Der **Versuch** der Begehung des § 15 ist
nicht strafbar. Im Hinblick auf seinen Schutzzweck greift § 15 nur, wenn der ausländische Leih-AN an einen
in Deutschland ansässigen Entleiher überlassen wird (zum Streitstand vgl Thüsing/*Kudlich* § 15 Rn 16 f).

II. Subjektiver Tatbestand. Strafbarkeit nach § 15 setzt **Vorsatz** in Bezug auf alle Merkmale des objekti- 8
ven Tatbestands voraus, wobei dolus eventualis ausreicht. Im Fall eines Tatbestandsirrtums iSv § 16 StGB
scheidet eine Bestrafung nach § 15 aus, jedoch greifen § 16 I Nr 1 und § 404 II Nr 3 SGB III.

9 III. Schuld. Kennt der Täter alle tatsächlichen Umstände, zieht daraus aber falsche rechtliche Schlüsse, indem er etwa annimmt, er benötige keine Verleiherlaubnis bzw der ausländische Leih-AN benötige keine Arbeitserlaubnis, liegt ein **Verbotsirrtum** nach § 17 StGB vor, der Schuld und Strafbarkeit nur entfallen lässt, wenn er unvermeidbar war. Der Verleiher ist verpflichtet, sich nach der Staatsangehörigkeit des Leih-AN sowie den, die Beschäftigung ausländischer Leih-AN regelnden Rechtsvorschriften zu erkundigen (OLG Hamm 14.11.1980, 5 Ss OWi 1967/80, EzAÜG § 10 AÜG Fiktion Nr 5), sodass entspr Irrtümer grds vermeidbar sind.

10 IV. Strafmaß. Die Tat nach § 15 I ist mit einer Freiheitsstrafe bis zu 3 Jahren oder mit Geldstrafe bewehrt. Zur Strafzumessung sowie Konkurrenzen zu anderen Straftaten und Ordnungswidrigkeiten vgl ausf Schüren/*Stracke* § 15 Rn 58 ff.

11 C. Besonders schwerer Fall. Für bes schwere Fälle rechtswidrigen Verleihs ausländischer Leih-AN ohne Erlaubnis enthält § 15 II eine Strafzumessungsregel, deren Strafrahmen Freiheitsstrafe von 6 Monaten bis zu 5 Jahren vorsieht. Ein bes schwerer Fall liegt vor, wenn die objektiven und subjektiven Umstände der Tat die üblichen und damit für den ordentlichen Strafrahmen zu berücksichtigenden Fälle an Strafwürdigkeit so übertreffen, dass dieser zur Ahndung der Tat nicht mehr ausreicht (BGH 24.6.1987, 3 StR 200/87, EzAÜG § 15 AÜG Nr 1). Kriterien können in diesem Zusammenhang etwa außergewöhnliche Hartnäckigkeit und Stärke des verbrecherischen Willens, ein außergewöhnlich hoher Schaden sowie außergewöhnlich niederträchtiges Verhalten sein (*Sandmann/Marschall* § 15 Rn 16).

12 Als nicht abschließende Regelbeispiele, die das Vorliegen eines bes schweren Falles indizieren, nennt das G **gewerbsmäßiges Handeln** des Verleihers und Handeln aus grobem Eigennutz. Für Teilnehmer an der Tat gilt § 28 II StGB. Gewerbsmäßig iSv § 15 handelt ein Verleiher, der illegal ausländische AN zu dem Zweck überlässt, sich eine nicht nur vorübergehende Einnahmequelle zu verschaffen, wobei die Gewinnerzielungsabsicht gerade im Zusammenhang mit dem illegalen Verleih ausländischer Leih-AN stehen muss. Darüber hinaus müssen eine Ausbeutung bzw sonstige erhebliche Nachteile für die Leih-AN gegeben sein (*Sandmann/Marschall* § 15 Rn 18; aA *Ulber* § 15 Rn 17).

13 Handeln aus **grobem Eigennutz** ist bei einem Streben nach Vorteil in bes anstößigem Maße (BT-Drs 7/3100 S 6) zu bejahen, etwa dann, wenn der Verleiher die Zwangslage der illegalen ausländischen Leih-AN ausnutzt, um über ausbeuterische Arbeitsbedingungen seinen Überlassungsgewinn zu maximieren (Schüren/*Stracke* § 15 Rn 44).

§ 15a Entleih von Ausländern ohne Genehmigung

(1) ¹Wer als Entleiher einen ihm überlassenen Ausländer, der einen erforderlichen Aufenthaltstitel nach § 4 Abs. 3 des Aufenthaltsgesetzes, eine Aufenthaltsgestattung oder eine Duldung, die zur Ausübung der Beschäftigung berechtigen, oder eine Genehmigung nach § 284 Abs. 1 des Dritten Buches Sozialgesetzbuch nicht besitzt, zu Arbeitsbedingungen des Leiharbeitsverhältnisses tätig werden lässt, die in einem auffälligen Missverhältnis zu den Arbeitsbedingungen deutscher Leiharbeitnehmer stehen, die die gleiche oder eine vergleichbare Tätigkeit ausüben, wird mit Freiheitsstrafe bis zu drei Jahren oder mit Geldstrafe bestraft. ²In besonders schweren Fällen ist die Strafe Freiheitsstrafe von sechs Monaten bis zu fünf Jahren; ein besonders schwerer Fall liegt in der Regel vor, wenn der Täter gewerbsmäßig oder aus grobem Eigennutz handelt.
(2) ¹Wer als Entleiher
1. gleichzeitig mehr als fünf Ausländer, die einen erforderlichen Aufenthaltstitel nach § 4 Abs. 3 des Aufenthaltsgesetzes, eine Aufenthaltsgestattung oder eine Duldung, die zur Ausübung der Beschäftigung berechtigen, oder eine Genehmigung nach § 284 Abs. 1 des Dritten Buches Sozialgesetzbuch nicht besitzen, tätig werden lässt oder
2. eine in § 16 Abs. 1 Nr. 2 bezeichnete vorsätzliche Zuwiderhandlung beharrlich wiederholt,

wird mit Freiheitsstrafe bis zu einem Jahr oder mit Geldstrafe bestraft. ²Handelt der Täter aus grobem Eigennutz, ist die Strafe Freiheitsstrafe bis zu drei Jahren oder Geldstrafe.

Übersicht	Rdn.		Rdn.
A. Gegenstand und Zweck der Regelung	1	E. Beharrlich wiederholter illegaler Entleih (II 1 Nr 2)	9
B. Gemeinsamer Grundtatbestand	2	F. Besonders schwere Fälle illegalen Entleihs	10
C. Beschäftigung zu ausbeuterischen Bedingungen (I 1)	3		
D. Umfangreicher illegaler Entleih (II 1 Nr 1)	8		

§ 15a AÜG Entleih von Ausländern ohne Genehmigung

A. Gegenstand und Zweck der Regelung. § 15a in der zum 1.1.2005 geänderten Fassung beinhaltet 1
einen an die illegale Beschäftigung von Ausländern durch Entleiher anknüpfenden Straftatbestand und
ergänzt so den entspr Straftatbestand für Verleiher in § 15 sowie die Ordnungswidrigkeitsregelung in § 16 I
Nr 2. Zum Schutzzweck s.o. § 15 Rdn 1. § 15a besteht aus einem Grundbestand in I 1 mit Strafzumessungsregel in I 2 sowie zwei separaten Tatbeständen in II 1 mit Qualifikation (II 2).

B. Gemeinsamer Grundtatbestand. Gemeinsamer Grundtatbestand für alle in § 15a sanktionierten Tat- 2
varianten ist, dass ein Entleiher einen ausländischen Leih-AN ohne erforderlichen Aufenthaltstitel nach § 4
III AufenthG, eine zur Aufnahme einer Beschäftigung berechtigende Aufenthaltsgestattung bzw Duldung
oder eine Arbeitsgenehmigung nach § 284 I SGB III (vgl hierzu § 15 Rdn 3 ff) tätig werden lässt. **Täter** iSv
§ 15a kann nur der **Entleiher** sein, nicht dagegen der eigentliche AG des Leih-AN. Die Entleihereigenschaft
ist strafbarkeitsbegründendes Merkmal gem § 28 I StGB (Thüsing/*Kudlich* § 15a Rn 8). Fehlt dem Verleiher die nach § 1 I erforderliche Verleiherlaubnis, wird der Entleiher aufgrund der Regelung in § 10 I AG,
sodass nicht § 15a, ggf aber §§ 10, 11 SchwArbG sowie § 404 II Nr 3 SGB III und § 16 I Nr 1a eingreifen.
Tätig werden lassen eines ausländischen AN als **Tathandlung** des § 15a ist nicht schon mit Abschluss des
Überlassungsvertrages, sondern erst mit Zuweisung eines bestimmten Arbeitsplatzes bzw einer bestimmten
Tätigkeit durch den Entleiher erfüllt (Schüren/*Stracke* § 15a Rn 15). Der Versuch einer Begehung des § 15a
ist nicht strafbewehrt.

C. Beschäftigung zu ausbeuterischen Bedingungen (I 1). Der Straftatbestand in § 15a I 1, welcher einen 3
Strafrahmen von Freiheitsstrafe bis zu 3 Jahren oder Geldstrafe vorsieht, setzt zusätzlich voraus, dass die
Arbeitsbedingungen der ausländischen AN aus ihrem Leiharbeitsverhältnis zum Verleiher in einem auffälligen Missverhältnis zu den Arbeitsbedingungen dt Leih-AN stehen, die die gleiche oder eine vergleichbare
Tätigkeit ausüben.
Gegenstand des Vergleichs sind die **tatsächlichen Arbeitsbedingungen** der ausländischen Leih-AN, 4
sofern von den vertraglichen Arbeitsbedingungen nach unten abw, mit den vergleichbaren dt Leih-AN
rechtlich zustehenden Arbeitsbedingungen (Thüsing/*Kudlich* § 15a Rn 22). Hierzu zählen jedenfalls
die »wesentlichen Arbeitsbedingungen« iSv §§ 3 I Nr 3, 9 Nr 2 (s.o. § 3 Rdn 20 ff) aber auch alle sonstigen Umstände, unter denen die Arbeitsleistung zu erbringen ist (hM vgl *Sandmann/Marschall* § 15a
Rn 4).
Vergleichsgruppe sind dt Leih-AN mit **gleicher oder vergleichbarer Tätigkeit** desselben oder, sofern dort 5
nicht vorhanden, eines vergleichbaren Verleihers (Schüren/*Stracke* § 15a Rn 19 f). Auf die Arbeitsbedingungen anderer ausländischer Leih-AN kann im Hinblick auf den eindeutigen Gesetzeswortlaut und das
strafrechtliche Analogieverbot (Art 103 II GG) nicht abgestellt werden. Gleich bzw vergleichbar sind Tätigkeiten, deren Merkmale völlig bzw überwiegend übereinstimmen.
Ein **auffälliges Missverhältnis** besteht jedenfalls, wenn der Leiharbeitsvertrag nach den Maßstäben des 6
§ 138 BGB als sittenwidrig einzustufen ist, etwa wegen Ausschlusses eines Urlaubsanspruchs, aber auch
dann, wenn die Vergütung des ausländischen Leih-AN unter Berücksichtigung aller Umstände des Einzelfalles, insb etwaiger Kompensationen, um mind 20 % unter derjenigen der Vergleichsgruppe liegt (hM,
Schüren/*Stracke* § 15a Rn 23).
Beim Entleiher muss **Vorsatz** in Bezug auf die Verwirklichung aller objektiven Tatbestandsmerkmale gege- 7
ben sein, wobei dolus eventualis ausreicht. Indizien für die Bejahung von bedingtem Vorsatz liegen vor,
wenn der Leih-AN den Entleiher auf die ausbeuterischen Arbeitsbedingungen hinweist bzw wenn der Entleiher für die Überlassung eine augenfällig geringe Überlassungsvergütung an den Verleiher zu entrichten
hat (Thüsing/*Kudlich* § 15a Rn 33).

D. Umfangreicher illegaler Entleih (II 1 Nr 1). Lässt ein Entleiher gleichzeitig mind 6 ausländische 8
Leih-AN, die nicht über eine erforderliche Arbeitserlaubnis verfügen (s.o. Rdn 2), tätig werden, greift der
Straftatbestand des § 15a II 1 Nr 1 mit einem Strafrahmen von Freiheitsstrafe bis zu 1 Jahr oder Geldstrafe.
Nicht erforderlich ist, dass alle Leih-AN von demselben Verleiher überlassen wurden (*Boemke/Lembke* § 15a
Rn 16).

E. Beharrlich wiederholter illegaler Entleih (II 1 Nr 2). Der Entleih ausländischer Arbeitskräfte ohne 9
entspr Arbeitserlaubnis erfüllt den Ordnungswidrigkeitstatbestand des § 16 I Nr 2. Der Straftatbestand des
§ 15a II 1 Nr 2 ist einschlägig, wenn ein Entleiher dieses Verhalten beharrlich wiederholt. Ein beharrliches
Wiederholen setzt voraus, dass der Entleiher das Verbot mind zweimal vorsätzlich verletzt hat, wobei er
mind einmal deutlich auf die Ordnungswidrigkeit seines Handelns hingewiesen worden sein muss, zB
durch Bußgeldbescheid oder behördliche Abmahnung (BT-Drs 10/2102 S 32; *Sandmann/Marschall* § 15a
Rn 9; teilw aA *Boemke/Lembke* § 15a Rn 18). Der Strafrahmen entspricht dem von II 1 Nr 1.

10 F. **Besonders schwere Fälle illegalen Entleihs.** Erfüllt ein Entleiher den Tatbestand des § 15a I 1, kommt eine Strafschärfung in Gestalt einer Freiheitsstrafe von mind 6 Monaten bis 5 Jahre in Betracht, wenn nach der Gesamtwürdigung aller Tatumstände ein bes schwerer Fall vorliegt. Als nicht abschließende Regelbeispiele nennt das G in § 15a I 2 gewerbsmäßiges Handeln sowie groben Eigennutz (s.o. § 15 Rdn 12 f). Begeht der Entleiher die in § 15a II 1 enthaltenen Straftaten aus grobem Eigennutz, erfüllt dies den Qualifikationstatbestand in § 15a II 2, welcher einen Strafrahmen von bis zu 3 Jahren Freiheitsstrafe oder Geldstrafe vorsieht.

§ 16 Ordnungswidrigkeiten

(1) Ordnungswidrig handelt, wer vorsätzlich oder fahrlässig
1. entgegen § 1 einen Leiharbeitnehmer einem Dritten ohne Erlaubnis überlässt,
1a. einen ihm von einem Verleiher ohne Erlaubnis überlassenen Leiharbeitnehmer tätig werden lässt,
1b. entgegen § 1b Satz 1 Arbeitnehmer überlässt oder tätig werden lässt,
2. einen ihm überlassenen ausländischen Leiharbeitnehmer, der einen erforderlichen Aufenthaltstitel nach § 4 Abs. 3 des Aufenthaltsgesetzes, eine Aufenthaltsgestattung oder eine Duldung, die zur Ausübung der Beschäftigung berechtigen, oder eine Genehmigung nach § 284 Abs. 1 des Dritten Buches Sozialgesetzbuch nicht besitzt, tätig werden lässt,
2a. eine Anzeige nach § 1a nicht richtig, nicht vollständig oder nicht rechtzeitig erstattet,
3. einer Auflage nach § 2 Abs. 2 nicht, nicht vollständig oder nicht rechtzeitig nachkommt,
4. eine Anzeige nach § 7 Abs. 1 nicht, nicht richtig, nicht vollständig oder nicht rechtzeitig erstattet,
5. eine Auskunft nach § 7 Abs. 2 Satz 1 nicht, nicht richtig, nicht vollständig oder nicht rechtzeitig erteilt,
6. seiner Aufbewahrungspflicht nach § 7 Abs. 2 Satz 4 nicht nachkommt,
6a. entgegen § 7 Abs. 3 Satz 2 eine dort genannte Maßnahme nicht duldet,
7. eine statistische Meldung nach § 8 Abs. 1 nicht, nicht richtig, nicht vollständig oder nicht rechtzeitig erteilt,
7a. entgegen § 10 Absatz 4 eine Arbeitsbedingung nicht gewährt,
7b. entgegen § 10 Absatz 5 in Verbindung mit einer Rechtsverordnung nach § 3a Absatz 2 Satz 1 das dort genannte Mindeststundenentgelt nicht oder nicht rechtzeitig zahlt,
8. einer Pflicht nach § 11 Abs. 1 oder Abs. 2 nicht nachkommt.
9. entgegen § 13a Satz 1 den Leiharbeitnehmer nicht, nicht richtig oder nicht vollständig informiert,
10. entgegen § 13b Satz 1 Zugang nicht gewährt,
11. entgegen § 17a in Verbindung mit § 5 Absatz 1 Satz 1 des Schwarzarbeitsbekämpfungsgesetzes eine Prüfung nicht duldet oder bei dieser Prüfung nicht mitwirkt,
12. entgegen § 17a in Verbindung mit § 5 Absatz 1 Satz 2 des Schwarzarbeitsbekämpfungsgesetzes das Betreten eines Grundstücks oder Geschäftsraums nicht duldet,
13. entgegen § 17a in Verbindung mit § 5 Absatz 3 Satz 1 des Schwarzarbeitsbekämpfungsgesetzes Daten nicht, nicht richtig, nicht vollständig, nicht in der vorgeschriebenen Weise oder nicht rechtzeitig übermittelt,
14. entgegen § 17b Absatz 1 Satz 1 eine Anmeldung nicht, nicht richtig, nicht vollständig, nicht in der vorgeschriebenen Weise oder nicht rechtzeitig zuleitet,
15. entgegen § 17b Absatz 1 Satz 2 eine Änderungsmeldung nicht, nicht richtig, nicht vollständig, nicht in der vorgeschriebenen Weise oder nicht rechtzeitig macht,
16. entgegen § 17b Absatz 2 eine Versicherung nicht beifügt,
17. entgegen § 17c Absatz 1 eine Aufzeichnung nicht, nicht richtig, nicht vollständig oder nicht rechtzeitig erstellt oder nicht oder nicht mindestens zwei Jahre aufbewahrt oder
18. entgegen § 17c Absatz 2 eine Unterlage nicht, nicht richtig, nicht vollständig oder nicht in der vorgeschriebenen Weise bereithält.

(2) Die Ordnungswidrigkeit nach Absatz 1 Nummer 1 bis 1b, 6 und 11 bis 18 kann mit einer Geldbuße bis zu dreißigtausend Euro, die Ordnungswidrigkeit nach Absatz 1 Nummer 2, 7a und 7b mit einer Geldbuße bis zu fünfhunderttausend Euro, die Ordnungswidrigkeit nach Absatz 1 Nr. 2a, 3, 9 und 10

mit einer Geldbuße bis zu zweitausendfünfhundert Euro, die Ordnungswidrigkeit nach Absatz 1 Nummer 4, 5, 6a, 7 und 8 mit einer Geldbuße bis zu tausend Euro geahndet werden.
(3) Verwaltungsbehörden im Sinne des § 36 Abs. 1 Nr. 1 des Gesetzes über Ordnungswidrigkeiten sind für die Ordnungswidrigkeiten nach Absatz 1 Nummer 1 bis 2a, 7b sowie 11 bis 18 die Behörden der Zollverwaltung, für die Ordnungswidrigkeiten nach Absatz 1 Nr. 3 bis 7a sowie 8 bis 10 die Bundesagentur für Arbeit.
(4) § 66 des Zehnten Buches Sozialgesetzbuch gilt entsprechend.
(5) ¹Die Geldbußen fließen in die Kasse der zuständigen Verwaltungsbehörde. ²Sie trägt abweichend von § 105 Abs. 2 des Gesetzes über Ordnungswidrigkeiten die notwendigen Auslagen und ist auch ersatzpflichtig im Sinne des § 110 Abs. 4 des Gesetzes über Ordnungswidrigkeiten.

Übersicht

		Rdn.
A.	Gegenstand und Zweck der Regelung	1
B.	Anwendung des OWiG	2
I.	Täterschaft und Beteiligung	3
II.	Verschulden	4
C.	Tatbestände des § 16 I im Einzelnen	5
I.	Verleih ohne Erlaubnis	5
II.	Entleih von einem Verleiher ohne Erlaubnis	6
III.	Verleih und Entleih in Betrieben des Baugewerbes	7
IV.	Beschäftigung eines ausländischen Leih-AN ohne Genehmigung	8
V.	Verstoß gegen Anzeigepflicht bei erlaubnisfreier Überlassung	9
VI.	Nichterfüllung von Auflagen	10
VII.	Verstoß gegen Anzeige-, Auskunfts-, Aufbewahrungs-, Duldungs- und Meldepflichten	11
VIII.	Verstoß des Verleihers gegen Verpflichtung ggü dem Leih-AN zur Gewährung von Arbeitsbedingungen gem § 10 IV bzw des Mindeststundenentgelts nach § 10 V	12
IX.	Verstoß gegen Dokumentationspflicht	13
X.	Verstoß des Entleihers gegen Verpflichtung Leih-AN über freie Arbeitsplätze zu informieren bzw Zugang zu Gemeinschaftseinrichtungen zu gewähren	14
XI.	Verstöße von Ver- oder Entleiher gegen Verpflichtungen ggü den Behörden der Zollverwaltung	15
D.	Höhe des Bußgeldes	16
E.	Bußgeldverfahren	17
I.	Zuständigkeit	17
II.	Verfahren	18
III.	Vollstreckung	19
IV.	Verjährung	20

A. Gegenstand und Zweck der Regelung. Wie §§ 15 und 15a sanktioniert auch § 16 Fehlverhalten von Verleiher bzw Entleiher, um so geordnete Verhältnisse auf dem Teilarbeitsmarkt der AN-Überlassung und damit den Schutz der Leih-AN sicherzustellen. Im Unterschied zu den erstgenannten Normen sind die in § 16 aufgeführten Tatbestände jedoch nur als Ordnungswidrigkeiten qualifiziert und mit Geldbuße bewehrt, da es sich bei ihnen um Verwaltungsunrecht im Zusammenhang mit der Durchführung der AN-Überlassung handelt, das nicht die Gefährlichkeit der in §§ 15, 15a beschriebenen Verstöße aufweist. Ist ein Verhalten nach §§ 15, 15a und § 16 ahndbar, gilt für ihr Verhältnis § 21 OWiG. Im Hinblick auf den Verhältnismäßigkeitsgrundsatz stellt das Bußgeld bei Fehlverhalten des Verleihers ein ggü Verwaltungszwang (§ 6) und Widerruf der Erlaubnis (§ 5) milderes, aber mit letztgenannten Maßnahmen auch kombinierbares Sanktionsmittel dar. Durch das Gesetz zur Änderung des Arbeitnehmerüberlassungsgesetzes und des Schwarzarbeitsbekämpfungsgesetzes v 20.7.2011 (BGBl I S 1506) wurden Ver- und Entleihern in den §§ 17a–c zahlreiche neue Verpflichtungen auferlegt und im Rahmen des § 16 durch neue Ordnungswidrigkeitentatbestände flankiert. Durch Art 7 Nr 3 des Gesetzes zur Stärkung der Tarifautonomie (Tarifautonomiestärkungsgesetz) (BGBl. I S. 1348) wurde § 16 I Nr 17 mit Wirkung zum 16.8.2014 neu gefasst. Auch die durch das Erste Gesetz zur Änderung des Arbeitnehmerüberlassungsgesetzes – Verhinderung von Missbrauch der Arbeitnehmerüberlassung v 29.4.2011 (BGBl I S 642 ff) begründeten Verpflichtungen des Verleihers ggü dem Leih-AN in § 10 IV und V auf Einhaltung des Gleichstellungsgrundsatzes sowie einer durch Rechts-VO festgesetzten Lohnuntergrenze, die Informationspflicht des Entleihers über freie Arbeitsplätze nach § 13a und die Verpflichtung des Entleihers auf Gewährung von Zugang zu Gemeinschaftseinrichtungen nach § 13b werden über entsprechende neue Ordnungswidrigkeitentatbestände abgesichert.

2 **B. Anwendung des OWiG.** Die Regeln des OWiG finden auf die Ordnungswidrigkeitstatbestände in § 16 erg Anwendung.

3 **I. Täterschaft und Beteiligung.** Täter der in § 16 I Nr 1, Nr 2a–8 und Nr 18 aufgeführten Fallgruppen kann nur der Verleiher, iR des I Nr 1a, Nr 2, Nr 9, Nr 10, Nr 14–17 nur der Entleiher sein. In Bezug auf I Nr 1b und Nr 11–13 können Verleiher und Entleiher Täter sein. Ist Verleiher oder Entleiher keine natürliche, sondern eine juristische Person oder Personengesellschaft, findet § 16 auf die zur Geschäftsführung oder zur Vertretung berufenen Personen Anwendung (§§ 9, 29 OWiG). In diesem Fall kann gegen die juristische Person oder Personenhandelsgesellschaft gem § 30 OWiG als Nebenfolge eine Geldbuße festgesetzt werden, wenn Pflichten des Unternehmens verletzt wurden oder das Unternehmen bereichert wurde oder werden sollte (OLG Düsseldorf 4.9.1979, 5 Ss (OWi) 480/79-477/79 I, EzAÜG § 1 AÜG Gewerbsmäßige Arbeitnehmerüberlassung Nr 10). Gem § 130 OWiG kann auch gegen einen Betriebsinhaber, der vorsätzlich oder fahrlässig erforderliche Aufsichtsmaßnahmen zur Verhinderung von Regelverstößen durch Mitarbeiter des Betriebs unterlassen hat, vorgegangen werden (Schüren/*Stracke* § 16 Rn 24). Nach dem einheitlichen Täterbegriff des § 14 OWiG verhalten sich auch an einer Ordnungswidrigkeit **Beteiligte** iSv Mittäterschaft oder Teilnahme (Anstiftung oder Beihilfe) in gleicher Weise ordnungswidrig und können zur Rechenschaft gezogen werden. Leih-AN stellen keine Beteiligte iSv § 14 OWiG dar, soweit es sich bei ihnen um notwendig Beteiligte handelt, deren Handeln nicht über die Verwirklichung des Tatbestandes hinausgeht (vgl hierzu Schüren/*Stracke* § 16 Rn 27). Im Fall eines **Strohmanngeschäfts** ist nicht der Strohmann, sondern der Hintermann Täter iSv § 16 I, wenn Letzterer den Verleihbetrieb tatsächlich führt (OLG Düsseldorf 18.8.1978, 5 Ss (OWi) 324/78-403/78 I, EzAÜG § 1 AÜG Gewerbsmäßige AN-Überlassung Nr 5).

4 **II. Verschulden.** Die Ordnungswidrigkeitentatbestände des § 16 können sowohl **vorsätzlich** als auch **fahrlässig** erfüllt werden. Bei Fahrlässigkeit kann die gem § 16 II höchstzulässige Geldbuße halbiert werden (§ 17 II OWiG). Im Fall eines Tatbestands- oder Erlaubnisirrtums kommt zwar keine Ahndung wegen vorsätzlichen, jedoch, bei Vermeidbarkeit, wegen fahrlässigen Handelns in Betracht (§ 11 OWiG).

5 **C. Tatbestände des § 16 I im Einzelnen. I. Verleih ohne Erlaubnis.** Eine Ordnungswidrigkeit gem § 16 I Nr 1 begeht ein Verleiher, der AN-Überlassung ohne die nach § 1 I 1 erforderliche Erlaubnis betreibt. § 16 I Nr 1 greift auch bei AN-Überlassung unter dem Deckmantel von Scheinwerk- bzw Scheindienstverträgen ein. Die unter Missachtung von § 1 I 1 erfolgte, auf einem Entschluss beruhende Überlassung mehrerer Leih-AN an einen Entleiher stellt Tateinheit gem § 19 OWiG (BayObLG 29.6.1999, 3 ObOWi 50/99, EzAÜG § 16 AÜG Nr 12), Überlassung an mehrere Entleiher oder wiederholte Überlassung an einen Entleiher dagegen Tatmehrheit dar (Thüsing/*Kudlich* § 16 Rn 11).

6 **II. Entleih von einem Verleiher ohne Erlaubnis.** Ordnungswidrig gem § 16 I Nr 1a handelt ein Entleiher, der einen von einem Verleiher ohne Erlaubnis überlassenen Leih-AN tätig werden lässt. Fahrlässigkeit aufseiten des Entleihers liegt nicht schon deshalb vor, weil er sich die Verleiherlaubnis nicht hat zeigen lassen. Solange keine Umstände erkennbar sind, die am Vorliegen einer Verleiherlaubnis zweifeln lassen, darf der Entleiher auf die Erklärung des Verleihers gem § 12 I 2, über eine Erlaubnis zu verfügen, vertrauen (ErfK/*Wank* § 16 Rn 6 mwN).

7 **III. Verleih und Entleih in Betrieben des Baugewerbes.** Der Ordnungswidrigkeitentatbestand gem § 16 I Nr 1b greift für Verleiher und Entleiher im Fall von AN-Überlassung entgegen dem Verbot des § 1b. Stellt der Verleiher nach Beginn der Überlassung einen gem § 1b unzulässigen Einsatz des Leih-AN beim Entleiher fest und beendet er diesen Zustand nicht unverzüglich, verhält er sich ordnungswidrig (BayObLG 26.2.1999, 3 ObOWi 4/99, EzAÜG § 16 AÜG Nr 10).

8 **IV. Beschäftigung eines ausländischen Leih-AN ohne Genehmigung.** Eine Ordnungswidrigkeit nach § 16 I Nr 2 begeht ein Entleiher, der einen ihm überlassenen ausländischen Leih-AN ohne Aufenthaltstitel oder Arbeitsgenehmigung tätig werden lässt (vgl hierzu § 15a). Für den Verleiher greift § 404 II Nr 3 SGB III ein. Im Fall des §§ 10 I, 9 Nr 1 ist § 404 II Nr 3 SGB III auch auf den Entleiher anwendbar (Sandmann/*Marschall* § 16 Rn 29).

9 **V. Verstoß gegen Anzeigepflicht bei erlaubnisfreier Überlassung.** Nach § 16 I Nr 2a ordnungswidrig handelt ein Verleiher, der im Fall gem § 1a erlaubnisfreier AN-Überlassung (»Kollegenhilfe«) die ggü der

Arbeitsverwaltung erforderliche Anzeige nicht entspr den formellen Anforderungen von § 1a II bzw nicht rechtzeitig (§ 1a I) erstattet. Gleiches gilt, wenn die Anzeige formell korrekt erfolgt ist, jedoch unzutreffende Angaben zu den Umständen enthält, die die Erlaubnisfreiheit begründen.

VI. Nichterfüllung von Auflagen. Kommt der Verleiher einer ihm nach § 2 II erteilten Auflage nicht, nicht vollständig oder nicht rechtzeitig nach, verhält er sich ordnungswidrig nach § 16 I Nr 3. Ob die Auflage Bestandskraft erlangt hat, ist unerheblich. Auch eine rechtwidrige aber wirksame Auflage muss bis zu ihrer Aufhebung erfüllt werden (*Boemke/Lembke* § 16 Rn 34 mwN). Aufgrund des Opportunitätsgrundsatzes (§ 47 OWiG) ist die Verwaltungsbehörde aber gehalten, das Bußgeldverfahren bis zur rechtskräftigen Entscheidung über die Rechtmäßigkeit der Auflage auszusetzen (*Sandmann/Marschall* § 16 Rn 30). 10

VII. Verstoß gegen Anzeige-, Auskunfts-, Aufbewahrungs-, Duldungs- und Meldepflichten. Ordnungswidrig verhält sich ein Verleiher, der seinen Anzeige- und Auskunftspflichten nach § 7 I und II 1, durch die eine behördliche Kontrolle der Rechtmäßigkeit der AN-Überlassung sichergestellt werden soll, nicht, nicht richtig, nicht vollständig oder nicht rechtzeitig nachkommt (§ 16 I Nr 4, 5). Verweigert der Verleiher die Vorlage von Geschäftsunterlagen sowie die Glaubhaftmachung der Richtigkeit seiner Angaben (§ 7 II 3), greift Nr 5 nach seinem Wortlaut nicht ein. Gleiches gilt, wenn dem Verleiher ein Auskunftsverweigerungsrecht nach § 7 V zusteht. Gem § 16 I Nr 6 ordnungswidrig handelt ein Verleiher, der seiner Pflicht nach § 7 II 4, Geschäftsunterlagen 3 Jahre lang aufzubewahren, nicht nachkommt. Zu den Geschäftsunterlagen zählen auch die schriftlichen Nachweise zu den wesentlichen Vertragsbedingungen nach § 11 I (*Ulber* § 16 Rn 13). Gem § 16 I Nr 6a ordnungswidrig handelt ein Verleiher, der nach § 7 III zulässige behördliche Kontrollbesuche nicht duldet. Gleiches gilt nach § 16 Nr 7, wenn der Verleiher seine Pflicht zur Abgabe statistischer Meldungen gem § 8 I nicht korrekt erfüllt. 11

VIII. Verstoß des Verleihers gegen Verpflichtung ggü dem Leih-AN zur Gewährung von Arbeitsbedingungen gem § 10 IV bzw des Mindeststundenentgelts nach § 10 V. Ein vorsätzlicher oder fahrlässiger Verstoß des Verleihers gegen seine Verpflichtung zur Gewährung von Arbeitsbedingungen nach §§ 3 I Nr 2, 9 Nr 2, 10 IV (s.o. § 10 Rdn 17 f) ist gem dem zum 1.12.2011 in Kraft getretenen § 16 I Nr 7a mit bis zu 25.000 Euro bußgeldbewehrt. Der in § 16 I Nr 7b neu geregelte Ordnungswidrigkeitentatbestand sanktioniert seit 21.7.2011 den Verstoß gegen die in § 10 V geregelte Pflicht des AG mind das in einer Lohnuntergrenze nach § 3a festgelegte Mindeststundenentgelt zu zahlen. Auch die Zahlung einer Vergütung, die derjenigen der vergleichbaren Stamm-AN entspricht, kann eine Ordnungswidrigkeit darstellen, wenn und soweit die Vergütung im Betrieb des Entleihers unterhalb der für die Zeitarbeit festgesetzten Lohnuntergrenze liegt. 12

IX. Verstoß gegen Dokumentationspflicht. Ein Verstoß des Verleihers gegen seine Dokumentationspflicht gem § 11 I AÜG, 2 I NachwG in Bezug auf den wesentlichen Inhalt des Leiharbeitsverhältnisses oder gegen seine Verpflichtung, an den Leih-AN ein behördliches Merkblatt über den wesentlichen Inhalt des AÜG auszuhändigen (§ 11 II), stellt eine Ordnungswidrigkeit gem § 16 I Nr 8 dar. 13

X. Verstoß des Entleihers gegen Verpflichtung Leih-AN über freie Arbeitsplätze zu informieren bzw Zugang zu Gemeinschaftseinrichtungen zu gewähren. Ein vorsätzlicher oder fahrlässiger Verstoß des Entleihers gegen seine Verpflichtung zur Information der Leih-AN über freie Arbeitsplätze nach § 13a bzw auf Gewährung von Zugang zu den Gemeinschaftseinrichtungen im Entleiherbetrieb (§ 13b) kann mit Bußgeld bis zu 2.500 Euro geahndet werden (§ 16 I Nr 9 und 10). Beide Normen traten zum 1.12.2011 in Kraft. 14

XI. Verstöße von Ver- oder Entleiher gegen Verpflichtungen ggü den Behörden der Zollverwaltung. Die in § 16 I Nr 11–18 mit Wirkung zum 21.7.2011 eingeführten Ordnungswidrigkeiten entsprechen iW dem in § 23 AEntG Geregelten. Die neuen mit Bußgeld bis zu 30.000 EURO ahndbaren Ordnungswidrigkeiten bauen auf den in den §§ 17a bis 17c neu eingefügten bzw durch das Tarifautonomiestärkungsgesetz angepassten Verleiher- und Entleiherpflichten auf, die den Behörden der Zollverwaltung die effektive Prüfung der Einhaltung der Lohnuntergrenze erst ermöglichen. Mit der ausdrücklichen Regelung im AÜG wird gewährleistet, dass an die Einhaltung der branchenspezifischen Mindestlöhne und der Lohnuntergrenze in der AN-überlassung dieselben Anforderungen gestellt werden. Verstöße gegen diejenigen AG- oder Entleiherpflichten, die eine wirksame Kontrolle der 15

Lohnuntergrenze erst ermöglichen, stehen damit den entspr Ordnungswidrigkeiten nach dem AEntG gleich (BT-Drs 17/5761 S 7).

16 **D. Höhe des Bußgeldes.** § 16 II bestimmt den mit Wirkung zum 21.7.2011 angepassten Bußgeldrahmen für die einzelnen Ordnungswidrigkeiten. Faktoren für die Bemessung der Geldbuße im Einzelfall sind zum einen die Bedeutung der Ordnungswidrigkeit, etwa der Grad der Gefährdung der geschützten Rechtsgüter und die Häufigkeit der Verstöße sowie der Vorwurf, der den Täter trifft (§ 17 III 1 OWiG). Aber auch die wirtschaftlichen Verhältnisse des Täters können bei der Bußgeldbemessung Berücksichtigung finden (17 III 2 OWiG). Insb soll die Geldbuße den wirtschaftlichen Vorteil, den der Täter aus dem ordnungswidrigen Verhalten gezogen hat, übersteigen, ggf auch über das gesetzliche Höchststrafmaß hinaus (§ 17 IV OWiG) (zur Bestimmung des wirtschaftlichen Vorteils vgl Schüren/ *Stracke* § 16 Rn 61 mwN; BayObLG 19.6.1997, 3 ObOWi 60/97, EzAÜG § 1 AÜG Gewerbsmäßige AN-Überlassung Nr 33).

17 **E. Bußgeldverfahren. I. Zuständigkeit.** Sachlich zuständig für die Verfolgung der Ordnungswidrigkeiten nach § 16 sind gem III die Behörden der Zollverwaltung bzw die BA (zur internen Zuständigkeitsverteilung vgl *Boemke/Lembke* § 16 Rn 74 f). Die örtliche Zuständigkeit bestimmt sich nach §§ 37 I, 39 I OWiG.

18 **II. Verfahren.** Die Einl und Durchführung eines Ordnungswidrigkeitenverfahrens liegt gem § 47 OWiG im pflichtgemäßen Ermessen der Behörde, ein Verfolgungszwang besteht nicht (Opportunitätsprinzip; zu den Einzelheiten des Verfahrens vgl Thüsing/*Kudlich* § 16 Rn 67 ff).

19 **III. Vollstreckung.** Die Zuständigkeit für die Vollstreckung der Geldbuße richtet sich gem dem Verweis in § 16 IV nach § 66 SGB X, die Durchführung nach §§ 89 ff OWiG. Die Geldbußen fließen der zuständigen Verwaltungsbehörde zu, welche allerdings im Gegenzug, abw von § 105 II OWiG, die notwendigen Auslagen, etwa bei einer Verfahrenseinstellung nach § 467a StPO, oder, abw von § 110 IV OWiG, durch unrechtmäßige Verfolgung entstandene Vermögensschäden ersetzen muss (§ 16 V).

20 **IV. Verjährung.** Die Verfolgungsverjährung bestimmt sich nach § 31 OWiG.

§ 17 Durchführung

(1) ¹Die Bundesagentur für Arbeit führt dieses Gesetz nach fachlichen Weisungen des Bundesministeriums für Arbeit und Soziales durch. ²Verwaltungskosten werden nicht erstattet.
(2) Die Prüfung der Arbeitsbedingungen nach § 10 Absatz 5 obliegt zudem den Behörden der Zollverwaltung nach Maßgabe der §§ 17a bis 18a.

Übersicht	Rdn.		Rdn.
A. Durchführung des AÜG	1	C. Zuständigkeit der Behörden der	
B. Verwaltungskosten	2	Zollverwaltung für die Prüfung der	
		Lohnuntergrenze nach § 10 V	3

1 **A. Durchführung des AÜG.** Gem § 17 führt die BA das AÜG als Auftragsangelegenheit des BMAS durch und unterliegt hierbei dessen Rechts- (§ 393 I SGB III) und Fachaufsicht, sodass nicht nur die Rechtmäßigkeit, sondern auch die Zweckmäßigkeit ihrer Durchführungsakte überprüfbar ist. Das BMAS ist berechtigt, allg DA aber auch verbindliche Weisungen im Einzelfall zu erteilen. Allg Anweisungen des BMAS entbinden die BA nicht von einer gesetzlich begründeten Pflicht zur Ermessensausübung im Einzelfall (etwa bei § 3 III vgl BSG 12.12.1990, 11 RAr 49/90, EzAÜG § 3 AÜG Versagungsgründe Nr 14). Aus der Übertragung als Auftragsangelegenheit an die BA folgt auch, dass für öffentl-rechtliche Streitigkeiten im Zusammenhang mit dem AÜG die **Sozialgerichte** zuständig sind (BT-Drs VI/2303 S 16). Die Organisation der Durchführung des AÜG wurde gem der Satzung der BA den zehn Regionaldirektionen der BA übertragen (vgl die Übersicht bei *Boemke/Lembke/Marseaut* § 17 Rn 9 ff).

2 **B. Verwaltungskosten.** Die BA hat ihre iR der Durchführung des AÜG entstehenden Aufwendungen selbst zu tragen, Verwaltungskosten werden ihr nicht erstattet (§ 17 S 2). Allerdings stehen ihr im Zusammenhang mit der Erteilung der Verleiherlaubnis anfallende Gebühren und Auslagen zu (§ 2a) und sie erhält

die im Zusammenhang mit Verstößen gegen das AÜG verhängten Bußgelder (§ 16 V).

C. Zuständigkeit der Behörden der Zollverwaltung für die Prüfung der Lohnuntergrenze nach § 10 V. 3
Durch das Gesetz zur Änderung des Arbeitnehmerüberlassungsgesetzes und des Schwarzarbeitsbekämpfungsgesetzes v 20.7.2011 (BGBl I S 1506) wurde mit Wirkung zum 21.7.2011 den Behörden der Zollverwaltung nach Maßgabe der §§ 17a bis 18a die Prüfung der Einhaltung der Mindestarbeitsbedingungen gem § 10 V übertragen. Die Behörden der Zollverwaltung prüfen demnach ebenso wie nach dem AEntG ausschließlich die Einhaltung der Mindestarbeitsbedingungen, soweit sie die Vergütung betreffen. Prüfgegenstand ist damit ausschließlich, ob ein Verleihunternehmen in Zeiten der Überlassung sowie in Zeiten ohne Überlassung zumindest die Lohnuntergrenze einhält. Nicht hierzu gehört die Prüfung, ob aufgrund der in § 10 III angeordneten AG-Pflichten die Pflicht besteht, ein Arbeitsentgelt zu zahlen, das demjenigen eines vergleichbaren AN des Entleihers im Betrieb des Entleihers entspricht. Dagegen prüft die BA wie auch schon bisher die Einhaltung des Prinzips der Gleichstellung von Leih-AN, dh, ob Verleiher ihren Leih-AN in Zeiten der Überlassung mind die wesentlichen Arbeitsbedingungen gewähren, die für vergleichbare Stamm-AN im Betrieb des Entleihers gelten. Ist das nicht der Fall, prüft die BA auch, ob die Voraussetzungen für eine Abweichung aufgrund eines anwendbaren TV vorliegen. Stellt die BA bei ihren Prüfungen Verstöße fest, verfolgt und ahndet sie diese iR der ihr nach § 16 III zugewiesenen Zuständigkeit selbstständig. Die BA prüft – iR ihrer ohnehin stattfindenden Prüfungen – zudem die Einhaltung der Verpflichtungen nach § 10 V, dh, ob ein Verleihunternehmen in Zeiten der Überlassung sowie in Zeiten ohne Überlassung zumindest eine festgesetzte Lohnuntergrenze einhält (BT-Drs 17/5761 S 8).

§ 17a Befugnisse der Behörden der Zollverwaltung
Die §§ 2, 3 bis 6 und 14 bis 20, 22, 23 des Schwarzarbeitsbekämpfungsgesetzes sind entsprechend anzuwenden mit der Maßgabe, dass die dort genannten Behörden auch Einsicht in Arbeitsverträge, Niederschriften nach § 2 des Nachweisgesetzes und andere Geschäftsunterlagen nehmen können, die mittelbar oder unmittelbar Auskunft über die Einhaltung der Arbeitsbedingungen nach § 10 Absatz 5 geben.

Basierend auf dem durch das Gesetz zur Änderung des Arbeitnehmerüberlassungsgesetzes und des 1
Schwarzarbeitsbekämpfungsgesetzes v 20.7.2011 (BGBl I S 1506) mit Wirkung zum 21.7.2011 neu eingeführten § 17a werden die Behörden der Zollverwaltung mit umfassenden Kontrollrechten ausgestattet, um die Einhaltung der Lohnuntergrenze überwachen zu können. Hierzu verweist § 17a auf das SchwarzArbG, das die Kontrollrechte der Zollverwaltung hinsichtlich der Mindestlöhne nach dem AEntG regelt. Etwa sind die Behörden der Zollverwaltung berechtigt, Geschäftsräume sowohl von Verleiher- als auch von Entleiherunternehmen zu betreten, um Einsicht in Geschäftsunterlagen zu nehmen, aus denen Umfang, Art und Dauer der Beschäftigungsverhältnisse hervorgehen (§ 17a AÜG iVm § 4 SchwarzArbG).

§ 17b Meldepflicht
(1) ¹Überlässt ein Verleiher mit Sitz im Ausland einen Leiharbeitnehmer zur Arbeitsleistung einem Entleiher, hat der Entleiher, sofern eine Rechtsverordnung nach § 3a auf das Arbeitsverhältnis Anwendung findet, vor Beginn jeder Überlassung der zuständigen Behörde der Zollverwaltung eine schriftliche Anmeldung in deutscher Sprache mit folgenden Angaben zuzuleiten:
1. **Familienname, Vornamen und Geburtsdatum des überlassenen Leiharbeitnehmers,**
2. **Beginn und Dauer der Überlassung,**
3. **Ort der Beschäftigung,**
4. **Ort im Inland, an dem die nach § 17c erforderlichen Unterlagen bereitgehalten werden,**
5. **Familienname, Vornamen und Anschrift in Deutschland eines oder einer Zustellungsbevollmächtigten des Verleihers,**
6. **Branche, in die die Leiharbeitnehmer überlassen werden sollen, und**
7. **Familienname, Vornamen oder Firma sowie Anschrift des Verleihers.**
²Änderungen bezüglich dieser Angaben hat der Entleiher unverzüglich zu melden.

(2) Der Entleiher hat der Anmeldung eine Versicherung des Verleihers beizufügen, dass dieser seine Verpflichtungen nach § 10 Absatz 5 einhält.
(3) Das Bundesministerium der Finanzen kann durch Rechtsverordnung im Einvernehmen mit dem Bundesministerium für Arbeit und Soziales ohne Zustimmung des Bundesrates bestimmen,
1. dass, auf welche Weise und unter welchen technischen und organisatorischen Voraussetzungen eine Anmeldung, Änderungsmeldung und Versicherung abweichend von den Absätzen 1 und 2 elektronisch übermittelt werden kann,
2. unter welchen Voraussetzungen eine Änderungsmeldung ausnahmsweise entfallen kann und wie das Meldeverfahren vereinfacht oder abgewandelt werden kann.
(4) Das Bundesministerium der Finanzen kann durch Rechtsverordnung ohne Zustimmung des Bundesrates die zuständige Behörde nach Absatz 1 Satz 1 bestimmen.

1 Durch den im Wege des Gesetzes zur Änderung des Arbeitnehmerüberlassungsgesetzes und des Schwarzarbeitsbekämpfungsgesetzes v 20.7.2011 (BGBl I S 1506) mit Wirkung zum 21.7.2011 neu eingeführten § 17b wird der Entleiher vor Beginn der Überlassung eines Leih-AN eines Verleihers mit Sitz im Ausland zu einer Anmeldung bei der zuständigen Behörde der Zollverwaltung verpflichtet. Der Verleiher hat seinen Sitz nach der einschränkenden Vorschrift des § 17b dann nicht im Ausland, wenn er zwar im Ausland seinen Hauptsitz angenommen hat, aber im Inland über eine selbstständige Zweigniederlassung verfügt, die die entspr AN überlässt (*Boemke/Lembke/Marseaut* § 17b Rn 2 unter Berufung auf ein Schreiben des Bundesministeriums der Finanzen v 9.8.2012). Die Prüfrechte der Behörden der Zollverwaltung wurden iRd Reform ggü denjenigen der Erlaubnisbehörde erheblich ausgeweitet. Zur Ausstattung der Behörden der Zollverwaltung mit umfangreichen Prüfrechten werden in den §§ 17a bis 17c die in den §§ 17, 18 III u IV, § 19 AEntG geregelten Befugnisse sowie Pflichten der AG (Verleiher) und Entleiher übernommen und soweit erforderlich an das AÜG angepasst. Entspr der VO-Ermächtigung in § 18 V u VI AEntG wird in § 17b das Bundesministerium der Finanzen zum VO-Erlass ermächtigt (BT-Drs 17/5761 S 8).

§ 17c Erstellen und Bereithalten von Dokumenten

(1) Sofern eine Rechtsverordnung nach § 3a auf ein Arbeitsverhältnis Anwendung findet, ist der Entleiher verpflichtet, Beginn, Ende und Dauer der täglichen Arbeitszeit des Leiharbeitnehmers spätestens bis zum Ablauf des siebten auf den Tag der Arbeitsleistung folgenden Kalendertages aufzuzeichnen und diese Aufzeichnungen mindestens zwei Jahre beginnend ab dem für die Aufzeichnung maßgeblichen Zeitpunkt aufzubewahren.
(2) ¹Jeder Verleiher ist verpflichtet, die für die Kontrolle der Einhaltung einer Rechtsverordnung nach § 3a erforderlichen Unterlagen im Inland für die gesamte Dauer der tatsächlichen Beschäftigung des Leiharbeitnehmers im Geltungsbereich dieses Gesetzes, insgesamt jedoch nicht länger als zwei Jahre, in deutscher Sprache bereitzuhalten. ²Auf Verlangen der Prüfbehörde sind die Unterlagen auch am Ort der Beschäftigung bereitzuhalten.

1 Nach dem G zur Änderung des Arbeitnehmerüberlassungsgesetzes und des Schwarzarbeitsbekämpfungsgesetzes v 20.7.2011 (BGBl I S 1506) mit Wirkung zum 21.7.2011 neu eingeführten § 17c ist der Entleiher zur Aufzeichnung von Beginn, Ende und Dauer der täglichen Arbeitszeit des Leih-AN verpflichtet. Ihm obliegt demnach auch die 2-jährige Aufbewahrungspflicht. Über § 16 I Nr 17 und 18 ist die Einhaltung dieser Entleiherpflichten bußgeldbewehrt. Die Prüfrechte der Behörden der Zollverwaltung werden damit gegenüber denjenigen der Erlaubnisbehörde erheblich ausgeweitet. Allerdings beziehen sich die Prüfrechte – anders als die der Erlaubnisbehörde – und die damit korrespondierenden Vorlage, Melde- und Aufzeichnungspflichten lediglich auf diejenigen Angaben, die erforderlich sind, um die Einhaltung der Lohnuntergrenze prüfen zu können (BT-Drs 17/5761 S 8). Durch Art 7 Nr 3 des Gesetzes zur Stärkung der Tarifautonomie v. 11.8.2014 (Tarifautonomiestärkungsgesetz) (BGBl. I S. 1348) wurde mit Wirkung zum 16.8.2014 auch bei den Aufzeichnungspflichten nach dem AÜG der Zeitpunkt gesetzlich konkretisiert, bis zu dem der Arbeitgeber spätestens seine Aufzeichnungspflicht zu erfüllen hat. Mit dem vorgesehenen Zeitraum von längstens sieben Tagen wird zugleich den Erfordernissen einer effektiven Kontrolle als auch den Bedürfnissen der betrieblichen Praxis nach Flexibilität Rechnung getragen.

§ 18 Zusammenarbeit mit anderen Behörden

(1) Zur Verfolgung und Ahndung der Ordnungswidrigkeiten nach § 16 arbeiten die Bundesagentur für Arbeit und die Behörden der Zollverwaltung insbesondere mit folgenden Behörden zusammen:
1. den Trägern der Krankenversicherung als Einzugsstellen für die Sozialversicherungsbeiträge,
2. den in § 71 des Aufenthaltsgesetzes genannten Behörden,
3. den Finanzbehörden,
4. den nach Landesrecht für die Verfolgung und Ahndung von Ordnungswidrigkeiten nach dem Schwarzarbeitsbekämpfungsgesetz zuständigen Behörden,
5. den Trägern der Unfallversicherung,
6. den für den Arbeitsschutz zuständigen Landesbehörden,
7. den Rentenversicherungsträgern,
8. den Trägern der Sozialhilfe.

(2) Ergeben sich für die Bundesagentur für Arbeit oder die Behörden der Zollverwaltung bei der Durchführung dieses Gesetzes im Einzelfall konkrete Anhaltspunkte für
1. Verstöße gegen das Schwarzarbeitsbekämpfungsgesetz,
2. eine Beschäftigung oder Tätigkeit von Ausländern ohne erforderlichen Aufenthaltstitel nach § 4 Abs. 3 des Aufenthaltsgesetzes, eine Aufenthaltsgestattung oder eine Duldung, die zur Ausübung der Beschäftigung berechtigen, oder eine Genehmigung nach § 284 Abs. 1 des Dritten Buches Sozialgesetzbuch,
3. Verstöße gegen die Mitwirkungspflicht nach § 60 Abs. 1 Satz 1 Nr. 2 des Ersten Buches Sozialgesetzbuch gegenüber einer Dienststelle der Bundesagentur für Arbeit, einem Träger der gesetzlichen Kranken-, Pflege-, Unfall- oder Rentenversicherung oder einem Träger der Sozialhilfe oder gegen die Meldepflicht nach § 8a des Asylbewerberleistungsgesetzes,
4. Verstöße gegen die Vorschriften des Vierten und Siebten Buches Sozialgesetzbuch über die Verpflichtung zur Zahlung von Sozialversicherungsbeiträgen, soweit sie im Zusammenhang mit den in den Nummern 1 bis 3 genannten Verstößen sowie mit Arbeitnehmerüberlassung entgegen § 1 stehen,
5. Verstöße gegen die Steuergesetze,
6. Verstöße gegen das Aufenthaltsgesetz,
unterrichten sie die für die Verfolgung und Ahndung zuständigen Behörden, die Träger der Sozialhilfe sowie die Behörden nach § 71 des Aufenthaltsgesetzes.

(3) ¹In Strafsachen, die Straftaten nach den §§ 15 und 15a zum Gegenstand haben, sind der Bundesagentur für Arbeit und den Behörden der Zollverwaltung zur Verfolgung von Ordnungswidrigkeiten
1. bei Einleitung des Strafverfahrens die Personendaten des Beschuldigten, der Straftatbestand, die Tatzeit und der Tatort,
2. im Falle der Erhebung der öffentlichen Klage die das Verfahren abschließende Entscheidung mit Begründung
zu übermitteln. ²Ist mit der in Nummer 2 genannten Entscheidung ein Rechtsmittel verworfen worden oder wird darin auf die angefochtene Entscheidung Bezug genommen, so ist auch die angefochtene Entscheidung zu übermitteln. ³Die Übermittlung veranlasst die Strafvollstreckungs- oder die Strafverfolgungsbehörde. ⁴Eine Verwendung
1. der Daten der Arbeitnehmer für Maßnahmen zu ihren Gunsten,
2. der Daten des Arbeitgebers zur Besetzung seiner offenen Arbeitsplätze, die im Zusammenhang mit dem Strafverfahren bekanntgeworden sind,
3. der in den Nummern 1 und 2 genannten Daten für Entscheidungen über die Einstellung oder Rückforderung von Leistungen der Bundesagentur für Arbeit
ist zulässig.

(4) (weggefallen)

(5) Die Behörden der Zollverwaltung unterrichten die zuständigen örtlichen Landesfinanzbehörden über den Inhalt von Meldungen nach § 17b.

(6) Die Behörden der Zollverwaltung und die übrigen in § 2 des Schwarzarbeitsbekämpfungsgesetzes genannten Behörden dürfen nach Maßgabe der jeweils einschlägigen datenschutzrechtlichen Bestimmungen auch mit Behörden anderer Vertragsstaaten des Abkommens über den Europäischen Wirtschaftsraum zusammenarbeiten, die dem § 17 Absatz 2 entsprechende Aufgaben durchführen oder für

§ 18 AÜG Zusammenarbeit mit anderen Behörden

die Bekämpfung illegaler Beschäftigung zuständig sind oder Auskünfte geben können, ob ein Arbeitgeber seine Verpflichtungen nach § 10 Absatz 5 erfüllt. Die Regelungen über die internationale Rechtshilfe in Strafsachen bleiben hiervon unberührt.

Übersicht	Rdn.		Rdn.
A. Gegenstand und Zweck der Regelung	1	D. Übermittlungspflicht	7
B. Zusammenarbeit bei der Verfolgung von Ordnungswidrigkeiten............	2	E. Kooperation der Behörden der Zollverwaltung mit ausländischen Behörden.....	10
C. Unterrichtungspflicht................	4		

1 **A. Gegenstand und Zweck der Regelung.** § 18 enthält eine Vielzahl von Vorgaben, mit deren Hilfe iS effektiver Bekämpfung von illegaler AN-Überlassung und dem damit häufig verbundenen Leistungsmissbrauch die Zusammenarbeit und der Informationsaustausch zwischen verschiedenen Behörden, deren Verfolgungszuständigkeit auf unterschiedlichen Rechtsgrundlagen basiert, gewährleistet werden soll.

2 **B. Zusammenarbeit bei der Verfolgung von Ordnungswidrigkeiten.** § 18 I begründet eine **Rechtspflicht zur Zusammenarbeit** zwischen der BA sowie der Behörden der Zollverwaltung mit den unter I Nr 1–8 beispielhaft (»insb«) genannten Stellen, sofern ein auf bestimmte Tatsachen begründeter Anfangsverdacht einer Ordnungswidrigkeit gem § 16 I besteht (Schüren/*Hamann* § 18 Rn 13 f). Auf die Straftatbestände nach §§ 15, 15a findet die Pflicht zur Zusammenarbeit im Wege eines Erst-recht-Schlusses Anwendung (*Sandmann/Marschall* § 18 Rn 7). Ausgestalten lässt sich die Zusammenarbeit etwa durch gemeinsame Schulungsmaßnahmen, Arbeitskreise oder Durchsuchungsmaßnahmen (vgl Thüsing/*Kudlich* § 18 Rn 7).

3 Zu beteiligende Stellen sind nach I Nr 1 die **Träger der Krankenversicherung** (§§ 143 ff SGB V) als Einzugsstellen für Sozialversicherungsbeiträge, somit die Orts-, Betriebs-, Innungs- und See-Krankenkasse sowie die landwirtschaftlichen Krankenkassen, die Knappschaft und die Ersatzkassen. Ebenfalls zu beteiligen sind nach I Nr 2 die aufgrund § 71 des **AufenthG** in Bezug genommenen Behörden. **Finanzbehörden** gem I Nr 3 sind die steuereinziehenden Behörden (Finanzämter, Oberfinanzdirektionen, Bundesamt für Finanzen), die Länderfinanzministerien sowie das Bundesfinanzministerium. Landesrechtlich unterschiedlich festgelegt ist die **Verfolgungszuständigkeit** von Behörden in Bezug auf **Schwarzarbeit** iSv I Nr 4 (vgl die Übersicht bei *Sandmann/Marschall* § 18 Rn 15). **Träger der Unfallversicherung** gem I Nr 5 sind die Berufsgenossenschaften und die in § 114 I SGB VII aufgeführten Unfallkassen. Für **Arbeitsschutz zuständige Landesbehörden** iSv I Nr 6 sind insb die Gewerbeaufsichtsämter. **Rentenversicherungsträger** gem I Nr 7 sind die Institutionen der Deutschen Rentenversicherung des Bundes, der Länder, sowie Knappschaft-Bahn-See (§ 125 SGB VI). **Träger der Sozialhilfe** gem I Nr 8 sind regelmäßig die Landkreise und kreisfreien Städte (§§ 97 ff SGB XII iVm landesrechtlichen Zuständigkeitsregelungen). Zu den sonstigen, nicht in I explizit aufgeführten Behörden vgl Schüren/*Hamann* § 18 Rn 65 ff.

4 **C. Unterrichtungspflicht.** In II speziell geregelt ist eine **Unterrichtungspflicht** der BA sowie der Behörden der Zollverwaltung ggü den im Gesetz genannten Stellen, sollten sich Ersteren bei Durchführung des AÜG Anhaltspunkte bzgl I Nr 1–6 abschließend aufgezählter Rechtsverletzungen bieten. Hierfür müssen bei Durchführung des AÜG Tatsachen erkennbar geworden sein, die einen konkreten Anfangsverdacht stützen. Ob die Erkenntnisse infolge gezielten Suchens oder zufällig erlangt wurden, spielt im Hinblick auf den Schutzzweck der Norm keine Rolle (*Sandmann/Marschall* § 18 Rn 28; aA *Ulber* § 18 Rn 20).

5 **Begrenzt** wird die Unterrichtungspflicht grds durch den Datenschutz, das Sozialgeheimnis (§ 35 SGB I) und das Steuergeheimnis (§ 30 AO). Soweit es allerdings um konkrete Tatsachen geht, die sich ausschließlich auf die in II aufgezählten G und Tatbestände beziehen, geht II den genannten Datenschutzbestimmungen vor (hM, Schüren/*Hamann* § 18 Rn 37 mwN). Hiervon ist die Geheimhaltungspflicht nach § 8 IV ausgenommen (Thüsing/*Kudlich* § 18 Rn 10).

6 Die Unterrichtungspflicht besteht bei **Vorliegen konkreter Anhaltspunkte** für einen Verstoß gegen das Schwarzarbeitsbekämpfungsg (II Nr 1) sowie für eine Beschäftigung oder Tätigkeit von Ausländern ohne den erforderlichen Titel nach § 4 III AufenthG bzw die erforderliche Genehmigung nach § 284 SGB III (II Nr 2). II Nr 3 bezieht sich auf Verstöße gegen Mitwirkungs- und Meldepflichten ggü Sozialleistungsträgern, etwa der BA im Fall der Gewährung von Arbeitslosengeld, die bei nachträglicher Änderung der zur Leistung berechtigenden Umstände entstehen (§ 60 I 1 Nr 2 SGB I). Gem II Nr 4 besteht im Fall

von Verstößen gegen die Pflicht zur Entrichtung des Gesamtsozialversicherungsbeitrags (§ 28d f SGB IV) bzw des Beitrags zur gesetzlichen Unfallversicherung (§§ 150 ff SGB VII) ggü den Krankenkassen bzw Unfallversicherungsträgern eine Unterrichtungspflicht, sofern dieser Verstoß in Zusammenhang mit einer Gesetzesverletzung gem § 18 I Nr 1–3 steht und der Verleiher ohne Verleiherlaubnis agiert. Im Hinblick auf das gesetzgeberische Ziel, der vielfach mit illegaler AN-Überlassung verbundenen Steuerhinterziehung beizukommen, begründet § 18 I Nr 5 eine Unterrichtungspflicht bei Verstößen gegen bundes- oder landesrechtliche Steuerg. Eine Unterrichtungspflicht besteht auch im Fall von Verstößen gegen das AufenthG (§ 18 II Nr 6), unabhängig davon, ob ein Zusammenhang zu illegaler Beschäftigung gegeben ist (*Sandmann/Marschall* § 18 Rn 38).

D. Übermittlungspflicht. Um die **Verfolgung von Ordnungswidrigkeiten** durch die BA oder die Behörden der Zollverwaltung zu ermöglichen, verpflichtet § 18 III die Staatsanwaltschaft als Strafverfolgungs- und Strafvollstreckungsbehörde, in § 18 III 1 Nr 1 und 2 aufgeführte Informationen und Unterlagen in Zusammenhang mit Straftatbeständen nach §§ 15, 15a zu übermitteln. 7

Abgesehen vom Zweck der Verfolgung von Ordnungswidrigkeiten können die übermittelten Daten aus den in III 4 Nr 1–3 genannten Gründen verwandt werden. Hierunter fallen Maßnahmen **zugunsten** der AN (Nr 1), etwa die Verlängerung der Aufenthaltserlaubnis (§ 8 AufenthG), Daten des AG zur **Besetzung offener Stellen** iRd Arbeitsvermittlung der BA (Nr 2) sowie der Fall der Verwendung von AG- oder AN-Daten für die Entsch über **Einstellung oder Rückforderung von Leistungen** der BA, etwa des Arbeitslosengeldes wegen Leistungsmissbrauchs (Nr 3). 8

§ 18 IV, der neben den Strafverfolgungs- und Strafvollstreckungsbehörden auch die Gerichte ermächtigte, zur Verfolgung von Ordnungswidrigkeiten nach § 16 I Nr 1–2 relevante Erkenntnisse aus Verfahren, die nicht in Zusammenhang mit Straftaten nach §§ 15, 15a standen, den Behörden der Zollverwaltung weiterzugeben, wurde mit Wirkung zum 16.8.2014 durch Art 7 Nr 4a des Gesetzes zur Stärkung der Tarifautonomie v. 11.8.2014 (BGBl. I S. 1348) aufgehoben. Auf die bisherige Spezialvorschrift über die Übermittlung personenbezogener Daten kann mit Blick auf § 479 StPO und Nummer 5 der Anordnung über die Mitteilungen in Zivilsachen des Bundesministeriums der Justiz (MiZi) verzichtet werden. 9

E. Kooperation der Behörden der Zollverwaltung mit ausländischen Behörden. Durch das G zur Änderung des Arbeitnehmerüberlassungsg und des Schwarzarbeitsbekämpfungsg v 20.7.2011 (BGBl I S 1506) wurde mit Wirkung zum 21.7.2011 eine Ermächtigungsgrundlage für die Zusammenarbeit der Behörden der Zollverwaltung sowie der übrigen in § 2 des Schwarzarbeitsbekämpfungsg (SchwarzArbG) genannten Behörden mit ausländischen Behörden unter Berücksichtigung datenschutzrechtlicher Vorgaben geschaffen. Die Regelungen in V und VI stellen den aus dem AEntG bewährten und für eine und effektive Kontrolle erforderlichen Informationsaustausch zwischen den unterschiedlichen Behörden sicher (BT-Drs 17/5761 S 8). Durch die Möglichkeit zur Zusammenarbeit mit ausländischen Behörden wird eine wirksame Kontrolle insb auch ggü ausländischen Verleihern gewährleistet. Mit der Regelung zur grenzüberschreitenden Zusammenarbeit wird zudem die entsprechende Vorgabe von Art 4 der RL 96/71/EG des Europäischen Parlaments und des Rates v 16.12.1996 über die Entsendung von Arbeitnehmern (ABlEG L 018 v 21.1.1997, S 1) umgesetzt. 10

§ 18a Ersatzzustellung an den Verleiher

Für die Ersatzzustellung an den Verleiher auf Grund von Maßnahmen nach diesem Gesetz gilt der im Inland gelegene Ort der konkreten Beschäftigung des Leiharbeitnehmers sowie das vom Verleiher eingesetzte Fahrzeug als Geschäftsraum im Sinne des § 5 Absatz 2 Satz 2 Nummer 1 des Verwaltungszustellungsgesetzes in Verbindung mit § 178 Absatz 1 Nummer 2 der Zivilprozessordnung.

Mit der Übernahme der in § 22 AEntG geregelten Vorschrift durch das G zur Änderung des Arbeitnehmerüberlassungsgesetzes und des Schwarzarbeitsbekämpfungsgesetzes vom 20.7.2011 (BGBl I S 1506) mit Wirkung zum 21.7.2011 wurde sichergestellt, dass in Fällen des Einsatzes von Leih-AN eines ausländischen Verleihers und in Ermangelung eines inländischen Geschäftsraumes eine Zustellung auch wirksam am Ort der konkreten Beschäftigung des Leih-AN sowie an einem vom Verleiher eingesetzten Fahrzeug bewirkt werden kann. Sie galten insofern als Geschäftsraum iSd maßgeblichen Zustellungsvorschriften (BT-Drs 17/5761 S 8). Die **Vorschrift** wurde durch Art 7 Nr 5 des Gesetzes zur Stärkung der Tarifautonomie (Tarifautonomiestärkungsgesetz, BGBl I S. 1348) vom 11.8.2014 mit Wirkung zum 16.8.2014 **aufgehoben**. 1

§ 19 Übergangsvorschrift

§ 3 Absatz 1 Nummer 3 und § 9 Nummer 2 in der bis zum 29. April 2011 geltenden Fassung sind auf Leiharbeitsverhältnisse, die vor dem 15. Dezember 2010 begründet worden sind, weiterhin anzuwenden.

1   Regelungsgegenstand des § 19 ist es, die iRd Gesetzes zur Verhinderung von Missbrauch der Arbeitnehmerüberlassung (vom 28.4.2011, BGBl S 642 ff) eingeführte sog »Drehtürklausel« auf vor dem 15.12.2010 begründete Leiharbeitsverhältnisse nicht anzuwenden (BT-Drs. 17/4804 S 11). Damit soll offenbar der Leiharbeitsbranche die Möglichkeit gegeben werden, sich auf diese neue gesetzliche Regelung einzustellen.

Berufsbildungsgesetz (BBiG)

Vom 23.3.2005 (BGBl I S 931), zuletzt geändert durch Art. 436 der Zehnten Zuständigkeitsanpassungsverordnung vom 31. August 2015 (BGBl I S. 1474)

– Auszug –

§ 1 Ziele und Begriffe der Berufsbildung
(1) Berufsbildung im Sinne dieses Gesetzes sind die Berufsausbildungsvorbereitung, die Berufsausbildung, die berufliche Fortbildung und die berufliche Umschulung.
(2) Die Berufsausbildungsvorbereitung dient dem Ziel, durch die Vermittlung von Grundlagen für den Erwerb beruflicher Handlungsfähigkeit an eine Berufsausbildung in einem anerkannten Ausbildungsberuf heranzuführen.
(3) [1]Die Berufsausbildung hat die für die Ausübung einer qualifizierten beruflichen Tätigkeit in einer sich wandelnden Arbeitswelt notwendigen beruflichen Fertigkeiten, Kenntnisse und Fähigkeiten (berufliche Handlungsfähigkeit) in einem geordneten Ausbildungsgang zu vermitteln. [2]Sie hat ferner den Erwerb der erforderlichen Berufserfahrungen zu ermöglichen.
(4) Die berufliche Fortbildung soll es ermöglichen, die berufliche Handlungsfähigkeit zu erhalten und anzupassen oder zu erweitern und beruflich aufzusteigen.
(5) Die berufliche Umschulung soll zu einer anderen beruflichen Tätigkeit befähigen.

Die Bestimmung enthält das Ordnungssystem des Gesetzes und definiert die in der Berufsbildung enthaltenen Begriffe als Berufsausbildungsvorbereitung, Berufsausbildung, berufliche Fortbildung und berufliche Umschulung. Die Gesetzgebungskompetenz des Bundes für das BBiG folgt aus Art 74 Nr 11 und 12 GG. 1

Berufsausbildungsvorbereitung (§§ 68 ff) eröffnet für Personen mit persönlichen oder sozialen Defiziten, die deshalb für eine Berufsausbildung noch nicht in Betracht kommen, die Möglichkeit, schrittweise die Voraussetzungen hierfür zu schaffen. 2

Berufsausbildung (§§ 4 ff) beinhaltet die Vermittlung beruflicher Handlungsfähigkeit für eine qualifizierte berufliche Tätigkeit. Sie geschieht in einem geordneten Ausbildungsgang mit beruflicher Grundbildung, beruflichen Fertigkeiten, Kenntnissen und Berufserfahrung. Diese Begriffsdefinitionen sind nicht deckungsgleich mit der in anderen Gesetzen. 3

Berufliche Fortbildung (§§ 53 ff) baut begrifflich auf der Berufsausbildung auf und soll die berufliche Handlungsfähigkeit fördern. Dies kann durch Anpassungsfortbildung oder Aufstiegsfortbildung geschehen. Während Anpassungsfortbildung dem Erhalt und der Anpassung an geänderte Erfordernisse der Arbeitswelt dient, bezweckt die Aufstiegsfortbildung die Verbesserung der beruflichen Handlungsfähigkeit für qualitativ höherwertige Berufstätigkeiten mit Aufstiegsmöglichkeit. 4

Berufliche Umschulung (§§ 58 ff) soll gegenwärtigen oder zukünftigen Entwicklungen Rechnung tragen und die Umstellung von der bisherigen Berufstätigkeit auf eine andere ermöglichen. 5

§ 2 Lernorte der Berufsbildung
(1) Berufsbildung wird durchgeführt
1. in Betrieben der Wirtschaft, in vergleichbaren Einrichtungen außerhalb der Wirtschaft, insbesondere des öffentlichen Dienstes, der Angehörigen freier Berufe und in Haushalten (betriebliche Berufsbildung),
2. in berufsbildenden Schulen (schulische Berufsbildung) und
3. in sonstigen Berufsbildungseinrichtungen außerhalb der schulischen und betrieblichen Berufsbildung (außerbetriebliche Berufsbildung).

(2) Die Lernorte nach Absatz 1 wirken bei der Durchführung der Berufsbildung zusammen (Lernortkooperation).
(3) [1]Teile der Berufsausbildung können im Ausland durchgeführt werden, wenn dies dem Ausbildungsziel dient. [2]Ihre Gesamtdauer soll ein Viertel der in der Ausbildungsordnung festgelegten Ausbildungsdauer nicht überschreiten.

I legt die Lernorte der 4 Formen von Berufsbildung fest. Dies sind für die betriebliche Berufsbildung nach Nr 1 Betriebe der Wirtschaft, vergleichbare Einrichtungen insb des öffentl Dienstes (zB Behörden, Körperschaften, Stiftungen, Anstalten des öffentl Rechts), Angehörige freier Berufe (zB Ärzte, Rechtsanwälte, 1

Steuerberater, Apotheker) und Haushalte (private und landwirtschaftliche). Betriebe der Wirtschaft sind organisatorische Einheiten von Arbeitsmitteln, mit deren Hilfe jemand allein oder in Gemeinschaft mit Mitarbeitern einen bestimmten arbeitstechnischen Zweck fortgesetzt verfolgt. Nr 2 nennt die schulische Berufsausbildung in berufsbildenden Schulen und Nr 3 die außerbetriebliche Berufsbildung, die in sonstigen Berufsbildungseinrichtungen erfolgt.
2 Damit die unterschiedlichen Lernorte nicht zusammenhanglos voneinander vorgehen, werden sie in II zur Zusammenwirkung verpflichtet.
3 Teile der Berufsausbildung können im Ausland absolviert werden, wobei die Grenze bei $^{1}/_{4}$ der Ausbildungsdauer nach der Ausbildungsordnung liegt. Der Auslandsaufenthalt ist Gegenstand der Ausbildung, es handelt sich nicht um eine Unterbrechung oder Ruhen.
4 Der BR hat bei der Durchführung der betrieblichen Berufsbildung iSv § 1 ein Mitbestimmungsrecht nach § 98 I BetrVG.

§ 3 Anwendungsbereich
(1) Dieses Gesetz gilt für die Berufsbildung, soweit sie nicht in berufsbildenden Schulen durchgeführt wird, die den Schulen der Länder unterstehen.
(2) Dieses Gesetz gilt nicht für
1. die Berufsbildung, die in berufsqualifizierenden oder vergleichbaren Studiengängen an Hochschulen auf der Grundlage des Hochschulrahmengesetzes und der Hochschulgesetze der Länder durchgeführt wird,
2. die Berufsbildung in einem öffentlich-rechtlichen Dienstverhältnis,
3. die Berufsbildung auf Kauffahrteischiffen, die nach dem Flaggenrechtsgesetz die Bundesflagge führen, soweit es sich nicht um Schiffe der kleinen Hochseefischerei oder der Küstenfischerei handelt.
(3) Für die Berufsbildung in Berufen der Handwerksordnung gelten die §§ 4 bis 9, 27 bis 49, 53 bis 70, 76 bis 80 sowie 102 nicht; insoweit gilt die Handwerksordnung.

1 Aus verfassungsrechtlichen Gründen kann das BBiG nicht die Berufsbildung in den berufsbildenden Schulen der Länder erfassen. Für das Schulrecht sind die Länder zuständig (vgl Art 30 und 70 GG), die Regelungen in den jeweiligen Schulgesetzen getroffen haben.
2 Die Praktikantenausbildung unterliegt dem BBiG, wenn sie nicht Bestandteil der in Landesgesetzen geregelten fachschulischen Ausbildung ist. Sie fällt dann aber nicht unter § 1 III, sondern unter § 26.

§ 4 Anerkennung von Ausbildungsberufen
(1) Als Grundlage für eine geordnete und einheitliche Berufsausbildung kann das Bundesministerium für Wirtschaft und Energie oder das sonst zuständige Fachministerium im Einvernehmen mit dem Bundesministerium für Bildung und Forschung durch Rechtsverordnung, die nicht der Zustimmung des Bundesrates bedarf, Ausbildungsberufe staatlich anerkennen und hierfür Ausbildungsordnungen nach § 5 erlassen.
(2) Für einen anerkannten Ausbildungsberuf darf nur nach der Ausbildungsordnung ausgebildet werden.
(3) In anderen als anerkannten Ausbildungsberufen dürfen Jugendliche unter 18 Jahren nicht ausgebildet werden, soweit die Berufsausbildung nicht auf den Besuch weiterführender Bildungsgänge vorbereitet.
(4) Wird die Ausbildungsordnung eines Ausbildungsberufes aufgehoben, so gelten für bestehende Berufsausbildungsverhältnisse die bisherigen Vorschriften.
(5) Das zuständige Fachministerium informiert die Länder frühzeitig über Neuordnungskonzepte und bezieht sie in die Abstimmung ein.

1 Festgelegt ist die Zuständigkeit des Bundes (idR Bundeswirtschaftsministerium im Einvernehmen mit Bundesbildungsministerium) für die staatliche Anerkennung (I) und die Aufhebung (IV) von Ausbildungsordnungen. Damit wird die betriebliche Seite der Berufsausbildung bundeseinheitlich geregelt.
2 Existiert ein anerkannter Ausbildungsberuf, darf von der Ausbildungsordnung nicht abgewichen werden. Das gilt sowohl für Jugendliche wie auch für Erwachsene. Ziel und Umfang der Ausbildung eines Ausbildungsberufs sind damit der Entscheidungsfreiheit des Einzelnen entzogen. Anerkannte Ausbildungsberufe werden im BAnz veröffentlicht. Wird entgegen der Vorschrift ein Anlernvertrag in einem anerkannten Ausbildungsberuf geschlossen, ist dieser nichtig. Nach den Regeln über das fehlerhafte faktische Arbeitsverhältnis ist der übliche Arbeitslohn zu zahlen (BAG 27.7.2010, 3 AZR 317/08, BB 2011, 572).

Für Jugendliche unter 18 Jahren gilt, dass diese im Geltungsbereich des BBiG nur in anerkannten Ausbildungsberufen ausgebildet werden dürfen. Die freie Berufswahl wird insoweit eingeschränkt, um eine größtmögliche Gewähr für Mobilität und Chancengleichheit zu schaffen, womit auch die soziale Absicherung gefördert werden soll. Ausnahmen gelten nach III für Hochschul-/Fachhochschulpraktika, aber auch für minderbegabte Jugendliche bei einer Vorbereitung auf einen weiterführenden Bildungsgang oder bei der Berufsausbildung von körperlich, geistig oder seelisch Behinderten (vgl §§ 66 f).

§ 5 Ausbildungsordnung
(1) Die Ausbildungsordnung hat festzulegen
1. die Bezeichnung des Ausbildungsberufes, der anerkannt wird,
2. die Ausbildungsdauer; sie soll nicht mehr als drei und nicht weniger als zwei Jahre betragen,
3. die beruflichen Fertigkeiten, Kenntnisse und Fähigkeiten, die mindestens Gegenstand der Berufsausbildung sind (Ausbildungsberufsbild),
4. eine Anleitung zur sachlichen und zeitlichen Gliederung der Vermittlung der beruflichen Fertigkeiten, Kenntnisse und Fähigkeiten (Ausbildungsrahmenplan),
5. die Prüfungsanforderungen.
(2) ¹Die Ausbildungsordnung kann vorsehen,
1. dass die Berufsausbildung in sachlich und zeitlich besonders gegliederten, aufeinander aufbauenden Stufen erfolgt; nach den einzelnen Stufen soll ein Ausbildungsabschluss vorgesehen werden, der sowohl zu einer qualifizierten beruflichen Tätigkeit im Sinne des § 1 Abs. 3 befähigt als auch die Fortsetzung der Berufsausbildung in weiteren Stufen ermöglicht (Stufenausbildung),
2. dass die Abschlussprüfung in zwei zeitlich auseinander fallenden Teilen durchgeführt wird,
3. dass abweichend von § 4 Abs. 4 die Berufsausbildung in diesem Ausbildungsberuf unter Anrechnung der bereits zurückgelegten Ausbildungszeit fortgesetzt werden kann, wenn die Vertragsparteien dies vereinbaren,
4. dass auf die durch die Ausbildungsordnung geregelte Berufsausbildung eine andere, einschlägige Berufsausbildung unter Berücksichtigung der hierbei erworbenen beruflichen Fertigkeiten, Kenntnisse und Fähigkeiten angerechnet werden kann,
5. dass über das in Absatz 1 Nr. 3 beschriebene Ausbildungsberufsbild hinaus zusätzliche berufliche Fertigkeiten, Kenntnisse und Fähigkeiten vermittelt werden können, die die berufliche Handlungsfähigkeit ergänzen oder erweitern,
6. dass Teile der Berufsausbildung in geeigneten Einrichtungen außerhalb der Ausbildungsstätte durchgeführt werden, wenn und soweit es die Berufsausbildung erfordert (überbetriebliche Berufsausbildung),
7. dass Auszubildende einen schriftlichen Ausbildungsnachweis zu führen haben.
²Im Rahmen der Ordnungsverfahren soll stets geprüft werden, ob Regelungen nach Nummer 1, 2 und 4 sinnvoll und möglich sind.

Mit der Ausbildungsordnung nach § 5 werden die Mindeststandards an Fertigkeiten, Kenntnissen und Fähigkeiten festgelegt. I definiert die zwingenden Inhalte der Ausbildungsordnung, II die fakultativen Regelungsgegenstände. Adressat der §§ 5 und 6 ist der VOgeber.

§ 6 Erprobung neuer Ausbildungsberufe, Ausbildungs- und Prüfungsformen
Zur Entwicklung und Erprobung neuer Ausbildungsberufe sowie Ausbildungs- und Prüfungsformen kann das Bundesministerium für Wirtschaft und Energie oder das sonst zuständige Fachministerium im Einvernehmen mit dem Bundesministerium für Bildung und Forschung nach Anhörung des Hauptausschusses des Bundesinstituts für Berufsbildung durch Rechtsverordnung, die nicht der Zustimmung des Bundesrates bedarf, Ausnahmen von § 4 Abs. 2 und 3 sowie den §§ 5, 37 und 48 zulassen, die auch auf eine bestimmte Art und Zahl von Ausbildungsstätten beschränkt werden können.

Die Bestimmung enthält Ausnahmen zum Zwecke der Erprobung. Sie können vom zuständigen Ministerium im Wege der RechtsVO erlassen werden.

§ 7 Anrechnung beruflicher Vorbildung auf die Ausbildungszeit

(1) ¹Die Landesregierungen können nach Anhörung des Landesausschusses für Berufsbildung durch Rechtsverordnung bestimmen, dass der Besuch eines Bildungsganges berufsbildender Schulen oder die Berufsausbildung in einer sonstigen Einrichtung ganz oder teilweise auf die Ausbildungszeit angerechnet wird. ²Die Ermächtigung kann durch Rechtsverordnung auf oberste Landesbehörden weiter übertragen werden.
(2) ¹Die Anrechnung nach Absatz 1 bedarf des gemeinsamen Antrags der Auszubildenden und Ausbildenden. ²Der Antrag ist an die zuständige Stelle zu richten. ³Er kann sich auf Teile des höchstzulässigen Anrechnungszeitraums beschränken.

1   Die zum Zeitpunkt der BBiG-Reform 2005 bestehenden Anrechnungs-VO sind am 1.8.2006 außer Kraft getreten (vgl Art 8 III BerBiRefG). I ermächtigt die Länder zum Erlass von Anrechnungs-VO, wonach vollzeitschulische Bildungsgänge auf die Berufsausbildung nach BBiG ganz oder teilweise angerechnet werden. Erforderlich ist zuvor eine Anhörung des Landesausschusses für Berufsbildung, um die Bedarfsfrage abzusichern. Bei entspr VO ist zu prüfen, ob die Anrechnung zwingend gilt oder nur auf Antrag beider Vertragsparteien. Seit 1.8.2009 gilt II (vgl Art 8 IV BerBiRefG), der die Anrechnung nur noch aufgrund eines gemeinsamen Antrags ermöglicht.
2   Bei einer Anrechnung gilt die Berufsausbildung im vorgesehenen Umfang als bereits absolviert, sodass sich Auswirkungen auf die geschuldete Ausbildungsvergütung ergeben (BAG 22.9.1982, 4 AZR 719/79, EzB BBiG 1969 § 10 I Nr 35). Bei einer Anrechnung von einem Jahr besteht Anspruch auf die höhere Vergütung des 2. Jahres.

§ 8 Abkürzung und Verlängerung der Ausbildungszeit

(1) ¹Auf gemeinsamen Antrag der Auszubildenden und Ausbildenden hat die zuständige Stelle die Ausbildungszeit zu kürzen, wenn zu erwarten ist, dass das Ausbildungsziel in der gekürzten Zeit erreicht wird. ²Bei berechtigtem Interesse kann sich der Antrag auch auf die Verkürzung der täglichen oder wöchentlichen Ausbildungszeit richten (Teilzeitberufsausbildung).
(2) ¹In Ausnahmefällen kann die zuständige Stelle auf Antrag Auszubildender die Ausbildungszeit verlängern, wenn die Verlängerung erforderlich ist, um das Ausbildungsziel zu erreichen. ²Vor der Entscheidung nach Satz 1 sind die Ausbildenden zu hören.
(3) Für die Entscheidung über die Verkürzung oder Verlängerung der Ausbildungszeit kann der Hauptausschuss des Bundesinstituts für Berufsbildung Richtlinien erlassen.

1   Der Antrag nach I auf Abkürzung der Ausbildungszeit kann nur gemeinsam von den Vertragsparteien gestellt werden und setzt eine Abstimmung zwischen ihnen voraus. Der Antrag kann vor oder nach Beginn gestellt werden. Die Entsch erfolgt durch die zuständige Stelle (zB IHK oder HwK) durch VA. Eine Abkürzung im gegenseitigen Einvernehmen ohne Antrag ist nicht zulässig. Abkürzungsgründe können bereits vor Beginn der Ausbildung entstanden sein (zB Realschulabschluss oder Abitur) oder während der laufenden Ausbildung (zB überdurchschnittliche Leistung in Betrieb und Berufsschule). Das Zeitmaß der Verkürzung richtet sich danach, ob die verbleibende Restausbildungszeit unter Berücksichtigung von Leistungsfähigkeit und -willen ausreicht, um das Ausbildungsziel zu erreichen. IdR wird eine Abkürzung von einem halben oder 1 Jahr in Betracht kommen. Um das Ziel einer anspruchsvollen Berufsausbildung nicht zu gefährden, soll eine Mindestzeit nicht unterschritten werden. Der Antrag soll rechtzeitig gestellt werden, damit noch mind 1 Jahr Ausbildungszeit verbleibt. Für die Handhabung von Abkürzungsanträgen bestehen RL des Bundesinstituts für Berufsbildung, an denen sich die zuständigen Stellen orientieren. Anfechtungsberechtigt bei Ablehnung des Antrags sind beide Vertragsparteien.
2   I 2 lässt bei berechtigtem Interesse Teilzeitausbildung zu. Auch hier ist ein gemeinsamer Antrag erforderlich. Berechtigtes Interesse besteht typischerweise bei der Betreuung eigener Kinder, pflegebedürftiger Angehöriger aber auch bei Leistungssportlern, wenn eine Berücksichtigung ihrer Trainings- und Wettkampfeinsätze eine abweichende Zeiteinteilung erfordert. Möglich ist eine Verkürzung der täglichen oder wöchentlichen Ausbildungszeit. Die Umsetzung kann zB durch Arbeitszeit von mind 25 Stunden oder 75 % der wöchentlichen Arbeitszeit ohne Verlängerung der Ausbildungszeit erfolgen oder bei einer Arbeitszeit von mind 20 Wochenstunden mit Verlängerung der Ausbildungszeit um maximal 1 Jahr.
3   II sieht für Ausnahmefälle eine Verlängerung der Ausbildungszeit vor. Hier kann der Antrag nur vom Auszubildenden bzw seinen gesetzlichen Vertretern gestellt werden. Ausnahmefälle können zB erkennbare schwere Mängel in der Ausbildung oder längere Krankheitszeiten sein, die eine Verlängerung erforderlich machen. Dh das Ausbildungsziel, insb das Bestehen der Abschlussprüfung, muss anderenfalls gefährdet

erscheinen. Eine Anhörung des Ausbildenden ist notwendig. Unterlassene Anhörung ist ein Verfahrensfehler und führt bei Anfechtung zur Aufhebung der Entsch. Die Entsch erfolgt durch die zuständige Stelle nach pflichtgemäßem Ermessen.

Weitere Fälle der Verlängerung sind bei Elternzeit (§ 20 I 2 BEEG) möglich. Dabei verlängert sich die 4 Ausbildungszeit in diesen Fällen automatisch, ohne dass es eines Antrages bedarf, weil diese Zeiten auf die Ausbildungszeit nicht angerechnet werden. Notwendig ist die unverzügliche Meldung entspr Tatbestände an die zuständige Stelle, die eine Anpassung der Ausbildungszeit in ihrem Verzeichnis vornimmt.

Das Bundesinstitut für Berufsbildung kann RL erlassen, um eine einheitliche Vorgehensweise zu fördern. 5 Daher hat es auf seiner Sitzung am 27.6.2008 eine aktualisierte Empfehlung zur Verlängerung bzw Verkürzung der Ausbildungszeit verabschiedet. Sie bezieht erstmals auch die sog Teilzeitberufsausbildung mit ein.

§ 9 Regelungsbefugnis
Soweit Vorschriften nicht bestehen, regelt die zuständige Stelle die Durchführung der Berufsausbildung im Rahmen dieses Gesetzes.

Gemeint sind generelle Regelungen iRd Berufsausbildung in Bereichen, die nicht bereits durch andere 1 Rechtsnormen ausgefüllt sind. Bsp sind Verwaltungsvorschriften für die Führung des Verzeichnisses der Ausbildungsverhältnisse, RL für die Führung von Ausbildungsnachweisen, Bewertungs-RL für Abschlussprüfungen, RL für die Tätigkeit der Berater oder die Verfahrensordnung für den Schlichtungsausschuss nach § 111 II ArbGG.

§ 10 Vertrag
(1) Wer andere Personen zur Berufsausbildung einstellt (Ausbildende), hat mit den Auszubildenden einen Berufsausbildungsvertrag zu schließen.
(2) Auf den Berufsausbildungsvertrag sind, soweit sich aus seinem Wesen und Zweck und aus diesem Gesetz nichts anderes ergibt, die für den Arbeitsvertrag geltenden Rechtsvorschriften und Rechtsgrundsätze anzuwenden.
(3) Schließen die gesetzlichen Vertreter oder Vertreterinnen mit ihrem Kind einen Berufsausbildungsvertrag, so sind sie von dem Verbot des § 181 des Bürgerlichen Gesetzbuchs befreit.
(4) Ein Mangel in der Berechtigung, Auszubildende einzustellen oder auszubilden, berührt die Wirksamkeit des Berufsausbildungsvertrages nicht.
(5) Zur Erfüllung der vertraglichen Verpflichtungen der Ausbildenden können mehrere natürliche oder juristische Personen in einem Ausbildungsverbund zusammenwirken, soweit die Verantwortlichkeit für die einzelnen Ausbildungsabschnitte sowie für die Ausbildungszeit insgesamt sichergestellt ist (Verbundausbildung).

I schreibt den Vertragsabschluss verbindlich vor. Ausbildender kann eine natürliche Person, Personengesell- 1 schaft (zB GbR, OHG, KG), eine juristische Person des privaten (zB GmbH, AG) oder öffentl Rechts (zB Körperschaft, Anstalt) sein. Bildet der Ausbildende nicht selbst aus, muss er geeignete Ausbilder bestellen, die die Ausbildung durchführen (vgl § 28 II). Inhalt und Form des Vertrages sind grds frei bestimmbar. Allerdings ergeben sich aus den §§ 11, 12 und 25 Mindestinhalte. Ein Vorvertrag, der lediglich der Erprobung dienen soll, ob ein Berufsausbildungsvertrag geschlossen werden soll, ist nicht zulässig.

Minderjährige Auszubildende werden beim Vertragsschluss durch die Eltern vertreten. Besteht ein gemein- 2 sames Sorgerecht, vertreten die Eltern das Kind gemeinschaftlich. Bei nicht nur vorübergehend getrennt lebenden Eltern bestimmt das Familiengericht, welchem Elternteil die elterliche Sorge übertragen wird. Gleiches gilt bei Scheidung der Eltern.

Das Berufsausbildungsverhältnis ist kein Arbeitsverhältnis, sondern Vertragsverhältnis eigener Art iS eines 3 Ausbildungs- und Erziehungsverhältnisses. Der Ausbildende verpflichtet sich zur Ausbildung in einem bestimmten Beruf, der Auszubildende zum Lernen in diesem Ausbildungsberuf. Verursacht ein Auszubildender durch sein Verhalten bei einem Beschäftigten desselben Betriebs einen Schaden, haftet er nach den gleichen Regeln wie andere AN, es gelten keine anderen Maßstäbe beim Haftungsausschluss (vgl. BAG 19.3.2015, 8 AZR 67/14, BB 2015, 2041).

Die Einstellung in eine betriebliche Berufsausbildung unterliegt der Mitbestimmung durch den BR (§§ 5 I 4 und 99 BetrVG).

II trägt der Tatsache Rechnung, dass es sich um einen privatrechtlichen Vertrag mit arbeitsrechtlichen Bezü- 5 gen handelt, sodass ergänzend auf arbeitsrechtliche Bestimmungen zurückgegriffen werden kann. Damit soll der Auszubildende den Schutz des ArbR erfahren (vgl § 5 ArbGG, § 2 BUrlG, § 20 I 1 BEEG, § 5 BetrVG, § 15 ArbPlSchG, § 2 BKGG, § 14 SGB III, § 2 II Nr 1 SGB IV, JArbSchG, KSchG, MuSchG, §§ 107 ff, 117, 134, 138, 139, 612a, 613a, 615 BGB). Ein Berufsausbildungsverhältnis stellt kein Arbeitsverhältnis iSd Vorbeschäftigungsverbots für eine sachgrundlose Befristung nach § 14 II 2 TzBfG dar (BAG 21.9.2011, 7 AZR 375/10, NZA 2012, 255).

6 IV stellt klar, dass zum Schutz des Auszubildenden die privatrechtliche Wirksamkeit eines geschlossenen Ausbildungsvertrages unabhängig von der Berechtigung zur Einstellung/Ausbildung gegeben ist. Es können uU Schadensersatzpflichten entstehen (vgl § 23).

7 V sieht die Möglichkeit einer Kooperation bei der Ausbildung vor. Dazu ist eine Organisationseinheit erforderlich, die im Rechtssinn als Einheit auftritt und den Vertrag als Ausbildender schließt. Denkbar sind zB BGB-Gesellschaft, GmbH, eingetragener oder nicht rechtsfähiger Verein. Notwendig ist die Verfügung über eine geeignete Ausbildungsstätte, die Verantwortlichkeit im Ausbildungsverbund für alle Ausbildungsabschnitte und über die gesamte Ausbildungsdauer. Führt der Ausbildungsverbund die Ausbildung nicht selbst durch, müssen Ausbilder beauftragt werden, die seiner Weisungsbefugnis unterliegen. Der Ausbildungsverbund haftet als Ausbildender iSd BBiG. Bei BGB-Gesellschaft und nicht rechtsfähigem Verein besteht gesamtschuldnerische Haftung, bei GmbH und rechtsfähigem Verein haften diese. Vertragsklauseln zur Einschränkung der Gesamtverantwortung des Ausbildungsverbundes ggü dem Auszubildenden sind unzulässig.

§ 11 Vertragsniederschrift

(1) ¹Ausbildende haben unverzüglich nach Abschluss des Berufsausbildungsvertrages, spätestens vor Beginn der Berufsausbildung, den wesentlichen Inhalt des Vertrages gemäß Satz 2 schriftlich niederzulegen; die elektronische Form ist ausgeschlossen. ²In die Niederschrift sind mindestens aufzunehmen
1. Art, sachliche und zeitliche Gliederung sowie Ziel der Berufsausbildung, insbesondere die Berufstätigkeit, für die ausgebildet werden soll,
2. Beginn und Dauer der Berufsausbildung,
3. Ausbildungsmaßnahmen außerhalb der Ausbildungsstätte,
4. Dauer der regelmäßigen täglichen Ausbildungszeit,
5. Dauer der Probezeit,
6. Zahlung und Höhe der Vergütung,
7. Dauer des Urlaubs,
8. Voraussetzungen, unter denen der Berufsausbildungsvertrag gekündigt werden kann,
9. ein in allgemeiner Form gehaltener Hinweis auf die Tarifverträge, Betriebs- oder Dienstvereinbarungen, die auf das Berufsausbildungsverhältnis anzuwenden sind.
(2) Die Niederschrift ist von den Ausbildenden, den Auszubildenden und deren gesetzlichen Vertretern und Vertreterinnen zu unterzeichnen.
(3) Ausbildende haben den Auszubildenden und deren gesetzlichen Vertretern und Vertreterinnen eine Ausfertigung der unterzeichneten Niederschrift unverzüglich auszuhändigen.
(4) Bei Änderungen des Berufsausbildungsvertrages gelten die Absätze 1 bis 3 entsprechend.

1 Der Ausbildende ist verpflichtet, den wesentlichen Inhalt des Berufsausbildungsvertrages schriftlich niederzulegen. Dies muss unverzüglich nach Vertragsschluss geschehen, spätestens vor Ausbildungsbeginn. Die Verpflichtung dient dem Schutz des Auszubildenden und schafft für die Laufzeit des Vertrages eine sichere und beweiskräftige Grundlage über die wesentlichen Rechte und Pflichten. Die Vertragsniederschrift bildet mit der Pflicht zur Einreichung bei der zuständigen Stelle (vgl § 36 I), der Eintragung (vgl § 35) und der Führung des Verzeichnisses der Berufsausbildungsverhältnisse (vgl § 34) die Grundlage für die Beratung und Überwachung nach § 76. Die Mindestinhalte müssen nach I 2 so formuliert sein, dass ein hinreichendes, eindeutiges Verständnis der Aussagen zu den einzelnen Sachverhalten möglich ist. Empfehlenswert ist die Verwendung der von den zuständigen Stellen bereitgestellten Musterverträge. Sie bieten Sicherheit, dass gesetzliche Mindestangaben enthalten sind, Beweisbarkeit besteht und Auslegungsprobleme weitgehend vermieden werden. Vorschreiben kann die zuständige Stelle die Verwendung des Mustervertrages nicht.

2 Nr 1 meint die Angabe des Ausbildungsberufes, ggf mit Fachrichtung oder Schwerpunkt. Dazu gehört ein betrieblicher Ausbildungsplan mit sachlicher und zeitlicher Gliederung. Es kann auf Empfehlungen zurückgegriffen oder ein gleichwertiger betrieblicher Plan erstellt werden. Wird bereits bei Beginn der Ausbildung eine Verkürzung der Ausbildungszeit (vgl § 8) vorgesehen, ist dies bei der Gliederung zu berücksichtigen.

3 Nr 2 verlangt die Angabe konkreter Anfangs- und Enddaten. Soweit Verkürzungen aufgrund vorangegangener Bildungsgänge erfolgen sollen, ist dies iE aufzuführen und nachzuweisen. Nicht notwendig aber

zweckmäßig ist die Berücksichtigung des üblichen Ausbildungs- und Berufsschulbeginns (idR 1.8. oder 1.9.), weil dann bei Berufsschulbesuch eine ordnungsgemäße Aufnahme in die Fachklasse und am Ende der Ausbildung ein passender Prüfungstermin sichergestellt sind.

Nr 3 muss Ausbildungsphasen enthalten, die nicht in der vertraglich vereinbarten Ausbildungsstätte stattfinden, zB in der Betriebszentrale, einer Filiale oder vorgesehene Lehrgänge an anderen Orten. Nicht hierher gehört der Besuch der Berufsschule. 4

Nr 4 erfordert eine konkrete Stundenzahl unter Beachtung der gesetzlichen Grenzen bei Jugendlichen nach JArbSchG, bei Erwachsenen nach ArbZG. Außerdem sind ggf TV und BV zu berücksichtigen. Bedeutung hat die Regelung auch im Zusammenhang mit der Zahlung der Vergütung für eine über die vereinbarte regelmäßige Arbeitszeit hinausgehende Beschäftigung (vgl § 17 III). 5

Nr 5 beinhaltet die Dauer der Probezeit, die zwischen 1 und 4 Monaten betragen muss. Eine Verlängerung ist nicht möglich. Um den Zweck der Probezeit nicht zu gefährden, beinhalten die Vertragsvordrucke idR die Formulierung, dass sich die Probezeit bei Unterbrechung um mehr als 1/3 um den Zeitraum der Unterbrechung verlängert. Die Klausel ist rechtlich zulässig (vgl § 20). 6

Nr 6 verlangt die Angabe einer konkreten Bruttosumme, ein bloßer Hinweis auf TV reicht nicht aus. Die Höhe muss angemessen sein (vgl § 17). 7

Nr 7 sieht die Angabe des Urlaubs in konkreter Zahl der Tage vor, meist Arbeitstage, gelegentlich Werktage, die dann zweckmäßigerweise in Arbeitstage umgerechnet werden. Maßgeblich ist für Jugendliche § 19 JArbSchG, für Erwachsene § 3 BUrlG. TV können günstigere Regelungen enthalten. 8

Nr 8 verlangt die Angabe der Voraussetzungen, unter denen eine Kdg möglich ist. Dabei ist nach den Zeitphasen zu unterscheiden (vgl § 22). 9

Nr 9 verlangt einen Hinweis auf anwendbare TV und Vereinbarungen. Die Regelung entspricht dem NachwG. 10

II sieht die Unterzeichnung durch die Vertragspartner bzw bei Minderjährigen durch gesetzliche Vertreter vor. 11

III bestimmt, dass der Ausbildende dem Auszubildenden unverzüglich 1 Exemplar der Niederschrift auszuhändigen hat. Das Unterlassen stellt eine Ordnungswidrigkeit (vgl § 102 I Nr 2) dar und kann schadensersatzpflichtig machen. 12

IV will sicherstellen, dass die vorgenannten Grds auch dann gelten, wenn die Vertragsparteien später Änderungen des Vertrages vornehmen. Damit sollen nachträgliche Änderungen zulasten des Auszubildenden verhindert werden. 13

§ 12 Nichtige Vereinbarungen

(1) ¹Eine Vereinbarung, die Auszubildende für die Zeit nach Beendigung des Berufsausbildungsverhältnisses in der Ausübung ihrer beruflichen Tätigkeit beschränkt, ist nichtig. ²Dies gilt nicht, wenn sich Auszubildende innerhalb der letzten sechs Monate des Berufsausbildungsverhältnisses dazu verpflichten, nach dessen Beendigung mit den Ausbildenden ein Arbeitsverhältnis einzugehen.
(2) Nichtig ist eine Vereinbarung über
1. die Verpflichtung Auszubildender, für die Berufsausbildung eine Entschädigung zu zahlen,
2. Vertragsstrafen,
3. den Ausschluss oder die Beschränkung von Schadensersatzansprüchen,
4. die Festsetzung der Höhe eines Schadensersatzes in Pauschbeträgen.

Die Entschlussfreiheit des Auszubildenden soll für die Zeit nach der Ausbildung nicht eingeschränkt werden. Bleibeverpflichtungen sind daher grds unzulässig. Allerdings kann nach I 2 in den letzten 6 Monaten ein anschließendes Arbeitsverhältnis vereinbart werden. Denn dies liegt idR im Interesse des Auszubildenden. 1

Nichtig sind nach II 4 Sonderfälle von finanziell belastenden Vereinbarungen. Insb der »Einkauf« von Ausbildungsplätzen oder »Lehrgeldzahlung« sind nicht erlaubt, gleich ob durch direkte Bezahlung oder Koppelungsgeschäft (OLG Hamm 16.12.1982, 28 und 198/82, EzB BBiG 1969 § 5 Nr 18). Zahlungen, die trotz des Verbots geleistet wurden, können zurückgefordert werden. Auch die Vereinbarung bei einer Berufsausbildung zum Berufskraftfahrer, die Kosten der Fahrerlaubnis selbst zu übernehmen, verstößt gegen die Bestimmung. Nicht darunter fallen Kosten, die dem Auszubildenden im Zusammenhang mit dem Besuch der staatlichen Berufsschule entstehen. Allerdings hat der Ausbildende diese Kosten insoweit zu tragen, als er den Besuch einer anderen Bildungseinrichtung veranlasst und dadurch Kosten anfallen (BAG 25.7.2002, 6 AZR 381/00, EzB BBiG 1969 § 5 Nr 41). Vertragsstrafen können nach II Nr 3 in voller Höhe geltend gemacht werden. 2

§ 13 Verhalten während der Berufsausbildung

¹Auszubildende haben sich zu bemühen, die berufliche Handlungsfähigkeit zu erwerben, die zum Erreichen des Ausbildungsziels erforderlich ist. ²Sie sind insbesondere verpflichtet,
1. die ihnen im Rahmen ihrer Berufsausbildung aufgetragenen Aufgaben sorgfältig auszuführen,
2. an Ausbildungsmaßnahmen teilzunehmen, für die sie nach § 15 freigestellt werden,
3. den Weisungen zu folgen, die ihnen im Rahmen der Berufsausbildung von Ausbildenden, von Ausbildern oder Ausbilderinnen oder von anderen weisungsberechtigten Personen erteilt werden,
4. die für die Ausbildungsstätte geltende Ordnung zu beachten,
5. Werkzeug, Maschinen und sonstige Einrichtungen pfleglich zu behandeln,
6. über Betriebs- und Geschäftsgeheimnisse Stillschweigen zu wahren.

1 Die Pflicht des Auszubildenden ist im Kern die Lernpflicht zur Erreichung des Ausbildungsziels, daneben ua die Sorgfaltspflicht, die Befolgung von Weisungen, die der Durchführung der Ausbildung dienen, die Obhuts- und Verwahrungspflicht, die Wahrung von Betriebs- und Geschäftsgeheimnissen.

§ 14 Berufsausbildung

(1) Ausbildende haben
1. dafür zu sorgen, dass den Auszubildenden die berufliche Handlungsfähigkeit vermittelt wird, die zum Erreichen des Ausbildungsziels erforderlich ist, und die Berufsausbildung in einer durch ihren Zweck gebotenen Form planmäßig, zeitlich und sachlich gegliedert so durchzuführen, dass das Ausbildungsziel in der vorgesehenen Ausbildungszeit erreicht werden kann,
2. selbst auszubilden oder einen Ausbilder oder eine Ausbilderin ausdrücklich damit zu beauftragen,
3. Auszubildenden kostenlos die Ausbildungsmittel, insbesondere Werkzeuge und Werkstoffe zur Verfügung zu stellen, die zur Berufsausbildung und zum Ablegen von Zwischen- und Abschlussprüfungen, auch soweit solche nach Beendigung des Berufsausbildungsverhältnisses stattfinden, erforderlich sind,
4. Auszubildende zum Besuch der Berufsschule sowie zum Führen von schriftlichen Ausbildungsnachweisen anzuhalten, soweit solche im Rahmen der Berufsausbildung verlangt werden, und diese durchzusehen,
5. dafür zu sorgen, dass Auszubildende charakterlich gefördert sowie sittlich und körperlich nicht gefährdet werden.

(2) Auszubildenden dürfen nur Aufgaben übertragen werden, die dem Ausbildungszweck dienen und ihren körperlichen Kräften angemessen sind.

1 Hauptpflichten des Ausbildenden sind Ausbildung und Erziehung des Auszubildenden. Dafür muss nicht nur in den im Betrieb anfallenden, sondern in allen zur Erreichung des Lernziels erforderlichen Fertigkeiten, Kenntnissen und Fähigkeiten unterrichtet werden. Das Lernziel muss danach in der Ausbildungszeit erreichbar sein.

2 Der Ausbildende kann entweder selbst ausbilden oder zur Durchführung einen Ausbilder bestellen. Letzteres befreit allerdings nicht von der bestehenden Verantwortung für die Ausbildungsleistung; der Ausbilder bleibt in vollem Umfang verpflichtet.

3 Der Ausbildende hat die zur Zielerreichung erforderlichen sachlichen und persönlichen Voraussetzungen zu schaffen. Damit verbunden ist auch die Verpflichtung, die hierfür entstehenden betrieblichen Kosten, auch soweit sie durch Zwischen- oder Abschlussprüfung entstehen, zu tragen. Dagegen ist der Betrieb nicht verpflichtet, die für den Besuch der Berufsschule notwendigen Lernmittel bereitzustellen oder zu bezahlen. Dies obliegt, soweit nicht landesgesetzlich Lernmittelfreiheit besteht, dem Auszubildenden. Zum Berufsschulbesuch bestehen landesrechtlich in Schulgesetzen unterschiedliche Regelungen. Für den Besuch der Berufsschule ist nicht nur freizustellen, sondern der Auszubildende ist auch anzuhalten; die Führung von Ausbildungsnachweisen ist zu veranlassen und zu kontrollieren.

4 Nr 5 beinhaltet eine erweiterte Fürsorgepflicht des Ausbildenden mit Einflussnahme auf charakterliche Entwicklung.

5 II verbietet die Beschäftigung mit ausbildungsfremden Aufgaben und unangemessenen körperlichen Anstrengungen. Die Auslegung der Bestimmung muss den Ausbildungszweck berücksichtigen. Eine sinnvolle Verbindung von Lern- und Produktionstätigkeit dient dem Ausbildungszweck und wird dadurch nicht ausgeschlossen.

§ 15 Freistellung

¹Ausbildende haben Auszubildende für die Teilnahme am Berufsschulunterricht und an Prüfungen freizustellen. ²Das Gleiche gilt, wenn Ausbildungsmaßnahmen außerhalb der Ausbildungsstätte durchzuführen sind.

Die Freistellungsverpflichtung gilt für berufsschulpflichtige und berufsschulberechtigte Auszubildende. Bei Letzteren kann die Verpflichtung jedoch vertraglich abbedungen werden. Die Verpflichtung umfasst auch Schulveranstaltungen während der Unterrichtszeit, zB Ausflüge oder Betriebsbesuche. Die Verpflichtung gilt unabhängig von der Form der Beschulung, also für Teilzeit- und Blockform. 1

Freistellen bedeutet Entbindung von Anwesenheit im Betrieb. Dies gilt auch für notwendige Wegezeiten zwischen Betrieb und Berufsschule und vorgesehene Pausen in der Berufsschule. 2

Die Verpflichtung erstreckt sich auch auf die Zwischen- und Abschlussprüfung gem der Ausbildungsordnung, ferner auf notwendige auswärtige Ausbildungsmaßnahmen gem der Ausbildungsordnung (insb überbetriebliche Ausbildungsmaßnahmen im Handwerk) oder nach Vereinbarung im Ausbildungsvertrag. 3

§ 16 Zeugnis

(1) ¹Ausbildende haben den Auszubildenden bei Beendigung des Berufsausbildungsverhältnisses ein schriftliches Zeugnis auszustellen. ²Die elektronische Form ist ausgeschlossen. ³Haben Ausbildende die Berufsausbildung nicht selbst durchgeführt, so soll auch der Ausbilder oder die Ausbilderin das Zeugnis unterschreiben.
(2) ¹Das Zeugnis muss Angaben enthalten über Art, Dauer und Ziel der Berufsausbildung sowie über die erworbenen beruflichen Fertigkeiten, Kenntnisse und Fähigkeiten der Auszubildenden. ²Auf Verlangen Auszubildender sind auch Angaben über Verhalten und Leistung aufzunehmen.

Ausbildende müssen ein Zeugnis ausstellen, unabhängig vom Grund der Beendigung. Die Bestimmung geht § 630 BGB vor. Ein Verzicht auf die Ausstellung ist wegen § 25 nicht möglich. Das Zeugnis ist grds Holschuld. Die Zeugnisformulierung obliegt dem Ausbildenden. Die elektronische Form ist nicht zugelassen. Der Anspruch auf das Zeugnis verjährt nach 3 Jahren. 1

Zu unterscheiden ist das einfache Zeugnis (II 1) und das qualifizierte Zeugnis (II 2), letzteres wird auf ausdrückliches Verlangen des Auszubildenden ausgestellt. Es gilt der Grds der Zeugniswahrheit unter Berücksichtigung wohlwollender Formulierung, die das weitere Fortkommen nicht ungerechtfertigt erschwert. Hier gelten die Grds und die Rspr zur Formulierung von AN-Zeugnissen. 2

§ 17 Vergütungsanspruch

(1) ¹Ausbildende haben Auszubildenden eine angemessene Vergütung zu gewähren. ²Sie ist nach dem Lebensalter der Auszubildenden so zu bemessen, dass sie mit fortschreitender Berufsausbildung, mindestens jährlich, ansteigt.
(2) Sachleistungen können in Höhe der nach § 17 Abs. 1 Satz 1 Nr. 4 des Vierten Buches Sozialgesetzbuch festgesetzten Sachbezugswerte angerechnet werden, jedoch nicht über 75 Prozent der Bruttovergütung hinaus.
(3) Eine über die vereinbarte regelmäßige tägliche Ausbildungszeit hinausgehende Beschäftigung ist besonders zu vergüten oder durch entsprechende Freizeit auszugleichen.

Auszubildende sind vom Anwendungsbereich des MiLoG ausgenommen (§ 22 Abs. 3 MiLoG). Die Ausbildungsvergütung nach I muss angemessen sein. Damit wird ein Rahmen vorgegeben, der von den Vertragsparteien zu berücksichtigen ist. Der unbestimmte Rechtsbegriff der Angemessenheit ist anhand von Sinn und Zweck der Vergütung durch die Rspr umfangreich konkretisiert. Sie ist kein Arbeitsentgelt, sondern soll eine fühlbare finanzielle Unterstützung zum Lebensunterhalt darstellen, die Heranbildung ausreichenden Nachwuchses an qualifizierten Fachkräften sichern und eine gewisse Mindestentlohnung für die Leistung des Auszubildenden im jeweiligen Gewerbezweig sein. Entscheidend ist hierbei die Verkehrsanschauung mit tariflich festgelegten Ausbildungsvergütungen als wichtigster Orientierungsmaßstab. Bestehen allgemein verbindliche Tarifregelungen zur Ausbildungsvergütung, sind diese verbindlich. Ansonsten gelten für Tarifgebundene die Tarife, für Nichtgebundene kann von TV um bis zu 20 % nach unten abgewichen werden (vgl BAG 10.4.1991, 5 AZR 226/90, EzB BBiG 1969 § 10 I Nr 64). Die Grds gelten auch bei Ausbildung von Gesundheits- und Krankenpflegern nach KrPflG (vgl BAG 19.2.2008, 9 AZR 1091/06, 1

§ 18 BBiG   Bemessung und Fälligkeit der Vergütung

EzB BBiG § 17 I Nr 65) sowie während des Praktikums bei der Ausbildung von Rettungsassistenten nach RettAssG (vgl. BAG 29.4.2015, 9 AZR 78/14, EzA-SD 20/2015, 11). Bei spendenfinanzierter Ausbildung durch Dritte ist eine Abweichung um bis zu 30 % noch angemessen (vgl BAG 8.5.2003, 6 AZR 191/02, EzB BBiG 1969 § 10 I Nr 79). Gleiches gilt für die Ausbildung von Altenpflegern nach AltPflG (vgl BAG 23.8.2011, 3 AZR 575/09, NZA 2012, 211). Bei vollständig öffentl finanzierter Ausbildung, zB durch die BA, können auch erheblich darunter liegende Vergütungen noch angemessen sein (vgl BAG 20.1.2008, 9 AZR 999/06, EzB BBiG § 17 I Nr 64). Entscheidend ist der mit der Ausbildung verfolgte Zweck, wobei eine vom konkreten Ausbildungsbetrieb losgelöste Orientierung an den allg Lebenshaltungskosten vorzunehmen ist. Anhaltspunkt hierfür ist § 12 BAföG. Ein Betrag, der höher als zwei Drittel dieses Bedarfs liegt, stellt jedenfalls noch einen erheblichen Beitrag zu den Lebenshaltungskosten dar (vgl BAG 17.3.2015, 9 AZR 732/13, NZA 2015, 1727). Der Abschluss von Ausbildungsverträgen durch einen gemeinnützigen Verein und durch Spenden Dritter finanzierter Ausbildung rechtfertigt kein Absehen von dem Erfordernis der Angemessenheit. Eine Unterschreitung der Ausbildungsvergütung um mehr als 20 % ist nicht zwingend unangemessen, muss aber durch besondere Umstände gerechtfertigt sein (vgl BAG 17.3.2015, 9 AZR 732/13, DB 2015, 1727, BAG 29.4.2015, 9 AZR 108/14, NZA 2015, 6). Wenn ein Mischbetrieb sowohl als Industrie- wie auch als Handwerksbetrieb tätig ist, richtet sich die Frage, ob die Ausbildungsvergütung am industriellen oder handwerklichen Tarifvertrag zu orientieren ist, danach, ob die überwiegende Tätigkeit der Arbeitnehmer im Betrieb handwerklich oder industriell geprägt ist (vgl BAG 26.3.2013, 3 AZR 89/11, BB 2013, 1523). Liegen für Ausbildungsberufe keine einschlägigen Tarifvergütungen vor, empfiehlt es sich, auf fachlich verwandte Berufe und deren TV zurückzugreifen. Findet kein TV unmittelbar Anwendung auf den Betrieb, ist auf einen TV zurückzugreifen, der in der fraglichen Region auf den Kreis von Auszubildenden Anwendung findet (vgl LAG MV 29.4.2009, 2 Sa 303/08, nv). Die Angemessenheit muss während der gesamten Ausbildungsdauer gegeben sein. Die Bestimmung gilt über § 26 auch für Einstiegsqualifizierungen, wobei der von der BA gewährte Zuschuss von derzeit 216 Euro als Vergütung angemessen ist, weil es sich hierbei schwerpunktmäßig um Berufsausbildungsvorbereitung handelt und nicht um Berufsausbildung.

2 Es besteht die Möglichkeit, neben der Ausbildungsvergütung Berufsausbildungsbeihilfe von der BA zu beantragen. Die Notwendigkeit richtet sich nach dem Einkommen des Auszubildenden und der Eltern.

3 Erforderlich ist ein jährlicher Anstieg der Ausbildungsvergütung.

4 Erfolgt eine Anrechnung beruflicher Vorbildung auf die Ausbildungszeit nach § 7, ist diese Zeit vergütungsmäßig wie absolvierte Ausbildungszeit zu werten. Erfolgt eine Verkürzung der Ausbildungszeit (zB wegen Abitur) nach § 8, besteht kein Anspruch auf Berücksichtigung bei der Vergütung. Bei Verkürzung der täglichen oder wöchentlichen Ausbildungszeit aufgrund von § 8 I 2 wird eine entspr Reduzierung der Ausbildungsvergütung für zulässig gehalten. Eine Verlängerung der Ausbildung (vgl § 8 II oder § 21 III) bleibt auf die Höhe der Vergütung ohne Einfluss.

5 II gewährt die Möglichkeit von Sachleistungen (Verpflegung oder Unterkunft), setzt hierfür jedoch die Grenze auf 75 % fest, sodass zumindest 25 % auszuzahlen sind. Die Höhe der Sachbezugswerte wird jährlich von der BReg in der Sachbezugs-VO bestimmt und veröffentlicht.

6 Nach III ist Mehrarbeit zulässig, aber gesondert zu vergüten oder durch Freizeit auszugleichen. Dabei ist die Mehrarbeit in der Regel auf der Grundlage der Ausbildungsvergütung zu bemessen (vgl LAG Sachs 16.1.2008, 9 Sa 269/07, EzB BBiG § 17 III Nr 5).

§ 18 Bemessung und Fälligkeit der Vergütung

(1) ¹Die Vergütung bemisst sich nach Monaten. ²Bei Berechnung der Vergütung für einzelne Tage wird der Monat zu 30 Tagen gerechnet.
(2) Die Vergütung für den laufenden Kalendermonat ist spätestens am letzten Arbeitstag des Monats zu zahlen.

1 Notwendig ist die Angabe einer Vergütung als konkrete Bruttosumme je Monat. Ein bloßer Hinweis im Ausbildungsvertrag auf einen TV ist nicht ausreichend.

2 Die Zahlung kann bar oder bargeldlos erfolgen. Bei bargeldloser Abwicklung ist Überweisung so rechtzeitig vorzunehmen, dass am letzten Arbeitstag des Monats darüber verfügt werden kann.

§ 19 Fortzahlung der Vergütung

(1) Auszubildenden ist die Vergütung auch zu zahlen
1. für die Zeit der Freistellung (§ 15),
2. bis zur Dauer von sechs Wochen, wenn sie
   a) sich für die Berufsausbildung bereithalten, diese aber ausfällt oder
   b) aus einem sonstigen, in ihrer Person liegenden Grund unverschuldet verhindert sind, ihre Pflichten aus dem Berufsausbildungsverhältnis zu erfüllen.

(2) Können Auszubildende während der Zeit, für welche die Vergütung fortzuzahlen ist, aus berechtigtem Grund Sachleistungen nicht abnehmen, so sind diese nach den Sachbezugswerten (§ 17 Abs. 2) abzugelten.

Vergütungsfortzahlung wird geschuldet für Zeiten notwendiger Freistellung, also für Berufsschulbesuch, Prüfungen und außerbetriebliche Maßnahmen (vgl § 15) und für bis zu 6 Wochen, wenn die Berufsausbildung ausfällt. Letzteres setzt aber voraus, dass der Auszubildende seine Lernbereitschaft anbietet. Unter die sonstigen unverschuldeten Verhinderungen fallen zB Termine wie Hochzeit, familiäre Krankheits- oder Todesfälle und Gerichtsverhandlungen. 1

Die Regelungen zur Entgeltfortzahlung gelten für Auszubildende nach § 1 EFZG unmittelbar. 2

§ 20 Probezeit

¹Das Berufsausbildungsverhältnis beginnt mit der Probezeit. ²Sie muss mindestens einen Monat und darf höchstens vier Monate betragen.

Die Bestimmung schreibt einen Rahmen für die Vertragsparteien vor. IdR wird die Frist von 4 Monaten ausgeschöpft, um die gegenseitige Eignung für die Berufsausbildung festzustellen. Eine Probezeit ist auch dann zulässig, wenn sich die Ausbildung an ein Arbeitsverhältnis anschließt (vgl BAG 16.12.2004, 6 AZR 127/04, EzB BBiG 1969 § 15 I Nr 28). Eine Probezeit ist auch erforderlich, wenn ein Auszubildender nach absolvierter Probezeit die Ausbildung in einem anderen Ausbildungsbetrieb fortsetzt (LAG Schl-Holst 12.8.2010, 4 Sa 120/10, nv). 1

Wenn von denselben Vertragsparteien iR einer Stufenausbildung nach Beendigung einer Stufe eine Folgestufe angeschlossen wird, kommt eine weitere Probezeit nicht in Betracht (BAG 27.11.1991, 2 AZR 263/91, EzB BBiG 1969 § 13 Nr 25). Anders wohl bei einer vorausgegangenen anderen Berufsausbildung, die außerhalb eines Stufenverhältnisses angerechnet wird. Unzulässig ist eine erneute Probezeit, wenn zu einem vorherigen Ausbildungsverhältnis derselben Vertragspartner ein derart enger Zusammenhang besteht, dass es sich sachlich um ein Berufsausbildungsverhältnis handelt. Dann ist eine teleologische Reduktion geboten (BAG 12.2.2015, 6 AZR 831/13, DB 2015, 1230). 2

Eine Verlängerung der Probezeit über 4 Monate hinaus ist unwirksam. 3

Die Ausbildungsvertragsformulare sehen – einer Empfehlung des Bundesausschusses für Berufsbildung folgend – idR eine Anpassung der Probezeit vor, wenn die Ausbildung während der Probezeit um mehr als ein 1/3 unterbrochen wird. Diese Klausel zulässig (vgl BAG 15.1.1981, 2 AZR 943/78, EzB BBiG 1969 § 13 Nr 12). 4

§ 21 Beendigung

(1) ¹Das Berufsausbildungsverhältnis endet mit dem Ablauf der Ausbildungszeit. ²Im Falle der Stufenausbildung endet es mit Ablauf der letzten Stufe.

(2) Bestehen Auszubildende vor Ablauf der Ausbildungszeit die Abschlussprüfung, so endet das Berufsausbildungsverhältnis mit Bekanntgabe des Ergebnisses durch den Prüfungsausschuss.

(3) Bestehen Auszubildende die Abschlussprüfung nicht, so verlängert sich das Berufsausbildungsverhältnis auf ihr Verlangen bis zur nächstmöglichen Wiederholungsprüfung, höchstens um ein Jahr.

Das Ausbildungsverhältnis endet als befristetes Rechtsverhältnis mit Fristablauf automatisch. Das gilt unabhängig davon, ob die Abschlussprüfung bereits stattgefunden hat (vgl BAG 13.3.2007, 9 AZR 494/06, EzB BBiG § 21 Abs 1 Nr 1). 1

Für die meisten Auszubildenden endet das Ausbildungsverhältnis mit der Bekanntgabe der bestandenen Abschlussprüfung durch den Prüfungsausschuss. 2

Wird die Abschlussprüfung nicht bestanden, kann der Auszubildende eine Verlängerung bis zur nächstmöglichen Wiederholungsprüfung verlangen. Unerheblich ist, warum die Prüfung nicht bestanden wurde, zB wegen unzureichender Leistungen, Täuschungsversuch oder Nichtteilnahme. Kann die Bekanntgabe des 3

Prüfungsergebnisses erst nach dem Ausbildungsende erfolgen und verlangt der Auszubildende die Verlängerung bis zur Bekanntgabe des Ergebnisses, kann eine Weiterbeschäftigung als Auszubildender vereinbart werden (vgl BAG 14.1.2009, 3 AZR 427/07, NZA 2009, 738).

4 Das Verlangen nach Verlängerung muss vom Auszubildenden unverzüglich geltend gemacht werden. Wird auch die 1. Wiederholungsprüfung nicht bestanden, gilt bei entspr Verlängerungsverlangen die Grenze von 1 Jahr ab dem 1. Nichtbestehen der Prüfung.

§ 22 Kündigung

(1) Während der Probezeit kann das Berufsausbildungsverhältnis jederzeit ohne Einhalten einer Kündigungsfrist gekündigt werden.
(2) Nach der Probezeit kann das Berufsausbildungsverhältnis nur gekündigt werden
1. aus einem wichtigen Grund ohne Einhalten einer Kündigungsfrist,
2. von Auszubildenden mit einer Kündigungsfrist von vier Wochen, wenn sie die Berufsausbildung aufgeben oder sich für eine andere Berufstätigkeit ausbilden lassen wollen.
(3) Die Kündigung muss schriftlich und in den Fällen des Absatzes 2 unter Angabe der Kündigungsgründe erfolgen.
(4) ¹Eine Kündigung aus einem wichtigen Grund ist unwirksam, wenn die ihr zugrunde liegenden Tatsachen dem zur Kündigung Berechtigten länger als zwei Wochen bekannt sind. ²Ist ein vorgesehenes Güteverfahren vor einer außergerichtlichen Stelle eingeleitet, so wird bis zu dessen Beendigung der Lauf dieser Frist gehemmt.

1 Nach I ist die Kdg während der Probezeit ohne Frist und ohne Angabe von Gründen möglich. Schriftform ist erforderlich. Eine Auslauffrist ist zulässig, diese darf aber nicht unangemessen lang sein. Da minderjährige Auszubildende nur beschränkt geschäftsfähig sind, wird eine Kdg nach § 131 II BGB erst wirksam, wenn sie dem gesetzlichen Vertreter zugeht (vgl BAG 8.12.2011, 6 AZR 354/10, ArbR 2011, 662).

2 Der Kündigungsschutz nach bes Bestimmungen gilt auch während der Probezeit (vgl § 9 MuSchG, § 18 BEEG, § 2 ArbPlSchG).

3 Eine Kdg vor Ausbildungsbeginn ist ordentlich entfristet möglich, wenn nichts anderes vereinbart ist (vgl BAG 17.9.1987, 2 AZR 654/86, EzB BBiG 1969 § 15 I Nr 18; vgl LAG Düsseldorf 16.9.2011, 6 Sa 909/11, NZA-RR 2012, 127).

4 II Nr 1 sieht nach der Probezeit die Möglichkeit einer außerordentlichen Kdg bei wichtigem Grund vor. Das setzt nach der Rspr voraus, dass dem Kündigenden unter Berücksichtigung aller Umstände des Einzelfalls und unter Abwägung der Interessen beider Vertragspartner und des Charakters als Erziehungsverhältnis der Ausbildung die Fortsetzung nicht zuzumuten ist. Insofern sind die Anforderungen strenger als beim Arbeitsverhältnis. Im Regelfall ist bei Gründen im Leistungs- und Verhaltensbereich eine vorherige Abmahnung unverzichtbar. Dringender Verdacht einer schwerwiegenden Pflichtverletzung kann auch im Ausbildungsverhältnis einen wichtigen Grund zur Kündigung darstellen (vgl. BAG 12.2.2015, 6 AZR 845/13, NZA 2015, 741).

5 Kurzarbeit und Insolvenz sind idR keine wichtigen Gründe.

6 Zu der Frage, ob ein wichtiger Grund vorliegt, vgl die Darstellung bei Herkert/ *Töltl* BBiG § 22 Rn 44 ff.

7 Für den Auszubildenden besteht nach II Nr 2 eine erleichterte Kdg-Möglichkeit, wenn er die Berufsausbildung aufgeben oder eine andere Ausbildung wählen will. Die Kdg-Frist beträgt 4 Wochen. Eine Kdg mit dem Ziel des Betriebswechsels ist unzulässig.

8 III schreibt die Schriftform vor und verlangt für Kdg nach II die Angabe von Gründen. Bei Verstoß gegen das Schriftformerfordernis oder bei unzureichender Angabe der Kdg-Gründe ist die Kdg nichtig (BAG 22.2.1972, 2 AZR 205/71, EzB BBiG 1969 § 15 III Nr 2).

9 Nach IV dürfen die dem wichtigen Grund zugrunde liegenden Tatsachen dem Kdg-Berechtigten nicht länger als 2 Wochen bekannt sein. Bei länger andauerndem Fehlverhalten beginnt die Frist mit der Einstellung des Fehlverhaltens. Soweit das BetrVG gilt, ist eine entspr Anhörung des BR vor der Kdg erforderlich. Andernfalls ist die Kdg unwirksam.

10 Bei einem eingeleiteten Güteverfahren ist die Frist bis zu dessen Abschluss gehemmt. IdR bestehen bei den zuständigen Kammern Schlichtungsausschüsse für Lehrlingsstreitigkeiten, die zwingend vor der Anrufung des ArbG einzuschalten sind. Existiert ein Schlichtungsausschuss der zuständigen Stelle (iSv § 111 Abs 2 ArbGG), sind auf seine Anrufung die Fristen des KSchG über die fristgebundene Klageerhebung nicht anwendbar (BAG 23.7.2015, 6 AZR 490/14, BB 2015, 2675).

§ 23 Schadensersatz bei vorzeitiger Beendigung
(1) ¹Wird das Berufsausbildungsverhältnis nach der Probezeit vorzeitig gelöst, so können Ausbildende oder Auszubildende Ersatz des Schadens verlangen, wenn die andere Person den Grund für die Auflösung zu vertreten hat. ²Dies gilt nicht im Falle des § 22 Abs. 2 Nr. 2.
(2) Der Anspruch erlischt, wenn er nicht innerhalb von drei Monaten nach Beendigung des Berufsausbildungsverhältnisses geltend gemacht wird.

Es handelt sich um den Auflösungsschaden, wenn das Ausbildungsverhältnis nach der Probezeit durch einen von einer Vertragspartei zu vertretenden Grund vorzeitig beendet wurde. Bei Schadensersatz wegen vorzeitiger Auflösung eines Berufsausbildungsverhältnisses kann nur der konkrete »Verfrühungsschaden« verlangt werden. Das kann auch ein Verdienstausfall sein, der aber begrenzt ist auf den Zeitraum der konkreten Verlängerung der Ausbildung (vgl LAG Hess 2.3.2011, 18 Sa 1203/10, nv). Die Ausschlussfrist beträgt 3 Monate.

§ 24 Weiterarbeit
Werden Auszubildende im Anschluss an das Berufsausbildungsverhältnis beschäftigt, ohne dass hierüber ausdrücklich etwas vereinbart worden ist, so gilt ein Arbeitsverhältnis auf unbestimmte Zeit als begründet.

Es besteht grds kein Anspruch auf Weiterbeschäftigung nach der Ausbildung. Das Entstehen eines Arbeitsverhältnisses setzt neben der Weiterbeschäftigung voraus, dass dies mit Wissen und Wollen des AG geschieht. Eine heimliche Betätigung reicht nicht aus. Erhält der AG Kenntnis von der Tätigkeit, muss er unverzüglich widersprechen. Wenn Ausbildungsbetrieb und Auszubildender bei Auseinanderfallen von Ausbildungsende und Bekanntgabe des Prüfungsergebnisses eine Fortsetzung der Ausbildung für diese Zeit vereinbaren, entsteht dadurch kein unbefristetes Beschäftigungsverhältnis (BAG 14.1.2009, 3 AZR 427/07, NZA 2009, 738).
Teilweise sehen TV (befristete) Weiterbeschäftigungsansprüche vor.

§ 25 Unabdingbarkeit
Eine Vereinbarung, die zuungunsten Auszubildender von den Vorschriften dieses Teils des Gesetzes abweicht, ist nichtig.

Gemeint sind die §§ 10–24; von ihnen darf zwar zugunsten, nicht aber zuungunsten des Auszubildenden abgewichen werden. Das gilt sowohl für Einzelvereinbarungen wie auch für TV und BV.

§ 26 Andere Vertragsverhältnisse
Soweit nicht ein Arbeitsverhältnis vereinbart ist, gelten für Personen, die eingestellt werden, um berufliche Fertigkeiten, Kenntnisse, Fähigkeiten oder berufliche Erfahrungen zu erwerben, ohne dass es sich um eine Berufsausbildung im Sinne dieses Gesetzes handelt, die §§ 10 bis 23 und 25 mit der Maßgabe, dass die gesetzliche Probezeit abgekürzt, auf die Vertragsniederschrift verzichtet und bei vorzeitiger Lösung des Vertragsverhältnisses nach Ablauf der Probezeit abweichend von § 23 Abs. 1 Satz 1 Schadensersatz nicht verlangt werden kann.

Die Bestimmung zielt auf den Personenkreis der Anlernlinge, Volontäre und Praktikanten, ferner auf Personen in der Berufsausbildungsvorbereitung und bei der Einstiegsqualifizierung. Nicht hierunter fallen Personen in Fortbildung, Umschulung oder Schüler und studentische Praktikanten.
Auf Praktikanten iSv § 26 ist das MiLoG anwendbar, es sei denn, dass sie ein Praktikum verpflichtend auf Grund einer schulrechtlichen Bestimmung, einer Ausbildungsordnung, einer hochschulrechtlichen Bestimmung oder im Rahmen einer Ausbildung an einer gesetzlich geregelten Berufsakademie leisten, ein Praktikum von bis zu drei Monaten zur Orientierung für eine Berufsausbildung oder für die Aufnahme eines Studiums leisten, ein Praktikum von bis zu drei Monaten begleitend zu einer Berufs- oder Hochschulausbildung leisten, wenn nicht zuvor ein solches Praktikumsverhältnis mit demselben Ausbildenden bestanden hat, oder an einer Einstiegsqualifizierung nach § 54a SGB III oder an einer Berufsausbildungsvorbereitung nach §§ 68-70 BBiG teilnehmen.

§ 27 Eignung der Ausbildungsstätte

(1) Auszubildende dürfen nur eingestellt und ausgebildet werden, wenn
1. die Ausbildungsstätte nach Art und Einrichtung für die Berufsausbildung geeignet ist und
2. die Zahl der Auszubildenden in einem angemessenen Verhältnis zur Zahl der Ausbildungsplätze oder zur Zahl der beschäftigten Fachkräfte steht, es sei denn, dass anderenfalls die Berufsausbildung nicht gefährdet wird.

(2) Eine Ausbildungsstätte, in der die erforderlichen beruflichen Fertigkeiten, Kenntnisse und Fähigkeiten nicht im vollen Umfang vermittelt werden können, gilt als geeignet, wenn diese durch Ausbildungsmaßnahmen außerhalb der Ausbildungsstätte vermittelt werden.

(3) ¹Eine Ausbildungsstätte ist nach Art und Einrichtung für die Berufsausbildung in Berufen der Landwirtschaft, einschließlich der ländlichen Hauswirtschaft, nur geeignet, wenn sie von der nach Landesrecht zuständigen Behörde als Ausbildungsstätte anerkannt ist. ²Das Bundesministerium für Ernährung und Landwirtschaft kann im Einvernehmen mit dem Bundesministerium für Bildung und Forschung nach Anhörung des Hauptausschusses des Bundesinstituts für Berufsbildung durch Rechtsverordnung, die nicht der Zustimmung des Bundesrates bedarf, Mindestanforderungen für die Größe, die Einrichtung und den Bewirtschaftungszustand der Ausbildungsstätte festsetzen.

(4) ¹Eine Ausbildungsstätte ist nach Art und Einrichtung für die Berufsausbildung in Berufen der Hauswirtschaft nur geeignet, wenn sie von der nach Landesrecht zuständigen Behörde als Ausbildungsstätte anerkannt ist. ²Das Bundesministerium für Wirtschaft und Energie kann im Einvernehmen mit dem Bundesministerium für Bildung und Forschung nach Anhörung des Hauptausschusses des Bundesinstituts für Berufsbildung durch Rechtsverordnung, die nicht der Zustimmung des Bundesrates bedarf, Mindestanforderungen für die Größe, die Einrichtung und den Bewirtschaftungszustand der Ausbildungsstätte festsetzen.

1 I sieht vor, dass die Ausbildungsstätte von der Funktion her für die Berufsausbildung tauglich ist für den jeweiligen Ausbildungsberuf. Räume und Ausstattung müssen für die Vermittlung der in der Ausbildungsordnung vorgesehenen Kenntnisse und Fertigkeiten geeignet sein. Dabei muss ein angemessenes Verhältnis von Fachkräften zu Auszubildenden bestehen, damit die Berufsausbildung nicht gefährdet wird. IdR sollen je Auszubildendem 1–2 Fachkräfte vorhanden sein. Kriterien enthält eine Empfehlung des Hauptausschusses des Bundesinstituts für Berufsbildung (vgl BAnz AT v. 25.1.2016, S 2).

2 Nach II können Ausbildungsinhalte auch außerhalb der Ausbildungsstätte vermittelt werden mit dem Ziel, durch diese Ergänzung die erforderlichen Fertigkeiten, Kenntnisse und Fähigkeiten vollumfänglich zu vermitteln. Die ergänzenden Ausbildungsmaßnahmen sind im Ausbildungsvertrag zu vereinbaren.

3 Besonderheiten gelten für die Eignung in der Landwirtschaft und der Hauswirtschaft.

§ 28 Eignung von Ausbildenden und Ausbildern oder Ausbilderinnen

(1) ¹Auszubildende darf nur einstellen, wer persönlich geeignet ist. ²Auszubildende darf nur ausbilden, wer persönlich und fachlich geeignet ist.

(2) Wer fachlich nicht geeignet ist oder wer nicht selbst ausbildet, darf Auszubildende nur dann einstellen, wenn er persönlich und fachlich geeignete Ausbilder oder Ausbilderinnen bestellt, die die Ausbildungsinhalte in der Ausbildungsstätte unmittelbar, verantwortlich und in wesentlichem Umfang vermitteln.

(3) Unter der Verantwortung des Ausbilders oder der Ausbilderin kann bei der Berufsausbildung mitwirken, wer selbst nicht Ausbilder oder Ausbilderin ist, aber abweichend von den besonderen Voraussetzungen des § 30 die für die Vermittlung von Ausbildungsinhalten erforderlichen beruflichen Fertigkeiten, Kenntnisse und Fähigkeiten besitzt und persönlich geeignet ist.

1 Unter Einstellung wird die Aufnahme in die Ausbildungsstätte verstanden. Dafür wird die persönliche Eignung vorausgesetzt. Einstellen kann auch bei einer juristischen Person nur eine für diese handelnde natürliche Person. Dies wird idR das verantwortliche Mitglied der Geschäftsführung sein. Ein Betriebsinhaber kann, ohne selbst auszubilden, Auszubildende einstellen, wenn er persönlich und fachlich geeignete Ausbilder bestellt. Ausbildung bedeutet demgzufolge die verantwortliche Durchführung der Berufsausbildung.

2 Neben dem Ausbilder kann unter seiner Verantwortung die Mitwirkung von ausbildenden Fachkräften oder Ausbildungsbeauftragten im Ausbildungsprozess erfolgen. Diese müssen nicht alle Voraussetzungen fachlicher Eignung erfüllen, aber persönlich geeignet sein.

§ 29 Persönliche Eignung
Persönlich nicht geeignet ist insbesondere, wer
1. Kinder und Jugendliche nicht beschäftigen darf oder
2. wiederholt oder schwer gegen dieses Gesetz oder die auf Grund dieses Gesetzes erlassenen Vorschriften und Bestimmungen verstoßen hat.

Die persönliche Eignung erfolgt in negativer Abgrenzung. Kinder und Jugendliche darf insb nicht beschäftigen, wem dies nach § 25 JArbSchG verboten ist. 1

Wiederholte oder schwere Verstöße sind wegen der einschneidenden Wirkung nur solche von schwerwiegender Bedeutung mit hohem Unrechtsgehalt. 2

§ 30 Fachliche Eignung
(1) Fachlich geeignet ist, wer die beruflichen sowie die berufs- und arbeitspädagogischen Fertigkeiten, Kenntnisse und Fähigkeiten besitzt, die für die Vermittlung der Ausbildungsinhalte erforderlich sind.
(2) Die erforderlichen beruflichen Fertigkeiten, Kenntnisse und Fähigkeiten besitzt, wer
1. die Abschlussprüfung in einer dem Ausbildungsberuf entsprechenden Fachrichtung bestanden hat,
2. eine anerkannte Prüfung an einer Ausbildungsstätte oder vor einer Prüfungsbehörde oder eine Abschlussprüfung an einer staatlichen oder staatlich anerkannten Schule in einer dem Ausbildungsberuf entsprechenden Fachrichtung bestanden hat,
3. eine Abschlussprüfung an einer deutschen Hochschule in einer dem Ausbildungsberuf entsprechenden Fachrichtung bestanden hat oder
4. im Ausland einen Bildungsabschluss in einer dem Ausbildungsberuf entsprechenden Fachrichtung erworben hat, dessen Gleichwertigkeit nach dem Berufsqualifikationsfeststellungsgesetz oder anderen rechtlichen Regelungen festgestellt worden ist

und eine angemessene Zeit in seinem Beruf praktisch tätig gewesen ist.
(3) Das Bundesministerium für Wirtschaft und Energie oder das sonst zuständige Fachministerium kann im Einvernehmen mit dem Bundesministerium für Bildung und Forschung nach Anhörung des Hauptausschusses des Bundesinstituts für Berufsbildung durch Rechtsverordnung, die nicht der Zustimmung des Bundesrates bedarf, in den Fällen des Absatzes 2 Nr. 2 bestimmen, welche Prüfungen für welche Ausbildungsberufe anerkannt werden.
(4) Das Bundesministerium für Wirtschaft und Energie oder das sonst zuständige Fachministerium kann im Einvernehmen mit dem Bundesministerium für Bildung und Forschung nach Anhörung des Hauptausschusses des Bundesinstituts für Berufsbildung durch Rechtsverordnung, die nicht der Zustimmung des Bundesrates bedarf, für einzelne Ausbildungsberufe bestimmen, dass abweichend von Absatz 2 die für die fachliche Eignung erforderlichen beruflichen Fertigkeiten, Kenntnisse und Fähigkeiten nur besitzt, wer
1. die Voraussetzungen des Absatzes 2 Nr. 2 oder 3 erfüllt und eine angemessene Zeit in seinem Beruf praktisch tätig gewesen ist oder
2. die Voraussetzungen des Absatzes 2 Nr. 3 erfüllt und eine angemessene Zeit in seinem Beruf praktisch tätig gewesen ist oder
3. für die Ausübung eines freien Berufes zugelassen oder in ein öffentliches Amt bestellt ist.
(5) ¹Das Bundesministerium für Bildung und Forschung kann nach Anhörung des Hauptausschusses des Bundesinstituts für Berufsbildung durch Rechtsverordnung, die nicht der Zustimmung des Bundesrates bedarf, bestimmen, dass der Erwerb berufs- und arbeitspädagogischer Fertigkeiten, Kenntnisse und Fähigkeiten gesondert nachzuweisen ist. ²Dabei können Inhalt, Umfang und Abschluss der Maßnahmen für den Nachweis geregelt werden.
(6) Die nach Landesrecht zuständige Behörde kann Personen, die die Voraussetzungen des Absatzes 2, 4 oder 5 nicht erfüllen, die fachliche Eignung nach Anhörung der zuständigen Stelle widerruflich zuerkennen.

Die fachliche Eignung setzt sich aus der berufsfachlichen Eignung und der berufs- und arbeitspädagogischen Eignung zusammen. Die fachliche Eignung wird idR durch die im Ausbildungsberuf bestandene Abschlussprüfung erworben. Möglich sind auch andere anerkannte Prüfungen, die aber einschlägig sein müssen, sowie Hochschulprüfungen, wenn entspr Praxiszeit hinzukommt. 1

Das BMBF kann für den Erwerb der berufs- und arbeitspädagogischen Eignung gesonderte Nachweispflichten regeln. Dies ist in Form der Ausbildereignungs-VO (AEVO) geschehen. Die 2003 eingefügte Befreiung von der Nachweispflicht endete lt VO vom 14.5.2008 (BGBl I S 854) am 31.7.2009, sodass bei 2 ab dem 1.8.2009 beginnenden Ausbildungsverhältnissen die Nachweispflicht wieder besteht. Die AEVO vom 21.1.2009 (BGBl I S 88) sieht eine Besitzstandswahrung für Personen vor, die während der Aussetzung der AEVO ohne Beanstandung ausgebildet haben (vgl § 7 AEVO).

3 Die nach Landesrecht zuständige Behörde kann bei Personen, die entspr Nachweise nicht haben, aber aufgrund begründeter Annahme die fraglichen Kenntnisse, Fertigkeiten und Fähigkeiten besitzen, durch VA die fachliche Eignung widerruflich erteilen.

§ 31 Europaklausel
(1) ¹In den Fällen des § 30 Abs. 2 und 4 besitzt die für die fachliche Eignung erforderlichen beruflichen Fertigkeiten, Kenntnisse und Fähigkeiten auch, wer die Voraussetzungen für die Anerkennung seiner Berufsqualifikation nach der Richtlinie 2005/36/EG des Europäischen Parlaments und des Rates vom 7.9.2005 über die Anerkennung von Berufsqualifikationen (ABl. EU Nr. L 255 S. 22) erfüllt, sofern er eine angemessene Zeit in seinem Beruf praktisch tätig gewesen ist. ²§ 30 Abs. 4 Nr. 3 bleibt unberührt.
(2) Die Anerkennung kann unter den in Artikel 14 der in Absatz 1 genannten Richtlinie aufgeführten Voraussetzungen davon abhängig gemacht werden, dass der Antragsteller oder die Antragstellerin zunächst einen höchstens dreijährigen Anpassungslehrgang ableistet oder eine Eignungsprüfung ablegt.
(3) ¹Die Entscheidung über die Anerkennung trifft die zuständige Stelle. ²Sie kann die Durchführung von Anpassungslehrgängen und Eignungsprüfungen regeln.

1 Die Europaklausel dient der Umsetzung von EG-Anerkennungs-RL. Dabei geht es um die Anerkennung von ausländischen Abschlüssen in reglementierten Berufen, die als Zugangsvoraussetzung für die Berufsausübung vorgeschrieben sind, zB in Gesundheitsberufen. Sie ist aber auch für die fachliche Eignung oder bei der Zulassung zur Abschlussprüfung (vgl § 45 II) zu beachten.

§ 31a Sonstige ausländische Vorqualifikationen
In den Fällen des § 30 Absatz 2 und 4 besitzt die für die fachliche Eignung erforderlichen Fertigkeiten, Kenntnisse und Fähigkeiten, wer die Voraussetzungen von § 2 Absatz 1 in Verbindung mit § 9 des Berufsqualifikationsfeststellungsgesetzes erfüllt und nicht in einem anderen Mitgliedstaat der Europäischen Union oder einem anderen Vertragsstaat des Europäischen Wirtschaftsraums oder der Schweiz seinen Befähigungsnachweis erworben hat, sofern er eine angemessene Zeit in seinem Beruf praktisch tätig gewesen ist. § 30 Absatz 4 Nummer 3 bleibt unberührt.

1 Die Bestimmung stellt klar, dass die fachliche Eignung auch bei Personen vorliegt, deren ausländische Berufsqualifikation aufgrund des BQFG als gleichwertig festgestellt worden ist.

§ 32 Überwachung der Eignung
(1) Die zuständige Stelle hat darüber zu wachen, dass die Eignung der Ausbildungsstätte sowie die persönliche und fachliche Eignung vorliegen.
(2) ¹Werden Mängel der Eignung festgestellt, so hat die zuständige Stelle, falls der Mangel zu beheben und eine Gefährdung Auszubildender nicht zu erwarten ist, Ausbildende aufzufordern, innerhalb einer von ihr gesetzten Frist den Mangel zu beseitigen. ²Ist der Mangel der Eignung nicht zu beheben oder ist eine Gefährdung Auszubildender zu erwarten oder wird der Mangel nicht innerhalb der gesetzten Frist beseitigt, so hat die zuständige Stelle dies der nach Landesrecht zuständigen Behörde mitzuteilen.

1 Die Überwachungspflicht ist eine Konkretisierung der allg Überwachungsregelung nach § 76 und erstreckt sich auf alle Ausbildungsverhältnisse im räumlichen und fachlichen Zuständigkeitsbereich der zuständigen Stelle. Sie währt über die gesamte Ausbildungsdauer. Damit korrespondiert die Pflicht, mit allen geeigneten Mitteln dafür zu sorgen, dass die Eignungsanforderungen eingehalten werden.
2 Festgestellte, behebbare Mängel sind abzumahnen und unter Fristsetzung abstellen zu lassen. In den anderen Fällen wird die landesgesetzlich zuständige Behörde eingeschaltet.

§ 33 Untersagung des Einstellens und Ausbildens
(1) Die nach Landesrecht zuständige Behörde kann für eine bestimmte Ausbildungsstätte das Einstellen und Ausbilden untersagen, wenn die Voraussetzungen nach § 27 nicht oder nicht mehr vorliegen.
(2) Die nach Landesrecht zuständige Behörde hat das Einstellen und Ausbilden zu untersagen, wenn die persönliche oder fachliche Eignung nicht oder nicht mehr vorliegt.

(3) ¹Vor der Untersagung sind die Beteiligten und die zuständige Stelle zu hören. ²Dies gilt nicht im Falle des § 29 Nr. 1.

Während es sich bei I um eine Ermessensentsch handelt, sieht II eine gebundene Entsch vor. Eine schematische Untersagung nach einer einschlägigen strafrechtlichen Verurteilung verbietet sich. Notwendig ist im Einzelfall eine Überprüfung, inwieweit eine Verfehlung den Verlust der Eignung bewirkt und über welchen Zeitraum sich der Mangel erfahrungsgemäß erstreckt. 1

Die Anhörung betrifft die Beteiligten und die zuständige Stelle. Beteiligte sind die unmittelbar Betroffenen, also Ausbildender, Ausbilder und Auszubildende, deren Ausbildungsplätze entfallen würden. 2

Die Untersagung ist ein Dauer-VA. Zuwiderhandlungen trotz Untersagung stellen eine Ordnungswidrigkeit dar (§ 102 I Nr 6). 3

Bei Gefährdung von Auszubildenden ist sofortige Vollziehung in Betracht zu ziehen. 4

§ 34 Einrichten, Führen

(1) ¹Die zuständige Stelle hat für anerkannte Ausbildungsberufe ein Verzeichnis der Berufsausbildungsverhältnisse einzurichten und zu führen, in das der Berufsausbildungsvertrag einzutragen ist. ²Die Eintragung ist für Auszubildende gebührenfrei.

(2) Die Eintragung umfasst für jedes Berufsausbildungsverhältnis
1. Name, Vorname, Geburtsdatum, Anschrift der Auszubildenden;
2. Geschlecht, Staatsangehörigkeit, allgemein bildender Schulabschluss, vorausgegangene Teilnahme an berufsvorbereitender Qualifizierung oder beruflicher Grundbildung, berufliche Vorbildung;
3. erforderlichenfalls Name, Vorname und Anschrift der gesetzlichen Vertreter oder Vertreterinnen;
4. Ausbildungsberuf einschließlich Fachrichtung;
5. Datum des Abschlusses des Ausbildungsvertrages, Ausbildungsdauer, Dauer der Probezeit;
6. Datum des Beginns der Berufsausbildung;
7. Art der Förderung bei überwiegend öffentlich, insbesondere auf Grund des Dritten Buches Sozialgesetzbuch geförderten Berufsausbildungsverhältnissen;
8. Name und Anschrift der Ausbildenden, Anschrift der Ausbildungsstätte, Wirtschaftszweig, Zugehörigkeit zum öffentlichen Dienst;
9. Name, Vorname, Geschlecht und Art der fachlichen Eignung der Ausbilder und Ausbilderinnen.

Zweck des Verzeichnisses ist die Beratung der Ausbildungsbeteiligten und die Überwachung der Ausbildung sowie die Organisation und Durchführung der entspr Zwischen- und Abschlussprüfungen. Damit die zuständige Stelle ihre Aufgaben wahrnehmen kann, sind ihr die Niederschriften von Ausbildungsverträgen zu übermitteln. Gleiches gilt für wesentliche Änderungen bestehender Berufsausbildungsverträge. 1

Das Führen des Verzeichnisses beinhaltet die Vornahme der erforderlichen Eintragungen, Änderungen und Löschungen. 2

Für den Auszubildenden ist Gebührenfreiheit vorgeschrieben. Zulässig und üblich sind Gebühren für den Ausbildenden. Sie werden in Gebührenordnungen und -tarifen der zuständigen Stellen geregelt. 3

§ 35 Eintragen, Ändern, Löschen

(1) Ein Berufsausbildungsvertrag und Änderungen seines wesentlichen Inhalts sind in das Verzeichnis einzutragen, wenn
1. der Berufsausbildungsvertrag diesem Gesetz und der Ausbildungsordnung entspricht,
2. die persönliche und fachliche Eignung sowie die Eignung der Ausbildungsstätte für das Einstellen und Ausbilden vorliegen und
3. für Auszubildende unter 18 Jahren die ärztliche Bescheinigung über die Erstuntersuchung nach § 32 Abs. 1 des Jugendarbeitsschutzgesetzes zur Einsicht vorgelegt wird.

(2) ¹Die Eintragung ist abzulehnen oder zu löschen, wenn die Eintragungsvoraussetzungen nicht vorliegen und der Mangel nicht nach § 32 Abs. 2 behoben wird. ²Die Eintragung ist ferner zu löschen, wenn die ärztliche Bescheinigung über die 1. Nachuntersuchung nach § 33 Abs. 1 des Jugendarbeitsschutzgesetzes nicht spätestens am Tage der Anmeldung der Auszubildenden zur Zwischenprüfung oder zum 1. Teil der Abschlussprüfung zur Einsicht vorgelegt und der Mangel nicht nach § 32 Abs. 2 behoben wird.

(3) ¹Die nach § 34 Abs. 2 Nr. 1, 4, 6 und 8 erhobenen Daten dürfen zur Verbesserung der Ausbildungsvermittlung, zur Verbesserung der Zuverlässigkeit und Aktualität der Ausbildungsvermittlungsstatistik sowie zur Verbesserung der Feststellung von Angebot und Nachfrage auf dem Ausbildungsmarkt an die

Bundesagentur für Arbeit übermittelt werden. ²Bei der Datenübermittlung sind dem jeweiligen Stand der Technik entsprechende Maßnahmen zur Sicherstellung von Datenschutz und Datensicherheit zu treffen, die insbesondere die Vertraulichkeit, Unversehrtheit und Zurechenbarkeit der Daten gewährleisten.

1 Voraussetzung für die Eintragung des Vertragsinhaltes ist die Rechtmäßigkeit des Vertrages. Maßstab sind insb die Bestimmungen des BBiG, die Ausbildungsordnung mit sachlicher und zeitlicher Gliederung der Berufsausbildung, die Angemessenheit der Ausbildungsvergütung, die Eignung von Personal und Ausbildungsstätte und bei Minderjährigen die Erstuntersuchung nach JArbSchG. Der gleiche Maßstab gilt für Vertragsänderungen.
2 Die zuständigen Stellen halten idR Vertragsvordrucke bereit, die alle gesetzlichen Mindestangaben enthalten. Sie dienen auch der Rechtssicherheit und Verwaltungserleichterung. Die Verwendung bestimmter Muster kann aber nicht verbindlich vorgeschrieben werden.
3 Die Eintragung muss abgelehnt werden, wenn die Eintragungsvoraussetzungen, ggf nach Aufforderung mit Fristsetzung, nicht vorliegen. Unter bestimmten Voraussetzungen sind auch bereits erfolgte Eintragungen zu löschen.
4 Eintragung und Ablehnung sowie Löschung sind VA.

§ 36 Antrag und Mitteilungspflichten

(1) ¹Ausbildende haben unverzüglich nach Abschluss des Berufsausbildungsvertrages die Eintragung in das Verzeichnis zu beantragen. ²Der Antrag kann schriftlich oder elektronisch gestellt werden; eine Kopie der Vertragsniederschrift ist jeweils beizufügen. ³Auf einen betrieblichen Ausbildungsplan im Sinne von § 11 Absatz 1 Satz 2 Nummer 1, der der zuständigen Stelle bereits vorliegt, kann dabei Bezug genommen werden. ⁴Entsprechendes gilt bei Änderungen des wesentlichen Vertragsinhalts.
(2) Ausbildende und Auszubildende sind verpflichtet, den zuständigen Stellen die zur Eintragung nach § 34 erforderlichen Tatsachen auf Verlangen mitzuteilen.

1 Damit die zuständige Stelle ihre Überprüfung vornehmen kann, müssen Ausbildende unverzüglich nach Vertragsabschluss die Eintragung beantragen und den Ausbildungsvertrag beifügen. Ausreichend ist die Beifügung einer Vertragskopie. Elektronische Antragstellung ist möglich. Da der Vertrag vor Beginn der Ausbildung schriftlich niederzulegen ist (vgl § 11 I 1), kann die Überprüfung frühzeitig erfolgen und Rechtsklarheit erreicht werden. Verstöße gegen die rechtzeitige Beantragung stellen Ordnungswidrigkeiten dar (vgl § 102 Abs I Nr 7).
2 Bei Vorliegen der Voraussetzungen besteht ein Rechtsanspruch auf Eintragung. Klageberechtigt sind Ausbildender und Auszubildender.
3 Die Anzeigepflicht zur Vorbildung dient der Überprüfung von Anrechnungspflichten oder -möglichkeiten. Die Ausbilderbestellung dient zur kontinuierlichen Überprüfungsmöglichkeit des verantwortlichen Ausbildungspersonals.

§ 37 Abschlussprüfung

(1) ¹In den anerkannten Ausbildungsberufen sind Abschlussprüfungen durchzuführen. ²Die Abschlussprüfung kann im Falle des Nichtbestehens zweimal wiederholt werden. ³Sofern die Abschlussprüfung in zwei zeitlich auseinander fallenden Teilen durchgeführt wird, ist der erste Teil der Abschlussprüfung nicht eigenständig wiederholbar.
(2) ¹Dem Prüfling ist ein Zeugnis auszustellen. ²Ausbildenden werden auf deren Verlangen die Ergebnisse der Abschlussprüfung der Auszubildenden übermittelt. ³Sofern die Abschlussprüfung in zwei zeitlich auseinander fallenden Teilen durchgeführt wird, ist das Ergebnis der Prüfungsleistungen im ersten Teil der Abschlussprüfung dem Prüfling schriftlich mitzuteilen.
(3) ¹Dem Zeugnis ist auf Antrag der Auszubildenden eine englischsprachige und eine französischsprachige Übersetzung beizufügen. ²Auf Antrag der Auszubildenden kann das Ergebnis berufsschulischer Leistungsfeststellungen auf dem Zeugnis ausgewiesen werden.
(4) Die Abschlussprüfung ist für Auszubildende gebührenfrei.

1 IdR schließt die Berufsausbildung mit der Abschlussprüfung ab. Die zuständige Stelle ist verpflichtet, die Vorbereitung, Zulassung, Abnahme und Nachbereitung zu organisieren.
2 Bei Nichtbestehen ist 2-malige Wiederholung möglich. Eine Wiederholung einer bestandenen Prüfung zur Notenverbesserung ist nicht möglich.

Das Zeugnis wird für den Prüfling von der zuständigen Stelle ausgestellt. Der Ausbildungsbetrieb erhält auf Verlangen eine Mitteilung über die Ergebnisse, da er an dem Prozess der Ausbildung wesentlichen Anteil hat und dies der Rückkoppelung für seine weitere Ausbildung dient. Das gilt auch für die Ergebnisse von Zwischenprüfungen (vgl § 48 I 2). Das Zeugnis der zuständigen Stelle ist ein VA ggü dem Prüfling. Zur Verbesserung der Mobilität ist vorgesehen, dass auszubildende Zeugnisübersetzungen in Englisch und Französisch beantragen können. 3

Auf Verlangen kann die zuständige Stelle das Ergebnis der Berufsschulleistungen auf dem Abschlusszeugnis ausweisen. Wird auf dem Zeugnis nach entspr Antrag das Ergebnis berufsschulischer Leistungen aufgenommen, handelt es sich dabei um eine Übernahme der von der Berufsschule übermittelten Note. Rechtsbehelfe gegen Berufsschulleistungen sind nur unmittelbar gegen das Berufsschulzeugnis bzw die ausstellende Berufsschule möglich, also nicht ggü der zuständigen Stelle. Auf Antrag können Übersetzungen in englischer und französischer Sprache verlangt werden. 4

Gebührenfreiheit gilt für Auszubildende, von Ausbildenden können Gebühren verlangt werden. 5

§ 38 Prüfungsgegenstand
¹Durch die Abschlussprüfung ist festzustellen, ob der Prüfling die berufliche Handlungsfähigkeit erworben hat. ²In ihr soll der Prüfling nachweisen, dass er die erforderlichen beruflichen Fertigkeiten beherrscht, die notwendigen beruflichen Kenntnisse und Fähigkeiten besitzt und mit dem im Berufsschulunterricht zu vermittelnden, für die Berufsausbildung wesentlichen Lehrstoff vertraut ist. ³Die Ausbildungsordnung ist zugrunde zu legen.

Zweck der Abschlussprüfung ist die Feststellung, ob berufliche Handlungsfähigkeit vorliegt. Maßgeblicher Prüfungsstoff sind die in der Ausbildungsordnung niedergelegten Prüfungsanforderungen nach Inhalt, Umfang und Schwierigkeitsgrad. Unerheblich ist, inwieweit der Stoff tatsächlich vermittelt worden ist. Entscheidend sind objektive Maßstäbe, wie sie in der Ausbildungsordnung festgelegt sind. 1

§ 39 Prüfungsausschüsse
(1) ¹Für die Abnahme der Abschlussprüfung errichtet die zuständige Stelle Prüfungsausschüsse. ²Mehrere zuständige Stellen können bei einer von ihnen gemeinsame Prüfungsausschüsse errichten.
(2) Der Prüfungsausschuss kann zur Bewertung einzelner, nicht mündlich zu erbringender Prüfungsleistungen gutachterliche Stellungnahmen Dritter, insbesondere berufsbildender Schulen, einholen.
(3) Im Rahmen der Begutachtung nach Absatz 2 sind die wesentlichen Abläufe zu dokumentieren und die für die Bewertung erheblichen Tatsachen festzuhalten.

Die zuständige Stelle errichtet Prüfungsausschüsse für die jeweiligen Ausbildungsberufe und organisiert den Prüfungsablauf. Aus Gründen der Zweckmäßigkeit, zB bei kleineren Prüflingszahlen, können mehrere Stellen gemeinsame Prüfungsausschüsse bei einer Stelle errichten. Aufgabe der Prüfungsausschüsse ist die Abnahme der Prüfungen unter Beachtung der Prüfungs- und Ausbildungsordnung. Die Ausschüsse sind unselbstständige Organe der zuständigen Stelle zur Ermittlung und Bewertung der Prüfungsleistungen. Anfechtungsgegner ist die zuständige Stelle als Verwaltungsbehörde (vgl BVerwG 20.7.1984, 7 C 28.83, EzB VwGO § 68 Nr 8). 1

Für die Begutachtung von einzelnen Prüfungsleistungen, nicht bei mündlichen Leistungen, kann die Einschaltung von Dritten erfolgen. Die Abläufe und Tatsachen sind dann zur Nachvollziehbarkeit zu dokumentieren. 2

§ 40 Zusammensetzung, Berufung
(1) ¹Der Prüfungsausschuss besteht aus mindestens drei Mitgliedern. ²Die Mitglieder müssen für die Prüfungsgebiete sachkundig und für die Mitwirkung im Prüfungswesen geeignet sein.
(2) ¹Dem Prüfungsausschuss müssen als Mitglieder Beauftragte der Arbeitgeber und der Arbeitnehmer in gleicher Zahl sowie mindestens eine Lehrkraft einer berufsbildenden Schule angehören. ²Mindestens zwei Drittel der Gesamtzahl der Mitglieder müssen Beauftragte der Arbeitgeber und der Arbeitnehmer sein. ³Die Mitglieder haben Stellvertreter oder Stellvertreterinnen.
(3) ¹Die Mitglieder werden von der zuständigen Stelle längstens für fünf Jahre berufen. ²Die Beauftragten der Arbeitnehmer werden auf Vorschlag der im Bezirk der zuständigen Stelle bestehenden Gewerkschaften und selbständigen Vereinigungen von Arbeitnehmern mit sozial- oder berufspolitischer Zwecksetzung berufen. ³Die Lehrkraft einer berufsbildenden Schule wird im Einvernehmen mit

der Schulaufsichtsbehörde oder der von ihr bestimmten Stelle berufen. ⁴Werden Mitglieder nicht oder nicht in ausreichender Zahl innerhalb einer von der zuständigen Stelle gesetzten angemessenen Frist vorgeschlagen, so beruft die zuständige Stelle insoweit nach pflichtgemäßem Ermessen. ⁵Die Mitglieder der Prüfungsausschüsse können nach Anhören der an ihrer Berufung Beteiligten aus wichtigem Grund abberufen werden. ⁶Die Sätze 1 bis 5 gelten für die stellvertretenden Mitglieder entsprechend.
(4) ¹Die Tätigkeit im Prüfungsausschuss ist ehrenamtlich. ²Für bare Auslagen und für Zeitversäumnis ist, soweit eine Entschädigung nicht von anderer Seite gewährt wird, eine angemessene Entschädigung zu zahlen, deren Höhe von der zuständigen Stelle mit Genehmigung der obersten Landesbehörde festgesetzt wird.
(5) Von Absatz 2 darf nur abgewichen werden, wenn anderenfalls die erforderliche Zahl von Mitgliedern des Prüfungsausschusses nicht berufen werden kann.

1 Die Mindestgröße des Prüfungsausschusses beträgt 3 Mitglieder und ergibt sich infolge der Zusammensetzung aus AG-, AN- und Lehrervertretern. Voraussetzung für die Mitwirkung sind Sachkunde und Eignung für die Mitwirkung im Prüfungswesen; dies ist von der zuständigen Stelle iRd Berufung des Prüfungsausschusses zu überprüfen.
2 Die Berufung begründet ein öffentl-rechtliches Auftragsverhältnis zwischen Prüfer und zuständiger Stelle. Es handelt sich um eine ehrenamtliche Tätigkeit, die Entschädigung wird von der zuständigen Stelle festgesetzt. Die Berufungsdauer von längstens 5 Jahren schließt eine Wiederberufung nicht aus.
3 Die zuständige Stelle hat bei der Berufung bzgl der AN-Vertreter Vorschlagsrechte zu beachten. Lehrervertreter werden im Einvernehmen mit der Schulaufsicht berufen. Abweichungen von der vorgeschriebenen Zusammensetzung sind nur zulässig, wenn anderenfalls die erforderliche Prüferzahl nicht zusammenkäme.

§ 41 Vorsitz, Beschlussfähigkeit, Abstimmung
(1) ¹Der Prüfungsausschuss wählt ein Mitglied, das den Vorsitz führt, und ein weiteres Mitglied, das den Vorsitz stellvertretend übernimmt. ²Der Vorsitz und das ihn stellvertretende Mitglied sollen nicht derselben Mitgliedergruppe angehören.
(2) ¹Der Prüfungsausschuss ist beschlussfähig, wenn zwei Drittel der Mitglieder, mindestens drei, mitwirken. ²Er beschließt mit der Mehrheit der abgegebenen Stimmen. ³Bei Stimmengleichheit gibt die Stimme des vorsitzenden Mitglieds den Ausschlag.

1 Weitere Einzelheiten zum Prüfungsverfahren enthalten die von den zuständigen Stellen zu erlassenden Prüfungsordnungen (vgl § 47).
2 Beschlussfähig ist der Prüfungsausschuss, wenn mind 2/3 der Mitglieder mitwirken. Da die Mindestzahl dabei 3 beträgt, ist bei Dreierausschüssen die Anwesenheit aller Mitglieder erforderlich. Damit die Handlungsfähigkeit des Prüfungsausschusses gegeben ist, wird auf Stellvertreter zurückgegriffen.

§ 42 Beschlussfassung, Bewertung der Abschlussprüfung
(1) Beschlüsse über die Noten zur Bewertung einzelner Prüfungsleistungen, der Prüfung insgesamt sowie über das Bestehen und Nichtbestehen der Abschlussprüfung werden durch den Prüfungsausschuss gefasst.
(2) ¹Zur Vorbereitung der Beschlussfassung nach Absatz 1 kann der Vorsitz mindestens zwei Mitglieder mit der Bewertung einzelner, nicht mündlich zu erbringender Prüfungsleistungen beauftragen. ²Die Beauftragten sollen nicht derselben Mitgliedergruppe angehören.
(3) Die nach Absatz 2 beauftragten Mitglieder dokumentieren die wesentlichen Abläufe und halten die für die Bewertung erheblichen Tatsachen fest.

1 Beschlüsse in I muss der Prüfungsausschuss als Kollegialorgan fassen. Zur Vorbereitung kann bei nicht mündlichen Leistungen vom Berichterstatterprinzip Gebrauch gemacht werden. Dies ist dann zu dokumentieren, um das Zustandekommen der Bewertung nachvollziehbar zu machen.

§ 43 Zulassung zur Abschlussprüfung
(1) Zur Abschlussprüfung ist zuzulassen,
1. wer die Ausbildungszeit zurückgelegt hat oder wessen Ausbildungszeit nicht später als zwei Monate nach dem Prüfungstermin endet,
2. wer an vorgeschriebenen Zwischenprüfungen teilgenommen sowie vorgeschriebene schriftliche Ausbildungsnachweise geführt hat und

3. wessen Berufsausbildungsverhältnis in das Verzeichnis der Berufsausbildungsverhältnisse eingetragen oder aus einem Grund nicht eingetragen ist, den weder die Auszubildenden noch deren gesetzliche Vertreter oder Vertreterinnen zu vertreten haben.

(2) ¹Zur Abschlussprüfung ist ferner zuzulassen, wer in einer berufsbildenden Schule oder einer sonstigen Berufsbildungseinrichtung ausgebildet worden ist, wenn dieser Bildungsgang der Berufsausbildung in einem anerkannten Ausbildungsberuf entspricht. ²Ein Bildungsgang entspricht der Berufsausbildung in einem anerkannten Ausbildungsberuf, wenn er

1. nach Inhalt, Anforderung und zeitlichem Umfang der jeweiligen Ausbildungsordnung gleichwertig ist,
2. systematisch, insbesondere im Rahmen einer sachlichen und zeitlichen Gliederung, durchgeführt wird und
3. durch Lernortkooperation einen angemessenen Anteil an fachpraktischer Ausbildung gewährleistet.

Sind die 3 Regelvoraussetzungen nach I erfüllt, besteht ein Rechtsanspruch auf Zulassung. Zu beachten sind die von der zuständigen Stelle festgelegten und veröffentlichten Prüfungstermine, idR 2-mal im Jahr, je eine im Sommer und im Winter. Ein Anspruch auf weitere Prüfungstermine besteht nicht. 1

§ 44 Zulassung zur Abschlussprüfung bei zeitlich auseinander fallenden Teilen

(1) Sofern die Abschlussprüfung in zwei zeitlich auseinander fallenden Teilen durchgeführt wird, ist über die Zulassung jeweils gesondert zu entscheiden.
(2) Zum ersten Teil der Abschlussprüfung ist zuzulassen, wer die in der Ausbildungsordnung vorgeschriebene, erforderliche Ausbildungszeit zurückgelegt hat und die Voraussetzungen des § 43 Abs. 1 Nr. 2 und 3 erfüllt.
(3) ¹Zum zweiten Teil der Abschlussprüfung ist zuzulassen, wer über die Voraussetzungen in § 43 Abs. 1 hinaus am ersten Teil der Abschlussprüfung teilgenommen hat. ²Dies gilt nicht, wenn Auszubildende aus Gründen, die sie nicht zu vertreten haben, am ersten Teil der Abschlussprüfung nicht teilgenommen haben. ³In diesem Fall ist der erste Teil der Abschlussprüfung zusammen mit dem zweiten Teil abzulegen.

Bei der sog gestreckten Abschlussprüfung findet die Abschlussprüfung in 2 Teilen statt. Die Zulassungsvoraussetzungen müssen für beide Teile erfüllt sein, es erfolgen 2 gesonderte Zulassungen. Für die Zulassung zum 2. Teil ist die Teilnahme am 1. Teil zusätzliche Voraussetzung. Eine Ausnahme gilt, wenn die Teilnahme am 1. Teil aus Gründen unterblieben ist, die vom Auszubildenden nicht zu vertreten ist. 1

Eine Wiederholung eines nicht ausreichenden 1. Teils ist nicht vor der Ablegung des 2. Teils möglich. Für die Ablegung der Wiederholungsprüfung muss zunächst das Gesamtergebnis abgewartet werden. 2

§ 45 Zulassung in besonderen Fällen

(1) Auszubildende können nach Anhörung der Ausbildenden und der Berufsschule vor Ablauf ihrer Ausbildungszeit zur Abschlussprüfung zugelassen werden, wenn ihre Leistungen dies rechtfertigen.
(2) ¹Zur Abschlussprüfung ist auch zuzulassen, wer nachweist, dass er mindestens das Eineinhalbfache der Zeit, die als Ausbildungszeit vorgeschrieben ist, in dem Beruf tätig gewesen ist, in dem die Prüfung abgelegt werden soll. ²Als Zeiten der Berufstätigkeit gelten auch Ausbildungszeiten in einem anderen, einschlägigen Ausbildungsberuf. ³Vom Nachweis der Mindestzeit nach Satz 1 kann ganz oder teilweise abgesehen werden, wenn durch Vorlage von Zeugnissen oder auf andere Weise glaubhaft gemacht wird, dass der Bewerber oder die Bewerberin die berufliche Handlungsfähigkeit erworben hat, die die Zulassung zur Prüfung rechtfertigt. ⁴Ausländische Bildungsabschlüsse und Zeiten der Berufstätigkeit im Ausland sind dabei zu berücksichtigen.
(3) Soldaten oder Soldatinnen auf Zeit und ehemalige Soldaten oder Soldatinnen sind nach Absatz 2 Satz 3 zur Abschlussprüfung zuzulassen, wenn das Bundesministerium der Verteidigung oder die von ihm bestimmte Stelle bescheinigt, dass der Bewerber oder die Bewerberin berufliche Fertigkeiten, Kenntnisse und Fähigkeiten erworben hat, welche die Zulassung zur Prüfung rechtfertigen.

Die vorzeitige Zulassung zu einem dem regulären Prüfungstermin vorausgehenden Termin ist als Ermessensentsch möglich, wenn die Leistungen dies rechtfertigen. Dieser unbestimmte Rechtsbegriff ist durch die Rspr konkretisiert (vgl OVG Rh-Pf 20.1.1983, 2 B 7/83). Es handelt sich um eine Ausnahme, die eng auszulegen ist. Erforderlich sind in allen für die Abschlussprüfung relevanten Fächern und im Betrieb überdurchschnittliche Leistungen, die mindestens gut (dh 2,49) sein müssen. Außerdem müssen die restlichen Ausbildungsinhalte bis zur Prüfung erworben werden können. 1

2 Möglich ist die Zulassung für Externe bei entspr Nachweis berufspraktischer Tätigkeit im angestrebten Prüfungsberuf. Dabei muss die Dauer der Berufstätigkeit der 1,5-fachen regulären Ausbildungsdauer entsprechen, bei 3-jähriger Ausbildungsdauer also 4,5 Jahre. Von dem Zeiterfordernis kann abgesehen werden, wenn der Erwerb der erforderlichen beruflichen Handlungsfähigkeit anderweitig glaubhaft gemacht werden kann. Ausländische Nachweise sind zu berücksichtigen.

§ 46 Entscheidung über die Zulassung
(1) ¹Über die Zulassung zur Abschlussprüfung entscheidet die zuständige Stelle. ²Hält sie die Zulassungsvoraussetzungen nicht für gegeben, so entscheidet der Prüfungsausschuss.
(2) Auszubildenden, die Elternzeit in Anspruch genommen haben, darf bei der Entscheidung über die Zulassung hieraus kein Nachteil erwachsen.

1 Im Regelfall entscheidet die zuständige Stelle über die Zulassungsanträge. Wenn sie die Zulassungsvoraussetzungen verneint, wird die Entsch durch den Prüfungsausschuss getroffen. Die zuständige Stelle schaltet dazu den Prüfungsausschuss ein. Die Entsch über die Zulassung ist ein VA, er wird von der zuständigen Stelle erlassen.

§ 47 Prüfungsordnung
(1) ¹Die zuständige Stelle hat eine Prüfungsordnung für die Abschlussprüfung zu erlassen. ²Die Prüfungsordnung bedarf der Genehmigung der zuständigen obersten Landesbehörde.
(2) ¹Die Prüfungsordnung muss die Zulassung, die Gliederung der Prüfung, die Bewertungsmaßstäbe, die Erteilung der Prüfungszeugnisse, die Folgen von Verstößen gegen die Prüfungsordnung und die Wiederholungsprüfung regeln. ²Sie kann vorsehen, dass Prüfungsaufgaben, die überregional oder von einem Aufgabenerstellungsausschuss bei der zuständigen Stelle erstellt oder ausgewählt werden, zu übernehmen sind, sofern diese Aufgaben von Gremien erstellt oder ausgewählt werden, die entsprechend § 40 Abs. 2 zusammengesetzt sind.
(3) Der Hauptausschuss des Bundesinstituts für Berufsbildung erlässt für die Prüfungsordnung Richtlinien.

1 In der Prüfungsordnung der zuständigen Stelle wird das gesamte Prüfungsverfahren mit Zulassung, Prüfungsgliederung, Bewertungsmaßstäben, Prüfungszeugnissen, Folgen bei Verstößen gegen die Prüfungsordnung und Wiederholungsprüfung geregelt.
2 Dabei kann die Verwendung überregionaler Prüfungsausgaben vorsehen werden. Sie dienen der Chancengleichheit und Vergleichbarkeit der Prüfungsleistungen.
3 Die Prüfungsordnung wird von der zuständigen Stelle erlassen und unterliegt der Genehmigung der obersten Landesbehörde.
4 Das Bundesinstitut für Berufsbildung hat am 8.3.2007 für die Prüfungsordnung eine Empfehlung verabschiedet.

§ 48 Zwischenprüfungen
(1) ¹Während der Berufsausbildung ist zur Ermittlung des Ausbildungsstandes eine Zwischenprüfung entsprechend der Ausbildungsordnung durchzuführen. ²Die §§ 37 bis 39 gelten entsprechend.
(2) Sofern die Ausbildungsordnung vorsieht, dass die Abschlussprüfung in zwei zeitlich auseinander fallenden Teilen durchgeführt wird, findet Absatz 1 keine Anwendung.

1 Für die Zwischenprüfung gelten die Regelungen der Abschlussprüfung entspr. IdR werden die Zwischen- und Abschlussprüfungen von identischen Prüfungsausschüssen abgenommen.
2 Die Teilnahme an vorgeschriebenen Zwischenprüfungen ist Zulassungsvoraussetzung für die Abschlussprüfung (vgl § 43 I Nr 2).

§ 49 Zusatzqualifikationen
(1) ¹Zusätzliche berufliche Fertigkeiten, Kenntnisse und Fähigkeiten nach § 5 Abs. 2 Nr. 5 werden gesondert geprüft und bescheinigt. ²Das Ergebnis der Prüfung nach § 37 bleibt unberührt.
(2) § 37 Abs. 3 und 4 sowie die §§ 39 bis 42 und 47 gelten entsprechend.

1 Es besteht die Möglichkeit, Zusatzqualifikationen (nach § 5 II Nr 5) gesondert zu prüfen. Dafür ist dann eine gesonderte Prüfung abzulegen und das Ergebnis separat zu bescheinigen. Der Prüfungsausschuss kann personenidentisch sein.

Solche kodifizierten Zusatzqualifikationen bieten die Möglichkeit, eine nicht gewählte Wahlqualifikation als Zusatzqualifikation prüfen zu lassen, zB bei Tourismuskaufleuten. 2

§ 50 Gleichstellung von Prüfungszeugnissen

(1) Das Bundesministerium für Wirtschaft und Energie oder das sonst zuständige Fachministerium kann im Einvernehmen mit dem Bundesministerium für Bildung und Forschung nach Anhörung des Hauptausschusses des Bundesinstituts für Berufsbildung durch Rechtsverordnung außerhalb des Anwendungsbereichs dieses Gesetzes erworbene Prüfungszeugnisse den entsprechenden Zeugnissen über das Bestehen der Abschlussprüfung gleichstellen, wenn die Berufsausbildung und die in der Prüfung nachzuweisenden beruflichen Fertigkeiten, Kenntnisse und Fähigkeiten gleichwertig sind.

(2) Das Bundesministerium für Wirtschaft und Energie oder das sonst zuständige Fachministerium kann im Einvernehmen mit dem Bundesministerium für Bildung und Forschung nach Anhörung des Hauptausschusses des Bundesinstituts für Berufsbildung durch Rechtsverordnung im Ausland erworbene Prüfungszeugnisse den entsprechenden Zeugnissen über das Bestehen der Abschlussprüfung gleichstellen, wenn die in der Prüfung nachzuweisenden beruflichen Fertigkeiten, Kenntnisse und Fähigkeiten gleichwertig sind.

Die angegebenen Ministerien können durch Rechts-VO die Gleichwertigkeit von Zeugnissen bestimmen, die nach I außerhalb des BBiG erworben wurden, zB an staatlichen Schulen, oder im Ausland nach II. Materielle Voraussetzung ist jeweils die inhaltliche Gleichwertigkeit. 1

Eine Sonderregelung, die diesem Gesetz vorgeht, stellt das BVFG dar, wonach Prüfungen und Befähigungsnachweise von Vertriebenen anerkannt werden. 2

§ 50a Gleichwertigkeit ausländischer Berufsqualifikationen

Ausländische Berufsqualifikationen stehen einer bestandenen Aus- oder Fortbildungsprüfung nach diesem Gesetz gleich, wenn die Gleichwertigkeit der beruflichen Fertigkeiten, Kenntnisse und Fähigkeiten nach dem Berufsqualifikationsfeststellungsgesetz festgestellt wurde.

Die Bestimmung regelt, dass ausländische Berufsqualifikationen nach entspr Feststellung aufgrund des BQFG einer bestandenen Prüfung nach BBiG gleichgestellt sind. 1

§ 51 Interessenvertretung

(1) Auszubildende, deren praktische Berufsbildung in einer sonstigen Berufsbildungseinrichtung außerhalb der schulischen und betrieblichen Berufsbildung (§ 2 Abs. 1 Nr. 3) mit in der Regel mindestens 5 Auszubildenden stattfindet und die nicht wahlberechtigt zum Betriebsrat nach § 7 des Betriebsverfassungsgesetzes, zur Jugend- und Auszubildendenvertretung nach § 60 des Betriebsverfassungsgesetzes oder zur Mitwirkungsvertretung nach § 36 des Neunten Buches Sozialgesetzbuch sind (außerbetriebliche Auszubildende), wählen hieraus eine besondere Interessenvertretung.

(2) Absatz 1 findet keine Anwendung auf Berufsbildungseinrichtungen von Religionsgemeinschaften sowie auf andere Berufsbildungseinrichtungen, soweit sie eigene gleichwertige Regelungen getroffen haben.

Die Regelung sieht die Bildung einer Interessenvertretung von Auszubildenden in außerbetrieblichen Einrichtungen vor. In Anlehnung an die Bestimmungen des BetrVG ist erforderlich, dass idR mehr als 5 Auszubildende vorhanden sind. 1

§ 53 Fortbildungsordnung

(1) Als Grundlage für eine einheitliche berufliche Fortbildung kann das Bundesministerium für Bildung und Forschung im Einvernehmen mit dem Bundesministerium für Wirtschaft und Energie oder dem sonst zuständigen Fachministerium nach Anhörung des Hauptausschusses des Bundesinstituts für Berufsbildung durch Rechtsverordnung, die nicht der Zustimmung des Bundesrates bedarf, Fortbildungsabschlüsse anerkennen und hierfür Prüfungsregelungen erlassen (Fortbildungsordnung).

(2) Die Fortbildungsordnung hat festzulegen
1. die Bezeichnung des Fortbildungsabschlusses,
2. das Ziel, den Inhalt und die Anforderungen der Prüfung,

3. die Zulassungsvoraussetzungen sowie
4. das Prüfungsverfahren.
(3) Abweichend von Absatz 1 werden Fortbildungsordnungen in Berufen der Landwirtschaft, einschließlich der ländlichen Hauswirtschaft, durch das Bundesministerium für Ernährung und Landwirtschaft im Einvernehmen mit dem Bundesministerium für Bildung und Forschung, Fortbildungsordnungen in Berufen der Hauswirtschaft durch das Bundesministerium für Wirtschaft und Energie im Einvernehmen mit dem Bundesministerium für Bildung und Forschung erlassen.

1 BMBF und BMWI können durch VO Fortbildungsregelungen erlassen, wonach von den zuständigen Stellen Fortbildungsprüfungen abgenommen werden. Auf dieser Ermächtigungsgrundlage beruhen zahlreiche Regelungen, zB zum geprüften Bilanzbuchhalter, geprüften Industriemeister.

§ 54 Fortbildungsprüfungsregelungen der zuständigen Stellen
¹Soweit Rechtsverordnungen nach § 53 nicht erlassen sind, kann die zuständige Stelle Fortbildungsprüfungsregelungen erlassen. ²Die zuständige Stelle regelt die Bezeichnung des Fortbildungsabschlusses, Ziel, Inhalt und Anforderungen der Prüfungen, die Zulassungsvoraussetzungen sowie das Prüfungsverfahren.

1 Die zuständigen Stellen können Fortbildungsregelungen erlassen in Bereichen, die nicht durch Regelungen nach § 53 abgedeckt sind. Dies geschieht idR, wenn in der Region entspr Bedarf auf dem Arbeitsmarkt besteht. Sofern später VO nach § 53 erlassen werden, werden bereits erlassene deckungsgleiche Regelungen der zuständigen Stelle unwirksam.

§ 55 Berücksichtigung ausländischer Vorqualifikationen
Sofern die Fortbildungsordnung (§ 53) oder eine Regelung der zuständigen Stelle (§ 54) Zulassungsvoraussetzungen vorsieht, sind ausländische Bildungsabschlüsse und Zeiten der Berufstätigkeit im Ausland zu berücksichtigen.

1 Die Bestimmung stellt klar, dass auch im Ausland erworbene Abschlüsse und Praxiszeiten bei Fortbildungsprüfungen oder Zulassungen zu solchen berücksichtigt werden.

§ 56 Fortbildungsprüfungen
(1) ¹Für die Durchführung von Prüfungen im Bereich der beruflichen Fortbildung errichtet die zuständige Stelle Prüfungsausschüsse. ²§ 37 Abs. 2 und 3 sowie die §§ 40 bis 42, 46 und 47 gelten entsprechend.
(2) Der Prüfling ist auf Antrag von der Ablegung einzelner Prüfungsbestandteile durch die zuständige Stelle zu befreien, wenn er eine andere vergleichbare Prüfung vor einer öffentlichen oder staatlich anerkannten Bildungseinrichtung oder vor einem staatlichen Prüfungsausschuss erfolgreich abgelegt hat und die Anmeldung zur Fortbildungsprüfung innerhalb von fünf Jahren nach der Bekanntgabe des Bestehens der anderen Prüfung erfolgt.

1 Die zuständige Stelle errichtet Prüfungsausschüsse und organisiert deren Durchführung entspr wie bei den Abschlussprüfungen.
2 Da anders als bei der Abschlussprüfung bei Fortbildungsprüfungen der Grds der Prüfungseinheit nicht gilt, kann der Prüfungsteilnehmer eine Befreiung von einzelnen bereits absolvierten Prüfungsbestandteilen beantragen, wenn die Vergleichbarkeit, eine öffentl-rechtliche oder staatliche Prüfung und die 5-Jahresfrist gegeben sind.

§ 57 Gleichstellung von Prüfungszeugnissen
Das Bundesministerium für Wirtschaft und Energie oder das sonst zuständige Fachministerium kann im Einvernehmen mit dem Bundesministerium für Bildung und Forschung nach Anhörung des Hauptausschusses des Bundesinstituts für Berufsbildung durch Rechtsverordnung außerhalb des Anwendungsbereichs dieses Gesetzes oder im Ausland erworbene Prüfungszeugnisse den entsprechenden Zeugnissen über das Bestehen einer Fortbildungsprüfung auf der Grundlage der §§ 53 und 54 gleichstellen, wenn die in der Prüfung nachzuweisenden beruflichen Fertigkeiten, Kenntnisse und Fähigkeiten gleichwertig sind.

Die BReg kann im Ausland erworbene Abschlüsse gleichstellen, wenn Gleichwertigkeit gegeben ist. Bislang ist hiervon Gebrauch gemacht worden für österreichische Abschlüsse (vgl BGBl 2007, I S 2600).

§ 61 Berücksichtigung ausländischer Vorqualifikationen
Sofern die Umschulungsordnung (§ 58) oder eine Regelung der zuständigen Stelle (§ 59) Zulassungsvoraussetzungen vorsieht, sind ausländische Bildungsabschlüsse und Zeiten der Berufstätigkeit im Ausland zu berücksichtigen.

Die Bestimmung stellt klar, dass auch im Ausland erworbene Abschlüsse und Praxiszeiten bei Fortbildungsprüfungen oder Zulassungen zu solchen berücksichtigt werden.

§ 64 Berufsausbildung
Behinderte Menschen (§ 2 Abs. 1 Satz 1 des Neunten Buches Sozialgesetzbuch) sollen in anerkannten Ausbildungsberufen ausgebildet werden.

Die Regelung verdeutlicht, dass auch behinderte Menschen auf der Grundlage von in Ausbildungsordnungen geregelten Ausbildungsberufen ausgebildet werden sollen. Nur wenn dies aufgrund von Art und Schwere der Behinderung ausgeschlossen ist, sollen die bes Regelungen nach §§ 66 und 67 Anwendung finden.

§ 65 Berufsausbildung in anerkannten Ausbildungsberufen
(1) ¹Regelungen nach den §§ 9 und 47 sollen die besonderen Verhältnisse behinderter Menschen berücksichtigen. ²Dies gilt insbesondere für die zeitliche und sachliche Gliederung der Ausbildung, die Dauer von Prüfungszeiten, die Zulassung von Hilfsmitteln und die Inanspruchnahme von Hilfeleistungen Dritter wie Gebärdensprachdolmetscher für hörbehinderte Menschen.
(2) ¹Der Berufsausbildungsvertrag mit einem behinderten Menschen ist in das Verzeichnis der Berufsausbildungsverhältnisse (§ 34) einzutragen. ²Der behinderte Mensch ist zur Abschlussprüfung auch zuzulassen, wenn die Voraussetzungen des § 43 Abs. 1 Nr. 2 und 3 nicht vorliegen.

Regelungen der zuständigen Stellen und entspr Verfahrensregelungen müssen so erfolgen, dass sie die Belange Behinderter in bestmöglicher Weise berücksichtigen. Menschen sind dann behindert, wenn ihre körperliche Funktion, geistige Fähigkeit oder seelische Gesundheit mit hoher Wahrscheinlichkeit länger als sechs Monate von dem für das Lebensalter typischen Zustand abweichen und daher ihre Teilhabe am Leben in der Gesellschaft beeinträchtigt ist (vgl § 2 I 1 SGB IX).
Das Erfordernis der Eintragung von Ausbildungsverträgen gilt uneingeschränkt auch für die Ausbildung von behinderten Menschen. Für die Zulassung zur Abschlussprüfung gelten Erleichterungen.
Bei der Durchführung von Prüfungen sollen die besonderen Verhältnisse behinderter Menschen berücksichtigt werden. Das betrifft insb die Dauer, Hilfsmittel oder Hilfeleistung durch Dritte, zB Gebärdendolmetscher.

§ 66 Ausbildungsregelungen der zuständigen Stellen
(1) ¹Für behinderte Menschen, für die wegen Art und Schwere ihrer Behinderung eine Ausbildung in einem anerkannten Ausbildungsberuf nicht in Betracht kommt, treffen die zuständigen Stellen auf Antrag der behinderten Menschen oder ihrer gesetzlichen Vertreter oder Vertreterinnen Ausbildungsregelungen entsprechend den Empfehlungen des Hauptausschusses des Bundesinstituts für Berufsbildung. ²Die Ausbildungsinhalte sollen unter Berücksichtigung von Lage und Entwicklung des allgemeinen Arbeitsmarktes aus den Inhalten anerkannter Ausbildungsberufe entwickelt werden. ³Im Antrag nach Satz 1 ist eine Ausbildungsmöglichkeit in dem angestrebten Ausbildungsgang nachzuweisen.
(2) § 65 Abs. 2 Satz 1 gilt entsprechend.

Die zuständigen Stellen sind verpflichtet, bei Vorliegen der Voraussetzungen Ausbildungsregelungen für Behinderte zu treffen. Das Bundesinstitut für Berufsbildung hat dazu am 17.12.2009 eine Empfehlung verabschiedet. Grundlage sind Inhalte von Ausbildungsberufen mit arbeitsmarktrelevanten Inhalten. Notwendig ist der Nachweis, dass eine konkrete Ausbildung geplant ist.

§ 68 Personenkreis und Anforderungen
(1) ¹Die Berufsausbildungsvorbereitung richtet sich an lernbeeinträchtigte oder sozial benachteiligte Personen, deren Entwicklungsstand eine erfolgreiche Ausbildung in einem anerkannten Ausbildungsberuf noch nicht erwarten lässt. ²Sie muss nach Inhalt, Art, Ziel und Dauer den besonderen Erfordernissen des in Satz 1 genannten Personenkreises entsprechen und durch umfassende sozialpädagogische Betreuung und Unterstützung begleitet werden.
(2) Für die Berufsausbildungsvorbereitung, die nicht im Rahmen des Dritten Buches Sozialgesetzbuch oder anderer vergleichbarer, öffentlich geförderter Maßnahmen durchgeführt wird, gelten die §§ 27 bis 33 entsprechend.

1 Die Berufsausbildungsvorbereitung ist begrenzt auf Personen, die nach ihrer Entwicklung für eine reguläre Berufsausbildung noch nicht in Betracht kommen. Vorgeschrieben sind geeignete Qualifizierungsmaßnahmen sowie umfassende begleitende Betreuung und Unterstützung.

§ 69 Qualifizierungsbausteine, Bescheinigung
(1) Die Vermittlung von Grundlagen für den Erwerb beruflicher Handlungsfähigkeit (§ 1 Abs. 2) kann insbesondere durch inhaltlich und zeitlich abgegrenzte Lerneinheiten erfolgen, die aus den Inhalten anerkannter Ausbildungsberufe entwickelt werden (Qualifizierungsbausteine).
(2) ¹Über vermittelte Grundlagen für den Erwerb beruflicher Handlungsfähigkeit stellt der Anbieter der Berufsausbildungsvorbereitung eine Bescheinigung aus. ²Das Nähere regelt das Bundesministerium für Bildung und Forschung im Einvernehmen mit den für den Erlass von Ausbildungsordnungen zuständigen Fachministerien nach Anhörung des Hauptausschusses des Bundesinstituts für Berufsbildung durch Rechtsverordnung, die nicht der Zustimmung des Bundesrates bedarf.

1 Die Berufsausbildungsvorbereitung kann durch Bildungsträger oder Betriebe erfolgen. Bei betrieblicher Berufsausbildungsvorbereitung handelt es sich um ein anderes Vertragsverhältnis iSv § 26, sodass die Schutzbestimmungen nach §§ 10–25 gelten.
2 Für die Lerneinheiten bestehen aus Ausbildungsberufen abgeleitete Qualifizierungsbausteine.
3 Nach Abschluss der Maßnahme wird eine Bescheinigung ausgestellt (Näheres vgl BAVBVO vom 16.7.2003).

§ 70 Überwachung, Beratung
(1) Die nach Landesrecht zuständige Behörde hat die Berufsausbildungsvorbereitung zu untersagen, wenn die Voraussetzungen des § 68 Abs. 1 nicht vorliegen.
(2) ¹Der Anbieter hat die Durchführung von Maßnahmen der Berufsausbildungsvorbereitung vor Beginn der Maßnahme der zuständigen Stelle schriftlich anzuzeigen. ²Die Anzeigepflicht erstreckt sich auf den wesentlichen Inhalt des Qualifizierungsvertrages sowie die nach § 88 Abs. 1 Nr. 5 erforderlichen Angaben.
(3) Die Absätze 1 und 2 sowie § 76 finden keine Anwendung, soweit die Berufsausbildungsvorbereitung im Rahmen des Dritten Buches Sozialgesetzbuch oder anderer vergleichbarer, öffentlich geförderter Maßnahmen durchgeführt wird.

1 Die Bestimmung regelt die Beratung und Überwachung entspr der Berufsausbildung (vgl §§ 33 f). Ausnahmen gelten für Maßnahmen nach SGB III oder in öffentl Förderung.

§ 76 Überwachung, Beratung
(1) ¹Die zuständige Stelle überwacht die Durchführung
1. der Berufsausbildungsvorbereitung,
2. der Berufsausbildung und
3. der beruflichen Umschulung
und fördert diese durch Beratung der an der Berufsbildung beteiligten Personen. ²Sie hat zu diesem Zweck Berater oder Beraterinnen zu bestellen.
(2) Ausbildende, Umschulende und Anbieter von Maßnahmen der Berufsausbildungsvorbereitung sind auf Verlangen verpflichtet, die für die Überwachung notwendigen Auskünfte zu erteilen und Unterlagen vorzulegen sowie die Besichtigung der Ausbildungsstätten zu gestatten.

(3) ¹Die Durchführung von Auslandsaufenthalten nach § 2 Abs. 3 überwacht und fördert die zuständige Stelle in geeigneter Weise. ²Beträgt die Dauer eines Ausbildungsabschnitts im Ausland mehr als vier Wochen, ist hierfür ein mit der zuständigen Stelle abgestimmter Plan erforderlich.
(4) Auskunftspflichtige können die Auskunft auf solche Fragen verweigern, deren Beantwortung sie selbst oder einen der in § 52 der Strafprozessordnung bezeichneten Angehörigen der Gefahr strafgerichtlicher Verfolgung oder eines Verfahrens nach dem Gesetz über Ordnungswidrigkeiten aussetzen würde.
(5) Die zuständige Stelle teilt der Aufsichtsbehörde nach dem Jugendarbeitsschutzgesetz Wahrnehmungen mit, die für die Durchführung des Jugendarbeitsschutzgesetzes von Bedeutung sein können.

Der zuständigen Stelle obliegt die Überwachung von Berufsausbildungsvorbereitung, Berufsausbildung und Umschulung und die Förderung durch Beratung der Beteiligten. Dazu bestellt sie Berater (früher »Ausbildungsberater«, die Umbenennung soll der Tatsache Rechnung tragen, dass sie auch für die anderen Bereiche tätig sind). 1

Bei Auslandsaufenthalten fehlt der zuständigen Stelle sowohl die Hoheitsgewalt wie auch die praktische Überwachungsmöglichkeit. Daher wird sich die Förderung und Überwachung stärker auf Informations- und Berichtspflichten oder die Einschaltung von Mittlerorganisationen im Ausland stützen. Bei Aufenthalten, die 4 Wochen überschreiten, werden Einzelheiten in einem detaillierten Plan mit der zuständigen Stelle abgestimmt, um zB die Eignung des Ausbildungspersonals und der Ausbildungsstätte zu gewährleisten. 2

Die Beteiligten der Berufsbildung sind den Beratern ggü mitwirkungs- und auskunftspflichtig. Die Berater können zur Ausübung ihrer Überwachung die Vorlage notwendiger Unterlagen verlangen; ihnen ist die Besichtigung der Ausbildungsstätten zu gestatten. Das Besichtigungsverlangen stellt einen VA dar, wenn erkennbar auf die Verpflichtung zur Duldung der Besichtigung abgestellt wird. 3

Verstöße sind Ordnungswidrigkeiten (vgl § 102 I Nr 8). 4

Bundesdatenschutzgesetz (BDSG)

In der Fassung der Bekanntmachung vom 14.1.2003 (BGBl I S 66), zuletzt geändert durch Art.1 G vom 25.2.2015 (BGBl I S 162)

– Auszug –

§ 1 Zweck und Anwendungsbereich des Gesetzes

(1) Zweck dieses Gesetzes ist es, den Einzelnen davor zu schützen, dass er durch den Umgang mit seinen personenbezogenen Daten in seinem Persönlichkeitsrecht beeinträchtigt wird.
(2) Dieses Gesetz gilt für die Erhebung, Verarbeitung und Nutzung personenbezogener Daten durch
...
3. nicht-öffentliche Stellen, soweit sie die Daten unter Einsatz von Datenverarbeitungsanlagen verarbeiten, nutzen oder dafür erheben oder die Daten in oder aus nicht automatisierten Dateien verarbeiten, nutzen oder dafür erheben, es sei denn, die Erhebung, Verarbeitung oder Nutzung der Daten erfolgt ausschließlich für persönliche oder familiäre Tätigkeiten.
(3) ^{1}Soweit andere Rechtsvorschriften des Bundes auf personenbezogene Daten einschließlich deren Veröffentlichung anzuwenden sind, gehen sie den Vorschriften dieses Gesetzes vor. ^{2}Die Verpflichtung zur Wahrung gesetzlicher Geheimhaltungspflichten oder von Berufs- oder besonderen Amtsgeheimnissen, die nicht auf gesetzlichen Vorschriften beruhen, bleibt unberührt.
(4) ...
(5) ^{1}Dieses Gesetz findet keine Anwendung, sofern eine in einem anderen Mitgliedstaat der Europäischen Union oder in einem anderen Vertragsstaat des Abkommens über den Europäischen Wirtschaftsraum belegene verantwortliche Stelle personenbezogene Daten im Inland erhebt, verarbeitet oder nutzt, es sei denn, dies erfolgt durch eine Niederlassung im Inland. ^{2}Dieses Gesetz findet Anwendung, sofern eine verantwortliche Stelle, die nicht in einem Mitgliedstaat der Europäischen Union oder in einem anderen Vertragsstaat des Abkommens über den Europäischen Wirtschaftsraum belegen ist, personenbezogene Daten im Inland erhebt, verarbeitet oder nutzt. ^{3}Soweit die verantwortliche Stelle nach diesem Gesetz zu nennen ist, sind auch Angaben über im Inland ansässige Vertreter zu machen. ^{4}Die Sätze 2 und 3 gelten nicht, sofern Datenträger nur zum Zweck des Transits durch das Inland eingesetzt werden. ^{5}§ 38 Abs. 1 Satz 1 bleibt unberührt.

Übersicht	Rdn.		Rdn.
A. Zweck des BDSG..................	1	C. Subsidiarität......................	3
B. Adressaten des BDSG..............	2	D. Grenzüberschreitender Datenverkehr.....	4

1 **A. Zweck des BDSG.** Das BDSG dient dem Schutz des Einzelnen vor einer Beeinträchtigung des **allg Persönlichkeitsrechts** durch den **Umgang** mit seinen personenbezogenen Daten.

2 **B. Adressaten des BDSG.** Adressaten des BDSG sind gem § 1 II insb nicht-öffentl Stellen (§ 2 IV), die Daten unter Einsatz von **DV-Anlagen** oder in bzw aus **nicht automatisierten Dateien** (§ 3 II 2) verarbeiten, nutzen oder dafür erheben, es sei denn, dies erfolgt ausschließlich für **persönliche oder familiäre** Tätigkeiten. § 32 gilt darüber hinaus auch dann, wenn die Daten weder unter Einsatz von DV-Anlagen automatisiert noch in bzw aus einer Datei (§ 3 II 2) zu Zwecken des Beschäftigtenverhältnisses oder zur Aufdeckung von Straftaten verwendet werden (BT-Drs 16/13657 S 37).

3 **C. Subsidiarität.** § 1 III regelt eine sog **formelle Subsidiarität** des BDSG zu anderen Rechtsvorschriften **des Bundes.** Soweit andere Vorschriften des Bundes anwendbar sind, gehen diese dem BDSG vor. Im Bereich der neuen Medien gilt dies zB für die datenschutzrechtlichen Vorschriften des TKG sowie des TMG. Das TKG und das TMG enthalten technologieabhängig spezifische Datenschutzvorschriften. Diese regeln insb inwieweit Nutzungs- bzw Verkehrsdaten verwendet werden dürfen, die bei einer Inanspruchnahme von Telekommunikation oder von Telemediendiensten anfallen und können daher auch bei der Überwachung des E-Mail- und Telefonverkehrs durch den AG relevant werden. Dies kann sich ändern, wenn im Rahmen einer zukünftigen Neuregelung des Beschäftigtendatenschutzes die Verwendung von Verkehrsdaten und Inhaltsdaten zu beruflichen und dienstlichen Zwecken durch den AG im BDSG geregelt wird (vgl *Vietmeyer/Byers* MMR 2010, 807). Eine weitere Vorrangvorschrift stellt § 83 I BetrVG dar; soweit

das Einsichtsrecht gilt, hat es Vorrang. Das Einsichtsrecht nach § 83 I BetrVG steht regelmäßig nur dem AN persönlich zu (LAG Schl-Holst 17.4.2014, 5 Sa 385/13). Soweit das Auskunftsrecht nach § 34 über § 83 I BetrVG darüber hinaus geht, steht es dem AN zusätzlich zu (Simitis/*Dix* § 34 Rn 96, Gola/*Schomerus* § 34 Rn 3a; GK-BetrVG/*Franzen* § 83 Rn 67). Ltd Ang steht ein Einsichtsrecht nach § 26 II SprAuG zu. Keine Subsidiarität besteht mangels Tatbestandskonkurrenz hins § 89 I 2 BetrVG (BAG 3.6.2003, 1 ABR 19/02, EzA § 89 BetrVG 2001 Nr 1). Weil es sich nicht um Rechtsvorschriften des Bundes handelt, besteht ebenfalls keine Subsidiarität ggü den datenschutzrechtlichen Vorschriften in RStV bzw in TV und BV. Veröffentlicht der AG Bilder (auch Videoaufnahmen) des AN zB im Rahmen eines Werbefilms im Internet, gehen die speziellere Regelungen der §§ 22, 23 KUG vor (BAG 11.12.2014, 8 AZR 1010/13; BAG 19.2.2015, 8 AZR 1011/13).

D. Grenzüberschreitender Datenverkehr. § 1 V geht vom Sitzlandsprinzip (Sitz der verantwortlichen Stelle), nicht vom Territorialprinzip (Ort der Datenverarbeitung) aus. Soll die Datenverarbeitung an einem Standort **innerhalb des EWR** zentralisiert von einer verantwortlichen Stelle betrieben werden, so gilt grds das am Sitz der verantwortlichen Stelle anwendbare nationale Recht. Für die Belegenheit einer Sache ist ihr Auffindungsort maßgeblich (vgl § 24 ZPO), entspr ist bei der Belegenheit einer Niederlassungen der Sitz iSv §§ 13 ff HGB gemeint (Simitis/*Dammann* § 1 Rn 204). Wenn die Daten »**durch eine Niederlassung**« einer in einem Mitgliedsstaat ansässigen verantwortlichen Stelle innerhalb des EU-/EWR-Raums erhoben, verarbeitet oder genutzt werden, gilt daneben das Datenschutzrecht des Ortes der Niederlassung (Simitis/*Dammann* § 1 Rn 202). Während die bloße Existenz einer im konkreten Fall an der Verarbeitung der Daten unbeteiligten inländischen Niederlassung grds unbeachtlich ist (Taeger/Gabel-*Gabel* § 1 BDSG Rn 55), setzt eine Verarbeitung der Daten »durch eine Niederlassung« nicht voraus, dass die Niederlassung die Daten selbst verarbeitet. Es reicht aus, wenn die Datenverarbeitung der Niederlassung zuzurechnen ist. Dies ist etwa der Fall, wenn die verarbeitende Stelle mit der Niederlassung in der Weise wirtschaftlich untrennbar verbunden ist, dass die eine die Verarbeitung erbringt und die Niederlassung die Leistung vertreibt, um dies so (für beide) wirtschaftlich rentabel zu machen (EuGH Urt v 13.5.2014, C-131/12 - Google, JurionRS 2014, 14543).

Der Begriff der **Niederlassung** ist weit gefasst, der EuGH geht von einer »flexiblen Konzeption« aus (EuGH 1.10.2015, C-230/14 - Immowelt), bei der es auf den Grad der Beständigkeit der Einrichtung sowie darauf ankommt, ob unter Beachtung des Charakters der Tätigkeit von der effektiven Ausübung einer wirtschaftlichen Tätigkeit auszugehen ist. Eine Niederlassung setzt die effektive und tatsächliche Ausübung einer Tätigkeit mittels einer festen Einrichtug voraus, ohne dass es auf die Rechtsform einer solchen Niederlassung ankommt. Keine Niederlassung liegt dagegen vor, wenn an einem Standort keine menschliche Tätigkeit stattfindet, d.h nur ferngesteuerte EDV-Systeme tätig werden (OVG Schleswig, Beschl v 22.4.2013, 4 MB 11/13 Az.8 B 61/12, NJW 2013, 1977; EuGH Urt v 13.5.2014, C-131/12 - Google, JurionRS 2014, 14543; 25.7.1991, Rs C-221/89 – Factortame; vgl Arbeitspapier, Art 29-Datenschutzgruppe, WP 56, 8, 30.5.2002). Weil nicht generell unterstellt werden kann, dass eine Niederlassung über die Zwecke und Mittel der Verarbeitung von personenbezogenen Daten entscheiden kann, geht das OVG Schleswig in einer Entsch gegen Facebook (Bschl v 22.4.2013, 4 MB 11/13 Az.8 B 61/12, NJW 2013, 1977) davon aus, dass eine Niederlassung in der Regel keine verantwortliche Stelle ist. Im konkreten Einzelfall bejaht das Gericht die Verantortlichkeit allerdings mit der Begr, dass sich die Niederlassug ggü den Betroffenen verpflichtet habe, als verantwortliche Stelle zu handeln. Ebenso hat der EuGH eine Niederlassung für den Betreiber eines Immobilienportals in einem Mitgliedsstaat angenommen, weil er dort ein Bankkonto und ein Postfach zur Abwicklung des Geschäfts eingerichtet hatte und einen Vertreter bestellt hatte, der den Kontakt zwischen der verantwortlichen Stelle und dem Betroffenen herstellte, mit Betroffenen über Forderungen verhandelte und die verantwortliche Stelle in Verwaltungsverfahren und vor Gericht vertrat (EuGH Urt v 1.10.2015, C-230/14 - Immowelt).

Bzgl der durch einen Auftragsdatenverarbeiter innerhalb des EWR zur Gewährleistung der Datensicherheit zu ergreifenden **technischen und organisatorischen Maßnahmen** gelten abweichend nur die Rechtsvorschriften des Mitgliedsstaates in dem der Auftragsdatenverarbeiter seinen Sitz hat (vgl Art 17 III 2. Spielstrich DSRL; 15. Bericht der Hess Landesregierung über die Tätigkeit der für den Datenschutz im nicht-öffentl Bereich in Hess zuständigen Aufsichtsbehörden, LT-Drs 15/4659, 19 f; Taeger/Gabel-*Gabel* § 1 BDSG Rn 54).

Befindet sich die verantwortliche Stelle **außerhalb des EWR** und unterhält diese eine Niederlassung die nur in einem anderen Mitgliedstaat belegen ist, so gilt das Sitzlandprinzip zugunsten der in dem anderen Mitgliedstaat belegenen Niederlassung der verantwortlichen Stelle. Wenn diese also auf in Inland belegene Mittel zurückgreift, ohne sich dabei einer inländischen Niederlassung zur Datenverarbeitung zu bedienen, findet nur das Recht des Mitgliedsstaates Anwendung, in welchem die Niederlassung ihren Sitz hat (OVG Schleswig, 22.4.2013, 4 MB 11/13, NJW 2013, 1977). Ist weder die verantwortliche Stelle noch eine Niederlassung in einem anderen Mitgliedsstaat belegen, so findet das BDSG bei einer Datenverarbeitung in Deutschland schon dann Anwendung, wenn die ausländische verantwortliche Stelle **im Inland belegene Mittel** für die Erhebung, Verarbeitung oder Nutzung einsetzt. Die zivilrechtliche Zuordnung der Mittel ist ohne Belang (Arbeitspapier, Art 29-Datenschutzgruppe, WP 56, 11, 30.5.2002). Es kommt lediglich darauf an, ob die ausländische Stelle (zB in den USA) die Mittel beherrscht. Dies ist etwa der Fall, wenn eine verantwortliche Stelle in den USA Cookies verwendet oder durch die Kontrolle von Hard- oder Softwaredaten die DV »remote« steuert und so Daten in Deutschland erhebt, verarbeitet oder nutzt (vgl Stellungnahme 1/2008, Art 29-Datenschutzgruppe, WP 148, 10, v 4.4.2008). Dies ist nicht schon dann der Fall, wenn zB dt AN Formulare selbstständig auf einem Server in den USA aufrufen und ausfüllen.

5 Das G schweigt zum umgekehrten Fall, wenn also zB ein in Deutschland belegenes Rechenzentrum Daten verarbeitet, die in den USA erhoben und verarbeitet werden dürfen, aber in Deutschland als personenbezogene Daten bes datenschutzrechtlichen Schutz unterstehen. Hier ist die Anwendung des dt Rechts str, aber allg mangels **Konnexität** zu verneinen. Dies gilt zumindest dann, wenn die Verwendung der Daten weder gegen die UN-RL betreffend personenbezogene Daten in automatisierten Dateien vom 14.12.1990 noch gegen die OECD Empfehlungen des Rates über Leitlinien für den Schutz des Persönlichkeitsrechts vom 23.9.1980 verstößt (vgl mwN Handreichung des Düsseldorfer Kreises zur int Auftragsdatenverarbeitung, 19./20.4.2007, Bsp H; *Hillenbrandt-Beck* RDV 2007, 231, 235).

§ 2 Öffentliche und nicht-öffentliche Stellen

(1) ¹Öffentliche Stellen des Bundes sind die Behörden, die Organe der Rechtspflege und andere öffentlich-rechtlich organisierte Einrichtungen des Bundes, der bundesunmittelbaren Körperschaften, Anstalten und Stiftungen des öffentlichen Rechts sowie deren Vereinigungen ungeachtet ihrer Rechtsform. ...
(2) Öffentliche Stellen der Länder sind die Behörden, ... und sonstiger der Aufsicht des Landes unterstehender juristischer Personen des öffentlichen Rechts sowie deren Vereinigungen ungeachtet ihrer Rechtsform.
(3) ¹Vereinigungen des privaten Rechts von öffentlichen Stellen des Bundes und der Länder, die Aufgaben der öffentlichen Verwaltung wahrnehmen, ...
(4) ¹Nicht-öffentliche Stellen sind natürliche und juristische Personen, Gesellschaften und andere Personenvereinigungen des privaten Rechts, soweit sie nicht unter die Absätze 1 bis 3 fallen. ²Nimmt eine nicht-öffentliche Stelle hoheitliche Aufgaben der öffentlichen Verwaltung wahr, ist sie insoweit öffentliche Stelle im Sinne dieses Gesetzes.

Übersicht	Rdn.		Rdn.
A. Öffentliche Stellen	1	B. Nicht-öffentliche Stelle.................	2

1 **A. Öffentliche Stellen.** Der Behördenbegriff des BDSG ist **funktional** zu verstehen. Er umfasst jede Stelle, die Aufgaben der öffentl Verwaltung wahrnimmt (vgl § 1 IV VwVfG). Unter den Begriff der **anderen öffentl-rechtlich organisierten Einrichtungen** fallen alle übrigen öffentl Stellen, also zB juristische Personen des öffentl Rechts und uU auch rechtlich unselbstständige Einheiten wie unselbstständige Eigenbetriebe (*Gola/Schomerus* § 2 Rn 14). Aus dienst- und arbeitsrechtlicher Sicht kann es dahinstehen, ob es sich bei dem Dienstberechtigten oder dem AG um eine öffentl oder nicht-öffentl Stelle handelt. Gem § 12 IV gelten für frühere, bestehende oder zukünftige Beschäftigungsverhältnisse mit öffentl Stellen in jedem Fall die iÜ nur für nicht öffentl Stellen anwendbaren § 28 II Nr 2 sowie die §§ 32 bis 35. Sie verdrängen die §§ 13 bis 16, 19 bis 20 über die DV der öffentl Stellen.
Gem Art 140 GG iVm Art 137 V S1 WRV können auch **Religionsgemeinschaften** als öffentl-rechtliche Körperschaften organisiert sein. Sie sind berechtigt, in den Grenzen der für alle geltenden Gesetze ihre Angelegenheiten selbst zu regeln (vgl ausführlich hierzu Simitis/*Dammann* § 2 Rn 84ff). Grds ist davon auszugehen, dass das BDSG ein für alle geltendes Gesetz iS der Vorschrift ist. Gleichwohl ist im Einzelfall das vom BDSG geschützte informationelle Selbstbestimmungsrecht des Betroffenen mit dem Recht der Religionsgemeinschaft auf eigenständige Regelung ihrer Belange in Einklang zu bringen. Bei der Verwendung von Daten iVm der internen Organisation und Meinungsbildung, der Ausgestaltung des Mitgliedschaftsverhältnisses oder beim Berufsrecht der Amtsträger einer als öffentl-rechtlichen Körperschaft organisierten Religionsgemeinschaft wird die Substanz der Autonomie der Religionsgemeinschaft im Kernbereich tangiert. Die großen christlichen Kirchen tragen dem Verfassungsgebot zur Wahrung der

informationellen Selbstbestimmung insoweit durch den Erlass eigener datenschutzrechtlicher Regelungen Rechnung; für die evangelische Kirche: Kirchengesetz über den Datenschutz (http://www.bdsgdigital.de/bdsg_1310) und für die katholische Kirche: Anordnung über den kirchlichen Datenschutz (KDO) (http://www.bdsgdigital.de/bdsg_1320). Bei einer Verwendung von Daten durch Religionsgemeinschaften im Rahmen des allg Geschäftsverkehrs – etwa bei einem Krankenhausaufnahmevertrag oder sonstigen allg wirtschaftlichen Tätigkeiten – gelten dagegen die §§ 27ff (*Gola/Schomerus* § 2 Rn 14a; *Taeger/Gabel-Buchner* § 2 BDSG Rn 12). Dies gilt auch für den bes Datenschutz für erweiterte Führungszeugnisse nach § 72a V SGB VIII, der auch für Religionsgemeinschaften gilt (*Löwisch/Mysliwiec* NJW 2012, 2389, 2392).

B. Nicht-öffentliche Stelle. Eine nicht-öffentl Stelle ist jede Stelle in privatrechtlicher Organisationsform, die keine Aufgaben der öffentl Verwaltung wahrnimmt (§ 2 IV 2). In Betracht kommen natürliche Personen, juristische Personen des Privatrechts sowie nicht rechtsfähige Gesellschaften. Demggü sind Konzerne selbst keine verantwortliche Stellen sondern lediglich die einzelnen in ihnen zusammengeschlossenen, privatrechtlichen Organisationen (BAG 22.10.1986, 5 AZR 660/85, EzA § 23 BDSG Nr 4; krit hierzu *Neumann* DuD 2011, 343 ff). Eine Privilegierung der Weitergabe von Daten im Konzern wird immer wieder diskutiert, derzeit gibt es aber kein Konzernprivileg. Das BDSG schlägt damit einen anderen Weg ein als etwa §§ 54 ff BetrVG. Unselbstständige Teile der verantwortlichen Stelle, wie zB Betriebsarzt (BAG 11.11.1997, 1 ABR 21/97, EzA §§ 36–37 BDSG Nr 1), Fachkräfte für Arbeitssicherheit, Vertrauensmann für Schwerbehinderte (*Simitis/Dammann* § 3 Rn 236) oder Personalabteilung werden dagegen grds der verantwortlichen Stelle zugerechnet. Etwas anderes kann dann gelten, wenn ein unselbstständiger Betriebsteil von einem im Ausland belegenen Unternehmen im Inland betrieben wird und dieser Betriebsteil zB als Niederlassung iSd § 1 V 1 angesehen werden kann (*Gola/Schomerus* § 27 Rn 3). Umgekehrt ist ein unselbstständiger Betriebsteil eines inländischen Unternehmens mangels Anwendbarkeit des BDSG nicht Teil der verantwortlichen Stelle, wenn er im außereuropäischen Ausland betrieben wird oder es sich um eine Niederlassung iSd § 1 V 1 im europäischen Ausland handelt. Aufgrund seiner fehlenden Rechtsfähigkeit ist der **BR** kein Dritter. Der BR ist als Teil der verantwortliche Stelle (§ 3 VII) dem Datenschutz verpflichtet (BAG 12.8.2009, 7 ABR 15/08, NZA 2010, 33). Kollektiv-rechtliche Vertretungen wie Konzernbetriebsräte oder Gesamtbetriebsräte sind hingegen nicht bei der verantwortlichen Stelle angesiedelt und daher Dritte iS der Vorschrift (*Roßnagel/Wedde* S 538 f; *Simitis/Dammann* § 3 Rn 240).

§ 3 Weitere Begriffsbestimmungen

(1) Personenbezogene Daten sind Einzelangaben über persönliche oder sachliche Verhältnisse einer bestimmten oder bestimmbaren natürlichen Person (Betroffener).
(2) ¹Automatisierte Verarbeitung ist die Erhebung, Verarbeitung oder Nutzung personenbezogener Daten unter Einsatz von Datenverarbeitungsanlagen. ²Eine nicht automatisierte Datei ist jede nicht automatisierte Sammlung personenbezogener Daten, die gleichartig aufgebaut ist und nach bestimmten Merkmalen zugänglich ist und ausgewertet werden kann.
(3) Erheben ist das Beschaffen von Daten über den Betroffenen.
(4) ¹Verarbeiten ist das Speichern, Verändern, Übermitteln, Sperren und Löschen personenbezogener Daten. ²Im Einzelnen ist, ungeachtet der dabei angewendeten Verfahren:
1. Speichern das Erfassen, Aufnehmen oder Aufbewahren personenbezogener Daten auf einem Datenträger zum Zwecke ihrer weiteren Verarbeitung oder Nutzung,
2. Verändern das inhaltliche Umgestalten gespeicherter personenbezogener Daten,
3. Übermitteln das Bekanntgeben gespeicherter oder durch Datenverarbeitung gewonnener personenbezogener Daten an einen Dritten in der Weise, dass
   a) die Daten an den Dritten weitergegeben werden oder
   b) der Dritte zur Einsicht oder zum Abruf bereitgehaltene Daten einsieht oder abruft,
4. Sperren das Kennzeichnen gespeicherter personenbezogener Daten, um ihre weitere Verarbeitung oder Nutzung einzuschränken,
5. Löschen das Unkenntlichmachen gespeicherter personenbezogener Daten.

(5) Nutzen ist jede Verwendung personenbezogener Daten, soweit es sich nicht um Verarbeitung handelt.
(6) Anonymisieren ist das Verändern personenbezogener Daten derart, dass die Einzelangaben über persönliche oder sachliche Verhältnisse nicht mehr oder nur mit einem unverhältnismäßig großen Aufwand an Zeit, Kosten und Arbeitskraft einer bestimmten oder bestimmbaren natürlichen Person zugeordnet werden können.

§ 3 BDSG   Weitere Begriffsbestimmungen

(6a) Pseudonymisieren ist das Ersetzen des Namens und anderer Identifikationsmerkmale durch ein Kennzeichen zu dem Zweck, die Bestimmung des Betroffenen auszuschließen oder wesentlich zu erschweren.

(7) Verantwortliche Stelle ist jede Person oder Stelle, die personenbezogene Daten für sich selbst erhebt, verarbeitet oder nutzt oder dies durch andere im Auftrag vornehmen lässt.

(8) ¹Empfänger ist jede Person oder Stelle, die Daten erhält. ²Dritter ist jede Person oder Stelle außerhalb der verantwortlichen Stelle. ³Dritte sind nicht der Betroffene sowie Personen und Stellen, die im Inland, in einem anderen Mitgliedstaat der Europäischen Union oder in einem anderen Vertragsstaat des Abkommens über den Europäischen Wirtschaftsraum personenbezogene Daten im Auftrag erheben, verarbeiten oder nutzen.

(9) Besondere Arten personenbezogener Daten sind Angaben über die rassische und ethnische Herkunft, politische Meinungen, religiöse oder philosophische Überzeugungen, Gewerkschaftszugehörigkeit, Gesundheit oder Sexualleben.

(10) Mobile personenbezogene Speicher- und Verarbeitungsmedien sind Datenträger,
1. die an den Betroffenen ausgegeben werden,
2. auf denen personenbezogene Daten über die Speicherung hinaus durch die ausgebende oder eine andere Stelle automatisiert verarbeitet werden können und
3. bei denen der Betroffene diese Verarbeitung nur durch den Gebrauch des Mediums beeinflussen kann.

(11) Beschäftigte sind:
1. Arbeitnehmerinnen und Arbeitnehmer,
2. zu ihrer Berufsbildung Beschäftigte,
3. Teilnehmerinnen und Teilnehmer an Leistungen zur Teilhabe am Arbeitsleben sowie an Abklärungen der beruflichen Eignung oder Arbeitserprobung (Rehabilitandinnen und Rehabilitanden),
4. in anerkannten Werkstätten für behinderte Menschen Beschäftigte,
5. nach dem Jugendfreiwilligendienstegesetz Beschäftigte,
6. Personen, die wegen ihrer wirtschaftlichen Unselbständigkeit als arbeitnehmerähnliche Personen anzusehen sind; zu diesen gehören auch die in Heimarbeit Beschäftigten und die ihnen Gleichgestellten,
7. Bewerberinnen und Bewerber für ein Beschäftigungsverhältnis sowie Personen, deren Beschäftigungsverhältnis beendet ist,
8. Beamtinnen, Beamte, Richterinnen und Richter des Bundes, Soldatinnen und Soldaten sowie Zivildienstleistende.

Übersicht		Rdn.			Rdn.
A.	Personenbezogene Daten	1	G.	Datenübermittlung	7
B.	Betroffener	2	H.	Datenlöschung	8
C.	(Nicht) Automatisierte Verarbeitung	3	I.	Datensperrung	9
D.	Datenerhebung	4	J.	Datennutzung	10
E.	Datenspeicherung	5	K.	Beschäftigte	11
F.	Datenveränderung	6			

1   **A. Personenbezogene Daten.**   Für das BDSG sind personenbezogene Daten nur Einzelangaben über persönliche oder sachliche Verhältnisse einer bestimmten oder bestimmbaren natürlichen Person. Ein v der Verf gewährleisteter Datenschutz kann evtl weitergehen und auch Angaben über juristische Personen und Personengesellschaften vor einer Verwendung schützen, die die Ausübung der wirtschaftlichen Tätigkeit dieser Personen gefährdet (vgl VerfG Rh-Pf, 13.3.2014, B 0035/12). Unter Einzelangaben über **persönliche Verhältnisse** versteht man alle Angaben, die der Identifizierung und Beschreibung des Betroffenen dienen (zB Namen, Anschrift, Geburtsdatum, Familienstand, Staatsangehörigkeit, Konfession, Beruf, Ausbildungsstand, Leistungen und Arbeitsverhalten, vgl Stellungnahme 4/2007, Art 29-Datenschutzgruppe, WP 136 v 20.7.2007). Einzelangaben über **sachliche Verhältnisse** sind alle Angaben über einen auf den Betroffenen beziehbaren Sachverhalt wie zB Informationen über Telefongespräche mit Dritten (BAG 27.5.1968, 1 ABR 48/84, EzA § 87 BetrVG 1972 Kontrolleinrichtung Nr 16; 13.1.1987, 1 AZR 267/85, EzA § 87 BetrVG 1972 Kontrolleinrichtung Nr 17). Die Frage ob ein Datum schon dann ein personenbezogenes Datum darstellt, wenn ein Dritter über das zur Identifizierung des Betroffenen erforderliche Zusatzwissen verfügt, die verantwortliche Stelle aber nicht, ist derzeit Gegenstand einer Vorlage beim EuGH (BGH 28.10.2014, VI ZR 135/13).

B. Betroffener. Dies ist die Person, deren Persönlichkeitsrecht geschützt wird und von deren Einwilligung 2
zB die Zulässigkeit einer Verarbeitung abhängt. Obwohl der Bezug eines Datums zu mehreren Personen
gegeben sein kann, geht das Gesetz davon aus, dass in aller Regel ein – und nur ein – Betroffener in Aktion
tritt. Soweit Daten einer anderen Person oder Sachdaten gerade dazu dienen, die Verhältnisse einer Person
zu beschreiben, sind sie daher als personenbezogene Daten nur dieser Person zu werten (Simitis/*Dammann*
§ 3 Rn 20). Gibt ein AN an, dass im Notfall eine namentlich bezeichnete Person zu benachrichtigen ist, so
ist der AN, nicht aber die Person Betroffener, da sich nur mittelbar ergibt, dass sie das Vertrauen des AN
genießt. Stellt die verantwortliche Stelle diese Daten aber in einen anderen Kontext, so werden sie dadurch
zu personenbezogenen Daten auch der anderen Person.

C. (Nicht) Automatisierte Verarbeitung. Eine automatisierte Verarbeitung liegt vor, wenn sie unter Ein- 3
satz von **DV-Anlagen** durchgeführt wird; eine strukturierte Erhebung, Verarbeitung oder Nutzung ist nicht
erforderlich. Für die nicht automatisierte Verarbeitung ist der Begriff **Datei** von Bedeutung. Dateien (zB
Karteien) iSd § 3 I liegen vor, wenn sie gleichartig aufgebaut sind, wenn also eine **systematische Erfassung**
möglich ist. Erforderlich ist, dass die Datensammlung nach bestimmten Merkmalen zugänglich ist und
ausgewertet werden kann (MünchArbR/*Reichold* § 88 Rn 16). Sie muss sich physisch in eine **lineare Reihenfolge** bringen lassen und auch nach einem anderen Kriterium ausgewertet werden können. Dies ist bei
manuell geführten Personalakten grds nicht der Fall. Etwas anderes gilt aber dann, wenn es sich um alphabetisch geordnete Karteikarten handelt (ErfK/*Franzen* § 27 Rn 1).

D. Datenerhebung. Gemeint ist gem § 3 III die (insb mündliche oder schriftliche) **Beschaffung** von 4
Daten über den Betroffenen. Dies kann sowohl unter Mitwirkung des Betroffenen als auch durch eine
systematische Auswertung und Verknüpfung vorhandener Datenbestände geschehen (MünchArbR/*Reichold*
§ 88 Rn 31).

E. Datenspeicherung. Dies ist gem § 3 IV Nr 1 das **Speichern, Erfassen, Aufnehmen oder Aufbewahren** 5
personenbezogener Daten auf einem Datenträger zum Zwecke der weiteren Verarbeitung oder Nutzung. Datenträger ist jedes Medium, das Informationen zur späteren Wahrnehmung aufnehmen kann. Unerheblich ist, ob
die Daten **schriftlich** oder **mittels Aufnahmetechniken** wie CD, Tonband, Film oder Video aufbewahrt werden.

F. Datenveränderung. Erfasst ist gem § 3 IV Nr 2 das **inhaltliche Umgestalten**, wie zB eine Kontextver- 6
änderung oder starke Verkürzungen, nicht aber lediglich eine Veränderung der äußeren Form der personenbezogenen Daten.

G. Datenübermittlung. Dies ist gem § 3 IV Nr 3 das bewusste **Bekanntgeben** von Daten an einen Drit- 7
ten. Der Empfänger muss dabei nicht konkret bestimmt sein, ausreichend ist zB ein Aushang am Schwarzen
Brett (*HIM* Nr 32 v 12.1.1994). Dritter ist gem § 3 VIII 2 jede Person oder Stelle **außerhalb** der verantwortlichen Stelle (vgl § 2 Rdn 2). Übermittlung ist auch die Weitergabe an Dritte und die Bekanntgabe
an einen Dritten durch Einsichtnahme bzw der Abruf von hierfür bereitgehaltenen Daten, nicht aber das
bloße Bereithalten zum Abruf (vgl § 10). An einer Datenübermittlung fehlt es, wenn zB Heimarbeiter, freie
Mitarbeiter, Praktikanten, entsandte AN, Leih-AN oder ähnlich in die verantwortliche Stelle eingegliederte
und auf das Datengeheimnis verpflichtete Personen, Daten nur nach Weisungen der verantwortlichen Stelle
verarbeiten. Für Mitglieder von Organen der verantwortlichen Stelle gilt grds dasselbe (Simitis/*Dammann*
§ 3 Rn 238). Nimmt eine Person Funktionen sowohl der verantwortlichen Stelle als auch eines Dritten
wahr, dürfen diese Funktionskreise nicht verwischt werden (Simitis/*Dammann* § 3 Rn 237). Gehören zu
einer verantwortlichen Stelle mehrere Betriebe, Filialen oder andere rechtl unselbstständige Zweigstellen,
so sind sie untereinander nicht Dritte (Simitis/*Dammann* § 3 Rn 233). Unter Berufung auf die Mitglieder
des Düsseldorfer Kreises geht die hess Aufsichtsbehörde allerdings davon aus, dass die Datenweitergabe an
unselbstständige Zweigstellen als Datenübermittlung anzusehen ist, wenn diese sich außerhalb des EWR
befinden (Hess, LT-Drs 15/4659, S 14; vgl auch Simitis/*Simitis* § 4b Rn 46).
An einer Datenübermittlung fehlt es, wenn Daten iR einer **Auftrags-DV** innerhalb des EWR weitergegeben
werden, da der Auftragsdatenverarbeiter dann ausnahmsweise kein Dritter ist (§ 3 VIII). Werden Daten zur
Auftrags-DV allerdings an einen Empfänger außerhalb des EWR weitergegeben, liegt grds eine Übermittlung vor, da der Empfänger in diesem Fall Dritter ist.
Gehen Daten im Vollzug einer Verschmelzung nach dem **UmwG** oder bei einer (partiellen) **Gesamtrechtsnachfolge** über, wie etwa bei einer Aufspaltung, Abspaltung und Ausgliederung, so liegt darin keine
Übermittlung (Simitis/*Dammann* § 3 Rn 144). Ebenso fehlt es an einer Übermittlung, wenn lediglich die
Anteile an der juristischen Person verkauft werden, zu der die verantwortliche Stelle gehört (sog »**Share
Deal**«). Geht dagegen das Beschäftigungsverhältnis und mit ihm die Daten durch Rechtsgeschäft über (sog

§ 4 BDSG Zulässigkeit der Datenerhebung, -verarbeitung und -nutzung

»Asset Deal«), liegt eine Übermittlung vor und § 32 findet Anwendung (*Gola/Wronka* Rn 1232). Dies gilt auch dann, wenn das Beschäftigungsverhältnis zusammen mit einem Betrieb oder Betriebsteil übergeht. § 613a BGB verdrängt die datenschutzrechtlichen Vorschriften nach überwiegender Meinung nicht (vgl *Däubler* Rn 489b). Werden Daten bereits im Vorfeld eines Unternehmenskaufs, etwa iR einer **Due Diligence**, zugänglich gemacht, stellt dies ebenfalls eine Übermittlung dar. Die Zulässigkeit der Übermittlung beurteilt sich in diesem Fall nach § 28 I 1 Nr 2 (vgl *HIM* Nr 38 v 18.1.2000, Abschn A) (s § 28 Rdn 5). Eine Übermittlung der Daten kann auch dadurch erfolgen, dass die weitergebende Stelle mit dem Empfänger vereinbart, die in ihrem Besitz befindlichen Daten künftig in dessen Auftrag zu verarbeiten (*Simitis/Dammann* § 3 Rn 147). Dies wird insb dann der Fall sein, wenn bei der Veräußerung eines Unternehmensteils ein Teil der Mitarbeiter mit übergeht aber die Systeme zu deren Personalverwaltung übergangsweise noch vom Veräußerer für den Erwerber betrieben werden (»**Transitional Services**«).

8 **H. Datenlöschung** Dies beinhaltet gem § 3 IV Nr 5 das **Unkenntlichmachen** gespeicherter personenbezogener Daten, etwa durch physische Vernichtung des Datenträgers oder Unlesbarmachen durch Überschreiben, Übermalen. Nicht ausreichend ist ein Durchstreichen oder Überkleben.

9 **I. Datensperrung** Gemeint ist gem § 3 IV Nr 4 das entspr **Kennzeichnen** gespeicherter Daten, um ihre weitere Verarbeitung oder Nutzung einzuschränken, wobei die Daten aber gespeichert bleiben (*Gola/Schomerus* § 3 Rn 38 f).

10 **J. Datennutzung** Dies ist gem § 3 V **jede Verwendung** personenbezogener Daten, soweit es sich nicht um Verarbeitung handelt. Unter diesen **Auffangtatbestand** fällt auch der gesamte betriebsinterne Datenfluss wie zB der Informationsaustausch mit der Mitarbeitervertretung (*Gola/Wronka* Rn 936).

11 **K. Beschäftigte** Die Legaldefinition des Beschäftigtenbegriffs in § 3 XI wurde anlässlich der Einfügung des § 32 aufgenommen und bestimmt abschließend den personellen Geltungsbereich dieser Norm (§ 32 Rdn 4). Laut Gesetzesbegr ist der Begriff nicht identisch mit dem im Sozialversicherungsrecht verwendeten Begriff des Beschäftigungsverhältnis (BT-Drs 16/13657 S 17).

§ 3a Datenvermeidung und Datensparsamkeit

¹Die Erhebung, Verarbeitung und Nutzung personenbezogener Daten und die Auswahl und Gestaltung von Datenverarbeitungssystemen sind an dem Ziel auszurichten, so wenig personenbezogene Daten wie möglich zu erheben, zu verarbeiten oder zu nutzen. ²Insbesondere sind personenbezogene Daten zu anonymisieren oder zu pseudonymisieren, soweit dies nach dem Verwendungszweck möglich ist und keinen im Verhältnis zu dem angestrebten Schutzzweck unverhältnismäßigen Aufwand erfordert.

1 § 3a enthält den Grds der Datenvermeidung und Datensparsamkeit. Soweit es bezogen auf den Verwendungszweck technisch möglich und nicht unverhältnismäßig ist, sollen personenbezogene Daten möglichst anonymisiert (§ 3 VI) oder pseudonymisiert (§ 3 VIa) verwendet werden. Diese Zielvorgabe gilt nicht nur bei der Auswahl und Gestaltung von DV-Systemen sondern generell bei der Verwendung personenbezogener Daten. Eine Anonymisierung liegt schon dann vor, wenn Einzelangaben über persönliche oder sachliche Verhältnisse nur mit einem unverhältnismäßig großen Aufwand an Zeit, Kosten und Arbeitskraft einer bestimmten oder bestimmbaren natürlichen Person zugeordnet werden können, sog faktische Anonymisierung (vgl § 3 VI). Wird die Bestimmbarkeit der betroffenen Person vollst aufgehoben, handelt es sich nicht mehr um personenbezogene Daten iSd § 1 I, sog echte Anonymisierung. Auf diese Daten findet das BDSG keine Anwendung (*Simitis/Dammann* § 3 Rn 23).

§ 4 Zulässigkeit der Datenerhebung, -verarbeitung und -nutzung

(1) Die Erhebung, Verarbeitung und Nutzung personenbezogener Daten sind nur zulässig, soweit dieses Gesetz oder eine andere Rechtsvorschrift dies erlaubt oder anordnet oder der Betroffene eingewilligt hat.
(2) ¹Personenbezogene Daten sind beim Betroffenen zu erheben. ²Ohne seine Mitwirkung dürfen sie nur erhoben werden, wenn
1. eine Rechtsvorschrift dies vorsieht oder zwingend voraussetzt oder
    a) die zu erfüllende Verwaltungsaufgabe ihrer Art nach oder der Geschäftszweck eine Erhebung bei anderen Personen oder Stellen erforderlich macht oder
    b) die Erhebung beim Betroffenen einen unverhältnismäßigen Aufwand erfordern würde
und keine Anhaltspunkte dafür bestehen, dass überwiegende schutzwürdige Interessen des Betroffenen beeinträchtigt werden.

(3) ¹Werden personenbezogene Daten beim Betroffenen erhoben, so ist er, sofern er nicht bereits auf andere Weise Kenntnis erlangt hat, von der verantwortlichen Stelle über
1. die Identität der verantwortlichen Stelle,
2. die Zweckbestimmungen der Erhebung, Verarbeitung oder Nutzung und
3. die Kategorien von Empfängern nur, soweit der Betroffene nach den Umständen des Einzelfalles nicht mit der Übermittlung an diese rechnen muss,

zu unterrichten. ²Werden personenbezogene Daten beim Betroffenen aufgrund einer Rechtsvorschrift erhoben, die zur Auskunft verpflichtet, oder ist die Erteilung der Auskunft Voraussetzung für die Gewährung von Rechtsvorteilen, so ist der Betroffene hierauf, sonst auf die Freiwilligkeit seiner Angaben hinzuweisen. ³Soweit nach den Umständen des Einzelfalles erforderlich oder auf Verlangen, ist er über die Rechtsvorschrift und über die Folgen der Verweigerung von Angaben aufzuklären.

Übersicht	Rdn.			Rdn.
A. Verbot mit Erlaubnisvorbehalt	1	B.	Direkterhebungsgrundsatz	4
I. Andere Rechtsvorschriften	2	C.	Informationspflichten	5
II. Erlaubnisnorm	3			

A. Verbot mit Erlaubnisvorbehalt. § 4 I regelt ein Verbot mit Erlaubnisvorbehalt. Es stellt jeden Umgang mit personenbezogenen Daten unter den Vorbehalt, dass der Betroffene einwilligt (§ 4a) oder dass das BDSG oder eine andere Rechtsvorschrift dies erlaubt oder anordnet. Diese Bedingung besteht für **jede Phase** der Erhebung, Verarbeitung und Nutzung (*Gola/Schomerus* § 4 Rn 5). Nicht rechtsmäßig erhobene Daten dürfen nicht verwendet werden. Dies gilt zB für Daten, die der AG unter Verletzung der Grenzen des Fragerechts (vgl Art 2 GG Rdn 28 und § 611 BGB Rdn 68 ff.) erhebt. 1

I. Andere Rechtsvorschriften. § 1 III regelt die formelle Subsidiarität des BDSG. § 4 I bezieht sich daneben nur auf sonstige Normen, wie Vorschriften der Länder oder andere Erlaubnisnormen, zB in TV, BV sowie den Spruch der Einigungsstelle (BAG 26.8.2008, 1 ABR 16/07; 27.5.1986, 1 ABR 48/84, EzA § 87 BetrVG 1972 Kontrolleinrichtung Nr 16; 20.12.1995, 7 ABR 8/95, EzA § 58 BetrVG 1972 Nr 1; str, vgl Simitis/*Scholz/Sokol* § 4 Rn 17). Klarstellend wollte der RegE zum Beschäftigtendatenschutz (BT-Drs 17/4230) nun zumindest BV und DV ausdrücklich als Erlaubnisnormen aufführen. Ausländische Rechtsvorschriften (zB US Discovery Rules – vgl Stellungnahme 1/2009, Art 29-Datenschutzgruppe, WP 158, 11 v 11.2.2009 oder die Gesetzgebung zum US Patriot Act) stellen grds keine anderen Rechtsvorschriften iSd Vorschrift dar, sie können aber bei der Interessenabwägung des § 28 I 1 Nr 2 zu berücksichtigen sein (zu restriktiv *Becker/Nikolaeva* CR 2012 170 f, die lediglich § 28 II 1 Nr 2 prüfen und deshalb nicht zu einer Interessenabwägung kommen, § 28 Rdn 8). 2

II. Erlaubnisnorm. Aufgrund einer Rechtsvorschrift, die zum Umgang mit personenbezogenen Daten verpflichtet, können diese nur verwendet werden, wenn die Norm dies ausdrücklich **für zulässig erklärt oder anordnet**. Dabei müssen **Datenarten** und **Verarbeitungszweck** explizit genannt sein oder sich jedenfalls aus dem gesetzlichen Kontext ergeben (Simitis/*Scholz/Sokol* § 4 Rn 14). Unbeachtlich ist, ob die Erlaubnisnorm das **Schutzniveau** des BDSG erreicht oder dahinter zurückbleibt, was auch für Regelungen in TV, BV, Einigungsstellensprüche und Dienstvereinbarungen gilt (zulässig nach BAG 27.5.1986, 1 ABR 48/84, EzA § 87 BetrVG 1972 Kontrolleinrichtung Nr 16; *Gola/Schomerus* § 4 Rn 7; str Taeger/Gabel-*Taeger* § 4 BDSG Rn 38 ff). In jedem Fall muss die Erlaubnisnorm den allg Anforderungen der Verhältnismäßigkeit genügen. Sie darf daher Eingriffe unterhalb des Schutzniveaus des BDSG in jeden Fall nur zulassen, wenn dies geeignet, erforderlich und unter Berücksichtigung der durch das BDSG geschützten allg Persönlichkeitsrechte angemessen ist, um einen rechtl gebilligten Zweck zu erreichen (BAG 26.8.2008, 1 ABR 16/07). Es ist auch möglich, dass Rechtsvorschriften **strengere Anforderungen** als das BDSG enthalten. So können sich strengere **Schweige- und Geheimhaltungsgebote** zB aus § 8 I 3 ASiG, § 79 BetrVG, § 39b I EStG, §§ 19, 21 I GenDG, § 130 SGB IX, § 203 StGB, § 17 UWG ergeben oder in TV, BV und Dienstvereinbarung vereinbart werden. 3

B. Direkterhebungsgrundsatz. § 4 II normiert den Grundsatz der Direkterhebung. Personenbezogene Daten des Betroffenen dürfen daher nur unter den in § 4 II 2 genannten Ausnahmefällen ohne seine Mitwirkung erhoben werden, und wenn gleichzeitig keine Anhaltspunkte dafür ersichtlich sind, dass überwiegende schutzwürdige Interessen des Betroffenen beeinträchtigt werden. § 28 I 1 Nr 3 erlaubt zB grds eine Datenerhebung aus allg zugänglichen Quellen (zur Erhebung von Bewerberdaten aus sozialen Netzwerken und Internetsuchmaschinen, s § 32 Rdn 9). 4

5 **C. Informationspflichten.** § 4 III gilt nur bei Erhebung beim Betroffenen selbst (zu weiteren Informationspflichten s § 33 Rdn 1). Die Unterrichtung soll eine informierte Entsch und damit ggf einen effektiven Rechtsschutz für den Betroffenen ermöglichen (*Ehmann/Helfrich* Art 10 Rn 2, 5).

§ 4a Einwilligung

(1) ¹Die Einwilligung ist nur wirksam, wenn sie auf der freien Entscheidung des Betroffenen beruht. ²Er ist auf den vorgesehenen Zweck der Erhebung, Verarbeitung oder Nutzung sowie, soweit nach den Umständen des Einzelfalles erforderlich oder auf Verlangen, auf die Folgen der Verweigerung der Einwilligung hinzuweisen. ³Die Einwilligung bedarf der Schriftform, soweit nicht wegen besonderer Umstände eine andere Form angemessen ist. ⁴Soll die Einwilligung zusammen mit anderen Erklärungen schriftlich erteilt werden, ist sie besonders hervorzuheben.
(2) ¹Im Bereich der wissenschaftlichen Forschung liegt ein besonderer Umstand im Sinne von Absatz 1 Satz 3 auch dann vor, wenn durch die Schriftform der bestimmte Forschungszweck erheblich beeinträchtigt würde. ²In diesem Fall sind der Hinweis nach Absatz 1 Satz 2 und die Gründe, aus denen sich die erhebliche Beeinträchtigung des bestimmten Forschungszwecks ergibt, schriftlich festzuhalten.
(3) Soweit besondere Arten personenbezogener Daten (§ 3 Abs. 9) erhoben, verarbeitet oder genutzt werden, muss sich die Einwilligung darüber hinaus ausdrücklich auf diese Daten beziehen.

Übersicht	Rdn.		Rdn.
A. Einwilligung..................	1	B. Schriftform..................	4

1 **A. Einwilligung.** Eine Einwilligung ist die **vorherige Zustimmung** des Betroffenen (vgl § 183 BGB). Vorausgesetzt wird keine **Geschäftsfähigkeit**, sondern lediglich **Einwilligungsfähigkeit**, die bereits vorliegt, wenn der Betroffene fähig ist, die Tragweite seiner Entsch zu erkennen. Die wirksame Einwilligung setzt grds voraus, dass dem Betroffenen die Kategorien der zu verarbeitenden Daten, die Kategorien der Empfänger und die Zwecke der DV bekannt sind. Eine Einwilligung, die diesen Anforderungen nicht genügt, ist idR **nicht wirksam** (Simitis/*Simitis* § 4a Rn 76).

2 Für den Grad der erforderlichen Spezifizierung gilt der **Grds der Verhältnismäßigkeit**. Liegt beim Empfänger kein adäquates Datenschutzniveau vor, muss auch darüber informiert werden; weitere Informationen (über die genaue Firma und die Adresse des Empfängers) erübrigen sich in diesem Fall. Wird das adäquate Datenschutzniveau beim Empfänger mittels Vertragslösung hergestellt, muss der Empfänger identifizierbar sein (etwa als Konzernunternehmen). Zusätzlich sind Firma und Adresse des Ansprechpartners im Inland mitzuteilen. Über den Verarbeitungszweck muss in einer für den Betroffenen verständlichen Weise informiert werden (zB Personalverwaltung, Spesenabrechnung). Welche Zwecke iE verfolgt werden, muss nur dann gesondert mitgeteilt werden, wenn diese nicht offensichtlich mit umfasst sind. Wenn bspw ein Dritter Daten nicht nur für die Verwaltung und Zuteilung von Aktienoptionen sondern auch zum eigenen Direktmarketing für andere Finanzprodukte erhalten soll.

3 Die Einwilligung muss **frei von Zwang und Willensmängeln** abgegeben werden (*Gola/Schomerus* § 4a Rn 22). An der erforderlichen freien Entsch kann es zB fehlen, »wenn die Einwilligung in einer Situation wirtschaftlicher oder sozialer Schwäche oder Unterordnung erteilt wird oder wenn der Betroffene durch übermäßige Anreize finanzieller oder sonstiger Natur zur Preisgabe seiner Daten verleitet wird.« (so BGH 16.7.2008, VIII ZR 348/06, MMR 2008, 731, 733 mwN – Payback). Die Einwilligung soll dann in Anspruch genommen werden, wenn der Beschäftigte eine echte Wahl hat und seine Einwilligung später ohne Nachteile widerrufen kann (Stellungnahme 8/2001, Art 29-Datenschutzgruppe, WP 48, 3 v 13.9.2001). Ob Einwilligung tatsächlich jederzeit für die Zukunft widerrufen werden kann, ist durch Abwägung der jeweiligen Interessen im Einzelfall zu ermitteln. (BAG 19.2.2015, 8 AZ 1011/13). Im Arbeitsverhältnis scheidet die Einwilligung idR als Rechtsgrundlage aus (Arbeitspapier, Art 29 Datenschutzgruppe, WP 114, 13 v 25.11.2005), wobei sie, insb unter hohen Anforderungen an die Transparenz auch im Arbeitsverhältnis nicht grundsätzlich ausgeschlossen ist (BAG 11.12.2014, 8 AZR 1010/13; *Wybitul* ZD 2015, 453). Dies gilt zumindest dann, wenn es um personenbezogene Daten geht, die der AG zwangsläufig zur Durchführung des Beschäftigungsverhältnisses verarbeiten muss. Die Verarbeitung von Daten, deren Sammeln die Grenzen des **Fragerechts des AG** überschreitet (vgl § 4 Rdn 1), verstößt gegen das Datenschutzrecht und kann nicht durch Einholung einer Einwilligung legitimiert werden (*Gola/Schomerus* § 4a Rn 22a). Im Fall **sensitiver Daten**, muss sich die Vorstellung des Betroffenen **konkret** auf den Inhalt dieser Daten beziehen.

B. Schriftform. Die Einwilligung muss grds schriftlich erfolgen (vgl § 126 BGB). Ist dies nicht der Fall, 4
ist sie idR unwirksam.

§ 4b Übermittlung personenbezogener Daten ins Ausland sowie an über- oder zwischenstaatliche Stellen

(1) Für die Übermittlung personenbezogener Daten an Stellen
1. in anderen Mitgliedstaaten der Europäischen Union,
2. in anderen Vertragsstaaten des Abkommens über den Europäischen Wirtschaftsraum oder
3. der Organe und Einrichtungen der Europäischen Gemeinschaften

gelten § 15 Abs. 1, § 16 Abs. 1 und §§ 28 bis 30a nach Maßgabe der für diese Übermittlung geltenden Gesetze und Vereinbarungen, soweit die Übermittlung im Rahmen von Tätigkeiten erfolgt, die ganz oder teilweise in den Anwendungsbereich des Rechts der Europäischen Gemeinschaften fallen.
(2) ¹Für die Übermittlung personenbezogener Daten an Stellen nach Absatz 1, die nicht im Rahmen von Tätigkeiten erfolgt, die ganz oder teilweise in den Anwendungsbereich des Rechts der Europäischen Gemeinschaften fallen, sowie an sonstige ausländische oder über- oder zwischenstaatliche Stellen gilt Absatz 1 entsprechend. ²Die Übermittlung unterbleibt, soweit der Betroffene ein schutzwürdiges Interesse an dem Ausschluss der Übermittlung hat, insbesondere wenn bei den in Satz 1 genannten Stellen ein angemessenes Datenschutzniveau nicht gewährleistet ist. ...
(3) Die Angemessenheit des Schutzniveaus wird unter Berücksichtigung aller Umstände beurteilt, die bei einer Datenübermittlung oder einer Kategorie von Datenübermittlungen von Bedeutung sind; insbesondere können die Art der Daten, die Zweckbestimmung, die Dauer der geplanten Verarbeitung, das Herkunfts- und das Endbestimmungsland, die für den betreffenden Empfänger geltenden Rechtsnormen sowie die für ihn geltenden Standesregeln und Sicherheitsmaßnahmen herangezogen werden.
(4) ...
(5) Die Verantwortung für die Zulässigkeit der Übermittlung trägt die übermittelnde Stelle.
(6) Die Stelle, an die die Daten übermittelt werden, ist auf den Zweck hinzuweisen, zu dessen Erfüllung die Daten übermittelt werden.

Übersicht	Rdn.		Rdn.
A. Innereuropäische Datenübermittlung	1	C. Adäquates Datenschutzniveau	5
B. Datenübermittlung in Drittstaaten	2		

A. Innereuropäische Datenübermittlung. Diese ist gem § 4b I 1 der inländischen Datenübermittlung 1
gleichgestellt.

B. Datenübermittlung in Drittstaaten. Bei der Datenübermittlung an Stellen außerhalb der EG und 2
des EWR gelten die bes Anforderungen der §§ 4b, 4c. Diese sind zusätzlich zu den Anforderungen für die Datenübermittlung der §§ 28–30a und § 32 zu beachten. Ein Verweis auf § 32 fehlt. Insoweit dürfte es sich aber um ein Redaktionsversehen handeln. Der Übermittlungstatbestand umfasst jede Weitergabe von Daten an einen Empfänger außerhalb des EWR, der Dritter iSv § 3 IV Nr 3 iVm § 3 VIII ist. Dies gilt auch soweit in diesem Zusammenhang umgangssprachlich von einer Auftrags-DV gesprochen wird. In diesem Fall greift weder die Privilegierung der Weitergabe gem § 3 VIII, noch muss die Vereinbarung zwischen den Parteien den Anforderungen des § 11 genügen (Taeger/Gabel-*Gabel* § 11 BDSG Rn 25). Soweit § 4b II 1 iVm § 4b I die Übermittelung von Daten zu Verarbeitung außerhalb des EWR zulässt, verlangt der Gesetzgeber die Prüfung der §§ 28 ff und sieht keine dem § 3 VIII oder dem § 11 vergleichbare Regelung vor. Dennoch wird vereinzelt verlangt, dass die Anforderungen des § 11 einzuhalten sind, wenn eine Stelle außerhalb des EWR Daten im Auftrag verwenden soll. Teilw wird dies schlicht damit begründet, dass es wünschenswert sei, eine Auftrags-DV auch mit Vertragspartnern außerhalb des EWR etablieren zu können. Hier bleibt aber der Gesetzgeber gefordert, die Auftragsdatenverarbeitung in von der Kommission anerkannten sicheren Drittstaaten mit der Auftragsdatenverarbeitung innerhalb der EU und dem EWR gleichzustellen (eine entspr Regelung befand sich im entfallenen Gesetzentwurf zur Regelung des Beschäftigtendatenschutzgesetzes, § 3 VIII 3 BT-Drs 17/4230). Zweifellos kann die Selbstverpflichtung eines Empfängers, der außerhalb des EWR Daten empfängt, sich wie ein Auftragsdatenverarbeiter iSv § 11 zu verhalten, neben anderen Umständen der Zusammenarbeit iR der Interessenabwägung (§ 28 I 1 Nr 2) Berücksichtigung finden. Soweit aber eine Vereinbarung den Anforderungen des § 11 nicht genügt, bedeutet dies noch nicht, dass der AG

möglicherweise schutzwürdige AN-Interessen verletzt oder Zweifel an der Zuverlässigkeit des Empfängers iS der Abwägung unter § 28 I 1 Nr 2 begründet sind.
Die Prüfung erfolgt in 2 Stufen (s Beschl der obersten Aufsichtsbehörden im nicht-öffentl Bereich – Düsseldorfer Kreis am 11./12.9.2013):

3 In der **1. Stufe** wird die Zulässigkeit der Übermittlung nach den allg Vorschriften gem §§ 4, 28–30a, § 32 geprüft, wobei für die Zwecke der Prüfung der Drittstaatenbezug der Übermittlung außer Betracht bleibt.

4 In der **2. Stufe** wird geprüft, ob eine Ausnahme gem § 4c vorliegt und ob die Übermittlung sonst gem § 4b II zu unterbleiben hat. Eine Übermittlung ist trotz Drittstaatenbezugs möglich, wenn sie die Aufsichtsbehörde speziell oder ihrer Art nach (§ 4c II) ausdrücklich genehmigt hat. IÜ ist von der übermittelnden Stelle in eigener Verantwortung (§ 28 V) zu prüfen, ob ein schutzwürdiges Interesse des Betroffenen an einem Ausschluss der Übermittlung besteht. Die Interessenprüfung entspricht inhaltlich der Prüfung berechtigter Interessen gem § 28 I 1 Nr 2, wobei einzelne Datenschutzbehörden den Abschluss eines zusätzlichen Vertrages zwischen Datenexporteur und Datenimporteur für erforderlich halten. Es kann daher zu Prüfungsüberschneidungen zwischen Stufe 1 und Stufe 2 kommen. Entgegenstehende Interessen der Betroffenen können sich insb daraus ergeben, dass beim Empfänger kein adäquates Datenschutzniveau gegeben ist. Die Übermittlung ist idR zulässig, wenn eine Übermittlung im Inland zulässig wäre und ein angemessenes Schutzniveau beim Empfänger gewährleistet ist. Einer Ausnahme gem § 4c bedarf es dann nicht.

5 **C. Adäquates Datenschutzniveau.** Bei der Bewertung der Frage, ob ein angemessenes Datenschutzniveau vorliegt, sind verbindliche Unternehmensregelungen und Verträge zwischen der übermittelnden Stelle und dem Empfänger zu beachten. Dies gilt auch, wenn die Aufsichtsbehörde diese noch nicht geprüft hat (s auch § 4c Rdn 2).

§ 4c Ausnahmen

(1) ¹Im Rahmen von Tätigkeiten, die ganz oder teilweise in den Anwendungsbereich des Rechts der Europäischen Gemeinschaften fallen, ist eine Übermittlung personenbezogener Daten an andere als die in § 4b Abs. 1 genannten Stellen, auch wenn bei ihnen ein angemessenes Datenschutzniveau nicht gewährleistet ist, zulässig, sofern

1. der Betroffene seine Einwilligung gegeben hat,
2. die Übermittlung für die Erfüllung eines Vertrags zwischen dem Betroffenen und der verantwortlichen Stelle oder zur Durchführung von vorvertraglichen Maßnahmen, die auf Veranlassung des Betroffenen getroffen worden sind, erforderlich ist,
3. die Übermittlung zum Abschluss oder zur Erfüllung eines Vertrags erforderlich ist, der im Interesse des Betroffenen von der verantwortlichen Stelle mit einem Dritten geschlossen wurde oder geschlossen werden soll,
4. die Übermittlung für die Wahrung eines wichtigen öffentlichen Interesses oder zur Geltendmachung, Ausübung oder Verteidigung von Rechtsansprüchen vor Gericht erforderlich ist,
5. die Übermittlung für die Wahrung lebenswichtiger Interessen des Betroffenen erforderlich ist oder
6. die Übermittlung aus einem Register erfolgt, das zur Information der Öffentlichkeit bestimmt ist und entweder der gesamten Öffentlichkeit oder allen Personen, die ein berechtigtes Interesse nachweisen können, zur Einsichtnahme offen steht, soweit die gesetzlichen Voraussetzungen im Einzelfall gegeben sind.

²Die Stelle, an die die Daten übermittelt werden, ist darauf hinzuweisen, dass die übermittelten Daten nur zu dem Zweck verarbeitet oder genutzt werden dürfen, zu dessen Erfüllung sie übermittelt werden.
(2) ¹Unbeschadet des Absatzes 1 Satz 1 kann die zuständige Aufsichtsbehörde einzelne Übermittlungen oder bestimmte Arten von Übermittlungen personenbezogener Daten an andere als die in § 4b Abs. 1 genannten Stellen genehmigen, wenn die verantwortliche Stelle ausreichende Garantien hinsichtlich des Schutzes des Persönlichkeitsrechts und der Ausübung der damit verbundenen Rechte vorweist; die Garantien können sich insbesondere aus Vertragsklauseln oder verbindlichen Unternehmensregelungen ergeben. ²Bei den Post- und Telekommunikationsunternehmen ist die oder der Bundesbeauftragte für den Datenschutz und die Informationsfreiheit zuständig. ³Sofern die Übermittlung durch öffentliche Stellen erfolgen soll, nehmen diese die Prüfung nach Satz 1 vor.
(3) Die Länder teilen dem Bund die nach Absatz 2 Satz 1 ergangenen Entscheidungen mit.

1 Ein angemessenes Schutzniveau (§ 4b III) und ausreichende Garantien (§ 4c II) setzen in gleicher Weise die Feststellung eines adäquaten Datenschutzniveaus beim Empfänger voraus. Dies liegt vor, wenn verbindliche

Regeln dem Betroffenen in materieller wie auch in prozessualer Hinsicht einen dem BDSG iW gleichwertigen Schutz zukommen lassen.

Die EU-Kommission hat für sog. **sichere Drittstaaten** (Andorra, Argentinien, Färöer, Guernsey, Israel, die Insel Man, Jersey, Kanada, Schweiz und Uruguay) das Vorliegen eines adäquaten Datenschutzniveaus festgestellt. Darüber hinaus hat die EU-Kommission entschieden, dass die Verwendung von EU-**Standardvertragsklauseln** (Beschl 2001/497/EG v 15.6.2001, Abl L 181 S 19, Standardvertragsklauseln für die Übermittlung personenbezogener Daten in Drittländer; Beschl 2004/915/EG v 27.12.2004, Abl L 385 S 74, Alternative Standardvertragsklauseln für die Übermittlung personenbezogener Daten in Drittländer und Beschl 2010/87/EU v 5.2.2010, Abl L 39 S 5, Standardvertragsklauseln für die Übermittlung personenbezogener Daten an Auftragsverarbeiter in Drittländer) Garantien bieten, die den Erfordernissen des § 4c zur Herstellung eines adäquaten Datenschutzniveaus genügen.

Im Okt 2015 hat der EuGH (EuGH 6.10.2015, C – 362/14) entschieden, dass die bis dahin allgemein anerkannten Grds des »sicheren Hafens« (**Safe Harbor**) kein angemessenes Datenschutzniveau beim Empfänger der Daten in den USA sicherstellen. Eine Übermittlung von Daten in die USA auf Grundlage der Safe-Harbor-Entscheidung (Beschl 200/520/EG , Abl L 115 S 14) ist nach dem Urteil des EuGH daher nicht mehr zulässig. Ob durch die EuGH Entscheidungen auch die Übermittlung von Daten in sichere Drittstaaten oder eine Übermittlung unter Verwendung der EU-Standardvertragsklauseln erschwert werden, bleibt abzuwarten. Im Sinne der Rechtssicherheit wäre dies nicht zu begrüßen (anders *Simitis/Simitis* § 4c Rn 66, der sich dafür ausspricht, dass die »Angemessenheitsliste« der sicheren Drittstaaten nur »Entscheidungshilfe, nicht aber Entscheidungsersatz« für nationale Aufsichtsbehörden sein sollte).

Die Artikel 29 Datenschutzgruppe (Erklärung v 16.10.2015) hat zunächst mitgeteilt, dass die Zulässigkeit dieser Übermittlungsmethoden überprüft u bis Ende Januar 2016 eine angemessene Lösung mit den USA gefunden werden solle u sie zumindest bis dahin noch genutzt werden dürfen. In einem Positionspapier der unabhängigen Datenschutzbehörden des Bundes u der Länder (Datenschutzkonferenz) v 26.10.2015 teilten diese mit, dass bis dahin keine weiteren Binding Corporate Rules und Datenexportverträge genehmigt werden sollen. Die verantwortliche Stellen wurden aufgefordert zu prüfen, ob die von ihnen abgeschlossenen Verträge gegen die Vorgaben des EuGH Urteils verstoßen, insbesondere ob sie ausländischen Behörden gestatten, generell auf Inhalte zuzugreifen oder ob sie eine Möglichkeit für den Betroffenen vorsehen mittels eines Rechtsbehelfs Zugang zu den ihn betreffenden personenbezogenen Daten zu erlangen oder ihre Berichtigung oder Löschung zu erwirken.

In ihrem Arbeitsprogramm für 2016 bis 2018 (WP 235 v 2.2.2016) hat die Artikel 29 Datenschutzgruppe zudem die Untergruppe für internationale Datenübermittlungen damit beauftragt, die Auswirkungen des Urteils v 6.10.2015 auf die Übermittlungsmethoden näher zu untersuchen.

Ein möglicher Nachfolger für das Safe-Harbor-Abkommen könnte nun das Abkommen zum so genannten **EU-US Privacy Shield** werden. Hierbei handelt sich um ein neues Abkommen, welches inhaltlich den Konsequenzen aus der Safe-Harbor-Entscheidung des EuGH Rechnung tragen soll. Die Europäische Kommission hat am 29.2.2016 einen Entwurf für das Abkommen veröffentlicht. Aus Sicht der Art 29-Datenschutzgruppe (WP 238 v 13.4.2016) stellt der Entwurf einen durchaus wichtigen Fortschritt dar. Allerdings sieht sie immer noch Anlass zu Bedenken u forderte die Kommission auf, sich diesem anzunehmen.

Außerdem haben die Datenschutzbehörden eine Vielzahl von **verbindlichen Unternehmensregeln** (Binding Corporate Rules) im Einzelfall genehmigt (vgl Simitis/*Simitis* § 4c Rn 59 f). Hinweise auf einige Verfahren und Grds, die bei dem Entwurf von Unternehmens-RL bedacht werden sollten, finden sich in den Arbeitsdokumenten (Art 29-Datenschutzgruppe, WP 74 v 3.6.2003, WP 107°v 14.4.2005, WP 108 v 14.4.2005, WP 133°v 10.1.2007, WP 153 v 24.6.2008, WP 154 v 24.6.2008, WP 155 rev.04°v 8.4.2009, WP 195 v 6.6.2012, WP 204 v 19.4.2013, WP 212 v 27.2.2014, WP 237 v 13.4.2016). Die in den Arbeitsdokumenten enthaltenen Anregungen sind aber weder abschließend noch sind sie für die Aufsichtsbehörden verbindlich.

Nr. 2 kann eine Übermittlung des AG von Daten eines AN an die im EWR-Ausland ansässige Konzernmutter etwa rechtfertigen, wenn der AN vertragsgemäß im EWR-Ausland eingesetzt werden soll oder wenn die Konzernmutter für den Kandidaten erkennbar über die Einstellung des AN entscheidet (*Gola/Schomerus* § 4c Rn 6.).

Nr. 3 betrifft Fälle in denen die Übermittlung zum Abschluss oder zur Durchführung eines Vertrages erforderlich ist, den der AG zum Vorteil des Betroffenen ohne dessen Beteiligung mit einem Dritten schließt. Die Übermittlung setzt einen engen und erheblichen Zusammenhang zwischen den Interessen des AN und den Zwecken des Vertrags voraus. Dieser ist zB gegeben, wenn der AG eine Mitarbeiterversicherung iS eines Vertrags zugunsten Dritter (§ 328 BGB) für seine Beschäftigten bei einer ausländischen Gesellschaft unterhält (*Gola/Schomerus* § 4c Rn 6). Bei der Verwaltung von Aktienoptionsplänen oder dem

Gehaltszahlungsmanagement durch eine ausländische Gesellschaft fordert die Art 29-Datenschutzgruppe allerdings, dass der AG den Weg einer Auftragsverarbeitung wählt, da ein enger und erheblicher Zusammenhang idR nicht gegeben sei (Art. 29 Datenschutzgruppe, WP 114 v 25.11.2005).

§ 4d Meldepflicht
[...]
(5) ¹Soweit automatisierte Verarbeitungen besondere Risiken für die Rechte und Freiheiten der Betroffenen aufweisen, unterliegen sie der Prüfung vor Beginn der Verarbeitung (Vorabkontrolle). ²Eine Vorabkontrolle ist insbesondere durchzuführen, wenn
1. besondere Arten personenbezogener Daten (§ 3 Abs. 9) verarbeitet werden oder
2. die Verarbeitung personenbezogener Daten dazu bestimmt ist, die Persönlichkeit des Betroffenen zu bewerten einschließlich seiner Fähigkeiten, seiner Leistung oder seines Verhaltens,

es sei denn, dass eine gesetzliche Verpflichtung oder eine Einwilligung des Betroffenen vorliegt oder die Erhebung, Verarbeitung oder Nutzung für die Begründung, Durchführung oder Beendigung eines rechtsgeschäftlichen oder rechtsgeschäftsähnlichen Schuldverhältnisses mit dem Betroffenen erforderlich ist.
(6) ¹Zuständig für die Vorabkontrolle ist der Beauftragte für den Datenschutz. Dieser nimmt die Vorabkontrolle nach Empfang der Übersicht nach § 4g Abs. 2 Satz 1 vor. ²Er hat sich in Zweifelsfällen an die Aufsichtsbehörde oder bei den Post- und Telekommunikationsunternehmen an die Bundesbeauftragte oder den Bundesbeauftragten für den Datenschutz und die Informationsfreiheit zu wenden.

1 Entstehen durch automatisierte Verarbeitungen besondere Risiken für die Rechte und Freiheiten der Betroffenen, so muss die datenschutzrechtliche Zulässigkeit der beabsichtigten Verfahren vor deren Inbetriebnahme überprüft werden (Simitis/*Petri* § 4d Rn 32). Die Aufzählung stellt keinen abschließenden Katalog dar, sondern enthält zwei Regelbeispiele. Unter Nr 2 fällt zB die Durchführung von Assessment-Centern bei Bewerbungsverfahren. V 2 enthält Ausnahmen von der Vorabkontrolle. Diese greifen allerdings nur bei einer Verarbeitung nach den Regelbeispielen iSd V 2, nicht bei sonstigen Fällen der Vorabkontrolle (Simitis/*Petri* § 4d Rn 34; aA Taeger/Gabel-*Scheja* § 4d BDSG Rn 67). Weitere Anwendungsfälle der Vorabkontrolle wurden iRd Neuregelung des Beschäftigtendatenschutzes diskutiert. So fanden sich entspr Regelungen im RegE (BT-Drs 17/4230).

2 VI regelt die Zuständigkeit für die Vorabkontrolle, er enthält allerdings keine konkreten Vorgaben für deren Durchführung. Der Datenschutzbeauftragte muss nach der Unterrichtung über automatisierte Verfahren hinreichend Zeit haben, eine Prüfung der Rechtmäßigkeit durchführen zu können. Der Prüfungsumfang umfasst eine mögl Verletzung des Rechts auf informationelle Selbstbestimmung der Beschäftigten, die Einhaltung von § 3a und § 9 sowie dessen Anlage (Taeger/Gabel-*Scheja* § 4d BDSG Rn 73). In Zweifelsfällen muss sich der Datenschutzbeauftragte an die Aufsichtsbehörde wenden.

3 In § 4d finden sich keine Rechtsfolgen für pflichtwidrig unterlassene Vorabkontrollen. Auch der Bußgeldkatalog in § 43 enthält keine Sanktionen. Insofern scheint eine Vorabkontrolle jedenfalls nicht Voraussetzung der materiellen Rechtmäßigkeit der automatisierten Verarbeitung zu sein. Umgekehrt folgt aus einer ordnungsgemäß durchgeführten Vorabkontrolle noch nicht die Rechtmäßigkeit des Verfahrens (siehe hierzu Simitis/*Petri* § 4d Rn 42).

§ 4f Beauftragter für den Datenschutz
(1) ¹Öffentliche und nicht öffentliche Stellen, die personenbezogene Daten automatisiert verarbeiten, haben einen Beauftragten für den Datenschutz schriftlich zu bestellen. ²Nicht-öffentliche Stellen sind hierzu spätestens innerhalb eines Monats nach Aufnahme ihrer Tätigkeit verpflichtet. ³Das Gleiche gilt, wenn personenbezogene Daten auf andere Weise erhoben, verarbeitet oder genutzt werden und damit in der Regel mindestens 20 Personen beschäftigt sind. ⁴Die Sätze 1 und 2 gelten nicht für die nicht-öffentlichen Stellen, die in der Regel höchstens neun Personen ständig mit der automatisierten Verarbeitung personenbezogener Daten beschäftigen. ... ⁶Soweit nicht-öffentliche Stellen automatisierte Verarbeitungen vornehmen, die einer Vorabkontrolle unterliegen, oder personenbezogene Daten geschäftsmäßig zum Zweck der Übermittlung, der anonymisierten Übermittlung oder für Zwecke der Markt- oder Meinungsforschung automatisiert verarbeiten, haben sie unabhängig von der Anzahl der mit der automatisierten Verarbeitung beschäftigten Personen einen Beauftragten für den Datenschutz zu bestellen.
(2) ¹Zum Beauftragten für den Datenschutz darf nur bestellt werden, wer die zur Erfüllung seiner Aufgaben erforderliche Fachkunde und Zuverlässigkeit besitzt. ²Das Maß der erforderlichen Fachkunde

bestimmt sich insbesondere nach dem Umfang der Datenverarbeitung der verantwortlichen Stelle und dem Schutzbedarf der personenbezogenen Daten, die die verantwortliche Stelle erhebt oder verwendet. ³Zum Beauftragten für den Datenschutz kann auch eine Person außerhalb der verantwortlichen Stelle bestellt werden; die Kontrolle erstreckt sich auch auf personenbezogene Daten, die einem Berufs- oder besonderen Amtsgeheimnis, insbesondere dem Steuergeheimnis nach § 30 der Abgabenordnung, unterliegen. ⁴Öffentliche Stellen können mit Zustimmung ihrer Aufsichtsbehörde einen Bediensteten aus einer anderen öffentlichen Stelle zum Beauftragten für den Datenschutz bestellen.

(3) ¹Der Beauftragte für den Datenschutz ist dem Leiter der öffentlichen oder nicht-öffentlichen Stelle unmittelbar zu unterstellen. ²Er ist in Ausübung seiner Fachkunde auf dem Gebiet des Datenschutzes weisungsfrei. ³Er darf wegen der Erfüllung seiner Aufgaben nicht benachteiligt werden. ⁴Die Bestellung zum Beauftragten für den Datenschutz kann in entsprechender Anwendung von § 626 des Bürgerlichen Gesetzbuches, bei nicht-öffentlichen Stellen auch auf Verlangen der Aufsichtsbehörde, widerrufen werden. ⁵Ist nach Absatz 1 ein Beauftragter für den Datenschutz zu bestellen, so ist die Kündigung des Arbeitsverhältnisses unzulässig, es sei denn, dass Tatsachen vorliegen, welche die verantwortliche Stelle zur Kündigung aus wichtigem Grund ohne Einhaltung einer Kündigungsfrist berechtigen. ⁶Nach der Abberufung als Beauftragter für den Datenschutz ist die Kündigung innerhalb eines Jahres nach der Beendigung der Bestellung unzulässig, es sei denn, dass die verantwortliche Stelle zur Kündigung aus wichtigem Grund ohne Einhaltung einer Kündigungsfrist berechtigt ist. ⁷Zur Erhaltung der zur Erfüllung seiner Aufgaben erforderlichen Fachkunde hat die verantwortliche Stelle dem Beauftragten für den Datenschutz die Teilnahme an Fort- und Weiterbildungsveranstaltungen zu ermöglichen und deren Kosten zu übernehmen.

(4) Der Beauftragte für den Datenschutz ist zur Verschwiegenheit über die Identität des Betroffenen sowie über Umstände, die Rückschlüsse auf den Betroffenen zulassen, verpflichtet, soweit er nicht davon durch den Betroffenen befreit wird.

(4a) ¹Soweit der Beauftragte für den Datenschutz bei seiner Tätigkeit Kenntnis von Daten erhält, für die dem Leiter oder einer bei der öffentlichen oder nicht-öffentlichen Stelle beschäftigten Person aus beruflichen Gründen ein Zeugnisverweigerungsrecht zusteht, steht dieses Recht auch dem Beauftragten für den Datenschutz und dessen Hilfspersonal zu. ²Über die Ausübung dieses Rechtes entscheidet die Person, der das Zeugnisverweigerungsrecht aus beruflichen Gründen zusteht, es sei denn, dass diese Entscheidung in absehbarer Zeit nicht herbeigeführt werden kann. ³Soweit das Zeugnisverweigerungsrecht des Beauftragten für den Datenschutz reicht, unterliegen seine Akten und andere Schriftstücke einem Beschlagnahmeverbot.

(5) ¹Die öffentlichen und nicht-öffentlichen Stellen haben den Beauftragten für den Datenschutz bei der Erfüllung seiner Aufgaben zu unterstützen und ihm insbesondere, soweit dies zur Erfüllung seiner Aufgaben erforderlich ist, Hilfspersonal sowie Räume, Einrichtungen, Geräte und Mittel zur Verfügung zu stellen. ²Betroffene können sich jederzeit an den Beauftragten für den Datenschutz wenden.

Übersicht	Rdn.		Rdn.
A. Anwendungsbereich................	1	C. Widerruf der Bestellung.............	9
B. Persönliche Anforderungen	2	D. Befristung und Kündigungsschutz.......	12

A. Anwendungsbereich. Werden personenbezogene Daten **automatisiert** erhoben, verarbeitet oder genutzt, ist ein Datenschutzbeauftragter **schriftlich** zu bestellen, wenn idR mehr als 9 Personen »damit« beschäftigt sind. Werden die Daten auf **andere Weise** verwendet, gilt dies wenn idR mind 20 Personen damit beschäftigt sind. Auch Personen, die nur **Vor-** (zB Lochen) **oder Nacharbeiten** (Versenden von Ausdrucken) ausführen, können schon »damit beschäftigt« sein (*Gola/Schomerus* § 4f Rn 13). Der Begriff »Personen« umfasst unabhängig von ihrem arbeitsrechtlichen Status alle Personen – dh auch freie Mitarbeiter oder Leih-AN (*Gola/Schomerus* § 4f Rn 10a). Die Untergrenzen gelten nicht, wenn es sich um Daten handelt, die einer Vorabkontrolle (§§ 4d, 4e) unterliegen, die geschäftsmäßig zur (anonymisierten) Übermittlung (zB Auskunfteien, Adresshandel) oder für Zwecke der Markt- oder Meinungsforschung verwendet werden. 1

B. Persönliche Anforderungen. Der Datenschutzbeauftragte kann ein »interner« oder »externer« Beauftragter sein. Wird der Datenschutzbeauftragte als AN beschäftigt (interner Datenschutzbeauftragter), ist mit der Bestellung eine Änd des Arbeitsvertrages verbunden. Nur ausnahmsweise wird neben dem Arbeitsvertrag ein Geschäftsbesorgungsvertrag nach §§ 611, 675 BGB geschlossen. Hierzu bedarf es dann einer ausdrücklichen Abrede; die Beauftragung eines AN ist regelmäßig nicht vom Direktionsrecht des AG umfasst (BAG 13.3.2007, 9 AZR 612/05, DB 2007, 1198, 1199). Dies gilt jedoch nur zwischen dem 2

Datenschutzbeauftragten und der verantwortlichen Stelle. Beauftragt die verantwortliche Stelle zB ein externes Unternehmen mit dem Datenschutz und dieses Unternehmen stellt für die verantwortliche Stelle einen externen Datenschutzbeauftragten, darf zwar die verantwortliche Stelle dem externen Datenschutzbeauftragten auf dem Gebiet des Datenschutz keine Weisungen erteilen, zumindest innerhalb der Organisation des Unternehmens, das den externen Datenschutzbeauftragten stellt, ist dieses gegenüber dem Datenschutzbeauftragten aber weisungsbefugt (LAG Düsseldorf 4.3.2015, 12 Sa 136/15).

3 Die Vertragsänderung des Arbeitsvertrages kann grds konkludent geschlossen werden. Nimmt der AN das angetragene Amt an, indem er lediglich die Tätigkeit aufnimmt, so ist mangels Umständen, die eine andere Auslegung der Vertragsänderung nach §§ 133, 157 BGB rechtfertigen, davon auszugehen, dass der Arbeitsvertrag lediglich für die Zeitspanne der Amtsübertragung um die Rechte und Pflichten der Tätigkeit eines betrieblichen Datenschutzbeauftragten angepasst wird. Wird die Bestellung später nach III 4 wirksam widerrufen, ist damit auch die Tätigkeit des Datenschutzbeauftragten nicht mehr Bestandteil der arbeitsvertraglich geschuldeten Leistung. Einer Teilkdg bedarf es in diesem Fall nicht (BAG 29.9.2010, 10 AZR 588/09, EzA BDSG § 4f Nr 2, bestätigt durch BAG 23.3.2011, 10 AZR 562/09).

4 Ist im Einzelfall eine Teilkdg des Arbeitsvertrages erforderlich, etwa weil die Aufsichtsbehörde feststellt, dass der Datenschutzbeauftragte nicht die erforderliche Fachkunde und Zuverlässigkeit besitzt, so geht es nicht darum, ob der verantwortlichen Stelle die Fortsetzung des Arbeitsvertrages insgesamt unzumutbar geworden ist, sondern lediglich darum, ob eine Fortsetzung zu den bisherigen Bedingungen, dh eine Zusammenarbeit mit dieser Person in der Funktion des Datenschutzbeauftragten unzumutbar ist (vgl § 626 BGB Rdn 137).

5 Gem II dürfen in jedem Fall nur solche Personen zum Datenschutzbeauftragten bestellt werden, die die zur Erfüllung dieser Aufgabe erforderliche Fachkunde und Zuverlässigkeit aufweisen (siehe zu den Mindestanforderungen an den Datenschutzbeauftragten Beschl der obersten Aufsichtsbehörden im nicht-öffentl Bereich – Düsseldorfer Kreis vom 24./25.11. 2010).

6 Zur nötigen **Fachkunde** muss er Grundkenntnisse des Datenschutzrechts, von betriebswirtschaftlichen Zusammenhängen sowie von Verfahren und Techniken der automatisierten DV besitzen. Die verantwortliche Stelle hat dem Datenschutzbeauftragten die Teilnahme an **Fort- und Weiterbildungsveranstaltungen** zu ermöglichen und deren Kosten zu übernehmen, soweit dies dem Erhalt der zur Erfüllung seiner Aufgaben erforderlichen Fachkunde dient (§ 4f III 7). Für den Umfang der Fortbildung gilt der Maßstab des § 4f II 2. Danach richtet sich das Maß des erforderlichen Grundbedarfs an Fachkunde insb nach dem Umfang der DV und nach dem Schutzbedarf der Daten, die die verantwortliche Stelle erhebt. Daneben gibt es einen Fortbildungsbedarf der durch Fortentwicklung von Recht und Technik hervorgerufen wird. Ähnliche Regelungen bestehen zB für BR und PersR (vgl § 37 BetrVG Rdn 18).

7 Die **Zuverlässigkeit** ist insb dann zweifelhaft, wenn **Interessenkonflikte** drohen, die mit der Kontrollfunktion des Datenschutzbeauftragten unvereinbar sind. Interessenkonflikte können bereits bei der Bestellung entgegenstehen oder auch nachträglich entstehen, zB wenn ein AN durch eine spätere Versetzung mit einer unvereinbaren Aufgabe betraut wird (BAG 22.3.1994, 1 ABR 51/93, EzA § 99 BetrVG 1972 Nr 121). **Inkompatibel** ist das Amt mit allen Tätigkeiten, bei denen sich der Datenschutzbeauftragte selbst kontrollieren müsste (zB Leiter der verantwortlichen Stelle, Personal-, EDV- oder Vertriebsleiter). Keine grds Unvereinbarkeit sieht das BAG zwischen dem Amt des Datenschutzbeauftragten und einer Mitgliedschaft im BR (BAG 23.3.2011, 10 AZR 562/09). Ob diese Rspr im Hinblick auf die avisierte Stärkung der Unabhängigkeit des Datenschutzbeauftragten, wie sie etwa im Zuge der Neuregelung des Beschäftigtendatenschutzes diskutiert wurde, aufrechterhalten werden kann, bleibt abzuwarten (siehe hierzu auch BT-Drs 17/4853 S 32).

8 Liegt die erforderliche Fachkunde oder Zuverlässigkeit nicht vor, erfüllt der AG seine datenschutzrechtlichen Pflichten nicht und handelt **ordnungswidrig** (§ 43 I Nr 2). Der Akt der Bestellung des Datenschutzbeauftragten unterliegt zwar nicht der Mitbestimmung des BR, II kann aber als gesetzliche Vorschrift iSd § 99 II Nr 1 BetrVG gesehen werden (vgl § 99 BetrVG Rdn 46) und der BR kann insoweit seine Zustimmung zur Einstellung/Versetzung eines Kandidaten verweigern (BAG 22.3.1994, 1 ABR 51/93, EzA § 99 BetrVG 1972 Nr 121). Im Zusammenhang mit dem RegE zur Regelung des Beschäftigtendatenschutzes (BT-Drs 17/4230) wurde diskutiert, den Einfluss des Betriebsrats auf die Bestellung des betrieblichen Datenschutzbeauftragten zu stärken. Während die SPD-Fraktion, BT-Drs 17/67, die Zustimmung des BR in § 29 BDatG-E ausdrücklich normieren wollte, wollte die Grünen-Fraktion mit einem neu zu schaffenden § 87 I Nr 14 BetrVG die Bestellung sogar in den Katalog der Mitbestimmung aufnehmen, BT-Drs 17/4853.

9 **C. Widerruf der Bestellung.** Auf Verlangen der Aufsichtsbehörde oder wenn sonst ein wichtiger Grund iSd § 626 BGB vorliegt, kann die Bestellung widerrufen werden. Der wichtige Grund muss sich auf die

Amtsführung des Datenschutzbeauftragten beziehen und ist unabhängig von der Verletzung arbeitsvertraglicher Pflichten des Grundverhältnisses. Als wichtige Gründe kommen zB in Betracht: schwerwiegende Versäumnisse des Datenschutzbeauftragten bei der Beratung der verantwortlichen Stelle zu Fragen der erforderlichen technischen und organisatorischen Maßnahmen iR der Datensicherheit; systematische Vernachlässigung der Prüfung einzelner Verarbeitungsverfahren; nachträglich festgestellte Mängel der Geeignetheit in der Person des Datenschutzbeauftragten, insb wegen Verstößen gegen die Verschwiegenheitspflicht (vgl Simitis/*Simitis* § 4f Rn 183); andauernde Untätigkeit oder Unvermögen zur Wahrnehmung der Pflichten als Datenschutzbeauftragter (vgl *Gola/Schomerus* § 38 Rn 27). Der verantwortlichen Stelle muss in diesen Situationen die Möglichkeit eingeräumt werden, einem ordnungswidrigen Zustand (§ 43 I Nr 2) aktiv entgegenzutreten. Es wäre nicht hinnehmbar, wenn sie abwarten müsste, bis die Aufsichtsbehörde einschreitet. Ein wichtiger Grund kann weiterhin dann vorliegen, wenn die Aufgabe des Datenschutzbeauftragten bei der verantwortlichen Stelle dauerhaft weggefallen ist (BAG 23.03.2011, 10 AZR 562/09), zB bei Veräußerung des Geschäftsbetriebs, der mit der Verwendung von personenbezogenen Daten befasst ist. Dies gilt ebenso wenn die verantwortliche Stelle, ihren internen Datenschutzbeauftragten an einen anderen AG dadurch verliert, dass dessen Arbeitsverhältnis nach § 613a BGB auf den neuen AG übergeht. Die verantwortliche Stelle muss den – nunmehr – externen Datenschutzbeauftragten nicht bestellen sondern kann die Bestellung widerrufen (*Liedtke* NZA 2005, 390, 393 unter Berufung auf LAG Nds 16.6.2003, 8 Sa 1968/02, NZA-RR 2004, 354; so im Erg auch ArbG Cottbus 14.2.2013, 3 Ca 1043/12, RDV 2013, 207, welches davon ausgeht, dass die vertragliche Vereinbarung über die Wahrnehmung der Tätigkeit als Datenschutzbeauftragter nicht nach § 613a BGB mitübergeht und daher ein Widerruf der Bestellung nicht erforderlich ist).

Eine wirksame Kdg des Arbeitsvertrages kann ein wichtiger Grund für den Widerruf der Bestellung sein; sie führt aber nicht automatisch zum Widerruf der Bestellung (so *Gehlhaar* NZA 2010, 373, 376 f unter Verweis auf die Gesetzesbegründung zur BDSG-Novelle II, BT-Drs 16/12011). Diese Ansicht vertritt auch das BAG (BAG 23.03.2011, 10 AZR 562/09; LAG Köln 12.01.2015, 5 Sa 873/14, ausdr offen lassend noch BAG 13.3.2007, 9 AZR 612/05). 10

Regelmäßig liegt dagegen kein wichtiger Grund zum Widerruf der Bestellung eines Datenschutzbeauftragten vor, wenn die verantwortliche Stelle aus organisatorischen, finanziellen oder personalpolitischen Überlegungen den bisherigen internen Datenschutzbeauftragten durch einen externen, konzernweit agierenden ersetzen will (BAG 23.3.2011, 10 AZR 562/09). 11

D. Befristung und Kündigungsschutz. Der Gesetzgeber hat für die Bestellung zum Datenschutzbeauftragten bisher keine Fristen vorgesehen. So wie es dem Datenschutzbeauftragten freisteht, sein Amt jederzeit niederzulegen, muss es ihm auch freistehen, das Amt von Anfang an lediglich für einen begrenzten Zeitraum anzutreten. Die Bestellung zum Datenschutzbeauftragten darf jedoch nicht so kurz bemessen sein, dass sich schon alleine daraus Zweifel an der Zuverlässigkeit des Datenschutzbeauftragten ergeben. Die Vereinbarung einer Probezeit mit der entspr Möglichkeit einer ordentlichen Kündigung (ArbG Dortmund, 10 Ca 4800/12, RDV 2013, 319) und eine Befristung, die den Zweck verfolgt, den Kdg-Schutz zu unterlaufen sind unzulässig. In der Lit wird darüber hinaus eine Befristung kritisch gesehen. Gegen eine Befristung von weniger als 2 Jahren (Simitis/*Simitis* § 4f Rn 62) u gegen eine Befristung von weniger als 5 Jahren, wobei diese auch nur bei Vorliegen eines wichtigen Grundes vereinbart werden könne (*Gola/Schomerus* § 4f Rn 32). Der Düsseldorfer Kreis empfiehlt grds eine Mindestvertragslaufzeit von 4 Jahren und schränkt ein, dass bei Erstverträgen wegen der Notwendigkeit der Überprüfung der Eignung eine Vertragslaufzeit von 1-2 Jahren akzeptabel erscheint (vgl Beschl der obersten Aufsichtsbehörden im nicht-öffentl Bereich – Düsseldorfer Kreis vom 24./25.11. 2010, II.2). 12

Der Kdg-Schutz lehnt sich an die gesetzlichen Regelungen für vergleichbare Funktionsträger an (zB BR-Mitglieder, § 15 I 1, 2 KSchG). Eine Kdg ist möglich, wenn Tatsachen vorliegen, welche die verantwortliche Stelle zur Kdg aus wichtigem Grund ohne Einhaltung einer Kdg-Frist berechtigen. Kdg-Gründe für den zugrunde liegenden Arbeitsvertrag insgesamt können sich auch aus anderen als amtsbezogenen Umständen ergeben. Darüber hinaus wird ein nachwirkender Kdg-Schutz gegen Kdg, die nicht aus wichtigem Grund erfolgen, gewährt. Er gilt für die Dauer von 1 Jahr ab Abberufung unabhängig davon, ob der Datenschutzbeauftragte gekündigt wird oder etwa wegen eines Amtsverzichts berechtigt abgerufen wird. Eine Änderung von Arbeitsbedingungen iSd KSchG liegt in der Regel nicht vor, wenn der Arbeitgeber die erstrebten Änderungen schon durch sein Direktionsrecht durchsetzen kann (LAG Düsseldorf 4.3.2015, 12 Sa 136/15). Zur Konstellation siehe auch Rdn 2. 13

Der Kdg-Schutz knüpft an die Verpflichtung zur Bestellung nach § 4f I an; insoweit schließt die Regelung in § 4f III eine ordentliche Kdg des freiwillig bestellten Datenschutzbeauftragten nicht aus. Hierdurch soll eine freiwillige Bestellung gefördert werden (vgl BT-Drs 16/12011 S 30). Die an § 4f I anknüpfende 14

Bestellung ist nicht Teil des Arbeitsverhältnisses, sondern der interne Datenschutzbeauftragte übt ein Funktionsamt aus, das unmittelbar beim Rechtsträger besteht. Aus diesem Grund geht das Amt des internen Datenschutzbeauftragten im Falle eines Betriebsübergangs nicht auf den Erwerber über (ArbG Cottbus 14.2.2013, 3 Ca 1043/12, RDV 2013, 207 unter Berufung auf BAG 29.9.2010, 10 ATR 588/09 Rz 26).

§ 5 Datengeheimnis

¹Den bei der Datenverarbeitung beschäftigten Personen ist untersagt, personenbezogene Daten unbefugt zu erheben, zu verarbeiten oder zu nutzen (Datengeheimnis). ²Diese Personen sind, soweit sie bei nicht-öffentlichen Stellen beschäftigt werden, bei der Aufnahme ihrer Tätigkeit auf das Datengeheimnis zu verpflichten. ³Das Datengeheimnis besteht auch nach Beendigung ihrer Tätigkeit fort.

1 § 5 bezieht sich auf die einzelnen, in der DV tätigen Personen, wobei es weder auf die Rechtsgrundlage der Beschäftigung, noch darauf ankommt, ob es sich um Personen mit Verarbeitungsbefugnissen handelt. Es können daher auch freie Mitarbeiter, Leih-AN, entsandte AN, externe Boten, Schreibkräfte und Wartungspersonal betroffen sein. Eine Verpflichtung auf das Datengeheimnis ist wohl bereits dann angezeigt, wenn Daten lediglich zur Kenntnis genommen, nicht aber verarbeitet werden (str vgl *Gola/Schomerus* § 5 Rn 9). Gleiches gilt für Mitglieder des BR oder PersR (BAG 3.6.2003, 1 ABR 19/02, EzA § 89 BetrVG 2001 Nr 1). Eine Verwendung v Daten durch einen einzelnen AN kann auch dann unbefugt sein, wenn sie aus der Sicht der ihn beschäftigenden verantwortlichen Stelle zulässig ist. Entscheidend ist, ob der Einzelne seine internen Befugnisse überschreitet (*Gola/Schomerus* § 5 Rn 6). Eine dem § 5 entsprechende Regelung fand sich auch in den Gesetzesentwürfen, die die Schaffung eigener Gesetze für den Beschäftigtendatenschutz vorsahen. Diese hatten gemein, dass der AG zusätzlich den Kreis der Personen, die Beschäftigtendaten verarbeiten, festlegen sollte (BT-Drs 17/4853; dort § 5 I, II; BT-Drs 17/67, dort § 5 I).

§ 6a Automatisierte Einzelentscheidung

(1) Entscheidungen, die für den Betroffenen eine rechtliche Folge nach sich ziehen oder ihn erheblich beeinträchtigen, dürfen nicht ausschließlich auf eine automatisierte Verarbeitung personenbezogener Daten gestützt werden, die der Bewertung einzelner Persönlichkeitsmerkmale dienen. Eine ausschließlich auf eine automatisierte Verarbeitung gestützte Entscheidung liegt insbesondere dann vor, wenn keine inhaltliche Bewertung und darauf gestützte Entscheidung durch eine natürliche Person stattgefunden hat.
(2) ¹Dies gilt nicht, wenn
1. die Entscheidung im Rahmen des Abschlusses oder der Erfüllung eines Vertragsverhältnisses oder eines sonstigen Rechtsverhältnisses ergeht und dem Begehren des Betroffenen stattgegeben wurde oder
2. die Wahrung der berechtigten Interessen des Betroffenen durch geeignete Maßnahmen gewährleistet ist und die verantwortliche Stelle dem Betroffenen die Tatsache des Vorliegens einer Entscheidung im Sinne des Absatzes 1 mitteilt sowie auf Verlangen die wesentlichen Gründe dieser Entscheidung mitteilt und erläutert.
(3) Das Recht des Betroffenen auf Auskunft nach den §§ 19 und 34 erstreckt sich auch auf den logischen Aufbau der automatisierten Verarbeitung der ihn betreffenden Daten.

Übersicht   Rdn.   Rdn.
A. Anwendungsbereich 1   B. Ausnahmen 2

1 **A. Anwendungsbereich.** § 6a schließt automatisierte Entsch **allein** aufgrund von Persönlichkeitsprofilen aus. Entsch, die **rechtliche Folgen** oder **erhebliche beeinträchtigende Wirkungen** nach sich ziehen, sind grds einem Menschen vorzubehalten. Damit können Entsch bei Einstellungen, Versetzungen oder Kündigungen nur dann automatisiert getroffen werden, wenn sie nicht zu endgültigen Erg führen.

2 **B. Ausnahmen.** Gem § 6a II sind Ausnahmen zugelassen, wenn dem Betroffenen mitgeteilt wird, dass eine automatisierte Entsch erfolgt und seine Interessen durch geeignete Maßnahmen geschützt werden, insb wenn er Informationen über die automatisierte Entsch und die Bewertungsmaßstäbe sowie die **Möglichkeit einer Gegendarstellung** erhält und die verantwortliche Stelle dann zu einer erneuten Prüfung verpflichtet ist. Auf Verlangen des Betroffenen sind die wesentlichen Gründe der getroffenen Entsch mitzuteilen und zu erläutern.

§ 6b Beobachtung öffentlich zugänglicher Räume mit optisch-elektronischen Einrichtungen

(1) Die Beobachtung öffentlich zugänglicher Räume mit optisch-elektronischen Einrichtungen (Videoüberwachung) ist nur zulässig, soweit sie
1. zur Aufgabenerfüllung öffentlicher Stellen,
2. zur Wahrnehmung des Hausrechts oder
3. zur Wahrnehmung berechtigter Interessen für konkret festgelegte Zwecke

erforderlich ist und keine Anhaltspunkte bestehen, dass schutzwürdige Interessen der Betroffenen überwiegen.
(2) Der Umstand der Beobachtung und die verantwortliche Stelle sind durch geeignete Maßnahmen erkennbar zu machen.
(3) ¹Die Verarbeitung oder Nutzung von nach Absatz 1 erhobenen Daten ist zulässig, wenn sie zum Erreichen des verfolgten Zwecks erforderlich ist und keine Anhaltspunkte bestehen, dass schutzwürdige Interessen der Betroffenen überwiegen. ²Für einen anderen Zweck dürfen sie nur verarbeitet oder genutzt werden, soweit dies zur Abwehr von Gefahren für die staatliche und öffentliche Sicherheit sowie zur Verfolgung von Straftaten erforderlich ist.
(4) Werden durch Videoüberwachung erhobene Daten einer bestimmten Person zugeordnet, ist diese über eine Verarbeitung oder Nutzung entsprechend den §§ 19a und 33 zu benachrichtigen.
(5) Die Daten sind unverzüglich zu löschen, wenn sie zur Erreichung des Zwecks nicht mehr erforderlich sind oder schutzwürdige Interessen der Betroffenen einer weiteren Speicherung entgegenstehen.

Übersicht	Rdn.		Rdn.
A. Anwendungsbereich	1	B. Rechtsfolgen	2

A. Anwendungsbereich. Die Videoüberwachung greift in das allg Persönlichkeitsrecht der Betroffenen ein (gem Art 2 I iVm Art 1 I GG) und insb in das Recht am gesprochenen Wort und am eigenen Bild der überwachten Personen. Das allg Persönlichkeitsrecht gilt nicht schrankenlos.
In öffentl zugänglichen Räumen lässt § 6b eine Videoüberwachung nach Abwägung der widerstreitenden Interessen zu (zB auf Bahnsteigen, in Ausstellungsräumen eines Museums, Verkaufsräumen und Schalterhallen, s auch Orientierungshilfe »Videoüberwachung durch nicht-öffentliche Stellen« - Düsseldorfer Kreis am 14.3.2014). Soweit dabei AN unabsichtlich mitgefilmt werden, ist die Überwachung zulässig, wenn überwiegende Sicherheitsinteressen dies erforderlich machen (s auch § 32 Rdn 15; *Gola/Schomerus* § 6b Rn 20; *Roßnagel/Büllesbach* 6.1 Rn 57). Nicht zulässig in öffentl zugänglichen Räumen: Anlasslose Videoüberwachung durch Innen- und Außenkameras bei Taxis (s Beschl der obersten Aufsichtsbehörden im nicht-öffentl Bereich – Düsseldorfer Kreis am 26./27.2.2013).
§ 32 I 2 regelt, dass allg und auch in **nicht-öffentl zugänglichen** Räumen eine Überwachung von Beschäftigten zur Aufdeckung von Straftaten zulässig ist, wenn dokumentierte tatsächliche Anhaltspunkte einen konkreten Verdacht begründen, dass der Betroffene im Beschäftigungsverhältnis eine Straftat begangen hat und die Überwachung insgesamt nicht unverhältnismäßig ist. Bei der Einf des § 32 hat der Gesetzgeber ausdrücklich keine Änd der gegenwärtigen Rechtslage schaffen wollen (BT-Drs 16/13657, S 27). Eine Videoüberwachung kann daher wie bisher, im Einzelfall auch zur Wahrnehmung überwiegender schutzwürdiger Interessen des AG nach § 28 I 1 Nr 2 zulässig sein (offengelassen durch BAG 14.12.2004, 1 ABR 34/03, EzA § 87 BetrVG 2001 Überwachung Nr 1; 29.6.2004, 1 ABR 21/03, EzA § 611 BGB 2002 Persönlichkeitsrecht Nr 2). Für zulässig wurde zB die dauerhafte Videoüberwachung des nicht- öffentl zugänglichen Außenbereichs eines Briefverteilungszentrums befunden, in dem sich die betroffenen Beschäftigten lediglich eine Viertelstunde täglich aufzuhalten hatten (BAG 26.8.2008, 1 ABR 16/07, EzA § 87 BetrVG 2001 Überwachung Nr 2). Im Beschäftigungsverhältnis kann eine Videoüberwachung auch dann zulässig sein, wenn eine entspr BV von den Betriebsparteien iR ihrer Regelungskompetenz geschlossen wird (BAG 26.8.2008, 1 ABR 16/07, EzA § 87 BetrVG 2001 Überwachung Nr 2). Auch eine Einwilligung der Beschäftigten in die Videoüberwachung nach § 4a ist grds zulässig (Simitis/*Scholz* § 6b Rn 148). Zufallsfunde bei einer nicht von diesem Zweck erfassten Videoüberwachung sind verwertbar, wenn sie dem Nachweis strafbaren Verhaltens oder ähnlich schwerwiegenden Pflichtverletzungen dienen und Beschaffung und Verwertung der Information nicht selbst unverhältnismäßig sind (BAG 21.11.2013, 2 AZR 797/11). Ist eine Videoüberwachung der AN unzulässig, kommt auch ein Schadensersatzanspruch des AN in Betracht (LAG Hessen 25.10.2010, 7 Sa 1586/09, MMR 2011, 346), wenn sie dennoch erfolgt.
Im RegE zur Regelung des Beschäftigtendatenschutzes sollte die Videoüberwachung von AN in nicht öffentl zugänglichen Räumen gesetzlich geregelt werden und nur unter bestimmten Voraussetzungen zulässig sein

1

(so zB in § 32 f des RegE, BT-Drs 17/4230). Allg unzulässig sollte sie (BT-Drs 17/4230) in den Rückzugsräumen der Beschäftigten sein, die der privaten Lebensgestaltung dienen. Inwieweit die Regelung der Videoüberwachung in BV (vgl hierzu § 4 Rdn 3) oder durch Einwilligung in Zukunft möglich sein wird, bleibt abzuwarten (vgl § 4a Rdn 3).

2 **B. Rechtsfolgen.** Ein Verstoß gegen die Hinweispflicht nach II führt zur Rechtswidrigkeit der Videoüberwachung (Simitis/*Scholz* § 6b Rn 110; str ob dies auch bei fehlendem Hinweis auf Kameraattrappen gilt ist str, pro *Seifert* DuD 2011, 98, 103; contra Simitis/*Scholz* § 6b Rn 112). Im Zuge der Neuregelung des Beschäftigtendatenschutzes wurde diskutiert, eine Videoüberwachung auch ohne Wissen der AN zuzulassen, wenn der konkrete Verdacht einer Straftat besteht (vgl BT-Drs 17/4853 S 9; nach dem RegE sollte eine Videoüberwachung ohne Wissen der Beschäftigten unzulässig sein, BT-Drs 17/4230 S 19). Werden Daten **rechtswidrig** durch Videoüberwachung erhoben, kann eine Verwertung im **Kdg-Schutzprozess** ausgeschlossen sein, wenn hierdurch ein erneuter bzw perpetuierter Eingriff in rechtl geschützte Positionen der anderen Partei erfolgen würde (BAG 13.12.2007, 2 AZR 537/06, NZA 2008, 1008, 1010 f, best durch BAG 16.12.2010, 2 AZR 485/08, NZA 2011, 571, 573). Ein Beweisverwertungsverbot entsteht aber nicht, wenn der **konkrete Verdacht einer strafbaren Handlung** oder anderen schweren Verfehlungen zulasten des AG bestand, die Videoüberwachung praktisch das **einzig verbleibende Mittel** darstellte und insgesamt **nicht unverhältnismäßig** war (BAG 27.3.2003, 2 AZR 51/02, EzA § 611 BGB 2002 Persönlichkeitsrecht Nr 1 zur alten Rechtslage unter Berufung auf Art 2 I GG). Dies gilt selbst dann, wenn die Videoüberwachung entg § 87 I 6 BetrVG ohne vorherige Zustimmung des BR durchgeführt wurde, sofern der BR der Verwendung des Beweismittels und der darauf gestützten Kdg zustimmt und die Beweisverwertung nach den allg Grds gerechtfertigt ist (BAG 27.3.2003, 2 AZR 51/02, aaO).

§ 7 Schadensersatz
¹Fügt eine verantwortliche Stelle dem Betroffenen durch eine nach diesem Gesetz oder nach anderen Vorschriften über den Datenschutz unzulässige oder unrichtige Erhebung, Verarbeitung oder Nutzung seiner personenbezogenen Daten einen Schaden zu, ist sie oder ihr Träger dem Betroffenen zum Schadensersatz verpflichtet. ²Die Ersatzpflicht entfällt, soweit die verantwortliche Stelle die nach den Umständen des Falles gebotene Sorgfalt beachtet hat.

1 Im Fall eines unzulässigen oder unrichtigen Umgangs mit personenbezogenen Daten ergibt sich aus § 7 ein **verschuldensabhängiger** Schadensersatzanspruch, der zusätzlich zu den allg zivilrechtlichen Schadensersatzansprüchen anwendbar ist. Wichtig ist § 7 vor allem wegen der sich aus S 2 ergebenden **Beweislastumkehr** zugunsten des Betroffenen. Dieser muss nur den objektiven Tatbestand darlegen und beweisen. Weiterhin ist davon auszugehen, dass die Beweislastumkehr auch den Nachweise einer **Kausalität** zwischen unzulässiger Verarbeitung und Schaden betrifft (LG Bonn 16.3.1994, 5 S 179/93, RDV 1995, 253, 254; Simitis/Simitis § 7 Rn 23).

§ 9 Technische und organisatorische Maßnahmen
¹Öffentliche und nicht-öffentliche Stellen, die selbst oder im Auftrag personenbezogene Daten erheben, verarbeiten oder nutzen, haben die technischen und organisatorischen Maßnahmen zu treffen, die erforderlich sind, um die Ausführung der Vorschriften dieses Gesetzes, insbesondere die in der Anlage zu diesem Gesetz genannten Anforderungen, zu gewährleisten. ²Erforderlich sind Maßnahmen nur, wenn ihr Aufwand in einem angemessenen Verhältnis zu dem angestrebten Schutzzweck steht.
Anlage (zu § 9 Satz 1): Werden personenbezogene Daten automatisiert verarbeitet oder genutzt, ist die innerbehördliche oder innerbetriebliche Organisation so zu gestalten, dass sie den besonderen Anforderungen des Datenschutzes gerecht wird. Dabei sind insbesondere Maßnahmen zu treffen, die je nach der Art der zu schützenden personenbezogenen Daten oder Datenkategorien geeignet sind,
1. Unbefugten den Zutritt zu Datenverarbeitungsanlagen, mit denen personenbezogene Daten verarbeitet oder genutzt werden, zu verwehren (Zutrittskontrolle),
2. zu verhindern, dass Datenverarbeitungssysteme von Unbefugten genutzt werden können (Zugangskontrolle),
3. zu gewährleisten, dass die zur Benutzung eines Datenverarbeitungssystems Berechtigten ausschließlich auf die ihrer Zugriffsberechtigung unterliegenden Daten zugreifen können, und dass personenbezogene Daten bei der Verarbeitung, Nutzung und nach der Speicherung nicht unbefugt gelesen, kopiert, verändert oder entfernt werden können (Zugriffskontrolle),

4. zu gewährleisten, dass personenbezogene Daten bei der elektronischen Übertragung oder während ihres Transports oder ihrer Speicherung auf Datenträger nicht unbefugt gelesen, kopiert, verändert oder entfernt werden können, und dass überprüft und festgestellt werden kann, an welche Stellen eine Übermittlung personenbezogener Daten durch Einrichtung zur Datenübertragung vorgesehen ist (Weitergabekontrolle),
5. zu gewährleisten, dass nachträglich überprüft und festgestellt werden kann, ob und von wem personenbezogene Daten in Datenverarbeitungssysteme eingegeben, verändert oder entfernt worden sind (Eingabekontrolle),
6. zu gewährleisten, dass personenbezogene Daten, die im Auftrag verarbeitet werden, nur entsprechend den Weisungen des Auftraggebers verarbeitet werden können (Auftragskontrolle),
7. zu gewährleisten, dass personenbezogene Daten gegen zufällige Zerstörung oder Verlust geschützt sind (Verfügbarkeitskontrolle),
8. zu gewährleisten, dass zu unterschiedlichen Zwecken erhobene Daten getrennt verarbeitet werden können.

Eine Maßnahme nach Satz 2 Nummer 2 bis 4 ist insbesondere die Verwendung von dem Stand der Technik entsprechenden Verschlüsselungsverfahren.

Nach § 9 sind sämtliche technischen und organisatorischen Maßnahmen zu treffen, die zur Einhaltung der datenschutzrechtlichen Erfordernisse des BDSG erforderlich sind. Diese müssen geeignet sein und in angemessenem Verhältnis zum angestrebten Schutzzweck stehen. Erforderlich ist eine **Abwägung zwischen Schutzzweck und Aufwand** unter Berücksichtigung des Verhältnismäßigkeitsprinzips. Konkretere Anforderungen ergeben sich für die automatisierte DV aus der Anl zu § 9 S 1, die 8 Kontrollformen unterscheidet, die aber nicht scharf voneinander abgegrenzt werden können. 1

§ 11 Erhebung, Verarbeitung oder Nutzung personenbezogener Daten im Auftrag

(1) ¹Werden personenbezogene Daten im Auftrag durch andere Stellen erhoben, verarbeitet oder genutzt, ist der Auftraggeber für die Einhaltung der Vorschriften dieses Gesetzes und anderer Vorschriften über den Datenschutz verantwortlich. ²Die in den §§ 6, 7 und 8 genannten Rechte sind ihm gegenüber geltend zu machen.

(2) ¹Der Auftragnehmer ist unter besonderer Berücksichtigung der Eignung der von ihm getroffenen technischen und organisatorischen Maßnahmen sorgfältig auszuwählen. ²Der Auftrag ist schriftlich zu erteilen, wobei insbesondere im Einzelnen festzulegen sind:
1. der Gegenstand und die Dauer des Auftrags,
2. der Umfang, die Art und der Zweck der vorgesehenen Erhebung, Verarbeitung oder Nutzung von Daten, die Art der Daten und der Kreis der Betroffenen,
3. die nach § 9 zu treffenden technischen und organisatorischen Maßnahmen,
4. die Berichtigung, Löschung und Sperrung von Daten,
5. die nach Absatz 4 bestehenden Pflichten des Auftragnehmers, insbesondere die von ihm vorzunehmenden Kontrollen,
6. die etwaige Berechtigung zur Begründung von Unterauftragsverhältnissen,
7. die Kontrollrechte des Auftraggebers und die entsprechenden Duldungs- und Mitwirkungspflichten des Auftragnehmers,
8. mitzuteilende Verstöße des Auftragnehmers oder der bei ihm beschäftigten Personen gegen Vorschriften zum Schutz personenbezogener Daten oder gegen die im Auftrag getroffenen Festlegungen,
9. der Umfang der Weisungsbefugnisse, die sich der Auftraggeber gegenüber dem Auftragnehmer vorbehält,
10. die Rückgabe überlassener Datenträger und die Löschung beim Auftragnehmer gespeicherter Daten nach Beendigung des Auftrags.

… ⁴Der Auftraggeber hat sich vor Beginn der Datenverarbeitung und sodann regelmäßig von der Einhaltung der beim Auftragnehmer getroffenen technischen und organisatorischen Maßnahmen zu überzeugen. Das Ergebnis ist zu dokumentieren.

(3) ¹Der Auftragnehmer darf die Daten nur im Rahmen der Weisungen des Auftraggebers erheben, verarbeiten oder nutzen. ²Ist er der Ansicht, dass eine Weisung des Auftraggebers gegen dieses Gesetz oder andere Vorschriften über den Datenschutz verstößt, hat er den Auftraggeber unverzüglich darauf hinzuweisen.

§ 11 BDSG Erhebung, Verarbeitung oder Nutzung personenbezogener Daten im Auftrag

(4) Für den Auftragnehmer gelten neben den §§ 5, 9, 43 Abs. 1 Nr 2, 10 und 11, Abs. 2 Nr 1 bis 3 und Abs. 3 sowie § 44 nur die Vorschriften über die Datenschutzkontrolle oder die Aufsicht, und zwar für
1. ...
2. die übrigen nicht-öffentlichen Stellen, soweit sie personenbezogene Daten im Auftrag als Dienstleistungsunternehmen geschäftsmäßig erheben, verarbeiten oder nutzen, die §§ 4f, 4g und 38.

(5) Die Absätze 1 bis 4 gelten entsprechend, wenn die Prüfung oder Wartung automatisierter Verfahren oder von Datenverarbeitungsanlagen durch andere Stellen im Auftrag vorgenommen wird und dabei ein Zugriff auf personenbezogene Daten nicht ausgeschlossen werden kann.

Übersicht	Rdn.		Rdn.
A. Anwendungsbereich	1	B. Gestaltung	3

1 **A. Anwendungsbereich.** Wird ein rechtlich selbstständiges Unternehmen als Auftragsdatenverarbeiter innerhalb des EWR tätig, bleibt der Auftraggeber verantwortliche Stelle. Die Datenweitergabe stellt dann keine Übermittlung dar, da der Empfänger nicht Dritter iSd § 3 VIII ist. Kennzeichen für eine Auftrags-DV sind zB eine fehlende Entscheidungsbefugnis des Auftragnehmers über den Zweck der Verarbeitung oder ein Auftragsschwerpunkt, der in der Durchführung der Verarbeitung liegt, selbst wenn hier ein Spielraum im Detail gelassen wird. Gegen eine Auftrags-DV (für eine Funktionsübertragung) spricht die Einräumung eigenständiger Nutzungsrechte an den Daten, die mangelnde Einflussnahmemöglichkeit des Auftraggebers auf wesentliche Teilbereiche der DV und die Delegation der Verantwortung für die Richtigkeit und Zulässigkeit der DV auf den Auftragnehmer. Eine Auftrags-DV ist zB iRd Auslagerung (**Outsourcing**) der reinen **Lohn- und Gehaltsabrechnung,** das gilt auch, wenn die Erstellung der erforderlichen Steuererklärungen und die Auszahlung der Löhne, Gehälter und Auslagen mit umfasst ist. Gleiches gilt für die Auslagerung der **Vorbereitung von Personalentsch** (zB Personalauswahl, Durchführung eines Trainee-Programms mit Kompetenz zur Zuweisung der Reihenfolge der Abteilungen), wenn ein differenzierter Entscheidungsbaum vorgegeben wird (unabhängig davon, ob im Detail die externe Fachkompetenz eines Personalberaters einfließt).

2 Auf die Datenweitergabe an eine Stelle, die Daten außerhalb der EU und des EWR im Auftrag erhebt, verarbeitet oder nutzt, findet § 11 keine Anwendung (Simitis/*Walz* § 11 Rn 8; Taeger/Gabel-*Gabel* § 11 BDSG Rn 25), da der Empfänger in jedem Fall Dritter (§ 3 VIII) ist (vgl die Begriffsbestimmung des »Dritten«, § 3 Rdn 7). Zur Erleichterung der Weitergabe kann die verantwortliche Stelle die EU-Standardvertragsklauseln und insb die Standardklauseln für die Übermittlung personenbezogener Daten an Auftragsverarbeiter in Drittländer (Beschl 2012/87/EU, AblEG L 39 vom 12.2.2012, S 5) verwenden. Die Aufsichtsbehörden sprechen insoweit von »untergeordneten Datenverarbeitungsdienstleistungen« bei denen vom Charakter der Tätigkeit her (ungeachtet des § 3 VIII 3) eine Auftragsverarbeitung vorliegen soll (Fünfzehnter Bericht der Hessischen Landesregierung über die Tätigkeit der für den Datenschutz im nicht-öffentl Bereich in Hessen zuständigen Aufsichtsbehörden LT-Drs 15/4659, S 15f). In der Praxis hat es sich durchgesetzt, dass die EU-Standardvertragsklauseln für die Übermittlung personenbezogener Daten an Auftragsverarbeiter in Drittländer im Hinblick auf die Anforderungen des § 11 zwar nicht angepasst, wohl aber zu ergänzen sind, wenn sie zur Auftragsverarbeitung außerhalb des EWR dienen sollen. Gegen eine Anpassung spricht, dass die Standardvertragsklauseln gem ihrer Klausel 10 nicht verändert werden dürfen (siehe hierzu ausführlich *Scholz/Lutz* CR 2011 424 f); die Ergänzungen dürfen daher nicht in den Text der EU-Standardvertragsklauseln eingreifen. (Zur Zukunft der Standardvertragsklauseln in Folge des Safe Harbor Urteils des EuGH siehe § 4c Rdn 2)

Umstr ist auch die Frage, ob die Standardklauseln für die Übermittlung personenbezogner Daten an Auftragsverarbeiter in Drittländer (Beschl 2019/87/EU, AblEG L 39 vom 12.2.2012, S 5) verwendet werden können, wenn eine im EWR niedergelassene verantwortliche Stelle einen ebenfalls im EWR niedergelassenen Auftragsdatenverarbeiter beauftragt. Dies kann sinnvoll sein, wenn der Auftragsdatenverarbeiter seinerseits einen Auftragsverarbeiter außerhalb des EWR involvieren möchte (krit WP 176, dafür *Scholz/Schmidl* WDPR 06/2012). Auf der Ebene der Auftragsdatenverabeitung innerhalb des EWR muss der Vertrag dann allerdings gem den Vorgaben von § 11 ergänzt werden.

3 **B. Gestaltung.** § 11 bezieht sich nicht nur auf Aufträge iSd § 662 BGB, sondern auf **alle rechtlichen Gestaltungen**, die einen Dritten zur Erhebung, Verarbeitung oder Nutzung personenbezogener Daten für die verantwortliche Stelle verpflichten (*Gola/Schomerus* § 11 Rn 6–7; § 27 Rn 5). Der Auftrag ist schriftlich zu erteilen, worin neben den gesetzlich geforderten Inhalten (§ 11 II 2 Nr 1 bis 10) auch ein Kontrollrecht für den Datenschutzbeauftragen des Auftraggebers und die Pflicht konstituiert sein sollten, Anweisungen der Aufsichtsbehörde, die ggü dem Auftraggeber ergehen, zu befolgen. Der Auftragnehmer ist sorgfältig

auszuwählen und zu überwachen. Im **Konzern** kann auch eine Konzernobergesellschaft Auftragsdatenverarbeiter sein. Maßgeblich ist, dass eine schriftliche Vereinb vorliegt, die den gesellschaftsrechtlichen Weisungsrechten vorgeht und keine Anhaltspunkte für eine Missachtung der dienenden Funktion des Auftragnehmers vorliegen (vgl Arbeitsbericht Ad-hoc-Arbeitsgruppe »Konzerninterner Datentransfer« des Düsseldorfer Kreises). Zur **Überwachung** hat sich der Auftraggeber vor Beginn der Tätigkeit und sodann regelmäßig von der Einhaltung der vereinbarten technischen und organisatorischen Maßnahmen zu überzeugen. Die Gesetzesbegr bietet für die Einordnung des Erfordernisses der Regelmäßigkeit keinen konkreten Orientierungspunkt. Eine 1-malige Kontrolle genüge jedenfalls iRv längerfristigen Auftragsdatenverarbeitungen den gesetzlichen Anforderungen nicht (BT-Drs 16/13657 S 18).

Kontrollergebnisse sind nach § 11 II 5 zu dokumentieren. Der Umfang der erforderlichen **Dokumentation** variiert je nach Größe und Komplexität der Auftrags-DV. Eine persönliche Prüfung des Auftraggebers vor Ort ist nicht erforderlich. Ausreichend ist insoweit das Einholen eines sachverständigen Testats oder die schriftliche Auskunft des Auftragnehmers (BT-Drs 16/13657 S 18). 4

Die erhöhten Anforderungen an die Gestaltung von Auftragsdatenverarbeitungsverträgen sind mit der Datenschutznovelle II (BGBl I S 2814) 2009 in den Gesetzestext aufgenommen worden. Der Gesetzgeber hat keine Übergangsregelung für die Anpassung bestehender Auftragsdatenverarbeitungsverträge an die Anforderungen des § 11 II 2 Nr 1 bis 10 vorgesehen. Daher sind auch damals bereits bestehende Auftragsdatenverarbeitungsvereinbarungen entspr anzupassen. 5

§ 27 Anwendungsbereich

(1) ¹Die Vorschriften dieses Abschnittes finden Anwendung, soweit personenbezogene Daten unter Einsatz von Datenverarbeitungsanlagen verarbeitet, genutzt oder dafür erhoben werden oder die Daten in oder aus nicht automatisierten Dateien verarbeitet, genutzt oder dafür erhoben werden durch
1. nicht-öffentliche Stellen,
2. ...
²Dies gilt nicht, wenn die Erhebung, Verarbeitung oder Nutzung der Daten ausschließlich für persönliche oder familiäre Tätigkeiten erfolgt. ...
(2) Die Vorschriften dieses Abschnittes gelten nicht für die Verarbeitung und Nutzung personenbezogener Daten außerhalb von nicht automatisierten Dateien, soweit es sich nicht um personenbezogene Daten handelt, die offensichtlich aus einer automatisierten Verarbeitung entnommen worden sind.

I nimmt die ausschließlich **persönlichen oder familiären Tätigkeiten** in Übereinstimmung mit § 1 II Nr 3 aus dem Anwendungsbereich der §§ 27 ff aus. II dehnt den Anwendungsbereich auf solche Daten aus, die zwar nicht unter den Begriff der automatisierten oder nicht automatisierten Dateien (§ 3 II) fallen, aber offensichtlich aus einer automatisierten Verarbeitung entnommen worden sind. Hierdurch soll eine Umgehung des BDSG durch Verarbeitung von personenbezogenen Daten auf der Grundlage von Dateiauszügen verhindert werden. Die Daten stammen »**offensichtlich**« aus einer automatisierten Verarbeitung, wenn sie **unmittelbar** aus dieser entnommen wurden (*Gola/Schomerus* § 27 Rn 16). Im RegE zur Regelung des Beschäftigtendatenschutzes (BT-Drs 17/4230) war ein neuer III vorgesehen, der den Anwendungsbereich für die Erhebung, Verarbeitung und Nutzung personenbezogener Daten für Zwecke des Beschäftigungsverhältnisses festlegte. Diese neuen Regelungen sollten auch den papiergebundenen Umgang mit Beschäftigtendaten erfassen (BT-Drs 17/4230 S 14). Inhaltlich entsprach er damit der aktuellen Regelung in § 32 II, die dann entfallen wäre. 1

§ 28 Datenerhebung und -speicherung für eigene Geschäftszwecke

(1) ¹Das Erheben, Speichern, Verändern oder Übermitteln personenbezogener Daten oder ihre Nutzung als Mittel für die Erfüllung eigener Geschäftszwecke ist zulässig
1. wenn es für die Begründung, Durchführung oder Beendigung eines rechtsgeschäftlichen oder rechtsgeschäftsähnlichen Schuldverhältnisses mit dem Betroffenen erforderlich ist,
2. soweit es zur Wahrung berechtigter Interessen der verantwortlichen Stelle erforderlich ist und kein Grund für die Annahme besteht, dass das schutzwürdige Interesse des Betroffenen an dem Ausschluss der Verarbeitung oder Nutzung überwiegt, oder
3. wenn die Daten allgemein zugänglich sind oder die verantwortliche Stelle sie veröffentlichen dürfte, es sei denn, dass das schutzwürdige Interesse des Betroffenen an dem Ausschluss der Verarbeitung oder Nutzung gegenüber dem berechtigten Interesse der verantwortlichen Stelle offensichtlich überwiegt.

§ 28 BDSG Datenerhebung und -speicherung für eigene Geschäftszwecke

²Bei der Erhebung personenbezogener Daten sind die Zwecke, für die die Daten verarbeitet oder genutzt werden sollen, konkret festzulegen.
(2) Die Übermittlung oder Nutzung für einen anderen Zweck ist zulässig:
1. unter den Voraussetzungen des Absatzes 1 Satz 1 Nummer 2 oder Nummer 3,
2. soweit es erforderlich ist
   a) zur Wahrung berechtigter Interessen eines Dritten oder
   b) zur Abwehr von Gefahren für die staatliche oder öffentliche Sicherheit oder zur Verfolgung von Straftatenkein Grund zu der Annahme besteht, dass der Betroffene ein schutzwürdiges Interesse an dem Ausschluss der Übermittlung oder Nutzung hat, oder
3. wenn es im Interesse einer Forschungseinrichtung zur Durchführung wissenschaftlicher Forschung erforderlich ist, das wissenschaftliche Interesse an der Durchführung des Forschungsvorhabens das Interesse des Betroffenen an dem Ausschluss der Zweckänderung erheblich überwiegt und der Zweck der Forschung auf andere Weise nicht oder nur mit unverhältnismäßigem Aufwand erreicht werden kann.

(3) Die Verarbeitung oder Nutzung personenbezogener Daten für Zwecke des Adresshandels oder der Werbung ist zulässig, soweit der Betroffene eingewilligt hat und im Falle einer nicht schriftlich erteilten Einwilligung die verantwortliche Stelle nach Absatz 3a verfährt. Darüber hinaus ist die Verarbeitung oder Nutzung personenbezogener Daten zulässig, soweit es sich um listenmäßig oder sonst zusammengefasste Daten über Angehörige einer Personengruppe handelt, die sich auf die Zugehörigkeit des Betroffenen zu dieser Personengruppe, seine Berufs-, Branchen- oder Geschäftsbezeichnung, seinen Namen, Titel, akademischen Grad, seine Anschrift und sein Geburtsjahr beschränken, und die Verarbeitung oder Nutzung erforderlich ist
1. für Zwecke der Werbung für eigene Angebote der verantwortlichen Stelle, die diese Daten mit Ausnahme der Angaben zur Gruppenzugehörigkeit beim Betroffenen nach Absatz 1 Satz 1 Nummer 1 oder aus allgemein zugänglichen Adress-, Rufnummern-, Branchen- oder vergleichbaren Verzeichnissen erhoben hat,
2. für Zwecke der Werbung im Hinblick auf die berufliche Tätigkeit des Betroffenen und unter seiner beruflichen Anschrift oder
3. für Zwecke der Werbung für Spenden, die nach § 10b Absatz 1 und § 34g des Einkommensteuergesetzes steuerbegünstigt sind.

Für Zwecke nach Satz 2 Nummer 1 darf die verantwortliche Stelle zu den dort genannten Daten weitere Daten hinzuspeichern. Zusammengefasste personenbezogene Daten nach Satz 2 dürfen auch dann für Zwecke der Werbung übermittelt werden, wenn die Übermittlung nach Maßgabe des § 34 Absatz 1a Satz 1 gespeichert wird; in diesem Fall muss die Stelle, die die Daten erstmalig erhoben hat, aus der Werbung eindeutig hervorgehen. Unabhängig vom Vorliegen der Voraussetzungen des Satzes 2 dürfen personenbezogene Daten für Zwecke der Werbung für fremde Angebote genutzt werden, wenn für den Betroffenen bei der Ansprache zum Zwecke der Werbung die für die Nutzung der Daten verantwortliche Stelle eindeutig erkennbar ist. Eine Verarbeitung oder Nutzung nach den Sätzen 2 bis 4 ist nur zulässig, soweit schutzwürdige Interessen des Betroffenen nicht entgegenstehen. Nach den Sätzen 1, 2 und 4 übermittelte Daten dürfen nur für den Zweck verarbeitet oder genutzt werden, für den sie übermittelt worden sind.

(3a) Wird die Einwilligung nach § 4a Absatz 1 Satz 3 in anderer Form als der Schriftform erteilt, hat die verantwortliche Stelle dem Betroffenen den Inhalt der Einwilligung schriftlich zu bestätigen, es sei denn, dass die Einwilligung elektronisch erklärt wird und die verantwortliche Stelle sicherstellt, dass die Einwilligung protokolliert wird und der Betroffene deren Inhalt jederzeit abrufen und die Einwilligung jederzeit mit Wirkung für die Zukunft widerrufen kann. Soll die Einwilligung zusammen mit anderen Erklärungen schriftlich erteilt werden, ist sie in drucktechnisch deutlicher Gestaltung besonders hervorzuheben.

(3b) Die verantwortliche Stelle darf den Abschluss eines Vertrags nicht von einer Einwilligung des Betroffenen nach Absatz 3 Satz 1 abhängig machen, wenn dem Betroffenen ein anderer Zugang zu gleichwertigen vertraglichen Leistungen ohne die Einwilligung nicht oder nicht in zumutbarer Weise möglich ist. Eine unter solchen Umständen erteilte Einwilligung ist unwirksam.

(4) ¹Widerspricht der Betroffene bei der verantwortlichen Stelle der Verarbeitung oder Nutzung seiner Daten für Zwecke der Werbung oder der Markt- oder Meinungsforschung, ist eine Verarbeitung oder Nutzung für diese Zwecke unzulässig. ²Der Betroffene ist bei der Ansprache zum Zweck der Werbung oder der Markt- oder Meinungsforschung und in den Fällen des Absatzes 1 Satz 1 Nummer 1 auch bei Begründung des rechtsgeschäftlichen oder rechtsgeschäftsähnlichen Schuldverhältnisses über

die verantwortliche Stelle sowie über das Widerspruchsrecht nach Satz 1 zu unterrichten; soweit der Ansprechende personenbezogene Daten des Betroffenen nutzt, die bei einer ihm nicht bekannten Stelle gespeichert sind, hat er auch sicherzustellen, dass der Betroffene Kenntnis über die Herkunft der Daten erhalten kann. ³Widerspricht der Betroffene bei dem Dritten, dem die Daten im Rahmen der Zwecke nach Absatz 3 übermittelt worden sind, der Verarbeitung oder Nutzung für Zwecke der Werbung oder der Markt- oder Meinungsforschung, hat dieser die Daten für diese Zwecke zu sperren. In den Fällen des Absatzes 1 Satz 1 Nummer 1 darf für den Widerspruch keine strengere Form verlangt werden als für die Begründung des rechtsgeschäftlichen oder rechtsgeschäftsähnlichen Schuldverhältnisses.

(5) ¹Der Dritte, dem die Daten übermittelt worden sind, darf diese nur für den Zweck verarbeiten oder nutzen, zu dessen Erfüllung sie ihm übermittelt werden. ²Eine Verarbeitung oder Nutzung für andere Zwecke ist nicht-öffentlichen Stellen nur unter den Voraussetzungen der Absätze 2 und 3 und öffentlichen Stellen nur unter den Voraussetzungen des § 14 Abs. 2 erlaubt. ³Die übermittelnde Stelle hat ihn darauf hinzuweisen.

(6) Das Erheben, Verarbeiten und Nutzen von besonderen Arten personenbezogener Daten (§ 3 Abs. 9) für eigene Geschäftszwecke ist zulässig, soweit nicht der Betroffene nach Maßgabe des § 4a Abs. 3 eingewilligt hat, wenn
1. dies zum Schutz lebenswichtiger Interessen des Betroffenen oder eines Dritten erforderlich ist, sofern der Betroffene aus physischen oder rechtlichen Gründen außerstande ist, seine Einwilligung zu geben,
2. es sich um Daten handelt, die der Betroffene offenkundig öffentlich gemacht hat,
3. dies zur Geltendmachung, Ausübung oder Verteidigung rechtlicher Ansprüche erforderlich ist und kein Grund zu der Annahme besteht, dass das schutzwürdige Interesse des Betroffenen an dem Ausschluss der Erhebung, Verarbeitung oder Nutzung überwiegt, oder
4. dies zur Durchführung wissenschaftlicher Forschung erforderlich ist, das wissenschaftliche Interesse an der Durchführung des Forschungsvorhabens das Interesse des Betroffenen an dem Ausschluss der Erhebung, Verarbeitung und Nutzung erheblich überwiegt und der Zweck der Forschung auf andere Weise nicht oder nur mit unverhältnismäßigem Aufwand erreicht werden kann.

(7) ¹Das Erheben von besonderen Arten personenbezogener Daten (§ 3 Abs. 9) ist ferner zulässig, wenn dies zum Zweck der Gesundheitsvorsorge, der medizinischen Diagnostik, der Gesundheitsversorgung oder Behandlung oder für die Verwaltung von Gesundheitsdiensten erforderlich ist und die Verarbeitung dieser Daten durch ärztliches Personal oder durch sonstige Personen erfolgt, die einer entsprechenden Geheimhaltungspflicht unterliegen. ²Die Verarbeitung und Nutzung von Daten zu den in Satz 1 genannten Zwecken richtet sich nach den für die in Satz 1 genannten Personen geltenden Geheimhaltungspflichten. ³Werden zu einem in Satz 1 genannten Zweck Daten über die Gesundheit von Personen durch Angehörige eines anderen als in § 203 Abs. 1 und 3 des Strafgesetzbuches genannten Berufes, dessen Ausübung die Feststellung, Heilung oder Linderung von Krankheiten oder die Herstellung oder den Vertrieb von Hilfsmitteln mit sich bringt, erhoben, verarbeitet oder genutzt, ist dies nur unter den Voraussetzungen zulässig, unter denen ein Arzt selbst hierzu befugt wäre.

(8) ¹Für einen anderen Zweck dürfen die besonderen Arten personenbezogener Daten (§ 3 Abs. 9) nur unter den Voraussetzungen des Absatzes 6 Nr. 1 bis 4 oder des Absatzes 7 Satz 1 übermittelt oder genutzt werden. ²Eine Übermittlung oder Nutzung ist auch zulässig, wenn dies zur Abwehr von erheblichen Gefahren für die staatliche und öffentliche Sicherheit sowie zur Verfolgung von Straftaten von erheblicher Bedeutung erforderlich ist.

(9) ¹Organisationen, die politisch, philosophisch, religiös oder gewerkschaftlich ausgerichtet sind und keinen Erwerbszweck verfolgen, dürfen besondere Arten personenbezogener Daten (§ 3 Abs. 9) erheben, verarbeiten oder nutzen, soweit dies für die Tätigkeit der Organisation erforderlich ist. ²Dies gilt nur für personenbezogene Daten ihrer Mitglieder oder von Personen, die im Zusammenhang mit deren Tätigkeitszweck regelmäßig Kontakte mit ihr unterhalten. ³Die Übermittlung dieser personenbezogenen Daten an Personen oder Stellen außerhalb der Organisation ist nur unter den Voraussetzungen des § 4a Abs. 3 zulässig. ⁴Absatz 2 Nr. 2 Buchstabe b gilt entsprechend.

Übersicht

		Rdn.			Rdn.
A.	Zulässigkeitsvarianten (§ 28 I)	3	III.	Übermittlung oder Nutzung für andere Zwecke	8
I.	Rechtsgeschäftliche oder rechtsgeschäftsähnliche Schuldverhältnisse	4	B.	Sensitive Daten (§ 28 VI–IX)	9
II.	Interessenabwägung und allgemein zugängliche Daten	5			

§ 28 BDSG Datenerhebung und -speicherung für eigene Geschäftszwecke

1 Aufgrund des in § 4 I enthaltenen Verbots mit Erlaubnisvorbehalt ist jeder Umgang mit personenbezogenen Daten abhängig von einer Rechtsgrundlage. In der arbeitsrechtlichen Praxis ergeben sich die Zulässigkeitstatbestände iW aus I 1 Nr 2 und aus § 32, wobei letzterer nach dem RegE zum Beschäftigtendatenschutz (BT-Drs 17/4230) durch die §§ 32 ff ersetzt werden sollte. § 28 erlaubt den Umgang mit Daten als **Mittel zur Erfüllung eigener Geschäftszwecke**. § 32 ermöglicht den Umgang mit Daten zum **Zwecke des Beschäftigungsverhältnisses**. Die vormals für die arbeitsvertragsbezogene Verwendung von Daten im Schwerpunkt einschlägige Zulässigkeitsnorm, enthalten in I 1 Nr 1, stellt ebenfalls allg auf die Erfüllung eigener Geschäftszwecke durch den AG ab. § 32 I 1 konkretisiert und verdrängt I 1 Nr 1 für die Verwendung von Daten iR eines Beschäftigungsverhältnisses. Ebenso wird I 2 durch § 32 zT verdrängt. I 1 Nr 2 findet allerdings auch im Verhältnis von AG und Beschäftigten Anwendung, wenn die Datenerhebung zu anderen, als zu Zwecken des Beschäftigungsverhältnisses erfolgt (BT-Drs 16/13657 S 20; siehe auch Simitis/*Seifert* § 32 Rn 17). Weitere einschlägige allg und bereichsspezifische Datenschutzvorschriften verdrängt § 32 nicht (BT-Drs 16/13657 S 20).

2 I 2 verlangt eine **konkrete Festlegung der Zwecke** schon bei der Erhebung der Daten. Soweit § 32 den Teil des Anwendungsbereiches der Vorschrift verdrängt, der die Verwendung der Daten zu Zwecken des Beschäftigungsverhältnisses und für Zwecke zur Aufdeckung konkreter Straftaten abdeckt, ist insoweit bei der Erhebung von Daten im Hinblick auf ein Beschäftigungsverhältnis nur der Vertragszweck des Beschäftigungsverhältnisses festzulegen. Soweit I 2 anwendbar bleibt, muss auch bei Beschäftigtendaten noch festgelegt werden, ob und ggf zu welchen weiteren Zwecken die Daten verwendet werden sollen. Die Festlegung eines Zwecks ist nicht für jedes einzelne Datum erforderlich. Soll zB die Verarbeitung von Daten aus einem Beschäftigungsverhältnis funktionsübertragend ausgelagert werden (**funktionsübertragendes Outsourcing**), so genügt es, für die Zweckbestimmung gem I 2, einen Zweck für mehrere gleichartige Daten oder für einzelne Verfahren iSd § 4d festzulegen (zB funktionsübertragende Auslagerung der Personalverwaltung, der Telefondatenerfassung, der Videoüberwachung). Bei der Formulierung der Zwecke ist ein angemessener Ausgleich zwischen dem berechtigten Interesse (Nr 2), die Zwecke allg zu formulieren und dem schutzwürdigen Interesse der Betroffenen (Nr 3) an einer angemessenen Konkretisierung zu suchen. Soweit der Betroffene seine Einwilligung gem § 4 geben kann, sind die Parteien bei der Festlegung der Zwecke grds frei. Die verantwortliche Stelle ist in jedem Fall auf die für den konkreten Zweck objektiv erforderlichen Daten beschränkt. Eine zweckfreie Datenerhebung ist nicht zulässig.

3 **A. Zulässigkeitsvarianten (§ 28 I).** I beinhaltet 3 Zulässigkeitsvarianten der DV zwischen denen **keine Hierarchie** besteht. Die verantwortliche Stelle ist bei der Auswahl der Zulässigkeitsvariante frei, wobei auch eine **kumulative Prüfung** zulässig ist (str, aA Simitis/*Simitis* § 28 Rn 54). Bezogen auf den Zweck der Datenverwendung für ein Beschäftigungsverhältnis findet I im Verhältnis zwischen AG und Beschäftigtem insgesamt keine Anwendung mehr. Für andere Zwecke können auch im Verhältnis von AG und Beschäftigtem jedoch weiterhin insb die verbleibenden Zuverlässigkeitsvarianten kumulativ geprüft werden (BT-Drs 16/13657 S 20 f). Eine Zulässigkeit nach I und/oder nach § 32 ist selbst dann möglich, wenn der Versuch, eine Einwilligung (§ 4a) vom Betroffenen einzuholen, fehlgeschlagen ist oder die Einwilligung nachträglich widerrufen wird. Diese Umstände sind aber im Einzelfall bei der Prüfung der Belange des Betroffenen (Nr 2) und bei der Bewertung der schutzwürdigen Belange desselben (Nr 3) zu berücksichtigen und können zu einer engen Auslegung der Zulässigkeitsalternative aus Nr 1 bzw des § 32 beim Beschäftigungsverhältnis führen.

4 **I. Rechtsgeschäftliche oder rechtsgeschäftsähnliche Schuldverhältnisse.** I 1 Nr 1 wird durch § 32 im Hinblick auf Beschäftigungsverhältnisse konkretisiert und verdrängt (BT-Drs 16/13657 S 20).

5 **II. Interessenabwägung und allgemein zugängliche Daten.** I 1 Nr 2 gestattet die Verwendung von Daten iR einer Interessenabwägung. Diese stellt auf »berechtigte« bzw »schutzwürdige« Interessen ab. **Berechtigtes Interesse** ist jedes vom gesunden Rechtsempfinden und der Rechtsordnung gebilligte Interesse. Möglich sind auch rein **wirtschaftliche Interessen** des AG an **Effizienzsteigerung** oder **Kostenreduzierung**. Die Datenverwendung muss **erforderlich**, dh objektiv geeignet und im Hinblick auf den angestrebten Zweck und die **schutzwürdigen Interessen** des Betroffenen angemessen sein. Die Erforderlichkeit ist einerseits nicht gegeben, wenn es eine zumutbare Alternative gibt, wie der Zweck bei vernünftiger Betrachtung auch ohne die beabsichtigte Datenverwendung erreicht werden kann. Erforderlichkeit ist andererseits nicht mit einer zwingenden Notwendigkeit gleichzusetzen (*Gola/Schomerus* § 28 Rn 15). Weiterhin darf kein Grund zu der Annahme bestehen, dass entgegenstehende schutzwürdige Interessen des betroffenen AN überwiegen. Insoweit existiert allerdings keine Vermutung, dass schutzwürdige Belange des AN generell einer Verwendung seiner Daten durch den AG entgegenstehen. Schutzwürdige Interessen, die in die Abwägung

einzustellen sind, ergeben sich primär aus dem Gesetzeszweck in § 1 I. Relevant ist daneben aber auch das Interesse des Betroffenen, sich vor wirtschaftlichen oder beruflichen Nachteilen zu schützen, welche durch die Verwendung der Daten verursacht werden. Liegen keine konkreten Hinweise auf eine Verletzung schutzwürdiger AN-Interessen vor, kann sich der AG darauf beschränken, in einer **Pauschalprüfung** schutzwürdige Interessen, die sich iRd normalen Geschehensablaufs aufdrängen, in den Abwägungsvorgang einzustellen (*Gola/Schomerus* § 28 Rn 28; strenger Simitis/*Simitis* § 28 Rn 130). Er kann so lange davon ausgehen, dass sich alle Beteiligten gesetzeskonform verhalten und getroffene Vereinb beachten, bis es konkrete Hinweise auf eine Verletzung gibt. Nur wenn die Pauschalprüfung ergibt, dass die angestrebte Verwendung der Daten nicht angemessen ist, besteht Grund zu der Annahme, dass **schutzwürdige Interessen** des Betroffenen überwiegen.

Einzelfälle: Sollen AN-Daten zB in Vorbereitung eines Unternehmensverkaufs an den Käufer übermittelt werden (vgl § 3 IV Nr 3a), spielt es eine Rolle, welche Daten (zB Namen, Tätigkeit, Dauer der Betriebszugehörigkeit, Gehalt) übermittelt werden und ob der Empfänger über ein schlüssiges Datenschutzkonzept bzgl der erhaltenen Informationen verfügt. **Anerkannt** ist zB, dass iR einer **Due Diligence** zur Vorbereitung eines Unternehmensverkaufs die Übermittlung personenbezogener Daten in angemessenem Umfang nach I 1 Nr 2 zulässig ist. Die Weitergabe von AN-Daten durch den Betriebsinhaber ist soweit zulässig, wie er bei vernünftiger Betrachtung auf die Weitergabe angewiesen ist, um sein Recht zur Veräußerung des Betriebs wahrnehmen zu können (*Göpfert/Meyer* NZA 2011, 486, 488). Zurückhaltender sind die Aufsichtsbehörden bei der Beurteilung der Zulässigkeit der Weitergabe von Kundendaten im Kreditgewerbe vor der Fusionsentsch (vgl *HIM* Nr 38 v 18.1.2000, Abschn A). Für die sonstige Übermittlung von Daten aus einem Beschäftigungsverhältnis beim und nach dem Vollzug eines Asset Deals gilt § 32 (vgl § 32 Rdn 17). Die Speicherung von Daten der AN, die an der Bearbeitung von Arbeitsprodukten (hier Karten von Stadtplandiensten) beteiligt waren, zur Dokumentation und Möglichkeit der Zeugenbennenung in späteren Urheberrechtsprozessen ist zulässig (VG Berlin 13.1.2014, 1 K 220.12).

Anerkannt ist weiterhin, dass Verfahren, die Beschäftigte dazu auffordern, selbst mutmaßliche Missstände **6** zu melden, zulässig sind, soweit sie der Umsetzung rechtlich gebotener Kontrollverfahren zB im Bankensektor, zur Korruptionsbekämpfung oder zum Vollzug der (neben-) vertraglichen Pflicht des AN, Schaden vom Betrieb fernzuhalten, erforderlich ist. Soweit der AN arbeitsvertraglich zur Teilnahme verpflichtet ist, ergibt sich die Rechtmäßigkeit wohl aus § 32 (*Gola/Schomerus* § 32 Rn 21). Dient ein Verfahren allerdings der Meldung mutmaßlicher Verstöße gegen ausländische Normen, zB einem Verstoß gegen die amerikanischen SOX-Vorschriften (**Whistleblowing**) so beurteilt sich die Zulässigkeit auch weiterhin nach § 28 I 1 Nr 2 (Stellungnahme 1/2006, Art 29-Datenschutzgruppe, WP 117; Arbeitsbericht »Whistleblowing« der Ad-hoc-Arbeitsgruppe »Beschäftigtendatenschutz«). Bei der Interessenabwägung wird zwischen sog »**harten Faktoren**« und »**weichen Faktoren**« unterschieden. Der Betrieb eines Meldeverfahrens zur Aufdeckung von Verhaltensweisen, die einen die Interessen des Unternehmens schützenden Straftatbestand betreffen (insb Betrug und Fehlverhalten in Bezug auf Rechnungslegung oder interne Rechnungslegungskontrollen, Wirtschaftsprüfungsdelikte, Korruption, Banken- und Finanzkriminalität und verbotene Insidergeschäfte) oder die der Aufdeckung von Verstößen gegen Menschenrechte (zB Ausnutzung günstiger Produktionsbedingungen im Ausland durch in Kauf genommene Kinderarbeit) oder Umweltschutzbelange (insg sog »harte Faktoren«) dienen, ist idR zulässig. In diesen Fällen fällt die Interessenabwägung idR zugunsten des berechtigten Unternehmens aus. Der Betrieb eines Meldeverfahrens zur Verarbeitung von personenbezogenen Daten, die »weiche Faktoren« betreffen, zB Verstöße gegen unternehmensinterne Ethikregeln (LAG Düsseldorf 29.11.2005, 16 Sa 1030/05, RDV 2006, 79 – Wal Mart), wird dagegen nur ausnahmsweise zulässig sein. Bei dieser Fallgruppe ist idR anzunehmen, dass die schutzwürdigen Interessen der Betroffenen überwiegen.

Der systematische Datenabgleich des AG zur Korruptionskontrolle ggü den Beschäftigten wird zZt auf **7** politischer Ebene diskutiert. Die Bekämpfung von Korruption und die Einhaltung von Compliance-Bestimmungen in einen gerechten Ausgleich zum Schutz der Beschäftigten vor Bespitzelungen zu bringen, war eines der Hauptanliegen der beabsichtigten Neuregelung des Beschäftigtendatenschutzes (BT-Drs 17/4230 S 12). Beim **systematischen Datenabgleich** geht der AG keinem existierenden Hinweis nach, sondern spürt Fehlverhalten dadurch auf, dass er systematisch Datensätze der Beschäftigten, die zB die jeweilige Personalnummer, die Kontonummer und die Bankleitzahl enthalten, mit Datensätzen der Lieferanten bestehend aus Name, Kontonummer und Bankleitzahl abgleicht. Soweit im Einzelfall gesetzliche Vorschriften (zB § 25h KWG) anordnen, dass entspr DV-Anlagen zu betreiben sind oder anordnen, dass Auskunft erteilt werden muss (§ 320 II HGB), ist der erforderliche Datenabgleich unter den jeweiligen Voraussetzungen zulässig. Soweit der AN arbeitsvertraglich zur Teilnahme verpflichtet ist, ergibt sich die Rechtmäßigkeit auch hier aus § 32. Grds besteht insb für den Inhaber des AG (§ 130 OWiG) und wegen einer möglichen persönlichen Haftung auch für die Organe (§ 93 II 1 AktG, § 43 II GmbHG oder § 34 II 1 GenG) ein allg berechtigtes Interesse, Rechtsverstöße aufzudecken und abzustellen. Im RegE zum Beschäftigten Datenschutz (BT-Drs 17/4230) war in § 32d III vorgesehen, dass ein systematischer Datenabgleich zur Aufdeckung von Straftaten verhältnismäßig und damit allgemein zulässig sein sollte, wenn tatsächliche Anhaltspunkte für eine im Betrieb des AG begangene Straftat vorliegen, die Maßnahme zunächst mit verschlüsselten Daten durchgeführt wird und die Daten nur personalisiert werden, soweit sich ein konkreter Verdachtsfall ergab. In der Praxis sind einige Aufsichtsbehörden dieser Ansicht gefolgt. Darüber hinaus kann ein Datenabgleich auch auf andere Weise verhältnismäßig und damit zulässig sein, etwa wenn er auf solche Beschäftigten beschränkt wird, die aufgrund ihrer Stellung und Kompetenz im Unternehmen die bes Möglichkeit zur Manipulation haben (zB Einkauf) oder der Datenabgleich auf eine anlassbezogene (dh Prüfung einschlägiger Manipulationsmuster) oder stichprobenartige (keine permanente Rasterung) Prüfung beschränkt wird (vgl *Salvenmoser/Hauschka* NJW, 2010, 331; 32. Jahresbericht der Landesbeauftragten für den Datenschutz, Bremische Bürgerschaft Drs 17/1240 vom 26.03.2010, S 34 f).

Unzulässig ist ein »**Mitarbeiter-Screening**«, mit dem AG ihre Beschäftigten gegenüber Listen abgleichen, die nicht rechtsstaatlich zustande gekommen sind und es so gut wie keine Möglichkeit für die betroffenen Beschäftigten gibt, sich gegen eine Aufnahme in eine solche Liste zu wehren und Rechtsschutz geltend zu machen (dies kann der Fall sein, wenn etwa Listen mit terrorverdächtigen Personen und Organisationen von ausländischen Behörden erstellt werden). Die Aufsichtsbehörden (Beschl des Düsseldorfer Kreises v 23./24.4.2009) sind diesbezüglich der Auffassung, dass dies zur Durchführung des Beschäftigungsverhältnisses idR nicht erforderlich ist und gleichzeitig schutzwürdige Interessen der AN verletzt sind.

Werden nur Daten übermittelt, die allg zugänglich sind oder die der AG veröffentlichen darf, ist dies nach I 1 Nr 3 nur bei offensichtlich überwiegenden schutzwürdigen Belangen des Betroffenen ausnahmsweise unzulässig.

8 **III. Übermittlung oder Nutzung für andere Zwecke.** II 1 Nr 2 gestattet eine zweckentfremdende Übermittlung und Nutzung, wenn sie der Wahrung berechtigter Interessen eines Dritten dient; im Unterschied zu I 1 Nr 2 lässt der Gesetzgeber in diesem Fall jedoch keine Interessenabwägung zu. Ist anzunehmen, dass die Übermittlung oder Nutzung mit gegenschutzwürdigen Interessen der Beschäftigten kollidiert, so muss die verantwortliche Stelle auf die Verwendung der Daten verzichten (vgl Simitis/*Simitis* § 28 Rn 182).

9 **B. Sensitive Daten (§ 28 VI–IX).** Die Verwendung **bes Arten personenbezogener Daten** (§ 3 IX) für eigene Geschäftszwecke der verantwortlichen Stelle unterliegt erhöhten Voraussetzungen. Sie dürfen gem VI nur erhoben, verarbeitet oder genutzt werden, wenn eine Einwilligung iSd § 4a III vorliegt oder die strengen Voraussetzungen des VI Nr 1–4, VII, VIII eingreifen. Eine Erleichterung dieser Voraussetzungen enthält IX, wonach Organisationen, die politisch, philosophisch, religiös oder gewerkschaftlich ausgerichtet sind und **keinen Erwerbszweck** verfolgen, sensitive Daten ihrer **Mitglieder** oder anderer Personen, mit denen **regelmäßiger Kontakt** besteht, schon dann verwenden dürfen, wenn dies für die Tätigkeit der Organisation erforderlich ist. Nach Ansicht der Aufsichtsbehörden ist die Übermittlung **bes Arten personenbezogener Daten** insb im Fall einer Betriebsübernahme nach § 613a BGB möglich, wenn die Verwendung im Annex zu der Übermittlung allg personenbezogener Daten erfolgt. Diese Annexzulässigkeit gilt auch bei der Auslagerung/Zentralisierung der Personalverwaltung oder der Datenübermittlung iRv Matrixstrukturen (vgl Arbeitsbericht Ad-hoc-Arbeitsgruppe »Konzerninterner Datentransfer« des Düsseldorfer Kreises). Zur Begr wird darauf verwiesen, dass der Gesetzgeber nicht verhindern wollte, dass die in § 3 IX genannten Daten iR des allg arbeitsrechtlichen Informations- und Datenschutzes verwendet werden (Gesetzesbegr zu VI bis IX, BT Drs 14/4329, 13.19.2000; *Gola* RDV 2001, 125). Die Erhebung von Gesundheitsdaten im AV sollte gesetzlich im BDSG ausdrückl geregelt werden (so § 32a I BDSG-E, BT-Drs 17/4230 S 6; *Beckschulze/ Natzel* BB 2010, 2368, 2370). Für genetische Untersuchungen und Analysen und für die Verwendung genetischer Proben und Daten geht aber weiterhin das GenDG als spezielleres Gesetz den Vorschriften des BDSG (§ 1 III) vor (*Beckschulze/Natzel* BB 2010, 2368, 2370).

§ 31 Besondere Zweckbindung

Personenbezogene Daten, die ausschließlich zu Zwecken der Datenschutzkontrolle, der Datensicherung oder zur Sicherstellung eines ordnungsgemäßen Betriebes einer Datenverarbeitungsanlage gespeichert werden, dürfen nur für diese Zwecke verwendet werden.

1 § 31 betr die Speicherung personenbezogener Daten, die eigentlich nicht mehr benötigt werden, aber noch gespeichert werden, um die Zulässigkeit der erfolgten Verarbeitung und Zugriffe überprüfen zu können

(*Gola/Schomerus* § 31 Rn 5). Wenn diese Daten geeignet sind, das Verhalten oder die Leistung von AN zu überwachen, etwa weil sie bestimmten AN zugeordnet werden können (BAG 6.12.1983, 1 ABR 43/81, EzA § 87 BetrVG 1972 Bildschirmarbeitsplatz Nr 1), so unterliegt die Verwendung der Daten den Mitbestimmungsrechten aus § 87 I Nr 6 BetrVG bzw § 75 III Nr 17 BPersVG.

§ 32 Datenerhebung, -verarbeitung und -nutzung für Zwecke des Beschäftigungsverhältnisses

(1) ¹Personenbezogene Daten eines Beschäftigten dürfen für Zwecke des Beschäftigungsverhältnisses erhoben, verarbeitet oder genutzt werden, wenn dies für die Entscheidung über die Begründung eines Beschäftigungsverhältnisses oder nach Begründung des Beschäftigungsverhältnisses für dessen Durchführung oder Beendigung erforderlich ist. ²Zur Aufdeckung von Straftaten dürfen personenbezogene Daten eines Beschäftigten nur dann erhoben, verarbeitet oder genutzt werden, wenn zu dokumentierende tatsächliche Anhaltspunkte den Verdacht begründen, dass der Betroffene im Beschäftigungsverhältnis eine Straftat begangen hat, die Erhebung, Verarbeitung oder Nutzung zur Aufdeckung erforderlich ist und das schutzwürdige Interesse des Beschäftigten an dem Ausschluss der Erhebung, Verarbeitung oder Nutzung nicht überwiegt, insbesondere Art und Ausmaß im Hinblick auf den Anlass nicht unverhältnismäßig sind.
(2) Absatz 1 ist auch anzuwenden, wenn personenbezogene Daten erhoben, verarbeitet oder genutzt werden, ohne dass sie automatisiert verarbeitet oder in oder aus einer nicht automatisierten Datei verarbeitet, genutzt oder für die Verarbeitung oder Nutzung in einer solchen Datei erhoben werden.
(3) Die Beteiligungsrechte der Interessenvertretungen der Beschäftigten bleiben unberührt.
Übersicht

Übersicht	Rdn.		Rdn.
A. Anwendungsbereich.................	1	C. Beteiligungsrechte	19
B. Aufdecken von Straftaten.............	18		

A. Anwendungsbereich. Rechtsentwicklung: Der von der Bundesregierung in der 17. Wahlperiode eingebrachte Entwurf eines Gesetzes zur Regelung des Beschäftigtendatenschutzes (RegE zum Beschäftigtendatenschutz BT-Drs 17/4230) ist mit Ablauf der Wahlperiode wegen des parlamentarischen Diskontinuitätsprinzips automatisch verfallen. Der Entwurf enthielt eine Reihe von Vorschriften, die in das BDSG eingefügt werden sollten und hat versucht, eine Vielzahl von bisher ungeregelte und nur teilweise in der Rspr behandelte Problembereiche des Beschäftigtendatenschutzes einer ausdrücklichen gesetzlichen Regelung zuzuführen (vgl *Thüsing* NZA 2011, 16). Einige Aufsichtsbehörden haben die Regelungsentwürfe bei der Beurteilung von bisher ungeregelten Problembereichen bereits zur Hilfe genommen, ohne dass der Entwurf Gesetzeskraft erlangt hatte. Es erscheint daher sinnvoll, ihn nicht ganz aus dem Auge zu verlieren, zumindest solange nicht, bis ein neuer Gesetzentwurf eingebracht ist. 1

Zweifelhaft ist, ob bei einer Neuregelung des Beschäftigtendatenschutzes inhaltlich überhaupt wesentlich andere als die bestehenden Regelungen herauskommen können. Ebenso wie bisher der EuGH (24.11.2011, C-468/10 und C-469/10) gibt die DGVO enge Grenzen vor. Jede Verarbeitung personenbezogener Daten hat den in der DSRL/DGVO aufgeführten Grundsätzen in Bezug auf die Zulässigkeit der Verarbeitung von Daten zu genügen. Der Gesetzgeber kann weder neue Grundsätze in Bezug auf die Zulässigkeit der Verarbeitung personenbezogener Daten noch zusätzliche Vorbedingungen für den freien Datenverkehr stellen.. Damit sind dem dt Gesetzgeber Grenzen der inhaltlichen Ausgestaltung eines Beschäftigtendatenschutzes aufgezeigt. Es bleibt abzuwarten, wie sich diese Vorgabe in zukünftigen Gesetzgebungsvorhaben niederschlagen wird. 2

Weiterhin existieren auf europäischer Ebene Bestrebungen der Kommission, das Datenschutzrecht durch Erlass einer Verordnung zum Schutz natürlicher Personen bei der Verarbeitung personenbezogener Daten und zum freien Datenverkehr (Datenschutz-Grundverordnung) zu vereinheitlichen (Mitteilung der Kommission vom 25.1.2012 (KOM (2012) 11 endgültig). Das Europäische Parlament hat den Text der Datenschutz-Grundverordnung am 12.03.2014 angenommen. Am 15.6.2015 hatte der Rat der Europäischen Union den aktuellen Entwurf der Datenschutz-Grundverordnung veröffentlicht und die Trilog-Verhandlungen mit Parlament und Kommission begonnen (vgl http://www.cr-online.de/Annex_zur_Empfehlung_des_EU-Datenschutzbeauftragten_zur_DatenschutzGVO_v._27.07.2015.pdf). Die erzielte Einigung wurde am 17.12.2015 vom Innen- und Rechtsausschuss des EU-Parlaments mit großer Mehrheit angenommen. Am 8.4.2016 (Abl L 119 S 1) gilt die VO (EU) 2016/679 ab dem 25.5.2018 und hebt zu 3

§ 32 BDSG Datenerhebung, -verarbeitung und -nutzung für Zwecke des Beschäftigungsverhältnisses

diesem Datum die DSRL auf. Die Auswirkungen dieses Versuchs einer Vollharmonisierung könnten allerdings im Hinblick auf eine Auswirkung auf das deutsche Beschäftigtendatenschutzrecht begrenzt bleiben, denn Art 82 Datenschutz-Grundverordnung gestattet es den Mitgliedstaaten, die Verarbeitung personenbezogener Daten im Beschäftigungskontext selbst gesetzlich zu regeln, wobei die nationalen Regelungen allerdings im Einklang mit den Regelungen der Datenschutz-Grundverordnung und insbesondere den in Art 82 I 1c aufgeführten Mindeststandards sein müssen.

4 Der aktuelle § 32 enthält eine spezialgesetzliche Regelung für die Datenerhebung, -verarbeitung und -nutzung personenbezogener Daten eines Beschäftigten für Zwecke des Beschäftigungsverhältnisses. Er konkretisiert und verdrängt im Hinblick auf Beschäftigungsverhältnisse § 28 I 1 Nr 1 und § 28 I 2 (BT-Drs 16/13657 S 20). Da § 32 nicht zwischen der Verwendung von personenbezogenen und bes Arten personenbezogener Daten differenziert, verdrängt er für die Verwendung bes Arten personenbezogener Daten für Zwecke des Beschäftigungsverhältnisses auch § 28 VI. Dies muss zumindest gelten soweit diese Daten bisher zulässigerweise in Annex zu § 28 I 1 Nr 1 verwendet werden durften (s dort Rdn 8). II legt fest, dass für die Anwendbarkeit von I weder eine automatisierte Verarbeitung noch ein Dateibezug (§ 3 II) der Daten erforderlich ist (BT-Drs 16/13657 S 37). Somit dürfen Aufzeichnungen und Notizen über Beschäftigte unabhängig davon, ob sie automatisiert oder in anderer Form (mit oder ohne Dateibezug) zu Zwecken der Begr, Durchführung und Beendigung des Beschäftigtenverhältnisses mit dem Betroffenen nur iR des Erforderlichen und insb nur unter Einhaltung angemessener technischer und organisatorischer Maßnahmen zum Schutz ihrer Vertraulichkeit verwendet werden. Dies gilt nicht nur für die Führung von Personalakten, sondern auch für Aufzeichnungen oder Notizen ohne Dateibezug, die zB von Führungskräften und Interviewern iRv Bewerbungs- und Jahresführungsgesprächen mit Beschäftigten erstellen werden oder wenn Notizen zum Leistungsverhalten angefertigt werden (vgl Taeger/Gabel-*Zöll* § 32 BDSG Rn 54).

5 Eine Datenerhebung oder -verwendung auf der Grundlage einer freiwillig erteilten Einwilligung des Beschäftigten gem § 4 wird durch § 32 weder ausgeschlossen (BT-Drs 16/13657 S 20) noch verdrängt. Ebenso wenig werden andere einschlägige allg und bereichsspezifische Datenschutzvorschriften durch § 32 verdrängt.

6 Der Begriff des **Beschäftigungsverhältnisses** bezeichnet das Rechtsverhältnis zwischen der verantwortlichen Stelle und dem in § 3 XI legaldefinierten Beschäftigten. Er ist nicht identisch mit dem im Sozialversicherungsrecht verwendeten Begriff des Beschäftigungsverhältnisses (BT-Drs 16/13657 S 17).

7 Einer konkreten Festlegung des **Verwendungszwecks** durch den AG bedarf es nicht. Der Verwendungszweck ergibt sich ohne Weiteres aus der jeweiligen Kategorie des Beschäftigungsverhältnisses (§ 3 XI), er steht in einem unmittelbaren inneren Zusammenhang mit dem zugrunde liegenden Vertragsverhältnis (vgl BT-Drs 16/13657 S 20) und kann von Vertragsverhältnis zu Vertragsverhältnis auch innerhalb einer Kategorie von gleichartigen Beschäftigungsverhältnissen variieren. Welche Faktoren iE bei der Ermittlung des zulässigen Verwendungszwecks zu berücksichtigen sind, lässt das G offen. Soweit der Wortlaut des zugrunde liegenden Vertrages nicht eindeutig ist, muss der Verwendungszweck daher nach den allg Grds der Vertragsauslegung ermittelt werden. Regelmäßig nicht von den Zwecken des Beschäftigungsverhältnisses umfasst, ist die Berechtigung des AG, die Privatadresse des AN an Dritten weiterzugeben (BGH 20.1.2015, VI ZR 137/14).

8 Bei einer Auslegung sind insb die konkreten Umstände des Beschäftigungsverhältnisses, die beteiligten Parteien und im Fall von Unternehmen auch der Unternehmenszweck und etwaige Zugehörigkeiten zu einer Unternehmensgruppe mit zu berücksichtigen. Ausgangspunkt ist in jedem Fall das konkrete Beschäftigungsverhältnis mit dem AG. Handelt es sich bei dem AG um ein Konzernunternehmen, so ist insoweit für den zulässigen Verwendungszweck die individuelle Beziehung des AN zu dem einzelnen Konzernunternehmen maßgeblich. Es gibt derzeit kein Konzernprivileg (s § 2 Rdn 2). Vertragliche Rechtsbeziehungen zwischen einzelnen konzernangehörigen Unternehmen können ggü dem betroffenen AN eine weitergehende Verwendung seiner Daten nicht rechtfertigen. Jedoch kann der Arbeitsvertrag selbst einen Konzernbezug aufweisen, aus dem sich die Berechtigung zur Übermittlung der Daten an andere **Konzernunternehmen** ergeben kann. Dies gilt zB für **Führungskräfte** und Nachwuchskräfte, die an Führungsaufgaben herangeführt werden, mit Rücksicht auf die Art und Besonderheit ihrer Tätigkeit für den gesamten Konzern; sowie für Personen, deren **Arbeitsvertrag** ein Tätigwerden in anderen Konzernunternehmen ausdrücklich vorsieht, und für Personen, deren Arbeitsverhältnis einen deutlich erkennbaren und vom Betroffenen akzeptierten **Konzernbezug** aufweist. Letzteres ist etwa der Fall, wenn bei der Einstellung deutlich erkennbar ist, dass die Personal-DV auf ein anderes Konzernunternehmen übertragen ist oder wenn sich iR sog **Matrixstrukturen** fachliche Vorgesetzte bei einem anderen Konzernunternehmen befinden oder ein anderes Konzernunternehmen als rechtsgeschäftlicher Vertreter des AG des betroffenen AN tätig wird. Ausschlaggebend

ist, ob der Verwendungszweck bei Abschluss des Beschäftigungsverhältnisses bereits existent sowie dem Beschäftigten bekannt war und von ihm gebilligt wurde (vgl Arbeitsbericht Ad-hoc-Arbeitsgruppe »Konzerninterner Datentransfer« des Düsseldorfer Kreises).

In der Anbahnungsphase dürfen nur solche **Datenkategorien** zu den Zwecken des Beschäftigungsverhältnisses verwendet werden, die für die Entsch über die Begr eines Beschäftigungsverhältnisses erforderlich sind, nach der Rspr des BAG also Daten, an denen der AG ein berechtigtes, billigenswertes und schutzwürdiges Interesse hat (5.10.1995, 2 AZR 923/94, NZA 1996, 371; vgl § 4 Rdn 1). Dies sind zB Daten über die fachlichen Fähigkeiten, Kenntnisse und Erfahrungen des AN. In diesem Zusammenhang stellt sich die Frage, ob der AG Daten des Bewerbers aus dem Internet erheben darf (Suchmaschinen, soziale Netzwerke, Bewertungsportale etc) oder ob der Direkterhebungsgrundsatz dem entgegensteht (siehe § 4 Rdn 4). Hat der Bewerber die Daten selbst ins Netz eingestellt, wird eine Einwilligung diskutiert (vgl Simitis/*Seifert* § 32 Rn 49). In der Praxis scheitert eine Recherche über Bewerberdaten durch den AG in freizeitorientierten sozialen Netzwerken häufig daran, dass deren AGB einer Nutzung für Zwecke des AG entgegen stehen (so zB bei Facebook). Darüber hinaus scheidet eine Einwilligung jedenfalls aus, wenn die Daten ohne Zutun des Bewerbers ins Netz gelangt sind. In § 32 VI2 (BT-Drs 17/4230) regelte der entfallene Gesetzentwurf zur Regelung des Beschäftigtendatenschutzes diesen offenen Punkt so, dass er die Erhebung von Daten zuließ, die der Beschäftigte in sozialen Netzwerken allgemein zugänglich gemacht hat, wenn diese Netzwerke zur Darstellung der beruflichen Qualifikation ihrer Mitglieder bestimmt sind. Es bleibt abzuwarten, ob sich diese Differenzierung auch ohne gesetzliche Regelung durchsetzt. Nach der Begr des Beschäftigungsverhältnisses können nur solche Datenkategorien verwendet werden, die zur Durchführung oder Beendigung des Beschäftigungsverhältnisses erforderlich sind. Dies sind insb Daten, die erforderlich sind, damit der AG seine vertraglichen Rechte und Pflichten ggü dem Beschäftigten erfüllen kann, zB Pflichten im Zusammenhang mit der Personalverwaltung, Lohn- und Gehaltsabrechnung und Rechte zur Ausübung des Weisungsrechtes, zur Kontrolle der Leistung oder des Verhaltens des Beschäftigten und zur Durchführung von Maßnahmen im Zusammenhang mit der Beendigung des Beschäftigungsverhältnisses (zB Abmahnung, Kdg). Hierunter fallen grds auch Maßnahmen, die zur Verhinderung von Straftaten oder sonstigen Rechtsverstößen erforderlich sind, wenn sie im Zusammenhang mit dem Beschäftigungsverhältnis stehen (BT-Drs 16/13657 S 21). Auch eine Verarbeitung von Daten durch Dritte, die eine zulässige Weisung des AG umsetzt, werden erfasst, zB die Weisung eine elektronische Signaturkarte zu beantragen und zu nutzen (BAG 25.9.2013, AZR 270/12, NJW 2014, 569). Die Datenverwendung muss **verhältnismäßig** und daher zur Erfüllung gesetzlicher, kollektiv- oder einzelarbeitsvertraglicher Pflichten oder zur Wahrnehmung von Rechten aus dem Vertragsverhältnis **geeignet und erforderlich** sein (BAG 22.10.1986, 5 AZR 660/85, EzA § 23 BDSG Nr 4). Das Informationsinteresse des AG muss das informationelle Selbstbestimmungsrecht des Beschäftigten überwiegen. Dies ist möglich, wenn die generelle Möglichkeit besteht, dass die Daten im Verlauf des Arbeitsverhältnisses erforderlich werden. Andererseits darf in die Privatsphäre des AN nicht tiefer eingedrungen werden, als es der Zweck des Beschäftigtenverhältnisses unbedingt erfordert (BAG 22.10.1986, 5 AZR 660/85, aaO). Da nur objektive für den Vertragszweck erforderliche Daten verwendet werden dürfen, unterliegen Daten, deren Erhebung gegen die **Grenzen des arbeitsrechtlichen Fragerechts** verstoßen, einem **Verwertungsverbot** (ArbG HH 20.2.2004, 17 Ca 426/03, NZA-RR 2005, 520). Auch ein Verstoß gegen ein Diskriminierungsverbot (insb aus dem AGG) kann eine Datenerhebung unzulässig machen. Die Durchführung von Persönlichkeitstests kann unter bestimmten Umständen nach § 32 I 1 erlaubt sein, die rechtliche Prüfung der Rechtfertigung sollte dokumentiert werden (dazu ausführlich: *Bauseweis* ZD 2014, 443). Unzulässig kann die heimliche (ohne Beisein des AN) Auswertung des elektronischen Kalenders eines AN mit als »privat« markierten Terminen sein, auch wenn die private Nutzung der IT-System untersagt war. (LAG Rh-Pf 25.11.2014, 8 Sa 363/14). Die Verarbeitung von Mitarbeiterdaten durch den AG im Rahmen von digitalen Kassensystemen soll regelmäßig unter Berücksichtigung der erheblichen Erleichterungen bei Lohnabrechnung, Koordinierung und Organisation zulässig sein (*Koòs/Goosens* ZD 2015, 358).

Einzelfälle: Zulässig sind zB Skilldatenbanken (vgl Arbeitsbericht Ad-hoc-Arbeitsgruppe »Konzerninterner Datentransfer« des Düsseldorfer Kreises); konzernweit verfügbare **Telefonverzeichnisse** mit Namen, dienstlicher Anschrift, Telefon, Fax, Aufgabengebiet und E-Mail-Adresse; Veröffentlichung von AN-Daten im **Internet**, wenn dies zur Erfüllung der Arbeitspflicht (zB im Vertrieb oder Einkauf) oder gesetzlicher Publikationspflichten (zB Impressumspflicht) üblich ist (vgl Arbeitsbericht Ad-hoc-Arbeitsgruppe »Konzerninterner Datentransfer« des Düsseldorfer Kreises); **Telefondatenerfassung** zum Schutz vor unerlaubten Privatgesprächen; Kenntnisnahme der geschäftlichen **E-Mails**.

11 Leistungs- und Verhaltenskontrollen: § 32 i RegE zum Beschäftigtendatenschutz (BT-Drs 17/4230) sah vor, dass bei der Nutzung von Telekommunikationsdiensten iSv § 3 Nr. 30 TKG anfallende, nicht private personenbezogene Daten (insbesondere Verkehrsdaten und Inhalte der Kommunikation) vom AG verarbeitet werden dürfen soweit dies zu Abrechnungszwecken, zu stichprobenartigen oder anlassbezogenen Leistungs- und Verhaltenskontrollen bei den Beschäftigten oder dazu erforderlich ist, den ordnungsgemäßen Betrieb der TK-Dienste oder TK-Netze zu gewährleisten und kein Anhaltspunkt dafür besteht, dass schutzwürdige Interessen des Beschäftigten an einem Ausschluss der Verwendung der Daten überwiegen. Die Regelung sah vor, dass die Verwendung der Daten transparent erfolgen muss, dh wenn die erhobenen Daten einem bestimmten Beschäftigten zugeordnet sind, ist dieser über eine Verarbeitung und Nutzung zu unterrichten, sobald der Zweck der Verarbeitung oder Nutzung durch die Unterrichtung nicht mehr gefährdet wird. Von diesen Grundsätzen sollte es Ausnahme geben, wenn die erbrachte telefonische Dienstleistung wesentlicher Inhalt der geschuldeten Arbeitsleistung ist (zB bei Beschäftigten in Call-Centern). In diesem Fall sollte eine Verarbeitung von anfallenden, nicht privaten personenbezogenen Daten zur stichprobenartigen oder anlassbezogenen Leistungs- oder Verhaltenskontrolle bereits dann zulässig sein, wenn der Beschäftigte in geeigneter Weise vorab darüber informiert worden ist, dass er in einem eingegrenzten Zeitraum mit einer Kontrolle zu rechnen hat, und die Kommunikationspartner des Beschäftigten über die Möglichkeit der Erhebung, Verarbeitung und Nutzung informiert worden sind und darin eingewilligt haben. Zum Schutz der Interessen der Beschäftigten war auch insoweit vorgesehen, dass der AG den betroffenen Beschäftigten unverzüglich über eine durchgeführte Erhebung, Verarbeitung und Nutzung zu unterrichten hat. Es bleibt abzuwarten, ob sich diese Überlegungen auch ohne entsprechende ausdrückliche gesetzliche Regelung durchsetzen werden, wenn es darum geht die Verhältnismäßigkeit einer entsprechenden DV zu beurteilen.

12 Nach überwiegender Ansicht wird der AG zum Telekommunikationsanbieter im Sinne des TKG, wenn er dem AN die private Nutzung des E-Mail Systems gestattet oder die private Nutzung duldet (BT-Drs 13/3609 S 53; OLG Karlsruhe 10.1.2005, 1 Ws 152/04, MMR 2005, 178, 180; ArbG Hannover NZA-RR 2005, 420, 421; VGH Kassel NJW 2009, 2470; Taeger/Gabel-*Munz* § 88 TKG Rn 13, 20; Arbeitskreis Medien, Orientierungshilfe zur datenschutzgerechten Nutzung von E-Mail und anderen Internetdiensten am Arbeitsplatz, 24.9.2007; aA LAG Nds 31.5.2010, 12 Sa 875/09, NZA-RR 2010, 406, 408; LAG Berl-Bbg 16.2.2011, 4 Sa 2132/10, NZA-RR 2011, 342 f; VG Karlsruhe, 27.5.2013 – 2 K 3249/12; ArbG Dortmund, 18.4.2013 – 4 Ca 5524/12; 18.6.2013 – 2 Ca 5512/12; 12.7.2013 – 5 Ca 5525/12); *Löwisch* DB 2009, 2782, zum Streit auch *von Brühl/Sepperer* ZD 2015, 417). Str ist, ob die Telekommunikationsanbietereigenschaft nur hins privater E-Mails oder auch für geschäftliche E-Mails gilt (dafür: Taeger/Gabel-*Munz* § 88 TKG Rn 20 dagegen: *Scheurle/Mayen-Zerres* § 88 Rn 20). Wenn der AG Telekommunikationsanbieter ist, unterliegt er ggü dem AN dem Fernmeldegeheimnis nach § 88 TKG. Das Fernmeldegeheimnis schützt den gesamten Übertragungsvorgang u endet erst, wenn die E-Mail beim Empfänger angekommen u der Übertragungsvorgang beendet ist. Wann der Übertragungsvorgang bei einer E-Mail Kommunikation genau beendet ist, ist umstr (zu den Grenzen des Fernmeldegeheimnisses: BVerfG 2.3.2006, 2 BvR 2099/04, RDV 2006, 116; 16.6.2009, 2 BvR 902/06, NJW 2009, 2431 ff). Nach Ansicht des BVerfG will das Fernmeldegeheimnis den Gefahren begegnen, die sich für das Medium E-Mail im Hinblick auf Vertraulichkeit daraus ergeben, dass der Telekommunikationsanbieter technisch in der Lage ist, jederzeit auf die bei ihm gespeicherten E-Mails zuzugreifen (einschränkend Spindler/Schuster-*Eckhardt* § 88 TKG Rn 32, der den Schutz auf die Gefahr des unbemerkten, jederzeitigen Zugriffs reduziert). Endet die Möglichkeit des jederzeitigen Zugriffs für den Telekommunikationsanbieter, so ist der Kommunikationsvorgang abgeschlossen und damit endet dann auch der Schutz des Fernmeldegeheimnisses. Auf diesen Umstand kann der Kommunikationsanbieter wenn er gleichzeitig AG ist, bspw dadurch hinwirken, dass er dem AN eine Speicherung privater E-Mails nach Kenntnisnahme verbietet und sie damit seinem weiteren Zugriff entzieht.

13 Vom Fernmeldegeheimnis umfasst bleiben E-Mails grds, solange sie auf dem Mailserver eines Telekommunikationsanbieters zwischengespeichert bleiben. Dh grds auch noch nach der Kenntnisnahme durch den Kommunikationsteilnehmer (BVerfG 16.6.2009, 2 BvR 902/06, NJW 2009, 2431; aA Taeger/Gabel-*Zöll* § 32 BDSG Rn 43). Zur Begründung führt das BVerfG aus, dass das für das Kommunikationsmedium typische Gefährdungspotential unverändert und unabhängig davon bestehen bleibt, ob der Kommunikationsteilnehmer die E-Mail zur Kenntnis genommen hat. Die Entscheidung wurde allerdings nicht zur Speicherung durch einen AG getroffen; in dem entschiedenen Fall schützte das Fernmeldegeheimnis den Kommunikationsteilnehmer vielmehr vor einem Zugriff durch die Strafverfolgungsbehörden bei einem externen Anbieter von Telekommunikationsleistungen. Es bleibt abzuwarten, ob das BVerfG in gleicher Weise entscheidet, wenn der Zugriff durch einen AG-Telekommunikationsanbieter erfolgt und dieser für den Zugriff den Schutz eigener berechtigter Interessen anführt; zB wenn der Zugriff zur Durchführung

seines ordnungsgemäßen Geschäftsbetriebes unerlässlich war. Denkbar wäre es, einen Zugriff bei Erkrankung oder Ausscheiden des Beschäftigten mit dem Zweck zuzulassen, um dessen geschäftsbezogene E-Mails zwecks weiterer Bearbeitung zu sichten (vgl auch die Begründung zum entfallenen Gesetzentwurf zur Regelung des Beschäftigtendatenschutzes BT-Drs 17/4230 S 22). Zwar ändert sich auch in diesem Fall durch die Kenntnisnahme des Betroffenen das für das Kommunikationsmedium typische Gefährdungspotential grds nicht, lässt der AN allerdings private E-Mail auf dem Server des AG, so könnte dies ein Indiz dafür sein, dass er auf den Schutz des Fernmeldegeheimnisses zumindest insoweit verzichtet, als er damit rechnen muss, dass der AG im Rahmen der Wahrnehmung eigener berechtigter Interessen in datenschutzrechtlich zulässigem Umfang auch private E-Mail des AN öffnet und zur Kenntnis nimmt (vgl *Fülbier/Splittgerber* NJW 2012, 1995, 1999).

Die Mitteilung von Tatsachen an eine andere Person ist nach § 206 StGB mit Strafe bedroht, wenn die Tatsachen dem Schutz des Fernmeldegeheimnisses unterliegen und die Mitteilung unbefugt erfolgt. Auch Mitteilungen zwischen AN, die im gleichen Unternehmen beschäftigt sind, können diesen Tatbestand grds erfüllen; sie unterliegen dem Fernmeldegeheimnis, allerdings wird eine geschäftliche Tatsache idR dann nicht unbefugt mitgeteilt, wenn sie im Rahmen arbeitsteiligen Arbeitens oder im gewöhnlichen Geschäftsgang verschiedenen AN oder dem AG zur Kenntnis gebracht wird (vgl in Schönke/Schröder/*Lenckner/Eisele* § 206 Rn 10). 14

Unzulässig sind zB Übermittlung von Informationen zum Zwecke des **Outplacements**; Telefondatenerfassung zur Erstellung eines Arbeitsverhaltensprofils; **heimliche Überwachung des E-Mail-Verkehrs oder des Telefons zur Qualitätskontrolle** (vgl Art 2 GG Rdn 29; iVm mind geduldeter privater Nutzung des E-Mail Systems); ein **Unterdrücken von E-Mails** (OLG Karlsruhe 10.1.2005, 1 Ws 152/04, RDV 2005, 66); **Videoüberwachung des nicht-öffentl Arbeitsplatzes** zur Überwachung des AN. Auch im Falle einer gerechtfertigten Kontrolle durch den AG im Krankheitsfall, ist die heimliche Videoaufzeichnung etwa durch einen Privatdetektiv unverhältnismäßig und nicht von § 32 gedeckt (BAG 19.2.2015, 8 AZR 1007/13). Ausnahmen sind möglich, so hat die Rspr eine Videoüberwachung für den Fall eines konkreten, nicht anders aufklärbaren Verdachts einer Straftat (BAG 26.8.2008, 1 ABR 16/07, NZA 2008, 1187; 14.12.2004, 1 ABR 34/03, EzA § 87 BetrVG 2001 Überwachung Nr 1) oder einer anderen schweren Verfehlung zulasten des AG (BAG 27.3.2003, 2 AZR 51/02, NZA 2003, 1193) für zulässig gehalten (s auch § 6b Rdn 1). Die Voraussetzungen für die Erhebung und Verwendung von personenbezogenen Daten zur Aufdeckung einer Straftat eines Beschäftigten ist bisher in I 2 geregelt (s Rdn 18). Eine Videoüberwachung nicht öffentlich zugänglicher Betriebsgelände, Betriebsgebäude oder Betriebsräume war in § 32f I des RegE zum Beschäftigtendatenschutz (BT-Drs 17/4230) gesetzlich normiert und sollte in vom Gesetz näher bestimmten Fällen zum Zweck der Gewährleistung der Betriebs-, Arbeits- oder Produktsicherheit, zur Absicherung wesentlicher Betriebsabläufe oder zum Schutz bedeutender Rechtsgüter zulässig sein. Der Umstand der Videoüberwachung muss dann allerdings kenntlich gemacht werden. 15

Einschlägige technologiespezifische Datenschutzvorschriften insb aus dem TKG (s insb Rdn 18) und dem TMG müssen gesondert geprüft werden. 16

Geht das Beschäftigungsverhältnis und mit ihm die Daten durch Rechtsgeschäft über (sog »**Asset Deal**«, liegt eine Übermittlung vor, deren Zulässigkeit sich nach § 32 richtet (*Gola/Wronka* Rn 1232). Der Übergang vom alten zum neuen AG ändert nichts am Zweck des Beschäftigungsverhältnisses. Bei dem Übergang können Daten übermittelt werden oder die Urkunden übergeben werden, die für die Geltendmachung der Forderungen aus dem Beschäftigungsverhältnis oder zum Beweis der Forderungen dienen (vgl iVm der Abtretung von Darlehensforderungen unter Bezugnahme auf § 402 BGB, BVerfG 11.7.2007, 1 BvR 1025/07, NJW 2007, 3707). Nach der Wertung des Gesetzes ist die zivilrechtliche Wirksamkeit der Abtretung grds unabhängig von einer persönlichkeitsrechtlichen Relevanz der zu erteilenden Auskünfte zu betrachten. Weder lässt sich aus den datenschutzrechtlichen Vorschriften grds ein **gesetzliches Abtretungsverbot** iSd § 134 BGB herleiten (BGH 27.2.2007, XI ZR 195/05, NJW 2007, 2106), noch verdrängen die zivilrechtlichen Vorschriften die datenschutzrechtlichen Vorschriften. Dies gilt nach hM insb für § 613a BGB (vgl *Däubler* Rn 489b). Ausnahmen sind im Einzelfall möglich, etwa wenn durch die Abtretung des Beschäftigungsverhältnisses typischerweise Geheimhaltungsinteressen des AN derart schwerwiegend beeinträchtigt werden, dass das Interesse des AG an der Verkehrsfähigkeit der Forderungen aus dem Vertrag zurückstehen muss (BVerfG 11.7.2007, 1 BvR 1025/07, NJW 2007, 3707). Werden bereits im Vorfeld, etwa iR einer **Due Diligence**, Daten zugänglich gemacht, so findet insoweit § 28 I 1 Nr 2 Anwendung (*HIM* Nr 38 v 18.1.2000, Abschn A; 22. Bericht der Hess Landesregierung über die Tätigkeit der für den Datenschutz im nicht-öffentl Bereich in Hess zuständigen Aufsichtsbehörden, LT-Drs 18/1015 S 34 f). 17

18 **B. Aufdecken von Straftaten.** I 2 benennt die Voraussetzungen für die Erhebung und Verwendung personenbezogener Daten eines Beschäftigten zum Zweck der Aufdeckung von konkreten Straftaten. S 2 enthält keine allg Regelung über die Zulässigkeit von Maßnahmen zur Verhinderung von Straftaten oder sonstigen Rechtsverstößen, die im Zusammenhang mit dem Beschäftigungsverhältnis stehen (BT-Drs 16/13657 S 21). Da zielgerichtete Maßnahmen zur Aufdeckung einer Straftat eines konkreten Beschäftigten idR bes intensiv in das allg Persönlichkeitsrecht des Beschäftigten eingreifen, dürfen personenbezogene Daten für diesen Zweck nur unter den strengen Voraussetzungen erhoben und verwendet werden, die die Rspr zur verdeckten Überwachung von AN aufgestellt hat (vgl BAG 27.3.2003, 2 AZR 51/02, NZA 2003, 1193; 26.8.2008, 1 ABR 16/07, NZA 2008, 1187). Auf dieser Grundlage sieht I 2 vor, dass personenbezogene Daten eines Beschäftigten zur Aufdeckung einer Straftat nur verwendet werden dürfen, wenn tatsächliche Anhaltspunkte für eine Straftat vorliegen, die vom AG dokumentiert wurden. Die Erhebung oder Verwendung muss für die Aufdeckung der Straftat erforderlich sein und der Erhebung oder Verwendung der Daten dürfen keine überwiegenden schutzwürdigen Interessen des Beschäftigten entgegenstehen. Insb dürfen Art und Ausmaß der Verwendung der Daten im Hinblick auf den Anlass nicht unverhältnismäßig sein.

19 **C. Beteiligungsrechte.** Die Zulässigkeit des Umgangs mit personenbezogenen Daten wird durch die **Informations- und Kontrollbefugnisse des kollektiven ArbR** beeinflusst. Sie bleiben unberührt. Werden **Mitbestimmungsrechte** übergangen, dient die Datenerhebung nicht dem Zweck des Beschäftigungsverhältnisses und kann ggü dem einzelnen Beschäftigten unzulässig sein, was auf jede weitere Verwendung durchschlägt. Dies führt zu Erhebungs- und Verarbeitungssperren sowie zu **Korrekturrechten** des Beschäftigten (BAG 22.10.1986, 5 AZR 660/85, EzA § 23 BDSG Nr 4). In Betracht kommen zB Mitbestimmungsrechte bei der Einf und Anwendung technischer Einrichtungen zur Überwachung des Verhaltens oder der Leistung eines AN (§ 87 I Nr 6 BetrVG bzw § 75 III Nr 17 BPersVG), Mitbestimmungsrechte bei Maßnahmen, die das sog Ordnungsverhalten eines AN im Betrieb betreffen, wenn insoweit ein Regelungsspielraum besteht, der durch den BR gemeinsam mit dem AG ausgestaltet werden muss – zB bei der Einf einer Ethik-RL einer US-amerikanischen Muttergesellschaft und der Anordnung des AG, dass jeglicher Verstoß gegen die Ethik-RL über eine anonyme Telefonhotline mitgeteilt werden muss – **Whistleblowing** (LAG Düsseldorf 14.11.2005, 10 TaBV 46/05, RDV 2006, 79) und Mitbestimmungsrechte bei der Personaldatenerhebung mit Personalfragebögen (§ 94 I BetrVG bzw § 75 III Nr 8 und § 76 II Nr 2 BPersVG). Letzteres gilt auch, wenn der AG Fragen aus einer **formularmäßigen Zusammenstellung** über persönliche Verhältnisse mündlich stellt und die Antworten selbst vermerkt (BAG 21.9.1993, 1 ABR 28/93, EzA § 118 BetrVG 1972 Nr 62). Mitbestimmungsrechte bestehen auch bei der Anwendung von Beurteilungsgrds und Auswahl-RL (§ 94 II, § 95 BetrVG bzw § 75 III Nr 9 und § 76 II Nr 3, 8 BPersVG). Keine Mitbestimmung besteht, wenn die Ethik-RL schon deshalb rechtswidrig ist, weil sie zB den Komplex »Private Beziehungen/Liebesbeziehungen« der AN ordnen will und damit gegen das GG (Art 1 u 2 GG) verstößt.

§ 33 Benachrichtigung des Betroffenen

(1) ¹Werden erstmals personenbezogene Daten für eigene Zwecke ohne Kenntnis des Betroffenen gespeichert, ist der Betroffene von der Speicherung, der Art der Daten, der Zweckbestimmung der Erhebung, Verarbeitung oder Nutzung und der Identität der verantwortlichen Stelle zu benachrichtigen. ²Werden personenbezogene Daten geschäftsmäßig zum Zweck der Übermittlung ohne Kenntnis des Betroffenen gespeichert, ist der Betroffene von der erstmaligen Übermittlung und der Art der übermittelten Daten zu benachrichtigen. ³Der Betroffene ist in den Fällen der Sätze 1 und 2 auch über die Kategorien von Empfängern zu unterrichten, soweit er nach den Umständen des Einzelfalles nicht mit der Übermittlung an diese rechnen muss.

(2) ¹Eine Pflicht zur Benachrichtigung besteht nicht, wenn
1. der Betroffene auf andere Weise Kenntnis von der Speicherung oder der Übermittlung erlangt hat,
2. die Daten nur deshalb gespeichert sind, weil sie aufgrund gesetzlicher, satzungsmäßiger oder vertraglicher Aufbewahrungsvorschriften nicht gelöscht werden dürfen oder ausschließlich der Datensicherung oder der Datenschutzkontrolle dienen und eine Benachrichtigung einen unverhältnismäßigen Aufwand erfordern würde,
3. die Daten nach einer Rechtsvorschrift oder ihrem Wesen nach, namentlich wegen des überwiegenden rechtlichen Interesses eines Dritten, geheimgehalten werden müssen,
4. die Speicherung oder Übermittlung durch Gesetz ausdrücklich vorgesehen ist,
5. die Speicherung oder Übermittlung für Zwecke der wissenschaftlichen Forschung erforderlich ist und eine Benachrichtigung einen unverhältnismäßigen Aufwand erfordern würde,

6. die zuständige öffentliche Stelle gegenüber der verantwortlichen Stelle festgestellt hat, dass das Bekanntwerden der Daten die öffentliche Sicherheit oder Ordnung gefährden oder sonst dem Wohle des Bundes oder eines Landes Nachteile bereiten würde,
7. die Daten für eigene Zwecke gespeichert sind und
   a) aus allgemein zugänglichen Quellen entnommen sind und eine Benachrichtigung wegen der Vielzahl der betroffenen Fälle unverhältnismäßig ist, oder
   b) die Benachrichtigung die Geschäftszwecke der verantwortlichen Stelle erheblich gefährden würde, es sei denn, dass das Interesse an der Benachrichtigung die Gefährdung überwiegt, oder
8. die Daten geschäftsmäßig zum Zweck der Übermittlung gespeichert sind und
   a) aus allgemein zugänglichen Quellen entnommen sind, soweit sie sich auf diejenigen Personen beziehen, die diese Daten veröffentlicht haben, oder
   b) es sich um listenmäßig oder sonst zusammengefasste Daten handelt (§ 29 Absatz 2 Satz 2)eine Benachrichtigung wegen der Vielzahl der betroffenen Fälle unverhältnismäßig ist.
9. aus allgemein zugänglichen Quellen entnommene Daten geschäftsmäßig für Zwecke der Markt- oder Meinungsforschung gespeichert sind und eine Benachrichtigung wegen der Vielzahl der betroffenen Fälle unverhältnismäßig ist.
²Die verantwortliche Stelle legt schriftlich fest, unter welchen Voraussetzungen von einer Benachrichtigung nach Satz 1 Nr. 2 bis 7 abgesehen wird.

Die Informationspflichten des § 33 sollen es dem Betroffenen ermöglichen, von seinem **Auskunftsrecht** (§ 34) sowie seinem **Korrekturrecht** (§ 35) Gebrauch zu machen. Der Betroffene ist gem I von der Speicherung, der Art der Daten, der Zweckbestimmung der Erhebung, Verarbeitung oder Nutzung und der Identität der verantwortlichen Stelle zu benachrichtigen, wenn die Daten erstmals **ohne Kenntnis des Betroffenen** gespeichert werden. Dies gilt gem I 2 entspr im Fall einer Übermittlung, sofern die Daten geschäftsmäßig zum Zweck der Übermittlung gespeichert wurden. Diese Pflichten bestehen zusätzlich zu den Einsichtsrechten des AN in seine Personalakten aus § 83 BetrVG (GK-BetrVG/*Franzen* § 83 Rn 67). Zumindest für Grunddaten (zB Namen, Anschrift, Geburtstag) dürfte eine Informationspflicht des AG ggü seinen AN allerdings gem II Nr 1 entfallen, da davon ausgegangen werden kann, dass die AN von einer Personaldatenverarbeitung Kenntnis haben (*Gola/Schomerus* § 33 Rn 30). Ebenso kann sich iRd Aufklärung von Missständen (Whistleblowing) ein Geheimhaltungsinteresse iSd Nr 3 ergeben, das eine Benachrichtigungspflicht entfallen lässt (vgl Arbeitsbericht »Whistleblowing« der Ad-hoc-Arbeitsgruppe »Beschäftigtendatenschutz« des Düsseldorfer Kreises). 1

§ 34 Auskunft an den Betroffenen

(1) ¹Die verantwortliche Stelle hat dem Betroffenen auf Verlangen Auskunft zu erteilen über
1. die zu seiner Person gespeicherten Daten, auch soweit sie sich auf die Herkunft dieser Daten beziehen,
2. den Empfänger oder die Kategorien von Empfängern, an die Daten weitergegeben werden und
3. den Zweck der Speicherung.

²Der Betroffene soll die Art der personenbezogenen Daten, über die Auskunft erteilt werden soll, näher bezeichnen. ³Werden die personenbezogenen Daten geschäftsmäßig zum Zweck der Übermittlung gespeichert, ist Auskunft über die Herkunft und die Empfänger auch dann zu erteilen, wenn diese Angaben nicht gespeichert sind. ⁴Die Auskunft über die Herkunft und die Empfänger kann verweigert werden, soweit das Interesse an der Wahrung des Geschäftsgeheimnisses gegenüber dem Informationsinteresse des Betroffenen überwiegt.

(1a) ¹Im Fall des § 28 Absatz 3 Satz 4 hat die übermittelnde Stelle die Herkunft der Daten und den Empfänger für die Dauer von zwei Jahren nach der Übermittlung zu speichern und dem Betroffenen auf Verlangen Auskunft über die Herkunft der Daten und den Empfänger zu erteilen. ²Satz 1 gilt entsprechend für den Empfänger.

(2) ¹Im Fall des § 28b hat die für die Entscheidung verantwortliche Stelle dem Betroffenen auf Verlangen Auskunft zu erteilen über
1. die innerhalb der letzten sechs Monate vor dem Zugang des Auskunftsverlangens erhobenen oder erstmalig gespeicherten Wahrscheinlichkeitswerte,
2. die zur Berechnung der Wahrscheinlichkeitswerte genutzten Datenarten und
3. das Zustandekommen und die Bedeutung der Wahrscheinlichkeitswerte einzelfallbezogen und nachvollziehbar in allgemein verständlicher Form.

²Satz 1 gilt entsprechend, wenn die für die Entscheidung verantwortliche Stelle
1. die zur Berechnung der Wahrscheinlichkeitswerte genutzten Daten ohne Personenbezug speichert, den Personenbezug aber bei der Berechnung herstellt oder
2. bei einer anderen Stelle gespeicherte Daten nutzt.

³Hat eine andere als die für die Entscheidung verantwortliche Stelle
1. den Wahrscheinlichkeitswert oder
2. einen Bestandteil des Wahrscheinlichkeitswerts berechnet, hat sie die insoweit zur Erfüllung der Auskunftsansprüche nach den Sätzen 1 und 2 erforderlichen Angaben auf Verlangen der für die Entscheidung verantwortlichen Stelle an diese zu übermitteln. ⁴Im Falle des Satzes 3 Nr. 1 hat die für die Entscheidung verantwortliche Stelle den Betroffenen zur Geltendmachung seiner Auskunftsansprüche unter Angabe des Namens und der Anschrift der anderen Stelle sowie der zur Bezeichnung des Einzelfalls notwendigen Angaben unverzüglich an diese zu verweisen, soweit sie die Auskunft nicht selbst erteilt. ⁵In diesem Fall hat die andere Stelle, die den Wahrscheinlichkeitswert berechnet hat, die Auskunftsansprüche nach den Sätzen 1 und 2 gegenüber dem Betroffenen unentgeltlich zu erfüllen. ⁶Die Pflicht der für die Berechnung des Wahrscheinlichkeitswerts verantwortlichen Stelle nach Satz 3 entfällt, soweit die für die Entscheidung verantwortliche Stelle von ihrem Recht nach Satz 4 Gebrauch macht.

(3) ¹Eine Stelle, die geschäftsmäßig personenbezogene Daten zum Zwecke der Übermittlung speichert, hat dem Betroffenen auf Verlangen Auskunft über die zu seiner Person gespeicherten Daten zu erteilen, auch wenn sie weder automatisiert verarbeitet werden noch in einer nicht automatisierten Datei gespeichert sind. ²Dem Betroffenen ist auch Auskunft zu erteilen über Daten, die
1. gegenwärtig noch keinen Personenbezug aufweisen, bei denen ein solcher aber im Zusammenhang mit der Auskunftserteilung von der verantwortlichen Stelle hergestellt werden soll,
2. die verantwortliche Stelle nicht speichert, aber zum Zwecke der Auskunftserteilung nutzt.

³Die Auskunft über die Herkunft und die Empfänger kann verweigert werden, soweit das Interesse an der Wahrung des Geschäftsgeheimnisses gegenüber dem Informationsinteresse des Betroffenen überwiegt.

(4) ¹Eine Stelle, die geschäftsmäßig personenbezogene Daten zum Zweck der Übermittlung erhebt, speichert oder verändert, hat dem Betroffenen auf Verlangen Auskunft zu erteilen über
1. die innerhalb der letzten zwölf Monate vor dem Zugang des Auskunftsverlangens übermittelten Wahrscheinlichkeitswerte für ein bestimmtes zukünftiges Verhalten des Betroffenen sowie die Namen und letztbekannten Anschriften der Dritten, an die die Werte übermittelt worden sind,
2. die Wahrscheinlichkeitswerte, die sich zum Zeitpunkt des Auskunftsverlangens nach den von der Stelle zur Berechnung angewandten Verfahren ergeben,
3. die zur Berechnung der Wahrscheinlichkeitswerte nach den Nummern 1 und 2 genutzten Datenarten sowie
4. das Zustandekommen und die Bedeutung der Wahrscheinlichkeitswerte einzelfallbezogen und nachvollziehbar in allgemein verständlicher Form.

²Satz 1 gilt entsprechend, wenn die verantwortliche Stelle
1. die zur Berechnung des Wahrscheinlichkeitswerts genutzten Daten ohne Personenbezug speichert, den Personenbezug aber bei der Berechnung herstellt oder
2. bei einer anderen Stelle gespeicherte Daten nutzt.

(5) Die nach den Absätzen 1a bis 4 zum Zweck der Auskunftserteilung an den Betroffenen gespeicherten Daten dürfen nur für diesen Zweck sowie für Zwecke der Datenschutzkontrolle verwendet werden; für andere Zwecke sind sie zu sperren.

(6) Die Auskunft ist auf Verlangen in Textform zu erteilen, soweit nicht wegen der besonderen Umstände eine andere Form der Auskunftserteilung angemessen ist.

(7) Eine Pflicht zur Auskunftserteilung besteht nicht, wenn der Betroffene nach § 33 Abs. 2 Satz 1 Nr. 2, 3 und 5 bis 7 nicht zu benachrichtigen ist.

(8) ¹Die Auskunft ist unentgeltlich. Werden die personenbezogenen Daten geschäftsmäßig zum Zweck der Übermittlung gespeichert, kann der Betroffene einmal je Kalenderjahr eine unentgeltliche Auskunft in Textform verlangen. ²Für jede weitere Auskunft kann ein Entgelt verlangt werden, wenn der Betroffene die Auskunft gegenüber Dritten zu wirtschaftlichen Zwecken nutzen kann. ³Das Entgelt darf über die durch die Auskunftserteilung entstandenen unmittelbar zurechenbaren Kosten nicht hinausgehen. ⁴Ein Entgelt kann nicht verlangt werden, wenn
1. besondere Umstände die Annahme rechtfertigen, dass Daten unrichtig oder unzulässig gespeichert werden, oder

2. die Auskunft ergibt, dass die Daten nach § 35 Abs. 1 zu berichtigen nach § 35 Abs. 2 Satz 2 Nr. 1 zu löschen sind.

(9) ¹Ist die Auskunftserteilung nicht unentgeltlich, ist dem Betroffenen die Möglichkeit zu geben, sich im Rahmen seines Auskunftsanspruchs persönlich Kenntnis über die ihn betreffenden Daten zu verschaffen. ²Er ist hierauf hinzuweisen.

Übersicht

	Rdn.			Rdn.
A. Auskunftsanspruch..................	1	B.	Anspruchskonkurrenzen..............	2

A. Auskunftsanspruch. Zusätzlich zu den Informationspflichten aus § 33 gewährt § 34 dem Betroffenen 1 verschiedene **Auskunftsrechte.** Der Betroffene kann formlos darüber Auskunft verlangen, welche Daten zu seiner Person zu welchem Zweck gespeichert sind und an welche Stellen diese Daten weitergegeben werden. Die Auskunft hat gem VIII 1 grds **kostenlos** und gem VI auf Verlangen **in Textform** zu erfolgen. Die Auskunftsrechte sind gem § 6 I **unabdingbar**, ein Verstoß führt aber nicht zur Unzulässigkeit der Speicherung. Der verantwortlichen Stelle steht nach I 4 ein Verweigerungsrecht ggü dem Betroffenen hins einer Auskunft über die Herkunft und die Empfänger zu, soweit das Interesse an der Wahrung des Geschäftsgeheimnisses ggü dem Informationsinteresse des Betroffenen überwiegt. Zusätzlich besteht gem VII ein Auskunftsverweigerungsrecht unter den Voraussetzungen des § 33 II 1 Nr 2, 3 und 5–7. Bezieht sich der Auskunftsanspruch nach § 34 auf personenbezogene Daten, die für Zwecke des Beschäftigungsverhältnisses erhoben, verarbeitet oder genutzt wurden, so ist hierfür zumindest auch der Rechtsweg zu den Arbeitsgerichten gem § 2 I Nr 4a ArbGG gegeben (BAG 3.2.2014, 10 AZB 77/13, NJW 2014, 1408).

B. Anspruchskonkurrenzen. Soweit das Recht zur Einsicht in die Personalakte aus § 83 I BetrVG 2 reicht, hat es Vorrang, darüber hinaus steht dem AN das Recht aus § 34 zu (Simitis/*Dix* § 34 Rn 99; *Gola/Schomerus* § 34 Rn 3a; vgl ArbG Berl 24.9.1987, 10 Ca 159/87, DB 1988, 133). Da § 83 I BetrVG keine mit den **Ausnahmen** in § 34 vergleichbaren Ausnahmen enthält, kommen diese nicht zum tragen, wenn Einsicht in die Personalakte begehrt wird. Anderseits ist der Anwendungsbereich des § 34 nicht auf die Personalakte beschränkt. Informationen, die üblicherweise nicht in der Personalakte gespeichert werden, können daher nur über § 34 begehrt werden. Gem § 241 II BGB iVm Art. 2 I, Art. 1 I GG hat der AN auch nach Beendigung des Arbeitsverhältnisses Anspruch auf Einsicht in die weiter aufbewahrte Personalakte (BAG 16.11.2010, 9 AZR 573/09). Der Anspruch nach § 83 I BetrVG steht dem AN ebenso wie der Anspruch aus § 241 II BGB iVm Art. 2 I, Art. 1 I GG nur persönlich zu. Gegen den Willen des AG kann er ihn also nicht von einem Bevollmächtigten ausüben lassen (LAG Schl-Holst 17.4.2014, 5 Sa 385/13).

§ 35 Berichtigung, Löschung und Sperrung von Daten

(1) ¹Personenbezogene Daten sind zu berichtigen, wenn sie unrichtig sind. ²Geschätzte Daten sind als solche deutlich zu kennzeichnen.

(2) ¹Personenbezogene Daten können außer in den Fällen des Absatzes 3 Nr. 1 und 2 jederzeit gelöscht werden. ²Personenbezogene Daten sind zu löschen, wenn
1. ihre Speicherung unzulässig ist,
2. es sich um Daten über die rassische oder ethnische Herkunft, politische Meinungen, religiöse oder philosophische Überzeugungen, Gewerkschaftszugehörigkeit, Gesundheit, Sexualleben, strafbare Handlungen oder Ordnungswidrigkeiten handelt und ihre Richtigkeit von der verantwortlichen Stelle nicht bewiesen werden kann,
3. sie für eigene Zwecke verarbeitet werden, sobald ihre Kenntnis für die Erfüllung des Zwecks der Speicherung nicht mehr erforderlich ist, oder
4. sie geschäftsmäßig zum Zweck der Übermittlung verarbeitet werden und eine Prüfung jeweils am Ende des vierten, soweit es sich um Daten über erledigte Sachverhalte handelt und der Betroffene der Löschung nicht widerspricht, am Ende des dritten Kalenderjahres beginnend mit dem Kalenderjahr, das der erstmaligen Speicherung folgt, ergibt, dass eine längerwährende Speicherung nicht erforderlich ist.

³Personenbezogene Daten, die auf der Grundlage von § 28a Abs. 2 Satz 1 oder § 29 Abs. 1 Satz 1 Nr. 3 gespeichert werden, sind nach Beendigung des Vertrages auch zu löschen, wenn der Betroffene dies verlangt.

§ 35 BDSG Berichtigung, Löschung und Sperrung von Daten

(3) An die Stelle einer Löschung tritt eine Sperrung, soweit
1. im Fall des Absatzes 2 Satz 2 Nr. 3 einer Löschung gesetzliche, satzungsmäßige oder vertragliche Aufbewahrungsfristen entgegenstehen,
2. Grund zu der Annahme besteht, dass durch eine Löschung schutzwürdige Interessen des Betroffenen beeinträchtigt würden, oder
3. eine Löschung wegen der besonderen Art der Speicherung nicht oder nur mit unverhältnismäßig hohem Aufwand möglich ist.

(4) Personenbezogene Daten sind ferner zu sperren, soweit ihre Richtigkeit vom Betroffenen bestritten wird und sich weder die Richtigkeit noch die Unrichtigkeit feststellen lässt.

(4a) Die Tatsache der Sperrung darf nicht übermittelt werden.

(5) ^{1}Personenbezogene Daten dürfen nicht für eine automatisierte Verarbeitung oder Verarbeitung in nicht automatisierten Dateien erhoben, verarbeitet oder genutzt werden, soweit der Betroffene dieser bei der verantwortlichen Stelle widerspricht und eine Prüfung ergibt, dass das schutzwürdige Interesse des Betroffenen wegen seiner besonderen persönlichen Situation das Interesse der verantwortlichen Stelle an dieser Erhebung, Verarbeitung oder Nutzung überwiegt. ^{2}Satz 1 gilt nicht, wenn eine Rechtsvorschrift zur Erhebung, Verarbeitung oder Nutzung verpflichtet.

(6) ^{1}Personenbezogene Daten, die unrichtig sind oder deren Richtigkeit bestritten wird, müssen bei der geschäftsmäßigen Datenspeicherung zum Zweck der Übermittlung außer in den Fällen des Absatzes 2 Nr. 2 nicht berichtigt, gesperrt oder gelöscht werden, wenn sie aus allgemein zugänglichen Quellen entnommen und zu Dokumentationszwecken gespeichert sind. ^{2}Auf Verlangen des Betroffenen ist diesen Daten für die Dauer der Speicherung seine Gegendarstellung beizufügen. ^{3}Die Daten dürfen nicht ohne diese Gegendarstellung übermittelt werden.

(7) Von der Berichtigung unrichtiger Daten, der Sperrung bestrittener Daten sowie der Löschung oder Sperrung wegen Unzulässigkeit der Speicherung sind die Stellen zu verständigen, denen im Rahmen einer Datenübermittlung diese Daten zur Speicherung weitergegeben wurden, wenn dies keinen unverhältnismäßigen Aufwand erfordert und schutzwürdige Interessen des Betroffenen nicht entgegenstehen.

(8) Gesperrte Daten dürfen ohne Einwilligung des Betroffenen nur übermittelt oder genutzt werden, wenn
1. es zu wissenschaftlichen Zwecken, zur Behebung einer bestehenden Beweisnot oder aus sonstigen im überwiegenden Interesse der verantwortlichen Stelle oder eines Dritten liegenden Gründen unerlässlich ist und
2. die Daten hierfür übermittelt oder genutzt werden dürften, wenn sie nicht gesperrt wären.

Übersicht

	Rdn.		Rdn.
A. Berichtigung	1	II. Wegfall der Zweckbestimmung	4
I. Unrichtige Daten	1	III. Anspruchskonkurrenzen	5
II. Anspruchskonkurrenzen	2	**C. Sperrungsanspruch**	6
B. Löschung	3	I. Anwendungsbereich	6
I. Unzulässige Speicherung	3	II. Rechtsfolge	7

1 **A. Berichtigung. I. Unrichtige Daten.** Gem I sind personenbezogene Daten **automatisch** (auch ohne Initiative des Betroffenen) zu berichtigen, sofern sie unrichtig sind. Ausreichend ist, wenn die Daten erst nach der Erhebung **unrichtig werden** (*Gola/Schomerus* § 35 Rn 3). Sofern der Betroffene die Richtigkeit der Daten bestreitet und sich weder die Richtigkeit noch die Unrichtigkeit feststellen lässt, sind die Daten gem IV zu sperren. Handelt es sich bei den umstrittenen Daten allerdings um **sensitive Daten** iSd § 3 IX oder Daten über strafbare Handlungen oder Ordnungswidrigkeiten, müssen diese gem II 2 Nr 2 sogar gelöscht werden, wenn die verantwortliche Stelle ihre Richtigkeit nicht beweisen kann.

2 **II. Anspruchskonkurrenzen.** Es ist str, ob I durch den arbeitsrechtlichen Gegendarstellungsanspruch aus § 83 II BetrVG in dessen Anwendungsbereich (Personalakte) verdrängt wird. Da aber das BAG in st Rspr entscheidet, dass AN aus entspr Anwendung von § 242 bzw § 1004 BGB Widerruf oder Beseitigung der Beeinträchtigung verlangen können (vgl BAG 13.4.1988, 5 AZR 537/86, EzA § 611 BGB Fürsorgepflicht Nr 47), ist davon auszugehen, dass § 83 II BetrVG **keine abschließende Regelung** darstellt. Daher kann sich ein AN bei fehlerhaften Angaben in seiner Personalakte auf I berufen (*Gola/Schomerus* § 35 Rn 9).

3 **B. Löschung. I. Unzulässige Speicherung.** Ist eine Speicherung unzulässig, kann der Betroffene gem II 2 Nr 1 Löschung verlangen, wobei auf den **Zeitpunkt des Löschungsverlangens** (*Gola/Schomerus* § 35

Rn 11) abzustellen ist. Sind die Daten unrichtig, so geht der **Berichtigungsanspruch** des I grds vor. Ist eine solche Berichtigung nicht möglich, müssen die Daten gelöscht werden.

II. Wegfall der Zweckbestimmung. Nach II 2 Nr 3 sind Daten, die für eigene Zwecke gespeichert wurden, zu löschen, wenn der Zweck erreicht ist und sie zur Zweckerfüllung nicht mehr notwendig sind. So kann auch die Löschung einer **Abmahnung** verlangt werden, wenn sich diese durch **Zeitablauf** erledigt hat, was vom jeweiligen Einzelfall abhängt (BAG 15.1.1986, 5 AZR 70/84, EzA § 611 BGB Fürsorgepflicht Nr 39). Ein abgelehnter Bewerber kann die Löschung sämtlicher **Bewerberdaten** verlangen, sofern der AG kein berechtigtes Interesse an der Aufbewahrung hat (BAG 6.6.1984, 5 AZR 286/81, EzA Art 2 GG Nr 4). Nach Einf im AGG ist dabei zu beachten, dass der AG ein berechtigtes Interesse daran hat, die Daten aus dem Bewerbungsverfahren mind bis zum Ablauf der 2 Monatsfrist § 15 AGG zu speichern, um sich auf diese Weise gegen mögliche Schadensersatzansprüche zu verteidigen. IRv Whistleblowing-Hotlines erhobene Daten sollten idR 2 Monate nach Abschluss der Untersuchungen gelöscht werden (Stellungnahme 1/2006, Art 29-Datenschutzgruppe, WP 117, 14). 4

III. Anspruchskonkurrenzen. Der Anspruch auf Löschung (II) wird nicht vom arbeitsrechtlichen Gegendarstellungsanspruch verdrängt. Eingriffe in das Persönlichkeitsrecht von AN, die durch eine fehlerhafte Personalaktenführung verursacht werden, sind zu korrigieren, was im Fall von unzulässigen Abmahnungen eine Löschung bzw Vernichtung der Daten bedeutet (BAG 5.8.1992, 5 AZR 531/91, EzBAT § 13 BAT Nr 25). Zusätzliche Löschungsansprüche können sich auch aus §§ 242, 1004 BGB ergeben (BAG 6.6.1984, 5 AZR 286/81, EzA Art 2 GG Nr 4; 27.11.1985, 5 AZR 101/84, EzA § 611 BGB Fürsorgepflicht Nr 38). 5

C. Sperrungsanspruch. I. Anwendungsbereich. Gem III Nr 1 dürfen selbst bei Wegfall des Bearbeitungszwecks iSd II 2 Nr 3 die Daten nicht gelöscht werden, wenn gesetzliche, satzungsmäßige oder vertragliche Aufbewahrungsfristen entgegenstehen. Dies kann zB aufgrund von **Aufbewahrungsfristen** aus dem AÜG, dem HAG, dem HGB, der AO oder dem EStG der Fall sein (*Gola/Wronka* Rn 1268). III Nr 2 ersetzt eine Löschung durch eine Sperrung, falls die Löschung schutzwürdige Belange des Betroffenen beeinträchtigt würden, was dann der Fall sein kann, wenn der betroffene AN die Daten zum Beweis evtl Ansprüche benötigt. 6

II. Rechtsfolge. Die Sperrung der Daten bewirkt ein umfassendes **Übermittlungs- und Nutzungsverbot**, das nur ausnahmsweise durchbrochen wird, wenn es aus den Gründen des VIII unerlässlich ist. Letzteres setzt voraus, dass keine zumutbare Alt besteht (BAG 3.6.2003, 1 ABR 19/02, EzA § 89 BetrVG 2001 Nr 1). 7

§ 39 Zweckbindung bei personenbezogenen Daten, die einem Berufs- oder besonderen Amtsgeheimnis unterliegen

(1) ¹Personenbezogene Daten, die einem Berufs- oder besonderen Amtsgeheimnis unterliegen und die von der zur Verschwiegenheit verpflichteten Stelle in Ausübung ihrer Berufs- oder Amtspflicht zur Verfügung gestellt worden sind, dürfen von der verantwortlichen Stelle nur für den Zweck verarbeitet oder genutzt werden, für den sie sie erhalten hat. ²In die Übermittlung an eine nicht-öffentliche Stelle muss die zur Verschwiegenheit verpflichtete Stelle einwilligen.
(2) Für einen anderen Zweck dürfen die Daten nur verarbeitet oder genutzt werden, wenn die Änderung des Zwecks durch besonderes Gesetz zugelassen ist.

Aus § 39 ergibt sich ein Zweckentfremdungsverbot für Daten, die der verantwortlichen Stelle von einer einem bes Berufs- oder Amtsgeheimnis unterliegenden Stelle übermittelt wurden. Dies gilt auch für Mitt innerhalb der verantwortlichen Stelle, zB wenn der Betriebsarzt dem AG Untersuchungsergebnisse mitteilt (ErfK/*Franzen* § 39 Rn 1). Die Zweckbindung kann nur durch ein bes Gesetz oder durch Einwilligung des Betroffenen durchbrochen werden (*Gola/Schomerus* § 39 Rn 7–8). 1

§ 42a Informationspflicht bei unrechtmäßiger Kenntniserlangung von Daten
Stellt eine nichtöffentliche Stelle im Sinne des § 2 Absatz 4 ... fest, dass bei ihr gespeicherte
1. besondere Arten personenbezogener Daten (§ 3 Absatz 9),
2. personenbezogene Daten, die einem Berufsgeheimnis unterliegen,
3. personenbezogene Daten, die sich auf strafbare Handlungen oder Ordnungswidrigkeiten oder den Verdacht strafbarer Handlungen oder Ordnungswidrigkeiten beziehen, oder
4. personenbezogene Daten zu Bank- oder Kreditkartenkonten

unrechtmäßig übermittelt oder auf sonstige Weise Dritten unrechtmäßig zur Kenntnis gelangt sind, und drohen schwerwiegende Beeinträchtigungen für die Rechte oder schutzwürdigen Interessen der Betroffenen, hat sie dies nach den Sätzen 2 bis 5 unverzüglich der zuständigen Aufsichtsbehörde sowie den Betroffenen mitzuteilen. Die Benachrichtigung des Betroffenen muss unverzüglich erfolgen, sobald angemessene Maßnahmen zur Sicherung der Daten ergriffen worden oder nicht unverzüglich erfolgt sind und die Strafverfolgung nicht mehr gefährdet wird. Die Benachrichtigung der Betroffenen muss eine Darlegung der Art der unrechtmäßigen Kenntniserlangung und Empfehlungen für Maßnahmen zur Minderung möglicher nachteiliger Folgen enthalten. Die Benachrichtigung der zuständigen Aufsichtsbehörde muss zusätzlich eine Darlegung möglicher nachteiliger Folgen der unrechtmäßigen Kenntniserlangung und der von der Stelle daraufhin ergriffenen Maßnahmen enthalten. Soweit die Benachrichtigung der Betroffenen einen unverhältnismäßigen Aufwand erfordern würde, insbesondere aufgrund der Vielzahl der betroffenen Fälle, tritt an ihre Stelle die Information der Öffentlichkeit durch Anzeigen, die mindestens eine halbe Seite umfassen, in mindestens zwei bundesweit erscheinenden Tageszeitungen oder durch eine andere, in ihrer Wirksamkeit hinsichtlich der Information der Betroffenen gleich geeignete Maßnahme. Eine Benachrichtigung, die der Benachrichtigungspflichtige erteilt hat, darf in einem Strafverfahren oder in einem Verfahren nach dem Gesetz über Ordnungswidrigkeiten gegen ihn oder einen in § 52 Absatz 1 der Strafprozessordnung bezeichneten Angehörigen des Benachrichtigungspflichtigen nur mit Zustimmung des Benachrichtigungspflichtigen verwendet werden.

1 Das Arbeitspapier der Art 29-Datenschutzgruppe, WP 213 v 25.3.2014 führt Beispiele auf, die der verantwortlichen Stelle helfen können, zu entscheiden wann im konkreten Einzelfall die Betroffenen bei einer Sicherheitsverletzung zu informieren sind.

§ 43 Bußgeldvorschriften

(1) Ordnungswidrig handelt, wer vorsätzlich oder fahrlässig
  …
2. entgegen § 4f Abs. 1 Satz 1 oder 2, jeweils auch in Verbindung mit Satz 3 und 6, einen Beauftragten für den Datenschutz nicht, nicht in der vorgeschriebenen Weise oder nicht rechtzeitig bestellt,
  …
2b. entgegen § 11 Absatz 2 Satz 2 einen Auftrag nicht richtig, nicht vollständig oder nicht in der vorgeschriebenen Weise erteilt oder entgegen § 11 Absatz 2 Satz 4 sich nicht vor Beginn der Datenverarbeitung von der Einhaltung der beim Auftragnehmer getroffenen technischen und organisatorischen Maßnahmen überzeugt,
3. entgegen § 28 Abs. 4 Satz 2 den Betroffenen nicht, nicht richtig oder nicht rechtzeitig unterrichtet oder nicht sicherstellt, dass der Betroffene Kenntnis erhalten kann, entgegen § 28 Absatz 4 Satz 4 eine strengere Form verlangt,
4. entgegen § 28 Abs. 5 Satz 2 personenbezogene Daten übermittelt oder nutzt,
4a. entgegen § 28a Abs. 3 Satz 1 eine Mitteilung nicht, nicht richtig, nicht vollständig oder nicht rechtzeitig macht,
  …
8. entgegen § 33 Abs. 1 den Betroffenen nicht, nicht richtig oder nicht vollständig benachrichtigt,
8a. entgegen § 34 Absatz 1 Satz 1, auch in Verbindung mit Satz 3, entgegen § 34 Absatz 1a, entgegen § 34 Absatz 2 Satz 1, auch in Verbindung mit Satz 2, oder entgegen § 34 Absatz 2 Satz 5, Absatz 3 Satz 1 oder Satz 2 oder Absatz 4 Satz 1, auch in Verbindung mit Satz 2, eine Auskunft nicht, nicht richtig, nicht vollständig oder nicht rechtzeitig erteilt oder entgegen § 34 Absatz 1a Daten nicht speichert,
8b. entgegen § 34 Abs. 2 Satz 3 Angaben nicht, nicht richtig, nicht vollständig oder nicht rechtzeitig übermittelt,
8c. entgegen § 34 Abs. 2 Satz 4 den Betroffenen nicht oder nicht rechtzeitig an die andere Stelle verweist,
9. entgegen § 35 Abs. 6 Satz 3 Daten ohne Gegendarstellung übermittelt,
(2) Ordnungswidrig handelt, wer vorsätzlich oder fahrlässig
1. unbefugt personenbezogene Daten, die nicht allgemein zugänglich sind, erhebt oder verarbeitet,
2. unbefugt personenbezogene Daten, die nicht allgemein zugänglich sind, zum Abruf mittels automatisierten Verfahrens bereithält,
3. unbefugt personenbezogene Daten, die nicht allgemein zugänglich sind, abruft oder sich oder einem anderen aus automatisierten Verarbeitungen oder nicht automatisierten Dateien verschafft,

4. die Übermittlung von personenbezogenen Daten, die nicht allgemein zugänglich sind, durch unrichtige Angaben erschleicht,
5. entgegen § 16 Abs. 4 Satz 1, § 28 Abs. 5 Satz 1, auch in Verbindung mit § 29 Abs. 4, § 39 Abs. 1 Satz 1 oder § 40 Abs. 1, die übermittelten Daten für andere Zwecke nutzt,
5a. entgegen § 28 Absatz 3b den Abschluss eines Vertrages von der Einwilligung des Betroffenen abhängig macht,
5b. entgegen § 28 Absatz 4 Satz 1 Daten für Zwecke der Werbung oder der Markt- oder Meinungsforschung verarbeitet oder nutzt,
...
7. entgegen § 42a Satz 1 eine Mitteilung nicht, nicht richtig, nicht vollständig oder nicht rechtzeitig macht.

(3) Die Ordnungswidrigkeit kann im Fall des Absatzes 1 mit einer Geldbuße bis zu fünfzigtausend Euro, in den Fällen des Absatzes 2 mit einer Geldbuße bis zu dreihunderttausend Euro geahndet werden. Die Geldbuße soll den wirtschaftlichen Vorteil, den der Täter aus der Ordnungswidrigkeit gezogen hat, übersteigen. Reichen die in Satz 1 genannten Beträge hierfür nicht aus, so können sie überschritten werden.

§ 44 Strafvorschriften

(1) Wer eine in § 43 Abs. 2 bezeichnete vorsätzliche Handlung gegen Entgelt oder in der Absicht, sich oder einen anderen zu bereichern oder einen anderen zu schädigen, begeht, wird mit Freiheitsstrafe bis zu zwei Jahren oder mit Geldstrafe bestraft.

(2) Die Tat wird nur auf Antrag verfolgt. Antragsberechtigt sind der Betroffene, die verantwortliche Stelle, der Bundesbeauftragte für den Datenschutz und die Informationsfreiheit und die Aufsichtsbehörde.

Gesetz zum Elterngeld und zur Elternzeit (Bundeselterngeld- und Elternzeitgesetz – BEEG)

Vom 5.12.2006 (BGBl I S 2748), zuletzt geändert durch Art 1 des Gesetzes vom 18.12.2014 (BGBl I S 2325), neu bekannt gemacht am 27.1.2015 (BGBl I S 33).

– Auszug –

§ 15 Anspruch auf Elternzeit

(1) ¹Arbeitnehmerinnen und Arbeitnehmer haben Anspruch auf Elternzeit, wenn sie
1. a) mit ihrem Kind,
   b) mit einem Kind, für das sie die Anspruchsvoraussetzungen nach § 1 Abs. 3 oder 4 erfüllen, oder
   c) mit einem Kind, das sie in Vollzeitpflege nach § 33 des Achten Buches Sozialgesetzbuch aufgenommen haben,

in einem Haushalt leben und

2. dieses Kind selbst betreuen und erziehen.

²Nicht sorgeberechtigte Elternteile und Personen, die nach Satz 1 Nr. 1 Buchstabe b und c Elternzeit nehmen können, bedürfen der Zustimmung des sorgeberechtigten Elternteils.

(1a) ¹Anspruch auf Elternzeit haben Arbeitnehmer und Arbeitnehmerinnen auch, wenn sie mit ihrem Enkelkind in einem Haushalt leben und dieses Kind selbst betreuen und erziehen und
1. ein Elternteil des Kindes minderjährig ist oder
2. ein Elternteil des Kindes sich in einer Ausbildung befindet, die vor Vollendung des 18. Lebensjahres begonnen wurde und die Arbeitskraft des Elternteils im Allgemeinen voll in Anspruch nimmt.

²Der Anspruch besteht nur für Zeiten, in denen keiner der Elternteile des Kindes selbst Elternzeit beansprucht.

(2) ¹Der Anspruch auf Elternzeit besteht bis zur Vollendung des dritten Lebensjahres eines Kindes. ²Ein Anteil von bis zu 24 Monaten kann zwischen dem dritten Geburtstag und dem vollendeten achten Lebensjahr des Kindes in Anspruch genommen werden. ³Die Zeit der Mutterschutzfrist nach § 6 Absatz 1 des Mutterschutzgesetzes wird für die Elternzeit der Mutter auf die Begrenzung nach den Sätzen 1 und 2 angerechnet. ⁴Bei mehreren Kindern besteht der Anspruch auf Elternzeit für jedes Kind, auch wenn sich die Zeiträume im Sinne der Sätze 1 und 2 überschneiden. ⁵Bei einem angenommenen Kind und bei einem Kind in Vollzeit- oder Adoptionspflege kann Elternzeit von insgesamt bis zu drei Jahren ab der Aufnahme bei der berechtigten Person, längstens bis zur Vollendung des achten Lebensjahres des Kindes genommen werden; die Sätze 2 und 4 sind entsprechend anwendbar, soweit sie die zeitliche Aufteilung regeln. ⁶Der Anspruch kann nicht durch Vertrag ausgeschlossen oder beschränkt werden.

(3) ¹Die Elternzeit kann, auch anteilig, von jedem Elternteil allein oder von beiden Elternteilen gemeinsam genommen werden. ²Satz 1 gilt in den Fällen des Absatzes 1 Satz 1 Nr. 1 Buchstabe b und c entsprechend.

(4) ¹Der Arbeitnehmer oder die Arbeitnehmerin darf während der Elternzeit nicht mehr als 30 Wochenstunden im Durchschnitt des Monats erwerbstätig sein. ²Eine im Sinne des § 23 des Achten Buches Sozialgesetzbuch geeignete Tagespflegeperson kann bis zu fünf Kinder in Tagespflege betreuen, auch wenn die wöchentliche Betreuungszeit 30 Stunden übersteigt. ³Teilzeitarbeit bei einem anderen Arbeitgeber oder selbstständige Tätigkeit nach Satz 1 bedürfen der Zustimmung des Arbeitgebers. ⁴Dieser kann sie nur innerhalb von vier Wochen aus dringenden betrieblichen Gründen schriftlich ablehnen.

(5) ¹Der Arbeitnehmer oder die Arbeitnehmerin kann eine Verringerung der Arbeitszeit und ihre Verteilung beantragen. ²Über den Antrag sollen sich der Arbeitgeber und der Arbeitnehmer oder die Arbeitnehmerin innerhalb von vier Wochen einigen. ³Der Antrag kann mit der schriftlichen Mitteilung nach Absatz 7 Satz 1 Nr. 5 verbunden werden. ⁴Unberührt bleibt das Recht, sowohl die vor der Elternzeit bestehende Teilzeitarbeit unverändert während der Elternzeit fortzusetzen, soweit Absatz 4 beachtet ist, als auch nach der Elternzeit zu der Arbeitszeit zurückzukehren, die vor Beginn der Elternzeit vereinbart war.

(6) Der Arbeitnehmer oder die Arbeitnehmerin kann gegenüber dem Arbeitgeber, soweit eine Einigung nach Absatz 5 nicht möglich ist, unter den Voraussetzungen des Absatzes 7 während der Gesamtdauer der Elternzeit zweimal eine Verringerung seiner oder ihrer Arbeitszeit beanspruchen.

(7) ¹Für den Anspruch auf Verringerung der Arbeitszeit gelten folgende Voraussetzungen:
1. Der Arbeitgeber beschäftigt, unabhängig von der Anzahl der Personen in Berufsbildung, in der Regel mehr als 15 Arbeitnehmer und Arbeitnehmerinnen,
2. das Arbeitsverhältnis in demselben Betrieb oder Unternehmen besteht ohne Unterbrechung länger als sechs Monate,
3. die vertraglich vereinbarte regelmäßige Arbeitszeit soll für mindestens zwei Monate auf einen Umfang von nicht weniger als 15 und nicht mehr als 30 Wochenstunden im Durchschnitt des Monats verringert werden,
4. dem Anspruch stehen keine dringenden betrieblichen Gründe entgegen und
5. der Anspruch wurde dem Arbeitgeber
   a) für den Zeitraum bis zum vollendeten dritten Lebensjahr des Kindes sieben Wochen und
   b) für den Zeitraum zwischen dem dritten Geburtstag und dem vollendeten achten Lebensjahr des Kindes 13 Wochen
vor Beginn der Tätigkeit schriftlich mitgeteilt. ²Der Antrag muss den Beginn und den Umfang der verringerten Arbeitszeit enthalten. ³Die gewünschte Verteilung der verringerten Arbeitszeit soll im Antrag angegeben werden. ⁴Falls der Arbeitgeber die beanspruchte Verringerung oder Verteilung der Arbeitszeit ablehnen will, muss er dies innerhalb von vier Wochen mit schriftlicher Begründung tun. ⁵Hat ein Arbeitgeber die Verringerung der Arbeitszeit
1. in einer Elternzeit zwischen der Geburt und dem vollendeten dritten Lebensjahr des Kindes nicht spätestens vier Wochen nach Zugang des Antrags oder
2. in einer Elternzeit zwischen dem dritten Geburtstag und dem vollendeten achten Lebensjahr des Kindes nicht spätestens acht Wochen nach Zugang des Antrags
schriftlich abgelehnt, gilt die Zustimmung als erteilt und die Verringerung der Arbeitszeit entsprechend den Wünschen der Arbeitnehmerin oder des Arbeitnehmers als festgelegt. ⁶ Haben Arbeitgeber und Arbeitnehmerin oder Arbeitnehmer über die Verteilung der Arbeitszeit kein Einvernehmen nach Absatz 5 Satz 2 erzielt und hat der Arbeitgeber nicht innerhalb der in Satz 5 genannten Fristen die gewünschte Verteilung schriftlich abgelehnt, gilt die Verteilung der Arbeitszeit entsprechend den Wünschen der Arbeitnehmerin oder des Arbeitnehmers als festgelegt. ⁷Soweit der Arbeitgeber den Antrag auf Verringerung oder Verteilung rechtzeitig ablehnt, kann der Arbeitnehmer oder die Arbeitnehmerin Klage vor den Gerichten für Arbeitssachen erheben.

Übersicht	Rdn.		Rdn.
A. Anspruchsvoraussetzungen (I)	1	C. Rechtsfolgen	14
I. Bestand eines Arbeitsverhältnisses	1	D. Unabdingbarkeit (II 6)	15
II. Beziehungen zum Kind (I u Ia)	3	E. Gemeinsame EZ (III)	16
1. Eltern, Berechtigte nach § 1 III oder IV sowie Pflegeeltern iSd § 33 SGB VIII (I)	3	F. Erwerbstätigkeit während der EZ (IV)	18
		G. Verringerungsanspruch (V und VII)	22
2. Großeltern (Ia)	6	H. Verfahren nach dem Verringerungsantrag des AN	25
B. Dauer (II)	9	I. Zweimalige Verringerung der Arbeitszeit (VI)	28

A. Anspruchsvoraussetzungen (I). I. Bestand eines Arbeitsverhältnisses. Der Anspruch auf Elternzeit **1** steht allen AN zu. Auch zu ihrer Berufsbildung Beschäftigte (§ 20 I BEEG iVm § 1 I BBiG) sowie Heimarbeiter und ihnen Gleichgestellte (§ 20 II 1) gelten als AN. Die Art des Arbeitsverhältnisses ist ohne Bedeutung, sodass zB auch befristete Arbeitsverhältnisse und Teilzeit-Arbeitsverhältnisse unter I fallen. Leitende Angestellte können Elternzeit in Anspruch nehmen und behalten ihren Status grundsätzlich auch während der Freistellung (vgl. Verstege RdA 2011, 99, 100 ff.). Für Beamte, Richter und Soldaten gelten die Sonderregelungen des Bundes und der Länder.
Das Gesetz enthält keine Beschränkung, dass die EZ nur in dem zur Zeit der Geburt des Kindes bestehen- **2** den Arbeitsverhältnis u nicht auch in einem später neu begründeten Arbeitsverhältnis genommen werden kann (BAG 11.3.1999, 2 AZR 19/98, EzA § 18 BErzGG Nr 4). Vielmehr ist die Inanspruchnahme von EZ nach einem AGwechsel nunmehr in § 16 I 9 ausdrücklich geregelt. Anders als die Pflegezeit (§ 3 I 2 PflegeZG) u die Familienpflegezeit (§ 2 I 4 FPflZG) setzt die Inanspruchnahme v Elternzeit keine bestimmte Mindestgröße des AG voraus. Steht der AN in mehreren Arbeitsverhältnissen, hat er in jedem Anspruch auf EZ.

3   **II. Beziehungen zum Kind (I u Ia).   1. Eltern, Berechtigte nach § 1 III oder IV sowie Pflegeeltern iSd § 33 SGB VIII (I).**   a) Leibliches oder angenommenes Kind (§ 1754 BGB; I 1 Nr 1a); b) Kind, für das die Anspruchsvoraussetzungen des § 1 III oder IV erfüllt sind (I 1 Nr 1b); c) Kinder, die in Vollzeitpflege (§ 33 SGB VIII) aufgenommen sind (I 1 Nr 1c).

4   Der AN muss in jedem Fall mit dem Kind in einem Haushalt leben und es selbst betreuen und erziehen (I 1 u 2). Diese Beschränkung dürfte nicht in Einklang mit den Vorgaben der Rahmenvereinbarung über Elternurlaub der europäischen Sozialpartner v. 18.6.2009 im Anh. der RL 2010/18/EU v. 8.3.2010 [ABl. EU L 68 v. 18.3.2010 S. 13] stehen (*Klenter* AiB 2013, 217, 218). Im Hinblick auf den im klaren Wortlaut zum Ausdruck kommenden Willen des Gesetzgebers erscheint eine richtlinienkonforme Auslegung ausgeschlossen. III stellt klar, dass die Elternzeit von beiden Elternteilen gemeinsam genommen werden, das Kind also gemeinsam betreut und erzogen werden kann. Unschädlich ist, wenn der AN sich bei der Betreuung und Erziehung von einer Hilfsperson (zB Kindermädchen, Verwandte) unterstützen lässt oder wenn er vorübergehend (zB wegen Kur, Krankenhausaufenthalts, Urlaubs) abwesend ist. Entfallen diese Voraussetzungen, kann der AG zu einer vorzeitigen Beendigung der EZ auffordern; eine Rechtspflicht des AN besteht nicht (*Poeche* in Küttner Personalbuch 2015 Elternzeit Rn 20). Änderungen der Anspruchsvoraussetzungen hat der AN dem AG unverzüglich mitzuteilen (§ 16 V).

5   Besitzt der AN nicht das Sorgerecht iSd §§ 1626 ff BGB für sein Kind oder liegt ein Fall des I 1 Nr 1b iVm § 1 III, IV oder des I 1 Nr 1c iVm § 33 SGB VIII vor, bedarf der AN für die Geltendmachung der EZ der Zustimmung des sorgeberechtigten Elternteils. Mit der Inpflegegabe eines Kindes nach § 33 SGB VIII bleiben die leiblichen Eltern Inhaber der Personensorge über das Kind. Die Pflegeeltern erhalten nicht die Personensorge über das Pflegekind (*Nellissen* in: Schlegel/Voelzke, jurisPK-SGB VIII, § 33 Rn 39).

6   **2. Großeltern (Ia).**   Die Anspruchsvoraussetzungen lauten:
    – Das Enkelkind muss mit dem Großelternteil, der EZ beansprucht, in einem Haushalt leben und von ihm betreut und erzogen werden (Ia 1) (s Rdn 4). Ein Elternteil selbst muss nicht im Haushalt der Großeltern leben.
    – Ein Elternteil des Kindes muss minderjährig sein (Ia 1 Nr 1), dh jünger als 18 Jahre (§ 2 BGB) oder
    – ein volljähriger Elternteil des Kindes befindet sich in der Ausbildung (Ia 1 Nr 2). Ausbildung meint die schulische (auch an einer Hochschule) und berufliche Ausbildung (Begr zum Gesetzentw BT-Drs. 16/9415), obwohl die Verwendung des Wortes »Arbeitskraft« in Ia 1 Nr 2 missverständlich ist. Berufliche Ausbildung ist iSd §§ 1, 26 BBiG weit zu verstehen. Die Ausbildung muss vor Vollendung des 18. Lebensjahres begonnen worden sein und die Arbeitskraft des Elternteils iA voll in Anspruch nehmen. Durch »im Allgemeinen« wird verdeutlicht, dass zB Ferien oder Urlaub für die Anspruchsberechtigung unschädlich sind. Bei vor dem 1.7.2015 geborenen Kindern muss sich der Elternteil im letzten oder vorletzten Jahr der Ausbildung befinden (§ 15 Ia 1 Nr 2 1. HS aF, § 27 I 2). Bei nach diesem Stichtag geborenen Kindern ist diese Beschränkung entfallen, um die wirtschaftliche Existenz der jungen Familie für die Zukunft zu sichern.

7   Wenn der Elternteil selbst EZ in Anspruch nimmt, besteht kein Anspruch der Großeltern. Das Wahlrecht des III findet insoweit keine Anwendung. Ebenso wie für die beiden Elternteile selbst gelten auch für die beiden anspruchsberechtigten Großelternteile die Regelungen der III bis VII (s Rdn 16 ff).

9   **B. Dauer (II).**   Das Gesetz ist bezüglich der längstmöglichen Dauer der EZ unklar formuliert. Der Anspruch besteht nach II 1, bis das Kind sein 3. Lebensjahr vollendet hat; das ist der Ablauf des Tages vor seinem 3. Geburtstag (§§ 187 II 2, 188 II Alt 2 BGB). Ein Anteil von bis zu 24 Monaten kann zwischen dem dritten Geburtstag und dem vollendeten achten Lebensjahr des Kindes in Anspruch genommen werden. II 2 stellt klar, dass durch die Mutterschutzfrist nach § 6 I MuSchG diese zeitliche Begrenzung nicht hinausgeschoben wird. In der Sache besteht danach ein Anspruch auf 36 Monate EZ, von denen 12 Monate bis zum dritten Geburtstag des Kindes in Anspruch genommen werden müssen. Bei der Mutter verkürzt sich die maximale Dauer der EZ um die Zeit, die sie dem Beschäftigungsverbot nach der Entbindung gem § 6 I MuSchG unterlag. Die EZ **beginnt** mit dem Tag, ab dem sie gem § 16 wirksam verlangt wurde. Seit der Streichung des § 15 II Nr. 1 BErzGG aF kann die EZ des Vaters mit dem Tag der Geburt des Kindes beginnen (*Sowka* NZA 2000, 1185, 1186). Der Beginn der EZ muss sich nicht mit dem Beginn eines Kalendermonats oder eines Lebensmonats des Kindes decken (*Sowka* Elternzeit S 16). Die EZ endet mit Ablauf des Zeitraums, für den sie in Anspruch genommen wurde. Sie **endet vorzeitig** 3 Wochen nach dem Tod des Kindes (§ 16 IV), mit Beendigung des Arbeitsverhältnisses, auf Antrag des AN mit Zustimmung des AG (§ 16 III 1). Zur **Verlängerung** s § 16 III.

II 4 stellt klar, dass bei der Geburt weiterer Kinder während einer EZ dem AN EZ bis zur Vollendung des 3. Lebensjahres eines jeden Kindes zusteht. Wegen der Geburt eines weiteren Kindes kann die Elternzeit nach Maßgabe des § 16 III 3 vorzeitig beendet werden. Mit der vorzeitigen Beendigung der Elternzeit geht der nicht verbrauchte Anteil (Restelternzeit) nicht unter. Er steht wieder für die Inanspruchnahme zur Verfügung (BAG 21.4.2009, 9 AZR 391/08, EzA § 16 BErzGG Nr 7). 10

II 2 ermöglicht, den überwiegenden Teil der EZ (24 Monate) nicht im Zeitraum bis zur Vollendung des 3. Lebensjahres des Kindes zu nehmen, sondern danach bis zur Vollendung des 8. Lebensjahres. Dies gilt auch im Fall der Geburt mehrerer Kinder während einer EZ. Diese Übertragung bedarf bei nach dem 1.7.2015 geborenen Kindern keiner **Zustimmung des AG mehr**. Der AN muss auch nicht ankündigen, dass er beabsichtigt, nach dem dritten Lebensjahr des Kindes EZ in Anspruch zu nehmen (BT-Drs. 18/2583; S. 35). Eltern von bis zu dem Stichtag geborenen bzw. adoptierten Kindern können nach § 27 I 2 iVm § 15 II 4 aF nur mit Zustimmung maximal 12 Monate auf die Zeit zwischen dem dritten und achten Geburtstag übertragen. Str. ist, ob der Antrag bis zur Vollendung des 2. Lebensjahres gestellt sein muss, um noch die vollen 12 Monate übertragen zu können (so LAG BW 12.12.2012, 4 Sa 77/12, Rev unter 9 AZR 136/13 durch Vergleich erledigt; aA *Fecker/Scheffzek* NZA 2015, 778, 783). Für Beamtinnen und Beamte des Bundes regelt die MuSchEltZV in § 6 II ausdrücklich, dass die Anzeige nach § 15 II 4 »rechtzeitig vor Beginn des zu übertragenden Zeitraumes« erfolgen muss. Die Entscheidung des AG muss billigem Ermessen iSd § 315 I BGB entsprechen (BAG 21.4.2009, 9 AZR 391/08, EzA § 16 BErzGG Nr 7). Wechselt der AN nach dem dritten Geburtstag des Kindes den AG, ist der neue AG nicht an die Zustimmung des alten AG gebunden, anderes gilt beim Betriebsübergang iSd. § 613a BGB. 11

Für **angenommene Kinder und solche in Vollzeit- oder Adoptionspflege** gelten Besonderheiten. In diesen Fällen kann ab Aufnahme des Kindes EZ vor oder nach Vollendung des 3. Lebensjahres verlangt werden, längstens bis zur Vollendung des 8. Lebensjahres (II 5). Bei der Aufnahme mehrerer Kinder gelten die Regelungen für den Fall der Geburt mehrerer Kinder (II 4) entspr (II 5 Hs 2). 12

[Nicht belegt] 13

C. Rechtsfolgen. Durch die Inanspruchnahme der EZ ruhen die Hauptpflichten des Arbeitsverhältnisses (Arbeits- und Vergütungspflicht) (BAG 15.4.2008, 9 AZR 380/07, EzA § 15 BErzGG Nr 17). Dies gilt nicht, wenn der AN während der EZ bei seinem AG gem V bis VII in Teilzeit arbeitet. In einer Sozialplanregelung sollte dies klar unterschieden werden (vgl. BAG 5.5.2015, 1 AZR 826/13, JurionRS 2015, 22316; Lingscheid/Gerstung JurisPR-ArbR 45/2015 Anm 4). Ob bei Sonderzuwendungen eine Kürzung bei Fehlzeiten aufgrund von EZ zulässig ist, hängt insbes von dem Zweck der Leistung ab (vgl. iE § 611 BGB Rdn 165 f. unter Auseinandersetzung mit EuGH 21.10.1999, C-333/97, *Lewen* EzA § 611 BGB Gratifikation, Prämie Nr 156). Die Nichtberücksichtigung der Zeiten der EZ bei der Berechnung von Anwartschaftszeiten einer betrieblichen Altersversorgung aufgrund ausdrücklicher Anordnung in der Versorgungsordnung ist keine mittelbare Diskriminierung wegen des Geschlechts (BAG 20.4.2010, 3 AZR 370/08, EzA Art 3 GG Nr 109; *Kemper/Kisters-Kölkes* Rn 255). Der AG darf die EZ im Zeugnis nur erwähnen, sofern sich die Ausfallzeit als eine wesentliche tatsächliche Unterbrechung der Beschäftigung darstellt. Das ist dann der Fall, wenn diese nach Lage und Dauer erheblich ist und wenn bei ihrer Nichterwähnung für Dritte der falsche Eindruck entstünde, die Beurteilung des AN beruhe auf einer der Dauer des rechtlichen Bestands des Arbeitsverhältnisses entsprechenden tatsächlichen Arbeitsleistung (BAG 10.4.2005, 9 AZR 261/04, EzA § 109 GewO Nr 3; LAG Köln 4.5.2012, 4 Sa 114/12, JurionRS 2012, 22948). Zum Verhältnis von EZ und Erholungsurlaub s § 17, zum bes Kündigungsschutz ab dem Verlangen von EZ vgl § 18. Zur Verlängerung von befristeten Arbeitsverträgen mit wissenschaftlichem und künstlerischem Personal an Hochschulen bei Inanspruchnahme von EZ s § 2 V 1 Nr 3 WissZeitVG (vgl. BAG 28.5.2014, 7 AZR 456/12, EzA § 620 BGB 2002 Hochschulen Nr 12). 14

Mit dem Ende der EZ leben die wechselseitigen Hauptpflichten in vollem Umfang wieder auf (vgl. V 4 aE). Der EuGH hat festgestellt, dass es unionsrechtlich geboten ist, dass nach dem Ende der EZ die Rückkehr an den Arbeitsplatz zu denselben Bedingungen ermöglicht werden muss, wie sie in dem Zeitpunkt bestanden, als die EZ genommen wurde (EuGH 20.6.2013, C-7/12, Rn 32, EAS Teil C RL 96/34/EG § 2 Nr 3 - Riezniece). Das BEEG sieht keine Möglichkeit vor, nach dem Ende der EZ noch für eine bestimmte Dauer die Arbeitszeit ändern zu können. Unionsrechtlich ist eine solche Möglichkeit durch Art. 6 I der Rahmenvereinbarung über Elternurlaub im Anhang der Richtlinie 2010/18/EU an sich gefordert (vgl. dazu *Kocher* u.a. Das Recht auf selbstbestimmte Erwerbsbiografie S. 173 f.). Eine richtlinienkonforme Auslegung des VI, dass AN im Anschluss an die EZ befristet Teilzeitbeschäftigung verlangen können, ist mit dem im Wortlaut (»während der Gesamtdauer der Elternzeit«) zum Ausdruck kommenden Willen des Gesetzgebers 14.1

nicht vereinbar. Der AN hat - sofern keine besonderen tariflichen Regelungen bestehen - nur die Möglichkeit nach § 8 TzBfG unbefristete Teilzeit zu beantragen.

15 **D. Unabdingbarkeit (II 6).** Ein Ausschluss oder eine Beschränkung der gesetzlichen Ansprüche des AN ist ausgeschlossen. Dagegen verstoßende Vereinbarungen sind nichtig (§ 134 BGB). Dies gilt nicht nur für einzelvertragliche Vereinbarungen, sondern auch für TV und BV (BAG 26.11.2003, 4 AZR 693/02, EzA § 4 TVG Luftfahrt Nr 8). Abweichungen zugunsten des AN sind zulässig, insb die Vereinbarung einer längeren Freistellung. Eine solche stellt dann aber keine EZ mehr dar und genießt während der »Verlängerung« nicht den Schutz und die Ansprüche des BEEG, sofern nichts Gegenteiliges vereinbart ist.

16 **E. Gemeinsame EZ (III).** Beide Elternteile können die EZ in Anspruch nehmen. In diesem Fall haben beide Anspruch auf drei Jahre EZ. Es kann aber auch jeder nur für einen Teil dieses Zeitraumes EZ nehmen. Nach § 16 I 6 kann jeder Elternteil seine EZ auf drei Zeitabschnitte verteilen; eine Verteilung auf weitere Zeitabschnitte ist nur mit der Zustimmung des AG möglich.

17 Das Recht auf gemeinsame EZ haben auch die in I 1 Nr 1b u c genannten Personen. Die gemeinsame EZ bei gleichzeitiger Teilzeittätigkeit beider Elternteile soll zukünftig durch das Elterngeld Plus (§ 4 III) attraktiver sein (vgl Begr RegE).

18 **F. Erwerbstätigkeit während der EZ (IV).** Bis zur Dauer von 30 Wochenarbeitsstunden ist während der EZ eine Erwerbstätigkeit erlaubt. Mit dem Gesetz zur Vereinfachung des Elterngeldbezugs vom 10.9.2012 (BGBl. I 1878) hat der Gesetzgeber klargestellt, dass sich die 30-Stunden-Grenze auf den Monatsdurchschnitt bezieht. Für eine Tätigkeit in der Kindertagespflege iSd § 23 SGB VIII darf diese Höchstgrenze überschritten werden, wenn nicht mehr als 5 Kinder betreut werden. Sind beide Elternteile in EZ, darf jeder eine Erwerbstätigkeit in diesem Umfang ausüben.

19 Hat der AN vor der EZ nur bis zu 30 Wochenstunden gearbeitet, so hat er Anspruch auf Weiterarbeit beim **bisherigen AG** im alten Umfang während der EZ (V 4), wenn er dies dem AG zusammen mit der Inanspruchnahme der EZ nach § 16 I 1 frist- und formgerecht mitteilt (BAG 27.4.2004, 9 AZR 21/04, EzA § 15 BErzGG Nr 13). Der AN kann EZ auch in der Weise in Anspruch nehmen, dass er zunächst Freistellung und dann die Fortsetzung der alten Teilzeitarbeit während der restlichen Dauer der EZ verlangt (BAG 27.4.2004, 9 AZR 21/04, EzA § 15 BErzGG Nr 13). Nach Beendigung der EZ hat der AN Anspruch auf Fortsetzung des Arbeitsverhältnisses mit der vor der EZ vereinbarten Arbeitszeit (V 4). Möchte der AN während der EZ eine ggü dem bisherigen Arbeitsumfang verringerte Arbeitszeit, so hat er dies gem V zu beantragen.

20 Eine im Umfang des IV 1 zulässige **selbstständige Teilzeittätigkeit** oder eine solche bei einem **anderen AG** bedarf der **Zustimmung** des alten AG (IV 3). Eine schriftliche Zustimmungsverweigerung ist nur beim Vorliegen dringender betrieblicher Gründe innerhalb von 4 Wochen nach Beantragung der Zustimmung zulässig (IV 4). Lässt der AG die Frist verstreichen oder verweigert er die Zustimmung zwar innerhalb der Frist, aber nicht schriftlich unter Angabe der dringenden betrieblichen Gründe, erlischt das Ablehnungsrecht. Obwohl im Gegensatz zu den früheren Fassungen § 15 III 4 jetzt nicht mehr verlangt, dass der AG die Ablehnung »begründen« muss, folgt aus der gesetzlichen Formulierung »aus dringenden betrieblichen Gründen schriftlich ablehnen« der Begründungszwang (aA HWK/Gaul § 15 BEEG Rn 10: Begründung kann mündlich erfolgen). Ablehnungsgründe sind insb Geheimhaltungs- oder Wettbewerbsinteressen, aber auch das Interesse an einer Teilzeitarbeit des AN im Betrieb während seiner EZ (BAG 26.6.1997, 8 AZR 506/95, EzA § 15 BErzGG Nr 9). Bei nicht form- und fristgerechter Zustimmungsverweigerung darf der AN die Tätigkeit ohne Zustimmung ausüben (BAG 26.6.1997, 8 AZR 506/95, EzA § 15 BErzGG Nr 9). Nimmt der AN trotz berechtigter Ablehnung der Zustimmung die anderweitige Tätigkeit auf, verletzt er seine arbeitsvertraglichen Pflichten. Dies kann den AG zur Geltendmachung von Schadensersatzansprüchen berechtigen oder zum Ausspruch einer Kdg gem § 18 I 2. Es kommt auch eine Unterlassungsklage des AG gegen den AN infrage (Roos/Biereshorn/*Othmer* § 15 BEEG Rn 64).

21 Meint der AN, es lägen die vom AG für seine Ablehnung geltend gemachten dringenden betrieblichen Gründe nicht vor, kann er nach Ablauf der 4-Wochen-Frist die andere Tätigkeit aufnehmen. Er trägt dann aber das Risiko, dass der AG die oben genannten Maßnahmen ergreift und sich in einem Prozess dann doch die Berechtigung der Zustimmungsverweigerung herausstellt. Um das zu vermeiden, kann der AN Klage auf Zustimmungserteilung erheben (ErfK/*Gallner* § 15 Rn 23; strenger *Sievers* TK-TzBfG Anh. 3 BEEG Rn 93: AN muss klagen). Hat der AG die Zustimmung schuldhaft zu Unrecht verweigert, kann der AN Schadensersatz nach § 280 BGB verlangen (Tillmanns/Mutschler/*Tillmanns* § 15 BEEG Rn 69).

22 **G. Verringerungsanspruch (V und VII).** Voraussetzungen für den Anspruch des AN auf Verringerung seiner Arbeitszeit beim bisherigen AG während der EZ sind:

1. Der AG muss (ohne Personen in der Berufsbildung nach § 1 BBiG) idR mehr als 15 AN beschäftigen (VII 1 Nr 1). Hat ein AG mehrere Betriebe, werden die Beschäftigten zusammengezählt (zum Gemeinschaftsbetrieb vgl. *Buschbaum/Rosak* NZA-RR 2014, 337, 338). Auch Teilzeitkräfte werden voll gezählt.
2. Über 6-monatiges ununterbrochenes Bestehen des Arbeitsverhältnisses im selben Betrieb oder Unternehmen (VII 1 Nr 2). Zum Begriff »ohne Unterbrechung« s § 1 I KSchG.
3. Wunsch nach Verringerung der Arbeitszeit auf 15–30 Wochenstunden für die Dauer von mindestens 2 Monaten (VII 1 Nr 3).
4. Keine entgegenstehenden dringenden betrieblichen Gründe (VII 1 Nr 4). Der AG muss diese in einem Prozess substantiiert darlegen und ggf beweisen (BAG 5.6.2007, 9 AZR 82/07, EzA § 15 BErzGG Nr 16). An das objektive Gewicht der Ablehnungsgründe sind erhebliche Anforderungen zu stellen (BAG 15.12.2009, 9 AZR 72/09). Entgegenstehende betriebliche Gründe liegen insb vor, wenn durch die Verringerung der Arbeitszeit die Organisation, der Arbeitsablauf oder die Sicherheit im Betrieb wesentlich beeinträchtigt oder unverhältnismäßige Kosten verursacht werden, der Arbeitsplatz mithin nicht »teilbar« ist, s § 8 IV 2 TzBfG. Dem AG darf idR keine zusätzliche Belastung dadurch auferlegt werden, dass für den AN in EZ kein Beschäftigungsbedarf als Teilzeitkraft besteht (BAG 15.4.2008, 9 AZR 380/07, EzA § 15 BErzGG Nr 17). Der AG ist nicht verpflichtet, gegenüber einer Vertretungskraft nach § 21 oder einem anderen AN eine Kdg auszusprechen, um Arbeitskapazität für eine Teilzeitbeschäftigung des AN in EZ freizumachen (BAG 15.4.2008, 9 AZR 380/07, JurionRS 2008, 17135). Nimmt der AG im Hinblick auf die Elternzeit allerdings eine unbefristete Neueinstellung vor, muss er näher darlegen, warum er nicht lediglich nach § 21 BEEG eine befristete Vertretungskraft eingestellt hat (BAG 5.6.2007, 9 AZR 82/07, EzA § 15 BErzGG Nr 16). Hat der AG mit der Vertretungskraft einen für die Dauer der EZ auflösend bedingten Vollzeit-Arbeitsvertrag geschlossen und will der vertretene AN zwar weitere EZ in Anspruch nehmen, nunmehr aber in Teilzeit arbeiten, kann der AG nach Auffassung des LAG BW den Teilzeitwunsch ablehnen (LAG BW 14.4.2015, 8 Sa 49/14, Nichtzulassungsbeschwerde unter 9 AZN 586/15). Im Gegensatz zu § 8 IV TzBfG genügen nicht betriebliche Gründe, die nach der Rspr. »hinreichend gewichtig« sein müssen (vgl. § 8 TzBfG Rn 22); vielmehr müssen die Gründe »dringend« sein (BAG 19.4.2005, 9 AZR 233/04, EzA § 15 BErzGG Nr 15).
5. Schriftliche Mitteilung, dass der Anspruch auf Verringerung der Arbeitszeit in Anspruch genommen wird. Das Angebot des Arbeitnehmers, während der Elternzeit die Arbeitszeit zu verringern, muss den Bestimmtheitsanforderungen entsprechen, wie sie allgemein an Vertragsanträge iSd. § 145 BGB gestellt werden. Es muss so formuliert und so konkret gefasst sein, dass der Arbeitgeber es mit einem schlichten »Ja« annehmen kann (BAG 16.4.2013, 9 AZR 535/11). Die Mitteilung muss dem AG 7 Wochen vor Beginn der verringerten Arbeitszeit zugegangen sein (VII 1 Nr 5 lit. a). Für Eltern von nach dem 1.7.2015 geborenen Kindern ist bei einer EZ nach dem dritten Geburtstag des Kindes eine Ankündigungsfrist von 13 Wochen einzuhalten (VII 1 Nr 5 lit. b). Verlangt der AN die Verringerung zu einem früheren Zeitpunkt, führt das nicht zur Unwirksamkeit der Geltendmachung; der AG muss sich dann aber nur mit einer Reduzierung der Arbeitszeit 7 bzw 13 Wochen nach Zugang der Mitteilung einverstanden erklären. Eine Mitteilung länger als 7 Wochen vor dem gewünschten Beginn der Verringerung ist unschädlich. Der Antrag muss den Beginn und den Umfang der verringerten Arbeitszeit enthalten (VII 2). Ansonsten ist der Verringerungsanspruch nicht ordnungsgemäß geltend gemacht. Außerdem soll im Antrag die gewünschte Verteilung der verringerten Arbeitszeit angegeben werden (VII 3). Da es sich nur um eine »Soll-Vorschrift« handelt, führt ein Verstoß dagegen nicht zur Unwirksamkeit der Geltendmachung. Der AN kann demnach die Verteilung der verringerten Arbeitszeit auf die einzelnen Tage dem AG überlassen.

Der Verringerungsanspruch darf frühestens mit der Erklärung, EZ in Anspruch zu nehmen, gestellt werden (BAG 5.6.2007, 9 AZR 82/07, EzA § 15 BErzGG Nr 16). 23

Neben dem Anspruch auf Verringerung der Arbeitszeit nach dem BEEG kann der AN auch eine Verringerung nach **§ 8 TzBfG** geltend machen (BAG 22.10.2008, 10 AZR 360/08, JurionRS 2008, 30272, Rn 30; aA Kliemt, NZA 2001, 63, 70). Dieser Reduzierungsanspruch ist jedoch im Gegensatz zu dem nach V bis VII nicht auf eine vorübergehende (dh für die Dauer der EZ), sondern auf eine dauerhafte Verringerung der ursprünglich geschuldeten Arbeitsleistung gerichtet (BAG 19.4.2005, 9 AZR 233/04, EzA § 15 BErzGG Nr 15). 24

H. Verfahren nach dem Verringerungsantrag des AN. § 15 unterscheidet zwischen dem Verringerungsantrag nach V und dem Verringerungsanspruch gemäß VI iVm. VII. Der AN kann unabhängig davon, ob die Voraussetzungen des VII für einen Verringerungsanspruch gegeben sind, zunächst den AG zum Abschluss einer Vereinbarung über die Verringerung seiner Arbeitszeit und die Verteilung der verringerten 25

§ 15 BEEG   Anspruch auf Elternzeit

Arbeitszeit auffordern (V 1). Im Hinblick auf Art 3 GG kann ein AN, der während der EZ eine bereits bestehende Teilzeittätigkeit fortführen will, nur die Neuverteilung seiner Arbeitszeit beantragen. Mit dem Begehren nach V 1 wird das **Konsensverfahren** eingeleitet (BAG 19.2.2013, 9 AZR 461/11, JurionRS 2013, 39148). Dieser Antrag muss nicht den Form- und Fristvorschriften des VII 1 Nr 5, S 2 entsprechen. Über die gewünschte Verringerung sollen sich der AG und der AN innerhalb von 4 Wochen verständigen. Im Konsensverfahren getroffene einvernehmliche Elternteilzeitregelungen sind nicht auf den Anspruch nach VI, VII auf zweimalige Verringerung der Arbeitszeit anzurechnen (BAG 19.2.2013, 9 AZR 461/11, JurionRS 2013, 39148). Kommt es zu keiner Einigung – gleich aus welchen Gründen – so kann der AN förmlich seinen Anspruch nach VII geltend machen, wenn dessen Voraussetzungen gegeben sind. Der AN kann bereits seinen Antrag auf eine Vereinbarung nach V 1 mit der förmlichen Mitteilung nach VII 1 Nr 5 verbinden (V 3) oder diese vor Ablauf der 4-Wochen-Frist des V 2 machen. Dh er muss sich nicht auf das Zustandekommen einer einvernehmlichen Regelung mit dem AG verlassen.

26 Ist eine **freiwillige Vereinbarung** nach V 1 und 2 nicht zustande gekommen und hat der AN die Verringerung förmlich nach VII beantragt, muss der AG, falls er die Verringerung ablehnen will, die **Ablehnung** innerhalb von 4 Wochen mit einer schriftlichen Begründung dem AN ggü erklären (VII 4). Hat der AG keine Einwände gegen die gewünschte Verringerung, sondern nur gegen die gewünschte Verteilung der Arbeitszeit, so bedarf es ebenfalls der förmlichen Ablehnung nach VII 4. Es fällt auf, dass VII 4 anders als § 8 V 1 TzBfG nicht nur eine schriftliche Ablehnung, sondern eine schriftliche Begründung der Ablehnung verlangt. Daraus wird geschlossen, dass der AG in einem späteren Prozess mit solchen entgegenstehenden Gründen ausgeschlossen ist, die er nicht schon in seiner schriftlichen Ablehnung angeführt hat (*Bruns* BB 2008, 330, 335). Die schriftliche Begründung soll den AN in die Lage versetzen, die Chancen einer streitigen Durchsetzung des Verringerungsanspruchs zu beurteilen. Dem ist nach dem BAG genügt, wenn der wesentliche Kern der betrieblichen Hinderungsgründe benannt wird. Es bedarf weder einer »schlüssigen« noch einer »substantiierten« Darlegung (BAG 5.6.2007, 9 AZR 82/07, Rn 66, EzA § 15 BErzGG Nr 16).

26.1 Versäumt der AG die Frist für die Ablehnung oder beachtet er nicht die Formvorschriften des VII 4, so wird seine Zustimmung nicht fingiert, wenn der Antrag in Bezug auf eine EZ für ein vor dem 1.7.2015 geborenes Kind gestellt wurde (§ 27 I 2). Wird ein Antrag von Eltern, deren Kind nach diesem Stichtag geboren wurde, nicht rechtzeitig abgelehnt, gilt nach VII 5 die Zustimmung als erteilt und die Verringerung der Arbeitszeit entsprechend den Wünschen des AN als festgelegt. Wann eine Ablehnung rechtzeitig ist, definiert VII 5 selbst: Bei Verringerung der Arbeitszeit in einer EZ zwischen der Geburt und dem vollendeten dritten Lebensjahr des Kindes muss die schriftliche Ablehnung bis spätestens vier Wochen nach Zugang des Antrags dem AN zugegangen sein. Bei Verringerung der Arbeitszeit in einer Elternzeit zwischen dem dritten Geburtstag und dem vollendeten achten Lebensjahr des Kindes muss die schriftliche Ablehnung bis spätestens acht Wochen nach Zugang des Antrags dem AN zugegangen sein. Während bei einem Elternteilzeitverlangen in den ersten drei Lebensjahren die Fristen des VII 4 und VII 5 Nr. 1 übereinstimmen, fallen die Reaktionsfristen bei Elternzeitverlangen bis zum achten Lebensjahr damit auseinander. Hier verpflichtet das Gesetz den AG (»muss«) in VII 4 zu einer schriftlichen begründeten Ablehnung binnen vier Wochen. Wird diese Pflicht verletzt, mag dies die in Rdn 26 beschriebenen Folgen haben, die Zustimmungsfiktion tritt jedoch nicht ein. Dies erfolgt erst, wenn der AG die Frist des VII 5 Nr. 2 nicht einhält. Ein weiterer Unterschied besteht zwischen den Sätzen 4 und 5: Während VII 4 eine schriftliche Begründung der Ablehnung verlangt, knüpft die Fiktion nach VII 5 daran an, dass der AG den Antrag nicht fristgemäß »schriftlich abgelehnt« hat. Denkbar ist, dass zur Vermeidung der Fiktion schon jede schriftliche Ablehnung ohne Angabe von Gründen genügt. AG ist bis zu einer Klärung der Frage jedenfalls zu raten, innerhalb der Fristen des VII 5 eine schriftliche Ablehnung unter Angabe von Gründen zu erklären. Das Vorgesagte gilt nach VII 6 entspr für eine vom AN gewünschte Verteilung der verringerten Arbeitszeit.

26.2 Ein Vergleich der Regelungen des VII mit § 8 V TzBfG offenbart ein weiteres Problem der Neuregelung. Ausgangspunkt der Fristberechnung für eine rechtzeitige Ablehnung in § 8 V 2 TzBfG ist der gewünschte Beginn der Arbeitszeitverringerung. Dagegen knüpft VII 5 an den Zugang des Antrags an. Daraus folgt, dass ein AG in dem nicht untypischen Fall, dass ein AN für die ersten zwei Lebensjahre des Kindes EZ in Anspruch nimmt und zugleich nur für das zweite Lebensjahr Teilzeitbeschäftigung begehrt, bereits etwa ein Jahr vor Beginn der Arbeitszeitverringerung entscheiden muss, ob dringende betriebliche Gründe iSd. V 1 Nr. 5 vorliegen. Dies zu beurteilen, kann im Einzelfall schwierig werden. In Ermangelung einer § 8 V 4 TzBfG entspr Regelung hat der AG kein Recht zur Abänderung der festgelegten Verteilung der Arbeitszeit. Im Hinblick auf die nur befristete Verkürzung der Arbeitszeit fehlt es für eine analoge Anwendung an einer Vergleichbarkeit der Regelungsgegenstände.

27 Der AG muss im Fall einer form- und fristgerechten Ablehnung vor den Gerichten für Arbeitssachen **Klage erheben** (VII 7). Es handelt sich dabei um eine Leistungsklage auf Abgabe einer Willenserklärung,

nämlich der Zustimmung zur beantragten Verringerung der Arbeitszeit (BAG 9.5.2006, 9 AZR 278/05, EzA-SD 2006, Nr 23, 8–9). Im Klageantrag muss die Dauer der gewünschten verringerten Arbeitszeit sowie deren Beginn und Ende bezeichnet werden (§ 253 II Nr 2 ZPO). Einem Klage stattgebenden Urteil steht nicht entgegen, dass der Zeitraum, für den die Verringerung der Arbeitszeit verlangt wird, schon verstrichen ist (BAG 9.5.2006, 9 AZR 278/05, EzA-SD 2006, Nr 23, 8–9)). Das Rechtsschutzbedürfnis für eine Leistungsklage ergibt sich aus der Nichterfüllung des materiell-rechtlichen Anspruchs (BAG 9.5.2006, 9 AZR 278/05, JurionRS 2006, 24441). Im Fall des Obsiegens kommen zwar wohl nicht Ansprüche aus Annahmeverzug (so noch BAG aaO) dafür aber Schadensersatzansprüche in Betracht (vgl. BAG 19.8.2015, 5 AZR 975/13). Auch eine bestimmte Verteilung der verringerten Arbeitszeit kann mittels Leistungsklage auf Abgabe der Zustimmungserklärung geltend gemacht werden. Die Zustimmung des AG gilt mit Eintritt der Rechtskraft eines Klage stattgebenden Urteils als erteilt (§ 894 ZPO). Der AG darf sich im Prozess nur auf solche Ablehnungsgründe berufen, mit denen er seine Ablehnung gem VII 4 schriftlich begründet hat (hM, s HWK/*Gaul* § 15 BEEG Rn 27). Der Zeitpunkt für die Beurteilung, ob entgegenstehende dringende betriebliche Gründe tatsächlich vorlagen, ist umstritten. Nach Auffassung des BAG kommt es auf den Zeitpunkt der Ablehnung durch den AG an (BAG 15.12.2009, EzA § 15 BErzGG Nr. 18). Fraglich ist nach diesem Ansatz, wie es sich auswirkt, wenn der AG die Frist des VII 4 verletzt, aber noch innerhalb der Frist des VII 5 Nr. 1 abgelehnt hat. Die Gegenauffassung meint, es sei nach den Verhältnissen zum Zeitpunkt der letzten mündlichen Verhandlung zu beurteilen (HWK/*Gaul* § 15 BEEG Rn 28).

I. Zweimalige Verringerung der Arbeitszeit (VI). Liegen die Voraussetzungen des VII vor, hat der AN während der Gesamtdauer der EZ Anspruch auf eine 2-malige Verringerung seiner Arbeitszeit. Das 2. Verringerungsverlangen kann auch auf eine Teilzeitarbeit in größerem Umfang gerichtet sein als sie aufgrund des 1. Verlangens geleistet wird (BAG 9.5.2006, 9 AZR 278/05, EzA-SD 2006, Nr 23, 8–9). Hat der AN zunächst EZ ohne Teilzeitarbeit in Anspruch genommen, kann er auch noch während dieser die Verringerung seiner Arbeitszeit beanspruchen, wenn die Voraussetzungen des VII gegeben sind. Hatte der AG aber aufgrund der Inanspruchnahme der EZ ohne Teilzeitarbeitsarbeit eine Ersatzkraft für die Dauer der EZ eingestellt, so stehen dem Verringerungswunsch des AN idR dringende betriebliche Gründe iSd VII 1 Nr 4 entgegen (BAG 19.4.2005, 9 AZR 233/04, EzA § 15 BErzGG Nr 15). Haben sich die Arbeitsvertragsparteien iRd V für die erste Zeit der EZ einvernehmlich über die Verringerung geeinigt, wird hierdurch der Anspruch auf 2-malige Verringerung nicht verbraucht (BAG 19.2.2013, 9 AZR 461/11; aA HWK/*Gaul* § 15 BEEG Rn 13). Anders als § 8 VI TzBfG stellt das BEEG nur auf die tatsächliche Verringerung nicht auf das Teilzeitverlangen ab. Hat der AG das Teilzeitverlangen berechtigt abgelehnt, kann der AN es daher auch häufiger als zwei Mal erneut stellen (HWK/*Gaul* § 15 BEEG Rn 19).

§ 16 Inanspruchnahme der Elternzeit
(1) ¹Wer Elternzeit beanspruchen will, muss sie
1. für den Zeitraum bis zum vollendeten dritten Lebensjahr des Kindes spätestens sieben Wochen und
2. für den Zeitraum zwischen dem dritten Geburtstag und dem vollendeten achten Lebensjahr des Kindes spätestens 13 Wochen

vor Beginn der Elternzeit schriftlich vom Arbeitgeber verlangen. ²Verlangt die Arbeitnehmerin oder der Arbeitnehmer Elternzeit nach Satz 1 Nummer 1, muss sie oder er gleichzeitig erklären, für welche Zeiten innerhalb von zwei Jahren Elternzeit genommen werden soll. ³Bei dringenden Gründen ist ausnahmsweise eine angemessene kürzere Frist möglich. ⁴Nimmt die Mutter die Elternzeit im Anschluss an die Mutterschutzfrist, wird die Zeit der Mutterschutzfrist nach § 6 Absatz 1 des Mutterschutzgesetzes auf den Zeitraum nach Satz 2 angerechnet. ⁵Nimmt die Mutter die Elternzeit im Anschluss an einen auf die Mutterschutzfrist folgenden Erholungsurlaub, werden die Zeit der Mutterschutzfrist nach § 6 Absatz 1 des Mutterschutzgesetzes und die Zeit des Erholungsurlaubs auf den Zweijahreszeitraum nach Satz 2 angerechnet. ⁶Jeder Elternteil kann seine Elternzeit auf drei Zeitabschnitte verteilen; eine Verteilung auf weitere Zeitabschnitte ist nur mit der Zustimmung des Arbeitgebers möglich. ⁷Der Arbeitgeber kann die Inanspruchnahme eines dritten Abschnitts einer Elternzeit innerhalb von acht Wochen nach Zugang des Antrags aus dringenden betrieblichen Gründen ablehnen, wenn dieser Abschnitt im Zeitraum zwischen dem dritten Geburtstag und dem vollendeten achten Lebensjahr des Kindes liegen soll. ⁸Der Arbeitgeber hat dem Arbeitnehmer oder der Arbeitnehmerin die Elternzeit zu bescheinigen. ⁹Bei einem Arbeitgeberwechsel ist bei der Anmeldung der Elternzeit auf Verlangen des neuen Arbeitgebers eine Bescheinigung des früheren Arbeitgebers über bereits genommene Elternzeit durch die Arbeitnehmerin oder den Arbeitnehmer vorzulegen.

§ 16 BEEG Inanspruchnahme der Elternzeit

(2) Können Arbeitnehmerinnen aus einem von ihnen nicht zu vertretenden Grund eine sich unmittelbar an die Mutterschutzfrist des § 6 Abs. 1 des Mutterschutzgesetzes anschließende Elternzeit nicht rechtzeitig verlangen, können sie dies innerhalb einer Woche nach Wegfall des Grundes nachholen.
(3) ¹Die Elternzeit kann vorzeitig beendet oder im Rahmen des § 15 Abs. 2 verlängert werden, wenn der Arbeitgeber zustimmt. ²Die vorzeitige Beendigung wegen der Geburt eines weiteren Kindes oder in Fällen besonderer Härte, insbesondere bei Eintritt einer schweren Krankheit, Schwerbehinderung oder Tod eines Elternteils oder eines Kindes der berechtigten Person oder bei erheblich gefährdeter wirtschaftlicher Existenz der Eltern nach Inanspruchnahme der Elternzeit, kann der Arbeitgeber unbeschadet von Satz 3 nur innerhalb von vier Wochen aus dringenden betrieblichen Gründen schriftlich ablehnen. ³Die Elternzeit kann zur Inanspruchnahme der Schutzfristen des § 3 Abs. 2 und § 6 Abs. 1 des Mutterschutzgesetzes auch ohne Zustimmung des Arbeitgebers vorzeitig beendet werden; in diesen Fällen soll die Arbeitnehmerin dem Arbeitgeber die Beendigung der Elternzeit rechtzeitig mitteilen. ⁴Eine Verlängerung kann verlangt werden, wenn ein vorgesehener Wechsel der Anspruchsberechtigten aus einem wichtigen Grund nicht erfolgen kann.
(4) Stirbt das Kind während der Elternzeit, endet diese spätestens drei Wochen nach dem Tod des Kindes.
(5) Eine Änderung in der Anspruchsberechtigung hat der Arbeitnehmer oder die Arbeitnehmerin dem Arbeitgeber unverzüglich mitzuteilen.

Übersicht	Rdn.		Rdn.
A. Frist und Form für die Inanspruchnahme der EZ (I 1 u 2, II)	1	D. Verlängerung oder vorzeitige Beendigung der EZ (III u IV)	6
B. Angabe des Zeitraumes der EZ (I)	3	E. Mitteilung der Änderung der Anspruchsberechtigung (V)	10
C. Bescheinigung des AG (I 8)	5		

1 **A. Frist und Form für die Inanspruchnahme der EZ (I 1 u 2, II).** Die Erklärung über die Inanspruchnahme der EZ muss fristgemäß vor ihrem Beginn schriftlich dem AG zugehen. Nach wohl hM finden §§ 125, 126 I BGB wegen der geforderten Schriftform Anwendung, eine Inanspruchnahme per E-Mail oder Fax ist danach nicht möglich (LAG BW 20.1.2015, 6 Sa 49/14, Rev anhängig unter 9 AZR 149/15, Termin am 10.5.2016; Hk-MuSchG/BEEG/*Rancke* § 16 BEEG Rn 6; aA HessLAG 8.1.2015, JurionRS 2015, 23068, Rev anhängig unter 9 AZR 145/15, Termin am 10.5.2016; *Brors* RdA 2005, 51.54). Das rechtzeitige »Verlangen« führt ohne weiteres zum Eintritt der EZ ab dem beantragten Zeitpunkt, dh zum Ruhen des Arbeitsverhältnisses, wenn keine Teilzeitarbeit iSd § 15 IV bis VII geleistet wird (BAG 27.4.2004, 9 AZR 21/04, EzA § 15 BErzGG Nr 13). Aufgrund ihrer rechtsgestaltenden Wirkung kann die Geltendmachungserklärung nicht einseitig widerrufen werden (KR/*Bader* § 18 BEEG Rn 23). Der Beginn der EZ kann auch innerhalb der Schutzfrist nach MuSchG liegen (BAG 22.8.2012, 5 AZR 652/11, EzA § 14 MuSchG Nr 20; aA noch BAG 15.12.2009, EzA § 15 BErzGG Nr. 18, zu II 2 b). Der AN darf die Inanspruchnahme der EZ unter die Bedingung stellen, dass der AG der gleichzeitig beantragten Verringerung der Arbeitszeit nach § 15 V bis VII zustimmt (BAG 15.4.2008, 9 AZR 380/07, EzA § 15 BErzGG Nr 17). Denkbar ist sowohl eine aufschiebende als auch eine auflösende Bedingung (BAG 12.5.2011, 2 AZR 384/10, EzA § 18 BEEG Nr 1).

2 Rechtzeitig erfolgt die Inanspruchnahme der EZ, wenn die schriftliche Erklärung dem AG spätestens sieben Wochen vor dem Beginn der EZ zugeht. Wollen Eltern von ab dem 1.7.2015 geborenen Kindern (§ 27 I 2) EZ für den Zeitraum zwischen dem dritten Geburtstag und dem vollendeten achten Lebensjahr des Kindes beanspruchen, muss das schriftliche Verlangen dem AG spätestens 13 Wochen vor Beginn zugehen. Will ein AN EZ vor Vollendung des dritten Lebensjahres des Kinds bis über den dritten Geburtstag hinaus ununterbrochen in Anspruch nehmen, muss er nach dem Willen des Gesetzgebers hinsichtlich des vor dem dritten Geburtstag liegenden Anteils die Frist des I 1 Nr. 1 und hinsichtlich des anderen Anteils die Frist des I 1 Nr. 2 einhalten (BT-Drs. 17/2583, 36; krit. *Fecker/Scheffzek* NZA 2015, 778, 779). Liegen dringende Gründe vor, so kann der AN ausnahmsweise seine EZ kurzfristiger geltend machen (I 3); das ist zB im Fall einer kurzfristigen Adoption oder Aufnahme eines Kindes nach § 1 III der Fall. War der AN aus einem nicht zu vertretenden Grund (zB Krankenhausaufenthalt der Mutter) daran gehindert, eine sich unmittelbar an die Mutterschutzfrist des § 6 I MuSchG anschließende EZ rechtzeitig zu verlangen, so darf er innerhalb einer Woche nach dem Wegfall des Hinderungsgrundes das Verlangen nachholen (II 1). Damit räumt II 1 dem AN die Befugnis ein, unter den genannten Voraussetzungen trotz Versäumung der Erklärungsfrist des I seine EZ im Anschluss an die Schutzfrist beginnen zu lassen (BAG 17.10.1990, 5 AZR 10/90, EzA § 16 BErzGG Nr 5). Wird die Frist des I versäumt, ohne dass Gründe iSd. I 3 vorliegen, verschiebt sich der Beginn der EZ entspr. Eine Pflicht, die EZ zum frühestmöglichen Zeitpunkt zu nehmen, besteht nicht.

B. Angabe des Zeitraumes der EZ (I). Mit der Geltendmachung der EZ muss der AN dem AG erklären, für welche Zeiten innerhalb von 2 Jahren er die EZ nehmen will. Diese Anforderung ist dahin zu verstehen, dass der AN bei der ersten Inanspruchnahme »mindestens« den Zweijahreszeitraum abdecken muss (BAG 18.10.2011, EzA § 16 BEEG Nr. 1, Rn 25). Der AN kann auch, ebenfalls mit bindender Wirkung, bereits die volle 3-jährige EZ in Anspruch nehmen (BAG 19.4.2005, 9 AZR 233/04, EzA § 15 BErzGG Nr 15). Für Eltern ab dem 1.7.2015 geborener Kinder (§ 27 I 2) besteht diese Pflicht nur, wenn sie EZ im Zeitraum nach I 1 Nr. 1 in Anspruch nehmen. Unklar ist, was bei einer EZ gilt, die in beiden Zeiträumen liegt. Dass der Gesetzgeber auch bei der Erklärungsfrist nach I 1 nicht auf den Beginn der EZ abstellen, sondern die Zeiträume getrennt behandelt wissen wollte, spricht einiges dafür, dass es bzgl der Zeit nach dem 3. Geburtstag nie einer Festlegung bedarf. Nimmt die Mutter EZ im Anschluss an die Mutterschutzfrist nach § 6 I MuSchG, so werden auf diesen 2-Jahres-Zeitraum die Zeiten dieser Schutzfrist, u wenn sie im Anschluss an diese Erholungsurlaub genommen hat, auch noch dieser angerechnet (I 4 und 5). Die Erklärung, für welchen Zeitraum EZ in Anspruch genommen wird, ist für den AN verbindlich. Bleibt die mitgeteilte EZ hinter diesem 2-Jahres-Zeitraum zurück, so kann der AN eine Verlängerung der EZ im Zeitraum nur nach§ 15 II mit Zustimmung des AG erreichen (III 1). Wenn ein vorgesehener Wechsel der Anspruchsberechtigten aus einem wichtigen Grund nicht erfolgen kann, besteht ein Rechtsanspruch auf Verlängerung (III 4; BAG 19.4.2005, 9 AZR 233/04, EzA § 15 BErzGG Nr 15).

Die EZ kann in den Altfällen (§ 27 I 2) innerhalb des zulässigen Gesamtzeitrahmens (mit Zustimmung des AG bis zur Vollendung des 8. Lebensjahres des Kindes, § 15 II 4) auf 2 Zeitabschnitte verteilt werden, mit Zustimmung des AG auch auf mehr (I 5 aF). Der AG muss seine Entscheidung, ob er zustimmt, nach billigem Ermessen (§ 315 I BGB) treffen. Die EZ für ein Kind, das ab dem 1.7.2015 geboren wurde, kann nach I 6 nF auf drei Zeitabschnitte verteilt werden. Zu beachten ist jedoch der aufgrund der Beschlussempfehlung des Ausschusses für Familie, Senioren und Jugend eingefügte I 7. Wie in § 15 VII 1 Nr. 4 soll der AG die Möglichkeit erhalten, einen dritten Abschnitt einer EZ aus dringenden betrieblichen Gründen abzulehnen, sofern dieser in den Zeitraum zwischen dem dritten Geburtstag und dem vollendeten achten Lebensjahr des Kindes fällt. Dabei muss der gesamte dritte Abschnitt der EZ in diesem Lebensabschnitt des Kindes liegen; vor dessen dritten Geburtstag ist I 7 nicht anwenden (BT-Drs. 18/3086, S. 12, *Forst* DB 2015, 68, 72). Nach der Begründung des Ausschusses steigert das Merkmal »dringend« die zu erfüllenden Anforderungen und kann mit den Worten »nahezu zwingend« oder »unabweisbar« umschrieben werden (BT-Drs. 18/3086 S. 12). Unklar bleibt die dogmatische Einordnung des Verweigerungsrechts des AG, weil der AN für die Inanspruchnahme von EZ keine Zustimmung des AG benötigt. Offen ist auch die Rechtsfolge einer zu Recht verweigerten Inanspruchnahme eines dritten Abschnitts. Es wird angenommen, dass der verbleibende Anspruch auf EZ verfällt, wenn er bis zum 8. Geburtstag des Kindes nicht mehr in Anspruch genommen werden kann (*Tillmanns/Mutschler* § 16 BEEG Rn 18). Es erscheint aber auch möglich, den Rechtsgedanken des § 7 III 2 BUrlG heranzuziehen und die verbleibende EZ auf den Zeitraum nach dem 8. Geburtstag zu übertragen.

C. Bescheinigung des AG (I 8). Der AG hat dem AN die EZ zu bescheinigen. Dies hat in Schriftform (§ 126 I BGB), in Textform oder in elektronischer Form zu erfolgen (§§ 126 III, 126a, 126b BGB). Die Bescheinigung sollte vom AN spätestens beim Ausscheiden aus dem Arbeitsverhältnis verlangt werden, weil bei der Anmeldung einer weiteren EZ bei einem neuen AG die Bescheinigung des früheren AG vorzulegen ist (I 9). Die Rechtsfolge einer Verletzung dieser Vorlagepflicht ist im Gesetz nicht geregelt. Denkbar erscheint, dass die Vorlage Wirksamkeitsvoraussetzung für die Inanspruchnahme der EZ nach einem Arbeitgeberwechsel ist. Nimmt man dies nicht an, so kommen bei einer Verletzung der Vorlagepflicht Schadensersatzansprüche des neuen AG in Betracht, wenn sich nachträglich herausstellt, dass kein EZ-Anspruch mehr bestand.

D. Verlängerung oder vorzeitige Beendigung der EZ (III u IV). Mit **Zustimmung des AG** kann die EZ verlängert oder verkürzt werden (III 1). Ob er die erforderliche Zustimmung erteilt, hat der AG entspr § 315 I BGB nach billigem Ermessen zu entscheiden (BAG 18.10.2011, 9 AZR 315/10, EzA § 16 BEEG Nr 1). Die Anmeldefrist des I 1 BEEG gilt für die erstmalige Inanspruchnahme und nicht für das Verlängerungsbegehren nach III 1 BEEG (BAG aaO). Dem Gesetz ist nicht eindeutig zu entnehmen, ob es sich um eine zustimmungspflichte Verlängerung handelt, wenn der AN zunächst gemäß I 1 nur zwei Jahre EZ in Anspruch genommen hat und sich später entschließt, im Anschluss daran, auch das dritte Jahr in EZ zu gehen. Die hM geht davon aus, dass es sich um eine zustimmungsfreie weitere Inanspruchnahme handelt (LAG Düsseldorf 24.1.2011, 14 Sa 1399/10; *Aschmoneit* NZA 2012, 248; *Fecker/Scheffzek* NZA 2015, 778, 782; aA *Buschbaum/Rosak* NZA-RR 2014, 337, 340; *Niklas* BB 2013, 951, 953). Dann erfordert es der Schutz des AG, die Fristen des I 1 bei der Inanspruchnahme eines weiteren Abschnitts entsprechend anzuwenden.

7 Eine **vorzeitige Beendigung** der EZ wegen der Geburt eines weiteren Kindes oder bei Vorliegen eines bes Härtefalles kann der AG nur innerhalb von 4 Wochen aus dringenden betrieblichen Gründen schriftlich ablehnen. Lehnt der AG nicht form- und fristgem oder nicht aus dringenden betrieblichen Gründen ab, wird die EZ aufgrund der Gestaltungserklärung des AN vorzeitig beendet. Eine Zustimmung des AG zur vorzeitigen Beendigung der EZ ist nicht nötig (BAG 21.4.2009, 9 AZR 391/08, EzA § 16 BerzGG Nr 7). Um dem Arbeitgeber die Nutzung der Frist zu ermöglichen, muss konsequenterweise die vorzeitige Beendigung der Elternzeit ebenfalls vier Wochen vor dem beabsichtigten Beendigungstermin angekündigt werden (BAG 21.4.2009, 9 AZR 391/08, aaO). Früher konnte im Fall einer **erneuten Schwangerschaft und Mutterschaft** der in EZ befindlichen AN eine vorzeitige Beendigung der EZ allein wegen der damit verbundenen Mutterschutzfristen der §§ 3 II, 6 I MuSchG nicht verlangt werden, wenn die AN statt der EZ lieber die Schutzfristen in Anspruch nehmen wollte. Mit Artikel 1 des Gesetzes zur Vereinfachung des Elterngeldvollzugs vom 10.9.2012, welches am 18.9.2012 in Kraft getreten ist, wurde III 3 im Hinblick auf die Kiiski-Entscheidung des EuGH (20.9.2007, C-116/06, EzA Richtlinie 76/207 EG-Vertrag 1999 Nr 7; bestätigt durch EuGH 13.2.2014, C-512/11, TSN/YTN) dahingehend abgeändert, dass die EZ zur Inanspruchnahme der Schutzfristen des MuSchG nunmehr auch ohne Zustimmung des Arbeitgebers vorzeitig beendet werden kann. Gesetzestechnisch schwer nachvollziehbar ist nun freilich, dass die vorzeitige Beendigung wegen der Geburt eines Kindes nach III 2 weiterhin der Zustimmung des Arbeitgebers bedarf, während die vorzeitige Beendigung zur Inanspruchnahme der Schutzfristen nach dem MuSchG, die wegen der Schwangerschaft mit einem weiteren Kind gewährt werden, nach III 3 ohne Zustimmung möglich ist. Den durch die vorzeitige Beendigung wegen der Geburt eines weiteren Kindes unverbrauchten Teil der EZ darf der AN auf die Zeit nach Vollendung des 3. Lebensjahres bis zur Vollendung des 8. Lebensjahres des Kindes übertragen, wenn der AG zustimmt (§ 15 II 4 aF). Der übertragbare Anteil ist auf 12 Monate beschränkt (§ 15 II 4 1. HS aF). Der AG hat seine Zustimmungsentscheidung nach billigem Ermessen (§ 315 III BGB) zu treffen (BAG 21.4.2009, 9 AZR 391/08, EzA § 16 BErzGG Nr 7). Bei EZ für nach dem 30.6.2015 geborenen Kindern (§ 27 I 2) kann die verbleibende Zeit eines weiteres bis zur Vollendeung des 8. Lebensjahrs in Anspruch genommen werden, sofern die EZ dadurch nicht in mehr als drei Abschnitte aufgeteilt wird. Führt die vorzeitige Beendigung der EZ zur Rückkehr an den Arbeitsplatz, steht dem AG gegenüber einer befristeten Vertretungskraft das Sonderkündigungsrecht nach § 21 IV zu.

8 Kann ein vorgesehener **Wechsel der Anspruchsberechtigten** aus wichtigem Grund nicht erfolgen (zB Erkrankung oder Tod des anderen Elternteils) hat der AN Anspruch auf Verlängerung der EZ (III 4). Da der Eintritt eines wichtigen Grundes nicht vorhersehbar ist, gilt für den Verlängerungsantrag nicht die Frist des I. Ebenso wie die Inanspruchnahme der EZ als solche keiner Zustimmung des AG bedarf, tritt auch im Fall des III 4 mit der Mitteilung durch den AN die gewünschte Verlängerung der EZ ein (Niklas BB 2013, 951, 953). III 4 kann nicht über den geregelten Sonderfall hinaus der allgemeine Grundsatz entnommen werden, bei jedem vergleichbaren »gewichtigen« Grund könne der Arbeitnehmer die in Anspruch genommene Elternzeit verlängern, ohne dass dies der Zustimmung des Arbeitgebers bedürfe (BAG 18.10.2011, 9 AZR 315/10, EzA § 16 BEEG Nr 1; aA Kohte/Beetz, jurisPR-ArbR 40/2011, Anm 3).

9 **Stirbt das Kind** während der EZ, endet diese spätestens 3 Wochen nach dem Tod (IV). »Spätestens« bedeutet, dass die EZ dann früher endet, wenn sie nur bis zu diesem früheren Zeitpunkt in Anspruch genommen war. Beim Tod des Kindes vor Antritt der EZ kommt es wegen des Wegfalls der Anspruchsvoraussetzungen nicht zum Beginn der EZ.

10 **E. Mitteilung der Änderung der Anspruchsberechtigung (V).** Der AN hat dem AG unverzüglich Änderungen in den für den Anspruch auf EZ maßgeblichen Anspruchsvoraussetzungen mitzuteilen. Dabei handelt es sich um die in § 15 I genannten sowie um alle sonstigen Umstände, die Auswirkungen auf die Dauer oder den Anspruch auf EZ haben (zB Tod des Kindes). Dadurch soll dem AG ermöglicht werden, ggf den AN zur Wiederaufnahme der Arbeit zu veranlassen.

§ 17 Urlaub

(1) ¹Der Arbeitgeber kann den Erholungsurlaub, der dem Arbeitnehmer oder der Arbeitnehmerin für das Urlaubsjahr zusteht, für jeden vollen Kalendermonat der Elternzeit um ein Zwölftel kürzen. ²Dies gilt nicht, wenn der Arbeitnehmer oder die Arbeitnehmerin während der Elternzeit bei seinem oder ihrem **Arbeitgeber Teilzeitarbeit leistet.**

(2) Hat der Arbeitnehmer oder die Arbeitnehmerin den ihm oder ihr zustehenden Urlaub vor dem Beginn der Elternzeit nicht oder nicht vollständig erhalten, hat der Arbeitgeber den Resturlaub nach der Elternzeit im laufenden oder im nächsten Urlaubsjahr zu gewähren.
(3) Endet das Arbeitsverhältnis während der Elternzeit oder wird es im Anschluss an die Elternzeit nicht fortgesetzt, so hat der Arbeitgeber den noch nicht gewährten Urlaub abzugelten.
(4) Hat der Arbeitnehmer oder die Arbeitnehmerin vor Beginn der Elternzeit mehr Urlaub erhalten, als ihm oder ihr nach Absatz 1 zusteht, kann der Arbeitgeber den Urlaub, der dem Arbeitnehmer oder der Arbeitnehmerin nach dem Ende der Elternzeit zusteht, um die zu viel gewährten Urlaubstage kürzen.

Übersicht	Rdn.			Rdn.
A. Grundsatz	1	D.	Urlaubsabgeltung (III)	10
B. Kürzung des Erholungsurlaubs (I)	2	E.	Kürzung wegen zu viel gewährten	
C. Urlaubsübertragung (II)	7		Urlaubs (IV)	11

A. Grundsatz. Die Norm ist lex specialis zum BUrlG. Sie enthält in Abweichung von § 3 I und § 5 III BUrlG eine Kürzungsmöglichkeit des Urlaubsanspruchs und von § 7 III BUrlG abw Übertragungsmöglichkeiten. Die Abgeltungsregelung des III ist eine Klarstellung, keine Abweichung von der Abgeltungsregelung des § 7 IV BUrlG. Die Kürzungsmöglichkeit zeigt, dass auch während der EZ Urlaubsansprüche entstehen, weil nur ein entstandener Anspruch gekürzt werden kann (BAG 17.5.2011, 9 AZR 197/10, EzA § 4 TVG Metallindustrie Nr 138). Die in Kürzungsmöglichkeit kann nicht ohne weiteres analog auf andere Fälle des Ruhens des Arbeitsverhältnisses übertragen werden (BAG 7.8.2012, 9 AZR 353/10, EzA-SD 2012, Nr 22, 7; BAG 6.5.2014, 9 AZR 678/12, EzA § 1 BUrlG Nr. 26). 1

B. Kürzung des Erholungsurlaubs (I). Von der Kürzungsmöglichkeit wird **nur** der **Erholungsurlaub** erfasst. Darunter fällt zunächst der gesetzliche Erholungsurlaub (neben BUrlG auch § 125 SGB IX, § 19 JArbSchG). Erfasst wird im Zweifel auch vertraglicher oder tariflicher Mehrurlaub, wenn die Geltung des I nicht ausgeschlossen wurde (s zu § 8d MuSchG aF: BAG 15.2.1984, 5 AZR 192/82, EzA § 8d MuSchG Nr 1). Nicht gekürzt werden dürfen sonstige Freistellungsansprüche, wie zB der Freistellungsanspruch nach § 37 VI, VII BetrVG, Sonderurlaub für Jugendleiter oder Bildungsurlaub. Die Vereinbarkeit des I 1 mit den unionsrechtlichen Vorgaben zum Urlaubsrecht ist angezweifelt worden (*Boecken* FS Düwell S 53 ff). Der EuGH hat allerdings mit der Heimann-Entscheidung (EuGH 8.11.2012, C-229/11) klargestellt, dass der europarechtliche Schutz des Erholungsurlaubs unter bestimmten Voraussetzungen nationalen Regelungen nicht entgegensteht, die bei ruhendem Arbeitsverhältnis einen Anspruch auf Erholungsurlaub entfallen lassen. Die zur Kurzarbeit »Null« aufgestellten Grundsätze dürften an sich auf die EZ zu übertragen sein (vgl. LAG Hamm 27.6.2013, 16 Sa 51/13; LAG Rh-Pf 16.1.2014, 5 Sa 180/13). Im Übrigen ist europarechtlich zu beachten, dass Art. 5 III der Richtlinie 2010/18/EU des Rates vom 8. März 2010 zur Durchführung der überarbeiteten Rahmenvereinbarung über den Elternurlaub es dem nationalen Gesetzgeber überlässt, den Status des Arbeitsvertrags während der EZ zu regeln (EuGH 22.10.2009, C-116/08, Meerts, EzA Richtlinie 96/34 EG-Vertrag 1999 Nr 2). Jedoch hat der EuGH zum Verhältnis des Anspruchs auf Mutterschaftsurlaub und des Anspruchs auf Erholungsurlaub angenommen, dass beide unterschiedliche Zwecke verfolgen und daher nicht gleichzeitig zu erfüllen sind (EuGH 18.3.2004, C-342/01, Merino Gomez, Slg. 2004 I-02605). Das könnte auf das Verhältnis des Elternurlaubs zum Erholungsurlaubs anzuwenden sein, mit der Folge, dass eine Kürzung des Erholungsurlaubs um Zeiten der EZ zumindest bis zur unionsrechtlich geschützten Dauer von vier Monaten unzulässig ist (*Kamanabrou* RdA 2014, 321, 326; aA wohl EUArbR/Gallner RL 2003/88/EG Art. 7 Rn 19). Selbst bei einer Unvereinbarkeit mit der Arbeitszeitrichtlinie oder der Rahmenvereinbarung über den Elternurlaub dürfte es nicht in Betracht kommen, I richtlinienkonform auszulegen, weil eine Auslegung contra legem nicht in Betracht kommt (LAG Niedersachsen 29.3.2012, 5 Sa 140/12, die Revision unter 9 AZR 449/12 wurde mit Urt v 22.7.2014 als unzulässig verworfen). Die Unanwendbarkeit des I könnte sich allenfalls aus dem europäischen Primärrecht ergeben, insbes. aus Art. 31 II, 33 II GRC (zur Wirkung des Art. 31 II zwischen Privaten EuGH, Schlussanträge vom 8.9.2011, C-282/10, Dominguez, Rn 71 ff., Celex-Nr. 62010CC0282; Schlussanträge vom 12.7.2014, C-316/13, Fenoll, Rn 60). 2

Die anteilige Kürzung ist nur für jeden vollen **Kalendermonat** der EZ möglich. Eine EZ vom 15.2. bis 15.7. zählt daher nur als 4-monatige EZ iSd I 1. Ist der erste oder letzte Tag eines Kalendermonats arbeitsfrei und war der AN während der übrigen Tage des Kalendermonats in EZ, so zählt dieser Monat voll (BAG 26.1.1989, 8 AZR 730/87, EzA § 5 BurlG Nr 14; ErfK/Gallner § 17 BEEG Rn 3). 3

§ 17 BEEG Urlaub

4 Der AG muss von seinem Kürzungsrecht keinen Gebrauch machen. Will er kürzen, hat er dies dem AN ggü zu erklären, aber nicht notwendigerweise bereits bei Antritt der EZ (BAG 28.7.1992, 9 AZR 340/91, EzA § 17 BErzGG Nr 4). Nach der Aufgabe der sog Surrogatstheorie durch das BAG stellt sich allerdings die Frage, ob die Kürzung noch nach der Beendigung des Arbeitsverhältnisses erklärt werden kann. Die Kürzung betrifft dann nur noch die Urlaubsabgeltung (LAG Rh-Pf 16.1.2014, 5 Sa 180/13), während I 1 nur von der Kürzung des Erholungsurlaubs spricht. Im Hinblick auf den klaren Wortlaut der Norm hat das BAG angenommen, dass nach der vollständigen Aufgabe der Surrogatstheorie I 1 nicht mehr auf den Urlaubsabgeltungsanspruch angewandt werden kann (BAG 19.5.2015, EzA-SD 2015, Nr 17, 12, Rn 16; Aufgabe von BAG 23.4.1996, 9 AZR 165/95, EzA § 1 BUrlG Nr 21). Die Gründe, die den Gesetzgeber zur Normierung der Kürzungsmöglichkeit veranlasst haben, lassen sich freilich auf den Abgeltungsanspruch übertragen. Zumindest de lege ferenda ist daher an eine Erweiterung des I 1 zu denken. Für die Kürzungserklärung gelten die Regelungen der §§ 116 ff BGB über Willenserklärungen. Sie kann auch konkludent abgegeben werden.

5 Ergeben sich aufgrund der Kürzung Bruchteile von Urlaubstagen, findet keine Aufrundung nach § 5 II BUrlG statt, da diese Vorschrift nur den Teilurlaub iSd § 5 BUrlG betrifft (BAG 31.5.1990, 8 AZR 296/89, EzA § 5 BUrlG Nr 15).

6 Die Kürzungsmöglichkeit entfällt, wenn der AN bei seinem AG während der EZ in zulässiger Weise nach § 15 IV **Teilzeit** weiterarbeitet (I 2). Übt der AN eine anderweitige, nach § 15 IV zulässige Erwerbstätigkeit aus, hat dies auf die Kürzungsmöglichkeit keinen Einfluss.

7 **C. Urlaubsübertragung (II).** Da während der EZ wegen des Ruhens des Arbeitsverhältnisses noch offener Erholungsurlaub nicht genommen werden kann, erweitert II die Übertragungsmöglichkeiten des § 7 III BUrlG und etwaiger tariflicher Übertragungsregelungen (BAG 23.4.1996, 9 AZR 165/95, EzA § 1 BUrlG Nr 21). Hinsichtlich des dogmatischen Ansatzpunktes hat das BAG klargestellt, dass die Sonderregelung in II nicht den dreimonatigen Übertragungszeitraum des § 7 III 3 BUrlG ausdehnt (BAG 15.12.2015, 9 AZR 52/15, JurionRS 2015, 37870; die dogmatische Einordnung noch offen lassend BAG 20.5.2008, 9 AZR 219/07, BAGE 126, 352). Die Sonderregelungen bestimmt nach Auffassung des Neunten Senats abweichend von § 7 III 1 BUrlG, dass der Urlaub nicht im »laufenden« Kalenderjahr gewährt und genommen werden muss, sondern auch im Folgejahr genommen werden kann. Dieses ist dann das für das Fristenregime des § 7 III BUrlG maßgebliche Urlaubsjahr. Erfasst wird nur Urlaub, der wegen der EZ nicht genommen werden konnte (BAG 1.10.1991, 9 AZR 365/90, EzA § 7 BUrlG Nr 81), nicht auf Urlaub, der während und nach der EZ entstanden ist. Ob für letzeren § 7 III BUrlG gilt, oder ob I eine abschließende Spezialregelung enthält, ist noch nicht entschieden. Von II wird auch der Urlaub erfasst, den der AN wegen der Beschäftigungsverbote nach dem MuSchG nicht nehmen konnte (BAG 15.12.2015, 9 AZR 52/15, Rn 17, JurionRS 2015, 37870). Wäre ein noch offener Urlaub auch ohne die EZ verfallen, weil er auch ohne diese nicht mehr erfüllbar gewesen wäre (zB Ablauf des Übertragungszeitraumes, § 7 III BUrlG), scheidet die erweiterte Übertragungsmöglichkeit nach II aus (BAG 1.10.1991, 9 AZR 365/90, aaO).

8 Einer Geltendmachung der Übertragung durch den AN bedarf es nicht, sie tritt kraft Gesetzes ein. Der Übertragungszeitraum verlängert sich dadurch, dass der AN wegen der Geburt eines weiteren Kindes während des Übertragungszeitraums im unmittelbaren Anschluss an die frühere EZ erneut EZ in Anspruch nimmt (BAG 20.5.2008, 9 AZR 219/07, EzA-SD 2008, Nr 11, 4) oder wegen Krankheit bzw eines Beschäftigungsverbotes den Urlaub nicht einbringen kann (BAG 23.4.1996, 9 AZR 165/95, EzA § 1 BUrlG Nr 21).

9 Bei Teilzeitarbeit des AN bei seinem bisherigen AG ist II nicht anzuwenden. Ihm kann während der EZ Erholungsurlaub gewährt werden. War der AN vor der EZ und Elternteilzeit in Vollzeit tätig, stellt sich bei einer Reduzierung der wöchentlichen Arbeitstage das allgemeine Problem, ob die vor der EZ entstandenen Urlaubsansprüche um den Teilzeitfaktor gekürzt werden dürfen (abl. EuGH 13.6.2013, C-415/12 »Brandes«, vgl. Vorlagebeschluss d ArbG Nienburg 4.9.2012, 2 Ca 257/12 Ö, BB 2012, 3080; vgl. ausf § 3 BUrlG Rdn 8). Das BAG hat zur Regelung in § 26 I 4 TVöD 2010, der zufolge sich der Urlaubsanspruch bei einer anderen Verteilung der wöchentlichen Arbeitszeit als auf fünf Tage in der Woche entspr erhöht oder vermindert, entschieden, sie sei wegen Verstoßes gegen § 4 I TzBfG gem § 134 BGB unwirksam, soweit sie die Anzahl der während einer Vollzeitbeschäftigung erworbenen Urlaubstage mindere (BAG 10.2.2015, NZA 2015, 1005).

10 **D. Urlaubsabgeltung (III).** Endet das Arbeitsverhältnis während der EZ oder setzt es der AN danach nicht fort, ist der noch offene – ggf übertragene – Urlaub abzugelten. Auf den Grund für die Beendigung des Arbeitsverhältnisses kommt es nicht an. III ergänzt die Regelung des § 7 IV BUrlG (AnwK-ArbR/Osnabrügge § 17 BEEG Rn 20). Es sind die zu § 7 IV BUrlG entwickelten Rechtsgrundsätze auch auf

diesen Abgeltungsanspruch anzuwenden (s dort). Ist der Abgeltungsanspruch mit der Beendigung des Arbeitsverhältnisses einmal entstanden, kommt nach der Aufgabe der sog Surrogatstheorie eine Kürzung nach I 1 nicht mehr in Betracht (vgl. Rdn 4).

E. Kürzung wegen zu viel gewährten Urlaubs (IV). Hatte der AG dem AN vor dessen EZ bereits mehr Urlaub gewährt als ihm letztlich wegen der Kürzungsmöglichkeit nach I in diesem Kalenderjahr dann zustand, darf der AG den künftigen, nach Ende der EZ entstehenden Urlaubsanspruch um die zu viel gewährten Urlaubstage kürzen. Diese Regelung ist erforderlich, weil zu viel gewährter Urlaub nicht mehr rückgängig gemacht werden kann. Die »Kürzungserklärung« darf der AG bei Beginn, während oder nach Beendigung der EZ abgeben. Kommt es zu einer Beendigung des AV vor oder mit dem Ende der EZ, geht die Kürzungsmöglichkeit ins Leere. IV zeigt, dass die Erklärung nach I 1 auf die Zeit vor Beginn der EZ zurückwirkt. Die Rechtsfolge dieser Rückwirkung ist in IV abschließend geregelt. Eine Rückforderung des Urlaubsentgelts kommt nicht in Betracht (vgl. § 5 III BUrlG; ErfK/*Gallner* § 17 BEEG Rn 7; aA HWK/*Gaul* § 17 BEEG Rn 12). Hat der AG dem AN nach dessen EZ zunächst ungekürzten Urlaub gewährt, ist sein Kürzungsrecht erloschen. 11

§ 18 Kündigungsschutz

(1) ¹Der Arbeitgeber darf das Arbeitsverhältnis ab dem Zeitpunkt, von dem an Elternzeit verlangt worden ist, nicht kündigen. ²Der Kündigungsschutz nach Satz 1 beginnt
1. frühestens acht Wochen vor Beginn einer Elternzeit bis zum vollendeten dritten Lebensjahr des Kindes und
2. frühestens 14 Wochen vor Beginn einer Elternzeit zwischen dem dritten Geburtstag und dem vollendeten achten Lebensjahr des Kindes.

³Während der Elternzeit darf der Arbeitgeber das Arbeitsverhältnis nicht kündigen. ⁴In besonderen Fällen kann ausnahmsweise eine Kündigung für zulässig erklärt werden. ⁵Die Zulässigkeitserklärung erfolgt durch die für den Arbeitsschutz zuständige oberste Landesbehörde oder die von ihr bestimmte Stelle. ⁶Die Bundesregierung kann mit Zustimmung des Bundesrates allgemeine Verwaltungsvorschriften zur Durchführung des Satzes 4 erlassen.

(2) Absatz 1 gilt entsprechend, wenn Arbeitnehmer oder Arbeitnehmerinnen
1. während der Elternzeit bei demselben Arbeitgeber Teilzeitarbeit leisten oder
2. ohne Elternzeit in Anspruch zu nehmen, Teilzeitarbeit leisten und Anspruch auf Elterngeld nach § 1 während des Bezugszeitraums nach § 4 Abs. 1 Satz 1 und 3 haben.

Übersicht	Rdn.		Rdn.
A. Persönlicher Geltungsbereich	1	D. Behördliche Zulassung der Kdg (I 4 u 5) . .	8
B. Zeitlicher Geltungsbereich (I 1)	3	E. Teilzeitarbeit während der EZ (II 1 Nr 1) .	11
C. Umfang des Kündigungsschutzes	5	F. Teilzeitarbeit ohne EZ (II 1 Nr 2)	12

A. Persönlicher Geltungsbereich. Der Kündigungsschutz gilt für alle AN, die EZ **wirksam nach** §§ **15, 16** (BAG 17.2.1994, 2 AZR 616/93, EzA § 611 BGB Abmahnung Nr 30) verlangt oder angetreten haben. Dazu gehört auch, dass die EZ in der gesetzlich vorgeschriebenen Form beantragt wurde (BAG 26.6.2008, 2 AZR 23/07, EzA § 18 BErzGG Nr 9). Allerdings kann es dem AG im Einzelfall nach Treu u Glauben (§ 242 BGB) verwehrt sein, sich auf die Formunwirksamkeit zu berufen. Für sonstige Freistellungen, die keine EZ iSd BEEG darstellen, ist die Regelung unanwendbar. § 20 I erweitert den Anwendungsbereich auf zu ihrer Berufsbildung Beschäftigte und § 20 II auf Heimarbeiter und ihnen Gleichgestellte. Die in § 9 I 2 MuSchG vorgesehene Einschränkung bzgl Heimarbeiterinnen gilt nicht. 1

Der Kündigungsschutz gilt auch, wenn der AN in einem 2. Arbeitsverhältnis den Rest der beim früheren AG noch nicht vollständig genommen EZ gem §§ 15, 16 geltend gemacht hat (BAG 11.3.1999, 2 AZR 19/98, EzA § 18 BErzGG Nr 4). Er ist auch nicht davon abhängig, dass für das Arbeitsverhältnis das KSchG Anwendung findet. 2

B. Zeitlicher Geltungsbereich (I 1). Der Schutz **beginnt** mit dem Tag, an dem EZ verlangt wurde. Liegt dieser Tag aber länger als 8 Wochen vor Beginn der EZ, so beginnt der Kündigungsschutz erst 8 Wochen vor Beginn der EZ (BAG 17.2.1994, 2 AZR 616/93, EzA § 611 BGB Abmahnung Nr 30). Begehren Eltern von ab dem 1.7.2015 geborenen Kindern (§ 27 I 2) EZ zwischen dem dritten Geburtstag und dem vollendeten 8. Lebensjahr des Kindes, wirkt der Kündigungsschutz 14 Wochen vor, weil in diesem Fall die EZ nach § 16 I 1 Nr. 2 spätestens 13 Wochen vor ihrem Beginn verlangt werden muss. Erforderlich ist der Zugang 3

(§ 130 ff BGB) des EZ-Verlangens beim AG. Endtermin der 8-Wochen-Frist ist der Tag der prognostizierten, nicht der tatsächlichen Geburt (BAG 12.5.2011, 2 AZR 384/10, EzA § 18 BEEG Nr 1), wenn die Elternzeit ab dem Tag der Geburt in Anspruch genommen wurde. Für den Schwebezeitraum zwischen Stellung eines bedingten Antrags auf EZ (Bedingung: Gewährung von Teilzeitarbeit) und der Ablehnung dieser Bedingung durch den AG gilt der Sonderkündigungsschutz nicht (BAG 12.5.2011, 2 AZR 384/10, aaO).

4 Der Kündigungsschutz besteht während der gesamten EZ. Wird diese auf mehrere Abschnitte aufgeteilt (§ 16 I 6), gilt der auf den Zeitpunkt des EZ-Verlangens vorgezogene Kündigungsschutz für jeden Abschnitt der EZ (ErfK/*Gallner* § 18 BEEG Rn 5; zur alten Rechtslage noch aA Voraufl.). Der Kündigungsschutz **endet** mit Beendigung der EZ. Dies gilt auch für eine vorzeitige Beendigung nach § 16 III, IV. Abzustellen ist auf den **Zeitpunkt der Kündigungserklärung**, nicht auf den Kündigungstermin (KR-*Bader* § 17 BEEG Rn 23b).

5 **C. Umfang des Kündigungsschutzes.** Er gilt für alle Arten von Kdg (auch für Änderungskündigungen und solche des Insolvenzverwalters, BAG 3.7.2003, 2 AZR 487/02, EzA § 113 InsO Nr 14) sowie unabhängig vom Kündigungsgrund (auch wegen Betriebsstilllegung, BAG 20.1.2005, 2 AZR 500/03, EzA § 18 BErzGG Nr 7), nicht jedoch für andere Beendigungsgründe (zB Befristung, Aufhebungsvertrag) und für die Kdg eines Arbeitsverhältnisses mit einem »anderen AG« iSd § 15 IV 3 (BAG 2.2.2006, 2 AZR 596/04, EzA § 18 BErzGG Nr 8).

6 Gegen I 1 verstoßende Kdg sind nach § 134 BGB nichtig. Die Rechtsunwirksamkeit der Kdg muss innerhalb von 3 Wochen gem § 4 KSchG geltend gemacht werden (BAG 3.7.2003, 2 AZR 487/02, EzA § 113 InsO Nr 14). Ein späterer Beginn der Klagefrist kann sich aus § 4 S 4 KSchG ergeben (vgl Rn 9).

7 Der AN kann nicht im Voraus wirksam auf den Kündigungsschutz verzichten, wohl aber nach Ausspruch der Kdg. Wird eine Kdg vor Beginn des Kündigungsschutzes ausgesprochen, so kann sie nach § 612a BGB (Maßregelungsverbot) nichtig sein, wenn sie der AG in Hinblick auf eine möglicherweise bevorstehende EZ erklärt hat (BAG 17.2.1994, 2 AZR 616/93, EzA § 611 BGB Abmahnung Nr 30).

8 **D. Behördliche Zulassung der Kdg (I 4 u 5).** Die nach Landesrecht für den Arbeitsschutz zuständige oberste Landesbehörde oder die von ihr bestimmte Stelle kann in Ausnahmefällen eine Kdg für zulässig erklären (gff unter bestimmten Maßgaben, vgl Wiebauer NZA 2011, 177). Der AG muss dann keine soziale Auslauffrist – insb bei Betriebsstilllegung – bis zum Ende der EZ einhalten (BAG 20.1.2005, 2 AZR 500/03, EzA § 18 BErzGG Nr 7). Kündigt der Insolvenzverwalter während der Elternzeit, so ist er nicht verpflichtet, die Kündigung mit einer längeren Kündigungsfrist als 3 Monate auszusprechen, um dem AN die Möglichkeit zu erhalten, sich weiter beitragsfrei versichern zu können (BAG 27.2.2014, 6 AZR 301/12, JurionRS 2014, 13074). Diese Zulässigkeitserklärung muss **vor Ausspruch** der Kdg vorliegen (BAG 3.7.2003, 2 AZR 487/02, EzA § 113 InsO Nr 14). Sie muss aber noch nicht bestandskräftig sein (BAG 25.3.2004, 2 AZR 295/03, EzA § 9 MuSchG nF Nr 40). Beantragt der Arbeitgeber die Zulässigkeitserklärung wegen einer geplanten Betriebsstilllegung, so darf diese Erklärung nicht verweigert werden, weil die zuständige Behörde meint, es sei ein Betriebsübergang beabsichtigt (BAG 22.6.2011, 8 AZR 107/10, EzA SD 2011 Nr 20, 11). Gegen ihre Erteilung kann der AN, gegen die Nichterteilung der AG im Widerspruchsverfahren und dann ggf vor den Verwaltungsgerichten vorgehen. Ist die Zulässigkeitsentscheidung bestandskräftig, so müssen die ArbG von einer wirksamen Zulassung der Kdg ausgehen (BAG 20.1.2005, 2 AZR 500/03, EzA § 18 BErzGG Nr 7). Das hindert sie jedoch nicht, andere Gründe zu prüfen, die zu einer Unwirksamkeit der Kdg führen. Solange der Bescheid nicht bestandskräftig ist, kann die ausgesprochene Kdg nicht rechtswirksam werden (BAG 25.3.2004, 2 AZR 295/03, EzA § 9 MuSchG nF Nr 40). Es empfiehlt sich daher eine Aussetzung des Kündigungsschutzprozesses nach § 148 ZPO bis zur rechtskräftigen Entscheidung über die Wirksamkeit des Bescheids der zuständigen Landesbehörde (aA *Göhle-Sander*, jurisPR-ArbR 8/2016, Anm 1). Da eine dem § 88 III SGB IX entsprechende Regelung fehlt, muss die Kündigung nicht innerhalb einer bestimmten Frist nach der zustimmenden Entscheidung der Landesbehörde ausgesprochen werden (BAG 22.6.2011, 8 AZR 107/10, EzA-SD 2011, Nr 20, 11, 12).

9 Ist die Zulässigkeitserklärung der Landesbehörde dem AG vor Ausspruch der Kdg zugegangen, dem AN jedoch erst nach dem Zugang der Kündigungserklärung, so beginnt die 3-wöchige Klagefrist des § 4 S 1 KSchG wegen § 4 S 4 KSchG erst mit dem Zugang der Zulässigkeitsentscheidung an den AN zu laufen (BAG 3.7.2003, 2 AZR 487/02, EzA § 113 InsO Nr 14). Ist ihm keine Zulässigkeitserklärung zugegangen, so kann er diesen Unwirksamkeitsgrund jederzeit bis zur Grenze der Verwirkung geltend machen (BAG 3.7.2003, 2 AZR 487/02, EzA § 113 InsO Nr 14; KR-*Friedrich/Klose* § 4 Rn 206).

10 Gem I 6 hat die BReg am 3.1.2007 »Allg Verwaltungsvorschriften zum Kündigungsschutz bei Elternzeit« erlassen (BAnz 2007, 247, abgedr. KR-Bader vor Erl z § 18 BEEG). Diese regeln das Verfahren und enthalten eine beispielhafte Aufzählung von Gründen, bei deren Vorliegen die zuständige Landesbehörde einen

»bes Fall« für die Zulässigkeit einer Kdg anzunehmen hat. Diese Verwaltungsvorschriften binden nur die Verwaltungsbehörden, nicht die Gerichte (KR-Bader § 18 BEEG Rn 33).

E. Teilzeitarbeit während der EZ (II 1 Nr 1). Leistet der AN bei seinem bisherigen AG in dem nach § 15 IV (s dort) zulässigen Umfang Teilzeitarbeit, gilt für ihn der bes Kündigungsschutz des I. Übersteigt die Teilzeitarbeit die zulässige Grenze von 30 Wochenarbeitsstunden (§ 15 IV 1), greift der bes Kündigungsschutz nicht ein, weil dann keine gesetzlich zulässige EZ iSd I besteht. Teilzeitarbeit bei einem anderen AG führt nicht zu diesem Sonderkündigungsschutz in dem anderen AV. Übt er diese Teilzeitarbeit ohne die nach § 15 IV 3 erforderliche Zustimmung seines AG aus, so verliert er dadurch nicht den Kündigungsschutz nach I. Es kann aber ein Grund für die Zulassung der Kdg nach I 4, 5 vorliegen. 11

F. Teilzeitarbeit ohne EZ (II 1 Nr 2). Der Sonderkündigungsschutz des I gilt auch für AN, die bereits vor der Möglichkeit, während der EZ nach § 15 IV in Teilzeit zu arbeiten, in einem Teilzeit-Arbeitsverhältnis gestanden haben. Voraussetzung ist, dass sie Anspruch auf Elterngeld nach § 1 während des Bezugszeitraums nach § 4 I haben. Diese AN sollen nicht schlechter gestellt werden als die, welche ihre Arbeitszeit erst während der EZ verkürzt haben. Da bei ihnen der AG uU nicht weiß, ob sie Anspruch auf Elterngeld haben, muss sich der AN im Fall einer Kdg durch den AG auf den Sonderkündigungsschutz des I innerhalb einer angemessenen Frist berufen. Als solche sind in Analogie zu § 9 I 1 MuSchG 2 Wochen anzusehen; demnach ist das Überschreiten der Frist unschädlich, wenn es auf einem vom AN nicht zu vertretenden Grund beruht und die Mitteilung unverzüglich nachgeholt wird. 12

§ 19 Kündigung zum Ende der Elternzeit
Der Arbeitnehmer oder die Arbeitnehmerin kann das Arbeitsverhältnis zum Ende der Elternzeit nur unter Einhaltung einer Kündigungsfrist von drei Monaten kündigen.

Das Sonderkündigungsrecht gilt für AN, die während der EZ voll beurlaubt sind und solche, die während der EZ nach § 15 IV zulässigerweise Teilzeit arbeiten. Es findet keine Anwendung, für ein Teilzeit-Arbeitsverhältnis, das der AN während seiner EZ bei einem anderen AG nach § 15 IV 3 begründet hat. Gleichfalls unanwendbar ist die Vorschrift für Teilzeit-AN iSd § 18 II Nr 2, weil diese keine EZ in Anspruch genommen haben (hM, Buchner/Becker BEEG § 19 Rn 5). Hat der AN die EZ im Rahmen einer Inanspruchnahmeerklärung auf mehrere Zeitabschnitte gem § 16 I 6 verteilt, gilt die Kündigungsmöglichkeit nur zum Ende des letzten Abschnitts. Das fristgebundene Sonderkündigungsrecht dient zum einen dem Bedürfnis der Eltern, möglichst flexibel bis kurz vor Ende der EZ über die Fortsetzung des Arbeitsverhältnisses entscheiden zu können. Zum anderen bezweckt es, dem AG Planungssicherheit zu gewährleisten (Hk-MuSchG/BEEG/Rancke § 19 BEEG Rn 3). 1

Die 3-monatige Kündigungsfrist ist zwingend. Sie ist unabdingbar und gilt auch, wenn ansonsten für das Arbeitsverhältnis eine kürzere Kündigungsfrist gölte (zB aufgrund TV, Arbeitsvertrags oder gesetzlicher Regelung). Kündigt der AN zum Ende der EZ, ohne die 3-monatige Kündigungsfrist einzuhalten, so kann die Kdg in eine solche zum nächstzulässigen Termin umgedeutet werden. Es ist dem AN unbenommen, sein Arbeitsverhältnis zu einem anderen Zeitpunkt als dem Ende der EZ mit der gesetzlichen oder vertraglichen Frist zu kündigen. Auch das Recht zur außerordentlichen Kdg nach § 626 BGB bleibt unberührt. Der AG kann auch eine Kdg zum Ende der EZ mit kürzerer Kündigungsfrist akzeptieren. Möglich ist auch der Abschluss eines Aufhebungsvertrags mit diesem Beendigungszeitpunkt. Die Kdg ist spätestens an dem Tag zu erklären, der seiner Benennung nach dem letzten Tag der EZ entspricht und 3 Monate vorangeht. Endet die EZ am 30.6., so muss die Kdg dem AG am 30.3. zugehen. Ist dieser Tag ein Samstag, Sonn- oder Feiertag, so ändert dies daran nichts, weil § 193 BGB nicht anwendbar ist (BAG 5.3.1970, 2 AZR 112/69, EzA § 622 BGB nF Nr 1). 2

Für diese Sonderkündigung gelten dieselben Formerfordernisse wie für gewöhnliche Kdg des Arbeitsverhältnisses, also insb das Schriftformerfordernis des § 623 BGB. Die Rechtsfolgen entsprechen den allg Grundsätzen bei fristgerechten Eigenkündigungen von AN. Eine § 10 II entspr Sicherung kennt das BEEG nicht, eine analoge Anwendung kommt mangels Vergleichbarkeit der Sach- und Rechtslage nicht in Betracht (Hk-MuSchG/BEEG/Rancke § 19 BEEG Rn 13). 3

§ 20 Zur Berufsbildung Beschäftigte, in Heimarbeit Beschäftigte
(1) [1]Die zu ihrer Berufsbildung Beschäftigten gelten als Arbeitnehmer oder Arbeitnehmerinnen im Sinne dieses Gesetzes. [2]Die Elternzeit wird auf Berufsbildungszeiten nicht angerechnet.

(2) ¹Anspruch auf Elternzeit haben auch die in Heimarbeit Beschäftigten und die ihnen Gleichgestellten (§ 1 Abs. 1 und 2 des Heimarbeitsgesetzes), soweit sie am Stück mitarbeiten. ²Für sie tritt an die Stelle des Arbeitgebers der Auftraggeber oder Zwischenmeister und an die Stelle des Arbeitsverhältnisses das Beschäftigungsverhältnis.

Übersicht	Rdn.		Rdn.
A. Zur Berufsbildung Beschäftigte (I)......	1	B. In Heimarbeit Beschäftigte (II)	2

1 **A. Zur Berufsbildung Beschäftigte (I).** Unter den Begriff Berufsbildung fallen nach § 1 I BBiG die Berufsausbildungsvorbereitung, die Berufsausbildung, die berufliche Fortbildung und die berufliche Umschulung. Praktikanten unterfallen dieser Vorschrift nicht, wenn deren Praktika in eine öffentl-rechtl organisierte Ausbildung (zB Studium) organisatorisch und inhaltlich integriert ist (BAG 19.6.1974, 4 AZR 436/73, AP BAT § 3 Nr 3). Da die EZ nach I 2 nicht auf die Berufsbildungszeit angerechnet wird, verlängert sich diese um die Zeit der in Anspruch genommenen EZ (BSG 29.4.1997, 5 RJ 84/95, BSGE 80, 205; aA ErfK/Gallner § 20 BEEG Rn 1: keine autom Verlängerung, sondern Kontrahierungszwang des Ausbildenden).

2 **B. In Heimarbeit Beschäftigte (II).** Zum Begriff des Heimarbeiters s § 2 I HAG. Da die Vorschrift Heimarbeitern einen Anspruch auf EZ einräumt und an die Stelle des Arbeitsverhältnisses das Beschäftigungsverhältnis treten lässt (II 2), gilt für sie vom Grundsatz her auch der bes Kündigungsschutz des § 18. Dieser bewirkt, dass Heimarbeiter nach Ende der EZ nicht gegen ihren Willen bei der Ausgabe von Heimarbeit ausgeschlossen werden dürfen (hM, *Buchner/Becker* BEEG § 20 Rn 9).

§ 21 Befristete Arbeitsverträge

(1) Ein sachlicher Grund, der die Befristung eines Arbeitsverhältnisses rechtfertigt, liegt vor, wenn ein Arbeitnehmer oder eine Arbeitnehmerin zur Vertretung eines anderen Arbeitnehmers oder einer anderen Arbeitnehmerin für die Dauer eines Beschäftigungsverbotes nach dem Mutterschutzgesetz, einer Elternzeit, einer auf Tarifvertrag, Betriebsvereinbarung oder einzelvertraglicher Vereinbarung beruhenden Arbeitsfreistellung zur Betreuung eines Kindes oder für diese Zeiten zusammen oder für Teile davon eingestellt wird.
(2) Über die Dauer der Vertretung nach Absatz 1 hinaus ist die Befristung für notwendige Zeiten einer Einarbeitung zulässig.
(3) Die Dauer der Befristung des Arbeitsvertrags muss kalendermäßig bestimmt oder bestimmbar oder den in den Absätzen 1 und 2 genannten Zwecken zu entnehmen sein.
(4) ¹Der Arbeitgeber kann den befristeten Arbeitsvertrag unter Einhaltung einer Frist von mindestens drei Wochen, jedoch frühestens zum Ende der Elternzeit, kündigen, wenn die Elternzeit ohne Zustimmung des Arbeitgebers vorzeitig endet und der Arbeitnehmer oder die Arbeitnehmerin die vorzeitige Beendigung der Elternzeit mitgeteilt hat. ²Satz 1 gilt entsprechend, wenn der Arbeitgeber die vorzeitige Beendigung der Elternzeit in den Fällen des § 16 Abs. 3 Satz 2 nicht ablehnen darf.
(5) Das Kündigungsschutzgesetz ist im Falle des Absatzes 4 nicht anzuwenden.
(6) Absatz 4 gilt nicht, soweit seine Anwendung vertraglich ausgeschlossen ist.
(7) ¹Wird im Rahmen arbeitsrechtlicher Gesetze oder Verordnungen auf die Zahl der beschäftigten Arbeitnehmer und Arbeitnehmerinnen abgestellt, so sind bei der Ermittlung dieser Zahl Arbeitnehmer und Arbeitnehmerinnen, die sich in der Elternzeit befinden oder zur Betreuung eines Kindes freigestellt sind, nicht mitzuzählen, solange für sie aufgrund von Absatz 1 ein Vertreter oder eine Vertreterin eingestellt ist. ²Dies gilt nicht, wenn der Vertreter oder die Vertreterin nicht mitzuzählen ist. ³Die Sätze 1 und 2 gelten entsprechend, wenn im Rahmen arbeitsrechtlicher Gesetze oder Verordnungen auf die Zahl der Arbeitsplätze abgestellt wird.

Übersicht	Rdn.		Rdn.
A. Grundsatz..................	1	IV. Kausalzusammenhang und Prognose......	6
B. Voraussetzungen für die Befristung (I)....	2	C. Dauer der Befristung (I u II)	7
I. Beschäftigungsverbot nach dem MuSchG ..	3	D. Bestimmtheit der Befristung (III)	8
II. Elternzeit....................	4	E. Kündigungsmöglichkeit (IV-VI)	9
III. Arbeitsfreistellung zur Betreuung eines Kindes....................	5	F. Schwellenwerte in anderen Vorschriften (VII7)....................	11

A. Grundsatz. Die Sonderregelung steht neben den Befristungsmöglichkeiten nach § 14 TzBfG und schließt diese nicht aus (BAG 17.11.2010, 7 AZR 443/09 (A), EzA § 14 TzBfG Nr 72). Nach § 14 I 1 TzBfG ist die Befristung eines Arbeitsvertrags zulässig, wenn sie durch einen sachlichen Grund gerechtfertigt ist. Ein sachlicher Grund liegt nach § 14 I 2 Nr. 3 TzBfG vor, wenn der AN zur Vertretung eines anderen AN beschäftigt wird. Der Sachgrund der Vertretung wird durch I konkretisiert (BAG 29.4.2015, EzA § 14 TzBfG Nr. 114, Rn 16). Da § 14 IV TzBfG für alle Arten der Befristung eines Arbeitsvertrages die Schriftform verlangt (BAG 21.12.2005, 7 AZR 541/04, EzA § 14 TzBfG Nr 25), muss auch die Befristung nach § 21 schriftlich vereinbart werden. Zur Schriftform s § 14 TzBfG Rdn 81 ff.

B. Voraussetzungen für die Befristung (I). Ein sachlicher Grund für die Befristung des Arbeitsverhältnisses eines AN liegt vor, wenn dieser als Vertreter für einen anderen AN eingestellt wird. Nach dem eindeutigen Gesetzeswortlaut findet die Bestimmung keine Anwendung für die Vertretung eines **Beamten** (vom BAG offengelassen: BAG 21.2.2001, 7 AZR 107/00, EzA § 620 BGB Nr 176). In diesen Fällen wird aber idR ein Befristungsgrund iSd § 14 TzBfG vorliegen. Der zu vertretende AN muss wegen einer der nachfolgenden Gründe vorübergehend keine Arbeitsleistung für den AG erbringen.

I. Beschäftigungsverbot nach dem MuSchG. Beschäftigungsverbote können sich aus §§ 3, 4 oder 6 MuSchG ergeben. Besteht für die Schwangere oder junge Mutter kein generelles, sondern nur ein teilweises Beschäftigungsverbot für bestimmte Tätigkeiten (insb nach § 4 MuSchG), so darf der AG, um diese Tätigkeiten weiter ausführen zu können, für deren Erledigung eine Vertretung befristet einstellen (BT-Drs 10/3926 S 5 f).

II. Elternzeit. Fraglich ist, ob die Wirksamkeit der Befristung davon abhängig ist, dass bei dem vertretenen AN die Voraussetzungen für die Gewährung der EZ tatsächlich vorlagen (so Laux/Schlachter Anh. 2 F Rn 5). Die besseren Gründe sprechen dafür, nur auf das Vorliegen eines Vertretungsfalles wegen der tatsächlichen Abwesenheit des zu Vertretenden abzustellen.

III. Arbeitsfreistellung zur Betreuung eines Kindes. Diese Freistellung kann auf TV, BV oder einzelvertraglicher Vereinbarung beruhen. Das mit dem freigestellten AN bestehende Arbeitsverhältnis darf aber nicht beendet werden, vielmehr muss eine Suspendierung der gegenseitigen Hauptpflichten des Arbeitsverhältnisses vereinbart worden sein. Wie lange die Arbeitsfreistellung dauert, ist nach dem Gesetzeswortlaut ohne Belang.

IV. Kausalzusammenhang und Prognose. Der Sachgrund der Vertretung setzt einen Kausalzusammenhang zwischen dem zeitweiligen Ausfall des Vertretenen und der Einstellung des Vertreters voraus. Der Einsatz des befristet beschäftigten AN muss wegen des Arbeitskräftebedarfs erfolgen, der durch die vorübergehende Abwesenheit des zu vertretenden Mitarbeiters entsteht. Es muss sich deshalb aus den Umständen bei Vertragsschluss ergeben, dass der Bedarf für die Beschäftigung des Vertreters auf die Abwesenheit des zeitweilig ausfallenden AN zurückzuführen ist. Die Anforderungen an den Kausalzusammenhang und seine Darlegung durch den AG richten sich dabei nach der Form der Vertretung. Geht es um eine unmittelbare Vertretung, hat der AG darzulegen, dass der Vertreter nach dem Arbeitsvertrag Aufgaben wahrzunehmen hat, die zuvor dem vorübergehend abwesenden AN übertragen waren (BAG 29.4.2015, 7 AZR 310/13, EzA § 14 TzBfG Nr. 114, Rn 17). Die Vertretungskraft muss nicht die gleichen Aufgaben wahrnehmen wie der freigestellte AN. Der AG darf dessen Aufgaben anderen Mitarbeitern zuteilen und deren Tätigkeiten durch den befristet eingestellten AN erledigen lassen (vgl. BAG 11.2.2015, 7 AZR 113/13, EzA § 14 TzBfG Nr. 111, Rn 19 ff. mwN; BAG 10.10.2012, 7 AZR 462/11, EzA § 14 TzBfG Nr 88). Wird die Tätigkeit des zeitweise ausgefallenen AN nicht von dem Vertreter, sondern von einem anderen AN oder von mehreren anderen AN ausgeübt (mittelbare Vertretung), muss der AG zur Darstellung des Kausalzusammenhangs grundsätzlich die Vertretungskette zwischen dem Vertretenen und dem Vertreter darlegen können. Werden dem befristet beschäftigten AN Aufgaben übertragen, die der vertretene Mitarbeiter nie ausgeübt hat, besteht der erforderliche Vertretungszusammenhang auch dann, wenn der AG rechtlich u tatsächlich in der Lage wäre, dem vorübergehend abwesenden AN im Falle seiner Anwesenheit die dem Vertreter zugewiesenen Aufgaben zu übertragen. In diesem Fall ist allerdings zur Gewährleistung des Kausalzusammenhangs zwischen der zeitweiligen Arbeitsverhinderung der Stammkraft u der Einstellung der Vertretungskraft erforderlich, dass der AG bei Vertragsschluss mit dem Vertreter dessen Aufgaben einem oder mehreren vorübergehend abwesenden Beschäftigten nach außen erkennbar gedanklich zuordnet. Dies kann insbesondere durch eine entspr Angabe im Arbeitsvertrag geschehen. Darauf, ob u ggf wie die bisherigen Aufgaben der vorübergehend abwesenden Stammkraft wahrgenommen werden, kommt es bei der sog gedanklichen Zuordnung grds nicht an (BAG 11.2.2015, 7 AZR 113/13, EzA § 14 TzBfG Nr. 111, Rn 20 f.).

§ 21 BEEG Befristete Arbeitsverträge

6.1 Der Grund für die Befristung liegt in Vertretungsfällen darin, dass der AG bereits zu einem vorübergehend ausfallenden Mitarbeiter in einem Rechtsverhältnis steht und mit der Rückkehr dieses Mitarbeiters rechnet. Damit besteht für die Wahrnehmung der an sich dem ausfallenden Mitarbeiter obliegenden Arbeitsaufgaben durch eine Vertretungskraft von vornherein nur ein zeitlich begrenztes Bedürfnis. Teil des Sachgrunds ist daher eine Prognose des AG über den voraussichtlichen Wegfall des Vertretungsbedarfs durch die Rückkehr des zu vertretenden Mitarbeiters (BAG 29.4.2015, EzA § 14 TzBfG Nr. 114, Rn 17). Der AG muss bei den in I genannten Fällen grds davon ausgehen, dass der Vertretene nach Wegfall des Verhinderungsgrunds seine vertraglich vereinbarte Tätigkeit wieder aufnehmen wird. Nur wenn der AG aufgrund ihm vorliegender Informationen erhebliche Zweifel daran haben muss, dass der zu vertretende AN überhaupt wieder an seinen Arbeitsplatz zurückkehren wird, kann dies dafür sprechen, dass der Sachgrund der Vertretung nur vorgeschoben ist. Dann kann die Befristung unwirksam sein. Dies setzt in der Regel voraus, dass der zu vertretende AN dem AG bereits vor dem Abschluss des befristeten Arbeitsvertrags mit dem Vertreter verbindlich erklärt hat, er werde die Arbeit nicht wieder aufnehmen. Ansonsten darf und muss der AG mit dessen Rückkehr an den Arbeitsplatz rechnen (BAG aaO Rn 21). Das BAG hat klargestellt, dass eine Zweckbefristung zur Elternzeitvertretung nicht voraussetzt, dass die Stammkraft zum Zeitpunkt des Vertragsschlusses mit der Vertretungskraft bereits ein den Anforderungen des § 16 I genügendes Elternzeitverlangen geäußert hat (BAG 9.9.2015, 7 AZR 148/14, BB 2016, 169, Rn 35).

7 **C. Dauer der Befristung (I u II).** Sie kann sich auf jeden der genannten Vertretungsfälle gesondert oder auf Teile von diesen erstrecken oder mehrere Vertretungsfälle umfassen (I). Darüber hinaus kann eine längere Befristungsdauer vereinbart werden, wenn eine solche zur Einarbeitung notwendig ist (II). Die Befristungsdauer darf auch kürzer als die Ausfallzeit des Vertretenen sein. Es ist auch zulässig für denselben Vertretungsfall mit einem oder mehreren Vertretern mehrere befristete Arbeitsverträge zu schließen, die zeitlich insgesamt den Vertretungsfall oder einen Teil desselben abdecken (BT-Drs 12/1125 S 9). Unerheblich ist es, ob im Zeitpunkt des Ablaufs des befristeten Vertrags eine Weiterbeschäftigungsmöglichkeit auf einem anderen Arbeitsplatz für den Vertreter besteht (BAG 29.4.2015, EzA § 14 TzBfG Nr. 114, Rn 17). Ist das Arbeitsverhältnis befristet bis zum Erreichen des Zwecks »Ende der Elternzeit der Frau B«, hat das BAG angenommen, dass unter Beachtung eines objektiv-generalisierenden Auslegungsmaßstabs nur die sich an die im Zeitpunkt des Vertragsschlusses bestehende Schwangerschaft anschließende Elternzeit u nicht eine weitere Elternzeit der Frau B erfasst sei (BAG 9.9.2015, 7 AZR 148/14, BB 2016, 169, Rn 14).

8 **D. Bestimmtheit der Befristung (III).** Wenn kein bestimmtes Datum für das Ende des befristeten Arbeitsverhältnisses vereinbart wird, muss dessen Beendigung entweder kalendermäßig bestimmbar sein oder sich aus den Befristungszwecken der I und II ergeben. Kalendermäßig bestimmbar ist die Dauer der Befristung insb, wenn sie für einen bestimmten Zeitraum (zB 8 Wochen, 6 Monate) vereinbart ist. Zulässig ist auch eine (Doppel-) Befristung bis zum Zeitpunkt einer etwaigen vorzeitigen Rückkehr der vertretenen Stammkraft, spätestens aber zum regulären Ende der in Anspruch genommenen EZ (BAG 22.4.2009, 7 AZR 768/07, JurionRS 2009, 19828). Problematisch ist die Vereinbarung »das Arbeitsverhältnis ist bis zum Ende der Elternzeit von Herrn/Frau X befristet«, wenn der vertretene AN im Anschluss an die zunächst in Anspruch genommene EZ weiter in EZ bleibt. Das LAG BW hat in einer solchen Konstellation angenommen, dass die auflösende Bedingung nicht eintritt (LAG BW 14.4.2015, 8 Sa 49/14).

9 **E. Kündigungsmöglichkeit (IV–VI).** Endet die EZ vorzeitig ohne Zustimmung des AG (Fall des § 15 IV: Tod des Kindes oder Eigenkündigung des AN in EZ), so darf der AG das befristete AV mit einer Frist von mindestens 3 Wochen, frühestens zum Ende der EZ, kündigen, wenn ihm der AN die vorzeitige Beendigung seiner EZ mitgeteilt hat, IV 1. Gleiches gilt nach IV 2, wenn der AN den Wunsch des AN nach vorzeitiger Beendigung seiner EZ nach § 16 III 2 nicht ablehnen darf. Das ist der Fall bei der Geburt eines weiteren Kindes oder bei einem bes Härtefall (§ 1 V), wenn keine dringenden betrieblichen Gründe für eine Ablehnung bestehen. Die Kündigungsmöglichkeit greift dagegen nicht ein, wenn der in EZ befindliche AN einen Antrag auf Elternteilzeit stellt (BAG 19.4.2005, 9 AZR 233/04, EzA § 15 BErzGG Nr 15). Nach ihrem Sinn und Zweck darf die Kündigungsmöglichkeit auch im Fall des § 16 II 3 nicht eingreifen, weil der Vertretungsbedarf dann fortbesteht. Auf die Kdg des befristet Eingestellten ist das KSchG nicht anzuwenden (V). Andere kündigungsrelevanten Vorschriften, wie zB § 102 I BetrVG sind jedoch zu beachten.

10 Das Sonderkündigungsrecht des AG kann vertraglich (hM: auch tarifvertraglich, ErfK/*Müller-Glöge* § 21 BEEG Rn 10) ausgeschlossen werden (VI). Unberührt bleibt die Kündigungsmöglichkeit des befristeten Arbeitsvertrages, wenn die Parteien eine solche nach § 15 III TzBfG vereinbart haben oder wenn sie in einem anwendbaren TV enthalten ist (§ 15 III Alt 2 TzBfG).

F. **Schwellenwerte in anderen Vorschriften (VII7).** Diese Regelung bestimmt, wie die Zahl der beschäftigten AN zu berechnen ist, wenn in arbeitsrechtl Vorschriften (zB § 15 VII 1 Nr 1 BEEG; §§ 17, 23 KSchG; § 7 ATZG; § 622 V BGB; §§ 9, 99, 106, 111 BetrVG) auf eine bestimmte Beschäftigtenzahl abgestellt wird und sich in einem Betrieb oder Unternehmen AN in EZ befinden und ggf für diese Vertreter iSd I eingestellt sind. Stellen arbeitsrechtl Vorschriften nicht auf AN, sondern auf Arbeitsplätze ab (zB § 71 SGB IX), gilt dieselbe Berechnungsweise. Nicht anzuwenden ist VII auf tarifliche Regelungen, die auf bestimmte AN-Zahlen abstellen. Zweck der Bestimmung ist es, eine Doppelzählung der AN, die sich in EZ befinden oder zur Kinderbetreuung freigestellt sind, und der Ersatzkraft zu vermeiden. Insb soll der AG durch die Einstellung einer Ersatzkraft nicht in den Geltungsbereich des KSchG (§ 23 I KSchG) hineinwachsen. 11

§ 27 Übergangsvorschrift

(1) ¹Für die vor dem 1. Januar 2015 geborenen oder mit dem Ziel der Adoption aufgenommenen Kinder ist § 1 in der bis zum 31. Dezember 2014 geltenden Fassung weiter anzuwenden. ²Für die vor dem 1. Juli 2015 geborenen oder mit dem Ziel der Adoption aufgenommenen Kinder sind die §§ 2 bis 22 in der bis zum 31. Dezember 2014 geltenden Fassung weiter anzuwenden. ³Satz 2 gilt nicht für § 2c Absatz 1 Satz 2 und § 22 Absatz 2 Satz 1 Nummer 2.
(1a) Soweit dieses Gesetz Mutterschaftsgeld nach dem Fünften Buch Sozialgesetzbuch oder nach dem Zweiten Gesetz über die Krankenversicherung der Landwirte in Bezug nimmt, gelten die betreffenden Regelungen für Mutterschaftsgeld nach der Reichsversicherungsordnung oder nach dem Gesetz über die Krankenversicherung der Landwirte entsprechend.
(2) Für die dem Erziehungsgeld vergleichbaren Leistungen der Länder sind § 8 Absatz 1 und § 9 des Bundeserziehungsgeldgesetzes in der bis zum 31. Dezember 2006 geltenden Fassung weiter anzuwenden.
(3) ¹Betreuungsgeld wird nicht für vor dem 1. August 2012 geborene Kinder gezahlt. ²Bis zum 31. Juli 2014 beträgt das Betreuungsgeld abweichend von § 4b 100 Euro pro Monat.

Aus arbeitsrechtlicher Sicht ist I 2 von besonderem Interesse. Danach gelten die mit dem Gesetz zur Einführung des Elterngeld Plus mit Partnerschaftsbonus und einer flexiblen EZ im BEEG erst für ab dem 1.7.2015 geborene oder mit dem Ziel der Adoption aufgenommene Kinder. Nach I 3 werden Bestimmungen von dieser Übergangsregelung ausgenommen, die keinen Bezug zu den neuen Leistungselementen haben. Sie sind ohne Übergangsregelung in Kraft getreten. Die Übergangsregelung in I aF wurde zur Rechtsbereinigung aufgehoben (vgl. BR-Drs. 355/14 S. 38). Sie konnte entfallen, weil zum Zeitpunkt des Inkrafttretens des Gesetzes keine Anträge für Kinder mehr gestellt werden konnten, die vor dem 1.1.2013 geboren oder mit dem Ziel der Adoption aufgenommen wurden. 1

Gesetz zur Verbesserung der betrieblichen Altersversorgung (Betriebsrentengesetz – BetrAVG)

Vom 19.12.1974 (BGBl I S 3610), zuletzt geändert durch Art 3 des Gesetzes vom 23.6.2014 (BGBl I S 787)

§ 1 Zusage des Arbeitgebers auf betriebliche Altersversorgung

(1) ¹Werden einem Arbeitnehmer Leistungen der Alters-, Invaliditäts- oder Hinterbliebenenversorgung aus Anlass seines Arbeitsverhältnisses vom Arbeitgeber zugesagt (betriebliche Altersversorgung), gelten die Vorschriften dieses Gesetzes. ²Die Durchführung der betrieblichen Altersversorgung kann unmittelbar über den Arbeitgeber oder über einen der in § 1b Abs. 2 bis 4 genannten Versorgungsträger erfolgen. ³Der Arbeitgeber steht für die Erfüllung der von ihm zugesagten Leistungen auch dann ein, wenn die Durchführung nicht unmittelbar über ihn erfolgt.

(2) Betriebliche Altersversorgung liegt auch vor, wenn

1. der Arbeitgeber sich verpflichtet, bestimmte Beiträge in einer Anwartschaft auf Alters-, Invaliditäts- oder Hinterbliebenenversorgung umzuwandeln (beitragsorientierte Leistungszusage),
2. der Arbeitgeber sich verpflichtet, Beiträge zur Finanzierung von Leistungen der betrieblichen Altersversorgung an einen Pensionsfonds, eine Pensionskasse oder eine Direktversicherung zu zahlen und für Leistungen zur Altersversorgung das planmäßig zuzurechnende Versorgungskapital auf der Grundlage der gezahlten Beiträge (Beiträge und die daraus erzielten Erträge), mindestens die Summe der zugesagten Beiträge, soweit sie nicht rechnungsmäßig für einen biometrischen Risikoausgleich verbraucht wurden, hierfür zur Verfügung zu stellen (Beitragszusage mit Mindestleistung),
3. künftige Entgeltansprüche in eine wertgleiche Anwartschaft auf Versorgungsleistungen umgewandelt werden (Entgeltumwandlung) oder
4. der Arbeitnehmer Beiträge aus seinem Arbeitsentgelt zur Finanzierung von Leistungen der betrieblichen Altersversorgung an einen Pensionsfonds, eine Pensionskasse oder eine Direktversicherung leistet und die Zusage des Arbeitgebers auch die Leistungen aus diesen Beiträgen umfasst; die Regelungen für Entgeltumwandlung sind hierbei entsprechend anzuwenden, soweit die zugesagten Leistungen aus diesen Beiträgen im Wege der Kapitaldeckung finanziert werden.

Übersicht		Rdn.			Rdn.
A.	Gesetzliche Definition	1	VIII.	Gleichbehandlung/Gleichberechtigung	18
B.	Unmittelbare und mittelbare Durchführung	7	D.	Zusagearten	25
			I.	Leistungszusage	26
C.	Rechtsbegründungsakte	10	II.	Beitragsorientierte Leistungszusage	27
I.	Individueller Versorgungsvertrag	11	III.	Beitragszusage mit Mindestleistung	29
II.	Gesamtzusage	12	IV.	Beitragszusage	30
III.	Vertragliche Einheitsregelung	13	E.	Leistungsplan, Mitbestimmungsrechte	31
IV.	BV	14	F.	Finanzierung	38
V.	TV	15	G.	Entgeltumwandlung	41
VI.	Gesetzliche Regelung	16	H.	Durchführungswege	46
VII.	Betriebliche Übung	17	I.	TV	47

1 **A. Gesetzliche Definition.** Die **zwingenden Vorschriften** des BetrAVG sind anzuwenden, wenn ein AG einem AN (zu den arbeitnehmerähnlichen Personen vgl § 17 Rdn 5) aus **Anlass des Arbeitsverhältnisses** Leistungen der BAV zusagt. Der AN muss für den AG tätig sein. Ein mittelbares Rechtsverhältnis reicht nicht aus (BAG 20.4.2004, 3 AZR 297/03, EzA § 17 BetrAVG Nr 10, DB 2004, 2432). Ebensowenig reicht es aus, wenn die Muttergesellschaft eine Zusage erteilt, der AN aber für eine Tochtergesellschaft tätig ist (BAG 20.5.2014, 3 AZR 1094/12, EzA § 7 BetrAVG Nr 77, DB 2014, 1935).

2 Nicht aus Anlass eines Arbeitsverhältnisses werden Unternehmerzusagen erteilt. Ist ein AN oder eine arbeitnehmerähnliche Person für ein Unternehmen tätig und gleichzeitig Gesellschafter – auch mit einer Beteiligung unter 10 % – und wird aufgrund des Gesellschaftsverhältnisses eine betriebliche Altersversorgung nur den Gesellschaftern erteilt, ist kein gesetzlicher Insolvenzschutz gegeben. Ob »verkappter Unternehmerlohn« vorliegt, ist iR einer Kausalitätsprüfung einzelfallbezogen zu untersuchen. Ein Indiz ist, ob allen AN und nur den Gesellschaftern eine BAV zugesagt wurde (BAG 19.1.2010, 3 AZR 42/08, EzA § 17 BetrAVG Nr 11, DB 2010, 1411; 19.1.2010, 3 AZR 409/09, AP Nr 62 zu § 1 BetrAVG; BAG 11.11.2014, 3 AZR

404/13, EzA § 17 BetrAVG Nr 14, BB 2015, 253). Zum Streubesitz BAG 19.1.2010, 3 AZR 660/09, EzA § 7 BetrAVG Nr 75, BB 2010, 243.

Die Leistungen der BAV müssen durch ein **biologisches Ereignis** (Erreichen der Altersgrenze, Eintritt von Invalidität, Tod) ausgelöst werden. Die Leistung muss einen **Versorgungszweck** erfüllen. Ohne Bedeutung ist, ob es sich um eine Kapital-, Renten- oder Ratenleistung handelt. Auch Auszahlungspläne mit Teilkapitalisierung (§ 1 I Nr 4 AltZertG) sind möglich. Auch Sachleistungen können erbracht werden (zB Energiebezug BAG 19.2.2008, 3 AZR 61/06, EzA § 1 BetrAVG Betriebliche Übung Nr 9, FA 2008, 216; Hausbrand BAG 16.3.2010, 3 AZR 594/09, EzA § 1 BetrAVG Nr 93, DB 2010, 1834, BetrAV 2010, 592). Eine **Altersleistung** setzt die Vollendung des 60. Lebensjahres voraus. Für Versorgungszusagen, die ab dem 1.1.2012 erteilt werden, verlangt die Finanzverwaltung ein Mindestalter von 62 Jahren (BMF-Schreiben v 24.07.2013 BStBl I, 1022, Rn 286). Üblich ist zZt eine Altersgrenze zwischen dem 60. und 65. Lebensjahr/Regelaltersgrenze (vgl hierzu auch BAG 15.5.2012, 3 AZR 11/10, EzA § 2 BetrAVG Nr 33, DB 2012, 1756-1759). Vor Vollendung des 60. Lebensjahres kommen Altersleistungen nur für bes Berufsgruppen in Betracht, wenn die Ausnahme im Gesetz, im TV oder in einer BV geregelt ist (BMF-Schreiben v 24.07.2013, aaO, Rn 286). Leistungen, die für die Zeit vor Vollendung des 60. Lebensjahres zugesagt werden, sind üblicherweise Abfindungen oder Übergangsgelder, die nicht vom Schutz des Gesetzes erfasst werden (BAG 3.11.1998, 3 AZR 454/97, EzA § 7 BetrAVG Nr 56, DB 1999, 1403; 28.1.1986, 3 AZR 312/84, EzA § 59 KO Nr 14, DB 1987, 42; 26.4.1988, 3 AZR 411/86, EzA § 7 BetrAVG Nr 15, DB 1988, 2007). Die feste Altersgrenze ist der Zeitpunkt, zu dem die ungekürzte Altersleistung unabhängig von § 6 BetrAVG abgerufen werden kann, auch bei Weiterarbeit (BAG 17.9.2008, 3 AZR 865/06, EzA § 1 BetrAVG Nr 91, BB 2009, 840). Für Versorgungsregelungen, die vor dem 1.1.2008 geschaffen worden sind und die eine Altersgrenze von 65 Jahren vorsehen, hat das BAG die Auslegungsregel aufgestellt, dass grundsätzlich die Altersgrenze gem. §§ 35, 235 SGB VI auf die Regelaltersgrenze ansteigt (15.5.2012, 3 AZR 11/10, EzA § 2 BetrAVG Nr 33, DB 2012, 1756). Der Begriff der **Invalidität** ist nicht definiert. Üblicherweise wird hierunter die volle oder teilw Erwerbsminderung iSv § 43 iVm § 240 SGB VI verstanden. Es kann auch die Definition verwendet werden, die für eine Berufsunfähigkeitszusatzversicherung gilt. Hierfür ist in § 172 II VVG eine Definition vorgesehen, die dispositiv ist. Für Versorgungszusagen, die vor dem 1.1.2001 erteilt wurden und die auf die Berufs- und Erwerbsunfähigkeit iSd RVO bzw des AVG abgestellt haben, kann eine planwidrige Unvollständigkeit entstanden sein, die dahin gehend zu schließen ist, dass der Nachweis des Vorliegens einer Berufs- oder Erwerbsunfähigkeit iSd früheren Rechts durch amtsärztliches Attest vorgenommen wird (BAG 16.3.2010, 3 AZR 594/09, EzA § 1 BetrAVG Nr 93, DB 2010, 1834, BetrAV 2010, 592; zur Invaliditätsleistung auch *Reinecke*, DB 2010, 2167). Werden die sozialversicherungsrechtlichen Begriffe verwandt, ist die Erwerbsunfähigkeit durch die volle Erwerbsminderung ersetzt (BAG 19.4.2011, 3 AZR 272/09, AP Nr 67 zu § 1 BetrAVG). Dies gilt auch dann, wenn die volle Erwerbsminderungsrente nur auf Zeit zuerkannt wurde (BAG 9.10.2012, 3 AZR 539/10, BB 2013, 500). **Hinterbliebenenleistungen**, die durch den Tod eines Anwärters oder eines Versorgungsberechtigten ausgelöst werden können, setzen eine Zahlung an die Witwe/den Witwer, den geschiedenen Ehegatten, den Lebensgefährten und/oder an Kinder iSv § 32 III und IV 1 Nr 1–3 und V EStG voraus (Hinweis: Durch das Steueränderungsgesetz 2007 wurde die Altersgrenze für Kinder von der Vollendung des 27. auf die Vollendung des 25. Lebensjahres für ab dem 1.1.2007 erteilte Zusagen herabgesetzt; hierzu BMF-Schreiben v 24.07.2013, aaO, Rn 287), wenn derartige Zahlungen in dem Versorgungsversprechen zugesagt sind. Begünstigt werden können (nicht müssen) auch Pflegekinder, Stiefkinder, faktische Stiefkinder und Enkel (enger Hinterbliebenenbegriff). Ist eine Witwen-/Witwerversorgung zugesagt, ist nach denselben Regelungen auch der eingetragene Lebenspartner begünstigt, wenn der Versorgungsfall ab dem 1.1.2005 eintritt (BAG 14.1.2009, 3 AZR 20/07, EzA § 2 AGG Nr 3, DB 2009, 1545). Dies gilt für Anwärter und Versorgungsempfänger (BAG 15.9.2009, 3 AZR 294/09, EzA § 2 AGG Nr 5, BB 2010, 179; 3 AZR 797/08, EzA § 2 AGG Nr 4, DB 2010, 374, EuGH 10.5.2011, C-147/08, EzA Richtlinie 2000/EG-Vertrag 1999 Nr 19, DB 2011, 1169). Geschwister sind keine Lebensgefährten, wenn sie verheiratet sind (BAG 18.11.2008, 3 AZR 277/07, EzA § 1 BetrAVG Hinterbliebenenversorgung Nr 13, DB 2009, 294). Eine Vererbbarkeit von Leistungen ist ausgeschlossen (zu Eltern und Erben vgl BAG 19.1.2010, 3 AZR 660/09, EzA § 7 BetrAVG Nr 75, BB 2010, 243). Allenfalls **Sterbegelder**, die nicht zur BAV gehören (BAG 19.9.2006, 1 ABR 58/05, EzA § 77 BetrAVG 2001 Nr 16), können an einen Hinterbliebenen, aber auch an einen Erben ausgezahlt werden.

Die BAV ist durch den **Freiwilligkeitsgrundsatz** und den **Grundsatz der Gestaltungsfreiheit** geprägt. Kein AG ist kraft Gesetzes verpflichtet, eine arbeitgeberfinanzierte BAV in seinem Unternehmen einzuführen oder für neu in das Unternehmen eintretende AN fortzuführen. Stichtagsbezogene Abgrenzungen von Personenkreisen sind zulässig, wenn hierfür ein sachlicher Grund besteht (BAG 8.12.1977, 3 AZR 530/76, EzA § 242 BGB Ruhegeld Nr 63, DB 1978, 991; 11.9.1980, 3 AZR 606/79, EzA § 242 BGB Ruhegeld

§ 1 BetrAVG   Zusage des Arbeitgebers auf betriebliche Altersversorgung

Nr 94, DB 1981, 943; 28.7.1992, 3 AZR 522/91, EzA § 1 BetrAVG Ablösung Nr 9, DB 1992, 2451; 2.8.2006, 10 AZR 572/05, EzA § 75 BetrVG 2001 Nr 3, DB 2006, 2244). Der Gleichbehandlungsgrundsatz wird nicht verletzt, wenn neu eintretende AN von der Versorgung ausgenommen werden (Schließung des Versorgungswerkes), da diese sich auf einen bestimmten Zeitpunkt bezieht (*Blomeyer/Rolfs/Otto* Anh § 1 Rn 87). Tritt nach der Schließung ein AN in das Unternehmen ein, bei dem kraft Gesetzes Betriebszugehörigkeiten zu berücksichtigen sind, die vor dem Schließungszeitpunkt beginnen, wird dieser nicht in das Versorgungswerk aufgenommen, weil nicht der Zusagezeitpunkt vorverlegt wird (zur Anrechnung von Wehrdienstzeiten BAG 25.7.2006, 3 AZR 307/05, EzA § 6 ArbPlSchG Nr 6, DB 2007, 637).

5   Gesetzlich ist nicht geregelt, wie die Versorgungszusagen auszugestalten sind. Für die Art der Leistungen, die Leistungsvoraussetzungen, die Höhe der Leistungen etc gilt der **Grundsatz der Gestaltungsfreiheit**. Nur insoweit, wie das Gesetz zwingende Regelungen enthält, ist die Gestaltungsfreiheit eingeschränkt. Zur Gestaltungsfreiheit gehört auch, dass der AG frei darüber entscheidet, ob er alle 3 Leistungsarten berücksichtigt oder zB nur eine Alters- (BAG 12.6.2007, 3 AZR 14/06, EzA § 1a BetrAVG Nr 2, DB 2007, 2722) oder nur eine Hinterbliebenenversorgung verspricht. Allerdings hat der Gesetzgeber mit Wirkung ab dem 1.1.2005 im Steuerrecht Vorgaben gemacht, die sich auch arbeitsrechtlich auswirken, wenn für ab dem 1.1.2005 erteilte Zusagen die steuerliche Förderung in Anspruch genommen werden soll. Für die Durchführungswege Direktversicherung, Pensionskasse und Pensionsfonds müssen Rentenzusagen erteilt werden, wobei die Altersrente lebenslänglich zu zahlen ist, eine Invaliditäts- oder Hinterbliebenenrente lebenslänglich, aber auch durch den Versorgungszweck befristet sein kann. Auch Auszahlungspläne sind steuerlich zulässig. Dem AN kann bei einer Rentenzusage in den versicherungsförmigen Durchführungswegen ein vor oder bei Eintritt des Versorgungsfalles auszuübendes Kapitalwahlrecht eingeräumt werden (BMF-Schreiben v 24.07.2013, aaO, Rn 312). Ein Kapital oder ein Kapitalwahlrecht kann auch bei einer unmittelbaren Versorgungszusage (BGH 28.9.2009, II ZR 12/09, BetrAV 2010, 89) oder einer Unterstützungskassenzusage gegeben sein (BAG 15.5.2012, 3 AZR 11/10, EzA § 2 BetrAVG Nr 33, DB 2012, 1756).

6   Der Grundsatz der Gestaltungsfreiheit kann durch die zwingenden Vorgaben der Europäischen Grundrechtscharta eingeschränkt sein. Art 23 verlangt die Gleichbehandlung der Geschlechter. Dies dürfte dazu führen, dass ab dem 21.12.2012 auch in der BAV nur noch Unisextarife verwendet werden dürfen, wenn Neuzusagen erteilt werden (zu privaten Lebensversicherungen EuGH 1.3.2011, C-239/09, EzA Richtlinie 2004/113 EG-Vertrag 1999 Nr 1, DB 2011, 821; aA Leitlinien EU v 22.12.2011 K/2011) 9497-Leitlinien zur Anwendung der Richtlinie 2004/113/EG des Rates auf das Versicherungswesen im Anschluss an das Urteil des Gerichtshofes der Europäischen Union in der Rechtssache C-236/09 (Test-Achats)). Entsprechendes könnte bei nicht versicherungsförmiger Gestaltung gelten, indem Unisex-Berechnungsgrundlagen gefordert sein könnten (*Raulf* BetrAV 2012, 641).

7   **B. Unmittelbare und mittelbare Durchführung.**   Eine unmittelbare Versorgungszusage liegt vor, wenn sich der AG selbst verpflichtet, aus seinem Betriebsvermögen die Versorgungszahlungen zu erbringen (**Direktzusage**, unmittelbare Versorgungszusage, hierzu § 1b I). Schaltet der AG zur Abwicklung der zugesagten Versorgungsleistungen einen externen Versorgungsträger ein, liegt eine mittelbare Durchführung vor. Externe Versorgungsträger können ein **Lebensversicherer** (Direktversicherung, hierzu § 1b II), eine **Pensionskasse** (hierzu § 232 VAG), ein **Pensionsfonds** (hierzu § 236 VAG) oder eine **Unterstützungskasse** (hierzu § 1b IV) sein. Diese Aufzählung ist abschließend. Die Ansammlung von Wertguthaben auf Arbeitszeitkonten oder die Auslagerung von Vermögen iR eines Contractual Trust Agreements (CTA) ist kein Durchführungsweg der BAV. Zum CTA *Klemm* BetrAV 2006, 132; *Passarge* BetrAV 2006, 127; *Berenz* DB 2006, 2125; *Seeger* DB 2007, 697; *Berenz* BetrAV 2010, 322; *Thüsing* DB 2012, Beilage 5.

8   Verspricht der AG, dass die zugesagten Leistungen über einen externen Versorgungsträger erbracht werden, muss er für die Erfüllung der von ihm selbst zugesagten Leistungen einstehen (BAG 19.06.2012, 3 AZR 408/10, EzA § 1 BetrAVG Nr 95; 30.09.2014, 3 AZR 613/12; 10.02.2015, 3 AZR 65/14, BetrAV 2015, 522). Dies gilt nicht für den Teil der Rente/des Kapitals, den der AN durch eigene Beiträge finanziert hat.

9   Ohne Bedeutung ist die Rechtsform des AG und die Anzahl der beschäftigten AN. Das Gesetz ist auch anzuwenden, wenn nur einem einzigen AN Leistungen der BAV zugesagt wurden.

10   **C. Rechtsbegründungsakte.**   Die Zusageerteilung, die zur Anwendung des Gesetzes führt, setzt einen **Verpflichtungstatbestand** voraus. Versorgungsverpflichtungen entstehen nicht »von selbst«. Aufgrund des arbeitsrechtlichen Grundverhältnisses, das sich aus der Zusage im Arbeitsverhältnis ergibt (»aus Anlass des Arbeitsverhältnisses«), werden im Versorgungsverhältnis Leistungen versprochen. Das **Versorgungsverhältnis** besteht aus dem Rechtsbegründungsakt, einem konkreten Durchführungsweg (§ 1b I–IV) und einem konkreten Leistungsplan, mit dem die Art und Höhe der Leistungen festgelegt wird. Die Begründung des Rechts, vom AG oder vom externen Versorgungsträger bei Eintritt des Versorgungsfalles

Versorgungsleistungen zu verlangen, kann individuell zwischen dem AG und dem einzelnen AN vereinbart sein (**individuelle Versorgungszusage**), sich aus einer **BV** (§ 77 II BetrVG) oder einem **TV** (§ 1 TVG) ergeben, iR einer **Gesamtzusage** oder einer **vertraglichen Einheitsregelung** begründet werden oder sich aus einer **Verletzung des Gleichbehandlungs-/Gleichberechtigungsgrundsatzes** ergeben. Das Gesetz nennt als Rechtsbegründungsakt auch die **betriebliche Übung** (§ 1b I 4). Die Zusage wird frühestens mit dem rechtlichen Beginn des Arbeitsverhältnisses erteilt, auch wenn der Versorgungsvertrag vorher abgeschlossen wurde.

I. Individueller Versorgungsvertrag. Dieser kommt durch Angebot und Annahme zustande (§§ 145 ff BGB). Er kann schriftlich, aber auch mündlich abgeschlossen werden (Bsp bei Liebers/*Kisters-Kölkes* FB ArbR L Rn 110). Entscheidend ist, dass ein Rechtsbindungswille vorhanden ist und nicht lediglich Versorgungsleistungen unverbindlich in Aussicht gestellt werden. Eine Blankettzusage reicht aus (BAG st Rspr, zB 9.7.2005, 3 AZR 472/04, EzA § 1 BetrAVG Betriebliche Übung Nr 7, DB 2006, 343). Diese ist im Zweifel gem § 315 BGB durch den AG auszufüllen. Tut er dies nicht oder entspricht die Ausführung nicht billigem Ermessen, kann eine gerichtliche Entscheidung herbeigeführt werden. **11**

II. Gesamtzusage. Eine **Gesamtzusage** liegt vor, wenn der AG an alle AN oder an eine nach sachlichen Kriterien abgrenzbare AN-Gruppe das Angebot richtet, ihnen Versorgungsleistungen zukommen zu lassen (kollektiver Bezug). Dieses Angebot wird dokumentiert über eine »Versorgungsordnung«, einen »Leistungsplan« etc. Eine ausdrückliche Annahmeerklärung der AN wird nicht erwartet. Sie wird gem § 151 BGB unterstellt. Mit der Annahme wird das Versorgungsversprechen Bestandteil des einzelnen Arbeitsvertrages. Aufgrund der Entscheidung des GS des BAG (16.9.1986, GS 1/82, EzA § 77 BetrVG 1972 Nr 17, DB 1987, 383), nach der Gesamtzusagen nur eingeschränkt mittels BV geändert werden können (hierzu § 1b Rdn 83–85), ist diese Art der Zusageerteilung bei neu erteilten Zusagen in der Praxis kaum noch vorzufinden. Neue Zusagen werden mittels BV erteilt. Lediglich dann, wenn kein BR vorhanden ist, wird als Rechtsbegründungsakt noch die Gesamtzusage gewählt, dann allerdings mit dem Vorbehalt der Betriebsvereinbarungsoffenheit. Aus der Zeit vor der Entscheidung des GS sind jedoch noch Gesamtzusagen in den Unternehmen vorzufinden. **12**

III. Vertragliche Einheitsregelung. Eine **vertragliche Einheitsregelung** hat die Rechtsqualität wie eine Gesamtzusage. Der Vorgang der Zusageerteilung erweckt den Eindruck, dass »individuelle« Zusagen erteilt werden, indem zB dem AN eine Versorgungsurkunde ausgehändigt oder mit einem Anschreiben das Versorgungsversprechen erteilt wird. Auch auf eine vertragliche Einheitsregelung ist § 151 BGB anzuwenden. Die vorstehenden Ausführungen zur Gesamtzusage gelten entspr. **13**

IV. BV. Der Abschluss von **BV** ist heute üblich (Beispiel bei Liebers/*Kisters-Kölkes* FB ArbR L Rn 2). Die BV ist ein Vertrag, der zwischen AG und BR schriftlich abgeschlossen wird (§ 77 II BetrVG hierzu iE *Rieble* § 77 BetrVG Rdn 2–6). Sie gestaltet unmittelbar das Versorgungsverhältnis unabhängig davon, ob der einzelne vom persönlichen Geltungsbereich erfasste AN Kenntnis vom Abschluss hat. Er muss nicht individuell zustimmen. **14**

V. TV. Auch **TV** können Rechtsgrundlage sein. Sie sind jedoch nur selten Rechtsbegründungsakt (Ausnahme zB öffentl Dienst, Baugewerbe). TV sind bei dem Anspruch auf Entgeltumwandlung von Bedeutung. Hierzu wird auf § 17 Rdn 25 f verwiesen. **15**

VI. Gesetzliche Regelung. Ausnahmsweise bestehen auch **gesetzliche Regelungen** (Hamburger und Bremer Ruhegeldgesetz). **16**

VII. Betriebliche Übung. Diese wird als Rechtsbegründungsakt in § 1b I 4 genannt. Unter ihr ist ein gleichförmiges und wiederholtes Verhalten des AG zu verstehen, aus dem die AN schließen können, ihnen solle eine Leistung auf Dauer eingeräumt werden (BAG 23.6.2002, 3 AZR 360/01, EzA § 1 BetrAVG Betriebliche Übung Nr 3, DB 2003, 1004). So kann der AG zB ein Rentnerweihnachtsgeld aufgrund betrieblicher Übung zahlen (BAG 16.2.2010, 3 AZR 118/08, EzA § 1 BetrAVG Betriebliche Übung Nr. 10, DB 2010, 1947). Sind erhöhte Versorgungszusagen erteilt worden, wenn ein AN 20 Jahre im Unternehmen gearbeitet hat, ist diese Übung fortzusetzen, auch wenn der AN noch nicht die 20 Jahre erfüllt hat. Ihm ist dann die höhere Zusage zu erteilen, wenn er die 20 Jahre erfüllt (BAG, 15.5.2012, 3 AZR 610/11, EzA § 1 BetrAVG Betriebliche Übung Nr 12, BB 2012, 2496, ArbR 2012, 537). Zur Änderung einer betrieblichen Übung § 1b Rdn 95. **17**

§ 1 BetrAVG Zusage des Arbeitgebers auf betriebliche Altersversorgung

18 **VIII. Gleichbehandlung/Gleichberechtigung.** Einer ausdrücklichen Zusage steht ein Anspruch auf **Gleichbehandlung** gleich. Der Gleichbehandlungsgrundsatz ist vom **Gleichberechtigungsgrundsatz** abzugrenzen.

19 Eine Verletzung des Gleichbehandlungsgrundsatzes liegt vor, wenn einzelne AN oder Gruppen von AN ohne sachlichen Grund schlechter gestellt werden als die begünstigte AN-Gruppe. Es muss allerdings ein System bestehen, nach dem eine BAV zugesagt wird (BAG 25.5.2004, 3 AZR 15/03, EzA § 1b BetrAVG Gleichbehandlung Nr 1, BetrAV 2005, 199). Werden allg Grds für die Erteilung von Versorgungszusagen aufgestellt, muss in einer allgemeinen Ordnung festgelegt werden, nach welchen objektiven und sachgerechten Merkmalen die Abgrenzung vorzunehmen ist (BAG 19.8.2008, 3 AZR 194/07, EzA § 1 BetrAVG Gleichbehandlung Nr 32, DB 2009, 463). Dies gilt auch dann, wenn bei einer ursprünglich gleichbehandelten Gruppe später ein Teil der Gruppe bessergestellt wird, indem die Zusagen erhöht werden (BAG 28.6.2011, 3 AZR 448/09, AP Nr 64 zu § 1 BetrAVG Gleichbehandlung) oder wenn bei Erreichen einer bestimmten Hierachieebene der Steigerungssatz erhöht wird (BAG 21.8.2012. 3 AZR 81/10, nv). Der Gleichberechtigungsgrundsatz verbietet eine Differenzierung zwischen Männern und Frauen. Eine unmittelbare Diskriminierung liegt vor, wenn offen zwischen Männern und Frauen differenziert wird. Bsp: Unterschiedliches Pensionsalter, Zusage einer Witwenleistung, aber keiner Witwerleistung (zu unterschiedlichen Altersgrenzen EuGH 17.5.1990, C-262/88, EzA Art 119 EWG-Vertrag Nr 4, DB 1990, 1824; BAG 3.6.1997, 3 AZR 910/95, EzA Art 119 EWG-VertrAG, DB 1997, 1778; zur Witwen-/Witwerleistung BAG 5.9.1989, 3 AZR 575/88, EzA Art 3 GG Nr 25, DB 1989, 2615; zur unbedingten Witwerrente BAG 11.12.2007, 3 AZR 249/06, DB 2008, 766; zum Höchstaufnahmealter BAG 12.11.2013, 3 AZR 356/12, BB 2014, 1406, BetrAV 2014, 285; 18.3.2014, 3 AZR 69/12, DB 2014, 1685, EzA § 10 AGG Nr 9). Eine Verletzung des Gleichberechtigungsgrundsatzes kann auch mittelbar erfolgen, indem zB Teilzeitbeschäftigte von einer Versorgung ausgeschlossen werden. Da Teilzeitarbeit überwiegend Frauenarbeit ist, wird das Lohngleichheitsgebot des Art 157 AEUV (früher Art 141 EGV) verletzt (EuGH 13.5.1986, 170/84, DB 1986, 1525; BAG 14.10.1986, 3 AZR 66/83, EzA § 1 BetrAVG Gleichberechtigung Nr 1, DB 1987, 994). Ob geringfügig Beschäftigte von einer BAV ausgeschlossen werden dürfen, ist höchstgerichtlich nicht entschieden (hierzu § 2 TzBfG).

20 Bsp für die Verletzung des Gleichbehandlungsgrundsatzes: Differenzierung zwischen Außen-/Innendienst (BAG 17.2.1998, 3 AZR 783/96, EzA § 1 BetrAVG Gleichbehandlung Nr 14, DB 1998, 1139; 9.12.1997, 3 AZR 661/96, EzA § 1 BetrAVG Gleichbehandlung Nr 16, DB 1998, 1823), Arbeitern/Angestellten (BAG 10.12.2002, 3 AZR 3/02, EzA § 1 BetrAVG Nr 26, DB 2003, 2018; 16.2.2010; 3 AZR 216/09, EzA § 1 BetrAVG Gleichbehandlung Nr 35, BB 2010, 499;zur unterschiedlichen Behandlung bei Gesamtversorgungssystemen BAG 17.6.2014, 3 AZR 757/12; zu Tarifverträgen BAG 22.12.2009, 3 AZR 895/07, EzA § 1 BetrAVG Gleichbehandlung Nr 34, BB 2010, 759), haupt-/nebenberuflich Beschäftigten (BAG 22.11.1994, 3 AZR 349/94, EzA § 1 BetrAVG Gleichbehandlung Nr 6, DB 1995, 930), Polieren/kaufmännischen Angestellten (BAG 19.3.2002, 3 AZR 229/01, nv), Inlands-/Auslandsmitarbeitern (BAG 21.8.2007, 3 AZR 269/06, EzA § 1 BetrAVG Gleichbehandlung Nr 29, DB 2008, 710), Mitarbeitern mit/ohne flexibilisierte Arbeitszeit (BAG 18.9.2007, 3 AZR 639/06, EzA § 1 BetrAVG Gleichbehandlung Nr 30, BB 2008, 49, BetrAV 2007, 676), befristet und nicht befristet Beschäftigte (BAG 15.1.2013, 3 AZR 4/11), zur Differenzierung innerhalb einer AN-Gruppe (BAG 28.6.2011, 3 AZR 448/09, AP Nr 64 zu § 1 BetrAVG Gleichbehandlung). Wird nach einem bestimmten System eine BAV zugesagt, ist dieses maßgeblich (BAG 19.8.2008, 3 AZR 194/07, EzA § 1 BetrAVG Gleichbehandlung Nr 32, DB 2009, 463); zum Gleichbehandlungsgrundsatz ausf *Doetsch* FS Kemper, S 91.

21 Wird die BAV über einen **externen Versorgungsträger** durchgeführt, muss auch dieser den Gleichbehandlungs- und Gleichberechtigungsgrundsatz beachten (BAG 11.12.2007, 3 AZR 249/06, EzA § 2 AGG Nr 1, DB 2008, 532; 7.9.2004, 3 AZR 550/03, EzA Art 141 EG-Vertrag 1999 Nr 16, DB 2005, 507; 19.11.2002, 3 AZR 631/97, EzA Art 141 EG-Vertrag 1999 Nr 11, DB 2003, 398).

22 Der Gleichbehandlungsgrundsatz ist nicht auf den Betrieb beschränkt. Er bezieht sich auf das gesamte Unternehmen, wenn sich die verteilende Entsch des AG nicht auf einen Betrieb beschränkt. Soll zwischen den Betrieben unterschieden werden, bedarf es eines sachlichen Grundes (BAG 22.12.2009, 3 AZR 136/08, EzA § 1b BetrAVG Nr 7, DB 2010, 1074).

23 Am 18.8.2006 ist das **Allgemeine Gleichbehandlungsgesetz** (AGG) in Kraft getreten (BGBl I S 1897). In dessen § 2 II 2 ist geregelt, dass für die BAV das BetrAVG gilt. Dies bedeutet aber nur, dass das BetrAVG Vorrang hat, soweit es Regelungen enthält. Im Übrigen gilt auch für die BAV das AGG (BAG 11.12.2007, 3 AZR 249/06, EzA § 2 AGG Nr 1; DB 2008, 766). Das AGG ist in zeitlicher Hinsicht anzuwenden, wenn bei Inkrafttreten des Gesetzes entweder ein Arbeitsverhältnis bestand oder der AN als Versorgungsempfänger/unverfallbarer Anwärter ausgeschieden war und das Dauerschuldverhältnis beim Inkrafttreten noch bestand (BAG 20.4.2010, 3 AZR 509/08, EzA § 1 BetrAVG Hinterbliebenenversorgung

Nr. 14, DB 2010, 2000). Die vorstehenden Entscheidungen des BAG zum Gleichbehandlungsgrundsatz behalten ihre Bedeutung. Dies dürfte auch für die Entscheidungen zum Gleichberechtigungsgrundsatz gelten (zum AGG auch *Rolfs* NZA 2008, 553).

Vor dem Hintergrund, dass das AGG in der BAV anzuwenden ist, sind das Alter betreffende Regelungen (hierzu *Bepler* FS Höfer, S. 1), aber auch Invaliditätsregelungen (Behinderung), Hinterbliebenenregelungen ggf einer Rechtskontrolle zu unterziehen. Jedenfalls verstößt es nicht gegen das AGG, wenn erst nach dem Ausscheiden geheiratete Ehegatten keine Hinterbliebenenversorgung erhalten (BAG 20.4.2010, 3 AZR 509/08, EzA § 1 BetrAVG Hinterbliebenenversorgung Nr. 14, DB 2010, 2000; dies gilt auch dann, wenn nach der Scheidung nach Rentenbeginn der ehemalige Ehegatte noch einmal geheiratet wird (BAG 15.10.2013, 3 AZR 294/11, BB 2013, 2611, BetrAV 2013, 652). Unzulässig ist jedoch eine Spätehenklausel, die eine Hinterbliebenenversorgung ausschließt, wenn die Ehe nach Erreichen einer vorgegebenen Altersgrenze geschlossen wird (BAG 4.8.2015, 3 AZR 137/13, EzA § 10 AGG Nr 12, DB 2015, 3015). 24

D. Zusagearten. Das Gesetz unterscheidet zwischen der Leistungszusage, der beitragsorientierten Leistungszusage und der Beitragszusage mit Mindestleistung. 25

I. Leistungszusage. Diese ist dadurch gekennzeichnet, dass dem AN eine nach bestimmten Regeln zu ermittelnde Leistung zugesagt wird (zB Festbetrag 100 € monatlich; 5 € je Dienstjahr monatlich; 0,5 % des ruhegehaltsfähigen Einkommens je Dienstjahr monatlich: Bsp bei Liebers/*Kisters-Kölkes* FB ArbR L Rn 110). 26

II. Beitragsorientierte Leistungszusage. Die **beitragsorientierte Leistungszusage** ist eine Unterart der Leistungszusage und in § 1 II Nr 1 dahin gehend definiert, dass der AG einen bestimmten Beitrag zusagt, der in eine Anwartschaft auf Versorgungsleistungen umgewandelt wird (Bsp bei Liebers/*Kisters-Kölkes* FB ArbR L Rn 2). Damit ist ein Beitrag und eine Leistung zu definieren (BAG 18.9.2001, 3 AZR 728/00, EzA § 1 BetrAVG Ablösung Nr 31, DB 2002, 1114). Die Leistung kann nach dem Versicherungsprinzip zB mittels einer Transformationstabelle oder nach dem Sparprinzip ermittelt werden (vgl hierzu Kemper/Kisters-Kölkes/ Berenz/Huber/*Huber* § 1 Rn..... 455 ff). Transformationstabellen sind versicherungsmathematisch kalkuliert und sehen in Abhängigkeit vom Alter und unter Berücksichtigung von Sterbe- und Invalidisierungswahrscheinlichkeiten und unter Berücksichtigung eines Zinssatzes die Leistung in Form eines jährlichen Bausteins vor, deren Summe die Gesamtleistung im Versorgungsfall ergibt. Bsp für Transformationstabellen bei *Höfer* § 1 Rn 29; Kemper/Kisters-Kölkes/Berenz/Huber/*Huber* § 1 Rn 461. Beitragsorientierte Leistungszusagen können auch so ausgestaltet sein, dass in Abhängigkeit vom Eintrittsalter unterschiedlich hohe Beiträge zugesagt werden (EuGH 26.09.2013, C-476/11, EzA Richtlinie 2000/78 EG-Vertrag 1999 Nr 34, BetrAV 2013, 628). Zu wertpapierorientierten Zusagen *Börner* Die fondsakzessorische Direktzusage einer Betriebsrente. 27

Leistungs- und beitragsorientierte Leistungszusagen können in allen 5 Durchführungswegen eingesetzt werden. 28

III. Beitragszusage mit Mindestleistung. Die **Beitragszusage mit Mindestleistung**, die in § 1 II Nr 2 definiert wird, wurde mit Wirkung ab dem 1.1.2002 für die Durchführungswege Direktversicherung, Pensionskasse und Pensionsfonds geschaffen (Bsp bei Liebers/*Kisters-Kölkes* FB ArbR L Rn 162). Sie kann nicht bei einer unmittelbaren Versorgungszusage und einer Unterstützungskassenzusage verwandt werden (aA nur *Höfer* § 1 Rn 53ff; zur anlehnenden Gestaltung *Doetsch* FS Höfer, S. 15). Die Beitragszusage mit Mindestleistung ist gekennzeichnet durch die Mindestleistung, die lediglich den Beitragserhalt ohne Zins und Zinseszins vorgibt, und die die Chance auf eine höhere Leistung einräumt, wenn die Beiträge und die daraus erzielten Erträge ein Versorgungskapital im Alter ergeben, welches die Mindestleistung übersteigt. Für die Mindestleistung hat der AG einzustehen. Für das darüber hinausgehende Versorgungskapital trägt der AN das Anlagerisiko. Bei Erreichen der Altersgrenze wird das vorhandene Versorgungskapital verrentet (zur Abgrenzung einer beitragsorientierten Leistungszusage zur Beitragszusage mit Mindestleistung zB *Rolfs* BetrAV 2015, 198; *Blumenstein* FS Kemper, S 25; *Langohr-Plato/Teslau* BetrAV 2006, 503; *Pophal* FS Kemper, S 355; *Uebelhack* GS Blomeyer, S 467). 29

IV. Beitragszusage. Eine **reine Beitragszusage** ist nach dt Recht zulässig. Eine solche Zusage fällt allerdings nicht unter den Geltungsbereich des BetrAVG (BAG 7.9.2004, 3 AZR 550/03, EzA Art 141 EG-Vertrag 1999 Nr 16, DB 2005, 201). Es werden keine künftigen Versorgungsleistungen versprochen, sondern zusätzliche Zahlungen während des bestehenden Arbeitsverhältnisses (BAG 13.11.2007, 3 AZR 635/06, AP Nr 49 zu § 1 BetrAVG). 30

E. Leistungsplan, Mitbestimmungsrechte. Es gilt der **Grundsatz der Gestaltungsfreiheit**. Es können Alters-, Invaliditäts- und Hinterbliebenenleistungen zugesagt werden. Eine BAV liegt aber auch dann 31

§ 1 BetrAVG Zusage des Arbeitgebers auf betriebliche Altersversorgung

vor, wenn nur eine Alters- oder Hinterbliebenenleistung zugesagt wird (BAG 12.6.2007, 3 AZR 14/06, EzA § 1a BetrAVG Nr 2, DB 2007, 2722). Die Leistungserbringung kann von Voraussetzungen abhängig gemacht werden. Vielfach wird die Beendigung des Arbeitsverhältnisses und die Erfüllung einer Wartezeit gefordert (zur Wartezeit s § 1b Rdn 118 f).

32 Insb bei Hinterbliebenenleistungen sind Klauseln üblich, die die Leistung einschränken (zB Ehedauerklauseln, Getrenntlebensklauseln, Altersdifferenzklauseln oder Mindestalterklauseln. Inwieweit diese unter Geltung des AGG weiterhin zulässig sind, ist noch nicht geklärt. Das zur Altersdifferenz beim BAG anhängige Verfahren ist durch Rücknahme der Klage erledigt worden, weil der AN 2004 verstorben war und zu diesem Zeitpunkt die EU-Richtlinien noch nicht umzusetzen waren (EuGH 23.9.2008, C-427/06, EzA Richtlinie 2007/78 EG Vertrag 1999 Nr 7, BB 2008, 2353). Zulässig sind Spätehenklauseln, die auf eine Eheschließung nach Rentenbeginn abstellen (BAG 15.10.2013, 3 AZR 294/11, EzA § 1 BetrAVG Auslegung Nr 3, BB 2014, 29); unzulässig sind Spätehenklauseln, die auf eine Altersgrenze abstellen (BAG 4.8.2015, 3 AZR 137/13, EzA § 10 AGG Nr 12, DB 2015, 3015).

33 Die Höhe der Leistungen ist gestaltbar. Sie kann **dienstzeitabhängig** ausgestaltet sein, als **Festbetragssystem** (zB 5 € je Dienstjahr) oder beitragsorientiert (für einen Beitrag von X gibt es eine Leistung von Y). Zulässig ist es, nur eine bestimmte Anzahl von Dienstjahren bei der Leistungshöhe zu berücksichtigen (BAG 11.12.2012, 3 AZR 634/10, DB 2013, 1002, BetrAV 2013, 245). Auch **Gesamtversorgungszusagen** sind möglich, aber nicht mehr üblich. Bei ihnen wird ein Versorgungsniveau nach bestimmten Regeln ermittelt, von dem dann die jeweilige individuelle Sozialversicherungsrente abgezogen wird. Verringert sich diese, muss der AG die sich ergebende Versorgungslücke schließen. In Zeiten, in denen in der gesetzlichen Rentenversicherung das Versorgungsniveau sinkt, sind AG kaum noch bereit, derartig unkalkulierbare Risiken zu übernehmen.

34 In der Praxis sind nicht selten Versorgungszusagen mit gespaltenen Rentenformeln vorgesehen, insb bei gehaltsabhängigen Versorgungszusagen (Bsp 0,5 % der Bezüge bis zur Beitragsbemessungsgrenze, 1,5 % der Bezüge oberhalb der Beitragsbemessungsgrenze). Mit der außerordentlichen Anhebung der Beitragsbemessungsgrenze in 2003 ist die Frage entstanden, ob diese Erhöhung zu berücksichtigen ist oder nicht. Das BAG (21.4.2009, 3 AZR 471/07, DB 2009, 2164; 21.4.2009, 3 AZR 695/08, EzA § 1 BetrAVG Auslegung Nr 1, DB 2009, 158; 17.1.2012, 3 AZR 135/10, AP Nr 30 zu § 1 BetrAVG, ArbR 2012, 196) hatte für unmittelbare Versorgungszusagen ursprünglich entschieden, dass die außerordentliche Erhöhung unberücksichtigt bleibt, der AN sich aber die »Mehrrente« anrechnen lassen muss, die er aus der gesetzlichen Rentenversicherung erhält. Diese Rechtsprechung hat das BAG wieder aufgegeben (23.4.2013, 3 AZR 475/11, EzA § 1 BetrAVG Auslegung Nr 2, DB 2013, 2157; 18.3.2014, 3 AZR 952/11, EzA § 1 BetrAVG Auslegung Nr 4, BetrAV 2014, 483). Anpassungen sind danach nur noch erforderlich, wenn eine Störung der Geschäftsgrundlage vorliegt. Dies ist nicht der Fall, wenn die Rente um 8 % oder 15 % geringer ausfällt. Zur Anwendung der unterschiedlichen Beitragsbemessungsgrenze-West und der Beitragsbemessungsgrenze-Ost BAG 21.4.2009, 3 AZR 640/07, DB 2009, 2499, BetrAV 2009, 559.

35 Bei der Gestaltung des Leistungsplanes einer arbeitgeberfinanzierten BAV bestehen **Mitbestimmungsrechte des BR**. Diese ergeben sich aus § 87 I Nr 8 oder Nr 10 BetrVG. Das Mitbestimmungsrecht ist in der BAV eingeschränkt. Der AG entscheidet **mitbestimmungsfrei**, ob er überhaupt Mittel für die BAV zur Verfügung stellt, welchen Dotierungsrahmen er vorgibt, welcher Durchführungsweg gewählt wird und welcher Personenkreis berücksichtigt wird (BAG 12.6.1975, 3 ABR 66/74, EzA § 87 BetrAVG Lohn- und Arbeitsentgelt Nr 3, BB 1975, 1065; 12.6.1975, 3 ABR 13/74, EzA § 87 BetrVG 1972 Lohn- und Arbeitsentgelt Nr 4, DB 1975, 1559). Bei der Abgrenzung des begünstigten vom nicht begünstigten Personenkreis ist der Gleichbehandlungsgrundsatz zu berücksichtigen. Erst wenn der AG die 4 grdl Entscheidungen getroffen hat, setzt das Mitbestimmungsrecht des BR bei der **Leistungsplangestaltung** ein. Die Mitbestimmungsrechte des BR sind zwingend zu wahren. Eine einseitig vom AG getroffene Maßnahme ist unwirksam (BAG 21.1.2003, 3 AZR 30/02, EzA § 3 BetrAVG Nr 9, DB 2003, 2130; 26.3.1985, 3 AZR 236/83, EzA § 6 BetrAVG Nr 9, BB 1985, 2617), es sei denn, unter Verletzung des Mitbestimmungsrechtes wurde eine Versorgung eingeführt.

36 Zur Zuständigkeit des Konzern-, Gesamt- oder Einzelbetriebsrats vgl BAG 21.1.2003, 3 ABR 26/02, EzA § 50 BetrVG 2001 Nr 2, DB 2003, 2131; 14.12.1993, 3 AZR 618/93, EzA § 7 BetrAVG Nr 47, DB 1994, 686; keine Zuständigkeit bei ausländischer Konzernspitze BAG 14.2.2007, 7 ABR 26/02, EzA § 54 BetrVG 2001 Nr 3, DB 2007, 1589. Eine Delegation der Mitbestimmungsrechte ist nicht zulässig (BAG 22.8.2006, 3 AZR 319/05, EzA § 77 BetrVG 2001 Nr 17, DB 2007, 639). Ein überbetrieblich gebildeter Gesamtbetriebsrat ist für die BAV nicht zuständig. Von ihm abgeschlossene BV sind unwirksam (BAG 17.04.2012, 3 AZR 400/10, BB 2013, 57; 23.2.2016, 3 AZR 960/13, BetrAV 2016, 251, BB2016, 947).

Zum Mitbestimmungsrecht bei der Entgeltumwandlung § 1a Rdn 12. 37

F. Finanzierung. Auf welche Art und Weise eine BAV finanziert wird, ist ohne Bedeutung. Wird der Aufwand durch den AG getragen, liegt eine **arbeitgeberfinanzierte BAV** vor. Wird künftiges Entgelt in eine wertgleiche BAV umgewandelt, liegt eine wirtschaftlich vom AN finanzierte BAV vor (§ 1 II Nr 3 **Entgeltumwandlung**). Dies gilt auch für Entgeltumwandlungsvereinbarungen, die vor 2002 abgeschlossen wurden. Seit dem 1.1.2002 haben die AN jedoch das Recht, über eine Entgeltumwandlung eine BAV zu finanzieren (hierzu § 1a). Um die BAV zu fördern, werden in der Praxis vielfach **mischfinanzierte Systeme** umgesetzt. Beteiligt sich der AN an der Finanzierung der BAV durch Entgeltumwandlung, erhält er einen Zuschuss des AG. 38

Ohne Bedeutung ist, in welchem Durchführungsweg die BAV umgesetzt wird. In allen 5 Durchführungswegen kann eine ausschließlich arbeitgeberfinanzierte BAV, eine Altersversorgung aus Entgeltumwandlung oder eine mischfinanzierte BAV umgesetzt werden. 39

Eine Besonderheit besteht bei Pensionskassen. Pensionskassenleistungen können auch durch **Eigenbeiträge** (Prämien, die aus versteuertem und verbeitragtem Einkommen – Nettoeinkommen – geleistet werden) des AN finanziert werden. Die Leistungen aus diesen Eigenbeiträgen sind private Vorsorge und nicht BAV (BAG 7.9.2004, 3 AZR 524/03, EzA § 6 BetrAVG Nr 27, DB 2005, 839). Von Eigenbeiträgen sind Beiträge zur unterscheiden, die ein AN aus seinem Arbeitsentgelt an einen Pensionsfonds, eine Pensionskasse oder eine Direktversicherung leistet, wenn diese Beiträge von der Zusage des AG umfasst werden. Die Leistungen aus **Umfassungszusagen** gehören zur BAV (§ 1 II Nr 4). Diese Gestaltungsmöglichkeit wurde geschaffen, um die Riesterförderung zu ermöglichen. Hierzu ist eine ausdrückliche Erklärung des AG erforderlich, aus der sich ergibt, dass er für die vom AN geleisteten Beiträge eintritt. 40

G. Entgeltumwandlung. Seit dem 1.1.1999 hat der Gesetzgeber in § 1 II Nr 3 klargestellt, dass eine BAV auch dann vorliegt, wenn künftige Entgeltansprüche in eine wertgleiche Anwartschaft auf Versorgungsleistungen umgewandelt werden (ausf zur Entgeltumwandlung *Hanau/Arteaga/Rieble/Veit* Entgeltumwandlung, 3. Aufl 2013). Die »Umwandlung« setzt einen Verzicht des AN auf bereits vereinbarte Vergütungsbestandteile voraus. IR eines Abänderungsvertrages ist die Vergütungsvereinbarung abzuändern. Wird statt einer Anhebung der Bezüge eine BAV zugesagt, liegt keine Entgeltumwandlung vor (BAG 8.6.1999, 3 AZR 136/98, EzA § 1 BetrAVG Lebensversicherung Nr 8, DB 1999, 2069). Künftige Entgeltansprüche können Ansprüche auf laufendes Entgelt, aber auch auf Sonderzahlungen sein. Die Herabsetzungsvereinbarung muss vor Fälligkeit der Vergütung vereinbart werden (BMF-Schreiben v 24.07.2013, aaO, Rn 294). 41

Der Vergütungsanspruch in Höhe des umgewandelten Betrages muss durch einen wertgleichen Anspruch auf BAV ersetzt werden. Wertgleichheit ist gegeben, wenn der AN verstirbt, ohne dass eine Hinterbliebenenleistung ausgelöst wird (BAG 11.11.2008, 3 AZR 277/07, EzA § 1 BetrAVG Hinterbliebenenversorgung Nr 13, DB 2009, 294). 42

Die Wertgleichheit ist auch gegeben, wenn bei Beginn eines Versicherungsvertrages die Abschluss- und Vertriebskosten gem § 169 III VVG auf 5 Jahre verteilt werden. Soweit für die Zeit vor dem 1.1.2008 umstritten war, ob gezillmerte Tarife gegen das Wertgleichheitsgebot verstoßen, ist dies mit dem Urteil des BAG v 15.9.2009 (3 AZR 17/09, EzA § 1b BetrAVG Entgeltumwandlung Nr 1, DB 2010, 61) geklärt: Sie können verwendet werden und führen nicht dazu, dass die Entgeltumwandlungsvereinbarung nichtig ist. Ob bei einem vorzeitigen Ausscheiden mit unverfallbarer Anwartschaft ein Missverhältnis zwischen dem beitragsfrei gestellten Versicherung und dem rechtlich zu fordernden Wert besteht, ist zu ermitteln, indem der vorhandene Wert mit dem Wert verglichen wird, der sich ergeben würde, wenn die Abschluss- und Vertriebskosten auf 5 Jahre verteilt worden wären. Insoweit wendet das BAG die vom Gesetzgeber in § 169 III VVG vorgegebene Wertung auf die vor dem 1.1.2008 abgeschlossenen Versicherungen an. 43

Für Versorgungszusagen, die vor dem 1.1.2008 erteilt wurden, hat das BAG in der vorgenannten Entscheidung auch einen Schadensersatzanspruch wegen fehlender Aufklärung über die Zillmerung abgelehnt, weil dem AN die Höhe der Rückkaufswerte vom Versicherungsbeginn bis zum Ablauf der Versicherung bekannt waren. Für ab dem 1.1.2008 abgeschlossene Versicherungsverträge sind dem AG als Versicherungsnehmer vom Versicherer nach § 7 VVG iVm der VVG-Info-Verordnung diverse Unterlagen zur Verfügung zu stellen, ua auch die Rückkaufswerte, eine Modellrechnung, Informationen zu Überschussbeteiligung. Diese wird der AG an den AN weiterleiten müssen, der eine Entgeltumwandlung machen will. Obwohl der AG nicht Verbraucher iSv § 13 BGB ist, wird in der Literatur (*Reinecke* RdA 2009, 13) verlangt, dass dem AG auch ein Produktinformationsblatt zur Verfügung zu stellen ist, damit er dieses an den AN weiterleiten könne. Erhalte er dieses nicht vom Versicherer, solle er danach fragen. In der Niedrigzinsphase sei es zwingend erforderlich, den AN darauf hinzuweisen, dass Wertsteigerungen keinesfalls sicher seien, wenn eine beitragsorientierte Leistungszusage über fondsgebundene oder ähnliche Lebensversicherungsverträge 44

§ 1a BetrAVG Anspruch auf betriebliche Altersversorgung durch Entgeltumwandlung

umgesetzt würde. Wenn – wie bei der Beitragszusage mit Mindestleistung – nur die Summe der zugesagten Beiträge zur Verfügung stehe, seien insbesondere ältere AN von den ausbleibenden Wertsteigerungen betroffen (*Reinecke* NZA 2015, 1153).

45 Für eine BAV, die durch Entgeltumwandlung finanziert wird, gelten bes Vorschriften (§§ 1b V, 2 Va, 7 V, 16 V), die zwingend einzusetzen sind, auch dann, wenn außerhalb des Anwendungsbereichs von § 1a eine Entgeltumwandlung umgesetzt wird (freiwillige Entgeltumwandlung).

46 **H. Durchführungswege.** Die Durchführungswege werden nicht in § 1 definiert. Dies geschieht – erst – in § 1b, sodass hierauf verwiesen wird.

47 **I. TV.** Von § 1 kann in TV nicht abgewichen werden (§ 17 III 1). Die TV-Parteien sind an die gesetzlichen Definitionen und Haftungsregeln gebunden.

§ 1a Anspruch auf betriebliche Altersversorgung durch Entgeltumwandlung

(1) ¹Der Arbeitnehmer kann vom Arbeitgeber verlangen, dass von seinen künftigen Entgeltansprüchen bis zu 4 vom Hundert der jeweiligen Beitragsbemessungsgrenze in der allgemeinen Rentenversicherung durch Entgeltumwandlung für seine betriebliche Altersversorgung verwendet werden. ²Die Durchführung des Anspruchs des Arbeitnehmers wird durch Vereinbarung geregelt. ³Ist der Arbeitgeber zu einer Durchführung über einen Pensionsfonds oder eine Pensionskasse (§ 1b Abs. 3) bereit, ist die betriebliche Altersversorgung dort durchzuführen; andernfalls kann der Arbeitnehmer verlangen, dass der Arbeitgeber für ihn eine Direktversicherung (§ 1b Abs. 2) abschließt. ⁴Soweit der Anspruch geltend gemacht wird, muss der Arbeitnehmer jährlich einen Betrag in Höhe von mindestens einem Hundertsechzigstel der Bezugsgröße nach § 18 Abs. 1 des Vierten Buches Sozialgesetzbuch für seine betriebliche Altersversorgung verwenden. ⁵Soweit der Arbeitnehmer Teile seines regelmäßigen Entgelts für betriebliche Altersversorgung verwendet, kann der Arbeitgeber verlangen, dass während eines laufenden Kalenderjahres gleichbleibende monatliche Beträge verwendet werden.

(2) Soweit eine durch Entgeltumwandlung finanzierte betriebliche Altersversorgung besteht, ist der Anspruch des Arbeitnehmers auf Entgeltumwandlung ausgeschlossen.

(3) Soweit der Arbeitnehmer einen Anspruch auf Entgeltumwandlung für betriebliche Altersversorgung nach Abs. 1 hat, kann er verlangen, dass die Voraussetzungen für eine Förderung nach den §§ 10a, 82 Abs. 2 des Einkommensteuergesetzes erfüllt werden, wenn die betriebliche Altersversorgung über einen Pensionsfonds, eine Pensionskasse oder eine Direktversicherung durchgeführt wird.

(4) ¹Falls der Arbeitnehmer bei fortbestehendem Arbeitsverhältnis kein Entgelt erhält, hat er das Recht, die Versicherung oder Versorgung mit eigenen Beiträgen fortzusetzen. ²Der Arbeitgeber steht auch für die Leistungen aus diesen Beiträgen ein. ³Die Regelungen über Entgeltumwandlung gelten entsprechend.

Übersicht	Rdn.		Rdn.
A. Persönlicher Geltungsbereich	1	E. Mitbestimmungsrecht des BR	12
B. Verlangen des AN	2	F. Wertgleichheit	13
C. Durchführung	4	G. Bestehende und freiwillige	
I. Vereinbarung	5	Entgeltumwandlung	14
II. Vorgaberecht des AG	6	H. TV	16
III. Verlangen des AN	7	I. Steuerliche Förderung nach §§ 10a,	
IV. Riesterförderung	8	82 EStG	17
D. Künftige Entgeltansprüche	9	J. Sozialrecht	18

1 **A. Persönlicher Geltungsbereich.** Einen Anspruch auf BAV durch Entgeltumwandlung haben alle in der gesetzlichen Rentenversicherung pflichtversicherten AN (§ 17 I 3). Dieser Anspruch besteht seit dem 1.1.2002 und ist verfassungsgemäß (BAG 12.6.2007, 3 AZR 14/06, EzA § 1a BetrAVG Nr 2, DB 2007, 2722; BVerfG 7.5.2012, 1 BvR 2653/08). Seit dem 1.1.2013 haben diesen Anspruch auch geringfügig Beschäftigte, da sie bei neu abgeschlossenen Verträgen in der gesetzlichen Rentenversicherung pflichtversichert sind. Der Anspruch ist beschränkt, wenn bereits eine durch Entgeltumwandlung finanzierte BAV besteht (II). Für tarifgebundene AN und AG kann der Anspruch durch den Tarifvorbehalt in § 17 V BetrAVG eingeschränkt sein. Durch eine Vielzahl von TV mit Öffnungsklauseln kommt dieser Einschränkung in der Praxis heute keine große Bedeutung mehr zu. Es haben damit auch tarifgebundene AN hins ihrer tariflichen Bezüge iRd Vorgaben des TV die Möglichkeit der Entgeltumwandlung. Gilt ein TV nur kraft Verweisung, besteht ein Anspruch auf Entgeltumwandlung (BAG 19.4.2011, 3 AZR 154/09,

EzA § 1a BetrAVG Nr 3, DB 2011, 2210). Grds ist diese Vorschrift auch auf die AN des öffentl Dienstes anzuwenden, wenn diese pflichtversichert sind. Für den kommunalen Bereich und für die Länder wurden Öffnungsklauseln geschaffen. AN des Bundes können eine Entgeltumwandlung über die VBL umsetzen. Der EuGH (15.7.2010, C-271/08, BetrAV 2010, 571, ABl EU 2010, Nr C 246, 2) verlangt eine europaweite Ausschreibung.

B. Verlangen des AN. Der Anspruch auf Entgeltumwandlung muss vom AN geltend gemacht werden. Der AG muss den AN nicht über diesen Rechtsanspruch aufklären (BAG, 21.1. 2014, 3 AZR 807/11, BB 2014, 243, BetrAV 2014, 90; *Reinecke* RdA 2005, 129; *ders* DB 2006, 555; *Doetsch* BetrAV 2008, 21; *Hanau/Arteaga/Rieble/Veit*, Rn 139). Für das Verlangen ist keine Form vorgegeben. Es reicht aus, wenn der AN eine entspr Erklärung ggü dem AG abgibt. Allerdings können in TV Formalien für das Verlangen vorgegeben sein. Erlaubt der TV erg BV, können auch dort Vorgaben für das Verlangen gemacht werden. Der Anspruch richtet sich gegen jeden AG, unabhängig von der Rechtsform, von der Größe, der Anzahl der beschäftigten AN oder der Einbindung in einen Konzern.

Wird ein Arbeitsverhältnis begründet, kann der AN z.b. nach Ablauf der Probezeit automatisch in eine BAV einbezogen werden (hierzu *Kisters-Kölkes* FS Höfer, 107). Er muss der Entgeltumwandlung widersprechen. Dieses opting-out führt dazu, dass insb jüngere AN erfasst werden, die auch nur deutlich verringerte Renten aus der gesetzlichen Rentenversicherung erwarten können.

C. Durchführung. Üblicherweise wird mit jedem einzelnen AN eine Entgeltumwandlungsvereinbarung abgeschlossen (Bsp bei Liebers/*Kisters-Kölkes* FB ArbR L Rn 226). Dies ist ein Änderungsvertrag, mit dem die Vergütung laufend oder einmalig reduziert wird. Inhaltlich ist zu regeln, ab wann, in welchem Umfang, für welche Dauer die vereinbarte Vergütung herabgesetzt wird. Als Gegenleistung erhält der AN eine wertgleiche BAV (§ 1 Rdn 42ff). Zeitliche Vorgaben bei der Umwandlung von Sonderzahlungen bestehen nicht. Es muss aus Gründen der Gleichbehandlung ein Schattengehalt geführt werden (*Reinecke* RdA 2005, 129; *ders* DB 2006, 555). Dieses ist die Maßgröße für künftige Erhöhungen der Bezüge, Jubiläumsgelder oder ggf für eine arbeitgeberfinanzierte BAV.

I. Vereinbarung. Durch eine **individuelle Vereinbarung** oder eine **BV** kann die Entgeltumwandlung in allen 5 Durchführungswegen umgesetzt werden. Eine BV kann jedoch als Durchführungsweg nicht eine unmittelbare Zusage oder eine Unterstützungskassenzusage zwingend vorgeben. In diesem Fall hat der AN das Recht, den Abschluss einer Direktversicherung zu verlangen, auch wenn er keine Riesterförderung (III) in Anspruch nehmen will. In TV sind aufgrund von § 17 III 1 Einschränkungen möglich (hierzu § 17 Rdn 25).

II. Vorgaberecht des AG. Kommt es nicht zu einer Vereinbarung, hat der AG ein **einseitiges Vorgaberecht**. Er ist dann auf die Durchführungswege Pensionskasse, Pensionsfonds oder Direktversicherung beschränkt. Der AG gibt nicht nur den Durchführungsweg vor, sondern auch den konkreten Versorgungsträger. Mit der Vorgabe eines Tarifes kann er auch darüber entscheiden, ob eine Beitragszusage mit Mindestleistung, eine beitragsorientierte Leistungszusage oder eine Leistungszusage erteilt wird. Der AG kann auch das Leistungsspektrum einschränken, indem ausschließlich eine Altersleistung zugesagt wird. Zudem kann er durch die Vorgabe der Direktversicherung sein Haftungsrisiko beschränken, da die Insolvenz des Versicherers durch den Sicherungsfonds (§§ 221 ff VAG) abgedeckt wird (BAG 12.6.2007, 3 AZR 14/06, EzA § 1a BetrAVG Nr 2, DB 2007, 2722). Auch viele Pensionskassen sind freiwillig dem Sicherungsfonds beigetreten. Für den Pensionsfonds ist dies nicht möglich. Hat der AG von seinem Vorgaberecht Gebrauch gemacht, kann der einzelne AN zB nicht den Abschluss einer Direktversicherung bei einem anderen Versicherer verlangen (BAG 19.7.2005, 3 AZR 502/04 (A), EzA § 1a BetrAVG Nr 1, DB 2005, 2252). Die Umsetzung im Einzelfall wird durch den Abschluss eines Versicherungs- oder Versorgungsvertrages vorgenommen (zur Auswahl und zum Auswahlverschulden *Reinecke* RdA 2005, 129; zu den Informationspflichten *ders* RdA 2009, 13).

III. Verlangen des AN. Liegt keine Vereinbarung vor und hat auch der AG von seinem Vorgaberecht nicht Gebrauch gemacht, hat der AN das Recht, den Abschluss einer Direktversicherung zu **verlangen**. Den Versicherer und den Tarif wählt der AG aus.

IV. Riesterförderung. Wird die Entgeltumwandlung über eine Pensionskasse, einen Pensionsfonds oder eine Direktversicherung umgesetzt, hat der AN das Recht, die sog **Riesterförderung** (gem §§ 10a, 82 II EStG) zu verlangen. Dies ergibt sich aus III. Dieses dem einzelnen AN eingeräumte Recht bedeutet nicht, dass der AG immer eine Direktversicherung, Pensionskasse oder einen Pensionsfonds mit Riesterförderung anbieten muss. Nur dann, wenn der einzelne AN dies verlangt, ist ein entspr Tarif zu verwenden. Die Praxis zeigt, dass die AN nur relativ selten eine Riesterförderung verlangen, weil – anders als im privaten

§ 1a BetrAVG   Anspruch auf betriebliche Altersversorgung durch Entgeltumwandlung

Bereich – die späteren Auszahlungen in der Kranken- und Pflegeversicherung beitragspflichtig sind. Dies ist verfassungsgemäß.

9 **D. Künftige Entgeltansprüche.** Grds (Ausnahme Tarifentgelt und tarifliche Öffnungsklausel iSv § 17 V) stehen für die Entgeltumwandlung das **laufende Arbeitsentgelt** und **Sonderzahlungen** (Urlaubsgeld, Weihnachtsgeld, Tantieme) zur Verfügung. Die Erklärung, dass auf einen Teil des Anspruchs auf Barvergütung mit Wirkung für die Zukunft verzichtet wird, ist ein **Erlassvertrag** gem § 397 BGB, der vor Fälligkeit des Vergütungsanspruchs abgeschlossen worden sein muss (BMF-Schreiben v 24.07.2013, aaO, Rn 294). Mit dem Abschluss des Vertrages geht insoweit der Anspruch des AN vollständig unter. Er wird ersetzt durch die zugesagte BAV.

10 Es kann unabhängig vom individuellen Einkommen jährlich ein Betrag von höchstens 4 % der jeweiligen Beitragsbemessungsgrenze in der allg Rentenversicherung umgewandelt werden. Gemeint ist die Beitragsbemessungsgrenze West (BMF-Schreiben v 24.07.2013, aaO, Rn 307). Im Jahr 2016 ergibt sich somit max ein Betrag in Höhe von 2.976 € als Jahresbetrag. Auf freiwilliger Basis kann im Einverständnis mit dem AG dieser Betrag überschritten werden. An seine Entscheidung ist der AN max 1 Kalenderjahr gebunden, wenn er Teile seines regelmäßigen Entgelts verwendet. Der AG kann dann verlangen, dass gleich bleibende monatliche Beträge verwendet werden. IÜ steht es dem AN frei, den Entgeltumwandlungsbetrag innerhalb der 4 %-Grenze zu erhöhen, herabzusetzen, auszusetzen. Zu beachten ist jedoch der Mindestbetrag nach I 4, wonach jährlich ein 160tel der Bezugsgröße gem § 18 I SGB IV zu verwenden sind, wenn dies der AG verlangt. Dies ist im Jahr 2016 ein Betrag von 217,88 €.

11 Hat ein AN eine Entgeltumwandlung durchgeführt und wird aus dem entgeltpflichtigen Arbeitsverhältnis ein **ruhendes Arbeitsverhältnis**, hat der AN nach IV das Recht, die Versicherung oder Versorgung mit eigenen Beiträgen aus bereits versteuertem und verbeitragtem Einkommen fortzusetzen. Dabei kann der Betrag auf den Mindestbetrag von einem 160tel der Bezugsgröße herabgesetzt werden. Mit der Fortsetzung der Versicherung oder Versorgung wird idR erreicht, dass der Versicherungs-(Versorgungs-)schutz erhalten bleibt. Dies muss aber in jedem Einzelfall geprüft werden, weil dies von den jeweiligen Bedingungen des Versorgungsträgers abhängig ist. Dieses Fortsetzungsrecht besteht nur in den Durchführungswegen Direktversicherung, Pensionskasse und Pensionsfonds. Für die Leistungen, die sich aus diesen (Privat-) Beiträgen ergeben, hat – systemwidrig – der AG einzustehen. Dies bedeutet, dass den AG auch insoweit eine Ausfallhaftung trifft. Die Leistungen, die auf diesen Beiträgen beruhen, werden wie Leistungen aus Entgeltumwandlung behandelt. Für sie gelten mithin die gleichen Konditionen wie bei jeder Entgeltumwandlung (§§ 1b V, 2 Va, 7 V 3, 16 V). Nach § 212 VVG hat ein AN, dessen Arbeitsverhältnis wegen Elternzeit ruhte, nach der Ruhephase das Recht, eine beitragsfrei gestellte Versicherung zu den Konditionen fortzusetzen, die vor der Beitragsfreistellung galten. Dieses Recht muss innerhalb von 3 Monaten nach der Rückkehr ausgeübt werden. War eine Berufsunfähigkeit mitversichert, ist insoweit § 212 VVG nicht anzuwenden, weil § 176 VVG nicht hierauf verweist.

12 **E. Mitbestimmungsrecht des BR.** Bei der Entgeltumwandlung bestehen nach hM keine Mitbestimmungsrechte des BR (*Höfer* Kap 8 Rn 89 ff; Kemper/Kisters-Kölkes/Berenz/Huber/*Huber* § 1a Rn 65 ff; *Kemper/Kisters-Kölkes* Rn 702 ff; *Perreng* FS Kemper, S 347; aA *Blomeyer/Rolfs/Otto* § 1a Rn 56 f). § 87 I Einleitungssatz BetrVG schließt das Mitbestimmungsrecht aus, soweit eine gesetzliche Regelung besteht. § 1a ist eine gesetzliche Regelung iS dieser Vorschrift. Enthalten TV Öffnungsklauseln, können freiwillige BV abgeschlossen werden, um die Rahmenbedingungen vorzugeben, die für den einzelnen Betrieb maßgeblich sein sollen. Dabei handelt es sich iW um Fristen und Formalien und die vorgegebenen Entgeltbestandteile, die vom AN einzuhalten sind.

13 **F. Wertgleichheit.** Die Altersversorgung, die der AN erhält, muss dem Umwandlungsbetrag wertgleich sein. Zur Wertgleichheit vgl § 1 Rdn 42ff.

14 **G. Bestehende und freiwillige Entgeltumwandlung.** Auch wenn es den Anspruch auf Entgeltumwandlung erst seit dem 1.1.2002 gibt, gab es vor diesem Stichtag bereits Entgeltumwandlungen auf freiwilliger Basis. Vielfach waren dann sog Gehaltsumwandlungsdirektversicherungen abgeschlossen worden. Deshalb sieht II vor, dass bestehende Entgeltumwandlungen den Anspruch auf Entgeltumwandlung einschränken. Wird die bestehende Entgeltumwandlung aufgehoben, besteht der Anspruch in voller Höhe. Nur unter Berücksichtigung der Umstände des Einzelfalls sollte eine solche Aufhebung in Betracht gezogen werden (Bsp: Es besteht eine Direktversicherung mit einem Jahresbeitrag von 1.752 €, der gem § 40b EStG aF pauschal versteuert wird. Der Anspruch auf Entgeltumwandlung ist im Jahr 2016 auf 1224 € (2.976 € abzüglich 1.752 €) beschränkt.

Freiwillige Entgeltumwandlungsvereinbarungen können auch zukünftig abgeschlossen werden, indem zB eine Entgeltumwandlung oberhalb der 4 %-Grenze zugelassen wird. 15

H. TV. In TV kann von § 1a abgewichen werden (§ 17 III 1). So kann zB die Riesterförderung ausgeschlossen werden. Es kann aber auch eine bestimmte Leistungsstruktur oder ein bestimmter Durchführungsweg vorgegeben werden. 16

I. Steuerliche Förderung nach §§ 10a, 82 EStG. Verlangt der AN nach III die sog Riesterförderung, müssen Altersvorsorgebeiträge zum Aufbau einer kapitalgedeckten BAV gezahlt werden. Es muss eine Rente oder ein Auszahlungsplan vorgesehen sein. Die Altersvorsorgebeiträge sind aus dem Nettolohn, also nach Abzug von Steuern und ggf anfallenden Sozialversicherungsbeiträgen zu entrichten. Der Altersvorsorgebeitrag wird durch den Staat in Form eines Sonderausgabenvorteils bzw einer Zulage steuerlich gefördert. Die Förderung ergibt sich dabei aus einem Günstigkeitsvergleich. Die Ermittlung der Zulage ergibt sich aus §§ 10a, 83–86 EStG. 17

J. Sozialrecht. Mit dem Gesetz zur Förderung der zusätzlichen Altersvorsorge und zur Änderung des Dritten Buches Sozialgesetzbuch v 10.12.2007 (BGBl I 2007, 2838) wird für die Entgeltumwandlung ein Betrag von 4 % der Beitragsbemessungsgrenze dauerhaft beitragsfrei gestellt (§ 14 SGB IV, § 1 Sozialversicherungsentgeltverordnung). Dies gilt unabhängig vom Durchführungsweg. Wird iRd § 3 Nr 63 EStG der Zusatzbeitrag von 1.800 € genutzt, sind Sozialversicherungsbeiträge auf diesen Teil des Umwandlungsbetrages zu leisten. 18

§ 1b Unverfallbarkeit und Durchführung der betrieblichen Altersversorgung

(1) [1]Einem Arbeitnehmer, dem Leistungen aus der betrieblichen Altersversorgung zugesagt worden sind, bleibt die Anwartschaft erhalten, wenn das Arbeitsverhältnis vor Eintritt des Versorgungsfalls, jedoch nach Vollendung des 25. Lebensjahres endet und die Versorgungszusage zu diesem Zeitpunkt mindestens fünf Jahre bestanden hat (unverfallbare Anwartschaft). [2]Ein Arbeitnehmer behält seine Anwartschaft auch dann, wenn er aufgrund einer Vorruhestandsregelung ausscheidet und ohne das vorherige Ausscheiden die Wartezeit und die sonstigen Voraussetzungen für den Bezug von Leistungen der betrieblichen Altersversorgung hätte erfüllen können. [3]Eine Änderung der Versorgungszusage oder ihre Übernahme durch eine andere Person unterbricht nicht den Ablauf der Fristen nach Satz 1. [4]Der Verpflichtung aus einer Versorgungszusage stehen Versorgungsverpflichtungen gleich, die auf betrieblicher Übung oder dem Grundsatz der Gleichbehandlung beruhen. [5]Der Ablauf einer vorgesehenen Wartezeit wird durch die Beendigung des Arbeitsverhältnisses nach Erfüllung der Voraussetzungen der Sätze 1 und 2 nicht berührt. [6]Wechselt ein Arbeitnehmer vom Geltungsbereich dieses Gesetzes in einen anderen Mitgliedstaat der Europäischen Union, bleibt die Anwartschaft in gleichem Umfange wie für Personen erhalten, die auch nach Beendigung eines Arbeitsverhältnisses innerhalb des Geltungsbereichs dieses Gesetzes verbleiben.

(2) [1]Wird für die betriebliche Altersversorgung eine Lebensversicherung auf das Leben des Arbeitnehmers durch den Arbeitgeber abgeschlossen und sind der Arbeitnehmer oder seine Hinterbliebenen hinsichtlich der Leistungen des Versicherers ganz oder teilweise bezugsberechtigt (Direktversicherung), so ist der Arbeitgeber verpflichtet, wegen Beendigung des Arbeitsverhältnisses nach Erfüllung der in Absatz 1 Satz 1 und 2 genannten Voraussetzungen das Bezugsrecht nicht zu widerrufen. [2]Eine Vereinbarung, nach der das Bezugsrecht durch die Beendigung des Arbeitsverhältnisses nach Erfüllung der in Absatz 1 Satz 1 und 2 genannten Voraussetzungen auflösend bedingt ist, ist unwirksam. [3]Hat der Arbeitgeber die Ansprüche aus dem Versicherungsvertrag abgetreten oder beliehen, so ist er verpflichtet, den Arbeitnehmer, dessen Arbeitsverhältnis nach Erfüllung der in Absatz 1 Satz 1 und 2 genannten Voraussetzungen geendet hat, bei Eintritt des Versicherungsfalles so zu stellen, als ob die Abtretung oder Beleihung nicht erfolgt wäre. [4]Als Zeitpunkt der Erteilung der Versorgungszusage im Sinne des Absatzes 1 gilt der Versicherungsbeginn, frühestens jedoch der Beginn der Betriebszugehörigkeit.

(3) [1]Wird die betriebliche Altersversorgung von einer rechtsfähigen Versorgungseinrichtung durchgeführt, die dem Arbeitnehmer oder seinen Hinterbliebenen auf ihre Leistungen einen Rechtsanspruch gewährt (Pensionskasse und Pensionsfonds), so gilt Absatz 1 entsprechend. [2]Als Zeitpunkt der Erteilung der Versorgungszusage im Sinne des Absatzes 1 gilt der Versicherungsbeginn, frühestens jedoch der Beginn der Betriebszugehörigkeit.

(4) [1]Wird die betriebliche Altersversorgung von einer rechtsfähigen Versorgungseinrichtung durchgeführt, die auf ihre Leistungen keinen Rechtsanspruch gewährt (Unterstützungskasse), so sind die nach Erfüllung der in Absatz 1 Satz 1 und 2 genannten Voraussetzungen und vor Eintritt des Versorgungsfalles

§ 1b BetrAVG — Unverfallbarkeit und Durchführung der betrieblichen Altersversorgung

aus dem Unternehmen ausgeschiedenen Arbeitnehmer und ihre Hinterbliebenen den bis zum Eintritt des Versorgungsfalles dem Unternehmen angehörenden Arbeitnehmern und deren Hinterbliebenen gleichgestellt. ²Die Versorgungszusage gilt in dem Zeitpunkt als erteilt im Sinne des Absatzes 1, von dem an der Arbeitnehmer zum Kreis der Begünstigten der Unterstützungskasse gehört.

(5) ¹Soweit betriebliche Altersversorgung durch Entgeltumwandlung erfolgt, behält der Arbeitnehmer seine Anwartschaft, wenn sein Arbeitsverhältnis vor Eintritt des Versorgungsfalles endet; in den Fällen der Absätze 2 und 3

1. dürfen die Überschussanteile nur zur Verbesserung der Leistung verwendet,
2. muss dem ausgeschiedenen Arbeitnehmer das Recht zur Fortsetzung der Versicherung oder Versorgung mit eigenen Beiträgen eingeräumt und
3. muss das Recht zur Verpfändung, Abtretung oder Beleihung durch den Arbeitgeber ausgeschlossen werden.

²Im Fall einer Direktversicherung ist dem Arbeitnehmer darüber hinaus mit Beginn der Entgeltumwandlung ein unwiderrufliches Bezugsrecht einzuräumen.

Übersicht

	Rdn.
A. Regelungsbereich	1
B. Durchführungswege	2
I. Unmittelbare Versorgungszusage (Direktzusage, § 1b I 1)	3
II. Direktversicherung	7
III. Pensionskasse	14
IV. Pensionsfonds	18
V. Unterstützungskasse	23
VI. Gruppen-/Konzernkassen	29
VII. Kombination von Durchführungswegen	30
VIII. Wechsel des Durchführungsweges	32
IX. CTA und Wertguthaben	36
C. Unverfallbarkeit	37
I. Richterliche Unverfallbarkeit	38
II. Gesetzliche Unverfallbarkeit	39
1. Vorzeitiges Ausscheiden	40
2. Vollendung des 25. Lebensjahres	44
3. Zusagebestand	46
4. Vorruhestand	55
5. Alle Durchführungswege	56
III. Unverfallbarkeit und Entgeltumwandlung	57
IV. Vertragliche Unverfallbarkeit	59
V. Besonderheiten bei Direktversicherungen	60
D. Änderung der Zusage	62
I. Rspr des BAG	66
1. Rechtsbegründungsakt BV	67
a) Besitzstandsstufe	70
b) Besitzstandsstufe	72
c) Besitzstandsstufe	74
d) Modifizierung	78
e) Jeweiligkeitsklausel	79
2. Kdg der BV	81
3. Rechtsbegründungsakt Gesamtzusage/ vertragliche Einheitsregelung	83
4. Widerruf bei Unterstützungskassen	86
5. Ausscheiden mit unverfallbarer Anwartschaft nach Änderung	88
6. Widerrufsvorbehalte	89
II. Änderung des Durchführungsweges	94
III. Änderung einer betrieblichen Übung	95
E. Übernahme	96
I. Betriebsübergang	97
1. BAV beim abgebenden Unternehmen	98
2. Nur beim Erwerber bestehende BAV	102
3. In beiden Unternehmen bestehende BAV	104
4. Entgeltumwandlung	105
5. Informationspflichten	107
6. Änderungen im Zusammenhang mit einem Übergang	109
7. Versorgungsempfänger, unverfallbar ausgeschiedene Anwärter	112
8. Betriebsübergang in der Insolvenz	113
II. Umwandlung gem § 324 UmwG	115
F. Wartezeit	118
G. Wechsel in EU	120
H. Mobilitätsrichtlinie	121
I. TV	122

1 **A. Regelungsbereich.** § 1b regelt die **gesetzliche Unverfallbarkeit dem Grunde nach**. Differenziert wird bei der Unverfallbarkeit zwischen der arbeitgeberfinanzierten BAV (I–IV) und der BAV aus Entgeltumwandlung (V). Gleichzeitig definiert diese Vorschrift die **Durchführungswege** der BAV, umschreibt rudimentär die Rechtsbegründungsakte und spricht die Änderung von Versorgungszusagen und die Wartezeit an. Primäres Ziel dieser Vorschrift ist die Regelung der Unverfallbarkeit. Ab dem 1.9.2009 ist zu beachten, dass ein geschiedener Ehegatte im Rahmen eines durchgeführten Versorgungsausgleichs einem unverfallbar ausgeschiedenen AN gleichgestellt sein kann (§ 12 VersAusglG, BGBl I 2009, S 700).

2 **B. Durchführungswege.** Die I–IV zählen abschließend die 5 Durchführungswege auf, in denen BAV umgesetzt werden kann. Für den arbeitsrechtlichen Verpflichtungsumfang ist ohne Bedeutung, welchen Durchführungsweg der AG wählt. Für die Erfüllung der von ihm zugesagten Leistungen muss immer der AG einstehen, auch wenn er einen externen Versorgungsträger eingeschaltet hat (§ 1 I 3).

I. Unmittelbare Versorgungszusage (Direktzusage, § 1b I 1). Bei der Direktzusage verpflichtet sich der 3 AG selbst, aus seinem Vermögen die von ihm unmittelbar zugesagten Versorgungsleistungen zu erbringen. Dieser Durchführungsweg kann für die arbeitgeberfinanzierte BAV, aber auch für die BAV aus Entgeltumwandlung verwendet werden, letzteres nur, wenn der AN damit einverstanden ist.

Mit der Erteilung der Zusage geht der AG ggü dem einzelnen AN eine ungewisse Verbindlichkeit gem § 249 4 HGB ein. Er muss folglich in der Handelsbilanz eine Rückstellung bilden, deren Höhe sich nach § 253 HGB richtet. Für die Bildung von Pensionsrückstellungen in der Steuerbilanz ist § 6a EStG maßgeblich. Der Gesetzgeber hat mit dem Bilanzrechtsmodernisierungsgesetz (BilMoG, BGBl I 2009, S 1102) den Wertansatz für die Handelsbilanz neu vorgegeben, indem die Rückstellung in der Handelsbilanz mit dem Marktzins (unter Berücksichtigung von Gehalts- und Rententrends, Fluktuation) zu berechnen ist (zu den Übergangsregeln Art 67 EGHGB). Ob und in welchem Umfang der AG Rückstellungen bildet, ist für den AN ohne Bedeutung. Ohne Bedeutung ist auch, ob der AG zur Finanzierung seines Leistungsversprechens Vermögenswerte ansammelt oder eine Rückdeckungsversicherung abschließt (BAG 17.1.2012, 3 AZR 10/10, BB 2012, 1099, BetrAV 2012, 368). Alle Finanzierungsentscheidungen werden ausschließlich vom AG getroffen. Weder der einzelne AN noch der BR haben Mitbestimmungsrechte.

In der Anwartschaftsphase treten für den AN keine steuerlichen Folgen ein. Erst die Auszahlung der Versor- 5 gungsleistungen, die beim AG Betriebsausgaben sind, führt beim Versorgungsempfänger zum Zufluss (§ 11 EStG), den er nach § 19 EStG zu versteuern hat (nachgelagerte Besteuerung). Durch die sukzessive Anhebung des Besteuerungsanteils bei den gesetzlichen Renten gem § 22 Nr 1 EStG werden künftig wesentlich mehr betriebliche Versorgungsleistungen als bisher in die Besteuerung einbezogen.

Ist eine unmittelbare Zusage mit einem Contractual Trust Agreement (CTA) verknüpft, ändert sich an den 6 vorstehenden Aussagen nichts. Bei einer solchen Treuhandlösung wird dem AN lediglich über einen Vertrag zugunsten Dritter das Recht eingeräumt, sich aus dem Treuhandvermögen zu befriedigen, wenn bestimmte Voraussetzungen erfüllt sind, wobei noch nicht durch die Rspr geklärt ist, ob ein CTA insolvenzfest ist (Für Arbeitszeitkonten geht das BAG von der Insolvenzfestigkeit aus: 18.7.2013, 6 AZR 47/12, EzA § 35 InsO Nr 2, DB 2013, 2395). Dies ist wegen des gesetzlichen Insolvenzschutzes durch den PSVaG (§§ 7 ff) idR in der BAV unproblematisch.

II. Direktversicherung. Wird für einen AN eine Lebensversicherung durch den AG abgeschlossen und 7 sind der AN oder seine Hinterbliebenen hins der Leistungen des Versicherers ganz oder teilw bezugsberechtigt, liegt eine Direktversicherung vor (§ 1b II 1). Zu unterscheiden ist zwischen dem **Valutaverhältnis**, das zwischen dem AG und dem AN besteht, und dem **Deckungsverhältnis** (BAG 8.6.1999, 3 AZR 136/98, EzA § 1 BetrAVG Lebensversicherung Nr 8, DB 1999, 2069). Die Grundverpflichtung besteht aus dem Versorgungsversprechen und dem Versprechen, Beiträge an ein Lebensversicherungsunternehmen zu zahlen, aber zB auch den Gleichbehandlungsgrundsatz nicht zu verletzen und bei der Entgeltumwandlung die Wertgleichheit einzuhalten. Das Deckungsverhältnis besteht zwischen dem AG als Versicherungsnehmer und der Lebensversicherungsgesellschaft, bei der durch den AG ein Versicherungsvertrag (zu Unisextarifen § 1 Rdn 6) abgeschlossen wurde. Kommt es zu Störungen im Deckungsverhältnis (zB AG zahlt Prämie nicht), muss der AG für die Erfüllung der zugesagten Leistungen selbst und unmittelbar einstehen (§ 1 I 3). Diese beiden Vertragsverhältnisse sind streng voneinander abzugrenzen. Nur im Deckungsverhältnis ist das VVG anzuwenden.

Mit Abschluss des Versicherungsvertrages, dem der AN nur bei Einzelversicherungen gem § 150 VVG, nicht 8 bei Kollektivlebensversicherungsverträgen zustimmen muss, wird dem AN ein Bezugsrecht eingeräumt. Dieses kann bei der arbeitgeberfinanzierten BAV widerruflich, eingeschränkt widerruflich oder unwiderruflich sein (zum Widerruf in der Insolvenz BAG 15.6.2010, 3 AZR 31/07, EzA § 1 BetrAVG Lebensversicherung Nr 10, DB 2010, 2678). Das Bezugsrecht kann sich auf alle Leistungen aus dem Versicherungsvertrag beziehen (garantierte Leistung, Überschussanteile). Es kann aber auch beschränkt sein auf die garantierte Leistung oder auf die Erlebensfall- oder Todesfallleistung (gespaltenes Bezugsrecht). Ein eingeschränkt widerrufliches Bezugsrecht liegt vor, wenn mit Ablauf der Unverfallbarkeitsfristen aus dem widerruflichen Bezugsrecht automatisch ein unwiderrufliches wird. Ob das Bezugsrecht auch die Überschussanteile umfasst, ergibt sich aus dem Inhalt der Versorgungszusage (BAG 16.2.2010, 3 AZR 479/08, BB 2010, 1916). Bei einer BAV aus Entgeltumwandlung muss von Anfang an ein unwiderrufliches Bezugsrecht bestehen.

Keine Direktversicherung liegt vor, wenn und soweit der AG bezugsberechtigt ist. Hat der AG das Bezugs- 9 recht, liegt (insoweit) eine **Rückdeckungsversicherung** vor. Eine Rückdeckungsversicherung liegt aber auch vor, wenn ausschließlich der AG bezugsberechtigt ist. Eine solche Versicherung dient Finanzierungszwecken (BAG 14.7.1972, 3 AZR 63/72, EzA § 242 BGB Ruhegeld Nr 16, DB 1972, 2068; BAG 17.1.2012, 3 AZR 10/10, BB 2012, 1099, BetrAV 2012, 368).

§ 1b BetrAVG Unverfallbarkeit und Durchführung der betrieblichen Altersversorgung

10 Die Beiträge, die vom AG an das Lebensversicherungsunternehmen gezahlt werden, sind bei ihm Betriebsausgaben und gem § 3 Nr 63 EStG für den AN lohnsteuerfrei, wenn sie iR eines ersten Dienstverhältnisses gezahlt werden. Lohnsteuerfrei ist ein Beitrag bis zu 4 % der Beitragsbemessungsgrenze in der allg Rentenversicherung, unabhängig davon, wie hoch die Bezüge des AN tatsächlich sind. Gemeint ist die Beitragsbemessungsgrenze West (BMF-Schreiben v 24.07.2013, aaO, Rn 307). Dies sind in 2016 2.976 € als Jahresbeitrag. Für Versorgungszusagen, die ab dem 1.1.2005 erteilt werden, ist ein weiterer Betrag von 1.800 € jährlich lohnsteuerfrei. Voraussetzung für die Steuerfreiheit ist, dass die zugesagten Versorgungsleistungen in Form einer Rente oder eines Auszahlungsplans vorgesehen sind. Dabei handelt es sich grds um eine lebenslängliche Rente. Zu abgekürzten Leibrente vgl BMF-Schreiben v 24.07.2013, aaO, Rn 312; zu Renten mit Garantiezeit Rn 251; zum Kapitalwahlrecht Rn 272. Wird ein höherer Beitrag gezahlt, ist dieser hins des übersteigenden Betrages voll steuerpflichtig. Die Steuer richtet sich nach den individuellen Bemessungsgrundlagen des AN. § 3 Nr 63 EStG wird nur einmal angewandt, auch wenn eine BAV durch Arbeitgeberbeiträge und Entgeltumwandlung finanziert wird. Lohnsteuerfrei bleiben vorrangig die Arbeitgeberbeiträge. Besteht neben einer Direktversicherung auch eine Pensionskassen- und/oder Pensionsfondszusage, sind die Beiträge in allen versicherungsförmigen Durchführungswegen zusammenzurechnen.

11 Soweit nach § 3 Nr 63 EStG die Finanzierung der BAV lohnsteuerfrei erfolgte, sind bei Auszahlung der Versorgungsleistungen diese gem §§ 11, 22 Nr 5 EStG in voller Höhe zu versteuern (nachgelagerte Besteuerung).

12 Für Direktversicherungen, die vor dem 1.1.2005 abgeschlossen wurden, erfolgt idR eine Pauschalversteuerung gem § 40b EStG aF. Soweit eine vorgelagerte Besteuerung mit dem Pauschsteuersatz stattgefunden hat, sind idR Kapitalauszahlungen steuerfrei, Rentenzahlungen mit dem Ertragsanteil gem § 22 Nr 1 EStG zu versteuern.

13 Wird das Arbeitsverhältnis beendet, kann von der Vervielfältigungsregel gem §§ 3 Nr 63 oder 40b EStG aF Gebrauch gemacht werden. Dies erfolgt in Abhängigkeit davon, ob es sich um eine Alt- oder Neuzusage handelt (zur Abgrenzung BMF-Schreiben v 24.07.2013, aaO, Rn 349 ff).

14 **III. Pensionskasse.** Wird die BAV von einer rechtsfähigen Versorgungseinrichtung durchgeführt, die dem AN oder seinen Hinterbliebenen auf ihre Leistungen einen Rechtsanspruch gewährt, liegt eine Pensionskasse vor (III). Die Definition der Pensionskasse erfolgt in § 232 VAG. Danach handelt es sich bei dieser Versorgungseinrichtung um ein **Lebensversicherungsunternehmen**, dessen Zweck die Absicherung von wegfallendem Erwerbseinkommen wegen Erreichens einer Altersgrenze, Eintritt von Invalidität oder Tod ist. Die Aufsicht erfolgt durch die BaFin. Eine Pensionskasse muss sich im Kapitaldeckungsverfahren finanzieren. Leistungen dürfen im Todesfall nur an Hinterbliebene ieS (BMF-Schreiben v 24.07.2013, aaO, Rn 287) erbracht werden (Ausnahme Sterbegeld). Die Pensionskasse muss der versicherten Person einen eigenen Anspruch auf die zugesagten Leistungen einräumen. Von einer Pensionskasse, die selbst Leistungen der BAV erbringt, ist eine Rückdeckungspensionskasse zu unterscheiden. Letztere ist eine Pensionskasse, bei der ein AG oder eine Unterstützungskasse Rückdeckungsversicherungen zur Finanzierung der BAV abschließt.

15 Pensionskassen iSv § 232 VAG können in der Rechtsform des Versicherungsvereins auf Gegenseitigkeit (VVaG) oder der Aktiengesellschaft geführt werden. Es gibt regulierte und deregulierte Pensionskassen (hierzu *Schwind* BetrAV 2005, 638). Aus arbeitsrechtlicher Sicht ist insoweit von Bedeutung, ob der AG oder der AN Versicherungsnehmer ist. Bei dem mitgliedschaftlich geprägten VVaG ist idR der AN Versicherungsnehmer, bei der Aktiengesellschaft kann nur der AG Versicherungsnehmer sein. Diese Unterscheidung ist im Zusammenhang mit § 2 III 2 ff von Bedeutung, weil bei der Durchführung über einen VVaG idR eine Abtretung/Beleihung ausgeschlossen ist, bei einer Pensionskasse in der Rechtsform der Aktiengesellschaft nicht. Desweiteren ist diese Unterscheidung von Bedeutung für die Beratungs- und Informationspflichten und das Widerrufsrecht nach §§ 6, 7 VVG (Ausnahme § 211 VVG).

16 Ebenso wie bei der Direktversicherung ist bei der Pensionskasse zwischen dem **Valutaverhältnis** und dem **Deckungsverhältnis** zu unterscheiden (s Rdn 7).

17 Die Pensionskassenleistungen werden durch Beiträge nach § 3 Nr 63 EStG steuerfrei finanziert. Diese Beiträge sind beim AG Betriebsausgaben. Die nach Eintritt des Leistungsfalles ausgezahlten Leistungen sind voll nach § 22 Nr 5 EStG zu versteuern. Für Altzusagen, die vor dem 1.1.2005 erteilt wurden, kann neben § 3 Nr 63 EStG § 40b EStG aF zur Anwendung kommen. IÜ wird auf Rdn 11ff Bezug genommen.

18 **IV. Pensionsfonds.** In III wird der Pensionsfonds genauso wie die Pensionskasse als rechtsfähige Versorgungseinrichtung definiert, die dem AN einen Rechtsanspruch auf die zugesagten Leistungen einräumt. Dieser Durchführungsweg wurde als 5. Durchführungsweg mit Wirkung ab dem 1.1.2002 geschaffen. Wie

auch bei der Pensionskasse ist zwischen dem **Valutaverhältnis** zwischen AG und AN aus der arbeitsrechtlichen Grundverpflichtung und dem **Deckungsverhältnis** zwischen AG und Pensionsfonds zu unterscheiden. Die Einzelheiten der Definition des Pensionsfonds ergeben sich aus § 236 VAG. Der Pensionsfonds ist eine rechtsfähige Versorgungseinrichtung, die im Wege des Kapitaldeckungsverfahrens nur Leistungen der BAV für einen oder mehrere AG zugunsten der AN erbringt. Der Pensionsfonds unterscheidet sich von der Pensionskasse dadurch, dass entweder die Höhe der Leistungen oder die Höhe der für diese Leistungen zu erbringenden künftigen Beiträge nicht für alle vorgesehenen Leistungsfälle durch versicherungsförmige Garantien zugesagt werden dürfen. Ebenso wie bei der Pensionskasse muss der AN gegen den Pensionsfonds einen eigenen Leistungsanspruch haben. Der Pensionsfonds kann in der Rechtsform des Pensionsfondsvereins oder in der Rechtsform der Aktiengesellschaft geführt werden. Er war der 1. Durchführungsweg, für den der Gesetzgeber die Leistungsform vorgegeben, aber zwischenzeitlich wieder aufgegeben hat. Der Pensionsfonds musste bis zur Gesetzesänderung eine lebenslange Altersrente zahlen. Nun kann ein Kapital oder eine Rente mit Kapitalwahlrecht vorgesehen werden, wegen § 3 Nr 63 EStG aber nicht originär ein Kapital. Als Alt kommt die Auszahlung der Leistung über einen Auszahlungsplan in Betracht. 19

Der Pensionsfonds ist **keine Versicherungsgesellschaft**. Er untersteht jedoch der Aufsicht durch die BaFin. Seine Möglichkeit zur Vermögensanlage ist flexibler als bei der Pensionskasse, damit der Pensionsfonds kapitalmarktorientiert die Vermögensanlage gestalten kann (*Meier/Recktenwald* S 11). 20

Für die Beiträge, die der AG an den Pensionsfonds leistet, kommt § 3 Nr 63 EStG zur Anwendung. Die steuerfrei finanzierte Anwartschaft ist bei Eintritt des Versorgungsfalles als ausgezahlte Rente voll gem § 22 Nr 5 EStG nachgelagert zu versteuern. Wegen der Einzelheiten wird auf Rdn 11 ff Bezug genommen. 21

Der Pensionsfonds wird auch bes durch § 3 Nr 66 EStG gefördert, indem ein Wechsel des Durchführungsweges erleichtert wird. Will ein AG von einer unmittelbaren Versorgungszusage oder einer Unterstützungskassenzusage in den Pensionsfonds wechseln, kann der sog Past-Service durch einen lohnsteuerfreien Einmalbeitrag finanziert werden (s Rdn 32 ff). 22

V. Unterstützungskasse. In IV wird die Unterstützungskasse als eine rechtsfähige Versorgungseinrichtung definiert, die auf ihre Leistungen **keinen Rechtsanspruch** gewährt. Der Ausschluss des Rechtsanspruchs ist historisch bedingt. Nur durch den Ausschluss des Rechtsanspruchs konnte vermieden werden, dass Unterstützungskassen der Versicherungsaufsicht durch die BaFin unterliegen. Arbeitsrechtlich bedeutet der Ausschluss nicht, dass der AN bei seiner BAV weniger geschützt ist als bei einem Durchführungsweg mit Rechtsanspruch. Dies zeigt sich bes in dem Fall, dass eine bestehende Versorgungsanwartschaft abgeändert werden soll. Nach der st Rspr des BAG sind auch Versorgungsanwartschaften einer Unterstützungskasse vor Änderungen geschützt. Soll die Leistung aus einer Unterstützungskassenzusage widerrufen werden, greift der 3-stufige Besitzstand, den das BAG auch bei Versorgungszusagen mit Rechtsanspruch anwendet. Das BAG formuliert dies so, dass aus einer Versorgungszusage unter Einschaltung einer Unterstützungskasse ein Rechtsanspruch erwächst, dieser aber ganz oder teilw aus sachlichem Grund widerruflich ist (BAG 11.12.2001, 3 AZR 128/01, EzA § 1 BetrAVG Ablösung Nr 32, DB 2003, 214; 21.3.2006, 3 AZR 374/05, EzA § 2 BetrAVG Nr 24, DB 2006, 2354). Damit besteht der rechtliche Unterschied nicht in der Rechtsqualität, sondern in der Art und Weise, wie eine Änderung vorgenommen werden kann. Bei einer Unterstützungskasse kann der AG ein einseitiges Widerrufsrecht haben, wenn sachliche Gründe vorliegen (BAG 15.2.2011, 3 AZR 35/09 ua, EzA § 1 BetrAVG Betriebsvereinbarung Nr 9, BB 2011, 3068; 15.1.2013, 3 AZR 705/10, FA 2013, 212, BB 2013, 1396; 9.12.2014, 3 AZR 323/13, DB 2015, 941, EzA § 1 BetrAVG Ablösung Nr 6). 23

Für die Erfüllung der vom AG zugesagten Leistung hat die Unterstützungskasse einzustehen. Kann diese nicht oder nicht im vollem Umfang die zugesagten Leistungen erbringen, zB weil der AG sie nicht ausreichend dotiert hat, steht hierfür der AG ein (§ 1 I 3). Verletzt die Unterstützungskasse bei der Leistungsgewährung den Gleichbehandlungsgrundsatz, richtet sich der Erfüllungsanspruch sowohl gegen den AG als auch gegen die Unterstützungskasse, zumindest dann, wenn es sich um eine Gruppenunterstützungskasse in einem Konzern handelt. Beide haften als Gesamtschuldner. Die Unterstützungskasse hat hinsichtlich der zusätzlichen Aufwendungen ggü. dem AG einen Anspruch auf Vorschuss und Aufwendungsersatz gem §§ 669, 670 BGB (BAG 16.2.2010, 3 AZR 216/09, EzA § 1 BetrAVG Gleichbehandlung Nr 35, BB 2010, 499, BetrAV 2010, 178). 24

Unterstützungskassen können in der Rechtsform eines eV, einer GmbH oder einer Stiftung geführt werden. Sind die entscheidungserheblichen Organe der Versorgungseinrichtung paritätisch besetzt, werden die **Mitbestimmungsrechte des BR** in der sog organschaftlichen Lösung umgesetzt. In diesem Fall sind die Vertreter des BR und des AG gleichberechtigt und paritätisch beteiligt, sodass Einvernehmen bei allen Entscheidungen erzielt werden muss (BAG 11.12.2001, 3 AZR 512/00, EzA § 1 BetrAVG Ablösung Nr 33, 25

DB 2003, 293). Liegt keine paritätische Besetzung der Organe vor, erfolgt die Mitbestimmung 2-stufig. Außerhalb der Unterstützungskasse einigen sich AG und BR auf die mitbestimmungsrelevanten Fragen. Entspr dieser Vereinbarung werden dann die Organe der Unterstützungskasse zur Abstimmung verpflichtet. Es kann von der organschaftlichen Lösung zur 2-stufigen Lösung – ggf auch nur vorübergehend – gewechselt werden (BAG 16.2.2010, 3 AZR 181/08, EzA § 1 BetrAVG Ablösung Nr 48, DB 2010, 1833).

26 Die Dotierung der Unterstützungskasse erfolgt nach § 4d EStG durch den AG. Dabei ist zwischen der reservepolsterfinanzierten Unterstützungskasse und der rückgedeckten Unterstützungskasse zu unterscheiden. Bei Letzterer schließt die Unterstützungskasse bei einem Versicherungsunternehmen einen Rückdeckungsversicherungsvertrag ab, um damit die dem AN zugesagten Leistungen ganz (kongruent) oder teilw (nicht kongruent) zu finanzieren. Aus diesem Rückdeckungsversicherungsvertrag ist ausschließlich die Unterstützungskasse berechtigt und verpflichtet. Sie verschafft sich die Finanzierungsmittel, die sie zur Erfüllung ihrer Leistungen ganz oder teilw benötigt. Der AN hat keine Ansprüche aus dieser Rückdeckungsversicherung. Der Insolvenzverwalter kann sie auch nicht zur Masse ziehen (BAG 29.9.2010, 3 AZR 107/08, DB 2011, 424, FA 2011, 120). Bei der reservepolsterfinanzierten Unterstützungskasse ist in der Anwartschaftszeit aus steuerlichen Gründen keine ausreichende Dotierung möglich. Die Dotierung kann erst bei Eintritt des Versorgungsfalles durch entspr Zuwendungen des AG nachgeholt werden. Aus AN-Sicht ist dies ohne Bedeutung. Unabhängig davon, ob eine Rückdeckungsversicherung besteht oder eine reservepolsterfinanzierte Unterstützungskasse vorliegt, muss der AG für Deckungslücken einstehen, die bei der Finanzierung bestehen. Dies ergibt sich aus § 1 I 3.

27 Während der Anwartschaftszeit hat die Dotierung der Unterstützungskasse keinerlei Auswirkungen beim AN. Die nach Eintritt des Versorgungsfalles an den AN ausgezahlten Versorgungsleistungen (Rente, Kapital) sind von ihm im Zeitpunkt des Zuflusses (§ 11 EStG) in voller Höhe zu versteuern (§ 19 EStG, nachgelagerte Besteuerung).

28 Zu berücksichtigen ist, dass eine Unterstützungskasse auch sog **Notfallleistungen** erbringen kann. Bei diesen handelt es sich nicht um Leistungen der BAV (BAG 25.10.1994, 3 AZR 279/94, EzA § 1 BetrAVG Nr 68, DB 1995, 735).

29 **VI. Gruppen-/Konzernkassen.** Werden in den Durchführungswegen Pensionskasse, Pensionsfonds oder Unterstützungskasse die AN von unterschiedlichen AG mittels dieser Einrichtung versorgt, spricht man von einer Gruppenkasse. Arbeitsrechtlich bestehen dieselben Rechtsbeziehungen und Rechte und Pflichten wie bei einer Firmenkasse, jedoch sind die Mitbestimmungsrechte des BR eingeschränkt (BAG 9.5.1989, 3 AZR 439/88, EzA § 87 BetrVG 1972 Altersversorgung Nr 3, DB 1989, 2491). Versorgt eine Kasse die AN eines Konzerns, besteht eine Konzernkasse.

30 **VII. Kombination von Durchführungswegen.** Es ist ohne Weiteres zulässig, eine BAV über mehrere Durchführungswege abzuwickeln. So kann die Grundversorgung für die AN über eine Unterstützungskasse umgesetzt und können Aufstockungszusagen über unmittelbare Versorgungszusagen erteilt werden. Auch ist es möglich, eine Direktversicherung abzuschließen und diese mit den Leistungen einer Unterstützungskasse oder einer unmittelbaren Zusage zu verrechnen. Wichtig ist allerdings, dass das Versorgungsversprechen klar und deutlich die Anrechnungsregeln vorgibt (BAG 23.8.1994, 3 AZR 1717/94, nv).

31 Auch unabhängig voneinander können unterschiedliche Durchführungswege für die BAV eingesetzt werden. Es kann für den AN eine Direktversicherung abgeschlossen sein und daneben eine unmittelbare Versorgungszusage existieren. Vielfach wird zwischen den Durchführungswegen getrennt, wenn eine arbeitgeberfinanzierte BAV und eine BAV aus Entgeltumwandlung nebeneinander bestehen.

32 **VIII. Wechsel des Durchführungsweges.** Kein AG ist gezwungen, den einmal gewählten Durchführungsweg mit Wirkung für die Zukunft beizubehalten, es sei denn, der Arbeitgeber hat sich verpflichtet, Versorgungsleistungen über einen bestimmten Durchführungsweg zu erbringen (BAG 12.6.2007, 3 AZR 186/06, EzA § 1 BetrAVG Nr 90, DB 2008, 2034; *Zwanziger* FS Bepler, 689). Da bei der Wahl des Durchführungsweges keine Mitbestimmungsrechte des BR bestehen (BAG 12.6.1975, 3 ABR 66/74, EzA § 87 BetrVG Nr 4, BB 1975, 1065; 16.2.1993, 3 ABR 29/92, EzA § 87 BetrVG 1972 Betriebliche Lohngestaltung Nr 41, DB 1993, 1291; 29.7.2003, 3 ABR 34/02, EzA § 87 BetrVG 2001 Betriebliche Lohngestaltung Nr 2, DB 2004, 883), kann auch der Wechsel des Durchführungsweges grds mitbestimmungsfrei durchgeführt werden, indem der AG vorgibt, dass für die Zukunft ein anderer Durchführungsweg maßgeblich ist, wobei danach zu unterscheiden ist, ob nur für neu in das Unternehmen eintretende AN ein neuer Durchführungsweg vorgegeben wird oder ob auch für die schon erteilten Zusagen der Durchführungsweg gewechselt werden soll. In diesem Fall ist zu klären, ob vom Wechsel des Durchführungsweges nur das zukünftig erst noch zu Erdienende der zugesagten Leistung erfasst wird oder auch das schon in der

Vergangenheit Erdiente (s hierzu nachfolgend Rdn 70). Sind anlässlich des Wechsels des Durchführungsweges Änderungen im Leistungsplan erforderlich, greifen insoweit die **Mitbestimmungsrechte des BR** (§ 87 I Nr 8 oder 10 BetrVG) und die von der Rspr aufgestellten Grundsätze zur Änderung von Versorgungszusagen (hierzu Rdn 62 ff).

Der Wechsel des Durchführungsweges ist nicht von der Zustimmung des einzelnen AN abhängig (umstr ausf *Reinecke* DB 2010, 2392; *Löwisch/Diller* BetrAV 2010, 411; *Thüsing/Granetzny* BetrAV 2009, 485; *Schlewing/Henssler/Schipp/Schnitker* Teil 5H, Rn 22 ff). Wird seine Rechtsposition durch diesen Wechsel nicht beeinträchtigt, besteht kein Grund, sein Einverständnis einzuholen. Dies gilt auch dann, wenn der AG von einer Versorgungszusage mit Rechtsanspruch in eine solche ohne Rechtsanspruch überwechseln will. Denn wie zuvor ausgeführt, ist auch bei diesem Durchführungsweg ein Quasi-Rechtsanspruch gegeben (s Rdn 23). 33

Ein Wechsel des Durchführungsweges kann unter **steuerlichen Aspekten** Probleme bereiten. Will ein AG von einer unmittelbaren Versorgungszusage oder einer Unterstützungskassenzusage in den Durchführungsweg der Pensionskasse, des Pensionsfonds oder der Direktversicherung überwechseln, ist zu berücksichtigen, dass bei diesen 3 Durchführungswegen die Dotierungsmöglichkeiten nach § 3 Nr 63 EStG eingeschränkt sind. Da mit einer Einmalprämie iHv 4 % der jeweiligen Beitragsbemessungsgrenze in der gesetzlichen Rentenversicherung der in der Vergangenheit erdiente Teil der Anwartschaft nicht nachfinanziert werden kann, scheitert idR ein Wechsel des Durchführungsweges. Lediglich für den zukünftig erst noch zu erdienenden Teil einer Versorgungsanwartschaft kann ein Wechsel in Betracht kommen, wenn die Dotierungsmöglichkeiten ausreichen. Eine Ausnahme gibt es beim Pensionsfonds. Um diesen Durchführungsweg bes zu fördern, hat der Gesetzgeber in § 3 Nr 66 EStG eine bes Finanzierungsmöglichkeit geschaffen. Damit wird für den Durchführungsweg Pensionsfonds auch die Ausfinanzierung der Vergangenheit ermöglicht. Die zukünftig an den Pensionsfonds zu zahlenden Beiträge sind über § 3 Nr 63 EStG nach Auffassung der Finanzverwaltung zu finanzieren (BMF-Schreiben v 24.07.2013, aaO, Rn 322). Beim Wechsel von einer unmittelbaren Versorgungszusage zu einer rückgedeckten Unterstützungskasse sind die Einschränkungen bei der Finanzierung durch § 4d EStG zu beachten. Danach können keine Einmalbeiträge, sondern nur gleichbleibende oder steigende laufende Beiträge mit steuerlicher Wirkung aufgewendet werden (iE *Reichenbach* FS Kemper, S 365; *Höfer St.* Kap 9 Rn 293 ff). Zur steuerlichen Behandlung BMF-Schreiben v 10.7.2015, BetrAV 2015, 421. 34

Wechselt ein AG von einer unmittelbaren Versorgungszusage in eine Unterstützungskassenzusage, ändern sich die steuerlichen Rahmenbedingungen für den AN bei Eintritt des Versorgungsfalles nicht. Es bleibt bei der Besteuerung nach § 19 EStG. Wird der Durchführungsweg von einer unmittelbaren Versorgungszusage oder einer Unterstützungskassenzusage in einen versicherungsförmigen Durchführungsweg geändert, ändert sich für den AN die Besteuerung (ggf teilw). Aus der Besteuerung nach § 19 EStG wird eine Besteuerung nach § 22 Nr 5 EStG. Da bis zum Jahre 2040 unterschiedliche Freibeträge (Altersentlastungsbetrag nach § 24a EStG und Versorgungsfreibetrag nach § 19 II EStG) zur Anwendung kommen, kann sich im Einzelfall die steuerliche Belastung für den AN verändern. Dies hat dieser hinzunehmen, da ihm lediglich eine Bruttoleistung und nicht eine Nettoleistung vom AG zugesagt wurde (umstr). Soweit von einem Wechsel zum Pensionsfonds nur Versorgungsempfänger erfasst werden, treten keine steuerlichen Folgen ein. Hierzu wird auf § 22 Nr 5 S 11 EStG verwiesen (Bsp bei Liebers/*Kisters-Kölkes* FB ArbR L Rn 400). 35

IX. CTA und Wertguthaben. Kein Durchführungsweg der BAV ist die Vermögensauslagerung iR eines CTA. Es bleibt bei einer unmittelbaren Versorgungszusage. Auch die Ansammlung von Wertguthaben auf einem »Langzeitkonto« ist kein »6. Durchführungsweg«. BAV und Wertguthaben sind voneinander abzugrenzen. Angesammelte Wertguthaben werden während des bestehenden Arbeitsverhältnisses zur Arbeitsfreistellung verbraucht. BAV setzt nach Beendigung des Arbeitsverhältnisses ein, um den AN/seine Hinterbliebenen zu versorgen (*Hoppach* FS Kemper, S 193). Mit dem Gesetz zur Verbesserung der Rahmenbedingungen für die Absicherung flexibler Arbeitszeitregelungen und zur Änderung anderer Gesetze (BGBl I 2008, S 2940) hat der Gesetzgeber eine deutliche Trennung zwischen Arbeitszeitregelungen und betrieblicher Altersversorgung vorgenommen. Für neu vereinbarte Wertguthaben iSd Gesetzes ist sozialversicherungsfrei keine Überführung in betriebliche Altersversorgung mehr möglich. 36

C. Unverfallbarkeit. Die gesetzliche Unverfallbarkeit ist das Kernstück der Regelung in § 1b. Mit ihr wird erreicht, dass ein AN, der **vor Eintritt eines Versorgungsfalles** das Arbeitsverhältnis beendet, seine Anwartschaft kraft Gesetzes behält, wenn bestimmte Voraussetzungen erfüllt sind. Damit ist ein Verfall der Anwartschaft in diesen Fällen ausgeschlossen. Allerdings behält der vorzeitig ausgeschiedene AN nicht die volle Anwartschaft, sondern nur den Teil, den er während des bestehenden Arbeitsverhältnisses erdient hat. Hierzu wird auf § 2 verwiesen. 37

§ 1b BetrAVG   Unverfallbarkeit und Durchführung der betrieblichen Altersversorgung

38 **I. Richterliche Unverfallbarkeit.** Vor Inkrafttreten des BetrAVG war es üblich, Versorgungszusagen mit Verfallsklauseln zu versehen, die dazu führten, dass jeder AN seine Anwartschaft verlor, wenn er vorzeitig (vor Eintritt des Versorgungsfalles) aus dem Arbeitsverhältnis ausschied. Diese Verfallsklauseln hat das BAG in einer grdl Entscheidung vom 10.3.1972 (3 AZR 278/71, EzA § 242 BGB Nr 11 Ruhegeld, DB 1972, 1486) verworfen (richterliche Unverfallbarkeit). Zur praktischen Bedeutung s Vorauflage.

39 **II. Gesetzliche Unverfallbarkeit.** Mit Wirkung ab dem 1.1.2001 sind die Unverfallbarkeitsvoraussetzungen geändert worden. Nach dem bis dahin geltenden Recht behielt ein AN bei einem vorzeitigen Ausscheiden seine Anwartschaft nur, wenn er im Ausscheidezeitpunkt das 35. Lebensjahr vollendet hatte und für ihn seit mind 10 Jahren eine Versorgungszusage bestand oder das Arbeitsverhältnis nach Vollendung des 35. Lebensjahres bei mind 3-jährigem Zusagebestand und mind 12-jähriger Betriebszugehörigkeitsdauer vorzeitig beendet wurde (der 10-jährige Zusagebestand bzw die 12-jährige Betriebszugehörigkeit sind nicht rechtswidrig, BAG 9.10.2012, 3 AZR 477/10, BetrAV 2013, 68, FA 2013, 55). Dies gilt auch für das Mindestalter von 35 Jahren (BAG 15.10.2013, 3 AZR 10/12, BetrAV 2014, 87, FA 2014, 24). Für seit dem 1.1.2001 erteilte Zusagen ist es erforderlich, dass im Ausscheidezeitpunkt der AN mind das 30. Lebensjahr vollendet hat und für ihn mind 5 Jahre eine Zusage bestand. Damit ist die Unverfallbarkeitsregel, die auch die Betriebszugehörigkeitsdauer berücksichtigte, entfallen. Für die AN, die am 1.1.2001 in einem Arbeitsverhältnis standen und vor diesem Stichtag bereits eine Zusage erhalten hatten, wurde in § 30 f eine Übergangsregelung geschaffen, die zwischenzeitlich ihre Bedeutung verloren hat. Ist ein solcher AN am 31.12.2005 ausgeschieden oder scheidet er nach dem 31.12.2005 aus, ist alleine entscheidend, ob er im Ausscheidezeitpunkt das 30. Lebensjahr vollendet hat. Auch das Alter 30 ist weder Alters- noch Geschlechterdiskriminierend (BAG 28.5.2013, 3 AZR 635/11, EzA § 30f BetrAVG Nr 1, DB 2013, 1973). Die 5-Jahresfrist muss erreicht, aber nicht überschritten sein (BAG 14.1.2009, 3 AZR 529/07, BB 2009, 213, BetrAV 2009, 85). Für Versorgungszusagen, die ab dem 1.1.2009 erteilt werden, wurde das Mindestalter von 30 auf 25 herabgesetzt. Es bleibt beim 5-jährigen Zusagebestand. Für am 1.1.2009 bestehende Zusagen wird in einer Übergangsregelung vorgegeben, dass die Zusage ab dem 1.1.2009 fünf Jahre bestanden haben muss (§ 30 f). Auch diese Übergangsregelung hat zwischenzeitlich ihre Bedeutung verloren. Es wird nur noch auf die seit 2014 geltenden Unverfallbarkeitsregeln für die arbeitgeberfinanzierte BAV (zur Entgeltumwandlung Rdn 57 ff) eingegangen.

40 **1. Vorzeitiges Ausscheiden.** Das Arbeitsverhältnis muss **vor Eintritt eines Versorgungsfalles** beendet werden. Aus welchen Gründen die Beendigung erfolgt, ist ohne Bedeutung. Verstirbt ein aktiver AN und waren ihm Leistungen der Hinterbliebenenversorgung zugesagt worden, ist nicht zu prüfen, ob die Unverfallbarkeitsvoraussetzungen erfüllt sind. Es ist vielmehr zu prüfen, ob die Hinterbliebenen die Anspruchsvoraussetzungen für den Bezug einer Hinterbliebenenleistung erfüllen.

41 Ob ein Versorgungsfall eingetreten ist oder nicht, entscheidet sich danach, ob im Ausscheidezeitpunkt die Anspruchsvoraussetzungen, die in der Versorgungszusage für den Bezug einer Leistung vorgegeben sind, erfüllt sind oder nicht. Diese Differenzierung ist deshalb von Bedeutung, weil bei einem Ausscheiden mit Versorgungsfall eine Kürzung nach § 2 nicht in Betracht kommt. Dem Versorgungsempfänger steht vielmehr die volle Leistung nach Maßgabe des ihm gegebenen Versorgungsversprechens zu. Nur dann, wenn ein Ausscheiden vor Eintritt des Versorgungsfalles vorliegt, ist § 2 anzuwenden.

42 Einzelfälle zur Abgrenzung: Sieht eine Versorgungsordnung vor, dass der Versorgungsfall Invalidität nicht schon mit dem die Invalidität auslösenden Ereignis, sondern erst mit der Beendigung des Arbeitsverhältnisses eintritt, kann der AN die Wartezeit auch dann noch zurücklegen, wenn vom Sozialversicherungsträger der Zeitpunkt des Versicherungsfalles auf einen Zeitpunkt vor Ablauf der Wartezeit festgelegt wurde. In diesem Fall ist allein entscheidend, wann das Arbeitsverhältnis endet. Ist zu diesem Zeitpunkt die Wartezeit erfüllt, besteht ein Versorgungsanspruch. Es liegt kein Ausscheiden mit Unverfallbarkeit vor (BAG 9.1.1990, 3 AZR 319/88, EzA § 1 BetrAVG Nr 54, DB 1990, 1195; 17.2.1987, 3 AZR 312/85, nv). War ein AN längere Zeit erkrankt und ist er aus dem Arbeitsverhältnis ausgeschieden und stellt sich im Nachhinein heraus, dass die zum Ausscheiden führende Erkrankung in eine Invalidität einmündet, liegt ein Ausscheiden mit Versorgungsfall und nicht vor Eintritt des Versorgungsfalles vor (BAG 30.6.1972, 3 AZR 490/71, EzA § 242 BGB Ruhegeld Nr 14, DB 1972, 2165; 13.7.1982, 3 AZR 34/80, DB 1982, 2251). Wird das Arbeitsverhältnis beendet und stellt im Nachhinein der Sozialversicherungsträger fest, dass der AN bereits vor Beendigung des Arbeitsverhältnisses invalide war, scheidet er als Versorgungsempfänger aus (BAG 21.3.2000, 3 AZR 127/99, EzA § 3 BetrAVG Nr 6, DB 2001, 2611). Bezieht ein AN aus der gesetzlichen Rentenversicherung eine vorzeitige Altersleistung, erfüllt er aber die in der Versorgungszusage enthaltene Wartezeit im Ausscheidezeitpunkt noch nicht, scheidet er aufgrund eines Versorgungsfalles aus.

Nach Ablauf der Wartezeit steht ihm aus § 6 eine vorzeitige betriebliche Altersleistung zu, die nicht gem § 2 gekürzt wird (BAG 28.2.1989, 3 AZR 470/87, EzA § 6 BetrAVG Nr 12, DB 1989, 1579).
Eine Wartezeit von 15 Jahren, die bis zur Regelaltersgrenze abgeleistet werden muß, ist keine Diskriminierung wegen des Alters (BAG 12.2.2013, 3 AZR 100/11, DB 2013, 1245, BetrAV 2013, 168). Muß ein Arbeitnehmer vor dem 45. Lebensjahr in das Unternehmen eingetreten sein, ist dies jedoch unverhältnismäßig (BAG 18. 3.2014, 3 AZR 69/12, BetrAV 2014, 397, BB 2014, 819). 43

2. Vollendung des 25. Lebensjahres. Es ist die bürgerlich-rechtliche Altersbestimmung des § 187 II 2 BGB maßgeblich. Darauf, wie ein Versicherer versicherungstechnisch sein Alter bestimmt, kommt es nicht an. 44
Scheidet ein AN wenige Wochen oder Tage vor der Vollendung des 25. Lebensjahres aus dem Arbeitsverhältnis aus, verfällt die Anwartschaft ersatzlos. Während das BAG (3.7.1990, 3 AZR 382/99, EzA § 611 BGB Aufhebungsvertrag Nr 7, DB 1990, 2431) die Auffassung vertreten hat, dass der AG grds nicht verpflichtet ist, den AN über den Verfall der Anwartschaft aufzuklären, äußert *Reinecke* (DB 2006, 555) diesbzgl Bedenken. 45

3. Zusagebestand. Im Ausscheidezeitpunkt muss die Zusage des AN mind 5 Jahre ununterbrochen bestanden haben. Hat sie nur 4 Jahre und 11 Monate bestanden, verfällt die Anwartschaft ersatzlos. 46
Mit der Zusagedauer ist der Zeitraum gemeint, der zwischen dem Zeitpunkt der Zusageerteilung und dem Zeitpunkt des Ausscheidens liegt. Die Zusage wird in dem Zeitpunkt erteilt, in dem der AN mittels eines Rechtsbegründungsaktes (§ 1 Rdn 10ff) eine rechtsverbindliche Zusage erhalten hat. Ist in dem Unternehmen die BAV mittels einer BV oder einer Gesamtzusage geregelt, haben üblicherweise die AN mit Beginn des Arbeitsverhältnisses bereits eine Versorgungszusage, wenn sie zu dem begünstigen Personenkreis gehören. Bei einer individuellen Versorgungszusage ist der Zeitpunkt des Vertragsschlusses, frühestens der Beginn der Betriebszugehörigkeit, maßgeblich. Bei einer Verletzung des Gleichbehandlungs-/Gleichberechtigungsgrundsatzes ist auf den Zeitpunkt abzustellen, zu dem die Rechtsverletzung erstmals erfolgt ist. 47
Ruht das Arbeitsverhältnis, ist dies für den Zusagebestand ohne Bedeutung. Zeiten des **ruhenden Arbeitsverhältnisses** können jedoch bei der Leistungshöhe/Wartezeit unberücksichtigt bleiben, wenn dies so ausdrücklich geregelt ist (BAG 15.2.1994, 3 AZR 708/93, EzA § 1 BetrAVG Gleichberechtigung Nr 9, DB 1994, 1479). Die Nichtberücksichtigung von Erziehungszeiten ist keine Geschlechterdiskriminierung (BAG 20.4.2010, 3 AZR 370/08, EzA Art 3 GG Nr 109, BB 2010, 2236). 48
Gehört der AN nicht von Anfang an zu dem begünstigten Personenkreis, weil zB der AG nur Abteilungsleitern und Prokuristen eine Zusage erteilt (**hierarchische Abgrenzung**, BAG 11.11.1986, 3 ABR 74/85, EzA § 1 BetrAVG Gleichberechtigung Nr 2, DB 1987, 994; 17.2.1998, 3 AZR 783/96, EzA § 1 BetrAVG Gleichbehandlung Nr 14, DB 1998, 1139), hat der AN ab dem Zeitpunkt eine Zusage, zu dem er zum Abteilungsleiter oder Prokuristen bestellt wurde. Von diesem Zeitpunkt an muss dann bis zum Ausscheiden die Zusage mind 5 Jahre bestanden haben. 49
Sieht eine betriebliche Regelung vor, dass **Auszubildende** nicht in den Geltungsbereich der Versorgungsregelung fallen, wird ein AN aber unmittelbar im Anschluss an sein Ausbildungsverhältnis in ein Anstellungsverhältnis übernommen, hat dieser AN ab Beginn des Anstellungsverhältnisses eine Versorgungszusage. 50
Mit sog **Vorschaltzeiten** wird der Versuch unternommen, den Zusagezeitpunkt in das Arbeitsverhältnis hineinzuverlagern. Vorschaltzeiten liegen dann vor, wenn dem AN erst nach einer Mindestzeit (zB 5 Jahre) oder ab einem Mindestalter (zB 30 Jahre) eine Zusage erteilt werden soll. Ist die Zusageerteilung ausschließlich von dem Ablauf dieser Fristen abhängig, liegt nach der st Rspr des BAG eine Zusage auf eine Zusage vor, die ohne Bedeutung für den Lauf der Unverfallbarkeitsfristen ist. Auf die Länge der Vorschaltzeit kommt es nicht an. Dies gilt auch dann, wenn erst nach Ablauf der Probezeit die Aufnahme in das Versorgungswerk erfolgen soll. Die Zusage ist in dem Zeitpunkt erteilt, in dem der AN in das Arbeitsverhältnis eingetreten ist. Es kommt weder auf das Mindestalter noch auf die Mindestdienstzeit bei der Unverfallbarkeit an. Das Mindestalter und die Mindestdienstzeit wirken sich allerdings wie eine Wartezeit aus. Bei dienstzeitabhängigen Versorgungszusagen zählen für die Leistungshöhe nur die Dienstjahre ab Erreichen des Mindestalters bzw Erfüllung der Mindestdienstzeit (BAG 24.2.2004, 3 AZR 5/03, EzA § 1b BetrAVG Nr 2, DB 2004, 1158; grdl 7.7.1977, 3 AZR 570/76, EzA § 1 BetrAVG Nr 1, DB 1977, 1608). 51
Ob es für die Durchführungswege **Direktversicherung**, **Pensionskasse** und **Pensionsfonds** eine von dieser Rspr abw gesetzliche Regelung in § 1b II 4 und III 2 gibt, ist höchstgerichtlich nicht geklärt. In diesen Normen ist geregelt, dass als Zeitpunkt der Erteilung der Versorgungszusage der Versicherungsbeginn gilt, frühestens jedoch der Beginn der Betriebszugehörigkeit. Dies bedeutet im Umkehrschluss, dass der Versicherungsbeginn nach dem Beginn der Betriebszugehörigkeit liegen kann. Insoweit ist der Wortlaut des Gesetzes eindeutig. Der Versicherungsbeginn kann nach dem Beginn der Betriebszugehörigkeit liegen. Auf ihn ist bei der Ermittlung der Unverfallbarkeitsfrist abzustellen, allerdings nur dann, wenn die Versicherung nach 52

Beginn des Arbeitsverhältnisses abgeschlossen wird (*Kemper/Kisters-Kölkes* Rn 249; Kemper/Kisters-Kölkes/ Berenz/Huber/*Huber* 1b Rn 127 ff).

53, 54 *[unbelegt]*

55 **4. Vorruhestand.** I 2 regelt, dass ein AN eine gesetzlich unverfallbare Anwartschaft auch dann behält, wenn er aufgrund einer Vorruhestandsregelung aus dem Arbeitsverhältnis ausgeschieden ist und ohne das vorherige Ausscheiden die Wartezeit und die sonstigen Leistungsvoraussetzungen für den Bezug einer betrieblichen Leistung hätte erfüllen können. Dieser Vorschrift kommt in der Praxis kaum eine Bedeutung zu, da die Vereinbarung von Vorruhestandsregelungen, die zur Beendigung des Arbeitsverhältnisses führen, schon lange nicht mehr üblich sind. Zur Bedeutung der Vorschrift vgl BAG 28.3.1995, 3 AZR 496/94, EzA § 1 BetrAVG Nr 70, DB 1995, 1867. Das LAG Köln ist der Auffassung, dass diese Regelung nur iRd zwischenzeitlich außer Kraft getretenen Vorruhestandsgesetzes anwendbar war (11.11.2005, 11 Sa 787/05, NZA-RR 2006, 139).

56 **5. Alle Durchführungswege.** Die vorstehend geschilderten Unverfallbarkeitsregeln gelten für alle Durchführungswege der BAV gleichermaßen. Für Direktversicherungen wird die gesetzliche Unverfallbarkeit in der Form vorgegeben, dass der AG nach Erfüllung der Fristen die Versorgungszusage nicht mehr arbeitsrechtlich widerrufen darf. Der AN erhält ein arbeitsrechtlich unwiderrufliches Bezugsrecht. Dies muss auch versicherungsrechtlich umgesetzt sein, indem bereits in dem Versicherungsvertrag von Anfang an ein eingeschränkt widerrufliches Bezugsrecht vereinbart wird oder spätestens im Zeitpunkt des vorzeitigen Ausscheidens das unwiderrufliche Bezugsrecht im Versicherungsvertrag umgesetzt wird. Fehlt im Versicherungsvertrag eine Regelung, kann der AG versicherungsrechtlich widerrufen, auch wenn arbeitsrechtlich eine Unwiderruflichkeit eingetreten ist. Widerruft der AG, muss er für die zugesagte Leistung selbst einstehen (§ 1 II 3).

57 **III. Unverfallbarkeit und Entgeltumwandlung.** Für Versorgungszusagen, die ab dem 1.1.2001 erteilt wurden und werden, die durch Entgeltumwandlung finanziert werden, hat der Gesetzgeber in V eine eigenständige Unverfallbarkeitsregel geschaffen. Diese Anwartschaften werden sofort gesetzlich unverfallbar. Es kommt nicht darauf an, ob der AN im Ausscheidezeitpunkt das 25. Lebensjahr vollendet hat. Ohne Bedeutung ist, wie lange die Zusage bestanden hat und in welchem Durchführungsweg die BAV abgewickelt wird und wie hoch die Anwartschaft ist, die dem AN aufrechtzuerhalten ist. Es kommt auch nicht darauf an, ob es sich um eine Entgeltumwandlung nach § 1a oder um eine freiwillig vereinbarte Entgeltumwandlung handelt. Sind lediglich Minianwartschaften kraft Gesetzes aufrechtzuerhalten, kommt eine Abfindung nach § 3 in Betracht. Eine Anwartschaft von Null Euro ist nicht möglich. Es muss ein positiver Wert aufrechterhalten werden. Dieser kann geringer sein als der eingezahlte Beitrag, da bei versicherungsförmigen Lösungen die Abschluß- und Vertriebskosten den Wert in den ersten 5 Jahren mindern (BAG 15.9.2009, 3 AZR 17/09, EzA § 1b BetrAVG Entgeltumwandlung Nr 1, DB 2010, 61).

58 Bei den Durchführungswegen **Direktversicherung, Pensionskasse** und **Pensionsfonds** sind für die gesetzliche Unverfallbarkeit dem Grunde nach weiter gehende Voraussetzungen zu erfüllen. In diesen 3 Durchführungswegen müssen alle Überschussanteile zur Verbesserung der Leistung vom Zeitpunkt der Zusageerteilung an verwendet werden. Deshalb kann ein Ausschluss einer Überschussbeteiligung nach § 153 VVG nicht vereinbart werden. Da von dieser Unverfallbarkeitsregel auch die Beitragszusage mit Mindestleistung erfasst wird, wenn die BAV durch Entgeltumwandlung finanziert wurde (Umkehrschluss aus § 16 III Nr 3), ist nicht nur auf Überschussanteile abzustellen, sondern auch auf die Erträge, die bei der Beitragszusage mit Mindestleistung dem AN zustehen. Darüber hinaus muss dem ausgeschiedenen AN das Recht zur Fortsetzung der Versicherung oder Versorgung mit eigenen Beiträgen nach dem Ausscheiden aus dem Arbeitsverhältnis eingeräumt werden. Verfügungsmöglichkeiten des AG (Verpfändung, Abtretung, Beleihung) sind kraft Gesetzes ausgeschlossen. Während diese 3 Voraussetzungen in allen versicherungsförmigen Durchführungswegen erfüllt sein müssen, ist für die Direktversicherung darüber hinaus vorgegeben, dass dem AN mit Beginn der Entgeltumwandlung ein unwiderrufliches Bezugsrecht aus dem Versicherungsvertrag zustehen muss. Dies bedeutet, dass der AG mit Beginn der Entgeltumwandlung auch bereits den Direktversicherungsvertrag abschließen muss. Nur dann kann dem AN ein unwiderrufliches Bezugsrecht eingeräumt werden. Besteht im Unternehmen ein sog Gruppenversicherungsvertrag, der zB jeweils zum 1.12. einen Versicherungsbeginn vorsieht, verlangt der AN aber die Entgeltumwandlung bereits zum 1.5. des Jahres, kann er nicht iR dieses Gruppenversicherungsvertrages versichert werden. Für ihn ist eine Einzelversicherung abzuschließen, die mit höheren Kosten belastet ist.

59 **IV. Vertragliche Unverfallbarkeit.** Nach § 17 III 3 kann zum Nachteil des AN nicht von den gesetzlichen Bestimmungen abgewichen werden. Dies bedeutet im Umkehrschluss, dass zugunsten des AN jederzeit eine günstigere Vereinbarung getroffen werden kann. Hierzu gehört auch die vertragliche Unverfallbarkeit. Wird zugunsten des AN von den gesetzlichen Vorschriften abgewichen, indem zB auf die Erfüllung des Mindestalters von 25 Jahren verzichtet wird oder die Zusagedauer auf zB 2 Jahre verkürzt wird, liegt eine vertragliche Unverfallbarkeit vor. Die Fristen können sogar so weit verkürzt werden, dass dem AN mit Beginn der Zusage eine unverfallbare Anwartschaft eingeräumt wird. Der AG ist an diese Besserstellung gebunden. Sie wirkt sich allerdings nicht im Verhältnis zum PSVaG aus (Kemper/Kisters-Kölkes/Berenz/Huber/*Berenz* § 7 Rn 73 ff, § 11 Rn 20 f mit Ausnahme BAG 22.2.2000, 3 AZR 4/99, EzA § 1 BetrAVG Nr 72, DB 2001, 2203; 26.9.1989, 3 AZR 814/87, EzA § 7 BetrAVG Nr 31, DB 1990, 383). Dieser hat nur gesetzlich unverfallbare Anwartschaften, nicht vertraglich unverfallbare Anwartschaften zu sichern. Für vertraglich unverfallbare Anwartschaften ist zur Absicherung bei Insolvenz an die Verpfändung einer Rückdeckungsversicherung oder eines Wertpapierdepots oder an ein CTA zu denken (zur Verpfändung vgl BGH 7.4.2005, IX ZR 138/04, DB 2005, 1453, BetrAV 2005, 590; zum Insolvenzschutz bei Arbeitszeitkonten BAG 18.7.2013, 6 AZR 47/12, EzA § 35 InsO Nr 2, DB 2013, 2395).

V. Besonderheiten bei Direktversicherungen. In II wird in den S 2 und 3 gesondert geregelt, wie hins 60 des Widerrufsrechts bei einer Beleihung, Abtretung (und Verpfändung) zu verfahren ist. Ist ausnahmsweise einmal ein Bezugsrecht auflösend bedingt ausgestaltet, ist diese Bedingung unwirksam, wenn der AN mit einer gesetzlich unverfallbaren Anwartschaft aus dem Arbeitsverhältnis ausscheidet. Der AN hat dann ein arbeitsrechtlich, nicht zwingend versicherungsrechtlich unwiderrufliches Bezugsrecht.
Hat der AG die Direktversicherung beliehen oder abgetreten, ist der AN, der mit unverfallbarer Anwart- 61 schaft ausgeschieden ist, bei Eintritt des Versorgungsfalles durch den ehemaligen AG so zu stellen, als habe eine Abtretung oder Beleihung nicht stattgefunden. Damit ist die Beleihung/Abtretung erst bei Eintritt des Versorgungsfalles/Versicherungsfalles rückgängig zu machen, nicht bereits im Zeitpunkt des Ausscheidens.

D. Änderung der Zusage. In I 3 ist ausdrücklich geregelt, dass eine Änderung der Versorgungszusage 62 nicht den Ablauf der Fristen nach S 1 unterbricht. Damit ist die Änderung einer Versorgungszusage während des bestehenden Arbeitsverhältnisses ohne Bedeutung für die gesetzliche Unverfallbarkeit. Die Fristen laufen nach der Änderung weiter. Bsp: Einem AN ist ursprünglich eine Unterstützungskassenzusage erteilt worden. Diese wird aufgestockt durch eine unmittelbare Versorgungszusage. Es handelt sich um eine einheitliche Zusage (BAG 28.4.1981, 3 AZR 184/80, EzA § 1 BetrAVG Nr 22, DB 1982, 856). Auch wenn der AG nacheinander für einen AN mehrere Direktversicherungen abschließt, ist eine einheitliche Versorgungszusage gegeben. Die Unverfallbarkeitsfrist beginnt mit Abschluss der 1. Direktversicherung (BAG 12.2.1981, 3 AZR 163/80, EzA § 1 BetrAVG Nr 13, DB 1981, 1622). Hat ein AN bei einem AG ein unwiderrufliches Bezugsrecht bei einer Direktversicherung erworben und wird dieser Versicherungsvertrag von einem Folgearbeitgeber durch Beitragszahlungen fortgeführt, sind beide Arbeitsverhältnisse zusammenzuzählen (»Heranreicherungsrechtsprechung«). Auch hinsichtlich der vom Folgearbeitgeber geleisteten Beiträge bleibt es bei dem unwiderruflichen Bezugsrecht (BAG 15.6.2010, 3 AZR 31/07, EzA § 1 BetrAVG Lebensversicherung Nr 10, BB 2010, 2498).
Ausnahmsweise können nebeneinander 2 Zusagen bestehen und es kann für jede Zusage eine eigenständige 63 Unverfallbarkeitsfrist laufen. Dies ist der Fall, wenn die Zusagen unabhängig voneinander erteilt werden und dies auch deutlich zum Ausdruck gebracht wird (BAG 28.4.1992, 3 AZR 354/91, BetrAV 1992, 229; zur Einheitstheorie *Blomeyer/Rolfs/Otto* § 1b Rn 110 ff; *Höfer* § 1b Rn 125ff; *Cisch* FS Kemper, S 61).
Die **Änderung von Versorgungszusagen** ist im BetrAVG nur als Möglichkeit angesprochen, nicht aber gere- 64 gelt, da es Ziel des Gesetzes war, eingetretene Missstände zu beseitigen (zB Verfall von Anwartschaft Rdn 38), nicht aber insgesamt das »Betriebsrentenrecht« zu kodifizieren. Deshalb ist der wichtige Rechtsbereich der Änderung von Versorgungszusagen ausschließlich durch die Rspr des BAG geprägt, die zT auf Wertungen des BetrAVG zurückgreift (Bsp Besitzstand und § 2). Bei der Änderung von Versorgungszusagen ist danach zu differenzieren, ob eine BV oder eine Gesamtzusage/vertragliche Einheitsregelung oder ob eine individuelle Versorgungszusage geändert werden soll.
Eine **individuelle Versorgungszusage** kann jederzeit durch Änderungsvertrag geändert werden. Es gelten 65 nach der Änderung die neu vereinbarten Versorgungsbedingungen. Bei der Änderung einer individuellen Versorgungszusage sind keine Mitbestimmungsrechte des BR zu beachten. Es kann auch ganz oder teilw auf Leistungen ersatzlos verzichtet werden. Besitzstände sind nicht zu berücksichtigen (BAG 21.1.2003, 3 AZR 30/02, EzA § 3 BetrAVG Nr 9, DB 2003, 782). Jedoch sind Änderungen in Form eines (Teil-) Verzichts nicht mehr möglich, wenn die Beendigung des Arbeitsverhältnisses bevorsteht oder absehbar ist. Dann greift das Abfindungsverbot des § 3. Dieses umfasst auch einen Verzicht (BAG 14.8.1990, 3 AZR 301/89, EzA § 17 BetrAVG Nr 5, DB 1991, 501). Ausnahmsweise können auch Änderungskündigungen in Betracht kommen.

§ 1b BetrAVG Unverfallbarkeit und Durchführung der betrieblichen Altersversorgung

66 **I. Rspr des BAG.** Im Laufe eines Arbeitslebens kann es immer dazu kommen, dass das ursprüngliche Versorgungsversprechen an wirtschaftliche, rechtliche oder sonstige Rahmenbedingungen (zB geänderte Vorstellungen von Verteilungsgerechtigkeit) angepasst werden muss oder soll. Eine solche Änderung ist für die Unverfallbarkeit ohne Bedeutung. Allerdings kann eine Änderung von bestehenden Versorgungszusagen nicht uneingeschränkt vorgenommen werden, weil das ursprüngliche Versorgungsversprechen **Vertrauensschutz** genießt, wenn es auf einer **BV** oder **Gesamtzusage/vertraglicher Einheitsregelung** beruht. Deshalb hat das BAG in st Rspr die Rahmenbedingungen für die Änderung von Versorgungszusagen vorgegeben.

67 **1. Rechtsbegründungsakt BV.** Ist Rechtsgrundlage des Versorgungsversprechens eine BV, kann diese jederzeit durch eine neue BV abgelöst werden. Die jüngere BV ersetzt die ältere BV (**Ablösungsprinzip**). Für die vom persönlichen Geltungsbereich der BV erfassten AN hat die Änderung zur Konsequenz, dass die neue BV unmittelbar und zwingend gilt (§ 77 IV 1 BetrVG).

68 Die neue BV kann jederzeit einer **Rechtskontrolle** durch die ArbG unterzogen werden, wenn ein AN klagt. Diese Rechtskontrolle muss nicht unmittelbar nach Änderung eingeleitet werden. Sie kann auch erst Jahre später erfolgen (vgl zB BAG 20.11.1990, 3 AZR 76/92, EzA § 1 BetrAVG Unterstützungskasse Nr 10, DB 1993, 1241), zB dann, wenn der Versorgungsfall eintritt.

69 Das Gericht prüft iRd Rechtskontrolle, ob der **Grundsatz des Vertrauensschutzes und der Grundsatz der Verhältnismäßigkeit** eingehalten wurden. Je gewichtiger ein Änderungs-/Eingriffsgrund ist, umso weniger ist die Anwartschaft des AN geschützt. Den Besitzstandsschutz haben nicht nur AN, die die Unverfallbarkeitsvoraussetzungen erfüllen, sondern jeder AN, der eine Zusage hat (BAG 15.1.2013, 3 AZR 169/10, EzA § 1 BetrAVG Ablösung Nr 50, BB 2013, 1459). Dabei differenziert das BAG zwischen 3 Besitzstandsstufen:

70 **a) 1. Besitzstandsstufe.** Die 1. Besitzstandsstufe wird ermittelt nach § 2, dh es wird für den AN, der von der Änderung erfasst ist, auf den Änderungszeitpunkt festgestellt, wie hoch seine Anwartschaft aus der ursprünglich erteilten Zusage wäre, wenn er zum Zeitpunkt der Änderung mit einer gesetzlich unverfallbaren Anwartschaft aus dem Arbeitsverhältnis ausgeschieden wäre (grdl BAG 17.4.1985, 3 AZR 72/83, EzA § 1 BetrAVG Unterstützungskasse, DB 1986, 228; 11.12.2001, 3 AZR 512/00, EzA § 1 BetrAVG Nr 33, DB 2003, 293; für Änderungen vor 1985 BAG 20.11.1990, 3 AZR 573/89, EzA § 77 BetrVG 1972 Nr 38, BAGE 228, DB 1991, 915). Dabei ist ohne Bedeutung, ob der AN auch tatsächlich die Unverfallbarkeitsvoraussetzungen des § 1b im Änderungszeitpunkt erfüllt hat (BAG 15.01.2013, 3 AZR 169/10, EzA § 1 BetrAVG Ablösung Nr 50, FA 2013, 248). Bei der Ermittlung des Besitzstandes kann die vom BAG aufgestellte Auslegungsregel von Bedeutung sein, nach der statt der festen Altersgrenze auf die Regelaltersgrenze gem. §§ 35, 235 SGB VI abzustellen ist (BAG 15.5.2012, 3 AZR 11/10, DB 2012, 1756, BetrAV 2012, 524). Die 1. Besitzstandsstufe ist eine statische Größe. Es gilt der Festschreibeeffekt (§ 2 V BetrAVG).

71 Diese 1. Besitzstandsstufe ist unantastbar. Soll in diesen Teil der Anwartschaft des AN ausnahmsweise eingegriffen werden, müssen **zwingende Gründe** vorliegen. Zwingende Gründe liegen nach der Rspr vor, wenn planwidrig eine Überversorgung eingetreten ist und das Versorgungsversprechen an das ursprünglich angestrebte Versorgungsniveau angepasst wird (BAG 28.7.1998, 3 AZR 100/98, EzA § 1 BetrAVG Ablösung Nr 18, DB 1999, 389). Diese Anpassung erfolgt aufgrund einer Störung der Geschäftsgrundlage (§ 313 BGB). Bei Gesamtversorgungszusagen liegt eine Störung der Geschäftsgrundlage erst vor, wenn der ursprünglich festgelegte Dotierungsrahmen um mehr als 50 % überschritten wird (BAG 19.2.2008, EzA § 1 BetrAVG Geschäftsgrundlage Nr 4, DB 2008, 1387). Ein Widerruf wegen einer wirtschaftlichen Notlage kommt nicht in Betracht (BAG 17.6.2003, 3 AZR 396/02, EzA § 7 BetrAVG Nr 69, DB 2004, 324; 31.7.2007, 3 AZR 372/06, DB 2008, 1505, FA 2008, 92). Dies gilt auch für Unterstützungskassenzusagen (BAG 18.11.2008, 3 AZR 417/07, EzA § 7 BetrAVG Nr 74, DB 2009, 1079).

72 **b) 2. Besitzstandsstufe.** Die sog 2. Stufe des Besitzstandes ist bei dynamischen Versorgungszusagen von Bedeutung (zB Gesamtversorgungszusagen, endgehaltsabhängige Versorgungszusagen). Die Dynamik, die auf den in der Vergangenheit erdienten Teil der Versorgungsanwartschaft nach dem ursprünglichen Versorgungsversprechen entfällt, ist insofern geschützt, als in diese Dynamik nur aus **triftigen Gründen** eingegriffen werden kann. Triftige Gründe sind wirtschaftliche und nichtwirtschaftliche Gründe (BAG 23.4.1985, 3 AZR 156/83, EzA § 16 BetrAVG Nr 16, DB 1985, 1642; 11.5.1999, 3 AZR 21/98, EzA § 1 BetrAVG Ablösung Nr 20, DB 2000, 525; 11.9.1990, 3 AZR 380/89, EzA § 1 BetrAVG Ablösung Nr 3, DB 1991, 503; 7.7.1992, 3 AZR 522/91, EzA § 1 BetrAVG Ablösung Nr 9, DB 1992, 2451). Auch wenn nach einer Änderung eine Versorgungszusage dynamisch bleibt, kann ein Eingriff in die zweite Besitzstandsstufe vorliegen, wenn die Abhängigkeit von der jeweiligen Sozialversicherungsrente entfallen ist, also die Sozialversicherungsrente auf den Änderungszeitpunkt festgeschrieben wird (BAG 15.1.2013, 3 AZR 705/10, BB 2013, 1396, FA 2013, 212).

Ein Eingriff in die erdiente Dynamik aus **wirtschaftlichen Gründen** ist zulässig, wenn bei unverändertem 73
Fortbestand der Versorgungsregelungen langfristig eine Substanzgefährdung des Unternehmens eintreten würde. Dies ist der Fall, wenn die durch das Versorgungswerk verursachten Kosten nicht mehr aus den Erträgen des Unternehmens und etwaigen Wertzuwächsen des Vermögens erwirtschaftet werden können, sodass eine Substanzaufzehrung droht (BAG 11.12.2002, 3 AZR 128/01, EzA § 1 BetrAVG Ablösung Nr 32, DB 2003, 214; 10.9.2002, 3 AZR 635/01, EzA § 1 BetrAVG Ablösung Nr 34, DB 2003, 1525). Dabei ist anders als bei der Anpassungsprüfung nicht nur auf einen 3-Jahreszeitraum abzustellen (BAG 18.11.2008, 3 AZR 417/07, EzA § 7 BetrAVG Nr 74, DB 2009, 1079). Der Besitzstand ist auch erhalten, wenn der AN im Versorgungsfall zumindest den Betrag erhält, den er zum Änderungsstichtag bei Erhalt der Dynamik erreicht hätte (hierzu BAG 11.12.2001, 3 AZR 512/00, EzA § 1 BetrAVG Ablösung Nr 33, DB 2003, 293; *Rößler* S 222). Zur Beurteilung wirtschaftlicher Gründe bedarf es sachkundig erstellter Prognosen (BAG 11.12.2002, 3 AZR 128/01, EzA § 1 BetrAVG Ablösung Nr 32, DB 2003, 214). **Nichtwirtschaftliche Gründe** können sich aus einer Umstrukturierung des Leistungsplanes ergeben, indem zB in die Dynamik eingegriffen wird, um eine zusätzliche Invaliditätsleistung zu finanzieren (BAG 11.9.1990, 3 AZR 380/89, EzA § 1 BetrAV Ablösung Nr 3, DB 1991, 503).

c) 3. Besitzstandsstufe. Am wenigsten geschützt ist der Teil der Versorgungsanwartschaft, der erst noch 74
durch zukünftige Betriebstreue erdient werden muss (3. Stufe). In diesen Teil einer Versorgungsanwartschaft kann eingegriffen werden, wenn **sachlich-proportionale Gründe** vorliegen. Dies können wirtschaftliche, aber auch nichtwirtschaftliche Gründe sein. Die Gründe müssen nachvollziehbar und nicht willkürlich sein (BAG 15.1.2013, 3 AZR 705/10, BB 2013, 1396, FA 2013, 212).

Von der Rspr anerkannt sind Änderungen zur **Harmonisierung** unterschiedlicher Versorgungssysteme (BAG 75
8.12.1981, 3 ABR 53/80, EzA § 242 BGB Ruhegeld Nr 96, DB 1982, 46; 29.7.2003, 3 AZR 630/02, EzA § 1 BetrAVG Ablösung Nr 42). Auch wirtschaftliche Gründe können einen Eingriff rechtfertigen. Wirtschaftliche Gründe liegen vor, wenn langfristig die BAV nicht mehr aus den Erträgen finanziert werden kann, ohne dass eine wirtschaftliche Schieflage eintreten würde (BAG 11.5.1999, 3 AZR 21/98, EzA § 1 BetrAVG Betriebsvereinbarung Nr 1, DB 2000, 525; 18.9.2001, 3 AZR 728/00, EzA § 1 BetrAVG Ablösung Nr 31, DB 2002, 1114). Der Arbeitgeber muß sämtliche Maßnahmen im Einzelnen darlegen, die er zur Kostensenkung ergriffen hat (BAG 15.1.2013, 3 AZR 705/10, BB 2013, 1396, FA 2013, 212).

Für einen Eingriff in Versorgungsanwartschaften ist jedenfalls immer ein Grund erforderlich. Dieser kann 76
auch gegeben sein, wenn zB von einer Leistungszusage in eine beitragsorientierte Leistungszusage übergewechselt werden soll. Wird als Grund für eine Änderung eine gesetzliche Neuregelung angeführt, ist zu prüfen, ob die Gesetzesänderung überhaupt ein Änderungsgrund ist und ob diese einen Eingriff rechtfertigt (zu der Einf des BetrAVG BAG 22.4.1986, 3 AZR 496/83, EzA § 1 BetrAVG Unterstützungskasse Nr 3, DB 1986, 1526).

Wird von einer Rentenzusage in eine Kapitalzusage mittels einer BV übergewechselt, kommt es nicht auf die 77
3-Stufen-Theorie an. Es müssen eigenständige Gründe vorliegen, die diesen Systemwechsel rechtfertigen. Denn es wird das Langlebigkeitsrisiko auf den AN verlagert und es wird ihm die Chance auf Kaufkraftstabilität gem. § 16 genommen. Zudem treten steuerliche Nachteile ein und das Pfändbarkeitsrisiko steigt. Deshalb müssen die Interessen des Arbeitgebers die Interessen der Arbeitnehmer deutlich übersteigen (BAG 15.5.2012, 3 AZR 11/10, DB 2012, 1756, BetrAV 2012, 524).

d) Modifizierung. Der vorstehend beschriebene Besitzstandsschutz ist zu modifizieren, wenn zB bei einer 78
beitragsorientierten Leistungszusage, die ab dem 1.1.2001 erteilt wurde, eine Änderung vorgenommen werden soll. In diesen Fällen müsste der Besitzstand aus § 2 Va abgeleitet werden. Entspr gilt für eine Beitragszusage mit Mindestleistung. Eine Modifizierung ist auch erforderlich, wenn Eingriffe vorgenommen werden sollen, die nicht in den 3-stufigen Besitzstand eingeordnet werden können (zB Veränderung der Wartezeit, Änderung bei Hinterbliebenenleistungen (BAG 12.10.2004, 3 AZR 557/03, EzA § 1 BetrAVG Hinterbliebenenversorgung Nr. 11, DB 2005, 783; Änderung der Anpassungsregelung BAG 28.6.2011, 3 AZR 282/09 ua, EzA § 16 BetrAVG Nr 59, DB 2011, 2923; Übergang von einer Rentenzusage in eine Kapitalzusage BAG 15.5.2012, 3 AZR 11/10, DB 2012, 1756, BetrAV 2012, 524).

e) Jeweiligkeitsklausel. Derartige Klauseln kommen in unterschiedlicher Ausgestaltung vor. Mit ihnen 79
soll erreicht werden, dass auch solche AN, die nicht mehr unter den persönlichen Geltungsbereich einer abändernden BV fallen, von dieser erfasst werden. Damit erstrecken sich solche Jeweiligkeitsklauseln iW auf **leitende Angestellte und Versorgungsempfänger**. Ist die Jeweiligkeitsklausel des Arbeitsvertrages so gestaltet, dass sie für das gesamte Arbeitsverhältnis maßgeblich bleibt, wird ein leitender Angestellter auch noch von einer abändernden BV erfasst. Ist die Jeweiligkeitsklausel so gestaltet, dass sie auch noch das

Versorgungsverhältnis umfasst, können auch Versorgungsempfänger von abändernden BV erfasst sein (zur Satzung einer Unterstützungskasse BAG 16.2.2010, 3 AZR 181/08, EzA § 1 BetrAVG Ablösung Nr 48, DB 2010, 691).

80 Ist **einzelvertraglich** eine dynamische Verweisung auf die jeweilige BV vereinbart worden, wird der leitende Angestellte/Versorgungsempfänger nicht schutzlos einer abändernden BV ausgesetzt. Vielmehr muss die Änderung einer Rechtskontrolle standhalten. Auch insoweit gelten die Grundsätze des Vertrauensschutzes und der Verhältnismäßigkeit. Insoweit ist auf die vorstehenden Ausführungen zum 3-stufigen Besitzstand zu verweisen. Ist bereits der Versorgungsfall eingetreten, können nur noch geringfügige Verschlechterungen überhaupt gerechtfertigt sein. Bei einem Versorgungsempfänger ist zB ein Eingriff in eine Witwenrente nicht zulässig, selbst wenn bei Versorgungsanwärtern dieser Eingriff durch Verbesserungen an anderer Stelle gerechtfertigt wäre (BAG 12.10.2004, 3 AZR 557/03, EzA § 1 BetrAVG Hinterbliebenenversorgung Nr 11, DB 2005, 783; zur Änderung der Zahlungsweise BAG 23.9.1997, 3 AZR 529/96, EzA § 1 BetrAVG Ablösung Nr 14, DB 1998, 318; Änderung der Anpassung BAG 28.6.2011, 3 AZR 282/09 ua, EzA § 16 BetrAVG Nr 59, DB 2011, 2923).

81 **2. Kdg der BV.** Beruht die BAV auf einer BV, kann diese gem § 77 V BetrVG mit einer Frist von 3 Monaten gekündigt werden, soweit nichts anderes vereinbart ist. Für den Ausspruch der Kdg sind keine Gründe erforderlich. Sind keine Eingriffsgründe vorhanden, führt die Kdg dazu, dass nach Ablauf der Kündigungsfrist die neu in das Unternehmen eintretenden AN keine Versorgungszusagen nach Maßgabe der BV mehr erhalten. Das Versorgungswerk ist geschlossen. Soll mit der Kdg in Versorgungsanwartschaften eingegriffen werden, müssen hierfür Gründe vorliegen. Insoweit ist der 3-stufige Besitzstand zu berücksichtigen. Das BAG geht davon aus, dass die Kdg einer BV ultima ratio ist, um eine ablösende BV abzuschließen (BAG 11.5.1999, 3 AZR 21/98, EzA § 1 BetrAVG Betriebsvereinbarung Nr 1, DB 2000, 525; 21.8.2001, 3 ABR 44/00, EzA § 1 BetrAVG Betriebsvereinbarung Nr 4, DB 2002, 952).

82 Kündigt der AG mit dem Ziel, in Versorgungsanwartschaften einzugreifen, hat der BR das Recht, im Beschlussverfahren klären zu lassen, ob Eingriffsgründe vorliegen und wie gewichtig diese sind. Die Entscheidung erfasst alle betroffenen Versorgungsanwartschaften und stellt für diese fest, inwieweit die Kdg wirkt (BAG 17.8.1999, 3 ABR 55/98, EzA § 1 BetrAVG Betriebsvereinbarung Nr 2, DB 2000, 774).

83 **3. Rechtsbegründungsakt Gesamtzusage/vertragliche Einheitsregelung.** Ist der Rechtsbegründungsakt eine Gesamtzusage/vertragliche Einheitsregelung, ist die Zusage Bestandteil des individuellen Arbeitsvertrages. Deshalb kann nur ausnahmsweise mittels einer BV eine Änderung vorgenommen werden. Nach der Entscheidung des GS v 16.9.1986 (GS 1/82, EzA § 77 BetrVG 1972 Nr 17, DB 1987, 383) kommt eine **umstrukturierende BV** in Betracht. Unter Erhalt oder gar Ausweitung des Dotierungsrahmens werden die Mittel neu auf den begünstigten Personenkreis verteilt. Dabei ist ein kollektiver Günstigkeitsvergleich anzustellen. Es reicht nicht aus, wenn der AG gleich hohe Beträge aufwendet (BAG 23.10.2001, 3 AZR 74/01, EzA § 1 BetrAVG Ablösung Nr 13, DB 2002, 1383). War das Versorgungswerk geschlossen, ist ein fiktiver Aufwand festzustellen (BAG 17.6.2003, 3 ABR 43/02, EzA BetrAVG Ablösung Nr 40, DB 2004, 714). Eine **reduzierende BV** kommt nur in Betracht, wenn entweder die Gesamtzusage/vertragliche Einheitsregelung **betriebsvereinbarungsoffen** ausgestaltet war (BAG 20.11.1987, 2 AZR 284/86, EzA § 620 BGB Altersgrenze Nr 1, DB 1988, 1501; 10.12.2002, 3 AZR 92/02, EzA § 1 BetrAVG Ablösung Nr 37, DB 2004, 1566; 23.9.2003, 3 AZR 551/02, EzA § 305c BGB 2002 Nr 1; 20.11.1990, 3 AZR 573/89, EzA § 77 BetrVG 1972 Nr 38, DB 1991, 915; 15.2.2011, 3 AZR 35/09ua, EzA § 1 BetrAVG Betriebsvereinbarung Nr 9, BB 2011, 3068) oder ein Wegfall/eine **Störung der Geschäftsgrundlage** vorliegt. Die Betriebsvereinbarungsoffenheit kann ausdrücklich erklärt werden, sich aber auch aus den Umständen des Einzelfalles ergeben. So leitet das BAG in jüngerer Zeit die Betriebsvereinbarungsoffenheit aus Jeweiligkeitsklauseln ab (18.9.2012, 3 AZR 431/10, BB 2013, 308, BetrAV 2013, 167) oder dem Freiwilligkeitsvorbehalt bei Unterstützungskassen ab (BAG 15.2.2011, 3 AZR 45/09, AP Nr 20 zu § 1 BetrAVG Auslegung). In seinem Urt vom 15.2.2011 (3 AZR 45/09, AP 20 zu § 1 BetrAVG Auslegung) hat das BAG erstmals die Anforderungen an die Betriebsvereinbarungsoffenheit gelockert, indem es den Freiwilligkeitsvorbehalt bei Unterstützungskassenzusagen als betriebsvereinbarungsoffen behandelt hat. Später ist dies auf Jeweiligkeitsklauseln (BAG 18.9.2012, 3 AZUR 415/10, EzA § 17 BetrVG Nr 12, BetrAV 2013,65) und betriebsvereinbarungsoffene AGB (BAG 5.3.2013, 1 AZR 417/12, EzA § 77 BetrVG 2001 Nr 35, DB 2013, 1852; hierzu auch *Diller/Beck*, BetrAV 2014,345) ausgedehnt worden. Zuletzt hat das BAG (10.3.2015, 3 AZR 56/14; hierzu *Huber/Betz-Rehm/Ars* BB 2015, 2869) zu Gesamtzusagen generell die Aussage gemacht, diese würden nach den jeweils geltenden Regeln erteilt worden sein und mittels BV abänderbar sein.

84 Ist eine ablösende BV zulässig, erlischt die Gesamtzusage. Ob die Ablösung auf Dauer erfolgt oder die Gesamtzusage nach Kündigung der BV wieder auflebt, hat das BAG offen gelassen (BAG 15.2.2011, 3 AZR

35/09, EzA § 1 BetrAVG, Nr 9, BB2011, 3068). Die ablösende BV ist einer Rechtskontrolle zu unterziehen. Hierfür gelten die vorstehenden Ausführungen zu den 3 Besitzstandsstufen.
Ist eine Gesamtzusage durch BV vor 1983 geändert worden, besteht Vertrauensschutz, wenn die Besitzstände gewahrt wurden (BAG 20.11.1990, 3 AZR 573/89, EzA § 77 BetrVG 1972 Nr 38, DB 1991, 915). Es sind dann nicht die engen Voraussetzungen (Umstrukturierung, Betriebsvereinbarungsoffenheit, Störung der Geschäftsgrundlage) des Großen Senats anzuwenden. Für Änderungen in der Zeit von 1983 bis zum 16.9.1986 besteht kein Vertrauensschutz (BAG 22.10.1991, 3 AZR 480/90, nv). 85

4. Widerruf bei Unterstützungskassen. Von der Änderung durch Vertrag ist die Änderung durch Widerruf zu unterscheiden. Ein Widerruf ist bei Unterstützungskassenzusagen zulässig. Liegen Eingriffsgründe vor, widerruft der AG mittels der zust Organe der Unterstützungskasse die dem AN erteilte Versorgungszusage. Der Widerruf ist eine einseitige empfangsbedürftige Willenserklärung. Auch beim Widerruf sind die 3 Stufen des Besitzstandes zu berücksichtigen, sodass im Ergebnis auch Unterstützungskassenzusagen in dem Maße vor Eingriffen geschützt sind, wie sie für die Durchführungswege gelten, die dem AN einen Rechtsanspruch einräumen (BAG 18.11.2008, 3 AZR 417/07, EzA § 7 BetrAVG Nr 74, DB 2009, 1079; 11.12.2001, 3 AZR 512/00, EzA § 1 BetrAVG Ablösung Nr 33, DB 2003, 293). Dennoch wird z.T. in der Literatur die Auffassung vertreten, die Unterstützungskasse sei ein Durchführungsweg mit minderer Rechtsqualität wegen des Widerrufrechts (*Schlewing* FS Höfer, 243). 86

Auch Unterstützungskassenzusagen können mittels BV geändert werden. Es gelten die vorstehenden Ausführungen entspr. 87

5. Ausscheiden mit unverfallbarer Anwartschaft nach Änderung. Scheidet der AN nach erfolgter Änderung aus, ist in bes Weise der Besitzstand zu prüfen. Wurde anlässlich der Änderung bereits in den Besitzstand eingegriffen, muss der bis zur Änderung erdiente Besitzstand erhalten bleiben (BAG 18.3.2003, 3 AZR 221/02, EzA § 2 BetrAVG Nr 19, DB 2003, 2794; 16.12.2003, 3 AZR 39/03, EzA § 1 BetrAVG Ablösung Nr 41, DB 2004, 1051). 88

6. Widerrufsvorbehalte. In nahezu jeder unmittelbaren Versorgungszusage, aber auch bei Unterstützungskassenzusagen sind Widerrufsvorbehalte formuliert, die den sog steuerunschädlichen Vorbehalten iS der EStR entsprechen. Diese Vorbehalte beziehen sich auf die wirtschaftliche Leistungsfähigkeit, Änderungen im rechtlichen Umfeld und auf sog Treupflichtverletzungen. Diese Vorbehalte haben nur deklaratorischen Charakter. Sie versuchen das zu formulieren, was unter der **Störung der Geschäftsgrundlage** (§ 313 BGB) zu subsumieren wäre. 89

Wegen **fehlender wirtschaftlicher Leistungsfähigkeit** (wirtschaftliche Notlage) ist kein Widerruf zulässig. Mit dem Wegfall des Sicherungsfalls wirtschaftliche Notlage mit Wirkung ab dem 1.1.1999 ist ein Widerruf nicht mehr möglich. Eine Störung der Geschäftsgrundlage kann nicht vorliegen. Seit dem 1.1.1999 gilt der allg zivilrechtliche Grundsatz, wonach die fehlende wirtschaftliche Leistungsfähigkeit in aller Regel kein Grund dafür ist, sich von einer übernommenen Zahlungspflicht zu lösen. Der AG kann sein Risiko, die zugesagten Versorgungsleistungen erbringen zu müssen, nicht durch Widerruf auf Versorgungsanwärter/Versorgungsempfänger abwälzen (BAG 31.7.2007, 3 AZR 373/06, EzA § 7 BetrAVG Nr 72, DB 2007, 2849; 17.6.2003, 3 AZR 396/02, EzA § 7 BetrAVG Nr 69, DB 2004, 324). Befindet sich das Unternehmen in wirtschaftlichen Schwierigkeiten, ist es gezwungen, iR eines außergerichtlichen Vergleichs nach § 7 I eine Lösung herbeizuführen. 90

Änderungen im **sozialen Umfeld** können zu einer Störung der Geschäftsgrundlage führen. Insoweit stellt sich insb für **Gesamtversorgungszusagen** die Frage, ob die inzwischen erheblichen Eingriffe in der gesetzlichen Rentenversicherung zu einer Störung der Geschäftsgrundlage geführt haben. In seiner Entscheidung v 19.2.2008 (3 AZR 290/06, EzA § 1 BetrAVG Geschäftsgrundlage Nr 4, DB 2008, 1387) geht das BAG von einem Anpassungsrecht des Arbeitgebers aus, wenn sich der Mehraufwand um mehr als 50 % erhöht hat. 91

Änderungen der **gesetzlichen Rahmenbedingungen** führen nicht zu einer Störung der Geschäftsgrundlage. Wenn sie überhaupt einen Grund für einen Eingriff in Versorgungsanwartschaften darstellen können, kann nur ein Eingriff in die 3. Besitzstandsstufe in Betracht kommen (BAG 22.4.1986, 3 AZR 496/83, EzA § 1 BetrAVG Unterstützungskasse Nr 3, DB 1986, 1526). Auch die Änderung steuerlicher Rahmenbedingungen dürfte nicht zu einer Störung der Geschäftsgrundlage führen, zumindest dann nicht, wenn die Änderung verfassungsgemäß ist (zur Änderung des Rechnungszinsfußes bei § 6a EStG, BVerfG 28.11.1984, 1 BVR 1157/82, BVerfGE 68, 287, DB 1985, 527). 92

Der vollständige oder teilw Widerruf einer Versorgungszusage wegen einer **Treupflichtverletzung** kommt nur ausnahmsweise in Betracht. Die Art und Schwere des Verstoßes muss die Berufung auf die Zusage als unzulässige Rechtsausübung erscheinen lassen (BAG 8.2.1983, 3 AZR 463/80, EzA § 1 93

BetrAVG Rechtsmissbrauch Nr 1, DB 1983, 1770). Begründet zB ein Versorgungsempfänger nach Beendigung seiner Tätigkeit ein Arbeitsverhältnis bei einem Konkurrenzunternehmen, ohne dass ein Wettbewerbsverbot vereinbart war, ist ein Widerruf nicht gerechtfertigt, wenn kein ruinöser Wettbewerb vorliegt (BAG 3.4.1990, 3 AZR 211/89, EzA § 1 BetrAVG Rechtsmissbrauch Nr 2, DB 1990, 1870). Ein wichtiger Grund, der eine fristlose Kdg rechtfertigen würde, reicht für einen Widerruf der Versorgungszusage nicht aus (BAG 8.5.1990, 3 AZR 152/88, EzA § 1 BetrAVG Rechtsmissbrauch Nr 3, DB 1990, 2173). Hat sich der AN allerdings eine unverfallbare Anwartschaft erschlichen, ist ein Widerruf gerechtfertigt (BAG 8.2.1983, 3 AZR 10/81, EzA § 1 BetrAVG Nr 24, DB 1983, 1497). Zum Widerruf bei Treupflichtverletzung auch BAG 13.11.2012, 3 AZR 444/10, BetrAV 2013, 242, BB 2013, 819.

94 **II. Änderung des Durchführungsweges.** Eine Änderung des Durchführungsweges ist für die Unverfallbarkeit ohne Bedeutung. Die Unverfallbarkeitsfristen zählen durch.

95 **III. Änderung einer betrieblichen Übung.** Eine betriebliche Übung kann nicht einfach beendet werden. Hierfür ist eine Änderungsvereinbarung erforderlich. Ein durch betriebliche Übung begründeter Anspruch ist nicht betriebsvereinbarungsoffen. Auch eine gegenläufige betriebliche Übung kommt nicht in Betracht (BAG 16.2.2010, 3 AZR 118/08, EzA § 1 Betriebliche Übung Nr 10, DB 2010, 1947). Will der AG eine betriebliche Übung beenden, geht dies nur für neu eintretende AN. Für bestehende Verpflichtungen aus einer betrieblichen Übung können diese nur durch eine einvernehmliche Vereinbarung zwischen AG und AN/Versorgungsempfänger aufgehoben werden.

96 **E. Übernahme.** In § 1b I 4 ist auch geregelt, dass die Übernahme des Versorgungsversprechens »durch eine andere Person« den Lauf der Unverfallbarkeitsfristen nicht unterbricht. Damit sind iW Betriebsübergänge nach § 613a BGB bzw Verschmelzungen, Spaltungen und Vermögensübertragungen iSv § 324 UmwG gemeint. Auch eine Übertragung nach § 4 BetrAVG könnte hierunter subsumiert werden. Da für die Übertragung in § 4 zwischenzeitlich klarstellend geregelt ist, dass die Regelungen zur Entgeltumwandlung zwingend gelten, ist der Schutz des AN beim AG-Wechsel sichergestellt.

97 **I. Betriebsübergang.** Bei einem Betriebs- oder Teilbetriebsübergang gem § 613a BGB gehen die bestehenden Arbeitsverhältnisse mit allen Rechten und Pflichten einschl der erteilten Versorgungszusagen auf den neuen Inhaber über. Damit sind die Versorgungsanwartschaften unverändert fortzuführen. Die Unverfallbarkeitsfristen werden nicht unterbrochen. Auch hins der Leistungshöhe wird der AN so behandelt, als habe kein AG-Wechsel stattgefunden. IE ist wie folgt zu unterscheiden:

98 **1. BAV beim abgebenden Unternehmen.** Hat der ehemalige AG eine unmittelbare Versorgungszusage erteilt, ist diese zwingend vom neuen AG fortzusetzen. Dies bedeutet, dass der AN für die **Leistungshöhe** und **Wartezeit** und die **Unverfallbarkeit** so gestellt wird, als habe kein AG-Wechsel stattgefunden. Hatte der ehemalige AG seine BAV über einen externen Versorgungsträger durchgeführt, kann der neue AG Trägerunternehmen dieses Versorgungsträgers werden und damit uneingeschränkt das Versorgungsversprechen erfüllen. Ist es ihm nicht möglich, Trägerunternehmen des bisherigen Versorgungsträgers zu werden, muss er eine gleichwertige und gleichartige Versorgung dem AN über einen anderen externen Versorgungsträger verschaffen. Er kann aber auch selbst für die zugesagten Leistungen einstehen oder seinen eigenen Versorgungsträger einschalten. Der externe Versorgungsträger des ehemaligen AG geht nicht auf den Erwerber über (BAG 13.3.1979, 3 AZR 859/77, EzA § 613a BGB Nr 22, DB 1979, 1462).

99 Beruht die BAV beim ehemaligen AG auf einer BV, findet nach § 613a I 2 BGB eine **Transformation** in das Arbeitsverhältnis statt mit der Folge, dass erst nach Ablauf eines Jahres eine Änderung zum Nachteil des AN vorgenommen werden kann. Diese Veränderungssperre tritt dann allerdings ausnahmsweise nicht ein, wenn die Identität des Betriebes erhalten bleibt (BAG 29.7.2003, 3 AZR 630/02, EzA § 1 BetrAVG Ablösung Nr 42). In diesem Fall bleibt die BV bestehen und gilt auch für neu eintretende AN, wenn der Betriebsübergang auf eine neu gegründete Gesellschaft stattgefunden hat (BAG 5.5.2015, 1 AZR 763/13, BetrAV 2015, 528). Hat eine Transformation stattgefunden, kann die Versorgungszusage nach Ablauf eines Jahres geändert werden, wobei der 3-stufige Besitzstand zu beachten ist. Auch wenn eine Transformation in das Arbeitsverhältnis stattgefunden hat, kann die Änderung mittels einer BV vorgenommen werden. Insoweit ist das Versorgungsversprechen »betriebsvereinbarungsoffen« (BAG 29.7.2003, 3 AZR 630/02, EzA § 1 BetrAVG Ablösung Nr 42). Diese ablösende BV kann einer gerichtlichen Kontrolle unterworfen werden.

100 Auf den Erwerber geht auch die Pflicht über, gem § 16 BetrAVG eine Anpassung vorzunehmen, wenn aus dem Aktiven ein Rentner geworden ist. Bei der Beurteilung der wirtschaftlichen Lage ist die Leistungsfähigkeit des Erwerbers zugrunde zu legen. Dies gilt auch dann, wenn sich erst nach einer Fusion

die wirtschaftliche Lage des ehemaligen AG verbessert hat (BAG 31.7.2007, 3 AZR 810/05, EzA § 16 BetrAVG Nr 52, DB 2008, 135).

Vom Betriebsübergang werden Geschäftsführer nicht erfaßt, da sie keine Arbeitnehmer sind (BAG 13.2.2003, 8 AZR 654/01, EzA § 613a BGB 2002 Nr 2, DB 2003, 942). 101

2. Nur beim Erwerber bestehende BAV. Ist der Betrieb oder Betriebsteil von einem Erwerber übernommen worden, der in seinem Unternehmen eine BAV hat, können sich folgende Konstellationen ergeben: Zunächst kann das Versorgungssystem für alle in das Unternehmen eintretende AN geschlossen sein. Dann erhalten auch die AN, die mittels des Betriebsübergangs zu AN dieses Unternehmens werden, keine Versorgungszusagen. Ein Anspruch auf Gleichbehandlung mit den versorgten AN des aufnehmenden Betriebes besteht nicht. Der neue AG kann nur für die AN, die gem § 613a BGB den AG wechseln, das bestehende Versorgungssystem schließen, ohne dass eine Verletzung des Gleichbehandlungsgrundsatzes vorliegt, auch dann nicht, wenn die AN, die von anderen Unternehmen kommen, nach dem bestehenden Regelwerk eine Versorgungszusage erhalten (BAG 19.1.2010, 3 ABR 19/08, EzA § 1 BetrAVG Betriebsvereinbarung Nr 7, DB 2010, 1131). 102

Wurde den übergangenen AN dennoch eine Leistungszusage erteilt, ist bei einem vorzeitigen Ausscheiden gem § 2 I 1 eine Quotierung vorzunehmen. Dabei ist die beim Vor-AG abgeleistete Dauer der Betriebszugehörigkeit zu berücksichtigen. Für die Unverfallbarkeit dem Grunde nach ist für die Zusagedauer nur die Zeit beim Erwerber zu berücksichtigen. Dies kann auch für die Leistungshöhe gelten. Für beitragsorientierte Leistungszusagen ist § 2 Va anzuwenden. Die Betriebszugehörigkeit spielt keine Rolle mehr, wenn die Zusage ab dem 1.1.2001 erteilt wurde. 103

3. In beiden Unternehmen bestehende BAV. Besteht in beiden Unternehmen eine BAV, muss eine Doppelversorgung vermieden werden. Hierfür sind vor dem Betriebsübergang geeignete Maßnahmen zu ergreifen (ausf *Tenbrock*). Es können idR mittels BV die beim Erwerber bestehenden Regelungen so angepasst werden, dass zB die Leistungen, die der ehemalige AG zugesagt hatte, auf die Leistungen angerechnet werden, die beim neuen AG erworben werden. Besteht nur im abgebenden Unternehmen eine BV, findet gem § 613a I 2 BGB eine Transformation in das Arbeitsverhältnis statt. Die 1-jährige Veränderungssperre ist zu berücksichtigen. Besteht in beiden Unternehmen eine BV zur BAV, verdrängt nach der Rspr des BAG die BV des Erwerbers diejenige des Veräußerers. Der AN wird in seinem Besitzstand geschützt. Wie weit dieser Schutz des Besitzstandes reicht, hat das BAG in seiner Entscheidung vom 24.7.2001 (3 AZR 660/00, EzA § 613a BGB Nr 204, DB 2002, 955) ausdrücklich offengelassen, sodass ungeklärt ist, ob der volle Umfang des Besitzstandes der ursprünglichen Versorgungszusage aufrechtzuerhalten ist oder nur der Teil der Versorgungsanwartschaft, der bis zum Zeitpunkt des Betriebsübergangs vom AN erdient wurde. 104

4. Entgeltumwandlung. Hat der AN bei seinem ehemaligen AG den Anspruch auf Entgeltumwandlung gem § 1a eingefordert und ist ihm eine entspr Versorgungszusage erteilt worden, ist diese vom Erwerber uneingeschränkt zu übernehmen und fortzuführen. Dies gilt entspr für über § 1a hinausgehende Entgeltumwandlungsvereinbarungen auf freiwilliger Basis. Hat der AN von seinem Anspruch auf Entgeltumwandlung vor dem Betriebsübergang noch nicht Gebrauch gemacht, hat der neue AG das Recht, nach § 1a einen Durchführungsweg vorzugeben. Er ist nicht an die Regelungen gebunden, die der frühere AG aufgestellt hat. Bes Probleme können sich ergeben, wenn beim ehemaligen AG und/oder beim neuen AG unterschiedliche tarifvertragliche Regeln für die Entgeltumwandlung gelten. Dann ist im Einzelfall zu prüfen, welche Regelungen beim neuen AG maßgeblich sind. 105 106

5. Informationspflichten. Nach § 613a V BGB ist der ehemalige AG oder der neue AG verpflichtet, den AN über die Auswirkungen des Betriebsübergangs vor dem Betriebsübergang zu informieren. Das BAG hat entschieden, dass zur BAV nicht zu informieren ist, weil die Ansprüche aus der BAV keine Folge des Betriebsübergangs seien. Sie entstünden ohne Rücksicht auf den Betriebsübergang. Sie bestünden auch unabhängig vom Handeln des Veräußerers oder des Erwerbers, sodass auch keine in Aussicht genommenen Maßnahmen vorliegen würden (22.5.2007, 3 AZR 357/06, DB 2008, 192; 22.5.2007, 3 AZR 834/05, EzA § 2 BetrAVG Nr 29, DB 2008, 191). 107

Ob auch dann keine Informationspflichten bestehen, wenn die BV beim Erwerber die BV beim Veräußerer verdrängt, ist nicht entschieden. Entsprechendes gilt für eine beabsichtigte oder gar beschlossene Harmonisierung (s.a. *Kisters-Kölkes* FS Kemper, S 227). 108

6. Änderungen im Zusammenhang mit einem Übergang. Das Arbeitsverhältnis und die dem AN zugesagten Leistungen der BAV werden durch § 613a BGB in vollem Umfang geschützt. Ein **Verzicht** auf Versorgung (BAG 29.10.1985, 3 AZR 485/83, EzA § 613a BGB Nr 52, DB 1986, 1779; 20.4.2010, 3 AZR 109

225/08, DB 2010, 1589), eine **Abfindung** durch den neuen oder alten AG (BAG 12.5.1992, 3 AZR 247/91, EzA § 613a BGB Nr 104, DB 1992, 2038), die Fortführung der Altersversorgung nach dem Betriebsübergang durch den ehemaligen AG oder auch die Beendigung des Arbeitsverhältnisses beim ehemaligen AG und die Neubegründung eines Arbeitsverhältnisses beim neuen AG stellen nach der Rspr des BAG (14.5.1991, 3 AZR 212/90, nv) Umgehungstatbestände dar, die keine Auswirkungen auf die BAV haben.

110 Mit einem Wechsel des Durchführungsweges anlässlich eines Betriebsübergangs hat sich bisher das BAG nicht auseinandergesetzt. Ändern sich die Leistungen für die AN nicht, werden sie nur zukünftig über einen externen Versorgungsträger erfüllt, dürften keine Bedenken bestehen. IÜ zum Wechsel des Durchführungsweges Rdn 32 ff.

111 Jedenfalls ist der neue AG nach einem Betriebsübergang nicht verpflichtet, den übergegangenen AN die bessere Versorgung anderer AN zukommen zu lassen oder eine Harmonisierung vorzunehmen (BAG 31.8.2005, 5 AZR 517/04, EzA § 613a BGB 2002 Nr 39, BB 2006, 440).

112 **7. Versorgungsempfänger, unverfallbar ausgeschiedene Anwärter.** Da gem § 613a BGB nur die bestehenden Arbeitsverhältnisse übergehen, verbleiben Versorgungsempfänger und mit unverfallbarer Anwartschaft ausgeschiedene Anwärter, soweit sie vor dem Betriebsübergang ausgeschieden waren, beim abgebenden Unternehmen. Eine befreiende Schuldübertragung auf den Erwerber scheidet aus. Will der ehemalige AG von seinen Verpflichtungen frei werden, kann er nur in den Grenzen von § 3 eine Abfindung vornehmen oder gem § 4 IV eine Liquidationsversicherung abschließen. Der Schuldbeitritt des Übernehmers führt nicht zu einer rechtlichen Enthaftung (hierzu *Reichenbach* FS Kemper, S 365).

113 **8. Betriebsübergang in der Insolvenz.** Es gelten die vorstehenden Ausführungen entspr. Der Bestandsschutz des § 613a BGB greift auch während eines Insolvenzverfahrens. Wird der Betrieb oder Betriebsteil nach Eröffnung des Insolvenzverfahrens erworben, muss der Erwerber für den Teil der Versorgungsanwartschaften eintreten, der nach dem Betriebsübergang erworben wird. Für vor dem Betriebsübergang erworbene gesetzlich unverfallbare Anwartschaften tritt der PSVaG ein (BAG 19.5.2005, 3 AZR 649/03, EzA § 613a BGB 2002 Nr 33, DB 2005, 2362). Erfolgt der Betriebserwerb vor Eröffnung des Insolvenzverfahrens, ist ausschließlich der Erwerber für die Erfüllung der Versorgungszusagen zust.

114 Der Erwerber eines insolventen Unternehmens kann nicht ohne Weiteres in Versorgungsanwartschaften eingreifen, die zukünftig zu erdienen sind. Es müssen iSd 3-stufigen Besitzstandes sachlich-proportionale Gründe vorliegen. Allein der Umstand, dass der Vor-AG insolvent ist, reicht nicht aus, um Eingriffe zu rechtfertigen. Wird zB aus einem insolventen Unternehmensverbund eine Einheit herausgelöst, die mit voller Belegschaft weiterarbeiten kann, spricht viel dafür, dass es sich um eine wirtschaftlich gesunde Einheit handelt, die rentabel weitergeführt werden kann. Können die Belastungen aus der übernommenen BAV nicht getragen werden, ist der AG für die wirtschaftlichen Schwierigkeiten darlegungs- und beweispflichtig (BAG 29.10.1985, 3 AZR 485/83, EzA § 613a BGB Nr 52, DB 1986, 1779).

115 **II. Umwandlung gem § 324 UmwG.** Für die im Unternehmen tätigen AN kann auf die Ausführungen zu § 613a BGB verwiesen werden. Insoweit verweist § 324 UmwG auf § 613a I und IV–VI BGB.

116 Werden ehemalige AN (Versorgungsempfänger, mit unverfallbarer Anwartschaft ausgeschiedene Anwärter) von einer Verschmelzung (Fusion) erfasst, ist das aufnehmende Unternehmen verpflichtet, die Renten zu zahlen und Anpassungen nach § 16 vorzunehmen. Entspr gilt bei einer Aufspaltung. Bei einer Aufspaltung ist im Spaltungsvertrag zu regeln, welchem Unternehmen die ehemaligen AN zugeordnet werden. Dies gilt entspr bei einer Abspaltung. In diesem Fall können die ehemaligen AN beim bisherigen Unternehmen verbleiben oder gem Spaltungsvertrag auf ein oder mehrere abgespaltene Unternehmen verteilt werden. Auch die Abspaltung einer reinen Rentnergesellschaft ist zulässig. Weder der Versorgungsempfänger noch der PSVaG müssen dem Übergang von Versorgungsverbindlichkeiten durch einen Spaltungsplan zustimmen (BAG 22.2.2005, 3 AZR 499/03, EzA § 126 UmwG Nr 1, DB 2005, 954; auch *Langohr-Plato* Rechtshandbuch Rn 1537 ff). Bei Abspaltung einer »Rentnergesellschaft« muss aber auf jeden Fall sichergestellt sein, dass die abgespaltene Gesellschaft in der Lage ist, alle Verpflichtungen dauerhaft zu erfüllen (Rentenzahlung, Anpassung gem § 16, Zahlung von PSV-Beiträgen, Verwaltungskosten; BAG 11.3.2008, 3 AZR 358/06, EzA § 4 BetrAVG Nr 7, DB 2008, 2369).

117 In § 133 III 3 UmwG ist normiert, dass der ehemalige Arbeitgeber neben dem Übernehmer gesamtschuldnerisch 10 Jahre haftet.

118 **F. Wartezeit.** In I 5 wird ausdrücklich bestimmt, dass der Ablauf einer vorgesehenen Wartezeit durch die Beendigung des Arbeitsverhältnisses bei Ausscheiden mit einer **gesetzlich unverfallbaren Anwartschaft** nicht berührt wird. Dies bedeutet, dass eine leistungsausschließende Wartezeit, wie sie in Versorgungszusagen üblich ist, auch nach dem Ausscheiden aus dem Arbeitsverhältnis weiter läuft. Ist zB in einer

Versorgungszusage vorgesehen, dass erst nach Ablauf einer Wartezeit von 10 Jahren Leistungen des AG bei Eintritt von Invalidität und Tod erbracht werden, erhält auch der AN die ihm zugesagten Versorgungsleistungen, der mit einer unverfallbaren Anwartschaft ausgeschieden war, wenn bei Eintritt des Versorgungsfalles die Wartezeit abgelaufen war. Wird er nach Ablauf von 9 Jahren invalide, erhält er keine Versorgungsleistungen. Tritt die Invalidität im 11. Jahr ein, erhält der AN die – gem § 2 gekürzten – Versorgungsleistungen. Damit wird der mit unverfallbarer Anwartschaft ausgeschiedene AN so behandelt wie der betriebstreue AN. Ohne Bedeutung ist, ob die Wartezeit 5, 10 oder 25 Jahre beträgt. Auch bes Wartezeitregelungen wie zB die Vorgabe, dass nur dann eine Invaliditätsleistung erbracht wird, wenn der AN das 50. Lebensjahr vollendet hat, gelten gleichermaßen für den AN, der mit unverfallbarer Anwartschaft ausgeschieden ist (BAG 20.10.1987, 3 AZR 208/86, EzA § 1 BetrAVG Nr 50, DB 1988, 815). Derartige, mit einer Altersgrenze verbundene Wartezeiten sind nach wie vor zulässig (BAG 10.12.2013, 3 AZR 796/11, BetrAV 2014, 390, BB 2014, 51).

Ist der Versorgungsfall vor Ablauf der Wartezeit eingetreten und deshalb keine Leistung zu erbringen, geht die Anwartschaft nicht vollständig unter. Ist keine Invaliditätsleistung zu zahlen, bleibt eine Anwartschaft auf Alters- und Hinterbliebenenversorgung bestehen, wenn derartige Leistungen zugesagt sind (BAG 18.3.1986, 3 AZR 641/84, EzA § 1 BetrAVG Nr 41, DB 1986, 1930). 119

G. Wechsel in EU. In I 6 wird klargestellt, dass die Unverfallbarkeitsregeln auch dann gelten, wenn der AN in einen EU-Staat wechselt. Dies ist eine Selbstverständlichkeit, weil die Unverfallbarkeitsregeln allein beim bisherigen AG anzuwenden sind und es ohne Bedeutung ist, ob danach ein neues Arbeitsverhältnis in Deutschland oder in einem EU-Staat oder in einem Nicht-EU-Staat begründet wird. Ohne Bedeutung ist auch, ob überhaupt ein neues Arbeitsverhältnis begründet wird. 120

H. Mobilitätsrichtlinie. Das Europäische Parlament und der Rat der Europäischen Union haben am 16.4.2014 beschlossen, Mindestvorschriften zur Erhöhung der Mobilität der AN zu erlassen. Es sollen die Unverfallbarkeitsfristen herabgesetzt werden, unverfallbare Anwartschaften sollen dynamisiert werden, Abfindungen nur einvernehmlich möglich sein und es sollen Auskunftspflichten geschaffen werden (Richtlinie 2014/50/EU ABl. L 128). Diese Vorgaben gelten nur für AN, die innerhalb der EU den AG wechseln. Die Bundesregierung hat beschlossen, diese Vorgaben in nationales Recht für alle AN umzusetzen, auch für AN, die in Deutschland den AG wechseln. Diese Änderungen treten zum 1.1.2018 in Kraft. Danach werden ab dem 1.1.2018 die Unverfallbarkeitsfristen verkürzt auf das Alter 21 und einen mindestens 3-jährigen Zusagebestand.[1] Zur Mobilität von Wissenschaftlern *Steinmeyer* FS Höfer, 267. 121

I. TV. § 1b ist nicht tarifdispositiv. 122

§ 2 Höhe der unverfallbaren Anwartschaft

(1) ¹Bei Eintritt des Versorgungsfalls wegen Erreichens der Altersgrenze, wegen Invalidität oder Tod haben ein vorher ausgeschiedener Arbeitnehmer, dessen Anwartschaft nach § 1b fortbesteht, und seine Hinterbliebenen einen Anspruch mindestens in Höhe des Teiles der ohne das vorherige Ausscheiden zustehenden Leistung, der dem Verhältnis der Dauer der Betriebszugehörigkeit zu der Zeit vom Beginn der Betriebszugehörigkeit bis zum Erreichen der Regelaltersgrenze in der gesetzlichen Rentenversicherung entspricht; an die Stelle des Erreichens der Regelaltersgrenze tritt ein früherer Zeitpunkt, wenn dieser in der Versorgungsregelung als feste Altersgrenze vorgesehen ist, spätestens der Zeitpunkt der Vollendung des 65. Lebensjahres, falls der Arbeitnehmer ausscheidet und gleichzeitig eine Altersrente aus der gesetzlichen Rentenversicherung für besonders langjährig Versicherte in Anspruch nimmt.. ²Der Mindestanspruch auf Leistungen wegen Invalidität oder Tod vor Erreichen der Altersgrenze ist jedoch nicht höher als der Betrag, den der Arbeitnehmer oder seine Hinterbliebenen erhalten hätten, wenn im Zeitpunkt des Ausscheidens der Versorgungsfall eingetreten wäre und die sonstigen Leistungsvoraussetzungen erfüllt gewesen wären.

(2) ¹Ist bei einer Direktversicherung der Arbeitnehmer nach Erfüllung der Voraussetzungen des § 1b Abs. 1 und 5 vor Eintritt des Versorgungsfalls ausgeschieden, so gilt Abs. 1 mit der Maßgabe, dass sich der vom Arbeitgeber zu finanzierende Teilanspruch nach Absatz 1, soweit er über die von dem Versicherer nach dem Versicherungsvertrag auf Grund der Beiträge des Arbeitgebers zu erbringende Versicherungsleistung hinausgeht, gegen den Arbeitgeber richtet. ²An die Stelle der Ansprüche nach Satz 1 tritt auf

---

1 BGBl I 2015, 2553.

Verlangen des Arbeitgebers die von dem Versicherer auf Grund des Versicherungsvertrags zu erbringende Versicherungsleistung, wenn
1. spätestens nach 3 Monaten seit dem Ausscheiden des Arbeitnehmers das Bezugsrecht unwiderruflich ist und eine Abtretung oder Beleihung des Rechts aus dem Versicherungsvertrag durch den Arbeitgeber und Beitragsrückstände nicht vorhanden sind,
2. vom Beginn der Versicherung, frühestens jedoch vom Beginn der Betriebszugehörigkeit an, nach dem Versicherungsvertrag die Überschussanteile nur zur Verbesserung der Versicherungsleistung zu verwenden sind und
3. der ausgeschiedene Arbeitnehmer nach dem Versicherungsvertrag das Recht zur Fortsetzung der Versicherung mit eigenen Beiträgen hat.

³Der Arbeitgeber kann sein Verlangen nach Satz 2 nur innerhalb von 3 Monaten seit dem Ausscheiden des Arbeitnehmers diesem und dem Versicherer mitteilen. ⁴Der ausgeschiedene Arbeitnehmer darf die Ansprüche aus dem Versicherungsvertrag in Höhe des durch Beitragszahlungen des Arbeitgebers gebildeten geschäftsplanmäßigen Deckungskapitals oder, soweit die Berechnung des Deckungskapitals nicht zum Geschäftsplan gehört, das nach § 169 Abs. 3 und 4 des Versicherungsvertragsgesetzes berechneten Wertes weder abtreten noch beleihen. ⁵In dieser Höhe darf der Rückkaufswert auf Grund einer Kündigung des Versicherungsvertrags nicht in Anspruch genommen werden; im Falle einer Kündigung wird die Versicherung in eine prämienfreie Versicherung umgewandelt. ⁶§ 169 Abs. 1 des Gesetzes über den Versicherungsvertrag findet insoweit keine Anwendung. ⁷Eine Abfindung des Anspruchs nach § 3 ist weiterhin möglich.

(3) ¹Für Pensionskassen gilt Absatz 1 mit der Maßgabe, dass sich der vom Arbeitgeber zu finanzierende Teilanspruch nach Absatz 1, soweit er über die von der Pensionskasse nach dem aufsichtsbehördlich genehmigten Geschäftsplan oder, soweit eine aufsichtsbehördliche Genehmigung nicht vorgeschrieben ist, nach den allgemeinen Versicherungsbedingungen und den fachlichen Geschäftsunterlagen im Sinne des § 5 Abs. 3 Nr. 2 Halbsatz 2 des Versicherungsaufsichtsgesetzes (Geschäftsunterlagen) auf Grund der Beiträge des Arbeitgebers zu erbringende Leistung hinausgeht, gegen den Arbeitgeber richtet. ²An die Stelle der Ansprüche nach Satz 1 tritt auf Verlangen des Arbeitgebers die von der Pensionskasse auf Grund des Geschäftsplans oder der Geschäftsunterlagen zu erbringende Leistung, wenn nach dem aufsichtsbehördlich genehmigten Geschäftsplan oder den Geschäftsunterlagen
1. vom Beginn der Versicherung, frühestens jedoch vom Beginn der Betriebszugehörigkeit an, Überschussanteile, die auf Grund des Finanzierungsverfahrens regelmäßig entstehen, nur zur Verbesserung der Versicherungsleistung zu verwenden sind oder die Steigerung der Versorgungsanwartschaften des Arbeitnehmers der Entwicklung seines Arbeitsentgelts, soweit es unter den jeweiligen Beitragsbemessungsgrenzen der gesetzlichen Rentenversicherungen liegt, entspricht und
2. der ausgeschiedene Arbeitnehmer das Recht zur Fortsetzung der Versicherung mit eigenen Beiträgen hat.

³Absatz 2 Satz 3 bis 7 gilt entsprechend.
(3a) Für Pensionsfonds gilt Absatz 1 mit der Maßgabe, dass sich der vom Arbeitgeber zu finanzierende Teilanspruch, soweit er über die vom Pensionsfonds auf der Grundlage der nach dem geltenden Pensionsplan im Sinne des § 112 Abs. 1 Satz 2 in Verbindung mit § 113 Abs. 2 Nr. 5 des Versicherungsaufsichtsgesetzes berechnete Deckungsrückstellung hinausgeht, gegen den Arbeitgeber richtet.
(4) Eine Unterstützungskasse hat bei Eintritt des Versorgungsfalls einem vorzeitig ausgeschiedenen Arbeitnehmer, der nach § 1b Abs. 4 gleichgestellt ist, und seinen Hinterbliebenen mindestens den nach Absatz 1 berechneten Teil der Versorgung zu gewähren.
(5) ¹Bei der Berechnung des Teilanspruchs nach Absatz 1 bleiben Veränderungen der Versorgungsregelung und der Bemessungsgrundlagen für die Leistung der betrieblichen Altersversorgung, soweit sie nach dem Ausscheiden des Arbeitnehmers eintreten, außer Betracht; dies gilt auch für die Bemessungsgrundlagen anderer Versorgungsbezüge, die bei der Berechnung der Leistung der betrieblichen Altersversorgung zu berücksichtigen sind. ²Ist eine Rente der gesetzlichen Rentenversicherung zu berücksichtigen, so kann das bei der Berechnung von Pensionsrückstellungen allgemein zulässige Verfahren zugrunde gelegt werden, wenn nicht der ausgeschiedene Arbeitnehmer die Anzahl der im Zeitpunkt des Ausscheidens erreichten Entgeltpunkte nachweist; bei Pensionskassen sind der aufsichtsbehördlich genehmigte Geschäftsplan oder die Geschäftsunterlagen maßgebend. ³Bei Pensionsfonds sind der Pensionsplan und die sonstigen Geschäftsunterlagen maßgebend. ⁴Versorgungsanwartschaften, die der Arbeitnehmer nach seinem Ausscheiden erwirbt, dürfen zu keiner Kürzung des Teilanspruchs nach Absatz 1 führen.
(5a) Bei einer unverfallbaren Anwartschaft aus Entgeltumwandlung tritt an die Stelle der Ansprüche nach den Absätzen 1, 3a oder 4 die vom Zeitpunkt der Zusage auf betriebliche Altersversorgung bis zum

Ausscheiden des Arbeitnehmers erreichte Anwartschaft auf Leistungen aus den bis dahin umgewandelten Entgeltbestandteilen; dies gilt entsprechend für eine unverfallbare Anwartschaft aus Beiträgen im Rahmen einer beitragsorientierten Leistungszusage.

(5b) An die Stelle der Ansprüche nach den Absätzen 2, 3, 3a und 5a tritt bei einer Beitragszusage mit Mindestleistung das dem Arbeitnehmer planmäßig zuzurechnende Versorgungskapital auf der Grundlage der bis zu seinem Ausscheiden geleisteten Beiträge (Beiträge und die bis zum Eintritt des Versorgungsfalls erzielten Erträge), mindestens die Summe der bis dahin zugesagten Beiträge, soweit sie nicht rechnungsmäßig für einen biometrischen Risikoausgleich verbraucht wurden.

Übersicht		Rdn.			Rdn.
A.	Regelungsgegenstand	1	II.	Überschussanteile	45
B.	Quotierungsverfahren	4	III.	Fortsetzung der Versicherung	50
I.	Ohne das vorherige Ausscheiden zustehende Leistungen	6	IV.	Frist	52
			V.	Rechtsfolgen	54
II.	Tatsächliche Betriebszugehörigkeit	9	VI.	Besonderheiten bei der Pensionskasse	59
III.	Mögliche Betriebszugehörigkeit	18	VII.	Pensionsfonds/rückgedeckte Unterstützungskasse	64
IV.	Feste Altersgrenze/Regelaltersgrenze	24			
V.	Berechnungsformel	27	D.	Quotierungsverfahren beim Pensionsfonds	65
VI.	Unveränderliche Quote	28			
VII.	Alle Durchführungswege	29	E.	Beitragsorientierte Leistungszusage	66
VIII.	Mindestleistung	31	F.	Entgeltumwandlung	71
IX.	Festschreibeeffekt	32	G.	Beitragszusage mit Mindestleistung	75
C.	Versicherungsförmige Lösung	40	H.	Vertragliche Berechnungsregeln	80
I.	Unwiderrufliches Bezugsrecht, keine Abtretung/Beleihung/Verpfändung, keine Beitragsrückstände	41	I.	TV	83
			J.	Organpersonen	84
			K.	EU-Mobilitäts-Richtlinie	85

A. Regelungsgegenstand. Diese Vorschrift regelt, in welcher Höhe einem AN, der mit einer gesetzlich 1 unverfallbaren Anwartschaft vorzeitig aus dem Arbeitsverhältnis ausgeschieden ist, bei Eintritt des Versorgungsfalles Leistungen aus der unverfallbaren Anwartschaft zustehen. Die **Grundregel** ist in I vorgegeben. Dabei handelt es sich um das sog Quotierungsverfahren (pro-rata-temporis Methode, m/ntel Verfahren). Diese Berechnungsmethode kann in allen 5 Durchführungswegen zur Anwendung kommen. An die Stelle dieses Berechnungsverfahrens kann bei Direktversicherungen und Pensionskassen unter bestimmten Voraussetzungen die sog versicherungsförmige Lösung treten.

Für **beitragsorientierte Leistungszusagen**, die ab dem 1.1.2001 erteilt wurden (§ 30g), hat der Gesetzgeber 2 in Va eine eigenständige Berechnungsweise geschaffen, die sich an dem Wert der Anwartschaft orientiert, wie er in der Zeit von der Zusageerteilung bis zum Zeitpunkt des Ausscheidens finanziert wurde. Diese Berechnungsmethode ist auch bei Anwartschaften anzuwenden, wenn diese durch Entgeltumwandlung finanziert wurden.

Für die **Beitragszusage mit Mindestleistung** hat der Gesetzgeber in Vb eine eigenständige Berechnungs- 3 weise geschaffen.

B. Quotierungsverfahren. Das Quotierungsverfahren verfolgt den Teilleistungsgedanken. Dieser 4 ist auf die Entscheidung des BAG vom 10.3.1972 (3 AZR 278/71, EzA § 242 BGB Ruhegeld Nr 11, DB 1972, 1486) zurückzuführen. Ein AN, der vorzeitig mit unverfallbarer Anwartschaft aus dem Arbeitsverhältnis ausgeschieden ist, soll den Teil der ihm zugesagten Leistung bei Eintritt des Versorgungsfalles erhalten, der dem Anteil seiner tatsächlich im Unternehmen abgeleisteten Betriebszugehörigkeit zu der bis zum Erreichen der festen Altersgrenze/Regelaltersgrenze möglichen Betriebszugehörigkeit entspricht. Damit setzt dieses Verfahren immer 2 Rechenschritte voraus: Im 1. Schritt wird die Leistung ermittelt, die dem AN zustehen würde, wenn er bei Eintritt des Versorgungsfalles noch im Unternehmen tätig wäre (ohne das vorherige Ausscheiden zustehende Leistung). Dabei ist von der Versorgungszusage auszugehen, die dem AN erteilt wurde. In einem 2. Schritt ist die tatsächlich im Unternehmen abgeleistete Betriebszugehörigkeit ins Verhältnis zu setzen zur möglichen Betriebszugehörigkeit. Mit der sich daraus ergebenden Quote ist die »ohne das vorherige Ausscheiden« dem AN zustehende Leistung zu gewichten.

Zum Quotierungsverfahren war die Auffassung vertreten worden, es liege eine Diskriminierung wegen des 5 Alters vor. Dies sieht das BAG anders. Es hat am 19.7.2011 (3 AZR 434/09, EzA § 7 BetrAVG Nr 76, DB 2012, 294) entschieden, dass das Alter bei der Quotierung nicht unmittelbar diskriminiere, wohl aber bei bestimmten Leistungsplänen mittelbar zu einer Benachteiligung von jüngeren AN führt. Diese mittelbare

Diskriminierung sei gerechtfertigt. Denn das Quotierungsverfahren entspreche der hergebrachten Wertung des Betriebsrentenrechts, wonach für die gesamte Dienstzeit die Versorgung zugesagt werde. Wenn der ausscheidende AN hiervon den Teil erhalte, der seiner Dienstzeit entspricht, sei dies ein allgemein akzeptiertes Modell, welches der Verbreitung der BAV diene. Dies sei ein sozialpolitisches Ziel im Allgemeininteresse. Mit Urteil v 11.12.2012 hat das BAG dies bestätigt (3 AZR 634/10, DB 2013, 1002, BetrAV 2013, 245).

6 **I. Ohne das vorherige Ausscheiden zustehende Leistungen.** Tritt der Versorgungsfall des Alters, der Invalidität oder des Todes ein, ist zu prüfen, ob entspr Leistungen dem AN zugesagt waren und ob die Leistungsvoraussetzungen nach Maßgabe der dem AN erteilten Versorgungszusage erfüllt sind. Ist dies der Fall, ist die Leistungshöhe zu ermitteln. Handelt es sich um eine dienstzeitabhängige Versorgungszusage, sind nach Maßgabe des Versorgungsversprechens die Dienstjahre bis zum Eintritt des Versorgungsfalles zu berücksichtigen. Ist die Leistung von Bemessungsgrößen, zB dem letzten Gehalt, abhängig, sind die Bemessungsgrundlagen zugrunde zu legen, die im Ausscheidezeitpunkt festgeschrieben wurden (V). Die sich so ergebende Leistung ist Ausgangsbasis für die weiter gehenden Berechnungen. Wird eine vorzeitige Altersleistung in Anspruch genommen (§ 6), sind zB bei der Ermittlung der Leistungen versicherungsmathematische Abschläge auch bei einem AN vorzunehmen, der aus einer unverfallbaren Anwartschaft eine Leistung in Anspruch nimmt.

7 Entspr ist bei einer zugesagten Invaliditäts- oder Hinterbliebenenleistung zu verfahren. So sind zB auch Zurechnungszeiten zu berücksichtigen. Es wird folglich bei der Berechnung der ohne das vorherige Ausscheiden zustehenden Leistung fiktiv unterstellt, der AN sei bis zum Zeitpunkt des Eintritts des Versorgungsfalles im Unternehmen geblieben.

8 Ist eine vorzeitige Altersleistung aus unverfallbarer Anwartschaft zu ermitteln, ist nach der nunmehr st Rspr des BAG die vorzeitige Altersleistung auf die feste Altersgrenze hochzurechnen und nicht auf den Zeitpunkt der vorzeitigen Inanspruchnahme. Von den so berechneten Leistungen ist – wenn dies in der Zusage vorgesehen ist – ein versicherungsmathematischer Abschlag vorzunehmen. Erst danach erfolgt die Kürzung nach I wegen des vorzeitigen Ausscheidens (BAG 23.1.2001, 3 AZR 164/00, EzA § 6 BetrAVG Nr 23, DB 2001, 1887; 21.3.2006, 3 AZR 374/05, EzA § 2 BetrAVG Nr 24, DB 2006, 2354; 12.12.2006, 3 AZR 716/05, EzA § 1 BetrAVG Nr 88, DB 2007, 2546; 19.5.2015, 3 AZR 771/13, DB 2015, 2093).

9 **II. Tatsächliche Betriebszugehörigkeit.** Mit der tatsächlichen Betriebszugehörigkeit ist die Zeit gemeint, in der das Arbeitsverhältnis rechtlich bestanden hat. Hat das Arbeitsverhältnis am 1.4. eines Jahres begonnen, ist auf dieses Beginndatum abzustellen. Endet das Arbeitsverhältnis am 31.12., ist auf diesen Stichtag abzustellen. Ohne Bedeutung ist, ob das Arbeitsverhältnis während der Bestandsdauer ruhte (BAG 15.2.1994, 3 AZR 708/93, EzA § 1 BetrAVG Gleichberechtigung Nr 9, DB 1994, 1479; zu Erziehungszeiten BAG 20.4.2010, 3 AZR 370/08, EzA Art 3 GG Nr 109, BB 2010, 2236). Ohne Bedeutung ist auch, ob dem AN bereits bei Beginn der Betriebszugehörigkeit eine Zusage erteilt wurde oder ob die Zusageerteilung erst während des bestehenden Arbeitsverhältnisses erfolgte. Ist zB ein AN nach Beendigung des Ausbildungsverhältnisses unmittelbar in ein Anstellungsverhältnis übernommen worden und hat er erst mit Beginn des Anstellungsverhältnisses eine Zusage erhalten, ist die Dauer der Betriebszugehörigkeit, in der das Ausbildungsverhältnis bestanden hat, bei der Betriebszugehörigkeitszeit zu berücksichtigen (§ 17 I 1). Die in einem **Konzern** abgeleistete Dienstzeit ist dagegen nicht ohne Weiteres zusammenzurechnen. Hierfür ist eine ausdrückliche Anrechnung von Vordienstzeiten erforderlich.

10 Die Betriebszugehörigkeitsdauer kann durch **Vordienstzeiten und Nachdienstzeiten** beeinflusst werden. Bei der Berücksichtigung von Vordienstzeiten ist zwischen **gesetzlich** vorgegebenen Vordienstzeiten und **vertraglich** angerechneten Vordienstzeiten zu differenzieren. In verschiedenen Gesetzen (zB § 12 ArbPlSchG, § 78 I ZDG, § 8 VI SoldVersG, § 9 III BVSG NRW, § 9 IV BVSG Saarland) hat der Gesetzgeber vorgeben, dass Zeiten der Betriebszugehörigkeit fiktiv als Betriebszugehörigkeitszeiten hinzugerechnet werden müssen. Ist eine solche Hinzurechnung vorzunehmen, verlängert sich die Betriebszugehörigkeitsdauer um den vorgegebenen Zeitraum (zu den Einzelheiten vgl *Blomeyer/Rolfs/Otto* § 2 Rn 50 ff; *Schlewing/Henssler/Schipp/Schnitker* Teil 10 A Rn 57 ff), soweit es um Rechte geht, die dem Grunde oder der Höhe nach von der Dauer der Betriebszugehörigkeit abhängen (BAG 25.7.2006, 3 AZR 307/05, EzA § 6 ArbPlSchG Nr 6, DB 2007, 637). Wie die Formulierung zB in § 6 ArbPlSchG zeigt, wirkt sich die Anrechnung nur auf die Betriebszugehörigkeit aus. Der Zusagezeitpunkt iSv § 1b wird nicht vorverlegt. Auch sind Betriebszugehörigkeitszeiten nur unter bestimmten Voraussetzungen anrechenbar (BAG 19.8.2008, 3 AZR 1063/06, EzA § 6 ArbPlSchG Nr 7, DB 2009, 240).

11 Aufgrund vertraglicher Vereinbarung können zu Beginn des Arbeitsverhältnisses Vordienstzeiten, aber auch für die Zeit nach dessen Beendigung Betriebszugehörigkeitszeiten hinzugerechnet werden. Mit einer solchen Anrechnung von Vor- oder Nachdienstzeiten wird die Rechtsposition des AN verbessert. Ihm werden

Dienstzeiten »geschenkt«. Bsp: Ein AN war bei seinem Vor-AG 3 Jahre beschäftigt. Diese 3 Jahre rechnet der Folge-AG bei der Leistungshöhe und der Wartezeit an. Ist nicht ausdrücklich gesagt, dass die 3 angerechneten Dienstjahre nur für die Leistungshöhe und Wartezeit angerechnet werden, wird auch der Beginn der Betriebszugehörigkeit vorverlegt (BAG 16.3.1982, 3 AZR 843/79, EzA § 1 BetrAVG Nr 19, DB 1982, 1728 zu Vordienstzeiten; BAG 10.3.1992, 3 AZR 140/91, EzA § 7 BetrAVG Nr 43, DB 1992, 2251 zu Nachdienstzeiten). Die Anrechnung von Vor- oder Nachdienstzeiten wirkt sich allerdings idR nicht iR des gesetzlichen Insolvenzschutzes aus (BAG 30.5.2006, 3 AZR 205/05, EzA § 2 BetrAVG Nr 26; DB 2007, 1987, Kemper/Kisters-Kölkes/Berenz/Huber/*Berenz* § 11 Rn 21 ff).

Sind in einer Versorgungszusage **Vorschaltzeiten** (vgl § 1b Rdn 51) vorgesehen, sind diese für die Berechnung der Betriebszugehörigkeitsdauer ohne Bedeutung. Es ist auf den tatsächlichen Beginn der Betriebszugehörigkeit abzustellen. 12

Ist das Arbeitsverhältnis gem **§ 613a BGB/§ 324 UmwG** auf einen neuen Inhaber übergegangen, ist die beim Vor-AG abgeleistete Betriebszugehörigkeitsdauer zu berücksichtigen (BAG 8.2.1983, 3 AZR 229/81, EzA § 613a BGB Nr 37, DB 1984, 301). 13

Auch Zeiten, die in der Zeit der DDR abgeleistet wurden, sind zu berücksichtigen (BAG 12.12.2000, 3 AZR 451/99, EzA § 613a BGB Nr 197, DB 2001, 2407). 14

Hat ein AN bei einem AG **nacheinander in 2 rechtlich selbstständigen Arbeitsverhältnissen** gestanden, sind die Betriebszugehörigkeitszeiten nicht zusammenzurechnen (BAG 29.9.1987, 3 AZR 99/86, EzA § 1 BetrAVG Nr 49, NZA 1988, 311). 15

Die Dauer der Betriebszugehörigkeit ist taggenau zu bestimmen. Aus Vereinfachungsgründen kann auch mit vollen Monaten gerechnet werden. Dabei ist es üblich, bei der tatsächlichen Betriebszugehörigkeit angefangene Monate zu berücksichtigen, bei der möglichen Betriebszugehörigkeit vollendete Monate. Eine Berechnung nach Jahren ist nicht zulässig (BAG 4.10.1994, 3 AZR 215/94, EzA § 2 BetrAVG Nr 14, BB 1995, 881). 16

Ohne Bedeutung ist, ob eine Vollzeit- oder Teilzeitbeschäftigung abgeleistet wurde. 17

III. Mögliche Betriebszugehörigkeit. Mit der möglichen Betriebszugehörigkeitsdauer ist der Zeitraum gemeint, der sich vom tatsächlichen Beginn des Arbeitsverhältnisses bis zur festen Altersgrenze/Regelaltersgrenze ergeben würde. Mit der **festen Altersgrenze** ist der Zeitpunkt gemeint, zu dem der AN das 65. Lebensjahr vollendet, auch wenn er weiter arbeitet und sich die Leistung noch erhöht (BAG 17.9.2008, 3 AZR 865/06, EzA § 1 BetrAVG Nr 91, BetrAV 2009, 165). Ist in der Versorgungszusage eine feste Altersgrenze von weniger als 65 Jahren vorgegeben, ist auf diese Altersgrenze (zB 63) abzustellen. Mit Urteil vom 15.5.2012 (3 AZR 11/10, EzA § 2 BetrAVG Nr 33, DB 2012, 1756) hat das BAG entschieden, dass bei Versorgungsregelungen, die vor dem 1.1.2008 geschaffen wurden und eine Altersgrenze von 65 Jahren vorsehen, die Altersgrenze automatisch auf die Regelaltersgrenze in der gesetzlichen Rentenversicherung angehoben wird und sich entsprechend die mögliche Dienstzeit verlängert. Die Anhebung auf die Regelaltersgrenze gem §§ 35, 235 SGB VI führt dazu, dass bei allen AN, die ab 1964 geboren wurden, die mögliche Betriebszugehörigkeit bis zum Alter 67 zu rechnen ist und nicht - wie in der Versorgungszusage vorgesehen - bis zum Alter 65. Bei den AN, die zwischen 1948 und 1963 geboren wurden, ist auf die jeweils vorgegebene Altersgrenze abzustellen. Ob mit dem Anstieg der Altersgrenze auch eine Erhöhung der zugrunde zu legenden Versorgungsleistung verbunden ist, ist davon abhängig, wie der Leistungsplan gestaltet ist. Sieht dieser für jedes im Unternehmen abgeleistete Dienstjahr einen Erhöhungsbetrag vor, erhöht sich auch entsprechend die nach Vollendung des 65. Lebensjahres abgeleistete Dienstzeit. Werden nur z.B. 30 Jahre maximal berücksichtigt, werden nur diese Jahre gezählt. Hat der AN diese Jahre fiktiv bereits vor dem 65. Lebensjahr erreicht, erhöht sich die Leistung nicht mehr. Die automatische Erhöhung der Altersgrenze wirkt sich auch auf die vorzeitige Altersleistung iSv § 6 BetrAVG aus. Hier wird um entsprechend mehr Monate eine Kürzung wegen der vorzeitigen Inanspruchnahme vorgenommen. 18

Für AN, die nach dem 31.12.2007 mit einer gesetzlich unverfallbaren Anwartschaft ausgeschieden sind, ist eine Korrektur der Unverfallbarkeitsberechnung vorzunehmen. Geschieht dies nicht oder erst verspätet, kann sich der AG schadensersatzpflichtig machen, wenn der ehemalige AN auf die Richtigkeit vertraut hat. Dies gilt nicht für AN, die vor dem 1.1.2008 ausgeschieden sind. Für sie gilt § 2 V. 19

Auch die mögliche Betriebszugehörigkeitsdauer ist nach Tagen oder vollendeten Monaten zu bestimmen. Eine Berechnung nach Jahren ist nicht zulässig (BAG 4.10.1994, 3 AZR 215/94, EzA § 2 BetrAVG Nr 14, BB 1995, 881). 20

Werden bei einer Versorgungsregelung max 40 Dienstjahre bei der Leistungshöhe berücksichtigt, kann ein AN aber mehr als 40 Jahre aufweisen, wird die mögliche Betriebszugehörigkeit nicht auf 40 Jahre begrenzt, wohl aber die Leistungshöhe (BAG 11.1.2012, 3 AZR 634/10, DB 2013, 1002, BetrAV 2013, 245). 21

22 Ohne Bedeutung ist, ob eine Vollzeit- oder Teilzeitbeschäftigung vorgelegen hat. Ist der AN vor Beendigung des Arbeitsverhältnisses in Teilzeit beschäftigt gewesen, ist ein zu berücksichtigender Beschäftigungsgrad auf die tatsächliche Betriebszugehörigkeitsdauer zu beziehen, nicht auf die mögliche unter Fortschreibung der Teilzeitbeschäftigung (BAG 24.7.2001, 3 AZR 567/04, EzA § 6 BetrAVG Nr 25, DB 2002, 588).

23 Zu Vordienstzeiten, Nachdienstzeiten, Vorschaltzeiten, Betriebsübergängen vgl Rdn 10.

24 **IV. Feste Altersgrenze/Regelaltersgrenze.** Die feste Altersgrenze/Regelaltersgrenze muss in der Versorgungszusage vorgegeben sein. Diese wird nach den Vorschriften des BGB ermittelt. Ist eine Altersgrenze von 67 Jahren vorgesehen und scheidet ein AN aus dem Unternehmen aus und bezieht er gleichzeitig aus der gesetzlichen Rentenversicherung eine Altersrente für besonders langjährig Versicherte, ist keine Kürzung vorzunehmen (*Baumeister/Merten* BetrAV 2007, 398). Die mit Wirkung ab dem 1.7.2014 in der gesetzlichen Rentenversicherung geschaffene vorzeitige Altersrente für besonders langjährig Versicherte wirkt sich nicht auf die BAV aus. Dies soll durch die Änderung in Abs. 1 2. Halbsatz zum Ausdruck gebracht werden (BGBl I, 787).

25 Für **Männer und Frauen** müssen **gleiche Altersgrenzen** vorgesehen sein. Hierzu iE § 6 Rdn 8ff.

26 Sind unterschiedliche Altersgrenzen vorgesehen gewesen und aufgrund der Rspr angepasst worden, waren Besitzstände zu berücksichtigen. Ein pauschales Anheben von 60 auf 65 ist unzulässig (offengelassen vom BAG 29.4.2008, 3 AZR 266/06, EzA § 2 BetrAVG Nr 30, BetrAV 2009, 75). Es liegt ein gerechtfertigter Eingriff in die dritte Besitzstandsstufe vor, wenn die Altersgrenzen angepasst werden (BAG 30.9.2014, 3 AZR 998/12, DB 2015, 1052, EzA § 2 BetrAVG Nr 37).

27 **V. Berechnungsformel.** Die Berechnungsformel lautet: Versorgungsleistung nach Maßgabe der Zusage (V) multipliziert mit der tatsächlichen Betriebszugehörigkeit (m) dividiert durch die bis zur festen Altersgrenze/Regelaltersgrenze mögliche Betriebszugehörigkeit (n).

28 **VI. Unveränderliche Quote.** Tritt der Versorgungsfall ein und ist aus der unverfallbaren Anwartschaft eine Versorgungsleistung nach Erfüllung der Wartezeit und der sonstigen Leistungsvoraussetzungen zu zahlen, wird die anlässlich des Ausscheidens ermittelte Unverfallbarkeitsquote auf die im Versorgungsfall ermittelte Versorgungsleistung angewandt. Es ist keine neue Quote auf den Zeitpunkt des Eintritts des Versorgungsfalles zu berechnen, weil I 1 die mögliche Betriebszugehörigkeitsdauer auf das Erreichen der Altersgrenze/Regelaltersgrenze festlegt und nicht auf den Eintritt des Versorgungsfalles (BAG 15.2.2005, 3 AZR 298/04, VersR 2006, 530).

29 **VII. Alle Durchführungswege.** Das in I vorgegebene Quotierungsverfahren bezieht sich auf unmittelbare Versorgungszusagen. Wie die Regelungen in II 1, III 1, IIIa und IV zeigen, ist dieses Verfahren aber auch in den mittelbaren Durchführungswegen anzuwenden. Dabei ergibt sich in den Durchführungswegen Direktversicherung, Pensionskasse und Pensionsfonds die Besonderheit, dass dann, wenn die Leistung des externen Versorgungsträgers hinter der quotierten Leistung zurückbleibt, der Differenzanspruch durch den ehemaligen AG aufzufüllen ist. Bsp: Die Altersrente aus der unverfallbaren Anwartschaft beläuft sich nach Anwendung des Quotierungsverfahrens auf 100 € monatlich. Aus der beitragsfrei gestellten Direktversicherung zahlt das Lebensversicherungsunternehmen 85 €. Die Differenz iHv 15 € muss der ehemalige AG unmittelbar zahlen (BAG 18.2.2014, 3 AZR 542/13, BetrAV 2014, 394, BB 2014, 1203).

30 Um einen solchen Differenzanspruch zu vermeiden, hat der Gesetzgeber für die Direktversicherung und die Pensionskasse eine 2. Berechnungsmöglichkeit geschaffen, die sog versicherungsförmige Lösung. Hierzu wird auf Rdn 40 ff verwiesen. Für den Pensionsfonds gibt es eine solche alternative Berechnungsweise nicht. Gleiches gilt für rückgedeckte Unterstützungskassen. Dies bedeutet, dass immer dann, wenn in den 5 Durchführungswegen eine Leistungszusage verwendet wird, das Quotierungsverfahren zur Anwendung kommt und es kann lediglich bei Direktversicherungen und Pensionskassen alternativ die versicherungsförmige Lösung angewandt werden. Bei einer beitragsorientierten Leistungszusage gelten die vorstehenden Ausführungen entspr, wenn die Zusage vor dem 1.1.2001 erteilt wurde (Ausnahme Pensionsfonds, weil dieser erst zum 1.1.2002 geschaffen wurde). Für Zusagen ab dem 1.1.2001 ist Va anzuwenden. Hierzu wird auf die Ausführungen unter Rdn 66 ff verwiesen.

31 **VIII. Mindestleistung.** Für ungewöhnlich gestaltete Versorgungszusagen enthält I 2 eine Sonderregelung. Es wird vorgegeben, dass eine Parallelrechnung vorzunehmen ist, bei der auf den **Zeitpunkt des Ausscheidens** abzustellen ist. Es ist zu prüfen, wie hoch eine Invaliditäts- oder Todesfallleistung wäre, wenn zu diesem Zeitpunkt der Versorgungsfall eintreten würde. Ist diese – nicht quotierte – Leistung geringer als die Leistung, die sich nach dem Quotierungsverfahren ergibt, steht dem mit unverfallbarer Anwartschaft ausgeschiedenen AN bzw seinen Hinterbliebenen nur die Leistung zu, die sich zum Zeitpunkt des Ausscheidens

bei Eintritt des Versorgungsfalles ergeben hätte. Damit enthält diese Regelung einen Höchstanspruch und nicht eine Mindestleistung (vertiefend hierzu *Blomeyer/Rolfs/Otto* § 2 Rn 120 ff; *Höfer* § 2 Rn 102 ff; *Schlewing/Henssler/Schipp/Schnitker* Teil 10B Rn 197).

IX. Festschreibeeffekt. In V ist vorgegeben, dass bei der Anwendung des Quotierungsverfahrens die Bemessungsgrundlagen, die im Ausscheidezeitpunkt maßgeblich waren, festgeschrieben werden. Dies bedeutet zunächst, dass Veränderungen der Versorgungsregelung außer Betracht bleiben. Damit sind sowohl Verbesserungen der Versorgungsregelungen wie auch Verschlechterungen beim ausgeschiedenen AN nicht mehr zu berücksichtigen. Sind die Leistungen von bestimmten Bemessungsgrundlagen abhängig, werden auch diese auf den Ausscheidezeitpunkt festgeschrieben. Dies ist bei einer endgehaltsabhängigen Zusage das im Ausscheidezeitpunkt maßgebliche ruhegeldfähige Entgelt. Das kann aber auch die Beitragsbemessungsgrenze in der gesetzlichen Rentenversicherung sein, wenn bei der Leistungshöhe zwischen den Bezügebestandteilen unterhalb der Beitragsbemessungsgrenze und oberhalb der Beitragsbemessungsgrenze differenziert wird. Sind bei der Bemessung der Versorgungsleistungen andere Versorgungsregelungen zu berücksichtigen, indem zB die Leistung aus einer Direktversicherung auf die Leistung aus einer unmittelbaren Versorgungszusage angerechnet wird, werden auch insoweit die Bemessungsgrundlagen festgeschrieben (zu versicherungsmathematischen Abschlägen BAG 17.8.2004, 3 AZR 318/03, EzA § 2 BetrAVG Nr 22, DB 2005, 563; zum Beschäftigungsgrad 24.7.2001, 3 AZR 567/00, EzA § 6 BetrAVG Nr 25, DB 2002, 588; zur Vergütung 15.2.2005, 3 AZR 298/04, nv; zu den maßgeblichen rechtlichen Grundlagen bei der Ermittlung einer anzurechnenden Sozialversicherungsrente BAG 21.3.2006, 3 AZR 374/05, EzA § 2 BetrAVG Nr 24, DB 2006, 2354).

Dieser Festschreibeeffekt ist auch für solche AN von Bedeutung, die vor dem 1.1.2008 mit einer gesetzlich unverfallbaren Anwartschaft aus dem Arbeitsverhältnis ausgeschieden sind. Wurde bei ihnen die Höhe der Anwartschaft mit einer Altersgrenze von 65 Jahren gerechnet, wird aber ihre Altersgrenze in der gesetzlichen Rentenversicherung gem. §§ 35, 235 SGB VI heraufgesetzt, wirkt sich dies nicht rückwirkend aus, denn auch wenn der AG nach ihrem Ausscheiden die Altersgrenze heraufgesetzt hätte, wäre der bereits ausgeschiedene AN hiervon nicht betroffen gewesen. Nichts anderes kann gelten, wenn das BAG eine Erhöhung des Lebensalters mittels einer Auslegungsregel vornimmt (BAG 15.5.2012, 3 AZR 11/10, EzA § 2 BetrAVG Nr 33, DB 2012, 1756).

Unklar ist, ob der Festschreibeeffekt auch für **beitragsorientierte Leistungszusagen** und für die **Beitragszusage mit Mindestleistung** gilt. Insoweit fehlt ein Verweis auf diese Regelung. V verweist nur auf den Teilanspruch nach I, was so verstanden werden könnte, dass bei diesen Zusagearten der Festschreibeeffekt nicht eintritt. Vom Sinn und Zweck des Gesetzes aus betrachtet kann es nicht sein, dass zB bei einer beitragsorientierten Leistungszusage die in der Zusage vorgegebenen Tabellenwerte oder der Rechnungszins nach dem Ausscheiden verändert wird. Hinzu käme ein gewisser Wertungswiderspruch, da beitragsorientierte Leistungszusagen, die vor dem 1.1.2001 erteilt wurden, mit dem Quotierungsverfahren und dem Festschreibeeffekt berechnet werden. Es ist wohl eher ein redaktionelles Versehen, wenn in V nicht auf Va verwiesen wird. Wegen der anders gearteten Zusagestruktur könnte man bei der Beitragszusage mit Mindestleistung eine andere Auffassung vertreten. Ist aber zB für diese Zusageart ein Anlagekonzept mit einem bestimmten Portfolio vereinbart gewesen, kann dieses nach dem Ausscheiden nicht geändert werden. Lediglich Umschichtungen iR eines Lebenszyklusmodells, die schon bei Zusageerteilung vorgegeben waren, sind zu berücksichtigen.

Ist in der Zusage eine Garantieanpassung vorgegeben, wird auch diese festgeschrieben (Garantieanpassung gem § 16 III Nr 1). Zu nicht garantierten Zuwächsen vgl *Karst/Paulweber* BetrAV 2005, 524, BB 2005, 1498.

In V 2 sind bes Regelungen für sog **Gesamtversorgungszusagen** oder Versorgungszusagen mit **Höchstbegrenzungsklauseln** vorgegeben. Diese Bemessungsgrundlagen betreffen die Höhe der gesetzlichen Rente, die bei der Anrechnung oder Leistungsbemessung zu berücksichtigen ist. Dabei gibt das Gesetz grds die Möglichkeit vor, zwischen 2 unterschiedlichen Berechnungsarten zu wählen. Zum einen kann das sog steuerliche Näherungsverfahren angewandt werden, welches für die Berechnung von Pensionsrückstellungen zugelassen ist (BMF-Schreiben v 15.3.2007, BStBl I, 290, BetrAV 2007, 256 mit Ergänzungen v 5.5.2008 BStBl 2008, 420, BetrAV 2008, 374). Zum anderen kann eine individuelle Berechnung mit den Entgeltpunkten des ausgeschiedenen AN vorgenommen werden, wenn der AN seine Entgeltpunkte nachweist. Jede Partei – AG oder externer Versorgungsträger einerseits, AN andererseits – kann auf der individuellen Berechnung bestehen. Gegen den Willen einer Partei kann nicht das Näherungsverfahren angewendet werden (BAG 9.12.1997, 3 AZR 695/96, EzA § 2 BetrAVG Nr 15, DB 1998, 2331). Die Hochrechnung hat auf die Regelaltersgrenze in der gesetzlichen Rentenversicherung zu erfolgen, jedenfalls dann, wenn eine Altersgrenze von 65 vorgesehen ist, auch wenn der AN eine vorzeitige Altersleistung aus der gesetzlichen Rentenversicherung in Anspruch nimmt. Die zum Zeitpunkt des Ausscheidens bis dahin erworbene Anwartschaft ist nicht anzusetzen (BAG 21.3.2006, 3 AZR 374/05, EzA § 2 BetrAVG Nr 24, DB 2006, 2354).

37 Bei **Höchstbegrenzungsklauseln** gilt das Vorstehende entspr. Das BAG hat hierzu seine früher angewandte Auslegungsregel aufgegeben und wendet die in der Zusage vorgegebene Gesamtversorgungsgrenze bereits bei der Berechnung der nach I maßgeblichen fiktiven Vollrente an und nicht erst auf die durch Quotierung ermittelte Teilrente (BAG 21.3.2006, 3 AZR 374/02, EzA § 2 BetrAVG Nr 24, DB 2006, 2354; 19.5.2015, 3 AZR 771/13, DB 2015, 2093).

38 Gesamtversorgungszusagen haben kaum noch Bedeutung. Deshalb wird zu deren Berechnung auf die Ausführungen bei *Blomeyer/Rolfs/Otto* § 2 Rn 420 ff; *Höfer* § 2 Rn 347 ff verwiesen.

39 In V 4 wird ausdrücklich geregelt, dass **Versorgungsanwartschaften**, die der ausgeschiedene AN erst **nach dem Ausscheiden** bei einem anderen AG erwirbt, nicht angerechnet werden dürfen. Sie dürfen nicht zu einer Kürzung des Teilanspruchs nach I führen. Auch diese Regelung muss für beitragsorientierte Leistungszusagen und Beitragszusagen mit Mindestleistung entspr gelten, da der erworbene Besitzstand geschützt werden soll, auch wenn ein Verweis auf Va und Vb fehlt.

40 **C. Versicherungsförmige Lösung.** Soll bei einer **Direktversicherung** (II) oder bei einer **Pensionskassenzusage** (III) das Quotierungsverfahren nicht zur Anwendung kommen, müssen die Voraussetzungen erfüllt sein, die der Gesetzgeber zwingend für die versicherungsförmige Lösung vorschreibt. Diese Vorgaben werden auch als soziale Auflagen bezeichnet. Allein der AG entscheidet, ob er von diesem Wahlrecht Gebrauch macht (BAG 12.2.2013, 3 AZR 99/11, AP Nr 67 zu § 2 BetrAVG).

41 **I. Unwiderrufliches Bezugsrecht, keine Abtretung/Beleihung/Verpfändung, keine Beitragsrückstände.** Soll von der versicherungsförmigen Lösung Gebrauch gemacht werden, muss spätestens 3 Monate nach dem Ausscheiden mit unverfallbarer Anwartschaft aus einem widerruflichen oder bedingt widerruflichen Bezugsrecht ein **unwiderrufliches Bezugsrecht** versicherungsrechtlich zugunsten des AN bestellt worden sein. Hatte der AG die **Direktversicherung** beliehen oder zur Sicherheit abgetreten, um zB ein Darlehen abzusichern, muss die Abtretung oder Beleihung innerhalb von 3 Monaten nach dem Ausscheiden rückgängig gemacht worden sein. Auch wenn dies im Gesetz nicht ausdrücklich angesprochen wird, geht die hM davon aus, dass auch eine Verpfändung innerhalb der 3-Monats-Frist aufgehoben werden muss. Soweit Beitragsrückstände vorhanden sind, sind diese auszugleichen. Wird die 3-Monats-Frist nicht eingehalten, hat der AG nicht das Recht, die versicherungsförmige Lösung zu wählen.

42 Bei einer Direktversicherung, die durch Entgeltumwandlung finanziert wird, ist für Versicherungen, die ab 1.1.2001 abgeschlossen werden, immer ein unwiderrufliches Bezugsrecht zu bestellen. Abtretungen, Beleihungen und Verpfändungen sind unzulässig (§ 1b V). Damit kann bei diesen Direktversicherungen immer die versicherungsförmige Lösung gewählt werden.

43 Bei Jahresprämien kommt es auf die Fälligkeit der Versicherungsprämie an. War diese vor dem Ausscheiden fällig, liegt ein Rückstand vor, auch wenn die Prämie für Zeiten nach dem Ausscheiden zu zahlen ist (*Schlewing/Henssler/Schipp/Schnitker* Teil 10B Rn 214; *Höfer* § 2 Rn 203).

44 Zu den Besonderheiten bei einer Pensionskasse vgl Rdn 59 ff.

45 **II. Überschussanteile.** Die versicherungsförmige Lösung verlangt, dass alle Überschussanteile zur Verbesserung der Leistung verwendet werden. Wurde die Direktversicherung schon vor dem Beginn der Betriebszugehörigkeit abgeschlossen (Bsp: Die Direktversicherung eines AN, der mit verfallbarer Anwartschaft ausgeschieden ist, wird für den neu eingetretenen AN verwendet) sind nur die Überschussanteile zur Verbesserung der Leistungen zu verwenden, die ab dem Beginn der Betriebszugehörigkeit dieses AN angefallen sind. Sinn und Zweck dieser Regelung ist es, in der Anwartschaftszeit mit den zugeteilten Überschüssen den Wert der Anwartschaft zu erhöhen. Dabei geht die Rspr davon aus, dass wegen des geringen Garantiezinses, der bei Direktversicherungen angesetzt wird, auch tatsächlich Überschussanteile anfallen (BAG 29.7.1986, 3 AZR 15/85, EzA § 2 BetrAVG Nr 9, DB 1987, 743).

46 Welche **Überschusssysteme** bei Direktversicherungen verwendet werden können, gibt das Gesetz nicht vor. Das üblicherweise bei Direktversicherungen verwendete Überschusssystem in Form der verzinslichen Ansammlung genügt den gesetzlichen Anforderungen. Fraglich ist, ob auch Direktversicherungen die versicherungsförmige Lösung eröffnen, bei denen es keine Überschüsse gibt oder zwar Überschüsse entstehen können, aber nicht entstehen müssen. In der Lit (*Blomeyer/Rolfs/Otto* § 2 Rn 208; *Höfer* § 2 Rn 213) wird die Auffassung vertreten, dass auch solche Direktversicherungen verwendet werden können, die keine Überschussbeteiligung vorsehen, zumindest bei Risikodirektversicherungen. Rspr liegt hierzu nicht vor. Stellt man auf den Wortlaut der Vorschrift ab, wird mit der Verwendung des Wortes »Verbesserung« verdeutlicht,

dass zumindest der Gesetzgeber davon ausgegangen ist, dass tatsächlich Überschüsse anfallen, weil mit Anwendung der versicherungsförmigen Lösung der AN auf die vom Versicherer aufgrund des Versicherungsvertrages zu erbringende Versicherungsleistung verwiesen wird.

Bei einer Direktversicherung, bei der die Überschüsse mit den Beiträgen verrechnet werden (Bardividende), kann jedenfalls die versicherungsförmige Lösung nicht gewählt werden. Dies würde entspr gelten, wenn nach § 153 VVG eine Versicherung abgeschlossen würde, die überhaupt keine Überschüsse vorsieht. Deshalb muss schon bei Abschluss der Direktversicherung wegen des zu wählenden Überschusssystems entschieden werden, ob man als AG später ggf von der versicherungsförmigen Lösung Gebrauch machen will. Die endgültige Entscheidung ist, wenn vertraglich nichts anderes vereinbart ist, erst nach dem Ausscheiden zu treffen. Ist der Wert der beitragsfreien Versicherung zB höher als die Leistung, die der AG nach dem Quotierungsverfahren zu erbringen hat, ist der AG in der Entscheidung frei, die überschießende Versicherungsleistung selbst in Anspruch zu nehmen, wenn vertraglich nichts anderes vereinbart ist. Nicht erforderlich ist es, dass jährlich Überschüsse entstehen. Es muss nur die Möglichkeit bestehen, dass überhaupt Überschüsse anfallen. 47

Bei einer durch Entgeltumwandlung finanzierten BAV gibt § 1b V vor, dass immer alle Überschüsse zur Verbesserung der Leistung verwendet werden müssen (Zusage ab 1.1.2001). Deshalb kommt der Abschluss einer Direktversicherung unter Ausschluss einer Überschussbeteiligung nicht in Betracht (§ 153 VVG). Anders ist dies bei einer Beitragszusage mit Mindestleistung. Für diese schreibt § 1b V nicht vor, dass Erträge zur Verbesserung der Leistung verwendet werden müssen. 48

Zu den Besonderheiten bei der Pensionskasse Rdn 59 ff. 49

III. Fortsetzung der Versicherung. Nach Ausscheiden aus dem Arbeitsverhältnis wird üblicherweise die in einem Gruppentarif abgeschlossene Direktversicherung in einen Einzeltarif überführt, was zu einem höheren Kostenabzug führt. Dies könnte bei der Entgeltumwandlung problematisch sein, weil das BAG in seiner Entscheidung vom 15.9.2009 (3 AZR 17/09, EzA § 1b BetrAVG Entgeltumwandlung Nr 1, DB 2010, 61) ausgeführt hat, die Versicherungsbedingungen müssten im Wesentlichen unverändert bleiben. Ein ungünstigerer Fortsetzungstarif dürfe lediglich den zusätzlichen Aufwand des Versicherers berücksichtigen. 50

Zur steuerlichen Behandlung vgl BMF-Schreiben v 24.07.2013, aaO, Rn 356 ff. 51

IV. Frist. Sind die 3 vorgenannten sozialen Auflagen erfüllt, entscheidet der AG, ob die versicherungsförmige Lösung anstelle des Quotierungsverfahrens zur Anwendung kommen soll oder nicht. Der AN hat kein Recht, die versicherungsförmige Lösung zu verlangen (BAG 12.2.2013, 3 AZR 99/11, AP Nr 67 zu § 2 BetrAVG). Sein Verlangen kann der AG nur innerhalb von 3 Monaten seit dem Ausscheiden des AN ausüben. Die Erklärung ist ggü dem AN und dem Versicherer abzugeben. Wird die 3-Monats-Frist nicht eingehalten, ist das Quotierungsverfahren anzuwenden. Es reicht jedoch aus, wenn bereits während des bestehenden Arbeitsverhältnisses dem AN mitgeteilt wurde, dass bei einem vorzeitigen Ausscheiden von der versicherungsförmigen Lösung Gebrauch gemacht werden wird (LAG Schl-Holst 16.10.2014, 5 Sa 82/14, nrk). 52

[unbelegt] 53

V. Rechtsfolgen. Hat der AG sein Recht ausgeübt, tritt an die Stelle des Quotierungsverfahrens die versicherungsförmige Lösung. Bei ihr sind die Leistungen auf die **Leistungen** beschränkt, die sich aus dem Versicherungsvertrag ergeben. Ein Auffüllanspruch ggü dem AG besteht nicht. 54

Die Verweisung auf die Leistung **aus dem Versicherungsvertrag** darf nicht verwechselt werden mit solchen Ansprüchen, die dem AN aus dem arbeitsrechtlichen Grundverhältnis heraus zustehen können. Hatte der AG zB den Gleichbehandlungsgrundsatz verletzt, indem er für Arbeiter erst nach 5-jähriger Betriebszugehörigkeit eine Direktversicherung abschloss, für Angestellte aber bereits nach 3 Jahren der Betriebszugehörigkeit, ist der Arbeiter aufgrund des allg Gleichbehandlungsgrundsatzes so zu stellen, als sei keine Rechtsverletzung erfolgt (für unmittelbare Versorgungszusagen ab 1.7.1993 BAG 10.12.2002, 3 AZR 3/02, EzA § 1 BetrAVG Nr 26, DB 2003, 2018). Folglich richtet sich der Differenzanspruch, der sich aus der Verletzung des Gleichbehandlungsgrundsatzes ergibt, unmittelbar gegen den AG. Insoweit wird der Arbeiter nicht auf die Leistung aus dem Versicherungsvertrag verwiesen. *Langohr-Plato* (FS Höfer, S. 159) meint, dass in diesen Fällen die versicherungsförmige Lösung nicht zur Anwendung kommen könne, weil ein Verstoß gegen das Gesetz vorliege. Es bleibe beim Auffüllanspruch. Dies wirft die Frage auf, wie der Versicherer von einer solchen Rechtsverletzung erfahren und wie er sich richtig verhalten soll. 55

Vielfach wird bei Anwendung der versicherungsförmigen Lösung in der Praxis ein Versicherungsnehmerwechsel vorgenommen. Der ehemalige AG scheidet als Versicherungsnehmer aus dem Versicherungsvertrag aus und die Stellung des Versicherungsnehmers wird auf den AN übertragen. Ein solcher Versicherungsnehmerwechsel ist allerdings nicht zwingend durch das Gesetz vorgegeben. Er wird in der Praxis gewählt, damit 56 die künftige Korrespondenz unmittelbar mit dem AN geführt werden kann und nicht über den ehemaligen AG abgewickelt werden muss. Ist der AN Versicherungsnehmer geworden, gibt II 4–6 zwingend vor, dass der AN zwar die Direktversicherung kündigen, nicht aber den **Rückkaufswert** realisieren kann. Mit Kdg des Versicherungsvertrages durch den AN wird die Versicherung als **beitragsfreie Versicherung** fortgeführt. Auch eine Beleihung oder Abtretung ist ausgeschlossen. Über das Deckungskapital gem § 169 III VVG oder bei fondgebundenen Versicherungen über den Zeitwert nach § 169 IV VVG kann der AN nicht verfügen. Er soll erst bei Eintritt des Versicherungsfalles die ihm zustehende Leistung erhalten, soweit sie durch den AG oder durch Entgeltumwandlung finanziert wurde. Der Teil der Versicherung, der nach dem Ausscheiden durch eigene Beiträge finanziert wurde, ist nicht geschützt. Insoweit kann der AN den Rückkaufswert geltend machen. Mit dem Verweis auf § 169 IV VVG ist eine Unklarheit entstanden, weil fondsgebundene Direktversicherungen nach wohl hM als Beitragszusagen mit Mindestleistung qualifiziert werden, für die im Gesetz die versicherungsförmige Lösung nicht vorgesehen ist. Es wäre deshalb besser nachvollziehbar, wenn in Vb auf 169 IV VVG verwiesen worden wäre.

57 Werden diese **Verfügungsverbote** missachtet, liegt ein Verstoß gegen ein gesetzliches Verbot vor (§ 134 BGB). Der AN ist bei Eintritt des Versicherungsfalles so zu stellen, als habe keine Verfügung stattgefunden. Hat der Versicherer die Verfügungsverbote nicht beachtet, wird er nicht von seiner Leistungspflicht frei (BAG 19.1.2010, 3 AZR 660/09, EzA § 7 BetrAVG Nr 75, BB 2010, 1211, 1350).

58 Mit Wirkung ab dem 1.1.2009 wurde § 2 II um einen Satz 7 ergänzt, wonach auch bei Verweis des AN auf die versicherungsförmige Lösung eine Abfindung im Rahmen des § 3 durch den AG möglich bleibt. Damit soll ein unverhältnismäßiger Aufwand bei der Verwaltung von Minianwartschaften und Renten vermieden werden. Das Abfindungsrecht hat nur der Arbeitgeber, nicht der Versicherer (a.A. *Schlewing/Henssler/Schipp/Schnittker* Teil 11 Rn 53). Da der AG von der Verwaltung gar nicht betroffen ist, da diese vom Versicherer geleistet wird, dürfte diese Regelung ins Leere laufen, wenn sich der Versicherer nicht durch den AG zur Abfindung bevollmächtigen lässt.

59 **VI. Besonderheiten bei der Pensionskasse.** Nach III 2 kann auch bei der Pensionskasse die versicherungsförmige Lösung gewählt werden. Der Anspruch des ehemaligen AN ist dann auf die Leistungen beschränkt, die sich aufgrund des Geschäftsplanes oder der Geschäftsunterlagen der Pensionskasse ergeben. Allerdings sind bei der Pensionskasse andere soziale Auflagen vorgegeben als bei der Direktversicherung. Identisch sind die Anforderungen nur insoweit, als auch bei der Pensionskasse der ausgeschiedene AN das Recht haben muss, die Versicherung mit eigenen Beiträgen fortzuführen.

60 Hins der **Überschussanteile** werden 2 Verfahrensweisen vorgegeben, die alternativ zur Verfügung stehen. Entweder werden die Überschussanteile – wie bei der Direktversicherung – zur Verbesserung der Leistung verwendet oder die Steigung der Versorgungsanwartschaften erfolgt dadurch, dass sie mit der Entwicklung des Arbeitsentgelts, soweit es unter den jeweiligen Beitragsbemessungsgrenzen der gesetzlichen Rentenversicherung liegt, vorgenommen wird. Damit wird deutlich, dass mit der Überschussbeteiligung zumindest eine Kaufkraftstabilität erhalten bleiben soll. IÜ wird ausdrücklich gesagt, dass die aufgrund des Finanzierungsverfahrens regelmäßig anfallenden Überschussanteile zur Verbesserung der Leistung zu verwenden sind.

61 Nicht als soziale Auflage wird vorgegeben, dass **Beleihungen/Abtretungen/Verpfändungen** rückgängig gemacht werden müssen und Beitragsrückstände auszugleichen sind. Auch wird nicht vorgegeben, dass der AN ein **unwiderrufliches Bezugsrecht** haben muss. Dies dürfte darauf zurückzuführen sein, dass der Gesetzgeber davon ausgegangen ist, dass Pensionskassen in der Rechtsform des VVaG – wie früher üblich – geführt werden. Bei diesen war und ist es üblich, dass die AN Versicherungsnehmer sind und auch nach dem Ausscheiden bleiben und damit immer ein **unwiderrufliches Bezugsrecht** haben und dadurch auch Abtretungen/Beleihungen/Verpfändungen durch den AG gar nicht möglich sind.

62 Bei Pensionskassen, die in der Rechtsform der AG geführt werden, sind solche Verfügungsmöglichkeiten nicht von vornherein ausgeschlossen. Insoweit ist eine Regelungslücke entstanden. Diese Lücke wird man wohl durch eine Analogie schließen müssen.

63 Auch für Pensionskassen gilt das bei der Direktversicherung angesprochene **Rückkaufverbot** (Rdn 56). Zur Abfindung vgl. Rdn 58.

64 **VII. Pensionsfonds/rückgedeckte Unterstützungskasse.** Bei diesen Durchführungswegen ist eine versicherungsförmige Lösung nicht möglich.

65 **D. Quotierungsverfahren beim Pensionsfonds.** Ist ausnahmsweise (Leistungszusage) beim Pensionsfonds das Quotierungsverfahren anzuwenden, richtet sich der Anspruch, der über die Deckungsrückstellung hinausgeht, unmittelbar gegen den AG (IIIa). Die Höhe der Deckungsrückstellung ergibt sich aus dem Pensionsplan.

E. Beitragsorientierte Leistungszusage. Wurde nach dem 31.12.2000 eine beitragsorientierte Leistungs- 66
zusage erteilt (§ 30g), ist das in Va vorgegebene Berechnungsverfahren maßgeblich. Dieses Berechnungsverfahren verdrängt das Quotierungsverfahren bei einer unmittelbaren Versorgungszusage, einer Pensions-
fonds- oder Unterstützungskassenzusage.
Bei der beitragsorientierten Leistungszusage wird die in der Zeit von der Zusageerteilung bis zum Ausschei- 67
den **erreichte Anwartschaft** aufrechterhalten. Damit ist – anders als beim Quotierungsverfahren – nicht die
Betriebszugehörigkeitsdauer maßgeblich, sondern nur der Wert der Anwartschaft, der bis zum Ausscheiden
erworben/finanziert wurde. Folglich kommt gesetzlich anzurechnenden Betriebszugehörigkeitszeiten (Rdn
11) keine Bedeutung zu. Der AN wird auf die Leistung aus der Zusage verwiesen. Dieses Berechnungsverfahren ist der versicherungsförmigen Lösung wirtschaftlich vergleichbar. Dies erklärt, warum für Direktversicherungen und für Pensionskassenzusagen Va nicht anzuwenden ist.
Eine Ausnahme zum Verweis auf die bis zum Ausscheiden finanzierte Versorgungsleistung müsste gelten, 68
wenn für Invaliditäts- oder Hinterbliebenenleistungen eine sog Hinzurechnungszeit vorgesehen ist (Bsp: Es
werden die Dienstjahre bis zum Alter 55 hochgerechnet, um eine angemessene Versorgungsleistung auch
für jüngere AN bzw deren Hinterbliebene sicherzustellen, wobei unterstellt wird, dass derartige Regelungen
nicht altersdiskriminierend sind). Eine solche Hochrechnung müsste auch bei einem vorzeitig mit unverfallbarer Anwartschaft ausgeschiedenen AN anzuwenden sein, weil sie Bestandteil der Zusage ist.
Für Versorgungszusagen, die vor dem 1.1.2001 erteilt wurden, kann das Berechnungsverfahren nach Va 69
angewandt werden, wenn dies einzelvertraglich zwischen dem AG und dem einzelnen AN vereinbart wurde
oder wird (§ 30g). Über eine BV kann dieses Berechnungsverfahren bei Altzusagen nicht zur Anwendung
kommen, auch nicht, wenn im Rahmen einer Neuordnung eine Besitzstandsregelung geschaffen wird.
Zum Festschreibeeffekt vgl Rdn 32 ff. 70

F. Entgeltumwandlung. Für eine BAV, die durch Entgeltumwandlung finanziert wird, ist bei Versor- 71
gungszusagen, die nach dem 31.12.2000 erteilt wurden, dies Berechnungsweise anzuwenden wie bei beitragsorientierten Leistungszusagen. Dies bedeutet, dass der AN den Teil der Anwartschaft behält, der in der
Zeit vom Beginn der Entgeltumwandlung bis zum Ausscheiden durch die Entgeltumwandlung finanziert
wurde. Dieses Berechnungsverfahren tritt in den Durchführungswegen unmittelbare Zusage, Pensionsfondszusage und Unterstützungskassenzusage an die Stelle des Quotierungsverfahrens.
Beim Quotierungsverfahren, das bei Versorgungszusagen anzuwenden ist, die vor dem 1.1.2001 erteilt wur- 72
den, kann bei der Entgeltumwandlung eine vom AG zu füllende Lücke entstehen, weil das Quotierungsverfahren auch solche Betriebszugehörigkeitszeiten berücksichtigt, die vor der Entgeltumwandlung lagen und
weil die Leistung auf den Versorgungsfall hochzurechnen ist (hierzu *Höfer* § 2 Rn 464 ff).
Im Einvernehmen zwischen AG und AN kann dieses Berechnungsverfahren auch auf Zusagen angewandt 73
werden, die vor dem 1.1.2001 erteilt wurden. Wird eine solche Vereinbarung geschlossen, sollte vorab
geprüft sein, ob der AN hierdurch Nachteile erleidet.
Zum Festschreibeeffekt vgl Rdn 32ff. 74

G. Beitragszusage mit Mindestleistung. Für Beitragszusagen mit Mindestleistung gilt, unabhängig davon, 75
wie sie finanziert werden, die eigenständige Berechnungsregel des Vb. Bei einem vorzeitigen Ausscheiden
wird die Anwartschaft aufrechterhalten, die sich aus dem **planmäßig zuzurechnenden Versorgungskapital**
auf der Grundlage der bis zum Ausscheiden des AN geleisteten Beiträge (Beiträge und die bis zum Eintritt
des Versorgungsfalles – nicht bis zum Ausscheiden – erzielten Erträge) ergibt. Ist diese Leistung höher als
die Mindestleistung, ist aus diesem »Versorgungskapital« bei Eintritt des Versorgungsfalles Alter die Versorgungsleistung zu ermitteln. Der AN wird durch die Vorgabe einer **Mindestleistung** geschützt. Ihm muss bei
Eintritt des Versorgungsfalles mind die Summe der bis zum Ausscheiden zugesagten Beiträge aufrechterhalten werden, wobei dieser Betrag unverzinst die Mindestleistung darstellt. Diese Mindestleistung kann durch
solche Beträge gemindert werden, die zur Finanzierung biometrischer Risiken aufgewandt wurden. Ohne
Bedeutung ist in diesem Zusammenhang, ob ein biometrisches Risiko einkalkuliert wurde oder ob hierfür
ein eigenständiger Beitrag vorgegeben ist. Allerdings dürfen solche rechnungsmäßig für einen biometrischen
Risikoausgleich verbrauchte Beiträge nur dann angesetzt werden, wenn auch tatsächlich ein biometrisches
Risiko getragen wird. Ist nur eine Altersleistung zugesagt, ist die Mindestleistung ohne biometrischen Risi-
koausgleich zu bestimmen.
Diese Berechnungsweise verdrängt bei Direktversicherungen, Pensionskassen und beim Pensionsfonds das 76
Quotierungsverfahren. Bei Direktversicherungen und Pensionskassen verdrängt diese Berechnungsmethode
auch die versicherungsförmige Lösung.
Ungeklärt ist, ob bei der Beitragszusage mit Mindestleistung bei Direktversicherungen dennoch ein Versi- 77
cherungsnehmerwechsel möglich ist. Der Versicherungsnehmerwechsel ist für die Ermittlung der Höhe der

Leistungen ohne Bedeutung. § 2 regelt generell nur die Höhe der Leistungen aus unverfallbaren Anwartschaften. Deshalb muss es auch bei der Beitragszusage mit Mindestleistung möglich sein, einen **Versicherungsnehmerwechsel** vorzunehmen, zumal das BetrAVG dies nicht verbietet. Dies hat den praktischen Vorteil, dass der ehemalige AG nicht mehr in die Abwicklung des Versicherungsverhältnisses eingeschaltet ist, also zB die Versicherungskorrespondenz unmittelbar mit dem AN geführt werden kann. Bei der Ausgestaltung ist aber darauf zu achten, dass vorzeitige Verfügungsmöglichkeiten des AN ausgeschlossen sind. Regelungen, wie sie für die versicherungsförmige Lösung hins des Rückkaufswertes vorgegeben sind, gelten nicht bei einem Versicherungsnehmerwechsel bei der Beitragszusage mit Mindestleistung. Dennoch sind Verfügungsmöglichkeiten des AN ausgeschlossen, da das Abfindungsverbot gem § 3 zur Anwendung kommt. Da der AN kein einseitiges Abfindungsrecht hat, ist auch bei Mini-Anwartschaften iRd § 3 eine Verfügungsmöglichkeit ausgeschlossen. Es ist Aufgabe des Versicherers, dieses Abfindungsverbot zu beachten.

78 Soweit in Vb auch auf Va Bezug genommen wird, wird damit nur zum Ausdruck gebracht, dass auch bei einer Beitragszusage mit Mindestleistung, die durch **Entgeltumwandlung** finanziert wird, dieses Berechnungsverfahren zur Anwendung kommt. Aus diesem Verweis zu schließen, dass die Beitragszusage mit Mindestleistung auch in den Durchführungswegen Direktzusage und Unterstützungskassenzusage zur Anwendung kommen kann, ist angesichts der eindeutigen Definition in § 1 II Nr 2 irreführend (so aber *Höfer* § 1 Rn 53).

79 Zum Festschreibeeffekt vgl Rdn 32ff.

80 **H. Vertragliche Berechnungsregeln.** Zum Nachteil des AN kann nicht von der Berechnungsvorschrift des § 2 abgewichen werden (§ 17 III 3), wohl aber zu seinen Gunsten.

81 Eine Abweichung von den gesetzlichen Berechnungsregeln setzt eine **klare und eindeutige** Vereinbarung voraus. Hierfür ist der AN darlegungs- und beweispflichtig (BAG 12.3.1985, 3 AZR 450/82, EzA § 2 BetrAVG Nr 6, DB 1985, 1948; 4.10.1994, 3 AZR 215/94, EzA § 2 BetrAVG Nr 14, BB 2005, 881; 21.8.2001, 3 AZR 649/00, EzA § 2 BetrAVG Nr 17, DB 2002, 644).

82 Eine solche abw Berechnungsregel ergibt sich zB durch die Anrechnung von Vor- oder Nachdienstzeiten. Durch die Anrechnung von Nachdienstzeiten kann auf eine Kürzung wegen des vorzeitigen Ausscheidens gänzlich verzichtet werden.

83 **I. TV.** § 2 ist tarifdispositiv (§ 17 III 1). Sowohl für eine arbeitgeberfinanzierte BAV als auch für eine BAV aus Entgeltumwandlung können folglich in einem TV bessere oder schlechtere Berechnungsmodalitäten vorgegeben werden.

84 **J. Organpersonen.** Eine Ausnahme gilt nach der Entscheidung des BAG vom 21.4.2009 (3 AZR 471/07, DB 2009, 2164) für **Organpersonen**. Soweit das Gesetz tarifpositiv ist (Rdn 83), kann auch bei ihnen von den gesetzlichen Regeln abgewichen werden und zB vereinbart werden, dass abweichend von § 2 der Teil der Anwartschaft berechnet wird, der auf die Organzeit entfällt.

85 **K. EU-Mobilitäts-Richtlinie.** Mit Wirkung ab dem 1.1.2018 werden Anwartschaften ausgeschiedener AN dynamisiert, wenn die Voraussetzungen des § 2a BetrAVG nF erfüllt sind. Dies ist von besonderer Bedeutung bei dynamischen, insb endgehaltsabhängigen Versorgungszusagen.[2]

§ 3 Abfindung

(1) Unverfallbare Anwartschaften im Falle der Beendigung des Arbeitsverhältnisses und laufende Leistungen dürfen nur unter den Voraussetzungen der folgenden Absätze abgefunden werden.
(2) ¹Der Arbeitgeber kann eine Anwartschaft ohne Zustimmung des Arbeitnehmers abfinden, wenn der Monatsbetrag der aus der Anwartschaft resultierenden laufenden Leistung bei Erreichen der vorgesehenen Altersgrenze 1 vom Hundert, oder bei Kapitalleistungen zwölf Zehntel der monatlichen Bezugsgröße nach § 18 des Vierten Buches Sozialgesetzbuch nicht übersteigen würde. ²Dies gilt entsprechend für die Abfindung einer laufenden Leistung. ³Die Abfindung ist unzulässig, wenn der Arbeitnehmer von seinem Recht auf Übertragung der Anwartschaft Gebrauch macht.
(3) Die Anwartschaft ist auf Verlangen des Arbeitnehmers abzufinden, wenn die Beiträge zur gesetzlichen Rentenversicherung erstattet worden sind.

---

2 BGBl I 2015, 2553.

(4) Der Teil der Anwartschaft, der während eines Insolvenzverfahrens erdient worden ist, kann ohne Zustimmung des Arbeitnehmers abgefunden werden, wenn die Betriebstätigkeit vollständig eingestellt und das Unternehmen liquidiert wird.
(5) Für die Berechnung des Abfindungsbetrages gilt § 4 Abs. 5 entsprechend.
(6) Die Abfindung ist gesondert auszuweisen und einmalig zu zahlen.

Übersicht

		Rdn.			Rdn.
A.	Normzweck	1	F.	Steuern/Sozialabgaben	25
B.	Persönlicher und sachlicher Geltungsbereich	4	G.	Gesonderter Ausweis	27
C.	Abfindungsmöglichkeiten	12	H.	Abfindungsverbot	28
D.	Abfindung in der Insolvenz/Liquidation	20	I.	TV	29
E.	Höhe der Abfindung	22	J.	Organpersonen	30
			K.	EU-Mobilitäts-Richtlinie	30.1

A. Normzweck. Ist einem AN BAV zugesagt worden, soll diese ihm erhalten bleiben. Deshalb wird die 1
Möglichkeit, **laufende Leistungen** und **gesetzlich unverfallbare Anwartschaften** abzufinden, weitgehend eingeschränkt mit der Konsequenz, dass ein Abfindungsverbot besteht, wenn die Voraussetzungen nach § 3 nicht erfüllt sind. Eine Abfindung, die gesetzeswidrig vorgenommen wird, ist nichtig (§ 134 BGB). Der Abfindung ist der Verzicht oder Teilverzicht (Erlassvertrag) gleichgestellt. Auch die Möglichkeit einer Verrechnung ist ausgeschlossen, wenn das Abfindungsverbot greift. Die Abtretung einer Rückdeckungsversicherung an den AN ist eine Abfindung.
Der Geltungsbereich der Vorschrift wurde mit Wirkung ab dem 1.1.2005 erweitert. Während in der bis 2
zum 31.12.2004 geltenden Gesetzesfassung das Abfindungsverbot nur bei gesetzlich unverfallbaren Anwartschaften galt, wurde dieses auf laufende Leistungen ausgedehnt, wenn der Anspruch nach dem 31.12.2004 entstanden ist (§ 30g II). Damit wird gewährleistet, dass auch Versorgungsempfänger mit einer Rentenzusage grds lebenslänglich Versorgungsleistungen erhalten. Wie beim Anwärter soll auch beim Versorgungsempfänger verhindert werden, dass für die Altersversorgung bestimmte Gelder durch die Zahlung einer Abfindung vorzeitig in den Konsum fließen (BAG 20.11.2001, 3 AZR 28/01, EzA § 3 BetrAVG Nr 8, DB 2002, 2333).
An die Feststellung eines Verzichtwillens sind hohe Anforderungen zu stellen, so dass ein konkludenter 3
Verzichtwille selten in Betracht kommt (BAG 17.4.2012, 3 AZR 380/10, AuA 2013, 308). Ein Verzicht muss eindeutig und zweifelsfrei zum Ausdruck gebracht werden (BAG 20.4.2010, 3 AZR 225/08, BAGE 134, 111, DB 2010, 1589).

B. Persönlicher und sachlicher Geltungsbereich. Nach I werden **gesetzlich unverfallbare Anwartschaf-** 4
ten (§§ 1b, 30 f) geschützt, unabhängig davon, wann der AN aus dem Arbeitsverhältnis ausgeschieden ist. Ohne Bedeutung ist, in welchem Durchführungsweg und in welcher Zusageart die Anwartschaft erworben wurde. Ohne Bedeutung ist auch, ob eine Alters-, Invaliditäts- und/oder Hinterbliebenenleistung zugesagt wurde. Ohne Bedeutung ist auch die Finanzierungsform.
Laufende Leistungen sind mit Wirkung ab dem 1.1.2005 in den Geltungsbereich einbezogen (§ 30g II). 5
Mit laufenden Leistungen sind Renten (Leib-/abgekürzte Leibrenten) und Auszahlungen aus Auszahlungsplänen (Umkehrschluss aus § 16 VI) gemeint.
Die Übergangsregelung in § 30g II ist unglücklich formuliert. Nach dem Sinn und Zweck der Vorschrift 6
kann es nicht auf den Zahlungsbeginn ankommen, sondern nur auf den Zeitpunkt der Anspruchsentstehung (Kemper/Kisters-Kölkes/Berenz/Huber/*Kisters-Kölkes* § 3 Rn 18). Werden mehrere Zeitrenten nacheinander ausgelöst (zB befristete Invaliditätsrente wird abgelöst durch eine weitere befristete Invaliditätsrente), ist fraglich, ob es sich um eine abfindbare Rente handelt, wenn die erste befristete Rentenzahlung vor dem 1.1.2005 lag, die zweite befristete Rente nach dem 31.12.2004 aufgenommen wurde (für die Dauer einer Wartezeit geht das BAG von einem einheitlichen Versorgungsfall aus BAG 19.12.2000, 3 AZR 174/00, EzA § 1 BetrAVG Wartezeit Nr 1, DB 2002, 226-227).
Die Vorschrift ist nicht anzuwenden, wenn ein AN mit einer **vertraglich unverfallbaren** Anwartschaft aus 7
dem Arbeitsverhältnis ausgeschieden ist. Diese Anwartschaften werden überhaupt nicht durch das BetrAVG geschützt.
Auch für **aktive AN** gilt § 3 nicht. Diese können – unter Beachtung der Mitbestimmungsrechte des 8
BR – einer Abfindungs- und Verzichtsvereinbarung zustimmen (BAG 21.1.2003, 3 AZR 30/02, EzA § 3 BetrAVG Nr 9, DB 2003, 2130). Ein einseitiges Abfindungsrecht des AG besteht jedoch nicht. Aktive AN werden aber dann in das Abfindungsverbot einbezogen, wenn das Arbeitsverhältnis zwar noch besteht, dieses aber demnächst beendet werden soll und der AN zum Beendigungszeitpunkt die gesetzlichen

Unverfallbarkeitsvoraussetzungen erfüllen wird. Ohne Bedeutung ist dabei, ob der AN bei Abschluss einer Abfindungsvereinbarung von der bevorstehenden Beendigung des Arbeitsverhältnisses Kenntnis hat oder nicht.

9 Beruht die BAV auf einer BV, ist die Zustimmung des BR einzuholen (§ 77 IV 2 BetrVG). Bloße Kenntnisnahme reicht nicht aus (BAG 3.6.1997, 3 AZR 25/96 EzA § 77 BetrVG 1972 Nr 59, DB 1998, 267).

10 Zur Berücksichtigung der BAV in Sozialplänen wird auf § 113 I Nr 5 BetrVG verwiesen.

11 Soll die Versorgungsanwartschaft eines aktiven AN anlässlich eines Betriebsübergangs/Teilbetriebsübergangs (§ 613a BGB) oder einer Umwandlung (§ 324 UmwG) abgefunden werden, ist nicht § 3 anzuwenden, wohl aber § 613a I BGB. Jede Art der Einschränkung von Versorgungsanwartschaften ist unzulässig (BAG 20.4.2010, 3 AZR 225/08, EzA-SD 2010, Nr 14, 9-12, DB 2010, 1589; 12.5.1992, 3 AZR 247/91, EzA § 613a BGB Nr 104, DB 1992, 2038; 28.10.1985, 3 AZR 485/83, EzA § 613a BGB Nr 52, DB 1986, 1779; 14.5.1991, 3 AZR 212/90; 28.4.1987, 3 AZR 75/86, EzA § 613a BGB Nr 67, ZIP 1988, 120).

12 **C. Abfindungsmöglichkeiten.** Der AG (nicht der externe Versorgungsträger) hat bei einem mit gesetzlich unverfallbarer Anwartschaft ausgeschiedenen Anwärter ein **einseitiges Abfindungsrecht** (ohne Zustimmung des AN), wenn der Monatsbetrag, der bei Erreichen der vorgesehen Altersgrenze zugesagten laufenden Leistung 1 % der Bezugsgröße gem § 18 SGB IV nicht übersteigen würde (Bsp bei Liebers/*Kisters-Kölkes* FB ArbR L Rn293). Dies gilt auch dann, wenn der AG von der versicherungsförmigen Lösung Gebrauch gemacht hat (§ 2 II 7, III 3). Die Leistung aus der unverfallbaren Anwartschaft ist gem § 2 zu ermitteln. Maßgeblich ist der Wert der Anwartschaft, der anlässlich des Ausscheidens als Altersleistung aufrechtzuerhalten war. Das einseitige Abfindungsrecht besteht für den AG allerdings dann nicht, wenn der AN von seinem Recht auf Übertragung der Anwartschaft anlässlich des AG-Wechsels gem § 4 III Gebrauch macht. Da dieses Recht innerhalb eines Jahres nach dem Ausscheiden ausgeübt werden muss, ist eine Abfindung vor Ablauf der Jahresfrist nicht zulässig.

13 Der Höchstbetrag, der in 2016 abfindbaren Altersrentenanwartschaft darf den Betrag von einer monatlich zu zahlenden Rente in Höhe von 29,05 € in den alten Bundesländern und 25,20 € in den neuen Bundesländern nicht übersteigen. Ist eine Anwartschaft iHv zB 30 € Monatsrente aufrechtzuerhalten, greift das Abfindungsverbot. Steigt die Bezugsgröße gem § 18 SGB IV im folgenden Jahr/in den folgenden Jahren auf mehr als 30 € an, wird die Anwartschaft abfindbar. Ein Festschreiben auf den Monatsbetrag im Zeitpunkt des Ausscheidens ist im Gesetz nicht vorgesehen.

14 Ist dem ehemaligen AN ein Kapital zugesagt worden, besteht ein Abfindungsrecht des AG, wenn die Anwartschaft 12/10 der monatlichen Bezugsgröße nach § 18 SGB IV nicht übersteigen würde. Dies sind im Jahr 2016 3.486 € (West) und 3.024 € (Ost). Auch bei Kapitalzusagen gilt, dass sich die Bemessung des Betrages nach § 2 richtet. Auch bei Kapitalleistung gilt, dass kein Abfindungsrecht besteht, wenn der Anwärter seinen Mitnahmeanspruch gem § 4 III ausübt. Die Jahresfrist ist zu beachten.

15 Sowohl für Renten- als auch für Kapitalzusagen gilt, dass das Abfindungsverbot greift, wenn die Bezugsgröße überschritten ist. Dabei sind Leistungen aus mehreren Zusagen/mehreren Durchführungswegen zusammenzurechnen. Ist dem Anwärter eine Rente und ein Kapital zugesagt, ist die 1 %-Grenze/12/10-Grenze nicht doppelt anwendbar.

16 Der mit unverfallbarer Anwartschaft ausgeschiedene AN hat ein **1-seitiges Abfindungsrecht**, wenn ihm die Beiträge zur gesetzlichen Rentenversicherung erstattet worden sind. Ohne Bedeutung ist, wann er ausgeschieden ist, ohne Bedeutung ist auch, wann die Beiträge zur gesetzlichen Rentenversicherung erstattet worden sind. Entscheidend ist, dass der AN dem ehemaligen AG durch Vorlage des Erstattungsbescheides nachweist, dass eine Erstattung erfolgte. Für diesen Personenkreis gibt es keine Obergrenzen. Dies bedeutet, dass unabhängig von der Höhe der unverfallbaren Anwartschaft eine Abfindungszahlung vom ehemaligen AG verlangt werden kann. Ist aus der gesetzlich unverfallbaren Anwartschaft zwischenzeitlich ein Rentenanspruch entstanden, besteht das Abfindungsrecht nicht mehr, da sich dieses nur auf Anwartschaften bezieht.

17 Für Versorgungsempfänger mit einem Rentenbeginn nach dem 31.12.2004 gilt die 1 %-Grenze entspr (Bsp bei Liebers/*Kisters-Kölkes* FB ArbR L Rn 303). Bezieht der Versorgungsempfänger eine Altersrente iHv 100 € monatlich, ist keine Abfindung möglich.

18 Auch wenn in II 2 auf Anwartschaften verwiesen wird, bedeutet dies nicht, dass bei allen Versorgungsempfängern auf die Altersleistung oder die fiktive Altersleistung abzustellen ist, weil für Anwärter die Altersleistung maßgeblich ist. Aus dem Sinn und Zweck der Vorschrift ist zu schließen, dass jede Rente für sich an der 1 %-Grenze zu messen ist, also eine Altersrente von 40 € monatlich nicht abfindbar ist, die hieraus abgeleitete Hinterbliebenenrente nach Eintritt des Versorgungsfalles aber abfindbar wäre, wenn diese 20 € monatlich betragen würde.

Soweit das Abfindungsverbot des § 3 nicht greift (aktive AN, mit vertraglich unverfallbarer Anwartschaft 19
ausgeschiedene AN, laufende Leistungen mit Anspruchsentstehung vor dem 1.1.2005) können unabhängig
von der Höhe der Anwartschaft/laufenden Leistung Abfindungsvereinbarungen abgeschlossen werden.

D. Abfindung in der Insolvenz/Liquidation. Nach IV kann **der Teil der Anwartschaft**, der während eines 20
Insolvenzverfahrens erdient worden ist, unabhängig von der Höhe der Teilanwartschaft abgefunden werden,
wenn die Betriebstätigkeit vollständig eingestellt und das Unternehmen liquidiert wird. Die Zustimmung
des Anwärters ist nicht erforderlich. Dies ist auch dann möglich, wenn die 1 %-Grenze überschritten wird.
Mit diesem einseitigen Abfindungsrecht des Insolvenzverwalters soll das Liquidationsverfahren beschleunigt
und erleichtert werden (BAG 22.12.2009, 3 AZR 814/07, EzA § 3 BetrAVG Nr 12, DB 2010, 1018).
Außerhalb eines Insolvenzverfahrens ist eine Abfindung nicht möglich, auch nicht, wenn das Unternehmen 21
die Betriebstätigkeit vollständig eingestellt hat und die Liquidation durchgeführt wird. In diesen Fällen
kann § 4 IV bei Versorgungsempfängern und mit gesetzlich unverfallbarer Anwartschaft ausgeschiedenen
Anwärtern angewendet werden. Hierzu wird auf § 4 Rdn 35 ff verwiesen.

E. Höhe der Abfindung. Soweit § 3 zur Anwendung kommt, richtet sich die Höhe der Abfindung gem V 22
nach der Regelung in § 4 V. Ist § 3 nicht anzuwenden, ist der Abfindungsbetrag frei vereinbar. Es ist nur die
Grenze der Sittenwidrigkeit zu berücksichtigen (BAG 30.7.1985, 3 AZR 401/83, EzA § 138 BGB Nr 18,
DB 1986, 548).
Bei der Berechnung des Abfindungsbetrages gem V ist nach Durchführungswegen, nicht nach der Zusageart 23
und auch nicht nach der Art und Weise, wie die Anwartschaft/laufende Leistung finanziert wurde, zu unterscheiden. Bei der **unmittelbaren Versorgungszusage** und der **Unterstützungskassenzusage** ist der **Barwert**
für die gesetzlich unverfallbare Anwartschaft/laufende Leistung zu ermitteln. Es ist auf den Zeitpunkt der
Abfindung abzustellen. Bei der Berechnung des Barwertes sind die Rechnungsgrundlagen sowie die anerkannten Regeln der Versicherungsmathematik anzuwenden, wobei das Gesetz nicht definiert, welche Rechnungsgrundlagen (zB Sterbetafeln nach *Heubeck*/DAV-Sterbetafeln) zu verwenden sind, insb welcher Zinsfuß zur Anwendung kommen muss (zum Zins vertreten *Blomeyer/Rolfs/Otto* § 4 Rn 163 die Auffassung, es
sei nach wie vor der steuerliche Zins zu verwenden (5,5 % bei Unterstützungskassen, 6 % bei unmittelbaren
Versorgungszusagen; zweifelnd *Höfer* § 3 Rn 72); beide Auffassungen sind zu verneinen. Nach Inkrafttreten des BilMoG
ist mit dem von der Bundesbank vorgegebenen Marktzins zu rechnen. Da iRd 1 %-Grenze/12/10-Grenze die
Abfindung dem Anwärter/Versorgungsempfänger vom ehemaligen AG aufgedrängt wird, liegt das Risiko,
einen zu geringen oder zu hohen Abfindungsbetrag zu zahlen, beim AG. Der Anwärter/Versorgungsemp-
fänger kann die Höhe der Abfindungszahlung gerichtlich überprüfen lassen. Rspr, die sich mit diesen Maß-
größen auseinandersetzt, liegt nicht vor. Für Abfindungen, die ab dem 21.12.2012 vorgenommen werden,
stellt sich die Frage, ob Unisex-Berechnungsgrundlagen zu verwenden sind.
Bei den versicherungsförmigen Durchführungswegen Direktversicherung, Pensionsfonds und Pensionskasse 24
ist der Abfindungsbetrag das gebildete Kapital. Wie dieser unbestimmte Rechtsbegriff zu verstehen ist, ist
offen. Hierzu wird auf § 4 Rdn 43 verwiesen.

F. Steuern/Sozialabgaben. Die Auszahlung des Abfindungsbetrages stellt beim AG eine Betriebsausgabe 25
dar, unabhängig davon, wie hoch der Abfindungsbetrag ist. Ist dem AG von der Unterstützungskasse der
Rückkaufswert der Versicherung zur Verfügung gestellt worden – und sei es auch nur mittelbar durch Zahlung an den Arbeitnehmer –, ist diese Zahlung eine Betriebseinnahme, die durch Zahlung an den Arbeitnehmer (Betriebsausgabe) kompensiert wird.
Der ehemalige AN bzw Versorgungsempfänger hat die an ihn gezahlte Abfindung in vollem Umfang zu 26
versteuern. Maßgeblich ist der Zeitpunkt des Zuflusses (§ 11 EStG). Die steuerliche Progression kann
jedoch bei unmittelbaren Versorgungszusagen und Unterstützungskassenzusagen durch die Anwendung der
sog Fünftelungsregelung (§ 34 EStG) gemindert werden. Auf den Auszahlungsbetrag sind bei einem Versorgungsempfänger Kranken- und Pflegeversicherungsbeiträge zu zahlen.

G. Gesonderter Ausweis. VI gibt vor, dass die Abfindung gesondert auszuweisen und einmalig zu zahlen 27
ist. Dies bedeutet, dass bei AN, die mit einer gesetzlich unverfallbaren Anwartschaft ausscheiden, der auf die
Abfindung der BAV entfallende Teilbetrag von dem Abfindungsbetrag optisch zu trennen ist, der für den
Verlust des Arbeitsplatzes gezahlt wird. Damit soll dem AN deutlich gemacht werden, dass er von seinem
ehemaligen AG keine betrieblichen Versorgungsleistungen bekommt.

H. Abfindungsverbot. Soweit § 3 keine Abfindung ermöglicht, besteht ein Abfindungsverbot. Wurde 28
eine Abfindung rechtswidrig vorgenommen, wird der AG nicht von seiner Leistungspflicht frei. Er muss die
zugesagten Leistungen erbringen. Den gezahlten Abfindungsbetrag kann er nur nach den Grundsätzen der

Kisters-Kölkes

ungerechtfertigten Bereicherung (§§ 812 ff BGB) zurückfordern (BAG 17.10.2000, 3 AZR 7/00, EzA § 3 BetrAVG Nr 7, DB 2001, 2201; aA ErfK/*Steinmeyer* § 3 Rn 13).

29 I. TV. § 3 ist tarifdispositiv (§ 17 III 1).

30 J. Organpersonen. Für Organpersonen kann im Dienstvertrag bei Erteilung des Versorgungsversprechens vertraglich von den Bestimmungen des § 3 abgewichen werden, indem zB ohne Berücksichtigung der Obergrenzen eine Abfindung vereinbart wird (BAG 21.4.2009, 3 AZR 471/07, DB 2009, 2164). Dabei sind die steuerlichen Rahmenbedingungen zu beachten (BMF-Schreiben 6.4.2005, BStBl. I 2005, 619).

30.1 K. EU-Mobilitäts-Richtlinie. Nur für AN, die von einem deutschen AG zu einem AG ins EU- Ausland wechseln, wird die Abfindungsmöglichkeit dahingehend eingeschränkt, dass nur eine einvernehmliche Abfindung zulässig ist, wenn der ehemalige AN innerhalb von 3 Monaten den Wechsel ins Ausland angezeigt hat. Die Änderung tritt zum 1.1.2018 in Kraft.[3]

§ 4 Übertragung

(1) Unverfallbare Anwartschaften und laufende Leistungen dürfen nur unter den Voraussetzungen der folgenden Absätze übertragen werden.
(2) Nach Beendigung des Arbeitsverhältnisses kann im Einvernehmen des ehemaligen mit dem neuen Arbeitgeber sowie dem Arbeitnehmer
1. die Zusage vom neuen Arbeitgeber übernommen werden oder
2. der Wert der vom Arbeitnehmer erworbenen unverfallbaren Anwartschaft auf betriebliche Altersversorgung (Übertragungswert) auf den neuen Arbeitgeber übertragen werden, wenn dieser eine wertgleiche Zusage erteilt; für die neue Anwartschaft gelten die Regelungen über Entgeltumwandlung entsprechend.

(3) [1]Der Arbeitnehmer kann innerhalb eines Jahres nach Beendigung des Arbeitsverhältnisses von seinem ehemaligen Arbeitgeber verlangen, dass der Übertragungswert auf den neuen Arbeitgeber übertragen wird, wenn
1. die betriebliche Altersversorgung über einen Pensionsfonds, eine Pensionskasse oder eine Direktversicherung durchgeführt worden ist und
2. der Übertragungswert die Beitragsbemessungsgrenze in der allgemeinen Rentenversicherung nicht übersteigt.

[2]Der Anspruch richtet sich gegen den Versorgungsträger, wenn der ehemalige Arbeitgeber die versicherungsförmige Lösung nach § 2 Abs. 2 oder 3 gewählt hat oder soweit der Arbeitnehmer die Versicherung oder Versorgung mit eigenen Beiträgen fortgeführt hat. [3]Der neue Arbeitgeber ist verpflichtet, eine dem Übertragungswert wertgleiche Zusage zu erteilen und über einen Pensionsfonds, eine Pensionskasse oder eine Direktversicherung durchzuführen. [4]Für die neue Anwartschaft gelten die Regelungen über Entgeltumwandlung entsprechend.

(4) [1]Wird die Betriebstätigkeit eingestellt und das Unternehmen liquidiert, kann eine Zusage von einer Pensionskasse oder einem Unternehmen der Lebensversicherung ohne Zustimmung des Arbeitnehmers oder Versorgungsempfängers übernommen werden, wenn sichergestellt ist, dass die Überschussanteile ab Rentenbeginn entsprechend § 16 Abs. 3 Nr. 2 verwendet werden. [2]§ 2 Abs. 2 Satz 4 bis 6 gilt entsprechend.
(5) [1]Der Übertragungswert entspricht bei einer unmittelbar über den Arbeitgeber oder einer Unterstützungskasse durchgeführten betrieblichen Altersversorgung dem Barwert der nach § 2 bemessenen künftigen Versorgungsleistung im Zeitpunkt der Übertragung; bei der Berechnung des Barwerts sind die Rechnungsgrundlagen sowie die anerkannten Regeln der Versicherungsmathematik maßgebend. [2]Soweit die betriebliche Altersversorgung über einen Pensionsfonds, eine Pensionskasse oder eine Direktversicherung durchgeführt worden ist, entspricht der Übertragungswert dem gebildeten Kapital im Zeitpunkt der Übertragung.
(6) Mit der vollständigen Übertragung des Übertragungswerts erlischt die Zusage des ehemaligen Arbeitgebers.

---

3 BGBl I 2015, 2553.

Übersicht

		Rdn.
A.	Normzweck	1
B.	Persönlicher und sachlicher Geltungsbereich	7
C.	Definition von Übernahme und Übertragung	10
D.	Einvernehmliche Übertragung	16
E.	Mitnahmeanspruch (Portabilität)	27
F.	Aufgabe der Betriebstätigkeit und Liquidation	35

		Rdn.
G.	Übertragungswert	40
H.	Steuerliche Rahmenbedingungen	45
I.	Übernahme der Zusage nach II Nr 1	46
II.	Übertragung mit Übertragungswert	48
III.	Liquidation	50
I.	Direktversicherungs- und Pensionskassenabkommen	51
J.	Organpersonen	52
K.	TV	53

A. Normzweck. Die Vorschrift enthält 3 voneinander zu unterscheidende Regelungsbereiche. II regelt den **einvernehmlichen Schuldnerwechsel**, wenn ein einzelner AN seinen AG gewechselt hat. III verschafft dem AN beim AG-Wechsel unter bestimmten Voraussetzungen ein **Mitnahmerecht** (Portabilität). IV ermöglicht dem AG die **Liquidation** des Unternehmens, indem eine Pensionskasse oder ein Lebensversicherungsunternehmen als neuer und einziger Schuldner mit allen Rechten und Pflichten an seine Stelle tritt. 1

In allen 3 Anwendungsfällen wird der ehemalige AG von seiner Leistungspflicht befreit, entweder, weil durch Schuldnerwechsel eine befreiende Schuldübernahme stattfindet oder weil durch die Regelung in VI die Zusage des ehemaligen AG erlischt. 2

§ 4 verdrängt die Vorschriften zum Schuldnerwechsel nach den §§ 414 ff BGB (lex specialis, BAG 11.3.2008, 3 AZR 358/06, EzA § 4 BetrAVG Nr 7, DB 2008, 2369; 24.2.2011, 6 AZR 626/09, EzA § 611 BGB 2002 Aufhebungsvertrag Nr 8, DB 2011, 1456). Die Regelungen in § 4 sind abschließend. Soweit keine Übertragung zulässig ist, ist die Vorschrift eine Verbotsnorm. 3

Die Vorschrift ist nicht anzuwenden bei einem Betriebs- oder Teilbetriebsübergang gem § 613a BGB oder einer Gesamtrechtsnachfolge, zB bei der Abspaltung einer Rentnergesellschaft (BAG 11.3.2008, 3 AZR 358/06, EzA § 4 BetrAVG Nr 7, DB 2008, 2369). Im letztgenannten Fall ist auch nicht die Zustimmung des PSVaG einzuholen. Auch der Wechsel des Durchführungsweges wird von dieser Vorschrift nicht erfasst. 4

Zum Betriebsübergang vgl § 1b Rdn 97 ff. 5

Zum Wechsel des Durchführungsweges § 1b Rdn 32 ff. 6

B. Persönlicher und sachlicher Geltungsbereich. Nach I ist die Möglichkeit, **gesetzlich unverfallbare Anwartschaften** und **laufende Leistungen** zu übertragen, eingeschränkt. Anders als bei § 3 werden laufende Leistungen vom Geltungsbereich der Vorschrift unabhängig davon erfasst, wann der Anspruch entstanden ist. Denn die Möglichkeit, laufende Leistungen einvernehmlich auf einen beliebigen Dritten zu übertragen, war nach der Rspr des BAG nur möglich mit Zustimmung des PSVaG, die dieser nicht erteilte. Dies gilt auch für technische Rentner (BAG 26.6.1980, 3 AZR 156/79, EzA § 4 BetrAVG Nr 1, DB 1980, 1641; 17.3.1987, 3 AZR 605/85, EzA § 4 BetrAVG Nr 3, DB 1988, 122; 18.3.2003, 3 AZR 313/02, EzA § 7 BetrAVG Nr 68, BB 2004, 80). 7

Auch wenn der Begriff des Versorgungsempfängers Personen erfasst, denen ein Kapital oder eine Rente zugesagt wurde, ist § 4 nur auf Rentner anzuwenden. Denn ist das Kapital ausgezahlt, besteht kein Anlass mehr für eine Übertragung. Der Versorgungsempfänger ist befriedigt. Mit der Auszahlung des Kapitals ist der Anspruch erloschen. Wird ein Kapital in Raten ausgezahlt, kommt es entscheidend auf die Formulierung der Versorgungsregelung an. Wird das Kapital sofort fällig und dann dem AG über Ratenzahlungen gestundet, steht dies einer einmaligen Auszahlung gleich. Wird das Kapital in Raten fällig, könnten die noch nicht ausgezahlten Raten einer Zeitrente gleichgestellt werden, nicht aber einer abgekürzten Leibrente. 8

Eine Übertragung nach § 4 ist in allen 5 Durchführungswegen möglich. Ohne Bedeutung ist, ob die Versorgungsleistung vom AG, durch Entgeltumwandlung oder mischfinanziert wurde. Ohne Bedeutung ist auch, wann der AN mit gesetzlich unverfallbarer Anwartschaft oder als Versorgungsempfänger ausgeschieden ist. 9

C. Definition von Übernahme und Übertragung. Der Begriff der Übertragung ist der Oberbegriff. Mit der **Übertragung** ieS ist eine einvernehmliche Vereinbarung zwischen dem ehemaligen AG, dem neuen AG und dem AN gemeint, bei der der Wert der gesetzlich unverfallbaren Anwartschaft vom ehemaligen AG oder dessen Versorgungsträger ermittelt wird und dieser Übertragungswert nach dem AG-Wechsel an den neuen AG oder dessen Versorgungsträger gezahlt wird (II Nr 2), wobei die beiden Arbeitsverhältnisse nicht unmittelbar aneinanderreichen müssen. Ohne Bedeutung ist, ob zwischenzeitlich ein anderer AG als der übernehmende AG vorhanden war. 10

Der neue AG ist aufgrund der Vereinbarung verpflichtet, seinem AN eine dem Übertragungswert **wertgleiche Zusage** auf Leistungen der betrieblichen Altersversorgung zu erteilen. Diese neue Anwartschaft beim 11 neuen AG ist sofort gesetzlich unverfallbar. Denn es gelten die Regelungen der Entgeltumwandlung entspr (§ 1b V). Bei einer Rentenzusage des neuen AG in den Zusagearten Leistungszusage und beitragsorientierte Leistungszusage müssen alle Überschussanteile ab Rentenbeginn zur Erhöhung der Leistung verwendet werden (§ 16 V), wenn der neue AG den Durchführungsweg der Direktversicherung oder der Pensionskasse vorgibt. Alternativ ist wie in den anderen Durchführungswegen eine Garantieanpassung mit einem Zins von mind 1 % in der Versorgungsphase möglich. Die Übertragung ist dadurch gekennzeichnet, dass das beim ehemaligen AG aus unverfallbarer Anwartschaft bestehende Versorgungsversprechen untergeht (die Zusage erlischt, VI) und durch eine **neue Zusage** beim neuen AG neu gestaltet wird.

12 Diese Übertragung mit Übertragungswert ist von der **Übernahme der Zusage** zu unterscheiden. Bei der Übernahme der Zusage findet aufgrund einer Vereinbarung zwischen dem ehemaligen AG, dem neuen AG und dem AN ein Schuldnerwechsel statt (II Nr 1). Mit der Übernahme der Zusage, die mit allen Rechten und Pflichten und unverändertem Inhalt auf den neuen AG übergeht, wird der ehemalige AG von allen Leistungspflichten frei (befreiende Schuldübernahme). Die Zusage wird vom neuen AG übernommen und von diesem auch fortgeführt. Der neue AG tritt in die bestehende Schuld ein. Für den AN ändert sich damit nur der Schuldner (BAG 24.2.2011, 6 AZR 626/09, EzA § 611 BGB 2002 Aufhebungsvertrag Nr 8, DB 2011, 1456). Die Übernahme ist formfrei möglich. Sie kann erst vereinbart werden, wenn das alte Arbeitsverhältnis beendet ist. Neuer Schuldner wird der neue AG, zu dem ein Arbeitsverhältnis (noch) bestehen muss.

13 Der entscheidende Unterschied zwischen den beiden Übertragungsart besteht darin, dass die Übernahme der Zusage immer eine befreiende Schuldübernahme ist. Die Übertragung mit Übertragungswert ist die Erteilung einer Neuzusage, bei der der ehemalige AG aufgrund von VI von den Leistungspflichten freigestellt wird, wenn der Übertragungswert vollständig übertragen wurde (hierzu *Rolfs* BetrAV 2005, 533).

14 Für die **Übernahme der Zusage** und für die **Übertragung mit Übertragungswert** und Erteilung einer neuen Zusage gibt es in § 4 jeweils 2 Anwendungsbereiche: Nach II Nr 1 kann einvernehmlich beim **AG-Wechsel** vom neuen AG die Zusage übernommen werden. Findet eine **Liquidation** gem IV statt, wird mit befreiender Wirkung die Zusage von einer Pensionskasse oder von einem Unternehmen der Lebensversicherung übernommen, wenn AG und Versicherungsunternehmen sich hierüber einigen. Die Übernahme erfolgt nicht von einem Versorgungsträger, sondern von der Versicherungsgesellschaft, die selbst und alleinige Schuldnerin wird. Es wird nur deshalb die Pensionskasse genannt, weil auch die Pensionskasse ein Versicherungsunternehmen ist.

15 Die Übertragung mit Übertragungswert unter der Erteilung einer neuen Zusage hat ebenfalls 2 Anwendungsbereiche, und zwar die **einvernehmliche Übertragung** nach II Nr 2 zwischen dem ehemaligen AG, dem neuen AG und dem AN. Der weitere Anwendungsbereich ergibt sich aus III, der dem mit gesetzlich unverfallbarer Anwartschaft ausgeschiedenen AN einen **Mitnahmeanspruch** einräumt. Macht der AN von diesem Mitnahmeanspruch Gebrauch, ist der neue AG verpflichtet, den Übertragungswert anzunehmen und ihm eine neue wertgleiche Zusage auf Leistungen der BAV zu erteilen.

16 **D. Einvernehmliche Übertragung.** Eine einvernehmliche Übertragung kommt nur in Betracht, wenn ein AN mit einer gesetzlich unverfallbaren Anwartschaft aus dem Arbeitsverhältnis beim ehemaligen AG ausgeschieden ist (Bsp bei Liebers/*Kisters-Kölkes* FB ArbR L Rn 327). Bei Versorgungsempfängern scheidet eine einvernehmliche Übertragung aus, weil die Übertragung einen neuen AG voraussetzt. Der Versorgungsempfänger dürfte idR keinen neuen AG haben, zumindest dann nicht, wenn er aus dem Erwerbsleben ausgeschieden ist. Bei einem Ausscheiden wegen Invalidität ist es aber durchaus vorstellbar, dass der Versorgungsempfänger einen neuen AG hat. Ob dieser allerdings bereit sein würde, die Zusage des alten AG zu übernehmen, ist fraglich.

17 Das Einvernehmen verlangt **übereinstimmende Willenserklärungen**, die zwischen dem ehemaligen AG, dem neuen AG und dem AN zustande kommen müssen. Diese Einigung kann mündlich erfolgen, aus Beweisgründen ist allerdings die Schriftform angezeigt.

18 Die **Übernahme der Zusage** gem II Nr 1 hat zur Folge, dass der neue AG auch für Fehler, Rechtsverstöße, mangelnde Ausfinanzierung, Verletzungen des Gleichbehandlungsgrundsatzes etc einzustehen hat, die sich aus dem arbeitsrechtlichen Grundverhältnis, das zum ehemaligen AG bestanden hat, ergeben.

19 Bei der Übernahme der Zusage ist ohne Bedeutung, ob der alte AG an den neuen AG einen Gegenwert zahlt. Ohne Bedeutung ist auch, welcher Durchführungsweg beim alten bzw neuen AG eingesetzt wird. Entscheidend ist, dass die Zusage als solche unverändert übernommen wird. Wurde sie vor der Übernahme geändert, wird die geänderte Zusage übernommen.

20 Die Übernahme der Zusage hat in der Praxis keine große Bedeutung, obwohl sie seit Inkrafttreten des BetrAVG als Gestaltungsmöglichkeit in § 4 enthalten war. Nur selten ist ein neuer AG bereit, eine für sein Unternehmen fremde Zusage zu übernehmen und fortzuführen. Dies verursacht Verwaltungsaufwand. In

der Praxis kommt eine Übernahme der Zusage in Betracht, wenn bei Konzernunternehmen gleiche Zusagen bestehen und der AN innerhalb dieses Konzernverbundes den AG wechselt. Die Übernahme der Zusage kommt auch hin und wieder bei bes Fach- und Führungskräften in Betracht.

Von der Übernahme der Zusage ist die **Anrechnung von Vordienstzeiten** zu unterscheiden. Bei der Anrechnung von Vordienstzeiten werden dem AN vom neuen AG Dienstzeiten geschenkt, damit er früher eine vertraglich unverfallbare Anwartschaft hat, die Wartezeit verkürzt oder erlassen wird und/oder die Leistungshöhe angehoben wird. Mit solchen Maßnahmen kann der AN wertmäßig so gestellt werden, als habe er schon beim neuen AG eine ähnliche Anwartschaft erworben, wie er sie beim ehemaligen AG hatte. Solche Verbesserungen in der Versorgungssituation des AN sind jederzeit zulässig. Da die Anrechnung von Vordienstzeiten nur im Verhältnis des neuen AG zum AN stattfindet, der ehemalige AG gerade nicht beteiligt ist, liegt keine Übernahme vor. 21

Nach II Nr 2 kann einvernehmlich eine **Übertragung** in allen 5 Durchführungswegen vorgenommen werden, wobei auch diese Übertragung übereinstimmende Willenserklärungen zwischen dem ehemaligen AG, dem neuen AG und dem AN voraussetzt. Gegenstand dieser Vereinbarung ist nicht die Übernahme der Zusage, sondern nur die Verpflichtung des ehemaligen AG, für den Wert der gesetzlich unverfallbaren Anwartschaft des AN den Übertragungswert zu ermitteln und an den neuen AG oder dessen Versorgungsträger zu zahlen. Mit der Übertragung des vollständigen Übertragungswertes erlischt die Zusage des ehemaligen AG (VI). Dieser wird von seinen Leistungspflichten befreit, wobei sich allerdings die Frage stellt, wann der Übertragungswert vollständig übertragen ist. Es muss der volle Wert der gesetzlich unverfallbaren Anwartschaft ausgezahlt werden. Lag beim ehemaligen AG zum Nachteil des AN eine Verletzung des Gleichbehandlungsgrundsatzes vor oder war dem AN zB bei der Entgeltumwandlung keine wertgleiche Zusage erteilt worden, wird der Übertragungswert aber ohne Berücksichtigung dieser Rechtsverletzungen berechnet, ist umstr, ob eine vollständige Übertragung des Übertragungswertes vorliegt. Der ehemalige AG wird möglicherweise nicht frei (*Rolfs* BetrAV 2005, 533). 22

Bei einer Übertragung mit Übertragungswert muss der neue AG sich verpflichten, eine dem Übertragungswert wertgleiche neue Zusage zu erteilen. Die Besonderheit besteht darin, dass er gerade nicht die Leistungsverpflichtungen aus der Zusage des ehemaligen AG übernehmen muss. Er gestaltet die Zusage neu. Es können andere Leistungsarten, Leistungshöhen, Wartezeiten und auch ein anderer Durchführungsweg vereinbart werden. ZT wird in der Lit die Auffassung vertreten, dass die Vereinbarung unwirksam sei, wenn der neue AG keine wertgleiche Zusage erteilt (ErfK/*Steinmeyer* § 4 Rn 11). Dies hätte erhebliche Konsequenzen für den ehemaligen AG, wenn er den Übertragungswert an den neuen AG gezahlt hat und sich ggf erst Jahre später herausstellt, dass die neue Zusage nicht wertgleich war. Er wäre von seiner Zusage nicht frei geworden. Der AN könnte sich an ihn wenden. Deswegen sollte der Abschluss einer Übertragungsvereinbarung genau überprüft werden. 23

Eine Übertragung wäre besonders sinnvoll bei einer Direktversicherung. Sie scheitert aber daran, dass der bestehende Versicherungsvertrag beendet und ein neuer Versicherungsvertrag abgeschlossen werden muss. Deshalb wird in der Praxis häufig zwischen dem AN und dem neuen AG vereinbart, dass dieser in den Versicherungsvertrag, der beim ehemaligen AG bestand und der im Rahmen der versicherungsförmigen Lösung auf den AN übertragen wurde, mit Wirkung für die Zukunft Prämien zahlt und er an einem Stichtag Versicherungsnehmer wird. Hat der neue AG einen anderen Versicherer als der ehemalige AG, kann man unter Anwendung des zwischen den Lebensversicherungsunternehmen (zT auch Pensionskassen und Pensionsfonds) abgeschlossenen Übertragungsabkommens zu demselben Ergebnis kommen. Dieses Vorgehen, das den AN besser stellt als dies II Nr 2 vorsieht, ist bei entsprechender Vereinbarung keine Anwendung dieser Vorschrift. Der ehemalige AG wird nicht nach VI frei. Der neue AG hat nur für das Versprechen einzustehen, was er selbst erteilt hat, allerdings nur mit Wirkung für die Zukunft. 24

Die vorstehende Vorgehensweise ist zu überdenken, wenn ein Bisex-Tarif fortgeführt werden soll. Kommt es aufgrund des Übertragungsabkommens zu einem neuen Vertrag, könnte ein Unisex-Tarif zu fordern sein, wenn man der Auffassung ist, auch in der BAV seien Unisex-Tarife anzuwenden (hierzu § 1 Rdn 6). 25

Zur steuerlichen Behandlung vgl Rdn 45–50. 26

E. Mitnahmeanspruch (Portabilität). Für AN, die ab dem 1.1.2005 eine Zusage erhalten haben und anschließend mit einer **gesetzlich unverfallbaren Anwartschaft** aus dem Arbeitsverhältnis ausscheiden (§ 30b), hat der Gesetzgeber einen Mitnahmeanspruch geschaffen, wenn die BAV beim ehemaligen AG über eine Pensionskasse, einen Pensionsfonds oder eine Direktversicherung umgesetzt wurde (Bsp bei Liebers/*Kisters-Kölkes* FB ArbR L Rn 317). Ein Mitnahmeanspruch besteht folglich nicht in den Durchführungswegen unmittelbare Versorgungszusage und Unterstützungskassenzusage. Ohne Bedeutung ist, wie die Anwartschaft finanziert wurde. 27

28 Mitnahmeanspruch bedeutet, dass der mit gesetzlich unverfallbarer Anwartschaft ausgeschiedene AN vom ehemaligen AG verlangen kann, dass dieser für den Wert der gesetzlich unverfallbaren Anwartschaft den Übertragungswert ermittelt und an den neuen AG oder dessen Versorgungsträger auszahlt. Ist der AN anlässlich des Ausscheidens vom ehemaligen AG bei einer Direktversicherungs- oder Pensionskassenzusage auf die versicherungsförmige Lösung verwiesen worden (§ 2 II 2 ff oder § 2 III 2 ff), richtet sich der Anspruch auf Auszahlung des Übertragungswertes gegen das Lebensversicherungsunternehmen oder die Pensionskasse. Entspr gilt, wenn der AN nach dem Ausscheiden die Versicherung mit eigenen Beiträgen fortgeführt hat (§ 4 III 2).

29 Einen Mitnahmeanspruch hat der AN jedoch nur dann, wenn der Übertragungswert iSv V die **Beitragsbemessungsgrenze in der allg Rentenversicherung** nicht übersteigt. Gemeint ist die Jahresbeitragsbemessungsgrenze. Diese beträgt in 2016 74.400 € (West) und 64.800 € (Ost). Übersteigt der Übertragungswert diese Grenze auch nur um einen Cent, besteht überhaupt kein Mitnahmeanspruch. Der Mitnahmeanspruch kann nicht aufgespalten werden. Wird die BAV über mehrere Durchführungswege durchgeführt, ist der Übertragungswert maßgeblich, der sich aus der Summe der jeweiligen Übertragungswerte ergibt.

30 Der Mitnahmeanspruch muss innerhalb **eines Jahres** nach Ausscheiden beim ehemaligen AG geltend gemacht werden. Der AN muss aktiv tätig werden. Er muss die Auszahlung des Übertragungswertes verlangen. Damit der AN überhaupt sein Recht ausüben kann, hat ihm der Gesetzgeber **2 Auskunftsansprüche** zugebilligt. Der AN kann vom ehemaligen AG nach § 4a I Nr 2 Auskunft darüber verlangen, wie hoch bei einer Übertragung der Übertragungswert ist. Da es nicht ausreicht, wenn der AN die Höhe des Übertragungswertes kennt, steht ihm auch ggü dem neuen AG ein Auskunftsrecht darüber zu, in welcher Höhe aus dem Übertragungswert beim neuen AG ein Anspruch auf Altersversorgung entsteht. Die Höhe dieser Altersanwartschaft ist zu beziffern. IÜ ist mitzuteilen, ob eine Invaliditäts- und/oder Hinterbliebenenleistung vorgesehen ist. Die Höhe dieser Anwartschaften ist nicht zu beziffern. Die Kosten für die Auskünfte sind vom ehemaligen AG und vom neuen AG zu tragen, da der Gesetzgeber ihnen diese Auskunftspflichten auferlegt hat.

31 Der neue AG ist verpflichtet, eine dem Übertragungswert **wertgleiche Versorgungszusage** zu erteilen. Die neue Zusage ist sofort gesetzlich unverfallbar. Als Durchführungswege für die neue Zusage stehen dem neuen AG nur die Pensionskasse, der Pensionsfonds oder die Direktversicherung zur Verfügung. Dies bedeutet, dass ein AG, der bisher seine BAV als unmittelbare Versorgungszusage erteilt oder eine Unterstützungskasse eingeschaltet hat, einen weiteren versicherungsförmigen Durchführungsweg einrichten muss, wenn ein AN seinen Mitnahmeanspruch ihm ggü geltend macht. Für die neue Zusage sind die Anforderungen nach § 1b V und § 16 V zu beachten.

32 Die Höhe des Übertragungswertes richtet sich nach V 2 (s Rdn 40 ff).

33 Hat der ehemalige AG den Übertragungswert vollständig an den neuen AG oder dessen Versorgungsträger übertragen, erlischt seine Zusage (VI). Für diesen Fall ist umstritten, ob zB bei einer Verletzung des Gleichbehandlungsgrundsatzes oder einer nicht wertgleichen BAV aus Entgeltumwandlung eine Befreiung eintritt, wenn die Rechtsverletzung bei der Ermittlung des Übertragungswertes nicht berücksichtigt wurde (*Rolfs* BetrAV 2005, 533).

34 Zur steuerlichen Behandlung vgl Rdn 45 ff.

35 **F. Aufgabe der Betriebstätigkeit und Liquidation.** Seit 1999 wird die Liquidation für den AG erleichtert, weil ihm das Recht eingeräumt wird, **ohne Zustimmung** des **Versorgungsanwärters** oder des **Versorgungsempfängers** bestehende Verpflichtungen aus gesetzlich unverfallbaren Anwartschaften oder laufenden Leistungen mit befreiender Wirkung auf eine **Pensionskasse** oder ein **Lebensversicherungsunternehmen** zu übertragen (hierzu auch *Kemper* FS Höfer, S 97). Voraussetzung ist, dass der Übernehmer die **Zusage übernimmt**, also nicht nur eine neue Zusage aus einem Übertragungswert erteilt. Voraussetzung ist auch, dass der AG rechtswirksam beschlossen hat, die Betriebstätigkeit einzustellen und das Unternehmen zu liquidieren.

36 Die Übernahme der Zusage erfolgt durch einen Vertrag, den der ehemalige AG mit einem Lebensversicherungsunternehmen schließt. Lebensversicherungsunternehmen ist auch eine Pensionskasse. Diese befreiende Übernahme der Zusage führt dazu, dass der ehemalige AG von allen Leistungspflichten frei wird (befreiende Schuldübernahme). Der AG muss an den Versicherer eine Einmalprämie für die Übernahme der Leistungspflichten zahlen und die einmalige Zahlung der künftig anfallenden Verwaltungskosten übernehmen. Die Höhe dieser Zahlungen richtet sich nicht nach V, sondern ausschließlich nach der Forderung des Versicherers. Wenn in der Lit (*Blomeyer/Rolfs/Otto* § 4 Rn 145; *Höfer* § 4 Rn 109) die Auffassung vertreten wird, es sei nur der Übertragungswert zu übertragen, ist dies unzutreffend. Es würde die Anwartschaft oder die laufende Leistung vermindert, was einer Übernahme der Zusage widersprechen würde (*Kemper* in FS Höfer, 97, 100 ff). Die Minderung liegt auf der Hand, wenn man berücksichtigt, dass diese Autoren bei

einer unmittelbaren Zusage den Barwert mit einem Zins von 6 % rechnen wollen, eine Einmalprämie aber mit einem Zins von zZt 1.25 % gerechnet wird. Zudem entstehen Abschluss- und Verwaltungskosten. Deshalb ist nicht nachvollziehbar, wieso ein aufgedrängter Schuldnerwechsel wirtschaftlich zu lasten des AN/Versorgungsempfängers gehen soll.

Da der ehemalige AG von allen Leistungspflichten frei wird, übernimmt das Versicherungsunternehmen die Zusage einschl aller Verpflichtungen aus dem arbeitsrechtlichen Grundverhältnis. Dies bedeutet, dass der Übernehmer auch für Rechtsverletzungen einzustehen hat, die den ehemaligen AG getroffen hätten zB Verletzungen des Gleichbehandlungsgrundsatzes. Deshalb ist es auch für den ehemaligen Anwärter oder Versorgungsempfänger ohne Nachteil, wenn seine Zustimmung zum Schuldnerwechsel nicht zu erteilen ist. Der Verantwortungsbereich des ehemaligen, nun liquidierten AG ist vom Versicherer befreiend übernommen worden. Die Anpassungsverpflichtung wird dadurch erfüllt, dass dem Versorgungsempfänger alle Überschussanteile ab Rentenbeginn zustehen müssen (§ 16 III Nr 2). Eine Einwilligung nach VVG ist idR nicht erforderlich (§ 150 VVG). 37

Die abgeschlossene Liquidationsversicherung ist keine Direktversicherung, weil der Versicherer nicht Arbeitgeber ist oder wird. 38

Zur steuerlichen Behandlung vgl Rdn 45 ff. 39

G. Übertragungswert. In V ist die Höhe des Übertragungswertes geregelt. Durch den Verweis in § 3 V gilt diese Vorschrift auch für die Ermittlung des Abfindungsbetrages, wenn ausnahmsweise eine Abfindung einer gesetzlich unverfallbaren Anwartschaft oder einer laufenden Leistung zulässig ist. Diese Berechnungsvorschrift kann ab dem 1.9.2009 auch beim Versorgungsausgleich Bedeutung erlangen (§ 45 VersAusglG, BGBl I 2009, S 700). 40

Das Gesetz unterscheidet zwischen **2 Berechnungsmethoden**: Wurde nach II Nr 2 einvernehmlich eine Übertragung mit Übertragungswert beim AG-Wechsel vorgenommen, ist bei einer vom ehemaligen AG erteilten **unmittelbaren Versorgungszusage** oder **Unterstützungskassenzusage** auf den **Barwert** der gesetzlich unverfallbaren Anwartschaft, die nach § 2 ermittelt wurde, abzustellen. Gemeint ist bei diesen beiden Durchführungswegen der versicherungsmathematische Barwert der künftigen Versorgungsleistung im Zeitpunkt der Übertragung (Abfindung), wobei bei der Berechnung des Barwerts die »Rechnungsgrundlagen« sowie »anerkannten Regeln der Versicherungsmathematik« maßgebend sind. Aus der Gesetzesbegründung lässt sich nur ableiten, dass bei einer unmittelbaren Versorgungszusage nicht auf den Teilwert gem § 6a EStG und bei der Unterstützungskasse nicht auf den Wert abgestellt werden kann, der als Vermögen bei einer reservepolsterfinanzierten Unterstützungskasse angesammelt wurde. IÜ lässt der Gesetzgeber offen, was er unter den anerkannten Regeln der Versicherungsmathematik und den Rechnungsgrundlagen verstehen will. Insb wird nicht gesagt, ob dabei auf die steuerlichen Berechnungsgrundlagen abzustellen ist und welcher Rechnungszins der Barwertermittlung zugrunde zu legen ist. Deshalb werden die Gerichte klären müssen, wie der Übertragungswert zu ermitteln ist. Es spricht viel dafür, die handelsrechtlichen Bewertungsmethoden zu verwenden, da diese vom Gesetzgeber mit dem BilMoG (BGBl I 2009, 1102) präzisiert worden sind, jedenfalls für die Zeit ab dem 1.1.2010. Vom Grundsatz her ist die Barwertmethode nicht zu beanstanden (BAG 8.3.2011, 3 AZR 666/09, BB 2011, 2036). Für die Ermittlung des Übertragungswertes stellt sich die Frage, ob ab dem 21.12.2012 Unisex-Berechnungsgrundlagen anzuwenden sind. Diese Frage ist deshalb von Bedeutung, weil nach VI der alte AG nur dann frei wird, wenn der vollständige Übertragungswert übertragen wurde. 41

Wird in diesen beiden Durchführungswegen eine Übertragung gem II Nr 2 vorgenommen, können sich die Beteiligten auf den Übertragungswert einigen, jedoch nicht zum Nachteil des AN (§ 17 III 3). Ist der AN mit der Höhe des Übertragungswertes nicht einverstanden, den der ehemalige AG ermittelt hat, wird er sein Einverständnis verweigern. Dies bedeutet, dass der AN selbst seine Interessen wahrnimmt. Da der ehemalige AG wegen der Befreiungswirkung nach VI ein ureigenes Interesse an einer Übertragung hat, kann zB eine Verständigung auf den anzuwendenen Zinsfuß auch in seinem Interesse liegen. 42

Wird eine Übertragung nach II Nr 2 oder III in den Durchführungswegen **Direktversicherung, Pensionskasse** oder **Pensionsfonds** vorgenommen, entspricht der Übertragungswert dem **gebildeten Kapital** im Zeitpunkt der Übertragung. Der Begriff »gebildetes Kapital« ist ein unbestimmter Rechtsbegriff. Dessen Bedeutung ist durch die Rspr auszufüllen. Aus der Gesetzesbegründung ergibt sich, dass nach Finanzierungsverfahren differenziert werden soll. Wird ein Deckungskapital gebildet, soll das Deckungskapital dem Begriff des »gebildeten Kapitals« entsprechen. Wird kein Deckungskapital gebildet, soll es auf den Zeitwert gem § 176 III VVG aF (heute § 169 VVG) ankommen. Bei Hybridverträgen oder fondsgebundenen Versicherungen sei auf den Wert der Fondsanteile abzustellen. Ein Orientierungsmaßstab soll der Begriff 43 des gebildeten Kapitals iSv § 1 AltZertG sein (Schreiben des BM für Wirtschaft und Soziale Sicherung v 14.12.2004, BetrAV 2005, 64).

44 Bei Direktversicherungen und Pensionskassenzusagen, die ab dem 1.1.2008 abgeschlossen wurden und werden, ergibt sich das gebildete Kapital aus den nach § 169 III, IV VVG ermittelten Rückkaufswerten.

45 **H. Steuerliche Rahmenbedingungen.** Die steuerlichen Rahmenbedingungen ergeben sich aus § 3 Nr 55 und § 3 Nr 65 EStG. Dabei ist wie folgt zu unterscheiden:

46 **I. Übernahme der Zusage nach II Nr 1.** Dieser arbeitsrechtliche Vorgang ist steuerlich nicht flankiert. Übernimmt der neue AG eine Verpflichtung aus einer unmittelbaren Versorgungszusage, findet beim AN kein steuerlicher Zufluss (§ 11 EStG) statt, da ihm keine Mittel zufließen. Die späteren Versorgungsleistungen werden bei ihm nach § 19 EStG versteuert.

47 Übernimmt der neue AG die Verpflichtung aus einer Unterstützungskassenzusage, findet ebenfalls kein Zufluss statt. Die Besteuerung beim AN erfolgt beim Leistungsbezug nach § 19 EStG. Fraglich ist allerdings, ob der ehemalige AG von der Unterstützungskasse die Auszahlung irgendeines Betrages erhalten kann/wird, da Unterstützungskassen nur dann Auszahlungen vornehmen können, wenn sie überdotiert sind. Die Überdotierung ist kassenbezogen zu beurteilen, nicht bezogen auf das einzelne Trägerunternehmen (BFH 26.11.2014, I R 37/13, DB 2015, 777).

48 **II. Übertragung mit Übertragungswert.** Erfolgt eine Übertragung mit Übertragungswert nach II Nr 2 oder III ist § 3 Nr 55 EStG anzuwenden. Die Zahlung an den neuen AG oder dessen Versorgungsträger bleibt für den AN steuerfrei. Dabei ist zu berücksichtigen, dass dies nur dann gilt, wenn bei Anwendung von Nr 2 eine Übertragung von einer unmittelbaren Versorgungszusage in eine unmittelbare Versorgungszusage oder in eine Unterstützungskassenzusage stattfindet oder von einer Unterstützungskassenzusage in eine unmittelbare Versorgungszusage oder in eine Unterstützungskassenzusage. Es bleibt dann bei der nachgelagerten Besteuerung gem § 19 EStG. Bestand beim ehemaligen AG eine Direktversicherungs-, Pensionskassen- oder Pensionsfondszusage, bleibt der Übertragungswert steuerfrei, wenn die Übertragung in eine Direktversicherung, eine Pensionskasse oder in einen Pensionsfonds erfolgt, wobei durchaus der Durchführungsweg gewechselt werden kann. Es bleibt dann bei der Besteuerung nach § 22 Nr 5 EStG.

49 Bei der Ausübung des Mitnahmeanspruches bleibt die Zahlung des Übertragungswertes vom ehemaligen AG an den neuen AG oder dessen Versorgungsträger steuerfrei, wenn die Auszahlung an den neuen AG oder dessen Versorgungsträger erfolgt. Die späteren Versorgungszahlungen an den Versorgungsempfänger werden gem § 22 Nr 5 EStG in voller Höhe versteuert.

50 **III. Liquidation.** Bei der Liquidation nach IV ist § 3 Nr 65 EStG anzuwenden. Der Einmalbeitrag, der an das Versicherungsunternehmen gezahlt wird, bleibt für den Versorgungsanwärter und Versorgungsempfänger steuerfrei. Die späteren Auszahlungen werden voll versteuert. Die Besteuerung erfolgt nach § 19 EStG.

51 **I. Direktversicherungs- und Pensionskassenabkommen.** Das Direktversicherungs- und Pensionskassenübertragungsabkommen, das zwischen den Versicherungsgesellschaften besteht, lässt offen, nach welchen rechtlichen Rahmenbedingungen eine »Übertragung« anlässlich eines Arbeitgeberwechsels (nicht Liquidation) vorgenommen wird. Ziel des Abkommens ist es, eine bestehende Versicherung zu erhalten und nicht – wie es II Nr 2 und III vorsehen – sie zu vernichten. Damit führt eine Vorgehensweise, die das Übertragungsabkommen nutzt, zu wirtschaftlich besseren Ergebnissen für den AN als eine Übertragung nach der gesetzlichen Regelung. Für die Beratungspraxis ist eine solche Vorgehensweise folglich vorzuziehen. Zwischenzeitlich können auch Pensionsfonds, die dem Abkommen beigetreten sind, derartige Übertragungen vornehmen.

52 **J. Organpersonen.** Von § 4 kann durch Vereinbarung abgewichen (BAG 21.4.2009, 3 AZR 471/07, DB 2009, 2164). Ist vertraglich eine von § 3 BetrAVG abweichende Abfindungsklausel vereinbart, erübrigt sich idR eine Abweichung von § 4.

53 **K. TV.** Die Vorschrift ist tarifdispositiv (§ 17 III 1).

§ 4a Auskunftsanspruch

(1) Der Arbeitgeber oder der Versorgungsträger hat dem Arbeitnehmer bei einem berechtigten Interesse auf dessen Verlangen schriftlich mitzuteilen,
 1. in welcher Höhe aus der bisher erworbenen unverfallbaren Anwartschaft bei Erreichen der in der Versorgungsregelung vorgesehenen Altersgrenze ein Anspruch auf Altersversorgung besteht und
 2. wie hoch bei einer Übertragung der Anwartschaft nach § 4 Abs. 3 der Übertragungswert ist.

(2) Der neue Arbeitgeber oder der Versorgungsträger hat dem Arbeitnehmer auf dessen Verlangen schriftlich mitzuteilen, in welcher Höhe aus dem Übertragungswert ein Anspruch auf Altersversorgung und ob eine Invaliditäts- oder Hinterbliebenenversorgung bestehen würde.

Übersicht	Rdn.		Rdn.
A. Persönlicher Geltungsbereich	1	F. Schadensersatz	11
B. Auskunftspflichten	3	G. Weitere Auskunfts- und Aufklärungspflichten	14
C. Berechtigtes Interesse und Verlangen	4		
D. Umfang des Auskunftsanspruchs	6	H. TV	20
E. Form	10	J. EU-Mobilitäts-Richtlinie	20.1

A. Persönlicher Geltungsbereich. Einen Auskunftsanspruch haben AN, die mit einer **gesetzlich unverfallbaren Anwartschaft** aus dem Arbeitsverhältnis ausgeschieden sind (Bsp bei Liebers/*Kisters-Kölkes* FB ArbR L Rn 250 ff). Einen Auskunftsanspruch haben aber auch AN, die in einem Arbeitsverhältnis stehen, würden sie bei einem Ausscheiden aus dem Arbeitsverhältnis die gesetzlichen Unverfallbarkeitsvoraussetzungen erfüllen (**aktive AN**). Keinen Auskunftsanspruch haben Versorgungsempfänger und solche AN, die nur eine vertraglich unverfallbare Anwartschaft haben. Ab dem 1.9.2009 können auch geschiedene Ehegatten im Rahmen eines durchgeführten Versorgungsausgleichs einen Auskunftsanspruch haben, da sie unverfallbar ausgeschiedenen Anwärtern gleichgestellt sein können (§ 12 VersAusglG, BGBl I 2009, S 700). 1

Zu den Auskunftspflichten des PSVaG vgl. § 9 Abs. 1. 2

B. Auskunftspflichten. Der Auskunftsanspruch richtet sich gegen den AG oder gegen den externen Versorgungsträger. Der AN hat ein Wahlrecht. Er kann sowohl den AG als auch den externen Versorgungsträger auf Auskunft in Anspruch nehmen. Erteilt der externe Versorgungsträger eine Auskunft, haftet hierfür der AG, weil der externe Versorgungsträger als dessen Erfüllungsgehilfe (§ 278 BGB) tätig wird. Nach Durchführung eines Versorgungsausgleichs iR der internen Teilung kann der geschiedene Ehegatte nur den Versorgungsträger, bei dem für ihn ein Anrecht begründet wurde, auf Auskunft in Anspruch nehmen (§ 12 VersAusglG). 3

C. Berechtigtes Interesse und Verlangen. Nach der Gesetzesbegründung liegt ein berechtigtes Interesse vor, wenn der AN seine Versorgung plant. Damit kann ein AN jederzeit seinen Auskunftsanspruch begründen. Ein solches Begehren darf jedoch nicht missbräuchlich sein. Ist der AG von sich aus bereit, jährlich Auskunft über die Höhe der Versorgungsleistungen zu erteilen, dürfte es nur in Ausnahmefällen gerechtfertigt sein, außerhalb der Auskunftstermine ein Auskunftsverlangen zu stellen. 4

Der AN muss Auskunft verlangen. Er muss von sich aus tätig werden. 5

D. Umfang des Auskunftsanspruchs. Der **in einem Arbeitsverhältnis** stehende AN hat das Recht, Auskunft darüber zu verlangen, wie hoch bei einem vorzeitigen Ausscheiden seine nach § 2 bemessene unverfallbare Anwartschaft wäre. Der im Arbeitsverhältnis stehende AN hat nur ein Recht auf eine Auskunft auf die zu erwartende Altersleistung aus der unverfallbaren Anwartschaft. Die Höhe der Invaliditäts- oder Hinterbliebenenleistungen sind ihm nicht mitzuteilen. 6

Ist ein AN mit **gesetzlich unverfallbarer Anwartschaft** aus dem Arbeitsverhältnis ausgeschieden, ist der Auskunftsanspruch auf die Höhe der Altersleistung begrenzt, die sich aus der unverfallbaren Anwartschaft gem § 2 ergibt. Der AN kann nicht eine Neuberechnung verlangen, wenn er meint, der AG habe andere Berechnungsgrundlagen zu Grunde zu legen (BAG 23.8.2011, 3 AZR 669/09, DB 2012, 527, FA 2012, 56). 7

Für einen AN, der von seinem **Mitnahmeanspruch** nach § 4 III Gebrauch macht, gibt es einen doppelseitigen Auskunftsanspruch. Der ehemalige AG oder der Versorgungsträger des ehemaligen AG ist verpflichtet, Auskunft darüber zu erteilen, wie hoch der Übertragungswert nach § 4 V ist. Der neue AG oder der Versorgungsträger des neuen AG ist verpflichtet, darüber Auskunft zu erteilen, wie hoch die Altersleistung aus dem Übertragungswert ist. Ob Invaliditäts- und Hinterbliebenenleistungen mitversichert sind, ist nur dem Grunde nach mitzuteilen. 8

Der AG muß den AN nicht über den Anspruch auf Entgeltumwandlung gem § 1a BetrAVG informieren. Eine solche Pflicht ergibt sich auch nicht als Nebenpflicht aus dem Arbeitsverhältnis (BAG 21.1.2014, 3 AZR 807/11, BB 2014, 243, FA 2014, 85). 9

E. Form. Die Auskunft ist schriftlich zu erteilen. Für das Verlangen gibt es keine Formvorschriften. 10

F. Schadensersatz. Die vom AG, ehemaligen AG, neuen AG oder jeweiligen Versorgungsträger zu erteilenden Auskünfte müssen richtig, umfassend und aussagekräftig sein. Bei fehlerhaften Auskünften haftet der 11

AG, auch für Fehler des externen Versorgungsträgers, da dieser dessen Erfüllungsgehilfe (§ 278 BGB) ist. Schadensersatzansprüche bestehen bei Vorsatz, grober und leichter Fahrlässigkeit.

12 Im Hinblick darauf, dass Schadensersatzansprüche bestehen können, sollte jeder AG genau überlegen, ob er über die gesetzlichen Auskunftspflichten hinausgehend Auskünfte erteilt. Denn auch dann, wenn keine Auskunftspflicht besteht, macht sich der AG schadensersatzpflichtig, wenn die erteilten Auskünfte unrichtig sind (LAG Frankfurt 22.8.2001, 8 Sa 146/00, BB 2002, 416).

13 Die Auskünfte sind reine Wissenserklärungen, nicht abstrakte oder deklaratorische Schuldanerkenntnisse und damit auch keine Willenserklärungen (BAG 17.6.2003, 3 AZR 462/02, EzA § 2 BetrAVG Nr 20, DB 2004, 608; 9.12.1997, 3 AZR 695/96, EzA § 2 BetrAVG Nr 15, DB 1998, 2331). Dies bedeutet, dass die Auskunft keine neue Rechtsgrundlage schafft, sondern vielmehr nur das mitgeteilt wird, was der schon erteilten Versorgungszusage als Verpflichtung zu entnehmen ist. Eine unrichtige Auskunft kann korrigiert werden (BAG 21.3.2000, 3 AZR 102/99, nv).

14 **G. Weitere Auskunfts- und Aufklärungspflichten.** Über die gesetzliche Verpflichtung nach dieser Vorschrift hinausgehend ergeben sich weitere Auskunfts- und Aufklärungspflichten, zB als **Nebenpflichten** aus dem Arbeitsverhältnis. Grds ist auch bei der BAV der AN selbst für die Wahrnehmung seiner Interessen verantwortlich. Der AG ist nicht ohne Weiteres verpflichtet, den AN unaufgefordert über Auswirkungen zu unterrichten, die sich für ihn zur BAV ergeben. Eine Auskunfts- oder Aufklärungspflicht besteht nur unter Berücksichtigung der bes Umstände des Einzelfalles und ist das Ergebnis einer umfassenden Interessenabwägung (BAG 23.9.2003, 3 AZR 658/02, EzA § 611 BGB 2002 Fürsorgepflicht Nr 1, BetrAV 2004, 90; 11.12.2001, 3 AZR 339/00, EzA § 611 BGB Fürsorgepflicht Nr 6, DB 2002, 2387). Derartige Nebenpflichten aus § 241 II BGB können dann bestehen, wenn der AG einen Vertrauenstatbestand oder durch sein Verhalten eine Gefahrenquelle geschaffen hat. »Je größer das vom AG beim AN erweckte Vertrauen ist, umso eher treffen ihn Informationspflichten und umso weitreichender sind sie. Entspr gilt, je größer, atypischer und schwerer erkennbar die Gefahren für den AN sind, die sich hins seiner BAV ergeben können.« Grds kann der AG davon ausgehen, dass der AN die gesetzlichen Vorschriften des BetrAVG zu kennen hat.

14.1 In der Niedrigzinsphase können besondere Hinweispflichten bei der Entgeltumwandlung bestehen, wenn eine beitragsorientierte Leistungszusage in einer fondsgebundenen oder ähnlichen Lebensversicherung umgesetzt wird und Wertsteigerungen nicht sicher sind. Der AN sei zwingend darauf hinzuweisen, dass er möglicherweise wie bei der Beitragszusage mit Mindestleistung nur einen Beitragserhalt erhalte. Hiervon könnten insbesondere ältere AN betroffen sein (*Reinecke* NZA 2015, 1153).

15 Der AG ist nicht zur Beratung verpflichtet. Er muss auch nicht über die Zweckmäßigkeit unterschiedlicher Gestaltungsmöglichkeiten belehren (BAG 18.12.1984, 3 AZR 168/82, AP Nr 3 zu § 1 BetrAVG Zusatzversorgungskassen; 13.12.1988, 3 AZR 322/87, BB 1989, 4122, NZA 1989, 512; 3.7.1990, 3 AZR 28/89, nv). Die Auswahl obliegt dem AN. Der AG muss auch keine Modellrechnungen erstellen. Wenn allerdings solche Berechnungen dem AN gegeben werden, müssen sie richtig sein, insb, wenn der AG den AN zu einer Entsch bewegen will (BAG 21.11.2000, 3 AZR 13/00, EzA § 611 BGB Fürsorgepflicht Nr 61, DB 2002, 227). Hierzu iE *Reinecke* DB 2006, 555, RdA 2005, 129; *Doetsch* BetrAV 2008, 21.

16 Bes Informationspflichten ergeben sich auch aus § 144 VAG. Danach hat der Versicherer (Pensionskasse, Direktversicherung) bes Auskunftspflichten, die weit über § 4a hinausgehen. Entspr gilt gem § 237 II Nr 9 VAG für den Pensionsfonds. Nach diesen Vorschriften bestehen nicht nur Auskunftspflichten ggü AN, die mit einer gesetzlich unverfallbaren Anwartschaft ausgeschieden sind, sondern auch ggü Anwärtern mit noch verfallbarer Anwartschaft sowie ggü Versorgungsempfängern. Damit wird der auskunftsberechtigte Personenkreis erweitert.

17 Die Auskunftspflichten des Versicherers sind so formuliert, dass sie unabhängig vom Verlangen des Versorgungsempfängers/Versorgungsanwärters bestehen. Folglich muss der Versicherer von sich aus tätig werden. Die Auskünfte sind schriftlich zu erteilen.

18 Die Auskunftspflichten differenzieren danach, ob ein Versorgungsverhältnis begründet wird, ein Versorgungsverhältnis bereits besteht oder ein Versorgungsverhältnis bereits abgewickelt wird. Der Versicherer hat ua Auskunft darüber zu erteilen, welche Versicherungsbedingungen dem Vertrag zugrunde liegen, wie sich das Anlageportfolio zusammensetzt und welche allg steuerlichen Regelungen zu beachten sind. Jährlich hat der Versicherer darüber Auskunft zu erteilen, wie hoch die zu erwartende Leistung ist. Darüber hinaus hat er Auskunft darüber zu erteilen, welche Risiken sich aus dem Anlageportfolio ergeben. Aber nicht nur die Risiken sind zu benennen, sondern auch die Verwaltungskosten, wenn der AN das Anlagerisiko trägt. Dies ist bei einer Beitragszusage mit Mindestleistung der Fall. Der Versicherer muss darüber hinaus darüber informieren, wie sich seine »wirtschaftliche« Situation darstellt. Damit soll dem AN die Möglichkeit eröffnet werden, selbst darüber zu entscheiden, ob er zB eine Entgeltumwandlung weiterhin bei diesem

Versorgungsträger durchführen will. Diese Auskunftspflichten bestehen unabhängig vom Finanzierungsverfahren. Für die Richtigkeit der Auskünfte steht der Versicherer ein.

Keine Auskunftsrechte hat der AN aus §§ 6, 7 VVG. Die dort normierten Beratungs- und Informationspflichten bei Abschluss und Durchführung eines Versicherungsvertrages betreffen das Verhältnis zwischen dem Versicherer und dem Versicherungsnehmer. Versicherungsnehmer ist immer nur der AG, nicht der AN. Der AN ist auch nicht in das Rechtsverhältnis einbezogen. Soll er einbezogen werden, hat dies der Gesetzgeber ausdrücklich geregelt (§ 166 IV VVG; zur Differenzierung zwischen VN und versicherter Person auch OLG Oldenburg 6.11.2013, 5 W 45/13). Da dem AG aber vom Versicherer bestimmte Informationen zB zu den Rückkaufswerten oder zur Überschussbeteiligung erteilt werden, kann er diese an den AN weiterleiten (zu den Informationspflichten iE *Reinecke* RdA 2009, 13). Für die Richtigkeit haftet der Versicherer im Verhältnis zum AG und AN. Hat der AG diese Informationen an den AN weitergeleitet, bestehen gegenüber dem AG auch keine Schadensersatzansprüche. Denn die Informationen sind umfassender als sie das BAG zur Zillmerung und zu den Folgen der Zillmerung fordert (15.9.2009, 3 AZR 17/09, EzA § 1b BetrAVG Entgeltumwandlung Nr 1, DB 2010, 61). 19

H. TV. Die Vorschrift ist tarifdispositiv (§ 17 III 1). 20

J. EU-Mobilitäts-Richtlinie. Mit Wirkung ab dem 1.1.2018 werden die Informationspflichten erweitert. Es ist zB Auskunft über die Entwicklung der Anwartschaft nach dem Ausscheiden zu erteilen. Auch erhalten erstmals Hinterbliebene Auskunftsrechte.[4] 20.1

§ 5 Auszehrung und Anrechnung

(1) Die bei Eintritt des Versorgungsfalls festgesetzten Leistungen der betrieblichen Altersversorgung dürfen nicht mehr dadurch gemindert oder entzogen werden, dass Beträge, um die sich andere Versorgungsbezüge nach diesem Zeitpunkt durch Anpassung an die wirtschaftliche Entwicklung erhöhen, angerechnet oder bei der Begrenzung der Gesamtversorgung auf einen Höchstbetrag berücksichtigt werden.
(2) ¹Leistungen der betrieblichen Altersversorgung dürfen durch Anrechnung oder Berücksichtigung anderer Versorgungsbezüge, soweit sie auf eigenen Beiträgen des Versorgungsempfängers beruhen, nicht gekürzt werden. ²Dies gilt nicht für Renten aus den gesetzlichen Rentenversicherungen, soweit sie auf Pflichtbeiträgen beruhen, sowie für sonstige Versorgungsbezüge, die mindestens zur Hälfte auf Beiträgen oder Zuschüssen des Arbeitgebers beruhen.

Übersicht	Rdn.		Rdn.
A. Regelungsbereich	1	D. Anrechnungsklausel	13
B. Auszehrungsverbot	5	E. Versorgungsanwartschaften	14
C. Anrechnungsverbot	9	F. TV	15

A. Regelungsbereich. Die Vorschrift hat heute weitgehend ihre Bedeutung verloren. Sie wurde geschaffen für Gesamtversorgungszusagen und Höchstbegrenzungsklauseln, bei denen die individuelle Sozialversicherungsrente des AN berücksichtigt wird. 1

Eine **Gesamtversorgungszusage** liegt vor, wenn nach einem bestimmten Leistungsplan einem AN die Bemessung einer Versorgungsleistung zugesagt wird (zB 75 % der letzten Bezüge), auf die dann die gesamte oder ein Teil der individuellen Sozialversicherungsrente angerechnet wird. Bei einer Gesamtversorgungszusage verpflichtet sich der AG, die Lücke zwischen dem zugesagten Versorgungsniveau und der anrechenbaren Sozialversicherungsrente zu schließen. 2

Bei einer **Höchstbegrenzungsklausel** wird nach dem vorgegebenen Leistungsplan die Leistung ermittelt. Unter Berücksichtigung der gesetzlichen Sozialversicherungsrente wird dann geprüft, ob ein vorgegebenes Versorgungsniveau überschritten wird. 3

Gesamtversorgungssysteme wurden in der Vergangenheit so weit wie möglich abgeschafft. Das Risiko, die durch Reduzierung der gesetzlichen Rente entstehende Versorgungslücke schließen zu müssen, wird von den Unternehmen kaum noch getragen. Ist ein Gesamtversorgungssystem abgeschafft worden, ist im Rahmen einer gerichtlichen Rechtskontrolle zu prüfen, ob ein Eingriff in die zweite Besitzstandsstufe vorliegt. Dies kann auch bei endgehaltsabhängigen Versorgungszusagen allein dadurch geschehen, dass die Sozialversicherungsabhängigkeit in der Form aufgegeben wurde, dass sie auf den Stand bei Änderung eingefroren wurde (BAG 15.01.2013, 3 AZR 705/10, BB 2013, 1396, FA 2013, 212). 4

---

[4] BGBl I 2015, 2553.

5   **B. Auszehrungsverbot.**   Die bei Eintritt des Versorgungsfalles ermittelte Betriebsrente soll nicht dadurch in der Versorgungsphase gemindert werden, dass die Sozialversicherungsrente mit ihrem jeweils angepassten Betrag auf die statische Bemessungsgrundlage angerechnet wird, sodass im Laufe der Zeit die vom AG zu erbringende Leistung »ausgezehrt« wird. Deshalb verbietet I eine Anrechnung einer Versorgungsleistung, die sich durch Anpassung an die wirtschaftliche Entwicklung erhöht hat. Keine Auszehrung liegt vor, wenn nach Rentenbeginn andere Versorgungsleistungen angerechnet werden. Dies darf jedoch nicht zur wirtschaftlichen Auszehrung auf Null führen (BAG 18.5.2010, 3 AZR 80/08, EzA § 5 BetrAVG Nr 34, DB 2010, 2400).

6   Die angepasste Leistung kann die **gesetzliche Rente** sein, sie kann aber auch aus einem **berufsständischen Versorgungssystem** herrühren oder aus einer zugesagten BAV. Sollen zB die Leistungen aus einer Direktversicherung auf eine unmittelbare Versorgungszusage angerechnet werden, ist dies zulässig. Wird die um Überschussanteile erhöhte Direktversicherungsrente jährlich neu angerechnet, verstößt dies nicht gegen I, da die Überschussbeteiligung nicht wegen der wirtschaftlichen Entwicklung vorgenommen wird, sondern sie von Beginn des Versicherungsverhältnisses an Vertragsbestandteil ist (Kemper/Kisters-Kölkes/Berenz/Huber/*Kisters-Kölkes* § 5 Rn 17).

7   Das Auszehrungsverbot besteht nur in der **Versorgungsphase**, nicht während der Anwartschaftszeit, es sei denn, die Anwartschaft ist so konzipiert, dass bei Eintritt des Versorgungsfalles überhaupt keine Zahlungen zu erbringen sind (BAG 18.12.1975, 3 AZR 58/75, EzA § 242 BGB Ruhegeld Nr 48).

8   Wird gegen das Auszehrungsverbot verstoßen, darf keine Anrechnung vorgenommen werden mit der Konsequenz, dass der AN ein Recht auf eine ungeschmälerte Versorgungsleistung hat.

9   **C. Anrechnungsverbot.**   Mit dem Anrechnungsverbot soll verhindert werden, dass der AN, der Eigenvorsorge betrieben hat, dadurch benachteiligt wird, dass sich durch Anrechnung der selbstfinanzierten Leistungen das Versorgungsversprechen des AG mindert. Insb Leistungen, die sich aus einer BAV aus Entgeltumwandlung ergeben, dürfen nicht angerechnet werden. Gleiches gilt für private Lebensversicherungen.

10 Nach II dürfen nur solche Versorgungsleistungen angerechnet werden, die ein AG **mind zur Hälfte finanziert** hat. Hierzu gehört die gesetzliche Rente, soweit sie zur Hälfte durch AG- und AN-Pflichtbeiträge finanziert wurde. Hierzu gehört auch die gesetzliche **Unfallrente**, die ausschließlich durch AG-Beiträge finanziert wird. Allerdings ist bei der Unfallrente der Teil herauszurechnen, der Schadensersatzansprüche des AN ausgleicht (BAG 6.6.1989, 3 AZR 668/87, EzA § 5 BetrAVG Nr 22, DB 1990, 435). Auch Versorgungsleistungen ausländischer Rentenversicherungsträger sind anrechenbar, wenn sie mind zur Hälfte durch einen AG finanziert wurden (BAG 24.4.1990, 3 AZR 309/88, EzA § 5 BetrAVG Nr 23, DB 1990, 2172; 29.7.2003, 3 AZR 630/02, EzA § 1 BetrAVG Ablösung Nr 42, FA 2004, 311, nv).

11 Angerechnet werden darf auch **eigenes Arbeitseinkommen** des AN. Es ist üblich, Arbeitseinkommen bis zur Vollendung des 65. Lebensjahres/der Regelaltersgrenze anzurechnen, wenn Versorgungsbezüge und Aktiveneinkommen zusammentreffen. Bei der Hinterbliebenenversorgung darf das Erwerbseinkommen der Hinterbliebenen angerechnet werden (BAG 18.5.2010, 3 AZR 80/08, EzA § 5 BetrAVG Nr 34, BB 2011, 443). Hierbei handelt es sich nicht um Versorgungsbezüge, sodass der Grundsatz der Vertragsfreiheit Vorrang hat. Anrechenbar ist auch eine **Karenzentschädigung** (BAG 26.2.1985, 3 AZR 162/84, EzA § 74 HGB Nr 45, DB 1985, 2053).

12 Eigenes Einkommen ist auch eine Hinterbliebenenrente. Insoweit ist ohne Bedeutung, dass sie aus abgeleitetem Recht gezahlt wird. Allerdings müssen dem Versorgungsempfänger mind 20 % des anderweitigen Bezugs verbleiben (BAG 18.5.2010, 3 AZR 80/08, EzA § 5 BetrAVG Nr 34, BB 2010, 1339).

13 **D. Anrechnungsklausel.**   Bei der Anwendung von II muss über eine ausdrückliche Klausel die Anrechnung geregelt sein. Die Anrechnungstatbestände und die Höhe der anzurechnenden Leistung müssen klar und deutlich beschrieben sein (BAG 23.8.1994, 3 AZR 171/94, nv).

14 **E. Versorgungsanwartschaften.**   In § 2 V 3 ist geregelt, dass die nach § 2 I aufrechterhaltene Anwartschaft nicht dadurch gekürzt werden darf, dass Leistungen aus Anwartschaften angerechnet werden, die der AN nach seinem Ausscheiden bei Folge-AG erwirbt. Damit bleibt der Wert der gesetzlich unverfallbaren Anwartschaft erhalten.

15 **F. TV.**   Die Vorschrift ist tarifdispositiv (§ 17 III 1).

§ 6 Vorzeitige Altersleistung

¹Einem Arbeitnehmer, der die Altersrente aus der gesetzlichen Rentenversicherung als Vollrente in Anspruch nimmt, sind auf sein Verlangen nach Erfüllung der Wartezeit und sonstiger Leistungsvoraussetzungen Leistungen der betrieblichen Altersversorgung zu gewähren. ²Fällt die Altersrente aus der gesetzlichen Rentenversicherung wieder weg oder wird sie auf einen Teilbetrag beschränkt, so können auch die Leistungen der betrieblichen Altersversorgung eingestellt werden. ³Der ausgeschiedene Arbeitnehmer ist verpflichtet, die Aufnahme oder Ausübung einer Beschäftigung oder Erwerbstätigkeit, die zu einem Wegfall oder zu einer Beschränkung der Altersrente aus der gesetzlichen Rentenversicherung führt, dem Arbeitgeber oder sonstigen Versorgungsträger unverzüglich anzuzeigen.

Übersicht	Rdn.			Rdn.
A. Normzweck	1	F.	Höhe der vorzeitigen Altersleistung	11
B. Vorzeitige Altersleistung	2	G.	Verlangen	21
C. Wartezeit und sonstige Leistungsvoraussetzungen	5	H.	Vorzeitige Altersleistung aus unverfallbarer Anwartschaft	22
D. Wegfall der gesetzlichen Rente	6	I.	TV	24
E. Unterschiedliche Altersgrenzen bei Männern und Frauen	8			

A. Normzweck. § 6 ermöglicht es dem AN, der aus der gesetzlichen Rentenversicherung eine **vorzeitige Altersrente** erhält, vom AG oder externen Versorgungsträger eine vorzeitige betriebliche Altersleistung zu verlangen. Damit wird der Gleichlauf zwischen gesetzlicher und betrieblicher Altersleistung erreicht. Da aus der gesetzlichen Rentenversicherung frühestens mit Vollendung des 62. Lebensjahres eine Leistung abgerufen werden kann, ist § 6 nur für solche Versorgungszusagen von Bedeutung, die eine feste Altersgrenze von mehr als 62 Jahren vorsehen. Geburtsjahrgänge vor 1952 hatten die Möglichkeit, bereits ab Alter 60 eine vorzeitige Altersrente aus der gesetzlichen Rentenversicherung zu beziehen. Ohne Bedeutung ist, ob die Versorgungszusage eine Kapital- oder eine Rentenleistung vorsieht. Ohne Bedeutung ist der gewählte Durchführungsweg und das Finanzierungsverfahren. 1

B. Vorzeitige Altersleistung. Der AN muss aus der gesetzlichen Rentenversicherung eine vorzeitige Altersleistung tatsächlich als Vollrente beziehen und dies durch die Vorlage des Rentenbescheides nachweisen. Es muss eine Rente aus der dt Rentenversicherung sein. Hierzu zählt auch die Altersrente für die langjährig Versicherte, auch wenn sie in der gesetzlichen Rentenversicherung keine Kürzung hinnehmen müssen (BT-Drs 18/909, S. 25). Der Bezug einer Rente aus einem ausländischen Sozialversicherungssystem oder einem berufsständischen Versorgungswerk reicht nicht aus. 2

Bei AN mit nichtdt Staatsangehörigkeit, die mit einer unverfallbaren Anwartschaft aus dem Arbeitsverhältnis ausgeschieden sind und in ihr Heimatland zurückgekehrt sind, ist allerdings der allg Gleichbehandlungsgrundsatz zu berücksichtigen. Können sie aus der dt Sozialversicherung allein deshalb keine vorzeitige Altersrente beziehen, weil sie zB die Wartezeit der gesetzlichen Rentenversicherung nicht erfüllen oder weil sie gar keine Altersrente aus der dt Rentenversicherung beziehen können, hätten sie die Wartezeit und die sonstigen Leistungsvoraussetzungen aber erfüllen können, wenn sie in Deutschland verblieben wären, kann ein Zahlungsanspruch bestehen. Rspr hierzu liegt nicht vor. 3

Der Bezug einer Berufs- oder Erwerbsunfähigkeitsrente, einer teilw oder vollen Erwerbsminderungsrente aus der gesetzlichen Rentenversicherung reicht nicht aus. Da die Rente für Bergleute gem § 45 SGB IV eine Rente wegen verminderter Erwerbsfähigkeit und keine vorzeitige Altersrente ist, ist § 6 BetrAVG nicht anwendbar (BAG 16.3.2010, 3 AZR 594/09, EzA § 1 BetrAVG Nr 93, DB 2010, 1834). 4

C. Wartezeit und sonstige Leistungsvoraussetzungen. Die Wartezeit und die sonstigen Leistungsvoraussetzungen müssen nach den betrieblichen Regelungen erfüllt sein. Hat ein AN, der aus der gesetzlichen Rentenversicherung eine vorzeitige Altersrente bezieht, im Zeitpunkt des Ausscheidens die Wartezeit noch nicht erfüllt, kann er sie aber nach dem Ausscheiden noch erfüllen, ist ihm ab dem Zeitpunkt, zu dem er die Wartezeit erfüllt, eine vorzeitige betriebliche Leistung zu zahlen. Das Ausscheiden aus dem Erwerbsleben unter Bezug der gesetzlichen Rente ist ein Ausscheiden aufgrund eines Versorgungsfalles, kein vorzeitiges Ausscheiden iSv § 1b (BAG 28.2.1989, 3 AZR 470/87, EzA § 6 BetrAVG Nr 12, DB 1989, 1579). 5

D. Wegfall der gesetzlichen Rente. Fällt die gesetzliche Rente weg (zB wegen Überschreitens der Hinzuverdienstgrenze) oder wird sie auf eine Teilrente beschränkt, kann der AG die Zahlung der betrieblichen Rente einstellen. Der AN muss ihm den Wegfall oder die Reduzierung der gesetzlichen Rente mitteilen. 6

Wird die Rente über einen externen Versorgungsträger ausgezahlt, besteht eine Anzeigepflicht ggü dem externen Versorgungsträger.

7 Bei einer Kapitalzusage kommt dem Wegfall der gesetzlichen Rente idR keine Bedeutung zu, da das Kapital bereits ausgezahlt ist (Ausnahme Ratenzahlung).

8 **E. Unterschiedliche Altersgrenzen bei Männern und Frauen.** Sieht ein AG oder Versorgungsträger unterschiedliche Altersgrenzen für Männer (zB 65) und Frauen (zB 60) vor, ist der Gleichberechtigungsgrundsatz verletzt. Der EuGH hat am 17.5.1990 (C 262/88, EzA Art 119 EWGV Nr 4, DB 1990, 1824; Barber-Entscheidung) entschieden, dass unterschiedliche feste Altersgrenzen bei Männern und Frauen gegen den Lohngleichheitsgrundsatz des Art 157 AEUV (früher Art 141 EGV) verstoßen. Aus Vertrauensschutzgesichtspunkten sind bis zu diesem Entscheidungsdatum unterschiedliche Altersgrenzen in der BAV zulässig. Für die Zeit ab diesem Stichtag reduziert sich die Altersgrenze der Männer auf die günstigere Altersgrenze der Frauen. Das BAG hat diese Rspr unter Anwendung von Art 3 GG bestätigt (18.3.1997, 3 AZR 759/95, EzA Art 3 GG Nr 61, 1475, BB 1997, 100; 3.6.1997, 3 AZR 910/95, EzA Art 119 EWGV Nr 45, DB 1997, 1778). Auch externe Versorgungsträger müssen für Männer und Frauen gleiche Altersgrenzen ab dem 17.5.1990 verwenden (BAG 7.9.2004, 3 AZR 550/03, EzA Art 141 EG-Vertrag 1999 Nr 16, DB 2005, 507). Keine Ausnahmen bestehen für schwerbehinderte AN (BAG 23.5.2000, 3 AZR 228/99, EzA § 1 BetrAVG Gleichbehandlung Nr 20, DB 2001, 767; 23.9.2003, 3 AZR 304/02, EzA § 1 BetrAVG Gleichbehandlung Nr 13, DB 2004, 2645).

9 Konsequenz dieser Rspr ist, dass für männliche AN, die vor dem 17.5.1990 als Versorgungsempfänger oder mit einer gesetzlich unverfallbaren Anwartschaft aus dem Arbeitsverhältnis ausgeschieden sind, eine Altersgrenze von idR 65 Jahren anzuwenden ist (BAG 21.3.2006, 3 AZR 374/05, EzA § 2 BetrAVG Nr 24, DB 2006, 2354). Diese Altersgrenze ist bei der Unverfallbarkeit nach § 2 I 1 und bei der Kürzung wegen vorzeitiger Inanspruchnahme (unter F) zu berücksichtigen, auch wenn für Frauen eine Altersgrenze von 60 Jahren im Regelwerk vorgesehen ist. Ist ein AN nach dem 17.5.1990 in ein Unternehmen eingetreten, bei dem zB für Frauen eine Altersgrenze von 60, für Männer eine solche von 65 vorgesehen ist, hat dieser AN von Beginn der Zusage an automatisch eine Altersgrenze von 60 Jahren. Bei der Unverfallbarkeit nach § 2 I 1 ist auf das Alter 60 abzustellen. Kürzungen wegen des vorzeitigen Bezuges sind nicht zulässig. Ist ein AN vor dem 17.5.1990 in ein Unternehmen eingetreten, dessen Regelwerk unterschiedliche Altersgrenzen vorsieht, und scheidet er nach dem 17.5.1990 aus dem Arbeitsverhältnis aus, ist eine Splittung der Anwartschaft vorzunehmen: Für den Teil der Anwartschaft, der vor dem 17.5.1990 zeitanteilig erdient wurde, ist auf die Altersgrenze abzustellen, die für Männer vorgegeben ist. Der Teil der Anwartschaft, der nach dem 17.5.1990 erdient wurde, ist mit der Altersgrenze der Frauen zu berechnen (Bsp: BAG 3.6.1997, aaO; 29.4.2008, 3 AZR 266/06, EzA § 2 BetrAVG Nr 30, BB 2009, 224). Diese Rspr hat auch unter der Geltung des AGG Bestand, weil sie schon vorgesetzlich die Gleichberechtigung der Geschlechter verlangt hat. Das BAG spricht von zwei Rentenstämmen.

9.1 Wurde 1980 die Altersgrenze der Frauen auf die Altersgrenze der Männer angehoben, ist ein Eingriff in der 3. Besitzstandsstufe gerechtfertigt, weil damit die Männer den Frauen gleichgestellt werden. Die vorgenannte Rechtsprechung des EuGH schützt nur das Vertrauen der AG, nicht das Vertrauen der Frauen (BAG 30.9.2014, 3 AZR 998/12, EzA § 2 BetrAVG, DB 2015, 2093).

10 In Reaktion auf die Rspr des EuGH (und des BAG) wurde § 30a geschaffen, der den männlichen AN unter bestimmten Voraussetzungen einen Teilanspruch auf Versorgungsleistungen einräumt. Hierzu wird auf § 30a verwiesen. Diese Vorschrift ist auch auf arbeitnehmerähnliche Personen anzuwenden (BAG 15.4.2014, 3 AZR 114/12, BB 2014, 1588).

11 **F. Höhe der vorzeitigen Altersleistung.** Das Gesetz regelt nicht die Höhe der vorzeitigen Altersleistung. Es steht dem AG frei, eine angemessene Kürzung vorzunehmen. Diese muss in der Versorgungszusage selbst geregelt sein (Ausnahme Rdn 15).

12 Eine Leistungskürzung kann sich unmittelbar aus den **Bemessungsgrundlagen** der Zusage ergeben, indem zB bei einem Bausteinsystem oder bei einem durchsteigenden Leistungsplan nur die Dienstjahre bis zur vorzeitigen Inanspruchnahme zählen. Bei einem durchsteigenden Leistungsplan muss sich aus der Zusage ergeben, dass diese Berechnungsweise auch für die vorzeitige Altersleistung gelten soll (BAG 10.12.2013, 3 AZR 726/11, BB 2014, 755, FA 2014, 151).

13 Eine Kürzung kann aber auch über angemessene **versicherungsmathematische Abschläge** vorgenommen werden. In der Praxis sind häufig versicherungsmathematische Abschläge von 0,3 % bis 0,6 % für jeden Vorgriffsmonat vorgesehen. Beträgt der versicherungsmathematische Abschlag 0,5 % pro Monat, ergibt sich eine Kürzung von 30 %, wenn die vorzeitige Altersleistung 5 Jahre vor Erreichen der Altersgrenze in Anspruch genommen wird. Dieser versicherungsmathematische Abschlag berücksichtigt die vorzeitige

Inanspruchnahme, den Zins- und Zinseszinseffekt und die Lebenserwartung. Das BAG hält einen versicherungsmathematischen Abschlag von 0,5 % für zulässig. Ein höherer Abschlag könne dann in Betracht kommen, wenn auf eine Kürzung analog § 2 BetrAVG verzichtet werde (29.4.2008, 3 AZR 266/06, EzA § 2 BetrAVG Nr 30, BB 2009, 224). Die vom BAG aufgestellte Auslegungsregel, wonach bei einer Altersgrenze von 65 Jahren auf die Regelaltersgrenze gem §§ 35, 235 SGB VI abzustellen ist, wenn die Versorgungsregelung vor dem 1.1.2008 geschaffen wurde, wirkt sich auch auf die versicherungsmathematischen Abschläge aus. Ist z.B. eine Altersgrenze von 67 Jahren anzusetzen, wird für weitere 2 Jahre eine Kürzung vorgenommen (BAG 15.5.2012, 3 AZR 11/10, EzA § 2 BetrAVG Nr 33, DB 2012, 1756).

Sieht eine Versorgungsregelung lediglich eine versicherungsmathematische Herabsetzung vor, ohne deren 14 Höhe vorzugeben, kann dies dahin ausgelegt werden, dass die Leistung um 0,5 % je Monat herabgesetzt wird (BAG 29.9.2010, 3 AZR 557/08, EzA § 6 BetrAVG Nr 29, BB 2011, 764).

Ist die Zusage so gestaltet, dass sich weder aus dem Leistungsplan noch über ausdrücklich vorgesehene 15 versicherungsmathematische Abschläge eine Kürzung beim vorzeitigen Leistungsbezug ergibt (zB monatliche Festrente von 100 € als Altersrente), kann der AG einen **unechten (untechnischen) versicherungsmathematischen Abschlag** vornehmen. Bei diesem wird § 2 I 1 entspr angewandt (BAG 23.1.2001, 3 AZR 164/00, EzA § 6 BetrAVG Nr 23, DB 2001, 1887; 24.7.2001, 3 AZR 567/00, EzA § 6 BetrAVG Nr 25, DB 2002, 588). Auch hierbei ist die in Rdn 13 genannte Auslegungsregel zu beachten. Ein unechter versicherungsmathematischer Abschlag kann auch vorzunehmen sein, wenn die Versorgungszusage eine aufsteigende Staffelung enthält (BAG 19.4.2011, 3 AZR 318/09, EzA § 2 BetrAVG Nr 32, DB 2011, 1588). Ein untechnischer versicherungsmathematischer Abschlag ist auch vorzunehmen, wenn eine Gesamtversorgungsobergrenze anzuwenden ist (BAG 19.6.2012, 3 AZR 289/10, BB 2012, 2828). Ein untechnischer versicherungsmathematischer Abschlag kann auch bei einer Kapitalleistung vorgenommen werden (BAG 25.6.2013, 3 AZR 219/11, EzA § 2 BetrAVG Nr 35, DB 2013, 2938).

Ist in der Versorgungszusage keine Kürzung für den vorzeitigen Leistungsbezug vorgesehen, nimmt der 16 **PSVaG** eine Kürzung um 0,5 % für jeden vorgezogenen Monat vor (BAG 20.4.1983, 3 AZR 1137/79, EzA § 6 BetrAVG Nr 5, DB 1982, 1830). Ist in der Versorgungszusage eine Regelung vorgesehen, wird diese vom PSVaG angewandt.

Die Kürzung wegen des vorzeitigen Bezuges wird bei einer Rente lebenslänglich beibehalten. Sie wirkt sich 17 auch auf Hinterbliebenenleistungen aus.

Bei einer BAV aus Entgeltumwandlung ist das Gebot der Wertgleichheit auch bei versicherungsmathematischen Abschlägen zu beachten. 18

Zu Gesamtversorgungszusagen vgl *Höfer* Rn 4253. Bei **Limitierungsklauseln** ist die in der Versorgungs- 19 zusage vorgesehene Berechnung anzuwenden (BAG 28.3.1995, 3 AZR 373/94, EzA § 6 BetrAVG Nr 17, DB 1995, 2174). Die Limitierung ist bei der maßgeblichen Vollrente zu berücksichtigen, bevor bei einem vorzeitig ausgeschiedenen AN eine Quotierung nach § 2 I vorgenommen wird. Insoweit hat das BAG seine frühere Rspr aufgegeben (BAG 21.3.2006, 3 AZR 374/05, EzA § 2 BetrAVG Nr 24, DB 2006, 677; 19.5.2015, 3 AZR 771/13, DB 2015, 2093).

Bei **Direktversicherungen** soll auf Stornoabzüge verzichtet werden. Der Schlussüberschussanteil soll gewährt 20 werden (BaFin VerBAV 1979, 356). Zu beachten ist jedoch, dass mit diesen Vorgaben kein vorzeitiger Versicherungsfall ausgelöst wird.

G. Verlangen. Eine vorzeitige Altersleistung ist nur dann zu zahlen, wenn der AN sie verlangt. Er muss 21 sich ggü dem AG oder dem externen Versorgungsträger entspr erklären. Eine Form und Frist ist nicht vorgesehen. Es reicht aus, wenn er den Bescheid der gesetzlichen Rentenversicherung vorlegt und damit konkludent erklärt, er wolle neben der gesetzlichen auch die vorzeitige betriebliche Leistung. Ungeklärt ist, ob dieses Verlangen auch noch nach Vollendung der Regelaltersgrenze rückwirkend ausgeübt werden kann. Dies ist zu verneinen, weil der AN selbst entscheidet, ob er von seinem Recht Gebrauch macht oder nicht.

H. Vorzeitige Altersleistung aus unverfallbarer Anwartschaft. Da in § 2 I 1 die vorzeitige Altersleistung 22 nicht genannt wird, geht das BAG in nunmehr st Rspr davon aus, dass zunächst die Leistung für den betriebstreuen Mitarbeiter so zu ermitteln ist, wie sie für die feste Altersgrenze/Regelaltersgrenze vorgesehen ist. Von dem sich so ergebenden Betrag können dann die in der Versorgungszusage vorgesehenen Kürzungen (zB versicherungsmathematische Abschläge) vorgenommen werden. Die sich so ergebende Leistung ist wegen des vorzeitigen Ausscheidens nach § 2 I 1 zu kürzen. Weil der Gesetzgeber es unterlassen hat, § 2 zu ändern, sieht auch das BAG in seiner rechtlichen Würdigung bestätigt (BAG 12.12.2006, 3 AZR 716/05, EzA § 1 BetrAVG Nr 88, DB 2007, 2546).

Unzulässig ist es, die vorzeitige Altersleistung auf den Zeitpunkt der vorzeitigen Inanspruchnahme zu 23 berechnen, dann wegen des vorzeitigen Bezuges zu kürzen und dann eine Quotierung wegen des vorzeitigen

§ 7 BetrAVG   Umfang des Versicherungsschutzes

Ausscheidens vorzunehmen, also im Ergebnis eine 3-fache Kürzung anzuwenden (BAG 7.9.2004, 3 AZR 524/03, EzA § 6 BetrAVG Nr 27, DB 2005, 839). Diese Rspr haben auch externe Versorgungsträger zu berücksichtigen.

23.1 Ist ein AN mit gesetzlich unverfallbarer Anwartschft ausgeschieden und nimmt er aus dieser eine vorzeitige Altersleistung in Anspruch, ist zu prüfen, ob die Berechnungsregel, die für AN gilt, die aus dem aktiven Arbeitsverhältnis in ein Versorgungsverhältnis wechseln, auch für die unverfallbar Ausgeschiedenen gilt. Ist dies nicht der Fall, kann nur eine Kürzung mit dem untechnischen versicherungsmathematischen Abschlag vorgenommen werden (BAG 12.8.2014, 3 AZR 82/12, AP NR 71 zu § 2 BetrAVG).

24 I. TV. Die Vorschrift ist nicht tarifdispositiv (§ 17 III 1).

§ 7 Umfang des Versicherungsschutzes

(1) ¹Versorgungsempfänger, deren Ansprüche aus einer unmittelbaren Versorgungszusage des Arbeitgebers nicht erfüllt werden, weil über das Vermögen des Arbeitgebers oder über seinen Nachlass das Insolvenzverfahren eröffnet worden ist, und ihre Hinterbliebenen haben gegen den Träger der Insolvenzsicherung einen Anspruch in Höhe der Leistung, die der Arbeitgeber aufgrund der Versorgungszusage zu erbringen hätte, wenn das Insolvenzverfahren nicht eröffnet worden wäre. ²Satz 1 gilt entsprechend,
1. wenn Leistungen aus einer Direktversicherung aufgrund der in § 1b Abs. 2 Satz 3 genannten Tatbestände nicht gezahlt werden und der Arbeitgeber seiner Verpflichtung nach § 1b Abs. 2 Satz 3 wegen der Eröffnung des Insolvenzverfahrens nicht nachkommt,
2. wenn eine Unterstützungskasse oder ein Pensionsfonds die nach ihrer Versorgungsregelung vorgesehene Versorgung nicht erbringt, weil über das Vermögen oder den Nachlass eines Arbeitgebers, der der Unterstützungskasse oder dem Pensionsfonds Zuwendungen leistet (Trägerunternehmen), das Insolvenzverfahren eröffnet worden ist.

³§ 14 des Versicherungsvertragsgesetzes findet entsprechende Anwendung. ⁴Der Eröffnung des Insolvenzverfahrens stehen bei der Anwendung der Sätze 1 bis 3 gleich
1. die Abweisung des Antrags auf Eröffnung des Insolvenzverfahrens mangels Masse,
2. der außergerichtliche Vergleich (Stundungs-, Quoten- oder Liquidationsvergleich) des Arbeitgebers mit seinen Gläubigern zur Abwendung eines Insolvenzverfahrens, wenn ihm der Träger der Insolvenzsicherung zustimmt,
3. die vollständige Beendigung der Betriebstätigkeit im Geltungsbereich dieses Gesetzes, wenn ein Antrag auf Eröffnung des Insolvenzverfahrens nicht gestellt worden ist und ein Insolvenzverfahren offensichtlich mangels Masse nicht in Betracht kommt.

(1a) ¹Der Anspruch gegen den Träger der Insolvenzsicherung entsteht mit dem Beginn des Kalendermonats, der auf den Eintritt des Sicherungsfalles folgt. ²Der Anspruch endet mit Ablauf des Sterbemonats des Begünstigten, soweit in der Versorgungszusage des Arbeitgebers nicht etwas anderen bestimmt ist. ³In den Fällen des Absatzes 1 Satz 1 und 4 Nr. 1 und 3 umfasst der Anspruch auch rückständige Versorgungsleistungen, soweit diese bis zu zwölf Monaten vor Entstehen der Leistungspflicht des Trägers der Insolvenzsicherung entstanden sind.

(2) ¹Personen, die bei Eröffnung des Insolvenzverfahrens oder bei Eintritt der nach Abs. 1 Satz 4 gleichstehenden Voraussetzungen (Sicherungsfall) eine nach § 1b unverfallbare Versorgungsanwartschaft haben, und ihre Hinterbliebenen haben bei Eintritt des Versorgungsfalls einen Anspruch gegen den Träger der Insolvenzsicherung, wenn die Anwartschaft beruht
1. auf einer unmittelbaren Versorgungszusage des Arbeitgebers oder
2. auf einer Direktversicherung und der Arbeitnehmer hinsichtlich der Leistungen des Versicherers widerruflich bezugsberechtigt ist oder die Leistungen aufgrund der in § 1b Abs. 2 Satz 3 genannten Tatbestände nicht gezahlt werden und der Arbeitgeber seiner Verpflichtung aus § 1b Abs. 2 Satz 3 wegen der Eröffnung des Insolvenzverfahrens nicht nachkommt.

²Satz 1 gilt entsprechend für Personen, die zum Kreis der Begünstigten einer Unterstützungskasse oder eines Pensionsfonds gehören, wenn der Sicherungsfall bei einem Trägerunternehmen eingetreten ist. ³Die Höhe des Anspruchs richtet sich nach der Höhe der Leistungen gemäß § 2 Abs. 1, 2 Satz 2 und Abs. 5, bei Unterstützungskassen nach dem Teil der nach der Versorgungsregelung vorgesehenen Versorgung, der dem Verhältnis der Dauer der Betriebszugehörigkeit zu der Zeit vom Beginn der Betriebszugehörigkeit bis zum Erreichen der in der Versorgungsregelung vorgesehenen festen Altersgrenze entspricht, es sei denn, § 2 Abs. 5a ist anwendbar. ⁴Für die Berechnung der Höhe des Anspruchs nach Satz 3 wird die Betriebszugehörigkeit bis zum Eintritt des Sicherungsfalles berücksichtigt. ⁵Bei Pensionsfonds mit Leistungszusagen

gelten für die Höhe des Anspruchs die Bestimmungen für unmittelbare Versorgungszusagen entsprechend, bei Beitragszusagen mit Mindestleistung gilt für die Höhe des Anspruchs § 2 Abs. 5b.
(3) ¹Ein Anspruch auf laufende Leistungen gegen den Träger der Insolvenzsicherung beträgt jedoch im Monat höchstens das Dreifache der im Zeitpunkt der ersten Fälligkeit maßgebenden monatlichen Bezugsgröße gemäß § 18 des Vierten Buches Sozialgesetzbuch. ²Satz 1 gilt entsprechend bei einem Anspruch auf Kapitalleistungen mit der Maßgabe, dass zehn vom Hundert der Leistung als Jahresbetrag einer laufenden Leistung anzusetzen sind.
(4) ¹Ein Anspruch auf Leistungen gegen den Träger der Insolvenzsicherung vermindert sich in dem Umfang, in dem der Arbeitgeber oder sonstige Träger der Versorgung die Leistungen der betrieblichen Altersversorgung erbringt. ²Wird im Insolvenzverfahren ein Insolvenzplan bestätigt, vermindert sich der Anspruch auf Leistungen gegen den Träger der Insolvenzsicherung insoweit, als nach dem Insolvenzplan der Arbeitgeber oder sonstige Träger der Versorgung einen Teil der Leistungen selbst zu erbringen hat. ³Sieht der Insolvenzplan vor, dass der Arbeitgeber oder sonstige Träger der Versorgung die Leistungen der betrieblichen Altersversorgung von einem bestimmten Zeitpunkt an selbst zu erbringen hat, so entfällt der Anspruch auf Leistungen gegen den Träger der Insolvenzsicherung von diesem Zeitpunkt an. ⁴Die Sätze 2 und 3 sind für den außergerichtlichen Vergleich nach Abs. 1 Satz 4 Nr. 2 entsprechend anzuwenden. ⁵Im Insolvenzplan soll vorgesehen werden, dass bei einer nachhaltigen Besserung der wirtschaftlichen Lage des Arbeitgebers die vom Träger der Insolvenzsicherung zu erbringenden Leistungen ganz oder zum Teil vom Arbeitgeber oder sonstigen Träger der Versorgung wieder übernommen werden.
(5) ¹Ein Anspruch gegen den Träger der Insolvenzsicherung besteht nicht, soweit nach den Umständen des Falles die Annahme gerechtfertigt ist, dass es der alleinige oder überwiegende Zweck der Versorgungszusage oder ihre Verbesserung oder der für die Direktversicherung in § 1b Abs. 2 Satz 3 genannten Tatbestände gewesen ist, den Träger der Insolvenzsicherung in Anspruch zu nehmen. ²Diese Annahme ist insbesondere dann gerechtfertigt, wenn bei Erteilung oder Verbesserung der Versorgungszusage wegen der wirtschaftlichen Lage des Arbeitgebers zu erwarten war, dass die Zusage nicht erfüllt werde. ³Ein Anspruch auf Leistungen gegen den Träger der Insolvenzsicherung besteht bei Zusagen und Verbesserungen von Zusagen, die in den beiden letzten Jahren vor dem Eintritt des Sicherungsfalls erfolgt sind, nur
1. für ab dem 1. Januar 2002 gegebene Zusagen, soweit bei Entgeltumwandlung Beträge von bis zu 4 vom Hundert der Beitragsbemessungsgrenze in der allgemeinen Rentenversicherung für eine betriebliche Altersversorgung verwendet werden oder
2. für im Rahmen von Übertragungen gegebene Zusagen, soweit der Übertragungswert die Beitragsbemessungsgrenze in der allgemeinen Rentenversicherung nicht übersteigt.
(6) Ist der Sicherungsfall durch kriegerische Ereignisse, innere Unruhen, Naturkatastrophen oder Kernenergie verursacht worden, kann der Träger der Insolvenzsicherung mit Zustimmung der Bundesanstalt für Finanzdienstleistungsaufsicht die Leistungen nach billigem Ermessen abweichend von den Absätzen 1 bis 5 festsetzen.

Übersicht		Rdn.			Rdn.
A.	Regelungsgegenstand	1	I.	Höchstgrenzen	32
B.	Versorgungsempfänger	5	J.	Rückständige Leistungen	37
C.	Versorgungsanwärter	10	K.	Minderung der Leistung	39
D.	Statuswechsel	13	L.	Missbrauch	43
E.	Durchführungswege	14	I.	Ausschluss von Leistungen	44
F.	Sicherungsfälle	17	II.	Prüfung im Einzelfall	48
G.	Höhe der Leistung	25	M.	Katastrophenfall	52
H.	Fälligkeit	29			

A. Regelungsgegenstand. Die §§ 7–15 regeln den gesetzlichen Insolvenzschutz. Gesetzlich **unverfallbare** 1
Anwartschaften und fällig gewordene **Versorgungsleistungen** werden durch den PSVaG im Fall der Insolvenz des AG geschützt. Die Sicherungsfälle sind in § 7 I abschließend aufgezählt. Insolvenzschutz besteht nur iR der gesetzlichen Vorgaben. Die gesetzliche Insolvenzsicherung ist eine Ausfallsicherung.

Ohne Bedeutung ist, ob der AG tatsächlich an den PSVaG Beiträge gem § 10 geleistet hat (Kemper/Kisters- 2
Kölkes/Berenz/Huber/*Berenz* § 7 Rn 4). Fällt eine Person nicht unter den persönlichen Geltungsbereich des BetrAVG (§ 17), kann durch Beitragszahlung der Insolvenzschutz nicht erkauft werden. Bei einer Versorgungszusage, die »Unternehmerlohn« darstellt und deshalb nicht insolvenzgeschützt ist, verstößt der PSVaG nicht gegen Treu und Glauben, wenn er trotz Beitragszahlung den Insolvenzschutz verweigert (BAG 19.1.2010, 3 AZR 660/09, EzA § 7 BetrAVG Nr 75, BB 2010, 243: 11.11.2014, 3 AZR 404/13, EzA § 17

BetrAVG Nr 14, BB 2015, 253). Ebensowenig besteht Insolvenzschutz, wenn ein AN oder eine arbeitnehmerähnliche Person eine Versorgungszusage von einem AG erhalten hat, bei dem er nicht tätig war (BAG 20.5.2014, 3 AZR 1094/12, EzA § 7 BetrAVG Nr 77, BB 2014, 1908).

3   Wurden dem AN weiter gehende private Sicherungsrechte eingeräumt, gehen diese auf den PSVaG nach § 9 über. Der insolvenzgeschützte AN/Versorgungsempfänger kann immer nur einmal die Leistung fordern.

4   Für Klagen gegen den PSVaG ist nicht der Arbeitsort maßgeblich. Zuständig ist das ArbG Köln.

5   **B. Versorgungsempfänger.** Versorgungsempfänger sind nach I geschützt. Versorgungsempfänger ist der AN, der ggü seinem AG einen **Anspruch** auf eine Alters-, vorzeitige Alters- oder Invaliditätsleistung erworben hat. Auch Hinterbliebene, die einen Leistungsanspruch haben, sind geschützt. Ohne Bedeutung ist, ob der Versorgungsempfänger vor Eintritt des Versorgungsfalles eine gesetzlich unverfallbare Anwartschaft erworben hatte.

6   Wird erst **nach Eintritt des Sicherungsfalles** die Invalidität auf ein zeitlich davor liegendes Datum festgestellt, ist Insolvenzschutz gegeben (BAG 26.1.1999, 3 AZR 464/97, EzA § 7 BetrAVG Nr 59, DB 1998, 1621). Bei der vorzeitigen Altersleistung ist auf den Zeitpunkt des Verlangens abzustellen. Wurde das Verlangen vor Eintritt des Sicherungsfalles ausgeübt, ist der AN Versorgungsempfänger, auch wenn er noch keine Leistung bezogen hat. Erfolgt das Verlangen erst nach Eintritt des Sicherungsfalles, muss eine gesetzlich unverfallbare Anwartschaft bestehen. Der Versorgungsberechtigte ist dann Anwärter nach II (BGH 4.5.1981, II ZR 100/80, AP BetrAVG § 1 Nr 9 Wartezeit, DB 1981, 1716).

7   Auch der **technische Rentner** ist Versorgungsempfänger. Dieser erfüllt die Leistungsvoraussetzungen, bezieht aber tatsächlich noch keine Leistungen, weil er zB über die vorgesehene Altersgrenze hinaus weiter arbeitet (BAG 18.3.2003, 3 AZR 313/02, EzA § 7 BetrAVG Nr 68, BB 2004, 269) oder die Altersleistung deshalb nicht gezahlt wird, weil die vorgezogene Altersrente weggefallen ist, weil die Hinzuverdienstgrenze überschritten wurde.

8   Der Versorgungsempfänger muss eine Leistung der BAV beziehen und vom persönlichen Geltungsbereich des BetrAVG erfasst sein. Übergangsgelder sind nicht insolvenzgeschützt (BAG 10.3.1992, 3 AZR 153/91, EzA § 1 BetrAVG Lebensversicherung Nr 3, DB 1993, 490).

9   Ohne Bedeutung ist, ob ein Anspruch auf eine **Rente** oder ein **Kapital** besteht. Ist das Kapital fällig geworden, aber vom insolventen AG nicht oder nicht vollständig ausgezahlt worden, tritt der PSVaG in die Leistungspflicht, wenn es sich bei den noch ausstehenden Zahlungen um BAV handelt. Problematisch können Ratenzahlungen sein.

10 **C. Versorgungsanwärter.** Anwärter sind bei der Insolvenz des AG nach II geschützt, wenn sie beim Ausscheiden aus dem Arbeitsverhältnis oder – wenn sie im Zeitpunkt des Eintritts des Sicherungsfalles noch in einem Arbeitsverhältnis stehen – **im Zeitpunkt der Insolvenzeröffnung** bei unterstelltem Ausscheiden die gesetzlichen **Unverfallbarkeitsvoraussetzungen** (§ 1b) erfüllt haben.

11 Vertraglich unverfallbare Anwartschaften sind nicht insolvenzgeschützt. Die Insolvenzsicherung steht nicht zur Disposition der Parteien (BAG 17.12.1999, 3 AZR 684/98, EzA § 7 BetrAVG Nr 63, DB 2000, 2536). Die Anrechnung von Vordienstzeiten zur Verkürzung der Unverfallbarkeitsfristen kann sich nur ausnahmsweise auf den gesetzlichen Insolvenzschutz auswirken. Voraussetzung ist, dass der AN beim Vor-AG eine noch verfallbare Anwartschaft auf Leistungen der BAV hatte und die von einer Versorgungszusage begleitete Beschäftigungszeit beim Vor-AG durch den neuen AG angerechnet wird und beide Arbeitsverhältnisse unmittelbar und nahtlos aneinander anschließen. Die Anwartschaft des alten AG darf noch nicht erloschen sein. Folglich muss die Anrechnungsvereinbarung mit dem neuen AG geschlossen werden, bevor das Arbeitsverhältnis beim alten AG beendet wird (BAG 22.2.2000, 3 AZR 4/99, EzA § 1 BetrAVG Nr 72, DB 2001, 2203; 26.9.1989, 3 AZR 814/87, EzA § 7 BetrAVG Nr 31, DB 1990, 383). Hat ein AN bei einem AG eine gesetzlich unverfallbare Anwartschaft aus einer Direktversicherung erworben, wechselt er den AG und wird diese Versicherung vom neuen AG fortgeführt, bleibt die Anwartschaft auch hinsichtlich der Zuwächse gesetzlich unverfallbar (BAG 15.6.2010, 3 AZR 31/07, EzA § 1 BetrAVG Lebensversicherung Nr 10, BB 2010, 2498).

12 Liegt eine Zusage vor, die dem AN als Unternehmerlohn zugesagt wurde, besteht kein Insolvenzschutz (BAG 19.1.2010, 3 AZR 409/09, nv, und 3 AZR 42/08, EzA § 17 BetrAVG Nr 11, DB 2010, 1411; 11.11.2014, 3 AZR 404/13, EzA § 17 BetrAVG Nr 14, DB 2015, 564).

13 **D. Statuswechsel.** Der Wechsel vom AN- in den Unternehmerstatus (§ 17 I 2) kann zu einem zeitanteiligen Insolvenzschutz führen. Entscheidend ist, inwieweit während der AN-Zeit die Anwartschaft erdient wurde. Bei einem Versorgungsempfänger ist der Teil der Versorgung insolvenzgeschützt, der dem Verhältnis der Summe der AN-Zeiten zur insgesamt für das Unternehmen abgeleisteten Dienstzeit entspricht. Beim

Anwärter besteht Insolvenzschutz, wenn während der AN-Zeit die gesetzlichen Unverfallbarkeitsvoraussetzungen erfüllt wurden. Ohne Bedeutung ist, ob die Zusage während der AN- oder während der Unternehmerzeit erteilt wurde.

E. Durchführungswege. Der gesetzliche Insolvenzschutz erfasst **unmittelbare Versorgungszusagen, Unterstützungskassen- und Pensionsfondszusagen** und Leistungen aus einer **Direktversicherung.** Leistungen, die mittels einer Pensionskasse erbracht werden, sind nicht in den gesetzlichen Insolvenzschutz einbezogen, weil der Gesetzgeber aufgrund der Versicherungsaufsicht durch die BaFin davon ausgegangen ist, dass auch nach Insolvenz des AG die Pensionskasse in der Lage ist, die zugesagten Leistungen zu erbringen. 14

Bei **Direktversicherungen** ist der gesetzliche Insolvenzschutz nur ausnahmsweise gegeben. Bei einem Versorgungsempfänger (I) besteht gesetzlicher Insolvenzschutz, wenn die Direktversicherung beliehen oder abgetreten ist und der AG wegen des Eintritts des Sicherungsfalles die Beleihung oder Abtretung nicht mehr rückgängig machen kann (§ 1b II 3). Bei einem Versorgungsanwärter besteht gesetzlicher Insolvenzschutz, wenn ein widerrufliches Bezugsrecht besteht oder eine Beleihung oder Abtretung wegen des Eintritts des Sicherungsfalles nicht mehr rückgängig gemacht werden kann (II 1 Nr 2). Hat der Versicherer ohne Beachtung des unwiderruflichen Bezugsrechts vor der Insolvenz den Rückkaufswert an den AG ausgezahlt, ist das Versicherungsverhältnis mangels Erfüllung nicht erloschen. Der Versicherer bleibt in der Leistungspflicht. Es besteht kein gesetzlicher Insolvenzschutz (BAG 19.1.2010, 3 AZR 660/09, EzA § 7 BetrAVG Nr 75, BB 2010, 1211,1350). Ist die Versicherung vor der Insolvenz beliehen worden und ist die Anwartschaft unverfallbar, besteht Insolvenzschutz (BAG 19.1.2010, 3 AZR 660/09, EzA § 7 BetrAVG Nr 75, BB 2010, 1211,1350). Alle anderen Direktversicherungen sind nicht in den gesetzlichen Insolvenzschutz einbezogen, weil auch nach der Insolvenz des AG der Versicherer die aus dem Versicherungsvertrag resultierenden Leistungen uneingeschränkt erbringen kann. 15

Zur Beitragspflicht vgl § 10. 16

F. Sicherungsfälle. In I 1 und 4 werden die Sicherungsfälle abschließend aufgeführt. Der Sicherungsfall muss beim AG und nicht beim externen Versorgungsträger eintreten. Ohne Bedeutung ist, ob der externe Versorgungsträger über ausreichende Mittel zur Leistungserbringung verfügt. 17

Als Sicherungsfälle sind vorgegeben: die **Eröffnung des Insolvenzverfahrens** (I 1), die **Abweisung des Insolvenzverfahrens mangels Masse** (I 4 Nr 1), der **außergerichtliche Vergleich** (I 4 Nr 2) und die **vollständige Beendigung der Betriebstätigkeit**, wenn ein Antrag auf Eröffnung des Insolvenzverfahrens nicht gestellt worden ist und ein Insolvenzverfahren offensichtlich mangels Masse nicht in Betracht kommt. Diese Sicherungsfälle gelten für Versorgungsempfänger und Anwärter gleichermaßen. Soweit bis zum 31.12.1998 im Gesetz als weiterer Sicherungsfall die wirtschaftliche Notlage aufgeführt war, ist dieser Tatbestand entfallen (hierzu auch § 31). Ein Widerruf ist arbeitsrechtlich unwirksam (BAG 17.6.2003, 3 AZR 396/02, EzA § 7 BetrAVG Nr 69, DB 2004, 324; 31.7.2007, 3 AZR 372/06, DB 2008, 1505). Dies gilt auch für Unterstützungskassenzusagen (BAG 18.11.2008, 3 AZR 417/07, EzA § 7 BetrAVG Nr 74, DB 2009, 1079). Die Liquidation eines Unternehmens ist kein Sicherungsfall. Bei einer Liquidation kann § 4 IV angewendet werden. 18

Die Eröffnung des Insolvenzverfahrens erfolgt durch Eröffnungsbeschluss des Insolvenzgerichts (§ 27 InsO), wenn Zahlungsunfähigkeit droht oder Zahlungsunfähigkeit oder Überschuldung eingetreten ist. Für die Eintrittspflicht des PSVaG ist das **Datum der Eröffnung des Insolvenzverfahrens** maßgeblich, welches im Eröffnungsbeschluss genannt wird. Auf den Zeitpunkt der Antragstellung kommt es nicht an. Soweit der AG im Zeitpunkt der Insolvenzeröffnung im Zahlungsrückstand war, ist Ia von Bedeutung. 19

Hat das Insolvenzgericht den Antrag auf Eröffnung des Insolvenzverfahrens durch Beschluss mangels Masse abgewiesen (§ 26 InsO), kommt es auf den Zeitpunkt dieses **Abweisungsbeschlusses** an. 20

Ein **außergerichtlicher Vergleich** setzt die Zustimmung des PSVaG voraus. In Betracht kommt ein Stundungs-, Quoten- oder Liquidationsvergleich. Der Vergleich muss ausgewogen sein (BAG 30.10.1984, 3 AZR 236/82, EzA § 242 BGB Betriebliche Übung Nr 14, DB 1985, 1747). Sonderopfer zur besseren Befriedigung anderer Gläubiger müssen ausgeschlossen sein. Alle Gläubiger, die Anteilseigner und auch die aktive Belegschaft müssen angemessen zur Erhaltung des Unternehmens beitragen. Es ist Sache des AG, substanziiert darzulegen, dass die Stundung, Kürzung oder Einstellung laufender Leistungen und/oder Anwartschaften zur Fortführung des Betriebes unumgänglich notwendig ist und realistische Aussichten bestehen, die Insolvenz zu vermeiden und das Unternehmen zu sanieren. Es muss idR von einem Sachverständigen ein Sanierungsplan ausgearbeitet werden, der deutlich macht, wie die Überwindung der Krise dauerhaft erreicht werden kann (BAG 24.4.2001, 3 AZR 402/00, EzA § 7 BetrAVG Nr 64, DB 2001, 1787). 21

Stimmt der PSVaG einem solchen Vergleich zu, endet nicht das Versorgungsverhältnis zwischen dem Versorgungsempfänger und dem AG. Es bleibt in dem Umfang bestehen, in dem keine Eintrittspflicht des 22

§ 7 BetrAVG   Umfang des Versicherungsschutzes

PSVaG besteht. Der Umfang der Eintrittspflicht des PSVaG ergibt sich aus dem Vergleich. Soweit der AG zur Erfüllung der Leistungen verpflichtet bleibt, richtet sich der Anspruch gegen den AG. Entspr gilt für Versorgungsanwärter, sobald der Versorgungsfall eintritt.

23 Der PSVaG ist nicht verpflichtet, einem Vergleich zuzustimmen.

24 Die **vollständige Beendigung der Betriebstätigkeit** ist die Einstellung des arbeitstechnischen und unternehmerischen Zwecks unter Auflösung der organisatorischen Einheit (BAG 20.11.1984, 3 AZR 444/82, EzA § 7 BetrAVG Nr 15, DB 1985, 1749). Es muss zumindest plausibel dargelegt werden können, dass das Unternehmen masselos ist.

25 **G. Höhe der Leistung.** Versorgungsempfänger erhalten die Leistung, die sie vor Eintritt des Sicherungsfalles bezogen haben. Ist die Insolvenz nach dem 31.12.2007 eingetreten, hat der PSVaG das Recht, aufgrund der Entscheidung des BAG zur »wandernden« Altersgrenze eine Neuberechnung vorzunehmen, auch wenn der insolvente AG dies nicht mehr vornehmen kann (15.5.2012, 3 AZR 11/10, EzA § 2 BetrAVG Nr 33, DB 2012, 1756).

26 Gesichert sind die **Renten**zahlungen und Leistungen aus einer **Kapital**zusage, soweit noch keine oder keine vollständige Auszahlung des Kapitals erfolgte, auf die ein Versorgungsanspruch besteht. Eine Anpassungsverpflichtung besteht bei einer Rente nur dann, wenn diese sich dem Grunde und der Höhe nach aus der Versorgungszusage ergibt, indem zB nach § 16 III Nr 1 eine garantierte Anpassung zugesagt wurde oder eine Anpassung nach Maßgabe der Tariflohnentwicklung vereinbart ist. Eine Garantieanpassung ist auch dann insolvenzgeschützt, wenn die Versorgungszusage vor dem 1.1.1999 (§ 30c I) erteilt wurde. Wurde vor Eintritt des Versorgungsfalles eine Änderung des Zusageinhalts – zB Erhöhung oder Herabsetzung der Leistungen – vorgenommen, richtet sich die Eintrittspflicht des PSVaG nach dem geänderten Zusageinhalt. Wird vom Versorgungsempfänger geltend gemacht, mangels ausreichender Eingriffsgründe sei die Änderung unwirksam, ist der PSVaG für ausreichende Eingriffsgründe darlegungs- und beweispflichtig (BAG 21.11.2000, 3 AZR 91/00, EzA § 1 BetrAVG Ablösung Nr 26, DB 2001, 2455).

27 Bei einem **Versorgungsanwärter** richtet sich die Höhe der zu sichernden Anwartschaft nach II iVm § 2. Bei einer Leistungszusage in den Durchführungswegen unmittelbare Versorgungszusage, Unterstützungskasse und Pensionsfonds ist das Quotierungsverfahren (§ 2 I) anzuwenden, bei einer Direktversicherung die versicherungsförmige Lösung (§ 2 II 2). Bei einer ab dem 1.1.2001 erteilten beitragsorientierten Leistungszusage ist in den Durchführungswegen unmittelbare Versorgungszusage, Unterstützungskasse und Pensionsfonds § 2 Va anzuwenden. Gleiches gilt für eine Zusage nach Entgeltumwandlung. Für vor dem 1.1.2001 erteilte Zusagen gilt das Quotierungsverfahren. Verwendet ein Pensionsfonds die Beitragszusage mit Mindestleistung, richtet sich die Höhe nach § 2 Vb. Es ist nur die Mindestleistung geschützt.

28 Auch iRd gesetzlichen Insolvenzschutzes wirkt sich die vom BAG aufgestellte Auslegungsregel aus, wonach bei einer vor dem 1.1.2008 geschaffenen Versorgungsregelung, die eine Altersgrenze von 65 Jahren vorsieht, auf die Regelaltersgrenze gem §§ 35, 235 SGB VI abzustellen ist, wenn das Quotierungsverfahren zur Anwendung kommt (BAG 15.5.2012, 3 AZR 11/10, EzA § 2 BetrAVG Nr 33, DB 2012, 1756).

29 **H. Fälligkeit.** Die erstmalige Fälligkeit der Leistungen des PSVaG richtet sich nach § 14 VVG (§ 7 I 3). Entscheidend ist der Zeitpunkt der Erteilung des Leistungsbescheides durch den PSVaG. Dieser ergeht, nachdem der PSVaG die Anspruchsberechtigung geprüft hat. Der Insolvenzverwalter hat hierzu seine Auskunfts- und Mitteilungspflichten zu erfüllen (§ 11 III).

30 Abschlagszahlungen in Höhe eines unstreitigen Teils richten sich nach § 14 VVG. Verzugszinsen sind nicht zu zahlen.

31 Die regelmäßige Fälligkeit laufender Leistungen richtet sich nach der Versorgungszusage.

32 **I. Höchstgrenzen.** Betriebliche Versorgungsleistungen sind nicht uneingeschränkt insolvenzgeschützt. Die Höchstgrenzen ergeben sich aus III. Bei einer laufenden Leistung ist das 3-fache der im Zeitpunkt der ersten Fälligkeit maßgeblichen monatlichen Bezugsgröße gem § 18 SGB IV geschützt. Dies sind monatlich im Jahr 2016 in den alten Bundesländern 8.715 € und in den neuen Ländern 7.560 €. Bei einer Kapitalleistung ist das 120-fache der max monatlichen Leistung die Höchstgrenze (2016: 1.045.800 € alte Bundesländer/907.200 € neue Bundesländer).

33 Hat ein AG mehrere Versorgungszusagen erteilt, sind diese zusammenzurechnen. Eine Zusammenrechnung findet nicht statt, wenn ein AN bei mehreren AG Versorgungsanwartschaften/-leistungen erworben hat. Wurde im Scheidungsverfahren eine interne Teilung vorgenommen, sind die Anwartschaften der geschiedenen Ehegatten zusammenzurechnen (Kemper/Kisters-Kölkes/Berenz/Huber/*Berenz* § 7 Rn 131).

34 **Berechnungsstichtag** ist der Zeitpunkt der ersten Fälligkeit, nicht das Datum, an dem der Anspruch entstanden ist. Der Anspruch ggü dem PSVaG entsteht mit dem Beginn des Kalendermonats, der dem Eintritt des

Sicherungsfalles folgt (Ia). Steigt die Bezugsgröße des § 18 SGB IV zwischen der Entstehung des Anspruchs und seiner ersten Fälligkeit, wirkt sich dies zugunsten des Versorgungsempfängers aus. Die Höchstgrenze ist nur bei der erstmaligen Festsetzung von Bedeutung (Kemper/Kisters-Kölkes/Berenz/Huber/*Berenz* § 7 Rn 137).

Bei unverfallbaren Anwartschaften ist die Höchstgrenze anzusetzen, die sich zum Zeitpunkt der ersten Fälligkeit bei Eintritt des Versorgungsfalles ergibt. 35

Ist der Versorgungsberechtigte vor Eintritt des Sicherungsfalles verstorben, ist für die Hinterbliebenenleistung die Höchstgrenze nach III anzuwenden. Auf die Höhe der Alters- oder Invaliditätsleistung kommt es nicht an. Ohne Bedeutung ist, dass die Hinterbliebenenrente aus der Rente des Versorgungsberechtigten abgeleitet wird (BGH 11.10.2004, II ZR 403/02, NZA 2005, 113 und II ZR 369/02, BB 2004, 2639, BetrAV 2005, 196; BGH 20.10.2008, II ZR 240/07, ZIP 2009, 144). 36

J. Rückständige Leistungen. Häufig kommt es in der Praxis vor, dass der AG vor Eintritt des Sicherungsfalles die Versorgungsleistungen an den Versorgungsempfänger nicht mehr erbracht hat. Für diese Fälle ist in Ia geregelt, dass der PSVaG auch für solche rückständigen Leistungen einzustehen hat, jedoch nicht zeitlich unbefristet. 37

Für einen Zeitraum von bis zu 12 Monaten kann eine Nachzahlung vom PSVaG gefordert werden, wenn der AG in diesem Zeitraum keine Zahlungen erbracht hat. Der 12-Monats-Zeitraum bemisst sich nach dem Entstehen der Leistungspflicht des PSVaG. Die Leistungspflicht beginnt immer erst in dem Monat, der dem Eintritt des Sicherungsfalles folgt. Ist im Januar 2016 das Insolvenzverfahren eröffnet worden, entsteht die Leistungspflicht im Februar 2015. Rückständige Versorgungsleistungen können damit nur für die Zeit ab Februar 2015 geltend gemacht werden. 38

K. Minderung der Leistung. In IV ist geregelt, dass sich das Verpflichtungsvolumen des PSVaG vermindert, wenn und soweit der insolvente AG selbst Leistungen erbringt. Dies ist insb dann der Fall, wenn iR eines **außergerichtlichen Vergleichs** der AG oder dessen Versorgungsträger in der Pflicht bleibt, einen Teil der Leistungen weiterhin zu erbringen. Aber auch dann, wenn im Insolvenzverfahren ein Insolvenzplan aufgestellt wird und die Fortführung des insolventen Unternehmens gesichert ist, kommt eine Teilleistungspflicht des Unternehmens oder des externen Versorgungsträgers in Betracht. In dem Insolvenzplan wird dann geregelt, in welchem Umfang der AG in der Zahlungspflicht bleibt. Der PSVaG tritt nur für den Teil ein, der nicht vom AG/externen Versorgungsträger zu tragen ist. 39

In den Insolvenzplan soll eine **Besserungsklausel** aufgenommen werden. Verbessert sich die wirtschaftliche Situation des AG, soll dieser wieder voll die zugesagten Leistungen erbringen müssen. Dies schont die Beitragszahler, die ansonsten die Leistungen des insolventen AG dauerhaft finanzieren müssten. 40

Die sonstigen Versorgungsträger iSd IV können bei Direktversicherungen nur Lebensversicherungsunternehmen und der Pensionsfonds sein, wenn die Genehmigung nach § 8 Ia seitens der BaFin erteilt wurde. Wurde die Genehmigung nicht erteilt, ist im Zeitpunkt des Eintritts des Sicherungsfalles nach § 9 IIIa das Vermögen, welches auf das insolvente Unternehmen entfällt, bereits auf den PSVaG übergegangen. Entsprechendes gilt für den Forderungsübergang. 41

Verpfändungen von Wirtschaftsgütern oder Verträge zugunsten Dritter iR eines CTA führen nicht dazu, dass hierdurch ein sonstiger Versorgungsträger entsteht (*Berenz* BetrAV 2010, 322). Solche vertraglich eingeräumten Sicherungsrechte gehen nach § 9 II auf den PSVaG über. 42

L. Missbrauch. In V ist geregelt, dass der PSVaG keine Leistungen zu erbringen hat, wenn ein Missbrauchstatbestand vorliegt (hierzu *Berenz* FS Kemper S 5; *ders* BetrAV 2005, 518). Dies dient dem Schutz der Beitragszahler. Sie sollen nicht Leistungen finanzieren müssen, wenn der AG im Zusammenwirken mit dem Anwärter/Versorgungsempfänger einen Missbrauchstatbestand ausgelöst hat. 43

I. Ausschluss von Leistungen. Die Prüfung, ob ein Missbrauch vorliegt, erfolgt in einem abgestuften System. Eine Leistungspflicht des PSVaG ist gänzlich ausgeschlossen, wenn in den beiden Jahren vor Eintritt des Sicherungsfalles erstmals eine Zusage erteilt wurde oder eine bestehende Zusage verbessert wurde. Dies ergibt sich aus V 3. 44

Für diesen 2-Jahres-Zeitraum sind lediglich 2 **Ausnahmen** im Gesetz vorgesehen. Bei einer BAV, die durch **Entgeltumwandlung** finanziert wird, ist wegen der sofortigen gesetzlichen Unverfallbarkeit Insolvenzschutz auch in diesem 2-Jahres-Zeitraum gegeben, allerdings nur dann, wenn es sich um ab dem 1.1.2002 erteilte Versorgungszusagen handelt, die mit Beiträgen von max 4 % der Beitragsbemessungsgrenze in der allg Rentenversicherung finanziert wurden. Ohne Bedeutung ist, ob diese Entgeltumwandlung iRv § 1a erfolgte oder auf freiwilliger Grundlage (Kemper/Kisters-Kölkes/Berenz/Huber/*Berenz* § 7 Rn 173). Hins der 4 %-Grenze ist zwischen den alten und neuen Bundesländern zu differenzieren. Die 4 %-Grenze ist 45 eine Obergrenze. Hat der AN einen geringeren Betrag umgewandelt, ist Insolvenzschutz gegeben. Wird die 4 %-Grenze überschritten, besteht insoweit kein Insolvenzschutz.

46 Die 2. Ausnahme ist für **Übertragungen** mit Übertragungswert vorgesehen (§ 4 II Nr 2 und III). Voraussetzung ist, dass der Übertragungswert den Jahreswert der Beitragsbemessungsgrenze in der allg Rentenversicherung nicht übersteigt (2016 74.400 € alte Bundesländer/64.800 € neue Bundesländer). Ist der Übertragungswert geringer oder erreicht er genau diese Grenze, ist Insolvenzschutz gegeben. Übersteigt der Übertragungswert diese Grenze, ist insoweit kein Insolvenzschutz in den ersten beiden Jahren gegeben. Der Gesetzgeber geht davon aus, dass dann auf privatrechtlicher Ebene zB durch Verpfändungen für Insolvenzschutz gesorgt werden kann.

47 Bei der Übernahme der Zusage besteht ebenfalls ein eingeschränkter Insolvenzschutz (BAG 24.2.2011, 6 AZR 626/09, EzA § 611 BGB 2002 Aufhebungsvertrag Nr 8, DB 2011, 1456).

48 **II. Prüfung im Einzelfall.** Nach V 1 besteht kein Anspruch gegen den PSVaG, soweit nach den **Umständen des Falles** die Annahme gerechtfertigt ist, dass es der alleinige oder überwiegende Zweck der Versorgungszusage oder ihrer Verbesserung oder der Beleihung, Abtretung oder Verpfändung einer Direktversicherung gewesen ist, den PSVaG in Anspruch zu nehmen. Eine Verbesserung der Zusage liegt vor, wenn im Vergleich zur ursprünglichen Zusage die Versorgungsposition des Anwärters/Versorgungsempfängers verbessert wurde. Planmäßige Verbesserungen der Zusage, die schon in der ursprünglichen Versorgungszusage angelegt sind, wie zB ein Anwachsen der Anwartschaft mit der Steigerung der Bezüge (BAG 26.4.1994, 3 AZR 1981/93, EzA § 16 BetrAVG Nr 27, DB 1994, 1831), fallen nicht unter den Missbrauchstatbestand.

49 Die Zusageerteilung oder die Verbesserung einer Zusage setzt voraus, dass der Anwärter/Versorgungsberechtigte mit dem AG **missbräuchlich zusammengewirkt** hat und er dies auch erkennen konnte (BAG 17.10.1995, 3 AZR 420/94, EzA § 7 BetrAVG Nr 52, DB 1995, 2176). Die Umstände, die diese Annahme rechtfertigen, sind vom PSVaG nachzuweisen (BAG 26.6.1990, 3 AZR 641/88, EzA § 1 BetrAVG Nr 59, DB 1990, 2475; 19.1.2010, 3 AZR 660/09, EzA § 7 BetrAVG Nr 75, BB 2010, 1211, 1350). Da ein Anwärter/Versorgungsempfänger idR keinen Einblick in die wirtschaftliche Situation des AG hat, wird ihm der PSVaG nur selten nachweisen können, dass er ernsthaft mit der Nichterfüllung der Zusage/erhöhten Zusage rechnen musste (BAG 19.2.2002, 3 AZR 137/01, EzA § 7 BetrAVG NR 66, DB 2002, 2115). Er muss den missbilligten Zweck der Maßnahme zumindest erkennen können (BAG 19.1.2010, 3 AZR 660/09, EzA § 7 BetrAVG Nr 75, BB 2010, 1211, 1350). Daran ändert sich auch nichts, nachdem seit 2007 Jahresabschlüsse im elektronischen Handelsregister einzusehen sind. Denn diese zeigen nur das Vermögen, die Verbindlichkeiten, die Erträge und Aufwendungen der Vergangenheit, nicht die künftige Entwicklung des Unternehmens.

50 Durch die Ergänzung dieser Regelung durch S 2 wird der Missbrauchstatbestand kaum deutlicher. S 2 enthält die **widerlegliche Vermutung** des Missbrauchs (BAG 2.6.1987, 3 AZR 764/85, EzA § 7 BetrAVG Nr 24, DB 1987, 2211). Durch S 2 wird allerdings dem PSVaG der Beweis erleichtert. Kann er nachweisen, dass im Zeitpunkt der Zusageerteilung oder ihrer Verbesserung die wirtschaftliche Lage des AG die Finanzierung der Zusage nicht erlaubte, muss der Anwärter/Versorgungsempfänger nachweisen, dass kein Rechtsmissbrauch vorlag (BAG 29.11.1998, 3 AZR 184/87, EzA § 7 BetrAVG Nr 27, DB 1988, 2567).

51 Allein der Umstand, dass eine Beleihung vorgenommen wurde, reicht für einen Versicherungsmissbrauch nicht aus, auch nicht, wenn der AN zugestimmt hat. Die Beleihung entspricht der Konzeption des Gesetzes (BAG 19.1.2010, 3 AZR 660/09, EzA § 7 BetrAVG Nr 75, BB 2010, 1211, 1350).

52 **M. Katastrophenfall.** In VI sind extreme Ereignisse abschließend aufgeführt, die die Leistungspflicht des PSVaG ausschließen können. Hierfür ist die Zustimmung der BaFin erforderlich.

§ 8 Übertragung der Leistungspflicht und Abfindung

(1) Ein Anspruch gegen den Träger der Insolvenzsicherung auf Leistungen nach § 7 besteht nicht, wenn eine Pensionskasse oder ein Unternehmen der Lebensversicherung sich dem Träger der Insolvenzsicherung gegenüber verpflichtet, diese Leistungen zu erbringen, und die nach § 7 Berechtigten ein unmittelbares Recht erwerben, die Leistungen zu fordern.

(1a) ¹Der Träger der Insolvenzsicherung hat die gegen ihn gerichteten Ansprüche auf den Pensionsfonds, dessen Trägerunternehmen die Eintrittspflicht nach § 7 ausgelöst hat, im Sinne von Abs. 1 zu übertragen, wenn die Bundesanstalt für Finanzdienstleistungsaufsicht hierzu die Genehmigung erteilt. ²Die Genehmigung kann nur erteilt werden, wenn durch Auflagen der Bundesanstalt für Finanzdienstleistungsaufsicht die dauernde Erfüllbarkeit der Leistungen aus dem Pensionsplan sichergestellt werden kann. ³Die

Genehmigung der Bundesanstalt für Finanzdienstleistungsaufsicht kann der Pensionsfonds nur innerhalb von drei Monaten nach Eintritt des Sicherungsfalles beantragen.
(2) ¹Der Träger der Insolvenzsicherung kann eine Anwartschaft ohne Zustimmung des Arbeitnehmers abfinden, wenn der Monatsbetrag der aus der Anwartschaft resultierenden laufenden Leistung bei Erreichen der vorgesehenen Altersgrenze 1 vom Hundert, bei Kapitalleistungen zwölf Zehntel der monatlichen Bezugsgröße nach § 18 des Vierten Buches Sozialgesetzbuch nicht übersteigen würde oder wenn dem Arbeitnehmer die Beiträge zur gesetzlichen Rentenversicherung erstattet worden sind. ²Dies gilt entsprechend für die Abfindung einer laufenden Leistung. ³Die Abfindung ist darüber hinaus möglich, wenn sie an ein Unternehmen der Lebensversicherung gezahlt wird, bei dem der Versorgungsberechtigte im Rahmen einer Direktversicherung versichert ist. ⁴§ 2 Abs. 2 Satz 4 bis 6 und § 3 Abs. 5 gelten entsprechend.

Übersicht	Rdn.		Rdn.
A. Regelungsgegenstand	1	C. Abfindung	7
B. Übertragung der Leistungspflicht	2		

A. Regelungsgegenstand. Die Vorschrift enthält 3 Regelungsbereiche. I regelt die Übertragung der Leistungspflicht mit befreiender Wirkung auf Pensionskassen und Lebensversicherungsunternehmen und Ia die Rückübertragung von Leistungspflichten auf einen Pensionsfonds. II gibt vor, in welchem Rahmen der PSVaG Abfindungen vornehmen kann. 1

B. Übertragung der Leistungspflicht. Der gegen den PSVaG gerichtete Anspruch auf Insolvenzsicherung kann von diesem mit befreiender Wirkung auf ein Unternehmen der Lebensversicherung nach Eintritt des Sicherungsfalles übertragen werden. Eine Übertragung auf eine Pensionskasse hat keine praktische Bedeutung. 2

Der PSVaG wickelt üblicherweise die gegen ihn gerichteten Zahlungsverpflichtungen nicht selbst ab, sondern überträgt gegen Zahlung eines Einmalbeitrags diese Verpflichtungen auf **Lebensversicherungsunternehmen**, die einem **Konsortium** angehören. Lediglich Kapitalleistungen und Zahlungsverpflichtungen, die nur temporär zu erbringen sind, weil dies zB in einem außergerichtlichen Vergleich so vorgesehen ist, werden unmittelbar durch den PSVaG geleistet. 3

Laufende Renten werden auf die Versicherer, die dem Konsortium angehören, aufgeteilt mit der Folge, dass der Versorgungsempfänger einen unmittelbaren Zahlungsanspruch gegen das Konsortium hat. Geschäftsführender Versicherer des Konsortiums ist die Allianz Lebensversicherungs AG. Diese vertritt das Konsortium gerichtlich und außergerichtlich. 4

Zwischen dem PSVaG und dem Konsortium besteht ein Rahmenvertrag als Vertrag zugunsten Dritter iSv § 328 I BGB. Der Versorgungsempfänger erhält einen eigenen Anspruch gegen das Konsortium. Der PSVaG wird von seiner gesetzlichen Zahlungsverpflichtung frei. Die Zustimmung des Berechtigten ist nicht erforderlich. Deshalb sind zB Pfändungs- und Überweisungsbeschlüsse ggü dem Versorgungsberechtigten gegen das Konsortium und nicht gegen den PSVaG zu richten. Das Konsortium ist zur Abführung der Kranken- und Pflegeversicherungsbeiträge und der Lohnsteuer verpflichtet (§ 202 SGB V, §§ 19, 22 EStG). 5

Wird ein Trägerunternehmen insolvent, das seine BAV über einen **Pensionsfonds** abgewickelt hat, hat dieser innerhalb von 3 Monaten nach Eintritt des Sicherungsfalles die Möglichkeit, bei der BaFin den Antrag auf Rückübertragung der Leistungspflichten zu stellen, die im Sicherungsfall kraft Gesetzes auf den PSVaG übergegangen sind. Der PSVaG überträgt die Verpflichtungen zurück auf den Pensionsfonds, wenn die BaFin hierzu die Genehmigung erteilt. Die Genehmigung setzt voraus, dass durch entspr Auflagen die dauernde Erfüllbarkeit der Leistungen aus dem Pensionsplan durch den Pensionsfonds sichergestellt ist. Nach Rückübertragung besteht kein Anspruch mehr gegen den PSVaG. Das Vermögen des Pensionsfonds bleibt in diesem Fall beim Pensionsfonds (§ 9 IIIa). 6

C. Abfindung. Der PSVaG hat das Recht, **laufende Versorgungsleistungen und gesetzlich unverfallbare Anwartschaften**, die sich gegen ihn richten, abzufinden, ohne dass die Zustimmung des Anwärters oder Versorgungsempfängers erforderlich ist. Abfindbar sind Anwartschaften und laufende Leistungen jedoch nur dann, wenn bestimmte Grenzen bei der Leistungshöhe nicht überschritten werden. 7

Für den Anwärter ist der Wert der Altersanwartschaft gem § 2 die Maßgröße. Das Abfindungsrecht besteht, wenn der Monatsbetrag der unverfallbaren Anwartschaft 1 % der monatlichen Bezugsgröße nach § 18 SGB IV nicht übersteigt. Dies ist im Jahr 2016 ein Betrag von 29,05 € in den alten Bundesländern und iHv 25,20 € in den neuen Bundesländern. Ist eine Kapitalleistung dem Anwärter zugesagt, darf die Altersleistung 8 aus der unverfallbaren Anwartschaft 12/10 der monatlichen Bezugsgröße nach § 18 SGB IV nicht übersteigen. Dies ist in 2016 ein Betrag von 3.486 € in den alten und 3.024 € in den neuen Bundesländern.

9 Diese Grenzen gelten für Versorgungsempfänger entspr, wobei die Vorschrift wohl so zu verstehen ist, dass es auf den Wert der tatsächlich gezahlten Rente ankommt, nicht auf den möglichen Wert einer Altersrente, wenn zB eine Invaliden- oder Hinterbliebenenrente gezahlt wird.

10 Ein einseitiges Abfindungsrecht für Versorgungsanwärter hat der PSVaG auch dann, wenn die Beiträge zur gesetzlichen Rentenversicherung erstattet worden sind. Hiervon sind iW solche AN erfasst, die in ihre Heimatländer zurückgekehrt sind. Insoweit gelten die vorgenannten Grenzen nicht (vgl hierzu auch § 3).

11 Ist der PSVaG ausnahmsweise bei einer **Direktversicherung** einstandspflichtig, weil die Direktversicherung beliehen oder abgetreten worden war oder Beitragsrückstände bestanden, kann er an das Lebensversicherungsunternehmen, bei dem die Direktversicherung besteht, einen Einmalbeitrag leisten, den das Gesetz fälschlicherweise Abfindung nennt. Es handelt sich vielmehr um eine Zahlung, um die Abtretung oder Beleihung rückgängig zu machen oder Beitragsrückstände auszugleichen, damit die beeinträchtigte Direktversicherung in den vertragsgemäßen Zustand versetzt wird. Eine Begrenzung der Höhe nach ist nicht gegeben.

12 Diese Ausgleichszahlung kann unabhängig davon geleistet werden, ob die vor dem Sicherungsfall abgeschlossene Direktversicherung durch den AG finanziert worden war, durch Entgeltumwandlung oder mischfinanziert. Auch für diese Direktversicherung bestehen die in § 2 II 4–6 vorgegebenen Verfügungsverbote. Ein Rückkauf ist nicht möglich.

13 Die Höhe einer zulässigen Abfindungszahlung wird nach § 3 V bemessen. Maßgeblich ist der Barwert oder das gebildete Kapital iSv § 4 V.

14 Der PSVaG hat ein Abfindungsrecht, **aber keine Abfindungspflicht**. Dies bedeutet, dass weder ein Versorgungsempfänger noch ein Anwärter eine Abfindung verlangen kann.

15 Zum Abfindungsrecht des Insolvenzverwalters vgl § 3.

§ 9 Mitteilungspflicht, Forderungs- und Vermögensübergang

(1) ¹Der Träger der Insolvenzsicherung teilt dem Berechtigten die ihm nach § 7 oder § 8 zustehenden Ansprüche oder Anwartschaften schriftlich mit. ²Unterbleibt die Mitteilung, so ist der Anspruch oder die Anwartschaft spätestens ein Jahr nach dem Sicherungsfall bei dem Träger der Insolvenzsicherung anzumelden; erfolgt die Anmeldung später, so beginnen die Leistungen frühestens mit dem Ersten des Monats der Anmeldung, es sei denn, dass der Berechtigte an der rechtzeitigen Anmeldung ohne sein Verschulden verhindert war.

(2) ¹Ansprüche oder Anwartschaften des Berechtigten gegen den Arbeitgeber auf Leistungen der betrieblichen Altersversorgung, die den Anspruch gegen den Träger der Insolvenzsicherung begründen, gehen im Falle eines Insolvenzverfahrens mit dessen Eröffnung, in den übrigen Sicherungsfällen dann auf den Träger der Insolvenzsicherung über, wenn dieser nach Abs. 1 Satz 1 dem Berechtigten die ihm zustehenden Ansprüche oder Anwartschaften mitteilt. ²Der Übergang kann nicht zum Nachteil des Berechtigten geltend gemacht werden. ³Die mit der Eröffnung des Insolvenzverfahrens übergegangenen Anwartschaften werden im Insolvenzverfahren als unbedingte Forderungen nach § 45 der Insolvenzordnung geltend gemacht.

(3) ¹Ist der Träger der Insolvenzsicherung zu Leistungen verpflichtet, die ohne den Eintritt des Sicherungsfalls eine Unterstützungskasse erbringen würde, geht deren Vermögen einschließlich der Verbindlichkeiten auf ihn über; die Haftung für die Verbindlichkeiten beschränkt sich auf das übergegangene Vermögen. ²Wenn die übergegangenen Vermögenswerte den Barwert der Ansprüche und Anwartschaften gegen den Träger der Insolvenzsicherung übersteigen, hat dieser den übersteigenden Teil entsprechend der Satzung der Unterstützungskasse zu verwenden. ³Bei einer Unterstützungskasse mit mehreren Trägerunternehmen hat der Träger der Insolvenzsicherung einen Anspruch gegen die Unterstützungskasse auf einen Betrag, der dem Teil des Vermögens der Kasse entspricht, der auf das Unternehmen entfällt, bei dem der Sicherungsfall eingetreten ist. ⁴Die Sätze 1 bis 3 gelten nicht, wenn der Sicherungsfall auf den in § 7 Abs. 1 Satz 4 Nr. 2 genannten Gründen beruht, es sei denn, dass das Trägerunternehmen seine Betriebstätigkeit nach Eintritt des Sicherungsfall nicht fortsetzt und aufgelöst wird (Liquidationsvergleich).

(3a) Abs. 3 findet entsprechende Anwendung auf einen Pensionsfonds, wenn die Bundesanstalt für Finanzdienstleistungsaufsicht die Genehmigung für die Übertragung der Leistungspflicht durch den Träger der Insolvenzsicherung nach § 8 Abs. 1a nicht erteilt.

(4) ¹In einem Insolvenzplan, der die Fortführung des Unternehmens oder eines Betriebes vorsieht, kann für den Träger der Insolvenzsicherung eine besondere Gruppe gebildet werden. ²Sofern im Insolvenzplan nichts anderes vorgesehen ist, kann der Träger der Insolvenzsicherung, wenn innerhalb von drei Jahren nach der Aufhebung des Insolvenzverfahrens ein Antrag auf Eröffnung eines neuen Insolvenzverfahrens über das Vermögen des Arbeitgebers gestellt wird, in diesem Verfahren als Insolvenzgläubiger Erstattung der von ihm erbrachten Leistungen verlangen.

(5) Dem Träger der Insolvenzsicherung steht gegen den Beschluss, durch den das Insolvenzverfahren eröffnet wird, die sofortige Beschwerde zu.

Übersicht	Rdn.		Rdn.
A. Regelungsgegenstand	1	IV. Anmeldung	10
B. Mitteilungspflichten	2	D. Vermögens- und Forderungsübergang bei Unterstützungskassen	11
C. Gesetzlicher Forderungsübergang	5	E. Vermögens- und Forderungsübergang beim Pensionsfonds	18
I. Forderungsrechte	7		
II. Zeitpunkt	8		
III. Schutz des AN/Versorgungsempfängers	9	F. Insolvenzplan	20

A. Regelungsgegenstand. Diese Vorschrift hat mehrere Regelungsbereiche, die voneinander zu unterscheiden sind. In I sind Mitteilungspflichten des PSVaG, aber auch der Leistungsberechtigten und Versorgungsanwärter geregelt. II verschafft dem PSVaG einen gesetzlichen Forderungsübergang, wenn er einstandspflichtig ist und der Versorgungsempfänger/Versorgungsanwärter über das Gesetz hinaus Forderungsrechte hat. III und IIIa enthalten einen gesetzlichen Vermögens- bzw Forderungsübergang, wenn die BAV vom insolventen AG mittels einer Unterstützungskasse/Gruppenunterstützungskasse oder mittels eines Pensionsfonds/Gruppenpensionsfonds umgesetzt wurde. IV enthält Regelungen zum Insolvenzplan. V ist eine Verfahrensvorschrift. 1

B. Mitteilungspflichten. Das Gesetz verpflichtet den PSVaG, nach Eintritt eines Sicherungsfalles schriftlich über die insolvenzgeschützten Ansprüche oder Anwartschaften zu informieren. Die Versorgungsempfänger erhalten **Leistungsbescheide**, die Versorgungsanwärter **Anwartschaftsausweise**. Diese »Bescheide« sind keine VA, sondern lediglich Bestätigungen, dass der PSVaG nach den gesetzlichen Bestimmungen zu Leistungen verpflichtet ist oder sein wird, wenn der Versorgungsfall eintritt. Diese Mitteilungspflicht ist vom PSVaG, nicht vom Versicherungskonsortium (§ 8 I) zu erfüllen. Die Mitteilungspflicht erstreckt sich auf den Grund und die Höhe. Der Auskunftsanspruch kann im Wege der Stufenklage geltend gemacht werden (BAG 28.6.2011, 3 AZR 385/09, EzA § 9 BetrAVG Nr 9, BB 2011, 2356). 2

Versorgungsempfänger erhalten eine Mitteilung darüber, welche Leistung in welcher Höhe gezahlt wird. **Versorgungsanwärter** werden über die Höhe der gesetzlich unverfallbaren Anwartschaft unterrichtet. Die Mitteilungen sind nicht konstitutiv. Es handelt sich um eine Wissenserklärung, nicht um eine Willenserklärung. Ein Bindungswille ist nicht gegeben (BAG 29.9.2010, 3 AZR 546/08, DB 2011, 210). Hat der PSVaG – verschuldet oder unverschuldet – seine Einstandspflicht entgegen der wahren Rechtslage zu Unrecht bejaht, ist er dem Versorgungsanwärter/Versorgungsempfänger zum Schadensersatz verpflichtet, wenn dieser im Vertrauen auf die Richtigkeit Vermögensdispositionen getroffen oder unterlassen hat, wenn er diese nicht mehr oder nur unter Inkaufnahme unzumutbarer Nachteile rückgängig machen oder nachholen kann. Schadensersatz ist nicht in Höhe des Erfüllungsinteresses zu leisten, sondern in Höhe des Schadens, wobei dieser begrenzt wird durch die im Leistungsausweis zu Unrecht angegebene Rentenhöhe (BGH 3.2.1986, II ZR 54/84, DB 1986, 1118). Beim Versorgungsanwärter wird erst bei Eintritt des Versorgungsfalles dem Grunde und der Höhe nach ein Leistungsbescheid erlassen. Folglich ist der Anwartschaftsausweis nur eine vorläufige Mitteilung, die in etwa der Auskunftspflicht des AG nach § 4a entspricht. 3

Hat der Insolvenzverwalter nach § 11 III seine **Mitteilungspflichten** nicht erfüllt und unterbleibt deshalb die Mitteilung des PSVaG, ist der Versorgungsberechtigte selbst verpflichtet, seinen Anspruch oder seine Anwartschaft beim PSVaG anzumelden. Dies muss innerhalb einer Jahresfrist geschehen. Erfolgt die Mitteilung erst nach Ablauf eines Jahres nach Eintritt des Sicherungsfalles, ist der PSVaG auch einstandspflichtig. Seine Leistungspflicht beginnt jedoch frühestens mit dem Ersten des Monats der Anmeldung, es sei denn, der Versorgungsempfänger oder Versorgungsanwärter war ohne sein Verschulden an der rechtzeitigen Anmeldung gehindert. Die Fristen richten sich nach den Vorschriften des BGB. Eine solche Verhinderung einer rechtzeitigen Anmeldung kann zB dadurch eintreten, dass der Versorgungsanwärter/Versorgungsempfänger über längere Zeit im Ausland war und deshalb von der Insolvenz des ehemaligen AG nichts erfahren konnte. 4

§ 9 BetrAVG   Mitteilungspflicht, Forderungs- und Vermögensübergang

5 **C. Gesetzlicher Forderungsübergang.** Mit Eintritt des Sicherungsfalls erhält der Versorgungsempfänger einen gesetzlichen Anspruch gegen den PSVaG gem § 7 I. Entspr gilt gem § 7 II für Versorgungsanwärter. Die Versorgungsansprüche oder Versorgungsanwartschaften können noch deshalb einen Wert haben, weil zB der insolvente AG eine Verpfändung einer Rückdeckungsversicherung vorgenommen hat oder über ein CTA den Versorgungsanwärtern/Versorgungsempfängern mittels eines Vertrages zugunsten Dritter (§ 328 BGB) Sicherungsrechte eingeräumt wurden. Diese werthaltigen Ansprüche werden zur Schadensminderung durch den PSVaG genutzt. Deshalb ordnet das Gesetz einen Forderungsübergang an. Die eingeräumten Sicherungsrechte gehen nur insoweit auf den PSVaG über, als er nach § 7 einstandspflichtig ist (BAG 9.11.1999, 3 AZR 361/98, EzA § 7 BetrAVG Nr 62, DB 2001, 932). Der Versorgungsberechtigte kann nicht auf die Sicherungsrechte verwiesen werden. Die Leistungspflicht trifft den PSVaG.

6 Bestreitet der PSVaG seine Eintrittspflicht, hat der Versorgungsberechtigte 3 Handlungsalternativen: Er kann den PSVaG auf Anerkennung der Leistungspflicht verklagen. Er kann aber auch die Abtretung der auf den PSVaG übergegangenen Ansprüche verlangen und gegen die Insolvenzmasse klagen. Er könnte aber auch den PSVaG ermächtigen, einen Rechtsstreit gegen die Insolvenzmasse im eigenen Namen zu führen (BAG 12.4.1983, 3 AZR 607/80, EzA § 9 BetrAVG Nr 1, DB 1983, 1826).

7 **I. Forderungsrechte.** Es werden alle Forderungsrechte erfasst, die dem Versorgungsberechtigten ggü dem AG zustehen. Insoweit tritt der PSVaG an die Stelle des ehemaligen AN. Beispielhaft sind zu nennen: Pfandrechte (Rückdeckungsversicherung, Wertpapierdepot), Rechte aus einem Vertrag zugunsten Dritter bei CTA-Modellen, Hypotheken, Bürgschaften (BAG 12.12.1989, 3 AZR 540/88, EzA § 9 BetrAVG Nr 3, DB 1990, 895), Rechte aus einem Schuldbeitritt (BAG aaO), Haftungsansprüche ggü einem früheren Einzelunternehmer nach § 28 HGB (BAG 23.1.1990, 3 AZR 171/88, EzA § 28 HGB Nr 1, DB 1990, 1466), Schadensersatzansprüche wegen nicht ausreichender Kapitalausstattung (BAG 11.3.2008, 3 AZR 358/06, EzA § 4 BetrAVG Nr 7, DB 2008, 2369) oder Haftungsansprüche ggü persönlich haftenden Gesellschaftern (§§ 128, 161 HGB). Soweit ein Forderungsübergang eingetreten ist, hat der Sicherungsschuldner nur an den PSVaG zu leisten, nicht an den Versorgungsberechtigten. Einwendungen sind ggü dem PSVaG zu erheben. Ungeklärt ist, ob nicht akzessorische Sicherungsrechte zu einem Forderungsübergang führen. In der Lit wird die Auffassung vertreten, dass kein Übergang stattfindet, der PSVaG aber berechtigt ist, vom Versorgungsberechtigten eine Abtretung der Sicherungsrechte zu verlangen (Kemper/Kisters-Kölkes/Berenz/Huber/*Berenz* § 9 Rn 115 ff).

8 **II. Zeitpunkt.** Ist das gerichtliche Insolvenzverfahren eröffnet oder mangels Masse abgewiesen worden, erfolgt der Forderungsübergang im Zeitpunkt des Eintritts des Sicherungsfalles.

9 **III. Schutz des AN/Versorgungsempfängers.** § 9 II 2 ordnet an, dass der Forderungsübergang nicht zum Nachteil des Berechtigten geltend gemacht werden darf. Damit hat der Versorgungsberechtigte ein vorrangiges Zugriffsrecht auf die ihm eingeräumten Sicherheiten, wenn der PSVaG ihn nicht voll zu befriedigen hat (BAG 12.12.1989, 3 AZR 540/88, EzA § 9 BetrAVG Nr 3, DB 1990, 895). Von praktischer Bedeutung ist insoweit die Begrenzung der Leistungspflicht des PSVaG durch § 7 III. Sind die Versorgungsansprüche des Versorgungsberechtigten höher als die in § 7 III vorgegebene Höchstgrenze, kann sich der Versorgungsberechtigte zunächst aus dem Sicherungsrecht befriedigen. Ist das Sicherungsrecht höher als der Teil, auf den der Versorgungsberechtigte ein vorrangiges Zugriffsrecht hat, steht dem PSVaG insoweit das restliche Forderungsrecht zu. In Höhe des Teils der Forderung, das dem Versorgungsberechtigten zusteht, hat der PSVaG eine teilw Rückübertragung des Sicherungsrechts vorzunehmen oder er muss es dem Versorgungsberechtigten ermöglichen, sich primär aus dem Sicherungsrecht zu befriedigen.

10 **IV. Anmeldung.** Im Insolvenzverfahren werden die Forderungen durch den PSVaG zur Insolvenztabelle angemeldet. § 45 InsO ist maßgeblich. Die Rentenzahlungen und Anwartschaften werden kapitalisiert. Der Rechnungszins, mit dem der PSVaG seine Anmeldung berechnet, beträgt 5,5 % (BAG 11.10.1988, 3 AZR 295/87, EzA § 69 KO Nr 1, DB 1989, 731).

11 **D. Vermögens- und Forderungsübergang bei Unterstützungskassen.** III regelt den gesetzlichen Übergang von Vermögen oder Forderungen von einer Unterstützungskasse auf den PSVaG, wenn der AG als Trägerunternehmen insolvent geworden ist. Die Insolvenz des AG hat nicht zwingend zur Folge, dass auch die Unterstützungskasse vermögenslos ist. Bei ihr können Rückdeckungsversicherungen abgeschlossen worden sein, sie kann aber auch zB über Grundstücke verfügen oder dem Trägerunternehmen ein Darlehen mit entsprechenden Sicherheiten gewährt haben.

12 Das gesamte Vermögen einer Firmenunterstützungskasse geht auf den PSVaG einschl der Verbindlichkeiten über. Die Haftung für Verbindlichkeiten beschränkt sich auf das übergegangene Vermögen. Ohne

Bedeutung ist, ob die Unterstützungskasse Versorgungsleistungen erbringt oder lediglich Anwärtern Zusagen erteilt hat. Der Vermögensübergang stellt sicher, dass das bei der Insolvenz noch vorhandene Vermögen der Unterstützungskasse auch tatsächlich für Versorgungszwecke verwendet wird.

Der Übergang des Vermögens erfolgt nur bei einer **Firmenunterstützungskasse**. War der insolvente AG Trägerunternehmen einer Gruppenunterstützungskasse, findet ein Forderungsübergang statt. Ein kraft Gesetzes angeordneter Forderungsübergang kann nicht dazu führen, dass die Gruppenunterstützungskasse körperschaftsteuerpflichtig wird (hierzu BFH 26.11.2014, I R 37/13, DB 2015, 777). 13

Mit dem gesetzlichen Vermögensübergang wird der PSVaG Träger von Rechten und Pflichten und kann zB eine Grundbuchberichtigung verlangen, ein Darlehen fällig stellen oder über die abgeschlossenen Rückdeckungsversicherungen verfügen, indem diese gekündigt werden. Der Wert der Vermögensgegenstände ist auf den Zeitpunkt des Sicherungsfalles festzustellen und es ist zB eine Darlehensforderung ggü dem Trägerunternehmen zur Insolvenztabelle anzumelden (BAG 6.10.1992, 3 AZR 41/92, EzA § 9 BetrAVG Nr 6, DB 1993, 987). 14

Bei einer **Gruppenunterstützungskasse** mit mehreren Trägerunternehmen sieht das Gesetz keinen Vermögensübergang, sondern einen Forderungsübergang vor. Auf den PSVaG geht der Betrag über, der dem Teil des Vermögens der Kasse entspricht, der auf das insolvente Trägerunternehmen entfällt. Der PSVaG erhält damit einen Zahlungsanspruch gegen die Gruppenunterstützungskasse. 15

Ausnahmsweise können bei einem Vermögensübergang die Versorgungsberechtigten nach III 2 Ansprüche darauf haben, dass das übersteigende Vermögen zu ihren Gunsten verwendet wird. Ist beim Vermögensübergang so viel Vermögen vorhanden, dass der Barwert der nach § 10 II ermittelten Ansprüche und Anwartschaften den übergegangenen Vermögenswert unterschreitet, ist der übersteigende Teil entspr der Satzung der Unterstützungskasse zu verwenden. Dies können Erhöhungen der laufenden Leistungen oder der unverfallbaren Anwartschaften sein. Möglicherweise ist auch geregelt, dass verfallbare Anwärter eine Abfindung erhalten. 16

Mit dem Vermögensübergang auf den PSVaG wird die **Firmenunterstützungskasse** vermögenslos. Sie wird nach den Satzungsregeln aufgelöst. Die Auflösung haben die Organe der Unterstützungskasse vorzunehmen. 17

E. Vermögens- und Forderungsübergang beim Pensionsfonds. Grds gelten die Regeln, die unter D zur Unterstützungskasse dargestellt wurden, auch für den Pensionsfonds. IIIa verweist auf III. Allerdings besteht beim Pensionsfonds deshalb eine Besonderheit, weil dieser der Aufsicht durch die BaFin untersteht. Wird ein Trägerunternehmen insolvent, kann der Pensionsfonds – nicht das insolvente Trägerunternehmen – bei der BaFin den Antrag stellen, dass dieser die eingegangenen Leistungsverpflichtungen auch nach der Insolvenz des AG erfüllt. Dieser Antrag ist innerhalb von 3 Monaten nach Eintritt des Sicherungsfalles bei der BaFin zu stellen. Dabei hat der Pensionsfonds darzulegen und ggf zu beweisen, dass die dauernde Erfüllbarkeit der Leistungen sichergestellt wird. Erteilt die BaFin die Genehmigung, bleibt das Vermögen/bleiben die Forderungen beim Pensionsfonds. Dieser hat dann ausschließlich alle Leistungspflichten zu erfüllen. Leistungsansprüche gegen den PSVaG bestehen nicht. 18

Wird die Genehmigung von der BaFin nicht erteilt, bleibt es beim Vermögens-/Forderungsübergang auf den PSVaG. Dieser hat dann die Leistungspflichten kraft Gesetzes zu erfüllen. 19

F. Insolvenzplan. Wird bei einem Sicherungsfall ein Insolvenzplan aufgestellt und das Unternehmen fortgeführt, kann für den PSVaG eine bes Gruppe nach IV gebildet werden. Hiermit wird erreicht, dass die Interessen der Versorgungsempfänger und der Versorgungsanwärter angemessen berücksichtigt werden. Insb dient die Vorschrift dem Schutz in solchen Fällen, in denen erneut ein Insolvenzverfahren eingeleitet werden muss. Geschieht dies innerhalb von 3 Jahren nach der Aufhebung des Insolvenzverfahrens, hat der PSVaG das Recht, den Antrag auf Eröffnung eines neuen Insolvenzverfahrens zu stellen und dabei die Erstattung der von ihm erbrachten Leistungen zu verlangen. Damit wird sichergestellt, dass der PSVaG nicht »nutzlos« Versorgungsleistungen erbracht hat. 20

Um die Interessen der beitragszahlenden AG, aber auch die Interessen der Versorgungsanwärter und Versorgungsempfänger zu wahren, hat der PSVaG die Möglichkeit, gegen den Beschluss, durch den das Insolvenzverfahren eröffnet wird, sofortige Beschwerde einzulegen (V). 21

§ 10 Beitragspflicht und Beitragsbemessung

(1) Die Mittel für die Durchführung der Insolvenzsicherung werden auf Grund öffentlich-rechtlicher Verpflichtung durch Beiträge aller Arbeitgeber aufgebracht, die Leistungen der betrieblichen Altersversorgung unmittelbar zugesagt haben oder eine betriebliche Altersversorgung über eine Unterstützungskasse, eine Direktversicherung der in § 7 Abs. 1 Satz 2 und Abs. 2 Satz 1 Nr. 2 bezeichneten Art oder einen Pensionsfonds durchführen.

(2) ¹Die Beiträge müssen den Barwert der im laufenden Kalenderjahr entstehenden Ansprüche auf Leistungen der Insolvenzsicherung decken zuzüglich eines Betrages für die aufgrund eingetretener Insolvenzen zu sichernden Anwartschaften, der sich aus dem Unterschied der Barwerte dieser Anwartschaften am Ende des Kalenderjahres und am Ende des Vorjahres bemisst. ²Der Rechnungszinsfuß bei der Berechnung des Barwerts der Ansprüche auf Leistungen der Insolvenzsicherung bestimmt sich nach § 65 des Versicherungsaufsichtsgesetzes; soweit keine Übertragung nach § 8 Abs 1 stattfindet, ist der Rechnungszinsfuß bei der Berechnung des Barwerts der Anwartschaften um ein Drittel höher. ³Darüber hinaus müssen die Beiträge die im gleichen Zeitraum entstehenden Verwaltungskosten und sonstigen Kosten, die mit der Gewährung der Leistungen zusammenhängen, und die Zuführung zu einem von der Bundesanstalt für Finanzdienstleistungsaufsicht festgesetzten Ausgleichsfonds decken; § 37 des Versicherungsaufsichtsgesetzes bleibt unberührt. ⁴Auf die am Ende des Kalenderjahres fälligen Beiträge können Vorschüsse erhoben werden. ⁵Sind die nach den Sätzen 1 bis 3 erforderlichen Beiträge höher als im vorangegangenen Kalenderjahr, so kann der Unterschiedsbetrag auf das laufende und die folgenden vier Kalenderjahre verteilt werden. ⁶In Jahren, in denen sich außergewöhnlich hohe Beiträge ergeben würden, kann zu deren Ermäßigung der Ausgleichsfonds in einem von der Bundesanstalt für Finanzdienstleistungsaufsicht zu genehmigenden Umfang herangezogen werden.

(3) Die nach Abs. 2 erforderlichen Beiträge werden auf die Arbeitgeber nach Maßgabe der nachfolgenden Beträge umgelegt, soweit sie sich auf die laufenden Versorgungsleistungen und die nach § 1b unverfallbaren Versorgungsanwartschaften beziehen (Beitragsbemessungsgrundlage); diese Beträge sind festzustellen auf den Schluss des Wirtschaftsjahrs des Arbeitgebers, das im abgelaufenen Kalenderjahr geendet hat:

1. Bei Arbeitgebern, die Leistungen der betrieblichen Altersversorgung unmittelbar zugesagt haben, ist Beitragsbemessungsgrundlage der Teilwert der Pensionsverpflichtung (§ 6a Abs. 3 des Einkommensteuergesetzes).
2. Bei Arbeitgebern, die eine betriebliche Altersversorgung über eine Direktversicherung mit widerruflichem Bezugsrecht durchführen, ist Beitragsbemessungsgrundlage das geschäftsplanmäßige Deckungskapital oder, soweit die Berechnung des Deckungskapitals nicht zum Geschäftsplan gehört, die Deckungsrückstellung. Für Versicherungen, für denen der Versicherungsfall bereits eingetreten ist, und für Versicherungsanwartschaften, für die ein unwiderrufliches Bezugsrecht eingeräumt ist, ist das Deckungskapital oder die Deckungsrückstellung nur insoweit zu berücksichtigen, als die Versicherungen abgetreten oder beliehen sind.
3. Bei Arbeitgebern, die eine betriebliche Altersversorgung über eine Unterstützungskasse durchführen, ist Beitragsbemessungsgrundlage das Deckungskapital für die laufenden Leistungen (§ 4d Abs. 1 Nr. 1 Buchstabe a des Einkommensteuergesetzes) zuzüglich des Zwanzigfachen der nach § 4d Abs. 1 Nr. 1 Buchstabe b Satz 1 des Einkommensteuergesetzes errechneten jährlichen Zuwendungen für Leistungsanwärter im Sinne von § 4d Abs. 1 Nr. 1 Buchstabe b Satz 2 des Einkommensteuergesetzes.
4. Bei Arbeitgebern, soweit sie betriebliche Altersversorgung über einen Pensionsfonds durchführen, ist Beitragsbemessungsgrundlage 20 vom Hundert des entsprechend Nr. 1 ermittelten Betrages.

(4) ¹Aus den Beitragsbescheiden des Trägers der Insolvenzsicherung findet die Zwangsvollstreckung in entsprechender Anwendung der Vorschriften der Zivilprozessordnung statt. ²Die vollstreckbare Ausfertigung erteilt der Träger der Insolvenzsicherung.

Übersicht	Rdn.		Rdn.
A. Regelungsgegenstand	1	I. Unmittelbare Versorgungszusage	28
B. Beitragspflichtige AG	2	II. Unterstützungskassen	29
C. Beginn und Ende der Beitragspflicht	9	III. Direktversicherungen	31
D. Beitragsaufkommen	18	IV. Pensionsfonds	32
I. Barwert der Ansprüche und Anwartschaften	19	V. Besonderheiten	34
II. Verwaltungskosten und sonstige Kosten	21	VI. Stichtagsprinzip	39
III. Ausgleichsfonds und Glättungsverfahren	22	VII. Kleinstbetragsregelung	40
IV. Verlustrücklage	23	F. Zwangsvollstreckung	41
V. Höhe des Beitrags	24	G. Öffentl Dienst	42
E. Beitragsbemessungsgrundlagen	27		

1 **A. Regelungsgegenstand.** Diese Vorschrift regelt die Beitragspflicht, das aufzubringende Beitragsvolumen und die Beitragsbemessung. Dadurch wird die Finanzierung des PSVaG sichergestellt. Es handelt sich um eine öffentl-rechtliche Verpflichtung, die von den AG zu erfüllen ist, die beitragspflichtig sind. Zur Meldepflicht vgl § 11.

B. Beitragspflichtige AG. Alle AG, die ihre BAV als **unmittelbare Versorgungszusage** oder mittels einer **2** **Unterstützungskasse** (reservepolsterfinanzierte und rückgedeckte Unterstützungskassen) oder über einen **Pensionsfonds** abwickeln, sind zwingend beitragspflichtig, auch wenn nur eine einzige Versorgungszusage besteht und vielleicht der begünstigte AN nur einmalig eine Entgeltumwandlung gemacht hat. Die Beitragspflicht besteht so lange wie das Versorgungsverhältnis besteht. Hat der AG eine **Direktversicherung** abgeschlossen, besteht nur dann eine Beitragspflicht, wenn bei einer gesetzlich unverfallbaren Anwartschaft ein widerrufliches Bezugsrecht besteht oder bei einem unwiderruflichen Bezugsrecht die Ansprüche aus dem Versicherungsvertrag abgetreten oder beliehen sind. Nach wohl hM sind auch verpfändete Direktversicherungen einzubeziehen. Dies sind iW vom AG finanzierte Direktversicherungen, weil bei Direktversicherungen, die durch Entgeltumwandlung seit dem 1.1.2001 finanziert werden, gem § 1b V für den AG Verfügungsverbote bestehen und dem AN mit Beginn der Entgeltumwandlung immer ein unwiderrufliches Bezugsrecht einzuräumen ist und Beleihungen und Abtretungen sowie Verpfändungen ausgeschlossen sind.

Für AG, die ihre BAV über eine **Pensionskasse** abwickeln, besteht keine Beitragspflicht, weil die Pensions- **3** kasse als Lebensversicherungsunternehmen der Versicherungsaufsicht durch die BaFin untersteht und an die strengen Kapitalanlagevorschriften gebunden ist, die für Lebensversicherungsunternehmen gelten. Dabei wird nicht zwischen regulierten und deregulierten Pensionskassen differenziert. Ohne Bedeutung ist auch, ob die Pensionskasse dem Sicherungsfonds (§ 221 II VAG) beigetreten ist oder nicht.

Die gesetzliche Beitragspflicht in den vorgenannten Durchführungswegen besteht unabhängig davon, ob **4** die dem AN/Versorgungsempfänger zugesagten Versorgungsleistungen durch entspr Vermögensanlagen (zB Rückdeckungsversicherungen) ausfinanziert sind oder nicht. Auch dann, wenn dem AN über eine Verpfändung oder ein CTA eine privatrechtliche Sicherheit eingeräumt wurde, sind Beiträge in vollem Umfang zu zahlen. Die Zahlungspflicht verstößt nicht gegen den Gleichbehandlungsgrundsatz. Rückgedeckte und verpfändete unmittelbare Zusagen oder Unterstützungskassenzusagen sind in vollem Umfang beitragspflichtig. Sie sind nicht den Direktversicherungen (idR keine Beitragspflicht) und nicht dem Pensionsfonds (reduzierter Beitrag) gleichzustellen (BVerwG 24.8.2010, 8 C 40.09, DB 2011, 181 und 8 C 23.09, DB 2011, 184). Bei einer Unterstützungskasse kann nicht verlangt werden, dass dies Bemessungsgrundlage wie bei unmittelbaren Zusagen angewandt wird (BVerwG 12.10.2011, 8 C 19/10, BetrAV 2012, 82).

Wird die BAV bei einer Versorgungseinrichtung durchgeführt, die ihren Sitz im Ausland hat, richtet es sich **5** nach den Feststellungen der BaFin, ob eine Beitragspflicht besteht oder nicht (§ 241 ff VAG).

Die größte **Bedeutung** bei der Beitragspflicht kommt den unmittelbaren Versorgungszusagen mit einem **6** Anteil von 87,2% zu. Der Anteil der Unterstützungskassen beträgt 11,6 %. Ohne Bedeutung mit 0,1 % sind widerrufliche oder beliehene/abgetretene Direktversicherungen. Bisher ebenfalls ohne wesentliche Bedeutung ist der Durchführungsweg Pensionsfonds mit 1,1 % (Geschäftsbericht des PSVaG zum Geschäftsjahr 2015).

Untersuchungen des PSVaG in den letzten Jahren haben gezeigt, dass etwa 5,4 % der Mitglieder 91,4 % **7** aller Beiträge aufgebracht haben (Geschäftsbericht des PSVaG zum Geschäftsjahr 2015).

Beitragspflichtig ist immer nur der AG, nie der externe Versorgungsträger. Wird von Versorgungsträgern der **8** Beitrag abgeführt, handeln diese mit Vollmacht des AG (hierzu *Staier* BetrAV 2006, 220).

C. Beginn und Ende der Beitragspflicht. Die **Beitragspflicht** ist **zwingend**. Es handelt sich um eine **9** gesetzliche Zwangsversicherung, wenn ein AG die gesetzlichen Voraussetzungen der Beitragspflicht erfüllt. Nur über eine Zwangsversicherung kann der vom Gesetz vorgegebene **Sicherungszweck** gewährleistet werden.

Die Aufbringung der Mittel erfolgte bis zum 31.12.2005 ausschließlich im sog Rentenwertumlageverfahren. **10** Ab dem 31.3.2007 wird durch einen **Sonderbeitrag** (Einmalbeitrag) der Übergang zum Kapitaldeckungsverfahren in den nächsten 15 Jahren vollzogen, indem gem § 30i zum 31.12.2005 der Barwert festgestellt wurde, der auf die Anwartschaften entfällt, die aus den bis zu diesem Stichtag in der Vergangenheit eingetretenen Insolvenzen aufgelaufen waren. Der sich so ergebende Betrag in einer Größenordnung von 2,2 Mrd € wurde einmalig auf die in 2005 beitragspflichtigen AG umgelegt aufgrund der Beitragsbemessungsgrundlage, die in 2004 für den einzelnen AG maßgeblich war. Die 1. Rate war am 31.3.2007 fällig, die weiteren Raten jeweils am 31.3. der Folgejahre. War die Rate nicht höher als 50 €, war der Einmalbeitrag in einem Betrag am 31.3.2007 zu zahlen (*Hoppenrath/Berenz* DB 2007, 630). Viele Unternehmen haben die Möglichkeit genutzt, trotz möglicher Ratenzahlung eine einmalige Zahlung zu leisten. Die Erhebung des Sonderbeitrags ist verfassungsgemäß. Es liegt keine rückwirkende Verpflichtung vor (BVerwG 15.9.2010, 8 C 35.09, DB 2011, 121, und 8 C 32.09, NZA 2011, 49).

Neben diesem Sonderbeitrag haben die AG einen **Jahresbeitrag** zu zahlen. Die Höhe des vom AG zu zah- **11** lenden laufenden Beitrags richtet sich nach der Beitragsbemessungsgrundlage, die der AG dem PSVaG meldet und dem Anteil am insgesamt zu finanzierenden Schadensvolumen entspricht. Für alle AG wird ein einheitlicher Beitragssatz festgelegt. In diesen Jahresbeitrag werden ab 2006 nach II die abzusichernden unverfallbaren Anwartschaften aus künftig eintretenden Insolvenzen einbezogen (hierzu iE Kemper/Kisters-Kölkes/Berenz/Huber/*Berenz* § 10 Rn 44 ff).

12 Die **laufende Beitragspflicht** beginnt, wenn ein AG laufende Zahlungen aus seinem Versorgungsversprechen erbringt oder durch einen externen Versorgungsträger erbringen lässt oder wenn eine gesetzlich unverfallbare Anwartschaft entsteht. Dabei kann es sich um eine unverfallbare Anwartschaft eines ausgeschiedenen AN handeln, aber auch um einen im Unternehmen tätigen AN, der bei einem Ausscheiden die Unverfallbarkeitsvoraussetzungen erfüllen würde (§ 1b). Die Meldepflicht setzt ein, wenn die 1. Zahlung erfolgt oder die 1. unverfallbare Anwartschaft entsteht. Zur Meldepflicht im Erstjahr vgl § 11 Rdn 3ff.

13 Die Beitragspflicht **endet** mit dem Tag, an dem der AG von allen Leistungspflichten frei wird. Dies kann der Zeitpunkt sein, in dem der letzte Rentner verstirbt oder wirksam abgefunden wurde, ausnahmsweise alle gesetzlich unverfallbaren Anwärter abgefunden werden (zum Abfindungsverbot vgl § 3), der AG eine Liquidationsversicherung gem § 4 IV abgeschlossen hat oder anlässlich eines Betriebsübergangs nach § 613a BGB alle Anwärter auf einen neuen AG übergegangen sind. Der Erwerber haftet nicht für Beitragsrückstände des ehemaligen AG (OVG NRW 30.9.1997, 24 A 2479/94, ZIP 1998, 159). Sind bei einem Betriebsübergang Rentner und mit unverfallbarer Anwartschaft ausgeschiedene Anwärter vorhanden, erlischt die Beitragspflicht des abgebenden Unternehmens nicht, da ehemalige AN nicht auf einen neuen AG übergehen. Dies gilt auch dann, wenn der neue AG ggü dem alten AG einen Schuldbeitritt erklärt. Der Schuldbeitritt führt nicht zu einer rechtlichen Freistellung des abgebenden Unternehmens. Wirtschaftlich kann das der Schuld beitretende Unternehmen den ehemaligen AG von Leistungspflichten freistellen und auch faktisch die Beitragszahlung für diesen mit Vollmacht vornehmen. Die Beitragspflicht des AG als solche bleibt aber uneingeschränkt bestehen.

14 Wird über das Vermögen eines AG das Insolvenzverfahren eröffnet oder mangels Masse abgewiesen, endet die Beitragspflicht mit dem Tag der gerichtlichen Entscheidung. Wird aufgrund eines Insolvenzplans das insolvente Unternehmen fortgeführt, bleibt die Beitragspflicht in dem Umfang bestehen, in dem weiterhin eine BAV besteht. Entspr gilt, wenn ein Stundungs- oder Quotenvergleich mit Zustimmung des PSVaG abgeschlossen wird. Kommt es zu einem Liquidationsvergleich, endet die Beitragspflicht bei Abschluss der Liquidation. Tritt der Sicherungsfall der vollständigen Beendigung der Betriebstätigkeit iSv § 7 I 4 Nr 3 ein, endet die Beitragspflicht mit der vollständigen Beendigung der Betriebstätigkeit.

15 Die Beiträge werden vom PSVaG durch **VA** erhoben. Der PSVaG ist ein beliehenes Unternehmen. Für das Verwaltungsverfahren gilt das VwVfG. Der **Beitragsbescheid** ergeht, nachdem der AG gem § 11 dem PSVaG die Beitragsbemessungsgrundlage gemeldet hat. Insoweit gilt das Prinzip der Selbstveranlagung durch den AG. Die Beitragsbescheide erfolgen jährlich. Mit ihnen wird der **laufende Beitrag** und ggf der **Beitragsvorschuss** für das folgende Jahr festgesetzt. Die **Fälligkeit** des Beitrags tritt nach II 3 am Ende des Kalenderjahres ein.

16 Hat ein AG Beiträge gezahlt, obwohl keine Beitragspflicht besteht, kann er hiermit keinen Insolvenzschutz erkaufen (BAG 20.5.2014, 3 AZR 1094/12). Er kann lediglich die Beiträge zurückfordern. Der PSVaG verhält sich nicht treuwidrig, wenn er trotz Annahme der Beiträge die Leistung verweigert (BAG 19.1.2010, 3 AZR 409/09, AP Nr 62 zu § 1 BetrAVG; BAG 11.11.2014, 3 AZR 404/13, EzA § 17 BetrAVG Nr 14, DB 2015, 564).

17 Gegen Beitragsbescheide des PSVaG kann nach Maßgabe der VwGO Widerspruch eingelegt werden. Wird dem Widerspruch nicht abgeholfen und ergeht ein entspr Widerspruchsbescheid, ist Klage vor dem VG zu erheben.

18 **D. Beitragsaufkommen.** Nach II müssen die Beiträge der beitragspflichtigen AG den Barwert der im laufenden Kalenderjahr entstehenden Ansprüche auf Leistungen der Insolvenzsicherung und ab 2006 auch die Beträge der zu sichernden Anwartschaften, die im gleichen Zeitraum anfallenden Verwaltungskosten und sonstigen Kosten abdecken und es muss eine Zuführung zum Ausgleichsfonds vorgenommen werden, der von der BaFin festgesetzt wird. Zudem ist der PSVaG verpflichtet, gem § 193 VAG eine Verlustrücklage zu bilden. Mit Genehmigung der BaFin können Entnahmen aus dem Ausgleichsfonds vorgenommen werden, um die laufenden Beiträge nicht zu stark nach einer »großen Insolvenz« ansteigen zu lassen. Der PSVaG war nicht verpflichtet, dem Ausgleichsfonds Mittel zu entnehmen, um 2009 den starken Anstieg des Beitrags abzumildern (BVerwG 12.3.2014, 8 C 27.12 ua, BetrAV 2014, 483).

19 **I. Barwert der Ansprüche und Anwartschaften.** Der Barwert wird versicherungsmathematisch berechnet. Der Rechnungszins ist der Höchstzinssatz gem § 235 VAG. Seit dem 1.1.2015 beträgt er 1,25 %. Dieser Zinsfuß ist maßgeblich für die Bewertung laufender Leistungen. Bei der Bewertung von Anwartschaften ist zu differenzieren: Macht der PSVaG von der Möglichkeit Gebrauch, sich von den zukünftigen

Verpflichtungen zu befreien, indem bei dem Versicherungskonsortium gem § 8 I Versicherungen abgeschlossen werden, ist bei der Bewertung der Anwartschaften der Zinsfuß anzuwenden, der für Lebensversicherungen maßgeblich ist. Werden keine Versicherungen abgeschlossen und wird vielmehr für die Anwartschaften eine eigene Kapitalanlage vorgenommen, ist ein höherer Rechnungszinsfuß anzusetzen. Dieser ist um 1/3 höher als der gesetzlich vorgesehene Zins, um Zinsüberschüsse auszugleichen (*Hoppenrath/Berenz* DB 2007, 630).

Dem Barwert der laufenden Leistungen und der Anwartschaften werden die einmaligen Kapitalzahlungen hinzugerechnet, die der PSVaG erbringt und die Abfindungszahlungen, soweit diese nach § 8 II vorgenommen werden. Ist dem Versorgungsempfänger auf vertraglicher Grundlage eine Anpassung zugesagt (zB Anpassungsgarantie), fließt auch diese im Erhöhungsjahr in die Bemessungsgrundlage ein. 20

II. Verwaltungskosten und sonstige Kosten. Die Personal- und Sachkosten, die beim PSVaG entstehen, sind die im Gesetz genannten Verwaltungskosten. Hinzu kommen die sonstigen Kosten, die mit der Gewährung der Leistungen und dem Beitragseinzug entstehen. 21

III. Ausgleichsfonds und Glättungsverfahren. Die Höhe der Mittel, die im Ausgleichsfonds zurückzulegen sind, wird von der BaFin festgelegt. Diese hat vorgegeben, dass der Ausgleichsfonds den durchschnittlichen Jahresschadensaufwand der letzten 5 Jahre abdecken soll (*Kemper/Kisters-Kölkes/Berenz/Huber/ Berenz* § 10 Rn 65 f). Der Ausgleichsfonds kann zur Ermäßigung der Beiträge herangezogen werden, wenn dies die BaFin genehmigt. Die Inanspruchnahme des Ausgleichsfonds hat Vorrang vor dem Glättungsverfahren. Bei diesem wird der Beitrag über 3 Jahre gestreckt. 22

IV. Verlustrücklage. Gem § 193 VAG hat der PSVaG in § 5 seiner Satzung geregelt, dass zur Deckung eines außergewöhnlichen Verlustes aus dem Geschäftsbetrieb eine Verlustrücklage gebildet wird, welche Beträge jährlich zurückzulegen sind und welchen Mindestbetrag die Rücklage erreichen muss. 23

V. Höhe des Beitrags. Der Beitragssatz wird vom PSVaG festgelegt. Zunächst wird der Schadensaufwand auf das volle Jahr hochgerechnet. Der sich so ergebende Schätzbetrag wird gemindert um die Erträge nach § 9 II und III aus abgewickelten Insolvenzverfahren. Hinzuaddiert werden die Verwaltungs- und sonstigen Kosten sowie die Zuführung zur Verlustrücklage und zum Ausgleichsfonds. Erträge, die sich aus Kapitalanlagen ergeben, vom Versicherungskonsortium für das Vorjahr gezahlte Überschussbeteiligungen und Beträge, die einer Rückstellung für Beitragsrückerstattung entnommen werden können, mindern das Beitragsvolumen. 24

Der Beitragssatz für das Jahr 2009 betrug 14,2 Promille und war aufgrund der eingetretenen Insolvenzen ausgesprochen hoch. Er ist nicht verfassungswidrig (BVerwG 12.3.2014, 8 C 27.12 ua). Um die Liquidität der Beitragszahler zu schonen, hat der PSVaG von der Möglichkeit Gebrauch gemacht, die Zahlung über insgesamt 5 Jahre zu strecken. Der Beitrag wurde einmalig festgesetzt 25

Der für das jeweilige Jahr festgesetzte Beitrag wird auf die vom AG gemeldete Beitragsbemessungsgrundlage angewandt. 26

E. Beitragsbemessungsgrundlagen. In Abhängigkeit vom Durchführungsweg gibt das Gesetz die Beitragsbemessungsgrundlagen vor. Diese Beitragsbemessungsgrundlage hat der AG zu ermitteln oder ermitteln zu lassen und dem PSVaG zu melden (§ 11). 27

I. Unmittelbare Versorgungszusage. AG, die ihren AN unmittelbar Leistungen der BAV zugesagt haben, ermitteln die Beitragsbemessungsgrundlage gem § 6a III EStG. In den mit 6 % berechneten Barwert/Teilwert der Versorgungsverpflichtungen werden die laufenden Leistungen und die gesetzlich unverfallbaren Anwartschaften einbezogen, unabhängig davon, ob der AN aus dem Arbeitsverhältnis ausgeschieden oder weiterhin für den AG tätig ist. Da jeder AG, der eine unmittelbare Versorgungszusage erteilt hat, für den eigenen steuerlichen Jahresabschluss ein versicherungsmathematisches Gutachten erstellen lassen muss, hat der Gesetzgeber auf diese Bemessungsgrundlage das Berechnungsverfahren abgestellt, um die Kosten für den AG zu minimieren. Da in dem versicherungsmathematischen Gutachten auch die noch verfallbaren Anwärter einbezogen sind, werden diese im sog PSV-Testat nicht berücksichtigt. Dieses beschränkt sich auf die laufenden Leistungen und gesetzlich unverfallbaren Anwartschaften. Auch wenn der AG ab 2010 für die Handelsbilanz eine eigenständige Bewertung vornehmen muss, bleibt es für die Bemessungsgrundlage bei der Bemessung gem § 6a EStG. 28

II. Unterstützungskassen. Auch bei den Unterstützungskassen wird ein Berechnungsverfahren angewandt, das in den Unternehmen bekannt ist und möglichst wenig Verwaltungsaufwand auslösen soll. Die Beitragsbemessungsgrundlage ist das Deckungskapital für die laufenden Leistungen iSv § 4d I Nr 1a EStG 29 zzgl des 20-fachen der nach § 4d I Nr 1b 1 EStG errechneten jährlichen Zuwendungen für Leistungsanwärter. Dieses Verfahren ist auch bei rückgedeckten Unterstützungskassen anzuwenden. Für Unterstützungskassenzusagen gilt, dass der AG die Bemessungsgrundlage selbst errechnen oder von einem Externen (zB Gruppenunterstützungskasse) berechnen lassen kann.

30 Zur Gleichbehandlung mit dem Pensionsfonds s Rdn 17.

31 **III. Direktversicherungen.** Für Direktversicherungen ist nur ausnahmsweise eine Bemessungsgrundlage zu ermitteln. Dabei ist wie folgt zu differenzieren: Besteht eine Direktversicherung mit einem widerruflichen Bezugsrecht bei einem Anwärter, der die gesetzlichen Unverfallbarkeitsvoraussetzungen erfüllt, ist Beitragsbemessungsgrundlage das Deckungskapital der Versicherung oder, soweit die Berechnung des Deckungskapitals nicht zum Geschäftsplan gehört, die Deckungsrückstellung. Bei Direktversicherungen, bei denen der Versicherungsfall bereits eingetreten ist, und bei Direktversicherungen mit unwiderruflichem Bezugsrecht, die abgetreten oder beliehen sind, ist ebenfalls das Deckungskapital oder die Deckungsrückstellung anzusetzen, jedoch nur insoweit, wie eine Beleihung oder Abtretung stattgefunden hat. Stehen dem AN die Gewinnanteile zu, sind diese einzubeziehen.

32 **IV. Pensionsfonds.** Für den Pensionsfonds wurde eine eigenständige Bemessungsgrundlage geschaffen. Es ist für die Versorgungsempfänger und die gesetzlich unverfallbaren Anwärter gem § 6a III EStG der Barwert/Teilwert der Pensionsverpflichtung zu ermitteln. Damit wird dasselbe Berechnungsverfahren wie bei einer unmittelbaren Versorgungszusage angewandt. Von dieser Bemessungsgrundlage werden 20 % in Ansatz gebracht. Diese verminderte Bemessungsgrundlage soll nach der Gesetzesbegründung dem geringeren Insolvenzrisiko des Pensionsfonds Rechnung tragen.

33 Diese verminderte Bemessungsgrundlage hat dazu beigetragen, dass einige Unternehmen insbesondere ihre Rentnerbestände auf einen idR eigenen Pensionsfonds ausgelagert haben. Damit vermindert sich deutlich die jährliche Beitragspflicht, ohne dass arbeitsrechtlich die Versorgungsempfänger in ihren Versorgungsansprüchen beeinträchtigt werden. Der Gesetzgeber fördert dieses Vorgehen, indem bei Versorgungsempfängern die steuerlichen Rahmenbedingungen erhalten bleiben (§ 52 Abs 34c EStG). Das BVerwG hat am 23.1.2008 (6 C 19/07, DB 2008, 1441, BetrAV 2008, 717) entschieden, dass sich die Reduzierung des Beitrags erst im Folgejahr auswirkt, also nicht unterjährig.

34 **V. Besonderheiten.** Bei Anwendung der allg Berechnungsgrundlagen sind Besonderheiten zu berücksichtigen.

35 Wird die Höchstgrenze nach § 7 III überschritten, muss nicht die gesamte Pensionsverpflichtung bei der Beitragsbemessung herangezogen werden. Vielmehr akzeptiert es der PSVaG, wenn die Meldung nur den Teil berücksichtigt, der insolvenzgeschützt ist.

36 Da bei der Beitragszusage mit Mindestleistung nur die Mindestleistung nach § 7 II insolvenzgeschützt ist, ist bei der Beitragsbemessungsgrundlage auch nur die Mindestleistung zugrunde zu legen. Diese Art der Zusagegestaltung ist nur beim Pensionsfonds von Bedeutung. Direktversicherungen mit dieser Zusageform sind idR nicht beitragspflichtig.

37 Zusagen, die ab dem 1.1.2002 durch Entgeltumwandlung finanziert werden, sind sofort in die Beitragsbemessungsgrundlage einzubeziehen, da mit Beginn der Entgeltumwandlung gesetzlicher Insolvenzschutz nach § 7 V besteht. Übersteigt der Betrag die 4 %-Grenze des § 7 V, ist insoweit erst 2 Jahre nach Erteilung der Zusage eine Beitragspflicht gegeben.

38 Eine sofortige Meldepflicht besteht auch, wenn beim AG-Wechsel gem § 4 II eine Übertragung stattgefunden hat. Die Meldepflicht besteht nur bis zur Höhe des Übertragungswertes, der die Beitragsbemessungsgrenze in der allg Rentenversicherung nicht übersteigen darf.

39 **VI. Stichtagsprinzip.** Die Beitragsbemessungsgrundlagen sind nach dem Stichtagsprinzip jährlich neu zu ermitteln. Dabei werden Veränderungen berücksichtigt, die im letzten Jahr eingetreten sind (zB Neurentner, neue gesetzlich unverfallbare Anwartschaften, Tod von Versorgungsempfängern).

40 **VII. Kleinstbetragsregelung.** Aus Gründen der Verwaltungsvereinfachung wurde eine Kleinstbetragsregelung eingeführt (§ 9 AIB). Auf Antrag können Mitglieder des PSVaG, die eine Beitragsbemessungsgrundlage von bis zu 60.000 € haben, diese Regelung in Anspruch nehmen. Die nachgewiesene Beitragsbemessungsgrundlage wird dabei für die Dauer von 5 Jahren unverändert verwandt. Für unmittelbare Versorgungszusagen mit einer Beitragsbemessungsgrundlage bis zu 250.000 € gibt es Sonderregelungen. Hierzu wird auf §§ 10, 11 AIB verwiesen.

41 **F. Zwangsvollstreckung.** Muss aus den Beitragsbescheiden des PSVaG die Zwangsvollstreckung eingeleitet werden, richtet es sich nach den Vorschriften der ZPO, unter welchen Voraussetzungen und in welchem

Umfang eine Zwangsvollstreckung vorgenommen werden kann. Die vollstreckbare Ausfertigung erteilt der PSVaG (IV).

G. Öffentl Dienst. Nach § 17 II sind vom sachlichen Geltungsbereich des Gesetzes Bund, Länder und Gemeinden (Gebietskörperschaften) und bestimmte juristische Personen des öffentl Rechts von den Vorschriften zur gesetzlichen Insolvenzsicherung ausgenommen. Folglich besteht für diese Unternehmen auch keine Beitragspflicht. Werden Unternehmen des öffentl Dienstes privatisiert, beginnt die Beitragspflicht nach den gesetzlichen Bestimmungen, sobald die Voraussetzungen des § 17 II nicht mehr erfüllt sind. Scheidet zB ein Betrieb oder Betriebsteil des öffentl Dienstes aus der VBL/ZVK aus, haben die AN ggü ihrem AG einen Verschaffungsanspruch, soweit sie nicht mehr über die Zusatzversorgungseinrichtungen versorgt werden (können) (BAG 29.8.2000, 3 AZR 201/00, EzA § 1 BetrAVG Zusatzversorgung Nr 12, DB 2001, 932). Dieser Verschaffungsanspruch ist einer unmittelbaren Versorgungszusage gleichzustellen. Wird für die künftige Versorgung der Mitarbeiter die BAV über eine Unterstützungskasse abgewickelt, gelten die hierfür maßgeblichen Bemessungsgrundlagen. 42

§ 10a Säumniszuschläge, Zinsen, Verjährung

(1) Für Beiträge, die wegen Verstoßes des Arbeitgebers gegen die Meldepflicht erst nach Fälligkeit erhoben werden, kann der Träger der Insolvenzsicherung für jeden angefangenen Monat vom Zeitpunkt der Fälligkeit an einen Säumniszuschlag in Höhe von bis zu eins vom Hundert der nacherhobenen Beiträge erheben.

(2) ¹Für festgesetzte Beiträge und Vorschüsse, die der Arbeitgeber nach Fälligkeit zahlt, erhebt der Träger der Insolvenzsicherung für jeden Monat Verzugszinsen in Höhe von 0,5 vom Hundert der rückständigen Beiträge. ²Angefangene Monate bleiben außer Ansatz.

(3) ¹Vom Träger der Insolvenzsicherung zu erstattende Beiträge werden vom Tage der Fälligkeit oder bei Feststellung des Erstattungsanspruchs durch gerichtliche Entscheidung vom Tage der Rechtshängigkeit an für jeden Monat mit 0,5 vom Hundert verzinst. ²Angefangene Monate bleiben außer Ansatz.

(4) ¹Ansprüche auf Zahlung der Beiträge zur Insolvenzsicherung gemäß § 10 sowie Erstattungsansprüche nach Zahlung nicht geschuldeter Beiträge zur Insolvenzsicherung verjähren in sechs Jahren. ²Die Verjährungsfrist beginnt mit Ablauf des Kalenderjahres, in dem die Beitragspflicht entstanden oder der Erstattungsanspruch fällig geworden ist. ³Auf die Verjährung sind die Vorschriften des Bürgerlichen Gesetzbuchs anzuwenden.

Übersicht	Rdn.		Rdn.
A. Regelungsgegenstand	1	D. Erstattung von Beiträgen	5
B. Säumniszuschlag	2	E. Verjährung	7
C. Verzugszinsen	4		

A. Regelungsgegenstand. Die Vorschrift regelt, wann der PSVaG Säumniszuschläge erheben kann, welche Zinsen an ihn zu zahlen sind und wann die Verjährung eintritt. Sinn und Zweck der Vorschrift ist es, den PSVaG in die Lage zu versetzen, seine Aufgaben zu erfüllen. Dies ist nur möglich, wenn ordnungsgemäß Beiträge gezahlt werden. Säumige Zahlungen werden sanktioniert. 1

B. Säumniszuschlag. Gem § 10 sind die AG zur Beitragszahlung verpflichtet. Der jährliche Beitrag zur gesetzlichen Insolvenzsicherung, die Fälligkeit des laufenden Beitrags und des Vorschusses für das Folgejahr ergibt sich aus dem Beitragsbescheid. Die Beiträge werden jeweils im Dezember eines Kalenderjahres fällig. Kann der PSVaG einen Beitragsbescheid nicht erlassen, weil der AG seiner Meldepflicht nach § 11 I oder II nicht nachgekommen ist, kann der PSVaG vom meldepflichtigen AG für jeden angefangenen Monat vom Zeitpunkt der Fälligkeit an einen Säumniszuschlag bis zu 1 % des nacherhobenen Beitrags erheben. Die Fälligkeit bezieht sich auf den Zeitpunkt, zu dem der Beitrag bei ordnungsgemäßer Meldung durch den AG zu zahlen gewesen wäre. Die Höhe des Säumniszuschlags wird vom PSVaG nach billigem Ermessen festgelegt. Säumniszuschläge werden zusammen mit dem Beitragsbescheid erhoben. Sie können aber auch durch einen bes Bescheid geltend gemacht werden. Zur Zwangsvollstreckung s § 10 Rdn 41. 2 3

C. Verzugszinsen. Zahlt der AG bei Fälligkeit nicht, muss der PSVaG nach II Verzugszinsen erheben. Einer Mahnung bedarf es nicht. Die Verzugszinsen sind mit 0,5 % pro Monat anzusetzen. Angefangene Monate bleiben außer Ansatz. Die Verzugszinsen werden durch Bescheid des PSVaG geltend gemacht. 4

5 **D. Erstattung von Beiträgen.** Da der AG sich selbst veranlagt, kann eine Beitragsbemessungsgrundlage zu hoch angesetzt worden sein. Korrigiert der AG seine Meldung, erlässt der PSVaG einen neuen Beitragsbescheid und erstattet dem AG den zu viel gezahlten Beitrag. Dieser wird mit 0,5 % je Monat verzinst, wobei angefangene Monate außer Ansatz bleiben. Die Verzinsung erfolgt vom Tag der Fälligkeit an.
6 Insbesondere für Versorgungszusagen, die »Unternehmerlohn« darstellen, kommt eine Erstattung von Beiträgen in Betracht (BAG 19.1.2010, 3 AZR 409/09, AP Nr 62 zu § 1 BetrAVG; 11.11.2014, 3 AZR 404/13, EzA § 17 BetrAVG Nr 14, DB 2015, 564).
7 **E. Verjährung.** Der Anspruch auf Zahlung der Beiträge gem § 10 sowie der Anspruch auf Erstattungszahlungen verjährt in 6 Jahren. Die Verjährungsfrist beginnt mit Ablauf des Kalenderjahres, in dem die Beitragspflicht entstanden oder der Erstattungsanspruch fällig geworden ist. Die Vorschriften des BGB sind anzuwenden.

§ 11 Melde-, Auskunfts- und Mitteilungspflichten

(1) ¹Der Arbeitgeber hat dem Träger der Insolvenzsicherung eine betriebliche Altersversorgung nach § 1b Abs. 1 bis 4 für seine Arbeitnehmer innerhalb von 3 Monaten nach Erteilung der unmittelbaren Versorgungszusage, dem Abschluss einer Direktversicherung oder der Errichtung einer Unterstützungskasse oder eines Pensionsfonds mitzuteilen. ²Der Arbeitgeber, der sonstige Träger der Versorgung, der Insolvenzverwalter und die nach § 7 Berechtigten sind verpflichtet, dem Träger der Insolvenzsicherung alle Auskünfte zu erteilen, die zur Durchführung der Vorschriften dieses Abschnitts erforderlich sind, sowie Unterlagen vorzulegen, aus denen die erforderlichen Angaben ersichtlich sind.
(2) ¹Ein beitragspflichtiger Arbeitgeber hat dem Träger der Insolvenzsicherung spätestens bis zum 30. September eines jeden Kalenderjahrs die Höhe des nach § 10 Abs. 3 für die Bemessung des Beitrages maßgebenden Betrages bei unmittelbaren Versorgungszusagen und Pensionsfonds auf Grund eines versicherungsmathematischen Gutachtens, bei Direktversicherungen auf Grund einer Bescheinigung des Versicherers und bei Unterstützungskassen auf Grund einer nachprüfbaren Berechnung mitzuteilen. ²Der Arbeitgeber hat die in Satz 1 bezeichneten Unterlagen mindestens 6 Jahre aufzubewahren.
(3) ¹Der Insolvenzverwalter hat dem Träger der Insolvenzsicherung die Eröffnung des Insolvenzverfahrens, Namen und Anschriften der Versorgungsempfänger und die Höhe ihrer Versorgung nach § 7 unverzüglich mitzuteilen. ²Er hat zugleich Namen und Anschriften der Personen, die bei Eröffnung des Insolvenzverfahrens eine nach § 1 unverfallbare Versorgungsanwartschaft haben, sowie die Höhe ihrer Anwartschaft nach § 7 mitzuteilen.
(4) Der Arbeitgeber, der sonstige Träger der Versorgung und die nach § 7 Berechtigten sind verpflichtet, dem Insolvenzverwalter Auskünfte über alle Tatsachen zu erteilen, auf die sich die Mitteilungspflicht nach Abs. 3 bezieht.
(5) In den Fällen, in denen ein Insolvenzverfahren nicht eröffnet wird (§ 7 Abs. 1 Satz 4) oder nach § 207 der Insolvenzordnung eingestellt worden ist, sind die Pflichten des Insolvenzverwalters nach Abs. 3 vom Arbeitgeber oder dem sonstigen Träger der Versorgung zu erfüllen.
(6) Kammern und andere Zusammenschlüsse von Unternehmern oder anderen selbständigen Berufstätigen, die als Körperschaften des öffentlichen Rechts errichtet sind, ferner Verbände und andere Zusammenschlüsse, denen Unternehmer oder andere selbständige Berufstätige kraft Gesetzes angehören oder anzugehören haben, haben den Träger der Insolvenzsicherung bei der Ermittlung der nach § 10 beitragspflichtigen Arbeitgeber zu unterstützen.
(7) Die nach den Abs. 1 bis 3 und 5 zu Mitteilungen und Auskünften und die nach Abs. 6 zur Unterstützung Verpflichteten haben die vom Träger der Insolvenzsicherung vorgesehenen Vordrucke zu verwenden.
(8) ¹Zur Sicherung der vollständigen Erfassung der nach § 10 beitragspflichtigen Arbeitgeber können die Finanzämter dem Träger der Insolvenzsicherung mitteilen, welche Arbeitgeber für die Beitragspflicht in Betracht kommen. ²Die Bundesregierung wird ermächtigt, durch Rechtsverordnung mit Zustimmung des Bundesrates das Nähere zu bestimmen und Einzelheiten des Verfahrens zu regeln.

Übersicht	Rdn.		Rdn.
A. Regelungsgegenstand	1	2. Unterstützungskassen	14
B. Meldepflicht des AG	3	3. Direktversicherungen	15
I. Erstmeldung	4	4. Pensionsfonds	16
II. Allg Mitwirkungs- und Auskunftspflicht	9	5. Weitergehende Pflichten	17
III. Folgemeldungen	10	IV. Beitragsbescheid	18
1. Unmittelbare Zusage	13		

C.	Mitteilungspflichten des Insolvenzverwalters 19	E.	Vordrucke des PSVaG................ 26
D.	Sonstige Mitwirkungspflichten 24	F.	Finanzämter 27

A. Regelungsgegenstand. Damit der PSVaG seinen gesetzlichen Pflichten nachkommen kann, sind im Gesetz Melde-, Auskunfts- und Mitteilungspflichten vorgegeben. Diese erstrecken sich auf die Beitrags- (§ 10) und Leistungsseite (§ 7). **1**

Zunächst treffen die Mitteilungspflichten den AG, der eine BAV zugesagt hat. Dieser hat eine Erstmeldung und Folgemeldungen vorzunehmen. Wird ein Insolvenzverfahren eröffnet, ist der Insolvenzverwalter zur Mitteilung verpflichtet. Die Mitteilungspflichten können sich auch auf den Versorgungsträger und auch auf die Berechtigten erstrecken. **2**

B. Meldepflicht des AG. Die Meldepflicht wird für den AG begründet, sobald eine beitragspflichtige BAV besteht. Die Meldepflicht bleibt so lange bestehen, wie eine Beitragspflicht besteht (vgl § 10 Rdn 12). **3**

I. Erstmeldung. Nach I 1 wird die Mitgliedschaft eines AG beim PSVaG durch die Erstmeldung begründet. Diese soll innerhalb von 3 Monaten nach Erteilung einer Zusage aus Entgeltumwandlung erfolgen (Zusagen seit dem 1.1.2001), beim Eintritt einer gesetzlich unverfallbaren Anwartschaft (Erreichen der Unverfallbarkeitsfristen nach § 1b bei einer arbeitgeberfinanzierten BAV), ohne dass der begünstigte AN aus dem Unternehmen ausgeschieden sein muss, oder bei der Aufnahme laufender Zahlungen. Die Erstmeldung muss für unmittelbare Versorgungszusagen, Unterstützungs- und Pensionsfondszusagen und für solche Direktversicherungen erfolgen, die bei eingetretener Unverfallbarkeit widerruflich sind oder die der AG abgetreten oder beliehen hat. Pensionskassenzusagen sind von jeglicher Meldepflicht ausgenommen. **4**

Fristbeginn und Fristablauf richten sich nach §§ 186 ff BGB. Die 3-Monats-Frist ist keine Ausschlussfrist. Wird die Frist überschritten, kann eine Ordnungswidrigkeit gem § 12 vorliegen. Ggf sind Säumniszuschläge zu entrichten (§ 10a I). **5**

Eine Formvorschrift für die Erstmeldung existiert nicht. Die Mitteilung sollte immer die 8-stellige BetriebsNr nach DEÜV enthalten. Unter www.psvag.de steht ein Formular im Internet zur Verfügung. **6**

Die Mitteilungspflicht nach I 1 hat der AG und nicht der externe Versorgungsträger zu erfüllen. Jeder AG hat für sich die Meldepflicht zu erfüllen. Sammelmeldungen von rechtlich verbundenen Unternehmen sind nicht möglich. Niederlassungen und Betriebsstätten ausländischer Unternehmen sind meldepflichtig (BAG 12.2.1991, 3 AZR 30/90, EzA § 9 BetrAVG Nr 4, DB 1991, 1735). Will der AG die Meldepflicht nicht selbst erfüllen, kann er zB eine Gruppenunterstützungskasse bevollmächtigen (hierzu *Staier* BetrAV 2006, 220). Gruppenunterstützungskassen sind von sich aus verpflichtet, dem PSVaG die beitragspflichtigen AG zu melden (VerwG Hamburg 1.10.2009, 9 K 24/07, DB 2009, 2604; Hanseatische Oberverwaltungsgericht 3.2.2010, 4 Bf 352/09 Z). **7**

Eine Erstmeldung laufender Leistungen kommt nur in Betracht, wenn mit Zusage der Leistungen auch gleichzeitig die Leistungspflicht eintritt oder wenn bei der arbeitgeberfinanzierten Altersversorgung zwischen der Zusageerteilung und dem Leistungsfall die gesetzlichen Unverfallbarkeitsvoraussetzungen noch nicht erfüllt wurden. Eine Erstmeldung ist idR primär bei gesetzlich unverfallbaren Anwartschaften iSv § 1b gegeben. Keine Meldepflicht besteht bei vertraglich unverfallbaren Anwartschaften. Ist ein AN zeitweilig vom persönlichen Geltungsbereich des Gesetzes erfasst, zeitweilig als Unternehmer aber nicht (§ 17 I 2), ist eine Erstmeldung vorzunehmen, wenn die Summe der AN-Zeiten die gesetzliche Unverfallbarkeit erfüllt (§ 17 Rdn 6 ff). **8**

II. Allg Mitwirkungs- und Auskunftspflicht. I 2 enthält eine allg Auskunfts- und Vorlagepflicht. Nach ihr ist der AG, der sonstige Träger der Versorgung oder der Insolvenzverwalter auskunftspflichtig. Auch die Versorgungsberechtigten haben Mitwirkungspflichten. Zur Ordnungswidrigkeit vgl § 12. **9**

III. Folgemeldungen. Nach der Erstmeldung hat der AG jährlich wiederkehrend die Beitragsbemessungsgrundlage bis zum 30.9. eines jeden Kalenderjahres dem PSVaG mitzuteilen (periodische Mitteilung). **10**

Die Höhe der Beitragsbemessungsgrundlage richtet sich nach § 10 III. Die jährliche Mitteilung stellt auf den Schluss des Wirtschaftsjahres des AG ab, das im abgelaufenen Kalenderjahr geendet hat. Die periodischen Mitteilungen sind vom AG iR einer eigenverantwortlichen Selbstveranlagung vorzunehmen. Die Kosten hat der AG zu tragen. **11**

Es sind die vom PSVaG bereit gestellten Formulare (sog Erhebungsbögen) zu verwenden (VII). Ist ein AG ordnungsgemäß beim PSVaG gemeldet, erhält er automatisch und unaufgefordert jedes Jahr den entspr Erhebungsbogen. **12**

13 **1. Unmittelbare Zusage.** Der versicherungsmathematische Sachverständige erstellt hierfür ein Kurztestat, das an den PSVaG weiter zu leiten ist.

14 **2. Unterstützungskassen.** Bei Unterstützungskassenzusagen kann der AG selbst die Beitragsbemessungsgrundlage ermitteln. Er muss dann das Ergebnis in dem vom PSVaG vorgeschriebenen Kurznachweis darstellen. Alternativ kann er ein Kurztestat eines versicherungsmathematischen Sachverständigen vorlegen.

15 **3. Direktversicherungen.** Soweit Direktversicherungen in die Meldepflichten einbezogen sind, erstellt das Lebensversicherungsunternehmen eine Bescheinigung, die an den PSVaG weitergeleitet wird.

16 **4. Pensionsfonds** Beim Pensionsfonds ist nach den Regeln des § 6a EStG ein versicherungsmathematisches Gutachten zu erstellen und ein Kurztestat vorzulegen.

17 **5. Weitergehende Pflichten.** Ausnahmsweise kann der PSVaG weiter gehende Unterlagen (zB das versicherungsmathematische Gutachten) anfordern. Die Berechnungsgrundlagen für die Beitragsbemessungsgrundlage sind 6 Jahre aufzubewahren.

18 **IV. Beitragsbescheid.** Auf der Grundlage der mit dem Erhebungsbogen gemeldeten Beitragsbemessungsgrundlagen wird der Beitragsbescheid erlassen unter Berücksichtigung eines zu erhebenden Vorschusses. Der Beitrag ist dann am Jahresende fällig. Der für das Folgejahr fällige Vorschuss ist zum Ende des 1. Quartals zu zahlen. Zur Pflichtverletzung vgl § 12.

19 **C. Mitteilungspflichten des Insolvenzverwalters.** Nach III ist der Insolvenzverwalter zur Mitteilung an den PSVaG verpflichtet. Die Mitteilungspflicht entsteht mit der Eröffnung des Insolvenzverfahrens durch das Insolvenzgericht. Mitzuteilen ist die Eröffnung des Insolvenzverfahrens, der Name und die Anschriften der jeweiligen Versorgungsempfänger und die Höhe ihrer bisher bezogenen Leistungen. Die Mitteilung hat unverzüglich zu erfolgen. Soweit im insolventen Unternehmen gesetzlich unverfallbare Anwärter vorhanden sind, sind auch deren Namen und Anschriften und die Höhe ihrer unverfallbaren Anwartschaften mitzuteilen.

20 Damit der PSVaG seine Leistungspflicht prüfen kann, sind die Versorgungsregelungen, die im insolventen Unternehmen galten, vorzulegen sowie bei unmittelbaren Versorgungszusagen das letzte versicherungsmathematische Gutachten, bei Unterstützungskassen die letzte vorliegende nachprüfbare Berechnung und bei Direktversicherungen die Bescheinigung des Versicherers über die Höhe des Deckungskapitals sowie über den Stand der Beleihung, Verpfändung oder Abtretung.

21 Auch wenn den Insolvenzverwalter primär die Mitteilungspflicht trifft, ist dieser vom AG oder vom sonstigen Träger der Versorgung oder auch von den Versorgungsberechtigten zu unterstützen. Kann der Insolvenzverwalter die Auskünfte nicht erteilen, kann sich der PSVaG unmittelbar an die Versorgungsberechtigten wenden.

22 Wird kein Insolvenzverfahren eröffnet, ist der AG oder der sonstige Träger der Versorgung zu Mitteilungen an den PSVaG in demselben Umfang verpflichtet, wie sie der Insolvenzverwalter zu erfüllen hätte.

23 Wegen der Ordnungswidrigkeiten wird auf § 12 verwiesen.

24 **D. Sonstige Mitwirkungspflichten.** Kammern und andere Zusammenschlüsse von Unternehmen oder selbstständig Berufstätigen, die als Körperschaften des öffentl Rechts organisiert sind, haben den PSVaG zu unterstützen, um die beitragspflichtigen AG gem § 10 zu ermitteln.

25 Für Pflichtverletzungen gilt § 12.

26 **E. Vordrucke des PSVaG.** Nach VII sind die vom PSVaG vorgesehenen Vordrucke für die Mitteilung zu verwenden. Diese können über das Internet angefordert werden (www.psvag.de).

27 **F. Finanzämter.** In VIII ist vorgesehen, dass die Finanzämter bei der Erfassung der beitragspflichtigen AG tätig werden können, wenn eine entspr Rechtsverordnung erlassen wurde. Da eine solche Rechtsverordnung nicht besteht, kommt dieser Vorschrift keine Bedeutung zu.

§ 12 Ordnungswidrigkeiten

(1) Ordnungswidrig handelt, wer vorsätzlich oder fahrlässig
1. entgegen § 11 Abs. 1 Satz 1, Abs. 2, Satz 1, Abs. 3 oder Abs. 5 eine Mitteilung nicht, nicht richtig, nicht vollständig oder nicht rechtzeitig vornimmt,
2. entgegen § 11 Abs. 1 Satz 2 oder Abs. 4 eine Auskunft nicht, nicht richtig, nicht vollständig oder nicht rechtzeitig erteilt oder

3. entgegen § 11 Abs. 1 Satz 2 Unterlagen nicht, nicht richtig, nicht vollständig oder nicht rechtzeitig vorlegt oder entgegen § 11 Abs. 2 Satz 2 Unterlagen nicht aufbewahrt.

(2) Die Ordnungswidrigkeit kann mit einer Geldbuße bis zu zweitausendfünfhundert Euro geahndet werden.

(3) Verwaltungsbehörde im Sinne des § 36 Abs. 1 Nr. 1 des Gesetzes über Ordnungswidrigkeiten ist die Bundesanstalt für Finanzdienstleistungsaufsicht.

Übersicht	Rdn.		Rdn.
A. Regelungsgegenstand	1	C. Geldbuße	6
B. Mitteilungs- und Auskunftspflichten	2		

A. Regelungsgegenstand. Diese Vorschrift sanktioniert Verwaltungsunrecht, wenn die im Gesetz vorgegebenen Pflichten nicht eingehalten werden. Das OWiG kommt daneben zur Anwendung. Die Pflichten sind enumerativ aufgeführt. Sie bestehen aus Mitteilungs- und Auskunftspflichten. 1

B. Mitteilungs- und Auskunftspflichten. Eine Ordnungswidrigkeit liegt vor, wenn vorsätzlich oder fahrlässig eine gesetzliche Mitteilungspflicht nicht, nicht richtig, nicht vollständig oder nicht rechtzeitig erfüllt wurde. Sanktioniert wird zunächst die Mitteilungspflicht nach § 11 I 1. Nach dieser Vorschrift hat der AG dem PSVaG eine BAV mitzuteilen, wenn bei einem Anwärter eine gesetzliche Unverfallbarkeit eingetreten ist oder Leistungen aufgrund eines Versorgungsfalles erbracht werden. Die Mitteilungspflicht ist innerhalb von 3 Monaten zu erfüllen. 2

Nach § 11 II 1 ist der AG jährlich verpflichtet, spätestens bis zum 30.9. eines jeden Kalenderjahres, die Höhe der Beitragsbemessungsgrundlage mitzuteilen. 3

Der Insolvenzverwalter ist nach § 11 III verpflichtet, dem PSVaG die Eröffnung des Insolvenzverfahrens, Namen und Anschriften der Versorgungsempfänger und die Höhe ihrer Versorgung unverzüglich mitzuteilen. Entspr gilt für unverfallbare Versorgungsanwartschaften. Wird ein Insolvenzverfahren nicht eröffnet, hat der AG oder der sonstige Träger der Versorgung entspr Mitteilungspflichten zu erfüllen. 4

Auskunftspflichten können nach § 11 I 2 oder IV den AG, den sonstigen Träger der Versorgung, den Insolvenzverwalter und die Berechtigten treffen. Dem PSVaG sind alle Auskünfte zu erteilen, die zur Durchführung der gesetzlichen Aufgaben erforderlich sind. Zu den Auskunftspflichten gehört auch die Vorlage von Unterlagen, damit der PSVaG seine Sicherungspflicht beurteilen kann. 5

C. Geldbuße. Die Ordnungswidrigkeit kann mit einer Geldbuße bis zu 2.500 € geahndet werden. Die Mindesthöhe beträgt 5 € (§ 17 I OWiG). Bei Fahrlässigkeit ist höchstens die Hälfte des angedrohten Höchstbetrages festsetzbar (§ 17 II OWiG). Die Geldbuße soll den wirtschaftlichen Vorteil übersteigen. 6

Zust Verwaltungsbehörde für die Verfolgung der Ordnungswidrigkeit ist die BaFin. 7

Wird ein Bußgeldbescheid erlassen, kann Einspruch eingelegt werden (§ 67 I OWiG). Über den Einspruch entscheidet das AG Frankfurt/Main (§ 68 OWiG). Soll Rechtsbeschwerde eingelegt werden, ist hierfür das OLG Frankfurt/Main zuständig (§ 79 OWiG). 8

§ 13 (weggefallen)
Die Vorschrift wurde aufgehoben. Auf § 2 I Nr 5 ArbGG wird verwiesen. 1

§ 14 Träger der Insolvenzsicherung
(1) ¹Träger der Insolvenzsicherung ist der Pensions-Sicherungs-Verein Versicherungsverein auf Gegenseitigkeit. ²Er ist zugleich Träger der Insolvenzsicherung von Versorgungszusagen Luxemburger Unternehmen nach Maßgabe des Abkommens vom 22. September 2000 zwischen der Bundesrepublik Deutschland und dem Großherzogtum Luxemburg über Zusammenarbeit im Bereich der Insolvenzsicherung betrieblicher Altersversorgung. ³Er unterliegt der Aufsicht durch die Bundesanstalt für Finanzdienstleistungsaufsicht. ⁴Die Vorschriften des Versicherungsaufsichtsgesetzes gelten, soweit dieses Gesetz nichts anderes bestimmt.

(2) ¹Der Bundesminister für Arbeit und Sozialordnung weist durch Rechtsverordnung mit Zustimmung des Bundesrates die Stellung des Trägers der Insolvenzsicherung der Kreditanstalt für Wiederaufbau zu, bei der ein Fonds zur Insolvenzsicherung der betrieblichen Altersversorgung gebildet wird, wenn

1. bis zum 31. Dezember 1974 nicht nachgewiesen worden ist, dass der in Abs. 1 genannte Träger die Erlaubnis der Aufsichtsbehörde zum Geschäftsbetrieb erhalten hat,

§ 14 BetrAVG   Träger der Insolvenzsicherung

2. der in Abs. 1 genannte Träger aufgelöst worden ist oder
3. die Aufsichtsbehörde den Geschäftsbetrieb des in Abs. 1 genannten Trägers untersagt oder die Erlaubnis zum Geschäftsbetrieb widerruft.

²In den Fällen der Nummern 2 und 3 geht das Vermögen des in Abs. 1 genannten Trägers einschließlich der Verbindlichkeiten auf die Kreditanstalt für Wiederaufbau über, die es dem Fonds zur Insolvenzsicherung der betrieblichen Altersversorgung zuweist.

(3) ¹Wird die Insolvenzsicherung von der Kreditanstalt für Wiederaufbau durchgeführt, gelten die Vorschriften dieses Abschnittes mit folgenden Abweichungen:
1. In § 7 Abs. 6 entfällt die Zustimmung der Bundesanstalt für Finanzdienstleistungsaufsicht.
2. § 10 Abs. 2 findet keine Anwendung. Die von der Kreditanstalt für Wiederaufbau zu erhebenden Beiträge müssen den Bedarf für die laufenden Leistungen der Insolvenzsicherung im laufenden Kalenderjahr und die im gleichen Zeitraum entstehenden Verwaltungskosten und sonstigen Kosten, die mit der Gewährung der Leistungen zusammenhängen, decken. Bei einer Zuweisung nach Abs. 2 Nr. 1 beträgt der Beitrag für die ersten 3 Jahre mindestens 0,1 vom Hundert der Beitragsbemessungsgrundlage gemäß § 10 Abs. 3; der nicht benötigte Teil dieses Beitragsaufkommens wird einer Betriebsmittelreserve zugeführt. Bei einer Zuweisung nach Abs. 2 Nr. 2 oder 3 wird in den ersten 3 Jahren zu dem Beitrag nach Nr. 2 Satz 2 ein Zuschlag von 0,08 vom Hundert der Beitragsbemessungsgrundlage gemäß § 10 Abs. 3 zur Bildung einer Betriebsmittelreserve erhoben. Auf die Beiträge können Vorschüsse erhoben werden.
3. In § 12 Abs. 3 tritt an die Stelle der Bundesanstalt für Finanzdienstleistungsaufsicht die Kreditanstalt für Wiederaufbau.

²Die Kreditanstalt für Wiederaufbau verwaltet den Fonds im eigenen Namen. ³Für Verbindlichkeiten des Fonds haftet sie nur mit dem Vermögen des Fonds. ⁴Dieser haftet nicht für die sonstigen Verbindlichkeiten der Bank. ⁵§ 11 Abs. 1 Satz 1 des Gesetzes über die Kreditanstalt für Wiederaufbau in der Fassung der Bekanntmachung vom 23. Juni 1969 (BGBl. I S. 573), das zuletzt durch Artikel 14 des Gesetzes vom 21. Juni 2002 (BGBl. I S. 2010) geändert worden ist, ist in der jeweils geltenden Fassung auch für den Fonds anzuwenden.

Übersicht	Rdn.		Rdn.
A. Träger der gesetzlichen Insolvenzsicherung	1	C. Merkblätter	8
B. Bedeutung des PSVaG	6	D. Kreditanstalt für Wiederaufbau	9

1 **A. Träger der gesetzlichen Insolvenzsicherung.** Träger der gesetzlichen Insolvenzsicherung ist der Pensions-Sicherungs-Verein Versicherungsverein auf Gegenseitigkeit (PSVaG). Er wurde am 7.10.1974 als Selbsthilfeeinrichtung der dt Wirtschaft durch die Bundesvereinigung der dt Arbeitgeberverbände eV, den Bundesverband der dt Industrie eV und den Verband der Lebensversicherungsunternehmen eV (heute Gesamtverband der dt Versicherungswirtschaft eV) gegründet. Seine Geschäftstätigkeit hat er am 1.1.1975 aufgenommen. Er ist privatrechtlich organisiert und – soweit es um den Einzug der Mittel zur Durchführung der Insolvenzsicherung geht – ein mit öffentl-rechtlicher Beitragshoheit beliehenes Unternehmen. Er untersteht der Aufsicht durch die BaFin.

2 Als Träger der gesetzlichen Insolvenzsicherung ist der PSVaG für die Erfüllung der Leistungen aus betrieblichen Versorgungszusagen zust, wenn beim AG ein Sicherungsfall iSv § 7 I eingetreten ist. Der Umfang des Insolvenzschutzes und damit der Aufgaben des PSVaG ergeben sich ausschließlich aus § 7 I und II. Rechtsgrundlage für die Erfüllung der Aufgaben sind die §§ 7–15, die Satzung des PSVaG und die allg Versicherungsbedingungen für die Insolvenzsicherung der BAV (AIB). Das VAG gilt, soweit im BetrAVG nichts Abweichendes geregelt ist. Die Zuständigkeit ergibt sich ausschließlich aus dem Gesetz, nicht durch Beitragszahlung (BAG, 20.05.2014, 3 AZR 1094/12).

3 Räumlich erstreckt sich der Aufgabenbereich des PSVaG auf die Bundesrepublik Deutschland und das Großherzogtum Luxemburg (seit dem 1.1.2002). In den neuen Bundesländern ist das BetrAVG zum 1.1.1992 in Kraft getreten. Es ist in diesen Bundesländern auf Zusagen anzuwenden, die ab diesem Stichtag erteilt wurden (BAG 24.3.1998, 3 AZR 778/96, EzA § 16 BetrAVG Nr 32, DB 1998, 1621; 29.1.2008, 3 AZR 522/06, FA 2008, 247, DB 2008, 1867; 19.1.2010, 3 AZR 660/09, EzA § 7 BetrAVG Nr 75, BB 2010, 1211,1350).

4 Der PSVaG hat einen Vorstand, eine Mitgliederversammlung und einen Aufsichtsrat. Die Namensliste der Mitglieder ist zugänglich zu machen (BGH 23.4.2013, II ZR 161/11). Er erstellt jährlich einen Geschäftsber, der im Internet unter www.psvag.de eingesehen werden kann.

Die Mittel für die Durchführung der Insolvenzsicherung werden nach § 10 von den AG aufgebracht, die 5
Beiträge leisten müssen. Die Beiträge werden durch VA erhoben.

B. Bedeutung des PSVaG. Ende 2015 hatte der PSVaG 94.078 Mitgliedsunternehmen, bei denen rd 6
6,8 Mio Betriebsrentner und rd 4,1 Millionen Anwärter nach Maßgabe des BetrAVG geschützt waren
(PSVaG, Bericht über das Geschäftsjahr 2015, S 10f)

Tritt bei einem AG der Sicherungsfall ein und ist der PSVaG einstandspflichtig, wird die Auszahlung der 7
Renten nach Prüfung der Eintrittspflicht durch ein Konsortium durchgeführt.

C. Merkblätter. Da für die Beitragserhebung das Selbstveranlagungsprinzip gilt, mithin jeder AG selbst 8
entscheidet, ob eine Beitragspflicht besteht oder nicht, hat der PSVaG über Merkblätter Hilfestellung angeboten. Diese Merkblätter sind unverbindlich und stellen nur die jeweilige Rechtsauffassung des PSVaG zum Erscheinungszeitpunkt dar. Die Merkblätter sind in ihrer aktuellen Fassung im Internet unter www.psvag.de zu finden. Selbstveranlagung bedeutet, dass der AG vom PSVaG keine Rechtsberatung erhält.

D. Kreditanstalt für Wiederaufbau. Nach II und III tritt die Kreditanstalt für Wiederaufbau an die Stelle 9
des PSVaG, wenn dieser aufgelöst werden sollte, ihm der Geschäftsbetrieb untersagt würde oder die bestehende Erlaubnis zum Geschäftsbetrieb widerrufen würde. Dieser Vorschrift kommt keine Bedeutung zu, da der PSVaG seit mehr als 40 Jahren seinen gesetzlichen Aufgaben nachkommt.

§ 15 Verschwiegenheitspflicht

¹Personen, die bei dem Träger der Insolvenzsicherung beschäftigt oder für ihn tätig sind, dürfen fremde Geheimnisse, insbesondere Betriebs- oder Geschäftsgeheimnisse, nicht unbefugt offenbaren oder verwerten. ²Sie sind nach dem Gesetz über die förmliche Verpflichtung nichtbeamteter Personen vom 2. März 1974 (Bundesgesetzbl. I S. 469, 547) von der Bundesanstalt für Finanzdienstleistungsaufsicht auf die gewissenhafte Erfüllung ihrer Obliegenheiten zu verpflichten.

Übersicht	Rdn.		Rdn.
A. Regelungsgegenstand	1	B. Verschwiegenheitspflicht	2

A. Regelungsgegenstand. Die Vorschrift ist ein SchutzG. Wird die Verschwiegenheitspflicht verletzt, liegt 1
iSd §§ 203–205 StGB eine Straftat vor, die auf Antrag verfolgt wird. Die Strafandrohung sieht Freiheitsstrafen von bis zu 2 Jahren oder Geldstrafen vor. Gleichzeitig ist die Vorschrift ein Schutzgesetz iSv § 823 II BGB, nach der sich der Täter schadensersatzpflichtig macht.

B. Verschwiegenheitspflicht. Alle Personen, die beim PSVaG tätig sind oder für diesen tätig werden 2
(zB Sachverständige, Berater), fallen unter den persönlichen Geltungsbereich dieser Vorschrift. Fremde Geheimnisse, insb Betriebs- und Geschäftsgeheimnisse, dürfen nicht unbefugt offenbart werden. Zu den geschützten Geheimnissen gehören die Daten, die dem PSVaG im Zusammenhang mit der Melde- und Beitragspflicht (§§ 10, 11) gemeldet werden. Hierzu gehört zB die Beitragsbemessungsgrundlage, die Zahl der gemeldeten Personen, der Inhalt von Versorgungszusagen und die in einem Unternehmen vorhandenen Durchführungswege. Es liegt kein Verstoß gegen die Verschwiegenheitspflicht vor, wenn der PSVaG einem Mitglied die Namen und Anschriften der anderen Mitglieder des PSVaG mitteilt (BGH 23.4.2013, II ZR 161/11, DB 2013, 1548, BetrAV 2013, 554).

Auch die Daten, die dem PSVaG anlässlich eines Sicherungsfalles mitgeteilt werden, fallen unter die Verschwiegenheitspflicht. 3

Die Verschwiegenheitspflicht setzt ein mit der förmlichen Verpflichtung, die von der BaFin vorgenommen 4
wird.

§ 16 Anpassungsprüfungspflicht

(1) Der Arbeitgeber hat alle drei Jahre eine Anpassung der laufenden Leistungen der betrieblichen Altersversorgung zu prüfen und hierüber nach billigem Ermessen zu entscheiden; dabei sind insbesondere die Belange des Versorgungsempfängers und die wirtschaftliche Lage des Arbeitgebers zu berücksichtigen.
(2) Die Verpflichtung nach Abs. 1 gilt als erfüllt, wenn die Anpassung nicht geringer ist als der Anstieg
1. des Verbraucherpreisindexes für Deutschland oder
2. der Nettolöhne vergleichbarer Arbeitnehmergruppen des Unternehmens
im Prüfungszeitraum.

§ 16 BetrAVG Anpassungsprüfungspflicht

(3) Die Verpflichtung nach Abs. 1 entfällt wenn
1. der Arbeitgeber sich verpflichtet, die laufenden Leistungen jährlich um wenigstens eins vom Hundert anzupassen,
2. die betriebliche Altersversorgung über eine Direktversicherung im Sinne des § 1b Abs. 2 oder über eine Pensionskasse im Sinne des § 1b Abs. 3 durchgeführt wird, ab Rentenbeginn sämtliche auf den Rentenbestand entfallende Überschussanteile zur Erhöhung der laufenden Leistungen verwendet werden und zur Berechnung der garantierten Leistung der nach § 65 Abs. 1 Nr 1 Buchstabe a des Versicherungsaufsichtsgesetzes festgesetzte Höchstzinssatz zur Berechnung der Deckungsrückstellung nicht überschritten wird oder
3. eine Beitragszusage mit Mindestleistung erteilt wurde; Abs. 5 findet insoweit keine Anwendung.

(4) ¹Sind laufende Leistungen nach Abs. 1 nicht oder nicht in vollem Umfang anzupassen (zu Recht unterbliebene Anpassung), ist der Arbeitgeber nicht verpflichtet, die Anpassung zu einem späteren Zeitpunkt nachzuholen. ²Eine Anpassung gilt als zu Recht unterblieben, wenn der Arbeitgeber dem Versorgungsempfänger die wirtschaftliche Lage des Unternehmens schriftlich dargelegt, der Versorgungsempfänger nicht binnen drei Kalendermonaten nach Zugang der Mitteilung schriftlich widersprochen hat und er auf die Rechtsfolgen eines nicht fristgemäßen Widerspruchs hingewiesen wurde.

(5) Soweit betriebliche Altersversorgung durch Entgeltumwandlung finanziert wird, ist der Arbeitgeber verpflichtet, die Leistungen mindestens entsprechend Abs. 3 Nr. 1 anzupassen oder im Falle der Durchführung über eine Direktversicherung oder eine Pensionskasse sämtliche Überschussanteile entsprechend Abs. 3 Nr. 2 zu verwenden.

(6) Eine Verpflichtung zur Anpassung besteht nicht für monatliche Raten im Rahmen eines Auszahlungsplans sowie für Renten ab Vollendung des 85. Lebensjahres im Anschluss an einen Auszahlungsplan.

Übersicht

	Rdn.			Rdn.
A. Regelungsgegenstand	1	I.	Anpassungsgarantie	38
B. Anpassungsprüfung und -entscheidung	6	II.	Überschussverwendung	42
I. AG	7	III.	Beitragszusage mit Mindestleistung	46
II. Laufende Leistungen	9	IV.	Auszahlungsplan	48
III. Prüfungsturnus	10	D.	Nachholende Anpassung	49
IV. Entscheidung nach billigem Ermessen	13	I.	Auslösende Rspr des BAG	51
1. Belange des Versorgungsempfängers	14	II.	Zu Recht unterbliebene Anpassung	55
2. Wirtschaftliche Lage des AG	21	E.	Entgeltumwandlung	57
3. Entscheidung des AG	30	F.	Vertragliche Anpassungsklauseln	59
4. Verjährung	33	G.	Keine Anpassung durch PSVaG	60
5. Mitbestimmung des BR	34	H.	Organpersonen	63
6. Nachholende Anpassung	35	I.	TV	64
C. Ausschluss der Anpassungsprüfung	37			

1 **A. Regelungsgegenstand.** Die Vorschrift regelt, unter welchen Voraussetzungen und in welchem Umfang laufende Leistungen der BAV anzupassen sind. Sie ist nicht auf Versorgungsanwartschaften anzuwenden (BAG 15.9.1977, 3 AZR 654/76, EzA § 16 BetrAVG Nr 6, DB 1977, 1353).

2 I enthält die Vorgabe, dass der AG zur Anpassungsprüfung und -entscheidung verpflichtet ist. Diese Prüfungspflicht setzt ein, wenn eine laufende Leistung 3 Jahre bezogen wird. Die Regelung, die seit Inkrafttreten des Gesetzes die Prüfpflicht für den AG vorgibt, war und ist sehr streitanfällig, weil bei der Entscheidung einerseits die Belange des Versorgungsempfängers und andererseits die wirtschaftliche Lage des AG zu berücksichtigen sind. Deshalb hat der Gesetzgeber in III Escape-Klauseln geschaffen, die unabhängig von der wirtschaftlichen Lage des AG eine Anpassung ermöglichen.

3 Keine Anpassung ist vorzunehmen, wenn der AG eine Beitragszusage mit Mindestleistung oder einen Auszahlungsplan verwendet. Insoweit ist in III Nr 3 ausdrücklich geregelt, dass keine Pflicht zur Anpassung besteht, auch dann nicht, wenn die BAV durch Entgeltumwandlung finanziert wurde (Verweis auf V). Für den Auszahlungsplan gibt VI vor, dass keine Anpassungen vorzunehmen sind, auch dann nicht, wenn im Anschluss an die ratenweise Auszahlungsphase ab Alter 85 eine lebenslange Rente gezahlt wird.

4 IV ist eine Reaktion auf die Rspr des BAG zur nachholenden Anpassung (vgl hierzu Rdn 35 f).

5 Sinn und Zweck der Vorschrift ist es, eine laufende Leistung kaufkraftstabil zu halten. Deshalb ist die Anpassung die Regel, die Nichtanpassung die Ausnahme (BAG 26.5.2009, 3 AZR 369/07, EzA § 16 BetrAVG Nr 53, DB 2009, 238).

B. Anpassungsprüfung und -entscheidung. Eine Anpassungsprüfung und -entscheidung ist nach I iVm 6
II nur vorzunehmen, wenn die Ausnahmeregelungen des III Nr 1 oder Nr 2 nicht zur Anwendung kommen, also keine Anpassungsgarantie vorgegeben ist (nur bei Zusagen ab dem 1.1.1999; § 30c I) und auch keine Regelung besteht, nach der bei einer Direktversicherung oder bei einer Pensionskasse dem AN alle Überschüsse ab Rentenbeginn zustehen. I ist in allen 5 Durchführungswegen anzuwenden.

I. AG. Die Prüfpflicht trifft **ausschließlich** den **AG**, nicht den externen Versorgungsträger. Hat der externe 7
Versorgungsträger eine Anpassung der laufenden Leistungen vorgenommen, handelt es sich um eine freiwillige Anpassung, die mit einer Pflichtanpassung des AG verrechnet werden kann (Bsp: Eine rückgedeckte Unterstützungskasse hat die Überschüsse aus der Rückdeckungsversicherung zur Erhöhung der Versorgungsleistung verwendet. Dadurch ist die Rente um 3 % erhöht worden. Der Anpassungsbedarf, der vom AG festgestellt wurde, beläuft sich auf 4 %. Durch den AG ist die Rente noch um 1 % zu erhöhen).

Der AG, bei dem der AN ausgeschieden ist und von dem er eine Versorgungsleistung bezieht (oder von 8
dessen Versorgungsträger) ist auch dann zur Anpassungsprüfung verpflichtet, wenn der AG einem **Konzern** angehört. Hat vor dem erstmaligen Leistungsbezug ein Betriebsübergang (§ 613a BGB, § 324 UmwG) stattgefunden, ist der Erwerber zur Anpassung verpflichtet (BAG 21.2.2006, 3 AZR 216/05, EzA § 613a BGB 2002 Nr 54, DB 2006, 2131; 20.08.2013, 3 AZR 750/11, DB 2014, 372, BetrAV 2013, 721). Erfolgt nach Rentenbeginn eine Fusion, ist das aufnehmende Unternehmen zur Anpassung verpflichtet (BAG 31.7.2007, 3 AZR 810/05, EzA § 16 BetrAVG Nr 52, DB 2008, 135).

II. Laufende Leistungen. Laufende Leistungen sind **Renten**, wobei es sich um Leib- oder abgekürzte 9
Leibrenten handeln kann. Ohne Bedeutung ist, ob es sich um eine Alters-, Invaliditäts- oder Hinterbliebenenrente handelt. Ist dem Versorgungsempfänger ein **Kapital** zugesagt, besteht idR keine Prüfungspflicht. Wird allerdings das Kapital in mehr als 3 Raten ausgezahlt, ist eine Prüfungspflicht nicht abwegig, denn auch Renten können nur für einen zeitlich begrenzten Zeitraum zu zahlen sein (zB Waisenrenten). In der Lit (Kemper/Kisters-Kölkes/Berenz/Huber/*Huber* § 16 Rn 7) wird die Auffassung vertreten, dass bei einer Ratenzahlung über 5 Jahre (*Höfer* Rn 5121: über 10 Jahre) noch eine Kapitalleistung vorliegt, für darüber hinausgehende Zeiträume nicht mehr. Die Aussage, jede Ratenzahlung – auch außerhalb von Auszahlungsplänen iSd AltZertG – falle unabhängig von der Auszahlungsdauer nicht in den Anwendungsbereich des § 16, überzeugt nicht. VI ist eine Ausnahmevorschrift, die sich nur auf Auszahlungspläne iSd AltZertG beschränkt (aA *Blomeyer/Rolfs/Otto* § 16 Rn 343). Rspr hierzu liegt nicht vor.

III. Prüfungsturnus. Besteht in einem Unternehmen eine einzige Versorgungsverpflichtung oder sind 10
nur wenige Renten zu zahlen, ist für jeden Versorgungsempfänger im individuellen 3-Jahres-Rhythmus die Anpassungsprüfung und -entscheidung vorzunehmen.

Sind in einem Unternehmen viele Versorgungsempfänger vorhanden, kann eine auf einen Stichtag **gebündelte Anpassungsprüfung** und -entscheidung für alle Versorgungsempfänger vorgenommen werden, für die 11
in dem Prüfjahr die Anpassungsprüfung und -entscheidung ansteht. Der AG gibt den Stichtag vor. Dies kann zB der 1.7. oder der 1.12. eines jeden Jahres sein (Bsp Prüfungsstichtag 1.7.2013; geprüft wurden die Rentnerjahrgänge mit einem Rentenbeginn in 2010, 2007 usw; in 2014 werden die Neurentner aus 2011 sowie die Rentner aus 2008 usw und in 2015 die Neurentner aus 2012, Altrentner aus 2009 usw geprüft). Die Bündelung des Prüfungsstichtages wirkt sich bei jedem Versorgungsempfänger nur einmalig bei der 1. Anpassungsprüfung und -entscheidung aus, weil für die Versorgungsempfänger, die zu einem Zeitpunkt vor dem Prüfungsstichtag Versorgungsempfänger wurden, die Erstprüfung um einige Monate hinausgeschoben wird. Für die Versorgungsempfänger, die nach dem Prüfungsstichtag erstmals Versorgungsempfänger wurden, wird die Erstprüfung nur für einen kürzeren Zeitraum vorgezogen (Bsp Rentenbeginn 1.10.2012, Prüfungsstichtag 1.7.2015, Verkürzung des 3-Jahres-Zeitraums um 3 Monate). Liegt der Rentenbeginn vor dem Prüfungsstichtag, verlängert sich der 3-Jahres-Zeitraum. Bei den Folgeprüfungen erfolgt die Prüfung jeweils im 3-Jahres-Rhythmus. Diese geringfügige Verschiebung ist nach der Rspr aus Vereinfachungsgründen hinzunehmen (BAG 28.4.1992, 3 AZR 142/91, EzA § 16 BetrAVG Nr 22, DB 1992, 222; 18.2.2003, 3 AZR 172/02, EzA § 16 BetrAVG Nr 42, DB 2003, 2606), wobei max die Verschiebung 3 Jahre und 6 Monate betragen darf (BAG 11.11.2014, 3 AZR 117/13, DB 2015, 687, FA 2015, 89). Diese Verschiebungen werden dadurch ausgeglichen, dass bei der Ermittlung des Anpassungsbedarfs (Rdn 14ff) auf den Rentenbeginn abzustellen ist (Ausnahme: zu Recht unterbliebene Anpassung gem IV).

Prüft ein Unternehmen **alle** Versorgungsempfänger einheitlich im 3-Jahres-Rhythmus, ist auch diese Prüf- 12
methode anzuerkennen, wenn zum Prüfungsstichtag auch die Versorgungsempfänger mit in die Prüfung einbezogen werden, deren Rente noch keine 3 Jahre bezogen wird. Diese Versorgungsempfänger werden besser gestellt als nach der gesetzlichen Regelung, sodass die Vorverlegung des 1. Prüfungstermins und der

§ 16 BetrAVG   Anpassungsprüfungspflicht

Folgeprüfungen im 3-Jahres-Rhythmus den gesetzlichen Anforderungen genügen (BAG 30.8.2005, 3 AZR 395/04, EzA § 16 BetrAVG Nr 43, DB 2006, 723).

13   **IV. Entscheidung nach billigem Ermessen.**   Bei seiner Prüfungsentscheidung muss der AG eine **Interessenabwägung** vornehmen und eine Entscheidung treffen, die billigem Ermessen entspricht (§ 315 BGB). Dabei sind insb die Belange des Versorgungsempfängers einerseits und die wirtschaftliche Lage des AG andererseits zu berücksichtigen. Die Ermessensentscheidung kann einer gerichtlichen Kontrolle unterzogen werden. Die Darlegungs- und Beweislast insb für die Daten, die zur Beurteilung der wirtschaftlichen Lage erforderlich sind, trifft den AG. Im gerichtlichen Verfahren können auf Antrag §§ 172, 174 II GVG angewendet werden (BAG 23.4.1985, 3 AZR 548/82, EzA § 16 BetrAVG Nr 17, DB 1985, 1645).

14   **1. Belange der Versorgungsempfänger.**   Die Belange des Versorgungsempfängers werden in II definiert. Erhält der Versorgungsempfänger eine Anpassung, die nicht geringer als der **Anstieg des Verbraucherpreisindexes** für Deutschland ist, ist seinen Belangen ausreichend Rechnung getragen. Der Verbraucherpreisindex wird durch das Statistische Bundesamt monatlich veröffentlicht. Durch einen Vergleich des Verbraucherpreisindexes bei Rentenbeginn mit dem Verbraucherpreisindex zum Zeitpunkt der Anpassungsprüfung wird der Teuerungsausgleich ermittelt. Dafür gilt folgende Formel: Index im Monat vor Rentenbeginn dividiert durch Index im Monat vor dem Prüfungsstichtag abzüglich 1 multipliziert mit 100 % = Teuerungsanstieg.

15   Liegt der Rentenbeginn vor dem 1.1.2003, ist gem § 30c IV für Zeiträume vor diesem Stichtag anstelle des Verbraucherpreisindexes der Preisindex für die Lebenshaltung von 4-Personen-Haushalten von Arbeitern und Angestellten mit mittlerem Einkommen anzuwenden. Dies beruht auf der Umstellung des Indexverfahrens. Dabei ist die Rückrechnungsmethode anzuwenden (BAG 11.10.2011, 3 AZR 527/09, DB 2012, 809, BetrAV 2012, 267).

16   Es ist jeweils der Index für den Monat zu wählen, der dem Rentenbeginn bzw Prüfungsstichtag vorausgeht (BAG 30.8.2005, 3 AZR 395/04, EzA § 16 BetrAVG Nr 43, DB 2006, 732). Auf Jahresdurchschnittswerte kann nicht abgestellt werden. Es ist der aktuelle vom Statistischen Bundesamt veröffentlichte Verbraucherpreisindex zugrunde zu legen, der am Anpassungsstichtag veröffentlicht ist (BAG 28.6.2011, 3 AZR 859/09, EzA § 16 BetrAVG Nr 60, DB 2011, 2926).

17   Anstelle des Verbraucherpreisindexes kann die **Nettolohnentwicklung** vergleichbarer **AN-Gruppen** des Betriebes im Prüfungszeitraum verwendet werden. Gemeint sind die aktiv im Unternehmen tätigen AN. Dieser Anpassungsmaßstab wird gewählt, wenn er geringer ist als der Anstieg der Lebenshaltungskosten. Bei der Entwicklung der Nettolöhne ist nicht mit individuellen Bemessungsgrößen zu rechnen, sondern es sind Durchschnittsbeträge zu bilden (zB Steuerklasse III/0, Beitragssatz der gesetzlichen Krankenkasse). Die sachgerechte Gruppenbildung ist durch den AG vorzunehmen. Kann eine sinnvolle Gruppenbildung nicht vorgenommen werden, kann auf den gesamten Betrieb abgestellt werden (BAG 23.5.2000, 3 AZR 103/98, EzA § 16 BetrAVG Nr 36, DB 2001, 2506). Welche Gruppen der AG bildet, ist ihm überlassen. Die Gerichte haben nicht zu prüfen, ob eine andere Einteilung zweckmäßiger ist. Ausnahmsweise kann eine Gruppenbildung auch konzernweit erfolgen (BAG 30.8.2005, 3 AZR 395/04, EzA § 16 BetrAVG Nr 43, DB 2006, 724). Dann muss allerdings sichergestellt sein, dass auf alle Gruppen und alle Betriebe des Konzerns berücksichtigt werden. Eine Konzentration auf Kernbetriebe ist nicht möglich, wenn der Anpassungssatz konzernweit verwendet werden soll. Eine Gruppenbildung, die sich an der Branche oder gar an der Gesamtentwicklung in Deutschland orientiert, ist nicht zulässig.

18   Bei der Nettolohnentwicklung ist auf das tatsächliche Einkommen der aktiven AN abzustellen. Der Versorgungslohn ist nicht zu berücksichtigen (BAG 18.9.2012, 3 AZN 952/12, ArbRB 2012, 370). Ungeklärt ist, ob bei der Nettolohnentwicklung neben den gesetzlichen Abgaben (Steuer, Renten-, Arbeitslosen-, Pflegeversicherungs-, Krankenversicherungsbeiträge) auch noch weiter gehende Belastungen der aktiven AN berücksichtigt werden können, wie zB private Vorsorgemaßnahmen zum Ausgleich der sinkenden Leistungen aus der gesetzlichen Rentenversicherung (hierzu *Reichenbach/Rehpenn* BetrAV 2006, 52). Letzteres hat das BAG abgelehnt (BAG 18.3.2014, 3 AZR 249/12, BB 2014, 1460, BetrAV 2014, 401).

19   Ist in einem Unternehmen keine aktive Belegschaft mehr vorhanden (Rentnergesellschaft) oder hat sich die Belegschaftsstruktur so verändert, dass die heute tätigen AN nicht mehr mit den heutigen Versorgungsempfängern vergleichbar sind, kann eine Anpassung nach der Nettolohnentwicklung nicht vorgenommen werden, weil keine vergleichbare AN-Gruppe vorhanden ist. Aus der Formulierung »oder« ergibt sich, dass dann nur eine Anpassung nach dem Verbraucherpreisindex in Betracht kommt.

20   Sowohl für den Verbraucherpreisindex als auch für die Nettolohnentwicklung ist auf den gesamten Zeitraum vom Rentenbeginn bis zum Prüfungsstichtag abzustellen.

2. Wirtschaftliche Lage des AG. Bei der Beurteilung der wirtschaftlichen Lage des AG sind unterschied- 21
liche Interessengruppen zu berücksichtigen. Vorrangig muss der Betrieb mit seinen **Arbeitsplätzen** erhalten
bleiben. Allein der Umstand, dass im Unternehmen Arbeitsplätze abgebaut werden, lässt nicht darauf schließen, dass bei einer Anpassung Arbeitsplätze gefährdet sein könnten (BAG 23.4.1985, 3 AZR 156/83, EzA
§ 16 BetrAVG Nr 16, DB 1985, 1642).
Die 2. Interessengruppe sind die **Anteilseigner.** Um die Wettbewerbsfähigkeit des Unternehmens nicht zu 22
gefährden, müssen sie eine angemessene Eigenkapitalverzinsung erhalten. Dabei ist das Eigenkapital aus
den handelsrechtlichen Jahresabschlüssen gem § 266 III HGB zugrunde zu legen. Die durch das Verhältnis
von Gewinn vor Steuern und dem Eigenkapital ermittelte Eigenkapitalrendite wird mit der Umlaufrendite
öffentl Anleihen zzgl eines 2%igen Risikozuschlages verglichen. Wird diese Rendite nicht erreicht, ist keine
Anpassung vorzunehmen (BAG 23.5.2000, 3 AZR 146/99, EzA § 16 BetrAVG Nr 37, DB 2001, 1180).
Da mit dem BilMoG die Wertansätze in der Handelsbilanz geändert wurden, wird die Frage zu beantworten sein, wie sich dies auf die Beurteilung der wirtschaftlichen Lage auswirkt. Da die Neubewertung
der Versorgungsverpflichtungen zu realistischeren Darstellungen des bestehenden Verpflichtungsvolumens
führt, muss auch zukünftig bei der Beurteilung der wirtschaftlichen Lage des Unternehmens auf die Handelsbilanz abgestellt werden. Unabhängig davon, ob und auf welche Art und Weise das Unternehmen von
der Übergangsregelung in Art 67 EGHGB Gebrauch macht, ist das gesamte, aus der Vergangenheit resultierende Verpflichtungsvolumen zu berücksichtigen, denn es werden nur bereits vorhandene Verpflichtungen
nachholend realistisch beurteilt. Diese Aufwendungen sind bei der Eigenkapitalverzinsung zu berücksichtigen (BAG 21.4.2015, 3 AZR 102/14, DB 2015, 2211, FA 2015, 318). Auf das Betriebsergebnis und das
Eigenkapital gem dem handelsrechtlichen Jahresabschluss ist jedenfalls für die Zeit vor dem Inkrafttreten
des BilMoG weiter abzustellen (BAG 26.10.2010, 3 AZR 503/08, BetrAV 2010, 793). Wird ein Jahres-
abschluß nach IFRS erstellt, ist dies ohne Bedeutung. Es sind die Werte aus der deutschen Handelsbilanz
maßgeblich (BAG 21.8.2012, 3 ABR 20/10, BetrAV 2013, 63, BB 2012, 3199). Weist die Handelsbilanz
einen Kapitalverzehr aus, ist dieser durch Gewinne auszugleichen. Erst wenn danach eine angemessene
Eigenkapitalverzinsung stattfindet, kann es zu einer Anpassungspflicht kommen.
Die 3. Interessengruppe sind die **Versorgungsempfänger.** Sie haben Rücksicht zu nehmen auf die Interessen 23
der aktiven AN und des Unternehmens. Nur wenn aus den **künftigen Erträgen** die Mehrbelastung finanziert werden kann, die mit der Anpassung der Betriebsrenten verbunden ist, steht ihnen eine Anpassung zu.
In die Substanz des Unternehmens darf nicht eingegriffen werden. Entscheidend ist, ob das Unternehmen 24
aus dem zukünftigen Wertzuwachs und aus den Erträgen in der Zeit nach dem Anpassungsstichtag die
Mehrbelastung aus der Anpassung tragen kann. Insoweit ist über eine **betriebswirtschaftliche Prognose** die
künftige Ertragsentwicklung des Unternehmens zu ermitteln. Die Darlegungs- und Beweislast für die wirtschaftliche Entwicklung trägt der AG (BAG 23.4.1985, EzA § 16 BetrAVG Nr 17, DB 1985, 1645). Hat
das Unternehmen eine angemessene Eigenkapitalrendite erwirtschaftet und ergibt sich aus der Prognose,
dass die erwarteten Erträge den kumulierten Anpassungsbedarf abdecken werden, ist eine Vollanpassung
nach einem der in II genannten Maßstäbe vorzunehmen. Reicht der erwartete Gewinn nicht aus, um die
Mehrbelastungen aus der Anpassung zu finanzieren, kommt eine Teilanpassung in Betracht. Ist auch diese
nicht möglich, unterbleibt die Anpassung wegen fehlender wirtschaftlicher Leistungsfähigkeit. Keine Anpassung ist vorzunehmen, wenn auf Grund der Finanzkrise Mittel aus dem Kapitalmarktstabilisierungsfonds
von einer Bank in Anspruch genommen werden mussten (BAG 15.4.2014, 3 AZR 51/12, FA 2014, 184).
Die vorgenannten Kriterien sind um die im Einzelfall bedeutsamen Aspekte zu ergänzen. Sind zB aufgrund 25
bes Regelungen oder Maßnahmen bes hohe Abschreibungen vorgenommen worden, sind diese auf das allg
übliche Volumen zu reduzieren. Bei der Prognose sind Investitionen, Sozialpläne etc zu berücksichtigen.
Scheingewinne werden eliminiert.
Basis der Prognose ist die wirtschaftliche Entwicklung vor dem Prüfungsstichtag, die aus den Jahresabschlüs- 26
sen der mind letzten 3 Jahre abgeleitet wird. Dabei ist auf den handelsrechtlichen und nicht auf den steuerrechtlichen Jahresabschluss abzustellen. Es ist die Prognose bis zum nächsten Prüfungsstichtag zu erstellen.
Bei Vertragskonzernen kommt ein Berechnungsdurchgriff nur ausnahmsweise in Betracht. Seine Rspr, bei 27
einem Beherrschungsvertrag gelte die unwiderlegbare Vermutung des Eingriffs der Obergesellschaft auf
die Untergesellschaft, hat das BAG ausdrücklich aufgegeben (BAG 10.3.2015, 3 AZR 739/13, EzA § 16
BetrAVG Nr 74, DB 2015, 1843). Zu einem Berechnungsdurchgriff kann es nur kommen, wenn sich die
Gefahr aus dem Beherrschungsvertrag realisiert hat und hierdurch die schlechte wirtschaftliche Lage der
Tochtergesellschaft entstanden ist. Das BAG hat angedeutet, dass bei einem Ergebnisabführungsvertrag
ein Berechnungsdurchgriff ebenfalls nicht in Betracht kommt (BAG 21.4.2015, 3 AZR 102/14, DB 2015,
2211, FA 2015, 318). Zur Patronatserklärung BAG 26.10.2010, 3 AZR 427/08, EzA § 16 BetrAVG Nr 55,
DB 2011, 362.

§ 16 BetrAVG Anpassungsprüfungspflicht

Für den qualifiziert faktischen Konzern hat das BAG seine Rechtsprechung zum Berechnungsdurchgriff aufgegeben (15.1.2013, 3 AZR 638/10, 3 AZR 638/10, DB 2013, 1368). Ein Berechnungsdurchgriff kann nur bei einer vorsätzlichen sittenwidrigen Schädigung iSv § 826 BGB in Betracht kommen.

28 Bei der Beurteilung der wirtschaftlichen Lage von »**Non-Profit-Organisationen**« sind Besonderheiten zu berücksichtigen. So hat das BAG entschieden, dass bei Gewerkschaften die Festlegung der koalitionspolitischen Aufgaben durch Art 9 GG geschützt ist. Eine Überprüfung und Wertung stehe den Gerichten nicht zu, wenn es nur um die Aufrechterhaltung der bisherigen Aktivitäten geht. Der Rückgang der Mitgliederbeiträge und der Rückgang der Zahl der AN seien ein starkes Indiz für erhebliche wirtschaftliche Schwierigkeiten (BAG 13.12.2005, 3 AZR 217/05, EzA § 16 BetrAVG Nr 44, DB 2006, 1687; 12.11.2013, 3 AZR 510/12, AP Nr 64 zu § 1 BetrAVG Ablösung).

29 Hat das Unternehmen seine operative Tätigkeit eingestellt (**Rentnergesellschaft**), ist das Unternehmen weiterhin zur Anpassungsprüfung und -entscheidung verpflichtet. Die Interessen aktiver AN spielen keine Rolle. Eine angemessene Eigenkapitalverzinsung ist insoweit zu berücksichtigen, als der Prozentsatz angesetzt wird, der sich bei einer Anlage in langfristig angelegten Bundesobligationen ergeben würde. Ein Risikozuschlag ist nicht vorzunehmen. Auch für die Rentnergesellschaft gilt, dass ein Eingriff in die Substanz nicht verlangt werden kann (BAG 9.11.1999, 3 AZR 420/98, EzA § 16 BetrAVG Nr 33, DB 2000, 1867). Entsteht eine Rentnergesellschaft durch Abspaltung, ist die Gesellschaft kapitalmäßig so auszustatten, dass künftig eine Anpassung vorgenommen werden kann (BAG 11.3.2008, 3 AZR 358/06, EzA § 4 BetrAVG Nr 7, DB 2008, 2369). Wird ein Beherrschungsverhältnis beendet, hat das herrschende Unternehmen das bisher beherrschte Unternehmen so auszustatten, dass es auch hins der Anpassung leistungsfähig ist. Ansonsten bestehen Schadensersatzansprüche (BAG 25.6.2009, 3 AZR 369/07, EzA § 16 BetrAVG Nr 53, DB 2009, 2384). Entsteht nach einem Betriebsübergang eine Rentnergesellschaft, weil das operative Geschäft verkauft wurde, ist keine Kapitalausstattung wie bei einer abgespaltenen Rentnergesellschaft erforderlich (BAG 14.7.2015, 3 AZR 252/14, EzA § 16 BetrAVG Nr 76, DB 2015, 2519).

30 **3. Entscheidung des AG.** Die Entscheidung, ob zum Prüfungsstichtag eine Anpassung vorgenommen wird und wenn ja, nach welchem Maßstab, ist vom AG zu treffen. Dabei ist der Gleichbehandlungsgrundsatz zu berücksichtigen. Es ist nicht zulässig, einer Gruppe von Versorgungsempfängern eine Anpassung zu geben und eine andere Gruppe auszuschließen. Eine Ausnahme gilt nur dann, wenn bei unterbliebener Anpassung ein Anpassungsstau entstanden ist, der nur sukzessiv abgebaut werden kann (Rdn 52 f). Eine weitere Ausnahme besteht, wenn das Unternehmen sich zB bei leitenden Angestellten vertraglich zur Anpassung verpflichtet hat (zB Anpassungsgarantie) und deshalb eine Anpassung auch vornehmen muss, wenn die wirtschaftliche Lage dies eigentlich nicht erlaubt.

31 Die Entscheidung ist dem Versorgungsempfänger nicht mitzuteilen. Formvorschriften sind nicht vorgesehen. Die Entscheidung des AG kann einer **gerichtlichen Kontrolle** unterzogen werden. Insoweit hat das BAG den Grundsatz aufgestellt, dass eine **nachträgliche gerichtliche Prüfung** (nachträgliche Anpassung) vorgenommen werden kann. Hierbei differenziert das BAG wie folgt: Wurde der Versorgungsempfänger über die Anpassungsentscheidung des AG unterrichtet, hat er bis zum nächsten Anpassungsprüfungsstichtag Zeit, die Entscheidung des AG durch die Gerichte überprüfen zu lassen. Ist der AN über die Anpassungsentscheidung seines AG nicht informiert worden, beginnt mit dem nächsten Anpassungsprüfungsstichtag eine 3-Jahres-Frist zu laufen. Vor Beginn dieser Frist, aber auch während des Laufes dieser Frist hat der Versorgungsempfänger die Möglichkeit, durch eine gerichtliche Entscheidung klären zu lassen, ob die Anpassungsentscheidung des AG billigem Ermessen entsprach. Nach Ablauf der Fristen ist eine gerichtliche Überprüfung nicht mehr möglich. Es tritt eine streitbeendende Wirkung ein (BAG 25.4.2006, 3 AZR 185/05, DB 2006, 2528; 7.8.2004, 3 AZR 367/03, DB 2005, 732; 17.4.1996, 3 AZR 56/95, EzA § 16 BetrAVG Nr 30, DB 1996, 2496). Die Frist endet mit Ablauf des Tages, der dem Prüfungsstichtag vorausgeht. § 167 ZPO ist nicht anwendbar (BAG 21.10.2014, 3 AZR 937/12, EzA § 16 BetrAVG Nr 71, FA 2015, 122).

32 Bei der gerichtlichen Prüfung ist auf die wirtschaftliche Lage im Prüfungszeitpunkt abzustellen. Die Entwicklung nach dem Prüfungsstichtag ist nur insofern von Bedeutung, als die Prognose bestätigt oder entkräftet wird (BAG 13.12.2005, 3 AZR 217/05, EzA § 16 BetrAVG Nr 44, DB 2006, 1687; 17.4.1996, 3 AZR 56/95, EzA § 16 BetrAVG Nr 30, DB 1996, 2496). Insoweit sind die wirtschaftlichen Daten bis zur letzten Tatsachenverh zu berücksichtigen. Kommt das Gericht zu dem Ergebnis, dass die Entscheidung des AG nicht billigem Ermessen entsprach, ist eine nachträgliche Anpassung vorzunehmen, also auch eine Nachzahlung.

33 **4. Verjährung.** Hat der AG keine Anpassung oder keine ausreichende Anpassung vorgenommen, richtet es sich nach den Vorschriften des BGB, wann eine Verjährung eintritt (§ 18a iVm §§ 195 ff BGB). Das

Rentenstammrecht ist bei der Anpassungsentscheidung nicht berührt. Es geht um wiederkehrende Leistungen, die nach 3 Jahren verjähren. Entscheidend ist der Zeitpunkt, zu dem der AG seine Entscheidung trifft. Ergeht eine gerichtliche Entscheidung, ist auf den Zeitpunkt der Rechtskraft des Urt abzustellen (BAG 10.12.2013, 3 AZR 595/12, BetrAV 2014, 201).

5. Mitbestimmung des BR. Da Versorgungsempfänger nicht vom BR vertreten werden, bestehen auch keine Mitbestimmungsrechte des BR (BAG 25.10.1988, AZR 483/86, EzA § 77 BetrVG 1972 Nr 26, DB 1988, 2312). Es besteht auch kein Unterrichtungsanspruch. 34

6. Nachholende Anpassung. Ist die Anpassung ganz oder teilw unterblieben, weil die wirtschaftliche Leistungsfähigkeit des Unternehmens keine (vollständige) Anpassung erlaubte, stellt sich die Frage, ob der AG bei der nächsten Anpassungsprüfung eine Anpassung vorzunehmen hat, die den Teuerungsausgleich/ die Nettolohnentwicklung der letzten 3 Jahre ausgleicht oder ob für die Bemessung des Anpassungsbedarfs auf den Rentenbeginn abzustellen ist. Das BAG hat mit Urt v 28.4.1992 (3 AZR 142/91, EzA § 16 BetrAVG Nr 22, DB 1992, 2401) entschieden, dass der Anpassungsbedarf auf den Rentenbeginn zu ermitteln ist, also in späteren Jahren eine Anpassung nachzuholen ist, die aus wirtschaftlichen Gründen unterblieb. Diese Nachholung ist von einer Nachzahlung zu unterscheiden. Ist der AG nach Besserung der wirtschaftlichen Lage in der Lage, eine Anpassung vorzunehmen, hat er nur mit Wirkung für die Zukunft die erhöhte Versorgungsleistung zu erbringen. Eine Nachzahlung für die Vergangenheit scheidet aus. Die Vergangenheit wird nur bei der Ermittlung des Anpassungsbedarfs berücksichtigt, weil die Rente kaufkraftstabil mit Wirkung in die Zukunft gezahlt werden soll. 35

Diese Entscheidung des BAG ist scharf kritisiert worden. Deshalb hat der Gesetzgeber mit der Regelung in IV eine Einschränkung für die nachholende Anpassung vorgegeben. Hierzu wird auf die Ausführungen in Rdn 49ff verwiesen. 36

C. Ausschluss der Anpassungsprüfung. In III ist geregelt, unter welchen Voraussetzungen keine Anpassungsprüfung nach I vorzunehmen ist. 37

I. Anpassungsgarantie. Hat der AG ggü dem AN erklärt, dass seine Rente ab Rentenbeginn jährlich um wenigstens 1 % garantiert angepasst wird, ist keine Anpassungsprüfung vorzunehmen. Allerdings verdrängt die Anpassungsgarantie die Anpassungsprüfung nur für solche Versorgungszusagen, die **erstmals ab dem 1.1.1999** erteilt wurden und werden (§ 30c I). Diese Anpassungsgarantie kann in allen 5 Durchführungswegen verwendet werden. Sie ist von Anfang an in die Zusage aufzunehmen. Soll sie erst Vertragsbestandteil werden, nachdem die Zusage erteilt wurde, ist eine Änderungsvereinbarung erforderlich (zu den Bemühungen, dem AG ein einseitiges Bestimmungsrecht zu verschaffen *Drochner/Hill/Uebelhack* FS Kemper, S 125). Der AG kann nicht für Versorgungszusagen, die vor dem 1.1.1999 erteilt wurden, rückwirkend eine Anpassungsgarantie einführen, auch nicht mittels einer BV. Dies verstößt gegen § 30c und ist unwirksam (BAG 28.6.2011, 3 AZR 282/09, EzA § 16 BetrAVG Nr 59, DB 2011, 2923). 38

Da die Anpassungsgarantie bei unmittelbaren Versorgungszusagen iRd Rückstellungsbildung zu berücksichtigen ist (BFH 25.10.1995, I R 34/95, BStBl 1996 II 403) und damit das Verpflichtungsvolumen bereits in der Anwartschaftszeit durch die Rückstellungsbildung vorfinanziert werden kann, haben sich zT die Unternehmen auf freiwilliger Basis ggü Versorgungsempfängern und ggü Versorgungsanwärtern mit einem Zusagedatum vor dem 1.1.1999 vertraglich zu einer Anpassungsgarantie verpflichtet. Diese **freiwillige Anpassungsgarantie** führt nicht dazu, dass der AG von seiner Prüfungspflicht nach I befreit wird, wenn die Versorgungsleistung 3 Jahre in Anspruch genommen wurde. Die freiwillig vorgenommene jährliche Anpassung wird jedoch mit der Pflichtanpassung, die sich nach II richtet, verrechnet, sodass nur der überschießende Teilbetrag noch vom AG auszugleichen ist. 39

Die Anpassungsgarantie führt dazu, dass der AG an sie gebunden ist. Eine Anpassung ist auch dann vorzunehmen, wenn eigentlich die wirtschaftliche Lage keine Anpassung erlauben würde. 40

Wie die Entwicklung des Lebenshaltungskostenindexes in der Vergangenheit gezeigt hat, führt eine Anpassungsgarantie mit 1 % zu einer geringeren Belastung für das Unternehmen als bei einer Anpassung, die mit dem Verbraucherpreisindex vorgenommen wird. Dafür hat der Versorgungsempfänger die Garantie, jedes Jahr eine Anpassung zu erhalten. 41

II. Überschussverwendung. In III Nr 2 wird alternativ für die Durchführungswege **Direktversicherung** und **Pensionskasse** die Möglichkeit eröffnet, den Versorgungsempfänger auf die Überschüsse zu verweisen, die der Versicherer erwirtschaftet hat. Diese **Anpassung aus Überschussbeteiligung** kann auch bei Versorgungszusagen eingesetzt werden, die vor dem 1.1.1999 erstmals erteilt wurden, weil in § 30c keine Einschränkung vorgegeben ist. Sie ist jedoch nach der Rspr des BAG nur auf Zusagen anwendbar, die ab 42

§ 16 BetrAVG Anpassungsprüfungspflicht

dem 16.5.1996 erteilt wurden (BAG 30.9.2014, 3 AZR 613/12). Eine Ausdehnung dieser Vorschrift auf rückgedeckte unmittelbare Versorgungszusagen oder rückgedeckte Unterstützungskassenzusagen ist nicht möglich (hierzu *Drochner/Hill/Uebelhack* FS Kemper, S 125).

43 Die Anpassung aus Überschussbeteiligung hat aus den Erträgen zu erfolgen, die auf die laufenden Leistungen ab Rentenbeginn entfallen, wobei der Formulierung des Gesetzes nicht entnommen werden kann, was unter den »auf den Rentenbestand« entfallenden Überschussanteilen gemeint sein soll. Der Gesetzgeber hat diese Verweisung auf die Überschüsse als der Anpassungsgarantie gleichwertig angesehen.

44 Die Vorschrift setzt nicht voraus, dass kontinuierlich Überschüsse anfallen (*Blomeyer/Rolfs/Otto* § 16 Rn 323).

45 Es wurden nach der Rechtsprechung nur solche Versicherungen erfasst, die mit dem nach § 65 I Nr 1a VAG aF festgesetzten Höchstzins gerechnet wurden (BAG 30.9.2014, 3 AZR 613/12). Mit Wirkung ab dem 31.12.2015 hat diese Rechtsprechung des BAG ihre Bedeutung verloren, denn der Gesezgeber hat mit dem Gesetz zur Umsetzung der EU-Mobilitäts-Richtlinie § 16 III Nr 2 BetrAVG dahingehend geändert, dass die Bezugnahme auf § 65 VAG aF entfallen ist. Diese gesetzliche Regelung erfasst alle bei Inkrafttreten aktiven AN, alle zuvor mit unverfallbarer Anwartschaft ausgeschiedenen AN sowie alle Versorgungsempfänger.

46 **III. Beitragszusage mit Mindestleistung.** Bei einer Beitragszusage mit Mindestleistung ist jede Anpassung ausgeschlossen. Dies gilt nicht nur für eine arbeitgeberfinanzierte BAV, sondern auch für eine BAV aus Entgeltumwandlung.

47 Damit wird den Besonderheiten dieser Zusageart Rechnung getragen. Die laufende Leistung wird aus dem bei Eintritt des Versorgungsfalles vorhandenen Kapital ermittelt. Während der Anwartschaftszeit können sich Schwankungen aufgrund der Kapitalanlage ergeben. Diese können sich auch noch in der Leistungsphase auswirken.

48 **IV. Auszahlungsplan.** Auch den Besonderheiten des Auszahlungsplans wurde Rechnung getragen, indem in VI vorgegeben ist, dass bei Verwendung eines Auszahlungsplans keine Anpassungspflicht besteht. Die Anpassungspflicht ist selbst in der Zeit ausgeschlossen, in der eine Rente gezahlt wird.

49 **D. Nachholende Anpassung.** IV ist mit Wirkung ab dem 1.1.1999 in das Gesetz aufgenommen worden (§ 30c). Soweit vor diesem Stichtag eine Anpassung nicht oder nicht in vollem Umfang vorgenommen wurde, hat aufgrund der Rspr des BAG eine nachholende Anpassung stattzufinden.

50 Die Vorschrift ist nur von Bedeutung im Zusammenhang mit einer Anpassungsprüfung und -entscheidung gem I. Bei III ist sie nicht anzuwenden.

51 **I. Auslösende Rspr des BAG.** Bis zur Entscheidung des BAG v 28.4.1992 (3 AZR 142/91, EzA § 16 BetrAVG Nr 22, DB 1992, 2401) waren die AG davon ausgegangen, dass eine in der Vergangenheit aus wirtschaftlichen Gründen unterbliebene Anpassung nicht nachzuholen ist.

52 Dieser Auffassung ist das BAG nicht gefolgt. Es hat vielmehr entschieden, dass bei einer nicht erfolgten Anpassung oder einer nicht ausreichenden Anpassung der **Kaufkraftverlust seit Rentenbeginn** auszugleichen ist.

53 Kann ein Anpassungsstau nicht sofort abgebaut werden, hat der AG mehrere Möglichkeiten, den Stau sukzessiv zu beseitigen. Die Entscheidung, welche Methode angewendet wird, trifft der AG. So hat er die Möglichkeit, zunächst einmal die Renten anzupassen, die schon seit längerer Zeit nicht mehr wegen der fehlenden Leistungsfähigkeit des Unternehmens angepasst wurden. Der AG hat aber auch die Möglichkeit, alle Renten mit einem gleichen Prozentsatz anzupassen, also zB 50 % des jeweils eingetretenen Kaufkraftverlustes auszugleichen. Als 3. Alt kommt in Betracht, dass alle Renten mit dem Kaufkraftverlust der letzten 3 Jahre angehoben werden. Im Zweifel ist diese letztgenannte Anpassungsmethode zu verwenden (BAG 17.4.1996, 3 AZR 56/95, EzA § 16 BetrAVG Nr 30, DB 1996, 2496).

54 Eine nachholende Anpassung ist nach der Rspr auch vorzunehmen, wenn der AG zeitweise nach dem Lebenshaltungskostenindex und zeitweise nach der Nettolohnentwicklung angepasst hat (BAG 30.8.2005, 3 AZR 395/04, EzA § 16 BetrAVG Nr 43, DB 2006, 732). Dies führt im Ergebnis dazu, dass bei einer Anpassung nach der Nettolohnentwicklung letztlich nur ein Stundungseffekt eintritt, weil zu irgendeinem Zeitpunkt eine Anpassung nach der Nettolohnentwicklung mit der Anpassung nach dem Kaufkraftverlust nachzuholen ist.

54.1 Ist zu Recht eine Anpassung unterblieben, ist bei der Ermittlung des Anpassungsbedarfs auf den Rentenbeginn abzustellen. Die Zeit der zu Recht unterbliebenen Anpassung ist anschließend aus dem Anpassungsbedarf herauszurechnen (BAG 28.5.2013, 3 AZR 125/11, EzA § 16 BetrAVG Nr 65, DB 2013, 2280).

II. Zu Recht unterbliebene Anpassung. Mit IV hat der Gesetzgeber die Möglichkeit geschaffen, die 55
von der Rspr geforderte nachholende Anpassung auszuschließen. Diese Regelung soll die Unternehmen
entlasten.
Mit Urt v 11.10.2011 hat das BAG entschieden, dass die Fiktion der zu Recht unterbliebenen Anpas- 56
sung nur greift, wenn er dem Versorgungsempfänger seine Entscheidungsgrundlagen so umfassend dargelegt hat, dass dieser sie prüfen kann (3 AZR 732/09, EzA § 16 BetrAVG Nr 61, DB 2012, 1278, BAG
20.8.2013, 3 AZR 750/11, DB 2014, 372, BetrAV 2013, 721). Ansonsten muß er darlegen und beweisen,
dass seine wirtschaftliche Leistungsfähigkeit nicht ausreicht. Ist IV anzuwenden, ist der Teil des Kaufkraftverlustes herauszurechnen, für den zu Recht die Anpassung unterblieben ist.

E. Entgeltumwandlung. Für Versorgungszusagen, die durch Entgeltumwandlung finanziert werden und 57
die ab dem 1.1.2001 erteilt werden (§ 30c III), schreibt der Gesetzgeber vor, dass eine **Anpassungsgarantie**
nach III Nr 1 oder eine Anpassung aus **Überschussbeteiligung** nach III Nr 2 **zwingend** gegeben sein muss.
Damit kommt es bei diesen Zusagen nie auf die Beurteilung der wirtschaftlichen Lage des AG an. Eine
Anpassungsprüfung und -entscheidung nach I iVm II scheidet aus.
ZT wird in der Lit die Auffassung vertreten, dass III Nr 2 bei Pensionskassen und Direktversicherungen 58
immer zwingend anzuwenden ist, also in diesen Durchführungswegen eine Anpassungsgarantie nach III
Nr 1 ausscheidet (*Blomeyer/Rolfs/Otto* § 16 Rn 336; *Höfer* Rn 5501). Diese Einschränkung ergibt sich weder
aus dem Wortlaut des Gesetzes noch aus seiner Entstehungsgeschichte. Der Gesetzgeber ist ausweislich
der Gesetzesbegr davon ausgegangen, dass beide Alt in diesen beiden Durchführungswegen zur Verfügung
stehen (BT-Drs 14/4595).

F. Vertragliche Anpassungsklauseln. Der AG kann sich in der Versorgungszusage zu einer Anpassung 59
verpflichten, die über die Anpassungsregeln hinausgeht, die in § 16 zwingend vorgegeben sind. So kann er
zB eine Anpassung nach Maßgabe der Tariflohnentwicklung, der Beamtenbesoldung, der Anhebung von
Gruppenbeträgen bei Verbandszusagen (Essener- und Bochumer-Verband) oder nach Maßgabe der Überschussbeteiligung bei einer rückgedeckten Unterstützungskasse vorsehen. Derartige vertragliche Regelungen
gehen der gesetzlichen Regelung vor, wenn sie günstiger sind. Bleibt die Anpassung nach der vertraglichen
Regelung hinter derjenigen zurück, die im Gesetz vorgegeben ist, muss der AG den Differenzbetrag aufstocken. Richtet sich eine Versorgungszusage ausschließlich nach der Beamtenversorgung, ist § 16 BetrAVG
nicht ergänzend anzuwenden (BAG 30.11.2010, 3 AZR 798/08, EzA § 16 BetrAVG Nr 58, DB 2011, 826).

G. Keine Anpassung durch PSVaG. Der PSVaG ist nicht verpflichtet, eine Anpassung nach § 16 vorzu- 60
nehmen. Er ist nicht AG.
Etwas anderes gilt nur dann, wenn sich der AG verpflichtet hat, eine vertragliche Anpassung vorzunehmen. 61
Hat sich der AG nach III Nr 1 zur Anpassungsgarantie verpflichtet, ist der PSVaG hieran gebunden und
muss eine Anpassung vornehmen. Dies gilt nicht nur für Versorgungszusagen, die ab dem 1.1.1999 erteilt
wurden. Dies gilt vielmehr gleichermaßen auch für Versorgungszusagen, die vor diesem Stichtag erteilt
wurden.
Bei einer Versorgungszusage nach den Regeln des Essener-/Bochumer-Verbandes geht die Rspr davon aus, 62
dass keine Anpassung durch den PSVaG vorzunehmen ist, wenn die Insolvenz vor Eintritt des Versorgungsfalles eintrat. Tritt die Insolvenz während der Leistungsphase ein, ist der PSVaG an Erhöhungen der Gruppenbeträge gebunden (BAG 8.6.1999, 3 AZR 39/98, EzA § 7 BetrAVG Nr 60, DB 1999, 2071).

H. Organpersonen. Nach der Entscheidung des BAG v 21.4.2009 (3 AZR 285/07, DB 2010, 2004) 63
kann für Organpersonen von § 16 abgewichen werden. Dies ermöglicht es, auch für vor dem 1.1.1999
erteilte Zusagen eine Anpassungsgarantie zu vereinbaren oder auf die Erhöhung der Beamtenversorgung
abzustellen.

I. TV. § 16 ist tarifdispositiv (§ 17 III 1). 64

§ 17 Persönlicher Geltungsbereich und Tariföffnungsklausel
(1) ¹Arbeitnehmer im Sinne der §§ 1 bis 16 sind Arbeiter und Angestellte einschließlich der zu ihrer
Berufsausbildung Beschäftigten; ein Berufsausbildungsverhältnis steht einem Arbeitsverhältnis gleich.
²Die §§ 1 bis 16 gelten entsprechend für Personen, die nicht Arbeitnehmer sind, wenn ihnen Leistungen
der Alters-, Invaliditäts- oder Hinterbliebenenversorgung aus Anlass ihrer Tätigkeit für ein Unternehmen
zugesagt worden sind. ³Arbeitnehmer im Sinne von § 1a Abs 1 sind nur Personen nach den Sätzen 1
und 2, soweit sie aufgrund der Beschäftigung oder Tätigkeit bei dem Arbeitgeber, gegen den sich der
Anspruch nach § 1a richten würde, in der gesetzlichen Rentenversicherung pflichtversichert sind.

(2) Die §§ 7 bis 15 gelten nicht für den Bund, die Länder, die Gemeinden sowie die Körperschaften, Stiftungen und Anstalten des öffentlichen Rechts, bei denen das Insolvenzverfahren nicht zulässig ist, und solche juristische Personen des öffentlichen Rechts, bei denen der Bund, ein Land oder eine Gemeinde kraft Gesetzes die Zahlungsfähigkeit sichert.
(3) ¹Von den §§ 1a, 2 bis 5, 16, 18a Satz 1, §§ 27 und 28 kann in Tarifverträgen abgewichen werden. ²Die abweichenden Bestimmungen haben zwischen nichttarifgebundenen Arbeitgebern und Arbeitnehmern Geltung, wenn zwischen diesen die Anwendung der einschlägigen tariflichen Regelung vereinbart ist. ³Im übrigen kann von den Bestimmungen dieses Gesetzes nicht zuungunsten des Arbeitnehmers abgewichen werden.
(4) Gesetzliche Regelungen über Leistungen der betrieblichen Altersversorgung werden unbeschadet des § 18 durch die §§ 1 bis 16 und 26 bis 30 nicht berührt.
(5) Soweit Entgeltansprüche auf einem Tarifvertrag beruhen, kann für diese eine Entgeltumwandlung nur vorgenommen werden, soweit dies durch Tarifvertrag vorgesehen oder durch Tarifvertrag zugelassen ist.

Übersicht	Rdn.		Rdn.
A. Regelungsgegenstand	1	IV. Entgeltumwandlung	15
B. Persönlicher Geltungsbereich	2	C. Eingeschränkter Geltungsbereich für die Insolvenzsicherung	16
I. Arbeiter, Angestellte, Auszubildende	3		
II. Arbeitnehmerähnliche Personen	5	D. Unabdingbarkeit	20
III. Abgrenzung Unternehmer/Nicht-Unternehmer	6	E. Vorgesetzliche Regelungen	23
		F. Entgeltumwandlung und Tarifvorbehalt	24

1 **A. Regelungsgegenstand.** Diese Vorschrift enthält mehrere voneinander zu differenzierende Regelungsbereiche. In I ist der **persönliche Geltungsbereich** des Gesetzes geregelt. II bestimmt, dass kein gesetzlicher Insolvenzschutz und keine Beitragspflicht bestehen, wenn **Bund, Länder, Gemeinden** sowie **Körperschaften, Stiftungen und Anstalten des öffentl Rechts** eine BAV umsetzen. III schafft die Möglichkeit, in TV von bestimmten Vorschriften des Gesetzes abzuweichen (Öffnungsklausel). IÜ gelten die Bestimmungen des Gesetzes zwingend. IV verhält sich zu vorgesetzlichen Regelungen. V regelt im Zusammenhang mit der BAV aus Entgeltumwandlung den Tarifvorrang.

2 **B. Persönlicher Geltungsbereich.** Mit dem persönlichen Geltungsbereich wird der Personenkreis beschrieben, der unter den Schutz des Gesetzes fällt, der also unverfallbare Anwartschaften erwerben kann, Insolvenzschutz genießt usw. S 2 ist unpräzise formuliert. Nicht jeder, der für ein Unternehmen tätig ist, fällt unter den Geltungsbereich. Unternehmer, die für ihr eigenes Unternehmen tätig sind, sind nicht schutzbedürftig. Das BetrAVG gilt für sie nicht.

3 **I. Arbeiter, Angestellte, Auszubildende.** S 1 regelt, dass Arbeiter, Angestellte und Auszubildende vom persönlichen Geltungsbereich des BetrAVG erfasst werden, wenn ihnen Leistungen der BAV zugesagt worden sind. Familiäre Bindungen zum AG schließen die AN-Eigenschaft nicht grds aus. Sie liegt jedenfalls dann vor, wenn ein steuerlich anerkanntes Arbeitsverhältnis vorliegt (BAG 20.7.1993, 3 AZR 99/93, EzA § 613a BGB Nr 110, BAGE 73, 350, DB 1994, 151). Ob bei familiären Bindungen immer die Schriftform zu fordern ist, ist in der Lit umstr (*Blomeyer/Rolfs/Otto* § 17 Rn 13; *Höfer* § 17 Rn 5544).

4 Ist einem Angestellten eine betriebliche Altersversorgung zugesagt worden, der gleichzeitig Gesellschafter ist (auch mit weniger als 10 %) und ergibt sich iR einer Einzelfallprüfung, dass nur den Gesellschaftern aus Anlass des Gesellschaftsverhältnisses eine Versorgung zugesagt wurde, liegt »Unternehmerlohn« vor. Die Zusage ist nicht insolvenzgeschützt (BAG 19.1.2010, 3 AZR 42/08, EzA § 17 BetrAVG Nr 11, DB 2010, 1411; 3 AZR 409/09, AP Nr 62 zu § 1 BetrAVG). Anders ist dies, wenn die Gesellschaftsanteile im Streubesitz sind (BAG 19.1.2010, 3 AZR 660/09, EzA § 7 BetrAVG Nr 75, BB 2010, 1211, 1350).

5 **II. Arbeitnehmerähnliche Personen.** S 2 dehnt den persönlichen Geltungsbereich auf AN-ähnliche Personen aus. Durch die Rspr ist geklärt, dass von S 2 nur solche Personen erfasst werden, die für ein fremdes Unternehmen tätig sind, wenn ihnen Leistungen der Alters-, Invaliditäts- und/oder Hinterbliebenenversorgung zugesagt worden sind. Damit können Handelsvertreter, Fremdgeschäftsführer einer GmbH, Vorstandsmitglieder einer AG oder eines Vereins oder solche Personen, die eine freiberufliche Tätigkeit für das zusagende Unternehmen ausüben (zu Rechtsanwälten und Steuerberatern BGH 13.7.2006, IX ZR 90/05, BetrAV 2006, 682) in den Schutz des Gesetzes einbezogen sein. Rechtsgrundlage ist ein Dienstvertrag, ein Werkvertrag (umstr) oder eine sonstige vertragliche Beziehung, aus deren Anlass die Zusage erteilt wird, wenn eine AN-ähnliche Tätigkeit gegen Entgelt ausgeübt wird. Ob Heimarbeiter erfasst werden, ist offen (BAG 27.1.1998, 3 AZR 444/96, EzA § 1 BetrAVG Unterstützungskasse Nr 11, DB 1998, 1971).

III. Abgrenzung Unternehmer/Nicht-Unternehmer. Nicht vom persönlichen Geltungsbereich werden Unternehmer erfasst, die für ihr eigenes Unternehmen tätig sind (BGH 28.4.1980, II ZR 254/78, BGHZ 77, 94, DB 1980, 1434). Hierzu gehören Einzelkaufleute, persönlich haftende Gesellschafter einer GbR, einer OHG oder einer KG (auch KGaA) mit Ausnahme angestellter Komplementäre (BGH 1.6.1981, II ZR 140/80, ZIP 1980, 892), wenn diese nicht oder nur ganz geringfügig am Kapital beteiligt sind und sie im Innenverhältnis von jeder persönlichen Haftung freigestellt sind. Kommanditisten, die in einem Dienstverhältnis zum Unternehmen stehen, werden grds vom persönlichen Geltungsbereich des BetrAVG erfasst, wenn eine Versorgungszusage erteilt wurde. War ein Kommanditist zunächst AN und wurde er erst später als Gesellschafter beteiligt, wird seine Anwartschaft arbeitsrechtlich fortgeführt. Da mit der Gesellschaftsbeteiligung seine Bezüge nach § 15 EStG als Mitunternehmer zu versteuern sind, können die Aufwendungen, die auf die Zeit der Mitunternehmerschaft entfallen, nicht mit steuerlicher Wirkung geltend gemacht werden. 6

Die Abgrenzung zwischen dem nicht vom persönlichen Geltungsbereich erfassten **Unternehmer** und den in den Geltungsbereich einbezogenen **AN-ähnlichen** Personen ist iW für Personen von Bedeutung, die an einer Kapitalgesellschaft beteiligt sind, die gleichzeitig zum Geschäftsführer bestellt sind und denen aus Anlass der Tätigkeit für diese Gesellschaft eine Versorgungszusage erteilt wurde. 7

Ausgeschlossen vom persönlichen Geltungsbereich ist der **Allein-GGF** und der **Mehrheits-GGF**, wenn zB eine Mehrheitsbeteiligung von 55 % vorliegt (BGH 28.4.1980, II ZR 254/78, BGHZ 77, 94, DB 1980, 1434; BAG 21.8.1990, 3 AZR 429/89, EzA § 1 BetrAVG Nr 61, NZA 1991, 311). Dies gilt auch für eine Beteiligung mit genau 50 %. Ein Minderheits-GGF fällt grds unter den Anwendungsbereich (Ausnahme: die Gesellschaftsbeteiligung wird treuhänderisch für einen Dritten – auch Ehegatten – gehalten, BGH 28.1.1991, II ZR 29/90, DB 1991, 1231). 8

Sind 2 Gesellschafter vorhanden und ist einer von ihnen mit zB 52 %, der andere mit 48 % beteiligt, gilt das BetrAVG nur für den Letztgenannten. Der Erstgenannte ist vom Geltungsbereich ausgeschlossen. Sind 3 oder mehr Gesellschafter vorhanden und ist einer von ihnen mehrheitlich beteiligt (Bsp: 52, 24, 24), ist der mehrheitlich beteiligte GGF nicht vom persönlichen Geltungsbereich erfasst, die nicht mehrheitlich Beteiligten fallen unter das BetrAVG. 9

Ist kein GGF allein mehrheitlich beteiligt, gilt eine sog **Zusammenrechnungsregel**. Bei dieser werden alle GGF berücksichtigt, die mit mind 10 % beteiligt sind (BAG 25.1.2000, 3 AZR 769/98, EzA § 17 BetrAVG Nr 9, DB 2001, 2102). Ausgeschlossen bleiben GGF, die zu weniger als 10 % beteiligt sind. Sie fallen immer unter den persönlichen Geltungsbereich des Gesetzes (zum »Unternehmerlohn« vgl. Rdn 4). Führt die Zusammenrechnungsregel dazu, dass die GGF zusammen genommen eine mehrheitliche Beteiligung halten, sind sie alle vom Geltungsbereich des BetrAVG ausgeschlossen. Wird keine mehrheitliche Beteiligung erreicht, werden sie vom Geltungsbereich des Gesetzes erfasst (krit zur Zusammenrechnungsregel BAG 16.4.1997, 3 AZR 869/95, EzA § 17 BetrAVG Nr 6, DB 1997, 2495; BGH 2.6.1997, II ZR 181/96, DB 1997, 1611). 10

Diese ständige Rspr des BGH und des BAG wird zwischenzeitlich infrage gestellt, weil die Schützbedürftigkeit nicht an den Beteiligungsverhältnissen festzumachen sei, sondern an der Abhängigkeit iR der Tätigkeit für das zusagende Unternehmen. Die Beteiligungsgrenze für die Geltung des Betriebsrentengesetzes müsse bei unter 10 % liegen (*Reinecke* FS Höfer, S. 199). 11

Abzustellen ist auf das Kapital und/oder Stimmrecht. Weichen Kapital- und Stimmrechte voneinander ab, ist der jeweils höhere Wert ausschlaggebend. Bei einer indirekten (mittelbaren) Beteiligung muss eine Einzelfallprüfung erfolgen. 12

Wurde ein **Stimmbindungsvertrag** abgeschlossen, nach dem ein GGF in persönlicher Verantwortung die Stimmrechte für einen anderen Gesellschafter ausübt, sind die eigenen Anteile mit den Anteilen zusammenzurechnen, die sich aus dem Stimmbindungsvertrag ergeben (BGH 14.7.1980, II ZR 224/79, DB 1980, 1993). Allein der Umstand, dass ein GGF mit einem anderen Gesellschafter verheiratet ist, führt nicht zur Zusammenrechnung der Anteile. Dies gilt für den gesetzlichen Güterstand der Zugewinngemeinschaft und bei Gütertrennung (BVerfG 12.3.1985, 1 BvR 571/89, DB 1985, 1360). Bei Gütergemeinschaft vertritt der PSVaG die Auffassung, dass eine Zusammenrechnung stattzufinden hat. Ein Stimmbindungsvertrag kann schriftlich abgeschlossen sein, aber auch mündlich oder rein faktisch gestaltet werden. 13

Für die Anwendung der Vorschriften des BetrAVG kommt es nicht darauf an, wann man Gesellschafter wird, wann die Zusage erteilt wird, wann eine Zusage erhöht wird. Entscheidend ist, ob während der gesamten Beschäftigungsdauer vom Beginn der Tätigkeit bis zur Beendigung der Tätigkeit ganz oder zeitweise das BetrAVG anzuwenden ist. Wurden Zeiten als Unternehmer verbracht, sind diese zeitanteilig herauszurechnen (BGH 9.6.1980, II ZR 255/78, EzA § 17 BetrAVG Nr 1, DB 1980, 1588 und II ZR 180/79, ZIP 1980, 562; 2.4.1990 II ZR 156/89, NJW-RR 1990, 800, BetrAV 1990, 206). Für die Zeiten, in denen das BetrAVG anzuwenden ist, gelten zwingend die gesetzlichen Vorschriften, wenn die Unverfallbarkeitsvoraussetzungen erfüllt sind. Für die Unternehmerzeiten muss im Vertrag geregelt werden, ob eine 14

Anwartschaft bei einem vorzeitigen Ausscheiden aufrecht zu halten ist, ob vorzeitige Altersleistungen in Anspruch genommen werden können, wie eine Anpassung vorzunehmen ist und insb sollte darüber nachgedacht werden, wie der fehlende gesetzliche Insolvenzschutz vertraglich herbeigeführt werden kann, zB durch Verpfändung einer Rückdeckungsversicherung (BGH 7.4.2005, IX ZR 138/04, DB 2005, 1453, BetrAV 2005, 590; zu den beherrschenden GGF insb *Doetsch/Lenz* Versorgungszusagen an Gesellschafter-Geschäftsführer und Vorstände; *Keil/Prost*, Pensions- und Unterstützungskassenzusagen an Gesellschafter-Geschäftsführer von Kapitalgesellschaften).

15 **IV. Entgeltumwandlung.** Einen eigenständigen Geltungsbereich definiert das Gesetz im Zusammenhang mit dem Anspruch auf Entgeltumwandlung nach § 1a. Diesen Anspruch haben nur AN und AN-ähnliche Personen, wenn sie in der gesetzlichen Rentenversicherung pflichtversichert sind. Hierzu gehören seit dem 1.1.2013 auch geringfügig Beschäftigte, wenn ab diesem Stichtag das Arbeitsverhältnis begründet wird. Dies erklärt sich, weil der Anspruch auf Entgeltumwandlung geschaffen wurde, um Lücken zu füllen, die in der gesetzlichen Rentenversicherung schon entstanden sind und zukünftig entstehen. Damit hat keinen Anspruch auf Entgeltumwandlung ein nicht versicherungspflichtiges Vorstandsmitglied und ein AN, der in einem berufsständischen Versorgungswerk versichert ist.

16 **C. Eingeschränkter Geltungsbereich für die Insolvenzsicherung.** II regelt, dass die Vorschriften zur gesetzlichen Insolvenzsicherung nicht zur Anwendung kommen, wenn der Bund, die Länder, die Gemeinden oder Körperschaften, Stiftungen und Anstalten des öffentl Rechts Versorgungszusagen erteilen, wenn bei ihnen das Insolvenzverfahren nicht zulässig ist.

17 Des Weiteren ist diese Vorschrift nicht anzuwenden auf solche juristischen Personen des öffentl Rechts, bei denen der Bund, ein Land oder eine Gemeinde kraft Gesetzes die Zahlungsfähigkeit sichert.

18 Nicht unter II fallen Rechtsanwaltskammern (BVerwG 10.12.1981, 3 C 202/81, BB 1982, 372), Industrie- und Handelskammern (BVerfG 5.10.1993, 1 BVL 34/81, NJW 1994, 1164), Krankenkassen (BSG 1.6.1978, 12 RK 16/77, BB 1978, 1469), öffentl-rechtliche Kreditanstalten (OVG Bremen 20.5.1980, 1 BA 58/79, ZIP 1980, 467), eine städtische Hafenbetriebs-AG (OVG Bremen 13.2.1979 I BA 67/77, DB 1979, 1564), kommunale Eigenbetriebe (BVerwG 13.7.1999, 1 C 13/98, DB 1999, 2271, NZA 1999, 1217).

19 Die Vorschrift ist anzuwenden auf öffentl-rechtliche Rundfunkanstalten (BVerfG 18.4.1994, 1 BVR 243/87, EzA § 7 BetrAVG Nr 49, BB 1995, 412).

20 **D. Unabdingbarkeit.** Die Vorschriften des BetrAVG sind zwingendes Recht. Zum Nachteil des »normalen« AN kann nicht von den Bestimmungen abgewichen werden, wohl bei Organpersonen, und zwar insoweit, wie III 1 Abweichungen erlaubt (BAG 21.4.2009, 3 AZR 285/07, DB 2010, 2004). Dies sind dieselben Abweichungen, die den Tarifvertragsparteien Abweichungen gestatten, nicht den Betriebsparteien. Dies sind: § 1a (Anspruch auf Entgeltumwandlung), § 2 (gesetzliche Unverfallbarkeit der Höhe nach), § 3 (Abfindung), § 4 (Übertragung), § 5 (Anrechnung und Auszehrung), § 16 (Anpassung), § 18a S 1 (Verjährung des Stammrechts). Nicht abgewichen werden kann von § 1 (gesetzliche Definition, Haftung des AG, Zusagearten, Entgeltumwandlung), § 1b (gesetzliche Unverfallbarkeit dem Grunde nach und Definition der Durchführungswege), § 6 (vorzeitige Altersleistung) und den gesetzlichen Vorschriften zur Insolvenzsicherung. Ebenfalls nicht abänderbar ist der persönliche Geltungsbereich des BetrAVG.

21 Abweichen bedeutet, dass die TV-Parteien bestimmen können, ob und in welchem Umfang die gesetzlichen Regelungen angewandt werden und inwieweit eigenständige Regelungen geschaffen werden. Gänzlich aufgehoben werden können die gesetzlichen Regelungen jedoch nicht. Es reicht nicht aus, wenn die Tarifvertragsparteien eine Regelung, die in einer BV geschaffen wurde, nur abnicken (BAG 18.9.2012, 3 AZR 415/10, EzA § 17 BetrAVG Nr 12, BetrAV 2013, 65).

22 Der Anwendungsbereich der Vorschrift wird erweitert auf solche AG und AN, die nicht tarifgebunden sind. Die abw Bestimmungen in TV gelten auch für sie, wenn zwischen ihnen die Anwendung der einschlägigen tariflichen Regelungen vereinbart ist. Dies gilt jedoch nur so lange, wie man die Anwendung der TV vereinbart hat. Hebt man diese Vereinbarung auf, gelten die abw tariflichen Regelungen nicht mehr.

23 **E. Vorgesetzliche Regelungen.** Mit IV wird klar gestellt, dass gesetzliche Regelungen zur BAV, die bereits bei Inkrafttreten des BetrAVG galten, unberührt blieben, also fortgalten. Hierzu iE *Blomeyer/Rolfs/Otto* § 17 Rn 223 ff; Kemper/Kisters-Kölkes/Berenz/Huber/*Huber* § 17 Rn 40.

24 **F. Entgeltumwandlung und Tarifvorbehalt.** Eine vertragliche Vereinbarung zwischen AG und AN, in der auf Tarifverträge verwiesen wird, führt nicht dazu, dass der AN keine Entgeltumwandlung vornehmen kann, wenn diese TV die Entgeltumwandlung ausschließen (BAG 19.4.2011, 3 AZR 154/09, EzA § 1a BetrAVG Nr 3, DB 2011, 2210). Die Verweisung führt nicht zur Tarifbindung.

Gem § 30h ist V auf Zusagen aus Entgeltumwandlungen anzuwenden, die nach dem 29.6.2001 erteilt werden. Mit dieser Regelung wird sichergestellt, dass die Tarifautonomie erhalten bleibt. TV, die die Entgelte der **tarifgebundenen AN** regeln, sollen nicht zur Disposition des Einzelnen gestellt werden. Vielmehr sollen AN, die tarifgebunden sind, nur dann hinsichtlich ihrer tariflichen Vergütung den Anspruch auf Entgeltumwandlung gem § 1a umsetzen können, wenn dies durch den TV selbst vorgesehen ist oder wenn dies durch TV ausdrücklich zugelassen wird. 25

Der Umstand, dass nur bei einer tariflichen **Öffnungsklausel** tarifgebundene AN eine Entgeltumwandlung hinsichtlich ihrer tariflichen Vergütung vornehmen können, hat dazu geführt, dass nahezu in allen Branchen zu fast allen Entgelttarifverträgen Öffnungsklauseln geschaffen wurden, die auch den tarifgebundenen AN die Möglichkeit zur Entgeltumwandlung geben. Allerdings sind die TV unterschiedlich ausgestaltet. Es gibt TV, die generell eine Entgeltumwandlung für alle Vergütungsbestandteile in allen Durchführungswegen zulassen. Es gibt auch TV, die die umwandelbare Vergütung vorgeben, die einen oder mehrere Durchführungswege vorschreiben, die das erforderliche Leistungsspektrum und die Leistungsarten festlegen und es gibt auch TV, die den konkreten Versorgungsträger, bei dem die BAV umgesetzt werden muss, vorschreiben. Ob eine solche Beschränkung arbeitsrechtlich zulässig ist, ist umstr (hierzu *Anton* BetrAV 2006, 337; *Rieble* BetrAV 2006, 240; *Hanau* DB 2004, 2266). Auch wenn ein TV den Rahmen für die Umsetzung des Anspruchs auf Entgeltumwandlung vorgibt, sind die AG des öffentl Dienstes verpflichtet, eine europaweite Ausschreibung vorzunehmen (EuGH 15.9.2010, C 271/08, BetrAV 2010, 571; hierzu *Schwintowski/Ortlieb* BetrAV 2010, 522). 26

Der Tarifvorrang greift nur bei tarifgebundenen Bezügen. Bezieht ein AN Vergütungsbestandteile, die außertariflich sind, greift insoweit der Tarifvorbehalt nicht. 27

Wird in einem TV die Öffnung für die Entgeltumwandlung vorgesehen, kann in diesem TV auch geregelt werden, auf welche Art und Weise eine Entgeltumwandlung umzusetzen ist. Insoweit ist § 1a nach § 17 III 1 tarifdispositiv. Damit kann ein bestimmter Durchführungsweg vorgegeben werden, kann die 4-%-Grenze angehoben oder herabgesetzt werden, es kann auf die gesetzlichen Vorgaben nach § 1a I verzichtet werden und es kann auch ausdrücklich geregelt werden, dass § 1a III mit der sog Riesterförderung nicht zur Anwendung kommt. 28

Die Öffnungsklauseln in TV können auch so ausgestaltet sein, dass erg BV abgeschlossen werden können. In diesem Fall richtet es sich nach dem Inhalt der Öffnungsklausel, welche Regelungskompetenz die Betriebspartner haben (§ 77 III BetrVG). 29

§ 18a Verjährung

¹**Der Anspruch auf Leistungen aus der betrieblichen Altersversorgung verjährt in 30 Jahren.** ²**Ansprüche auf regelmäßig wiederkehrende Leistungen unterliegen der regelmäßigen Verjährungsfrist nach den Vorschriften des Bürgerlichen Gesetzbuchs.**

Diese Vorschrift ist durch die Schuldrechtsreform in das BetrAVG eingefügt worden. Bereits vorher galten die Bestimmungen des BGB, sodass lediglich eine Klarstellung erfolgt ist. 1

Nach S 1 verjährt das Rentenstammrecht und das Recht, eine Kapitalleistung zu fordern, nach 30 Jahren. Von dieser Regelung kann in TV abgewichen werden (§ 17 III 1). 2

Für die zu zahlenden Renten, Rentenerhöhungen iSv § 16, Ratenzahlungen oder für die Leistungen aus einem Auszahlungsplan (wiederkehrende Leistungen) gelten die Vorschriften des BGB. Diese Leistungen verjähren gem § 195 BGB nach 3 Jahren. 3

Die 3-jährige Verjährungsfrist beginnt am Ende des Jahres zu laufen, in dem der Anspruch entstanden ist. Insoweit ist § 199 BGB anzuwenden. 4

Die Einrede der Verjährung muss ausdrücklich erhoben werden. 5

§ 30a

(1) ¹Männlichen Arbeitnehmern,
1. die vor dem 1. Januar 1952 geboren sind,
2. die das 60. Lebensjahr vollendet haben,
3. die nach Vollendung des 40. Lebensjahres mehr als 10 Jahre Pflichtbeiträge für eine in der gesetzlichen Rentenversicherung versicherte Beschäftigung oder Tätigkeit nach den Vorschriften des Sechsten Buches Sozialgesetzbuch haben,
4. die die Wartezeit von 15 Jahren in der gesetzlichen Rentenversicherung erfüllt haben und

5. deren Arbeitsentgelt oder Arbeitseinkommen die Hinzuverdienstgrenze nach § 34 Abs 3 Nr. 1 des Sechsten Buches Sozialgesetzbuch nicht überschreitet,

sind auf deren Verlangen nach Erfüllung der Wartezeit und sonstiger Leistungsvoraussetzungen der Versorgungsregelung für nach dem 17. Mai 1990 zurückgelegte Beschäftigungszeiten Leistungen der betrieblichen Altersversorgung zu gewähren. ²§ 6 Satz 3 gilt entsprechend.

(2) Haben der Arbeitnehmer oder seine anspruchsberechtigten Angehörigen vor dem 17. Mai 1990 gegen die Versagung der Leistungen der betrieblichen Altersversorgung Rechtsmittel eingelegt, ist Abs. 1 für Beschäftigungszeiten nach dem 8. April 1976 anzuwenden.

(3) Die Vorschriften des Bürgerlichen Gesetzbuchs über die Verjährung von Ansprüchen aus dem Arbeitsverhältnis bleiben unberührt.

Übersicht

	Rdn.		Rdn.
A. Normzweck	1	C. Höhe der Leistung	6
B. Anspruchsvoraussetzungen	3		

1 **A. Normzweck.** Die Vorschrift soll die Gleichberechtigung von Männern und Frauen herstellen. Sie ist zurückzuführen auf die Entscheidung des EuGH v 17.5.1990 (C 262/88, EzA 119 EWG-Vertrag Nr 4, DB 1990, 1824; Barber-Entscheidung). Sie gilt nicht nur für Versorgungsregelungen, die unterschiedliche Altersgrenzen vorsehen, sondern für alle Versorgungsregelungen. Auch der Fremdgeschäftsführer hat diesen Anspruch (BAG 15.4.2014, 3 AZR 114/12, BB 2014, 1588).

2 Die Vorschrift fingiert für den Mann die Voraussetzungen, die eine Frau erfüllen muss, um aus der gesetzlichen Rentenversicherung eine vorzeitige Altersrente zu beziehen. Der AN, der diese Voraussetzungen erfüllen würde, erhält aus der Versorgungszusage eine vorzeitige betriebliche Altersleistung. Diese Leistung ist allerdings auf den Teil beschränkt, der in der Zeit nach dem 17.5.1990 erdient wurde. Tatsache ist, dass kaum ein Mann nach dieser Vorschrift eine vorzeitige betriebliche Altersleistung beziehen kann, weil der Anspruch an 2 Punkten scheitert: Wer nur eine fiktive, aber keine tatsächliche Rente aus der gesetzlichen Rentenversicherung bezieht, ist idR nicht in der Lage, seinen Lebensunterhalt ohne Arbeitseinkünfte zu bestreiten. Wer aber Arbeitseinkünfte bezieht, hat üblicherweise Einkünfte, die die Hinzuverdienstgrenze nach § 34 SGB VI überschreiten. Folglich ist ein Anspruch faktisch ausgeschlossen. Letztmals können Frauen mit dem Geburtsjahrgang 1951 eine vorzeitige Altersrente abrufen.

3 **B. Anspruchsvoraussetzungen.** Die Vorschrift bildet die Voraussetzungen nach, die nach § 237a SGB VI Frauen erfüllen müssen, um aus der gesetzlichen Rentenversicherung eine vorzeitige Altersleistung zu beziehen.
 1. Voraussetzung ist, dass der AN vor dem 1.1.1952 geboren wurde.
 2. Voraussetzung ist, dass er zum Zeitpunkt der Inanspruchnahme das 60. Lebensjahr vollendet hat. Weitere Voraussetzung ist eine Pflichtversicherung in der gesetzlichen Rentenversicherung. Diese muss nach Vollendung des 40. Lebensjahres mind 10 Jahre bestanden haben. Es muss die für den Bezug der vorzeitigen Altersrente maßgebliche Wartezeit von 15 Jahren in der gesetzlichen Rentenversicherung erfüllt sein. Die Hinzuverdienstgrenze nach § 34 III Nr 1 SGB VI darf nicht durch Arbeitseinkünfte überschritten werden.

4 Neben den Voraussetzungen, die die gesetzliche Rentenversicherung fordern würde, müssen auch die Voraussetzungen erfüllt sein, die die maßgebliche Versorgungsregelung vorsieht. Dies kann das Ausscheiden aus dem Arbeitsverhältnis oder eine Wartezeit sein.

5 Der AN muss die vorzeitige betriebliche Leistung verlangen. Er muss von sich aus tätig werden und die Anspruchsvoraussetzungen nachweisen. Da er tatsächlich aus der gesetzlichen Rentenversicherung noch keine Rente bezieht, muss er zB durch eine Rentenauskunft nachweisen, dass er die Voraussetzungen erfüllen würde, die § 30a vorsieht.

6 **C. Höhe der Leistung.** Die Versorgungsleistung ist nach der maßgeblichen Versorgungsregelung zu bemessen. Von dieser vorzeitigen Altersleistung erhält der AN nur den Teil, der auf die Zeit nach dem 17.5.1990 entfällt.

§ 30b

§ 4 Abs 3 gilt nur für Zusagen, die nach dem 31. Dezember 2004 erteilt wurden.
Hierzu wird auf die Ausführung in § 4 verwiesen.

§ 30c

(1) § 16 Abs. 3 Nr. 1 gilt nur für laufende Leistungen, die auf Zusagen beruhen, die nach dem 31. Dezember 1998 erteilt werden.
(2) § 16 Abs. 4 gilt nicht für vor dem 1. Januar 1999 zu Recht unterbliebene Anpassungen.
(3) § 16 Abs. 5 gilt nur für laufende Leistungen, die auf Zusagen beruhen, die nach dem 31. Dezember 2000 erteilt werden.
(4) Für die Erfüllung der Anpassungsprüfungspflicht für Zeiträume vor dem 1. Januar 2003 gilt § 16 Abs. 2 Nr. 1 mit der Maßgabe, dass an die Stelle des Verbraucherpreisindexes für Deutschland der Preisindex für die Lebenshaltung von 4-Personen-Haushalten von Arbeitern und Angestellten mit mittlerem Einkommen tritt.

Diese Vorschrift enthält Übergangsregelungen zur Anpassungsgarantie, zur nachholenden Anpassung und für eine BAV, die durch Entgeltumwandlung finanziert wird. Hierzu wird iW auf die Ausführungen in § 16 BetrAVG verwiesen.

1

§ 30e

(1) § 1 Abs. 2 Nr. 4 zweiter Halbsatz gilt für Zusagen, die nach dem 31. Dezember 2002 erteilt werden.
(2) ¹§ 1 Abs. 2 Nr. 4 zweiter Halbsatz findet auf Pensionskassen, deren Leistungen der betrieblichen Altersversorgung durch Beiträge der Arbeitnehmer und Arbeitgeber gemeinsam finanziert und die als beitragsorientierte Leistungszusage oder als Leistungszusage durchgeführt werden, mit der Maßgabe Anwendung, dass dem ausgeschiedenen Arbeitnehmer das Recht zur Fortführung mit eigenen Beiträgen nicht eingeräumt werden und eine Überschussverwendung gemäß § 1b Abs. 5 Nr. 1 nicht erfolgen muss. ²Wird dem ausgeschiedenen Arbeitnehmer ein Recht zur Fortführung nicht eingeräumt, gilt für die Höhe der unverfallbaren Anwartschaft § 2 Abs. 5a entsprechend. ³Für die Anpassung laufender Leistungen gelten die Regelungen nach § 16 Abs. 1 bis 4. ⁴Die Regelung in Abs. 1 bleibt unberührt.

In § 1 II Nr 4 ist die Möglichkeit geschaffen worden, sog Umfassungszusagen zu erteilen. Der Anwendungsbereich wird eingeschränkt. Hierzu wird auf die Ausführungen in § 1 verwiesen.

1

§ 30f

(1) ¹Wenn Leistungen der betrieblichen Altersversorgung vor dem 1. Januar 2001 zugesagt worden sind, ist § 1b Abs. 1 mit der Maßgabe anzuwenden, dass die Anwartschaft erhalten bleibt, wenn das Arbeitsverhältnis vor Eintritt des Versorgungsfalles, jedoch nach Vollendung des 35. Lebensjahres endet und die Versorgungszusage zu diesem Zeitpunkt
1. mindestens zehn Jahre oder
2. bei mindestens zwölfjähriger Betriebszugehörigkeit mindestens drei Jahre
bestanden hat; in diesen Fällen bleibt die Anwartschaft auch erhalten, wenn die Zusage ab dem 1. Januar 2001 fünf Jahre bestanden hat und bei Beendigung des Arbeitsverhältnisses das 30. Lebensjahr vollendet ist. ²§ 1b Abs. 5 findet für Anwartschaften aus diesen Zusagen keine Anwendung.
(2) Wenn Leistungen der betrieblichen Altersversorgung vor dem 1. Januar 2009 und nach dem 31. Dezember 2000 zugesagt worden sind, ist § 1b Abs. 1 Satz 1 mit der Maßgabe anzuwenden, dass die Anwartschaft erhalten bleibt, wenn das Arbeitsverhältnis vor Eintritt des Versorgungsfalls, jedoch nach Vollendung des 30. Lebensjahres endet und die Versorgungszusage zu diesem Zeitpunkt fünf Jahre bestanden hat; in diesen Fällen bleibt die Anwartschaft auch erhalten, wenn die Zusage ab dem 1. Januar 2009 fünf Jahre bestanden hat und bei Beendigung des Arbeitsverhältnisses das 25. Lebensjahr vollendet ist.

Diese Vorschrift hat zwischenzeitlich ihre Bedeutung verloren. Sie gilt nur für vorzeitig ausgeschiedene Arbeitnehmer, die vor dem 31.12.2013 ausgeschieden sind.
Im Übrigen wird auf § 1b verwiesen.
Für die Zeit ab dem 1.1.2018 gibt es eine weitere Übergangsregelung.⁵

1

2
2.1

---

5 BGBl I 2015, 2553.

§ 30g

(1) ¹§ 2 Abs. 5a gilt nur für Anwartschaften, die auf Zusagen beruhen, die nach dem 31. Dezember 2000 erteilt worden sind. ²Im Einvernehmen zwischen Arbeitgeber und Arbeitnehmer kann § 2 Abs. 5a auch auf Anwartschaften angewendet werden, die auf Zusagen beruhen, die vor dem 1. Januar 2001 erteilt worden sind.

(2) § 3 findet keine Anwendung auf laufende Leistungen, die vor dem 1. Januar 2005 erstmals gezahlt worden sind.

1 Die Übergangsregelung enthält 2 Regelungsbereiche. Zum einen wird über diese Vorschrift geregelt, dass die Unverfallbarkeit der Höhe nach bei einer beitragsorientierten Leistungszusage oder bei einer BAV aus Entgeltumwandlung sich nur dann nach § 2 Va richtet, wenn die Zusage ab dem 1.1.2001 erteilt wurde. Entscheidend ist der Rechtsbegründungsakt. Bei Versorgungszusagen, die vor diesem Stichtag erteilt wurden, kann diese Regelung angewendet werden, wenn sich AG und AN hierauf im Einzelfall einigen. Durch BV kann die Anwendung dieser Vorschrift nicht vorgegeben werden.

2 In II wird geregelt, dass das Abfindungsverbot nicht für laufende Leistungen gilt, die erstmals vor dem 1.1.2005 gezahlt worden sind. Dabei ist nicht auf den Zahlungsvorgang abzustellen, sondern auf die Anspruchsentstehung.

§ 30h

§ 17 Abs. 5 gilt für Entgeltumwandlungen, die auf Zusagen beruhen, die nach dem 29. Juni 2001 erteilt werden.

1 Für die Zeit bis zum 29.6.2001 war umstr, ob die Umwandlung von Bezügebestandteilen, die auf einem TV beruhten, zulässig war oder nicht. Die Vorschrift stellt klar, dass für ab dem 30.6.2001 erteilte Versorgungszusagen § 17 V anzuwenden ist, also eine Öffnungsklausel vorliegen muss. Die hM geht davon aus, dass damit die vor dem 30.6.2001 abgeschlossenen Vereinbarungen sanktioniert wurden.

§ 30i

(1) ¹Der Barwert der bis zum 31. Dezember 2005 aufgrund eingetretener Insolvenzen zu sichernden Anwartschaften wird einmalig auf die beitragspflichtigen Arbeitgeber entsprechend § 10 Abs. 3 umgelegt und vom Träger der Insolvenzsicherung nach Maßgabe der Beträge zum Schluss des Wirtschaftsjahres, das im Jahr 2004 geendet hat, erhoben. ²Der Rechnungszinsfuß bei der Berechnung des Barwerts beträgt 3,67 vom Hundert.

(2) ¹Der Betrag ist in 15 gleichen Raten fällig. ²Die erste Rate wird am 31. März 2007 fällig, die weiteren zum 31. März der folgenden Kalenderjahre. ³Bei vorfälliger Zahlung erfolgt eine Diskontierung der einzelnen Jahresraten mit dem zum Zeitpunkt der Zahlung um ein Drittel erhöhten Rechnungszinsfuß nach § 65 des Versicherungsaufsichtsgesetzes, wobei nur volle Monate berücksichtigt werden.

(3) Der abgezinste Gesamtbetrag gemäß Abs. 2 am 31. März 2007 fällig, wenn die sich ergebende Jahresrate nicht höher als 50 Euro ist.

(4) Insolvenzbedingte Zahlungsausfälle von ausstehenden Raten werden im Jahr der Insolvenz in die erforderlichen jährlichen Beiträge gemäß § 10 Abs. 2 eingerechnet.

1 Diese Vorschrift ist durch das Gesetz zur Änderung des Betriebsrentengesetzes und anderer Gesetze v 12.12.2006 eingefügt worden (BGBl I 2006, S 2742). Sie wird iW im Zusammenhang mit § 10 kommentiert.

2 Beitragspflichtig sind unumkehrbar alle in 2005 beitragspflichtigen AG (BVerwG 25.8.2010, 8 C 40.09, DB 2011, 181, BetrAV 2011, 98 und 8 C 23.09, DB 2011, 184, BetrAV 2010, 706). Für die Beitragspflicht ist ohne Bedeutung, ob nach dem 31.12.2005 ein Betriebsübergang nach § 613a BGB oder eine Gesamtrechtsnachfolge stattgefunden hat. Die Beitragspflicht verbleibt beim abgebenden Unternehmen, da dieses für die »alte Last« einzustehen hat.

§ 31

¹Auf Sicherungsfälle, die vor dem 1. Januar 1999 eingetreten sind, ist dieses Gesetz in der bis zu diesem Zeitpunkt geltenden Fassung anzuwenden.

Durch Zeitablauf hat diese Vorschrift ihre Bedeutung verloren.

§ 32

¹Dieses Gesetz tritt vorbehaltlich des Satzes 2 am Tag nach seiner Verkündung in Kraft. ²Die §§ 7 bis 15 treten am 1. Januar 1975 in Kraft.

Das Gesetz ist am 22.12.1974 in Kraft getreten. Die Vorschriften zur Insolvenzsicherung traten am 1.1.1975 in Kraft.

Im Beitrittsgebiet gilt das Gesetz für Versorgungszusagen, die nach dem 31.12.1991 erteilt wurden. Dies setzt den Abschluss eines Vertrages voraus. Eine Erfüllung bereits entstandener Verpflichtungen genügt nicht (BAG 24.3.1998, 3 AZR 778/96, EzA § 16 BetrAVG Nr 32, DB 1998, 1621). Das Gesetz gilt folglich nicht für Zusagen, die nach dem Stichtag lediglich bestätigt oder aufrechterhalten wurden (BAG 29.1.2008, 3 AZR 522/06, EzA § 7 BetrAVG Nr 73, DB 2008, 1867).

Betriebsverfassungsgesetz (BetrVG)

In der Fassung der Bekanntmachung vom 25.9.2001 (BGBl I S 2518), zuletzt geändert durch Art 3 Abs 4 des Gesetzes vom 20.4.2013 (BGBl I S 868.)

§ 1 Errichtung von Betriebsräten

(1) ¹In Betrieben mit in der Regel mindestens fünf ständigen wahlberechtigten Arbeitnehmern, von denen drei wählbar sind, werden Betriebsräte gewählt. ²Dies gilt auch für gemeinsame Betriebe mehrerer Unternehmen.

(2) Ein gemeinsamer Betrieb mehrerer Unternehmen wird vermutet, wenn
1. zur Verfolgung arbeitstechnischer Zwecke die Betriebsmittel sowie die Arbeitnehmer von den Unternehmen gemeinsam eingesetzt werden oder
2. die Spaltung eines Unternehmens zur Folge hat, dass von einem Betrieb ein oder mehrere Betriebsteile einem an der Spaltung beteiligten anderen Unternehmen zugeordnet werden, ohne dass sich dabei die Organisation des betroffenen Betriebs wesentlich ändert.

Übersicht	Rdn.		Rdn.
A. Geltungsbereich	1	3. Sonstiges	8
I. Räumlicher Geltungsbereich	1	III. Natur	9
1. Territorialitätsprinzip	1	1. Zwingender Charakter	9
2. Ausstrahlung in das Ausland	2	2. Wandel in den tatsächlichen Verhältnissen	10
II. Betrieblicher Geltungsbereich	3		
III. Persönlicher Geltungsbereich	4	C. Gemeinschaftsbetrieb	11
B. Betrieb	5	I. Begriff	11
I. Definition	5	II. Voraussetzungen	12
II. Merkmale	6	1. Führungsvereinbarung	12
1. Arbeitstechnischer Zweck	6	2. Vermutungstatbestände	13
2. Einheitliche Leitung	7	III. Rechtsfolgen	14

1 **A. Geltungsbereich. I. Räumlicher Geltungsbereich. 1. Territorialitätsprinzip.** Das BetrVG ist – von den Ausnahmen unter Rdn 3 abgesehen – auf alle Betriebe in Deutschland anwendbar (BAG 7.12.1989, 2 AZR 228/89, EzA § 102 BetrVG 1972 Nr 74); es gilt das Territorialitätsprinzip (BAG 22.3.2000, 7 ABR 34/98, EzA § 14 AÜG Nr 4). Auf die Staatsangehörigkeit des AG kommt es nicht an (BAG 22.3.2000, 7 ABR 34/98, aaO). Das G gilt auch für inländische Betriebe ausländischer Unternehmen (BAG 10.9.1985, 1 ABR 28/83, EzA § 99 BetrVG 1972 Nr 41); für sie ist ein GBR samt Wirtschaftsausschuss zu bilden (BAG 31.10.1975, 1 ABR 4/74, EzA § 106 BetrVG 1972 Nr 2). Ein KBR kann gebildet werden, wenn der Konzern seinen Sitz in Deutschland hat oder wenn eine hiesige Zentrale als »Teilkonzernspitze« anderen Konzernunternehmen im Leitungswege übergeordnet ist. Liegt die Konzernspitze im Ausland, kann kein KBR gebildet werden (BAG 14.2.2007, 7 ABR 26/06, EzA § 54 BetrVG 2001 Nr 3; 16.5.2007, 7 ABR 63/06, EzA-SD 2007, Nr 20, 11). Die Staatsangehörigkeit der AN spielt ebenfalls keine Rolle (BAG 9.11.1977, 5 AZR 132/76, EzA § 102 BetrVG 1972 Nr 31); das BetrVG erfasst auch ausländische AN in inländischen Betrieben. Unerheblich ist schließlich die Vereinbarung ausländischen ArbR (BAG 25.4.1978, 6 ABR 2/77, EzA § 8 BetrVG 1972 Nr 6).

2 **2. Ausstrahlung in das Ausland.** Das BetrVG gilt nicht für Betriebe dt Unternehmen im Ausland (BAG 10.9.1985, 1 ABR 28/83, EzA § 99 BetrVG 1972 Nr 41), selbst dann nicht, wenn auf das Vertragsverhältnis dt Recht anzuwenden ist (BAG 30.4.1987, 2 AZR 192/86, EzA § 12 SchwbG Nr 15). Davon zu unterscheiden ist die Frage, ob das BetrVG auf AN eines im Inland gelegenen Betriebs anwendbar ist, die im Ausland tätig werden. Die »Ausstrahlung« eines inländischen Betriebs ins Ausland ist keine Frage des räumlichen, sondern des persönlichen Geltungsbereichs (BAG 22.3.2000, 7 ABR 34/98, EzA § 14 AÜG Nr 4). Entscheidend ist, ob ein AN trotz Auslandstätigkeit weiterhin einem inländischen Betrieb angehört (BAG 22.3.2000, 7 ABR 34/98, aaO). Das ist zu bejahen, wenn die Beschäftigung nur vorübergehend und außerhalb einer betrieblichen Organisation erfolgt, etwa als Montagearbeiter, Vertreter oder Fahrer (BAG 7.12.1989, 2 AZR 228/89, EzA § 102 BetrVG 1972 Nr 74). Wird der AN in eine betriebliche Organisation im Ausland eingegliedert, dann bleibt er Angehöriger des inländischen Betriebs, wenn die Auslandstätigkeit von vornherein befristet ist oder wenn sich der AG das Recht vorbehalten hat, ihn jederzeit zurückzurufen

(BAG 25.4.1978, 6 ABR 2/77, EzA § 8 BetrVG 1972 Nr 6; LAG München 8.7.2009, 11 TaBV 114/08). Das BetrVG ist wegen § 14 AÜG auch dann anwendbar, wenn ein in Deutschland ansässiger AG einen AN an einen im Ausland liegenden Betrieb verleiht (BAG 22.3.2000, 7 ABR 34/98, EzA § 14 AÜG Nr 4). Nicht zu einem inländischen Betrieb gehört, wer befristet für einen einmaligen Auslandseinsatz eingestellt wird und zu keiner Zeit dem inländischen Betrieb angehört hat (BAG 21.10.1980, 6 AZR 640/79, EzA § 102 BetrVG 1972 Nr 43). Im Ausland tätige AN, für die das BetrVG gilt, haben grds dieselben Rechte wie die AN im Inland. Sie genießen das aktive und passive Wahlrecht, zählen mit bei den Schwellenwerten (§§ 9, 38, 99) und dürfen an Betriebsversammlungen teilnehmen; Betriebsversammlungen können allerdings nicht im Ausland abgehalten werden (BAG 27.5.1982, 6 ABR 28/80, EzA § 42 BetrVG 1972 Nr 3). Der BR ihres Entsendebetriebs nimmt für sie Mitbestimmungsrechte in personellen Angelegenheiten wahr, etwa bei Kdg (BAG 7.12.1989, 2 AZR 228/89, EzA § 102 BetrVG 1972 Nr 74) und Versetzungen (BAG 18.2.1986, 1 ABR 27/84, EzA § 95 BetrVG 1972 Nr 12).

II. Betrieblicher Geltungsbereich. Eine Reihe inländischer Betriebe ist ganz oder teilw vom Anwendungsbereich des BetrVG ausgenommen; für andere gelten Sondervorschriften. Keine Anwendung findet das BetrVG auf Verwaltungen und Betriebe des Bundes, der Länder, der Gemeinden und sonstiger Körperschaften, Anstalten und Stiftungen des öffentl Rechts (§ 130). Für sie gelten die Personalvertretungsgesetze des Bundes und der Länder. Die Abgrenzung erfolgt nach der Rechtsform des Trägers. Keine Rolle spielt, ob hoheitliche oder fiskalische Angelegenheiten erfüllt werden. Für Religionsgemeinschaften und deren Einrichtungen (zB Orden) gelten statt des BetrVG eigene Vertretungsordnungen und -gesetze. In »Tendenzunternehmen und -betrieben«, deren Ziele unter dem bes Schutz der GR stehen (Glaubensfreiheit, Pressefreiheit, Freiheit von Wissenschaft und Kunst, Koalitionsfreiheit usw), findet das BetrVG insoweit keine Anwendung, als die Eigenart des Unternehmens oder des Betriebs dem entgegensteht (§ 118 I 1). Für die Seeschifffahrt sehen die §§ 114–116 »Bordvertretungen« und »Seebetriebsräte« vor. Für Beschäftigte von Luftfahrtunternehmen im Flugbetrieb lassen sich durch TV bes Vertretungen einrichten (§ 117 II). 3

III. Persönlicher Geltungsbereich. Das BetrVG gilt nach § 5 I für alle AN des Betriebs einschl der zu ihrer Berufsausbildung Beschäftigten. Darüber hinaus gilt es für die in Heimarbeit Beschäftigten, soweit sie in der Hauptsache für den Betrieb tätig sind. Für Leih-AN im Betrieb des Entleihers gelten die § 14 II, III AÜG, §§ 7 S 2, 80 II 1 Hs 2 (ausf. *Linsenmaier/Kiel* RdA 2014, 135). Auf ltd Ang (§ 5 III) findet das BetrVG – von wenigen Ausnahmen abgesehen (§§ 105, 107 I, III, 108 II) – keine Anwendung; bei der Feststellung der Betriebsgröße werden sie nicht mitgezählt. Für sie gelten die Vorschriften des SprAuG. 4

B. Betrieb. I. Definition. Das BetrVG hat den Begriff des Betriebs nicht definiert, sondern ihn der Rspr und Lehre zur genaueren Bestimmung überlassen (*Fitting* § 1 Rn 58). Die Begriffsbestimmung muss sich am Gesetzeszweck orientieren. Das BetrVG will ein unfruchtbares Nebeneinander rivalisierender Vertretungsorgane verhindern. Es strebt eine einheitliche Belegschaftsvertretung für alle AN-Gruppen und Beschäftigungsarten an. BR-fähige Organisationseinheit ist deshalb nicht die Abteilung oder der Arbeitsbereich, sondern der Betrieb (BAG 24.2.1976, 1 ABR 62/75, EzA § 4 BetrVG 1972 Nr 1). Unter **Betrieb** iSd BetrVG versteht man **die organisatorische Einheit, innerhalb derer der AG zusammen mit den von ihm beschäftigten AN bestimmte arbeitstechnische Zwecke fortgesetzt verfolgt, die sich nicht in der Befriedigung von Eigenbedarf erschöpfen** (st Rspr, BAG 21.7.2004, 7 ABR 57/03, EzA § 4 BetrVG 2001 Nr 1; 13.2.2013, 7 ABR 36/11; MüArbR/*v Hoyningen-Huene* § 211 Rn 1; *Fitting* § 1 Rn 63; GK-BetrVG/ *Franzen* § 1 Rn 28; HWGNRH/*Rose* § 1 Rn 4 ff): das Werk, die Verkaufsniederlassung, die Hauptverwaltung usw. Der arbeitstechnische Zweck grenzt den Betrieb vom Unternehmen ab; dieses verfolgt keine arbeitstechnischen, sondern wirtschaftliche oder ideelle Zwecke (BAG 24.2.1976, 1 ABR 62/75, EzA § 4 BetrVG 1972 Nr 1). 5

II. Merkmale. 1. Arbeitstechnischer Zweck. In einem Betrieb werden materielle und immaterielle Betriebsmittel für den verfolgten arbeitstechnischen Zweck zusammengefasst, geordnet und gezielt eingesetzt (BAG 14.5.1997, 7 ABR 26/96, EzA § 8 BetrVG 1972 Nr 8). Die Organisation muss auf eine gewisse Dauer, nicht zwingend auf eine längere Zeit angelegt sein (*Fitting* § 1 Rn 77). Die Art des *arbeitstechnischen Zwecks* (Produktion, Vertrieb, Verwaltung, Dienstleistung usw) spielt keine Rolle (BAG 23.9.1982, 6 ABR 42/81, EzA § 8 BetrVG 1972 Nr 3), auch nicht das Motiv, mit dem der Betrieb geführt wird (*Fitting* § 1 Rn 65 f; *Richardi* § 1 Rn 23). Welche unternehmerischen Ziele der Betrieb verfolgt, ist gleichgültig (BAG 17.2.1971, 4 AZR 71/70, AP TVG § 1 Tarifverträge – Bau Nr 9), solange sie sich nicht in der Befriedigung von Eigenbedarf erschöpfen (BAG 17.2.1981, 1 ABR 101/78, EzA § 111 BetrVG 1972 Nr 13); Familienhaushalte sind keine Betriebe (GK-BetrVG/*Franzen* § 1 Rn 28). Ein Betrieb kann auch mehreren arbeitstechnischen Zwecken nachgehen (BAG 14.9.1988, 7 ABR 10/87, EzA 6

§ 1 BetrVG 1972 Nr 7), die sich nicht unbedingt »berühren« müssen (BAG 23.9.1982, 6 ABR 42/81, EzA § 1 BetrVG 1972 Nr 3); es genügt, dass die verschiedenen Zwecke innerhalb ders Organisationseinheit auf einen arbeitstechnischen Gesamtzweck hin ausgerichtet sind (Produktion und Verkauf oder Verwaltung und Produktion usw).

7   **2. Einheitliche Leitung.**   Arbeitsstätten (»Werke«, »Standorte«, »Niederlassungen«) bilden einen Betrieb als »betriebsratsfähige Einheit« iSd § 1, wenn der Einsatz der menschlichen Arbeitskraft für die betreffende Organisationseinheit von einem einheitlichen Leitungsapparat gesteuert wird (BAG 14.5.1997, 7 ABR 26/96, EzA § 8 BetrVG 1972 Nr 8). Gemeint ist damit weder die technische noch die wirtschaftlich-kaufmännische Geschäftsführung (BAG 23.9.1982, 6 ABR 42/81, EzA § 1 BetrVG 1972 Nr 3), sondern die Leitung, die über die mitbestimmungspflichtigen Angelegenheiten zu entscheiden hat (BAG 25.9.1986, 6 ABR 68/84, EzA § 1 BetrVG 1972 Nr 6), vor allem über solche in sozialen und personellen, nicht unbedingt auch in wirtschaftlichen Angelegenheiten (BAG 11.2.2004, 7 ABR 27/03, EzA § 1 BetrVG 2001 Nr 2; *Fitting* § 1 Rn 71). Eine lediglich unternehmerische Zusammenarbeit genügt dagegen nicht (BAG 14.8.13, 7 ABR 46/11, juris). Dass die Leitung nach gewissen RL der Unternehmenszentrale geschieht, schadet nicht (GK-BetrVG/*Franzen* § 1 Rn 43). Trifft jedoch die Zentrale die mitbestimmungsrelevanten Entsch für eine oder mehrere Betriebsstätten im Kern selbst, sind diese nicht betriebsratsfähig; vielmehr handelt es sich um einen einheitlichen Betrieb (BAG 23.9.1982, 6 ABR 42/81, EzA § 1 BetrVG 1972 Nr 3; *Richardi* § 1 Rn 27 f). Betriebsratsfähigkeit können die Betriebsstätten jedoch nach Maßgabe von § 4 erlangen.

8   **3. Sonstiges.**   Für das Bestehen eines einheitlichen Betriebs kann die räumliche Nähe der Betriebsstätten sprechen; sie muss es aber nicht (BAG 23.9.1982, 6 ABR 42/81, EzA § 1 BetrVG 1972 Nr 3). Auch weiter voneinander entfernt liegende Betriebsstätten können Teile eines einheitlichen Betriebs sein, wenn sie gut zu erreichen sind (§ 4 I). Wenig aussagekräftig ist dagegen das Kriterium »Bestehen einer einheitlichen Betriebsgemeinschaft«. Mit Recht stellt das BAG darauf nicht entscheidend ab (BAG 9.2.2000, 7 ABR 21/98, EzA-SD 2000, Nr 4, 3). Zur betriebsverfassungsrechtlichen Einordnung eines **Industrieparks** s *Schipper* Betriebliche Mitbestimmung im Industriepark, 2009. Zur Mitbestimmung in **Matrixstrukturen** international agierender Konzernunternehmen *Günther/Böglmüller* NZA 2015, 1025; *Kort* NZA 2013, 1318; *Rieble* NZA Beilage 2014, Nr 1, 28 *Schumacher* NZA 2015, 587; *B. Weller* AuA 2013, 344.

9   **III. Natur. 1. Zwingender Charakter.**   Der Betriebsbegriff ist zwingend. Über ihn kann weder durch TV noch durch BV verfügt werden (GK-BetrVG/*Franzen* § 1 Rn 45); allerdings lassen sich nach Maßgabe von § 3 betriebsratsfähige Einheiten schaffen, die vom Grundmodell der §§ 1, 4 abweichen. Auch der AG kann die BR-Fähigkeit seiner Organisationseinheiten beeinflussen, indem er den Leitungsapparat entspr ausgestaltet.

10   **2. Wandel in den tatsächlichen Verhältnissen.**   Ein Wechsel des arbeitstechnischen Zwecks lässt den Bestand des Betriebs unberührt, wenn der Betrieb als betriebsratsfähige Einheit erhalten bleibt (BAG 23.9.1982, 6 ABR 42/81, EzA § 1 BetrVG 1972 Nr 3); uU kann damit ein Tarifwechsel verbunden sein (*Hromadka/Maschmann/Wallner* Tarifwechsel, S 179 ff). Wird ein nicht an einen bestimmten Standort gebundener Betrieb verlegt, kommt es auf die räumliche Entfernung zwischen alter und neuer Betriebsstätte an. Die Identität bleibt gewahrt, wenn die Wegstrecke zur neuen Betriebsstätte von den AN in weniger als 1 Autostunde bewältigt werden kann (BAG 26.5.2011, 8 AZR 37/10, EzA § 613a BGB 2002 Nr 125). Wird am neuen Standort eine neue Belegschaft eingestellt, kann es sich um einen anderen Betrieb handeln (BAG 12.2.1987, 2 AZR 247/86, EzA § 613a BGB Nr 64). Der Betrieb endet, wenn er stillgelegt wird. Bei einer Stilllegung muss die wirtschaftliche Betätigung in der Absicht aufgegeben werden, den bisherigen Betriebszweck dauernd oder für eine ihrer Dauer nach unbestimmte, aber erhebliche Zeit nicht weiter zu verfolgen (BAG 16.2.2012, 8 AZR 693/10, EzTöD 100 § 34 Abs 1 TVöD-AT Betriebsübergang Nr 14). Der Entschluss zur Stilllegung muss objektiv nach außen erkennbar sein, etwa durch Einstellung der Produktion oder Kdg der AN (BAG 21.6.2001, 2 AZR 137/00, EzA § 15 KSchG nF Nr 53). Bis zur endgültigen Abwicklung steht dem BR ein Restmandat zu (s § 21b). Keine Änderungen ergeben sich beim Wechsel des Betriebsinhabers. Nach einem Betriebsübergang tritt der neue Inhaber in die beim alten Inhaber bestehenden Arbeitsverhältnisse ein (§ 613a I BGB; *Moll/Ersfeld* DB 2011, 1108). Der BR amtiert weiter. BV und Gesamt-BV gelten beim Erwerber normativ fort (BAG 18.9.2002, 1 ABR 54/01, EzA § 613a BGB 2002 Nr 5). Werden bisher selbständige Betriebe zusammengelegt, enden die alten Betriebe, wenn dadurch ein neuer, einheitlicher Betrieb entsteht (BAG 25.9.1986, 6 ABR 68/84, EzA § 1 BetrVG 1972 Nr 6). Bis zur Wahl eines neuen BR nehmen die bisher zuständigen BR ein Übergangsmandat wahr (s § 21a). Entspr

gilt bei einer Betriebsaufspaltung (*Fitting* § 1 Rn 114). Nimmt ein größerer Betrieb einen kleineren auf, kann der aufnehmende erhalten bleiben.

C. Gemeinschaftsbetrieb. I. Begriff. Ein Betrieb kann auch von mehreren, rechtlich selbständigen Unternehmen als »Gemeinschaftsbetrieb« geführt werden. Die AN eines Gemeinschaftsbetriebs sind zwar bei ihrem jeweiligen Vertrags-AG beschäftigt; ihnen steht aber wegen der einheitlichen Betriebsleitung nur ein gemeinsamer Ansprechpartner für personelle und soziale Angelegenheiten ggü, weshalb sie einen gemeinsamen BR wählen, der die Mitbestimmungsrechte für alle Betriebsangehörigen einheitlich und ohne Rücksicht auf ihre jeweilige arbeitsvertragliche Zuordnung wahrnimmt. Dieses schon seit Langem bekannte Rechtsinstitut hat das BetrVG 2001 durch § 1 2 anerkannt, ohne seine Voraussetzungen und Rechtsfolgen genauer zu regeln. Die bisher ergangene Rspr kann daher weiter herangezogen werden (BAG 11.2.2004, 7 ABR 27/03, EzA § 1 BetrVG 2001 Nr 2; 18.1.2012, 7 ABR 72/10, EzA § 1 BetrVG 2001 Nr 9; 13.2.2013, 7 ABR 36/11, EzA § 1 BetrVG 2001 Nr 10). 11

II. Voraussetzungen. 1. Führungsvereinbarung. Voraussetzung für einen Gemeinschaftsbetrieb ist **die einheitliche Leitung des Betriebs** bei der den Mitbestimmung unterliegenden personellen und sozialen Angelegenheiten – nicht unbedingt auch in den wirtschaftlichen Angelegenheiten (BAG 11.12.2007, 1 AZR 824/06, EzA BetrVG 2001 § 77 Nr 21; 13.8.2008, 7 ABR 21/07, EzA-SD 2008, Nr 26, 14; 10.11.2011, 8 AZR 538/10; 18.1.2012, 7 ABR 72/10, EzA § 1 BetrVG 2001 Nr 9; 13.2.2013, 7 ABR 36/11, EzA § 1 BetrVG 2001 Nr 10). Hierzu müssen die beteiligten Unternehmen eine **Führungsvereinbarung** schließen (BAG 14.12.1994, 7 ABR 26/94, EzA § 1 BetrVG 1972 Nr 9). Die Anforderungen an die Führungsvereinbarung sind gering: Ein **formloser Abschluss**, der sogar stillschweigend erfolgen kann, genügt (BAG 31.5.2000, 7 ABR 78/98, EzA § 19 BetrVG 1972 Nr 39; 10.11.2011, 8 AZR 538/10). IdR bejaht die Rspr eine konkludente Führungsvereinbarung, wenn die **AG-Funktionen im personellen und sozialen Bereich iW einheitlich ausgeübt** werden (BAG 14.12.1994, 7 ABR 26/94, EzA § 1 BetrVG 1972 Nr 9). Entscheidend ist, ob ein »AG-übergreifender Personaleinsatz« praktiziert wird, der charakteristisch für den normalen Betriebsablauf ist (BAG 13.2.2013, 7 ABR 36/11, EzA § 1 BetrVG 2001 Nr 10 mwN). Eine Führungsvereinbarung soll selbst dann bestehen, wenn die am Gemeinschaftsbetrieb beteiligten Unternehmen ihre AG-Befugnisse nur formal ausüben, die maßgeblichen Personalentsch aber durch eine gemeinsame Betriebsleitung einheitlich treffen (BAG 24.1.1996, 7 ABR 10/95, EzA § 1 BetrVG 1972 Nr 10). Die mit einem **Konzernverhältnis** verbundene Beherrschung eines Unternehmens durch ein anderes **genügt dagegen nicht**, gleichviel, ob und inwieweit das herrschende Unternehmen dem beherrschten Weisungen erteilt (BAG 11.12.2007, 1 AZR 824/06, EzA § 77 BetrVG 2001 Nr 21). Entspr gilt für die schlichte **Personalgestellung**, wenn das personalstellende Unternehmen nicht an der Erreichung des arbeitstechnischen Zwecks des anderen Unternehmens mitwirkt (BAG 16.4.2008, 7 ABR 4/07, EzA § 1 BetrVG 2001 Nr 7; LAG Düsseldorf 15.1.2009, 15 TaBV 379/08, LAGE § 1 BetrVG 2001 Nr 2a; LAG Rh-Pf 21.1.2010, 10 TaBV 37/09, LAGE § 1 BetrVG 2001 Nr 4). Dass **mehrere Unternehmen gemeinsam mehrere Betriebe führen**, genügt ebenfalls nicht (BAG 18.1.2012, 7 ABR 72/10, EzA § 1 BetrVG 2001 Nr 9). Anders soll es liegen, wenn betriebsangehörige AN durch Leih-AN einer **unternehmenseigenen Personalservicegesellschaft** ersetzt werden, die Betriebsorganisation iÜ aber unverändert bleibt (LAG Nds 20.1.2009, 13 TaBV 3/08, LAGE § 1 BetrVG 2001 Nr 3). Eine Führungsvereinbarung wird aber nicht schon dann konkludent geschlossen, wenn die AG bei der Durchführung ihrer Unternehmenstätigkeiten aufeinander angewiesen sind und diese aufeinander bezogen ausüben (LAG Berl-Bbg 27.1.2015, 11 Sa 868/14, AfP 2015, 272), auch dann nicht, wenn die unternehmerische Zusammenarbeit aufgrund wechselseitiger Verpflichtungen zu einer Minderung von mitbestimmungsrechtlich relevanten Gestaltungs- und Entscheidungsspielräumen bei den AG führt (BAG 12.9.2010, 8 AZR 567/09, NZA 2011, 344). Ein Gemeinschaftsbetrieb kann auch zwischen einem privatrechtlich verfassten Unternehmen und einer **juristischen Person des öffentl Rechts** gebildet werden, vorausgesetzt, die Führungsvereinbarung beruht auf einer privatrechtlichen Grundlage (BAG 24.1.1996, 7 ABR 10/95, EzA § 1 BetrVG 1972 Nr 10). Die Zusammenarbeit der Unternehmen erfolgt regelmäßig, aber nicht zwingend in Form einer BGB-Gesellschaft (BAG 16.4.2008, 7 ABR 4/07, EzA § 1 BetrVG 2001 Nr 7). 12

2. Vermutungstatbestände. Da der Abschluss einer Führungsvereinbarung zuweilen schwierig nachzuweisen ist, hilft § 1 II mit 2 Vermutungstatbeständen. **Nach § 1 II 2 Nr 1** wird eine Führungsvereinbarung – nicht der gemeinsame Betrieb (BAG 22.6.2005, 7 ABR 57/04, EzA § 1 BetrVG 2001 Nr 4; 13.2.2012, 7 ABR 36/11, EzA § 1 BetrVG 2001 Nr 10) – vermutet, wenn zur Verfolgung arbeitstechnischer Zwecke die Betriebsmittel und die AN von den Unternehmen gemeinsam eingesetzt werden. Erforderlich ist nicht die gemeinsame Nutzung aller, sondern die der wesentlichen Betriebsmittel (ErfK/*Koch* § 1 13

§ 1 BetrVG Errichtung von Betriebsräten

Rn 15). Anhaltspunkte dafür können sein: die gemeinsame räumliche Unterbringung, die Verknüpfung von Arbeitsabläufen in personeller, technischer oder organisatorischer Hinsicht, die gemeinsame Nutzung von Lohnbuchhaltung, Sekretariat oder Kantine (BAG 23.3.1984, 7 AZR 515/82, EzA § 23 KSchG Nr 7, vgl LAG Hamm 10.6.2011, 10 Sa 2127/10), aber auch personelle Verflechtungen (LAG Düsseldorf 7.5.1986, 15 TaBV 12/86, BB 1986, 1851). Liegt kein gemeinsamer Personaleinsatz vor, ist die Vermutungswirkung ausgeschlossen (LAG HH 2.11.2010, 2 TaBV 12/09). Die schlichte Zusammenarbeit von Unternehmen genügt nicht (BAG 16.4.2008, 7 ABR 4/07, EzA § 1 BetrVG 2001 Nr 7). Deshalb deutet eine identische Internetpräsenz verschiedener Unternehmen für sich allein ebenso wenig auf eine Führungsvereinbarung hin wie die gemeinsame Nutzung von Räumen und Einrichtungen (LAG Berl-Bbg 27.1.2015, 11 Sa 868/14, AfP 2015, 272), eines Lagers, die Belieferung durch dieselbe Spedition oder die Existenz einer gemeinsamen Kundenkarte bzw einheitlicher Führungsgrds (LAG Hamm 14.10.2011, 10 TaBV 29/11). Auch das bloße Vorhandensein einer gemeinsamen Personalabteilung ist kein Indiz für einen einheitlichen Leitungsapparat, wenn die Personalabteilung selbst keine Entsch in mitbestimmungsrechtlich relevanten Angelegenheiten trifft, sondern sich iW auf Beratungs- und Unterstützungsleistungen beschränkt (BAG 13.8.2008, 7 ABR 21/07, EzA-SD 2008, Nr 26, 14; LAG Düsseldorf 20.12.2010, 14 TaBV 24/10). Gegen einen Gemeinschaftsbetrieb sprechen eine fehlende gemeinsame Unterbringung des Personals, eine separate Steuerung und Überwachung der Arbeitseinsätze sowie eine fehlende AG-übergreifende Vertretung während der Urlaubs- und Krankheitszeiten (BAG 13.2.2013, 7 ABR 36/11, EzA § 1 BetrVG 2001 Nr 10). **Nach § 1 II Nr 2** wird eine Führungsvereinbarung vermutet, wenn die Spaltung eines Unternehmens zur Folge hat, dass von einem Betrieb ein oder mehrere Betriebsteile einem an der Spaltung beteiligten Unternehmen zugeordnet werden, ohne dass sich dabei die Organisation des betroffenen Betriebs wesentlich ändert. Das kann bei Spaltungen aus steuer-, haftungs- oder wettbewerbsrechtlichen Gründen der Fall sein (zB Aufteilung in eine Besitz- und eine Betriebsgesellschaft). Unternehmensspaltung meint hier Aufspaltung, Abspaltung und Ausgliederung von Unternehmen bzw Unternehmensteilen durch Einzel- oder Gesamtrechtsnachfolge (DKKW/*Trümner* § 1 Rn 148). Eine Betriebsspaltung ohne gleichzeitige Unternehmensspaltung genügt nicht. Beide Vermutungen des § 1 II sind widerlegbar. Der Prozessgegner muss darlegen und ggf beweisen, dass eine gemeinsame Leitung nicht besteht (DKKW/*Trümner* § 1 Rn 142, 159). Die Erklärung der am Gemeinschaftsbetrieb beteiligten Unternehmen, keine Führungsvereinbarung treffen zu wollen oder getroffen zu haben, ist unbeachtlich, wenn sie tatsächlich eine gemeinsame Leitung praktizieren (*Fitting* § 1 Rn 89). Greifen die Vermutungstatbestände nicht ein, kann das Vorhandensein eines Gemeinschaftsbetriebs auch aus anderen Umständen geschlossen werden (BAG 11.2.2004, 7 ABR 27/03, EzA § 1 BetrVG 2001 Nr 2; 13.2.2012, 7 ABR 36/11, EzA § 1 BetrVG 2001 Nr 10). Steht umgekehrt fest, dass die organisatorischen Voraussetzungen für einen Gemeinschaftsbetrieb nicht vorliegen, kommt es auf die Vermutungstatbestände nach § 1 II nicht an (BAG 22.6.2005, 7 ABR 57/04, EzA BetrVG 2001 § 1 Nr 4; 13.2.2012, 7 ABR 36/11, EzA § 1 BetrVG 2001 Nr 10).

14 **III. Rechtsfolgen.** Die AN sämtlicher am Gemeinschaftsbetrieb beteiligter Unternehmen werden von einem einheitlichen BR vertreten. Soweit das BetrVG bei Schwellenwerten auf die Größe des Betriebs abstellt (§§ 9, 28a, 38, 112a I, II), zählen sämtliche Angehörige des Gemeinschaftsbetriebs mit (*Fitting* § 1 Rn 96), etwa bei der Einrichtung eines Wirtschaftsausschusses (BAG 1.8.1990, 7 ABR 91/88, EzA § 106 BetrVG 1972 Nr 16) oder bei der Frage, ob die Organisationseinheit einen wesentlichen Betriebsteil iSd § 111 S 1 Nr 1 darstellt (BAG 11.11.1997, 1 ABR 6/97, EzA § 111 BetrVG 1972 Nr 36). Bei Einstellungen und Versetzungen besteht das Mitbestimmungsrecht nach § 99 I bereits dann, wenn im Gemeinschaftsbetrieb bei zumindest einem Unternehmen mehr als 20 AN beschäftigt sind; sind bei keinem der beteiligten Unternehmen, wohl aber beim Gemeinschaftsbetrieb insgesamt mehr als 20 AN beschäftigt, ist § 99 entspr anwendbar (BAG 29.9.2004, 1 ABR 39/03, EzA § 99 BetrVG 2001 Nr 4). Ein Antrag des BR, der sich auf die Vornahme oder die Unterlassung einer Maßnahme des AG als des Inhabers der betrieblichen Leitungsmacht richtet, muss alle an der Führung des gemeinsamen Betriebs beteiligten Unternehmen erfassen (BAG 15.5.2007, 1 ABR 32/06, AP BetrVG 1972 § 1 Nr 30). Die Mitbestimmungsrechte werden grds ggü der Betriebsleitung geltend gemacht, die von den beteiligten Unternehmen eingesetzt wurde (ausf *Wißmann* NZA 2003, 1). Das gilt insb für die sozialen Angelegenheiten nach § 87 (diff *Fitting* § 1 Rn 107; *Wißmann* NZA 2001, 409, 411); in personellen Angelegenheiten kann der jeweilige Vertrags-AG zuständig sein, etwa bei der Eingruppierung (BAG 23.9.2003, 1 ABR 35/02, EzA § 99 BetrVG 2001 Nr 3). Das »Ob« und das »Wie« einer Betriebsänderung (§ 111) muss mit der Betriebsleitung verhandelt werden (BAG 11.11.1997, 1 ABR 6/97, EzA § 111 BetrVG 1972 Nr 36); sozialplanpflichtig sind dagegen nur die jeweiligen Vertrags-AG. Für den Kostentragungsanspruch nach § 40 I haften die beteiligten Unternehmen als Gesamtschuldner; Freistellungsansprüche nach § 37 haben die jeweiligen Vertrags-AG zu erfüllen (*Fitting*

§ 1 Rn 109). Der BR des Gemeinschaftsbetriebs entsendet seine Mitglieder in die GBR der beteiligten Unternehmen (vgl § 47 IX). Welcher GBR im Einzelfall zuständig ist, richtet sich nach der Zugehörigkeit der betroffenen AN zum Unternehmen. Der Gemeinschaftsbetrieb endet, wenn die Unternehmen die einheitliche Leitung aufheben; die Kdg der Führungsvereinbarung genügt für sich allein allerdings nicht (*Richardi* § 1 Rn 90). Er endet nicht, wenn eines der den Gemeinschaftsbetrieb führenden Unternehmen die betriebliche Tätigkeit einstellt; der BR nimmt dann Mitbestimmungsrechte für die verbliebenen AN des anderen Unternehmens wahr (BAG 19.11.2003, 7 AZR 11/03, EzA § 22 BetrVG 2001 Nr 1). Zur Frage, ob der Tarifvorbehalt nach § 77 III für den gesamten Gemeinschaftsbetrieb gilt oder nur hins der betroffenen AN s *Edenfeld* DB 2012, 575.

§ 2 Stellung der Gewerkschaften und Vereinigungen der Arbeitgeber

(1) Arbeitgeber und Betriebsrat arbeiten unter Beachtung der geltenden Tarifverträge vertrauensvoll und im Zusammenwirken mit den im Betrieb vertretenen Gewerkschaften und Arbeitgebervereinigungen zum Wohl der Arbeitnehmer und des Betriebs zusammen.
(2) Zur Wahrnehmung der in diesem Gesetz genannten Aufgaben und Befugnisse der im Betrieb vertretenen Gewerkschaften ist deren Beauftragten nach Unterrichtung des Arbeitgebers oder seines Vertreters Zugang zum Betrieb zu gewähren, soweit dem nicht unumgängliche Notwendigkeiten des Betriebsablaufs, zwingende Sicherheitsvorschriften oder der Schutz von Betriebsgeheimnissen entgegenstehen.
(3) Die Aufgaben der Gewerkschaften und der Vereinigungen der Arbeitgeber, insbesondere die Wahrnehmung der Interessen ihrer Mitglieder, werden durch dieses Gesetz nicht berührt.

Übersicht	Rdn.			Rdn.
A.	Prinzipien der Zusammenarbeit	1	B. Zugangsrecht zum Betrieb	4
I.	Grundsatz der vertrauensvollen Zusammenarbeit	1	I. Voraussetzungen	4
			II. Grenzen	5
II.	Beachtung der geltenden TV	2	C. Originäre Rechte der Gewerkschaften	6
III.	Zusammenwirken mit den Koalitionen	3		

A. Prinzipien der Zusammenarbeit. I. Grundsatz der vertrauensvollen Zusammenarbeit. Dieser Grds 1 ist eine dem Prinzip von Treu und Glauben vergleichbare Konkretisierung des Gebots partnerschaftlichen Zusammenwirkens (BAG 3.5.1994, 1 ABR 24/93, EzA § 23 BetrVG 1972 Nr 36). Ziel ist das Wohl der AN und des Betriebs. Die Betriebsparteien dürfen nicht ausschließlich ihre Eigeninteressen verfolgen (BAG 2.11.1955, 1 ABR 30/54, AP BetrVG § 23 Nr 1), sondern müssen auch die berechtigten Belange der Gegenseite berücksichtigen. Mögliche Konflikte sollen frühzeitig erkannt und bereinigt werden (BAG 8.2.1977, 1 ABR 82/74, EzA § 70 BetrVG 1972 Nr 1). Zu diesem Zweck hat der AG den BR von sich aus rechtzeitig über alle Vorgänge von Bedeutung für die AN zu unterrichten (BAG 2.11.1983, 7 AZR 65/82, EzA § 102 BetrVG 1972 Nr 53). AG und BR haben ehrlich und offen mit dem ernsten Willen zur Einigung zu verhandeln, ehe sie die Einigungsstelle oder die Gerichte anrufen (BAG 22.5.1959, 1 ABR 2/59, AP BetrVG § 23 Nr 3). Dabei genügt es nicht, einander die unterschiedlichen Standpunkte klarzumachen, ohne zu vernünftigen Kompromissen bereit zu sein. Der BR darf nicht in die Unternehmensleitung eingreifen (§ 77 I 2), sondern muss aus die im BetrVG vorgezeichneten Wege einhalten. Das Gebot der vertrauensvollen Zusammenarbeit ist kein unverbindlicher Programmsatz, sondern eine echte Rechtspflicht (BAG 21.2.1978, 1 ABR 54/76, EzA § 74 BetrVG 1972 Nr 4). Es gilt für die betriebsverfassungsrechtlichen Gremien und deren Mitglieder sowie für die im Betrieb vertretenen Gewerkschaften und AG-Vereinigungen, soweit sie betriebsverfassungsrechtliche Aufgaben wahrnehmen (BAG 21.2.1978, 1 ABR 54/76, EzA § 74 BetrVG 1972 Nr 4). Es gilt nicht für die Arbeit innerhalb der Gremien (BAG 5.9.1967, 1 ABR 1/67, EzA § 23 BetrVG Nr 1) und auch nicht für die Arbeitsvertragsparteien (BAG 13.7.1962, 1 AZR 496/60, AP BGB § 242 Nr 1). Aus § 2 selbst lassen sich keine Beteiligungsrechte ableiten. Die Vorschrift ist aber bei der Auslegung mitbestimmungsrechtlicher Bestimmungen zu berücksichtigen (BAG 21.4.1983, 6 ABR 70/82, EzA § 40 BetrVG 1972 Nr 53). So folgt aus § 2 das Gebot, alles zu unterlassen, was der Wahrnehmung eines Beteiligungsrechts entgegensteht. Allerdings führt nicht jede Verletzung eines Beteiligungsrechts zu einem Unterlassungsanspruch (BAG 3.5.1994, 1 ABR 24/93, EzA § 23 BetrVG 1972 Nr 36). Umgekehrt kann der BR aus § 2 gehalten sein, bei Zweifel an der Boten- oder Vertreterstellung desjenigen, der ihm gegenüber bei der Anhörung nach § 102 auftritt, beim AG nachzufragen; eine Zurückweisung nach § 174 BGB kommt deshalb nicht in Betracht (BAG 13.12.2012, 6 AZR 348/11, EzA § 174 BGB 2002 Nr 8). Aus § 2 kann sich das Recht des BR ergeben, das Logo des Unternehmens zu verwenden, selbst wenn dieses markenrechtlich geschützt ist; der BR muss aber deutlich machen, dass er und nicht etwa die Geschäftsführung handelt (ArbG Oberhausen 15.12.2010, 1 BV 58/10, LAGE § 2 BetrVG 2001 Nr 1). § 2 widerspricht es, wenn der BR zunächst weitere Verhandlungstermine mit dem AG ablehnt, um dann im Verfahren nach § 98 ArbGG eine nicht ordnungsgem Unterrichtung zu monieren (LAG Rh-Pf 8.3.2012, 11 TaBV 12/12, ZBVR online 2012, Nr 10, 10).

2 **II. Beachtung der geltenden TV.** Die Betriebsparteien sind an die Vorgaben der für den Betrieb geltenden TV gebunden (ErfK/*Koch* § 2 Rn 2). Zwischen tarifvertraglicher und betrieblicher Normsetzung gilt der Vorbehalt des TV (§ 77 III), nicht das Günstigkeitsprinzip. Die Gewerkschaften können verlangen, dass dieser Vorbehalt weder durch BV noch durch Regelungsabreden unterlaufen wird und ggf Unterlassungsklage erheben (BAG 20.4.1999, 1 ABR 72/98, EzA Art 9 GG Nr 65). Haben die TVP Gegenstände, die an sich der betrieblichen Mitbestimmung unterliegen, selbst abschließend geregelt, entfällt insoweit die betriebliche Mitbestimmung. Welcher TV für den Betrieb gilt, richtet sich nach dem TVG und dem örtlichen, fachlichen und persönlichen Anwendungsbereich des jeweiligen TV. Für die Geltung betriebsverfassungsrechtlicher und betrieblicher Regelungen genügt die Tarifgebundenheit des AG (§ 3 II TVG).

3 **III. Zusammenwirken mit den Koalitionen.** AG und BR sind zur Zusammenarbeit mit den im Betrieb vertretenen Gewerkschaften und AG-Vereinigungen verpflichtet. Die Begriffe »Gewerkschaft« und »AG-Vereinigung« haben dieselbe Bedeutung wie im TVG. Eine Gewerkschaft ist im Betrieb vertreten, wenn ihr mind ein AN des Betriebs angehört, der kein ltd Ang iSd § 5 III ist (BAG 25.3.1992, 7 ABR 65/90, EzA § 2 BetrVG 1972 Nr 14). Diese Voraussetzung kann durch Zeugenvernehmung oder mittels notarieller Erklärung ohne Namensnennung bewiesen werden (BVerfG 21.3.1994, 1 BvR 1485/93, EzA § 2 BetrVG 1972 Nr 14a; BAG 25.3.1992, 7 ABR 65/90, EzA § 2 BetrVG 1972 Nr 14). Dem Vertretensein steht es nicht entgegen, dass der AG nach Bekanntwerden einer BR-Wahlinitiative sämtlichen namentlich benannten Gewerkschaftsmitgliedern außerordentlich kündigt, jedenfalls insofern noch Kündigungsschutzverfahren über die Rechtswirksamkeit der Kündigungen anhängig sind (ArbG Aachen 8.11.2012, 9 BVGa 11/12, ArbN 2013, Nr. 1, 39). Die Tarifzuständigkeit einer Gewerkschaft spielt für die Wahrnehmung von Befugnissen nach dem BetrVG keine Rolle (BAG 10.11.2004, 7 ABR 19/04, EzA § 17 BetrVG 2001 Nr 1). Die im Betrieb vertretenen Gewerkschaften nehmen Unterstützungs- und Überwachungsfunktionen wahr. Sie können Vorschläge für die BR-Wahl unterbreiten (§ 14 V), die gerichtliche Bestellung eines Wahlvorstands beantragen (§ 16 II) und eine fehlerhafte Wahl anfechten (§ 19 II 1). Sie dürfen die Einberufung von Betriebsversammlungen beantragen (§ 43) und an Betriebsversammlungen (§ 46 I), Betriebsräteversammlungen (§§ 53 III 2, 46 I) und JAV-Versammlungen (§§ 71 S 3, 46 I) teilnehmen. An den Sitzungen des BR (§ 31), des Wirtschaftsausschusses (BAG 25.6.1987, 6 ABR 45/85, EzA § 108 BetrVG 1972 Nr 7) und der JAV (§§ 65 I, 31) dürfen sie nach Einladung des jeweiligen Gremiums teilnehmen. Schließlich können sie die Auflösung von Betriebsverfassungsorganen und den Ausschluss einzelner Mitglieder beantragen (§ 23 I 1), Zwangsverfahren gegen den AG betreiben (§ 23 III) und Strafantrag stellen (§ 119 II). Sie sollen den BR auch sonst bei seiner Arbeit unterstützen, wenn dieser es wünscht. Eine Verpflichtung, dem BR Rechtsschutz zu gewähren, besteht allerdings nicht (BAG 3.10.1978, 6 ABR 102/76, EzA § 40 BetrVG 1972 Nr 37).

4 **B. Zugangsrecht zum Betrieb. I. Voraussetzungen.** Gewerkschaftsvertreter haben Zugang zum Betrieb, soweit sie Aufgaben nach dem BetrVG wahrnehmen (§ 2 II). Dazu gehören die oben (s Rdn 3) beschriebenen Befugnisse. Ein eigenes Zugangsrecht nach § 2 II BetrVG haben Gewerkschaftsvertreter auch dann, wenn der Wahlvorstand sie zur Begleitung und Unterstützung der Betriebsratswahl hinzuzieht. Dieses Zugangsrecht kann auch nicht dadurch abgewendet werden, dass der Arbeitgeber dem Wahlvorstand und der Gewerkschaft anbietet, die Sitzungen außerhalb des Betriebsgeländes durchzuführen, da der Wahlvorstand seinen Aufgaben nur dann ordnungsgemäß nachkommen kann, wenn er seine Sitzungen im Betrieb durchführt (LAG MV 11.11.2013, 5 TaBVGa 2/13, NZA-RR 2014, 130). Darüber hinaus besteht ein Zugangsrecht, wenn der BR gewerkschaftliche Unterstützung nach § 2 I anfordert (BAG 17.1.1989, 1 AZR 805/87, EzA § 2 BetrVG 1972 Nr 12). Über ein allg, an keine weiteren Voraussetzungen gebundenes Zugangsrecht verfügen die Gewerkschaften dagegen nicht (BAG 26.6.1973, 1 ABR 24/72, EzA § 2 BetrVG 1972 Nr 5). Das Zugangsrecht begrenzt das Hausrecht des Betriebsinhabers; darin liegt aber keine Verletzung von Art 14 I GG (BVerfG 14.10.1976, 1 BvR 19/73, AP BetrVG 1972 § 2 Nr 3). Der Zutritt ist während der Arbeitszeit zu gewähren (*Fitting* § 2 Rn 70). Der Beauftragte ist nicht darauf beschränkt, das BR-Büro zu betreten, sondern darf auch AN an ihrem Arbeitsplatz aufsuchen, soweit dies im konkreten Einzelfall erforderlich ist (BAG 17.1.1989, 1 AZR 805/87, EzA § 2 BetrVG 1972 Nr 12). Vor dem Betreten des Betriebs ist der AG so rechtzeitig zu unterrichten, dass er sich darauf einstellen kann.

Eine Ankündigungsfrist von 1 Tag wird im Regelfall genügen (*Löwisch/Kaiser* § 2 Rn 39). Dem AG sind Zeitpunkt und Zweck des Besuchs mitzuteilen (BAG 28.2.2006, 1 AZR 460/04, EzA Art 9 GG Nr 87). Die Auswahl des Vertreters obliegt der Gewerkschaft. Sie kann bei ihr beschäftigte Sekretäre, aber auch AN anderer Betriebe entsenden (BAG 14.2.1978, 1 AZR 280/77, EzA Art 9 GG Nr 25). Der AG kann den Vertreter nur dann zurückweisen, wenn es für ihn unzumutbar ist, ihm Zutritt zu gewähren, etwa im Fall früherer Diffamierungen oder wenn konkrete Anhaltspunkte für eine Störung des Betriebsfriedens bestehen (BAG 14.2.1967, 1 ABR 7/66, EzA § 45 BetrVG Nr 1; LAG Hamm 3.6.2005, 13 TaBV 58/05, ArbuR 2005, 465). Die Gewerkschaft darf dann eine andere Person entsenden (ErfK/*Koch* § 2 Rn 5). Im Streitfall entscheidet das ArbG auf Antrag im Wege des Beschlussverfahrens (*Fitting* § 2 Rn 93). Bei besonderer Eilbedürftigkeit kommt eine einstweilige Verfügung in Betracht (LAG Rh-Pf 11.1.2013, 9 TaBVGa 2/12; *Richardi* § 2 Rn 178). Wird nur einzelnen Gewerkschaftsmitgliedern aus in deren Person begründeten Umständen der Zutritt verweigert, ist es regelmäßig zumutbar, das Hauptsachverfahren abzuwarten (ArbG Aachen 8.11.2012, 9 BVGa 11/12, ArbN 2013, Nr 1, 39).

II. Grenzen. Der Zugang kann verweigert werden, wenn unumgängliche Notwendigkeiten des Betriebsablaufs, zwingende Sicherheitsvorschriften oder der Schutz von Betriebsgeheimnissen entgegenstehen (§ 2 II aE). Besteht der Hinderungsgrund nur für eine Abteilung, darf der Zutritt nicht für den Gesamtbetrieb verweigert werden. Geringfügige Einschränkungen des Betriebsablaufs hat der AG hinzunehmen. Aus Gründen der Geheimhaltung von Betriebsgeheimnissen kann das Zugangsrecht nur dann verweigert werden, wenn der konkrete Verdacht eines Geheimnisverrats durch den Gewerkschaftsbeauftragten besteht (GK-BetrVG/*Franzen* § 2 Rn 75). Das Zugangsrecht besteht auch vor und während eines Arbeitskampfs, jedoch nur, wenn die Gewerkschaftsbeauftragten konkreten betriebsverfassungsrechtlichen Aufgaben nachgehen (*Fitting* § 2 Rn 72; aA GK-BetrVG/*Franzen* § 2 Rn 78); darin liegt noch keine Verletzung der Friedenspflicht aus § 74 II.

5

C. Originäre Rechte der Gewerkschaften. Betätigungsrechte, die den Gewerkschaften unmittelbar aus Art 9 III GG zukommen, werden von den Vorschriften des BetrVG nicht berührt (§ 2 III). Diese »originären« Befugnisse beschränken sich – nachdem das BVerfG mit Beschl v 14.11.1995 (BVerfGE 93, 352) die von ihm bis dahin vertretene »Kernbereichslehre« (BVerfG 17.2.1981, 2 BvR 384/78, EzA Art 9 GG Nr 32) aufgegeben hat – nicht (mehr) nur auf das für die Ausübung der Koalitionsfreiheit Unerlässliche, sondern gehen darüber hinaus (BAG 20.1.2009, 1 AZR 515/08, EzA Art 9 GG Nr 96). Ihre Grenze finden die Gewerkschaftsrechte in den durch Art 12 I, 14 I GG geschützten gegenläufigen Interessen des AG. Wie weit die Befugnisse konkret reichen, bestimmt sich nach den Umständen des Einzelfalls (BAG 28.2.2006, 1 AZR 460/04, EzA Art 9 GG Nr 87). Mögliche Eigentumsstörungen oder Eingriffe in das Recht am eingerichteten und ausgeübten Gewerbebetrieb müssen der Gewerkschaft zurechenbar und jedenfalls geeignet sein, den Gebrauch des Eigentums bzw das Funktionieren des Betriebs in spürbarer Weise zu beeinträchtigen (BAG 20.1.2009, 1 AZR 515/08, EzA Art 9 GG Nr 96). Zur Garantie koalitionsmäßiger Betätigung zählt die Befugnis, im Betrieb über die Gewerkschaftstätigkeit zu informieren (BVerfG 14.11.1995, 1 BvR 601/92, BVerfGE 93, 352), Mitglieder zu gewinnen (BAG 14.2.1967, 1 AZR 494/65, EzA Art 9 GG Nr 2), Vertrauensleute zu bestellen (BAG 8.12.1978, 1 AZR 303/77, EzA Art 9 GG Nr 28) und bei BR-Wahlen mit Mitgliederlisten zu werben (BAG 14.2.1967, 1 AZR 494/65, EzA Art 9 GG Nr 2). Der AG hat die Verteilung von Informations- und Werbematerial zu dulden und ggf Schwarze Bretter zur Verfügung zu stellen (Hess LAG 16.1.1973, 5 Sa 611/72, BB 1973, 1394), soweit dadurch weder der Betriebsfriede noch der Arbeitsablauf gestört werden (BAG 26.1.1982, 1 AZR 610/80, EzA Art 9 GG Nr 35). Werbemaßnahmen müssen grds außerhalb der Arbeitszeit erfolgen, dh vor Beginn, in den Pausen oder nach Arbeitende. Werbung innerhalb der Arbeitszeit ist nur dann erlaubt, wenn die damit verbundenen Störungen geringfügig sind (BVerfG 14.11.1995, 1 BvR 601/92, BVerfGE 93, 352). Diese können sich auch aus der Häufigkeit der Zutritte ergeben, idR ist ein halbjährlicher Zutritt zur Mitgliederwerbung zulässig (BAG 22.6.2010, 1 AZR 179/09, Eza Art. 9 GG Nr 101). Unzulässig sind politische Betätigungen – zB Werbemaßnahmen für Gesetzesvorhaben (LAG Köln 6.11.1986, 3/4 Sa 649/85, DB 1987, 54) –, allg Aufrufe (BVerfG 28.4.1976, 1 BvR 71/73, DB 1976, 1485), das Anbringen von Gewerkschaftslogos auf Schutzhelmen des AG (BAG 23.2.1979, 1 AZR 172/78, EzA Art 9 GG Nr 29), die Benutzung von hausinternen Kommunikationseinrichtungen (BAG 23.9.1986, 1 AZR 597/85, EzA Art 9 GG Nr 40) und die Wahl von gewerkschaftlichen Vertrauensleuten während der Arbeitszeit (BAG 8.12.1978, 1 AZR 303/77, EzA Art 9 GG Nr 28). Für den Gewerkschaftsbeitritt können betriebsfremde Gewerkschaftsbeauftragte auch dann im Betrieb werben, wenn dort schon Gewerkschaftsmitglieder arbeiten (BAG 28.2.2006, 1 AZR 460/04, EzA Art 9 GG Nr 87); ob das auch in kirchlichen Betrieben gilt, ist offen (abl LAG BW 8.9.2010, 2 Sa 24/10, LAGE Art 9 GG Nr 17). Nicht erforderlich ist es

6

aber, auf jeder Betriebsversammlung einen Informationsstand aufzubauen und dort Informationsmaterial zu verteilen (LAG Düsseldorf, 11.1.2011, 17 TaBV 160/09). Eine tarifzuständige Gewerkschaft darf zu Werbe- und Informationszwecken auch ohne Einwilligung des AG und Aufforderung durch die AN E-Mails an die betrieblichen E-Mail-Adressen ihrer im Betrieb beschäftigten Mitglieder senden. Auf die mögliche Verletzung von Persönlichkeitsrechten der Beschäftigten kann sich der AG zur Begr eines eigenen Unterlassungsbegehrens gegen die Gewerkschaft nicht berufen (BAG 20.1.2009, 1 AZR 515/08, EzA Art 9 GG Nr 96; str, aA Hess LAG 30.4.2008, 18 Sa 1724/07, vgl weiter *Arnold/Wiese* NZA 2009, 716; *Dumke* RdA 2009, 77; *Lochner*, Virtueller Belegschaftswahlkampf, 2013; *Maschmann* NZA 2008, 613; *Mehrens* BB 2009, 2086). Eine exzessive »Dauerberieselung« mit Informationen ist allerdings unzulässig; ein Antrag, gewerkschaftliche Werbung im Betrieb »auf jede Art und Weise« zuzulassen, ist deshalb abzulehnen (LAG München 2.12.2010, 3 Sa 647/10 rkr.).

§ 3 Abweichende Regelungen

(1) Durch Tarifvertrag können bestimmt werden:
1. für Unternehmen mit mehreren Betrieben
   a) die Bildung eines unternehmenseinheitlichen Betriebsrats oder
   b) die Zusammenfassung von Betrieben, wenn dies die Bildung von Betriebsräten erleichtert oder einer sachgerechten Wahrnehmung der Interessen der Arbeitnehmer dient;
2. für Unternehmen und Konzerne, soweit sie nach produkt- oder projektbezogenen Geschäftsbereichen (Sparten) organisiert sind und die Leitung der Sparte auch Entscheidungen in beteiligungspflichtigen Angelegenheiten trifft, die Bildung von Betriebsräten in den Sparten (Spartenbetriebsräte), wenn dies der sachgerechten Wahrnehmung der Aufgaben des Betriebsrats dient;
3. andere Arbeitnehmervertretungsstrukturen, soweit dies insbesondere aufgrund der Betriebs-, Unternehmens- oder Konzernorganisation oder aufgrund anderer Formen der Zusammenarbeit von Unternehmen einer wirksamen und zweckmäßigen Interessenvertretung der Arbeitnehmer dient;
4. zusätzliche betriebsverfassungsrechtliche Gremien (Arbeitsgemeinschaften), die der unternehmensübergreifenden Zusammenarbeit von Arbeitnehmervertretungen dienen;
5. zusätzliche betriebsverfassungsrechtliche Vertretungen der Arbeitnehmer, die die Zusammenarbeit zwischen Betriebsrat und Arbeitnehmern erleichtern.

(2) Besteht in den Fällen des Absatzes 1 Nr. 1, 2, 4 oder 5 keine tarifliche Regelung und gilt auch kein anderer Tarifvertrag, kann die Regelung durch Betriebsvereinbarung getroffen werden.

(3) ¹Besteht im Fall des Absatzes 1 Nr. 1 Buchstabe a keine tarifliche Regelung und besteht in dem Unternehmen kein Betriebsrat, können die Arbeitnehmer mit Stimmenmehrheit die Wahl eines unternehmenseinheitlichen Betriebsrats beschließen. ²Die Abstimmung kann von mindestens drei wahlberechtigten Arbeitnehmern des Unternehmens oder einer im Unternehmen vertretenen Gewerkschaft veranlasst werden.

(4) ¹Sofern der Tarifvertrag oder die Betriebsvereinbarung nichts anderes bestimmt, sind Regelungen nach Absatz 1 Nr. 1 bis 3 erstmals bei der nächsten regelmäßigen Betriebsratswahl anzuwenden, es sei denn, es besteht kein Betriebsrat oder es ist aus anderen Gründen eine Neuwahl des Betriebsrats erforderlich. ²Sieht der Tarifvertrag oder die Betriebsvereinbarung einen anderen Wahlzeitpunkt vor, endet die Amtszeit bestehender Betriebsräte, die durch die Regelungen nach Absatz 1 Nr. 1 bis 3 entfallen, mit Bekanntgabe des Wahlergebnisses.

(5) ¹Die aufgrund eines Tarifvertrages oder einer Betriebsvereinbarung nach Absatz 1 Nr. 1 bis 3 gebildeten betriebsverfassungsrechtlichen Organisationseinheiten gelten als Betriebe im Sinne dieses Gesetzes. ²Auf die in ihnen gebildeten Arbeitnehmervertretungen finden die Vorschriften über die Rechte und Pflichten des Betriebsrats und die Rechtsstellung seiner Mitglieder Anwendung.

Übersicht	Rdn.		Rdn.
A. Allgemeines	1	IV. »Maßgeschneiderte Vertretung«	6
B. **Fallgruppen vereinbarter BR-Strukturen**		V. Arbeitsgemeinschaften	7
I. Unternehmenseinheitlicher BR	2	VI. Zusätzliche AN-Vertretungen	8
1. Begriff	2	C. **Kollektivrechtliche Regelung**	9
2. Bildung durch Belegschaftsbeschluss	3	I. Regelung durch TV	9
II. Zusammenfassung mehrerer Betriebe	4	II. Regelung durch BV	10
III. Sparten-BR	5	III. In- und Außerkrafttreten	11

A. Allgemeines. § 3 soll die Einrichtung von BR-Strukturen ermöglichen, die auf die Besonderheiten 1
des Betriebs, Unternehmens oder Konzerns zugeschnitten sind (*Gaul/Mückl* NZA 2011, 657; *Linse* Zulässigkeit vereinbarter Arbeitnehmervertretungsstrukturen und Betriebsverfassungsgesetz, Diss. Freiburg 2014). AN-Vertretungen lassen sich dort bilden, wo die mitbestimmungspflichtigen Entsch fallen. Andere als die in § 3 genannten Gremien können nicht vereinbart werden, da die Organisationsbestimmungen des BetrVG zwingend sind. Die nach § 3 I Nr 1–3 gebildeten AN-Vertretungen treten an die Stelle des nach §§ 1, 4 BetrVG vorgesehenen BR und nicht nur neben ihn (*Fitting* § 3 Rn 52 mwN; aA *Däubler* AiB 2001, 313). Doppelstrukturen (zB Sparten-BR oder Standort-BR in einem Industriepark *neben* einem regulären BR) sind unzulässig (*Fitting* § 3 Rn 52). Vereinbarte AN-Vertretungen genießen dieselben Rechte und Pflichten wie ein BR nach G (§ 3 V). Regelungen über vom BetrVG abw BR-Strukturen bedürfen – anders als vor 2001 – heute keiner staatlichen Genehmigung mehr (*Fitting* § 3 Rn 3). Ob die Vorgaben des § 3 I eingehalten sind, unterliegt der Kontrolle durch das ArbG, die jedoch nur auf Antrag im Wege des Beschlussverfahrens (§§ 2a, 80 ff ArbGG) erfolgt (DKKW/*Trümner* § 3 Rn 236). Antragsberechtigt sind neben dem AG die nach dem G vorgesehenen Vertretungsorgane sowie die TVP (*Fitting* § 3 Rn 102).

B. Fallgruppen vereinbarter BR-Strukturen. I. Unternehmenseinheitlicher BR. 1. Begriff. In 2
Unternehmen mit mehreren Betrieben kann anstelle mehrerer BR und eines GBR ein unternehmenseinheitlicher BR gebildet werden (§ 3 I Nr 1a). Die Bildung eines solchen Gremiums bietet sich an, wenn die Entscheidungskompetenz in Angelegenheiten, die der Mitbestimmung unterfallen, bei der Unternehmenszentrale und nicht »vor Ort« liegt. Ein unternehmenseinheitlicher BR kann auch für Betriebsteile gebildet werden, die wegen § 4 I als selbständige Betriebe gelten (*Fitting* § 3 Rn 26). Kleinstbetriebe sind bereits von G wegen dem Hauptbetrieb zugeordnet (§ 4 II).Stets muss ein unternehmenseinheitlicher BR die Bildung von BR erleichtern oder oder einer sachgerechten Wahrnehmung von AN-Interessen dienen. Nicht erforderlich ist eine unmittelbare Verbesserung der Interessenvertretung. Es genügt, wenn die insoweit regelungsbefugten TV-Parteien eine solche Wirkung anstreben und diese nicht von vornherein objektiv ausgeschlossen ist. Die TV-Parteien verfügen hierbei über einen Beurteilungsspielraum. Dieser ist überschritten, wenn sich eine sachgerechte Vertretung auch dadurch bewerkstelligen lässt, dass nahe beieinander liegende Betriebe zusammengefasst werden (BAG 13.3.13, 7 ABR 70/11, EzA § 3 BetrVG 2001 Nr 6). Soll ein unternehmenseinheitl BR kraft BV gebildet werden, ist hierfür der GBR zuständig. Es besteht kein Vetorecht eines örtlichen BR (BAG 13.3.13, 7 ABR 71/11, EzA § 3 BetrVG 2001 Nr 7). Da die Gestaltungsmöglichkeiten sich nach dem Eingangssatz auf Unternehmen beziehen, eröffnet § 3 I Nr 1a keine Befugnis zur Festlegung unternehmensübergreifender Repräsentationseinheiten. Ein unternehmenseinheitlicher Betriebsrat kann folglich nicht gebildet werden, wenn es sich bei mindestens einem der Betriebe um einen gemeinsamen Betrieb nach § 1 I 2 handelt (BAG 13.3.13, 7 ABR 70/11, EzA § 3 BetrVG 2001 Nr 6; *Fitting* § 3 Rn 27; *Richardi* § 3 Rn 18; aA ErfK/*Koch* § 3 Rn 3). Die Zusammenfassung zu einer betriebsverfassungsrechtlichen Organisationseinheit ist in diesem Fall durch Bildung einer »anderen Arbeitnehmervertretung« nach § 3 I Nr. 3 möglich (*Richardi* § 3 Rn 18). Ein unternehmenseinheitlicher BR genießt dieselben Rechte und Pflichten wie ein nach §§ 1, 4 zuständiger BR (§ 3 V). Die Größe des Gremiums (§ 9) und seiner Ausschüsse (§§ 27, 28) sowie die Zahl der Freistellungen (§ 38) richten sich nach der Anzahl der im Unternehmen Beschäftigten (*Fitting* § 3 Rn 99).

2. Bildung durch Belegschaftsbeschluss. Fehlt es an einer tariflichen Regelung und besteht in dem 3
Unternehmen auch kein BR, kann die Belegschaft die Wahl eines unternehmenseinheitlichen BR beschließen. Die Abstimmung kann von mind 3 wahlberechtigten AN des Unternehmens oder einer im Unternehmen vertretenen Gewerkschaft veranlasst werden (§ 3 III). Die Abstimmung ist formfrei (*Fitting* § 3 Rn 96). Abstimmungsberechtigt sind alle AN des Unternehmens, d.h. solche, die einen Arbeitsvertrag mit dem Unternehmen als Rechtsträger haben; die bloße Betriebszugehörigkeit genügt nicht (DKKW/*Trümner* § 3 Rn 182). Ihre Wahlberechtigung oder Wählbarkeit ist ohne Belang (DKKW/*Trümner* § 3 Rn 137). Erforderlich ist die absolute Mehrheit der unternehmensangehörigen AN. Der Beschl gilt auch für nachfolgende Wahlen. Er kann aber durch erneute Abstimmung widerrufen werden (*Richardi* § 3 Rn 92; *Löwisch/Kaiser* § 3 Rn 33; aA *Fitting* § 3 Rn 100).

II. Zusammenfassung mehrerer Betriebe. Über § 3 I Nr 1b lassen sich mehrere Betriebe, Betriebsteile 4
(§ 4 I) und Kleinstbetriebe (§ 4 II) zu einer einheitlichen betriebsratsfähigen Einheit (§ 3 V 1) zusammenfassen, wenn dadurch die Bildung von BR erleichtert wird. Das bietet sich an, wenn in Betrieben bisher kein BR gewählt wurde oder wenn Zweifel an der BR-Fähigkeit einer Organisationseinheit ausgeräumt werden sollen (DKKW/*Trümner* § 3 Rn 29). Unternehmen mit bundesweiten Filialnetzen können nach § 3 I Nr 1b »Regionalbetriebsräte« bilden (BAG 13.3.2013, 7 ABR 70/11, EzA § 3 BetrVG 2001 Nr 6;

Hess LAG 12.4.2012, 9 TaBV 35/11 n rkr; *Richardi* § 3 Rn 20). Dass sich die Zahl der auf jede Betriebsstätte bezogen max möglichen BR-Mitglieder dadurch nicht selten reduziert, ist gesetzlich gewollt und kein Unwirksamkeitsgrund (LAG Schl-Holst 9.7.2008, 3 TaBV 4/08, EzA-SD 2008, Nr 14, 16; Hess LAG 12.4.2012, 9 TaBV 35/11). Die Zusammenfassung kann durch TV erfolgen. Fehlt eine tarifliche Regelung, kann das auch durch BV geschehen (§ 3 II), nicht aber durch einen Beschl der Belegschaft. Anders als die Einrichtung eines unternehmenseinheitlichen BR nach Nr 1a schafft die Zusammenfassung von Betrieben nach Nr 1b keine 1-stufige Vertretungsstruktur: Mehrere BR bilden weiterhin einen GBR (*Fitting* § 3 Rn 35). Die Zusammenfassung von Betrieben führt nicht zwangsläufig zum Verlust der betriebsverfassungsrechtlichen Identität der zusammengefassten Betriebe; sie werden idR Teileinheiten der größeren betriebsverfassungsrechtlichen Organisationseinheit, in denen bestehende Vereinbarungen beschränkt auf die Teileinheit weitergelten (BAG 7.6.2011, 1 ABR 110/09, EzA § 3 BetrVG 2001 Nr 4). Ändert diese Organisationseinheit die Struktur, kann der Zuordnungs-TV unwirksam werden. Eine auf einer solchen Grundlage durchgeführte BR-Wahl ist anfechtbar (BAG 13.3.2013, 7 ABR 70/11, EzA § 3 BetrVG 2001 Nr 6).

5 **III. Sparten-BR.** Für produkt- oder projektbezogene Geschäftsbereiche (»Sparten«) eines Unternehmens oder Konzerns lassen sich **Sparten-BR** einrichten. Sie können innerhalb eines Betriebs als »betriebsinterner Sparten-BR« (*Richardi* § 3 Rn 27) oder – wenn Geschäftsbereiche der gleichen Sparte in mind 2 Betrieben vorhanden sind – über mehrere Betriebe hinweg als »betriebsübergreifender Sparten-BR« gebildet werden (*Fitting* § 3 Rn 43 f). Sparten-BR können auch für mehrere Sparten gemeinsam gebildet werden. Gehören einer Sparte mehrere Unternehmen an, kommen unternehmensübergreifende Sparten-BR in Betracht (*Richardi* § 3 Rn 28). Voraussetzung für die Errichtung eines Sparten-BR ist, dass die Geschäftsführung der Sparte auch Entscheidungen in beteiligungspflichtigen Angelegenheiten trifft, wobei es sich nicht zwingend um die maßgeblichen Entscheidungen in personellen, sozialen und wirtschaftlichen Angelegenheiten handeln muss (DKKW/ *Trümner* § 3 Rn 72 f.; *Fitting* § 3 Rn 40).In den Fällen, in denen die Geschäftsführung der Sparte nicht die mitbestimmungsrechtlich maßgeblichen Entscheidungen trifft, dient die Errichtung eines Sparten-BR jedoch in der Regel nicht der sachgerechten Wahrnehmung der Aufgaben des BR (DKKW/ *Trümner* § 3 Rn 72 f.; *Fitting* § 3 Rn 40). Der Sparten-BR muss die Ausübung der Beteiligungsrechte erleichtern oder verbessern (DKKW/ *Trümner* § 3 Rn 75). Die Errichtung erfolgt durch TV. Fehlt eine tarifliche Regelung, kann dies auch durch BV geschehen (§ 3 II). Der Sparten-BR ersetzt den nach §§ 1, 4 zu bildenden BR (§ 3 V). Gibt es auch nach der Errichtung eines Sparten-BR im Unternehmen mind 2 BR, ist ein GBR zu bilden (§ 47 I). Dabei kann es sich um einen reinen Sparten-GBR handeln (*Richardi* § 3 Rn 32).

6 **IV. »Maßgeschneiderte Vertretung«.** § 3 I Nr 3 bietet die Möglichkeit, **andere als die gesetzlich vorgesehenen AN-Vertretungen** zu schaffen, wenn dies zweckmäßig erscheint. Voraussetzung ist, dass die wirksame und zweckmäßige Interessenvertretung der Arbeitnehmer eine Relation zu den in der Norm beschriebenen organisatorischen oder kooperativen oder ähnlichen Besonderheiten aufweist, wobei den Tarifvertragsparteien ein Einschätzungsspielraum zukommt (BAG 13.3.13, 7 ABR 70/11, EzA § 3 BetrVG 2001 Nr 6). Bspw kann für einen mittelständischen Konzern mit wenigen, kleinen Konzernunternehmen statt einer 3-stufigen eine 2- oder sogar nur 1-stufige Interessenvertretung gebildet werden. Auch können AN-Vertretungen »entlang der Produktionskette«, dh für Großunternehmen und ihre selbständigen »just-in-time«-Zulieferer, geschaffen werden. Die einbezogenen betrieblichen Organisationsbereiche müssen nicht selbst betriebsratsfähig sein (DKKW/ *Trümner* § 3 Rn 79). Zulässig ist auch die Bildung eines gemeinsamen GBR für mehrere verschiedene Unternehmen als sog. unternehmensübergreifender GBR (BAG 17.3.2010, 7 AZR 706/08, EzA § 47 BetrVG 2001 Nr 5). Solche »maßgeschneiderten« AN-Vertretungen können nur durch TV (vgl § 3 II, III) geschaffen werden. Allerdings stellt § 3 I Nr 3 BetrVG die gesetzlichen AN-Vertretungsstrukturen nicht zur vollkommen freien Disposition der TVP. Vielmehr muss die durch TV geschaffene BR-Struktur Schwierigkeiten, die sich aus der Organisation des Betriebs, Unternehmens oder Konzerns ergeben, besser bewältigen als das gesetzliche Modell. Die Einrichtung eines Regional-BR bzw. eines unternehmensübergreifenden GBR ist unzulässig, wenn es an einer Regionalstruktur und Regionalleitungsebene der beteiligten Unternehmen fehlt (BAG 13.3.2013, 7 ABR 70/11, EzA § 3 BetrVG 2001 Nr 6). Str ist, ob § 3 I Nr 3 auch vom Gesetz abw Regelungen über die Größe und Zusammensetzung des BR, die Dauer seiner Amtszeit und die Wahl erlaubt (bejahend DKKW/ *Trümner* § 3 Rn 100, verneinend ErfK/ *Koch* § 3 Rn 6, *Richardi* § 3 Rn 37, zweifelnd *Fitting* § 3 Rn 51). Beteiligungsrechte können jedenfalls nicht eingeschränkt werden (§ 3 V 2). Unzulässig ist es deshalb, durch einen Zuordnungs-TV zunächst für bestimmte organisatorische Einheiten »Standortbetriebsräte« einzurichten, die als »andere AN-Vertretung« iSd § 3 I Nr. 3 BetrVG gelten, und sodann vorzusehen, dass Betriebsräte verschiedener Unternehmen eine Betriebsrätegemeinschaft

bilden, die ihre Beteiligungsrechte gemeinsam mit den Standortbetriebsräten wahrzunehmen haben (BAG 18.11.2014, 1 ABR 21/13, EzA § 3 BetrVG 2001 Nr 8). Vgl. weiter *Gaul/Hartmann* ArbRB 2014, 48; *Salamon/Giebl* NZA 2014, 139.

V. Arbeitsgemeinschaften. Während AN-Vertretungen nach § 3 I Nr 1–3 als betriebsratsfähige Einheiten 7 iSd BetrVG gelten (§ 3 V), dienen Arbeitsgemeinschaften iSd § 3 I Nr 4 der unternehmensübergreifenden Zusammenarbeit von BR. Sie bieten sich an, wenn Unternehmen in Netzwerken zusammenwirken (»just in time«, »fraktale Fabrik«, »shop in shop«), die keine AN-Vertretungen nach § 3 I Nr 3 errichten wollen. Die Mitglieder einer Arbeitsgemeinschaft werden gewählt (DKKW/*Trümner* § 3 Rn 124). Sie haben wegen § 3 V 2 nicht dieselbe persönliche Rechtsstellung wie BR-Mitglieder; insb genießen sie keinen Sonderkündigungsschutz (*Fitting* § 3 Rn 64; *Gamillscheg* KollArbR II S 227; DKKW/*Trümner* § 3 Rn 100). Die Kosten trägt der AG analog § 40 (*Fitting* § 3 Rn 64). Es gelten die allg Prinzipien der Betriebsverfassung: Geheimnisschutz, Friedenspflicht, Ehrenamtlichkeit, Unentgeltlichkeit, Freistellung der Gremienmitglieder unter Fortzahlung ihrer Vergütung (DKKW/*Trümner* § 3 Rn 126).

VI. Zusätzliche AN-Vertretungen. Zusätzliche AN-Vertretungen nach § 3 I Nr 5 dürfen nur in Betrieben 8 gebildet werden, in denen bereits ein BR existiert (DKKW/*Trümner* § 3 Rn 135). Sie sollen die Zusammenarbeit zwischen BR und Belegschaft erleichtern und bieten sich an, wo zwischen beiden kein ausreichender Kontakt besteht. Die zusätzlichen Vertretungen (zB betriebliche Vertrauensleute in der chemischen Industrie) müssen sich – anders als vor 2001 – nicht auf die AN bestimmter Beschäftigungsarten oder Arbeitsbereiche beschränken. Eigene Beteiligungsrechte stehen ihnen nicht zu (§ 3 V); sie fungieren lediglich als Bindeglied zwischen dem BR und den von ihnen Vertretenen, etwa den AN ihrer Arbeitsgruppe (*Fitting* § 3 Rn 61). Bei BR-Sitzungen haben sie weder Teilnahme- noch Stimmrechte; der BR kann sie aber in Angelegenheiten hinzuziehen, die AN betreffen, die von ihnen vertreten werden (DKKW/*Trümner* § 3 Rn 148, 149). Sie genießen wegen § 3 V auch nicht die persönlichen Rechte von BR-Mitgliedern (ErfK/*Koch* § 3 Rn 8; aA DKKW/*Trümner* § 3 Rn 139). Für die Kostentragung und die Geltung allg Grds gilt das oben unter Rdn 7 Ausgeführte entspr. Weitere Einzelheiten können durch TV bzw BV geregelt werden. Keine zusätzlichen Vertretungen sind sog Beauftragte des BR, denn sie besitzen keine Organstruktur (LAG BW 26.7.2010, 20 TaBV 3/09). Sie sind zulässig, wenn der BR ungeachtet ihrer Existenz seine Mitwirkungsrechte sowohl autonom als auch effektiv nutzen kann und nutzt (LAG BW 6.9.2012, 3 TaBV 2/12; aA *Löwisch/Kaiser* § 28a Rn 1).

C. Kollektivrechtliche Regelung. I. Regelung durch TV. Von den §§ 1, 4 BetrVG abw AN-Vertretungen 9 sollen vorrangig durch TV geschaffen werden. In Betracht kommen Firmen-TV bzw unternehmensbezogene Verbands-TV (*Fitting* § 3 Rn 18). Eine kampfweise Erzwingung ist nach hM ausgeschlossen; der Gesetzgeber hat sich nur der Sachkompetenz der Verbände bedient, ohne ihnen Gelegenheit zur Verfolgung rein mitgliederbezogener Verbandsinteressen zu geben (sehr str; wie hier GK-BetrVG/*Franzen* § 3 Rn 32, aA BAG 29.7.2009, 7 ABR 27/08, EzA § 3 BetrVG 2001 Nr 3). Die allg Voraussetzungen des TVG müssen erfüllt sein. Die TVP müssen für den gesamten Bereich, für den eine AN-Vertretung vereinbart werden soll, zuständig sein (BAG 29.7.2009, 7 ABR 27/08, aaO). Die Zuständigkeit richtet sich nach der Satzung des Verbands (Gewerkschaft, AG-Verband). Fehlt es an der Tarifzuständigkeit, ist eine Regelung nach § 3 I unwirksam. Sind mehrere Gewerkschaften tarifzuständig, kann ein TV nach § 3 I Nr 1–3 BetrVG von einer der zuständigen Gewerkschaften ohne Beteiligung von anderen gleichfalls zuständigen Gewerkschaften geschlossen werden (BAG 29.7.2009, 7 ABR 27/08, aaO mwN zum Streitstand; aA GK-BetrVG/*Franzen* § 3 Rn 34; LAG Nürnberg 17.1.2008, 5 TaBV 14/07, AuR 2008, 195; s weiter *Wendeling-Schröder*, NZA 2015, 525). Konzerneinheitliche Regelungen müssen für jedes Konzernunternehmen vereinbart werden, da der Konzern nicht selbst rechtsfähig ist (*Richardi* § 3 Rn 55). Tarifliche Regelungen über AN-Vertretungen verlangen von der Tarifbindung des AG, da es sich hierbei um betriebsverfassungsrechtliche Normen iSd § 3 II TVG handelt (*Richardi* § 3 Rn 54). Tritt der TV außer Kraft, ohne dass an seine Stelle ein neuer tritt, gilt wieder die zwingende gesetzliche Regelung; die Tarifnormen wirken nicht gem § 4 V TVG nach (DKKW/ *Trümner* § 3 Rn 231; aA Löwisch/*Rieble* § 4 TVG Rn 742). Bei Überschreitung der Regelungsbefugnisse nach § 3 ist der TV nichtig (*Fitting* § 3 Rn 23). Dasselbe gilt, wenn der sachl Geltungsbereich des TV nicht hinreichend bestimmt ist (Hess LAG 7.10.2010, 9 TaBV 86/10, ArbR 2011, 388). Wegen Verkennung des Betriebsbegriffs ist eine auf einem nichtigen TV beruhende BR-Wahl aber im Regelfall nur anfechtbar, jedoch nicht nichtig (BAG 21.9.2011, 7 ABR 54/10, EzA § 3 BetrVG 2001 Nr 5). Dabei kann die Anfechtung auf einzelne Organisationseinheiten beschränkt werden. Ein TV, der Betriebe nach § 3 I 1 Nr 1b zusammenfasst, kann bestimmen, dass ein BR jew dort zu wählen ist, wo nach den Vorgaben des AG eine Bezirksleitung besteht (BAG 21.9.2011, 7 ABR 54/10, aaO). Eine durch TV gebildete BR-Region verliert ihre Betriebsidentität nicht schon dann, wenn sich aufseiten des AG die Zuständigkeiten der Ansprechpartner ändern (LAG Köln 28.7.2011, 7 TaBV 31/11).

10 **II. Regelung durch BV.** Die in § 3 I genannten Gremien lassen sich – mit Ausnahme der AN-Vertretungen nach § 3 I Nr 3 – auch durch BV einrichten (§ 3 II). Das gilt nicht, falls eine tarifliche Regelung nach § 3 besteht, an die der AG nach dem TVG gebunden ist: als Partei eines Haus-TV, als Mitglied des tarifschließenden AG-Verbands oder bei einem allgemeinverbindlichen TV. Eine Regelung durch BV steht ferner unter dem Vorbehalt, dass »auch kein anderer TV« gilt. Nach der Gesetzesbegr besteht die Sperrwirkung bereits dann, wenn der Betrieb bzw das Unternehmen in den Geltungsbereich eines Mantel- oder Entgelt-TV fällt (BT-Drs 14/5741, S 34; zur Kritik *Buchner* NZA 2001, 633; *Hanau* RdA 2001, 65; *Konzen* RdA 2001, 76). Die TVP können aber in den Abschluss einer BV einwilligen oder ihn genehmigen (*Fitting* § 3 Rn 68). Die arbeitsvertragliche Bezugnahme führt nicht zur Sperrwirkung (BAG 24.4.2013, 7 ABR 71/11, EzA § 3 BetrVG 2001 Nr. 7). Das für den Abschluss der BV zuständige Organ richtet sich nach der Reichweite der vereinbarten Vertretungsstruktur: Erfasst sie nur einen Betrieb, ist der BR zuständig. Betriebsübergreifende Vertretungsstrukturen müssen mit dem GBR, unternehmensübergreifende mit dem KBR vereinbart werden; Die nach der Vereinheitlichung aufzulösenden BR (bzw GBR) haben kein Vetorecht (LAG München 11.8.2011, 2 TaBV 5/11, AuA 2011, 726). Die Regelungen können nicht durch Anrufung der Einigungsstelle (§ 76) erzwungen werden (DKKW/ *Trümner* § 3 Rn 166).

11 **III. In- und Außerkrafttreten.** Hat der Kollektivvertrag (TV oder BV) nicht bestimmt, ab wann die Regelungen über die AN-Vertretungen gelten, sind sie bei der nächsten regelmäßigen BR-Wahl anzuwenden (§§ 3 IV, 13 I). Die Amtszeit des bestehenden BR endet dann nach § 21. In Betrieben ohne BR und in den Fällen des § 13 II erfolgen die Wahlen – soweit nichts anderes bestimmt ist – unverzüglich nach Abschluss des Kollektivvertrags (*Fitting* § 3 Rn 74). Die Amtszeit des bestehenden BR endet dann mit der Bekanntgabe des Wahlergebnisses (§ 3 IV 2; krit *Fitting* § 3 Rn 75). Mit Beendigung des TV enden die vereinbarten Vertretungsstrukturen; Dann ist die Betriebsstruktur des BetrVG zugrunde zu legen. Das gilt auch dann, wenn der TV innerhalb des gesetzlichen Wahlzeitraums gekündigt wird und dieser keine Nachwirkung entfaltet (LAG München 29.6.2011, 11 TaBV 4/11, EzA-SD 2011, Nr 17, 14 n rkr). Eine Nachwirkung der Tarifnormen (§ 4 V TVG) wird überwiegend abgelehnt (*Fitting* § 3 Rn 84 mwN). Wurde ein TV über die Bildung eines für mehrere Unternehmen gebildeten einheitlichen BR gekündigt, hat dieser BR für die anstehenden, dann getrennt durchzuführenden, BR-Wahlen Wahlvorstände zu bestellen, die jew nur aus Wahlberechtigten der Einheiten bestehen, für die die Wahlen durchzuführen sind (LAG Schl-Holst 19.3.2010, 4 TaBVGa 5/10, ArbR 2010, 381).

§ 4 Betriebsteile, Kleinstbetriebe

(1) ¹Betriebsteile gelten als selbständige Betriebe, wenn sie die Voraussetzungen des § 1 Abs. 1 Satz 1 erfüllen und
1. räumlich weit vom Hauptbetrieb entfernt oder
2. durch Aufgabenbereich und Organisation eigenständig sind.

²Die Arbeitnehmer eines Betriebsteils, in dem kein eigener Betriebsrat besteht, können mit Stimmenmehrheit formlos beschließen, an der Wahl des Betriebsrats im Hauptbetrieb teilzunehmen; § 3 Abs. 3 Satz 2 gilt entsprechend. ³Die Abstimmung kann auch vom Betriebsrat des Hauptbetriebs veranlasst werden. ⁴Der Beschluss ist dem Betriebsrat des Hauptbetriebs spätestens zehn Wochen vor Ablauf seiner Amtszeit mitzuteilen. ⁵Für den Widerruf des Beschlusses gelten die Sätze 2 bis 4 entsprechend.
(2) Betriebe, die die Voraussetzungen des § 1 Abs. 1 Satz 1 nicht erfüllen, sind dem Hauptbetrieb zuzuordnen.

Übersicht	Rdn.		Rdn.
A. Allgemeines	1	2. Räumliche Entfernung vom Hauptbetrieb	4
B. Betrieb und Betriebsteil	2	3. Durch Aufgabenbereich und Organisation eigenständig	5
I. Betrieb	2	C. Eigene Zuordnung	6
II. Qualifizierte Betriebsteile	3	D. Kleinstbetriebe	7
1. Grundsatz	3		

1 **A. Allgemeines.** Die Vorschrift regelt zusammen mit den §§ 1 und 3 die betriebsverfassungsrechtliche Zuordnung von Betriebsteilen und Kleinstbetrieben. Grds werden die in Betriebsteilen beschäftigten AN

vom BR des Betriebs vertreten, in dem die Leitungsaufgaben auch für den Betriebsteil wahrgenommen werden (BAG 29.1.1992, 7 ABR 27/91, EzA § 7 BetrVG 1972 Nr 1). Liegen die Voraussetzungen des § 4 I 1 vor, haben die AN für ihren Betriebsteil einen eigenen BR zu wählen, es sei denn, sie optieren nach § 4 I 2 für die Teilnahme an der BR-Wahl des Hauptbetriebs. Nicht betriebsratsfähige Betriebe werden vom BR des Hauptbetriebs vertreten (§ 4 II). Die Vorschrift ist zwingend; ihre Missachtung führt zur Anfechtbarkeit der Wahl (BAG 17.1.1978, 1 ABR 71/76, EzA § 1 BetrVG 1972 Nr 1). Wurde für den gesamten Betrieb einschl des Betriebsteils ein gemeinsamer BR gewählt, steht dies der Wahl eines eigenen BR durch die Belegschaft des Betriebsteils für die künftige regelmäßige Amtszeit nicht entgegen. Findet eine derartige Wahl statt, ist sie nicht deshalb nichtig, weil danach ein BR für alle in dem Unternehmen beschäftigten AN gewählt wird (BAG 21.7.2004, 7 ABR 57/03, EzA § 4 BetrVG 2001 Nr 1). Durch TV oder BV nach § 3 I Nr 1–3 lassen sich Betriebsteile und Kleinstbetriebe abw von § 4 zuordnen (*Richardi* § 4 Rn 49). Ist zweifelhaft, ob ein Betriebsteil selbständig oder dem Hauptbetrieb zuzuordnen ist oder ob mehrere Unternehmen einen gemeinsamen Betrieb unterhalten, entscheidet auf Antrag das ArbG (§ 18 II) im Wege des Beschlussverfahrens (BAG 17.1.2007, 7 ABR 63/05, EzA § 4 BetrVG 2001 Nr 2). Da die Zuordnung nicht nur für die Wahl des BR, sondern auch im Hinblick auf die Reichweite von Mitbestimmungsrechten bedeutsam ist, kann die Entsch auch außerhalb des Wahlverfahrens beantragt werden (BAG 3.12.1985, 1 ABR 29/84, EzA § 4 BetrVG 1972 Nr 4). An den Beschl sind auch die Parteien des Arbeitsvertrags gebunden (BAG 9.4.1991, 1 AZR 488/90, EzA § 18 BetrVG 1972 Nr 7).

B. Betrieb und Betriebsteil. I. Betrieb. Ein Betrieb iSd BetrVG ist die organisatorische Einheit, innerhalb derer der AG zusammen mit den von ihm beschäftigten AN bestimmte arbeitstechnische Zwecke fortgesetzt verfolgt (BAG 21.7.2004, 7 ABR 57/03, EzA § 4 BetrVG 2001 Nr 1). Demggü erbringt ein **Betriebsteil** nur eine Teilfunktion, die sich von der Funktion anderer Betriebsteile unterscheidet, aber dem arbeitstechnischen Gesamtzweck des Betriebs dient, in den der Betriebsteil als unselbständige Untereinheit eingegliedert ist (BAG 19.2.2002, 1 ABR 26/01, EzA § 4 BetrVG 1972 Nr 8). Bsp: Lackiererei einer Autofabrik, Auslieferungslager einer Spedition, Druckerei eines Verlags (*Fitting* § 4 Rn 8). Die Abgrenzung zwischen Betrieb und Betriebsteil richtet sich nach dem Grad der Verselbständigung, die sich im Umfang der Leitungsmacht zeigt (BAG 21.7.2004, 7 ABR 57/03, EzA § 4 BetrVG 2001 Nr 1). Stets muss die Teileinheit über ein **Mindestmaß an organisatorischer Selbständigkeit** ggü dem Hauptbetrieb verfügen (BAG 21.7.2004, 7 ABR 57/03, aaO). Es genügt, dass in der organisatorischen Einheit eine den Einsatz der AN bestimmende Leitung besteht, die die Weisungsrechte des AG ausübt (BAG 28.6.1995, 7 ABR 59/94, § 4 BetrVG 1972 Nr 7; 17.1.2007, 7 ABR 63/05, EzA § 4 BetrVG 2001 Nr 2). Ist das der Fall, liegt ein Betriebsteil auch dann vor, wenn dessen Leiter verpflichtet ist, sich vor einer ihm übertragenen Personalentsch durch eine zentrale Personalrechtsabteilung beraten zu lassen (BAG 9.12.2009, 7 ABR 38/08 EzA § 1 BetrVG 2001 Nr 8). Mangels eines (»vollständigen«) Leitungsapparats sind Filialen im Einzelhandel oder im Bankgewerbe – obwohl dort »parallele« arbeitstechnische Zwecke verfolgt werden – häufig nur Betriebsteile und keine selbständigen Betriebe (BAG 7.5.2008, 7 ABR 15/07 nv; 24.2.1976, 1 ABR 62/75, EzA § 4 BetrVG 1972 Nr 1). Ein Betrieb und nicht nur ein Betriebsteil liegt vor, wenn der Leiter der organisatorischen Einheit in der Lage ist, die AG-Funktion in den wesentlichen Bereichen der betrieblichen Mitbestimmung wahrzunehmen (BAG 21.7. 2004, 7 ABR 57/03, EzA § 4 BetrVG 2001 Nr 1). Dazu muss die deutliche Mehrheit der Entsch, an denen der BR zu beteiligen ist, erkennbar vor Ort getroffen werden (Hess LAG 1.9.2011, 9 TaBV 8/11; LAG Hamm 28.10.2005, 13 TaBV 98/05).

II. Qualifizierte Betriebsteile. 1. Grundsatz. Unter den Voraussetzungen des § 4 I 1 gelten bestimmte Betriebsteile als betriebsratsfähige Einheiten, in denen ein eigener BR gewählt werden kann, es sei denn, die dort Beschäftigten votieren für eine Teilnahme an der BR-Wahl im Hauptbetrieb, zu dem der Betriebsteil organisatorisch gehört. Hauptbetrieb ist die Organisationseinheit, in der die der Mitbestimmung unterliegenden Entsch auch für den Betriebsteil getroffen werden (BAG 25.9.1986, 6 ABR 68/84, EzA § 1 BetrVG 1972 Nr 6). Trotz Teilnahmebeschl gilt der Betrieb hins der materiellen Mitbestimmungsrechte als selbständig (LAG München 26.1.2011, 11 TaBV 77/10, NZA-RR 2011, 299 ff; aA *Ulrich* NZA 2004, 1308, 1309; GK-BetrVG/*Franzen* § 4 Rn 22).

2. Räumliche Entfernung vom Hauptbetrieb. Räumlich weit vom Hauptbetrieb entfernt (§ 4 I 1 Nr 1) liegen Betriebsteile, wenn der BR des Hauptbetriebs die Belegschaft des Betriebsteils wegen dieser Entfernung nicht ordnungsgem betreuen kann (BAG 19.2.2002, 1 ABR 26/01, EzA § 4 BetrVG 1972 Nr 8). Dabei kommt es **weniger auf die kilometermäßige Entfernung als auf die Erreichbarkeit des Betriebs** an (BAG 21.6.1995, 2 AZR 693/94, EzA § 23 KSchG Nr 14). Entscheidend ist die Erreichbarkeit mit öffentl Verkehrsmitteln (BAG 7.5.2008, 7 ABR 15/07, NZA 2009, 328, 331), wenn nicht gewährleistet ist, dass alle

§ 4 BetrVG Betriebsteile, Kleinstbetriebe

Mitarbeiter den BR mit dem PKW aufsuchen können und umgekehrt (LAG Schl-Holst 20.1.2010, 6 TaBV 39/09). Bei **guten Verkehrsverbindungen sind 45 km** zwischen Hauptbetrieb und Betriebsteil noch keine weite Distanz (BAG 29.3.1977, 1 ABR 31/76, AuR 1978, 254). Selbst 70 km können akzeptabel sein, wenn die AN im Betriebsteil von freigestellten BR-Mitgliedern betreut werden (BAG 24.9.1968, 1 ABR 4/68, EzA § 1 BetrVG Nr 1). Umgekehrt kann eine Strecke von 28 km zu weit sein, wenn eine ordnungsgem Belegschaftsvertretung wegen der schlechten Verkehrsanbindung nicht gewährleistet ist (BAG 23.9.1960, 1 ABR 9/59, AP BetrVG § 3 Nr 4). Dies ist bei einer Fahrt von mehr als 2 Stunden der Fall (BAG 7.5.2008, 7 ABR 15/07, NZA 2009, 328, 331; LAG Schl-Holst 20.1.2010, 6 TaBV 39/09). Deshalb kann sogar eine Distanz von ca. 11 km zwischen Hauptbetrieb und Betriebsteil als?»weit entfernt« gelten, wenn die Fahrtzeiten mit öffentlichen Verkehrsmitteln erheblich sind (LAG Köln 6.2.2015, 4 TaBV 60/14, AuA 2015, 484). Maßgeblich sind die Umstände des Einzelfalls. Dass sich AN auch in weiter entfernten Betriebsteilen mithilfe moderner Kommunikationsmittel erreichen lassen, spielt keine Rolle; § 4 I Nr 1 bezweckt die jederzeitige persönliche Erreichbarkeit des BR (BAG 7.5.2008, 7 ABR 15/07, NZA 2009, 328, 331).

5 **3. Durch Aufgabenbereich und Organisation eigenständig.** Durch Aufgabenbereich und Organisation eigenständig (§ 4 I 1 Nr 2) sind Betriebsteile, wenn die dort vorhandenen Vertreter des AG in der Lage sind, die AG-Funktion in den wesentlichen Bereichen der betrieblichen Mitbestimmung wahrzunehmen (BAG 21.7.2004, 7 ABR 57/03, EzA § 4 BetrVG 2001 Nr 1). Eine relative Eigenständigkeit genügt (BAG 29.1.1992, 7 ABR 27/91, EzA § 7 BetrVG 1972 Nr 1). Die im Betriebsteil vorhandene Leitungsmacht muss nicht den gesamten Umfang oder den Kern der AG-Funktionen im sozialen oder personellen Bereich umfassen (BAG 29.5.1991, 7 ABR 54/90, EzA § 4 BetrVG 1972 Nr 6); die kaufmännische Leitung kann sich zB im Hauptbetrieb befinden (BAG 1.2.1963, 1 ABR 1/62, AP BetrVG § 3 Nr 5). Kommen aber alle wesentlichen technischen und personellen Anweisungen vom Hauptbetrieb, ist der Betriebsteil nicht selbständig. Selbständig kann ein Betriebsteil dagegen sein, der zwar nur 1,5 km vom Hauptbetrieb entfernt liegt, aber etwas anderes herstellt als dieser und über eine eigene Leitung verfügt, die über Angelegenheiten entscheiden kann, die der Mitbestimmung unterliegen (BAG 17.2.1983, 6 ABR 64/81, AP BetrVG 1972 § 4 Nr 4).

6 **C. Eigene Zuordnung.** AN in Betriebsteilen, die wegen § 4 I 1 als selbständig gelten, können beschließen, keinen eigenen BR zu wählen, sondern an der Wahl des BR im Hauptbetrieb teilzunehmen (§ 4 I 2). Veranlassen können die Abstimmung 3 wahlberechtigte AN des Betriebsteils, eine dort vertretene Gewerkschaft und der BR des Hauptbetriebs (§§ 4 I 2–3, 3 III 2). Die Abstimmung ist formlos möglich und kann auch im Umlaufverfahren erfolgen (DKKW/*Trümner* § 4 Rn 120), sie muss insbesondere nicht in einer Betriebsversammlung stattfinden (LAG Schl-Hols, 17.12.2013, 1 TaBV 35/12, NZA-RR 2014, 242). Es genügt deshalb, wenn 8 AN des selbständigen Betriebsteils anlässlich des wöchentlichen Frühstücks mündlich einstimmig die Entscheidung treffen, an der BR-Wahl des Hauptbetriebs teilzunehmen. Wird die formlose Abstimmung von einem einzigen AN initiiert, reicht es aus, wenn sich die übrigen die Initiative zu eigen machen, weil sie an dem formlosen Abstimmungsprozess teilnehmen (LAG Düsseldorf 13.1.2016 - 12 TaBV 67/14). Die Abstimmung ist jedoch unwirksam, wenn sie über einen Zeitraum von mehr als 4 Wochen ausgedehnt wird und Stimmen solange zugelassen werden, bis die notwendige Mehrheit für die Teilnahme an der BR-Wahl zum Hauptbetrieb erreicht ist (LAG Schl-Holst, 17.12.2013, 1 TaBV 35/12, NZA-RR 2014, 242). Stets müssen sämtliche Wahlberechtigten rechtzeitig von der Abstimmung in Kenntnis gesetzt werden. Fehler machen die Abstimmung und die BR-Wahl anfechtbar, wenn sich diese auf das Ergebnis auswirken (LAG Düsseldorf 13.1.2016 - 12 TaBV 67/14). Die Frage, keinen BR zu wählen, muss nicht zur Abstimmung gestellt werden, weil § 4 I 2 nur ein Votum vorsieht, an der BR-Wahl teilzunehmen (LAG Düsseldorf 13.1.2016 - 12 TaBV 67/14). Die Vertretung durch den BR des Hauptbetriebs ist beschlossen, wenn sich die absolute Mehrheit aller AN (nicht nur der Wahlberechtigten) des Betriebsteils dafür ausspricht (*Fitting* § 4 Rn 30). Der Beschl ist dem BR des Hauptbetriebs spätestens 10 Wochen vor Ablauf seiner Amtszeit mitzuteilen (§ 4 I 4). Die Zuordnung gilt so lange, bis sie von den AN durch Mehrheitsbeschl widerrufen wird (§ 4 I 5). Der Widerruf gilt allerdings erst für die nächste BR-Wahl (DKKW/*Trümner* § 4 Rn 126). Eine Zuordnung des Betriebsteils durch TV oder BV nach § 3 I, II steht der Zuordnung durch die AN dieses Betriebsteils entgegen. Beteiligt sich die Belegschaft eines betriebsratslosen Betriebsteils iSd § 4 I 1 aufgrund einer Abstimmung nach § 4 I 2 BetrVG an der BR-Wahl im Hauptbetrieb, verliert der Betriebsteil seine gesetzlich fingierte Eigenständigkeit. Der Betriebsteil wird Teil des Hauptbetriebes, nach dessen Verhältnissen sich die Voraussetzungen für die Aufstellung eines Sozialplans bestimmen (BAG 17.9.13, 1 ABR 21/12, EzA § 4 BetrVG 2001 Nr 3).

7 **D. Kleinstbetriebe.** Betriebsstätten, die über eine eigene betriebsverfassungsrechtliche Leitungsmacht verfügen und deshalb keine Betriebsteile, sondern selbständige Betriebe darstellen (vgl BAG 17.1.2007, 7 ABR

63/05, EzA § 4 BetrVG 2001 Nr 2), werden, wenn sie weniger als 5 AN beschäftigen, von denen 3 wählbar sind, dem Hauptbetrieb zugeordnet (§ 4 II). Hauptbetrieb ist der betriebsratsfähige Betrieb oder selbständige Betriebsteil iSd § 4 I, in dem die mitbestimmungspflichtigen Entsch für die AN des Kleinstbetriebs getroffen werden (*Fitting* § 4 Rn 10). Ihm muss eine hervorgehobene Bedeutung zukommen, die über die organisatorische Eingliederung der zuzuordnenden Betriebsstätte hinausgeht (BAG 17.1.2007, 7 ABR 63/05, EzA § 4 BetrVG 2001 Nr 2). Die räumliche Entfernung zwischen den Betriebsstätten spielt regelmäßig keine Rolle (BAG 17.1.2007, 7 ABR 63/05, aaO). Der Kleinstbetrieb bleibt mitbestimmungsfrei, wenn die Zahl aller im Unternehmen beschäftigter AN die Schwellenwerte des § 1 nicht erreicht (*Richardi* § 4 Rn 48).

§ 5 Arbeitnehmer

(1) ¹Arbeitnehmer (Arbeitnehmerinnen und Arbeitnehmer) im Sinne dieses Gesetzes sind Arbeiter und Angestellte einschließlich der zu ihrer Berufsausbildung Beschäftigten, unabhängig davon, ob sie im Betrieb, im Außendienst oder mit Telearbeit beschäftigt werden. ²Als Arbeitnehmer gelten auch die in Heimarbeit Beschäftigten, die in der Hauptsache für den Betrieb arbeiten. ³Als Arbeitnehmer gelten ferner Beamte (Beamtinnen und Beamte), Soldaten (Soldatinnen und Soldaten) sowie Arbeitnehmer des öffentlichen Dienstes einschließlich der zu ihrer Berufsausbildung Beschäftigten, die in Betrieben privatrechtlich organisierter Unternehmen tätig sind.
(2) Als Arbeitnehmer im Sinne dieses Gesetzes gelten nicht
1. in Betrieben einer juristischen Person die Mitglieder des Organs, das zur gesetzlichen Vertretung der juristischen Person berufen ist;
2. die Gesellschafter einer offenen Handelsgesellschaft oder die Mitglieder einer anderen Personengesamtheit, soweit sie durch Gesetz, Satzung oder Gesellschaftsvertrag zur Vertretung der Personengesamtheit oder zur Geschäftsführung berufen sind, in deren Betrieben;
3. Personen, deren Beschäftigung nicht in erster Linie ihrem Erwerb dient, sondern vorwiegend durch Beweggründe karitativer oder religiöser Art bestimmt ist;
4. Personen, deren Beschäftigung nicht in erster Linie ihrem Erwerb dient und die vorwiegend zu ihrer Heilung, Wiedereingewöhnung, sittlichen Besserung oder Erziehung beschäftigt werden;
5. der Ehegatte, der Lebenspartner, Verwandte und Verschwägerte ersten Grades, die in häuslicher Gemeinschaft mit dem Arbeitgeber leben.
(3) ¹Dieses Gesetz findet, soweit in ihm nicht ausdrücklich etwas anderes bestimmt ist, keine Anwendung auf leitende Angestellte. ²Leitender Angestellter ist, wer nach Arbeitsvertrag und Stellung im Unternehmen oder im Betrieb
1. zur selbständigen Einstellung und Entlassung von im Betrieb oder in der Betriebsabteilung beschäftigten Arbeitnehmern berechtigt ist oder
2. Generalvollmacht oder Prokura hat und die Prokura auch im Verhältnis zum Arbeitgeber nicht unbedeutend ist oder
3. regelmäßig sonstige Aufgaben wahrnimmt, die für den Bestand und die Entwicklung des Unternehmens oder eines Betriebs von Bedeutung sind und deren Erfüllung besondere Erfahrungen und Kenntnisse voraussetzt, wenn er dabei entweder die Entscheidungen im Wesentlichen frei von Weisungen trifft oder sie maßgeblich beeinflusst; dies kann auch bei Vorgaben insbesondere aufgrund von Rechtsvorschriften, Plänen oder Richtlinien sowie bei Zusammenarbeit mit anderen leitenden Angestellten gegeben sein.
³Für die in Absatz 1 Satz 3 genannten Beamten und Soldaten gelten die Sätze 1 und 2 entsprechend.
(4) Leitender Angestellter nach Absatz 3 Nr. 3 ist im Zweifel, wer
1. aus Anlass der letzten Wahl des Betriebsrats, des Sprecherausschusses oder von Aufsichtsratsmitgliedern der Arbeitnehmer oder durch rechtskräftige gerichtliche Entscheidung den leitenden Angestellten zugeordnet worden ist oder
2. einer Leitungsebene angehört, auf der in dem Unternehmen überwiegend leitende Angestellte vertreten sind, oder
3. ein regelmäßiges Jahresarbeitsentgelt erhält, das für leitende Angestellte in dem Unternehmen üblich ist, oder
4. falls auch bei der Anwendung der Nummer 3 noch Zweifel bleiben, ein regelmäßiges Jahresarbeitsentgelt erhält, das das Dreifache der Bezugsgröße nach § 18 des Vierten Buches Sozialgesetzbuch überschreitet.

Übersicht

	Rdn.		Rdn.
A. Arbeitnehmer	1	1. Herausnahme aus dem Anwendungsbereich des BetrVG	13
I. Begriff	1	2. Abgrenzung	14
II. Zur Berufsausbildung Beschäftigte	2	II. Merkmale nach § 5 III 2	15
III. Beamte, Soldaten und AN des öffentlichen Dienstes	3	1. Einstellungs- und Entlassungsberechtigung iSd Nr 1	15
1. Neuregelung durch Gesetz vom 29.7.2009 (BGBl I S 2424)	3	2. Generalvollmacht iSd Nr 2	16
2. Voraussetzungen	4	3. Sonstige Aufgaben mit Bedeutung für Bestand und Entwicklung des Betriebs und des Unternehmens	17
3. Rechtsfolgen	5	III. Auslegungsregeln	18
IV. Sonstige Formen eines drittbezogenen Personaleinsatzes	6	1. Bedeutung	18
B. Einschränkung des Arbeitnehmerbegriffs	7	2. Inhalt	19
I. Grundsatz	7	a) § 5 IV Nr 1	19
II. Einzelmerkmale	8	b) § 5 IV Nr 2	20
1. Vertreter juristischer Personen	8	c) § 5 IV Nr 3	21
2. Personengesamtheiten (Nr 2)	9	d) § 5 IV Nr 4	22
3. Beschäftigung aus karitativen oder religiösen Gründen	10	IV. ABC der leitenden Angestellten	23
4. Beschäftigung aus medizinischen oder erzieherischen Gründen	11	1. Leitende Angestellte gemäß Rechtsprechung	23
5. Familienangehörige des AG	12	2. Keine leitenden Angestellten gemäß Rechtsprechung	24
C. Leitende Angestellte	13		
I. Bedeutung	13		

1 **A. Arbeitnehmer. I. Begriff.** Dem BetrVG liegt der AN-Begriff im allg arbeitsrechtlichen Sinne zugrunde (BAG 12.2.1992, 7 ABR 42/91, EzA § 5 BetrVG 1972 Nr 53). Bestimmte AN-Gruppen sind nach Maßgabe von § 5 II, III vom Anwendungsbereich des BetrVG ausgenommen; umgekehrt sind Heimarbeiter als AN-ähnliche Selbständige in den Schutzbereich des G einbezogen (§ 5 I 2). **AN ist,** wer auf der Grundlage eines **privatrechtlichen Vertrags im Dienste eines anderen zur Leistung weisungsgebundener fremdbestimmter Arbeit in persönlicher Abhängigkeit gegen Entgelt verpflichtet ist** (st Rspr, zuletzt BAG 29.8.2012, 10 AZR 499/11, EzA § 611 BGB 2002 Arbeitnehmerbegriff Nr 22; ausf *Maschmann* Arbeitsverträge und Verträge mit Selbständigen, 2001). Die persönliche Abhängigkeit resultiert aus der **Eingliederung** in die vom AG bestimmte Arbeitsorganisation. Sie beruht darauf, dass AN dem **Weisungsrecht** des AG unterliegen (BAG 22.4.1998, 5 AZR 342/97, EzA § 611 BGB Arbeitnehmerbegriff Nr 67), mit dem dieser Inhalt, Durchführung, Zeit, Dauer und Ort der Tätigkeit genauer bestimmen kann (§ 106 GewO). AN ist, wer nicht wie ein Selbständiger (vgl § 84 I 2 HGB) iW frei seine Tätigkeit gestalten und seine Arbeitszeit selbst festlegen kann (BAG 19.1.2000, 5 AZR 644/98, EzA § 611 BGB Arbeitnehmerbegriff Nr 81). Weisungsabhängigkeit in zeitlicher Hinsicht ist gegeben, wenn ständige Dienstbereitschaft erwartet wird oder wenn Mitarbeiter in nicht unerheblichem Umfang auch ohne entsprechende Vereinbarung herangezogen werden, dh man ihnen Arbeitszeiten letztlich »zuweist« (BAG 9.6.2010, 5 AZR 332/09, EzA BGB 2002 § 611 Arbeitnehmerbegriff Nr 18), so wie es zB bei der Einteilung in Dienst- oder Stundenpläne ohne vorherige Absprache der Fall ist (BAG 15.2.2012, 10 AZR 301/10, EzA § 611 BGB 2002 Arbeitnehmerbegriff Nr 21). Zur Ermittlung des Vertragstyps sind die Umstände des Einzelfalls zu berücksichtigen. Maßgebend ist der wirkliche Inhalt des Vertrags, nicht seine Bezeichnung (BAG 30.9.1998, 5 AZR 563/97, EzA § 611 BGB Arbeitnehmerbegriff Nr 74). Widersprechen sich Vereinbarung und tatsächliche Durchführung, ist Letztere maßgebend (BAG 20.5.2009, 5 AZR 31/08, EzA BGB 2002 § 611 Arbeitnehmerbegriff Nr 15). Eine unentgeltliche ehrenamtliche Tätigkeit begründet kein Arbeitsverhältnis (BAG 29.8.2012, 10 AZR 499/11, EzA § 611 BGB 2002 Arbeitnehmerbegriff Nr 22).

2 **II. Zur Berufsausbildung Beschäftigte.** Zur Berufsausbildung Beschäftigte gelten als AN iSd BetrVG. Der Begriff der »Berufsausbildung« ist im BetrVG weiter gefasst als im BBiG (BAG 21.7.1993, 7 ABR 35/92, EzA § 5 BetrVG 1972 Nr 56). Nach § 5 I 1 fallen darunter alle Maßnahmen, die auf der betrieblichen Ebene berufliche Kenntnisse vermitteln (BAG 15.3.2006, 7 ABR 39/05, EzAÜG BetrVG Nr 93). Voraussetzung ist der Abschluss eines privatrechtlichen Vertrags, der die Beschäftigung zum Zwecke der Berufsausbildung zum Inhalt hat (BAG 13.5.1992, 7 ABR 72/91, EzA § 5 BetrVG 1972 Nr 54). Die Beschäftigung kann unentgeltlich erfolgen (BAG 6.11.2013, 7 ABR 76/11, EzA § 5 BetrVG 2001 Nr 11; LAG Berl-Bbg 16.8.2011, 3 TaBV 326/11). Die Zahlung eines Entgelts kann aber Indiz für das Bestehen eines Ausbildungsverhältnisses sein (BAG 25.10.1989, 7 ABR 1/88, EzA § 5 BetrVG 1972 Nr 48). Keine

Rolle spielen der Umfang der vermittelten Kenntnisse und Fähigkeiten und die Dauer der Beschäftigung; auch kurzfristige Maßnahmen – etwa iR eines Betriebspraktikums – können als Berufsausbildung iSv § 5 I 1 gelten (BAG 30.10.1991, 7 ABR 11/91, EzA § 5 BetrVG 1972 Nr 50). Studenten, die iR einer (Fach-) Hochschulausbildung ein Betriebspraktikum leisten, gelten nicht als zur Berufsausbildung Beschäftigte, wenn das Praktikum eine Hochschulmaßnahme darstellt, zu deren Durchführung sich die Hochschule des Betriebs nur bedient (BAG 30.10.1991, 7 ABR 11/91, aaO). Anderes gilt, wenn der Betrieb ein Praktikum eigenverantwortlich durchführt. Berufsausbildung iSd § 5 I 1 ist dann gegeben, wenn der Praktikant trotz weitgehender Vorgaben und enger Verzahnung der berufspraktischen Tätigkeiten mit den übrigen Teilen des Studiums in die Organisation des Ausbildungsbetriebs eingegliedert ist und er mit dem Betrieb einen Vertrag geschlossen hat (BAG 15.3.2006, 7 ABR 39/05, EzAÜG BetrVG Nr 93). Die Ausbildung in reinen Ausbildungsbetrieben oder in verselbständigten Einrichtungen, die zu Ausbildungszwecken Produktions- oder Dienstleistungsbetriebe nachahmen, stellt keine Berufsausbildung iSd § 5 I dar (BAG 21.7.1993, 7 ABR 35/92, EzA § 5 BetrVG 1972 Nr 56; 16.11.2011, 7 ABR 48/10, ZBVR online 2012, Nr 6, 8). Dasselbe gilt für eine rein schulische Ausbildung (BAG 28.7.1992, 1 ABR 22/92, EzA § 87 BetrVG 1972 Werkswohnung Nr 8). Erforderlich ist, dass die betrieblich-praktische Ausbildung überwiegt oder der schulischen Ausbildung zumindest gleichwertig ist, wobei keine rein quantitative, sondern eine qualitative Beurteilung maßgeblich ist (BAG 6.11.2013, 7 ABR 76/11, DB 2014, 903). Stets muss sich die berufspraktische Ausbildung iRd jeweiligen arbeitstechnischen Zwecksetzung des Ausbildungsbetriebs vollziehen und mit dessen Produktions- oder Dienstleistungsprozess verknüpft sein. Das ist der Fall, wenn die Auszubildenden mit Tätigkeiten beschäftigt werden, die zu den beruflichen Aufgaben der AN dieses Betriebs gehören (BAG 20.3.1996, 7 ABR 46/95, EzA § 5 BetrVG 1972 Nr 59). Beschränkt sich der Betrieb dagegen auf die Ausbildung, ohne weitere arbeitstechnische Zwecke zu verfolgen, sind die Auszubildenden selbst Gegenstand des Betriebszwecks. Da sie nicht an seiner Verwirklichung mitwirken, gelten sie nicht als AN iSd § 5 I (BAG 5.4.2000, 7 ABR 20/99, EzA § 5 BetrVG 1972 Nr 63). Dieser Grds gilt in reinen Ausbildungsbetrieben auch für diejenigen Auszubildenden, die sich dort in einem vorübergehenden berufspraktischen Einsatz befinden (LAG Köln 22.4.2010, 13 TaBV 89/09). §§ 51, 52 BBiG sehen für sie alle eine eigene Interessenvertretung vor (BAG 13.6.2007, 7 ABR 44/06, EzA § 5 BetrVG 2001 Nr 2). Die Regelungen laufen mangels gesetzlicher Umsetzung bislang leer, da die geplante VO über die Vertretung der Interessen der Auszubildenden in sonstigen Berufsbildungseinrichtungen außerhalb der schulischen und betrieblichen Berufsausbildung am Widerstand des Bundesrats gescheitert ist (vgl BR-Drs 339/02). Keine AN iSd § 5 sind Auszubildende, die in einem Betrieb zusammengefasst sind, dessen Zweck die Durchführung der Berufsausbildung für andere Betriebe ist (BAG 13.8.2008, 7 AZR 450/07 nv). Absolvieren Auszubildende eines reinen Ausbildungsbetriebs ihre praktische Ausbildung vollständig oder teilw in dem Betrieb eines anderen Unternehmens des Konzerns, dürfen sie entspr § 14 II 2 AÜG an Betriebsversammlungen in diesem Einsatzbetrieb teilnehmen (BAG 24.8.2011, 7 ABR 8/10, NZA 2012, 223).

III. Beamte, Soldaten und AN des öffentlichen Dienstes. 1. Neuregelung durch Gesetz vom 29.7.2009 (BGBl I S 2424). Seit dem 4.8.2009 gelten auch Beamte, Soldaten sowie AN des öffentl Dienstes einschl der zu ihrer Berufsausbildung Beschäftigten als AN iSd BetrVG, wenn sie in Betrieben privatrechtlich verfasster Unternehmen tätig sind (§ 5 I 3). Mit der Gesetzesänderung sollte dem Wunsch des BR (BT-Drs 16/1336) entsprochen werden, eine allg Regelung in das BetrVG aufzunehmen, nach der Beamte bei Zuweisung an privatrechtlich organisierte Einrichtungen generell für die Anwendung des BetrVG als AN gelten (BT-Drs 16/11608, S 21). § 5 I 3 BetrVG greift die bereits in zahlreichen Sondervorschriften – wie § 19 I DBGrG, § 24 II, III PostPersRG, § 6 I BWKoopG, § 5 I BWpVerwPG, § 5 I BFaJPG, § 4 II BAFISBAÜbnG – behandelte Frage auf und regelt sie für diese Beschäftigtengruppe einheitlich. Zugleich wird die Rspr des BAG korrigiert, die Beamte und Soldaten im Fall einer Abordnung in ein privatrechtlich verfasstes Unternehmen wegen des fortbestehenden öffentl-rechtlichen Dienstverhältnisses bislang nicht als AN angesehen hatte (BAG 25.2.1998, 7 ABR 11/97, EzA § 5 BetrVG 1972 Nr 62; 28.3.2001, 7 ABR 21/00, EzA § 7 BetrVG 1972 Nr 2), was bes misslich war, weil bei einer Abordnung über 3 Monate das WahlR zum PersR verlorenging (§ 13 II 2 1 Hs, 4 BPersVG). Rechtstechnisch begründet die Vorschrift die (unwiderlegbare) Fiktion, dass die in § 5 I 3 genannten Personen für die Dauer ihrer tatsächlichen Beschäftigung als AN iSd BetrVG gelten, soweit sie im Einsatzbetrieb nicht Aufgaben eines ltd Ang wahrnehmen (§ 5 III 3). Die bisherigen Sondervorschriften bleiben bestehen, soweit sie personalvertretungsrechtliche Fragen regeln, die nicht der Mitbestimmung des BR im Einsatzbetrieb unterliegen (*Hayen* PersR 2009, 389; aA *Thüsing* BB 2009, 2037).

2. Voraussetzungen. Die in § 5 I 3 erwähnten Begriffe Beamte, Soldaten und AN verstehen sich im allg Rechtssinne, s § 5 Rdn 1. Zum Begriff Auszubildende s § 5 Rdn 2, zum Begriff öffentl Dienst s § 130.

§ 5 BetrVG   Arbeitnehmer

Nach dem Wortlaut genügt jede Tätigkeit einer solchen Person in einem Unternehmen des privaten Rechts. Damit nicht schon die Hausdurchsuchung durch einen Polizisten zur Fiktion des § 5 I 3 führt, muss die Norm teleologisch reduziert werden (*Heise/Fedder* NZA 2009, 1069, 1070). Sie gilt nur, wenn die Betreffenden dem Unternehmen zur Arbeitsleistung überlassen werden. Gleichgültig ist, worauf die Überlassung beruht: Zuweisung aufgrund beamtenrechtlicher Vorschriften, Personalgestellung (§ 4 III TVöD), Vereinbarung zwischen dem öffentl-rechtl Dienstherrn und dem Beamten/AN (ErfK/*Koch* § 5 Rn 3a). Stets muss dem privatrechtlich organisierten Unternehmen das Weisungsrecht iSd § 106 GewO gegenüber den Überlassenen zustehen und von ihm auch ausgeübt werden. Dass der öff-rechtl. Dienstherr die Disziplinargewalt über die beim privatrechtl. Unternehmen tätigen Beamten behält, schadet nicht. Ist der Überlassungsvertrag unwirksam, kann § 5 I 3 trotzdem erfüllt sein, wenn das privatrechtl. Unternehmen mit Wissen und Wollen oder zumindest Billigung des öffentl-rechtl Dienstherrn das Weisungsrecht gegenüber den in seinem Betrieb eingesetzten Beamten ausübt (LAG Bad-Württ 23.9.2015, 21 TaBV 8/14, EzA-SD 2016, Nr 5, 21 n. rkr). Ein Mindesteinsatz von 3 Monaten Dauer, wie § 7 S 2 für sonstige zu einer Arbeitsleistung überlassene Personen bestimmt, ist nicht erforderlich (*Thüsing* BB 2009, 2036; aA *Löwisch* BB 2009, 2316; *v Steinau-Steinrück/Mosch* NJW-Spezial 2009 Heft 22, 706). Die AN-Eigenschaft der in § 5 I 3 Genannten beginnt mit der tatsächlichen Aufnahme ihrer Tätigkeit im Privatunternehmen und dauert bis zum letzten Tag ihrer Beschäftigung. Auf die rechtliche Wirksamkeit der Überlassung kommt es nicht an.

5   **3. Rechtsfolgen.** Die in § 5 I 3 Genannten gehören zur Belegschaft des Einsatzbetriebs und genießen dort das **aktive und passive Wahlrecht**, wenn die allg Voraussetzungen erfüllt sind (BAG 15.8.2012, 7 ABR 34/11, EzA § 5 BetrVG 2001 Nr 8 mwN). Nach aA (*Löwisch* BB 2009, 2316; *v Steinau-Steinrück/Mosch* NJW-Spezial 2009 Heft 22, 706) sollen sich die Wahlberechtigung und Wählbarkeit allein aus § 7 S 2 ergeben und erst dann bestehen, wenn die Überlassung mind 3 Monate dauert. Das überzeugt angesichts der Gesetzesbegr (BT-Drs 16/11608) nicht, lässt aber die Frage aufkommen, ob die Bevorzugung der in § 5 I 3 Genannten ggü anderen dem Betrieb zur Arbeit Überlassenen mit Art 3 I GG vereinbar ist (bejahend BAG aaO, da § 5 I 3 eine strukturell auf Dauer angelegte Sondersituation regelt). Im Erg verfügen die in § 5 I 3 Genannten regelmäßig über eine **doppelte Interessenvertretung** und ein doppeltes aktives und passives Wahlrecht: zum PersR des abgebenden AG/Dienstherrn des öffentl Dienstes sowie zum BR des aufnehmenden Unternehmens der Privatwirtschaft. Werden sie im Einsatzbetrieb als **ltd Ang tätig, können sie nur an der Wahl zum SprAu** aktiv und passiv teilnehmen (*Thüsing* BB 2009, 2036, 2037; *Hayen* PersR 2009, 384, 387; *Wolmerath* dbr 2009, 32, 33; aA *Löwisch* BB 2009, 2319, 2317). Der durch § 5 I 3 fingierte betriebsverfassungsrechtliche AN-Status wirkt sich auch auf die **Schwellenwerte** aus. **Die in § 5 I 3 Genannten zählen mit** bei der BR-Größe (§ 9 BetrVG), der Zahl der Freistellungen (§ 38 BetrVG) und allen sonstigen Vorschriften, die an die Belegschaftsstärke anknüpfen, wie §§ 106, 99, 111 BetrVG (BAG 15.12.2011, 7 ABR 65/10, EzA § 5 BetrVG 2001 Nr 7; 12.9.2012, 7 ABR 37/11, NZA-RR 2013, 197; *Thüsing* BB 2009, 2036; *Hayen* PersR 2009, 384, 389 f; aA *Löwisch* BB 2009, 2316; *v Steinau-Steinrück/Mosch* NJW-Spezial 2009 Heft 22, 706;). **Beteiligungsrechte des BR im Einsatzbetrieb** kommen für die in § 5 I 3 Genannten in Betracht, wenn die Befugnisse an den rein tatsächlichen Arbeitseinsatz im Betrieb anknüpfen (§§ 80, 87 I Nr 1, 2, 3, 7, 90, 91); nur insoweit unterfallen die in § 5 I 3 Genannten auch den BV im Einsatzbetrieb. Soweit dienstrechtliche oder arbeitsvertragliche Angelegenheiten betroffen sind, bleibt der PersR des Dienstherrn/öffentl AG für sie zuständig. Der Gleichbehandlungsgrds (§ 75) und die in den §§ 81 ff bestimmten Individualrechte gelten auch für die in § 5 I 3 Genannten. Sie können während der Arbeitszeit an Betriebsversammlungen und Sprechstunden im Einsatzbetrieb teilnehmen. Außerhalb des BetrVG gilt die Neuregelung, wenn G auf § 5 Bezug nehmen, wie zB das MitbestG und das DrittelbG (*Hayen* PersR 2009, 384, 388).

6   **IV. Sonstige Formen eines drittbezogenen Personaleinsatzes.** Neben § 5 I 3 bestehen zahlreiche weitere Vorschriften, die die betriebsverfassungsrechtliche Stellung von Personen regeln, die ohne Arbeitsvertrag mit dem Inhaber in dessen Betrieb eingegliedert sind, wie zB § 19 DBGrG, § 24 I-III PostPersRG, § 6 I BwKoopG, § 4 BWpVerwPG, § 4 II 1 BAFISBAÜbnG, § 5 I BfAIPG, § 7 S 2 BetrVG, § 14 AÜG. Für sie führt die sog. Zwei-Komponenten-Lehre, nach der zu den konstitutiven Merkmalen der Betriebszugehörigkeit sowohl ein Arbeitsverhältnis zum Betriebsinhaber als auch die tatsächliche Eingliederung des AN in dessen Betriebsorganisation gehören, häufig zu nicht sachgerechten Ergebnissen. Vom Vertrags-AG werden sie nicht beschäftigt, im Einsatzbetrieb sind sie nicht Vertragspartei des Inhabers. In Fällen einer »aufgespaltenen AG-Stellung« wendet die Rechtsprechung die »Zwei-Komponenten-Lehre« deshalb nicht mehr strikt an, sondern beurteilt die betriebsverfassungsrechtliche Zuordnung des Drittpersonals, je nach der Funktion des AN-Begriffs im jeweiligen betriebsverfassungsrechtlichen Zusammenhang differenziert (BAG 5.12.2012, 7 ABR 48/11, EzA § 5 BetrVG 2001 Nr 10): **Berücksichtigung von Leih-AN** bei der

zur Feststellung der maßgeblichen **Betriebs-** bzw. **Unternehmensgröße** in § 9 (BAG 13.3.2013, 7 ABR 69/11) und § 111 S 1 (BAG 18.10.2011, 1 AZR 335/10, EzA BetrVG 2001 § 111 Nr 8); **Wählbarkeit von Leih-AN im Entleiherbetrieb** (BAG 17.2.2010, 7 ABR 51/08, EzA § 8 BetrVG 2001 Nr 2); **Teilnahmerecht von Auzubildenden im »aufgespaltenen Ausbildungsverhältnis«** an Betriebsversammlungen (BAG 24.8.2011, 7 ABR 8/10, EzA BetrVG 2001 § 42 Nr 1); Versetzung der einem Kooperationsunternehmen der Bundeswehr zugewiesenen Bundesbediensteten (BAG 4.5.2011, 7 ABR 3/10, EzA BetrVG 2001 § 99 Versetzung Nr 9), Berücksichtigung der in § 5 I 3 genannten Beschäftigten bei den organisatorischen Schwellenwerten im Einsatzbetrieb (BAG 15.12.2011, 7 ABR 65/10, EzA BetrVG 2001 § 5 Nr 7); »Reaktivierung« eines Beamten in einem privatisierten Postunternehmen (BAG 15.8.2012, 7 ABR 6/11, NZA-RR 2013, 161), **Wählbarkeit gestellter AN zum BR** (BAG 15.8.2012, 7 ABR 34/11, NZA 2013, 107); Anrechnung von Vordienstzeiten als Leih-AN im Betrieb (10.10.2012, 7 ABR 53/11); (fehlende) Teilnahmeberechtigung von vorübergehend anderen Unternehmen zugewiesenen Beamten an **Betriebsversammlungen** im Stammbetrieb (BAG 5.12.2012, 7 ABR 48/11, EzA § 5 BetrVG 2001 Nr 10).

B. Einschränkung des Arbeitnehmerbegriffs. I. Grundsatz. § 5 II nennt Personengruppen, die nicht 7 als AN iSd BetrVG gelten. Für sie bestehen weder Mitbestimmungsrechte noch zählen sie bei den Schwellenwerten (§§ 9, 38, 99 usw) mit. Manche der in § 5 II Aufgeführten gelten schon nach allg Grds nicht als AN; ihre Erwähnung dient der Klarstellung (*Fitting* § 5 Rn 326). Der Katalog ist nicht abschließend (ErfK/*Koch* § 5 Rn 12).

II. Einzelmerkmale. 1. Vertreter juristischer Personen. Nr 1 betr ausschließlich Mitglieder des Organs, 8 das kraft G zur Vertretung der juristischen Person berechtigt ist: die Vorstandsmitglieder der AG (§ 78 I AktG), der Genossenschaft (§ 24 GenG), des rechtsfähigen Vereins (§ 26 BGB), der Stiftung (§§ 26, 86 I 1 BGB), des Versicherungsvereins auf Gegenseitigkeit (§ 34 I 2 VAG iVm § 78 AktG), die Geschäftsführer der GmbH (§ 35 I GmbHG) und bei der KGaA die persönlich haftenden Gesellschafter, soweit sie nicht von der Vertretung ausgeschlossen sind (§ 278 II AktG iVm §§ 125, 181 HGB). Die Mitglieder des Vertretungsorgans sind auch dann keine AN iSd BetrVG, wenn sie in einem Arbeitsverhältnis zum Unternehmensträger stehen (ErfK/*Koch* § 5 Rn 12). Bei einer ausländischen juristischen Person richtet sich die Vertretung nach dem Recht des Staats, in dem ihr Verwaltungssitz liegt (*Richardi* § 5 Rn 163).

2. Personengesamtheiten (Nr 2). Bei Personengesamtheiten gilt nicht als AN iSd BetrVG, wer kraft G, 9 Satzung oder Gesellschaftsvertrags zur Vertretung oder Geschäftsführung berufen ist. Das sind zB bei der GbR alle Gesellschafter mit Ausnahme derer, die nach dem Gesellschaftsvertrag weder an der Geschäftsführung noch an der Vertretung der Gesellschaft beteiligt sind (§§ 709, 714 BGB), bei der OHG alle oder einzelne Gesellschafter (§§ 114, 125 HGB), bei der KG die persönlich haftenden Gesellschafter (§§ 164, 170 HGB). Bei ausländischen nichtrechtsfähigen Personengesamtheiten richtet sich die Geschäftsführungs- und Vertretungsbefugnis nach der jeweiligen Satzung (*Richardi* § 5 Rn 175).

3. Beschäftigung aus karitativen oder religiösen Gründen. Zu Nr 3 rechnen Ordensschwestern, Mönche 10 und Diakonissen, die nicht in Erwerbsabsicht tätig werden und deren Versorgung durch die Gemeinschaft, der sie angehören, gesichert wird (GK-BetrVG/*Raab* § 5 Rn 117). Dasselbe gilt für Krankenschwestern, die sich in einem Verband (Deutsches Rotes Kreuz, Caritas, Innere Mission usw) zusammengeschlossen haben. Sie werden vom Verband nicht als AN beschäftigt, sondern leisten ihre Dienste als Mitglied (BAG 22.4.1997, 1 ABR 74/96, EzA § 99 BetrVG 1972 Einstellung Nr 3; LAG Düsseldorf, 6.7.2012, 6 TaBV 30/12, ZTR 2012, 650; aA DKKW/*Trümner* § 5 Rn 182; *Fitting* § 5 Rn 334). Dabei bleibt es grds auch dann, wenn Schwestern von ihrem Verband aufgrund eines Gestellungsvertrags in einem nicht tendenzgeschützten Betrieb (§ 118 II) eingesetzt werden (BAG 20.2.1986, 6 ABR 5/85, EzA § 5 BetrVG 1972 Nr 45; GK-BetrVG/*Raab* § 5 Rn 117; aA DKKW/*Trümner* § 5 Rn 184 f.). Anderes gilt für sog Gastschwestern. Da bei ihnen neben der mitgliedschaftlichen Bindung ein Arbeitsverhältnis mit der Schwesternschaft besteht, gelten sie als AN iSd BetrVG (BAG 14.12.1994, 7 ABR 26/94, EzA § 1 BetrVG 1972 Nr 9).

4. Beschäftigung aus medizinischen oder erzieherischen Gründen. Unter Nr 4 fallen Personen, die 11 nicht auf arbeitsvertraglicher Grundlage tätig werden, sondern deren Beschäftigung zur Behebung physischer, psychischer oder sonstiger in der Person des Beschäftigten liegender Defizite dient (ErfK/*Koch* § 5 Rn 15). Dazu rechnen Kranke, Süchtige (BAG 25.10.1989, 7 ABR 1/88, EzA § 5 BetrVG 1972 Nr 48; 26.1.1994, 7 ABR 13/92, EzA § 5 BetrVG 1972 Nr 57), berufliche Rehabilitanden iSd § 97 SGB III (BAG 13.5.1992, 7 ABR 72/91, EzA § 5 BetrVG 1972 Nr 54), Jugendliche, die unter der Obhut des Jugendamtes stehen (§ 42 SGB VIII), Strafgefangene (BAG 3.10.1978, 6 ABR 46/76, EzA § 5 BetrVG 1972 Nr 33) – soweit sie kein »freies Beschäftigungsverhältnis« mit einem Dritten (§ 39 StVollzG) eingehen (*Fitting* § 5

Rn 342) – und Sicherungsverwahrte in den Unterbringungsanstalten (§ 66 StGB). Behinderte, die in einer Behindertenwerkstatt arbeiten, gelten als AN, wenn ihre Beschäftigung im konkreten Einzelfall vorwiegend dem Erwerb und nicht rein therapeutischen Zwecken dient (GK-BetrVG/*Raab* § 5 Rn 125). Erwerbsfähige Hilfsbedürftige mit »Ein-Euro-Jobs« iSd § 16 III 2 SGB II sind keine AN (BAG 8.11.2006, 5 AZB 36/06, EzA § 2 ArbGG 1979 Nr 65). Ihre Beschäftigung ist nach § 99 zustimmungspflichtig (BAG 2.10.2007, 1 ABR 60/06, EzA § 99 BetrVG 2001 Einstellung Nr 7).

12 **5. Familienangehörige des AG.** Ist der AG eine natürliche Person, gelten der Ehegatte, der gleichgeschlechtliche Partner einer eingetragenen Lebensgemeinschaft (§ 1 LPartG), die Eltern, Schwiegereltern und Kinder (auch die nichtehelichen und adoptierten) nicht als AN iSd BetrVG, wenn sie mit ihm in häuslicher Gemeinschaft leben (DKKW/*Trümner* § 5 Rn 200). Das gilt selbst dann, wenn zwischen ihnen ein Arbeitsvertrag besteht (*Fitting* § 5 Rn 343). Eine häusliche Gemeinschaft verlangt das Bestehen eines gemeinsamen Lebensmittelpunkts (§ 1619 BGB). Keine Familienangehörige iSd § 5 I Nr 4 sind Partner einer nichtehelichen Lebensgemeinschaft (DKKW/*Trümner* § 5 Rn 201), Verlobte (*Fitting* § 5 Rn 345) und Verwandte weiteren Grades (*Richardi* § 5 Rn 184). Bei Personengesellschaften (GbR, OHG, KG) gilt die Vorschrift hins der geschäftsführungs- oder vertretungsbefugten Mitglieder (GK-BetrVG/*Raab* § 5 Rn 129).

13 **C. Leitende Angestellte.   I. Bedeutung.   1. Herausnahme aus dem Anwendungsbereich des BetrVG.** Ltd Ang sind AN. Die Vorschriften des BetrVG gelten für sie aber nur, soweit dies ausdrückl bestimmt ist (zB §§ 75 I, 105, 107, 108). Ltd Ang sind an der Führung des Unternehmens beteiligt und vertreten die Interessen des AG ggü der Belegschaft, weshalb sie als Gegenspieler des BR nicht von ihm repräsentiert werden können (BAG 16.4.2002, 1 ABR 23/01, EzA § 5 BetrVG 1972 Nr 66). Allerdings ist dieser »Gegnerbezug« kein notwendiges Begriffsmerkmal. Besteht ein solcher, kann dies auf die Stellung als ltd Ang hindeuten (BAG 23.1.1986, 6 ABR 51/81, EzA § 5 BetrVG 1972 Nr 42; *Richardi* § 5 Rn 220). § 5 III definiert den Begriff nur für das BetrVG. Hierauf wird im Recht der Mitbestimmung (§ 3 I Nr 1 MitbestG, § 3 I DrittelbG und § 1 I SprAuG) und im Arbeitszeitrecht (§ 18 I Nr 1 ArbZG) verwiesen. Eigenständige Definitionen enthalten die §§ 14, 17 III KSchG und § 22 II Nr 2 ArbGG. Eine Spezialvorschrift enthält § 45 S 2 WiPrO. Ang Wirtschaftsprüfer gelten danach als ltd Ang iSd § 5 III. Die Vorschrift ist dahin gehend verfassungskonform auszulegen, dass sie nur für ang Wirtschaftsprüfer mit Prokura gilt (BAG 29.6.2011, 7 ABR 15/10, DB 2012, 465; krit *Diller* ArbR 2012, 124). Auf ang Steuerberater oder Rechtsanwälte ist sie nicht anwendbar (BAG 29.6.2011, 7 ABR 5/10, EzA § 5 BetrVG 2001 Nr 6).

14 **2. Abgrenzung.**   Ltd Ang ist, wer bei eigenem Entscheidungsspielraum an der Unternehmensleitung teilhat. Diese Teilhabe muss »nach Arbeitsvertrag und Stellung« bestehen (§ 5 III 2 Es). Der ltd Ang muss nach seinem Arbeitsvertrag berechtigt sein, Leitungsfunktionen wahrzunehmen und diese auch tatsächlich ausüben (*Hromadka* BB 1990, 57, 58), eine lediglich vertretungsweise Ausübung im Fall der Abwesenheit des Vorgesetzten genügt nicht (LAG Rh-Pf 8.5.2012, 3 TaBV 43/11). Es ist nicht erforderlich, dass der ltd Ang einen Arbeitsvertrag mit dem Einsatzbetrieb geschlossen hat; auch Leih-AN können ltd Ang sein (LAG Rh-Pf 18.10.2012, 10 TaBV 18/12). Es genügt, wenn der ltd Ang nur für einen Betrieb des Unternehmens zuständig ist (BAG 25.10.1989, 7 ABR 60/88, EzA § 5 BetrVG 1972 Nr 49). Die in § 5 III 2 genannten Merkmale sind zwingend und stehen weder kollektiv- noch individualvertraglich zu Disposition (BAG 16.4.2002, 1 ABR 23/01, EzA § 5 BetrVG 1972 Nr 66). Wer ltd Ang ist, ist eine Rechtsfrage; der AG kann niemanden zum ltd Ang »ernennen«, ohne ihm zugleich Aufgaben und Funktionen zuzuweisen, die den Merkmalen nach § 5 III 2 entsprechen (*Fitting* § 5 Rn 365). Auch die Eintragung in der Wählerliste entfaltet keine statusbegründende Wirkung (BAG 11.1.1995, 7 ABR 19/73, EzA § 5 BetrVG 1972 Nr 7); sie kann aber Auslegungshilfe iSd § 5 IV Nr 1 sein. § 5 III 2 Nr 1 stellt für die Abgrenzung auf die Einstellungs- und Entlassungsbefugnis als typische AG-Funktion ab; § 5 III Nr 2 knüpft an die mit der Erteilung bestimmter Vollmachten verbundene formale Unternehmerstellung an; § 5 III Nr 3 verweist funktional auf die hierarchische Stellung und die Bedeutung der übertragenen Aufgaben. Die in Nr 1–3 beschriebenen AG-Funktionen sind gleichwertig (BAG 16.4.2002, 1 ABR 23/01, EzA § 5 BetrVG 1972 Nr 66). Für jede Alt müssen die Voraussetzungen des § 5 III 2 Eingangssatz vorliegen (*Fitting* § 5 Rn 360). Bleiben trotz der sorgfältigen Umschreibung in § 5 III Zweifel, so ist auf die Auslegungsregeln des § 5 IV zurückzugreifen.

15 **II. Merkmale nach § 5 III 2.   1. Einstellungs- und Entlassungsberechtigung iSd Nr 1.** Erforderlich ist eine kumulative Einstellungs- u. Entlassungsberechtigung, die derjenige innehat, der intern die Entsch über die Einstellung von Bewerbern trifft und den Arbeitsvertrag und die Kdg oder den Aufhebungsvertrag mit unterzeichnen darf. Dass andere Stellen, etwa die Personalabteilung, beratend mitwirken, schadet ebenso wenig wie das Erfordernis einer 2. Unterschrift, wenn diese reinen Kontrollzwecken dient (BAG 16.4.2002, 1 ABR 23/01, EzA § 5 BetrVG 1972 Nr 66). Anders ist es, wenn die Einstellungs- oder

Entlassungsentsch inhaltlich nur gemeinsam mit einer anderen Stelle getroffen werden kann oder wenn der Vorgesetzte sich die Letztentsch vorbehält (*Hromadka* BB 1990, 59). Unter Nr 1 fällt der Personalleiter –wenn er nicht nur die Entsch der Fachabteilung im Außenverhältnis vollzieht und er nicht nur im Einvernehmen mit dem Leiter der Fachabteilung oder des Betriebs handeln darf (GK-BetrVG/*Raab*, § 5 Rn 158) –, oder und wenn sein weisungsbefugter betrieblicher Vorgesetzter nicht mit identischen vertraglichen Kompetenzen ausgestattet ist (LAG Hamm 10.12.2013, 7 TaBV 80/13).Unschädlich ist, wenn der Personalleiter die Fachabteilungen konsultieren muss, ihm aber die Entscheidungskompetenz bleibt, ebenso wenn bei der Entsch RL und Budgets zu beachten sind (ErfK/*Koch* § 5 Rn 19), oder dass ein Personalreferent vorab Bewerbungen aussortiert, wenn der Personalleiter die Letztentsch über die Einstellung eines Bewerbers trifft (LAG Rh-Pf 4.4.2011, 5 TaBV 36/10). Die Personalverantwortung muss von erheblicher unternehmerischer Bedeutung sein. Sie kann sich aus der Zahl der AN, für die die Einstellungs- und Entlassungsbefugnis besteht, oder aus der Bedeutung für das Unternehmen ergeben (BAG 16.4.2002, 1 ABR 23/01, EzA § 5 BetrVG 1972 Nr 66). Besteht die Personalverantwortung nur für wenige AN, muss sie sich auf Personen beziehen, die hochqualifizierte Tätigkeiten mit entspr Entscheidungsspielräumen ausüben oder einen für das Unternehmen herausgehobenen Geschäftsbereich betreuen (BAG 10.10.2007, 7 ABR 61/06, EzA § 5 BetrVG 2001 Nr 3). Keine erhebliche Personalverantwortung trägt der Leiter einer kleinen Filiale, der Hilfskräfte einstellen und entlassen darf, zB bei einer Fast-Food-Kette (Hess LAG 7.9.2000, 12 TaBV 64/98, NZA-RR 2001, 426) oder ein Polier mit Einstellungs- und Entlassungsberechtigung für das Personal einer kleineren Baustelle (BAG 11.3.1982, 6 AZR 136/79, EzA § 5 BetrVG 1972 Nr 41).

2. Generalvollmacht iSd Nr 2. Generalvollmacht ist eine umfassende bürgerlich-rechtliche Vollmacht zur Führung des gesamten Geschäftsbetriebs (vgl § 105 I AktG), die nur in wenigen Unternehmen und auch dort nur wenigen AN auf der Ebene unterhalb des Vorstands oder der Geschäftsführung verliehen wird. Prokura ist die Vollmacht nach §§ 48 ff HGB. Für den Status als ltd Ang ist neben der Verleihung der Prokura erforderlich, dass der Ang unternehmerische Führungsaufgaben wahrnimmt (BAG 25.3.2009, 7 ABR 2/08, EzA § 5 BetrVG 2001 Nr 4). Honorarprokura und Zeichnungsbefugnis ohne entspr Aufgabengebiet genügen nicht (BAG 11.1.1995, 7 ABR 33/94, EzA § 5 BetrVG 1972 Nr 58). Handlungsbevollmächtigte (§§ 54 ff HGB) können nach Nr 3 ltd Ang sein.

3. Sonstige Aufgaben mit Bedeutung für Bestand und Entwicklung des Betriebs und des Unternehmens. Dies sind Tätigkeiten, die mit einem nicht unbeträchtlichen Einfluss auf die wirtschaftliche, technische, kaufmännische, organisatorische, personelle oder wissenschaftliche Führung des Unternehmens oder des Betriebs verbunden sind, also die gehobenen Angestelltentätigkeiten (BAG 23.1.1986, 6 ABR 51/81, EzA § 5 BetrVG 1972 Nr 42). Ob eine Tätigkeit für ein Unternehmen wichtig ist, richtet sich nach dessen Struktur. In High-Tech-Unternehmen haben Forschung und Produktion eine andere Bedeutung als in einem Unternehmen, das Massenartikel herstellt. Keine Rolle spielt, ob die Tätigkeit in der Linie oder im Stab wahrgenommen wird. Es genügt, dass sie für den Betrieb wichtig ist. Der Betriebsleiter in betriebsratsfähigen Betrieben wird in aller Regel ltd Ang sein (str, *Hromadka* SprAuG, § 5 III, IV BetrVG Rn 22 mwN). Stabsangestellte sind ltd Ang, wenn sie die Handlungen der Entscheidungsträger so maßgeblich beeinflussen, dass diese an ihren durch Tatsachen und Argumente vorbereiteten Vorschlägen nicht vorbeikönnen (BAG 29.1.1980, 1 ABR 45/79, EzA § 5 BetrVG 1972 Nr 35). Die Erfüllung der Aufgaben setzt bes Erfahrungen und Kenntnisse voraus, jedoch keine Formalqualifikationen. Die bes Kenntnisse können auch durch längere praktische Tätigkeit oder durch Selbststudium erworben werden (BAG 9.12.1975, 1 ABR 80/73, EzA § 5 BetrVG 1972 Nr 22). Entscheidend ist das Anforderungsprofil der Stelle, nicht die Qualifikation des Ang. Die Tätigkeiten müssen ihrer Art und Funktion nach der Unternehmensleitung nahe stehen (BAG 29.1.1980, 1 ABR 45/79, EzA § 5 BetrVG 1972 Nr 35). Dass der Ang bei seinen Entsch an Rechtsvorschriften, Pläne oder RL gebunden ist, schadet nicht, solange diese Vorgaben die Entsch nicht schon vorprogrammieren, sondern Raum für eine eigene unternehmerische Initiative lassen (BAG 23.3.1976, 1 AZR 314/75, EzA § 5 BetrVG 1972 Nr 25). Die unternehmerischen Entsch müssen iW weisungsfrei getroffen und maßgeblich beeinflusst werden können (BAG 23.1.1986, 6 ABR 51/81, EzA § 5 BetrVG 1972 Nr 42). Es genügt nicht, eine bedeutende Sachverantwortung ohne nennenswerte *Entscheidungskompetenz* zu übertragen. Die Stellung als Vorgesetzter – selbst ggü einer größeren Zahl von AN – begründet für sich allein noch nicht den Status des ltd Ang (BAG 23.1.1986, 6 ABR 51/81, EzA § 5 BetrVG 1972 Nr 42). Unschädlich ist dagegen, dass ltd Ang mit anderen ltd Ang zusammenarbeiten müssen (BAG 10.2.1976, 1 ABR 61/74, EzA § 5 BetrVG 1972 Nr 24). Sind bei einer dezentralisierten Organisation die Aufgaben so verteilt, dass jede für sich das Erreichen der Unternehmensziele nicht mehr wesentlich beeinflusst, kann nur derjenige ltd Ang sein, dem diese schmalen Teileinheiten insgesamt unterstellt sind (BAG 5.3.1974, 1 ABR 19/73, EzA § 5 BetrVG 1972 Nr 7).

§ 5 BetrVG Arbeitnehmer

18   III. Auslegungsregeln. 1. Bedeutung. § 5 IV enthält weder Tatbestandsmerkmale noch Regelbsp zu § 5 III. Vielmehr werden Auslegungsregeln für den Fall aufgestellt, dass trotz ausreichender Sachverhaltsfeststellung noch rechtliche Zweifel bei der Anwendung von § 5 III 2 Nr 3 verbleiben (BAG 22.2.1994, 7 ABR 32/93 nv). § 5 IV ist keine Vermutungsregel, sondern eine Auslegungshilfe.

19   2. Inhalt. a) § 5 IV Nr 1. Nr 1 enthält eine Art Besitzstandsklausel (*Hromadka/Maschmann* Arbeitsrecht 2, § 16 Rn 47). Ausschlaggebend ist jew die letzte Wahl (GK-BetrVG/*Raab* § 5 Rn 214). Die Zuordnung muss durch den Wahlvorstand selbst erfolgt sein, wobei es genügt, dass der ltd Ang bei der letzten BR-Wahl nicht in die Wählerliste aufgenommen wurde. Ein Zwangsvermittlungsverfahren nach § 18a bietet dagegen keine hinreichende Orientierung (*Fitting* § 5 Rn 429; aA GK-BetrVG/*Raab* § 5 Rn 214). Korrigiert das Gericht die Zuordnung, ist diese Entsch maßgebend, wenn sie im Beschlussverfahren erfolgt (*Richardi* § 5 Rn 237), da nur dann der Untersuchungsgrds gilt (vgl § 83 ArbGG). Nr 1 greift nicht, wenn sich die Tätigkeit seit den letzten Wahlen oder seit der gerichtlichen Entsch so geändert hat, dass der Status als ltd Ang offensichtlich entfallen ist.

20   b) § 5 IV Nr 2. Leitungsebene meint »hierarchische Ebene im Unternehmen« (*Richardi* § 5 Rn 240). Ders Leitungsebene gehört an, wer auf einer Stufe gleicher Wertigkeit tätig ist. Nicht entscheidend ist die Delegationsebene, dh die Zahl der hierarchischen Stufen. Überwiegend bedeutet mehr als 50 % (*Fitting* § 5 Rn 434). Es zählen nur solche Ang mit, deren Status als ltd Ang feststeht (DKKW/*Trümner* § 5 Rn 292). Die Zuordnung kann anhand der vom AG aufgestellten Organisationspläne erfolgen (*Fitting* § 5 Rn 434).

21   c) § 5 IV Nr 3. Nr 3 stellt auf die im Unternehmen für ltd Ang übliche Vergütung ab (*Richardi* § 5 Rn 241). Dazu ist zunächst das regelmäßige – nicht das durchschnittliche – Jahresarbeitsentgelt des Ang iSd § 14 SGB IV zu ermitteln. Einzubeziehen sind die laufende Vergütung und sämtliche Sonderleistungen, soweit auf diese für die Zukunft ein Rechtsanspruch besteht, auch wenn die jeweilige Zahlung unterschiedlich hoch ausfällt (GK-BetrVG/*Raab* § 5 Rn 223). Einmalige Leistungen, auf die kein Rechtsanspruch für die Zukunft besteht, stellen kein »regelmäßiges« Entgelt dar (ErfK/*Koch*, § 5 Rn 26). Diese Vergütung ist sodann mit dem Jahresarbeitsentgelt eines AN zu vergleichen, dessen Status als ltd Ang feststeht oder unstr ist (*Fitting* § 5 Rn 437 ff.).

22   d) § 5 IV Nr 4. Diese Nr darf nur herangezogen werden, wenn bei der Anwendung von § 5 IV Nr 3 Zweifel verbleiben. Der Rückgriff auf Nr 4 ist nicht erlaubt, wenn bereits feststeht, dass weniger Jahresarbeitsentgelt gezahlt wird, als für ltd Ang in dem konkreten Unternehmen üblich ist (*Richardi* § 5 Rn 246). Die 3-fache Bezugsgröße beträgt nach der Sozialversicherungs-RechengrößenVO 2013 v 26.11.2012 (BGBl 2012 I S 2361) im Jahr 2013 97.020 € (West) bzw. 81.900 € (Ost).

23   IV. ABC der leitenden Angestellten. 1. Leitende Angestellte gemäß Rechtsprechung. Nach der Rspr gelten folgende Personen als ltd Ang: Alleinmeister in einem Baubetrieb (BAG 10.4.1991, 4 AZR 479/90, EzA § 4 TVG Bauindustrie Nr 59); Berichtskritiker einer Wirtschaftsprüfungsgesellschaft (BAG 28.1.1975, 1 ABR 52/73, EzA § 5 BetrVG 1972 Nr 16); Chefpilot (BAG 25.10.1989, 7 ABR 60/88, EzA § 5 BetrVG 1972 Nr 49); Leiter einer Abteilung beim TÜV (BAG 29.1.1980, 1 ABR 49/78, AP BetrVG 1972 § 5 Nr 24); Leiter Ausbildungswesen (BAG 8.2.1977, 1 ABR 22/76, EzA § 5 BetrVG 1972 Nr 27); Leiter einer Betriebsabteilung, der nicht nur arbeitstechnische Weisungen erteilt (BAG 8.2.1977, 1 ABR 22/76, EzA § 5 BetrVG 1972 Nr 27); Leiter Export (ArbG Frankfurt 9.5.1972, 4 BV 1/72, EzA § 5 BetrVG 1972 Nr 2); Leiter einer Forschungsabteilung, die sich auch am Abschluss von Lizenzverträgen beteiligt (BAG 23.3.1976, 1 AZR 314/73, EzA § 5 BetrVG 1972 Nr 25); Leiter Hauptabteilung Finanz- und Rechnungswesen (BAG 11.1.1995, 7 ABR 33/94, EzA § 5 BetrVG 1972 Nr 58); Leiter Organisation/Unternehmensplanung (BAG 17.12.1974, 1 ABR 131/73, EzA § 5 BetrVG 1972 Nr 11; 17.12.1974, 1 ABR 105/73, EzA § 5 BetrVG 1972 Nr 15); Leiter »Technische Kontrolle« in einem Luftfahrtunternehmen (BAG 8.2.1977, 1 ABR 22/76, EzA § 5 BetrVG 1972 Nr 27); Personalleiter (ArbG Frankfurt 12.4.1972, 2 BV 2/72, BB 1972, 963); Personaldirektorin mit Clusterverantwortung (LAG Rh-Pf 18.10.2012, 10 TaBV 18/12); Rechtsanwalt als Sachbearbeiter in der Grundstücksverkehrsabteilung eines Bergwerksunternehmens mit weitreichenden Vollmachten ggü Dritten (LAG Düsseldorf 14.11.1972, EzA § 5 BetrVG 1972 Nr 3); Sicherheitsingenieur und Sicherheitsfachmann eines Luftfahrtunternehmens mit 6.500 Beschäftigten (BAG 8.2.1977, 1 ABR 22/76, EzA § 5 BetrVG 1972 Nr 27); Verkaufsleiter (BAG 1.6.1976, 1 ABR 118/74, EzA § 5 BetrVG 1972 Nr 26); Wirtschaftsprüfer als ang Prüfungsleiter (BAG 28.1.1975, 1 ABR 52/73, EzA § 5 BetrVG 1972 Nr 16).

24   2. Keine leitenden Angestellten gemäß Rechtsprechung. Nicht als ltd Ang gelten nach der Rspr: Abteilungsleiter eines Maschinenbauunternehmens (BAG 17.12.1974, 1 ABR 131/73, EzA § 5 BetrVG

1972 Nr 11); Chefarzt, dem als Leiter einer kleineren Krankenhausabteilung nur wenige AN unterstellt sind (BAG 10.10.2007, 7 ABR 61/06, EzA § 5 BetrVG 2001 Nr 3; 5.5.2010, 7 ABR 97/08, NZA 2010, 955; LAG Hamm 9.7.2010, 13 TaBV 4/10); Leiter des Automatenspiels einer Spielbank (BAG 16.4.2002, 1 ABR 23/01, EzA § 5 BetrVG 1972 Nr 66); Leiter einer Abt Werkzeugbau, dem 19 gewerbliche Mitarbeiter und 2 Auszubildende unterstellt sind (LAG Hamm 23.7.2010, 10 TaBV 43/10); Leiter einer Designabteilung bei einem Automobilhersteller, der an einen Chief Designer berichtet (LAG Hess 28.7.2011, 9 TaBV 183/10); Leiter eines Verbrauchermarkts ohne nennenswerte Entscheidungsbefugnis (BAG 19.8.1975, 1 AZR 565/74, EzA § 102 BetrVG 1972 Nr 16); Leiter eines von 20 Hauptbüros eines Großunternehmens (BAG 19.11.1974, 1 ABR 20/73, EzA § 5 BetrVG 1972 Nr 10); Leiter Produktion in einem Unternehmen der Automobilindustrie mit 400 unterstellten Mitarbeitern (BAG 15.3.1977, 1 ABR 86/76); Objektbetreuer eines Gebäudereinigungsunternehmens (VG München 19.3.2012, M 16 K 11.4058); Pilot und Co-Pilot (BAG 16.3.1994, 5 AZR 447/92, EzA § 611 BGB Arbeitnehmerbegriff Nr 53); Redakteur (BAG 22.4.1975, 1 ABR 604/73, EzA § 118 BetrVG 1972 Nr 3); Regionalmanager für 3 Jugendherbergen (LAG Brem, 15.1.2008, 1 TaBV 15/07); Werksarzt (LAG BW 31.1.1977, AP BetrVG 1972 § 5 Nr 17); Zentraleinkäufer eines Warenhausunternehmens (BAG 25.10.2001, 2 AZR 358/00, EzA § 5 BetrVG 1972 Nr 64).

§ 7 Wahlberechtigung

¹Wahlberechtigt sind alle Arbeitnehmer des Betriebs, die das 18. Lebensjahr vollendet haben. ²Werden Arbeitnehmer eines anderen Arbeitgebers zur Arbeitsleistung überlassen, so sind diese wahlberechtigt, wenn sie länger als drei Monate im Betrieb eingesetzt werden.

Übersicht	Rdn.		Rdn.
A. Allgemeines	1	C. Betriebszugehörigkeit	5
I. Voraussetzungen des Wahlrechts	1	D. Zur Arbeitsleistung in den Wahlbetrieb	
II. Ausübung des Wahlrechts	2	überlassene AN	7
B. AN-Eigenschaft	3		

A. Allgemeines. I. Voraussetzungen des Wahlrechts. § 7 regelt das aktive Wahlrecht, dh die Befugnis, 1 den für den Betrieb zuständigen BR zu wählen. Die Vorschrift ist als zwingende Organisationsnorm unabdingbar (*Fitting* § 7 Rn 3). Die Wahlberechtigung hängt von 4 Faktoren ab, die kumulativ am Wahltag, dh am (letzten) Tag der Stimmabgabe (§ 3 II Nr 10 WahlO) gegeben sein müssen: Die Person muss **AN** sein (s Rdn 3), dem **Wahlbetrieb zugehören** (s Rdn 5), das **18. Lebensjahr** vollendet haben und darf **kein ltd Ang** sein (zur Abgrenzung § 5 Rdn 14). Die dt Staatsangehörigkeit ist nicht erforderlich (Richardi/*Thüsing* § 7 Rn 58). Nach der BetrVG-Reform 2001 sind auch die **von einem anderen AG überlassenen AN** wahlberechtigt, wenn sie länger als 3 Monate im Wahlbetrieb eingesetzt werden (Rdn 7); sie genießen **nur das aktive, nicht das passive Wahlrecht** (§ 14 II 1 AÜG, § 2 III 3 WahlO).

II. Ausübung des Wahlrechts. Zur Ausübung muss der Wahlberechtigte **in die Wählerliste eingetragen** 2 sein (§ 2 III WahlO). Diese ist vom Wahlvorstand (§ 1 I WahlO) getrennt nach den Geschlechtern (§ 2 I 1 WahlO) unter Kenntlichmachung der nicht passiv Wahlberechtigten (§ 2 I 3 WahlO) aufzustellen. Hierzu hat der AG dem Wahlvorstand alle für die Anfertigung der Wählerliste erforderlichen Auskünfte zu erteilen und ihm die notwendigen Unterlagen zur Verfügung zu stellen (§ 2 II 1 WahlO). Das gilt selbst dann, wenn der Wahlvorstand die Betriebsratsfähigkeit einer Organisationseinheit verkannt hat, soweit hierin nicht selbst ein offensichtlicher und zugleich bes grober Verstoß gegen gesetzliche Vorgaben vorliegt (LAG Düsseldorf 9.1.2012, 14 TaBV 69/11 n rkr; LAG Hamm 30.8.2010, 13 TaBV 8/10; 14.3.2005, 10 TaBV 31/05). Die Wählerliste muss bis zum Tag vor der Stimmabgabe **berichtigt werden**, wenn Wahlberechtigte in den Betrieb eintreten oder ihn verlassen oder das Wahlrecht verlieren (vgl § 4 III 2 WahlO). Die Wählerliste ist vom Wahlvorstand selbst und nicht von den von ihm eingesetzten Wahlhelfern zu korrigieren (LAG Nürnberg 20.9.2011, 6 TaBV 9/11). Gegen die Richtigkeit der Wählerliste können Wahlberechtigte, nicht aber der AG und eine im Betrieb vertretene Gewerkschaft (BAG 29.3.1974, 1 ABR 27/73, EzA § 19 BetrVG 1972 Nr 2) beim Wahlvorstand schriftlich Einspruch einlegen (§ 4 I WahlO). Die Frist hierfür beträgt 2 Wochen und beginnt mit Erlass des Wahlausschreibens (§ 3 WahlO). Erachtet der Wahlvorstand den Einspruch für begründet, hat er die Wählerliste zu berichtigen (§ 4 II 3 WahlO). Die Entsch des Wahlvorstands können auf Antrag vom ArbG im Wege des Beschlussverfahrens überprüft werden (ErfK/*Koch* § 7 Rn 10). Ob AN, die die 2-wöchige Einspruchsfrist versäumt

§ 7 BetrVG   Wahlberechtigung

haben, die Wahl wegen einer fehlerhaften Wählerliste anfechten können, ist offen (BAG 27.1.1993, 7 ABR 37/92, EzA § 76 BetrVG 1972 Nr 14).

3   **B. AN-Eigenschaft.**   Wer als AN iSd BetrVG gilt, bestimmt § 5. AN ist, wer mit **dem Inhaber des Wahlbetriebs** einen **Arbeitsvertrag** geschlossen hat oder wer von ihm als Heimarbeiter beschäftigt wird (§ 5 I 2). AN von **Fremdfirmen** sind – soweit nicht § 7 S 2 greift (s Rdn 7; s weiter § 5 Rn 5a) – daher ebenso wenig wahlberechtigt (BAG 21.7.2004, 7 ABR 38/03, EzA § 9 BetrVG 2001 Nr 3) wie **freie Mitarbeiter**, die aufgrund von (echten) Dienst- und Werkverträgen im Wahlbetrieb tätig werden (BAG 29.5.1991, 7 ABR 67/90, EzA § 19 BetrVG 1972 Nr 31). Der Abschluss des Arbeitsvertrags genügt für sich allein nicht; er muss auch durch die Aufnahme der Arbeit in Vollzug gesetzt sein (HWGNRH/*Nicolai* § 7 Rn 17). Auf die **Wirksamkeit** des Vertrags kommt es solange nicht an, wie der Mangel nicht geltend gemacht wird und der AN im Betrieb arbeitet (*Fitting* § 7 Rn 20).

4   Wie der Arbeitsvertrag ausgestaltet ist, spielt für das Wahlrecht keine Rolle. Keine Bedeutung hat der Umfang der geschuldeten Arbeitsleistung. **Teilzeitkräfte** sind selbst bei geringfügiger Beschäftigung (§ 8 I SGB IV) wahlberechtigt (HWGNRH/*Nicolai* § 7 Rn 7). Nichts anderes gilt für **Altersteilzeitler im unverblockten Modell**. Werden sie im **Blockmodell** (§ 2 II Nr 1 ATG) beschäftigt, endet das Arbeitsverhältnis zwar erst mit der Beendigung des Blockmodells; **mit dem Eintritt in die Freistellungsphase** nach der Arbeitsphase scheiden sie aber endgültig aus dem Betrieb aus und **verlieren damit ihr Wahlrecht** (BAG 16.4.2003, 7 ABR 53/02, EzA § 9 BetrVG 2001 Nr 1 mwN). Das gilt nicht, wenn Altersteilzeitler in der Freistellungsphase weiter im Betrieb beschäftigt werden (*Däubler* AuR 2004, 81, 82). Wird die Teilzeit flexibel gehandhabt – **Arbeit auf Abruf, kapazitätsorientierte variable Arbeitszeit** (§ 12 TzBfG) – oder besteht ein **Job-Sharing** (§ 13 TzBfG), darf der AN auch dann mitwählen, wenn er bei der Aufstellung der Wählerliste oder am Wahltage nicht im Betrieb tätig ist (*Lipke* NZA 1990, 759). **Befristet Beschäftigte und Aushilfskräfte**, die nur vorübergehend im Betrieb arbeiten, sind wahlberechtigt, wenn sie am Wahltag in einem Arbeitsverhältnis zum Betriebsinhaber stehen (BAG 29.1.1992, 7 ABR 27/91, EzA § 7 BetrVG 1972 Nr 1). AN, denen **ordentlich gekündigt** wurde, bleiben bis zum Ablauf der Kdg-Frist wahlberechtigt, selbst wenn sie widerruflich von der Arbeit freigestellt wurden (vgl weiter *Lindemann/Simon* NZA 2002, 365, 368). Danach bleiben sie wahlberechtigt, solange sie vom AG – auf welcher Rechtsgrundlage auch immer – **im Betrieb weiterbeschäftigt** werden (BAG 10.11.2004, 7 ABR 12/04, EzA § 8 BetrVG 2001 Nr 1). Bei **fristloser Kdg** verliert der AN das aktive Wahlrecht mit Zugang des Kdg-Schreibens, sofern er nicht tatsächlich weiterbeschäftigt wird (BAG 14.5.1997, 7 ABR 26/96, EzA § 8 BetrVG 1972 Nr 8).

5   **C. Betriebszugehörigkeit.**   AN dürfen den BR des Betriebs wählen, dem sie angehören. Das ist der Betrieb, in dem sie **eingegliedert** sind. Eingegliedert in den Betrieb ist, wem innerhalb der betrieblichen Organisation zur Erfüllung des Betriebszwecks ein Arbeitsbereich zugewiesen ist (BAG 29.1.1992, 7 ABR 27/91, EzA § 7 BetrVG 1972 Nr 1). Welchem Betrieb oder Betriebsteil ein AN zugeordnet ist, richtet sich nach dem ausdrückl oder konkludenten Willen der Arbeitsvertragsparteien (BAG 21.6.2012, 8 AZR 181/11, BB 2012, 3144). Fehlt es daran, erfolgt die Zuordnung – ebenfalls ausdrückl oder konkludent – kraft Direktionsrechts einseitig durch den AG (BAG 21.2.2013, 8 AZR 877/11, EzA § 613a BGB 2002 Nr 143). Da sich die Grenzen des Betriebs nicht allein räumlich, sondern auch funktional bestimmen (BAG 19.6.2001, 1 ABR 43/00, EzA § 87 BetrVG 1972 Arbeitszeit Nr 63), können auch **Außendienstler** und in **Telearbeit** Beschäftigte dem Betrieb angehören (§ 5 I 1 Hs 2), wenn sie in dessen Organisation eingebunden sind (BAG 22.3.2000, 7 ABR 34/98, EzA § 14 AÜG Nr 4). Außendienstler gehören zu dem Betrieb, von dem aus die **Leitungsmacht des AG** durch auf das Arbeitsverhältnis bezogene Anweisungen (Zuweisung von Kunden, Erstellen von Tourenplänen usw) ausgeübt wird (BAG 10.3.2004, 7 ABR 36/03, AiB 2005, 761). Wer als AN in **mehreren Betrieben** eingegliedert ist, darf in allen Betrieben wählen (LAG Köln 3.9.2007, 14 TaBV 20/07; *Fitting* § 7 Rn 81 ff), gleichgültig, ob die Bindung an einen Betrieb überwiegt (BAG 11.4.1958, 1 ABR 4/57, AP WahlO § 6 Nr 1). Die Eingliederung setzt nicht voraus, dass das Weisungsrecht in dem betreffenden Betrieb ausgeübt wird (Thür LAG 20.10.2011, 6 TaBV 8/10). In **Heimarbeit Beschäftigte** dürfen jedoch nur in dem Betrieb wählen, für den sie in der Hauptsache arbeiten (§ 5 I 2). **Ins Ausland entsandte AN** bleiben Angehörige des Entsendebetriebs, wenn der Auslandseinsatz nur **vorübergehend** erfolgt und feststeht, dass der AN danach wieder in den Entsendebetrieb zurückkehrt. Die Zugehörigkeit zum dt Entsendebetrieb endet, wenn der Auslandseinsatz **auf Dauer oder bis auf Weiteres** erfolgt oder der AN ohne Rückkehrrecht in einen ausländischen Betrieb eingegliedert wird (BAG 7.12.1989, 2 AZR 228/89, EzA § 102 BetrVG 1972 Nr 74). Wird ein AN im Inland von vornherein für einen Auslandseinsatz eingestellt, ohne je im inländischen Betrieb gearbeitet zu haben, fehlt es an der Zugehörigkeit zum Inlandsbetrieb (BAG 7.12.1989, 2 AZR 228/89, EzA § 102 BetrVG 1972 Nr 74). **Auszubildende** sind nicht wahlberechtigt für den BR, wenn sie in dem Betrieb nur einen Teil ihrer Ausbildung

absolvieren und die wesentlichen Entsch in Bezug auf die Ausbildungsverhältnisse von einem anderen Betrieb getroffen werden (BAG 13.3.1991, 7 ABR 89/89, EzA BetrVG § 60 Nr 3). Dies gilt auch dann, wenn die Auszubildenden im leitenden Stammbetrieb ebenfalls nicht wahlberechtigt für BRwahlen sind (LAG Köln 1.4.2010, 13 TaBV 79/09).

Für das aktive Wahlrecht kommt es – anders als für die Wählbarkeit (s § 8 Rdn 3) – **nicht auf die Dauer** **6** **der Betriebszugehörigkeit an;** es genügt, dass der AN am Tag der Wahl dem Betrieb angehört (*Fitting* § 7 Rn 22). Die Betriebszugehörigkeit wird **nicht dadurch unterbrochen,** dass der AN am Tag der Wahl nicht im Betrieb anwesend oder vorübergehend von der Arbeitspflicht befreit ist, sei es aufgrund G (**krankheitsbedingte Arbeitsunfähigkeit, Erholungsurlaub**), sei es kraft Vereinbarung (**unbezahlter Sonderurlaub**), sei es wegen einseitiger Suspendierung durch den AG (**widerrufliche Freistellung nach erklärter Kdg bis zum Ablauf der Kdg-Frist**). Dasselbe gilt, wenn die beiderseitigen Hauptleistungspflichten vorübergehend suspendiert sind, wie etwa beim **Arbeitskampf** (GK-BetrVG/*Raab* § 7 Rn 27), während der **Elternzeit** (BAG 25.5.2005, 7 ABR 45/04, EzA § 40 BetrVG 2001 Nr 9), oder einer **Wehr- bzw Eignungsübung** (GK-BetrVG/ *Raab* § 7 Rn 30). Für den an die Stelle des Pflichtwehrdienstes getretenen freiwilligen Wehrdienst gelten nach § 16 VII ArbPlSchG die Vorschriften über den Grundwehrdienst, weshalb das Arbeitsverhältnis der freiwillig Wehrdienstleistenden ruht und die Betriebszugehörigkeit bestehen bleibt (GK-BetrVG/*Raab*, § 7 Rn 31; vgl zur Wehrpflicht BAG 31.5.1989, 7 AZR 574/88, EzA § 44 BetrVG 1972 Nr 9). Da das Gesetz über den Bundesfreiwilligendienst keine Regelung zur Anwendung des ArbPlSchG enthält, ruht das Arbeitsverhältnis der Freiwilligen nicht bereits kraft Gesetzes (GK-BetrVG/*Raab*, § 7 Rn 31). Die Betriebszugehörigkeit endet, wenn ein AN in einen **anderen Betrieb versetzt wird, in dem** er bereits vorläufig eingesetzt ist, auch wenn über die Zustimmungsersetzung des BR des aufnehmenden Betriebs noch ein Beschlussverfahren anhängig ist und der versetzte AN gegen die Versetzung Klage erhoben hat (LAG Köln 10.2.2010, 8 TaBV 65/09, ArbR 2010, 227).

D. Zur Arbeitsleistung in den Wahlbetrieb überlassene AN. Diese sind im Betrieb des AG, mit dem sie **7** den Arbeitsvertrag geschlossen haben, aktiv und passiv wahlberechtigt (§ 14 I AÜG). Da solche »Leih-AN« zu einer erheblichen Erosion der Stammbelegschaft beitragen (BT-Drs 14/5741, S 27 f, 36), hat ihnen der BetrVG-Reformgesetzgeber – systemwidrig – mit § 7 S 2 zusätzlich das aktive Wahlrecht für den Betrieb zuerkannt, in dem sie tatsächlich arbeiten. Die Vorschrift ist als Ausnahmevorschrift eng auszulegen und nicht analogiefähig. Zur Arbeitsleistung überlassen ist, wer als AN eines anderen AG (»Verleiher«) so in den Wahlbetrieb (»Einsatzbetrieb«) eingegliedert ist, dass er dem Weisungsrecht dessen Inhabers (»Entleiher«) unterliegt (BT-Drs 14/5741, S 36). Unter § 7 S 2 **fällt die** (**gewerbsmäßige**) **AN-Überlassung nach AÜG** (BAG 6.8.2003, 7 AZR 180/03, EzA § 1 AÜG Nr 13), die **echte Leiharbeit** (ErfK/*Koch* § 7 Rn 6) und die AN-Überlassung im Wege der **Konzernleihe** nach § 1 III Nr 2 AÜG (BAG 17.2.2010, 7 ABR 51/08, NZA 2010, 832). Das Wahlrecht besteht **ab dem 1. Einsatztag**. Der Leih-AN muss aber **länger als 3 Monate** im Wahlbetrieb eingesetzt sein (LAG Hamm 18.9.2015, 13 TaBV 20/15; Nichtzulassungsbeschwerde wurde verworfen, BAG, 4.2.2016, 7 ABN 82/15). Dabei soll es nach verbreiteter Meinung **nicht erforderlich** sein, dass der AN **nach dem Tag der Wahl noch 3 Monate im Wahlbetrieb eingesetzt** wird (*Brors* NZA 2002, 123, 125; *Fitting* § 7 Rn 60). Das überzeugt nicht. Anderenfalls könnte ein Leih-AN, der vor dem Wahltag 3 Monate beschäftigt war, durch schlichte Anwesenheit am Wahltag einen BR durch seine Mitwahl legitimieren, der dann 4 Jahre im Amt ist. Weicht der tatsächliche vom geplanten Arbeitseinsatz ab, ist der tatsächliche maßgeblich. Dasselbe gilt, wenn der Überlassungsvertrag eine Verlängerungsmöglichkeit vorsieht, die nicht ausgeschöpft wird. **Kurze Unterbrechungen** der 3-Monats-Frist sind unschädlich, wenn bei wertender Betrachtung noch von ders Überlassung auszugehen ist (ErfK/*Koch* § 7 Rn 6). Beschäftigt der Wahlbetrieb ständig Leih-AN, die aber regelmäßig ausgetauscht werden, ist nur der Leih-AN wahlberechtigt, dessen Arbeitseinsatz länger als 3 Monate dauert (*Fitting* § 7 Rn 68). Bei dauerhafter Überlassung rechnet der AN allein zum Einsatzbetrieb (Richardi/*Thüsing* § 7 Rn 11). Zur Wahlberechtigung von »Ein-Euro-Jobbern« s *Schulze*, NZA 2005, 1332 (bejahend). Die in § 5 I 3 Genannten gehören zur Belegschaft des Einsatzbetriebs und genießen dort das **aktive und passive Wahlrecht**, wenn die allg Voraussetzungen erfüllt sind (BAG 15.8.2012, 7 ABR 34/11, EzA § 5 BetrVG 2001 Nr 8 mwN).

§ 8 Wählbarkeit

(1) ¹Wählbar sind alle Wahlberechtigten, die sechs Monate dem Betrieb angehören oder als in Heimarbeit Beschäftigte in der Hauptsache für den Betrieb gearbeitet haben. ²Auf diese sechsmonatige Betriebszugehörigkeit werden Zeiten angerechnet, in denen der Arbeitnehmer unmittelbar vorher einem anderen Betrieb desselben Unternehmens oder Konzerns (§ 18 Abs. 1 des Aktiengesetzes) angehört hat. ³Nicht

§ 8 BetrVG Wählbarkeit

wählbar ist, wer infolge strafgerichtlicher Verurteilung die Fähigkeit, Rechte aus öffentlichen Wahlen zu erlangen, nicht besitzt.
(2) Besteht der Betrieb weniger als sechs Monate, so sind abweichend von der Vorschrift in Absatz 1 über die sechsmonatige Betriebszugehörigkeit diejenigen Arbeitnehmer wählbar, die bei der Einleitung der Betriebsratswahl im Betrieb beschäftigt sind und die übrigen Voraussetzungen für die Wählbarkeit erfüllen.

Übersicht	Rdn.		Rdn.
A. Allgemeines	1	C. Vorbeschäftigungszeit	3
B. Wahlberechtigung	2		

1 **A. Allgemeines.** Die Vorschrift bestimmt als **zwingende Organisationsnorm**, von der **nicht abgewichen** werden darf (BAG 12.10.1976, 1 ABR 1/76, EzA § 8 BetrVG 1972 Nr 2), die Bedingungen für die Wählbarkeit zum BR. Wählbar sind nur AN, die das aktive Wahlrecht genießen und denen die Fähigkeit, Rechte aus öffentl Wahlen zu erlangen, nicht durch Strafurt (§ 45 StGB) aberkannt worden ist. Hinzukommen muss eine mind 6-monatige Vorbeschäftigungszeit. Für das BR-Amt soll nur kandidieren können, wer mit dem Betrieb vertraut ist (GK-BetrVG/*Kreutz/Raab* § 8 Rn 26). **Weitere materielle Voraussetzungen** außer den in § 8 BetrVG erwähnten **bestehen nicht** (BAG 16.2.1973, 1 ABR 18/72, EzA § 19 BetrVG 1972 Nr 1). **Wählbar** sind deshalb auch Kandidaten, die **nicht über die dt Staatsangehörigkeit** verfügen (*Fitting* § 8 Rn 51). **Nicht wählbar** sind Leih-AN, gleichviel ob die AN-Überlassung gewerbsmäßig (§ 14 II 1 AÜG) oder nicht gewerbsmäßig erfolgt (BAG 17.2.2010, 7 ABR 51/08, EzA § 8 BetrVG 2001 Nr 2). Anderes gilt für die in § 5 I 3 Genannten, wenn bei ihnen im Einsatzbetrieb die allg Voraussetzungen für die Wählbarkeit (Rn 2 ff) erfüllt sind (BAG 15.8.2012, 7 ABR 34/11, EzA § 5 BetrVG 2001 Nr 8 mwN). **Formelle Voraussetzung** für das passive Wahlrecht sind die Eintragung in die Wählerliste (§ 2 III WahlO) und die Kandidatur auf einem ordnungsgem eingereichten Wahlvorschlag (§ 6 WahlO).

2 **B. Wahlberechtigung.** Wählbar ist überhaupt nur, wer den BR, für den er kandidiert, mitwählen darf. Verfügt ein Bewerber über das Wahlrecht in mehreren Betrieben, kann er überall kandidieren, wo er wählen darf (BAG 11.4.1958, 1 ABR 4/57, AP WahlO § 6 Nr 1). Die Wählbarkeit setzt voraus, dass der Kandidat am Tag der Wahl (ErfK/*Koch* § 8 Rn 1) in einem Arbeitsverhältnis zum Inhaber des Wahlbetriebs steht und in den Wahlbetrieb eingegliedert ist (BAG 22.3.2000, 7 ABR 34/98, EzA § 14 AÜG Nr 4). Wählbar sind auch AN mit befristeten Arbeitsverträgen, wenn sie am Tag der Wahl noch im Betrieb beschäftigt sind; allerdings endet ihr Amt automatisch mit Ablauf des Arbeitsverhältnisses. Gekündigte sind wählbar, wenn die Wahl erst nach Ablauf der Kdg-Frist erfolgt und sie gegen die Kdg geklagt haben. Ob sie vom AG nach der Kdg im Betrieb weiterbeschäftigt werden, spielt keine Rolle (BAG 10.11.2004, 7 ABR 12/04, EzA § 8 BetrVG 2001 Nr 1). Der AG soll die Wahl eines unliebsamen Kandidaten nicht durch eine Kdg verhindern (ErfK/*Koch* § 8 Rn 2). Allerdings ist das gekündigte BR-Mitglied bis zum rkr Abschluss des Verfahrens an der Ausübung seines Amtes verhindert (BAG 14.5.1997, 7 ABR 26/96, EzA § 8 BetrVG 1972 Nr 8); ihn vertritt vorübergehend das Ersatzmitglied nach § 25 I 2 (LAG München 27.1.2011, 3 TaBVGa 20/10, AuR 2011, 370; s § 25 Rdn 4). Stellt sich nach der Wahl die Unwirksamkeit der Kdg heraus, entfällt der Hinderungsgrund. Wird die Kdg-Schutzklage abgewiesen, erlischt die Mitgliedschaft im BR (§ 24 Nr 3) und das Ersatzmitglied rückt endgültig nach (BAG 10.11.2004, 7 ABR 12/04, EzA § 8 BetrVG 2001 Nr 1). Ebenfalls wählbar sind AN, deren Arbeitsverhältnis ruht (HaKo-BetrVG/*Brors* § 8 Rn 2). Dazu gehören AN in der Elternzeit (DKKW/*Schneider/Homburg* § 8 Rn 22), nicht aber Altersteilzeitler in der Freistellungsphase des Blockmodells nach § 2 II Nr 1 ATG (BAG 16.4.2003, 7 ABR 53/02, EzA § 9 BetrVG 2001 Nr 1). Wählbar sind **auch Mitglieder des Wahlvorstands** (BAG 12.10.1976, 1 ABR 1/76, EzA § 8 BetrVG 1972 Nr 2).

3 **C. Vorbeschäftigungszeit.** Für den BR kandidieren darf nur, wer als Wahlberechtigter dem Betrieb vor dem **Wahltag** 6 Monate angehört (s § 7 Rdn 6) oder in dieser Zeit als Heimarbeiter in der Hauptsache für den Wahlbetrieb oder einen anderen Betrieb des Unternehmens oder Konzerns (Richardi/*Thüsing* § 8 Rn 38) gearbeitet hat. Dazu zählen auch Zeiten, in denen der Wahlberechtigte als Leih-AN tätig war, wenn er im unmittelbaren Anschluss an die Überlassung ein Arbeitsverhältnis mit dem Entleiher begründet (BAG 10.10.2012, 7 ABR 53/11, EzA § 8 BetrVG 2001 Nr 3). Die Betriebszugehörigkeit muss grds ununterbrochen bestanden haben. **Kürzere Unterbrechungen** schaden nicht, wenn der Vertrag nach der Unterbrechung iW unverändert fortgesetzt wird, etwa bei kettenbefristeten Arbeitsverträgen (*Fitting* § 8 Rn 41); anderenfalls läuft die 6-Monats-Frist erneut. War der AN bei ununterbrochenem Arbeitsvertrag längere Zeit vom Betrieb abwesend (zB wegen Krankheit, Entsendung), wird allg von einer Hemmung der Frist ausgegangen (*Fitting* § 8 Rn 45: nach 2 Monaten Abwesenheit).

Auf die 6-monatige Betriebszugehörigkeit werden **Zeiten angerechnet**, in denen der AN unmittelbar vor- 4
her einem anderen Betrieb desselben Unternehmens oder Konzerns iSd § 18 AktG angehört hat (§ 8 II
2). Ein nahtloser Anschluss wird dabei nicht verlangt; es **genügt ein zeitlicher Zusammenhang** (DKKW/
Schneider/Homburg § 8 Rn 8), der allerdings unterbrochen ist, wenn der AN nach Ausscheiden aus dem
früheren Betrieb erst einige Monate später in den Wahlbetrieb eintritt (*Fitting* § 8 Rn 49; DKKW/*Schneider/
Homburg* § 8 Rn 9) oder zwischenzeitlich arbeitslos oder bei einem anderen AG beschäftigt war (HWG-
NRH/*Nicolai* § 8 Rn 19). Besteht der Betrieb am Tag der Einleitung der Wahl (*Fitting* § 8 Rn 59) **weniger
als 6 Monate**, sind alle AN wählbar, die im Betrieb beschäftigt sind und die weiteren Voraussetzungen für
die Wählbarkeit erfüllen (§ 8 II). Das gilt nur für neu errichtete Betriebe – auch für Kampagnebetriebe
(Richardi/*Thüsing* § 8 Rn 37 mwN) –, nicht jedoch für solche, die bereits bestehen, aber auf einen anderen
Inhaber übergehen (§ 613a BGB).

§ 9 Zahl der Betriebsratsmitglieder

¹Der Betriebsrat besteht in Betrieben mit in der Regel
5 bis 20 wahlberechtigten Arbeitnehmern aus einer Person,
21 bis 50 wahlberechtigten Arbeitnehmern aus 3 Mitgliedern,
51 wahlberechtigten Arbeitnehmern bis 100 Arbeitnehmern aus 5 Mitgliedern,
101 bis 200 Arbeitnehmern aus 7 Mitgliedern,
201 bis 400 Arbeitnehmern aus 9 Mitgliedern,
401 bis 700 Arbeitnehmern aus 11 Mitgliedern,
701 bis 1.000 Arbeitnehmern aus 13 Mitgliedern,
1.001 bis 1.500 Arbeitnehmern aus 15 Mitgliedern,
1.501 bis 2.000 Arbeitnehmern aus 17 Mitgliedern,
2.001 bis 2.500 Arbeitnehmern aus 19 Mitgliedern,
2.501 bis 3.000 Arbeitnehmern aus 21 Mitgliedern,
3.001 bis 3.500 Arbeitnehmern aus 23 Mitgliedern,
3.501 bis 4.000 Arbeitnehmern aus 25 Mitgliedern,
4.001 bis 4.500 Arbeitnehmern aus 27 Mitgliedern,
4.501 bis 5.000 Arbeitnehmern aus 29 Mitgliedern,
5.001 bis 6.000 Arbeitnehmern aus 31 Mitgliedern,
6.001 bis 7.000 Arbeitnehmern aus 33 Mitgliedern,
7.001 bis 9.000 Arbeitnehmern aus 35 Mitgliedern.
²In Betrieben mit mehr als 9.000 Arbeitnehmern erhöht sich die Zahl der Mitglieder des Betriebsrats für
je angefangene weitere 3.000 Arbeitnehmer um 2 Mitglieder.

Übersicht	Rdn.		Rdn.
A. Allgemeines..................	1	C. Fehler.....................	3
B. Bestimmung der Mitgliederzahl........	2		

A. Allgemeines. § 9 soll ein angemessenes Verhältnis zwischen Belegschaftsstärke und BR-Größe gewähr- 1
leisten (BAG 16.4.2003, 7 ABR 53/02, EzA § 9 BetrVG 2001 Nr 1). **In Kleinbetrieben** mit bis zu 20
Wahlberechtigten besteht der BR nur aus 1 Person. Diesem früher als »**Betriebsobmann**« bezeichneten AN
stehen dieselben Rechte wie dem BR als Kollegialorgan zu (Richardi/*Thüsing* § 9 Rn 25). Die nach oben
hin offene **Staffel des § 9 ist zwingend**; von ihr kann weder durch TV noch durch BV abgewichen werden
(HWGNRH/*Nicolai* § 9 Rn 1). IRv § 3 I Rn 4 lassen sich aber zusätzliche betriebsverfassungsrechtliche
Vertretungen schaffen. Fehlt es in einem Betrieb an einer ausreichenden Zahl von wählbaren AN, so ist die
Zahl der BR-Mitglieder der nächstniedrigeren Betriebsgröße zugrunde zu legen (§ 11 BetrVG). Entspr gilt
bei einem Mangel an Wahlbewerbern oder wenn gewählte Mitglieder die Übernahme des Amtes ablehnen
(s § 11 Rdn 2).

B. Bestimmung der Mitgliederzahl. Für die BR-Größe kommt es auf die Zahl der betriebsangehörigen 2
AN (s § 7 Rdn 5) zum Zeitpunkt der Wahl an (BAG 15.3.2006, 7 ABR 39/05, EzAÜG BetrVG Nr 93),
so wie sie vom Wahlvorstand **bei Erlass des Wahlausschreibens** (§ 3 II Nr 4 WahlO) nach pflichtgemäßem
Ermessen eingeschätzt wird (BAG 12.10.1976, 1 ABR 1/76, EzA § 8 BetrVG 1972 Nr 2). Ändert sich
nach der Wahl die Belegschaftsstärke, ist ein neuer BR zu wählen, wenn die Schwellenwerte des § 13
II Nr 1 überschritten werden. Maßgeblich ist nicht die Zahl der tatsächlich oder der durchschnittlich,

§ 9 BetrVG   Zahl der Betriebsratsmitglieder

sondern der **regelmäßig Beschäftigten**. Das ist die Zahl der AN, die für den Betrieb iA kennzeichnend ist (BAG 16.4.2003, 7 ABR 53/02, EzA § 9 BetrVG 2001 Nr 1). Zugrunde zu legen sind die bisherige Belegschaftsstärke (BAG 15.3.2006, 7 ABR 39/05, EzAÜG BetrVG Nr 93) und die künftige, aufgrund konkreter Entsch des AG zu erwartende Entwicklung (BAG 29.5.1991, 7 ABR 27/90, AP BPersVG § 17 Nr 1). Dabei muss von dem im »regelmäßigen Gang befindlichen Betrieb« ausgegangen werden (LAG Berl-Bbg 10.2.2011, 25 TaBV 2219/10). Steht fest, dass die Belegschaft aufgestockt oder verringert wird, so ist die neue Zahl maßgeblich; die Befürchtung, dass AN entlassen werden müssen, genügt nicht (Richardi/*Thüsing* § 9 Rn 11 mwN). Abzustellen ist auf die Zahl der **betriebsangehörigen AN**, wobei **in Betrieben mit bis zu 51 Beschäftigten** nur wahlberechtigte AN zu berücksichtigen sind, dh solche, die am Tag der Wahl das 18. Lebensjahr vollendet haben. **AN mit ruhendem Arbeitsverhältnis zählen mit**, soweit das Ruhen die Betriebszugehörigkeit nicht unterbricht (Richardi/*Thüsing* § 9 Rn 12), zB Elternzeitler (s weiter § 7 Rdn 6). Schließt der AG nur eine Rahmenvereinbarung ab, die noch keine Verpflichtung zur Arbeitsleistung begründet, liegt kein Arbeitsvertrag vor, und die betroffenen Personen sind nicht zu berücksichtigen (BAG 7.5.2008, 7 ABR 17/07, EzA § 9 BetrVG 2001 Nr 4; BAG 12.11.2008, 7 ABR 73/07, AuR 2009, 105). Die in § 5 I 3 genannten Personen (s. § 5 Rn 3 ff.) werden ebenfalls mitgerechnet (BAG 12.9.2012, 7 ABR 37/11, EzA § 9 BetrVG 2001 Nr 5; **Leih-AN** zählen als »Regelbeschäftigte« ebenfalls mit; bei einer Betriebsgröße von mehr als 100 AN kommt es nicht auf ihre Wahlberechtigung nach § 7 S 2 an (BAG 13.3.2013, 7 ABR 69/11 unter Aufgabe v BAG 16.4.2003, 7 ABR 53/02, EzA § 9 BetrVG 2001 Nr 1 = AP BetrVG 2002 § 9 Nr 1 m Anm *Maschmann*; gleiches gilt bei § 111 (BAG 18.10.2011, 1 AZR 335/10, DB 2012, 408; krit *Rieble* NZA 2012, 485; s. auch *Haas/Hoppe* NZA 2013, 294; *Künzel/Schmid* NZA 2013, 300; *Zimmermann* DB 2014, 2591). Dasselbe gilt für im Wege der »**Konzernleihe**« vorübergehend nach § 1 III Nr 2 AÜG überlassene AN (BAG 10.3.2004, 7 ABR 49/03, aaO), selbst bei langjährigem Einsatz (BAG 21.3.1990, 7 AZR 198/89, EzA § 1 AÜG Nr 2). Wurden in der Vergangenheit in einem Umfang Leih-AN beschäftigt, der zur Überschreitung eines Schwellenwertes nach § 9 führte, müssen für eine Prognose des Wahlvorstandes, dies werde zukünftig nicht mehr der Fall sein, konkrete, auf Tatsachen gestützte Anhaltspunkte bestehen (LAG Rh-Pf 6.3.2015, 1 TaBV 23/14). **Teilzeitkräfte** sind grds (voll) mitzuzählen (BAG 29.5.1991, 7 ABR 27/90, AP BPersVG § 17 Nr 1), **Aushilfen**, wenn sie mind 6 Monate im Jahr im Wahlbetrieb beschäftigt werden und wenn auch in Zukunft mit ihrer Beschäftigung zu rechnen ist (BAG 12.10.1976, 1 ABR 1/76, EzA § 8 BetrVG 1972 Nr 2). **Tagesaushilfen**, deren Einsatzmodalitäten durch Rahmenvereinbarungen bestimmt werden, zählen nicht bereits aufgrund dieser Vereinbarung mit, jedenfalls solange keine Abrufarbeit (§ 12 TzBfG) vereinbart wurde (BAG 7.5.2008, 7 ABR 17/07, EzA § 9 BetrVG 2001 Nr 4); ein nur geringfügiger Einsatz schadet bei Aushilfen dagegen nicht (BAG 29.1.1992, 7 ABR 27/91, EzA § 7 BetrVG 1972 Nr 1). **Ins Ausland Entsandte zählen mit**, solange sie zum inländischen Entsendungsbetrieb gehören (s § 7 Rdn 5). **Nicht mitgezählt werden** dagegen **Gekündigte**, wenn ihre nach der BR-Wahl frei werdende Stelle aufgrund konkreter Entsch entfällt (Richardi/*Thüsing* § 9 Rn 12), **AN in der Freistellungsphase der »verblockten« Altersteilzeit** (BAG 16.4.2003, 7 ABR 53/02, EzA § 9 BetrVG 2001 Nr 1), weil sie mit Eintritt in die Freistellungsphase unwiderruflich aus dem Betrieb ausscheiden, **Vertretungskräfte für ausfallendes Stammpersonal**, da diese keine »idR Beschäftigten« sind (BAG 15.3.2006, 7 ABR 39/05, EzAÜG BetrVG Nr 93), **ltd Ang** wegen § 5 III (BAG 12.10.1976, 1 ABR 1/76, EzA § 8 BetrVG 1972 Nr 2), **Fremdfirmenmitarbeiter** (BAG 16.4.2003, 7 ABR 53/02, EzA § 9 BetrVG 2001 Nr 1), da sie über keinen Arbeitsvertrag mit dem Betriebsinhaber verfügen, **Elternzeitler** wegen § 21 VII 1 BEEG, jedenfalls solange für sie ein Vertreter eingestellt ist. Elternzeitler **rechnen mit**, wenn die Vertretungskraft nicht mitzählt (§ 21 VII 2 BEEG); das ist der Fall, wenn für die in Elternzeit befindliche vollzeitbeschäftigte Stammkraft 2 teilzeitbeschäftigte Ersatzkräfte eingestellt wurden (BAG 15.3.2006, 7 ABR 39/05, EzAÜG BetrVG Nr 93).

3   **C. Fehler.**   Wird entgegen § 9 eine zu große Anzahl von BR-Mitgliedern gewählt, kommt eine Korrektur des Wahlergebnisses nicht in Betracht (BAG 15.3.2006, 7 ABR 39/05, EzAÜG BetrVG Nr 93). Die Wahl ist anfechtbar (BAG 12.9.2012, 7 ABR 37/11, NZA-RR 2013, 197). Entspr gilt, wenn die Zahl der BR-Mitglieder zu niedrig festgelegt wurde (DKKW/*Schneider/Homburg* § 9 Rn 26 f.). Wird die Wahl nicht angefochten, bleibt es für die Dauer der Amtszeit des BR bei der falsch berechneten BR-Größe (BAG 14.1.1972, 1 ABR 6/71, EzA § 22 BetrVG Nr 2). Über die Mitgliederzahl kann dann auch nicht mehr als Vorfrage in einem anderen Gerichtsverfahren entschieden werden (*Fitting* § 9 Rn 56). Nichtig ist die Wahl allein wegen der Falschberechnung idR nicht (BAG 29.5.1991, 7 ABR 67/90, EzA § 19 BetrVG 1972 Nr 31). Die richtige BR-Größe kann bereits vor Durchführung der Wahl vom ArbG im Wege des

Beschlussverfahrens geklärt werden. Eine einstweilige Verfügung gegen den Wahlvorstand ist allg nur bei schwerwiegenden Verfahrensfehlern, die mit Sicherheit zur Nichtigkeit der Wahl führen, zulässig (BAG 27.7.2011, 7 ABR 61/10, EzA § 19 BetrVG 2001 Nr 8; LAG Düsseldorf 13.3.2013, 9 TaBVGa 5/13; LAG Hamm 19.3.2012, 10 TaBVGa 5/12; LAG Nds 4.12.2003, 16 TaBV 91/03, BB 2004, 1114). Das soll bei einer fehlerhaft berechneten BR-Größe nicht der Fall sein (Hess LAG 21.3.1990, 12 TaBV GA 34/90, DB 1991, 239). Richtigerweise wird man zwar nicht den Abbruch der Wahl, wohl aber eine Korrektur des Wahlausschreibens verlangen können (wie hier *Rieble/Triskatis* NZA 2006, 233, 239).

§ 11 Ermäßigte Zahl der Betriebsratsmitglieder
Hat ein Betrieb nicht die ausreichende Zahl von wählbaren Arbeitnehmern, so ist die Zahl der Betriebsratsmitglieder der nächstniedrigeren Betriebsgröße zugrunde zu legen.

Übersicht	Rdn.		Rdn.
A. Unmittelbare Anwendung............	1	B. Entsprechende Anwendung............	2

A. Unmittelbare Anwendung. § 11 gilt als **zwingende Vorschrift** (GK-BetrVG/*Kreutz/Jacobs* § 11 Rn 4) für den BR, die Bordvertretung (§ 115 II), den See-BR (§ 116 II), **nicht aber** für den GBR, den KBR, die JAV, die GJAV und die KJAV (HWGNRH/*Nicolai* § 11 Rn 1). Verfügt der Betrieb nicht über genügend wählbare AN, um den BR nach der zwingenden Größenstaffel des § 9 zu bilden, so ist die nach § 9 nächstniedrige Betriebsgröße zugrunde zu legen, damit die Zahl der BR-Mitglieder stets ungerade bleibt. Sollte es auch nach Herabsetzung der an sich maßgeblichen BR-Größe an wählbaren Mitgliedern fehlen, ist um eine weitere Größenstufe zurückzugehen und ein BR mit entspr weniger Mitgliedern zu bestellen (BAG 11.4.1958, 1 ABR 4/57, AP WahlO § 6 Nr 1). 1

B. Entsprechende Anwendung. § 11 gilt entspr bei einem **Mangel an Wahlbewerbern** oder wenn gewählte Mitglieder die **Übernahme des Amtes ablehnen**, sodass der BR nicht in der von § 9 vorgesehenen Größe gebildet werden kann (HWGNRH/*Nicolai* § 11 Rn 7 f). Analoges gilt, wenn bei einer **Personenwahl** nicht so viele Bewerber eine Stimme erhalten, wie BR-Sitze nach § 9 zu vergeben sind (str, wie hier Richardi/*Thüsing* § 11 Rn 8 mwN; aA GK-BetrVG/*Kreutz* § 11 Rn 11). Dagegen findet § 11 **keine Anwendung**, wenn das Geschlecht, das in der Belegschaft in der Minderheit ist, nicht über eine seinem Anteil an der Belegschaft entspr Zahl wählbarer oder zur Übernahme des BR-Amtes bereiter Kandidaten verfügt (*Fitting* § 11 Rn 10). Die von dem **Minderheitengeschlecht** nicht in Anspruch genommenen Sitze werden mit gewählten Vertretern des anderen Geschlechts besetzt (*Engels/Trebinger/Löhr-Steinhaus* DB 2001, 532, 541). Das hierbei anzuwendende Verfahren ist in §§ 15 V, 22 IV WahlO geregelt. 2

§ 13 Zeitpunkt der Betriebsratswahlen
(1) ¹Die regelmäßigen Betriebsratswahlen finden alle vier Jahre in der Zeit vom 1. März bis 31. Mai statt. ²Sie sind zeitgleich mit den regelmäßigen Wahlen nach § 5 Abs. 1 des Sprecherausschussgesetzes einzuleiten.
(2) Außerhalb dieser Zeit ist der Betriebsrat zu wählen, wenn
1. mit Ablauf von 24 Monaten, vom Tage der Wahl an gerechnet, die Zahl der regelmäßig beschäftigten Arbeitnehmer um die Hälfte, mindestens aber um fünfzig, gestiegen oder gesunken ist,
2. die Gesamtzahl der Betriebsratsmitglieder nach Eintreten sämtlicher Ersatzmitglieder unter die vorgeschriebene Zahl der Betriebsratsmitglieder gesunken ist,
3. der Betriebsrat mit der Mehrheit seiner Mitglieder seinen Rücktritt beschlossen hat,
4. die Betriebsratswahl mit Erfolg angefochten worden ist,
5. der Betriebsrat durch eine gerichtliche Entscheidung aufgelöst ist oder
6. im Betrieb ein Betriebsrat nicht besteht.
(3) ¹Hat außerhalb des für die regelmäßigen Betriebsratswahlen festgelegten Zeitraums eine Betriebsratswahl stattgefunden, so ist der Betriebsrat in dem auf die Wahl folgenden nächsten Zeitraum der regelmäßigen Betriebsratswahlen neu zu wählen. ²Hat die Amtszeit des Betriebsrats zu Beginn des für die regelmäßigen Betriebsratswahlen festgelegten Zeitraums noch nicht ein Jahr betragen, so ist der Betriebsrat in dem übernächsten Zeitraum der regelmäßigen Betriebsratswahlen neu zu wählen.

§ 13 BetrVG Zeitpunkt der Betriebsratswahlen

Übersicht

	Rdn.		Rdn.
A. Regelmäßige Wahlen	1	IV. Wahlanfechtung	6
B. Außerplanmäßige Wahlen	2	V. Auflösung durch Gerichtsentscheidung	7
I. Änderung der Mitarbeiterzahl	3	VI. Fehlen eines BR	8
II. Absinken der Mitgliederzahl unter die vorgeschriebene Zahl	4	C. Wiederanschluss an die regelmäßigen Wahlen	9
III. Rücktritt	5		

1 **A. Regelmäßige Wahlen.** Um den Gewerkschaften die organisatorische Vorbereitung der Wahlen durch Herstellung einheitlicher Formulare, Abhaltung von Schulungen usw zu erleichtern, bestimmt § 13 I **zwingend** für alle inländischen Betriebe einen einheitlichen 4-jährigen Wahlrhythmus, beginnend 1990, danach 1994, 1998, 2002, 2006 usw. Dementspr beträgt die regelmäßige **Amtszeit** des BR 4 Jahre (§ 21 S 1). Der **Wahltag**, dh der (erste bzw letzte) Tag der Stimmabgabe, muss zwischen dem **1.3. und dem 31.5.** liegen, wobei auch am 1.3. und 31.5. gewählt werden darf. Der Wahltag soll spätestens 1 Woche vor dem Tag liegen, an dem die Amtszeit des BR abläuft (§ 3 S 3 WahlO). Die **Amtszeit** des neu gewählten BR beginnt aber nicht bereits mit Bekanntgabe des Wahlergebnisses, sondern erst mit dem Ablauf der Amtszeit seines Vorgängers (§ 21 S 2 Alt 2). Eine **Abwahl** durch Neuwahl ist unzulässig (GK-BetrVG/*Kreutz/Jacobs* § 13 Rn 33). Eine (regelmäßige) Wahl vor dem 1.3. ist **nichtig** (Richardi/*Thüsing* § 13 Rn 7); die Wahlvorbereitungen beginnen freilich früher (s § 16 Rdn3). Eine Wahl nach dem 31.5. ist nach § 13 II Nr 6 möglich (ErfK/*Koch* § 13 Rn 1). Die regelmäßigen Wahlen – nicht die außerplanmäßigen (GK-BetrVG/*Kreutz/Jacobs* § 13 Rn 20) – sind zeitgleich mit den Wahlen zum SprAu bzw Unternehmens-SprAu einzuleiten, und zwar durch Erlass der entspr Wahlausschreiben (§ 3 II 2 WahlO-BetrVG, § 3 I 2 WahlO-SprAuG). Die Wahlen selbst müssen nicht zeitgleich durchgeführt werden. § 13 I 2 soll das Zuordnungsverfahren für ltd Ang nach § 18a I erleichtern, was voraussetzt, dass für beide Wahlen bereits Wahlvorstände bestellt sind. Eine nicht zeitgleich eingeleitete Wahl ist fehlerhaft, aber nicht anfechtbar (ErfK/*Koch* § 13 Rn 1).

2 **B. Außerplanmäßige Wahlen.** § 13 II regelt zusammen mit § 21a erschöpfend (GK-BetrVG/*Kreutz/Jacobs* § 13 Rn 28), wann der BR außerhalb des 4-Jahres-Rhythmusses gewählt werden kann. Bei Neuwahlen infolge betrieblicher Umstrukturierungen geht § 21a als lex specialis vor (Richardi/*Thüsing* § 13 Rn 13). Eine Wahl, die außerplanmäßig durchgeführt wird, ohne dass entweder der Tatbestand des II oder des § 21a erfüllt ist, ist nichtig (BAG 11.4.1978, 6 ABR 22/77, EzA § 19 BetrVG 1972 Nr 17). Für außerplanmäßige Wahlen gelten die allg Vorschriften. Der Wahlvorstand wird bei § 13 II Nr 1–3 vom BR, bei § 13 II Nr 4, 6 nach § 17, bei § 13 II Nr 5 vom ArbG (§ 23 II) bestellt. Zu Beginn und Ende der Amtszeit s § 21 Rdn 2 und § 21 Rdn 4.

3 **I. Änderung der Mitarbeiterzahl.** Nur bei einer **wesentlichen Änderung der Belegschaftsstärke** ist der BR neu zu wählen. **Stichtag** für die Feststellung der AN-Zahl ist nicht der Beginn der Amtszeit, sondern der Wahltag, dh der (letzte) Tag der Stimmabgabe (GK-BetrVG/*Kreutz/Jacobs* § 13 Rn 30). Von diesem Tag an gerechnet beginnt eine 24-Monatsfrist (§ 187 I BGB), die mit dem Tag abläuft, der seiner Zahl nach dem Tag der Wahl entspricht (§ 188 II Alt 1 BGB). Bsp: Bei einer Wahl am 15.4.2014 endet die Frist am 15.4.2016. Neuwahlen sind nur dann erforderlich, wenn innerhalb dieser Frist mind 50 regelmäßig beschäftigte AN – ohne Rücksicht auf die Größe des Betriebs – von der Erhöhung bzw Verminderung betroffen sind und – zusätzlich – die Zahl der regelmäßig beschäftigten AN mind um die Hälfte gestiegen oder gesunken ist. Bsp: Betrieb mit 70 AN entlässt 1 Jahr nach der Wahl 40 AN – keine Neuwahl, da die Belegschaftsstärke zwar um mehr als die Hälfte, aber um weniger als 50 gesunken ist. Betrieb mit 200 AN entlässt 1 Jahr nach der Wahl 70 AN – keine Neuwahl, da zwar mehr als 50 Personen, aber weniger als die Hälfte entlassen wurden. **Maßgeblich** ist Zahl der regelmäßig beschäftigten AN (auch der minderjährigen), nicht die der Wahlberechtigten. **Nicht mitgezählt** werden die in § 5 II genannten Personen, ltd Ang (§ 5 III) und Aushilfskräfte, soweit sie nicht regelmäßig beschäftigt sind (Richardi/*Thüsing* § 13 Rn 23), wohl aber die nach § 7 S 2 Wahlberechtigten (BAG 13.3.2013, 7 ABR 69/11, NZA 2013, 789). Neuwahlen sind auch dann durchzuführen, wenn sich eine schwankende Belegschaftsstärke nicht auf die Größe des BR (§ 9) auswirkt (DKKW/*Schneider/Homburg* § 13 Rn 12). Bsp: Betrieb mit 120 AN stellt 1 Jahr nach der Wahl 70 AN ein – Neuwahl, auch wenn der BR sowohl bei 120 als auch bei 190 AN aus 7 Mitgliedern besteht. Kommt der BR der Einl einer außerplanmäßigen Neuwahl nicht nach, obwohl die Voraussetzungen erfüllt sind, gilt § 16 II analog (Richardi/*Thüsing*, § 13 Rn 38). Den Wahlvorstand bestellt in diesem Fall das ArbG auf Antrag von 3 wahlberechtigten AN oder einer im Betrieb vertretenen Gewerkschaft.

II. Absinken der Mitgliederzahl unter die vorgeschriebene Zahl. Erforderlich ist, dass die Mitgliedschaft 4
im BR – gleichgültig aus welchem Grund (s § 24) – endgültig erloschen ist und sich der dadurch frei
gewordene Sitz durch **Nachrücken sämtlicher Ersatzmitglieder** – ungeachtet ihrer Zugehörigkeit zu einer
Liste (GK-BetrVG/*Kreutz/Jacobs* § 13 Rn 56) oder zum Minderheitengeschlecht (Richardi/*Thüsing* § 13
Rn 32) – nicht wieder besetzen lässt. Maßgeblich ist die im Wahlausschreiben ausgewiesene BR-Größe (§ 3
II Nr 4 WahlO), selbst wenn sie falsch berechnet wurde (GK-BetrVG/*Kreutz/Jacobs* § 13 Rn 51). Keine
Neuwahl muss erfolgen, wenn die nach § 15 II erforderliche Mindestzahl der Mitglieder des Minderheiten-
geschlechts unterschritten wird (DKKW/*Schneider/Homburg* § 13 Rn 11). Kommt der BR seiner Verpflich-
tung zur Durchführung von Neuwahlen nicht nach, bleibt er bis zum Ablauf der normalen Amtsperiode im
Amt, falls er nicht nach § 23 I 1 aufgelöst wird oder das ArbG gem § 16 II einen Wahlvorstand bestellt, der
eine Neuwahl einleitet (LAG Düsseldorf 15.4.2011, 6 Sa 857/10, LAGE § 13 BetrVG 2001 Nr 1).

III. Rücktritt. Der BR kann **jederzeit**, ohne dass hierfür objektive **Gründe** vorliegen müssten (BAG 5
3.4.1979, 6 ABR 64/76, EzA § 40 BetrVG 1972 Nr 45) oder anzugeben wären, vom Amt zurücktreten.
Notwendig und hinreichend ist ein **Beschl der Mehrheit seiner Mitglieder** (s § 33 Rdn 2). Mit dem Rücktrittsbeschl endet die Amtszeit (§ 21 S 5), auch die der überstimmten Mitglieder und der Ersatzmitglieder
(ErfK/*Koch* § 13 Rn 5), da sich der Rücktrittsbeschl auf das gesamte Gremium bezieht (Richardi/*Thüsing*
§ 13 Rn 40 mwN). Bis zur Neuwahl führt der zurückgetretene BR die Amtsgeschäfte nach § 22 weiter
und bestellt einen Wahlvorstand (Richardi/*Thüsing* § 13 Rn 42). Die Amtszeit endet sofort, wenn alle
Mitglieder und Ersatzmitglieder ihr Amt nach § 24 I Nr 2 niederlegen (GK-BetrVG/*Kreutz/Jacobs* § 13
Rn 65) oder ihre Arbeitsverhältnisse enden (LAG Düsseldorf 15.4.2011, 6 Sa 857/10, AuR 2011, 368), da
dieser Fall nicht in § 22 erwähnt ist. Ob Rücktritt oder Amtsniederlegung gemeint war, ist durch Auslegung
zu ermitteln; das Entstehen betriebsratsloser Zeiten ist im Zweifel nicht gewollt. Besteht der BR nur aus
einer Person, kann diese ebenfalls zurücktreten oder ihr Amt niederlegen (DKKW/*Schneider/Homburg* § 13
Rn 22). Das Ersatzmitglied rückt nur bei Amtsniederlegung, nicht bei Rücktritt nach. Von einer Amtsniederlegung ist auszugehen, wenn sich das BR-Mitglied aus persönlichen Gründen vom Amt zurückziehen
wollte (GK-BetrVG/*Kreutz/Jacobs* § 13 Rn 64).

IV. Wahlanfechtung. Wird die Wahl angefochten, bleibt der BR im Amt, bis die Wahl rkr für unwirksam 6
erklärt wurde. Bis dahin darf nicht mit Vorbereitungen für eine Neuwahl begonnen werden (Richardi/
Thüsing § 13 Rn 44), es sei denn, der BR tritt noch vor der rkr Entsch im Anfechtungsverfahren zurück; in
diesem Fall ist er berechtigt und verpflichtet, einen Wahlvorstand für eine Neuwahl zu bestellen. Dies gilt
jedenfalls dann, wenn die Neuwahl noch vor Rechtskraft der Entsch abgeschlossen werden kann (LAG Schl-
Holst 7.4.2011, 4 TaBVGa 1/11). Erklärt das Gericht die Wahl rkr für unwirksam, darf der BR die Amtsgeschäfte nicht nach § 22 weiterführen (BAG 29.5.1991, 7 ABR 54/90, EzA § 4 BetrVG 1972 Nr 6). Der
Betrieb ist betriebsratslos. Für die nach § 13 II Nr 4 nun jederzeit mögliche Neuwahl gilt § 17. Bei nichtiger
Wahl kann jederzeit ein neuer BR gewählt werden; einer vorherigen gerichtlichen Feststellung bedarf es
nicht (Richardi/*Thüsing* § 13 Rn 45). Wird nur die Wahl eines einzelnen Mitglieds erfolgreich angefochten,
bleibt der BR iÜ im Amt; für den Ausgeschiedenen rückt das Ersatzmitglied nach (GK-BetrVG/*Kreutz/
Jacobs* § 13 Rn 71).

V. Auflösung durch Gerichtsentscheidung. Bei grober Verletzung seiner Pflichten kann der BR durch 7
Gerichtsbeschl aufgelöst werden. Zu den Voraussetzungen s § 23. Mit Rechtskraft des Auflösungsbeschl
endet die Amtszeit des BR, der seine Geschäfte auch nicht bis zur Neuwahl weiterführen darf (ErfK/
Koch § 13 Rn 6). Den Wahlvorstand für die Neuwahl bestellt das ArbG (§ 23 II). Beim Ausschluss eines
einzelnen Mitglieds bleibt der BR iÜ im Amt; für das amtsenthobene Mitglied rückt das Ersatzmitglied
nach (Richardi/*Thüsing* § 13 Rn 48). Fehlen Ersatzmitglieder, kommt eine Neuwahl nach § 13 II Nr 2 in
Betracht.

VI. Fehlen eines BR. In betriebsratslosen Betrieben kann jederzeit auch außerhalb des 4-Jahres-Rhyth- 8
musses ein BR gewählt werden. Keine Rolle spielt, aus welchem Grund kein BR existiert (erstmalige Wahl,
Amtsniederlegung aller BR-Mitglieder). Für die Bestellung des Wahlvorstands gilt § 17. Bei Umstrukturierungen geht § 21a als lex specialis vor.

C. Wiederanschluss an die regelmäßigen Wahlen. Damit der außerplanmäßig gewählte BR Anschluss 9
an den Rhythmus der regelmäßigen Wahlen findet, bestimmt § 13 III 1 die Teilnahme des Betriebs an den
nächstfolgenden Wahlen. Die Amtszeit des BR verkürzt sich also und endet spätestens am 31.5. des Jahres,
in dem die regelmäßigen Wahlen nach § 13 I stattfinden (§ 21 S 3). Wurde der BR am 1.3. oder später in
dem Jahr, das der regelmäßigen Wahl vorausgeht, gewählt – maßgeblich ist insoweit die Bekanntgabe des

Wahlergebnisses –, nimmt er erst an der übernächsten regulären Wahl teil; seine Amtszeit verlängert sich also, höchstens um 1 Jahr.

§ 14 Wahlvorschriften

(1) Der Betriebsrat wird in geheimer und unmittelbarer Wahl gewählt.
(2) ¹Die Wahl erfolgt nach den Grundsätzen der Verhältniswahl. ²Sie erfolgt nach den Grundsätzen der Mehrheitswahl, wenn nur ein Wahlvorschlag eingereicht wird oder wenn der Betriebsrat im vereinfachten Wahlverfahren nach § 14a zu wählen ist.
(3) Zur Wahl des Betriebsrats können die wahlberechtigten Arbeitnehmer und die im Betrieb vertretenen Gewerkschaften Wahlvorschläge machen.
(4) ¹Jeder Wahlvorschlag der Arbeitnehmer muss von mindestens einem Zwanzigstel der wahlberechtigten Arbeitnehmer, mindestens jedoch von drei Wahlberechtigten unterzeichnet sein; in Betrieben mit in der Regel bis zu zwanzig wahlberechtigten Arbeitnehmern genügt die Unterzeichnung durch zwei Wahlberechtigte. ²In jedem Fall genügt die Unterzeichnung durch fünfzig wahlberechtigte Arbeitnehmer.
(5) Jeder Wahlvorschlag einer Gewerkschaft muss von zwei Beauftragen unterzeichnet sein.

Übersicht	Rdn.		Rdn.
A. Allgemeines	1	I. Allgemeines	7
B. Wahlgrundsätze im Einzelnen	2	II. Unterbreitung von Wahlvorschlägen	8
I. Geheime Wahl	2	1. Wahlvorschläge der wahlberechtigten AN	9
II. Unmittelbare Wahl	3		
III. Sonstige Grundsätze	4	2. Vorschlag durch Gewerkschaft	10
C. Verhältniswahl	5	3. Prüfung durch den Wahlvorstand	11
D. Mehrheitswahl	6	4. Kündigungsschutz für Wahlbewerber	12
E. Wahlvorschläge	7		

1 **A. Allgemeines.** Der BR kann nur durch Wahl errichtet werden. § 14 bestimmt hierfür die **allg Grds**. Sie werden durch die kraft § 128 erlassene WahlO konkretisiert. Von diesen zwingenden Vorschriften darf weder durch TV noch durch BV abgewichen werden (GK-BetrVG/*Kreutz* § 14 Rn 7). Dies gilt grds auch für eine nach § 3 I Nr 1–3 gebildete AN-Vertretung (*Fitting* § 14 Rn 7), nicht aber für Gremien, deren Mitglieder nicht gewählt, sondern entsandt werden (GBR, KBR, GJAV, KJAV). Zur Einleitung der Wahl s § 18 Rdn 1.

2 **B. Wahlgrundsätze im Einzelnen. I. Geheime Wahl.** Nichtig ist eine Wahl durch **öffentl Stimmabgabe**, etwa durch Handaufheben oder Zuruf in einer Betriebsversammlung (BAG 12.10.1961, 5 AZR 423/60, AP BGB § 611 Urlaubsrecht Nr 84; diff Hess LAG 27.9.2012, 16 Sa 1741/11, EzA-SD 2013, Nr 4, 15) oder durch Ausgabe von Stimmzetteln außerhalb des Wahlraums, soweit nicht die Voraussetzungen für eine schriftliche Stimmabgabe vorliegen (Richardi/*Thüsing* § 14 Rn 10). Die Stimmabgabe erfolgt durch Abgabe von **Stimmzetteln** in den hierfür bestimmten Umschlägen (§ 11 I 2 WahlO), die sämtlich die gleiche Größe, Farbe, Beschaffenheit und Beschriftung haben müssen (§ 11 II 2, 3 WahlO). Gegen das Geheimhaltungsgebot wird auch verstoßen, wenn Wähler **Stimmzettel unterschreiben**. Der Wahlvorstand hat geeignete Vorkehrungen für das geheime Ausfüllen der Stimmzettel im Wahlraum zu treffen und Wahlurnen bereitzustellen (§ 12 I 1 WahlO; zur Frage, ob eine Urnenwahl trotz Rücksendung der Briefwahlunterlagen möglich ist s *Bachner* NZA 2012, 1266). Um zu verhindern, dass nicht zur Wahl berechtigte Personen eine Stimme abgeben oder Wahlberechtigte mehrfach wählen, ist die Stimmabgabe vor dem Wahlakt in der Wählerliste zu vermerken (§ 12 III WahlO); wird die Liste elektronisch geführt, kann das auch elektronisch geschehen. Eine spätere Ergänzung oder Berichtigung der Vermerke ist unzulässig; sie macht die Wahl anfechtbar (BAG 12.6.2013, 7 ABR 77/11, EzA § 14 BetrVG 2001 Nr 2). Weicht die Zahl der in der Wahlurne befindlichen Stimmzettel von der Zahl der Stimmabgabevermerke ab, liegt ein unheilbarer Mangel vor. Dass weitere Wähler als diejenigen, deren Stimmabgabe in der Wählerliste vermerkt ist, ihre Stimme abgegeben haben, kann auch nicht auf andere Weise – etwa durch nachträgliche Auswertung von Protokollierungsdateien oder durch Befragung von Zeugen – nachgewiesen werden (BAG 12.6.2013, 7 ABR 77/11, EzA § 14 BetrVG 2001 Nr 2). Am Tag der Wahl darf der Wahlvorstand Dritten keine Einsicht in die mit dem Stimmabgabevermerk versehene Wählerliste gestatten (BAG 6.12.2000, 7 ABR 34/99, EzA § 19 BetrVG 1972 Nr 40). **Behinderte und des Lesens Unkundige** können sich bei der Stimmabgabe durch eine Vertrauensperson – die weder Wahlvorstand noch Wahlbewerber sein darf – helfen lassen; diese darf gemeinsam mit dem Wähler auch die Wahlzelle aufsuchen (§ 12 IV WahlO).

Entspr gilt für **ausländische Wähler, die kein Deutsch verstehen**, da auch sie insoweit des Lesens unkundig sind (aA ArbG Brem 19.7.1972, 3 Ca 3252/72, DB 1972, 1830; DKKW/*Schneider/Homburg* § 14 Rn 10; *Fitting* § 14 Rn 12; GK-BetrVG/*Kreutz* § 14 Rn 18). Das Geheimhaltungsgebot verbietet die Überprüfung, für welche Person oder Liste der Wähler gestimmt hat, nicht aber, ob überhaupt gewählt wurde (BAG 6.7.1956, 1 ABR 7/55, AP BetrVG § 27 Nr 4). Das Gebot erstreckt sich auch auf die Zeit nach Durchführung der Wahl. Wahlunterlagen dürfen nicht ohne Weiteres zugänglich gemacht werden. Der AG ist zur Einsichtnahme und Auswertung befugt, wenn er die Ordnungsmäßigkeit der Wahl überprüfen will (LAG Nds 12.9.2011, 13 TaBV 16/11 n rkr).

II. Unmittelbare Wahl. Unmittelbare Wahl meint eine direkte Wahl ohne Zwischenschaltung von Wahlmännern oder Delegierten (GK-BetrVG/*Kreutz* § 14 Rn 24). Da die Stimmabgabe stets persönlich zu erfolgen hat, darf sich der Wähler nicht vertreten lassen. Wahlberechtigten, die im Zeitpunkt der Wahl verhindert sind, ihre Stimme persönlich abzugeben, ist auf ihr Verlangen hin oder wenn dem Wahlvorstand ihre Abwesenheit wegen der Eigenart ihrer Dienste bekannt ist (zB bei Außendienstlern), die schriftliche Stimmabgabe zu ermöglichen (§ 24 I, II WahlO). Für Betriebsteile und Kleinstbetriebe, die räumlich weit vom Hauptbetrieb entfernt sind, kann der Wahlvorstand generell Briefwahl anordnen (§ 24 III WahlO). Entscheidend ist die Verkehrsanbindung an den Hauptbetrieb (LAG Hamm 5.8.2011, 10 TaBV 13/11). Bei einem Zeitarbeitsunternehmen muss der Wahlvorstand Leih-AN, die bei einem Entleiher eingesetzt sind, im Regelfall Briefwahlunterlagen ohne Aufforderung zusenden, weil sich deren Betriebsabwesenheit bereits aus der Eigenart ihres Beschäftigungsverhältnisses ergibt. Der Wahlvorstand kann für diese AN auch generell Briefwahl anordnen. Unterhält das Zeitarbeitsunternehmen im Beschäftigungsbetrieb eine eigene betriebliche Organisation, kann es sich um einen Betriebsteil iS des § 24 III WahlO handeln. Dann hat der Wahlvorstand nach billigem Ermessen zu entscheiden, ob aufgrund der räumlichen Entfernung vom Hauptbetrieb eine schriftliche Stimmabgabe geboten ist (LAG HH 8.7.2015, 6 TaBV 1/15 n rkr). Die pauschale Anordnung, sämtlichen AN ohne jede Einschränkung die Briefwahl zu ermöglichen, ist fehlerhaft und macht die Wahl anfechtbar (LAG Nds 9.3.2011, 17 TaBV 41/10). Anfechtbar ist die Wahl bereits dann, wenn der Wahlvorstand die Briefwahl in einem Betrieb, in welchem ca. 1450 Mitarbeiter beschäftigt sind, generell, nämlich auch für die ca. 40 bis 50 in der Verwaltung des Betriebes tätigen Mitarbeiter, für welche eine persönliche Stimmabgabe ohne weiteres hätte organisiert werden können, anordnet (ArbG Essen 21.8.2014, 5 BV 45/14, BB 2015, 244). Der Wahlvorstand hat anhand der ihm bekannten betrieblichen Umstände Anträge auf schriftliche Stimmabgabe zumindest kursorisch auf ihre Plausibilität hin zu überprüfen (LAG Düsseldorf 8.4.2011, 10 TaBV 79/10).

III. Sonstige Grundsätze. Ferner gelten die **allg Grds für demokratische Wahlen**, auch wenn § 14 sie nicht ausdrückl erwähnt (BAG 16.3.2005, 7 ABR 40/04, EzA § 15 BetrVG 2001 Nr 1). Die Wahl muss **gleich** sein: Jeder Wahlberechtigte hat die gleiche Stimme, jeder Wahlbewerber dieselbe Chance, in den BR gewählt zu werden (BAG 16.3.2005, 7 ABR 40/04, aaO). An Letzterem fehlt es, wenn der Wahlvorstand einzelnen Kandidaten Vorrechte ggü anderen einräumt (BAG 6.12.2000, 7 ABR 34/99, EzA § 19 BetrVG 1972 Nr 40). Die Wahl hat **allg** zu sein, dh ausnahmslos jeder Wahlberechtigte muss wählen können. Ferner muss der BR einheitlich für den gesamten Betrieb gewählt werden, was eine Aufteilung in »Wahlkreise« – etwa Abteilungen oder Nebenbetriebe –, in denen nur einzelne Bewerber kandidieren, verbietet (Richardi/*Thüsing* § 14 Rn 19 mwN). Weiterhin hat die Wahl **frei** zu sein. Weder besteht ein Zwang zur Wahl noch zur Wahl einer bestimmten Liste oder Person. Eine Beeinflussung der Wähler durch die übliche Wahlwerbung wird dadurch nicht ausgeschlossen, jedenfalls dann nicht, wenn sie angemessen bleibt. Der Wähler darf wegen seiner Teilnahme an der Wahl keine Nachteile erleiden (§ 20 II), auch keine indirekten, etwa durch Minderung des Arbeitsentgelts (§ 20 III). Auf das Wahlrecht kann nicht wirksam verzichtet werden (DKKW/*Schneider/Homburg* § 14 Rn 5). Schließlich gilt das Gebot der Öffentlichkeit des Wahlverfahrens, das die Ordnungsgemäßheit und Nachvollziehbarkeit der Wahlvorgänge sichern soll. Jeder Interessierte darf das Vorschlagsverfahren, die Stimmabgabe (mit Ausnahme des geheimen Wahlakts) sowie die Ermittlung des Wahlergebnisses beobachten. Damit soll jeder Verdacht einer Wahlmanipulation »hinter verschlossenen Türen« vermieden werden. Deshalb müssen Ort und Zeit sämtlicher öffentlicher Kontrolle unterliegender Vorgänge im Wahlverfahren rechtzeitig vorher bekannt gegeben werden. Fehler und Unterlassungen machen die Wahl anfechtbar (BAG 10.7.2013, 7 ABR 83/11, EzA § 18 BetrVG 2001 Nr 2).

C. Verhältniswahl. Die Wahl findet grds als Verhältniswahl statt. Sie ist als Listenwahl durchzuführen, wenn beim Wahlvorstand mehrere gültige Listen eingereicht werden. Der Wähler muss sich für eine Liste im Ganzen entscheiden. Bewerber von der Liste streichen oder hinzusetzen darf er nicht (*Fitting* § 14 Rn 23; GK-BetrVG/*Kreutz* § 14 Rn 35; *Gamillscheg* KollArbR II S. 400). Die Zahl der auf die Liste entfallenden BR-Sitze richtet sich nach dem Anteil der für sie abgegebenen Stimmen. Sie ist nach dem d'Hondt'schen Höchstzahlenverfahren zu berechnen (s § 15 WahlO). Die den einzelnen Vorschlagslisten zugefallenen Stimmenzahlen sind in einer Reihe nebeneinanderzustellen und sämtlich durch 1, 2, 3, 4 usw zu teilen. Die ermittelten Teilzahlen (= d'Hondt'schen Höchstzahlen) sind nacheinander reihenweise unter den Zahlen der 1. Reihe aufzuführen, bis höhere Teilzahlen für die Zuweisung der zu verteilenden Sitze nicht mehr in Betracht kommen (§ 15 I WahlO). Unter den so gefundenen Teilzahlen werden so viele Höchstzahlen ausgesondert und der Größe nach geordnet, wie BR-Mitglieder zu wählen sind (§ 15 II 1 WahlO). Jede Liste erhält so viele Mitgliedersitze zugeteilt, wie Höchstzahlen auf sie entfallen (§ 15 II 2 WahlO). Entfällt die letzte Höchstzahl auf mehrere Vorschlagslisten, wird die Liste, die den letzten Sitz erhält, ausgelost (§ 15 I 3 WahlO). Entfallen auf eine Liste mehr Höchstzahlen als Kandidaten, gehen die überschüssigen Sitze auf die Liste mit der nächstfolgenden Höchstzahl über. Die nicht gewählten Bewerber fungieren in der Reihenfolge auf der Liste als **Ersatzmitglieder** (s § 25). Zur Berücksichtigung des Minderheitengeschlechts s § 15 Rdn 2 und § 14 Rdn 6.

6 **D. Mehrheitswahl.** Eine Mehrheitswahl erfolgt zwingend in Betrieben mit bis zu 50 AN (§ 14a I), in Betrieben mit über 50–100 AN, wenn AG und Wahlvorstand dies vereinbaren (§ 14a V) oder wenn für die Wahl nur eine gültige Liste eingereicht wurde (§ 14 II 2). Mehrheitswahl bedeutet Personenwahl. Der Wähler darf auf dem Stimmzettel höchstens so viele Kandidaten ankreuzen, wie BR-Mitglieder zu wählen sind (§ 20 III Hs 2 WahlO). Kreuzt er mehr an, ist sein Stimmzettel insgesamt ungültig (§§ 20 III 2, 11 IV WahlO). Nach der Wahl zählt der Wahlvorstand zunächst die für jeden Kandidaten abgegebenen Stimmen zusammen (§ 21 WahlO). Sodann werden die dem Geschlecht in der Minderheit zustehenden Mindestsitze (§ 15 II) in der Reihenfolge der jew höchsten auf sie entfallenden Stimmen besetzt (§ 22 I WahlO). Danach erfolgt die Verteilung der weiteren Sitze nach der Reihenfolge der auf die Kandidaten entfallenden Stimmen. Bei Stimmengleichheit entscheidet beim letzten zu vergebenden Sitz das Los (§ 22 II WahlO). Nicht gewählte Kandidaten fungieren als Ersatzmitglieder (§ 25 II 3).

7 **E. Wahlvorschläge. I. Allgemeines.** Die Wahl erfolgt zwingend aufgrund von Wahlvorschlägen (§ 14 III–V), die der Wahlvorstand spätestens 1 Woche vor Beginn der Stimmabgabe in gleicher Weise wie das Wahlausschreiben (§ 3 IV WahlO) bekannt zu machen hat (§ 10 II WahlO). Eine Wahl ohne Wahlvorschlag ist nichtig (DKKW/*Schneider/Homburg* § 14 Rn 18); bei einem fehlerhaften Wahlvorschlag kann sie anfechtbar sein. Mit dem Vorschlag werden die Kandidaten für das BR-Amt ggü dem Wahlvorstand benannt. Das kann frühestens mit Einleitung der Wahl – die durch den Erlass des Wahlausschreibens erfolgt (§ 3 I 2 WahlO) – und spätestens bis 2 Wochen danach geschehen (§ 6 I 2 WahlO). Zum Beginn des Sonderkündigungsschutzes für Wahlbewerber nach § 15 III KSchG s. Rn 12. Sind mehrere Personen zu wählen, soll die Vorschlagsliste mind doppelt so viele Bewerber aufweisen, wie zu wählen sind (§ 6 II WahlO); ist nur 1 Person zu wählen, soll jeder Vorschlag 2 Bewerber umfassen (§§ 33 II, 6 II WahlO). Da der Verstoß gegen diese Sollvorschriften (BAG 10.10.2012, 7 ABR 53/11, EzA § 8 BetrVG 2001 Nr 3) unschädlich ist, kann eine Vorschlagsliste auch nur einen einzigen Wahlbewerber enthalten (BAG 29.6.1965, 1 ABR 2/65, AP BetrVG § 13 Nr 11). Jeder Bewerber darf nur auf einer Vorschlagsliste kandidieren. Kandidiert ein Bewerber auf mehreren Listen, hat er auf Aufforderung des Wahlvorstands binnen 3 Arbeitstagen zu erklären, welche Bewerbung er aufrecht erhält; anderenfalls wird der Kandidat von allen Listen gestrichen (§ 6 VII WahlO). In jeder Vorschlagsliste sind die einzelnen Kandidaten in erkennbarer Reihenfolge unter fortlaufender Nr aufzuführen (§ 6 III 1 WahlO). Eine Liste, die diese Vorgaben nicht beachtet, ist ungültig (§ 8 I Nr 1 WahlO) und darf vom Wahlvorstand nicht zur Wahl zugelassen werden. Ferner müssen Familienname, Vorname, Geburtsdatum und Art der Beschäftigung im Betrieb der Kandidaten angegeben werden. Die schriftliche Zustimmung aller Kandidaten zur Aufnahme in die Liste ist beizufügen (§ 6 III 2 WahlO). Fehler hat der Wahlvorstand zu beanstanden und der Liste eine Beseitigungsfrist von 3 Arbeitstagen zu setzen (§ 8 II WahlO). Läuft die Frist fruchtlos ab, darf der Wahlvorstand die Liste ebenfalls nicht zur Wahl zulassen. Der Wahlvorstand handelt rechtswidrig, wenn er eine Vorschlagsliste wegen fehlender Wählbarkeit eines Bewerbers zurückweist, obwohl der Bewerber zumindest im Zeitpunkt der Einreichung des Wahlvorschlags wählbar war (Sächs LAG 22.4.2010, 2 TaBVGa 2/10). Die Bewerber auf der zu Unrecht zurückgewiesenen Liste können im Wege der einstweiligen Verfügung die gerichtliche Anordnung erwirken, dass der Wahlvorstand die Bewerberliste unter Streichung des nicht mehr wahlberechtigten Kandidaten zuzulassen hat (Sächs LAG 22.4.2010, 2 TaBVGa 2/10). Der Wahlvorstand darf das von den Einreichern einer Liste benutzte Kennwort nicht streichen und stattdessen eine *Bezeichnung* mit den beiden erstgenannten Bewerbern wählen (LAG Hamm 18.3.2011, 13 TaBV 98/10 n rkr, EzA-SD 2011, Nr 14, 20). Wurde binnen 2 Wochen nach Erlass des Wahlausschreibens keine gültige Vorschlagsliste eingereicht, hat dies der Wahlvorstand bekannt zu machen und eine 1-wöchige Nachfrist zu

setzen (§ 9 I WahlO). Wird auch dann keine gültige Vorschlagsliste eingereicht, hat der Wahlvorstand sofort bekannt zu machen, dass die Wahl nicht stattfindet (§ 9 II WahlO). Sollen Bilder der Kandidaten ausgehängt werden, muss das für sämtliche Bewerber geschehen; verletzt der Wahlvorstand das Neutralitätsgebot, macht das die Wahl anfechtbar (LAG Nürnberg 20.9.2011, 6 TaBV 9/11).

II. Unterbreitung von Wahlvorschlägen. Wahlvorschläge unterbreiten können die wahlberechtigten AN – auch soweit sie nur nach § 7 S 2 wahlberechtigt sind – und die im Betrieb vertretenen Gewerkschaften (§ 15 III). 8

1. Wahlvorschläge der wahlberechtigten AN. Wahlvorschläge müssen von mind einem 20-tel und zugleich von mind 3 – in Betrieben mit idR bis zu 20 wahlberechtigten AN von 2 – Wahlberechtigten unterzeichnet sein. 50 Stützunterschriften von Wahlberechtigten genügen in jedem Fall (§ 15 IV). Das Quorum soll völlig aussichtslose Vorschläge und Stimmenzersplitterung vermeiden (GK-BetrVG/*Kreutz* § 14 Rn 52). Die Mindestanzahl an Stützunterschriften muss vom Wahlvorstand berechnet und im Wahlausschreiben angegeben werden (§ 3 II Nr 6 WahlO). Maßgeblich ist die Zahl der Regelbeschäftigten bei Einleitung der Wahl. Die Stützunterschrift muss persönlich geleistet werden; Stellvertretung ist ausgeschlossen (BAG 12.2.1960, 1 ABR 13/59, AP BetrVG § 18 Nr 11), da sie gegen den Grds der Unmittelbarkeit der Wahl verstößt (DKKW/*Schneider*/*Homburg* § 14 Rn 27). Auch Mitglieder des Wahlvorstands und Wahlbewerber dürfen unterschreiben, sogar den eigenen Vorschlag (BAG 6.11.2013, 7 ABR 65/11, EzA § 14 BetrVG 2001 Nr 4). Die Unterschrift auf dem Bewerberblatt kann gleichzeitig als Stützunterschrift gewertet werden (BAG 6.11.2013, 7 ABR 65/11, EzA § 14 BetrVG 2001 Nr 4). Allerdings darf jeder Wahlberechtigte nur jew eine Vorschlagsliste unterstützen. Hat jemand mehrere Listen unterstützt, muss er nach Aufforderung des Wahlvorstands binnen einer von ihm gesetzten angemessenen Frist, spätestens jedoch vor Ablauf von 3 Arbeitstagen erklären, welche Unterschrift er aufrechterhält. Erklärt er sich nicht, zählt sein Name nur auf der zuerst eingereichten Vorschlagsliste. Hat der Wahlberechtigte mehrere Listen unterstützt, die gleichzeitig eingereicht wurden, entscheidet das Los darüber, auf welcher Vorschlagsliste seine Unterschrift gilt (§ 6 V WahlO). Die Stützunterschriften müssen auf dem Wahlvorschlag selbst geleistet werden oder sich auf einer Liste befinden, die mit dem Wahlvorschlag eine einheitliche Urkunde bildet, zB durch Zusammenheftung, fortlaufende Paginierung, fortlaufende Nummerierung der Unterschriften, Wiedergabe des Kennworts der Vorschlagsliste auf den einzelnen Blättern des Wahlvorschlags (BAG 25.5.2005, 7 ABR 39/04, EzA § 14 BetrVG 2001 Nr 1; 20.1.2010, 7 ABR 39/08). Mehrere Exemplare einer Vorschlagsliste dürfen nur dann im Betrieb zirkulieren, wenn die Kandidaten und ihre Reihenfolge auf der Liste identisch sind (DKKW/ *Schneider*/*Homburg* § 14 Rn 28). Soll eine Liste nachträglich geändert werden, ist das Einverständnis sämtlicher Unterstützer erforderlich (BAG 15.12.1972, 1 ABR 8/72, EzA § 14 BetrVG 1972 Nr 1). Das gilt auch dann, wenn ein Wahlbewerber auf der Liste seine Kandidatur zurückzieht (BAG 15.12.1972, 1 ABR 8/72, aaO; *Fitting* § 14 Rn 56; MünchArbR/*Joost* § 216 Rn 165; aA HWGNRH/*Hukel*/*Nicolai* Anh. II Rn 80; GK-BetrVG/*Kreutz* § 14 Rn 71). Der Gewählte kann aber nach der Wahl die Annahme des BR-Amtes ablehnen (§ 17 I 2 WahlO). Ein Wahlvorschlag ist unwirksam, wenn nach Anbringung von Stützunterschriften weitere Kandidaten auf die Liste gesetzt werden, für die zwar ausreichend Stützunterschriften gesammelt werden, ohne aber die Erweiterung kenntlich zu machen (LAG Rh-Pf 14.1.2016 - 5 TaBV 19/15). 9

2. Vorschlag durch Gewerkschaft. Eine Gewerkschaft kann Kandidaten vorschlagen, wenn sie im Betrieb vertreten ist (s § 2 Rdn 3; DKKW/*Schneider*/*Homburg* § 14 Rn 34). Jede Gewerkschaft darf nur einen Wahlvorschlag unterbreiten (GK-BetrVG/*Kreutz* § 14 Rn 90), der auch nicht bei ihr organisierte Wahlbewerber umfassen darf (DKKW/*Schneider*/*Homburg* § 14 Rn 36). Der Name einer Gewerkschaft darf als Kennwort nur auf gewerkschaftlichen Wahlvorschlägen verwandt werden (BAG 15.5.2013, 7 ABR 40/11, EzA § 14 BetrVG 2001 Nr 3) Der Vorschlag muss durch 2 Beauftragte unterzeichnet sein. Das gilt auch dann, wenn sich 2 Gewerkschaften zur Einreichung eines gemeinsamen Wahlvorschlages zusammentun (LAG MV 3.5.2010, 2 TaBVGa 2/10). Die Beauftragten können von der Gewerkschaft frei bestimmt werden (zB Gewerkschaftssekretäre, betriebliche Vertrauensleute). Die Beauftragung braucht nicht schriftlich zu erfolgen, ist aber nachzuweisen (*Fitting* § 14 Rn 68). Wahlberechtigte können den Gewerkschaftsvorschlag zusätzlich mit ihrer Unterschrift unterstützen (Richardi/*Thüsing* § 14 Rn 46). Da das Wahlvorschlagsrecht zu den Aufgaben und Befugnissen einer im Betrieb vertretenen Gewerkschaft gehört (§ 2 II), hat sie Zugang zum Betrieb, um dort Aktivitäten für die BR-Wahl zu entfalten, wie Kandidatensuche, Wahlwerbung usw (*Fitting* § 14 Rn 71). 10

3. Prüfung durch den Wahlvorstand. Der Wahlvorstand hat jede Vorschlagsliste unverzüglich, möglichst binnen einer Frist von 2 Arbeitstagen nach ihrem Eingang zu prüfen und Beanstandungen dem 11

§ 14a BetrVG   Vereinfachtes Wahlverfahren für Kleinbetriebe

Listenvertreter unverzüglich schriftlich unter Angabe von Gründen mitzuteilen (§ 7 II 2 WahlO). Am letzten Tag der Einreichungsfrist hat der Wahlvorstand Vorkehrungen zu treffen, um alsbald zusammenzutreten und eingehende Wahlvorschläge prüfen zu können. Bei Ungültigkeit einer Liste muss deren Vertreter so rechtzeitig unterrichtet werden können, dass die Einreichung einer neuen Liste noch bis zum Fristablauf möglich ist (BAG 21.1.2009, 7 ABR 65/07, EzA § 19 BetrVG 2001 Nr 7). Das gilt insb dann, wenn der Wahlvorstand mit dem Eingang von Wahlvorschlägen rechnen muss, weil bis zum letzten Tag der Einreichungsfrist noch keine Wahlvorschläge eingegangen sind. Die Verletzung dieser Pflicht macht die Wahl anfechtbar (BAG 25.5.2005, 7 ABR 39/04, EzA § 14 BetrVG 2001 Nr 1). Der Wahlvorstand kann die Einreichungsfrist auf das Ende seiner Dienststunden oder das Ende der Arbeitszeit im Betrieb begrenzen, wenn der festgesetzte Fristablauf nicht vor dem Ende der Arbeitszeit der überwiegenden Mehrheit der AN liegt (BAG 9.12.1992, 7 ABR 27/92, EzA § 19 BetrVG 1972 Nr 38; Hess LAG 31.8.2006, 9 TaBV 16/06, NZA-RR 2007, 198). In Schichtbetrieben muss das Fristende auf 24:00 Uhr des letzten Tages festgesetzt werden. Auf das Ende der Arbeitszeit des Wahlvorstands kommt es ebenso wenig an, wie auf das Ende der Arbeitszeit der Mehrheit der AN (LAG Köln 20.05.2015, 5 TaBV 18/15). Die Wahlvorschläge müssen im Original beim Wahlvorstand eingehen. Die Einreichung von Telekopien genügt nicht. Der Wahlvorstand muss das Vorliegen der erforderlichen Stützunterschriften zuverlässig prüfen können. Dies kann er nur, wenn ihm die Originalunterschriften vorliegen (BAG 20.1.2010, 7 ABR 39/08, EzA § 94 SGB IX Nr 6). Die Prüfungspflicht des Wahlvorstands erstreckt sich auf alle Umstände, die geeignet sind, die Gültigkeit des Wahlvorschlags infrage zu stellen und die der Wahlvorstand bei einer Prüfung des äußeren Erscheinungsbilds der eingereichten Urkunde unschwer erkennen kann. Zu diesen kann auch ein ungewöhnliches äußeres Erscheinungsbild des Wahlvorschlags zählen (zB Radierungen, Streichungen oder Zusätze). In diesem Fall muss der Wahlvorstand die Auffälligkeiten durch eine Rückfrage beim Listenvertreter aufklären und diesen vorsorglich auf die mögliche Unwirksamkeit der Liste hinweisen (BAG 21.1.2009, 7 ABR 65/07, EzA § 19 BetrVG 2001 Nr 7). Verwendet eine Liste, die nicht von zwei Gewerkschaftsbeauftragten unterzeichnet ist, ein gewerkschaftliches Kennwort (im Fall: »IG Metall Kündigungsschutz und Arbeitsplatzsicherheit« bzw. »IG Metall Kompetenz für Gute Arbeit und Sicherheit«), so hat der Wahlvorstand in zumindest entsprechender Anwendung von § 7 II 1 WahlO statt dessen den Vorschlag mit den Familien- und Vornamen der beiden ersten in der Liste benannten zu bezeichnen (BAG 15.5.2013, 7 ABR 40/11, EzA § 14 BetrVG 2001 Nr 37). Die Prüfungspflicht umfasst jedoch nicht die Frage, ob in diesem Fall durch ein Kennwort die Unterstützer des Wahlvorschlags getäuscht oder zur Unterschrift veranlasst worden sind (BAG 15.5.2013, 7 ABR 40/11, EzA § 14 BetrVG 2001 Nr 37).

12 **4. Kündigungsschutz für Wahlbewerber.** Wahlbewerber genießen nach Maßgabe von § 15 III 1 KSchG einen bes Kdg-Schutz (s § 15 KSchG Rdn 7 ff). Dieser beginnt, sobald für die Wahl ein Wahlvorstand bestellt ist und für den Kandidaten ein Wahlvorschlag vorliegt, der die nach § 14 IV erforderliche Mindestzahl von Stützunterschriften (s Rdn 9 f) aufweist. Diese können bereits vor Erlass des Wahlausschreibens (s § 18 Rdn 1) geleistet werden (BAG 7.7.2011, 2 AZR 377/10, EzA § 15 nF KSchG Nr 68). Der Kandidat muss wählbar sein; die Voraussetzungen des § 8 müssen aber erst im Zeitpunkt der Wahl erfüllt sein (BAG 19.4.2012, 2 AZR 299/11, 2 AZR 299/11, EzTöD 100 § 34 Abs 2 TVöD-AT Arbeitnehmervertreter Nr 7). Zur missbräuchlich frühen Bestellung eines Wahlvorstands s. § 16 Rdn 3. Der Sonderkündigungsschutz gilt nur für Wahlbewerber, nicht aber zugunsten von Bewerbern für das Amt des Wahlvorstands zur Durchführung einer BR-Wahl (BAG 31.7.2014, 2 AZR 505/13, EzA § 15 nF KSchG Nr 73).

§ 14a Vereinfachtes Wahlverfahren für Kleinbetriebe

(1) ¹In Betrieben mit in der Regel fünf bis fünfzig wahlberechtigten Arbeitnehmern wird der Betriebsrat in einem zweistufigen Verfahren gewählt. ²Auf einer ersten Wahlversammlung wird der Wahlvorstand nach § 17a Nr. 3 gewählt. ³Auf einer zweiten Wahlversammlung wird der Betriebsrat in geheimer und unmittelbarer Wahl gewählt. ⁴Diese Wahlversammlung findet eine Woche nach der Wahlversammlung zur Wahl des Wahlvorstands statt.
(2) Wahlvorschläge können bis zum Ende der Wahlversammlung zur Wahl des Wahlvorstands nach § 17a Nr. 3 gemacht werden; für Wahlvorschläge der Arbeitnehmer gilt § 14 Abs. 4 mit der Maßgabe, dass für Wahlvorschläge, die erst auf dieser Wahlversammlung gemacht werden, keine Schriftform erforderlich ist.
(3) ¹Ist der Wahlvorstand in Betrieben mit in der Regel fünf bis fünfzig wahlberechtigten Arbeitnehmern nach § 17a Nr. 1 in Verbindung mit § 16 vom Betriebsrat, Gesamtbetriebsrat oder Konzernbetriebsrat oder nach § 17a Nr. 4 vom Arbeitsgericht bestellt, wird der Betriebsrat abweichend von Absatz 1 Satz 1

und 2 auf nur einer Wahlversammlung in geheimer und unmittelbarer Wahl gewählt. ²Wahlvorschläge können bis eine Woche vor der Wahlversammlung zur Wahl des Betriebsrats gemacht werden; § 14 Abs. 4 gilt unverändert.
(4) Wahlberechtigten Arbeitnehmern, die an der Wahlversammlung zur Wahl des Betriebsrats nicht teilnehmen können, ist Gelegenheit zur schriftlichen Stimmabgabe zu geben.
(5) In Betrieben mit in der Regel 51 bis 100 wahlberechtigten Arbeitnehmern können der Wahlvorstand und der Arbeitgeber die Anwendung des vereinfachten Wahlverfahrens vereinbaren.

Übersicht	Rdn.		Rdn.
A. Allgemeines	1	2. Wahl des Wahlvorstands	3
B. Zweistufiges Verfahren	2	3. Vorbereitung der BR-Wahl	4
I. Erste Wahlversammlung	2	II. Zweite Wahlversammlung	5
1. Einladung	2	C. Einstufiges Verfahren	6

A. Allgemeines. In Kleinbetrieben soll das mit der BetrVG-Reform 2001 eingeführte vereinfachte Wahlverfahren die BR-Wahl erleichtern (BT-Drs 14/5741 S 37). Es wird nach den Grds der Mehrheitswahl, dh in Personen- und nicht in Listenwahl gewählt (§ 14 II 2), die Fristen sind verkürzt (§ 17a Nr 1; § 30 II WahlO), der Wahlvorstand besteht zwingend aus 3 Wahlberechtigten (§ 17a Nr 2), und die Wahlberechtigten können ihre Stimme auch nachträglich durch Briefwahl abgeben, wenn sie am Wahltag verhindert sind (§ 14a IV). Das vereinfachte Wahlverfahren kann 1- oder 2-stufig ablaufen. **1-stufig** wird gewählt, wenn der amtierende BR, GBR oder KBR den Wahlvorstand einsetzt (§ 14a III, § 17 II), **2-stufig**, wenn es an einer solchen Einsetzung fehlt: Dann wird auf einer 1. Wahlversammlung zunächst der Wahlvorstand von der Mehrheit der anwesenden AN gewählt (§§ 14a I 2, 17a Nr 3) und 1 Woche später auf einer 2. Wahlversammlung der BR (§ 14a I 3). Das vereinfachte Wahlverfahren gilt zwingend – Abweichungen durch TV oder BV sind unzulässig (*Fitting* § 14a Rn 6) – für Betriebe mit bis zu 50 wahlberechtigten AN. Für die Ermittlung der Zahl gilt § 9 (s § 9 Rdn 2). In Betrieben mit bis zu 100 AN kann das vereinfachte Wahlverfahren freiwillig zwischen Wahlvorstand und AG vereinbart werden (§ 14a V). Die Vereinbarung ist für jede BR-Wahl neu zu treffen (GK-BetrVG/*Kreutz* § 14a Rn 124). Schriftform ist nicht erforderlich. Das Schweigen des AG auf ein ihm vom Wahlvorstand in einer Betriebs- oder Wahlversammlung unterbreitetes Angebot genügt nicht (BAG 19.11.2003, 7 ABR 24/03, EzA § 19 BetrVG 2001 Nr 2). Die Wahl ist nach § 19 anfechtbar, wenn in Kleinbetrieben nicht im vereinfachten oder in größeren Betrieben nicht im regulären Verfahren gewählt wird (BAG 19.11.2003, 7 ABR 24/03, aaO). Welches Verfahren anzuwenden ist, kann das ArbG noch während des Wahlverfahrens auf Antrag im Wege des Beschlussverfahrens klären (BAG 15.12.1972, 1 ABR 8/72, EzA § 14 BetrVG 1972 Nr 1), ggf durch Erlass einstweiliger Verfügungen (vgl *Fitting* § 14a Rn 57; § 18 Rn 32 ff.). Antragsberechtigt sind die nach § 19 Anfechtungsberechtigten und jeder, der durch Maßnahmen des Wahlvorstands in seinem aktiven oder passiven Wahlrecht beeinträchtigt ist (*Fitting* § 14a Rn 57). 1

B. Zweistufiges Verfahren. I. Erste Wahlversammlung. 1. Einladung. Sie kann durch 3 wahlberechtigte AN oder eine im Betrieb vertretene Gewerkschaft (s § 2 Rdn 3) mind 7 Tage vor dem Tag der Wahlversammlung erfolgen (§§ 17a Nr 3, 17 III, § 28 I 1 WahlO). Die Einladung ist durch Aushang an geeigneter Stelle im Betrieb bekannt zu machen (§ 28 I 2, 3 WahlO); eine erg Bekanntmachung durch die im Betrieb vorhandene Informations- und Kommunikationstechnik (E-Mail usw) ist möglich (§ 28 I 4 WahlO). Den Inhalt der Einladung gibt § 28 I 5 WahlO zwingend vor. Nach ihrer Bekanntmachung hat der AG den Einladenden unverzüglich alle für die Anfertigung der Wählerliste erforderlichen Unterlagen in einem versiegelten Umschlag zu übergeben (§ 28 II WahlO). 2

2. Wahl des Wahlvorstands. Die Wahlversammlung findet grds während der Arbeitszeit statt (*Fitting* § 14a Rn 17); für die Teilnahme gilt § 44 I. Teilnahmeberechtigt sind alle AN des Betriebs und die nach § 7 S 2 Wahlberechtigten (*Fitting* § 14a Rn 14). Eine Mindestzahl von Anwesenden ist nicht erforderlich (DKKW/*Homburg* § 14a Rn 10). Die Versammlung kann ohne Versammlungsleiter tagen (*Fitting* § 14a Rn 13). Zu wählen sind 3 Wahlvorstandsmitglieder (§ 17a Nr 2, § 29 S 2 WahlO). Eine förmliche, geheime Wahl ist nicht erforderlich (ErfK/*Koch* § 14a Rn 3). Gewählt ist, wer die Stimmen der Mehrheit der anwesenden AN auf sich vereinigt (§ 29 S 1 WahlO). 3

3. Vorbereitung der BR-Wahl. Noch auf der 1. Wahlversammlung hat der Wahlvorstand getrennt nach den Geschlechtern die Wählerliste aufzustellen (§ 30 I 3 WahlO). Dazu müssen die Einladenden den Umschlag mit den Angaben, den sie vom AG erhalten haben, übergeben (§ 30 I 3 WahlO). Einsprüche gegen die Richtigkeit der Wählerliste können nur binnen 3 Tagen nach Erlass des Wahlausschreibens 4 schriftlich beim Wahlvorstand eingelegt werden (§ 30 II WahlO). Im Anschluss an die Aufstellung der Wählerliste erlässt der Wahlvorstand noch in der Wahlversammlung das Wahlausschreiben, mit dem die Wahl eingeleitet ist (§ 31 I 2 WahlO). Der Inhalt ergibt sich zwingend aus § 31 I 3 WahlO. Ein Abdruck des Wahlausschreibens ist bis zum letzten Tag der Stimmabgabe in geeigneter Weise auszuhängen (§ 31 II). Die BR-Wahl erfolgt aufgrund von Wahlvorschlägen (§ 33 I 1 WahlO), die bis zum Ende der 1. Wahlversammlung beim Wahlvorstand unterbreitet werden können (§ 14a II). Da in Mehrheits- und nicht in Verhältniswahl gewählt wird (§ 14 II 2), werden nicht Listen, sondern einzelne Kandidaten benannt. Für die Stützunterschriften gilt § 14 IV, V. Wahlvorschläge von AN, die erst in der Wahlversammlung gemacht werden, bedürfen nicht der Schriftform (§ 14 II Hs 2); die Unterstützung kann durch Handzeichen erfolgen (BT-Drs 14/5741 S 37). Unmittelbar nach Abschluss der Wahlversammlung hat der Wahlvorstand die von ihm anerkannten Wahlvorschläge bekannt zu machen (§ 33 IV WahlO). Wurde bis dahin kein Wahlvorschlag unterbreitet, findet keine BR-Wahl statt; eine Nachfrist kann der Wahlvorstand im vereinfachten Verfahren nicht setzen (GK-BetrVG/*Kreutz* § 14a Rn 109).

5   II. **Zweite Wahlversammlung.** Auf ihr wird der BR gewählt. Sie findet zwingend 1 Woche nach der 1. Wahlversammlung statt (§ 14a I 4). Fällt der Wahltag auf einen Feiertag, erfolgt die Wahl am darauf folgenden Werktag (*Fitting* § 14a Rn 36). Gewählt wird in geheimer, unmittelbarer Mehrheitswahl (§ 14 II 2). Die Einzelheiten regeln §§ 34 und 35 WahlO. Jeder Wähler hat so viele Stimmen, wie BR-Mitglieder gewählt werden. Wahlberechtigte AN, die an der 2. Wahlversammlung verhindert sind, können beim Wahlvorstand formlos und ohne Angabe von Gründen (Richardi/ *Thüsing* § 14a Rn 29) bis spätestens 3 Tage vor dem Tag der 2. Wahlversammlung (§ 35 I 2 WahlO) die nachträgliche schriftliche Stimmabgabe beantragen (§ 14a IV). Wie lange eine solche Briefwahl möglich ist, legt der Wahlvorstand nach pflichtgem Ermessen fest (vgl *Fitting* § 14a Rn 41). Erst nach Ablauf dieser Frist erfolgt die öffentl Stimmauszählung (§§ 34 II, 35 III, IV WahlO). Gewählt ist, wer unter Beachtung von § 15 II die meisten Stimmen erhalten hat. Wer nicht gewählt wurde, ist Ersatzmitglied, § 25 II 3. Eine gesonderte Wahl bei einem 1-köpfigen BR findet nicht mehr statt (BT-Drs 14/5741 S 36).

6   C. **Einstufiges Verfahren.** Dieses gilt, wenn der Wahlvorstand bereits bestellt ist. Es verläuft im Prinzip wie das nicht vereinfachte, reguläre Verfahren mit den oben in Rdn 1 erwähnten Besonderheiten: Der BR hat den Wahlvorstand spätestens 4 (statt regulär: 10) Wochen vor Ablauf seiner Amtszeit zu bestellen (§§ 16 I 1, 17a Nr 1). Besteht 3 (statt regulär: 8) Wochen vor Ablauf der Amtszeit des BR noch kein Wahlvorstand, kann ihn das ArbG nach Maßgabe von § 16 II oder der GBR bzw der KBR nach § 16 III bestellen (§ 17a Nr 1). Die Einspruchsfrist gegen die Wählerliste ist auf 3 Tage abgekürzt (§ 36 I 3 iVm § 30 II WahlO). Wahlvorschläge müssen spätestens 1 Woche vor der Wahlversammlung beim Wahlvorstand schriftlich eingereicht werden (§ 14a III 2; § 36 V 1 WahlO). Für den Ablauf der Wahlversammlung und das Wahlverfahren selbst gelten dieselben Vorschriften wie im 2-stufigen Verfahren (§ 36 IV WahlO).

§ 15 Zusammensetzung nach Beschäftigungsarten und Geschlechter

(1) Der Betriebsrat soll sich möglichst aus Arbeitnehmern der einzelnen Organisationsbereiche und der verschiedenen Beschäftigungsarten der im Betrieb tätigen Arbeitnehmer zusammensetzen.
(2) Das Geschlecht, das in der Belegschaft in der Minderheit ist, muss mindestens entsprechend seinem zahlenmäßigen Verhältnis im Betriebsrat vertreten sein, wenn dieser aus mindestens drei Mitgliedern besteht.

Übersicht

	Rdn.		Rdn.
A. Berücksichtigung von Organisationsbereichen und Beschäftigungsarten	1	II. Anwendungsbereich	3
B. Berücksichtigung des Minderheitengeschlechts	2	III. Berechnung	4
		IV. Verteilung der Sitze auf die Geschlechter	5
I. Verfassungsmäßige Mindestquote	2	1. Verhältniswahl	5
		2. Mehrheitswahl	6

1   A. **Berücksichtigung von Organisationsbereichen und Beschäftigungsarten.** Der BR soll in seiner Zusammensetzung die Organisation des Betriebs und die Struktur der Belegschaft widerspiegeln. Allerdings ist § 15 I keine wesentliche Wahlvorschrift, deren Nichtbeachtung eine Wahlanfechtung rechtfertigen könnte (HWGNRH/*Nicolai* § 15 Rn 4). **Organisationsbereiche** sind die organisatorischen Untergliederungen innerhalb eines Betriebs (Einkauf, Verkauf, Versand, Fertigung usw) oder einer anderen in § 3 vorgesehenen betriebsverfassungsrechtlichen Organisationseinheit, etwa einer Unternehmenssparte (BT-Drs

14/5741 S 37). **Beschäftigungsart** meint die im Betrieb vertretenen Berufsgruppen, wie Facharbeiter, angelernte Arbeiter, Hilfsarbeiter, kaufmännische, technische, wissenschaftliche Ang, Heimarbeiter, Tele-AN, Außendienstler (*Fitting* § 15 Rn 9). Trotz ihrer unterschiedlichen Herkunft haben die Repräsentanten der Bereiche und Berufsgruppen im BR weder bes Aufgaben noch Befugnisse, sondern vertreten die Gesamtbelegschaft (*Fitting* § 15 Rn 8, 10).

B. Berücksichtigung des Minderheitengeschlechts. I. Verfassungsmäßige Mindestquote. § 15 II zielt als **zwingende Vorschrift**, deren Nichtbeachtung die Wahl anfechtbar macht (BAG 16.3.2005, 7 ABR 40/04, EzA § 15 BetrVG 2001 Nr 1), trotz ihrer geschlechtsneutralen Formulierung auf die tatsächliche Durchsetzung der Gleichstellung von Frauen und Männern im BR (*Homburg/Klebe* FS Pfarr [2010] S 209; allg zu Mindestquoten *Grünberger* NZA-Beil 2012, 139). Die Mindestquote will Frauen in BR-Gremien, in denen sie bislang in der Minderheit waren, fördern. Wo Frauen bereits überrepräsentiert sind – etwa im Handel –, ändert die Proporzregel daran nichts, da es sich um eine Mindestquote handelt (BT-Drs 14/6352 S 54; BAG 13.3.2013, 7 ABR 67/11, EzA § 15 BetrVG 2001 Nr 2). **§ 15 II verstößt nicht gegen das GG** (BAG 16.3.2005, 7 ABR 40/04, aaO; aA LAG Köln 13.10.2003, 2 TaBV 1/03, AP BetrVG 1972 § 15 Nr 1; zum Streitstand s Richardi/*Thüsing* § 15 Rn 4). Die Quotenregelung **schränkt zwar den Grds der formalen Gleichheit der Wahl ein**, weil die Zusammensetzung des BR nicht ausschließlich von dem bei der Wahl erzielten Stimmenverhältnis, sondern auch vom Geschlecht der Wahlbewerber abhängt. Die Einschränkung ist jedoch **gerechtfertigt**, da sie in nicht unangemessener Weise **der Verwirklichung des Gleichberechtigungsgebots des Art 3 II GG dient**. Soweit mit der Proporzregel eine Benachteiligung der Bewerber des anderen Geschlechts einhergeht, ist dies zur Verwirklichung des Gleichberechtigungsgebots gerechtfertigt (BAG 16.3.2005, 7 ABR 40/04, aaO). **Beschränkungen der Koalitionsfreiheit** sind ebenfalls durch das Gleichberechtigungsgebot des Art 3 II GG legitimiert. Den Koalitionen dürfte es bei nachhaltigem Bemühen iA gelingen, ausreichend Kandidaten des Minderheitengeschlechts zu finden (BAG 16.3.2005, 7 ABR 40/04, aaO). Die Ausführungsvorschriften in der WahlO sind geschlechtsneutral formuliert und gewährleisten nicht nur dem weiblichen, sondern auch dem männlichen Geschlecht die festgelegte Mindestvertretung, wenn es in der Belegschaft in der Minderheit ist (BAG 16.3.2005, 7 ABR 40/04, aaO). Die Wahl kann anfechtbar sein, wenn es im Wahlausschreiben heißt: »…danach müssen mindestens 9 Frauen/2 Männer (nicht Zutreffendes streichen) dem BR angehören« (BAG 13.3.2013, 7 ABR 67/11, EzA § 15 BetrVG 2001 Nr 2). Unerheblich ist, wer die falsche Angabe im Wahlausschreiben veranlasst hat und ob der Wahlvorstand dies hätte erkennen können. Der Schutz des Minderheitengeschlechts nach § 15 Abs 2 BetrVG muss objektiv gewährleistet sein (LAG Rh-Pf 22.7.2015, 7 TaBV 7/15).

II. Anwendungsbereich. Der Geschlechterproporz gilt, wenn der **BR aus mind 3 Mitgliedern** besteht. § 15 II **ist nicht anzuwenden**, wenn im Betrieb **allein Männer oder Frauen arbeiten** oder wenn beide Geschlechter in gleicher Zahl im Betrieb vertreten sind, weil dann eine schützenswerte Minderheit fehlt (DKKW/ *Homburg* § 15 Rn 11; ErfK/*Koch* § 15 Rn 3). Der Geschlechterproporz **gilt für die gesamte Amtszeit des BR**, auch wenn sich das Geschlechterverhältnis nach Einleitung der Wahl ändert (HWG-NRH/*Nicolai* § 15 Rn 18). Das Geschlechterverhältnis und die auf das Minderheitengeschlecht entfallenden Mindestsitze müssen **im Wahlausschreiben angegeben** werden (§ 3 II Nr 4, 5 WahlO).

III. Berechnung. Die Geschlechterquote berechnet sich nach der **Größe der Belegschaft** bei Erlass des Wahlausschreibens (§ 5 I 2 WahlO). Maßgeblich ist die **Gesamtzahl der betriebszugehörigen AN** (zur Bestimmung § 9 Rdn 2) Die Mindestsitze für das Minderheitengeschlecht werden nach dem d'Hondt'schen Höchstzahlsystem ermittelt. Die Zahl der Männer und Frauen wird jew durch 1, 2, 3, 4 usw geteilt. Unter den so gefundenen Teilzahlen werden so viele Höchstzahlen ausgesondert und der Größe nach geordnet, wie BR-Mitglieder zu wählen sind. Das Minderheitengeschlecht erhält so viele Sitze als Mindestsitze, wie es Höchstzahlen bekommt. Entfällt der letzte BR-Sitz auf beide Geschlechter zugleich, wird gelost (§ 5 WahlO). Erhält das Minderheitengeschlecht nach diesem Verfahren keine Mindestanzahl von BR-Sitzen, können Kandidaten des Minderheitsgeschlechts trotzdem in den BR gewählt werden, da es sich beim Geschlechterproporz um eine »offene Mindestquote« handelt (ErfK/*Koch* § 15 Rn 2). § 15 II ist **nicht bereits bei der Aufstellung der Wahlvorschläge** zu berücksichtigen (*Fitting* § 15 Rn 3, 14). Reine Frauen- oder Männerlisten sind nach wie vor zulässig (BT-Drs 14/5741 S 53), laufen jedoch Gefahr, bei der Sitzverteilung Mandate an konkurrierende Listen mit beiden Geschlechtern zu verlieren, wenn die Mindestsitzzahl für das Minderheitengeschlecht bei geschlechtsunabhängiger Sitzverteilung noch nicht erreicht ist.

IV. Verteilung der Sitze auf die Geschlechter. 1. Verhältniswahl. Bei Verhältniswahl (s § 14 Rdn 5) werden die BR-Sitze **zunächst ohne Rücksicht auf das Geschlecht** nach dem d'Hondt'schen Höchstzahlsystem auf die Vorschlagslisten verteilt. Ist der Geschlechterproporz bereits erfüllt, hat es damit sein Bewenden. Anderenfalls tritt auf der Vorschlagsliste, die den letzten BR-Sitz erhalten hat, an die Stelle des Kandidaten des Mehrheitsgeschlechts die nach ihr kandidierende Person des Minderheitsgeschlechts. Kandidiert dort niemand, geht der Sitz auf die Vorschlagsliste mit der Folgenden, noch nicht berücksichtigten Höchstzahl über, auf der sich ein Kandidat des Minderheitengeschlechts befindet, sog Listensprung (krit. *Siebert* NZA-RR 2014, 340). Bei Stimmengleichheit entscheidet das Los darüber, welcher Vorschlagsliste dieser Sitz zufällt. Das Verfahren ist so lange fortzusetzen, bis das Mindestquorum nach § 15 II erreicht ist. Verfügt keine andere Vorschlagsliste über Kandidaten des Minderheitengeschlechts, bleibt der Sitz bei der Vorschlagsliste, die zuletzt ihren Sitz zugunsten eines Kandidaten des Minderheitengeschlechts hätte abgeben müssen (§ 15 V WahlO). **Lehnt eine gewählte Person die Wahl ab**, tritt an ihre Stelle die in ders Vorschlagsliste in der Reihenfolge nach ihr benannte, nicht gewählte Person (§ 17 II 1 WahlO). Gehört die gewählte Person dem Geschlecht in der Minderheit an, tritt an ihre Stelle die nach ihr benannte nicht gewählte Person ders Vorschlagsliste (§ 17 II 2 WahlO). Gibt es sie nicht, geht der Sitz auf die Liste mit Angehörigen desselben Geschlechts und der Folgenden nicht berücksichtigten Höchstzahl über (§ 17 II 3 WahlO; Zur Ablehnung beim Listensprung vgl LAG Nds 10.3.2011, 5 TaBV 96/10, AiB 2011, 547 ff). Bei Verhinderung oder Ausscheiden eines BR-Mitglieds des Minderheitengeschlechts ist im Fall eines Bewerbertausches von ders Liste oder bei einem Listensprung der jew letzte Tausch rückgängig zu machen (LAG Nürnberg 13.5.2004, 5 TaBV 54/03, AP BetrVG 1972 § 15 Nr 2).

6 **2. Mehrheitswahl.** Bei Mehrheitswahl (s § 14 Rdn 6) werden die dem Minderheitengeschlecht zustehenden Mindestsitze in der Reihenfolge der jew höchsten auf sie entfallenden Stimmen vorab verteilt (§ 22 I WahlO). Danach erfolgt die Verteilung der weiteren Sitze nach der Reihenfolge der auf die Kandidaten entfallenden Stimmen. Bei Stimmengleichheit entscheidet beim letzten zu vergebenden Sitz das Los (§ 22 II WahlO). **Lehnt eine Person die Wahl ab**, tritt an ihre Stelle der nichtgewählte Kandidat mit der nächsthöheren Stimmenzahl (§ 23 II 1 WahlO). Gehört die gewählte Person dem Geschlecht der Minderheit an, tritt an ihre Stelle der Kandidat dieses Geschlechts mit der nächsthöchsten Stimmenzahl, wenn sonst die Mindestzahl der Sitze nicht eingehalten wäre (§ 23 II 2 WahlO). Gibt es keine weiteren Kandidaten des Minderheitsgeschlechts, geht der Sitz auf den Wahlbewerber mit der nächsthöchsten Stimmenzahl über (§ 23 II 3 WahlO).

§ 16 Bestellung des Wahlvorstands

(1) ¹Spätestens zehn Wochen vor Ablauf seiner Amtszeit bestellt der Betriebsrat einen aus drei Wahlberechtigten bestehenden Wahlvorstand und einen von ihnen als Vorsitzenden. ²Der Betriebsrat kann die Zahl der Wahlvorstandsmitglieder erhöhen, wenn dies zur ordnungsgemäßen Durchführung der Wahl erforderlich ist. ³Der Wahlvorstand muss in jedem Fall aus einer ungeraden Zahl von Mitgliedern bestehen. ⁴Für jedes Mitglied des Wahlvorstands kann für den Fall seiner Verhinderung ein Ersatzmitglied bestellt werden. ⁵In Betrieben mit weiblichen und männlichen Arbeitnehmern sollen dem Wahlvorstand Frauen und Männer angehören. ⁶Jede im Betrieb vertretene Gewerkschaft kann zusätzlich einen dem Betrieb angehörenden Beauftragten als nicht stimmberechtigtes Mitglied in den Wahlvorstand entsenden, sofern ihr nicht ein stimmberechtigtes Wahlvorstandsmitglied angehört.
(2) ¹Besteht acht Wochen vor Ablauf der Amtszeit des Betriebsrats kein Wahlvorstand, so bestellt ihn das Arbeitsgericht auf Antrag von mindestens drei Wahlberechtigten oder einer im Betrieb vertretenen Gewerkschaft; Absatz 1 gilt entsprechend. ²In dem Antrag können Vorschläge für die Zusammensetzung des Wahlvorstands gemacht werden. ³Das Arbeitsgericht kann für Betriebe mit in der Regel mehr als zwanzig wahlberechtigten Arbeitnehmern auch Mitglieder einer im Betrieb vertretenen Gewerkschaft, die nicht Arbeitnehmer des Betriebs sind, zu Mitgliedern des Wahlvorstands bestellen, wenn dies zur ordnungsgemäßen Durchführung der Wahl erforderlich ist.
(3) ¹Besteht acht Wochen vor Ablauf der Amtszeit des Betriebsrats kein Wahlvorstand, kann auch der Gesamtbetriebsrat oder, falls ein solcher nicht besteht, der Konzernbetriebsrat den Wahlvorstand bestellen. ²Absatz 1 gilt entsprechend.

Übersicht	Rdn.		Rdn.
A. Bestellung des Wahlvorstands	1	C. Ersatzbestellung	4
B. Bestellung durch den BR	2	I. Durch das Arbeitsgericht	4
I. Form	2	1. Antrag	4
II. Frist	3	2. Bestellung	5

II.	Durch den GBR bzw KBR	6	II. Rechtsstellung der Mitglieder	8
D.	**Wahlvorstandsamt**	7	III. Entscheidungen	9
I.	Beginn und Ende der Amtszeit	7		

A. Bestellung des Wahlvorstands. Die Wahl beginnt mit der Bestellung des Wahlvorstands, dem die Leitung und Durchführung der Wahl obliegt (§ 1 I WahlO). Eingeleitet wird die Wahl aber erst durch Erlass des Wahlausschreibens (§ 3 IV 2 WahlO; s § 18 Rdn 1). Der Wahlvorstand besteht **ohne Rücksicht auf die Größe des Betriebs aus 3 Wahlberechtigten**. Er kann bei Bedarf größer sein (nicht im vereinfachten Wahlverfahren, § 17a Nr 2), muss aber **immer eine ungerade Zahl** von Mitgliedern aufweisen. Sind mehr Kandidaten für die Wahl des Wahlvorstands vorgeschlagen, als der Wahlvorstand Mitglieder hat, muss zwingend eine Abstimmung darüber erfolgen, wer dem Wahlvorstand angehören soll. Erfolgt eine solche Abstimmung nicht, ist der Wahlvorstand nicht wirksam bestellt (LAG Nürnberg 17.5.2013, 5 TaBVGa 2/13, juris). In Betrieben mit weiblichen und männlichen AN sollen (nicht müssen, Richardi/*Thüsing* § 16 Rn 13) dem Wahlvorstand Frauen und Männer angehören. Für jedes Wahlvorstandsmitglied kann ein **Ersatzmitglied** bestellt werden, **auch nachträglich**, wenn ein ordentliches Mitglied ausscheidet oder verhindert ist (BAG 14.12.1965, 1 ABR 6/65, AP BetrVG § 16 Nr 5). Ein Mitglied ist **vom BR** (nicht vom Wahlvorstand selbst, Richardi/*Thüsing* § 16 Rn 18) zum Vorsitzenden zu bestimmen. Innerhalb dieses Rahmens kann der BR frei entscheiden, wen er beruft. Da es auf die Wählbarkeit nicht ankommt, können auch überlassene AN (§ 7 S 2) berufen werden (*Fitting* § 16 Rn 21). **Mitglieder des Wahlvorstands können bei der Wahl kandidieren** (BAG 12.10.1976, 1 ABR 1/76, EzA § 8 BetrVG 1972 Nr 2; vertiefend zu möglichen Interessenkonflikten *Zumkeller/Karwatzki* BB 2011, 2101 ff). Der bestellte AN ist nicht verpflichtet, das Amt anzunehmen (*Fitting* § 16 Rn 25). Jede **im Betrieb vertretene Gewerkschaft** (s § 2 Rdn 3) kann, wenn sie nicht schon durch eines ihrer Mitglieder im Wahlvorstand vertreten ist, (nur) einen betriebsangehörigen Beauftragten als nicht stimmberechtigtes Mitglied **entsenden**. Das Mitglied ist zu allen Sitzungen des Wahlvorstands zu laden. Das Teilnahmerecht soll die gewerkschaftliche Kontrolle des Wahlverfahrens sichern (Richardi/*Thüsing* § 16 Rn 25).

B. Bestellung durch den BR. I. Form. Der Wahlvorstand wird durch einfachen Mehrheitsbeschl 2 des BR (§ 33) bestellt; förmliche Wahl ist möglich (*Fitting* § 16 Rn 23). Der BR kann die **Bestellung dem Betriebsausschuss übertragen** (*Fitting* § 16 Rn 24), **nicht aber einer Arbeitsgruppe** nach § 28a (Richardi/*Thüsing* § 16 Rn 24) oder der **Betriebsversammlung** (LAG Köln 2.8.2011, 12 TaBV 12/11). Ein einmal vom BR bestellter Wahlvorstand kann nicht wieder abberufen werden (ArbG Berl 3.4.1974, 10 BVGa 3/74, DB 1974, 830). Zulässig ist nur das Ersetzungsverfahren nach § 18 I 2. Im einstweiligen Verfügungsverfahren ist ein Antrag auf Feststellung der Nichtigkeit eines Betriebsratsbeschlusses über die Einsetzung des Wahlvorstandes nicht zulässig (LAG Hamm 6.8.2013, 7 TaBVGa 7/13, NZA-RR 2013, 637; aA LAG Nürnberg 30.3.2006, 6 TaBV 19/06, und LAG Nürnberg 15.5.2006 2 TaBV 29/06).

II. Frist. Der Wahlvorstand ist **spätestens** an dem Tag zu bestellen, der um **10 Wochen** (im vereinfachten 3 Wahlverfahren: **4 Wochen**, § 17a Nr 1) zurückgerechnet dem Tag entspricht, an dem seine Amtszeit abläuft (s § 21 Rdn 4). Ist dieser Tag ein Samstag, Sonntag oder gesetzlicher Feiertag, endet die Frist am Werktag zuvor (GK-BetrVG/*Kreutz* § 16 Rn 18). Finden im Betrieb oder Unternehmen SprAu-Wahlen statt, die zeitgleich mit den BR-Wahlen einzuleiten sind (§ 13 I 2), richtet sich der Fristbeginn nach der zuerst endenden Amtszeit (*Fitting* § 16 Rn 10). Da es sich um eine Mindestfrist handelt, kann der Wahlvorstand **auch früher bestellt werden**, soweit dies zu einer ordnungsgem Wahlvorbereitung erforderlich ist – zB in Großbetrieben oder in Betrieben mit abseits vom Hauptstandort gelegenen Betriebsteilen (*Fitting* § 16 Rn 8) – und die frühzeitige Bestellung nicht missbräuchlich erscheint, dh solange nicht der Zeitpunkt der Bestellung sachl gänzlich unangemessen ist (BAG 19.4.2012, 2 AZR 299/11, EzTöD 100 § 34 Abs 2 TVöD-AT Arbeitnehmervertreter Nr 7). Wird die **Mindestfrist versäumt**, kann der BR den Wahlvorstand jederzeit bestellen, solange er noch nicht durch das ArbG, den GBR oder den KBR bestellt wurde (Richardi/*Thüsing* § 16 Rn 21 mwN). Ist die Amtszeit des BR bereits abgelaufen, kommt nur noch eine Bestellung nach §§ 17, 17a in Betracht (HWGNRH/*Nicolai* § 16 Rn 7). **Unverzüglich** ist ein Wahlvorstand zu bestellen, wenn der BR **außerplanmäßig** vor Ablauf seiner regulären Amtszeit gewählt wird (§ 13 II Nr 1–3), sowie bei **Wahlen in betriebsratslosen Betrieben nach einer Unternehmensspaltung**, für die der BR der ausgliedernden Einheit ein Übergangsmandat wahrnimmt (§ 21a I 2).

C. Ersatzbestellung. I. Durch das Arbeitsgericht. 1. Antrag. Die Ersatzbestellung des Wahlvor- 4 stands erfolgt **nicht vAw**, sondern **nur auf Antrag** im Wege des Beschlussverfahrens (§§ 2a I Nr 1, II, 80 ff

ArbGG). **Ausschließlich zuständig** ist das ArbG am Sitz des Betriebs (§ 82 ArbGG). **Antragsberechtigt** sind 3 Wahlberechtigte des Betriebs (auch überlassene AN iSd § 7 S 2, vgl Richardi/*Thüsing* § 16 Rn 37) und jede im Betrieb vertretene Gewerkschaft (s § 2 Rdn 3), nicht jedoch der AG. Die Antragsberechtigung ist eine Verfahrensvoraussetzung, die bis zur letzten mündlichen Anhörung in der Rechtsbeschwerdeinstanz bestehen muss (BAG 21.11.1975, 1 ABR 12/75, EzA § 118 BetrVG 1972 Nr 11). **Der Antrag ist (frühestens) zulässig**, wenn der BR 8 Wochen vor dem Ende seiner Amtszeit keinen Wahlvorstand bestellt hat. In den Fällen des § 13 II Nr 1–3 kann der Antrag frühestens 2 Wochen nach dem Tag erfolgen, an dem der BR den Wahlvorstand hätte bestellen müssen (DKKW/*Schneider/Homburg* § 16 Rn 27). Der Antrag muss bis zum Ablauf der Amtszeit des alten BR gestellt, nicht aber entschieden sein (LAG Düsseldorf 20.11.1975, 14 Ta BV 80/75, DB 1976, 682).

5 **2. Bestellung.** Das ArbG kann jeden Wahlberechtigten zum Wahlvorstand bestellen, ohne an die Besetzungsvorschläge des Antragstellers (§ 16 II 2) gebunden zu sein (BAG 10.11.2004, 7 ABR 19/04, EzA § 17 BetrVG 2001 Nr 1). Es hat jedoch die Vorgaben von § 16 I (Anzahl, Geschlechterquote) zu beachten (§ 16 II 1 Hs 2). Zugleich bestimmt es den Vorsitzenden des Wahlvorstands (HWGNRH/*Nicolai* § 16 Rn 21). In Betrieben mit regelmäßig mehr als 20 Wahlberechtigten darf das Gericht externe Gewerkschaftsmitglieder nur dann bestellen (s § 16 II 3), wenn es die konkreten Verhältnisse des Betriebs verlangen, weil bspw nicht genügend AN willens oder in der Lage sind, ein Wahlvorstandsamt zu übernehmen (LAG Düsseldorf 7.11.1974, 7 Ta BV 87/74, DB 1975, 260). Die Befugnis der Gewerkschaften, nicht stimmberechtigte Mitglieder zu entsenden, bleibt durch die gerichtliche Ersatzbestellung unberührt (*Fitting* § 16 Rn 63).

6 **II. Durch den GBR bzw KBR.** Seit 2001 kann – nicht muss (GK-BetrVG/*Kreutz* § 16 Rn 73) – auch der GBR, oder wenn dieser nicht besteht (nicht, wenn er säumig ist), der KBR einen Wahlvorstand bestellen. Eines förmlichen Antrags bedarf es hierzu nicht (ErfK/*Koch* § 16 Rn 8). Für die Bestellung gilt das oben unter Rn 5 Gesagte sinngem; allerdings dürfen keine betriebsfremden Gewerkschaftsmitglieder bestellt werden (Richardi/*Thüsing* § 16 Rn 49). Die Ersatzbestellungsverfahren nach § 16 II und III können parallel laufen. Bestellt der GBR oder KBR während eines laufenden Gerichtsverfahrens den Wahlvorstand, erledigt sich damit das Beschlussverfahren nach § 16 II.

7 **D. Wahlvorstandsamt. I. Beginn und Ende der Amtszeit.** Das Amt beginnt mit der Bestellung seiner Mitglieder. Es endet regelmäßig mit der Einberufung der konstituierenden Sitzung des neu gewählten BR nach § 29 I 1 (BAG 14.11.1975, 1 ABR 61/75, EzA § 16 BetrVG 1972 Nr 4). Besteht der BR aus einer Person, endet das Amt mit der Annahme der Wahl durch den Gewählten (GK-BetrVG/*Kreutz* § 16 Rn 78). Das Amt endet vorzeitig, wenn ein Mitglied zurücktritt, sein Amt niederlegt (*Fitting* § 16 Rn 85), das aktive Wahlrecht verliert (*Fitting* § 16 Rn 26) oder wenn das ArbG den Wahlvorstand ersetzt, weil die Wahl nicht unverzüglich eingeleitet oder durchgeführt oder das Wahlergebnis nicht festgestellt wurde (§ 18 I 2). Das Ersetzungsverfahren wird auf Antrag von mind 3 wahlberechtigten AN oder einer im Betrieb vertretenen Gewerkschaft eingeleitet. Eine Abberufung des Wahlvorstands oder einzelner Mitglieder durch den BR ist ebenso wenig möglich (ArbG Berl 3.4.1974, 10 BVGa 3/74, DB 1974, 830) wie ein Rücktritt des Wahlvorstands von seinem Amt (Richardi/*Thüsing* § 16 Rn 60 mwN).

8 **II. Rechtsstellung der Mitglieder.** Das Amt des Wahlvorstands ist ein **unentgeltliches Ehrenamt** (GK-BetrVG/*Kreutz* § 16 Rn 82). Allerdings behalten die Vorstandsmitglieder, wenn sie wegen ihrer Amtsgeschäfte an der Arbeitsleistung verhindert sind, den Anspruch auf das Arbeitsentgelt (§ 20 III 2). Müssen Amtsgeschäfte aus betrieblichen Gründen außerhalb der Arbeitszeit verrichtet werden, besteht ein **Ausgleichsanspruch** entspr § 37 III (BAG 26.4.1995, 7 AZR 874/94, EzA § 20 BetrVG 1972 Nr 17). Fehlen einem Wahlvorstandsmitglied die für die Durchführung der Wahl erforderlichen Kenntnisse, so hat es **Anspruch auf Schulung** entspr § 37 VI (BAG 26.6.1973, 1 ABR 21/72, EzA § 20 BetrVG 1972 Nr 3). Zur sachgem Durchführung seiner Aufgaben kann er entspr § 80 III nach vorheriger Vereinbarung mit dem AG einen RA als **Sachverständigen hinzuziehen**. Ohne eine solche Abrede braucht der AG die Kosten nicht zu tragen (BAG 11.11.2009, 7 ABR 26/08, EzA § 80 BetrVG 2001 Nr 11). Wahlvorstände genießen **Sonderkündigungsschutz** nach § 15 III KSchG; ihnen kann von der Bestellung bis 6 Monate nach Bekanntgabe des Wahlergebnisses nur aus wichtigem Grund gekündigt werden; überdies ist die Zustimmung des BR erforderlich. Zulässig ist ihre Kdg auch bei einer Betriebs(teil)stilllegung, wenn sie wegen in eine andere Abteilung noch in einen anderen Betrieb übernommen werden können (§ 15 IV, V KSchG). Der Sonderkündigungsschutz gilt nur für bestellte Wahlvorstände, nicht für Bewerber um dieses Amt (BAG 31.7.2014, 2 AZR 505/13, EzA § 15 nF KSchG Nr 73).

III. Entscheidungen. Entsch trifft der Wahlvorstand nach pflichtgem Ermessen durch Beschl mit ein- 9
facher Mehrheit (§ 1 III 1 WahlO). Die Entsch, die zu protokollieren sind (§ 1 III 2 WahlO), können
während der Wahl beim ArbG angefochten werden (BAG 15.12.1972, 1 ABR 8/72, EzA § 14 BetrVG
1972 Nr 1). Antragsberechtigt sind AN, die durch eine Entsch in ihrem aktiven oder passiven Wahlrecht
betroffen werden, und die nach § 19 Antragsberechtigten, zB eine im Betrieb vertretene Gewerkschaft
(BAG 5.3.1974, 1 ABR 19/73, EzA § 5 BetrVG 1972 Nr 7). Das ArbG kann durch einstweilige Verfügung berichtigend in das Wahlverfahren eingreifen (DKKW/*Schneider*/*Homburg* § 16 Rn 34). Die Wahl
abbrechen kann es nur, wenn sich der Rechtsmangel nicht korrigieren lässt und die Weiterführung die
Nichtigkeit der Wahl zur Folge hätte (BAG 27.7.2011, 7 ABR 61/10, EzA § 19 BetrVG 2001 Nr 8). Dieser
Maßstab gilt auch bei einem Streit über die Wirksamkeit der Bestellung des Wahlvorstandes (LAG Hamm,
6.9.13, 7 TaBVGa, NZA-RR 2013, 637 ff.).

§ 17 Bestellung des Wahlvorstands in Betrieben ohne Betriebsrat

(1) ¹Besteht in einem Betrieb, der die Voraussetzungen des § 1 Abs. 1 Satz 1 erfüllt, kein Betriebsrat, so
bestellt der Gesamtbetriebsrat oder, falls ein solcher nicht besteht, der Konzernbetriebsrat einen Wahlvorstand. ²§ 16 Abs. 1 gilt entsprechend.
(2) ¹Besteht weder ein Gesamtbetriebsrat noch ein Konzernbetriebsrat, so wird in einer Betriebsversammlung von der Mehrheit der anwesenden Arbeitnehmer ein Wahlvorstand gewählt; § 16 Abs. 1 gilt
entsprechend. ²Gleiches gilt, wenn der Gesamtbetriebsrat oder Konzernbetriebsrat die Bestellung des
Wahlvorstands nach Absatz 1 unterlässt.
(3) Zu dieser Betriebsversammlung können drei wahlberechtigte Arbeitnehmer des Betriebs oder eine im
Betrieb vertretene Gewerkschaft einladen und Vorschläge für die Zusammensetzung des Wahlvorstands
machen.
(4) ¹Findet trotz Einladung keine Betriebsversammlung statt oder wählt die Betriebsversammlung keinen
Wahlvorstand, so bestellt ihn das Arbeitsgericht auf Antrag von mindestens drei wahlberechtigten Arbeitnehmern oder einer im Betrieb vertretenen Gewerkschaft. ²§ 16 Abs. 2 gilt entsprechend.

Übersicht	Rdn.		Rdn.
A. Bestellung durch GBR bzw KBR	1	C. Bestellung durch das Arbeitsgericht	3
B. Bestellung durch Betriebsversammlung . . .	2	D. Kündigungsschutz für Wahlinitiatoren. . . .	4

A. Bestellung durch GBR bzw KBR. In betriebsratslosen, aber betriebsratsfähigen Betrieben (LAG Düs- 1
seldorf 3.11.2011, 5 TaBV 50/11, AuA 2012, 242) ist es zuvörderst Sache des GBR – bzw des KBR,
wenn es keinen GBR gibt –, einen Wahlvorstand zu bestellen. **§ 17 gilt** bei der erstmaligen Errichtung
eines BR, bei erfolgreich angefochtener BR-Wahl (aber erst nach rkr Abschluss des Verfahrens, s LAG Köln
20.8.2011, 12 TaBV 12/11, NZA-RR 2012, 23) und bei nichtiger BR-Wahl (*Fitting* § 17 Rn 4) sowie
nach Ablauf der Amtszeit eines bestehenden BR, wenn zuvor kein Wahlvorstand nach § 16 bestellt wurde.
§ 17 ist nicht anwendbar in Betrieben mit bestehendem BR – hier gilt § 16 – (*Löwisch*/*Kaiser* § 17 Rn 1),
in Betrieben und Betriebsteilen, für die nach Maßgabe von § 21a das Übergangsmandat eines anderen
BR besteht (s § 21a Rdn 1) – hier geht § 21a als Sondervorschrift vor (dazu *Fitting* § 17 Rn 5) –, wenn
der BR rkr nach § 23 I aufgelöst wurde – in diesem Fall bestellt das ArbG den Wahlvorstand (§ 23 II) –
oder wenn der alte, noch im Amt befindliche oder die Geschäfte nach § 22 führende BR die Bestellung
des Wahlvorstands unterlässt – dann bestellt ihn das ArbG nach § 16 II. § 17 begründet als zwingende,
nur für die BR-Wahl gültige Vorschrift (*Fitting* § 17 Rn 2 f) eine Zuständigkeit des GBR, jedoch keine
Verpflichtung zur Bestellung des Wahlvorstands (Richardi/*Thüsing* § 17 Rn 3). Bei der Bestellung von
Wahlvorstandsmitgliedern hat der GBR bzw KBR § 16 I zu beachten (s § 16 Rdn 1), § 17 I 2. Zur Vorbereitung der Bestellung darf der GBR in dem fraglichen Betrieb keine Informationsveranstaltungen mit den
wahlberechtigten AN durchführen, die den Charakter von Wahlbetriebsversammlungen iSd § 17 II haben
(BAG 16.11.2011, 7 ABR 28/10, EzA § 17 BetrVG 2001 Nr 2).

B. Bestellung durch Betriebsversammlung. Fehlt es in einem betriebsratslosen Betrieb auch an einem 2
zuständigen GBR bzw KBR – gleichgültig aus welchem Grund (ErfK/*Koch* § 17 Rn 2) –, so kann der
Wahlvorstand durch die Betriebsversammlung gewählt werden. Entspr gilt, wenn der zuständige GBR
bzw KBR die gebotene Bestellung unterlässt (§ 17 I 2), was nicht der Fall ist, solange er noch vorbereitende Maßnahmen zur Bestellung des Wahlvorstands trifft, zB Gespräche mit Mitarbeitern zur Übernahme
eines Vorstandsamtes führt (*Fitting* § 17 Rn 13). Ein unzulässig durch die Betriebsversammlung gewählter

§ 18 BetrVG   Vorbereitung und Durchführung der Wahl

Wahlvorstand führt zur Nichtigkeit der Wahl (LAG Sa-Anh 29.6.2011, 5 TaBVGa 1/11, AiB 2011, 694 mit Anm *Eder; Fitting* § 17 Rn 14). Die Beschlussfähigkeit der Wahlversammlung hängt nicht von der Teilnahme einer Mindestzahl von AN ab. Auch eine Minderheit kann die Bestellung eines Wahlvorstands durchsetzen, wenn alle AN zumindest die Möglichkeit erhalten, hieran mitzuwirken. Dazu sind sie rechtzeitig durch Aushang auf den Termin der Wahlversammlung hinzuweisen. Die Dauer des Aushangs hängt von der Eigenart des Betriebs und der regelmäßigen Schichteinteilung der AN ab (ArbG HH 7.1.2015, 27 BVGa 5/14, NZA-RR 2015, 137). Eine Frist von 3 Tagen zwischen Aushang und der Versammlung kann genügen (LAG BW 20.2.2009, 5 TaBVGa 1/09, AE 2009, 200). Eine nicht rechtzeitige Einladung kann zur Anfechtbarkeit der Wahl führen, wenn nicht sichergestellt ist, dass alle AN des Betriebs von ihr Kenntnis nehmen können und dadurch die Möglichkeit erhalten, an der Betriebsversammlung teilzunehmen und an der Wahl des Wahlvorstands mitzuwirken (LAG Hamm, 13.4.2012, 10 TaBV 109/11, LAGE § 19 BetrVG 2001 Nr 5 n rkr). Bei einem Werk mit vollkontinuierlichem Schichtbetrieb ist die Wahlversammlung schichtwechselübergreifend oder in mehreren Teilversammlungen durchzuführen, wenn die Produktion nicht komplett eingestellt werden kann (LAG Sa-Anh 29.6.2011, 5 TaBVGa 1/11, AiB 2011, 694). Jedes in einer Wahlversammlung gewählte Wahlvorstandsmitglied bedarf zu einer Wahl der Mehrheit der abgegebenen Stimmen. Entscheidet die Versammlung mehrheitlich, dass der Wahlvorstand aus mehr als drei Mitgliedern bestehen soll (§ 16 I 1), ist die Wahl nicht abgeschlossen, wenn nur drei Kandidaten die erforderliche Mehrheit erlangen und eine Stichwahl zwischen den weiteren Kandidaten nicht durchgeführt wird (ArbG HH 7.1.2015, 27 BVGa 5/14, NZA-RR 2015, 137).

3   **C. Bestellung durch das Arbeitsgericht.** Sie kommt erst dann in Betracht, wenn sich die Belegschaft durch Nichterscheinen auf der Betriebsversammlung oder Nichtwahl eines Wahlvorstands artikuliert hat. Erforderlich ist daher stets eine vorherige Einladung, selbst wenn diese an der fehlenden Mitwirkung des AG scheitert (BAG 26.2.1992, 7 ABR 37/91, EzA § 17 BetrVG 1972 Nr 6; *Löwisch/Kaiser* § 17 Rn 15; aA *Fitting* § 17 Rn 33), da sonst die Interessen der Gesamtbelegschaft übergangen werden. **Antragsberechtigt** ist jede im Betrieb vertretene Gewerkschaft oder mind 3 wahlberechtigte AN des Betriebs; die Antragsbefugnis entfällt, wenn ein AN infolge Kdg und fehlender Weiterbeschäftigung die Wahlberechtigung verliert (LAG München 7.12.2011, 11 TaBV 74/11, NZA-RR 2012, 83). Dritte können das Verfahren nicht einleiten (*Fitting* § 17 Rn 34). Bis zur rkr Entsch des Gerichts kann der Wahlvorstand von der Wahlversammlung gewählt werden (BAG 19.3.1974, 1 ABR 87/73, EzA § 17 BetrVG 1972 Nr 1). Bei seiner Entsch hat das ArbG § 16 I zu beachten (§ 17 IV 2, II 1). Ein vom ArbG eingesetzter Wahlvorstand darf erst tätig werden und die BR-Wahl durchführen, wenn der Bestellungsbeschl rkr ist (LAG Hamm 14.8.2009, 10 TaBVGa 3/09, NZA-RR 2010, 191). Die Bestellung kann im Wege der einstweiligen Verfügung erfolgen, etwa wenn eine Betriebsänderung unmittelbar bevorsteht oder der AG unzulässigen Druck auf die Beschäftigten ausübt, um eine BR-Wahl zu verhindern (ArbG Weiden 7.12.2012, 3 BVGa 2/12).

4   **D. Kündigungsschutz für Wahlinitiatoren.** AN, die zu einer Wahlversammlung nach § 17 III einladen oder einen Antrag auf gerichtliche Bestellung des Wahlvorstands nach § 17 IV stellen, sind nur dann kündbar, wenn Tatsachen vorliegen, die den AG zur Kdg aus wichtigem Grund ohne Einhaltung einer Kdg-Frist berechtigen. Der Sonderkündigungsschutz gilt für die ersten 3 in der Einladung aufgeführten AN (§ 15 IIIa 1 KSchG; s weiter *Küpper* ZBVR online 2008, Nr 3, 22; *Reich* PersV 2010, 331). Formelle Mängel in der Einladung berühren den Sonderkündigungsschutz nicht (*Fitting* § 17 Rn 39). Wird der BR trotz Wahl oder Bestellung eines Wahlvorstands nicht gewählt, besteht der Sonderkündigungsschutz vom Zeitpunkt der Einladung oder Antragstellung an gerechnet 3 Monate (§ 15 IIIa 2 KSchG). Steht erst später fest, dass keine Wahl stattfindet, gilt der Sonderkündigungsschutz bis zu diesem Zeitpunkt (*Fitting* § 17 Rn 38). Eine Kdg wegen Einleitung einer Wahl ist nach § 20 II iVm § 134 BGB unwirksam, da niemand die Wahl durch Zufügung oder Androhung von Nachteilen beeinflussen darf (*Fitting* § 17 Rn 39).

§ 18 Vorbereitung und Durchführung der Wahl

(1) ¹Der Wahlvorstand hat die Wahl unverzüglich einzuleiten, sie durchzuführen und das Wahlergebnis festzustellen. ²Kommt der Wahlvorstand dieser Verpflichtung nicht nach, so ersetzt ihn das Arbeitsgericht auf Antrag des Betriebsrats, von mindestens drei wahlberechtigten Arbeitnehmern oder einer im Betrieb vertretenen Gewerkschaft. ³§ 16 Abs. 2 gilt entsprechend.
(2) Ist zweifelhaft, ob eine betriebsratsfähige Organisationseinheit vorliegt, so können der Arbeitgeber, jeder beteiligte Betriebsrat, jeder beteiligte Wahlvorstand oder eine im Betrieb vertretene Gewerkschaft eine Entscheidung des Arbeitsgerichts beantragen.

(3) ¹Unverzüglich nach Abschluss der Wahl nimmt der Wahlvorstand öffentlich die Auszählung der Stimmen vor, stellt deren Ergebnis in einer Niederschrift fest und gibt es den Arbeitnehmern des Betriebs bekannt. ²Dem Arbeitgeber und den im Betrieb vertretenen Gewerkschaften ist eine Abschrift der Wahlniederschrift zu übersenden.

Übersicht	Rdn.		Rdn.
A. Einleitung der Wahl durch den Wahlvorstand..................	1	II. Ersetzungsgrund....................	5
I. Erlass des Wahlausschreibens...........	1	III. Verfahren und Entscheidung............	6
II. Simmabgabe und Stimmauszählung......	2	C. Entscheidung über das Vorliegen einer betriebsratsfähigen Organisationseinheit..	7
III. Anspruch auf Abbruch der Wahl.........	3	I. Gegenstand des Verfahrens.............	7
B. Ersetzung des Wahlvorstands durch das Arbeitsgericht.....................	4	II. Verfahren........................	8
I. Antragsbefugnis.....................	4	III. Entscheidung......................	9

A. Einleitung der Wahl durch den Wahlvorstand. I. Erlass des Wahlausschreibens. Die Wahl wird eingeleitet durch den Erlass des Wahlausschreibens (§ 3 I 2 WahlO). Dieses ist vom Vorsitzenden und von mind einem weiteren stimmberechtigten Mitglied des Wahlvorstands zu unterschreiben (§ 3 I 1 WahlO) und vom Tage seines Erlasses bis zum letzten Tag der Stimmabgabe an einer oder mehreren geeigneten, den Wahlberechtigten zugänglichen Stellen vom Wahlvorstand auszuhängen und in gut lesbarem Zustand zu erhalten (§ 3 IV 1 WahlO). Nicht geeignet ist etwa ein im Privathaus des Wahlvorstands eingerichtetes »Wahlvorstandsbüro« (LAG Köln 16.8.2012, 7 TaBV 20/12). Erg kann es mittels der im Betrieb vorhandenen Informations- und Kommunikationstechnik bekannt gemacht werden (§ 3 IV 2 WahlO). Ausschließlich in elektronischer Form darf es nur dann bekannt gemacht werden, wenn alle AN von der Bekanntmachung Kenntnis erlangen können und Vorkehrungen getroffen werden, dass Änderungen der Bekanntmachung nur vom Wahlvorstand vorgenommen werden können (§ 2 IV 4 WahlO). Ist das nicht gewährleistet, ist die Wahl anfechtbar, wenn das Wahlausschreiben trotzdem in elektronischer Form erlassen wird (BAG 21.1.2009, 7 ABR 65/07, EzA § 19 BetrVG 2001 Nr 7). Ausländische Wahlberechtigte, die der dt Sprache nicht mächtig sind, hat der Wahlvorstand vor Einleitung der Wahl über Wahlverfahren, Aufstellung der Wähler- und Vorschlagslisten, Wahlvorgang und Stimmabgabe in geeigneter Weise zu unterrichten (§ 2 V WahlO). Von mangelnden Sprachkenntnissen muss der Vorstand jedenfalls dann ausgehen, wenn im Betrieb eine Vielzahl ausländischer AN verschiedener Herkunftsländer mit einfachen Hilfstätigkeiten im gewerblichen Bereich beschäftigt wird und der AG Informationsschreiben in den den ausländischen AN geläufigen Sprachen versendet. Ob es genügt, die Bekanntmachungen und Aushänge des Wahlvorstandes lediglich in die im Betrieb vertretenen Hauptsprachen zu übersetzen und einen in diesen Hauptsprachen verfassten Hinweis aufzunehmen, dass bei Bedarf eine Unterrichtung in weiteren Sprachen erfolgt (LAG Hess 25.9.2003, 9 TaBV 33/03), oder ob von vornherein in alle Sprachen zu übersetzen ist, die im Betrieb gesprochen werden (LAG Rh-Pf 17.6.2015, 4 TaBV 14/14), ist offen. Da die Informationspflicht bis zum Wahltag besteht, muss der Wahlvorstand auch solche des Deutschen unkundige AN über die Wahlmodalitäten unterrichten, die erst nach Erlass des Wahlausschreibens Angehörige des Betriebs werden, und zwar sogar dann, wenn diese nicht mehr selbst kandidieren können (LAG Rh-Pf 22.7.2015, 7 TaBV 7/15). Bei Missachtung ist die Wahl anfechtbar (BAG 13.10.2004, 7 ABR 5/04, EzA § 19 BetrVG 2001 Nr 4). In einem Betrieb mit vielen Betriebsstätten in Deutschland muss grds in jeder Betriebsstätte ein Abdruck des Wahlausschreibens ausgehängt werden; Mängel führen auch hier zur Anfechtbarkeit (BAG 5.5.2004, 7 ABR 44/03, EzA § 19 BetrVG 2001 Nr 3). Der Inhalt des Wahlausschreibens ist in § 3 II WahlO zwingend vorgegeben. Zu informieren ist ua über den Ort, Tag und Zeitpunkt der Wahl und der öffentl Stimmauszählung, über die Größe des zu wählenden BR und die auf das Geschlecht in der Minderheit entfallenden Mindestsitze (§ 15 II), sowie über die Einzelheiten des aktiven und passiven Wahlrechts. Fehlen Angaben oder sind sie unrichtig, führt das zur Anfechtbarkeit der Wahl (Richardi/*Forst* § 3 WO 2001 Rn 6). 1

II. Simmabgabe und Stimmauszählung. Der Wahlvorstand hat geeignete Vorkehrungen für die unbeobachtete Stimmabgabe (vgl. dazu § 11 WahlO) im Wahlraum zu treffen und für die Bereitstellung einer Wahlurne oder mehrerer Wahlurnen zu sorgen (zu Einzelheiten s. § 12 WahlO). Behinderte und Leseunkundige können sich bei der Stimmabgabe von einer Vertrauenperson helfen lassen (vgl. § 12 IV WahlO). Unverzüglich nach Abschluss der Wahl öffnet der Wahlvorstand die Wahlurne, entnimmt die Stimmzettel, prüft sie auf Gültigkeit und zählt die auf jede Liste oder jeden Kandidaten entfallenden Stimmen zusammen (§ 14 WahlO). Das geschieht (betriebs-)öffentlich (§ 13 WahlO). Teilnehmen an der Auszählung darf 2

§ 18 BetrVG Vorbereitung und Durchführung der Wahl

jeder, der ein berechtigtes Interesse an der Wahl und ihrem Ausgang hat. Verstöße gegen den Grundsatz der Öffentlichkeit des Wahlverfahrens machen die Wahl anfechtbar (BAG 10.7.2013, 7 ABR 83/11, EzA § 18 BetrVG 2001 Nr 2).

3 **III. Anspruch auf Abbruch der Wahl.** Der AG kann den Abbruch einer eingeleiteten Wahl verlangen, wenn diese voraussichtlich nichtig wäre (s § 19 Rdn 9 f; BAG 27.7.2011, 7 ABR 61/10, EzA § 19 BetrVG 2001 Nr 8 mwN; eine »addierende Zusammenschau verschiedener Anfechtungsgründe« genügt nicht, s LAG Thür 6.2.2012, 1 TaBVGa 1/12) oder wenn das Gremium, das als Wahlvorstand auftritt, in dieser Funktion überhaupt nicht oder in nichtiger Weise bestellt wurde. Die bloße Anfechtbarkeit einer Wahl (s § 19 Rdn 2 ff) genügt ebenso wenig wie eine nur fehlerhafte Bestellung des Wahlvorstands (BAG 27.7.2011, 7 ABR 61/10, aaO); erforderlich ist ein offensichtlicher und bes grober Verstoß gegen die Bestellungsvorschriften der §§ 16 bis 17a. Das gilt für Wahlen im regelmäßigen 4-Jahres-Rhythmus ebenso wie für außerplanmäßige Wahlen (LAG Düsseldorf, 13.3.2013, 9 TaBVGa 5/13). Die Verkennung der Mehrheitsverhältnisse bei der Beschlussfassung innerhalb des BR führt – von Missbrauchsfällen abgesehen – ebenso wenig zur Nichtigkeit (BAG 27.7.2011, 7 ABR 61/10, aaO) wie die fälschliche Annahme des Wahlvorstands, 2 organisatorische Einheiten bildeten einen Gemeinschaftsbetrieb iSd § 1 II (LAG Hamm 15.3.2010, 10 TaBVGa 5/10, ZBVR online 2011, Nr 1, 19). Nichtig ist die Wahl aber dann, wenn der Betriebsbegriff offensichtlich verkannt wird, etwa wenn die Wahl unter Missachtung einer bindenden Entscheidung nach § 18 II durchgeführt wird (BAG 19.11.2003, 7 ABR 25/03, EzA § 19 BetrVG 2001 Nr 1; ArbG Frankfurt 24.1.2012, 13 BVGa 32/12, BB 2012, 908). Denkbar ist allerdings, dass der Wahlvorstand bei der Beurteilung der betrieblichen Strukturen zu einer anderen Einschätzung als bei der vorausgegangenen Wahl gelangt (LAG Düsseldorf, 13.3.2013, 9 TaBVGa 5/13). Der Anspruch auf Abbruch der Wahl kann per einstweiliger Verfügung durchgesetzt werden (*Heider* NZA 2010, 488; *Rieble/Triskatis* NZA 2006, 233; *Wichert* AuA 2010, 148).

4 **B. Ersetzung des Wahlvorstands durch das Arbeitsgericht. I. Antragsbefugnis.** Sie wird durch § 18 I 2 bestimmt. Antragsbefugt ist seit 2001 auch der BR, der den Wahlvorstand bestellt hat, um diesen bei Untätigkeit durch das ArbG ersetzen zu lassen (Begr RegE, BT-Drs 14/5741 S 38). Dasselbe gilt für den GBR bzw KBR, wenn er den Wahlvorstand nach § 17 bestellt (ErfK/*Koch* § 18 Rn 6). Nicht antragsbefugt ist der AG (HWGNRH/*Nicolai* § 18 Rn 34).

5 **II. Ersetzungsgrund.** Ersetzungsgrund ist die objektive Untätigkeit oder Säumigkeit des Wahlvorstands. Ein Verschulden ist nicht erforderlich (Richardi/*Thüsing* § 18 Rn 11). Unzweckmäßige, ermessensfehlerhafte oder rechtswidrige Maßnahmen des Wahlvorstands rechtfertigen eine Ersetzung nur, wenn diese eine Verzögerung der Wahl zur Folge haben (*Fitting* § 18 Rn 48). Rechtswidrige Entsch können aber selbständig geltend gemacht werden (s Rdn 8).

6 **III. Verfahren und Entscheidung.** Im Ersetzungsverfahren ist der Wahlvorstand Beteiligter (Richardi/ *Thüsing* § 18 Rn 14). Liegt ein Ersetzungsgrund vor, kann das ArbG nur den Wahlvorstand im Ganzen ersetzen, nicht einzelne Mitglieder (GK-BetrVG/*Kreutz* § 18 Rn 50). Der Abberufungsbeschl entfaltet keine Rückwirkung. Ordnungsgem eingeleitete Maßnahmen des bisherigen Wahlvorstands bleiben wirksam (HWGNRH/*Nicolai* § 18 Rn 36), fehlerhafte sind zu berichtigen (*Fitting* § 18 Rn 51). Bei der Bestellung des neuen Wahlvorstands hat das ArbG § 16 I zu beachten (s § 16 Rdn 4). Zulässig ist die Wiederbestellung einzelner Mitglieder des alten Wahlvorstands, nicht aber die des gesamten Gremiums (Richardi/*Thüsing* § 18 Rn 15).

C. Entscheidung über das Vorliegen einer betriebsratsfähigen Organisationseinheit. I. Gegenstand des
7 **Verfahrens.** Zweifel, ob für eine bestimmte Organisationseinheit ein BR gewählt werden kann, lassen sich jederzeit arbeitsgerichtlich klären. Gegenstand eines solchen Beschlussverfahrens kann zB sein, ob ein Betriebsteil selbständig iSd § 4 I 1 ist (BAG 17.1.1978, 1 ABR 71/76, EzA § 1 BetrVG 1972 Nr 1), ob ein Beschl nach § 4 I 2 wirksam war (*Fitting* § 18 Rn 54), ob die Organisationseinheit einen Kleinstbetrieb iSd § 4 II darstellt und welchem Hauptbetrieb er zuzuordnen ist, ob durch die Zusammenlegung zweier Betriebe ein einheitlicher Betrieb entstanden ist (BAG 25.9.1986, 6 ABR 68/84, EzA § 1 BetrVG 1972 Nr 6), ob mehrere Unternehmen einen gemeinsamen Betrieb bilden (BAG 9.4.1991, 1 AZR 488/90, EzA § 18 BetrVG 1972 Nr 7; LAG Hamm 4.10.2011, 10 TaBV 27/11), ob und welche betriebsverfassungsrechtlichen Strukturen wirksam nach § 3 gebildet wurden (Richardi/*Thüsing* § 18 Rn 23).

8 **II. Verfahren.** Zuständig ist das ArbG, in dessen Bezirk der Betrieb liegt, der als Hauptbetrieb angesehen wird (Richardi/*Thüsing* § 18 Rn 24). Das Beschlussverfahren wird nur auf Antrag eingeleitet. Antragsbefugt sind der AG, jeder beteiligte BR – auch der eines Betriebs, der bislang als selbständig angesehen wurde

(BAG 29.1.1987, 6 ABR 23/85, EzA § 1 BetrVG 1972 Nr 5) –, jeder beteiligte Wahlvorstand – sowohl des Hauptbetriebs als auch des Betriebsteils, der für sich die BR-Fähigkeit reklamiert (DKKW/*Schneider/ Homburg* § 18 Rn 23) – sowie jede im Betrieb oder Betriebsteil vertretene Gewerkschaft (§ 2 Rdn 3). Der BR hat das für den Antrag erforderliche Feststellungsinteresse ua dann, wenn str ist, ob für mehrere Betriebsstätten des Unternehmens ein gemeinsamer BR zu wählen ist oder ob die einzelnen Betriebsstätten für sich genommen betriebsratsfähig sind (BAG 18.1.2012, 7 ABR 72/10, EzA § 1 BetrVG 2001 Nr 9). Nicht antragsbefugt sind die Schwerbehindertenvertretung (BAG 18.1.2012, 7 ABR 72/10, EzA § 1 BetrVG 2001 Nr 9) sowie die AN des Betriebs oder Betriebsteils (*Fitting* § 18 Rn 60; aA GK-BetrVG/*Kreutz* § 18 Rn 58); deren Betriebszugehörigkeit kann allerdings inzidenter iR eines von einem AN angestrengten Verfahrens über seine Wahlberechtigung überprüft werden (Richardi/*Thüsing* § 18 Rn 27). Die BR-Fähigkeit einer Organisationseinheit kann jederzeit, auch unabhängig von einer BR-Wahl vom ArbG geklärt werden (BAG 9.4.1991, 1 AZR 488/90, EzA § 18 BetrVG 1972 Nr 7).

III. Entscheidung. Stellt das ArbG noch vor Abschluss der Wahl fest, dass der Wahlvorstand den Betrieb fehlerhaft abgegrenzt hat, ist die Wahl abzubrechen und ein neues Wahlverfahren einzuleiten (BAG 1.12.2004, 7 ABR 27/04, EzA § 18 BetrVG 2001 Nr 1). Trifft das ArbG die Entsch während der laufenden Amtszeit, bleibt der BR selbst dann im Amt, wenn er unter Verkennung des Betriebsbegriffs oder bei einer die Vorgaben des § 3 I Nr 1–3 missachtenden Zuordnung von betrieblichen Organisationseinheiten gewählt wurde, da Zuordnungsfehler regelmäßig nicht zur Nichtigkeit, sondern nur zur Anfechtbarkeit der Wahl führen (BAG 19.11.2003, 7 ABR 25/03, EzA § 19 BetrVG 2001 Nr 1), für die die 2-wöchige Ausschlussfrist des 19 II häufig bereits abgelaufen ist (DKKW/*Schneider/Homburg* § 18 Rn 25). Verändert sich wegen der vom Gericht vorgenommenen Betriebszuordnung die Belegschaftsstärke, kann eine Neuwahl des BR nach § 13 II Nr 1 erforderlich werden (*Fitting* § 18 Rn 64). Eine im Beschlussverfahren nach § 18 II ergangene Entsch entfaltet auch für nachfolgende Urteilsverfahren präjudizielle Wirkung. Die Entsch ist bindend, solange sich die tatsächlichen Voraussetzungen, von denen das ArbG ausgegangen ist, nicht ändern (BAG 19.11.2003, 7 ABR 25/03, EzA § 19 BetrVG 2001 Nr 1). Keine Bindungswirkung hat der Beschl für ein Kdg-Schutzverfahren, in dem lediglich der Betriebsbegriff der §§ 1 I, II Nr 1b, 23 I KSchG zu klären ist (BAG 18.10.2006, 2 AZR 434/05, EzA § 1 KSchG Betriebsbedingte Kündigung Nr 151).

§ 18a Zuordnung der leitenden Angestellten bei Wahlen

(1) ¹Sind die Wahlen nach § 13 Abs. 1 und nach § 5 Abs. 1 des Sprecherausschussgesetzes zeitgleich einzuleiten, so haben sich die Wahlvorstände unverzüglich nach Aufstellung der Wählerlisten, spätestens jedoch zwei Wochen vor Einleitung der Wahlen, gegenseitig darüber zu unterrichten, welche Angestellten sie den leitenden Angestellten zugeordnet haben; dies gilt auch, wenn die Wahlen ohne Bestehen einer gesetzlichen Verpflichtung zeitgleich eingeleitet werden. ²Soweit zwischen den Wahlvorständen kein Einvernehmen über die Zuordnung besteht, haben sie in gemeinsamer Sitzung eine Einigung zu versuchen. ³Soweit eine Einigung zustande kommt, sind die Angestellten entsprechend ihrer Zuordnung in die jeweilige Wählerliste einzutragen.
(2) ¹Soweit eine Einigung nicht zustande kommt, hat ein Vermittler spätestens eine Woche vor Einleitung der Wahlen erneut eine Verständigung der Wahlvorstände über die Zuordnung zu versuchen. ²Der Arbeitgeber hat den Vermittler auf dessen Verlangen zu unterstützen, insbesondere die erforderlichen Auskünfte zu erteilen und die erforderlichen Unterlagen zur Verfügung zu stellen. ³Bleibt der Verständigungsversuch erfolglos, so entscheidet der Vermittler nach Beratung mit dem Arbeitgeber. ⁴Absatz 1 Satz 3 gilt entsprechend.
(3) ¹Auf die Person des Vermittlers müssen sich die Wahlvorstände einigen. ²Zum Vermittler kann nur ein Beschäftigter des Betriebs oder eines anderen Betriebs des Unternehmens oder Konzerns oder der Arbeitgeber bestellt werden. ³Kommt eine Einigung nicht zustande, so schlagen die Wahlvorstände je eine Person als Vermittler vor; durch Los wird entschieden, wer als Vermittler tätig wird.
(4) ¹Wird mit der Wahl nach § 13 Abs. 1 oder 2 nicht zeitgleich eine Wahl nach dem Sprecherausschussgesetz eingeleitet, so hat der Wahlvorstand den Sprecherausschuss entsprechend Absatz 1 Satz 1 erster Halbsatz zu unterrichten. ²Soweit kein Einvernehmen über die Zuordnung besteht, hat der Sprecherausschuss Mitglieder zu benennen, die anstelle des Wahlvorstands an dem Zuordnungsverfahren teilnehmen. ³Wird mit der Wahl nach § 5 Abs. 1 oder 2 des Sprecherausschussgesetzes nicht zeitgleich eine Wahl nach diesem Gesetz eingeleitet, so gelten die Sätze 1 und 2 für den Betriebsrat entsprechend.
(5) ¹Durch die Zuordnung wird der Rechtsweg nicht ausgeschlossen. ²Die Anfechtung der Betriebsratswahl oder der Wahl nach dem Sprecherausschussgesetz ist ausgeschlossen, soweit sie darauf gestützt wird, die Zuordnung sei fehlerhaft erfolgt. ³Satz 2 gilt nicht, soweit die Zuordnung offensichtlich fehlerhaft ist.

§ 18a BetrVG Zuordnung der leitenden Angestellten bei Wahlen

Übersicht	Rdn.		Rdn.
A. Allgemeines	1	D. Vermittlungsverfahren	4
B. Zeitgleiche Wahleinleitung	2	I. Person des Vermittlers	4
C. Einvernehmen	3	II. Tätigkeit des Vermittlers	5

1 **A. Allgemeines.** § 18a soll den Vorständen der BR- und der SprAu-Wahl die Entsch, ob ein AN ltd Ang ist, erleichtern; sie werden zu einer gegenseitigen Unterrichtung und zum Versuch einer einvernehmlichen Zuordnungsentsch verpflichtet; misslingt dieser, entscheidet ein Vermittler nach Beratung mit dem AG (§ 18a II). Die Vorschrift gilt nur für das reguläre, nicht für das vereinfachte Wahlverfahren (ErfK/*Koch* § 18a Rn 1). Außerhalb des Wahlverfahrens – zB für § 14 KSchG oder § 18 I Nr 1 ArbZG – entfaltet die Zuordnungsentsch keine Rechtswirkung (*Fitting* § 18a Rn 63). Selbst innerhalb des Wahlverfahrens kann die Zuordnungsentsch vom ArbG im Wege des Beschlussverfahrens überprüft werden (§ 18a V 1). Stellt das ArbG die Zuordnung rkr fest, verliert eine davon abw Entsch der Wahlvorstände ihre Wirksamkeit (GK-BetrVG/*Kreutz* § 18a Rn 107). Entscheidet das Gericht erst nach erfolgter Wahl, endet damit die Mitgliedschaft eines falsch Zugeordneten im BR (§ 24 I Nr 6) bzw im SprAu (§ 9 II Nr 6 analog). Bedeutung hat § 18a für die Anfechtung der BR- oder SprAu-Wahl. Sie kann nach Durchführung des Verfahrens nicht darauf gestützt werden, dass die Zuordnung fehlerhaft erfolgt sei, jedenfalls solange diese nicht offensichtlich fehlerhaft war (§ 18a V 2, 3). Offensichtlich fehlerhaft ist die Zuordnung, wenn sich der Mangel einem mit den Gegebenheiten des Betriebs und den rechtlichen Abgrenzungskriterien Vertrauten geradezu aufdrängt (DKKW/*Trümner* § 18a Rn 70). Sie kann sich sowohl aus dem Inhalt der Zuordnungsentsch als auch aus dem Zuordnungsverfahren selbst ergeben (LAG BW 29.4.2011, 7 TaBV 7/10, BB 2011, 1268). Die Regelung in § 18a ist zwingend. Von ihr kann weder durch TV noch durch BV abgewichen werden. Ebenso unzulässig sind Abreden zwischen BR und SprAu bzw den jeweiligen Wahlvorständen.

2 **B. Zeitgleiche Wahleinleitung.** Das Zuordnungsverfahren setzt die zeitgleiche Einleitung von BR- und SprAu-Wahl voraus. Hierzu sind die Wahlvorstände bei den regelmäßigen Wahlen verpflichtet (§ 13 I 2; § 5 I 2 SprAuG). Geschieht dies nicht, muss der rechtzeitig handelnde Wahlvorstand nicht auf den säumigen warten (GK-BetrVG/*Kreutz* § 18a Rn 26). Das Zuordnungsverfahren endet automatisch, wenn vor dessen Abschluss die Wahl durch einen der beiden Wahlvorstände eingeleitet wird (§ 3 I 2 WahlO). Bei alleiniger – zB außerplanmäßiger – Wahl des BR oder SprAu gilt § 18a IV. In diesem Fall informiert der Wahlvorstand die andere, nicht zu wählende Vertretung über die von ihm vorgenommene Zuordnung der Wähler. Bestreitet die andere Vertretung die Entsch, hat diese aus dem Kreise ihrer Mitglieder Vertreter zu benennen, die »anstelle des Wahlvorstands« an dem Zuordnungsverfahren teilnehmen, das wie unter Rdn 3 beschrieben abläuft.

3 **C. Einvernehmen.** Unverzüglich nach Aufstellung der Wählerlisten hat der Vorstand der BR-Wahl dem Vorstand der SprAu-Wahl formlos mitzuteilen, welche Ang er nicht in seine Wählerliste aufgenommen hat, der Vorstand der SprAu-Wahl, welche er in seiner Liste berücksichtigt hat (GK-BetrVG/*Kreutz* § 18a Rn 39). Stimmen die Listen überein, ist Einvernehmen hergestellt; falls nicht, muss in den Wahlvorständen beraten werden. Korrigiert ein Wahlvorstand seine Zuordnung, muss er dies dem anderen Wahlvorstand mitteilen. Die Wählerlisten können aufgestellt werden, wenn sie nach der Korrektur übereinstimmen. Anderenfalls haben die Wahlvorstände spätestens 1 Woche vor Einleitung der Wahlen in gemeinsamer Sitzung eine Einigung zu versuchen.

4 **D. Vermittlungsverfahren. I. Person des Vermittlers.** Misslingt die Einigung, ist ein Vermittler zu bestellen (§ 18a II 1). Dieser muss Beschäftigter des Wahlbetriebs oder eines anderen Betriebs des Unternehmens oder Konzerns sein (§ 18a III 2). Als Vermittler können auch ltd Ang, Mitglieder von BR oder SprAu, Beschäftigte iS des § 5 II (GK-BetrVG/*Kreutz* § 18a Rn 57; *Löwisch/Kaiser* § 18a Rn 7; krit DKKW/ *Trümner* § 18a Rn 57 ff) und sogar der AG selbst fungieren. Eine Verpflichtung, das Vermittleramt zu übernehmen, besteht nicht (ErfK/*Koch* § 18a Rn 3), auch nicht als arbeitsvertragliche Nebenpflicht (*Fitting* § 18a Rn 59). Die beiden Wahlvorstände haben in getrennten Abstimmungen über die Person des Vermittlers zu befinden. Einigen sie sich nicht, entscheidet das Los. Eine Bestellung durch das ArbG ist unzulässig (GK-BetrVG/*Kreutz* § 18a Rn 63). Schlägt einer der beiden Wahlvorstände keinen Vermittler vor, endet das Vermittlungsverfahren, und die Wahlvorstände befinden allein über die Zuordnung (ErfK/*Koch* § 18a Rn 3).

5 **II. Tätigkeit des Vermittlers.** Der Vermittler darf nur die umstr Fälle behandeln, selbst wenn er die Zuordnung in anderen Fällen für unzutreffend erachtet (*Fitting* § 18a Rn 52). Der Vermittler darf vom AG Auskunft über alle Umstände verlangen, die für die Zuordnung von Belang sind (§ 18a II 2). Dazu gehören auch Informationen über die Bandbreite der an ltd Ang gezahlten Gehälter sowie das Gehalt der umstr Ang

(GK-BetrVG/*Kreutz* § 18a Rn 82). Einblick in Gehaltslisten oder Personalakten braucht dem Vermittler nicht gewährt zu werden (HWGNRH/*Nicolai* § 18a Rn 9). Bei seiner Tätigkeit ist der Vermittler an keine Weisungen gebunden (ErfK/*Koch* § 18a Rn 3). Hat der Vermittler eine Entsch getroffen, sind die Wahlvorstände verpflichtet, die Wählerlisten entspr anzupassen. Die Vermittlertätigkeit wird als Ehrenamt nicht bes vergütet (GK-BetrVG/*Kreutz* § 18a Rn 72); sie unterliegt der Schweigepflicht (*Fitting* § 18a Rn 59).

§ 19 Wahlanfechtung

(1) Die Wahl kann beim Arbeitsgericht angefochten werden, wenn gegen wesentliche Vorschriften über das Wahlrecht, die Wählbarkeit oder das Wahlverfahren verstoßen worden ist und eine Berichtigung nicht erfolgt ist, es sei denn, dass durch den Verstoß das Wahlergebnis nicht geändert oder beeinflusst werden konnte.
(2) ¹Zur Anfechtung berechtigt sind mindestens drei Wahlberechtigte, eine im Betrieb vertretene Gewerkschaft oder der Arbeitgeber. ²Die Wahlanfechtung ist nur binnen einer Frist von zwei Wochen, vom Tage der Bekanntgabe des Wahlergebnisses an gerechnet, zulässig.

Übersicht	Rdn.			Rdn.
A. Allgemeines	1	II.	Anfechtungsfrist	6
B. Voraussetzungen der Anfechtung	2	III.	Verfahren	7
I. Grundsätze	2	D.	Folgen der Anfechtung	8
II. ABC der Anfechtungsgründe	3	E.	Nichtigkeit der Wahl	9
C. Formelle Voraussetzungen und Verfahren	5	I.	Voraussetzungen und Geltendmachung	9
I. Anfechtungsberechtigung	5	II.	ABC der Nichtigkeitsgründe	10

A. Allgemeines. Zweifel an der Rechtmäßigkeit der BR-Wahl sollen schnellstmöglich gerichtlich geklärt 1 werden. Aus Gründen der Rechtssicherheit beschränkt § 19 den Kreis der Anfechtungsberechtigten und die zulässigen Anfechtungsgründe. § 19 gilt für die Anfechtung der Wahl zur JAV (§ 63 II 2) sowie entspr für die Wahl des BR-Vorsitzenden, seines Stellvertreters, die Bestellung der Mitglieder des Betriebsausschusses und anderer Ausschüsse des BR sowie für Wahlen der freizustellenden BR-Mitglieder (BAG 15.1.1992, 7 ABR 24/91, EzA § 19 BetrVG 1972 Nr 37; 16.11.2005, 7 ABR 11/05, EzA § 28 BetrVG 2001 Nr 3; LAG Schl-Holst 1.11.2012, 5 TaBV 13/12, DB 2012, 2814). § 19 gilt nicht für die Bestellung der Mitglieder des GBR, KBR und der GJAV (DKKW/*Homburg* § 19 Rn 1). Die Wahl eines BR in einer nach § 3 gebildeten organisatorischen Einheit ist selbst dann anfechtbar, wenn die Wahlen in den angrenzenden Einheiten unangefochten geblieben sind (BAG 21.9.2011, 7 ABR 54/10, EzA § 3 BetrVG 2001 Nr 5).

B. Voraussetzungen der Anfechtung. I. Grundsätze. Nur der **Verstoß gegen wesentliche Vorschriften** 2 berechtigt zur Wahlanfechtung. Wesentlich sind solche Vorschriften, die tragende Prinzipien der BR-Wahl enthalten. Hierzu zählen grds die zwingenden Regelungen (BAG 31.5.2000, 7 ABR 78/98, EzA § 19 BetrVG 1972 Nr 39). Wurden bloße Ordnungs- oder Sollvorschriften missachtet, bleibt die insoweit fehlerhafte Wahl wirksam (*Fitting* § 19 Rn 10). Der Verstoß gegen wesentliche Vorschriften rechtfertigt die Anfechtung nur, wenn er **nicht rechtzeitig korrigiert** wurde (GK-BetrVG/*Kreutz* § 19 Rn 34 ff). Rechtzeitig ist die Berichtigung, wenn die Wahl danach noch ordnungsgem ablaufen kann, ohne dass sich der berichtigte Fehler noch auf das Wahlergebnis auswirken kann (*Fitting* § 19 Rn 23). **Fehler im laufenden Wahlverfahren können auch auf gerichtliche Anordnung** im Wege des einstweiligen Rechtsschutzes korrigiert werden. Ein **Abbruch der Wahl** per Gerichtsbeschl kommt nur in Betracht, wenn die Mängel des Wahlverfahrens so schwerwiegend sind, dass die Wahl im Fall ihrer weiteren Durchführung als nichtig anzusehen wäre (BAG 27.7.2011, 7 ABR 61/10, EzA § 19 BetrVG 2001 Nr 8; krit *Rieble* Anm AP Nr 2 zu § 19 BetrVG 1972; zweifelnd, jedoch für das einstweilige Verfügungsverfahren zustimmend LAG Schl-Holst 5.4.2012, 4 TaBVGa 1/12, ZBVR online 2012, Nr 7/8, 12). Das ist bei der Verkennung der für die Betriebsgröße maßgeblichen AN-Zahl durch den Wahlvorstand nicht der Fall (LAG HH 19.4.2010, 7 TaB-VGa 2/10). S weiter auch § 18 Rdn 3. Eine verfahrensfehlerhafte Wahl muss nicht wiederholt werden, wenn sich konkret feststellen lässt, dass auch bei der Einhaltung entspr Vorschriften zum Wahlverfahren kein anderes Wahlergebnis erzielt worden wäre. Kann diese Feststellung nicht getroffen werden, bleibt es bei der Unwirksamkeit der Wahl (BAG 21.1.2009, 7 ABR 65/07 EzA § 19 BetrVG 2001 Nr 7; 13.3.2013, 7 ABR 67/11, EzA § 15 BetrVG 2001 Nr 2, 22; BAG 12.6.2013, 7 ABR 77/11, EzA § 14 BetrVG 2001 Nr 2) .

II. ABC der Anfechtungsgründe. **Ausschluss** wählbarer AN (BAG 28.4.1964, 1 ABR 1/64, EzA § 4 3 BetrVG Nr 1); Ausschluss der Öffentlichkeit bei Beschl über die Gültigkeit von Stimmzetteln (LAG Nürnberg

§ 19 BetrVG   Wahlanfechtung

20.9.2011, 6 TaBV 9/11); **Austeilen und Einsammeln der Wahlunterlagen durch den Filialleiter in einer** außerhalb einer Niederlassung gelegenen Filiale (LAG Nürnberg 20.9.2011, 6 TaBV 9/11); rechtswidrige **Beeinflussung** der Wahl durch den AG (BAG 4.12.1986, 6 ABR 48/85, EzA § 19 BetrVG 1972 Nr 24); fehlerhafte **Bekanntgabe** des Wahlausschreibens (BAG 5.5.2004, 7 ABR 44/03, EzA § 19 BetrVG 2001 Nr 3); Wahl von **betriebsfremden** AN (oder Leih-AN) in den BR (BAG 28.11.1977, 1 ABR 36/76, EzA § 19 BetrVG 1972 Nr 14); **fehlende Bekanntgabe von Ort und Zeitpunkt der öffentl Sitzung**, in der die Wahlbriefe geöffnet werden (LAG München 12.10.2011, 11 TaBV 29/11 n rkr); pauschale Anordnung von **Briefwahl** (LAG Düsseldorf 8.4.2011, 10 TaBV 79/10); Anordnung der Briefwahl in einem Betrieb mit 1450 AN für die 40-50 in der dortigen Verwaltung Beschäftigten, für die eine persönliche Stimmabgabe ohne weiteres hätte organisiert werden können (ArbG Essen 21.8.2014, 5 BV 45/14, BB 2015, 244); nicht übersandte **Briefwahlunterlagen** (DKKW/*Homburg* § 19 Rn 9); Zahl der in der Wahlurne befindlichen Stimmzettel stimmt nicht mit der Zahl der Stimmabgabevermerke auf der Wählerliste überein keine Berichtigung möglich (BAG 12.6.2013, 7 ABR 77/11, EzA § 14 BetrVG 2001 Nr 2); **Einsichtnahme** in die mit Stimmvermerken versehene Wählerliste während der Stimmabgabe (BAG 6.12.2000, 7 ABR 34/99, EzA § 19 BetrVG 1972 Nr 40); **Fertigung** einer Liste mit Namen der Wahlberechtigten, die noch nicht gewählt haben, und das Verlassen des Wahllokals durch einen Wahlhelfer mit der Liste vor Abschluss der Wahl (LAG Köln 20.2.2015, 4 TaBV 79/14); Nichteinhaltung von **Fristen** zur Einreichung der Wahlvorschläge (BAG 12.2.1960, 1 ABR 13/59, AP BetrVG § 18 Nr 11) und der 6-wöchigen Mindestfrist zwischen Erlass des Wahlausschreibens und dem Tag der Stimmabgabe (Hess LAG 14.4.2011, 9 TaBV 198/10); fehlerhafte **Geschlechterverteilung** des BR (DKKW/*Homburg* § 19 Rn 9; es genügt bereits die fehlerhafte Angabe im Wahlausschreiben BAG 13.3.2013, 7 ABR 67/11, EzA § 15 BetrVG 2001 Nr 2); falsche **Größe** des neuen BR (vgl BAG 12.10.1976, 1 ABR 14/76, EzA § 19 BetrVG 1972 Nr 10; 12.9.2012, 7 ABR 37/11, NZA-RR 2013, 197); zur Berücksichtigung von **Leih-AN** s § 9 Rdn 2; **Korrektur** der Wählerlisten entgegen den Vorschriften der WahlO (BAG 27.1.1993, 7 ABR 37/92, EzA § 76 BetrVG 1972 Nr 14); nachträgliche Berücksichtigung eines in der Wählerliste versehentlich vergessenen, aber wahlberechtigten AN erst am Wahltag (LAG München 10.3.2015, 6 TaBV 64/14); Ausschluss eines wählbaren, **gekündigten** AN (BAG 14.5.1997, 7 ABR 26/96, EzA § 8 BetrVG 1972 Nr 8); Wahl eines **minderjährigen** Wahlbewerbers (vgl BAG 28.11.1977, 1 ABR 36/76, EzA § 19 BetrVG 1972 Nr 14); **Mitgliederzahl** (s Größe); **Öffnung der Freiumschläge der Briefwähler** vor der Zeit, die im Wahlausschreiben als Beginn des Wahlzeitraums im Wahllokal angegeben ist (LAG Nürnberg 27.11.2007, 6 TaBV 46/07, AuR 2008, 161); **Öffnung** der Freiumschläge in nicht öffentlicher Sitzung entgegen § 12 I 1 SchwbWO (BAG, 10.7.2013, 7 ABR 83/11, EzA § 18 BetrVG 2001 Nr 2); veränderte **Reihenfolge** der Bewerber auf dem Stimmzettel (LAG Berl-Bbg 25.8.2011, 25 TaBV 529/11); **Stimmauszählung** nicht öffentl: kein ungehinderter Zugang zum Auszählungsraum (ArbG Frankfurt aM 22.11.2004, 15 BV 409/04) oder nicht bekanntgemacht; Form und Inhalt des **Stimmzettels** entgegen § 11 II WO (BAG 3.6.1969, 1 ABR 3/69, AP BetrVG § 18 Nr 17; LAG Schl-Holst 15.9.2011, 5 TaBV 3/11, BB 2012, 380; LAG Köln 5.3.2012, 5 TaBV 29/11); unterschiedlich gestaltete Stimmzettel (BAG 14.1.1969, 1 ABR 14/68, EzA § 13 BetrVG Nr 1); Zahl der in der Wahlurne befindlichen Stimmzettel größer als die Zahl der Stimmabgabevermerke (§ 12 III WahlO) in der (elektronisch geführten) Wählerliste (BAG 12.6.2013, 7 ABR 77/11, EzA § 14 BetrVG 2001 Nr 2); **Sprache** (s Übersetzung); fehlende **Übersetzung** des Wahlausschreibens, wenn es für den Wahlvorstand offenkundig ist, dass ausländische AN das Wahlausschreiben nicht verstehen können (BAG 13.10.2004, 7 ABR 5/04, EzA § 19 BetrVG 2001 Nr 4; *Herbert/Oberrath* NZA 2012, 1260); **Teilnahme von Auszubildenden in reinen Ausbildungsbetrieben** an der Wahl (BAG 16.11.2011, 7 ABR 48/10, ZBVR online 2012, Nr 6, 8); keine **Umschläge** für persönlich abgegebene Stimmzettel (LAG Berl-Bbg 25.8.2011, 25 TaBV 529/11); **Unterfrankierung der Briefwahlumschläge** entgegen § 11 I Ziff 4 SchwbVWO (LAG Köln, 8.3.2012, 13 TaBV 82/11); keine **Unterschrift** iSd § 126 I BGB eines Wahlbewerbers auf der Zustimmungserklärung zur Aufnahme in die Vorschlagsliste (LAG Hamm 20.5.2005, 10 TaBV 94/04); keine feste **Verbindung** von Wahlvorschlag und Stützunterschriften (LAG Saarl 30.10.1995, 2 TaBV 2/95, LAGE § 14 BetrVG 1972 Nr 3); **Verkennung der passiven Wahlberechtigung**, wenn die nicht passiv Wahlberechtigten als BR-Mitglieder gewählt wurden oder wenn der AN, dessen passive Wahlberechtigung im Streit steht, Wahlbewerber war (BAG 12.9.2012, 7 ABR 37/11, NZA-RR 2013, 197); keine ordnungsgem **Versiegelung** auf dem Transport zur Stimmabgabe (LAG Bbg 27.11.1998, 5 TaBV 18/98, NZA-RR 1999, 418); **vereinfachtes Wahlverfahren** entgegen § 14a V BetrVG (BAG 19.11.2003, 7 ABR 24/03, EzA § 19 BetrVG 2001 Nr 2); **Verkennung des Betriebsbegriffs** (BAG 27.7.2011, 7 ABR 61/10, NZA 2012, 345; LAG Hamm 15.3.2010, 10 TaBVGa 5/10, ZBVR online 2011, Nr 1, 19; LAG Nds 19.10.2012, 6 TaBV 82/10; EzA-SD 2013, Nr 2, 14-15); **Verwendung von mehreren Stimmzetteln**, jew einen Stimmzettel für jede Vorschlagsliste (LAG Schl-Holst 15.9.2011, 5 TaBV 3/11, BB 2012, 380); **Wahl eines nach § 3 I Nr 1 BetrVG gebildeten BR**, wenn der hierzu erforderliche TV nicht unter Einbeziehung aller ihre Tarifzuständigkeit beanspruchenden Gewerkschaften abgeschlossen wird (LAG Nürnberg 17.1.2008, 5 TaBV 14/07, AuR 2008, 195) oder wenn der TV aus sonstigen Gründen unwirksam ist (BAG 21.9.2011, 7 ABR 54/10, EzA § 3 BetrVG 2001 Nr 5), wobei die Anfechtung auf einzelne Organisationseinheiten beschränkt werden kann (BAG 21.9.2011, 7 ABR 54/10, aaO); **Wahlvorstand** fehlerhaft bestellt oder fehlerhaft zusammengesetzt (BAG 3.6.1975, 1 ABR 98/74, EzA § 5 BetrVG 1972 Nr 19; LAG Schl-Holst 19.3.2010, 4 TaBVGa 5/10, ArBR 2010, 381; LAG Köln 2.8.2011, 12 TaBV 12/11); **keine unverzügliche Prüfung der eingereichten Vorschlagslisten** nach § 7 II 2 WahlO (BAG 18.7.2012, 7 ABR 21/11, EzA § 19 BetrVG 2001 Nr 9); **Wahlwerbung** (s Beeinflussung); **Wahlausschreiben** fehlerhaft, nicht vorhanden, nicht einsehbar (BAG 27.4.1976, 1 AZR 482/75, EzA § 19 BetrVG 1972 Nr 8; BAG 13.3.2013, 7 ABR 67/11, EzA § 15 BetrVG 2001 Nr 2); Verletzung des **Wahlgeheimnisses** (LAG Hamm 26.2.1976, 8 TaBV 74/75, DB 1976, 1920); **Zeitraum** zur Stimmabgabe unzureichend bezeichnet (LAG Bbg 27.11.1998, 5 TaBV 18/98, NZA-RR 1999, 418) oder nicht wie im Wahlausschreiben angegeben eingehalten (LAG Schl-Holst 21.6.2011, 2 TaBV 41/10, AuR 2012, 180).

Keine Anfechtung: Stimmabgabe nur zwischen 7 und 12 Uhr in 67 Filialen mit 2-Schichtbetrieb, wenn der Wahlvorstand sicherstellt, dass alle Wahlberechtigten Briefwahlunterlagen erhalten haben (LAG Düsseldorf 16.6.2011, 4 TaBV 86/10). 4

C. Formelle Voraussetzungen und Verfahren. I. Anfechtungsberechtigung. § 19 II 1 legt den Kreis 5 der Anfechtungsberechtigten abschließend fest. Zur Anfechtung befugt sind **mind 3 Wahlberechtigte** (s § 7 Rdn 1), auch die in § 7 S 2 genannten Personen (*Fitting* § 19 Rn 29). Die Anfechtungsbefugnis bleibt selbst dann erhalten, wenn die Wahlberechtigung der Anfechtenden nach Einleitung des Anfechtungsverfahrens wegfällt, etwa weil sie aus dem Betrieb ausscheiden (BAG 4.12.1986, 6 ABR 48/85, EzA § 19 BetrVG 1972 Nr 24; BAG 23.7.2014, 7 ABR 61/12, EzA § 94 SGB IX Nr 7 für die Wahl einer Schwerbehindertenvertretung; *Fitting* § 19 Rn 29; aA GK-BetrVG/*Kreutz* § 19 Rn 69). Allerdings entfällt das Rechtsschutzbedürfnis für ein Anfechtungsverfahren, wenn die 3 das Wahlverfahren einleitenden AN vor Abschluss des Verfahrens sämtlich aus dem Betrieb ausscheiden (BAG 15.2.1989, 7 ABR 9/88, EzA § 19 BetrVG 1972 Nr 28). Jeder Anfechtende kann seinen Antrag ohne Zustimmung der anderen Beteiligten in der 1. Instanz zurücknehmen (BAG 12.2.1985, 1 ABR 11/84, EzA § 19 BetrVG 1972 Nr 21). Nach Ablauf der Anfechtungsfrist kann das Verfahren weder von einer im Betrieb vertretenen Gewerkschaft (BAG 10.6.1983, 6 ABR 50/82, EzA § 19 BetrVG 1972 Nr 19) noch von einem anderen Wahlberechtigten (BAG 12.2.1985, 1 ABR 11/84, EzA § 19 BetrVG 1972 Nr 21) übernommen werden, da das Anfechtungsrecht den Wahlberechtigten als Individualrecht zusteht (BAG 4.12.1986, 6 ABR 48/85, EzA § 19 BetrVG 1972 Nr 24). Ob ein AN seine Anfechtungsberechtigung verliert, wenn er berechtigt und in der Lage war, Einspruch gegen die Richtigkeit der Wählerliste nach § 4 WahlO einzulegen, ist str (bejahend: LAG Nürnberg 31.5.2012, 5 TaBV 36/11, AuR 2012, 372; aA LAG BW 16.7.2015, 18 TaBV 1/15 n rkr, RBeschw beim BAG anhängig unter 7 ABR 42/15; LAG Hamm 30.6.2015, 7 TaBV 71/14; LAG München 10.3.2015, 6 TaBV 64/14; LAG Rh-Pf 17.6.2015, 4 TaBV 14/14; WPK/*Wlotzke* § 19 Rn 5). **Das Anfechtungsrecht der Gewerkschaft** setzt voraus, dass sie im Betrieb vertreten ist (§ 2 Rdn 3) und ihre Organisationseinheit – zB die örtliche Verwaltungsstelle – satzungsmäßig für die Wahlanfechtung zuständig ist (BAG 1.6.1966, 1 ABR 17/65, AP BetrVG § 18 Nr 15). Der AG ist stets, dh auch ohne Nachweis eines bes rechtlichen Interesses anfechtungsbefugt (BAG 2.12.1960, 1 ABR 20/59, AP BetrVG § 19 Nr 2). In einem Gemeinschaftsbetrieb steht das Anfechtungsrecht den beteiligten AG gemeinschaftlich, dh der einheitlichen Betriebsleitung zu (*Fitting* § 19 Rn 32; ErfK/*Koch* § 19 Rn 11). Geht der Wahlbetrieb auf einen anderen Inhaber über, ist der bisherige nicht mehr zur Anfechtung berechtigt (LAG Düsseldorf 8.1.1979, 20 TaBV 42/78, BB 1979, 938). **Kein Anfechtungsrecht** haben der BR und der Wahlvorstand als Gremium (BAG 14.11.1975, 1 ABR 61/75, EzA § 16 BetrVG 1972 Nr 4). Ihre Mitglieder können aber als Wahlberechtigte die Anfechtung betreiben (LAG Hamm 26.2.1976, 8 TaBV 74/75, DB 1976, 1920). Auch der einzelne AN ist nicht anfechtungsbefugt, selbst wenn er bei ordnungsgem Wahl gewählt worden wäre (BAG 12.2.1985, 1 ABR 11/84, EzA § 19 BetrVG 1972 Nr 21). Das einzelne BR-Mitglied kann aber betriebsratsinterne Wahlen anfechten, wie zB die Freistellungswahl (BAG 20.4.2005, 7 ABR 44/04, EzA § 38 BetrVG 2001 Nr 4) und die Wahl des Betriebsausschusses (BAG 15.1.1992, 7 ABR 24/91, EzA § 19 BetrVG 1972 Nr 37), jedenfalls solange das BR-Amt besteht (BAG 15.8.2001, 7 ABR 2/99, EzA § 47 BetrVG 1972 Nr 8). Keine Rolle spielt, ob das anfechtende BR-Mitglied durch den Ausgang der Wahl persönlich betroffen ist (BAG 20.4.2005, 7 ABR 47/04, EzA § 38 BetrVG 2001 Nr 3).

II. Anfechtungsfrist. Sie beträgt **2 Wochen** und **beginnt** mit der ordnungsgem Bekanntmachung des 6 Wahlergebnisses durch den Wahlvorstand (§ 18 WahlO). Wird die Bekanntmachung nach ihrem Aushang

§ 19 BetrVG Wahlanfechtung

(§ 3 IV WahlO) geändert, beginnt insgesamt eine neue Anfechtungsfrist zu laufen (GK-BetrVG/*Kreutz* § 19 Rn 82). Fällt der letzte Tag der Frist auf einen Samstag, Sonntag oder Feiertag, tritt an dessen Stelle der nächste Werktag (§ 193 BGB). Die Frist ist gewahrt, wenn der Wahlanfechtungsantrag schriftlich und begründet am letzten Tag der Frist beim ArbG – auch bei einem örtlich unzuständigen (BAG 15.7.1960, 1 ABR 3/59, AP BetrVG § 76 Nr 10) – eingeht. Fristwahrend ist ein Schriftsatz, in dem ein Anfechtungsberechtigter innerhalb der Anfechtungsfrist einen betriebsverfassungsrechtlich erheblichen Grund vorträgt und aus dem Vorbringen erkennbar wird, dass er die angefochtene Wahl nicht gelten lassen will (BAG 24.5.1965, 1 ABR 1/65, BB 1965, 1068). Nicht erforderlich ist die Nennung aller nach § 83 ArbGG notwendig zu beteiligenden Personen auf AG-Seite (LAG Nds 19.10.2012, 6 TaBV 82/10, EzA-SD 2013, Nr 2, 14-15 n rkr). Nach Ablauf der Frist wird die Wahl selbst dann unanfechtbar, wenn sie an Mängeln leidet; der BR bleibt im Amt. Bei schweren und offensichtlichen Mängeln kann sie jedoch nichtig sein (s Rdn 9). Die Frist kann weder verlängert noch abgekürzt werden (*Fitting* § 19 Rn 36). Eine Wiedereinsetzung in den vorigen Stand ist mangels gesetzlicher Bestimmung nicht möglich (Richardi/*Thüsing* § 19 Rn 53). Wird innerhalb der Frist kein Anfechtungsgrund vorgetragen, lässt sich dieser auch nicht nachschieben, da dies einer unzulässigen Fristverlängerung gleichkäme (BAG 24.5.1965, 1 ABR 1/65, AP BetrVG § 18 Nr 14).

7 **III. Verfahren.** Das Verfahren wird **nur auf Antrag** eingeleitet, der schriftlich oder mündlich zur Niederschrift bei dem ArbG zu stellen ist, in dessen Bezirk der Wahlbetrieb liegt (§ 82 ArbGG). Der Antrag ist zu begründen, da das Gericht den Sachverhalt nur iRd gestellten Anträge vAw zu ermitteln hat (§ 83 I ArbGG). Wird die Wahl des gesamten Gremiums angefochten, ist der BR Anfechtungsgegner, nicht der Wahlvorstand, da sein Amt nach Durchführung der Wahl endet (BAG 26.10.1962, 1 ABR 3/61, AP BetrVG § 76 Nr 11). Bei Anfechtung der Wahl eines einzelnen Mitglieds ist dieses der Anfechtungsgegner (BAG 7.7.1954, 1 ABR 6/54, AP BetrVG § 24 Nr 1). Tritt der BR geschlossen zurück, ist das Anfechtungsverfahren wegen der weiter bestehenden Geschäftsführungsbefugnis fortzusetzen, bis ein neuer BR gewählt ist (BAG 29.5.1991, 7 ABR 54/90, EzA § 4 BetrVG 1972 Nr 6). Endet die Amtszeit des BR vor einer rkr Entsch, fehlt für eine Weiterführung des Anfechtungsverfahrens das Rechtsschutzbedürfnis (BAG 13.3.1991, 7 ABR 5/90, EzA § 19 BetrVG 1972 Nr 29). Die Entsch des Gerichts kann nur durch Beschl ergehen. Ein Vergleich ist nicht möglich (*Fitting* § 19 Rn 40). Über die Anfechtung kann auch bei **mehreren Anfechtenden** nur einheitlich und in demselben Beschlussverfahren entschieden werden (Sächs LAG 5.5.2015, 2 TaBV 26/14).

8 **D. Folgen der Anfechtung.** Bis zum Abschluss des Verfahrens bleibt der BR mit allen Rechten und Pflichten im Amt. Mit Rechtskraft der Entsch steht die Gültigkeit der Wahl fest. Die erfolgreiche Anfechtung wirkt nur für die Zukunft, nicht zurück (BAG 13.3.1991, 7 ABR 5/90, EzA § 19 BetrVG). Das gilt auch dann, wenn unter Verkennung des Betriebsbegriffs unzutreffend das Bestehen eines Betriebs angenommen worden ist (Hess LAG 18.12.2009, 19/3 Sa 323/03). Alle bis dahin vorgenommenen Handlungen des BR sind und bleiben wirksam (*Fitting* § 19 Rn 50). Steht die Ungültigkeit der Wahl fest, besteht kein BR mehr; seine Mitglieder verlieren den Kdg-Schutz, auch den nachwirkenden (*Fitting* § 19 Rn 50). Soll die Wahl wiederholt werden, muss ein neuer Wahlvorstand bestellt werden, wozu der bisherige BR nicht befugt ist, da er nicht mehr im Amt ist und die Geschäfte auch nicht bis zu einer Neuwahl fortführt (*Fitting* § 19 Rn 45, 51). Es gilt § 17. Wird die Wahl eines einzelnen Mitglieds erfolgreich angefochten, scheidet es mit Rechtskraft der Entsch aus dem BR aus, und das nächste zuständige Ersatzmitglied rückt nach (HWG-NRH/*Nicolai* § 19 Rn 34).

9 **E. Nichtigkeit der Wahl. I. Voraussetzungen und Geltendmachung.** Die Wahl ist nichtig, wenn gegen wesentliche Wahlgrds in so hohem Maße verstoßen wurde, dass nicht einmal der Anschein einer gesetzmäßigen Wahl besteht (BAG 19.11.2003, 7 ABR 24/03, EzA § 19 BetrVG 2001 Nr 2; 27.7.2011, 7 ABR 61/10, EzA § 19 BetrVG 2001 Nr 8). Erforderlich ist ein grober und offensichtlicher Verstoß gegen wesentliche Wahlvorschriften (BAG 24.1.1964, 1 ABR 14/63, AP BetrVG § 3 Nr 6), der einem mit den Betriebsinterna Vertrauten ins Auge springen muss (BAG 19.11.2003, 7 ABR 24/03, EzA § 19 BetrVG 2001 Nr 2). Eine Häufung von Mängeln, die jew für sich nur die Anfechtbarkeit der Wahl begründen würde, führt ebenso wenig zur Nichtigkeit (BAG 19.11.2003, 7 ABR 24/03, EzA § 19 BetrVG 2001 Nr 2) wie Fälle, in denen der Verstoß erst durch eine umfangreiche Beweisaufnahme festgestellt werden kann (BAG 15.11.2000, 7 ABR 23/99). Die Nichtigkeit einer Wahl kann von jedermann, der daran ein berechtigtes Interesse hat – zB die nach § 19 II Anfechtungsberechtigten, auch einzelne AN (LAG Berl 8.4.2003, 5 TaBV 1990/02, NZA-RR 2003, 587) –, zu jeder Zeit und in jeder Form geltend werden (BAG 27.4.1976, 1 AZR 482/75, EzA § 19 BetrVG 1972 Nr 8). Soll das ArbG die Unwirksamkeit der Wahl feststellen, hat es im Zweifel sowohl die Anfechtbarkeit als auch die Nichtigkeit zu überprüfen (BAG 24.1.1964, 1 ABR 14/63,

AP BetrVG § 3 Nr 6). Über die Nichtigkeit der Wahl kann auch als Vorfrage – etwa iR einer Kdg-Schutzklage – entschieden werden (BAG 27.4.1976, 1 AZR 482/75, EzA § 19 BetrVG 1972 Nr 8). Anders als bei der Anfechtung treten die Rechtsfolgen einer nichtigen Wahl ipso iure ein. Ihre gerichtliche Feststellung hat deshalb nur deklaratorische Bedeutung (BAG 29.4.1998, 7 ABR 42/97, EzA § 40 BetrVG 1972 Nr 82). Der BR, dessen Wahl für nichtig erklärt wurde, besteht rechtlich nicht und hat auch nie bestanden. Alle von ihm getroffenen Maßnahmen und die von ihm abgeschlossenen BV und Regelungsabreden sind rückwirkend unwirksam (BAG 29.5.1991, 7 ABR 67/90, EzA § 19 BetrVG 1972 Nr 31). Der AG kann sich selbst dann auf die Nichtigkeit berufen, wenn er in Kenntnis der Umstände, die zur Nichtigkeit führten, den BR längere Zeit als rechtmäßige Vertretung anerkannt und behandelt hat da das aus § 242 BGB hergeleitete Verbot des venire contra factum proprium keine betriebsverfassungsrechtlichen Strukturen schaffen kann (BAG 27.4.1976, 1 AZR 482/75, EzA § 19 BetrVG 1972 Nr 8; GK-BetrVG/*Kreutz* § 19 Rn 141; Richardi/*Thüsing* § 19 Rn 87; aA *Fitting* § 19 Rn 8). Das Verbot kann jedoch auf individualrechtlicher Ebene zwischen AN und AG Wirkung entfalten, zB hinsichtlich Lohnansprüchen des angeblichen BR-Mitglieds oder Betriebsvereinbarungen zwischen AG und nicht existentem BR (GK-BetrVG/*Kreutz* Rn 141; Richardi/*Thüsing*, § 19 Rn 87).

II. ABC der Nichtigkeitsgründe. Systematischer **Abgleich** der Stimmzettel mit den schriftlichen Erklärungen der Briefwähler (Hess LAG 11.11.2011, 9 TaBV 104/11); **Akklamation** (s Zuruf); willkürlicher **Ausschluss** von Wahlberechtigten (BAG 24.1.1964, 1 ABR 14/63, AP BetrVG § 3 Nr 6); BR-Wahl in einem offensichtlich nicht dem BetrVG unterliegenden **Betrieb** (BAG 9.2.1982, 1 ABR 36/80, EzA § 118 BetrVG 1972 Nr 33); Wahl in einem **Betriebsteil**, obwohl im Betrieb schon ein BR gewählt ist (BAG 11.4.1978, 6 ABR 22/77, EzA § 19 BetrVG 1972 Nr 17: LAG Nds 2.12.2011, 6 TaBV 29/11); **mündliche** Wahl (s Zuruf); **vorzeitiges Öffnen der Wahlurne** (ArbG Bochum 15.6.1972, 2 BV 8/72, DB 1972, 1730); **Stimmauszählung** vor Abschluss der Wahl (s Öffnen der Wahlurne); **Stimmauszählung** vor dem im Wahlausschreiben angegebenen Termin: keine Nichtigkeit, wenn nicht ersichtlich ist, dass sich wahlberechtigte AN noch an der Wahl beteiligen wollen (LAG Düsseldorf 19.12.2008, 9 TaBV 165/08); offene **Terrorisierung** der Belegschaft während der Wahl (BAG 8.3.1957, 1 ABR 5/55, AP BetrVG § 19 Nr 1); keine ordnungsgem **Versiegelung** der Wahlurne auf dem Transport zur Auszählung (LAG Köln 16.9.1987, 7 TaBV 13/87, LAGE § 19 BetrVG 1972 Nr 5); (Neu-)Wahl außerhalb des vorgesehenen **Wahlzeitraums** ohne die Voraussetzungen des § 13 II (DKKW/ *Homburg* § 19 Rn 44); Wahl ohne **Wahlvorstand und geordnetes Wahlverfahren** (GK-BetrVG/*Kreutz* § 19 Rn 138); **Bestellung des Wahlvorstands durch die Minderheit der BR-Mitglieder**, jedoch nur, wenn die Minderheit aus einem machttaktischen oder willkürlichen Kalkül heraus die Mehrheit zu majorisieren versucht (BAG 27.7.2011, 7 ABR 61/10, NZA 2012, 345 mwN); Wahl auf **Zuruf** (BAG 12.10.1961, 5 AZR 423/60, AP BGB § 611 Urlaubsrecht Nr 84).

Keine Nichtigkeit (uU aber Anfechtbarkeit): fehlerhafte **Bestellung des Wahlvorstands** (BAG 27.7.2011, 7 ABR 61/10, NZA 2012, 345), **fälschliche Annahme**, 2 organisatorische Einheiten bilden einen **Gemeinschaftsbetrieb** iSd § 1 II (LAG Hamm 15.3.2010, 10 TaBVGa 5/10, ZBVR online 2011, Nr 1, 19; aA LAG Nds 2.12.2011, 6 TaBV 29/11); **Verkennung der Anzahl** der zu wählenden BR-Mitglieder (BAG 7.5.2008, 7 ABR 17/07, EzA § 9 BetrVG 2001 Nr 4; LAG Berl-Bbg 10.2.2011, 25 TaBV 2219/10); **nicht öffentliche Stimmauszählung** (LAG Hamm 30.1.2015, 13 TaBV 46/14).

§ 20 Wahlschutz und Wahlkosten

(1) ¹Niemand darf die Wahl des Betriebsrats behindern. ²Insbesondere darf kein Arbeitnehmer in der Ausübung des aktiven und passiven Wahlrechts beschränkt werden.
(2) Niemand darf die Wahl des Betriebsrats durch Zufügung oder Androhung von Nachteilen oder durch Gewährung oder Versprechen von Vorteilen beeinflussen.
(3) ¹Die Kosten der Wahl trägt der Arbeitgeber. ²Versäumnis von Arbeitszeit, die zur Ausübung des Wahlrechts, zur Betätigung im Wahlvorstand oder zur Tätigkeit als Vermittler (§ 18a) erforderlich ist, berechtigt den Arbeitgeber nicht zur Minderung des Arbeitsentgelts.

Übersicht	Rdn.		Rdn.
A. Wahlschutz	1	IV. Wahlwerbung	5
B. Behinderungs- und Beeinflussungsverbot	2	C. Kosten der Wahl	6
I. Behinderung der Wahl	2	I. Grundsatz	6
II. Behinderung der Wahlrechtsausübung	3	II. Kosten im Einzelnen	7
III. Beeinflussungsverbot	4	D. Wahlbedingte Arbeitsversäumnis	8

§ 20 BetrVG   Wahlschutz und Wahlkosten

1 **A. Wahlschutz.** Die Vorschrift soll die ungehinderte Durchführung der Wahl und die freie Ausübung des Wahlrechts schützen (*Dörner* FS Kreutz, 2010, S 81). Sie richtet sich gegen jedermann, nicht nur gegen den AG, sondern auch gegen Betriebsfremde und Mitarbeiter. Auf den Wahlschutz kann nicht verzichtet werden (GK-BetrVG/*Kreutz* § 20 Rn 5). Unzulässige Behinderungen der Wahlrechtsausübung und unstatthafte Wahlbeeinflussungen lassen sich durch einstweilige Verfügung im Wege des Beschlussverfahrens abwehren (Richardi/*Thüsing* § 20 Rn 16). Behinderungen können zur Anfechtbarkeit, in gravierenden Fällen sogar zur Nichtigkeit der Wahl führen (BAG 8.3.1957, 1 ABR 5/55, AP BetrVG § 19 Nr 1). Wer vorsätzlich die Wahl behindert oder beeinflusst, macht sich strafbar (§ 119 I Nr 1; s BGH 13.9.2010, 1 StR 220/09, EzA § 20 BetrVG 2001 Nr 3); die Tat wird aber nur auf Antrag verfolgt. Eine Kdg von AN, die die Wahl zu behindern oder zu beeinflussen sucht, ist nach § 134 BGB unwirksam (BAG 13.10.1977, 2 AZR 387/76, EzA § 74 BetrVG 1972 Nr 3); entspr gilt für Verträge, aufgrund derer Kandidaten unzulässige Vorteile gewährt werden; die Zuwendungen sind nach § 812 BGB herauszugeben (LG Nürnberg-Fürth 1.9.2010, 12 O 11145/08, AuR 2010, 487). § 20 I, II sind Schutzgesetze iSd § 823 II BGB; möglich sind daher auch Schadensersatzansprüche geschädigter AN (*Fitting* § 20 Rn 34 mwN; aA *Rieble* ZfA 2003, 283, 287). Die Überzeugung eines AN, es gebe ein Recht zur Wahl eines BR, erfüllt nicht das Merkmal »Weltanschauung« iSd § 1 AGG; Ansprüche nach § 15 AGG bestehen daher nicht (LAG München 10.1.2012, 7 Sa 851/11).

2 **B. Behinderungs- und Beeinflussungsverbot. I. Behinderung der Wahl.** Geschützt sind sämtliche mit der Wahl zusammenhängenden oder ihr dienenden Handlungen, Betätigungen und Geschäfte (Richardi/*Thüsing* § 20 Rn 5), zB Einberufung, Durchführung und Teilnahme an einer Betriebsversammlung zur Wahl eines Wahlvorstands, Betätigung im Wahlvorstand oder als Wahlhelfer, Aufstellung von Wahlvorschlägen und Sammlung von Stützunterschriften, Betreiben eines arbeitsgerichtlichen Verfahrens im Zusammenhang mit der Wahl, Stimmauszählung, Bekanntgabe des Wahlergebnisses, Durchführung eines Wahlanfechtungsverfahrens (*Fitting* § 20 Rn 7). Behinderung ist jede Beeinträchtigung oder Beschränkung eines Wahlbeteiligten in der Ausübung seiner Rechte, Befugnisse oder Aufgaben (*Fitting* § 20 Rn 9). Dass eine Maßnahme die Wahl erschwert haben kann, genügt nicht; die Wahl muss tatsächlich erschwert worden sein (LAG Köln 15.10.1993, 13 TaBV 36/93, NZA 1994, 431).

3 **II. Behinderung der Wahlrechtsausübung.** § 20 garantiert die äußere Freiheit zur Ausübung der Wahlbefugnisse (GK-BetrVG/*Kreutz* § 20 Rn 24). Den Schutz genießen alle Wahlbeteiligten, dh Wähler, Kandidaten, Wahlvorstand und Wahlhelfer (*Fitting* § 20 Rn 12). Die Ausübung des Wahlrechts wird unzulässig beschränkt, wenn Wahlberechtigte am Betreten des Wahllokals gehindert werden, zB durch Verweigerung der notwendigen Arbeitsbefreiung zur Stimmabgabe. Unzulässig ist es ferner, AN durch Androhung von Kdg, Versetzungen oder sonstigen Nachteilen an der Ausübung des Wahlrechts zu hindern, sie zu maßregeln oder die Durchführung der Wahl zu erschweren (BAG 13.10.1977, 2 AZR 387/76, EzA § 74 BetrVG 1972 Nr 3). Bereits das Einsammeln von Briefwahlunterlagen durch den AG und die Wahlbewerber bei einem Teil der Wahlberechtigten kann die freie Wahl rechtswidrig beeinträchtigen (LAG München 27.1.2010, 11 TaBV 22/09). Unzulässig sind schließlich Anweisungen und Empfehlungen des AG, bestimmte Listen oder Kandidaten zu wählen oder zu kandidieren und der Versuch, die schriftliche Versicherung zu erhalten, dass die AN eine BR-Wahl nicht wünschen (ArbG München 26.5.1987, 15 Ca 3024/87, DB 1987, 2662). Die Mitteilung an einen aktiv und passiv Wahlberechtigten, er sei ltd Ang und deshalb nicht wahlberechtigt bzw wählbar, begründet eine unzulässige Wahlbehinderung, wenn die Mitteilung nicht als eine unverbindliche Meinungsäußerung, sondern als Aufforderung oder Wunsch für ein bestimmtes Verhalten zu verstehen ist (LAG Schl-Holst 9.7.2008, 6 TaBV 3/08).

4 **III. Beeinflussungsverbot.** § 20 II schützt die freie Willensbildung. Inkriminiert wird im Unterschied zu Art. 38 I GG nur die Beeinflussung durch bestimmte Vorgehensweisen; das bloße Eintreten für eine bestimmte Wahlentscheidung genügt hingegen nicht (*Löwisch* BB 2014, 117, 118). Verboten ist nicht nur die Beeinflussung durch Androhung von Nachteilen, sondern auch das Versprechen von Vorteilen (BGH 13.9.2010, 1 StR 220/09, EzA § 20 BetrVG 2001 Nr 3; *Fitting* § 20 Rn 22). Schon der Versuch einer Beeinflussung ist verboten; sie muss keinen Erfolg haben (GK-BetrVG/*Kreutz* § 20 Rn 25); erst recht bedarf es keiner Auswirkung auf den Ausgang der Wahl, da diese wegen der geheimen Stimmenabgabe idR nicht konkret nachweisbar sind; es genügt, dass sich dem AG »genehme« Kandidaten als »Gegenpol« zu einer im Betrieb vertretenen Gewerkschaft zur Wahl stellen (BGH 13.9.2010, 1 StR 220/09, EzA § 20 BetrVG 2001 Nr 3. Die in Aussicht gestellten Vor- bzw Nachteile können materieller oder immaterieller Art sein: Beförderung, Lohn- und Gehaltserhöhung, Geschenke oder sonstige Zuwendungen einerseits, Kdg, Versetzung auf einen schlechteren Arbeitsplatz andererseits (ErfK/*Koch* § 20 Rn 6). Die Vorteile müssen nicht

unbedingt unmittelbar vor der Wahl gewährt werden; es genügt, wenn der AG durch eine langfristige Strategie die Mitbestimmungsverhältnisse nachhaltig zu verändern sucht (BGH 13.9.2010, 1 StR 220/09, EzA § 20 BetrVG 2001 Nr 3). Unzulässig ist es auch, wenn eine Gewerkschaft einen Beschäftigen durch Mobbing von der Kandidatur abzuhalten versucht; ebenso wenn sie versucht, durch kostenlose Gewerkschaftsveranstaltungen einen unabhängigen Kandidaten zur Kandidatur auf ihrer Liste zu veranlassen (*Löwisch*, BB 2014, 117, 118). Folglich ist auch die Entscheidung des Beschäftigten, ob und auf welcher Liste er kandidieren will, vom Schutzbereich erfasst. Keine unzulässige Beeinflussung soll hingegen nach Ansicht des BVerfG (BVerfG 24.2.1999, 1 BvR 123/93, EzA Art 9 GG Nr 64) vorliegen, wenn eine Gewerkschaft einem Mitglied mit dem Ausschluss droht, das statt auf der Gewerkschaftsliste auf einer konkurrierenden neutralen Liste kandidiert. Richtigerweise darf damit nur bei schweren Verstößen gedroht werden, etwa bei einer Kandidatur auf der Liste einer konkurrierenden Gewerkschaft (Richardi/*Thüsing* § 20 Rn 25 f; aA *Fitting* § 20 Rn 30; DKKW/*Homburg* § 20 Rn 25 f). Als allgemeines Wahlbeeinflussungsverbot (BAG 4.12.1986, 6 AZR 48/85, EzA § 19 BetrVG 1972 Nr. 24) fasst § 20 II anders als § 108b StGB nicht allein Wähler und Kandidaten als Adressaten der Beeinflussung ins Auge, sondern auch die Wahl selbst (*Löwisch* BB 2014, 117, 118). Keinen Fall einer unzulässigen Wahlbeeinflussung stellt es dar, wenn es der AG unterlässt, Wahlbewerber von sich aus über eine Wahlwerbeidee zu informieren, die eine Liste an ihn herangetragen hat, um betriebliche Ressourcen zu nutzen (LAG Hamm 27.10.2015, 7 TaBV 19/15).

IV. Wahlwerbung. Keine unzulässige Beeinflussung ist die Werbung von AN oder im Betrieb vertretenen 5 Gewerkschaften für bestimmte Listen oder Kandidaten. Sie steht unter dem grundrechtlichen Schutz der allg Meinungsfreiheit und wird für die Gewerkschaften zusätzlich von Art 9 III GG als Teil der Freiheit zu koalitionsmäßiger Betätigung garantiert (BVerfG 30.11.1965, 2 BvR 54/62, AP GG Art 9 Nr 7; BAG 6.12.2000, 7 ABR 34/99, EzA § 19 BetrVG 1972 Nr 40). Wahlwerbung in den Arbeitspausen sowie vor und nach der Arbeitszeit hat der AG deshalb grds zu gestatten (GK-BetrVG/*Kreutz* § 20 Rn 19). Werbung während der Arbeitszeit – etwa das Verteilen von Broschüren und Handzetteln – ist unzulässig, wenn sie zu einer mehr als unerheblichen Störung der Betriebsabläufe führt (*Fitting* § 20 Rn 8). Die Werbung unterliegt keiner Zensur. Kritik, auch wenn sie sich gegen konkurrierende Listen oder Mitbewerber richtet und hart vorgetragen wird, gehört zum Wesen des Wahlkampfs (BVerfG 30.11.1965, 2 BvR 54/62, AP GG Art 9 Nr 7); sie ist zulässig, solange die Grenzen des Ehrschutzes beachtet werden (Richardi/*Thüsing* § 20 Rn 16). Erlaubt sind allg Aufrufe zum Wahlboykott (GK-BetrVG/*Kreutz* § 20 Rn 22), nicht jedoch diffamierende und grob wahrheitswidrige Äußerungen gegen Wahlbewerber (DKKW/*Homburg* § 20 Rn 19) oder konkurrierende Listen. Zur Nutzung des Intranets des AG und des E-Mail-Verteilers für Zwecke der Wahlwerbung *Maschmann* NZA 2008, 613; ausf *Lochner*, Virtueller Belegschaftswahlkampf, 2013. Da die BR-Wahl der Legitimation der Repräsentanten dient, die im Verhältnis zum AG die Beteiligungsrechte der Belegschaft ausüben, hat sich der AG neutral zu verhalten (BGH 13.9.2010, 1 StR 220/09, EzA § 20 BetrVG 2001 Nr 3; s.a. *Bittmann* JA 2011, 291; *Brand* AG 2011, 233; *Maschmann* BB 2010, 245; *Rieder* AG 2011, 265); ihm ist jede direkte Wahlwerbung untersagt (Richardi/*Thüsing* § 20 Rn 19). Unzulässig ist auch die mittelbare Unterstützung bestimmter Kandidaten oder Listen, etwa durch finanzielle oder technisch-organisatorische Hilfen seitens des AG (BAG 4.12.1986, 6 ABR 48/85, EzA § 19 BetrVG 1972 Nr 24), erst recht, wenn dabei die finanzielle Unterstützung der Kandidaten verschleiert wird, weil damit die Wähler über die Unabhängigkeit und Integrität der Kandidaten getäuscht werden (BGH 13.9.2010, 1 StR 220/09, aaO). Der AG verstößt ferner dann gegen die Neutralitätspflicht, wenn er in Mitarbeiterversammlungen den BR kritisiert, die AN zur Aufstellung alternativer Listen auffordert und erklärt, wer den BR wiederwähle, begehe Verrat am Unternehmen (Hess LAG 12.11.2015. 9 TaBV 44/15). Der BR hingegen unterliegt als Akteur der Belegschaft keinem Neutralitätsgebot und darf durch Wahlwerbung Einfluss nehmen (*Löwisch* BB 2014, 117, 118). Ihm kommt dafür der Schutz des Art. 5 I 1 GG (GK-BetrVG/*Wiese*, Einl. Rn 70), sowie bei schriftlichen Informationen der des Art. 5 I 2 GG zugute. Nur das Friedensgebot des § 74 II 2 zieht der Betätigung des BR bei Wahlen eine Grenze. Von einer Beeinträchtigung des Betriebsfriedens ist aber nur dann auszugehen, wenn aggressive Wahlwerbung zur Unruhe in der Belegschaft führt, wie bei grob unsachlichen oder verleumderischen Angriffen (*Löwisch* BB 2014, 117, 118).

C. Kosten der Wahl. I. Grundsatz. Als lex specialis zur § 40 bestimmt § 20 I, dass der AG Sach- und 6 Personalkosten der Wahl zu tragen hat, soweit sie zur ordnungsgemäßen Durchführung erforderlich sind (BAG 8.4.1992, 7 ABR 56/91, EzA § 20 BetrVG 1972 Nr 15). Welche Kosten erforderlich sind, entscheidet der Wahlvorstand nach pflichtgem Ermessen. Hierbei kommt ihm ein gerichtlich nur eingeschränkt überprüfbarer Beurteilungsspielraum zu. Die Grds der §§ 37, 40 gelten entspr (BAG 3.12.1987, 6 ABR 79/85, EzA § 20 BetrVG 1972 Nr 14). Erstattungsfähig sind auch die Kosten einer Gewerkschaft, die ihr durch die Ausübung von Beteiligungsrechten bei der Wahl entstehen, zB im Verfahren der Bestellung eines Wahlvorstands durch das ArbG (*Fitting* § 20 Rn 38) oder zur gerichtlichen Durchsetzung ihres Anwesenheitsrechts bei der Stimmauszählung (BAG 16.4.2003, 7 ABR 29/02, EzA § 20 BetrVG 2001 Nr 1). Ferner hat der AG die Kosten von Gerichtsverfahren zur Klärung von Streitfragen im Zuge einer BR-Wahl zu übernehmen, soweit die Rechtsverfolgung nicht mutwillig und offensichtlich unbegründet ist (BAG 8.4.1992, 7 ABR 56/91, EzA § 20 BetrVG 1972 Nr 15). Dazu gehören auch die Kosten einer anwaltlichen Vertretung bei einer nicht von vornherein aussichtslos erscheinenden Wahlanfechtung (BAG 8.4.1992, 7 ABR 56/91, aaO; LAG Hamm 10.12.2013, 7 TaBV 85/13). Über Streitigkeiten entscheidet das ArbG im Beschlussverfahren (*Fitting* § 20 Rn 42).

7 **II. Kosten im Einzelnen.** Der AG hat die sachl und persönlichen Kosten des Wahlvorstands zu tragen. Zu den Sachkosten rechnen die Kosten für die Räume des Wahlvorstands samt Einrichtung, für Büromaterial, Telefon und Porto, Gesetzestexte und Kommentarlit, Stimmzettel, Wahlurnen und Wahlkabinen. Sind Reisen erforderlich, hat der AG auch die Transport- und Übernachtungskosten zu ersetzen. Zu erstatten sind weiterhin die Kosten einer notwendigen und angemessenen Schulung des Wahlvorstands (BAG 7.6.1984, 6 AZR 3/82, EzA § 20 BetrVG 1972 Nr 13). Der Besuch einer halbtägigen Schulungsveranstaltung eines erstmals zum Wahlvorstand berufenen Mitglieds ist ohne Weiteres als erforderlich anzusehen (BAG 7.6.1984, 6 AZR 3/82, aaO). Notwendig kann auch die Schulung eines Wahlvorstands sein, der als Vorsitzender bereits Jahre zuvor eine Wahl geleitet hat, wenn sein Wissen aktualisierungsbedürftig ist (BAG 26.4.1995, 7 AZR 874/94, EzA § 20 BetrVG 1972 Nr 17).

8 **D. Wahlbedingte Arbeitsversäumnis.** Die Wahl und alle notwendig mit ihr verbundenen Handlungen finden grds während der Arbeitszeit statt (*Fitting* § 20 Rn 44). Notwendig ist die Arbeitsversäumnis, wenn der AN sie vernünftigerweise für erforderlich halten durfte (HWGNRH/*Nicolai* § 20 Rn 45). Das ist zu bejahen für die Teilnahme an einer Wahlversammlung (§§ 14a, 17) und die Zeit der Stimmabgabe, nicht jedoch für das Sammeln von Stützunterschriften oder die Vorstellung als Wahlbewerber während der Arbeitszeit (LAG Hamm 6.2.1980, 3 TaBV 79/79, DB 1980, 1223; *Fitting* § 20 Rn 43; aA DKKW/*Homburg* § 20 Rn 36). Auch der Wahlvorstand und die von ihm herangezogenen Wahlhelfer werden grds während der Arbeitszeit tätig. Für die notwendigerweise versäumte Arbeitszeit hat der AG das Entgelt nach dem Lohnausfallprinzip weiter zu entrichten, dh der AN ist so zu stellen, als ob er gearbeitet hätte. Muss Wahlvorstandsarbeit außerhalb der regelmäßigen Arbeitszeit geleistet werden, ist eine entspr Arbeitsbefreiung unter Fortzahlung der Vergütung analog § 37 III zu gewähren (BAG 26.4.1995, 7 AZR 874/94, EzA § 20 BetrVG 1972 Nr 17). Beim Besuch notwendiger Schulungsveranstaltungen ist das Arbeitsentgelt ebenfalls nach dem Lohnausfallprinzip fortzuentrichten (BAG 7.6.1984, 6 AZR 3/82, EzA § 20 BetrVG 1972 Nr 13). Streitigkeiten über die Lohnfortzahlung entscheidet das ArbG im Urteilsverfahren (BAG 11.5.1973, 1 ABR 3/73, EzA § 20 BetrVG 1972 Nr 2), wobei die Darlegungs- und Beweislast beim Anspruchssteller liegt (BAG 26.6.1973, 1 AZR 170/73, EzA § 20 BetrVG 1972 Nr 4).

§ 21 Amtszeit

¹Die regelmäßige Amtszeit des Betriebsrats beträgt vier Jahre. ²Die Amtszeit beginnt mit der Bekanntgabe des Wahlergebnisses oder, wenn zu diesem Zeitpunkt noch ein Betriebsrat besteht, mit Ablauf von dessen Amtszeit. ³Die Amtszeit endet spätestens am 31. Mai des Jahres, in dem nach § 13 Abs. 1 die regelmäßigen Betriebsratswahlen stattfinden. ⁴In dem Fall des § 13 Abs. 3 Satz 2 endet die Amtszeit spätestens am 31. Mai des Jahres, in dem der Betriebsrat neu zu wählen ist. ⁵In den Fällen des § 13 Abs. 2 Nr. 1 und 2 endet die Amtszeit mit der Bekanntgabe des Wahlergebnisses des neu gewählten Betriebsrats.

Übersicht	Rdn.			Rdn.
A. Allgemeines	1	C.	Ende der Amtszeit	4
B. Beginn der Amtszeit	2	I.	Regelmäßige Amtszeit	4
I. Betriebsratsloser Betrieb	2	II.	Unregelmäßige Amtszeit und Sonderfälle	5
II. Betriebe mit BR	3	III.	Folgen	6

1 **A. Allgemeines.** § 21 regelt als zwingende Vorschrift Dauer, Beginn und Ende der Amtszeit des BR (GK-BetrVG/*Kreutz* § 21 Rn 7). Keine Anwendung findet sie auf den GBR, den KBR und die GJAV, da es sich um Dauereinrichtungen ohne feste Amtszeit handelt. Die Mitgliedschaft der dorthin Entsandten endet mit dem Ende der Amtszeit des Entsendungsgremiums. Über Streitfragen entscheidet das ArbG im Beschlussverfahren (§§ 2a, 80 ff ArbGG).

B. Beginn der Amtszeit. I. Betriebsratsloser Betrieb. Wird in einem betriebsratslosen Betrieb erstmals 2
ein BR gewählt, beginnt seine Amtszeit mit der Bekanntgabe des Wahlergebnisses durch Aushang (§ 3
IV WahlO) oder mittels der im Betrieb vorhandenen Informations- und Kommunikationsmittel (§ 2 IV
3–4 WahlO). Entspr gilt, wenn vor Ablauf der Amtszeit des alten BR kein neuer gewählt wurde sowie in
den Fällen von § 13 II Nr 4–6 (s § 13 Rdn 2). Bis dahin hat der AG selbst dann keine Mitbestimmungsrechte zu beachten, wenn ihm bekannt ist, dass eine Wahl ansteht (BAG 28.10.1992, 10 ABR 75/91, EzA
§ 112 BetrVG 1972 Nr 60).

II. Betriebe mit BR. Hier beginnt die Amtszeit am Tag nach dem Ablauf der Amtszeit des alten BR 3
(DKKW/*Buschmann* § 21 Rn 9 f). Endet dessen Amtszeit zB am 10.3., beginnt die Amtszeit des neuen
am 11.3., unabhängig davon, ob sich der neue BR nach der Wahl bereits konstituiert hatte, da seine Amtszeit auch ohne Vornahme einer bes Handlung oder Erklärung beginnt (GK-BetrVG/*Kreutz* § 21 Rn 14).
Der Sonderkündigungs- und Versetzungsschutz (§ 15 KSchG, § 103 BetrVG) gilt allerdings schon mit
Bekanntgabe des Wahlergebnisses (hM, BAG 22.9.1983, 6 AZR 323/81, EzA § 78a BetrVG 1972 Nr 12;
GK-BetrVG/*Kreutz* § 21 Rn 20; aA HWGNRH/*Worzalla/Huke* § 21 Rn 9). Wurde der amtierende BR
außerhalb des regelmäßigen 4-Jahres-Zeitraums gewählt, richtet sich seine Amtszeit nach § 13 II (s § 13
Rdn 2). Hat ein BR nach § 13 II Nr 3 seinen Rücktritt beschlossen, führt er die Geschäfte weiter, bis das
Erg der Neuwahl bekannt gegeben ist (§ 22). Die Amtszeit des neuen BR beginnt mit diesem Tage (*Fitting*
§ 21 Rn 9).

C. Ende der Amtszeit. I. Regelmäßige Amtszeit. Im Regelfall endet die Amtszeit mit Ablauf der 4
4-jährigen Amtsperiode, und zwar auch dann, wenn noch kein neuer BR gewählt wurde (hM, GK-BetrVG/*Kreutz* § 21 Rn 24 mwN; aA Richardi/*Thüsing* § 21 Rn 13). Die Fristberechnung erfolgt nach den
§§ 187 ff BGB. Begann die Amtszeit zB am 13.4.2006, endet sie am 12.4.2010 um 24.00 Uhr. Begann die
Amtszeit mit Bekanntgabe des Wahlergebnisses (s Rdn 2), bleibt dieser Tag bei der Fristberechnung unberücksichtigt (*Fitting* § 21 Rn 18). Bsp: Bekanntgabe des Wahlergebnisses 16.4.2006; Ende der Amtszeit
mit Ablauf des 16.4.2010.

II. Unregelmäßige Amtszeit und Sonderfälle. Wurde der **BR außerplanmäßig gewählt**, richtet sich die 5
Amtszeit nach § 13 III (s iE § 13 Rdn 2). Seine Amtszeit endet mit der Bekanntgabe des Wahlergebnisses
des neu gewählten BR (BAG 28.9.1983, 7 AZR 266/82, EzA § 102 BetrVG 1972 Nr 56). Erfolgt eine
Neuwahl nicht oder zu spät, endet die Amtszeit des außerplanmäßig gewählten BR spätestens am 31.5.
des Jahres, in dem nach § 13 III eine Neuwahl stattfinden muss (§ 21 S 4). Ist der BR wegen veränderter
Belegschaftsstärke (§ 13 II Nr 1) oder wegen Absinkens der Zahl seiner Mitglieder unter die gesetzlich
vorgeschriebene Größe neu zu wählen, endet seine Amtszeit nicht automatisch mit dem Erreichen der
Schwellenwerte, sondern erst mit der Bekanntgabe des Wahlergebnisses des neu gewählten BR (§ 21 S 5),
jedenfalls soweit der BR nicht seine BR-Fähigkeit nach § 1 verliert (DKKW/*Buschmann* § 21 Rn 26). **Tritt
der BR zurück**, führt er die Geschäfte bis zur Bekanntgabe der Ergebnisse einer Neuwahl nach § 13 II Nr 3
fort (§ 22), längstens bis zum Ende der regulären Amtszeit des bestehenden BR (*Fitting* § 21 Rn 29). Das
gilt nicht, wenn alle Mitglieder und Ersatzmitglieder **aus dem Amt ausscheiden**; hier endet die Amtszeit
mit dem Amtsverlust des letzten Mitglieds; eine kommissarische Fortführung der Geschäfte kommt nicht
in Betracht (BAG 12.1.2000, 7 ABR 61/98, EzA § 24 BetrVG 1972 Nr 2). Wird der BR aufgelöst oder
seine Wahl erfolgreich angefochten, endet die Amtszeit mit Rechtskraft der gerichtlichen Entsch. Stellt das
Gericht die **Nichtigkeit der Wahl** fest, hat ein BR nie bestanden. Geht der Betrieb nach § 613a BGB auf
einen anderen Inhaber über, bleibt der BR im Amt, solange der Erwerber die Betriebsidentität erhält (BAG
28.9.1988, 1 ABR 37/87, EzA § 95 BetrVG 1972 Nr 14). Die **Eröffnung eines Insolvenzverfahrens** lässt
das BR-Amt unberührt; die betriebsverfassungsrechtlichen Rechte und Pflichten des AG gehen auf den
Insolvenzverwalter iR seiner Verwaltungs- und Verfügungsbefugnisse nach § 80 InsO über (GK-BetrVG/
Kreutz § 21 Rn 48). Das BR-Amt endet, wenn die **Anzahl der idR beschäftigten AN** in der Einheit, für die
der BR gewählt ist, **dauerhaft unter 5 sinkt** (LAG Schl-Holst 27.3.2012, 1 TaBV 12 b/11).

III. Folgen. Mit Ablauf seiner Amtszeit enden die Befugnisse des BR automatisch; er darf sie auch nicht 6
kommissarisch bis zur Wahl eines neuen BR wahrnehmen (BAG 15.1.1974, 1 AZR 234/73, AP PersVG BW
§ 68 Nr 1). Die Ausnahmen von diesem Grds sind in den §§ 21a, 21b und 22 abschließend geregelt. Mit
dem Verlust seines Amtes ist der BR in einem arbeitsgerichtlichen Beschlussverfahren nicht mehr beteiligtenfähig; ein gegen ihn gerichteter Antrag ist als unzulässig abzuweisen (LAG Schl-Holst 27.3.2012, 1 TaBV
12 b/11).

§ 21a Übergangsmandat

(1) ¹Wird ein Betrieb gespalten, so bleibt dessen Betriebsrat im Amt und führt die Geschäfte für die ihm bislang zugeordneten Betriebsteile weiter, soweit sie die Voraussetzungen des § 1 Abs. 1 Satz 1 erfüllen und nicht in einen Betrieb eingegliedert werden, in dem ein Betriebsrat besteht (Übergangsmandat). ²Der Betriebsrat hat insbesondere unverzüglich Wahlvorstände zu bestellen. ³Das Übergangsmandat endet, sobald in den Betriebsteilen ein neuer Betriebsrat gewählt und das Wahlergebnis bekannt gegeben ist, spätestens jedoch sechs Monate nach Wirksamwerden der Spaltung. ⁴Durch Tarifvertrag oder Betriebsvereinbarung kann das Übergangsmandat um weitere sechs Monate verlängert werden.
(2) ¹Werden Betriebe oder Betriebsteile zu einem Betrieb zusammengefasst, so nimmt der Betriebsrat des nach der Zahl der wahlberechtigten Arbeitnehmer größten Betriebs oder Betriebsteils das Übergangsmandat wahr. ²Absatz 1 gilt entsprechend.
(3) Die Absätze 1 und 2 gelten auch, wenn die Spaltung oder Zusammenlegung von Betrieben und Betriebsteilen im Zusammenhang mit einer Betriebsveräußerung oder einer Umwandlung nach dem Umwandlungsgesetz erfolgt.

Übersicht	Rdn.			Rdn.
A. Allgemeines	1		2. Zuständiger BR	7
B. Voraussetzungen	2	C.	Ausübung des Übergangsmandats	8
I. Übergangsmandat bei Betriebsspaltung	2	I.	Beginn und Ende	8
1. Betriebsspaltung	3		1. Beginn	8
2. BR-Fähigkeit der neuen Einheit	4		2. Ende	9
3. Keine Eingliederung in einen Betrieb mit einem BR	5	II.	Inhalt	10
		III.	Personelle Zusammensetzung und Zuständigkeit	11
II. Übergangsmandat bei Zusammenfassung von Betrieben	6	IV.	Kosten	12
1. Zusammenfassung	6			

1 A. Allgemeines. Behält der Betrieb bei einem Inhaberwechsel seine organisatorische Struktur bei, bleibt der BR des auf den Erwerber übergehenden und weiterbestehenden Betriebs im Amt (BAG 11.10.1995, 7 ABR 17/95, EzA § 81 ArbGG 1979 Nr 16; *Fitting* § 1 Rn 140). Wird aus einem Betrieb ein Betriebsteil ausgegliedert, so bleibt der BR des Restbetriebs im Amt (ausf *Fuhlrott/Oltmanns*, BB 2015, 1013). Seine Zuständigkeit beschränkt sich auf den Restbetrieb. Er bleibt auch für den ausgegliederten Betriebsteil zuständig, wenn dieser und der Restbetrieb einen Gemeinschaftsbetrieb (s § 1 Rdn 11) bilden. Wird der Betriebsteil als selbständiger Betrieb fortgeführt und ist der ausgegliederte Betriebsteil selbst betriebsratsfähig (§ 1), kann für diesen ein eigener BR gewählt werden. Damit bis dahin keine betriebsratslosen Zeiten entstehen, kommt dem BR des Restbetriebs ein **Übergangsmandat** zu, das ihn berechtigt und verpflichtet, im ausgegliederten Betriebsteil BR-Wahlen einzuleiten und für die Vertretung der dort beschäftigten AN zu sorgen. Wird der ausgegliederte Betriebsteil mit dem Betrieb eines Erwerbers zusammengelegt, so wird der beim Erwerberbetrieb bestehende BR auch für den ausgegliederten Teil zuständig (BAG 21.1.2003, 1 ABR 9/02, EzA § 77 BetrVG 2001 Nr 3). Seine Amtszeit endet, wenn durch die Zusammenlegung ein neuer Betrieb entsteht und die Betriebe oder Betriebsteile ihre Identität (§ 613a BGB Rdn 58) verlieren. Diese bleibt gewahrt, wenn das betriebliche Substrat, auf das sich das BR-Amt bezieht, sich nur wenig ändert, und noch ein räumlicher und funktionaler Zusammenhang zum Ursprungsbetrieb besteht (BAG 24.5.2012, 2 AZR 62/11, EzA § 21b BetrVG 2002 Nr 2). In diesem Fall erhält der BR des Betriebs oder Betriebsteils mit der größten Zahl von AN das Übergangsmandat im neu entstandenen Betrieb. Die Vorschrift ist zwingend (*Fitting* § 21a Rn 5); sie gilt aber weder für den GBR noch für den KBR (*Richardi/Thüsing* § 21a Rn 33). Da mit § 21a Art 6 der Betriebsübergangs-RL (2001/23/EG v 12.3.2001, ABlEG Nr L 82 S 16) umgesetzt wird, ist sie richtlinienkonform auszulegen. Streitigkeiten über Entstehung und Ausübung des Übergangsmandats entscheidet das ArbG im Beschlussverfahren; sie können auch Vorfrage in anderen Verfahren sein. Ansprüche auf EFZ und Freizeitausgleich wegen Wahrnehmung des Übergangsmandats sind im Urteilsverfahren geltend zu machen (*Fitting* § 21a Rn 30). Ein Übergangsmandat nach § 21a kommt nur für einen nach Maßgabe des BetrVG errichteten BR in Betracht, nicht für Vertretungen nach dem BPersVG; auf privatisierende Ausgliederungen ist § 21a auch nicht analog anwendbar (LAG Düsseldorf 16.1.2012, 14 TaBV 83/11, BB 2012, 572).

2 B. Voraussetzungen. I. Übergangsmandat bei Betriebsspaltung. Ein Übergangsmandat bei Betriebsspaltung entsteht, wenn die folgenden 3 Voraussetzungen kumulativ erfüllt sind (*Kittner* NZA 2012, 541):

1. Betriebsspaltung. § 21a definiert die Voraussetzungen für eine Betriebsspaltung nicht selbst. § 21a 3
III stellt jedoch klar, dass die Voraussetzungen für eine Unternehmensspaltung nach §§ 123, 130 UmwG nicht erfüllt sein müssen. Solange eine Aufspaltung, Abspaltung oder Ausgliederung die Organisation des Betriebs unberührt lässt, bleibt der bisherige BR im Amt. Bei einer **Abspaltung** werden Teile aus dem bisherigen Betrieb entweder als selbständige Betriebe fortgeführt oder in andere Betriebe eingegliedert; iÜ bleibt der Betrieb erhalten. Darin unterscheidet sich die Abspaltung von der **Aufspaltung**. Bei ihr wird der Betrieb vollständig aufgeteilt (ErfK/*Koch* § 21a Rn 2). Die aufgeteilten Organisationseinheiten können als selbständige Betriebe geführt oder in andere Einheiten eingegliedert oder mit ihnen verschmolzen werden. Zur Spaltung eines Gemeinschaftsbetriebs (§ 1 I 2) muss dessen einheitlicher Leitungsapparat aufgehoben werden (*Fitting* § 21a Rn 10).

2. BR-Fähigkeit der neuen Einheit. Kann in der durch die Spaltung hervorgegangenen Einheit kein BR 4
gebildet werden – zB wegen Unterschreitung der Schwellenwerte des § 1 I 1 –, bedarf es keines Übergangsmandats (GK-BetrVG/*Kreutz* § 21a Rn 26 f). Für den bisher zuständigen BR kann aber ein Restmandat (§ 21b) in Betracht kommen. Keine Rolle spielt, ob die ab- oder aufgespaltenen Betriebsteile oder die aufnehmende Einheit bereits zuvor betriebsratsfähig waren; entscheidend ist, dass sie es mit der Eingliederung werden (*Fitting* § 21a Rn 13). Das Übergangsmandat entsteht nur dann nicht, wenn die neue Einheit selbst nicht betriebsratsfähig ist (GK-BetrVG/*Kreutz* § 21a Rn 26).

3. Keine Eingliederung in einen Betrieb mit einem BR. Besteht in der aufnehmenden Einheit bereits ein 5
BR, bedarf es keines Übergangsmandats; ein Nebeneinander zweier BR widerspräche dem Grds einer einheitlichen betriebsbezogenen AN-Vertretung (*Fitting* § 21a Rn 14). Die AN der aufgenommenen Einheit werden Betriebsangehörige des aufnehmenden Betriebs und von dem dort amtierenden BR vertreten. Führt die Eingliederung zu einer wesentlichen Änderung der Betriebsgröße, ist der BR nach Maßgabe von § 13 II Nr 1 neu zu wählen. Ändert sich durch die Aufnahme von Betriebsteilen die Identität des aufnehmenden Betriebs, liegt keine Eingliederung, sondern eine Zusammenfassung von Betrieben vor, für die § 21a II gilt (s Rdn 6). Das Übergangsmandat besteht nicht nur für den Fall, dass der bislang der Mitbestimmung unterliegende Betrieb oder Betriebsteil als selbständiger Betrieb fortgeführt wird, sondern auch dann, wenn er in einen bereits bestehenden Betrieb ohne BR eingegliedert wird (*Fitting* § 21a Rn 11a mwN; aA Richardi/*Thüsing* § 21a Rn 13 mwN). Nur so lassen sich Schutzlücken vermeiden, die der Gesetzgeber mit der Anerkennung des Übergangsmandats schließen wollte.

II. Übergangsmandat bei Zusammenfassung von Betrieben. 1. Zusammenfassung. Entsteht durch 6
die Zusammenfassung von Betrieben oder Betriebsteilen ein neuer Betrieb, endet das Amt der bisher zuständigen BR, und es ist Raum für ein Übergangsmandat. Kein neuer Betrieb entsteht, wenn die Betriebe oder Betriebsteile trotz der Zusammenfassung ihre bisherige Identität bewahren, dh wenn der Zweck, die Struktur und der Leitungsapparat der bisherigen Einheiten im Großen und Ganzen erhalten bleiben (*Fitting* § 21a Rn 11). Nur wesentliche Organisationsänderungen können die Betriebsidentität infrage stellen (DKKW/*Buschmann* § 21a Rn 24). Relevant ist vor allem die Zahl der von einer Organisationsänderung betroffenen AN. Von einer Eingliederung ist idR auszugehen, wenn eine kleinere Einheit mit einer größeren zusammengefasst wird. Sind die Betriebe in etwa gleich groß, ist eher an eine Verschmelzung zu denken, insb wenn eine vollkommen neue Organisationsstruktur – etwa eine neue Betriebsleitung – geschaffen wird.

2. Zuständiger BR. Endet durch die Zusammenfassung das Amt der bisher zuständigen BR, soll das 7
Übergangsmandat nicht von beiden BR gemeinsam ausgeübt werden, da eine solche Zusammenarbeit erfahrungsgem zu Konflikten führt. Vielmehr sorgt § 21a II für eine von Anfang an einheitliche AN-Vertretung. Das Übergangsmandat wird von dem BR des Betriebs mit den meisten AN ausgeübt. Aus Gründen der Rechtssicherheit ist die Zahl der wahlberechtigten AN zum Zeitpunkt der letzten BR-Wahl maßgeblich (GK-BetrVG/*Kreutz* § 21a Rn 71; aA HWGNRH/*Worzalla* § 21a Rn 25; *Löwisch/Kaiser* § 21a Rn 24; *Rieble* NZA 2002, 223: Zeitpunkt der Zusammenfassung). Ist der größte Betrieb betriebsratslos, nimmt der BR des nächstgrößeren Betriebs das Mandat wahr (Richardi/*Thüsing* § 21a Rn 14). Das Übergangsmandat besteht für sämtliche an der Zusammenfassung beteiligte Einheiten, gleichviel, ob diese zuvor mitbestimmt waren oder nicht (GK-BetrVG/*Kreutz* § 21a Rn 72). Zum Inhalt des Mandats s Rdn 10.

C. Ausübung des Übergangsmandats. I. Beginn und Ende. 1. Beginn. Das Übergangsmandat beginnt 8
mit dem Vollzug der Organisationsänderung. Das ist der Zeitpunkt, in dem die Leitungsmacht für die von der Spaltung bzw Zusammenfassung betroffenen Einheiten tatsächlich wechselt.

2. Ende. Das Übergangsmandat endet – wenn ein neuer BR gewählt wurde – mit der Bekanntgabe 9
des Wahlergebnisses (§ 21a I 3), sonst spätestens 6 Monate nach Wirksamwerden der Spaltung bzw der

Zusammenfassung. Gemeint ist auch hier der Zeitpunkt, in dem die Leitungsmacht wechselt. Das Übergangsmandat kann durch nicht erkämpfbaren TV bzw durch eine freiwillige BV um längstens 6 Monate auf insgesamt 1 Jahr verlängert werden. Die Verlängerung muss vor Ablauf der 6-Monats-Frist vereinbart werden. Eine entspr BV ist zwischen dem BR, der das Übergangsmandat wahrnimmt, und dem AG, für dessen Betrieb oder Betriebsteil es besteht, abzuschließen (*Fitting* § 21a Rn 26).

10 **II. Inhalt.** Das Übergangsmandat ist – anders als es der Wortlaut nahelegt – nicht auf die Ausübung von Übergangs- und Abwicklungsrechten beschränkt, sondern ein Vollmandat mit allen Rechten und Pflichten, das allerdings nur zeitlich befristet gilt (*Richardi/Thüsing* § 21a Rn 19). Es berechtigt zur Wahrnehmung sämtlicher Beteiligungsrechte, zum Abschluss entspr BV, zum Abhalten von Betriebsversammlungen und Sprechstunden sowie zur Führung von Einigungsstellen- und Gerichtsverfahren. Es verpflichtet den BR der abgebenden Einheit, in der neuen Einheit unverzüglich BR-Wahlen einzuleiten (§ 21a I 2). Der Wahlvorstand wird nach § 16 bestellt (BAG 31.5.2000, 7 ABR 78/98, EzA § 19 BetrVG 1972 Nr 39). § 17 ist nicht einschlägig, da der Betrieb nicht betriebsratlos ist, sondern von dem das Übergangsmandat ausübenden BR vertreten wird. Unterbleibt die Bestellung des Wahlvorstands, kann er vom GBR bzw KBR (§ 16 III) oder vom ArbG eingesetzt werden (*Richardi/Thüsing* § 21a Rn 26). Zur Wahrnehmung des Mandats ist den BR-Mitgliedern des abgebenden Betriebs Zugang zum aufnehmenden Betrieb zu gewähren (*Gragert* NZA 2004, 289). Für die Zeit des Übergangsmandats sind auch Mitglieder in den GBR des Unternehmens zu entsenden, dem der aufnehmende Betrieb angehört (*Rieble* NZA 2002, 233).

11 **III. Personelle Zusammensetzung und Zuständigkeit.** Für die Dauer des Übergangsmandats bleiben sämtliche Mitglieder des bisher zuständigen BR im Amt, gleichviel, ob sie der abgespaltenen Einheit oder dem Restbetrieb angehören. § 24 Nr 4 ist insoweit teleologisch zu reduzieren, da sonst die personelle Kontinuität der AN-Vertretung nicht gewährleistet wäre (*ErfK/Koch* § 21a Rn 7). Das Amt endet aber, wenn ein BR-Mitglied aus allen an der Spaltung oder Zusammenfassung beteiligten Einheiten endgültig ausscheidet (§ 24 Nr 3, 4); dafür rückt das zuständige Ersatzmitglied nach (*Fitting* § 21a Rn 17). Sämtliche BR-Mitglieder sind für alle an der Spaltung oder Zusammenfassung beteiligten Einheiten zuständig. Nur so lässt sich die vom Gesetzgeber bezweckte Kontinuität des BR-Amtes realisieren. Deshalb können nach einer Ausgliederung Beteiligungsrechte für den Restbetrieb auch von BR-Mitgliedern wahrgenommen werden, die dem ausgegliederten Betriebsteil angehören (DKKW/*Buschmann* § 21a Rn 33 f; *Fitting* § 21a Rn 16; aA ErfK/*Koch* § 21a Rn 7; GK-BetrVG/*Kreutz* § 21a Rn 34; *Kittner* NZA 2012, 541: alleinige Zuständigkeit der im Restbetrieb beschäftigten BR-Mitglieder). Für Konflikte, die das Übergangsmandat betreffen, ist das ArbG örtlich zuständig, in dessen Bezirk die Betriebsleitung des jeweiligen neu entstandenen Betriebes ihren Sitz hat (LAG Bln-Bbg 20.4.2015, 21 SHa 462/15, EzA-SD 2015, Nr 14, 16); dabei bleibt es, auch wenn einer der neu entstandenen Betriebe oder der weiterbestehende (Rest-)Ursprungsbetrieb später stillgelegt wird, für Konflikte im Zusammenhang mit der Stilllegung.

12 **IV. Kosten.** § 21a regelt nicht, wer die Kosten des Übergangsmandats trägt. Es bleibt daher bei der allg Regelung des § 40. Die mit § 21a bezweckte Kontinuität des BR-Amtes verlangt, den AG des Restbetriebs hierfür grds allein haften zu lassen (str; wie hier ErfK/*Koch* § 21a Rn 8; aA *Fitting* § 21a Rn 27; *Gragert* NZA 2004, 289: Haftung der beteiligten AG als Gesamtschuldner). BR-Mitglieder unter Fortzahlung ihres Entgelts von der Arbeit freizustellen, vermag nur der jeweilige Vertrags-AG. Ihm ggü besteht auch der bes Kdg- und Versetzungsschutz für BR, der auch iRd Übergangsmandats besteht, selbst als nachwirkender Schutz.

§ 21b Restmandat
Geht ein Betrieb durch Stilllegung, Spaltung oder Zusammenlegung unter, so bleibt dessen Betriebsrat so lange im Amt, wie dies zur Wahrnehmung der damit im Zusammenhang stehenden Mitwirkungs- und Mitbestimmungsrechte erforderlich ist.

Übersicht	Rdn.		Rdn.
A. Allgemeines	1	I. Beginn und Ende	3
B. Voraussetzungen	2	II. Inhalt	4
C. Ausübung des Restmandats	3	III. Wahrnehmung des Mandats	5

1 **A. Allgemeines.** Geht ein Betrieb wegen endgültigen Fortfalls seiner Organisation unter, endet das BR-Amt wegen § 24 Nr 4 vorzeitig (BAG 14.8.2001, 1 ABR 52/00, EzA § 24 BetrVG 1972 Nr 3). Damit die regelmäßig mit einer Stilllegung, Spaltung oder Zusammenlegung verbundenen Beteiligungsrechte

(§§ 111, 112) nicht durch eine vorschnelle Betriebsauflösung leerlaufen, hatte die Rspr die Rechtsfigur des Restmandats entwickelt (BAG 16.6.1987, 1 AZR 528/85, EzA § 111 BetrVG 1972 Nr 21), an die § 21b anknüpft. Das Restmandat sichert dem bisher zuständigen BR die Beteiligungsrechte auch nach dem Betriebsuntergang, allerdings strikt auf diesen bezogen. Insoweit wird das ursprüngliche BR-Mandat inhaltlich eingeschränkt zeitlich ausgeweitet (ErfK/*Koch* § 21b Rn 1). Das Restmandat besteht anders als das Übergangsmandat nicht ggü dem Inhaber des neuen, sondern dem des alten Betriebs. Die Regelung des § 21b ist zwingend. Das Restmandat kann weder durch TV, noch durch BV, noch durch Individualvereinbarung mit den einzelnen Mitgliedern aufgehoben oder beschränkt werden. S. ausf. *J. Buschmann*, Das Restmandat des Betriebsrats, Diss. Gießen 2010.

B. Voraussetzungen. Der BR muss bereits vor dem Betriebsuntergang bestanden haben, um das Restmandat auszuüben. Der Betrieb geht unter, wenn seine Organisation aufgelöst wird (*Fitting* § 21b Rn 5). Das ist bei einer **Betriebsstilllegung** regelmäßig der Fall, da dabei definitionsgem die zwischen dem AG und dem AN bestehende Betriebs- und Produktionsgemeinschaft aufgelöst wird. Der AG muss die **wirtschaftliche Betätigung** in der ernstlichen und endgültigen Absicht **einstellen**, den bisherigen Betriebszweck dauernd oder für eine ihrer Dauer nach unbestimmte, wirtschaftlich erhebliche Zeitspanne nicht mehr weiterzuverfolgen (BAG 21.6.2001, 2 AZR 137/00, EzA § 15 KSchG nF Nr 53). Daran fehlt es, wenn der Betrieb – unter Wahrung seiner Identität – auf einen anderen Inhaber übergeht (BAG 27.7.1994, 7 ABR 37/93, EzA § 613a BGB Nr 123) oder seine Tätigkeit nur vorübergehend einstellt, etwa infolge eines Arbeitskampfs (BAG 25.10.1988, 1 AZR 368/87, EzA Art 9 GG Arbeitskampf Nr 89) oder bei ungewollter Zerstörung der Betriebsanlagen, zB durch Feuer (BAG 16.6.1987, 1 AZR 528/85, EzA § 111 BetrVG 1972 Nr 21). Auch die Eröffnung eines Insolvenzverfahrens lässt als solche das Amt unberührt; erst die Stilllegung des Betriebs kann ein Restmandat begründen. Bei einer Teilstilllegung bleibt der BR des Restbetriebs für die von der Teilstilllegung betroffenen AN aufgrund seines regulären Mandats zuständig. Ein Restmandat entsteht, wenn der Restbetrieb wegen Unterschreitung der Schwellenwerte des § 1 seine BR-Fähigkeit einbüßt. Bei Betriebsspaltungen kommt ein Restmandat nur in Betracht, wenn der ursprüngliche Betrieb aufgrund der Spaltung unter Verlust seiner Identität aufgelöst wird. Der Begriff der Identität des Betriebs ist dabei nicht in einem logischen Sinne zu verstehen. Es geht darum, ob das betriebliche Substrat, auf das sich das BR-Amt bezieht, weitgehend unverändert geblieben ist, ob also insbes ein räumlicher und funktionaler Zusammenhang mit dem Ursprungsbetrieb noch besteht. Eine Spaltung iSd § 21b liegt nicht vor, wenn sich die Umstrukturierung darin erschöpft, die betriebliche Tätigkeit eines Betriebsteils zu beenden, solange der Restbetrieb seine Identität behält und funktionsfähig bleibt (BAG 24.5.2012, 2 AZR 62/11, EzA § 1 KSchG Betriebsbedingte Kündigung Nr 168) oder wenn Betriebsteile in andere Betriebe eingegliedert werden. Bei der Zusammenlegung von Betrieben gehen diese unter, aus ihnen ein neuer Betrieb mit anderer Identität entsteht. Kein Restmandat besteht, wenn ein Betrieb als Ganzes auf einen anderen Inhaber übergeht, AN sodann nach § 613a VI BGB widersprechen und daraufhin gekündigt werden; mit Ausübung ihres Widerspruchsrechts haben sie den Betrieb verlassen und sind – soweit ihnen kein anderer Tätigkeitsort zugewiesen wird – keiner Betriebsgemeinschaft zuzuordnen (BAG 24.5.2012, 2 AZR 62/11, EzA § 1 KSchG Betriebsbedingte Kündigung Nr 168). Überdies stellt der Widerspruch keine Entscheidung des AG zur Stilllegung, Spaltung oder Zusammenlegung eines Betriebs dar (BAG 24.9.2015, 2 AZR 562/14, EzA-SD 2016, Nr 5, 3).

C. Ausübung des Restmandats. **I. Beginn und Ende.** Das Restmandat beginnt mit dem Untergang des Betriebs (DKKW/*Buschmann* § 21b Rn 27). Maßgeblich ist der tatsächliche Vollzug zur Auflösung der Betriebsorganisation. Es endet nicht mit Ablauf einer bestimmten Frist, sondern erst, wenn alle mit ihm zusammenhängenden Mitbestimmungsrechte ausgeübt sind oder kein BR-Mitglied mehr zur Ausübung bereit ist (BAG 5.10.2000, 1 AZR 48/00, EzA § 112 BetrVG 1972 Nr 107). Es endet deshalb auch nicht mit Ablauf der regulären Amtszeit des BR (BAG 16.6.1987, 1 AZR 528/85, EzA § 111 BetrVG 1972 Nr 21), sondern kann sogar nach dem Betriebsuntergang noch zum Tragen kommen, etwa bei einer nachträglichen Änderung eines bereits geltenden, aber noch nicht vollständig abgewickelten Sozialplans (BAG 5.10.2000, 1 AZR 48/00, EzA § 112 BetrVG 1972 Nr 107).

II. Inhalt. Das Restmandat ist kein Vollmandat (GK-BetrVG/*Kreutz* § 21b Rn 10), sondern funktional auf alle im Zusammenhang mit dem Untergang des Betriebs stehenden Beteiligungsrechte begrenzt (BAG 12.1.2000, 7 ABR 61/98, EzA § 24 BetrVG 1972 Nr 2). Es setzt daher einen funktionalen Bezug zu den durch die Stilllegung, Spaltung oder Zusammenlegung ausgelösten Aufgaben des BR voraus (BAG 24.9.2015, 2 AZR 562/14, EzA-SD 2016, Nr 5, 3). Dagegen begründet § 21b BetrVG kein allgemeines Mandat für sämtliche zum Zeitpunkt einer Umstrukturierung noch nicht erledigten Amtsgeschäfte. Ebenso wenig erstreckt es sich auf Aufgaben, die erst nach einer Betriebsspaltung in den durch sie geschaffenen neuen Einheiten anfallen. Solche Aufgaben können allenfalls Gegenstand eines Übergangsmandats sein (BAG 24.5.2012, 2 AZR 62/11, EzA § 1 KSchG Betriebsbedingte Kündigung Nr 168; BAG 24.9.2015, 2 AZR 562/14, EzA-SD 2016, Nr 5, 3). Gegenstand des Restmandats sind zB die Verh über einen Interessenausgleich, der Abschluss von Sozialplänen (BAG 28.10.1992, 10 ABR 75/91, EzA § 112 BetrVG 1972 Nr 60) und deren Änderung (BAG 5.10.2000, 1 AZR 48/00, EzA § 112 BetrVG 1972 Nr 107) sowie die betriebsverfassungsrechtliche Betreuung der AN, deren Arbeitsverhältnisse trotz des Betriebsuntergangs noch fortbestehen (BAG 14.8.2001, 1 ABR 52/00, EzA § 24 BetrVG 1972 Nr 3). Gibt es nach dem Betriebsuntergang insoweit nichts (mehr) zu regeln, entfällt das Mandat. Während der Dauer des Restmandats besteht auch ein bereits eingerichteter Wirtschaftsausschuss fort (LAG Bln-Bbg 23.7.2015, 26 TaBV 857/15). Das Restmandat berechtigt nicht zur Abwicklung von Einigungsstellen- und Gerichtsverfahren, die beim Betriebsuntergang noch laufen, sich aber nicht unmittelbar auf diesen beziehen (BAG 14.8.2001, 1 ABR 52/00, aaO). Sofern trotz vollzogener Stilllegung noch Kdg auszusprechen sind – etwa ggü AN, die zu Rest- oder Abwicklungsarbeiten eingeteilt sind –, ist der BR zu beteiligen (LAG Nds 23.4.2009, 9 Sa 815/06, AuR 2008, 194). Ist der Betrieb bereits vollständig stillgelegt, hat der AG den BR trotz Restmandats nicht mehr zu beteiligen, wenn er einem AN eine Tätigkeit in einem anderen Betrieb des Unternehmens zuweist (BAG 8.12.2009, 1 ABR 41/09, EzA § 21b BetrVG 2001 Nr 1). Für Konflikte, die das Restmandat betreffen, ist das ArbG örtlich zuständig, in dessen Bezirk die Betriebsleitung des aufgelösten Gesamtbetriebes ihren Sitz hatte (LAG Bln-Bbg 20.4.2015, 21 SHa 462/15, EzA-SD 2015, Nr 14, 16).

5 **III. Wahrnehmung des Mandats.** Das Restmandat ist von den BR-Mitgliedern wahrzunehmen, die bei Untergang des Betriebs in einem Arbeitsverhältnis zum AG standen. Es bleibt auch dann bestehen, wenn das Arbeitsverhältnis unabhängig von einer Betriebsstilllegung (zB wegen Erreichens der Altersgrenze) endet. § 24 Nr 3 BetrVG findet im Restmandat selbst dann keine Anwendung, wenn das Ende des Arbeitsverhältnisses keine Folge der Betriebsstilllegung ist (BAG 5.5.2010, 7 AZR 728/08, NZA 2010, 1025). Größe und Zusammensetzung des restmandatierten BR richten sich nach den Verhältnissen im Zeitpunkt des Betriebsuntergangs (GK-BetrVG/*Kreutz* § 21b Rn 17). Ist die Zahl der tatsächlich noch beschäftigten Mitglieder unter den Schwellenwert des § 9 gesunken, ohne dass Ersatzmitglieder vorhanden sind, führen die verbliebenen Mitglieder die Geschäfte nach den §§ 22, 13 II Nr 2 fort. Eine Aufstockung durch die bereits ausgeschiedenen Mitglieder kommt nicht in Betracht (BAG 12.1.2000, 7 ABR 61/98, EzA § 24 BetrVG 1972 Nr 2). Auch im Restmandat hat ein BR-Mitglied keinen Anspruch auf Vergütung seiner BR-Tätigkeit. Leistet es nach Beendigung seines Arbeitsverhältnisses BR-Arbeit, kann es auch keinen Ersatz für sein Freizeitopfer verlangen. § 37 III 3 gilt weder direkt noch analog (BAG 5.5.2010, 7 AZR 728/08, EzA § 37 BetrVG 2001 Nr 9).

§ 22 Weiterführung der Geschäfte des Betriebsrats
In den Fällen des § 13 Abs. 2 Nr. 1 bis 3 führt der Betriebsrat die Geschäfte weiter, bis der neue Betriebsrat gewählt und das Wahlergebnis bekanntgegeben ist.

1 Siehe dazu die Kommentierung bei § 13 Rdn 2 ff.

§ 23 Verletzung gesetzlicher Pflichten
(1) ¹Mindestens ein Viertel der wahlberechtigten Arbeitnehmer, der Arbeitgeber oder eine im Betrieb vertretene Gewerkschaft können beim Arbeitsgericht den Ausschluss eines Mitglieds aus dem Betriebsrat oder die Auflösung des Betriebsrats wegen grober Verletzung seiner gesetzlichen Pflichten beantragen. ²Der Ausschluss eines Mitglieds kann auch vom Betriebsrat beantragt werden.
(2) ¹Wird der Betriebsrat aufgelöst, so setzt das Arbeitsgericht unverzüglich einen Wahlvorstand für die Neuwahl ein. ²§ 16 Abs. 2 gilt entsprechend.
(3) ¹Der Betriebsrat oder eine im Betrieb vertretene Gewerkschaft können bei groben Verstößen des Arbeitgebers gegen seine Verpflichtungen aus diesem Gesetz beim Arbeitsgericht beantragen, dem Arbeitgeber aufzugeben, eine Handlung zu unterlassen, die Vornahme einer Handlung zu dulden oder eine Handlung vorzunehmen. ²Handelt der Arbeitgeber der ihm durch rechtskräftige gerichtliche Entscheidung auferlegten Verpflichtung zuwider, eine Handlung zu unterlassen oder die Vornahme einer Handlung zu dulden, so ist er auf Antrag vom Arbeitsgericht wegen einer jeden Zuwiderhandlung nach vorheriger Androhung zu einem Ordnungsgeld zu verurteilen. ³Führt der Arbeitgeber die ihm durch eine rechtskräftige gerichtliche Entscheidung auferlegte Handlung nicht durch, so ist auf Antrag vom Arbeitsgericht zu erkennen, dass er zur Vornahme der Handlung durch Zwangsgeld anzuhalten sei.

⁴**Antragsberechtigt sind der Betriebsrat oder eine im Betrieb vertretene Gewerkschaft.** ⁵**Das Höchstmaß des Ordnungsgeldes und Zwangsgeldes beträgt 10.000 Euro.**

Übersicht	Rdn.			Rdn.
A. Allgemeines	1		2. Auflösung des BR	15
B. Ausschluss aus dem BR	2	D.	Verfahren gegen den AG	16
I. Materielle Voraussetzungen	2	I.	Überblick	16
1. Amtspflichtverletzung	2	II.	Materielle Voraussetzungen	17
2. Amtspflicht	3		1. Grobe Pflichtverletzung	17
3. Pflichtverletzung	4		2. ABC der Pflichtverletzungen	18
II. ABC der groben Pflichtverletzungen	5		a) Beispiele für grobe Pflichtverletzungen	18
1. Beispiele für grobe Pflichtverletzungen	5		b) Gegenbeispiele	19
2. Gegenbeispiele	6	III.	Erkenntnisverfahren	20
C. Verfahren	7		1. Antrag	20
I. Antrag	7		2. Antragsberechtigung und Verfahren	21
II. Antragsberechtigung	8	IV.	Vollstreckungsverfahren	22
1. Kreis der Belegschaft	8		1. Verfahren	22
2. AG	9		2. Zwangsmittel	23
3. Gewerkschaft	10		a) Ordnungsgeld	23
4. BR	11		b) Zwangsgeld	24
III. Rechtsschutzinteresse	12	V.	Verhältnis zu anderen Vorschriften	25
IV. Antragsverbindung und Konkurrenzen	13		1. Innerhalb des BetrVG	25
V. Rechtsfolgen der dem Antrag stattgebenden Entscheidung	14		2. Verhältnis zur Zwangsvollstreckung	26
1. Amtsenthebung	14		3. Verhältnis zu Art 9 GG	27

A. Allgemeines. § 23 I regelt abschließend und zwingend (*Fitting* § 23 Rn 1a, 5) die Auflösung des BR bzw den Ausschluss von Mitgliedern aus dem BR bei einer Verletzung von Amtspflichten. Beide sind nur durch Beschl des ArbG möglich, nicht aber durch Mehrheitsentscheid der Belegschaft oder des BR (BAG 27.9.1957, 1 AZR 493/55, AP KSchG § 13 Nr 7). Die Vorschrift gilt auch für die JAV (§ 65), für die Bordvertretung (§ 115 III) und den See-BR (§ 116 II). Sonderregeln gelten für den GBR (§ 48), den KBR (§ 56), die GJAV (§ 73 II) und die KJAV (§ 73b II). § 23 I schließt es aus, vom BR oder einzelnen Mitgliedern Unterlassung amtspflichtwidriger Verhaltensweisen zu verlangen (BAG 28.5.2014, 7 ABR 36/12, EzA § 76 BetrVG 2001 Nr 8 unter Aufgabe von BAG 22.7.1980, 6 ABR 5/78, EzA § 74 BetrVG 1972 Nr 5). Der AG kann aber die Unzulässigkeit einer BR-Maßnahme im Wege eines Beschlussverfahrens gerichtlich feststellen lassen. Die Missachtung der gerichtlichen Feststellung kann dazu führen, dass ein erneutes gleichartiges Verhalten als grob pflichtwidrig anzusehen, was von erheblicher Bedeutung für einen späteren Auflösungsantrag nach § 23 I ist (BAG 17.3.2010, 7 ABR 95/08, EzA § 74 BetrVG 2001 Nr 1; BAG 28.5.2014, 7 ABR 36/12, EzA § 76 BetrVG 2001 Nr 8). Umgekehrt ermöglicht es § 23 III dem BR und den im Betrieb vertretenen Gewerkschaften (s § 2 Rdn 3), den AG durch gerichtliche Zwangsmaßnahmen zur Beachtung seiner eigenen Pflichten nach dem BetrVG anzuhalten, wobei die Vorschrift auch für das Verhältnis zwischen Unternehmer und GBR (§ 51 VI) bzw KBR (§ 59) gilt. § 23 III enthält keine abschließende Regelung. Zum Verhältnis zu anderen Vorschriften s Rdn 25. **1**

B. Ausschluss aus dem BR. I. Materielle Voraussetzungen. 1. Amtspflichtverletzung. Der **Ausschluss eines Mitglieds** aus dem BR kann nur auf eine Verletzung von Amtspflichten gestützt werden. Der Verstoß gegen arbeitsvertragliche Pflichten genügt für sich allein nicht (Richardi/*Thüsing* § 23 Rn 21); hiergegen kommen nur individualrechtliche Sanktionen in Betracht (*Fitting* § 23 Rn 21). An Abmahnung und Kdg ist zu denken, wenn in einer Amtspflichtverletzung zugleich eine Verletzung arbeitsvertraglicher Pflichten liegt (BAG 10.11.1993, 7 AZR 682/92, EzA § 611 BGB Abmahnung Nr 29). In diesen Fällen kann der AG, wenn der BR die Zustimmung zu einer außerordentlichen Kdg nach § 103 verweigert hat, den Zustimmungsersetzungsantrag hilfsweise mit dem Ausschlussantrag verbinden (BAG 21.2.1978, 1 ABR 54/76, EzA § 74 BetrVG 1972 Nr 4). Hat ein BR-Mitglied allein gegen betriebsverfassungsrechtliche Pflichten verstoßen, sind individualrechtliche Sanktionen ausgeschlossen (BAG 10.11.1993, 7 AZR 682/92, EzA § 611 BGB Abmahnung Nr 29). **2**

Zur gerichtlichen Auflösung des gesamten BR bedarf es einer groben Pflichtverletzung des BR als Organ. Diese setzt voraus, dass der BR gegen seine ihm als körperschaftliches Gremium auferlegten Pflichten verstößt. Es genügt daher nicht, dass einige oder alle BR-Mitglieder »parallel« ihre Amtspflichten verletzen oder dass das Gremium pflichtwidriges Verhalten seiner Mitglieder oder Ausschüsse duldet; hiergegen **2a** steht das Ausschlussverfahren gegen einzelne Mitglieder zur Verfügung. Erforderlich ist ein pflichtwidriger Beschluss des Gremiums, wobei ein Mehrheitsbeschluss genügt (LAG Bln-Bbg 1.10.2015, 5 TaBV 876/15). Auch ein Unterlassen kann grob pflichtwidrig sein, wenn der BR als Organ Aufgaben und Befugnisse nicht wahrnimmt, die ihm im Interesse und zum Schutz Dritter übertragen sind (ErfK/*Koch* § 23 Rn 12). Die Auflösung setzt voraus, dass unter Berücksichtigung aller Umstände des Einzelfalls, insbesondere der betrieblichen Gegebenheiten und des Anlasses für den Pflichtenverstoß, die weitere Amtsausübung untragbar erscheint. Das erfordert eine in die Zukunft gerichtete Betrachtungsweise (LAG Bln-Bbg 1.10.2015, 5 TaBV 876/15).

3 **2. Amtspflicht.** Zu den Amtspflichten rechnen die im BetrVG selbst normierten Pflichten sowie alle Verhaltensanforderungen in G, TV und BV, soweit durch sie betriebsverfassungsrechtliche Pflichten konkretisiert werden (GK-BetrVG/*Oetker* § 23 Rn 19 ff). Pflichtverletzungen im GBR, KBR, Aufsichtsrat oder in der Einigungsstelle rechtfertigen den Ausschluss aus dem BR nur, wenn darin zugleich eine Verletzung von Pflichten aus dem BR-Amt liegt (DKKW/*Trittin* § 23 Rn 8). Eine Pflichtverletzung durch Unterlassen kommt in Betracht, wenn gesetzliche Befugnisse nicht oder nicht ordnungsgem wahrgenommen werden (BAG 5.9.1967, 1 ABR 1/67, EzA § 23 BetrVG Nr 1).

4 **3. Pflichtverletzung.** Nur eine objektiv erhebliche und offensichtlich schwerwiegende Pflichtverletzung vermag eine Amtsenthebung zu rechtfertigen (BAG 21.2.1978, 1 ABR 54/76, EzA § 74 BetrVG 1972 Nr 4). Das auszuschließende Mitglied muss die Funktionsfähigkeit des BR so ernstlich bedroht oder lahmgelegt haben (BAG 5.9.1967, 1 ABR 1/67, EzA § 23 BetrVG Nr 1), dass die weitere Amtsausübung unter Berücksichtigung aller Umstände des Einzelfalls als untragbar erscheint (BAG 22.6.1993, 1 ABR 62/92, EzA § 23 BetrVG 1972 Nr 35). Ein einmaliger Verstoß kann bereits genügen, wenn er offensichtlich und bes schwerwiegend ist (BAG 4.5.1955, 1 ABR 4/53, AP BetrVG § 44 Nr 1). Wiederholte leichtere Pflichtverletzungen können den Ausschluss rechtfertigen, wenn das Mitglied seine Amtspflichten fortgesetzt und beharrlich missachtet (BAG 22.5.1959, 1 ABR 2/59, AP BetrVG § 23 Nr 3). Eine unmittelbar vor der Neuwahl des BR begangene Pflichtverletzung kann zum Ausschluss aus dem BR in der folgenden Amtsperiode führen, wenn diese die vertrauensvolle Zusammenarbeit weiterhin konkret beeinträchtigt. Davon ist auszugehen, wenn ein BR-Mitglied zum Ausdruck bringt, einen vom AG für geheimhaltungsbedürftig erklärten Umstand auch nach der Neuwahl öffentlich zu machen (LAG Düsseldorf 23.1.2015, 6 TaBV 48/14, NZA-RR 2015, 299). Im Regelfall verlangt die Amtsenthebung ein schuldhaftes, vorwerfbares Verhalten (Richardi/*Thüsing* § 23 Rn 30; aA GK-BetrVG/*Oetker* § 23 Rn 39). Bei krankhaftem, querulatorischem Verhalten kann dieses ausnahmsweise entbehrlich sein (BAG 5.9.1967, 1 ABR 1/67, EzA § 23 BetrVG Nr 1). Nicht entscheidend ist dagegen, ob anderen BR-Mitgliedern die weitere Zusammenarbeit mit dem betreffenden BR-Mitglied persönlich zumutbar ist. Eine Erklärung der BR-Mehrheit, dass die Zusammenarbeit mit einem Mitglied unzumutbar ist, ersetzt nicht das gesetzliche Erfordernis einer groben Amtspflichtverletzung (ArbG Halle 17.9.13, 3 BV 41/12). Eine förmliche Abmahnung ist weder gesetzlich vorgesehen noch erforderlich (*Fitting* § 23 Rn 17a; aA DKKW/*Trittin* § 23 Rn 43). An einem groben Verstoß gegen betriebsverfassungsrechtliche Pflichten kann es fehlen, wenn seitens eines Teils der Belegschaft ein BR-feindliches Klima herrscht (Hess LAG 13.9.2012, 9 TaBV 79/12 n rkr).

5 **II. ABC der groben Pflichtverletzungen. 1. Beispiele für grobe Pflichtverletzungen.** Als grobe Pflichtverletzungen wurden angesehen: Unberechtigte **Ablehnung** eines mit Gründen versehenen Antrags eines Viertels der BR-Mitglieder auf Einberufung einer BR-Sitzung (ArbG Esslingen 21.5.1964, BV 2/64, AuR 1964, 249); grds **Ablehnung der Zusammenarbeit** mit der anders organisierten BR-Mehrheit, um die BR-Arbeit zu torpedieren (BAG 21.2.1978, 1 ABR 54/76, EzA § 74 BetrVG 1972 Nr 4); **Androhung von Nachteilen** für einen AN, wenn dieser nicht seine Gewerkschaft wechselt (LAG Köln 15.12.2000, 11 TaBV 63/00, NZA-RR 2001, 371); einseitiger, parteipolitischer und böswilliger **Angriff** der BR-Mitglieder (LAG Düsseldorf 23.6.1977, 3 TaBV 8/77, DB 1977, 2191); **Aushang von Abmahnungsschreiben** (LAG Nds 24.2.1984, 3 TaBV 9/83, AuR 1985, 99); **Beeinflussung der AN** durch Unterstützung von Maßregelungs-Kdg (ArbG Freiburg 15.10.1997, 6 BV 2/97, AiB 1998, 402); **Beleidigung** anderer BR-Mitglieder (LAG Hamm 25.9.1958, 3 BV Ta 84/58, BB 1959, 376; ArbG HH 11.2.1986, 1 BV 18/84, AuR 1986, 316; nur bei groben und böswilligen Beleidigungen oder Beschimpfungen LAG Rh-Pf 17.12.2009, 5 TaBV 16/09, z.B. zweimaliger Personenvergleich des Vorsitzenden mit Adolf Hitler und seinen Methoden im Wochenabstand durch ein anderes Mitglied, Hess LAG 23.5.2013, 9 TaBV 17/13); **Beschimpfung** des AG (s Diffamierung); vorsätzlich falsche **Beschuldigung** des AG (LAG München 26.8.1992, 5 TaBV 43/92, BB 1993, 2168); außerordentliche **Betriebsversammlung** ohne Berücksichtigung der betrieblichen Interessen (ArbG Krefeld 6.2.1995, 4 BV 34/94,

NZA 1995, 803); Nichtdurchführung von **Betriebsversammlungen** (ArbG Hamburg 27.6.2012, 27 BV 8/12); **Diffamierung** des AG (ArbG Marburg 28.5.1999, 2 BV 3/99, NZA-RR 2001, 91); unberechtigter **Einblick** in elektronisch geführte Personalakten (LAG Berl-Bdg 12.11.2012, 17 TaBV 1318/12 n rkr, DuD 2013, 321); verbale **Entgleisungen** (LAG Nds 25.10.2004, 5 TaBV 96/03, NZA-RR 2005, 530); **falsche Angaben** eines freigestellten BR-Mitglieds über den Zweck seiner Tätigkeit während der Arbeitszeit außerhalb des Betriebs (BAG 21.2.1978, 1 ABR 54/76, EzA § 74 BetrVG 1972 Nr 4); **nicht ordnungsgem Wahrnehmung** der Aufgaben aus § 26 II durch den BR-Vorsitzenden (ArbG Kempten 21.8.2012, 2 BV 16/12, ArbRB 2012, 369); wiederholte **parteipolitische Betätigung** im Betrieb (BAG 21.2.1978, 1 ABR 54/76, EzA § 74 BetrVG 1972 Nr 4, einschränkend: BVerfG 28.4.1976, 1 BvR 71/73, AP BetrVG 1972 § 74 Nr 2; Verstoß gegen die **Schweigepflicht** aus §§ 79, 82 II, 83, 99 I 2, 102 II 5 (DKKW/*Trittin* § 23 Rn 48; *Fitting* § 23 Rn 19); Verstoß gegen § 98 IV (BAG 18.3.2014, 1 ABR 77/12, EzA § 23 BetrVG 2001 Nr 7); **sexuelle Belästigung** einer Mitarbeiterin durch einen BR-Vorsitzenden (Hess LAG 11.12.2008, 9 TaBV 141/08; 3.9.2009, 9 TaBVGa 159/09, NZA-RR 2010, 246); Erarbeitung eines **Strategiepapiers** mit offensichtlich rechtswidrigen in Aussicht genommenen Streikmaßnahmen (LAG Meck-Pom 27.11.2013, 3 Sa 101/13) **Aufruf** zu einem wilden Streik unter Ausnutzung des BR-Amtes (LAG Hamm 23.9.1955, 4 Sa 269/55, BB 1956, 41); **Tätlichkeiten** ggü anderen BR-Mitgliedern während einer BR-Sitzung (ArbG Berl 19.5.1981, 10 Ca 72/81, AuR 1982, 260); Weitergabe **von Informationen** (Lohnliste), die vom AG für vertraulich und betriebsintern erklärt wurden, an die Gewerkschaft zur Überprüfung der Beitragsehrlichkeit (BAG 22.5.1959, 1 ABR 2/59, AP BetrVG § 23 Nr 3); **Verstoß gegen** § 46 durch Verhindern der Teilnahme einer im Betrieb vertretenen Gewerkschaft an einer Veranstaltung, die aus Sicht des BR eine Betriebsversammlung darstellt, mittels Irreführung, bei gleichzeitigem **Verstoß gegen** § 43 IV durch Nichtdurchführung einer Betriebsversammlung trotz Antrags der Gewerkschaft (LAG BW 13.3.2014, 6 TaBV 5/13) **Vorteilsannahme** zur Beeinflussung der Amtsführung oder Belohnung einer vorausgegangenen Pflichtwidrigkeit (LAG München 15.11.1977, 5 TaBV 34/77, DB 1978, 894); **Unterstützung einer Gewerkschaft** bei der konkreten Vorbereitung zur Urabstimmung sowie durch eine Danksagung an die Belegschaft wegen der Unterstützung eines Streiks (LAG Düsseldorf 14.12.2010, 17 TaBV 12/10, LAGE § 74 BetrVG 2001 Nr 3).

2. Gegenbeispiele. Keine groben Pflichtverletzungen sollen sein: Zulässiges **Abstimmungsverhalten im** 6 **BR** (s Vertreten eines Rechtsstandpunkts); wahrheitswidriges Bestreiten des Besitzes von **BR-Unterlagen** (LAG Hamm 19.3.2004, 13 TaBV 146/03); **Gewerkschaftswerbung**, wenn dabei kein Druck ausgeübt wird (BVerwG 15.1.1960, VII P 2.59, AP PersVG § 26 Nr 2); **Fotomontagen**, die den BR-Vorsitzenden verunglimpfen (LAG Rh-Pf 17.12.2009, 5 TaBV 16/09); **Information** des Gewerbeaufsichtsamtes oder der Berufsgenossenschaft über sicherheitstechnische Mängel (*Fitting* § 23 Rn 20); **irrtümlicher Verstoß** gegen betriebsverfassungsrechtliche Pflichten (ArbG Paderborn 8.2.1973, 1 BV 4/72, BB 1973, 335); **mangelnde Kompromissbereitschaft** ggü dem AG (DKKW/*Trittin* § 23 Rn 63; *Fitting* § 23 Rn 20); **Strafanzeige** gegen den AG, die keine absichtlich unwahren Anschuldigungen enthält (LAG Tübingen 25.10.1957, VII Sa 39/57, AP BetrVG § 78 Nr 2); **Streikaufruf im Betrieb**, der nicht in der Funktion als BR-Mitglied geschieht (LAG Düsseldorf 18.9.1975, 8 TaBV 65/75, EzA § 23 BetrVG 1972 Nr 2); Streitigkeiten im BR aufgrund **unterschiedlicher Standpunkte** (BAG 5.9.1967, 1 ABR 1/67, EzA § 23 BetrVG Nr 1); Missachtung **parteipolitischer Neutralität** (BAG 17.3.2010, 7 ABR 95/08, EzA § 74 BetrVG 2001 Nr 1 m Anm *Bauer/Willemsen* NZA 2010, 1089; *Burger/Rein* NJW 2010, 3613; *Husemann* AP Nr 12 zu § 74 BetrVG 1972; *Reichold* RdA 2011, 59; *Wiebauer* BB 2010, 3091); **Verteidigung** der eigenen **Rechtsposition** (BAG 14.11.1989, 1 ABR 87/88, EzA § 99 BetrVG 1972 Nr 85; LAG Sa-Anh 30.11.2004, 11 TaBV 18/04); **Vertreten eines** unrichtigen, aber nicht vollkommen abwegigen **Rechtsstandpunkts** (BAG 19.4.1989, 7 ABR 6/88, EzA § 40 BetrVG 1972 Nr 62); **Weitergabe von Informationen**, die auf einer BR-Sitzung gegeben wurden und die nicht der Schweigepflicht unterliegen (BAG 5.9.1967, 1 ABR 1/67, EzA § 23 BetrVG Nr 1); einmalige **Einmischung in den Kdg-Schutzprozess** eines Kollegen (LAG München 24.2.2011, 3 TaBV 23/10).

C. Verfahren. I. Antrag. Das Ausschluss- bzw Auflösungsverfahren wird nur auf Antrag eingeleitet. 7 Örtlich zuständig ist das ArbG, in dessen Bezirk der Betrieb seinen Sitz hat (§ 82 ArbGG). Im Fall einer schweren und offensichtlichen Amtspflichtverletzung kann ein Mitglied auch vorläufig bis zur rkr Entsch seines Amtes enthoben werden, wenn die weitere Amtsausübung unzumutbar wäre; bei der Beurteilung ist ein strenger Maßstab anzulegen (BAG 29.4.1969, 1 ABR 19/68, EzA § 23 BetrVG Nr 2). Eine vorläufige Auflösung des gesamten Gremiums ist dagegen ebenso unzulässig wie die vorübergehende Untersagung seiner Amtsausübung, da selbst ein nur vorübergehender betriebsratsloser Zustand dem Schutzgedanken des BetrVG zuwiderläuft (GK-BetrVG/*Oetker* § 23 Rn 132).

8 **II. Antragsberechtigung. 1. Kreis der Belegschaft.** Die Antragsberechtigung ist in § 23 abschließend geregelt. Aus dem Kreise der Belegschaft kann der Antrag gestellt werden, wenn er von mind einem Viertel der wahlberechtigten AN unterstützt wird. Maßgebend ist die Zahl der idR Beschäftigten (s § 9 Rdn 2). Die Einhaltung des Quorums ist vAw zu beachten; es muss während der gesamten Dauer des Verfahrens erfüllt sein (GK-BetrVG/*Oetker* § 23 Rn 77). Für aus dem Betrieb ausgeschiedene AN können Kollegen in das Verfahren eintreten, um die Mindestzahl aufrechtzuerhalten (LAG Schl-Holst 03.12.2013; 1 TaBV 11/33; DKKW/*Trittin* § 23 Rn 78; aA GK-BetrVG/*Oetker* § 23 Rn 79). Scheiden sämtliche Antragsteller aus, entfällt das Rechtsschutzinteresse für das Verfahren (BAG 15.2.1989, 7 ABR 9/88, EzA § 19 BetrVG 1972 Nr 28). Eine Verfahrensübernahme durch eine im Betrieb vertretene Gewerkschaft (§ 2 Rdn 3), den AG oder den BR kommt nicht in Betracht (LAG Hamm 5.5.1982, 3 TaBV 130/81, DB 1982, 2709).

9 **2. AG.** Der AG kann seinen Auflösungs- oder Ausschlussantrag nur auf eine Verletzung von Amtspflichten stützen, die das Verhältnis zwischen ihm und dem BR als Gremium oder einzelner seiner Mitglieder betreffen. Pflichtverletzungen zwischen einzelnen BR-Mitgliedern oder zwischen dem BR und der Belegschaft erlauben dagegen ebenso wenig einen Antrag (Richardi/*Thüsing* § 23 Rn 32, 37) wie Verstöße, an denen der AG – wie etwa beim Abschluss rechtswidriger BV – selbst beteiligt war (*Fitting* § 23 Rn 10). Das Antragsrecht kann verwirkt sein, wenn auch der AG sich eines groben Verstoßes gegen seine betriebsverfassungsrechtlichen Pflichten schuldig gemacht hat (Hess LAG 13.9.2012, 9 TaBV 79/12 n rkr).

10 **3. Gewerkschaft.** Die Gewerkschaft ist antragsberechtigt, wenn und solange sie im Betrieb vertreten ist (s § 2 Rdn 3). Ob und wo das auszuschließende Mitglied gewerkschaftlich organisiert ist, spielt keine Rolle (BAG 22.6.1993, 1 ABR 62/92, EzA § 23 BetrVG 1972 Nr 35). Welche der örtlichen Untergliederungen einer Gewerkschaft zur Antragstellung befugt ist, richtet sich nach ihrer Satzung (DKKW/*Trittin* § 23 Rn 84).

11 **4. BR.** Der BR kann nur den Ausschluss einzelner Mitglieder betreiben, nicht die Auflösung des Gremiums. Erforderlich ist ein Beschl, der mit einfacher Mehrheit der gesetzlichen Mitgliederzahl gefasst werden muss (§ 33). Das auszuschließende Mitglied darf weder an der Beratung noch an der Beschlussfassung teilnehmen (DKKW/*Trittin* § 23 Rn 86); es kann jedoch vom BR angehört werden (*Fitting* § 23 Rn 13). An seiner Stelle ist nach § 25 I 2 das zuständige Ersatzmitglied zu laden (*Fitting* § 23 Rn 13).

12 **III. Rechtsschutzinteresse.** Das Rechtsschutzbedürfnis für das Verfahren entfällt, wenn das BR-Mitglied freiwillig das Amt niederlegt (BAG 29.4.1969, 1 ABR 19/68, EzA § 23 BetrVG Nr 2) oder wenn seine reguläre Amtszeit abgelaufen ist, selbst wenn es später wiedergewählt wird (LAG Brem 27.10.1987, 1 TaBV 14/87, DB 1988, 136; LAG München 12.8.2008, 6 TaBV 133/07). Das Rechtsschutzinteresse besteht fort, wenn sich die frühere Pflichtverletzung auf die neue Amtsperiode auswirkt (LAG Düsseldorf 23.1.2015, 6 TaBV 48/14, NZA-RR 2015, 299; GK-BetrVG/*Oetker* § 23 Rn 53 ff) oder wenn der BR zurücktritt, da er in diesem Fall die Geschäfte nach § 22 bis zur Neuwahl weiterführt und das auszuschließende Mitglied damit im Amt bleibt (*Fitting* § 23 Rn 33).

13 **IV. Antragsverbindung und Konkurrenzen.** Der Antrag auf Ausschluss eines Mitglieds lässt sich als Hilfsantrag zum Antrag auf Auflösung des gesamten Gremiums stellen, da dessen Rechtsschutzziel weiter als die Amtsenthebung einzelner Mitglieder reicht (Richardi/*Thüsing* § 23 Rn 47). Ebenso kann der Hauptantrag auf Auflösung des BR zulässigerweise mit einem Hilfsantrag auf Ausschluss des BR-Vorsitzenden verbunden werden (LAG Schl-Holst 03.12.2013; 1 TaBV 11/33). Da die Amtsenthebung ggü der Auflösung kein minus, sondern ein aliud ist, darf das Gericht nicht auf Amtsenthebung erkennen, wenn die Auflösung beantragt war (LAG Schl-Holst 30.11.1983, 4 TaBV 11/83, AuR 1984, 287). Vorrang vor einem Auflösungsverfahren haben die Wahlanfechtung nach § 19 und das Verfahren zur Feststellung der Nichtigkeit der BR-Wahl (GK-BetrVG/*Oetker* § 23 Rn 96). In diesen Verfahren kann die Auflösung des BR hilfsweise beantragt werden.

14 **V. Rechtsfolgen der dem Antrag stattgebenden Entscheidung. 1. Amtsenthebung.** Mit Rechtskraft des Amtsenthebungsbeschl endet die Mitgliedschaft im BR und allen seinen Gremien sowie in den sonstigen betriebsverfassungsrechtlichen Organen (GBR, KBR). Es rückt das zuständige Ersatzmitglied nach. Das ausgeschlossene Mitglied verliert den bes Versetzungs- und Kdg-Schutz, auch den nachwirkenden (*Fitting* § 23 Rn 29), nicht jedoch die wirtschaftliche und berufliche Absicherung und den Anspruch auf berufliche Weiterbildung (DKKW/*Trittin* § 23 Rn 97; aA GK-BetrVG/*Oetker* § 23 Rn 111). Wird dem Mitglied die Amtsausübung nur vorläufig untersagt, bleibt der Kdg-Schutz erhalten (*Fitting* § 23 Rn 29). Ein seines Amtes enthobenes Mitglied kann bei der nächsten BR-Wahl wieder kandidieren (DKKW/*Trittin* § 23 Rn 99). Wird es wiedergewählt, kann der AG die Amtsausübung per einstweiliger Verfügung untersagen

lassen, wenn sich die Ausschließungsgründe weiterhin auswirken oder wenn die Wiederwahl im Anschluss an einen Rücktritt des BR wegen der Ausschließung eines Mitglieds erfolgte (Hess LAG 3.9.2009, 9 TaB-VGa 159/09, NZA-RR 2010, 246).

2. Auflösung des BR. Mit Rechtskraft des Auflösungsbeschl endet die Amtszeit des BR. Die sich aus dem BR-Amt ergebenden Mitgliedschaften und Rechte erlöschen. Seine Mitglieder verlieren den bes Versetzungs- und Kdg-Schutz, auch den nachwirkenden (GK-BetrVG/*Oetker* § 23 Rn 137; aA DKKW/*Trittin* § 23 Rn 190). Der BR ist neu zu wählen (§ 13 II Nr 5). Der Wahlvorstand ist vom ArbG vAw zu bestellen (§ 23 II). Für dessen Größe und Zusammensetzung können die das Auflösungsverfahren betreibenden AN und die im Betrieb vertretenen Gewerkschaften (§ 2 Rdn 3) dem Gericht Vorschläge unterbreiten. Wählbar sind auch die Mitglieder des aufgelösten BR. Bis zur Bekanntgabe des neu gewählten BR ist der Betrieb betriebsratslos, da der aufgelöste BR die Amtsgeschäfte auch nicht vorübergehend führen darf (§ 22). 15

D. Verfahren gegen den AG. I. Überblick. Als Gegenstück zum Verfahren gegen den pflichtwidrig handelnden BR soll das Verfahren nach § 23 III die Einhaltung des BetrVG durch den AG sicherstellen (BAG 20.8.1991, 1 ABR 85/90, EzA § 77 BetrVG 1972 Nr 41). Es gliedert sich in 2 Stufen. Im **Erkenntnisverfahren** kann der AG auf Antrag des BR oder einer im Betrieb vertretenen Gewerkschaft zu einem Tun oder Unterlassen verurteilt werden, wenn er grob gegen betriebsverfassungsrechtliche Pflichten verstoßen hat. Erfüllt er den Gerichtsbeschl nicht, kann gegen ihn in einer 2. Stufe die **Zwangsvollstreckung durch Verhängung eines Ordnungs- oder Zwangsgelds** betrieben werden. Ordnungs- oder Zwangshaft dürfen nicht verhängt werden (§ 85 I 3 ArbGG). 16

II. Materielle Voraussetzungen. 1. Grobe Pflichtverletzung. Der AG muss grob gegen betriebsverfassungsrechtliche Pflichten aus dem BetrVG oder sonstigen G (zB § 17 II KSchG, §§ 98 ff SGB IX) bzw gegen TV, BV oder Regelungsabreden verstoßen haben, soweit sie die betriebsverfassungsrechtliche Stellung des AG betreffen (BAG 23.6.1992, 1 ABR 11/92, EzA § 87 BetrVG 1972 Arbeitszeit Nr 51). Die Nichterfüllung von Pflichten, die ausschließlich im Einzelarbeitsverhältnis wurzeln, fällt nicht unter § 23 III, wohl aber eine Verletzung der §§ 75, 81 ff (*Fitting* § 23 Rn 60). Nicht mittels § 23 III erzwingbar sind die Herausgabe beweglicher Sachen, die Abgabe von Willenserklärungen sowie die Erfüllung von Geldforderungen (*Fitting* § 23 Rn 57; aA GK-BetrVG/*Oetker* § 23 Rn 225 f; DKKW/*Trittin* § 23 Rn 199; Richardi/*Thüsing* § 23 Rn 100); für sie gelten die Vollstreckungsregelungen des § 85 I ArbGG iVm §§ 883, 894, 803 ff ZPO. Eine Pflichtverletzung ist grob, wenn sie objektiv erheblich und offensichtlich schwerwiegend ist (BAG 23.6.1992, 1 ABR 11/92, EzA § 87 BetrVG 1972 Arbeitszeit Nr 51), sodass auch unter Berücksichtigung des Gebots der vertrauensvollen Zusammenarbeit die Anrufung des ArbG gerechtfertigt erscheint (BAG 16.7.1991, 1 ABR 69/90, EzA § 87 BetrVG 1972 Arbeitszeit Nr 48). Ein schuldhaftes oder sonst vorwerfbares Verhalten des AG ist nicht erforderlich. Die Pflichtverletzung muss bereits begangen sein. Es genügt nicht, dass sie lediglich droht (BAG 18.4.1985, 6 ABR 19/84, EzA § 23 BetrVG 1972 Nr 10; *Fitting* § 23 Rn 73; aA DKKW/*Trittin* § 23 Rn 208). Eine Wiederholungsgefahr ist nicht erforderlich (BAG 18.4.1985, 6 ABR 19/84, aaO). Eine grobe Pflichtverletzung kann diese aber indizieren. Sie ist nur dann ausgeschlossen, wenn aus faktischen oder rechtlichen Gründen eine Wiederholung ausscheidet. Die Zusicherung, sich künftig betriebsverfassungskonform zu verhalten, genügt nicht (BAG 7.2.2012, 1 ABR 77/10, EzA § 23 BetrVG 2001 Nr 6). Bei einem Betriebsübergang muss sich der Erwerber als Rechtsnachfolger des Veräußerers dessen Pflichtverletzungen zurechnen lassen (Hess LAG 3.2.2011, 9 TaBV 27/10). 17

2. ABC der Pflichtverletzungen. a) Beispiele für grobe Pflichtverletzungen. Abschluss einer tarifwidrigen Standortsicherungsvereinbarung zur **Verlängerung der tariflichen Arbeitszeit** und **Kürzung tariflicher Sonderzahlungen** (LAG BW 28.7.1997, 15 Sa 29/97, ArbuR 1999, 155 ff); **Abschluss von BV entgegen § 77 III** (BAG 20.8.1991, 1 ABR 85/90, EzA § 77 BetrVG 1972 Nr 41; LAG Hamm 29.7.2011, 10 TaBV 91/10, ArbuR 2011, 504); **Anordnung von Überstunden** ohne Zustimmung des BR (BAG 27.11.1990, 1 ABR 77/89, EzA § 87 BetrVG 1972 Arbeitszeit Nr 40); **Aushänge am Schwarzen Brett über Fehlzeiten von BR-Mitgliedern** wegen Krankheit, BR-Tätigkeit und Besuch von Lehrgängen (ArbG Verden 14.4.1989, 1 BV 5/89, DB 1989, 1580); beharrliche **Missachtung der Mitwirkungs-, Mitbestimmungs-, und Informationsrechte des BR** (LAG Hamm 19.7.2002, 10 TaBV 42/02, NZA-RR 2002, 642); beharrliche **Weigerung der Zusammenarbeit** des AG mit dem BR (§ 2 I); **Behinderung einer Freistellung** (§ 38) durch die Drohung, es würden freiwillige soziale Leistungen gestrichen (ArbG Rosenheim 22.6.1988, 3 BV 4/88, AiB 1989, 83); **Bekanntmachung der Kosten der BR-Tätigkeit** in einer gegen das Gebot der vertrauensvollen Zusammenarbeit verstoßenden Weise (BAG 12.11.1997, 7 ABR 14/97, EzA § 23 BetrVG 1972 Nr 38); **Beobachtung** von Arbeitsplätzen durch **Videokamera** ohne Zustimmung des BR (LAG BW 14.4.1988, 6 TaBV 1/88, AiB 1988, 281); **Drohung mit** 18

§ 23 BetrVG   Verletzung gesetzlicher Pflichten

Produktionsverlagerung ins Ausland, soweit der BR auf seinem gesetzlichen Kostenfreistellungsanspruch besteht (ArbG Leipzig 5.9.2002, 7 BVGa 54/02, NZA-RR 2003, 142); **einseitige Absage von Schichten** (LAG Hamm 29.6.1993, 13 TaBV 158/92, BB 1994, 139); **Entgegennahme von Überstunden** ohne Zustimmung des BR (BAG 27.11.1990, 1 ABR 77/89, EzA § 87 BetrVG 1972 Arbeitzeit Nr 40); **grobe Verstöße** gegen § 75 II durch **unzulässigen Druck auf AN** wegen krankheitsbedingter Fehlzeiten (LAG Köln 19.2.1988, 10 TaBV 69/87, DB 1989, 1341); **mehrfaches Übergehen der Mitbestimmungsrechte des BR** bei der Anordnung von Überstunden (BAG 18.4.1985, 6 ABR 19/84, EzA § 23 BetrVG 1972 Nr 10); Anordnung oder Duldung von **Arbeit innerhalb von Pausenzeiten**, die der AG zusammen mit dem BR in einem Dienstplan festgelegt hat (BAG 7.2.2012, 1 ABR 77/10, EzA § 23 BetrVG 2001 Nr 6); **Missachtung eines gerichtlich festgestellten MBR** (BAG 8.8.1989, 1 ABR 59/88, EzA § 23 BetrVG 1972 Nr 27); nachhaltige Verstöße gegen das **Verbot der parteipolitischen Betätigung** (§ 74 II 3); **Nichtweiterleiten von Post** (ArbG Elmshorn 27.3.1991, 2c BV 16/91, AiB 1991, 269); offensichtliche, grundlose **Verweigerung des Zutritts** von Gewerkschaftsbeauftragten (§ 2 II); **Unterlassen der Berichte** nach § 43 II oder § 110; **Unterlassen der Beteiligung des BR** bei der Ausgestaltung von **Dienstkleidung** (BAG 8.8.1989, 1 ABR 65/88, EzA § 87 BetrVG 1972 Betriebliche Ordnung Nr 13); **unzulässige formelle Anforderungen** an die Ab- und **Rückmeldepflicht** eines BR-Mitglieds (BAG 14.2.1990, 7 ABR 13/88, BB 1990, 1625); schwerwiegende Verstöße gegen das **Benachteiligungsverbot** (§ 78); Verstöße gegen das **Verbot der Wahlbehinderung** und **Wahlbeeinflussung** gem § 20 I, II sowie Unterlassen der dem AG im Zusammenhang mit der Bildung eines BR obliegenden **Duldungs- und Unterstützungspflichten** (LAG Hamm 27.4.1972, 8 BVTa 5/72, EzA § 5 BetrVG 1972 Nr 1); **Benachteiligung älterer Mitarbeiter** bei internen Stellenausschreibungen (LAG Hess 6.3.2008, 9 TaBV 251/07, AuR 2008, 315); Weigerung, BR-Mitgliedern oder Beauftragten der Gewerkschaften **Zutritt zum Betrieb** zu gewähren (LAG Frankfurt 8.2.1990, 12 TaBVGa 13/90, BB 1990, 1626); **Weigerung, vereinbarte BV durchzuführen** (§ 77 I); willkürliche Verstöße gegen das **Gleichbehandlungsgebot** des § 75; verspätete, unvollständige oder vollständig unterlassene **Information des Wirtschaftsausschusses** (LAG Berl-Bbg 30.3.2012, 10 TaBV 2362/11); wiederholte, bewusste **Nichtbeachtung einer BV** (vgl LAG BW 25.2.2011, 18 TaBV 2/10, LAGE § 77 BetrVG 2001 Nr 11).

19   b) **Gegenbeispiele.** Anwendung einer BV, die in einzelnen Bestimmungen gegen den **Mantel-TV** und dessen **Durchführungsbestimmungen verstößt** (BAG 20.8.1991, 1 ABR 85/90, EzA § 77 BetrVG 1972 Nr 41); Ausgehen von **Nichtvorliegen eines Mitbestimmungsrechts im Grenzfall** mit vertretbaren Gründen (LAG Berl-Bbg, 30.8.2013, 6 TaBV 953/13; Hess LAG 13.9.2005, TaBV 86/05, ArbuR 2006, 173); Nicht ordnungsgemäße Erfüllung der Unterrichts- und Beratungspflichten nach § 111 S 1, wenn der AG durch seine Handlungen zugleich deutlich macht, grds zur Unterrichtung und Beratung bereit zu sein (LAG Berl-Bbg 12.12.2013, 17 TaBVGa 2058/13). Aushang am **Schwarzen Brett** wegen Bedenken hins der **Rechtmäßigkeit einer Betriebsversammlung** (ArbG Hamburg 5.11.1997, 6 BV 6/97, NZA-RR 1998, 214); allg negative Bewertungen der BR-Aktivitäten durch Erklärungen des AG vor der Belegschaft und in der Öffentlichkeit (LAG Hamm 6.2.2009, 13 TaBV 138/08, RDG 2009, 214); **Klärung einer bestimmten Rechtsfrage** durch Anrufung des ArbG (BAG 15.8.1978, 6 ABR 10/76, EzA § 23 BetrVG 1972 Nr 7); **Verstoß gegen Mitbestimmungsrechte** bei personellen Maßnahmen, aber Verfahren nach § 101 möglich (LAG Hamm 30.7.1976, 3 TaBV 27/76, EzA § 23 BetrVG 1972 Nr 4); **Verteidigung einer bestimmten Rechtsansicht** in einer schwierigen und ungeklärten Rechtsfrage (BAG 27.11.1973, 1 ABR 11/73, EzA § 23 BetrVG 1972 Nr 1); **Abschluss von Regelungsabreden** »entgegen« § 77 III, selbst wenn diese über arbeitsvertragliche Verweisungsklauseln für alle AN gelten (ArbG Bonn 21.7.2011, 3 BV 39/11, LAGE § 77 BetrVG 2001 Nr 12).

20   **III. Erkenntnisverfahren. 1. Antrag.** Das (Beschluss-)Verfahren wird nur auf Antrag eingeleitet. Örtlich zuständig ist das ArbG, in dessen Bezirk der Betrieb liegt (§ 82 I ArbGG). Der Antrag muss das vom AG verlangte Tun oder Unterlassen zweifelsfrei bezeichnen (BAG 3.6.2003, 1 ABR 19/02, EzA § 89 BetrVG 2001 Nr 1). Globalanträge, durch die der AG verpflichtet werden soll, bestimmte Mitbestimmungsrechte nicht nur in einem konkreten Einzelfall, sondern allg zu wahren, sind zulässig (BAG 10.3.1992, 1 ABR 31/91, EzA § 77 BetrVG 1972 Nr 47), aber unbegründet, wenn der AG auch nur in einem Fall, der vom Globalantrag umfasst wird, keine grobe Pflichtverletzung begangen hat (BAG 18.4.1985, 6 ABR 19/84, EzA § 23 BetrVG 1972 Nr 10). Zusammen mit der Verurteilung zu einem Tun oder Unterlassen kann die Verhängung eines Ordnungs- bzw Zwangsgelds für den Fall beantragt werden, dass der AG den Gerichtsbeschl nicht befolgt (*Fitting* § 23 Rn 72). Als Sanktion allein für die bereits begangene Pflichtverletzung dürfen das Ordnungs- bzw Zwangsgeld nicht verhängt werden (*Richardi/Thüsing* § 23 Rn 95). Der Antrag nach § 23 III 1 ist ein Leistungs- und kein Feststellungsantrag. Der Anspruch nach § 23 III lässt sich nicht im Wege des einstweiligen Rechtsschutzes durchsetzen (*Richardi/Thüsing* § 23 Rn 113; aA *Fitting* § 23 Rn 76).

Die Verurteilung zu einem Ordnungs- oder Zwangsgeld setzt die Rechtskraft der gerichtlichen Entsch voraus; eine einstweilige Verfügung genügt nicht.

2. Antragsberechtigung und Verfahren. Antragsbefugt sind der BR und jede im Betrieb vertretene Gewerkschaft (s § 2 Rdn 3), nicht aber einzelne AN oder sonstige Organe der Betriebsverfassung (zB Belegschaftsversammlung, JAV, Schwerbehindertenvertretung (LAG Rh-Pf 19.7.2012, 10 TaBV 13/12, ZBVR online 2012, Nr 12, 25); diese können jedoch Beteiligte iSd § 83 I 2 ArbGG sein (BAG 15.8.1978, 6 ABR 10/76, EzA § 23 BetrVG 1972 Nr 7). Die Antragsberechtigten können die Verletzung eigener oder fremder Rechte – etwa die von anderen Organen der Betriebsverfassung (Wirtschaftsausschuss, JAV, Schwerbehindertenvertretung) oder von Individualrechten (§§ 81 ff) – rügen; insoweit besteht eine gesetzliche Prozessstandschaft (GK-BetrVG/*Oetker* § 23 Rn 252). Der BR kann auch die Verletzung von Gewerkschaftsrechten geltend machen und umgekehrt. Über den Antrag entscheidet das ArbG im Beschlussverfahren. Der Antrag ist als unbegründet – nicht als unzulässig (so aber Richardi/*Thüsing* § 23 Rn 110) – abzuweisen, wenn es an einer groben Pflichtverletzung fehlt (BAG 29.2.2000, 1 ABR 4/99, EzA § 87 BetrVG 1972 Betriebliche Lohngestaltung Nr 69). 21

IV. Vollstreckungsverfahren. 1. Verfahren. Das Vollstreckungsverfahren wird ebenfalls nur auf Antrag eingeleitet. Antragsberechtigt sind der BR und jede im Betrieb vertretene Gewerkschaft (s § 2 Rdn 3), unabhängig davon, ob der jeweilige Antragsteller schon zuvor im Erkenntnisverfahren einen Antrag gestellt hatte (GK-BetrVG/*Oetker* § 23 Rn 267). Die Verhängung von Zwangsmitteln setzt die Rechtskraft der Entsch im Erkenntnisverfahren (*Fitting* § 23 Rn 82) oder einen verfahrensbeendenden Vergleich zwischen den Betriebsparteien voraus, wenn dieser erkennen lässt, welche konkreten Verstöße des AG zur Vollstreckung berechtigen sollen (LAG HH 27.1.1992, 5 Ta 25/91, NZA 1992, 568). Vollstreckungstitel müssen an den AG zugestellt und mit einer Vollstreckungsklausel nach § 85 I 3 ArbGG, § 724 ZPO versehen sein (LAG Brem 11.3.1993, 1 Ta 11/93, DB 1993, 839). Das Vollstreckungsverfahren kann auch noch betrieben werden, wenn der AG den Titel einige Jahre lang befolgt hat (str; wie hier Hess LAG 8.5.2009, 4 Ta 139/08; aA LAG Schl-Holst 27.12.2001, 1 TaBV 15c/01, NZA-RR 2002, 357). Die Zwangsmittel werden durch Gerichtsbeschl festgesetzt, der ohne mündliche Verh aber unter Wahrung rechtlichen Gehörs der Beteiligten (zB durch Gelegenheit zur schriftlichen Stellungnahme) durch den Vorsitzenden allein ergehen kann (§ 53 I 1 ArbGG). Der Beschl ist rechtsmittelfähig. 22

2. Zwangsmittel. a) Ordnungsgeld. Hiermit werden Gerichtsbeschl durchgesetzt, die dem AG aufgeben, eine Handlung zu unterlassen oder die Vornahme einer Handlung zu dulden. Die Höhe muss geeignet sein, den AG zu einem gesetzeskonformen Verhalten anzuhalten (LAG Schl-Holst 3.1.2012, 6 Ta 187/11). Bei einer mitbestimmungswidrigen Anordnung von Überstunden kann es nach deren zeitlichem Umfang gestaffelt werden (LAG HH 29.1.2009, 8 Ta 1/06, dbr 2009, Nr 5, 37). Die Verhängung ist dem AG zuvor anzudrohen; es genügt die Androhung des gesetzlichen Höchstmaßes von 10.000 € (LAG Düsseldorf 13.8.1987, 7 Ta 207/87, LAGE § 23 BetrVG 1972 Nr 10). Verhältnismäßigkeitserwägungen sind erst bei der Festsetzung des Ordnungsgelds anzustellen, nicht schon bei der Androhung (LAG Hamm 6.2.2012, 10 Ta 637/11; stets Androhung des Höchstmaßes: LAG Berl 10.11.2011, 6 Ta 2034/11). Hat das Gericht einen konkreten Betrag angedroht, darf es diesen bei der späteren Festsetzung nicht überschreiten (DKKW/*Trittin* § 23 Rn 300). Das Ordnungsgeld darf nur bei einer schuldhaften Missachtung der gerichtlichen Verfügung verhängt werden, wobei einfache Fahrlässigkeit und auch jedes Organisationsverschulden genügt (BAG 18.4.1985, 6 ABR 19/84, EzA § 23 BetrVG 1972 Nr 10). Das Verschulden von Personalsachbearbeitern ist dem AG insoweit zuzurechnen (Hess LAG 8.5.2009, 4 Ta 139/08). Bei wiederholter Zuwiderhandlung kann das Ordnungsgeld für jeden Einzelfall bis zum Höchstbetrag von jew 10.000 € erneut festgesetzt werden (*Fitting* § 23 Rn 83, 88). Die Verhängung von Ordnungshaft gegen den AG für den Fall, dass dieser das Ordnungsgeld nicht zahlt, ist unzulässig (BAG 5.10.2010, 1 ABR 71/09, NZA 2011, 174). Bei der Bestimmung der Höhe des Ordnungsgelds sind zu berücksichtigen: Grad des Verschuldens und der wirtschaftlichen Leistungsfähigkeit des AG, Erstbegehung oder Wiederholungsfall, wirtschaftlicher Erfolg, den der AG bei erneuter Nichtbeachtung eines Mitbestimmungsrechts erzielen könnte (LAG Schl-Holst 3.1.2012, 6 Ta 187/11). Die Höchstgrenze von 10.000 € darf dabei nicht überschritten werden (BAG 7.2.2012, 1 ABR 77/10, EzA § 23 BetrVG 2001 Nr 6). 23

b) Zwangsgeld. Mit ihm wird ein Titel auf Vornahme einer Handlung vollstreckt. Im Gegensatz zum Ordnungsgeld kann das Zwangsgeld ohne vorherige Androhung (GK-BetrVG/*Oetker* § 23 Rn 289) und ohne schuldhaftes Verhalten des AG festgesetzt werden, da es sich um eine reine Beugemaßnahme handelt. Mittels Zwangsgeld lassen sich vertretbare wie unvertretbare Handlungen des AG durchsetzen. Seine 24

Beitreibung erfolgt auf Antrag (§ 85 I ArbGG iVm §§ 803 ff ZPO) zugunsten der Staatskasse (*Fitting* § 23 Rn 88).

25 **V. Verhältnis zu anderen Vorschriften. 1. Innerhalb des BetrVG.** § 23 III stellt keine abschließende Regelung dar. Leistungspflichten treffen den AG zB aus §§ 20 III, 40, 44 (Kostentragung), Duldungspflichten zB aus § 2 II (Zutrittsrecht für Gewerkschaftsangehörige), Informationspflichten zB aus §§ 80 II, 90, 93. Diese Vorschriften gewähren unmittelbare Erfüllungsansprüche, die außerhalb des Verfahrens gem § 23 III nach allg Vollstreckungsrecht (§ 85 ArbGG) durchsetzbar sind (BAG 17.5.1983, 1 ABR 21/80, EzA § 80 BetrVG 1972 Nr 25). Dasselbe gilt für Unterlassungsansprüche bei Störung der BR-Arbeit nach § 78 S 1 (BAG 12.11.1997, 7 ABR 14/97, EzA § 23 BetrVG 1972 Nr 38). Sonderregeln, die dem Unterlassungsanspruch nach § 23 III vorgehen, sind die §§ 98 V, 101, 104 (BAG 5.12.1978, 6 ABR 70/77, EzA § 101 BetrVG 1972 Nr 4). § 101 sperrt § 23 III allerdings nur, soweit die Aufhebung einer konkreten personellen Einzelmaßnahme beantragt ist, nicht wenn es um die künftige Beachtung von § 99 geht (BAG 17.3.1987, 1 ABR 65/85, EzA § 23 BetrVG 1972 Nr 16). Zur Sicherung der Mitbestimmungsrechte in sozialen Angelegenheiten hat das BAG einen unmittelbar auf § 87 beruhenden Unterlassungsanspruch entwickelt (BAG 3.5.1994, 1 ABR 24/93, EzA § 23 BetrVG 1972 Nr 36; 17.5.2011, 1 ABR 121/09, EzA § 23 BetrVG 2001 Nr 5; zur Kritik *Konzen* NZA 1995, 865). Ob ein entspr Anspruch auch bei Betriebsänderungen besteht, ist sehr str. Die eine Ansicht bejaht das, weil sich nur so die Beteiligungsrechte effektiv sichern ließen (vgl. LAG Hamm 20.4.2012,10 Ta-BVGa 3/12; Hess LAG 18.01.2011, 4 Ta 487/10; LAG München 22.12.2008, BeckRS 2009 74014; LAG Hamm 30.7.2007, AuR 2008, 117; LAG Schl-Hol 20.7.2007, NZA-RR 2008, 244; LAG Thüringen 18.8.2003, LAGE BetrVG 2001 § 111 Nr 1; DKKW/*Däubler* § 112, 112a Rdn 23; *Reichold*, NZA 2003, 289, 298.) Die Gegenansicht verweist auf § 113 III, wonach jeder von einer Betriebsänderung betroffene AN einen Nachteilsausgleich beanspruchen kann, wenn das Interessenausgleichsverfahren nicht ordnungsgem betrieben wurde (LAG München 28.6.2005, BeckRS 2009 68027; LAG Köln 27.5.2009, BeckRS 2009 66807; LAG Nürnberg 9.3.2009, BeckRS 2009 69297; LAG Rh-Pf, 5.2.2010 BeckRS 2010, 68206; *Rieble* s. unten § 111 Rdn 25). Dieser Anspruch vermag die kollektiven Beteiligungsrechte jedoch nicht zu verdrängen. Überdies verpflichtet Art 8 I 2 RL 2002/14/EG v 11.3.2003 die Mitgliedstaaten, ein geeignetes Gerichtsverfahren zur Verfügung zu stellen, mit dessen Hilfe die in Art 4 RL 2000/14/EG genannten Unterrichtungs- und Anhörungsrechte durchgesetzt werden können. Ferner fordert Art 8 II RL 2000/14/EG die Statuierung angemessener Sanktionen. Beide Pflichten lassen sich nur erfüllen, wenn dem BR ein kollektivrechtlicher Unterlassungsanspruch neben dem Nachteilsausgleichsanspruch eingeräumt wird. Ebenfalls str ist, ob der EBR bei der Verletzung von Unterrichtungs- und Anhörungsrechten vor der Durchführung einer Betriebsstilllegung (§ 30 EBRG) einen Unterlassungsanspruch hat (verneinend: ArbG Köln 25.5.2012, 5 BV 208/11, AiB 2012, 688; aA *Hayen* AiB 2012, 126; s. auch § 30 EBRG Rdn 5).

26 **2. Verhältnis zur Zwangsvollstreckung.** § 23 III schließt die allg Zwangsvollstreckung nach § 85 ArbGG nicht aus (GK-BetrVG/*Oetker* § 23 Rn 210). Diese kommt zur Durchsetzung von Beschlüssen des ArbG in Betracht, in denen dem AG aufgegeben wird, eine Handlung vorzunehmen, zu unterlassen oder zu dulden (*Fitting* § 23 Rn 109). Bei der Anwendung der in § 890 ZPO geregelten Ordnungs- und Zwangsmittel ist aber § 23 III als spezialgesetzliche Vorschrift zu beachten. Diese begrenzt das Ordnungsgeld auf 10.000 € (BAG 7.2.2012, 1 ABR 77/10, EzA § 23 BetrVG 2001 Nr 6) und sieht keine Ordnungshaft vor (BAG 5.10.2010, 1 ABR 71/09).

27 **3. Verhältnis zu Art 9 GG.** Aus **Art 9 III GG** hat die Rspr (BAG 20.4.1999, 1 ABR 72/98, EzA Art 9 GG Nr 65) einen gegen den AG gerichteten Anspruch entwickelt, kollektive Regelungen zu unterlassen, die den Tarifvorbehalt des § 77 III missachten. Die unter Verfassungsschutz stehende Freiheit zu tarifautonomer Normsetzung werde bereits durch Vereinbarungen (zB Regelungsabreden) oder Verfahrensweisen (zB vertragliche Einheitsregelungen) beeinträchtigt, die faktisch die Wirkung des TV vereiteln und darauf zielen, ihn als kollektive Ordnung zu verdrängen; Art 9 III GG verlange hiergegen einen wirksamen Unterlassungsschutz. Der entspr Antrag ist im Beschlussverfahren zu verfolgen (BAG 13.3.2001, 1 AZB 19/00, EzA § 2a ArbGG 1979 Nr 4). Antragsberechtigt sind die TVP, dh beim Verbands-TV die tarifschließende Gewerkschaft und der AG-Verband.

§ 24 Erlöschen der Mitgliedschaft
Die Mitgliedschaft im Betriebsrat erlischt durch
1. Ablauf der Amtszeit,
2. Niederlegung des Betriebsratsamtes,
3. Beendigung des Arbeitsverhältnisses,

4. Verlust der Wählbarkeit,
5. Ausschluss aus dem Betriebsrat oder Auflösung des Betriebsrats aufgrund einer gerichtlichen Entscheidung,
6. gerichtliche Entscheidung über die Feststellung der Nichtwählbarkeit nach Ablauf der in § 19 Abs. 2 bezeichneten Frist, es sei denn, der Mangel liegt nicht mehr vor.

Übersicht	Rdn.		Rdn.
A. Allgemeines	1	IV. Der Verlust der Wählbarkeit	5
B. Erlöschensgründe	2	V. Amtsenthebung	6
I. Ablauf der Amtszeit	2	VI. Gerichtliche Feststellung der Nichtwähl-	
II. Niederlegung des BR-Amtes	3	barkeit	7
III. Beendigung des Arbeitsverhältnisses	4		

A. Allgemeines. Die zwingende, weder individual- noch kollektivvertraglich abdingbare Vorschrift (*Fitting* § 24 Rn 6) legt fest, wann die Mitgliedschaft eines einzelnen Mitglieds endet. Zur Beendigung der Amtszeit des BR als Organ s § 21. Für Ersatzmitglieder gilt § 24 entspr (GK-BetrVG/*Oetker* § 24 Rn 77). Liegt ein Erlöschensgrund vor, endet die Mitgliedschaft im BR mit Wirkung für die Zukunft. Mit ihm enden auch die Ämter und Funktionen, die die Mitgliedschaft im BR zwingend voraussetzen (zB Mitgliedschaft im GBR oder KBR), nicht aber Ämter in der Einigungsstelle und als AN-Vertreter im Aufsichtsrat (DKKW/*Buschmann* § 24 Rn 36); allerdings kann der Betroffene aus der Einigungsstelle abberufen werden (Richardi/*Thüsing* § 24 Rn 35). BR-Beschlüsse, an denen das Mitglied mitgewirkt hat, bleiben wirksam (DKKW/*Buschmann* § 24 Rn 35). Mit dem Erlöschen der Mitgliedschaft entfallen der bes Kdg- und Versetzungsschutz. Dafür gilt – abgesehen von den Fällen der Nr 5 und 6 – der nachwirkende Kdg-Schutz aus § 15 I 2 KSchG (BAG 5.7.1979, 2 AZR 521/77, EzA § 15 KSchG nF Nr 22) und der Berufs- und Entgeltschutz aus § 37 IV, V und § 38 III, IV (*Fitting* § 24 Rn 47). Streitigkeiten entscheidet das ArbG im Beschlussverfahren nach §§ 2a, 80 ff ArbGG. Das Rechtsschutzinteresse für ein solches Verfahren entfällt aber, wenn das betreffende Mitglied bereits vor rkr Entsch aus dem BR ausgeschieden ist (BAG 11.3.1975, 1 ABR 77/74, EzA § 24 BetrVG 1972 Nr 1). Über das Erlöschen der Mitgliedschaft kann auch inzident iR eines Urteilsverfahrens entschieden werden.

B. Erlöschensgründe. I. Ablauf der Amtszeit. Mit Ablauf der Amtszeit des BR als Organ endet auch die Mitgliedschaft seiner Mitglieder. Zu den Beendigungstatbeständen s § 21.

II. Niederlegung des BR-Amtes. Darunter ist die freiwillige Aufgabe des Amtes, nicht die der bekleideten Funktion – etwa die des Vorsitzenden – zu verstehen, die bereits unmittelbar nach der Wahl möglich ist (BVerwG 9.10.1959, VII P 1.59, AP PersVG § 27 Nr 2). Erforderlich ist eine formlose Erklärung (Richardi/*Thüsing* § 24 Rn 8) ggü dem BR (GK-BetrVG/*Oetker* § 24 Rn 12), nicht ggü dem AG (LAG Schl-Holst 19.8.1966, 1 TaBV 3/66, AP BetrVG § 24 Nr 4). Als Gestaltungsrecht kann die – bedingungsfeindliche – Erklärung nach ihrem Zugang weder zurückgenommen noch widerrufen werden (BVerwG 9.10.1959, VII P 1.59, AP PersVG § 27 Nr 2), noch angefochten werden (DKKW/*Buschmann* § 24 Rn 9; einschränkend GK-BetrVG/*Oetker* § 24 Rn16), da die Frage der Mitgliedschaft keine Ungewissheit verträgt.

III. Beendigung des Arbeitsverhältnisses. Endet das Arbeitsverhältnis – aus welchem Grund auch immer (zB Kdg, Aufhebungsvertrag, Fristablauf) – endet die Betriebszugehörigkeit und damit die Wählbarkeit, die Voraussetzung für die Mitgliedschaft ist. Das Ruhen des Arbeitsverhältnisses – etwa bei Mutterschutz und Elternzeit– lässt die Mitgliedschaft unberührt; bei tatsächlicher Verhinderung wird das ordentliche Mitglied durch das Ersatzmitglied vertreten. Nimmt ein BR-Mitglied an einem Arbeitskampf teil, gilt Entspr (BAG 25.10.1988, 1 AZR 368/87, EzA Art 9 GG Arbeitskampf Nr 89). Wurde das BR-Mitglied nur befristet eingestellt, behält es sein Amt nur bis zum Ablauf der Frist. Das gilt auch im Falle einer sachgrundlosen Befristung. § 14 II TzBfG ist auch nicht aus unionsrechtlichen Gründen wegen des in Art 7 und 8 RL 2002/14 vorgesehenen Schutzes für AN-Vertreter bei der Ausübung ihrer Funktion teleologisch zu reduzieren; ebenso wenig kommt mangels einer planwidrigen Regelungslücke eine analoge Anwendung von § 78a II in Betracht (BAG 5.12.2012, 7 AZR 698/11, NZA 2013, 515 mwN). Der Arbeitsvertrag kann bis zum Ende der Amtszeit befristet verlängert werden, wenn dies zur Sicherung der personellen Kontinuität der BR-Arbeit erforderlich ist (BAG 23.1.2002, 7 AZR 611/00, EzA § 620 BGB Nr 185; LAG Düsseldorf 15.4.2011, 6 Sa 857/10). Wird das Arbeitsverhältnis eines BR-Mitglieds angefochten, endet es bei wirksamer Anfechtung mit Wirkung für die Zukunft erst mit Zugang der Anfechtungserklärung (BAG 5.12.1957, 1 AZR 594/56, EzA § 123 BGB Nr 1). Keine unmittelbare Auswirkung auf das Arbeitsverhältnis – und damit auch nicht

§ 25 BetrVG   Ersatzmitglieder

auf die Mitgliedschaft im BR – haben der Wechsel des Betriebsinhabers (*Fitting* § 24 Rn 26) und die Eröffnung eines Insolvenzverfahrens (DKKW/*Buschmann* § 24 Rn 24).

5   **IV. Der Verlust der Wählbarkeit.** (s § 8) beendet automatisch die Mitgliedschaft im BR. Wird der Betriebsteil, in dem das Mitglied beschäftigt ist, verselbständigt, kann dies ebenfalls zum Verlust der Mitgliedschaft führen (GK-BetrVG/*Oetker* § 24 Rn 72). Zum Verlust der Wählbarkeit kraft arbeitsgerichtlichen Beschl s Rdn 7.

6   **V. Amtsenthebung.** Bei Amtsenthebung eines einzelnen Mitglieds oder bei Auflösung des gesamten BR nach § 23 I endet die Mitgliedschaft mit Rechtskraft des Beschl des ArbG.

7   **VI. Gerichtliche Feststellung der Nichtwählbarkeit.** Außerhalb einer Wahlanfechtung nach § 19 kann jederzeit in einem arbeitsgerichtlichen Beschlussverfahren geklärt werden, ob eine Person überhaupt zum Mitglied gewählt werden konnte (BAG 11.4.1958, 1 ABR 4/57, AP WahlO § 6 Nr 1). Antragsberechtigt für ein solches Feststellungsverfahren sind nur die nach § 19 Anfechtungsberechtigten (BAG 11.3.1975, 1 ABR 77/74, EzA § 24 BetrVG 1972 Nr 1). Streitgegenstand ist die Wählbarkeit zum Zeitpunkt der Wahl. Ist der Mangel nachträglich behoben, weil zB das Mitglied vor dem gerichtlichen Beschl 18 Jahre alt geworden ist, bleibt die Mitgliedschaft erhalten (BAG 7.7.1954, 1 ABR 6/54, AP BetrVG § 24 Nr 1). Wurde die Nichtwählbarkeit rkr festgestellt, erlischt die Mitgliedschaft für die Zukunft. Bis dahin genießt das Mitglied den Sonderkündigungs- und Versetzungsschutz (BAG 29.9.1983, 2 AZR 212/82, EzA § 15 KSchG nF Nr 32).

§ 25 Ersatzmitglieder

(1) ¹Scheidet ein Mitglied des Betriebsrats aus, so rückt ein Ersatzmitglied nach. ²Dies gilt entsprechend für die Stellvertretung eines zeitweilig verhinderten Mitglieds des Betriebsrats.

(2) ¹Die Ersatzmitglieder werden unter Berücksichtigung des § 15 Abs. 2 der Reihe nach aus den nichtgewählten Arbeitnehmern derjenigen Vorschlagslisten entnommen, denen die zu ersetzenden Mitglieder angehören. ²Ist eine Vorschlagsliste erschöpft, so ist das Ersatzmitglied derjenigen Vorschlagsliste zu entnehmen, auf die nach den Grundsätzen der Verhältniswahl der nächste Sitz entfallen würde. ³Ist das ausgeschiedene oder verhinderte Mitglied nach den Grundsätzen der Mehrheitswahl gewählt, so bestimmt sich die Reihenfolge der Ersatzmitglieder unter Berücksichtigung des § 15 Abs. 2 nach der Höhe der erreichten Stimmenzahlen.

Übersicht	Rdn.		Rdn.
A. Allgemeines	1	II. Rechtsfolgen	5
B. Nachrücken	2	D. Reihenfolge der Ersatzmitglieder	6
C. Vertretung	3	I. Grundsatz	6
I. Zeitweilige Verhinderung	3	II. Listenwahl	7
1. Voraussetzungen	3	III. Personenwahl	8
2. Interessenkollision	4		

1   **A. Allgemeines.** Die zwingende, weder einzel- noch kollektivvertraglich abdingbare Vorschrift sichert die kontinuierliche Arbeit des BR und seine vollständige Besetzung, falls Mitglieder endgültig aus dem Amt ausscheiden oder zeitweilig an der Wahrnehmung ihrer Aufgaben verhindert sind. Sie gilt auch für die Bordvertretung (§ 115 III) und den See-BR (§ 116 II) sowie die JAV (§ 65 I); Sondervorschriften gelten für den GBR (§ 47 III 1), den KBR (§ 55 II), die GJAV (§ 72 III) und die KJAV (§ 73b II). Die Ersatzmitglieder stammen aus dem Kreis der nicht gewählten Wahlbewerber (iE s.u. Rdn 6). Nachrücken und Vertretung erfolgen eo ipso; einer förmlichen Berufung bedarf es ebenso wenig wie der Annahmeerklärung durch das Ersatzmitglied (BAG 17.1.1979, 5 AZR 891/77, EzA § 15 KSchG nF Nr 21). Das Ersatzmitglied ist aber vom BR-Vorsitzenden über den Vertretungsfall zu unterrichten (LAG HH 12.3.1993, 6 TaBV 4/92, AiB 1994, 304). Unterlässt er dessen Ladung zu einer BR-Sitzung, sind die dort gefassten Beschl unwirksam (BAG 3.8.1999, 1 ABR 30/98, EzA § 33 BetrVG 1972 Nr 1). Durch das Nachrücken oder die Vertretung erhält das Ersatzmitglied sämtliche Rechte und Pflichten eines ordentlichen Mitglieds (BAG 6.9.1979, 2 AZR 548/77, EzA § 15 KSchG nF Nr 23); es rückt jedoch nicht in dessen Ämter und Funktionen ein (GK-BetrVG/*Oetker* § 25 Rn 69). Soweit im Einzelfall erforderlich, kann das Ersatzmitglied auch Schulungsveranstaltungen besuchen (BAG 19.9.2001, 7 ABR 32/00, EzA § 37 BetrVG 1972 Nr 142). Während seiner Mitgliedschaft genießt es den bes Kdg- und Versetzungsschutz (§ 15 KSchG, § 103), vor Eintritt in den BR nur den für Wahlbewerber nach § 15 III (BAG 17.1.1979, 5 AZR 891/77, EzA § 15 KSchG nF Nr 21); eine Kdg kann aber wegen Verstoßes gegen § 78 nach § 134 BGB unwirksam sein

(DKKW/*Buschmann* § 25 Rn 40). Ob ein Ersatzmitglied auf sein Anwartschaftsrecht, in den BR nachzurücken, verzichten kann, hat die Rspr bislang offengelassen (LAG BaWü 11.10.2012, 11 TaBV 2/12; verneinend *Manske*, ArBR 2013, 56). Jedenfalls müsste ein Verzicht entsprechend den Regeln des § 24 SNr 2 erfolgen.

B. Nachrücken. Im Fall eines endgültigen Ausscheidens eines BR-Mitglieds aus den in § 24 Nr 2–6 genannten Gründen, rückt das Ersatzmitglied entspr für die Dauer der Amtszeit des BR nach. Führt der BR die Geschäfte nach § 22 bis zur Bekanntgabe des Wahlergebnisses des neugewählten BR weiter, bleibt auch das Ersatzmitglied im Amt (*Fitting* § 25 Rn 13). Die Ersatzmitgliedschaft kann aus einem in § 24 genannten Grund enden, da es bei ihr, wenn das Ersatzmitglied nachgerückt ist, um eine ordentliche Mitgliedschaft handelt. Lassen sich ausgeschiedene Mitglieder nicht mehr durch Ersatzmitglieder ersetzen, ist der BR außerplanmäßig neu zu wählen (§ 13 II Nr 2); bis dahin führt der alte BR die Amtsgeschäfte weiter (§ 21 S 5). **2**

C. Vertretung. I. Zeitweilige Verhinderung. 1. Voraussetzungen. Ist das ordentliche Mitglied nur vorübergehend an der Amtsausübung verhindert, wird es für diese Zeit von einem Ersatzmitglied vertreten. Das ist der Fall, wenn das Mitglied aus tatsächlichen oder rechtlichen Gründen, die ihm obliegenden Amtsgeschäfte nicht verrichten kann (DKKW/*Buschmann* § 25 Rn 15). Die Vertretung muss aus objektiven Gründen notwendig sein; eine gewillkürte Vertretung nach Belieben des ordentlichen Mitglieds ist unzulässig (BAG 5.9.1986, 7 AZR 175/85, EzA § 15 nF KSchG Nr 36). Typische Verhinderungsgründe sind Krankheit, Kuraufenthalt, Urlaub (BAG 8.9.2011, 2 AZR 388/10, NZA 2012, 400), Dienstreise, Teilnahme an Schulungsveranstaltungen, Beschäftigungsverbote nach dem MuSchG, Elternzeit nach dem BEEG. Allerdings steht es dem Mitglied frei, trotz des Hinderungsgrunds sein Amt auszuüben, etwa bei Krankheit (BAG 15.11.1984, 2 AZR 341/83, EzA § 102 BetrVG 1972 Nr 58), während des Urlaubs, den es für eine Sitzung unterbricht (BAG 5.5.1987, 1 AZR 665/85, EzA § 44 BetrVG 1972 Nr 5), oder innerhalb der Elternzeit (BAG 25.5.2005, 7 ABR 45/04, EzA § 40 BetrVG 2001 Nr 9). Ist Erholungsurlaub bewilligt, muss das ordentliche Mitglied so lange als verhindert gelten, wie es dem BR-Vorsitzenden nicht positiv anzeigt, dass es trotz Urlaubs BR-Tätigkeiten wahrnehmen will (BAG 8.9.2011, 2 AZR 388/10, NZA 2012, 400). Kein Hinderungsgrund besteht, wenn das Mitglied eine Sitzung vergisst oder ihr bewusst fernbleibt (DKKW/*Buschmann* § 25 Rn 15), weil es sich weigert, den Betrieb außerhalb seiner persönlichen Arbeitszeit aufzusuchen (BAG 18.1.1989, 7 ABR 89/87, EzA § 40 BetrVG 1972 Nr 60) oder weil es an einem Arbeitskampf teilnimmt (GK-BetrVG/*Oetker* § 25 Rn 17); Betriebsablaufstörungen, die durch die Teilnahme an einer BR-Sitzung bedingt sind, stellen keinen Verhinderungsgrund dar (LAG Schl-Hol 1.11.2012, 5 TaBV 13/12, DB 2012, 2814); für solche Mitglieder sind keine Ersatzmitglieder zu laden (*Fitting* § 25 Rn 23). Keine Rolle spielt die Dauer der Verhinderung (GK-BetrVG/*Oetker* § 25 Rn 22); es genügt, dass das Mitglied nur zeitweise nicht an einer BR-Sitzung teilnehmen kann (DKKW/*Buschmann* § 25 Rn 21). Die Verhinderung kann sich auf alle BR-Aufgaben beziehen, nicht nur auf die Teilnahme an den Sitzungen. Bei längerer Verhinderung (zB während eines Erholungsurlaubs des ordentlichen Mitglieds) rückt das Ersatzmitglied für die gesamte Dauer der Verhinderung nach. In dieser Zeit (und für 1 Jahr danach) genießt das Ersatzmitglied den Sonderkündigungsschutz nach § 15 KSchG; dieser ist nicht auf Zeiten beschränkt, in denen das Ersatzmitglied konkrete BR-Tätigkeit entfaltet; es genügt, dass BR-Aufgaben anfallen könnten. Die Stellvertretung beginnt mit dem objektiven Beginn der Verhinderung; einer förmlichen Benachrichtigung des Ersatzmitglieds bedarf es nicht (BAG 8.9.2011, 2 AZR 388/10, NZA 2012, 400; LAG Düsseldorf 9.11.2011, 12 Sa 956/11, AuA 2012, 114). Der (nachwirkende) Sonderkündigungsschutz des § 15 KSchG besteht selbst dann, wenn sich im Nachhinein herausstellt, dass ein Vertretungsfall nicht vorlag, solange keine kollusive Absprache vorliegt oder das Ersatzmitglied weiß oder es sich ihm aufdrängen muss, dass kein Vertretungsfall besteht (BAG 12.2.2004, 2 AZR 163/03, EzA § 15 nF KSchG Nr 56). Ist das Ersatzmitglied selbst verhindert, wird es vom nächstzuständigen Ersatzmitglied (s.u. Rdn 6) vertreten (BAG 6.9.1979, 2 AZR 548/77, EzA § 15 KSchG nF Nr 23). **3**

2. Interessenkollision. Ein Mitglied ist auch dann zeitweilig verhindert, wenn es von einer Beschlussfassung unmittelbar persönlich betroffen wird, wie etwa bei personellen Einzelmaßnahmen, über die der BR mitzubestimmen hat, zB die Umgruppierung oder Versetzung des Mitglieds (BAG 11.7.2000, 1 ABR 39/99, EzA § 103 BetrVG 1972 Nr 42), die Entsch über die Besetzung eines Beförderungspostens, auf den sich das Mitglied (vergeblich) beworben hat, (LAG BW 20.10.2011, 3 TaBV 4/11; aA BAG 24.4.2013, 7 ABR 82/11; EzA § 25 BetrVG 2001 Nr 4: das Mitglied muss gerade die Person sein, auf die sich das Zustimmungsersuchen des AG unmittelbar richtet), seine außerordentliche Kdg nach § 103 I (BAG 26.8.1981, 7 AZR 550/79, EzA § 103 BetrVG 1972 Nr 27), die Amtsenthebung nach § 23 I **4**

(*Fitting* § 25 Rn 18) oder bei einer Beschwerde iSd § 85 (LAG Nürnberg 16.10.2012, 7 TaBV 28/12, NZA-RR 2013, 23). Keine Interessenkollision besteht bei personellen Einzelmaßnahmen, wenn mit ihr nur mittelbare Auswirkungen, Reflexe oder die Steigerung oder Verringerung tatsächlicher Chancen und Aussichten verbunden sind (BAG 24.4.2013, 7 ABR 82/11, EzA § 25 BetrVG 2001 Nr 4), daher fehlt es an einer individuellen Betroffenheit, wenn das BR-Mitglied lediglich als Angehöriger eines aus mehreren Personen bestehenden Teils der Belegschaft betroffen ist, sowie bei bloß vorbereitenden Maßnahmen ohne Beschlussfassung (BAG 6.11.2013, 7 ABR 84/11, EzA § 25 BetrVG 2001 Nr 5). Gleiches gilt bei Organisationsakten ohne persönliche Betroffenheit, wie zB Wahl des BR-Vorsitzenden, Freistellung, Entsendung in den GBR/KBR, und bei Beschl über die Teilnahme an Schulungs- und Bildungsveranstaltungen. Hieran dürfen alle Mitglieder einschl des jeweiligen Bewerbers teilnehmen (GK-BetrVG/*Oetker* § 25 Rn 33). Das gilt auch für die Abberufung aus solchen Positionen (*Fitting* § 25 Rn 19). Ist die Vertrauensperson der schwerbehinderten Menschen zugleich BR-Mitglied, ist sie nicht generell als BR-Mitglied verhindert, wenn sie als Vertrauensperson an der Sitzung teilnehmen will (Hess LAG 1.11.2012, 9 TaBV 156/12, ArbR 2013, 248). Das von einer Interessenkollision unmittelbar persönlich betroffene Mitglied darf weder an der Beratung noch an der Beschlussfassung teilnehmen (BAG 3.8.1999, 1 ABR 30/98, EzA § 33 BetrVG 1972 Nr 1). Geschieht dies trotzdem, muss das nicht zwangsläufig zur Unwirksamkeit des Beschlusses führen, zumal das BetrVG kein formalisiertes Verfahren zur Feststellung der Befangenheit von BR-Mitgliedern kennt und die entsprechenden Beurteilungen typischerweise schwierige Wertungsfragen enthalten (BAG 6.11.2013, 7 ABR 84/11, EzA 2014, Nr. 6, 21). Als zeitweilig verhindert gilt ein BR-Mitglied auch dann, wenn es vor seiner Wahl gekündigt wurde und es hiergegen Kdg-Schutzklage erhebt, weil der Fortbestand bis zum Obsiegen im Prozess ungewiss ist. Bis dahin kann ihm auch der Zugang zum Betrieb zur Ausübung seines Amtes verwehrt werden, jedenfalls soweit die Kdg nicht evident unwirksam ist (LAG München 27.1.2011, 3 TaBVGa 20/10, AuR 2011, 370).

5 II. Rechtsfolgen. Das Amt des Ersatzmitglieds beginnt mit dem Verhinderungsfall und endet, wenn das vertretene Mitglied seine Tätigkeit wieder aufnimmt (BAG 17.1.1979, 5 AZR 891/77, EzA § 15 KSchG nF Nr 21). Während der Vertretung hat es alle Rechte und Pflichten eines ordentlichen Mitglieds samt dessen Kdg- und Versetzungsschutz (BAG 6.9.1979, 2 AZR 548/77, EzA § 15 KSchG nF Nr 23). Den Sonderkündigungsschutz genießt das Ersatzmitglied schon dann, wenn es sich auf die Vertretung vorbereitet, dh vom Tag der Ladung zur Sitzung an, längstens 3 Arbeitstage vor der Sitzung (BAG 17.1.1979, 5 AZR 891/77, EzA § 15 KSchG nF Nr 21). Dabei bleibt es auch dann, wenn das Ersatzmitglied selbst verhindert ist und seine Verhinderung im Verhältnis zur Dauer des eigenen Vertretungseinsatzes als unerheblich anzusehen ist (BAG 9.11.1977, 5 AZR 175/76, EzA § 15 KSchG nF Nr 13) oder wenn die Vertretung nur einen Arbeitstag dauert (LAG Nds 14.5.1987, 3 Sa 1233/86, AiB 1987, 286) und das Ersatzmitglied tatsächlich keine BR-Arbeit ausgeübt hat (BAG 5.9.1986, 7 AZR 175/85, EzA § 15 KSchG nF Nr 36). Mit Wegfall des Verhinderungsgrundes tritt das Ersatzmitglied in die Reihe der Ersatzmitglieder zurück. Dann genießt es den nachwirkenden Kdg-Schutz nach § 15 I 2 KSchG, selbst wenn es nur an einer einzigen Sitzung teilgenommen hat (BAG 6.9.1979, 2 AZR 548/77, EzA § 15 KSchG nF Nr 23). Der Versetzungsschutz wirkt nicht nach (*Fitting* § 25 Rn 11).

6 D. Reihenfolge der Ersatzmitglieder. I. Grundsatz. In welcher Reihenfolge die Ersatzmitglieder nachrücken, legt § 25 II mit zwingender Wirkung fest. Ersatzmitglieder an erster Stelle rücken auch dann vor Ersatzmitgliedern an hinterer Stelle in den BR nach, wenn zunächst ein Mitglied nur zeitweilig verhindert ist und danach ein anderes Mitglied aus dem BR ausscheidet (BAG 6.9.1979, 2 AZR 548/77, EzA § 15 KSchG nF Nr 23). Ist das Ersatzmitglied selbst zeitweilig verhindert, wird es für diese Zeit von dem an der nächsten Stelle stehenden Ersatzmitglied vertreten (*Fitting* § 25 Rn 35). Wahlbewerber, die nach der Wahl ihre Wählbarkeit (s § 8) verloren haben, kommen als Ersatzmitglieder nicht mehr in Betracht (*Fitting* § 25 Rn 25). Beim Nachrücken ist der Geschlechterproporz (§ 15 II) zu berücksichtigen (§ 25 II 1). Maßgebend für die Zahl der Mindestsitze, die auf das Minderheitengeschlecht entfallen, ist der Zeitpunkt, in dem das Wahlausschreiben bekanntgemacht wurde; spätere Veränderungen in der Geschlechterrelation bleiben unberücksichtigt (*Fitting* § 25 Rn 24). Im Fall der Mehrheitswahl werden nur diejenigen nichtgewählten AN Ersatzmitglieder nach § 25 II 3, die bei der BR-Wahl mind eine Stimme erhalten haben (LAG Düsseldorf 15.4.2011, 6 Sa 857/10).

7 II. Listenwahl. Bei Listenwahl wird das Ersatzmitglied der Liste entnommen, der das ausgeschiedene oder zu ersetzende Mitglied angehört, entspr der Reihenfolge auf der Liste. Führt das Ausscheiden oder die zeitweilige Verhinderung dazu, dass die Mindestzahl der auf das Minderheitengeschlecht entfallenden Sitze unterschritten wird, muss das Ersatzmitglied dem Minderheitengeschlecht angehören. Ist das bei dem gem

Listenreihenfolge zu berufenden Ersatzmitglied nicht der Fall, wird es übergangen, und es rückt das auf der Liste nächstplatzierte Ersatzmitglied, das dem Minderheitengeschlecht angehört, nach. Fehlt ein solches Ersatzmitglied, ist auf die Liste zurückzugreifen, auf die nach den Grds der Verhältniswahl der nächste Sitz entfallen wäre und auf der sich ein Ersatzmitglied befindet, das dem Minderheitengeschlecht angehört. Beim Nachrücken geht Geschlecht vor Liste. Dabei sind auch Listen zu berücksichtigen, die (zunächst) kein Mitglied stellten, da das BetrVG keine Sperrklausel enthält (GK-BetrVG/*Oetker* § 25 Rn 53, 55 f).

III. Personenwahl. Bei Personenwahl (nur eine Vorschlagsliste oder vereinfachtes Verfahren nach § 14a) rückt das Ersatzmitglied mit der nächsthöchsten Stimmenzahl nach. Ist das Minderheitengeschlecht nicht mehr ausreichend vertreten, muss das Ersatzmitglied Angehöriger des Minderheitengeschlechts sein. Geschlecht geht dann vor Stimmenmehrheit. Besteht der BR aus einer Person, ist keine Geschlechterquote zu berücksichtigen (§ 15 II). Fehlt es an einem Ersatzmitglied, müssen Neuwahlen erfolgen. Gibt es bei einem einköpfigen BR kein Ersatzmitglied, ist der AG bei Verhinderung des BR gehalten, beteiligungspflichtige Angelegenheiten – soweit zumutbar – zurückzustellen (BAG 15.11.1984, 2 AZR 341/83, EzA § 102 BetrVG 1972 Nr 58). 8

§ 26 Vorsitzender
(1) Der Betriebsrat wählt aus seiner Mitte den Vorsitzenden und dessen Stellvertreter.
(2) ¹Der Vorsitzende des Betriebsrats oder im Fall seiner Verhinderung sein Stellvertreter vertritt den Betriebsrat im Rahmen der von ihm gefassten Beschlüsse. ²Zur Entgegennahme von Erklärungen, die dem Betriebsrat gegenüber abzugeben sind, ist der Vorsitzende des Betriebsrats oder im Fall seiner Verhinderung sein Stellvertreter berechtigt.

Übersicht	Rdn.			Rdn.
A. Vorbemerkung	1	C.	Rechtsstellung	3
B. Wahl des Vorsitzenden und seines Stellvertreters	2	D.	Stellvertreter	4

A. Vorbemerkung. Die Vorschrift gilt entspr für den GBR (§ 51 I), den KBR (§ 59 I), die JAV (§ 65 I), die GJAV (§ 73 II) und die KJAV (§ 73b II) sowie für AN-Vertretungen nach § 3 I Nr 2, 3. § 26 II gilt entspr für den Wahlvorstand; die Kenntnis seines Vorsitzenden ist dem Gremium zuzurechnen (LAG Düsseldorf 14.1.2011, 9 TaBV 65/19). Abw Regelungen durch TV oder BV sind nur für AN-Vertretungen nach § 3 I Nr 2 und 3 zulässig. Von 26 II kann insoweit abgewichen werden, als der BR auch andere seiner Mitglieder mit seiner Vertretung betrauen kann (*Fitting* § 26 Rn 3). Streitigkeiten aus der Vorschrift sind im arbeitsgerichtlichen Beschlussverfahren zu entscheiden (§§ 2a, 80 ff ArbGG). 1

B. Wahl des Vorsitzenden und seines Stellvertreters. Sie muss in der konstituierenden Sitzung durch das Gremium selbst erfolgen und darf nicht auf Ausschüsse übertragen werden. Wahlberechtigt sind ausschließlich die BR-Mitglieder (*Fitting* § 26 Rn 10). Gegenkandidaten müssen nicht aufgestellt werden (BAG 29.1.1965, 1 ABR 8/64, AP BetrVG § 27 Nr 8). Soweit eine eindeutige Feststellung des Wahlergebnisses möglich ist, kann die Wahl offen erfolgen (ErfK/*Koch* § 26 Rn 1). Vorsitzender und Stellvertreter sind in getrennten Wahlgängen zu wählen. Gewählt ist, wer die meisten der abgegebenen Stimmen auf sich vereinigt. Koalitionsabsprachen sind zulässig (BAG 1.6.1966, 1 ABR 18/65, EzA § 27 BetrVG Nr 1). Die Gewählten können das Amt ausschlagen (BAG 29.1.1965, 1 ABR 8/64, AP BetrVG § 27 Nr 8) bzw jederzeit niederlegen (*Fitting* § 26 Rn 19). Die Wahl ist bei einem mehrköpfigen BR eine gesetzliche Pflichtaufgabe (Richardi/*Thüsing* § 26 Rn 2). Unterbleibt sie, kann der BR nach § 23 I aufgelöst werden (DKKW/*Wedde* § 26 Rn 3). Durch Mehrheitsbeschl können Vorsitzender und Stellvertreter jederzeit abberufen werden (BAG 26.1.1962, 2 AZR 244/61, AP BGB § 626 Druckkündigung Nr 8). Solange der Vorsitzende nicht ordnungsgem gewählt ist, braucht der AG den BR nicht zu konsultieren (*Löwisch/Kaiser* § 26 Rn 2); bei aufschiebbaren Maßnahmen ist der AG aber wegen § 2 I verpflichtet, bis dahin zu warten (BAG 28.9.1983, 7 AZR 266/82, EzA § 102 BetrVG 1972 Nr 56). Die Wahl des Vorsitzenden und seines Stellvertreters kann entspr § 19 binnen 2 Wochen nach der Wahl gerichtlich angefochten werden (BAG 8.4.1992, 7 ABR 71/91, EzA § 26 BetrVG 1972 Nr 6). Anfechtungsberechtigt sind die BR-Mitglieder und die im Betrieb vertretenen Gewerkschaften (*Fitting* § 26 Rn 57; aA Richardi/*Thüsing* § 26 Rn 23), nicht jedoch der AG und die AN des Betriebs (Richardi/*Thüsing* § 26 Rn 24). Bis zur rkr Entsch bleiben Vorsitzender und Stellvertreter im Amt. Die Wahl ist nichtig, wenn so schwer und offensichtlich gegen das BetrVG verstoßen wurde, dass nicht einmal der Anschein einer rechtmäßigen Wahl besteht (BAG 2

15.1.1992, 7 ABR 24/91, EzA § 19 BetrVG 1972 Nr 37). Dies kann von jedermann jederzeit geltend gemacht werden (*Fitting* § 26 Rn 60).

3 **C. Rechtsstellung.** Der Vorsitzende ist nicht Vertreter im Willen, sondern in der Erklärung (BAG 17.2.1981, 1 AZR 290/78, EzA § 112 BetrVG 1972 Nr 21; *Fitting* § 26 Rn 22). Er vertritt den BR »iR der von ihm gefassten Beschlüsse« (BAG 19.3.2003, 7 ABR 15/02, EzA § 40 BetrVG 2001 Nr 3). Fehlt es daran, handelt der Vorsitzende ohne Vertretungsmacht (BAG 9.12.2014, 1 ABR 19/13, EzA § 26 BetrVG 2001 Nr 4). Von ihm abgeschlossene Vereinbarungen sind schwebend unwirksam (§ 177 BGB), können aber vom Gremium durch Beschl rückwirkend genehmigt werden (§ 184 BGB). Der Beschl wirkt nicht zurück, falls die Entsch fristgebunden ist (abgelehnt für die Entsendung eines Mitglieds in die Einigungsstelle, vgl BAG 10.10.2007, 7 ABR 51/06, EzA § 26 BetrVG 2001 Nr 2) oder wenn das Gremium zwingend *vor* einer Maßnahme, die Kosten auslöst, wegen Prüfung ihrer Erforderlichkeit entscheiden muss, wie etwa die Teilnahme eines Mitglieds an einer Schulungs- und Bildungsmaßnahme (BAG 8.3.2000, 7 ABR 11/98, EzA § 40 BetrVG 1972 Nr 90). Der gute Glaube des AG an die Vertretungsmacht des Vorsitzenden wird grds nicht geschützt (Richardi/*Thüsing*, § 26 Rn 47). Der BR kann an die nicht vom Gremium gedeckten Erklärungen seines Vorsitzenden nach Rechtsscheinsgrds (§ 242 BGB) gebunden sein, wenn mind die Mehrheit der BR-Mitglieder den Vertretungsmangel kennt und schweigt (BAG 24.2.2000, 8 AZR 180/99, EzA § 1 KSchG Interessenausgleich Nr 7). Zur Vertretung im Einzelfall kann der BR auch eines seiner Mitglieder bevollmächtigen. Erklärungen, die ggü dem BR abzugeben sind, werden vom Vorsitzenden, bei seiner Verhinderung vom Stellvertreter entgegengenommen (§ 26 II 2). Deren Kenntnis von bestimmten Umständen wird dem BR als Gremium zugerechnet (BAG 23.10.2008, 2 AZR 163/07, EzA § 1 KSchG Interessenausgleich Nr 16). Andere BR-Mitglieder sind nur Boten mit der Folge, dass eine Erklärung dem BR erst dann zugeht, wenn sie dem Vorsitzenden oder dem BR als Gremium zur Kenntnis gelangt (BAG 27.6.1985, 2 AZR 412/84, EzA § 102 BetrVG 1972 Nr 60). Sind sowohl der Vorsitzende als auch sein Stellvertreter verhindert und wurde vom BR für diese Situation nichts geregelt, kann der AG grds jedem BR-Mitglied die Erklärung übergeben und damit den Zugang bewirken (BAG 27.6.1985, 2 AZR 412/84, aaO). Der Empfangsberechtigte ist nicht verpflichtet, Erklärungen außerhalb der Arbeitszeit oder außerhalb des Betriebs entgegenzunehmen (*Fitting* § 26 Rn 41). Geschieht dies freiwillig, gilt die Erklärung als zugegangen (BAG 27.8.1982, 7 AZR 30/80, EzA § 102 BetrVG 1972 Nr 49).

4 **D. Stellvertreter.** Der Stellvertreter nimmt die Befugnisse des Vorsitzenden nur im Fall der Verhinderung wahr (Richardi/*Thüsing* § 26 Rn 54). Für die Beurteilung, unter welchen Voraussetzungen der BR-Vorsitzende verhindert ist, gelten die für die zeitweilige Verhinderung eines BR-Mitglieds nach § 25 I 2 BetrVG maßgebenden Grds entspr (BAG 7.7.2011, 6 AZR 248/10, EzA § 26 BetrVG 2001 Nr 3). Der Stellvertreter ist zur Entgegennahme von Erklärungen zB auch dann berechtigt, wenn der AG rechtzeitig die Übergabe eines Schreibens außerhalb des Betriebs ankündigt, der BR dem nicht widerspricht und der Vorsitzende das Schreiben aber wegen Ortsabwesenheit nicht in Empfang nehmen kann (BAG 7.7.2011, 6 AZR 248/10, aaO). Ein »2. Vorsitzender« ist er nicht. Scheidet der Vorsitzende endgültig aus dem BR aus, muss die Funktion neu gewählt werden (ErfK/*Koch* § 26 Rn 3).

§ 27 Betriebsausschuss

(1) ¹Hat ein Betriebsrat neun oder mehr Mitglieder, so bildet er einen Betriebsausschuss. ²Der Betriebsausschuss besteht aus dem Vorsitzenden des Betriebsrats, dessen Stellvertreter und bei Betriebsräten mit
9 bis 15 Mitgliedern aus 3 weiteren Ausschussmitgliedern,
17 bis 23 Mitgliedern aus 5 weiteren Ausschussmitgliedern,
25 bis 35 Mitgliedern aus 7 weiteren Ausschussmitgliedern,
37 oder mehr Mitgliedern aus 9 weiteren Ausschussmitgliedern.
³Die weiteren Ausschussmitglieder werden vom Betriebsrat aus seiner Mitte in geheimer Wahl und nach den Grundsätzen der Verhältniswahl gewählt. ⁴Sind nur ein Wahlvorschlag gemacht, so erfolgt die Wahl nach den Grundsätzen der Mehrheitswahl. ⁵Sind die weiteren Ausschussmitglieder nach den Grundsätzen der Verhältniswahl gewählt, so erfolgt die Abberufung durch Beschluss des Betriebsrats, der in geheimer Abstimmung gefasst wird und einer Mehrheit von drei Vierteln der Stimmen der Mitglieder des Betriebsrats bedarf.
(2) ¹Der Betriebsausschuss führt die laufenden Geschäfte des Betriebsrats. ²Der Betriebsrat kann dem Betriebsausschuss mit der Mehrheit der Stimmen seiner Mitglieder Aufgaben zur selbständigen Erledigung übertragen; dies gilt nicht für den Abschluss von Betriebsvereinbarungen. ³Die Übertragung bedarf der Schriftform. ⁴Die Sätze 2 und 3 gelten entsprechend für den Widerruf der Übertragung von Aufgaben.

(3) Betriebsräte mit weniger als neun Mitgliedern können die laufenden Geschäfte auf den Vorsitzenden des Betriebsrats oder andere Betriebsratsmitglieder übertragen.

Übersicht	Rdn.		Rdn.
A. Allgemeines	1	C. Zuständigkeit	5
B. Mitglieder	2	I. Laufende Geschäfte	5
I. Geborene Mitglieder	2	II. Übertragene Aufgaben	6
II. Gekorene Mitglieder	3	D. Kleinere Betriebe	7
III. Sonstige Teilnahmeberechtigte	4		

A. Allgemeines. Der Betriebsausschuss ist ein nach Maßgabe von § 27 zwingend zu bildendes Organ des 1 BR, der die Geschäftsführung des Gremiums erleichtern soll. § 27 II und III gelten entspr für den GBR (§ 51 I), den KBR (§ 59 I) und die AN-Vertretung nach § 3 I Nr 2 und 3, nicht aber für die JAV, die GJAV und die KJAV. Für die interne Geschäftsführung des Betriebsausschusses gelten die §§ 29 ff sinngem. Der Ausschuss gibt sich eine eigene Geschäftsordnung, soweit der BR sie ihm nicht vorgibt. Über Streitigkeiten ist im Beschlussverfahren (§§ 2a, 80 ff ArbGG) zu entscheiden.

B. Mitglieder. I. Geborene Mitglieder. Dem Betriebsausschuss gehören der BR-Vorsitzende als Aus- 2 schussvorsitzender und sein Stellvertreter als stellvertretender Ausschussvorsitzender von vornherein an (ErfK/*Koch* § 27 Rn 2). Sie scheiden nur dann aus dem Ausschuss aus, wenn sie ihr Amt als BR-Vorsitzender oder Stellvertreter verlieren.

II. Gekorene Mitglieder. Die übrigen Mitglieder werden aus dem Kreise des BR in geheimer Wahl 3 bestimmt (*Fitting* § 27 Rn 15; *Ratayczak* AiB 2010, 296). Wählt der BR keinen Betriebsausschuss, kann darin eine grobe Pflichtwidrigkeit liegen, die einen Auflösungsantrag nach § 23 I rechtfertigt (MüArbR/*Joost* § 218 Rn 20). Wahlvorschlagsberechtigt sind nur die BR-Mitglieder. Findet die Wahl als Verhältniswahl statt, weil mehrere Listen eingereicht worden sind, kann das Wahlergebnis nach dem d'Hondtschen Höchstzahlverfahren ermittelt werden (*Fitting* § 27 Rn 24). Ansonsten findet eine Mehrheitswahl statt. Bei gleicher Stimmenzahl entscheidet das Los, wenn kein Stichentscheid durchgeführt wird (ErfK/*Koch* § 27 Rn 2). Für die Größe des Betriebsausschusses ist die Zahl der tatsächlich gewählten BR-Mitglieder maßgeblich (*Fitting* § 27 Rn 10a). Die Wahl kann entspr § 19 binnen 2 Wochen nach Feststellung des Wahlergebnisses angefochten werden, wenn gegen wesentliche Wahlvorschriften oder allg Verfahrensgrds verstoßen wurde (BAG 13.11.1991, 7 ABR 18/91, EzA § 27 BetrVG 1972 Nr 7); dazu gehören auch Fehler bei der Ladung zu einer BR-Sitzung (LAG Köln 3.2.2011, 13 TaBV 73/10, ZBVR online 2011, Nr 11, 16). Anfechtungsberechtigt ist jedes BR-Mitglied (BAG 13.11.1991, 7 ABR 18/91, aaO) sowie jede im Betrieb vertretene Gewerkschaft (BAG 11.2.1969, 1 ABR 12/68, EzA § 28 BetrVG Nr 1), nicht aber der AG und die AN des Betriebs, da es nicht ihre Aufgabe ist, die interne Geschäftsführung des BR zu kontrollieren (ErfK/*Koch* § 27 Rn 6). Die Ausschussmitglieder bleiben bis zur rkr Entsch im Amt. Nur bei groben, offensichtlichen Verstößen, wenn nicht einmal der Anschein einer ordnungsgem Wahl vorliegt, kann die Wahl nichtig sein (BAG 20.4.2005, 7 ABR 44/04, EzA § 38 BetrVG 2001 Nr 4). Das ist nur in bes Ausnahmefällen der Fall (BAG 21.7.2004, 7 ABR 62/03, EzA § 51 BetrVG 2001 Nr 1). Die Nichtigkeit kann jederzeit durch jedermann geltend gemacht werden (ErfK/*Koch* § 27 Rn 6). Für den Betriebsausschuss können auch Ersatzmitglieder entspr §§ 47 III, 55 II gewählt werden (Richardi/*Thüsing* § 27 Rn 17).

III. Sonstige Teilnahmeberechtigte. Die Schwerbehindertenvertretung darf nach § 95 IV 1 SGB IX, die 4 JAV entspr § 67 an den Sitzungen teilnehmen (ErfK/*Koch* § 27 Rn 3; *Fitting* § 27 Rn 57).

C. Zuständigkeit. I. Laufende Geschäfte. Laufende Geschäfte iSd § 27 II 1 sind die internen organi- 5 satorischen BR-Aufgaben, also etwa die Erledigung des Schriftverkehrs, die Entgegennahme von Anträgen von AN, die Einholung von Auskünften, die Vorbereitung von BR-Sitzungen sowie von Betriebs-, Teil- und Abteilungsversammlungen (BAG 15.8.2012, 7 ABR 16/11, EzA § 27 BetrVG 2001 Nr 1). Insoweit wird der Betriebsausschuss anstelle des BR tätig (*Fitting* § 27 Rn 66). Der BR kann jedoch eine laufende Angelegenheit im Einzelfall an sich ziehen und eine Entscheidung aufheben, soweit diese nach außen noch nicht wirksam geworden ist (*Fitting* § 27 Rn 66; ErfK/*Koch* § 27 Rn 4). Nicht dazu gehören Maßnahmen, die einen BR-Beschluss erfordern, die Ausübung von Beteiligungsrechten (ErfK/*Koch* § 27 Rn 4; aA Richardi/*Thüsing* § 27 Rn 54), das Monatsgespräch nach § 74 I (BAG 15.8.2012, 7 ABR 16/11, EzA § 27 BetrVG 2001 Nr 1) und der – Abschluss von BV (§ 27 II 2).

II. Übertragene Aufgaben. Der BR kann bestimmte eigene Aufgaben zur selbständigen Erledigung auf 6 den Betriebsausschuss übertragen. Erforderlich ist ein schriftlicher Beschl (§ 27 II 3), der mit der Mehrheit

§ 28 BetrVG   Übertragung von Aufgaben auf Ausschüsse

der Stimmen der BR-Mitglieder zu fassen ist (§ 27 II) und die übertragenen Angelegenheiten iE beschreibt (*Fitting* § 27 Rn 82). Aus Gründen der Rechtssicherheit sind die übertragenen Befugnisse so genau zu umschreiben, dass der Zuständigkeitsbereich des Ausschusses zweifelsfrei feststeht (LAG Rh-Pf 17.6.2015, 4 Sa 216/14). Zur Benennung des übertragenen Rechts genügt die Angabe des einschlägigen Paragraphen (BAG 17.3.2005, 2 AZR 275/04, EzA § 28 BetrVG 2001 Nr 1). Über den Umfang der Übertragung entscheidet der BR grds frei. Sein Beschl unterliegt nur einer Rechtmäßigkeits-, aber keiner Zweckmäßigkeitskontrolle (BAG 20.10.1993, 7 ABR 26/93, EzA § 28 BetrVG 1972 Nr 4). Dem BR muss allerdings ein Kernbereich an gesetzlichen Befugnissen verbleiben (BAG 15.8.2012, 7 ABR 16/11, EzA § 27 BetrVG 2001 Nr 1). Entscheidend ist der Gesamtaufgabenbereich des BR, nicht ein einzelner Mitbestimmungstatbestand (BAG 20.10.1993, 7 ABR 26/93, EzA § 28 BetrVG 1972 Nr 4). Mit einer Übertragung »aller mitbestimmungsrelevanten Personalmaßnahmen der §§ 99–103 BetrVG« auf den Betriebsausschuss wird der Kernbereich noch nicht betroffen (BAG 17.3.2005, 2 AZR 275/04, EzA § 28 BetrVG 2001 Nr 1). Die Befugnis zum Abschluss von BV kann nicht übertragen werden (§ 27 II 2 Hs 2), wohl aber von Regelungsabreden. In Fällen, in denen das G einen Beschl der Mehrheit der Mitglieder des BR fordert, ist eine Übertragung ebenfalls ausgeschlossen (*Fitting* § 27 Rn 77). Die Durchführung der Monatsgespräche nach § 74 I kann übertragen werden (BAG 15.8.2012, 7 ABR 16/11, EzA § 27 BetrVG 2001 Nr 1aA *Richardi* § 74 Rn 7). Im Übertragungsbereich entscheidet der Betriebsausschuss anstelle des BR (ErfK/*Koch* § 27 Rn 5). Dem Betriebsausschuss können Angelegenheiten auch nur zur Vorberatung übertragen werden. Der BR kann dem Betriebsausschuss Einzelweisungen und RL vorgeben. Im Fall einer unwirksamen Übertragung sind die Beschl des Betriebsausschusses unwirksam. Für den Widerruf der Übertragung gelten die gleichen Grds wie für die Übertragung (§ 27 II 4); er bedarf der Mehrheit der Stimmen der BR-Mitglieder. Die Übertragung gilt längstens für die Dauer der Amtszeit des BR (*Fitting* § 27 Rn 89).

7   **D. Kleinere Betriebe.** In Betrieben mit weniger als 9 BR-Mitgliedern können laufende Geschäfte auf den BR-Vorsitzenden oder andere BR-Mitglieder übertragen werden. Werden mehrere Mitglieder betraut, besteht ein »geschäftsführender Ausschuss«, der aber kein Betriebsausschuss iSd § 27 ist (*Fitting* § 27 Rn 92). Die Übertragung kann formlos durch einfache Stimmenmehrheit erfolgen (*Fitting* § 27 Rn 91; aA *Richardi/Thüsing* § 27 Rn 77: absolute Mehrheit). Die Bildung eines geschäftsführenden Ausschusses iSd § 28 I ist dagegen unzulässig (Hess LAG 7.4.2011, 9 TaBV 182/10; aA *Fitting* § 27 Rn 93).

§ 28 Übertragung von Aufgaben auf Ausschüsse

(1) ¹Der Betriebsrat kann in Betrieben mit mehr als 100 Arbeitnehmern Ausschüsse bilden und ihnen bestimmte Aufgaben übertragen. ²Für die Wahl und Abberufung der Ausschussmitglieder gilt § 27 Abs. 1 Satz 3 bis 5 entsprechend. ³Ist ein Betriebsausschuss gebildet, kann der Betriebsrat den Ausschüssen Aufgaben zur selbständigen Erledigung übertragen; § 27 Abs. 2 Satz 2 bis 4 gilt entsprechend.
(2) Absatz 1 gilt entsprechend für die Übertragung von Aufgaben zur selbständigen Entscheidung auf Mitglieder des Betriebsrats in Ausschüssen, deren Mitglieder vom Betriebsrat und vom Arbeitgeber benannt werden.

Übersicht	Rdn.		Rdn.
A. Allgemeines	1	C. Gemeinsame Ausschüsse	3
B. Weitere Ausschüsse	2		

1   **A. Allgemeines.** Zur rationellen Gestaltung der BR-Arbeit ermöglicht § 28 die Delegation von Aufgaben und Befugnissen auf Ausschüsse, die neben dem – zwingend vorgeschriebenen – Betriebsausschuss (§ 27) eingerichtet werden können (sog Fachausschüsse). Die Vorschrift gilt entspr für die JAV (s § 65 Rdn 1) und die AN-Vertretung nach § 3 I Nr 2 und 3. Sie gilt mit Ausnahme von § 27 I 2 entspr auch für den GBR (§ 51 I), den KBR (§ 59 I), die GJAV und die KJAV. Von der zwingenden Vorschrift kann nur bei AN-Vertretungen nach § 3 I Nr 2 u 3 durch TV und BV abgewichen werden. Streitigkeiten sind im arbeitsgerichtlichen Beschlussverfahren nach §§ 2a, 80 ff ArbGG zu entscheiden.

2   **B. Weitere Ausschüsse.** In Betrieben mit mehr als 100 AN kann der BR durch Beschl weitere Ausschüsse einrichten, die für ihn bestimmte Angelegenheiten vorbereiten. Besteht ein Betriebsausschuss nach § 27, können den weiteren Ausschüssen auch Aufgaben zur selbständigen Erledigung übertragen werden (§§ 28 I 3, 27 II 2, 3). In diesem Fall tritt der Ausschuss an die Stelle des BR und kann selbständig entscheiden. Über die Anzahl, die Größe und den Aufgabenzuschnitt der weiteren Ausschüsse entscheidet der BR nach pflichtgem Ermessen (BAG 20.10.1993, 7 ABR 26/93, EzA § 28 BetrVG 1972 Nr 4). Der BR kann

daher auch im BetrVG nicht vorgesehene Ausschüsse errichten, etwa Koordinationsausschüsse, die nur für bestimmte räumlich abgegrenzte Teile des Betriebs eine Zuständigkeit besitzen. Möglich ist auch, einzelne BR-Mitglieder zu Fachbeauftragten für bestimmte Themen zu ernennen (LAG BW 10.4.13, 2 TaBV 6/12, AuR 2013, 233). Die Geschäfte des BR können nur vom Betriebsausschuss geführt werden (ErfK/*Koch* § 28 Rn 1; *Gamillscheg* KollArbR II S. 514; MüArbR/*Joost* § 218 Rn 26), § 28 I 1 BetrVG ermöglicht daher nicht die Bildung eines »geschäftsführenden Ausschusses« iSv § 27 II 1, der die laufenden Geschäfte des BR führt oder nur dessen Sitzungen vorbereitet (BAG 14.8.2013, 7 ABR 66/11, EzA § 27 BetrVG 2001 Nr 2). Der BR-Vorsitzende und sein Stellvertreter gehören den weiteren Ausschüssen nicht schon als »geborene« Mitglieder an (*Fitting* § 28 Rn 29). Entspr kann auch nicht in der Geschäftsordnung des BR bestimmt werden (BAG 16.11.2005, 7 ABR 11/05, EzA § 28 BetrVG 2001 Nr 3). Für die Wahl der Mitglieder gelten die Grds für den Betriebsausschuss entspr (§§ 28 I 2, § 27 I 3–5, II 2–4), auch die über die Anfechtung und die Nichtigkeit der Wahl (BAG 20.10.1993, 7 ABR 26/93, EzA § 28 BetrVG 1972 Nr 4). Die Mitglieder werden idR für die Dauer der Amtszeit des BR gewählt (*Fitting* § 28 Rn 30). Soweit der BR keinen Ausschussvorsitzenden bestellt, bestimmt ihn der Ausschuss (*Fitting* § 28 Rn 33).

C. Gemeinsame Ausschüsse. Der BR kann Aufgaben auch Ausschüssen übertragen, die gemeinsam von BR und AG gebildet werden. Werden Aufgaben zur selbständigen Erledigung delegiert, entscheidet der gemeinsame Ausschuss verbindlich anstelle des BR (BAG 12.7.1984, 2 AZR 320/83, EzA § 102 BetrVG 1972 Nr 57). In diesem Fall dürfen dem Ausschuss nicht weniger BR-Mitglieder als Vertreter des AG angehören (ErfK/*Koch* § 28 Rn 2; aA HWGNRH/*Glock* § 28 Rn 32). Die Aufgaben können auch nur zur Vorberatung delegiert werden. Die Größe des Ausschusses bestimmen BR und AG gemeinsam. Soweit nichts anderes geregelt ist, entscheidet der gemeinsame Ausschuss mit einfacher Mehrheit der Stimmen seiner Mitglieder; bei Stimmengleichheit fällt die Angelegenheit an den BR und den AG zurück (*Fitting* § 28 Rn 48). 3

§ 28a Übertragung von Aufgaben auf Arbeitsgruppen

(1) ¹In Betrieben mit mehr als 100 Arbeitnehmern kann der Betriebsrat mit der Mehrheit der Stimmen seiner Mitglieder bestimmte Aufgaben auf Arbeitsgruppen übertragen; dies erfolgt nach Maßgabe einer mit dem Arbeitgeber abzuschließenden Rahmenvereinbarung. ²Die Aufgaben müssen im Zusammenhang mit den von der Arbeitsgruppe zu erledigenden Tätigkeiten stehen. ³Die Übertragung bedarf der Schriftform. ⁴Für den Widerruf der Übertragung gelten Satz 1 erster Halbsatz und Satz 3 entsprechend.
(2) ¹Die Arbeitsgruppe kann im Rahmen der ihr übertragenen Aufgaben mit dem Arbeitgeber Vereinbarungen schließen; eine Vereinbarung bedarf der Mehrheit der Stimmen der Gruppenmitglieder. ²§ 77 gilt entsprechend. ³Können sich Arbeitgeber und Arbeitsgruppe in einer Angelegenheit nicht einigen, nimmt der Betriebsrat das Beteiligungsrecht wahr.

Übersicht	Rdn.		Rdn.
A. Allgemeines	1	D. Rechtsstellung der Mitglieder der	
B. Voraussetzungen	2	Arbeitsgruppe	4
C. Wahrnehmung der Aufgaben	3		

A. Allgemeines. Die Arbeitsgruppe handelt im Umfang der an sie übertragenen Zuständigkeit eigenständig. Sie muss – anders als die Ausschüsse nach §§ 27, 28 – nicht aus BR-Mitgliedern bestehen (ErfK/*Koch* § 28a Rn 1). § 28a gilt nur für den BR und die AN-Vertretungen nach § 3 I Nr 1–3. Die Vorschrift gilt nicht für den GBR (§ 51 I), den KBR (§ 59 I) die JAV (§ 65 I), die GJAV (§ 73 II) und die KJAV (§ 73b II). Hins der Voraussetzungen und Rechtsfolgen der Delegation ist § 28a zwingend (*Fitting* § 28a Rn 3). Näher geregelt werden können dagegen der Inhalt sowie Fragen der Übertragung und des Verfahrens. Streitigkeiten aus der Norm entscheidet das ArbG im Beschlussverfahren (§§ 2a, 80 ff ArbGG). Die Arbeitsgruppe ist antrags- und beteiligungsbefugt, weil sie eine eigene betriebsverfassungsrechtliche Rechtsstellung hat (ErfK/*Koch* § 28a Rn 1; aA DKKW/*Wedde* § 28a Rn 84). 1

B. Voraussetzungen. Eine Aufgabendelegation ist nur in Betrieben mit idR **mehr als 100 AN** möglich. Maßgeblich ist der Zeitpunkt der Übertragung (*Fitting* § 28a Rn 9). Eine Arbeitsgruppe iSd § 28a ist eine arbeitsorganisatorisch zusammengehörende Gruppe von AN, denen Aufgaben zur gemeinsamen Erledigung übertragen sind (ErfK/*Koch* § 28a Rn 2), wie zB Fertigungsteams, Entwicklungsabteilungen, Qualitätszirkel, Außendienstorganisationen. Die Arbeitsgruppe muss nicht in die Arbeitsabläufe des Betriebs eingegliedert sein (ErfK/*Koch* § 28a Rn 2; aA DKKW/*Wedde* § 28a Rn 20). Zur Delegation bedarf es einer – nicht erzwingbaren – Rahmenvereinbarung zwischen BR und AG, für deren Abschluss, Inhalt, Wirkung und 2

Beendigung die Vorschriften über die BV entspr gelten (*Reitze* ZBVR online 2009, Nr 11, 23). Der Übertragungsbeschl erfordert die Mehrheit der Stimmen der BR-Mitglieder und ist schriftlich niederzulegen. Übertragbar sind zB Arbeitsbeginn und -ende, Pausenzeiten, Urlaubsplanung, Arbeitsgestaltung, Berufsbildungsmaßnahmen, Stellenausschreibungen und Gruppengespräche (ErfK/*Koch* § 28a Rn 2). Ob und in welchem Umfang Aufgaben übertragen werden, entscheidet der BR nach pflichtgem Ermessen (*Fitting* § 28a Rn 25). Die Delegation kann der BR jederzeit mit der Mehrheit der Stimmen seiner Mitglieder schriftlich widerrufen (§ 28 I 4); dann fallen die Beteiligungsrechte an den BR zurück.

3 **C. Wahrnehmung der Aufgaben.** Mit der Übertragung der Aufgaben übt die Arbeitsgruppe eine eigenständige Regelungskompetenz anstelle des BR aus. Sie kann mit dem AG formlose Regelungsabreden treffen und Gruppenvereinbarungen abschließen, für deren Abschluss, Inhalt, Wirkung und Beendigung die Vorschriften über die BV entspr gelten. Der Abschluss einer Gruppenvereinbarung setzt voraus, dass ihr die Mehrheit der Mitglieder der Arbeitsgruppe zustimmt (§ 28a II 1 Hs 2). Gruppenvereinbarungen sind unwirksam, soweit sie Gegenstände betreffen, die durch TV geregelt sind oder üblicherweise geregelt werden (§§ 28 II 2, 77 III). Kommt mit dem AG keine Einigung zustande, fällt die Angelegenheit an den BR zurück (§ 28 II 3).

4 **D. Rechtsstellung der Mitglieder der Arbeitsgruppe.** Mitglieder der Arbeitsgruppe werden nicht zu BR-Mitgliedern. Gesetzliche Schutzvorschriften (§ 15 KSchG, § 103) gelten für sie nicht, wohl aber die Regelung des § 37 I–III sowie das allg Behinderungs- und Benachteiligungsverbot (§ 78). Einen Anspruch auf Besuch von Schulungsveranstaltungen (§ 37 VI, VII) oder auf Freistellung (§ 38) erwerben sie nicht (ErfK/*Koch* § 28a Rn 3). Die Sachkosten der Aufgabendelegation trägt der AG entspr § 40.

§ 29 Einberufung der Sitzungen

(1) ¹Vor Ablauf einer Woche nach dem Wahltag hat der Wahlvorstand die Mitglieder des Betriebsrats zu der nach § 26 Abs. 1 vorgeschriebenen Wahl einzuberufen. ²Der Vorsitzende des Wahlvorstands leitet die Sitzung, bis der Betriebsrat aus seiner Mitte einen Wahlleiter bestellt hat.
(2) ¹Die weiteren Sitzungen beruft der Vorsitzende des Betriebsrats ein. ²Er setzt die Tagesordnung fest und leitet die Verhandlung. ³Der Vorsitzende hat die Mitglieder des Betriebsrats zu den Sitzungen rechtzeitig unter Mitteilung der Tagesordnung zu laden. ⁴Dies gilt auch für die Schwerbehindertenvertretung sowie für die Jugend- und Auszubildendenvertreter, soweit sie ein Recht auf Teilnahme an der Betriebsratssitzung haben. ⁵Kann ein Mitglied des Betriebsrats oder der Jugend- und Auszubildendenvertretung an der Sitzung nicht teilnehmen, so soll es dies unter Angabe der Gründe unverzüglich dem Vorsitzenden mitteilen. ⁶Der Vorsitzende hat für ein verhindertes Betriebsratsmitglied oder für einen verhinderten Jugend- und Auszubildendenvertreter das Ersatzmitglied zu laden.
(3) Der Vorsitzende hat eine Sitzung einzuberufen und den Gegenstand, dessen Beratung beantragt ist, auf die Tagesordnung zu setzen, wenn dies ein Viertel der Mitglieder des Betriebsrats oder der Arbeitgeber beantragt.
(4) ¹Der Arbeitgeber nimmt an den Sitzungen, die auf sein Verlangen anberaumt sind, und an den Sitzungen, zu denen er ausdrücklich eingeladen ist, teil. ²Er kann einen Vertreter der Vereinigung der Arbeitgeber, der er angehört, hinzuziehen.

Übersicht	Rdn.		Rdn.
A. Allgemeines	1	D. Tagesordnung und Leitung	4
B. Konstituierende Sitzung	2	E. Teilnahmerecht des AG	5
C. Weitere Sitzungen	3		

1 **A. Allgemeines.** Die Vorschrift ist zwingend und betr konstituierende sowie die weiteren BR-Sitzungen. Für die JAV-Sitzungen gilt sie entspr (§ 65 II). Die Regelungen über die weiteren Sitzungen gelten entspr für den GBR (§ 51 II 3), die GJAV (§ 73 II), die KJAV (§ 73b II), den KBR (§ 59 II 3) und die AN-Vertretungen iSv § 3 I Nr 2–4, sowie modifiziert für den Betriebsausschuss und die weiteren Ausschüsse, insb wenn ihnen Aufgaben zur selbständigen Erledigung übertragen sind (BAG 18.11.1980, 1 ABR 31/78, EzA § 108 BetrVG 1972 Nr 4). Streitigkeiten entscheidet das ArbG im Beschlussverfahren (§§ 2a, 80 ff ArbGG).

2 **B. Konstituierende Sitzung.** Auf der konstituierenden Sitzung werden der BR-Vorsitzende, sein Stellvertreter sowie ggf der Betriebsausschuss gewählt (ErfK/*Koch* § 29 Rn 1). Sie wird vom Vorsitzenden des Wahlvorstands unter Mitteilung von Zeitpunkt und Tagesordnung innerhalb 1 Woche (§§ 187 ff BGB) nach dem Wahltag einberufen. Ohne Vorsitzenden kann der BR keine wirksamen Beschl fassen; so lange kann der AG Verh mit dem BR verweigern (BAG 23.8.1984, 6 AZR 520/82, EzA § 102 BetrVG 1972 Nr 59). Steht die Wahl des Vorsitzenden unmittelbar bevor, ist der AG nach § 2 II verpflichtet, bei aufschiebbaren Maßnahmen bis zur Konstituierung des BR zu warten (BAG 28.9.1983, 7 AZR 266/82, EzA § 102 BetrVG 1972 Nr 56). An der konstituierenden Sitzung dürfen die in den BR gewählten Mitglieder und bei deren Verhinderung auch die Ersatzmitglieder teilnehmen, nicht aber der AG, andere AN oder die im Betrieb vertretenen Gewerkschaften (ErfK/*Koch* § 29 Rn 1; aA DKKW/*Wedde* § 29 Rn 10). Bis zur Bestellung des Wahlleiters übt der Vorsitzende des Wahlvorstands die Sitzungsleitung aus (§ 29 I 2). Nach erfolgter Bestellung entfällt das Teilnahmerecht des Wahlvorstands (BAG 28.2.1958, 1 ABR 3/57, AP BetrVG § 29 Nr 1). Üblicherweise wird das älteste BR-Mitglied zum Wahlleiter bestellt; zulässig ist aber auch die Bestellung des designierten BR-Vorsitzenden bzw seines Stellvertreters. Nach der Wahl des Vorsitzenden und seines Stellvertreters ist die Aufgabe des Wahlleiters erfüllt, und der gewählte BR-Vorsitzende übernimmt die Leitung der Sitzung.

C. Weitere Sitzungen. Diese werden vom Vorsitzenden oder von seinem Stellvertreter einberufen, wenn der Vorsitzende verhindert ist. Sind beide zugleich verhindert und hat der BR für diesen Fall nichts bestimmt, können sie in dringenden Fällen von sich aus zusammentreten (ErfK/*Koch* § 29 Rn 2). Eine Sitzung ist einzuberufen, wenn ein Viertel der BR-Mitglieder oder der AG dies beantragen (§ 29 III). Andere als die in § 29 III Genannten (zB JAV, im Betrieb vertretene Gewerkschaften) können eine BR-Sitzung nur anregen. Geladen werden müssen die in § 29 II 3, 4 Genannten sowie der AG und die im Betrieb vertretenen Gewerkschaften, soweit ihnen ein Recht zur Teilnahme an der BR-Sitzung zusteht (§ 29 IV bzw § 31). Ist ein BR-Mitglied an der Teilnahme verhindert, soll es dies dem Vorsitzenden unter Angabe von Gründen mitteilen, damit er das Ersatzmitglied laden kann. Unterbleibt dessen Ladung, kann der BR keine wirksamen Beschl fassen, es sei denn, dass das ordentliche BR-Mitglied so plötzlich verhindert war, dass das Ersatzmitglied nicht mehr geladen werden konnte (BAG 3.8.1999, 1 ABR 30/98, EzA § 33 BetrVG 1972 Nr 1). Die Reihenfolge der zu ladenden Ersatzmitglieder folgt zwingend aus § 25 II (LAG Schl-Hol 1.11.2012, 5 TaBV 13/12, DB 2012, 2814). Ladung und Tagesordnung sind so rechtzeitig zu übersenden, dass sich die Geladenen auf die Sitzung einrichten und vorbereiten können. Beim Ausschluss eines BR-Mitglieds genügt die Ladung des Ersatzmitglieds erst am Sitzungstag regelmäßig nicht (Arb Halle 25.1.2013, 9 BV 50/12). Ohne ordnungsgem Ladung können keine wirksamen BR-Beschlüsse gefasst werden (BAG 24.5.2006, 7 AZR 201/05, EzA § 29 BetrVG 2001 Nr 1; zur Heilung bzw. Ergänzung der Tagesordnung s unten Rn 4). Der AG kann nicht einwenden, etwaige Unzulänglichkeiten lägen in der Sphäre des BR (Hess LAG 17.9.2012, 16 TaBV 109/11 n rkr). In Eilfällen ist auch eine kurzfristige Einladung zulässig (ErfK/*Koch* § 29 Rn 2).

D. Tagesordnung und Leitung. Die Tagesordnung bestimmt der Vorsitzende nach pflichtgem Ermessen. Angelegenheiten, deren Behandlung ein Viertel der BR-Mitglieder oder der AG verlangen, hat er auf die Tagesordnung zu setzen (§ 29 II). Entspr gilt für Angelegenheiten der in § 60 I genannten AN, wenn die JAV deren Erörterung beantragt (§ 67 II 1), und für Themen der Schwerbehindertenvertretung (§ 95 IV 1 SGB IX). Über Angelegenheiten, die nicht Gegenstand der Tagesordnung sind, kann der BR nur dann verhandeln, wenn alle seine Mitglieder einschl erforderlicher Ersatzmitglieder rechtzeitig geladen worden sind und die beschlussfähig Erschienenen in dieser Sitzung eine Ergänzung oder Erstellung der Tagesordnung einstimmig beschließen. Die Anwesenheit aller BR-Mitglieder ist hingegen nicht erforderlich (BAG 15.4.2014, 1 ABR 2/13, NZA 2014, 551, in Abweichung von BAG 20.4.2005, 7 ABR 47/04, EzA § 38 BetrVG 2001 Nr 3). Entsprechendes gilt für die Sitzungen der GBR (BAG 4.11.2015, 7 ABR 61/13, EzA-SD 2016, Nr 7, 13). Der Vorsitzende eröffnet und schließt die Sitzung, führt die Rednerliste, erteilt und entzieht das Wort, leitet die Abstimmungen und sorgt für die nach § 34 vorgeschriebene Sitzungsniederschrift. Ihm steht auch während der Sitzung das Hausrecht zu (ErfK/*Koch* § 29 Rn 2). Der BR-Vorsitzende kann ein BR-Mitglied aber nicht von einer Sitzung ausschließen (vgl BAG 27.7.2011, NZA 2012, 345; DKKW/*Wedde* § 29 Rn 29; aA GK-BetrVG/*Raab* § 29 Rn 61), selbst dann nicht, wenn das Gremium dies beschließt; es kann nur ein Antrag nach § 23 I gestellt werden (LAG Hamm 14.9.2009, 10 TaBV 175/08).

E. Teilnahmerecht des AG. Der AG darf nur an den BR-Sitzungen teilnehmen, die auf sein Verlangen anberaumt sind oder zu denen er ausdrückl eingeladen wurde (§ 29 IV 1). Wurde er eingeladen, hat er selbst oder durch einen Vertreter auf der Sitzung zu erscheinen (*Fitting* § 29 Rn 56). Die Teilnahmepflicht kann im Wege des Beschlussverfahrens durchgesetzt werden (*Fitting* § 29 Rn 57). Bei wiederholtem Fernbleiben kommt ein Zwangsverfahren nach § 23 III in Betracht; überdies kann der Straftatbestand des § 119 I Nr 2

§ 30 BetrVG Betriebsratssitzungen

verwirklicht sein. Der Vorsitzende kann das Teilnahmerecht auf bestimmte Tagesordnungspunkte beschränken (ErfK/*Koch* § 29 Rn 3). Der AG kann sich durch einen betriebsangehörigen AN, der mit der Sache vertraut ist, vertreten lassen (BAG 11.12.1991, 7 ABR 16/91, EzA § 90 BetrVG 1972 Nr 2) oder ihn zur Sitzung hinzuziehen (*Fitting* § 29 Rn 58). Die Vertretung durch einen Betriebsfremden (zB einen Rechtsanwalt) ist ohne Zustimmung des BR nicht möglich (*Fitting* § 29 Rn 58). Ist der AG Mitglied eines AG-Verbands, darf er auch einen Vertreter dieses Verbandes zur Sitzung hinzuziehen. Der AG, sein Vertreter und die von ihm Hinzugezogenen dürfen sich zu den betreffenden Punkten der Tagesordnung äußern. An der Beschlussfassung teilnehmen dürfen sie nicht (LAG Düsseldorf 7.3.1975, 16 Sa 690/74, DB 1975, 743).

§ 30 Betriebsratssitzungen

¹Die Sitzungen des Betriebsrats finden in der Regel während der Arbeitszeit statt. ²Der Betriebsrat hat bei der Ansetzung von Betriebsratssitzungen auf die betrieblichen Notwendigkeiten Rücksicht zu nehmen. ³Der Arbeitgeber ist vom Zeitpunkt der Sitzung vorher zu verständigen. ⁴Die Sitzungen des Betriebsrats sind nicht öffentlich.

Übersicht	Rdn.			Rdn.
A. Allgemeines	1	C.	Teilnahmerecht	3
B. Zeitliche Lage	2			

1 **A. Allgemeines.** Die Vorschrift ist zwingend. Sie gilt auch für die Sitzungen des GBR (§ 51 I 1), des KBR (§ 59 I), der JAV (§ 65 I), der GJAV (§ 73 II), der KJAV (§ 73b II) und der AN-Vertretung nach § 3 I Nr 2–5 sowie entspr für Sitzungen des Betriebsausschusses (§ 27) und der weiteren Ausschüsse (§ 28) (BAG 18.11.1980, 1 ABR 31/78, EzA § 108 BetrVG 1972 Nr 4). Streitigkeiten aus der Vorschrift entscheidet das ArbG im Beschlussverfahren (§§ 2a, 80 ff ArbGG).

2 **B. Zeitliche Lage.** BR-Sitzungen finden idR während der Arbeitszeit statt. Über ihre Anberaumung und Anzahl entscheidet der BR nach pflichtgem Ermessen (BAG 23.4.1974, 1 AZR 139/73, EzA § 37 BetrVG 1972 Nr 22). Dabei hat er die betrieblichen Notwendigkeiten zu beachten. Betriebliche Notwendigkeiten sind nicht gleichzusetzen mit betrieblichen Interessen oder Bedürfnissen (LAG Köln 20.9.2013, 4 TaBV 23/13; *Fitting* § 30 Rn 10), sondern sind dringende betriebliche Gründe, die zwingenden Vorrang vor dem Interesse des BR haben, die Sitzung zu einem bestimmten Zeitpunkt abzuhalten (ErfK/*Koch* § 30 Rn 1). Werden diese außer Acht gelassen, berührt das die Rechtmäßigkeit der vom BR gefassten Beschl nicht (*Fitting* § 30 Rn 12). Dass die BR-Mitglieder während der Sitzungen die ihnen konkret obliegenden Arbeitsaufgaben nicht erfüllen können und ersetzt werden müssen, wenn es nicht möglich ist, die Arbeiten zeitlich zu verschieben oder anderweitig zu verteilen, begründet noch keinen zwingenden Vorrang betrieblicher Interessen, sondern bildet den »Grundtatbestand« aller während der Arbeitszeit stattfindenden Betriebsratssitzungen (LAG Berl-Bbg 18.3.2010, 2 TaBV 2694/09, ZTR 2010, 491). Der AG darf Sitzungen, die zur Unzeit stattfinden, gleichwohl nicht eigenmächtig unterbinden oder die Vergütung der BR-Mitglieder kürzen (ErfK/*Koch* § 30 Rn 1). Bei groben Verstößen kann § 23 zur Anwendung gelangen. Der BR hat den AG vom Zeitpunkt der geplanten Sitzung rechtzeitig vorher zu verständigen, damit er Maßnahmen für den Ersatz der wegen ihrer Sitzungsteilnahme an der Arbeitsleistung verhinderten AN treffen kann. Unterlässt der BR dies, können sich seine Mitglieder schadensersatzpflichtig machen (*Löwisch/Kaiser* § 30 Rn 6; aA DKKW/*Wedde* § 30 Rn 10; außerdem kommen Sanktionen nach § 23 I in Betracht (MünchArbR/*Joost* § 219 Rn 11). Die Tagesordnung braucht dem AG nicht mitgeteilt zu werden (BAG 28.1.1975, 1 ABR 92/73, EzA § 37 BetrVG 1972 Nr 37).

3 **C. Teilnahmerecht.** Die Sitzungen sind nicht öffentl (zur Zulässigkeit »virtueller BR-Sitzungen« *Butz/Pleul* AuA 2011, 213; *Jesgarzewski/Holzendorf* NZA 2012, 1021). Teilnehmen dürfen grds nur die BR-Mitglieder, soweit sie nicht beurlaubt (s § 25 Rdn 3) oder wegen Interessenkollision verhindert sind (s § 25 Rdn 4) oder ein Rechtsstreit wegen einer vor der BR-Wahl erklärten Kdg eines später in den BR Gewählten schwebt (LAG Köln 27.7.2011, 9 TaBVGa 2/11; LAG München 27.1.2011, 3 TaBVGa 20/10). Für ihre Teilnahme bedürfen sie keiner Erlaubnis des AG. Sie müssen sich aber bei ihrer Führungskraft abmelden und die Wiederaufnahme der Arbeit später anzeigen (BAG 19.6.1979, 6 AZR 638/77, EzA § 37 BetrVG 1972 Nr 65). Findet die Sitzung außerhalb der persönlichen Arbeitszeit statt, haben die betreffenden BR-Mitglieder nach Maßgabe von § 37 III Anspruch auf bezahlte Arbeitsbefreiung oder – soweit dies nicht möglich ist – auf Vergütung der aufgewendeten Zeit (s § 37 Rdn 8). Ferner dürfen die nach § 96 IV SGB IX und § 2 II 2 SprAuG Berechtigten an der Sitzung teilnehmen (ErfK/*Koch* § 30 Rn 1). Die Hinzuziehung einer Schreibkraft ist

zulässig (*Fitting* § 30 Rn 16). Weitere Personen – zB sachkundige AN (§ 80 II 3), Sachverständige (§ 80 III), Berater (§ 111 S 2) – können zur Erörterung einzelner Tagesordnungspunkte konsultiert werden. Der BR kann ihnen eine Verschwiegenheitspflicht auferlegen (Richardi/*Thüsing* § 30 Rn 15; aA DKKW/*Wedde* § 30 Rn 14). Die Beachtung des Gebots der Nichtöffentlichkeit ist im Grundsatz wesentlich für die Wirksamkeit von Beschlüssen. Die Nichtöffentlichkeit soll gewährleisten, dass sich die BR-Mitglieder unbefangen aussprechen und ihre Entscheidungen frei von Einflüssen Dritter treffen können. Allerdings können die Mitglieder selbst darüber befinden, ob sie durch die Anwesenheit einer nicht teilnahmeberechtigten Person bei der Wahrnehmung ihres Mandats beeinträchtigt werden. Daher führt ein Verstoß nur dann zur Unwirksamkeit, wenn die Anwesenheit einer nicht teilnahmeberechtigten Person vor der Behandlung eines Tagesordnungspunkts zumindest von einem BR-Mitglied ausdrücklich beanstandet wird und die Person danach trotzdem anwesend bleibt (BAG 30.9.2014, 1 ABR 32/13, EzA § 34 BetrVG 2001 Nr 2).

§ 31 Teilnahme der Gewerkschaften
Auf Antrag von einem Viertel der Mitglieder des Betriebsrats kann ein Beauftragter einer im Betriebsrat vertretenen Gewerkschaft an den Sitzungen beratend teilnehmen; in diesem Fall sind der Zeitpunkt der Sitzung und die Tagesordnung der Gewerkschaft rechtzeitig mitzuteilen.

Übersicht	Rdn.		Rdn.
A. Allgemeines	1	C. Beauftragte der Gewerkschaft	3
B. Teilnahmevoraussetzung	2		

A. Allgemeines. Die zwingende Vorschrift soll die Zusammenarbeit mit den Gewerkschaften stärken und gewerkschaftliche Minderheiten im BR schützen (ErfK/*Koch* § 31 Rn 1). Sie gilt auch für den GBR (§ 51 I), den KBR (§ 59 I), die JAV (§ 65 I), die GJAV (§ 73 II), die KJAV (§ 73b II), die AN-Vertretungen nach § 3 I Nr 2, 3 sowie Arbeitsgruppen nach § 28a. Auf Sitzungen von BR-Ausschüssen ist die Vorschrift entspr anzuwenden (BAG 25.6.1987, 6 ABR 45/85, EzA § 108 BetrVG 1972 Nr 7). Streitigkeiten aus der Vorschrift entscheidet das ArbG im Beschlussverfahren (§§ 2a, 80 ff ArbGG). Antragsberechtigt ist auch die betroffene Gewerkschaft (BAG 18.11.1980, 1 ABR 31/78, EzA § 108 BetrVG 1972 Nr 4). 1

B. Teilnahmevoraussetzung. Das Teilnahmerecht verlangt einen formlos an den BR-Vorsitzenden gerichteten Antrag, der innerhalb oder außerhalb einer BR-Sitzung gestellt werden kann und mind von einem Viertel der BR-Mitglieder unterstützt werden muss (ErfK/*Koch* § 31 Rn 1). An dem Antrag kann sich jedes BR-Mitglied beteiligen (*Fitting* § 31 Rn 13). Auch der einköpfige BR kann einen Gewerkschaftsvertreter hinzuziehen. Der BR kann seine Entsch auf eine bestimmte Gewerkschaft beschränken (*Fitting* § 31 Rn 8). Die Teilnahme von Gewerkschaftsbeauftragten kann für einen konkreten Einzelfall oder generell in der Geschäftsordnung erlaubt werden (BAG 28.2.1990, 7 ABR 22/89, EzA § 31 BetrVG 1972 Nr 1). Die Gewerkschaft muss im BR, also nicht lediglich im Betrieb vertreten sein (BAG 28.2.1990, 7 ABR 22/89, aaO). Beauftragte von Gewerkschaften, die nicht im BR vertreten sind, können als Auskunftsperson zu bestimmten Beratungsgegenständen gehört werden. 2

C. Beauftragte der Gewerkschaft. Diese können Mitglieder oder Mitarbeiter der Gewerkschaft sein (*Fitting* § 31 Rn 18). Sie haben beratendes Stimmrecht und dürfen bei den Beschlussfassungen anwesend sein (ErfK/*Koch* § 31 Rn 1). Der AG darf ihnen den Zutritt aus den in § 2 II genannten Gründen versagen (GK-BetrVG/*Raab* § 31 Rn 24; aA ErfK/*Koch* § 31 Rn 1). Gewerkschaftsbeauftragte unterliegen der Verschwiegenheitspflicht (§ 79 II). Die teilnahmeberechtigte Gewerkschaft ist so rechtzeitig über den Zeitpunkt und die Tagesordnung der Sitzung zu unterrichten, dass sie einen Beauftragten auswählen kann. 3

§ 32 Teilnahme der Schwerbehindertenvertretung
Die Schwerbehindertenvertretung (§ 94 des Neunten Buches Sozialgesetzbuch) kann an allen Sitzungen des Betriebsrats beratend teilnehmen.

Übersicht	Rdn.		Rdn.
A. Allgemeines	1	C. Teilnahme an Sitzungen	3
B. Schwerbehindertenvertretungen	2		

A. Allgemeines. Die zwingende Vorschrift gilt für Sitzungen des BR, der AN-Vertretungen nach § 3 I Nr 1–4 (ErfK/*Koch* § 32 Rn 1) des Betriebsausschusses, der Arbeitsgruppen (§ 28a), des gemeinsamen 1

Ausschusses nach § 28 II (BAG 21.4.1993, 7 ABR 44/92, EzA § 25 SchwbG 1986 Nr 2) und des Wirtschaftsausschusses (BAG 4.6.1987, 6 ABR 70/85, EzA § 108 BetrVG 1972 Nr 6) sowie für gemeinsame Sitzungen von BR und SprAu nach § 2 II 3 SprAuG. Streitigkeiten aus der Vorschrift entscheidet das ArbG im Beschlussverfahren (§§ 2a, 80 ff ArbGG). Die Schwerbehindertenvertretung ist antragsberechtigt (ErfK/ Koch § 32 Rn 1).

2 **B. Schwerbehindertenvertretungen.** Diese können in Betrieben mit mind 5 nicht nur vorübergehend schwerbehinderten Menschen (§ 2 II SGB IX) gewählt werden (§ 94 I 1 SGB IX). Die Schwerbehindertenvertretung ist ein selbständiges Organ der Betriebsverfassung mit der Aufgabe, die Eingliederung Schwerbehinderter in den Betrieb zu fördern, ihre Interessen im Betrieb zu vertreten und ihnen beratend und helfend zur Seite zu stehen (§ 95 I SGB IX). Sie besteht aus einer Vertrauensperson und mind einem Stellvertreter (§ 94 I 1 SGB IX). Mitbestimmungsrechte übt der BR aus (BAG 16.8.1977, 1 ABR 49/76, EzA § 23 SchwbG Nr 3).

3 **C. Teilnahme an Sitzungen.** Der Schwerbehindertenvertretung steht ein beratendes Teilnahmerecht zu. Eine Verpflichtung zur Teilnahme besteht nicht (*Fitting* § 32 Rn 25). Sie ist rechtzeitig zur Sitzung zu laden (§ 29 II 4). Ladungsmängel führen nicht zur Unwirksamkeit von BR-Beschl, können aber bei grober Pflichtverletzung ein Ausschlussverfahren nach § 23 I rechtfertigen (MüArbR/*Joost* § 219 Rn 34). Die Schwerbehindertenvertretung kann nicht selbst die Einberufung einer BR-Sitzung verlangen, aber beantragen, dass Angelegenheiten, die schwerbehinderte Menschen bes betreffen, auf der nächsten BR-Sitzung verhandelt werden (§ 95 IV 1 Hs 2). Die Vertrauensperson als solche ist kein BR-Mitglied. Ein Doppelamt ist zulässig (ErfK/*Koch* § 32 Rn 1).

§ 33 Beschlüsse des Betriebsrats

(1) ¹Die Beschlüsse des Betriebsrats werden, soweit in diesem Gesetz nichts anderes bestimmt ist, mit der Mehrheit der Stimmen der anwesenden Mitglieder gefasst. ²Bei Stimmengleichheit ist ein Antrag abgelehnt.
(2) Der Betriebsrat ist nur beschlussfähig, wenn mindestens die Hälfte der Betriebsratsmitglieder an der Beschlussfassung teilnimmt; Stellvertretung durch Ersatzmitglieder ist zulässig.
(3) Nimmt die Jugend- und Auszubildendenvertretung an der Beschlussfassung teil, so werden die Stimmen der Jugend- und Auszubildendenvertreter bei der Feststellung der Stimmenmehrheit mitgezählt.

Übersicht	Rdn.		Rdn.
A. Allgemeines	1	C. Abstimmung	3
B. Beschlüsse	2		

1 **A. Allgemeines.** Die zwingende Vorschrift gilt für den BR, den Betriebsausschuss, die weiteren Ausschüsse, die AN-Vertretungen nach § 3 I Nr 2, 3 und die JAV. Sonderregelungen gelten für den GBR (§§ 47 VII–IX, 51 III), den KBR (§§ 55 III–IV, 59 I), die GJAV (§§ 72 VII–VIII, 73 II iVm § 51 III) und die KJAV (§§ 73a III–IV, 73b iVm § 51 III). § 33 gilt entspr für Beschl des Gesamt- und des Konzernbetriebsausschusses sowie der weiteren Ausschüsse des GBR und des KBR (*Fitting* § 33 Rn 3). Über Streitigkeiten aus der Vorschrift entscheidet das ArbG im Beschlussverfahren (§§ 2a, 80 ff ArbGG); sie können auch inzident im Urteilsverfahren geklärt werden. BR-Beschl können vom ArbG nur auf Rechtmäßigkeit, nicht auf Zweckmäßigkeit hin kontrolliert werden (BAG 3.4.1979, 6 ABR 64/76, EzA § 40 BetrVG 1972 Nr 45). Entsch, die durch förmliche Wahlen getroffen werden, sind entspr § 19 anfechtbar. Nichtig kann ein Beschluss sein wegen seines Inhalts, der fehlenden Zuständigkeit des BR, oder bei einem groben Verstoß gegen Vorschriften, die das ordnungsgem Zustandekommen des Beschl betreffen (BAG 23.8.1984, 2 AZR 391/83, EzA § 103 BetrVG 1972 Nr 30). Im letzten Fall muss die Verfahrensvorschrift als wesentlich für das ordnungsgemäße Zustandekommen eines Beschl anzusehen sein; dazu gehört zB das Gebot der Nichtöffentlichkeit der Sitzung. Ferner muss der Verstoß dagegen so gravierend sein, dass der Fortbestand des Beschlusses von der Rechtsordnung nicht hingenommen werden kann (BAG 30.9.2014, 1 ABR 32/13, EzA § 34 BetrVG 2001 Nr 2).

2 **B. Beschlüsse.** Der BR beschließt grds als Kollegialorgan. Eine Übertragung auf den Vorsitzenden und/oder seinen Stellvertreter ist nicht zulässig (*Fitting* § 33 Rn 9). Beschl werden in Sitzungen (§ 33) gefasst (zur Zulässigkeit von Videokonferenzen *Bergmann* ZBVR online 2012, Nr 1, 29). Eine wirksame Beschlussfassung setzt die Beschlussfähigkeit des BR voraus. Diese besteht, wenn mind die Hälfte seiner Mitglieder einschl etwaiger Ersatzmitglieder an der Beschlussfassung teilnimmt (GK-BetrVG/*Raab* § 33

Rn 15). Bloße Anwesenheit der BR-Mitglieder reicht nicht aus. Die Beschlussfähigkeit muss bei jeder einzelnen Abstimmung vorliegen (ErfK/*Koch* § 33 Rn 2); sie muss nicht gesondert festgestellt werden. Beschlüsse können nur gefasst werden, wenn alle Mitglieder einschließlich erforderlicher Ersatzmitglieder unter Mitteilung der Tagesordnung ordnungsgem zur BR-Sitzung geladen wurden; fehlt es daran, sind die Beschl unwirksam (BAG 28.4.1988, 6 AZR 405/86, EzA § 29 BetrVG 1972 Nr 1). Der Ladungsmangel kann geheilt werden, wenn die beschlussfähig Erschienenen in der Sitzung einstimmig eine Ergänzung oder Erstellung der Tagesordnung beschließen (BAG 9.7.2013, 1 ABR 2/13 (A), EzA § 29 BetrVG 2001 Nr 2; BAG 22.1.2014, 7 AS 6/13, EzA § 29 BetrVG 2001 Nr 3) Solange ein Beschl noch nicht nach außen wirksam geworden ist, kann er aufgehoben oder abgeändert werden (LAG Hamm 22.10.1991, 13 TaBV 36/91, LAGE § 611 BGB Direktionsrecht Nr 11). Maßnahmen des AG, die der echten Mitbestimmung durch den BR unterliegen, sind bei einem nichtigen BR-Beschl unwirksam. Es können aber Vertrauensgrds zugunsten des AG oder der betroffenen AN greifen (BAG 23.8.1984, 2 AZR 391/83, EzA § 103 BetrVG 1972 Nr 30). Bestreitet der AG die Ordnungsgemäßheit der Beschlussfassung nicht nur ins Blaue hinein (LAG Hess 14.7.2011, 9 TaBV 192/10), hat der BR die Tatsachen vorzutragen, aus denen das Zustandekommen des Beschl folgt. Bei heilbaren Verfahrensmängeln hat das ArbG den BR hierauf hinzuweisen und ihm Gelegenheit zu geben, eine fehlende Beschlussfassung nachzuholen oder eine fehlerhafte zu korrigieren (BAG 16.11.2005, 7 ABR 12/05, EzA BetrVG 2001 § 80 Nr 4).

C. Abstimmung. Das Abstimmungsverfahren kann in der Geschäftsordnung näher bestimmt werden. Sofern nach dem G die einfache Mehrheit genügt, kann die Geschäftsordnung nicht eine qualifizierte Mehrheit fordern und umgekehrt (ErfK/*Koch* § 33 Rn 3). Die BR-Mitglieder stimmen gemeinsam ab. Beschl dürfen nicht im Umlaufverfahren gefasst werden (BAG 4.8.1975, 2 AZR 266/74, EzA § 102 BetrVG 1972 Nr 14). Gleiches gilt für die schriftliche, fernmündliche oder telegrafische Beschlussfassung oder eine Abstimmung per Videokonferenz (*Fitting* § 33 Rn 21a, b). Sofern nichts anderes geregelt ist, sind die Abstimmungen grds offen. Jedes BR-Mitglied ist in seiner Entsch frei. Eine stillschweigende Abstimmung gibt es nicht (BAG 14.2.1996, 7 ABR 25/95, EzA § 40 BetrVG 1972 Nr 76). Beschlussfassung durch schlüssiges Verhalten, etwa dadurch, dass einem zur Abstimmung gestellten Antrag nicht widersprochen wird, ist möglich; es gibt jedoch keine stillschweigende Beschlussfassung (*Fitting* § 33 Rn 32). Stimmenthaltung ist zulässig und gilt als Ablehnung (ErfK/*Koch* § 33 Rn 3). Sie kann auch nicht kraft Geschäftsordnung verboten werden (LAG München 28.5.2015, 4 TaBV 4/15 n. rkr.). Erklärt ein BR-Mitglied ausdrückl, dass es an einer Abstimmung nicht teilnimmt, wird seine Stimme nicht als Gegenstimme gezählt (*Gamillscheg* KollArbR II S 530). Bei Stimmengleichheit gilt ein Antrag als abgelehnt (§ 33 I 2). Nimmt die JAV an der Beschlussfassung teil, zählen ihre Vertreter bei der Feststellung der Stimmenmehrheit, nicht aber bei der Beschlussfähigkeit mit (ErfK/*Koch* § 33 Rn 3). Ist ein BR-Mitglied von einer Entsch persönlich betroffen (s § 25 Rdn 4), darf es weder an der Beratung noch an der Abstimmung teilnehmen (BAG 3.8.1999, 1 ABR 30/98, EzA § 33 BetrVG 1972 Nr 1). Nimmt es dennoch teil, ist der Beschl unwirksam, wenn seine Teilnahme auf das Ergebnis Einfluss gehabt haben kann (LAG München 14.6.2011, 7 TaBV 84/10; *Fitting* § 33 Rn 56; ähnlich BAG 3.8.1999, 1 ABR 30/98, aaO). Nicht persönlich betroffen ist das BR-Mitglied bei bloßen Organisationsentsch, zB bei der Wahl oder Abberufung des Vorsitzenden (s § 25 Rdn 4).

§ 34 Sitzungsniederschrift

(1) ¹Über jede Verhandlung des Betriebsrats ist eine Niederschrift aufzunehmen, die mindestens den Wortlaut der Beschlüsse und die Stimmenmehrheit, mit der sie gefasst sind, enthält. ²Die Niederschrift ist von dem Vorsitzenden und einem weiteren Mitglied zu unterzeichnen. ³Der Niederschrift ist eine Anwesenheitsliste beizufügen, in die sich jeder Teilnehmer eigenhändig einzutragen hat.
(2) ¹Hat der Arbeitgeber oder ein Beauftragter einer Gewerkschaft an der Sitzung teilgenommen, so ist ihm der entsprechende Teil der Niederschrift abschriftlich auszuhändigen. ²Einwendungen gegen die Niederschrift sind unverzüglich schriftlich zu erheben; sie sind der Niederschrift beizufügen.
(3) Die Mitglieder des Betriebsrats haben das Recht, die Unterlagen des Betriebsrats und seiner Ausschüsse jederzeit einzusehen.

Übersicht	Rdn.		Rdn.
A. Allgemeines	1	C. Einwendungen	3
B. Niederschrift	2	D. Einsichtsrecht	4

§ 34 BetrVG Sitzungsniederschrift

1 **A. Allgemeines.** Die zwingende Vorschrift gilt entspr für den GBR (§ 51 I), den KBR (§ 59 I), die JAV (§ 65 I), die GJAV (§ 73 II), die KJAV (§ 73b II), den Betriebsausschuss (§ 27), die weiteren Ausschüsse (§ 28), die Arbeitsgruppen (§ 28a) sowie die AN-Vertretungen nach § 3 I Nr 2, 3 (ErfK/*Koch* § 34 Rn 1). Streitigkeiten aus der Vorschrift entscheidet das ArbG im Beschlussverfahren (§§ 2a, 80 ff ArbGG).

2 **B. Niederschrift.** Die Niederschrift ist eine Privaturkunde iSv § 416 ZPO und Urkunde iSv § 267 StGB (ErfK/*Koch* § 34 Rn 1). Die Richtigkeit ist nach § 286 ZPO in freier richterlicher Beweiswürdigung zu beurteilen. Ihr kommt ein hoher Beweiswert zu, der bei der gebotenen Würdigung der darin protokollierten Beschlussfassung des BR zu berücksichtigen ist (BAG 30.9.2014, 1 ABR 32/13, EzA § 34 BetrVG 2001 Nr 2). Der AG ist nicht Eigentümer der Urkunden (*Fitting* § 34 Rn 5a; aA Richardi/*Thüsing* § 34 Rn 25, der dem AG jedoch kein Besitzrecht einräumt). Der BR hat über jede Verh ein Protokoll anzufertigen, selbst wenn keine Beschl gefasst werden. Wird die Niederschrift unterlassen, macht das die in der Sitzung gefassten Beschl nicht unwirksam (BAG 8.2.1977, 1 ABR 82/74, EzA § 70 BetrVG 1972 Nr 1), es sei denn, es gibt ein gesetzliches Schriftformerfordernis, wie zB für die Geschäftsordnung (§ 36) oder für die Übertragung von Aufgaben zur selbständigen Erledigung (§§ 27 II 3, 28 I 3 letzter HS, 28a I 3). Die vom BR getroffenen Beschl sind dem Wortlaut nach unter Angabe des Stimmenverhältnisses anzugeben (ErfK/ *Koch* § 34 Rn 1). Das Stimmverhalten einzelner BR-Mitglieder braucht nicht protokolliert zu werden, es sei denn, der BR hat namentliche Abstimmung beschlossen (*Fitting* § 34 Rn 14; aA GK-BetrVG/*Raab* § 34 Rn 15). Ferner ist die Angabe des Sitzungsdatums erforderlich (*Fitting* § 34 Rn 13). Aufzunehmen sind auch die Protokollerklärungen einzelner BR-Mitglieder. Zusätzliche Inhaltsangaben können durch die Geschäftsordnung bestimmt werden (ErfK/*Koch* § 34 Rn 1). Die Niederschrift ist durch einen Schriftführer anzufertigen, den der BR (nicht der Vorsitzende) aus seinen eigenen Reihen bestimmt (BAG 17.10.1990, 7 ABR 69/89, EzA § 40 BetrVG 1972 Nr 65). Zur Unterstützung des Schriftführers kann eine Schreibkraft hinzugezogen werden (*Fitting* § 34 Rn 11; *Löwisch/Kaiser* § 34 Rn 7; aA GK-BetrVG/*Raab* § 34 Rn 9). Sofern alle Anwesenden zustimmen, sind Tonbandaufnahmen zulässig (ErfK/*Koch* § 34 Rn 1). Die Niederschrift ist vom Vorsitzenden und einem weiteren BR-Mitglied – zumeist dem Schriftführer – zu unterschreiben. Die Anwesenheitsliste ist Bestandteil der Niederschrift und muss von jedem Teilnehmer eigenhändig unterschrieben werden. Wohnt der Teilnehmer der Sitzung nur vorübergehend bei, ist der Zeitraum der Teilnahme aufzunehmen (ErfK/*Koch* § 34 Rn 1). Hat der AG an der Sitzung teilgenommen, erhält er eine Abschrift. Entspr gilt für an der Sitzung teilnehmende Gewerkschaftsbeauftragte. BR-Mitglieder können eine Abschrift verlangen, wenn sie diese für ihre Tätigkeit benötigen (*Fitting* § 34 Rn 25; DKKW/*Wedde* § 34 Rn 16; aA Richardi/*Thüsing* § 34 Rn 13). Den übrigen Teilnehmern steht kein Anspruch auf Aushändigung zu (ErfK/*Koch* § 34 Rn 1). Wird aus der Sitzungsniederschrift die ordnungsgemäße Beschlussfassung ersichtlich, bedarf es im Regelfall keiner weitergehenden tatsächlichen Darlegungen oder einer darauf gerichteten Durchführung einer Beweisaufnahme. Vielmehr obliegt es dann dem AG, den Beweiswert der Niederschrift zu erschüttern oder unter Beweisantritt einen für die Führung des Gegenbeweises über das (Nicht-)Vorliegen eines wirksamen Beschlusses geeigneten Vortrag zu halten (BAG 30.9.2014, 1 ABR 32/13, EzA § 34 BetrVG 2001 Nr 2).

3 **C. Einwendungen.** Gegen die Niederschrift können von jedem Sitzungsteilnehmer erhoben werden. Die Einwendungen lassen die Wirksamkeit der Beschlüsse unberührt (*Fitting* § 34 Rn 30). Sie müssen unverzüglich, dh ohne schuldhaftes Zögern schriftlich beim BR erhoben werden und sind der Niederschrift beizufügen. Ein vollständiges Gegenprotokoll des AG stellt keine Einwendung dar (Hess LAG 19.5.1988, 12 TaBV 123/87, DB 1989, 486). Durch das Schriftformerfordernis wird der BR nicht gehindert, mündlich vorgebrachte Einwendungen zu berücksichtigen (*Fitting* § 34 Rn 31). Das ArbG kann die Richtigkeit der Niederschrift klären. Antragsberechtigt ist jeder Beteiligte im Beschlussverfahren (ErfK/ *Koch* § 34 Rn 2).

4 **D. Einsichtsrecht.** Die Wahrnehmung des Einsichtsrechts in die Unterlagen darf die Arbeit des BR nicht behindern, unterliegt ansonsten aber weder zeitlichen noch sachl Beschränkungen (ErfK/*Koch* § 34 Rn 2). Einsichtsberechtigt sind nur die Mitglieder des BR, jedoch kann in begründeten Fällen auch anderen Personen Einsicht gewährt werden (ErfK/*Koch* § 34 Rn 2). Unterlagen iSd Vorschrift sind alle Aufzeichnungen, die der BR selbst anfertigt oder die ihm zur Verfügung stehen (zB Verhandlungsprotokolle, TV, BV); hierzu gehören auch Dateien und E-Mail-Korrespondenz des BR (BAG 12.8.2009, 7 ABR 15/08, EzA § 34 BetrVG 2001 Nr 1). Ein Anspruch auf Überlassung der einzusehenden Unterlagen besteht nicht. Notizen, Abschreiben oder Kopien sind aber zulässig (*Fitting* § 34 Rn 34; Richardi/*Thüsing* § 34 Rn 31; aA hins der Fertigung von Kopien BAG 27.5.1982, 6 ABR 66/79, EzA § 34 BetrVG 1972 Nr 1). Ausgeschiedenen BR-Mitgliedern steht ein Einsichtsrecht nicht zu (Hess LAG 25.10.2012, 9 TaBV 129/12, AiB 2013, 326).

§ 35 Aussetzung von Beschlüssen

(1) Erachtet die Mehrheit der Jugend- und Auszubildendenvertretung oder die Schwerbehindertenvertretung einen Beschluss des Betriebsrats als eine erhebliche Beeinträchtigung wichtiger Interessen der durch sie vertretenen Arbeitnehmer, so ist auf ihren Antrag der Beschluss auf die Dauer von einer Woche vom Zeitpunkt der Beschlussfassung an auszusetzen, damit in dieser Frist eine Verständigung, gegebenenfalls mit Hilfe der im Betrieb vertretenen Gewerkschaften, versucht werden kann.

(2) ¹Nach Ablauf der Frist ist über die Angelegenheit neu zu beschließen. ²Wird der erste Beschluss bestätigt, so kann der Antrag auf Aussetzung nicht wiederholt werden; dies gilt auch, wenn der erste Beschluss nur unerheblich geändert wird.

Übersicht	Rdn.		Rdn.
A. Allgemeines	1	C. Aussetzung	3
B. Antrag	2	D. Erneute Beschlussfassung	4

A. Allgemeines. Die zwingende Vorschrift gilt entspr für den GBR (§ 51 I), den KBR (§ 59 I), die AN-Vertretungen nach § 3 I Nr 2, 3 sowie für die Ausschüsse nach §§ 27, 28, soweit ihnen Aufgaben zur selbständigen Erledigung übertragen wurden. Sie gilt nicht für Beschl der JAV (§ 65 I), der GJAV (§ 73 II), der KJAV (§ 73b II) und des Wirtschaftsausschusses (§ 106). Streitigkeiten aus der Vorschrift entscheidet das ArbG im Beschlussverfahren (§§ 2a, 80 ff ArbGG). 1

B. Antrag. Der Aussetzungsantrag kann nur gegen Beschl gestellt werden, nicht gegen Organisationsakte, wie zB Wahlen (ErfK/*Koch* § 35 Rn 1; *Fitting* § 35 Rn 5). Antragsberechtigt sind die JAV und die Schwerbehindertenvertretung. Der Antrag kann formlos erfolgen, ist aber zu begründen (ErfK/ *Koch* § 35 Rn 1). Er ist an den BR-Vorsitzenden zu richten. Dies gilt auch für Aussetzungsanträge gegen Beschl eines Ausschusses (*Fitting* § 35 Rn 32). Der Antrag kann nur innerhalb einer Woche nach Beschlussfassung gestellt werden und jederzeit zurückgenommen werden. Dem Antrag der JAV muss ein mit absoluter Mehrheit gefasster Beschl zugrunde liegen (MüArbR/*Joost* § 228 Rn 61 mwN). In den Fällen des § 67 II setzt der Antrag voraus, dass die JAV mehrheitlich gegen den Beschl gestimmt hat (*Fitting* § 35 Rn 8; aA Richardi/*Thüsing* § 35 Rn 15; GK-BetrVG/*Raab* § 35 Rn 12). In den Fällen des § 67 I 2 setzt der Antrag voraus, dass sie schon während der Beratung erhebliche Bedenken gegen den zur Abstimmung gestellten Beschl erhoben hat (ErfK/*Koch* § 35 Rn 1). Auch die Schwerbehindertenvertretung muss ihre Bedenken vor der Beschlussfassung dargelegt haben (*Fitting* § 35 Rn 10; aA HWGNRH/*Glock* § 35 Rn 10). 2

C. Aussetzung. Die Aussetzung suspendiert die Durchführung des Beschl. Der BR-Vorsitzende hat lediglich ein formelles Prüfungsrecht. In Eil- und Notfällen darf er jedoch von der Berücksichtigung des Antrags absehen, wenn dieser offensichtlich unbegründet oder mutwillig ist (*Fitting* § 35 Rn 19). Die Wochenfrist berechnet sich nach §§ 187 I, 188 BGB und beginnt mit der Beschlussfassung. Der BR kann eine längere Frist gewähren. Die Frist kann einvernehmlich abgekürzt werden. Während der Aussetzungsfrist soll eine Verständigung zwischen der Mehrheit im BR und den Antragstellern versucht werden (*Fitting* § 35 Rn 21). Der Aussetzungsantrag hat keinen Einfluss auf die Rechtswirksamkeit des Beschl. Wurde der Beschl bereits ausgeführt, kann er nicht mehr ausgesetzt werden (ErfK/*Koch* § 35 Rn 1). Zwingende gesetzliche Fristen (zB §§ 99 III und 102 II 3) werden durch die Aussetzung vom Beschl weder verlängert noch unterbrochen (ErfK/*Koch* § 35 Rn 1). Der BR-Vorsitzende hat den AG über einen gestellten Aussetzungsantrag zu informieren. IRd vertrauensvollen Zusammenarbeit hat der AG abzuwägen, ob sich die geplante Maßnahme bis zur erneuten Beschlussfassung des BR zurückstellen lässt. 3

D. Erneute Beschlussfassung. Frühestens nach Ablauf von 1 Woche ist über die Angelegenheit neu zu beschließen (§ 35 II 1). Dabei ist nicht über den ursprünglichen Antrag, sondern über den angegriffenen Beschl und die vorgetragenen Einwände zu beschließen. Das Aussetzungsverfahren wird durch den erneuten Beschl beendet. Hält der BR am ausgesetzten Beschl fest oder ändert er ihn nur geringfügig ab, so ist ein erneutes Aussetzungsverfahren nicht mehr möglich (ErfK/*Koch* § 35 Rn 1). Ändert der BR seinen Beschl nicht nur unerheblich, ist ein erneuter Aussetzungsantrag möglich. Wird der ursprüngliche Beschl aufgehoben, ohne die Sache neu zu beschließen, liegt darin eine erhebliche Änderung (*Fitting* § 35 Rn 28; aA GK-BetrVG/*Raab* § 35 Rn 30). 4

§ 36 Geschäftsordnung
Sonstige Bestimmungen über die Geschäftsführung sollen in einer schriftlichen Geschäftsordnung getroffen werden, die der Betriebsrat mit der Mehrheit der Stimmen seiner Mitglieder beschließt.

Übersicht	Rdn.		Rdn.
A. Allgemeines	1	C. Erlass	3
B. Inhalt	2		

1 **A. Allgemeines.** Die Sollvorschrift gilt für den GBR (§ 51 I 1), den KBR (§ 59 I), die JAV (§ 65 I), die GJAV (§ 73 II), die KJAV (§ 73b II), die AN-Vertretungen nach § 3 I Nr 2, 3, den Betriebsausschuss (§ 27), die weiteren Ausschüsse (§ 28) und die Arbeitsgruppen nach § 28a entspr. Sofern die Geschäftsordnungen dieser Ausschüsse vom BR selbst beschlossen werden, haben sie Vorrang (Richardi/*Thüsing* § 27 Rn 45; GK-BetrVG/*Raab* § 36 Rn 3; aA HWGNRH/*Glock* § 36 Rn 15). Entspr gilt für Ausschüsse des GBR und des KBR. Streitigkeiten aus der Vorschrift entscheidet das ArbG im Beschlussverfahren nach §§ 2a, 80 ff ArbGG.

2 **B. Inhalt.** Die Geschäftsordnung regelt die interne Geschäftsführung des BR. Von den zwingenden Vorschriften der §§ 26–41 darf nicht abgewichen werden. Zulässig sind Wiederholungen und Konkretisierungen, zB zur Organisation des BR, zum Ablauf von BR-Sitzungen und über die sonstige Art und Weise seiner Aufgabenerfüllung (*Fitting* § 36 Rn 7). Die Geschäftsordnung kann dem BR keine Befugnisse übertragen, die ihm nicht bereits durch G oder TV zugewiesen sind (ErfK/*Koch* § 36 Rn 1). Angelegenheiten, die nur gemeinsam von den Betriebsparteien entschieden werden können, zB Zeit und Ort von Sprechstunden, zusätzliche Freistellungen von BR-Mitgliedern usw., können nicht durch Geschäftsordnung geregelt werden (BAG 16.1.1979, 6 AZR 683/76, EzA § 38 BetrVG 1972 Nr 9).

3 **C. Erlass.** Wegen ihrer Bedeutung und aus Gründen der Rechtssicherheit bedarf der Erlass einer Geschäftsordnung der absoluten Mehrheit des BR sowie der Schriftform (ErfK/*Koch* § 36 Rn 1). Sie ist vom BR-Vorsitzenden zu unterschreiben (ErfK/*Koch* § 36 Rn 1). Die Geschäftsordnung gilt für die Dauer des Amtszeit des BR (*Fitting* § 36 Rn 12; aA Richardi/*Thüsing* § 36 Rn 15, der die Nachwirkung für den folgenden BR bejaht). Eine Veröffentlichung ist nicht erforderlich. BR-Mitglieder dürfen die Geschäftsordnung jederzeit einsehen (*Fitting* § 36 Rn 11). Erstellt der BR keine Geschäftsordnung, hat dies auf die Wirksamkeit der Beschl keinen Einfluss und stellt keine grobe Pflichtverletzung nach § 23 I dar. Mit absoluter Mehrheit kann der BR im Einzelfall von der Geschäftsordnung abweichen (*Fitting* § 36 Rn 13; aA Richardi/*Thüsing* § 36 Rn 13: nur mit Einverständnis aller BR-Mitglieder). Eine generelle Änderung oder Aufhebung der Geschäftsordnung bedarf der Schriftform (*Fitting* § 36 Rn 13). Da die Geschäftsordnung interne Angelegenheiten des BR regelt, können sich Dritte nicht unmittelbar auf sie berufen (*Fitting* § 36 Rn 14). Ein Verstoß gegen die Geschäftsordnung berührt die Wirksamkeit von BR-Beschl nicht, es sei denn, die Vorschrift ist so wesentlich, dass von ihrer Einhaltung erkennbar die Wirksamkeit des Beschl abhängen soll (GK-BetrVG/ *Raab* § 36 Rn 19).

§ 37 Ehrenamtliche Tätigkeit, Arbeitsversäumnis
(1) Die Mitglieder des Betriebsrats führen ihr Amt unentgeltlich als Ehrenamt.
(2) Mitglieder des Betriebsrats sind von ihrer beruflichen Tätigkeit ohne Minderung des Arbeitsentgelts zu befreien, wenn und soweit es nach Umfang und Art des Betriebs zur ordnungsgemäßen Durchführung ihrer Aufgaben erforderlich ist.
(3) [1]Zum Ausgleich für Betriebsratstätigkeit, die aus betriebsbedingten Gründen außerhalb der Arbeitszeit durchzuführen ist, hat das Betriebsratsmitglied Anspruch auf entsprechende Arbeitsbefreiung unter Fortzahlung des Arbeitsentgelts. [2]Betriebsbedingte Gründe liegen auch vor, wenn die Betriebsratstätigkeit wegen der unterschiedlichen Arbeitszeiten der Betriebsratsmitglieder nicht innerhalb der persönlichen Arbeitszeit erfolgen kann. [3]Die Arbeitsbefreiung ist vor Ablauf eines Monats zu gewähren; ist dies aus betriebsbedingten Gründen nicht möglich, so ist die aufgewendete Zeit wie Mehrarbeit zu vergüten.
(4) [1]Das Arbeitsentgelt von Mitgliedern des Betriebsrats darf einschließlich eines Zeitraums von einem Jahr nach Beendigung der Amtszeit nicht geringer bemessen werden als das Arbeitsentgelt vergleichbarer Arbeitnehmer mit betriebsüblicher beruflicher Entwicklung. [2]Dies gilt auch für allgemeine Zuwendungen des Arbeitgebers.
(5) Soweit nicht zwingende betriebliche Notwendigkeiten entgegenstehen, dürfen Mitglieder des Betriebsrats einschließlich eines Zeitraums von einem Jahr nach Beendigung der Amtszeit nur mit

Tätigkeiten beschäftigt werden, die den Tätigkeiten der in Absatz 4 genannten Arbeitnehmer gleichwertig sind.

(6) ¹Die Absätze 2 und 3 gelten entsprechend für die Teilnahme an Schulungs- und Bildungsveranstaltungen, soweit diese Kenntnisse vermitteln, die für die Arbeit des Betriebsrats erforderlich sind. ²Betriebsbedingte Gründe im Sinne des Absatzes 3 liegen auch vor, wenn wegen Besonderheiten der betrieblichen Arbeitszeitgestaltung die Schulung des Betriebsratsmitglieds außerhalb seiner Arbeitszeit erfolgt; in diesem Fall ist der Umfang des Ausgleichsanspruchs unter Einbeziehung der Arbeitsbefreiung nach Absatz 2 pro Schulungstag begrenzt auf die Arbeitszeit eines vollzeitbeschäftigten Arbeitnehmers. ³Der Betriebsrat hat bei der Festlegung der zeitlichen Lage der Teilnahme an Schulungs- und Bildungsveranstaltungen die betrieblichen Notwendigkeiten zu berücksichtigen. ⁴Er hat dem Arbeitgeber die Teilnahme und die zeitliche Lage der Schulungs- und Bildungsveranstaltungen rechtzeitig bekannt zu geben. ⁵Hält der Arbeitgeber die betrieblichen Notwendigkeiten für nicht ausreichend berücksichtigt, so kann er die Einigungsstelle anrufen. ⁶Der Spruch der Einigungsstelle ersetzt die Einigung zwischen Arbeitgeber und Betriebsrat.

(7) ¹Unbeschadet der Vorschrift des Absatzes 6 hat jedes Mitglied des Betriebsrats während seiner regelmäßigen Amtszeit Anspruch auf bezahlte Freistellung für insgesamt drei Wochen zur Teilnahme an Schulungs- und Bildungsveranstaltungen, die von der zuständigen obersten Arbeitsbehörde des Landes nach Beratung mit den Spitzenorganisationen der Gewerkschaften und der Arbeitgeberverbände als geeignet anerkannt sind. ²Der Anspruch nach Satz 1 erhöht sich für Arbeitnehmer, die erstmals das Amt eines Betriebsratsmitglieds übernehmen und auch nicht zuvor Jugend- und Auszubildendenvertreter waren, auf vier Wochen. ³Absatz 6 Satz 2 bis 6 findet Anwendung.

Übersicht	Rdn.
A. Allgemeines	1
B. Ehrenamt	2
C. Arbeitsbefreiung unter EFZ	3
I. Allgemeines	3
II. Voraussetzungen	4
1. Aufgabe des BR	4
2. Erforderlichkeit	5
3. An- und Abmeldung	6
III. EFZ-Anspruch	7
D. BR-Tätigkeit außerhalb der Arbeitszeit	8
I. Grundsatz	8
II. Voraussetzungen des Ausgleichsanspruchs	9
III. Kein Ausgleichsanspruch	10
IV. Erfüllung	11
1. Arbeitsbefreiung unter EFZ	11
2. Abgeltungsanspruch	12
E. Wirtschaftliche und berufliche Absicherung	13
I. Allgemeines	13
II. Wirtschaftliche Absicherung	14
1. Umfang	14
2. Maßstab	15
III. Berufliche Absicherung	16
F. Teilnahme an Schulungs- und Bildungsveranstaltungen	17
I. Allgemeines	17
II. Erforderliche Schulungs- und Bildungsveranstaltungen (§ 37 VI)	18
1. Begriff der Erforderlichkeit	18
2. Schulungsinhalte	19
3. Teilnehmer	20
4. Dauer	21
5. Freistellungs- und Freizeitausgleichsanspruch	22
III. Geeignete Schulungsveranstaltungen (§ 37 VII)	23
1. Verhältnis zu § 37 VI	23
2. Freistellungsanspruch	24
3. Geeignetheit	25
IV. Verfahren für die Freistellung	26
1. Auswahlentscheidung des BR	26
2. Unterrichtungs- und Einspruchsrecht des AG	27

A. Allgemeines. Die Vorschrift regelt zentrale Fragen der individuellen Rechtsstellung des BR-Mitglieds. 1 Sie konkretisiert das Neutralitätsgebot des § 78 S 2, wonach BR-Mitglieder wegen ihrer Amtsgeschäfte weder benachteiligt noch bevorzugt werden dürfen. Das BR-Amt ist als unentgeltliches Ehrenamt zu führen, aus dem die Mitglieder keine finanziellen Vorteile ziehen dürfen (s Rdn 2). Da sie umgekehrt auch keine Nachteile erleiden sollen, gewährt ihnen § 37 IV eine wirtschaftliche Absicherung (s Rdn 13 ff) und § 37 V einen Berufsschutz (s Rdn 16). § 37 II stellt klar, dass die BR-Arbeit während der Arbeitszeit unter Fortzahlung der Vergütung zu leisten ist (s Rdn 3 ff). Lässt sich dies aus betrieblichen Gründen nicht realisieren, hat der AG nach § 37 III einen Freizeitausgleich zu gewähren (s Rdn 8). Schließlich räumt § 37 VI, VII dem BR-Mitglied das Recht ein, während der Arbeitszeit auch Schulungs- und Bildungsveranstaltungen zu besuchen (s Rdn 17 ff). § 37 I–III gilt entspr für den GBR (§ 51 I), den KBR (§ 59 I), die GJAV (§ 73 II), die KJAV (§ 73b II) und die Bordvertretung (§ 115 IV). In vollem Umfang gilt § 37 entspr für die JAV (§ 65 I), den See-BR (§ 116 III) und die AN-Vertretung nach § 3 I Nr 1–3 (§ 3 V 2). Die Vorschrift ist zwingend. Sie kann durch TV oder durch eine BV nicht abgeändert, aber konkretisiert und ausgestaltet werden (*Fitting* § 37 Rn 4).

2 B. Ehrenamt. Der BR übt kein Amt im öffentl-rechtlichen Sinne aus, sondern ein privatrechtliches Ehrenamt, das unentgeltlich zu führen ist, um die innere Unabhängigkeit der Mandatsträger zu gewährleisten (BAG 20.10.1993, 7 AZR 581/92, EzA § 37 BetrVG 1972 Nr 115). BR-Mitglieder sollen ihre Aufgaben unparteiisch und unabhängig erfüllen und dürfen daher aus ihrer Amtsführung weder Vorteile ziehen noch Nachteile erleiden (DKKW/*Wedde* § 37 Rn 3). Insb dürfen sie keine Vergütung erhalten, auch nicht in versteckter Form (*Gamillscheg* KollArbR II S 713), etwa durch Zuweisung des verbilligter Werkswohnungen, Gewährung eines längeren Urlaubs oder einer Freistellung von der Arbeit, ohne dass dies zur Amtsausübung erforderlich ist (BAG 1.3.1963, 1 ABR 3/62, AP BetrVG § 37 Nr 8; s neuerdings zum Gesichtspunkt der Compliance *Bayreuther* NZA 2013, 758; *Bittmann/Mujan* BB 2012, 637; *Dzida/Mehrens* NZA 2013, 753; kritisch zum Ehrenamts- und Lohnausfallprinzip *Byers* NZA 2014, 65). Zulässig ist dagegen die Pauschalierung von amtsbedingten regelmäßigen Auslagen und Aufwendungen, wenn sie iW den durchschnittlichen tatsächlichen Belastungen entspricht (ausf ArbG Stuttgart 13.12.2012, 24 Ca 5430/12, NZA-RR 2013, 140; *Moll/Roebers* NZA 2012, 57; *Bayreuther* NZA 2013, 758, 760). Individual- oder kollektivrechtliche Vereinbarungen über unzulässige Entgeltgewährungen verstoßen gegen § 78 und sind nach § 134 BGB nichtig (BAG 16.2.2005, 7 AZR 95/04, EzA § 46 BPersVG Nr 3). Das rechtsgrundlos Geleistete kann kondiziert werden; § 817 S 2 BGB steht nicht entgegen, sondern ist wegen § 37 I teleologisch zu reduzieren (Richardi/*Thüsing* § 37 Rn 10 mwN; aA *Fitting* § 37 Rn 11 mwN). Das Begünstigungsverbot richtet sich gegen jedermann, nicht nur gegen den AG, und ist strafbewehrt (§ 119 I Nr 3). BR-Mitglieder, die unerlaubt Vorteile annehmen, können nach § 23 I aus dem BR ausgeschlossen werden (GK-BetrVG/*Weber* § 37 Rn 23; *Byers*, NZA 2014, 65, 67). In sozialversicherungsrechtlicher Hinsicht gilt BR-Arbeit als Arbeitsleistung. Unfälle in Ausübung von Amtsgeschäften sind Betriebsunfälle (*Fitting* § 37 Rn 14). Im Arbeitszeugnis ist BR-Arbeit weder direkt noch indirekt zu erwähnen, weil sie nicht mit der nach dem Arbeitsvertrag geschuldeten Leistung identisch ist, es sei denn, das BR-Mitglied ist damit einverstanden (BAG 19.8.1992, 7 AZR 262/91, EzA § 630 BGB Nr 14).

3 C. Arbeitsbefreiung unter EFZ. I. Allgemeines. AN bleiben selbst als BR-Mitglied verpflichtet, ihre arbeitsvertraglich versprochene Leistung zu erbringen (*Löwisch/Kaiser* § 37 Rn 6). Soweit sie Amtspflichten zu erfüllen haben, gehen diese der Arbeitspflicht insoweit vor, als sie für eine ordnungsgem BR-Arbeit erforderlich sind (s.u. Rdn 4 ff). § 37 II betr die vorübergehende Arbeitsbefreiung aus einem konkreten – ggf nachzuweisenden – Anlass (zB Teilnahme an einer BR-Sitzung). Demggü ermöglicht § 38 die generelle Freistellung eines BR-Mitglieds von der Arbeit, und zwar auch ohne Nachweis der konkreten Erforderlichkeit. Dem von der Arbeit befreiten BR-Mitglied ist das Entgelt nach dem Lohnausfallprinzip fortzuzahlen (s.u. Rdn 7). Ob unter Befreiung von der beruflichen Tätigkeit geleistete BR-Arbeit als Arbeitszeit iSv § 2 I ArbZG gilt, ist str (verneinend LAG Nds 20.4.2015, 12 TaBV 76/14; vgl weiter OVG Münster 10.5.2011, 4 A 1403/08, BB 2011, 1972; *Tillmanns* ArbR 2012, 475; *Wiebauer* NZA 2013, 540; bejahend *Buschmann/Ulber*, ArbZG 8. Aufl. 2015, § 2 Rn 39; *Schulze* ArbR 2012, 475). Nach einer vermittelnden Ansicht soll BR-Arbeit zwar ebenfalls nicht als Arbeitszeit gelten; bei der Prüfung, ob wegen einer bevorstehenden BR-Tätigkeit die Erbringung der Arbeitsleistung unzumutbar ist, sollen aber die mit der Einhaltung einer Ruhezeit iSd (nicht direkt anwendbaren) § 5 ArbZG angestrebten Ziele berücksichtigt werden (LAG Hamm 20.2.2015, 13 Sa 1386/14, EzA-SD 2015, Nr 14, 14).

4 II. Voraussetzungen. 1. Aufgabe des BR. Die Arbeitsbefreiung setzt voraus, dass das BR-Mitglied Amtsgeschäften nachgeht, die in seinen Aufgabenkreis fallen. Dieser wird nicht nur durch das BetrVG abgesteckt, sondern ergibt sich auch aus arbeitsrechtlichen G, TV, BV und Regelungsabreden (GK-BetrVG/*Weber* § 37 Rn 30). **Zu den Aufgaben gehören** die Teilnahme an den Sitzungen von Gremien und Ausschüssen der im BetrVG genannten Organe (BR, GBR, KBR, Europäischer BR) samt der dafür notwendigen Vorbereitung, die Teilnahme an Betriebsversammlungen und Betriebsbegehungen, Besprechungen mit Repräsentanten der im Betrieb vertretenen Gewerkschaften (s § 2 Rdn 3) und der zuständigen Behörden (zB Arbeitsagentur), soweit hierfür ein konkreter betrieblicher Anlass besteht, die Erfüllung der allg Aufgaben nach § 80 (BAG 1.3.1963, 1 ABR 3/62, AP BetrVG § 37 Nr 8), was im Einzelfall auch das Aufsuchen von AN an ihrem Arbeitsplatz erforderlich machen kann (BAG 13.6.1989, 1 ABR 4/88, EzA § 80 BetrVG 1972 Nr 36), das Abhalten von Sprechstunden, die Unterstützung von AN iR der §§ 81 ff BetrVG unabhängig von etwaigen BR-Beschl (LAG Berl-Bgb 20.10.2011, 10 TaBV 567/11, ZBVR online 2012, Nr 2, 16) und die Entgegennahme von Beschwerden. Ferner können dazugehören der Besuch eines Rechtsanwalts, der den BR vertritt (LAG Hamm 3.10.1986, 17 Sa 935/86, DB 1987, 282), das Auftreten in Gerichtsverh, soweit der BR selbst unmittelbar beteiligt ist (*Fitting* § 37 Rn 27 f), die Teilnahme an Gerichtsverh Dritter, wenn der BR davon ausgehen darf, dass er die dort zu erwartenden Informationen in naher Zukunft für die gezielte Wahrnehmung anderer gesetzlicher oder betriebsverfassungsrechtlicher Aufgaben einsetzen kann (BAG 31.8.1994, 7 AZR 893/93, EzA § 611 BGB Abmahnung Nr 33), Besprechungen mit BR fremder Betriebe, wenn dafür ein konkreter betrieblicher Anlass – etwa die Vorbereitung einer GBR-Sitzung – besteht (GK-BetrVG/ *Weber* § 37 Rn 38; vgl auch BAG 10.8.1994, 7 ABR 35/93, NZA 1995, 796 für ein Treffen mehrerer BR eines Unternehmens). Die Aufgaben sind grds innerhalb des Betriebs zu erledigen, soweit sich aus der Natur der Sache nichts anderes ergibt (zB GBR-Sitzung in einem anderen Betrieb). **Nicht zu den Aufgaben** des BR gehören die allg Rechtsberatung von Kollegen (LAG Rh-Pf 10.9.1984, 1 Ta 197/84, NZA 1985, 430) oder ihre Vertretung in einem arbeitsgerichtlichen Verfahren (DKKW/*Wedde* § 37 Rn 23; vgl BAG 19.5.1983, 6 AZR 290/81, EzA § 37 BetrVG 1972 Nr 77), das Auftreten als Zeuge in einem gegen den AG gerichteten Gerichtsverfahren (*Fitting* § 37 Rn 29), die Werbung für eine Gewerkschaft oder die Teilnahme an Veranstaltungen rein gewerkschaftlichen Charakters ohne einen konkreten Bezug zu betriebsverfassungsrechtlichen Aufgaben (MünchArbR/*Joost* § 220 Rn 8), die Teilnahme an Tarifverh, selbst solcher zum Abschluss eines Firmen-TV, bei denen das BR-Mitglied als Gewerkschaftsmitglied der Tarifkommission angehört (Richardi/*Thüsing* § 37 Rn 19), der Besuch einer Betriebsrätekonferenz auf Einladung der Gewerkschaft ohne konkreten betrieblichen Anlass (LAG Rh-Pf 10.9.2009, 2 Sa 340/09, NZA-RR 2010, 78) und die Ausübung von Ehrenämtern, etwa als beisitzender Arbeits- oder Sozialrichter oder als Vertreter in den Selbstverwaltungsorganen der Sozialversicherungsträger (*Fitting* § 37 Rn 31).

2. Erforderlichkeit. BR-Mitglieder sind von ihrer Arbeitspflicht befreit, wenn und soweit dies zur ordnungsgem Durchführung der Amtsgeschäfte nach Art und Umfang des Betriebs erforderlich ist. Die Erforderlichkeit richtet sich weder nach rein objektiven Gesichtspunkten, noch ist sie in das freie Belieben des BR-Mitglieds gestellt (BAG 16.3.1988, 7 AZR 557/87, EzA § 37 BetrVG 1972 Nr 90). Maßgeblich ist vielmehr, ob das BR-Mitglied vom Standpunkt eines vernünftigen Dritten aus bei gewissenhafter Überlegung und bei ruhiger, vernünftiger Würdigung aller Umstände und Abwägung der Interessen des Betriebs, des BR und der Belegschaft die Arbeitsversäumnis für notwendig halten durfte, um den gestellten Aufgaben gerecht zu werden (BAG 6.8.1981, 6 AZR 1086/79, EzA § 37 BetrVG 1972 Nr 74; GK-BetrVG/ *Weber* § 37 Rn 40 f). Bei seiner Entsch verfügt das BR-Mitglied über einen Beurteilungsspielraum (BAG 16.10.1986, 6 ABR 14/84, EzA § 37 BetrVG 1972 Nr 87). Da jedes BR-Mitglied sein Amt eigenverantwortlich führt, hat es die Erforderlichkeit seiner Arbeitsbefreiung selbst zu prüfen. Ein Beschl des Gremiums ist weder hinreichend (BAG 6.8.1981, 6 AZR 505/78, EzA § 37 BetrVG 1972 Nr 73) noch erforderlich (BAG 6.8.1981, 6 AZR 1086/79, EzA § 37 BetrVG 1972 Nr 74). Die Erforderlichkeit bestimmt sich nicht anhand von Erfahrungs- oder Richtwerten, sondern unter Berücksichtigung aller Umstände des Einzelfalls (BAG 16.10.1986, 6 ABR 14/84, EzA § 37 BetrVG 1972 Nr 87). Im Zweifel genießt die Teilnahme an einer BR-Sitzung den Vorrang, es sei denn, dass ausnahmsweise keine wichtigen oder sonstigen Fragen zu behandeln sind, die die Teilnahme gerade dieses BR-Mitglieds erfordern; dann kann es durchaus sachgerecht sein, das Mitglied als an der Teilnahme verhindert anzusehen, so dass an seiner Stelle ein Ersatzmitglied an der Sitzung teilnimmt (Hess LAG 4.2.2013, 16 TaBV 261/12, ArbuR 2013, 246). Die Darlegungs- und Beweislast für die Erforderlichkeit der BR-Tätigkeit trägt das Mitglied. Diese ist jedoch wegen der in § 138 II ZPO verankerten prozessualen Mitwirkungspflicht beider Parteien grds abgestuft. Danach hat zunächst das betroffene Mitglied stichwortartig zur Art und zur Dauer der von ihm durchgeführten Amtstätigkeit vorzutragen. Sodann ist es Sache des AG darzulegen, weshalb unter Berücksichtigung der erhaltenen stichwortartigen Angaben begründete Zweifel an der Erforderlichkeit bestehen. Erst danach hat das Mitglied substantiiert auszuführen, aufgrund welcher Umstände es die Amtstätigkeit für erforderlich halten durfte (BAG 15.3.1995, 7 AZR 643/94, EzA § 37 BetrVG 1972 Nr 124; LAG Hamm 10.2.2012, 13 Sa 1412/11, NZA-RR 2012, 305). Wie die Aufgaben innerhalb des BR verteilt werden, unterliegt der freien Entsch des Gremiums (BAG 29.1.1974, 1 ABR 34/73, EzA § 40 BetrVG 1972 Nr 14). Üblicherweise sind nicht alle BR-Mitglieder gleich belastet; Funktionsträger, die den Vorsitz im Gremium oder in Ausschüssen innehaben, werden stärker beansprucht. Sind BR-Mitglieder nach § 38 ganz oder teilw von der Arbeit freigestellt, kommt eine Arbeitsbefreiung von nicht freigestellten BR-Mitgliedern nur dann nicht in Betracht, wenn die Freigestellten nicht ausgelastet sind (BAG 19.9.1985, 6 AZR 476/83, AP LPVG Rheinland-Pfalz § 42 Nr 1).

3. An- und Abmeldung. Darf das BR-Mitglied seine BR-Tätigkeit für erforderlich halten, entfällt die Pflicht zur Leistung der an sich geschuldeten Arbeit von selbst, dh auch ohne Zustimmung des AG (BAG 13.5.1997, 1 ABR 2/97, EzA § 37 BetrVG 1972 Nr 135). Um einen störungsfreien Betriebsablauf zu gewährleisten, hat sich das BR-Mitglied beim Verlassen des Arbeitsplatzes ab- und bei seiner Rückkehr wieder anzumelden. Dies gilt nicht, wenn es nach den Umständen des Einzelfalls nicht ernsthaft in Betracht kommt, die Arbeitseinteilung vorübergehend umzuorganisieren. Der AG kann dann aber verlangen, dass ihm die Gesamtdauer der in einem bestimmten Zeitraum ausgeübten BR-Tätigkeit nachträglich mitgeteilt wird (BAG 29.6.2011, 7 ABR 135/09, EzA § 37 BetrVG 2001 Nr 12; hierzu *Schiefer/Pogge* DB 2012, 743). Eine mündliche Erklärung ggü dem Vorgesetzten genügt. Erforderlich sind Angaben über den Ort, den Zeitpunkt und die voraussichtliche Dauer der BR-Tätigkeit, nicht aber über den genauen Inhalt (BAG 29.6.2011, 7 ABR 135/09, aaO), da sonst ein Rechtfertigungszwang entstünde, der die Unabhängigkeit der Amtsführung bedrohen könnte (*Fitting* § 37 Rn 50a). Macht der AG die Unabkömmlichkeit eines BR-Mitglieds geltend, hat das Mitglied zu prüfen, ob es seine BR-Tätigkeit verschieben kann. Verneint es das, muss es stichwortartig darlegen, weshalb die BR-Arbeit dringlicher als das Arbeitsverlangen des AG ist (BAG 15.3.1995, 7 AZR 643/94, EzA § 37 BetrVG 1972 Nr 124; zur Darlegungslast bei Beweisvereitelung LAG Hamm 10.2.2012, 13 Sa 1412/11, NZA-RR 2012, 305). Einzelheiten des An- und Abmeldeverfahrens kann der AG nicht einseitig kraft Weisungsrechts bestimmen; mangels Regelungsbefugnis bestehen auch keine Mitbestimmungsrechte (BAG 13.5.1997, 1 ABR 2/97, EzA § 37 BetrVG 1972 Nr 135).

Wie das Mitglied die Meldungen bewirkt, ist seine Sache. Weder kann der AG eine persönliche An- und Abmeldung verlangen noch das Mitglied anweisen, BR-Arbeit in einem Zeiterfassungssystem gesondert zu verbuchen (LAG Hamm 26.11.2013, 7 TaBV 74/13)

Beabsichtigt das BR-Mitglied, einen AN im Betrieb aufzusuchen, darf der AG nicht nach dessen Namen fragen (BAG 23.6.1983, 6 ABR 65/80, EzA § 37 BetrVG 1972 Nr 78). Plant das BR-Mitglied eine zur Wahrnehmung seiner Amtsgeschäfte erforderliche Dienstreise, braucht es weder die Zustimmung des AG einzuholen noch detaillierte Auskünfte über den Reisezweck zu erteilen; dies ist erst in einem arbeitsgerichtlichen Beschlussverfahren erforderlich (BAG 10.8.1994, 7 ABR 35/93, NZA 1995, 796). Betriebliche Regelungen über die Zeiterfassung beim Betreten und Verlassen des Betriebs gelten auch für BR-Mitglieder (LAG Berl 9.1.1984, 12 Sa 127/83, DB 1984, 2098). Da das Erfordernis der An- und Abmeldung eine arbeitsvertragliche Nebenpflicht darstellt, kann deren vorwerfbare Verletzung abgemahnt werden (BAG 15.7.1992, 7 AZR 466/91, EzA § 611 BGB Abmahnung Nr 26). Darüber hinaus kann sich das BR-Mitglied schadensersatzpflichtig machen (LAG Düsseldorf 9.8.1985, 2 TaBV 40/85, DB 1985, 2463).

7 III. EFZ-Anspruch. Sind die Voraussetzungen einer Arbeitsbefreiung erfüllt (s.o. Rdn 4), hat das BR-Mitglied Anspruch auf EFZ nach dem Lohnausfallprinzip. Ihm ist das Arbeitsentgelt zu zahlen, das es bei seiner Weiterarbeit erhalten hätte (BAG 23.6.2004, 7 AZR 514/03, EzA § 37 BetrVG 2001 Nr 2). Wegen § 78 S 2 wird nicht die BR-Arbeit selbst, sondern die wegen der BR-Arbeit notwendige Arbeitsversäumnis wie geleistete Arbeit vergütet (*Fitting* § 37 Rn 58). Anspruchsgrundlage ist der Arbeitsvertrag iVm § 611 I BGB; § 37 II hält den wegen § 326 I 1 BGB untergegangenen Vergütungsanspruch aufrecht. Zur Berechnung der hypothetischen Vergütung ist die Methode zu wählen, die dem Lohnausfallprinzip am besten gerecht wird. Dabei sind die Besonderheiten des jeweiligen Vergütungsbestandteils zu berücksichtigen (BAG 29.4.2015, 7 AZR 123/13). **Zu zahlen sind** die Grundvergütung sowie alle Zuschläge und Zulagen, die das BR-Mitglied ohne die Arbeitsbefreiung erhalten hätte: Zuschläge für Mehr-, Über-, Nacht-, Sonn- und Feiertagsarbeit, Zulagen für bes Erschwernisse (BAG 23.6.2004, 7 AZR 514/03, EzA § 37 BetrVG 2001 Nr 2) und sonstige allg Zuwendungen, wie Weihnachtsgratifikationen, Urlaubsgeld (*Fitting* Rn 64), selbst wenn sie freiwillig ohne Anerkennung eines Rechtsanspruchs für die Zukunft oder jederzeit widerruflich gewährt werden (BAG 21.4.1983, 6 AZR 407/80, EzA § 37 BetrVG 1972 Nr 79). Nachtarbeitszuschläge für die Teilnahme an nächtlichen BR-Sitzungen müssen auch steuerlich den Zuschlägen der Arbeitnehmer gleichgestellt werden, die ihre arbeitsvertraglich geschuldete Tätigkeit erbringen (Hess LAG 10.3.2014, 16 TaBV 197/13). Nachtzuschläge können auch dann zu dem zu zahlenden Entgelt gehören, wenn das BR-Mitglied die Amtstätigkeit nicht innerhalb des zuschlagspflichtigen Zeitrahmens ausgeübt hat, da allein entscheidend ist, ob vergleichbare AN für ihre Arbeit in dem maßgeblichen Zeitraum Nachtzuschläge erhalten haben und auch das BR-Mitglied diese ohne Übernahme der BR-Tätigkeit verdient hätte (LAG Köln 19.12.2013, 12 Sa 682/13, EzA-SD 2014, Nr 7, 15). Bei schwankenden Bezügen ist ggf eine Schätzung nach den Grundsätzen des § 287 II ZPO vorzunehmen (BAG 29.4.2015, 7 AZR 123/13). Akkordlohn ist nach der vorangegangenen durchschnittlichen Arbeitsleistung des BR-Mitglieds zu vergüten. Lässt sich diese nicht feststellen, ist die durchschnittliche Arbeitsleistung vergleichbarer AN zugrunde zu legen (GK-BetrVG/*Weber* § 37 Rn 68). Hängt die Höhe eines jahresbezogenen Bonus von dem Grad der Erreichung des vereinbarten Umsatzziels ab, ist der Berechnung der Zielerreichungsgrad zugrunde zu legen, den das BR-Mitglied in dem betreffenden Jahr hypothetisch ohne die Arbeitsbefreiung zur Wahrnehmung von BR-Aufgaben erfüllt hätte.Indizien hierfür können sich aus einem Vergleich der durchschnittlich vom BR-Mitglied vor der Übernahme seines Amtes erreichten Ziele mit dem Zielerreichungsgrads der Vergleichsgruppe ergeben (BAG 29.4.2015, 7 AZR 123/13); zur BR-Vergütung bei arbeitszeitunabhängiger

Provision s. weiter *Jacobs/Frieling*, NZA 2015, 513. Bei Kurzarbeit hat das BR-Mitglied Anspruch auf das entspr verminderte Arbeitsentgelt (DKKW/*Wedde* § 37 Rn 53). Für BR-Tätigkeit außerhalb des Betriebs besteht der EFZ-Anspruch für die deshalb notwendigen Wege- und Reisezeiten (BAG 11.7.1978, 6 AZR 387/75, AP BetrVG 1972 § 37 Nr 57). **Nicht fortzuentrichten sind** Vergütungen zum Ersatz tatsächlicher Aufwendungen, wie zB Wegegelder, Auslösungen, Beköstigungszulagen, Fahrtenschädigung für Lokomotivführer und Zugbegleiter (BAG 5.4.2000, 7 AZR 213/99, EzA § 37 BetrVG 1972 Nr 141). Auch Trinkgelder brauchen – soweit nichts anderes geregelt ist – nicht fortgezahlt zu werden (BAG 28.6.1995, 7 AZR 1001/94, EzA § 11 BUrlG Nr 38). Das Firmenfahrzeug kann ein BR-Mitglied nicht verlangen, wenn es der AG allein zur Durchführung der arbeitsvertraglich geschuldeten Tätigkeit zur Verfügung gestellt hat (BAG 25.2.2009, 7 AZR 954/07, AP BetrVG 1972 § 37 Nr 146). Gehen pauschalierte Auslösungen über den Ersatz tatsächlich entstandener Aufwendungen hinaus, sind sie als weiter zu entrichtendes Arbeitsentgelt anzusehen (BAG 10.2.1988, 7 AZR 36/87, EzA § 37 BetrVG 1972 Nr 91). Entspr gilt für Sozialleistungen, wenn sie den Lebensstandard des AN verbessern sollen (BAG 16.8.1995, 7 AZR 103/95, EzA § 37 BetrVG 1972 Nr 128). Kein Fortzahlungsanspruch besteht, wenn trotz Teilnahme an einem Arbeitskampf oder bei einer rechtmäßigen Aussperrung BR-Arbeit geleistet wird (BAG 25.10.1988, 1 AZR 368/87, EzA Art 9 GG Arbeitskampf Nr 89; *Fitting* § 37 Rn 61; MüArbR/*Joost* § 220 Rn 20; aA DKKW/*Wedde* § 37 Rn 61).

D. BR-Tätigkeit außerhalb der Arbeitszeit.   I. Grundsatz. BR-Aufgaben sind grds während der Arbeitszeit zu erledigen (BAG 3.12.1987, 6 AZR 569/85, EzA § 37 BetrVG 1972 Nr 89). Nur wo dies aus betrieblichen Gründen ausnahmsweise nicht möglich ist, dürfen die Aufgaben auch außerhalb der Arbeitszeit erledigt werden. Das »Freizeitopfer«, das das BR-Mitglied damit erbringt, hat der AG durch Gewährung von Freizeit oder – wenn dies aus betriebsbedingten Gründen nicht binnen Monatsfrist möglich ist – in Geld auszugleichen. Arbeitszeit meint die individuelle, persönliche Arbeitszeit des BR-Mitglieds, wie sie sich aus dem Arbeitsvertrag, einer BV oder einem TV ergibt (BAG 3.12.1987, 6 AZR 569/85, EzA § 37 BetrVG 1972 Nr 89). Bei dem »Freizeitopfer« kann es sich auch um Fahrtzeiten handeln, die mit der BR-Tätigkeit unmittelbar zusammenhängen (BAG 10.11.2004, 7 AZR 131/04, EzA § 37 BetrVG 2001 Nr 3), oder um die Teilnahme eines BR-Mitglieds an einer Schulungs- und Bildungsveranstaltung (§ 37 VI oder VII), die außerhalb der Arbeitszeit stattfindet (BAG 10.11.2004, 7 AZR 131/04, aaO). Für die Teilnahme an außerhalb der Arbeitszeit abgehaltenen Betriebs- und Abteilungsversammlungen ist § 44 I lex specialis (BAG 5.5.1987, 1 AZR 292/85, EzA § 44 BetrVG 1972 Nr 7).

II. Voraussetzungen des Ausgleichsanspruchs. Der Ausgleichsanspruch besteht nur dann, wenn die BR-Tätigkeit aus betriebsbedingten Gründen außerhalb der Arbeitszeit geleistet werden musste (BAG 16.4.2003, 7 AZR 423/01, EzA § 37 BetrVG 2001 Nr 1). **Betriebsbedingte Gründe** sind Sachzwänge, die in der Sphäre des Betriebs liegen. Sie können sich aus der Eigenart des Betriebs (zB Betrieb mit räumlich weit entfernten Betriebsteilen) und seiner Arbeitsabläufe (zB Schichtbetrieb) ergeben, aber auch aus einer erheblichen Arbeitsbelastung oder schlicht daraus, dass der AG sich weigert, BR-Tätigkeit während der Arbeitszeit zu ermöglichen (BAG 3.12.1987, 6 AZR 569/85, EzA § 37 BetrVG 1972 Nr 89). Ob Reisezeiten in der Freizeit als Arbeitszeit angesehen werden können, beurteilt sich nach den jew einschlägigen tariflichen und betrieblichen Regelungen (BAG 12.8.2009, 7 AZR 218/08, NZA 2009, 1284). Ein Ausgleichsanspruch kann bestehen, wenn ein BR-Mitglied nach dem Ende seiner Tätigkeit auf einer Baustelle noch zum Betriebssitz fahren muss, um dort an einer aus betriebsbedingten Gründen außerhalb der Arbeitszeit stattfindenden BR-Sitzung teilzunehmen (LAG Schl-Holst 16.2.2012, 4 TaBV 28/11). Entsprechendes gilt, wenn das BR-Mitglied wegen vorangegangener BR-Tätigkeit außerhalb der Arbeitszeit gem § 37 III bereits vollständig von der Arbeit freigestellt ist (BAG 19.3.2014, 7 AZR 480/12, EzA § 37 BetrVG 2001 Nr 16). Teilzeitbeschäftigten steht der Ausgleichsanspruch zu, wenn sie die BR-Arbeit innerhalb der betrieblichen, aber außerhalb ihrer persönlichen Arbeitszeit leisten (*Löwisch/Kaiser* § 37 Rn 32; anders noch vor der Einfügung von § 37 III 2, BAG 5.3.1997, 7 AZR 581/92, EzA § 37 BetrVG 1972 Nr 136). Das gilt auch für alle Formen einer flexiblen Arbeitszeitgestaltung, wie Arbeit auf Abruf (§ 12 TzBfG), Job-Sharing (§ 13 TzBfG), Gleitzeit (BT-Drs 14/5741, S 40). Allerdings muss die Arbeit zu einer Zeit erfolgen, in der üblicherweise in der Abteilung, der die Teilzeitkraft angehört, gearbeitet wird (BAG 16.2.2005, 7 AZR 330/04, EzA § 37 BetrVG 2001 Nr 4). Bei Gleitzeit besteht der Ausgleichsanspruch, wenn die BR-Tätigkeit außerhalb des Gleitzeitrahmens – zB wegen zu starker Arbeitsbelastung – erfolgen muss (*Fitting* § 37 Rn 92a). Betriebsbedingte Gründe liegen schließlich auch dann vor, wenn die BR-Arbeit wegen der unterschiedlichen Länge der individuellen Arbeitszeiten von BR-Mitgliedern außerhalb der persönlichen Arbeitszeit erforderlich ist (BAG 10.11.2004, 7 AZR 131/04, EzA § 37 BetrVG 2001 Nr 3). Der BR ist nicht generell verpflichtet, die BR-Arbeit den unterschiedlichen Arbeitszeiten der teilzeitbeschäftigten BR-Mitglieder anzupassen (*Fitting* § 37 Rn 86).

10 **III. Kein Ausgleichsanspruch.** Es besteht **kein Ausgleichsanspruch**, wenn die BR-Arbeit nicht aus betrieblichen, sondern **aus betriebsratsbedingten Gründen** außerhalb der Arbeitszeit erfolgt. Das sind Umstände, die sich aus der Organisation der BR-Arbeit durch den BR ergeben (hM, BAG 21.5.1974, 1 AZR 477/73, EzA § 37 BetrVG 1972 Nr 25; GK-BetrVG/*Weber* § 37 Rn 93 mwN; krit DKKW/*Wedde* § 37 Rn 68) oder die in der persönlichen Sphäre einzelner BR-Mitglieder liegen, zB, wenn ein Mitglied seinen Urlaub unterbricht, um an einer BR-Sitzung teilzunehmen (BAG 28.5.2014, 7 AZR 404/12, EzA § 37 BetrVG 2001 Nr 17; Richardi/*Thüsing* § 37 Rn 47; *Gamillscheg* KollArbR S. 573; aA LAG Köln 3.2.2012, 4 Sa 888/11 n rkr; DKKW/*Wedde* § 37 Rn 64). Kein Ausgleichsanspruch besteht, wenn eine BR-Sitzung allein deshalb außerhalb der Arbeitszeit liegt, weil nur so Sachverständige oder Gewerkschaftsvertreter an ihr teilnehmen können (*Fitting* § 37 Rn 88). Sitzungen des GBR oder KBR werden nur selten aus betriebsbedingten Gründen außerhalb der Arbeitszeit stattfinden müssen (BAG 11.7.1978, 6 AZR 387/75, AP BetrVG 1972 § 37 Nr 57). Auch die Teilnahme an einer Betriebsräteversammlung (§ 53) ist betriebsratsbedingt (BAG 11.7.1978, 6 AZR 387/75, aaO).

11 **IV. Erfüllung. 1. Arbeitsbefreiung unter EFZ.** Liegen die Voraussetzungen der Rdn 9 vor, hat das BR-Mitglied einen Anspruch auf bezahlte Freistellung von der Arbeit, der binnen einen Monats zu erfüllen ist, ist aber nicht iS einer Ausschlussfrist an die Monatsfrist gebunden (BAG 25.8.1999, 7 AZR 713/97, EzA § 37 BetrVG 1972 Nr 140). Der AG hat – wie im Urlaubsrecht – die Arbeitsbefreiung zu gewähren; die Freistellung erfolgt durch eine empfangsbedürftige gestaltende Erklärung des AG, die eine Weisung zur Verteilung der Arbeitszeit iSd § 106 S 1 GewO darstellt (BAG 15.2.2012, 7 AZR 774/10, EzA § 37 BetrVG 2001 Nr 15); eine Selbstbeurlaubung ist unzulässig (BAG 25.8.1999, 7 AZR 713/97, aaO), auch wenn der AG die Arbeitsbefreiung grundlos verweigert (Richardi/*Thüsing* § 37 Rn 60; GK-BetrVG/*Weber* § 37 Rn 98; aA DKKW/*Wedde* § 37 Rn 44; *Fitting* § 37 Rn 96). Notfalls muss der Freizeitanspruch per einstweiliger Verfügung durchgesetzt werden (BAG 25.8.1999, 7 AZR 713/97, aaO). Die Wünsche des AN nach der zeitlichen Lage der Freistellung muss der AG nicht entsprechend § 7 I 1 BUrlG, sondern ausschließlich bei der Ausübung des billigen Ermessens nach § 106 S. 1 GewO, § 315 III BGB berücksichtigen (BAG 15.2.2012, 7 AZR 774/10, EzA § 37 BetrVG 2001 Nr 15). Der Ausgleichsanspruch besteht in dem Umfang, in dem BR-Tätigkeit außerhalb der Arbeitszeit verrichtet wurde; er ist nicht auf die persönliche Arbeitszeit des BR-Mitglieds begrenzt (BAG 25.8.1999, 7 AZR 713/97, aaO). Die Arbeitsbefreiung erfolgt unter Fortzahlung des Arbeitsentgelts. Dazu gehören neben der Grundvergütung alle Zuschläge und Zulagen, die das BR-Mitglied ohne die Arbeitsbefreiung verdient hätte (Zuschläge für Mehr-, Über-, Nacht-, Sonn- und Feiertagsarbeit, Erschwernis- und Sozialzulagen usw), nicht aber Entschädigungen zur Abgeltung von Aufwand, der dem BR-Mitglied infolge seiner Befreiung von der Arbeitspflicht gar nicht entsteht (BAG 5.4.2000, 7 AZR 213/99, EzA § 37 BetrVG 1972 Nr 141). Der Abgeltungsanspruch ist »wie Mehrarbeit« zu vergüten, sofern Überarbeit tatsächlich geleistet wurde (vgl BAG 7.2.1985, 6 AZR 370/82, EzA § 37 BetrVG 1972 Nr 81).

12 **2. Abgeltungsanspruch.** Der Freizeitanspruch verwandelt sich in einen Abgeltungsanspruch, wenn das BR-Mitglied die Arbeitsbefreiung ordnungsgem verlangt – die bloße Anzeige der BR-Tätigkeit außerhalb der Arbeitszeit genügt hierfür nicht (BAG 16.4.2003, 7 AZR 423/01, EzA § 37 BetrVG 2001 Nr 1) – und der AG sie aus betriebsbedingten Gründen mit Recht verweigert (BAG 25.8.1999, 7 AZR 713/97, EzA § 37 BetrVG 1972 Nr 140). Liegen betriebsbedingte Gründe objektiv nicht vor, behält das BR-Mitglied auch nach Ablauf der Monatsfrist den Freizeitanspruch (Richardi/*Thüsing* § 37 Rn 60). Der Freizeitanspruch ist vorrangig zu erfüllen; die Abgeltung bildet die Ausnahme (BAG 25.8.1999, 7 AZR 713/97, aaO). Das gilt sogar für teilzeitbeschäftigte BR-Mitglieder, deren BR-Tätigkeit die persönliche Arbeitszeit übersteigt; auch sie haben zunächst um Freizeitausgleich nachzusuchen (LAG Berl-Bbg 11.6.2010, 6 Sa 675/10, AuA 2010, 610). Der Begriff der »betriebsbedingten Gründe« muss eng ausgelegt werden (*Fitting* § 37 Rn 106). Betriebliche Gründe liegen nur dann vor, wenn der ordnungsgem Betriebsablauf wegen des Freizeitausgleichs nicht mehr gewährleistet ist (ähnlich GK-BetrVG/*Weber* § 37 Rn 113). Die Monatsfrist bestimmt sich nach den §§ 187 ff BGB. Sie beginnt mit dem Zeitpunkt der Durchführung der BR-Tätigkeit außerhalb der Arbeitszeit.

13 **E. Wirtschaftliche und berufliche Absicherung. I. Allgemeines.** Die berufliche Entwicklung von BR-Mitgliedern kann anders als im Betrieb üblich verlaufen. Nachteile in wirtschaftlicher oder beruflicher Hinsicht, die vor allem freigestellten BR-Mitgliedern entstehen können, müssen schon wegen des Diskriminierungsverbots in § 78 S 2 ausgeglichen werden (BAG 13.11.1987, 7 AZR 550/86, EzA § 37 BetrVG 1972 Nr 88). § 37 IV bestimmt deshalb, dass das Arbeitsentgelt von BR-Mitgliedern nicht geringer bemessen werden darf als das von vergleichbaren AN mit betriebsüblicher beruflicher Entwicklung

(»wirtschaftliche Absicherung«). Daneben gewährt § 37 V BR-Mitgliedern eine »berufliche Absicherung«; ihnen ist eine berufliche Entwicklung zu eröffnen, wie sie ohne das BR-Amt bei vergleichbaren Kollegen im Betrieb üblich gewesen wäre (BAG 15.1.1992, 7 AZR 194/91, EzA § 37 BetrVG 1972 Nr 110). Beide Ansprüche bestehen während der Amtszeit und für 1 Jahr danach, selbst wenn die Amtszeit vorzeitig endet, etwa beim Rücktritt (Richardi/ *Thüsing* § 37 Rn 81) oder bei einer erfolgreichen Wahlanfechtung (DKKW/ *Wedde* § 37 Rn 104; GK-BetrVG/ *Weber* § 37 Rn 136), nicht jedoch im Fall der Amtsenthebung nach § 23 I (Richardi/ *Thüsing* § 37 Rn 81; HWGNRH/ *Glock* § 37 Rn 90; aA *Fitting* § 37 Rn 129) oder bei nichtiger Wahl (GK-BetrVG/ *Weber* § 37 Rn 136; aA DKKW/ *Wedde* § 37 Rn 98). BR-Mitglieder, die 3 volle aufeinander folgende Amtsperioden freigestellt waren, genießen den Schutz für 2 Jahre nach Ablauf ihrer Amtszeit (§ 38 III).

II. Wirtschaftliche Absicherung. 1. Umfang. Bleibt das Arbeitsentgelt von BR-Mitgliedern hinter dem vergleichbarer Kollegen mit betriebsüblicher Entwicklung zurück, gewährt § 37 IV einen Ausgleichsanspruch (BAG 17.5.1977, 1 AZR 458/74, EzA § 37 BetrVG 1972 Nr 54). Zum Arbeitsentgelt zählen die laufende Vergütung sowie alle Zulagen und Zuwendungen, die der AG allen oder vergleichbaren AN gewährt (§ 37 IV 2), wie etwa Leistungszulagen, Prämien, Gewinnbeteiligungen, Gratifikationen und Aktienoptionen (*Fitting* § 37 Rn 127). § 37 IV erfasst nur das vom AG aufgrund des Arbeitsvertrags erbrachte Arbeitsentgelt, nicht aber Zuwendungen Dritter, (zB Aktienoptionen der Muttergesellschaft an die AN der Tochtergesellschaft eines Konzerns). § 37 IV ist anwendbar, wenn AG und AN vereinbaren, dass der Dritte die Zuwendung als auf dem Arbeitsverhältnis beruhendes Arbeitsentgelt leisten soll (BAG 16.1.2008, 7 AZR 887/06, EzA § 37 BetrVG 2001 Nr 6). Hätte das BR-Mitglied ohne die Freistellung Mehrarbeit wie seine Kollegen geleistet, umfasst der Anspruch auch die Mehrarbeitsvergütung (BAG 7.2.1985, 6 AZR 72/82, AP BPersVG § 46 Nr 3). Wird die Vergütung bei vergleichbaren AN um einen bestimmten Prozentsatz angehoben, kann das BR-Mitglied dieselbe prozentuale Erhöhung verlangen. Fällt die Erhöhung unterschiedlich aus, ist auf die Mehrzahl der vergleichbaren Kollegen abzustellen. Lässt sich wegen der geringen Größe der Vergleichsgruppe keine Mehrzahl feststellen, soll der Durchschnitt der gewährten Erhöhung maßgebend sein (BAG 19.1.2005, 7 AZR 208/04, ZBVR online 2006, Nr 5, 2-5). Ist der Ausgleichsanspruch vom Bestand des tariflich ausgestalteten Lohnanspruchs abhängig, verfällt auch er nach den tariflichen Ausschlussfristen (BAG 8.9.2010, 7 AZR 513/09, NZA 2011, 159). Da dem BR-Mitglied die Vergütungen seiner Kollegen regelmäßig unbekannt sind, hat ihm der AG **Auskunft** zu erteilen. Der Auskunftsanspruch unterliegt dabei denselben Ausschluss- und Verjährungsfristen wie der Ausgleichsanspruch (BAG 19.1.2005, 7 AZR 208/04, aaO).

2. Maßstab. Für den Ausgleichsanspruch ist die betriebsübliche Entgeltentwicklung bei vergleichbaren AN ohne BR-Amt maßgeblich. AN sind **vergleichbar**, wenn sie die gleiche oder eine iW gleich qualifizierte Arbeit verrichtet haben (BAG 17.5.1977, 1 AZR 458/74, EzA § 37 BetrVG 1972 Nr 54). Maßgeblich ist der Zeitpunkt, in dem das BR-Mitglied zuletzt ausschließlich seiner beruflichen Tätigkeit nachgegangen ist (BAG 13.11.1987, 7 AZR 550/86, EzA § 37 BetrVG 1972 Nr 88); bei Ersatzmitgliedern kommt es auf den Zeitpunkt ihres Nachrückens an (BAG 15.1.1992, 7 AZR 194/91, EzA § 37 BetrVG 1972 Nr 110). Bes qualifizierte oder überdurchschnittlich leistungsbereite BR-Mitglieder können nur mit ebenso guten Kollegen verglichen werden (BAG 13.11.1987, 7 AZR 550/86, EzA § 37 BetrVG 1972 Nr 88), schlechte nur mit schlechten (*Fitting* § 37 Rn 120). Dabei darf es einem BR-Mitglied nicht zum Nachteil gereichen, dass es wegen seiner BR-Tätigkeit nicht an den betriebsüblichen Fortbildungen teilnehmen konnte (Richardi/ *Thüsing* § 37 Rn 75). Arbeitet im Betrieb nur ein einziger vergleichbarer AN, kommt auch nur dieser für den Vergleich in Betracht (BAG 21.4.1983, 6 AZR 407/80, EzA § 37 BetrVG 1972 Nr 79); fehlt es selbst daran, ist auf den am ehesten vergleichbaren AN abzustellen (DKKW/ *Wedde* § 37 Rn 88). **»Betriebsüblich«** ist eine Entwicklung, die aufgrund eines regelhaften, gleichförmigen Verhaltens des AG entsteht, die so typisch ist, dass mit ihr in der überwiegenden Anzahl der Fälle gerechnet werden kann (BAG 15.1.1992, 7 AZR 194/91, EzA § 37 BetrVG 1972 Nr 110). Beförderungen sind nur dann betriebsüblich, wenn dem BR-Mitglied die höherwertige Tätigkeit nach den betrieblichen Gepflogenheiten hätte übertragen werden müssen oder wenn die Mehrzahl der vergleichbaren AN einen solchen Aufstieg erreicht. Es genügt nicht, dass das BR-Mitglied nur bei der Amtsübernahme in seiner bisherigen beruflichen Entwicklung einem Kollegen gleichstand (BAG 17.8.2005, 7 AZR 528/04, EzA § 37 BetrVG 2001 Nr 5). Gibt es nur einen Beförderungsposten, hätte er nach den betrieblichen Auswahlkriterien gerade dem BR-Mitglied übertragen werden müssen (BAG 15.1.1992, 7 AZR 194/91, EzA § 37 BetrVG 1972 Nr 110). Daran fehlt es, wenn der AG Beförderungen jew im Einzelfall nach Eignung, Befähigung und fachlicher Leistung vornimmt und es keine »Beförderungsautomatik« gibt (LAG Hamm 23.9.2011, 10 Sa 427/11, ZBVR online 2012, Nr 4, 13). Haben die Betriebsparteien Grundsätze und Verfahren für die Vergütung von freigestellten BR-Mitgliedern kraft Regelungsabrede definiert, ist diese auch bei der Frage der Entgeltentwicklung freigestellter BR-Mitglieder zu berücksichtigen, sofern die Abrede nicht gegen §§ 37 IV, 78 S 2 BetrVG verstößt (LAG HH 5.3.2015, 7 Sa 63/14). Im Streitfall hat das BR-Mitglied unter Berücksichtigung der ihm zugänglichen Tatsachen vorzutragen, mit welchen AN es aus seiner Sicht vergleichbar ist und aus welchen Umständen auf die hinreichende Wahrscheinlichkeit zu schließen ist, dass die Mehrzahl der mit ihm vergleichbaren Arbeitnehmer die behauptete Gehaltsentwicklung genommen hat (vgl. *Bayreuther*, NZA 2014, 235, 237). Ist dem Mitglied ein solcher Vortrag wegen der Größe des Betriebs nicht möglich, kann es genügen, wenn es Referenzfälle schlüssig darlegt, aus denen sich auf eine betriebsübliche Beförderungspraxis schließen lässt (BAG 4.11.2015, 7 AZR 972/13, EzA-SD 2016, Nr 7, 13).

16 **III. Berufliche Absicherung.** § 37 V schützt BR-Mitglieder vor einer sie benachteiligenden Betrauung mit minderwertiger Arbeit (Hess LAG 14.8.1986, 12 Sa 1225/85, DB 1987, 442; GK-BetrVG/*Weber* § 37 Rn 138). BR-Mitglieder dürfen nicht mit Aufgaben beschäftigt werden, die nicht mind mit der Tätigkeit vergleichbar sind, die sie vor Amtsantritt verrichtet haben (Hess LAG 14.8.1986, 12 Sa 1225/85, aaO). »Tätigkeit« meint dabei die konkrete berufliche Tätigkeit des BR-Mitglieds (Richardi/*Thüsing* § 37 Rn 85). Vergleichbar ist die Tätigkeit, wenn sie unter Berücksichtigung der Umstände des Einzelfalls und der in der beteiligten Berufsgruppe herrschenden Verkehrsauffassung als gleichwertig anzusehen ist (Hess LAG 14.8.1986, 12 Sa 1225/85, aaO; DKKW/*Wedde* § 37 Rn 89). Verrichten ursprünglich vergleichbare Kollegen mittlerweile höherwertige Tätigkeiten, gewährt § 37 V einen Anspruch auf Zuweisung eines entspr Arbeitsplatzes, wenn dies der betriebsüblichen Entwicklung entspricht (ErfK/*Koch* § 37 Rn 11). Fehlt dem BR-Mitglied amtsbedingt die für die Stelle nötige Qualifikation, hat es Anspruch auf die erforderliche Fortbildung (GK-BetrVG/*Weber* § 37 Rn 141). Der Anspruch auf einen beruflichen Tätigkeitsschutz entfällt, soweit dem zwingende betriebliche Notwendigkeiten entgegenstehen. Das kann der Fall sein, wenn ein entspr Arbeitsplatz fehlt – § 37 V verlangt nicht die Schaffung einer weiteren, nicht notwendigen Stelle (*Fitting* § 37 Rn 134) – oder wenn das BR-Mitglied die für die Tätigkeit notwendige Fortbildung grundlos versäumt hat (DKKW/*Wedde* § 37 Rn 102). Wurde ein BR-Mitglied mangels gleichwertigen Arbeitsplatzes auf einen geringerwertigen versetzt, hat es Anspruch auf den gleichwertigen Posten, wenn dieser später frei wird (Hess LAG 14.8.1986, 12 Sa 1225/85, aaO).

17 **F. Teilnahme an Schulungs- und Bildungsveranstaltungen. I. Allgemeines.** BR-Mitglieder brauchen sich Kenntnisse, die sie zur Wahrnehmung ihrer Amtsgeschäfte benötigen, weder im Wege des Selbststudiums anzueignen, noch müssen sie sich auf eine Unterrichtung durch andere BR-Mitglieder verweisen lassen (BAG 19.9.2001, 7 ABR 32/00, EzA § 37 BetrVG 1972 Nr 142). Vielmehr dürfen sie während der Arbeitszeit entspr Schulungsveranstaltungen besuchen, die vor allem von Gewerkschaften und AG-Verbänden sowie von diesen nahestehenden Einrichtungen angeboten werden (zur Trägerschaft s § 40 Rdn 8). Das G unterscheidet zwischen Schulungsveranstaltungen, die für die BR-Arbeit **erforderliche Kenntnisse** vermitteln (§ 37 VI), und solchen, die von der zuständigen obersten Arbeitsbehörde als geeignet anerkannt wurden (§ 37 VII), weil sie für die BR-Arbeit **nützliche Kenntnisse** verschaffen (BAG 4.5.1984, 6 AZR 495/81, EzA § 37 BetrVG 1972 Nr 80). Der Anspruch nach § 37 VI steht dem BR als Kollegialorgan zu (BAG 4.5.1984, 6 AZR 495/81, aaO). Aus diesem »Kollektivanspruch« erwirbt das einzelne BR-Mitglied erst dann einen abgeleiteten Individualanspruch, wenn es vom BR als Gremium für die Schulungsteilnahme ausgesucht wird (BAG 16.10.1986, 6 ABR 14/84, EzA § 37 BetrVG 1972 Nr 87). Ob dieser Anspruch im Wege der einstweiligen Verfügung gesichert werden kann, ist str (bejahend: LAG Hessen 5.8.2013, 16 TaBVGa 120/13; ArbG Bamberg 5.11.2012, 2 BVGa 3/12; verneinend LAG Düsseldorf 6.9.1995, 12 TaBV 69/95, LAGE § 37 BetrVG 1972 Nr 44). Der Anspruch nach § 37 VII gebührt jedem BR-Mitglied individuell, und zwar in jeder Amtszeit für 3 Wochen, in der ersten Amtszeit für 4 Wochen. In beiden Fällen hat der AG während der Freistellung das Entgelt fortzuzahlen. Bei Teilnahme an Veranstaltungen nach § 37 VI hat der AG auch die Schulungskosten zu tragen (§ 40). Die Ansprüche nach § 37 VI und VII können nebeneinander geltend gemacht werden (BAG 4.5.1984, 6 AZR 495/81, EzA § 37 BetrVG 1972 Nr 80).

18 **II. Erforderliche Schulungs- und Bildungsveranstaltungen (§ 37 VI). 1. Begriff der Erforderlichkeit** Die Teilnahme an einer Schulungsveranstaltung ist für die BR-Arbeit erforderlich, wenn der BR die dort vermittelten Kenntnisse unter Berücksichtigung der konkreten betrieblichen Situation benötigt, um seine derzeitigen oder demnächst anfallenden Aufgaben sachgerecht wahrzunehmen (BAG 15.1.1997, 7 ABR 14/96, EzA § 37 BetrVG 1972 Nr 133; 19.3.2008, 7 ABR 2/07, EzA BetrVG § 37 Nr 17). Das beurteilt sich weder rein objektiv noch nach dem subjektiven Empfinden des BR. Vielmehr hat der BR die Erforderlichkeit zum Zeitpunkt der Beschlussfassung aus der Sicht eines vernünftigen Dritten zu beurteilen, der die Interessen des Betriebs und die des BR und der Belegschaft gegeneinander abwägen muss (BAG

19.3.2008, 7 ABR 2/07). Hins des Inhalts, der Dauer und der Zahl der zu einer Schulung zu entsendenden Teilnehmer kommt dem BR ein Beurteilungsspielraum zu (BAG 7.6.1989, 7 ABR 26/88, EzA § 37 BetrVG 1972 Nr 98). Bei Schulungsdauer und Teilnehmerzahl hat der BR zusätzlich den Grds der Verhältnismäßigkeit zu beachten (BAG 31.10.1972, 1 ABR 7/72, EzA § 40 BetrVG 1972 Nr 3; Richardi/*Thüsing* § 37 Rn 99; GK-BetrVG/*Weber* § 37 Rn 197 ff; MüArbR/*Joost* § 220 Rn 85; aA *Fitting* § 37 Rn 171; DKKW/*Wedde* § 37 Rn 141). Er muss prüfen, ob die für die Schulung anfallenden Kosten mit der Größe und der Leistungsfähigkeit des Betriebs zu vereinbaren sind und zu keiner unverhältnismäßigen Belastung führen (BAG 8.2.1977, 1 ABR 124/74, EzA § 37 BetrVG 1972 Nr 52). Allgemein sind für die Bewertung der Erforderlichkeit bedeutsam: die konkreten Seminarinhalte, die Aufgabenverteilung im BR, eine thematische Spezialisierung der BR-Mitglieder, die Zahl der entsandten BR-Mitglieder im Verhältnis zur Größe des BR, die letzte Aktualisierung des Kenntnisstands sowie die betrieblichen Entwicklungen (BAG 18.1.2012, 7 ABR 73/10, EzA § 37 BetrVG 2001 Nr 14).

2. Schulungsinhalte. Zulässig ohne nähere Darlegung der Erforderlichkeit sind bei erstmals gewählten BR-Mitgliedern (BAG 19.3.2008, 7 ABR 2/07) idR Schulungen zu folgenden Themen: Grundkenntnisse im Betriebsverfassungsrecht (BAG 18.1.2012, 7 ABR 73/10, EzA § 37 BetrVG 2001 Nr 14; BAG 7.6.1989, 7 ABR 26/88, EzA § 37 BetrVG 1972 Nr 98), allg ArbR (bei langjährigen BR-Mitgliedern nur bei Darlegung der Erforderlichkeit BAG 16.10.1986, 6 ABR 14/84, EzA § 37 BetrVG 1972 Nr 87; früher großzügiger 25.4.1978, 6 ABR 22/75, EzA § 37 BetrVG 1972 Nr 59), Arbeitsschutz und Unfallverhütung (BAG 15.5.1986, 6 ABR 74/83, EzA § 37 BetrVG 1972 Nr 85; enger 29.4.1992, 7 ABR 61/91, EzA § 37 BetrVG 1972 Nr 11: nicht für sämtliche BR-Mitglieder). Die Strafvorschriften der §§ 119, 120 BetrVG gehören zum Grundlagenwissen für BR (LAG Köln 21.1.2008, 14 TaBV 44/07, AuR 2008, 277), nicht dagegen Kenntnisse der aktuellen Rspr des BAG (BAG 18.1.2012, 7 ABR 73/10, EzA § 37 BetrVG 2001 Nr 14). **Zulässig bei Darlegung eines aktuellen oder absehbaren betrieblichen Anlasses** (vgl allg hierzu BAG 15.1.1997, 7 ABR 14/96, EzA § 37 BetrVG 1972 Nr 133): Mobbing, wenn im Betrieb Konfliktlagen bestehen, aus denen sich Mobbing entwickeln kann. Rein vergangenheitsbezogene abgeschlossene Sachverhalte genügen dazu ebenso wenig wie die rein theoretische Möglichkeit, dass diese Frage einmal im Betrieb auftreten könnte. Ein Schulungsanspruch kann bestehen, wenn der BR auf Grund ihm bekanntgewordener Konflikte den Vorschlag einer BV zur Mobbingprävention in Erwägung zieht. Das gilt auch dann, wenn im Betrieb eine Sozialberatung existiert, die sich des Themas annehmen könnte (BAG 14.1.2015, 7 ABR 95/12, BB 2015, 1212). Grundkenntnisse des Sozial- und Sozialversicherungsrechts (BAG 4.6.2003, 7 ABR 42/02, EzA § 40 BetrVG 2001 Nr 4), Arbeitswissenschaft und Arbeitsbewertung für Mitglieder von Akkordausschüssen (BAG 29.1.1974, 1 ABR 39/73, EzA § 37 BetrVG 1972 Nr 36), menschengerechte Gestaltung von Arbeitsplätzen (BAG 14.6.1977, 1 ABR 92/74, AP BetrVG 1972 § 37 Nr 30), Managementtechniken für BR und PersR (BAG 14.9.1994, 7 ABR 27/94, EzA § 37 BetrVG 1972 Nr 120), schriftliche Kommunikation im Betrieb (BAG 15.2.1995, 7 AZR 670/94, EzA § 37 BetrVG 1972 Nr 125), Diskussionsführung und Verhandlungstechnik, wenn das entsandte BR-Mitglied eine derart herausgehobene Stellung bekleidet, dass gerade seine Schulung für die BR-Arbeit notwendig ist (BAG 24.5.1995, 7 ABR 54/94, EzA § 37 BetrVG 1972 Nr 127), Rhetorikschulung, wenn der BR seine Aufgaben nur dann sachgerecht erfüllen kann, wenn die rhetorischen Fähigkeiten bestimmter BR-Mitglieder durch die Teilnahme verbessert werden (BAG 12.1.2011, 7 ABR 94/09, EzA § 37 BetrVG 2001 Nr 11), »Kompetent Führen – Training für BRe mit Leitungsaufgaben« (LAG Schl-Holst 22.7.2009, 3 TaBV 13/09, BB 2009, 2309), Einsatz von PC zur Erledigung von BR-Aufgaben, wenn erstmals ein PC für die Erledigung der BR-Aufgaben zur Verfügung gestellt wird oder wenn ein neues System eingeführt werden soll (BAG 19.7.1995, 7 ABR 49/94, EzA § 37 BetrVG 1972 Nr 126), wobei die bei den BR-Mitgliedern bereits vorhandenen Fähigkeiten, Kenntnisse und Erfahrungen nicht außer Acht gelassen werden dürfen (BAG 19.3.2008, 7 ABR 2/07, EzA BetrVG § 37 Nr 17; LAG Hamm 10.12.2008, 10 TaBV 125/08, AuA 2009, 303; 16.7.2010, 10 Sa 291/10), Protokollführung mithilfe von Textverarbeitung (LAG Düsseldorf 6.2.2009, 9 TaBV 329/08, NZA-RR 2009, 306), Erläuterung der aktuellen Rspr des BAG zu betriebsverfassungsrechtlichen Fragen (BAG 20.12.1995, 7 ABR 14/95, EzA § 37 BetrVG 1972 Nr 130; enger BAG 18.1.2012, 7 ABR 73/10, EzA § 37 BetrVG 2001 Nr 14: nur für einzelne BR-Mitglieder, soweit es die betrieblichen Entwicklungen als bes dringlich erscheinen lassen, die aktuelle Rechtsprechung in bestimmten Fragen zu kennen), 1-wöchige ERA-Schulung in einem Betrieb, in dem ERA gerade umgesetzt wird (Hess LAG 12.10.2006, 9 TaBV 57/06, NZA-RR 2007, 640), »Burn Out«-Seminar, falls Beschäftigte den BR mehrfach auf eine bestehende Überforderungssituation angesprochen haben (ArbG Essen 30.6.2011, 3 BV 29/11, ArbRB 2011, 358), Flexible Arbeitszeiten, wenn entspr BV aus der Amtszeit des vorherigen BR gekündigt wurden und neu abgeschlossen werden sollen (Hess LAG 16.6.2011, 9 TaBV 126/10), Schulung in der Muttersprache eines ausländischen BR-Mitglieds, dass die dt Sprache nicht hinreichend beherrscht, soweit zur ordnungsgem Amtsführung erforderlich (ArbG Berl 3.3.2011, 24 BV 15046/10, EzB BetrVG § 37 Nr 26; *Herbert/Oberrath* NZA 2012, 1260). Schulung zu den Themen »Neues Beschäftigtendatenschutzg« und »neue Techniktrends« mit mehr als 72 Teilnehmern, wenn durch sog. Workshops noch eine individuelle Beziehung zwischen Lehrpersonen und Teilnehmenden möglich gewesen ist und sich die Veranstaltung nicht nur auf einen Erfahrungsaustausch der Teilnehmer beschränkt, sondern einen bestimmten Wissensstand bei den Teilnehmern herbeiführen soll (LAG Hamburg 4.12.2012, 4 TaBV 14/11); Seminar »Verfahren für die Gefährdungsbeurteilung nach § 5 ArbSchG« (BAG 20.8.2014, 7 ABR 64/12, EzA § 37 BetrVG 2001 Nr 18); Schulung zur Verbesserung der Zusammenarbeit zwischen BR-Vorsitzendem und seinem Stellvertreter (LAG Hamm 26.4.2013, 13 TaBV 15/13, juris). **Nicht erforderlich** sind Schulungen zu folgenden Themen: Förderung der Sprechtechnik (BAG 20.10.1993, 7 ABR 14/93, EzA § 37 BetrVG 1972 Nr 115), gewerkschaftliche Bildungsarbeit (BAG 28.1.1975, 1 ABR 92/73, EzA § 37 BetrVG 1972 Nr 37), LohnsteuerRL (BAG 11.12.1973, 1 ABR 37/73, EzA § 37 BetrVG 1972 Nr 19), Schulungen zu Gesetzentwürfen, wenn noch wesentliche Änderungen zu erwarten sind (BAG 16.3.1988, 7 AZR 557/87, EzA § 37 BetrVG 1972 Nr 90), Fachtagung mit einem inhaltlichen Schwerpunkt auf der Vorbereitung tarifvertraglicher Vereinbarungen (ArbG Ludwigshafen 6.6.2012, 3 Ca 123/12 ZTR 2012, 539); Schulung zur Vorbereitung einer Tätigkeit als Beisitzer in einer Einigungsstelle, weil diese nicht zu den Funktionen des BR und seiner Mitglieder gehört (BAG 20.8.2014, 7 ABR 64/12, EzA § 37 BetrVG 2001 Nr 18). Ein Schulungsanspruch kann aber bestehen, um die Verhandlungen in der Einigungsstelle zu begleiten und sich mit ihren Vorschlägen kritisch auseinanderzusetzen. Da der BR diese Aufgabe in eigener Kompetenz wahrzunehmen hat, braucht er sich nicht auf die Sachkenntnis der von ihm in die Einigungsstelle entsandten externen Beisitzer verweisen zu lassen, weil es nicht deren Angelegenheit ist, den Betriebsparteien die erforderlichen Kenntnisse zu vermitteln und diese zu beraten. Geht es um eine kritische Begleitung der Einigungsstelle ist eine Schulung durch deren externen Beisitzer ungeeignet (BAG 20.8.2014, 7 ABR 64/12, EzA § 37 BetrVG 2001 Nr 18). Behandelt eine an sich erforderliche Schulung Themen, die nicht erforderlich sind, berührt dies die Erforderlichkeit der Gesamtschulung dann nicht, wenn die nicht erforderlichen Themen nur geringfügig gestreift werden (BAG 29.1.1974, 1 ABR 41/73, EzA § 40 BetrVG 1972 Nr 12). Dauert der nicht erforderliche Teil länger und lässt er sich thematisch und zeitlich so abgrenzen, dass ein zeitweiser Besuch möglich und sinnvoll ist, beschränkt sich die Erforderlichkeit auf den erforderlichen Teil (BAG 21.7.1978, 6 AZR 561/75, EzA § 37 BetrVG 1972 Nr 60). Ist eine Aufteilung nicht möglich oder nicht sinnvoll, gilt die gesamte Veranstaltung als erforderlich, wenn die erforderlichen Themen überwiegen (BAG 28.5.1976, 1 AZR 116/74, EzA § 37 BetrVG 1972 Nr 49).

20   **3. Teilnehmer.** Für die Schulungsbedürftigkeit eines einzelnen BR-Mitglieds spielen sein konkreter Wissensstand und die Aufgabenverteilung im BR eine Rolle (BAG 7.6.1989, 7 ABR 26/88, EzA § 37 BetrVG 1972 Nr 98). Sämtliche Mitglieder benötigen Grundkenntnisse im Betriebsverfassungsrecht und im allg ArbR (BAG 5.11.1981, 6 ABR 50/79, DB 1982, 704). Erstmals amtierenden Mitgliedern sind solche Schulungen idR **ohne nähere Darlegung der Erforderlichkeit** zu gewähren (BAG 19.3.2008, 7 ABR 2/07). Hat das Mitglied selbst Vorkenntnisse, zB durch den Besuch anderer Veranstaltungen nach § 37 VI, VII, durch Eigenstudium oder durch eine langjährige BR-Tätigkeit, kann es an der Erforderlichkeit fehlen (BAG 19.3.2008, 7 ABR 2/07). Erforderlich kann aber eine vertiefende Schulung zB über Arbeitszeitfragen auch dann sein, wenn das Mitglied aufgrund einer vorherigen Teilnahme an Grundlagenschulungen im Arbeitsrecht und im Betriebsverfassungsgesetz über entsprechende Grundkenntnisse verfügt (LAG Hamm 16.5.2012, 10 TaBV 11/12). Bei schon länger amtierenden BR-Mitgliedern besteht der Schulungsanspruch, wenn wegen längerer Krankheit, Urlaubs oder geringer BR-Tätigkeit keine Erfahrungen gesammelt werden konnten (BAG 16.10.1986, 6 ABR 14/84, EzA § 37 BetrVG 1972 Nr 87). Für ein erstmals gewähltes BR-Mitglied besteht der Anspruch auch noch im 4. Jahr seiner Amtszeit, selbst wenn diese nur noch 8 Monate dauert (BAG 19.3.2008, 7 ABR 2/07). Für einen langjährigen stellvertretenden BR-Vorsitzenden ist eine Schulung »Stellung und Aufgaben des BR-Vorsitzenden sowie die organisatorische Durchführung der laufenden BR-Geschäfte« nicht erforderlich (BAG 2.9.1975, 2 AZR 15/75, NJW 1976, 1368). Ersatzmitglieder haben nur beim endgültigen Nachrücken in den BR einen Schulungsanspruch sowie dann, wenn sie häufig zur Stellvertretung herangezogen werden und die Teilnahme für die Arbeitsfähigkeit des BR erforderlich ist (BAG 19.9.2001, 7 ABR 32/00, EzA § 37 BetrVG 1972 Nr 142). Findet eine Grundlagenschulung erst kurz vor dem Amtszeitende statt, muss dargelegt werden, warum das BR-Mitglied die Schulung auch unter Berücksichtigung der durch seine bisherige praktische BR-Arbeit bereits erworbenen Kenntnisse und der bis zum Amtszeitende zu erwartenden Aufgaben benötigt (BAG 7.5.2008, 7 AZR 90/07, EzB BetrVG § 37 Nr 21). Das gilt, wenn die Amtszeit des gesamten Gremiums endet, aber auch dann, wenn

das befristete Arbeitsverhältnis eines seiner Mitglieder ausläuft (BAG 17.11.2010, 7 ABR 113/09, EzA § 37 BetrVG 2001 Nr 10). Hat der BR Aufgaben zur selbständigen Erledigung auf einen Ausschuss oder einer Arbeitsgruppe übertragen, genügt es, wenn diejenigen Mitglieder geschult werden, denen die Wahrnehmung dieser Aufgaben obliegt (LAG Hamm 16.5.2012, 10 TaBV 11/12 mwN). Keinen Schulungsanspruch haben Mitglieder des Wirtschaftsausschusses, die nicht BR-Mitglieder sind (BAG 11.11.1998, 7 AZR 491/97, EzA § 37 BetrVG 1972 Nr 139); anderes gilt, wenn sie die vom AG kraft G zu gebenden Informationen sonst nicht verstehen (BAG 28.4.1988, 6 AZR 39/86, NZA 1989, 221).

4. Dauer. Für die Dauer einer Schulung sind maßgeblich: der konkrete Wissensstand des zu entsenden- 21 den Mitglieds, der Umfang und die Schwierigkeit der behandelten Themen sowie die Besonderheiten und Probleme des betroffenen Betriebs (*Fitting* § 37 Rn 172). Für den BR-Vorsitzenden kann eine 14-tägige Schulung zum BetrVG erforderlich sein (BAG 8.2.1977, 1 ABR 124/74, EzA § 37 BetrVG 1972 Nr 52), für die übrigen BR-Mitglieder können 5–6 Tage genügen (BAG 6.11.1973, 1 ABR 8/73, EzA § 37 BetrVG 1972 Nr 16). Komplizierte Spezialmaterien können Wiederholungs- und Vertiefungsveranstaltungen rechtfertigen (LAG Hamm 16.5.2012, 10 TaBV 11/12; GK-BetrVG/*Weber* § 37 Rn 209).

5. Freistellungs- und Freizeitausgleichsanspruch. Für die Zeit der Teilnahme an einer erforderlichen 22 Schulungsmaßnahme hat das BR-Mitglied einen Anspruch auf bezahlte Freistellung von der Arbeit. Der Anspruch richtet sich – wie bei § 37 II – nach dem Lohnausfallprinzip (s Rdn 7). Wurde das BR-Mitglied vor der Schulung regelmäßig über die vertraglich geschuldete Arbeitszeit hinaus zu weiteren Arbeitseinsätzen herangezogen, ist das Entgelt auch für die wegen der Schulung ausgefallenen zusätzlichen Arbeitseinsätze zu zahlen (BAG 3.12.1997, 7 AZR 490/93, EzA § 37 BetrVG 1972 Nr 138). Nimmt ein BR-Mitglied aus betriebsbedingten Gründen außerhalb seiner persönlichen Arbeitszeit an einer Schulung teil, hat es Anspruch auf Freizeitausgleich bzw Abgeltung, da § 37 VI auch auf § 37 III verweist (*Löwisch/Kaiser* § 37 Rn 64). Als betriebsbedingt gelten nach der ausdrückl Erwähnung in § 37 VI 2 auch die Besonderheiten der betrieblichen Arbeitszeitgestaltung (BT-Drs 14/5741, S 41), dh Abweichungen der individuellen von der betriebsüblichen Arbeitszeit hins ihrer Dauer wie auch ihrer Lage (BAG 10.11.2004, 7 AZR 131/04, EzA § 37 BetrVG 2001 Nr 3). Das gilt vor allem für Teilzeitbeschäftigte, die Anspruch auf Freizeitausgleich haben, wenn sie an (ganztägigen) Schulungen teilnehmen, die zeitlich über die Dauer ihrer persönlichen Arbeitszeit hinausgehen (BAG 10.11.2004, 7 AZR 131/04, aaO; Richardi/*Thüsing* § 37 Rn 156). Ein Anspruch auf Freizeitausgleich besteht ferner dann, wenn die Schulung an einem Tag stattfindet, an dem das BR-Mitglied nach dem rollierenden »arbeitsfrei«-System im Betrieb nicht zu arbeiten braucht (*Fitting* § 37 Rn 189) oder wenn ein BR-Mitglied die Schulung wegen Unabkömmlichkeit am Arbeitsplatz außerhalb seiner Arbeitszeit besucht (*Fitting* § 37 Rn 188). Für Schulungen am Wochenende oder abends nach Dienstschluss kann kein Freizeitausgleich verlangt werden (Richardi/*Thüsing* § 37 Rn 156). Damit Teilzeitkräfte nicht besser stehen als Vollzeitkräfte, ist der Ausgleichsanspruch nach § 37 VI 2 Hs 2 auf die konkrete Lage und Dauer der Arbeitszeit der Vollzeitbeschäftigten begrenzt. Der Ausgleichsanspruch besteht nicht, wenn die Schulung oder die Hin- bzw. Heimreise auch dann außerhalb der Arbeitszeit stattgefunden hätte, wenn das BR-Mitglied vollzeitbeschäftigt gewesen wäre. Bsp: reguläres Arbeitszeitende im Betrieb am Freitag 12 Uhr, Schulungsende 14 Uhr (BAG 10.11.2004, 7 AZR 131/04, EzA § 37 BetrVG 2001 Nr 3).

III. Geeignete Schulungsveranstaltungen (§ 37 VII). 1. Verhältnis zu § 37 VI. § 37 VII gewährt jedem 23 BR-Mitglied einen selbständig neben § 37 VI stehenden individuellen Schulungsanspruch, der nicht vom Votum des BR-Gremiums abhängt (BAG 28.8.1996, 7 AZR 840/95, EzA § 37 BetrAVG 1972 Nr 132). Eine Anrechnung der Schulungsansprüche aus § 37 VII auf die nach § 37 VI oder umgekehrt ist unzulässig (BAG 4.5.1984, 6 AZR 495/81, EzA § 37 BetrVG 1972 Nr 80). § 37 VII gebührt ggü § 37 VI auch nicht der Vorrang (Richardi/*Thüsing* § 37 Rn 93). Bei Schulungen nach § 37 VII muss – anders als bei § 37 VI – nicht geprüft werden, ob die Veranstaltung erforderliche Kenntnisse vermittelt. Es reicht aus, dass die oberste Landesbehörde die Veranstaltung als geeignet anerkannt hat (BAG 18.12.1973, 1 ABR 35/73, EzA § 37 BetrVG 1972 Nr 20).

2. Freistellungsanspruch. Anspruchsberechtigt sind nur ordentliche BR-Mitglieder, nicht jedoch Ersatz- 24 mitglieder, die noch nicht endgültig in den BR nachgerückt sind (BAG 14.12.1994, 7 ABR 31/94, EzA § 37 BetrVG 1972 Nr 122), und sonstige Funktionsträger (zB Mitglieder des Wahlvorstands oder des Wirtschaftsausschusses). Der Anspruch ist ausgeschlossen, wenn das BR-Mitglied die Schulungsinhalte nicht mehr nachhaltig für seine Arbeit verwerten kann, weil seine Amtszeit bereits kurz nach der Schulung endet (BAG 28.8.1996, 7 AZR 840/95, EzA § 37 BetrAVG 1972 Nr 132; GK-BetrVG/*Weber* § 37 Rn 260;

aA *Fitting* § 37 Rn 217). Hat ein BR-Mitglied vor seinem vorzeitigen Ausscheiden den ihm zustehenden Schulungsanspruch noch nicht verbraucht, verfällt dieser (LAG Düsseldorf 8.10.1991, 13 Sa 1450/90, DB 1992, 636). Dem nachrückenden Ersatzmitglied kommt stets nur ein anteiliger Schulungsanspruch zu (*Fitting* § 37 Rn 218). Der Schulungsanspruch besteht in jeder Amtszeit für insgesamt 3 Wochen. Verkürzt oder verlängert sich die Amtszeit des BR (s §§ 13 II, III, 21), ändert sich die Dauer des Schulungsanspruchs entspr (hM, Richardi/ *Thüsing* § 37 Rn 186; aA DKKW/ *Wedde* § 37 Rn 140). AN, die erstmals das BR-Amt bekleiden und auch nicht zuvor JAV-Vertreter waren, haben Anspruch auf eine 4-wöchige Schulung (§ 37 VII 2). Für die Erfüllung des Freistellungsanspruchs nach § 37 VII gelten dieselben Grds wie für die Arbeitsbefreiung nach § 37 VI. Der Schulungsanspruch kann zusammenhängend oder stückweise bis zur Gesamtdauer von 3 bzw 4 Wochen geltend gemacht werden (*Fitting* § 37 Rn 222).

25 **3. Geeignetheit.** Schulungsveranstaltungen sind geeignet iSd § 37 VII, wenn sie im Zusammenhang mit der BR-Tätigkeit stehen und von Inhalt und Zielsetzung her einen nennenswerten Vorteil für eine sach- und fachgerechte Wahrnehmung der im G vorgesehenen BR-Aufgaben erwarten lassen (BAG 11.8.1993, 7 ABR 52/92, EzA § 37 BetrVG 1972 Nr 117). Erfüllt eine Veranstaltung die engeren Voraussetzungen des § 37 VI, ist erst recht die Eignung nach § 37 VII zu bejahen (BAG 6.11.1973, 1 ABR 8/73, EzA § 37 BetrVG 1972 Nr 16). Geeignete Schulungsthemen sind neben dem Arbeits-, Sozial- und Mitbestimmungsrecht, der Arbeitswissenschaft samt Arbeitsbewertung (BAG 25.4.1978, 6 ABR 22/75, EzA § 37 BetrVG 1972 Nr 59) auch Fragen tarif- bzw sozialpolitischer sowie wirtschaftlicher Art. Ungeeignet sind rein allgemeinbildende Veranstaltungen und solche, die lediglich gewerkschaftspolitisches oder historisches Wissen vermitteln (BAG 11.8.1993, 7 ABR 52/92, EzA § 37 BetrVG 1972 Nr 117; GK-BetrVG/ *Weber* § 37 Rn 235 mwN; aA DKKW/ *Wedde* § 37 Rn 173 f). Hat die oberste Arbeitsbehörde des Landes, in dem der Veranstalter seinen Sitz hat, eine Veranstaltung als geeignet anerkannt – wobei der Behörde ein Beurteilungsspielraum zukommt (BAG 18.12.1973, 1 ABR 35/73, EzA § 37 BetrVG 1972 Nr 20) –, besteht der Schulungsanspruch ohne Rücksicht darauf, ob die vermittelten Kenntnisse für die Arbeit im Betrieb konkret erforderlich sind (BAG 11.8.1993, 7 ABR 52/92, EzA § 37 BetrVG 1972 Nr 117).

26 **IV. Verfahren für die Freistellung. 1. Auswahlentscheidung des BR.** Der Schulungsanspruch nach § 37 VI ist ein Kollektivanspruch des BR-Gremiums, aus dem sich erst nach einer ordnungsgem Auswahlentsch ein Individualrecht des BR-Mitglieds ergibt. Ohne einen solchen Beschl, bei dem das betroffene BR-Mitglied mit abstimmen darf (Richardi/ *Thüsing* § 37 Rn 139), ist die Teilnahme an der Schulungsveranstaltung nicht erlaubt (BAG 28.8.1996, 7 AZR 840/95, EzA § 37 BetrAVG 1972 Nr 132). Bei der zeitlichen Lage der Teilnahme müssen die betrieblichen Notwendigkeiten beachtet werden, soweit sie zwingend Vorrang vor der Schulung haben (*Fitting* § 37 Rn 238). Bei dem Schulungsanspruch nach § 37 VII beschränkt sich die Mitwirkung des BR darauf, die zeitliche Lage der Teilnahme festzulegen. Da es sich um einen Individualanspruch handelt, wählt das einzelne Mitglied und nicht das Gremium die im Einzelfall geeignete Schulung aus (BAG 28.8.1996, 7 AZR 840/95, aaO).

27 **2. Unterrichtungs- und Einspruchsrecht des AG.** Der BR hat den AG über die näheren Einzelheiten der Schulung, wie Ort, Themenplan, Genehmigung durch die zuständige Behörde usw zu unterrichten (Richardi/ *Thüsing* § 37 Rn 141). Über die zeitliche Lage der Schulung ist der AG so rechtzeitig zu informieren, dass er noch vor deren Beginn die Einigungsstelle anrufen kann (BAG 18.3.1977, 1 ABR 54/74, EzA § 37 BetrVG 1972 Nr 53). Eine Unterrichtung 2 $^1/_2$ Wochen vor Beginn der Schulung soll genügen (LAG Nds 14.8.1987, 3 Sa 538/86, ArbuR 1989, 60). Versäumt der BR die rechtzeitige Information, begeht er eine Amtspflichtverletzung iSd § 23 I (DKKW/ *Wedde* § 37 Rn 157), die den Freistellungs- und Vergütungsanspruch jedoch unberührt lässt (*Fitting* § 37 Rn 242). Erachtet der AG die Schulung für nicht erforderlich, kann er das zuständige ArbG anrufen. Die bloße Anrufung hindert das BR-Mitglied aber nicht an der Teilnahme (LAG Hamm 24.10.1974, 8 TaBV 42/74, DB 1974, 2486); es muss sich nur ordnungsgem ab- und wieder anmelden. Der AG kann die Teilnahme durch einstweilige Verfügung arbeitsgerichtlich untersagen lassen (Richardi/ *Thüsing* § 37 Rn 150). Hält der AG die betrieblichen Notwendigkeiten für nicht ausreichend berücksichtigt, muss er unverzüglich die Einigungsstelle (§ 76 V) anrufen; in diesem Fall hat das BR-Mitglied die Teilnahme bis zur Beendigung des Einigungsstellenverfahrens zurückzustellen (BAG 18.3.1977, 1 ABR 54/74, EzA § 37 BetrVG 1972 Nr 53). Unterlässt der AG die rechtzeitige Anrufung, gilt sein Schweigen als Zustimmung (BAG 18.3.1977, 1 ABR 54/74, aaO). Die Einigungsstelle kann eine Regelung in der Sache treffen, wenn sie zu der Überzeugung gelangt, dass der BR die betrieblichen Notwendigkeiten nicht ausreichend berücksichtigt hat (DKKW/ *Wedde* § 37 Rn 158).

§ 38 Freistellungen

(1) ¹Von ihrer beruflichen Tätigkeit sind mindestens freizustellen in Betrieben mit in der Regel
200 bis 500 Arbeitnehmern ein Betriebsratsmitglied,
501 bis 900 Arbeitnehmern 2 Betriebsratsmitglieder,
901 bis 1.500 Arbeitnehmern 3 Betriebsratsmitglieder,
1.501 bis 2.000 Arbeitnehmern 4 Betriebsratsmitglieder,
2.001 bis 3.000 Arbeitnehmern 5 Betriebsratsmitglieder,
3.001 bis 4.000 Arbeitnehmern 6 Betriebsratsmitglieder,
4.001 bis 5.000 Arbeitnehmern 7 Betriebsratsmitglieder,
5.001 bis 6.000 Arbeitnehmern 8 Betriebsratsmitglieder,
6.001 bis 7.000 Arbeitnehmern 9 Betriebsratsmitglieder,
7.001 bis 8.000 Arbeitnehmern 10 Betriebsratsmitglieder,
8.001 bis 9.000 Arbeitnehmern 11 Betriebsratsmitglieder,
9.001 bis 10.000 Arbeitnehmern 12 Betriebsratsmitglieder.
²In Betrieben mit über 10.000 Arbeitnehmern ist für je angefangene weitere 2.000 Arbeitnehmer ein weiteres Betriebsratsmitglied freizustellen. ³Freistellungen können auch in Form von Teilfreistellungen erfolgen. ⁴Diese dürfen zusammengenommen nicht den Umfang der Freistellungen nach den Sätzen 1 und 2 überschreiten. ⁵Durch Tarifvertrag oder Betriebsvereinbarung können anderweitige Regelungen über die Freistellung vereinbart werden.
(2) ¹Die freizustellenden Betriebsratsmitglieder werden nach Beratung mit dem Arbeitgeber vom Betriebsrat aus seiner Mitte in geheimer Wahl und nach den Grundsätzen der Verhältniswahl gewählt. ²Wird nur ein Wahlvorschlag gemacht, so erfolgt die Wahl nach den Grundsätzen der Mehrheitswahl; ist nur ein Betriebsratsmitglied freizustellen, so wird dieses mit einfacher Stimmenmehrheit gewählt. ³Der Betriebsrat hat die Namen der Freizustellenden dem Arbeitgeber bekannt zu geben. ⁴Hält der Arbeitgeber eine Freistellung für sachlich nicht vertretbar, so kann er innerhalb einer Frist von zwei Wochen nach der Bekanntgabe die Einigungsstelle anrufen. ⁵Der Spruch der Einigungsstelle ersetzt die Einigung zwischen Arbeitgeber und Betriebsrat. ⁶Bestätigt die Einigungsstelle die Bedenken des Arbeitgebers, so hat sie bei der Bestimmung eines anderen freizustellenden Betriebsratsmitglieds auch den Minderheitenschutz im Sinne des Satzes 1 zu beachten. ⁷Ruft der Arbeitgeber die Einigungsstelle nicht an, so gilt sein Einverständnis mit den Freistellungen nach Ablauf der zweiwöchigen Frist als erteilt. ⁸Für die Abberufung gilt § 27 Abs. 1 Satz 5 entsprechend.
(3) Der Zeitraum für die Weiterzahlung des nach § 37 Abs. 4 zu bemessenden Arbeitsentgelts und für die Beschäftigung nach § 37 Abs. 5 erhöht sich für Mitglieder des Betriebsrats, die drei volle aufeinanderfolgende Amtszeiten freigestellt waren, auf zwei Jahre nach Ablauf der Amtszeit.
(4) ¹Freigestellte Betriebsratsmitglieder dürfen von inner- und außerbetrieblichen Maßnahmen der Berufsbildung nicht ausgeschlossen werden. ²Innerhalb eines Jahres nach Beendigung der Freistellung eines Betriebsratsmitglieds ist diesem im Rahmen der Möglichkeiten des Betriebs Gelegenheit zu geben, eine wegen der Freistellung unterbliebene betriebsübliche berufliche Entwicklung nachzuholen. ³Für Mitglieder des Betriebsrats, die drei volle aufeinanderfolgende Amtszeiten freigestellt waren, erhöht sich der Zeitraum nach Satz 2 auf zwei Jahre.

Übersicht	Rdn.			Rdn.
A. Allgemeines	1	II.	Freistellung durch den AG	6
B. Anzahl	2	III.	Amtsniederlegung und Abberufung	7
I. Bestimmung	2	D.	**Rechtsstellung und Schutz**	8
II. Erhöhung	3	I.	Freistellung	8
III. Teilfreistellungen	4	II.	Vergütung	9
C. Bestimmung der freizustellenden BR-Mitglieder	5	III.	Wirtschaftlicher und beruflicher Schutz	10
			1. Verlängerung von Schutzfristen	10
I. Wahl durch den BR	5		2. Berufliche Weiterbildung	11

A. Allgemeines. Als Sonderregelung zu § 37 II sieht § 38 die Möglichkeit einer vollständigen Befreiung 1
von der beruflichen Tätigkeit vor. Vollständig von der Arbeit freigestellte BR-Mitglieder können jederzeit
ihrer BR-Arbeit nachgehen, ohne die Erforderlichkeit hierfür im Einzelfall nachweisen zu müssen (BAG
26.7.1989, 7 ABR 64/88, EzA § 38 BetrVG 1972 Nr 11); diese wird für die in § 38 I angegebene Mindestzahl von Freistellungen unwiderleglich vermutet (BAG 12.2.1997, 7 ABR 40/96, EzA § 38 BetrVG
1972 Nr 16). Die Anzahl der Freizustellenden richtet sich nach der Betriebsgröße. Maßgeblich ist der

Zeitpunkt des Freistellungsbeschlusses. Eine nicht nur vorübergehende Veränderung der Arbeitnehmerzahl kann dazu führen, dass sich die Zahl der Freistellungen im Laufe einer Amtszeit - in beide Richtungen - ändert (LAG Rh-Pf 14.5.2013, 6 SaGa 2/13, EzA-SD 2013, Nr 16, 14). Wird im Falle eines nicht nur vorübergehenden Absinkens der Belegschaftsstärke unter 200 Arbeitnehmer das einzige freigestellte Betriebsratsmitglied aufgefordert, seine Arbeitstätigkeit wieder aufzunehmen, fehlt es ihm für einen auf Rücknahme der Arbeitszuweisung unter weiterer Freistellung gerichteten Antrag auf Erlass einer einstweiligen Verfügung am Verfügungsgrund, wenn die zugewiesene Aufgabe weder unzumutbar, noch die Maßnahme offensichtlich rechtswidrig und die Wahrung der Rechte des Betriebsrates nicht gefährdet ist (LAG Rh-Pf 14.5.2013, 6 SaGa 2/13, EzA-SD 2013, Nr 16, 14). Die Staffel des § 38 enthält Mindestzahlen, die sich freiwillig jederzeit erhöhen lassen. In Betrieben mit weniger als 200 AN können Freistellungen nach § 38 erforderlich werden, wenn Arbeitsbefreiungen nach dem jeweiligen Bedarf im Einzelfall (§ 37 II) nicht genügen (BAG 13.11.1991, 7 ABR 5/91, EzA § 37 BetrVG 1972 Nr 106; GK-BetrVG/*Weber* § 38 Rn 29). Neben der vollständigen Arbeitsbefreiung bleibt auch die Möglichkeit der Arbeitsbefreiung bei einem konkreten Anlass nach § 37 II. Durch (nicht erzwingbaren) TV oder freiwillige BV können die Anzahl der freigestellten BR-Mitglieder (BAG 11.6.1997, 7 ABR 5/96, EzA § 38 BetrVG 1972 Nr 17) und die Modalitäten für Teilfreistellungen geregelt werden (DKKW/*Wedde* § 38 Rn 18).

2 **B. Anzahl. I. Bestimmung.** Die Mindestzahl der Freizustellenden richtet sich nach der Zahl der »idR« Beschäftigten, die für den Betrieb iA kennzeichnend ist (s § 9 Rdn 2). **Mitgezählt** werden betriebsangehörige AN iSd § 5 I, auch wenn sie – wie Jugendliche vor Vollendung des 18. Lebensjahres – nicht wahlberechtigt sind (*Fitting* § 38 Rn 9) sowie Leih-AN (vgl. Hess LAG 12.8.2013, 16 TaBV 25/13; Hess LAG 2.11.2015, 16 TaBV 48/15, n. rkr.; *Bissels*, BB 2013 2047; *Hamann*, jurisPR-ArbR 32/2013 Anm. 2; *Linsenmaier/Kiel*, RdA 2014, 135, 146; *Zimmermann*, DB 2014, 2591, 2592). Teilzeitkräfte zählen voll, nicht anteilig nach ihrer Stundenzahl (DKKW/*Wedde* § 38 Rn 9). Ebenfalls mitgezählt werden AN des öffentl Dienstes iSd § 5 I 3 (BAG 27.10.2012, 7 ABR 17/11, EzA § 5 BetrVG 2001 Nr 9). Heimarbeiter rechnen mit, wenn sie in der Hauptsache für den Betrieb arbeiten (*Fitting* § 38 Rn 9). **Nicht mitgezählt** werden die in § 5 II Erwähnten, ltd Ang (§ 5 III), Altersteilzeitler in der Freistellungsphase des Blockmodells (BAG 16.4.2003, 7 ABR 53/02, EzA § 9 BetrVG 2001 Nr 1), »Ein-Euro-Jobber« nach § 16 III 2 SGB III (*Fitting* § 38 Rn 9; aA *Schulze* NZA 2005, 1332). Maßgebend für die Feststellung der Belegschaftsstärke ist nicht der Tag, an dem das Wahlausschreiben erlassen wurde, sondern der Zeitpunkt des Freistellungsbeschl. Steigt die Zahl während der laufenden Amtszeit nicht nur vorübergehend, kann der BR eine Anpassung verlangen. Entspr gilt für den AG, wenn die Belegschaftsstärke nicht vorübergehend sinkt und sich die BR-Aufgaben im gleichen Maß verringern (BAG 26.7.1989, 7 ABR 64/88, EzA § 38 BetrVG 1972 Nr 11).

3 **II. Erhöhung.** Die Mindestzahl an Freistellungen lässt sich jederzeit freiwillig durch TV oder BV aufstocken (§ 38 I 5). Sie ist zu erhöhen, wenn dies zur ordnungsgem Durchführung der BR-Aufgaben erforderlich ist. Die Erforderlichkeit ist eine Rechts- und keine Regelungsfrage, weshalb im Streitfall das ArbG und nicht die Einigungsstelle zuständig ist (BAG 26.7.1989, 7 ABR 64/88, EzA § 38 BetrVG 1972 Nr 11). Besteht ein Anspruch auf Aufstockung, darf der BR diese nicht einseitig vornehmen, sondern er benötigt die Zustimmung des AG (BAG 22.5.1973, 1 ABR 2/73, EzA § 38 BetrVG 1972 Nr 5). **Eine Aufstockung kommt nur dann in Betracht**, wenn es den nach § 38 freigestellten BR-Mitgliedern auch bei verstärkter Heranziehung von nicht vollkommen freigestellten Kollegen unmöglich ist, die BR-Aufgaben ordnungsgem innerhalb der betriebsüblichen Arbeitszeit zu erfüllen (BAG 12.2.1997, 7 ABR 40/96, EzA § 38 BetrVG 1972 Nr 16). Das kann der Fall sein bei zahlreichen und verstreut liegenden Betriebsstätten (LAG Düsseldorf 29.6.1988, 12 TaBV 37/88, AiB 1989, 80), bei Mehrschichtbetrieb (BAG 22.5.1973, 1 ABR 26/72, EzA § 38 BetrVG 1972 Nr 4), bei längerfristiger Beurlaubung eines Freigestellten (*Fitting* § 38 Rn 23), im Fall erhöhter Arbeitsbelastung durch Leih-AN im Betrieb, soweit diese konkret nachgewiesen wird (BAG 22.10.2003, 7 ABR 3/03, EzA § 38 BetrVG 2001 Nr 2) und bei Wahrnehmung von Funktionen in anderen Organen der Betriebs- oder Unternehmensverfassung (GBR, KBR, Wirtschaftsausschuss, Aufsichtsrat, EBR), soweit die Aufgaben nicht durch andere BR-Mitglieder miterledigt werden können (str; BAG 12.2.1997, 7 ABR 40/96, EzA § 38 BetrVG 1972 Nr 16; aA LAG Rh-Pf 16.07.2015, 5 TaBV 5/15 für die Tätigkeit im EBR). Der BR ist zwar in der Organisation seiner Arbeit frei und keinen Weisungen unterworfen. Das Unterlassen zumutbarer organisatorischer Maßnahmen begründet jedoch nicht die Notwendigkeit einer ständigen Freistellung seines Vorsitzenden, obwohl der Schwellenwert des § 38 nicht erreicht wird (LAG Rh-Pf 16.07.2015, 5 TaBV 5/15; vgl weiter BAG 12.02.1997, 7 ABR 40/96). **Eine Erhöhung ist nicht ohne Weiteres berechtigt** wegen Durchführung von BR-Sprechstunden (BAG 13.11.1991, 7 ABR 5/91, EzA § 37 BetrVG 1972 Nr 106) oder bei einer kurzfristigen Verhinderung des Freigestellten, zB wegen Urlaubs, Krankheit oder Schulungsteilnahme. Hier müssen die übrigen Freigestellten seine Aufgaben

zunächst mitübernehmen, da der Gesetzgeber bei der Aufstellung der Staffel des § 38 gewisse Fehlzeiten einkalkuliert hat (BAG 9.7.1997, 7 ABR 18/96, EzA § 37 BetrVG 1972 Nr 137). Ist der Freigestellte längere Zeit verhindert, besteht ein Vorrang der Arbeitsbefreiung nach § 37 II ggü einer anteiligen Freistellung nach § 38. Der BR muss darlegen, dass auf ihn für die gesamte Amtsperiode und nicht nur vorübergehend höhere Anforderungen als im Normalfall zukommen (BAG 12.2.1997, 7 ABR 40/96, EzA § 38 BetrVG 1972 Nr 16), wobei die Abweichungen vom Normalfall so detailliert zu beschreiben sind, dass die zeitliche Belastung bestimmbar und die Untergrenze der regelmäßigen Mehrbelastung pauschalierbar wird (BAG 26.7.1989, 7 ABR 64/88, EzA § 38 BetrVG 1972 Nr 11). Maßgebend sind die konkreten Verhältnisse des Einzelfalls; die Berufung auf allg Richt- oder Erfahrungswerte genügt nicht (BAG 21.11.1978, 6 AZR 247/76, EzA § 37 BetrVG 1972 Nr 63).

Aus dem Tatsachenvortrag des BR muss ersichtlich werden, dass die Möglichkeit v Arbeitsbefreiungen im Einzelfall nach § 37 II BetrVG nicht ausreicht, um sämtliche erforderlichen Betriebsratsaufgaben ordnungsgemäß zu erfüllen (im Anschluss an BAG 13.11.1991 - 7 ABR 5/91).

III. Teilfreistellungen. Die Freistellung kann auch in Form von Teilfreistellungen erfolgen, etwa für Teilzeitkräfte oder für Vollzeitkräfte, die trotz der Freistellung ihre berufliche Tätigkeit nicht völlig aufgeben wollen. Da die Teilfreistellung einen Unterfall der vollständigen Freistellung bildet, braucht auch hier die Erforderlichkeit der BR-Tätigkeit nicht im Einzelfall nachgewiesen zu werden. Die Summe der einzelnen Teilfreistellungen darf die Zahl der Vollfreistellungen nach § 38 nicht überschreiten (*Löwisch* BB 2001, 1743). Grundlage für die Berechnung des Gesamtvolumens an Freistellungen ist die betriebsübliche Arbeitszeit eines vollzeitbeschäftigten AN, nicht die Arbeit des konkret freizustellenden BR-Mitglieds (*Fitting* § 38 Rn 12b mwN; aA GK-BetrVG/*Weber* § 38 Rn 21, 35). Der BR entscheidet grds frei, in welcher Weise er die Teilfreistellungen einsetzt (zB starr nach Schema oder flexibel nach dem jeweiligen Anfall der BR-Arbeit). Hält der AG die Teilfreistellung eines BR-Mitglieds für sachl nicht vertretbar, muss er die Einigungsstelle nach § 38 II 4 anrufen (GK-BetrVG/*Weber* § 38 Rn 63). 4

C. Bestimmung der freizustellenden BR-Mitglieder. I. Wahl durch den BR. Der Freistellungsanspruch steht dem BR als Gremium zu; erst mit der Wahl nach § 38 II 1 kann das einzelne Mitglied daraus einen Individualanspruch ableiten (DKKW/*Wedde* § 38 Rn 5). Wählbar sind nur BR-Mitglieder; Ersatzmitglieder dann, wenn sie nach § 25 nachgerückt sind (GK-BetrVG/*Weber* § 38 Rn 43). Kandidatur und Freistellung setzen das Einverständnis des vorgeschlagenen BR-Mitglieds voraus (BAG 11.3.1992, 7 ABR 50/91, EzA § 38 BetrVG 1972 Nr 12). Die Wahl erfolgt geheim und in einem Wahlgang, selbst wenn sich der BR für mehrere Teilfreistellungen entschieden hat. Über die Wahlvorschlagsberechtigung, die Beschlussfähigkeit und die Grds von Mehrheits- und Verhältniswahl gilt das zur Wahl des Betriebsausschusses Ausgeführte entspr (s § 27 Rdn 1). Erforderlich ist eine vorherige Entscheidung des BR, ob und in welchem Umfang Vollfreistellungen durch Teilfreistellungen ersetzt werden sollen (LAG BW 18.1.2012, 20 TaBV 1/11 n rkr). Die Wahl kann analog § 19 angefochten werden (BAG 11.3.1992, 7 ABR 50/91, EzA § 38 BetrVG 1972 Nr 12); bei schweren und offenkundigen Verstößen kann sie sogar nichtig sein. Scheidet ein im Wege der Verhältniswahl bestimmtes Mitglied aus dem BR aus, ist das ersatzweise freizustellende Mitglied entspr § 25 II 1 der Vorschlagsliste zu entnehmen, der das zu ersetzende Mitglied angehört hat (BAG 14.11.2001, 7 ABR 31/00, EzA § 38 BetrVG 1972 Nr 19). Ist die Liste erschöpft, wird das ersatzweise freizustellende Mitglied im Wege der Mehrheitswahl gewählt (BAG 16.3.2005, 7 ABR 43/04, EzA § 28 BetrVG 2001 Nr 2). Wurde über die Freistellung in Mehrheitswahl entschieden, bestimmt sich das Nachrücken nach der Reihenfolge der erreichten Stimmen (DKKW/*Wedde* § 38 Rn 60). Der Geschlechterproporz muss dabei nicht berücksichtigt werden, da § 15 II bei § 38 nicht ausdrückl erwähnt wurde (*Fitting* § 38 Rn 49 f). 5

II. Freistellung durch den AG. Die Freistellung von BR-Mitgliedern erfolgt durch den AG, da nur er als Inhaber des Anspruchs auf die Arbeitsleistung auf diese auch verzichten kann (*Fitting* § 38 Rn 57). Liegen die gesetzlichen Voraussetzungen vor, ist der AG zur Freistellung verpflichtet. Den Freistellungsanspruch kann der BR im Beschlussverfahren, notfalls auch per einstweiliger Verfügung durchsetzen (*Fitting* § 38 Rn 58). Vor der Wahl hat sich der BR als Gremium (BAG 29.4.1992, 7 ABR 74/91, EzA § 38 BetrVG 1972 Nr 13) in einer ordnungsgem BR-Sitzung (DKKW/*Wedde* § 38 Rn 38) mit dem AG zu beraten. Der AG kann Bedenken erheben, die der BR zwar zu würdigen hat, aber verwerfen kann. Unterbleibt die Beratung, handelt der BR pflichtwidrig und kann nach § 23 I belangt werden (*Fitting* § 38 Rn 46). Ob der Verstoß gegen das Beratungsgebot zur Unwirksamkeit der Wahl führt (verneint von der hM, LAG Rh-Pf 27.10.2015, 6 TaBV 6/15, ArbR 2016, 49; DKKW/*Wedde* § 38 Rn 40 mwN) oder zumindest ihre Anfechtbarkeit begründet (LAG Berl 19.6.1995, 9 TaBV 1/95, LAGE § 19 BetrVG 1972 Nr 14; Richardi/*Thüsing* 6

§ 38 Rn 31), ist offen (BAG 29.4.1992, 7 ABR 74/91, EzA § 38 BetrVG 1972 Nr 13). Nach der Wahl hat der BR dem AG den Namen des Freizustellenden bekannt zu geben. Hält der AG die Freistellung für sachl nicht vertretbar, weil er die freizustellende Person aus zwingenden betrieblichen Gründen für unabkömmlich erachtet oder weil er sich durch die Vornahme von Teilfreistellungen unzumutbar belastet fühlt, muss er die Einigungsstelle anrufen. Gegenstand des Verfahrens ist nur die Konkretisierung der Auswahlentsch (BAG 9.10.1973, 1 ABR 29/73, EzA § 38 BetrVG 1972 Nr 6). Die 2-wöchige Ausschlussfrist hierfür, die nach §§ 187 ff BGB berechnet wird (BAG 15.1.1992, 7 ABR 24/91, EzA § 19 BetrVG 1972 Nr 37), beginnt mit Ablauf des Tages der Bekanntgabe der Gewählten an den AG. Vor dem Ablauf dieser Frist dürfen die gewählten BR-Mitglieder nur dann der Arbeit fernbleiben, wenn die Voraussetzungen des § 37 II erfüllt sind (DKKW/ *Wedde* § 38 Rn 46) oder wenn der AG bereits zuvor mit der Freistellung einverstanden war. Teilt die fristgerecht angerufene Einigungsstelle die Bedenken des AG, hebt sie die Wahlentsch auf und bestimmt selbst die neuen Freizustellenden, sofern diese damit einverstanden sind.

7   III. **Amtsniederlegung und Abberufung.** Das freigestellte BR-Mitglied kann jederzeit erklären, wieder die berufliche Tätigkeit aufnehmen zu wollen und damit sein Einverständnis mit der Freistellung widerrufen (GK-BetrVG/*Weber* § 38 Rn 74). Gegen seinen Willen kann der Freigestellte nur durch das Gremium, das ihn gewählt hat oder das ihn hätte wählen müssen, abberufen werden (*Fitting* § 38 Rn 74). Weder die Aufnahme des Punkts »Abberufung aus der Freistellung« auf die Tagesordnung noch der Abberufungsbeschluss selbst bedarf einer sachl Begründung (LAG Hamburg 7.8.2012, 2 TaBV 2/12, ZBVR online 2012, Nr 10, 5; aA *Lücke* ZBVR online 2012, Nr 10, 7). Die Grds über die Abberufung von Mitgliedern des Betriebsausschusses gelten entspr (s § 27 Rdn 1).

8   **D. Rechtsstellung und Schutz. I. Freistellung.** Da ein freigestelltes BR-Mitglied von seiner Arbeitspflicht ganz – oder bei Teilfreistellung: teilw – befreit ist, unterliegt es nicht mehr dem Direktionsrecht des AG (DKKW/*Wedde* § 38 Rn 66). Weder der AG (BAG 23.6.1983, 6 ABR 65/80, EzA § 37 BetrVG 1972 Nr 78) noch der BR-Vorsitzende ist ihm ggü zu Weisungen berechtigt (GK-BetrVG/*Weber* § 38 Rn 82); nur der BR als Organ darf dem Freigestellten bestimmte Aufgabengebiete oder Angelegenheiten zuweisen. IÜ darf sich der Freigestellte die Arbeit frei einteilen, solange er sein Amt ordnungsgem wahrnimmt (*Fitting* § 38 Rn 78). Dabei hat er die für alle Betriebsangehörigen geltenden Vorschriften (zB Betriebsöffnungszeit, Benutzung von Kontrolleinrichtungen, BAG 10.7.2013, 7 ABR 22/12, EzA § 38 BetrVG 2001 Nr. 5) zu beachten. Von einer Gleitzeitregelung können auch die Freigestellten Gebrauch machen (GK-BetrVG/*Weber* § 38 Rn 83). Freigestellte müssen während der vertraglichen Arbeitszeit im Betrieb am Sitz des Betriebsrats, dem sie angehören, anwesend sein und sich dort für anfallende Betriebsratsarbeit bereithalten (BAG 10.7.2013, 7 ABR 22/12, EzA § 38 BetrVG 2001 Nr. 5), und zwar auch dann, wenn sie vor der Freistellung nicht im Betrieb, sondern im Außendienst gearbeitet haben (BAG 28.8.1991, 7 ABR 46/90, EzA § 40 BetrVG 1972 Nr 66). Will der Freigestellte den Betrieb verlassen, muss er sich abmelden (aA *Fitting* § 38 Rn 82: jedenfalls beim Vorliegen bes Umstände) und auf Verlangen des AG darlegen, dass er BR-Aufgaben außerhalb des Betriebs wahrnimmt (GK-BetrVG/*Weber* § 38 Rn 87). Einen laufenden Tätigkeitsbericht kann der AG aber ebenso wenig verlangen wie eine allg An- oder Abmeldung (DKKW/*Wedde* § 38 Rn 70; *Fitting* § 38 Rn 82). Freigestellte haben das Recht, an Zeiterfassungssystemen, teilzunehmen, um ihre Anwesenheit im Betrieb zu dokumentieren, da sie nur für die Zeit, in der sie Betriebsratsarbeit leisten, Entgeltfortzahlung verlangen können (BAG 10.7.2013, 7 ABR 22/12, EzA § 38 BetrVG 2001 Nr. 5).

9   **II. Vergütung.** Die Vergütung des Freigestellten richtet sich nach dem Lohnausfallprinzip. Auch hier dürfen keine Vergütungen oder sonstige Vorteile gewährt werden, die das Betriebsratsamt als solches belohnen (*Byers* NZA 2014, 65, 65). Der Freigestellte hat Anspruch auf das Arbeitsentgelt, das er erhalten würde, wenn er weiter seine berufliche Tätigkeit ausgeübt hätte. Dazu gehören auch Zuschläge für Überstunden und Nachtarbeit, wenn diese zwar von Kollegen, nicht aber vom BR geleistet werden (Richardi/ *Thüsing* § 38 Rn 56). Sozialzulagen und sonstige Leistungen, zB Zusatzurlaub für Arbeit an gefährlichen Arbeitsplätzen, selbst wenn die Beschwer für den Freigestellten entfällt (BAG 8.10.1981, 6 AZR 81/79, AP BAT § 49 Nr 2). Entgelt mit reinem Aufwendungsersatzcharakter ist nicht fortzuentrichten (*Fitting* § 38 Rn 87). Voraussetzung für den Vergütungsanspruch ist, dass sich der Freigestellte betriebsverfassungsrechtlichen Aufgaben widmet (BAG 17.10.1990, 7 ABR 69/89, EzA § 40 BetrVG 1972 Nr 65); geht er anderen Beschäftigungen nach, entfällt der Entgeltanspruch (BAG 19.5.1983, 6 AZR 290/81, EzA § 37 BetrVG 1972 Nr 77). Entspr gilt für die Teilnahme an nicht erforderlichen Schulungen (BAG 21.7.1978, 6 AZR 561/75, EzA § 37 BetrVG 1972 Nr 60). BR-Tätigkeit außerhalb des Betriebsgeländes ist nur dann zu vergüten, wenn sie nach § 37 II erforderlich ist (BAG 31.5.1989, 7 AZR 277/88, EzA § 37 BetrVG 1972 Nr 100).

III. Wirtschaftlicher und beruflicher Schutz. 1. Verlängerung von Schutzfristen. Für die wirtschaftliche und berufliche Absicherung von freigestellten BR-Mitgliedern gilt zunächst das unter § 37 Rdn 14 ff Ausgeführte. Die Schutzfristen des § 37 IV und V verlängern sich auf 2 Jahre nach Beendigung der Amtszeit, wenn das Mitglied über 3 volle – 4-jährige – aufeinander folgende Amtszeiten von der Arbeit freigestellt war. Keine vollen Amtszeiten sind verkürzte Amtszeiten, gleich aus welchem Grund (*Fitting* § 38 Rn 94). Das Mitglied muss auch in der letzten Amtszeit vor dem Ausscheiden freigestellt gewesen sein (*Fitting* § 38 Rn 96; aA GK-BetrVG/*Weber* § 38 Rn 101). Freistellung meint vollständige Freistellung von der Arbeit. Das kann auch bei einer Teilzeitkraft der Fall sein, wenn sie völlig von der Arbeit freigestellt war (DKKW/*Wedde* § 38 Rn 79). 10

2. Berufliche Weiterbildung. Als Ausprägung des Benachteiligungsverbots (§ 78) soll § 38 IV die Wiedereingliederung des Freigestellten in das Berufsleben erleichtern (*Fitting* § 38 Rn 97). Freigestellte dürfen weder von inner- noch von außerbetrieblichen Berufsbildungsmaßnahmen ausgeschlossen werden. Nach Beendigung ihrer Freistellung ist ihnen binnen Jahresfrist bevorzugt die Möglichkeit zu geben, eine unterbliebene berufliche Entwicklung nachzuholen, und zwar ohne Rücksicht auf die Dauer der Freistellung. War das Mitglied 3 volle aufeinander folgende Amtszeiten freigestellt (s.o. Rdn 10), verlängert sich die Frist auf 2 Jahre. Der Weiterbildungsanspruch besteht nur iRd betrieblichen Möglichkeiten (*Fitting* § 38 Rn 102). Fehlen innerbetriebliche Schulungsmöglichkeiten, hat das BR-Mitglied Anspruch auf eine außerbetriebliche Fortbildung auf Kosten des AG (DKKW/*Wedde* § 38 Rn 86). Im Anschluss daran kann das Mitglied – iRd betrieblichen Möglichkeiten – eine Beschäftigung mit Aufgaben verlangen, die denjenigen von vergleichbaren AN mit betriebsüblicher beruflicher Entwicklung entsprechen (Richardi/*Thüsing* § 38 Rn 68). 11

§ 39 Sprechstunden

(1) ¹Der Betriebsrat kann während der Arbeitszeit Sprechstunden einrichten. ²Zeit und Ort sind mit dem Arbeitgeber zu vereinbaren. ³Kommt eine Einigung nicht zustande, so entscheidet die Einigungsstelle. ⁴Der Spruch der Einigungsstelle ersetzt die Einigung zwischen Arbeitgeber und Betriebsrat.
(2) Führt die Jugend- und Auszubildendenvertretung keine eigenen Sprechstunden durch, so kann an den Sprechstunden des Betriebsrats ein Mitglied der Jugend- und Auszubildendenvertretung zur Beratung der in § 60 Abs. 1 genannten Arbeitnehmer teilnehmen.
(3) Versäumnis von Arbeitszeit, die zum Besuch der Sprechstunden oder durch sonstige Inanspruchnahme des Betriebsrats erforderlich ist, berechtigt den Arbeitgeber nicht zur Minderung des Arbeitsentgelts des Arbeitnehmers.

Übersicht	Rdn.		Rdn.
A. Allgemeines	1	I. Durchführung durch den BR	3
B. Einrichtung	2	II. Besuchsrecht	4
C. Durchführung	3	III. Teilnahmerecht Dritter	5

A. Allgemeines. Mit der Einrichtung von Sprechstunden erhalten Betriebsangehörige die Gelegenheit, den BR während der Arbeitszeit aufzusuchen, um Beschwerden vorzutragen, Rat und Hilfe zu erbeten und Vorschläge zu unterbreiten. § 39 ist einseitig zwingend; zum Nachteil von BR oder Belegschaft kann hiervon weder durch TV noch durch BV abgewichen werden. Keine Sprechstunden abhalten dürfen der GBR, der KBR, die GJAV und die KJAV, wohl aber die JAV. 1

B. Einrichtung. Ob eine Sprechstunde eingerichtet und wie sie durchgeführt wird, entscheidet der BR nach pflichtgem Ermessen durch Beschl. Eine Verpflichtung zur Durchführung besteht nicht (Richardi/*Thüsing* § 39 Rn 3); das kann in Großbetrieben anders sein (GK-BetrVG/*Weber* § 39 Rn 11). Einer Zustimmung des AG bedarf es nicht. Zeit und Ort der Sprechstunde sind mit dem AG zu vereinbaren, wobei eine formlose Regelungsabrede genügt (*Fitting* § 39 Rn 11). Festzulegen sind Dauer, Lage und Häufigkeit der Sprechstunde sowie der Ort, an dem sie abgehalten wird (GK-BetrVG/*Weber* § 39 Rn 15; aA für die Dauer DKKW/*Wedde* § 39 Rn 11; Richardi/*Thüsing* § 39 Rn 5). Können sich die Betriebsparteien nicht einigen, kann jede Seite die Einigungsstelle anrufen, die ihre Entsch unter angemessener Berücksichtigung der Belange von Betrieb und Mitarbeitern nach billigem Ermessen zu treffen hat (*Fitting* § 39 Rn 14). 2

C. Durchführung. I. Durchführung durch den BR. Welche Mitglieder die Sprechstunden abhalten, bestimmt der BR. Zumeist werden sie vom Vorsitzenden oder seinem Stellvertreter durchgeführt, da die Sprechstunden zu den Angelegenheiten der laufenden Geschäftsführung zählen (GK-BetrVG/*Weber* § 39 Rn 18). Für fehlerhafte Auskünfte haften die Mitglieder von BR und JAV nur, wenn die Voraussetzungen 3 einer unerlaubten Handlung vorliegen. Der BR selbst haftet mangels Vermögensfähigkeit nicht. Eine Haftung des AG scheidet aus, weil die BR-Mitglieder nicht als seine Erfüllungsgehilfen, sondern in eigener Verantwortung als Amtsträger handeln (Richardi/*Thüsing* § 39 Rn 29).

4 **II. Besuchsrecht.** Die Sprechstunde aufsuchen dürfen alle betriebsangehörigen AN – auch die jugendlichen, selbst wenn die JAV eine eigene Sprechstunde eingerichtet hat – sowie die im Betrieb tätigen Leih-AN (§ 14 II 2), gleichviel ob sie gewerbsmäßig oder nicht gewerbsmäßig – etwa im Weg der Konzernleihe – überlassen wurden (BAG 18.1.1989, 7 ABR 62/87, EzA § 14 AÜG Nr 1). Dasselbe gilt für die in § 5 I 3 genannten Personen. Eine Genehmigung zum Besuch der Sprechstunde ist nicht erforderlich. Der AN hat sich aber ordnungsgemäß beim Vorgesetzten abzumelden und nach Rückkehr zur Arbeit zurückzumelden (BAG 23.6.1983, 6 ABR 65/80, EzA § 37 BetrVG 1972 Nr 78). Die Gründe für den Sprechstundenbesuch brauchen nicht mitgeteilt zu werden (DKKW/*Wedde* § 39 Rn 23). Arbeit, die der AN sprechstundenbedingt versäumt, ist nach § 39 III wie Arbeitszeit zu vergüten, dh auch Zuschläge sind weiterzuzahlen (Richardi/*Thüsing* § 39 Rn 27). Das setzt voraus, dass der Besuch der Sprechstunde erforderlich ist. Die Sprechstunde darf in allen Angelegenheiten aufgesucht werden, die mit der Stellung des AN im Betrieb zusammenhängen und in den Aufgabenbereich des BR fallen (GK-BetrVG/*Weber* § 39 Rn 8), etwa um Beschwerden über Vorgesetzte zu erheben (§ 84), Themen für die BR-Arbeit vorzuschlagen (§ 86a) oder Hinweise im Hinblick auf die allg Überwachungsfunktion des BR (§ 80) zu geben. Unzulässig ist der Besuch, wenn mit dem BR persönliche Angelegenheiten erörtert werden sollen, die in keinem Zusammenhang mit dem Arbeitsverhältnis oder dem betrieblichen Geschehen stehen (*Fitting* § 39 Rn 24). Ebenso wenig dürfen rein gewerkschaftliche Fragen – etwa die Werbung von Mitgliedern oder der Stand von Tarifverh – erörtert werden (Richardi/*Thüsing* § 39 Rn 2).

5 **III. Teilnahmerecht Dritter.** Bietet die JAV keine eigene Sprechstunde an, kann ein JAV-Mitglied an den Sprechstunden des BR teilnehmen. Eine Verpflichtung hierzu besteht nicht (DKKW/*Wedde* § 39 Rn 21; aA GK-BetrVG/*Weber* § 39 Rn 25). Das Teilnahmerecht besteht nur für die Beratung von AN iSd § 60 I (Richardi/*Thüsing* § 39 Rn 18). Werden gemeinsame Sprechstunden abgehalten, muss das JAV-Mitglied den Raum verlassen, wenn der nicht von ihm vertretene AN dies verlangt (GK-BetrVG/*Weber* § 39 Rn 26). IRd allg Unterstützungsfunktion der im Betrieb vertretenen Gewerkschaften (s § 2 Rdn 3) kann der BR auch einen Gewerkschaftsbeauftragten an der Sprechstunde teilnehmen lassen. Einer vorherigen Vereinbarung mit dem AG bedarf es nicht, wohl aber einer Unterrichtung nach § 2 II (LAG BW 27.6.1974, 7 TaBV 4/74, BB 1974, 1206). Sachverständige kann der BR nur nach näherer Vereinbarung mit dem AG zur Sprechstunde hinzuziehen, wenn dies für eine ordnungsgem Beratung erforderlich ist (Richardi/*Thüsing* § 39 Rn 12); dabei kann es sich auch um sachkundige AN iSd § 80 II 3 handeln (GK-BetrVG/*Weber* § 39 Rn 21).

§ 40 Kosten und Sachaufwand des Betriebsrats

(1) Die durch die Tätigkeit des Betriebsrats entstehenden Kosten trägt der Arbeitgeber.
(2) Für die Sitzungen, die Sprechstunden und die laufende Geschäftsführung hat der Arbeitgeber in erforderlichem Umfang Räume, sachliche Mittel, Informations- und Kommunikationstechnik sowie Büropersonal zur Verfügung zu stellen.

Übersicht	Rdn.			Rdn.
A. Allgemeines	1	IV.	Schulungskosten	8
I. Kostentragung durch den AG	1		1. Voraussetzung	8
II. Erforderlichkeit und Verhältnismäßigkeit	2		2. Umfang	9
III. Inhalt und Erfüllung des Anspruchs	3	C.	Sachaufwand und Büropersonal	10
IV. Streitigkeiten	4	I.	Allgemeines	10
B. Kosten der BR-Tätigkeit	5	II.	Räume	11
I. Geschäftsführungskosten	5	III.	Sachmittel	12
II. Rechtsverfolgungskosten	6	IV.	Informations- und Kommunikationstechnik	13
III. Reisekosten	7	V.	Büropersonal	14

1 **A. Allgemeines. I. Kostentragung durch den AG.** Mit den sachl und persönlichen Kosten der BR-Tätigkeit sollen weder die Belegschaft (vgl § 41) noch der BR selbst belastet werden. Den BR-Mitgliedern dürfen aus ihrer Tätigkeit keine Nachteile entstehen (§ 78 S 2). Folglich sind die Kosten vom AG zu bestreiten (§ 40 I); außerdem hat er die für die BR-Arbeit erforderlichen Sachmittel und das Büropersonal bereitzustellen (§ 40 II). Die Vorschriften sind zwingend; sie können weder durch TV noch durch BV

abbedungen werden (BAG 13.5.1998, 7 ABR 65/96, EzA § 80 BetrVG 1972 Nr 42). Pauschalierungen sind zulässig (GK-BetrVG/*Weber* § 40 Rn 4, 33), dürfen jedoch nicht zu hoch ausfallen, da sonst eine unzulässige Begünstigung vorliegt. Eine Pauschale in gleicher Höhe für alle BR-Mitglieder ist regelmäßig rechtswidrig, da ihnen erfahrungsgemäß unterschiedliche Kosten bei der Amtsausübung entstehen (*Byers* NZA 2014, 65, 67). Die Kostentragungspflicht besteht auch bei einem BR, der ein Rest- oder Übergangsmandat (§§ 21a, 21b) ausübt oder dessen Wahl angefochten ist (DKKW/*Wedde* § 40 Rn 3 f). Sie entfällt bei offenkundig nichtiger Wahl (BAG 29.4.1998, 7 ABR 42/97, EzA § 40 BetrVG 1972 Nr 82). Für die Kosten der Wahl gilt § 20 III, für die Aufwendungen der Einigungsstelle § 76a I, für die Gebühren von Sachverständigen § 80 III; werden diese bei einer Betriebsänderung hinzugezogen, gilt § 111 S 2; für die Beauftragung gilt das Erforderlichkeitsprinzip nach § 40 (BGH 25.10.2012, III ZR 266/11, EzA § 40 BetrVG 2001 Nr 24). EFZ für Arbeit, die wegen BR-Tätigkeit oder der Teilnahme an Schulungs- und Bildungsveranstaltungen versäumt wird, hat der AG nach § 37 II, III, VI, VII zu leisten. Die Kosten des Wirtschaftsausschusses hat der AG entspr § 40 zu tragen (BAG 17.10.1990, 7 ABR 69/89, EzA § 40 BetrVG 1972 Nr 65). § 40 gilt nicht für Streitigkeiten innerhalb des BR über die Verteilung bereitgestellter Mittel; eine »BR-Fraktion« kann daher weder vom Vorsitzenden, noch vom gesamten Gremium, noch vom AG die Überlassung von Räumen und Sachmitteln allein für die Mitglieder dieser Gruppe verlangen (LAG Berl-Bbg 19.7.2011, 7 TaBV 764/11, ZBVR online 2012, Nr 3, 12). Bei einem Gemeinschaftsbetrieb haften die beteiligten Unternehmen für die Kosten als Gesamtschuldner iSd § 421 BGB (BAG 19.4.1989, 7 ABR 6/88, EzA § 40 BetrVG 1972 Nr 62). Die Kostentragungspflicht trifft den AG als Inhaber des Betriebs. Bei einem Betriebsübergang iSd § 613a BGB geht diese vollständig auf den Erwerber über. Der bisherige Inhaber haftet deshalb nicht mehr (BAG 20.8.2014, 7 ABR 60/12, EzA § 40 BetrVG 2001 Nr 25).

II. Erforderlichkeit und Verhältnismäßigkeit. Der AG hat nur die für die BR-Arbeit erforderlichen Kosten zu tragen (BAG 27.9.1974, 1 ABR 67/73, EzA § 40 BetrVG 1972 Nr 15; BGH 25.10.2012, III ZR 266/11, EzA § 40 BetrVG 2001 Nr 24). Die Erforderlichkeit bestimmt sich unter Berücksichtigung aller Umstände des Einzelfalls anhand der konkreten Verhältnisse des Betriebs und der sich daraus ergebenden BR-Aufgaben (BAG 18.1.2012, 7 ABR 83/10, EzA § 40 BetrVG 2001 Nr 22). Abzustellen ist auf den Zeitpunkt der Beschlussfassung (BAG 10.11.1994, 7 AZR 682/92, EzA § 611 BGB Abmahnung Nr 29). Dem BR kommt bei seiner Entsch ein gerichtlich nicht vollständig nachprüfbarer Beurteilungsspielraum zu (BAG 12.5.1999, 7 ABR 36/97, EzA § 40 BetrVG 1972 Nr 87). Das ArbG ist auf die Prüfung beschränkt, ob das verlangte Sachmittel aufgrund der konkreten betrieblichen Situation der Erledigung einer gesetzlichen BR-Aufgabe dient und der BR bei seiner Entsch auch den berechtigten Interessen des AG Rechnung getragen hat (BAG 9.12.2009, 7 ABR 46/08, EzA § 40 BetrVG 2001 Nr 17). Der BR darf nicht rein subjektiv entscheiden, sondern muss sich auf den Standpunkt eines vernünftigen Dritten stellen, der die Interessen des Betriebs, der Belegschaft und ihrer Vertretung gegeneinander abzuwägen hat (BAG 11.3.1998, 7 ABR 59/96, EzA § 40 BetrVG Nr 81). Hält sich die Interessenabwägung iRd Beurteilungsspielraums, muss sie das ArbG hinnehmen und darf sie nicht durch seine eigene ersetzen (BAG 18.7.2012, 7 ABR 23/11, EzA § 40 BetrVG 2001 Nr 23). Soweit danach Kosten erforderlich sind, muss sie der AG auch ohne seine Zustimmung tragen. Nur bei außergewöhnlichen Ausgaben ist ihm die Möglichkeit zur Stellungnahme zu geben (BAG 18.4.1967, 1 ABR 11/66, EzA § 39 BetrVG Nr 1). Für die Kosten der Teilnahme an Schulungs- und Bildungsveranstaltungen gilt nach der Rspr als zusätzliches Kriterium der Grds der Verhältnismäßigkeit. Der BR hat zu prüfen, ob Inhalt und Umfang der Veranstaltung im Hinblick auf die Größe und Leistungsfähigkeit des Betriebs angemessen sind (BAG 28.6.1995, 7 ABR 55/94, EzA § 40 BetrVG 1972 Nr 74).

III. Inhalt und Erfüllung des Anspruchs. § 40 I regelt nicht, wie der AG seine Kostentragungspflicht zu erfüllen hat. Nach hM (vgl nur Richardi/*Thüsing* § 40 Rn 43) begründet die Vorschrift zwischen den Betriebsparteien ein gesetzliches Schuldverhältnis, aus dem sich Ansprüche auf Zahlung angemessener Vorschüsse, auf Freistellung von Verbindlichkeiten und auf Aufwendungsersatz ergeben können. Da der BR außerhalb der Betriebsverfassung weder rechts- noch vermögensfähig ist, geht der Anspruch aus § 40 dahin, dass der AG entspr Verträge abschließt. Rechtsgeschäftliche Erklärungen, die ein BR-Mitglied ggü einem Dritten abgibt, wirken unmittelbar für und gegen den AG, wenn sie gem § 164 BGB in seinem Namen und mit seiner Vollmacht abgegeben werden. Neuerdings geht die Rspr (BGH 25.10.2012, III ZR 266/11, EzA § 40 BetrVG 2001 Nr 24, dazu *Bergmann* NZA 2013, 57; *Dzida* NJW 2013, 433; *Jaeger/Steinbrück*, NZA 2013, 401; *Müller/Jahner* BB 2013, 440; *Dommermuth-Alhäuser/Heup* BB 2013, 1461) davon aus, dass der BR (als Gremium) auch im eigenen Namen Verträge schließen kann. Beauftragt er zB zu seiner Beratung einen RA, hat er gegen den AG einen Anspruch auf Freistellung von den Beratungskosten (GK-BetrVG/*Franzen* § 1 Rn 74; Richardi/*Thüsing* § 40 Rn 23), den er abtreten kann und der sich dann in einen

Freistellungsanspruch verwandelt (BAG 29.7.2009, 7 ABR 95/07, EzA § 40 BetrVG 2001 Nr 15). Ein Freistellungsanspruch setzt logisch voraus, dass der BR dem Dritten verpflichtet ist. Nach Ansicht des BGH (BGH 25.10.2012, III ZR 266/11, EzA § 40 BetrVG 2001 Nr 24; zuvor für das BPersVG bereits BVerwG 29.4.2011, 6 PB 21/10, NZA-RR 2011, 446) wird der BR selbst Vertragspartner des von ihm Beauftragten. Ohne vertragliche Grundlage werde kein Berater tätig. Käme der BR (als Gremium) als Vertragspartner nicht in Betracht, müsste sich der Berater direkt an den AG halten, weil der BR den AG nicht vertreten könne; das könne zu unzumutbaren Interessenkonflikten führen. Laut BGH kann der BR derartige Hilfsgeschäfte nur insoweit im eigenen Namen schließen, wie er vom AG eine Freistellung nach § 40 I BetrVG verlangen kann, also nur in Höhe der Kosten, die der BR bei pflichtgem Prüfung ex ante für erforderlich halten durfte. Die Teilrechtsfähigkeit im Außenverhältnis werde durch die Vermögensfähigkeit im Innenverhältnis begrenzt, dh durch den Freistellungsanspruch gegen den AG. Folglich ist ein Beratervertrag, den der BR im eigenen Namen abschließt, unwirksam, wenn die Beratung nicht erforderlich oder überteuert war. Der Berater kann sich dann nur an das BR-Mitglied halten, das ihn – in seiner Eigenschaft als Vertreter des BR (als Gremium) – beauftragt hat. Der BGH wendet hier § 179 BGB entsprechend an. Das BR-Mitglied kann seiner Inanspruchnahme die Erforderlichkeit und Angemessenheit der Beauftragung entgegenhalten. Überdies ist seine persönliche Haftung nach § 179 III BGB ausgeschlossen, wenn dem Vertragspartner bekannt oder infolge Fahrlässigkeit unbekannt war, dass seine Beauftragung nicht erforderlich oder überteuert war. Dass der BR ehrenamtlich tätig wird (§ 37 I), befreit ihn nicht von der Haftung ggü Dritten. Das BR-Mitglied muss in Zweifelsfällen Rechtsrat einholen oder im Vertrag mit dem Dritten die persönliche Haftung ausdrückl ausschließen (BGH 25.10.2012, III ZR 266/11, EzA § 40 BetrVG 2001 Nr 24). Gehen die BR-Mitglieder im eigenen Namen Verbindlichkeiten ein, die sie zur Erfüllung von Amtsgeschäften für erforderlich halten dürfen, so können sie Aufwendungsersatz (§§ 670, 683 BGB) oder Freistellung (§ 257 BGB) verlangen (*Fitting* § 40 Rn 93). Das BR-Mitglied kann den Freistellungsanspruch abtreten, wodurch der Freistellungsanspruch beim Zessionar zu einem Zahlungsanspruch wird (GK-BetrVG/*Weber* § 40 Rn 22). Freistellung kann aber nur verlangt werden, wenn das BR-Mitglied tatsächlich in Anspruch genommen wird; die Übersendung einer an den AG gerichteten Rechnung mit der Bitte, diese mit den nötigen rechtlichen Mitteln durchzusetzen, genügt nicht (LAG Hamm 15.7.2011, 13 TaBV 24/11). Hat das BR-Mitglied die Verbindlichkeit erfüllt, kann es vom AG Erstattung (BAG 27.3.1979, 6 ABR 15/77, EzA § 89 ArbGG Nr 9) und ggf nach §§ 288, 291 BGB Zinsen verlangen (BAG 18.1.1989, 7 ABR 89/87, EzA § 40 BetrVG 1972 Nr 60). Tarifliche Ausschlussfristen gelten für den Erstattungsanspruch nicht, da er sich aus der BR-Tätigkeit und nicht aus dem Arbeitsvertrag ergibt (BAG 30.1.1973, 1 ABR 1/73, EzA § 40 BetrVG 1972 Nr 4). Der Anspruch verjährt nach den allg Vorschriften (§§ 195, 199 BGB) innerhalb von 3 Jahren (HWGNRH/*Glock* § 40 Rn 102).

4 IV. Streitigkeiten. Hins der Übernahme von erforderlichen BR-Kosten und bzgl der Verschaffung von sächlichen und personellen Mitteln entscheidet das ArbG im Beschlussverfahren nach §§ 2a, 80 ff ArbGG (BAG 12.2.1965, 1 ABR 12/64, AP BetrVG § 39 Nr 1). Entspr gilt für Erstattungsansprüche von BR-Mitgliedern, da sie im BR-Amt wurzeln (BAG 18.1.1989, 7 ABR 89/87, EzA § 40 BetrVG 1972 Nr 60). Freistellungs- und Erstattungsansprüche von BR-Mitgliedern kann der BR im eigenen Namen geltend machen (BAG 15.1.1992, 7 ABR 23/90, EzA § 40 BetrVG 1972 Nr 68). Erstattungsansprüche, die an die Gewerkschaft oder an einen Rechtsanwalt abgetreten wurden, können ebenfalls nur im Beschlussverfahren verfolgt werden, da sich die Rechtsnatur der Forderung auch nach der Abtretung nicht ändert (BAG 15.1.1992, 7 ABR 23/90, aaO).

5 B. Kosten der BR-Tätigkeit. I. Geschäftsführungskosten. Der AG hat zunächst die Kosten zu tragen, die iRd allg Geschäftsbetriebs anfallen, wenn sie zu einer sachgerechten und ordnungsgem Durchführung der BR-Arbeit erforderlich sind (DKKW/*Wedde* § 40 Rn 15). Neben dem Sachaufwand (s Rdn 10) rechnen hierzu vor allem die Kosten für die Heranziehung von Sachverständigen nach § 80 III und § 111 S 2. Arbeiten im Betrieb zahlreiche AN, die der dt Sprache nicht mächtig sind, kann die Heranziehung von Dolmetschern erforderlich sein (LAG Düsseldorf 30.1.1981, 16 TaBV 21/80, DB 1981, 1093). Erstattungspflichtige Kosten der BR-Tätigkeit sind auch Aufwendungen, die den BR-Mitgliedern in Erfüllung ihrer Amtspflicht entstehen, zB Telefon-, Fax-, Portokosten, aber auch bes Fahrtkosten (BAG 3.4.1979, 6 ABR 64/76, EzA § 40 BetrVG 1972 Nr 45). Der AG hat sie zu erstatten, wenn das BR-Mitglied sie bei verständiger Würdigung für erforderlich halten durfte (GK-BetrVG/*Weber* § 40 Rn 47). Ein alleinerziehendes BR-Mitglied kann die Erstattung von Kosten für die Betreuung seines minderjährigen Kindes während einer mehrtägigen auswärtigen BR-Tätigkeit verlangen und zwar selbst dann, wenn im Haushalt eine volljährige Tochter lebt, die die Kinderbetreuung ernsthaft ablehnt. Das BR-Mitglied ist nicht gehalten, sich als an der Teilnahme an BR-Sitzungen verhindert anzusehen (BAG 23.6.2010, 7 ABR 103/08, EzA § 40

BetrVG 2001 Nr 20; krit *Wiebauer* BB 2011, 2104). Kosten einer Moderation bei BR-Sitzungen hat der AG nur in Ausnahmefällen zu tragen, etwa wenn die Situation im BR festgefahren ist; es ist grds die Pflicht des BR-Vorsitzenden, BR-Sitzungen selbst zu leiten (LAG Frankfurt 11.6.2012, 16 TaBV 237/11).

II. Rechtsverfolgungskosten. Nach § 40 I hat der AG auch die Kosten von betriebsverfassungsrechtlichen Rechts- und Regelungsstreitigkeiten zu tragen. Da das Beschlussverfahren gerichtskostenfrei ist (§ 12 V ArbGG), geht es um die Kosten einer anwaltlichen Vertretung vor Gericht und in der Einigungsstelle (BAG 18.7.2012, 7 ABR 23/11, EzA § 40 BetrVG 2001 Nr 23). Die Streitigkeiten können den BR als Gremium oder eines seiner Mitglieder oder das Verhältnis zwischen beiden betreffen (BAG 14.10.1982, 6 ABR 37/79, EzA § 40 BetrVG 1979 Nr 52). So kann jedes BR-Mitglied, da es sein Amt in eigener Verantwortung führt, bei ernsthaften Zweifeln an der Rechtmäßigkeit von Beschl oder Wahlakten des BR ein gerichtliches Kontrollverfahren auf Kosten des AG durchführen lassen (BAG 3.4.1979, 6 ABR 64/76, EzA § 40 BetrVG 1972 Nr 45). Selbst die Kosten der Verteidigung eines BR-Mitglieds in einem Ausschlussverfahren nach § 23 I hat der AG zu übernehmen, wenn diese nicht offensichtlich aussichtslos erscheint (BAG 19.4.1989, 7 ABR 6/88, EzA § 40 BetrVG 1972 Nr 62). Nicht erstattungsfähig sind dagegen die Gerichts- und Anwaltskosten bei einem Rechtsstreit um Lohnansprüche eines BR-Mitglieds, da sie allein im Arbeitsverhältnis wurzeln (BAG 14.10.1982, 6 ABR 37/79, EzA § 40 BetrVG 1979 Nr 52). Die Pflicht zur Kostentragung besteht nur, wenn die Rechtsverfolgung erforderlich ist. Sie darf nicht von vornherein offensichtlich aussichtslos oder mutwillig sein (BAG 19.4.1989, 7 ABR 6/88, EzA § 40 BetrVG 1972 Nr 62; BAG 18.3.2015, 7 ABR 4/13, EzA § 40 BetrVG 2001 Nr 26). Erforderlich ist sie, wenn ein Beschlussverfahren bislang ungeklärte Rechtsfragen zum Gegenstand hat und die Rechtsauffassung des BR zumindest vertretbar erscheint (BAG 19.3.2003, 7 ABR 15/02, EzA § 40 BetrVG 2001 Nr 3) oder wenn eine Instanzentsch offenkundig als fehlerhaft erscheint (vgl Hess LAG 27.6.2011, 16 TaBV 65/11, LAGE § 40 BetrVG 2001 Nr 17). Parallelverfahren oder Musterprozesse müssen allerdings abgewartet werden (*Fitting* § 40 Rn 22; offengelassen von BAG 18.7.2012, 7 ABR 23/11, EzA § 40 BetrVG 2001 Nr 23: ein Abwarten ist jedenfalls nicht erforderlich, wenn der BR nicht davon ausgehen kann, dass das Parallelverfahren oder der Musterprozess zu einer endgültigen Klärung der Rechtsfrage führt). Soweit die Vertretung durch einen RA nicht zwingend vorgeschrieben ist (zum Vertretungszwang im Rechtsbeschwerdeverfahren s § 94 I ArbGG), entscheidet der BR nach pflichtgem Ermessen, ob er das Verfahren selbst oder durch einen Dritten (Rechtsanwalt bzw Gewerkschaftsvertreter) führen will (BAG 20.10.1999, 7 ABR 25/98, EzA § 40 BetrVG 1972 Nr 89). Hierbei steht ihm ein Beurteilungsspielraum zu (BAG 16.10.1986, 6 ABR 2/85, NZA 1987, 753). Der BR darf auch dann einen RA beauftragen, wenn er sich in der 1. und 2. Instanz durch einen Gewerkschaftsvertreter vertreten lassen könnte, weil die Gewerkschaft nicht zur Gewährung von Rechtsschutz verpflichtet ist (BAG 3.10.1978, 6 ABR 102/76, EzA § 40 BetrVG 1972 Nr 37). Die Beauftragung eines RA bedarf eines ordnungsgem BR-Beschl (BAG 5.4.2000, 7 ABR 6/99, EzA § 40 BetrVG 1972 Nr 91), da es sich um kein Geschäft der laufenden Verwaltung des BR handelt, für die der Betriebsausschuss zuständig wäre (LAG Düsseldorf, 5.8.2015, 4 TaBVGa 6/15, EzA-SD 2016, Nr 1, 15). Eine Genehmigung durch eine nachträgliche Beschlussfassung ist grds unwirksam. Entsprechendes gilt für die Einleitung eines arbeitsgerichtlichen Beschlussverfahrens. Ist die Beschlussfassung unterblieben oder fehlerhaft erfolgt, ist der für den BR gestellte Antrag als unzulässig abzuweisen (BAG 4.11.2015, 7 ABR 61/13, EzA-SD 2016, Nr 7, 13). Die Einleitung eines Beschlussverfahrens sowie die Beauftragung eines Rechtsanwalts ist kein Geschäft der laufenden Verwaltung des BR, für das der Betriebsausschuss (§ 27 II) zuständig wäre. Der Beschluss zur Bestellung eines Verfahrensbevollmächtigten gilt im Zweifel nur für die jeweilige Instanz (BAG 18.3.2015, 7 ABR 4/13, EzA § 40 BetrVG 2001 Nr 26). Keiner erneuten Beschlussfassung bedarf es, wenn es der BR wegen der besonderen Bedeutung der Angelegenheit von vornherein für geboten und erfolgversprechend halten darf, einen Rechtsstreit durch alle Instanzen zu führen oder wenn gegen eine zugunsten des BR ergangene Entscheidung vom Prozessgegner ein Rechtsmittel eingelegt wird (BAG 18.3.2015, 7 ABR 4/13, EzA § 40 BetrVG 2001 Nr 26). Die Vergütung bemisst sich nach dem RVG. Die Zusage einer höheren Vergütung – etwa eines Zeithonorars – darf der BR regelmäßig nicht für erforderlich halten (BAG 20.10.1999, 7 ABR 25/98, EzA § 40 BetrVG 1972 Nr 89; 24.12.2011, 7 ABN 115/11). Auf Verlangen des RA sind die üblichen Honorarvorschüsse zu entrichten (GK-BetrVG/*Weber* § 40 Rn 126). Kann der AG die entstehenden Prozesskosten nicht aufbringen, kommt für den BR ein Anspruch auf PKH in Betracht (LAG Rh-Pf 4.5.1990, 9 Ta 88/90, NZA 1991, 32). Tritt ein RA in einer Einigungsstelle als Beisitzer auf, gilt für die Kosten § 76a. Wird er dort als Verfahrensbevollmächtigter des BR tätig, richtet sich die Kostenerstattung nach § 40 I. Die Hinzuziehung eines RA muss der BR für erforderlich halten dürfen (BAG 14.2.1996, 7 ABR 25/95, EzA § 40 BetrVG 1972 Nr 76). Eine anwaltliche Vertretung kann geboten sein, wenn der Regelungsgegenstand, über den in der Einigungsstelle verhandelt wird, schwierige

Rechtsfragen aufwirft und kein BR-Mitglied über den notwendigen juristischen Sachverstand verfügt (BAG 14.2.1996, 7 ABR 25/95, EzA § 40 BetrVG 1972 Nr 76). Entspr gilt bei Schwierigkeiten tatsächlicher Art (*Fitting* § 40 Rn 37). Indiz für die Notwendigkeit einer anwaltlichen Vertretung kann sein, dass der AG in der Einigungsstelle mit einem RA erscheint (BAG 14.2.1996, 7 ABR 25/95, EzA § 40 BetrVG 1972 Nr 76). Hat der BR einen RA als Einigungsstellenbeisitzer benannt, ist es nicht erforderlich, ihn als Verfahrensbevollmächtigten zu bevollmächtigen (LAG Hamm 11.12.1990, 13 TaBV 140/90, LAGE § 76a BetrVG 1972 Nr 2). Ob die Beauftragung des RA als Beisitzer kostengünstiger wäre, hat der BR nicht zu prüfen (BAG 14.2.1996, 7 ABR 25/95, EzA § 40 BetrVG 1972 Nr 76). Die gesonderte Beauftragung eines RA zur Vertretung der JAV im Verfahren nach § 78a IV darf der BR nicht ohne weiteres für erforderlich halten (BAG 18.1.2012, 7 ABR 83/10, EzA § 40 BetrVG 2001 Nr 22). Hat sich ein BR-Mitglied in einem Vergleich zur Beendigung eines Urteilsverfahrens über individualrechtliche Ansprüche im Zusammenhang mit seiner BR-Tätigkeit mit dem AG geeinigt, dass es seine außergerichtlichen Kosten selbst trägt, kann es im Beschlussverfahren nicht auf Freistellung von den durch die Hinzuziehung eines RA entstandenen Kosten klagen (BAG 20.1.2010, 7 ABR 68/08, EzA § 40 BetrVG 2001 Nr 18).

7 **III. Reisekosten.** Der AG hat auch die Kosten für notwendige Reisen der BR-Mitglieder zu erstatten. Diese können durch den Besuch von Betriebsstätten, die vom Hauptbetrieb entfernt liegen, veranlasst sein oder sich durch die Beteiligung an den Sitzungen von GBR, KBR oder EBR ergeben. Fahrtkosten, die jedem anderen AN auch entstehen, dürfen wegen § 78 S 2 nicht ersetzt werden (BAG 28.8.1991, 7 ABR 46/90, EzA § 40 BetrVG 1972 Nr 66). Anderes gilt, wenn ein BR-Mitglied außerhalb seiner persönlichen Arbeitszeit für eine Sitzung anreisen musste (BAG 16.1.2008, 7 ABR 71/06, EzA § 40 BetrVG 2001 Nr 14). Ein freigestelltes BR-Mitglied hat auch dann keinen Anspruch auf Erstattung der Fahrtkosten zwischen Wohnung und Betriebsratsbüro, wenn es ohne die Freistellung in einer näher gelegenen Betriebsstätte gearbeitet hätte (BAG 13.6.2007, 7 ABR 62/06, EzA § 40 BetrVG 2001 Nr 13). Auch die Teilnahme an Schulungsveranstaltungen nach § 37 VI kann zu erstattungsfähigen Reisekosten führen. Die Zahlung eines Reisekostenvorschusses kommt nur in Betracht, wenn im Betrieb des AG eine Reisekostenrichtlinie angewendet wird, aus der sich ein derartiger Anspruch ergibt (LAG Hessen 5.8.2013, 16 TaBVGa 120/13, ArbR 2014, 59). Neben den Fahrtkosten muss der AG die Aufwendungen für eine angemessene Unterkunft (s. Rdn 9) und Verpflegung tragen, nicht jedoch die Kosten der persönlichen Lebensführung, wie Getränke oder Tabakwaren (BAG 29.1.1974, 1 ABR 41/73, EzA § 40 BetrVG 1972 Nr 12). Private Aufwendungen, die ein BR-Mitglied aufgrund längerer Dienstreisen erspart (zB häusliche Verpflegung, Fahrten zwischen Arbeitsstätte und Wohnung), können abgezogen werden (BAG 29.1.1974, 1 ABR 34/73, EzA § 40 BetrVG 1972 Nr 14). Dabei kann auf § 1 I, III SachbezugsVO abgestellt werden (LAG Nürnberg 26.7.2004, 9 TaBV 51/02, AuA 2004, 57). Soweit im Betrieb Reisekostenregelungen bestehen, sind danach auch BR-Reisen abzurechnen (BAG 28.3.2007, 7 ABR 33/06, AP BetrVG § 40 Nr 89). Sehen die Regelungen Bahnfahrten 2. Klasse vor, darf der BR wegen § 78 nicht die 1. Klasse benutzen (*Fitting* § 40 Rn 55). Benutzt ein BR-Mitglied einen eigenen PKW, kann den anderen Mitgliedern die Mitfahrt zuzumuten sein (BAG 28.10.1992, 7 ABR 14/92, EzA § 29 BetrVG 1972 Nr 2).

8 **IV. Schulungskosten. 1. Voraussetzung.** Nehmen BR-Mitglieder an Schulungs- und Bildungsveranstaltungen teil, die für die BR-Arbeit erforderliche Kenntnisse iSd § 37 VI vermitteln, hat der AG die damit verbundenen Aufwendungen als Kosten der BR-Tätigkeit iSd § 40 I zu tragen (BAG 28.3.2007, 7 ABR 33/06, AP BetrVG 1972 § 40 Nr 89; 28.6.1995, 7 ABR 55/94, EzA § 40 BetrVG 1972 Nr 74). Den Besuch von nur »geeigneten« Schulungsveranstaltungen (s § 37 VII) hat er dagegen nicht zu finanzieren. Das ist nur dann anders, wenn »geeignete« Veranstaltungen zugleich auch erforderliche Kenntnisse iSd § 37 VI vermitteln (BAG 25.4.1978, 6 ABR 22/75, EzA § 37 BetrVG 1972 Nr 59; *Fitting* § 40 Rn 70; weiter gehend DKKW/*Wedde* § 40 Rn 83 f), was der BR bes zu begründen hat (BAG 26.8.1975, 1 ABR 12/74, EzA § 37 BetrVG 1972 Nr 44). Die Erstattungspflicht von Schulungskosten unterliegt dem Grds der Verhältnismäßigkeit (BAG 28.6.1995, 7 ABR 55/94, EzA § 40 BetrVG 1972 Nr 74). Der AG darf nur mit solchen Kosten belastet werden, die der BR bei pflichtgem Prüfung für zumutbar halten darf (BAG 12.1.2011, 7 ABR 94/09, EzA § 37 BetrVG 2001 Nr 11). Die zu erwartenden Kosten müssen mit der Größe und Leistungsfähigkeit des Betriebs vereinbar sein (BAG 28.6.1995, 7 ABR 55/94, aaO). Schulungszweck und dafür aufzuwendende Mittel müssen in angemessenem Verhältnis stehen (BAG 29.1.1974, 1 ABR 34/73, EzA § 40 BetrVG 1972 Nr 14). Unter dem Gesichtspunkt der Verhältnismäßigkeit sind vor allem die Dauer der Veranstaltung im Hinblick auf die behandelten Themen, die Entfernung des Schulungsorts und die Anzahl der zu entsendenden BR-Mitglieder zu prüfen (BAG 29.1.1974, 1 ABR 34/73, aaO). Der BR braucht sich nicht unbedingt für den günstigsten Anbieter zu entscheiden, sondern kann bei vergleichbaren Seminarinhalten frei unter verschiedenen Veranstaltern wählen (BAG 28.6.1995, 7 ABR 55/94, EzA § 40

BetrVG 1972 Nr 74; 19.3.2008, 7 ABR 2/07). Erst recht muss er keine umfassende Marktanalyse durchführen (Hess LAG 14.5.2012, 16 TaBV 226/11, LAGE § 37 BetrVG 2001 Nr 5). Er ist nicht verpflichtet, BR-Mitglieder auf eine Veranstaltung des AG oder einer von der AG-Seite getragenen Bildungseinrichtung zu schicken, wenn sich die Kosten einer Gewerkschaftsschulung in einem angemessenen Rahmen bewegen (BAG 19.9.2001, 7 ABR 32/00, EzA § 37 BetrVG 1972 Nr 142). Der BR kann sich für einen weiter entfernt liegenden Schulungsort entscheiden, wenn ihm die dortige Ausbildung effektiver erscheint (BAG 29.4.1975, 1 ABR 40/74, EzA § 40 BetrVG 1972 Nr 22) oder wenn eine näher gelegene Veranstaltung länger ausgebucht ist (LAG Hamm 17.10.2003, 10 TaBV 83/03, AuR 2005, 37; *Fitting* § 40 Rn 75). Stets setzt die Erstattungspflicht einen ordnungsgem Beschl voraus, den der BR getroffen haben muss, bevor ein Mitglied an einer Schulungsmaßnahme teilnimmt (BAG 28.4.1988, 6 AZR 405/86, EzA § 29 BetrVG 1972 Nr 1). Ein erst nach dem Besuch der Schulung gefasster Beschl begründet keinen Anspruch auf Kostentragung (BAG 8.3.2000, 7 ABR 11/98, EzA § 40 BetrVG 1972 Nr 90). Für eine ordnungsgem Beschlussfassung sind hinreichend konkrete Informationen über den genauen Gegenstand der bevorstehenden Schulung notwendig (LAG Hamm 18.1.2013, 13 TaBV 60/12). Schweigt der AG auf eine Mitteilung des BR, er wolle ein bestimmtes BR-Mitglied zur Schulung schicken, führt das nicht automatisch zur Kostentragungspflicht (BAG 24.5.1995, 7 ABR 54/94, EzA § 37 BetrVG 1972 Nr 127). Allerdings hat sich der AG rechtzeitig zu äußern, wenn er die Schulungskosten nicht übernehmen will (BAG 11.5.1976, 1 ABR 37/75, EzA § 76 BetrVG 1972 Nr 8). Grundsätzlich muss der für die Schulungsteilnahme erforderliche Beschl auf ein konkretes Mitglied und auf eine konkrete, nach Zeitpunkt und Ort bestimmte Schulung bezogen sein. Dagegen braucht er sich nicht darauf zu erstrecken, mit welchem Verkehrsmittel das Mitglied zum Schulungsort gelangt und ob es dort übernachtet oder nicht. Erfolgt dennoch eine Beschlussfassung zu diesen Punkten, ist das Mitglied hieran jedenfalls dann nicht gebunden, wenn sich zwischen dem Beschl und dem Beginn der Schulungsveranstaltung die für die Beurteilung der Erforderlichkeit maßgebenden Umstände gravierend ändern (BAG 27.5.2015, 7 ABR 26/13, EzA § 40 BetrVG 2001 Nr 27 Rn 22). Entscheidet ein BR-Mitglied, im Schulungshotel zu übernachten, ist die Erforderlichkeit der Übernachtung grundsätzlich danach zu beurteilen, ob das Mitglied zum Zeitpunkt der die Übernachtungskosten auslösenden Beschlussfassung oder Handlung (zB der Buchung des Hotelzimmers) die Verursachung der Kosten für erforderlich halten durfte.

2. Umfang. Neben den Reisekosten (s Rdn 7) hat der AG die Teilnehmergebühren für die Schulung (Referentenhonorare, Kosten für angemessene Tagungsunterlagen usw) sowie die Aufwendungen für Übernachtung und Verpflegung zu übernehmen, nicht jedoch die Kosten der persönlichen Lebensführung, etwa für Getränke und Tabakwaren (BAG 28.6.1995, 7 ABR 47/94, EzA § 40 BetrVG 1972 Nr 75). Bei den Verpflegungskosten darf der AG in Anlehnung an steuerrechtliche Grds ein Fünftel des Betrags als ersparte Eigenaufwendungen des Schulungsteilnehmers abziehen (BAG 28.6.1995, 7 ABR 47/94, aaO). Der AG hat die Schulungskosten auch dann zu erstatten, wenn der Veranstalter eine Gewerkschaft ist (BAG 28.6.1995, 7 ABR 55/94, EzA § 40 BetrVG 1972 Nr 74) oder die Gewerkschaft 100 % der Anteile des Veranstalters hält (BAG 30.3.1994, 7 ABR 45/93, EzA § 40 BetrVG 1972 Nr 71) oder sie kraft Satzung oder personeller Verflechtung Inhalt, Organisation und Finanzierung der Bildungsarbeit maßgeblich beeinflusst (BAG 28.6.1995, 7 ABR 55/94, EzA § 40 BetrVG 1972 Nr 74). Um zu verhindern, dass der AG den sozialen Gegenspieler finanziert, dürfen die Gewerkschaften aus den Schulungsveranstaltungen keinen Gewinn ziehen (BAG 30.3.1994, 7 ABR 45/93, EzA § 40 BetrVG 1972 Nr 71), sondern nur die ihnen tatsächlich entstandenen Kosten erstattet verlangen (BAG 17.6.1998, 7 ABR 25/97, EzA § 40 BetrVG 1972 Nr 84). Honorare für Referenten, die Mitarbeiter der Gewerkschaft oder des DGB sind, müssen nur dann erstattet werden, wenn diese ausschließlich für BR-Schulungen beschäftigt werden (BAG 28.6.1995, 7 ABR 55/94, EzA § 40 BetrVG 1972 Nr 74) oder sie die Lehrtätigkeit nebenberuflich versehen. Erfolgt die Veranstaltung in gewerkschaftseigenen Tagungsstätten, sind deren Gemeinkosten (Strom, Heizung, Wasser, Reinigung, Mobiliar usw) erstattungsfähig, soweit sie sich der konkreten Schulung zuordnen lassen. Der Träger kann die Einzelkosten ermitteln oder nach betriebswirtschaftlichen Kriterien unter Gewinnausschluss pauschalieren (BAG 28.6.1995, 7 ABR 55/94, EzA § 40 BetrVG 1972 Nr 74). Die Selbstkosten dürfen auf der Grundlage vorausgegangener Jahresergebnisse kalkulatorisch ermittelt und dann der Preisgestaltung für die kommende Schulungsperiode zugrunde gelegt werden. Erlaubt ist auch eine Mischkalkulation, bei der alle Kosten als Durchschnittswerte teilnehmerbezogen zugeordnet werden (BAG 17.6.1998, 7 ABR 25/97, EzA § 40 BetrVG 1972 Nr 84). Der AG kann vom BR, der BR vom Schulungsträger eine nähere Aufschlüsselung pauschaler Teilnehmergebühren verlangen (BAG 17.6.1998, 7 ABR 25/97, aaO); bis zu deren korrektem Nachweis steht dem AG ein Leistungsverweigerungsrecht gegen den Erstattungsanspruch zu (BAG 17.6.1998, 7 ABR 25/97, aaO). Ohne Darlegung besonderer Umstände ist es nicht als erforderlich anzusehen, dass ein BR-Mitglied in dem Hotel übernachtet, in dem die Schulung stattfindet. Der nach Beendigung des eigentlichen Seminarprogramms beabsichtigte Gedanken- und Erfahrungsaustausch über die BR-Arbeit genügt nicht (BAG 17.11.2010, 7 ABR 113/09, EzA § 37 BetrVG 2001 Nr 10). Das BR-Mitglied ist nicht daran gehindert, an den Begegnungen im Tagungshotel teilzunehmen, wenn es in einem anderen, entweder zu Fuß oder mit öffentl Verkehrsmitteln erreichbaren Hotel am Tagungsort übernachtet (BAG 28.3.2007, 7 ABR 33/06, AE 2008, 49). Ist die Übernachtung bei objektiver Betrachtung wegen extrem winterlicher Verhältnisse erforderlich, so sind die Kosten zu übernehmen, unabhängig davon, wann die Hotelbuchung vorgenommen wurde (LAG Köln 21.2.2013, 6 TaBV 43/12).

10 **C. Sachaufwand und Büropersonal. I. Allgemeines.** Der BR ist grds nicht berechtigt, Sachmittel oder Büropersonal selbst zu beschaffen (BAG 21.4.1983, 6 ABR 70/82, EzA § 40 BetrVG 1972 Nr 53). Vielmehr hat er gegen den AG einen Überlassungsanspruch, den er notfalls im Wege der einstweiligen Verfügung gegen den AG durchsetzen muss (*Fitting* § 40 Rn 105). Es gilt der Grds der Erforderlichkeit (s Rdn 2). Ob ein Sachmittel erforderlich ist, richtet sich zwar nicht danach, wie der AG ausgestattet ist (BAG 17.2.1993, 7 ABR 19/92, EzA § 40 BetrVG 1972 Nr 69); sein Ausstattungsniveau kann jedoch für die Geltendmachung des Überlassungsanspruchs nicht vollkommen unberücksichtigt bleiben, jedenfalls soweit sich die Aufgaben von AG und BR berühren (BAG 1.12.2004, 7 ABR 18/04, EzA § 40 BetrVG 2001 Nr 8 für die Zurverfügungsstellung einer Homepage im betriebsweiten Intranet). S. a. *Reitze* ZBVR online 2012, Nr 2, 33; *Schiefer* P&R 2011, 182.

11 **II. Räume.** Je nach Größe des Betriebs kann der BR die Überlassung einer entspr Anzahl von Büroräumen und Sitzungszimmern verlangen (*Fitting* § 40 Rn 108). Diese müssen grds innerhalb des Betriebsgeländes liegen (ArbG Wiesbaden, 8 BV 29/99, NZA-RR 2000, 195), funktionsgerecht mit dem erforderlichen Mobiliar eingerichtet sein und den Vorschriften der ArbStättVO entsprechen, dh beheizbar, beleuchtbar, belüftbar usw sein (LAG Köln 19.1.2001, 11 TaBV 75/00, LAGE § 40 BetrVG 1972 Nr 68). Ob die Räume zur ausschließlichen Nutzung oder nur zu bestimmten Zeiten überlassen werden müssen, hängt von der Größe des Betriebs und den Besonderheiten des Einzelfalls ab (LAG Köln 23.1.2013, 5 TaBV 7/12). In seinen Räumen übt der BR das Hausrecht aus (BAG 18.9.1991, 7 ABR 63/90, EzA § 40 BetrVG 1972 Nr 67), das auch vom AG zu beachten ist. Ohne seine Erlaubnis darf der AG BR-Räume weder öffnen noch betreten (LAG Nürnberg 1.4.1999, 6 TaBV 6/99, NZA 2000, 335), weshalb sie abschließbar sein müssen (ArbG Heilbronn 17.2.1984, BB 1984, 982). Sitzungszimmer müssen dem BR nicht allein zur Verfügung stehen, sondern können vom AG mitbenutzt werden (LAG Schl-Holst 19.9.2007, 6 TaBV 14/07, NZA-RR 2008, 187). Zum Hausrecht zählt die Befugnis, Gäste zu empfangen, wenn und soweit dies zur Erfüllung der BR-Aufgaben erforderlich ist (*Löwisch/Kaiser* § 40 Rn 13); ihnen hat der AG Zutritt über das Betriebsgelände zu gewähren (BAG 18.9.1991, 7 ABR 63/90, EzA § 40 BetrVG 1972 Nr 67). Aus § 40 II folgt allerdings kein Anspruch, bestimmte Räume zu erhalten oder behalten (LAG Schl-Holst 19.9.2007, 6 TaBV 14/07, NZA-RR 2008, 187; LAG Hamm 28.5.2010, 13 TaBV 102/09; *Richardi/Thüsing* § 40 Rn 69). Bei der Auswahl der Räumlichkeiten kann es eine Rolle spielen, ob diese von Gästen des BR ohne eine vorherige Sicherheitsüberprüfung genutzt werden können (LAG Köln 30.9.2011, 10 TaBV 23/11).

12 **III. Sachmittel.** Der AG hat den BR mit den für seine Arbeit erforderlichen Sachmitteln auszustatten. Der Umfang richtet sich weder nach dem Ausstattungsniveau des AG (BAG 23.8.2006, 7 ABR 55/05, NZA 2007, 337) noch existiert eine »Normalausstattung eines BR-Büros« (BAG 12.5.1999, 7 ABR 36/97, EzA § 40 BetrVG 1972 Nr 87). Maßgeblich sind vielmehr die im Einzelfall wahrzunehmenden BR-Aufgaben und die konkreten Verhältnisse in Betrieb, bei deren Einschätzung dem BR ein gerichtlich nicht vollständig nachprüfbarer Beurteilungsspielraum zusteht (BAG 12.5.1999, 7 ABR 36/97, EzA § 40 BetrVG 1972 Nr 87). Zu den allg erforderlichen Sachmitteln rechnen verschließbare Schränke, Büro- und Schreibmaterial, Porto und Stempel und die Mitbenutzung eines Firmenkopiergeräts, in größeren Betrieben auch ein eigenes Gerät (ErfK/*Koch* § 40 Rn 16). Ferner kann der BR die für seine Arbeit notwendige Fachliteratur verlangen. Dazu gehören für jedes BR-Mitglied die wichtigsten arbeits- und sozialrechtlichen Gesetzestexte, wie sie in den gängigen Taschenbuchausgaben enthalten sind (BAG 24.1.1996, 7 ABR 22/95, EzA § 40 BetrVG 1972 Nr 77), und für jeden BR – unabhängig von seiner Größe – einen BetrVG-Kommentar in der jew neuesten Auflage (BAG 26.10.1994, 7 ABR 15/94, EzA § 40 BetrVG 1972 Nr 72), bei Nachweis der Erforderlichkeit auch weitere (BAG 26.10.1994, 7 ABR 15/94, aaO). Außerdem ist eine arbeits- und sozialrechtliche Fachzeitschrift zur Verfügung zu stellen (BAG 29.11.1989, 7 ABR 42/89, EzA § 40 BetrVG 1972 Nr 63), die der BR iR seines Beurteilungsspielraums frei auswählen kann (BAG 21.4.1983, 6 ABR 70/82, EzA § 40 BetrVG 1972 Nr 53). Weitere Fachzeitschriften kann er nur bei Nachweis eines konkreten Informationsbedarfs verlangen, wobei ihn der AG nicht auf den Besuch von Schulungsveranstaltungen oder die Inanspruchnahme von Sachverständigen verweisen kann (BAG 25.1.1995, 7 ABR 37/94, EzA § 40

BetrVG 1972 Nr 73). Wirtschaftszeitungen, wie zB das »Handelsblatt«, kann der BR regelmäßig nicht verlangen (BAG 29.11.1989, 7 ABR 42/89, EzA § 40 BetrVG 1972 Nr 63).

IV. Informations- und Kommunikationstechnik. Seit 2001 rechnet die Informations- und Kommunikationstechnik ausdrückl zu dem vom AG nach § 40 II zu tragenden Sachaufwand. Für deren Bereitstellung gilt der Grds der Erforderlichkeit (BAG 23.8.2006, 7 ABR 55/05, NZA 2007, 337). Im Normalfall wird ein **Telefonanschluss** erforderlich sein (*Fitting* § 40 Rn 128). In kleineren Betrieben kann dem BR die Mitbenutzung des betrieblichen Telefons zugemutet werden (LAG Rh-Pf 9.12.1992, 7 TaBV 38/91, NZA 1993, 426; aA für die Mitbenutzung eines Druckers LAG Hamm 18.6.2010, 10 TaBV 11/10, NZA-RR 2010, 521). Existiert eine Telefonanlage, kann die Anlage technisch so einzurichten sein, dass die AN des Betriebs nicht nur den BR-Vorsitzenden und seinen Stellvertreter, sondern jedes BR-Mitglied anrufen können (BAG 27.11.2002, 7 ABR 36/01, EzA § 40 BetrVG 2001 Nr 2). Arbeiten in einer Betriebsstätte keine BR-Mitglieder, müssen dort auch keine Anschlüsse geschaffen werden (BAG 27.11.2002, 7 ABR 33/01, EzA § 40 BetrVG 2001 Nr 1). Der GBR kann die Freischaltung der in seinem Büro und der in betriebsratslosen Verkaufsstellen vorhandenen Telefone zum Zwecke der wechselseitigen Erreichbarkeit verlangen, um sich auch ein Bild über die Situation in betriebsratslosen Betrieben machen zu können (BAG 9.12.2009, 7 ABR 46/08, EzA § 40 BetrVG 2001 Nr 17). Aus Gründen des Persönlichkeitsschutzes dürfen bei Haus-, Orts- und Nahbereichsgesprächen die Zielnummern nicht registriert werden (BAG 18.1.1989, 7 ABR 38/87). Bei Ferngesprächen lassen sich zur Gebührenabrechnung Zeitpunkt und Dauer der Gespräche registrieren (BAG 27.5.1986, 1 ABR 48/84, EzA § 87 BetrVG 1972 Kontrolleinrichtung Nr 16). Ein **PC mit Software und Peripherie** kann nur verlangt werden, wenn ohne seinen Einsatz die Wahrnehmung anderer Rechte und Pflichten des BR vernachlässigt werden müsste; dass die Arbeit mittels PC rationeller und effektiver erledigt werden kann, genügt nicht (BAG 16.5.2007, 7 ABR 45/06, EzA § 40 BetrVG 2001 Nr 12; aA LAG Köln 23.1.2013, 5 TaBV 7/12: Recht auf Internetzugang erfordert PC; LAG Brem 4.6.2009, 3 TaBV 4/09, EzA-SD 2009, Nr 16, 14: EDV-Grundausstattung sei ein unverzichtbares Arbeitsmittel des BR, dessen Erforderlichkeit keiner Begründung bedürfe; ebenso für einen 7-köpfigen BR, der für 33 Verkaufsstellen eines bundesweit tätigen Drogeriemarkts mit 10.0000 Verkaufsstellen, LAG Hamm 14.5.2010, 10 TaBV 97/09, NZA-RR 2010, 523; bei Anfall erheblichen Schriftgutes kann bei einem 5-köpfigen BR in einem örtlich dezentral strukturierten Betrieb zumindest dann ein PC mit herkömmlicher technischer Ausstattung inkl Drucker zu der gebräuchlichen bürotechnischen Ausstattung gehören, wenn auch der AG hierüber verfügt, LAG Nürnberg 4.1.2009, 4 TaBV 44/09, AuR 2010, 272). Entspr gilt für einen Handheld (PDA), BlackBerry oder ein Navigationsgerät (*Besgen* NZA 2006, 959, 960). Ein **Mobiltelefon** ist nur ausnahmsweise erforderlich, etwa in Betrieben mit zahlreichen weit auseinanderliegenden Betriebsstätten. Die dezentrale Betriebsstruktur allein genügt jedoch nicht (LAG Hamm 20.5.2011, 10 TaBV 81/10, LAGE § 40 BetrVG 2001 Nr 16)); Anspruch verneint bei einem Drogerieunternehmen mit 10.000 Verkaufsstellen für einen BR, der für 30 Verkaufsstellen zuständig ist, bis zu 60 km voneinander entfernt liegen und in denen über 100 AN beschäftigt sind (LAG Hamm 14.5.2010, 10 TaBV 97/09, NZA-RR 2010, 523; Anspruch bejaht für die Überlassung von 16 Mobiltelefonen bei monatlichen Kosten von 352 €, wenn der AG konzernweit 32.000 Mobiltelefone mit einer monatlichen Belastung von 704.000 € zur Verfügung stellt (Hess LAG 28.11.2011, 16 TaBV 129/11, EzA-SD 2012, Nr 2, 21). Entspr Grds gelten für die Überlassung eines Laptops (*Fitting* § 40 Rn 132). Eine solche kann auch dann erforderlich sein, wenn bereits ein stationärer PC zur Verfügung steht (LAG Köln 13.12.2011, 11 TaBV 59/11). Bei größeren Unternehmen kann ein **Telefaxgerät** erforderlich sein, zumindest die Mitbenutzung des AG-Geräts (LAG Düsseldorf 24.6.1993, NZA 1993, 1143). Ein **Zugang zum Internet** kann verlangt werden, wenn der BR bereits über einen PC verfügt, im Betrieb ein Internetanschluss vorhanden ist, die Freischaltung des Internetzugangs keine zusätzlichen Kosten verursacht und der Internetnutzung durch den BR keine sonstigen berechtigten Belange des AG entgegenstehen. Zur Begr des Anspruchs bedarf es nicht der Darlegung konkreter, aktuell anstehender betriebsverfassungsrechtlicher Aufgaben, zu deren Erledigung Informationen aus dem Internet benötigt werden (BAG 20.1.2010, 7 ABR 79/08, EzA § 40 BetrVG 2001 Nr 19). Dass der BR den Internetzugang missbrauchen könne, steht dem Anspruch ebenso wenig entgegen wie die abstrakte Gefahr von Störungen durch Viren oder Hackerangriffe (BAG 17.2.2010, 7 ABR 81/09, NZA-RR 2010, 413). Allerdings kann es im Einzelfall angemessen sein, dass der BR eines kleinen Betriebs mit geringer wirtschaftlicher Leistungskraft, dessen Inhaber selbst aus Kostengründen auf den Einsatz IT-Technik verzichtet, ebenfalls von der Forderung nach deren Zuverfügungstellung absieht (BAG 17.2.2010, 7 ABR 81/09, aaO). Ein vom AG dem BR über das betriebliche Intranet zur Verfügung gestellter Internetanschluss genügt; es besteht darüber hinaus grds kein Anspruch auf einen (weiteren) Anschluss über einen externen Provider, durch den zusätzliche Kosten anfallen (BAG 20.4.2016, 7 ABR 50/14).

13

§ 41 BetrVG Umlageverbot

Einem uneingeschränkten Internetzugang kann das berechtigte Interesse des AG entgegenstehen, den Zugriff auf Seiten mit strafbarem oder sittenwidrigem Inhalt zu unterbinden. Dem BR kann deshalb aufgegeben werden, beim AG die Freischaltung der für seine Amtsführung benötigten Internetseiten zu beantragen (LAG Nds 30.7.2014, 16 TaBV 92/13, LAGE § 40 BetrVG 2001 Nr 20). Unter den Begriff der Informations- und Kommunikationstechnik fallen auch die Einrichtung oder Zuweisung von E-Mail-Adressen mit bestimmten Konfigurationen zur über das unternehmensbezogen eingerichtete Intranet hinausgehenden »externen« Kommunikation mittels elektronischer Post (BAG 14.7.2010, 7 ABR 80/08, EzA § 40 BetrVG 2001 Nr 21 m Anm *Besgen* SAE 2011, 102; *Schomaker* AiB 2011, 56). Wenn berechtigte Belange des AG nicht entgegenstehen, steht die Informations- und Kommunikationstechnik jedem einzelnen BR-Mitglied zu (BAG 14.7.2010, 7 ABR 80/08, aaO). Dies impliziert, dass der BR regelmäßig die Zurverfügungstellung eines Computers verlangen kann, denn der Internetanschluss setzt regelmäßig die Nutzung des Computers voraus (LAG Köln 23.1.2013, 5 TaBV 7/12). Über die Konfiguration der IT und die Anmeldeprozedur bestimmt der BR grds allein; er kann eine nicht personalisierte Anmeldung verlangen (BAG 18.7.2012, 7 ABR 23/11, EzA § 40 BetrVG 2001 Nr 23). Bei der Nutzung personenbezogener Daten hat der BR für die Beachtung des Datenschutzes zu sorgen; Recherchen im Internet allein sind weder Verarbeitung noch Nutzung personenbezogener Daten iSd Anlage zu § 9 S 1 BDSG (BAG 18.7.2012, 7 ABR 23/11, EzA § 40 BetrVG 2001 Nr 23). Da es Aufgabe des BR ist, die AN umfassend und rechtzeitig über die BR-Arbeit zu informieren (BAG 21.11.1978, 6 ABR 85/76, EzA § 40 BetrVG 1972 Nr 41), hat er Anspruch auf Überlassung geeigneter Medien, zwischen denen er frei wählen darf (BAG 1.12.2004, 7 ABR 18/04, EzA § 40 BetrVG 2001 Nr 8). Dazu können **Schwarze Bretter** gehören, die an geeigneter, sichtbarer Stelle anzubringen sind (DKKW/*Wedde* § 40 Rn 146) und die nicht vom AG zensiert werden dürfen (Richardi/*Thüsing* § 40 Rn 86), **Rundschreiben und Flugblätter** an die AN, soweit aus konkretem Anlass erforderlich (BAG 21.11.1978, 6 ABR 85/76, EzA § 40 BetrVG 1972 Nr 41), aber auch die **Nutzung des betrieblichen Intranets** (BAG 1.12.2004, 7 ABR 18/04, EzA § 40 BetrVG 2001 Nr 8), etwa durch Einrichtung einer **BR-Homepage** (BAG 1.12.2004, 7 ABR 18/04, aaO) oder den Gebrauch des betrieblichen E-Mail-Systems (str, *Fitting* § 40 Rn 133a). Nicht ohne Weiteres erforderlich ist die Überlassung und Pflege eines **Verteilers mit den E-Mail-Adressen** sämtlicher AN außer den ltd Ang, selbst wenn sich der AG in einer mitbestimmten Angelegenheit zuvor per Rundmail an die Belegschaft gewandt hat; der BR kann auf das betriebliche Intranet verwiesen werden (LAG München 21.5.2008, 3 TaBV 19/08). Die Einrichtung eines **eigenen externen Funktionspostfaches** kann der BR sogar dann verlangen, wenn er über einen eigenen Blog im betriebsinternen Intranet verfügt, jedenfalls sofern die berechtigten Interessen des Arbeitgebers nicht entgegenstehen (LAG SH 8.10.2015, 5 TaBV 23/15, BB 2016, 436).

14 **V. Büropersonal.** Für die Sitzungen, die Sprechstunden und die laufende Geschäftsführung hat der AG dem BR Büropersonal (Schreibkräfte, Teamassistenten usw) zur Verfügung zu stellen, soweit dies im Einzelfall erforderlich ist (*Gamillscheg* KollArbR II S 637 f). Ob und welche Bürotätigkeiten einer Bürokraft übertragen werden, entscheidet der BR. Dabei hat er die Interessen der Belegschaft an einer ordnungsgem Amtsführung gegen das Interesse des AG, Kosten zu sparen, abzuwägen (BAG 20.4.2005, 7 ABR 14/04, AP BetrVG 1972 § 40 Nr 84). Dass der AG das BR-Büro mit PC ausgestattet hat, die von den BR-Mitgliedern selbst bedient werden können, steht dem Anspruch nicht zwangsläufig entgegen (BAG 20.4.2005, 7 ABR 14/04, aaO). Je nach Umfang der anfallenden Büroarbeit kommt die Überlassung einer Teilzeit- oder einer Vollzeitkraft in Betracht. Der BR muss darlegen, welche Bürotätigkeiten die Bürokraft in welchem Umfang übernehmen soll (BAG 20.4.2005, 7 ABR 14/04, aaO). Der BR hat einen Überlassungsanspruch; weder darf er sein Büropersonal selbst aussuchen noch darf er es einstellen (BAG 17.10.1990, 7 ABR 69/89, EzA § 40 BetrVG 1972 Nr 65). Der AG hat bei der Einstellung aber auf die berechtigten Interessen der BR Rücksicht zu nehmen. Der BR darf bei der Beschäftigung bestimmter Bürokräfte ablehnen (BAG 5.3.1997, 7 ABR 3/96, EzA § 40 BetrVG 1972 Nr 79). Mangels Rechtsfähigkeit des BR besteht der Arbeitsvertrag zwischen der Bürokraft und dem AG; das Weisungsrecht bzgl des konkreten Arbeitseinsatzes steht dem BR zu.

§ 41 Umlageverbot
Die Erhebung und Leistung von Beiträgen der Arbeitnehmer für Zwecke des Betriebsrats ist unzulässig.

1 Die Vorschrift soll die Unabhängigkeit der BR-Arbeit gewährleisten (BAG 14.8.2002, 7 ABR 29/01, EzA § 41 BetrVG 2001 Nr 1). In welcher Form Beiträge geleistet oder erhoben werden, spielt keine Rolle. Regelmäßige Zahlungen sind ebenso verboten wie einmalige Spenden (DKKW/*Wedde* § 41 Rn 2). Verboten sind auch Zuwendungen Dritter (*Fitting* § 41 Rn 5) und solche des AG, soweit sie über seine Kostentragungspflicht nach § 40 hinausgehen (Richardi/*Thüsing* § 41 Rn 5). Zulässig sind dagegen Sammlungen

für andere Zwecke, zB für gemeinsame Feste oder bes Anlässe (Geburtstage, Jubiläen), selbst wenn sie von einem BR-Mitglied organisiert werden (DKKW/*Wedde* § 41 Rn 5). Der Verstoß gegen § 41 kann zum Amtsenthebungs- oder Auflösungsverfahren nach § 23 I führen (*Fitting* § 41 Rn 11).

§ 42 Zusammensetzung, Teilversammlung, Abteilungsversammlung

(1) ¹Die Betriebsversammlung besteht aus den Arbeitnehmern des Betriebs; sie wird von dem Vorsitzenden des Betriebsrats geleitet. ²Sie ist nicht öffentlich. ³Kann wegen der Eigenart des Betriebs eine Versammlung aller Arbeitnehmer zum gleichen Zeitpunkt nicht stattfinden, so sind Teilversammlungen durchzuführen.

(2) ¹Arbeitnehmer organisatorisch oder räumlich abgegrenzter Betriebsteile sind vom Betriebsrat zu Abteilungsversammlungen zusammenzufassen, wenn dies für die Erörterung der besonderen Belange der Arbeitnehmer erforderlich ist. ²Die Abteilungsversammlung wird von einem Mitglied des Betriebsrats geleitet, das möglichst einem beteiligten Betriebsteil als Arbeitnehmer angehört. ³Absatz 1 Satz 2 und 3 gilt entsprechend.

Übersicht	Rdn.		Rdn.
A. Allgemeines	1	C. Durchführung	4
B. Teilnehmer	2	D. Teilversammlungen	5
I. Grundsätze	2	E. Abteilungsversammlung	6
II. ABC der Teilnahmeberechtigten	3		

A. Allgemeines. Die Betriebsversammlung ist ein Organ der Betriebsverfassung (BAG 5.5.1987, 1 AZR 292/85, EzA § 44 BetrVG 1972 Nr 7). Sie ist das Forum der Aussprache zwischen BR und Belegschaft und der Unterrichtung der AN über sie und den Betrieb unmittelbar betreffende Angelegenheiten iSv § 45. In betriebsratslosen Betrieben können nur Wahlversammlungen gem § 17, aber keine Betriebsversammlungen iSv §§ 42 ff stattfinden (BAG 16.11.2011, 7 ABR 28/10, NZA 2012, 404). Der BR darf auch andere Formen der Kommunikation wählen (*Fitting* § 42 Rn 11 ff mwN). Andere Mitarbeiterversammlungen dürfen aber nicht zur »Gegenveranstaltung« werden (BAG 27.6.1989, 1 ABR 28/88, EzA § 42 BetrVG 1972 Nr 4). Die Betriebsversammlung hat keine Außenbefugnisse (BAG 27.6.1989, 1 ABR 28/88, aaO). Ihr steht weder Vertretungsmacht zu noch kann sie dem BR Weisungen erteilen oder ihm bzw seinen Mitgliedern das Misstrauen erklären (*Fitting* § 42 Rn 10). Sie darf aber dem BR Anregungen geben, iRd § 45 Anträge stellen und zu BR-Beschl Stellung nehmen (DKKW/*Berg* § 42 Rn 4). § 42 kann weder durch TV noch durch BV abbedungen werden (ErfK/*Koch* §§ 42-46 Rn 1). Streitigkeiten im Zusammenhang mit Betriebs- und Abteilungsversammlungen entscheidet das ArbG im Beschlussverfahren. Ansprüche auf Entgeltzahlung für die Zeit der Teilnahme an einer Versammlung sind im Urteilsverfahren zu verfolgen (Richardi/*Annuß* § 42 Rn 78). **1**

B. Teilnehmer. I. Grundsätze. Betriebsversammlungen sind nicht öffentl (§ 42 I 2). Zur Teilnahme berechtigt – nicht verpflichtet – sind laut § 42 I 1 nur die AN des Betriebs iSd § 5 I, die in § 5 I 3 Genannten, die im Betrieb beschäftigten Leih-AN (§ 14 II 2 AÜG) sowie der AG (§ 43 II). Beamte nach § 4 IV 1, 2 PostPersRG eine Tätigkeit bei einem Unternehmen zugewiesen ist, haben ausschließlich ein Teilnahmerecht im Einsatzbetrieb (BAG 5.12.2012, 7 ABR 48/11, EzA § 5 BetrVG 2001 Nr 10). Ltd Ang (§ 5 III) können als Gäste teilnehmen, sei es, dass weder BR noch AG widersprechen, sei es, dass sie als Vertreter des AG oder zu seiner Unterstützung erscheinen. Andere Personen dürfen an der Betriebsversammlung teilnehmen, wenn sie vom BR eingeladen werden und ihre Teilnahme sachdienlich ist (*Fitting* § 42 Rn 17 f mwN). Nicht teilnahmeberechtigt sind dagegen Vertreter der Medien, dh Presse, Hörfunk und Fernsehen (Richardi/*Annuß* § 42 Rn 38; MüArbR/*Joost* § 224 Rn 38; aA DKKW/*Berg* § 42 Rn 27). **2**

II. ABC der Teilnahmeberechtigten. AG (§ 43 II, III); **AN** des Betriebs iSd § 5 I (§ 42 I); Beauftragte der AG-Vereinigung, der der AG angehört (§ 46 I 2); AN im **Arbeitskampf** (s Streik); AN-Vertreter im **Aufsichtsrat** (s Betriebsfremde); AN im **Außendienst** (HWGNRH/*Worzalla* § 42 Rn 13); **Auszubildende** (s AN); **Auszubildende eines reinen Ausbildungsbetriebs**, die ihre praktische Ausbildung vollständig oder teilw in einem Betrieb eines anderen Unternehmens des Konzerns absolvieren, bei Versammlungen im Einsatzbetrieb (BAG 24.8.2011, 7 ABR 8/10, NZA 2012, 223); **befristet beschäftigte** AN (DKKW/*Berg* § 42 Rn 15); eingeladene **Betriebsfremde**, sofern ein sachl Grund vorliegt (*Fitting* § 42 Rn 17); **Dolmetscher** (LAG Düsseldorf 30.1.1981, 16 TaBV 21/80, EzA § 40 BetrVG 1972 Nr 49); **Elternzeitler** (BAG 31.5.1989, 7 AZR 574/88, EzA § 44 BetrVG 1972 Nr 9); vom BR eingeladene **Gäste**, sofern der AG nicht **3**

§ 42 BetrVG Zusammensetzung, Teilversammlung, Abteilungsversammlung

widerspricht (*Fitting* § 42 Rn 21); Mitglieder des **GBR** (BAG 28.11.1978, 6 ABR 101/77, EzA § 42 BetrVG 1972 Nr 2); Beauftragte von **Gewerkschaften**, die im Betrieb vertreten sind (§ 46 I 1 BetrVG; zur **nicht tariffähigen AN-Koalition** BAG 22.5.2012, 1 ABR 11/11, EzA Art 9 GG Nr 106; **Heimarbeiter** (DKKW/ *Berg* § 42 Rn 15); **Hilfskräfte**, soweit für die ordnungsgem Durchführung erforderlich (*Fitting* § 42 Rn 22); **Jugendliche** (s AN); Mitglieder des **KBR** (s Betriebsfremde); AN in **Kurzarbeit** (BAG 5.5.1987, 1 AZR 666/85, EzA § 44 BetrVG 1972 Nr 6); **Leih-AN** (§ 14 II 2 AÜG); **Referenten** über ein in der Zuständigkeit der Betriebsversammlung liegendes Thema (BAG 13.9.1977, 1 ABR 67/75, EzA § 45 BetrVG 1972 Nr 1); **Sachverständige** iSd § 80 III mit entspr Einverständnis des AG (*Fitting* § 42 Rn 19); **streikende** AN (BAG 5.5.1987, 1 AZR 292/85, EzA § 44 BetrVG 1972 Nr 7); AN im **Urlaub** (BAG 5.5.1987, 1 AZR 665/85, EzA § 44 BetrVG 1972 Nr 5); **Teilzeitbeschäftigte** (DKKW/*Berg* § 42 Rn 15); **Tele-AN** (DKKW/*Berg* § 42 Rn 15); **Vertreter** des AG (§ 43 II BetrVG); nach Kdg **weiterbeschäftige** AN (Richardi/*Annuß* § 42 Rn 4); Mitglieder des **Wirtschaftsausschusses** (s Betriebsfremde).

4 **C. Durchführung.** Betriebsversammlungen werden vom BR einberufen (Richardi/*Annuß* § 42 Rn 10) und finden grds im Betrieb statt. Der genaue Versammlungsort ist zwischen BR und AG abzustimmen (*Fitting* § 42 Rn 31; aA Hess LAG 12.6.2012, 16 TaBVGa 149/12, wonach der AG aufgrund seiner Eigentümerstellung den Raum festlegt; aA GK-BetrVG/*Weber* § 42 Rn 23, demzufolge zwar grds der AG entscheidet, allerdings unter Berücksichtigung des Grundsatzes der vertrauensvollen Zusammenarbeit). Zum Zeitpunkt einer Betriebsversammlung s § 44. Die Tagesordnung kann der BR – von den Ausnahmen des § 43 I, II 3 und III 1 abgesehen – frei bestimmen. Eine Ergänzung der Tagesordnung auf Antrag des AG oder eines Viertels der AN des Betriebs ist auch noch auf der Betriebsversammlung möglich (*Fitting* § 42 Rn 30). Sache des BR ist die inhaltliche Gestaltung der Betriebsversammlung (BAG 19.4.1989, 7 ABR 87/87, EzA § 80 BetrVG 1972 Nr 35). Die Versammlung wird vom BR-Vorsitzenden oder bei dessen Verhinderung von seinem Stellvertreter geleitet. Der Versammlungsleiter gewährleistet den ordnungsmäßigen Ablauf der Versammlung. Ist keine Geschäftsordnung beschlossen, richtet sich der Ablauf nach parlamentarischer Übung. Jeder teilnehmende AN hat ein Rede- und Fragerecht (*Fitting* § 42 Rn 40). Der Versammlungsleiter führt die Rednerliste und erteilt das Wort, das er zu entziehen hat, wenn durch Redebeiträge der Charakter als Betriebsversammlung gefährdet wird. Ihm steht das Hausrecht ggü allen Anwesenden – auch ggü dem AG – zu (BAG 13.9.1977, 1 ABR 67/75, EzA § 45 BetrVG 1972 Nr 1). Kann der Versammlungsleiter den gesetzmäßigen Ablauf der Betriebsversammlung nicht gewährleisten, fällt das Hausrecht wieder auf den AG zurück (*Löwisch/Kaiser* § 42 Rn 14; WPK/*Roloff* § 42 Rn 10). Die Betriebsversammlung äußert sich durch Beschl, an die allerdings weder BR noch AG gebunden sind. Sie werden mit einfacher Mehrheit gefasst. Ton- und Bildaufzeichnungen sind mit Zustimmung des Versammlungsleiters zulässig, wenn sie vorab bekannt gegeben werden (LAG München 15.11.1977, 5 TaBV 34/77, DB 1978, 894). Die Aufnahmen sind vom BR aufzubewahren (Richardi/*Annuß* § 42 Rn 41). Jeder Redner hat das Recht, der Aufnahme seines Beitrags zu widersprechen. Ohne dessen Einverständnis kann sich der Aufzeichnende nach § 201 StGB strafbar machen. Unzulässig ist auch die Anfertigung von Wortprotokollen durch den AG (LAG Hamm 9.7.1986, 3 TaBV 31/86, NZA 1986, 842; aA LAG BW 27.10.1978, 9 TaBV 3/78, DB 1979, 316), es sei denn, dass es sich um stichwortartige Notizen ohne Namensnennung handelt (LAG Düsseldorf 4.9.1991, 4 TaBV 60/91, DB 1991, 2552).

5 **D. Teilversammlungen.** Teilversammlungen sollen nur ausnahmsweise abgehalten werden (BAG 9.3.1976, 1 ABR 74/74, EzA § 44 BetrVG 1972 Nr 4). Sie müssen stattfinden, wenn wegen der Eigenart des Betriebs keine Vollversammlungen möglich sind (§ 42 I 3). Darunter sind seine organisatorisch-technischen Besonderheiten zu verstehen. Teilversammlungen können in Betracht kommen in Mehrschichtbetrieben (BAG 9.3.1976, 1 ABR 74/74, EzA § 44 BetrVG 1972 Nr 4), bei der Beschäftigung von Außendienstlern (*Fitting* § 42 Rn 55) oder wenn kein geeigneter Saal zur Verfügung steht, der allen AN Platz bietet (Richardi/ *Annuß* § 42 Rn 48), nicht jedoch für ins Ausland entsandte AN (BAG 27.05.1982, 6 ABR 28/80, AP Nr 3 zu § 42 BetrVG 1972). Für die Durchführung von Teilversammlungen gelten die oben unter Rdn 4 genannten Grds. Der BR entscheidet durch Beschl, ob Teilversammlungen erforderlich sind und wie die Belegschaft aufzuteilen ist (*Fitting* § 42 Rn 59). Die Teilversammlungen sind nach Möglichkeit zeitnah aufeinander folgend oder parallel durchzuführen (*Fitting* § 42 Rn 60). Bei gleichzeitig abgehaltenen Versammlungen ist die Leitung dem stellvertretenden Vorsitzenden oder einem anderen BR-Mitglied zu übertragen.

6 **E. Abteilungsversammlung.** Der BR kann anstelle von Vollversammlungen Abteilungsversammlungen einberufen. Auf ihnen sollen Belange der Abteilungsangehörigen erörtert werden, für die in einer Vollversammlung kein Raum ist. Abteilungsversammlungen fassen AN organisatorisch oder räumlich abgegrenzter Betriebsteile zusammen. Der Begriff des Betriebsteils reicht weiter als in § 4 (*Fitting* § 42 Rn 65; aA

Richardi/*Annuß* § 42 Rn 61). Organisatorisch abgrenzbar ist ein Betriebsteil, der eine gewisse Eigenständigkeit in der Leitung aufweist (*Fitting* § 42 Rn 66). Ob überhaupt Abteilungsversammlungen stattfinden, entscheidet der BR nach pflichtgem Ermessen durch Beschl; dabei kommt ihm ein Beurteilungsspielraum zu. Die Abteilungsversammlung wird von einem BR-Mitglied geleitet, das dem jeweiligen Betriebsteil angehört (*Fitting* § 42 Rn 72) und vom BR durch Beschl bestimmt wird.

§ 43 Regelmäßige Betriebs- und Abteilungsversammlungen

(1) ¹Der Betriebsrat hat einmal in jedem Kalendervierteljahr eine Betriebsversammlung einzuberufen und in ihr einen Tätigkeitsbericht zu erstatten. ²Liegen die Voraussetzungen des § 42 Abs. 2 Satz 1 vor, so hat der Betriebsrat in jedem Kalenderjahr zwei der in Satz 1 genannten Betriebsversammlungen als Abteilungsversammlungen durchzuführen. ³Die Abteilungsversammlungen sollen möglichst gleichzeitig stattfinden. ⁴Der Betriebsrat kann in jedem Kalenderhalbjahr eine weitere Betriebsversammlung oder, wenn die Voraussetzungen des § 42 Abs. 2 Satz 1 vorliegen, einmal weitere Abteilungsversammlungen durchführen, wenn dies aus besonderen Gründen zweckmäßig erscheint.
(2) ¹Der Arbeitgeber ist zu den Betriebs- und Abteilungsversammlungen unter Mitteilung der Tagesordnung einzuladen. ²Er ist berechtigt, in den Versammlungen zu sprechen. ³Der Arbeitgeber oder sein Vertreter hat mindestens einmal in jedem Kalenderjahr in einer Betriebsversammlung über das Personal- und Sozialwesen einschließlich des Stands der Gleichstellung von Frauen und Männern im Betrieb sowie der Integration der im Betrieb beschäftigten ausländischen Arbeitnehmer, über die wirtschaftliche Lage und Entwicklung des Betriebs sowie über den betrieblichen Umweltschutz zu berichten, soweit dadurch nicht Betriebs- oder Geschäftsgeheimnisse gefährdet werden.
(3) ¹Der Betriebsrat ist berechtigt und auf Wunsch des Arbeitgebers oder von mindestens einem Viertel der wahlberechtigten Arbeitnehmer verpflichtet, eine Betriebsversammlung einzuberufen und den beantragten Beratungsgegenstand auf die Tagesordnung zu setzen. ²Vom Zeitpunkt der Versammlungen, die auf Wunsch des Arbeitgebers stattfinden, ist dieser rechtzeitig zu verständigen.
(4) Auf Antrag einer im Betrieb vertretenen Gewerkschaft muss der Betriebsrat vor Ablauf von zwei Wochen nach Eingang des Antrags eine Betriebsversammlung nach Absatz 1 Satz 1 einberufen, wenn im vorhergegangenen Kalenderhalbjahr keine Betriebsversammlung und keine Abteilungsversammlungen durchgeführt worden sind.

Übersicht	Rdn.		Rdn.
A. Allgemeines	1	II. Tätigkeitsbericht des BR	4
B. Regelmäßige und weitere Betriebsversammlungen	2	III. Teilnahme und Bericht des AG	5
I. Einberufung	2	C. Außerordentliche Betriebsversammlung	6
1. Regelmäßige Betriebsversammlung	2	D. Betriebsversammlungen auf Antrag der Gewerkschaften	7
2. Eine weitere Betriebs- oder Abteilungsversammlung	3		

A. Allgemeines. Die Vorschrift ist zwingend. Durch TV oder BV können lediglich Ermessensspielräume des BR konkretisiert werden (WPK/*Roloff* § 43 Rn 2). § 42 II 1, 2 gilt entspr für die Betriebsräteversammlung (§ 53 III 2) und die Jugend- und Auszubildendenversammlung (§ 71). Über Streitigkeiten entscheidet das ArbG im Beschlussverfahren (§§ 2a, 80 ff ArbGG). **1**

B. Regelmäßige und weitere Betriebsversammlungen. I. Einberufung. 1. Regelmäßige Betriebsversammlung. Der BR ist verpflichtet, in jedem Kalendervierteljahr – nicht alle 3 Monate (BAG 5.5.1987, 1 AZR 666/85, EzA § 44 BetrVG 1972 Nr 6) – eine regelmäßige Betriebsversammlung einzuberufen. 2 dieser Versammlungen hat er als – möglichst gleichzeitig stattfindende (§ 43 I 3) – Abteilungsversammlungen durchzuführen, soweit dies erforderlich ist, um spezifische Belange von Abteilungsangehörigen zu erörtern. Darüber entscheidet der BR nach pflichtgem Ermessen durch Beschl, dem der AG nicht zustimmen muss (*Fitting* § 43 Rn 7; HWGNRH/*Worzalla* § 43 Rn 29). **2**

2. Eine weitere Betriebs- oder Abteilungsversammlung. Je Kalenderhalbjahr kann der BR eine weitere Betriebs- oder Abteilungsversammlung einberufen, wenn dies aus bes Gründen zweckmäßig erscheint (§ 43 I 3). Die Angelegenheit, die mit der Belegschaft erörtert werden soll, muss so bedeutsam und dringend sein, dass ein sorgfältig handelnder BR unter Berücksichtigung der konkreten Situation im Betrieb die Einberufung einer weiteren Betriebsversammlung für sinnvoll und angemessen halten darf (BAG **3**

23.10.1991, 7 AZR 249/90, EzA § 43 BetrVG 1972 Nr 2). Bejaht wurde dies bei der Einführung von Kurzarbeit (LAG BW 25.9.1991, 10 Sa 32/91, AiB 1992, 96) und für die Vorstellung von Kandidaten für die nächste BR-Wahl (LAG Berl 12.12.1978, 3 TaBV 5/78, DB 1979, 1850).

4 **II. Tätigkeitsbericht des BR.** Dieser wird vom BR nach § 33 beschlossen und vom Vorsitzenden oder seinem Stellvertreter mündlich vorgetragen. Ein schriftlicher Bericht kann erforderlich sein, wenn ein größerer Teil der Belegschaft der Versammlung fernbleibt (LAG BW 10.2.1983, 7 TaBV 5/82, ArbuR 1984, 54) oder Texte übersetzt werden müssen (LAG Düsseldorf 30.1.1981, 16 TaBV 21/80, EzA § 40 BetrVG 1972 Nr 49). Der Bericht soll über die Geschäftsführung des BR und aus dessen Sicht über Ereignisse im Betrieb informieren (BAG 25.7.1989, 1 ABR 41/88, EzA § 80 BetrVG 1972 Nr 38). Ferner soll über die Arbeit der Mitglieder des GBR und des KBR berichtet werden, nicht aber über die des Wirtschaftsausschusses (Richardi/*Annuß* § 43 Rn 10) und des Aufsichtsrats (BAG 1.3.1966, 1 ABR 14/65, EzA § 69 BetrVG Nr 1). Dabei ist die Verschwiegenheitspflicht (§§ 79, 99 I 3, 102 II 4) zu beachten (*Löwisch/Kaiser* § 43 Rn 6). In Abteilungsversammlungen kann der Bericht auf die Belange der Abteilungsangehörigen zugeschnitten werden (*Fitting* § 43 Rn 15).

5 **III. Teilnahme und Bericht des AG.** Zu den Versammlungen nach § 43 I hat der BR den AG unter rechtzeitiger Mitteilung der Tagesordnung einzuladen. Der AG darf dort das Wort ergreifen (§ 43 II 2) und zum Tätigkeitsbericht des BR Stellung nehmen (ErfK/*Koch* §§ 42-46 Rn 4 f.). Ansonsten darf er weder Anträge stellen noch ist er stimmberechtigt (HWGNRH/*Worzalla* § 43 Rn 53; aA bzgl des Antragsrechts Richardi/*Annuß* § 43 Rn 55). Der AG kann sich durch ein Mitglied der Betriebsleitung, nicht aber durch Betriebsfremde (Rechtsanwälte, Verbandsvertreter usw) vertreten lassen (*Fitting* § 43 Rn 28). Mind einmal im Kalenderjahr – nicht jährlich – hat der AG einen Tätigkeitsbericht abzugeben. Der Bericht hat mündlich zu erfolgen, selbst wenn bereits ein schriftlicher Bericht gem § 110 vorliegt (Richardi/*Annuß* § 43 Rn 17). Der Inhalt ist in § 43 II 3 vorgegeben. Der Bericht zum Personalwesen betr die Personalplanung iSd § 92 und die Struktur der Belegschaft. Hins des Sozialwesens ist über die betrieblichen Sozialleistungen und -einrichtungen zu berichten. Die Ausführungen zur wirtschaftlichen Lage und zur Entwicklung des Betriebs beziehen sich auf die Produktions- und Absatzlage sowie auf Investitionsvorhaben und bevorstehende Betriebsänderungen nach § 111.

6 **C. Außerordentliche Betriebsversammlung.** Soweit erforderlich, kann der BR auch eine außerordentliche Betriebsversammlung einberufen (Richardi/*Annuß* § 43 Rn 25). Er muss sie einberufen, wenn dies der AG oder ein Viertel der wahlberechtigten AN beantragen. Der Antrag kann formlos unter Angabe des Beratungsgegenstandes gestellt werden. Fehlt die Angabe, muss der BR dem Antrag nicht stattgeben (*Fitting* § 43 Rn 41, 42), da ihm die Prüfung obliegt, ob die zu verhandelnde Angelegenheit in die Zuständigkeit der Betriebsversammlung fällt. Außerordentliche Betriebsversammlungen lassen sich als Voll-, Teil- oder Abteilungsversammlungen durchführen. Werden sie als Abteilungsversammlung abgehalten, muss der Antrag von einem Viertel der AN des Betriebsteils gestellt worden sein (HWGNRH/*Worzalla* § 43 Rn 35).

7 **D. Betriebsversammlungen auf Antrag der Gewerkschaften.** Hat im vorangegangenen Kalenderhalbjahr keine ordentliche oder außerordentliche Voll-, Teil- oder Abteilungsversammlung stattgefunden, kann jede im Betrieb vertretene Gewerkschaft (s § 2 Rdn 3) die Einberufung einer Betriebsversammlung verlangen. Kalenderhalbjahr meint den Zeitraum vom 1.1.–30.6. sowie vom 1.7.–31.12. (*Fitting* § 43 Rn 53). Der Antrag bedarf keiner Form und kann auch mündlich gestellt werden. Der BR hat die Pflicht, innerhalb von 2 Wochen nach Eingang des Antrags zu der Betriebsversammlung einzuladen. Die Frist berechnet sich nach §§ 187 ff BGB. Die Betriebsversammlung ist so bald wie möglich zu organisieren (*Fitting* § 43 Rn 56). Die Tagesordnung bestimmt der BR, nicht die Gewerkschaft. Unterlässt der BR die Einberufung grob pflichtwidrig, kommt ein Verfahren nach § 23 I in Betracht (ArbG Hamburg 27.6.2012, 27 BV 8/12). Selbst einberufen darf die Gewerkschaft die Versammlung nicht; sie kann aber im Beschlussverfahren eine einstweilige Verfügung gegen den BR erwirken.

§ 44 Zeitpunkt und Verdienstausfall

(1) ¹Die in den §§ 14a, 17 und 43 Abs. 1 bezeichneten und die auf Wunsch des Arbeitgebers einberufenen Versammlungen finden während der Arbeitszeit statt, soweit nicht die Eigenart des Betriebs eine andere Regelung zwingend erfordert. ²Die Zeit der Teilnahme an diesen Versammlungen einschließlich der zusätzlichen Wegezeiten ist den Arbeitnehmern wie Arbeitszeit zu vergüten. ³Dies gilt auch dann, wenn die Versammlungen wegen der Eigenart des Betriebs außerhalb der Arbeitszeit stattfinden; Fahrkosten, die den Arbeitnehmern durch die Teilnahme an diesen Versammlungen entstehen, sind vom Arbeitgeber zu erstatten.

(2) ¹Sonstige Betriebs- oder Abteilungsversammlungen finden außerhalb der Arbeitszeit statt. ²Hiervon kann im Einvernehmen mit dem Arbeitgeber abgewichen werden; im Einvernehmen mit dem Arbeitgeber während der Arbeitszeit durchgeführte Versammlungen berechtigen den Arbeitgeber nicht, das Arbeitsentgelt der Arbeitnehmer zu mindern.

Übersicht	Rdn.		Rdn.
A. Allgemeines	1	D. Vergütungsfragen	4
B. Versammlungen während der Arbeitszeit	2	I. Anspruch auf EFZ	4
C. Versammlungen außerhalb der Arbeitszeit	3	II. Wegezeiten	5

A. Allgemeines. Die Vorschrift ist einseitig zwingend. Abweichungen zuungunsten der AN durch TV oder BV sind unzulässig. § 44 gilt entspr für die Jugend- und Auszubildendenversammlung (§ 71). Über Streitigkeiten hins der Durchführung von Betriebsversammlungen entscheidet das ArbG im Beschlussverfahren (§§ 2a, 80 ff ArbGG); Ansprüche von Teilnehmern auf Fortzahlung der Vergütung, Ersatz von Wegezeiten und Fahrtkosten usw sind im Urteilsverfahren (§ 2 I Nr 3a ArbGG) geltend zu machen (BAG 18.9.1973, 1 AZR 116/73, EzA § 44 BetrVG 1972 Nr 2). 1

B. Versammlungen während der Arbeitszeit. Betriebsversammlungen nach den §§ 14a, 17 und 43 I sowie solche, die auf Antrag des AG (§ 43 III) vom BR einberufen werden, finden während der Arbeitszeit statt. Arbeitszeit meint die betriebliche Arbeitszeit, während der ein wesentlicher Teil der AN – nicht notwendig die Mehrzahl – beschäftigt ist (BAG 27.11.1987, 7 AZR 29/87, EzA § 44 BetrVG 1972 Nr 8). Die Teilnahme gilt als Arbeitszeit iSv § 2 I ArbZG (OVG Münster 10.5.2011, 4 A 1403/08, BB 2011, 1972). Den genauen Zeitpunkt bestimmt der BR durch Beschl; die Zustimmung des AG ist nicht erforderlich. Der AG ist aber rechtzeitig zu informieren. Bei der Terminbestimmung hat der BR die betrieblichen Notwendigkeiten zu berücksichtigen (*Fitting* § 44 Rn 10; HWGNRH/*Worzalla* § 44 Rn 5). Beachtet er diese nicht, kann der AG den Termin durch einstweilige Verfügung des ArbG aufheben lassen. Im Einzelhandel ist als betriebliche Arbeitszeit die Ladenöffnungszeit anzusehen; allerdings kann es geboten sein, die Versammlung auf umsatzschwache Zeiten zu legen (BAG 9.3.1976, 1 ABR 74/74, EzA § 44 BetrVG 1972 Nr 4). Allg wirtschaftliche Erwägungen oder die Störung des Betriebsablaufs zwingen nicht zur Durchführung von Teilversammlungen oder von Vollversammlungen außerhalb der betriebsüblichen Arbeitszeit. Organisatorische Versäumnisse des AG können nicht dazu führen, dass Betriebsversammlungen stets nur noch als Teilversammlungen oder gar als Vollversammlungen außerhalb der betriebsüblichen Arbeitszeit durchgeführt werden (ArbG Essen 14.4.2011, 2 BVGa 3/11, LAGE § 44 BetrVG 2001 Nr 1). Die Betriebsversammlung kann – soweit erforderlich – über das Ende der normalen Arbeitszeit hinaus abgehalten werden (Richardi/*Annuß* § 44 Rn 18 ff). Lassen sich nicht alle Tagesordnungspunkte innerhalb einer Versammlung abhandeln, kann sie am nächsten Tag fortgesetzt werden (LAG BW 12.12.1985, 14 TaBV 22/85, AiB 1986, 67). Außerordentliche Betriebsversammlungen, die an sich außerhalb der Arbeitszeit stattfinden (§ 43 II), können mit Einverständnis des AG auch während der Arbeitszeit durchgeführt werden (§ 44 II 2). Das Einverständnis kann formlos erteilt und auf eine Höchstdauer beschränkt werden. Die Kosten der Betriebsversammlung trägt der AG, soweit sie erforderlich sind (§ 40 I). Dazu kann auch die Anmietung von Stehtischen gehören (LAG Rh-Pf 23.3.2010, 3 TaBV 48/09), nicht jedoch die Bewirtung der Teilnehmer (LAG Nürnberg 25.4.2012, 4 TaBV 58/11, LAGE § 44 BetrVG 2001 Nr 2). 2

C. Versammlungen außerhalb der Arbeitszeit. Sie finden in den sonstigen, nicht in Rdn 2 erwähnten Fällen statt (§ 44 II), zB außerordentliche Betriebsversammlungen, die der BR auf Antrag eines Viertels der Wahlberechtigten oder aufgrund eigener Entschließung einberuft. In diesen Fällen besteht kein Vergütungsanspruch (*Fitting* § 44 Rn 47). Die Vergütung ist fortzuzahlen (s Rdn 4), wenn die Eigenart des Betriebs die Durchführung der Versammlung innerhalb der Arbeitszeit aus zwingenden Gründen nicht erlaubt (§ 44 I 3). Das ist der Fall, wenn der Betriebsablauf für den gesamten Tag gestört wird (BAG 26.10.1956, 1 ABR 26/54, AP BetrVG § 43 Nr 1), nicht schon bei Stillstand während der Versammlung (BAG 9.3.1976, 1 ABR 74/74, EzA § 44 BetrVG 1972 Nr 4). 3

D. Vergütungsfragen. I. Anspruch auf EFZ. Teilnehmer an den während der Arbeitszeit (s Rdn 2) stattfindenden Betriebsversammlungen haben nach § 44 I 2, 3 Anspruch auf Fortzahlung ihrer Vergütung. Der Anspruch besteht für die gesamte Zeit der Versammlung, unabhängig von der persönlichen Arbeitszeit (BAG 5.5.1987, 1 AZR 292/85, EzA § 44 BetrVG 1972 Nr 7). AN, die einer während der Arbeitszeit stattfindenden Betriebsversammlung fernbleiben, müssen arbeiten. Kann der AG sie nicht beschäftigen, gilt § 615 BGB (Richardi/*Annuß* § 44 Rn 53; MüArbR/*Joost* § 224 Rn 102; aA DKKW/*Berg* 4

§ 44 Rn 26). Werden auf einer Betriebsversammlung unzulässige Themen behandelt, muss der AG seine Bedenken ggü den AN äußern; in diesem Fall entfällt die Zahlungspflicht (LAG BW 17.2.1987, 8 (14) Sa 106/86, DB 1987, 1441), wenn die zeitliche Überschreitung nicht nur unwesentlich ist (LAG Düsseldorf 10.3.1981, 11 Sa 1453/80, DB 1981, 1729). Für die Teilnahme an einer vom BR zu Unrecht außerhalb der Arbeitszeit einberufenen regelmäßigen Betriebsversammlung steht dem AN kein Vergütungsanspruch zu (BAG 27.11.1987, 7 AZR 29/87, EzA § 44 BetrVG 1972 Nr 8). Die Zeit der Teilnahme ist keine Arbeitszeit, sondern »wie Arbeitszeit zu vergüten«. Das ArbZG findet keine Anwendung (*Fitting* § 44 Rn 32; HWGNRH/*Worzalla* § 44 Rn 44). Geht die Teilnahme über die normale Arbeitszeit hinaus, ist diese nicht als Mehrarbeit zu vergüten. Ein Anspruch auf entspr Zuschläge besteht nicht, es sei denn, der AN hätte während der Betriebsversammlung normalerweise Mehrarbeit geleistet (BAG 18.9.1973, 1 AZR 116/73, EzA § 44 BetrVG 1972 Nr 2).

5 **II. Wegezeiten.** Sie sind zu vergüten, wenn der AN sie für die Teilnahme an einer Betriebsversammlung zusätzlich aufwenden musste (BAG 5.5.1987, 1 AZR 292/85, EzA § 44 BetrVG 1972 Nr 7). Fahrtkosten sind erstattungsfähig, wenn die Betriebsversammlung außerhalb der persönlichen Arbeitszeit des jeweiligen AN liegt und dieser tatsächlich Mehrkosten hatte. Entspr gilt für die Teilnahme an Betriebsversammlungen, die zwar während der Arbeitszeit, aber außerhalb des Betriebs stattfinden (DKKW/*Berg* § 44 Rn 25).

§ 45 Themen der Betriebs- und Abteilungsversammlungen

¹Die Betriebs- und Abteilungsversammlungen können Angelegenheiten einschließlich solcher tarifpolitischer, sozialpolitischer, umweltpolitischer und wirtschaftlicher Art sowie Fragen der Förderung der Gleichstellung von Frauen und Männern und der Vereinbarkeit von Familie und Erwerbstätigkeit sowie der Integration der im Betrieb beschäftigten ausländischen Arbeitnehmer behandeln, die den Betrieb oder seine Arbeitnehmer unmittelbar betreffen; die Grundsätze des § 74 Abs. 2 finden Anwendung. ²Die Betriebs- und Abteilungsversammlungen können dem Betriebsrat Anträge unterbreiten und zu seinen Beschlüssen Stellung nehmen.

Übersicht	Rdn.		Rdn.
A. Allgemeines	1	II. Themen im Einzelnen	3
B. Themen der Betriebs- und Abteilungsversammlungen	2	C. Friedenspflicht	4
		D. Verhältnis Betriebsversammlung – BR	5
I. Grundsatz	2		

1 **A. Allgemeines.** Die Vorschrift ist zwingend. Abweichungen durch TV oder BV sind unzulässig. § 45 gilt entspr für die Betriebsräteversammlung (§ 53), die Jugend- und Auszubildendenversammlung (§ 71) und die Bordversammlung (§§ 115 IV, 116 II Nr 5). Streitigkeiten über die Rechtmäßigkeit von Beschl sowie über Aufgaben, Zuständigkeiten und Befugnisse hins der Durchführung von Betriebsversammlungen entscheidet das ArbG im Beschlussverfahren (§§ 2a, 80 ff ArbGG).

2 **B. Themen der Betriebs- und Abteilungsversammlungen. I. Grundsatz.** Auf Betriebsversammlungen können nur solche Themen behandelt werden, die einen konkreten Bezug zum Betrieb oder zu den in ihm tätigen AN haben. Die Vorschrift ist großzügig auszulegen (vgl Richardi/*Annuß* § 45 Rn 5). Die Angelegenheit muss nicht ausschließlich den Betrieb und dessen AN betreffen, sondern kann auch überbetriebliche Fragen umfassen (BAG 14.2.1967, 1 ABR 7/66, EzA § 45 BetrVG Nr 1). Fragen der allg Politik gehören grds nicht auf eine Betriebsversammlung (BAG 4.5.1955, 1 ABR 4/53, AP BetrVG § 44 Nr 1). Die Erörterung unzulässiger Themen ist vom Versammlungsleiter zu unterbinden. Dafür hat er von seinem Hausrecht Gebrauch zu machen. Unterlässt er dies, fällt das Hausrecht an den AG zurück (Richardi/*Annuß* § 42 Rn 25). In schweren Fällen kommt ein Ausschlussverfahren nach § 23 I in Betracht (BAG 4.5.1955, 1 ABR 4/53, aaO).

3 **II. Themen im Einzelnen.** Unter die Erörterung tarifpolitischer Themen fallen alle Fragen im Zusammenhang mit dem jew maßgeblichen TV sowie die Unterrichtung über den Stand von Tarifverhandlungen und über die Auswirkungen auf andere Betriebe (LAG BW 25.9.1991, 10 Sa 32/91, AiB 1992, 96). Zu den sozialpolitischen Themen gehören alle G und sonstige Regelungen, die den Schutz der AN bezwecken (HWGNRH/*Worzalla* § 45 Rn 10), zB aktuelle Fragen der gesetzlichen Rentenversicherung (LAG Brem 5.3.1982, DB 1982, 1573). Zu den Angelegenheiten umweltpolitischer Art rechnen Fragen des betrieblichen Umweltschutzes iSd § 89 III und umweltpolitische Entsch des Unternehmens (Richardi/*Annuß* § 45

Rn 14). IRd allg Wirtschaftspolitik besteht der konkrete betriebliche Bezugspunkt, wenn zB in einem stark exportorientierten Betrieb aktuelle Fragen der int Währungspolitik oder der Rohstoff- und Energieversorgung erörtert werden (HWGNRH/*Worzalla* § 45 Rn 13). Unter Gleichstellungs- und Integrationsangelegenheiten können Fragen des AGG erörtert werden.

C. Friedenspflicht. Die Betriebsversammlung hat das Gebot der betrieblichen Friedenspflicht (§ 74 II) zu beachten. Verboten sind Maßnahmen des Arbeitskampfs sowie Betätigungen, durch die der Arbeitsablauf oder der Betriebsfrieden beeinträchtigt werden (BAG 13.9.1977, 1 ABR 67/75, EzA § 45 BetrVG 1972 Nr 1). Zulässig ist dagegen harte Kritik – selbst wenn sie sich gegen anwesende Personen richtet –, solange sie so vorgebracht wird, dass Ehrverletzungen und Störungen des Betriebsfriedens vermieden werden (BAG 22.10.1964, 2 AZR 479/63, EzA § 44 BetrVG Nr 1). Der BR-Vorsitzende hat die Friedenspflicht mittels des ihm zukommenden Hausrechts durchzusetzen.   **4**

D. Verhältnis Betriebsversammlung – BR. Die Betriebsversammlung verfügt ggü dem BR über keine Weisungsbefugnisse. Nach § 45 S 2 hat sie das Recht, Anträge zu stellen und Stellungnahmen abzugeben. Erst recht übt der BR kein imperatives Mandat aus.   **5**

§ 46 Beauftragte der Verbände

(1) ¹An den Betriebs- oder Abteilungsversammlungen können Beauftragte der im Betrieb vertretenen Gewerkschaften beratend teilnehmen. ²Nimmt der Arbeitgeber an Betriebs- oder Abteilungsversammlungen teil, so kann er einen Beauftragten der Vereinigung der Arbeitgeber, der er angehört, hinzuziehen.
(2) Der Zeitpunkt und die Tagesordnung der Betriebs- oder Abteilungsversammlungen sind den im Betriebsrat vertretenen Gewerkschaften rechtzeitig schriftlich mitzuteilen.

Übersicht	Rdn.		Rdn.
A. Allgemeines	1	C. Beauftragte des AG-Verbands	3
B. Teilnahme von Gewerkschaftsvertretern	2	D. Unterrichtung der Gewerkschaften	4

A. Allgemeines. Die Vorschrift ist zwingend. Abweichungen durch TV oder BV sind unzulässig. § 46 gilt entspr für die Betriebsräteversammlung (§ 53), die Jugend- und Auszubildendenversammlung (§ 71) und die Bordversammlung (§§ 115 IV, 116 II Nr 5). Über Streitigkeiten entscheidet das ArbG im Beschlussverfahren (§§ 2a, 80 ff ArbGG). Der AG-Verband ist nicht beteiligtenbefugt (BAG 19.5.1978, 6 ABR 41/75, EzA § 46 BetrVG 1972 Nr 2); die im Betrieb vertretene Gewerkschaft nur, wenn es um ihr Teilnahmerecht oder um die Entsendung eines Gewerkschaftsvertreters geht (BAG 14.2.1967, 1 ABR 7/66, EzA § 45 BetrVG Nr 1).   **1**

B. Teilnahme von Gewerkschaftsvertretern. § 46 I 1 gewährt den im Betrieb vertretenen Gewerkschaften (s § 2 Rdn 3) ein eigenes Recht zur Teilnahme an sämtlichen Betriebs- und Abteilungsversammlungen; hierzu ist ihnen Zutritt zum Betrieb zu gewähren. Die Gewerkschaft bestimmt selbst, welchen Beauftragten sie entsendet; weder AG noch BR dürfen dem widersprechen (Richardi/*Annuß* § 46 Rn 9). § 46 ist lex specialis zu § 2 II 2 (*Fitting* § 46 Rn 8). Der AG kann sich lediglich auf eine unzulässige Rechtsausübung berufen (BAG 18.3.1964, 1 ABR 12/63, AP BetrVG § 45 Nr 1). Der Teilnahme eines bestimmten Beauftragten kann nur widersprochen werden, wenn durch seine Anwesenheit Störungen des Betriebsablaufs oder des Betriebsfriedens ernstlich zu befürchten sind (BAG 14.2.1967, 1 ABR 7/66, EzA § 45 BetrVG Nr 1). Sachl Kritik ist erlaubt (BAG 14.2.1967, 1 ABR 7/66, EzA § 45 BetrVG Nr 1); dem Beauftragten steht eine »beratende Stimme« zu (HWGNRH/*Worzalla* § 46 Rn 14). Er hat jedoch kein Stimmrecht und kein Recht auf Antragstellung.   **2**

C. Beauftragte des AG-Verbands. Das Teilnahmerecht des AG-Verbands leitet sich von dem des AG ab. Nur wenn auch der AG oder dessen Vertreter tatsächlich an der Versammlung teilnehmen, dürfen Verbands-Vertreter der Betriebsversammlung beiwohnen und sich dort zu Wort melden (BAG 19.5.1978, 6 ABR 41/75, EzA § 46 BetrVG 1972 Nr 2). Ein nicht organisierter AG hat nicht das Recht, einen Rechtsanwalt anstelle eines Verbandsbeauftragten hinzuzuziehen.   **3**

D. Unterrichtung der Gewerkschaften. Die Unterrichtungspflicht besteht nur ggü den im BR vertretenen Gewerkschaften (s § 2 Rdn 3) und betr alle Betriebs- und Abteilungsversammlungen des § 43. Mitzuteilen sind Ort, Zeit und Tagesordnung der Versammlung. Die Unterrichtung muss so rechtzeitig erfolgen, dass die Gewerkschaft ihre Teilnahme sachgerecht vorbereiten kann. Eine kurzfristig angesetzte Betriebsversammlung oder kurzfristige Änderungen der Tagesordnung müssen unverzüglich mitgeteilt werden. Für die Schriftform genügt die Übersendung der Niederschrift nach § 34 II.   **4**

§ 47 Voraussetzungen der Errichtung, Mitgliederzahl, Stimmengewicht

(1) Bestehen in einem Unternehmen mehrere Betriebsräte, so ist ein Gesamtbetriebsrat zu errichten.
(2) ¹In den Gesamtbetriebsrat entsendet jeder Betriebsrat mit bis zu drei Mitgliedern eines seiner Mitglieder; jeder Betriebsrat mit mehr als drei Mitgliedern entsendet zwei seiner Mitglieder. ²Die Geschlechter sollen angemessen berücksichtigt werden.
(3) Der Betriebsrat hat für jedes Mitglied des Gesamtbetriebsrats mindestens ein Ersatzmitglied zu bestellen und die Reihenfolge des Nachrückens festzulegen.
(4) Durch Tarifvertrag oder Betriebsvereinbarung kann die Mitgliederzahl des Gesamtbetriebsrats abweichend von Absatz 2 Satz 1 geregelt werden.
(5) Gehören nach Absatz 2 Satz 1 dem Gesamtbetriebsrat mehr als vierzig Mitglieder an und besteht keine tarifliche Regelung nach Absatz 4, so ist zwischen Gesamtbetriebsrat und Arbeitgeber eine Betriebsvereinbarung über die Mitgliederzahl des Gesamtbetriebsrats abzuschließen, in der bestimmt wird, dass Betriebsräte mehrerer Betriebe eines Unternehmens, die regional oder durch gleichartige Interessen miteinander verbunden sind, gemeinsam Mitglieder in den Gesamtbetriebsrat entsenden.
(6) ¹Kommt im Fall des Absatzes 5 eine Einigung nicht zustande, so entscheidet eine für das Gesamtunternehmen zu bildende Einigungsstelle. ²Der Spruch der Einigungsstelle ersetzt die Einigung zwischen Arbeitgeber und Gesamtbetriebsrat.
(7) ¹Jedes Mitglied des Gesamtbetriebsrats hat so viele Stimmen, wie in dem Betrieb, in dem es gewählt wurde, wahlberechtigte Arbeitnehmer in der Wählerliste eingetragen sind. ²Entsendet der Betriebsrat mehrere Mitglieder, so stehen ihnen die Stimmen nach Satz 1 anteilig zu.
(8) Ist ein Mitglied des Gesamtbetriebsrats für mehrere Betriebe entsandt worden, so hat es so viele Stimmen, wie in den Betrieben, für die es entsandt ist, wahlberechtigte Arbeitnehmer in den Wählerlisten eingetragen sind; sind mehrere Mitglieder entsandt worden, gilt Absatz 7 Satz 2 entsprechend.
(9) Für Mitglieder des Gesamtbetriebsrats, die aus einem gemeinsamen Betrieb mehrerer Unternehmen entsandt worden sind, können durch Tarifvertrag oder Betriebsvereinbarung von den Absätzen 7 und 8 abweichende Regelungen getroffen werden.

Übersicht

		Rdn.			Rdn.
A.	Allgemeines	1	C.	Entsendung von Mitgliedern	5
I.	Grundsatz	1	D.	Abw Regelungen	6
II.	Streitigkeiten	2	I.	Freiwillige Kollektivvereinbarung	6
B.	Voraussetzungen	3	II.	Zwingende Verkleinerung	7
I.	Errichtung auf Unternehmensebene	3	E.	Amtszeit	8
II.	Mehrere Betriebe mit BR	4	F.	Stimmengewichtung	9

1 A. Allgemeines. I. Grundsatz. Bestehen in einem Unternehmen mehrere Betriebe mit BR, so ist die Errichtung eines GBR nach § 47 I **zwingend** vorgeschrieben. Die Errichtung steht nicht zur Disposition von Unternehmen oder BR (BAG 23.9.1980, 6 ABR 8/78, EzA § 47 BetrVG 1972 Nr 3). Die BR des Unternehmens sind verpflichtet, Mitglieder in den GBR zu entsenden, anderenfalls liegt eine grobe Pflichtverletzung iSd § 23 I vor (ErfK/*Koch* § 47 Rn 2). Für ein Unternehmen kann nur ein – für alle Betriebe einheitlicher – GBR errichtet werden (Richardi/*Annuß* § 47 Rn 24). Aufgabe des GBR ist es, auf der Ebene des Unternehmens die Mitwirkung und Mitbestimmung der AN zu realisieren.

2 II. Streitigkeiten. Streitigkeiten über die Errichtung, Mitgliederzahl und Zusammensetzung des GBR, Bestellung und Abberufung seiner (Ersatz-)Mitglieder, Stimmengewichtung, Wirksamkeit einer Vereinbarung nach § 47 IV, V, IX werden im **Beschlussverfahren** nach §§ 2a, 80 ff ArbGG entschieden. Zuständig ist das ArbG, in dessen Bezirk das Unternehmen seinen Sitz hat (§ 82 S 2 ArbGG). Ist die Errichtung des GBR streitig, sind im Beschlussverfahren die örtlichen BR, deren Mitglieder, der GBR, der AG und die im Betrieb vertretenen Gewerkschaften (s § 2 Rdn 3) zu beteiligen (BAG 15.8.1978, 6 ABR 56/77, EzA § 47 BetrVG 1972 Nr 2).

3 B. Voraussetzungen. I. Errichtung auf Unternehmensebene. Unternehmen ist die organisatorische Einheit, mit der der Unternehmer seine wirtschaftlichen oder ideellen Zwecke verfolgt (BAG 7.8.1986, 6 ABR 57/85, EzA § 4 BetrVG 1972 Nr 5). Das BetrVG knüpft an die in anderen G für das Unternehmen vorgeschriebenen Rechts- und Organisationsformen an (BAG 9.8.2000, 7 ABR 56/98, EzA § 47 BetrVG 1972 Nr 7). Es muss sich um einen **einheitlichen Rechtsträger** handeln (BAG 23.8.1989, 7 ABR 39/88, EzA § 106 BetrVG 1972 Nr 9). Erforderlich ist die rechtliche Identität des Unternehmens (BAG 29.11.1989, 7 ABR 64/87, EzA § 47 BetrVG 1972 Nr 6); eine nur wirtschaftliche oder finanzielle Verflechtung der Betriebe genügt selbst dann nicht, wenn sich alle Gesellschaftsanteile in einer Hand befinden oder die Geschäftsführung personenidentisch ist (BAG 11.12.1987, 7 ABR 49/87, EzA § 47 BetrVG 1972 Nr 5). Ein Unternehmen iSd BetrVG kann sich nicht über den Geschäfts- und Tätigkeitsbereich seines Rechtsträgers hinaus erstrecken. Dessen Geschäfts- und Tätigkeitsbereich markiert die Grenzen des Unternehmens (BAG 17.3.2010, 7 AZR 706/08, EzA § 47 BetrVG 2001 Nr 5). Ein GBR kann nur gebildet werden, wenn die mehreren Betriebe alle von demselben Unternehmen betrieben werden. Für Betriebe verschiedener Rechtsträger kann kein gemeinsamer BR errichtet werden (BAG 13.2.2007, 1 AZR 184/06, EzA § 47 BetrVG 2001 Nr 4). Unternehmer kann eine **natürliche** oder **juristische Person** oder eine **Personengesamtheit** sein. Führt eine **Betriebsführungsgesellschaft** die Betriebe mehrerer Unternehmen im eigenen Namen, ist bei ihr ein GBR zu bilden (BAG 29.11.1989, 7 ABR 64/87, EzA § 47 BetrVG 1972 Nr 6). Hiervon ist der Gemeinschaftsbetrieb iSd § 1 I 2 zu unterscheiden, bei dem zwischen mehreren Unternehmen eine gemeinsame Leitung, insb in personellen und sozialen Angelegenheiten, für alle AN des Betriebs vereinbart wird. Bei einem Gemeinschaftsbetrieb entsendet der BR jew Mitglieder in sämtliche bei den Trägerunternehmen zu errichtende GBR (BAG 17.3.2010, 7 AZR 706/08, EzA § 47 BetrVG 2001 Nr 5; Richardi/*Annuß* § 47 Rn 77 mwN). Für von verschiedenen Trägerunternehmen unterhaltene Gemeinschaftsbetriebe kann kein unternehmensübergreifender GBR errichtet werden; die Trägerunternehmen werden durch die Bildung von Gemeinschaftsbetrieben nicht zu einem Unternehmen iSd § 47 (BAG 17.3.2010, 7 AZR 706/08, EzA § 47 BetrVG 2001 Nr 5).

II. Mehrere Betriebe mit BR. Ein GBR ist nicht schon dann zu bilden, wenn ein Unternehmen mehrere Betriebe unterhält, sondern wenn mehrere – mind 2 – BR bestehen (GK-BetrVG/*Kreutz* § 47 Rn 2; aA DKKW/*Trittin* § 47 Rn 35). Nicht erforderlich ist, dass in allen Betrieben BR vorhanden sind. Alle Betriebe müssen von demselben Unternehmen betrieben werden; für Betriebe verschiedener Rechtsträger kann kein gemeinsamer GBR errichtet werden, auch nicht für Gemeinschaftsbetriebe (BAG 13.2.2007, 1 AZR 184/06, EzA § 47 BetrVG 2001 Nr 4). Wurde in einem Unternehmen ein **unternehmenseinheitlicher BR** (§ 3 I Nr 1a) gebildet, so tritt dieser an die Stelle des GBR (HWGNRH/*Glock* § 47 Rn 19). Betriebe eines inländischen Unternehmens, die sich im **Ausland** befinden, sind bei der Bildung des GBR nicht zu berücksichtigen; sie werden vom Geltungsbereich des BetrVG nicht erfasst (GK-BetrVG/*Kreutz* § 47 Rn 8 mwN; aA *Däubler* RabelsZ 39, 462 ff). Hingegen ist bei einem Unternehmen mit Sitz im Ausland, welches mehrere Betriebe in Deutschland hat, ein GBR nach den allg Vorschriften zu errichten. Die Bildung eines GBR hat nicht zur Voraussetzung, dass der Sitz des Unternehmens in Deutschland liegt (BAG 31.10.1975, 1 ABR 4/74, EzA § 106 BetrVG 1972 Nr 2). **BR-lose Betriebe** sind bei der Bildung des GBR nicht zu berücksichtigen (*Fitting* § 47 Rn 24).

C. Entsendung von Mitgliedern. Jeder BR entsendet 2 seiner Mitglieder in den GBR (§ 47 II). Besteht der BR nur aus 1 Person, so wird diese automatisch GBR-Mitglied (ErfK/*Koch* § 47 Rn 6). Unzulässig ist eine Bestimmung der GBR-Mitglieder durch die AN der Betriebe, mittels Wahlmännergremien (Hess LAG 21.12.1976, 5 TaBV 59/75, DB 1977, 2056), durch den (Betriebs-)ausschuss (*Fitting* § 47 Rn 28; aA GK-BetrVG/*Kreutz* § 47 Rn 39) oder vom GBR selbst (BAG 15.8.1978, 6 ABR 56/77, EzA § 47 BetrVG 1972 Nr 2). Entsandt werden können jeweils nur BR-Mitglieder, Ersatzmitglieder jedoch nur, wenn sie bereits nachgerückt sind (ErfK/*Koch* § 47 Rn 6). Über die Entsendung entscheidet der BR nicht durch (Verhältnis-)Wahl, sondern durch Beschl (§ 33 I) mit einfacher Mehrheit (BAG 21.7.2004, 7 ABR 58/03, EzA § 47 BetrVG 2001 Nr 1; 16.3.2005, 7 ABR 33/04, EzA § 47 BetrVG 2001 Nr 2). Sind 2 Mitglieder zu entsenden, ist für jedes eine gesonderte Beschlussfassung notwendig (DKKW/*Trittin* § 47 Rn 89 mwN). Die Entsendung erfolgt für die Amtsperiode des BR. Eine **Abberufung** aus dem GBR ist jederzeit ohne Angabe von Gründen durch einfachen BR-Beschl möglich (Richardi/*Annuß* § 47 Rn 36). Die zwingende Vorschrift über den Geschlechterproporz im BR (§ 15 II) gilt für den GBR nicht (Richardi/*Annuß* § 47 Rn 31, 32). Für jedes GBR-Mitglied ist mind ein **Ersatzmitglied** zu bestellen; sie erfolgt wie die Bestellung eines ordentlichen GBR-Mitglieds (*Löwisch/Kaiser* § 47 Rn 13). Gibt es mehrere Ersatzmitglieder, muss die Reihenfolge ihres Nachrückens bestimmt werden (ErfK/*Koch* § 47 Rn 7). Das Ersatzmitglied tritt für das ordentliche GBR-Mitglied ein, wenn dieses aus dem GBR ausscheidet oder zeitweilig verhindert ist (§§ 51 I 1, 25 I 1, 2).

D. Abw Regelungen. I. Freiwillige Kollektivvereinbarung. Durch TV oder BV kann die Mitgliederzahl des GBR **vergrößert** oder **verkleinert** werden (§ 47 IV). Eine **Höchstgrenze** für die Vergrößerung besteht nicht (*Fitting* § 47 Rn 55 mwN; aA Richardi/*Annuß* § 47 Rn 55: Beschränkung auf 40 Mitglieder). Regelbar ist lediglich die Größe des GBR, nicht die Art und Weise seiner Errichtung oder seine Zuständigkeit (BAG 15.8.1978, 6 ABR 56/77, EzA § 47 BetrVG 1972 Nr 2). Erfolgt die Regelung durch TV, so hat dieser Vorrang vor einer BV, selbst in den Fällen des § 47 V (GK-BetrVG/*Kreutz* § 47 Rn 89 mwN). Erforderlich und hinreichend ist die Tarifbindung des AG (§ 3 II TVG); nicht erforderlich ist die Tarifbindung der AN (BAG 25.5.2005, 7 ABR 10/04, EzA § 47 BetrVG 2001 Nr 3). Werden bestimmte Betriebe nicht vom TV erfasst, kann sein Geltungsbereich durch Gesamt-BV auf sie erstreckt werden. Eine BV nach § 47 IV, V kann nur durch den regulär nach § 47 II gebildeten GBR abgeschlossen werden (BAG 15.8.1978, 6 ABR 56/77, EzA § 47 BetrVG 1972 Nr 2). Ein bereits verkleinerter GBR kann über eine solche Gesamt-BV nicht wirksam beschließen (ArbG München 8.5.2003, 11 BV 211/02, ArbuR 2003, 279). Die abw Regelung gilt, soweit sie nicht befristet ist, bis sie gekündigt oder durch eine andere Regelung ersetzt wird. Das gilt auch dann, wenn sich die Betriebs- und Unternehmensstruktur ändert, vorausgesetzt, die Regelung macht weiter Sinn (BAG 16.3.2005, 7 ABR 37/04, EzA § 51 BetrVG 2001 Nr 2). Für aus **Gemeinschaftsbetrieben** iSd § 1 I 2 entsandte GBR-Mitglieder können durch TV oder BV von § 47 VII, VIII abw Regelungen getroffen werden (§ 47 IX).

7   **II. Zwingende Verkleinerung.** Gehören dem GBR rein tatsächlich (GK-BetrVG/*Kreutz* § 47 Rn 92) **mehr als 40 Mitglieder** an und besteht auch keine tarifvertragliche Regelung nach § 47 IV, ist die Anzahl seiner Mitglieder zwingend zu verringern (§ 47 V), allerdings nicht unbedingt auf 40 oder weniger (str; *Fitting* § 47 Rn 68 mwN; HWGNRH/*Glock* § 47 Rn 44; offen BAG 15.8.1978, 6 ABR 56/77, EzA § 47 BetrVG 1972 Nr 2). Die Verkleinerung erfolgt durch **Zusammenfassung der BR** von Betrieben, die nahe beieinanderliegen oder gleiche Interessen aufweisen (zB ähnlicher arbeitstechnischer Zweck, vergleichbare Belegschaftsstruktur) zu »Entsendekreisen«, die ihre GBR-Mitglieder gemeinsam bestellen. AG und GBR haben hierbei einen Beurteilungsspielraum.

8   **E. Amtszeit.** Der GBR hat keine Amtszeit, sondern ist – anders als der BR – eine **Dauereinrichtung**, die über die Wahlperioden der einzelnen BR hinaus fortbesteht (BAG 16.3.2005, 7 ABR 37/04, EzA § 51 BetrVG 2001 Nr 2). Der GBR als Gremium **entfällt** nur dann, wenn die Voraussetzungen für seine Errichtung dauerhaft entfallen (BAG 16.3.2005, 7 ABR 37/04, aaO, *Fitting* § 47 Rn 26 mwN), zB bei Schrumpfung des Unternehmens auf einen Betrieb.

9   **F. Stimmengewichtung.** Bei Abstimmungen sind die Stimmen der GBR-Mitglieder zu gewichten. Jedes Mitglied hat so viele Stimmen, wie in dem Betrieb, in dem es gewählt wurde, wahlberechtigte AN in der Wählerliste der letzten BR-Wahl eingetragen sind (§ 47 VII 1). Nachträgliche Veränderungen sind ohne Belang (ErfK/*Koch* § 47 Rn 12 mwN). Entsendet ein Betrieb **mehrere Mitglieder**, stehen ihnen die Stimmen **anteilig** zu (§ 47 VII 2). In ihrer Stimmabgabe sind die GBR-Mitglieder frei und nicht vom Votum des sie entsendenden BR abhängig. Es besteht **kein imperatives Mandat** (*Fitting* § 47 Rn 76 mwN). Die auf das jeweilige GBR-Mitglied entfallenden Stimmen sind **einheitlich** abzugeben; Mitglieder aus demselben Betrieb können auch verschieden abstimmen. Das Stimmengewicht der aus einem Gemeinschaftsbetrieb entsandten GBR-Mitglieder richtet sich nach der Gesamtzahl der in die Wählerliste des Gemeinschaftsbetriebs eingetragenen AN (*Fitting* § 47 Rn 82). Der BR kann in den GBR auch Mitglieder entsenden, die nicht AN dieses Unternehmens sind (GK-BetrVG/*Kreutz* § 47 Rn 116; aA Richardi/*Annuß* § 47 Rn 77). Eine Regelung nach § 47 IX gewährleistet, dass AN des gemeinsamen Betriebs nicht mitzählen, wenn über Angelegenheiten beschlossen wird, die nur eines der am Gemeinschaftsbetrieb beteiligten Unternehmen betreffen (BT-Drs 14/5741, S 42).

§ 48 Ausschluss von Gesamtbetriebsratsmitgliedern

Mindestens ein Viertel der wahlberechtigten Arbeitnehmer des Unternehmens, der Arbeitgeber, der Gesamtbetriebsrat oder eine im Unternehmen vertretene Gewerkschaft können beim Arbeitsgericht den Ausschluss eines Mitglieds aus dem Gesamtbetriebsrat wegen grober Verletzung seiner gesetzlichen Pflichten beantragen.

Übersicht	Rdn.		Rdn.
A. Allgemeines	1	II. Verfahren	3
B. Voraussetzungen	2	C. Rechtsfolgen	4
I. Amtspflichtverletzung	2		

1   **A. Allgemeines.** Von § 48 kann weder durch TV noch durch BV abgewichen werden. Die Vorschrift gilt entspr für den KBR (§ 56) und die GJAV (§ 73 II). Inhaltlich ist sie § 23 I nachgebildet. Im Gegensatz dazu ist aber nur der Ausschluss einzelner Mitglieder, im Extremfall sogar aller Mitglieder vorgesehen, nicht aber die Auflösung des GBR. Dies ergibt sich aus dem Charakter des GBR als Dauereinrichtung, die nicht durch Wahl, sondern durch Entsendung seiner Mitglieder gebildet wird (HWGNRH/*Glock* § 48 Rn 1).

Der Antrag kann sich dennoch gegen mehrere oder alle Mitglieder des GBR richten. Über Streitigkeiten entscheidet das ArbG im Beschlussverfahren (§§ 2a, 80 ff ArbGG). Eine einstweilige Verfügung ist möglich (Richardi/*Annuß* § 48 Rn 12). Das Rechtsschutzinteresse entfällt, wenn das Mitglied während des Ausschlussverfahrens aus anderen Gründen aus dem GBR ausscheidet.

B. Voraussetzungen. I. Amtspflichtverletzung. Der Begriff der »groben Verletzung seiner gesetzlichen Pflichten« entspricht dem in § 23 I (s § 23 Rdn 2 ff). Die Pflichtverletzung muss in der Eigenschaft als GBR-Mitglied begangen worden sein (Richardi/*Annuß* § 48 Rn 3). Dass Pflichten als BR-Mitglied verletzt wurden, genügt nicht. Allerdings führt der Ausschluss aus dem BR auch zur Beendigung der Mitgliedschaft im GBR (s § 49 Rdn 3).   2

II. Verfahren. Das gerichtliche Ausschlussverfahren wird nur auf Antrag eingeleitet. Zuständig ist das ArbG, in dessen Bezirk das Unternehmen liegt, bei dem der GBR gebildet ist (§ 82 I 2 ArbGG). Der Antrag ist nicht fristgebunden. Der Antrag kann von mind einem Viertel der wahlberechtigten AN des Unternehmens, dem AG, dem GBR oder einer im Unternehmen vertretenen Gewerkschaft gestellt werden. Das Mindestquorum muss während der gesamten Dauer des Verfahrens erfüllt sein. AN aus betriebsratslosen Betrieben zählen mit (ErfK/*Koch* § 48 Rn 2), ausscheidende AN nicht; dafür können sich andere Wahlberechtigte nachträglich beteiligen (*Fitting* § 48 Rn 13). Der antragsberechtigte AG ist das Unternehmen, für das der GBR errichtet ist. Will der GBR eines seiner Mitglieder ausschließen, muss er einen förmlichen Beschl nach § 51 IV fassen (*Fitting* § 48 Rn 15). Dem GBR-Mitglied ist vor der Entsch rechtliches Gehör zu gewähren. An der Beschlussfassung teilnehmen darf es nicht. Es wird durch das zuständige Ersatzmitglied vertreten (§ 47 III). Eine Gewerkschaft ist antragsbefugt, wenn mind 1 AN des Unternehmens bei ihr Mitglied ist (Richardi/*Annuß* § 48 Rn 10).   3

C. Rechtsfolgen. Mit Rechtskraft des Gerichtsbeschl endet die Mitgliedschaft des Ausgeschlossenen im GBR und seinen Ausschüssen (Richardi/*Annuß* § 48 Rn 13) sowie im KBR, nicht aber im BR. Zugleich rückt das für ihn bestellte Ersatzmitglied nach (§ 47 III). Fehlt ein entspr Ersatzmitglied, muss der entsendende BR unverzüglich ein anderes GBR-Mitglied bestellen (HWGNRH/*Glock* § 48 Rn 11). Solange der entsendende BR amtiert, kann das rkr ausgeschlossene Mitglied nicht erneut zum GBR-Mitglied bestellt werden. Dies ist erst nach einer Neuwahl des BR möglich (Richardi/*Annuß* § 48 Rn 15). Liegt ein Antrag auf Ausschluss aus dem BR vor, kann dieser mit dem Antrag nach § 48 prozessual verbunden werden (*Fitting* § 48 Rn 20).   4

§ 49 Erlöschen der Mitgliedschaft

Die Mitgliedschaft im Gesamtbetriebsrat endet mit dem Erlöschen der Mitgliedschaft im Betriebsrat, durch Amtsniederlegung, durch Ausschluss aus dem Gesamtbetriebsrat auf Grund einer gerichtlichen Entscheidung oder Abberufung durch den Betriebsrat.

Übersicht	Rdn.		Rdn.
A. Allgemeines	1	III. Ausschluss aus dem GBR	5
B. Beendigungsgründe	2	IV. Abberufung	6
I. Erlöschen der Mitgliedschaft im BR	3	C. Folgen	7
II. Amtsniederlegung	4		

A. Allgemeines. Von § 49 kann weder durch TV noch durch BV abgewichen werden. Die Vorschrift gilt entspr für die GJAV (§ 73 II). § 57 enthält für den KBR eine spezielle Regelung. Inhaltlich ist sie § 24 nachgebildet. Über Streitigkeiten entscheidet das ArbG im Beschlussverfahren (§§ 2a, 80 ff ArbGG). Die örtliche Zuständigkeit richtet sich nach § 82 I 2 ArbGG (*Fitting* § 49 Rn 20; GK-BetrVG/*Kreutz* § 49 Rn 25).   1

B. Beendigungsgründe. Der GBR ist eine Dauereinrichtung ohne feste Amtszeit. Das Gremium hört auf zu bestehen, wenn die Voraussetzungen für seine Errichtung entfallen (s § 47 Rdn 8). Für die Mitgliedschaft einzelner Personen im GBR gelten folgende Beendigungsgründe: 2

I. Erlöschen der Mitgliedschaft im BR. Die Mitgliedschaft im GBR endet automatisch mit dem Erlöschen der Mitgliedschaft im BR (s § 24), da eine Entsendung von Personen, die nicht BR-Mitglied sind, ausgeschlossen ist (s § 47 II 2).   3

II. Amtsniederlegung. Jedes GBR-Mitglied kann jederzeit durch formlose Erklärung ggü dem GBR-Vorsitzenden sein Amt niederlegen (HWGNRH/*Glock* § 49 Rn 6). Die Erklärung wird mit ihrem Zugang wirksam, es sei denn, das Mitglied hat einen anderen Zeitpunkt bestimmt (Richardi/*Annuß* § 49 Rn 6).   4

Sie darf nicht bedingt sein und muss den eindeutigen Willen zur Amtsniederlegung erkennen lassen. Die Erklärung kann nicht zurückgenommen, widerrufen oder angefochten werden (ErfK/*Koch* § 49 Rn 1; diff GK-BetrVG/*Kreutz* § 49 Rn 11). Eine erneute Entsendung ist möglich, selbst kurz nach Amtsniederlegung (*Fitting* § 49 Rn 12).

5 **III. Ausschluss aus dem GBR.** Der Ausschluss aus dem GBR aufgrund einer gerichtlichen Entsch betr den Fall des § 48.

6 **IV. Abberufung.** Die Abberufung durch den BR erfolgt spiegelbildlich zur Entsendung nach § 47 (BAG 16.3.2005, 7 ABR 33/04, EzA § 47 BetrVG 2001 Nr 2). Sie ist jederzeit durch Beschl des entsendenden BR möglich; Gründe sind hierfür nicht erforderlich (*Fitting* § 49 Rn 16; aA *Gamillscheg* KollArbR II S 662). Für die Wirksamkeit kommt es auf den Zugang der Mitteilung ggü dem abberufenen Mitglied an (Richardi/*Annuß* § 49 Rn 9).

7 **C. Folgen.** Für das ausgeschiedene Mitglied bedeutet der Verlust des GBR-Amtes zugleich den Verlust aller damit verbundenen Ämter (GBR-Ausschüsse, KBR). Wenn keine Neubestellung erfolgt, rückt das nach § 47 III zuständige Ersatzmitglied entspr der festgelegten Reihenfolge nach, wenn nicht eine Neubestellung erfolgt.

§ 50 Zuständigkeit

(1) ¹Der Gesamtbetriebsrat ist zuständig für die Behandlung von Angelegenheiten, die das Gesamtunternehmen oder mehrere Betriebe betreffen und nicht durch die einzelnen Betriebsräte innerhalb ihrer Betriebe geregelt werden können; seine Zuständigkeit erstreckt sich insoweit auch auf Betriebe ohne Betriebsrat. ²Er ist den einzelnen Betriebsräten nicht übergeordnet.
(2) ¹Der Betriebsrat kann mit der Mehrheit der Stimmen seiner Mitglieder den Gesamtbetriebsrat beauftragen, eine Angelegenheit für ihn zu behandeln. ²Der Betriebsrat kann sich dabei die Entscheidungsbefugnis vorbehalten. ³§ 27 Abs. 2 Satz 3 und 4 gilt entsprechend.

Übersicht	Rdn.		Rdn.
A. Allgemeines	1	1. Soziale Angelegenheiten	5
I. Aufgabe	1	2. Personelle Angelegenheiten	6
II. Befugnisse	2	3. Wirtschaftliche Angelegenheiten	7
III. Streitigkeiten	3	III. Zuständigkeit des GBR in weiteren Angelegenheiten	8
B. Originäre Zuständigkeit	4	C. Zuständigkeit kraft Auftrags	9
I. Grundsätze	4		
II. Zuständigkeit im Einzelnen	5		

1 **A. Allgemeines. I. Aufgabe.** Die Zuständigkeit des GBR ist zwingend und kann weder durch TV (BAG 9.12.2003, 1 ABR 49/02, EzA § 50 BetrVG 2001 Nr 3) noch durch BV (BAG 28.4.1992, 1 ABR 68/91, EzA § 50 BetrVG 1972 Nr 10) noch durch Absprachen zwischen GBR und BR abbedungen werden (BAG 30.8.1995, 1 ABR 4/95, EzA § 87 BetrVG 1972 Kontrolleinrichtung Nr 21). Allerdings kann der GBR in einzelnen Angelegenheiten vom BR beauftragt werden (s Rdn 9). Handlungen des unzuständigen GBR sind grds unwirksam. Hat der AG Zweifel an der originären Zuständigkeit des GBR, muss er diese durch eine Anfrage an die AN-Vertretungen klären (BAG 24.1.1996, 1 AZR 542/95, EzA § 113 BetrVG 1972 Nr 24). Da der GBR dem BR nicht übergeordnet ist (§ 50 I 2), gibt es keinen Instanzenzug vom BR zum GBR. Der GBR darf dem BR keine Weisungen erteilen. Umgekehrt haben die in den GBR entsandten BR-Mitglieder auch kein imperatives Mandat (DKKW/*Trittin* § 50 Rn 8); sie können jedoch durch Mehrheitsbeschl des BR jederzeit abberufen werden. Die Zuständigkeit des BR schließt die des GBR aus und umgekehrt (BAG 16.8.1983, 1 AZR 544/81, EzA § 50 BetrVG 1972 Nr 9). Wurde entgegen § 47 II kein GBR gebildet oder übt dieser seine Beteiligungsrechte nicht aus, begründet dies keine »Auffangzuständigkeit« des BR; die Beteiligungsrechte bleiben dann ungenutzt (GK-BetrVG/*Kreutz* § 50 Rn 18 f). In den Angelegenheiten des § 50 I ist der GBR auch für betriebsratslose Betriebe des Unternehmens zuständig (§ 50 I Hs 2); eine vom GBR abgeschlossene Gesamt-BV gilt deshalb auch dort, und ihre Durchführung darf vom GBR auch dort überwacht werden (LAG BW 30.4.2008, 2 TaBV, AuR 2008, 278). Ansonsten ist der GBR nicht befugt, in betriebsratslosen Betrieben die Rolle des BR zu übernehmen und rein betriebsbezogene Angelegenheiten zu regeln (BT-Drs 14/5741, S 43). Betriebsratslos ist der betriebsratsfähige Betrieb ohne BR, nicht der Betrieb, welcher die Schwellenwerte nach § 1 nicht erreicht (*Löwisch* BB 2001, 1734; aA DKKW/*Trittin* § 50 Rn 162; HWGNRH/*Glock* § 50 Rn 8).

II. Befugnisse. § 50 führt zu keiner Erweiterung von Mitbestimmungsrechten. Vielmehr hat der GBR 2 iR seiner Zuständigkeit dieselben Handlungsmöglichkeiten wie der BR. Er kann insb Gesamt-BV oder im Fall der Mandatierung (§ 50 II) BV schließen. Gesamt-BV, für die dem GBR die Zuständigkeit fehlt, sind unwirksam (BAG 31.1.1989, 1 ABR 60/87, EzA § 81 ArbGG 1979 Nr 14). Eine ordnungsgem geschlossene Gesamt-BV geht einer BV vor (BAG 31.1.1989, 1 ABR 60/87, aaO). Sie gilt – soweit nichts anderes vereinbart wurde – auch für Betriebe, die erst nach Abschluss der Gesamt-BV zum Unternehmen hinzukommen oder auf andere Unternehmen übertragen werden, falls dort keine Gesamt-BV zum selben Regelungsgegenstand besteht und der Betrieb als organisatorisch selbständige Einheit erhalten bleibt (BAG 18.9.2002, 1 ABR 54/01, EzA § 613a BGB 2002 Nr 5). Wird der GBR erst nachträglich zuständig, löst eine von ihm abgeschlossene Gesamt-BV eine zuvor vom BR abgeschlossene BV ab (BAG 11.12.2001, 1 AZR 193/01, EzA § 50 BetrVG 1972 Nr 18).

III. Streitigkeiten. Über die Zuständigkeit des GBR entscheidet das ArbG im Beschlussverfahren (§§ 2a, 3 80 ff ArbGG). Ist die originäre Zuständigkeit des GBR (§ 50 I) fraglich, entscheidet das ArbG, in dessen Bezirk der Sitz des Unternehmens liegt (§ 82 S 2 ArbGG). Geht es um eine nach § 50 II übertragene Angelegenheit, bestimmt sich die Zuständigkeit nach dem Sitz des Betriebs (§ 82 S 1 ArbGG). In diesem Fall ist der BR im Beschlussverfahren Antragsteller und Beteiligter, da er weiterhin Träger der Mitbestimmungsrechte ist. Der GBR kann von ihm ermächtigt werden, das Verfahren für ihn in gewillkürter Prozessstandschaft zu führen (BAG 6.4.1976, 1 ABR 27/74, EzA § 50 BetrVG 1972 Nr 2).

B. Originäre Zuständigkeit. I. Grundsätze. Das BetrVG geht von einer Primärzuständigkeit des BR 4 aus (BAG 18.10.1994, 1 ABR 17/94, EzA § 87 BetrVG 1972 Betriebliche Lohngestaltung Nr 47). Nur soweit § 50 I einschlägig ist, tritt an seine Stelle der GBR (BAG 16.8.1983, 1 AZR 544/81, EzA § 50 BetrVG 1972 Nr 9). Die Angelegenheit muss zunächst überbetrieblicher Natur sein. Fragen, die ausschließlich einen Betrieb betreffen, fallen in die Zuständigkeit des BR. Es müssen also mind 2 Betriebe betroffen sein (BAG 6.12.1988, 1 ABR 44/87, EzA § 87 BetrVG 1972 Betriebliche Lohngestaltung Nr 23; LAG Berl-Bbg 8.8.2013, 26 Sa 61/13, juris). Hinzukommen muss, dass das Problem nicht auf betrieblicher Ebene gelöst werden kann oder dass eine zwingende sachl Notwendigkeit für eine unternehmenseinheitliche oder zumindest betriebsübergreifende Regelung besteht (BAG 15.1.2002, 1 ABR 10/01, EzA § 50 BetrVG 1972 Nr 19; LAG Berl-Bbg 8.8.2013, 26 Sa 61/13, juris). Diese Notwendigkeit kann sich aus der Struktur des Unternehmens ergeben (LAG Köln 21.8.2013, 11 Ta 87/13, juris) – zentralistisch geführt – oder aus wirtschaftlichen, technischen oder sozialpolitischen Bedürfnissen folgen (im Einzelnen *Lunk*, NZA 2013, 233, vgl zu Verhaltensregeln in sozialen Netzwerken *Borsutzky* NZA 2013, 647). Bloße Zweckmäßigkeitserwägungen oder der Wunsch der Unternehmensleitung nach Vereinheitlichung genügen nicht (BAG 15.1.2002, 1 ABR 10/01, aaO; LAG Köln 21.8.2013, 11 Ta 87/13, juris; missverständlich BAG 17.1.2012, 1 ABR 45/10, EzA § 87 BetrVG 2001 Betriebliche Ordnung Nr 7, wonach die Zuständigkeit des GBR für eine unternehmenseinheitliche Dienstkleidung aus dem Zweck der Bekleidungsvorschrift folgen soll). Die Unternehmensleitung kann nicht durch Konzentration der Entscheidungskompetenz auf Unternehmensebene die Zuständigkeit des BR vor Ort beseitigen (BAG 18.10.1994, 1 ABR 17/94, EzA § 87 BetrVG 1972 Betriebliche Lohngestaltung Nr 47). Maßgebend ist der Gegenstand des jeweiligen Beteiligungsrechts (BAG 6.12.1988, 1 ABR 44/87, EzA § 87 BetrVG 1972 Betriebliche Lohngestaltung Nr 23) und die konkreten Verhältnisse des Unternehmens und seiner Betriebe (BAG 26.1.1993, 1 AZR 303/92, EzA § 99 BetrVG 1972 Nr 109; zu möglichen Strategien des AG *Salomon*, NZA 2013, 708). Die unternehmensweite Geltung des allg Gleichbehandlungsgrds begründet für sich allein die Zuständigkeit des GBR noch nicht (BAG 18.5.2010, 1 ABR 96/08, EzA § 50 BetrVG 2001 Nr 8). Bei § 50 I gilt das Prinzip der strikten Zuständigkeitstrennung. Für die Wahrnehmung von Mitbestimmungsrechten ist danach ausschließlich der örtliche BR oder allein der GBR zuständig. Weder kommt dem GBR eine bloße Rahmenkompetenz zu, noch dürfen die Mitbestimmungsrechte bei einer einheitlichen Maßnahme auf BR und GBR aufgeteilt werden. Vielmehr hat der GBR die Angelegenheit iR seiner Zuständigkeit insgesamt zu behandeln (BAG 14.11.2006, 1 ABR 4/06, EzA § 50 BetrVG 2001 Nr 6).

II. Zuständigkeit im Einzelnen. 1. Soziale Angelegenheiten. Soziale Angelegenheiten fallen zumeist 5 in die Zuständigkeit des örtlichen BR, es sei denn, dass mehrere Betriebe arbeitstechnisch verzahnt oder auf sonstige Weise organisatorisch verbunden sind und diesem Umstand Rechnung getragen werden soll (BAG 9.12.2003, 1 ABR 49/02, EzA § 50 BetrVG 2001 Nr 3). Bei freiwilligen Leistungen begründet ausnahmsweise bereits der Wunsch des AG nach einer unternehmenseinheitlichen Regelung die Zuständigkeit des GBR (BAG 11.11.1998, 7 ABR 47/97, EzA § 50 BetrVG 1972 Nr 17). Sie kommt in Betracht bei unternehmensweit gewährten Sozialleistungen, wie Sonderzuwendungen (BAG 26.4.2005, 1 AZR

76/04, EzA § 87 BetrVG 2001 Betriebliche Lohngestaltung Nr 6), Darlehen und Altersversorgungsleistungen (BAG 21.1.2003, 3 ABR 26/02, EzA § 50 BetrVG 2001 Nr 2), ferner bei unternehmenseinheitlich ausgestalteten Entgelt- oder Personalinformationssystemen sowie bei unternehmensweit einheitlich betriebenen EDV-Systemen mit Leistungs- und Verhaltenskontrollmöglichkeit, wenn eine unterschiedliche Ausgestaltung in den einzelnen Betrieben mit der einheitlichen Funktion des Systems (zB wegen einheitlicher Eingabemasken) nicht vereinbar wäre (BAG 14.11.2006, 1 ABR 4/06, EzA § 50 BetrVG 2001 Nr 6). Für Arbeitszeitfragen ist der GBR nur zuständig, wenn der AG die Arbeitsabläufe mehrerer Betriebe technisch-organisatorisch verknüpft (BAG 19.6.2012, 1 ABR 19/11, EzA § 50 BetrVG 2001 Nr 11). Dass ein in ganz Deutschland tätiges Versicherungsunternehmen einheitlich die Verfügbarkeit aller AN zu Zeiten regeln möchte, in denen die meisten Kundenanrufe eingehen, begründet die Zuständigkeit des GBR nicht (LAG Nürnberg 29.11.2006, 7 TaBV 30/05, NZA-RR 2007, 248). Entspr gilt, wenn in einem Konzern die Gebäude aller Standorte von einer Zentrale bewirtschaftet werden, die konzerneinheitliche Vorschriften über die Verhütung von Arbeitsunfällen und Berufskrankheiten erlassen will; hier bleiben die jeweiligen BRe zuständig, wenn wegen der unterschiedlichen Arbeitsaufgaben vor Ort individuelle Regelungen getroffen werden müssen (LAG MV 25.2.2009, 3 TaBV 7/08). Ebenso wenig ist der GBR zuständig, wenn in den jeweiligen Warenhäusern eines Einzelhandelsunternehmens eine Kleiderordnung eingeführt werden soll (LAG Düsseldorf 1.4.2009, 4 TaBV 83/08). Dagegen ist der GBR für die Regelung einer einheitlichen Dienstkleidung im Unternehmen des AG zuständig (BAG 17.1.2012, 1 ABR 45/10, EzA § 87 BetrVG 2001 Betriebliche Ordnung Nr 7; LAG Berl-Bbg 8.10.2013, 7 TaBV 704/13, juris). Überwachungsaufgaben nach § 80 I nimmt der örtliche BR wahr (BAG 20.12.1988, 1 ABR 63/87, EzA § 80 BetrVG 1972 Nr 33). Über die Vergütungsgrds von AT-Ang haben die örtlichen BR mitzustimmen. Der betriebsverfassungsrechtliche Gleichbehandlungsgrds begrenzt die Regelungsmacht der Betriebsparteien, begründet aber keinen Zwang zu einer unternehmenseinheitlichen Ausgestaltung von Entlohnungsgrds für AT-Ang durch eine GBV (BAG 23.3.2010, 1 ABR 82/08, DB 2010, 1765). Eine vom AG geplante unternehmenseinheitliche Regelung zur Weitergabe von Tariflohnerhöhungen an nicht tarifgebundene AN begründet deshalb ebenfalls nicht die Zuständigkeit des GBR (LAG Düsseldorf, 27.8.2015, 11 TaBV 42/14 n rkr).

6 **2. Personelle Angelegenheiten.** Allg personelle Angelegenheiten, wie Personalfragebögen, Beurteilungsgrds, Berufsbildung, fallen in die Zuständigkeit des GBR, wenn sie unternehmenseinheitlich durchgeführt werden sollen (BAG 5.5.1977, 3 ABR 24/76, EzA § 50 BetrVG 1972 Nr 4). Entspr gilt für die Aufstellung unternehmenseinheitlicher AuswahlRL nach § 95 (BAG 31.5.1983, 1 ABR 6/80, EzA § 95 BetrVG 1972 Nr 6) und wenn der AG eine integrierte Personalplanung für das Gesamtunternehmen betreibt (Richardi/*Annuß* § 50 Rn 33). Für das Beteiligungsrecht aus § 96 ist der GBR zuständig, wenn der AG zentral für mehrere Betriebe die Berufsausbildungsmaßnahmen regelt, auch wenn diese sodann vor Ort in den einzelnen Betrieben durchgeführt werden (LAG Hamburg 18.1.2012, 5 TaBV 10/11 n rkr). Eine überbetriebliche Vergütungsstruktur, bspw ein unternehmenseinheitliches Gesamtbudget, vermag die Zuständigkeit des Gesamtbetriebsrats nicht zu begründen (BAG 18.5.2010, 1 ABR 96/08, NZA 2011, 171). Personelle Einzelmaßnahmen (vgl § 99) betreffen zumeist nur die Einzelbetriebe und fallen deshalb nicht in die Zuständigkeit des GBR (BAG 3.2.1982, 7 AZR 791/79, AP LPVG BY Art 77 Nr 1). Selbst bei einer betriebsübergreifenden Versetzung ist jew nur der BR des abgebenden und des aufnehmenden Betriebs zu beteiligen, nicht aber der GBR (BAG 26.1.1993, 1 AZR 303/92, EzA § 99 BetrVG 1972 Nr 109).

7 **3. Wirtschaftliche Angelegenheiten.** Hins der wirtschaftlichen Angelegenheiten fallen Fragen, die die Errichtung des Wirtschaftsausschusses und des EBR betreffen, in die Kompetenz des GBR; ihre Mitglieder werden vom GBR bestellt (§ 107 II 2 BetrVG, § 23 I EBRG). Bei Betriebsänderungen ist der GBR zuständig, wenn sie das Unternehmen im Ganzen oder mehrere Betriebe des Unternehmens betreffen und sie sich nur einheitlich regeln lassen, wie etwa die Stilllegung sämtlicher Betriebe eines Unternehmens (BAG 17.2.1981, 1 AZR 290/78, EzA § 112 BetrVG 1972 Nr 21) oder die Zusammenlegung mehrerer Betriebe (BAG 11.12.2001, 1 AZR 193/01, EzA § 50 BetrVG 1972 Nr 18). Ob eine betriebsübergreifende Regelung erforderlich ist, richtet sich nach der vom AG geplanten Maßnahme, nicht nach dem Inhalt eines späteren Interessenausgleichs. Der GBR ist nur dann zuständig, wenn der Betriebsänderung ein unternehmenseinheitliches Konzept zugrunde liegt (BAG 11.12.2001, 1 AZR 193/01, EzA § 50 BetrVG 1972 Nr 18) und mehrere Betriebe von der Betriebsänderung betroffen sind, sodass das Verteilungsproblem nur auf der Ebene des GBR gelöst werden kann (BAG 7.7.2011, 6 AZR 248/10, EzA § 26 BetrVG 2001 Nr 3). Dass der GBR für einen Interessenausgleich zuständig ist, berechtigt ihn zwar zum Abschluss einer Namensliste nach § 1 V KSchG (BAG 7.7.2011, 6 AZR 248/10, aaO; BAG 19.7.2012, 2 AZR 386/11, EzA § 1 KSchG Interessenausgleich Nr 24), aber nicht automatisch zum Abschluss eines Sozialplans, selbst dann nicht, wenn die Mittel hierfür von ein und demselben AG zur Verfügung gestellt werden müssen (BAG 3.5.2006, 1 ABR

15/05, EzA § 112 BetrVG 2001 Nr 17; LAG Hamm 31.1.2014, 13 TaBV 114/13, juris). Zuständig ist der GBR, wenn ein unternehmensweites Sanierungskonzept nur auf der Grundlage eines bestimmten, auf das gesamte Unternehmen bezogene Sozialplanvolumens realisierbar ist (BAG 3.5.2006, 1 ABR 15/05, aaO).

III. Zuständigkeit des GBR in weiteren Angelegenheiten. Neben § 50 bestehen eine Reihe weiterer Zuständigkeitszuweisungen an den GBR. Sie betreffen die Errichtung des KBR (§§ 54 ff), sowie des unternehmenseinheitlichen BR kraft Vereinbarung nach § 3 II (LAG München 11.8.2011, 2 TaBV 5/11, AuA 2011, 726), die Bestellung des Wahlvorstands für die Wahl der Aufsichtsratsmitglieder der AN nach dem DrittelbG (§ 26 II 1 WO DrittelbG), dem MitbestG (§ 4 IV, V Dritte WO MitbestG) und dem MitbestErgG (§§ 3, 4 WO MitbestErgG; § 4, 5 Zweite WO MitbestErgG), die Anfechtung der Wahl der Aufsichtsratsmitglieder der AN (§ 11 II 1 WO DrittelbG; § 22 II MitbestG) und die Abberufung eines Aufsichtsratsmitglieds der AN (§ 39 I Nr 1 WO DrittelbG; § 107 Zweite WO MitbestG; § 108 Dritte WO MitbestG; § 101 WO MitbestErgG).

C. Zuständigkeit kraft Auftrags. Jeder BR kann den GBR beauftragen, für ihn tätig zu werden, falls dieser nicht bereits nach § 50 I originär zuständig ist (§ 50 II 1). Damit kann sich der BR die Erfahrung und Verhandlungsstärke des GBR zunutze machen, die möglicherweise größer ist als die eigene. Ferner kann der GBR mit Aufgaben betraut werden, deren unternehmenseinheitliche oder betriebsübergreifende Regelung zwar nicht zwingend erforderlich ist, aber doch nützlich erscheint. Die Beauftragung erfordert einen Beschl, den der BR mit der Mehrheit seiner Mitglieder zu fassen hat; er bedarf der Schriftform (§§ 50 II 3, 27 III 3, 4). Es genügt nicht, dass der BR die Zuständigkeit des GBR in der Vergangenheit nicht beanstandet hat (BAG 26.1.1993, 1 AZR 303/92, EzA § 99 BetrVG 1972 Nr 109). Fehlt es an einem ordnungsgemäßen Mandatsbeschluss, kann sich die Zuständigkeit auch nicht aus Rechtsscheingrundsätzen ergeben (LAG SH 9.6.2015, 1 TaBV 4 b/15). Der Beschl muss dem GBR mitgeteilt werden; er begründet im Außenverhältnis die AG Vertretungsmacht iSd § 164 BGB (Richardi/*Annuß* § 50 Rn 56). Soll der GBR mit verbindlicher Wirkung für alle Betriebe eine Angelegenheit behandeln, die in die Zuständigkeit des örtlichen BR fällt, dann bedarf es entspr Beschl sämtlicher BR. Übertragen werden kann nur die Behandlung einzelner, konkreter Angelegenheiten, nicht ein ganzer Sachbereich (BAG 26.1.1993, 1 AZR 303/92, EzA § 99 BetrVG 1972 Nr 109). Art und Umfang der Übertragung liegen beim BR; er kann sich die Entscheidungsbefugnis, bspw den Abschluss einer BV, vorbehalten (§ 50 II 2). Im Zweifel erfolgt der Auftrag ohne Einschränkung (Richardi/*Annuß* § 50 Rn 58). Die Übernahme einer Angelegenheit kann vom GBR nicht abgelehnt werden (str, *Fitting* § 50 Rn 70 mwN). Mit der Beauftragung gilt der GBR als in vollem Umfang ermächtigt. Verbindliche Leitlinien kann der BR dem GBR zwar nicht vorgeben (DKKW/*Trittin* § 50 Rn 199); er kann ihm aber ein reines Verhandlungsmandat erteilen und sich die Entsch selbst vorbehalten (*Fitting* § 50 Rn 69; HWGNRH/*Glock* § 50 Rn 51). Das Mandat zur Durchführung eines Verfahrens vor der Einigungsstelle umfasst nicht zwingend die Befugnis, deren Spruch gerichtlich anzufechten (Hess LAG 32.5.2011, 4 TaBV 153/10). Schließt der GBR iR seiner Beauftragung nach § 50 II eine BV, gilt diese unmittelbar ohne weiteren Umsetzungsakt für den vertretenen Betrieb und kann auch nur von den dort zuständigen Betriebsparteien gekündigt werden. Das Kdg-Recht kann dem GBR aber übertragen werden (*Fitting* § 50 Rn 73a). Eine mit dem GBR nach § 50 II für mehrere Betriebe eines Unternehmens abgeschlossene BV kann vom AG ggü dem GBR grds wirksam gekündigt werden (LAG Düsseldorf 9.8.2012, 15 TaBV 26/12, AuA 2013, 117 n rkr).

§ 51 Geschäftsführung

(1) ¹Für den Gesamtbetriebsrat gelten § 25 Abs. 1, die §§ 26, 27 Abs. 2 und 3, § 28 Abs. 1 Satz 1 und 3, Abs. 2, die §§ 30, 31, 34, 35, 36, 37 Abs. 1 bis 3 sowie die §§ 40 und 41 entsprechend. ²§ 27 Abs. 1 gilt entsprechend mit der Maßgabe, dass der Gesamtbetriebsausschuss aus dem Vorsitzenden des Gesamtbetriebsrats, dessen Stellvertreter und bei Gesamtbetriebsräten mit
9 bis 16 Mitgliedern aus 3 weiteren Ausschussmitgliedern,
17 bis 24 Mitgliedern aus 5 weiteren Ausschussmitgliedern,
25 bis 36 Mitgliedern aus 7 weiteren Ausschussmitgliedern,
mehr als 36 Mitgliedern aus 9 weiteren Ausschussmitgliedern besteht.
(2) ¹Ist ein Gesamtbetriebsrat zu errichten, so hat der Betriebsrat der Hauptverwaltung des Unternehmens oder, soweit ein solcher Betriebsrat nicht besteht, der Betriebsrat des nach der Zahl der wahlberechtigten Arbeitnehmer größten Betriebs zu der Wahl des Vorsitzenden und des stellvertretenden Vorsitzenden des Gesamtbetriebsrats einzuladen. ²Der Vorsitzende des einladenden Betriebsrats hat die Sitzung zu leiten, bis der Gesamtbetriebsrat aus seiner Mitte einen Wahlleiter bestellt hat. § 29 Abs. 2 bis 4 gilt entsprechend.

§ 51 BetrVG Geschäftsführung

(3) ¹Die Beschlüsse des Gesamtbetriebsrats werden, soweit nichts anderes bestimmt ist, mit Mehrheit der Stimmen der anwesenden Mitglieder gefasst. ²Bei Stimmengleichheit ist ein Antrag abgelehnt. ³Der Gesamtbetriebsrat ist nur beschlussfähig, wenn mindestens die Hälfte seiner Mitglieder an der Beschlussfassung teilnimmt und die Teilnehmenden mindestens die Hälfte aller Stimmen vertreten; Stellvertretung durch Ersatzmitglieder ist zulässig. ⁴§ 33 Abs. 3 gilt entsprechend.
(4) Auf die Beschlussfassung des Gesamtbetriebsausschusses und weiterer Ausschüsse des Gesamtbetriebsrats ist § 33 Abs. 1 und 2 anzuwenden.
(5) Die Vorschriften über die Rechte und Pflichten des Betriebsrats gelten entsprechend für den Gesamtbetriebsrat, soweit dieses Gesetz keine besonderen Vorschriften enthält.

Übersicht	Rdn.		Rdn.
A. Allgemeines	1	E. Beschlüsse	5
B. Erstmalige Konstituierung	2	F. Rechte und Pflichten des GBR	6
C. Vorsitzender	3	G. Ausschüsse	7
D. Geschäftsführung	4		

1 **A. Allgemeines.** Für die Geschäftsführung des GBR gelten die Vorschriften über den BR mit der Maßgabe entspr, dass der GBR eine Dauereinrichtung ist und seine Mitglieder von den örtlichen BR entsandt werden. § 51 ist zwingend. Eine Abbedingung durch TV oder BV ist unzulässig. Für den KBR gelten die Regelungen des § 51 I 2, II, IV–VI entspr, für die GJAV § 51 II–V, für die KJAV § 51 III–V. Streitigkeiten über die Geschäftsführung des GBR entscheidet das ArbG im Beschlussverfahren (§§ 2a, 80 ff ArbGG). Örtlich zuständig ist das ArbG, in dessen Bezirk das Unternehmen, bei dem der GBR gebildet ist, seinen Sitz hat (§ 82 S 2 ArbGG). Ansprüche auf EFZ für die Zeit der Ausübung des GBR-Amtes sind im Urteilsverfahren (§§ 2 I Nr 3a, V, 46 ff ArbGG) zu verfolgen.

2 **B. Erstmalige Konstituierung.** § 51 II regelt die erstmalige Konstituierung des GBR, der danach als Dauereinrichtung bestehen bleibt. Die Vorschrift gilt entspr, wenn sämtliche GBR-Mitglieder ihr Amt niederlegen oder verlieren (ErfK/*Koch* § 51 Rn 1). Die Einladung erfolgt durch den BR der Hauptverwaltung des Unternehmens oder, soweit ein solcher BR nicht besteht, durch den BR des nach der Zahl der wahlberechtigten AN größten Betriebs. Unterlässt der zuständige BR die Einladung, kann darin eine grobe Pflichtverletzung iSd § 23 I liegen (Richardi/*Annuß* § 51 Rn 28). Die von den BR entsandten Mitglieder können von sich aus zusammentreten (*Fitting* § 51 Rn 11). Der Vorsitzende des einladenden BR hat dieselbe Funktion wie der Vorsitzende des Wahlvorstands nach § 29 I 2.

3 **C. Vorsitzender.** Für die Wahl des GBR-Vorsitzenden und seines Stellvertreters gilt § 26 I entspr (s § 26 Rdn 2). Aktiv und passiv wahlberechtigt sind nur die GBR-Mitglieder. Die Wahl erfolgt für die Dauer der Amtszeit des BR, der das Mitglied in den GBR entsandt hat. Das Amt endet vorzeitig durch Erlöschen der Mitgliedschaft im GBR (§ 49), Niederlegung des Vorsitzes oder Abberufung durch den GBR.

4 **D. Geschäftsführung.** Für die Geschäftsführung des GBR gelten iW die Vorschriften über die Geschäftsführung des BR, jedoch sind die Verweisungen in § 51 I–IV abschließend (ErfK/*Koch* § 51 Rn 3). Für die GBR-Sitzungen findet § 29 I–IV Anwendung (§ 51 II 3). Die Sitzungen müssen nicht stets am Ort der Hauptverwaltung durchgeführt werden (BAG 29.4.1998, 7 ABR 42/97, EzA § 40 BetrVG 1972 Nr 82). Für § 29 III gilt, dass die Einberufung einer Sitzung durch ein Viertel der GBR-Mitglieder nur unter Berücksichtigung der Stimmengewichtung (§ 47 VII) erfolgen kann. Beauftragte einer Gewerkschaft können an GBR-Sitzungen teilnehmen, wenn die Gewerkschaft im GBR vertreten ist (GK-BetrVG/*Kreutz* § 51 Rn 59; HWGNRH/*Glock* § 51 Rn 33; aA Richardi/*Annuß* § 51 Rn 31, *Fitting* § 51 Rn 37). § 37 IV–VII gilt für die GBR-Mitglieder bereits in ihrer Eigenschaft als BR-Mitglieder (ErfK/*Koch* § 51 Rn 4). Die Erforderlichkeit der Teilnahme an einer Schulungsveranstaltung (§ 37 VI) richtet sich nach der im GBR bekleideten Funktion (BAG 10.6.1975, 1 ABR 140/73, EzA § 37 BetrVG 1972 Nr 42).

5 **E. Beschlüsse.** § 51 III stellt eine modifizierte Regelung des § 33 dar. Der GBR ist beschlussfähig, wenn die Voraussetzungen des § 51 III 3 kumulativ vorliegen. GBR-Beschl werden mit der Mehrheit der nach § 47 VII–IX gewichteten Stimmen gefasst (ErfK/*Koch* § 51 Rn 2). Der absoluten Mehrheit bedarf die Übertragung von Aufgaben an den Gesamtbetriebsausschuss, an die weiteren GBR-Ausschüsse oder an einzelne GBR-Mitglieder (§§ 51 I, 27 II, 28), der Erlass einer Geschäftsordnung (§ 36), die Beauftragung des KBR mit der Wahrnehmung von GBR-Angelegenheiten (§ 58 II) und die Übertragung von Aufgaben des Wirtschaftsausschusses auf einen Gesamtbetriebsausschuss (§§ 51 V, 107 III). Die absolute Mehrheit ist erreicht, wenn die gewichteten Stimmen der zustimmenden GBR-Mitglieder mehr als die Hälfte aller

gewichteten Stimmen im GBR beträgt (ErfK/*Koch* § 51 Rn 2). Ist die GJAV nach den §§ 73 II, 67 II zu beteiligen, werden diese Stimmen bei der Feststellung der Stimmenmehrheit mitgezählt; für die Beschlussfähigkeit sind sie unerheblich (ErfK/*Koch* § 51 Rn 2).

F. Rechte und Pflichten des GBR. Die Generalklausel des § 51 V weist dem GBR dieselben Rechte und Pflichten zu wie dem BR. IR seiner Zuständigkeit hat der GBR die gleichen materiellen Beteiligungsrechte wie der BR (BAG 20.1.2004, 9 AZR 23/03 nv). § 51 V selbst regelt die Zuständigkeit nicht (BAG 16.8.2011, 1 ABR 22/10, NZA 2012, 342); sie ergibt sich iW aus § 50 (s § 50 Rn 4 ff). Fragen der Errichtung und der Geschäftsführung sind in § 51 I–IV abschließend bestimmt und fallen daher nicht unter die Generalklausel des § 51 V. 6

G. Ausschüsse. Für den Gesamtbetriebsausschuss gelten dieselben Grds wie für den Betriebsausschuss (§§ 51 I 2, 27 I). Er führt die laufenden Geschäfte des GBR (s § 27 Rdn 5) und besteht aus dem GBR-Vorsitzenden, dessen Stellvertreter und weiteren GBR-Mitgliedern, deren Zahl § 27 I 2 zwingend vorgibt. Die weiteren Ausschussmitglieder werden vom GBR nach den Grds der Verhältniswahl gewählt (BAG 21.7.2004, 7 ABR 62/03, EzA § 51 BetrVG 2001 Nr 1). Im Fall des Ausscheidens eines Mitglieds gilt § 25 I 2 entsprechend (LAG Düsseldorf 8.5.2012, 16 TaBV 96/11). Besteht kein Gesamtbetriebsausschuss, führt der GBR-Vorsitzende die laufenden Geschäfte. Für die Beschlüsse des Gesamtbetriebsausschusses und der weiteren GBR-Ausschüsse gilt das Prinzip der Stimmengewichtung nicht (ErfK/*Koch* § 51 Rn 5). Beschlussfähigkeit ist gegeben, wenn mind die Hälfte der Ausschussmitglieder an der Beschlussfassung teilnimmt. 7

§ 52 Teilnahme der Gesamtschwerbehindertenvertretung
Die Gesamtschwerbehindertenvertretung (§ 97 Abs. 1 des Neunten Buches Sozialgesetzbuch) kann an allen Sitzungen des Gesamtbetriebsrats beratend teilnehmen.

Die Vorschrift entspricht § 32. § 97 VII iVm § 95 IV 1 SGB IX enthält die gleiche Regelung. Die Vorschrift ist zwingend und kann daher weder durch TV noch durch BV abbedungen werden (HWGNRH/*Glock* § 52 Rn 2). Die Gesamtschwerbehindertenvertretung hat – bezogen auf das Unternehmen oder wenigstens auf mehrere Betriebe – die gleichen Aufgaben wie die Schwerbehindertenvertretung (s § 32 Rdn 2). Ihre Bestellung kann nur erfolgen, wenn ein GBR errichtet ist (§ 97 I SGB IX). Die Schwerbehindertenvertretungen wählen eine Gesamtschwerbehindertenvertretung (§ 97 I 1 SGB IX). Wählbar ist jeder nicht nur vorübergehend Beschäftigte, der am Wahltag das 18. Lebensjahr vollendet hat und dem Wahlbetrieb seit 6 Monaten angehört (§ 97 VII SGB IX iVm § 94 III SGB IX). Zur Rechtsnatur, zur persönlichen Rechtsstellung der Mitglieder und zum Teilnahmerecht gilt das für die Schwerbehindertenvertretung bei § 32 Rdn 2 Ausgeführte entspr. 1

§ 53 Betriebsräteversammlung
(1) ¹Mindestens einmal in jedem Kalenderjahr hat der Gesamtbetriebsrat die Vorsitzenden und die stellvertretenden Vorsitzenden der Betriebsräte sowie die weiteren Mitglieder der Betriebsausschüsse zu einer Versammlung einzuberufen. ²Zu dieser Versammlung kann der Betriebsrat abweichend von Satz 1 aus seiner Mitte andere Mitglieder entsenden, soweit dadurch die Gesamtzahl der sich für ihn nach Satz 1 ergebenden Teilnehmer nicht überschritten wird.
(2) In der Betriebsräteversammlung hat
1. der Gesamtbetriebsrat einen Tätigkeitsbericht,
2. der Unternehmer einen Bericht über das Personal- und Sozialwesen einschließlich des Stands der Gleichstellung von Frauen und Männern im Unternehmen, der Integration der im Unternehmen beschäftigten ausländischen Arbeitnehmer, über die wirtschaftliche Lage und Entwicklung des Unternehmens sowie über Fragen des Umweltschutzes in Unternehmen, soweit dadurch nicht Betriebs- und Geschäftsgeheimnisse gefährdet werden,
zu erstatten.
(3) ¹Der Gesamtbetriebsrat kann die Betriebsräteversammlung in Form von Teilversammlungen durchführen. ²Im Übrigen gelten § 42 Abs. 1 Satz 1 zweiter Halbsatz und Satz 2, § 43 Abs. 2 Satz 1 und 2 sowie die §§ 45 und 46 entsprechend.

Übersicht	Rdn.		Rdn.
A. Allgemeines	1	C. Durchführung	4
I. Sinn und Zweck	1	I. Zeit, Ort, Kosten	4
II. Streitigkeiten	2	II. Einberufung	5
B. Teilnehmerkreis	3	III. Ablauf	6

§ 53 BetrVG   Betriebsräteversammlung

1 **A. Allgemeines. I. Sinn und Zweck.** Die Betriebsräteversammlung soll als eine Art »Parlament der BR des Unternehmens« (Richardi/*Annuß* § 53 Rn 1) BR-Mitgliedern, die nicht dem GBR angehören, einen unmittelbaren Eindruck von der Arbeit des GBR und der Lage des Unternehmens verschaffen. Zugleich dient sie dem Meinungs- und Erfahrungsaustausch der BR-Mitglieder des Unternehmens. Das BetrVG sieht Betriebsräteversammlungen nur auf Unternehmens-, nicht auch auf Konzernebene vor. § 53 ist zwingend. Hiervon kann weder durch TV noch durch BV abgewichen werden. Durch eine freiwillige Gesamt-BV können aber die Einzelheiten der Durchführung einer Betriebsräteversammlung geregelt werden (GK-BetrVG/ *Kreutz* § 53 Rn 4).

2 **II. Streitigkeiten.** Über Streitigkeiten wegen der Durchführung von Betriebsräteversammlungen entscheidet das ArbG im Beschlussverfahren (§§ 2a, 80 ff ArbGG). Örtlich zuständig ist das ArbG, in dessen Bezirk das Unternehmen seinen Sitz hat (§ 82 S 2 ArbGG). Streitigkeiten zwischen den örtlichen BR oder BR-Mitgliedern und dem AG über die Teilnahme an der Betriebsräteversammlung entscheidet das ArbG, in dessen Bezirk der jeweilige Betrieb liegt (§ 82 S 1 ArbGG). Ansprüche auf Fortzahlung der Vergütung für die Zeit der Teilnahme an einer Betriebsräteversammlung müssen im Urteilsverfahren (§§ 2 I Nr 3a, 46 ff ArbGG) geltend gemacht werden.

3 **B. Teilnehmerkreis.** Die Betriebsräteversammlung ist nicht öffentl (§§ 53 III, 42 I 2). § 53 I bestimmt den Kreis der Personen mit originärem Teilnahmerecht abschließend (*Fitting* § 53 Rn 15). Die Betriebsräteversammlung besteht aus den GBR-Mitgliedern, den BR-Vorsitzenden und ihren Stellvertretern sowie den Mitgliedern der Betriebsausschüsse, soweit diese nach § 27 zu bilden sind. Gehören BR-Mitglieder, die an der Betriebsräteversammlung teilnehmen dürfen, dem GBR an, kann der entspr BR an deren Stelle zusätzliche Vertreter entsenden (GK-BetrVG/*Kreutz* § 53 Rn 13 f.). Auf die Zahl der teilnahmeberechtigten Personen werden die dem GBR angehörenden BR-Mitglieder nicht angerechnet (HWGNRH/*Glock* § 53 Rn 5). Von dieser Ausnahme abgesehen, bestimmt sich die Höchstzahl der von einem BR auf die Betriebsräteversammlung entsandten Mitglieder nach der Staffel des § 27 I 2 (*Fitting* § 53 Rn 8). Statt der in § 53 I vorgesehenen Personen kann der BR andere BR-Mitglieder in die Betriebsräteversammlung entsenden (GK-BetrVG/*Kreutz* § 53 Rn 11). Hierzu ist ein Beschl, der der einfachen Mehrheit bedarf, erforderlich (DKKW/*Trittin* § 53 Rn 9). Ersatzmitglieder können erst dann an der Betriebsräteversammlung teilnehmen, wenn sie nachgerückt sind (HWGNRH/*Glock* § 53 Rn 6). Teilnahmeberechtigt sind ferner der AG, der einen Beauftragten seines AG-Verbands hinzuziehen darf (§§ 53 III, 46 I 2), die Beauftragten der in den Betrieben des Unternehmens vertretenen Gewerkschaften (§§ 53 III, 46 I 1) und der Gesamtschwerbehindertenvertretung (GK-BetrVG/*Kreutz* § 53 Rn 41; aA Richardi/*Annuß* § 53 Rn 11; MüArbR/*Joost* § 226 Rn 11). Auf Einladung des GBR dürfen, soweit hierfür ein sachl Grund besteht, weitere Personen teilnehmen, wie Mitglieder des Wirtschaftsausschusses, des KBR und des Aufsichtsrats, Sachverständige sowie die Mitglieder der GJAV (*Fitting* § 53 Rn 15; GK-BetrVG/*Kreutz* § 53 Rn 41 ff.).

4 **C. Durchführung. I. Zeit, Ort, Kosten.** Die Betriebsräteversammlung ist mind einmal im Kalenderjahr einzuberufen. Weitere Versammlungen können abgehalten werden, wenn sie aus sachl Gründen für die Tätigkeit des GBR oder der BR erforderlich sind. Ist wegen einer zu großen Zahl von Teilnehmern ein sinnvoller Gedankenaustausch nicht möglich, kann der GBR Teilversammlungen veranstalten (§ 53 III 1). Über die Anzahl, den Zeitpunkt und den Ort der Versammlung entscheidet der GBR nach pflichtgem Ermessen durch Beschluss (DKKW/*Trittin* § 53 Rn 12). Betriebsräteversammlungen finden während der Arbeitszeit statt (*Fitting* § 53 Rn 39). Daran teilnehmende BR-Mitglieder sind unter Fortzahlung ihrer Vergütung von der Arbeit freizustellen (§ 37 II). BR-Mitglieder, die außerhalb ihrer individuellen Arbeitszeit an der Versammlung teilnehmen, haben nach Maßgabe von § 37 III Anspruch auf Freizeitausgleich bzw Vergütung (DKKW/*Trittin* § 53 Rn 29). Die notwendigen Kosten der Versammlung (zB Reisekosten der Teilnehmer, Raummiete, Verpflegung) trägt der AG (§ 40).

5 **II. Einberufung.** Die Betriebsräteversammlung kann nur vom GBR einberufen werden (*Fitting* § 53 Rn 33). Antragsrechte des AG oder der Gewerkschaften wie bei einer Betriebsversammlung (§ 43 III, IV) bestehen nicht. Rufen die GBR-Mitglieder pflichtwidrig keine Versammlung ein, kann dies mit dem Ausschluss aus dem GBR (§ 48) geahndet werden (DKKW/*Trittin* § 53 Rn 14). Der GBR hat die Teilnahmeberechtigten rechtzeitig unter Mitteilung von Tagesordnung, Ort und Zeit der Veranstaltung zu laden (*Fitting* § 53 Rn 35 ff) und hierüber auch die im GBR vertretenen Gewerkschaften schriftlich zu informieren (§§ 53 III, 46 II).

6 **III. Ablauf.** Die Betriebsräteversammlung wird vom GBR-Vorsitzenden, bei dessen Verhinderung von seinem Stellvertreter geleitet (§§ 53 III, 42 I 1). Ihm stehen dieselben Befugnisse wie dem

BR-Vorsitzenden bei der Leitung der Betriebsversammlung zu (s § 42 Rdn 4). Den Tätigkeitsbericht des GBR bestimmt das Gremium (§ 51 III). Für seine Gestaltung gelten dieselben Grds wie für den vom BR auf der Betriebsversammlung zu erstattenden Bericht (s § 43 Rdn 2). Er wird vom GBR-Vorsitzenden vorgetragen. Auch der AG ist zur Abgabe eines Berichts verpflichtet, den er persönlich vorzutragen hat (*Fitting* § 53 Rn 19 f.). Seine Berichtspflicht geht über die nach § 43 II 2 hinaus, die sich nur auf den Betrieb bezieht. Der Bericht hat sich mit dem Personal- und Sozialwesen des Unternehmens zu befassen. Ferner muss der AG Auskunft über die wirtschaftliche Lage und Entwicklung des Unternehmens geben (zB finanzielle Situation, Produktions- und Marktlage, geplante Investitionen und Betriebsänderungen) und Ausführungen zu konkreten Maßnahmen des betrieblichen Umweltschutzes machen. Für Rückfragen zum Bericht muss sich der AG zur Verfügung halten (Hess LAG 26.1.1989, 12 TaBV 147/88, DB 1989, 1473). Werden Betriebs- oder Geschäftsgeheimnisse gefährdet, ist die Berichtspflicht eingeschränkt. Da § 53 III auf § 45 verweist, können in der Betriebsräteversammlung auch die dort genannten Angelegenheiten behandelt werden, soweit sie einen konkreten Bezugspunkt zum Unternehmen oder zu dessen AN haben (s § 45 Rdn 2 ff). Für die Betriebsräteversammlung gelten die Friedenspflicht und das Verbot parteipolitischer Betätigung (*Fitting* § 53 Rn 29). Die Betriebsräteversammlung kann Beschl fassen, die aber weder den GBR noch die BR binden (DKKW/*Trittin* § 53 Rn 27). Die Versammlung ist beschlussfähig, wenn mind die Hälfte der teilnahmeberechtigten GBR- und BR-Mitglieder an der Beschlussfassung teilnimmt (§ 33 II analog). Jedes Mitglied hat eine Stimme. Es genügt die einfache Stimmenmehrheit (*Fitting* § 53 Rn 44).

§ 54 Errichtung des Konzernbetriebsrats

(1) ¹Für einen Konzern (§ 18 Abs. 1 des Aktiengesetzes) kann durch Beschlüsse der einzelnen Gesamtbetriebsräte ein Konzernbetriebsrat errichtet werden. ²Die Errichtung erfordert die Zustimmung der Gesamtbetriebsräte der Konzernunternehmen, in denen insgesamt mehr als 50 vom Hundert der Arbeitnehmer der Konzernunternehmen beschäftigt sind.
(2) Besteht in einem Konzernunternehmen nur ein Betriebsrat, so nimmt dieser die Aufgaben eines Gesamtbetriebsrats nach den Vorschriften dieses Abschnitts wahr.

Übersicht	Rdn.		Rdn.
A. Allgemeines	1	1. GBR-Beschluss	3
B. Errichtungsvoraussetzungen	2	2. BR-Beschluss	4
I. Konzern	2	C. Beendigung	5
II. Beschluss	3		

A. Allgemeines. Obwohl der Konzern selbst nicht rechtsfähig ist, schafft § 54 I die Möglichkeit, eine **1** AN-Vertretung auch auf Konzernebene einzurichten, wenn dort die mitbestimmungspflichtigen Entsch in sozialen, personellen und wirtschaftlichen Angelegenheiten einheitlich für alle Konzernunternehmen getroffen werden (BAG 13.10.2004, 7 ABR 56/03, EzA § 54 BetrVG 2001 Nr 1). Der KBR kann, er muss aber nicht errichtet werden (GK-BetrVG/*Franzen* § 54 Rn 9, 46). Wird ein KBR gebildet, enthalten die §§ 54 ff zwingende Vorgaben, von denen weder durch TV noch durch BV abgewichen werden kann (HWGNRH/*Glock* § 54 Rn 6). Zulässig bleibt die Schaffung anderer Vertretungsstrukturen nach § 3 I Nr 3 (*Fitting* § 54 Rn 6). Streitigkeiten hins der Errichtung des KBR entscheidet das ArbG im Beschlussverfahren (§§ 2a, 80 ff ArbGG). Örtlich zuständig ist das ArbG, in dessen Bezirk der Sitz des herrschenden Unternehmens liegt (§ 82 S 2 ArbGG).

B. Errichtungsvoraussetzungen. I. Konzern. Das BetrVG definiert den Konzernbegriff nicht selbst. **2** Wie der Hinweis im Klammerzusatz in § 54 I verdeutlicht, kann ein KBR nur in einem **Unterordnungs-** (§ 18 I AktG), nicht aber in einem Gleichordnungskonzern (§ 18 II AktG) errichtet werden (BAG 13.10.2004, 7 ABR 56/03, EzA § 54 BetrVG 2001 Nr 1; BAG 11.2.2015, 7 ABR 98/12, EzA § 54 BetrVG 2001 Nr 6). Ein Unterordnungskonzern liegt vor, wenn **abhängige Unternehmen unter der einheitlichen Leitung eines herrschenden Unternehmens zusammengefasst sind.** Für einen Konzern kann grds nur beim herrschenden Unternehmen ein KBR errichtet werden. Die Bildung mehrerer nebeneinander bestehender KBR ist gesetzlich ebenso wenig vorgesehen wie die Errichtung eines Sparten-KBR für einen Teil des Konzerns (BAG 9.2.2011, 7 ABR 11/10, EzA § 54 BetrVG 2001 Nr 5). Keine Rolle spielt, in welcher Rechtsform die Konzernunternehmen geführt werden – juristische Person, Personengesellschaft, Verein, Stiftung usw – (BAG 13.10.2004, 7 ABR 56/03, EzA § 54 BetrVG 2001 Nr 1), und ob ein Vertragskonzern (§ 291 I 1 AktG), ein faktischer Konzern (BAG 30.10.1986, 6 ABR 19/85, EzA § 54 BetrVG

§ 54 BetrVG Errichtung des Konzernbetriebsrats

1972 Nr 3) oder ein qualifiziert faktischer Konzern besteht (BAG 6.10.1992, 3 AZR 242/91, EzA § 303 AktG Nr 3). Diese Unterscheidungen sind nur haftungsrechtlich von Belang, nicht aber für Errichtung eines KBR. Es genügt, dass das herrschende Unternehmen direkt oder indirekt Einfluss auf wesentliche Unternehmensbereiche (zB Produktion, Personal, Finanzen, Vertrieb, Forschung und Entwicklung) des unter seiner Leitung stehenden Unternehmens nehmen kann. Ob die Leitungsmacht tatsächlich ausgeübt wird, ist unerheblich (BAG 22.11.1995, 7 ABR 9/95, EzA § 54 BetrVG 1972 Nr 5). Eine lediglich durch Austauschbeziehungen begründete, rein wirtschaftliche Abhängigkeit genügt nicht (offengelassen BAG 9.2.2011, 7 ABR 11/10, EzA § 54 BetrVG 2001 Nr 5). Auch für den faktischen Konzern ist das Bestehen eines Abhängigkeitsverhältnisses entscheidend; die Einflussmöglichkeit muss gesellschaftsrechtlich vermittelt sein (LAG Rh-Pf 15.12.2009, 3 TaBV 32/09). Ein Unternehmen kann als »**Gemeinschaftsunternehmen**« auch von mehreren anderen Unternehmen beherrscht werden, wenn diese die Möglichkeit gemeinschaftlicher Herrschaftsausübung vereinbart haben (BAG 30.10.1986, 6 ABR 19/85, EzA § 54 BetrVG 1972 Nr 3). Dabei gilt die Vermutung des § 18 I 3 AktG, insb bei einer gleichberechtigten 50:50 Beteiligung (BAG 30.10.1986, 6 ABR 19/85, aaO). In diesem Fall kann bei jedem der herrschenden Unternehmen ein KBR gebildet werden (BAG 13.10.2004, 7 ABR 56/03, EzA § 54 BetrVG 2001 Nr 1). Ein oder mehrere Gemeinschaftsunternehmen können auch von mehreren gleichgeordneten herrschenden Unternehmen abhängig sein, also in einem Abhängigkeitsverhältnis zu jedem der herrschenden Unternehmen stehen. Für die Ausübung gemeinsamer Herrschaft durch die herrschenden Unternehmen im Falle einer solchen »**mehrfachen Abhängigkeit von mehreren Mutterunternehmen**« muss eine ausreichend sichere Grundlage bestehen, wozu die Einflussmöglichkeiten der verschiedenen Herrschaftsträger koordiniert sein müssen. Diese können sich aus vertraglichen oder organisatorischen Bindungen, aber auch aus rechtlichen und tatsächlichen Umständen sonstiger Art ergeben (BAG 11.2.2015, 7 ABR 98/12, EzA § 54 BetrVG 2001 Nr 6). Ist ein Unternehmen zwar von mehreren anderen Unternehmen abhängig, von denen aber nur eines die einheitliche Leitung ausübt, so bildet das abhängige Unternehmen nur mit diesem einen Konzern (GK-BetrVG/*Franzen* § 54 Rn 40). Bei einem »**Konzern im Konzern**« kann ein KBR auch bei der jeweiligen Teilkonzernspitze gebildet werden (vgl *Kort* NZA 2009, 464; *Pflüger* NZA 2009, 130). Eine solche liegt vor, wenn in einem mehrstufigen, vertikal gegliederten Konzern ein Tochterunternehmen die wesentlichen Entsch in wirtschaftlichen, personellen oder sozialen Angelegenheiten für das eigene und für die von ihm beherrschten (»Enkel«-)Unternehmen selbst treffen kann und auch tatsächlich trifft (BAG 21.10.1980, 6 ABR 41/78, EzA § 54 BetrVG 1972 Nr 1). Liegt der Sitz des herrschenden Unternehmens im **Ausland**, kann im Inland ein KBR gebildet werden, wenn mind 2 abhängige Unternehmen ihren Sitz in Deutschland haben und der Konzern über eine im Inland ansässige Teilkonzernspitze verfügt (BAG 14.2.2007, 7 ABR 26/06, EzA § 54 BetrVG 2001 Nr 3); der KBR wird dann bei der Teilkonzernspitze oder – wo eine solche fehlt – entspr § 59 II beim größten inländischen Unternehmen angesiedelt (*Fitting* § 54 Rn 35). Liegen umgekehrt abhängige Tochterunternehmen eines inländischen Konzerns im Ausland, nehmen deren AN-Vertretungen nicht an der Bildung des KBR der Mutter teil (Richardi/*Annuß* § 54 Rn 34). Die GBR können Auskunft verlangen, ob und ggf mit welchen Unternehmen ein Konzern (§ 18 I AktG) besteht (ErfK/*Koch* § 54 Rn 6). Bei einem Konzern mit öffentl-rechtlicher verfasster Konzernspitze kann ein KBR für den privatrechtlich verfassten Teil gebildet werden (BAG 27.10.2010, 7 ABR 85/09, EzA § 54 BetrVG 2001 Nr 4). Zur Mitbestimmung in einem Industriepark *Maschmann/Schipper* FS Buchner 2009, S 607. Wird ein KBR zu Unrecht und unter Verkennung der Voraussetzungen des § 54 BetrVG errichtet, stehen diesem Gremium von Anfang an keine betriebsverfassungsrechtlichen Befugnisse zu; es kann daher auch keine Freistellung von Kosten verlangen, die im Zusammenhang mit seiner Konstituierung oder anlässlich der Wahrnehmung betriebsverfassungsrechtlicher Aufgaben entstanden sind (aA zumindest für den Fall einer nicht offensichtlichen Verkennung des Konzernbegriffs LAG Rh-Pf 26.2.2015, 5 TaBV 19/14).

3 **II. Beschluss. 1. GBR-Beschluss.** Ein KBR kann gebildet werden, wenn in den Konzernunternehmen mind 2 GBR bestehen, die seine Einrichtung beschließen. Die Initiative hierzu kann jeder GBR eines zum Konzern gehörenden Unternehmens zu beliebiger Zeit ergreifen (GK-BetrVG/*Franzen* § 54 Rn 48). Der von jedem GBR selbständig zu fassende Beschl erfordert die einfache, nach Stimmengewicht zu berechnende Mehrheit (§ 51 IV). Nicht erforderlich ist, dass die Mehrheit der GBR zustimmt (arg § 54 I 2). Der KBR ist bereits dann errichtet, wenn dies ein GBR verlangt, der mind die Hälfte der AN des Konzerns repräsentiert (DKKW/*Trittin* § 54 Rn 107; *Wollwert* NZA 2011, 437). Maßgeblich ist die Gesamtzahl der zur Zeit der Beschlussfassung im gesamten Konzern – nicht nur in den Konzernunternehmen mit GBR (BAG 11.8.1993, 7 ABR 34/92, EzA § 54 BetrVG 1972 Nr 4) – beschäftigten AN, unabhängig von ihrer Wahlberechtigung. Ltd Ang zählen nicht mit (HWGNRH/*Glock* § 54 Rn 25).

Lehnt ein GBR die Bildung eines KBR ab, ist er im Fall seiner Überstimmung zur Entsendung von Mitgliedern verpflichtet (GK-BetrVG/*Franzen* § 54 Rn 55); der KBR ist auch für dieses Unternehmen zuständig (*Fitting* § 54 Rn 49).

2. BR-Beschluss. Besteht in einem Konzernunternehmen nur ein BR, so trifft dieser anstelle des GBR den nach § 54 I erforderlichen Errichtungsbeschl. § 54 II gilt, wenn in einem Konzernunternehmen nur ein betriebsratsfähiger Betrieb besteht (BAG 10.2.1981, 6 ABR 91/78, EzA § 54 BetrVG 1972 Nr 2) oder wenn bei Bestehen mehrerer BR-fähiger Betriebe nur in einem ein BR gewählt wurde und deshalb kein GBR gebildet werden konnte (GK-BetrVG/*Franzen* § 54 Rn 65; aA für die Bildung einer Konzernschwerbehindertenvertretung LAG Hamburg 7.2.2013, 7 TaBV 10/12), nicht aber, wenn es die BR des Unternehmens entgegen § 47 I unterlassen haben, einen GBR zu bilden (DKKW/*Trittin* § 54 Rn 113). Für die Beschlussfassung des BR ist die Mehrheit der anwesenden Mitglieder erforderlich. 4

C. Beendigung. Der KBR ist wie der GBR eine Dauereinrichtung ohne feste Amtszeit (GK-BetrVG/ *Franzen* § 54 Rn 57). Der KBR entfällt, wenn die für seine Errichtung notwendigen Voraussetzungen nicht mehr erfüllt sind, insb wenn das Konzernverhältnis endet. Unschädlich ist das Ausscheiden von Unternehmen aus dem Konzernverbund oder die Aufnahme neuer Unternehmen. Der KBR kann jederzeit durch übereinstimmende Beschl der GBR wieder aufgelöst werden (*Fitting* § 54 Rn 52); § 54 I ist dabei entspr anzuwenden. Eine Selbstauflösung ist gesetzlich nicht vorgesehen (*Fitting* § 54 Rn 53). Möglich ist die geschlossene Amtsniederlegung aller KBR-Mitglieder; dann rücken die Ersatzmitglieder nach. 5

§ 55 Zusammensetzung des Konzernbetriebsrats, Stimmengewicht

(1) ¹In den Konzernbetriebsrat entsendet jeder Gesamtbetriebsrat zwei seiner Mitglieder. ²Die Geschlechter sollen angemessen berücksichtigt werden.
(2) Der Gesamtbetriebsrat hat für jedes Mitglied des Konzernbetriebsrats mindestens ein Ersatzmitglied zu bestellen und die Reihenfolge des Nachrückens festzulegen.
(3) Jedem Mitglied des Konzernbetriebsrats stehen die Stimmen der Mitglieder des entsendenden Gesamtbetriebsrats je zur Hälfte zu.
(4) ¹Durch Tarifvertrag oder Betriebsvereinbarung kann die Mitgliederzahl des Konzernbetriebsrats abweichend von Absatz 1 Satz 1 geregelt werden. ²§ 47 Abs. 5 bis 9 gilt entsprechend.

Übersicht	Rdn.			Rdn.
A. Mitgliederzahl und Zusammensetzung ...	1	C.	Abw Regelungen....................	3
B. Stimmengewicht....................	2			

A. Mitgliederzahl und Zusammensetzung. Die Vorschrift ist zwingend. Ist gem § 54 ein KBR errichtet worden, hat der GBR Mitglieder in den KBR zu entsenden. Unterbleibt dies, liegt eine grobe Pflichtverletzung iSd § 48 vor (Richardi/*Annuß* § 55 Rn 13). Welches Mitglied in den KBR entsandt wird, entscheidet der GBR durch Beschl. Die Nichtbeachtung einer angemessenen Geschlechterrepräsentation im KBR hat keine rechtlichen Folgen; § 55 I 2 ist eine reine Soll-Vorschrift. Ist in einem der Konzernunternehmen nur ein BR vorhanden, so entsendet dieser Mitglieder in den KBR (§ 54 II). Die nach § 55 II zwingend vorgesehene Bestellung von Ersatzmitgliedern erfolgt wie die der ordentlichen KBR-Mitglieder durch Beschl. 1

B. Stimmengewicht. Das Stimmengewicht jedes KBR-Mitglieds richtet sich nach der Anzahl der AN, die vom GBR repräsentiert werden, der das Mitglied in den KBR entsandt hat. Entsendet der GBR 2 seiner Mitglieder in den KBR, stehen jedem Mitglied die Stimmen seines GBR je zur Hälfte zu. Die auf einen GBR entfallenden Stimmen können nur einheitlich abgegeben werden (ErfK/*Koch* § 55 Rn 1). 2

C. Abw Regelungen. § 55 IV betr lediglich die Mitgliederzahl, nicht die Zusammensetzung des KBR. § 47 V–IX gilt entspr (s § 47 Rdn 6 f). Bei fehlender Einigung entscheidet die Einigungsstelle, die beim herrschenden Unternehmen zu bilden ist (ErfK/*Koch* § 55 Rn 1). Die BV zur Reduzierung der Mitgliederzahl schließt der KBR mit dem herrschenden Unternehmen ab (*Fitting* § 55 Rn 21). 3

§ 56 Ausschluss von Konzernbetriebsratsmitgliedern
Mindestens ein Viertel der wahlberechtigten Arbeitnehmer der Konzernunternehmen, der Arbeitgeber, der Konzernbetriebsrat oder eine im Konzern vertretene Gewerkschaft können beim Arbeitsgericht den Ausschluss eines Mitglieds aus dem Konzernbetriebsrat wegen grober Verletzung seiner gesetzlichen Pflichten beantragen.

Übersicht	Rdn.		Rdn.
A. Allgemeines	1	II. Verfahren	3
B. Ausschluss aus dem KBR	2	III. Rechtsfolgen der dem Antrag stattgeben-	
I. Materielle Voraussetzungen...........	2	den Entscheidung...................	4

1 **A. Allgemeines.** Die zwingende Vorschrift entspricht der des § 48. Über Streitigkeiten entscheidet das ArbG im Beschlussverfahren (§§ 2a, 80 ff ArbGG). Die örtliche Zuständigkeit richtet sich nach § 82 S 2 ArbGG.

2 **B. Ausschluss aus dem KBR. I. Materielle Voraussetzungen.** Hins der Amtspflichtverletzung gilt das zu § 48 Rdn 2 Gesagte entspr. Die Pflichtverletzung muss im Zusammenhang mit der Tätigkeit im KBR stehen. Es genügt weder die Verletzung einer Pflicht als BR-Mitglied noch die als GBR-Mitglied (HWG-NRH/*Glock* § 56 Rn 3). Allerdings ist die KBR-Mitgliedschaft an die Mitgliedschaft im GBR (§ 57) und diese wiederum an die im BR (§ 49) gebunden (*Fitting* § 56 Rn 5).

3 **II. Verfahren.** Das Verfahren wird nur auf Antrag eingeleitet. Für den Antrag s § 48 Rdn 2, für die Antragsberechtigung s § 48 Rdn 3. Zu den wahlberechtigten AN der Konzernunternehmen zählen auch AN, die in betriebsratslosen Betrieben oder gesamtbetriebsratslosen Unternehmen beschäftigt sind (aA DKKW/*Trittin* § 56 Rn 4). AG ist nur die Konzernleitung. Eine Gewerkschaft ist im Konzern vertreten, wenn ein AN eines Konzernunternehmens bei ihr als Mitglied organisiert ist.

4 **III. Rechtsfolgen der dem Antrag stattgebenden Entscheidung.** Das Erlöschen der KBR-Mitgliedschaft führt automatisch zur Beendigung der Mitgliedschaft in dessen Ausschüssen (Richardi/*Annuß* § 56 Rn 10). Das nach § 55 II bestellte Ersatzmitglied rückt nach; fehlt ein solches, kann der GBR ein anderes Mitglied in den KBR entsenden.

§ 57 Erlöschen der Mitgliedschaft
Die Mitgliedschaft im Konzernbetriebsrat endet mit dem Erlöschen der Mitgliedschaft im Gesamtbetriebsrat, durch Amtsniederlegung, durch Ausschluss aus dem Konzernbetriebsrat aufgrund einer gerichtlichen Entscheidung oder Abberufung durch den Gesamtbetriebsrat.

1 Die Vorschrift entspricht § 49. Sie ist zwingend. Über Streitigkeiten aus der Norm entscheidet das ArbG im Beschlussverfahren (§§ 2a, 80 ff ArbGG); die örtliche Zuständigkeit richtet sich nach § 82 S 2 ArbGG. § 57 betr nur die Mitgliedschaft des einzelnen KBR-Mitglieds, nicht die Beendigung des KBR als Kollektivorgan (s dazu § 54 Rdn 5). Das ArbG kann den KBR bei einem groben Pflichtverstoß nicht auflösen, sondern nur einzelne Mitglieder ausschließen (s § 56). Die Mitgliedschaft im KBR endet, wenn die Mitgliedschaft im GBR oder im BR endet; ferner bei Niederlegung des Amtes, die jederzeit formlos ggü dem KBR-Vorsitzenden erklärt werden kann, im Fall eines Ausschlusses durch rkr Gerichtsbeschl (§ 56), bei Abberufung durch Beschl des entsendenden GBR und bei Beendigung des KBR, etwa durch Wegfall der Voraussetzungen für seine Errichtung oder bei Ausscheiden des Unternehmens aus dem Konzernverbund. Erlischt die Mitgliedschaft im KBR, enden auch die Ämter und Funktionen, die damit verbunden sind. Für das ausgeschiedene KBR-Mitglied rückt das nach § 55 II bestellte Ersatzmitglied nach, wenn der entsendende GBR nichts anderes bestimmt.

§ 58 Zuständigkeit
(1) ¹Der Konzernbetriebsrat ist zuständig für die Behandlung von Angelegenheiten, die den Konzern oder mehrere Konzernunternehmen betreffen und nicht durch die einzelnen Gesamtbetriebsräte innerhalb ihrer Unternehmen geregelt werden können; seine Zuständigkeit erstreckt sich insoweit auch auf Unternehmen, die einen Gesamtbetriebsrat nicht gebildet haben, sowie auf Betriebe der Konzernunternehmen ohne Betriebsrat. ²Er ist den einzelnen Gesamtbetriebsräten nicht übergeordnet.
(2) ¹Der Gesamtbetriebsrat kann mit der Mehrheit der Stimmen seiner Mitglieder den Konzernbetriebsrat beauftragen, eine Angelegenheit für ihn zu behandeln. ²Der Gesamtbetriebsrat kann sich dabei die Entscheidungsbefugnis vorbehalten. ³§ 27 Abs. 2 Satz 3 und 4 gilt entsprechend.

Übersicht

		Rdn.			Rdn.
A.	**Allgemeines**	1	**II.**	Zuständigkeit für einzelne Bereiche	5
I.	Rechtsstellung	1	1.	In sozialen Angelegenheiten	5
II.	Befugnisse	2	2.	Personelle Angelegenheiten	6
III.	Streitigkeiten	3	3.	Wirtschaftliche Angelegenheiten	7
B.	**Originäre Zuständigkeit**	4	**C.**	**Zuständigkeit kraft Auftrags**	8
I.	Grundsatz	4			

A. Allgemeines. I. Rechtsstellung. Die Zuständigkeit des KBR ist – soweit ein solcher besteht – zwingend; sie ist weder durch TV noch durch BV abdingbar (BAG 20.12.1995, 7 ABR 8/95, EzA § 58 BetrVG 1972 Nr 1). Allerdings kann der KBR in einzelnen Angelegenheiten vom GBR nach § 58 II beauftragt werden (s Rdn 8). Das Verhältnis von KBR und GBR entspricht dem zwischen GBR und BR (s § 50 Rdn 4). Der KBR ist ein selbständiges, nicht an Weisungen und RL des GBR gebundenes Organ der Betriebsverfassung (BAG 12.1.1997, 7 ABR 78/96, EzA § 58 BetrVG 1972 Nr 2), das dem GBR nicht übergeordnet ist (§ 58 I 2). Ein imperatives Mandat besteht nicht (GK-BetrVG/*Franzen* § 58 Rn 7). Die Zuständigkeit des KBR schließt die des GBR aus und umgekehrt; eine wechselseitige Vertretung – etwa für den Fall, dass kein KBR oder keine GBR gebildet wurden oder dass diese auf die Ausübung ihrer jeweiligen Beteiligungsrechte verzichten – ist ausgeschlossen (BAG 12.11.1997, 7 ABR 78/96, EzA § 58 BetrVG 1972 Nr 2). Missachtet der AG Beteiligungsrechte des KBR, stehen dem örtlichen BR keine Befugnisse zu (BAG 17.5.2011, 1 ABR 121/09, EzA § 23 BetrVG 2001 Nr 5). In Angelegenheiten, die in die originäre Kompetenz des KBR nach § 58 I fallen, ist dieser auch für Unternehmen ohne GBR oder Betriebe ohne BR zuständig (§ 58 I 1 Hs 2); eine vom KBR abgeschlossene Konzern-BV gilt deshalb auch dort. Der KBR ist aber nicht befugt, in Unternehmen ohne GBR dessen Aufgaben zu übernehmen oder in betriebsratslosen Betrieben die des örtlichen BR (LAG Düsseldorf 3.11.2011, 5 TaBV 50/11, AuA 2012, 242). Der KBR ist kein »Ersatz-GBR« (ErfK/*Koch* § 58 Rn 2). 1

II. Befugnisse. IR seiner Zuständigkeit hat der KBR dieselben Rechte und Pflichten wie GBR und BR (BAG 20.12.1995, 7 ABR 8/95, EzA § 58 BetrVG 1972 Nr 1). Er kann insb mit der Konzernleitung Konzern-BV oder im Fall der Mandatierung (§ 58 II) mit der Leitung des zuständigen Konzernunternehmens Gesamt-BV oder mit der Betriebsleitung BV schließen. Konzern-BV gelten – soweit die originäre Zuständigkeit des KBR besteht – unmittelbar und zwingend für die Konzernunternehmen und ihre AN (BAG 22.1.2002, 3 AZR 554/00, EzA § 77 BetrVG 1972 Ruhestand Nr 2) ohne Rücksicht darauf, ob es sich um einen Vertragskonzern oder einen faktischen Konzern handelt (GK-BetrVG/*Franzen* § 58 Rn 15) und unabhängig davon, ob die abhängigen Konzernunternehmen die BV selbst abschließen oder die Konzernleitung mit dem Abschluss beauftragen (*Fitting* § 58 Rn 35; Richardi/*Annuß* § 58 Rn 43). Trotz mangelnder Rechtsfähigkeit des Konzerns als solchem und ungeachtet der rechtlichen Selbständigkeit der abhängigen Konzernunternehmen setzt das BetrVG das Bestehen eines »Konzern-AG« als Gegenspieler des KBR voraus (str; wie hier *Fitting* § 58 Rn 6 mwN; DKKW/*Trittin* § 58 Rn 111; aA Richardi/*Annuß* § 58 Rn 2; MüArbR/*Joost* § 227 Rn 60 ff). Diesen stattet es für die Zwecke der Betriebsverfassung mit Rechten und Pflichten aus (GK-BetrVG/*Franzen* § 58 Rn 12). 2

III. Streitigkeiten. Streitigkeiten hins der Zuständigkeit des KBR entscheidet das ArbG im Beschlussverfahren (§§ 2a, 80 ff ArbGG). Örtlich zuständig ist das ArbG, in dessen Bezirk der Sitz des herrschenden Unternehmens liegt (§ 82 S 2 ArbGG). Geht es um eine nach § 58 II übertragene Angelegenheit, bestimmt sich die Zuständigkeit nach dem Sitz des Unternehmens, bei dem der GBR gebildet ist. In diesem Fall ist der GBR im Beschlussverfahren Antragsteller und Beteiligter, da er weiterhin Träger des Mitbestimmungsrechts bleibt. Wird über die Wirksamkeit einer vom KBR abgeschlossenen Vereinbarung gestritten, sind alle GBR zu beteiligen (vgl BAG 31.1.1989, 1 ABR 60/87, EzA § 81 ArbGG 1979 Nr 14). 3

B. Originäre Zuständigkeit. I. Grundsatz. Die Kompetenzverteilung zwischen KBR und GBR ist der zwischen GBR und BR nachgebildet (BAG 19.6.2007, 1 AZR 454/06, EzA § 58 BetrVG 2001 Nr 1). Die bei § 50 Rdn 4 dargestellten Grds gelten auch hier. Das BetrVG geht von einer Primärzuständigkeit von BR und GBR aus (BAG 20.12.1995, 7 ABR 8/95, EzA § 58 BetrVG 1972 Nr 1). Nur soweit § 58 I einschlägig ist, tritt an ihre Stelle der KBR. Es müssen also mind 2 Unternehmen betroffen sein. Hinzukommen muss, dass die Angelegenheit nicht auf der Unternehmensebene geregelt werden kann oder dass eine zwingende sachl Notwendigkeit für eine konzerneinheitliche oder zumindest unternehmensübergreifende Regelung besteht (BAG 22.7.2008, 1 ABR 40/07, EzA § 87 BetrVG 2001 Betriebliche Ordnung Nr 3; LAG Berl-Bbg 31.7.2013, 17 TaBV 222/13, juris). Diese kann sich aus – technisch oder rechtlich – objektiv zwingenden 4

Gründen ergeben (BAG 17.5.2011, 1 ABR 121/09, EzA § 23 BetrVG 2001 Nr 5). Reine Zweckmäßigkeitserwägungen oder das Kosten- oder Koordinierungsinteresse der Konzernleitung genügen jedenfalls nicht (BAG 19.6.2007, 1 AZR 454/06, EzA § 58 BetrVG 2001 Nr 1). Für die im Rahmen von Werk- oder Dienstverträgen zu einem Fremdarbeitgeber entsandten AN, die einer in dessen Betrieb eingerichteten Überwachungseinrichtung unterliegen, sind auch im Konzernverbund deren Vertragsarbeitgeber und dessen Betriebsrat zuständig, nicht aber der KBR (BAG 26.1.2016, 1 ABR 68/13). Nach der vom BAG entwickelten Theorie der »subjektiven Unmöglichkeit« kann der KBR auch dann zuständig sein, wenn der AG eine freiwillige Leistung nur unternehmensübergreifend zur Verfügung stellt, weil er mit der mitbestimmungsfreien Vorgabe des Adressatenkreises zugleich das Mitbestimmungsgremium festlegt (BAG 19.6.2007, 1 AZR 454/06, aaO). Für eine spätere Kürzung, die der Mitbestimmung unterliegt, gilt das nicht (BAG 19.6.2007, 1 AZR 454/06, aaO). Der Gleichbehandlungsgrds begründet keine zwingende Notwendigkeit einer unternehmensüberschreitenden, konzerneinheitlichen Regelung (BAG 19.6.2007, 1 AZR 454/06, aaO).

5 **II. Zuständigkeit für einzelne Bereiche. 1. In sozialen Angelegenheiten.** Hier ist der KBR ua bei der Errichtung und Verwaltung von konzernweiten Sozialeinrichtungen zu beteiligen (BAG 21.6.1979, 3 ABR 3/78, EzA § 87 BetrVG 1972 Sozialeinrichtung Nr 10), etwa einer Unterstützungskasse (BAG 14.12.1993, 3 AZR 618/93, EzA § 7 BetrAVG Nr 47). Auch für Regelungen über einen konzernweiten Datenaustausch (BAG 20.12.1995, 7 ABR 8/95, EzA § 58 BetrVG 1972 Nr 1) oder über die die konzernweite Einführung eines SAP-Systems ist der KBR zuständig, wenn eine unternehmensübergreifende Regelung rechtlich oder technisch – etwa aufgrund einer zentralen Nutzungs- und Überwachungsmöglichkeit – notwendig ist (BAG 25.9.2012, 1 ABR 45/11, NZA 2013, 275). Entspr gilt für die konzerneinheitliche Einführung sog Grds der Unternehmensethik (BAG 22.7.2008, 1 ABR 40/07, EzA § 87 BetrVG 2001 Betriebliche Ordnung Nr 3).

6 **2. Personelle Angelegenheiten.** Allg personelle Angelegenheiten fallen in die Zuständigkeit des KBR, wenn sie konzerneinheitlich durchgeführt werden sollen (ErfK/*Koch* § 58 Rn 3). Personelle Einzelmaßnahmen (§ 99 BetrVG) betreffen zumeist nur die Einzelbetriebe und nicht den KBR, so etwa die Versetzung eines AN von dem einen in ein anderes Konzernunternehmen (BAG 19.2.1991, 1 ABR 36/90, EzA § 95 BetrVG 1972 Nr 24).

7 **3. Wirtschaftliche Angelegenheiten.** Für Betriebsänderungen, die konzerneinheitlich oder unternehmensübergreifend erfolgen, ist der KBR zuständig. Dass die Weiterbeschäftigung konzernweit in einem Interessenausgleich geregelt werden kann (vgl § 112 V Nr 2), begründet für sich allein noch nicht die Zuständigkeit des KBR (BAG 17.9.1991, 1 ABR 23/91, EzA § 112 BetrVG 1972 Nr 58). Der KBR kann auch keinen Wirtschaftsausschuss bilden, da § 106 I diesen ausdrückl dem Unternehmen und nicht dem Konzern zuordnet (BAG 23.8.1989, 7 ABR 39/88, EzA § 106 BetrVG 1972 Nr 9).

8 **C. Zuständigkeit kraft Auftrags.** Ein GBR kann den KBR beauftragen, für ihn tätig zu werden (§ 58 II 1), soweit dieser nicht bereits nach § 58 I selbst zuständig ist. § 58 II entspricht § 50 II. Das dort Ausgeführte (s § 50 Rdn 9) gilt auch hier. Eine Mandatierung nach § 58 II ist nur für die Angelegenheiten möglich, für die der GBR selbst originär zuständig ist (§ 50 I) oder für die er vom BR nach § 50 II beauftragt wurde (DKKW/*Trittin* § 58 Rn 108 f.). Die Delegation verlangt einen wirksamen GBR-Beschl. Es gelten die Besonderheiten der Beschlussfassung (s § 51 Rdn 6) und die Vorschriften über die Stimmengewichtung (§ 47 VII, VIII). Verhandlungspartner des KBR ist bei § 50 II das Konzernunternehmen, dessen GBR die Angelegenheit an den KBR delegiert hat (BAG 12.11.1997, 7 ABR 78/96, EzA § 58 BetrVG 1972 Nr 2). Eine Mandatierung durch einen BR kommt nur in den Fällen des § 54 II in Betracht (BAG 19.6.2007, 1 AZR 454/06, EzA § 58 BetrVG 2001 Nr 1).

§ 59 Geschäftsführung

(1) Für den Konzernbetriebsrat gelten § 25 Abs. 1, die §§ 26, 27 Abs. 2 und 3, § 28 Abs. 1 Satz 1 und 3, Abs. 2, die §§ 30, 31, 34, 35, 36, 37 Abs. 1 bis 3 sowie die §§ 40, 41 und 51 Abs. 1 Satz 2 und Abs. 3 bis 5 entsprechend.
(2) ¹Ist ein Konzernbetriebsrat zu errichten, so hat der Gesamtbetriebsrat des herrschenden Unternehmens oder, soweit ein solcher Gesamtbetriebsrat nicht besteht, der Gesamtbetriebsrat des nach der Zahl der wahlberechtigten Arbeitnehmer größten Konzernunternehmens zu der Wahl des Vorsitzenden und des stellvertretenden Vorsitzenden des Konzernbetriebsrats einzuladen. ²Der Vorsitzende des einladenden Gesamtbetriebsrats hat die Sitzung zu leiten, bis der Konzernbetriebsrat aus seiner Mitte einen Wahlleiter bestellt hat. ³§ 29 Abs. 2 bis 4 gilt entsprechend.

Übersicht	Rdn.		Rdn.
A. Allgemeines	1	C. Erstmalige Konstituierung	3
B. Organisation und Geschäftsführung	2		

A. Allgemeines. Die zwingende Vorschrift bestimmt die innere Organisation und Geschäftsführung des KBR und verweist dazu auf entspr Vorschriften für den BR. Über Streitigkeiten entscheidet das ArbG im Beschlussverfahren (§§ 2a, 80 ff ArbGG); die örtliche Zuständigkeit richtet sich nach § 82 S 2 ArbGG. Ansprüche der KBR-Mitglieder auf EFZ usw sind im Urteilsverfahren (§§ 2 I Nr 3a, 46 ff ArbGG) geltend zu machen. 1

B. Organisation und Geschäftsführung. Für die Wahl und für die Aufgaben und Befugnisse des KBR-Vorsitzenden und seines Stellvertreters gilt das bei § 26 Ausgeführte (s § 26 Rdn 2–4, § 51 Rdn 3). Für die Geschäftsführung gelten die Vorschriften über den GBR entspr (s § 51 Rdn 4). Eine Gewerkschaft darf nur dann an den Sitzungen des KBR teilnehmen, wenn sie dort durch ein Mitglied vertreten ist (ErfK/*Koch* § 59 Rn 2; aA Richardi/*Annuß* § 59 Rn 23). Für die Beschlussfassung des KBR gilt § 51 III entspr (s § 51 Rdn 5). Hat der KBR mehr als 8 Mitglieder, ist ein Konzernbetriebsausschuss zu wählen, der die laufenden Geschäfte des KBR führt (s.a. § 51 Rdn 7). Einen Wirtschaftsausschuss kann der KBR nicht errichten (BAG 23.8.1989, 7 ABR 39/88, EzA § 106 BetrVG 1972 Nr 9). Das Prinzip der Stimmengewichtung findet auf die Beschl der Ausschüsse des KBR keine Anwendung; jedes Ausschussmitglied hat nur eine Stimme (s § 51 Rdn 7). 2

C. Erstmalige Konstituierung. § 58 II regelt die erstmalige Konstituierung des KBR, der danach als Dauereinrichtung bestehen bleibt. Die Vorschrift gilt entspr, wenn sämtliche KBR-Mitglieder ihr Amt niederlegen oder verlieren. Die Einladung erfolgt durch den GBR des herrschenden Unternehmens oder, wenn ein solcher nicht besteht, durch den GBR des nach der Zahl der wahlberechtigten AN größten Konzernunternehmens. Besteht im herrschenden Unternehmen nur ein BR, lädt dieser zur konstituierenden Sitzung ein (HWGNRH/*Glock* § 59 Rn 8). Der einladende GBR hat auch diejenigen GBR zur Entsendung von Mitgliedern in den KBR aufzufordern, die sich gegen die Bildung des KBR ausgesprochen haben (ErfK/*Koch* § 59 Rn 1). IÜ gilt das bei § 51 Rdn 2 Ausgeführte. 3

§ 59a Teilnahme der Konzernschwerbehindertenvertretung
Die Konzernschwerbehindertenvertretung (§ 97 Abs. 2 des Neunten Buches Sozialgesetzbuch) kann an allen Sitzungen des Konzernbetriebsrats beratend teilnehmen.

Die Vorschrift entspricht den §§ 32, 52. § 97 VII iVm § 95 IV 1 SGB IX enthält die gleiche Regelung. Sie ist zwingend und kann weder durch TV noch durch BV abbedungen werden. Streitigkeiten werden gem §§ 2a, 80 ff ArbGG im Beschlussverfahren entschieden. Die Konzernschwerbehindertenvertretung hat die gleichen Aufgaben wie die Schwerbehindertenvertretung nach § 32 (s § 32 Rdn 2), allerdings bezogen auf den Konzern oder mehrere Unternehmen des Konzerns (§ 97 VI 2 iVm 1 SGB IX). Nach § 97 II SGB IX sind die Gesamtschwerbehindertenvertretungen verpflichtet, eine Konzernschwerbehindertenvertretung zu wählen. Das gilt nicht, wenn nur in einem Betrieb von mehreren Betrieben eines Konzernunternehmens eine Schwerbehindertenvertretung gewählt ist (LAG Hamburg 7.2.2013, 7 TaBV 10/12). Zur Wählbarkeit s § 52. Das unter § 32 Rdn 2 zur Rechtsnatur und zur persönlichen Stellung der Mitglieder Ausgeführte gilt für die Konzernschwerbehindertenvertretung entspr. Das Teilnahmerecht entspricht dem des § 32 (s § 32 Rdn 3). 1

§ 60 Errichtung und Aufgabe
(1) In Betrieben mit in der Regel mindestens fünf Arbeitnehmern, die das 18. Lebensjahr noch nicht vollendet haben (jugendliche Arbeitnehmer) oder die zu ihrer Berufsausbildung beschäftigt sind und das 25. Lebensjahr noch nicht vollendet haben, werden Jugend- und Auszubildendenvertretungen gewählt.
(2) Die Jugend- und Auszubildendenvertretung nimmt nach Maßgabe der folgenden Vorschriften die besonderen Belange der in Absatz 1 genannten Arbeitnehmer wahr.

Übersicht	Rdn.		Rdn.
A. Allgemeines	1	C. Aufgaben	3
B. Errichtungsvoraussetzungen	2		

§ 61 BetrVG Wahlberechtigung und Wählbarkeit

1 **A. Allgemeines.** Die **Jugend- und Auszubildendenvertretung** (JAV) vertritt die bes Interessen von jugendlichen AN und Auszubildenden. Sie ist kein selbständiges Organ der Betriebsverfassung, dem eigene Mitbestimmungsrechte zustünden; diese nimmt ausschließlich der BR als Vertreter aller AN – auch der in § 60 I genannten – ggü dem AG wahr (BAG 21.1.1982, 6 ABR 17/79, EzA § 70 BetrVG 1972 Nr 2). Die Regelungen der §§ 60 ff sind abschließend und zwingend; sie können weder durch TV noch durch BV abbedungen werden. Ausnahmen gelten in den gesetzlich angeordneten Fällen. Auch in Organisationseinheiten, die Betriebe iSd § 3 V darstellen, sind JAV zu bilden (*Fitting* § 60 Rn 11). Bei Streitigkeiten über die Errichtung und die Zuständigkeit der JAV und das Verhältnis zum BR entscheidet das ArbG im Beschlussverfahren (§§ 2a, 80 ff ArbGG).

2 **B. Errichtungsvoraussetzungen.** Die JAV ist zuständig für jugendliche AN, die am Wahltag, dh am letzten Tag der Stimmabgabe, das 18. Lebensjahr noch nicht vollendet haben (DKKW/*Trittin* § 60 Rn 30). Sie ist ferner zuständig für Auszubildende, die am Wahltag das 25. Lebensjahr noch nicht vollendet haben (zu Einzelheiten s § 5 Rdn 2). Eine JAV kann nur gewählt werden, wenn im Betrieb idR mind 5 dieser Personen beschäftigt werden. Ferner muss im Betrieb ein BR vorhanden sein, da nur diesem und nicht der JAV Beteiligungsrechte ggü dem AG zustehen. Fehlt dieser vorübergehend, berührt dies den rechtlichen Bestand der JAV nicht (Richardi/*Annuß* § 60 Rn 11).

3 **C. Aufgaben.** Die JAV nimmt die speziellen betriebsbezogenen Interessen und Belange der in § 60 I genannten AN ggü dem BR und damit mittelbar ggü dem AG wahr. Die §§ 61–73 regeln ihre Aufgaben und Befugnisse abschließend (GK-BetrVG/*Oetker* § 60 Rn 49). JAV-Mitglieder sind nicht als solche BR-Mitglieder, sondern nehmen an dessen Sitzungen mit abgestuften Rechten teil (MüArbR/*Joost* § 228 Rn 49 f, 55 ff). Die JAV kann ggü dem AG keine wirksamen Beschl fassen, sondern bedarf der Mitwirkung des BR (BAG 21.1.1982, 6 ABR 17/79, EzA § 70 BetrVG 1972 Nr 2).

§ 61 Wahlberechtigung und Wählbarkeit

(1) Wahlberechtigt sind alle in § 60 Abs. 1 genannten Arbeitnehmer des Betriebs.
(2) ¹Wählbar sind alle Arbeitnehmer des Betriebs, die das 25. Lebensjahr noch nicht vollendet haben; § 8 Abs. 1 Satz 3 findet Anwendung. ²Mitglieder des Betriebsrats können nicht zu Jugend- und Auszubildendenvertretern gewählt werden.

Übersicht	Rdn.			Rdn.
A. Allgemeines	1	C. Wählbarkeit		3
B. Wahlberechtigung	2			

1 **A. Allgemeines.** § 61 bestimmt zwingend die Voraussetzungen des aktiven und des passiven Wahlrechts und modifiziert hierzu die Grds der §§ 7 und 8 (*Dzida*, ArbRB 2014, 275). Streitigkeiten über das aktive und passive Wahlrecht entscheidet zunächst der Wahlvorstand, anschließend das ArbG im Beschlussverfahren (§§ 2a, 80 ff ArbGG).

2 **B. Wahlberechtigung.** Wahlberechtigt sind die in § 60 genannten jugendlichen AN, die am Tag der Wahl das 18. Lebensjahr (s § 60 Rdn 2) und Auszubildende (s § 5 Rdn 2), die zu diesem Zeitpunkt das 25. Lebensjahr noch nicht vollendet haben. Bei Volljährigen kann eine Doppelwahlberechtigung für BR und JAV entstehen (GK-BetrVG/*Oetker* § 61 Rn 8). Das Wahlrecht steht nur den Betriebsangehörigen zu. Auszubildende, die zwar abschnittsweise in verschiedenen Betrieben arbeiten, deren Ausbildung jedoch zentral gesteuert wird, gehören dem Betrieb an, in dem die wesentlichen, der Beteiligung der JAV bzw des BR unterliegenden Entscheidungen getroffen werden (BAG 13.3.1991, 7 ABR 89/89, EzA BetrVG § 60 Nr 3). In reinen Ausbildungsbetrieben kann mangels BR-Fähigkeit (s § 5 Rdn 2) keine JAV gebildet werden.

3 **C. Wählbarkeit.** Wählbar sind alle AN des Betriebs, die – bei Beginn der Amtszeit der JAV, nicht am Tag der Wahl (DKKW/*Trittin* § 61 Rn 12) – das 25. Lebensjahr noch nicht vollendet haben. Das passive Wahlrecht verlangt nicht die Geschäftsfähigkeit des Kandidaten (HWGNRH/*Rose* § 61 Rn 4). Formelle Voraussetzung ist die Eintragung in die Wählerliste (§§ 30, 2 II WahlO). Nicht wählbar ist, wer infolge strafgerichtlicher Verurteilung die Fähigkeit, Rechte aus öffentl Wahlen zu erlangen, verloren hat (§§ 61 II 1 Hs 2, 8 I 3). Ebenfalls nicht wählbar sind BR-Mitglieder (*Fitting* § 61 Rn 14). Dagegen dürfen JAV-Mitglieder für die BR-Wahl kandidieren (*Fitting* § 61 Rn 15). Werden sie in den BR gewählt, scheiden sie mit Annahme der Wahl aus der JAV aus.

§ 62 Zahl der Jugend- und Auszubildendenvertreter, Zusammensetzung der Jugend- und Auszubildendenvertretung

(1) Die Jugend- und Auszubildendenvertretung besteht in Betrieben mit in der Regel
5 bis 20 der in § 60 Abs. 1 genannten Arbeitnehmer aus einer Person,
21 bis 50 der in § 60 Abs. 1 genannten Arbeitnehmer aus 3 Mitgliedern,
51 bis 150 der in § 60 Abs. 1 genannten Arbeitnehmer aus 5 Mitgliedern,
151 bis 300 der in § 60 Abs. 1 genannten Arbeitnehmer aus 7 Mitgliedern,
301 bis 500 der in § 60 Abs. 1 genannten Arbeitnehmer aus 9 Mitgliedern,
501 bis 700 der in § 60 Abs. 1 genannten Arbeitnehmer aus 11 Mitgliedern,
701 bis 1.000 der in § 60 Abs. 1 genannten Arbeitnehmer aus 13 Mitgliedern,
mehr als 1.000 der in § 60 Abs. 1 genannten Arbeitnehmer aus 15 Mitgliedern.
(2) Die Jugend- und Auszubildendenvertretung soll sich möglichst aus Vertretern der verschiedenen Beschäftigungsarten und Ausbildungsberufe der im Betrieb tätigen in § 60 Abs. 1 genannten Arbeitnehmer zusammensetzen.
(3) Das Geschlecht, das unter den in § 60 Abs. 1 genannten Arbeitnehmern in der Minderheit ist, muss mindestens entsprechend seinem zahlenmäßigen Verhältnis in der Jugend- und Auszubildendenvertretung vertreten sein, wenn diese aus mindestens drei Mitgliedern besteht.

Die Größe der JAV richtet sich nach der Zahl der idR im Betrieb beschäftigten jugendlichen AN und Auszubildenden iSd § 60 I und wird durch den Wahlvorstand anhand der in § 62 I zwingend vorgegebenen Staffel festgelegt. Maßgeblich ist der Tag des Erlasses des Wahlausschreibens (BAG 22.11.1984, 6 ABR 9/84, EzA § 64 BetrVG 1972 Nr 1). Im Fall vorzeitiger Neuwahl ist der aktuelle, nicht der vergangene Tag des Wahlausschreibens entscheidend (BAG 22.11.1984, 6 ABR 9/84, EzA § 64 BetrVG 1972 Nr 1). Ändert sich die Zahl der jugendlichen AN und Auszubildenden nach der Wahl, lässt das die Größe der JAV unberührt; § 13 II Nr 1 gilt für die JAV nicht (BAG 22.11.1984, 6 ABR 9/84, EzA § 64 BetrVG 1972 Nr 1). Die **JAV soll** nach Möglichkeit die verschiedenen **Beschäftigungsarten und Ausbildungsberufe im Betrieb repräsentieren**; § 62 II ist jedoch eine bloße Sollvorschrift, deren Nichtbeachtung keinen Einfluss auf die Gültigkeit der Wahl hat. Dagegen ordnet § 62 III zwingend den Schutz für das **Geschlecht in der Minderheit** an. Es gilt das zu § 15 Rdn 2 ff Ausgeführte. Der Verstoß gegen diese Vorschrift macht die Wahl anfechtbar. Die Sitzverteilung regeln die §§ 38–40 WahlO. 1

§ 63 Wahlvorschriften

(1) Die Jugend- und Auszubildendenvertretung wird in geheimer und unmittelbarer Wahl gewählt.
(2) ¹Spätestens acht Wochen vor Ablauf der Amtszeit der Jugend- und Auszubildendenvertretung bestellt der Betriebsrat den Wahlvorstand und seinen Vorsitzenden. ²Für die Wahl der Jugend- und Auszubildendenvertreter gelten § 14 Abs. 2 bis 5, § 16 Abs. 1 Satz 4 bis 6, § 18 Abs. 1 Satz 1 und Abs. 3 sowie die §§ 19 und 20 entsprechend.
(3) Bestellt der Betriebsrat den Wahlvorstand nicht oder nicht spätestens sechs Wochen vor Ablauf der Amtszeit der Jugend- und Auszubildendenvertretung oder kommt der Wahlvorstand seiner Verpflichtung nach § 18 Abs. 1 Satz 1 nicht nach, so gelten § 16 Abs. 2 Satz 1 und 2, Abs. 3 Satz 1 und § 18 Abs. 1 Satz 2 entsprechend; der Antrag beim Arbeitsgericht kann auch von jugendlichen Arbeitnehmern gestellt werden.
(4) ¹In Betrieben mit in der Regel fünf bis fünfzig der in § 60 Abs. 1 genannten Arbeitnehmer gilt auch § 14a entsprechend. ²Die Frist zur Bestellung des Wahlvorstands wird im Fall des Absatzes 2 Satz 1 auf vier Wochen und im Fall des Absatzes 3 Satz 1 auf drei Wochen verkürzt.
(5) In Betrieben mit in der Regel 51 bis 100 der in § 60 Abs. 1 genannten Arbeitnehmer gilt § 14a Abs. 5 entsprechend.

Übersicht	Rdn.		Rdn.
A. Wahlverfahren	1	B. Wahlvorstand	2

A. Wahlverfahren. Die JAV wird wie der BR in geheimer, unmittelbarer, allg, freier und gleicher Wahl gewählt (BAG 6.12.2000, 7 ABR 34/99, EzA § 19 BetrVG 1972 Nr 40). Sie erfolgt aufgrund von Wahlvorschlägen. Vorschlagsberechtigt sind die zur JAV Wahlberechtigten sowie die im Betrieb vertretenen Gewerkschaften (§§ 63 II 2, 14 V). Jeder Wahlvorschlag bedarf der Unterstützung von einem 20-tel, mind aber von 3, in Betrieben mit bis zu 20 Wahlberechtigten von 2 vorschlagsberechtigten AN. Die Unterstützung durch 50 AN iSd § 60 I genügt in jedem Fall. Im Regelfall wird nach den Grds der Verhältniswahl gewählt 1

(§§ 63 II 2, 14 III, IV), bei der der Wähler seine Stimme für eine Liste abgibt. Wird nur ein Wahlvorschlag eingereicht oder wird nur ein Mitglied gewählt, gilt das Mehrheitswahlsystem, bei dem Personen und nicht Listen gewählt werden. Die Grds über die Anfechtbarkeit und Nichtigkeit einer BR-Wahl (s § 19 Rdn 1) gelten für die JAV-Wahl entspr. Anfechtungsberechtigt sind die zur JAV-Wahl Berechtigten, der AG und jede im Betrieb vertretene Gewerkschaft (§§ 63 II 2, 19 II). Für die Kosten und den Schutz der JAV-Wahl gelten die Regelungen des § 20 entspr.

2 **B. Wahlvorstand.** Die JAV-Wahl wird vom Wahlvorstand geleitet und durchgeführt (§ 38 S 1, § 1 I WahlO). Seine Aufgaben entsprechen denen des Wahlvorstands bei der BR-Wahl. Dazu gehören ua der Erlass des Wahlausschreibens (§ 38 S 1, § 3 WahlO), die Erstellung der Wählerliste (§ 38 S 1, § 2 I–IV WahlO), die Entsch über Einsprüche gegen die Richtigkeit der Wählerliste (§ 38 S 1, § 4 WahlO), die Durchführung der Stimmabgabe (§ 38 S 1, §§ 11 f WahlO) und die Feststellung des Wahlergebnisses (§ 38 S 1, §§ 14 ff WahlO). Der Wahlvorstand wird vom BR spätestens 8 Wochen vor Ablauf der Amtszeit der JAV bestellt; bei vorzeitigem Ende hat dies unverzüglich zu erfolgen (DKKW/*Trittin* § 63 Rn 15). Eine Bestellung durch die amtierende JAV oder die Jugend- und Auszubildendenversammlung ist unzulässig (GK-BetrVG/*Oetker* § 63 Rn 11). IÜ gelten die Vorschriften über die Bestellung des Wahlvorstands für die BR-Wahl entspr. In Kleinbetrieben mit idR 5–50 jugendlichen AN und Auszubildenden finden die Vorschriften über das vereinfachte Wahlverfahren Anwendung; in Betrieben mit idR 51–100 dieser AN können Wahlvorstand und AG die Anwendung des vereinfachten Wahlverfahrens vereinbaren. Über Streitigkeiten entscheidet das ArbG im Beschlussverfahren (§§ 2a, 80 ff ArbGG).

§ 64 Zeitpunkt der Wahlen und Amtszeit

(1) ¹Die regelmäßigen Wahlen der Jugend- und Auszubildendenvertretung finden alle zwei Jahre in der Zeit vom 1. Oktober bis 30. November statt. ²Für die Wahl der Jugend- und Auszubildendenvertretung außerhalb dieser Zeit gilt § 13 Abs. 2 Nr. 2 bis 6 und Abs. 3 entsprechend.
(2) ¹Die regelmäßige Amtszeit der Jugend- und Auszubildendenvertretung beträgt zwei Jahre. ²Die Amtszeit beginnt mit der Bekanntgabe des Wahlergebnisses oder, wenn zu diesem Zeitpunkt noch keine Jugend- und Auszubildendenvertretung besteht, mit Ablauf deren Amtszeit. ³Die Amtszeit endet spätestens am 30. November des Jahres, in dem nach Absatz 1 Satz 1 die regelmäßigen Wahlen stattfinden. ⁴In dem Fall des § 13 Abs. 3 Satz 2 endet die Amtszeit spätestens am 30. November des Jahres, in dem die Jugend- und Auszubildendenvertretung neu zu wählen ist. ⁵In dem Fall des § 13 Abs. 2 Nr. 2 endet die Amtszeit mit der Bekanntgabe des Wahlergebnisses der neu gewählten Jugend- und Auszubildendenvertretung.
(3) Ein Mitglied der Jugend- und Auszubildendenvertretung, das im Laufe der Amtszeit das 25. Lebensjahr vollendet, bleibt bis zum Ende der Amtszeit Mitglied der Jugend- und Auszubildendenvertretung.

1 Die JAV-Wahlen finden zwingend in 2-jährigem Turnus in den Jahren mit gerader Endziffer (2012, 2014 usw) statt (§ 64 I 1). Sie sind in der Zeit vom 1.10.–30.11. durchzuführen, wobei der Tag der Stimmabgabe maßgebend ist (DKKW/*Trittin* § 64 Rn 4). Der Wahlzeitraum soll den Auszubildenden, deren Berufsausbildung regelmäßig im Herbst beginnt, die Gelegenheit geben, die JAV so früh wie möglich mitzuwählen. Für außerplanmäßige JAV-Wahlen gelten die Regelungen des § 13 – mit Ausnahme von § 13 II Nr 1 – entspr. Die Amtszeit der JAV beträgt 2 Jahre, um den AN nach § 60 I wenigstens einmal die Teilnahme an der Wahl zu ermöglichen. Für Beginn und Ende der Amtszeit gilt § 21. Da § 64 nicht auf § 22 verweist, bleibt die JAV bei geschlossenem Rücktritt nicht bis zur Neuwahl im Amt (GK-BetrVG/*Oetker* § 64 Rn 21; HWGNRH/*Rose* § 64 Rn 20; aA DKKW/*Trittin* § 64 Rn 10); die Interessen der jugendlichen AN werden in dieser Zeit vom BR wahrgenommen (BAG 21.1.1982, 6 ABR 17/79, EzA § 70 BetrVG 1972 Nr 2). § 64 III sichert die Kontinuität der JAV-Arbeit. JAV-Mitglieder scheiden nicht mit Vollendung des 25. Lebensjahres aus der JAV aus, sondern bleiben bis zum Ende der Amtszeit Mitglied. Maßgebend ist der Tag des Beginns der Amtszeit, nicht der Wahl (DKKW/*Trittin* § 64 Rn 12).

§ 65 Geschäftsführung

(1) Für die Jugend- und Auszubildendenvertretung gelten § 23 Abs. 1, die §§ 24, 25, 26, 28 Abs. 1 Satz 1 und 2, die §§ 30, 31, 33 Abs. 1 und 2 sowie die §§ 34, 36, 37, 40 und 41 entsprechend.
(2) ¹Die Jugend- und Auszubildendenvertretung kann nach Verständigung des Betriebsrats Sitzungen abhalten; § 29 gilt entsprechend. ²An diesen Sitzungen kann der Betriebsratsvorsitzende oder ein beauftragtes Betriebsratsmitglied teilnehmen.

Übersicht

		Rdn.			Rdn.
A.	Entspr anwendbare Vorschriften.........	1	B.	Nicht anwendbare Regelungen..........	3
I.	Allgemeines.........................	1	C.	Sitzungen der JAV	4
II.	Besuch von Schulungsveranstaltungen und Kostentragung..................	2			

A. Entspr anwendbare Vorschriften. I. Allgemeines. § 65 I erklärt die Vorschriften über die **1** Geschäftsführung des BR für entspr anwendbar, soweit nicht Besonderheiten der JAV entgegenstehen. Die **Auflösung der JAV** und der **Ausschluss einzelner Mitglieder** sind nur wegen grober Pflichtverletzung möglich (§ 23 I). Der Antrag kann durch den AG, jede im Betrieb vertretene Gewerkschaft und ein Viertel der AN nach § 60 I gestellt werden. Auch der BR ist für beide Verfahren antragsbefugt (Richardi/*Annuß* § 65 Rn 5 f.). Die JAV kann nur den Ausschluss einzelner Mitglieder beantragen. Mangels Anwendbarkeit des § 23 II bestellt der BR – nicht das ArbG – unverzüglich den Wahlvorstand. Eine Bestimmung durch das ArbG kommt nur nach § 63 III in Betracht. Antragsberechtigt ist eine im Betrieb vertretene Gewerkschaft oder 3 AN des Betriebs (*Fitting* § 65 Rn 4). Die Gründe für das **Erlöschen der Mitgliedschaft** in der JAV entsprechen denen beim BR (§ 24). Eine Ausnahme bildet der Verlust der Wählbarkeit, der nicht zum Erlöschen der Mitgliedschaft führt (§ 64 III). Die Mitgliedschaft endet ebenso bei Wahl in den BR. Scheidet ein Mitglied aus der JAV aus, rückt ein **Ersatzmitglied** nach (§ 25). Wurde in Listenwahl gewählt, rücken die nicht gewählten Mitglieder aus der Liste der Ausgeschiedenen nach. Bei Mehrheitswahl rückt der Bewerber, der die nächsthöhere Stimmenanzahl erreicht hat, nach (DKKW/*Trittin* § 65 Rn 6). Die JAV wählt aus ihrer Mitte den **Vorsitzenden und dessen Stellvertreter** (§ 26). Er vertritt die JAV iRd von ihr gefassten Beschl, nimmt Erklärungen ggü der JAV entgegen, beruft die Sitzungen ein, leitet diese und unterrichtet den BR-Vorsitzenden hierüber (DKKW/*Trittin* § 65 Rn 7). Die Bezugnahme auf § 28 ermöglicht die **Einsetzung von Ausschüssen** mit einfacher Mehrheit. Diese können mangels Verweis auf § 28 I 3 Aufgaben nicht selbständig erledigen; die Ausschüsse können jedoch Beschl vorbereiten (*Fitting* § 65 Rn 7). Die **Geschäftsordnung** mit Bestimmungen über die Geschäftsführung der JAV ist mit absoluter Mehrheit zu beschließen. Die Tätigkeit in der JAV wird unentgeltlich als **Ehrenamt** ausgeführt. Die Vorschriften über die **Arbeitsbefreiung sowie über die wirtschaftliche und berufliche Absicherung** für BR-Mitglieder (§ 37) gelten entspr. Unter Befreiung von der beruflichen Tätigkeit geleistete JAV-Arbeit gilt als Arbeitszeit iSv § 2 I ArbZG (vgl OVG Münster 10.5.2011, 4 A 1403/08, BB 2011, 1972).

II. Besuch von Schulungsveranstaltungen und Kostentragung. Die JAV hat Anspruch auf den Besuch **2** von Schulungsveranstaltungen zur Vermittlung erforderlicher Kenntnisse (§ 37 VI). Da der Aufgabenbereich der JAV kleiner als der des BR ist, gelten für die Erforderlichkeit des Schulungsbesuchs strengere Anforderungen. Die Schulungen müssen sich auf die Aufgaben und Befugnisse der JAV oder auf ihre Rechtsstellung ggü dem BR beziehen (BAG 6.5.1975, 1 ABR 135/73, EzA § 65 BetrVG 1972 Nr 5). Nicht erforderlich sind Schulungen über das BBiG und das JArbSchG (BAG 6.5.1975, 1 ABR 135/73, aaO). Schulungen über den Gesundheitsschutz im Betrieb dürfen nur dann besucht werden, wenn der Jugendschutz im Mittelpunkt steht (BAG 10.6.1975, 1 ABR 139/73, EzA § 65 BetrVG 1972 Nr 6). Behandelt eine Schulung teils erforderliche, teils nur geeignete Themen, gibt der Schwerpunkt der Schulung den Ausschlag (BAG 10.5.1974, 1 ABR 60/73, EzA § 37 BetrVG 1972 Nr 23). Die Teilnahme eines nicht endgültig nachgerückten Ersatzmitglieds einer 1-köpfigen Jugendvertretung an einer Schulung ist normalerweise nicht erforderlich (BAG 10.5.1974, 1 ABR 47/73, EzA § 65 BetrVG 1972 Nr 4). Anderes gilt, wenn das Ersatzmitglied häufiger zu Sitzungen herangezogen wird (BAG 10.5.1974, 1 ABR 47/73, aaO). Die Teilnahme eines JAV-Mitglieds an einer Schulungsveranstaltung kann nur vom BR, nicht von der JAV selbst beschlossen werden (BAG 15.1.1992, 7 ABR 23/90, EzA § 40 BetrVG 1972 Nr 68). Die JAV ist aber an der Beschlussfassung zu beteiligen (§ 67 II); bei Nichtbeteiligung ist der Beschl gleichwohl wirksam (BAG 6.5.1975, 1 ABR 135/73, EzA § 65 BetrVG 1972 Nr 5). Jedes JAV-Mitglied hat Anspruch auf Teilnahme an geeigneten Schulungsmaßnahmen iSd § 37 VII, und zwar im selben Umfang wie ein BR-Mitglied (*Fitting* § 65 Rn 18). Die Kosten und Sachmittel für die Tätigkeit der JAV sind vom AG zu tragen (§ 40). Diese umfassen auch Rechtsanwaltskosten eines JAV-Mitglieds, die ihm wegen eines vom BR eingeleiteten Verfahrens nach § 23 I entstanden sind (BAG 29.7.1982, 6 ABR 41/79, AuR 1982, 258). Für Verfahren nach § 78 IV gilt dies jedoch nicht (BAG 5.4.2000, 7 ABR 6/99, EzA § 40 BetrVG 1972 Nr 91). Über Streitigkeiten hins der Organisation und Geschäftsführung der JAV entscheidet das ArbG im Beschlussverfahren (§§ 2a, 80 ff ArbGG). Ist die Schulungsteilnahme eines JAV-Mitglieds

§ 66 BetrVG   Aussetzung von Beschlüssen des Betriebsrats

str, sind die JAV und das betroffene Mitglied antrags- und beteiligungsbefugt (BAG 10.5.1974, 1 ABR 47/73, EzA § 65 BetrVG 1972 Nr 4). Gleiches gilt für den BR (BAG 6.5.1975, 1 ABR 135/73, EzA § 65 BetrVG 1972 Nr 5). Ansprüche auf EFZ von JAV-Mitgliedern sind im Urteilsverfahren (§§ 2 I Nr 3a, 46 ff ArbGG) zu verfolgen.

3 **B. Nicht anwendbare Regelungen.** § 27 ist auf die JAV nicht anwendbar, sodass eine generelle Übertragung der Geschäftsführung auf einen Ausschuss nicht in Betracht kommt (Richardi/*Annuß* § 65 Rn 9). Die Aussetzung von eigenen Beschl durch die JAV versagt § 35. § 65 I sieht von einer Verweisung auf § 38 ab, sodass eine vollständige Arbeitsbefreiung zur Ausübung des JAV-Amtes nicht in Betracht kommt.

4 **C. Sitzungen der JAV.** Der JAV-Vorsitzende darf nach pflichtgem Ermessen JAV-Sitzungen einberufen. Zuvor ist der BR zu verständigen, um diesem die Sitzungsteilnahme zu ermöglichen (*Gamillscheg* KollArbR II S 679). Unterbleibt dies pflichtwidrig, kann ein Ausschluss des Vorsitzenden nach § 23 I in Betracht kommen. Ein Antragsrecht des BR zur Einberufung einer JAV-Sitzung besteht nicht. Der BR ist zur Teilnahme nicht verpflichtet (DKKW/*Trittin* § 65 Rn 42). Die JAV-Sitzungen sind – wie die des BR – **nicht öffentl** und regelmäßig **während der Arbeitszeit** abzuhalten (§ 30). Bei der Terminbestimmung sind betriebliche Notwendigkeiten zu berücksichtigen. Eine in der JAV vertretene **Gewerkschaft hat dann ein Teilnahmerecht**, wenn dies durch ein Viertel der JAV beantragt wird (§ 31). Das Teilnahmerecht einer nicht in der JAV, jedoch im BR vertretenen Gewerkschaft kann lediglich der BR beschließen (*Fitting* § 65 Rn 9; HWGNRH/*Rose* § 65 Rn 44). Die **Beschlussfassung durch die JAV** erfolgt grds mit einfacher Stimmenmehrheit (§ 33). Ausnahmen gelten in den gesetzlich angeordneten Fällen, zB bei einem Antrag auf Aussetzung eines BR-Beschl (§§ 66, 35) oder im Fall des Rücktritts der JAV (§§ 64 I, 13 II Nr 3). Gewerkschaften und BR-Mitglieder haben kein Stimmrecht (DKKW/*Trittin* § 65 Rn 15). Die JAV ist beschlussfähig, wenn die Hälfte ihrer Mitglieder anwesend ist. Es ist eine **Sitzungsniederschrift** über jede JAV-Sitzung anzufertigen, die mind den Wortlaut der Beschl und das Abstimmungsergebnis enthält (§ 34). Das Recht zur Einsicht steht jedem Mitglied zu.

§ 66 Aussetzung von Beschlüssen des Betriebsrats

(1) Erachtet die Mehrheit der Jugend- und Auszubildendenvertreter einen Beschluss des Betriebsrats als eine erhebliche Beeinträchtigung wichtiger Interessen der in § 60 Abs. 1 genannten Arbeitnehmer, so ist auf ihren Antrag der Beschluss auf die Dauer von einer Woche auszusetzen, damit in dieser Frist eine Verständigung, gegebenenfalls mit Hilfe der im Betrieb vertretenen Gewerkschaften, versucht werden kann.
(2) Wird der erste Beschluss bestätigt, so kann der Antrag auf Aussetzung nicht wiederholt werden; dies gilt auch, wenn der erste Beschluss nur unerheblich geändert wird.

Übersicht	Rdn.		Rdn.
A. Voraussetzungen.................	1	B. Rechtsfolgen.......................	2

1 **A. Voraussetzungen.** Die Vorschrift entspricht inhaltlich § 35 und dient dem Minderheitenschutz im Betrieb. Eigene Beschl kann die JAV aufheben, sofern sie noch keine Außenwirkung erlangt haben. Über den Aussetzungsantrag entscheidet die JAV durch Beschl, für den die absolute Mehrheit erforderlich ist. Ob wichtige Interessen jugendlicher AN tatsächlich beeinträchtigt sind, spielt keine Rolle; es genügt die subjektive Einschätzung der Mehrheit der JAV-Mitglieder (GK-BetrVG/*Oetker* § 66 Rn 8). Der BR-Beschl muss eine Angelegenheit betreffen, bei der die JAV das Recht hat, an der BR-Sitzung teilzunehmen (§ 67 I 2) oder über das Thema mit abzustimmen (§ 67 II). Ein Aussetzungsantrag kommt nicht in Betracht, wenn die JAV bei der Beschlussfassung im BR mehrheitlich für einen Antrag gestimmt hat (DKKW/*Trittin* § 66 Rn 5). Wird die JAV nicht zu einer Sitzung des BR geladen, obwohl Angelegenheiten nach § 67 I 2, II behandelt wurden, liegt schon allein darin eine erhebliche Beeinträchtigung der Interessen Jugendlicher. Der Antrag nach § 66 kann jederzeit zurückgenommen werden (*Fitting* § 35 Rn 17).

2 **B. Rechtsfolgen.** Mit ordnungsgem Antragstellung wird der BR-Beschl für 1 Woche ausgesetzt. Während dieser Zeit sollen sich BR und JAV verständigen. Fasst der BR nach 1 Woche erneut Beschl, kann die JAV den Aussetzungsantrag nicht noch einmal stellen. Bei § 66 handelt es sich nicht um eine Ordnungsvorschrift. Bei Nichtbeachtung kann die JAV eine nochmalige Behandlung erzwingen, ggf durch einstweilige Verfügung (GK-BetrVG/*Oetker* § 66 Rn 1, 25). Über Streitigkeiten nach § 66 entscheidet das ArbG im Beschlussverfahren (§§ 2a, 80 ff ArbGG).

§ 67 Teilnahme an Betriebsratssitzungen

(1) ¹Die Jugend- und Auszubildendenvertretung kann zu allen Betriebsratssitzungen einen Vertreter entsenden. ²Werden Angelegenheiten behandelt, die besonders die in § 60 Abs. 1 genannten Arbeitnehmer betreffen, so hat zu diesen Tagesordnungspunkten die gesamte Jugend- und Auszubildendenvertretung ein Teilnahmerecht.
(2) Die Jugend- und Auszubildendenvertreter haben Stimmrecht, soweit die zu fassenden Beschlüsse des Betriebsrats überwiegend die in § 60 Abs. 1 genannten Arbeitnehmer betreffen.
(3) ¹Die Jugend- und Auszubildendenvertretung kann beim Betriebsrat beantragen, Angelegenheiten, die besonders die in § 60 Abs. 1 genannten Arbeitnehmer betreffen und über die sie beraten hat, auf die nächste Tagesordnung zu setzen. ²Der Betriebsrat soll Angelegenheiten, die besonders die in § 60 Abs. 1 genannten Arbeitnehmer betreffen, der Jugend- und Auszubildendenvertretung zur Beratung zuleiten.

Übersicht	Rdn.			Rdn.
A.	Allg Teilnahmerecht	1	C. Stimmrecht der Vertreter	3
B.	Bes Teilnahmerecht	2	D. Antragsrecht und Informationspflicht	4

A. Allg Teilnahmerecht. Nach § 67 I 1 kann ein JAV-Mitglied an allen Sitzungen des BR und seiner 1 Ausschüsse (*Fitting* § 67 Rn 6) mit beratender Stimme teilnehmen (GK-BetrVG/*Oetker* § 67 Rn 21), soweit diesen Ausschüssen Angelegenheiten zur selbständigen Erledigung übetragen worden sind, die besonders oder überwiegend Jugendliche oder Auszubildende betreffen (*Fitting* § 67 Rn 6). Dieses Recht dient als Ausgleich dafür, dass allein der BR die Interessen aller AN – auch der nach § 60 I – ggü dem AG wahrnimmt (BAG 21.1.1982, 6 ABR 17/79, EzA § 70 BetrVG 1972 Nr 2). Die JAV entscheidet durch Beschl, welches ihrer Mitglieder sie zu den Sitzungen entsendet und ob dies generell oder nur für einen Teil der Sitzungen geschieht (Richardi/*Annuß* § 67 Rn 7). Soll das Verhältnis zwischen JAV und BR oder das Verhalten eines ihrer Mitglieder erörtert werden, kann der BR eine Vorberatung ohne das JAV-Mitglied durchführen (Richardi/*Annuß*, § 67 Rn 6); das Erg ist der JAV mitzuteilen.

B. Bes Teilnahmerecht. Sämtliche JAV-Mitglieder sind zur Teilnahme an BR-Sitzungen berechtigt, wenn 2 Interessen der AN nach § 60 I im Betrieb bes betroffen sind (§ 67 I 2), zB bei Fragen des JArbSchG und des BBiG (DKKW/*Trittin* § 67 Rn 11 f.). Auch personelle Einzelmaßnahmen, wie zB die Einstellung, Versetzung oder Kdg eines AN nach § 60 I, begründen das bes Teilnahmerecht der JAV (*Fitting* § 67 Rn 14). Von § 67 II abgesehen, steht den JAV-Mitgliedern kein Stimmrecht zu. Soweit ein Teilnahmerecht besteht, hat der BR-Vorsitzende die JAV-Mitglieder ordnungsgem zu laden. Unterbleibt dies, führt das nicht zur Unwirksamkeit eines BR-Beschlusses (BAG 6.5.1975, 1 ABR 135/73, EzA § 65 BetrVG 1972 Nr 5). Wiederholtes Unterlassen der Ladung kann jedoch eine grobe Pflichtverletzung iSd § 23 I bedeuten (HWG-NRH/*Rose* § 67 Rn 12). Das Teilnahmerecht umfasst nur die Tagesordnungspunkte mit bes Bezug zu Interessen der AN nach § 60 I (Richardi/*Annuß* § 67 Rn 12).

C. Stimmrecht der Vertreter. Die JAV-Mitglieder sind an der Beschlussfassung im BR zu beteiligen, 3 wenn von einer Angelegenheit – rein zahlenmäßig – mehr jugendliche als sonstige AN betroffen sind (GK-BetrVG/*Oetker* § 67 Rn 38). Eine getrennte Beschlussfassung hat dann zu erfolgen, wenn ein Beschl zugleich Belange jugendlicher und sonstiger AN betr. Ist eine solche Aufspaltung nicht möglich, muss geprüft werden, ob die Angelegenheit überwiegend Belange jugendlicher AN nach § 60 I betr (*Fitting* § 67 Rn 22). Die Stimmen der JAV-Mitglieder sind bei der Feststellung der Stimmmehrheit nach § 33 III, jedoch nicht bei der Feststellung der Beschlussfähigkeit des BR mitzuzählen (GK-BetrVG/*Oetker* § 67 Rn 47). Unterbleibt eine Ladung von Mitgliedern der JAV, denen volles Stimmrecht zukommt, ist der Beschluss des BR unwirksam (Richardi/*Annuß* § 67 Rn 25), es sei denn, dass die fehlende Beteiligung auf das Ergebnis rechnerisch keinen Einfluss haben konnte (BAG 6.5.1975, 1 ABR 135/73, EzA § 65 BetrVG 1972 Nr 5).

D. Antragsrecht und Informationspflicht. § 67 III 1 gibt der JAV das Recht, beim BR – oder dessen Aus- 4 schüssen – zu beantragen, dass Themen, die bes jugendliche AN nach § 60 betreffen, auf die Tagesordnung gesetzt werden. Die JAV muss die Angelegenheit bereits vorberaten haben, wobei eine eingehende Erörterung ohne abschließende Meinungsbildung genügt (GK-BetrVG/*Oetker* § 67 Rn 57). Die Vorberatung ist keine Wirksamkeitsvoraussetzung für den Beschl im BR (DKKW/*Trittin* § 67 Rn 28). Der BR-Vorsitzende hat das Thema bei rechtzeitiger Antragstellung auf die Tagesordnung der nächsten Sitzung zu setzen (*Fitting*

§ 67 Rn 28). Der BR muss die Angelegenheit nicht abschließend beraten, sondern kann sie einem Ausschuss zur selbständigen Behandlung zuweisen (WPK/*Roloff* § 67 Rn 11). Die Informationspflicht nach § 67 III 2 soll der Vorbereitung der JAV auf die BR-Sitzungen dienen. Ein eigener Beschl ist hierfür nicht erforderlich (DKKW/*Trittin* § 67 Rn 32; *Fitting* § 67 Rn 31). Ist ein BR-Ausschuss zuständig, trifft dessen Vorsitzenden die Informationspflicht (HWGNRH/*Rose* § 67 Rn 48). Über Streitigkeiten entscheidet das ArbG im Beschlussverfahren (§§ 2a, 80 ff ArbGG).

§ 68 Teilnahme an gemeinsamen Besprechungen
Der Betriebsrat hat die Jugend- und Auszubildendenvertretung zu Besprechungen zwischen Arbeitgeber und Betriebsrat beizuziehen, wenn Angelegenheiten behandelt werden, die besonders die in § 60 Abs. 1 genannten Arbeitnehmer betreffen.

1 Das Recht zur Teilnahme betr alle Besprechungen zwischen BR und AG, die Belange jugendlicher AN (§ 60 I) bes, dh überwiegend betreffen (ErfK/*Koch* §§ 60-70 Rn 4). Die Teilnahme erfolgt durch Erörterung und Stellungnahme (DKKW/*Trittin* § 68 Rn 8, 1). Das Teilnahmerecht besteht auch dann, wenn der BR Angelegenheiten zur selbständigen Erledigung auf einen Ausschuss übertragen hat (Richardi/*Annuß* § 68 Rn 8). Gelegentliche Unterredungen zwischen dem BR-Vorsitzenden und dem AG fallen nicht unter § 68 (*Fitting* § 68 Rn 5). Der BR-Vorsitzende kann die JAV als solche unter Angabe von Ort und Zeit formlos laden (DKKW/*Trittin* § 68 Rn 6). Besprechungspunkte werden nur bei Berührung von Interessen nach § 60 I mitgeteilt. Wiederholtes Unterlassen der Ladung kann den Tatbestand des § 23 I erfüllen. Der JAV-Vorsitzende gibt die Ladung an die Mitglieder weiter, wobei alle Vertreter zur Teilnahme berechtigt, aber nicht verpflichtet sind (GK-BetrVG/*Oetker* § 68 Rn 12). Bei freiwilligem Fernbleiben eines Mitglieds ist dieses nicht verhindert und wird auch nicht durch das zuständige Ersatzmitglied (§ 65 iVm § 25 I 2) vertreten. Streitigkeiten entscheidet das ArbG im Beschlussverfahren (§§ 2a, 80 ff ArbGG). Die Teilnahme an Besprechungen kann durch einstweilige Verfügung gesichert werden (Richardi/*Annuß* § 68 Rn 10).

§ 69 Sprechstunden
¹In Betrieben, die in der Regel mehr als fünfzig der in § 60 Abs. 1 genannten Arbeitnehmer beschäftigen, kann die Jugend- und Auszubildendenvertretung Sprechstunden während der Arbeitszeit einrichten. ²Zeit und Ort sind durch Betriebsrat und Arbeitgeber zu vereinbaren. ³§ 39 Abs. 1 Satz 3 und 4 und Abs. 3 gilt entsprechend. ⁴An den Sprechstunden der Jugend- und Auszubildendenvertretung kann der Betriebsratsvorsitzende oder ein beauftragtes Betriebsratsmitglied beratend teilnehmen.

1 § 69 gibt der JAV das Recht – nicht die Pflicht – zur Einrichtung von Sprechstunden (*Fitting* § 69 Rn 5). Maßgebend ist die Zahl der regelmäßig beschäftigten AN iSd § 60 I; kurzzeitiges Absinken unter diesen Schwellenwert schadet nicht (MüArbR/*Joost* § 228 Rn 72). Beschließt die JAV mit einfacher Mehrheit die Einführung von Sprechstunden, ist dies für AG und BR bindend (*Fitting* § 69 Rn 5). Sind in dem Betrieb weniger als 51 AN nach § 60 I beschäftigt, können Sprechstunden nur durch Vereinbarung zwischen JAV, BR und AG eingerichtet werden (GK-BetrVG/*Oetker* § 69 Rn 6). AN nach § 60 I dürfen auch die Sprechstunden des BR besuchen (Richardi/*Annuß* § 69 Rn 8). Die Sprechstunden sind während der Arbeitszeit einzurichten. Ort und Zeit sind zwischen AG und BR zu vereinbaren; die JAV nimmt an den Verh teil und ist an die Festlegung gebunden (GK-BetrVG/*Oetker* § 69 Rn 15). Kommt zwischen BR und AG keine Einigung zustande, entscheidet die Einigungsstelle (§ 39 I 2). Die JAV kann die Einigungsstelle nicht anrufen (*Fitting* § 69 Rn 14). Für die weiteren Einzelheiten gilt § 39 entspr. Der BR-Vorsitzende hat das Recht – nicht die Pflicht –, an der Sprechstunde teilzunehmen, um in Sach- und Rechtsfragen zu beraten (DKKW/*Trittin* § 69 Rn 15). Durch Mehrheitsbeschl kann der BR auch ein anderes Mitglied entsenden, wobei der JAV kein Stimmrecht nach § 67 II zusteht (*Fitting* § 69 Rn 13). Es handelt sich um die innere Organisation des BR (GK-BetrVG/*Oetker* § 69 Rn 23). Über Streitigkeiten entscheidet das ArbG im Beschlussverfahren (§§ 2a, 80 ff ArbGG). Die JAV kann das Verfahren aber nicht selbst einleiten (DKKW/*Trittin* § 69 Rn 18). Ansprüche auf EFZ nach §§ 37 II, 39 III sind im Urteilsverfahren (§§ 2 I Nr 3a, 46 ff ArbGG) zu verfolgen.

§ 70 Allgemeine Aufgaben

(1) Die Jugend- und Auszubildendenvertretung hat folgende allgemeine Aufgaben:
1. Maßnahmen, die den in § 60 Abs. 1 genannten Arbeitnehmern dienen, insbesondere in Fragen der Berufsbildung und der Übernahme der zu ihrer Berufsausbildung Beschäftigten in ein Arbeitsverhältnis, beim Betriebsrat zu beantragen;Maßnahmen zur Durchsetzung der tatsächlichen Gleichstellung der in § 60 Abs. 1 genannten Arbeitnehmer entsprechend § 80 Abs. 1 Nr. 2a und 2b beim Betriebsrat zu beantragen;
2. darüber zu wachen, dass die zugunsten der in § 60 Abs. 1 genannten Arbeitnehmer geltenden Gesetze, Verordnungen, Unfallverhütungsvorschriften, Tarifverträge und Betriebsvereinbarungen durchgeführt werden;
3. Anregungen von in § 60 Abs. 1 genannten Arbeitnehmern, insbesondere in Fragen der Berufsbildung, entgegenzunehmen und, falls sie berechtigt erscheinen, beim Betriebsrat auf eine Erledigung hinzuwirken. Die Jugend- und Auszubildendenvertretung hat die betroffenen in § 60 Abs. 1 genannten Arbeitnehmer über den Stand und das Ergebnis der Verhandlungen zu informieren;
4. die Integration ausländischer, in § 60 Abs. 1 genannter Arbeitnehmer im Betrieb zu fördern und entsprechende Maßnahmen beim Betriebsrat zu beantragen.

(2) ¹Zur Durchführung ihrer Aufgaben ist die Jugend- und Auszubildendenvertretung durch den Betriebsrat rechtzeitig und umfassend zu unterrichten. ²Die Jugend- und Auszubildendenvertretung kann verlangen, dass ihr der Betriebsrat die zur Durchführung ihrer Aufgaben erforderlichen Unterlagen zur Verfügung stellt.

Übersicht	Rdn.		Rdn.
A. Allgemeines	1	II. Überwachung (Nr 2)	3
B. Allg Aufgaben	2	III. Anregungsrecht (Nr 3)	4
I. Antragsrecht (Nr 1, 1a, 4)	2	C. Unterrichtung	5

A. Allgemeines. § 70 begründet für die JAV – ähnlich wie § 80 I für den BR – einen Katalog eigener **1** Aufgaben. Für Verh mit dem AG ist allein der BR als Vertreter aller AN zuständig (BAG 21.1.1982, 6 ABR 17/79, EzA § 70 BetrVG 1972 Nr 2; DKKW/ *Trittin* § 70 Rn 1, 2). Die JAV ist deshalb bei der Erledigung ihrer Aufgaben auf ihn angewiesen (BAG 10.5.1974, 1 ABR 57/73, EzA § 65 BetrVG 1972 Nr 2). Über Streitigkeiten entscheidet das ArbG im Beschlussverfahren (§§ 2a, 80 ff ArbGG).

B. Allg Aufgaben. I. Antragsrecht (Nr 1, 1a, 4). Das Antragsrecht nach § 70 I Nr 1 ist nicht ggü dem **2** AG, sondern ggü dem BR geltend zu machen. Es besteht bei allen Angelegenheiten, die den AN nach § 60 I dienen. Außerdem muss die Frage zum gesetzlichen Zuständigkeitsbereich des BR gehören. Ein Mitwirkungs- oder Mitbestimmungsrecht muss nicht bestehen (HWGNRH/ *Rose* § 70 Rn 11). Unter Nr 1 fallen insb Fragen der Berufsbildung (zB Gestaltung der Ausbildungspläne, Erstellung von Beurteilungsbögen, Verbesserung von Ausbildungsmethoden) und der Übernahme von Auszubildenden in ein Beschäftigungsverhältnis. Die Antragsrechte nach Nr 1a und Nr 4 sollen die Gleichstellung der Geschlechter und die Integration ausländischer Mitarbeiter fördern. Der Antrag setzt einen wirksamen Mehrheitsbeschl der JAV voraus. Dem JAV-Vorsitzenden steht kein eigenes Antragsrecht zu; Maßnahmen beim BR kann er nur iRd JAV-Beschl beantragen (WPK/ *Roloff* § 70 Rn 3). Der BR ist nach § 80 I Nr 3 verpflichtet, sich mit dem Beschl zu befassen. Die Beteiligung der JAV an der BR-Sitzung richtet sich nach § 67 (DKKW/ *Trittin* § 70 Rn 10 ff.). Anträge, die der BR für unbegründet oder unzweckmäßig hält, kann er zurückweisen (Richardi/ *Annuß* § 70 Rn 10). Beschließt der BR, dem Antrag zu entsprechen, hat er auf dessen Erledigung hinzuwirken; bei der Besprechung mit dem AG ist die JAV nach § 68 zu beteiligen (DKKW/ *Trittin* § 70 Rn 15). Hat sie nicht nach § 67 der BR-Sitzung beigewohnt, muss ihr das Beratungsergebnis mitgeteilt werden (*Fitting* § 70 Rn 10).

II. Überwachung (Nr 2). Die JAV hat das Recht und die Pflicht, die Einhaltung der für die AN nach § 60 **3** I geltenden Regelungen zu überwachen. Die Überwachungspflicht betr Sondervorschriften, die nur für AN nach § 60 I gelten (JArbSchG, BBiG usw), bezieht sich aber auch auf die allg Regelungen (Richardi/ *Annuß* § 70 Rn 12). Bei der Ausübung des Rechts nach Nr 2 ist die JAV auf die Mitwirkung des BR angewiesen, da nur er beim AG Abhilfe verlangen kann (DKKW/ *Trittin* § 70 Rn 17). Will die JAV die von ihr vertretenen AN iR ihrer Überwachungsaufgaben am Arbeitsplatz aufsuchen (BAG 21.1.1982, 6 ABR 17/79, EzA § 70 BetrVG 1972 Nr 2) oder eine allg Befragung dieser AN durchführen (BAG 8.2.1977, 1 ABR 82/74, EzA § 70 BetrVG 1972 Nr 1), bedarf sie der Zustimmung des BR. Eine Generaleinwilligung ist unzulässig (BAG

§ 71 BetrVG Jugend- und Auszubildendenversammlung

21.1.1982, 6 ABR 17/79, EzA § 70 BetrVG 1972 Nr 2). Den Inhalt von Arbeits- und Ausbildungsverträgen kann die JAV nicht überwachen (HWGNRH/*Rose* § 70 Rn 25).

4 **III. Anregungsrecht (Nr 3).** AN nach § 60 I haben das Recht, sich mit Anregungen – Vorschlägen wie Beschwerden – an die JAV zu wenden. Dabei muss es sich um betriebliche Fragen handeln, jedoch nicht notwendig um solche, die speziell von der JAV vertretene AN betreffen (*Fitting* § 70 Rn 15). Hält die JAV die Anregung für berechtigt, hat sie sie mit der an den AG, sondern an den BR weiterzuleiten. Hält auch der BR die Anregung für berechtigt, muss er sie dem AG vortragen (§ 80 I Nr 3). An den Beschl der JAV ist der BR nicht gebunden (*Fitting* § 70 Rn 18). An der BR-Sitzung ist die JAV nach § 67, an den Besprechungen zwischen AG und BR ist sie nach § 68 zu beteiligen.

5 **C. Unterrichtung.** Es ist Sache des BR, nicht des AG, die JAV zur Erfüllung ihrer Aufgaben rechtzeitig und umfassend zu unterrichten (§ 70 II 1). Der BR muss von selbst tätig werden (DKKW/*Trittin* § 70 Rn 34). Die Unterrichtung kann sowohl mündlich als auch schriftlich erfolgen (HWGNRH/*Rose* § 70 Rn 47). Auch die Pflicht zur Vorlage von Unterlagen (§ 70 II 2) trifft den BR, nicht den AG (BAG 20.11.1973, 1 AZR 331/73, EzA § 65 BetrVG 1972 Nr 1). Vorzulegen sind Unterlagen, die für die Aufgabenerfüllung der JAV erforderlich sind, zB Ausbildungspläne, Berichte über die Berufsausbildung, Rechtsvorschriften (DKKW/*Trittin* § 70 Rn 35 f.). Enthalten die Unterlagen Betriebs- oder Geschäftsgeheimnisse, darf der BR diese nicht herausgeben (*Fitting* § 70 Rn 23). Bei Lohn- und Gehaltslisten besteht kein Vorlagerecht, da auch dem BR lediglich ein Einsichtsrecht nach § 80 II 2 zusteht (WPK/*Roloff* § 70 Rn 10). Die JAV kann jedoch beim BR beantragen, dass dieser Einsicht nimmt und der JAV darüber berichtet (Richardi/*Annuß* § 70 Rn 26). Der BR hat Unterlagen vorzulegen, die er selbst im Besitz hat oder die er vom AG nach § 80 II erbeten kann. Auf Verlangen der JAV sind die Unterlagen nicht nur vorzulegen, sondern auch zeitweise zu überlassen (GK-BetrVG/*Oetker* § 70 Rn 70).

§ 71 Jugend- und Auszubildendenversammlung

¹Die Jugend- und Auszubildendenvertretung kann vor oder nach jeder Betriebsversammlung im Einvernehmen mit dem Betriebsrat eine betriebliche Jugend- und Auszubildendenversammlung einberufen. ²Im Einvernehmen mit Betriebsrat und Arbeitgeber kann die betriebliche Jugend- und Auszubildendenversammlung auch zu einem anderen Zeitpunkt einberufen werden. ³§§ 43 Abs. 2 Satz 1 und 2, die §§ 44 bis 46 und § 65 Abs. 2 Satz 2 gelten entsprechend.

Übersicht	Rdn.		Rdn.
A. Voraussetzungen	1	B. Durchführung	2

1 **A. Voraussetzungen.** Die Jugend- und Auszubildendenversammlung soll die Kommunikation zwischen den AN nach § 60 I, der JAV, dem BR und dem AG fördern. Sie wird von der JAV nach pflichtgem Ermessen durch einfachen Mehrheitsbeschl einberufen. Die Einberufung bedarf der Zustimmung des BR, die nach pflichtgem Ermessen durch einfachen Mehrheitsbeschl zu erteilen ist (DKKW/*Trittin* § 71 Rn 3). Einvernehmen ist herzustellen über die Durchführung, die zeitliche Lage und die Tagesordnung der Versammlung (Richardi/*Annuß* § 71 Rn 11). An der Beschlussfassung ist die JAV nach § 67 I, II zu beteiligen. Ein Antragsrecht steht weder dem BR noch der Gewerkschaft zu (GK-BetrVG/*Oetker* § 71 Rn 26). Die Jugend- und Auszubildendenversammlung kann alle Themen behandeln, die die von der JAV vertretenen AN betreffen (§§ 71 S 3, 45 S 1).

2 **B. Durchführung.** Die Jugend- und Auszubildendenversammlung findet während der Arbeitszeit (§§ 71 S 3, 44 I) im unmittelbaren zeitlichen Zusammenhang mit einer Betriebs- oder Abteilungsversammlung statt, es sei denn, betriebliche oder persönliche Gründe der AN nach § 60 I erfordern die Durchführung am vorhergehenden oder am nachfolgenden Tag (BAG 15.8.1978, 6 ABR 10/76, EzA § 23 BetrVG 1972 Nr 7). Mit Einverständnis von JAV, BR und AG kann sie auch an einem anderen Tag abgehalten werden (§ 71 S 2). Die Versammlung ist nicht öffentl (Richardi/*Annuß* § 71 Rn 19). Die Leitung obliegt dem JAV-Vorsitzenden, der auch das Hausrecht ausübt. Der AG ist unter Mitteilung der Tagesordnung zur Versammlung (§§ 71 S 3, 43 II 1, 2) einzuladen. Er kann einen Vertreter des Verbands, dem er angehört, hinzuziehen (§§ 71 S 3, 46 I 2). Gleiches gilt für die Beauftragten der im Betrieb vertretenen Gewerkschaften (§§ 71 S 3, 46 I 1). Teilnehmen darf auch der BR-Vorsitzende oder ein vom BR beauftragtes Mitglied (§§ 71 S 3, 65 II 2). Das Rederecht auf der Versammlung steht allen Teilnehmern, das Stimmrecht nur

AN nach § 60 I zu (*Fitting* § 71 Rn 23). Für die weiteren Einzelheiten gelten die §§ 44–46. Über Streitigkeiten entscheidet das ArbG im Beschlussverfahren (§§ 2a, 80 ff ArbGG). Ansprüche auf Fortzahlung des Arbeitsentgelts für die Teilnahme an einer Versammlung usw sind im Urteilsverfahren (§ 2 I Nr 3a, 46 ff ArbGG) geltend zu machen.

§ 72 Voraussetzungen der Errichtung, Mitgliederzahl, Stimmengewicht

(1) Bestehen in einem Unternehmen mehrere Jugend- und Auszubildendenvertretungen, so ist eine Gesamt-Jugend- und Auszubildendenvertretung zu errichten.
(2) In die Gesamt-Jugend- und Auszubildendenvertretung entsendet jede Jugend- und Auszubildendenvertretung ein Mitglied.
(3) Die Jugend- und Auszubildendenvertretung hat für das Mitglied der Gesamt-Jugend- und Auszubildendenvertretung mindestens ein Ersatzmitglied zu bestellen und die Reihenfolge des Nachrückens festzulegen.
(4) Durch Tarifvertrag oder Betriebsvereinbarung kann die Mitgliederzahl der Gesamt-Jugend- und Auszubildendenvertretung abweichend von Absatz 2 geregelt werden.
(5) Gehören nach Absatz 2 der Gesamt-Jugend- und Auszubildendenvertretung mehr als zwanzig Mitglieder an und besteht keine tarifliche Regelung nach Absatz 4, so ist zwischen Gesamtbetriebsrat und Arbeitgeber eine Betriebsvereinbarung über die Mitgliederzahl der Gesamt-Jugend- und Auszubildendenvertretung abzuschließen, in der bestimmt wird, dass Jugend- und Auszubildendenvertretungen mehrerer Betriebe eines Unternehmens, die regional oder durch gleichartige Interessen miteinander verbunden sind, gemeinsam Mitglieder in die Gesamt-Jugend- und Auszubildendenvertretung entsenden.
(6) ¹Kommt im Fall des Absatzes 5 eine Einigung nicht zustande, so entscheidet eine für das Gesamtunternehmen zu bildende Einigungsstelle. ²Der Spruch der Einigungsstelle ersetzt die Einigung zwischen Arbeitgeber und Gesamtbetriebsrat.
(7) ¹Jedes Mitglied der Gesamt-Jugend- und Auszubildendenvertretung hat so viele Stimmen, wie in dem Betrieb, in dem es gewählt wurde, in § 60 Abs. 1 genannte Arbeitnehmer in der Wählerliste eingetragen sind. ²Ist ein Mitglied der Gesamt-Jugend- und Auszubildendenvertretung für mehrere Betriebe entsandt worden, so hat es so viele Stimmen, wie in den Betrieben, für die es entsandt ist, in § 60 Abs. 1 genannte Arbeitnehmer in den Wählerlisten eingetragen sind. ³Sind mehrere Mitglieder der Jugend- und Auszubildendenvertretung entsandt worden, so stehen diesen die Stimmen nach Satz 1 anteilig zu.
(8) Für Mitglieder der Gesamt-Jugend- und Auszubildendenvertretung, die aus einem gemeinsamen Betrieb mehrerer Unternehmen entsandt worden sind, können durch Tarifvertrag oder Betriebsvereinbarung von Absatz 7 abweichende Regelungen getroffen werden.

Übersicht	Rdn.			Rdn.
A. Allgemeines	1	C.	Abw Vereinbarungen	3
B. Errichtung	2	D.	Stimmengewicht	4

A. Allgemeines. Die GJAV ist auf der Ebene des Unternehmens angesiedelt. Ihr Verhältnis zur JAV entspricht dem zwischen GBR und BR. Der GJAV selbst stehen weder Mitwirkungs- noch Mitbestimmungsrechte zu; über diese verfügt nur der GBR, an den sich die GJAV zur Durchsetzung der Interessen der AN nach § 60 I wenden muss (WPK/*Roloff* § 72 Rn 6). In einem Unternehmen kann lediglich eine einzige GJAV gebildet werden. § 72 bestimmt ihre Errichtung, Mitgliederzahl und Zusammensetzung. Abweichungen durch TV oder BV sind nur nach Maßgabe von § 72 erlaubt. Über Streitigkeiten – auch über die Bestellung und Abberufung der GJAV-Mitglieder sowie über die Wirksamkeit von Vereinbarungen nach § 72 IV, V, VIII – entscheidet das ArbG im Beschlussverfahren (§§ 2a, 80 ff ArbGG). 1

B. Errichtung. Eine GJAV ist zwingend zu bilden, wenn in einem Unternehmen mind 2 JAV und ein GBR bestehen (*Fitting* § 72 Rn 11 f). Die GJAV-Mitglieder werden nicht gewählt, sondern durch einfachen Mehrheitsbeschl der JAV entsandt; sie können jederzeit abberufen werden (DKKW/*Trittin* § 72 Rn 13). Nur JAV-Mitglieder können entsandt werden. Besteht die JAV aus nur einem Mitglied, wird dieses unmittelbar GJAV-Mitglied (GK-BetrVG/*Oetker* § 72 Rn 24). Die GJAV besteht wie der GBR als Dauereinrichtung ohne Amtszeit. Sie endet lediglich bei Wegfall ihrer Errichtungsvoraussetzungen (*Fitting* § 72 Rn 13). 2

C. Abw Vereinbarungen. Die Größe der GJAV kann abw von § 72 II durch TV oder Gesamt-BV bestimmt werden. Eine tarifliche Regelung genießt Vorrang vor einer Gesamt-BV (Richardi/*Annuß* § 72 3

§ 73a BetrVG Voraussetzung der Errichtung, Mitgliederzahl, Stimmengewicht

Rn 16). Die Gesamt-BV wird nicht von der GJAV, sondern vom GBR mit dem AG geschlossen. Dabei wirken die GJAV-Mitglieder stimmberechtigt mit (§§ 73 II, 67 I, II, 68). Die GJAV ist zwingend zu verkleinern, wenn ihr mehr als 20 Mitglieder angehören. Bei fehlender tariflicher Regelung kann die Mitgliederzahl durch eine Gesamt-BV verkleinert werden, die sich durch Anrufung der Einigungsstelle erzwingen lässt. Hierzu ist jedoch nur der GBR, nicht aber die GJAV befugt (DKKW/*Trittin* § 72 Rn 21).

4 **D. Stimmengewicht.** Das Stimmengewicht nach § 72 VII wird durch die Zahl der AN nach § 60 I bestimmt, die bei der letzten JAV-Wahl in die Wählerliste eingetragen waren. Die aktuelle Anzahl ist unerheblich (Richardi/*Annuß* § 72 Rn 21). Bei Vergrößerung der Mitgliederzahl verteilen sich die Stimmen anteilig auf die einzelnen Mitglieder (§ 72 VII 3), bei Verkleinerung fallen dem einzelnen Mitglied alle sich aus den zusammengefassten Betrieben ergebenden Stimmen zu (*Fitting* § 72 Rn 38). Das Stimmengewicht von Vertretern aus einem gemeinsamen Betrieb mehrerer Unternehmen (§ 1 I 2) kann nach § 72 VIII durch TV oder BV abw geregelt werden. Die GJAV-Mitglieder sind an Weisungen der JAV nicht gebunden (WPK/*Roloff* § 72 Rn 2).

§ 73 Geschäftsführung und Geltung sonstiger Vorschriften

(1) ¹Die Gesamt-Jugend- und Auszubildendenvertretung kann nach Verständigung des Gesamtbetriebsrats Sitzungen abhalten. ²An den Sitzungen kann der Vorsitzende des Gesamtbetriebsrats oder ein beauftragtes Mitglied des Gesamtbetriebsrats teilnehmen.
(2) Für die Gesamt-Jugend- und Auszubildendenvertretung gelten § 25 Abs. 1, die §§ 26, 28 Abs. 1 Satz 1, die §§ 30, 31, 34, 36, 37 Abs. 1 bis 3, die §§ 40, 41, 48, 49, 50, 51 Abs. 2 bis 5 sowie die §§ 66 bis 68 entsprechend.

Übersicht	Rdn.		Rdn.
A. Sitzungen	1	B. Entspr anwendbare Vorschriften	2

1 **A. Sitzungen.** Die GJAV bedarf zur Abhaltung von Sitzungen keiner Genehmigung des GBR; er ist jedoch zu unterrichten. Die Vorschriften über die JAV-Sitzungen gelten entspr (*Fitting* § 73 Rn 4). GJAV-Sitzungen werden vom GJAV-Vorsitzenden nach pflichtgem Ermessen einberufen (§ 73 II, 51 II 3, 29). Sie sind einzuberufen, wenn dies ein Viertel der GJAV-Mitglieder oder der AG verlangen (§ 73 II, 51 II 3, 29 III). Zur konstituierenden Sitzung der GJAV hat die JAV zu laden, die bei der Hauptverwaltung des Unternehmens gebildet ist (DKKW/*Trittin* § 73 Rn 4). Ist dort keine vorhanden, lädt die JAV des Betriebs mit den meisten AN nach § 60 I ein (Richardi/*Annuß* § 73 Rn 4). Die GJAV-Sitzungen sind nicht öffentl. Teilnahmeberechtigt sind – außer den GJAV-Mitgliedern – der GBR-Vorsitzende, der AG und die in der GJAV vertretenen Gewerkschaften (GK-BetrVG/*Oetker* § 73 Rn 26 ff.; aA Richardi/*Annuß* § 73 Rn 7). Die GJAV kann die Hinzuziehung eines Gewerkschaftsbeauftragten beschließen, wenn die Gewerkschaft im Unternehmen vertreten ist (*Fitting* § 73 Rn 11).

2 **B. Entspr anwendbare Vorschriften.** Ob sich die Vorschriften über die Geschäftsführung des BR auf die GJAV übertragen lassen, ist jew im Einzelfall zu entscheiden (HWK/*Schrader* § 73 Rn 1). Nicht entspr anwendbar sind die Vorschriften über die Freistellung (§ 38) und die Betriebsräteversammlung nach § 53 (*Fitting* § 73 Rn 15). § 37 IV–VII gelten wegen der Verweisung in § 73 II auf § 65 unmittelbar (DKKW/*Trittin* § 73 Rn 15). Über die Teilnahme an Schulungen nach § 37 VI entscheidet der BR des entsendenden Betriebs unter Beteiligung der JAV (BAG 10.6.1975, 1 ABR 140/73, EzA § 37 BetrVG 1972 Nr 42). Die JAV kann die GJAV beauftragen, eine Angelegenheit für sie zu behandeln. Die Zuständigkeit der GJAV folgt iÜ der des GBR (§§ 73 II, 50). Für die materiellen Rechte und Pflichten der GJAV gelten die Vorschriften über die JAV entspr (GK-BetrVG/*Oetker* § 73 Rn 47). Über Streitigkeiten entscheidet das ArbG im Beschlussverfahren (§§ 2a, 80 ff ArbGG). Örtlich zuständig ist das ArbG, in dessen Bezirk das Unternehmen seinen Sitz hat (§ 82 I S 2 ArbGG). Ansprüche von GJAV-Mitgliedern auf EFZ usw sind im Urteilsverfahren (§§ 2 I Nr 3a, 46 ff ArbGG) zu verfolgen.

§ 73a Voraussetzung der Errichtung, Mitgliederzahl, Stimmengewicht

(1) ¹Bestehen in einem Konzern (§ 18 Abs. 1 des Aktiengesetzes) mehrere Gesamt-Jugend- und Auszubildendenvertretungen, kann durch Beschlüsse der einzelnen Gesamt-Jugend- und Auszubildendenvertretungen eine Konzern-Jugend- und Auszubildendenvertretung errichtet werden. ²Die Errichtung erfordert die Zustimmung der Gesamt-Jugend- und Auszubildendenvertretungen der Konzernunternehmen, in

denen insgesamt mindestens 75 vom Hundert der in § 60 Abs. 1 genannten Arbeitnehmer beschäftigt sind. ³Besteht in einem Konzernunternehmen nur eine Jugend- und Auszubildendenvertretung, so nimmt diese die Aufgaben einer Gesamt-Jugend- und Auszubildendenvertretung nach den Vorschriften dieses Abschnitts wahr.
(2) ¹In die Konzern-Jugend- und Auszubildendenvertretung entsendet jede Gesamt-Jugend- und Auszubildendenvertretung eines ihrer Mitglieder. ²Sie hat für jedes Mitglied mindestens ein Ersatzmitglied zu bestellen und die Reihenfolge des Nachrückens festzulegen.
(3) Jedes Mitglied der Konzern-Jugend- und Auszubildendenvertretung hat so viele Stimmen, wie die Mitglieder der entsendenden Gesamt-Jugend- und Auszubildendenvertretung insgesamt Stimmen haben.
(4) § 72 Abs. 4 bis 8 gilt entsprechend.

Auf Konzernebene bildet die KJAV das entspr Vertretungsorgan der AN nach § 60 I. Es handelt sich wie bei der GJAV um eine Dauereinrichtung ohne Amtszeit (Richardi/*Annuß* § 73a Rn 11). Ihre Errichtung ist nicht zwingend (HWGNRH/*Rose* § 73a Rn 1). Gebildet wird die KJAV durch Beschl der einzelnen GJAV des Konzerns (DKKW/*Trittin* § 73a Rn 15 ff.). Bei Ermittlung der maßgebenden Beschäftigtenzahl zählen alle AN nach § 60 I mit, auch die in Betrieben bzw Unternehmen ohne JAV bzw GJAV (*Fitting* § 73a Rn 15). Wurde eine KJAV eingerichtet, muss auch die GJAV, die gegen die Errichtung einer KJAV gestimmt hat, einen Vertreter entsenden (DKKW/*Trittin* § 73a Rn 42). Der entsandte Vertreter kann durch einfachen Mehrheitsbeschl der entspr GJAV jederzeit wieder abberufen werden. Die nach § 73a II für den Fall der Verhinderung zu wählenden Ersatzmitglieder müssen GJAV-Mitglieder sein (*Fitting* § 73a Rn 21). Der KJAV selbst stehen weder Mitwirkungs- noch Mitbestimmungsrechte zu; über diese verfügt nur der KBR, an den sich die KJAV zur Durchsetzung der Interessen der AN nach § 60 I ggü der Konzernleitung wenden muss. 1

§ 73b Geschäftsführung und Geltung sonstiger Vorschriften

(1) ¹Die Konzern-Jugend- und Auszubildendenvertretung kann nach Verständigung des Konzernbetriebsrats Sitzungen abhalten. ²An den Sitzungen kann der Vorsitzende oder ein beauftragtes Mitglied des Konzernbetriebsrats teilnehmen.
(2) Für die Konzern-Jugend- und Auszubildendenvertretung gelten § 25 Abs 1, die §§ 26, 28 Abs 1 Satz 1, die §§ 30, 31, 34, 36, 37 Abs 1 bis 3, die §§ 40, 41, 51 Abs 3 bis 5, die §§ 56, 57, 58, 59 Abs 2 und die §§ 66 bis 68 entsprechend.

Zur konstituierenden KJAV-Sitzung lädt die GJAV beim herrschenden Unternehmen ein. Der Vorsitzende der einladenden GJAV leitet diese Sitzung, bis die KJAV aus ihrer Mitte einen Wahlleiter für die Wahl des Vorsitzenden bestellt hat (*Fitting* § 73a Rn 26). Das Gewicht der Stimmen wird nach § 73a III durch die Anzahl der bei der letzten Wahl in die Liste eingetragenen Wähler festgelegt (DKKW/*Trittin* § 73a Rn 60) und kann durch TV oder Konzern-BV abweichend geregelt werden (WPK/*Roloff* § 73a Rn 7). Die Konzern-BV ist mit dem KBR, nicht mit der KJAV abzuschließen. Wird die KJAV durch TV oder BV vergrößert oder verkleinert, ändert sich das Stimmengewicht entspr den für die GJAV geltenden Grds (s § 72 Rdn 4). Die KJAV bedarf zur Abhaltung von Sitzungen keiner Genehmigung des KBR; er ist jedoch zu unterrichten (GK-BetrVG/*Oetker* § 73b Rn 26). Die KJAV bzw ein Viertel ihrer Mitglieder können die Einberufung einer Sitzung durch den Vorsitzenden verlangen (*Fitting* § 73b Rn 5). Wird der AG zur Sitzung eingeladen oder findet diese auf seinen Antrag hin statt, kann dieser an der Sitzung beratend teilnehmen (*Fitting* § 73b Rn 7). Für die Teilnahme der in der KJAV vertretenen Gewerkschaften gilt § 31 entspr (*Fitting* § 73b Rn 8). Die in § 73b II in Bezug genommenen Vorschriften sind abschließend und können nicht über § 51 II erweitert werden (HWGNRH/*Rose* § 73b Rn 10). Es gelten die Vorschriften über die GJAV entspr (MüArbR/*Joost* § 231 Rn 43). Da die Mitglieder der KJAV bereits als Mitglieder der JAV des entsendenden Betriebs Anspruch auf Freistellung und Schulungen haben, bedarf es keiner entspr Anwendung dieser Vorschriften (*Fitting* § 73b Rn 15). Streitigkeiten hins der KJAV entscheidet das ArbG im Beschlussverfahren (§§ 2a, 80 ff ArbGG). Zuständig ist das ArbG, in dessen Bezirk der Sitz des herrschenden Unternehmens liegt. Ansprüche von KJAV-Mitgliedern auf EFZ usw sind im Urteilsverfahren (§§ 2 I Nr 3a, 46 ff ArbGG) zu verfolgen (Richardi/*Annuß* § 73b Rn 29). 1

§ 74 Grundsätze für die Zusammenarbeit

(1) ¹Arbeitgeber und Betriebsrat sollen mindestens einmal im Monat zu einer Besprechung zusammentreten. ²Sie haben über strittige Fragen mit dem ernsten Willen zur Einigung zu verhandeln und Vorschläge für die Beilegung von Meinungsverschiedenheiten zu machen.
(2) ¹Maßnahmen des Arbeitskampfes zwischen Arbeitgeber und Betriebsrat sind unzulässig; Arbeitskämpfe tariffähiger Parteien werden hierdurch nicht berührt. ²Arbeitgeber und Betriebsrat haben Betätigungen zu unterlassen, durch die der Arbeitsablauf oder der Frieden des Betriebs beeinträchtigt werden. ³Sie haben jede parteipolitische Betätigung im Betrieb zu unterlassen; die Behandlung von Angelegenheiten tarifpolitischer, sozialpolitischer, umweltpolitischer und wirtschaftlicher Art, die den Betrieb oder seine Arbeitnehmer unmittelbar betreffen, wird hierdurch nicht berührt.
(3) Arbeitnehmer, die im Rahmen dieses Gesetzes Aufgaben übernehmen, werden hierdurch in der Betätigung für ihre Gewerkschaft auch im Betrieb nicht beschränkt.

Übersicht

		Rdn.			Rdn.
A.	Normzweck	1	IV.	Unberührt: außerbetriebsverfassungsrechtliche Machtentfaltung	11
B.	Besprechungspflicht ohne Einigungszwang (I)	2	V.	Sanktionen	14
C.	Absolute betriebsverfassungsrechtliche Friedenspflicht (II 1)	6	D.	Ergänzend: Verpflichtung auf den Betriebsfrieden (II 2 und 3)	17
I.	Betroffene betriebsverfassungsrechtliche Konflikte	7	E.	Kompatibilität von Betriebsverfassungsamt und Gewerkschaftsbetätigung (III)	20
II.	Adressaten	8			
III.	Verbotene Kampfmaßnahmen	9			

1 **A. Normzweck.** Die Norm regelt im Gleichklang mit § 2 I das Grundprogramm der vertrauensvollen Zusammenarbeit zwischen AG und BR in dem zwischen ihnen bestehenden betrieblichen Rechtsverhältnis und das Verhältnis zu den Gewerkschaften. Neben der Besprechungspflicht in I und der betriebsverfassungsrechtlichen Friedenspflicht in II erteilt III vorsorglich eine Absage an Inkompatibilitäten.

2 **B. Besprechungspflicht ohne Einigungszwang (I).** § 74 I enthält eine bloße Programmaussage: Selbst wenn man I 1 entgegen seinem Wortlaut einen Erfüllungsanspruch »auf einen monatlichen Besprechungstermin« entnehmen wollte (DKK/*Berg* § 74 Rn 4; GK-BetrVG/*Kreutz* § 74 Rn 10), bleibt die Schwierigkeit der Terminfindung. Vor allem: Eine Einigungspflicht löst I 2 nicht aus, AG und BR müssen nur verhandeln; der ernsthafte Einigungswille oder das Verhandlungsklima lässt sich nicht verordnen. Will das Gesetz die Einigung zwischen den Betriebsparteien erzwingen, sieht es Konfliktlösungsmechanismen vor (vor allem die Einigungsstelle, § 76). Immerhin darf (gleich ob AG oder BR) wegen I 2 die Einigungsstelle oder das ArbG erst anrufen, wer Verhandlungen versucht hat. Der fehlende Einigungsversuch nimmt dem Antrag auf Errichtung einer ESt nach § 100 ArbGG das Rechtsschutzinteresse (BAG 18.3.2015, 7 ABR 4/13, NZA 2015, 954). Verweigert sich die Gegenseite, sind vorherige Verhandlungen indes weder Voraussetzung des Verfahrens vor der Einigungsstelle noch vor dem ArbG – weil insb die Zwangsschlichtung nicht einseitig blockiert werden darf (*Löwisch/Kaiser* § 74 Rn 9). Nur für Spezialfälle der Beratungspflicht wie § 111 wird diskutiert, ob deren Verletzung zusätzliche Sanktionen auslöst (§ 111 Rdn 25). Immerhin wird ein AG, der sich grundlos jeder Besprechung verweigert, Sanktionen nach § 23 III gewärtigen müssen (GK-BetrVG/*Kreutz* § 74 Rn 12).

3 »AG« kann ein Beauftragter sein. Wen die natürliche Person oder das Organ der juristischen Person zu Besprechungen mit dem BR sendet, entscheidet sie frei. Der BR hat kein Recht darauf, mit dem Einzelkaufmann, allen Gesellschaftern, dem Arbeitsdirektor oder dem Personalleiter zu sprechen. Immerhin muss die betreffende Person verhandlungsbefugt sein (nicht notwendig selbstständig abschlussbefugt). Sonderfall ist der Gemeinschaftsbetrieb (§ 1 Rdn 11–14) bei dem die beteiligten Unternehmen einen einheitlichen AG iSd BetrVG bilden, den dann die Verhandlungspflicht trifft.

4 »BR« soll nach hM das gesamte Gremium sein, sodass der AG sinnvollerweise auf der BR-Sitzung erscheint (dazu § 29 IV); denkbar ist auch die Besprechung mit einem Ausschuss. Zwar zählt das Monatsgespräch nicht zu den laufenden Geschäften iSv § 27 II 1 BetrVG; der BR kann dem Betriebsausschuss diese Aufgabe aber nach § 27 II 2 BetrVG übertragen (BAG 15.8.2012, 7 ABR 16/11, NZA 2013, 284; ErfK/*Kania* § 74 Rn 5). Bestehen mehrere BR, sind getrennte Monatsgespräche zu führen, auch gesondert mit **GBR** und **KBR**.

Gewerkschaftsvertreter haben bei der Besprechung nichts zu suchen, ebenso wenig wie Beauftragte des 5
Arbeitgeberverbandes (*Löwisch/Kaiser* § 74 Rn 6). Sie können einseitig nur zu BR-Sitzungen eingeladen
werden (§ 31). Ein einseitiges Hinzuziehungsrecht des BR zum Monatsgespräch wird zwar gefordert (teils
beschränkt auf Tarifangelegenheiten); indes erlauben §§ 31, 46 einen Umkehrschluss: Der AG hat ein Recht
auf ungestörten Kontakt mit seinem BR. Die **Schwerbehindertenvertretung** darf nach § 95 V SGB IX teilnehmen, die **JAV** gem § 68 nur, wenn jugendliche AN iSd § 60 I thematisch betroffen sind.

C. Absolute betriebsverfassungsrechtliche Friedenspflicht (II 1). Zentral ist II: Für betriebsverfassungs- 6
rechtliche Konflikte dürfen die Betriebsparteien keine Kampfmaßnahmen ergreifen. So klar die Grundaussage ist, so schwierig ist die Umsetzung – weil der Einsatz von Druckmitteln für andere Zwecke hiervon
unberührt bleibt. Das gilt insb für den gewerkschaftlichen Arbeitskampf (sogleich Rdn 11). Die absolute
Friedenspflicht hat 2 Gründe: Einmal schützt sie den AG vor Kampfmaßnahmen des BR (und den BR vor
Kampfmaßnahmen des AG), weil die Betriebsverfassung anders als die Tarifautonomie nicht auf Gegenmachtbildung und Ausgleich durch Kampf ausgerichtet ist. Das Mitbestimmungssystem als Staatsintervention geriete unverhältnismäßig, wenn der Staat den BR zum Streik ermächtigte. Zweitens und vor allem
schützt II Gewerkschaften vor der Kampfkonkurrenz des BR. BR dürfen keine beitragsfreien Ersatzgewerkschaften sein: Sie sind anders als Gewerkschaften des Art 9 III GG (Art 9 GG Rdn 2) nicht durch freiwillige
Mitgliedschaft, sondern durch Zwangsrepräsentation legitimiert – und dürfen als Staatsveranstaltung den
Gewerkschaften keine Konkurrenz machen (BVerfG 22.10.1985, 1 BvL 44/83, NJW 1986, 1093 – Arbeiterkammer). Dieser Konkurrenzschutz wird tarif- und arbeitskampfrechtlich durch ein **striktes Tarif- und
Streikmonopol der tariffähigen Gewerkschaften** gesichert: BR können weder TV abschließen noch zum
Streik aufrufen. Die Friedenspflicht wirkt auch umgekehrt; der BR darf sich ebenso wenig gegen den Streikaufruf wenden. Flankiert wird dieser Vorrang betriebsverfassungsrechtlich einmal durch den Tarifvorbehalt
des § 77 III (s § 77 Rdn 27), der es dem BR verbietet, die BV als Tarifersatz zu nutzen – und durch das
Kampfverbot des II, dass dem BR jegliche Form der Machtentfaltung durch wirtschaftlichen Druck untersagt.

I. Betroffene betriebsverfassungsrechtliche Konflikte. Als Friedenspflicht der Betriebsverfassung zielt die 7
Norm nur auf den Kampf um Betriebsverfassungskonflikte: Streiten sich AG und BR, müssen sie diesen
Streit mit den Formen des BetrVG austragen (*Löwisch/Kaiser* § 74 Rn 13), also durch Gang zur Einigungsstelle (etwa § 87 II), zum ArbG (etwa § 99 IV) oder ohne verbindliche Konfliktlösung durch Beratung (etwa
Interessenausgleich nach § 111 f). Diese Formen der Konfliktlösung sind abschließend. Ist der BR mit dem
Einigungsstellenspruch unzufrieden, oder passt es ihm nicht, dass der AG über das »Ob« einer Betriebsänderung oder einer Kdg ohne seine Zustimmung entscheiden darf, darf er nicht zu Kampfmitteln greifen.
Ein Streikaufruf oder auch schon die Androhung von Kampfmaßnahmen ggü dem AG sind schlechthin
unzulässig. Entscheidend für die Zuordnung zur Betriebsverfassung ist, dass der BR die Maßnahme einsetzt, um sein Anliegen beim AG durchzusetzen. Verboten ist dem BR der Kampfmitteleinsatz nicht nur für
Verhandlungen mit dem AG in Regelungsfragen, sondern auch zur Durchsetzung von Rechtspositionen.
Der BR darf also nicht zur Zurückhaltung von Arbeitsleistung aufrufen, damit der AG eine Verpflichtung
ihm ggü oder ggü den AN erfüllt. Für die Durchsetzung seiner Rechte ist der BR auf die Gerichte verwiesen
(BAG 17.12.1976, 1 AZR 772/75, EzA Art 9 GG Arbeitskampf Nr 20). Druckmittel darf er auch dort
nicht einsetzen.

II. Adressaten. Adressaten des Kampfverbots sind zunächst die Betriebsparteien, also der BR und seine 8
Mitglieder als Personen in der Betriebsratsrolle (!), aber auch der AG, also die natürliche Person des Vertrags-AG, das Organ der juristischen Person und die vom AG beauftragten Personen. AN ohne Betriebsverfassungsamt sind nicht betroffen (*Löwisch/Kaiser* § 74 Rn 11). Richtigerweise ist das Kampfverbot über
den Wortlaut hinaus zu erstrecken auf andere betriebsverfassungsrechtliche Funktionsträger – also Einigungsstellenmitglieder, Wahlvorstandsmitglieder oder die Mitglieder einer Arbeitsgruppe nach § 28a – weil
Betriebsverfassung und Kampf inkompatibel sind.

III. Verbotene Kampfmaßnahmen. Verboten sind alle Formen des Arbeitskampfs. Damit ist nicht nur 9
der klassische Streik (Arbeitsniederlegung ohne Auflösung des Arbeitsverhältnisses) gemeint – schon arbeitskampfrechtlich kommt dem BR kein Streikrecht zu. Verboten ist dem BR jede faktische Arbeitsniederlegung, die den AG durch Vorenthalten der Arbeitsleistung in seinem Einigungswillen beugen soll (*Löwisch/
Kaiser* § 74 Rn 13). Das betrifft vor allem die klassische Strategie, Betriebsversammlungen (§ 42) möglichst
lange (mehrtägig!) dauern zu lassen, um sie als Streikersatz mit EFZ zu nutzen. Das ist verboten, wenn auch
schwer nachweisbar. Verboten ist der Aufruf des BR zu »Informations- oder Protestveranstaltungen« oder
gar zu »Massensprechstunden«. Ebenso wenig darf der BR zur Lösung von Betriebsverfassungskonflikten

§ 74 BetrVG Grundsätze für die Zusammenarbeit

den Kollektivgebrauch von Individualrechten einsetzen. Der Aufruf zur kollektiven Eigenkündigung ist wenig praktisch (aber noch BAG 28.4.1966, 2 AZR 176/65, EzA § 124a GewO Nr 5), wohl aber der Kollektivgebrauch des Widerspruchsrechts nach § 613a VI BGB (§ 613a BGB Rdn 143), aber auch die kollektive Zurückhaltung der Arbeitsleitung nach §§ 320, 273 BGB. Selbst wenn also den AN wegen einer Pflichtverletzung des AG ein Zurückbehaltungsrecht zusteht, darf der BR nicht zur kollektiven Zurückhaltung der Arbeitsleitung aufrufen – um ein betriebsverfassungsrechtliches Ziel durchzusetzen.

10 Der Begriff der Kampfmaßnahme ist weit zu verstehen und meint **jede Form der wirtschaftlichen oder persönlichen Druckausübung** (*Löwisch/Kaiser* § 74 Rn 13). Der BR darf auch seine Mitbestimmungsrechte nicht zur Druckausübung einsetzen. Damit ist das Spiel auf Zeit ebenso unzulässig wie der zweckwidrige Einsatz von Mitbestimmungsrechten – etwa Überstundengenehmigung nach § 87 I Nr 3 nur gegen eine Mehrarbeitsvergütung. Solche Koppelungsgeschäfte sind unzulässig (aA *Schoof* AuR 2007, 289, 291 ff; noch § 87 Rdn 10), weil Mitbestimmungsrechte zweckgebunden sind – die Druckausübung bedeutet einen Verstoß gegen das Kampfverbot des II. Insofern kommt es darauf an, welche Zwecke mit der Mitbestimmungsverweigerung gemessen an dem jeweiligen konkreten Mitbestimmungsrecht zulässigerweise verfolgt werden dürfen (»Normzwecktheorie«; GK-BetrVG/*Wiese* § 87 Rn 361). Der Verstoß gegen das Kampfverbot setzt die spezifische Verknüpfung von Mitbestimmungsverweigerung und Erzwingungsziel voraus, die nur unvorsichtigen BR konkret nachzuweisen ist.

11 **IV. Unberührt: außerbetriebsverfassungsrechtliche Machtentfaltung.** II 1 stellt in Hs 2 klar, dass Arbeitskämpfe tariffähiger Parteien (also um TV) hiervon unberührt bleiben. Das versteht sich von selbst: Koalitionsfreiheit und das Streikrecht wären beeinträchtigt, wenn den Amtsträgern in der Betriebsverfassung jegliche Beteiligung am Arbeitskampf verboten wäre. Das BetrVG trennt nicht nach Personen, sondern nach Rollen: »Als Gewerkschaftsmitglied« darf sich auch ein Mitglied des BR am Arbeitskampf beteiligen – durch bloße Arbeitsniederlegung, aber auch als Organisator (*Löwisch/Kaiser* § 74 Rn 14).

Das folgt auch aus III. Das betriebsverfassungsrechtliche Kampfverbot des II 1 ist nicht einschlägig. Freilich bleibt das BR-Mitglied zu einer gewissen Mäßigung verpflichtet, weil er nach dem Arbeitskampf wieder koalitionspolitisch neutral agieren können muss. Das folgt aus der Verpflichtung auf den allg Betriebsfrieden nach II 2, 3.

Zu weit geht es deshalb, wenn ein BR-Mitglied Streikbrecher mit dem Zuruf »Arschkriecher« versieht (proletarisches Rechtsverständnis bei LAG Hess 24.10.2000, 9 Ta BV 19/00, NZA-RR 2001, 300).

12 Die koalitionspolitische Neutralität des BR führt aber dazu, dass seine **Mitbestimmungsrechte im Arbeitskampf** ruhen, soweit er durch ihren Gebrauch ins Kampfgeschehen eingreifen könnte – in einem kampfbeteiligten Betrieb (BAG 22.12.1980, 1 ABR 76/79, EzA § 615 BGB Betriebsrisiko Nr 8). Mehrarbeit, Einstellungen (auch von Zeit-AN) und Versetzungen sind also zustimmungsfrei möglich (BAG 13.12.2011, 1 ABR 2/10, NZA 2012, 571; BVerfG 7.4.1997, 1 BvL 11/96, EzA § 99 BetrVG 1972 Einstellung Nr 2), wenn anderenfalls »die Mitbestimmung des BR unmittelbar und zwangsläufig zur Folge hätte, dass die Freiheit des AG, Arbeitskampfmaßnahmen zu ergreifen oder Folgen eines Arbeitskampfs zu begegnen, ernsthaft beeinträchtigt würde« (BAG 10.12.2002, 1 ABR 7/02, EzA § 80 BetrVG 2001 Nr 1; *Löwisch/Kaiser* § 74 Rn 18). Das BAG meint freilich, der BR sei umfassend zu informieren (BAG aaO; dazu *Meyer* TZR 2013, 8, 11 f), mit der bedenklichen Folge, dass auch die Gewerkschaft so von der Abwehrtaktik erfährt (krit *Reichold* NZA 2004, 247).

13 Unberührt bleibt der tariffreie Kampf unterhalb der Gewerkschaftsebene: Kleine AN-Gruppen dürfen wegen Art 9 III GG Individualrechte kollektiv einsetzen, das Individuum kann den AG in Individualverhandlungen unter Druck setzen. Dies darf auch das BR-Mitglied als AN. Praktisch kann einem BR-Mitglied nur schwer nachgewiesen werden, dass er »als BR« agiert, wenn er sich an Kampfmaßnahmen in diesem weiten Sinne beteiligt – solange nicht ein konkreter Bezug zu laufenden Verhandlungen mit dem BR besteht (über einen Interessenausgleich). So kann der Kollektivwiderspruch gegen den Betriebsübergang vom BR als einfacher AN initiiert werden. Und so mag der BR als einfacher AN zum (außerbetrieblichen) Protest gegen eine Werksschließung aufrufen. Eine Vermutung für ein Auftreten als BR-Mitglied gibt es nach hM nicht (HWK/*Reichold* § 74 Rn 12).

14 **V. Sanktionen.** BR, die Kampfmaßnahmen einsetzen, riskieren zuerst Sanktionen nach § 23 I, also Auflösung des gesamten BR oder Amtsenthebung einzelner Mitglieder (*Löwisch/Kaiser* § 23 Rn 14).

15 Einen betriebsverfassungsrechtlichen Unterlassungsanspruch ergibt sich nach Auffassung des BAG aus § 74 II 1 nicht. Ein solcher sei gegen den BR als vermögensloses Gremium nicht vollstreckbar (zum Unterlassungsanspruch aus II 3 Rdn 17; zum Unterlassungsanspruch gegen einzelne BR-Mitglieder LAG Berl-Bbg 31.1.2012, 7 TaBV 1733/11, DB 2012, 1392). § 23 sehe gerade nur einen Unterlassungsanspruch zu Gunsten des BR, nicht hingegen zu Gunsten des AG vor. Dem AG stehe alleine das Recht zu die Auflösung des

BR oder den Ausschluss eines Mitglieds zu beantragen. Nach dem Gesetzeszweck vermittle § 74 II 1 keine wechselseitigen individuellen Rechtspositionen. Bei der Nutzung von Eigentum des Arbeitgebers zu Zwecken des Arbeitskampfes komme aber ein Unterlassungsanspruch gem § 1004 I 2 BGB in Betracht (BAG 15.10.2013, 1 ABR 31/12, NZA 2014, 319). Dieser indes kann wegen der Vermögenslosigkeit des BR nur gegen die handelnden Betriebsratsmitglieder als Störer gerichtet werden.

Die konzeptionelle Rechtlosigkeit ist wenig plausibel und wird vom BAG selbst nicht durchgehalten: Wahlabbruchverfügungen gegen den ebenfalls vermögensunfähigen Wahlvorstand hält das Gericht für zulässig (27.7.2011, 7 ABR 61/10, NZA 2012, 345) – obwohl sie Unterlassungsansprüche sind. Dass der Ausschluss gerade nur der Vollstreckbarkeit in § 888 III ZPO zur Unzulässigkeit jeder Klage führt, behauptet niemand. Den allgemeinen betriebsverfassungsrechtlichen Unterlassungsanspruch des BR hat das Gericht auch neben § 23 entwickelt und kein Abschließungsargument gelten lassen. Die Idee prozessualer Waffengleichheit ist dem Senat abhanden gekommen. Der Praxis ist zu raten, nicht vorschnell auf letztlich erfolglose Ausschließungsanträge auszuweichen, sondern die Rechtswidrigkeit des Betriebsratshandelns durch Feststellungsanträge zu klären. Der Verstoß gegen ein solches Feststellungsurteil trägt dann den Ausschließungsantrag. Dementsprechend hätte das BAG prüfen müssen, ob der nach seinem Konzept unzulässige Unterlassungsantrag nicht mit dem enthaltenen Feststellungsteil aufrechtzuerhalten war. 16

Verbotene Kampfmaßnahmen, insb Streikaufrufe, können als (Aufruf zum) Vertragsbruch und Schädigung des AG die außerordentliche Kdg nach § 626 BGB rechtfertigen; ergänzend ist an die Kampfkündigung des § 25 KSchG zu denken (die keineswegs obsolet ist und gerade ggü BR-Mitgliedern effektiv, weil sie den Sonderkündigungsschutz des § 15 KSchG ausschaltet und als ordentliche Kdg nicht der Zustimmung nach § 103 unterliegt, dort Rdn 7). Schließlich können BR-Mitglieder sich persönlich schadensersatzpflichtig machen; II ist **Schutzgesetz** iSv § 823 II BGB (*Löwisch/Kaiser* § 74 Rn 37). Zu strafrechtlichen Sanktionen *Rieble/Klebeck* NZA 2006, 758 ff.

Diese Sanktionen stehen auf dem Papier: AG scheuen sich, auf Rechtsverletzungen von BR juristisch zu reagieren – weil sie hierfür abgestraft werden (durch Erschwerung von Mitbestimmungsvorgängen). Compliance indes verbietet die Duldung rechtsfreier Räume. Der AG muss zwar nicht jede Kleinigkeit ahnden und darf mit Blick auf die vertrauensvolle Zusammenarbeit manches durchgehen lassen – aber eben nicht alles. Für Vorstand und Geschäftsführung greift die gesellschaftsrechtliche Legalitätspflicht und gilt insoweit das Pflichtenprogramm der ARAG-Garmenbeck-Entscheidung (BGH 21.4.1997, II ZR 175/95, BGHZ 135, 244).

D. Ergänzend: Verpflichtung auf den Betriebsfrieden (II 2 und 3). Die Verpflichtung auf den Betriebsfrieden verbietet nicht nur Kampfmaßnahmen für Betriebsverfassungskonflikte, sondern auch das Hineintragen von betriebsfremden Konflikten, vor allem (partei-)politischer Art, in den Betrieb. Insofern korrespondiert die Norm mit der Themen-Begrenzung der Betriebsversammlung (§ 45 Rdn 2). Die Erwähnung der Parteipolitik ist auf den Wahlkampf gemünzt: BR und AG sollen ihn nicht in den Betrieb tragen. Praktisch wird das heute kaum mehr; immerhin kann man sich vorstellen, dass Metall-BR auf diesem verbotenen Weg die Partei »Die Linke« stützen. Politische Gruppierungen (Attac) dürfen Betriebe nicht als Agitationszonen nutzen; der BR darf nicht helfen. Ein Unterlassungsanspruch des AG gegen den BR und seine Mitglieder aus II 3 lehnt das BAG wie bei II 1 ab (Rdn 15). Der AG sei also auf die Sanktionsmittel des § 23 I 1 beschränkt – und zwar unter der Voraussetzung, dass die parteipolitischen Betätigungen des BR das Ausmaß einer groben Verletzung der gesetzlichen Pflichten erreichen (BAG 17.3.2010, 7 ABR 95/08, NZA 2010, 1133). 17

Der Betrieb kann nicht zu einer konfliktfreien Zone erklärt werden – weil gesellschaftliche Konflikte in die Betriebe hineinspielen und weil AN (und der AG, *Rieble/Wiebauer* ZfA 2010, 63) Meinungsfreiheit genießen. Deshalb sagt II 3, dass jene Konflikte, die die AN unmittelbar betreffen, von den Betriebspartnern im Betrieb (mit friedlichen Mitteln, auch argumentativem Streit) angegangen werden dürfen. Freilich ist nicht ersichtlich, inwieweit AN von umweltpolitischen Fragen ohne Arbeitsschutzdimension überhaupt unmittelbar betroffen sein können. Das BAG legt das Verbot parteipolitischer Betätigung mittlerweile großzügig aus und sieht allgemeinpolitische Äußerungen ohne direkten Bezug zu politischen Gruppierungen in weitem Umfang als zulässig an. Ein Aufruf des BR zur Teilnahme an einem Volksentscheid und die Werbung für ein bestimmtes Abstimmungsverhalten sei demnach zulässig (BAG 17.3.2010, 7 ABR 95/08, NZA 2010 1133; krit *Wiebauer* BB 2010, 3091, 3092; *Reichold* NZA-Beilage 2012, 146, 149; *Löwisch/Kaiser* § 74 Rn 29 mwN). Die Ausführungen des BAG sind obiter dictum, weil das Gericht jeden Unterlassungsanspruch schon an der (vermeintlich) unzulässigen Zwangsvollstreckung scheitern lassen will (Rdn 15). Allerdings ignoriert das BAG die verfassungsrechtlichen Grenzen der Meinungsusurpation durch Zwangsrepräsentanten (wie Kammern, Asta), die eben nicht legitimiert sind, außerhalb ihres Aufgabenbereiches 18 die Repräsentierten mit Meinungen zu konfrontieren und zu repräsentieren. Der Betriebsrat kann in seiner Amtsfunktion nicht für die Belegschaft sprechen und eine Kollektivmeinung zu allgemeinen Fragen ohne Amtsbezug äußern (grundlegend: BVerwG 13.12.1979, 7 C 58/78, BVerwGE 59, 231, 238; weiter *Rieble/ Wiebauer* ZfA 2010, 106 f).

19 Dementspr dürfen BR und AG in ihrer betriebsverfassungsrechtlichen Rolle auch zum **Meinungsaustausch** greifen – und dies auch **betriebsöffentlich** tun – begrenzt durch ein dem Betriebsfrieden entspr Mäßigungsverbot. Insb darf der AG den BR kritisieren, etwa hins der von ihm ausgelösten Kosten (aA noch BAG 19.7.1995, 7 ABR 60/94, EzA § 43 BetrVG 1972 Nr 3; eingehend *Rieble/Wiebauer* ZfA 2010, 63, 118 ff). So oder so kann der AG in einer Werkszeitung (auch: Internet!, vgl *Wiese* NZA 2012, 1) Kritik am BR zu Wort kommen lassen; jeder Zugriff eines ArbG hierauf wäre verbotene Zensur (BVerfG 8.10.1996, 1 BvR 1183/90, EzA Art 5 GG Nr 23). Kritik am BR ist keine unzulässige Behinderung der BR-Arbeit. Dass Führungskräfte den BR öffentlich bis zur Grenze der Schmähkritik kritisieren dürfen, anerkennt jetzt das LAG Hessen in der Hyundai-Entscheidung und verwehrt dem BR das betriebliche Äußerungsmonopol (2.9.2013, 16 TaBV 44/13, JurionRS 2013, 51337).

20 E. Kompatibilität von Betriebsverfassungsamt und Gewerkschaftsbetätigung (III). Jeder AN, der ein Betriebsverfassungsamt (im BR, Wahlvorstand, Arbeitsgruppe nach § 28a ...) übernimmt, kann sich unbeschränkt für seine Gewerkschaft betätigen – »auch« im Betrieb, also erst recht außerhalb des Betriebes in Tarifkommissionen etc.
Das Gesetz schließt negativ die Inkompatibilität aus – in beide Richtungen: Weder schließt Gewerkschaftsbetätigung die Übernahme eines Betriebsverfassungsamts aus, noch kann der AG vom Amtsträger den Verzicht auf Gewerkschaftsbetätigung verlangen, etwa die Streikteilnahme (eben Rdn 11), die Rechtsberatung und Betreuung der Mitglieder, auch wenn solche Aktionen gegen den AG gerichtet sind. Das BetrVG verpflichtet die Amtsträger zwar zu koalitionspolitischer Neutralität – aber nur in ihrer Amtsführung und lässt die Gewerkschaftsbetätigung in anderer Rolle zu. Der Amtsträger muss seine Rollen strikt trennen und darf Rechte aus dem BetrVG nicht für die Gewerkschaft nutzen (etwa bezahlte Freistellung, Nutzung von Betriebsmitteln oder Personal; zu diesem Trennungsgebot *Rieble* BB 2009, 1016 ff). Ein Verstoß kann strafbar sein (zB Freistellungsbetrug). Zu Werbezwecken stehen der Gewerkschaft eigene (Duldungs-)Ansprüche gegen den AG zu (zur Werbung per E-Mail BAG 20.1.2009, 1 AZR 515/08, NZA 2009, 615); Betriebsratshilfe für Gewerkschaftswerbung bleibt untersagt (*Dumke* RdA 2009, 77, 82).

§ 75 Grundsätze für die Behandlung der Betriebsangehörigen

(1) Arbeitgeber und Betriebsrat haben darüber zu wachen, dass alle im Betrieb tätigen Personen nach den Grundsätzen von Recht und Billigkeit behandelt werden, insbesondere, dass jede Benachteiligung von Personen aus Gründen ihrer Rasse oder wegen ihrer ethnischen Herkunft, ihrer Abstammung oder sonstigen Herkunft, ihrer Nationalität, ihrer Religion oder Weltanschauung, ihrer Behinderung, ihres Alters, ihrer politischen oder gewerkschaftlichen Betätigung oder Einstellung oder wegen ihres Geschlechts oder ihrer sexuellen Identität unterbleibt.
(2) [1]Arbeitgeber und Betriebsrat haben die freie Entfaltung der Persönlichkeit der im Betrieb beschäftigten Arbeitnehmer zu schützen und zu fördern. [2]Sie haben die Selbständigkeit und Eigeninitiative der Arbeitnehmer und Arbeitsgruppen zu fördern.

Übersicht	Rdn.		Rdn.
A. Allgemeines	1	E. Schutz und Förderung der Persönlichkeit	16
B. Grundsätze von Recht und Billigkeit	4	F. Förderung der Selbstständigkeit und Eigeninitiative	18
C. Gleichbehandlungsgrundsatz	9		
D. Benachteiligungsverbot	11	G. Streitigkeiten	19

1 A. Allgemeines. Die Norm regelt das Verhältnis der Betriebsparteien zur Belegschaft und ergänzt § 2 I. »Wohl der Belegschaft« ist zuerst der Schutz vor unangemessenen Arbeitsbedingungen und die Teilhabe an den AG-Entscheidungen (als Zentralzweck der Betriebsverfassung). In einem spezifisch rechtlichen Sinn lädt § 75 diesen Schutzauftrag auf – mit einer **Generalklausel** (»Grundsätze von Recht und Billigkeit«), die an § 242 BGB angelehnt ist, einem ausdrücklichen Diskriminierungsverbotskatalog (der über das AGG hinausgeht) und mit einer Verpflichtung auf die Freiheit der AN in II. Die hM sieht in § 75 eine Grundlage für einen betriebsverfassungsrechtlichen Gleichbehandlungssatz, verkennt dabei aber vielfach die Unterschiede zwischen Diskriminierungsverbot und Gleichbehandlungsgebot (*Fastrich* RdA 2000, 65 ff). Seit der Neufassung durch das AGG spricht I nicht mehr von der »unterschiedlichen Behandlung von

Personen«, sondern von der »Benachteiligung« und nimmt damit einen Begriff des AGG (§ 3 AGG Rdn 2) auf – freilich ohne auf das AGG zu verweisen.

Adressaten des **Überwachungs-, Schutz- und Fördergebots** sind **AG, BR als Gremium,** dessen **Ausschüsse** sowie das **einzelne BR-Mitglied.** Wenn die hM § 75 eine Rechtspflicht entnehmen will, ist das missverständlich: Eine unmittelbare Rechtsfolge enthält die Vorschrift nicht. Zu konkreten Schutzmaßnahmen können weder AG noch BR verpflichtet werden – von wem auch? Ein **subjektives Recht des einzelnen (betroffenen) AN** auf Einschreiten gewährt nach hM § 75 ebenso wenig wie einen Anspruch auf Gleichbehandlung oder freie Persönlichkeitsentfaltung (*Löwisch/Kaiser* § 75 Rn 44 f; zu § 75 I: BAG 3.12.1985, 40 ABR 60/85, EzA § 1 TVG Nr 21; aA BAG 5.4.1984, 2 AZR 513/82, EzA § 17 BBiG Nr 1: individueller Anspruch des einzelnen AN vermittelt über § 823 II BGB iVm § 75 I als Schutzgesetz). Verstößt der AG gegen die Grds des § 75, kann nur der BR unter den Voraussetzungen des § 23 III gegen den AG vorgehen; umgekehrt kann der AG bei grober Pflichtverletzung des BR von seinem Antragsrecht nach § 23 I Gebrauch machen (*Löwisch/Kaiser* § 75 Rn 47). Ein weiter gehender **Unterlassungsanspruch** der Betriebsparteien ist richtigerweise abzulehnen (für § 75 II BAG 28.5.2002, 1 ABR 32/01, EzA § 87 BetrVG 1972 Betriebliche Ordnung Nr 29; für § 75 I offengelassen von BAG 18.2.2003, 1 ABR 17/02, EzA § 77 BetrVG 2001 Nr 4). Ein **Auskunftsanspruch** soll dem BR nach § 80 II 1 iVm § 75 zustehen (BAG 26.1.1988, 1 ABR 34/86, EzA § 80 BetrVG 1972 Nr 32; 21.10.2003, 1 ABR 39/02, NZA 2004, 936).

Das Überwachungsgebot nach § 75 I greift zugunsten **aller im Betrieb tätigen Personen,** das Schutz- und Fördergebot des § 75 II zugunsten der **im Betrieb beschäftigten AN.** Aus dem weiter gehenden Wortlaut des I folgt richtigerweise aber nicht, dass der BR etwa Selbstständige, Organmitglieder oder leitende Angestellte (§ 5 II, III) überwachen kann. Dem BR fehlt hierfür die Legitimation (für leitende Angestellte BAG 19.2.1975, 1 ABR 55/73, AP BetrVG 1972 § 5 Nr 9). Gemeint ist nur, dass nicht nur betriebsangehörige AN, sondern auch und insb Leih-AN, sonstiges Fremdfirmenpersonal und Auszubildende den Schutz des § 75 I genießen (*Löwisch/Kaiser* § 75 Rn 7 ff). Für Personen außerhalb des Betriebes, insb für **Bewerber** um einen Arbeitsplatz, fehlt dem BR jede Kompetenz (hM, statt vieler HWK/*Reichold* § 75 Rn 6, der indes zu Unrecht aus § 17 II AGG eine Sonderkompetenz für diskriminierte Bewerber herleitet).

B. Grundsätze von Recht und Billigkeit. Das Gebot, darüber zu wachen, dass im Betrieb tätige Personen nach den **Grds von Recht** behandelt werden, zielt zunächst auf die **Beachtung des geltenden Rechts.** Gesetzesrecht, TV, BV sowie Richter- und Gewohnheitsrecht sind von BR und AG bei ihrer betrieblichen Tätigkeit einzuhalten (ErfK/*Kania* § 75 Rn 5). Für den BR folgt daraus kein weiter gehendes Überwachungsrecht als aus § 80 I Nr 1. Der AG könnte aus § 75 immerhin für sich ein Überwachungsrecht ableiten (auch wenn das die ArbG nicht gerne sehen), etwa zur Einhaltung des Datenschutzes durch den BR. Dem BR fehlt hier wie bei § 80 I Nr 1 eine »Prozessstandschaft«. Individuelle AN-Rechte kann er nicht durchsetzen.

Recht ist auch »der betriebsverfassungsrechtliche **Gleichbehandlungsgrds,** dem wiederum der allg Gleichheitssatz des Art 3 I GG zugrunde liegt« (BAG 22.3.2005, 1 AZR 49/04, EzA § 75 BetrVG 2001 Nr 2; 30.11.1994, 10 AZR 578/93, EzA § 122 BetrVG 1972 Nr 80: »wichtigster Unterfall«). Über dessen Inhalt und Reichweite sagt § 75 I nichts.

Billigkeit meint die Wahrung der Gerechtigkeit im Einzelfall. Die Rspr sieht in § 75 eine Ermächtigungsgrundlage für eine **»gerichtliche Billigkeitskontrolle von BV«.** Die AN seien dem AG unterlegen; der BR habe nicht die Machtmittel einer Gewerkschaft (etwa BAG 26.7.1988, 1 AZR 156/87, EzA § 112 BetrVG 1972 Nr 43). Der Sache nach geht es aber »nur« um eine **Rechtskontrolle,** wie das BAG selbst anerkennt (ausdrücklich BAG 26.7.1988, 1 AZR 156/87, EzA § 112 BetrVG 1972 Nr 43: »Die Billigkeitskontrolle bezieht sich [...] auf die Innenschranken der BV; sie ist insoweit eine Rechtskontrolle [...]«). Dabei soll es darum gehen, »ob die von den Betriebspartnern vereinbarte Regelung der Billigkeit entspricht oder ob einzelne AN oder AN-Gruppen von ihr in unbilliger Weise benachteiligt werden.« Letztlich beschränkt das BAG die Prüfung auf eine Verletzung des Gleichbehandlungsgrds (so schon *Löwisch* SAE 1985, 325).

An dieser Rechtskontrolle ändert die Bereichsausnahme für BV gem **§ 310 IV 1 BGB** nichts (hM, ErfK/*Preis* §§ 305-310 Rn 9): Danach scheidet zwar eine gerichtliche AGB-Inhaltskontrolle iS einer **Angemessenheitskontrolle** gem §§ 307 ff BGB für BV aus. Die Rechtskontrolle nach § 75 bleibe davon unberührt (BAG 7.6.2011, 1 AZR 807/09, EzA § 88 BetrVG 2001 Nr 3; 1.2.2006, 5 AZR 187/05, EzA § 310 BGB 2002 Nr 3). Wie weit diese Kontrolle greift, insb ob auf eine Überprüfung von BV die für die Angemessenheitskontrolle von Individualvereinbarungen geltenden Grds übertragbar sind (abl *Albicker/Wiesenecker* BB 2008, 2631, 2634 ff), wenn aufgrund einer BV Leistungen widerrufen werden, hat das BAG indes offengelassen (1.2.2006, 5 AZR 187/05, EzA § 310 BGB 2002 Nr 3).

§ 75 BetrVG Grundsätze für die Behandlung der Betriebsangehörigen

8 Hält eine BV der Rechtskontrolle nicht stand, ist sie nichtig: § 75 ist **Verbotsgesetz iSd § 134 BGB** (BAG 28.5.2002, 3 AZR 358/01, AP BetrAVG § 6 Nr 29; aus jüngerer Zeit LAG Niedersachsen 17.4.2009, 12 Sa 1553/08, LAGE § 2 KSchG Nr. 63; **aA** *Löwisch/Kaiser* § 75 Rn 42).

9 **C. Gleichbehandlungsgrundsatz.** Der von der Rspr betonte Gleichbehandlungsgrundsatz verbietet den Betriebspartnern **Willkür**: Sie dürfen weder wesentlich Gleiches ohne sachlichen Grund ungleich noch wesentlich Ungleiches willkürlich gleichbehandeln. Daraus folgt also nicht die Pflicht zur schematischen Gleichbehandlung, sondern vielmehr nur das Verbot der unsachlichen Differenzierung iS einer sachfremden Schlechterstellung einzelner AN oder AN-Gruppen. Das BAG unterscheidet in Anlehnung an das BVerfG zu Art 3 I GG zwischen sachverhalts- und personenbezogenen Ungleichbehandlungen: Sieht eine Regelung für verschiedene AN-Gruppen unterschiedliche Rechtsfolgen (vor allem: unterschiedliche Leistungen) vor, verlangt der Gleichheitssatz, dass der Unterschied sachlich gerechtfertigt ist. Dabei verstößt eine **sachverhaltsbezogene Ungleichbehandlung** erst dann gegen den allg Gleichheitssatz, wenn sie willkürlich ist, weil sich ein **vernünftiger Grund** für die Differenzierung nicht finden lässt. Dagegen ist bei einer **personenbezogenen Ungleichbehandlung** der Gleichheitssatz bereits dann verletzt, wenn eine Gruppe von Normadressaten im Vergleich zu anderen Normadressaten anders behandelt wird, obwohl zwischen beiden Gruppen keine Unterschiede von solcher Art und solchem Gewicht bestehen, dass sie die ungleiche Behandlung rechtfertigen könnten (BAG 22.3.2005, 1 AZR 49/04, EzA § 75 BetrVG 2001 Nr 2; 18.9.2007, 3 AZR 639/06, EzA § 1 BetrAVG Gleichbehandlung Nr 30; zur Differenzierung zwischen Rentnern und Aktiven 10.2.2009, 3 AZR 653/07, NZA 2009, 769). Maßgeblich für den hinreichenden Sachgrund ist der **Regelungszweck** (BAG 20.5.2008, 9 AZR 271/07, NZA-RR 2009, 18), wobei den Betriebsparteien wie anderen Normgebern ein Beurteilungsspielraum für tatsächliche Voraussetzungen und Regelungsfolgen zusteht.

10 Der allgemeine Gleichbehandlungsgrds (§ 611 BGB Rdn 285 ff) ist vertragspartnerbezogen und damit auf das Unternehmen ausgerichtet; der betriebsverfassungsrechtliche folgt hingegen der Zuständigkeitsordnung. Ist der Einzel-BR zuständig, bleibt er betriebsbezogen; ist die originäre Zuständigkeit auf GBR oder KBR verlagert (§ 50 Rdn 4 ff; § 58 Rdn 4 ff), verschiebt sich der Vergleichsmaßstab entsprechend (für GBR BAG 3.12.2008, 5 AZR 74/08, EzA § 242 BGB 2002 Gleichbehandlung Nr 19). Im Fall der Delegation handelt das beauftragte Gremium anstelle des Auftraggebers; der Gleichbehandlungsmaßstab bleibt unverändert.

11 **D. Benachteiligungsverbot.** Die Neufassung § 75 I spricht nicht mehr von der »unterschiedlichen Behandlung von Personen«, sondern von der »Benachteiligung« und nimmt damit nicht nur den Begriff der Benachteiligung, sondern auch die Zulässigkeit einer unterschiedlichen Behandlung iSd AGG auf (Entwurfsbegründung zum AGG, BR-Drs 329/06, S 62; BAG 7.6.2011, 1 AZR 34/10, EzA § 112 BetrVG 2001 Nr 45; LAG Köln 11.5.2012, 5 Sa 1009/10, juris). In der Sache nach hat sich durch den Verweis auf die Begriffsbestimmungen des AGG nichts geändert: Bereits nach dem bisherigen Wortlaut (»unterschiedliche Behandlung«) war eine unmittelbare wie auch eine mittelbare Diskriminierung, also eine Differenzierung wegen eines der in § 75 I genannten Merkmale, untersagt. Dass § 3 III, IV AGG die (sexuelle) Belästigung der Benachteiligung fingierend gleichstellt, ist für § 75 unmaßgeblich. Die Norm verweist nicht auf das AGG (aA DKK/*Berg* § 75 Rn 20 ff); Belästigung ist gerade keine Benachteiligung. IÜ sind Belästigungsfälle von § 75 II und § 104 erfasst!

12 Neu ist die **Ausweitung** der **Diskriminierungsmerkmale** in § 75 I auf die Merkmale »Rasse«, ethnische Herkunft, Weltanschauung, Behinderung und des Alters. Das **Verbot der Altersdiskriminierung** erlegt AG und BR nicht nur den bisherigen Schutz der Älteren (so der gestrichene I 2 und immer noch § 80 I Nr 6), sondern den Schutz (auch der Jungen) vor **Benachteiligung wegen Alters** auf (zur Altersgrenze in der BV BAG 5.3.2013, 1 AZR 417/12, EzA § 77 BetrVG 2001 Nr 35). Auch mit der »sonstigen« Herkunft reicht § 75 über das AGG und dessen »ethnischer Herkunft« hinaus. Geschützt ist die örtliche, regionale oder soziale Herkunft. Einen Familiendiskriminierungsschutz gewährt § 75 nicht (*Löwisch/Kaiser* § 75 Rn 26).

13 Für **Diskriminierungsmerkmale** (Rasse, ethnische Herkunft, Geschlecht, Religion, Weltanschauung, Behinderung, Alter und sexuelle Identität) und **Benachteiligungsbegriff** (§ 3 AGG) sowie die **Rechtfertigung der unterschiedlichen Behandlung** (§§ 8 ff AGG) wird auf die Kommentierung des AGG verwiesen. Über das AGG geht § 75 I mit folgenden Merkmalen hinaus: Abstammung (ggü »ethnischer Herkunft« kein Gewinn, BK § 1 Rn 20), »sonstige« Herkunft (örtliche, regionale oder soziale, etwa aus der »DDR«, BAG 15.5.2001, 1 AZR 672/00, EzA § 242 BGB Gleichbehandlung Nr 85; ArbG Stuttgart 15.4.2010, 17 Ca 8907/09, NZA-RR 2010, 344: »Ossi«), Nationalität (Staatsbürgerschaft, dazu BK § 1 Rn 24, ausländerrechtliche Vorgaben rechtfertigen), politische und gewerkschaftliche Betätigung oder Einstellung.

14 Das Verbot der Benachteiligung wegen einer **politischen Betätigung** oder **Einstellung** meint zuerst das politische Verhalten des AN außerhalb des Betriebs. Die politische Betätigung im Betrieb findet indes ihre

Grenzen in den arbeitsvertraglichen Pflichten des AN (*Löwisch/Kaiser* § 75 Rn 21). Gegen das Benachteiligungsverbot wegen einer **gewerkschaftlichen Betätigung** oder **Einstellung** verstößt der AG insb dann nicht, wenn er tarifgebundene AN einem TV folgend anders behandelt als nichtorganisierte AN. Die zwingende Wirkung des TV ist nach dem TVG grds auf die Tarifgebundenen beschränkt (BAG 20.7.1960, 4 AZR 199/59, AP TVG § 4 Nr 7). Das Benachteiligungsverbot führt nicht zur Gleichschaltung der Nichtorganisierten; die Zweiteilung der Belegschaft bleibt möglich (eingehend *Rieble* GS Heinze [2005], S 687 ff). Dass § 75 I Bewerber nicht schützt, kompensiert **Art 9 III 2 GG**: Der AG darf die Einstellung nicht von der (fehlenden) Gewerkschaftsmitgliedschaft abhängig machen (BAG 2.6.1987, 1 AZR 651/85, EzA Art 9 GG Nr 43); der BR hiervon nicht die Zustimmung zur Einstellung nach § 99. Das Modell VW mit 97 % Organisationsgrad ist also nur verfassungswidrig, nicht aber BetrVG-widrig. Zu den Ausnahmen in Tendenzbetrieben s § 118 Rdn 13–16.

Da § 75 sich im Anwendungsbereich des Unionsrechts (Anhörungsrichtlinie 2002/14/EG) bewegt, ist die GRC anwendbar (EuGH 26.2.2013, C-617/10 »Åkerberg Fransson«, NJW 2013, 1415). Das wiederum wirft die Frage auf, ob nicht kraft Art. 21 GRC die dortigen weiteren Diskriminierungsmerkmale zu beachten sind. Das sind Hautfarbe, genetische Merkmale, Sprache, politische oder sonstige Anschauung, Zugehörigkeit zu einer nationalen Minderheit, Vermögen, Geburt. Insbesondere der Schutz jedweder politischen Meinung könnte erhebliche Folgen haben, weil BRe mitunter an »Bündnissen gegen Rechts« teilnehmen und Anträge nach § 104 womöglich als Meinungsdiskriminierung aufzufassen sind. Hiergegen spricht indes erstens, dass die Anwendbarkeit des Unionsrechts hier sekundärrechtsakzessorisch die – fehlende – Aktivierung der Chartagrundrechte verlangt und zweitens die Kompetenznorm Art. 19 AEUV hinter Art. 21 I GRCh zurückbleibt (instruktiv *Latzel* EuZW 2015, 658, 662). 15

E. Schutz und Förderung der Persönlichkeit. Die Verpflichtung auf Schutz und Förderung der freien Entfaltung der Persönlichkeit der im Betrieb beschäftigten AN nach § 75 II 1 bestätigt, dass betrieblich-kollektive Mitbestimmung keine individuelle Freiheitsgewährleistung sein kann. Der einzelne AN ist in die betriebliche Entscheidung nur durch den punktuellen Wahlakt einbezogen; er erfährt durch den Ausgleich divergierender Einzelinteressen und die Mitbestimmung nur »Schutz und Geborgenheit« – aber keine Freiheit. § 75 II 1 vollzieht den verfassungsrechtlichen Schutz des Persönlichkeitsrechts (Datenschutz und informationelle Selbstbestimmung, Recht am eigenen Bild und Stimme, persönliche Ehre, Achtung des Privatlebens) und zieht den Betriebspartnern dadurch **Grenzen der Kollektivherrschaft**: »Die von den Betriebspartnern getroffene Regelung muss geeignet, erforderlich und unter Berücksichtigung der gewährleisteten Freiheitsrechte des AN angemessen sein, um den erstrebten Zweck zu erreichen. Innerhalb der Prüfung der Angemessenheit ist eine Gesamtabwägung zwischen der Intensität des Eingriffs und dem Gewicht der ihn rechtfertigenden Gründe erforderlich« (BAG 11.7.2000, 1 AZR 551/99, EzA § 87 BetrVG 1972 Sozialeinrichtung Nr 17). 16

Praktisch wird § 75 II 1 vor allem bei der **betrieblichen Überwachung der AN**: Deshalb ist eine **Videoüberwachung** der AN ohne hinreichenden Verdacht oder bes Gefährdungslage unzulässig (BAG 29.6.2004, 1 ABR 21/03, EzA § 611 BGB 2002 Persönlichkeitsrecht Nr 2; 26.8.2008, 1 ABR 16/07, NZA 2008, 1187; *Joussen* NZA-Beil 2011, 35, 38 f), ebenso die **akustische Überwachung** durch Abhörgeräte oder Tonbandaufnahmen (BVerfG 19.12.1991, 1 BvR 382/85, EzA § 611 BGB Persönlichkeitsrecht Nr 10) oder durch **heimliches Mithören von Telefongesprächen** (BAG 29.10.1997, 5 AZR 508/96, EzA § 611 BGB Persönlichkeitsrecht Nr 12). Zulässig ist die **Erfassung** von **Telefondaten** bei Dienst- und dienstlich veranlassten Privatgesprächen (BAG 27.5.1986, 1 ABR 48/84, EzA § 87 BetrVG 1972 Kontrolleinrichtung Nr 16). Psychologische Eignungstests und graphologische Gutachten sind nur zulässig, soweit der AN darin eingewilligt und ein berechtigter Anlass besteht; eine genetische Analyse ist ausgeschlossen (*Löwisch/Kaiser* § 75 Rn 36 mwN). Personalfragebögen dürfen das Privatleben nicht ausspionieren (dazu § 94 Rdn 1). Die Personalakte darf der AG nicht ohne Einwilligung des AN an unbefugte Dritte weitergeben (BAG 18.12.1984, 3 AZR 389/83, EzA § 611 BGB Persönlichkeitsrecht Nr 2). Ggü einer **betrieblichen Kleiderordnung** genießt das Persönlichkeitsrecht nicht ohne Weiteres den Vorrang (BAG 1.12.1992, 1 AZR 260/92, EzA § 87 BetrVG 1972 Betriebliche Ordnung Nr 20); vielmehr können betriebliche Erfordernisse, wie etwa die Außendarstellung, einen Eingriff rechtfertigen (hM, etwa HWK/*Reichold* § 75 Rn 21 mwN; zur Diskriminierung *Thüsing* JZ 2006, 223 ff). Aber: Das Tragen einer Kopfbedeckung (Turban oder Kopftuch) aus religiösen Gründen kann mit rein unternehmerischen Erwägungen nicht verboten werden (BAG 10.10.2002, 2 AZR 472/01, EzA § 1 KSchG Verhaltensbedingte Kündigung Nr 58; bestätigt durch BVerfG 30.7.2003, 1 BvR 792/03, EzA § 1 KSchG Verhaltensbedingte Kündigung Nr 58a). Der Selbstentfaltungsfreiheit von Rauchern kann durch ein **betriebliches** 17

Rauchverbot zum Schutz der Nichtraucher Grenzen gezogen werden. Ein Recht zur den Privatbereich erfassenden Rauchentwöhnung haben die Betriebspartner nicht (keine kollektive Erziehung), weswegen das Rauchen im Freien nicht untersagt werden kann (BAG 19.1.1999, 1 AZR 499/98, EzA § 87 BetrVG 1972 Betriebliche Ordnung Nr 24).

18 **F. Förderung der Selbstständigkeit und Eigeninitiative.** Dass Selbstständigkeit und Eigeninitiative der AN und Arbeitsgruppen (§ 28a) zu **fördern** sind, ist Programmsatz ohne Rechtsfolge (*Franzen* ZfA 2001, 423, 424 ff).

19 **G. Streitigkeiten.** Bei groben Verstößen gegen § 75 steht dem BR bzw dem AG das Beschlussverfahren nach § 23 I bzw III zu. Ein Unterlassungsanspruch unmittelbar aus § 75 ist ebenso abzulehnen (für § 75 II richtig BAG 28.5.2002, 1 ABR 32/01, EzA § 87 BetrVG 1972 Betriebliche Ordnung Nr 29) wie ein Schadensersatzanspruch des einzelnen AN aus § 823 II BGB iVm § 75 BetrVG (*Löwisch/Kaiser* § 75 Rn 45; aA BAG 5.4.1984, 2 AZR 513/82, NZA 1985, 329, 331). Das BetrVG denkt den AN-Schutz grundsätzlich kollektiv, der Individualschutz ist bloßer Rechtsreflex; die AN sind durch vertragliche Schadensersatz- und Entschädigungsansprüche ausreichend geschützt. Bei groben Verstößen des AG gegen Benachteiligungsverbote des AGG, die zugleich einen Verstoß gegen § 75 I darstellen können, ist nunmehr auch an die Befugnis von BR und Gewerkschaft gem § 17 II AGG iVm § 23 BetrVG zu denken, eine erforderliche **Handlung, Duldung** oder **Unterlassung** zu verlangen – um die Benachteiligung wirksam zu unterbinden. Dass nach § 17 II 2 AGG mit dem Antrag keine Ansprüche des Benachteiligten geltend gemacht werden dürfen, ändert nichts daran, dass es sich um Rechtshilfe für den einzelnen AN handelt (dazu *Klumpp* NZA 2006, 904 ff).

§ 76 Einigungsstelle

(1) ¹Zur Beilegung von Meinungsverschiedenheiten zwischen Arbeitgeber und Betriebsrat, Gesamtbetriebsrat oder Konzernbetriebsrat ist bei Bedarf eine Einigungsstelle zu bilden. ²Durch Betriebsvereinbarung kann eine ständige Einigungsstelle errichtet werden.

(2) ¹Die Einigungsstelle besteht aus einer gleichen Anzahl von Beisitzern, die vom Arbeitgeber und Betriebsrat bestellt werden, und einem unparteiischen Vorsitzenden, auf dessen Person sich beide Seiten einigen müssen. ²Kommt eine Einigung über die Person des Vorsitzenden nicht zustande, so bestellt ihn das Arbeitsgericht. ³Dieses entscheidet auch, wenn kein Einverständnis über die Zahl der Beisitzer erzielt wird.

(3) ¹Die Einigungsstelle hat unverzüglich tätig zu werden. ²Sie fasst ihre Beschlüsse nach mündlicher Beratung mit Stimmenmehrheit. ³Bei der Beschlussfassung hat sich der Vorsitzende zunächst der Stimme zu enthalten; kommt eine Stimmenmehrheit nicht zustande, so nimmt der Vorsitzende nach weiterer Beratung an der erneuten Beschlussfassung teil. ⁴Die Beschlüsse der Einigungsstelle sind schriftlich niederzulegen, vom Vorsitzenden zu unterschreiben und Arbeitgeber und Betriebsrat zuzuleiten.

(4) Durch Betriebsvereinbarung können weitere Einzelheiten des Verfahrens vor der Einigungsstelle geregelt werden.

(5) ¹In den Fällen, in denen der Spruch der Einigungsstelle die Einigung zwischen Arbeitgeber und Betriebsrat ersetzt, wird die Einigungsstelle auf Antrag einer Seite tätig. ²Benennt eine Seite keine Mitglieder oder bleiben die von einer Seite genannten Mitglieder trotz rechtzeitiger Einladung der Sitzung fern, so entscheiden der Vorsitzende und die erschienenen Mitglieder nach Maßgabe des Absatzes 3 allein. ³Die Einigungsstelle fasst ihre Beschlüsse unter angemessener Berücksichtigung der Belange des Betriebs und der betroffenen Arbeitnehmer nach billigem Ermessen. ⁴Die Überschreitung der Grenzen des Ermessens kann durch den Arbeitgeber oder den Betriebsrat nur binnen einer Frist von zwei Wochen, vom Tage der Zuleitung des Beschlusses an gerechnet, beim Arbeitsgericht geltend gemacht werden.

(6) ¹Im Übrigen wird die Einigungsstelle nur tätig, wenn beide Seiten es beantragen oder mit ihrem Tätigwerden einverstanden sind. ²In diesen Fällen ersetzt ihr Spruch die Einigung zwischen Arbeitgeber und Betriebsrat nur, wenn beide Seiten sich dem Spruch im Voraus unterworfen oder ihn nachträglich angenommen haben.

(7) Soweit nach anderen Vorschriften der Rechtsweg gegeben ist, wird er durch den Spruch der Einigungsstelle nicht ausgeschlossen.

(8) Durch Tarifvertrag kann bestimmt werden, dass an die Stelle der in Absatz 1 bezeichneten Einigungsstelle eine tarifliche Schlichtungsstelle tritt.

Einigungsstelle § 76 BetrVG

Übersicht

		Rdn.			Rdn.
A.	Funktion und Rechtsstellung der Einigungsstelle	1	D.	Entscheidung und Rechtswirkung	16
B.	Errichtung der Einigungsstelle	3	E.	Gerichtliche Kontrolle	19
C.	Verfahren vor der Einigungsstelle	8	F.	Tarifliche Schlichtungsstelle	25

A. Funktion und Rechtsstellung der Einigungsstelle. Da die Betriebsparteien einander in Konflikten 1 nicht durch Kampf und Druck zur Einigung zwingen dürfen (§ 74 Rdn 6), sieht das BetrVG als zentralen Konfliktlösungsmechanismus das Verfahren vor der Einigungsstelle vor: Scheitern Verhandlungen in Regelungsstreitigkeiten, soll die paritätisch besetzte Einigungsstelle eine Einigung zwischen AG und BR herbeiführen: Hauptfall ist die **erzwingbare Mitbestimmung** (kraft Gesetzes, TV oder BV). Mitbestimmungsrechte werden nur effektiv, wenn eine solche verbindliche Entscheidung erzwingen kann, **V.** Das ist **Zwangsschlichtung**, gegen die verfassungsrechtliche Bedenken nicht durchgreifen (BVerfG 18.10.1986, 1 BvR 1426/83, AP BetrVG 1972 § 87 Auszahlung Nr 7). Die Einigungsstelle ist **kein Gericht** iSd Art 92 GG. Sie löst als »betriebsverfassungsrechtliches Hilfsorgan eigener Art« nur Regelungs- und keine Rechtsstreitigkeiten (*Löwisch/Kaiser* § 76 Rn 39).
Stehen dem BR nur Mitwirkungsrechte zu, kann das Einigungsstellenverfahren nur mit beiderseitigem Einverständnis durchgeführt werden, **VI.** Dann macht die Einigungsstelle nur einen Vorschlag, der der beiderseitigen Annahme bedarf. Diese kann als Unterwerfung auch im Vorhinein erfolgen.
I 1 geht vom Grds aus, dass eine Einigungsstelle nur bei **Bedarf**, also zur Beilegung einer konkreten Mei- 2 nungsverschiedenheit, zu errichten ist (**Bedarfseinigungsstelle**). Meinungsverschiedenheit setzt einen (gescheiterten) Einigungsversuch voraus (arg § 74 I 2, ErfK/*Kania* § 76 Rn 3; LAG Rheinland-Pfalz 8.3.2012, 11 TaBV 5/12, juris; näher § 74 Rdn 2; aA LAG Rheinland-Pfalz 2.11.2012, 9 TaBV 34/12, juris: Es reicht aus, dass nach der subjektiven Einschätzung einer Seite eine einvernehmliche Regelung ohne Anrufung der Einigungsstelle nicht zu erwarten ist). AG und BR können Errichtungsprobleme meiden, indem sie eine **ständige Einigungsstelle** errichten – durch normative BV nach I 2. Diese BV ist nicht erzwingbar (*Kühn* BB 2009, 2651 ff).

B. Errichtung der Einigungsstelle. An die Stelle des materiellen Einigungsproblems tritt das Errichtungs- 3 problem. AG und BR müssen sich nach II 1 über die Person des neutralen Vorsitzenden und die Anzahl der Beisitzer einigen. Gelingt auch das nicht, entscheidet das ArbG gem II 2, 3 BetrVG iVm § 100 ArbGG (§ 100 ArbGG Rdn 2, 18). Dass keine Einigungsstelle zu bilden ist, weil kein entspr Mitbestimmungsrecht besteht, kann nur für offensichtliche Fälle geltend gemacht werden. Das ist der Fall, wenn das BAG ein Mitbestimmungsrecht bereits verneint hat (*Löwisch/Kaiser* § 76 Rn 10 mwN). »Offensichtlich« heißt aber nicht, dass das ArbG ohne eigene Rechtsprüfung die Einigungsstelle einsetzen darf. Kann man sich über die Zuständigkeit streiten, muss die Einigungsstelle vorerst errichtet werden; diese hat selbst über die eigene Zuständigkeit zu befinden; überdies kann ihr Spruch im Nachhinein darauf überprüft werden. Dazu mit Rspr-Bsp *Löwisch/Kaiser* § 76 Rn 10 f.
Der **Vorsitzende** der Einigungsstelle muss **unparteiisch** sein, II 1 (LAG Hess15.11.2012, 5 TaBVGa 257/12, 4 juris: eine paritätisch besetzte Kommission mit wechselndem Vorsitz genügt den Anforderungen des § 76 II 1 nicht); weitere Anforderungen an Person oder (berufliche) Qualifikation gibt es nicht. Erhöhte Reisekosten des Vorsitzenden aufgrund einer weiten Anreise sind kein Ausschlussgrund (LAG Niedersachsen 22.10.2013, 1 TaBV 53/13, LAGE § 98 ArbGG 1979 Nr 68). Vorschläge von AG und BR binden das ArbG nicht (LAG BW 26.6.2002, 9 TaBV 3/02, NZA-RR 2002, 523).
Ob eine Person gegen den Widerspruch einer Seite gerichtlich bestellt werden darf, ist nicht abschließend geklärt, aber zu bejahen (richtig die hM, ErfK/*Kania* § 76 Rn 6). Die Gegenmeinung lädt nur zu taktischen Benennungs- und Verbrennungsspielen ein (falsch LAG Berl 12.9.2001, 4 TaBV 1436/01, NZA-RR 2002, 25). Eine Pflicht zur Übernahme des Amtes besteht nicht. Der Vorsitzende kann auch zurücktreten (*Löwisch/Kaiser* § 76 Rn 15); der Rücktritt zur Unzeit führt zur Ersatzpflicht (Rechtsgedanke §§ 627 II 2, 671 II 2 BGB).
Fehlende Unparteilichkeit kann zu jedem Verfahrenszeitpunkt durch **Befangenheitsantrag** geltend gemacht 5 werden (BAG 9.5.1995, 1 ABR 56/94, EzA § 76 BetrVG 1972 Nr 66), entspr §§ 1036 ff ZPO (BAG 11.9.2001, 1 ABR 5/01, EzA § 76 BetrVG 1972 Nr 68). Über den Antrag entscheidet das ArbG nach § 100 ArbGG.
Die Einigungsstelle besteht aus einer **gleichen Anzahl** von **Beisitzern** der AG- und der AN-Seite, die jede 6 Seite »bestimmt«. Normalfall sind **jeweils 2 Beisitzer** für durchschnittliche Streitigkeiten (hM, ErfK/*Kania* § 76 Rn 8), je nach Komplexität kommen rechtlich mind einer und faktisch nicht mehr als 6 Beisitzer jeder

Seite in Betracht; der bloße Hinweis des BR auf die Komplexität des Sachverhalts rechtfertigt ein Abweichen von der Regelbesetzung nicht (LAG Hamm 9.2.2009, 10 TaBV 191/08, AuR 2009, 278). Beisitzer müssen nicht betriebsangehörig sein; § 76a III lässt externe Besitzer zu (Sachverständige, Verbandsvertreter, Rechtsanwälte). Das BAG meint fälschlich, der BR sei nicht aus Kostengründen gehalten, betriebsangehörige Beisitzer zu bestellen (BAG 24.4.1996, 7 ABR 40/95, EzA § 76a BetrVG 1972 Nr 10). Richtigerweise ist zu trennen: Der BR kann zum Beisitzer bestellen, wen er mag. Der AG muss Mehrkosten nur bezahlen, wenn diese erforderlich gewesen sind. § 76a entbindet nicht vom Grundprinzip der Erforderlichkeit des § 40. Kühn ist die mitunter anzutreffende Praxis, dass Betriebsratsvorsitzende sich wechselseitig vergütete Beisitzerpositionen zuschieben (im selben oder im fremden Unternehmen), weil so jeder außerhalb seines Betriebes aktiv wird und formal eine Vergütung beanspruchen kann. Solche »Über-Kreuz-Beisitzerschaft« ist strafbare Betriebsratsbegünstigung nach § 119 I Nr. 3.

6.1 Es dürfen keine Personen zu Einigungsstellenbeisitzern benannt werden, die offensichtlich ungeeignet sind, über die der Einigungsstelle obliegende Materie zu entscheiden. Dies gilt für Personen die hinsichtlich ihrer Kenntnisse und Erfahrungen nicht geeignet sind, über die der ESt vorliegende Materie zu entscheiden (BAG 24.4.1996, 7 ABR 40/95, NZA 1996, 1171). Aber auch für benannte Personen denen die mangelnde Eignung in sonstiger Weise anhaftet und sich daraus ergibt, dass sie in der Einigungsstelle ihre Funktion nicht ordnungsgemäß ausüben können. Kriterium für die offensichtliche Ungeeignetheit der Person ist immer die ordnungsgemäße Aufgabenerfüllung der Einigungsstelle (BAG 28.5.2014, 7 ABR 36/12, NZA 2014, 1213).

7 Die Beisitzer sind in ihrem Amt **unabhängig** von den Betriebsparteien und nicht an Weisungen gebunden (BAG 27.6.1995, 1 ABR 3/95, EzA § 76 BetrVG 1972 Nr 65; LAG Hamburg 18.7.2012, 5 TaBV 2/12, JurionRS 2012, 36236). So kann der Beisitzer nicht von seiner Seite wegen Unbotmäßigkeit abberufen werden (aA *Faulenbach* NZA 2012, 953, 956 f mwN). Erst recht kann die andere Seite nicht Befangenheit einwenden (BAG 6.4.1973, 1 ABR 20/72, DB 1973, 2197; LAG BW 4.9.2001, 8 TaBV 2/01, ArbuR 2002, 151). Kehrseite der Unabhängigkeit ist die Pflicht, selbst in der ESt tätig zu werden, Stellvertretung scheidet aus. Möglich ist der Rücktritt. Eine Pflicht zur Übernahme des Amtes besteht auch für Betriebsangehörige nicht.

8 **C. Verfahren vor der Einigungsstelle.** Die Einigungsstelle wird **nur auf Antrag** und nicht vAw tätig. Im **freiwilligen Verfahren** (VI) wird die Einigungsstelle nur tätig, wenn AG und BR dies beantragen oder eine Seite den Antrag stellt und sich die andere einlässt, VI 1; beide Seiten können bis zur Entsch der Einigungsstelle ihr Einverständnis widerrufen (*Hennige* Das Verfahrensrecht der Einigungsstelle, S 142 ff). In den Fällen der erzwingbaren Mitbestimmung, also des **verbindlichen Einigungsstellenverfahrens**, genügt der Antrag nur einer Seite, um das Verfahren gegen den Willen des anderen Betriebspartners und auch ohne dessen Beisitzer (arg V 2) durchzuführen. Die Antragsrücknahme ist zwar möglich, beendet das Verfahren aber nicht, wenn die andere Seite einen eigenen Antrag gestellt hat (*Hennige* S 144 ff). Anders dann, wenn das Antragsrecht nur einer Seite zukommt (etwa §§ 37 VI, VII, 38 II, 95 I: nur der AG, § 85 II: nur der BR; HWK/*Kliemt* § 76 Rn 79).

9 Der **Antrag** bestimmt den **Verfahrensgegenstand** und definiert damit auch die Zuständigkeit der Einigungsstelle (BAG 30.1.1990, 1 ABR 2/89, EzA § 87 BetrVG 1972 Betriebliche Lohngestaltung Nr 27). Eine prozessual-inhaltliche Bindung an den Antrag (wie § 308 ZPO) besteht nicht (*Löwisch/Kaiser* § 76 Rn 40). Die Einigungsstelle ist inhaltlich weithin frei (»billiges Ermessen«), wie sie den Regelungskonflikt löst, welche Regelung sie als zweckmäßig erachtet. Sie muss nur, wenn sie ihre eigene Zuständigkeit bejaht, den Konflikt vollständig lösen, also den Regelungsgegenstand ausschöpfen. Auf der anderen Seite kann sie ihre Zuständigkeit nicht selbsttätig ausdehnen: Ihre Kompetenz ist durch den Einsetzungsantrag und das Streitigsein von AG und BR begrenzt (BAG 30.1.1990, 1 ABR 2/89, EzA § 87 BetrVG 1972 Betriebliche Lohngestaltung Nr 27; GK-BetrVG/*Kreutz* § 76 Rn 115). § 253 II Nr. 2 ZPO verlangt für den Bestellungsantrag eine hinreichend konkrete Umschreibung des Regelungsgegenstandes (LAG Schleswig-Holstein 1.10.2013, 1 TaBV 22/13, juris). **Absolute Grenze** ist die Reichweite des betroffenen Mitbestimmungsrechts (BAG 30.10.2012, 1 ABR 61/11, juris; 30.1.1990, 1 ABR 2/89, EzA § 87 BetrVG 1972 Betriebliche Lohngestaltung Nr 27).

10 Ist die Einigungsstelle errichtet, hat der Vorsitzende die Sitzung **unverzüglich**, ohne schuldhaftes Zögern (§ 121 I 1 BGB), einzuberufen. Der **Vorsitzende** muss als Verfahrensverantwortlicher die Beisitzer **rechtzeitig** und in **geeigneter Weise** (ein)laden oder Ort und Zeit der Sitzung mit ihnen absprechen, auch über Hilfspersonen. Erreicht die Einladung ihren Adressaten nicht, und wird dieser Mangel auch nicht durch rügelose Sitzungsteilnahme geheilt, so ist die Einigungsstelle nicht ordnungsgemäß besetzt. Jeder Einigungsstellenspruch ist unwirksam (BAG 27.6.1995, 1 ABR 3/95, EzA § 76 BetrVG 1972 Nr 65).

Amtsermittlungsgrundsatz: 11
Die Einigungsstelle hat den dem Regelungsstreit zugrunde liegenden Sachverhalt vAw aufzuklären (GK-BetrVG/*Kreutz* § 76 Rn 104; ErfK/*Kania* § 76 BetrVG Rn 17; aA *Löwisch/Kaiser* § 76 Rn 29). Sie kann Auskünfte einholen und Sachverständige anhören. Eine Vereinbarung mit dem AG entspr § 80 III braucht es nicht; die Einigungsstelle kann solche Kosten autonom auslösen, § 76a (BAG 13.11.1991, 7 ABR 70/90, EzA § 76a BetrVG 1972 Nr 1). Zwangsmittel stehen ihr nicht zur Verfügung. Auch hat sie keine eigene betriebsverfassungsrechtliche Stellung ggü dem AG; der BR kann aber sein Auskunftsrecht aus § 80 II zugunsten der Einigungsstelle einsetzen (aA *Löwisch/Kaiser* § 76 Rn 29: Mitwirkungspflicht für AG und BR aus § 2 I). Amtsermittlung heißt nicht Geschäftsbesorgung: Im Regelungsstreit trifft AG und BR eine Vortragslast hins ihrer Einigungsinteressen und der zugrunde liegenden Tatsachen.

Das Verfahren regelt § 76 punktuell, aber **zwingend**: ZPO und ArbGG finden keine unmittelbare Anwendung (HWK/*Kliemt* § 76 Rn 35). III ordnet die »**mündliche Beratung**« vor der Beschlussfassung, nicht aber eine mündliche Verhandlung vor der Einigungsstelle an. Notwendig und zwingend ist demnach die Beratung in der Einigungsstelle selbst; eine Entscheidung nach Lage der Akten oder im schriftlichen Umlaufverfahren ist unzulässig (LAG Düsseldorf 23.10.1986, 17 TaBV 98/86, LAGE § 76 BetrVG 1972 Nr 26). Eine mündliche Verhandlung mit AG und BR ist nicht zwingend notwendig (so aber DKK/*Berg* § 76 Rn 92; HWK/*Kliemt* § 76 Rn 43). **Rechtliches Gehör** lässt sich anders gewähren (richtig ErfK/*Kania* § 76 Rn 18). Die Beisitzer repräsentieren nicht ihre Betriebspartei, weswegen rechtliches Gehör ihnen ggü nicht ausreicht (BAG 27.6.1995, 1 ABR 3/95, EzA § 76 BetrVG 1972 Nr 65). Auf der anderen Seite dürfen AG und BR bei der **abschließenden mündlichen Beratung** und **Beschlussfassung** nicht dabei sein (BAG 18.1.1994, 1 ABR 43/93, EzA § 76 BetrVG 1972 Nr 63). 12

Nach III 4 sind die Beschlüsse der Einigungsstelle (zum Verfahren der Beschlussfassung (*Löwisch/Kaiser* 13
§ 76 Rn 31 ff) **schriftlich niederzulegen**, nur vom **Vorsitzenden** zu **unterschreiben** und **AG** sowie **BR zuzuleiten**. Die Formerfordernisse sind Wirksamkeitsvoraussetzung (BAG 13.3.2012, 1 ABR 78/10, EzA § 84 SGB IX Nr 10: Formverstoß durch Zuleitung einer pdf-Datei). Die Formerfordernisse müssen in dem Zeitpunkt erfüllt sein, in dem der Vorsitzende den Betriebsparteien den Spruch mit Zuleitungsabsicht iSd § 76 III 4 übermittelt (BAG 10.12.2013, 1 ABR 45/12, EzA § 76 BetrVG 2001 Nr 6). Eine nachträgliche und rückwirkende Heilung einer fehlenden Unterschrift ist nicht möglich (BAG 14.9.2010, 1 ABR 30/09, NZA-RR 2011, 526). Berichtigungen (Schreibfehler etc) sind entweder entsprechend § 1058 ZPO oder nach allgemeinen Grundsätzen möglich. Zuständig ist aber nicht der Vorsitzende, sondern die Einigungsstelle als Ganzes. § 53 I 1 ArbGG ist nicht analogiefähig (BAG 10.12.2013, 1 ABR 45/12, EzA § 76 BetrVG 2001 Nr 6).

Eine inhaltliche Änderung des Spruches ist ausgeschlossen. Mit der Zuleitung des formwirksamen Spruchs 14
ist das Einigungsstellenverfahren formal abgeschlossen und die Regelungskompetenz erloschen. Auch wenn die Einigungsstelle selbst Ermessenfehler erkennt (etwa auf Eingabe), kann sie ihren fehlerhaften Spruch nicht korrigieren (vgl § 318 II BGB). Nur dann, wenn die Einigungsstelle ihre Regelungsaufgabe nicht abgeschlossen hat, also die gestellte Mitbestimmungsfrage in Teilen nicht beantwortet ist (und sei es, weil der Spruch unwirksam ist), so bleibt die Einigungsstelle kompetent, kann das eigene Verfahren wieder aufrufen und sich selbst reaktivieren (LAG Hamburg 15.1.2013, 2 TaBV 13/11, juris, Rechtsbeschwerde 1 ABR 22/13).

Eine **Begr** sieht das Gesetz nicht vor und ist verfassungsrechtlich nicht geboten (BVerfG 18.10.1986, 1 BvR 15
1426/83, AP BetrVG 1972 § 87 Auszahlung Nr 7; BAG 30.10.1979, 1 ABR 112/77, EzA § 76 BetrVG 1972 Nr 26). Freilich ist eine Ermessenskontrolle (Rdn 20) ohne Begr kaum zu leisten (*Löwisch/Kaiser* § 76 Rn 37 Begr zumindest »zweckmäßig«). IÜ stellt § 76 das Verfahren in das Ermessen der Einigungsstelle (BAG 18.4.1989, 1 ABR 2/88, EzA § 76 BetrVG 1972 Nr 48), sofern nicht die Betriebspartner nach § 76 IV durch BV »weitere Einzelheiten« geregelt haben.

D. Entscheidung und Rechtswirkung. Vor der Sachentscheidung muss die Einigungsstelle in eigener 16
Verantwortung ihre Zuständigkeit prüfen, typischerweise also die Frage, ob ein Mitbestimmungsrecht des BR besteht. Das gilt auch, wenn die Einigungsstelle durch das ArbG bestellt worden ist, weil § 100 ArbGG nur eine Evidenzkontrolle erlaubt. Verneint die Einigungsstelle ihre Zuständigkeit, stellt sie das Verfahren durch Beschluss ein. Als Rechtsfrage kann die Zuständigkeit im Beschlussverfahren nach §§ 2a I Nr 1, 80 ff ArbGG geklärt werden – unabhängig vom laufenden Verfahren. Die Einigungsstelle kann die eigene Zuständigkeit in einem Zwischenbeschluss bejahen; dieser ist nicht gesondert anfechtbar (BAG 22.1.2002, 3 ABR 28/01, EzA § 76 BetrVG 1972 Nr 69), vielmehr kann der regelnde Spruch wegen fehlender Zuständigkeit der Einigungsstelle angegriffen werden (BAG 22.11.2005, 1 ABR 50/04, EzA § 85 BetrVG 2001 Nr 1). Ist ein Beschlussverfahren über die Zuständigkeit anhängig, kann die Einigungsstelle

§ 76 BetrVG   Einigungsstelle

ihr Verfahren analog § 148 ZPO aussetzen (*Löwisch/Kaiser* § 76 Rn 23; GK-BetrVG/*Kreutz* § 76 Rn 126; aA wohl BAG 28.5.2002, 1 ABR 37/01, EzA § 87 BetrVG 1972 Bildungsurlaub Nr 1: Aussetzungskompetenz der Einigungsstelle verneint).

17 Nach V 3 hat die Einigungsstelle im erzwingbaren Verfahren ihre Entscheidung unter **angemessener Berücksichtigung** der Belange des Betriebs und der betroffenen AN nach **billigem Ermessen** zu treffen: Der die Einigung zwischen AG und BR ersetzende Spruch soll schlichten, also eine »vernünftige« Regelung durch vernünftige Betriebsparteien schaffen – ausgerichtet am Zweck des einschlägigen Mitbestimmungsrechts (BAG 17.10.1989, 1 ABR 31/87, EzA § 76 BetrVG 1972 Nr 54). Dies entspricht bei **Regelungsstreitigkeiten** dem Gestaltungsspielraum, den AG und BR bei der Behandlung mitbestimmungspflichtiger Angelegenheiten haben (*Löwisch* AuR 1987, 99 ff). Gesetzliche und durch TV gezogene Grenzen muss die Einigungsstelle beachten (ErfK/*Kania* § 76 Rn 24); entspr bindet aber auch die BV, soweit diese nicht vom Spruch der Einigungsstelle mit Wirkung der BV (Rdn 18) verdrängt wird (§ 77 Rdn 30). Aber: Sowenig die Einigungsstelle einen Kompromiss zwischen den Vorschlägen des AG und des BR herbeiführen muss, so wenig darf sie lediglich den Antrag einer Seite zurückweisen. Sie hat über eine Regelungsstreitigkeit, soweit das Mitbestimmungsrecht reicht, vollständig zu entscheiden. Nur ausnahmsweise kann eine flexible Regelung künftige Maßnahmen des AG der künftigen Mitbestimmung überantworten (BAG 26.8.2008, 1 ABR 16/07, EzA § 87 BetrVG 2001 Überwachung Nr 2). Sie muss selbst eine Regelung treffen und kann sich nicht damit begnügen, den Antrag einer Seite zurückzuweisen (BAG 30.1.1990, 1 ABR 2/89, EzA § 87 BetrVG 1972 Betriebliche Lohngestaltung Nr 27).

18 Für die Betriebspartner ist der rechtswirksame (!) Spruch in den Fällen des V (**erzwingbares Einigungsstellenverfahren**) verbindlich. Sonderfall ist der Einigungsvorschlag über einen Interessenausgleich nach § 112 III (s § 111 Rdn 1): Der Spruch ersetzt die Einigung zwischen AG und BR. Legt die Einigungsstelle eine **Regelungsstreitigkeit** bei, hat der Spruch regelmäßig die Rechtsnatur einer BV, sodass diese nach § 77 II 3 im Betrieb auszulegen ist. Wie eine BV erzeugt der Spruch Rechte und Pflichten für die Betriebsparteien und wirkt unmittelbar und zwingend zugunsten der AN, § 77 IV. Die weitere Gestaltung (Kdg-Möglichkeit, Rückwirkung) liegt in den Händen der Einigungsstelle, die dabei gleichermaßen die rechtlichen Grenzen beachten muss (ErfK/*Kania* § 76 Rn 27). In Rechtsstreitigkeiten stellt der Einigungsstellenspruch die Rechtslage fest – mit nur vorläufiger Wirkung. Verbindlich ist der Spruch im Fall des freiwilligen Einigungsstellenverfahrens gem VI nur dann, wenn die Betriebspartner sich im Voraus mit dem Spruch einverstanden erklären oder ihn nachträglich annehmen (BAG 28.2.1984, 1 ABR 37/82, EzA § 87 BetrVG 1972 Leistungslohn Nr 9).

19 **E. Gerichtliche Kontrolle.** Der Spruch kann vom ArbG selbstständig im Beschlussverfahren kontrolliert werden auf Antrag von AG oder BR. Dabei geht es zuerst um die **unbefristete allg Rechtskontrolle** über **fehlende Zuständigkeit, Verfahrensfehler** (ordnungsgemäße Bildung, Verhandlung und Beschlussfassung, rechtsstaatliche Verfahrensgrds, auch ungerügt BAG 18.4.1989, 1 ABR 2/88, EzA § 76 BetrVG 1972 Nr 48) und **Beachtung höherrangigen Rechts** (Gesetze, TV, BAG 20.7.1999, 1 ABR 66/98, EzA § 87 BetrVG 1972 Betriebliche Lohngestaltung Nr 67).

20 Daneben steht die bes und befristete **Ermessenskontrolle nach V 3** (*Löwisch/Kaiser* § 76 Rn 55). Mit ihr machen AG und BR keine »äußeren« Rechtsfehler geltend, wie sie auch einer einvernehmlichen BV anhaften können, sondern schlichtungsspezifische Ermessensfehler. Die **Frist von 2 Wochen** nach Zuleitung des Einigungsstellenbeschlusses, V 4, ist eine **materiell-rechtliche Ausschlussfrist** (BAG 26.5.1988, 1 ABR 11/87, EzA § 76 BetrVG 1972 Nr 41). Lassen AG und BR die Frist verstreichen, zeigen sie sich »insoweit« mit dem Spruch einverstanden – und können Ermessensfehler nicht mehr geltend machen (BAG 1.4.1998, 10 ABR 17/97, EzA § 112 BetrVG 1972 Nr 99). Ermessenskontrolle ist eine Rechtsfrage. Es geht um die Wirksamkeit einer kollektiven Regelung, die von der Wahrung des der Einigungsstelle eingeräumten Gestaltungsrahmens abhängig ist. Das Gericht darf weder eine Zweckmäßigkeitskontrolle vornehmen, noch sein Ermessen an die Stelle des Ermessens der Einigungsstelle setzen (*Löwisch/Kaiser* § 76 Rn 57). Das ArbG prüft, ob die Regelung im Ergebnis die Belange des Betriebs und der betroffenen AN angemessen berücksichtigt und zu einem billigen Ausgleich bringt – nach Maßgabe des Zwecks des Mitbestimmungsrechts. Ermessensfehlerhaft ist der Spruch, wenn erkennbar jede sachgerechte Interessenabwägung fehlt bzw die Belange einer Seite übergangen wurden (BAG 30.8.1995, 1 ABR 4/95, EzA § 87 BetrVG 1972 Kontrolleinrichtung Nr 21). Nach dem BAG kommt es – anders als bei anderen Ermessenskontrollen, etwa § 315 III BGB – nicht darauf an, auf welchen Tatsachen und Annahmen der Spruch fußt, ob die Erwägungen der Einigungsstelle folgerichtig waren und eine erschöpfende Würdigung aller Umstände zum Inhalt haben (BAG 14.12.1993, 1 ABR 31/93, EzA § 87 BetrVG 1972 Betriebliche Lohngestaltung Nr 43; 24.8.2004, 1 ABR 23/03, NZA 2005, 302, 303; dagegen *Rieble* Die Kontrolle des Ermessens der betriebsverfassungsrechtlichen Einigungsstelle, S 163 ff).

Sonderfall sind Einigungsstellenbeschlüsse über **Rechtsfragen**, vor allem im Fall des § 109. Sie unterliegen 21 der vollen gerichtlichen Rechtskontrolle, wenn der Einigungsstelle kein gerichtsfester Beurteilungsspielraum zur Ausfüllung unbestimmter Rechtsbegriffe zukommt. Dann ist auch kein Raum für eine Ermessenskontrolle (so für § 109 BAG 11.7.2000, 1 ABR 43/99, EzA § 109 BetrVG 1972 Nr 2; aA *Rieble* BB 1991, 471, 472).

Eine **materiell-rechtliche Beschwer** ist **nicht erforderlich**. Sowohl bei der unbefristeten allg Rechtskontrolle 22 wie bei der Ermessenkontrolle geht es zunächst darum, ob der Spruch der Einigungsstelle eine wirksame betriebliche Regelung darstellt. An der Klärung dieser Frage haben AG und BR als betriebliche Normgeber ein berechtigtes Interesse auch ohne Beschwer (BAG 8.6.2004, 1 ABR 4/03, EzA § 87 BetrVG 2001 Gesundheitsschutz Nr 2).

Das ArbG stellt die (Un-) Wirksamkeit des Spruchs nur fest (kein Gestaltungsakt). Der Antrag ist auf **Fest-** 23 **stellung**, nicht auf Aufhebung, zu richten (BAG 8.6.2004, 1 ABR 4/03, EzA § 87 BetrVG 2001 Gesundheitsschutz Nr 2; LAG Düsseldorf 23.5.2012, 5 TaBV 2/12, juris). Äußert der Spruch der Einigungsstelle keine Wirkungen für die Zukunft, fehlt das Feststellungsinteresse (BAG 28.4.2009, 1 ABR 7/08, AP BetrVG 1972 § 77 Nr. 99). Eine verfahrensrechtliche »Zurückverweisung« an die Einigungsstelle ist ausgeschlossen. Ist der Spruch unwirksam, so hat er auch das Einigungsstellenverfahren nicht beendet; das gilt auch dann, wenn die Einigungsstelle ihre Zuständigkeit zu Unrecht verneint hat (dazu *Löwisch/*Kaiser § 76 Rn 53 mwN). Einstweilige Verfügungen, die den Vollzug eines Einigungsstellenspruchs verhindern sollen, sollen zulässig sein, wenn der Spruch krasse Rechtsverstöße enthält und dies offensichtlich ist (LAG Köln 30.7.1999, 11 TaBV 35/99, AP BetrVG 1972 § 87 Unterlassungsanspruch Nr 1). Freilich gibt es keine Feststellungsverfügung.

Davon unabhängig kann der Spruch einer **Inzidentkontrolle** unterzogen werden – in Streitigkeiten zwi- 24 schen AG und BR, aber auch in Individualstreitigkeiten im Urteilsverfahren, wenn der dortige Streitgegenstand von der Wirksamkeit des Spruches (als BV) abhängt, etwa wenn der AN ein Recht aus der BV geltend macht. Ermessensfehler können inzident nur von AG und BR und nur innerhalb der 2-Wochen-Frist geltend gemacht werden.

F. Tarifliche Schlichtungsstelle. VIII erlaubt den TVP, die Einigungsstelle durch eine **tarifliche Schlich-** 25 **tungsstelle** zu verdrängen (ausf *Rieble* RdA 1993, 140 ff). Jene wird unzuständig; Sprüche bleiben wirkungslos. Ein solcher TV stellt eine betriebsverfassungsrechtliche Norm iSd § 3 II TVG dar, weswegen nur der AG tarifgebunden sein muss. Aus dem TV muss sich dieser Eingriff in die Konfliktlösung eindeutig ergeben. Dass die TVP »zwecks Klärung und Schlichtung einzuschalten« sind, reicht nicht aus (BAG 9.5.1995, 1 ABR 56/94, EzA § 76 BetrVG 1972 Nr 66).

§ 76a Kosten der Einigungsstelle

(1) Die Kosten der Einigungsstelle trägt der Arbeitgeber.
(2) ¹Die Beisitzer der Einigungsstelle, die dem Betrieb angehören, erhalten für ihre Tätigkeit keine Vergütung; § 37 Abs. 2 und 3 gilt entsprechend. ²Ist die Einigungsstelle zur Beilegung von Meinungsverschiedenheiten zwischen Arbeitgeber und Gesamtbetriebsrat oder Konzernbetriebsrat zu bilden, so gilt Satz 1 für die einem Betrieb des Unternehmens oder eines Konzernunternehmens angehörenden Beisitzer entsprechend.
(3) ¹Der Vorsitzende und die Beisitzer der Einigungsstelle, die nicht zu den in Absatz 2 genannten Personen zählen, haben gegenüber dem Arbeitgeber Anspruch auf Vergütung ihrer Tätigkeit. ²Die Höhe der Vergütung richtet sich nach den Grundsätzen des Absatzes 4 Satz 3 bis 5.
(4) ¹Das Bundesministerium für Arbeit und Soziales kann durch Rechtsverordnung die Vergütung nach Absatz 3 regeln. ²In der Vergütungsordnung sind Höchstsätze festzusetzen. ³Dabei sind insbesondere der erforderliche Zeitaufwand, die Schwierigkeit der Streitigkeit sowie ein Verdienstausfall zu berücksichtigen. ⁴Die Vergütung der Beisitzer ist niedriger zu bemessen als die des Vorsitzenden. ⁵Bei der Festsetzung der Höchstsätze ist den berechtigten Interessen der Mitglieder der Einigungsstelle und des Arbeitgebers Rechnung zu tragen.
(5) Von Absatz 3 und einer Vergütungsordnung nach Absatz 4 kann durch Tarifvertrag oder in einer Betriebsvereinbarung, wenn ein Tarifvertrag dies zulässt oder eine tarifliche Regelung nicht besteht, abgewichen werden.

Zu den vom AG nach I zu tragenden Kosten der Einigungsstelle gehören zum einen die Kosten der Ver- 1 fahrensdurchführung, also der **Geschäftsaufwand** (Räume, Büromaterial, Schreibkraft), zum anderen

§ 76a BetrVG Kosten der Einigungsstelle

Auslagen der Einigungsstellenmitglieder (Reise- und Übernachtungskosten). Zieht der BR einen **Anwalt** als Verfahrensbevollmächtigten hinzu, handelt es sich nicht um Kosten der Einigungsstelle nach I, sondern um solche des BR nach § 40 I (BAG 21.6.1989, 7 ABR 78/87, EzA § 40 BetrVG 1972 Nr 61). Hier wie dort: Die Kosten müssen erforderlich und dürfen nicht unverhältnismäßig sein (BAG 13.11.1991, 7 ABR 70/90, EzA § 76a BetrVG 1972 Nr 1). Hierher gehören auch die Kosten für den von der Einigungsstelle zugezogenen Sachverständigen, dessen Fachkenntnis die fehlende Sachkunde der Einigungsstelle ausgleichen soll (BAG 13.11.1991, 7 ABR 70/90, EzA § 76a BetrVG 1972 Nr 1). Einer vorherigen Vereinbarung mit dem AG bedarf es anders als im Fall des § 80 III nicht (*Löwisch/Kaiser* § 76a Rn 4 mwN).

2 **Betriebsangehörige Beisitzer** haben nach II 1 keinen Anspruch auf Vergütung; sie sind lediglich gem § 76a II 1 iVm § 37 II und III von ihrer beruflichen Tätigkeit ohne Minderung des Arbeitsentgelts freizustellen und bei einer Sitzung außerhalb ihrer Arbeitszeit durch einen Anspruch auf Freizeitausgleich oder (hilfsweise) durch Mehrarbeitsvergütung zu entschädigen – **Ehrenamtsprinzip** (ErfK/*Kania* § 76a Rn 3; *Löwisch/Kaiser* § 76a Rn 21). Beisitzer für eine Einigungsstelle im anderen Betrieb des Unternehmens oder Konzerns sind betriebsfremd (BAG 21.6.1989, 7 ABR 78/87, EzA § 40 BetrVG 1972 Nr 61). Das gilt nicht, wenn die Einigungsstelle auf Unternehmens- oder Konzernebene errichtet wird und der AN in die betroffene Belegschaft fällt, II 2.

3 Der **Vorsitzende** und die **betriebsfremden Beisitzer** haben einen gesetzlichen Vergütungsanspruch nach III 1, auch ohne gesonderte Vereinbarung (BAG 12.2.1992, 7 ABR 20/91, EzA § 76a BetrVG 1972 Nr 6). Notwendig ist nur die rechtswirksame Bestellung. Für den vom BR bestellten Beisitzer ist dies der wirksame BR-Beschluss (BAG 19.8.1992, 7 ABR 58/91, EzA § 76a BetrVG 1972 Nr 7; zur rückwirkenden Genehmigung unwirksamer BR-Beschlüsse BAG 10.10.2007, 7 ABR 51/06, EzA § 26 BetrVG 2001 Nr 2). Solange es an der RechtsVO (IV) fehlt, muss die Höhe der Vergütung vertraglich vereinbart werden (zwischen AG und Einigungsstellenmitglied) oder ist hilfsweise vom anspruchsberechtigten Einigungsstellenmitglied kraft Leistungsbestimmung gem §§ 315, 316 BGB unter Beachtung der Grds des IV 3–5 festzusetzen. Für eine gerichtliche Festsetzung ist nur Raum, wenn die getroffene Vergütungsbestimmung nicht der Billigkeit entspricht, § 315 III 2 BGB (BAG 12.2.1992, 7 ABR 20/91, EzA § 76a BetrVG 1972 Nr 6 [LS 2]).

4 Bei der Bestimmung der **Vergütungshöhe zugunsten des Beisitzers** kann an die dem Vorsitzenden der Einigungsstelle gezahlte Vergütung angeknüpft werden, sofern diese ihrerseits billigem Ermessen, insb den Grundsätzen des IV 3–5, entspricht und keine Besonderheiten vorliegen, die die Eignung der Vorsitzendenvergütung als Bezugsgröße für die Bemessung der Beisitzervergütung ausschließen oder zumindest infrage stellen. Durch einen Abschlag von 3/10 ggü der Vorsitzendenvergütung wird iA dem Unterschied in den Aufgaben und der Beanspruchung des Vorsitzenden und der Beisitzer der Einigungsstelle ausreichend Rechnung getragen. Eine Bestimmung der Beisitzervergütung in Höhe von **7/10 der Vorsitzendenvergütung** hält sich deshalb beim Fehlen bes zu berücksichtigender individueller Umstände iR billigen Ermessens (BAG 12.2.1992, 7 ABR 20/91, EzA § 76a BetrVG 1972 Nr 6 [LS 3 und 5]; LAG Hess 11.6.2012, 16 TaBV 203/11, JurionRS 2012, 21605). Haben AG und Einigungsstellenvorsitzender sich über die Höhe des Vorsitzendenhonorars geeinigt oder hat der AG die vom Einigungsstellenvorsitzenden nach § 315 I BGB getroffene Bestimmung der Höhe seiner Vergütung nicht als unbillig beanstandet, so kann idR davon ausgegangen werden, dass sie billigem Ermessen entspricht. Der Vergütungsanspruch des Einigungsstellenmitglieds wird jedenfalls nicht von vornherein durch einen Höchstbetrag begrenzt (BAG 28.8.1996, 7 ABR 42/95, EzA § 76a BetrVG 1972 Nr 11); maßgeblich sind Bemessungsgrds des IV 3 (aA *Löwisch* DB 1989, 223, 224). Unter den Voraussetzungen des V können durch TV und – sofern es der TV zulässt bzw ein solcher nicht besteht – durch BV abw Vergütungsregelungen getroffen werden. Möglich ist schließlich auch eine jeweilige, individuelle Honorarvereinbarung, die für AG- und AN-Seite unterschiedlich ausfallen kann (GK-BetrVG/*Kreutz* § 76a Rn 62; aA *Löwisch/Kaiser* § 76a Rn 18; ErfK/*Kania* § 76a BetrVG Rn 7: unterschiedliche Vergütung gefährde die Parität).

5 Für **Rechtsstreitigkeiten** über den Vergütungsanspruch und seine Höhe ist gem § 2a I Nr 1 ArbGG das arbeitsgerichtlichen Beschlussverfahren die statthafte Verfahrensart (BAG 26.7.1989, 7 ABR 72/88, EzA § 2a ArbGG 1979 Nr 1). Das gilt auch für die Erstattung der Kosten, die bei der gerichtlichen Durchsetzung des ihnen nach § 76a III zustehenden Honoraranspruchs anfielen (sog Honorardurchsetzungskosten; BAG 27.7.1994, 7 ABR 10/93, EzA § 76a BetrVG 1972 Nr 8). Ansprüche von betriebsangehörigen Beisitzern nach II 1 iVm § 37 II, III sind im Urtverfahren durchzusetzen.

§ 77 Durchführung gemeinsamer Beschlüsse, Betriebsvereinbarungen

(1) [1]Vereinbarungen zwischen Betriebsrat und Arbeitgeber, auch soweit sie auf einem Spruch der Einigungsstelle beruhen, führt der Arbeitgeber durch, es sei denn, dass im Einzelfall etwas anderes vereinbart ist. [2]Der Betriebsrat darf nicht durch einseitige Handlungen in die Leitung des Betriebs eingreifen.
(2) [1]Betriebsvereinbarungen sind von Betriebsrat und Arbeitgeber gemeinsam zu beschließen und schriftlich niederzulegen. [2]Sie sind von beiden Seiten zu unterzeichnen; dies gilt nicht, soweit Betriebsvereinbarungen auf einem Spruch der Einigungsstelle beruhen. [3]Der Arbeitgeber hat die Betriebsvereinbarungen an geeigneter Stelle im Betrieb auszulegen.
(3) [1]Arbeitsentgelte und sonstige Arbeitsbedingungen, die durch Tarifvertrag geregelt sind oder üblicherweise geregelt werden, können nicht Gegenstand einer Betriebsvereinbarung sein. [2]Dies gilt nicht, wenn ein Tarifvertrag den Abschluss ergänzender Betriebsvereinbarungen ausdrücklich zulässt.
(4) [1]Betriebsvereinbarungen gelten unmittelbar und zwingend. [2]Werden Arbeitnehmern durch die Betriebsvereinbarung Rechte eingeräumt, so ist ein Verzicht auf sie nur mit Zustimmung des Betriebsrats zulässig. [3]Die Verwirkung dieser Rechte ist ausgeschlossen. [4]Ausschlussfristen für ihre Geltendmachung sind nur insoweit zulässig, als sie in einem Tarifvertrag oder einer Betriebsvereinbarung vereinbart werden; dasselbe gilt für die Abkürzung der Verjährungsfristen.
(5) Betriebsvereinbarungen können, soweit nichts anderes vereinbart ist, mit einer Frist von drei Monaten gekündigt werden.
(6) Nach Ablauf einer Betriebsvereinbarung gelten ihre Regelungen in Angelegenheiten, in denen ein Spruch der Einigungsstelle die Einigung zwischen Arbeitgeber und Betriebsrat ersetzen kann, weiter, bis sie durch eine andere Abmachung ersetzt werden.

Übersicht	Rdn.		Rdn.
A. Betriebsleitung und Durchführung betrieblicher Vereinbarungen	1	I. Geltungsvorrang des TV	26
B. BV	2	II. Sperrvorrang des TV (Tarifvorbehalt) nach III	27
I. Zustandekommen	2	III. Verhältnis von § 77 III zu § 87 I	30
II. Inhalt und Normwirkung von BV	7	IV. Ausnahmen zu § 77 III	32
III. Auslegung von BV	12	D. Verhältnis von BV und zu anderen BV	
IV. Unwirksamkeit und Umdeutung	13	E. Verhältnis zum Einzelarbeitsvertrag	34
V. Beendigung der BV	16	F. Regelungsabrede und Richtlinien	
VI. Nachwirkung von BV	21	G. Streitigkeiten	41
C. BV und TV	26		

A. Betriebsleitung und Durchführung betrieblicher Vereinbarungen. Das (Selbst-)Verständnis von BR 1 als Co-Manager der Unternehmensführung widerspricht der gesetzlichen Wertung des § 77 I: Beteiligungsrechte des BR beschränken sich auf Planung und Entscheidung und klammern das Durchführungsrecht aus. Der BR hat **kein Mitleitungsrecht**. Ihm ist es untersagt, einseitig in die Leitungsbefugnis des AG einzugreifen (I 2); der AG führt BV oder Regelungsabreden grds allein durch, I 1 (BAG 16.3.1982, 1 ABR 63/80, EzA § 87 BetrVG 1972 Vorschlagswesen Nr 3). Nur durch freiwillige Vereinbarung kann der AG dem BR Vollzugskompetenzen überlassen, etwa die Verwaltung einer Sozialeinrichtung (*Löwisch/Kaiser* § 77 Rn 3). I verbietet die Selbsthilfe des BR, schließt aber nicht dessen Recht aus, den AG im Beschlussverfahren zur Durchführung anzuhalten (BAG 18.1.2005, 3 ABR 21/04, EzA § 77 BetrVG 2001 Nr 11; 18.5.2010, 1 ABR 6/09, BB 2010, 2175). Der kollektive Durchführungsanspruch ist von den durch BV begründeten individualrechtlichen Ansprüchen der AN zu scheiden. Für Individualrechtsschutz ist der BR nicht zuständig (noch § 80 Rdn 2).

B. BV. **I. Zustandekommen.** Vertragspartner der BV ist auf AG-Seite der Vertrags-AG oder Unternehmer in seiner Rolle als Inhaber des Betriebes. Im Fall der KBV agiert die herrschende Gesellschaft als bes betriebsverfassungsrechtlicher »Konzern-AG«, den es sonst nicht gibt. Im Fall des Gemeinschaftsbetriebes (§ 1 Rdn 11–14) agieren die beteiligten Unternehmen kraft Führungsvereinbarung in einheitlicher Willensbildung als bes AG im BetrVG. Der AG kann sich frei vertreten lassen, § 164 BGB.
Auf AN-Seite agiert der für die konkrete Angelegenheit **zuständige BR** – **horizontal** (des richtigen Betriebes) **und vertikal** (BR, GBR, KBR). Die **Delegation** der Regelungsbefugnis »nach unten« auf **Arbeitsgruppen** (§ 28a II) sowie »nach oben« auf **GBR** oder **KBR** (§§ 50 II, 58 II) ermächtigt den Delegationsempfänger dazu, in eigenem Namen BV abzuschließen. Für den Betriebsausschuss gilt das wegen § 28 II 2 nicht. Nach außen handelt für den BR dessen Vorsitzender; er muss aber durch einen die BV deckenden Beschluss des

BR gedeckt sein (BAG 9.12.2014, 1 ABR 19/13, NZA 2015, 368). Fehlende Zuständigkeit, unwirksame Delegation und ein fehlender oder unwirksamer Beschluss des Gremiums schlagen auf die BV durch: Diese ist unwirksam. Die Rechtsetzungsbefugnis ist auf die Organisationseinheit beschränkt, für die der BR wirksam gewählt ist oder nach der Fiktion des § 19 als wirksam gewählt gilt (BAG 19.2.2002, 1 ABR 26/01, EzA § 4 BetrVG 1972 Nr 8). Erweist sich die Wahl des BR als nichtig, ist auch die BV nichtig (ebenso *Löwisch/Kaiser* § 19 Rn 26). Dasselbe muss gelten, wenn ein TV nach § 3 unwirksam ist. Die Wahl heilt nicht den TV; der gewillkürte BR ist nur ein Schein-BR. Seine BV sind unwirksam. Ein fehlender oder unwirksamer Beschluss führt lediglich zur schwebenden Unwirksamkeit mit Genehmigungsmöglichkeit nach §§ 183 ff BGB, idR wird rückwirkende Heilung möglich sein (vgl BAG 10.10.2007, 7 ABR 51/06, EzA § 26 BetrVG 2001 Nr 2; zur rückwirkenden Heilung einer gegen III verstoßenden BV Rdn 13–14).

4 Sind rechtliche Interessen leitender Angestellter mittelbar betroffen (die BV gilt für jene nicht, § 5 III), muss der AG den Sprecherausschuss gem § 2 I 2 SprAuG vor Abschluss der BV anhören. Wirksamkeitsvoraussetzung ist das nicht (*Löwisch/Kaiser* § 77 Rn 29).

5 Nach II sind BV vom BR und AG »gemeinsam zu beschließen« – gemeint ist ein **Vertragsschluss nach BGB** – und schriftlich niederzulegen. Die **gesetzliche Schriftform** verlangt, dass dieselbe Vertragsurkunde (§ 126 II 1 BGB, BAG 11.11.1986, 3 ABR 74/85, EzA § 1 BetrAVG Gleichberechtigung Nr 2) von AG und BR-Vorsitzendem (iR des vorhandenen BR-Beschlusses, § 26) eigenhändig mit dem Namen unterschrieben wird (§ 126 I BGB, ersatzweise notariell beglaubigtes Handzeichen). Die Schriftform kann durch elektronische Form gem §§ 126 III, 126a BGB ersetzt werden (*Löwisch/Kaiser* § 77 Rn 77). Die Anforderungen der §§ 126 ff BGB können auf Normenverträge freilich nicht unbesehen übernommen werden: Nach § 126 BGB muss die Urkunde das gesamte formbedürftige Rechtsgeschäft enthalten. Bezugnahmen sind unzulässig, wenn sich Angaben, die für den Vertragsinhalt wesentlich sind, ausschließlich aus Umständen außerhalb der Urkunde ergeben. Dienen diese Anforderung vor allem dem Übereilungsschutz, spielt dies beim Abschluss von Kollektivverträgen keine zentrale Rolle (BAG 27.3.1963, 4 AZR 72/62, AP BetrVG § 59 Nr 9). Bei ihnen soll die Schriftform Zweifel über den Inhalt der vereinbarten Normen ausschließen. Deshalb kann die erforderliche Klarheit auch bei einer statischen oder dynamischen Verweisung auf genau bezeichnete andere schriftliche Regelungen, etwa eine Gesamtzusage, bestehen (BAG 3.6.1997, 3 AZR 25/96, EzA § 77 BetrVG 1972 Nr 59; 22.8.2006, 3 AZR 319/05, EzA § 77 BetrVG 2001 Nr 17). Allerdings sind dynamische Verweisungen der BV auf einen TV materiell unzulässig (BAG 23.6.1992, 1 ABR 9/92, EzA § 77 BetrVG 1972 Nr 49). Bei mehrgliedrigen Vereinbarungen, wie dem 3-seitigen »Standortsicherungsvertrag« zwischen AG, Gewerkschaft und BR muss aus der Vereinbarung nicht nur der Norminhalt zweifelsfrei hervorgehen, sondern auch die Normurheberschaft mit Blick auf die einzelne Regelung (BAG 15.4.2008, 1 AZR 86/07, EzA § 1 TVG Nr 49; *Löwisch/Kaiser* § 77 Rn 133–134; schärfer *Löwisch/Rieble* TVG § 1 Rn 59: Unwirksamkeit solch 3-seitiger Mischkollektivverträge).

6 Die **Auslage der BV** im Betrieb (Aushang am Schwarzen Brett, Wiedergabe im Intranet) ist keine Wirksamkeitsvoraussetzung (hM; BAG 17.4.2012, 3 AZR 400/10, BB 2013, 57). Als Ordnungsvorschrift begründet II 3 keine Schadensersatzpflicht des AG und ist wie § 8 TVG kein Schutzgesetz iSd § 823 II BGB (*Löwisch/Rieble* TVG § 8 Rn 33). Schadensersatz droht aus dem NachwG, das in § 2 I 2 Nr 10 einen allg Hinweis auf BV verlangt (§ 2 NachwG Rdn 24 f).

7 **II. Inhalt und Normwirkung von BV.** IV 1 selbst ordnet normative Wirkung der BV an, setzt aber die Regelungskompetenz voraus (BAG 12.8.1982, 6 AZR 1117/79, EzA § 77 BetrVG 1972 Nr 9). Diese folgt insb aus §§ 87, 88 oder 112. Herausragende Bedeutung kommt § 88 zu, der die Betriebsparteien zur Regelung aller »sozialen Angelegenheiten« ermächtigt – und § 77 III, der zum Rückschluss einlädt, die BV könne »im Prinzip« alle Arbeitsbedingungen regeln, wie der TV. Das BAG befürwortet eine umfassende Regelungsbefugnis von AG und BR. Die BV kann also betriebliche und betriebsverfassungsrechtliche Fragen regeln, aber auch Inhalt, Abschluss und Beendigung von Arbeitsverhältnissen (BAG 7.11.1989, GS 3/85, EzA § 77 BetrVG 1972 Nr 34; enger *Franzen* NZA Beilage 3/2006, 107, 110 ff). Soweit die BV den Inhalt der Arbeitsverhältnisse regelt, werden diese für die Laufzeit der BV von deren Regelung überlagert (zur Normwirkung GK-BetrVG/*Kreutz* § 77 Rn 177 ff).

8 Arbeitsbedingungen der BV gelten für die erfassten AN unmittelbar (ohne Übernahmeakt) und einseitig zwingend nach Maßgabe des aus dem TVG hierher interpretierten Günstigkeitsprinzips (Rdn 34). Die durch BV begründeten Rechte genießen wie nach § 4 IV TVG Verzichtsschutz. Voraussetzung für die Zustimmung des BR ist ein wirksamer BR-Beschluss gem § 33, dem die ordnungsgemäße Unterrichtung über die für die Entscheidung bedeutsamen Umstände, insbesondere den Umfang des Verzichts, vorausgeht (BAG 15.10.2013, 1 AZR 405/12, NZA 2014, 217). Fehlt die **Zustimmung des BR** und ist der Verzicht nicht durch das Günstigkeitsprinzip gedeckt, ist der individualrechtliche Verzicht (Abschlussquittung!) nach

§ 134 BGB nichtig (BAG 30.3.2004, 1 AZR 85/03, EzA § 112 BetrVG 2001 Nr 10). IV 3 und 4 schließen Verwirkung und Befristung der AN-Rechte aus einer BV aus (näher GK-BetrVG/*Kreutz* § 77 Rn 292 ff). Die BV gilt **räumlich** für den Betrieb, für den sie wirksam abgeschlossen worden ist. Eine vom GBR gem § 50 I 1 abgeschlossene BV gilt für sämtliche Einzelbetriebe (wenn nicht der Geltungsbereich beschränkt ist), auch die betriebsratslosen (§ 50 Rdn 1). Im Fall der Delegation schließt der GBR nach § 50 II parallele Einzel-BV, die nur in den Betrieben der delegierenden BR gelten (*Löwisch/Kaiser* § 77 Rn 22). **Persönliche** Geltung beansprucht eine BV grds für alle im Betrieb beschäftigten AN iSv § 5, auch wenn diese erst nach Abschluss der BV eingestellt worden sind (*Löwisch/Kaiser* § 77 Rn 23; für Außendienstmitarbeiter LAG Rheinland-Pfalz 24.8.2012, 9 Sa 176/12, NZA-RR 2012, 636; für Leiharbeitnehmer LAG Berlin-Brandenburg 9.8.2012, 2 TaBV 770/12, juris). Sie endet, wenn ein AN in einen anderen Betrieb versetzt wird, weswegen etwa eine betriebliche Unkündbarkeit im anderen Betrieb nicht zulasten der dortigen Beschäftigten weitergelten kann. Vorübergehend in einen anderen (Auslands-)Betrieb entsandte AN verlieren die Betriebszugehörigkeit nicht und werden von der BV erfasst (BAG 7.12.1989, 2 AZR 228/89, EzA § 102 BetrVG 1972 Nr 74). Ggü und zulasten Dritter kann die BV keine normative Ansprüche begründen. Hierfür fehlt jede Regelungsbefugnis (BAG 11.1.2011, 1 AZR 375/09, NZA 2012, 176). Die normative Geltung von BV ist **zeitlich** grds auf den Betrieb begrenzt, dessen Belegschaft der die BV abschließende BR repräsentiert. Punktuelle Regeln, die an die Zugehörigkeit zu einem bestimmten Zeitpunkt anknüpfen, überdauern – vor allem Sozialpläne (BAG 28.6.2005, 1 AZR 213/04, EzA § 77 BetrVG 2001 Nr 12).

Dem Regelungszugriff entzogen sind grds »**erworbene Rechte**«, also fällige Ansprüche (indes erlaubt BAG 10 2.10.2007, 1 AZR 815/06, EzA § 77 BetrVG 2001 Nr 20 den Eingriff in entstandene und »wohl« auch fällige, aber noch nicht erfüllte Ansprüche) und Anwartschaften. AN, die aus dem aktiven Arbeitsverhältnis **ausgeschieden** sind, insb **Ruheständler**, sind damit der Regelungsmacht von AG und BR entwachsen (BAG 12.12.2006, 3 AZR 475/05, AiB 2008, 114; BAG 13.5.1997, 1 AZR 75/97, EzA § 77 BetrVG 1972 Ruhestand Nr 1; näher *Löwisch/Kaiser* § 77 Rn 25 ff) – allerdings lässt das BAG offen, ob es an dieser Rspr festhalten wird (BAG 28.7.1998, 3 AZR 357/97, EzA § 1 BetrAVG Ablösung Nr 19; 19.2.2008, 3 AZR 61/06, EzA § 1 BetrAVG Betriebliche Übung Nr 9). Hiervon zu trennen ist die Frage, ob die Betriebsparteien der BV rückwirkende Kraft zulegen können: Das setzt zumal voraus, dass im Zeitpunkt des Normerlasses Regelungsmacht besteht (und nicht nur in der Vergangenheit bestand) und dass **Vertrauensschutz** und **Verhältnismäßigkeit** gewahrt sind (BAG 23.1.2008, 1 AZR 988/06, EzA § 77 BetrVG 2001 Nr 24; 26.8.2008, 1 AZR 353/07, NZA-RR 2009, 300). Richtig stellt das BAG konkret darauf ab, ob die AN mit einer rückwirkend belastenden Regelung rechnen mussten (BAG 22.5.2012, 1 AZR 103/11, EzA § 77 BetrVG 2001 Nr 34; 19.9.1995, 1 AZR 208/95, EzA § 76 BetrVG 1972 Nr 67). Das gilt bes für Ruhegeldansprüche und erdiente Ruhegeldanwartschaften (BAG 9.4.1991, 3 AZR 598/89, EzA § 1 BetrAVG Ablösung Nr 5; aA *Löwisch/Kaiser* § 77 Rn 30: ausgeschiedene AN werden von Rückwirkung nicht erfasst).

BV müssen das **zwingende staatliche (Arbeits-)Recht beachten**. Die Betriebsvereinbarung darf die in § 8 11 I TzBfG vorgegebenen Teilzeitmodelle nicht einschränken (BAG 20.1.2015, 9 AZR 735/13, NZA 2015, 816). Dispositives Recht können sie abbedingen wie den Arbeitsvertrag. Tarifdispositives Recht ist für die BV nur dispositiv, wenn das Gesetz dies ausdrücklich bestimmt (»durch TV oder in einer BV«); meist wird vorausgesetzt, dass der TV die BV ausdrücklich ermächtigt, »durch TV oder aufgrund TV in einer BV« (etwa § 7 ArbZG). Speziell betriebsvereinbarungsdispositives Recht gibt es (derzeit) nicht. Immerhin meint das BAG, dass die BV das BDSG abbedingen könne, § 4 I BDSG (BAG 30.8.1995, 1 ABR 4/95, EzA § 87 BetrVG 1972 Kontrolleinrichtung Nr 21; näher GK-BetrVG/*Wiese* § 87 Rn 493 ff; anders *Trittin/Fischer* NZA 2009, 343, 344: Abweichung nicht zulasten des AN). Daneben ist die BV über § 75 **mittelbar** an **GR gebunden** (BVerfG 23.4.1986, 2 BvR 487/80, BVerfGE 73, 261; BAG 12.12.2006, 1 AZR 96/06, EzA § 88 BetrVG 2001 Nr 1). Grenze der BV soll überdies ein bes »kollektivfreier Individualbereich« sein (näher GK-BetrVG/*Kreutz* § 77 Rn 331 ff). Insofern aber geht es in 1. Linie um das Privatverhalten des AN (Verwendung arbeitsfreier Zeit, des Urlaubs oder des Arbeitsentgelts [BAG 11.7.2000, 1 AZR 551/99, EzA § 87 BetrVG 1972 Sozialeinrichtung Nr 17]), das von vornherein nicht der Regelungsmacht der BV unterfällt – weil nur das Arbeitsverhältnis als solches kollektiv regelbar ist (*Löwisch/Kaiser* § 77 Rn 19). Zur »Billigkeitskontrolle« von BV § 75 Rdn 6.

III. Auslegung von BV. BV sind nach hM wie TV auszulegen. Der alte Streit zwischen Gesetzes- und 12 Vertragsauslegung ist hier wie dort überholt, weil die Auslegung mit Blick auf die Form und den Schutz der Normunterworfenen eher objektiv erfolgen muss. Zentral kommt es auf den Wortlaut an (BAG 29.9.2004, 1 AZR 634/03, EzA § 42d EStG Nr 2; 11.12.2007, 1 AZR 824/06, NZA-RR 2008, 298, 300; 20.4.2010, 1 AZR 988/08, NZA 2010, 1018, 1019; 27.7.2010, 1 AZR 874/08, NZA 2010, 1369, 1371).

§ 77 BetrVG   Durchführung gemeinsamer Beschlüsse, Betriebsvereinbarungen

Der davon abw wirkliche Wille der Betriebspartner muss im Wortlaut erkennbar zum Ausdruck kommen, um berücksichtigt zu werden. Zu beachten ist stets der Gesamtzusammenhang der BV mit anderen BV, TV und Gesetzen (BAG 17.11.1998, 1 AZR 221/98, EzA § 112 BetrVG 1972 Nr 101). Im Zweifel soll die BV mit höherrangigem Recht vereinbar sein (BAG 28.4.2009, 1 AZR 18/08, AP BetrVG 1972 § 77 Betriebsvereinbarung Nr. 47). Ergänzend wird die Entstehungsgeschichte herangezogen. Die praktische Übung ist nur Indiz für das Verständnis. Den Ausschlag gibt vielfach die Praktikabilität: AG und BR wollen eine vernünftige, sachgerechte, zweckorientierte und praktisch brauchbare Regelung (BAG 9.10.2012, 3 AZR 539/10, juris; 7.11.2000, 1 AZR 175/00, EzA § 1 TVG Nr 43). Abstrakt ist die Auslegung einer BV kein feststellungsfähiges Rechtsverhältnis – die ArbG können aber feststellen, wie die BV durchzuführen ist und dabei inzident die Auslegung klären (BAG 20.1.2009, 1 ABR 78/07, AP Nr 44 zu § 77 BetrVG 1972 Betriebsvereinbarung).

13   **IV. Unwirksamkeit und Umdeutung.**   Bei Abschlussmängeln finden die Vorschriften des BGB Anwendung: Fehlt die Schriftform gem § 77 II oder liegt ein Verstoß gegen zwingendes Recht vor (insb gegen § 77 III), ist die BV unwirksam. Handelt der BR außerhalb seiner Zuständigkeit, ist die kompetenzwidrige BV unheilbar nichtig (*Löwisch/Kaiser* § 77 Rn 82). Überschreitet hingegen der Vorsitzende seine Vertretungskompetenz bei Abschluss der Betriebsvereinbarung, ist diese schwebend unwirksam und damit genehmigungsfähig nach §§ 183 ff BGB (Rdn 3). Der Praxis ist fürsorglich der Neuabschluss zu empfehlen. Nach hM wirkt die Anfechtung nach §§ 119, 123 BGB entgegen § 142 BGB nicht zurück (*Richardi* § 77 Rn 49). Für in Vollzug gesetzte BV ist dies anzuerkennen (ebenso *Löwisch/Kaiser* § 77 Rn 84). Die Teilunwirksamkeit einer BV führt nach ganz hM nicht zur Unwirksamkeit der gesamten BV. Für die Teilnichtigkeit kommt es darauf an, ob wirksame Teil der BV auch ohne die unwirksamen Bestimmungen eine sinnvolle und in sich geschlossene Regelung enthält (BAG 29.4.2004, 1 ABR 30/02, EzA § 77 BetrVG 2001 Nr 8). Die unwirksame dynamische »Blankettverweisung« auf jeweils geltende BV in Betrieben eines anderen Unternehmens begreift das BAG nach diesen Grds als wirksame statische Verweisung auf aktuell geltende Vereinbarungen (BAG 28.3.2007, 10 AZR 719/05, EzA § 112 BetrVG 2001 Nr 23).

14   Entscheidungen des ArbG über das (Nicht-)Bestehen der BV haben nach ArbGG und ZPO keine prozessuale erga-omnes-Wirkung; insb fehlt eine Parallelvorschrift zu § 9 TVG. BAG und hM »erstrecken« die Rechtskraft der Entsch im Beschlussverfahren gleichwohl auf die normunterworfene AN (BAG 17.2.1992, 10 AZR 448/91, EzA § 112 BetrVG 1972 Nr 59; GMP/*Spinner*, ArbGG § 84 Rn 28 f). Dabei handelt es sich um eine präjudizielle (tatbestandliche) Bindungswirkung.

15   Eine **unwirksame BV** kann grds nicht in eine **vertragliche Einheitsregelung umgedeutet** (§ 140 BGB) werden. Das BAG lässt dies zwar bei Verstoß gegen § 77 III ganz ausnahmsweise dann zu, wenn bes Umstände die Annahme rechtfertigen, der AG habe sich unabhängig von der BV »auf jeden Fall« verpflichten wollen (BAG 5.3.1997, 4 AZR 532/95, EzA § 77 BetrVG 1972 Nr 58; ErfK/*Kania*, § 77 BetrVG Rn 28). Indes: Damit wird qua Umdeutung ein Parteiaustausch vorgenommen. Das ist unzulässig. Zudem würde durch die Umdeutung in einen kündigungsgeschützten Arbeitsvertragsbestandteil der Verpflichtungswille des AG erweitert (vgl BAG 21.10.1998, 10 AZR 770/97, AP BGB § 140 Nr 11; *Löwisch/Kaiser* § 77 Rn 139).

16   **V. Beendigung der BV.**   Die **befristete BV** endet mit Zeitablauf; daneben auch ohne eine ausdrückliche Regelung mit ihrer **Zweckerreichung** (*Löwisch/Kaiser* § 77 Rn 93). Eine tarifergänzende BV ist grds auf die Dauer des TV und dessen Nachwirkungszeitraum beschränkt (BAG 25.8.1983, 6 ABR 40/82, EzA § 77 BetrVG 1972 Nr 12). Die BV endet durch schriftlichen **Aufhebungsvertrag** (nur ErfK/*Kania* § 77 Rn 91 f). Ob dies formfrei, insb durch Regelungsabrede, möglich ist, wird von der hM richtigerweise verneint. Das BAG hat diese Frage offengelassen (BAG 20.11.1990, 1 AZR 643/89, AP BetrVG 1972 § 77 Regelungsabrede Nr 2). BV sind als Dauerregelungen grds ordentlich kündbar, V. Die Kdg bedarf keiner Rechtfertigung und unterliegt keiner Inhaltskontrolle. Quasi-Kdg-Schutz schafft nur die so ständige wie verfehlte Sonder-Rspr zum Vertrauensschutz in der betrieblichen Altersversorgung (BAG 18.9.2001, 3 AZR 679/00, EzA § 1 BetrAVG Ablösung Nr 29).

17   Gem V können BV mit einer Frist von 3 Monaten **gekündigt** werden, soweit nichts anderes vereinbart ist. Eine andere Vereinbarung kann insb darin bestehen, dass die ordentliche Kdg ausgeschlossen wird. Befristete BV sind während der Laufzeit typischerweise nicht kündbar, wenn die Kdg nicht besonders vorbehalten ist (Rechtsgedanke § 620 BGB). Die BV ist dann nur noch außerordentlich aus wichtigem Grund kündbar; das außerordentliche Kdg-Recht ist nicht abdingbar (BAG 17.1.1995, 1 ABR 29/94, EzA § 77 BetrVG 1972 Nr 54). Die Kdg bedarf keiner Form, muss aber im Interesse der Rechtssicherheit unmissverständlich und eindeutig sein (BAG 19.2.2008, 1 AZR 114/07, EzA § 77 BetrVG 2001 Nr 23). Die Betriebsparteien können die ordentliche **Teilkdg** in der BV erlauben; regeln sie diese Frage nicht, soll die Teilkdg regelmäßig zulässig sein, wenn sie einen selbstständigen Regelungskomplex betrifft (BAG 6.11.2007, 1 AZR

826/06, EzA § 77 BetrVG 2001 Nr 19; LAG München 27.3.2012, 6 TaBV 101/11, juris; abl *Hoffmann* AiB 2008, 616, 618). Entscheidend ist die Auslegung: Ergibt sie, dass die Betriebsparteien ein selbstständiges Schicksal der Normgruppen zulassen wollen, ist die Teilkdg konkludent erlaubt (*Richardi* § 77 Rn 206: Regelfall; GK-BetrVG/*Kreutz* § 77 Rn 390). Freilich ist bei der Auslegung zu bedenken, dass AG und BR durch die urkundliche Einheit einen Regelungszusammenhang hergestellt (BGH 22.5.1970, V ZR 130/67, BGHZ 54, 71) – und gerade kein Teilkündigungsrecht vereinbart haben. Es ist nicht Sache der Gerichte, BV dergestalt nachzubessern. Ein für eine bestimmte Betriebsänderung vereinbarter »punktueller« Sozialplan kann nur ordentlich gekündigt werden, wenn dies gesondert vereinbart ist. Anders ist es für Dauerregelungen insb in Rahmensozialplänen, wobei Dauerregelungen nur solche Bestimmungen sind, nach denen ein bestimmter wirtschaftlicher Nachteil durch auf bestimmte oder unbestimmte Zeit laufende Leistungen ausgeglichen oder gemildert werden soll (BAG 10.8.1994, 10 ABR 61/93, EzA § 112 BetrVG 1972 Nr 76). Ist die Geschäftsgrundlage eines Sozialplanes weggefallen, so können die Betriebspartner die Regelungen des Sozialplanes den veränderten tatsächlichen Umständen anpassen. Verweigert der andere Betriebspartner die Anpassung, kann die Einigungsstelle verbindlich entscheiden (BAG 28.8.1996, 10 AZR 886/95, EzA § 112 BetrVG 1972 Nr 87).

Der **Insolvenzverwalter** kann eine massebelastende BV mit einer Höchstfrist von drei Monaten kündigen, § 120 InsO. Zur Fristverkürzung nach bereits erfolgter Kdg ist die Nach-Kdg möglich (MüKo-InsO/*Caspers* § 120 Rn 26). Ob die ordentliche Kdg ausgeschlossen wurde, spielt keine Rolle. Ebenfalls möglich ist die Teil-Kdg trennbarer Regelungen, und zwar unabhängig von den Rdn 17 erläuterten Voraussetzungen (*Oetker/Friese* DZWiR 2000, 397, 405). Bei untrennbaren Regelungen erfasst § 120 InsO die gesamte BV (FK-InsO/*Eisenbeis* § 120 Rn 12). 18

Die **Verschlechterung der Ansprüche durch eine nachfolgende, ablösende BV** ist rechtlich weithin unbedenklich: Regeln 2 gleichrangige Normen denselben Gegenstand und ist ihr Adressatenkreis der gleiche, so gilt für diese Konkurrenz grds die sog Zeitkollisionsregel: Die jüngere Norm löst die ältere ab (BAG 23.1.2008, 1 AZR 988/06, NZA 2008, 709, 710); nur die jüngere kommt für die Zukunft zur Geltung. Diese Regel findet nicht nur im Verhältnis von Gesetzen und TV untereinander Anwendung, sondern auch im Verhältnis von 2 aufeinanderfolgenden BV. Die jüngere Norm gilt auch dann, wenn die bisherige für die AN günstiger war. Gesetzgeber, TVP und Betriebsparteien sind nicht gehindert, Leistungsansprüche von AN für die Zukunft zu verschlechtern (BAG 19.1.1999, 1 AZR 499/98, EzA § 87 BetrVG 1972 Betriebliche Ordnung Nr 24). Grenzen ergeben sich, wenn dadurch grundrechtlich geschützte Positionen der AN berührt und das Verhältnismäßigkeitsprinzip oder Grds des Vertrauensschutzes verletzt werden. Deshalb unterliegen BV, die Versorgungsansprüche aus einer früheren BV einschränken, einer entspr Rechtskontrolle (BAG 16.7.1996, 3 AZR 398/95, EzA § 1 BetrAVG Ablösung Nr 13; BAG 15.1.2013, 3 AZR 705/10, NZA-RR 2013, 376). Zur Weitergeltung und Ablösung von BV im Zuge eines Betriebs(teil)übergangs eingehend § 613a BGB Rdn 56 ff. Eine GBV gilt nach einem Betriebsübergang in dem übertragenden Betrieb als Einzelvereinbarung fort, wenn ihr Gegenstand im Unternehmen des Erwerbers nicht normativ geregelt ist (BAG 5.5.2015, 1 AZR 763/13, NZA 2015, 1331). Bei der Verdrängung einer im veräußerten Betrieb geltenden BV über Leistungen der betrieblichen Altersversorgung durch eine beim Erwerber geltende BV nach § 613a I 3 BGB ist der bis zum Betriebsübergang erdiente Versorgungsbesitzstand aufrechtzuerhalten (BAG 24.7.2001, 3 AZR 660/00, EzA § 613a BGB Nr 204). 19

Streitig ist, ob der **endgültige Wegfall des BR** – also ohne Amtsweiterführung und ohne Übergangsmandat – die BV enden lässt. Richtigerweise ist das zu bejahen, weil jeder Kollektivvertrag voraussetzt, dass beide Kollektivvertragsparteien die Regelungsverantwortung tragen (zur KBV *Rieble/Kolbe* KTS 2009, 281, 302 f). Beim TV hilft die Nachwirkung des § 4 V TVG; bei der BV muss diese ausscheiden, weil VI auf die Mitbestimmungspflicht abstellt, die ohne BR aber fehlt. Die Gegenmeinung fordert Besitzstand um jeden Preis (dazu GK-BetrVG/*Kreutz* § 77 Rn 410; BAG 18.9.2002, 1 ABR 54/01, EzA § 613a BGB 2002 Nr 5). 20

VI. Nachwirkung von BV. Nach § 77 VI gelten die Regelungen einer BV nach deren Ablauf weiter, bis sie durch eine andere Regelung ersetzt werden. Diese Vorschrift betrifft unmittelbar nur BV, die im Bereich der erzwingbaren Mitbestimmung abgeschlossen worden sind. Die Nachwirkung soll vor allem sicherstellen, dass in der Zeit bis zum Abschluss einer neuen BV eine – wenn auch nur dispositive – Regelung bestehen bleibt (BAG 28.4.1998, 1 ABR 43/97, EzA § 77 BetrVG 1972 Nachwirkung Nr 1). Als andere Abmachung kommt dabei nicht nur eine BV (auch Einigungsstellenspruch: LAG Hess 26.4.2012, 5 Sa 924/11, JurionRS 2012, 29937), sondern auch eine einzelvertragliche Abrede in Betracht. Einer arbeitsvertraglichen Einheitsregelung soll nach hM ebenso wenig ablösende Kraft zukommen wie einer Regelungsabrede (GK-BetrVG/*Kreutz* § 77 Rn 454). Ob bei einer außerordentlichen Kdg die BV nachwirkt, ist indes umstritten (ErfK/ 21

Kania § 77 Rn 102). Eine Nachwirkung soll aber wegen des Wegfalls bzw Störung der Geschäftsgrundlage nicht ausscheiden (BAG 29.9.2004, 1 AZR 445/03, AP BetrVG 1972 § 77 Nachwirkung Nr 16).

22 Nur **erzwingbare BV** wirken nach, da nur bei solchen BV jeder Betriebspartner die Ablösung der nachwirkenden Normen durch eine neue BV erzwingen kann (BAG 28.4.1998, 1 ABR 43/97, EzA § 77 BetrVG 1972 Nachwirkung Nr 1). Die gesetzliche Zuständigkeitsabgrenzung zwischen BR, GBR und KBR bestimmt, wessen BV wirksam ist. Der Satz, dass eine örtliche BV durch GBV nicht abgelöst werden könne (LAG Köln 21.8.2013, 11 Ta 87/13, JurionRS 2013, 48476) stimmt eben nur und soweit der GBR für eine örtliche Angelegenheit unzuständig ist. Wenn für die nachwirkende BV der örtliche Betriebsrat zuständig war und diese Zuständigkeit jetzt auf den GBR übergegangen ist, dann kann die GBV auch die örtliche BV ablösen.

23 Die Nachwirkung einer BV gem VI ist **dispositiv** und kann von den Betriebspartnern abgedungen werden (BAG 9.2.1984, 6 ABR 10/81, EzA § 77 BetrVG 1972 Nr 13). Das kann konkludent geschehen, etwa wenn die BV einen einmaligen, zeitlich begrenzten Gegenstand regelt (BAG 17.1.1995, 1 ABR 29/94, EzA § 77 BetrVG 1972 Nr 54; bestätigt BAG 28.4.2009, 1 ABR 7/08, AP BetrVG 1972 § 77 Nr. 99). Die Zweckerfüllung oder Befristung einer BV führt nicht zum Entfall der Nachwirkung (BAG 19.2.1991, 1 ABR 31/90, EzA § 87 BetrVG 1972 Arbeitszeit Nr 46).

24 **Freiwillige BV** wirken nicht kraft Gesetzes nach. Die Betriebspartner können die **Nachwirkung vereinbaren**. Eine solche Vereinbarung ist idR dahin auszulegen, dass die Nachwirkung gegen den Willen einer Seite beendet werden kann. Im Zweifel ist eine Konfliktlösungsmöglichkeit gewollt, die derjenigen bei der erzwingbaren Mitbestimmung entspricht. Scheitern die Bemühungen um eine einvernehmliche Neuregelung, kann danach von jedem Betriebspartner die Einigungsstelle angerufen werden, die verbindlich entscheidet (BAG 28.4.1998, 1 ABR 43/97, EzA § 77 BetrVG 1972 Nachwirkung Nr 1). Im Zweifel ist aber vom gesetzlichen Regelfall auszugehen – also keine Nachwirkung (BAG 21.8.2001, 3 ABR 44/00, EzA § 1 BetrAVG Betriebsvereinbarung Nr 4).

25 Bei einer **teilmitbestimmten BV** (also einer BV, die sowohl mitbestimmungsfreie als auch mitbestimmungspflichtige Angelegenheiten regelt; zu dem »Phänomen« der teilmitbestimmten BV etwa HWK/*Gaul* § 77 Rn 8) wirken die Regelungen, die mitbestimmungspflichtig sind, nach – es sei denn, sie können selbstständig nicht sinnvoll bestehen bleiben (BAG 5.10.2010, 1 ABR 20/09, EzA § 87 BetrVG 2001 Betriebliche Lohngestaltung Nr 23). Bei Regelungen einer teilmitbestimmten BV über freiwillige AG-Leistungen ist zu differenzieren: Da der AG allein darüber entscheidet, ob er freiwillige Leistungen überhaupt erbringt, kann er auch mitbestimmungsfrei über ihre vollständige Einstellung befinden. Der Umstand, dass der BR etwa über die Erstellung des Leistungsplans mitzubestimmen hat, ändert daran nichts. Der AG kann mit den Mitteln des Betriebsverfassungsrechts nicht gezwungen werden, eine freiwillige Leistung länger zu erbringen, als er aufgrund der in der BV selbst eingegangenen Bindung verpflichtet ist (BAG 21.8.1990, 1 ABR 73/89, EzA § 77 BetrVG 1972 Nr 36). Etwas anderes gilt dann, wenn der AG die freiwillige Leistung nicht völlig zum Erlöschen bringen will, sondern die Kdg der BV nur zu einer Verringerung des Volumens der insgesamt zur Verfügung gestellten Mittel und zugleich zu einer Veränderung des Verteilungsplans führen soll. In diesen Fällen wirkt die BV nach (BAG 18.11.2003, 1 AZR 604/02, EzA § 77 BetrVG 2001 Nr 9). Eine freiwillige Leistung wirkt ausnahmsweise dann nach, wenn sie mit einer mitbestimmungspflichtigen Regelung in innerem Zusammenhang steht. Wird in einer BV Schichtarbeit eingeführt und als Ausgleich dafür eine Zulage gewährt, erstreckt sich bei der Kündigung der BV die Nachwirkung der erzwingbaren Schichtplanregelung (§ 87 I Nr. 2) auch auf die nur teilmitbestimmte Zulagenregelung (BAG 9.7.2013, 1 AZR 275/12, NZA 2013, 1438).Für tariffreie AG (zur Reichweite der Mitbestimmung § 87 Rdn 69) ergibt sich damit regelmäßig Nachwirkung (BAG 26.8.2008, 1 AZR 354/07, EzA § 87 BetrVG 2001 Betriebliche Lohngestaltung Nr 16) – weil das BAG die »einheitliche Vergütungsordnung« der mitbestimmungsrechtlich freiwilligen Leistungen außerhalb gesetzlicher und tariflicher Vorgaben nicht in einzelne Bestandteile aufspalten will (krit *Reichold* BB 2009, 1470 ff; zum Parallelproblem der Nachwirkung tariflicher Entgeltregeln § 87 Rdn 13). Für tarifgebundene AG gilt entspr, soweit der TV Spielraum lässt, etwa gleichberechtigt Zeit-, Prämien- und Akkordlohn erlaubt (BAG 23.6.2009, 1 AZR 214/08, NZA 2009, 1159).

26 **C. BV und TV. I. Geltungsvorrang des TV.** TV gehen jeder BV vor – ohne Rücksicht auf die zeitliche Reihenfolge oder die Günstigkeit einer betrieblichen Regelung (*Löwisch/Kaiser* § 77 Rn 111). Ersteres folgt bereits aus dem verfassungsrechtlich gebotenen höheren Rang des TV. III regelt nicht diesen Geltungsvorrang (iRd Normkollision), sondern flankiert diesen mit einer Kompetenzabgrenzung: Zum Schutz der Tarifautonomie (BAG 13.3.2012, 1 AZR 659/10, NZA 2012, 990; 30.5.2006, 1 AZR 111/05, NZA 2006, 1170, 1171; 18.3.2010, 2 AZR 337/08, EzA § 626 BGB Unkündbarkeit Nr 17; 23.3.2011, 4 AZR 268/09, NZA 2012, 231) soll der BR nicht als beitragsfreie Ersatzgewerkschaft agieren

können. Insofern geht es um eine ausschließliche Kompetenzabgrenzung von tariflicher und betrieblicher Regelung – ausgerichtet am Regelungsgegenstand. Das Günstigkeitsprinzip des § 4 III TVG greift erst dann, wenn TV und BV nebeneinander bestehen können und deren **Kollision** geordnet werden muss, also
– unter einer tariflichen Öffnungsklausel iSv § 77 III 2 (und nicht nach § 4 III Var 1),
– im Bereich der erzwingbaren Mitbestimmung (für den § 77 III 1 nicht greift: Rdn 30) und
– gem § 112 I 4 beim Sozialplan.

Dann muss entschieden werden, ob der TV der BV Höchstarbeitsbedingungen setzt, ob günstigere Regelungen durch BV möglich sind und ob es auf die individuelle oder kollektive Günstigkeit ankommt (*Löwisch/Rieble* TVG § 4 Rn 480-484).

II. Sperrvorrang des TV (Tarifvorbehalt) nach III. BV sind unzulässig, wenn und soweit sie Bestimmungen über solche Arbeitsentgelte und sonstige Arbeitsbedingungen regeln, die durch TV geregelt sind oder üblicherweise geregelt werden. Eine tarifliche Regelung von formellen wie auch materiellen Arbeitsbedingungen »besteht«, wenn über diese ein TV abgeschlossen worden ist, und **der Betrieb in den räumlichen, fachlichen, persönlichen und organisatorischen Geltungsbereich des TV fällt** (BAG 22.3.2005, 1 ABR 64/03, EzA § 77 BetrVG 2001 Nr 10). Ob der AG tarifgebunden ist, spielt für die Sperrwirkung des III keine Rolle, sodass auch das OT-Mitglied im AG-Verband erfasst ist (BAG 13.3.2012, 1 AZR 659/10, NZA 2012, 990; 10.10.2006, 1 ABR 59/05, NZA 2007, 523, 525; HWK/*Gaul* § 77 Rn 49). Nimmt ein AG arbeitsvertraglich auf den TV Bezug, löst das allein die Sperrwirkung nicht aus (BAG 27.1.1987, 1 ABR 66/85, EzA § 99 BetrVG 1972 Nr 55; *Löwisch/Kaiser* § 77 Rn 122 mwN). Ein TV sperrt nicht eine BV, die zusätzliche Entgeltbestandteile an besondere Voraussetzungen knüpft, da diese nicht Teil des Tariflohns sind (BAG 9.7.2013, 1 AZR 275/12, NZA 2013, 1438).

Fehlt eine aktuell geltende tarifliche Regelung, kann die Sperrwirkung unter dem Gesichtspunkt der **Tarifüblichkeit** eingreifen, wenn die TVP über die betreffenden Arbeitsbedingungen einen TV abgeschlossen hatten und zu erwarten ist, dass sie auch in Zukunft eine entspr Regelung treffen werden. Ist eine tarifliche Regelung einmal üblich geworden, wird die hierdurch ausgelöste Sperrwirkung nicht durch eine bloß zeitweise bestehende Tariflosigkeit wieder aufgehoben (BAG 24.2.1987, 1 ABR 18/85, EzA § 87 BetrVG 1972 Nr 10; 22.3.2005, 1 ABR 64/03, NZA 2006, 383; *Löwisch/Kaiser* § 77 Rn 124 mwN). Auch im Nachwirkungszeitraum des § 4 V TVG bleibt die Sperre erhalten (BAG 27.11.2002, 4 AZR 660/01, EzA § 77 BetrVG 2001 Nr 2). Sollen Arbeitsbedingungen **erstmals durch TV** geregelt werden, so lösen bloße Verhandlungen keine Sperre aus (BAG 5. 3. 2013, 1 AZR 417/12, NZA 2013, 916). Umgekehrt soll aber ein jahrelanger tarifloser Zustand die einmal begründete Tarifüblichkeit nicht beseitigen können, solange Verhandlungen laufen und eine Einigung angestrebt wird und möglich erscheint (BAG 22.3.2005, 1 ABR 64/03, EzA § 77 BetrVG 2001 Nr 10). Um die Reichweite des Sperrvorrangs des TV zu ermitteln, bedarf es letztlich der Auslegung des TV (mit Bsp *Löwisch/Kaiser* § 77 Rn 123). Das BAG misst auch einem TV, der nur für die Mitglieder des AG-Verbands gelten soll (organisatorischer Geltungsbereich) Sperrwirkung zu (BAG, 22.3.2005, 1 ABR 64/03, NZA 2006, 383; dagegen ErfK/*Kania* § 77 Rn 46).

Der **Haus-TV** entfaltet Sperrwirkung (BAG 21.1.2003, 1 ABR 9/02, EzA § 77 BetrVG 2001 Nr 3) – aber nur im tarifgebundenen Unternehmen, weil dies sein äußerster Geltungsbereich ist. Da § 77 III anders als § 59 BetrVG 1952 nicht nur bei Üblichkeit, sondern insb auch bei Regelung durch TV greift, stellt sich die Frage, ob weitere Voraussetzung für III ist, dass eine Tarifregelung auch **repräsentativ** ist. Das ist mit dem BAG (20.11.2001, 1 AZR 12/01, EzA BetrVG 1972 § 77 Nr 70; zustimmend *Löwisch/Kaiser* § 77 Rn 121) zu verneinen: Die Zahl der normativ oder vertraglich tarifgebundenen AN ist unerheblich. Nach aA muss deren Zahl größer sein als die Zahl der AN, die in den nicht tarifgebundenen Betrieben regelmäßig beschäftigt werden (HWK/*Gaul* § 77 Rn 50). Bedeutung hat dieser Streit nur für die Fälle, in denen nicht schon ein aktuell geltender TV die Sperre des III auslöst.

III. Verhältnis von § 77 III zu § 87 I. Nach der in der Rspr vertretenen Vorrangtheorie sind Mitbestimmungsrechte des BR nach § 87 I nicht dadurch ausgeschlossen, dass die mitbestimmungspflichtige Angelegenheit üblicherweise durch TV geregelt ist. Nur der TV schließt die MB aus, der den Mitbestimmungskonflikt selbst durch eine eigene und geltende Regelung löst, also wenn der AG tarifgebunden ist und bei Tarifbindung auch des AN die tarifliche Regelung in diesem Arbeitsverhältnis unmittelbar und zwingend gelten würde (BAG 13.3.2012, 1 AZR 659/10, NZA 2012, 990; 11.1.2011, 1 AZR 310/09, EzA § 87 BetrVG 2001 Betriebliche Lohngestaltung Nr 24). Darauf, ob und wieviele AN tatsächlich tarifgebunden sind, soll es nicht ankommen (BAG 24.2.1987, 1 ABR 18/85, EzA § 87 BetrVG 1972 Nr 10). Dass eine Schutzlücke zulasten der nicht tarifgebundenen AN entsteht, wenn der Tarifvorbehalt nicht durch Betriebs-, sondern durch Inhaltsnormen bewirkt wird (*Kreft* FS Kreutz, 2010, S 263, 270), erkennt das

§ 77 BetrVG Durchführung gemeinsamer Beschlüsse, Betriebsvereinbarungen

BAG und will diese mitbestimmungsrechtliche Schutzlücke (nunmehr) nach dem Zweck des jeweiligen Mitbestimmungstatbestandes schließen. Denn anders als in der Entsch v 24.2.1987 (BAG, 1 ABR 18/85, aaO) hält es diese Schutzlücke nicht mehr für hinnehmbar, vor allem verstoße das damals vorgebrachte Argument, der nicht tarifgebundene AN könne sich durch Gewerkschaftsbeitritt die Vorteile des TV verschaffen, gegen die negative Koalitionsfreiheit. Im Bereich der betrieblichen Lohngestaltung habe der AG daher das tarifliche Entlohnungssystem auch ggü nicht tarifgebundenen AN anzuwenden, soweit dessen Gegenstände der erzwingbaren Mitbestimmung des § 87 I Nr 10 unterliegen (BAG 18.10.2011, 1 ABR 25/10, NZA 2012, 392). Damit wird eine tarifrechtlich nicht nachvollziehbare weiche erga-omnes-Wirkung tarifrechtlicher Individualnormen erzeugt – wie schon im Nachwirkungszeitraum (vgl § 87 Rdn 13).

31 Dagegen will die 2-Stufentheorie (§ 77 III beschränkt die BV, § 87 I ES die Mitbestimmung; *Gutzeit* AR-Blattei SD 530.14.2 Rn 45–49) dem BR die Möglichkeit der Mitbestimmung durch das Regelungsinstrument der BV sperren – und verweist diese auf die Regelungsabrede (Rdn 37–39), deren Abschluss und Geltung nie durch § 77 III gesperrt ist (BAG 20.4.1999, 1 ABR 72/98, EzA Art 9 GG Nr 65). Praktisch wird das vor allem für übertarifliche Entgelte: Die BV ist zulässig, soweit sie Verteilungsfragen regelt (auch: Anrechnung von Tarifentgelterhöhungen), nicht aber, soweit sie »nur« die Entgelthöhe regelt, auch durch Übernahme einer Tarifentgelterhöhung für das übertarifliche Entgelt (BAG 30.5.2006, 1 AZR 111/05, EzA § 77 BetrVG 2001 Nr 14).

32 **IV. Ausnahmen zu § 77 III.** Nach III 2 greift die Sperrwirkung dann nicht ein, wenn der TV den Abschluss erg BV ausdrücklich oder hinreichend deutlich (BAG 20.4.1999, 1 AZR 631/98, EzA § 77 BetrVG 1972 Nr 64) zulässt, sog **Öffnungsklausel**. Eine gesetzliche Ausnahme enthält § 112 I 4 für Sozialpläne (§§ 112, 112a Rdn 10). Für § 87 I gilt das auch (BAG 20.2.2001, 1 ABR 23/00, EzA § 87 BetrVG 1972 Betriebliche Lohngestaltung Nr 20), freilich ist hier eine Öffnung ggü der zwingenden Wirkung nach § 4 III TVG erforderlich. Die Klausel soll nur von den Parteien des zu öffnenden TV vereinbart werden können (BAG 20.4.1999, 1 AZR 631/98, aaO); jedenfalls aber muss der Haus-TV den Verbands-TV mit derselben Gewerkschaft öffnen können. Die Öffnung kann (nach Maßgabe des Vertrauensschutzes) **rückwirkend** erfolgen (BAG 20.4.1999, 1 AZR 631/98, aaO) und wirkt als **Genehmigung**. Rückwirkende Belastungen (Arbeitszeitverlängerung ohne Lohnausgleich) können – wenn kein Vertrauen in den bisherigen Regelungszustand besteht – in entstandene und fällige, aber noch nicht erfüllte Ansprüche eingreifen (BAG 29.1.2002, 1 AZR 267/01, EzA § 77 BetrVG 1972 Nr 71: rückwirkende tarifliche Öffnung; BAG 22.5.2012, 1 AZR 103/11, EzA § 77 BetrVG 2001 Nr 34: rückwirkende BV).

33 **D. Verhältnis von BV und zu anderen BV.** Durch eine denselben Regelungstatbestand betreffende spätere BV kann eine BV abgelöst werden. Es gilt: lex posterior derogat legi priori (BAG 5.10.2000, 1 ABR 52/99, EzA § 256 ZPO Nr 54) – und zwar auch dann, wenn sich Änderungen zum Nachteil der AN auswirken (BAG 24.5.2012, 2 AZR 62/11, NZA 2013, 277; 26.8.2008, 1 AZR 353/07, EzA § 2 KSchG Nr 72; 19.2.2008, 1 AZR 1004/06, NZA 2008, 719, 720; *Löwisch/Kaiser* § 77 Rn 91). Belastende Rückwirkung ist möglich, indes nur in den Grenzen von Vertrauensschutz und Verhältnismäßigkeit (Rdn 10). Strengerer Bestandsschutz greift nach dem BAG nur (und systemwidrig) in der betrieblichen Altersversorgung. Für diese gilt: Bereits verdiente Ansprüche dürfen nur in seltenen Ausnahmefällen gekürzt werden. Zuwächse, die sich aus variablen Berechnungsfaktoren ergeben und die bereits verdient sind, dürfen aus dringenden Gründen gekürzt werden. Zuwächse, die noch nicht verdient sind, dürfen aus sachlichen Gründen geschmälert werden (etwa BAG 18.9.2001, 3 AZR 728/00, EzA § 1 BetrAVG Ablösung Nr 31; LAG Bremen 20.9.2012, 4 Sa 18/12, juris). Das Verhältnis von Gesamt- oder Konzern-BV zur Einzel-BV richtet sich indes nach der Zuständigkeitsverteilung zwischen Einzel-, GBR und KBR.

34 **E. Verhältnis zum Einzelarbeitsvertrag.** Im BetrVG ist das Günstigkeitsprinzip (anders als § 4 III TVG) nicht geregelt. Dennoch geht die **ganz hM** von der Geltung des Günstigkeitsprinzips im Verhältnis BV – Arbeitsvertrag aus (BAG 16.9.1986, GS 1/82, EzA § 77 BetrVG 1972 Nr 17; 5.8.2009, 10 AZR 483/08, NZA 2009, 1105; 15.2.2011, 3 AZR 54/09, EzA § 3 TVG Bezugnahme auf Tarifvertrag Nr 52), soweit es um Individualnormen geht. Ausnahme ist der »betriebsvereinbarungsoffene« Arbeitsvertrag, der auch die Verschlechterung individualvertraglicher Abreden durch spätere BV erlauben kann (BAG 16.9.1986, GS 1/82, EzA § 77 BetrVG 1972 Nr. 17; 24.8.2004, 1 AZR 419/03, EzA § 2 KSchG Nr 51; LAG Hess 27.9.2012, 16 Sa 1741/11, JurionRS 2012, 27379; zur Bezugnahme auf BV im Arbeitsvertrag *Rieble/Schul* RdA 2006, 339 ff). Vergleichbar wirkt die Ablösung nach § 613a I 3 BGB, bei der – erzwingbare (BAG 6.11.2007, 1 AZR 862/06, EzA § 613a BGB 2002 Nr 83) – BV beim Erwerber die Transformation günstigerer Kollektivregelungen beim Veräußerer nach § 613a I 2 BGB hindern (ErfK/*Preis* § 613a Rn 123 ff). Betriebsnormen, die die Belegschaft schützen (Rauchverbot) können durch Individualvertrag

nicht beiseitegeschoben werden. Umgekehrt gilt: Soweit Normen einer BV für den AN günstiger sind als der Arbeitsvertrag, **verdrängen** sie diese **lediglich für die Dauer ihrer Wirkung**, vernichten sie nicht, sodass der Arbeitsvertrag nach Ende der BV auflebt (BAG 21.9.1989, 1 AZR 454/88, EzA § 77 BetrVG 1972 Nr 33). Das Günstigkeitsprinzip ist nicht nur gesetzliche Öffnungsklausel, sondern auch Schranke der BV, der Höchstarbeitsbedingungen (in Individualnormen) verboten sind. Dabei greift das Günstigkeitsprinzip nicht nur bei inhaltlich günstigeren Regelungen zugunsten des AN ein, sondern auch dann, wenn dem AN die Wahl zwischen der in der BV vorgesehenen und der arbeitsvertraglichen Regelung eingeräumt wird (BAG 7.11.1989, GS 3/85, EzA § 77 BetrVG 1972 Nr 34). Das AN-Wahlrecht ist nur günstiger, wenn der gesetzliche Mindestschutz eingehalten ist und der AN in angemessener Frist unter den Schutz der BV zurückkehren kann (vgl *Löwisch/Rieble* TVG § 4 Rn 572 f).

Die Ablösung einer vertraglichen **Einheitsregelung über Sozialleistungen mit Kollektivbezug** durch BV wird von einer irrigen Sonder-Rspr vertreten, die nur langsam zurückgedrängt und aufgegeben wird (nach wie vor vertreten in BAG 11.12.2007, 1 AZR 953/06, EzA § 77 BetrVG 2001 Nr 22; 21.4.2010, 4 AZR 768/08, DB 2010, 1998, 1999): Die BV könne die Einheitsregelung individuell verschlechternd ablösen, wenn die für die Belegschaft **insgesamt nicht ungünstiger** ist. Dieser **kollektive Günstigkeitsvergleich** ist ein **Umverteilungsvorbehalt** (BAG 16.9.1986, GS 1/82, EzA § 77 BetrVG 1972 Nr 17). Dieses frei erfundene »kollektive Günstigkeitsprinzip« finde nur Anwendung, wenn die Leistungen objektiv wechselbezüglich seien, also die AN in einem geschlossenen Verteilungssystem stünden (BAG 21.9.1989, 1 AZR 454/88, EzA § 77 BetrVG 1972 Nr 33; 28.3.2000, 1 AZR 366/99, EzA § 77 BetrVG Ablösung Nr 1; kritisch *C Picker*, Individuelle Freiheit und kollektive Interessenwahrnehmung im deutschen und europäischen Arbeitsrecht 2012, 103 ff). Näher liegt es, aus § 87 I Nr 10 einen mitbestimmungssichernden Umverteilungsvorbehalt abzuleiten, mithin eine Ermächtigungsgrundlage auch für verschlechternde BV (*Löwisch/Kaiser* § 77 Rn 62). 35

Ist die ablösende BV auch kollektiv ungünstiger, setzt sie sich nur durch, wenn die Arbeitsverträge individualrechtlich die Verschlechterung gestatten: durch wirksamen Widerrufsvorbehalt, durch vertragliche Öffnung ggü der BV oder nach Maßgabe einer Geschäftsgrundlagenstörung (BAG 16.9.1986, GS 1/82, EzA § 77 BetrVG 1972 Nr 17). Die unselige Bezugnahme auf BV (*Rieble/Schul* RdA 2006, 339 ff) jedenfalls kann hierfür nicht ausreichen: Sie soll BV in ihrer Geltung verstärken, nicht aber Vertragsregelungen abschwächen. Die korrigierende Auslegung ist Behelfslösung, um die rechtsfortbildende Einschränkung des betriebsverfassungsrechtlichen Günstigkeitsprinzips zu vermeiden (*Fastrich* RdA 1994, 129, 132 ff); sie verträgt sich nicht mit Transparenzgebot und Unklarheitenregel (§ 305c BGB Rdn 3). Dementspr lässt sich BAG 10.12.2002, 3 AZR 92/02, EzA § 1 BetrAVG Ablösung Nr 37, das aus dem bloßen Hinweis an die AN, eine Versorgungsordnung sei mit dem BR abgestimmt, eine konkludente Öffnung für die BV annimmt (so auch BAG 17.7.2012, 1 AZR 476/11, DB 2012, 2873; LAG Rheinland-Pfalz 24.7.2012, 3 Sa 82/12, NZA-RR 2012, 639), allenfalls als arbeitsrechtliche Besonderheit iSd § 310 IV 2 BGB halten (vgl *Franzen* NZA Beilage 3/2006, 107, 114). Ist die Einheitsregelung »betriebsvereinbarungsoffen«, ist ihre Ablösung durch BV wie die Ablösung einer älteren BV (Rdn 33) zu behandeln (BAG 21.4.2009, 3 AZR 674/07, NZA-RR 2009, 548; 13.11.2007, 3 AZR 455/06, EzA § 1 BetrAVG Geschäftsgrundlage Nr 3). 36

F. Regelungsabrede und Richtlinien. 2. Regelungsinstrument neben der BV ist die Regelungsabrede: Sie kann im Gegensatz zur BV formlos, ja konkludent abgeschlossen werden kann (BAG 21.1.2003, 1 ABR 9/02, EzA § 77 BetrVG 2001 Nr 3; 16.12.2008, 9 AZR 893/07, NJW 2009, 1527, 1531). Ob AG und BR eine Angelegenheit mit BV oder Regelungsabrede regeln wollen, entscheiden sie frei (BAG 14.8.2001, 1 AZR 744/00, EzA § 88 BetrVG Nr 1). In mitbestimmungspflichtigen Angelegenheiten entscheidet ggf die Einigungsstelle, welche Regelungsform zweckmäßig ist. Die formlose Regelungsabrede wahrt die Mitbestimmungsrechte, insb § 87 I (BAG 16.9.1986, GS 1/82, EzA § 77 BetrVG 1972 Nr 17), weil dafür auch die bloß interne Einigung der Betriebspartner genügt. 37

Im Gegensatz zur BV hat die Regelungsabrede keine normative, also keine unmittelbare und zwingende Wirkung (*Löwisch/Kaiser* § 77 Rn 107). Sie wirkt schuldrechtlich und verpflichtet den AG zur Beachtung. Das heißt einerseits: Die Regelungsabrede kann anders als die BV nicht in AN-Rechte eingreifen; insb die Einführung von Kurzarbeit setzt also eine BV voraus. Andererseits verschafft die Regelungsabrede den AN auch keine positiven Erfüllungsansprüche; berechtigt ist nur der BR (BAG 23.6.1992, 1 ABR 11/92, EzA § 87 BetrVG 1972 Arbeitszeit Nr 51). Notwendig ist also eine individualvertragliche Umsetzung durch den AG (BAG 20.4.1999, 1 AZR 631/98, EzA § 77 BetrVG 1972 Nr 64). Die Regelungsabrede kann dem AN auch nicht als Vertrag zugunsten Dritter Ansprüche nach § 328 BGB zuwenden; dem BR fehlt die Fähigkeit zum schuldrechtlichen Vertragsschluss; er ist rechtlich handlungsfähig nur ggü dem AG (BAG 9.12.1997, 1 AZR 319/97, EzA § 77 BetrVG 1972 Nr 61; zust *Löwisch/Kaiser* § 77 Rn 108; aA ErfK/*Kania* 38

§ 77 Rn 132). Die Regelungsabrede kann eine BV nicht ablösen; dazu fehlt ihr die normative Wirkung (BAG 20.11.1990, 1 AZR 643/89, EzA § 77 BetrVG 1972 Nr 37). Richtigerweise kann sie auch nicht als Aufhebungsvertrag ggü der BV wirken (offengelassen von BAG 20.11.1990, 1 AZR 643/89, aaO).

39 Die Regelungsabrede endet wie die BV insb durch Zweckerreichung oder Zeitablauf. Regelt sie eine mitbestimmungspflichtige Angelegenheit für längere Zeit, kann sie analog § 77 V ordentlich mit 3-Monats-Frist gekündigt werden, wenn nicht eine andere Frist vereinbart ist (BAG 10.3.1992, 1 ABR 31/91, EzA § 77 BetrVG 1972 Nr 47; ebenso zur Kdg einer Vereinbarung im gerichtlichen Vergleich BAG 19.2.2008, 1 ABR 86/06, EzA § 85 ArbGG 1979 Nr 2). Eine gekündigte Regelungsabrede wirkt zwischen AG und BR bis zum Abschluss einer neuen Vereinbarung zwar nicht analog VI nach, wenn Gegenstand der Regelungsabrede eine mitbestimmungspflichtige Angelegenheit ist (ungenau BAG 23.6.1992, 1 ABR 53/91, EzA § 87 BetrVG 1972 Arbeitszeit Nr 50), der getroffene Mitbestimmungskompromiss besteht aber trotz Kdg fort, das MBR ist nach wie vor wirksam ausgeübt (*Löwisch/Kaiser* § 77 Rn 109). Fällt der BR ersatzlos weg, entfaltet auch die Regelungsabrede keine Rechtswirkungen mehr, was insb bei Um- und Restrukturierungen mit Verlust der Betriebsidentität zu beachten ist (hierzu HWK/*Gaul* § 77 Rn 106). Bei Betriebsübergängen greift § 613a I 2 BGB für Regelungsabreden gerade nicht.

40 AG und BR können mit ihrer Normsetzungsbefugnis entspr § 28 I SprAuG bloße **RL** vereinbaren, die als Handlungsempfehlung an den AG gerichtet sind oder den AG auf Prinzipien verpflichten können, ihm aber die Konkretisierung überlassen. Unmittelbare Rechte zugunsten der AN iSd § 328 BGB können nicht vereinbart werden. Der BR kann den AG im arbeitsgerichtlichen Beschlussverfahren nach § 2a Nr 1 ArbGG zur Beachtung der Regelungsabreden (und RL) anhalten (*Löwisch/Kaiser* § 77 Rn 153).

41 **G. Streitigkeiten.** Ob oder mit welchem Inhalt eine BV wirksam zustande gekommen ist, können AG und BR im **Beschlussverfahren** nach §§ 2a Nr 1, 80 ff ArbGG klären lassen. Dort sind auch Erfüllungsansprüche des BR gegen den AG geltend zu machen. Dem BR steht aus § 77 I ein eigener Anspruch auf Anwendung und Durchführung der BV zu. Der Durchführungsanspruch kann auch in Form eines Unterlassungsanspruchs (Wiederholungsgefahr vorausgesetzt) bestehen (LAG Köln 3.12.2013, 12 TaBV 65/13, juris; LAG Köln 29.1.2013, 12 TaBV 82/12, JurionRS 2013, 44649). Individuelle Ansprüche der AN gehören ins Urtverfahren und können vom BR nicht durchgesetzt werden (BAG 18.1.2005, 3 ABR 21/04, EzA § 77 BetrVG 2001 Nr 11). Dort ist die BV dann Vorfrage. Die zwischen AG und BR wirkende rkr Entsch über den Inhalt einer BV hat **präjudizielle Bindungswirkung** auch ggü den AN, die Ansprüche aus der BV ableiten (BAG 17.2.1992, 10 AZR 448/91, EzA § 112 BetrVG Nr 59).

42 **Gewerkschaften** sind nicht antragsbefugt zur Feststellung einer BV (BAG 23.2.1988, 1 ABR 75/86, EzA § 93 BetrVG 1972 Nr 3). Zwar kann »eine im Betrieb vertretene Gewerkschaft den AG bei groben Verstößen gegen die sich aus § 77 I 1 ergebende Verpflichtung nach § 23 III 1 auf deren Erfüllung in Anspruch nehmen. Voraussetzung ist allerdings in jedem Fall die Wirksamkeit der Betriebsvereinbarung. Diese darf insb nicht gegen § 77 III 1 verstoßen.« (BAG, 29.4.2004, 1 ABR 30/02, NZA 2004, 670, 675). Ob die tarifschließende Gewerkschaft umgekehrt einen Verstoß gegen den Tarifvorbehalt des III im Verfahren nach § 23 III rügen kann, hat das BAG offengelassen (BAG 20.4.1999, 1 ABR 72/98, EzA Art 9 GG Nr 65). Mit dem Tarifbruchunterlassungsanspruch aus §§ 1004, 823 BGB iVm Art 9 III GG kann die Gewerkschaft gegen tarifwidrige BV vorgehen (BAG 20.4.1999, 1 ABR 72/98 – »Burda«, EzA Art 9 GG Nr 65; krit *Löwisch/Kaiser* § 77 Rn 154–156), »wenn eine Tarifnorm als kollektive Ordnung verdrängt und damit ihrer zentralen Funktion beraubt werden soll«. Das sei der Fall, wenn eine betriebliche Regelung einheitlich wirke und an die Stelle der Tarifnormen treten solle, wie das regelmäßig auf tarifnormenwidrige BV, aber auch auf vertragliche Einheitsregelungen zutreffe, die auf einer Regelungsabrede beruhen oder vom BR unterstützt werden (BAG 20.4.1999, 1 ABR 72/98 – »Burda«, EzA Art 9 GG Nr 65). Weiter *Löwisch/Rieble* TVG § 4 Rn 82.

§ 78 Schutzbestimmungen

¹Die Mitglieder des Betriebsrats, des Gesamtbetriebsrats, des Konzernbetriebsrats, der Jugend- und Auszubildendenvertretung, der Gesamt-Jugend- und Auszubildendenvertretung, der Konzern-Jugend- und Auszubildendenvertretung, des Wirtschaftsausschusses, der Bordvertretung, des Seebetriebsrats, der in § 3 Abs. 1 genannten Vertretungen der Arbeitnehmer, der Einigungsstelle, einer tariflichen Schlichtungsstelle (§ 76 Abs. 8) und einer betrieblichen Beschwerdestelle (§ 86) sowie Auskunftspersonen (§ 80 Abs. 2 Satz 3) dürfen in der Ausübung ihrer Tätigkeit nicht gestört oder behindert werden. ²Sie dürfen wegen ihrer Tätigkeit nicht benachteiligt oder begünstigt werden; dies gilt auch für ihre berufliche Entwicklung.

1 § 78 schützt die Betriebsverfassung umfassend vor Störungen und Behinderungen. Entgegen dem Wortlaut schützt die Norm nicht nur die Mitglieder, sondern auch die Gremien. Zweck der Norm ist der Schutz der

Tätigkeit der Betriebsverfassungsorgane und ihrer Mitglieder. Nach der Gesetzesbegründung sollte in § 78 der Schutzbereich gegenüber der Vorgängerregelung des § 53 BetrVG 1952 – in der Betriebsrat genannt war – erweitert und nicht beschränkt werden (BAG 4.12.2013, 7 ABR 7/12, EzA § 78 BetrVG 2001 Nr 3). Strafrechtlich wird dieser Schutz durch § 119 I Nr 1 flankiert; § 119 I Nr 2 greift die Behinderung und Störung der Tätigkeit »des Betriebsrats« auf; spezieller sind §§ 78a, 103, § 15 KSchG sowie § 37 (*Löwisch/Kaiser* § 78 Rn 2).

Adressat ist nicht nur der AG, sondern **jedermann** (ErfK/*Kania* § 78 BetrVG Rn 2)! Auf AG-Seite kommen neben Führungskräften potenzielle Betriebserwerber, aber auch Anteilseigner in Betracht sowie sonstige Dritte (Kunden, Lieferanten und deren Mitarbeiter). Der Schutz des Mitglieds besteht aber nicht nur vor Störungen seiner Tätigkeiten durch den AG, sondern ebenso vor Übergriffen durch andere AN (insb auch leitende Angestellte), außerbetriebliche Stellen sowie anderen BR-Mitgliedern. Die Wahlbehinderung ist in § 20 bes erfasst, Wahlvorstand und Wahlbewerber werden über § 78 nicht (eigens) geschützt. Speziell geregelt ist der Schutz der Schwerbehindertenvertreter in § 96 II SGB IX und der AN-Vertreter im AR in § 9 DrittelbG/§ 26 MitbestG (*Löwisch/Kaiser* § 78 Rn 4).

Zur Abwehr von Störungen bzw Behinderungen steht dem BR neben § 23 III ein selbstständiger Unterlassungsanspruch zu (BAG 12.11.1997, 7 ABR 14/97, EzA § 23 BetrVG 1972 Nr 38), der mit vorläufigem Rechtsschutz durchgesetzt werden kann (HWK/*Schrader* § 78 Rn 7). Aus § 78 S 1 BetrVG folgt aber kein Anspruch des BR auf Entfernung einer Abmahnung aus der Personalakte eines BR-Mitglieds, da es sich dabei um ein höchstpersönliches Recht des betroffenen BR-Mitglieds handelt (BAG 9.9.2015, 7 ABR 69/13, NZA 2016, 57). **Behinderung** ist jede unzulässige Störung, Erschwerung oder Verhinderung der Amtstätigkeit des BR und der anderen Organe (BAG 12.11.1997, 7 ABR 14/97, EzA § 23 BetrVG 1972 Nr 38). Verboten ist die objektive Behinderung, auf ein Verschulden kommt es hier nicht an (BAG 20.10.1999, 7 ABR 37/98, nv). Zur Mitbestimmungsignoranz als Behinderung §§ 119–121 Rdn 5. Verweigert der AG die für BR-Arbeit notwendigen Sachmittel, soll darin zugleich ein Verstoß gegen das Behinderungsverbot liegen (HWK/*Schrader* § 78 Rn 4). Abschalten oder Zugriff auf das Intranetangebot des BR ist eine Behinderung (LAG Hamm 12.3.2004, 10 TaBV 161/03, RDV 2004, 223), soweit der BR keine rechtswidrigen Inhalte verbreitet, die dem AG zugerechnet werden können. Die Kontrolle der BR-Telefongespräche (Zeitpunkt, Dauer und Zielnummer) ist unzulässige behindernde Überwachung, wenn dies nicht ausschließlich der Kostenkontrolle dient (BAG 27.5.1986, 1 ABR 48/84, EzA § 87 BetrVG 1972 Kontrolleinrichtung Nr 16). Das BAG nutzt das Behinderungsverbot, um Kritik am BR zu unterbinden, etwa die Bekanntgabe von BR-Kosten (BAG 12.11.1997, 7 ABR 14/97, EzA § 23 BetrVG 1972 Nr 38). Indes: Argumentative Kritik an der Amtstätigkeit des BR ist von der Meinungsfreiheit gedeckt – und keine Behinderung. Das muss der BR aushalten. Dementspr ist eine arbeitsgerichtliche Behinderungskontrolle von Werkszeitungen verfwidrige Zensur (BVerfG 8.10.1996, 1 BvR 1183/90, BVerfGE 95, 28 = EzA Art 5 GG Nr 23; zur BR-Wahlwerbung des AG *Rieble* ZfA 2003, 283 ff).

Das Behinderungsverbot schützt den BR nur in seiner rechtmäßigen Aufgabenwahrnehmung. Handelt der BR rechtswidrig, genießt er keinen Behinderungsschutz. Deshalb kann der Entleiher dem BR des Verleihers den anlassunabhängigen, jederzeitigen Zugang zu den Arbeitsplätzen versagen. Denn der VerleiherBR hat keine betriebsverfassungsrechtlichen Aufgaben im Entleiherbetrieb wahrzunehmen. Die Überwachungsaufgabe nach § 80 Abs. 1 Nr. 1 BetrVG kommt dem BR des Entleiherbetriebs zu, so dass der VerleiherBR nicht gestört wird (BAG 15.10.2014, 7 ABR 74/12, NZA 2015, 560).

Das **Benachteiligungs-** und **Begünstigungsverbot** des S 2 verbietet jede sachlich nicht gerechtfertigte Schlechterstellung bzw Bevorzugung im Vergleich zu anderen AN des Betriebes **aufgrund** der BR-Tätigkeit. Ein Verschulden bzw eine entspr Benachteiligungs- bzw Begünstigungsabsicht ist nicht erforderlich; ausreichend ist die objektive Besser- bzw Schlechterstellung (BAG 23.6.1975, 1 ABR 104/73, AP BetrVG 1972 § 40 Nr 10; 20.1.2010, 7 ABR 68/08, NZA 2010, 777). Notwendig ist ein **Kausalzusammenhang** zwischen der BR-Arbeit und der unterschiedlichen Behandlung im Vergleich zu anderen AN im Betrieb, für die derjenige die Beweislast trägt, der eine Benachteiligung behauptet (BAG 22.2.1979, 2 AZR 115/78, EzA § 103 BetrVG 1972 Nr 23; für eine abgestufte Darlegungs- und Beweislast des sachgrundlos befristet beschäftigten BR-Mitglieds LAG Niedersachsen 8.8.2012, 2 Sa 1733/11, BB 2012, 2760; LAG München 2.8.2013, 5 Sa 1005/12, juris). Da §§ 37 ff den Entgeltschutz der BR-Mitglieder leisten, greift S 2 vor allem für das berufliche Fortkommen und sonstige Arbeitsbedingungen (BAG 29.9.1999, 7 AZR 378/98, nv: Tariflicher Sonderurlaub; LAG Hamburg 19.09.2012, H 6 TaBV 2/12, juris: Beförderungsentscheidung).

Das BR-Amt ist **unentgeltliches Ehrenamt**, § 37 I. Deswegen darf das BR-Mitglied nicht als Co-Manager vergütet werden – etwa gleich dem Personalleiter. Mehr als den fiktiven beruflichen Aufstieg im Ausgangsberuf darf der AG nicht vergüten. Wegen der Amtstätigkeit darf ein BR-Mitglied nicht befördert werden – zulässig ist die Beförderung wegen der als BR erlangten Qualifikation (*Löwisch/Rügenhagen*

DB 2008, 466), freilich ist die Abgrenzung schwierig. Nach S 2 verboten ist die Zuwendung von Sondervorteilen, die sich nicht unmittelbar mit der BR-Tätigkeit begründen lassen (zu den Konsequenzen §§ 119–121 Rdn 6). Unzulässig sind Lustreisen, zweifelhaft Reisen an ausländische Standorte, weil sich das Amt auf inländische Betriebe beschränkt (zur Zulässigkeit der Erstattung der Fahrtkosten zum BR-Büro LAG Sachsen 15.5.2010, 7 TaBV 22/11, juris). Unzulässig ist die Belohnung für bestimmtes Amtsverhalten (BR-Bestechung). Weitere Bsp bei Richardi/ *Thüsing* § 78 Rn 35.

6 S 2 verbietet jede amtsbedingte Zuwendung an BR-Mitglieder, die das BetrVG nicht vorsieht. Darunter fallen auch Leistungen, die letztlich der Gewerkschaft zugutekommen. Insoweit statuiert die Betriebsverfassung ein »Rollentrennungsgebot«: Leistungen des AG an BR-Mitglieder in Gewerkschaftsfunktion (Freistellung zu Gewerkschaftstätigkeit, Sachleistungen) sind unzulässige Begünstigung, wenn sie wegen des Amtes erbracht werden. Freilich ist die Abgrenzung schwierig: Leistungen an AN als Gewerkschaftsaktivisten sind weithin zulässig (*Rieble* BB 2009, 1016, 1018 ff).

7 **Rechtsfolgen:** Begünstigende wie benachteiligende Vereinbarungen sind nach § 134 BGB nichtig (*Fitting* § 78 Rn 21). Maßnahmen, zu denen der BR durch die Begünstigung motiviert worden ist, sind nichtig (aA LAG Sachsen 27.8.2008, 2 Sa 752/07, nv). Der Ausschluss der Rückforderung einer Begünstigung nach §§ 814, 817 S 2 BGB perpetuiert die Begünstigung und ist abzulehnen (*Löwisch/Kaiser* § 78 Rn 15). Wird ein befristet beschäftigtes BR-Mitglied wegen seiner Amtstätigkeit nicht verlängert, hat es einen Anspruch auf Vertragsverlängerung (BAG 12.2.1975, 5 AZR 79/74, DB 1975, 1226). Dem BR steht gegenüber dem AG ein Unterlassungsanspruch zu (BAG 12.11.1997, 7 ABR 14/97, NZA 1998, 559). Er hat jedoch aus § 78 keinen Anspruch auf Entfernung einer Abmahnung aus der Personalakte eines Betriebsratsmitglieds, da es sich hierbei um einen höchstpersönlichen Anspruch handelt (BAG 4.12.2013, 7 ABR 7/12, EzA § 78 BetrVG 2001 Nr 3). Der Verstoß gegen das Benachteiligungsverbot führt zu einem Schadensersatzanspruch nach §§ 280 I 1, 2 BGB als auch nach § 823 II BGB, die Norm ist Schutzgesetz (BAG 9.6.1982, 4 AZR 766/79, AP BPersVG § 107 Nr 1; 20.1.2010, 7 ABR 68/08, NZA 2010, 777). § 78 Satz 2 BetrVG begründet ein gesetzliches Schuldverhältnis (BAG 25.6.2014, 7 AZR 847/12, NZA 2014, 1209). Zu strafrechtlichen Folgen *Rieble/Klebeck* NZA 2006, 758 ff.

§ 78a Schutz Auszubildender in besonderen Fällen

(1) Beabsichtigt der Arbeitgeber, einen Auszubildenden, der Mitglied der Jugend- und Auszubildendenvertretung, des Betriebsrats, der Bordvertretung oder des Seebetriebsrats ist, nach Beendigung des Berufsausbildungsverhältnisses nicht in ein Arbeitsverhältnis auf unbestimmte Zeit zu übernehmen, so hat er dies drei Monate vor Beendigung des Berufsausbildungsverhältnisses dem Auszubildenden schriftlich mitzuteilen.

(2) ¹Verlangt ein in Absatz 1 genannter Auszubildender innerhalb der letzten drei Monate vor Beendigung des Berufsausbildungsverhältnisses schriftlich vom Arbeitgeber die Weiterbeschäftigung, so gilt zwischen Auszubildendem und Arbeitgeber im Anschluss an das Berufsausbildungsverhältnis ein Arbeitsverhältnis auf unbestimmte Zeit als begründet. ²Auf dieses Arbeitsverhältnis ist insbesondere § 37 Abs. 4 und 5 entsprechend anzuwenden.

(3) Die Absätze 1 und 2 gelten auch, wenn das Berufsausbildungsverhältnis vor Ablauf eines Jahres nach Beendigung der Amtszeit der Jugend- und Auszubildendenvertretung, des Betriebsrats, der Bordvertretung oder des Seebetriebsrats endet.

(4) ¹Der Arbeitgeber kann spätestens bis zum Ablauf von zwei Wochen nach Beendigung des Berufsausbildungsverhältnisses beim Arbeitsgericht beantragen,
1. festzustellen, dass ein Arbeitsverhältnis nach Absatz 2 oder 3 nicht begründet wird, oder
2. das bereits nach Absatz 2 oder 3 begründete Arbeitsverhältnis aufzulösen, wenn Tatsachen vorliegen, aufgrund derer dem Arbeitgeber unter Berücksichtigung aller Umstände die Weiterbeschäftigung nicht zugemutet werden kann. ²In dem Verfahren vor dem Arbeitsgericht sind der Betriebsrat, die Bordvertretung, der Seebetriebsrat, bei Mitgliedern der Jugend- und Auszubildendenvertretung auch diese Beteiligte.

(5) Die Absätze 2 bis 4 finden unabhängig davon Anwendung, ob der Arbeitgeber seiner Mitteilungspflicht nach Absatz 1 nachgekommen ist.

Übersicht	Rdn.		Rdn.
A. Allgemeines	1	D. Unzumutbarkeit der Weiterbeschäftigung	5
B. Mitteilungspflicht	3	E. Verfahren	9
C. Weiterbeschäftigungsverlangen	4		

A. Allgemeines. § 78a schützt Auszubildende, wenn sie Mitglied der JAV, des BR, der Bordvertretung 1 oder des See-BR sind. Der bes Kdg-Schutz nach § 15 KSchG hilft ihnen nicht, weil das Ausbildungsverhältnis nach § 21 BBiG mit dem Ablauf der Ausbildungszeit bzw mit dem Bestehen der Abschlussprüfung endet, also gesetzlich befristet ist. § 78a II 1 gibt dem Betroffenen das **Recht, durch einseitige Willenserklärung** ein unbefristetes **Arbeitsverhältnis** herzustellen, also die Übernahme zu erzwingen. Das gilt für jedes Berufsausbildungsverhältnis; also über staatlich anerkannte Ausbildungsgänge auch in TV geregelte Ausbildungsverhältnisse (BAG 23.6.1983, 6 AZR 595/80, EzA § 78a BetrVG 1972 Nr 11). Für bloße Berufsbildungsverhältnisse (berufliche Weiterbildung, Umschulung, Volontäre, Praktikanten) gilt § 78a nicht (BAG 1.12.2004, 7 AZR 129/04, NZA 2005, 779; LAG Köln 23.2.2000, 2 Sa 1248/99, AiB 2001, 53). Da Auszubildende in »reinen Ausbildungsbetrieben« keine AN im Sinne des § 5 I sind, ist § 78a auf sie nicht anwendbar (BAG 13.8.2008, 7 AZR 450/07, AP Nr 51 § 78a BetrVG; *Löwisch/Kaiser* § 78a Rn 2). Ebenso wenig haben BR-Mitglieder im befristeten Arbeitsverhältnis ein Recht auf Übernahme (LAG Niedersachsen 8.8.2012, 2 Sa 1733/11, BB 2012, 2760). Das Recht richtet sich stets nur gegen den AG, der Vertragspartner des Ausbildungsverhältnisses ist.

Schutz nach I und II genießen **Auszubildende**, die im Zeitpunkt der erfolgreichen Beendigung des Aus- 2 bildungsverhältnisses ein betriebsverfassungsrechtliches – die Anwendung des § 78a auf andere AN-Vertretungen scheidet aus (BAG 13.8.2008, 7 AZR 450/07, AP BetrVG 1972 § 78a Nr. 51) – Amt bekleiden. Das BAG lässt den Schutz bereits mit der Wahl in das Organ beginnen (BAG 22.9.1983, 6 AZR 323/81, EzA § 78a BetrVG 1972 Nr 12; dagegen *Löwisch/Kaiser* § 78a Rn 4). III verlagert den Schutz »nach hinten«: Auszubildende, die die Berufsausbildung vor Ablauf 1 Jahres nach dem Ende der Amtszeit in den genannten Organen erfolgreich abschließen, sind nach I und II gleichermaßen geschützt (weiter geht BAG 21.8.1979, 6 AZR 789/77, EzA § 78a BetrVG 1972 Nr 6, wonach es nicht auf die Amtszeit, sondern auf das Amt ankommen soll).

B. Mitteilungspflicht. Nach I ist der AG verpflichtet, dem Auszubildenden 3 Monate vor Beendigung 3 des Berufsausbildungsverhältnisses mitzuteilen, dass er ihn nicht übernehmen will. Unterlässt der AG dies, kann das allenfalls Schadensersatzansprüche auslösen (*Löwisch/Kaiser* § 78a Rn 7; dagegen HWK/*Schrader* § 78a Rn 13). Jedenfalls kann der Auszubildende nicht auf die Übernahme vertrauen, wenn der AG die Mitteilung unterlässt (BAG 31.10.1985, 6 AZR 557/84, EzA § 78a BetrVG 1972 Nr 15).

C. Weiterbeschäftigungsverlangen. Der Auszubildende kann nach II innerhalb der letzten 3 Monate vor 4 Beendigung des Ausbildungsverhältnisses, also vor Bekanntgabe der Ergebnisse (BAG 31.10.1985, 6 AZR 557/84, EzA § 78a BetrVG 1972 Nr 15) **schriftlich** vom AG die **Weiterbeschäftigung verlangen**. In dem Zeitpunkt, in dem das Verlangen dem AG form- und fristgerecht zugeht, begründet dies kraft der gesetzlichen Gestaltungswirkung ein unbefristetes Arbeitsverhältnis. Eine verfrühte Erklärung hat keine Wirkung (BAG 15.1.1980, 6 AZR 621/78, EzA § 78a BetrVG 1972 Nr 8; ArbG Essen 15.12.2009, 2 BV 67/09, EzB § 78a BetrVG Nr. 13; *Löwisch/Kaiser* § 78a Rn 8). Ist der Auszubildende minderjährig und nicht umfassend nach § 113 BGB ermächtigt, bedarf es der Zustimmung der gesetzlichen Vertreter (*Löwisch/Kaiser* § 78a Rn 8). Der Inhalt des erzwungenen Arbeitsverhältnisses richtet sich gem II 2 nach § 37 IV und V; grds hat der Auszubildende Anspruch auf Vollzeitbeschäftigung (BAG 13.11.1987, 7 AZR 246/87, EzA § 78a BetrVG 1972 Nr 19). Auf das Weiterbeschäftigungsrecht kann der Auszubildende nicht im Voraus verzichten; der nachträgliche Verzicht soll der Form des § 623 BGB bedürfen (hierzu BVerwG 31.5.2005, 6 PB 1/05, EzBAT § 22 MTV Auszubildende Betriebs- und Personalratsmitglieder [Jugendvertreter] Nr 16). Hiervon unabhängig kann ein unbefristetes Anschlussarbeitsverhältnis nach § 24 BBiG zustande kommen.

D. Unzumutbarkeit der Weiterbeschäftigung. Bis zum Ablauf von 2 Wochen nach Beendigung des 5 Berufsausbildungsverhältnisses kann der AG die erzwungene Übernahme abwehren – durch einen Gegengestaltungsantrag im Beschlussverfahren, wenn ihm unter Berücksichtigung aller Umstände die Weiterbeschäftigung nicht zugemutet werden kann, IV 1 Hs 2. Maßgeblicher Zeitpunkt ist derjenige, zu dem das Ausbildungsverhältnis endet und das Arbeitsverhältnis nach II oder III begründet worden ist (BAG 29.11.1989, 7 ABR 67/88, EzA § 78a BetrVG 1972 Nr 20). Spätere Unzumutbarkeit kann dann nur durch Kdg des erzwungenen Arbeitsverhältnisses geltend gemacht werden.

Unzumutbar ist die Übernahme vor allem dann, wenn für den Auszubildenden **kein freier Arbeitsplatz** 6 vorhanden ist. Der AG ist keine Beschäftigungsgesellschaft. Dabei kommt es mit Blick auf den Schutzzweck (Amtserhalt) wie bei § 15 KSchG auf den **freien Arbeitsplatz im Betrieb, nicht im Unternehmen**, an (BAG 5.11.2006, 7 ABR 15/06, EzA § 78a BetrVG 2001 Nr 3; bestätigt in BAG 8.8.2007, 7 ABR 43/06 und 5.12.2007, 7 ABR 65/06, AP Nr 42 und 46 zu § 78a BetrVG 1972 [jeweils LS]; *Löwisch/Kaiser*

§ 78a Rn 24). Ob ein Arbeitsplatz frei ist oder nicht, entscheidet der AG kraft seiner unternehmerischen Organisationsfreiheit (BAG 16.8.1995, 7 ABR 52/94, EzA § 78a BetrVG 1972 Nr 23); doch soll seine Entscheidung, einen Arbeitsplatz mit einem Leih-AN zu besetzen, nicht zur Unzumutbarkeit führen (BAG 17.2.2010, 7 ABR 89/08, DB 2010, 1355; 25.2.2009, 7 ABR 61/07, DB 2009, 1473; 16.7.2008, 7 ABR 13/07, EzA § 78a BetrVG 2001 Nr 4; *Löwisch/Kaiser* § 78a Rn 22). Jedenfalls ist der AG **nicht verpflichtet**, einen **Arbeitsplatz für den Auszubildenden zu schaffen** (BAG 6.11.1996, 7 ABR 54/95, EzA § 78a BetrVG 1972 Nr 24). Erst recht muss er **keine Freikündigung** aussprechen (BAG 16.8.1995, 7 ABR 52/94, EzA § 78a BetrVG 1972 Nr 23). Allerdings darf der AG einen freien Arbeitsplatz nicht ohne Not besetzen, wenn er mit einem Übernahmeverlangen in den nächsten 3 Monaten rechnen muss, § 162 BGB (BAG 12.11.1997, 7 ABR 63/96, EzA § 78a BetrVG 1972 Nr 25).

7   Ist ein Arbeitsplatz frei, fehlt dem Auszubildenden aber die für diesen **geforderte Qualifikation**, ist die Übernahme unzumutbar (*Löwisch/Kaiser* § 78a Rn 18; Ausnahme: kurzfristige Abhilfe möglich: BVerwG 24.5.2012, 6 PB 5/12, NZA-RR 2012, 669; LAG Hamm 11.1.2013, 10 TaBV 5/12, juris). Hat der Auszubildende rechtzeitig erklärt, ggf auch zu anderen Bedingungen zu arbeiten, muss der AG prüfen, ob die anderweitige Beschäftigung möglich und zumutbar ist. Unterlässt er die Prüfung oder verneint er zu Unrecht die Möglichkeit und die Zumutbarkeit, so kann das entstandene Arbeitsverhältnis nicht nach IV aufgelöst werden (BAG 16.8.1995, 7 ABR 52/94, EzA § 78a BetrVG 1972 Nr 23).

8   Unzumutbar können **Gründe in der Person des Auszubildenden** sein: Ist die Kdg des Amtsträgers nach § 626 BGB gerechtfertigt, braucht er keinesfalls übernommen zu werden (BAG 16.1.1979, 6 AZR 153/77, DB 1979, 1138; *Schiefer* FS Kreutz 2010, S 429, 446). Die Unzumutbarkeitsschwelle von IV liegt aber (etwas) darunter (BAG 6.11.1996, 7 ABR 54/95, EzA § 78a BetrVG 1972 Nr 24; LAG Hamm 11.1.2013, 10 TaBV 5/12, juris).

9   **E. Verfahren.** Im arbeitsgerichtlichen Beschlussverfahren kann der AG – im Gemeinschaftsbetrieb ist nur der Vertragsarbeitgeber angesprochen (BAG 25.2.2009, 7 ABR 61/07, DB 2009, 1473) – **präventiv**, also vor dem Ende des Ausbildungsverhältnisses, die Übernahme nach **IV 1 Nr 1** abwehren. Ob der Auszubildende die Weiterbeschäftigung verlangt hat oder nicht, soll nach hM unmaßgeblich sein (*Löwisch/Kaiser* § 78a Rn 13; GK-BetrVG/*Oetker* § 78a Rn 191). Diesen Antrag kann der AG nur vor Beendigung des Ausbildungsverhältnisses stellen (BAG 29.11.1989, 7 ABR 67/88, EzA § 78a BetrVG 1972 Nr 20).

10 Praktischer ist der **Auflösungsantrag** nach IV 1 Nr 2 – innerhalb der **Ausschlussfrist von 2 Wochen** nach Begründung des Arbeitsverhältnisses. Das erzwungene Arbeitsverhältnis bleibt bis zur Rechtskraft der gerichtlichen Auflösungsentsch vollwirksam bestehen, obwohl dem AG die Weiterbeschäftigung von Anfang an unzumutbar war. Die Auflösungsentsch wirkt nicht zurück; sie wirkt nur für die Zukunft und befreit den AG mit Rechtskraft vom erzwungenen Arbeitsverhältnis (BAG 29.11.1989, 7 ABR 67/88, EzA § 78a BetrVG 1972 Nr 20).

11 Der Auszubildende/AN kann unabhängig von dem eingeleiteten Beschlussverfahren seine Rechte, insb Feststellung des Zustandekommens eines unbefristeten Arbeitsverhältnisses und vorläufige Weiterbeschäftigung, im **Urteilsverfahren** durchsetzen (BAG 13.11.1987, 7 AZR 246/87, EzA § 78a BetrVG 1972 Nr 19). Der AG kann im Urteilsverfahren geltend machen, dass der AN kein wirksames Übernahmeverlangen ausgesprochen hat.

§ 79 Geheimhaltungspflicht

(1) ¹Die Mitglieder und Ersatzmitglieder des Betriebsrats sind verpflichtet, Betriebs- oder Geschäftsgeheimnisse, die ihnen wegen ihrer Zugehörigkeit zum Betriebsrat bekannt geworden und vom Arbeitgeber ausdrücklich als geheimhaltungsbedürftig bezeichnet worden sind, nicht zu offenbaren und nicht zu verwerten. ²Dies gilt auch nach dem Ausscheiden aus dem Betriebsrat. ³Die Verpflichtung gilt nicht gegenüber Mitgliedern des Betriebsrats. ⁴Sie gilt ferner nicht gegenüber dem Gesamtbetriebsrat, dem Konzernbetriebsrat, der Bordvertretung, dem Seebetriebsrat und den Arbeitnehmervertretern im Aufsichtsrat sowie im Verfahren vor der Einigungsstelle, der tariflichen Schlichtungsstelle (§ 76 Abs. 8) oder einer betrieblichen Beschwerdestelle (§ 86).
(2) Absatz 1 gilt sinngemäß für die Mitglieder und Ersatzmitglieder des Gesamtbetriebsrats, des Konzernbetriebsrats, der Jugend- und Auszubildendenvertretung, der Gesamt-Jugend- und Auszubildendenvertretung, der Konzern-Jugend- und Auszubildendenvertretung, des Wirtschaftsausschusses, der Bordvertretung, des Seebetriebsrats, der gemäß § 3 Abs. 1 gebildeten Vertretungen der Arbeitnehmer, der Einigungsstelle, der tariflichen Schlichtungsstelle (§ 76 Abs. 8) und einer betrieblichen Beschwerdestelle (§ 86) sowie für die Vertreter von Gewerkschaften oder von Arbeitgebervereinigungen.

Die intensiven betriebsverfassungsrechtlichen Informationspflichten sind dem AG nur zumutbar, weil die 1
Gremienmitglieder der Geheimhaltungspflicht des § 79 unterworfen werden – strafrechtlich flankiert mit
§ 120 I. Die Praxis sieht freilich anders aus (*Rieble/Klebeck* NZA 2006, 758 ff). Unmittelbar verpflichtet
sind die genannten Gremienmitglieder und Ersatzmitglieder (für die während der Verhinderung erfahrenen
Geheimnisse). Der BR als Organ unterliegt »erst recht« der Geheimhaltungspflicht (BAG 26.2.1987, 6 ABR
46/84, EzA § 79 BetrVG Nr 1; *Löwisch/Kaiser* § 79 Rn 4).

Betriebs- oder Geschäftsgeheimnisse sind Tatsachen, die sich auf die betriebliche oder unternehmerische 2
Tätigkeit beziehen, nicht offenkundig, sondern nur einem eng begrenzten Personenkreis bekannt sind und
nach dem Willen des Unternehmers aufgrund eines berechtigten wirtschaftlichen Interesses geheim bleiben
sollen (BAG 26.2.1987, 6 ABR 46/84, EzA § 79 BetrVG Nr 1). Dazu zählen sämtliche Umstände, die mit
dem technischen Betrieb und seinen Abläufen oder mit der wirtschaftlichen Betätigung des Unternehmens
im Zusammenhang stehen, wie etwa Kenntnisse über ein bestimmtes Produktionsverfahren, betriebswirtschaftliche Kalkulationsgrundlagen, Kundenlisten, beabsichtige, eingeleitete oder abgeschlossene Verhandlungen, Inhalt von Geschäftsbeziehungen, Liquidität des Unternehmens, Auftragslage, Höhe des Umsatzes, die betriebliche Kostenrechnung, die interne Personalstruktur und Lohn- und Gehaltsdaten (weiter
Richardi/Thüsing § 79 Rn 5 f; *Löwisch/Kaiser* § 79 Rn 8 ff).

Die Vorschrift bezieht sich ausschließlich auf solche Geheimnisse, die **aufgrund des** jeweiligen **Amtes** 3
bekannt geworden sind. Dh: Geheimnisse, von denen ein BR-Mitglied auf andere Weise Kenntnis erhalten
hat, fallen nicht unter § 79. Erfährt aber das BR-Mitglied das Geheimnis iR seiner Arbeitstätigkeit, greifen
§ 17 f UWG sowie die Schweigeverpflichtung aus dem Arbeitsvertrag (*Löwisch/Kaiser* § 79 Rn 13).

Der AG muss die entspr Tatsachen »**ausdrücklich**« als geheimhaltungsbedürftig bezeichnet haben. Dafür 4
genügt die Bitte um vertrauliche Behandlung (hM, ErfK/*Kania* § 79 Rn 7). Die Pflicht **beginnt** mit dem
Amtsantritt und **endet** erst, wenn die Tatsache entweder kein Betriebs- oder Geschäftsgeheimnis mehr ist
oder vom AG als nicht mehr geheimhaltungsbedürftig erklärt wird (BAG 15.12.1987, 3 AZR 474/86, EzA
§ 611 BGB Betriebsgeheimnis Nr 1). Dass das Geheimhaltungsinteresse durch ein weiter gehendes Informationsinteresse der AN beschränkt werden soll, überzeugt nicht, weil der Gesetzgeber in den Vorschriften der §§ 43, 106 und 110 – aber auch in der Weitergabebefugnis in I 3 und 4 – dem kollektiven Informationsinteresse hinreichend (und abschließend) Rechnung getragen hat (*Rieble/Klebeck* NZA 2006, 758, 764 f).

Auch wenn § 79 kein ausdrückliches Unterlassungsgebot normiert hat, soll dem AG ein **Anspruch** zustehen, 5
von den BR-Mitgliedern die **Unterlassung** der Offenbarung und Verwertung von Betriebs- oder Geschäftsgeheimnissen zu verlangen (BAG 26.2.1987, 6 ABR 46/84, EzA § 79 BetrVG Nr 1). Bei groben Verstößen
hat der AG überdies die Rechte aus § 23 I (*Löwisch/Kaiser* § 79 Rn 19). Zum strafrechtlichen Schutz
s §§ 119, 120 121 Rdn 7 sowie *Rieble/Klebeck* NZA 2006, 758 ff. Bei börsennotierten Gesellschaften (und
ihren Töchtern) sorgt die spezielle Insidergeheimhaltungspflicht des WpHG, die BR-Mitglieder als Primärinsider trifft, für effektive Verfolgung.

§ 80 Allgemeine Aufgaben

(1) Der Betriebsrat hat folgende allgemeine Aufgaben:
1. darüber zu wachen, dass die zugunsten der Arbeitnehmer geltenden Gesetze, Verordnungen, Unfallverhütungsvorschriften, Tarifverträge und Betriebsvereinbarungen durchgeführt werden;
2. Maßnahmen, die dem Betrieb und der Belegschaft dienen, beim Arbeitgeber zu beantragen;
2a. die Durchsetzung der tatsächlichen Gleichstellung von Frauen und Männern, insbesondere bei der
Einstellung, Beschäftigung, Aus-, Fort- und Weiterbildung und dem beruflichen Aufstieg, zu fördern;
2b. die Vereinbarkeit von Familie und Erwerbstätigkeit zu fördern;
3. Anregungen von Arbeitnehmern und der Jugend- und Auszubildendenvertretung entgegenzunehmen
und, falls sie berechtigt erscheinen, durch Verhandlungen mit dem Arbeitgeber auf eine Erledigung
hinzuwirken; er hat die betreffenden Arbeitnehmer über den Stand und das Ergebnis der Verhandlungen zu unterrichten;
4. die Eingliederung Schwerbehinderter und sonstiger besonders schutzbedürftiger Personen zu fördern;
5. die Wahl einer Jugend- und Auszubildendenvertretung vorzubereiten und durchzuführen und mit
dieser zur Förderung der Belange der in § 60 Abs. 1 genannten Arbeitnehmer eng zusammenzuarbeiten; er kann von der Jugend- und Auszubildendenvertretung Vorschläge und Stellungnahmen
anfordern;
6. die Beschäftigung älterer Arbeitnehmer im Betrieb zu fördern;

§ 80 BetrVG   Allgemeine Aufgaben

7. die Integration ausländischer Arbeitnehmer im Betrieb und das Verständnis zwischen ihnen und den deutschen Arbeitnehmern zu fördern, sowie Maßnahmen zur Bekämpfung von Rassismus und Fremdenfeindlichkeit im Betrieb zu beantragen;
8. die Beschäftigung im Betrieb zu fördern und zu sichern;
9. Maßnahmen des Arbeitsschutzes und des betrieblichen Umweltschutzes zu fördern.

(2) ¹Zur Durchführung seiner Aufgaben nach diesem Gesetz ist der Betriebsrat rechtzeitig und umfassend vom Arbeitgeber zu unterrichten; die Unterrichtung erstreckt sich auch auf die Beschäftigung von Personen, die nicht in einem Arbeitsverhältnis zum Arbeitgeber stehen. ²Dem Betriebsrat sind auf Verlangen jederzeit die zur Durchführung seiner Aufgaben erforderlichen Unterlagen zur Verfügung zu stellen; in diesem Rahmen ist der Betriebsausschuss oder ein nach § 28 gebildeter Ausschuss berechtigt, in die Listen über die Bruttolöhne und -gehälter Einblick zu nehmen. ³Soweit es zur ordnungsgemäßen Erfüllung der Aufgaben des Betriebsrats erforderlich ist, hat der Arbeitgeber ihm sachkundige Arbeitnehmer als Auskunftspersonen zur Verfügung zu stellen; er hat hierbei die Vorschläge des Betriebsrats zu berücksichtigen, soweit betriebliche Notwendigkeiten nicht entgegenstehen.

(3) Der Betriebsrat kann bei der Durchführung seiner Aufgaben nach näherer Vereinbarung mit dem Arbeitgeber Sachverständige hinzuziehen, soweit dies zur ordnungsgemäßen Erfüllung seiner Aufgaben erforderlich ist.

(4) Für die Geheimhaltungspflicht der Auskunftspersonen und der Sachverständigen gilt § 79 entsprechend.

Übersicht	Rdn.		Rdn.
A. Allg Aufgaben des BR	1	I. Unterrichtungsanspruch nach II 1	14
I. Überwachungspflicht nach I Nr 1	1	II. Vorlage von Unterlagen, II 2 Hs 1	19
II. Anregungsrecht des BR nach I Nr 2	5	III. Einblick in Lohn- und Gehaltslisten,	
III. Anregungsrecht der AN nach I Nr 3	6	II 2 Hs 2	21
IV. Schutz- und Förderungsaufträge nach I		IV. Auskunftspersonen, II 3	23
Nr 2a, 2b, 4–9	7	C. Hinzuziehung eines Sachverständigen	24
B. Informationsanspruch des BR	14	D. Streitigkeiten	26

1 **A. Allg Aufgaben des BR. I. Überwachungspflicht nach I Nr 1.** Die Überwachungspflicht dient der Rechtstreue: Der AG soll die **Schutzvorschriften zugunsten der AN** einhalten, also alle Vorschriften, die AN schützen oder begünstigen (BAG 19.10.1999, 1 ABR 75/98, EzA § 80 BetrVG 1972 Nr 45). »Gesetze« meint nicht nur förmliche Bundes- und Landesgesetze, sondern auch VO und Unfallverhütungsvorschriften sowie ungeschriebene Grundsätze des ArbR (für den Gleichbehandlungsgrds BAG 12.2.1980, 6 ABR 2/78, EzA § 80 BetrVG 1972 Nr 16) oder sozialversicherungsrechtliche Bestimmungen (*Löwisch/Kaiser* § 80 Rn 5). Der BR soll sogar berufen sein, in Arbeitsverträgen enthaltene Klauseln auf ihre Vereinbarkeit mit den Vorgaben des NachwG sowie mit dem Recht der AGB zu überwachen (BAG 16.11.2005, 7 ABR 12/05, EzA § 80 BetrVG 2001 Nr 4). Letzteres ist nur schwer mit der Absage des § 15 UKlaG an die Verbandsklage im ArbR zu vereinbaren.

2 Das Überwachungsrecht hins der **Durchführung von TV** umfasst tarifliche Inhaltsnormen, betriebliche und betriebsverfassungsrechtliche Normen, aber nach dem BAG auch schuldrechtliche Regelungen zugunsten der AN (BAG 11.7.1972, 1 ABR 2/72, AP BetrVG 1972 § 80 Nr 1). Der BR kann auch die Tarifgeltung selbst überprüfen. **Durchführung von BV** meint nicht den Durchführungsanspruch, der beim BR als Vertragspartei liegt, sondern eine davon gesonderte Überwachung. Deswegen ist der örtliche BR zuständig für Überwachung der Gesamt-BV (BAG 20.12.1988, 1 ABR 63/87, EzA § 80 BetrVG 1972 Nr 33). Die hM lehnt ein Überwachungsrecht hins der **individualvertraglichen Arbeitsbedingungen** ab (*Löwisch/Kaiser* § 80 Rn 9 mwN) (obschon »pacta sunt servanda« ein anerkannter Rechtsgrundsatz ist); indes folgt das Überwachungsrecht vielfach individualarbeitsrechtlichen Vorgaben (für das AGB-Recht BAG 16.11.2005, 7 ABR 12/05, EzA § 80 BetrVG 2001 Nr 4; für den Gleichbehandlungsgrds BAG 12.2.1980, 6 ABR 2/78, EzA § 80 BetrVG 1972 Nr 16).

3 Das Überwachungsrecht des I Nr 1 schafft **keine Vollzugskompetenz**. Der BR ist **keine Betriebspolizei**; ihm kommt weder ein eigenes Recht zu, den AG zur Einhaltung der Vorschriften zu zwingen, noch ist er Prozessstandschafter der AN oder auch nur zur Rechtsberatung und Prozessvertretung befugt (BAG 10.6.1986, 1 ABR 59/84, EzA § 80 BetrVG 1972 Nr 26). Das hat 3 Gründe: Auch hier geht es um Schutz der Gewerkschaften, die sich im ureigenen Feld der AN-Rechtsberatung vom BR keine kostenlose Konkurrenz gefallen lassen müssen. 2. geht es um den AG, dem aus Gründen prozessualer Waffengleichheit nicht zuzumuten ist, die Rechtsverfolgung gegen sich selbst zu finanzieren. Schließlich sind die AN zu schützen:

Vor unprofessioneller Rechtsberatung durch den BR, die womöglich einem eigenen Kollektivinteresse zulasten der AN folgt und ohne haftendes Vermögen oder Versicherung erfolgt. Mehr als eine **Ermahnung** kann der BR nicht leisten.

Der BR ist nur für die **AN des Betriebs** zuständig, nicht aber für Fremd-AN eines werk- oder dienstvertraglich verpflichteten Subunternehmers (BAG 31.1.1989, 1 ABR 72/87, EzA § 80 BetrVG 1972 Nr 34). Nur für Leih-AN kommt dem Entleiher-BR nach § 14 II und III AÜG ein Überwachungsrecht zu und nur soweit den Entleiher AG-Pflichten treffen, etwa hins des Gesundheitsschutzes (näher § 14 AÜG Rdn 14–22). Der Entleiher-BR hat kein Überwachungsrecht ggü dem Verleiher, etwa dass dieser die TV beachte. Dem GBR kommt kein originäres Überwachungsrecht zu. Alleiniger Träger des Überwachungsrechts ist der BR (BAG 16.8.2011, 1 ABR 22/10, EzA-SD 2012, Nr 2, 20) – möglich bleibt aber die Delegation nach § 50 II.

II. Anregungsrecht des BR nach I Nr 2. Nach I Nr 2 hat der BR die Aufgabe, Maßnahmen, die dem Betrieb und der Belegschaft dienen, beim AG zu beantragen. Diese Vorschrift berechtigt den BR, aufgrund der ihm bekannten Verhältnisse im Betrieb solche Maßnahmen anzuregen, für die ihm keine speziellen Beteiligungsrechte zustehen. Dieses Recht steht ihm nur mit Rücksicht auf seine schon vorhandenen Kenntnisse der betrieblichen Verhältnisse zu (BAG 27.6.1989, 1 ABR 19/88, EzA § 80 BetrVG 1972 Nr 37). Ein Vorschlagsrecht scheidet jedoch für solche Angelegenheiten aus, für die ein hinreichender Sachzusammenhang zum Betrieb oder der Betriebsverfassung fehlt (*Löwisch/Kaiser* § 80 Rn 10). Der AG muss sich mit dem BR nicht beraten.

III. Anregungsrecht der AN nach I Nr 3. Der AN kann sich nach I Nr 3 mit Anregungen, also insb Vorschlägen wie auch Beschwerden, nicht nur unmittelbar an den AG (dazu § 84), sondern auch an den BR wenden: Dieser ist verpflichtet, die Anregungen zu erörtern und, wenn sie ihm berechtigt erscheinen, dem AG vorzutragen. Daneben steht das Recht nach § 86a, dem BR Themen zur Beratung vorzuschlagen und bei Unterstützung durch 5 % der Belegschaft deren Beratung zu erzwingen. Die JAV kann sich selbst nicht an den AG wenden, sondern ist auf den BR angewiesen.

IV. Schutz- und Förderungsaufträge nach I Nr 2a, 2b, 4–9. Diese »programmatischen« politischen Aufträge an den BR haben kaum Rechtsfolgen. Sie stellen einmal das Befassungsrecht für den BR klar, der durch die aufwendige Beschäftigung mit solchen Themen Kosten auslösen darf. Mittelbar von Bedeutung sind diese Aussagen für die Ermessensbindung: Mitbestimmungsrechte sind etwa familienfreundlich auszuüben, so bei der Regelung der betrieblichen Arbeitszeit (*Löwisch/Kaiser* § 80 Rn 15). Den AG soll eine Befassungspflicht treffen: Er muss den Vorschlag des BR zur Kenntnis nehmen. Mehr aber nicht, insb ist jede Beratungspflicht an konkrete Mitbestimmungsrechte gebunden.

Die Eingliederung **Schwerbehinderter** und **anderer bes schutzbedürftiger Personen** zu fördern, I Nr 4, ist mit Blick auf das AGG »behindertenbezogen« zu sehen. Der Schutzauftrag ist in § 93 SGB IX wiederholt. Vorrangig zuständig ist indes die Schwerbehindertenvertretung, insb für die Integrationsvereinbarung nach § 83 SGB IX.

I Nr 5 ergänzt § 63 II: Der BR ist für die Wahl der JAV verantwortlich. Auf die enge Zusammenarbeit ist die JAV angewiesen, weil sie keine Außenkompetenzen hat, I Nr 3.

I Nr 6 ergänzt §§ 75 I, 96 II: Der BR ist zuständig nur für ältere AN in der Belegschaft; für deren Einstellung hat er kein Mandat. Jede Sonderförderung der Alten muss die Grenze zur **Altersdiskriminierung** des AGG beachten.

Die **Integration ausländischer** AN nach I Nr 7 ist zuerst ein Sprachproblem. Der BR kann Sprachkurse beim AG anregen – deren Kostenübernahme ist freiwillig. Sonderleistungen für Ausländer sind am AGG und an § 75 zu messen. Der Xenophilieauftrag wird in §§ 88 Nr 4, 99 II Nr 6, 104 konkretisiert.

I Nr 8 räumt dem BR kein beschäftigungspolitisches Mandat ein (*Rieble* ZIP 2001, 133, 140); spezieller ist § 92a.

Arbeitsschutz und **betrieblicher Umweltschutzes** in I Nr 9 definieren keinen umweltpolitischen Schutzauftrag; der BR ist nur Agent der AN des Betriebs (*Löwisch/Kaiser* § 80 Rn 23). Spezieller ist § 89.

B. Informationsanspruch des BR. I. Unterrichtungsanspruch nach II 1. Der AG muss den BR zur Durchführung seiner Aufgaben »nach diesem Gesetz« rechtzeitig und umfassend unterrichten – idR schriftlich (BAG 10.10.2006, 1 ABR 68/05, EzA § 80 BetrVG 2001 Nr 6). Zu diesen Aufgaben gehören **alle Mitwirkungsrechte** nach dem **BetrVG**, also nicht nur die in I aufgezählten Aufgaben, sondern insb auch die Wahrnehmung der Mitbestimmungsrechte nach § 87 I und die Überwachung der Einhaltung der in § 75 I festgelegten Grds für die Behandlung von Betriebsangehörigen (BAG 26.1.1988, 1 ABR 34/86, EzA § 80 BetrVG 1972 Nr 32). Für den Auskunftsanspruch des BR genügt es, dass der BR die **Auskunft benötigt**, um **feststellen** zu können, ob ihm ein **Mitbestimmungsrecht** zusteht und ob er davon Gebrauch machen soll,

§ 80 BetrVG Allgemeine Aufgaben

sofern nicht ein Mitbestimmungsrecht offensichtlich nicht in Betracht kommt (BAG 10.2.1987, 1 ABR 43/84, EzA § 80 BetrVG 1972 Nr 28; LAG Hamm 9.3.2012, 13 TaBV 100/10, AiB 2012, 683). Dem BR soll durch die Information ermöglicht werden, in eigener Verantwortung zu prüfen, ob sich Aufgaben iSd BetrVG ergeben und ob er zur Wahrnehmung dieser Aufgaben tätig werden kann. Insoweit genügt ein berechtigter »Anfangsverdacht«, also eine **gewisse Wahrscheinlichkeit** für das Bestehen von Aufgaben, die freilich nicht erst bei »greifbaren Anhaltspunkten« erreicht ist (BAG 19.2.2008, 1 ABR 84/06, EzA § 80 BetrVG 2001 Nr 8). Der Auskunftsanspruch scheidet erst aus, wenn ein Beteiligungsrecht ersichtlich nicht in Betracht kommt (BAG 23.3.2010, 1 ABR 81/08, DB 2010, 2623) – mithin die Auskunft nicht erforderlich sein kann; bejaht der BR eine Aufgabe, ist auf einer 2. Stufe die Erforderlichkeit der begehrten Information zu prüfen (BAG 21.10.2003, 1 ABR 39/02, EzA § 80 BetrVG 2001 Nr 3). Je weniger der BR weiß, desto eher ist er auf Information angewiesen, um sich ein eigenes Bild zu machen, ob die Auskünfte für seine Aufgaben erforderlich sind (BAG 8.6.1999, 1 ABR 28/97, EzA § 80 BetrVG 1972 Nr 44). Der BR darf Auskunft verlangen, auch wenn er sich die betreffende Information selbst beschaffen könnte – bereits übermittelte Daten muss er iR des Zumutbaren aber selbst auswerten (BAG 24.1.2006, 1 ABR 60/04, EzA § 80 BetrVG 2001 Nr 5). Zur Vorlage von Abmahnungsschreiben BAG 17.9.2013, 1 ABR 26/12, EzA § 80 BetrVG 2001 Nr 17).

15 II 1 Hs 2 erstreckt den Informationsanspruch auf Personen, die nicht in einem Arbeitsverhältnis zum AG stehen. Vorausgesetzt ist aber auch hier, dass ein Bezug zu BR-Aufgaben »nach diesem Gesetz« besteht. Praktisch wird vor allem § 99: Der BR hat – nicht nur für Zeit-AN, sondern auch für Fremdfirmenkräfte auf der Basis von Subunternehmer-, Werk- oder Dienstverträgen zu prüfen, ob eine Einstellung vorliegt. Die Vorlage der Verträge mit dem Verleiher oder dem Fremdunternehmer kann der BR dagegen nicht verlangen; hier fehlt der Aufgabenbezug. § 92a (Insourcing-Vorschlag) reicht nicht aus, weil der BR dann letztlich sämtliche Gütermarktverträge einsehen könnte, um Beschäftigungssicherungsvorschläge zu machen. Bei freien Mitarbeitern hingegen ist die Vertragseinsicht möglich, um zu prüfen, ob diese nicht doch AN sind (BAG 15.12.1998, 1 ABR 9/98, EzA § 80 BetrVG 1972 Nr 43); denn hiervon hängt die BR-Zuständigkeit für jene ab.

16 Die Unterrichtung muss **rechtzeitig** erfolgen. Der AG muss erstens informieren, sobald der BR das verlangt. Zum anderen darf der AG vor der Unterrichtung keine vollendeten Tatsachen in mitwirkungspflichtigen Angelegenheiten schaffen. Indes folgt aus § 80 kein eigenständiger Unterlassungsanspruch. Soweit sich für den BR Aufgaben erst stellen, wenn der AG eine Maßnahme ergreift oder plant, die Beteiligungsrechte des BR auslöst, kann der BR die Vorlage von Unterlagen, die zur Erfüllung seiner Aufgaben erforderlich sind, erst dann verlangen, wenn der AG durch seinen Entschluss das Mitwirkungsrecht auslöst (BAG 27.6.1989, 1 ABR 19/88, EzA § 80 BetrVG 1972 Nr 37). Der Anspruch auf Unterrichtung über wirtschaftliche Angelegenheiten soll durch **Betriebs-** oder **Geschäftsgeheimnisse** des AG – anders als nach § 106 BetrVG – nicht eingeschränkt werden (BAG 5.2.1991, 1 ABR 24/90, EzA § 106 BetrVG 1972 Nr 15).

17 Notwendige Informationen kann sich der BR auch über **Gespräche mit AN** beschaffen (*Löwisch/Kaiser* § 80 Rn 33). § 80 II stellt insoweit keine abschließende Regelung dar, als sich der BR die Informationen für seine Tätigkeit nur im Wege der Unterrichtung durch den AG oder durch Hinzuziehung von Sachverständigen beschaffen darf. Zur Erfüllung seiner Überwachungsaufgaben steht ihm ein Zugangsrecht zum Arbeitsplatz der Belegschaftsangehörigen zu, wenn ein konkreter Anlass besteht und der Zeitpunkt zuvor mit dem AG abgestimmt ist, um Störungen im Betriebsablauf zu vermeiden (BAG 13.6.1989, 1 ABR 4/88, EzA § 80 BetrVG 1972 Nr 36).

18 Der Unterrichtungsanspruch des Betriebsrats aus § 80 II besteht auch während laufender Arbeitskampfmaßnahmen im Betrieb (BAG 10.12.2002, 1 ABR 7/02, NZA 2004, 223) und auch dann, wenn der AG befürchten muss, dass der Betriebsrat rechtswidrig Informationen an die Gewerkschaft weitergibt (LAG Rh-Pf, 21.3.2013, 10 TaBV 41/12, NZA-RR 2013, 291).

19 **II. Vorlage von Unterlagen, II 2 Hs 1.** Auf sein Verlangen sind dem BR die zur Durchführung seiner Aufgaben erforderlichen Unterlagen zur Verfügung zu stellen. Auf die Form der Unterlagen kommt es nicht an. In Betracht kommen nicht nur schriftliche Unterlagen, sondern auch Daten auf einem Datenträger, Tonträger, Fotos und im Einzelfall sogar Teile der Produktion (Ausschussware) – wenn davon etwa die tarifgerechte Entlohnung abhängt (BAG 7.8.1986, 6 ABR 77/83, EzA § 80 BetrVG 1972 Nr 27). Die Vorlagepflicht des AG beschränkt sich grds auf bereits vorhandene Unterlagen (ErfK/*Kania* § 80 Rn 24; *Löwisch/Kaiser* § 80 Rn 35). Der BR hat keinen Anspruch darauf, dass der AG bestimmte Unterlagen von Dritten beschafft oder Anlagen installiert, die die geforderten Unterlagen erst herstellen (BAG 7.8.1986, 6 ABR 77/83, EzA § 80 BetrVG 1972 Nr 27). Der BR kann auch keinen Online-Zugriff auf Unterlagen verlangen. Das überschritte die Grenzen des Informationsrechts aus § 80 II, weil nicht nur das arbeitgeberseitige Vorprüfungsrecht

unberücksichtigt bliebe, sondern auch eine Beschränkung auf vorlagepflichtige Unterlagen erschwert würde (BAG 16.8.2011, 1 ABR 22/10, EzA-SD 2012, Nr 2, 20). Die Überwachungsaufgabe macht den BR nicht zu einem dem AG übergeordneten Kontrollorgan. Wenn aber der AG, der über die tatsächlichen Arbeitszeiten seiner Mitarbeiter Auskunft geben soll, sich diese Daten nicht etwa von 3. Seite erst beschaffen muss, sondern er lediglich auf geeignete Weise dafür sorgen muss, dass die objektiv vorhandenen Daten im Betrieb zur Kenntnis genommen und mitteilbar gemacht werden, besteht insoweit auch ein Übermittlungsanspruch nach II 2 Hs 1. Denn anders als im Fall nicht existierender Unterlagen braucht er dazu nichts herzustellen, sondern muss nur etwas Gegebenes wahrnehmen (BAG 6.5.2003, 1 ABR 13/02, EzA § 80 BetrVG 2001 Nr 2 mit Blick auf den Einwand der »Vertrauensarbeitszeit«).

Die **erforderlichen** Unterlagen muss der AG dem BR **jederzeit** zur Verfügung stellen. Ein konkreter Anlass muss also nicht vorliegen. Der BR muss insb keinen Verstoßverdacht belegen (*Löwisch/Kaiser* § 80 Rn 37). Das BAG schränkt dies aber mit Blick auf die Herausgabe von Arbeitsverträgen richtigerweise ein, wonach ein Anspruch auf Information und Zurverfügungstellung der erforderlichen Unterlagen vielmehr von der konkreten Kontrollaufgabe abhängig ist: Ein genereller Anspruch auf Herausgabe der Arbeitsverträge besteht nach hM nicht, was schon aus II 2 folgt, der eine von bes Anlässen unabhängige, umfassende Unterrichtung über die Bruttoentgelte dem Betriebsausschuss (oder BR-Vorsitzenden) vorbehält. Da die Entgelthöhe ein wesentlicher Bestandteil des Arbeitsvertrages ist, wäre diese Vorschrift nicht verständlich, wenn jederzeit eine Vorlage sämtlicher Arbeitsverträge an den gesamten BR verlangt werden könnte (BAG 19.10.1999, 1 ABR 75/98, EzA § 80 BetrVG 1972 Nr 45). Zudem ist der Anspruch insoweit eingeschränkt, als der BR zunächst nur die Vorlage der Unterlagen verlangen kann, die ihm das Urt ermöglichen, ob er zur Erfüllung seiner Aufgaben zusätzliche Informationen oder die Vorlage weiterer Unterlagen benötigt (BAG 8.6.1999, 1 ABR 28/97, EzA § 80 BetrVG 1972 Nr 44).

III. Einblick in Lohn- und Gehaltslisten, II 2 Hs 2. Der Betriebsausschuss (§ 27) oder ein nach § 28 gebildeter Ausschuss hat nach II 2 Hs 2 hat ein Einblicksrecht in die Bruttoentgeltlisten. Besteht kein Betriebsausschuss, weil der BR weniger als 9 Mitglieder hat, und hat der BR keinen Ausschuss nach § 28 gebildet, soll dem die laufenden Geschäfte führenden BR-Vorsitzenden und/oder dessen Stellvertreter (BAG 23.2.1973, 1 ABR 17/72, EzA § 80 BetrVG 1972 Nr 3) oder den BR-Mitgliedern, denen die laufenden Geschäfte gem § 27 III übertragen sind, ein Einblicksrecht zustehen (BAG 30.4.1981, 6 ABR 77/78, EzA § 80 BetrVG 1972 Nr 17). Der Einblick in die Listen muss Bezug zur Erfüllung der BR-Aufgaben haben (*Löwisch/Kaiser* § 80 Rn 40). Lohnlisten müssen alle Lohnbestandteile enthalten einschließlich übertariflicher Zulagen und solcher Zahlungen, die individuell unter Berücksichtigung verschiedener Umstände ausgehandelt und gezahlt werden (BAG 10.2.1987, 1 ABR 43/84, EzA § 80 BetrVG 1972 Nr 28). Das Einblicksrecht des BR in die Listen individuell vereinbarter übertariflicher Vergütungsbestandteile und außertariflicher Vergütungen ist nicht davon abhängig, dass der BR dafür einen bes Anlass darlegt (BAG 30.6.1981, 1 ABR 26/79, EzA § 80 BetrVG 1972 Nr 19). Der AN hat kein Recht auf Geheimhaltung (LAG Niedersachsen 18.4.2012, 16 TaBV 39/11, ZD 2012, 486).

Der AG ist **nicht verpflichtet**, dem BR zur Wahrnehmung seiner Aufgaben iR seines Einblicksrechts Fotokopien der Bruttolohn- und -gehaltslisten auch nur **zeitweise zur Verfügung** zu stellen (BAG 3.12.1981, 6 ABR 8/80, EzA § 80 BetrVG 1972 Nr 20). Das Recht, »in die Listen über die Bruttolöhne und -gehälter Einblick zu nehmen«, heißt gerade nicht »die ... Unterlagen zur Verfügung stellen« – für den Bereich der Löhne und Gehälter ist Hs 1 verdrängt (BAG 30.9.2008, 1 ABR 54/07, EzA § 80 BetrVG 2001 Nr 10). Die **Weitergabe** der durch den Einblick in die Lohn- und Gehaltslisten erlangten Informationen an Dritte oder deren Veröffentlichung ist nach § 79 I **unzulässig**. Trotz erheblicher Überschneidungen soll das Einblicksrecht den allg Auskunftsanspruch nicht verdrängen (BAG 10.10.2006, 1 ABR 68/05, EzA § 80 BetrVG 2001 Nr 6; zust *Buschmann* RdA 2008, 38 ff) – kommt aber die Auskunft inhaltlich einer Bruttolohn- und -gehaltsliste gleich, ist der BR auf ein Einblicksrecht iSd II 2 Hs 2 beschränkt (BAG 30.9.2008, 1 ABR 54/07, aaO).

IV. Auskunftspersonen, II 3. Der seit 2002 bestehende Anspruch des BR auf sachkundige AN als Auskunftsperson, soweit dies zur ordnungsgemäßen Erfüllung von BR-Aufgaben erforderlich ist, verdrängt vor allem den externen Sachverständigen iSd III. Die Inanspruchnahme kenntnisreicher oder sachverständiger AN ist idR kostengünstiger und damit vorrangig. Der BR wählt den sachkundigen AN nicht selbst aus; ihm kommt nur ein Vorschlagsrecht zu. Der AN muss mit seiner Aufgabe als Auskunftsperson für den BR einverstanden sein; das Direktionsrecht des AG reicht nicht aus (*Löwisch/Kaiser* § 80 Rn 48; aA HWK/*Schrader* § 80 Rn 92). Das BAG meint dagegen, der AG könne über § 106 GewO Gegenstand und Umfang der zu erteilenden Auskünfte bestimmen (20.1.2015, 1 ABR 25/13, NZA 2015, 696). Der AN ist nur Auskunftsperson und kein Berater des BR und darf von diesem nicht als zusätzliches Personal für BR-Aufgaben genutzt werden. Der AN kann sein Einverständnis davon abhängig machen, dass er einen Beistand erhält. Der AG hingegen kann keinen solchen »Aufseher« anordnen.

24 **C. Hinzuziehung eines Sachverständigen.** Als Sachverständiger, den der BR gem III nach **näherer Vereinbarung** mit dem AG hinzuziehen kann, kommt nur eine Person in Betracht, die dem BR ihm fehlende Fachkenntnisse zur Beantwortung konkreter, aktueller Fragen vermitteln soll, damit der BR die ihm konkret obliegende betriebsverfassungsrechtliche Aufgabe sachgerecht erfüllen kann (BAG 19.4.1989, 7 ABR 87/87, EzA § 80 BetrVG 1972 Nr 35; LAG Berl-Bbg 29.5.2012, 7 TaBV 576/12, JurionRS 2012, 25930). Mit Blick auf die kostenrechtliche Verhältnismäßigkeit (§ 40 Rdn 2) muss der BR betriebsinterne Informationsquellen ausgeschöpft haben, insb Auskunftspersonen nach II 3, und ggf den AG selbst um Hilfe gebeten haben oder auf BR Mitglieder zurückgreifen, die die nötige Sachkunde aufgrund einer vorherigen Schulung erlangt haben (BAG 16.11.2005, 7 ABR 12/05, NZA 2006, 553; LAG Rh-Pf 15.6.2012, 9 TaBV 1/12, juris). Der BR muss aber nicht seine Mitglieder auf Schulungen schicken, bevor er bei der Durchführung seiner Aufgaben die Zuziehung eines Sachverständigen verlangen kann (BAG 25.6.2014, 7 ABR 70/12, NZA 2015, 629). Sachverständiger kann auch der Rechtsanwalt sein, wenn es um komplexe Rechtsfragen geht (BAG 14.2.1996, 7 ABR 25/95, EzA § 40 BetrVG 1972 Nr 76). Doch ist solche Sachverständigentätigkeit streng von der anwaltlichen Vertretung des BR in Verhandlungen mit dem AG, im arbeitsgerichtlichen Beschlussverfahren und vor der Einigungsstelle zu scheiden (LAG Berl-Bbg 29.5.2012, 7 TaBV 576/12, juris; *Löwisch/Kaiser* § 80 Rn 50). Denn für die anwaltliche Vertretung ist der BR nicht auf eine Einigung mit dem AG angewiesen.

25 Der Sachverständige darf – anders als der RA und der Interessenausgleichsberater des § 111 S 2 (s § 111 Rdn 22) – nur nach Maßgabe einer vorherigen (!) Vereinbarung mit dem AG tätig werden. Sonst ist der AG nicht kostenpflichtig. Können sich BR und AG nicht über die Person des Sachverständigen, den konkreten Gutachtenauftrag und die Kosten einigen, entscheidet das ArbG im Beschlussverfahren (BAG 11.11.2009, 7 ABR 26/08, NZA 2010, 353).

26 **D. Streitigkeiten.** Streitigkeiten über den Umfang der allg Aufgaben des BR nach I, über die Informationsansprüche nach II wie auch über das Hinzuziehen eines Sachverständigen nach III werden im **arbeitsgerichtlichen Beschlussverfahren** entschieden. § 80 gewährt dem BR einen eigenständigen Erfüllungsanspruch, der BR ist nicht auf § 23 III beschränkt. Eigenmächtig darf der BR sich die Auskünfte nicht verschaffen.

§ 81 Unterrichtungs- und Erörterungspflicht des Arbeitgebers

(1) ¹Der Arbeitgeber hat den Arbeitnehmer über dessen Aufgabe und Verantwortung sowie über die Art seiner Tätigkeit und ihre Einordnung in den Arbeitsablauf des Betriebs zu unterrichten. ²Er hat den Arbeitnehmer vor Beginn der Beschäftigung über die Unfall- und Gesundheitsgefahren, denen dieser bei der Beschäftigung ausgesetzt ist, sowie über die Maßnahmen und Einrichtungen zur Abwendung dieser Gefahren und die nach § 10 Abs. 2 des Arbeitsschutzgesetzes getroffenen Maßnahmen zu belehren.
(2) ¹Über Veränderungen in seinem Arbeitsbereich ist der Arbeitnehmer rechtzeitig zu unterrichten. ²Absatz 1 gilt entsprechend.
(3) In Betrieben, in denen kein Betriebsrat besteht, hat der Arbeitgeber die Arbeitnehmer zu allen Maßnahmen zu hören, die Auswirkungen auf Sicherheit und Gesundheit der Arbeitnehmer haben können.
(4) ¹Der Arbeitgeber hat den Arbeitnehmer über die aufgrund einer Planung von technischen Anlagen, von Arbeitsverfahren und Arbeitsabläufen oder der Arbeitsplätze vorgesehenen Maßnahmen und ihre Auswirkungen auf seinen Arbeitsplatz, die Arbeitsumgebung sowie auf Inhalt und Art seiner Tätigkeit zu unterrichten. ²Sobald feststeht, dass sich die Tätigkeit des Arbeitnehmers ändern wird und seine beruflichen Kenntnisse und Fähigkeiten zur Erfüllung seiner Aufgaben nicht ausreichen, hat der Arbeitgeber mit dem Arbeitnehmer zu erörtern, wie dessen berufliche Kenntnisse und Fähigkeiten im Rahmen der betrieblichen Möglichkeiten den künftigen Anforderungen angepasst werden können. ³Der Arbeitnehmer kann bei der Erörterung ein Mitglied des Betriebsrats hinzuziehen.

1 §§ 81 ff enthalten Individualrechte des AN, die nicht davon abhängen können, ob im Betrieb ein BR besteht. Das zeigt III, der für betriebsratslose Betriebe ein bes individuelles Mitwirkungsrecht der AN anordnet und die Informationspflicht voraussetzt.

2 Wie der AG nach I 1 den einzelnen AN über seine **Arbeitstätigkeit im weiteren Sinne** unterrichtet, entscheidet er unter Zweckmäßigkeitsgesichtspunkten: Die Unterweisung oder Einweisung kann mündlich oder schriftlich durch einen fachkundigen Vorgesetzten erfolgen. Der AG muss die Unterweisung so

vornehmen, dass der AN die Einweisung verstehen kann; für den intellektuellen Erfolg ist der AG nicht verantwortlich. Richtigerweise trägt der AG auch nicht das Sprachrisiko, muss also fremdsprachige AN nicht in ihrer Muttersprache ansprechen (aA *Löwisch/Kaiser* § 81 Rn 3). Maßgebend ist die **Vertragssprache** (*Rieble* FS Löwisch, 2007, 237–239). I 2 verlangt eine bes **Gefahrenbelehrung** – unter Einschluss von Schutzmaßnahmen und Unfallvorkehrungen. Die Unterrichtung, die ebenfalls keine bestimmte Form verlangt, soll **vor Beginn der Beschäftigung** erfolgen (*Löwisch/Kaiser* § 81 Rn 2 mwN). Darüber hinaus ist der AN über die nach § 10 II ArbSchG getroffenen Maßnahmen zu belehren.

Nach II 1 ist der AN über Veränderungen in seinem Arbeitsbereich **rechtzeitig** zu unterrichten. **Veränderung** ist nicht nur der neue Arbeitsplatz, sondern auch die Veränderung des bestehenden – etwa Einführung neuer Maschinen, Computerprogramme, neues Arbeitszeitmodell oder Umzug in neue Räume. **Arbeitsbereich** ist der Arbeitsplatz in Beziehung zu seiner betrieblichen Umgebung in räumlicher, technischer und organisatorischer Hinsicht. Die zeitweilige Veränderung löst die Unterrichtungspflicht aus (ErfK/*Kania* § 81 Rn 13). II 1 wird in **IV** konkretisiert: Nach S 1 trifft den AG eine Unterrichtungspflicht, sobald aufgrund der Planung von technischen Anlagen, von Arbeitsverfahren und Arbeitsabläufen oder der Arbeitsplätze Maßnahmen vorgesehen sind, die Auswirkungen auf den Arbeitsplatz, die Arbeitsumgebung oder auf Inhalt und Art der Tätigkeit des AN haben. Diese Pflicht ist mit § 90 zu lesen: Bei technischen Veränderungen, die sich auf den Arbeitsplatz im weitesten Sinne auswirken, bedarf es nicht nur der Erörterung mit dem BR, sondern auch der Unterrichtung des einzelnen AN, damit sich dieser auf die Änderungen einstellen kann (*Löwisch/Kaiser* § 81 Rn 5). 3

Steht fest, dass sich die Tätigkeit des AN ändern wird und seine beruflichen Kenntnisse und Fähigkeiten zur Erfüllung seiner Aufgaben nicht ausreichen, hat der AG nach S 2 mit dem AN zu **erörtern**, wie dessen **berufliche Kenntnisse** und **Fähigkeiten** iRd betrieblichen Möglichkeiten den künftigen Anforderungen **angepasst** werden können. Der AG schuldet hieraus keine Umschulungs- oder Weiterbildungsmaßnahmen. Kommt der AG seiner Pflicht zur Erörterung nicht nach, hat dies insb kündigungsschutzrechtliche Folgen: Will der AG wegen fehlender Qualifikation personenbedingt kündigen, muss er dem betroffenen AN einen längeren Zeitraum zum Erwerb der notwendigen Kenntnisse und Fertigkeiten gewähren (*Löwisch/Kaiser* § 81 Rn 7). 4

Gem III hat der AG in Betrieben, in denen kein BR besteht, die **AN zu allen Maßnahmen zu hören**, die Auswirkungen auf **Sicherheit** und **Gesundheit** der AN haben können. Dies gilt für nicht betriebsratsfähige Kleinbetriebe und für Betriebe, in denen kein BR gewählt wurde. Anzuhören ist bei allen Fragen der betrieblichen Arbeitsschutz- und Unfallverhütungsvorschriften, die in Betrieben, in denen ein BR besteht, nach § 89 mit diesem zu erörtern wären. Die Vorschrift ist enger als die Unterrichtungs- und Erörterungspflicht nach I, II und IV: Sie beschränkt sich auf Fragen, die die Sicherheit und Gesundheit der AN betreffen. 5

§ 82 Anhörungs- und Erörterungsrecht des Arbeitnehmers

(1) ¹Der Arbeitnehmer hat das Recht, in betrieblichen Angelegenheiten, die seine Person betreffen, von den nach Maßgabe des organisatorischen Aufbaus des Betriebs hierfür zuständigen Personen gehört zu werden. ²Er ist berechtigt, zu Maßnahmen des Arbeitgebers, die ihn betreffen, Stellung zu nehmen sowie Vorschläge für die Gestaltung des Arbeitsplatzes und des Arbeitsablaufs zu machen.
(2) ¹Der Arbeitnehmer kann verlangen, dass ihm die Berechnung und Zusammensetzung seines Arbeitsentgelts erläutert und dass mit ihm die Beurteilung seiner Leistungen sowie die Möglichkeiten seiner beruflichen Entwicklung im Betrieb erörtert werden. ²Er kann ein Mitglied des Betriebsrats hinzuziehen. ³Das Mitglied des Betriebsrats hat über den Inhalt dieser Verhandlungen Stillschweigen zu bewahren, soweit es vom Arbeitnehmer im Einzelfall nicht von dieser Verpflichtung entbunden wird.

Das Anhörungs- und Vorschlagsrecht nach I räumt dem AN auch im BR-losen Betrieb, (ArbG Gelsenkirchen 17.3.2010, 2 Ca 319/10, ArbuR 2010, 439) ein generalklauselartiges Initiativrecht für betriebliche Angelegenheiten ein, soweit sie seine Person betreffen. Erfasst sind alle Umstände, die mit seiner Arbeitsleistung in Verbindung stehen, insb Arbeitsplatz, -umgebung, und Arbeitszeit. Räumlich auf den Betrieb beschränkt sind die Angelegenheiten nach hM nicht (ErfK/*Kania* § 82 Rn 3). Sie müssen den AN selbst betreffen (*Löwisch/Kaiser* § 82 Rn 1), mittelbare Betroffenheit soll ausreichen (*Wlotzke/Preis/Kreft* § 82 Rn 4). Der AN kann Stellung nehmen, I 2; hinzu kommt die Befugnis, Stellungnahmen zur Personalakte zu geben, § 83 II. Das Vorschlagsrecht für die Gestaltung des Arbeitsplatzes und des Arbeitsablaufes wird ergänzt durch das betriebliche Vorschlagswesen nach § 87 I Nr 12. Der AG muss nicht mit dem AN beraten oder erörtern – Gegenschluss aus II 1. 1

Gem **II 1 Hs 1** kann der AN verlangen, dass ihm die Berechnung und Zusammensetzung seines Arbeitsentgelts erläutert wird. Die Vorschrift ergänzt die Abrechnungspflicht nach § 108 GewO. Arbeitsentgelt 2

§ 83 BetrVG Einsicht in die Personalakten

sind alle Leistungen, die der AN aus Anlass seiner Arbeitsleistung erhält: neben dem Grundentgelt alle Zuschläge, Prämien, Gratifikationen, Provisionen, Tantiemen, Gewinn- und Ergebnisbeteiligungen und vermögenswirksame Leistungen. Der AG hat dem AN die Höhe des Entgelts und dessen Berechnung aufgeschlüsselt nach Entgeltarten unter Angabe der Abzüge zu erläutern (ErfK/*Kania* § 82 Rn 6). Diese Pflicht umfasst auch die Aufklärung über verschlüsselte Angaben auf Lohn- oder Gehaltsstreifen, soweit diese nicht allg verständlich sind (*Löwisch/Kaiser* § 82 Rn 3). Die Mitteilung der **Rechtsgrundlagen** eröffnet dem AN die rechtliche Prüfung der Anspruchsgrundlage. Mit Blick auf den Gleichbehandlungsgrds und das AGG kann er eine Erklärung darüber verlangen, warum er eine Leistung nicht erhält, die andere erhalten – er kann freilich nicht verlangen, dass ihm die Vergütung anderer AN offengelegt wird, um solche Differenzen festzustellen (*Löwisch/Kaiser* § 82 Rn 3).

3 Die Erörterung der Beurteilung seiner Leistungen sowie der Möglichkeiten seiner beruflichen Entwicklung im Betrieb klärt den AN über seine Stellung im Betrieb und seine berufliche Zukunft auf. Die Erörterung der Leistungsbeurteilung dient der Richtigstellung aus Sicht des AN (*Löwisch/Kaiser* § 82 Rn 4), setzt aber keine vorangegangene Beurteilung durch den AG voraus. II 1 verschafft dem AN weder Anspruch auf eine Beurteilung noch auf eine schriftliche Stellungnahme. Ansprechpartner ist idR der unmittelbare Vorgesetzte. Für die berufliche Entwicklung ist dies der Abteilungsleiter oder die für betriebliche Bildungsmaßnahmen zuständige Stelle (*Löwisch/Kaiser* § 82 Rn 4).

4 Der AN (und nur er!) kann nach II 2 ein einzelnes Mitglied des BR hinzuziehen. Der BR hat kein eigenes Teilnahmerecht (BAG 23.2.1984, 6 ABR 22/81, EzA § 82 BetrVG 1972 Nr 2). Voraussetzung ist, dass das Gespräch das Thema des II 1 betrifft; ein allg Hinzuziehungsrecht besteht nicht (BAG 16.11.2004, 1 ABR 53/03, EzA § 82 BetrVG 2001 Nr 1; 20.4.2010, 1 ABR 85/08, DB 2010, 1646).

5 Das BR-Mitglied ist im AN-Interesse zum Schweigen verpflichtet; dies gilt auch ggü dem BR und den anderen BR-Mitgliedern. Die Verpflichtung ist nach § 120 II strafbewehrt.

§ 83 Einsicht in die Personalakten

(1) ¹Der Arbeitnehmer hat das Recht, in die über ihn geführten Personalakten Einsicht zu nehmen. ²Er kann hierzu ein Mitglied des Betriebsrats hinzuziehen. ³Das Mitglied des Betriebsrats hat über den Inhalt der Personalakte Stillschweigen zu bewahren, soweit es vom Arbeitnehmer im Einzelfall nicht von dieser Verpflichtung entbunden wird.

(2) Erklärungen des Arbeitnehmers zum Inhalt der Personalakte sind dieser auf sein Verlangen beizufügen.

1 Personalakten des I 1 sind sämtliche Unterlagen, die die persönlichen und dienstlichen Verhältnisse des AN betreffen und in innerem Zusammenhang mit dem Arbeitsverhältnis stehen (Beispiele bei *Löwisch/Kaiser* § 83 Rn 1 f). Sie müssen vom AG geführt werden; Privataufzeichnungen von Vorgesetzten gehören nicht dazu. Die Form der »Akte« ist gleichgültig (klassische Mappe, Kartei oder Datenträger). Auf die Bezeichnung kommt es nicht an; erfasst sind Sonder- und Nebenakten, Personalaufzeichnungen bei Vorgesetzten und bei der Unternehmensleitung sowie im Auftrag des AG von Dritten geführte Akten. Das Einsichtsrecht ist kostenfrei. Der AN hat weder Anspruch auf Aushändigung noch auf Kopien (BAG 16.11.2010, 9 AZR 573/09, EzA § 242 BGB 2002 Nr 2). Weil der Anspruch das Persönlichkeitsrecht schützt, besteht er auch nach Beendigung des Arbeitsverhältnisses fort (BAG 16.11.2010, 9 AZR 573/09, EzA § 241 BGB 2002 Nr 2).

2 Zu den Personalakten gehören der Arbeitsvertrag, (Zwischen-)Zeugnisse, Beurteilungen, Gutachten, Testergebnisse, Personalfragebögen, Abmahnungen, Versicherungs- und Stempelkarten, Abrechnungen, bestehende Lohnpfändungen, Unterlagen des Werkschutzes und abgeschlossene Ermittlungsakten in Personalsachen, Angaben zu Personenstand und beruflichem Werdegang, sowie alle aufbewahrten Schriftwechsel zwischen AG und AN (ErfK/*Kania* § 83 Rn 2). Ebenso gehören dazu von Dritten an den AG gerichtete Beurteilungen, Auskünfte und Beschwerden, für den AG bestimmte ärztliche Atteste und Gutachten. Nicht zu den Personalakten gehören dagegen Krankenblätter und Befundbögen, die der Betriebsarzt über einen AN führt und die dem AG wegen der ärztlichen Schweigepflicht des § 8 I 3 ASiG nicht zugänglich sind – dem AN hilft § 3 II ASiG (*Löwisch/Kaiser* § 83 Rn 2).

3 Führt der AG **keine Personalakte**, so läuft das Einsichtsrecht des AN leer. Der AG entscheidet allein, ob und in welcher Form er eine Personalakte führt. Einen Anspruch auf Aktenführung gibt es nicht. Legt der AG eine Akte an, folgt aus seiner Fürsorgepflicht, dass die Personalakten ein vollständiges und zutreffendes Bild über den AN widerspiegeln.

4 Nach I 2 kann der AN ein BR-Mitglied hinzuzuziehen. Der BR hat kein eigenes Einsichtsrecht (BAG 20.12.1988, 1 ABR 63/87, EzA § 80 BetrVG 1972 Nr 33). Das BR-Mitglied unterliegt der Schweigepflicht, wie in § 82 II 3, und macht sich ggf strafbar, § 120 II. Hinzu kommen datenschutzrechtliche Schweigepflichten.

Nach II darf der AN eigene Erklärungen zur Personalakte geben. Diese müssen sich auf den Inhalt beziehen; es handelt sich um ein **Recht auf Gegendarstellung**. II gewährt keinen Berichtigungsanspruch. Ihn leitet das BAG (zu) großzügig aus dem Persönlichkeitsrecht des AN iVm § 1004 BGB her (BAG 5.8.1992, 5 AZR 531/91, EzA § 611 BGB Abmahnung Nr 25: Entfernung unrichtiger Abmahnung; 13.4.1988, 5 AZR 537/86, EzA § 611 BGB Fürsorgepflicht Nr 47: Entfernung bedeutungslos gewordener Abmahnung).

§ 84 Beschwerderecht

(1) ¹Jeder Arbeitnehmer hat das Recht, sich bei den zuständigen Stellen des Betriebs zu beschweren, wenn er sich vom Arbeitgeber oder von Arbeitnehmern des Betriebs benachteiligt oder ungerecht behandelt oder in sonstiger Weise beeinträchtigt fühlt. ²Er kann ein Mitglied des Betriebsrats zur Unterstützung oder Vermittlung hinzuziehen.
(2) Der Arbeitgeber hat den Arbeitnehmer über die Behandlung der Beschwerde zu bescheiden und, soweit er die Beschwerde für berechtigt erachtet, ihr abzuhelfen.
(3) Wegen der Erhebung einer Beschwerde dürfen dem Arbeitnehmer keine Nachteile entstehen.

§ 85 Behandlung von Beschwerden durch den Betriebsrat

(1) Der Betriebsrat hat Beschwerden von Arbeitnehmern entgegenzunehmen und, falls er sie für berechtigt erachtet, beim Arbeitgeber auf Abhilfe hinzuwirken.
(2) ¹Bestehen zwischen Betriebsrat und Arbeitgeber Meinungsverschiedenheiten über die Berechtigung der Beschwerde, so kann der Betriebsrat die Einigungsstelle anrufen. ²Der Spruch der Einigungsstelle ersetzt die Einigung zwischen Arbeitgeber und Betriebsrat. ³Dies gilt nicht, soweit Gegenstand der Beschwerde ein Rechtsanspruch ist.
(3) ¹Der Arbeitgeber hat den Betriebsrat über die Behandlung der Beschwerde zu unterrichten. ²§ 84 Abs. 2 bleibt unberührt.

§ 86 Ergänzende Vereinbarungen

¹Durch Tarifvertrag oder Betriebsvereinbarung können die Einzelheiten des Beschwerdeverfahrens geregelt werden. ²Hierbei kann bestimmt werden, dass in den Fällen des § 85 Abs. 2 an die Stelle der Einigungsstelle eine betriebliche Beschwerdestelle tritt.

Übersicht	Rdn.		Rdn.
A. Grundlagen zum Beschwerdeverfahren ...	1	C. Beschwerde nach § 85	9
B. Beschwerde nach § 84	3	D. Ergänzende Vereinbarungen nach § 86 ...	15

A. Grundlagen zum Beschwerdeverfahren. Fühlt sich der AN vom AG oder von anderen AN des Betriebs – also nicht vom BR; hier bleibt nur § 23 I – oder von Zeit- und Fremd-AN benachteiligt oder ungerecht behandelt oder in sonstiger Weise beeinträchtigt, und begehrt er Abhilfe (»Beschwerde«: BAG 22.11.2005, 1 ABR 50/04, EzA § 85 BetrVG 2001 Nr 1), stehen dem AN 2 Wege offen: nach § 84 die Beschwerde unmittelbar an den AG (zuständige Stelle im Betrieb), nach § 85 zunächst an den BR, der beim AG auf Abhilfe drängt. Strikten Vorrang vor der externen Meldung oder Anzeige genießt dieser innerbetriebliche Konfliktlösungsmechanismus nicht, es kommt auf eine Zumutbarkeitsabwägung an (BAG 3.7.2003, 2 AZR 235/02, EzA § 1 KSchG Verhaltensbedingte Kündigung Nr 61; so nur der Entwurf zu § 612a BGB Ausschussdrucks 16[10]849). Die Wahl trifft der AN; vorbehaltlich anderweitiger Regelungen nach § 86 können die beiden »innerbetrieblichen Beschwerdeverfahren« parallel oder nacheinander betrieben werden (*Uhl/Polloczek* BB 2008, 1730, 1732). Sonderfälle sind die Beschwerde wegen (sexueller oder sonstiger) Belästigung nach dem AGG (§ 13 AGG Rdn 1) und die Beschwerde wegen unzureichender Arbeitsschutzmaßnahmen nach § 17 II ArbSchG.

Der AN muss eine **eigene Beeinträchtigung** rügen. Die **fremdnützige Popularbeschwerde ist unzulässig**; zulässig ist indes die Kollektivbeschwerde mehrerer beeinträchtigter AN. Der AN muss einen konkreten Lebenssachverhalt als Beschwerdegegenstand rügen: Nur dann kann der AG der Beschwerde nachgehen. Die Beeinträchtigung muss einen Bezug zum Arbeitsverhältnis oder Betrieb haben. Außerbetriebliche Umstände genügen nicht. Ob die Beeinträchtigung objektiv vorliegt, ist für die Zulässigkeit der Beschwerde belanglos; ebenso ob eine tatsächliche oder rechtliche Beeinträchtigung gerügt wird. Das zeigt der Rückschluss aus § 85 II 3 (BAG 22.11.2005, 1 ABR 50/04, EzA § 85 BetrVG 2001 Nr 1).

3 **B. Beschwerde nach § 84.** Zuständige Stelle für die Beschwerde des AN ist die im Betrieb für die Abhilfe zuständige Stelle – idR der unmittelbare Vorgesetzte. Eine anderweitige Zuständigkeit oder eigene Beschwerdestelle kann gem § 86 S 1 durch TV oder BV bestimmt werden oder aus der vom AG vorgegebenen Organisationsstruktur folgen.

4 Nach § 84 I 2 kann der AN ein von ihm bestimmtes Mitglied des BR zur Unterstützung oder Vermittlung hinzuziehen. Eine Schweigepflicht ist hier nicht angeordnet, kann sich aber aus dem Persönlichkeitsrecht des AN ergeben.

5 Die Beschwerde löst als **Rechtsfolge** ausschließlich den **Bescheidungsanspruch** nach § 84 II aus. Der AG muss also entscheiden, **ob** er die Beschwerde für begründet erachtet und ggf **wie** er Abhilfe schaffen will. Der AN kann verlangen, dass diese Prüfung innerhalb angemessener Frist erfolgt und ihm das Ergebnis mitgeteilt wird. Eine Form ist nicht vorgeschrieben. Die Beschwerde hat keine aufschiebende Wirkung gegen Maßnahmen des AG. Sie ist keine Zulässigkeitsvoraussetzung für individualrechtliche Klagen. Sie hemmt keine gesetzlichen Verjährungs- und Ausschlussfristen. Sie kann als Mahnung den Verzug auslösen und als Geltendmachung eine tarifliche Ausschlussfrist wahren, wenn sie deren Formerfordernissen genügt (ErfK/ *Kania* § 84 Rn 1).

6 Hält der AG die Beschwerde für berechtigt, muss er ihr abzuhelfen – wenn und soweit er abhelfen kann. Die Anerkennung der Beschwerde durch den AG kann vertragsrechtliche Folgen haben (Schuldanerkenntnis, Verjährungsneubeginn nach § 212 I Nr 1 BGB). Macht der AN einen Rechtsanspruch geltend, soll die Anerkennung idR deklaratorisches Schuldanerkenntnis sein (*Löwisch/Kaiser* § 84 Rn 9). Hilft der AG nicht ab, so ist er dem AN ggü grds verpflichtet, seine Entscheidung zu begründen (*Uhl/Polloczek* BB 2008, 1730, 1731 mwN).

7 Ein Anspruch auf **anonyme Behandlung** der Beschwerde durch den AG bzw die zuständige Stelle besteht nicht. Im Gegenteil: Der AG muss die Berechtigung prüfen können; auch setzt Abhilfe vielfach voraus, dass der Beschwerdegegenstand mit dem Vorgesetzten oder mit Kollegen besprochen werden kann.

8 Nach III dürfen dem AN wegen der Erhebung einer Beschwerde keine Nachteile entstehen. Das ist eine unnötige Wiederholung des Maßregelungsverbots aus § 612a BGB.

9 **C. Beschwerde nach § 85.** Die Beschwerde ist an den BR als Gremium zu richten, ggf an einen Ausschuss nach § 28. Der BR hat sich in angemessener Zeit mit der Beschwerde auseinanderzusetzen und einen ermessensfehlerfreien Beschluss über ihre sachliche Berechtigung zu fassen. Kommt der BR zu dem Ergebnis, dass die Beschwerde unberechtigt ist oder bleibt der BR untätig, kann ein (weiteres) Tätigwerden durch den AN nicht erzwungen werden. Es kommt nur ein Verfahren gem § 23 I in Betracht (ErfK/*Kania* § 85 Rn 2). Ein negativer Bescheid ist dem AN ggü zu begründen. Auch das kann nicht erzwungen werden.

10 Hält der BR die Beschwerde für begründet, muss er auf Abhilfe hinwirken. Der BR muss an den AG herantreten und mit ihm Berechtigung und Erledigung der Beschwerde erörtern. Anonymität ist nicht geboten; auf Verlangen des AG ist der Name des Beschwerdeführers zu nennen (ErfK/*Kania* § 85 Rn 3). Der AG hat sowohl den BR als auch den Beschwerdeführer darüber zu unterrichten, ob er die erhobene Beschwerde für berechtigt erachtet und wie er verfahren wird: Hält er die Beschwerde für berechtigt, ist er zur Abhilfe verpflichtet, §§ 85 III 2 iVm 84 II.

11 Bestehen zwischen AG und BR Meinungsverschiedenheiten über die Berechtigung der Beschwerde, kann der BR gem § 85 II die **Einigungsstelle** anrufen – auch ohne Zustimmung des betroffenen AN. Dieser kann aber seine Beschwerde jederzeit zurückziehen und dem Verfahren die Grundlage entziehen. Nach II 3 kann die Einigungsstelle nicht angerufen werden, wenn es um einen **individuellen Rechtsanspruch** geht. Die Einigungsstelle ist kein Gericht (BAG 28.6.1984, 6 ABR 5/83, EzA § 85 BetrVG 1972 Nr 1). Immer dann, wenn dem AN Klage möglich ist, scheidet die Einigungsstelle aus.

12 § 85 II erweitert Mitbestimmungsrechte des BR nicht. Betrifft die Beschwerde einen Gegenstand, für den dem BR nur ein Mitwirkungs- oder Zustimmungsrecht zukommt, öffnet § 85 II keinen Zugang zur Einigungsstelle (Richardi/*Thüsing* § 85 Rn 28 ff).

13 Die Einigungsstelle kann nur über **Abhilfe in der Zukunft** entscheiden. Die Klärung vergangener Vorgänge ohne Gegenwartsbezug als bloßes Feststellungsverfahren ist sinnlos (BAG 22.11.2005, 1 ABR 50/04, EzA § 85 BetrVG 2001 Nr 1). Das gilt auch für GR-Verletzungen, weil insofern effektiver Rechtsschutz (!) geboten ist.

14 Die Einigungsstelle entscheidet nicht selbst über Abhilfemaßnahmen, sondern über die Berechtigung der Beschwerde und die aus ihr folgende Abhilfepflicht des AG, welche der AN im Urtverfahren durchsetzen kann (*Löwisch/Kaiser* § 85 Rn 8 mwN); vollstreckt werden kann nur nach § 62 II S 1 ArbGG, § 888 ZPO: Wie er abhilft, bestimmt der AG selbst (BAG 22.11.2005, 1 ABR 50/04, EzA § 85 BetrVG 2001 Nr 1).

D. Ergänzende Vereinbarungen nach § 86. Einzelheiten des Beschwerdeverfahrens nach §§ 84, 85 können durch TV oder BV geregelt werden – durch Festlegung der »zuständigen Stelle« iSd § 84 I, Formen oder Fristen für die Behandlung von Beschwerden, die Einrichtung eines betrieblichen Instanzenzuges oder Besetzung und Geschäftsordnung der Einigungsstelle nach § 85 II. Die Einigungsstelle kann nach § 86 S 2 durch eine betriebliche und paritätische Beschwerdestelle ersetzt werden. 15

§ 86a Vorschlagsrecht der Arbeitnehmer
¹Jeder Arbeitnehmer hat das Recht, dem Betriebsrat Themen zur Beratung vorzuschlagen. ²Wird ein Vorschlag von mindestens 5 vom Hundert der Arbeitnehmer des Betriebs unterstützt, hat der Betriebsrat diesen innerhalb von zwei Monaten auf die Tagesordnung einer Betriebsratssitzung zu setzen.

Das Vorschlagsrecht (S 1) jedes einzelnen betriebsangehörigen AN, »seinem« BR Themen zur Beratung vorzuschlagen (S 1), soll die AN an der Tätigkeit des BR beteiligen. Äußere Grenze ist die (funktionelle) Zuständigkeit des BR. Er muss den Vorschlag nur zur Kenntnis nehmen, nicht aber beraten (*Löwisch/Kaiser* § 86a Rn 2). Eine Beratungspflicht besteht nur im Fall des S 2. 1

§ 87 Mitbestimmungsrechte
(1) Der Betriebsrat hat, soweit eine gesetzliche oder tarifliche Regelung nicht besteht, in folgenden Angelegenheiten mitzubestimmen:
1. Fragen der Ordnung des Betriebs und des Verhaltens der Arbeitnehmer im Betrieb;
2. Beginn und Ende der täglichen Arbeitszeit einschließlich der Pausen sowie Verteilung der Arbeitszeit auf die einzelnen Wochentage;
3. vorübergehende Verkürzung oder Verlängerung der betriebsüblichen Arbeitszeit;
4. Zeit, Ort und Art der Auszahlung der Arbeitsentgelte;
5. Aufstellung allgemeiner Urlaubsgrundsätze und des Urlaubsplans sowie die Festsetzung der zeitlichen Lage des Urlaubs für einzelne Arbeitnehmer, wenn zwischen dem Arbeitgeber und den beteiligten Arbeitnehmern kein Einverständnis erzielt wird;
6. Einführung und Anwendung von technischen Einrichtungen, die dazu bestimmt sind, das Verhalten oder die Leistung der Arbeitnehmer zu überwachen;
7. Regelungen über die Verhütung von Arbeitsunfällen und Berufskrankheiten sowie über den Gesundheitsschutz im Rahmen der gesetzlichen Vorschriften oder der Unfallverhütungsvorschriften;
8. Form, Ausgestaltung und Verwaltung von Sozialeinrichtungen, deren Wirkungsbereich auf den Betrieb, das Unternehmen oder den Konzern beschränkt ist;
9. Zuweisung und Kündigung von Wohnräumen, die den Arbeitnehmern mit Rücksicht auf das Bestehen eines Arbeitsverhältnisses vermietet werden, sowie die allgemeine Festlegung der Nutzungsbedingungen;
10. Fragen der betrieblichen Lohngestaltung, insbesondere die Aufstellung von Entlohnungsgrundsätzen und die Einführung und Anwendung von neuen Entlohnungsmethoden sowie deren Änderung;
11. Festsetzung der Akkord- und Prämiensätze und vergleichbarer leistungsbezogener Entgelte, einschließlich der Geldfaktoren;
12. Grundsätze über das betriebliche Vorschlagswesen;
13. Grundsätze über die Durchführung von Gruppenarbeit; Gruppenarbeit im Sinne dieser Vorschrift liegt vor, wenn im Rahmen des betrieblichen Arbeitsablaufs eine Gruppe von Arbeitnehmern eine ihr übertragene Gesamtaufgabe im Wesentlichen eigenverantwortlich erledigt.

(2) ¹Kommt eine Einigung über eine Angelegenheit nach Absatz 1 nicht zustande, so entscheidet die Einigungsstelle. ²Der Spruch der Einigungsstelle ersetzt die Einigung zwischen Arbeitgeber und Betriebsrat.

Übersicht	Rdn.			Rdn.
A.	Voraussetzungen, Umfang und Grenzen der Mitbestimmung	1	VI. Form der Mitbestimmung	8
I.	Allgemeines	1	VII. Eil- und Notfälle sowie Rechtsmissbrauch	9
II.	Kollektiver Bezug	2	VIII. Gesetzes- und Tarifvorrang	11
III.	Unternehmerische Entscheidungsfreiheit	3	B. Rechtsfolgen der Mitbestimmungsignoranz	13
IV.	Initiativrecht des BR	4	I. Mitbestimmung als arbeitsvertragliche Wirksamkeitsvoraussetzung	13
V.	Mitbestimmungserweiterung und -beschränkung	5	II. Rechtsschutz	16

C. **Mitbestimmungstatbestände** 17
I. Ordnung des Betriebs und Verhalten der AN 17
II. Beginn und Ende der täglichen Arbeitszeit einschließlich der Pausen sowie Verteilung der Arbeitszeit auf die einzelnen Wochentage 20
III. Vorübergehende Verkürzung oder Verlängerung der betriebsüblichen Arbeitszeit 25
IV. Zeit, Ort und Art der Auszahlung der Arbeitsentgelte 35
V. Aufstellung allg Urlaubsgrundsätze und des Urlaubsplans sowie die Festsetzung der zeitlichen Lage des Urlaubs für einzelne AN, wenn zwischen dem AG und den beteiligten AN kein Einverständnis erzielt wird 36
VI. Einführung und Anwendung von technischen Einrichtungen, die dazu bestimmt sind, das Verhalten oder die Leistung der AN zu überwachen 39
VII. Regelungen über die Verhütung von Arbeitsunfällen und Berufskrankheiten sowie über den Gesundheitsschutz iRd gesetzlichen Vorschriften oder der Unfallverhütungsvorschriften 45
VIII. Form, Ausgestaltung und Verwaltung von Sozialeinrichtungen, deren Wirkungsbereich auf den Betrieb, das Unternehmen oder den Konzern beschränkt ist 47
IX. Zuweisung und Kdg von Wohnräumen, die den AN mit Rücksicht auf das Bestehen eines Arbeitsverhältnisses vermietet werden, sowie die allg Festlegung der Nutzungsbedingungen 54
X. Fragen der betrieblichen Lohngestaltung, insb die Aufstellung von Entlohnungsgrundsätzen und die Einführung und Anwendung von neuen Entlohnungsmethoden sowie deren Änderung ... 60
XI. Festsetzung der Akkord- und Prämiensätze und vergleichbarer leistungsbezogener Entgelte, einschließlich der Geldfaktoren 72
XII. Grds über das betriebliche Vorschlagswesen 78
XIII. Grds über die Durchführung von Gruppenarbeit 84

1 **A. Voraussetzungen, Umfang und Grenzen der Mitbestimmung. I. Allgemeines.** § 87 ist die Zentralvorschrift für die Mitbestimmung des BR in sozialen Angelegenheiten und ermöglicht den AN die Mitgestaltung der wichtigsten Arbeitsbedingungen durch ihre betriebliche Interessenvertretung. Das BAG betont die gleichberechtigte Teilhabe an unternehmerischen Entscheidungen, die die AN unmittelbar betreffen (BAG 11.6.2002, 1 ABR 46/01, EzA § 87 BetrVG 1972 Betriebliche Ordnung Nr 28). Doch ist dies schon allg Zweck der betrieblichen Mitbestimmung (eingehend GK-BetrVG/*Wiese* Einleitung Rn 78). Vielmehr kommt der BetrVG und bes der Mitbestimmung in sozialen Angelegenheiten zugleich eine Ausgleichsfunktion als »1. Stufe eines zweistufigen Entscheidungsprozesses« zu; Teilhabe und Schutz sind die 2. Stufe (*Gutzeit* Die Mitbestimmung des BR in sozialen Angelegenheiten, AR-Blattei SD 530.14.2 Rn 57 ff). Dass das Synallagma, also die konkreten Bedingungen von Leistung und Gegenleistung, primär durch Tarif- und Arbeitsvertrag geregelt wird, heißt nicht, dass sich die Mitbestimmung des BR oder auch nur die Regelungsbefugnis auf formelle Arbeitsbedingungen beschränkt. Inwieweit materielle Arbeitsbedingungen mitbestimmungspflichtig sind, ist für jeden Tatbestand in I zu bestimmen (hM, etwa GK-BetrVG/*Wiese* § 87 Rn 44).

2 **II. Kollektiver Bezug.** »Soziale« Angelegenheiten in § 87 setzen grds voraus, dass ein Bedürfnis zur Regelung einer generellen, kollektiven Angelegenheit besteht – bei dem die Arbeitsbedingungen des einen AN mit denen eines anderen in Wechselbeziehung stehen. Auch dann, wenn die Gestaltung eines Einzelfalls mitbestimmungspflichtig ist (Urlaub des einzelnen AN, Nr 5; Zuweisung und Kdg von Wohnraum, Nr 9), liegt ein solcher Wechselbezug vor. Die Rspr zum Kollektivbezug ist kasuistisch und stützt sich grds auf die Definition des Großen Senats: Kollektivbezug hat eine Regelung, wenn sie unabhängig von den konkreten Arbeitsverhältnissen die betrieblichen Arbeitsbedingungen abstrakt-generell betrifft (BAG 3.12.1991, GS 2/90, EzA § 87 BetrVG 1972 Betriebliche Lohngestaltung Nr 30; kritisch LAG Hamm 22.6.2012, 13 TaBV 16/12, juris: die Voraussetzung des kollektiven Tatbestandes sei bislang nicht überzeugend konkretisiert). Die Regelung individueller Besonderheiten einzelner Arbeitsverhältnisse ohne eine Auswirkung auf andere AN ist mitbestimmungsfrei (Rspr-Übersicht: GK-BetrVG/*Wiese* § 87 Rn 33; ErfK/ *Kania* § 87 Rn 6). Die Anzahl der betroffenen AN kann Indiz für einen kollektiven Bezug darstellen (BAG 3.12.1991, GS 2/90, EzA § 87 BetrVG 1972 Betriebliche Lohngestaltung Nr 30). Die Zuweisung eines Arbeitnehmers zu einer anderen Schicht aus betriebsorganisatorischen Gründen hat kollektiven Bezug, da es um die Einbindung seines Arbeitsplatzes in den Betriebsablauf geht (LAG Hamburg 3.7.2013, 6 TaBVGa 3/13, JurionRS 2013, 54756, juris).

3 **III. Unternehmerische Entscheidungsfreiheit.** Die Aufzählung der Mitbestimmungstatbestände in § 87 ist abschließend (**Enumerationsprinzip**). In anderen sozialen Angelegenheiten bleibt nur die freiwillige Regelung nach § 88 (s § 88 Rdn 1). Davon zu trennen ist die Frage, ob die Freiwilligkeit einer Leistung des AG das Mitbestimmungsrecht ausschließt. Das BAG trennt dabei grds zwischen dem mitbestimmungsfreien »Ob« und dem mitbestimmungspflichtigen »Wie«. Die Entscheidung, ob und in welchem Umfang der AG finanzielle Mittel für eine freiwillige Leistung zur Verfügung stellen will, ist danach ebenso mitbestimmungsfrei wie die Entscheidung, ob eine freiwillige Leistung eingestellt oder gekürzt werden soll (näher Rdn 66–67). Mitbestimmt ist die Verteilung. Insofern richtig verneint das BAG einen allg Vorbehalt unternehmerischer Entscheidungsfreiheit (*Löwisch/Kaiser* § 87 Rn 3). Mitbestimmung schafft einen Ausgleich zwischen Unternehmerfreiheit und Belegschaftsinteresse; der Gesetzgeber hat der Unternehmerfreiheit dadurch Rechnung getragen, dass er bestimmte Entscheidungen mitbestimmungsfrei lässt – und in § 87 nur einen enumerativen Katalog geschaffen hat (BAG 13.10.1987, 1 ABR 69/86, EzA § 87 BetrVG 1972 Arbeitszeit Nr 25). IÜ ist es eine Frage des Interessenausgleichs im Einzelfall, ob die zur Konfliktlösung berufene Einigungsstelle in ihrer Ermessensentscheidung das unternehmerische Interesse richtig gewichtet (§ 76 Rdn 17).

IV. Initiativrecht des BR. Während manche Mitbestimmungsrechte an eine (im Ob mitbestimmungsfreie) AG-Entscheidung anknüpfen und den Vollzug gestalten, gewähren andere dem BR ein Initiativrecht: Der BR kann den ersten Schritt tun und dem AG die Regelung einer Frage aufzwingen – etwa ein Gleitzeitkonto einführen. Das Initiativrecht ist Teil des Mitbestimmungsrechts; es reicht nur so weit wie dieses. Der Mitbestimmungstatbestand umfasst ein Initiativrecht nur, wenn dies dem Schutzzweck entspricht. So kann der BR nach I Nr 6 nicht die Einführung einer technischen Kontrolleinrichtung verlangen. 4

V. Mitbestimmungserweiterung und -beschränkung. Beteiligungsrechte des BR können durch TV erweitert werden. So kann der Katalog des I um zusätzliche Angelegenheiten ergänzt werden. Das BAG lässt sogar die Steigerung von Beteiligungsrechten (etwa in personellen Angelegenheiten) zur paritätischen Mitbestimmung zu (BAG 10.2.1988, 1 ABR 70/86, EzA § 1 TVG Nr 34). Die Mitbestimmungserweiterung stößt an Grenzen. Sie kann die funktionale Begrenzung des BR als Belegschaftsorgan nicht aufheben, also nur belegschaftsnützige Mitbestimmungsrechte vorsehen. Die Tarifparteien können nicht über die Mitbestimmungsregelung als Betriebsnorm die Arbeitsbedingungen Nicht- und Andersorganisierter regeln. Entgegen dem BAG (18.8.1987, 1 ABR 30/86, EzA § 77 BetrVG 1972 Nr 18) kann also ein Mitbestimmungsrecht über die Dauer der Arbeitszeit keinen materialen Durchschnittswert vorgeben (*Löwisch* Anm zu dieser Entsch SAE 1988, 97). In der Intensität ist die Parität äußerste Grenze; im Konfliktfall muss eine neutrale Stelle wie die Einigungsstelle entscheiden. Dem BR darf kein unkontrolliertes Veto-Recht eingeräumt werden (BAG 10.2.1988, 1 ABR 70/86, aaO). 5

Tarifliche Leistungsbestimmungsrechte (*Löwisch/Rieble* TVG § 1 Rn 2001 ff) können kein Alleinentscheidungsrecht des AG in Mitbestimmungsangelegenheiten schaffen (BAG 18.4.1989, 1 ABR 100/87, EzA § 87 BetrVG 1972 Nr 13 = AP BetrVG 1972 § 87 Tarifvorrang Nr 18 m Anm *Rieble*). Will der TV die Mitbestimmung mit dem Tarifvorrang des Eingangssatzes ausschalten, muss er eine eigene und abschließende Regelung treffen. Soweit die Betriebspartner dem AG ein einseitiges Leistungsbestimmungsrecht in Vollzug mitbestimmter Regeln schaffen können (BAG 18.4.1989, 1 ABR 2/88, EzA § 76 BetrVG 1972 Nr 48; 3.6.2003, 1 AZR 349/02, EzA § 77 BetrVG 2001 Nr 5), können dies auch die TVP (BAG 17.11.1998, 1 ABR 12/98, EzA § 87 BetrVG 1972 Arbeitszeit Nr 59; *Rieble* Anm zu BAG AP BetrVG 1972 § 87 Tarifvorrang Nr 18). 6

Die **Betriebspartner** können Mitbestimmungsrechte erweitern, vor allem **durch BV** (arg § 102 VI), nach dem BAG aber auch schuldrechtlich durch **Regelungsabrede**, die aber im Missachtungsfall keine Folgen im Individualarbeitsverhältnis hat (BAG 14.8.2001, 1 AZR 744/00, EzA § 88 BetrVG Nr 1, zur Mitbestimmung als Wirksamkeitsvoraussetzung s Rdn 13). Der Tendenz-AG soll auf die Einschränkung des § 118 verzichten können – ja sogar mit dem BR konkurrierende Sondermitbestimmungsorgane schaffen können: Redaktionsrat zur Beteiligung der Redakteure in tendenzbezogenen Maßnahmen nach Maßgabe eines **Redaktionsstatuts** (BAG 19.6.2001, 1 AZR 463/00, EzA § 118 BetrVG 1972 Nr 73). Für den BR gilt: Er kann auf Mitbestimmungsrechte nicht verzichten (näher *Franzen* NZA 2008, 250, 253) und dem AG kein einseitiges Bestimmungsrecht verschaffen (BAG 14.8.2001, 1 AZR 619/00, EzA § 613a BGB Nr 200). Ebenso wenig kommt eine Verwirkung von Mitbestimmungsrechten in Betracht (offengelassen für »Ausnahmefälle« BAG 28.8.2007, 1 ABR 70/06, EzA § 95 BetrVG 2001 Nr 6). Möglich sind aber Rahmenregelungen, die den Kern der Frage selbst regeln und dem AG einseitige Vollzugsspielräume verschaffen (BAG 1.7.2003, 1 ABR 22/02, EzA § 87 BetrVG 2001 Arbeitszeit Nr 3; 17.11.1998, 1 ABR 12/98, EzA § 87 BetrVG 1972 Arbeitszeit Nr 59). 7

VI. Form der Mitbestimmung. Vorgaben, wie die Mitbestimmungsrechte auszuüben sind, macht § 87 nicht. Die (schriftliche) BV ist das intensivste Regelungsinstrument mit normativer Wirkung (s § 77 8

Rdn 7); möglich ist auch die (konkludente) formlose Regelungsabrede (BAG 24.4.2001, 1 AZR 583/00, EzA § 87 BetrVG 1972 Betriebliche Lohngestaltung Nr 71; zu ihr § 77 Rdn 37–40). Ausreichend ist ein Konsens zwischen den Betriebsparteien; das bloße Schweigen des BR zu einer Maßnahme des AG dagegen nicht (BAG 10.11.1992, 1 AZR 183/92, EzA § 87 BetrVG 1972 Betriebliche Lohngestaltung Nr 39). Die Zustimmung muss nicht für jeden konkreten Einzelfall vorliegen; der BR kann abstrakt-generell seine Zustimmung für gleiche, immer wieder auftretende Fälle im Vorhinein erteilen (BAG 2.3.1982, 1 ABR 74/79, EzA § 87 BetrVG 1972 Arbeitszeit Nr 11). Der BR muss nicht jeder Einzelheit zustimmen; möglich ist auch eine vom AG zu vollziehende Regelung der Prinzipien (eben Rdn 7). Im Konfliktfall entscheidet die Einigungsstelle nach II. Deren Spruch (§ 76) kann als BV oder als Regelungsabrede ergehen.

9   VII. Eil- und Notfälle sowie Rechtsmissbrauch. Auf die Möglichkeit, eine entspr Rahmenvereinbarung abzuschließen, wird der AG auch in **Eilfällen** verwiesen. Das BetrVG gibt ihm kein vorläufiges Alleinentscheidungsrecht (BAG 13.7.1977, 1 AZR 336/75, EzA § 87 BetrVG 1972 Arbeitszeit). Eilfall ist die Situation, in der eine Regelung alsbald erfolgen muss, die Zustimmung des BR fehlt und nicht zu erwarten ist (DKK/*Klebe* § 87 Rn 28). Das Eilentscheidungsrecht verstieße gegen den AN-Schutz und gegen den Umkehrschluss aus den §§ 100, 115 VII Nr 4 BetrVG bzw §§ 69 V, 72 VI BPersVG, die solche Eilentscheidungsrechte einräumen (GK-BetrVG/*Wiese* § 87 Rn 157). Sinnvoll und vorbehaltlich § 77 III zulässig ist die Vorsorge durch (über die Einigungsstelle erzwingbare) Rahmen-BV (Rdn 7), die dem AG für Eilfälle ein begrenztes Alleinentscheidungsrecht einräumen kann. Eine BV zur Zustimmungsfiktion in Eilfällen ist indessen unwirksam (BAG 9.7.2013, 1 ABR 19/12, NZA 2014, 99).

10 Nur in **Notfällen** darf der AG mitbestimmungsfrei entscheiden, also in plötzlich auftretenden, nicht vorhersehbaren und schwerwiegenden Situationen, in denen nicht wieder gutzumachende Schäden drohen, die nur durch unaufschiebbare Maßnahmen verhindert werden können (BAG 17.11.1998, 1 ABR 12/98, EzA § 87 BetrVG 1972 Arbeitszeit Nr 59). Das sind seltene Extremsituationen wie Brand oder Überschwemmung; schon die Auslieferung verderblicher Ware kurz vor Arbeitsschluss ist als Notfall umstr (weil vorhersehbar). Keine rechtssichere Lösung ist für den Fall des Missbrauchs der Mitbestimmungsrechte durch den BR (Spiel auf Zeit, Koppelungsgeschäfte oder normzweckwidrige Zustimmungsverweigerung) entwickelt (eingehend *Rieble/Klumpp/Gistel* Rechtsmissbrauch in der Betriebsverfassung, 2006, Rn 91 ff). Zu denken ist an eine vorläufige Regelung durch die Einigungsstelle selbst, hilfsweise durch das ArbG als Regelungsverfügung § 85 II ArbGG iVm §§ 935, 940 ZPO. Damit wäre das Mitbestimmungsrecht vorläufig gewahrt. Dass insofern kein Verfügungsgrund bestünde, der AG also kein Recht auf eine vorläufige Regelung habe, ist bloße Behauptung. Das BetrVG will keine Konfliktlösung durch wirtschaftlichen Druck (arg § 74 II); wer dem BR Unterlassungsverfügungen zubilligt, muss aus Gründen der Waffengleichheit die Regelungsverfügung dagegen setzen.

11 VIII. Gesetzes- und Tarifvorrang. Mitbestimmungsrechte des I greifen nach dem Eingangs-Hs nur, soweit eine gesetzliche oder tarifliche Regelung nicht besteht. Ist die »an sich« mitbestimmungspflichtige Angelegenheit inhaltlich abschließend durch Gesetz (oder aufgrund Gesetzes durch vollziehbaren VA, BAG 9.7.1991, 1 ABR 57/90, EzA § 87 BetrVG 1972 Betriebliche Ordnung Nr 18) oder durch (konkret geltenden) TV geregelt, hat der AG keinen Entscheidungsspielraum mehr. Bsp: Fahrtenschreiber in LKW. Gegen-Bsp: Rahmenregelungen zum Gesundheitsschutz nach Nr 7, die gerade einen Regelungsspielraum belassen; übertarifliches Entgelt und Nr 10, weil der TV nur ein Mindestentgelt regeln kann. Die Mitbestimmung kann keinen Dispens gewähren. Zudem haben Staat oder Tarifparteien die Belange der AN berücksichtigt (BAG 25.1.2000, 1 ABR 3/99, EzA § 87 BetrVG 1972 Nr 26). Die freiwillige BV nach § 88 bleibt möglich, soweit sie Gesetz und TV beachtet und den AN-Schutz nur verbessert.

12 Zwingende und abschließende Regelung heißt, dass dispositive Vorgaben die Mitbestimmung nicht ausschließen. Dem zwingenden Gesetzesrecht sind solche Gesetze gleichzustellen, die nur tarifdispositiv sind (*Löwisch/Kaiser* § 87 Rn 5). Das BAG hält auch sein gesetzesvertretendes Richterrecht gelegentlich für zwingend (GK-BetrVG/*Wiese* § 87 Rn 58). Der TV muss konkret gelten – anders als nach § 77 III (s § 77 Rdn 27) genügt die potenzielle Tarifgebundenheit des AG nicht. Die Tarifbindung der AN soll entbehrlich sein, sodass die Tarifgeltung für die Gewerkschaftsmitglieder zugleich die Mitbestimmung für Nicht- und Andersorganisierte ausschließt (BAG 24.2.1987, 1 ABR 18/85, EzA § 87 BetrVG 1972 Nr 10; anders für nicht notwendig betriebseinheitlichen Regelungen *Löwisch/Kaiser* § 87 Rn 6). Der TV muss zwingend gelten; im Nachwirkungszeitraum des § 4 V TVG ist er für die BV dispositiv (BAG 14.2.1989, 1 AZR 97/88, EzA § 87 BetrVG 1972 Leistungslohn Nr 17, weil die Tarifsperre des § 77 III iRd § 87 nicht greift, § 77 Rdn 30). Gesetz oder TV müssen abschließend regeln; ausgeschlossen ist die Mitbestimmung nur, soweit die zwingende Vorgabe inhaltlich reicht. Entscheidend ist mithin, ob und inwieweit die gesetzliche oder die tarifliche Regelung dem AG ein einseitige Bestimmungsrecht belässt (BAG 3.12.1991, GS 2/90, EzA § 87 BetrVG 1972 Betriebliche

Lohngestaltung Nr 30). **Abschließend** ist eine Regelung richtigerweise aber nicht nur dann, wenn sie jedes Detail regelt (so aber BAG 18.4.1989, 1 ABR 100/87, EzA § 87 BetrVG 1972 Nr 13), sondern schon dann, wenn sie den mitbestimmten Konflikt im Kern selbst regelt und dem AG nur solche Vollzugsspielräume belässt, die auch der BR gewähren kann (eben Rdn 7). Keine Vorrangregelung bedeuten Gesetze und TV, die eine Konkretisierung durch die Betriebspartner gerade vorsehen (BAG 22.12.1981, 1 ABR 38/79, EzA § 87 BetrVG 1972 Betriebliche Lohngestaltung Nr 3) oder eine andere betriebliche Regelung erlauben (BAG 24.11.1987, 1 ABR 25/86, EzA § 87 BetrVG 1972 Lohn- und Arbeitsentgelt Nr 14).

B. Rechtsfolgen der Mitbestimmungsignoranz. I. Mitbestimmung als arbeitsvertragliche Wirksamkeitsvoraussetzung. Nach hM sind individualrechtliche Maßnahmen des AG als Rechtsgeschäft unwirksam, wenn die nach I erforderliche Zustimmung des BR fehlt (seit BAG 7.9.1956, 1 AZR 646/54, AP BetrVG 1952 § 56 Nr 2; GK-BetrVG/ *Wiese* § 87 Rn 98 ff; krit zu dieser »Theorie der Wirksamkeitsvoraussetzung« *Wiebauer* Kollektiv- oder individualrechtliche Sicherung der Mitbestimmung, Diss 2010, 21 ff). Das betrifft einzelvertragliche Abreden wie einseitige Leistungsbestimmungen. Das kann uneingeschränkt nur für Belastungen gelten; den AN begünstigende Maßnahmen müssen zumindest vorerst wirksam bleiben. Auch kann aus der Verletzung des Mitbestimmungsrechts kein individualrechtlicher Anspruch des AN entstehen. So kann etwa ein AN, den der AG nicht in eine Erhöhung der außertariflichen Zulagen einbezogen hat, die Zulage nicht schon deshalb verlangen, weil das Mitbestimmungsrecht nach Nr 10 verletzt worden ist (BAG 28.9.1994, 1 AZR 870/93, EzA § 87 BetrVG 1972 Betriebliche Lohngestaltung Nr 44, auch 20.11.1998, 9 AZR 698/96, EzA § 87 BetrVG 1972 Betriebliche Lohngestaltung Nr 63). Das ignoriert das BAG, wenn es tarifliche Vergütungsordnungen über Nr 10 einer betriebsverfassungsrechtlichen und zwingenden Nachwirkung unterwirft (BAG 2.3.2004, 1 AZR 271/03, EzA § 87 BetrVG 2001 Betriebliche Lohngestaltung Nr 4; folgend BVerwG 20.11.2008, 6 P 17/07, NZA-RR 2009, 283; luzide *Reichold* FS Konzen, 2006, 763 ff; *Caspers* FS Löwisch, 2007, 45 ff; *Jacobs* FS Säcker, 2011, 201 ff). Die Antwort des BAG, der nachwirkende TV sei kollektive Vergütungsordnung mit individualrechtlicher Wirkung des § 611 BGB (BAG 15.4.2008, 1 AZR 65/07, EzA § 87 BetrVG 2001 Betriebliche Lohngestaltung Nr 15) ist abseitig – wirken kann der TV gerade nur über die eigene Nachwirkung und also nicht bei neu Eingestellten noch im Zuge einer Betriebszusammenlegung. Das BAG will die Vergütungsregeln des Tarifvertrags über Nr 10 betriebseinheitlich gelten lassen (BAG 11.1.2011, 1 AZR 310/09, EzA § 87 BetrVG 2001 Betriebliche Lohngestaltung Nr 24).

Realakte des AG sind rechtswidrig zunächst im Verhältnis zum BR; eine Rechtswidrigkeit auch ggü dem AN verschaffte diesem einen eigenen Unterlassungs- und Beseitigungsanspruch (etwa ggü der Videoüberwachung) und nähme dem BR die Entscheidungsfreiheit. Erst recht führt die Mitbestimmungswidrigkeit **nicht zu einem Beweisverwertungsverbot im Individualprozess** (BAG 13.12.2007, 2 AZR 537/06, NJW 2008, 2732 m Anm *Groby*; anders bei Verstoß gegen BV LAG Hamm 25.1.2008, 10 Sa 169/07, RDV 2008, 211 – dagegen mit Recht *Löwisch/Kaiser* § 87 Rn 146: das öR Zivilverfahrensrecht können AG und BR nicht modifizieren; differenzierend nach dem Zweck des verletzten MBR *Wiese* FS E Lorenz, 2004, 915, 938–940).

Die Unwirksamkeit soll die AN begünstigende Teilaspekte nicht erfassen: Ordnet der AG ohne Zustimmung des BR vorzeitig die **Rückkehr von Wechselschicht zur Normalarbeitszeit** an, hat er die bei Wechselschicht fälligen Zeitzuschläge idR wegen Annahmeverzugs fortzuzahlen. Wenn er ohne Zustimmung des BR die Rückkehr zur Normalarbeitszeit durch Aushang im Betrieb anordnet, soll er bzgl der Lage der Arbeitszeit sogar ohne tatsächliches oder wörtliches Angebot der AN, weiter in Wechselschicht zu arbeiten, in Annahmeverzug geraten (BAG 18.9.2002, 1 AZR 668/01, EzA § 87 BetrVG 2001 Arbeitszeit Nr 1). Eine **Ausnahme** soll aber für die mitbestimmungswidrige **Änderungskdg** gelten, die eine mitbestimmungspflichtige Angelegenheit etwa nach § 87 I Nr 10 betrifft (BAG 23.11.2000, 2 AZR 690/99, nv).

II. Rechtsschutz. Bei groben Verstößen des AG gegen Pflichten aus I können der BR wie eine im Betrieb vertretene Gewerkschaft ein Verfahren nach § 23 III anstrengen. Daneben kommt dem BR seit BAG vom 3.5.1994 (1 ABR 24/93, EzA § 23 BetrVG 1972 Nr 36) ein verschuldensunabhängiger Anspruch »analog § 1004 BGB« auf Unterlassung mitbestimmungswidriger Maßnahmen und – nach Vollzug – auf Beseitigung des mitbestimmungswidrigen Zustandes zu (BAG 16.6.1998, 1 ABR 68/97, EzA § 87 BetrVG 1972 Arbeitssicherheit Nr 3). Wiederholungsgefahr ist Voraussetzung (BAG 29. 2. 2000, 1 ABR 4/99, NZA 2000, 1066). Der aus § 87 entwickelte Unterlassungsanspruch steht nur dem BR zu, der Träger des konkreten Mitbestimmungsrechts ist. Dem örtlichen BR steht daher kein Unterlassungsanspruch zu, wenn der AG Mitbestimmungsrechte des KBR missbeachtet (BAG 17.5.2011, 1 ABR 121/09, EzA § 23 BetrVG 2001 Nr 5). Durchzusetzen ist das im arbeitsgerichtlichen Beschlussverfahren, wobei der Antrag hinreichend bestimmt sein muss (§ 253 II Nr 2 ZPO). Globalanträge, die nur die Gesetzeslage wiedergeben (Mitbestimmung nach Nr 10 zu achten) sind unzulässig; Pauschalanträge, die mitbestimmungspflichtige wie -freie Angelegenheiten erfassen (zB jede Änderung von Zulagen oder jede Anordnung von Zulagen) sind unbegründet. Der Unterlassungsantrag ist nicht unbestimmt, wenn er durch einen »Notfall« oder »Arbeitskampfmaßnahmen« bedingte Maßnahmen von der Unterlassungsanordnung ausnimmt (LAG Köln 3.12.2013, 12 TaBV 65/13, JurionRS 2013, 51697). Bei der Vollstreckung ist zu beachten, dass nach Ansicht des BAG die Androhung eines Ordnungsgeldes nur in Höhe von 10.000 € erfolgen kann; Durchschlag von § 23 III 2 und 4 (BAG 29.4.2004, 1 ABR 30/02, EzA § 77 BetrVG 2001 Nr 8).

17 **C. Mitbestimmungstatbestände. I. Ordnung des Betriebs und Verhalten der AN.** Mitbestimmungspflichtig sind nach Nr 1 Angelegenheiten, die die innere soziale Ordnung, also das Zusammenwirken und Verhalten der AN im Betrieb, betreffen (BAG 9.12.1980, 1 ABR 80/77, EzA § 87 BetrVG 1972 Betriebliche Lohngestaltung Nr 1; 27.1.2004, 1 ABR 7/03, NZA 2004, 556, 557, 25.9.2012, 1 ABR 50/11, juris). Davon streng zu trennen ist das mitbestimmungsfreie Arbeits- oder Leistungsverhalten: Fordert der AG individuell die geschuldete Arbeitsleistung oder die Einhaltung von Nebenpflichten (Verschwiegenheit) ein, so braucht er nicht die Zustimmung des BR (BAG 27.1.2004, 1 ABR 7/03, NZA 2004, 556, 557). Entscheidend für die Abgrenzung ist nicht die subjektive Vorstellung des AG, sondern der objektive Regelungszweck, der sich nach dem Inhalt der Maßnahme und der Art des zu beeinflussenden betrieblichen Geschehens bestimmt. Wirkt sich eine Maßnahme zugleich auf Ordnungs- und Arbeitsverhalten aus, so kommt es darauf an, welcher Regelungszweck überwiegt (BAG 11.6.2002, 1 ABR 46/01, EzA § 87 BetrVG 1972 Betriebliche Ordnung Nr 28).

18 Mitbestimmungspflichtig sind nach der Rspr (weiter GK-BetrVG/*Wiese* § 87 Rn 212 ff):
   - **Verbindliche Verhaltensvorschriften:** Vorschriften über einheitliche Arbeits- bzw Dienstkleidung (BAG 1.12.1992, 1 AZR 260/92, EzA § 87 BetrVG 1972 Betriebliche Ordnung Nr 20; 8.8.1989, 1 ABR 65/88, EzA § 87 BetrVG 1972 Betriebliche Ordnung Nr 13; 13.2.2007, 1 ABR 18/06, NZA 2007, 640; 30.9.2014, 1 AZR 1083/12, NZA 2015, 121; aA *Löwisch/Kaiser* § 87 Rn 46; *Kaiser* FS Kreutz, 2010, 183), wobei die Kostenfrage mitbestimmungsfrei bleibt (BAG 13.2.2007, 1 ABR 18/06, aaO); Tragen von Namensschildern (BAG 11.6.2002, 1 ABR 46/01, EzA § 87 BetrVG 1972 Betriebliche Ordnung Nr 28); Benutzung von Radio, Telefon und Internet für private Zwecke (BAG 14.1.1986, 1 ABR 75/83, EzA § 87 BetrVG 1972 Betriebliche Ordnung Nr 11); Attestauflagen (LAG Berlin-Brandenburg 19.6.2012, 3 TaBV 2149/11, juris); Nutzungsbedingungen von Parkflächen, die der AG den AN für das Abstellen ihrer Privat-Pkw zur Verfügung stellt (BAG 7.2.2012, 1 ABR 63/10, EzA § 87 BetrVG 2001 Betriebliche Ordnung Nr 6) oder ein Rauchverbot im Betrieb (BAG 19.1.1999, 1 AZR 499/98, EzA § 87 BetrVG 1972 Betriebliche Ordnung Nr 24). Die Einführung von **Ethikregeln** ist regelmäßig punktuell mitbestimmungspflichtig – weil zumindest einzelne Regelungen die betriebliche Ordnung betreffen werden; dies begründet kein Mitbestimmungsrecht am Gesamtkodex, also an mitbestimmungsfreien Einzelregeln (BAG 22.7.2008, 1 ABR 40/07, EzA § 87 BetrVG 2001 Betriebliche Ordnung Nr 3; dazu *Kort* NJW 2009, 129 ff; eingehend *Triskatis* Ethikrichtlinien im Arbeitsrecht, 2008, S 167 ff).
   - **Kontrollregeln:** Benutzung von Werksausweisen (BAG 16.12.1986, 1 ABR 35/85, EzA Art 9 GG Arbeitskampf Nr 64); An- und Abmeldung der AN am und vom Arbeitsplatz (BAG 23.6.1983, 6 ABR 65/80, EzA § 37 BetrVG 1972 Nr 78); generelle Regel zur Vorlage der Arbeitsunfähigkeitsbescheinigung vor Ablauf des dritten Krankheitstages (LAG Köln 21.8.2013, 11 Ta 87/13, juris); Tor- und Taschenkontrollen sowie Leibesvisitationen zur Verhinderung von Diebstählen (BAG 12.8.1999, 2 AZR 923/98, EzA § 626 BGB Verdacht strafbarer Handlung Nr 8). Zur Mitbestimmung bei betriebsinternen Untersuchungen *Göpfert/Merten/Siegrist* NJW 2008, 1703, 1708 f.
   - **Kranken- und Mitarbeiterführungsgespräch:** Führung formalisierter Krankengespräche zur Aufklärung eines überdurchschnittlichen Krankenstandes mit einer nach abstrakten Kriterien ermittelten Mehrzahl von AN (BAG 8.11.1994, 1 ABR 22/94, EzA § 87 BetrVG 1972 Betriebliche Ordnung Nr 21; anders idR *Löwisch/Kaiser* § 87 Rn 53); Führung von Mitarbeitergesprächen und -befragungen, wenn nicht lediglich arbeitsnotwendige Maßnahmen, sondern die AN kollektiv und verbindlich in eine die Arbeitspflicht übergreifende Unternehmensstrategie einbezogen werden sollen (*Löwisch/Kaiser* § 87 Rn 42).
   - **Betriebsstrafen:** Aufstellen von Bußordnungen zur Durchsetzung von Verhaltens- und Ordnungsvorschriften (BAG 17.10.1989, 1 ABR 100/88, EzA § 87 BetrVG 1972 Betriebsbuße Nr 8) wie auch die Verhängung der Buße im Einzelfall (BAG 5.12.1975, 1 AZR 94/74, EzA § 87 BetrVG 1972 Betriebliche Ordnung Nr 1); davon zu unterscheiden ist die arbeitsvertragliche Sanktion, Vertragsstrafe und Abmahnung, als Reaktion auf arbeitsvertragliche Pflichtverstöße (*Löwisch/Kaiser* § 87 Rn 56).
   - Einführung und Ausgestaltung des **Beschwerdeverfahrens** iSv **§ 13 AGG**; Besetzung und Ort der Beschwerdestelle bleiben mitbestimmungsfrei (BAG 21.7.2009, 1 ABR 42/08, ZIP 2009, 1922).

Mitbestimmungsfrei sind nach der Rspr (weiter GK-BetrVG/*Wiese* § 87 Rn 195 ff): 19
– **Arbeitsanweisungen:** Nennen des Vornamens in Geschäftsbriefen (BAG 8.6.1999, 1 ABR 67/98, EzA § 87 BetrVG 1972 Betriebliche Ordnung Nr 25); Teilnahme an Prüfungen (BAG 10.3.1998, 1 AZR 658/97, EzA § 84 ArbGG 1979 Nr 2); standardisierte Verschwiegenheitserklärung (BAG 10.3.2009, 1 ABR 87/07, EzA § 87 BetrVG 2001 Betriebliche Ordnung Nr 4: mitbestimmungsfrei, solange die Schweigepflicht das Arbeitsverhalten betrifft oder bereits gesetzlich geregelt ist); Erlaubnis/Verbot der privaten Internetnutzung (LAG Hamm 7.4.2006, 10 TaBV 1/06, NZA-RR 2007, 20: Mitbestimmung allenfalls, wenn die Privatnutzung erlaubt wird, aber bestimmten Regeln unterliegen soll; aA *Löwisch/Kaiser* § 87 Rn 41: Verbot in Pausen und nach Arbeitsende betreffe mitbestimmten Bereich).
– Anordnung über die Führung und Ablieferung von **Tätigkeitsberichten** (BAG 24.11.1987, 1 ABR 25/86, EzA § 87 BetrVG 1972 Lohn- und Arbeitsentgelt Nr 14).
– **Dienstreiseordnung** mit Regelung zum Aufwendungsersatz (BAG 23.7.1996, 1 ABR 17/96, EzA § 87 BetrVG 1972 Arbeitszeit Nr 55).
– **Überwachung** eines AN durch einen **Privatdetektiv** (BAG 26.3.1991, 1 ABR 26/90, EzA § 87 BetrVG 1972 Überwachung Nr 1).
– Prüfung der Servicequalität durch **Testkunden** (BAG 18.4.2000, 1 ABR 22/99, EzA § 87 BetrVG 1972 Betriebliche Ordnung Nr 27).
– Betrieb einer Facebook Seite durch den AG, wenn den AN die Teilnahme freigestellt ist (ArbG Düsseldorf 21. 6. 2013, 14 BVGa 16/13, NZA-RR 2013, 470).
– Das Anbringen einer Kameraattrappe, da diese objektiv nicht geeignet ist, das Verhalten oder die Leistung der AN zu überwachen (LAG MV 12.11.2014, 3 TaBV 5/14, NZA-RR 2015, 196).

II. Beginn und Ende der täglichen Arbeitszeit einschließlich der Pausen sowie Verteilung der Arbeits- 20
zeit auf die einzelnen Wochentage. Die Regelung der Dauer der Arbeitszeit und damit des Umfangs der Arbeitsverpflichtung (Synallagma) kommt TV und Arbeitsvertrag zu; insoweit scheidet ein Mitbestimmungsrecht des BR aus (st Rspr BAG 27.1.1998, 1 ABR 35/97, EzA § 87 BetrVG 1972 Arbeitszeit Nr 58). Arbeitszeit ist die Zeit, während derer der AN die vertraglich geleistete Arbeitszeit erbringen soll – dazu rechnet die Rufbereitschaft, nicht notwendig die Dienstreisezeit (vgl BAG 14.11.2006, 1 ABR 5/06, EzA § 87 BetrVG 2001 Arbeitszeit Nr 10). Keine Arbeitszeit ist die Teilnahme am vom AG veranlassten Mediationsverfahren, da es an der Arbeitsleistung fehlt (LAG Nürnberg 27.08.2013, 5 TaBV 22/12, EzTöD 100 § 3 TVöD-AT Direktionsrecht Nr 9, Rev 1 ABR 71/13). Mitbestimmungspflichtig ist die Lage des durch Gesetz, TV und Arbeitsvertrag vorgegebenen Arbeitszeitvolumens (BAG 10.11.2009, 1 ABR 54/08, NZA-RR 2010, 301, 302). Das betrifft die Verteilung der wöchentlichen Arbeitszeit auf die Wochentage, die Festlegung von Beginn und Ende der täglichen Arbeitszeit, aber auch Arbeitszeitkonten und Schichtmodelle. Die Dauer der wöchentlichen Arbeitszeit, der Umfang des vom AN vertraglich geschuldeten Arbeitszeitvolumens ist mitbestimmungsfrei (BAG 22.7.2003, 1 ABR 28/02, EzA § 87 BetrVG 2001 Arbeitszeit Nr 4). Nr 2 soll das Interesse der AN an einer sinnvollen Abgrenzung zwischen Arbeitszeit und der für die Gestaltung des Privatlebens verfügbaren Zeit schützen, nicht dagegen vor erhöhter Arbeitsbelastung (BAG 28.5.2002, 1 ABR 40/01, EzA § 87 BetrVG 1972 Nr 65). Zum An- und Ablegen von Arbeitskleidung: BAG 12.11.2013, 1 ABR 59/12, EzA § 87 BetrVG 2001 Arbeitszeit Nr 18; 17.11.2015, 1 ABR 76/13, NZA 2016, 247; *Franzen* NZA 2016, 136. Damit kann der BR über die Mitbestimmung verhindern, dass gesetzliche Ladenöffnungszeiten ausgeschöpft werden (BAG 31.8.1982, 1 ABR 27/80, EzA § 87 BetrVG 1972 Arbeitszeit Nr 13; 13.10.1987, 1 ABR 10/86, EzA § 87 BetrVG 1972 Arbeitszeit Nr 15; ablehnend *Richardi* § 87 Rn 315).

Soweit es um den **Beginn und das Ende** der täglichen Arbeitszeit einschließlich der Pausen geht, hat der 21
BR – iRd durch Gesetz oder TV vorgegebenen Arbeitszeit – mitzubestimmen bei:
– der **Schichtarbeit,** wozu nicht nur die Frage gehört, ob im Betrieb in mehreren Schichten gearbeitet werden soll, sondern auch die Festlegung der zeitlichen Lage der einzelnen Schichten und die Abgrenzung des Personenkreises, der Schichtarbeit zu leisten hat, und der Abweichungen vom Schichtplan. Mitbestimmungspflichtig ist zudem auch der Schichtplan und dessen nähere Ausgestaltung bis hin zur Zuordnung der AN zu den einzelnen Schichten (BAG 28.5.2002, 1 ABR 40/01, EzA § 87 BetrVG 1972 Nr 65; 19.6.2012, 1 ABR 19/11, EzA § 50 BetrVG 2001 Nr 11; LAG Berlin-Brandenburg 7.12.2012, 6 TaBV 880/12, juris: kein Verstoß gegen Nr 2 bei Aushang eines Dienstplanentwurfs unter Hinweis auf die noch erforderliche Zustimmung des Betriebsrats).
– der Einführung und Ausgestaltung anderer **Arbeitszeitmodelle,** wie etwa der **Gleitzeit** (BAG 18.4.1989, 1 ABR 3/88, EzA § 87 BetrVG 1972 Arbeitszeit Nr 35), der Einführung eines **Bereitschaftsdienstes** (BAG 29.2.2000, 1 ABR 15/99, EzA § 87 BetrVG 1972 Arbeitszeit Nr 61) oder der

Entscheidung, ob AN bei Bedarf (Arbeit auf Abruf, KAPOVAZ) oder zu festen Arbeitszeiten beschäftigt werden (BAG 28.9.1988, 1 ABR 41/87, EzA § 87 BetrVG 1972 Arbeitszeit Nr 30).
- bei Beginn und Ende der **Ruhepausen** iSd § 4 ArbZG, also Unterbrechungen der Arbeitszeit von bestimmter Dauer, die der Erholung dienen (BAG 29.10.2002, 1 AZR 603/01, EzA § 4 ArbZG Nr 1) sowie der Festlegung von unbezahlten Ruhepausen, die über die in § 4 Satz 1 ArbZG bestimmte Dauer hinausgehen (BAG 25.2.2015, 1 AZR 642/13, NZA 2015, 442); solche Ruhepausen zählen arbeitszeitrechtlich nicht zur Arbeitszeit und sind idR schuldrechtlich nicht zu vergüten (BAG 28.7.1981, 1 ABR 65/79, EzA § 87 BetrVG 1972 Arbeitszeit Nr 9). Bei vergütungspflichtigen Pausen ist das Mitbestimmungsrecht auf die Festlegung der zeitlichen Lage beschränkt (BAG 1.7.2003, 1 ABR 20/02, EzA § 87 BetrVG 2001 Arbeitszeit Nr 3). Eine mitbestimmungswidrige Pausenanordnung soll zum Annahmeverzugsentgelt führen, auch wenn der AG nur § 4 ArbZG beachten will (LAG Köln 23.10.2013, 5 Sa 12/13, juris).

22 Bei der Mitbestimmung über die **Verteilung der Arbeitszeit** auf die einzelnen Wochentage geht es:
- um die **Entscheidung** darüber, **an welchen Wochentagen** gearbeitet wird, sowie die Festlegung, **an wie viel** Tagen in der Woche die geschuldete Arbeitsleistung zu erbringen ist; ebenso wie eine Regelung, nach der die Arbeitszeit auf die Wochentage Montag-Freitag verteilt werden soll (Festlegung der 5-Tage-Woche), dem AG kann eine bestimmte Zahl von Wochenarbeitstagen vorgegeben, ihm aber die Auswahl überlassen werden (BAG 13.10.1987, 1 ABR 69/86, nv). Keine Mitbestimmung bei der Frage, ob Rosenmontag Arbeitstag oder bezahlter Feiertag ist (LAG Köln 25.4.2013, 7 TaBV 77/12, juris).
- um die Ausgestaltung eines **rollierenden Systems**, also ob die AN ihren freien Tag an demselben Wochentag oder rollierend erhalten, auch das Verlangen, bestimmte Tage aus dem rollierenden System herauszunehmen (BAG 31.1.1989, 1 ABR 69/87, EzA § 87 BetrVG 1972 Arbeitszeit Nr 32).

23 Für **Zeit-AN** im Entleiherbetrieb ist der dortige BR zuständig, weil dem Entleiher das zeitliche Weisungsrecht zusteht und er innerhalb seiner Betriebsorganisation anstelle des Vertrags-AG Beginn und Ende der Arbeitszeit festlegt (BAG 19.6.2001, 1 ABR 43/00, EzA § 87 BetrVG 1972 Arbeitszeit Nr 63; LAG Berlin-Brandenburg 9.8.2012, 5 TaBV 770/12, juris; *Wiebauer* NZA 2012, 68, 69).

24 Für **Teilzeit-AN** gilt die Mitbestimmung nach Nr 2 ebenso (*Löwisch/Kaiser* § 87 Rn 62). Weist die Festlegung der Arbeitszeitverteilung Kollektivbezug auf, darf der AG einem Verteilungsverlangen des AN nach § 8 II bis V TzBfG nicht zustimmen, wenn eine BV oder Regelungsabrede entgegensteht; bevor der AG einem solchen Verteilungsverlangen zustimmt, hat der BR mitzubestimmen (BAG 16.12.2008, 9 AZR 893/07, EzA § 8 TzBfG Nr 23; 18.8.2009, 9 AZR 517/08, NZA 2009, 1207; dazu *H Hanau* RdA 2005, 301, 305; *Rieble/Gutzeit* NZA 2002, 7 ff).

25 **III. Vorübergehende Verkürzung oder Verlängerung der betriebsüblichen Arbeitszeit.** Nr 3 hat nach dem BAG Doppelfunktion: Die Mitbestimmung des BR ist nicht nur **Wirksamkeitsvoraussetzung** für vom AG auf vertraglicher oder gesetzlicher Basis angeordnete Kurzarbeit oder Überstunden, sondern zugleich **Ermächtigung**, durch eine gem § 77 IV **unmittelbar und zwingend** wirkende BV Kurzarbeit oder Mehrarbeit gegen den Willen des AN und gegen seinen Vertrag einzuführen (BAG 3.6.2003, 1 AZR 349/02, EzA § 77 BetrVG 2001 Nr 5; 16.12.2008, 9 AZR 164/08, NZA 2009, 689). Das ist mit § 8 TzBfG nur schwer zu vereinbaren. Einen Grund für den Eingriff in den Arbeitsvertrag gibt es nicht. Eine formlose **Regelungsabrede** wahrt zwar das Mitbestimmungsrecht, kann aber nicht in die Arbeitsverträge eingreifen (BAG 14.2.1991, 2 AZR 415/90, EzA § 87 BetrVG 1972 Kurzarbeit Nr 1).

26 Wie für § 87 I allgemein spielt es auch für Nr 3 keine Rolle, ob der AG den mitbestimmungspflichtigen Tatbestand durch einseitige Anordnung oder im Einvernehmen mit den einzelnen AN verwirklichen will; die Mitbestimmung greift unabhängig von der individualrechtlichen Rechtsgrundlage (BAG 24.4.2007, 1 ABR 47/06, EzA § 87 BetrVG 2001 Arbeitszeit Nr 11).

27 Nr 3 begründet **keine Annexkompetenz** des BR für die **Vergütung** von Überstunden, von zusätzlichen oder von ausgefallenen Schichten, für den Ausgleich bei Kurzarbeit (BAG 21.1.2003, 1 ABR 9/02, EzA § 77 BetrVG 2001 Nr 3). Entspr Forderungen des BR sind rechtswidrig (Koppelungsgeschäft; § 74 Rdn 10). Ob **Kurzarbeitergeld** beansprucht wird, ist für Nr 3 ohne Belang; umgekehrt setzt Kurzarbeitergeld nach hM eine rechtswirksame Anordnung von Kurzarbeit voraus. Nach § 99 I 2 SGB III kann die Anzeige des Arbeitsausfalls als anspruchsbegründende Voraussetzung nur vom AG oder BR erstattet werden. Der AN verliert seinen Entgeltanspruch in Höhe des Kurzarbeitergeldes nicht, wenn dieses von der AA für eine mit dem BR vereinbarte Kurzarbeitsperiode rückwirkend widerrufen wird (BAG 11.7.1990, 5 AZR 557/89, EzA § 615 BGB Betriebsrisiko Nr 11).

28 Nr 3 bezieht sich auf die **betriebsübliche Arbeitszeit**, also die regelmäßige betriebliche Arbeitszeit. Sie wird bestimmt durch den regelmäßig geschuldeten zeitlichen Umfang der Arbeitsleistung und die für ihn erfolgte

Verteilung auf einzelne Zeitabschnitte (BAG 11.12.2001, 1 ABR 3/01, EzA § 87 BetrVG 1972 Arbeitszeit Nr 64). Die betriebsübliche Arbeitszeit muss nicht einheitlich sein oder zumindest für die Mehrzahl der im Betrieb Beschäftigten zutreffen, sondern kann für einzelne AN oder Gruppen von AN unterschiedlich sein (BAG 23.7.1996, 1 ABR 13/96, EzA § 87 BetrVG 1972 Arbeitszeit Nr 56). Eine **vorübergehende** Verkürzung oder Verlängerung der betriebsüblichen Arbeitszeit liegt vor, wenn es sich um eine Abweichung von dem allg geltenden Zeitvolumen mit anschließender Rückkehr zur betriebsüblichen Dauer der Arbeitszeit handelt. Eine **konkrete zeitliche Grenze** für »vorübergehend« ist bislang nicht gezogen; auch mehrjährige Abweichungen sind denkbar. Die regelmäßige betriebliche Arbeitszeit muss nur in ihrer Regelhaftigkeit und als »normale« Arbeitszeit »üblich«, also prägend bleiben (BAG 3.6.2003, 1 AZR 349/02, EzA § 77 BetrVG 2001 Nr 5).

Bei der **Verlängerung** der **Arbeitszeit** erstreckt sich das Mitbestimmungsrecht auf die Frage, ob und in welchem Umfang Überstunden zu leisten sind und welche AN diese Überstunden leisten sollen (ErfK/ *Kania* § 87 Rn 34). Das Mitbestimmungsrecht soll dabei nicht nur bei der ausdrücklichen Anordnung von Überstunden eingreifen, sondern auch bei einer bloßen **Duldung von Überstunden** (Entgegennahme und Bezahlung), wenn ein kollektiver Tatbestand vorliegt (BAG 27.11.1990, 1 ABR 77/89, EzA § 87 BetrVG 1972 Arbeitszeit Nr 40) – entspr gilt, wenn die vorübergehende Verlängerung der Arbeitszeit mit dem AN vereinbart wird (BAG 24.4.2007, 1 ABR 47/06, EzA § 87 BetrVG 2001 Arbeitszeit Nr 11). Das Mitbestimmungsrecht bei der **Anordnung von Überstunden** soll auch dann bestehen, wenn der AG, der die Zustimmung des BR zur Anordnung der Überstunden nicht erhalten hat, die Arbeiten auf eine geschäftlich nicht tätige Firma »überträgt«, die von denselben Geschäftsführern wie der AG geführt wird und die die Arbeiten im Betrieb des AG, auf seinen Betriebsanlagen sowie gerade mit den AN ausführt, die vom AG zu den Überstunden herangezogen werden sollten (BAG 22.10.1991, 1 ABR 28/91, EzA § 87 BetrVG 1972 Arbeitszeit Nr 49).

29

Überstunden und Kurzarbeit für **Zeit-AN** greifen grds in das dem Verleiher vorbehaltene Synallagma ein, weswegen hier der Verleiher-BR zuständig ist (vgl BAG 19.6.2001, 1 ABR 43/00, EzA § 87 BetrVG 1972 Arbeitszeit Nr 63; differenzierend: *Wiebauer* NZA 2012, 68, 69 f).

30

Dass **Teilzeitbeschäftigte** betroffen sind, ändert an Nr 3 nichts; auch hier sind Kurz- und Mehrarbeit mitbestimmungspflichtig (BAG 24.4.2007, 1 ABR 47/06, aaO). Ein TV, wonach Mehrarbeit der Teilzeitbeschäftigten nur jene Arbeitszeit ist, die über die Regelarbeitszeit Vollzeitbeschäftigter hinausgeht, hat nur Vergütungsfolgen (keine Zuschläge), beschränkt aber die Mitbestimmung nicht (BAG 23.7.1996, 1 ABR 13/96, EzA § 87 BetrVG 1972 Arbeitszeit Nr 56). Die Einführung eines **Bereitschaftsdienstes** außerhalb der regelmäßigen Arbeitszeit soll zu einer vorübergehenden, nach § 87 I Nr 3 BetrVG mitbestimmungspflichtigen Arbeitszeitverlängerung führen; der BR habe mitzubestimmen, ob Arbeitsanfall durch Einrichtung eines Bereitschaftsdienstes abgedeckt werden soll (BAG 29.2.2000, 1 ABR 15/99, EzA § 87 BetrVG 1972 Nr 61).

31

Für den **Abbau von Überstunden** greift Nr 3 nicht (*Löwisch/Kaiser* § 87 Rn 97). Ebenso wenig ist die Rückkehr von der **Kurzarbeit** zur betriebsüblichen Arbeitszeit mitbestimmungspflichtig. Insofern wird nicht die »betriebsübliche Arbeitszeit«, sondern die vorübergehende »Ausnahme-Arbeitszeit« verändert (BAG 21.11.1978, 1 ABR 67/76, EzA § 87 BetrVG 1972 Arbeitszeit Nr 7).

32

Für Kurzarbeit soll Nr 3 ein **Initiativrecht** enthalten – um Entlassungen zu vermeiden (BAG 4.3.1986, 1 ABR 15/84, EzA § 87 BetrVG 1972 Arbeitszeit Nr 17).

33

Auf sein Mitbestimmungsrecht nach Nr 3 kann der BR nicht **verzichten**, etwa dem AG pauschal und ohne Beschränkung eine Befugnis einräumen, Überstunden anzuordnen. Dem AG kann kein Gestaltungsrecht über Nr 3 eröffnet werden (BAG 23.3.1999, 1 ABR 33/98, EzA § 87 BetrVG 1972 Arbeitszeit Nr 60). Möglich ist nur ein an Voraussetzungen gebundenes Anordnungsrecht (BAG 3.6.2003, 1 AZR 349/02, EzA § 77 BetrVG 2001 Nr 5).

34

IV. Zeit, Ort und Art der Auszahlung der Arbeitsentgelte. Nr 4 bezieht sich nur auf **Zeit** (also den Tag und die Stunde der jeweiligen Auszahlung wie auch die Zeitabschnitte [Tages-, Wochen- oder Monatslohn; BAG 15.1.2002, 1 AZR 165/01, EzA § 614 BGB Nr 1: »Festlegung der Zeiträume, nach denen das Entgelt für geleistete Arbeit gezahlt werden soll«]), **Ort** (insb die Frage, ob innerhalb oder außerhalb des Betriebs) und der **Art** (also bar, Scheck oder unbar durch Überweisung) der Auszahlung der Arbeitsentgelte iwS (*Löwisch/Kaiser* § 87 Rn 112). Richtigerweise darf der BR aber nicht in das Synallagma eingreifen und dem AG im TV oder § 614 BGB nicht vorgesehene Vorleistungspflicht aufzwingen. Ebenso wenig gehören die Voraussetzungen dazu, unter denen der Entgeltanspruch untergeht (BAG 12.4.2011, 1 AZR 412/09, EzA § 88 BetrVG 2001 Nr 2). Die gesetzliche Fälligkeitsregelung des § 3 I 1 PflegeArbbV sperrt das Mitbestimmungsrecht des BR bei Fragen der Zeit der Auszahlung der Arbeitsentgelte für das den Pflegekräften zu

35

zahlende Mindestentgelt (BAG 22.7.2014, 1 ABR 96/12, NZA 2014, 1151). Überholt ist die BAG-Rspr, wonach Nr 4 eine **Annexkompetenz** zur Mitbestimmung über die Erstattung anteiliger Kontoführungsgebühren enthält. Heutzutage hat nahezu jeder ein (zudem idR kostenfreies) Gehaltskonto, weswegen die Entgeltüberweisung keine Kosten auslöst.

36 **V. Aufstellung allg Urlaubsgrundsätze und des Urlaubsplans sowie die Festsetzung der zeitlichen Lage des Urlaubs für einzelne AN, wenn zwischen dem AG und den beteiligten AN kein Einverständnis erzielt wird.** Urlaubswünsche der AN nach § 7 BUrlG führen zu einem doppelten Konflikt: mit den betrieblichen Interessen des AG und zur Urlaubskonkurrenz der AN. Nr 5 trägt beidem Rechnung (BAG 28.5.2002, 1 ABR 37/01, EzA § 87 BetrVG 1972 Bildungsurlaub Nr 1). Urlaub ist nicht nur der Erholungsurlaub nach TV und BUrlG, sondern jede bezahlte oder unbezahlte Freistellung von der Arbeit (*Klumpp* Urlaub I, AR-Blattei SD 1640.1 Rn 272), auch der Bildungsurlaub nach landesrechtlichen AN-Weiterbildungsgesetzen (BAG 28.5.2002, 1 ABR 37/01, EzA § 87 BetrVG 1972 Bildungsurlaub Nr 1) oder unbezahlter Sonderurlaub (BAG 18.6.1974, 1 ABR 25/73, BAGE 26, 193).

37 Die **Urlaubsdauer ist mitbestimmungsfrei**. Nr 5 geht es nur um die Verteilung des vorgegebenen Urlaubs auf das Kalenderjahr und den Übertragungszeitraum. Das gilt auch für Umrechnungsformeln bei komplexen Arbeitszeitsystemen. Auch aus Nr 2 folgt keine Kompetenz des BR, Auswirkungen der Arbeitszeitverteilung auf den Urlaubsanspruch mitzuregeln (BAG 14.1.1992, 9 AZR 148/91, EzA § 13 BUrlG Nr 52). Mitbestimmungsfrei nach Nr 5 sind auch **Urlaubsentgeltfragen**, sei es die Weitergewährung des Regelentgelts nach TV und BUrlG, sei es ein zusätzliches Urlaubsgeld. Insoweit greift womöglich Nr 10.

38 **Allg Urlaubsgrundsätze** sind RL, die die Gewährung oder Versagung des Urlaubs durch den AG steuern. Hierher gehören insb Verteilungsregeln, die § 7 III BUrlG (§ 7 BUrlG Rdn 48) konkretisieren, etwa wie Eltern schulpflichtiger Kinder in den Schulferien bevorzugt werden. Der **Urlaubsplan** legt die Urlaubszeiten für jeden einzelnen AN fest; dieser kann den Urlaub ohne vollziehende Gewährung des AG antreten und muss sich nur abmelden (BAG 16.12.2008, 9 AZR 164/08, NZA 2009, 689; zur Urlaubsliste GK-BetrVG/*Wiese* § 87 Rn 464 ff). **Werksferien** sind mitbestimmungspflichtig (BAG 28.7.1981, 1 ABR 79/79, EzA § 87 BetrVG 1972 Urlaub Nr 4). Bei Streit über **Urlaubswünsche** eines einzelnen AN kommt es nicht auf einen bes Kollektivbezug an; schon die Urlaubskonkurrenz löst die Mitbestimmung aus (ErfK/*Kania* § 87 Rn 46). Inhaltlich sind die Betriebsparteien an TV und BUrlG gebunden und müssen insb § 7 beachten.

39 **VI. Einführung und Anwendung von technischen Einrichtungen, die dazu bestimmt sind, das Verhalten oder die Leistung der AN zu überwachen.** Nr 6 gleicht das Interesse des AG an technischer und automatisierter Kontrolle und das Persönlichkeitsrecht der AN vor einer Überwachung durch anonyme Apparate aus. Technisierter Überwachungsdruck ist gefährlich, weil er eine massenhafte und permanente Datensammlung ermöglicht, die den Menschen der Maschine unterordnen kann. Auf der anderen Seite ist Überwachung erforderlich, um Straftaten abzuwenden, um Personaldaten rationell verarbeiten zu können und um technische Produktionsmittel effektiv zu nutzen. Technische Kontrolleinrichtungen darf der AG nur mit Zustimmung des BR einführen (BAG 14.9.1984, 1 ABR 23/82, EzA § 87 BetrVG 1972 Kontrolleinrichtung Nr 11; LAG Köln 4.5.2010, 5 Ta 176/10, NZA-RR 2010, 469, 470). Mitbestimmungspflichtig ist die Einführung solcher Systeme und die Regeln ihrer Nutzung, insb Datenzugriff und Datenaufbewahrung. Nicht die Überwachung ist mitbestimmungspflichtig, sondern die technische Überwachung. Die Stoppuhr in der Hand des Meisters oder der Einsatz von Detektiven ist nach Nr 6 mitbestimmungsfrei.

40 Die Mitbestimmung steht neben dem BDSG, das nach BAG betriebsvereinbarungsdispositiv sein soll (§ 77 Rdn 11) und allen zwingenden Rechtsvorgaben, die das Persönlichkeitsrecht des AN schützen, vom Fernmeldegeheimnis (keine Telefondatenerfassung bei Privatgesprächen) bis hin zum allg Persönlichkeitsrecht (grds keine heimliche Videoüberwachung). Soweit jene Grenzen zwingend sind, kann der BR keinen Dispens geben. Das allg Persönlichkeitsrecht ist zwar abwägungsoffen; indes können die Betriebspartner oder die Einigungsstelle keine verbindliche Abwägung vornehmen; sie unterliegen voller gerichtlicher Kontrolle (vgl BAG 26.8.2008, 1 ABR 16/07, EzA § 87 BetrVG 2001 Überwachung Nr 2). Auf der anderen Seite scheidet Nr 6 aus, soweit die Überwachung gesetzlich oder durch VA vorgeschrieben ist und kein Entscheidungsspielraum besteht (BAG 10.7.1979, 1 ABR 50/78, EzA § 87 BetrVG Kontrolleinrichtung Nr 6: Fahrtenschreiber gem § 57a StVZO).

41 **Technische Überwachung** setzt voraus, dass individuelle Daten über Leistung oder Verhalten einzelner AN durch ein Gerät entweder erhoben oder ausgewertet werden. Das Gerät – von der Videokamera mit Speicherung über Stechuhren bis zum Computer – muss den Überwachungseffekt selbst auslösen, also entweder selbst (technisch) ermitteln/erheben oder von Menschen erhobene und eingegebene Daten selbst (technisch) zu »Aussagen« über Verhalten oder Leistung der AN verarbeiten, wie Personalinformationssysteme, die Fehlzeiten verarbeiten (**technische Datengewinnung oder -auswertung**). Dass diese Aussagen erst

in Verbindung mit weiteren Daten und Umständen zu einer **vernünftigen und sachgerechten Beurteilung** der AN führen können, spielt keine Rolle (BAG 23.4.1985, 1 ABR 39/81, EzA § 87 BetrVG 1972 Kontrolleinrichtung Nr 12). Zur Überwachung »bestimmt« ist eine Einrichtung nach BAG schon dann, wenn sie Verhaltens- oder Leistungsdaten selbst erhebt und aufzeichnet unabhängig davon, ob der AG die durch die technische Einrichtung erfassten und festgehaltenen Verhaltens- und Leistungsdaten auch auswerten oder zu Reaktionen auf festgestellte Verhaltens- oder Leistungsweisen verwenden will (BAG 10.12.2013, 1 ABR 43/12, NZA 2014, 439: keine Mitbestimmung bei der Verwendung von Google Maps zur Kontrolle von Fahrgeldabrechnungen); maßgeblich ist die **objektive Eignung** und nicht die subjektive Widmung (BAG 9.9.1975, 1 ABR 20/74, EzA § 87 BetrVG 1972 Kontrolleinrichtung Nr 2). Deswegen ist jeder PC, bei dem sich der Nutzer anmeldet (protokolliertes »Login«) ein Fall der Nr 6, ebenso jedes benutzte Programm, das in den bearbeiteten Dateien protokolliert, wann sie von wem geändert worden sind. Mitbestimmungsfrei sind Einrichtungen, die nur sog Status- oder Betriebsdaten ermitteln (*Löwisch/Kaiser* § 87 Rn 136), wie EDV-gestützte Personalinformationssysteme zur (leistungsunabhängigen) Lohnabrechnung. Keine Mitbestimmung beim Betrieb einer Facebook-Seite durch den AG (ArbG Düsseldorf 21.6.2013, 14 BVGa 16/13, NZA-RR 2013, 470; LAG Düsseldorf 12.1.2015, NZA-RR 2015, 355). Zu weiteren Überwachungseinrichtungen *Löwisch/Kaiser* § 87 Rn 140.

Mitbestimmungspflichtig ist Einführung wie Anwendung der technischen Einrichtung. Einführung meint 42 das »Ob«; der BR kann also die Einrichtung uU ganz verhindern. Anwendung erfasst die Regeln über Einsatz und Nutzung, also das »Wie«. Dazu gehört auch die Festlegung der zu überwachenden AN-Gruppe (zur erforderlichen Regelungsdichte bei Videoüberwachung *Freckmann/Wahl* BB 2008, 1904, 1906). Die Vergabe der Überwachungstätigkeit an einen Dritten schließt Nr 6 nicht aus (BAG 18.4.2000, 1 ABR 22/99, EzA § 87 BetrVG 1972 Betriebliche Ordnung Nr 27). Der AG muss durch Vertragsgestaltung mit dem Dritten sicherstellen, dass der BR sein Mitbestimmungsrecht ausüben kann (BAG 16.6.1998, 1 ABR 67/97, EzA § 87 BetrVG 1972 Betriebliche Lohngestaltung Nr 64). Nach BAG soll sogar die technische Überwachung durch einen Dritten in dessen Betrieb und im eigenen Interesse (Zugangssystem beim Kunden des AG) mitbestimmungspflichtig sein – obzwar der AG keinen Zugriff auf die Daten des Fremdunternehmens hat (BAG 27.1.2004, 1 ABR 7/03, EzA § 87 BetrVG 2001 Kontrolleinrichtung Nr 1). Das ist abseitig. Insofern könnte der BR nach Nr 1 mitbestimmen, ob Endkunden dem AN vorgeben können, in der Wohnung die Schuhe auszuziehen.

Wegen der einseitigen Schutzfunktion von Nr 6 kommt dem BR kein **Initiativrecht** zu (BAG 43 28.11.1989, 1 ABR 97/88, EzA § 87 BetrVG 1972 Kontrolleinrichtung Nr 18), er kann nicht die Einführung einer Stechuhr erzwingen. Deswegen ist auch die **Abschaffung** der Überwachungseinrichtung mitbestimmungsfrei (BAG 28.11.1989, 1 ABR 97/88, aaO).

Die Verletzung von Nr 6 soll zusätzlich ein **Beweisverwertungsverbot** auslösen können. Das BAG hat 44 das offengelassen und das Verwertungsverbot verneint, wenn der BR der Verwertung des Beweismittels nachträglich zugestimmt hat und die Beweisverwertung nach den allg Grundsätzen gerechtfertigt ist (BAG 27.3.2003, 2 AZR 51/02, EzA § 611 BGB 2002 Persönlichkeitsrecht Nr 1). Indes: Nr 6 regelt nicht die Beweiserhebung, sondern den Überwachungsdruck. Mithin ist ein Beweisverwertungsverbot vom Schutzzweck nicht gedeckt (gegen Beweisverwertungsverbot auch LAG Hamm 10.7.2012, 14 Sa 1711/10, ZD 2013, 135).

VII. Regelungen über die Verhütung von Arbeitsunfällen und Berufskrankheiten sowie über den Gesund- 45 **heitsschutz iRd gesetzlichen Vorschriften oder der Unfallverhütungsvorschriften.** Nr 7 setzt Rahmenvorschriften des öffentl-rechtlichen Arbeitsschutzes voraus, die dem AG noch einen Handlungsspielraum bei der Umsetzung lassen (BAG 15.1.2002, 1 ABR 13/01, EzA § 87 BetrVG 1972 Gesundheitsschutz Nr 2). Nr 7 zielt auf deren Konkretisierung, nicht aber auf eine Anhebung des Schutzniveaus der Rahmenvorschrift (BAG 28.7.1981, 1 ABR 65/79, EzA § 87 BetrVG 1972 Arbeitszeit Nr 9). Der BR kann Arbeitsschutzmaßnahmen nach Nr 7 nicht erzwingen, was sich aus einem Umkehrschluss aus §§ 88 Nr 1, 91 ergibt. Die Mitbestimmung betrifft nicht das Ob, sondern das Wie einer Schutzmaßnahme: Der AG muss also zur Schutzmaßnahme verpflichtet sein und einen der Mitbestimmung zugänglichen Entscheidungsspielraum haben (BAG 28.7.1981, 1 ABR 65/79, aaO; LAG Baden-Württemberg 9.8.2012, 3 TaBV 1/12, juris; *Löwisch/ Kaiser* § 87 Rn 151). Zusätzliche Maßnahmen sind nur in freiwilliger BV regelbar. Der Anwendungsbereich von Nr 7 war früher gering; der Gesetzgeber erlässt aber zunehmend solche Rahmenregeln.

Das Arbeitsschutzgesetz (das § 120a GewO, nicht aber § 618 I BGB, § 62 I HGB abgelöst hat) wird durch 46 viele staatliche Arbeitsschutzvorschriften ausgefüllt, vor allem durch die ArbStättV und die zu ihr ergangenen ArbeitsstättenRL; hinzu kommen die von den Berufsgenossenschaften nach § 15 SGB VII (früher § 708 RVO) erlassenen Unfallverhütungsvorschriften (BAG 16.6.1998, 1 ABR 68/97, EzA § 87 BetrVG

1972 Arbeitssicherheit Nr 3). Das BAG sieht alle arbeitsschutzrechtlichen Generalklauseln (§§ 3 I, 5, 12 ArbSchG) als konkretisierungsfähige Rahmenvorschriften, sodass die Mitbestimmung nach Nr 7 eröffnet ist (BAG 2.4.1996, 1 ABR 47/95, EzA § 87 BetrVG 1972 Bildschirmarbeit Nr 1; 8.6.2004, 1 ABR 13/03, EzA § 87 BetrVG Gesundheitsschutz Nr 1; 12.8.2008, 9 AZR 1117/06, EzA § 618 BGB 2002 Nr 3). Bei der Ausgestaltung des vom AG gem § 6 V ArbZG geschuldeten Ausgleichs für Nachtarbeit kann der BR ebenfalls nach Nr 7 mitbestimmen, sofern nicht der TV eine abschließende Ausgleichsregelung enthält (BAG 17.1.2012, 1 ABR 62/10, juris; 26.4.2005, 1 ABR 1/04, EzA § 87 BetrVG 2001 Gesundheitsschutz Nr 3). Auch Maßnahmen des betrieblichen Eingliederungsmanagements nach § 84 II SGB IX unterliegen der Mitbestimmung nach Nr 7 (BAG 13.3.2012, 1 ABR 78/10, EzA § 84 SGB IX Nr 10. Kein Mitbestimmungsrecht besteht hinsichtlich der Unterrichtung der AN über das Verfahren, der Aufgabenübertragung auf ein festes, auf Dauer gebildetes Gremium, der Durchführung der Maßnahmen (LAG Hamburg 20.2.2014, 1 Ta BV 4 /13, juris – Rechtsbeschwerde 1 ABR 14/14) sowie der Anwesenheit der Mitglieder des Arbeitsschutzausschusses bei dessen Sitzungen (LAG Niedersachsen 22.10.2013, 11 TaBV 49/13 – Rechtsbeschwerde 1 ABR 83/13). Mitbestimmungsfrei bleiben Einzelmaßnahmen wie die Aufgabenübertragung nach § 13 II ArbSchG (BAG 18.8.2009, 1 ABR 43/08, DB 2009, 2552; 30.9.2014, 1 ABR 106/12, NZA 2015, 314). Der BR hat auch keinen Anspruch auf die Bildung eines Arbeitsschutzausschusses nach § 11 ASiG aus § 87 I Nr. 7 (BAG 15.4.2014, 1 ABR 82/12, NZA 2014, 1094).

47 **VIII. Form, Ausgestaltung und Verwaltung von Sozialeinrichtungen**, deren Wirkungsbereich auf den Betrieb, das Unternehmen oder den Konzern beschränkt ist. Nr 8 setzt mit »Sozialeinrichtung« voraus, dass geldwerte Sozialleistungen von einem zweckgebundenen Sondervermögen des AG erbracht werden, das eine abgrenzbare, auf Dauer gerichtete Organisation aufweist und der Verwaltung bedarf (BAG 26.4.1988, 3 AZR 168/86, EzA § 87 BetrVG 1972 Altersversorgung Nr 2; BAG 8.11.2011, 1 ABR 37/10, juris). Für das Leistungsprogramm einer Sozialeinrichtung scheiden jedenfalls solche Bestandteile des Arbeitsentgelts aus, die unmittelbar im Austauschverhältnis zur Arbeitsleistung stehen (BAG 16.6.1998, 1 ABR 67/97, EzA § 87 BetrVG 1972 Betriebliche Lohngestaltung Nr 64). Haupt-Bsp sind die Pensions- und Unterstützungskassen (BAG 12.6.1975, 3 ABR 13/74, BAGE 27, 194; 9.12.2008, 3 AZR 384/07, EzA § 1 BetrAVG Ablösung Nr 47), die Kantine (BAG 11.7.2000, 1 AZR 551/99, EzA § 87 BetrVG 1972 Sozialeinrichtung Nr 17), ein betrieblicher Kindergarten oder Sportanlage (weiter GK-BetrVG/*Wiese* § 87 Rn 692).

48 **Keine Sozialeinrichtungen** sind Einrichtungen, die primär Unternehmensbelange fördern sollen (BAG 17.10.2000, 3 AZR 605/99, EzA § 611 BGB Fürsorgepflicht Nr 59; *Löwisch/Kaiser* § 87 Rn 174), oder wegen fehlender organisatorischer Eigenständigkeit etwa eine unmittelbare Versorgungszusage des AG (BAG 16.2.1993, 3 ABR 29/92, EzA § 87 BetrVG 1972 Betriebliche Lohngestaltung Nr 41). Nichts anderes gilt für Gruppen- bzw Sammellebensversicherungen zugunsten der AN bei einem externen Versicherer, insofern kommt Nr 10 in Betracht (BAG 29.7.2003, 3 ABR 34/02, EzA § 87 BetrVG 2001 Betriebliche Lohngestaltung Nr 2). Nr 8 greift nicht für Betriebskrankenkassen, die abschließend gesetzlich geregelt sind (*Löwisch/Kaiser* § 87 Rn 171).

49 **Ob** eine Sozialeinrichtung geschaffen oder vollständig abgeschafft wird, entscheidet der AG frei, arg § 88 Nr 2 (BAG 23.3.1993, 1 ABR 65/92, EzA § 87 BetrVG 1972 Werkwohnung Nr 9; 15.1.1987, 6 AZR 589/84, EzA § 4 TVG Rundfunk Nr 14; 15.2.2011, 3 AZR 45/09, juris). Der AG entscheidet auch frei darüber, **wie** die Sozialeinrichtung mit Sachmitteln ausgestattet ist und wie sie finanziell dotiert ist (BAG 13.7.1978, 3 ABR 108/77, EzA § 87 BetrVG 1972 Sozialeinrichtung Nr 9). Mitbestimmungsfrei ist auch die Zweckbestimmung der Einrichtung, also die **Widmung** – nicht aber die mitbestimmte Festlegung des begünstigten Personenkreises (zur schwierigen Abgrenzung *Löwisch/Kaiser* § 87 Rn 181 f).

50 Die **Teilschließung** einer Sozialeinrichtung oder die **Kürzung der finanziellen Ausstattung** unterfällt wie bei Nr 10 (Rdn 68) mit Blick auf die Regelung der Neuverteilung der Mitbestimmung (BAG 10.3.1992, 3 AZR 221/91, EzA § 87 BetrVG 1972 Altersversorgung Nr 4). So wie dort muss die Kürzung aber mitbestimmungsfrei linear vollzogen werden können.

51 Das Mitverwaltungsrecht setzt voraus, dass die vom BR **repräsentierte** Belegschaft begünstigt ist. Dass die Sozialleistungen zugleich leitenden Angestellten zugutekommen soll, ist unschädlich (BAG 30.4.1974, 1 ABR 36/73, EzA § 87 BetrVG 1972 Werkswohnung Nr 3), ebenso wie die Mitbegünstigung ausgeschiedener AN (*Löwisch/Kaiser* § 87 Rn 178) oder von Pensionären (ErfK/*Kania* § 87 Rn 70). **Sachlich** muss sich die Mitbestimmung auf den Betrieb, das Unternehmen oder den Konzern – nach hM den Unterordnungskonzern wie nach § 54 – beschränken (GK-BetrVG/*Wiese* § 87 Rn 698). Hieran fehlt es, wenn der AG die Einrichtung generell einem unbestimmten Personenkreis zugänglich macht (BAG 10.2.2009, 1 ABR 94/07, EzA § 87 BetrVG 2001 Sozialeinrichtung Nr 1).

Die mitbestimmte **Form** der Sozialeinrichtung ist die Rechtsform, also ob die Einrichtung als unselbst- 52
ständiger Teil des Unternehmens oder als verselbstständigte juristische Person betrieben werden soll (ErfK/
Kania § 87 Rn 76). Die **Ausgestaltung** betrifft die (Verwaltungs-)Organisation, also jene Maßnahmen,
die zwischen der Errichtung und der laufenden Verwaltung liegen (BAG 13.3.1973, 1 ABR 16/72, EzA
§ 87 BetrVG 1972 Werkswohnung Nr 2). Das meint allg Benutzungsgrds, die Berechtigungsregeln, also
die Konkretisierung der allg, vom AG mitbestimmungsfrei vorgegebenen Zweckbestimmung. So soll es
Ausgestaltung einer Kantine sein, ob diese lediglich während der Mittagszeit zur Einnahme von Mahlzeiten
benutzt oder außerhalb der Essenszeiten auch für andere Nutzungen durch die AN zur Verfügung stehen
soll (BAG 15.9.1987, 1 ABR 31/86 EzA § 87 BetrVG 1972 Sozialeinrichtung Nr 15). Die Verwaltung der
Sozialeinrichtung erstreckt sich von der innerbetrieblichen Organisation bis hin zu Fragen der Geschäftsführung der Sozialeinrichtung (*Löwisch/Kaiser* § 87 Rn 184).
Wird die Sozialeinrichtung als **selbstständige juristische Person** geführt, sind 2 Modelle möglich: Nach 53
der **2-stufigen Lösung** muss zwischen AG und BR eine Einigung über mitbestimmungspflichtige Fragen
erzielt werden – als ob die Einrichtung nicht selbstständig wäre (1. Stufe); der AG muss dann dafür sorgen,
dass die Regelungen von der Einrichtung vollzogen werden (2. Stufe). Nach der **organschaftlichen Lösung**
entsendet der BR in die satzungsmäßigen Organe der rechtlich selbstständigen Einrichtung Vertreter, die
dort paritätisch mitverwalten. Ohne bes Einigung greift die »2-stufige Lösung« (BAG 13.7.1978, 3 ABR
108/77, EzA § 87 BetrVG 1972 Sozialeinrichtung Nr 9). Bei Sozialeinrichtungen ohne eigene Rechtspersönlichkeit muss der BR bei jeder Verwaltungsmaßnahme mitbestimmen (*Richardi* § 87 Rn 646) – sofern
keine Rahmenregelung qua BV greift.

IX. Zuweisung und Kdg von Wohnräumen, die den AN mit Rücksicht auf das Bestehen eines Arbeits- 54
verhältnisses vermietet werden, sowie die allg Festlegung der Nutzungsbedingungen. Anders als Nr 8
stellt Nr 9 nicht darauf ab, dass eine bes Einrichtung vorhanden ist, sondern schafft bei Werkmietwohnungen eine umfassende Mitverwaltung des BR: Er hat über die Zuweisung, die Kdg und die allg Nutzungsbedingungen von Werkmietwohnungen mitzubestimmen – also solche Wohnungen, die AN iR eines
Mietverhältnisses mit Blick auf ihre Arbeitsverhältnisse »bevorzugt« überlassen werden. Nicht erfasst wird
das Vermieterverhalten des AG, wenn der AN lediglich zufällig als Mieter agiert. Nicht erfasst werden auch
Werkdienstwohnungen, die dem AN auf arbeitsvertraglicher Grundlage ohne Abschluss eines Mietvertrages
zugewiesen werden. Neben dem formellen Kriterium des fehlenden Mietvertrages ist die Werkdienstwohnung typischerweise gekennzeichnet dadurch, dass der AN die Wohnung vorrangig im Interesse des Betriebes und als Bestandteil seiner Arbeitsvertragspflicht beziehen muss – Pförtner, Hausmeister, Wachpersonal,
Heimleiter (BAG 24.1.1990, 5 AZR 749/87, EzA § 2 ArbGG 1979 Nr 17).
Das »Ob« des Werkmietwohnungsbestandes entscheidet der AG frei – das gilt für die Einführung einer 55
entspr Widmung ebenso wie für die Abschaffung. Soweit sich der AG nicht vertraglich gebunden hat (auch
durch freiwillige BV), kann er jederzeit seinen Wohnungsbestand »entwidmen« (also dem allg Wohnungsmarkt zuführen oder nur noch an vom BR nicht repräsentierte AN, insb Leitende, bevorzugt vergeben) und
dadurch jede Mitbestimmung beenden. Diese Entwidmung kann der AG auch für einzelne Wohnungen aus
dem Bestand treffen (BAG 23.3.1993, 1 ABR 65/92, EzA § 87 BetrVG 1972 Werkswohnung Nr 9). Mitbestimmungsfrei sind auch die abstrakte Bestimmung des Kreises der Nutzungsberechtigten und die Entscheidung darüber, welche finanziellen Mittel der AG für die betriebliche Wohnungswirtschaft aufwendet.
Insoweit gelten dieselben Grds wie für betriebliche Sozialeinrichtungen iSd Nr 8 (BAG 13.3.1973, 1 ABR
16/72, BAGE 25, 93).
Werden Werkmietwohnungen aus einem **einheitlichen Bestand** ohne feste Zuordnung sowohl an AN des 56
Betriebes als auch an Personen vergeben, die nicht vom BR repräsentiert werden (Leitende), erstreckt sich
das Mitbestimmungsrecht bei der **Zuweisung** von Werkmietwohnungen nach Nr 9 auch auf die **Zuweisung von Wohnungen an Dritte**; denn jede Zuweisung an Dritte vereitelt die Nutzung durch einen AN.
Das Gleiche gilt für **Kdg** von Werkmietwohnungen aus einem einheitlichen Bestand ohne feste Zuordnung. Die **Nutzungsbedingungen** hingegen bestimmt der BR nur ihm repräsentierte AN mit (BAG
28.7.1992, 1 ABR 22/92, EzA § 87 BetrVG 1972 Werkswohnung Nr 8).
Die Beteiligung des BR ist nicht **Wirksamkeitsvoraussetzung** für den **Abschluss des Mietvertrages**. Nr 9 57
erfasst nicht den Mietvertrag als »Außenrechtsgeschäft«. Deswegen kann die Zustimmung Wirksamkeitsvoraussetzung nur für die Zuweisung, nicht aber für den Mietvertrag sein (GK-BetrVG/*Wiese* § 87 Rn 781).
Der BR ist auf einen Beseitigungsanspruch beschränkt. Dagegen ist der Entzug der Wohnung durch **Kdg**
ein Akt (ErfK/*Kania* § 87 Rn 90; anders *Löwisch/Kaiser* § 87 Rn 203); hier ist die Zustimmung Wirksamkeitsvoraussetzung.

Rieble

§ 87 BetrVG   Mitbestimmungsrechte

58 Die BGB-Vorschriften über die Kdg von Werkmietwohnungen (§§ 568 ff allg und §§ 576 f speziell) können durch die Mitbestimmung nicht abbedungen werden (Vorrang des Gesetzes). Der BR kann nicht den AG zu einer nach BGB unzulässigen Kdg anhalten. Er mag auf Verteilungsgründen die zulässige Kdg erzwingen wollen oder den AG von einer solchen abhalten.

59 Die »allg Festlegung der Nutzungsbedingungen« betrifft zunächst die Modalitäten der Wohnraumnutzung, wie sie in Formularmietverträgen und Hausordnungen niedergelegt werden (Regelungen über Schönheitsreparaturen oder Reinigung des Treppenhauses). Wegen § 310 IV BGB scheidet eine AGB-Kontrolle der BV aus, auch wenn die Klausel sonst unangemessen wäre. Über die »Billigkeitskontrolle« von BV kann eine spezifische AGB-Kontrolle nicht erfolgen (§ 75 Rdn 6 f). Nutzungsbedingungen sind auch die **Grds der Mietzinsbildung** (BAG 28.7.1992, 1 ABR 22/92, EzA § 87 BetrVG 1972 Werkswohnung Nr 8). Mitbestimmungsfrei entscheidet der AG aber den »Dotierungsrahmen«, also den von ihm bewilligten Preisnachlass ggü dem allg Wohnungsmarkt. Der BR bestimmt aber die Verteilung mit, insb ob nach sozialen Gesichtspunkten gestaffelte Mieten einzuführen und wie diese zu berechnen sind (BAG 19.10.1999, 1 ABR 64/98, nv).

60 **X. Fragen der betrieblichen Lohngestaltung, insb die Aufstellung von Entlohnungsgrundsätzen und die Einführung und Anwendung von neuen Entlohnungsmethoden sowie deren Änderung.** Nr 10 zielt auf die »innerbetriebliche Lohngerechtigkeit«: Das Mitbestimmungsrecht soll »den AN vor einer einseitig an den Interessen des Unternehmers orientierten oder willkürlichen Lohngestaltung schützen. Es soll die Angemessenheit und Durchsichtigkeit des innerbetrieblichen Lohngefüges und die Wahrung der innerbetrieblichen Lohngerechtigkeit sichern« (BAG 3.12.1991, GS 2/90, EzA § 87 BetrVG 1972 Betriebliche Lohngestaltung Nr 30; 30.9.2008, 1 ABR 54/07, NZA 2009, 502, 504; 22.6.2010, 1 AZR 853/08, NZA 2010, 1243). Die betriebliche Lohngestaltung bezieht sich dabei auf die Festlegung abstrakt-genereller (kollektiver) Grundsätze zur Lohnfindung – aber nicht auf die Lohnhöhe (BAG 22.1.1980, 1 ABR 48/77, EzA § 87 BetrVG 1972 Lohn- und Arbeitsentgelt Nr 11; 11.1.2011, 1 AZR 310/09, EzA § 87 BetrVG 2001 Betriebliche Lohngestaltung Nr 24; 30.10.2012, 1 ABR 61/11, juris). Das Synallagma ist der Regelung durch TV und Arbeitsvertrag vorbehalten, wie das insb § 77 III zeigt. Zum Entgelt (»Lohn«) zählen dem Zweck der Nr 10 entspr sämtliche für die AN vermögenswerten Leistungen des AG; erfasst werden also alle Formen der Vergütung, die der AG aus Anlass des Arbeitsverhältnisses gewährt (zur Mitbestimmung bei Aktienoptionsplänen *Otto/Mückl* DB 2009, 1594 ff) – also auch die betriebliche Altersversorgung, soweit nicht Nr 8 vorgeht. Dabei kommt es nicht darauf an, ob es sich um Geld- oder Sachleistungen handelt und ob diese freiwillig, nur einmalig oder nachträglich für Leistungen der AN gewährt werden (BAG 31.5.2005, 1 ABR 22/04, EzA § 87 BetrVG 2001 Betriebliche Lohngestaltung Nr 7).

61 Nr 10 erfasst nur **kollektive Regelungsfragen**. Die individuelle Lohngestaltung mit Rücksicht auf bes Umstände des einzelnen Arbeitsverhältnisses, die keinen inneren Zusammenhang zur Entlohnung anderer AN hat, ist mitbestimmungsfrei – etwa die Nachverhandlung, um einen Abwerbeversuch abzuwehren, weil es hier um den individuellen Marktwert des AN geht. Entscheidend ist, ob es um Strukturformen des Entgelts einschließlich ihrer näheren Vollzugsformen geht. Hierfür ist die Anzahl der betroffenen AN nicht allein maßgeblich. Eine Mehrzahl ist nur Indiz dafür, dass ein kollektiver Tatbestand vorliegt. Nr 10 lässt sich durch pseudo-individuelle »Nasenprämien« nicht umgehen (nur BAG 29.2.2000, 1 ABR 4/99, EzA § 87 BetrVG 1972 Betriebliche Lohngestaltung Nr 69). Der Zusammenhang mit dem Entgeltgefüge besteht insb bei Leistungsvergütungen, weil die individuelle Leistung über die Vergütung ins Verhältnis zur Leistung derjenigen gesetzt wird, die die Zahlung nicht erhalten (BAG 14.6.1994, 1 ABR 63/93, EzA § 87 BetrVG 1972 Betriebliche Lohngestaltung Nr 45).

62 **Tarifliche Vergütungsregelungen haben Vorrang vor Nr 10**, soweit sie das Entgelt abschließend regeln, I Eingangssatz. Nr 10 bleibt aber anwendbar einmal für **tarifergänzende Regelungen:** Moderne TV geben vielfach nur das zeitbezogene Grundentgelt und den Rahmen für flexible Entgelte, insb Leistungsentgelte, vor. Auch ohne bes Öffnungsklausel greift für die Konkretisierung dann Nr 10 (*Rieble* FS Birk, 2008, 755, 764). So hat der BR über die Festlegung und Gewichtung der Kriterien für eine betriebliche Entgeltstruktur mitzubestimmen, wenn ein TV den Arbeitsvertragsparteien die Vereinbarung des Entgelts überlässt, ohne selbst eine Entgeltordnung aufzustellen (BAG 14.12.1993, 1 ABR 31/93, EzA § 87 BetrVG 1972 Betriebliche Lohngestaltung Nr 43). Sieht der TV für einen Nachtarbeitszuschlag nur einen Zeitrahmen vor, ist die Festlegung der Zeitspanne, für die der Nachtzuschlag gezahlt werden soll, mitbestimmungspflichtig (BAG 21.9.1993, 1 ABR 16/93, EzA § 87 BetrVG 1972 Nr 19). Soweit der TV vorgegebene Entgeltbestandteile ggü der BV dispositiv stellt (**Öffnungsklausel**) – meist bei Einmalzahlungen, ist deren Abbedingung mitbestimmt. Vielfach sehen TV insoweit nur die freiwillige BV vor, wollen also – zulasten

des AG – die Einigungsstelle ausschalten. Das verstößt gegen das Prinzip, dass dem BR kein Vetorecht zukommen darf (Rdn 5).

Das Günstigkeitsprinzip beschränkt den TV auf Mindestentgelte (Grundlagen TVG Rdn 10). Das **übertarifliche Entgelt** ist deswegen notwendig mitbestimmt. Der TV kann insoweit auch keine Strukturvorgaben machen, die der Mitbestimmung nach dem Eingangssatz vorgingen (*Rieble* FS Konzen, 2006, 809 ff). Zur Regelung durch BV nach der Vorrangtheorie § 77 Rdn 28. 63

Das **außertarifliche Entgelt** – also für AN außerhalb tariflichen Geltungsbereichs (insb AT-Mitarbeiter, dazu BAG 18.5.2010, 1 ABR 96/08, NZA 2011, 171; 23.3.2010, 1 ABR 82/08, DB 2010, 1765) – ist mitbestimmt, soweit es nicht um Leitende iSv § 5 III geht. Der AG kann für tariffreie AN ein eigenes Vergütungssystem errichten. Dieses unterfällt entgegen dem BAG (Rdn 12) Nr 10, weil der Tarifvorrang des Eingangssatzes nur so weit reichen kann wie die Tarifgeltung. **Flieht der AG aus dem TV**, entfällt der Tarifvorrang mit dem Ende der Nachbindung des § 3 III TVG. Im Nachwirkungszeitraum des § 4 V TVG kann der AG das dispositiv gewordene Vergütungssystem nur mit dem BR nach Maßgabe von Nr 12 beseitigen. Fälschlich meint das BAG aber, der nachwirkende TV wirke bis zur Mitbestimmung über Nr 10 auch für Neueingestellte (kritisch auch *Wiese* RdA 2012, 332, 335 f mwN). 64

Entlohnungsgrds meint das **Entgeltsystem** für Betrieb, Betriebsabteilungen oder Gruppen von AN (Bsp: GK-BetrVG/*Wiese* § 87 Rn 900 ff). **Aufstellung** iSd Nr 10 ist nicht nur die (erstmalige) Einführung, sondern jede Änderung, wie der Wechsel des Entlohnungsgrds (*Löwisch/Kaiser* § 87 Rn 227). Obwohl Nr 10 innerbetrieblicher Lohngerechtigkeit dient, also auf eine vergleichende Bewertung des gesamten Entgeltgefüges in Betrieb oder Unternehmen zielt, wird die Mitbestimmung durch bestehende **getrennte Entgeltsysteme** (etwa nach einem Betriebsübergang oder für Vertrieb und Innendienst) gemindert. Diese Systementscheidung ist mitbestimmungsfrei, weswegen der BR nicht das Verhältnis der Entgeltsysteme zueinander kontrollieren kann (BAG 19.9.1995, 1 ABR 20/95, EzA § 87 BetrVG 1972 Betriebliche Lohngestaltung Nr 53). Zur Mitbestimmung bei **Zielvereinbarungen** *Rieble/Gistel* BB 2004, 2462 ff. **Entlohnungsmethoden** betreffen das **Verfahren** zur Anwendung der Entlohnungsgrds (Einzelheiten bei *Löwisch/Kaiser* § 87 Rn 228). Nr 10 erfasst auch hier Einführung, Anwendung sowie Änderung (ErfK/*Kania* § 87 Rn 102). 65

Weil die Entgelthöhe als Teil des Synallagma mitbestimmungsfrei ist, die Entgeltverteilung auf die AN aber als innerbetriebliche Entgeltgerechtigkeit von Nr 10 erfasst wird, führt Nr 10 zu einer **komplexen Teilmitbestimmung** – innerhalb des einheitlichen Vergütungssystems. Das betrifft nicht nur das **übertarifliche Entgelt**, sondern auch das außertarifliche Entgelt und tariffreie Betriebe. Nach der »**Topftheorie**« legt der AG frei fest, wie groß der Topf ist (**Gesamtvolumen**, finanzielle Grundausstattung, Dotierungsrahmen), was er darin kocht (Widmung der Entgeltleistung, etwa: Leistungszulage) und für wen er kocht (abstrakte Festlegung des begünstigten Personenkreises, etwa des Vertriebs). Die **Verteilung** des Topfinhalts (des vorgegebenen Volumens innerhalb des vorgegebenen Zwecks) an die AN ist mitbestimmungspflichtig. **Der AG ist demnach in 4-facher Beziehung frei: Ob** er finanzielle Mittel zur Verfügung stellt, **in welchem Umfang** er das tun will, welche **Vergütungsform** er wählt, und welchen **AN-Kreis** er begünstigt. Innerhalb dieses Rahmens hat der BR mitzubestimmen. Dazu gehört auch die Gestaltung des »Leistungsplanes« (BAG 12.6.1975, 3 ABR 13/74, EzA § 87 BetrVG 1972 Lohn- und Arbeitsentgelt Nr 4 für die betriebliche Altersversorgung). Soweit mitbestimmungsfreie und mitbestimmungspflichtige Entgeltfragen untrennbar verbunden sind, deckt die Teilmitbestimmung der Regelung auch der mitbestimmungsfreien Entgelthöhe. Die bloß lineare Erhöhung einer bestehenden übertariflichen Leistung ist vollständig mitbestimmungsfrei; insofern scheidet (ohne Öffnungsklausel) auch die freiwillige BV aus. Für die Verteilungsfrage hat der BR auch ein **Initiativrecht**, mit dem er die Neuverteilung des Gesamtvolumens anstreben kann – nicht aber dessen Erhöhung. 66

Mitbestimmungsfrei ist die **Abschaffung freiwilliger (übertariflicher) Leistungen**, weil sich dann keine Verteilungsfrage mehr stellt. Für die nach Nr 10 maßgebende Frage, welchen **Regelungsspielraum** der AG hat, kommt es auf die Rechtsgrundlage der Leistung an. Für individualarbeitsrechtlich erbrachte Leistungen entscheidet dies die vertragliche Bindung (nicht bei echtem »Freiwilligkeitsvorbehalt«), insb ob die Leistung unter wirksamem Widerrufsvorbehalt steht (§ 315 BGB) oder ob eine Änderungskdg erforderlich ist. Erbringt der AG die freiwillige Leistung auf der Basis einer BV, kann er diese grds nachwirkungslos kündigen; die BV kennt keinen Bestandsschutz (zur vereinbarten Nachwirkung § 77 Rdn 21). 67

Mitbestimmungsfrei ist an sich auch die **Kürzung** solcher Leistungen – also die Verkleinerung des »Topfes«. Doch ist die **Umsetzung** der Gesamtkürzung auf die einzelnen AN eine Neuverteilung – und daher mitbestimmungspflichtig (BAG 3.12.1991, GS 2/90, EzA § 87 BetrVG 1972 Betriebliche Lohngestaltung Nr 30). Das Verhältnis von teilweiser Mitbestimmungspflicht zu teilweiser Mitbestimmungsfreiheit bei einem einheitlichen Vorgang ist das eigentliche Problem – sog **teilmitbestimmte Kürzung freiwilliger** 68

Leistungen. Insofern kann die Unwirksamkeit der Änderung einer Entgelt- oder Vergütungsordnung systemwidrig dazu führen, dass den AN (auch den neu eingestellten) eine höhere Vergütung zusteht (BAG 11.6.2002, 1 AZR 390/01, EzA § 87 BetrVG Betriebliche Lohngestaltung Nr 76). Der AG darf das Mitbestimmungsrecht auch nicht dadurch umgehen, dass er für den Fall abw Vorstellungen des BR eine mitbestimmungsfreie Vollanrechnung vorsieht (BAG 26.5.1998, 1 AZR 704/97, EzA § 87 BetrVG 1972 Betriebliche Lohngestaltung Nr 65). Der AG kann aber stets (vorläufig) mitbestimmungsfrei linear (also prozentual) kürzen (BAG 3.12.1991, GS 2/90, EzA § 87 BetrVG 1972 Betriebliche Lohngestaltung Nr 30 LS 2). Zur Nachwirkung einer teilmitbestimmten Zulagenregelung als Ausgleich für Schichtarbeit vgl § 77 Rdn 25.

69 Sonderfall der Kürzung ist die **Anrechnung** einer **Tarifentgelterhöhung** auf eine **übertarifliche Zulage**: Nr 10 greift, wenn sich durch die Anrechnung die bisherigen Verteilungsgrds ändern. Das ist bei einer prozentual gleichmäßigen Anrechnung der Fall, wenn die Zulagen nicht in einem einheitlichen und gleichmäßigen Verhältnis zum Tarifentgelt stehen. Bei einer Änderung der Verteilungsgrds ist die Anrechnung nur mitbestimmungsfrei, wenn die Tariferhöhung iRd rechtlich und tatsächlich Möglichen vollständig und gleichmäßig auf die übertarifliche Zulage angerechnet wird (BAG GS 3.12.1991, GS 2/90, EzA § 87 BetrVG 1972 Betriebliche Lohngestaltung Nr 30). Mehr als die Tariferhöhung kann der AG nicht anrechnen, weil dem AN der Anspruch auf die um die Tarifentgelterhöhung gekürzte Zulage verbleibt. Insoweit fehlt dem AG derjenige Spielraum, den das Mitbestimmungsrecht voraussetzt (BAG 24.4.2001, 1 AZR 583/00, EzA § 87 BetrVG 1972 Betriebliche Lohngestaltung Nr 71; 9.11.2005, 5 AZR 595/04, EzA § 4 TVG Tariflohnerhöhung Nr 45). Verletzt der AG das Mitbestimmungsrecht des BR, führt dies insgesamt zur Unwirksamkeit der Anrechnung (BAG 21.1.2003, 1 AZR 125/02, EzA TVG § 4 Lohnerhöhung Nr 41). Sieht ein **TV eine Lohnerhöhung in 2 Stufen** vor, sind die Nichtanrechnung der 1. und die vollständige Anrechnung der 2. Stufe auf übertarifliche Zulagen nur dann mitbestimmungspflichtig, wenn sie auf einer einheitlichen Entscheidung des AG beruhen. Ob ein einheitliches Anrechnungskonzept vorliegt, ist Frage des Einzelfalls – das BAG hebt insb auf die zeitliche Nähe der Anrechnungsmaßnahmen ab (BAG 8.6.2004, 1 AZR 308/03, EzA § 87 BetrVG 2001 Betriebliche Lohngestaltung Nr 5; 10.3.2009, 1 AZR 55/08, EzA § 87 BetrVG 2001 Betriebliche Lohngestaltung Nr 18). Ist dem AG nach dem Arbeitsvertrag nicht gestattet, übertarifliche Zulagen auf den Tariflohn anzurechnen, so stellt sich keine Verteilungsfrage – allerdings impliziert zumindest die nicht zweckgebunde Zulage einen Anrechnungsvorbehalt, auch wenn dieser nicht ausdrücklich vereinbart wird (BAG 27.8.2008, 5 AZR 820/07, EzA § 4 TVG Tariflohnerhöhung Nr 49). Wenn der AG die Zulage **vertragswidrig anrechnet**, greift Nr 10 nicht (BAG 7.2.1996, 1 AZR 657/95, EzA § 87 BetrVG 1972 Betriebliche Lohngestaltung Nr 55).

70 Die Mitbestimmungsfreiheit bewirkt eine Erleichterung vor allem für tarifgebundene AG, weil das tarifliche und das übertarifliche Entgelt getrennt gesehen werden. Für **tariffreie AG** ist die Vergütung grds ein Gesamtsystem, sodass auch die Streichung einzelner Leistungen stets eine Verteilungsfrage auslöst (BAG 28.2.2006, 1 ABR 4/05, EzA § 87 BetrVG 2001 Betriebliche Lohngestaltung Nr 9; 26.8.2008, 1 AZR 354/07, EzA § 87 BetrVG 2001 Betriebliche Lohngestaltung Nr 16). Indes kann der AG dem durch Vertragsgestaltung ausweichen, indem er ein festes, vertraglich zugesagtes Grundentgelt schafft, sodass dieses vom Zusatzentgelt systemisch getrennt ist.

71 Zu Nr 10 bei **Entgeltumwandlung** Hanau/Arteaga/Rieble/Veit/*Rieble* Entgeltumwandlung, 2014, Rn 385 ff.

72 **XI. Festsetzung der Akkord- und Prämiensätze und vergleichbarer leistungsbezogener Entgelte, einschließlich der Geldfaktoren.** Beim Leistungslohn, bei dem die Entgelthöhe von der Arbeitsleistung des AN abhängt (insb Akkord- und Prämienlohn), durchbricht das BetrVG den Grundsatz mitbestimmungsfreier Entgelthöhe. Insofern geht es um die spezifische Gefahr, dass der AN an einer überhöhten »100 %-Leistung« gemessen wird und deshalb systematisch überfordert und selbstausbeutet wird. Insofern geht es mittelbar auch um die Abwehr von Gesundheitsschäden durch Selbstausbeutung. Nr 11 gibt dem BR ein Mitbestimmungsrecht für die abstrakt-generelle Festsetzung der einzelnen Sätze des Leistungsentgeltsystems. Nr 11 schützt also nicht die Lohngerechtigkeit wie Nr 10, es geht um die regelnde Mitbeurteilung der Grundlagen für Ermittlung und Bewertung der zu vergütenden Leistung (BAG 13.9.1983, 1 ABR 32/81, EzA § 87 BetrVG 1972 Leistungslohn Nr 8). Auf der anderen Seite macht die Mitbestimmung solche Entgeltsysteme unattraktiv, weil der BR über Nr 11 eine Entgeltdrift auslösen kann.

73 **Leistungsentgelt** ist nur solches Entgelt, bei dem die Leistung des AN an einer »Normalleistung« (100 %) gemessen wird – insb (aber nicht nur) Akkord und Prämie (zu Einzelheiten GK-BetrVG/*Wiese* § 87 Rn 970 ff). Nr 11 erfasst diese Bezugsgröße und insofern die Entgelthöhe. Mitbestimmt ist beim

Akkordlohn die Festsetzung der **Akkordsätze**, also **alle Bezugsgrößen** für die Entgeltberechnung, namentlich die Festsetzung des Geldwerts beim Geldakkord für die jeweilige Leistungseinheit und die Bestimmung des Zeit- und Geldfaktors beim Zeitakkord (ErfK/*Kania* § 87 Rn 121). »**Festsetzung**« meint sowohl die generellen Akkordvorgaben als auch die Festsetzung jedes einzelnen Akkordsatzes (BAG 28.7.1981, 1 ABR 56/78, EzA § 87 BetrVG 1972 Leistungslohn Nr 4). Nr 11 erfasst **nicht die individuelle Entgeltberechnung**, sondern nur die abstrakte Berechnung des Akkordsatzes für ein bestimmtes Arbeitsvorhaben und einen bestimmten Arbeitsplatz. Nur eine Änderung des Akkordsatzes, nicht aber der Wechsel des Arbeitsplatzinhabers löst Nr 11 aus (*Löwisch/Kaiser* § 87 Rn 252).

Der BR kann über den **Geldfaktor** (sofern keine tarifliche Regelung besteht) Einfluss auf die Entgelthöhe nehmen (nur BAG 15.5.2001, 1 ABR 39/00, EzA § 87 BetrVG 1972 Leistungslohn Nr 18). Ihm ist es verwehrt, vom AG die Zahlung **zusätzlicher leistungsbezogener Entgelte** zu verlangen (ErfK/*Kania* § 87 Rn 122). Deshalb ist der AG an einen Spruch der Einigungsstelle über den Geldfaktor nur so lange gebunden, wie er überhaupt Leistungslohn gewährt (BAG 16.12.1986, 1 ABR 26/85, EzA § 87 BetrVG 1972 Leistungslohn Nr 14). Der AG kann sich also Nr 11 dadurch entziehen, dass er statt des Leistungslohnsystems ein anderes, insb ein Zeitlohnsystem einführt. 74

Prämienentgelt vergütet eine **zusätzliche Leistung des AN** – zusätzlich zur Grundvergütung. Diese zusätzliche Leistung besteht je nach Prämie darin, dass eine höhere Qualität erzielt, weniger Ausschuss produziert, eine Maschine stärker ausgelastet, eine Arbeitsaufgabe in kürzerer Zeit erledigt, mehr Energie gespart oder größerer Materialabfall vermieden wird. Nr 11 greift wiederum nur, sofern die zusätzliche Leistung an einer Normalleistung gemessen wird. Ob das Arbeitsverhalten des AN zu kürzeren Stillstandszeiten einer Maschine führt, lässt sich nur im Vergleich zur regulären Stillstandszeit feststellen. Nr 11 ist auf die Bestimmung dieser Ausgangsgröße oder Bezugsleistung gerichtet (BAG 28.7.1981, 1 ABR 56/78, EzA § 87 BetrVG 1972 Leistungslohn Nr 4). 75

Vergleichbare leistungsbezogene Entgelte sind nach st Rspr solche Vergütungen, bei denen die Leistung des AN gemessen und mit einer **Bezugsleistung** verglichen wird, und bei denen sich die Höhe der Vergütung unmittelbar nach dem Verhältnis beider Leistungen zueinander bestimmt (BAG 26.7.1988, 1 AZR 54/87, EzA § 87 BetrVG 1972 Leistungslohn Nr 16; 29.2.2000, 1 ABR 4/99, EzA § 87 BetrVG 1972 Betriebliche Lohngestaltung Nr 69). Nach der Rspr fehlt es etwa an der Vergleichbarkeit einer leistungsbezogenen Vergütungsform mit Akkord- und Prämienlohn, wenn eine in der Vergangenheit kurzfristig gezeigte Mehrleistung später unabhängig von der dann jeweils aktuellen Arbeitsleistung die Höhe des Entgelts bestimmt (BAG 15.5.2001, 1 ABR 39/00, EzA § 87 BetrVG 1972 Leistungslohn Nr 18). 76

Nicht unter Nr 11 fällt auch die **Gewinn-/Umsatzbeteiligung** von AN, weil sie nicht an die individuelle Arbeitsleistung anknüpft. Ebenso wenig greift Nr 11 bei **Abschlussprovisionen**, weil sie anders als Akkord und Prämie nicht an eine »Normalleistung« des AN anknüpfen. **Stücklohn** fällt nicht unter Nr 11, wenn der AN nicht an eine Vorgabezeit gebunden ist (wie Zeitungszusteller). Schließlich fallen unter Nr 11 auch keine Zulagen, die von einer **Leistungsbeurteilung** abhängen, weil der unmittelbare Bezug zwischen Leistung und Entgelt durch die zwischengeschaltete Beurteilung entfällt. Ob ein Mitbestimmungsrecht nach Nr 11 bei **Zielvereinbarungsvergütungen** besteht, hat das BAG offengelassen (21.10.2003, 1 ABR 39/02, EzA § 80 BetrVG 2001 Nr 3). Auch hier fehlt es am Unmittelbarkeitszusammenhang, Nr 11 scheidet aus (*Rieble/Gistel* BB 2004, 2462, 2463; ErfK/*Kania* § 87 Rn 127). 77

XII. Grds über das betriebliche Vorschlagswesen. Nach Nr 12 sind (nur) die Grds des betrieblichen Vorschlagswesens (»Ideenmanagement«) mitbestimmt. Das sind allg abstrakt-generelle Richtlinien zur Behandlung von Verbesserungsvorschlägen, die geeignet sind, das Geschehen so zu ordnen und zu verfestigen, dass es in vorhersehbaren und nachprüfbaren Bahnen verläuft (BAG 28.4.1981, 1 ABR 53/79, EzA § 87 BetrVG 1972 Vorschlagswesen Nr 2). Nr 12 schützt den AN, indem es die Berücksichtigung seiner Initiative und damit seiner Leistung transparent macht und fördert die Persönlichkeitsentfaltung durch Motivation (BAG 28.4.1981, 1 ABR 53/79, aaO). 78

Verbesserungsvorschlag iSd betrieblichen Vorschlagswesens ist jede **Anregung** technischer, sozialer oder organisatorischer Art, die – würde sie verwirklicht – den Ist-Zustand verbessert und sich nicht in destruktiver Kritik erschöpft. Er kann auf Vereinfachung, Erleichterung, Beschleunigung oder sicherer Gestaltung der betrieblichen Arbeit zielen wie auf Förderung der menschlichen Zusammenarbeit (*Rieble/Gistel* DB 2005, 1382). Erfasst werden nur frei(willig)e Verbesserungsvorschläge, die eine zusätzliche Leistung des AN darstellen; hiervon zu unterscheiden sind dienstliche Verbesserungsvorschläge iRd Arbeitsleistung (ArbG Elmshorn 24.4.1995, 1b BV 33/95, AiB 1995, 675). Ob sich der Verbesserungsvorschlag auf den eigenen Aufgabenbereich bezieht, auf einen fremden oder auf einen Grenzbereich, spielt keine Rolle (*Rieble/Gistel* DB 2005, 1382). 79

80 Das **ArbNErfG geht** nach I Eingangssatz Nr 12 **vor**: Die echte **AN-Erfindung** ist der Mitbestimmung entzogen ist, weil das ArbNErfG abschließend Verfahren und Vergütung regelt. Für den qualifizierten Verbesserungsvorschlag gilt das für den **Anspruch auf angemessene Vergütung**; er belässt dem AG keinen Regelungsspielraum; »angemessen« ist ein von den Gerichten überprüfbarer Rechtsbegriff – also keine Regelungsfrage. Für **einfache sowie nichttechnische Verbesserungsvorschläge** greift das ArbNErfG nicht, weswegen Nr 12 nicht gesperrt ist (BAG 4.7.1989, 1 ABR 40/88, EzA § 87 BetrVG 1972 Betriebliche Lohngestaltung Nr 24).

81 Mitbestimmt sind **Verwaltung, Organisation und Verfahren** des Vorschlagswesens. Insofern geht es nicht um mitbestimmungsfreie Arbeitsorganisation. Damit kann der BR erreichen, dass Verbesserungsvorschläge gleichförmig und gerecht behandelt werden. Unstreitig von Nr 12 umfasst ist die **Regelung der Ablauforganisation** (Einreichen des Vorschlags, Form und Annahme). Der BR bestimmt auch mit, ob eine »Kommission« oder ein »Bewertungsausschuss« eingerichtet wird und nach welchen abstrakten Regeln diese/r zu besetzen ist (BAG 28.4.1981, 1 ABR 53/79, EzA § 87 BetrVG 1972 Vorschlagswesen Nr 2). Entscheidend ist, dass der **AG über die Annahme des Verbesserungsvorschlages frei entscheidet** – und zwar sowohl hins der Umsetzung wie der Vergütung. Nr 12 deckt zwar **abstrakt-generelle BewertungsRL** (BAG 20.1.2004, 9 AZR 393/03, EzA § 87 BetrVG 2001 Schiedsgutachten Nr 1). Ein Leistungsbestimmungsrecht der Bewertungskommission nach § 317 BGB kann nur freiwillig vereinbart werden; jede Mitbestimmung von **Verwertung und Vergütung** ist systemwidrig (*Rieble/Gistel* DB 2005, 1382, 1384).

82 Nr 12 deckt auch **Vergütungsgrds** für vom AG verwertete Verbesserungsvorschläge, wobei die Zuordnung auch zu Nr 10 erfolgen kann (*Rieble/Gistel* DB 2005, 1382, 1385), weil es um Verteilungsgerechtigkeit geht. Der BR bestimmt mit über Grds und Methoden für die Bemessung der Vergütung (BAG 28.4.1981, 1 ABR 53/79, EzA § 87 BetrVG 1972 Vorschlagswesen Nr 2): Wahl des Vergütungssystems, Methoden der Prämienbemessung, Bewertungsgrds, insb Verfahren, um den Nutzen zu ermitteln, Verteilung der Prämie bei Gruppenvorschlägen, Prämienart (Geld- oder Sachprämie). Die Entscheidung über das »Ob« der Vergütung eines angenommenen Vorschlags ist an sich mitbestimmungsfrei. Doch steht die **»prinzipielle Vergütungspflicht«** bereits fest: bei qualifizierten Verbesserungsvorschlägen nach §§ 9 ff, 20 ArbNErfG, bei nicht-technischen und einfachen Verbesserungsvorschlägen nach BAG aus einem individualrechtlichen Anspruch aus § 242 BGB (BAG 20.1.2004, 9 AZR 393/03, EzA § 87 BetrVG 2001 Schiedsgutachten Nr 1), soweit der verwertete Vorschlag eine Leistung bes, insb schöpferischer Art, ist, über die übliche Arbeitsleistung hinausgeht und dem AG einen nicht unerheblichen Vorteil bringt.

83 Nr 12 deckt ein **Initiativrecht des BR**, wenn »dafür ein Bedürfnis besteht«, was der BR nach pflichtgemäßem Ermessen bejaht (BAG 28.4.1981, 1 ABR 53/79, EzA § 87 BetrVG 1972 Vorschlagswesen Nr 2). Der AG kann dem BR aber wegen seiner Kostenpflicht fehlende Erforderlichkeit entgegenhalten (*Rieble/Gistel* DB 2005, 1382).

84 **XIII. Grds über die Durchführung von Gruppenarbeit.** Gruppenarbeit liegt vor, wenn eine Gruppe von AN eine ihr übertragene Gesamtaufgabe iW eigenverantwortlich erledigt. Bei der Gruppenarbeit delegiert der AG Teile seines Direktionsrechts auf die Gruppe, die sich autonom selbst steuert. Darin liegt der Unterschied zur **Arbeitsgruppe des § 28a**, bei der der BR seine Kompetenzen auf die Gruppe delegiert. Die »**Gruppe**« muss mindestens 3 Mitglieder haben und ihre Aufgabenerledigung selbst organisieren; ihr müssen »Vorgesetztenkompetenzen« übertragen worden sein (*Löwisch* BB 2001, 1790, 1792). Grund für das Mitbestimmungsrecht ist die Gefahr einer Selbstausbeutung, aber auch der (organisatorische) Schutz schwacher AN vor dem Gruppendruck. Auf der anderen Seite ist Autonomisierung erwünscht, § 75 II (*Wiese* BB 2002, 198, 199).

85 **Mitbestimmungsfrei** nach Nr 13 (zu anderen Mitbestimmungsrechten *Rose* FS Goos, 2009, 79, 88 ff) ist die Arbeitsorganisationsentscheidung des AG, **Gruppenarbeit einzuführen** oder **abzuschaffen**. Nr 13 beschränkt sich auf die **Durchführung**. Nr 13 ist mithin keine »unpraktikable, diffuse Generalklausel« (*Wiese* BB 2002, 198, 200). Zur mitbestimmungsfreien Arbeitsorganisation gehören auch die Festlegung der übertragenen Gesamtaufgabe, die Dauer, Größe und personelle Zusammensetzung der Gruppe. Insofern kommt nur eine Versetzungsmitwirkung nach § 99 in Betracht. Mitbestimmt sind auch nur die **Grds** der Durchführung, also muss sich der BR auf abstrakt-generelle Regelungen beschränken, die ggü dem AG nur RLwirkung haben und sein Recht zur Leitung des Betriebes (§ 77 I 2) nicht antasten. Insofern geht es vor allem um interne Organisationsfragen, etwa die Einsetzung eines Arbeitsgruppensprechers, Mitwirkung der Gruppenmitglieder bei Gruppenentscheidungen, Zusammenarbeit der Gruppenmitglieder und das Verfahren zur Beilegung von Meinungsverschiedenheiten in der Gruppe (*Wiese* BB 2002, 198, 201; *Löwisch* BB 2001, 1790, 1792).

§ 88 Freiwillige Betriebsvereinbarungen
Durch Betriebsvereinbarung können insbesondere geregelt werden
1. zusätzliche Maßnahmen zur Verhütung von Arbeitsunfällen und Gesundheitsschädigungen;
1a. Maßnahmen des betrieblichen Umweltschutzes;
2. die Errichtung von Sozialeinrichtungen, deren Wirkungsbereich auf den Betrieb, das Unternehmen oder den Konzern beschränkt ist;
3. Maßnahmen zur Förderung der Vermögensbildung;
4. Maßnahmen zur Integration ausländischer Arbeitnehmer sowie zur Bekämpfung von Rassismus und Fremdenfeindlichkeit im Betrieb.

Nach § 88 können die Betriebsparteien über die zwingende Mitbestimmung des § 87 hinaus weitere **soziale Angelegenheiten** durch BV freiwillig regeln – also ohne dass dies über die Einigungsstelle erzwungen werden könnte. Insofern ist § 88 von der freiwilligen Erweiterung der Mitbestimmung abzugrenzen (§ 87 Rdn 7). Die Aufzählung der Regelungsgegenstände ist **nicht abschließend** (»insb«), sondern gibt nur Bsp (BAG 7.11.1989, GS 3/85, EzA § 77 BetrVG 1972 Nr 34; 14.3.2012, 7 AZR 147/11, juris). Freiwillige Regelungen sind auch als Regelungsabrede möglich. 1

Nach dem BAG betrifft die Regelungsbefugnis inhaltlich **alle** – materiellen und formellen – Angelegenheiten (Rückschluss aus § 77 III). Das ist mit der systematischen Stellung des § 88 im Abschnitt »Soziale Angelegenheiten« und der Funktion des BR nicht zu vereinbaren. Die Vorschrift ist zu lesen: »Durch BV können **soziale Angelegenheiten** geregelt werden, insb ...« (ebenso *Rieble* NZA 2003, 1243, 1245; *Löwisch/Kaiser* § 88 Rn 1; GK-BetrVG/*Wiese* § 88 Rn 10 mwN). Diesen Gegenschluss belegt insb § 95 I und II, der in personellen Angelegenheiten nur die dort genannten RL vorsieht. Auch in wirtschaftlichen Angelegenheiten ist keine verbindliche Regelung möglich – etwa kann der kraft Gesetzes unverbindliche Interessenausgleich (§§ 112, 112a Rdn 6) nicht zur BV erhoben werden. Richtigerweise betrifft er schon keine Arbeitsbedingungen. Deswegen kann der AG sich nicht durch BV zur Einrichtung einer rechtlich selbstständigen Beschäftigungsgesellschaft verpflichten. Das ist auch keine Sozialeinrichtung iSv Nr 2. Auch ein Beschäftigungsbetrieb (betriebsorganisatorisch eigenständige Einrichtung nach § 216b SGB III aF, seit 1.4.2012: § 111 SGB III) ist keine soziale Angelegenheit, sondern eine wirtschaftliche. Betriebliche **Unkündbarkeitsregelungen** sind entgegen dem BAG nicht von der Regelungsbefugnis gedeckt; insofern handelt es sich zuerst um eine personelle Angelegenheit (arg § 102 VI), für die das BetrVG gerade keine allg Regelungsbefugnis vorsieht (*Rieble* NZA 2003, 1243, 1245). 2

§ 88 erlaubt nicht nur die inhaltliche Regelung sozialer Angelegenheiten, sondern auch dazu gehörende betriebsverfassungsrechtliche Fragen. Dementspr ist die Erweiterung des **Mitbestimmungskataloges** in § 87 I um **konkrete soziale Angelegenheiten** möglich, aber weder eine um Mitbestimmungsgeneralklauseln noch sonstige betriebsverfassungsrechtliche Regeln, die die Rechtsstellung der Organe des BetrVG zueinander regeln (umfassend *Löwisch* ArbuR 1978, 97 ff). In Organisationsfragen bedarf es einer punktuellen Ermächtigung, wie § 3 II. 3

Ein **Zwang zum Abschluss** einer BV nach § 88 besteht nicht. AG und BR können sich aber freiwillig der Einigungsstelle als Schlichtungsinstanz bedienen, § 76 VI. 4

Auch freiwillige BV setzen einen **kollektiven Tatbestand** voraus. Der BR ist nicht Helfer einzelner AN in individualvertraglichen Angelegenheiten. Freiwillige BV müssen die **Tarifsperre des § 77 III** beachten (§ 77 Rdn 25–29). Im Verhältnis zum Arbeitsvertrag greift das – im BetrVG nicht eigens geregelte – **Günstigkeitsprinzip**. Die BV kann mit einer Regelung von Individualarbeitsbedingungen nicht in den vertraglichen Besitzstand des AN eingreifen. Zudem misst das BAG (auch freiwillige) BV an ihrer Schutzfunktion: Sie dürfen sich nicht in einer Belastung der AN erschöpfen (BAG 5.3.1959, 2 AZR 268/56, AP BGB § 611 Fürsorgepflicht Nr 26). Als Binnenschranke der freiwilligen BV fungiert § 75, der die Betriebsparteien an die Grds von Recht und Billigkeit bindet, wozu auch die durch Art 12 GG geschützte Berufsfreiheit der AN gehört (BAG 7.6.2011, 1 AZR 807/09, EzA § 88 BetrVG 2001 Nr 3). 5

Beendete freiwillige BV **wirken nicht nach**, § 77 VI, wenn das nicht bes vereinbart ist (§ 77 Rdn 21). 6

Nr 1 ergänzt § 87 I Nr 7: Fehlen Vorschriften zur **Verhütung** von **Arbeitsunfällen** oder **Gesundheitsschäden**, können die Betriebspartner zusätzliche Maßnahmen durch BV regeln – etwa die Einführung von Reihenuntersuchungen, die Durchführung von Vorsorge- und Rehabilitationsmaßnahmen (ErfK/*Kania* § 88 Rn 3; *Löwisch* DB 1987, 936 ff). Zum anderen begrenzt Nr 1 auch § 87 I Nr 7 (§ 87 Rdn 44). 7

Nr 1a ergänzt § 89, schafft aber **kein systemwidriges allg umweltpolitisches Mandat** des BR. Freiwillige BV über **Maßnahmen des betrieblichen Umweltschutzes** müssen die AN betreffen (*Löwisch/Kaiser* § 88 Rn 5). 8

Nr 2 ergänzt das Mitbestimmungsrecht nach **§ 87 I Nr 8**, das »nur« das »Wie«, also die Form, Ausgestaltung und Verwaltung von **Sozialeinrichtungen**, der betrieblichen Mitbestimmung unterwirft. Das »Ob« 9 der Entscheidung über eine Sozialeinrichtung liegt grds beim AG; er kann sich in einer freiwilligen BV zur Errichtung einer Sozialeinrichtung verpflichten und Zweckbestimmung und Dotierung der Sozialeinrichtung erfassen. Will der AG die Einrichtung schließen oder die Zweckbestimmung ändern, muss er die BV kündigen (HWK/*Clemenz* § 88 Rn 18).

10 **Nr 3** stellt klar, dass die Betriebsparteien andere Formen der **Vermögensbildung** vereinbaren können, als sie im Vermögensbildungsgesetz vorgesehen sind – wie die Ausgabe von Belegschaftsaktien (BAG 28.11.1989, 3 AZR 118/88, EzA § 315 BGB Nr 37). Die Vorschrift ist keine Eingriffsermächtigung gegenüber AN (*Waas* BB-Beilage 1/2009, 27, 28) – weswegen der BR die Belegschaft nicht zwangsweise am Kapital beteiligen kann.

11 **Nr 4** ergänzt § 80 I Nr 7. **Integration ausländischer AN und Bekämpfung von Rassismus und Fremdenfeindlichkeit** kann auch durch BV geregelt werden. Verhaltensregeln rechnen zu § 87 I Nr 1. Praktisch werden Sprachkursangebote.

§ 89 Arbeits- und betrieblicher Umweltschutz

(1) ¹Der Betriebsrat hat sich dafür einzusetzen, dass die Vorschriften über den Arbeitsschutz und die Unfallverhütung im Betrieb sowie über den betrieblichen Umweltschutz durchgeführt werden. ²Er hat bei der Bekämpfung von Unfall- und Gesundheitsgefahren die für den Arbeitsschutz zuständigen Behörden, die Träger der gesetzlichen Unfallversicherung und die sonstigen in Betracht kommenden Stellen durch Anregung, Beratung und Auskunft zu unterstützen.
(2) ¹Der Arbeitgeber und die in Absatz 1 Satz 2 genannten Stellen sind verpflichtet, den Betriebsrat oder die von ihm bestimmten Mitglieder des Betriebsrats bei allen im Zusammenhang mit dem Arbeitsschutz oder der Unfallverhütung stehenden Besichtigungen und Fragen und bei Unfalluntersuchungen hinzuzuziehen. ²Der Arbeitgeber hat den Betriebsrat auch bei allen im Zusammenhang mit dem betrieblichen Umweltschutz stehenden Besichtigungen und Fragen hinzuzuziehen und ihm unverzüglich die den Arbeitsschutz, die Unfallverhütung und den betrieblichen Umweltschutz betreffenden Auflagen und Anordnungen der zuständigen Stellen mitzuteilen.
(3) Als betrieblicher Umweltschutz im Sinne dieses Gesetzes sind alle personellen und organisatorischen Maßnahmen sowie alle die betrieblichen Bauten, Räume, technische Anlagen, Arbeitsverfahren, Arbeitsabläufe und Arbeitsplätze betreffenden Maßnahmen zu verstehen, die dem Umweltschutz dienen.
(4) An Besprechungen des Arbeitgebers mit den Sicherheitsbeauftragten im Rahmen des § 22 Abs. 2 des Siebten Buches Sozialgesetzbuch nehmen vom Betriebsrat beauftragte Betriebsratsmitglieder teil.
(5) Der Betriebsrat erhält vom Arbeitgeber die Niederschriften über Untersuchungen, Besichtigungen und Besprechungen, zu denen er nach den Absätzen 2 und 4 hinzuzuziehen ist.
(6) Der Arbeitgeber hat dem Betriebsrat eine Durchschrift der nach § 193 Abs. 5 des Siebten Buches Sozialgesetzbuch vom Betriebsrat zu unterschreibenden Unfallanzeige auszuhändigen.

1 I 1 regelt das Recht und die Pflicht des BR, sich für den **Arbeitsschutz** und die **Unfallverhütung im Betrieb** einzusetzen, und ergänzt damit §§ 80 I Nr 1 und 9, 87 I Nr 7, 88 Nr 1 oder §§ 90, 91. Arbeitsschutz ist weit zu verstehen: Erfasst sind nicht nur die Vorschriften zur Verhütung von Arbeitsunfällen oder arbeitsbedingten Erkrankungen, sondern **alle Regelungen, die im weitesten Sinne der Gesundheit der AN** dienen (*Löwisch/Kaiser* § 89 Rn 5). Problematisch ist der weite Gesundheitsbegriff der hM, die letztlich auch das bloße Wohlempfinden und das Fehlen psychischer Belastungen einrechnet. I 1 schafft nur ein Befassungsrecht, aber keine Durchsetzungskompetenz (ErfK/*Kania* § 89 Rn 2, 3).

2 I 2 ist eine bes Vorschrift: Sie ermächtigt den BR zu **unmittelbaren Außenkontakten** mit den für den Arbeitsschutz zuständigen Behörden (etwa Gewerbeaufsichtsamt, Gewerbeärzte oder Baubehörden, dem Träger der gesetzlichen Unfallversicherung [Berufsgenossenschaften] sowie mit sonstigen in Betracht kommenden Stellen [etwa TÜV]) und durchbricht damit das BetrVG-System, das den BR grds nur ggü dem AG agieren lässt. Dementspr ist diese Kompetenz enger gefasst: Sie beschränkt sich auf die **Bekämpfung von Unfall- und Gesundheitsgefahren** – und erfasst insb nicht den Umweltschutz. Der BR hat die Aufgabe, jene Stellen zu unterstützen – durch **Anregung, Beratung** und **Auskunft**. Der BR ist insb berechtigt und verpflichtet, die Aufsichtsbehörden auf Mängel im Arbeitsschutz hinzuweisen. Hierzu kann es erforderlich sein, den Aufsichtsbehörden nähere innerbetriebliche Informationen zu geben, damit sie auf Verletzungen von Arbeitsschutzbestimmungen reagieren können (BAG 3.6.2003, 1 ABR 19/02, EzA § 89 BetrVG 2001 Nr 1). Irgendeine Außenrechtsfähigkeit ist damit nicht verbunden. Der BR ist in Verwaltungsverfahren nicht beteiligtenfähig, sondern nur faktisch eingebunden. Er kann auch keine Rechtsbehelfe einlegen.

Problematisch ist der Behördenkontakt des BR nach außen, wenn der AG hiervon überrollt wird. Mit 3
Blick auf die teils erheblichen Rechtsfolgen (Bußgelder) ist der BR aus dem Grds der vertrauensvollen
Zusammenarbeit, §§ 2 I, 74 I 2 verpflichtet, außer in Fällen hoher Gefahr für Leib oder Leben **zuerst den
AG um Abhilfe anzugehen,** bevor er diesen »anschwärzt« (Richardi/*Annuß* § 89 Rn 19; DKK/*Buschmann*
§ 89 Rn 24). Europarechtliche Arbeitsschutzvorgaben (etwa die Arbeitsschutz-RL 89/391/EWG) ändern
daran nichts (offengelassen BAG 3.6.2003, 1 ABR 19/02, EzA § 89 BetrVG 2001 Nr 1). Soweit der BR
zur Auskunft berechtigt ist, tritt seine Schweigepflicht aus § 79 zurück (BAG 3.6.2003, 1 ABR 19/02, EzA
§ 89 BetrVG 2001 Nr 1).

II verpflichtet den AG und die für den Arbeitsschutz zuständigen externen Stellen, ihrerseits den BR bei 4
allen im Zusammenhang mit dem Arbeitsschutz und der Unfallverhütung stehenden Maßnahmen hinzuzuziehen – damit er nach I 2 mitberaten kann. I 2 regelt die aktive Rolle des BR, II die passive. Der
Umweltschutz ist wieder nicht dabei. Das **Mitberatungsrecht** des BR setzt rechtzeitige und umfassende
Information voraus. Insofern präzisiert II 2 Hs 2 den allg Unterrichtungsanspruch aus § 80 II 1. Ggü den
externen Stellen hat die Durchsetzung des BR mangels Außenrechtsfähigkeit keine Durchsetzungsmöglichkeit!

IV erstreckt das Mitberatungsrecht auf Besprechungen des AG mit den **Sicherheitsbeauftragten** iRd § 22 5
II SGB VII, wobei schon § 22 I SGB VII dem BR bei deren Bestellung ein Mitberatungsrecht einräumt.
Finden Besprechungen ohne den BR statt, hat er einen Anspruch auf eine Kopie der Besprechungsniederschrift (ErfK/*Kania* § 89 Rn 7). Die Verpflichtung des BR nach VI, vom AG angefertigte **Unfallanzeigen** zu
unterschreiben, soll den BR in die Lage versetzen, Einwendungen gegen die Schilderung des Unfalls geltend
zu machen. Der BR wird weder materiell mitverantwortlich (*Löwisch/Kaiser* § 89 Rn 15) noch formell am
Verfahren beteiligt.

Der **betriebliche Umweltschutz** ist in III »schwächelnd« **legaldefiniert** (zur Präzisierung *Wiese* 6
BB 2002, 674, 676). Das lenkt davon ab, dass dem BR nur ein Befassungsrecht zukommt – und sonst
nichts. Es bewendet bei §§ 89 I 1, 80 I Nr 9, 88 Nr 1a. Das Befassungsrecht setzt voraus, dass die Umweltschutzfragen konkreten Belegschaftsbezug haben; der BR ist keine Umweltpolizei, sondern Interessenvertreter. IdR handelt es sich um Arbeitsschutz.

§ 90 Unterrichtungs- und Beratungsrechte
(1) Der Arbeitgeber hat den Betriebsrat über die Planung
1. von Neu-, Um- und Erweiterungsbauten von Fabrikations-, Verwaltungs- und sonstigen betrieblichen Räumen,
2. von technischen Anlagen,
3. von Arbeitsverfahren und Arbeitsabläufen oder
4. der Arbeitsplätze

rechtzeitig unter Vorlage der erforderlichen Unterlagen zu unterrichten.
(2) ¹Der Arbeitgeber hat mit dem Betriebsrat die vorgesehenen Maßnahmen und ihre Auswirkungen auf
die Arbeitnehmer, insbesondere auf die Art ihrer Arbeit sowie die sich daraus ergebenden Anforderungen
an die Arbeitnehmer so rechtzeitig zu beraten, dass Vorschläge und Bedenken des Betriebsrats bei der
Planung berücksichtigt werden können. ²Arbeitgeber und Betriebsrat sollen dabei auch die gesicherten
arbeitswissenschaftlichen Erkenntnisse über die menschengerechte Gestaltung der Arbeit berücksichtigen.

§ 91 Mitbestimmungsrecht
¹Werden die Arbeitnehmer durch Änderungen der Arbeitsplätze, des Arbeitsablaufs oder der Arbeitsumgebung, die den gesicherten arbeitswissenschaftlichen Erkenntnissen über die menschengerechte Gestaltung der Arbeit offensichtlich widersprechen, in besonderer Weise belastet, so kann der Betriebsrat angemessene Maßnahmen zur Abwendung, Milderung oder zum Ausgleich der Belastung verlangen. ²Kommt
eine Einigung nicht zustande, so entscheidet die Einigungsstelle. ³Der Spruch der Einigungsstelle ersetzt
die Einigung zwischen Arbeitgeber und Betriebsrat.

§§ 90 und 91 stellen die Betriebsverfassung über den Arbeitsschutz in den Dienst der **menschengerechten** 1
Gestaltung der Arbeit. Bei der Einrichtung der Betriebe und der Arbeitsplatzorganisation soll der BR
umfassend unterrichtet werden (§ 90 I), mitberaten (§ 90 II) und (nur) im »Extremfall« korrigierend mitbestimmen (§ 91) (*Löwisch/Kaiser* § 90 Rn 1).

Die **Unterrichtung** nach § 90 I bezieht sich auf **Neu-, Um- und Erweiterungsbauten der betrieblichen** 2
Räume, wie etwa die Arbeits-, Lager- oder Aufenthaltsräume sowie der Kantine. Notwendig, aber auch

hinreichend ist ein Bezug zur Arbeit. **Technische Anlagen** nach § 90 I Nr 2 sind Maschinen und sonstige Geräte, die dem Betriebszweck und damit dem Arbeitsablauf dienen (BAG 17.3.1987, 1 ABR 59/85, EzA § 80 BetrVG 1972 Nr 30 für die Einführung eines Datenverarbeitungssystems zur Lohn- und Gehaltsabrechnung). **Arbeitsverfahren** iSd § 90 I Nr 3 ist die Technologie zur Erledigung einer Arbeitsaufgabe; **Arbeitsablauf** ist der vom AG angeordnete organisatorische, zeitliche und räumliche Ablauf des Arbeitsprozesses, insb der Einsatz von AN und Betriebsmitteln (*Löwisch/*Kaiser § 90 Rn 7). § 90 I Nr 3 meint die grds Änderung von Arbeitsabläufen und -verfahren, Einzelweisungen des AG sind nicht erfasst. **Arbeitsplatzgestaltung** des § 90 I Nr 4 ist die generelle Anordnung des AG über Arbeitsmittel und die unmittelbare Umgebung des Arbeitsplatzes (ErfK/*Kania* § 90 Rn 5).

3 Die **Unterrichtung** nach § 90 knüpft an den **Planungsakt des AG** an. Zur Planung ist der AG nicht verpflichtet; der BR hat kein Initiativrecht. Mithin kann der AG die Mitwirkung dadurch steuern, dass er die konkrete Planungsentsch hinausschiebt und bloße Vorüberlegungen anstellt. Die Unterrichtung steht im Dienst des Beratungsrechts nach § 90 II. Sie muss **rechtzeitig** erfolgen: Die Unterrichtung soll den BR in die Lage versetzen, sich über die Auswirkungen der geplanten Maßnahmen auf die AN ein eigenes Urteil zu bilden, diese mit dem AG zu beraten und auf dessen Willensbildung Einfluss zu nehmen. Daher muss die Unterrichtung einerseits so früh wie möglich erfolgen (BAG 18.7.1972, 1 AZR 189/72, AP BetrVG § 72 Nr 10) und andererseits spätestens zu dem Zeitpunkt, in dem er seine Aufgaben, Einfluss auf die konkrete Planung zu nehmen, noch sinnvoll wahrnehmen kann (BAG 17.3.1987, 1 ABR 59/85, EzA § 80 BetrVG 1972 Nr 30).

4 Der AG muss den BR unter **Vorlage der erforderlichen, also vollständigen Unterlagen** unterrichten. Vorlage geht über Einsichtnahme hinaus und kann im Einzelfall auch das vorübergehende Überlassen der Unterlagen bedeuten (für die Vorlage nach § 106 II BAG 20.11.1984, 1 ABR 64/82, EzA § 106 BetrVG 1972 Nr 6). Das Gesetz schränkt das Informationsrecht auch dann nicht ein, wenn Betriebs- und Geschäftsgeheimnisse des Unternehmens gefährdet werden, etwa bei technischen Neuerungen. An einer planwidrigen Regelungslücke, die analog § 106 II geschlossen werden könnte, fehlt es: Der Gesetzgeber wertet § 79 als hinreichenden Schutz (*Löwisch/Kaiser* § 90 Rn 17; HWK/*Schrader* § 90 Rn 10). Immerhin kann der jeweilige AG nur über jenes unterrichten, was er selbst weiß. Wissensmanagement kann also bedeuten, bestimmtes Wissen jenen Unternehmen mit unzuverlässigen BR vorzuenthalten. Damit kann dem doch unkontrolliert freigebigen Umgang mit Unternehmensinformationen durch BR (insb ggü Gewerkschaften aber auch den DGB-Technologieberatungsstellen) begegnet werden.

5 Die Unterrichtung ist die Voraussetzung der **Beratung nach II**, die so **rechtzeitig** erfolgen muss, dass Vorschläge und Bedenken des BR vorgetragen und auch berücksichtigt werden können. Der Zweck des Beteiligungsrechts gebietet nicht, dass der AG selbst die Beratung durchführen muss. Vielmehr kann auch ein Vertreter die Beratung durchführen, der für die Letztentsch nicht zuständig sein muss. Betrifft etwa die Beratung technische Detailfragen oder handelt es sich um eine Beratung im frühen Stadium der Planung, so wird dem mit der Beratung verfolgten Zweck auch dann entsprochen, wenn für den AG ein mit der Durchführung der konkreten Aufgabe beauftragter und in den Planungs- und Entscheidungsprozess des AG eingebundener AN mit dem BR berät (BAG 11.12.1991, 7 ABR 16/91, EzA § 90 BetrVG 1972 Nr 2). Ist der AG seiner Beratungspflicht nachgekommen, kann er die beabsichtigte Maßnahme ohne Berücksichtigung der Einwände des BR durchführen. Ein Mitbestimmungsrecht gewährt nur § 91. § 90 gibt **keinen Unterlassungsanspruch** (*Löwisch/Kaiser* § 90 Rn 23).

6 Die Beratung erfasst nur die unmittelbaren, arbeitstechnischen **Auswirkungen auf die betroffenen AN**. Sonstige Folgen, etwa der Produktqualität oder der Kundenanbindung gehen den BR nichts an. Die Beratung ist nach § 90 II 2 auf die »gesicherten arbeitswissenschaftlichen Erkenntnisse über die **menschengerechte Arbeitsgestaltung der Arbeit**« verpflichtet; trotz des »Soll«-Charakters liegt darin ein Optimierungsgebot – aber nur auf Beratungsebene. Zu beraten ist, wie die geplanten Änderungen sich so gestalten lassen, dass körperliche und seelische Schäden der AN vermieden, Leistungsgrenzen nicht überschritten und Unterforderungen vermieden werden können (*Löwisch/Kaiser* § 90 Rn 19). Der BR darf sich auch um Wohlbefinden und Zufriedenheit der AN sorgen.

7 Das (die Planung) korrigierende **Mitbestimmungsrecht** nach § 91 kommt nicht für alle Fälle des § 90 I in Betracht, sondern nur für **Änderungen der Arbeitsplätze, des Arbeitsablaufs oder der Arbeitsumgebung**. Dass die bestehende unveränderte Arbeitsorganisation dem Menschen nicht gerecht wird, kann der BR nicht geltend machen. **Tatbestandlich** setzt § 91 voraus, dass diese Änderung im Widerspruch zu gesicherten arbeitswissenschaftlichen Erkenntnissen steht, dass dieser Widerspruch offensichtlich ist und dass dadurch AN in bes Weise belastet werden. Das ist idR nur durch arbeitswissenschaftliche Gutachten (§ 80 III) nachzuweisen. Insofern handelt es sich um einen der gerichtlichen Kontrolle zugänglichen unbestimmten Rechtsbegriff, den die Einigungsstelle nicht in eigener Verantwortung entscheiden kann.

Ist dieser Tatbestand erfüllt (was selten der Fall ist, weil gesicherte arbeitswissenschaftliche Erkenntnisse schnell in verbindliche Regelungen münden), so kann der BR angemessene Maßnahmen zur Abwendung, Milderung oder zum Ausgleich der Belastung verlangen und dies über die **Einigungsstelle** erzwingen. Der BR soll Arbeitsbedingungen nach Möglichkeit an gesicherte arbeitswissenschaftliche Erkenntnisse heranführen, wenn Arbeitsplätze, Arbeitsverfahren oder Arbeitsumgebung diesen offensichtlich widersprechen und AN bes belasten (BAG 6.12.1983, 1 ABR 43/81, EzA § 87 BetrVG 1972 Bildschirmarbeitsplatz Nr 1). **Angemessen** sind die Maßnahmen nur, wenn sie **wirtschaftlich vertretbar** sind. Zudem ist die Organisationshoheit des AG zu beachten. Ihm darf keine bestimmte Arbeitsorganisation aufgezwungen werden, wenn es auch andere Möglichkeiten zur menschengerechteren Gestaltung der Arbeit gibt.

Der BR muss die bes Belastungen nicht abwarten. Er kann schon im Planungsstadium aktiv werden, wenn eine hinreichend sichere und konkrete Prognose über den Tatbestand des § 91 möglich ist. Der BR kann aber nicht präventiv eine Regelung der Ausgestaltung der Arbeitsplätze verlangen, die jeden Verstoß gegen gesicherte arbeitswissenschaftliche Erkenntnisse und damit das Auftreten bes Belastungen für AN von vornherein ausschließt (BAG 6.12.1983, 1 ABR 43/81, EzA § 87 BetrVG 1972 Bildschirmarbeitsplatz Nr 1). 8

Planungsmaßnahmen iSd § 90 können zugleich eine **Betriebsänderung** darstellen: §§ 106 ff geht es um die Sicherung der wirtschaftlichen Interessen der AN, §§ 90, 91 um die »Humanisierung« der Arbeitswelt (HWK/*Schrader* § 90 Rn 1). Ggf stehen die Mitberatungs- und Mitbestimmungsrechte nach §§ 90, 91 sowie §§ 106 ff nebeneinander (*Löwisch/Kaiser* § 90 Rn 21 auch zu Überschneidungen mit §§ 96 f). 9

§ 92 Personalplanung

(1) ¹Der Arbeitgeber hat den Betriebsrat über die Personalplanung, insbesondere über den gegenwärtigen und künftigen Personalbedarf sowie über die sich daraus ergebenden personellen Maßnahmen und Maßnahmen der Berufsbildung anhand von Unterlagen rechtzeitig und umfassend zu unterrichten. ²Er hat mit dem Betriebsrat über Art und Umfang der erforderlichen Maßnahmen und über die Vermeidung von Härten zu beraten.
(2) Der Betriebsrat kann dem Arbeitgeber Vorschläge für die Einführung einer Personalplanung und ihre Durchführung machen.
(3) Die Absätze 1 und 2 gelten entsprechend für Maßnahmen im Sinne des § 80 Abs. 1 Nr 2a und 2b, insbesondere für die Aufstellung und Durchführung von Maßnahmen zur Förderung der Gleichstellung von Frauen und Männern.

Die Mitwirkung des BR in personellen Angelegenheiten ist mit Rücksicht auf die Personalhoheit des AG schwach ausgeprägt. Im Zentrum der allg Angelegenheiten steht die Personalplanung, die mittelfristig die Zusammensetzung der vom BR repräsentierten Belegschaft betrifft. 1

Im Vordergrund steht die **Unterrichtungspflicht** (I 1). Gegenstand und Auslöser ist die Personalplanung des AG. Zu ihr ist der AG nicht verpflichtet; das zeigt das Vorschlagsrecht des II und der Gegenschluss aus der Berufsbildungsbedarfsplanung des § 96 I 2. Insb kleine Unternehmen kommen ohne Personalplanung aus. Unterrichten muss der AG stets nur über die von ihm beschlossene Planung; Alternativüberlegungen, zu denen sich der AG nicht entschlossen hat, gehen den BR nichts an. 2

Personalplanung ist jede Planung, die den zukünftigen **Personalbedarf** qualitativ und quantitativ prognostiziert und die **Bedarfsdeckung** (durch Einstellungen, Personalabbau, Einsatz von Leih-AN) konzipiert. Dazu gehören die Frage, wo und wie der AG seine AN zum **Einsatz** bringen wird, und die **Personalentwicklungsplanung** (Aus- und Fortbildung, Umschulung) als qualitative Personalplanung (BAG 6.11.1990, 1 ABR 60/89, AP BetrVG 1972 § 92 Nr 3). Ob eine »Planung« vorliegt, richtet sich nicht nach einer bestimmten betriebswirtschaftlich anerkannten Methode. Der AG trifft, ausgehend vom aktuellen Ist-Zustand im Planungszeitpunkt unter Berücksichtigung der künftigen Entwicklung (**prognostizierter Ist-Zustand** nach Entwicklung des künftigen Bedarfs [Auftragsentwicklung] und Bestands [Fluktuation]), eine die zukünftige Personalsituation bestimmende **Entsch** (künftiger Soll-Zustand), die nicht Einzelmaßnahme ist, die andererseits nicht alle AN des Betriebs betreffen muss, sondern nur Gruppen erfassen kann. Regelmäßig hängt sie eng von der **Unternehmensplanung** ab. Die Unterrichtungspflicht umfasst daher Planungsdaten zu Rationalisierungsmaßnahmen, Produktions- und Investitionsentscheidungen (BAG 19.6.1984, 1 ABR 6/83, NZA 1984, 329), also alle Tatsachen und Planungsentscheidungen, auf die der AG seine Personalplanung stützt. Auf die Umsetzbarkeit der Planung kommt es nicht an, dem BR kann keine Überprüfung zugemutet werden. Das Planungsstadium entscheidet der AG; die Schwelle von der bloßen Vorüberlegung zur Planung ist überschritten, wenn der AG sich zu konkret geplanten Maßnahmen bekennt. 3

§ 92a BetrVG   Beschäftigungssicherung

4   **Rechtzeitig** ist die Unterrichtung, wenn für den Einfluss des BR (Beratung, S 2) noch Spielraum verbleibt. Dafür genügt es, dass der AG seine Planungsentscheidung unter den Vorbehalt der Mitwirkung des BR stellt, also nicht abschließend entschieden hat. Zu spät erfolgt die Unterrichtung, sobald der AG seine Planung umsetzt.

5   **Ändert** der AG seine bisherige Personalplanung, löst das die erneute Beteiligung aus. Hiervon zu unterscheiden ist der Fall, dass der AG sich an die eigene Planung nicht hält. Weder Unterrichtung noch Beratung verpflichten den AG zur Konsequenz. Die im Einzelfall abw Personalentscheidung ist auch keine Neuplanung.

6   Die Unterrichtung erfolgt »**anhand von Unterlagen**«. Welche Unterlagen das sind, hängt von der konkreten Planung ab. Der AG soll dem BR die Grundlage seiner Entscheidung transparent machen. Die Pflicht kann daher Unterlagen betreffen, die in einem anderen (wirtschaftlichen) Zusammenhang (von Dritten) erstellt worden sind (BAG 19.6.1984, 1 ABR 6/83, NZA 1984, 329). Dem BR muss Einblick gewährt werden; Überlassung der Unterlagen kann er nicht verlangen. Der BR kann nur Einsicht in die Unterlagen verlangen, die der AG hat, weil er an dessen Planungsentscheidung partizipiert. Anspruch auf Schaffung von Erkenntnissen und Unterlagen hat er nicht.

7   Der BR kann die Unterrichtung im Beschlussverfahren erzwingen. I gibt einen **Erfüllungsanspruch**. Die unterlassene, wahrheitswidrige, unvollständige oder verspätete Information ist eine **Ordnungswidrigkeit** (§ 121), die mit Geldbuße bis 10.000 € belegt werden kann. Die fehlende Unterrichtung führt nicht zur »Anfechtbarkeit« der Planungsentscheidung (die ohnehin kein Rechtsgeschäft ist) oder zu einem Vollzugshindernis bei Einzelmaßnahmen. § 99 flankiert das Mitwirkungsrecht aus § 92 nicht (Gegenschluss aus § 99 II Nr 5). § 92 verschafft dem BR auch keinen Unterlassungsanspruch.

8   Die **Beratungspflicht** (I 2) erfasst gegenständlich die Personalplanung, aber inhaltlich nur Art und Umfang der aus der freien Planungsentscheidung folgenden erforderlichen personellen Maßnahmen und die Vermeidung von Härten. I 2 hat einen ggü der Unterrichtung eingeschränkten Anwendungsbereich. Damit wird die Unternehmerfreiheit des AG respektiert. Der AG muss sich insb nicht mit Alternativplanungen des BR auseinandersetzen, die jener für »besser« hält. Die Beratung kann nicht in eine verbindliche **Regelung der Personalplanung** münden. Eine BV ist nicht möglich, da es sich weder um Arbeitsbedingungen noch um soziale Angelegenheiten handelt. Eine Regelungsabrede scheidet auch aus.

9   Das **Vorschlagsrecht des BR** (II) bedeutet **kein Initiativrecht**. Der BR kann lediglich Vorschläge zur Einführung oder Durchführung machen. Diese muss der AG nicht beraten. Der BR ist also auf die bloße Anregung verwiesen.

10 Bedeutungslos ist die **Gleichstellungs- und Familienförderung** in III. Wenn der AG diese freiwillig in seine Personalplanung einbettet, greift schon I. Tut er dies nicht, kann der BR einen entspr Vorschlag nach II unterbreiten (was er auch schon nach § 80 kann). Diesen muss der AG nicht beraten.

§ 92a Beschäftigungssicherung

(1) ¹Der Betriebsrat kann dem Arbeitgeber Vorschläge zur Sicherung und Förderung der Beschäftigung machen. ²Diese können insbesondere eine flexible Gestaltung der Arbeitszeit, die Förderung von Teilzeitarbeit und Altersteilzeit, neue Formen der Arbeitsorganisation, Änderungen der Arbeitsverfahren und Arbeitsabläufe, die Qualifizierung der Arbeitnehmer, Alternativen zur Ausgliederung von Arbeit oder ihrer Vergabe an andere Unternehmen sowie zum Produktions- und Investitionsprogramm zum Gegenstand haben.

(2) ¹Der Arbeitgeber hat die Vorschläge mit dem Betriebsrat zu beraten. ²Hält der Arbeitgeber die Vorschläge des Betriebsrats für ungeeignet, hat er dies zu begründen; in Betrieben mit mehr als 100 Arbeitnehmern erfolgt die Begründung schriftlich. ³Zu den Beratungen kann der Arbeitgeber oder der Betriebsrat einen Vertreter der Bundesagentur für Arbeit hinzuziehen.

1   § 92a steht systemwidrig bei den personellen Angelegenheiten. Doch ist das Vorschlagsrecht allumfassend – Beschäftigung ist nur das Motiv. Systematisch gehört es zu § 80 I Nr 1 bzw Nr 8 und 2. Beschäftigungssicherung der vorhandenen Belegschaft oder bestimmter Gruppen gehört seit je zu den Aufgaben des BR. Beschäftigungsförderung im Interesse der Allgemeinheit oder Arbeitsuchender läge außerhalb seiner Zuständigkeit. Deswegen muss die vom BR vorgeschlagene Maßnahme gewissen Betriebsbezug aufweisen (*Rieble* NZA Sonderheft 2001, 48; aA DKK/*Däubler* § 92a Rn 2).

2   Der Vorschlag des BR kann alles Denkbare betreffen – selbst eine Werbekampagne. I 2 zählt Bsp auf. Die Norm unterscheidet nicht zwischen reinen Gütermarktaktivitäten (Produktions- und Investitionsprogramm), solchen mit greifbarer Beschäftigungswirkung (Verzicht auf Zeitarbeit und Fremdvergabe) und betriebsorganisatorischen Fragen. Der Vorschlag muss aber stets an den AG gerichtet sein. Ihm muss es

wenigstens theoretisch möglich sein, den Vorschlag durchzuführen. Ein Kapitalnachschuss richtet sich an die Anteilseigner und ist von § 92a nicht erfasst. Der Vorschlag muss zudem rechtmäßig sein; auf den Vorschlag rechtswidrigen Verhaltens (etwa Verstoß gegen Kartellrecht) braucht der AG nicht einzugehen. Richtigerweise ist mit Blick auf den Geltungsbereich des BetrVG auch nur der im Inland zu verwirklichende Vorschlag zu berücksichtigen. Die Idee, eine Produktion im Ausland stillzulegen und die Arbeit nach Deutschland zu holen, greift letztlich in die ausländische Interessenvertretung ein. Problematisch sind auch Vorschläge zulasten anderer dt Standorte, weil auf diese Weise in die Betätigungsrechte des dortigen BR eingegriffen wird. § 92a ist durch und durch undurchdacht.

Die **Beratungspflicht** in II 1 scheint zunächst umfassend; indes ist diese mit Blick auf II 2 auf die beschäftigungsfördernde Wirkung zu begrenzen. Sonst schüfe II 1 ein umfassendes Mitwirkungsrecht in allen wirtschaftlichen Angelegenheiten. Der BR müsste nur beim Unternehmen einen Alternativvorschlag zu dessen aktuellen Plänen platzieren – und schon müsste der Unternehmer seine Marktpläne mit dem BR diskutieren. § 92a mutierte zur Mitwirkungsgeneralklausel. Schon die Beratungspflicht ist also auf die beschäftigungsfördernde Wirkung des BR-Vorschlags begrenzt. II 3 erlaubt es beiden Seiten, einen **Vertreter der BA** hinzuzuziehen. 3

II 2 erlegt dem AG eine systemwidrige Begründungspflicht auf, wenn er dem BR-Vorschlag nicht folgen will, weil er dessen Eignung zur Beschäftigungsförderung verneint. Die Begründungspflicht trifft alle AG, größere Unternehmen mit mehr als 100 AN müssen die Begründung zusätzlich in Schriftform leisten. Die Vorschrift läuft zu Recht leer, weil der AG jeden anderen Grund für die Ablehnung – unpassende Marktstrategie, untaugliches Finanzierungskonzept etc – nicht erläutern muss. Der AG kann den Vorschlag also in seiner Beschäftigungsförderungswirkung anerkennen, aber pauschal aus »unternehmerischen Gründen« ablehnen. II 2 schafft keine allg Rechtfertigungspflicht für Unternehmerentscheidungen ggü dem BR. 4

Vereinbarungen über den BR-Vorschlag können den AG nur als BV oder Regelungsabrede binden. Eine eigene Kompetenz schafft § 92a nicht. **Versprechen unternehmerischer Handlungen** (Investitionen, Standortgarantie) sind **notwendig unverbindlich**, weil keine Arbeitsbedingung und erst recht keine soziale Angelegenheit vorliegen. Anders als beim vergleichbaren Interessenausgleich fehlt eine Sanktionsnorm wie § 113. 5

Rechtsfolgen haben Verstöße des AG gegen die Beratungs- und Begründungspflicht nicht. Weder kann sich der einzelne AN auf einen Verstoß gegen § 92a berufen (BAG 18.10.2006, 2 AZR 434/05, EzA § 1 KSchG Betriebsbedingte Kündigung Nr 151), noch gibt es einen Unterlassungsanspruch gegen den AG, der vorschlagswidrig eigene Pläne umsetzt. Beharrliche Verstöße sanktioniert § 23 III. 6

§ 92a tritt in Wechselwirkung mit anderen Mitwirkungsrechten – je nach dem Inhalt, den der BR-Vorschlag hat. Insb kann der BR versuchen, über § 92a ein Interessenausgleichsverfahren zu flankieren, indem er Alternativvorschläge zur Betriebsänderung macht. Eine (vorübergehende) Arbeitszeitverkürzung kann der BR auch über § 87 I Nr 3 verfolgen. § 92a steht unabhängig neben den anderen Mitwirkungsrechten. Will er eine Beratungspflicht nach II auslösen, muss bei seinem Vorschlag deutlich machen, dass er sich auf diese Norm stützt. 7

§ 93 Ausschreibung von Arbeitsplätzen
Der Betriebsrat kann verlangen, dass Arbeitsplätze, die besetzt werden sollen, allgemein oder für bestimmte Arten von Tätigkeiten vor ihrer Besetzung innerhalb des Betriebs ausgeschrieben werden.

§ 93 will den AN im Betrieb die Möglichkeit geben, am Besetzungswettbewerb um freie Stellen teilzunehmen; der AG soll nicht von vornherein nur externe Bewerber in die Auswahl einbeziehen dürfen. Insofern geht es um **Chancengleichheit** der vorhandenen Beschäftigten – in deren Individualinteresse an beruflicher Entwicklung. 1

Die Norm gibt dem BR einen Anspruch und damit das Initiativrecht, die Ausschreibung zu erzwingen. 2

Ausschreibung ist die schriftliche Aufforderung (zB betriebsüblich durch Aushang) des AG zur Bewerbung an eine unbenannte Vielzahl potenzieller Bewerbern (§ 7 TzBfG Rdn 1, § 11 AGG Rdn 1). Die Zuständigkeit liegt grds beim Einzel-BR (BAG 1.2.2011, 1 ABR 79/09, EzA § 93 BetrVG 2001 Nr 1); dieser kann nur die betriebsöffentl Ausschreibung verlangen, nicht diejenige auf Unternehmens- oder Konzernebene. Entscheidend kommt es darauf an, dass der Arbeitsplatz mit einem AN (nicht: Leitende Angestellte) besetzt werden soll; das kann auch ein Zeit-AN sein (BAG 1.2.2011, 1 ABR 79/09, EzA § 93 BetrVG 2001 Nr 1; 15.10.2013, 1 ABR 25/12, NZA 2014, 214; LAG Schleswig-Holstein 29.2.2012, 6 TaBV 43/11, juris: auch bei vorübergehender Besetzung mit einem Leih-AN; Richardi/*Thüsing* § 93 Rn 5). Das BAG meint ernstlich, auch Freie-Mitarbeiter-Stellen kämen in Betracht, soweit es sich um eine Einstellung iSv § 99 (s. § 99 Rdn 7) handele (BAG 27.7.1993, 1 ABR 7/93, EzA § 99 BetrVG 1972 Nr 115). Das ist unrichtig, weil es § 99 BetrVG die Belegschaft nicht vor freien Mitarbeitern schützt. 3

4 Das **Ausschreibungsverlangen** muss **abstrakt** sein. Der Anspruch erfasst nur entweder »alle freien Stellen« oder aber »bestimmte, nach der Art der Tätigkeit definierte Stellen«. Mithin kann der BR nicht die innerbetriebliche Ausschreibung einer konkreten freien Stelle verlangen. **Wie der AG ausschreibt**, entscheidet er selbst. Der BR kann weder Inhalt (Sprache!) oder Form noch ein bestimmtes Medium (Schwarzes Brett, Intranet) verlangen (*Löwisch/Kaiser* § 93 Rn 9; LArbG Berlin 23.3.2010, 7 TaBV 2511/09, juris); auch bestimmt der AG kraft seiner Personalhoheit frei das **Stellenprofil**, also sowohl die Tätigkeit, die er ausschreibt, wie die Anforderungen an den Stelleninhaber (BAG 27.10.1992, 1 ABR 4/92, EzA § 95 BetrVG 1972 Nr 26; 23.2.1988, 1 ABR 82/86, EzA § 93 BetrVG 1972 Nr 3; LAG Schleswig-Holstein, 6.3.2012, 2 TaBV 37/11, juris: Die Angabe, ob eine Stelle befristet oder unbefristet besetzt werden soll, ist nicht notwendiger Bestandteil einer Ausschreibung). Der AG muss nur einen geeigneten Weg beschreiben; ein Aushang im Heizungskeller erfüllt den Anspruch nicht. Eine Ausschreibungsdauer von 2 Wochen ist idR ausreichend (BAG 6.10.2010, 7 ABR 18/09, EzA § 99 BetrVG 2001 Nr 18). Ist in einer vom BR verlangten Ausschreibung ein Datum für eine Stellenbesetzung angegeben, ist regelmäßig keine erneute Ausschreibung erforderlich, wenn zwischen diesem Datum und dem tatsächlichen Besetzungszeitpunkt nicht mehr als sechs Monate vergangen sind (BAG 30.4.2014, 7 ABR 51/12, NZA 2015, 698). Eine Ausschreibung kann nicht verlangt werden, wenn mit betriebsinternen Bewerbungen offenkundig nicht zu rechnen ist (BAG 15.10.2013, 1 ABR 25/12, NZA 2014, 214).

5 Verstößt der AG gegen das Ausschreibungsverlangen, hat der BR einen Erfüllungsanspruch, den er im Beschlussverfahren geltend machen kann. Vor allem aber kann er nach § 99 II Nr 5 die Zustimmung zur Einstellung des Bewerbers verweigern, wenn der AG trotz des BR-Verlangens **vor** Beginn des Besetzungsverfahrens (BAG 14.12.2004, 1 ABR 54/03, EzA § 99 BetrVG 2001 Einstellung Nr 1) die Ausschreibung unterlassen hat (§ 99 Rdn 62). Ob eine unterlassene Ausschreibung mit heilender Wirkung nachgeholt werden kann und im laufenden Beschlussverfahren zu berücksichtigen ist, hat das BAG bislang nicht entschieden (bejahend LAG Bremen 5.11.2009, 3 TaBV 16/09, juris; LAG Berlin 26.9.2003, 6 TaBV 609/03, juris; LAG Köln 14.9.2012, 5 TaBV 18/12, juris). Bei groben Verstößen kommt ein Unterlassungsantrag gem § 23 III in Betracht.

§ 94 Personalfragebogen, Beurteilungsgrundsätze

(1) ¹Personalfragebogen bedürfen der Zustimmung des Betriebsrats. ²Kommt eine Einigung über ihren Inhalt nicht zustande, so entscheidet die Einigungsstelle. ³Der Spruch der Einigungsstelle ersetzt die Einigung zwischen Arbeitgeber und Betriebsrat.
(2) Absatz 1 gilt entsprechend für persönliche Angaben in schriftlichen Arbeitsverträgen, die allgemein für den Betrieb verwendet werden sollen, sowie für die Aufstellung allgemeiner Beurteilungsgrundsätze.

1 Die Mitbestimmung über Personalfragebogen und Beurteilungsgrds hat einen doppelten Zweck: Einmal geht es um die Strukturierung personeller Auswahlkriterien als Vorstufe der – gleichfalls vom BR beeinflussten – personellen Einzelmaßnahme nach §§ 95, 99, um die dadurch geprägte Belegschaftsstruktur und um die Rückwirkung auf das Verhalten der AN. Der BR soll die Erhebung der für die Auswahl maßgebenden Daten transparent und sachlich mitgestalten. Zugleich hat die Mitbestimmung Rechtsschutzfunktion, weil der BR entspr seiner Aufgabe aus § 80 I Nr 1 darauf achten kann, dass unzulässige Fragen nicht in den Fragebögen landen (individualrechtliche Beschränkung des Fragerechts, § 611 BGB Rdn 69) und dass unzulässige Kriterien nicht dem innerbetrieblichen Beurteilungssystem zugrunde liegen (etwa zur Abwehr von Diskriminierung). Die Zustimmung des BR kann individualrechtlich unzulässige Fragen oder Beurteilungskriterien nicht heilen.

2 Das Zustimmungsrecht des I umfasst weder Einführung noch Abschaffung von Personalfragebögen und Beurteilungsgrds – Gegenschluss aus § 95 II. Der BR hat insoweit **kein Initiativrecht** (*Löwisch/Kaiser* § 94 Rn 2). Erst wenn der AG sich entscheidet, solche abstrakt-generellen Hilfsmittel für seine Auswahlentscheidung zu verwenden, unterliegt deren **Inhalt** der paritätischen Mitbestimmung. Im Konfliktfall entscheidet die Einigungsstelle nach I 2, 3. Stimmt der BR zu, liegt darin eine Regelungsabrede, die ihrerseits entspr § 77 V gekündigt werden kann – und muss, wenn der AG einen anderen Bogen verwenden will. Auch der BR muss kündigen, wenn er den Inhalt anders mitgestalten will (LAG Frankfurt, 5 TaBV 162/90, LAGE § 94 BetrVG 1972 Nr 1). Mitbestimmungsfrei ist die konkrete Verwendung im Einzelfall; insoweit kann aber § 95 greifen.

3 Ein **Personalfragebogen** ist die formularmäßige Zusammenfassung von Fragen des AG über die persönlichen Verhältnisse, Kenntnisse und Fähigkeiten eines Bewerbers oder eines AN (BAG 21.9.1993, 1 ABR 28/93, EzA § 118 BetrVG 1972 Nr 62; auch psychologische Eignungstests: *Franzen* NZA 2013, 1, 3). Die

Informationen müssen bei dem AN oder Bewerber unmittelbar erhoben werden. Fragen an Dritte (vorheriger AG, Kunden, Kollegen, Vorgesetzte) gehören nicht hierher. Ob die Fragen schriftlich oder mündlich gestellt werden, spielt keine Rolle, solange sie nur vorformuliert sind (BAG 21.9.1993, 1 ABR 28/93, aaO). Nicht unter I 1 fallen **andere als befragende Methoden**, wie die werksärztliche Untersuchung, der Einsatz von Testkäufern (aA DKK/*Klebe* § 94 Rn 4) oder das Assessment-Center.

Dem Fragebogen gleich steht das **Arbeitsvertragsformular (II)**, mit dem persönliche Angaben erfasst werden. Mitbestimmungsfrei ist der Inhalt des nach dem NachwG zu erbringenden Nachweises über Arbeitsbedingungen. 4

Bei den **allg Beurteilungsgrundsätzen (II)** geht es nicht um die Datenerhebung wie in I 1, sondern um die 5 vom Einzelfall gelöste, objektivierende **Bewertung** von Verhalten oder Leistung der AN (oder Bewerber), um einen Vergleich zu ermöglichen (BAG 23.10.1984, 1 ABR 2/83, EzA § 94 BetrVG 1972 Nr 1) – aber auch um Regeln zur Auswertung der Erkenntnisse aus Personalfragebögen oder anderen Erhebungsmethoden (Assessment-Center). Es muss um die Bewertung der **Eigenschaften einer Person** gehen. Arbeitsplatzbewertung gehört nicht dazu, noch FührungsRL, die Verhalten der Vorgesetzten steuern (*Löwisch/Kaiser* § 94 Rn 19).

Verstößt der AG gegen § 94, steht dem BR ein Unterlassungsanspruch zu (»bedürfen«) – unabhängig und 6 neben § 23 III, nicht anders als im Fall des § 95 (dort Rdn 8). Der Verstoß gegen § 94 rechtfertigt keine Zustimmungsverweigerung nach § 99 II (Gegenschluss aus Nr 5). Der AN kann auch nicht verlangen, dass mitbestimmungswidrige Beurteilungen aus der Personalakte entfernt werden (aA GK-BetrVG/*Raab* § 94 Rn 64). Dem AN-Schutz genügt die individualrechtliche Unzulässigkeit bestimmter Fragen und Bewertungsansätze. Auch bei § 95 schlägt der Verstoß gegen AuswahlRL nicht notwendig auf das Individualrecht durch (dort § 95 Rdn 9).

§ 95 Auswahlrichtlinien

(1) ¹Richtlinien über die personelle Auswahl bei Einstellungen, Versetzungen, Umgruppierungen und Kündigungen bedürfen der Zustimmung des Betriebsrats. ²Kommt eine Einigung über die Richtlinien oder ihren Inhalt nicht zustande, so entscheidet auf Antrag des Arbeitgebers die Einigungsstelle. ³Der Spruch der Einigungsstelle ersetzt die Einigung zwischen Arbeitgeber und Betriebsrat.
(2) ¹In Betrieben mit mehr als 500 Arbeitnehmern kann der Betriebsrat die Aufstellung von Richtlinien über die bei Maßnahmen des Absatzes 1 Satz 1 zu beachtenden fachlichen und persönlichen Voraussetzungen und sozialen Gesichtspunkte verlangen. ²Kommt eine Einigung über die Richtlinien oder ihren Inhalt nicht zustande, so entscheidet die Einigungsstelle. ³Der Spruch der Einigungsstelle ersetzt die Einigung zwischen Arbeitgeber und Betriebsrat.
(3) ¹Versetzung im Sinne dieses Gesetzes ist die Zuweisung eines anderen Arbeitsbereichs, die voraussichtlich die Dauer von einem Monat überschreitet, oder die mit einer erheblichen Änderung der Umstände verbunden ist, unter denen die Arbeit zu leisten ist. ²Werden Arbeitnehmer nach der Eigenart ihres Arbeitsverhältnisses üblicherweise nicht ständig an einem bestimmten Arbeitsplatz beschäftigt, so gilt die Bestimmung des jeweiligen Arbeitsplatzes nicht als Versetzung.

AuswahlRL strukturieren personelle Entscheidungen des AG; ihre Mitbestimmung soll – wie beim vorgelagerten § 94 – für **Transparenz und Sachlichkeit** sorgen (*Löwisch/Kaiser* § 95 Rn 3), aber auch im AN-Interesse rechtswidrige, etwa diskriminierende Auswahlkriterien verhindern. Individualarbeitsrechtlich verbotene Kriterien werden durch die Zustimmung des BR nicht zulässig; vielmehr sind auch Auswahl-RL am AGG, verschärft durch § 75, und ggf am Gleichbehandlungsgrds zu messen. 1

I unterwirft die Einführung und Änderung (nicht die Abschaffung) von Auswahl-RL für die genannten 2 Personalmaßnahmen der Zustimmung des BR. Ein **Initiativrecht** zur Einführung hat der BR **nur in den Betrieben des II**. Hier stellt das BetrVG ausnahmsweise auf die Betriebs- und nicht die Unternehmensgröße ab, weil es auf den Anwendungsbereich der RL ankommt. II geht davon aus, dass der AG in Betrieben mit mehr als 500 AN ohnehin schematisierend verfährt, weswegen der BR die Aufstellung der Auswahl-RL verlangen kann. Das Mitbestimmungsrecht nach I und II ist erzwingbar; Konflikte werden durch die Einigungsstelle gelöst.

Einigen sich AG und BR, ggf durch die Einigungsstelle, so wirkt die Auswahl-RL als (formlose) **Rege-** 3 **lungsabrede**, die den AG ggü dem BR verpflichtet. § 95 deckt entgegen der hM (etwa GK-BetrVG/*Raab* § 95 Rn 5; vgl BAG 5.12.2002, 2 AZR 549/01, EzA § 1 KSchG Soziale Auswahl Nr 49) **keine normativ wirkende BV**, weil die RL stets vom AG durch seine Auswahlentscheidung vollzogen werden muss (an der der BR nach §§ 99, 102 erneut mitwirkt), um eine Rechtswirkung ggü den AN zu entfalten, vgl § 28

SprAuG. Deswegen ist etwa eine **Übernahmepflicht für Leih-AN** nach bestimmter Überlassungsdauer auch als bloßer Einstellungsvorrang nur unverbindlich regelbar. Aus § 1 IV KSchG folgt nichts anderes, weil das beschränkte Vertrauen in die durch Auswahl-RL strukturierte Sozialauswahl keine normative Wirkung voraussetzt, sondern wie die Sozialauswahl insgesamt eine Beurteilung der Auswahlentscheidung des AG bedeutet, die den AN reflexartig trifft. Das zeigt auch die Namensliste des § 1 V KSchG. Die allg Regelungskompetenz des BR umfasst keine personellen Angelegenheiten (§ 88 Rdn 2). Wird die Regelungsabrede **gekündigt**, wirkt sie wegen § 77 VI nur im Fall von II nach; I erlaubt die mitbestimmungsfreie Abschaffung.

4 **Auswahl-RL** sind abstrakte Kriterien, die der AG bei der Personalauswahl für personelle Einzelmaßnahmen nach I 1 zu beachten hat; die Mitbestimmung greift auch für punktuelle RL, die nur eine konkrete Personalmaßnahme betreffen, etwa Sozialauswahl-RL für nur eine Kdg-Welle (BAG 26.7.2005, 1 ABR 29/04, EzBAT § 53 BAT Betriebsbedingte Kündigung Nr 67; BAG 21.2.2013, 8 AZR 877/11, NZA 2013, 617). Als »RL« müssen sie die Auswahlentscheidung des AG strukturieren, dürfen ihm aber nicht jeden **Entscheidungsspielraum** nehmen; so darf ein Punktesystem nicht schon selbst die Entscheidung des AG »auswerfen« (BAG 27.10.1992, 1 ABR 4/92, AP BetrVG 1972 § 95 Nr 29). Insb die Namensliste des § 1 V KSchG kann nicht als »Auswahl-RL« vereinbart werden – sondern nur als Teil des Interessenausgleichs. Die RL zielen auf eine Personalauswahl, sie setzen personenbezogene Daten der für die personelle Maßnahme in Betracht kommenden AN oder Bewerber für die Auswahlentscheidung in ein Verhältnis. Bei Einstellung und Versetzung entscheidet der BR insb **nicht über das Stellenprofil und die Eignungsvoraussetzungen** mit; insoweit handelt es sich um eine vom AG frei zu entscheidende Vorgabe für den Auswahlprozess. Das mindert die Bedeutung von § 95 erheblich. Zudem bleibt auch bei weitreichenden Personalmaßnahmen die mitbestimmungsfreie Auswahl durch Einzelfallentsch möglich (*Rossa/Salamon* NJW 2008, 1991, 1993).

5 AuswahlRL können auch das **Verfahren zur Ermittlung der maßgeblichen Auswahlkriterien** regeln (*Löwisch/Kaiser* § 95 Rn 12). Vorrangig ist insoweit aber zunächst § 94 II Alt 2. Die Grenzen des schwächeren § 94 dürfen nicht über § 95 überwunden werden; vor allem kommt dem BR kein Initiativrecht nach II zu!

6 **Welche Gesichtspunkte für die personelle Auswahl** maßgebend sind, gibt zunächst das Individualarbeitsrecht vor. Insofern ist insb das KSchG für die **Sozialauswahl** zu beachten (bei der Leistungsgesichtspunkte nur mit Blick auf die herauszunehmenden Leistungsträger eine Rolle spielen dürfen, und die sozialen Gesichtspunkte festgelegt sind, dazu § 1 KSchG Rdn 164, 187). Dabei kommt den Betriebspartnern ein gewisser Beurteilungsspielraum zu, den auswahlrelevanten Personenkreis nach sachlichen Kriterien einzuschränken oder auszuweiten, die Gewichtung der Sozialauswahlkriterien (»Punkteschema«) dürfen sie bis zur Grenze der groben Fehlerhaftigkeit festlegen, § 1 IV KSchG (BAG 5.6.2008, 2 AZR 907/06, EzA § 1 KSchG Soziale Auswahl Nr 81; zum Diskriminierungsschutz bei Gestaltung von Sozialauswahl-RL *Löwisch/Röder/Krieger* BB 2008, 610 ff). Bei Einstellung und Versetzung sind das AGG und § 75 zu beachten, im öffentl Dienst Art 33 II GG. Der verbleibende Auswahlspielraum wird von II 1 dahin strukturiert, dass – in dieser Reihenfolge – fachliche, persönliche und soziale Merkmale der Personen zu berücksichtigen sind. Das gilt als Entsch-RL für die Einigungsstelle – auch im Fall des I. Einigen sich AG und BR frei, sind sie nicht an diese Reihenfolge gebunden. Der AG kann seine »Personalhoheit« bei Einstellungen und Versetzungen außerhalb des öffentl Dienstes durchaus sozial prägen.

7 Das Mitbestimmungsrecht in I und II greift nur für die ausdrücklich genannten Maßnahmen: **Einstellung** ist nicht der Arbeitsvertragsschluss, sondern wie in § 99 die arbeitsorganisatorische, »faktische« Eingliederung in den Betrieb (§ 99 Rdn 5). **Umgruppierung** ist die Anwendung einer anderen tariflichen Vergütungsgruppe auf einen AN (§ 99 Rdn 22). Da die tarifliche Eingruppierung nach dem derzeitigen Stand der TV einer Tarifautomatik folgt (§ 99 Rdn 12), hat der AG grds keinen Entscheidungs- oder Auswahlspielraum. § 95 läuft insofern leer. Das könnte sich ändern, sobald TV die Anwendung tariflicher Vergütungsgruppen als Ermessensakt des AG normieren. Dann kämen Auswahlprozesse in Betracht. Eigens definiert ist die **Versetzung** in III, dazu § 99 Rdn 26 ff). Ob eine Versetzung durch Direktionsrecht oder durch Änderungskündigung bewirkt wird, spielt für § 95 keine Rolle, weil beide Maßnahmen in gleicher Weise erfasst werden. Lediglich bei § 99 kommt es zur Mitwirkungsdoppelung. **Kdg** ist jede Kdg iSv § 102, für die ein Auswahlprozess in Betracht kommt, also praktisch **nur die betriebsbedingte (Änderungs-)Kdg** und die betriebsbedingte außerordentlich-ordentliche Kdg unkündbarer AN (zu ihr § 626 BGB Rdn 194 ff). Bei personen- und verhaltensbedingten Kdg geht es nicht um eine Auswahlentscheidung – und zwar auch nicht, wenn mehrere Personen gekündigt werden können. Die Auswahl-RL kann auf einen der in I 1 genannten Regelungsgegenstände beschränkt werden (LAG Rheinland-Pfalz 8.3.2012, 11 TaBV 5/12, juris).

8 **Verstößt der AG gegen das Mitbestimmungsrecht des BR**, indem er Auswahl-RL verwendet, ohne dass der BR zugestimmt hat, schlägt die Mitbestimmungswidrigkeit nicht auf die Individualmaßnahme durch (BAG 6.7.2006, 2 AZR 442/05, EzA § 1 KSchG Soziale Auswahl Nr 69) – freilich gilt für die Kdg nicht

das Kontrollprivileg des § 1 IV KSchG. Die einseitige RL des AG ist schon kein Rechtsgeschäft, das über »bedürfen« in I 1 nichtig sein könnte, sondern nur ein Selbstbindungsversuch des AG. Erst recht ist die auf einer »unwirksamen« RL fußende Einzelmaßnahme (Einstellung, Versetzung, Kdg) nicht schon deswegen unwirksam, weil der AG sein Ermessen an der mitbestimmungswidrigen RL ausrichtet (*Hidalgo/ Häberle-Haug/Stubbe* DB 2008, 914, 915 ff). Ebenso wenig kann der BR zu Einstellung oder Versetzung nach § 99 die Zustimmung verweigern oder der Kdg nach § 102 III widersprechen. § 99 II Nr 2 und § 102 III Nr 2 sanktionieren nur den Verstoß gegen die verbindliche, nach § 95 zustandegekommene RL, nicht aber den Verstoß gegen § 95 (LAG Hess 16.10.1984, 4 TaBV 98/83, DB 1985, 1534, 1534). Um zu verhindern, dass der AG § 95 ignoriert, gewährt das BAG dem BR einen Unterlassungsanspruch (BAG 26.7.2005, 1 ABR 29/04, EzA § 95 BetrVG 2001 Nr 1) – gerichtet nicht auf **Unterlassung** der Einzelmaßnahme (Einstellung, Versetzung, Kdg), sondern **der Verwendung der mitbestimmungswidrigen einseitigen RL**. Daneben kommt in hartnäckigen Fällen § 23 III in Betracht.

Verstößt der AG gegen eine wirksam zustandegekommene Auswahl-RL, hat der BR **keinen Erfüllungsanspruch**, weil die RL dem AG einen Entscheidungsspielraum belassen muss, weswegen der BR keine bestimmte personelle Maßnahme verlangen kann. Außerdem steht es dem AG frei, von der geplanten Einstellung, Versetzung oder Kdg jederzeit Abstand zu nehmen. Der BR ist darauf verwiesen, die Auswahl-RL iR seiner **Mitwirkung bei den Einzelmaßnahmen** geltend zu machen, bei Einstellung und Versetzung durch **Zustimmungsverweigerung nach § 99 II Nr 2**, bei der Kdg durch **Widerspruch nach § 102 III Nr 2**. Daneben ist kein Raum für einen zusätzlichen Unterlassungsanspruch. 9

§ 96 Förderung der Berufsbildung

(1) ¹Arbeitgeber und Betriebsrat haben im Rahmen der betrieblichen Personalplanung und in Zusammenarbeit mit den für die Berufsbildung und den für die Förderung der Berufsbildung zuständigen Stellen die Berufsbildung der Arbeitnehmer zu fördern. ²Der Arbeitgeber hat auf Verlangen des Betriebsrats den Berufsbildungsbedarf zu ermitteln und mit ihm Fragen der Berufsbildung der Arbeitnehmer des Betriebs zu beraten. ³Hierzu kann der Betriebsrat Vorschläge machen.

(2) ¹Arbeitgeber und Betriebsrat haben darauf zu achten, dass unter Berücksichtigung der betrieblichen Notwendigkeiten den Arbeitnehmern die Teilnahme an betrieblichen oder außerbetrieblichen Maßnahmen der Berufsbildung ermöglicht wird. ²Sie haben dabei auch die Belange älterer Arbeitnehmer, Teilzeitbeschäftigter und von Arbeitnehmern mit Familienpflichten zu berücksichtigen.

Berufliche Bildung ist der Schlüssel zu Beschäftigungsfähigkeit und Beschäftigung. Technischer und wirtschaftlicher Wandel der Arbeitswelt lösen einen entspr Anpassungsdruck auf AN aus. Auf der anderen Seite liegt berufliche Weiterbildung auch im Interesse der AG, deren Wettbewerbsfähigkeit hiervon abhängt. §§ 96–98 geben dem BR (eher schwache) Beteiligungsrechte für Berufsbildungsmaßnahmen; über das Ob entscheidet der AG grds frei. Die Verteilung von Qualifikationslasten ist dem TV vorbehalten (eingehend *Rieble* Qualifizierungstarifverträge, 2. BAG-FS, 2004, 831 ff; dort auch zur Qualifikationslast des AN). Zentral ist der Grds, dass der AG vom BR nicht zu Berufsbildungsmaßnahmen gezwungen werden kann – Ausnahme nur in § 97 II. Es geht also um das Wie freiwilliger Berufsbildungsmaßnahmen und nicht um das Ob. 1

»Berufsbildung« ist nach § 1 I BBiG weit zu verstehen und umfasst **Berufsausbildungsvorbereitung, Berufs(erst)ausbildung, berufliche Fortbildung** und **berufliche Umschulung**. Im BetrVG wird darunter jede Maßnahme gefasst, die dem AN jene Kenntnisse und Fähigkeiten systematisch vermitteln soll, die zur Ausfüllung oder Erhaltung seines Arbeitsplatzes und seiner beruflichen Tätigkeit dienen – das kann auch eine Vorbereitungsschulung in einem »Assessment-Center« sein (BAG 20.4.1993, 1 ABR 59/92, EzA § 99 BetrVG 1972 Nr 114). Abzugrenzen ist die Berufsbildung von der Einweisung gem § 81, die nicht den Bildungsstand des AN betrifft, sondern die konkrete Tätigkeit am Arbeitsplatz erklärt. Maßnahmen zur Ermittlung von Defiziten in der Belegschaft (**Kundenbefragung**) sind keine Bildungsmaßnahmen (BAG 28.1.1992, 1 ABR 41/91, EzA § 96 BetrVG 1972 Nr 1). 2

§§ 96–98 regeln nur die Berufsbildung der AN iSd § 5 (dort Rdn 1 ff). Ausgenommen sind damit zwar Bildungsmaßnahmen für leitende Angestellte, nicht aber die Qualifikation des AN zum Leitenden (ErfK/ *Kania* § 96 Rn 4). In Bezug auf Leih-AN stehen dem BR des Verleiherbetriebs die Beteiligungsrechte aus § 96 zu (LAG Hamburg 31.10.2012, 5 TaBV 6/12, juris). 3

»**Für die Berufsbildung zuständige Stellen**« sind die Kammern nach § 71 BBiG, die nach § 72 BBiG bestimmten Stellen und die jeweiligen Landesausschüsse und der Berufsbildungsausschuss (§§ 82, 77 ff BBiG). »**Für die Förderung der Berufsbildung zuständigen Stellen**« sind die BA, die ihr nachgeordneten 4

§ 97 BetrVG Einrichtungen und Maßnahmen der Berufsbildung

Stellen, berufs- und weiterbildende Schulen, Arbeitgeberverbände und Gewerkschaften. I 1 erlaubt dem BR Außenkontakte (wie bei § 89, dort Rdn 2).

5 I 1 legt AG und BR eine **Förderungspflicht** »iRd betrieblichen Personalplanung« auf. Das ist ein gehaltloser Programmsatz ohne Rechtsfolge. Über § 96 erlangt der BR keine § 92 übersteigenden Rechte.

6 Die neue **Berufsbildungsbedarfsermittlungspflicht** (I 2) ist ein Ausschnitt der qualitativen Personalplanung des § 92 (Personalentwicklungsplanung). Sie ist erzwingbar (der BR hat einen durchsetzbaren Erfüllungsanspruch), läuft aber dennoch leer. Welchen Bildungsbedarf der AG aufgrund seiner Unternehmensplanung sieht, entscheidet er autonom. Der BR hat kein »Mitplanungsrecht«. Da I 2 nicht einmal einen Planungshorizont vorgibt, kann der AG sagen, er sehe für das nächste Jahr keinen Bildungsbedarf. Auch kann er den Bedarf an qualifizierten Kräften durch Neueinstellungen decken wollen. Durchsetzbar ist nur eine »rudimentäre« Bedarfsprognose, der BR kann den AG insb nicht zu konkreten betriebswirtschaftlichen oder arbeitswissenschaftlichen Analysen zwingen. Wie der AG einen prognostizierten Bedarf decken will, gehört nicht zur Bedarfsplanung.

7 Das **Vorschlags- und Beratungsrecht des BR** (I 2 und 3) bezieht sich nicht nur auf die Bildungsplanung, sondern auf alle »Fragen der Berufsbildung der AN«. Das Vorschlagsrecht stellt klar, dass sich die Beratung nicht auf vom AG vorgegebene Bildungsthemen beschränkt. Der BR muss die Beratung eigens »verlangen«. Aus dem Beratungsrecht folgt nichts weiter, insb kann Beratung nicht mit einem Erfüllungsanspruch durchgesetzt werden. Ignoranz des AG wird über § 23 III geahndet. Echte Mitbestimmungsrechte hat der BR nur aus §§ 97 II und 98.

8 II enthält ein weiches **Optimierungsgebot** zugunsten aller AN (II 1) und bes für **Ältere, Teilzeit-AN** sowie **AN mit Familienpflichten** (Väter, Mütter, aber auch Stief- und Großeltern). Damit werden §§ 75 I 1 und 2, 80 I Nr 2a und 6 für die Bildung konkretisiert. Rechtsfolgen hat II für sich genommen nicht; es handelt sich um eine Ermessensleitlinie für die Beratung nach I 2, vor allem aber für die erzwingbare Mitbestimmung nach §§ 97, 98. Unterbleibt die Optimierung, ist das für sich genommen keine Diskriminierung, auf die sich AN berufen könnten.

§ 97 Einrichtungen und Maßnahmen der Berufsbildung

(1) Der Arbeitgeber hat mit dem Betriebsrat über die Errichtung und Ausstattung betrieblicher Einrichtungen zur Berufsbildung, die Einführung betrieblicher Berufsbildungsmaßnahmen und die Teilnahme an außerbetrieblichen Berufsbildungsmaßnahmen zu beraten.

(2) ¹Hat der Arbeitgeber Maßnahmen geplant oder durchgeführt, die dazu führen, dass sich die Tätigkeit der betroffenen Arbeitnehmer ändert und ihre beruflichen Kenntnisse und Fähigkeiten zur Erfüllen ihrer Aufgaben nicht mehr ausreichen, so hat der Betriebsrat bei der Einführung von Maßnahmen der betrieblichen Berufsbildung mitzubestimmen. ²Kommt eine Einigung nicht zustande, so entscheidet die Einigungsstelle. ³Der Spruch der Einigungsstelle ersetzt die Einigung zwischen Arbeitgeber und Betriebsrat.

1 Die **Beratungspflicht** des AG aus I ergänzt das allg Beratungsrecht des § 96 I 2, nur dass der AG hier von sich aus und nicht nur auf Verlangen des BR beraten muss. In § 97 geht es um das **Ob** von Bildungsmaßnahmen – vom Gesetz sauber getrennt in Bildungseinrichtungen, betriebliche und außerbetriebliche Bildungsmaßnahmen. Der BR hat **kein Initiativrecht**. Der AG entscheidet frei über Einführung und Abschaffung von Maßnahmen und den Umfang, insb die Ausstattung und die finanziellen Mittel. Die Mitbestimmung über das Wie ist in § 98 geregelt. Die Beratungspflicht setzt ein, sobald der AG einen konkreten Plan zur Errichtung, Ausstattung, Einführung oder Änderung solcher Maßnahmen fasst. Vorüberlegungen sind nicht beratungspflichtig.

2 »**Betriebliche Einrichtungen zur Berufsbildung**« ist die für längere Zeit innerhalb des Betriebs/Unternehmens/Konzerns angelegte Zusammenfassung sachlicher und/oder persönlicher Mittel, deren Zweck die Berufsbildung zumindest auch betriebsangehöriger AN ist (Lehrwerkstätten, Schulungszentrum oder -räume) und die eine gewisse Organisation aufweist. Richtigerweise kommt daneben keine Mitbestimmung nach § 87 I Nr 8 in Betracht, weil die Bildungseinrichtung nicht sozialen, sondern personellen Zwecken dient.

3 Bei den **Berufsbildungsmaßnahmen** unterscheidet I **betriebliche** und **außerbetriebliche**. »Betrieblich« ist die Maßnahme, wenn der AG (Unternehmen oder Konzern) Träger der Veranstaltung/Schulung ist, diese also selbst organisiert, auch wenn er sich fremder Kräfte (»Trainer«) oder Schulungsunternehmen bedient, solange er nur selbst den beherrschenden Einfluss auf Inhalt und Gestaltung hat (BAG 12.9.1991, 1 ABR 21/91, AP BetrVG 1972 § 98 Nr 8). Die Bildungsmaßnahme kann sich auch auf Unternehmen oder Konzern erstrecken; zuständig ist dann GBR oder KBR. Außerbetrieblich ist die Bildungsmaßnahme, wenn der AG eine von einem externen Anbieter konzipierte Bildungsmaßnahme »einkauft«; ob diese dann im Betrieb

stattfindet (»In-house«) ist unmaßgeblich. Sonderfall sind Kooperationen mehrerer AG im Verbund, für die das BAG ernstlich eine analoge Anwendung von § 98 fordert. Für das Beratungsrecht des § 97 macht das keinen Unterschied.

Verstößt der AG beharrlich gegen das Beratungsrecht, droht § 23 III. I gibt keinen Unterlassungsanspruch 4 gegen die vom AG beratungslos durchgeführte Maßnahme und auch keinen Beratungserfüllungsanspruch.

II gewährt ausnahmsweise ein echtes Mitbestimmungsrecht mit Initiativrecht über das »Ob« der Bildungs- 5 maßnahme. Vorausgesetzt ist eine geplante arbeitsorganisatorische Maßnahme des AG, die die Tätigkeit der AN verändert, für die AN ein Qualifikationsdefizit und dadurch eine konkrete Kdg-Gefahr auslöst (»nicht mehr ausreichen«). Insb die Anschaffung neuer Maschinen oder die Einführung neuer Software können solche Maßnahmen sein. Der Anlass der Maßnahme – Reaktion auf externe Marktveränderung oder interne Modernisierungsstrategie – spielt keine Rolle (LAG Hamm 9.2.2009, 10 TaBV 191/08, AuR 2009, 278). Betroffen sein müssen mehrere AN, das Gesetz verwendet den Plural; die Maßnahme muss betriebsbezogen sein. Personelle Einzelmaßnahmen, vor allem Versetzungen iSd § 99, rechnen nicht hierzu; insoweit bewendet es bei § 81 IV (hM, *Löwisch/Kaiser* § 97 Rn 10). Die Maßnahme des AG muss die konkrete Arbeitstätigkeit der AN verändern – und zwar qualitativ, weil sonst kein Qualifikationsdefizit ausgelöst werden kann. Ist der AN schon zuvor unterqualifiziert, fehlt es an der Kausalität; der BR kann nicht »bei Gelegenheit« einer arbeitsorganisatorischen Maßnahme Nachschulungen durchsetzen. Die Kdg-Gefahr muss konkret sein; das ausnahmsweise Erzwingungsrecht von Bildungsmaßnahmen steht im Dienst der Kdg-Prävention des § 102 III Nr 4. Das Initiativrecht setzt also erst ein, wenn die Kdg-Gefahr konkret greifbar ist; der BR kann keine allg arbeitsplatzsichernde Bildung durchsetzen.

Das Mitbestimmungsrecht ist gerichtet auf die **Einführung betrieblicher Bildungsmaßnahmen**, weder 6 auf Bildungseinrichtungen noch auf die Teilnahme an außerbetrieblichen Bildungsmaßnahmen. Der BR bestimmt dabei über **Qualifikationsziele und -wege** mit (*Löwisch/Kaiser* § 97 Rn 12). Im Konfliktfall entscheidet die Einigungsstelle. Immer aber muss es um geeignete (!) Bildungsmaßnahmen zur Kdg-Vermeidung gehen. Berufliche Bildung ohne ausscheidende AN lässt sich über § 97 II nicht erzwingen. Über die **Kosten** der Bildungsmaßnahme sagt das BetrVG nichts. Die eigentliche Schulungsmaßnahme muss der AG tragen – iR wirtschaftlicher Zumutbarkeit. Ob aber die **Bildungszeit vom AG zu zahlen** ist, der AN also Anspruch auf Arbeitsbefreiung hat, ist ungeklärt. § 97 II enthält mE **keine entspr Annexkompetenz** (näher *Rieble* NZA 2001, Sonderheft BetrVG S 55).

Die **Rechtsstellung der betroffenen AN** wird von der Mitbestimmung nicht erfasst. Weder kann der BR 7 dem AN individuelle Qualifizierungsansprüche zuwenden, noch können die AN gar zur Teilnahme an der Bindungsmaßnahme gezwungen werden. Lehnen AN die Qualifikation ab, riskieren sie allerdings ihren Arbeitsplatz mit Blick auf § 102 III Nr 4.

II steht in engem Zusammenhang mit § 111 S 3 Nr 5, weil die Maßnahme des AG vielfach auch eine 8 **Betriebsänderung** sein kann. Beide Tatbestände stehen nebeneinander. Bildungsmaßnahmen kann der BR auch nach § 92a vorschlagen.

II löst **keinen Unterlassungsanspruch** hins der geplanten AG-Maßnahme aus. Mitbestimmungspflichtig ist 9 nicht dessen Durchführung, sondern die kompensatorische Qualifikation. Dem BR bleibt zunächst § 23 III. Außerdem kann er der Kdg widersprechen, § 102 III Nr 4. Die AN können sich auf die Weiterbeschäftigung nach Umschulung berufen, § 1 II 3 KSchG.

§ 98 Durchführung betrieblicher Bildungsmaßnahmen

(1) Der Betriebsrat hat bei der Durchführung von Maßnahmen der betrieblichen Berufsbildung mitzubestimmen.

(2) Der Betriebsrat kann der Bestellung einer mit der Durchführung der betrieblichen Berufsbildung beauftragten Person widersprechen oder ihre Abberufung verlangen, wenn diese die persönliche oder fachliche, insbesondere die berufs- und arbeitspädagogische Eignung im Sinne des Berufsbildungsgesetzes nicht besitzt oder ihre Aufgaben vernachlässigt.

(3) Führt der Arbeitgeber betriebliche Maßnahmen der Berufsbildung durch oder stellt er für außerbetriebliche Maßnahmen der Berufsbildung Arbeitnehmer frei oder trägt er die durch die Teilnahme von Arbeitnehmern an solchen Maßnahmen entstehenden Kosten ganz oder teilweise, so kann der Betriebsrat Vorschläge für die Teilnahme von Arbeitnehmern oder Gruppen von Arbeitnehmern des Betriebs an diesen Maßnahmen der beruflichen Bildung machen.

(4) ¹Kommt im Fall des Absatzes 1 oder über die nach Absatz 3 vom Betriebsrat vorgeschlagenen Teilnehmer eine Einigung nicht zustande, so entscheidet die Einigungsstelle. ²Der Spruch der Einigungsstelle ersetzt die Einigung zwischen Arbeitgeber und Betriebsrat.

§ 98 BetrVG Durchführung betrieblicher Bildungsmaßnahmen

(5) ¹Kommt im Fall des Absatzes 2 eine Einigung nicht zustande, so kann der Betriebsrat beim Arbeitsgericht beantragen, dem Arbeitgeber aufzugeben, die Bestellung zu unterlassen oder die Abberufung durchzuführen. ²Führt der Arbeitgeber die Bestellung einer rechtskräftigen gerichtlichen Entscheidung zuwider durch, so ist er auf Antrag des Betriebsrats vom Arbeitsgericht wegen der Bestellung nach vorheriger Androhung zu einem Ordnungsgeld zu verurteilen; das Höchstmaß des Ordnungsgeldes beträgt 10 000 Euro. ³Führt der Arbeitgeber die Abberufung einer rechtskräftigen gerichtlichen Entscheidung zuwider nicht durch, so ist auf Antrag des Betriebsrats vom Arbeitsgericht zu erkennen, dass der Arbeitgeber zur Abberufung durch Zwangsgeld anzuhalten sei; das Höchstmaß des Zwangsgeldes beträgt für jeden Tag der Zuwiderhandlung 250 Euro. ⁴Die Vorschriften des Berufsbildungsgesetzes über die Ordnung der Berufsbildung bleiben unberührt.

(6) Die Absätze 1 bis 5 gelten entsprechend, wenn der Arbeitgeber sonstige Bildungsmaßnahmen im Betrieb durchführt.

1   I gewährt dem BR ein **umfassendes Mitbestimmungsrecht bei der Durchführung betrieblicher Bildungsmaßnahmen**; umfasst sind alle Maßnahmen der Berufsbildung iSd § 1 I BBiG: Berufsausbildung, beruflichen Fortbildung, beruflichen Umschulung (BAG 5.3.2013, 1 ABR 11/12, juris). Das betrifft auch die Tätigkeit betrieblicher Bildungseinrichtungen (nicht aber deren Errichtung, Rechtsform und Verwaltung, insofern bleibt es bei § 96 I), **nicht aber außerbetriebliche Bildungsmaßnahmen** (zur Abgrenzung § 97 Rdn 3); hier ist der BR auf die Teilnehmerauswahl nach III beschränkt. Das BAG ignoriert diese Beschränkung und will den BR hins der Vertragsgestaltung mit dem externen Anbieter mitbestimmen lassen (BAG 18.4.2000, 1 ABR 28/99, EzA § 98 BetrVG 1972 Nr 9 für einen Bildungsverbund von Unternehmen).

2   Die Mitbestimmung nach I umfasst die gesamte generell-abstrakte Durchführung der Maßnahme an sich, das »Wie« hins Inhalt und Methode der Vermittlung und der Ausgestaltung der Prüfung (BAG 5.11.1985, 1 ABR 49/83, EzA § 98 BetrVG 1972 Nr 2). Hierher gehört auch die Dauer der Bildungsmaßnahme. Deshalb hat der BR mitzubestimmen, wenn der AG die Zustimmung der staatlichen Stelle nach § 45 I BBiG zur Verkürzung der Berufsausbildungszeit erstrebt (BAG 24.8.2004, 1 ABR 28/03, EzA § 98 BetrVG 2001 Nr 1). Im Konfliktfall entscheidet die Einigungsstelle, IV. »**Ob**« und **Umfang** der Maßnahme und der finanzielle Aufwand sind **mitbestimmungsfrei**; ebenso der individualrechtliche Vollzug. Wie der AG den einzelnen AN ggf zur Fortbildung verpflichtet, ob er Rückzahlungsklauseln vereinbart, unterliegt nicht der Mitbestimmung. Zum mitbestimmungsfreien »Ob« rechnet das Qualifikationsziel; der BR darf die Bildungsmaßnahme nicht »umwidmen« (*Raab* NZA 2008, 270, 273).

3   II enthält ein bes Mitbestimmungsrecht über die Person des Ausbilders, weil dieser geeignet sein muss – so werden die AN vor unprofessioneller oder ungeeigneter oder schädlicher Ausbildung bewahrt. Wen der AG als Ausbilder oder Trainer engagiert, entscheidet er; der BR hat **kein Initiativrecht**. Sobald der AG einen Trainer auserkoren hat, muss er den BR informieren, § 80 II. Sodann kann der BR sich gegen diese »Lehrperson« stellen – wenn er hierfür den in II formulierten konkreten Sachgrund hat, vergleichbar der Einstellung nach § 99. Hier allerdings kommt es auf die vertragliche Bindung mit dem Ausbilder nicht an; ist dieser als AN einzustellen, steht § 99 neben II. Für die Abberufung kommt ggf zusätzlich § 104 in Betracht. II macht klar, dass nicht nur die erstmalige Bestellung vom BR beanstandet werden kann; vielmehr kann der BR auch nachträglich die Abberufung des Trainers verlangen, wenn dieser ungeeignet ist. Können sich AG und BR nicht einigen, entscheidet nach V 1 das ArbG (und nicht die Einigungsstelle), weil es sich um eine Rechtsstreitigkeit handelt. Das Gericht wendet den unbestimmten Rechtsbegriff des II an. Bis zur rechtskräftigen Entscheidung im Beschlussverfahren kann der AG, den Ausbilder einsetzen; das bes Vollstreckungsverfahren in V 2 und 3 setzt Rechtskraft voraus. In krassen Fällen kann der BR vorläufigen Rechtsschutz begehren. Soweit es um Berufsausbildung geht, greifen zusätzlich die §§ 27 ff BBiG, §§ 21 ff HandwO; dort ist öffentl-rechtlich die Ausbildereignung verlangt.

4   III enthält ein **Mitbestimmungsrecht über die Teilnahme der betroffenen AN**. Hier geht es um Verteilungsgerechtigkeit, ähnlich wie in § 87 I Nr 10. Die Auswahlentscheidung des AG wird auf Sachlichkeit kontrolliert. III greift erstens bei allen betrieblichen Berufsbildungsmaßnahmen (auch bei betrieblichen Bildungseinrichtungen). Bei außerbetrieblichen Bildungsmaßnahmen ist die Mitbestimmung auf den Fall beschränkt, dass der AG dem AN durch Kostenübernahme oder Arbeitsfreistellung einen Bildungsvorteil zuwendet. Hierher gehören auch Beschäftigungsbetriebe oder Beschäftigungsgesellschaften, soweit dort eine Qualifizierung stattfindet und der betreffende AN im Arbeitsverhältnis bleiben soll. Nimmt der AN auf eigene Kosten und während unbezahlten Sonderurlaubs an einer Bildungsmaßnahme teil, gibt es keine Mitbestimmung.

5   Das Mitbestimmungsrecht ist an eine Initiative des BR gekoppelt. Macht der BR keine Vorschläge zur alternativen Teilnehmerauswahl, so kann der AG die Qualifizierungsmaßnahme durchführen – der BR darf sich nicht darauf beschränken, der Auswahl des AG zu widersprechen (BAG 30.5.2006, 1 ABR 17/05,

EzA § 98 BetrVG 2001 Nr 2). Können sich AG und BR nach diesem Vorschlag nicht einigen, entscheidet die Einigungsstelle nach VI. Missachtet der AG das Mitbestimmungsrecht, steht dem BR kein Unterlassungsanspruch aus § 98 III, IV zu; nur der grobe Verstoß wird nach § 23 III geahndet (LAG Hess 21.6.2012, 9 TaBV 75/12, JurionRS 2012, 29941). Mitbestimmungsfrei bleibt stets die fachliche Seite: Der AG und nur er entscheidet abstrakt, welche **Eignungsvoraussetzungen** die Teilnehmer erfüllen müssen und wie viele AN teilnehmen.

§ 99 Mitbestimmung bei personellen Einzelmaßnahmen

(1) ¹In Unternehmen mit in der Regel mehr als zwanzig wahlberechtigten Arbeitnehmern hat der Arbeitgeber den Betriebsrat vor jeder Einstellung, Eingruppierung, Umgruppierung und Versetzung zu unterrichten, ihm die erforderlichen Bewerbungsunterlagen vorzulegen und Auskunft über die Person der Beteiligten zu geben; er hat dem Betriebsrat unter Vorlage der erforderlichen Unterlagen Auskunft über die Auswirkungen der geplanten Maßnahme zu geben und die Zustimmung des Betriebsrats zu der geplanten Maßnahme einzuholen. ²Bei Einstellungen und Versetzungen hat der Arbeitgeber insbesondere den in Aussicht genommenen Arbeitsplatz und die vorgesehene Eingruppierung mitzuteilen. ³Die Mitglieder des Betriebsrats sind verpflichtet, über die ihnen im Rahmen der personellen Maßnahmen nach den Sätzen 1 und 2 bekanntgewordenen persönlichen Verhältnisse und Angelegenheiten der Arbeitnehmer, die ihrer Bedeutung oder ihrem Inhalt nach einer vertraulichen Behandlung bedürfen, Stillschweigen zu bewahren; § 79 Abs. 1 Satz 2 bis 4 gilt entsprechend.
(2) Der Betriebsrat kann die Zustimmung verweigern, wenn
1. die personelle Maßnahme gegen ein Gesetz, eine Verordnung, eine Unfallverhütungsvorschrift oder gegen eine Bestimmung in einem Tarifvertrag oder in einer Betriebsvereinbarung oder gegen eine gerichtliche Entscheidung oder eine behördliche Anordnung verstoßen würde,
2. die personelle Maßnahme gegen eine Richtlinie nach § 95 verstoßen würde,
3. die durch Tatsachen begründete Besorgnis besteht, dass infolge der personellen Maßnahme im Betrieb beschäftigte Arbeitnehmer gekündigt werden oder sonstige Nachteile erleiden, ohne dass dies aus betrieblichen oder persönlichen Gründen gerechtfertigt ist; als Nachteil gilt bei unbefristeter Einstellung auch die Nichtberücksichtigung eines gleich geeigneten befristet Beschäftigten,
4. der betroffene Arbeitnehmer durch die personelle Maßnahme benachteiligt wird, ohne dass dies aus betrieblichen oder in der Person des Arbeitnehmers liegenden Gründen gerechtfertigt ist,
5. eine nach § 93 erforderliche Ausschreibung im Betrieb unterblieben ist oder
6. die durch Tatsachen begründete Besorgnis besteht, dass der für die personelle Maßnahme in Aussicht genommene Bewerber oder Arbeitnehmer den Betriebsfrieden durch gesetzwidriges Verhalten oder durch grobe Verletzung der in § 75 Abs. 1 enthaltenen Grundsätze, insbesondere durch rassistische oder fremdenfeindliche Betätigung, stören werde.

(3) ¹Verweigert der Betriebsrat seine Zustimmung, so hat er dies unter Angabe von Gründen innerhalb einer Woche nach Unterrichtung durch den Arbeitgeber diesem schriftlich mitzuteilen. ²Teilt der Betriebsrat dem Arbeitgeber die Verweigerung seiner Zustimmung nicht innerhalb der Frist schriftlich mit, so gilt die Zustimmung als erteilt.
(4) Verweigert der Betriebsrat seine Zustimmung, so kann der Arbeitgeber beim Arbeitsgericht beantragen, die Zustimmung zu ersetzen.

Übersicht	Rdn.			Rdn.
A. Anwendungsbereich	1	I.	Verstoß gegen Rechtsvorschriften	46
B. Mitbestimmungspflichtige Angelegenheiten	5	II.	Verstoß gegen Auswahlrichtlinie	55
		III.	Benachteiligung anderer AN	56
I. Einstellung	5	IV.	Benachteiligung des betroffenen AN	61
II. Eingruppierung/Umgruppierung	12	V.	Unterbliebene Ausschreibung	64
III. Versetzung	26	VI.	Störung des Betriebsfriedens	66
C. Unterrichtungs- und Auskunftspflicht des AG	34	E.	**Verfahren bei Zustimmungsverweigerung**	67
I. Einstellung	34	I.	Zustimmung und Zustimmungsverweigerung	67
II. Versetzung	42	II.	Zustimmungsfiktion	72
III. Eingruppierungen/Umgruppierungen	43	F.	**Zustimmungsersetzung durch das ArbG**	73
IV. Verschwiegenheitspflicht	44			
D. Zustimmung und Zustimmungsverweigerung	45			

§ 99 BetrVG Mitbestimmung bei personellen Einzelmaßnahmen

1 **A. Anwendungsbereich.** Mitwirkungsrechte des BR bei personellen Einzelmaßnahmen gewährt I nur in Unternehmen mit idR mehr als 20 wahlberechtigten AN. Einem Zustimmungserfordernis seitens des BR sind nur die Einstellung, die Ein- und Umgruppierungen sowie die Versetzung unterworfen. Bei der Kdg steht dem BR gem § 102 lediglich ein Anhörungsrecht zu, dies aber auch in Kleinbetrieben. Für den Schwellenwert kommt es nicht auf die konkrete tatsächliche Beschäftigtenzahl zum Zeitpunkt der avisierten Einzelmaßnahme an, sondern auf den »regelmäßigen« Beschäftigungsstand (ErfK/*Kania* § 99 Rn 1; HWK/*Ricken* § 99 Rn 4). Wird die Mindestzahl von mehr als 20 wahlberechtigten AN erst durch die Einstellung des weiteren AN erreicht, ist diese mitbestimmungsfrei. In Gemeinschaftsbetrieben kommt es nach dem eindeutigen Gesetzeswortlaut gleichfalls auf die Unternehmensgröße an. Das BAG hat aber schon für die Versetzung entschieden, dass in einer Analogie (ohne Regelungslücke) auf die Gesamtzahl (auch) der im Gemeinschaftsbetrieb Beschäftigten abzustellen sei (BAG 29.9.2004, 1 ABR 39/03, EzA § 99 BetrVG 2001 Nr 4; zust *Löwisch/Kaiser* § 99 Rn 3; dagegen *Löwisch* BB 2001, 1790, 1797; krit auch ErfK/*Kania* § 99 Rn 1), nicht anders als bei § 111 (s § 111 Rdn 4).

2 Zu zählen sind die **wahlberechtigten AN**, also gerade **nicht die Zeit-AN**, die zwar wahlberechtigt, aber doch keine AN des Betriebes oder Unternehmens sind, weil sie kein Arbeitsverhältnis gerade zum Betriebsinhaber haben (BAG 16.4.2003, 7 ABR 53/02, EzA § 9 BetrVG 2001 Nr 1; *Löwisch/Kaiser* § 99 Rn 3; aA HWK/*Ricken* § 99 Rn 5). Deutschrechtlich steht zu erwarten, dass das BAG – wie bei § 111 (dort Rdn 6) – Leih-AN für den Schwellenwert mitrechnen wird (*Laber* ArbRB 2012, 51, 54). Indes ist vom EuGH die Frage zu klären, ob das notwendig vom Gesetzgeber auszuübende Optionsrecht zur Zählung der Leih-AN nach Art 7 der LeiharbeitsRL 2008/104/EG solche Mitbestimmungsschwellenwerte umfasst (*Rieble* NZA 2012, 485, 487).

3 Für **leitende Angestellte** iSv § 5 III ist der BR nicht zuständig; auch dann nicht, wenn ein AN durch Versetzung zum leitenden Angestellten befördert werden soll (BAG 29.1.1980, 1 ABR 49/78, DB 1980, 1946). Hier bewendet es bei der Mitteilungspflicht nach § 105. Sieht der AG einen betroffenen AN hingegen irrtümlich als Leitenden an, kann der Verstoß gegen § 99 nicht durch Umdeutung der Mitteilung nach § 105 überwunden werden, auch dann nicht, wenn der AG den BR angehört hat (*Löwisch/Kaiser* § 99 Rn 4).

4 Im **Arbeitskampf** ist § 99 arbeitskampfkonform auf das Unterrichtungsrecht beschränkt. Der BR darf den AG nicht durch Zustimmungsverweigerung an der Aufrechterhaltung des Betriebes hindern (BVerfG 7.4.1997, 1 BvL 11/96, EzA § 99 BetrVG 1972 Einstellung Nr 2; BAG 10.2.1988, 1 ABR 39/86, EzA § 98 BetrVG 1972 Nr 4).

5 **B. Mitbestimmungspflichtige Angelegenheiten. I. Einstellung.** Einstellung meint nicht den Arbeitsvertragsschluss, sondern allein die **tatsächliche »arbeitsorganisatorische« Eingliederung des AN in den Betrieb**, um gemeinsam mit den dort beschäftigten AN den arbeitstechnischen Zweck des Betriebs durch weisungsgebundene Tätigkeit zu verwirklichen (BAG 5.4.2001, 2 AZR 580/99, BAGE 97, 276; 2.10.2007, 1 ABR 60/06, NZA 2008, 244, 245; 23.6.2010, 7 ABR 1/09, DB 2010, 2173). Der Arbeitsvertrag ist insgesamt mitbestimmungsfrei; der BR ist nicht zur Vertragskontrolle berufen. Das Mitbestimmungsrecht zielt auf kollektiven Schutz der übrigen AN, deren Interessen bereits dann berührt sind, wenn ein Arbeitsbereich im Betrieb von einer bisher betriebsfremden Person besetzt wird (HWK/*Ricken* § 99 Rn 17). Stellen AG und Bewerber die Wirksamkeit des Arbeitsvertrages nicht unter die Bedingung, dass die Zustimmung des BR erteilt bzw ersetzt wird, so berührt die fehlende Zustimmung des BR die Wirksamkeit des Arbeitsvertrages nicht (BAG 5.4.2001, 2 AZR 580/99, BAGE 97, 276).

6 Die mitbestimmungswidrige Einstellung führt zu einem **betriebsverfassungsrechtlichen Beschäftigungsverbot**: Dem BR steht es nach § 101 frei, zu verlangen, dass der betreffende AN im Betrieb nicht beschäftigt wird oder dass die aufgenommene tatsächliche Beschäftigung beendet wird (so schon BAG 2.4.1980, 5 AZR 1241/79, EzA § 99 BetrVG 1972 Nr 28). Der AG ist darauf verwiesen, den AN anderswo zu beschäftigen. Etwas anderes gilt nur für den Fall, dass der BR es unterlässt, das Verfahren nach § 101 anzustrengen, und damit zu erkennen gibt, dass die mitbestimmungswidrige Beschäftigung dem kollektiven Schutzinteresse nicht entgegensteht (BAG 5.4.2001, aaO; anders *Löwisch/Kaiser* § 99 Rn 131: AG müsse Zustimmungsersetzungsverfahren einleiten).

7 Maßgeblich ist der AN-Begriff des § 5. Deshalb greift I für **Auszubildende** (auch bei vorübergehender praktischer Ausbildung im anderen Betrieb BAG 30.9.2008, 1 ABR 81/07, EzA § 99 BetrVG 2001 Einstellung Nr 10), **Praktikanten, Volontäre** und (studentische) **Aushilfskräfte** (BAG 15.12.1992, 1 ABR 39/92, EzA § 99 BetrVG 1972 Nr 11), nicht dagegen »Schülerpraktikanten« (BAG 8.5.1990, 1 ABR 7/89, EzA § 99 BetrVG 1972 Nr 88) oder **Ein-Euro-Jobber** (BAG 2.10.2007, 1 ABR 60/06, EzA § 99 BetrVG 2001 Einstellung Nr 7), soweit diese öffentl-rechtlich ohne Vertrag zum AG beschäftigt werden (anders ArbG Ulm 18.7.2012, 7 BV 10/11, juris für Bundesfreiwilligendienstleistende: Obwohl diese in einem

öffentlich-rechtlichen Dienstverhältnis stehen und die Eingliederung in den Betrieb auf einem Verwaltungsakt beruht, soll § 99 anwendbar sein). Auch die Ausbildung in einem dem eigentlichen Beschäftigungsverhältnis vorgelagerten Schulungsrechtsverhältnis (Assessment-Center) kann genügen (BAG 20.4.1993, 1 ABR 59/92, EzA § 99 BetrVG 1972 Nr 114). Die Einstellung **freier Mitarbeiter** fällt grds nicht unter I. Das BAG macht eine **Ausnahme:** In atypischen Konstellation, in denen freie Mitarbeiter doch als weisungsgebundene Personen in den Betrieb eingegliedert sind, besteht ein Mitbestimmungsrecht des BR (BAG 30.8.1994, 1 ABR 3/94, EzA § 99 BetrVG 1972 Nr 125). Dies ist im Einzelfall nicht leicht feststellbar. Dem BR ist deshalb nach § 80 II die Möglichkeit eröffnet, vom AG Auskunft über die Tätigkeit des einzustellenden Mitarbeiters zu erlangen (BAG 15.12.1998, 1 ABR 9/98, EzA § 80 BetrVG 1972 Nr 43). Die Arbeitsaufnahme von Leih-AN ebenso wie der Einsatz eines Leih-AN in einem anderen Betrieb des Entleihers (LAG Düsseldorf 2.10.2012, 17 TaBV 38/12, juris) ist gem § 14 III AÜG eine mitbestimmungspflichtige Einstellung; auch die Verlängerung des befristeten Leih-Einsatzes ist zustimmungspflichtig (BAG 1.6.2011, 7 ABR 18/10, EzA-SD 2011, Nr 19, 13); mitbestimmungsfrei können Leih-AN hingegen in einen Stellenpool aufgenommen werden, aus dem der Verleiher später »auf Abruf« den Arbeitskräftebedarf deckt (BAG 23.1.2008, 1 ABR 74/06, EzA § 99 BetrVG 2001 Einstellung Nr 8). Damit wird die Mitbestimmung bei jedem einzelnen Abruf eines Leih-AN aus dem Pool zum Hemmschuh eines praxisgerechten »Springer-Einsatzes« von Zeit-AN (*Böhm* DB 2008, 2026 ff; *Hamann* NZA 2008, 1042 ff). Allerdings kann der AG auf Werkverträge oder Subunternehmer ausweichen – oder Leihkräfte nach § 100 vorläufig beschäftigen.

Die Beschäftigung von **AN einer Fremdfirma** aufgrund Werk- oder Dienstvertrages soll ausnahmsweise Einstellung iSd § 99 sein können, wenn die Fremdarbeiter in die Arbeitsorganisation des Auftraggebers eingegliedert werden, also der AG als Auftraggeber und nicht die Drittfirma die für das Arbeitsverhältnis charakteristischen Entscheidungen über Arbeitseinsatz und Arbeitsort trifft (zuletzt BAG 13.5.2014, 1 ABR 50/12, NZA 2014, 1149; LAG Düsseldorf 11.5.2012, 10 TaBV 19/11, juris). Dabei hat das BAG präzisiert: So reicht es für eine Eingliederung nicht aus, dass der Auftraggeber die Mitarbeiter der Fremdfirma anfänglich oder periodisch einarbeitet, wenn die Drittfirma die Einsatzentscheidung trifft (BAG 18.10.1994, 1 ABR 9/94, EzA § 99 BetrVG 1972 Nr 124; fortgeführt von BAG 11.9.2001, 1 ABR 14/01, EzA § 99 BetrVG 1972 Einstellung Nr 10). Dass die vom Fremdunternehmer und seinen Erfüllungsgehilfen ausgeübte Tätigkeit unverzichtbar für den Betriebszweck ist, reicht ebenfalls nicht aus (BAG 18.10.1994, aaO; missverständlich HWK/*Ricken* § 99 Rn 21). Die Bewachung des Betriebsgeländes durch Wachleute eines Drittunternehmens führt nicht zur Eingliederung (BAG 28.11.1989, 1 ABR 90/88, EzA § 14 AÜG Nr 2). Praktisch kommt damit ein Zustimmungsrecht allenfalls für den Fall in Betracht, dass der Einsatzbetrieb das Direktionsrecht ausübt und der zugrundeliegende Vertrag dennoch nicht zur Arbeitnehmerüberlassung wird. 8

Die **Dauer** des geplanten Beschäftigungsverhältnisses ist für den Mitbestimmungstatbestand des § 99 unerheblich (BAG 16.12.1986, 1 ABR 52/85, EzA § 99 BetrVG 1972 Nr 54: »wenige Tage«). Auch die Fortsetzung eines beendeten oder auslaufenden Arbeitsverhältnisses ist eine Einstellung, insb die **Fortsetzung eines befristeten Arbeitsverhältnisses** über den Beendigungstermin hinaus (BAG 28.10.1986, 1 ABR 16/85, EzA § 118 BetrVG 1972 Nr 38; bestätigt BAG 23.6.2009, 1 ABR 30/08, DB 2009, 1939), auch im Sonderfall der Verlängerung über die Altersgrenze (BAG 10.3.1992, 1 ABR 67/91, EzA § 118 BetrVG 1972 Nr 38) und auch wenn sich eine erneut befristete Eingliederung unmittelbar anschließt (*Löwisch/Kaiser* § 99 Rn 8). Gleiches gilt für die Übernahme von Auszubildenden nach § 24 BBiG. Die erneute Zustimmung ist entbehrlich, wenn der BR mit der Zustimmung zur Ersteinstellung die mögliche Verlängerung bejaht hat, insb wenn bei einer Probebefristung dem BR von Anfang an die Übernahmeabsicht mitgeteilt war (BAG 7.8.1990, 1 ABR 68/89, EzA § 99 BetrVG 1972 Nr 91). Soll einer kommissarischen, nur vorübergehenden Stellenbesetzung die endgültige Stellenbesetzung folgen, so sind beide Maßnahmen beteiligungspflichtig (LAG Hess 22.3.1994, 4 TaBV 120/93, BB 1994, 2276). Konsequenterweise ist auch die **Wiedereinstellung eines AN** (BAG 5.4.2001, 2 AZR 580/99, BB 2001, 2115, 2117) sowie die Übernahme von AN, die im Rahmen einer Zuweisung oder Personalgestellung bereits im Betrieb tätig sind (LAG Nds 23.4.2012, 10 TaBV 34/11, juris) beteiligungspflichtig. 9

Die Erhöhung der Arbeitszeit, etwa der **Wechsel von Teilzeit- zu Vollzeitarbeit**, ist nach Auffassung des BAG Einstellung iSd § 99, jedenfalls wenn das Delta die Einstellung eines AN ermögliche (BAG 25.1.2005, 1 ABR 59/03, EzA § 99 BetrVG 2001; 28.4.1998, 1 ABR 63/97, EzA § 99 BetrVG 1972 Einstellung Nr 5) – das BAG stellt insoweit auf die 10-Wochenstunden-Grenze des § 12 I 3 TzBfG ab (BAG 9.12.2008, 1 ABR 74/07, EzA § 99 BetrVG 2001 Einstellung Nr 11; dagegen heben *Löwisch/Kaiser* § 99 Rn 14 darauf ab, ob das Erhöhungsvolumen einen »eigenständigen Arbeitsplatz« ausmacht). Sie ist für die übrigen AN mit Blick auf die Nachteile iSd II Nr 3 gefährlich (krit ErfK/*Kania* § 99 Rn 6). Werden AN, die bislang vollzeit beschäftigt waren, während der Elternzeit in Teilzeit beschäftigt, handelt es sich ebenfalls 10 um eine Einstellung iSd § 99 (LAG Köln 18.4.2012, 3 TaBV 92/11, juris). Im Übrigen ist die Verringerung der Arbeitszeit hingegen mitwirkungsfrei (BAG 25.1.2005, aaO). Gleiches gilt für die nur geringfügige, aber dauerhafte Erhöhung der Arbeitszeit; diese ist weder Einstellung iSd § 99, noch nach § 87 I Nr 3 mitbestimmt (BAG 15.5.2007, 1 ABR 32/06, EzA § 1 BetrVG 2001 Nr 5).

11 I entfällt, wenn die (**Weiter-**)**Beschäftigung des AN** nicht auf dem Willen des AG beruht, sondern einer **gesetzlichen Vorgabe** folgt. Hierzu zählt die Wiederaufnahme eines ruhenden Arbeitsverhältnisses nach Ableistung des Wehr- bzw Zivildienstes, die Weiterbeschäftigung nach § 78a II oder infolge Betriebsübergangs nach § 613a BGB (BAG 7.11.1975, 1 ABR 78/74, EzA § 118 BetrVG 1972 Nr 7). Es fehlt der Entscheidungsspielraum des AG, an dem der BR partizipieren könnte (LAG Düsseldorf 23.1.2003, 11 TaBV 73/02, LAGReport 2003, 186).

12 **II. Eingruppierung/Umgruppierung.** Eingruppierung ist definiert als erstmalige Festsetzung der für die Vergütung des AN maßgebenden (idR tariflichen) Vergütungsgruppe (BAG 27.7.1993, 1 ABR 11/93, EzA § 99 BetrVG 1972 Nr 116; 19.10.2011, 4 ABR 119/09, NZA-RR 2012, 250; ErfK/*Kania* § 99 Rn 10). Maßgebend ist die durch Arbeitsvertrag und Direktionsrecht bestimmte Tätigkeit. Dem Entgeltschema, das abstrakt einzelne Tätigkeiten in vorher vereinbarte Bewertungskategorien einteilt, lässt sich die Höhe des Arbeitsentgeltes entnehmen (BAG 2.4.1996, 1 ABR 50/95, EzA § 99 BetrVG 1972 Nr 138). Es geht um die Beurteilung der Wertigkeit der jeweiligen AN-Tätigkeiten im Verhältnis zueinander. Eine Prämie, die abhängig von der Betriebszugehörigkeit des AN ausgezahlt wird, ist mangels Bezug zur Tätigkeit keine Eingruppierung (LAG Mecklenburg-Vorpommern 21. 8. 201, 2 TaBV 4/13, NZA-RR 2013,640). Nicht entscheidend ist, ob die Geltung des Vergütungsschemas auf einem TV, einer Allgemeinverbindlicherklärung, individualvertraglicher Vereinbarung, betrieblicher Übung oder durch einseitige Einführung durch den AG gilt (BAG 3.12.1985, 4 ABR 80/83, EzA § 118 BetrVG 1972 Nr 37; HWK/*Ricken* § 99 Rn 25). Wird im Betrieb eine tarifliche Vergütungsordnung angewandt, gilt die Mitbestimmung auch für AN, die außertariflichem Bereich zugeordnet sind (BAG 12.12.2006, 1 ABR 13/06, EzA § 99 BetrVG 2001 Eingruppierung Nr 2). Solange diese Entgeltschemata auf eine automatische Zuordnung der Vergütungsgruppe nach der Tätigkeit setzen – und keinen konstitutiven Akt zwischenschalten –, so lange ist die Eingruppierung ein Akt der Rechtsanwendung, der nur der Mitbeurteilung durch den BR unterliegt (*Löwisch/Kaiser* § 99 Rn 41).

13 Allerdings genügt zur Zustimmungsfreiheit nicht, dass der TV selbst oder eine Kommission (wie die PaKo in den ERA-Tarifen der Metallindustrie) die Stellen abschließend bewertet. Offen bleibt damit die Zuordnung der AN zu den abschließend bewerteten Stellen – und diese ist als Ein- oder Umgruppierung zustimmungspflichtig (BAG 12.1.2011, 7 ABR 15/09, EzA § 99 BetrVG 2001 Umgruppierung Nr 7 und 12.1.2011, 7 ABR 34/09, NZA 2011, 1297). Muss der AG noch nicht einmal die rechtlich gebundene Zuordnung vornehmen, weil dies bereits bindend im TV erfolgte, scheidet auch das Mitbeurteilungsrecht aus (BAG 3.5.2006, 1 ABR 2/05, EzA § 99 BetrVG 2001 Umgruppierung Nr 3). Der BR kann bei Unterlassen einer Eingruppierung bei bestehender Vergütungsgruppenordnung verlangen, dass der AG eine – dann mitbestimmungspflichtige – Eingruppierung vornimmt (BAG 14.4.2010, 7 ABR 91/08, DB 2010, 1536; 12.12.2000, 1 ABR 23/00, EzA § 87 BetrVG 1972 Betriebliche Lohngestaltung Nr 20).

14 Erfolgt die Eingruppierung nicht durch den AG, sondern (verbindlich) durch die Tarifparteien (paritätische Kommission), entfällt ebenfalls jedes Mitwirkungsrecht – weil die Tarifparteien nicht der Mitbestimmung unterliegen. Auch deswegen ist die Eingruppierung nach dem ERA-Metall-BW mitbestimmungsfrei.

15 Bei einem Entgeltband-System ist allein die Zuordnung zum Entgeltband Eingruppierung, die individuelle Entgeltbemessung innerhalb des Bandes ist nicht Rechtsanwendung, sondern Leistungsbestimmung iSd § 315 BGB (*Rieble* FS Birk, 2008, S 755, 766 f). Der BR soll für transparente und gleichförmige Anwendung der Vergütungsordnung sorgen; das erhöht die innerbetriebliche Lohngerechtigkeit sowie das Vertrauen in die betriebliche Vergütungspraxis (BAG 11.11.1997, 1 ABR 29/97, EzA § 99 BetrVG 1972 Eingruppierung Nr 1). Eine Angemessenheitskontrolle findet nicht statt (BAG 30.10.2003, 8 ABR 47/02, NZA 2005, 184 [LS]).

16 Das Eingruppierungsrecht des BR setzt die **Existenz einer kollektiven Entgeltgruppenordnung** voraus (BAG 20.12.1988, 1 ABR 68/87, EzA § 99 BetrVG 1972 Nr 70). Ohne eine solche Ordnung kann der Arbeitnehmer ihr nicht zugeordnet werden. Normative Entgeltordnungen fußen auf TV oder ausnahmsweise (soweit § 77 III das zuläßt, auf BV. Das BAG hat indes inzwischen eine faktische kollektive betriebliche Vergütungsordnung erfunden, die schon durch die bloße Vergütungshandhabung des Arbeitgebers entsteht. Tieferer Grund hierfür ist der Wunsch, die schwache Nachwirkung von Entgelttarifen nach § 4 V TVG betriebsverfassungsrechtlich aufzuwerten: Der Tarifflüchtling soll mit Neueingestellten (die der Nachwirkung gar nicht unterfallen) keine abweichenden Arbeitsverträge abschließen können und so über § 87 I

Nr. 10 mit Bestandsarbeitnehmern die Dispositivität der Nachwirkung nicht mehr nutzen können (eingehend *Löwisch/Rieble*, TVG § 4 Rn 712 mwN zur erheblichen Kritik).

Diese »kollektive betrieblich-faktische Vergütungsordnung« hat eine neue Eingruppierungsfolge: Das BAG löst das Eingruppierungsverfahren vom individualrechtlichen Vergütungsanspruch (BAG 4.5.2011 – 7 ABR 10/10 – NZA 2011, 1239): Es komme nicht darauf an, ob die kollektive Vergütungsordnung im Arbeitsverhältnis normativ oder schuldrechtlich gilt – es kommt allein darauf an, ob sie im Betrieb »gilt«. Damit sei dann auch derjenige Arbeitnehmer einzugruppieren, der gar keinen tariflichen Vergütungsanspruch geltend machen kann. Expliziter Zweck ist Vergütungstransparenz: Der Arbeitnehmer soll mithilfe der Eingruppierung darüber informiert werden, welcher Vergütungsanspruch ihm zustünde, wenn die betriebliche Vergütungsordnung für ihn persönlich gölte. So kann § 99 zur betriebsrätlichen Werbung für den Gewerkschaftseintritt genutzt werden. 17

Eine solche bloß faktische betriebliche Vergütungsordnung kann kaum mehr entfallen, sondern nurmehr geändert werden. Deswegen ist der ältere Satz des BAG, dass der Wegfall der Vergütungsordnung das Mitwirkungsrecht entfallen lässt (BAG 12.12.2000, 1 ABR 23/00, EzA § 87 BetrVG 1972 Betriebliche Lohngestaltung Nr 20) bedeutungsarm geworden. Insbesondere überlebt diese Vergütungsordnung den Betriebsübergang – ganz unabhängig vom individualrechtlichen § 613a I 2 BGB. Der Betriebserwerber soll kollektivrechtlich gebunden sein (BAG 14.8.2013, 7 ABR 56/11, DB 2014, 308). 18

Gleiches gilt bei einem Betriebsübergang auf einen nicht tarifgebundenen AG, der bei Neueinstellungen nicht bereits wegen des Betriebsübergangs an die tarifliche Vergütungsordnung gebunden ist (BAG 12.12.2000, 1 ABR 35/02, EzA § 99 BetrVG 2001 Nr 3).

Daneben steht das Recht des BR, über sein Initiativrecht nach § 87 I Nr 10 die Einführung einer Vergütungsordnung zu erzwingen (BAG 23.9.2003, 1 ABR 35/02, EzA § 99 BetrVG 2001 Nr 3). Ebenso ist eine Änderung der Entgeltgruppenordnung grundsätzlich nach § 87 I Nr 10 mitbestimmt, der AG darf aber mitbestimmungsfrei linear kürzen (BAG 28.4.2009, 1 ABR 97/07, NZA 2009, 1102; bereits § 87 Rdn 68).

Die unveränderte **Fortsetzung eines befristeten Arbeitsverhältnisses** führt nicht zur erneuten Eingruppierung (BAG 11.11.1997, 1 ABR 29/97, EzA § 99 BetrVG 1972 Eingruppierung Nr 1). Ansonsten kommt es nur darauf an, ob die Person AN iSd BetrVG ist (nicht: Leitende) und ob die Vergütungsordnung auf sie anwendbar ist (nicht: AT-Angestellte und TV). So ist der BR bei der Eingruppierung von **geringfügig Beschäftigten** (BAG 18.6.1991, 1 ABR 60/90, EzA § 99 BetrVG 1972 Nr 101), bei der **Zuordnung von Heimarbeitern** nach § 19 HAG (BAG 20.9.1990, 1 ABR 17/90, EzA § 99 BetrVG 1972 Nr 96) und bei der **Zuordnung von außertariflich Angestellten zu einer betrieblichen Vergütungsordnung** (BAG 28.1.1986, 1 ABR 8/84, EzA § 99 BetrVG 1972 Nr 47) zu beteiligen. Zur Zuordnung im GemB BAG 12.12.2006, 1 ABR 38/05, EzA § 87 BetrVG Betriebliche Lohngestaltung Nr 13. **Leih-AN sind vom Verleiher einzugruppieren**; der BR im Entleiherbetrieb hat kein Mitbeurteilungsrecht (BAG 17.6.2008, 1 ABR 39/07, EzA § 99 BetrVG 2001 Eingruppierung Nr 3). Streiten BR und AG, ob der AN die Qualifikationsmerkmale der obersten Tarifgruppe überschreitet, ist das Zustimmungsverfahren durchzuführen (BAG 31.10.1995, 1 ABR 5/95, EzA § 99 BetrVG 1972 Nr 131). Erhält der AN als (unstr) außertariflich Angestellter unter Verzicht auf eine Eingruppierung eine frei vereinbarte Vergütung, besteht ein Zustimmungsverweigerungsrecht des BR nicht (BAG 31.5.1983, 1 ABR 57/80, EzA § 118 BetrVG 1972 Nr 36). Auch die **Gewährung von Zulagen** ist mitwirkungspflichtige Eingruppierung, sofern die Zulage an Tätigkeitsmerkmale geknüpft ist, die nicht schon für die Eingruppierung in die Vergütungsgruppe maßgeblich waren (BAG 24.6.1986, 1 ABR 31/84, EzA § 99 BetrVG 1972 Nr 51). Mitbestimmungsrechte löst die Gewährung einer Zulage also nur aus, wenn diese eine Zwischenstufe zwischen Vergütungsgruppen und nicht nur eine unspezifische Kombination von Tätigkeiten darstellt (BAG 2.4.1996, 1 ABR 50/95, EzA § 99 BetrVG 1972 Nr 138). 19

Ein Zustimmungsverweigerungsrecht steht dem BR nicht nur bei einer zu niedrigen Eingruppierung, sondern auch bei einer **zu hohen Eingruppierung** zu (BAG 28.4.1998, 1 ABR 50/97, EzA § 99 BetrVG 1972 Eingruppierung Nr 2). Fällt die Eingruppierung auch vielfach mit der Einstellung zeitlich zusammen, stellt sie gleichwohl einen getrennt zu bewertenden Mitbestimmungstatbestand dar. Die fehlende oder fehlerhafte Eingruppierung durch den AG gibt dem BR nicht das Recht, einer Einstellung die Zustimmung zu verweigern (BAG 20.12.1988, 1 ABR 68/87, EzA § 99 BetrVG 1972 Nr 70). § 99 gibt dem BR auch dann ein Mitbestimmungsrecht, wenn es auf die Bestimmung der richtigen Fallgruppe innerhalb einer Lohn- oder Gehaltsgruppe ankommt, sofern damit unterschiedliche Rechtsfolgen verbunden sind (BAG 27.7.1993, 1 ABR 11/93, EzA § 99 BetrVG 1972 Nr 116). 20

Verletzt der AG das Mitwirkungsrecht, hat dies keine Auswirkungen auf den Entgeltanspruch des AN. Dem AN steht ein durchsetzungsfähiger Anspruch auf das richtige Arbeitsentgelt zu (*Löwisch/Kaiser* § 99 Rn 140 ff). Hat der BR aber eine günstigere Entgeltgruppe durchgesetzt, hat das Beschlussverfahren eine 21 halbseitige Bindungswirkung nur zugunsten des AN (BAG 3.5.1994, 1 ABR 58/93, EzA § 99 BetrVG 1972 Nr 122 mit Anm *Rieble*). Diese »begrenzte präjudizielle Wirkung« extra partes greift nicht nur für Entgeltansprüche des AN; sie ist ggf auch im Kündigungsschutzprozess zu beachten (BAG 28.8.2008, 2 AZR 967/06, EzA § 2 KSchG Nr 73).

22 **Umgruppierung** ist jede Änderung der Zuordnung eines AN zu der für ihn maßgebenden kollektiven tariflichen oder betrieblichen Entgeltgruppe (ErfK/*Kania* § 99 Rn 12) oder einer Unterstufe innerhalb der Entgeltgruppe (BAG 6.4.2011, 7 ABR 136/09, EzA § 99 BetrVG 2001 Umgruppierung Nr 8). Ausgangspunkt ist regelmäßig die Feststellung des AG, dass die Tätigkeit eines AN nicht oder nicht mehr mit den Tätigkeitsmerkmalen in dessen Vergütungsgruppe übereinstimmt, etwa infolge einer Versetzung, einer Änderung der Tätigkeit, einer Änderung des Entgeltschemas oder einer veränderten Beurteilung der Rechtslage (BAG 20.3.1990, 1 ABR 20/89, EzA § 99 BetrVG 1972 Nr 87; 2.4.1996, 1 ABR 50/95, EzA § 99 BetrVG 1972 Nr 138). Anknüpfung für die Mitwirkung ist die tatsächliche Veränderung der Tätigkeit des AN, sodass diese den Tätigkeitsmerkmalen einer anderen Vergütungsgruppe entspricht. Das Bedürfnis nach Richtigkeitskontrolle sei in diesen Fällen bes groß (BAG 21.3.1995, 1 ABR 46/94, EzA § 99 BetrVG 1972 Nr 127).

23 Umzugruppieren ist, wenn die **Entgeltgruppen des ablösenden neuen TV** durch andere Tätigkeitsmerkmale bestimmt sind oder wenn sich die Anzahl der Vergütungsgruppen verändert und dadurch eine Neugruppierung erforderlich wird (BAG 12.1.1993, 1 ABR 42/92, EzA § 99 BetrVG 1972 Nr 112; 12.8.1997, 1 ABR 13/97, EzA § 99 BetrVG 1972 Umgruppierung Nr 1). Die Korrektur einer Falscheingruppierung unterliegt ebenfalls der Mitbestimmung durch den BR (zuletzt BAG 13.2.2003, 8 ABR 53/01, EzA § 4 TVG Einzelhandel Nr 54). Auch eine **Ausgruppierung** berührt den Mitbestimmungstatbestand des § 99. Gelangt der AG aufgrund seiner Prüfung zu dem Ergebnis, dass ein AN nicht mehr in eine der Entgeltgruppen einzugruppieren ist, weil seine Tätigkeit höhere Qualifikationsmerkmale als die höchste Vergütungsgruppe aufweist, so ist der BR zu beteiligen (BAG 26.10.2004, 1 ABR 37/03, EzA § 99 BetrVG 2001 Umgruppierung Nr 2; 17.6.2008, 1 ABR 37/07, EzA § 99 BetrVG 2001 Umgruppierung Nr 4).

24 Keine Umgruppierung liegt vor, wenn der AN mit seinem AG **vertraglich eine Änderung von Arbeitszeit oder Arbeitsentgelt** vereinbart (ErfK/*Kania* § 99 Rn 12). Das gilt auch für die **freiwillige Höhergruppierung** in eine nicht einschlägige Entgeltgruppe (LAG Hamburg 30.4.1975, 5 Sa 151/74, BB 1975, 1015; *Löwisch/Kaiser* § 99 Rn 42).

25 Die fehlende Zustimmung des BR kann auf den Entgeltanspruch des AN wirken. Ändert sich die Tätigkeit und wird der AN vom AG rückgruppiert, so ist das auf seinen Entgeltanspruch solange ohne Einfluss, wie der BR der der Rückgruppierung zugrunde liegenden **Versetzung** nicht zugestimmt hat (BAG 14.7.1965, 4 AZR 358/64, DB 1967, 284; *Löwisch/Kaiser* § 99 Rn 141). Dagegen beschränkt sich der Entgeltanspruch bei **korrigierender Rückgruppierung** – auch solange die Zustimmung des BR aussteht – auf die richtige Vergütung (BAG 30.5.1990, 4 AZR 74/90, EzA § 99 BetrVG 1972 Nr 89). Das gilt auch dann, wenn die korrigierende Rückgruppierung tarifvertraglich nur durch Änderungskdg vorgenommen werden kann (BAG 30.9.1993, 2 AZR 283/93, EzA § 99 BetrVG 1972 Nr 118). Letzteres scheidet ohnehin aus, weil der TV Tarifinhalte nicht in den Arbeitsvertrag transformieren kann (BAG 10.12.2002, 1 AZR 96/02, EzA Art 9 GG Arbeitskampf Nr 134). Die **Übertragung einer höherwertigen Tätigkeit** begründet einen dieser Gruppe entspr Entgeltanspruch, unabhängig davon, ob der BR seine Zustimmung erteilt hat (BAG 15.12.1976, 4 AZR 540/75, EzA §§ 22–23 BAT VergGr VIII Nr 2). Wird dem AN die ohne Zustimmung des BR übertragene höherwertige Tätigkeit wieder entzogen, so hat dies die automatische Anpassung seiner Vergütung zur Folge, da es an einer ausgleichberechtigenden überobligatorischen Tätigkeit fehlt (BAG 10.3.1982, 4 AZR 541/79, DB 1982, 2712). Zur Ein- oder Umgruppierung für die Vergangenheit § 101 Rdn 3.

26 **III. Versetzung.** Versetzung ist in § 95 III legaldefiniert als die Zuweisung eines anderen Arbeitsbereichs, die voraussichtlich die Dauer eines Monats überschreitet, oder die mit einer erheblichen Änderung der Umstände verbunden ist, unter denen die Arbeit zu leisten ist. Werden AN nach der Eigenart ihres Arbeitsverhältnisses üblicherweise nicht ständig an einem bestimmten Arbeitsplatz beschäftigt, so gilt die Bestimmung des jeweiligen Arbeitsplatzes nicht als Versetzung. Dieser betriebsverfassungsrechtliche Versetzungsbegriff ist von der individualrechtlichen Ebene zu unterscheiden, in welcher der AG zB qua Direktionsrecht oder durch Änderungskdg Vertragsänderungen herbeiführt (HWK/*Ricken* § 99 Rn 36).

27 »**Arbeitsbereich**« ist der konkrete Arbeitsplatz und seine Beziehung zur betrieblichen Umgebung in räumlicher, technischer und organisatorischer Hinsicht (BAG 23.11.1993, 1 ABR 38/93, EzA § 95 BetrVG 1972 Nr 28). Eine tarifliche Tätigkeitsbeschreibung, die die Eingruppierung von AN anhand nach Maßgabe ihrer Hauptaufgaben ermöglichen soll, ist nicht maßgeblich (BAG 13.3.2007, 1 ABR 22/06, EzA § 95 BetrVG 2001 Nr 5). Versetzung ist jede Zuweisung eines anderen Arbeitsbereiches, wenn sich die

Tätigkeit des AN erheblich von seiner früheren Aufgabe unterscheidet (BAG 10.4.1989, 1 ABR 67/82, EzA § 95 BetrVG 1972 Nr 8; 29.2.2000, 1 ABR 5/99, EzA § 95 BetrVG 1972 Nr 31). Entscheidend ist, dass sich der Gegenstand der geschuldeten Arbeitsleistung und damit der **Inhalt der Arbeitsaufgabe** ändert. Hierunter fällt der Wechsel von der Forschungsabteilung in die Produktion (LAG Düsseldorf 28.1.1987, 6 TaBV 116/86, DB 1987, 1439, 1439), der Wechsel von einer Arbeitsgruppe in eine andere (LAG Köln 26.7.1996, 12 TaBV 33/96, NZA 1997, 280, 281) oder die Entsendung eines AN zu einem Kunden (BAG 18.2.1986, 1 ABR 27/84, EzA § 95 BetrVG 1972 Nr 12). Versetzung ist auch die **teilweise Veränderung des Tätigkeitsbereichs** durch Hinzufügen oder Wegnehmen von wesentlichen Teilfunktionen, wenn sich das Gesamtbild ändert (BAG 2.4.1996, 1 AZR 743/95, EzA § 95 BetrVG 1972 Nr 29). Keine Versetzung stellt es dar, wenn die Personalgestellung durch Kündigung des Personalüberlassungsvertrages beendet wird (BAG 17.2.2015, 1 ABR 45/13, NZA 2015, 762).

Eine **bloße Suspendierung** eines AN ist keine Versetzung, denn dem AN wird kein neuer Arbeitsbereich zugewiesen, sondern nur der alte entzogen (BAG 28.3.2000, 1 ABR 17/99, EzA § 95 BetrVG 1972 Nr 33). Auch die **Verlängerung oder Verkürzung der Wochenarbeitszeit** (insb: Umwandlung eines Voll- in einen Teilzeitarbeitsplatz) ist keine Versetzung, weil »Arbeitsbereich« keine zeitliche Komponente aufweist (BAG 25.1.2005, 1 ABR 59/03, EzA § 99 BetrVG 2001 Einstellung Nr 3). Das gilt auch für die Verlängerung (oder Verkürzung) der Mindestwochenarbeitszeit von Teilzeitkräften mit variabler Arbeitszeit (BAG 16.7.1991, 1 ABR 71/90, EzA § 95 BetrVG 1972 Nr 25). Ändert sich die **Lage der Arbeitszeit**, liegt eine Versetzung regelmäßig nicht vor: Umsetzung eines AN von der Tag- in die Nachtschicht (BAG 23.11.1993, 1 ABR 38/93, EzA § 95 BetrVG 1972 Nr 28) oder der Wechsel von einer Dauernachtschicht in den 3-Schicht-Betrieb (LAG Hamm 26.3.2000, 16 Sa 1455/02, NZA-RR 2004, 24, 27). Gleiches gilt für den Wechsel von Akkord- zu Zeitarbeit, sofern die Art der Tätigkeit keine Änderung erfährt (*Löwisch/Kaiser* § 99 Rn 36; anders bei Wechsel von Einzel- zu Gruppenakkord BAG 22.4.1997, 1 ABR 84/96, EzA § 99 BetrVG 1972 Versetzung Nr 2).

28

In der Zuweisung eines **anderen Arbeitsorts** – gemeint ist der Sitz des Betriebs; verlagert sich der Arbeitsort im Betriebsgebäude, löst diese geringfügige Änderung kein Mitbestimmungsrecht aus (BAG 17.6.2008, 1 ABR 38/07, EzA § 95 BetrVG 2001 Nr 8) – liegt grds eine Versetzung, weil der AN aus einer betrieblichen Einheit herausgenommen und einer anderen zugewiesen wird (BAG 29.2.2000, 1 ABR 5/99, EzA § 95 BetrVG 1972 Nr 31). Dabei ist es ohne Bedeutung, ob mit der Zuweisung eines anderen Arbeitsortes auch eine Veränderung des Tätigkeitsfeldes verbunden ist (BAG 18.2.1986, 1 ABR 27/84, EzA § 95 BetrVG 1972 Nr 12; ErfK/*Kania* § 99 Rn 15; HWK/*Ricken* § 99 Rn 42). Von einer Versetzung ist auch dann auszugehen, wenn sich der zu versetzende AN zuvor in unbezahltem Sonderurlaub befunden und das Arbeitsverhältnis längere Zeit geruht hat (LAG Hamm 27.4.2005, 10 TaBV 144/04, NZA-RR 2005, 590).

29

Der Wechsel eines AN **in einen anderen Betrieb oder in einen selbstständigen Betriebsteil** ist Versetzung iSd § 95 III 1 (zuletzt BAG 11.7.2000, 1 ABR 1999, EzA § 103 BetrVG 1972 Nr 42), auch dann, wenn es sich um einen Betrieb eines anderen Unternehmens handelt (BAG 19.2.1991, 1 ABR 36/90, EzA § 95 BetrVG 1972 Nr 24). Aus Sicht des abgebenden Betriebs handelt es sich um Versetzung, aus Sicht des aufnehmenden um eine Einstellung (*Löwisch/Kaiser* § 99 Rn 31). Die Versetzung eines Leih-AN in einen anderen Betrieb des Entleihers ist im Aufnahmebetrieb mitbestimmungspflichtig (LAG Düsseldorf 2.10.2012, 17 TaBV 38/12, juris). Betriebsorganisatorische Maßnahmen, die keine erheblichen Auswirkungen auf den konkreten Arbeitsplatz des AN haben, sind keine Versetzungen, etwa die Zuordnung eines Betriebsteils zu einer neuen Leitungsstelle im Unternehmen (BAG 10.4.1984, 1 ABR 67/82, EzA § 95 BetrVG 1972 Nr 8). Auch die Zuweisung zu bestimmten Vorgesetzten oder die Vervollständigung einer Arbeitsgruppe durch neueingestellte AN ist keine Versetzung (ErfK/*Kania* § 99 Rn 14). Ist mit der Zuordnung von AN zu einer neuen Führungskraft eine spürbare Änderung des Arbeitsregimes dergestalt verbunden, dass die Führungskraft Disziplinaraufgaben gegenüber den ihr nachgeordneten AN besitzt und deren Leistungen zu beurteilen hat, kann darin eine mitbestimmungspflichtige Versetzung iSd § 99 liegen (LAG Hess 10.4.2012, 4 TaBV 172/11, JurionRS 2012, 27384).

30

Erfolgt die **Versetzung auf Wunsch des AN**, so entfällt das Beteiligungsrecht, soweit es um die abgebende Belegschaft und den Schutz des AN geht (BAG 20.9.1990, 1 ABR 37/90, EzA § 99 BetrVG Nr 95; 2.4.1996, 1 ABR 39/95, EzA § 99 BetrVG 1972). Der AN könnte jederzeit durch Eigenkdg ausscheiden. Mit Blick auf § 103 III 1 Hs 2 muss das schon gelten, **wenn der AN einverstanden ist**, weswegen die ältere, zurückhaltende Rspr überholt ist (BAG 2.4.1996, aaO). Unberührt bleibt das Zustimmungsrecht im aufnehmenden Betrieb, weil es hier um eine Einstellung geht. Ausnahmsweise ist trotz Einverständnis die Zustimmung durch den BR erforderlich, wenn die spätere Rückkehr in den abgebenden Betrieb beabsichtigt ist (BAG 14.11.1989, 1 ABR 87/88, EzA § 99 BetrVG 1972 Nr 85; *Löwisch/Kaiser* § 99 Rn 31 mwN); bei der späteren Wiedereingliederung besteht kein MBR.

31

32 Um kurzfristige Krankheits- oder Urlaubsvertretungen nicht § 99 zu unterwerfen, muss die Zuweisung den **Zeitraum von 1 Monat überschreiten**. Auch kürzerfristige Zuweisungen sind Versetzung, wenn sich die Arbeitsumstände erheblich ändern (BAG 28.9.1988, 1 ABR 37/87, EzA § 95 BetrVG 1972 Nr 14; 13.3.2007, 1 ABR 22/06, EzA § 95 BetrVG 2001 Nr 5; ErfK/*Kania* § 99 Rn 16), etwa wenn der AN aus normaler Arbeitsumgebung in starke Umwelteinflüsse (Lärm, Hitze/Kälte, Nässe) wechselt (*Löwisch/Kaiser* § 99 Rn 38). Der andere Arbeitsort kann auch bei kurzem Einsatz nach den Umständen des Einzelfalles Versetzung sein. So sollen längere Anfahrtswege die Erheblichkeitsschwelle überschreiten, zB 2-tägige Abordnung eines AN von Berlin nach Köln (BAG 1.8.1989, 1 ABR 51/88, EzA § 95 BetrVG 1972 Nr 16). Auch die nur kurzzeitige Versetzung in eine weit entfernt liegende Filiale (BAG 28.9.1988, 1 ABR 37/87, EzA § 95 BetrVG 1972 Nr 14) oder die Entsendung eines Qualitätskontrolleurs für 4–9 Tage in einen 160 km entfernt liegenden Betrieb (BAG 8.8.1989, 1 ABR 63/88, EzA § 95 BetrVG 1972 Nr 18) seien zustimmungspflichtig. Doch deutet sich eine vernünftige Wende an: Eine **Auslandsdienstreise** mit Übernachtung sei keine Versetzung (BAG 21.9.1999, 1 ABR 40/98, EzA § 95 BetrVG 1972 Nr 30), ebenso wenig die Entsendung des AN in betriebsinterne »workshops« während der regulären Arbeitszeit (BAG 28.8.2007, 1 ABR 70/06, EzA § 95 BetrVG 2001 Nr 6). Die Änderung der Arbeitsumstände allein ist ebenso wenig Versetzung wie die kurzfristige Zuweisung des neuen Arbeitsbereichs bei gleichbleibenden Umständen (*Hunold* NZA 2008, 342, 343). Eine Versetzung iSv I liegt auch dann nicht vor, wenn eine – ihrerseits nicht zustimmungspflichtige – vorläufige Maßnahme nach § 100 aufgehoben wird und der AN an seinen alten Arbeitsplatz zurückkehrt (BAG 15.4.2014, 1 ABR 101/12, NZA 2014, 920; LAG Hamm 26.10.2012, 10 TaBV 35/12, juris).

33 Die **fehlende Zustimmung des BR** führt bei der Versetzung zur Unzulässigkeit der tatsächlichen Beschäftigung. Die Zustimmung ist keine Wirksamkeitsvoraussetzung für die der Versetzung zugrundeliegende **Änderungskdg** (BAG 30.9.1993, 2 AZR 283/93, EzA § 99 BetrVG 1972 Nr 118). Bis zur Erteilung der Zustimmung darf der AN auf seinem bisherigen Arbeitsplatz weiterarbeiten. Dieses Recht erlösche selbst dann nicht, wenn der AN die Änderungskdg unter dem Vorbehalt sozialer Rechtfertigung angenommen habe (BAG 30.9.1993, aaO). Die fehlende Zustimmung entfaltet einen **Suspensiveffekt** für den Vollzug der Änderungskdg (ErfK/*Kania* § 99 Rn 46 mN). Anders soll es bei der Versetzung kraft **Direktionsrecht** (dazu § 106 GewO Rdn 13–25) liegen (BAG 26.1.1988, 1 AZR 531/86, EzA § 99 BetrVG 1972 Nr 58). Der AN-Schutz verlangt jedoch nicht nach der vertragsrechtlichen Unwirksamkeit der Arbeitsweisung nach § 315 III BGB. Wie bei der Einstellung lässt sich – nach Einleitung des Verfahrens nach § 101 – aus der verweigerten Zustimmung ein Beschäftigungsverbot des AN im angewiesenen Arbeitsbereich ableiten (*Löwisch/Kaiser* § 99 Rn 134).

34 **C. Unterrichtungs- und Auskunftspflicht des AG. I. Einstellung.** I 1 und 2 legen dem AG vor jeder Einstellung eine umfassende Unterrichtungs- und Auskunftspflicht auf – zuerst über die Person und die beabsichtigte Beschäftigung. Hierzu gehört die Vorlage der Bewerbungsunterlagen, die Weitergabe weiterer, ihm aus anderen Quellen bekannter Informationen über die Person des Bewerbers und die Einschätzung über die Auswirkungen der geplanten Einstellung. Die Auskunftspflicht beschränkt sich nicht auf den erfolgreichen Bewerber, sie erfasst alle Personen, die sich ernsthaft auf die Stelle beworben und ihre Bewerbung nicht zurückgezogen haben (BAG 3.12.1985, 1 ABR 72/83, EzA § 99 BetrVG 1972 Nr 46), auch wenn sie das in der Ausschreibung vorgegebene Anforderungsprofil nicht erfüllen und damit vom AG von vornherein nicht in die engere Auswahl gezogen werden (LAG Schleswig-Holstein 29.11.2012, 5 TaBV 8/12, juris). AN, die für den zu besetzenden konkreten Arbeitsplatz geeignet wären, sich aber auf andere Stellen beworben haben, sind ausgenommen (BAG 10.11.1992, 1 ABR 21/92, EzA § 99 BetrVG 1972 Nr 108). Für die Arbeitsaufnahme eines jeden Leih-AN muss der BR dessen Namen wissen (BAG 9.3.2011, 7 ABR 137/09, EzA § 99 BetrVG 2001 Einstellung Nr 17).

35 Setzt der AG ein **Personalberatungsunternehmen** zur Vorauswahl von Bewerbern ein, beschränkt sich seine Auskunftspflicht auf die ihm von diesem benannten Bewerber (BAG 18.12.1990, 1 ABR 15/90, EzA § 99 BetrVG 1972 Nr 97; krit wegen der Missbrauchsgefahr ErfK/*Kania* § 99 Rn 19). Anders, wenn der AG die Ausschreibung des Arbeitsplatzes komplett einem Beratungsunternehmen überantwortet. In diesem Fall sind dem BR alle auf den ausgeschriebenen Arbeitsplatz eingegangenen Bewerbungen vorzulegen (BAG 18.12.1990, aaO). Gleiches gilt, wenn der AG die Stellenausschreibung durch ein internes Recruitment-Center durchführen lässt (BAG 21.10.2014, 1 ABR 10/13, NZA 2015, 311; LAG Schleswig-Holstein 29.11.2012, 5 TaBV 8/12, juris). Den AG trifft ausnahmsweise eine Informationsbeschaffungspflicht (*Löwisch/Kaiser* § 99 Rn 105).

36 Der AG muss über alle tatsächlichen Umstände Auskunft geben, die dem BR eine Prüfung seiner Zustimmungsverweigerungsgründe ermöglichen. Nur die vollständige Unterrichtung bietet Gewähr dafür, dass

der BR seine Rechte im Interesse der Belegschaft wahrnehmen kann (BAG 10.11.1992, 1 ABR 21/92, EzA § 99 BetrVG 1972 Nr 108; 28.1.1986, 1 ABR 10/84, EzA § 99 BetrVG 1972 Nr 48). Eine dem BR erkennbare, offensichtliche Falschbezeichnung der Einstellung als »Versetzung« ist unschädlich (LAG Düsseldorf 8.3.2012, 5 TaBV 88/11, juris; weitergehend LAG Nürnberg 24.4.2012, 6 TaBV 60/11, NZA-RR 2012, 476). Das Informationsrecht bezieht sich auf vom Bewerber eingereichte Unterlagen wie auf die vom AG (etwa im Bewerbungsgespräch) ermittelten Informationen (BAG 28.6.2005, 1 ABR 26/04, EzA § 99 BetrVG 2001 Nr 8). Diese Informationen darf der AG nicht unter Berufung auf den Datenschutz zurückhalten. Der Bewerber kann die Weitergabe seiner Unterlagen an den BR nicht verhindern, da das kollektiven Interessen dienende Informationsrecht des BR seiner Verfügungsgewalt entzogen ist (*Löwisch/Kaiser* § 99 Rn 110; aA HWK/*Ricken* § 99 Rn 54 mwN).

Der Begriff der **Bewerbungsunterlagen** ist weit zu verstehen: Alle anlässlich der Bewerbung eingereichten 37 Unterlagen, also das Bewerbungsschreiben, Führungs- und Arbeitszeugnisse, Angaben über den Gesundheitszustand, der Lebenslauf sowie alle Unterlagen, die der AG während des Bewerbungs- und Auswahlverfahrens erstellt, zB Personalfragebögen, Ergebnisse von Einstellungsprüfungen und/oder Aufzeichnungen über Einstellungsgespräche (*Löwisch/Kaiser* § 99 Rn 106; BAG 14.12.2004, 1 ABR 55/03, EzA § 99 BetrVG 2001 Nr 6; 28.6.2005, 1 ABR 26/04, EzA § 99 BetrVG 2001 Nr 8). Beabsichtigt der AN die Beschäftigung von Leih-AN, ist dem BR Einsicht in die AN-Überlassungsverträge zu geben (BAG 6.6.1978, 1 ABR 66/75, EzA § 99 BetrVG 1972 Nr 19). Der Arbeitsvertrag selbst gehört nicht zu den Bewerbungsunterlagen (BAG 18.10.1988, 1 ABR 33/87, EzA § 99 BetrVG 1972 Nr 69).

Der AG muss grds keine zusätzlichen Unterlagen oder Informationen beschaffen (ErfK/*Kania* § 99 Rn 21). 38 Der BR hat kein Recht, an den persönlichen Vorstellungsgesprächen teilzunehmen (BAG 18.7.1978, 1 ABR 8/75, EzA § 99 BetrVG 1972 Nr 22). Der BR kann nicht verlangen, dass sich ein Bewerber bei ihm vorstellt (*Löwisch/Kaiser* § 99 Rn 110).

Der BR hat Anspruch auf »Vorlage« der Unterlagen. Diese sind ihm bis zur Beschlussfassung, jedoch nicht 39 länger als eine Woche zu überlassen (BAG 3.12.1985, 1 ABR 72/83, EzA § 99 BetrVG 1972 Nr 46). Der BR darf zum Schutz der Bewerber keine Kopien oder Abschriften erstellen (BAG 3.12.1985, 1 ABR 72/83, EzA § 99 BetrVG 1972 Nr 46). Fehlt es an Bewerbungsunterlagen, etwa bei einer mündlichen oder telefonischen Bewerbung, hat der AG auf Verlangen des BR die Erkenntnisse aus dem Bewerbungsgespräch zu erläutern (LAG Hamm 1.8.2003, 10 TaBV 2/03, NZA-RR 2004, 84, 87).

Der AG muss den **geplanten Einstellungstermin** (BAG 7.11.1975, 1 ABR 78/74, EzA § 118 BetrVG 40 1972 Nr 7) und die **vereinbarte Dauer der Arbeitszeit** (LAG Hess 29.1.1987, 4 TaBV 44/86, NZA 1987, 714, 714) mitteilen. Wie der AN organisatorisch eingegliedert werden soll, welche Schicht der AN wahrnehmen soll, insb wie er in den Dienstplan und damit in den Arbeitsablauf integriert werden soll, braucht der BR nicht zu wissen (LAG Schl-Holst 29.1.1987, 4 TaBV 19/86, NZA 1988, 68, 69; aA LAG Hess 29.1.1987, aaO). Ändert sich der Einstellungstermin, so bedarf es idR keiner neuen Unterrichtung des BR (*Löwisch/Kaiser* § 99 Rn 106).

Der **Zeitpunkt der Unterrichtung** muss vor der endgültigen Entscheidung des AG über die Einstellung 41 liegen. Soweit der AN nicht in verschiedenen Betrieben einsetzbar ist, kommt es deswegen typischerweise auf den Abschluss des Arbeitsvertrages als Entscheidungszeitpunkt an; wegen III muss der BR 1 Woche zuvor unterrichtet sein. Eine unterlassene bzw unvollständige Information des BR lässt die Wochenfrist des III nicht beginnen (BAG 10.8.1993, 1 ABR 22/93, NZA 1994, 187, 190; 14.12.2004, 1 ABR 55/03, EzA § 99 BetrVG 2001 Nr 6; 28.6.2005, 1 ABR 26/04, EzA § 99 BetrVG 2001 Nr 8; 5.5.2010, 7 ABR 70/08, NJOZ 2010, 2612). Sind die Mängel der Unterrichtung nicht »offensichtlich«, muss der BR die ungenügende Unterrichtung in Wochenfrist rügen – sonst greift die Zustimmungsfiktion (Rdn 72) des III 2 (BAG 14.3.1989, 1 ABR 80/87, EzA § 99 BetrVG 1972 Nr 71). Fehlt die (fingierte) Zustimmung des BR, kann der AG die geplante Einstellung nicht vollziehen. Er kann die unvollständige Unterrichtung jedoch nachholen, setzt damit eine neue Wochenfrist in Gang, was dem BR seinerseits die Möglichkeit eröffnet, aufgrund der nachgelieferten Informationen Zustimmungsverweigerungsgründe geltend zu machen (ErfK/*Kania* § 99 Rn 22). Nach Ablauf der Wochenfrist kann das bereits eingeleitete Zustimmungsersetzungsverfahren fortgeführt werden (BAG 10.8.1993, 1 ABR 22/93, NZA 1994, 187, 190; noch Rdn 70).

II. Versetzung. Der Umfang der Informationspflicht bei Versetzungen entspricht im Grds dem bei Ein- 42 stellungen (HWK/*Ricken* § 99 Rn 57). Bei einer Versetzung innerhalb des Betriebes ist die Person bekannt; je weniger sich die Arbeitsumstände ändern, desto geringer fällt die Informationspflicht aus (HWK/*Ricken* § 99 Rn 57). Aufgrund der Häufigkeit von Versetzungen ist das sachgerecht (*Löwisch/Kaiser* § 99 Rn 112).

III. Eingruppierungen/Umgruppierungen. Der AG muss die Person des einzugruppierenden AN 43 benennen und die beabsichtigte Vergütungsgruppe, einschließlich aller Tatsachen, aufgrund deren er die konkrete Eingruppierung für richtig erachtet (AG Regensburg 15.7.1992, 6 BV 11/92 S, EzA § 99 BetrVG 1972 Nr 107), nicht aber die Entgelthöhe (BAG 3.10.1989, 1 ABR 73/88, EzA § 99 BetrVG 1972 Nr 77). Bei der Umgruppierung muss der AG die bisherige und die vorgesehene Vergütungsgruppe angeben und erläutern, warum der AN anders als bisher einzureihen ist (BAG 19.4.2012, 7 ABR 52/10, juris; LAG Hamm 27.4.2012, 10 TaBV 3/12, juris).

44 **IV. Verschwiegenheitspflicht.** Die BR-Mitglieder sind nach I 3 zur Verschwiegenheit über die ihnen im Zustimmungsverfahren bekannt gewordenen persönlichen Verhältnisse und Angelegenheiten der Bewerber oder AN verpflichtet. Das gilt für sämtliche Informationen unabhängig von der Art und Weise der Kenntniserlangung, soweit sie einer vertraulichen Behandlung bedürfen (Gesundheitszustand, HIV-Infektion, Geschlechtsumwandlung Familienverhältnisse, Schwangerschaft, bisheriger beruflicher Werdegang, Vorstrafen, künftiger Verdienst; *Löwisch/Kaiser* § 99 Rn 118). Nach dem Ausscheiden aus dem BR besteht die Verschwiegenheitspflicht gem III iVm § 79 I 2 fort. Aus I 3 iVm § 79 I 3, 4 ergeben sich Einschränkungen. So besteht keine Verschwiegenheitspflicht ggü anderen Mitgliedern des BR oder ggü den AN-Vertretern im Aufsichtsrat, den Mitgliedern der Einigungsstelle, der tariflichen Schlichtungsstelle oder der betrieblichen Beschwerdestelle, soweit jene diese Informationen für ihre Aufgabe erhalten. BR-interne Geschwätzigkeit ist schon mit Blick auf den Verfassungsschutz des Persönlichkeitsrechts nicht erlaubt. Die Verletzung der Verschwiegenheitspflicht ist strafbewehrt, §§ 119, 120, 121 (dort Rdn 8). Daneben steht dem betroffenen AN oder Bewerber uU ein Schadensersatzanspruch aus § 823 II BGB gegen geschwätzige BR-Mitglieder zu (HWK/*Ricken* § 99 Rn 61).

45 **D. Zustimmung und Zustimmungsverweigerung.** Die personelle Einzelmaßnahme wird erst mit der Zustimmung des BR betriebsverfassungsrechtlich wirksam. II benennt abschließend die Gründe, bei deren Vorliegen der BR die Zustimmung nach eigenem Ermessen verweigern darf. Ob ein Zustimmungsverweigerungsgrund vorliegt, ist eine letztlich vom ArbG zu beantwortende Rechtsfrage.

46 **I. Verstoß gegen Rechtsvorschriften.** Verstößt die geplante Maßnahme gegen die Rechtsetzungsakte des II Nr 1, kann der BR die Zustimmung verweigern – aber nur, wenn die Maßnahme selbst nach dem Zweck der verletzten Norm unterbleiben muss (BAG 10.10.2012, 7 ABR 42/11, juris). Der BR ist insb nicht zur Arbeitsvertragskontrolle berufen – weil der Arbeitsvertrag nicht die mitbestimmungspflichtige Einstellung ist (BAG 28.6.1994, 1 ABR 59/93, EzA § 99 BetrVG 1972 Nr 123). Tarif- oder gesetzwidrige Vertragsbedingungen begründen also kein Zustimmungsverweigerungsrecht, der Einsatz von Leih-AN unter Verstoß gegen das equal-pay-Gebot der §§ 3 I Nr 3, 9 Nr 2 AÜG kann nicht verhindert werden (BAG 21.7.2009, 1 ABR 35/08, NZA 2009, 1156; 1.6.2011, 7 ABR 117/09, NZA 2011, 1435). Auch die verbotene Arbeitnehmerüberlassung (fehlende Erlaubnis des Verleihers) führt nicht zum Beschäftigungsverbot – da dem BR kein Zustimmungsverweigerungsrecht zusteht –, sondern gerade zum Arbeitsverhältnis mit dem Entleiher nach § 10 AÜG (aA BAG 10.7.2013, 7 ABR 91/11).

47 Dagegen berechtigt der dauerhafte, also entgegen § 1 I 2 AÜG nicht vorübergehende Leiharbeitseinsatz den BR die Zustimmung zu verweigern. § 1 I 2 AÜG ist Verbotsgesetz iSd § 99 II Nr 1, da die Regelung auch der Abwehr einer Spaltung der Belegschaft im Interesse der Stamm-AN dient (BAG 30.9.2014, 1 ABR 79/12, NZA 2015, 240). Der Zweck kann nur erreicht werden, wenn die Einstellung insgesamt unterbleibt, wobei es unerheblich ist, ob durch die nicht vorübergehende AN-Überlassung ein Arbeitsverhältnis zwischen Entleiher und Leih-AN entsteht (BAG 10.7.2013, 7 ABR 91/11, NZA 2013, 1296).

48 Der BR hat nur ein negatives Mitgestaltungsrecht; er kann nicht die Einstellung zu anderen, normgemäßen Bedingungen durchsetzen (BAG 9.7.1996, 1 ABR 55/95, EzA § 99 BetrVG 1972 Einstellung Nr 1). Mithin steht der TV der Einstellung nur in dem singulären Fall entgegen, dass er ein Beschäftigungsverbot (als Betriebsnorm) enthält. Der BR ist auch keine Betriebspolizei, der jeden Normverstoß mit der Einstellungsverhinderung beantworten dürfte.

49 **Gesetzliche** (und die seltenen tariflichen) **Beschäftigungsverbote** hindern die Einstellung und Versetzung auf den betroffenen Arbeitsplatz. Praktisch werden §§ 3 ff ArbZG, §§ 3, 4, 6, 8 MuSchG, §§ 22 ff JArbSchG, §§ 42, 43 IfSchG, § 284 SGB III (BAG 22.1.1991, 1 ABR 18/90, EzA § 99 BetrVG 1972 Nr 98) und §§ 8 ff GefahrstoffVO. Weist der betriebliche Datenschutzbeauftragte die Qualifikationsanforderungen nach § 4f II BDSG nicht auf, ist der BR zur Zustimmungsverweigerung berechtigt (BAG 22.3.1994, 1 ABR 51/93, EzA § 99 BetrVG 1972 Nr 121). Soll das Arbeitsverhältnis des AN durch eine unzulässige Befristung gesetzwidrig verkürzt werden, berechtigt dies den BR nicht zur Zustimmungsverweigerung, da die Einstellung als solche nicht gegen ein Verbot verstößt. Anders ist zu entscheiden, wenn ein Arbeitsverhältnis unzulässig verlängert wird. Der bloße Verstoß gegen vorgeschriebene Arbeitsbedingungen, insb aus dem TV begründet kein Zustimmungsverweigerungsrecht (ErfK/*Kania* § 99 Rn 23).

Der Verstoß gegen Rechtsvorschriften kann darin liegen, dass die **personelle Maßnahme »als solche«** 50
dem Gesetz widerspricht. **Diskriminierungsverbote** insb der §§ 7, 1 AGG verbieten nicht Einstellung des
Bevorzugten; das folgt auch aus § 15 VI AGG. Die Einstellung muss also nicht als solche unterbleiben.
Anders entscheidet das BAG für die Einstellungsdiskriminierung nach Gewerkschaftszugehörigkeit (BAG
28.3.2000, 1 ABR 16/99, EzA § 99 BetrVG 1972 Einstellung Nr 6) und für einen Verstoß gegen den
arbeitsrechtlichen Gleichbehandlungsgrundsatz (BAG 13.11.2013, 4 ABR 16/12, juris). Verstößt der AG
gegen § 78 S 2, weil er bei der Auswahlentscheidung die Freistellung des BR-Mitglieds berücksichtigt,
ist der BR ebenfalls nach II Nr 1 zur Zustimmungsverweigerung berechtigt (LAG Hamburg 19.9.2012,
H 6 TaBV 2/12, juris). Sonderfall ist die Prüfpflicht des AG nach § 81 I SGB IX, ob der Arbeitsplatz mit
einem Schwerbehinderten besetzt werden kann: Der Verstoß rechtfertigt die Zustimmungsverweigerung
nur bei der Einstellung, nicht bei der Versetzung (BAG 17.6.2008, 1 ABR 20/07, EzA § 81 SGB IX
Nr 16). Wird ein Leih-AN beim Entleiher eingestellt, soll der Entleiher ernstlich verpflichtet sein, die
Beschäftigung eines Schwerbehinderten zu prüfen – auch wenn eine Einstellung als Stamm-AN gar nicht
in Betracht kommt (BAG 23.6.2010, 7 ABR 3/09, DB 2010, 166). Dieser Absurdität lässt sich in Absprache mit der AA durch den schnellen Austausch von Mails begegnen: Der Entleiher fragt formlos an, die
Agentur sagt formlos ab.

Bei Tarifnormen sollen Abschlussverbote zu beachten sein; der genaue Blick zeigt, dass es idR um Beschäf- 51
tigungsverbote geht – oder um Besetzungsregeln, die einem Bewerber Vorrang vor einem anderen einräumen
(BAG 1.10.1991, 1 ABR 1/91, AuR 1992, 60; 22.1.1991, 1 ABR 19/90, EzA § 4 TVG Druckindustrie
Nr 22; zur Abgrenzung von Tarifbestimmungen über die Eingruppierung 18.3.2008, 1 ABR 81/06, EzA
§ 99 BetrVG 2001 Einstellung Nr 9). Die arbeitsvertragliche Bezugnahme des TV im Arbeitsvertrag des
Bewerbers kann nie zur Zustimmungsverweigerung führen, weil die Bezugnahme gerade abdingbar ist.
Erforderlich ist also eine Betriebsnorm iSv § 3 II TVG. Die ältere Rspr zur Zustimmungsverweigerung
bei Verstoß gegen die tarifliche Mindestarbeitszeit (BAG 28.1.1992, 1 ABR 45/91, EzA § 99 BetrVG
1972 Nr 103, dagegen *Rieble* SAE 1992, 178) ist inzwischen wegen § 8 TzBfG, der nicht tarifdispositiv
ist, obsolet. Untertarifliche Bezahlung (BAG 28.3.2000, 1 ABR 16/99, EzA § 99 BetrVG 1972 Einstellung
Nr 6) oder Überschreitung der Höchstarbeitszeit (BAG 17.6.1997, 1 ABR 3/97, EzA § 99 BetrVG 1972
Einstellung Nr 4) sind irrelevant.

Bei **Ein- und Umgruppierungen** liegt der Verstoß gegen TV häufig in der Anwendung eines falschen TV 52
(BAG 24.4.2001, 1 ABR 37/00, EzBAT §§ 22, 23 BAT A Nr 78) oder in der falschen Anwendung des
einschlägigen TV. Der BR kann die Zustimmung verweigern, wenn der AN zu hoch eingruppiert wird
(BAG 28.4.1998, 1 ABR 50/97, EzA § 99 BetrVG 1972 Eingruppierung Nr 2). Demggü berechtigt die
Veränderung von Entgeltbestandteilen außerhalb der Vergütungsordnung den BR nicht, die Zustimmung
zur Eingruppierung zu verweigern – auch wenn der AG Mitbestimmungsrechte nach § 87 I Nr 10 ignoriert
(BAG 28.4.2009, 1 ABR 97/07, NZA 2009, 1102).

BV stehen dem TV gleich (Bsp BAG 10.3.1992, 1 ABR 67/91, EzA § 99 BetrVG 1972 Nr 104). Betrieb- 53
liche Wiedereinstellungsklauseln können als Vorrangregelung die Zustimmungsverweigerung rechtfertigen
(BAG 18.12.1990, 1 ABR 15/90, EzA § 99 BetrVG 1972 Nr 97).

Gegen eine gerichtliche Entscheidung verstößt die Einstellung im Fall eines einschlägigen Berufsverbots 54
(§§ 44, 70 StGB). Dagegen kann die Verurteilung zur Beschäftigung eines AN die Einstellung eines
anderen nicht hindern. Insoweit setzt sich die Relativität der Schuldverhältnisse durch (unscharf BAG
26.10.2004, 1 ABR 45/03, EzA § 99 BetrVG 2001 Nr 5). Zu den behördlichen Anordnungen des 99 II
Nr 1 gehören die Untersagung der Berufsausbildung gem §§ 33, 27 ff BBiG oder das Verbot der Beschäftigung von Jugendlichen gem § 27 JArbSchG (*Löwisch/Kaiser* § 99 Rn 73).

II. Verstoß gegen Auswahlrichtlinie. Das Zustimmungsverweigerungsrecht ist das Instrument, Aus- 55
wahl-RL nach § 95 (bei Einstellungen und Versetzungen) durchzusetzen – solange die Auswahl-RL wirksam ist, gilt oder nachwirkt. Die mitbestimmungswidrige einseitige Auswahlrichtlinie ist nicht erfasst (§ 95
Rdn 8).

III. Benachteiligung anderer AN. Zur Kündigungsprävention schützt II Nr 3 andere AN vor einer Kdg 56
oder sonstigen Nachteilen infolge der personellen Einzelmaßnahme. Praktisch wird das nur bei Einstellungen und Versetzungen; vor allem für den neuen Fall der Nichtberücksichtigung eines gleich geeigneten
befristet Beschäftigten. Ein-/Umgruppierungen haben idR regelmäßig keine nachteiligen Auswirkungen.
Zwischen der mitbestimmungspflichtigen Einstellung/Versetzung und der befürchteten Kdg (oder sonstiger 57
Nachteile) muss ein **Ursachenzusammenhang** bestehen. Vermutungen reichen nicht; es bedarf eines schlüssigen, auf Tatsachen beruhenden Vortrags (LAG Düsseldorf 19.10.1976, 8 TaBV 18/76, EzA § 99 BetrVG
1972 Nr 11). Zu erwartende **Nachteile** des AN dürfen **nicht geringfügig** sein (ErfK/*Kania* § 99 Rn 28). Zur

vorhersehbaren Konkurrenz um einen Arbeitsplatz bei Rückkehr aus Elternzeit: LAG Baden-Württemberg 14.8.2013, 4 TaBV 4/13, NZA-RR 2014, 73.

58 Wird ein AN, dessen Arbeitsplatz wegfällt, auf einen bereits besetzten Arbeitsplatz versetzt, so besteht eine relevante Besorgnis der Kdg eines anderen AN nur, wenn dieser sozial schwächer ist (BAG 15.9.1987, 1 ABR 44/86, EzA § 99 BetrVG 1972 Nr 57). Es wird also die hypothetische Sozialauswahl vor faktischer Gestaltung geschützt (vgl BAG 30.8.1995, 1 ABR 11/95, EzA § 99 BetrVG 1972 Nr 130 mit krit Anm *Löwisch*). Wäre die zu erwartende Kdg eines anderen AN sozial gerechtfertigt, darf der BR die Zustimmung nicht verweigern (BAG 15.9.1987, 1 ABR 29/86, EzA § 99 BetrVG 1972 Nr 56) Hat der AG einem AN gekündigt, obwohl dieser sozial schutzbedürftiger ist als ein vergleichbarer, neu eingestellter, so ist es dem BR verwehrt, seine Zustimmung zu verweigern, weil dem früheren Stelleninhaber im Fall des Obsiegens im Kdg-Schutzprozess Nachteile bei der Reintegration drohen (str, HWK/*Ricken* § 99 Rn 76).

59 Sonstige Nachteile iSv II Nr 3 meint eine erhebliche Verschlechterung des bisherigen rechtlichen oder tatsächlichen Status. Das ist mehr als der bloße Verlust einer Rechtsposition oder einer rechtserheblichen Anwartschaft. Das BAG sieht auch in den mit einer Versetzung verbundenen Erschwerungen der Arbeit der in der Abteilung oder Gruppe verbliebenen AN einen die Zustimmungsverweigerung rechtfertigenden Nachteil (BAG 6.10.1978, 1 ABR 51/77, EzA § 99 BetrVG 1972 Nr 24). Der Umstand, dass andere AN infolge der Versetzung oder Einstellung die bloße Chance verlieren, den vakanten Arbeitsplatz zu erhalten, genügt nicht (BAG 18.9.2002, 1 ABR 56/01, EzA § 99 BetrVG 1972 Nr 140; 26.10.2004, 1 ABR 45/03, EzA § 99 BetrVG 2001 Nr 5; 10.10.2012, 7 ABR 42/11, juris). Sinkt das zu erzielende Einkommen, weil infolge einer Einstellung Überstunden abgebaut werden, ist das kein relevanter Nachteil (HWK/*Ricken* § 99 Rn 78). Fallen nach Wegversetzung Überstunden an oder kommt es zu deutlichen Leistungsverdichtungen, genügt das (BAG 15.9.1987, 1 ABR 44/86, EzA § 99 BetrVG 1972 Nr 57).

60 Große Schwierigkeiten wirft der letzte Hs in II Nr 3 auf: Hier kann der BR Druck auf **Übernahme eines befristet Beschäftigten** ausüben. Das ist systemwidrig, weil die Verlängerung eine ungeschützte Chance ist. Indes setzt Nr 3 die gleiche Eignung voraus; diese wird vom AG mit eigenem Beurteilungsspielraum entschieden, ggf auch nach sozialen und persönlichen Kriterien (*Löwisch/Kaiser* § 99 Rn 90; *Rieble* NZA-Sonderheft 2001, 46). Eine analoge Anwendung des § 99 II Nr 3 auf teilzeitbeschäftigte AN, die sich um einen Vollzeitarbeitsplatz bewerben, scheidet mangels planwidriger Regelungslücke aus; insoweit greift schon § 9 TzBfG, der vom BR über II Nr 1 geltend gemacht werden kann (*Hanau* RdA 2001, 65, 73). Ein Zustimmungsverweigerungsrecht des BR besteht nicht zugunsten von Probe-AN, da diese noch nicht endgültig eingegliedert sind (*Rieble* NZA-Sonderheft 2001, 46). Nr 3 hilft überhaupt nur dann, wenn der AG eine unbefristete Ersteinstellung plant, nicht aber bei der Übernahme eines anderen befristet Beschäftigten oder bei der Verlängerung der Befristung. Der AG kann damit durch befristete Einstellungen das Zustimmungsverweigerungsrecht des BR aushebeln.

61 **IV. Benachteiligung des betroffenen AN.** II Nr 4 schützt den betroffenen AN, kommt also nur für die Versetzung in Betracht, weil der BR für einzustellende Bewerber noch nicht zuständig ist. Fehlerhafte Ein- oder Umgruppierungen stören den Entgeltanspruch des AN nicht (ErfK/*Kania* § 99 Rn 33). Der AN kann durch die Versetzung etwa eine Entgelteinbuße erleiden (BAG 2.4.1996, 1 ABR 39/95, EzA § 99 BetrVG 1972 Versetzung Nr 1) oder lästigeren Arbeitsbedingungen ausgesetzt sein (Schmutz, Lärm, Hitze, längere Wege). Der Verlust des BR-Amts gehört nicht hierher, sondern wird von § 103 III bes erfasst. Zum Verlust von Personalverantwortung infolge der Versetzung LAG Köln 7.3.2012, 3 TaBV 77/11, juris. Fallen Arbeitsplätze weg und stehen lediglich für einen Teil der betroffenen AN gleichwertige Arbeitsplätze zur Verfügung, so kann Zustimmung zur Versetzung eines AN auf einen niedriger einzustufenden Arbeitsplatz wegen fehlerhafter Sozialauswahl verweigert werden (BAG 2.4.1996, 1 ABR 39/95, EzA § 99 BetrVG 1972 Versetzung Nr 1). Keinesfalls darf der BR die Unzweckmäßigkeit der unternehmerischen Entscheidung rügen (BAG 16.1.2007, 1 ABR 16/06, EzA § 99 BetrVG 2001 Versetzung Nr 3).

62 II Nr 4 dient allein dem Schutz des betroffenen AN, sodass ein Zustimmungsverweigerungsrecht entfällt, wenn die Versetzung dem Wunsch des AN entspricht (BAG 6.10.1978, 1 ABR 51/77, EzA § 99 BetrVG 1972 Nr 24). Mit Blick auf § 103 III muss es neuerdings genügen, dass der AN einverstanden ist.

63 Die Zustimmungsverweigerung ist wie bei II Nr 3 nur dann berechtigt, wenn die Benachteiligung ohne **Rechtfertigung** erfolgt. Verstößt ein im Verkauf tätiger AN wiederholt gegen die geltenden Bekleidungsvorschriften, ist die Versetzung aus betrieblichen Gründen gerechtfertigt (LAG Hamm 22.10.1991, 13 TaBV 36/91, EzA § 611 BGB Direktionsrecht Nr 8).

64 **V. Unterbliebene Ausschreibung.** Ist die innerbetriebliche Ausschreibung entgegen § 93 unterblieben oder fehlerhaft, greift das Zustimmungsverweigerungsrecht. Der Fehler muss »offensichtlich« sein, dh so schwer wiegen, dass die Desinformation einer unterbliebenen Ausschreibung gleichzustellen ist (BAG

10.3.2009, 1 ABR 93/07, NZA 2009, 622). Auch der Verstoß gegen die Pflicht zur diskriminierungsfreien Ausschreibung (§ 11 AGG, für § 611b BGB: LAG Hess 13.7.1999, 4 TaBV 192/97, EzA-SD 1999, Nr 24, 12) soll hierhergehören; nicht aber die entgegen § 7 TzBfG unterbliebene Ausschreibung als Teilzeitarbeitsplatz, weil der BR hins der Eignung als Teilzeitarbeitsplatz kein Mitbeurteilungsrecht hat (*Löwisch/Kaiser* § 99 Rn 97). Der BR kann der Einstellung eines externen Bewerbers nach Nr 5 widersprechen, wenn die externe Stellenanzeige geringere Anforderungen an die Qualifikation stellte als die betriebsinterne (BAG 23.2.1988, 1 ABR 82/86, EzA § 93 BetrVG 1972 Nr 3).

Steht fest, dass kein AN des Betriebs der ausgeschriebenen Stelle entspricht, ist die Ausschreibung entbehrlich; der BR hat kein Verweigerungsrecht. Die vertrauensvolle Zusammenarbeit verbietet reinen Formalismus (ArbG Kassel 29.5.1973, 2 BV 5/73, BB 1973, 1396; aA LAG Köln 14.9.2012, 5 TaBV 18/12, juris; LAG Hess 2.11.2001, 4 TaBV 31/99, AP Nr 7 zu § 93 BetrVG 1972; *Löwisch/Kaiser* § 99 Rn 96). Wird eine Stelle mit Zustimmung des BR innerbetrieblich nicht ausgeschrieben, kann er im Zustimmungsverfahren nicht mehr abrücken (LAG Berl 11.2.1985, 9 TaBV 5/84, DB 1986, 49, 49). 65

VI. Störung des Betriebsfriedens. Nr 6 setzt voraus, dass eine durch Tatsachen begründete Besorgnis besteht, dass der fragliche AN den Betriebsfrieden durch gesetzwidriges Verhalten oder durch grobe Verletzung der in § 75 I enthaltenen Grds stören wird – wie in § 104. Der Prognoseentscheidung des BR hat eine objektive Beurteilung der Tatsachen voranzugehen (BAG 16.11.2004, 1 ABR 48/03, EzA § 99 BetrVG 2001 Einstellung Nr 2): Verunglimpfungen und Beleidigungen von Arbeitskollegen wegen deren Ethnie, sexueller Identität, Religion oder Weltanschauung, Geschlechts, Alters und Behinderung (Kriterien des § 75). Auch der Diebstahl bei Kollegen, Mobbing, Raufereien am Arbeitsplatz, Denunziation oder sexuelle Belästigung am Arbeitsplatz gehören hierher, wenn diese Vorfälle im zeitlichen Kontext mit der geplanten Einstellung/Versetzung stehen (ErfK/*Kania* § 99 Rn 36). Hier ist Vorsicht geboten, weil der BR keine Kompetenz für Berufsverbote hat. Insb ist der BR nicht zur Gesinnungskontrolle berufen. 66

E. Verfahren bei Zustimmungsverweigerung. I. Zustimmung und Zustimmungsverweigerung. Ab Unterrichtung – die grds in der Arbeitszeit des BR-Vorsitzenden (ggf des Stellvertreters) zu erfolgen hat (BAG 27.8.1982, 7 AZR 30/80, EzA § 102 BetrVG 1972 Nr 49) – und (ggf konkludentem) Zustimmungsersuchen durch den AG hat der BR eine Woche Zeit, um seine Zustimmung innerhalb einer Frist von 1 Woche schriftlich und unter Angaben von Gründen zu verweigern. Die Fristberechnung erfolgt nach §§ 187 I, 188 II BGB; Fristende ist damit der Ablauf des letzten Tages der Frist, auf die Arbeitszeit im Betrieb kommt es nicht an (*Löwisch/Kaiser* § 99 Rn 122 mwN). Die Verlängerung der Frist durch Vereinbarung zwischen BR und AG ist möglich, die Verkürzung nicht (BAG 5.5.2010, 7 ABR 70/08, NJOZ 2010, 2612; 29.6.2011, 7 ABR 24/10, NZA-RR 2012, 18). Eine Vereinbarung, wonach das Zustimmungsverfahren erst endet, wenn der BR die Zustimmung erteilt oder verweigert, ist ebenfalls unzulässig (LAG Sachsen 8.8.1995, 8 TaBV 19/94, EzA § 99 BetrVG 1972 Nr 135) – die Betriebsparteien dürfen die Frist also nicht aufheben (BAG 3.5.2006, 1 ABR 2/05, EzA § 99 BetrVG 2001 Umgruppierung Nr 3). Wenn der BR infolge höherer Gewalt daran gehindert ist, die Wochenfrist einzuhalten, verliert er seine Mitbestimmungsrechte nicht. Für die Dauer der Verhinderung ist der Fristlauf entspr § 206 BGB gehemmt (*Löwisch/Kaiser* § 99 Rn 121). Die Unwirksamkeit einer Rechtsnorm, auf der die beabsichtigte personelle Einzelmaßnahme beruht, kann der BR auch noch nach Ablauf der Wochenfrist geltend machen (BAG 6.8.2002, 1 ABR 49/01, EzA § 99 BetrVG 1972 Umgruppierung Nr 2). Wird das Zustimmungsersuchen vom AG wiederholt, berührt das den Fristlauf nicht (LAG Bremen 13.9.2001, 4 TaBV 6/01, EzA-SD 2002, Nr 1, 12–13). Grundsätzlich darf der AG darauf setzen, dass der BR innerhalb der Frist um Vervollständigung der Auskünfte bittet; anders ist es nur dann, wenn die Unterlagen offenkundig unvollständig sind, dann beginnt die Frist nicht (BAG 29.6.2011, 7 ABR 24/10, NZA-RR 2012, 18; LAG Hamm 27.4.2012, 10 TaBV 3/12, juris). Die Wochenfrist beginnt erneut zu laufen, wenn der BR innerhalb der Frist berechtigt und auf der Grundlage eines wirksamen Beschlusses zusätzliche Informationen verlangt (BAG 10.8.1993, 1 ABR 22/93, NZA 1994, 187 ff). 67

BR-Mitglieder, die durch eine Maßnahme nach I 1 in ihrer Stellung als AN individuell und unmittelbar betroffen sind, sind zeitweilig verhindert iSv § 25 I und dürfen an der Beratung und Beschlussfassung nicht teilnehmen; andernfalls ist der BR-Beschluss unwirksam (LAG Hamburg 19.9.2012, H 6 TaBV 2/12, juris). Eine unmittelbare und individuelle Betroffenheit besteht regelmäßig nur, wenn das BR-Mitglied gerade die Person ist, auf die sich ein Zustimmungsersuchen des Arbeitgebers unmittelbar richtet. Die Einleitung eines Mitbestimmungssicherungsverfahrens nach § 101 genügt nicht (BAG 6.11.2013, 7 ABR 84/11, NZA-RR 2014, 196). Unschädlich ist bei einer Versetzung, wenn sich das BR-Mitglied selbst auch auf die Stelle beworben hat (BAG 24. 4. 2013, 7 ABR 82/11, NZA 2013, 857). 68

69 Eine Zustimmungsverweigerung **ohne Angabe von Gründen** ist unwirksam (BAG 18.7.1978, 1 ABR 43/75, EzA § 99 BetrVG 1972 Nr 23). Gleiches gilt für Begr, die offenkundig nicht unter die Rechtfertigungstatbestände des II fallen (BAG 16.7.1985, 1 ABR 35/83, EzA § 99 BetrVG 1972 Nr 40). Auch die nur formelhafte, nicht den Einzelfall berücksichtigende Begr ist unwirksam (BAG 24.7.1979, 1 ABR 78/77, EzA § 99 BetrVG 1972 Nr 26). Die Anforderungen an die Begr sind nicht zu überspannen; es genügt, wenn der Vortrag des BR es als möglich erscheinen lässt, dass einer der Rechtfertigungstatbestände geltend gemacht wird (BAG 10.10.2012, 7 ABR 42/11, juris; 20.11.1990, 1 ABR 87/89, EzA § 118 BetrVG 1972 Nr 57; LAG Hess 15.5.2012, 4 TaBV 219/11: Bezug zu mindestens einem bestimmten Widerspruchsgrund möglich). Der BR muss keinen Beschluss über mitzuteilende Zustimmungsverweigerungsgründe fassen (BAG 30.9.2014, 1 ABR 32/13, NZA 2015, 370). BR und AG können nicht wirksam vereinbaren, dass die Zustimmung als verweigert gilt, wenn der BR keine Zustimmungsverweigerungsgründe anführt (BAG 18.8.2009, 1 ABR 49/08, NZA 2010, 112; 5.5.2010, 7 ABR 70/08, NJOZ 2010, 2612). Das Zustimmungsersetzungsverfahren als solches unterliegt nicht der Disposition der Betriebsparteien. Möglich ist allein, eine echte Mitbestimmung mit Einigungsstellenzuständigkeit zu vereinbaren (§ 76 Rdn 8). Nach Ablauf der Wochenfrist ist es dem BR verwehrt, Widerspruchsgründe nachzuschieben (BAG 3.7.1984, 1 ABR 74/82, EzA § 99 BetrVG 1972 Nr 37; 10.8.1993, 1 ABR 22/93, NZA 1994, 187, 190), es sei denn, er hätte von diesen Gründen erst nach Ablauf der Wochenfrist Kenntnis erhalten (str, wie hier *Löwisch/Kaiser* § 99 Rn 119). Stets zulässig ist die inhaltliche Vertiefung mitgeteilter Widerspruchsgründe (BAG 28.4.1998, 1 ABR 50/97, EzA § 99 BetrVG 1972 Eingruppierung Nr 2).

70 Danach ist insb ungenügende Unterrichtung durch den AG kein Verweigerungsgrund – sie hindert nur die Zustimmungsfiktion des III 2 (Rdn 72). Verweigert der BR in einem solchen Fall aus einem Grund iSd II seine Zustimmung, kann der AG fehlende Informationen noch im Zustimmungsersetzungsverfahren nachreichen. Dem BR bleibt dann 1 Woche, weitere Verweigerungsgründe vorzubringen (BAG 28.3.2000, 1 ABR 16/99, EzA § 99 BetrVG 1972 Einstellung Nr 27).

71 Die Zustimmungsverweigerung hat **schriftlich** zu erfolgen, also durch eigenhändig unterschriebene Urkunde, § 126 I BGB. Außergesetzlich lässt das BAG die **Tele(fax)kopie** zu (BAG 11.6.2002, 1 ABR 43/01, EzA § 99 BetrVG 1972 Nr 139); ebenso die Textform nach § 126b BGB (BAG 9.12.2008, 1 ABR 79/07, EzA § 99 BetrVG 2001 Nr 11; 1.6.2011, 7 ABR 138/09, EzA-SD 2011 Nr 26, 15). Daher genügt eine **E-Mail** ohne qualifizierte elektronische Signatur iSd § 126a I BGB, ausreichend ist die Bezeichnung des Erklärenden mit abschließender Grußformel (BAG 10.3.2009, 1 ABR 93/07, EzA § 99 BetrVG 2001 Nr 12; dagegen *Löwisch/Kaiser* § 99 Rn 123). Die freirechtlich erfundene »betriebsverfassungsrechtliche Schriftform« des BAG meint nunmehr, dass sich der BR die Zustimmungsverweigerung erkennbar zurechnen lassen will – dies immerhin muss seine Äußerung deutlich machen (Richardi/ *Thüsing* § 99 Rn 292 f).

72 **II. Zustimmungsfiktion.** Der BR kann der personellen Einzelmaßnahme ausdrücklich zustimmen, sogar dann noch, wenn er zuvor fristgerecht widersprochen hatte (*Löwisch/Kaiser* § 99 Rn 125). An die einmal erklärte Zustimmung ist der BR gebunden, er kann sie auch innerhalb der Wochenfrist nicht wieder zurücknehmen. Lässt der BR die Frist des III verstreichen, gilt die Zustimmung als erteilt. Immer vorausgesetzt ist aber, dass die Frist durch ordnungsgemäße Information in Gang gesetzt worden ist. Der BR ist nicht verpflichtet den AG auf unzureichende Information hinzuweisen. Dazu zählt auch die Nichtvorlage der Erklärung des Verleihers gem §§ 14 III 2, 12 I 2 AÜG (LAG Hessen 29.1.2013, 4 TaBV 202/12, NZA-RR 2013, 359). Durfte der AG davon ausgehen, den BR ordnungsgemäß unterrichtet zu haben, läuft die Frist, wenn der BR nicht um Vervollständigung der Auskunft bittet (BAG 13.03.2013, 7 ABR 39/11, AP BetrVG 1972 § 99 Eingruppierung Nr. 61).

73 **F. Zustimmungsersetzung durch das ArbG.** Verweigert der BR die Zustimmung zu einer personellen Einzelmaßnahme rechtzeitig, kann der AG die fehlende Zustimmung vom ArbG ersetzen lassen, IV. Das Gericht ersetzt die Zustimmung, wenn der AG die Frist des III 1 in Gang gesetzt hat (Rdn 67) und der geltend gemachte Zustimmungsverweigerungsgrund nicht besteht (BAG 18.3.2008, 1 ABR 81/06, EzA § 99 BetrVG 2001 Einstellung Nr 9). Letzteres ist Rechtsfrage, zu beurteilen nach der Sach- und Rechtslage im Zeitpunkt der gerichtlichen Entscheidung (BAG 16.1.2007, 1 ABR 16/06, EzA § 99 BetrVG 2001 Versetzung Nr 3). Bei Einstellung oder Versetzung kann der AG von seiner Maßnahme Abstand nehmen; das Zustimmungsersetzungsverfahren erledigt sich sodann – auch wenn der AG den BR erneut um Zustimmung zur Einstellung desselben Bewerbers ersucht (BAG 28.2.2006, 1 ABR 1/05, EzA § 99 BetrVG 2001 Nr 10). Der betroffene AN genießt keinen Rechtsschutz gegen den BR (aA *Hartmann* ZfA 2008, 383 ff).

74 Eine mittelbare Ausnahme greift bei **Einstellung oder Versetzung eines Schwerbehinderten**, der einen Beschäftigungsanspruch aus § 81 IV SGB IX hat: Der AG muss das Zustimmungsersetzungsverfahren

einleiten, um Schadensersatzansprüche des AN zu vermeiden (BAG 3.12.2002, 9 AZR 481/01, EzA § 81 SGB IX Nr 1). Sonst aber besteht keine Pflicht des AG zum Zustimmungsersetzungsverfahren, wenn wegen der verweigerten Zustimmung die einem AN vertraglich zugesagte Beschäftigung nicht möglich ist. Der AG kann sich zwar ggü dem AN verpflichten. Dieser kann aber regelmäßig, dh ohne bes Umstände, nicht von einem entspr Bindungswillen des AG ausgehen (BAG 16.3.2010, 3 AZR 31/09, NZA 2010, 1710. Vertragliche Schadensersatzansprüche aus § 280 I BGB ggü dem AG bestehen nur ausnahmsweise (dazu *Löwisch/Kaiser* § 99 Rn 132).

Wird die Zustimmung iR einer Ein-/Umgruppierung verweigert, kann der BR den AG über § 101 zur Durchführung des Verfahrens zwingen; der AN muss richtig eingruppiert werden (BAG 9.2.1993, 1 ABR 51/92, EzA § 99 BetrVG 1972 Nr 111; 3.5.1994, 1 ABR 58/93, EzA § 99 BetrVG 1972 Nr 122; LAG Hamm 27.4.2012, 10 TaBV 3/12, juris).

Das ArbG entscheidet im Beschlussverfahren; betroffene AN werden nicht beteiligt, sodass der Beschluss keine Bindungswirkung für ein in der Folge vom AN durchgeführtes Verfahren zeitigt (BAG 27.5.1982, 6 ABR 105/79, EzA § 83 ArbGG 1979 Nr 1; 22.3.1983, 1 ABR 49/81, EzA § 101 BetrVG 1972 Nr 5). Ausnahme ist die halbseitige Bindungswirkung bei der Zustimmungsersetzung zur Ein- und Umgruppierung (Rdn 21). Den BR trifft im Verfahren die Beibringungslast für die frist- und formgerechte Verweigerung, nach hM aber nicht für das Vorliegen der Zustimmungsverweigerungsgründe (ErfK/*Kania* § 99 Rn 42). Entgegen den gewohnten Regeln des Verfahrensrechts soll das non liquet insoweit zulasten des AG gehen. 75

Zweifel darüber, ob eine mitbestimmungspflichtige personelle Maßnahme vorliegt, können AG oder BR im Feststellungsverfahren klären (ErfK/*Kania* § 99 Rn 43). Der AG, der die Zustimmungsverweigerung des BR für unbeachtlich erachtet, kann im Verfahren die Feststellung beantragen, dass die Zustimmung des BR nach dessen ordnungsgemäßer Unterrichtung wegen Fristablaufs als erteilt gilt (BAG 28.1.1986, 1 ABR 10/84, EzA § 99 BetrVG 1972 Nr 48). Ein Antrag des BR, den AG zu verpflichten, zu durchgeführten Einstellungen nachträglich die Zustimmung des BR einzuholen, ist im BetrVG nicht vorgesehen (BAG 20.2.2001, 1 ABR 30/00, EzA § 99 BetrVG 1972 Nr 7; 2.3.2004, 1 ABR 15/03, AP ZPO 1977 § 256 Nr 87). 76

§ 100 Vorläufige personelle Maßnahmen

(1) ¹Der Arbeitgeber kann, wenn dies aus sachlichen Gründen dringend erforderlich ist, die personelle Maßnahme im Sinne des § 99 Abs. 1 Satz 1 vorläufig durchführen, bevor der Betriebsrat sich geäußert oder wenn er die Zustimmung verweigert hat. ²Der Arbeitgeber hat den Arbeitnehmer über die Sach- und Rechtslage aufzuklären.

(2) ¹Der Arbeitgeber hat den Betriebsrat unverzüglich von der vorläufigen personellen Maßnahme zu unterrichten. ²Bestreitet der Betriebsrat, dass die Maßnahme aus sachlichen Gründen dringend erforderlich ist, so hat er dies dem Arbeitgeber unverzüglich mitzuteilen. ³In diesem Fall darf der Arbeitgeber die vorläufige personelle Maßnahme nur aufrechterhalten, wenn er innerhalb von drei Tagen beim Arbeitsgericht die Ersetzung der Zustimmung des Betriebsrats und die Feststellung beantragt, dass die Maßnahme aus sachlichen Gründen dringend erforderlich war.

(3) ¹Lehnt das Gericht durch rechtskräftige Entscheidung die Ersetzung der Zustimmung des Betriebsrats ab oder stellt es rechtskräftig fest, dass offensichtlich die Maßnahme aus sachlichen Gründen nicht dringend erforderlich war, so endet die vorläufige personelle Maßnahme mit Ablauf von zwei Wochen nach Rechtskraft der Entscheidung. ²Von diesem Zeitpunkt an darf die personelle Maßnahme nicht aufrechterhalten werden.

§§ 100, 101 regeln die Zwischenphase, bis über die Zustimmung des BR zur personellen Maßnahme entschieden ist. Praktisch wird das nur für Einstellungen und Versetzungen, weil Eingruppierungen sich typischerweise »automatisch« vollziehen. »An sich« werden vorläufige Fragen im vorläufigen Rechtsschutz entschieden. Das geschieht auch hier, wenngleich modifiziert: I 1 erlaubt dem AG, die Maßnahme einseitig vorläufig zu vollziehen; er muss nicht einmal die Äußerung des BR abwarten. Materiell muss der AG hierfür die bes Dringlichkeit geltend machen; formell genügt es, wenn der AG dies behauptet. Die Kontrolle ist auf Offensichtlichkeit beschränkt, III 1. Keine Rolle spielt es dagegen, ob der vom BR behauptete Zustimmungsverweigerungsgrund des § 99 II besteht. In der 2. Stufe entscheidet der BR, ob er die vorläufige Besetzung hinnehmen will, II 1 und 2. Lehnt der BR die Dringlichkeit »unverzüglich« ab, fällt die Handlungslast auf den AG zurück: Er muss sowohl den Zustimmungsersetzungsantrag des § 99 IV als auch die Feststellung der Dringlichkeit beantragen. Das geschieht im normalen Beschlussverfahren, nicht 1

§ 100 BetrVG   Vorläufige personelle Maßnahmen

im vorläufigen Rechtsschutz. Der BR muss abwarten und hat bis zur rkr Entsch im Beschlussverfahren seinerseits keinen Unterlassungsanspruch, der im Wege vorläufigen Rechtsschutzes durchzusetzen wäre.

2   Die Regelung ist eher unpraktisch: Erteilt der BR nachträglich die Zustimmung oder ersetzt das ArbG diese, ist die Einstellung oder Versetzung endgültig wirksam. Das Feststellungsverfahren über die Dringlichkeit hat sich erledigt und ist einzustellen, § 83a II 1 ArbGG (BAG 26.10.2004, 1 ABR 45/03, EzA § 99 BetrVG 2001 Nr 5). Nur wenn das ArbG die Feststellung der bes Dringlichkeit vorab durch Teilbeschluss ablehnt, erfährt die Zwischenphase eine eigenständige Regelung. Das kann geschehen, wenn für die Entsch über das Zustimmungsrecht eine Sachverhaltsaufklärung erforderlich ist, wohingegen die fehlende Dringlichkeit offensichtlich ist. Ansonsten schadet dem AG nur, wenn er die Verfahrensförmlichkeiten nicht einhält.

3   **Dringlich** ist der vorläufige Vollzug, wenn ohne die sofortige Einstellung oder Versetzung der Betriebsablauf erheblich gestört wird (BAG 6.10.1978, 1 ABR 51/77, EzA § 99 BetrVG 1972 Nr 24), insb wenn ein unvorhersehbarer Personalbedarf gedeckt werden muss. Dringlich kann auch die Gewinnung von qualifizierten Schlüsselkräften sein, die bei zögerlicher Behandlung anderswo anheuern (LAG Berl 27.9.1982, 9 TaBV 3/82, BB 1983, 574 ff). Erwartbarer Personalbedarf begründet idR keine Dringlichkeit, weil die Eile vom AG durch frühes Handeln hätte vermieden werden können. **Vorläufige Versetzungen** können gleichfalls einen kurzfristigen dringenden Arbeitsbedarf decken; hinzu kommen Fälle, in denen ein AN wegen einer schweren Pflichtverletzung oder eines entspr Verdachts oder wegen schwerer Konflikte zu Arbeitskollegen von seinem bisherigen Arbeitsplatz oder den Kollegen getrennt werden muss, sei es ein Korruptionsfall, seien es die Vorkommnisse des § 104. Dadurch wird der Betriebsablauf gesichert. Auf **soziale Gesichtspunkte** muss der AG keine Rücksicht nehmen (BAG 7.11.1977, 1 ABR 55/75, EzA § 100 BetrVG 1972 Nr 1).

4   I 2 erlegt dem AG die Information des AN auf. Dabei handelt es sich um eine individualvertragliche Pflicht. Der AN ist insb auf die Vorläufigkeit der Maßnahme und auf die Möglichkeit ihrer Rücknahme hinzuweisen. Arbeitsvertrag (bei Einstellung) oder Änderungsvertrag (bei Versetzung) sollten tunlichst unter die auflösende Bedingung einer negativen arbeitsgerichtlichen Entsch abgeschlossen werden (*Löwisch/Kaiser* § 100 Rn 4; ErfK/*Kania* § 100 Rn 2). Der Verstoß gegen die Unterrichtungspflicht hat keine betriebsverfassungsrechtlichen Folgen, kann aber Schadensersatzansprüche des AN aus § 280 BGB begründen.

5   Formal entscheidend ist die **Unterrichtung des BR nach II 1** – unverzüglich, also ohne schuldhaftes Zögern iSd § 121 BGB. Sie ist **Wirksamkeitsvoraussetzung** für den vorläufigen Vollzug. Das Gesetz schreibt keine Form vor, aus Beweisgründen sollte die Unterrichtung schriftlich erfolgen. Die Unterrichtung kann unmittelbar vor, in Notfällen auch nach der vorläufigen Einstellung oder Versetzung erfolgen (BAG 7.11.1977, 1 ABR 55/75, EzA § 100 BetrVG 1972 Nr 1). Dem BR sind die **Dringlichkeitsgründe konkret mitzuteilen**; sonst kann der BR nicht nach II 2 entscheiden. Die Begründung kann nicht nachgeholt werden (LAG Berl-Bbg 5.9.2013, 21 TaBV 843/13, juris). Ist der AG zu langsam oder ignoriert er die Informationsobliegenheit, kann der BR die Aufhebung der Einstellung oder Versetzung nach § 101 erzwingen.

6   Die nächste Verfahrensstufe wird durch das gleichfalls **unverzügliche Bestreiten der Dringlichkeit durch den BR** ausgelöst: Ist der BR endgültig einverstanden, ist die Zustimmung nach § 99 also erteilt, stellt sich keine Frage mehr. Ist der BR mit dem vorläufigen Vollzug, nicht aber mit der endgültigen Besetzung einverstanden, kann der AG nur das Zustimmungsersetzungsverfahren nach § 99 IV einleiten, nicht aber den Dringlichkeitsfeststellungsantrag stellen (*Löwisch/Kaiser* § 100 Rn 6; aA ErfK/*Kania* § 100 Rn 4: BR müsse darauf bestehen). Die Frist des II 3 gilt hierfür nicht (LAG Hessen 25.06.2013, 4 TaBV 285/12, juris). Nur wenn der BR die Dringlichkeit der Maßnahme bestreitet – und zwar unverzüglich – löst er damit die Last des AG aus, den Dringlichkeitsfeststellungsantrag zu stellen (*Hoppe/Marcus*, ArbR 2011, 365, 368 f).

7   Sodann kann der AG entscheiden, ob er vom Vollzug der Maßnahme vorläufig oder endgültig Abstand nimmt. Hält er an der vorläufigen Einstellung oder Versetzung fest, muss er den Doppelantrag auf Zustimmungsersetzung und Dringlichkeitsfeststellung stellen, **innerhalb von 3 Tagen** ab Zugang der Bestreitenserklärung des BR. Ein isolierter Feststellungsantrag ist unzulässig, auch darf über den Feststellungsantrag nach Rechtskraft der Entscheidung im Zustimmungsersetzungsverfahren nicht mehr entschieden werden (BAG 16.1.2007, 1 ABR 16/06, EzA § 99 BetrVG 2001 Versetzung Nr 3). Versäumt der AG diese Frist, kann der BR die Aufhebung der Maßnahme durchsetzen. Sie ist Ausschlussfrist, eine Wiedereinsetzung nach schuldloser Säumnis scheidet aus (HWK/*Ricken* § 100 Rn 10).

8   Das ArbG entscheidet im Beschlussverfahren, der AN ist nicht beteiligt. III 1 beschränkt den Prüfungsmaßstab dahin, dass die fehlende Dringlichkeit offensichtlich ist; ansonsten setzt sich die Einschätzung des AG durch. Praktisch wird das nur, wenn der AG grob verkannt hat, dass für die vorläufige Einstellung oder Versetzung kein betrieblicher Bedarf bestand (BAG 7.11.1977, 1 ABR 55/75, EzA § 100 BetrVG 1972 Nr 1). In diesem Fall endet die vorläufige personelle Maßnahme mit Ablauf von 2 Wochen nach Rechtskraft der Entscheidung. Die Maßnahme darf gem III 3 nicht aufrechterhalten werden. Der BR muss das nach § 101 durchsetzen.

§ 101 Zwangsgeld

¹Führt der Arbeitgeber eine personelle Maßnahme im Sinne des § 99 Abs. 1 Satz 1 ohne Zustimmung des Betriebsrats durch oder hält er eine vorläufige personelle Maßnahme entgegen § 100 Abs. 2 Satz 3 oder Abs. 3 aufrecht, so kann der Betriebsrat beim Arbeitsgericht beantragen, dem Arbeitgeber aufzugeben, die personelle Maßnahme aufzuheben. ²Hebt der Arbeitgeber entgegen einer rechtskräftigen gerichtlichen Entscheidung die personelle Maßnahme nicht auf, so ist auf Antrag des Betriebsrats vom Arbeitsgericht zu erkennen, dass der Arbeitgeber zur Aufhebung der Maßnahme durch Zwangsgeld anzuhalten sei. ³Das Höchstmaß des Zwangsgeldes beträgt für jeden Tag der Zuwiderhandlung 250 Euro.

§ 101 findet auf sämtliche personellen Maßnahmen, also Einstellung, Versetzung und Ein–/Umgruppierung, Anwendung. Mit Blick auf die Rechtsfolge der »Aufhebung« zielt S 1 vor allem auf **Einstellung und Versetzung**. Hier wird vor allem jeder Fehler des vorläufigen Vollzugsverfahrens nach § 100 sanktioniert: 1
– Die Zustimmung des BR nach § 99 fehlt, weil der AG nicht (vollständig) informiert hat. Dann kann der AG auch nicht vorläufig nach § 100 vollziehen.
– Der BR hat die Zustimmung rechtzeitig verweigert, der AG hat aber entweder die unverzügliche Dringlichkeitsmitteilung an den BR nach § 100 II 1 unterlassen oder auf das Bestreiten des BR nicht rechtzeitig den Doppelantrag des § 100 II 3 beim ArbG gestellt.
– Das ArbG hat rkr die Zustimmungsersetzung abgelehnt oder aber die offensichtlich fehlende Dringlichkeit vorab erkannt und die 2-Wochen-Frist des § 100 III 1 ist abgelaufen.

Der AG kann hier nicht einwenden, dass dem BR ein Zustimmungsverweigerungsgrund fehle. Darauf kommt es nach § 100 nicht an. § 101 flankiert gerade das Zustimmungsrecht des BR nach §§ 99, 100 (BAG 21.11.1978, 1 ABR 91/76, EzA § 101 BetrVG 1972 Nr 3). Der AG kann aber geltend machen, die personelle Maßnahme bedürfe der Zustimmung des BR nicht oder die Zustimmungsverweigerung sei unwirksam (§ 99 Rdn 69). Der Antrag des BR wird unbegründet, wenn die Maßnahme durch Zeitablauf endet (BAG 14.5.2013, 1 ABR 10/12, NJOZ 2013, 1891).

§ 101 enthält zugleich die Absage an einen allg Unterlassungsanspruch des BR, der nicht verlangen kann, 2 der AG möge es unterlassen, eine bestimmte personelle Einzelmaßnahme ohne Zustimmung des BR vorzunehmen (BAG 23.6.2009, 1 ABR 23/08, EzA-SD 2009, Nr 24, 8–9). Ebenso wenig kann der BR die Feststellung beantragen, dass der AG müsse vor jeder Durchführung einer konkreten personellen Einzelmaßnahme die Zustimmung des BR einholen (*Löwisch/Kaiser* § 101 Rn 7) oder habe es bei einer endgültig durchgeführten Maßnahme mitbestimmungswidrig unterlassen, den BR zu beteiligen (BAG 15.4.2008, 1 ABR 14/07, NZA 2008, 1020). Auch vorläufiger Rechtsschutz ist ausgeschlossen, weil der AG erst nach Rechtskraft aufhebungspflichtig ist.

Schwierig gerät die Anwendung des § 101 auf **Ein-/Umgruppierungen**. Das sind Akte der Rechtsanwendung, der AG kann die Eingruppierung als solche nicht aufheben, noch vom ArbG dazu angehalten werden. 3 Der AN hat trotz fehlerhafter Eingruppierung einen durchsetzbaren Rechtsanspruch auf richtige Vergütung seiner Tätigkeit. Der BR kann nach § 101 deshalb nur verlangen, dass dem AG aufgegeben wird, nachträglich die zunächst unterbliebene Zustimmung des BR einzuholen oder, für den Fall das die Zustimmung verweigert wird, das Zustimmungsersetzungsverfahren nach § 99 IV einzuleiten (BAG 14.4.2010, 7 ABR 91/08, DB 2010, 1536 f; 4.5.2011, 7 ABR 10/10, NZA 2011, 1239; *Löwisch/Kaiser* § 101 Rn 3). Voraussetzung hierfür ist eine betriebsverfassungsrechtliche Pflicht des Arbeitgebers zur Ein- oder Umgruppierung (BAG 11.9.2013, 7 ABR 29/12, NZA 2014, 388). Anders ist es nur bei **Rückgruppierungen**, denen eine Veränderung der Arbeitstätigkeit vorausgeht, die der AG aufheben kann. Das Aufhebungsverfahren nach § 101 betrifft nur gegenwärtige und zukünftige Maßnahmen. Der Antrag ist unbegründet, wenn sich die Maßnahme auf einen in der Vergangenheit liegenden abgeschlossenen Zeitraum bezieht (BAG 11.9.2013, 7 ABR 29/12, NZA 2014, 388).

Entspricht das ArbG dem Aufhebungsantrag des BR, so wird der AG hierdurch verpflichtet, die Beschäftigung des AN generell (Einstellung) oder zu veränderten Bedingungen (Versetzung) zu unterlassen (*Löwisch/Kaiser* § 101 Rn 2). Wie der AG den betriebsverfassungswidrigen Zustand beseitigt, ist ihm zu überlassen. Der Aufhebungsbeschluss wirkt nur für die Zukunft (BAG 26.4.1990, 1 ABR 79/89, EzA § 83a ArbGG 1979 Nr 1). Das ArbG entscheidet im Beschlussverfahren; beteiligt sind nur AG und BR (BAG 22.3.1983, 1 ABR 49/81, EzA § 101 BetrVG 1972 Nr 5). Während des Verfahrens nach § 101 hat der AN gegen den AG weder einen Anspruch auf Beschäftigung noch einen Anspruch auf Beschäftigung zu veränderten Bedingungen (BAG 5.4.2001, 2 AZR 580/99, AP BetrVG 1972 § 99 Einstellung Nr 32). 4

Vollstreckt wird der rkr Unterlassungsbefehl nach S 2 durch ein gesondertes Zwangsgeldverfahren. Der 5 Antrag des BR iSv S 2 muss bestimmt sein; die Festsetzung von Zwangsgeldern »für jeden Fall und Tag der Zuwiderhandlung« ist vollstreckungsrechtlich unzulässig (LAG Hess 25.6.2007, 4 TaBV 92/07, AuR 2008, 78 [LS]). Entspr § 100 III 1 soll der AG (noch) eine Frist von 2 Wochen ab Rechtskraft des Aufhebungsbeschlusses haben (ErfK/*Kania* § 101 Rn 5). Die Zwangsgeldanordnung ergeht ohne mündliche Verhandlung und ohne Sachprüfung durch den Kammervorsitzenden. Auf ein Verschulden des AG kommt es nicht an (ErfK/*Kania* § 101 Rn 6). Nach S 3 ist die Höhe des Zwangsgeldes auf höchstens 250 € Euro für jeden Tag der Zuwiderhandlung begrenzt. Innerhalb dieses Rahmens entscheidet das Gericht nach freiem Ermessen. Beugt sich der AG und hebt die personelle Maßnahme auf, bevor das Zwangsgeld zu entrichten ist, muss er es nicht mehr entrichten. Insofern ist der Vollstreckungszweck erreicht (*Löwisch/Kaiser* § 101 Rn 6).

§ 102 Mitbestimmung bei Kündigungen

(1) ¹Der Betriebsrat ist vor jeder Kündigung zu hören. ²Der Arbeitgeber hat ihm die Gründe für die Kündigung mitzuteilen. ³Eine ohne Anhörung des Betriebsrats ausgesprochene Kündigung ist unwirksam.
(2) ¹Hat der Betriebsrat gegen eine ordentliche Kündigung Bedenken, so hat er diese unter Angabe der Gründe dem Arbeitgeber spätestens innerhalb einer Woche schriftlich mitzuteilen. ²Äußert er sich innerhalb dieser Frist nicht, gilt seine Zustimmung zur Kündigung als erteilt. ³Hat der Betriebsrat gegen eine außerordentliche Kündigung Bedenken, so hat er diese unter Angabe der Gründe dem Arbeitgeber unverzüglich, spätestens jedoch innerhalb von drei Tagen, schriftlich mitzuteilen. ⁴Der Betriebsrat soll, soweit dies erforderlich erscheint, vor seiner Stellungnahme den betroffenen Arbeitnehmer hören. ⁵§ 99 Abs. 1 Satz 3 gilt entsprechend.
(3) Der Betriebsrat kann innerhalb der Frist des Absatzes 2 Satz 1 der ordentlichen Kündigung widersprechen, wenn
1. der Arbeitgeber bei der Auswahl des zu kündigenden Arbeitnehmers soziale Gesichtspunkte nicht oder nicht ausreichend berücksichtigt hat,
2. die Kündigung gegen eine Richtlinie nach § 95 verstößt,
3. der zu kündigende Arbeitnehmer an einem anderen Arbeitsplatz im selben Betrieb oder in einem anderen Betrieb des Unternehmens weiterbeschäftigt werden kann,
4. die Weiterbeschäftigung des Arbeitnehmers nach zumutbaren Umschulungs- oder Fortbildungsmaßnahmen möglich ist oder
5. eine Weiterbeschäftigung des Arbeitnehmers unter geänderten Vertragsbedingungen möglich ist und der Arbeitnehmer sein Einverständnis hiermit erklärt hat.
(4) Kündigt der Arbeitgeber, obwohl der Betriebsrat nach Absatz 3 der Kündigung widersprochen hat, so hat er dem Arbeitnehmer mit der Kündigung eine Abschrift der Stellungnahme des Betriebsrats zuzuleiten.
(5) ¹Hat der Betriebsrat einer ordentlichen Kündigung frist- und ordnungsgemäß widersprochen, und hat der Arbeitnehmer nach dem Kündigungsschutzgesetz Klage auf Feststellung erhoben, dass das Arbeitsverhältnis durch die Kündigung nicht aufgelöst ist, so muss der Arbeitgeber auf Verlangen des Arbeitnehmers diesen nach Ablauf der Kündigungsfrist bis zum rechtskräftigen Abschluss des Rechtsstreits bei unveränderten Arbeitsbedingungen weiterbeschäftigen. ²Auf Antrag des Arbeitgebers kann das Gericht ihn durch einstweilige Verfügung von der Verpflichtung zur Weiterbeschäftigung nach Satz 1 entbinden, wenn
1. die Klage des Arbeitnehmers keine hinreichende Aussicht auf Erfolg bietet oder mutwillig erscheint oder
2. die Weiterbeschäftigung des Arbeitnehmers zu einer unzumutbaren wirtschaftlichen Belastung des Arbeitgebers führen würde oder
3. der Widerspruch des Betriebsrats offensichtlich unbegründet war.
(6) Arbeitgeber und Betriebsrat können vereinbaren, dass Kündigungen der Zustimmung des Betriebsrats bedürfen und dass bei Meinungsverschiedenheiten über die Berechtigung der Nichterteilung der Zustimmung die Einigungsstelle entscheidet.
(7) Die Vorschriften über die Beteiligung des Betriebsrats nach dem Kündigungsschutzgesetz bleiben unberührt.

Übersicht	Rdn.		Rdn.
A. Normzweck	1	I. Inhalt und Umfang der Unterrichtung	8
B. Geltungsbereich	2	II. Adressat, Zeitpunkt, Form	14
I. Bestehen eines BR	2	III. Rspr	17
II. Kdg eines AN	3	IV. Zustimmung	22
C. Anhörungsverfahren	8	V. Bedenken	24

VI.	Widerspruch	25	I. Voraussetzungen 37
	1. Widerspruchsverfahren	26	II. Inhalt 42
	2. Widerspruchsgründe.............	29	III. Beendigung der Weiterbeschäftigung 44
VII.	Rechtswirkungen der Anhörung	34	E. Vereinbarte Zustimmungspflicht 49
D.	Anspruch auf Weiterbeschäftigung	37	

A. Normzweck. § 102 stärkt den Individualschutz des gekündigten AN und wahrt kollektive Interessen. Der BR kann auf den Willensbildungsprozess des AG vor Ausspruch der Kdg einwirken (BAG 3.4.2008, 2 AZR 965/06, NZA 2008, 807). Zu diesem Zweck muss der AG dem BR vor jeder Kdg Gelegenheit zu einer fundierten Stellungnahme geben (BAG 1.4.1981, 7 AZR 103/78, EzA § 102 BetrVG 1972 Nr 45). 1

B. Geltungsbereich. I. Bestehen eines BR. Erst mit der Konstituierung des BR entstehen dessen Rechte aus § 102 (BAG 23.8.1984, 6 AZR 520/82, EzA § 102 BetrVG 1972 Nr 59). Im BR-losen Betrieb ist auch nicht der GBR nach § 50 I zuständig, weil es sich um eine originäre Zuständigkeit des örtlichen BR handelt. Der kündigungswillige AG muss die Wahl des BR nicht abwarten. Ist der BR für die Dauer der Äußerungsfristen des § 102 II beschlussunfähig, etwa weil mehr als die Hälfte der BR-Mitglieder an der Amtsausübung verhindert ist und auch eine Vertretung durch Ersatzmitglieder scheitert, so ist der Rest-BR in entspr Anwendung des § 22 am Anhörungsverfahren zu beteiligen (BAG 18.8.1982, 7 AZR 437/80, EzA § 102 BetrVG 1972 Nr 48). Sind sämtliche BR-Mitglieder und deren Ersatzmitglieder, zB durch eine längere Fortbildung, einen längeren Urlaub oder durch Krankheit, verhindert, kann der AG auf das Anhörungsverfahren verzichten (ErfK/*Kania* § 102 Rn 2). Dagegen lässt sich kein Rechtsmissbrauch einwenden, weil es Sache des BR ist, seine Arbeitsfähigkeit zu organisieren. Arbeitsunfähigkeit des einzigen BR-Mitglieds bedeutet nicht automatisch Amtsunfähigkeit (BAG 15.11.1984, 2 AZR 341/83, EzA § 102 BetrVG 1972 Nr 58). In den Fällen des Betriebsuntergangs durch Stilllegung, Spaltung oder Zusammenlegung ist der BR im Restmandat des § 21b bis zur Kdg des letzten AN anzuhören (dazu BAG 24.5.2012, 2 AZR 62/11, NZA 2013, 277). Ist der AN mit seinem ganzen Betrieb auf einen Erwerber übergegangen, springt er mit seinem **Widerspruch nach § 613a VI BGB** ins betriebsverfassungsrechtliche Nichts; denn der BR ist für den Betrieb des Erwerbers zuständig (BAG 21.3.1996, 2 AZR 559/95, EzA § 102 BetrVG 1972 Nr 91; LAG Köln 17.8.2012, 10 Sa 1347/11, juris: kein Restmandat analog § 21b). Beim Teilbetriebsübergang hingegen schützt das Übergangsmandat des § 21a. Anzuhören ist der BR des Betriebs, dem der AN im Zeitpunkt der Kündigung angehört; eine Zuständigkeit des Gesamt-BR scheidet bei personellen Einzelmaßnahmen grundsätzlich aus (BAG 16.12.2010, 2 AZR 576/09, EzA § 2 KSchG Nr 81; 24.5.2012, 2 AZR 62/11, NZA 2013, 277). 2

II. Kdg eines AN. Jede Kdg eines AN (der nicht Leitender Angestellter ist), die ordentliche wie die außerordentliche, die Beendigungs- wie die Änderungskdg, verpflichtet den AG zur Anhörung (*Löwisch/Kaiser* § 102 Rn 4). Auf die Anwendbarkeit des KSchG kommt es nicht an (AN in Kleinunternehmen und in der Probezeit; BAG 22.9.2005, 6 AZR 607/04, EzA § 1 KSchG Nr 58; LAG Hess 24.4.2012, 12 Sa 330/11, JurionRS 2012, 27390), ebenso wenig auf die Anwendbarkeit des Arbeitsvertragsrechts (BAG 13.7.1988, 2 AZR 717/76, EzA § 102 BetrVG 1972 Nr 35; 28.9.1978, 2 AZR 2/77, EzA § 102 BetrVG 1972 Nr 39; 8.9.1988, 2 AZR 103/88, EzA § 102 BetrVG 1972 Nr 73). Entscheidend ist allein die Betriebszugehörigkeit des AN (LAG MV 11.4.2012, 3 Sa 71/11, JurionRS 2012, 20752). 3

Ausgelöst wird die Anhörungspflicht durch den **Kdg-Entschluss des AG**. Spricht der AG eine vorsorgliche **Wiederholungskdg** aus, etwa weil er einen Verfahrensmangel annimmt, so ist der BR erneut anzuhören (BAG 31.1.1996, 2 AZR 273/95, EzA § 102 BetrVG 1972 Nr 90; 3.4.2008, 2 AZR 965/06, EzA § 102 BetrVG 2001 Nr 21). Fehlt es dagegen nur am Zugang der Kdg beim AN, muss der BR für den zweiten Zustellungsversuch in Vollzug desselben Kdg-Entschlusses nicht erneut beteiligt werden (BAG 11.10.1989, 2 AZR 88/89, EzA § 102 BetrVG 1972 Nr 78); anders dagegen, wenn ausnahmsweise ein neuer Kdg-Entschluss zugrunde liegt (BAG 31.1.1996, 2 AZR 273/95, aaO). 4

Endet das Arbeitsverhältnis anders als durch Kdg des AG, etwa durch **Aufhebungsvertrag** oder durch Zeitablauf, gibt es kein Beteiligungsrecht (BAG 28.10.1986, 1 ABR 16/85, EzA § 118 BetrVG 1972 Nr 38). Auch die **Anfechtung** des Arbeitsvertrages durch den AG ist nicht beteiligungspflichtig, weil sie nicht das Arbeitsverhältnis beendet, sondern einen Mangel in seiner Begründung geltend macht (BAG 11.11.1993, 1 ABR 16/85, EzA § 118 BetrVG 1972 Nr 38). Das gilt auch für die Lossagung vom fehlerhaften Arbeitsverhältnis auf Basis eines nichtigen Arbeitsvertrags. Kombiniert der AG Kdg und Abwicklungsvertrag, ist der BR für die Kdg anzuhören, weil diese das Arbeitsverhältnis beendet (BAG 28.6.2005, 1 ABR 25/04, EzA § 102 BetrVG 2001 Nr 14). 5

§ 102 BetrVG Mitbestimmung bei Kündigungen

6 Der Betroffene muss AN gem § 5 I sein; der BR muss für ihn wegen dessen Betriebszugehörigkeit zuständig sein. Die Kdg von **Berufsausbildungsverhältnissen** (BAG 12.5.2005, 2 AZR 149/04, EzA § 102 BetrVG 2001 Nr 13), von **Außendienstmitarbeitern** und Telearbeitsverhältnissen fällt unter I (HWK/*Ricken* § 102 Rn 7). Die Kdg von in Heimarbeit beschäftigten Personen, die überwiegend nur für den Betrieb arbeiten, bedarf ebenfalls der Beteiligung des BR nach § 102 (ErfK/*Kania* § 102 Rn 1a). Der Tendenzcharakter eines Unternehmens und die Tatsache, dass einem **Tendenzträger** gekündigt werden soll, steht der Anhörung des BR nicht entgegen (§ 118 Rdn 16).

7 Die Kdg von Arbeitsverhältnissen im Arbeitskampf ist anhörungspflichtig gem § 102, soweit einem AN nicht aus arbeitskampfbedingten Gründen gekündigt werden soll (BAG 22.12.1980, 1 ABR 2/79, EzA § 615 BGB Betriebsrisiko Nr 7; 6.3.1979, 1 AZR 866/77, EzA § 102 BetrVG 1972 Nr 40). Verlangt der BR die Kdg eines AN nach § 104 und kommt der AG dem nach, so bedarf es keiner Anhörung gem § 102 (§ 104 Rdn 6).

8 **C. Anhörungsverfahren. I. Inhalt und Umfang der Unterrichtung.** Der BR ist über die Person des AN zu informieren (BAG 16.9.1993, 2 AZR 267/93, EzA § 102 BetrVG 1972 Nr 84), ebenso über die Art der Kdg (ordentlich oder außerordentlich, ggf fristlos oder mit Auslauffrist, Beendigungs- oder Änderungskdg; BAG 12.8.1976, 2 AZR 311/75, EzA § 102 BetrVG 1972 Nr 25; 29.8.1991, 2 AZR 59/91, EzA § 102 BetrVG 1972 Nr 82). Bei einer ordentlichen Kdg ist darüber zu informieren, welche Tätigkeit der AN ausgeübt hat. Nur so kann der BR die Widerspruchsgründe gem § 102 III Nr 3, V prüfen (ErfK/*Kania* § 102 Rn 5). Im Falle der außerordentlichen Kündigung muss der AG auch die Tatsachen zu § 626 II 1, 2 BGB mitteilen (LAG Köln 22.3.2012, 7 Sa 1022/11, juris). § 102 verpflichtet nicht dazu, erteilte oder beabsichtigte Abmahnungen mitzuteilen (BAG 17.9.2013, 1 ABR 26/12, NZA 2014, 269). Für **Wartezeit**kündigungen ist zu differenzieren zwischen Kündigungen, die auf substantiierbaren Tatsachen beruhen und solchen, die auf personenbezogenen Werturteilen beruhen. Für letztere reicht die bloße Mitteilung des Werturteils aus. Die Anhörung darf einen Kündigungsschutz, der erst nach Ablauf der Wartezeit eintritt, nicht vorverlagern (BAG 12.9.2013, 6 AZR 121/12, NZA 2013, 1412).

9 Hat der AG, in der irrigen Annahme einem **leitenden Angestellten** zu kündigen, von der Beteiligung des BR abgesehen und ihn nach Maßgabe des § 105 informiert, so kann jene Mitteilung nicht in eine wirksame Anhörung nach § 102 umgedeutet werden (BAG 7.12.1979, 7 AZR 1063/77, EzA § 102 BetrVG 1972 Nr 42). Hört der AG den BR nur zu einer ordentlichen Kdg an, so kann er dem betroffenen AN später nicht außerordentlich kündigen (BAG 12.8.1976, 2 AZR 311/75, EzA § 102 BetrVG 1972 Nr 25). Gleiches gilt, wenn der AG den BR nur zu einer außerordentlichen Kdg anhört und dann eine ordentliche Kdg ausspricht. Ob sich die außerordentliche Kdg materiell-rechtlich in eine ordentliche Kdg umdeuten lässt, ist unerheblich (BAG 16.3.1978, 2 AZR 424/76, EzA § 102 BetrVG 1972 Nr 32). Eine Ausnahme lässt das BAG für den Fall zu, dass der BR der außerordentlichen Kdg zugestimmt hat (BAG 20.9.1984, 2 AZR 633/82, EzA § 626 BGB nF Nr 91). Dementspr empfiehlt sich für den AG auch die Anhörung zur hilfsweisen ordentlichen Kdg. Hat der AG den BR zu einer Tatkündigung angehört, kann er im Kündigungsschutzprozess nicht geltend machen, dass die Kündigung als Verdachtskündigung gerechtfertigt sei (BAG 3.4.1986, 2 AZR 324/85; EzA § 102 BetrVG 1972 Nr 63; LAG Hess 18.4.2012, 18 Sa 1474/11, JurionRS 2012, 21595).

10 Aus § 102 I 2 folgt, dass der AG dem BR die **Kdg-Gründe** mitzuteilen hat. Der AG ist nicht gezwungen, alle objektiv kündigungsrechtlichen Tatsachen anzugeben, sondern kann sich darauf beschränken, dem BR die für ihn maßgeblichen Gründe (**subjektive Determinierung**) mitzuteilen (BAG 18.5.1994, 2 AZR 920/93, EzA § 102 BetrVG 1972 Nr 85; 24.2.2000, 8 AZR 167/99, EzA § 102 BetrVG 1972 Nr 104; 22.4.2010, 2 AZR 991/08, NZA-RR 2010, 583). Für den AG bedeutet das die Gefahr, dass er mit dem Nachtrag von Kdg-Gründen und -tatsachen im Kdg-Schutzprozess ausgeschlossen wird; materiell-rechtlich ist das zwar zulässig, doch fehlt insoweit die Anhörung (noch Rdn 36). Teilt der AG dem BR detailliert den Inhalt vorhergehender Abmahnungen mit, beschränkt er sich aber für den eigentlichen Kündigungsgrund nach Zugang der letzten Abmahnung auf pauschale Beschreibungen, ist die Unterrichtung unzureichend (LAG Rheinland-Pfalz 17.8.2012, 9 Sa 85/12, juris).

11 Die für den AG maßgeblichen Kdg-Gründe hat er dem BR **vollständig** mitzuteilen – und zwar so detailliert, dass der BR ohne zusätzliche eigene Nachforschungen in der Lage ist, sich ein genaues Bild über deren Stichhaltigkeit zu machen (BAG 17.2.2000, 2 AZR 913/98, EzA § 102 BetrVG 1972 Nr 103; 21.6.2001, 2 AZR 30/00, EzA § 626 BGB Unkündbarkeit Nr 7). Der AG hat sich insb über die ihm bekannten Grundlagen für ein Widerspruchsrecht nach § 102 III zu äußern. Der AG muss auch über die ihm bekannten, den AN entlastenden Tatsachen informieren (BAG 3.11.2011, 2 AZR 748/10, NZA 2012, 607). Die BR-Anhörung zielt nicht auf eine umfassende Rechtsprüfung, sondern beschränkt sich darauf, im Vorfeld der Kdg

eine Einflussnahme auf die Willensbildung des AG zu ermöglichen. Der BR ist kein Gericht. Deswegen dürfen an die Mitteilungspflicht des AG nicht die gleichen hohen Anforderungen gestellt werden, wie an die Darlegungslast im Kdg-Schutzprozess (BAG 27.2.1997, 2 AZR 37/96, BuW 1997, 360). Seiner Unterrichtungspflicht genügt der AG auch, wenn er dem BR bestimmte Umstände erst auf dessen Nachfrage hin mitteilt (BAG 6.2.1997, 2 AZR 265/96, EzA § 102 BetrVG 1972 Nr 96). Allerdings beginnt dann der Lauf der Anhörungsfrist neu. Lässt der AG dem BR ergänzende Informationen im Rahmen einer bereits in Gang gesetzten Anhörung, die über das Notwendige einer ordnungsgemäßen Information hinausgehen zukommen, beginnt die Frist nicht erneut (BAG 23.10.2014, 2 AZR 736/13, NZA 2015, 476). Greift der AG auf ein pauschales Werturteil (»Leistungsdefizit«) zurück, genügt das nur im Ausnahmefall – wenn es dem AG ansonsten unmöglich ist, seine Motivation mit konkreten Tatsachen zu belegen (BAG 18.5.1994, 2 AZR 920/93, EzA § 102 BetrVG 1972 Nr 85; 3.12.1998, 2 AZR 234/98, EzA § 102 BetrVG 1972 Nr 100). Wird ein AN nach Widerspruch gem § 613a VI BGB gekündigt, muss der BR nicht über gesellschaftsrechtliche und wirtschaftliche Hintergründe des Betriebsübergangs unterrichtet werden (BAG 12.7.2007, 2 AZR 493/05, nv). Vor Ablauf der Wartezeit des § 1 KSchG kann der AG einem AN grundlos kündigen und sich ggü dem BR auf die Mitteilung beschränken, der AN »genügt nach unserer allg, subjektiven Einschätzung unseren Anforderungen nicht« (LAG Berlin 22.1.1998, 16 Sa 136/97, LAGE § 102 BetrVG 1972 Nr 68); Sozialdaten (Lebensalter) sind dann nur anzugeben, wenn hiervon ausnahmsweise die Länge der Kdg-Frist abhängt (BAG 23.4.2009, 6 AZR 516/08, EzA § 102 BetrVG 2001 Nr 25 zur Anhörung des Personalrats). Der AG darf nicht vollständig auf die Angabe seines Beweggrundes verzichten (LAG Schl-Holst 3.11.2004, 3 Sa 159/04, NZA-RR 2005, 310 f).

Der AG hat über die **einzuhaltende Kdg-Frist** zu informieren. Nur so kann der BR beurteilen, ob die Kdg-Gründe im Entlassungszeitpunkt tatsächlich bestehen (BAG 15.12.1994, 2 AZR 327/94, EzA § 1 KSchG Betriebsbedingte Kündigung Nr 75). Kennt der BR die Umstände für die Berechnung der Kdg-Frist, kann der AG auf deren Mitteilung verzichten (BAG 24.10.1996, 2 AZR 895/95, EzA § 17 KSchG Nr 6). Ist für die Kündigungserklärung die Zustimmung oder Zulässigerklärung einer anderen Stelle einzuholen, reicht es, wenn der BR darauf hingewiesen wird. Der BR ist auch bei jahrelanger Verfahrensdauer nicht erneut zu beteiligen (BAG 25.4.2013, 6 AZR 49/12, NZI 2013, 758). 12

Eine gesonderte Unterrichtung ist entbehrlich, wenn der AG den BR vor dem Anhörungsverfahren, zB wegen einer geplanten Betriebsänderung, umfassend über die Kdg-Gründe informiert hat. Der AG kann sich im Anhörungsverfahren darauf beschränken, auf die bereits mitgeteilten Gründe zu verweisen (BAG 19.5.1993, 2 AZR 584/92, EzA § 1 KSchG Betriebsbedingte Kündigung Nr 73; 27.6.1985, 2 AZR 412/84, EzA § 102 BetrVG 1972 Nr 60; 23.10.2009, 2 AZR 163/07, EzA § 1 KSchG Interessenausgleich Nr 16). Nichts anderes gilt, wenn der BR die für den konkreten Kdg-Fall maßgeblichen Gründe bereits kennt (BAG 24.11.1983, 2 AZR 347/82, EzA § 102 BetrVG 1972 Nr 54; 27.2.1997, 2 AZR 302/96, EzA § 1 KSchG Verhaltensbedingte Kündigung Nr 51) – für die Wissenszurechnung gilt § 26 II 2, grundsätzlich (aber Rdn 14) kommt es auf den Kenntnisstand des BR-Vorsitzenden an (BAG 23.10.2009, 2 AZR 163/07, aaO). Eine bewusst unrichtige oder irreführende Unterrichtung des BR macht die Anhörung ebenso unwirksam, als hätte er diese insgesamt unterlassen (BAG 22.9.1994, 2 AZR 31/94, EzA § 102 BetrVG 1972 Nr 86; 9.6.2011, 2 AZR 323/10, NZA 2011, 1342). Der AG trägt die Beweislast dafür, dass er den BR nicht bewusst in die Irre geführt hat (BAG 22.9.1994, 2 AZR 31/94, aaO). Weicht der AG jedoch in seiner Darstellung nur in Nebenpunkten vom realen Geschehen ab, ist das unschädlich (LAG Schl-Holst 24.7.2001, 1 Sa 78 e/01, EzA-SD 2001, Nr 18, 6). 13

II. Adressat, Zeitpunkt, Form. Der AG hat den BR vor Ausspruch der Kdg über die geplante Kdg zu unterrichten. Eine Kdg gilt als »ausgesprochen«, wenn das Kdg-Schreiben den Machtbereich des Empfängers verlassen hat (BAG 13.11.1975, 2 AZR 610/74, EzA § 102 BetrVG 1972 Nr 20). Grds hat die Unterrichtung zu Händen des BR-Vorsitzenden, bei dessen Verhinderung zu Händen des Stellvertreters zu erfolgen (§ 26 II 2). Ausnahmsweise genügt auch die Information eines anderen BR-Mitglieds, wenn dieses durch den BR-Vorsitzenden oder den BR hierzu ermächtigt worden ist (BAG 27.6.1985, 2 AZR 412/84, EzA § 102 BetrVG 1972 Nr 60). Gleiches gilt, wenn der BR es versäumt hat, Vorkehrungen für den Fall zu treffen, dass sowohl der Vorsitzende als auch der Stellvertreter verhindert sind (LAG Hess 23.3.1976, 9 Sa 1182/75, ARST 1977, 100). Lässt der AG das Anhörungsverfahren durch einen Bevollmächtigten einleiten, kann der BR das die Anhörung einleitende Schreiben nicht analog § 174 BGB wegen fehlender Vorlage einer Vollmacht zurückweisen (BAG 13.12.2012, 6 AZR 348/11, juris). Das BAG argumentiert betriebsverfassungsrechtlich; zivilrechtlich ist anzufügen, dass das Anhörungsschreiben keine materiell-rechtliche Willenserklärung iSv § 174 BGB ist, weil es keine unmittelbaren Rechtsfolgen auslöst. Die Norm ist also von vornherein nicht anwendbar. 14

15 Ist der Kdg-Entschluss nicht hinreichend konkretisiert, darf der AG das Anhörungsverfahren nicht »auf Vorrat« einleiten. Steht der für die Kdg relevante Sachverhalt noch nicht fest oder teilt der AG dem BR alternativ in Betracht kommende Kdg-Sachverhalte mit, verstößt das gegen I (BAG 19.1.1983, 7 AZR 514/80, EzA § 102 BetrVG 1972 Nr 50; LAG Schl-Holst 28.6.1994, 1 Sa 137/94, LAGE § 102 BetrVG 1972 Nr 42). Keine Anhörung auf Vorrat liegt vor, wenn unklar ist, ob der AN einem Betriebsübergang widersprechen möchte und der AG daraufhin dem BR jew hinreichend begründet mitteilt, er wolle abhängig von dieser Entsch entweder eine Beendigungs- oder eine Änderungs-Kdg aussprechen (BAG 22.4.2010, 2 AZR 991/08, NZA-RR 2010, 583). Lässt der AG nach Abschluss des Anhörungsverfahrens erhebliche Zeit bis zum Ausspruch der Kdg verstreichen, ist eine erneute Anhörung des BR überflüssig, wenn sich in der Zwischenzeit der Kdg-Sachverhalt nur unwesentlich verändert hat (BAG 26.5.1977, 2 AZR 201/76, EzA § 102 BetrVG 1972 Nr 30; LAG Hess 24.4.2012, 12 Sa 330/11, juris) – etwa dann, wenn die Kdg eines Schwerbehinderten nach jahrelangem Streit um die Zustimmung des Integrationsamtes ausgesprochen wird (BAG 18.5.1994, 2 AZR 626/93, EzA § 611 BGB Abmahnung Nr 31). Bei einer außerordentlichen Kdg ist dem Umstand bes Beachtung zu schenken, dass die 3-Tages-Frist für die Anhörung des BR auf die Kdg-Frist des § 626 II angerechnet wird (aA BAG 18.8.1977, 2 ABR 19/77, AP BetrVG 1972 § 103 Nr 10). Das BAG erkennt Eilfälle, die die Anhörung des BR entbehrlich machen würden, nicht an (BAG 13.11.1975, 2 AZR 610/74, EzA § 102 BetrVG 1972 Nr 20; 29.3.1977, 1 AZR 46/75, EzA § 102 BetrVG 1972 Nr 27; ErfK/ *Kania* § 102 Rn 3).

16 Aus Beweisgründen sollte die Unterrichtung des BR **schriftlich** erfolgen. Das Gesetz erlaubt die **mündliche Unterrichtung**, selbst wenn der Kdg-Sachverhalt sehr komplex ist (BAG 6.2.1997, 2 AZR 265/96, EzA § 102 BetrVG 1972 Nr 96). Der AG hat das empfangsberechtigte BR-Mitglied grds während dessen Arbeitszeit und innerhalb der Arbeitsräume zu unterrichten (ErfK/*Kania* § 102 Rn 4). Entscheidend ist letztlich, ob eine empfangsberechtigte Person die Mitteilung tatsächlich und widerspruchslos – auch zur Unzeit – entgegennimmt (BAG 27.8.1982, 7 AZR 30/80, EzA § 102 BetrVG 1972 Nr 49). Stehen dem AG zur Dokumentation der Kdg-Gründe **Unterlagen** oder **Beweismaterial** zur Verfügung, muss er diese dem BR nicht zur Verfügung stellen (BAG 26.1.1995, 2 AZR 386/94, EzA § 102 BetrVG 1972 Nr 87).

17 III. Rspr. Will der AG einem AN **krankheitsbedingt** wegen häufiger Kurzzeiterkrankungen kündigen, so muss er im Anhörungsverfahren neben den Fehlzeiten und der Art der Erkrankungen über die dadurch bedingten und für die Zukunft zu erwartenden wirtschaftlichen Belastungen und Betriebsbeeinträchtigungen informieren (BAG 25.11.1982, 2 AZR 140/81, EzA § 1 KSchG Krankheit Nr 10; 21.5.1992, 2 AZR 399/91, EzA § 1 KSchG Krankheit Nr 38). Bei dauernder Arbeitsunfähigkeit des AN genügt es, wenn der AG dem BR hiervon Kenntnis gibt (BAG 30.1.1986, 2 AZR 668/84, NZA 1987, 555 ff).

18 Für die **betriebsbedingte** Kdg muss der AG detailliert mitteilen, worauf der Arbeitsplatzwegfall beruht. Pauschale Hinweise auf einen Mangel an Arbeit bzw Aufträgen oder Rationalisierungsmaßnahmen genügen nicht (*Löwisch/Kaiser* § 102 Rn 19). Geplante organisatorische Maßnahmen die den Wegfall von Arbeitsplätzen auslösen, sind dem BR ausführlich darzustellen (LAG Hamm 30.9.1999, 16 Sa 2598/98, LAGE § 102 BetrVG 1972 Nr 73). Fehlt es an anderweitigen Beschäftigungsmöglichkeiten, muss sich der BR mit diesem pauschalen Hinweis begnügen. Kann der BR konkret freie Arbeitsplätze benennen, muss der AG darauf eingehen (BAG 17.2.2000, 2 AZR 913/98, EzA § 102 BetrVG 1972 Nr 103). Wird einem unter mehreren vergleichbaren AN gekündigt, kann der BR in den Grenzen des Persönlichkeitsschutzes Auskunft über die Sozialdaten aller in die **Sozialauswahl** einbezogenen AN verlangen (Lebensalter, Betriebszugehörigkeit, Unterhaltspflichten, Schwerbehinderung, Sonderkündigungsschutz; BAG 15.12.1994, 2 AZR 327/94, EzA § 1 KSchG Betriebsbedingte Kündigung Nr 75). Den AG trifft hins der Sozialdaten seiner AN keine Nachforschungspflicht, er kann sich auf die Angaben der Steuerkarte verlassen (LAG Schl-Holst 10.8.2004, 5 Sa 93/04, MDR 2005, 40). Der AG braucht die Sozialdaten nur zu nennen, soweit er die Sozialauswahl für notwendig erachtet (BAG 24.2.2000, 8 AZR 167/99, EzA § 102 BetrVG 1972 Nr 104), also auch nicht, soweit er die Vergleichbarkeit verneint.

19 Will der AG eine **verhaltensbedingte Kdg** wegen Leistungsmängeln aussprechen, sind dem BR die zugrunde liegenden Tatsachen mitzuteilen (BAG 18.5.1994, 2 AZR 920/93, EzA § 102 BetrVG 1972 Nr 85). Der AG hat den BR über eine etwaige Gegendarstellung des AN zu informieren (BAG 31.8.1989, 2 AZR 453/88, EzA § 102 BetrVG 1972 Nr 75). Der AG darf entlastende Umstände nicht vorenthalten (BAG 2.11.1983, 7 AZR 65/82, EzA § 102 BetrVG 1972 Nr 53; 5.4.2001, 2 AZR 580/99, NZA 2001, 893). Im Fall einer Beleidigung muss der AG nicht nur die beleidigenden Worte, sondern das gesamte Schreiben mitteilen (LAG Köln 20.12.1993, 3 Sa 1054/93, NZA 1995, 128).

20 Bei **Massenentlassungen** hat der AG den BR über die wirtschaftlichen Gründe für die Entlassungen, aber auch über den Grund für die Kdg jedes einzelnen zu kündigenden AN zu informieren (BAG

14.2.1978, 1 AZR 154/76, EzA § 102 BetrVG 1972 Nr 33). Auch Massenentlassungen befreien den AG nicht von seiner Pflicht, dem BR iRd Anhörungsverfahrens die Sozialdaten sowie die bes sozialen Umstände aller betroffenen AN zu verschaffen (BAG 16.9.1993, 2 AZR 267/93, EzA § 102 BetrVG 1972 Nr 84). Beabsichtigt der AG den Betrieb stillzulegen, genügt es, dies dem BR mitzuteilen (BAG 16.9.1993, 2 AZR 267/93, aaO).

Bei **Änderungskdg** sind dem BR der Inhalt des Änderungsangebots und die Gründe für die beabsichtigte Beendigung des Arbeitsverhältnisses mitzuteilen (BAG 30.11.1989, 2 AZR 197/89, EzA § 102 BetrVG 1972 Nr 77). Will der AG das Arbeitsentgelt seiner AN herabsetzen, hat er den BR auch über die Ertragslage des Betriebs zu unterrichten (BAG 11.10.1989, 2 AZR 61/89, EzA § 1 KSchG Betriebsbedingte Kündigung Nr 64). 21

IV. Zustimmung. Obwohl im Gesetz nicht ausdrücklich vorgesehen, kann der BR der Kdg ausdrücklich zustimmen, arg II 2. Zu einer ordentlichen Kdg hat sich der BR gem II 1 innerhalb 1 Woche zu erklären; bei einer außerordentlichen Kdg ist die Frist nach II 3 auf 3 Tage verkürzt. Andernfalls wird die Zustimmung fingiert. Für die Berechnung der Frist gelten die §§ 187, 188, 193 BGB. Der BR kann seine Äußerungsfrist bis Mitternacht am Tage des Fristablaufs ausschöpfen. Mit Dienstschluss der Personalverwaltung endet die Äußerungsfrist des BR nicht (BAG 12.12.1996, 2 AZR 803/95, RzK III 1a Nr 78; 12.12.1996, 2 AZR 809/95, AiB 1998, 113; anders ErfK/*Kania* § 102 Rn 11). Bei Eilbedürftigkeit kann der AG bereits am letzten Tag der Äußerungsfrist bei Dienstschluss das Kündigungsschreiben einem Kurierdienst übergeben, wenn er gleichzeitig dafür gesorgt hat, dass eine Zustellung erst so spät erfolgt, dass er sie noch verhindern kann, wenn der BR wider Erwarten noch Stellung nimmt (BAG 24.9.2015, 2 AZR 562/14, NZA 2016, 366; BAG 8.4.2003, 2 AZR 515/02, EzA § 102 BetrVG 2001 Nr 3). 22

Der AG kann die Äußerungsfristen im Einvernehmen mit dem BR verlängern (die Begr des BAG 14.8.1986, 2 AZR 561/85, EzA § 102 BetrVG 1972 Nr 69), richtigerweise aber auch verkürzen (aA ErfK/*Kania* § 102 Rn 11). Eine Vielzahl von Kdg (Massenentlassungen) begründet keinen Anspruch auf Verlängerung. 23

V. Bedenken. Innerhalb der in § 102 II 1, III genannten Fristen kann der BR Bedenken gegen die geplante Kdg äußern. Das wird er regelmäßig tun, wenn Widerspruchsgründe iSd § 102 III nicht vorliegen, er aber dennoch Argumente gegen die Kdg hat. Rechtswirkungen werden durch Bedenken nicht ausgelöst. Insb kann der BR nicht verlangen, dass der AG zu den gegen eine Kdg aufgeführten Argumenten Stellung nimmt (BAG 6.2.1997, 2 AZR 168/96, EzA § 102 BetrVG 1972 Nr 97). Das Anhörungsverfahren endet erst mit der abschließenden, schriftlichen (II 1, III) Stellungnahme des BR (BAG 1.4.1976, 2 AZR 179/75, EzA § 102 BetrVG 1972 Nr 23; LAG Berlin-Brandenburg 22.3.2012, 26 Sa 2327/11, juris) oder durch Ablauf der Äußerungsfrist. Erst dann darf der AG kündigen. Abschließend äußert sich der BR, wenn er mitteilt, er nehme die Kdg-Absicht zur Kenntnis oder wolle sich nicht äußern (BAG 12.3.1987, 2 AZR 176/86, EzA § 102 BetrVG 1972 Nr 71). Schweigen des BR ist keine Stellungnahme (BAG 12.3.1987, 2 AZR 176/86, EzA § 102 BetrVG 1972 Nr 71). 24

VI. Widerspruch. Der BR kann nach III nur der ordentlichen (Beendigungs- oder Änderungs-)Kdg innerhalb der Wochenfrist des II widersprechen. Der Widerspruch ist berechtigt, wenn der BR sich auf einen der in III Nr 1–5 genannten Widerspruchsgründe stützen kann. Das Gesetz sieht für außerordentliche Kdg kein Widerspruchsrecht des BR vor. Doch hat der BR ausnahmsweise ein Widerspruchsrecht auch bei der außerordentlichen Kdg, wenn der AN ordentlich unkündbar ist und die außerordentliche Kdg mit Auslauffrist nur die ordentliche ersetzt (BAG 5.2.1998, 2 AZR 227/97, EzA § 626 BGB Unkündbarkeit Nr 29). 25

1. Widerspruchsverfahren. Der BR hat den Widerspruch nach V ordnungsgemäß, also schriftlich, innerhalb 1 Woche und mit Begr einzulegen. Dem Schreiben muss unmissverständlich entnommen werden können, dass der BR die Kdg ablehnt. Der Widerspruch muss nach § 126 BGB durch das zuständige oder ermächtigte BR-Mitglied eigenhändig unterschrieben sein und in dieser Form dem AG zugehen. Gleichwohl soll der Widerspruch durch Telefax die Form wahren (HWK/*Ricken* § 102 Rn 68) – und iSd Rspr zu § 99 (s § 99 Rdn 66) müsste sogar die Textform nach § 126b BGB, insb E-Mail ohne qualifizierte elektronische Signatur, ausreichen. Die Begründung muss den Widerspruchsgrund konkret darlegen, die pauschale Übernahme des Gesetzeswortlauts reicht wie bei § 99 (s § 99 Rdn 66) nicht (BAG 11.5.2000, 2 AZR 54/99, EzA § 102 BetrVG 1972 Beschäftigungspflicht Nr 11). Ob der Widerspruchsgrund tatsächlich vorliegt, ist irrelevant. Der frist- und ordnungsgemäß eingelegte Widerspruch ist gem IV dem AN zuzuleiten, wenn der AG kündigt. Der Verstoß hat keine kündigungsrechtlichen Folgen. Der ordnungsgemäße Widerspruch hindert den AG nicht daran, dem AN wirksam zu kündigen. Er hindert nur den Vollzug der Kdg, indem er dem AN einen Weiterbeschäftigungsanspruch verschafft. 26

27 Da die BR-Mitglieder durch den AG oder aufgrund eigener Recherchen (II 4) Kenntnis von persönlichen Daten des AN erhalten, sind sie nach II 5 zur **Verschwiegenheit verpflichtet**. Dazu § 99 Rdn 42.

28 Nach ordnungsgemäßer Einleitung des Anhörungsverfahrens gem § 102 muss sich der AG **Verfahrensfehler des BR** nicht zurechnen lassen (**Sphärentheorie**). Diese haben keinen Einfluss auf die Kdg (BAG st 24.6.2004, 2 AZR 461/03, EzA § 102 BetrVG 2001 Nr 9). Fehler des BR gehen zulasten des AN (BAG 24.6.2004, 2 AZR 461/03, aaO), dessen Individualrechtsschutz ungeschmälert bleibt. Der AG braucht weder das Zustandekommen des BR-Beschlusses noch die in II 4 vorgeschriebene Anhörung des AN zu kontrollieren. Das gilt auch, wenn der AG Kenntnis solcher Fehler hat; ihn trifft keine Überwachungs- und Hinweispflicht (BAG 24.6.2004, 2 AZR 461/03, aaO). Hat der AG den Fehler des BR veranlasst, so gilt das nicht. Zu weit geht das LAG Hamm, wenn es dem AG einen Fehler des BR bereits dann zurechnet, wenn die Anhörungsfrist auf dessen Wunsch hin verkürzt wurde (LAG Hamm 30.6.1994, 4 Sa 75/94, LAGE § 102 BetrVG 1972 Nr 43). Der BR muss nur Nein sagen.

29 **2. Widerspruchsgründe.** Der BR kann widersprechen, wenn die Sozialauswahl fehlerhaft ist (III Nr 1). Stützt der BR seinen Widerspruch darauf, dass der AG zu Unrecht einzelne AN nicht in die Sozialauswahl einbezogen habe, muss er diese AN konkret benennen oder anhand abstrakter Merkmale bestimmbar machen (BAG 9.7.2003, 5 AZR 305/02, EzA § 102 BetrVG 2001 Beschäftigungspflicht Nr 1). Die Aufgabe der Dominotheorie (BAG 9.11.2006, 2 AZR 812/05, EzA § 1 KSchG Soziale Auswahl Nr 71; § 1 KSchG Rdn 169) schlägt auf das Widerspruchsrecht durch.

30 Mit dem Widerspruch kann der BR den Verstoß gegen eine **Auswahl-RL nach § 95** rügen (III Nr 2). Der BR muss die konkrete AuswahlRL benennen, er hat auch die Umstände darzulegen, aus denen sich der Verstoß ergibt. Berücksichtigungsfähig ist der Verstoß nur, wenn er kausal für die Kdg ist (LAG Berl 9.7.2004, 6 Sa 591/04, LAGE § 1 KSchG Soziale Auswahl Nr 45).

31 Macht der BR eine **Weiterbeschäftigungsmöglichkeit** geltend (III Nr 3), muss er den freien Arbeitsplatz benennen (BAG 11.5.2000, 2 AZR 54/99, EzA § 102 BetrVG 1972 Beschäftigungspflicht Nr 11). Es soll genügen, dass in einer bestimmten Abteilung Stellenanforderungen bestehen (LAG Berl 15.9.1980, 12 Sa 42/80, BB 1980, 2449 f; LAG München 17.8.1994, 5 Sa 679/94, LAGE § 102 BetrVG 1972 Beschäftigungspflicht Nr 18) oder dass anderweitige Beschäftigungsmöglichkeiten mit der Personalleitung erörtert worden sind; richtigerweise muss der freie Arbeitsplatz zumindest bestimmbar angegeben werden (*Löwisch/Kaiser* § 102 Rn 60). Die Weiterbeschäftigung in einem anderen Konzernunternehmen ist irrelevant (§ 1 KSchG Rdn 151). Hinweise auf Personalengpässe bei Arbeiten, die von Subunternehmern erledigt werden, reichen nicht (BAG 11.5.2000, 2 AZR 54/99, EzA § 102 BetrVG 1972 Beschäftigungspflicht Nr 11). Die Weiterbeschäftigung muss zeitnah nach Ablauf der Kdg-Frist möglich sein. Das ist nicht der Fall, wenn der Arbeitsplatz erst freigekündigt oder neu geschaffen werden muss (BAG 3.2.1977, 2 AZR 476/75, EzA § 1 KSchG Betriebsbedingte Kündigung Nr 7; 27.9.1984, 2 AZR 62/83, EzA § 2 KSchG Nr 5). Der Einwand, dass der AN auf seinem bisherigen Arbeitsplatz weiterbeschäftigt werden könne, weil dieser nach krankheitsbedingter Kdg ohnehin wieder besetzt werde, ist abseitig (BAG 12.9.1985, 2 AZR 324/84, EzA § 102 BetrVG 1972 Nr 61; LAG München 2.3.1994, 5 Sa 908/93, NZA 1994, 1000 ff). Bei personenbedingten Kdg kann der BR einen Schonarbeitsplatz (§ 1 KSchG Rdn 87) geltend machen. Mitnichten ist dem AG zuzumuten, eine verhaltensbedingte Kdg durch einen Arbeitsversuch anderswo zu vermeiden (§ 1 KSchG Rdn 44; aA BAG 22.7.1982, 2 AZR 30/81, EzA § 1 KSchG Verhaltensbedingte Kündigung Nr 10). Der BR muss eine Weiterbeschäftigungsmöglichkeit auf einem Arbeitsplatz geltend machen, auf dem der AN ohne zumutbare Umschulungs- oder Fortbildungsmaßnahmen und zu unveränderten Vertragsbedingungen beschäftigt werden kann, andernfalls kommt nur ein Widerspruch nach III Nr 4 oder 5 in Betracht (LAG Hess 15.2.2013, 14 SaGa 1700/12, JurionRS 2013, 34406). Im konkreten Weiterbeschäftigungsverlangen des BR kann die Zustimmung zur Versetzung erblickt werden, sodass das Zustimmungsverfahren nach § 99 nicht gesondert durchzuführen ist. Ebensowenig muss der BR erneut nach I gehört werden, wenn der AG die geforderte Änderungskdg ausspricht.

32 Nach III Nr 4 ist ein Widerspruch des BR auch zulässig, wenn die Weiterbeschäftigung des AN nach **zumutbaren Umschulungs- oder Fortbildungsmaßnahmen** möglich ist. Der Widerspruch des BR ist nur zulässig, wenn mit hinreichender Sicherheit voraussehbar ist, dass nach Abschluss der Bildungsmaßnahmen eine Beschäftigungsmöglichkeit aufgrund der durch die Umschulung oder Fortbildung erworbenen Qualifikation besteht (BAG 7.2.1991, 2 AZR 205/90, EzA § 1 KSchG Personenbedingte Kündigung Nr 9). Der Widerspruchsgrund steht in Wechselwirkung zu § 97 II (dort Rdn 5).

33 Schließlich kann der BR den **Vorrang der Änderungskdg** geltend machen (§ 1 KSchG Rdn 157), III Nr 5. Der AN muss aber einverstanden sein (LAG Hess 15.2.2013, 14 SaGa 1700/12, JurionRS 2013, 34406). Der AN kann das Einverständnis analog § 2 KSchG unter den Vorbehalt sozialer Rechtfertigung stellen

(ArbG München 30.9.1982, 12 Ca 4366/82, AuR 1983, 186). Der AG kann dann die Änderungskdg aussprechen ohne den BR erneut zu hören. Die Möglichkeit von Kurzarbeit genügt nicht (LAG Hamm 8.3.1983, 7 [10] Sa 1237/82, BB 1983, 1349 f).

VII. Rechtswirkungen der Anhörung. Hat der AG das Anhörungsverfahren ordnungsgemäß durchgeführt, 34 kann er die beabsichtigte Kdg aussprechen – unabhängig von Stellungnahme oder Widerspruch des BR. Gibt der BR seine Stellungnahme vorzeitig ab, kann der AG sofort kündigen; anderenfalls muss er den Fristablauf abwarten. Vom AG zu verantwortende Anhörungsfehler führen nach I 3 zur Unwirksamkeit der Kdg, unabhängig von Kausalität und Verschulden. Eine nachträgliche Heilung ist ausgeschlossen, selbst die nachträgliche Zustimmung des BR hilft nicht (BAG 28.2.1974, 2 AZR 455/73, EzA § 102 BetrVG 1972 Nr 8).

Den AG trifft im Kdg-Schutzprozess die Beweislast dafür, dass das Anhörungsverfahren des I eingehalten 35 wurde (BAG 19.8.1975, 1 AZR 613/74, EzA § 102 BetrVG 1972 Nr 15; 7.11.1975, 1 AZR 74/74, EzA § 118 BetrVG 1972 Nr 8; 24.5.2012, 2 AZR 206/11, NZA 2013, 137). Die schlüssigen und detaillierten Angaben des AG kann der AN nur substantiiert bestreiten (BAG 16.3.2000, 2 AZR 75/99, EzA § 626 nF BGB Nr 179). Der AN hat die Voraussetzungen der Anhörungspflicht darzutun (AN-Status, kein Leitender, Existenz des BR).

Das Anhörungsverfahren beschränkt den AG im Kdg-Schutzverfahren auf die dem BR zu Gehör gebrachten 36 Kdg-Gründe. Ein »Nachschieben« von Kdg-Gründen, die dem BR nicht mitgeteilt worden sind, ist ausgeschlossen, weil insoweit die Anhörung fehlt (BAG 23.2.2010, 2 AZR 804/08, nv). Eine Ausnahme lässt das BAG zu, wenn die nachgeschobenen Kdg-Gründe bereits zum Zeitpunkt der Kdg vorlagen, sie dem AG gleichwohl noch nicht bekannt waren. Dann kann der AG seine Kdg auf die neuen Tatsachen stützen, wenn er zuvor den BR dazu erneut angehört hat (BAG 11.4.1985, 2 AZR 239/84, EzA § 102 BetrVG 1972 Nr 62; *Ittman* ArbR 2011, 6, 7 f).

D. Anspruch auf Weiterbeschäftigung. I. Voraussetzungen. V 1 gewährt dem gekündigten AN einen 37 Anspruch auf vorläufige Weiterbeschäftigung, wenn
– der AG eine ordentliche Kdg ausgesprochen hat,
– der BR der Kdg frist- und ordnungsgemäß widersprochen hat,
– der AN Kdg-Schutzklage erhoben hat und
– der AN die Weiterbeschäftigung »verlangt«.

Unabhängig hiervon kann dem AN der individualrechtliche Weiterbeschäftigungsanspruch zustehen, § 611 BGB Rdn 279.

Gegen **außerordentliche Kdg** hilft der BR-Widerspruch nicht, selbst wenn der AG hilfsweise ordentlich 38 kündigt (LAG Hamm 18.5.1982, 11 Sa 311/82, DB 1982, 1679). Eine Ausnahme gilt wiederum für die außerordentliche Kdg unkündbarer AN mit Auslauffrist, die der Sache nach ordentliche Kdg ist (BAG 4.2.1993, 2 AZR 469/92, EzA § 626 BGB nF Nr 144; dazu *Kania/Kramer* RdA 1995, 286). V gilt auch für die **Änderungskdg**; aber nur, wenn der AN die Änderung vorbehaltlos ablehnt und Klage erhebt. Erklärt der AN jedoch die Annahme unter Vorbehalt des § 2 KSchG, ist er bis zum rkr Abschluss des Kdg-Schutzprozesses zu den neuen Arbeitsbedingungen weiterzubeschäftigen (BAG 28.3.1985, 2 AZR 548/83, EzA § 767 ZPO Nr 1; LAG Hess 19.6.2012, 15 SaGa 242/12, JurionRS 2012, 23978). Anders ist nur zu entscheiden, wenn die Änderungskdg mit einer Versetzung verbunden ist, für die die Zustimmung des BR gem § 99 noch nicht vorliegt, weswegen die Versetzung nicht vollzogen werden kann (Ausnahme: § 100) und der AN überhaupt nur auf dem alten Arbeitsplatz weiterbeschäftigt werden kann (BAG 30.9.1993, 2 AZR 283/93, EzA § 99 BetrVG 1972 Nr 118).

Der Widerspruch des BR muss verfahrensfehlerfrei sein (s Rdn 26–28). 39

Der AN muss dem Anwendungsbereich des KSchG unterfallen und fristgerecht (§ 4 KSchG) Klage erhoben 40 haben und diese zumindest auch auf die Sozialwidrigkeit der Kdg stützen. Rügt der AN die Sozialwidrigkeit der Kdg nach Fristablauf, so besteht ein Weiterbeschäftigungsanspruch ab diesem Tag nur unter den Voraussetzungen der §§ 5, 6 KSchG (ErfK/*Kania* § 102 Rn 33). Mit Aufgabe des Rechtsschutzzieles, also Klagrücknahme oder Auflösungsantrag, endet der Weiterbeschäftigungsanspruch aus V.

Der AN muss die vorläufige Weiterbeschäftigung bis zur rkr Entsch über die Kdg-Schutzklage verlangt 41 haben. Dabei muss er klarstellen, ob er sich auf den allgemeinen Weiterbeschäftigungsanspruch stützt, oder (auch) auf V 1 (*Haas* NZA-RR 2008, 57, 59). Hierüber hat sich der AN spätestens bis zum Ablauf der Kdg-Frist zu erklären (LAG Hamm 2.3.2012, 10 Sa 1086/11, juris). Nur so ist sichergestellt, dass die Qualifikation des AN durch Arbeitsleistung und Integration im Betrieb erhalten bleibt (*Löwisch/Kaiser* § 102 Rn 76). Das BAG lässt es genügen, dass der AN sein Verlangen noch am 1. Tag nach Ablauf der Kdg-Frist stellt. Entscheidend sei, dass keine Beschäftigungslücke entstehe (BAG 11.5.2000, 2 AZR 54/99, EzA § 102 BetrVG 1972 Beschäftigungspflicht Nr 11).

42 II. Inhalt. Wegen V 1 ist der AG gezwungen, den AN für die Zeit nach Ablauf der Kdg-Frist bis zur rkr Entsch über die Kdg-Schutzklage bei unveränderten Arbeitsbedingungen weiterzubeschäftigen. Das Arbeitsverhältnis gilt mit dem bei Ablauf der Kdg-Frist bestehenden Inhalt, auflösend bedingt durch die rkr Abweisung der Kdg-Schutzklage, als fortbestehend (BAG 12.9.1985, 2 AZR 324/84, EzA § 102 BetrVG 1972 Nr 61). Versetzungen auf einen gleichwertigen Arbeitsplatz sind in diesem Zeitraum nur möglich, soweit der Arbeitsvertrag dies zulässt (BAG 27.1.1994, 2 AZR 584/93, EzA § 615 BGB Nr 80). Der sich dem Weiterbeschäftigungsverlangen widersetzende AG gerät gem § 615 BGB in Annahmeverzug (BAG 7.3.1996, 2 AZR 432/95, EzA § 102 BetrVG 1972 Beschäftigungspflicht Nr 9). Die Arbeitsleistung ist in unveränderter Höhe zu vergüten. Verliert der AN den Kdg-Schutzprozess, muss er die Vergütung nicht zurückgewähren, weil der Weiterbeschäftigungsanspruch den Rechtsgrund abgibt. Bleibt das Arbeitsverhältnis wegen Unwirksamkeit der Kdg ohnehin bestehen, so entfällt der Anspruch auf Annahmeverzugslohn auch dann nicht, wenn der AG nach V 2 durch eine einstweilige Verfügung des AG von der Weiterbeschäftigung entbunden ist (LAG Rheinland-Pfalz 11.1.1980, 6 Sa 657/79, EzA § 615 BGB Nr 35). Die Entbindung löst nämlich nur das durch V begründete gesetzliche Schuldverhältnis. Während des Weiterbeschäftigungszeitraums können AG und AN das gesetzliche Arbeitsverhältnis aus neuen Gründen ordentlich oder außerordentlich kündigen. Der AG hat den BR ggf erneut anzuhören. Strengt der AN gegen die 2. Kdg keine Kdg-Schutzklage an, so endet mit Ablauf der Kdg-Frist der 2. Kdg auch die aus der 1. Kdg herrührende Pflicht zur Weiterbeschäftigung (LAG Düsseldorf 19.8.1977, 16 Sa 471/77, EzA § 102 BetrVG 1972 Beschäftigungspflicht Nr 5).

43 Der AN kann seinen Weiterbeschäftigungsanspruch im Urteilsverfahren und durch einstweilige Verfügung durchsetzen; Letzteres bestimmt die Praxis. Der AN muss dann glaubhaft machen, dass Widerspruch und Kdg-Schutzklage ordnungs- und fristgemäß erklärt und erhoben worden sind. Ein zusätzlicher Verfügungsgrund ist nicht erforderlich, da der Anspruch des V gerade der Prozessüberbrückung dient (so LAG HH 14.9.1992, 2 Sa 50/92, LAGE § 102 BetrVG 1972 Beschäftigungspflicht Nr 10; 25.1.1994, 3 Sa 113/93, LAGE § 102 BetrVG 1972 Beschäftigungspflicht Nr 21; aA LAG München 10.2.1994, 5 Sa 969/93, NZA 1994, 997; LAG Köln 26.11.2012, 5 SaGa 14/12, juris). Der AG kann sich nicht einredeweise auf die Gründe des V 2 Nr 1–3 berufen, muss vielmehr das gesonderte Verfahren des V 2 betreiben (der Entbindungsantrag nach V 2 kann aber als Widerantrag im Verfahren auf Weiterbeschäftigung nach V 1 gestellt werden, LAG Hess 15.2.2013, 14 SaGa 1700/12, JurionRS 2013, 34406). Der AG kann dem AN auch im Verfahren des einstweiligen Rechtsschutzes die Unzumutbarkeit der tatsächlichen Beschäftigung entgegenhalten (BAG 15.3.2001, 2 AZR 141/00, EzA § 4 KSchG nF Nr 61). Eine Verfügung dahin, dass ein Weiterbeschäftigungsanspruch nicht bestehe, ist wie jede Feststellungsverfügung unzulässig (LAG München 5.10.1994, 5 Sa 698/94, LAGE § 102 BetrVG 1972 Beschäftigungspflicht Nr 19); richtigerweise ist hier auf Antrag des AG die Entbindung nach V 2 zu verfügen (Rdn 44 ff).

44 III. Beendigung der Weiterbeschäftigung. Eine gem § 102 V 2 ergangene einstweilige Verfügung im Urteilsverfahren entbindet den AG von seiner Weiterbeschäftigungspflicht. Den Entbindungsantrag kann der AG während des gesamten Kündigungsrechtsstreits stellen (LAG Düsseldorf 15.3.1978, 12 Sa 316/78, BB 1978, 810). Einen bes Verfügungsgrund muss er nicht anführen, V 2 legt ihn auf das einstweilige Verfahren fest (*Haas* NZA-RR 2008, 57, 60). Ob der Weiterbeschäftigungsanspruch nach V 1 besteht, ist irrelevant (*Löwisch/Kaiser* § 102 Rn 85). Das Rechtsschutzinteresse kann aber fehlen, wenn der AN offensichtlich keinen Weiterbeschäftigungsanspruch hat (LAG München 5.10.1994, 5 Sa 698/94, LAGE § 102 BetrVG 1972 Beschäftigungspflicht Nr 19). Nach rkr Ablehnung kann der AG den Antrag nur wiederholen, wenn neue Tatsachen vorliegen, die im 1. Verfahren keine Berücksichtigung finden konnten (LAG Köln 19.5.1993, 3 Sa 268/83, DB 1983, 2368 f). Wird dem Antrag stattgegeben, so lässt dies die Vergütungsansprüche bis zur rkr Entbindungsentsch unberührt (BAG 7.3.1996, 2 AZR 432/95, EzA § 102 BetrVG 1972 Beschäftigungspflicht Nr 9).

45 Die Klage des AN hat keine hinreichende Aussicht auf Erfolg iSd V 2 Nr 1, wenn eine Abweisung der Kdg-Schutzklage offensichtlich oder mit erheblicher Wahrscheinlichkeit zu erwarten ist (LAG Düsseldorf 23.5.1975, 8 Sa 152/75, EzA § 102 BetrVG 1972 Beschäftigungspflicht Nr 4). Der AG muss die Kdg-Gründe glaubhaft machen; der AN kann diese durch glaubhaft gemachte Tatsachen erschüttern. Gelingt es beiden beteiligten Parteien, ihre Erfolgsaussichten hinreichend glaubhaft zu machen, kommt eine Befreiung von der Weiterbeschäftigungspflicht nicht in Betracht (LAG Düsseldorf 23.5.1975, 8 Sa 152/75, aaO).

46 Nach V 2 Nr 2 kann der AG wegen unzumutbarer wirtschaftlicher Belastungen die Entbindung von der Weiterbeschäftigungspflicht verlangen. Hierfür reicht es noch nicht aus, dass der AG lediglich darlegt, dass er den betroffenen AN nicht mehr benötigt (*Löwisch/Kaiser* § 102 Rn 88). Der AG muss vielmehr darlegen, dass die wirtschaftlichen Belastungen auch einer nur vorläufigen Weiterbeschäftigung so hoch wären, dass eine Gefahr für die Liquidität oder Wettbewerbsfähigkeit des Unternehmens bestünde (ArbG Stuttgart 5.4.1993, 6 Ga 26/93, AuR 1993, 222; *Löwisch/Kaiser* § 102 Rn 88; aA LAG München 13.7.1994, 5 Sa 408/94, LAGE § 102 BetrVG 1972 Beschäftigungspflicht Nr 17). Die Existenz des Unternehmens muss nicht gefährdet sein (in diese Richtung aber LAG HH 16.5.2001, 4 Sa 33/01, NZA-RR 2002, 25; wie hier *Rieble* BB 2003, 844, 848 ff). Die Rspr erkennt einen solchen Ausnahmefall an, wenn einer erheblichen Zahl von AN betriebsbedingt gekündigt worden ist, diese die Weiterbeschäftigung beantragen, und die Summe der Entgeltzahlungspflichten den AG unzumutbar belastet (LAG Berlin 20.3.1978, 9 Sa 10/78, ARST 1978, 178). Im Falle einer Betriebsstilllegung ist die Weiterbeschäftigung unzumutbar, wenn die betriebliche Infrastruktur mit hohem Aufwand aufrechterhalten werden müsste (LAG Düsseldorf 24.04.2013, 4 SaGa 6/13, juris).

Dem AG steht schließlich nach V 2 Nr 3 ein Anspruch auf Entbindung von der Pflicht zur Weiterbeschäftigung zu, wenn der Widerspruch des BR offensichtlich unbegründet war. Dazu muss sich die Grundlosigkeit für den AG bei unbefangener Betrachtungsweise geradezu aufdrängen (LAG München 5.10.2004, 5 Sa 698/94, LAGE § 102 BetrVG 1972 Beschäftigungspflicht Nr 19). Unbeachtlich ist hingegen, ob die Kdg-Schutzklage Erfolg verspricht (*Löwisch/Kaiser* § 102 Rn 89). Offensichtlich unbegründet ist der Widerspruch etwa dann, wenn er tatsächliche Umstände voraussetzt, die in der Realität nicht gegeben sind, etwa weil eine anderweitige Beschäftigungsmöglichkeit nicht besteht oder Umschulungsmaßnahmen nicht möglich sind (LAG Düsseldorf 12.6.1975, 3 TaBV 106/74, DB 1975, 1995). Der Widerspruch ist offensichtlich unbegr, wenn ggü einer personen- oder verhaltensbedingten Kdg die Rüge der mangelnden Sozialauswahl erhoben wird (ErfK/*Kania* § 102 Rn 40). Auf den nicht ordnungsgemäß erhobenen Widerspruch ist V 2 Nr 3 entspr anzuwenden. Zwar besteht dann schon kein Weiterbeschäftigungsanspruch; im Interesse effektiven Rechtsschutzes ist dem AG über V 2 Nr 3 analog die Möglichkeit zu eröffnen, Rechtssicherheit zu erlangen (LAG Bbg 15.12.1992, 1 Ta 61/92, LAGE § 102 BetrVG 1972 Beschäftigungspflicht Nr 13; aA LAG Berl 11.6.1974, 8 Sa 37/74, 10 Ga 1/74, DB 1974, 1629). 47

Der Weiterbeschäftigungsanspruch endet auch mit Ausspruch einer weiteren außerordentlichen Kündigung des AG (LAG Schleswig-Holstein 20.3.2012, 1 Sa 283 d/11, juris). 48

E. Vereinbarte Zustimmungspflicht. Nach § 102 VI können AG und BR in einer freiwilligen BV festlegen, dass jede Kdg zu ihrer Wirksamkeit der Zustimmung des BR bedarf. Die formlose Regelungsabrede löst keine individualrechtlichen Wirkungen aus (BAG 14.2.1978, 1 AZR 154/76, EzA § 102 BetrVG 1972 33). Durch TV ist das ebenso möglich (BAG 21.6.2000, 4 AZR 379/99, EzA § 1 TVG Betriebsverfassungsnorm Nr 1), nicht aber im Einzelnen Arbeitsvertrag (BAG 23.4.2008, 6 AZR 263/08, AP Nr 160 zu § 102 BetrVG 1972 m Anm *Rieble*). Grds können AG und BR dies auch für außerordentliche Kdg vereinbaren (LAG Düsseldorf 25.8.1995, 17 Sa 324/95, LAGE Art 9 GG Nr 11). Will sich der AG über die fehlende Zustimmung des BR hinwegsetzen, muss er die Einigungsstelle anrufen. Alternativ können AG und BR auch vereinbaren, dass im Fall der Zustimmungsverweigerung sogleich das ArbG über die Zustimmungsersetzung zu entscheiden hat (ErfK/*Kania* § 102 Rn 44). Enthält die BV neben der Einführung des Zustimmungsrechts des BR kein Verfahren zur Überprüfung der Entscheidung, macht dies die BV unwirksam (*Hanau* BB 1971, 485, 490). 49

§ 102 VI dient grds nur einer verfahrensmäßigen Absicherung: Die Rechtmäßigkeit der Kdg soll vor deren Ausspruch geprüft werden. Der Kdg-Schutz einzelner AN kann jedenfalls für die verhaltens- und personenbedingte Kdg erweitert werden (näher *Rieble* BB 1991, 471, 473; MünchArbR/*Matthes* § 267 Rn 26; aA *Löwisch/Kaiser* § 102 Rn 93). Wird statt einer Zustimmungs- nur eine Beratungspflicht eingeführt, so muss die BV eindeutig sagen, dass die Verletzung dieser Pflicht die Unwirksamkeit der Kdg zur Folge haben soll (BAG 6.2.1997, 2 AZR 168/96, EzA § 102 BetrVG 1972 Nr 97). Das Zustimmungsverfahren nach VI tritt an die Stelle des Anhörungsverfahrens mit Widerspruchsrecht des BR. 50

Die Einigungsstelle entscheidet über die Berechtigung zur Zustimmungsverweigerung unter Zugrundelegung des materiellen Kdg-Rechts, insb des KSchG. Kommt die Einigungsstelle zu dem Ergebnis, dass die Kdg materiell wirksam ist, ersetzt sie die Zustimmung des BR (*Rieble* AuR 1993, 39, 41 ff). Da es sich um eine Rechtsfrage handelt, verbleibt der Einigungsstelle auch kein vom ArbG nicht voll nachprüfbarer Beurteilungsspielraum (BAG 7.12.2000, 2 AZR 391/99, EzA § 1 KSchG Betriebsbedingte Kündigung Nr 108). Im Verfahren vor der Einigungsstelle ist der AG nicht daran gehindert, seine Mitteilungen zu den Kdg-Gründen zu vervollständigen (BAG 7.12.2000, 2 AZR 391/99, aaO). 51

Wird die Zustimmung des BR durch die Einigungsstelle ersetzt, kann der AG unmittelbar darauf die Kdg aussprechen. Auch wenn der BR den Spruch anficht, folgt daraus nicht, dass der AG den Ausspruch der Kdg bis zur rkr Entsch zurückhalten muss. Nur so kann dem BR die Möglichkeit genommen werden, mittels der an keine Frist (aber Verwirkung!) gebundenen Anfechtung die Kdg-Möglichkeit des AG hinauszuzögern 52

(*Löwisch/Kaiser* § 102 Rn 94). Verweigert die Einigungsstelle die Zustimmung, ist eine gleichwohl ausgesprochene Kdg unwirksam. Wird die Ersetzung der Zustimmung durch den Spruch der Einigungsstelle auch im anschließenden gerichtlichen Verfahren bestätigt, hindert dies den AN nicht daran Kdg-Schutzklage zu erheben. Im Kdg-Schutzverfahren ist er aber mit den Einwendungen präkludiert, die bereits Gegenstand des Beschlussverfahrens über die Zustimmungsersetzung waren; er ist wie bei § 103 II am Verfahren zu beteiligen und wird von der Rechtskraft erfasst.

§ 103 Außerordentliche Kündigung und Versetzung in besonderen Fällen

(1) Die außerordentliche Kündigung von Mitgliedern des Betriebsrats, der Jugend- und Auszubildendenvertretung, der Bordvertretung und des Seebetriebsrats, des Wahlvorstands sowie von Wahlbewerbern bedarf der Zustimmung des Betriebsrats.

(2) ¹Verweigert der Betriebsrat seine Zustimmung, so kann das Arbeitsgericht sie auf Antrag des Arbeitgebers ersetzen, wenn die außerordentliche Kündigung unter Berücksichtigung aller Umstände gerechtfertigt ist. ²In dem Verfahren vor dem Arbeitsgericht ist der betroffene Arbeitnehmer Beteiligter.

(3) ¹Die Versetzung der in Absatz 1 genannten Personen, die zu einem Verlust des Amtes oder der Wählbarkeit führen würde, bedarf der Zustimmung des Betriebsrats; dies gilt nicht, wenn der betroffene Arbeitnehmer mit der Versetzung einverstanden ist. ²Absatz 2 gilt entsprechend mit der Maßgabe, dass das Arbeitsgericht die Zustimmung zu der Versetzung ersetzen kann, wenn diese auch unter Berücksichtigung der betriebsverfassungsrechtlichen Stellung des betroffenen Arbeitnehmers aus dringenden betrieblichen Gründen notwendig ist.

Übersicht	Rdn.		Rdn.
A. Normzweck	1	2. Versetzung	9
B. Anwendungsbereich	2	III. Zustimmungsverfahren	11
I. Geschützte AN	2	1. Zustimmung	11
II. Gegenstand des Zustimmungsrechts	6	2. Zustimmungsverweigerung	14
1. Außerordentliche Kdg	6	IV. Zustimmungsersetzungsverfahren	19

1 **A. Normzweck.** Zum Schutz der Funktionsfähigkeit der Betriebsverfassungsorgane und der unbefangenen Amtsausübung der gewählten Organmitglieder werden die Amtsinhaber und die Bewerber um betriebsverfassungsrechtliche Ämter gegen willkürliche Beendigung ihres Arbeitsverhältnisses geschützt. Neben dem individualrechtlichen Ausschluss der ordentlichen Kdg gem § 15 KSchG bewirkt § 103 durch das Zustimmungserfordernis des BR einen erg Schutz für die außerordentliche Kdg. Die fehlende Zustimmung macht die Kdg unwirksam; der AG muss vor Ausspruch der außerordentlichen Kdg die Zustimmung erstreiten. Erg schützt III vor der betriebsübergreifenden Versetzung, die die Wählbarkeit und damit das Amt kostet (zum Normzweck *Löwisch/Kaiser* § 103 Rn 1 ff).

2 **B. Anwendungsbereich. I. Geschützte AN.** § 103 I zählt die geschützten Funktionsträger und Bewerber abschließend auf. Hinzu kommen gem § 29a HAG in Heimarbeit Beschäftigte mit betriebsverfassungsrechtlichen Funktionen und Vertrauenspersonen der Schwerbehinderten (§§ 96 III, 95 I 4 SGB IX; dazu BAG 19.7.2012, 2 AZR 989/11, NZA 2013, 143). Ersatzmitglieder von Betriebsverfassungsorganen sind nur geschützt, soweit sie in das Amt nachgerückt sind oder vorübergehend vertreten haben (BAG 8.9.2011, 2 AZR 388/10, EzA-SD 2012, Nr 3; dazu *Fischer/Küpper* ZBVR online 2013, 33). Mit Arbeitsaufnahme des Ersatzmitglieds an dem Tag, an dem das ordentliche Mitglied erstmals verhindert ist, beginnt die Vertretung. Einer förmlichen Benachrichtigung des Ersatzmitglieds bedarf es nicht (BAG 17.1.1979, 5 AZR 891/1977, EzA § 15 KSchG nF Nr 21). Eine vor Beginn der Stellvertretung ausgesprochene außerordentliche Kdg oder Versetzung wird durch das Nachrücken nicht nachträglich zustimmungspflichtig (*Löwisch/Kaiser* § 103 Rn 7). Nach Beendigung des Vertretungsfalls greift der nachwirkende Kdg-Schutz des § 15 I KSchG, aber nicht mehr der Sonderschutz des § 103. Ist die BR-Wahl nichtig (und nicht bloß anfechtbar, § 19 Rdn 2), haben die Betroffenen kein Amt und damit auch keinen Schutz nach § 103 (BAG 7.5.1986, 2 AZR 349/85, NZA 1986, 753). Mitglieder der Einigungsstelle, einer Beschwerdestelle oder des WA werden nicht geschützt. § 103 ist als Ausnahmevorschrift nicht analogiefähig. Auch Bewerber um den Wahlvorstand fallen nicht darunter (LAG BW 31.5.1974, 7 Sa 680/74, BB 1974, 885; BAG 31.7.2014, 2 AZR 505/13, NZA 2015, 245). AN-Vertreter im Aufsichtsrat genießen nur den Schutz des § 26 MitbestG (BAG 4.4.1974, 2 AZR 452/73, EzA § 15 KSchG nF Nr 1); bekleiden sie zugleich ein BR-Amt, gilt zusätzlich § 103 – betrifft aber stets nur die Kdg »als AN«, nicht Sanktionen wegen Pflichtverletzungen »als Amtsträger« (BAG 23.10.2008, 2 ABR 59/07, EzA § 626 BGB 2002 Nr 25).

Geschützt werden die betriebsverfassungsrechtlichen Funktionsträger nur für die **Dauer ihres Amtes**. Zur Amtszeit von BR-Mitgliedern s §§ 21, 24. Die Anfechtung einer Betriebswahl beendet mit Rechtskraft des stattgebenden arbeitsgerichtlichen Beschlusses das Amt. 3

Der Kdg-Schutz der **Wahlbewerber** beginnt entspr § 15 III KSchG mit der Aufstellung des Wahlvorschlages, also spätestens, wenn dieser gem § 6 I 2 WO beim Wahlvorstand eingegangen ist. Für den Kdg- und Versetzungsschutz genügt es schon, wenn der Wahlvorschlag durch die in § 14 IV vorgesehene Mindestzahl an AN unterschrieben ist (BAG 4.3.1976, 2 AZR 620/74, EzA § 15 KSchG nF Nr 8). Das Zustimmungserfordernis ist nicht davon abhängig, dass der AN Kenntnis von der Bewerbung hat (LAG Berl-Bbg 2.3.2007, 9 Sa 1866/06, LAGE § 15 KSchG Nr 19; *Löwisch/Kaiser* § 103 Rn 4). Nach Auffassung des BAG sind Wahlbewerber auch dann vor Kdg oder Versetzungen zu schützen, wenn die Vorschlagslisten durch die nachträgliche Streichung von Stützunterschriften gem § 8 II Nr 3 WO ungültig werden (BAG 5.12.1980, 7 AZR 781/78, EzA § 15 KSchG nF Nr 25; krit *Löwisch* Anm AP KSchG 1969 § 15 Nr 9). Erfolglose Wahlbewerber verlieren den Schutz des § 103 mit Bekanntgabe des Wahlergebnisses. Ihnen verbleibt gem § 15 III 2 KSchG ein 6-monatiger Kdg-Schutz gegen ordentliche Kdg. 4

Mitglieder des Wahlvorstandes werden entspr § 15 III 1 KSchG ab dem Zeitpunkt geschützt, in dem der Wahlvorstand nach den Vorschriften der §§ 16, 17 bestellt worden ist. Dieser Schutz endet gem § 18 WO mit der Bekanntgabe des Wahlergebnisses durch den Wahlvorstand (BAG 30.5.1978, 2 AZR 637/76, BB 1979, 323; LAG Hamm 29.11.1973, 3 Sa 663/73, AiB 2001, 721) oder noch vor Bekanntgabe des Wahlergebnisses mit Rückzug der Kandidatur (BAG 17.3.2005, 2 AZR 275/04, NZA 2005, 1064). Während der folgenden 6 Monate genießen die Mitglieder des Wahlvorstands nachlaufenden Schutz vor ordentlichen Kdg, § 15 III 2 KSchG. 5

II. Gegenstand des Zustimmungsrechts. 1. Außerordentliche Kdg. Sie bedarf der Zustimmung des BR. Außerordentliche Änderungskdg bedürfen gleichfalls der Zustimmung nach § 103 (BAG 6.3.1986, 2 ABR 15/85, EzA § 15 KSchG nF Nr 34; 17.3.2005, 2 ABR 2/04, NZA 2005, 949). Das gilt trotz des Begünstigungsverbots auch für Massenänderungskdg (BAG 7.10.2004, 2 AZR 81/04, EzA § 15 KSchG nF Nr 57). Der Antrag des AG, das Arbeitsverhältnis eines nach der Kdg zum Funktionsträger Gewordenen gem § 9 KSchG aufzulösen, bedarf nicht der Zustimmung (aA LAG Berlin 27.5.2004, 13 Sa 313/04, LAGE § 9 KSchG Nr 36). 6

Nicht erfasst wird die ausnahmsweise **nach § 15 IV, V KSchG zulässige ordentliche Kdg** (BAG 13.8.1992, 2 AZR 22/92, EzA § 15 KSchG nF Nr 39; 15.2.2007, 8 AZR 310/06, DB 2007, 1759). Das gilt auch dann, wenn der Amtsträger **tariflich unkündbar** ist und ihm ggü eine **außerordentliche betriebsbedingte Kdg** nach § 15 IV, V KSchG mit sozialer Auslauffrist ausgesprochen werden soll; sie ist der Sache nach eine ordentliche Kdg (BAG 18.9.1997, 2 ABR 15/97, EzA § 15 KSchG nF Nr 46). Beendet der Funktionsträger das Arbeitsverhältnis selbst (**Aufhebungsvertrag, Eigenkündigung**) oder endet das Arbeitsverhältnis anders als durch Kdg (Zeitablauf, Zweckerreichung, Anfechtung), hat der BR kein Zustimmungsrecht (zum Aufhebungsvertrag BAG 11.7.2000, 1 ABR 39/99, NZA 2001, 516, 519). 7

In Sonderfällen **entfällt zwar das Zustimmungsrecht des BR, nicht aber die Zustimmungspflicht**; der AG ist dann gehalten, **unmittelbar das ArbG um Zustimmungsersetzung** zu ersuchen. Das betrifft das »letzte BR-Mitglied«, für das kein Ersatzmitglied vorhanden ist und das nicht über sich selbst abstimmen kann. Hier kann der AG analog § 103 II im Beschlussverfahren die Zustimmung des ArbG einholen (BAG 16.12.1982, 2 AZR 76/81, EzA § 103 BetrVG 1972 Nr 29). Das muss auch gelten, wenn einem **Mitglied des Wahlvorstandes** außerordentlich gekündigt wird und ein **BR noch nicht besteht**. Schließlich rechnet hierher der Fall der außerordentlichen Kampfkündigung eines Funktionsträgers, etwa weil der betroffene AN an einem rechtswidrigen Streik teilgenommen hat (BAG 14.2.1978, 1 AZR 54/76, EzA § 15 KSchG nF Nr 19). 8

2. Versetzung. Die Funktionsfähigkeit der betriebsverfassungsrechtlichen Organisationen kann nicht durch Kdg, sondern auch durch Versetzungen eines oder mehrerer Funktionsträger gefährdet werden. Greift der AG auf eine Änderungskdg zurück, so ist der BR gem § 103 I zu beteiligen. Nach der Reform des BetrVG gilt dies auch für Versetzungen auf der Grundlage des Direktionsrechts, § 103 III. Damit ist die Streitfrage hinfällig, ob die Bestimmung des § 103 auch auf Versetzungen kraft Direktionsrechts analog anwendbar ist (bejahend LAG Frankfurt 8.5.1995, 11 SaGa 589/95, EzA-SD 1995, Nr 18, 9; abl BAG 11.7.2000, 1 ABR 39/99, EzA § 103 BetrVG 1972 Nr 42). 9

Die **Versetzung** ist in § 95 III 1 (s § 99 Rdn 26) legaldefiniert als die Zuweisung eines anderen Arbeitsbereichs, die voraussichtlich die Dauer 1 Monats überschreitet, oder die mit einer erheblichen Änderung der Umstände verbunden ist, unter denen die Arbeit zu leisten ist. Kurzfristige Abordnungen in einen anderen Betrieb desselben AG lösen also das Zustimmungsrecht nicht aus; der AN verliert auch nicht sein Amt. Dem Zustimmungsvorbehalt des § 103 unterliegen nur Versetzungen in einen anderen Betrieb desselben AN und 10

§ 103 BetrVG Außerordentliche Kündigung und Versetzung in besonderen Fällen

die Beförderung zum leitenden Angestellten, weil beides die Wählbarkeit und damit das Amt beendet. In anderen Fällen ist der BR auf das Zustimmungsverweigerungsrecht nach § 99 beschränkt. Eine Beteiligung des BR ist nach III 1 Hs 2 nicht erforderlich, wenn der AN **mit der konkreten Versetzung einverstanden** ist. Zur Rückgängigmachung einer Personalgestellung durch den Vertragsarbeitgeber LAG Schleswig-Holstein 14.6.2012, 5 TaBV 3/12, juris.

11 **III. Zustimmungsverfahren. 1. Zustimmung.** Der Zustimmung zur Kdg oder Versetzung muss ein wirksamer Beschluss des BR vorausgehen. Der BR kann die Entscheidung auf einen Ausschuss delegieren (BAG 17.3.2005, 2 AZR 275/04, EzA § 28 BetrVG 2001 Nr 1). Das zu kündigende oder zu versetzende BR-Mitglied darf an der Beratung und Beschlussfassung nicht mitwirken. Aufgrund seiner Befangenheit gilt es als zeitweilig verhindert iSd § 25 I 2 (BAG 23.8.1984, 2 AZR 391/83, NZA 1985, 254). An seiner Stelle hat das Ersatzmitglied mitzuwirken. Sollen mehrere BR-Mitglieder wegen des gleichen Vorfalls gekündigt werden, ist jedes Mitglied nur von der Teilnahme an der Beratung und Abstimmung über die ihn betreffende außerordentliche Kdg ausgeschlossen (BAG 25.3.1976, 2 AZR 163/75, EzA § 103 BetrVG 1972 Nr 12; krit ErfK/*Kania* § 103 Rn 7). Wiederholt der AG eine außerordentliche Kdg aufgrund rechtlicher Bedenken, so ist die Zustimmung des BR erneut erforderlich.

12 Das Zustimmungsverfahren muss **vor Ausspruch der außerordentlichen Kdg** abgeschlossen sein. Eine vor Erteilung oder Ersetzung der Zustimmung ausgesprochene Kdg ist **unheilbar nichtig** (BAG 20.3.1975, 2 ABR 111/74, EzA § 103 BetrVG 1972 Nr 7; 9.7.1998, 2 AZR 142/98, EzA § 103 BetrVG 1972 Nr 39). Kommt der Zustimmungsbeschluss des BR nicht ordnungsgemäß zustande, ist die Zustimmung unwirksam mit der Folge, dass auch die vom AG ausgesprochene Kdg oder Versetzung unwirksam ist (BAG 23.8.1984, 2 AZR 391/83, EzA § 103 BetrVG 1972 Nr 30). Soweit dem AG die fehlerhafte Beschlussfassung zuzurechnen ist, etwa durch unzureichende oder fehlerhafte Unterrichtung des BR, bereitet diese Rechtsfolge keine Schwierigkeiten. Problematisch sind Verfahrensmängel aus dem Bereich des BR. Hier nimmt das BAG eine inkonsequente Haltung ein: So lehnt es die für § 102 entwickelte »Sphärentheorie« (s § 102 Rdn 28) ab, billigt dem AG aber ein schützenswertes Vertrauen in die Zustimmung des BR zu, wenn er die die Unwirksamkeit des Beschlusses begründenden Tatsachen weder kennt noch kennen muss (BAG 23.8.1984, 2 AZR 391/83, aaO). Dem BR-Mitglied ist es dann verwehrt, sich auf die Unwirksamkeit der Versetzung oder Kdg zu berufen.

13 Der BR muss der Kdg bzw Versetzung **endgültig zugestimmt** haben. Das ist nicht der Fall, wenn der BR dem AG mitteilt, dass er einer außerordentlichen Kdg grds zustimmen will, er aber noch die schriftliche Bestätigung der AG-Angaben einsehen will (BAG 1.12.1977, 2 AZR 426/76, EzA § 103 BetrVG 1972 Nr 21). Hat der BR seine Zustimmung zunächst verweigert, kann er sie – vor Ausspruch der Kdg – nachträglich erteilen. § 103 dient dem Schutz der Funktionsfähigkeit des BR, über dessen Reichweite der BR im Einzelfall disponieren kann (BAG 23.6.1993, 2 ABR 58/92, EzA § 103 BetrVG 1972 Nr 34). Ein zwischenzeitlich eingeleitetes Zustimmungsersetzungsverfahren wird gegenstandslos und ist einzustellen (BAG 23.6.1993, 2 ABR 58/92, aaO). An die erklärte Zustimmung ist der BR gebunden; sie ist unwiderruflich, sobald sie dem AG zugegangen ist (HWK/*Ricken* § 103 Rn 13). Erteilt der BR seine Zustimmung nicht innerhalb von 3 Tagen (Frist aus § 102 II 3), gilt sie als verweigert (BAG 18.8.1977, 2 ABR 19/77, EzA § 103 BetrVG 1972 Nr 20).

14 **2. Zustimmungsverweigerung.** Der BR hat kein freies Zustimmungsrecht. Der BR hat eine rechtliche Vorprüfung vorzunehmen (anders *Löwisch/Kaiser* § 103 Rn 22: betrifft nicht Zustimmungsverweigerung, sondern erst Zustimmungsersetzungsverfahren). Er darf der **außerordentlichen Kdg** nur die Zustimmung verweigern, wenn nach seiner Auffassung kein wichtiger Grund iSv § 626 I BGB vorliegt oder die 2-Wochenfrist des § 626 II BGB abgelaufen ist (BAG 25.3.1976, 2 AZR 163/75, EzA § 103 BetrVG 1972 Nr 12; *Löwisch/Kaiser* § 103 Rn 27). Die zu § 626 BGB entwickelten Grds sind zu modifizieren. Freilich verschafft das BR-Amt kein Recht zu gröbsten Pflichtverletzungen. **Reine Amtspflichtverletzungen** rechtfertigen keine außerordentliche Kdg, da § 23 I hierfür ein eigenes Verfahren vorsieht. Verstößt das BR-Mitglied sowohl gegen seine Amtspflichten als auch gegen seine Pflichten aus dem Arbeitsvertrag, müsse im Hinblick auf die »bes Konfliktsituation« des BR-Mitgliedes ein »strengerer« Maßstab an den Kdg-Grund angelegt werden (BAG 16.10.1986, 2 ABR 71/85, EzA § 626 BGB nF Nr 105). Das verstößt gegen das Begünstigungsverbot des § 78.

15 Als **verhaltensbedingte** Gründe für die außerordentliche Kdg wurden gesehen: Unterschlagungen und Veruntreuungen (BAG 22.8.1974, 2 ABR 17/74, EzA § 103 BetrVG 1972 Nr 6), verunglimpfende und aufhetzende Wahlwerbung iR einer BR-Wahl (BAG 15.12.1977, 3 AZR 184/76, EzA § 626 BGB nF Nr 61), wiederholtes Verlassen des Arbeitsplatzes trotz voriger Abmahnungen (LAG Hamm 7.4.1972, 2 Sa 102/72, DB 1972, 1124), wiederholte unerlaubte Mitnahme von Esswaren aus einer vom BR-Mitglied verwalteten Kantine, bei Diebstahl und Verkauf von Eigentum des AG an einen Dritten unter Einzahlung des Kaufpreises

auf ein Sozialkonto des BR (BAG 10.2.1999, 2 ABR 31/98, EzA § 15 nF KSchG Nr 47), nachhaltige Störung des Betriebsfriedens durch Werbung für eine Sekte (ArbG Ludwigshafen 12.5.1993, 3 Ca 3165/92, DB 1994, 944), heimliche Tonmitschnitte einer Betriebsversammlung (LAG Düsseldorf 28.3.1980, 9 Sa 67/80, EzA § 626 BGB nF Nr 74), Werbung für eine Gewerkschaft unter unbefugter Ausnutzung des BR-Amtes und der Bereitschaft, im Prozess gegen den AG falsch auszusagen (BAG 16.10.1986, 2 ABR 71/85, EzA § 626 BGB nF Nr 105).

Die außerordentliche **betriebsbedingte** Kdg ist gerechtfertigt, wenn diese infolge einer Umstrukturierung des Betriebs, etwa einer Betriebsstilllegung, unvermeidlich ist. § 15 KSchG und § 103 schützen Funktionsträger nicht vor den Folgen genereller unternehmerischer Maßnahmen, sondern nur gegen gezielte, ihre Funktion beeinträchtigende Maßnahmen (BAG 18.9.1997, 2 ABR 15/97, EzA § 15 KSchG nF Nr 46). Ein wichtiger Grund für eine Änderungskdg liegt vor, wenn dem AG ein Festhalten an den bisherigen Arbeitsbedingungen schlechterdings nicht zugemutet werden kann (BAG 6.3.1986, 2 ABR 15/85, EzA § 15 KSchG nF Nr 34). Entschließt sich der AG zur Auflösung einer Leitungsebene bei gleichzeitiger Rückstufung aller Mitarbeiter unter Einschluss der Funktionsträger iSd § 103, kann er die Zustimmung des BR zu einer außerordentlichen Änderungskdg aus betrieblichen Gründen verlangen (BAG 21.6.1995, 2 ABR 28/94, EzA § 15 KSchG nF Nr 43). Will der AG unter Berufung auf den Grds der AN-Gleichbehandlung lediglich seine Lohnkosten reduzieren, sei eine außerordentliche Änderungskdg nicht gerechtfertigt (BAG 20.1.2000, 2 ABR 40/99, EzA § 15 KSchG nF Nr 49). 16

Die **Versetzung** des Funktionsträgers hängt individualrechtlich davon ab, ob der AG die Grenzen des Direktionsrechts überschreitet. III 2 modifiziert den Maßstab dahin, dass die Versetzung aus dringenden betrieblichen Gründen notwendig sein muss – auch unter Berücksichtigung der Amtsstellung. Das ist zuerst dahin zu korrigieren, dass auch verhaltensbedingte Gründe (sexuelle Belästigung) oder personenbedingte (Wegfall der Leistungsfähigkeit beim nicht freigestellten BR) genügen müssen, weil der AG sonst womöglich gehalten ist, den Amtsträger zu kündigen oder die Entgeltzahlung einzustellen, weil er ihn nicht beschäftigen kann. Auf individuelle Fähigkeiten und Sachkunde als Funktionsträger muss der AG keine Rücksicht nehmen (*Rieble* NZA-Sonderheft 2001, 46; aA *Löwisch/Kaiser* § 103 Rn 33). 17

Hierher gehören die Einschränkung oder Stilllegung von wesentlichen Betriebsteilen iSd § 111 S 3 Nr 1, die Spaltung von Betrieben iSd § 111 S 3 Nr 3, die Umstrukturierung eines Unternehmens iSd § 111 S 3 Nr 4 unter Auslagerung von Aufgaben, die zuvor Gegenstand der Tätigkeit des BR-Mitglieds waren (*Löwisch/Kaiser* § 103 Rn 34). Die Betriebsumstrukturierung ist als unternehmerische Entscheidung vom ArbG nicht nachprüfbar (BAG 11.7.2000, 1 ABR 39/99, EzA § 103 BetrVG 1972 Nr 42). Fällt die Beschäftigungsmöglichkeit am bisherigen Arbeitsplatz weg, entspricht die darauf bezogene Versetzung betrieblichen Gründen (BAG 11.7.2000, aaO). Weigert sich ein Funktionsträger, die andere Stelle im Betrieb anzunehmen, und kommen für diesen Arbeitsplatz mehrere AN in Betracht, kann der AG mangels Dringlichkeit nicht auf der Versetzung des BR-Mitglieds bestehen (*Rieble* NZA-Sonderheft 2001, 46). Ein vollständig von seiner Arbeitstätigkeit freigestelltes BR-Mitglied kann nicht versetzt werden, wenn dessen eigentliche Arbeitstätigkeit in einen anderen Betrieb verlagert wird (*Rieble* aaO). Das BAG hat für den vergleichbar gelagerten Fall die ordentliche Kdg eines freigestellten BR-Mitglieds nach § 15 V KSchG erlaubt, weil es keine »freischwebenden BR-Mitglieder« geben dürfe (BAG 18.9.1997, 2 ABR 15/97, EzA § 15 KSchG nF Nr 46). Die Wählbarkeit nach §§ 8, 24 Nr 4 setzt freilich weder eine aktuelle Arbeitsleistung noch deren Möglichkeit voraus (ausf *Löwisch/Kaiser* § 103 Rn 35). 18

IV. Zustimmungsersetzungsverfahren. Auf die Zustimmungsverweigerung kann der AG mit der Einleitung des Zustimmungsersetzungsverfahrens reagieren. Der Antrag kann erst gestellt werden, wenn die Zustimmung verweigert ist oder nach 3 Tagen als verweigert gilt; er muss vor Ablauf der 2-Wochenfrist des § 626 II BGB erfolgen (BAG 7.5.1986, 2 ABR 27/85, EzA § 103 BetrVG 1972 Nr 31; 24.10.1996, 2 AZR 3/96, EzA § 103 BetrVG 1972 Nr 37). Endet das Amt des BR, bleibt der Antrag nur zulässig, wenn sich eine neue Amtszeit unmittelbar anschließt (BAG 27.1.2011, 2 ABR 114/09, EzA § 103 BetrVG 2001 Nr 8; 12.3.2009, 2 ABR 24/08, NZA-RR 2010, 180). Bei der Versetzung darf der AG das Zustimmungsersetzungsverfahren erst einleiten, wenn der BR analog § 99 III nicht binnen 1 Woche reagiert hat (*Löwisch/Kaiser* § 103 Rn 22). 19

Die Wirksamkeit der beabsichtigten Kdg oder Versetzung unterliegt der vollen arbeitsgerichtlichen Überprüfung im Beschlverfahren. Werden dem AG nachträglich weitere Kdg-Gründe bekannt, so kann er sie in das laufende Verfahren einführen, sofern er vorher den BR unterrichtet und ihm Gelegenheit zur Stellungnahme gegeben hat (BAG 16.9.1999, 2 ABR 68/98, EzA § 103 BetrVG 1972 Nr 40). Anders als im Anhörungsverfahren nach § 102 können Tatsachen im Verlauf des Verfahrens nachgeschoben werden (BAG 23.4.2008, 2 ABR 71/07, EzA § 103 BetrVG 2001 Nr 6). Will der AG einem schwerbehinderten 20

BR-Mitglied kündigen, so ist unerheblich, ob er den Antrag auf Zustimmung des Integrationsamtes gem §§ 85, 91 I SGB IX vor, während oder nach Beteiligung des BR stellt (BAG 11.5.2000, 2 AZR 276/99, EzA § 103 BetrVG 1972 Nr 41). Stimmt das Integrationsamt der Kdg zu, verweigert jedoch der BR seine Zustimmung zur Kdg des Schwerbehinderten, muss der AG in entspr Anwendung des § 91 III SGB IX unverzüglich die Zustimmungsersetzung beantragen (BAG 22.1.1987, 2 ABR 6/86, EzA § 103 BetrVG 1972 Nr 32). Im Zustimmungsersetzungsverfahren ist der betroffene AN Beteiligter gem § 103 II 2, gegen ihn beschwerende Entsch stehen ihm Rechtsmittel unabhängig davon zu, ob der BR die arbeitsgerichtliche Entsch hinnimmt (BAG 10.12.1992, 2 ABR 32/92, EzA § 103 BetrVG 1972 Nr 33). Legt nur das betroffene BR-Mitglied gegen eine zustimmungsersetzende Entscheidung des ArbG Beschwerde ein und gewinnt es, sind ihm die entstandenen Kosten wegen des Benachteiligungsverbots des § 78 S 2 zu erstatten (BAG 31.1.1990, 1 ABR 39/89, EzA § 40 BetrVG 1972 Nr 64).

21 Erst die rkr positive Entsch des ArbG über die Zustimmungsersetzung berechtigt den AG zum Ausspruch von Kdg oder Versetzung (BAG 11.11.1976, 2 AZR 457/75, EzA § 103 BetrVG 1972 Nr 17; 9.7.1998, 2 AZR 142/98, EzA § 103 BetrVG 1972 Nr 39). Dem AG steht die 2-Wochenfrist des § 626 II BGB nicht erneut zur Verfügung, er muss unverzüglich kündigen (BAG 24.4.1975, 2 AZR 118/74, EzA § 103 BetrVG 1972 Nr 8; 9.7.1998, aaO). Ergibt sich aus den Gründen der Entsch, dass eine Nichtzulassungsbeschwerde offensichtlich unstatthaft ist, steht dem AG zu diesem frühen Zeitpunkt das Recht zum Ausspruch der Kdg zu. Freilich kann seit dem 1.1.2005 gem § 72a III 2 Nr 1 ArbGG die Nichtzulassungsbeschwerde auch auf die grds Bedeutung der Rs gestützt werden. Eine sichere Prognose über die Unzulässigkeit der Nichtzulassungsbeschwerde ist also nicht möglich (LAG Nds 22.1.2010, 10 Sa 424/09, LAGE § 103 BetrVG 2001 Nr 10; ErfK/*Kania* § 103 Rn 14 mwN). Für die Versetzung gilt keine Ausschlussfrist.

22 Der AG kann uU das zu kündigende BR-Mitglied von seiner Arbeitspflicht suspendieren; die Beschäftigungspflicht ist abwägungsoffen. Maßgeblich hierfür sind die Umstände des Einzelfalles, insb die Schwere der Kdg-Gründe (BAG 11.11.1976, 2 AZR 457/75, EzA § 103 BetrVG 1972 Nr 17). Der Anspruch auf Weiterbeschäftigung entfällt, wenn der Belegschaft oder dem AG Gefahren durch zu erwartende weitere Straftaten oder ansteckende Krankheiten entstehen (LAG Sachs 14.4.2000, 3 Sa 298/00, LAGE § 103 BetrVG 1972 Nr 16). Die Pflicht zur Entgeltfortzahlung wird durch eine Suspendierung nicht berührt, wobei es auch hier auf die Zumutbarkeit im Einzelfall ankommen soll (BAG 11.11.1976, aaO). Die individualarbeitsrechtlich zulässige Suspendierung hindert nicht die Ausübung des Amtes. Etwas anderes soll gelten, wenn das zu kündigende BR-Mitglied seine Funktion rechtsmissbräuchlich ausübt, indem es etwa konkret den Betriebsfrieden gefährdet (LAG München 19.3.2003, 7 TaBV 65/02, NZA-RR 2003, 641; LAG Düsseldorf 22.2.1977, 11 TaBV 7/77, DB 1977, 1053). Richtigerweise muss der AG insofern das Ruhen des Amtes durch einstweilige Verfügung nach § 85 II ArbGG und § 23 I BetrVG beantragen.

23 Der positive rechtskräftige Zustimmungsersetzungsbeschl hindert den Amtsträger nicht an der **Kdg-Schutzklage**. Die Entscheidung im Beschlussverfahren äußert aber Rechtskraft auch ggü dem AN; der Kündigungsgrund steht rechtskräftig fest (BAG 10.12.1992, 2 ABR 32/92, EzA § 103 BetrVG 1972 Nr 33). Deswegen kann der AN im Kdg-Schutzprozess nur Mängel der Kdg-Erklärung einwenden sowie, dass der AG nicht mit Blick auf § 626 II BGB unverzüglich nach Rechtskraft gekündigt hat. Das BAG will darüber hinaus den Einwand zulassen, dass neue Tatsachen eine andere Beurteilung der Kdg-Gründe erfordern, weil es auf den Zeitpunkt der Kdg-Erklärung ankomme (BAG 24.4.1975, 2 AZR 118/74, EzA § 103 BetrVG 1972 Nr 8; 9.1.1986, 2 ABR 24/85, EzA § 626 BGB nF Nr 98). Das wird kaum praktisch. Die Rechtskraftwirkung greift nicht ggü der Kdg-Schutzklage gegen eine spätere ordentliche Kdg (BAG 15.8.2002, 2 AZR 214/01, EzA § 103 BetrVG 1972 Nr 44).

24 Hat der AG das Zustimmungsersetzungsverfahren verloren, kann er wegen der Rechtskraft seinerseits nur bei Vorliegen neuer Tatsachen oder Kdg-Gründe ein 2. Zustimmungsersetzungsverfahren betreiben, etwa wenn das BR-Mitglied in der Zwischenzeit strafrechtlich rkr verurteilt wurde (BAG 16.9.1999, 2 ABR 68/98, EzA § 103 BetrVG 1972 Nr 40; *Löwisch/Kaiser* § 103 Rn 41).

§ 104 Entfernung betriebsstörender Arbeitnehmer

[1]Hat ein Arbeitnehmer durch gesetzwidriges Verhalten oder durch grobe Verletzung der in § 75 Abs. 1 enthaltenen Grundsätze, insbesondere durch rassistische oder fremdenfeindliche Betätigungen, den Betriebsfrieden wiederholt ernstlich gestört, so kann der Betriebsrat vom Arbeitgeber die Entlassung oder Versetzung verlangen. [2]Gibt das Arbeitsgericht einem Antrag des Betriebsrats statt, dem Arbeitgeber aufzugeben, die Entlassung oder Versetzung durchzuführen, und führt der Arbeitgeber die Entlassung oder Versetzung einer rechtskräftigen gerichtlichen Entscheidung zuwider nicht durch, so ist auf Antrag des Betriebsrats vom Arbeitsgericht zu erkennen, dass er zur Vornahme der Entlassung oder Versetzung

durch Zwangsgeld anzuhalten sei. ³Das Höchstmaß des Zwangsgeldes beträgt für jeden Tag der Zuwiderhandlung 250 Euro.

§ 104 erlaubt dem BR ausnahmsweise, vom AG eine personelle Maßnahme zu verlangen (Initiativrecht) – im Interesse der Belegschaft und des Betriebsfriedens. Die Vorschrift ergänzt §§ 99 II Nr 6, 75. Der Anspruch auf Entlassung oder Versetzung setzt voraus, dass der Störer AN ist, §§ 5 I und 6. Der BR kann nicht die Entlassung oder Versetzung von Organmitgliedern oder von Leitenden verlangen. Das gilt selbst dann, wenn der betroffene AN erst während des Verfahrens zum leitenden Angestellten geworden ist (LAG Nds 22.1.2002, 6 TaBV 13/01, NZA 2003, 119). Auch in Tendenzbetrieben und ggü Tendenzträgern ist § 104 anzuwenden (ErfK/*Kania* § 104 Rn 2). 1

Das Entlassungs- oder Versetzungsverlangen ist begründet, sofern der betroffene AN sich **gesetzwidrig verhalten** hat. Hierzu zählen zunächst alle Verletzungen des StGB, also Beleidigung, Verleumdung, Körperverletzung, sexuelle Belästigung, Nötigung und Diebstahl, aber auch Verstöße gegen Arbeitsschutzvorschriften. Die Verletzung arbeitsvertraglicher Pflichten genügt jedoch nicht. In 1. Linie kommt es auf das Verhalten im Betrieb an; ausnahmsweise können außerbetriebliche Gesetzesverstöße genügen, wenn sie sich unmittelbar störend auf den Betriebsfrieden auswirken, insb Konflikte in den Betrieb treiben (etwa Volksverhetzung gem § 130 StGB). 2

Grobe Verstöße gegen die in § 75 I enthaltenen Grds rechtfertigen einen Antrag des BR nach § 104, insb schwerwiegende Diskriminierungen oder Belästigungen iSv § 3 III, IV AGG, auch wenn der AN Mindestregeln sozialen Zusammenlebens nicht akzeptiert (*Löwisch/Kaiser* § 104 Rn 9). Auf die Beweiserleichterung des § 22 AGG kann sich der BR nicht berufen (*Besgen* BB 2008, 213, 216). Auf ein Verschulden des AN kommt es nicht an, da § 104 dem objektiven Schutz des Betriebsfriedens vor Störungen dient (so auch HWK/*Ricken* § 104 Rn 5; inkonsequent ErfK/*Kania* § 104 Rn 3). Unflätigkeiten, Unhöflichkeit oder Opposition ggü dem BR rechtfertigen einen Antrag nach § 104 nicht. Überhaupt ist Zurückhaltung geboten: Der AN selbst muss die Störung bewirken; nicht die Intoleranz seiner Umgebung. 3

Als Folge der Verhaltensverstöße muss der Betriebsfrieden ernstlich und wiederholt gestört sein. Hiervon ist auszugehen, wenn eine so erhebliche Beunruhigung im Betrieb eingetreten ist, dass dies das friedliche Zusammenarbeiten der AN untereinander gefährdet (LAG Köln 15.10.1993, 13 TaBV 36/93, NZA 1994, 431; LAG Hamm 11.11.1994, 10 (19) Sa 100/94, BB 1995, 678). Im Unterschied zu § 99 II Nr 6 reicht der begründete Verdacht nicht aus (LAG Köln 15.10.1993, 13 TaBV 36/93, aaO). Der AN muss den Betriebsfrieden grds mindestens 2-mal gestört haben. Das trägt dem Umstand Rechnung, dass der AG einem etwaigen Entlassungsbegehren des BR nur nach vorangegangener Abmahnung des AN entsprechen kann (*Löwisch/Kaiser* § 104 Rn 7). Die erstmalige Störung des Betriebsfriedens berechtigt den BR ausnahmsweise dann schon zu einem Entlassungsantrag, wenn die Schwere des Verstoßes kündigungsrechtlich keine Abmahnung erfordert (*Löwisch/Kaiser* § 104 Rn 7). 4

§ 104 **setzt einen Kdg-Grund voraus**. Ein Entlassungsantrag nach § 104 kann nur Erfolg haben, wenn das Verhalten des AN zur Kdg nach § 626 BGB oder § 1 I KSchG berechtigt (BAG 1.7.1999, 2 AZR 676/98, EzA § 15 BBiG Nr 13). In extremen Ausnahmefällen kann die Kdg als »Druckkdg« gerechtfertigt sein (BAG 18.9.1975, 2 AZR 311/74, EzA § 626 BGB Druckkündigung Nr 1). Der Antrag des BR auf Entlassung oder Versetzung ist am Verhältnismäßigkeitsgrds zu messen. Versetzung geht vor Kdg, Abmahnung vor beidem, die ordentliche geht der außerordentlichen Kdg vor. 5

Folgt der AG dem Entlassungs- oder Versetzungsbegehren des BR, bedarf es keiner weiteren Anhörung gem § 102 (BAG 15.5.1997, 2 AZR 519/96, EzA § 102 BetrVG 1972 Nr 99); im Versetzungsantrag liegt die Zustimmung nach § 99 nur dann, wenn der BR den künftigen Arbeitsplatz genannt hat. Soll die Versetzung in einen anderen Betrieb erfolgen, ist stets der dortige BR nach § 99 zu beteiligen. 6

Lehnt der AG das Begehren ab, kann der BR nach S 2 seinen Anspruch beim ArbG durchsetzen. Im Beschlussverfahren ist der AN wegen der erheblichen Vorwürfe gem § 83 III ArbGG zu beteiligen. Die Entscheidung hat keine präjudizielle Wirkung für ein Individualverfahren. Die Vollstreckung erfolgt über das Zwangsgeld. 7

§ 105 Leitende Angestellte
Eine beabsichtigte Einstellung oder personelle Veränderung eines in § 5 Abs. 3 genannten leitenden Angestellten ist dem Betriebsrat rechtzeitig mitzuteilen.

§ 105 befriedigt das Informationsbedürfnis des BR über Führungsaufgaben im Betrieb. Der BR ist für die Leitenden nicht zuständig, § 5 III, und kann lediglich Bedenken mitteilen. Der AG ist nicht zur Beratung oder Anhörung verpflichtet; geschuldet ist die bloße Information. Die Verletzung dieser Mitteilungspflicht 1

§ 106 BetrVG Wirtschaftsausschuss

bleibt weitgehend sanktionslos. Die Rechtsfolgen der §§ 99, 100 greifen bei leitenden Angestellten gerade nicht (BAG 16.4.2002, 1 ABR 23/01, EzA § 5 BetrVG 1972 Nr 66). Die Verletzung der Mitteilungspflicht stellt auch keine Ordnungswidrigkeit dar. Bei bes groben, insb wiederholten Verstößen greift § 23 III.

2 Wer zu den leitenden Angestellten gehört, ergibt sich aus § 5 III (§ 5 Rdn 13–24). Zudem fallen jene AN unter die Bestimmung, die zu leitenden Angestellten befördert werden. Bei Abgrenzungsschwierigkeiten sollte vorsorglich ein Anhörungsverfahren nach § 102 durchgeführt werden, da die Mitteilung nach § 105 nicht in eine Anhörung gem § 102 umgedeutet werden kann (BAG 19.8.1975, 1 AZR 565/74, EzA § 102 BetrVG 1972 Nr 16).

3 **Einstellung** ist wie in § 99 die tatsächliche Eingliederung des leitenden Angestellten in den Betrieb. Auch die Beförderung eines AN zum Leitenden ist eine Einstellung (*Löwisch/Kaiser* § 105 Rn 2). Eine sonstige personelle Veränderung ist jede Veränderung im Aufgabenbereich des Leitenden innerhalb der Betriebsleitung, wie der Entzug von Funktionen, eine Suspendierung, aber auch das Ausscheiden aus dem Betrieb. Dass AG und Leitender die personelle Veränderung vereinbaren, lässt die Mitteilungspflicht nicht entfallen.

4 Der AG muss den BR über die beabsichtigte personelle Maßnahme **rechtzeitig informieren**, also vor Vollzug. Nur dadurch wird man dem Informationsbedürfnis gerecht (*Löwisch/Kaiser* § 105 Rn 4). Weil keine Konsultation vorgesehen ist, kann auch keine Zwischenfrist von 1 Woche wie in § 99 gefordert werden. Eine wiederholte Verletzung der Mitteilungspflicht kann einen Unterlassungsbeschluss nach § 23 tragen (LAG Hess 23.5.2013, 9 TaBV 288/12, JurionRS 2013, 45685).

§ 106 Wirtschaftsausschuss

(1) ¹In allen Unternehmen mit in der Regel mehr als einhundert ständig beschäftigten Arbeitnehmern ist ein Wirtschaftsausschuss zu bilden. ²Der Wirtschaftsausschuss hat die Aufgabe, wirtschaftliche Angelegenheiten mit dem Unternehmer zu beraten und den Betriebsrat zu unterrichten.

(2) ¹Der Unternehmer hat den Wirtschaftsausschuss rechtzeitig und umfassend über die wirtschaftlichen Angelegenheiten des Unternehmens unter Vorlage der erforderlichen Unterlagen zu unterrichten, soweit dadurch nicht die Betriebs- und Geschäftsgeheimnisse des Unternehmens gefährdet werden, sowie die sich daraus ergebenden Auswirkungen auf die Personalplanung darzustellen. ²Zu den erforderlichen Unterlagen gehört in den Fällen des Absatzes 3 Nr 9a insbesondere die Angabe über den potentiellen Erwerber und dessen Absichten im Hinblick auf die künftige Geschäftstätigkeit des Unternehmens sowie die sich daraus ergebenden Auswirkungen auf die Arbeitnehmer; Gleiches gilt, wenn im Vorfeld der Übernahme des Unternehmens ein Bieterverfahren durchgeführt wird.

(3) Zu den wirtschaftlichen Angelegenheiten im Sinne dieser Vorschrift gehören insbesondere
1. die wirtschaftliche und finanzielle Lage des Unternehmens;
2. die Produktions- und Absatzlage;
3. das Produktions- und Investitionsprogramm;
4. Rationalisierungsvorhaben;
5. Fabrikations- und Arbeitsmethoden, insbesondere die Einführung neuer Arbeitsmethoden; Fragen des betrieblichen Umweltschutzes;
6. die Einschränkung oder Stilllegung von Betrieben oder von Betriebsteilen;
7. die Verlegung von Betrieben oder Betriebsteilen;
8. der Zusammenschluss oder die Spaltung von Unternehmen oder Betrieben;
9. die Änderung der Betriebsorganisation oder des Betriebszwecks; die Übernahme des Unternehmens, wenn hiermit der Erwerb der Kontrolle verbunden ist, sowie
10. sonstige Vorgänge und Vorhaben, welche die Interessen der Arbeitnehmer des Unternehmens wesentlich berühren können.

Übersicht	Rdn.		Rdn.
A. Funktion des WA	1	IV. Schutz von Betriebs- und Geschäftsgeheimnissen	7
B. Bildung des WA	2		
C. Unterrichtung des WA	4	D. Wirtschaftliche Angelegenheiten	8
I. Gegenstand	4	E. Streitigkeiten	9
II. Rechtzeitige und umfassende Unterrichtung	5	F. »Gesellschaftsrechtliche Mitbestimmung« und Risikobegrenzungsgesetz	10
III. Vorlage der Unterlagen	6		

1 **A. Funktion des WA.** Der WA ist **Hilfsorgan** des BR auf Unternehmensebene, in Unternehmen mit GBR dessen Hilfsorgan (BAG 25.6.1987, 6 ABR 45/85, EzA § 108 BetrVG 1972 Nr 7; 9.4.1995, 1 ABR

61/94, NZA 1996, 55) mit **Doppelfunktion**: Gem I 2 soll er zu wirtschaftlichen Angelegenheiten des Unternehmens mit dem Unternehmer selbstständig und gleichberechtigt beraten (BAG 11.7.2000, 1 ABR 43/99, EzA § 109 BetrVG 1972 Nr 2) und zum anderen den BR über die wirtschaftlichen Angelegenheiten unterrichten (*Löwisch/Kaiser* § 106 Rn 9). Als **Bindeglied** zwischen Unternehmer und BR soll der WA dafür sorgen, dass der BR Entsch auf der Ebene des Unternehmens, die sich auf die AN-Schaft nachteilig auswirken können, frühzeitig erkennen und seine Interessenvertretung daran ausrichten kann.

B. Bildung des WA. Der WA ist im Unternehmen zu bilden. Weder kann es mehrere für einzelne Betriebe oder Sparten geben, noch sieht das BetrVG einen Konzern-WA vor (BAG 28.8.1989, 7 ABR 39/88, EzA § 106 BetrVG 1972 Nr 9). Eine Ausnahme vom Unternehmensbezug wurde zugelassen, wenn die **Unternehmensleitung im Ausland** sitzt und im Inland nur rechtlich unselbstständige Betriebe bestehen (mit idR mehr als 100 AN; BAG 1.10.1974, 1 ABR 77/73, EzA § 106 BetrVG 1972 Nr 1). Das ist mit Blick auf die neue Rspr, wonach in solchen Fällen ausländischer Konzernspitze kein KBR zu bilden ist (BAG 14.2.2007, 7 ABR 26/06, NZA 2007, 999), abzulehnen. Denn dann kann auch kein inländischer GBR geschaffen werden (aA *Löwisch/Kaiser* § 106 Rn 2). Im **Gemeinschaftsbetrieb** mit mehr als 100 ständig beschäftigten AN soll ebenfalls ein WA zu bilden sein (BAG 1.8.1990, 7 ABR 91/88, EzA § 106 BetrVG 1972 Nr 16; obiter 29.9.2004, 1 ABR 39/03, EzA § 99 BetrVG 2001 Nr 4; offen gelassen von LAG Niedersachsen 19.2.2013, 1 TaBV 155/12, juris). Auch das ist falsch, weil die unternehmerischen Entsch in den Unternehmen und nicht im Gemeinschaftsbetrieb getroffen werden; hier konkurrierten womöglich 3 oder mehr WA. In Tendenzunternehmen gibt es keinen WA, § 118 I 2.

Nur in **Unternehmen mit idR mehr als 100 ständig beschäftigten AN** ist ein WA zu errichten. Leitende Angestellte iSd § 5 III zählen nicht, ebenso wenig in ausländische Betriebe des Unternehmens eingegliederte AN. Leih-AN sollen nun contra legem grundsätzlich zählen (§ 9 Rdn 2). Mitzuzählen sind auch AN aus nicht betriebsratsfähigen oder betriebsratslosen Betrieben (LAG Köln 21.2.2001, 7 TaBV 59/00, AuR 2001, 281). Teilzeitbeschäftigte zählen voll. Fällt die Zahl der im Unternehmen ständig beschäftigten AN nicht nur vorübergehend auf weniger als 101, endet das Amt des WA automatisch (BAG 7.4.2004, 7 ABR 41/03, EzA § 106 BetrVG 2001 Nr 1; *Löwisch/Kaiser* § 106 Rn 6 f). Ist die erforderliche AN-Zahl nicht erreicht, stehen die Unterrichtungsansprüche des WA nicht dem BR bzw GBR zu (vgl aber Rdn 9); es bewendet bei der Unterrichtung nach § 80 II, soweit diese zur Durchführung konkreter Aufgaben erforderlich ist (BAG 5.2.1991, 1 ABR 24/90, EzA § 106 BetrVG 1972 Nr 15).

C. Unterrichtung des WA. I. Gegenstand. Damit der WA seine Aufgaben erfüllen kann, **verpflichtet** II den **Unternehmer**, den WA über sämtliche **wirtschaftlichen Angelegenheiten** des Unternehmens **zu unterrichten**. Was zu den wirtschaftlichen Angelegenheiten zählt, nennt III beispielhaft (s Rdn 8). III Nr 10 enthält eine beschränkte Generalklausel (BAG 11.7.2000, 1 ABR 43/99, EzA § 109 BetrVG 1972 Nr 2). Die dort aufgestellte Schranke, wonach der Vorgang oder das Vorhaben die Interessen der AN wesentlich berühren können muss, greift analog für Nr 1–9 (str, iE wie hier Richardi/*Annuß* § 106 Rn 38). Über die laufende Geschäftsführung und Bagatellangelegenheiten muss der Unternehmer nicht informieren. Ausdrücklich bestimmt II, dass die Unterrichtungspflicht auch die **Auswirkungen** der wirtschaftlichen Angelegenheiten **auf die Personalplanung** einschließt, nicht aber die Personalplanung selbst. Damit soll gewährleistet werden, dass der BR sein Beratungs- und Vorschlagsrecht nach §§ 92, 92a sinnvoll ausüben kann. Eine mit der Beratungsaufgabe des WA nach I 2 korrespondierende Beratungspflicht des Unternehmers setzt die Vorschrift nicht fest.

II. Rechtzeitige und umfassende Unterrichtung. Der Unternehmer muss den WA **unaufgefordert, rechtzeitig** und **umfassend** unterrichten. **Rechtzeitig** ist die Unterrichtung, wenn der WA noch Gelegenheit hat, die Angelegenheit sinnvoll mit dem Unternehmer zu beraten (BAG 20.11.1984, 1 ABR 64/82, EzA § 106 BetrVG 1972 Nr 6; *Löwisch/Kaiser* § 106 Rn 13). Sie hat so frühzeitig zu erfolgen, dass der WA und in der Folge der BR noch auf die Planungen des Unternehmers Einfluss nehmen können (BAG 11.7.2000, 1 ABR 43/99, EzA § 109 BetrVG 1972 Nr 2; LAG Berlin-Brandenburg 30.3.2012, 10 TaBV 2362/11, juris). Andererseits kann nur eine Planung berichtet werden, die bereits hinreichend greifbare Formen angenommen hat; bloße Vorüberlegungen und Planspiele lösen die Unterrichtungspflicht nicht aus. **Umfassend** ist die Unterrichtung, wenn sie es dem WA ermöglicht, gleichgewichtig mit dem Unternehmer über die wirtschaftlichen Angelegenheiten zu beraten (BAG 11.7.2000, 1 ABR 43/99, aaO). Welche Informationen im Einzelfall bekannt gegeben werden müssen, hängt von der Komplexität der jeweils zu beratenden Angelegenheit ab (BAG 20.11.1984, 1 ABR 64/82, aaO). Die Unterrichtung muss verständlich sein und auch die Gründe der geplanten Maßnahme erkennen lassen. Die verspätete, unvollständige oder vollständig unterlassene Information des WA kann nach § 23 III BetrVG geahndet werden (LAG Berlin-Brandenburg 30.3.2012, 10 TaBV 2362/11, juris).

6 III. Vorlage der Unterlagen. Der Unternehmer hat den WA unter **Vorlage der erforderlichen Unterlagen** zu unterrichten. Welche Unterlagen der Unternehmer konkret vorlegen muss, ist Frage des Einzelfalls und abhängig vom konkreten Beratungsthema. Infrage kommt die Vorlage von Betriebsstatistiken, Investitions- und Finanzierungsplänen, Kalkulationsgrundlagen, Kostenanalysen etc. Vorzulegen ist auch der nach § 108 V zu erläuternde Jahresabschluss (s § 108 Rdn 9), der nach § 242 III HGB die Bilanz sowie die Gewinn- und Verlustrechnung umfasst, und der nach § 321 HGB bereits erstellte Wirtschaftsprüfungsbericht (BAG 8.8.1989, 1 ABR 61/88, EzA § 106 BetrVG 1972 Nr 8). Im Fall der Nr 9a (Rdn 10 f) sind die vom Bieter übersandten Angebotsunterlagen vorzulegen (GK-BetrVG/ *Oetker* § 106 Rn 134). Das betrifft aber stets nur die bereits vorhandenen oder jederzeit leicht erstellbaren Unterlagen. Um eine gründliche Vorbereitung der Mitglieder des WA zu ermöglichen, kann der Unternehmer verpflichtet sein, Unterlagen mit umfangreichen Daten und Zahlen schon vor der Sitzung vorzulegen und ihnen diese zur Vorbereitung auf die Sitzung auszuhändigen (BAG 20.11.1984, 1 ABR 64/82, EzA § 106 BetrVG 1972 Nr 6). Die Mitglieder des WA dürfen sich Notizen machen, sind aber nicht berechtigt, ohne Gestattung des Unternehmers Kopien oder Abschriften zu fertigen (BAG 20.11.1984, 1 ABR 64/82, aaO).
Betroffen sind stets nur die im Unternehmen verfügbaren Unterlagen. Informationen aus anderen Konzernunternehmen stehen dem WA nicht zu.

7 IV. Schutz von Betriebs- und Geschäftsgeheimnissen. Soweit Betriebs- und Geschäftsgeheimnisse (zum Begriff s § 79 Rdn 2) des Unternehmens bereits durch die Weitergabe an den WA gefährdet werden, nimmt II sie von der Unterrichtungspflicht des Unternehmers aus. Hinreichend konkret ist eine Gefährdung dann, wenn der Unternehmer anhand bestimmter Tatsachen aufzeigen kann, dass mit der Verletzung der Verschwiegenheitspflicht des § 79 durch die Mitglieder zu rechnen ist (BAG 11.7.2000, 1 ABR 43/99, EzA § 109 BetrVG 1972 Nr 2), etwa weil in der Vergangenheit nachweislich derartige Verstöße vorgekommen sind. Nach der Rspr muss der Unternehmer eine Tatsache auch dann nicht berichten, wenn aufgrund ihrer erheblichen Bedeutung für Bestand oder Entwicklung des Unternehmens ein Interesse an völliger Geheimhaltung objektiv anzuerkennen ist (BAG 11.7.2000, 1 ABR 43/99, aaO). Auch wenn der Unternehmer nicht verpflichtet ist, unter den Voraussetzungen des II geheime Informationen weiterzugeben, darf er den WA über solche Daten unterrichten. Für börsennotierte Unternehmen folgt aus § 14 I Nr 2 WpHG kein Verbot, kursrelevante Insiderinformationen an den WA weiterzuleiten; insoweit ist der WA »befugt«, seine Mitglieder sind selbst Primärinsider kraft Amtes. Ihr Geheimnisverrat mündet dann in die harte WpHG-Strafbarkeit.

8 D. Wirtschaftliche Angelegenheiten. Zu den wirtschaftlichen Angelegenheiten, über die der Unternehmer zu unterrichten hat, gehören nach III insb:
– **Wirtschaftliche und finanzielle Lage des Unternehmens (Nr 1)**: Gewinne und Verluste, Auftragsbestand, Umfang des Warenlagers, Lieferzeiten, mögliche Kreditschwierigkeiten, steuerliche Belastung, Wechselverpflichtungen und Außenstände, Sozialaufwendungen, voraussichtliches Unternehmensergebnis, der beabsichtigte Insolvenzantrag. Die persönliche Lage des Unternehmers oder der Anteilseigner ist nicht erfasst.
– **Produktions- und Absatzlage (Nr 2)**: Umsatz und Verkauf von Erzeugnissen und Dienstleistungen, Kapazitätsauslastung, Auftragslage, langfristige Lieferverpflichtungen, Materialbeschaffung.
– **Produktions- und Investitionsprogramm (Nr 3)**: Welche Güter und Dienstleistungen der Unternehmer herstellen und anbieten will; welche Investitionen beabsichtigt sind, welche Anlagen und Ausrüstungen modernisiert oder angeschafft werden sollen, ob und welche Absatzwerbung getätigt werden soll.
– **Rationalisierungsvorhaben (Nr 4)**: Maßnahmen zur Produktivitätssteigerung und Kostenminderung, Normung und Typisierung der Produkte und des Arbeitsablaufs, Mechanisierung, Automation sowie andere betriebsorganisatorische Maßnahmen.
– **Fabrikations- und Arbeitsmethoden (Nr 5)**: Technisch-organisatorische Methode zur Güterherstellung (Serienproduktion oder Einzelanfertigung) oder Dienstleistungserbringung, Einsatz menschlicher Arbeitskraft bei der Produktion, mithin Arbeitsablauf (körperliche Arbeit, Einsatz technischer Hilfsmittel) und Arbeitsverfahren (Einzelarbeit, Gruppenarbeit).
– **Betrieblicher Umweltschutz (Nr 5a)**, nach der Definition des § 89 III, beschränkt auf wirtschaftlichen Belange der Fragen des betrieblichen Umweltschutzes (vor allem Kosten), nicht solche technischer Machbarkeit (*Löwisch/Kaiser* § 106 Rn 25).
– **Einschränkung oder Stilllegung von Betrieben oder Betriebsteilen (Nr 6)**, entspricht § 111 S 3 Nr 1 (s § 111 Rdn 12). Die Unterrichtungspflicht greift auch bei Stilllegung betriebsratsloser Betriebe (BAG 9.5.1995, 1 ABR 61/94, EzA § 106 BetrVG 1972 Nr 18). Aus Nr 10 folgt, dass wesentliche Betriebsteile

betroffen sein müssen und Bagatelleinschränkungen nicht darunter fallen (wie hier Richardi/*Annuß* § 106 Rn 50).
- **Verlegung von Betrieben oder Betriebsteilen (Nr 7)**, entspricht § 111 S 3 Nr 2 (s § 111 Rdn 14). Auch hier greift eine teleologische Reduktion auf wesentliche Betriebsteile (Richardi/*Annuß* § 106 Rn 51).
- **Zusammenschluss oder Spaltung von Unternehmen oder Betrieben (Nr 8)**, entspricht für Betriebe § 111 S 3 Nr 3 (s § 111 Rdn 15) und erfasst zusätzlich Zusammenschluss und Spaltung von Unternehmen nach dem UmwG unter Einschluss der Vermögensübertragung (§§ 2 ff, 123 ff, 174 ff UmwG). Der Formwechsel (§ 190 ff UmwG) kann nur unter Nr 10 fallen. Die Unterrichtungspflichten nach dem UmwG stehen neben § 106 II.
- **Änderung der Betriebsorganisation und des Betriebszwecks (Nr 9)**, entspricht weitgehend § 111 S 3 Nr 4. Die Änderung von Betriebsanlagen fehlt hier, kann aber unter Nr 3–5 oder Nr 10 fallen. Die Unterrichtung ist teleologisch auf wesentliche Fälle zu reduzieren (Richardi/*Annuß* § 106 Rn 55).
- **Unternehmensübernahme mit Kontrollerwerb (Nr 9a)**. Zu der mit dem RisikobegrenzungsG eingefügten Unterrichtungspflicht Rdn 10–11.
- **Sonstige Vorgänge und Vorhaben, welche die Interessen der AN des Unternehmens wesentlich berühren können (Nr 10)**. Der Auffangtatbestand erfasst alle nicht in Nr 1–9 aufgeführten Fragen, die das wirtschaftliche Leben des Unternehmens in entscheidenden Punkten betreffen, vorausgesetzt, dass die Interessen der AN wesentlich berührt werden können, mithin potenziell von erheblicher sozialer Wirkung sind (BAG 7.11.2000, 1 ABR 43/99, EzA § 109 BetrVG 1972 Nr 2): Etwa Outsourcing-Pilotprojekte (BAG 7.11.2000, 1 ABR 43/99, aaO), Zusammenarbeit mit anderen Unternehmen, Betriebs(teil)übergänge nach § 613a I 1 BGB, Veräußerung von Geschäftsanteilen (BAG 22.1.1991, 1 ABR 38/89, EzA § 106 BetrVG 1972 Nr 14), monatliche Erfolgsrechnungen für einzelne Filialen oder Betriebe (BAG 17.9.1991, 1 ABR 74/90, EzA § 106 BetrVG 1972 Nr 17), für den Bestand des Unternehmens grundlegende Rechtsstreitigkeiten, Börsengang, Kürzung von Sozialaufwendungen oder freiwilliger Leistungen.

E. Streitigkeiten. Über den Streit, ob ein WA zu bilden ist und ob eine Angelegenheit unter § 106 fällt, entscheidet das ArbG im Beschlverfahren nach §§ 2a I Nr 1, II, 80 ff ArbGG (LAG Niedersachen 19.2.2013, 1 TaBV 155/12, juris). Hingegen ist für den Streit, ob über eine wirtschaftliche Angelegenheit zu informieren ist, zuerst die Einigungsstelle nach § 109 zuständig (dort Rdn 1). Erfüllt der Unternehmer die Unterrichtungspflicht nicht, wahrheitswidrig, unvollständig oder verspätet, begeht er nach § 121 eine Ordnungswidrigkeit. 9

F. »Gesellschaftsrechtliche Mitbestimmung« und Risikobegrenzungsgesetz. Das G zur Begrenzung der mit Finanzinvestitionen verbundenen Risiken (BT-Drs 16/7438) zielt auf Aktivitäten von Finanzinvestoren, insb Hedge-Fonds und Private Equity-Fonds; ua sollen Unternehmensübernahmen durch solche Investoren für die AN der Zielunternehmen transparenter werden. Dazu intensiviert das RisikobegrenzungsG die Unterrichtungspflichten gegenüber dem WA bei Unternehmensübernahmen (durch share-deal, der asset-deal fällt allenfalls unter Nr. 10; GK-BetrVG/*Oetker* § 106 Rn 91), wenn diese auf den Erwerb der Kontrolle zielen – seit dem 19.8.2008 (BGBl I 1666). Gemeint ist der unmittelbare Kontrollerwerb; gesellschaftsrechtliche Veränderungen bei der Muttergesellschaft lösen bei der Tochter keine Unterrichtungspflicht nach Nr 9a aus (Richardi/*Annuß* § 106 Rn 55a). Nach III Nr 9a ist der WA des Zielunternehmens über den potenziellen (erforderlich ist ein rechtsverbindliches Angebot, *Simon/Dobel* BB 2008, 1955, 1957) Erwerber, dessen Absichten im Hinblick auf die künftige Geschäftstätigkeit des Zielunternehmens sowie die Auswirkungen dieser Pläne auf die AN zu unterrichten. Für börsennotierte Unternehmen sind zusätzlich §§ 10 V, 14 IV WpÜG zu beachten. Das ist dogmatisch verfehlt, weil dies die Beteiligung auf den Anteilseigner bezieht (*Thüsing* ZIP 2008, 106 ff) – so als ob sich das Unternehmen künftig seinen Eigner selbst aussucht (freilich hatte das BAG bereits zuvor die gesellschaftsrechtlichen Grundlagen des AG weithin unter Nr 10 gefasst: Rdn 8; näher GK-BetrVG/*Oetker* § 106 Rn 103 mwN). Für Nr 9a ist nicht ersichtlich, mit wem der WA hier beraten soll – und wann die Beratung stattfinden soll (näher *Löwisch/Kaiser* § 106 Rn 41 f), ist doch die Unterrichtung sonst »rechtzeitig«, wenn WA und BR noch Einfluss auf den AG nehmen können (Rdn 5): Das Unternehmen selbst ist aber Objekt der Maßnahme; um ein Vorhaben des AG geht es nicht und dem veräußernden Anteilseigner gegenüber ist der WA nicht aktionsfähig. Nr 9a kann (gottlob) leicht ignoriert werden, weil der potenzielle Erwerber keiner Wahrheitspflicht in Bezug auf seine »Absichten« unterliegt und sich diese ändern können – dem AG andererseits fehlen häufig Kenntnisse über die Absicht des Erwerbers und ein entsprechender Auskunftsanspruch (Richardi/*Annuß* § 106 Rn 26c; richtigerweise zielt Nr 9a schon nicht auf eine Informationsbeschaffungspflicht des AG *Fleischer* ZfA 2009, 787, 796 ff). Weiter § 109a. 10

11 Der Tatbestand ist unklar und zunächst mithilfe des WpÜG zu konkretisieren. **Unternehmensübernahme** ist nach §§ 29 I, 2 I WpÜG der Kauf oder Tausch von Wertpapieren einer Zielgesellschaft. Nach hM erfasst das BetrVG darüber hinaus auch die wertpapierlosen Anteile – insbesondere an der GmbH oder Genossenschaft sowie die Übernahme von Anteilen an einer Personengesellschaft (*Löwisch/Kaiser* § 106 Rn 36; GK-BetrVG/*Oetker* § 106 Rn 91). Letzteres ist zweifelhaft: Bei der Personengesellschaft hat die Eignerstruktur personalen Charakter, betrifft den Unternehmer persönlich – in diesem Bereich sind richtigerweise Einschränkungen der Auskunftspflicht gegenüber dem WA anzuerkennen (vgl § 108 Rdn 9). **Kontrolle** meint mind 30 % der Anteile an der Zielgesellschaft, § 29 II WpÜG, muss aber ggf modifiziert betrachtet werden, insb mit Blick auf kleine und mittlere Unternehmen oder dann, wenn ein Entherrschungsvertrag die Kontrolle ausschließt (*Löwisch/Kaiser* § 106 Rn 39; eingehend *Fleischer* ZfA 2009, 787, 812 ff).

§ 107 Bestellung und Zusammensetzung des Wirtschaftsausschusses

(1) ¹Der Wirtschaftsausschuss besteht aus mindestens drei und höchstens sieben Mitgliedern, die dem Unternehmen angehören müssen, darunter mindestens einem Betriebsratsmitglied. ²Zu Mitgliedern des Wirtschaftsausschusses können auch die in § 5 Abs. 3 genannten Angestellten bestimmt werden. ³Die Mitglieder sollen die zur Erfüllung ihrer Aufgaben erforderliche fachliche und persönliche Eignung besitzen.
(2) ¹Die Mitglieder des Wirtschaftsausschusses werden vom Betriebsrat für die Dauer seiner Amtszeit bestimmt. ²Besteht ein Gesamtbetriebsrat, so bestimmt dieser die Mitglieder des Wirtschaftsausschusses; die Amtszeit der Mitglieder endet in diesem Fall in dem Zeitpunkt, in dem die Amtszeit der Mehrheit der Mitglieder des Gesamtbetriebsrats, die an der Bestimmung mitzuwirken berechtigt waren, abgelaufen ist. ³Die Mitglieder des Wirtschaftsausschusses können jederzeit abberufen werden; auf die Abberufung sind die Sätze 1 und 2 entsprechend anzuwenden.
(3) ¹Der Betriebsrat kann mit der Mehrheit der Stimmen seiner Mitglieder beschließen, die Aufgaben des Wirtschaftsausschusses einem Ausschuss des Betriebsrats zu übertragen. ²Die Zahl der Mitglieder des Ausschusses darf die Zahl der Mitglieder des Betriebsausschusses nicht überschreiten. ³Der Betriebsrat kann jedoch weitere Arbeitnehmer einschließlich der in § 5 Abs. 3 genannten leitenden Angestellten bis zur selben Zahl, wie der Ausschuss Mitglieder hat, in den Ausschuß berufen; für die Beschlussfassung gilt Satz 1. ⁴Für die Verschwiegenheitspflicht der in Satz 3 bezeichneten weiteren Arbeitnehmer gilt § 79 entsprechend. ⁵Für die Abänderung und den Widerruf der Beschlüsse nach den Sätzen 1 bis 3 sind die gleichen Stimmenmehrheiten erforderlich wie für die Beschlüsse nach den Sätzen 1 bis 3. ⁶Ist in einem Unternehmen ein Gesamtbetriebsrat errichtet, so beschließt dieser über die anderweitige Wahrnehmung der Aufgaben des Wirtschaftsausschusses; die Sätze 1 bis 5 gelten entsprechend.

Übersicht	Rdn.		Rdn.
A. Zusammensetzung des WA	1	B. Bestellung und Amtszeit	5
I. Mitgliederzahl	1	C. Rechtsstellung der Mitglieder	8
II. Unternehmenszugehörigkeit	2	D. Ersetzung des WA	9
III. Persönliche und fachliche Eignung	3	E. Streitigkeiten	11

1 **A. Zusammensetzung des WA. I. Mitgliederzahl.** Gem I 1 besteht der WA **mind aus 3 und höchstens aus 7 Mitgliedern**. Die genaue Mitgliederzahl setzen BR oder GBR fest, unabhängig von der Unternehmensgröße und Verständigung mit dem Unternehmer. Die Mitgliederzahl kann gerade sein (ErfK/*Kania* § 107 Rn 2).

2 **II. Unternehmenszugehörigkeit.** Die Mitglieder müssen gem I 1 dem Unternehmen (nicht: dem Konzern!) **angehören**, müssen aber nicht AN iSv § 5 I sein, wie die Nennung der **leitenden Angestellten** iSd § 5 III in I 2 zeigt. Das Mitglied muss im Unternehmen tätig sein; (reine) Aktionäre, GmbH-Gesellschafter und Genossen einer Genossenschaft scheiden aus, auch Aufsichtsratsmitglieder, wenn sich ihre Tätigkeit im Unternehmen auf die Aufsichtsratstätigkeit beschränkt. Hingegen können auch Personen iSd § 5 II (§ 5 Rdn 7–12) in den WA berufen werden (hM; dagegen DKK/*Däubler* § 107 Rn 8). Ausgeschlossen sind die in § 5 II Nr 1 und Nr 2 genannten Personengruppen, weil ihre Stellung als Unternehmensrepräsentanten mit der Funktion des WA als Hilfsorgan des BR bzw GBR (§ 106 Rdn 1) kollidiert. Angehörige ausländischer Betriebe des Unternehmens können wegen des Territorialitätsprinzips (§ 1 Rdn 1) nicht Mitglied sein (GK-BetrVG/*Oetker* § 107 Rn 9). **Mindestens ein Mitglied** des WA muss nach I 1 **BR-Mitglied sein**, nicht notwendig ein Mitglied des GBR, wenn dieser den WA errichtet.

III. Persönliche und fachliche Eignung. Gem I 3 **sollen** die Mitglieder die erforderliche **fachliche und** 3 **persönliche Eignung** besitzen. Fachlich geeignet ist ein Mitglied vor allem dann, wenn es in der Lage ist, die für die Beratung im WA in Betracht kommenden, vor allem wirtschaftlichen und technischen Fragen zu verstehen, zu beurteilen und dazu Stellung zu nehmen (BAG 18.7.1978, 1 ABR 34/75, EzA § 108 BetrVG 1972 Nr 3; *Löwisch/Kaiser* § 107 Rn 7). Nach dem BAG (18.7.1978, aaO) gehört zur fachlichen Eignung auch die Fähigkeit der Mitglieder, den Jahresabschluss anhand der ihnen gegebenen fachgerechten Erläuterungen zu verstehen und gezielte Fragen zu stellen, um über ihnen unklar gebliebene Punkte Aufklärung zu erhalten. Persönliche Eignung fordert einerseits mit Blick auf die Geheimhaltungspflicht (§ 79) persönliche Zuverlässigkeit, andererseits, dass sich das Mitglied in der Beratung von sachlichen Erwägungen leiten lässt (Richardi/*Annuß* § 107 Rn 8).

I 3 ist eine **Sollvorschrift**, weshalb der Unternehmer die ordnungsgemäße Zusammensetzung des WA nicht 4 deshalb infrage stellen kann, weil ein Mitglied nicht die Eignung besitzt (BAG 18.7.1978, aaO). Zugleich folgt daraus, dass BR oder GBR sich nicht über die Bestimmung des I 3 hinwegsetzen und als Ausgleich für die unzureichende fachliche Eignung die ansonsten erforderliche und mit erheblichen Kosten verbundene Zuziehung von Sachverständigen (vgl § 108 II) verlangen darf (BAG 18.7.1978, aaO). Sind die Mitglieder des WA zugleich BR-Mitglieder, können sie die erforderliche Eignung durch Schulungen gem § 37 VI erlangen (noch Rdn 8).

B. Bestellung und Amtszeit. Gibt es im Unternehmen nur einen Betrieb oder ist nur in einem Betrieb des 5 Unternehmens ein BR gewählt, bestimmt gem II 1 der **BR** dieses Betriebes die Mitglieder des WA. Besteht das Unternehmen aus mehreren Betrieben und ist gem § 47 I ein **GBR** errichtet worden, ist dieser gem II 2 zuständig. Liegen die Errichtungsvoraussetzungen des § 47 I vor, ist gleichwohl **kein GBR** gebildet worden, kann **kein WA** errichtet werden (*Löwisch/Kaiser* § 107 Rn 1). Jedes Mitglied des WA wird einzeln durch Beschluss mit einfacher Stimmenmehrheit der anwesenden BR- oder GBR-Mitglieder bestellt (§ 33 I, II bzw §§ 51 IV, 33 I, II). Bei der Bestellung durch den GBR ist die Stimmengewichtung gem § 47 VII–IX zu beachten. Die Bestellung von **Ersatzmitgliedern** ist möglich und zweckmäßig.

Bestellt der **BR** die Mitglieder des WA, ist gem II 1 die **Amtszeit** des WA **mit der des BR verknüpft**. Endet 6 das Amt des BR (§ 21), ggf vorzeitig (vgl § 13 II), endet auch das Amt des WA. Bestellt der **GBR** die Mitglieder des WA, so endet gem II 2 die Amtszeit des WA in dem Zeitpunkt, in dem die Amtszeit der **Mehrheit der Mitglieder** des GBR endet, die an seiner Bestimmung mitzuwirken berechtigt waren. Weil die Mitgliedschaft im GBR mit dem Ende der Mitgliedschaft im BR endet (§ 49), mithin idR mit Ablauf der Amtszeit des BR, endet die Amtszeit des WA idR mit der des BR.

Unabhängig vom Ende der Amtszeit des Gremiums endet die **Amtszeit des einzelnen Mitglieds**, wenn es 7 abberufen wird (II 3) oder sein Amt niederlegt. Auch der Verlust der Wählbarkeitsvoraussetzungen des I 1 (Unternehmensangehörigkeit) führt zum Ende der Mitgliedschaft. Ist das Mitglied zugleich BR-Mitglied, so endet sein Amt mit Blick auf I 1 aE nur dann mit der BR-Mitgliedschaft, wenn dieses das einzige BR-Mitglied im WA ist (Richardi/*Annuß* § 107 Rn 23). Wurde ein Ersatzmitglied bestellt, rückt dieses nach, wenn ein Mitglied aus dem WA ausscheidet.

C. Rechtsstellung der Mitglieder. Bes Regelungen fehlen, nur die Schutzvorschrift des § 78 nennt das 8 Mitglied des WA. Ob Schutzregelungen für BR-Mitglieder auf die Mitglieder des WA übertragbar sind, ist iE umstritten. Jedenfalls ist das Amt ein **unentgeltliches Ehrenamt** und das Mitglied wie ein BR-Mitglied nach § 37 II und III unter Fortzahlung des Entgelts von der Arbeit zu befreien (BAG 11.11.1998, 7 AZR 491/97, EzA § 37 BetrVG 1972 Nr 139). Hingegen ist der Schulungsanspruch des § 37 VI und VII nicht übertragbar (BAG 28.4.1988, 6 AZR 39/86, NZA 1989, 221; 11.11.1998, aaO). Dies gilt ebenso für die Regelungen des § 37 IV und V zur Entgelt- und Tätigkeitsgarantie; jedoch ist nach § 78 S 2 eine **Benachteiligung** der Mitglieder des WA in ihrer beruflichen Entwicklung verboten, ebenso wie die Behinderung ihrer Amtstätigkeit nach § 78 S 1: Daraus kann richtigerweise ein Freistellungsanspruch resultieren (*Löwisch/K*aiser § 107 Rn 9). Bes **Kdg-Schutz** nach § 15 KSchG genießen Mitglieder des WA nicht, jedoch greift auch hier das Benachteiligungsverbot des § 78 S 2. Die Mitglieder des WA sind zur **Geheimhaltung** verpflichtet, § 79 II.

D. Ersetzung des WA. Weil die Errichtung eines WA unpraktisch sein kann, räumt III 1 dem BR die 9 einseitige Befugnis ein, mit absoluter Mehrheit der Stimmen die Aufgaben auf einen Ausschuss des BR zu übertragen – vorausgesetzt, der BR ist gem II 1 zur Errichtung des WA zuständig (Rdn 5). »Ausschuss« iSd III 1 kann der allg Betriebsausschuss des § 27 sein, aber auch ein bes nach § 28. Aus der Anknüpfung des III 2 an § 27 folgt aber, dass die Übertragung voraussetzt, dass die für ihn erforderliche BR-Größe von 9 BR-Mitgliedern erreicht wird (201 wahlberechtigte AN). Ist der BR kleiner, kann er die Aufgabe des

WA nicht an sich ziehen (wie hier GK-BetrVG/*Oetker* § 107 Rn 51 f). Unbenommen bleibt es ihm, nur BR-Mitglieder in den WA zu entsenden. Gem III 2 darf die Zahl der Ausschussmitglieder die Mitgliederzahl des BR-Ausschusses nach § 27 I nicht überschreiten. Jedoch kann der BR gem III 3 mit absoluter Stimmenmehrheit **weitere AN** einschließlich leitender Angestellter iSd § 5 III bis zu der Zahl, wie der Ausschuss Mitglieder hat, in den Ausschuss **berufen.** Diese kooptierten Mitglieder unterliegen nach III 4 der Verschwiegenheitspflicht des § 79. Nach III 4 kann der BR jederzeit die Beschl über die Übertragung auf den Ausschuss und die Kooptation mit absoluter Stimmenmehrheit ändern oder widerrufen.

10 In Unternehmen mit **GBR** beschließt gem III 6 **nur dieser** über die anderweitige Wahrnehmung der Aufgaben des WA. Aus der Verweisung auf III 1–5 folgt, dass nur eine Übertragung auf einen **Ausschuss des GBR** möglich ist, wobei auch vorausgesetzt ist, dass ein GBR-Ausschuss nach §§ 51, 27 zu bilden ist. Die Übernahme der Aufgaben des WA durch den GBR selbst ist ausgeschlossen, ebenso die Delegation auf einen Ausschuss eines BR. IÜ gelten die Regelungen des III 2–5 zur Mitgliederzahl, Kooptation sowie Abänderung und Widerruf entspr. Für die Beschl ist die Stimmengewichtung nach § 47 VII–IX zu beachten.

11 **E. Streitigkeiten.** Besteht Streit über Zusammensetzung, Errichtung und Amtszeit des WA sowie die Übertragung der Aufgaben des WA auf einen Ausschuss, entscheidet das ArbG im Beschlussverfahren. Antragsbefugt ist der Unternehmer und der BR bzw GBR. Der WA selbst ist nicht antragsbefugt (GK-BetrVG/*Oetker* § 107 Rn 63). Besteht Streit über Entgelt oder Freizeitausgleich der WA-Mitglieder, entscheidet das ArbG im Urteilsverfahren.

§ 108 Sitzungen

(1) Der Wirtschaftsausschuss soll monatlich einmal zusammentreten.
(2) ¹An den Sitzungen des Wirtschaftsausschusses hat der Unternehmer oder sein Vertreter teilzunehmen. ²Er kann sachkundige Arbeitnehmer des Unternehmens einschließlich der in § 5 Abs. 3 genannten Angestellten hinzuziehen. ³Für die Hinzuziehung und die Verschwiegenheitspflicht von Sachverständigen gilt § 80 Abs. 3 und 4 entsprechend.
(3) Die Mitglieder des Wirtschaftsausschusses sind berechtigt, in die nach § 106 Abs. 2 vorzulegenden Unterlagen Einsicht zu nehmen.
(4) Der Wirtschaftsausschuss hat über jede Sitzung dem Betriebsrat unverzüglich und vollständig zu berichten.
(5) Der Jahresabschluss ist dem Wirtschaftsausschuss unter Beteiligung des Betriebsrats zu erläutern.
(6) Hat der Betriebsrat oder der Gesamtbetriebsrat eine anderweitige Wahrnehmung der Aufgaben des Wirtschaftsausschusses beschlossen, so gelten die Absätze 1 bis 5 entsprechend.

Übersicht		Rdn.			Rdn.
A.	Sitzungen des WA	1	IV.	Sonstige Personen	6
B.	Sitzungsteilnehmer	2	C.	Einsicht in die Unterlagen	7
I.	Unternehmer oder dessen Vertreter	2	D.	Berichtspflicht des WA	8
II.	Sachkundige AN	4	E.	Erläuterung des Jahresabschlusses	9
III.	Sachverständige	5	F.	Streitigkeiten	10

1 **A. Sitzungen des WA.** Der WA **soll** gem I **einmal im Monat** zusammentreten. I ist eine Sollvorschrift, weshalb von diesem Turnus nach Bedarf abgewichen werden kann, also Sondersitzungen wegen dringender wirtschaftlicher Entscheidungen ebenso möglich sind wie der Entfall mangels Beratungsbedarfs (*Löwisch/Kaiser* § 108 Rn 1). Vorbereitung, Geschäftsführung und Ablauf der Sitzungen richten sich nach den für die BR-Sitzungen geltenden Vorschriften, soweit sie auf den WA passen und aus § 108 nichts anderes folgt (BAG 18.11.1980, 1 ABR 31/78, EzA § 108 BetrVG 1972 Nr 4). Die Wahl eines Vorsitzenden analog § 26 ist nicht notwendig, aber zweckmäßig (HWK/*Willemsen/Lembke* § 108 Rn 5). Für Einberufung und Leitung der Sitzung greifen § 29 II, III und § 30, weshalb die Sitzungen nichtöffentl sind und idR während der Arbeitszeit stattfinden (BAG 18.11.1980, 1 ABR 31/78, aaO). Die Mitglieder haben Anspruch auf Arbeitsbefreiung unter Fortzahlung des Entgelts (s § 107 Rdn 8). Eine Pflicht zu einer Sitzungsniederschrift (§ 34) besteht nicht (offengelassen von BAG 17.10.1990, 7 ABR 69/89, EzA § 40 BetrVG 1972 Nr 65). Der Unternehmer trägt die Kosten nach § 40 (BAG 17.10.1990, 7 ABR 69/89, aaO).

2 **B. Sitzungsteilnehmer. I. Unternehmer oder dessen Vertreter.** Gem II 1 **muss** der **Unternehmer** oder **sein Vertreter** an den Sitzungen des WA teilnehmen. Keine Teilnahmepflicht besteht, wenn der WA zusammentritt, um die eigentliche Sitzung nur vorzubereiten (BAG 16.3.1982, 1 AZR 406/80, EzA § 108

BetrVG 1972 Nr 5). Unternehmer iSd II 1 sind der Inhaber einer Einzelfirma, die Organmitglieder einer juristischen Person und bei Personengesellschaften alle vertretungs- und geschäftsführungsbefugten Gesellschafter. Bei Gesamtvertretungsmacht oder Gesamtgeschäftsführungsbefugnis reicht es aus, wenn ein Mitglied des Vertretungsorgans oder ein zur Geschäftsführung berufener Gesellschafter teilnimmt (*Löwisch/ Kaiser* § 108 Rn 4). Deshalb kann auch nur der Arbeitsdirektor (§ 33 MitbestG, § 13 MontanMitbestG) teilnehmen, wobei dieser innerhalb des Vorstands keine primäre Zuständigkeit besitzt, an den Sitzungen des WA teilzunehmen (*Fitting* § 108 Rn 16).

Der Unternehmer kann sich in den Sitzungen des WA vertreten lassen. **Vertreter** iSd II 1 ist nur derjenige, 3 der den Unternehmer allg oder wenigstens in dem relevanten Bereich allg und verbindlich vertritt. Das ist vor allem der Generalbevollmächtigte oder Prokurist, der in der Unternehmenshierarchie nach dem Unternehmer für wirtschaftliche Angelegenheiten verantwortlich ist (*Löwisch/Kaiser* § 108 Rn 5).

II. Sachkundige AN. Um vollständige und richtige Unterrichtung sowie sachkundige Beratung zu ermög- 4 lichen, kann gem II 2 **der Unternehmer sachkundige AN** (auch Leitende) hinzuziehen. Nur er entscheidet, welche und wieviele AN er zu welchen Gegenständen hinzuzieht. Der BR oder WA hat selbst keinen Anspruch hierauf, § 80 II 3 ist nicht einschlägig. Die Mitglieder des WA müssen fachlich geeignet sein (s § 107 Rdn 3).

III. Sachverständige. Nach II 3 iVm § 80 III können Sachverständige nach vorheriger Vereinbarung des 5 Unternehmers mit dem BR oder GBR zu den Sitzungen des WA hinzugezogen werden, wenn dies zur ordnungsgemäßen Erfüllung der Aufgaben des WA erforderlich ist. Der WA kann eine solche Vereinbarung anregen, aber mit Blick auf § 109 nicht selbst schließen (offengelassen von BAG 18.7.1978, 1 ABR 34/75, EzA § 108 BetrVG 1972 Nr 3). Erforderlich ist die Hinzuziehung eines Sachverständigen nur, wenn die sinnvolle Behandlung einer wirtschaftlichen Angelegenheit Sachverstand über die in § 107 I 3 geforderte fachliche Eignung verlangt (§ 107 Rdn 3). Gem II 3 iVm 80 IV unterliegt der Sachverständige der Geheimhaltungspflicht des § 79.

IV. Sonstige Personen. Weil der WA ein Ausschuss des BR oder GBR ist, ist es entspr § 31 möglich, 6 einen **Beauftragten einer im BR vertretenen Gewerkschaft** zu den Sitzungen hinzuzuziehen (BAG 18.11.1980, 1 ABR 31/78, EzA § 108 BetrVG 1972 Nr 4). Diese Befugnis ist eingeschränkt; der Gewerkschaftsbeauftragte kann nur zu inhaltlich bestimmten Beratungsgegenständen hinzugezogen werden, dies auch, wenn die von den Mitgliedern des WA geforderte fachliche Eignung ausnahmsweise zur Erfüllung ihrer Aufgaben nicht ausreicht (BAG 25.6.1987, 6 ABR 45/85, EzA § 108 BetrVG 1972 Nr 7; offengelassen von BAG 28.2.1990, 7 ABR 22/89, EzA § 31 BetrVG 1972 Nr 1). Hinzugezogene Gewerkschaftsbeauftragte unterliegen der Geheimhaltungspflicht nach § 79 II. Der Unternehmer kann analog § 29 IV 2 einen **Vertreter seines AG-Verbands** hinzuziehen (BAG 18.11.1980, 1 ABR 31/78, aaO), der ebenfalls unter § 79 II fällt. Die Hinzuziehung eines **Protokollführers**, der nicht Mitglied des WA ist, ist gegen den Willen des Unternehmers nicht möglich (BAG 17.10.1990, 7 ABR 69/89, EzA § 40 BetrVG 1972 Nr 65). Analog §§ 95 IV, 97 VII SGB IX hat die **(Gesamt-) Schwerbehindertenvertretung** das Recht, an den Sitzungen des WA beratend teilzunehmen (BAG 4.6.1987, 6 ABR 70/85, EzA § 108 BetrVG 1972 Nr 6).

C. Einsicht in die Unterlagen. III berechtigt die Mitglieder des WA, die **Unterlagen**, die der Unternehmer 7 nach § 106 II vorlegen muss (s § 106 Rdn 6), **einzusehen**. Die Unterlagen müssen während der Sitzung zur Verfügung stehen (BAG 20.11.1984, 1 ABR 64/82, EzA § 106 BetrVG 1972 Nr 6), ausnahmsweise schon zuvor, wenn dies zur Vorbereitung der Sitzung unbedingt notwendig ist (BAG 20.11.1984, 1 ABR 64/82, aaO). Einzelne schriftliche Notizen dürfen sich die Mitglieder machen (LAG Hamm 9.2.1983, 12 TaBV 65/82, DB 1983, 1311); Kopien oder Abschriften sind ausgeschlossen (*Löwisch/Kaiser* § 108 Rn 12).

D. Berichtspflicht des WA. IV füllt die in § 106 I 2 allg beschriebene Pflicht des WA aus, den (G)BR zu 8 unterrichten. Der WA muss unverzüglich (§ 121 BGB) und **vollständig** über jede Sitzung berichten. Dazu reicht die Übersendung eines Sitzungsprotokolls nicht aus. Die Pflicht ist idR erst erfüllt, wenn ein Mitglied des WA den (G)BR in dessen Sitzung mündlich informiert (*Löwisch/Kaiser* § 108 Rn 18; aA *Fitting* § 108 Rn 27: [G]BR Unterrichtung durch den Ausschuss; Einzelmitglied genüge nur bei Zustimmung). Um Geheimhaltung ggü dem (geschwätzigen und teilweise unzuverlässigen) BR zu sichern, findet mitunter eine »informelle« Nichtsitzung des WA im Anschluss an die eigentliche Sitzung statt, aus der nicht berichtet wird. Das ist ein bisschen rechtswidrig.

E. Erläuterung des Jahresabschlusses. Der Unternehmer muss gem V dem WA unter Beteiligung des 9 BR den Jahresabschluss erläutern. Er umfasst die Jahresbilanz sowie die Gewinn- und Verlustrechnung (§ 242 III HGB), bei Kapitalgesellschaften zusätzlich einen Anhang und nach bestrittener Ansicht den

§ 109 BetrVG   Beilegung von Meinungsverschiedenheiten

Lagebericht nach § 289 HGB. Zu erläutern ist grds auch die Steuerbilanz (str), nur für Einzelkaufleute und Personengesellschaften gilt anderes, weil sie den Unternehmer persönlich betrifft (Richardi/*Annuß* § 108 Rn 40). Die Erläuterungspflicht wird ausgelöst, sobald der Unternehmer den Jahresabschluss fertiggestellt hat (str; wie hier *Löwisch/Kaiser* § 110 Rn 15). Sie verlangt, dass der Unternehmer die einzelnen Bilanzposten erörtert, ihre Zusammenhänge darstellt und diesbezügliche Fragen des WA und des BR beantwortet (BAG 18.7.1978, 1 ABR 34/75, EzA § 108 BetrVG 1972 Nr 3). Die Mitglieder des WA und des BR sind berechtigt, sich Notizen zu machen. Entspr § 106 II braucht der Unternehmer keine Auskünfte zu machen, wenn Betriebs- oder Geschäftsgeheimnisse gefährdet werden können (*Löwisch/Kaiser* § 110 Rn 16).

10   **F. Streitigkeiten.**   Besteht Streit über die Geschäftsführung des WA, die Teilnahmeberechtigung oder die Hinzuziehung eines Sachverständigen, entscheidet das ArbG im Beschlussverfahren nach §§ 2a I Nr 1, II, 80 ff ArbGG.

§ 109 Beilegung von Meinungsverschiedenheiten

¹Wird eine Auskunft über wirtschaftliche Angelegenheiten des Unternehmens im Sinn des § 106 entgegen dem Verlangen des Wirtschaftsausschusses nicht, nicht rechtzeitig oder nur ungenügend erteilt und kommt hierüber zwischen Unternehmer und Betriebsrat eine Einigung nicht zustande, so entscheidet die Einigungsstelle. ²Der Spruch der Einigungsstelle ersetzt die Einigung zwischen Arbeitgeber und Betriebsrat. ³Die Einigungsstelle kann, wenn dies für ihre Entscheidung erforderlich ist, Sachverständige anhören; § 80 Abs. 4 gilt entsprechend. ⁴Hat der Betriebsrat oder der Gesamtbetriebsrat eine anderweitige Wahrnehmung der Aufgaben des Wirtschaftsausschusses beschlossen, so gilt Satz 1 entsprechend.

Übersicht	Rdn.		Rdn.
A. Zuständigkeit der Einigungsstelle	1	C. Verfahren und Entscheidung der Einigungsstelle	5
B. Verfahrensvoraussetzungen	3		

1   **A. Zuständigkeit der Einigungsstelle.** S 1 begründet eine **Primärzuständigkeit der Einigungsstelle**, wenn eine **Auskunft über wirtschaftliche Angelegenheiten** des Unternehmens iSd § 106 entgegen dem Verlangen des Wirtschaftsausschusses **nicht, nicht rechtzeitig** oder nur **ungenügend** erteilt wird und hierüber zwischen dem Unternehmer und dem BR bzw GBR eine Einigung nicht zustande kommt. Sensible interne Angelegenheiten der Unternehmensleitung sollen möglichst diskret behandelt werden. Deshalb umfasst die Zuständigkeit auch Meinungsverschiedenheiten über die Erläuterung des **Jahresabschlusses** nach § 108 V und solche bei der vorherigen Abstimmung der **Unterrichtung der AN** nach § 110 (*Löwisch/Kaiser* § 109 Rn 1). Insb entscheidet die Einigungsstelle darüber, ob bestimmte Tatsachen als **Betriebs- oder Geschäftsgeheimnisse** von der Unterrichtungspflicht ausgenommen sind (BAG 11.7.2000, 1 ABR 43/99, EzA § 109 BetrVG 1972 Nr 9). Dabei muss der Unternehmer das Geheimnis nicht vor der Einigungsstelle offen legen (wenn auch die Mitglieder der Einigungsstelle nach § 79 II iVm I zur Geheimhaltung verpflichtet sind), sondern kann sich darauf beschränken, sein Interesse an der Geheimhaltung glaubhaft zu machen (LAG Köln 13.7.1999, 13 (10) TaBV 5/99, AP BetrVG 1972 § 109 Nr 1). Die Entscheidung der Einigungsstelle darf nicht im Wege der einstweiligen Verfügung vorweggenommen werden (*Fitting* § 109 Rn 5).

2   § 109 greift nur, wenn darüber gestritten wird, ob eine **konkret verlangte Auskunft** überhaupt, in welchem Umfang, unter Vorlage welcher Unterlagen und zu welchem Zeitpunkt erteilt werden muss (LAG Niedersachsen 19.2.2013; 1 TaBV 155/12, juris). Hingegen entscheidet das ArbG auf Antrag des Unternehmers oder des BR im Beschlussverfahren nach § 2 I Nr 1, II, 80 ff ArbGG, wenn str ist, ob eine bestimmte Frage den wirtschaftlichen Angelegenheiten zuzuordnen ist (BAG 22.1.1991, 1 ABR 38/89, EzA § 106 BetrVG 1972 Nr 14; 11.7.2000, 1 ABR 43/99, aaO), sowie über die Frage, ob ein WA zu bestellen ist (LAG Niedersachsen 19.2.2013, 1 TaBV 155/12, juris). Aus Sicht der Einigungsstelle ist dies lediglich eine ihre Zuständigkeit betreffende Vorfrage: Bejaht sie ihre Zuständigkeit, obschon der Unternehmer bestreitet, dass eine wirtschaftliche Angelegenheit vorliegt, so ist sie nach dem BAG nicht berechtigt, das Verfahren bis zu einer Entscheidung des ArbG auszusetzen – erst der rechtskräftige Beschl entfaltet im Einigungsstellenverfahren Bindungswirkung (BAG 17.9.1991, 1 ABR 74/90, EzA § 106 BetrVG 1972 Nr 17). War die Einigungsstelle nicht zuständig, dann beruht ihr Spruch auf einem Rechtsfehler, den der Unternehmer unbefristet geltend machen kann (BAG 11.7.2000, 1 ABR 43/99, aaO).

3   **B. Verfahrensvoraussetzungen.** Der Unternehmer muss entgegen dem **ausdrücklichen Verlangen** des WA (oder des nach § 107 III gebildeten Ausschusses, S 3) eine Auskunft nicht, nicht rechtzeitig oder ungenügend erteilt haben. Sodann muss sich der WA an den **BR** (oder GBR) wenden. Hält dieser das

Auskunftsverlangen für berechtigt, muss er mit dem Unternehmer eine **Einigung** über das Auskunftsverlangen versuchen. Nur wenn **keine Einigung** zustande kommt, können beide Seiten die **Einigungsstelle anrufen**, nicht aber der WA selbst.
Kommt es zur **Einigung**, ist diese für beide Seiten und den WA **bindend**. Muss der Unternehmer Auskunft erteilen und tut er das nicht, kann der BR (oder GBR), nicht aber der WA, die Auskunft im Beschlussverfahren durchsetzen (BAG 11.7.2000, 1 ABR 43/99, EzA § 109 BetrVG 1972 Nr 9). Der Beschluss des ArbG, der die Verpflichtung zur Auskunftserteilung ausspricht, ist nach § 85 I ArbGG iVm § 888 ZPO vollstreckbar. Muss der Unternehmer nach der Einigung die verlangte Auskunft nicht erteilen und ruft der BR (GBR) die Einigungsstelle gleichwohl an, hat diese das Verlangen ohne Prüfung zurückzuweisen (*Löwisch/Kaiser* § 109 Rn 5). 4

C. Verfahren und Entscheidung der Einigungsstelle. Für das Verfahren gelten die Vorschriften des § 76. Zusätzlich kann die Einigungsstelle nach S 3 einen **Sachverständigen** anhören, soweit dies für ihre Entscheidung erforderlich ist. Die Hinzuziehung ist ohne vorherige Vereinbarung mit dem Unternehmer möglich, weil S 3 nicht auf § 80 III verweist. Die Einigungsstelle entscheidet über die Unterrichtungspflicht; ihr Spruch ersetzt gem S 2 die Einigung zwischen Unternehmer und BR (GBR), bindet beide Seiten sowie den WA. Weil die Entscheidung eine Rechtsfrage betrifft, soll ihr Spruch gerichtlich voll nachprüfbar sein (BAG 11.7.2000, 1 ABR 43/99, EzA § 109 BetrVG 1972 Nr 9; aA *Rieble* BB 1991, 471, 472 ff). Die Frist des § 76 V 4 braucht deshalb nicht eingehalten zu werden. 5

§ 109a Unternehmensübernahme
In Unternehmen, in denen kein Wirtschaftsausschuss besteht, ist im Fall des § 106 Abs. 3 Nr 9a der Betriebsrat entsprechend § 106 Abs. 1 und 2 zu beteiligen; § 109 gilt entsprechend.

Das Risikobegrenzungsgesetz (§ 106 Rdn 10) schafft eine systemwidrige Beteiligung des WA bei Unternehmensübernahmen. § 109a macht den BR doppelt systemwidrig zum Ersatz-WA (ähnlich die Sonderbeteiligungsrechte der InsO, *Rieble/Kolbe* KTS 2009, 281, 305) und ignoriert damit zugleich die Beteiligungsschwelle des § 106 I in kleinen Unternehmen. Nimmt man den Verweis auf den gesamten I des § 106 ernst, ist dies anders zu sehen: § 109a betrifft dann nur Unternehmen, in denen rechtswidrig kein WA errichtet ist (*Löwisch* DB 2008, 2834, 2835). Das heißt dann aber auch, dass der BR durch die Nichtberufung eines WA seine eigene Gremienzuständigkeit herbeiführen und den bezweckten Geheimnisschutz unterlaufen kann. 1

§ 110 Unterrichtung der Arbeitnehmer
(1) In Unternehmen mit in der Regel mehr als 1 000 ständig beschäftigten Arbeitnehmern hat der Unternehmer mindestens einmal in jedem Kalendervierteljahr nach vorheriger Abstimmung mit dem Wirtschaftsausschuss oder den in § 107 Abs. 3 genannten Stellen und dem Betriebsrat die Arbeitnehmer schriftlich über die wirtschaftliche Lage und Entwicklung des Unternehmens zu unterrichten.
(2) ¹In Unternehmen, die die Voraussetzungen des Absatzes 1 nicht erfüllen, aber in der Regel mehr als zwanzig wahlberechtigte ständige Arbeitnehmer beschäftigen, gilt Absatz 1 mit der Maßgabe, dass die Unterrichtung der Arbeitnehmer mündlich erfolgen kann. ²Ist in diesen Unternehmen ein Wirtschaftsausschuss nicht zu errichten, so erfolgt die Unterrichtung nach vorheriger Abstimmung mit dem Betriebsrat.

Übersicht	Rdn.		Rdn.
A. Zweck	1	III. Vorherige Abstimmung............	4
B. Unterrichtungspflicht	2	IV. Form	5
I. Voraussetzungen	2	V. Gegenstand..........................	6
II. Zeitpunkt..............................	3	C. Ordnungswidrigkeit und Streitigkeiten ...	7

A. Zweck. Nicht nur die AN-Vertretungsgremien, sondern auch die einzelnen AN sollen regelmäßig Einblick in die wirtschaftliche Lage und Entwicklung des **Unternehmens** erhalten. Dies gewährleistet die Unterrichtungspflicht des § 110, die neben der des § 43 II 3 steht: Dort muss der AG wenigstens in einer Betriebsversammlung im Kalenderjahr ua auch über die wirtschaftliche Lage und Entwicklung des **Betriebes** berichten (§ 43 Rdn 5). Ob mit der Auskunftsverpflichtung des Unternehmers ein individueller Auskunftsanspruch des einzelnen AN korrespondiert, ist umstr (dafür HWK/*Willemsen/Lembke* § 110 Rn 1 mwN; dagegen GK-BetrVG/*Oetker* § 110 Rn 6). 1

§ 110 BetrVG   Unterrichtung der Arbeitnehmer

2 **B. Unterrichtungspflicht. I. Voraussetzungen.** Aus § 110 II 1 folgt, dass die Unterrichtungspflicht erst, aber schon dann besteht, wenn im Unternehmen idR mehr als 20 wahlberechtigte (§ 7 Rdn 1) AN ständig beschäftigt sind. § 110 I regelt nicht das »Ob« der Unterrichtungspflicht, sondern nur das »Wie« in Großunternehmen.

3 **II. Zeitpunkt.** Wenigstens einmal in jedem Kalendervierteljahr muss der Unternehmer die AN über die wirtschaftliche Lage und Entwicklung des Unternehmens unterrichten. Ob er häufiger informiert, steht ihm nur dann nicht frei, wenn zwischenzeitlich wesentliche Veränderungen eintreten (*Löwisch/Kaiser* § 110 Rn 2). Den konkreten Zeitpunkt der Unterrichtung bestimmt stets der Unternehmer (hM; Richardi/*Annuß* § 110 Rn 3 mwN).

4 **III. Vorherige Abstimmung.** Vor der Unterrichtung muss sich der Unternehmer mit dem WA oder den in § 107 III genannten Stellen **und** dem BR **abstimmen** bzw mit dem GBR, wenn ein solcher besteht (GK-BetrVG/*Oetker* § 110 Rn 20 mwN). Gibt es keinen WA, muss der Unternehmer sich gem § 110 II 2 gleichwohl mit dem BR bzw GBR abstimmen. Das gilt nach hM auch dann, wenn ein WA pflichtwidrig nicht errichtet ist (Richardi/*Annuß* § 110 Rn 4). Vorherige Abstimmung meint keinen Einigungszwang, sondern lediglich die Pflicht, eine Einigung zu versuchen. Kommt eine Einigung nicht zustande, hat das »letzte Wort« der Unternehmer, der den Bericht nach seinem Dafürhalten gestalten kann. Dem BR bleibt es unbenommen, aufgrund seiner allg betriebsverfassungsrechtlichen Befugnisse, etwa iR seines Tätigkeitsberichts in der Betriebsversammlung, seine abw Auffassung kundzutun. Eine Pflicht des Unternehmers, eine Gegendarstellung des WA oder des BR in seinen Bericht nach § 110 aufzunehmen oder gar einen »Alternativbericht« zu gestatten, gibt § 110 mit der hM nicht her (GK-BetrVG/*Oetker* § 110 Rn 24 mwN; aA DKK/*Däubler* § 110 Rn 12). Der BR ist nicht berechtigt, die Belegschaft eigenmächtig über die wirtschaftliche Lage und Entwicklung des Unternehmens zu informieren (BAG 14.5.2013, 1 ABR 4/12, NZA 2013, 1223).

5 **IV. Form.** Nur in **Großunternehmen**, also solchen nach I mit idR mehr als 1000 ständig beschäftigten AN, muss die Unterrichtung **schriftlich** erfolgen. Schrift- bzw elektronische Form nach §§ 126, 126a BGB ist nicht gemeint (aA HWK/*Willemsen/Lembke* § 110 Rn 12), ausreichend aber auch erforderlich ist vielmehr, dass die AN ohne Weiteres in die Lage versetzt werden, von der schriftlichen Unterrichtung Kenntnis zu nehmen. Das kann etwa durch Vervielfältigung und Verteilung des Berichts oder seiner Veröffentlichung in der Werkszeitung geschehen (*Löwisch/Kaiser* § 110 Rn 2), aber auch durch E-Mail. Ob auch ein Aushang am Schwarzen Brett genügt (für kurze Berichte so GK-BetrVG/*Oetker* § 110 Rn 28), ist zweifelhaft, weil dem AN eine nachhaltige Kenntnisnahme der Information so kaum möglich scheint (DKK/*Däubler* § 110 Rn 9; Richardi/*Annuß* § 110 Rn 6). In **Kleinunternehmen**, also solchen mit weniger als 1001 AN (aber mehr als 20 wahlberechtigten AN), reicht hingegen die **mündliche** Unterrichtung aus. Der Unternehmer kann sie insb in der kalendervierteljährlichen Betriebsversammlung vornehmen und mit dem Bericht über die wirtschaftliche Lage und Entwicklung des Betriebes nach § 43 II 3 (§ 43 Rdn 5) verbinden.

6 **V. Gegenstand.** Der Unternehmer muss über die wirtschaftliche Lage (s § 106 Rdn 4) und Entwicklung des Unternehmens berichten. Das bedeutet mehr, als über die gegenwärtige wirtschaftliche Lage zu informieren. Es bedeutet mit Blick auf den Begriff »Entwicklung« auch, dass die Veränderungen seit der letzten Unterrichtung nach § 110 darzustellen sind und eine Zukunftsprognose abzugeben ist. Grds kann sich der Unternehmer dabei auf eine Zusammenfassung der wesentlichen Daten beschränken (*Löwisch/Kaiser* § 110 Rn 1). Nach wohl überwiegender Meinung findet die Unterrichtungspflicht ihre gegenständliche Grenze nicht erst dann, wenn Betriebs- und Geschäftsgeheimnisse des Unternehmens gefährdet sind (so aber GK-BetrVG/*Oetker* § 110 Rn 12 f; DKK/*Däubler* § 110 Rn 7), sondern mit Blick auf die Größe des Adressatenkreises und mangelnder sanktionsbewehrter Verschwiegenheitspflichten bereits dann, wenn die Information die Wettbewerbslage des Unternehmens beeinträchtigen kann (HWK/*Willemsen/Lembke* § 110 Rn 15, ErfK/*Kania* § 110 Rn 4).

7 **C. Ordnungswidrigkeit und Streitigkeiten.** Unterrichtet der Unternehmer gar nicht, wahrheitswidrig, unvollständig oder verspätet, begeht er eine bußgeldbewehrte Ordnungswidrigkeit gem § 121. Besteht zwischen dem BR bzw GBR und dem Unternehmer Streit über das »Ob« und »Wie« der Unterrichtung, entscheidet das ArbG gem §§ 2a I Nr 1, II, 80 ff ArbGG im Beschlussverfahren. Die Einigungsstelle ist nach § 109 nur zuständig, wenn der WA oder der BR bzw GBR iRd vorherigen Abstimmung Information über eine bestimmte wirtschaftliche Angelegenheit des Unternehmens iSd § 106 III verlangt (Richardi/*Annuß* § 110 Rn 13).

§ 111 Betriebsänderungen

¹In Unternehmen mit in der Regel mehr als zwanzig wahlberechtigten Arbeitnehmern hat der Unternehmer den Betriebsrat über geplante Betriebsänderungen, die wesentliche Nachteile für die Belegschaft oder erhebliche Teile der Belegschaft zur Folge haben können, rechtzeitig und umfassend zu unterrichten und die geplanten Betriebsänderungen mit dem Betriebsrat zu beraten. ²Der Betriebsrat kann in Unternehmen mit mehr als 300 Arbeitnehmern zu seiner Unterstützung einen Berater hinzuziehen; § 80 Abs. 4 gilt entsprechend; im Übrigen bleibt § 80 Abs. 3 unberührt. ³Als Betriebsänderungen im Sinne des Satzes 1 gelten
1. Einschränkung und Stillegung des ganzen Betriebs oder von wesentlichen Betriebsteilen,
2. Verlegung des ganzen Betriebs oder von wesentlichen Betriebsteilen,
3. Zusammenschluss mit anderen Betrieben oder die Spaltung von Betrieben,
4. grundlegende Änderungen der Betriebsorganisation, des Betriebszwecks oder der Betriebsanlagen,
5. Einführung grundlegend neuer Arbeitsmethoden und Fertigungsverfahren.

Übersicht	Rdn.		Rdn.
A. Überblick	1	3. Zusammenschluss mit anderen Betrieben oder die Spaltung von Betrieben (Nr 3)	15
B. Anwendungsbereich	3		
I. Unternehmensgröße	3		
II. Bestehen eines BR	7	4. Grundlegende Veränderung der Betriebsorganisation, des Betriebszwecks oder der Betriebsanlagen (Nr 4)	17
C. Zuständigkeit	8		
D. Betriebsänderung	11		
I. Allgemeines	11	5. Einführung grundlegend neuer Arbeitsmethoden und Fertigungsverfahren (Nr 5)	18
II. Katalog des S 3	12		
1. Einschränkung und Stilllegung des ganzen Betriebes oder von wesentlichen Betriebsteilen (Nr 1)	12	E. Unterrichtung und Beratung	19
		I. Rechtzeitige Unterrichtung	19
2. Verlegung des ganzen Betriebs oder von wesentlichen Betriebsteilen (Nr 2)	14	II. Umfassende Unterrichtung	20
		III. Beratung	21
		IV. Hinzuziehen eines Beraters	22
		F. Streitigkeiten	23

A. Überblick. Im Zentrum der Mitwirkung und Mitbestimmung in wirtschaftlichen Angelegenheiten 1 stehen die §§ 111–113. Bedeutende Veränderungen auf der betrieblichen Ebene, die für die AN einschneidende Folgen haben können, sollen vom BR mitberaten und die Folgen sozial aufgefangen werden. § 111 S 1 sieht deshalb ein **Unterrichtungs- und Beratungsrecht des BR** vor (Rdn 19–21). Das Beratungsrecht zielt auf das **Ob, Wann und Wie der geplanten Betriebsänderung**, um schon diese sozialverträglich zu gestalten. Anderseits zielt es auf die Frage, ob und wie die (unvermeidlichen) wirtschaftlichen Folgen der Betriebsänderung für die AN **sozial ausgeglichen oder abgemildert** werden können. Einigen sich Unternehmer und BR über die geplante Betriebsänderung, bezeichnet das Gesetz dies als **Interessenausgleich**, § 112 I 1. Die Regelung über den Ausgleich oder die Milderung der infolge der geplanten Betriebsänderung eingetretenen wirtschaftlichen Nachteile für die AN ist der **Sozialplan**, § 112 I 2. Erzwingbar ist nur der Sozialplan gem §§ 112 IV, 112a. Hingegen ist der Unternehmer in seiner Entscheidung über das Ob, Wann und Wie der geplanten Betriebsänderung grds frei; einen Interessenausgleich braucht er nur zu versuchen, arg § 113 III. Die Einigungsstelle ist zwar zuständig, macht aber nur einen für den AG unverbindlichen Vorschlag. Unterlässt der AG den Interessensausgleichsversuch, muss er als Sanktion den **Nachteilsausgleich nach § 113** fürchten und in bestimmten LAG-Bezirken den Unterlassungsanspruch des BR, der im Wege vorläufigen Rechtsschutzes durchgesetzt wird (Rdn 25). Laufen die gegenüber dem BR bestehenden Pflichten aus § 111 mit denen aus § 17 II 1 KSchG und § 102 I parallel, kann der AG sie uno actu erfüllen (BAG 20.9.2012; 6 AZR 155/11, NZA 2013, 32; 21.3.2012, 6 AZR 596/10, EzA § 17 KSchG Nr 25). Die Beteiligung des BR bei Betriebsänderungen beschränkt sich nicht auf die Rechte nach §§ 111 f. Daneben 2 können wegen ihrer unterschiedlichen Zielrichtung die Beteiligungsrechte in sozialen und personellen Angelegenheiten greifen (zum Vorrang der §§ 111 f ggü § 92a *Rieble* NZA-Sonderheft 2001, 48 ff). Außerhalb des BetrVG können Beteiligungsrechte des BR bei Massenentlassungen nach § 17 KSchG und das Informationsrecht bei Unternehmensumwandlungen nach dem UmwG ausgelöst werden.

B. Anwendungsbereich. I. Unternehmensgröße. Nach S 1 sind §§ 111 ff in **Unternehmen mit idR** 3 **mehr als 20 AN** anwendbar. Sie können also auch in Kleinbetrieben mit weniger als 20 AN greifen (*Löwisch/ Kaiser* § 111 Rn 1). Weil es einen Berechnungsdurchgriff auf die AN-Zahl im Konzern nicht gibt, führt die

Anknüpfung an das Unternehmen dazu, dass Betriebe mit 20 oder weniger wahlberechtigten AN im Wege der Umwandlung oder der Einzelrechtsübertragung gem § 613a I 1 BGB zu einem Unternehmen **verselbstständigt** werden und so für künftige Betriebsänderungen aus dem Anwendungsbereich der §§ 111 ff herauswandern (hiergegen unter Missbrauchsaspekten DKK/*Däubl*er § 111 Rn 34). Erfolgt die Verselbstständigung durch Spaltung nach dem UmwG, kommt ein Anwendungserhalt nach § 325 II UmwG durch BV oder TV in Betracht. Die Übertragung eines intakten Betriebes selbst ist keine beteiligungspflichtige Betriebsänderung (BAG 10.12.1996, 1 ABR 32/96, EzA § 111 BetrVG 1972 Nr 35).

4 Im **gemeinsamen Betrieb mehrerer Unternehmen** nach § 1 I 2 BetrVG kommt es richtigerweise darauf an, ob in den einzelnen **beteiligten Unternehmen jeweils mehr als 20 wahlberechtigte AN** beschäftigt sind (*Löwisch/Kaiser* § 111 Rn 4 f). Das BAG kommt in einer Quasi-Analogie ohne Regelungslücke zur Zusammenrechnung aller AN im Gemeinschaftsbetrieb (BAG 1.8.1990, 7 ABR 91/88, NZA 1991, 643 und § 99 Rdn 1). Nur dasjenige Unternehmen, das den Schwellenwert überschreitet, muss den BR des gemeinsamen Betriebs unterrichten; Interessenausgleichs- und Sozialplanverfahren müssen zwischen dem BR des gemeinsamen Betriebs und diesem Unternehmen hins derjenigen AN durchgeführt werden, die zu dem Unternehmen im Arbeitsverhältnis stehen und von der Betriebsänderung betroffen sind (aA LAG Berl 23.1.2003, 18 TaBV 2141/02, NZA-RR 2003, 477). Bei § 111 fehlt zudem die Analogiefähigkeit: Hier geht es um wirtschaftliche Angelegenheiten des Unternehmens.

5 Ob nach einem Zuordnungsbeschluß gem § 4 I 2 die gemeinschaftlichen AN des Hauptbetriebs und des Betriebsteils zusammenzurechnen sind, ist höchstrichterlich nicht entschieden (dafür ArbG München 6.3.2012, 16 BV 283/11, juris; *Bayreuther* NZA 2011, 727; dagegen LAG München 26.1.2011, 11 TaBV 77/10, NZA-RR 2011, 299). Ein tariflich nach § 3 begründeter unternehmensübersteigender Einheitsbetrieb führt nicht zu entsprechender »Mitzählung«, weil § 3 V die Wirkung strikt auf den Betrieb beschränkt.

6 Bei der **Berechnung der AN-Zahl** zählen die iSd § 7 wahlberechtigten AN. Maßgeblich ist die AN-Zahl zu dem **Zeitpunkt**, in dem die Beteiligungsrechte nach §§ 111 f BetrVG entstehen. Dabei kommt es nicht auf die zu diesem Zeitpunkt zufällige, tatsächliche Belegschaftsstärke an, sondern auf die **Regelbelegschaftsstärke**, also diejenige, die für das Unternehmen iA kennzeichnend ist. Deshalb ist einerseits rückzublicken, aber auch die absehbare weitere Entwicklung des Unternehmens zu berücksichtigen. Die aus der geplanten Betriebsänderung selbst resultierende Verkleinerung der AN-Zahl darf nicht eingerechnet werden (BAG 16.11.2004, 1 AZR 642/03, EzA § 111 BetrVG 2001 Nr 2; 24.2.2005, 2 AZR 207/04, EzA § 17 KSchG Nr 14). Eine auf einheitlicher unternehmerischer Planungsentscheidung beruhende, stufenweise durchgeführte Betriebsänderung ist eine Betriebsänderung und einheitlich an der Ausgangsgröße zu messen. Nur bei selbstständigen Betriebsänderungen kann eine 1. Stufe dazu führen, dass die Einheit aus dem Geltungsbereich des § 111 herauswandert, sodass die selbstständige 2. Stufe nicht erfasst wird (BAG 9.5.1995, 1 ABR 51/94, EzA § 111 BetrVG 1972 Nr 30; 16.11.2004, 1 AZR 642/03, aaO; 28.3.2006, 1 ABR 5/05, EzA § 111 BetrVG 2001 Nr 4). Der 1. Senat des BAG zählt hier – ebenso wie nun auch der 7. bei den Grund-Schwellenwerten des § 9 (BAG 13.3.2013, 7 ABR 69/11, NZA 2013, 789) – Leih-AN, die länger als 3 Monate im Unternehmen eingesetzt sind mit. Begründet wird dies damit, dass Leih-AN gemäß § 7 S. 2 wahlberechtigt sind. Zweck des Schwellenwerts in § 111 sei kleinere Unternehmen vor finanzieller Überforderung durch Sozialpläne zu schützen. Für die Beurteilung der wirtschaftlichen Leistungsfähigkeit komme es aber nicht darauf an, ob AN oder Leih-AN eingesetzt werden, da auch für Leih-AN Personalkosten anfielen. Entscheidend sei allein die »Kopfzahl« (BAG 18.10.2011, 1 AZR 335/10, NZA 2012, 221). Das leuchtet nicht ein, weil § 111 keine Konzernzurechnung kennt und AN von Subunternehmen nicht zählen. Deshalb sollte es bei der Grundregel bleiben, dass solche AN, die kein Arbeitsverhältnis zum Betriebsinhaber haben, nicht zählen (*Fandel/Zanotti* BB 2012, 970, 971). Zudem ist vom EuGH die Frage zu klären, ob das notwendig vom Gesetzgeber auszuübende Optionsrecht zur Zählung der Leih-AN nach Art 7 der LeiharbeitsRL 2008/104/EG solche Mitbestimmungsschwellenwerte umfasst (*Rieble* NZA 2012, 485). Das BAG will freilich ungerührt Leih-AN contra legem grundsätzlich mitzählen (§ 9 Rdn 2).

7 **II. Bestehen eines BR.** Nur in Betrieben mit BR greifen die Beteiligungsrechte der §§ 111 f, wenn nicht ausnahmsweise der GBR oder KBR auch für den betriebsratslosen Betrieb zuständig ist (Rdn 9), §§ 50 I 1 Hs 2 und 58 I 1 Hs 2. Der BR muss in der Sekunde bestehen, in der sich der Unternehmer zur Betriebsänderung entschlossen hat. Eine spätere Wahl hilft nicht. Das gilt auch dann, wenn im Zeitpunkt des Planungsentschlusses absehbar ist, dass ein BR etabliert wird (BAG 28.10.1992, 10 ABR 75/91, EzA § 112 BetrVG 1972 Nr 60; Übersicht zum Meinungsstand in Rspr und Lit in LAG Niedersachsen 19.12.2012, 1 TaBV 112/12, juris). Der BR kann die Beteiligungsrechte auch im Übergangsmandat nach § 21a und im Restmandat nach § 21b wahrnehmen.

C. Zuständigkeit. **Unternehmer** und Adressat der Beteiligungsrechte des §§ 111 f ist die natürliche oder 8
juristische Person oder Personengesellschaft, die Träger des Unternehmens ist. Bei einer (abhängigen) Konzerngesellschaft bleibt jedes Konzernunternehmen rechtlich selbständig und ist Adressat der §§ 111 f (BAG 14.4.2015, 1 AZR 223/14, NZA 2015, 1212). An die Stelle des Unternehmers tritt der Insolvenzverwalter, wenn über das Vermögen des Unternehmers das Insolvenzverfahren eröffnet worden ist.

Grds ist der **örtliche BR** für die Wahrnehmung der Beteiligungsrechte nach §§ 111 f zuständig. Der **GBR** 9
ist originär zuständig nach § 50 I, wenn die geplante Betriebsänderung das Gesamtunternehmen oder mehrere Betriebe betrifft und nicht durch die einzelnen BR innerhalb ihrer Betriebe geregelt werden kann. Das ist der Fall, wenn sich die Betriebsänderung nach unternehmenseinheitlicher Planung auf mehrere Betriebe bezieht und sinnvoll nur einheitlich beraten werden kann (BAG 24.1.1996, 1 AZR 542/95, EzA § 113 BetrVG 1972 Nr 24 für die Verlegung eines Betriebes und dessen Zusammenlegung mit einem anderen Betrieb; BAG 8.6.1999, 1 AZR 831/98, EzA § 111 BetrVG 1972 Nr 37 für die Stillegung aller Bereiche eines Außendienstes; BAG 19.7.2012, 2 AZR 386/11, EzA-SD 2013, Nr 5 für die Stillegung mehrere Betriebe eines Unternehmens) – also wenn sich eine betriebsübersteigende Verteilungsfrage stellt. Ist der GBR für den Interessenausgleich (einschließlich der Vereinbarung einer Namensliste: BAG 19.7.2012, 2 AZR 386/11, EzA-SD 2013, Nr 5) zuständig, folgt daraus nicht automatisch, dass er auch für das Sozialplanverfahren zuständig ist (BAG 3.5.2006, 1 ABR 15/05, EzA § 112 BetrVG 2001 Nr 17; Hess LAG 14.5.2012, 16 TaBV 197/11, juris). Vielmehr muss auch insoweit ein zwingendes Bedürfnis nach betriebsübergreifender Regelung bestehen. Ob die mit der Betriebsänderung verbundenen Nachteile unternehmenseinheitlich oder betriebsbezogen auszugleichen sind, bestimmt sich insb nach Gegenstand und Ausgestaltung der Betriebsänderung im Interessenausgleich sowie nach den AN entstehenden Nachteilen. Regelt etwa ein mit dem GBR nach § 50 I vereinbarter Interessenausgleich eine Betriebsänderung, die einzelne Betriebe unabhängig voneinander betrifft, oder eine solche, die sich auf einen Betrieb beschränkt, ist ein unternehmensweit zu findender Ausgleich der wirtschaftlichen Nachteile im Sozialplan nicht zwingend (BAG 11.12.2001, 1 AZR 193/01, EzA § 50 BetrVG 1972 Nr 18; 23.10.2002, 7 ABR 55/01, EzA § 50 BetrVG 2001 Nr 1). Entspr gelten die Grds für die Kompetenzzuweisung an den **KBR** nach § 58 I. So ist für eine Integration zweier Konzernunternehmen dann der KBR zuständig, wenn es um die Verteilung der Lasten zwischen den betroffenen Unternehmensbelegschaften geht.

Grds trägt der Unternehmer das **Risiko**, das »falsche« Gremium zu beteiligen. Ein Interessenausgleich gilt 10
deshalb nicht als versucht iSd § 113, wenn der Unternehmer mit dem unzuständigen Gremium verhandelt. Das Risiko wird ihm aber bereits dann genommen, wenn er in geeigneter Weise versucht, den richtigen Partner für die Verhandlungen um einen Interessenausgleich zu finden, indem er die in Betracht kommenden Gremien zur Klärung der Zuständigkeitsfrage auffordert und mit dem ihm benannten Gremium verhandelt – auch dann, wenn sich BR und GBR auf den rechtlich unzuständigen Verhandlungspartner geeinigt haben. Das Gleiche gilt, wenn sich BR und GBR nicht in vertretbarer Zeit einigen und der Unternehmer daraufhin eine Entsch über den zuständigen Verhandlungspartner trifft, die unter Berücksichtigung der Entscheidungssituation nachvollziehbar erscheint (BAG 24.1.1996, 1 AZR 542/95, EzA § 113 BetrVG 1972 Nr 24).

D. Betriebsänderung. I. Allgemeines. Die unternehmerische Entsch ist nur beteiligungspflichtig, wenn 11
sie den Tatbestand der Betriebsänderung erfüllt und **wesentliche Nachteile** für die Belegschaft oder erhebliche Teile der Belegschaft haben kann. Was eine Betriebsänderung in diesem Sinne ist, sagen abschließend (str; Richardi/*Annuß* § 111 Rn 41 ff) die **Katalogtatbestände des S 3**. Ist einer der Tatbestände verwirklicht, wird das Merkmal der möglichen wesentlichen Nachteile **fingiert** (BAG 10.12.1996, 1 ABR 32/96, EzA § 111 BetrVG 1972 Nr 35; 25.1.2000, 1 ABR 1/99, EzA § 112 BetrVG 1972 Nr 106). In den Beratungen soll gerade festgestellt werden, ob solche Nachteile eintreten. Bedeutsam ist das für den Sozialplan, wenn die Betriebsänderung (absehbar) keine Nachteile auslöst; Ergebnis ist ein »**Sozialplan Null**«.

II. Katalog des S 3. 1. Einschränkung und Stillegung des ganzen Betriebes oder von wesentlichen 12
Betriebsteilen (Nr 1). Das Mitbestimmungsrecht setzt am »Betrieb« an, also an der Arbeitsorganisation iSv §§ 1,4 und 3. Durch Beschluss der AN eines Betriebsteils an der Wahl des BR im Hauptbetrieb gem § 4 I 2 teilzunehmen, verliert der Betriebsteil seine gem § 4 I 1 fingierte Eigenständigkeit (BAG 17.9.2013, 1 ABR 21/12, NZA 2014, 96). Der Betriebsteil ist sodann dem Hauptbetrieb zuzuordnen, sodass eine danach erfolgende Schließung des betriebsratslosen Betriebsteils keine Betriebsstillung iSd § 111 S 3 Nr 1 darstellt (BAG 17.9.2013, 1 ABR 21/12, NZA 2014, 96), allenfalls noch die eines »wesentlichen Betriebsteils« (vgl Rdn 13). Stillegung ist die Auflösung der zwischen AG und AN bestehenden Betriebs- und Produktionsgemeinschaft, die ihren Ausdruck darin findet, dass der AG die bisherige wirtschaftliche Betätigung in der Absicht einstellt, die Weiterverfolgung des bisherigen Betriebszwecks dauernd oder

für einen der Dauer nach unbestimmten, wirtschaftlich nicht unerheblichen Zeitraum aufzugeben (BAG 11.3.1998, 2 AZR 414/97, EzA § 1 KSchG Betriebsbedingte Kündigung Nr 99). Die Stilllegung kann mit einer unwiderruflichen Freistellung sämtlicher AN beginnen (LAG Berlin-Brandenburg 2.3.2012, 13 Sa 2187/11, ZIP 2012, 1429). **Betriebseinschränkung** ist eine erhebliche, ungewöhnliche und nicht nur vorübergehende Herabsetzung der Leistungsfähigkeit des Betriebes – durch Verringerung der Betriebsmittel, aber auch durch Verringerung des Personals (BAG 22.5.1979, 1 ABR 17/77, EzA § 111 BetrVG 1972 Nr 7; 28.3.2006, 1 ABR 5/05, EzA § 111 BetrVG 2001 Nr 4). Bei der Frage, ob der bloße Personalabbau mit Blick auf S 1 wesentliche Nachteile für die Belegschaft haben kann, stellt das BAG auf die Zahlen- und Prozentangaben des § 17 I KSchG ab mit der Maßgabe, dass **mind 5 % der Belegschaft des Betriebs betroffen** sein müssen (BAG 19.1.1999, 1 AZR 342/98, EzA § 113 BetrVG 1972 Nr 28; 28.3.2006, 1 ABR 5/05, aaO; 19.7.2012, 2 AZR 352/11, NZA 2013, 86; 19.7.2012, 2 AZR 386/11, EzA-SD 2013, Nr 5: Bezugsgröße ist die Anzahl der im einzelnen Betrieb beschäftigten AN). Der Rückgriff auf § 17 I KSchG ist versagt für **Betriebe mit 20 oder weniger AN**. Welche Zahlengrenze hier gilt, ist umstr (mind 6 AN analog § 112a I Nr 1: BAG 9.11.2010, 1 AZR 708/09, EzA § 111 BetrVG 2001 Nr 6; *Löwisch/Kaiser* § 111 Rn 28; mind 3: GK-BetrVG/*Oetker* § 111 Rn 99; mind 30 %: Richardi/*Annuß* § 111 Rn 74). Das ist in Abgrenzung zu § 112a entscheidend: Wird die Wesentlichkeitsschwelle insgesamt nicht erreicht, entfallen alle Beteiligungsrechte und nicht nur die Sozialplanpflicht.

13 Ob ein wesentlicher Betriebsteil vorliegt, bestimmt die Rspr auch hier anhand einer **quantitativen Betrachtung**: Wesentlich ist ein Betriebsteil, wenn in ihm ein erheblicher Teil der AN des Gesamtbetriebs tätig ist. Als Richtschnur gelten die Zahlen- und Prozentangaben des § 17 I KSchG, mind aber 5 % der Gesamtbelegschaft (BAG 19.1.1999, 1 AZR 342/98, EzA § 113 BetrVG 1972 Nr 28). Ein Betriebsteil kann auch wegen seiner **wirtschaftlichen/qualitativen Bedeutung** wesentlich sein (BAG 7.8.1990, 1 AZR 445/89, EzA § 111 BetrVG 1972 Nr 27; 27.6.2002, 2 AZR 489/01, EzA § 1 KSchG Betriebsbedingte Kündigung Nr 119). Ein **stufenweiser Personalabbau** erreicht die Wesentlichkeitsschwelle, wenn er auf einheitlicher unternehmerischer Planung beruht und die Zahlenwerte insgesamt erreicht sind; ein naher zeitlicher Zusammenhang von »Kündigungswellen« sei Indiz für einheitliche Planung (BAG 28.3.2006, 1 ABR 5/05, EzA § 111 BetrVG 2001 Nr 4).

14 **2. Verlegung des ganzen Betriebs oder von wesentlichen Betriebsteilen (Nr 2).** Nr 2 meint die Veränderung der örtlichen Lage eines Betriebs oder wesentlichen Betriebsteils. Sie darf **nicht nur geringfügig** sein, was daran zu messen ist, ob wesentliche Nachteile für die Belegschaft oder erhebliche Teile möglich sind. Für die Verlagerung eines Betriebes um 4,3 km innerhalb einer Großstadt hat das BAG dies bejaht (17.8.1982, 1 ABR 40/80, EzA § 111 BetrVG 1972 Nr 14). Die Verlegung eines Betriebes ins Ausland ist kein Fall von Nr 2 (differenzierend HWK/*Hohenstatt/Willemsen* § 111 Rn 36), sondern mit Blick auf den auf das Inland beschränkten Anwendungsbereich des BetrVG Stilllegung iSv Nr 1 (Richardi/*Annuß* § 111 Rn 95). Keine Verlegung, sondern eine Stilllegung liegt vor, wenn iR einer nicht unerheblichen Verlagerung die alte Betriebsgemeinschaft aufgelöst wird und der Betrieb mit einer neuen Belegschaft fortgeführt wird (BAG 12.2.1987, 2 AZR 247/86, EzA § 613a BGB Nr 64). Nr 2 erfasst auch die Verlegung wesentlicher Betriebsteile.

15 **3. Zusammenschluss mit anderen Betrieben oder die Spaltung von Betrieben (Nr 3).** Zusammenschluss ist sowohl die Zusammenfassung mehrerer Betriebe zu einem neuen Betrieb als auch die Eingliederung eines Betriebes in einen anderen. Dazu gehört auch die Errichtung eines Gemeinschaftsbetriebes. **Spaltung** meint die Teilung eines Betriebes in mehrere selbstständige Betriebe, auch unter Eingliederung der Teile in andere Betriebe. Kompensiert wird die rechtsträgerübergreifende Spaltung durch einen Gemeinschaftsbetrieb, was § 1 II Nr 2 für den Fall des UmwG vermutet (*Rieble* FS Wiese, 1998, 453 ff).

16 Das BAG hält auch die **Abspaltung von Klein- oder** gar **Kleinstbetrieben** für beteiligungspflichtig nach Nr 3. Denn dem Wortlaut fehlt hier das »wesentlich« (BAG 10.12.1996, 1 ABR 32/96, EzA § 111 BetrVG 1972 Nr 35). Das BAG verlangt aber, dass der abgespaltene Teil eine wirtschaftlich relevante Größenordnung und eine abgrenzbare, eigenständige Struktur haben muss (BAG 10.12.1996, 1 ABR 32/96, aaO). Dieses Redaktionsversehen ist durch Übertragung des Wesentlichkeitsmerkmals (Rdn 13) zu schließen (näher *Meyer/Röger* BB 2009, 894, 896); anderenfalls kann der AG den unwesentlichen Betriebsteil beteiligungsfrei stilllegen aber nicht abspalten (zur Abgrenzung von Stilllegung und Abspaltung des Betriebsteils BAG 18.3.2008, 1 ABR 77/06, EzA § 111 BetrVG 2001 Nr 5).

17 **4. Grundlegende Veränderung der Betriebsorganisation, des Betriebszwecks oder der Betriebsanlagen (Nr 4).** Betriebsorganisation ist die Ordnung, nach der die im Betrieb vorhandenen Produktionsmittel und die dort tätigen AN zur Erfüllung des Betriebszwecks eingesetzt werden (BAG 22.5.1979, 1 AZR

848/76, EzA § 111 BetrVG 1972 Nr 6). Dazu zählt die Leitung des Betriebs, die Frage der Zentralisierung oder Delegation von Aufgaben, Gliederung und Aufbau von Betriebsabteilungen, lean production etc. Betriebszweck sind die mit dem Betrieb verfolgten arbeitstechnischen Zwecke, also die Erzeugnisse und Dienstleistungen (BAG 17.12.1985, 1 ABR 78/83, EzA § 111 BetrVG 1972 Nr 179). Betriebsanlagen sind alle Anlagen, die der Erfüllung des Betriebszwecks dienen. Die Änderung muss **grundlegend** sein. Die Maßnahme muss die Organisation, den Zweck oder die Anlagen einschneidend und weitgehend ändern. So wird der Betriebszweck etwa grundlegend geändert, wenn die Betriebstätigkeit **von Produktion auf Dienstleistung umgestellt** wird. Ob Betriebsanlagen grundlegend geändert werden, hängt vom Grad der Veränderung ab. Kann nicht zweifelsfrei geklärt werden, ob Organisation, Zweck oder Anlagen grundlegend geändert werden, ist auf die Zahl der betroffenen AN mit Blick auf § 17 I KSchG und den Grad der nachteiligen Auswirkungen für die betroffenen AN abzustellen (BAG 26.10.1982, 1 ABR 11/81, EzA § 111 BetrVG 1972 Nr 15). Nicht ausreichend ist ein Betriebsübergang, jedenfalls solange er nicht mit weiteren Maßnahmen verbunden ist (BAG 31.1.2008, 8 AZR 1116/06, EzA § 613a BGB 2002 Nr 85).

5. Einführung grundlegend neuer Arbeitsmethoden und Fertigungsverfahren (Nr 5). Nr 5 hängt mit Nr 4 zusammen. Die Übergänge sind fließend. Im Vordergrund steht hier die Gestaltung der Arbeit. Es geht um die Art und Weise, wie die menschliche Arbeitskraft zur Erfüllung des Betriebszwecks eingesetzt wird. Fertigungsverfahren sind die technischen Methoden in der Gestaltung der Produktionsgüter. Auch hier muss die Einführung grundlegend sein. Laufende Verbesserungen rechnen nicht hierzu. 18

E. Unterrichtung und Beratung. I. Rechtzeitige Unterrichtung. Nach S 1 muss der Unternehmer den BR rechtzeitig über die geplante Betriebsänderung unterrichten. Verspätet ist deshalb die Unterrichtung, wenn der AG mit der Verwirklichung seines von ihm verfolgten Plans begonnen hat (BAG 14.9.1976, 1 AZR 784/75, EzA § 113 BetrVG 1972 Nr 2; LAG Hamm 20.4.2012, 10 TaBVGa 3/12, juris), aber auch dann, wenn sich der AG unwiderruflich festgelegt hat oder er die Betriebsänderung öffentl als unabwendbar dargestellt hat (*Löwisch/Kaiser* § 111 Rn 43). Andererseits lösen bloße Vorüberlegungen das Unterrichtungsrecht nicht aus. Es kommt darauf an, dass der Unternehmer vorbehaltlich der BR-Beteiligung entschlossen ist. Das Informationsrecht entsteht, wenn die Phase der Vorüberlegungen und Prüfungen soweit abgeschlossen ist, dass sich die Planung auf eine bestimmte Maßnahme konkretisiert hat (BAG 28.10.1992, 10 ABR 75/91, EzA § 112 BetrVG 1972 Nr 60). Müssen erst noch andere Organe des Unternehmens beteiligt werden (Zustimmung von Aufsichtsrat oder Gesellschafterversammlung), ist die Phase der Vorüberlegung nicht verlassen, die Meinungsbildung des Unternehmens nicht abgeschlossen (BAG 20.11.2001, 1 AZR 97/01, EzA § 113 BetrVG 1972 Nr 29; 30.3.2004, 1 AZR 7/03, EzA § 113 BetrVG 2001 Nr 4). Vermieden wird jeder Konflikt mit §§ 111 ff, indem die Unternehmensorgane ihre Beschlüsse über die Betriebsänderung unter dem Vorbehalt der Beratung mit dem BR unter Einschluss des Einigungsstellenverfahrens fassen. Schwierig sind Konzernsachverhalte: Plant die Konzernobergesellschaft die wirtschaftliche Maßnahme abschließend und weist sie die Unternehmensleitung der Tochter zum Vollzug an, hat der BR keine Beteiligungsrechte ggü dem Anteilseigner. Adressat der Beteiligungsrechte bleibt das Tochterunternehmen. Eine Weisung, Beteiligungsrechte des BR zu ignorieren, ist greifbar gesetzeswidrig und darf nicht vollzogen werden. Informiert die Tochter den BR (auch unverschuldet) nicht, unzureichend oder zu spät, geht dies zu ihren Lasten (*Löwisch/Kaiser* § 111 Rn 46). 19

II. Umfassende Unterrichtung. Gem S 1 muss die formlose, auch mündliche Unterrichtung **umfassend** sein. Der BR muss mit Blick auf den Interessenausgleich aus den mitgeteilten Umständen den Umfang, die zu erwartenden Auswirkungen und die Gründe für deren Zweckmäßigkeit erkennen können. Dem BR sind auch diejenigen Informationen zu geben, die er für eigene Vorstellungen über den Sozialplan benötigt (BAG 30.3.2004, 1 AZR 7/03, EzA § 113 BetrVG 2001 Nr 4). Gem § 80 II 2 kann der BR verlangen, dass ihm Unterlagen zur Verfügung gestellt werden. Das Unternehmen braucht nur diejenigen Unterlagen zur Verfügung zu stellen, die es selbst hat. Eine Beschaffungs- oder Begutachtungspflicht besteht nicht. Ebenso wenig hat der BR Anspruch auf Auskünfte, die für die Planung irrelevant sind; die Ausforschung des Unternehmens ist ihm verwehrt. Sind **Betriebs- oder Geschäftsgeheimnisse** betroffen, sieht S 1 (anders als § 106 II) keine Beschränkung der Information vor. Nach hM bewendet es bei der Geheimhaltungspflicht der BR-Mitglieder nach § 79 BetrVG – und in börsennotierten Gesellschaften beim WpHG (dazu § 79 Rdn 5; aA *Löwisch/Kaiser* § 111 Rn 44: § 106 II analog). 20

III. Beratung. Der Unternehmer hat die geplante Betriebsänderung nach S 1 mit dem BR zu beraten. Ziel der Beratung ist einerseits der Interessenausgleich nach § 112 I 1 (Regelung des Ob, Wann und Wie der Betriebsänderung), andererseits der Sozialplan nach § 112 I 2 (Regelung über Milderung oder Ausgleich der wirtschaftlichen Nachteile für die AN); zum Mitbestimmungsverfahren §§ 112, 112a. §§ 111 ff nennen 21 weder einen Zeitpunkt zur Aufnahme der Beratung, noch ist diese zeitlich befristet. Der BR spielt deswegen häufig auf Zeit, um die **Betriebsänderung durch Verfahrensgestaltung hinauszuzögern**.

22 **IV. Hinzuziehen eines Beraters.** S 2 gibt in Unternehmen mit mehr als 300 AN dem BR das Recht, zu seiner Unterstützung einen Berater hinzuzuziehen. Maßgebend ist die Zahl der AN nach § 5 I. Als Berater kommt etwa ein Wirtschaftsprüfer, ein Rechtsanwalt, aber auch ein Angehöriger des Unternehmens in Betracht (*Löwisch/Kaiser* § 111 Rn 48). Anders als § 80 III bedarf es nach hM weder einer vorherigen Vereinbarung mit dem AG noch des Nachweises der Erforderlichkeit im Einzelfall (ErfK/*Kania* § 111 Rn 25; *Löwisch/Kaiser* § 111 Rn 49). Die Hinzuziehung steht vielmehr im pflichtgemäßen Ermessen des BR. Dabei erlaubt der hM, mehrere Berater hinzuzuziehen – entgegen dem eindeutigen Wortlaut des S 2 (Richardi/*Annuß* § 111 Rn 54). Die Kostenpflicht folgt aus § 40, insoweit muss die Hinzuziehung eines externen Sachverständigen notwendig sein, die Kostenlast verhältnismäßig (*Reichold* NZA 2001, 857, 865; zur Haftung der BR-Mitglieder BGH 25.10.2012, III ZR 266/11, EzA § 40 BetrVG 2001 Nr 24). Das Hinzuziehungsrecht setzt mit der Unterrichtung des BR ein. Eine Präventivberatung kann der BR nicht durchsetzen.

23 **F. Streitigkeiten.** Besteht Streit über die Beteiligungsrechte nach §§ 111 f, also ob ein Betriebsänderungstatbestand nach S 3 verwirklicht ist, entscheidet das ArbG im Beschlussverfahren gem §§ 2a I Nr 1, 80 ArbGG. Verfahrensgegenstand ist das Vorliegen der Betriebsänderung und der hieraus folgende Unterrichtungs- und Beratungsanspruch (BAG 18.3.1975, 1 ABR 102/73, BAGE 27, 72). Hat der AG Zeit, kann es zweckmäßig sein, diese Klärung herbeizuführen. Stellt das Gericht fest, die geplante Maßnahme löse keine Beteiligungsrechte des BR aus, sind die Gerichte in späteren Nachteilsausgleichverfahren nach § 113 III an die Entscheidung gebunden (BAG 10.11.1987, 1 AZR 360/86, EzA § 113 BetrVG 1972 Nr 16).

24 Daneben steht das gerichtliche **Bestellungsverfahren** der Einigungsstelle nach § 100 I ArbGG, weil das Gericht nur prüft, ob deren Zuständigkeit für Interessenausgleich und/oder Sozialplan offensichtlich fehlt. Nur wenn der Tatbestand des § 111 unter keinem Gesichtspunkt in Betracht kommt, bleibt der Antrag des BR erfolglos (etwa LAG Berl 18.2.1980, 9 TaBV 5/79, EzA § 98 ArbGG 1979 Nr 1). Der AG kann daneben den negativen Feststellungsantrag (Rdn 23) stellen; das Einigungsstellenerrichtungsverfahren wird aber nicht ausgesetzt.

25 Ignoriert der AG Unterrichtungs- und Beratungspflicht über den Interessenausgleich, räumen die LAG im nördlichen Teil Deutschlands überwiegend einen **Unterlassungsanspruch** ein, der im Wege vorläufigen Rechtsschutzes auf Unterlassung des Vollzuges der geplanten Betriebsänderung vor Abschluss der Beratungen vollzogen wird (etwa LAG Hamm 20.4.2012, 10 TaBVGa 3/12, juris mwN; Übersicht bei *Lipinski/ Melms* BB 2002, 2226). Das ist falsch, weil § 113 III eine abschließende Sanktion des unterbliebenen Interessenausgleichs enthält (§ 113 Rdn 1), weil der AG an einen vereinbarten Interessenausgleich ebenso wenig gebunden ist (§§ 112, 112a Rdn 6), weil der Unterlassungsanspruch über das Ziel der Beratung hinausschießt und weil die Systematik des BetrVG erkennen lässt, dass die Intensität der Mitwirkungsrechte von den sozialen über die personellen bis zu den wirtschaftlichen Angelegenheiten abnimmt; schon §§ 100 f entscheiden gegen einen vorläufigen Unterlassungsanspruch. Gestritten wird aber, ob die RL 2002/14/EG zu einem anderen Ergebnis zwingt (etwa Richardi/*Annuß* § 111 Rn 168).

§ 112 Interessenausgleich über die Betriebsänderung, Sozialplan

(1) ¹Kommt zwischen Unternehmer und Betriebsrat ein Interessenausgleich über die geplante Betriebsänderung zustande, so ist dieser schriftlich niederzulegen und vom Unternehmer und Betriebsrat zu unterschreiben. ²Das Gleiche gilt für eine Einigung über den Ausgleich oder die Milderung der wirtschaftlichen Nachteile, die den Arbeitnehmern infolge der geplanten Betriebsänderung entstehen (Sozialplan). ³Der Sozialplan hat die Wirkung einer Betriebsvereinbarung. ⁴§ 77 Abs. 3 ist auf den Sozialplan nicht anzuwenden.

(2) ¹Kommt ein Interessenausgleich über die geplante Betriebsänderung oder eine Einigung über den Sozialplan nicht zustande, so können der Unternehmer oder der Betriebsrat den Vorstand der Bundesagentur für Arbeit um Vermittlung ersuchen, der Vorstand kann die Aufgabe auf andere Bedienstete der Bundesagentur für Arbeit übertragen. ²Erfolgt kein Vermittlungsersuchen oder bleibt der Vermittlungsversuch ergebnislos, so können der Unternehmer oder der Betriebsrat die Einigungsstelle anrufen. ³Auf Ersuchen des Vorsitzenden der Einigungsstelle nimmt ein Mitglied des Vorstands der Bundesagentur für Arbeit oder ein vom Vorstand der Bundesagentur für Arbeit benannter Bediensteter der Bundesagentur für Arbeit an der Verhandlung teil.

(3) ¹Unternehmer und Betriebsrat sollen der Einigungsstelle Vorschläge zur Beilegung der Meinungsverschiedenheiten über den Interessenausgleich und den Sozialplan machen. ²Die Einigungsstelle hat eine Einigung der Parteien zu versuchen. ³Kommt eine Einigung zustande, so ist sie schriftlich niederzulegen und von den Parteien und vom Vorsitzenden zu unterschreiben.

(4) ¹Kommt eine Einigung über den Sozialplan nicht zustande, so entscheidet die Einigungsstelle über die Aufstellung eines Sozialplans. ²Der Spruch der Einigungsstelle ersetzt die Einigung zwischen Arbeitgeber und Betriebsrat.

(5) ¹Die Einigungsstelle hat bei ihrer Entscheidung nach Absatz 4 sowohl die sozialen Belange der betroffenen Arbeitnehmer zu berücksichtigen als auch auf die wirtschaftliche Vertretbarkeit ihrer Entscheidung für das Unternehmen zu achten. ²Dabei hat die Einigungsstelle sich im Rahmen billigen Ermessens insbesondere von folgenden Grundsätzen leiten zu lassen:

1. Sie soll beim Ausgleich oder bei der Milderung wirtschaftlicher Nachteile, insbesondere durch Einkommensminderung, Wegfall von Sonderleistungen oder Verlust von Anwartschaften auf betriebliche Altersversorgung, Umzugskosten oder erhöhte Fahrtkosten, Leistungen vorsehen, die in der Regel den Gegebenheiten des Einzelfalles Rechnung tragen.
2. Sie hat die Aussichten der betroffenen Arbeitnehmer auf dem Arbeitsmarkt zu berücksichtigen. Sie soll Arbeitnehmer von Leistungen ausschließen, die in einem zumutbaren Arbeitsverhältnis im selben Betrieb oder in einem anderen Betrieb des Unternehmens oder eines zum Konzern gehörenden Unternehmens weiterbeschäftigt werden können und die Weiterbeschäftigung ablehnen; die mögliche Weiterbeschäftigung an einem anderen Ort begründet für sich allein nicht die Unzumutbarkeit.
2a. Sie soll insbesondere die im Dritten Buch des Sozialgesetzbuches vorgesehenen Förderungsmöglichkeiten zur Vermeidung von Arbeitslosigkeit berücksichtigen.
3. Sie hat bei der Bemessung des Gesamtbetrages der Sozialplanleistungen darauf zu achten, dass der Fortbestand des Unternehmens oder die nach Durchführung der Betriebsänderung verbleibenden Arbeitsplätze nicht gefährdet werden.

§ 112a Erzwingbarer Sozialplan bei Personalabbau, Neugründungen

(1) ¹Besteht eine geplante Betriebsänderung im Sinne des § 111 Satz 3 Nr 1 allein in der Entlassung von Arbeitnehmern, so findet § 112 Abs. 4 und 5 nur Anwendung, wenn
1. in Betrieben mit in der Regel weniger als 60 Arbeitnehmern 20 vom Hundert der regelmäßig beschäftigten Arbeitnehmer, aber mindestens 6 Arbeitnehmer,
2. in Betrieben mit in der Regel mindestens 60 und weniger als 250 Arbeitnehmern 20 vom Hundert der regelmäßig beschäftigten Arbeitnehmer oder mindestens 37 Arbeitnehmer,
3. in Betrieben mit in der Regel mindestens 250 und weniger als 500 Arbeitnehmern 15 vom Hundert der regelmäßig beschäftigten Arbeitnehmer oder mindestens 60 Arbeitnehmer,
4. in Betrieben mit in der Regel mindestens 500 Arbeitnehmern 10 vom Hundert der regelmäßig beschäftigten Arbeitnehmer, aber mindestens 60 Arbeitnehmer

aus betriebsbedingten Gründen entlassen werden sollen. ²Als Entlassung gilt auch das vom Arbeitgeber aus Gründen der Betriebsänderung veranlasste Ausscheiden von Arbeitnehmern auf Grund von Aufhebungsverträgen.

(2) ¹§ 112 Abs. 4 und 5 findet keine Anwendung auf Betriebe eines Unternehmens in den ersten vier Jahren nach seiner Gründung. ²Dies gilt nicht für Neugründungen im Zusammenhang mit der rechtlichen Umstrukturierung von Unternehmen und Konzernen. ³Maßgebend für den Zeitpunkt der Gründung ist die Aufnahme einer Erwerbstätigkeit, die nach § 138 der Abgabenordnung dem Finanzamt mitzuteilen ist.

Übersicht	Rdn.		Rdn.
A. Interessenausgleich	1	V. Rechtsfolgen eines unbilligen oder gleichheitswidrigen Sozialplans	21
I. Inhalt	1		
II. Zustandekommen	2	VI. Sozialplanspruch der Einigungsstelle (insb Ermessensrichtlinien nach V 2)	23
III. Bindung an den Interessenausgleich	6		
B. Sozialplan	9	VII. Beendigung und Änderung eines Sozialplans	29
I. Funktion und Wirkung	9		
II. Sozialplanpflicht	11	VIII. Sozialplanstreitigkeiten	33
III. Geltungsbereich	14	IX. Sozialplan in der Insolvenz	34
IV. Inhalt des Sozialplans	15		

§ 112a BetrVG   Erzwingbarer Sozialplan bei Personalabbau, Neugründungen

1 **A. Interessenausgleich. I. Inhalt.** Gegenstand der Beratung zwischen AG und BR über eine vom Unternehmer geplante Betriebsänderung ist nicht nur das **Wie** (also: wann und in welcher Form eine Betriebsänderung durchzuführen ist, BAG 27.10.1987, 1 ABR 9/86, EzA § 112 BetrVG 1972 Nr 41), sondern auch das **Ob**. Ziel ist die Vermeidung wirtschaftlicher Nachteile für die AN. Die Betriebspartner können sich darauf verständigen, dass anlässlich der Betriebsänderung AN nicht entlassen, sondern an anderer Stelle im Unternehmen oder Betrieb, ggf nach Umschulung, weiterbeschäftigt werden. Insofern geht es um den freiwilligen Interessenausgleich, der die Nachteile vermeidet – und nicht um den erzwingbaren Sozialplan, der die Nachteile ausgleicht oder mildert (BAG 17.9.1991, 1 ABR 23/91, EzA § 112 BetrVG 1972 Nr 58). Der Interessenausgleich hat stets die geplante **Betriebsänderung** selbst zum Gegenstand und regelt unmittelbar das wirtschaftliche Verhalten des AG.

2 **II. Zustandekommen.** Ein Interessenausgleich nach § 112 I 1 kommt wirksam nur zustande, wenn er **schriftlich** niedergelegt und vom Unternehmer und vom BR unterschrieben wurde. Der mündliche Interessenausgleich ist unwirksam (BAG 12.5.2010, 2 AZR 551/08, DB 2010, 2454; 26.10.2004, 1 AZR 493/03, NZA 2005, 237; BAG 19.7.2012, 2 AZR 386/11, EzA-SD 2013, Nr 5: das Schriftformerfordernis erstreckt sich wegen § 1 V KSchG auch auf die Namensliste). Ist der Interessenausgleich unwirksam, reicht das mit Blick auf den Nachteilsausgleich nicht als Versuch: Der Unternehmer muss, will er einen Nachteilsausgleich (§ 113 III) vermeiden, das für den Einigungsversuch vorgesehene Verfahren voll ausschöpfen (BAG 9.7.1985, 1 AZR 323/83, EzA § 113 BetrVG 1972 Nr 13). Er muss den BR gem § 111 rechtzeitig und umfassend unterrichten und Beratungen mit ihm aufnehmen. Er muss den richtigen Verhandlungspartner ermitteln und Zuständigkeitszweifel zwischen BR und GBR klären. Einigen sich die Betriebsvertretungen, wer zuständig sein soll, ist durch Verhandlung mit diesen Gremien der Interessenausgleich »versucht«. Weist der AG einen möglichen Verhandlungspartner zurück, so trägt der AG das Irrtumsrisiko. Einigen sich die Mitbestimmungsorgane nicht auf einen Verhandlungspartner, darf der AG mit derjenigen Vertretung verhandeln, deren Herausgreifen nachvollziehbar erscheint (BAG 24.1.1996, 1 AZR 542/95, EzA § 113 BetrVG 1972 Nr 24). Aus der Zuständigkeit des GBR für die Vereinbarung eines betriebsübergreifenden Interessenausgleichs folgt nicht zwingend die Zuständigkeit für den Abschluss eines Sozialplans (BAG 11.12.2001, 1 AZR 193/01, EzA § 50 BetrVG 1972 Nr 18; LAG Hess 14.5.2012, 16 TaBV 197/11, JurionRS 2012, 23984).

3 Kommt es nicht zu einem Vermittlungsversuch durch den Vorstand der BA oder bleibt die Vermittlung erfolglos, muss der Unternehmer **von sich aus die Einigungsstelle anrufen**, insb wenn er Ansprüche der AN auf Nachteilsausgleich vermeiden will (BAG 18.12.1984, 1 AZR 176/82, EzA § 113 BetrVG 1972 Nr 12). Ist eine Einigung mit dem BR erzielt, muss der AG auf schriftliche Niederlegung drängen. Sollte ein BR-Vorsitzender pflichtwidrig die Urkunde verweigern, obzwar der BR der Zustimmung zur Betriebsänderung beschlossen hat, soll ausnahmsweise der Weg zur Einigungsstelle entbehrlich sein (BAG 26.10.2004, 1 AZR 493/03, EzA § 113 BetrVG 2001 Nr 5).

4 Das in §§ 111, 112 vorgesehene **Verfahren muss vor der Betriebsänderung** vollzogen werden; der **Plan** zur Betriebsänderung **darf** auch **nicht teilweise verwirklicht** sein. Der Unternehmer muss den BR einschalten, bevor er abschließend entschieden hat, ob und inwieweit die Betriebsänderung erfolgt. Maßgeblicher Anknüpfungspunkt ist die **Planungsentscheidung des AG**. Bedeutet diese keine Betriebsänderung, werden zunächst keine Beteiligungsrechte ausgelöst. Ändert der AG seine Planung zur Betriebsänderung, ist das Verfahren der Betriebsänderung durchzuführen. Mehrere Maßnahmen werden zusammengerechnet, wenn sie auf einem einheitlichen Plan beruhen. Hat der AG die 1. Maßnahme bereits durchgeführt und entschließt er sich zu einer weiteren Maßnahme, findet eine Zusammenrechnung nicht statt (BAG 28.3.2006, 1 ABR 5/05, EzA § 111 BetrVG 2001 Nr 4).

5 Eine **wirtschaftliche Zwangslage** des Unternehmens, die eine sofortige Betriebsänderung erfordert, lässt die Mitwirkung des BR unberührt. Das **Einigungsverfahren** in § 112 II **kann nicht nachgeholt werden**, wenn der Unternehmer die Betriebsänderung (Betriebsstilllegung) und die Entlassung der AN endgültig beschlossen hat. Die nachträgliche Erklärung des BR, er wolle keine rechtlichen Schritte wegen des unterbliebenen Interessenausgleichs einleiten, vermag am Nachteilsausgleich nichts zu ändern (BAG 14.9.1976, 1 AZR 784/75, EzA § 113 BetrVG 1972 Nr 2). Ein **vorsorglicher Interessenausgleich** ist ebenso wenig möglich wie ein Rahmeninteressenausgleich: Während ein Sozialplan auch für Maßnahmen aufgestellt werden kann, die noch nicht geplant, aber in groben Umrissen abschätzbar sind, ist der Interessenausgleich streng an die konkrete Betriebsänderung gebunden (BAG 19.1.1999, 1 AZR 342/98, EzA § 113 BetrVG 1972 Nr 28).

6 **III. Bindung an den Interessenausgleich.** Der Interessenausgleich ist **keine BV**, da keine Arbeitsbedingungen geregelt werden. Er hat keine normative Wirkung nach § 77 IV, weil dem einzelnen AN kein Recht auf Fortbestand des Betriebes oder seines Arbeitsplatzes zugewandt werden kann; insoweit ist auch eine

Regelung durch freiwillige BV iSv § 88 nicht möglich (§ 88 Rdn 2). Der BR hat auch keinen Anspruch auf Einhaltung. Weicht der AG von einem vereinbarten Interessenausgleich ab, so kann dies (nur) Ansprüche der betroffenen AN aus § 113 zur Folge haben (§ 111 Rdn 25). Hat aber der BR kein eigenes Recht auf Einhaltung des Interessenausgleichs, so steht ihm auch kein Verfügungsanspruch im vorläufigen Rechtsschutz zu (BAG 28.8.1991, 7 ABR 72/90, EzA § 113 BetrVG 1972 Nr 21). Verbindlichkeit können AG und BR dem Interessenausgleich auch nicht freiwillig beimessen, weil es an der Regelungskompetenz fehlt (*Löwisch* DB 2005, 554 ff; aA ErfK/*Kania* §§ 112, 112a Rn 9).

Mittelbare Wirkung hat die Namensliste im freiwilligen Interessenausgleich nach § 1 V KSchG, § 125 InsO, § 323 II UmwG (allg zur Altersgruppenbildung bei der Sozialauswahl BAG 6.11.2008, 2 AZR 523/07, EzA § 1 KSchG Soziale Auswahl Nr 82). Sie schränkt den gerichtlichen Kontrollmaßstab und damit die Rechtsschutzmöglichkeiten des AN ein. Das heißt aber nicht, dass der Interessenausgleich »insoweit« BV ist. Ein Argument für eine allg Bindungswirkung lässt sich daraus nicht ableiten (Richardi/*Annuß* § 112 Rn 44). Die Namensliste darf nicht genutzt werden, um nicht von der Betriebsänderung betroffenen AN sozialrechtliche Nachteile (Sperrzeit iSd § 144 SGB III aF, seit 1.4.2012: § 159 SGB III) zu ersparen (BAG 26.3.2009, 2 AZR 296/07, DB 2009, 1882). Auch erübrigt sie nicht die Anhörung nach § 102, der AG kann sich aber mit Rücksicht auf die Unterrichtung des BR in den Interessenausgleichs-Verhandlungen knapper fassen (BAG 23.10.2009, 2 AZR 163/07, EzA § 1 KSchG Interessenausgleich Nr 16; vgl. § 102 Rdn 13). 7

Der **BR ist** insoweit **an den Interessenausgleich gebunden**, als er sein Beteiligungsrecht verbraucht hat. Eigene Pflichten folgen hieraus nicht; immerhin darf der BR sich hierzu nicht widersprüchlich verhalten (*Löwisch/Kaiser* § 112 Rn 10). 8

B. Sozialplan. I. Funktion und Wirkung. Nach I 2 dient der Sozialplan dem Ausgleich oder der Milderung der den AN infolge von Betriebsänderungen entstehenden wirtschaftlichen Nachteile, typischerweise durch Abfindungen: Er hat **Ausgleichs- und Überbrückungsfunktion** und ist keine Entschädigung für den Verlust des Arbeitsplatzes (BAG 9.11.1994, 10 AZR 281/94, EzA § 112 BetrVG 1972 Nr 78; 11.11.2008, 1 AZR 475/07, EzA § 112 BetrVG 2001 Nr 30; 20.4.2010, 1 AZR 988/08, NZA 2010, 1018, 1019). Trotz dieser zukunftsbezogenen Überbrückungsfunktion steht es den Betriebspartnern frei, für die Höhe der Sozialplanleistungen an vergangenheitsbezogene Kriterien, etwa an die bisherige Betriebszugehörigkeit, anzuknüpfen (*Löwisch/Kaiser* § 112 Rn 15; krit ErfK/*Kania* §§ 112, 112a Rn 12). Nach Ansicht des BAG hat der Sozialplan nicht nur die Wirkung einer BV, sondern er ist BV (18.12.1990, 1 ABR 15/90, EzA § 99 BetrVG 1972 Nr 97). Wegen seiner normativen Wirkung ist er wie Gesetz und TV objektiv auszulegen (§ 77 Rdn 12; BAG 20.4.2010, 1 AZR 988/08, NZA 2010, 1018, 1019). Weil der Sozialplan BV ist, genießt er **Verzichtsschutz** nach § 77 IV (s § 77 Rdn 32), der aber durch das Günstigkeitsprinzip überwunden wird (BAG 27.1.2004, 1 AZR 148/03, EzA § 77 BetrVG 2001 Nr 7). 9

Freilich gilt nach I 4 der **Sperrvorrang des** § 77 III für **erzwingbare Sozialpläne nicht**, sodass der Sozialplan auch dann abgeschlossen werden kann, wenn ein TV eine tarifliche Regelung enthält (etwa Rationalisierungsschutz, Abfindungstarif). Für das Verhältnis zwischen TV und Sozialplan gilt nach hM das Günstigkeitsprinzip: Die Bestimmungen des Sozialplans sind wirksam, soweit sie ggü dem TV eine für die AN günstigere Regelung enthalten (§ 4 III TVG; *Löwisch/Kaiser* § 77 Rn 112). I 4 hat keine Sperrwirkung ggü einer streikweisen Durchsetzung von »**tariflichen Sozialplänen**« (BAG 6.12.2006, 4 AZR 798/05, EzA § 112 BetrVG 2001 Nr 21). Im Gegenteil bestätigt I 4 die tarifliche Regelbarkeit. Ob der Abfindungstarif erkämpfbar ist, ist eine rein arbeitskampfrechtliche Frage (*Franzen* ZfA 2005, 315 ff), die das BAG ausdrücklich bejaht hat (24.4.2007, 1 AZR 252/06, EzA Art. 9 GG Arbeitskampf Nr 139; *Bayreuther* NZA 2007, 1017 ff). Im Arbeitskampf müssen die Beteiligungsrechte des BR ruhen, soweit sie die Tarifauseinandersetzung beeinflussen können. Das schließt mE sowohl Interessenausgleich wie Sozialplan während des Kampfes aus (restriktiver *D Kaiser* in: Krisen im Aufschwung 2009, 65, 78: nur das Einigungsstellen-Verfahren sei suspendiert). Der Sozialplan mag nach Kampfende nachgeholt werden; der Interessenausgleichsversuch kann sich in der Zwischenzeit erübrigt haben. 10

II. Sozialplanpflicht. Erst der Tatbestand der Betriebsänderung iSd § 111 löst die Sozialplanpflicht aus, § 112 IV. Vorsorglich können BR und AG für noch nicht geplante, aber in groben Umrissen abschätzbare Betriebsänderungen einen Sozialplan durch freiwillige BV aufstellen (BAG 17.4.2012, 1 AZR 119/11; EzA § 112 BetrVG 2001 Nr 46). Darin liegt kein Verzicht auf künftige Mitbestimmungsrechte. Der vorsorgliche Sozialplan verbraucht das spätere Mitbestimmungsrecht des BR (BAG 26.8.1997, 1 ABR 12/97, EzA § 112 BetrVG 1972 Nr 96). 11

Eingeschränkt wird die Sozialplanpflicht durch § **112a** (**Sozialplanprivileg**). Dessen I bezieht sich nur auf den **Personalabbau**: Die Erzwingbarkeit des Sozialplans setzt voraus, dass die in § 112a I 1 genannten 12

§ 112a BetrVG   Erzwingbarer Sozialplan bei Personalabbau, Neugründungen

Zahlen und Prozentsätze erreicht werden. Anwendbar ist die Vorschrift auch dann, wenn zu dem Personalabbau weitere Maßnahmen hinzukommen. Unanwendbar ist sie erst, wenn die sonstigen Maßnahmen allein oder zusammen mit dem Personalabbau eine Betriebsänderung iSv § 111 BetrVG darstellen. Dann bleibt der Sozialplan erzwingbar (BAG 28.3.2006, 1 ABR 5/05, EzA § 111 BetrVG 2001 Nr 4).

13 Das **Neugründungsprivileg** des § 112a II meint zunächst die »echte Neugründung aus dem Nichts«. Es kommt nur darauf an, wie lange es das Unternehmen schon gibt; das Alter des Betriebes ist unmaßgeblich. Praktisch wird das, wenn ein neues Unternehmen einen bestehenden Betrieb übernimmt (BAG 13.6.1989, 1 ABR 14/88, EzA § 112a BetrVG 1972 Nr 4). Die RL 2001/23/EG nötigt nicht zu einer anderen Auslegung (BAG 27.6.2006, 1 ABR 18/05, EzA § 112a BetrVG 2001 Nr 2). Auf die Tatsache, dass der Erwerber gem § 112a II nicht sozialplanpflichtig ist, ist in der Unterrichtung gem § 613a V BGB unabhängig von einer geplanten Betriebsänderung hinzuweisen (BAG 26.3.2015, 2 AZR 783/13, NZA 2015, 866). II 2 nimmt das Privileg zurück für Neugründungen, die im Zusammenhang mit der rechtlichen Umstrukturierung von Unternehmen und Konzernen stehen. Hierher gehören die Verschmelzung bestehender auf ein neu gegründetes Unternehmen, die Auflösung eines bestehenden Unternehmens unter Übertragung seines Vermögens auf ein neu gegründetes Unternehmen, die Aufspaltung eines Unternehmens auf mehrere neu gegründete Unternehmen und die Abspaltung von Teilen bestehender Unternehmen auf neu gegründete Tochtergesellschaften (BT-Drs 10/2102, S 28). Überdies kann die Befreiung an § 242 BGB scheitern, wenn ein Betrieb auf einen »Totengräber« übertragen wird, in der Absicht diesen stillzulegen (BAG 13.6.1989, 1 ABR 14/88, aaO; zum Einwand des Rechtsmissbrauchs LAG Niedersachen 31.7.2012, 1 TaBV 42/12, juris).

14 **III. Geltungsbereich.** Der Sozialplan ist **betriebsbezogen**. Der GBR kann daher einen unternehmensweiten Sozialplan nur dann abschließen, wenn die Betriebsänderung nach einer betriebsübergreifenden Planung erfolgt (BAG 8.6.1999, 1 AZR 831/98, EzA § 111 BetrVG 1972 Nr 37). **Persönlich** werden vom Sozialplan alle AN iSd § 5 I vom Sozialplan erfasst, die durch die geplante Betriebsänderung Nachteile erleiden. Wiewohl den Betriebsparteien die Legitimation für ausgeschiedene AN fehlt, bleibt der **nachträgliche Sozialplan** möglich (BAG 10.8.1994, 10 ABR 61/93, EzA § 112 BetrVG 1972 Nr 76). Der Schutzzweck des § 112 liefe leer, könnte der AG den Betrieb schnell schließen und damit dem Sozialplan entgehen. Das Gesetz erlaubt die Durchführung der Betriebsänderung vor Abschluss des Sozialplans. Der BR kann den Sozialplan insb mit seinem **Restmandat** durchsetzen (BAG 5.10.2000, 1 AZR 48/00, EzA § 112 BetrVG 1972 Nr 107). Ist die Amtszeit des BR gem § 21 abgelaufen (und kein Nachfolger gewählt), kann er keinen Sozialplan mehr abschließen (LAG Hess 15.5.2012, 12 Sa 281/11, JurionRS 2012, 27364). AN, die durch Abwicklungsvertrag ausgeschieden sind, können aus Gründen des Vertrauensschutzes dieselbe Abfindung verlangen wie AN, die keinen Abwicklungsvertrag abgeschlossen haben (LAG Hamm 14.2.2013, 11 Sa 1439/12, JurionRS 2013, 35667).

15 **IV. Inhalt des Sozialplans.** AG und BR haben weitgehende Gestaltungsfreiheit und entscheiden, **welche Nachteile** der von einer Betriebsänderung betroffenen AN **in welchem Umfang** ausgeglichen oder gemildert werden sollen (etwa BAG 31.7.1996, 10 AZR 45/96, EzA § 112 BetrVG 1972 Nr 86). Sie können von einem Ausgleich ganz absehen (»**Sozialplan Null**«) oder nach der Vermeidbarkeit der Nachteile unterscheiden. Insb sind die Betriebspartner berechtigt, AN je nach ihrem Nachteil von Leistungen des Sozialplans ganz oder teilweise auszunehmen (BAG 19.10.1999, 1 AZR 838/98, EzA § 112 BetrVG 1972 Nr 104). IdR stehen **Abfindungszahlungen** für Entlassungen im Vordergrund: Ob diese mit Blick auf die von V 2 Nr 1 geforderte Berücksichtigung der Gegebenheiten des Einzelfalls pauschal nach Betriebszugehörigkeit, Lebensalter und anderen generellen Merkmalen festgesetzt werden dürfen (verneinend *Löwisch/Kaiser* § 112 Rn 35), lässt sich allenfalls für den von der Einigungsstelle aufgestellten Sozialplan bezweifeln. Den Betriebsparteien gesteht das BAG mit Recht einen Beurteilungsspielraum zu, der auch die Pauschalierung erlaubt (BAG 26.5.2009, 1 AZR 198/08, NZA 2009, 849): Sozialpläne müssen mit einem begrenzten Volumen möglichst allen von der Entlassung betroffenen AN eine verteilungsgerechte Überbrückungshilfe bis zu einem ungewissen neuen Arbeitsverhältnis oder bis zum Bezug von Altersrente ermöglichen – ohne dass sie dabei die später eintretenden Nachteile konkret vorhersagen könnten (BAG 5.10.2000, 1 AZR 48/00, EzA § 112 BetrVG 1972 Nr 107). Mit Blick auf das Altersdiskriminierungsverbot ist die Frage aufgeworfen worden, inwieweit Lebensalter und Betriebstreue noch berücksichtigt werden dürfen (§ 10 AGG Rdn 19; *Temming* RdA 2008, 205, 211 ff); das BAG hat ein entspr Modell nicht gerügt und eine Höchstbetragsklausel im Sozialplan für zulässig erachtet, obzwar diese – bei mit Alter und Betriebszugehörigkeit steigender Abfindung – typischerweise ältere AN betrifft (BAG 2.10.2007, 1 AZN 793/07, EzA § 75 BetrVG 2001 Nr 6; 21.7.2009, 1 AZR 566/08, ZIP 2009, 1834). Gestaffelte Alterszuschläge im Sozialplan benachteiligen nach dem BAG jüngere AN idR nicht unzulässig (12.4.2011, 1 AZR 743/09, EzA § 112 BetrVG 2001 Nr 42).

Die Betriebspartner sind nicht gehalten, Sozialplanleistungen nach einer bestimmten **Formel** zu bemessen. Sie können – insb in kleineren Betrieben – solche Leistungen auch individuell festlegen (BAG 12.2.1985, 1 AZR 40/84, EzA § 112 BetrVG 1972 Nr 33; zu weiteren Sozialplaninhalten, etwa der Bildung eines Härtefonds, der Festsetzung von weiteren Ausgleichszahlungen oder der Regelung anderer materieller Arbeitsbedingungen *Löwisch/Kaiser* § 112 Rn 37 ff). 16

Ist der Sozialplan als BV aufzufassen, gelten für **Abschluss, Form, Bekanntmachung, Inkrafttreten, Mängel** und **Auslegung von Sozialplänen** die Regeln für die BV (zu I 4 Rdn 10): Als BV muss sich der Inhalt eines Sozialplans innerhalb der Grenzen des zwingenden staatlichen Rechts bewegen (zum Bestimmtheitserfordernis BAG 26.5.2009, 1 ABR 12/08, NZA-RR 2009, 588): So dürfen Sozialplanleistungen nicht vom **Verzicht auf Kdg-Schutzklage** abhängig gemacht werden. Das erlaubt auch der neue § 1a KSchG nicht (BAG 31.5.2005, 1 AZR 254/04, EzA § 112 BetrVG 2001 Nr 14). Zulässig ist hingegen, die bloße Fälligkeit der Sozialplanansprüche davon abhängig zu machen, dass der AN eine Kdg-Schutzklage nicht erhebt oder mit seiner Klage rkr unterliegt (BAG 19.6.2007, 1 AZR 541/06, nv). Auch können AG und BR in einer freiwilligen BV eine »zusätzliche Turboprämie« entspr § 1a KSchG vorsehen; sie dürfen nur Sozialplanmittel nicht hierfür verwenden (BAG 31.5.2005, 1 AZR 254/04, aaO). 17

Die Betriebsparteien sind an AGG und § 75 I 1 gebunden, vor allem an den **Gleichbehandlungsgrds** (BAG 23.3.2010, 1 AZR 832/08, NZA 2010, 774; 26.5.2009, 1 AZR 198/08, NZA 2009, 849). Ungleiche Abfindungen im Sozialplan sind am Abfindungszweck zu messen (BAG 22.3.2005, 1 AZR 49/04, EzA § 75 BetrVG 2001 Nr 2; 5.10.2000, 1 AZR 48/00, EzA § 112 BetrVG 1972 Nr 107); Stichtagsregelungen können im Interesse der Rechtssicherheit gerechtfertigt sein (BAG 12.4.2011, 1 AZR 505/09, EzA § 112 BetrVG 2001 Nr 43; 19.2.2008, 1 AZR 1004/06, EzA § 112 BetrVG 2001 Nr 26; 26.5.2009, 1 AZR 212/08, juris). Insoweit unterliegen Sozialpläne der Kontrolle durch die ArbG. Die Betriebspartner dürfen und müssen nach unterschiedlich schweren wirtschaftlichen Nachteilen differenzieren (BAG 14.9.1994, 10 ABR 7/94, EzA § 112 BetrVG 1972 Nr 77) und die Begünstigten in Gruppen einteilen (BAG 22.9.2009, 1 AZR 316/08, ZIP 2009, 2356). Eine sachverhaltsbezogene Ungleichbehandlung verstößt erst dann gegen den Gleichheitssatz, wenn sie willkürlich ist, weil sich ein vernünftiger Grund für die Differenzierung nicht finden lässt. Dagegen ist bei einer personenbezogenen Ungleichbehandlung der Gleichheitssatz bereits dann verletzt, wenn eine Gruppe von Normadressaten im Vergleich zu anderen Normadressaten anders behandelt wird, obwohl zwischen beiden Gruppen keine Unterschiede von solcher Art und solchem Gewicht bestehen, dass sie die ungleiche Behandlung rechtfertigen könnten (BAG 22.3.2005, 1 AZR 49/04, EzA § 75 BetrVG 2001 Nr 2). Der Ausschluss von Sozialplanansprüchen für befristet beschäftigte AN, deren Arbeitsverhältnis aufgrund der Befristung endet, verstößt weder gegen den Gleichbehandlungsgrundsatz, noch gegen § 4 II 1 TzBfG. Diesen AN entstehen gerade keine infolge der Betriebsänderung auszugleichenden Nachteile (ArbG Karlsruhe 6.9.2013, 9 Ca 120/13, juris). Im Hinblick auf AN in Elternzeit muss die Wertung des Art 6 GG berücksichtigt werden (LAG Nds 27.6.2013, 7 Sa 696/12, ArbR 2014, 31). 18

So kann ein Sozialplan vorsehen, dass AN keine Abfindung erhalten, wenn sie durch »Vermittlung« des AG einen neuen Arbeitsplatz erhalten (BAG 19.6.1996, 10 AZR 23/96, EzA § 112 BetrVG 1972 Nr 85). Auch muss der bislang erworbene Bestandsschutz nicht erhalten bleiben oder die Betriebszugehörigkeit angerechnet werden (BAG 22.3.2005, 1 AZR 3/04, EzA § 112 BetrVG 2001 Nr 13). Ob der Sozialplan ältere AN von Leistungen ausnehmen kann, wenn sie nach Beendigung des Arbeitsverhältnisses Anspruch auf vorgezogenes Altersruhegeld haben erscheint nach der *Andersen*-Entsch des EuGH (EuGH 12.10.2010, C-499/08, EzA Richtlinie 2000/78 EG-Vertrag 1999 Nr 17) fraglich (*Kania/Kania* ZESAR 2012, 62, 65 ff), ist aber zu bejahen (*Wißmann* RdA 2011, 181, 185 ff; aA LAG Hamm 29.8.2012, 4 Sa 668/11, juris); die Leistungen an AN rentennaher Jahrgänge, die nach ihrem Ausscheiden Arbeitslosengeld und im Anschluss daran Rente beziehen können, dürfen jedenfalls reduziert werden (BAG 11.11.2008, 1 AZR 475/07, EzA § 112 BetrVG 2001 Nr 30; 20.1.2009, 1 AZR 740/07, NZA 2009, 495; BAG 26.3.2013, 1 AZR 813/11, NZA 2013, 921; LAG Düsseldorf 6.7.2012, 10 Sa 866/11, juris). Der EuGH hat eine Altersdiskriminierung verneint, wenn eine Sozialplanregelung vorsieht, dass bei AN, die älter als 54 Jahre sind und denen betriebsbedingt gekündigt wird, die ihnen zustehende Abfindung auf der Grundlage des frühestmöglichen Rentenbeginns berechnet wird und im Vergleich zur Standardberechnungsmethode, nach der sich die Abfindung insbesondere nach der Dauer der Betriebszugehörigkeit richtet, eine geringere als die sich nach der Standardmethode ergebende Abfindungssumme, mindestens jedoch die Hälfte dieser Summe, zu zahlen ist (EuGH 6.12.2012, C-152/11, EzA § 112 BetrVG 2001 Nr 47 – »Odar«). Ebenso können nach § 613a VI widersprechende AN ausgenommen werden, weil sie selbst für den Arbeitsplatzverlust verantwortlich sind (vgl BAG 28.2.2002, 6 AZR 525/01, EzA § 4 TVG Personalabbau Nr 9; zurückhaltender BAG 12.7.2007, 2 AZR 448/05, NZA 2008, 425: AN, die »ohne anerkennenswerte Gründe« widersprechen, könnten von den Sozialplanleistungen ausgenommen werden). Ebenfalls können AN von 19

Sozialplanleistungen ausgenommen werden, wenn sie wegen des Bezugs einer befristeten vollen Erwerbsminderungsrente nicht beschäftigt sind und mit der Wiederherstellung ihrer Arbeitsfähigkeit nicht zu rechnen ist (BAG 7.6.2011, 1 AZR 34/10, EzA § 112 BetrVG 2001 Nr 45). Stellt der Sozialplan auf die Ablehnung eines angebotenen zumutbaren – § 121 SGB III aF, seit 1.4.2012: § 140 SGB III gilt insoweit weder direkt noch entspr – Arbeitsplatzes ab (zulässig: BAG 6.11.2007, 1 AZR 960/06, EzA § 112 BetrVG 2001 Nr 25; 8.12.2009, 1 AZR 801/08, NZA 2010, 351), werden grds auch Widersprecher des § 613a VI BGB erfasst (BAG 5.2.1997, 10 AZR 553/96, EzA § 112 BetrVG 1972 Nr 92). Aus § 75 iVm Art 6 GG folgt nicht die Pflicht, verheiratete AN oder Eltern zu bedenken, wenn sie einen angebotenen Arbeitsplatz aus familiären Gründen ablehnen (BAG 6.11.2007, 1 AZR 960/06, aaO).

20 Die Betriebspartner dürfen nur im Ausgangspunkt differenzieren zwischen AN, denen **betriebsbedingt gekündigt** worden ist und solchen, die ihr Arbeitsverhältnis durch **Eigenkündigung** oder **Aufhebungsvertrag** beendet haben. Hat der AG das Ausscheiden **veranlasst**, müssen alle AN gleichbehandelt werden (BAG 19.7.1995, 10 AZR 885/94, EzA § 112 BetrVG 1972 Nr 82). Der AG hat den Anlass zu Eigenkdg oder Aufhebungsvertrag gegeben, wenn er beim AN die berechtigte Annahme hervorgerufen hat, mit der eigenen Initiative zur Beendigung des Arbeitsverhältnisses komme er einer betriebsbedingten Kdg des AG nur zuvor. Der bloße Hinweis auf eine unsichere Lage des Unternehmens, auf notwendig werdende Betriebsänderungen und die nicht auszuschließende Möglichkeit des Arbeitsplatzverlustes genügt nicht. Vom AG veranlasst ist die Eigenkdg aber dann, wenn dieser dem AN zuvor mitgeteilt hat, er habe für ihn nach Durchführung der Betriebsänderung keine Beschäftigungsmöglichkeit mehr (BAG 15.3.2011, 1 AZR 808/09, EzA § 112 BetrVG 2001 Nr 40; 20.5.2008, 1 AZR 203/07, EzA § 112 BetrVG 2001 Nr 27). Sozialplanansprüche nach Eigenkdg dürfen von der zusätzlichen Voraussetzung abhängig gemacht werden, dass dem AN ein unzumutbarer Arbeitsplatz angeboten wurde (»vorzeitige« Eigenkdg; BAG 13.2.2007, 1 AZR 163/06, EzA § 112 BetrVG 2001 Nr 20). Umgekehrt haben AN keinen Anspruch auf Abschluss eines Aufhebungsvertrags, um so an Sozialplanleistungen zu kommen (LAG Hamm 23.8.2012, 8 Sa 383/12, juris).

21 **V. Rechtsfolgen eines unbilligen oder gleichheitswidrigen Sozialplans.** Ist der AN durch den Sozialplan gleichheitswidrig benachteiligt, folgt daraus nicht, dass der gesamte Sozialplan unwirksam ist. Vielmehr kann der betroffene AN die Anhebung seiner Leistung auf das angemessene Niveau fordern, auch wenn dadurch das Gesamtvolumen des Sozialplans überschritten wird. Die mit der Korrektur verbundene Mehrbelastung muss der AG bis zur »Opfergrenze« tragen (BAG 21.10.2003, 1 AZR 407/02, EzA § 112 BetrVG 2001 Nr 9). Ist aber der AG aufgrund eines wirksamen Sozialplans verpflichtet, an eine Gruppe von AN eine Sozialplanabfindung zu zahlen, können andere AN, für die der Sozialplan aufgrund einer zulässigen Differenzierung keine Abfindung vorsieht, einen entspr Abfindungsanspruch nicht auf den **arbeitsrechtlichen Gleichbehandlungsgrds** stützen (BAG 17.4.1996, 10 AZR 606/95, EzA § 112 BetrVG 1972 Nr 84).

22 Ob der Sozialplan insgesamt einen billigen Ausgleich leistet, entscheiden die Betriebspartner frei. Der AN ist nicht zur Aufsicht berufen, insb über die Angemessenheit der Finanzausstattung eines Sozialplans (nur BAG 17.2.1981, 1 AZR 290/78, EzA § 112 BetrVG 1972 Nr 21). Stellt sich später heraus, dass die Betriebspartner bei der Aufstellung des Sozialplans von irrigen Vorstellungen über die zur Verfügung stehende Finanzmasse ausgegangen sind, so kommt eine Anpassung nach § 313 BGB in Betracht – für beide Seiten (unten Rdn 32).

23 **VI. Sozialplanspruch der Einigungsstelle (insb Ermessensrichtlinien nach V 2).** Können sich AG und BR nicht einigen, so entscheidet gem IV 1 die Einigungsstelle über den Sozialplan – nach ihrem Ermessen. Dabei ist die Einigungsstelle an den gesetzlichen Tatbestand gebunden: Der Spruch darf nur die Nachteile berücksichtigen, die gerade durch die mitbestimmungspflichtige Betriebsänderung verursacht werden. Wirtschaftliche Nachteile aus Vorgängen, die selbst keine Betriebsänderung und auch nicht deren notwendige Folge darstellen, können nicht Spruchinhalt sein (BAG 10.12.1996, 1 ABR 32/96, EzA § 111 BetrVG 1972 Nr 35). Mit V sind der Einigungsstelle – im Gegensatz zur Vereinbarung eines Sozialplans zwischen den Betriebspartnern – Leitlinien für ihre Ermessensentscheidung vorgegeben. Deren Nichtbeachtung macht den von der Einigungsstelle beschlossenen Sozialplan ermessensfehlerhaft, sodass er nach § 76 V 4 angegriffen werden kann. Die Einigungsstelle hat zuerst die sozialen Belange der betroffenen AN **und** die wirtschaftliche Vertretbarkeit zu beachten. Zudem sind ihr konkrete Leitlinien in V 2 Nr 1–3 vorgegeben.

24 Die Einigungsstelle soll die **Gegebenheiten des Einzelfalls** insb die konkreten materiellen Einbußen des AN berücksichtigen und keine Pauschalabfindungen festsetzen (BT-Drs 10/2102, S 17). Wie stark die Einigungsstelle Ermittlungen vornehmen muss, ist unklar. Ist eine Nachteilprognose nicht möglich, sind pauschale Ausgleichszahlungen angemessen. Das BAG beanstandete einen Spruch, der eine pauschale Abfindung von 75 % eines Bruttomonatsgehalts für alle von der Betriebsänderung betroffenen AN vorsah (BAG 14.9.1994, 10 ABR 7/94, EzA § 112 BetrVG 1972 Nr 77).

Die Pauschalierung kann zudem gegen V 2 Nr 2 verstoßen: Der Spruch soll die **Arbeitsmarktaussichten** 25 berücksichtigen und solche AN von Leistungen aus dem Sozialplan ausschließen, die in einem **zumutbaren Arbeitsverhältnis** weiterbeschäftigt werden können und dies ablehnen. Hierher gehört insb der Widerspruch nach § 613a VI BGB ohne triftigen Grund. Die Aussichten Arbeitsuchender auf dem Arbeitsmarkt sind nach Lebensalter, Ausbildung, Fähigkeiten, bes Qualifikationen, bes Merkmalen wie Schwerbehinderung uä unterschiedlich. Auch regionalen Arbeitsmarktbedingungen muss Rechnung getragen werden (BAG 14.9.1994, 10 ABR 7/94, aaO). Ob für die Beurteilung der Zumutbarkeit eines Arbeitsplatzangebots auf die Kriterien des § 140 SGB III abgestellt werden kann, ist umstritten (dafür *Löwisch/Kaiser* § 112 Rn 26 ff; dagegen HWK/*Hohenstatt/Willemsen* § 112 Rn 68). Jedenfalls setzt Zumutbarkeit keine Gleichwertigkeit der Arbeitsbedingungen voraus: So ist bei einem Betriebsübergang davon auszugehen, dass der betroffene AN auf einem zumutbaren Arbeitsplatz weiterbeschäftigt werden kann; für die Zumutbarkeit spricht insb der Erhalt des Arbeitsplatzes. Dass die Arbeitsverhältnisse beim Betriebserwerber gem § 613a I 3 BGB durch einen anderen – ungünstigeren – TV geregelt werden, macht den Arbeitsplatz nicht unzumutbar (BAG 5.2.1997, 10 AZR 553/96, EzA § 112 BetrVG 1972 Nr 92).

V 2 Nr 2a bringt zum Ausdruck, dass der Sozialplan nicht mehr wie bisher als reines Abfindungsinstrument 26 verstanden, sondern vorrangig als Mittel für Beschäftigungsperspektiven genutzt werden soll. Praktisch interessant sind die Transferleistungen, weil sie staatlich bezuschusst werden: Zwar sind die Regelungen zur Förderung von Sozialplanmaßnahmen gem §§ 254 ff SGB III zum 31.12.2003 aufgehoben worden. An ihre Stelle ist zunächst § 216a SGB III und seit dem 1.4.2012 § 110 SGB III getreten, der vergleichbare Förderleistungen für Eingliederungsmaßnahmen vorsieht, allerdings als Individualanspruch förderungswürdiger AN (hierzu *Gaul/Bonanni/Otto* DB 2003, 2386; *Mengel/Ullrich* BB 2005, 1109). Die Einigungsstelle darf dem AG aber keine Projekte aufzwingen, die zu einer Verlängerung der Arbeitsverhältnisse zu Qualifizierungszwecken führen; ebenso wenig ist die Einrichtung einer betriebsorganisatorischen eigenständigen Einheit (beE) iSd § 111 III Nr 2 SGB III erzwingbar (HWK/*Hohenstatt/Willemsen* § 112 Rn 73; zur Mitbestimmung in der beE *Rieble/Klumpp* NZA 2003, 1169 ff).

Die Funktion des Sozialplans bestimmt **Ober- und Untergrenze** der Abfindung: Der Sozialplan darf nicht 27 mehr als einen Ausgleich der mit der Betriebsänderung verbundenen wirtschaftlichen Nachteile für die AN leisten. Dies ist die Obergrenze für die Bemessung der Sozialplanleistungen durch die Einigungsstelle. Soziale Belange rechtfertigen in keinem Fall höhere Leistungen (BAG 6.5.2003, 1 ABR 11/02, EzA § 112 BetrVG 2001 Nr 8). Weil der Sozialplan andererseits jedenfalls eine Milderung der wirtschaftlichen Nachteile der AN bewirken soll, muss er – unter dem Vorbehalt wirtschaftlicher Vertretbarkeit – eine solche »Milderung« enthalten, also eine »spürbare« und substantielle Entlastung der AN (BAG 24.8.2004, 1 ABR 23/03, EzA § 112 BetrVG 2001 Nr 12).

Die **wirtschaftliche Vertretbarkeit** für den AG hat gem § 112 V 1, 2 Nr 3 Korrekturfunktion. Das Rück- 28 sichtnahmegebot verlangt von der Einigungsstelle, von einem vollständigen Ausgleich aller wirtschaftlichen Nachteile der AN abzusehen, wenn dies den Fortbestand des Unternehmens gefährden würde – iS einer zusätzlichen Ermessensgrenze (BAG 6.5.2003, 1 ABR 11/02, aaO). Ist der Ausgleich von Nachteilen der AN für das Unternehmen wirtschaftlich nicht vertretbar, ist das Sozialplanvolumen bis zum Erreichen dieser Grenze zu mindern. Das kann die Einigungsstelle zum Unterschreiten der genannten Untergrenze zwingen: Erweist sich eine substantielle Milderung der Nachteile für das Unternehmen als wirtschaftlich unvertretbar, ist es geboten, von ihr abzusehen (BAG 24.8.2004, 1 ABR 23/03, aaO). Bei der Vertretbarkeit kann es auf einen **Berechnungsdurchgriff** auf Konzernobergesellschaften ankommen (*Gaul* DB 2004, 1498 ff).

VII. Beendigung und Änderung eines Sozialplans. Als BV des § 77 unterliegt der Sozialplan der Änderung 29 nach § 77 V, VI. Die Betriebspartner können einen abgeschlossenen Sozialplan einvernehmlich aufheben und mit Wirkung für die Zukunft durch einen neuen ersetzen (BAG 24.3.1981, 1 AZR 805/78, EzA § 112 BetrVG 1972 Nr 22). In entstandene Ansprüche der AN kann durch die Neuregelung nur ausnahmsweise eingegriffen werden – wenn das Vertrauen auf den Erhalt der bisherigen Regelung erschüttert gewesen ist. Allerdings sollen die (weiten) Grenzen für rückwirkende Änderungen der BV für den Sozialplan nicht gelten (BAG 10.8.1994, 10 ABR 61/93, EzA § 112 BetrVG 1972 Nr 76). Für die Zukunft ist jede Änderung möglich; der Vertrauensschutz zieht kaum eine Grenze (BAG 5.10.2000, 1 AZR 48/00, EzA § 112 BetrVG 1972 Nr 107). Deshalb kann grds auch nach Entstehung des Abfindungsanspruchs noch in die Abfindungshöhe eingegriffen werden (BAG 2.10.2007, 1 AZR 815/06, EzA § 77 BetrVG 2001 Nr 20).

Erschöpft sich ein Sozialplan nicht in der punktuellen Regelung von Abfindungen, enthält er vielmehr 30 Dauerregelungen (insb: Rahmensozialplan), kann er nach § 77 V gekündigt werden (*Löwisch/Kaiser* § 112 Rn 79). Für eine Dauerregelung genügt es aber nicht, dass sich die geplante Betriebsänderung über einen längeren Zeitraum erstreckt und immer wieder neue Ansprüche der betroffenen AN entstehen.

Dauerregelungen liegen dann vor, wenn ein einmal entstandener wirtschaftlicher Nachteil der AN nicht durch eine einmalige Leistung, sondern durch auf bestimmte oder unbestimmte Zeit laufende Leistungen ausgeglichen oder gemildert werden soll (BAG 10.8.1994, 10 ABR 61/93, EzA § 112 BetrVG 1972 Nr 76).

31 Ist ein Sozialplan kündbar, führt die Kdg – vom Fall des freiwilligen, insb Rahmensozialplans abgesehen – zur Nachwirkung des § 77 VI. Die Neuregelung muss ggf vor der Einigungsstelle erzwungen werden. AN, die nach Ablauf der Kdg-Frist von einer Betriebsänderung betroffen werden und wirtschaftliche Nachteile erleiden, erhalten aufgrund des nachwirkenden ersten Sozialplans Ansprüche, die unter dem Vorbehalt der auch nachteiligen Änderung stehen (BAG 10.8.1994, 10 ABR 61/93, aaO).

32 Für Sozialpläne gelten insb die Grds der **Störung bzw des Wegfalls der Geschäftsgrundlage (§ 313 BGB)**: Fällt die Geschäftsgrundlage eines Sozialplans weg, ist die getroffene Regelung an die geänderten tatsächlichen Umstände anzupassen, wenn dem Vertragspartner im Hinblick auf den Wegfall der Geschäftsgrundlage das Festhalten an der Vereinbarung nicht zuzumuten ist (etwa BAG 17.2.1981, 1 AZR 290/78, EzA § 112 BetrVG 1972 Nr 21). Praktisch werden die Fälle, in denen beide Betriebspartner bei Abschluss des Sozialplans von irrigen Vorstellungen über die Höhe der zur Verfügung stehenden Finanzmittel ausgegangen sind (BAG 10.8.1994, 10 ABR 61/93, EzA § 112 BetrVG 1972 Nr 76). Derjenige Betriebspartner, der sich auf den Wegfall der Geschäftsgrundlage beruft, hat einen Anspruch auf Anpassungsverhandlungen; bei einer Dauerregelung ist zu kündigen. Verweigert der andere Betriebspartner die Anpassung, entscheidet die Einigungsstelle (BAG 10.8.1994, 10 ABR 61/93, aaO). Bei der notwendigen Anpassung wird der Vertrauensschutz zurückgedrängt (BAG 10.8.1994, 10 ABR 61/93, aaO).

33 **VIII. Sozialplanstreitigkeiten.** Ob eine interessenausgleichs- und/oder sozialplanpflichtige Betriebsänderung vorliegt, kann im arbeitsgerichtlichen Beschlussverfahren geklärt werden (s § 111 Rdn 23). Nichts anderes gilt, wenn die Betriebspartner einen Rechtsfehler rügen wollen. Wird eine Überschreitung der Ermessensgrenzen geltend gemacht, kann der Antrag nur binnen 2 Wochen vom Tag der Zustellung des Spruches an gestellt werden (§ 76 V 4). Die Ansprüche der AN aus dem Sozialplan sind Rechtsansprüche gegen den AG und können vom AN – nicht vom BR – im Urteilsverfahren durchgesetzt werden. Der Antrag des BR auf Erfüllung von Ansprüchen der AN aus einem Sozialplan ist unzulässig (BAG 17.10.1989, 1 ABR 75/88, EzA § 112 BetrVG 1972 Nr 54).

34 **IX. Sozialplan in der Insolvenz.** Die InsO enthält Sonderregelungen, dazu §§ 123, 124 InsO.

§ 113 Nachteilsausgleich

(1) Weicht der Unternehmer von einem Interessenausgleich über die geplante Betriebsänderung ohne zwingenden Grund ab, so können Arbeitnehmer, die infolge dieser Abweichung entlassen werden, beim Arbeitsgericht Klage erheben mit dem Antrag, den Arbeitgeber zur Zahlung von Abfindungen zu verurteilen; § 10 des Kündigungsschutzgesetzes gilt entsprechend.
(2) Erleiden Arbeitnehmer infolge einer Abweichung nach Absatz 1 andere wirtschaftliche Nachteile, so hat der Unternehmer diese Nachteile bis zu einem Zeitraum von zwölf Monaten auszugleichen.
(3) Die Absätze 1 und 2 gelten entsprechend, wenn der Unternehmer eine geplante Betriebsänderung nach § 111 durchführt, ohne über sie einen Interessenausgleich mit dem Betriebsrat versucht zu haben, und infolge der Maßnahme Arbeitnehmer entlassen werden oder andere wirtschaftliche Nachteile erleiden.

Übersicht	Rdn.			Rdn.
A. Normzweck	1	C.	Unterlassener Versuch eines	
B. Abweichen vom Interessenausgleich	2		Interessenausgleichs, III	5
		D.	Abfindung	9

1 **A. Normzweck.** Die Abfindungsentschädigung hat neben der Ausgleichs- eine **Sanktionsfunktion**: Sie »bestraft« den AG dafür, dass er sich ohne Grund nicht an den Interessenausgleich hält oder diesen nicht versucht hat. Dementspr muss der Unternehmer, der den Nachteilsausgleich vermeiden will, das für den Versuch eines Interessenausgleichs vorgesehene Verfahren voll ausschöpfen (BAG 18.12.1984, 1 AZR 176/82, EzA § 113 BetrVG 1972 Nr 12). Die Sanktionsfunktion greift aber nur, wenn die betroffenen AN ihren Arbeitsplatz verlieren oder sonstige wirtschaftliche Nachteile erleiden. Richtigerweise ist § 113 der Gedanke zu entnehmen, dass der Unternehmer den Interessenausgleich um den Preis des Nachteilsausgleiches ignorieren darf; die Vorschrift ist abschließend und schützt die Unternehmerfreiheit (str; zum Unterlassungsanspruch s § 111 Rdn 25).

B. Abweichen vom Interessenausgleich. Voraussetzung eines Abfindungsanspruchs nach I ist die beteiligungspflichtige Betriebsänderung und der wirksame (!) Abschluss eines Interessenausgleiches, der eine bestimmte Form der Betriebsänderung vereinbart. Ein »freiwilliger« Interessenausgleich außerhalb von § 112 wird nicht sanktioniert. 2. muss der Unternehmer von diesem Interessenausgleich über diese Betriebsänderung zulasten der AN abweichen – ohne dass er hierfür einen zwingenden Grund hat. Schränkt der Unternehmer die Betriebsänderung weiter ein (weniger Entlassungen als geplant), kommt das den AN nur zugute. Führt der AG eine ganz andere Betriebsänderung durch als im Interessenausgleich vereinbart, ist das keine Abweichung, sondern ein Fall des III (HWK/*Hohenstatt/Willemsen* § 113 Rn 5). 2

Folgenlos bleibt die nachteilige Abweichung, wenn der AG hierfür einen **zwingenden Grund** hat. Im Kern geht es um einen wichtigen Grund zur außerordentlichen Kdg, insb, wenn die Geschäftsgrundlage des Interessenausgleichs entfallen ist. Allerdings muss der AG entgegen § 314 BGB keine Kdg erklären; der Interessenausgleich verliert seine Wirkung automatisch. Der Grund muss nachträglich entstanden oder bekannt geworden sein, weil der AG ihn sonst in den Interessenausgleichsverhandlungen hätte geltend machen müssen (BAG 17.9.1974, 1 AZR 16/4, EzA § 113 BetrVG 1972 Nr 1). Bsp: Entziehung eines entscheidenden Bankkredits, unvorhersehbarer Verlust von Großaufträgen, Insolvenz eines Hauptkunden oder ein schwerwiegender Rohstoff- oder Energiemangel, die zur sofortigen Anpassung des Betriebs zwingen. Eine neue freie Unternehmerentscheidung reicht nicht (ErfK/*Kania* § 113 Rn 4). Der AG ist darlegungs- und beweispflichtig. 3

Ein Nachteilsausgleich ist nur geschuldet, wenn gerade die Abweichung zur Entlassung des AN führt: Notwendig ist ein **Kausalzusammenhang zwischen Abweichung und Entlassung**. Daran fehlt es, wenn der AN schon nach dem ursprünglichen Interessenausgleich entlassen worden wäre (*Löwisch/Kaiser* § 113 Rn 4). »Entlassung« ist nicht nur die (betriebsbedingte) Kdg, sondern auch vom AG veranlasste Aufhebungsverträge und Eigenkdg (BAG 23.8.1988, 1 AZR 276/87, EzA § 113 BetrVG 1972 Nr 17). Ansprüche entstehen nur dann, wenn das Arbeitsverhältnis rechtswirksam beendet ist. Vor unwirksamen Kdg ist der AN durch das KSchG geschützt (BAG 31.10.1995, 1 AZR 372/95, EzA § 72 ArbGG 1979 Nr 20). Nachteilsausgleich ist deswegen erst nach verlorener Kdg-Schutzklage zahlbar. 4

C. Unterlassener Versuch eines Interessenausgleichs, III. Führt der Unternehmer eine geplante Betriebsänderung iSv § 111 durch, ohne über sie entgegen § 112 einen Interessenausgleich mit dem zuständigen BR (§ 111 Rdn 8–10) versucht zu haben, gelten I und II entspr. Durchführung ist das unmittelbare Ansetzen zur Betriebsänderung – insb durch Ausspruch von Kdg (BAG 23.9.2003, 1 AZR 576/02, EzA § 113 BetrVG 2001 Nr 3). Dass die Betriebsänderung mit Ausspruch der Kdg noch nicht abgeschlossen und der Anspruch des Klägers vor seinem tatsächlichen Ausscheiden schon fällig ist, ist für die Anspruchsentstehung ohne Bedeutung. Vorbereitungshandlungen ohne unmittelbare Auswirkungen auf Betrieb und AN (Gründung von Gesellschaften, Suche nach Beschäftigungsgesellschaften) sind unschädlich (ErfK/*Kania* § 113 Rn 9). Unschädlich können auch einschneidende Maßnahmen – etwa Produktionseinstellung und Freistellung der AN – sein, solange der AG sie noch umkehren kann (BAG 30.5.2006, 1 AZR 25/05, EzA § 113 BetrVG 2001 Nr 7; LAG Berlin-Brandenburg 2.3.2012, 13 Sa 2187/11; ZIP 2012, 1429: Die unwiderrufliche Freistellung sämtlicher AN sei eine unumkehrbare Maßnahme). 5

Der **Versuch eines Interessenausgleiches** setzt zuerst Information und Beratung nach § 111 voraus (§ 111 Rdn 19–21). Der Unternehmer muss dem BR vor seiner endgültigen Entscheidung Verhandlungen zumindest angeboten haben (BAG 4.12.1979, 1 AZR 843/76, EzA § 111 BetrVG 1972 Nr 9). Kommt es nicht zu einer Einigung über einen Interessenausgleich und ruft der BR die **Einigungsstelle** an (§§ 112–112a Rdn 23), muss der AG mit der Betriebsänderung bis zur Beendigung des Einigungsstellenverfahrens warten (*Löwisch/Kaiser* § 113 Rn 10). 6

Str ist, ob der Unternehmer **von sich aus die Einigungsstelle anrufen – und bis zum Scheitern des Verfahrens abwarten muss**. Das bejaht das BAG (20.11.2001, 1 AZR 97/01, EzA § 113 BetrVG 1972 Nr 29; richtig dagegen: *Löwisch/Kaiser* § 113 Rn 12; HWK/*Hohenstatt/Willemsen* § 113 Rn 10). Der AG trage sogar das Risiko interner Verfahrensfehler des BR (BAG 26.10.2004, 1 AZR 493/03, EzA § 113 BetrVG 2001 Nr 5). Beides ist abseitig, weil dies dem BR jede Eigenverantwortung für die Wahrnehmung seiner Beteiligungsrechte abspricht. Die Feststellung des Scheiterns der Interessenausgleichsverhandlungen durch förmlichen Beschl der Einigungsstelle fordert das BAG nicht (16.8.2011, 1 AZR 44/10, EzA-SD 2011 Nr 25, 15). 7

Anders als bei I und II hilft dem Unternehmer nicht, dass er einen **zwingenden Grund** für den Verzicht auf das Interessenausgleichsverfahren hatte (BAG 18.12.1984, 1 AZR 176/82, EzA § 113 BetrVG 1972 Nr 12). In der Tat: Selbst in der Insolvenz bleibt der Interessenausgleich nach Maßgabe von §§ 121 f InsO obligatorisch. Anders ist es nur dann, wenn äußere Ereignisse eine sofortige Schließung des Betriebes 8

§ 114 BetrVG Grundsätze

unausweichlich machen, und ein Hinausschieben der Betriebsstilllegung zum Zwecke des Versuchs eines Interessenausgleichs den AN nur weitere Nachteile bringen kann (BAG 23.1.1979, 1 AZR 64/76, EzA § 113 BetrVG 1972 Nr 9).

9 **D. Abfindung.** Sie ist durch die **Höchstbeträge des § 10 KSchG** beschränkt; iÜ entscheidet das ArbG nach pflichtgemäßem Ermessen. Dabei seien Lebensalter und Betriebszugehörigkeit, die Aussichten des AN auf dem Arbeitsmarkt, aber auch der Grad der Zuwiderhandlung gegen betriebsverfassungsrechtliche Pflichten von Bedeutung (BAG 29.2.1972, 1 AZR 176/71, AP BetrVG § 72 Nr 9). Das ist mit Blick auf das Altersdiskriminierungsverbot des AGG fragwürdig. Die wirtschaftliche Vertretbarkeit spielt anders als beim Sozialplan keine oder nur eine untergeordnete Rolle (GK-BetrVG/*Oetker* § 113 Rn 95). Das Gericht kann die Abfindung mindern (richtigerweise sogar ausschließen), wenn der AN eine **Weiterbeschäftigungsmöglichkeit ausgeschlagen** hat (BAG 10.12.1996, 1 AZR 290/96, EzA § 111 BetrVG 1972 Nr 34). Hat der AN durch **Widerspruch nach § 613a VI** die betriebsbedingte Kdg selbst provoziert, fehlt es richtigerweise an der Kausalität.

10 Die Leistungsklage verlangt **keinen bezifferten Klageantrag**; es genügt der Antrag, »den Beklagten zur Zahlung einer Abfindung zu verurteilen, deren Höhe das Gericht gem § 10 KSchG festsetzt« (BAG 22.2.1983, 1 AZR 260/81, EzA § 4 TVG Ausschlussfristen Nr 54). Vorzutragen sind die für die Bemessung der Abfindung maßgeblichen Umstände (ErfK/*Kania* § 113 Rn 6).

11 **Andere wirtschaftliche Nachteile** iSv II – Fahrt- und Umzugskosten nach Betriebsverlegung – muss der Unternehmer für maximal 12 Monate ausgleichen.

12 Der Nachteilsausgleich ist auch ohne bes Tilgungsbestimmung **anzurechnen** auf Abfindungszahlungen, die demselben Zweck dienen: vor allem **auf Sozialplanansprüche** (BAG 20.11.2001, 1 AZR 97/01, EzA § 113 BetrVG 1972 Nr 29; 16.5.2007, 8 AZR 693/06, EzA § 613a BGB 2002 Nr 70), aber auch auf Abfindungen nach §§ 9, 10 KSchG.

13 Auf den Nachteilsausgleichsanspruch kann der AN ohne Zustimmung des BR **verzichten**: § 113 sieht (anders als § 112 I 3 iVm § 77 IV 2 für Sozialplanansprüche) keinen Verzichtsschutz vor (BAG 23.9.2003, 1 AZR 576/02, EzA § 113 BetrVG 2001 Nr 3). Ebenso können (tarifliche) **Ausschlussfristen** den Anspruch erfassen, wenn sie weit formuliert sind, sich insb auf alle Ansprüche aus dem Arbeitsverhältnis und mit diesem in Verbindung stehenden beziehen (BAG 22.2.1983, 1 AZR 260/81, EzA § 4 TVG Ausschlussfristen Nr 54). Der Lauf der (tariflichen) Ausschlussfrist beginnt idR mit dem Ausscheiden des AN aus dem Arbeitsverhältnis (*Löwisch/Kaiser* § 113 Rn 18), auch dann, wenn ein Kdg-Schutzprozess anhängig ist (BAG 3.8.1982, 1 AZR 77/81, EzA § 113 BetrVG 1972 Nr 10).

§ 114 Grundsätze

(1) Auf Seeschifffahrtsunternehmen und ihre Betriebe ist dieses Gesetz anzuwenden, soweit sich aus den Vorschriften dieses Abschnitts nichts anderes ergibt.
(2) ¹Seeschifffahrtsunternehmen im Sinne dieses Gesetzes ist ein Unternehmen, das Handelsschifffahrt betreibt und seinen Sitz im Geltungsbereich dieses Gesetzes hat. ²Ein Seeschifffahrtsunternehmen im Sinne dieses Abschnitts betreibt auch, wer als Korrespondenzreeder, Vertragsreeder, Ausrüster oder aufgrund eines ähnlichen Rechtsverhältnisses Schiffe zum Erwerb durch die Seeschifffahrt verwendet, wenn er Arbeitgeber des Kapitäns und der Besatzungsmitglieder ist oder überwiegend die Befugnisse des Arbeitgebers ausübt.
(3) Als Seebetrieb im Sinne dieses Gesetzes gilt die Gesamtheit der Schiffe eines Seeschifffahrtsunternehmens einschließlich der in Absatz 2 Satz 2 genannten Schiffe.
(4) ¹Schiffe im Sinne dieses Gesetzes sind Kauffahrteischiffe, die nach dem Flaggenrechtsgesetz die Bundesflagge führen. ²Schiffe, die in der Regel binnen 24 Stunden nach dem Auslaufen an den Sitz eines Landbetriebs zurückkehren, gelten als Teil dieses Landbetriebs des Seeschifffahrtsunternehmens.
(5) Jugend- und Auszubildendenvertretungen werden nur für die Landbetriebe von Seeschifffahrtsunternehmen gebildet.
(6) ¹Besatzungsmitglieder im Sinne dieses Gesetzes sind die in einem Heuer- oder Berufsausbildungsverhältnis zu einem Seeschifffahrtsunternehmen stehenden im Seebetrieb beschäftigten Personen mit Ausnahme des Kapitäns. ²Leitende Angestellte im Sinne des § 5 Abs. 3 dieses Gesetzes sind nur die Kapitäne.

§ 115 Bordvertretung

(1) ¹Auf Schiffen, die mit in der Regel mindestens fünf wahlberechtigten Besatzungsmitgliedern besetzt sind, von denen drei wählbar sind, wird eine Bordvertretung gewählt. ²Auf die Bordvertretung finden, soweit sich aus diesem Gesetz oder aus anderen gesetzlichen Vorschriften nicht etwas anderes ergibt, die Vorschriften über die Rechte und Pflichten des Betriebsrats und die Rechtsstellung seiner Mitglieder Anwendung.

(2) Die Vorschriften über die Wahl und Zusammensetzung des Betriebsrats finden mit folgender Maßgabe Anwendung:
1. Wahlberechtigt sind alle Besatzungsmitglieder des Schiffes.
2. Wählbar sind die Besatzungsmitglieder des Schiffes, die am Wahltag das 18. Lebensjahr vollendet haben und ein Jahr Besatzungsmitglied eines Schiffes waren, das nach dem Flaggenrechtsgesetz die Bundesflagge führt. § 8 Abs. 1 Satz 3 bleibt unberührt.
3. Die Bordvertretung besteht auf Schiffen mit in der Regel
   5 bis 20 wahlberechtigten Besatzungsmitgliedern aus einer Person,
   21 bis 75 wahlberechtigten Besatzungsmitgliedern aus drei Mitgliedern,
   über 75 wahlberechtigten Besatzungsmitgliedern aus fünf Mitgliedern.
4. (weggefallen)
5. § 13 Abs. 1 und 3 findet keine Anwendung. Die Bordvertretung ist vor Ablauf ihrer Amtszeit unter den in § 13 Abs. 2 Nr. 2 bis 5 genannten Voraussetzungen neu zu wählen.
6. Die wahlberechtigten Besatzungsmitglieder können mit der Mehrheit aller Stimmen beschließen, die Wahl der Bordvertretung binnen 24 Stunden durchzuführen.
7. Die in § 16 Abs. 1 Satz 1 genannte Frist wird auf zwei Wochen, die in § 16 Abs. 2 Satz 1 genannte Frist wird auf eine Woche verkürzt.
8. Bestellt die im Amt befindliche Bordvertretung nicht rechtzeitig einen Wahlvorstand oder besteht keine Bordvertretung, wird der Wahlvorstand in einer Bordversammlung von der Mehrheit der anwesenden Besatzungsmitglieder gewählt; § 17 Abs. 3 gilt entsprechend. Kann aus Gründen der Aufrechterhaltung des ordnungsgemäßen Schiffsbetriebs eine Bordversammlung nicht stattfinden, so kann der Kapitän auf Antrag von drei Wahlberechtigten den Wahlvorstand bestellen. Bestellt der Kapitän den Wahlvorstand nicht, so ist der Seebetriebsrat berechtigt, den Wahlvorstand zu bestellen. Die Vorschriften über die Bestellung des Wahlvorstands durch das Arbeitsgericht bleiben unberührt.
9. Die Frist für die Wahlanfechtung beginnt für Besatzungsmitglieder an Bord, wenn das Schiff nach Bekanntgabe des Wahlergebnisses erstmalig einen Hafen im Geltungsbereich dieses Gesetzes oder einen Hafen, in dem ein Seemannsamt seinen Sitz hat, anläuft. Die Wahlanfechtung kann auch zu Protokoll des Seemannsamtes erklärt werden. Wird die Wahl zur Bordvertretung angefochten, zieht das Seemannsamt die an Bord befindlichen Wahlunterlagen ein. Die Anfechtungserklärung und die eingezogenen Wahlunterlagen sind vom Seemannsamt unverzüglich an das für die Anfechtung zuständige Arbeitsgericht weiterzuleiten.

(3) Auf die Amtszeit der Bordvertretung finden die §§ 21, 22 bis 25 mit der Maßgabe Anwendung, dass
1. die Amtszeit ein Jahr beträgt,
2. die Mitgliedschaft in der Bordvertretung auch endet, wenn das Besatzungsmitglied den Dienst an Bord beendet, es sei denn, dass es den Dienst an Bord vor Ablauf der Amtszeit nach Nummer 1 wieder antritt.

(4) ¹Für die Geschäftsführung der Bordvertretung gelten die §§ 26 bis 36, § 37 Abs. 1 bis 3 sowie die §§ 39 bis 41 entsprechend. ²§ 40 Abs. 2 ist mit der Maßgabe anzuwenden, dass die Bordvertretung in dem für ihre Tätigkeit erforderlichen Umfang auch die für die Verbindung des Schiffes zur Reederei eingerichteten Mittel zur beschleunigten Übermittlung von Nachrichten in Anspruch nehmen kann.

(5) ¹Die §§ 42 bis 46 über die Betriebsversammlung finden für die Versammlung der Besatzungsmitglieder eines Schiffes (Bordversammlung) entsprechende Anwendung. ²Auf Verlangen der Bordvertretung hat der Kapitän der Bordversammlung einen Bericht über die Schiffsreise und die damit zusammenhängenden Angelegenheiten zu erstatten. ³Er hat Fragen, die den Schiffsbetrieb, die Schiffsreise und die Schiffssicherheit betreffen, zu beantworten.

(6) Die §§ 47 bis 59 über den Gesamtbetriebsrat und den Konzernbetriebsrat finden für die Bordvertretung keine Anwendung.

(7) Die §§ 74 bis 105 über die Mitwirkung und Mitbestimmung der Arbeitnehmer finden auf die Bordvertretung mit folgender Maßgabe Anwendung:
1. Die Bordvertretung ist zuständig für die Behandlung derjenigen nach diesem Gesetz der Mitwirkung und Mitbestimmung des Betriebsrats unterliegenden Angelegenheiten, die den Bordbetrieb oder die

Besatzungsmitglieder des Schiffes betreffen und deren Regelung dem Kapitän aufgrund gesetzlicher Vorschriften oder der ihm von der Reederei übertragenen Befugnisse obliegt.
2. Kommt es zwischen Kapitän und Bordvertretung in einer der Mitwirkung oder Mitbestimmung der Bordvertretung unterliegenden Angelegenheit nicht zu einer Einigung, so kann die Angelegenheit von der Bordvertretung an den Seebetriebsrat abgegeben werden. Der Seebetriebsrat hat die Bordvertretung über die weitere Behandlung der Angelegenheit zu unterrichten. Bordvertretung und Kapitän dürfen die Einigungsstelle oder das Arbeitsgericht nur anrufen, wenn ein Seebetriebsrat nicht gewählt ist.
3. Bordvertretung und Kapitän können im Rahmen ihrer Zuständigkeiten Bordvereinbarungen abschließen. Die Vorschriften über Betriebsvereinbarungen gelten für Bordvereinbarungen entsprechend. Bordvereinbarungen sind unzulässig, soweit eine Angelegenheit durch eine Betriebsvereinbarung zwischen Seebetriebsrat und Arbeitgeber geregelt ist.
4. In Angelegenheiten, die der Mitbestimmung der Bordvertretung unterliegen, kann der Kapitän, auch wenn eine Einigung mit der Bordvertretung noch nicht erzielt ist, vorläufige Regelungen treffen, wenn dies zur Aufrechterhaltung des ordnungsgemäßen Schiffsbetriebs dringend erforderlich ist. Den von der Anordnung betroffenen Besatzungsmitgliedern ist die Vorläufigkeit der Regelung bekannt zu geben. Soweit die vorläufige Regelung der endgültigen Regelung nicht entspricht, hat das Schifffahrtsunternehmen Nachteile auszugleichen, die den Besatzungsmitgliedern durch die vorläufige Regelung entstanden sind.
5. Die Bordvertretung hat das Recht auf regelmäßige und umfassende Unterrichtung über den Schiffsbetrieb. Die erforderlichen Unterlagen sind der Bordvertretung vorzulegen. Zum Schiffsbetrieb gehören insbesondere die Schiffssicherheit, die Reiserouten, die voraussichtlichen Ankunfts- und Abfahrtszeiten sowie die zu befördernde Ladung.
6. Auf Verlangen der Bordvertretung hat der Kapitän ihr Einsicht in die an Bord befindlichen Schiffstagebücher zu gewähren. In den Fällen, in denen der Kapitän eine Eintragung über Angelegenheiten macht, die der Mitwirkung oder Mitbestimmung der Bordvertretung unterliegen, kann diese eine Abschrift der Eintragung verlangen und Erklärungen zum Schiffstagebuch abgeben. In den Fällen, in denen über eine der Mitwirkung oder Mitbestimmung der Bordvertretung unterliegenden Angelegenheit eine Einigung zwischen Kapitän und Bordvertretung nicht erzielt wird, kann die Bordvertretung dies zum Schiffstagebuch erklären und eine Abschrift dieser Eintragung verlangen.
7. Die Zuständigkeit der Bordvertretung im Rahmen des Arbeitsschutzes bezieht sich auch auf die Schiffssicherheit und die Zusammenarbeit mit den insoweit zuständigen Behörden und sonstigen in Betracht kommenden Stellen.

§ 116 Seebetriebsrat

(1) ¹In Seebetrieben werden Seebetriebsräte gewählt. ²Auf die Seebetriebsräte finden, soweit sich aus diesem Gesetz oder aus anderen gesetzlichen Vorschriften nicht etwas anderes ergibt, die Vorschriften über die Rechte und Pflichten des Betriebsrats und die Rechtsstellung seiner Mitglieder Anwendung.
(2) Die Vorschriften über die Wahl, Zusammensetzung und Amtszeit des Betriebsrats finden mit folgender Maßgabe Anwendung:
1. Wahlberechtigt zum Seebetriebsrat sind alle zum Seeschifffahrtsunternehmen gehörenden Besatzungsmitglieder.
2. Für die Wählbarkeit zum Seebetriebsrat gilt § 8 mit der Maßgabe, dass
   a) in Seeschifffahrtsunternehmen, zu denen mehr als acht Schiffe gehören oder in denen in der Regel mehr als 250 Besatzungsmitglieder beschäftigt sind, nur nach § 115 Abs. 2 Nr. 2 wählbare Besatzungsmitglieder wählbar sind;
   b) in den Fällen, in denen die Voraussetzungen des Buchstabens a nicht vorliegen, nur Arbeitnehmer wählbar sind, die nach § 8 die Wählbarkeit im Landbetrieb des Seeschifffahrtsunternehmens besitzen, es sei denn, dass der Arbeitgeber mit der Wahl von Besatzungsmitgliedern einverstanden ist.
3. Der Seebetriebsrat besteht in Seebetrieben mit in der Regel 5 bis 400 wahlberechtigten Besatzungsmitgliedern aus einer Person, 401 bis 800 wahlberechtigten Besatzungsmitgliedern aus drei Mitgliedern, über 800 wahlberechtigten Besatzungsmitgliedern aus fünf Mitgliedern.
4. Ein Wahlvorschlag ist gültig, wenn er im Fall des § 14 Abs. 4 Satz 1 erster Halbsatz und Satz 2 mindestens von drei wahlberechtigten Besatzungsmitgliedern unterschrieben ist.
5. § 14a findet keine Anwendung.
6. Die in § 16 Abs. 1 Satz 1 genannte Frist wird auf drei Monate, die in § 16 Abs. 2 Satz 1 genannte Frist auf zwei Monate verlängert.

7. Zu Mitgliedern des Wahlvorstands können auch im Landbetrieb des Seeschifffahrtsunternehmens beschäftigte Arbeitnehmer bestellt werden. § 17 Abs. 2 bis 4 findet keine Anwendung. Besteht kein Seebetriebsrat, so bestellt der Gesamtbetriebsrat oder, falls ein solcher nicht besteht, der Konzernbetriebsrat den Wahlvorstand. Besteht weder ein Gesamtbetriebsrat noch ein Konzernbetriebsrat, wird der Wahlvorstand gemeinsam vom Arbeitgeber und den im Seebetrieb vertretenen Gewerkschaften bestellt; Gleiches gilt, wenn der Gesamtbetriebsrat oder der Konzernbetriebsrat die Bestellung des Wahlvorstands nach Satz 3 unterlässt. Einigen sich Arbeitgeber und Gewerkschaften nicht, so bestellt ihn das Arbeitsgericht auf Antrag des Arbeitgebers, einer im Seebetrieb vertretenen Gewerkschaft oder von mindestens drei wahlberechtigten Besatzungsmitgliedern. § 16 Abs. 2 Satz 2 und 3 gilt entsprechend.
8. Die Frist für die Wahlanfechtung nach § 19 Abs. 2 beginnt für Besatzungsmitglieder an Bord, wenn das Schiff nach Bekanntgabe des Wahlergebnisses erstmalig einen Hafen im Geltungsbereich dieses Gesetzes oder einen Hafen, in dem ein Seemannsamt seinen Sitz hat, anläuft. Nach Ablauf von drei Monaten seit Bekanntgabe des Wahlergebnisses ist eine Wahlanfechtung unzulässig. Die Wahlanfechtung kann auch zu Protokoll des Seemannsamtes erklärt werden. Die Anfechtungserklärung ist vom Seemannsamt unverzüglich an das für die Anfechtung zuständige Arbeitsgericht weiterzuleiten.
9. Die Mitgliedschaft im Seebetriebsrat endet, wenn der Seebetriebsrat aus Besatzungsmitgliedern besteht, auch, wenn das Mitglied des Seebetriebsrats nicht mehr Besatzungsmitglied ist. Die Eigenschaft als Besatzungsmitglied wird durch die Tätigkeit im Seebetriebsrat oder durch eine Beschäftigung gemäß Absatz 3 Nr. 2 nicht berührt.

(3) Die §§ 26 bis 41 über die Geschäftsführung des Betriebsrats finden auf den Seebetriebsrat mit folgender Maßgabe Anwendung:
1. In Angelegenheiten, in denen der Seebetriebsrat nach diesem Gesetz innerhalb einer bestimmten Frist Stellung zu nehmen hat, kann er, abweichend von § 33 Abs. 2, ohne Rücksicht auf die Zahl der zur Sitzung erschienenen Mitglieder einen Beschluss fassen, wenn die Mitglieder ordnungsgemäß geladen worden sind.
2. Soweit die Mitglieder des Seebetriebsrats nicht freizustellen sind, sind sie so zu beschäftigen, dass sie durch ihre Tätigkeit nicht gehindert sind, die Aufgaben des Seebetriebsrats wahrzunehmen. Der Arbeitsplatz soll den Fähigkeiten und Kenntnissen des Mitglieds des Seebetriebsrats und seiner bisherigen beruflichen Stellung entsprechen. Der Arbeitsplatz ist im Einvernehmen mit dem Seebetriebsrat zu bestimmen. Kommt eine Einigung über die Bestimmung des Arbeitsplatzes nicht zustande, so entscheidet die Einigungsstelle. Der Spruch der Einigungsstelle ersetzt die Einigung zwischen Arbeitgeber und Seebetriebsrat.
3. Den Mitgliedern des Seebetriebsrats, die Besatzungsmitglieder sind, ist die Heuer auch dann fortzuzahlen, wenn sie im Landbetrieb beschäftigt werden. Sachbezüge sind angemessen abzugelten. Ist der neue Arbeitsplatz höherwertig, so ist das diesem Arbeitsplatz entsprechende Arbeitsentgelt zu zahlen.
4. Unter Berücksichtigung der örtlichen Verhältnisse ist über die Unterkunft der in den Seebetriebsrat gewählten Besatzungsmitglieder eine Regelung zwischen dem Seebetriebsrat und dem Arbeitgeber zu treffen, wenn der Arbeitsplatz sich nicht am Wohnort befindet. Kommt eine Einigung nicht zustande, so entscheidet die Einigungsstelle. Der Spruch der Einigungsstelle ersetzt die Einigung zwischen Arbeitgeber und Seebetriebsrat.
5. Der Seebetriebsrat hat das Recht, jedes zum Seebetrieb gehörende Schiff zu betreten, dort im Rahmen seiner Aufgaben tätig zu werden sowie an den Sitzungen der Bordvertretung teilzunehmen. § 115 Abs. 7 Nr. 5 Satz 1 gilt entsprechend.
6. Liegt ein Schiff in einem Hafen innerhalb des Geltungsbereichs dieses Gesetzes, so kann der Seebetriebsrat nach Unterrichtung des Kapitäns Sprechstunden an Bord abhalten und Bordversammlungen der Besatzungsmitglieder durchführen.
7. Läuft ein Schiff innerhalb eines Kalenderjahres keinen Hafen im Geltungsbereich dieses Gesetzes an, so gelten die Nummern 5 und 6 für europäische Häfen. Die Schleusen des Nordostseekanals gelten nicht als Häfen.
8. Im Einvernehmen mit dem Arbeitgeber können Sprechstunden und Bordversammlungen, abweichend von den Nummern 6 und 7, auch in anderen Liegehäfen des Schiffes durchgeführt werden, wenn ein dringendes Bedürfnis hierfür besteht. Kommt eine Einigung nicht zustande, so entscheidet die Einigungsstelle. Der Spruch der Einigungsstelle ersetzt die Einigung zwischen Arbeitgeber und Seebetriebsrat.

(4) Die §§ 42 bis 46 über die Betriebsversammlung finden auf den Seebetrieb keine Anwendung.

(5) Für den Seebetrieb nimmt der Seebetriebsrat die in den §§ 47 bis 59 dem Betriebsrat übertragenen Aufgaben, Befugnisse und Pflichten wahr.
(6) Die §§ 74 bis 113 über die Mitwirkung und Mitbestimmung der Arbeitnehmer finden auf den Seebetriebsrat mit folgender Maßgabe Anwendung:
1. Der Seebetriebsrat ist zuständig für die Behandlung derjenigen nach diesem Gesetz der Mitwirkung oder Mitbestimmung des Betriebsrats unterliegenden Angelegenheiten,
    a) die alle oder mehrere Schiffe des Seebetriebs oder die Besatzungsmitglieder aller oder mehrerer Schiffe des Seebetriebs betreffen,
    b) die nach § 115 Abs. 7 Nr. 2 von der Bordvertretung abgegeben worden sind oder
    c) für die nicht die Zuständigkeit der Bordvertretung nach § 115 Abs. 7 Nr. 1 gegeben ist.
2. Der Seebetriebsrat ist regelmäßig und umfassend über den Schiffsbetrieb des Seeschifffahrtsunternehmens zu unterrichten. Die erforderlichen Unterlagen sind ihm vorzulegen.

§ 117 Geltung für die Luftfahrt
(1) Auf Landbetriebe von Luftfahrtunternehmen ist dieses Gesetz anzuwenden.
(2) ¹Für im Flugbetrieb beschäftigte Arbeitnehmer von Luftfahrtunternehmen kann durch Tarifvertrag eine Vertretung errichtet werden. ²Über die Zusammenarbeit dieser Vertretung mit den nach diesem Gesetz zu errichtenden Vertretungen der Arbeitnehmer der Landbetriebe des Luftfahrtunternehmens kann der Tarifvertrag von diesem Gesetz abweichende Regelungen vorsehen.

1 Für See- und Luftbetriebsverfassung gelten verkehrsbedingte Sonderregeln. Deren Darstellung sprengt diesen Rahmen. Zur Betriebsverfassung in der Seeschifffahrt *Franzen* AR-Blattei SD 1450.5. Zur Luftfahrt und ihren Sondervertretungen GK-BetrVG/*Franzen* § 117.

§ 118 Geltung für Tendenzbetriebe und Religionsgemeinschaften
(1) ¹Auf Unternehmen und Betriebe, die unmittelbar und überwiegend
1. politischen, koalitionspolitischen, konfessionellen, karitativen, erzieherischen, wissenschaftlichen oder künstlerischen Bestimmungen oder
2. Zwecken der Berichterstattung oder Meinungsäußerung, auf die Artikel 5 Abs. 1 Satz 2 des Grundgesetzes Anwendung findet,

dienen, finden die Vorschriften dieses Gesetzes keine Anwendung, soweit die Eigenart des Unternehmens oder des Betriebs dem entgegensteht. ²Die §§ 106 bis 110 sind nicht, die §§ 111 bis 113 nur insoweit anzuwenden, als sie den Ausgleich oder die Milderung wirtschaftlicher Nachteile für die Arbeitnehmer infolge von Betriebsänderungen regeln.
(2) Dieses Gesetz findet keine Anwendung auf Religionsgemeinschaften und ihre karitativen und erzieherischen Einrichtungen unbeschadet deren Rechtsform.

Übersicht	Rdn.		Rdn.
A. Normzweck	1	VIII. Berichterstattung oder	
B. Geschützte Tendenzen	2	Meinungsäußerung	9
I. Politische Bestimmung	2	C. Tendenzbetrieb und -unternehmen	10
II. Koalitionspolitische Bestimmung	3	D. Ausschluss und Beschränkung der	
III. Konfessionelle Bestimmung	4	Beteiligungsrechte	12
IV. Karitative Bestimmung	5	I. Wirtschaftliche Angelegenheiten	12
V. Erzieherische Bestimmung	6	II. Übrige Vorschriften	13
VI. Wissenschaftliche Bestimmung	7	E. Religionsgemeinschaften und ihre	
VII. Künstlerische Bestimmung	8	karitativen und erzieherischen Einrichtungen	17

1 **A. Normzweck.** Der Tendenzschutz modifiziert den allg Ausgleich zwischen Unternehmerfreiheit und AN-Schutz für Unternehmen und Betriebe mit bes, bis auf die Caritas, verfassungsrechtlich geschützter Zwecksetzung. Insoweit verwirklicht § 118 ein Verfassungsgebot: Der BR darf nicht in den geschützten »programmatischen« Freiraum der Tendenzträger eingreifen (BVerfG 6.11.1979, 1 BvR 81/76, BVerfGE 52, 283 ff; 15.12.1999, 1 BvR 729/92, NZA 2000, 217 ff; 29.4.2003, 1 BvR 62/99, EzA § 118 BetrVG 2001 Nr 2). Die Norm ist abschließend; andere ideelle Zwecke erfahren keinen Tendenzschutz (BAG 23.3.1999, 1 ABR 28/98, EzA § 118 BetrVG Nr 69).

B. Geschützte Tendenzen. **I. Politische Bestimmung.** Erfasst sind nicht nur parteipolitische Zielsetzungen verfolgende Unternehmen und Betriebe (Verwaltungsapparat politischer Parteien), sondern auch wirtschafts- und sozialpolitische Vereinigungen wie Behindertenverbände oder Wirtschaftsverbände (BT-Drs VI/2729, S 17). Vorausgesetzt ist nur die Zielsetzung, im Interesse der Allgemeinheit auf die Willensbildung des demokratisch verfassten Staates Einfluss zu nehmen (BAG 23.3.1999, 1 ABR 28/98, EzA § 118 BetrVG Nr 69). Eine von einer politischen Partei getragene politische Stiftung ist Tendenzunternehmen (BAG 28.8.2003, 2 ABR 48/02, EzA § 118 BetrVG 2001 Nr 3). Die Erfüllung öffentl Aufgaben im Auftrag und nach Vorgaben staatlicher Stellen ist politische Bestimmung (BAG 21.7.1998, 1 ABR 2/98, EzA § 118 BetrVG 1972 Nr 68). Stehen gesellschaftspolitische Tätigkeit oder Interessenvertretung ggü Dritten im Vordergrund (Mietervereine, Sportverbänden), fehlt die Tendenz (BAG 23.3.1999, 1 ABR 28/98, EzA § 118 BetrVG Nr 69). 2

II. Koalitionspolitische Bestimmung. Geschützt wird jede von einer Koalition iSv Art 9 III GG betriebene Verwaltung oder Einrichtung, soweit sie dem Koalitionszweck dient (Gewerkschaftsverwaltung, aber auch Gemeinsame Einrichtung nach § 4 II TVG). Nicht erfasst ist jene Tätigkeit der Koalitionen, die nicht auf Wahrung und Förderung der Arbeits- und Wirtschaftsbedingungen gerichtet ist, etwa Bildungs- und Schulungseinrichtungen (BAG 3.7.1990, 1 ABR 36/89, EzA § 99 BetrVG 1972 Nr 90). 3

III. Konfessionelle Bestimmung. Der Anwendungsbereich ist gering, weil Religionsgemeinschaften und ihre Einrichtungen nach § 118 II nicht vom BetrVG erfasst werden; rechtlich selbstständige karitative und erzieherische Einrichtungen fallen unter II, wenn sie einen kirchlichen Auftrag verfolgen und die Religionsgemeinschaft ein Mindestmaß an Einfluss auf die Verwaltung der Einrichtung nehmen kann (»institutionelle Verbindung«; BAG 5.12.2007, 7 ABR 72/06, EzA § 118 BetrVG 2001 Nr 8). Erfasst werden Betriebe, deren Wertstreben auf das Einstehen für einen Glauben gerichtet ist, etwa kirchlich orientierte Männer-, Frauen- und Jugendverbände, Missionsvereine, kirchliche Ehebahnungsinstitute und kirchliche Pressevereine (LAG Hamm 14.3.2000, 13 TaBV 116/99, NZA-RR 2000, 532 f). 4

IV. Karitative Bestimmung. Caritas ist der freiwillige (nicht auf rechtlicher Verpflichtung fußende) soziale Dienst am körperlich oder seelisch leidenden Menschen ohne Gewinnerzielungsabsicht (BAG 15.3.2006, 7 ABR 24/05, NZA 2006, 1422). Unerheblich ist, wer das Unternehmen trägt oder beherrschenden Einfluss ausübt (BAG 22.11.1995, 7 ABR 12/95, EzA § 118 BetrVG 1972 Nr 65). Das Unternehmen muss den karitativen Bestimmungen unmittelbar dienen, d.h. die karitative Zielsetzung eines Unternehmens bedarf in konkreten Handlungen erkennbarer Umsetzung des Prinzips der Nächstenliebe gegenüber den Hilfsbedürftigen selbst (BAG 22.5.2012, 1 ABR 7/11, EzA § 118 BetrVG 2001 Nr 12). Die Hilfe muss nicht unentgeltlich erfolgen; kostendeckende Einnahmen sind zulässig (BAG 24.5.1995, 7 ABR 48/94, EzA § 118 BetrVG 1972 Nr 63; LAG Düsseldorf 29.8.2012, 7 TaBV 4/12, ZTR 2013, 54; *Thüsing/Pötters* RdA 2011, 280, 286). Hierher rechnen Betriebe des Roten Kreuzes und der Wohlfahrtsverbände, Förderungswerke zur Wiedereingliederung von Behinderten, Heime für Drogengefährdete, aber auch Krankenhäuser gemeinnütziger Träger. Der AG kann auf diesen Tendenzschutz verzichten (BAG 5.10.2000, 1 ABR 14/00, EzA § 118 BetrVG 1972 Nr 72). 5

V. Erzieherische Bestimmung. Bloße Vermittlung von Fähigkeiten und Fertigkeiten genügt nicht (Sprachschule: BAG 7.4.1981, 1 ABR 62/78, EzA § 118 BetrVG 1972 Nr 25); vielmehr muss der Zweck darauf gerichtet sein, nachhaltig durch planmäßige und methodische Unterweisung in einer Mehrzahl allgemeinbildender oder berufsbildender Fächer die Persönlichkeit zu formen (BAG 31.1.1995, 1 ABR 35/94, EzA § 99 BetrVG 1972 Nr 126), etwa in Privatschulen, Berufsbildungswerken und Rehabilitationseinrichtungen. Auch Kindertagesstätten können Tendenzschutz genießen (*Stölzel* NZA 2009, 239 ff). Gewinnerzielungsabsicht schließt die karitative Bestimmung (Rdn 5) aus, nicht aber die erzieherische (ArbG Gera 9.1.2006, 3 Ga 24/05, nv). 6

VI. Wissenschaftliche Bestimmung. Wissenschaft iSv Art 5 III 1 GG ist »alles, was nach Inhalt und Form als ernsthafter planmäßiger Versuch zur Ermittlung der Wahrheit anzusehen ist«. Geschützt sind Forschung und (wissenschaftliche) Lehre (Vorlesungen, Kolloquien, Betreuung von Doktoranden; BAG 20.11.1990, 1 ABR 87/89, EzA § 118 BetrVG 1972 Nr 57). Keine ist die bloße Anwendung erreichter wissenschaftlicher Erkenntnisse ohne Streben nach neuen Erkenntnissen (BAG 21.6.1989, 7 ABR 58/87, EzA § 118 BetrVG 1972 Nr 49). Hierunter fallen private Forschungsinstitute und Hochschulen. 7

VII. Künstlerische Bestimmung. Kunst iSv Art 5 III GG erfasst die Betätigungen im Werk- und im Wirkbereich – wie Theater und Orchester (BAG 28.10.1986, 1 ABR 16/85, EzA § 118 BetrVG 1972 Nr 38), nicht aber die GEMA, die nur der wirtschaftlichen Verwertung musikalischer Urheberrechte dient (BAG 8

8.3.1983, 1 ABR 44/81, EzA § 118 BetrVG 1972 Nr 34). Belletristische Buchverlage genießen Tendenzschutz (BAG 15.2.1989, 7 ABR 12/87, EzA § 118 BetrVG 1972 Nr 45).

9 **VIII. Berichterstattung oder Meinungsäußerung.** I Nr 2 schützt insb Presseunternehmen, also Zeitungs- und Zeitschriftenverlage (etwa BAG 14.1.1992, 1 ABR 35/91, EzA § 118 BetrVG 1972 Nr 59; 20.4.2010, 1 ABR 78/08, NZA 2010, 902: auch soweit es den Anzeigenteil betrifft), Rundfunk- und Fernsehsender (BAG 27.7.1993, 1 ABR 8/93, EzA § 118 BetrVG 1972 Nr 61). Druckereien kommt keine Tendenzeigenschaft zu, auch wenn sie verlagseigene Zeitungen drucken (BAG 31.10.1975, 1 ABR 64/74, SAE 1976, 169); anders, wenn das Druckunternehmen Einfluss auf das Verlagsprogramm nehmen kann oder (fragwürdig) die wirtschaftliche Grundlage des Tendenzunternehmens liefern soll (BAG 30.6.1981, 1 ABR 30/79, EzA § 118 BetrVG 1972 Nr 27).

10 **C. Tendenzbetrieb und -unternehmen.** I stellt klar, dass der Tendenzschutz nicht auf den einzelnen Betrieb beschränkt ist, sondern das Unternehmen erfassen kann, je nach Zwecksetzung. Ein überwiegend tendenzfreies Unternehmen kann Tendenzbetriebe haben; umgekehrt kann ein Tendenzunternehmen tendenzfreie Betriebe unterhalten (ErfK/*Kania* § 118 Rn 5). Hat das Unternehmen nur einen Betrieb, kommt es auf das Unternehmen mit seiner »geistig-ideellen Zielsetzung« an. Mithin kann ein tendenzfreies Unternehmen keinen Tendenzbetrieb unterhalten (BAG 27.7.1993, 1 ABR 8/93, EzA § 118 BetrVG 1972 Nr 61). Zum Tendenzgemeinschaftsbetrieb *Lunk* NZA 2005, 841 ff.

11 Tendenzschutz greift nur für die Betriebe und Unternehmen, die den geschützten Tendenzen unmittelbar dienen. Die AN des Betriebs oder Unternehmens müssen »direkt die Tendenz »erarbeiten« und damit auch beeinflussen können« (BAG 31.10.1975, 1 ABR 64/74, BB 1976, 136; *Löwisch/Kaiser* § 118 Rn 22). Ob ein **Mischunternehmen** überwiegend tendenzgeschützten Bestimmungen dient, richtet sich nach der Rspr danach, in welchem Umfang das Unternehmen personelle und sonstige Mittel zur Verwirklichung der Tendenz und anderer Ziele einsetzt. Bei personalintensiven Unternehmen ist in 1. Linie auf den Personaleinsatz abzustellen und zu prüfen, ob mehr als die Hälfte der Gesamtarbeitszeit zur Tendenzverwirklichung eingesetzt wird (BAG 15.3.2006, 7 ABR 24/05, EzA § 118 BetrVG 2001 Nr 5). Es kommt nicht allein auf die Arbeitszeit der Tendenzträger an, sondern auf die Arbeitszeit aller AN, die an der Tendenzverwirklichung mitwirken (BAG 21.6.1989, 7 ABR 58/87, EzA § 118 BetrVG 1972 Nr 49; dagegen *Löwisch/Kaiser* § 118 Rn 24: qualitatives Gesamtgepräge). Es gibt keinen Tendenzkonzern, weswegen die tendenzfreie Tochter eines Tendenzunternehmens keinen Schutz genießt (BVerfG 29.4.2003, 1 BvR 62/99, EzA § 118 BetrVG 2001 Nr 2).

12 **D. Ausschluss und Beschränkung der Beteiligungsrechte. I. Wirtschaftliche Angelegenheiten.** §§ 106 bis 110 sind in Tendenzunternehmen nicht anzuwenden, I 2. WA und AN-Unterricht entfallen, ebenso die Ersatzzuständigkeit des BR nach § 109a. Der Lagebericht in der Betriebsversammlung nach § 43 II 3 bleibt (BAG 8.3.1977, 1 ABR 18/75, EzA § 43 BetrVG 1972 Nr 1; einschränkend *Löwisch/Kaiser* § 118 Rn 30). Bei Betriebsänderungen entfällt die Pflicht, einen Interessenausgleich zu versuchen; es bewendet bei Unterrichtung und Beratung – die später und weniger umfassend als sonst (§ 111 Rdn 19–21) erfolgen können (*v Olenhusen/Puff* NZA-RR 2009, 345, 352 mwN) – sowie beim erzwingbaren Sozialplan. Für diesen wendet das BAG systemwidrig § 113 III an: Versucht der Tendenzunternehmer nicht vor der Betriebsänderung einen Sozialplan, schulde er Nachteilsausgleich (BAG 18.11.2003, 1 AZR 637/02, EzA § 118 BetrVG 2001 Nr 4). Werden in den Sozialplan »interessenausgleichsähnliche« Regelungen über die Betriebsänderung aufgenommen, erstarken solche Regeln nicht etwa über § 112 I 3 zu »echten« Sozialplanansprüchen (aA *Gillen/Hörle* NZA 2003, 1225, 1228). Die Regelung als Sozialplan scheitert, weil es nicht um Ausgleich oder Milderung sozialer Nachteile geht; als freiwillige BV, weil keine Arbeitsbedingungen geregelt werden. Möglich ist nur der freiwillige Interessenausgleich – der freilich keine Namensliste mit der Wirkung des § 1 V KSchG erlaubt (Richardi/*Annuß* § 112 Rn 22a; aA ErfK/*Kania* § 118 Rn 18).

13 **II. Übrige Vorschriften.** Die »Eigenart« eines Betriebs oder Unternehmens steht BR-Rechten entgegen, wenn die AG-Maßnahme AN als Tendenzträger betrifft und einen Tendenzbezug aufweist, also aus tendenzbedingten Gründen erfolgt (BAG 27.7.1993, 1 ABR 8/93, EzA § 118 BetrVG 1972 Nr 61). **Tendenzträger** sind AN, die nicht an der Tendenzverfolgung mitwirken, sondern inhaltlichen Einfluss auf die Tendenzverwirklichung haben (BAG 13.2.2007, 1 ABR 14/06, EzA § 80 BetrVG 2001 Nr 7), etwa auch Anzeigenredakteure einer Zeitung (BAG 20.4.2010, 1 ABR 78/08, NZA 2010, 902), nicht hingegen Heimerzieher in Wohnheimen für behinderte Menschen (BAG 14.9.2010, 1 ABR 29/09, EzA § 118 BetrVG 2001 Nr 10). Zudem müssen die tendenzbezogenen Tätigkeiten einen bedeutenden Anteil an der Gesamtarbeitszeit ausmachen (BAG 14.9.2010, 1 ABR 29/09, NZA 2011, 225).

Die **organisatorischen Vorschriften** (§§ 1–73) sollen unberührt bleiben (ErfK/*Kania* § 118 Rn 21; zu Betriebsverfassungsnormen im TV *Löwisch/Kaiser* § 118 Rn 3). Ebenso sollen die **allg Grds** über die Mitwirkung und Mitbestimmung der AN nach §§ 74 ff in Tendenzbetrieben gelten, wenngleich der jeweilige Tendenzcharakter eine Beschränkung des § 75 fordern kann (*Löwisch/Kaiser* § 118 Rn 31 f). 14

Die Mitbestimmung in **sozialen Angelegenheiten** bleibt grds erhalten, weil es typischerweise um den wertneutralen Arbeitsablauf des Betriebes geht (BAG 30.1.1990, 1 ABR 101/88, EzA § 118 BetrVG 1972 Nr 50; LAG Hamm 23.4.2012, 10 TaBV 19/12, juris): Ethikregeln (**§ 87 I Nr 1**) können aber programmatischen Tendenzbezug haben (BAG 28.5.2002, 1 ABR 32/01, EzA § 87 BetrVG 1972 Betriebliche Ordnung Nr 29). In **Arbeitszeitfragen** kann der Tendenzcharakter **§ 87 I Nr 2 und 3** ausschließen, wenn die Tendenz zeitbezogen und auf die Verfügbarkeit der AN angewiesen ist (Proben und Aufführen von Theaterstücken und Opern, auch in Überlänge, BAG 4.8.1981, 1 ABR 106/79, EzA § 87 BetrVG 1972 Arbeitszeit Nr 10; Aktualität und Erscheinungsweise einer Zeitung, BAG 14.1.1992, 1 ABR 35/91, EzA § 118 BetrVG 1972 Nr 59). Das Mitbestimmungsrecht gem **§ 87 I Nr 10** kann entfallen, sofern Entgeltformen, die die Tendenz fördern sollen, etwa »Leistungsvergütungen« für Wissenschaftler (BAG 31.1.1984, 1 AZR 174/81, EzA § 87 BetrVG 1972 Betriebliche Lohngestaltung Nr 8) betroffen sind. 15

Unterrichtungs- und Beratungspflichten nach § 92 sind auf die Personaldeckungsplanung zu beschränken; der Personalbedarf an Tendenzträgern ist Tendenzentscheidung (*Löwisch/Kaiser* § 118 Rn 38; aA BAG 6.11.1990, 1 ABR 60/89, EzA § 92 BetrVG 1972 Nr 2). Das Allzweckrecht des § 92a erlaubt keine Tendenzvorschläge (*Löwisch/Kaiser* § 118 Rn 38). Das Ausschreibungsverlangen des § 93 bleibt (BAG 30.1.1979, 1 ABR 78/76, EzA § 118 BetrVG 1972 Nr 20). Tendenzschutz verwirklicht sich bei **personellen Einzelmaßnahmen**: Bei Einstellungen und Versetzungen eines Tendenzträgers wird ein tendenzbedingter Grund vermutet (BAG 7.11.1975, 1 AZR 282/74, AP BetrVG 1972 § 118 Nr 4; 1.9.1987, 1 ABR 22/86, EzA § 118 BetrVG 1972 Nr 40). Das **Zustimmungsverweigerungsrecht nach § 99 II entfällt**; es bewendet bei der Unterrichtung über die Maßnahme (BAG 27.7.1993, 1 ABR 22/86, EzA § 118 BetrVG 1972 Nr 61). Wird einem **Tendenzträger aus tendenzbedingten Gründen gekündigt**, so entfallen das Widerspruchsrecht des § 102 III und die Weiterbeschäftigungsverpflichtung nach § 102 V (ErfK/*Kania* § 118 Rn 26). Der BR ist anzuhören, dann auch alle Kdg-Gründe – auch die tendenzbezogenen – mitzuteilen (BAG 7.11.1975, 1 AZR 282/74, AP BetrVG 1972 § 118 Nr 4). Der BR kann Einwendungen gegen die Kdg jedenfalls aus sozialen Gesichtspunkten erheben (gegen jede Beschränkung *Löwisch/Kaiser* § 118 Rn 45). Die Kdg eines BR-Mitglieds aus tendenzbezogenen Gründen bedarf nicht der Zustimmung nach § 103 I (BAG 28.8.2003, 2 ABR 48/02, EzA § 118 BetrVG 2001 Nr 3). 16

E. Religionsgemeinschaften und ihre karitativen und erzieherischen Einrichtungen. Religionsgemeinschaften in der Rechtsform öffentl-rechtlicher Körperschaften fallen schon nach § 130 aus dem BetrVG heraus. II schützt also die privatrechtlich verfassten »Religionsgemeinschaften« iSv Art 137 WRV (BAG 24.7.1991, 7 ABR 34/90, EzA § 118 BetrVG 1972 Nr 58). Keine Religionsgemeinschaft ist Scientology (BAG 22.3.1995, 5 AZB 21/94 EzA Art 140 GG Nr 26). II erfasst trotz Art 137 VII WRV keine Weltanschauungsgemeinschaften (dazu GK-BetrVG/*Weber* § 118 Rn 228). Ausgenommen sind darüber hinaus die karitativen und erzieherischen Einrichtungen der Religionsgemeinschaften: Kindergärten, Altersheime, Schulen, Krankenhäuser (BAG 9.2.1982, 1 ABR 36/80, EzA § 118 BetrVG 1972 Nr 33), Wohnungsbaugesellschaften (BAG 23.10.2002, 7 ABR 59/01, EzA § 118 BetrVG 2001 Nr 1). Ob die Einrichtung die privilegierten Zwecke verfolgt, bestimmt sich nach dem Selbstverständnis der Religionsgemeinschaft (krit ErfK/*Kania* § 118 Rn 32); notwendig ist ihr bestimmender Einfluss (BAG 30.4.1997, 7 ABR 60/95, EzA § 118 BetrVG 1972 Nr 66). 17

§ 119 Straftaten gegen Betriebsverfassungsorgane und ihre Mitglieder

(1) Mit Freiheitsstrafe bis zu einem Jahr oder mit Geldstrafe wird bestraft, wer
1. eine Wahl des Betriebsrats, der Jugend- und Auszubildendenvertretung, der Bordvertretung, des Seebetriebsrats oder der in § 3 Abs. 1 Nr 1 bis 3 oder 5 bezeichneten Vertretungen der Arbeitnehmer behindert oder durch Zufügung oder Androhung von Nachteilen oder durch Gewährung oder Versprechen von Vorteilen beeinflusst,
2. die Tätigkeit des Betriebsrats, des Gesamtbetriebsrats, des Konzernbetriebsrats, der Jugend- und Auszubildendenvertretung, der Gesamt-Jugend- und Auszubildendenvertretung, der Konzern-Jugend- und Auszubildendenvertretung, der Bordvertretung, des Seebetriebsrats, der in § 3 Abs. 1 bezeichneten Vertretungen der Arbeitnehmer, der Einigungsstelle, der in § 76 Abs. 8 bezeichneten tariflichen Schlichtungsstelle, der in § 86 bezeichneten betrieblichen Beschwerdestelle oder des Wirtschaftsausschusses behindert oder stört, oder

3. ein Mitglied oder ein Ersatzmitglied des Betriebsrats, des Gesamtbetriebsrats, des Konzernbetriebsrats, der Jugend- und Auszubildendenvertretung, der Gesamt-Jugend- und Auszubildendenvertretung, der Konzern-Jugend- und Auszubildendenvertretung, der Bordvertretung, des Seebetriebsrats, der in § 3 Abs. 1 bezeichneten Vertretungen der Arbeitnehmer, der Einigungsstelle, der in § 76 Abs. 8 bezeichneten Schlichtungsstelle, der in § 86 bezeichneten betrieblichen Beschwerdestelle oder des Wirtschaftsausschusses um seiner Tätigkeit willen oder eine Auskunftsperson nach § 80 Abs. 2 Satz 3 um ihrer Tätigkeit willen benachteiligt oder begünstigt.
(2) Die Tat wird nur auf Antrag des Betriebsrats, des Gesamtbetriebsrats, des Konzernbetriebsrats, der Bordvertretung, des Seebetriebsrats, einer der in § 3 Abs. 1 bezeichneten Vertretungen der Arbeitnehmer, des Wahlvorstands, des Unternehmers oder einer im Betrieb vertretenen Gewerkschaft verfolgt.

§ 120 Verletzung von Geheimnissen

(1) Wer unbefugt ein fremdes Betriebs- oder Geschäftsgeheimnis offenbart, das ihm in seiner Eigenschaft als
1. Mitglied oder Ersatzmitglied des Betriebsrats oder einer der in § 79 Abs. 2 bezeichneten Stellen,
2. Vertreter einer Gewerkschaft oder Arbeitgebervereinigung,
3. Sachverständiger, der vom Betriebsrat nach § 80 Abs. 3 hinzugezogen oder von der Einigungsstelle nach § 109 Satz 3 angehört worden ist,
3a. Berater, der vom Betriebsrat nach § 111 Satz 2 hinzugezogen worden ist,
3b. Auskunftsperson, die dem Betriebsrat nach § 80 Abs. 2 Satz 3 zur Verfügung gestellt worden ist, oder
4. Arbeitnehmer, der vom Betriebsrat nach § 107 Abs. 3 Satz 3 oder vom Wirtschaftsausschuss nach § 108 Abs. 2 Satz 2 hinzugezogen worden ist,
bekannt geworden ist und das vom Arbeitgeber ausdrücklich als geheimhaltungsbedürftig bezeichnet worden ist, wird mit Freiheitsstrafe bis zu einem Jahr oder mit Geldstrafe bestraft.
(2) Ebenso wird bestraft, wer unbefugt ein fremdes Geheimnis eines Arbeitnehmers, namentlich ein zu dessen persönlichen Lebensbereich gehörendes Geheimnis, offenbart, das ihm in seiner Eigenschaft als Mitglied oder Ersatzmitglied des Betriebsrats oder einer der in § 79 Abs. 2 bezeichneten Stellen bekannt geworden ist und über das nach den Vorschriften dieses Gesetzes Stillschweigen zu bewahren ist.
(3) [1]Handelt der Täter gegen Entgelt oder in der Absicht, sich oder einen anderen zu bereichern oder einen anderen zu schädigen, so ist die Strafe Freiheitsstrafe bis zu zwei Jahren oder Geldstrafe. [2]Ebenso wird bestraft, wer unbefugt ein fremdes Geheimnis, namentlich ein Betriebs- oder Geschäftsgeheimnis, zu dessen Geheimhaltung er nach den Absätzen 1 oder 2 verpflichtet ist, verwertet.
(4) Die Absätze 1 bis 3 sind auch anzuwenden, wenn der Täter das fremde Geheimnis nach dem Tode des Betroffenen unbefugt offenbart oder verwertet.
(5) [1]Die Tat wird nur auf Antrag des Verletzten verfolgt. [2]Stirbt der Verletzte, so geht das Antragsrecht nach § 77 Abs. 2 des Strafgesetzbuches auf die Angehörigen über, wenn das Geheimnis zum persönlichen Lebensbereich des Verletzten gehört; in anderen Fällen geht es auf die Erben über. [3]Offenbart der Täter das Geheimnis nach dem Tode des Betroffenen, so gilt Satz 2 sinngemäß.

§ 121 Bußgeldvorschriften

(1) Ordnungswidrig handelt, wer eine der in § 90 Abs. 1, 2 Satz 1, § 92 Abs. 1 Satz 1 auch in Verbindung mit Absatz 3, § 99 Abs. 1, § 106 Abs. 2, § 108 Abs. 5, § 110 oder § 111 bezeichneten Aufklärungs- oder Auskunftspflichten nicht, wahrheitswidrig, unvollständig oder verspätet erfüllt.
(2) Die Ordnungswidrigkeit kann mit einer Geldbuße bis zu 10 000 Euro geahndet werden.

1 Die Straftatbestände der §§ 119, 120 flankieren betriebsverfassungsrechtliche Prinzipien; insofern muss stets die Grundregel herangezogen werden: **Was betriebsverfassungsrechtlich erlaubt ist, ist strafrechtlich nicht verboten.** Während § 120 sich an bestimmte Adressaten wendet, enthält § 119 I »Jedermanns«-Delikte (»wer«) und ist nicht nur an den AG gerichtet.

2 § 119 I Nr 1 flankiert den Wahlschutz des § 20. Hiernach macht sich strafbar, wer BR-Wahlen insgesamt behindert oder die Ausübung des aktiven oder passiven Wahlrechts (Stimmabgabe, Kandidatur) durch Begünstigung oder Nötigung (zu § 240 StGB besteht nach hM Idealkonkurrenz; GK-BetrVG/*Oetker* § 119 Rn 93) beeinflusst. Tauglicher Täter ist der AG, aber auch Mitglieder des Wahlvorstands, des bisher amtierenden BR, und Mitglieder konkurrierender BR, die etwa die betriebliche Eigenständigkeit und damit das Wahlrecht gezielt leugnen, oder Gewerkschaftsvertreter (dazu *Rieble/Klebeck* NZA 2006, 758, 767 f). Bloß argumentative Beeinflussung (Wahlwerbung) fällt nicht darunter, sondern ist als Wahlkampf erlaubt; das

gilt – entgegen der hM – nicht nur für Gewerkschaften, sondern auch für den AG (*Rieble* ZfA 2003, 283 ff; *Löwisch/Kaiser* § 119 Rn 21 mwN auch zur Gegenansicht sowie Rn 23 zu den zulässigen Maßnahmen). Den Gewerkschaften erlaubt die zweifelhafte hM darüber hinaus »Wahlwerbung« durch Androhung des Ausschlusses (ebenfalls skeptisch *Löwisch/Kaiser* § 119 Rn 20).

Mit der Schelsky-Entscheidung hat der 1. Strafsenat des BGH finanzielle Leistungen des AG, die sich auch nur mittelbar auf den Ausgang der BR-Wahl auswirken können, also auch Zuwendungen an AN-Vereinigungen für strafbar erachtet und die These, nur die unmittelbare Wählerbestechung sei strafbar, abgelehnt. Damit sind BR-Wahlen systemwidrig stärker geschützt als Bundestagswahlen mit dem Wahlstrafrecht der §§ 107 ff StGB. Zugleich sieht der BGH eine bes Neutralitätspflicht des AG aus § 75, die dann zu einer Sonderstrafbarkeit des AG führen soll (BGH 13.9.2010, 1 StR 220/09, ZIP 2010, 2239; aA *Rieble* CCZ 2008, 121, 127). Die strafrechtliche Gefahr resultiert weniger aus § 119 als aus dem Steuerstrafrecht: Verbotene Zuwendungen lösen das Betriebsausgabenabzugsverbot des § 4 V Nr 10 EStG aus, sodass der AG sich wegen Steuerhinterziehung strafbar macht (BGH 13.9.2010, 1 StR 220/09, ZIP 2010, 2239). Mit der Telekom-Spitzel-Entscheidung ist inzwischen klargestellt, dass jede Zahlung auf eine »nichtige Forderung« – also auf eine inexistente Forderung aus einem verbotswidrigen Rechtsgeschäft – Untreue ist (BGH 10.10.2012 – 2 StR 591/11 – NJW 2013, 401). 3

Praktisch heißt das, dass jeder AG mit jedweder geldwerten Zuwendung an Gewerkschaften, AN-Vereinigungen, Wählerlisten, einzelne Kandidaten oder BR-Mitglieder, die die BR-Wahl beeinflussen könnten, Gefahr der Strafverfolgung läuft. Insb die Freistellung gewerkschaftlicher Vertrauensleute ist riskant.

Strafrechtsdogmatisch und praktisch stellt sich die Frage nach der Einordnung als **Erfolgs- oder schlichtes Tätigkeitsdelikt**: Ersteres ist richtig, wobei nur der Nachweis eines Behinderungs- oder Beeinflussungserfolges – nicht aber des Wahlvereitelungserfolges notwendig ist, sodass auch die zeitliche Verzögerung oder die tatsächliche Erschwerung der BR-Wahl als »Wahlbehinderung« verfolgt werden. Hierher zählen die »klassischen« Fälle einer Beseitigung oder Verfälschung von Wahlunterlagen oder -ergebnissen und das Untätigbleiben des Wahlvorstandes, aber auch die Verzögerung der Neuwahl durch den amtierenden BR – bei entspr Vorsatz und Unrechtsbewusstsein (weiter *Rieble/Klebeck* NZA 2006, 758, 767). 4

Strafbewehrt sind nach § 119 I Nr 2 jeder **unzulässige Eingriff in die Geschäftsführung** des BR und die **Be- oder Verhinderung der Ausübung seiner Tätigkeit** (*Dannecker* FS Gitter, 1995, 167, 181). Dazu gehört nach hM insb die beharrliche Nicht- und Missachtung von Beteiligungsrechten des BR – also ein bewusstes Beiseiteschieben des BR (*Löwisch/Kaiser* § 78 Rn 5, § 119 Rn 30), nicht aber schon das bloße Bestreiten von Rechten des BR. Das Verbot gilt für jedermann, insb für Mitglieder konkurrierender BR (Streit um das Übergangsmandat oder Zuständigkeitskonkurrenz nach § 50) und für Gewerkschaften in ihrer betriebsverfassungsrechtlichen Rolle (*Richardi/Annuß* § 119 Rn 4; *Rieble/Klebeck* NZA 2006, 758, 767). Der Straftatbestand ist nicht deckungsgleich mit § 78, sondern richtigerweise enger zu fassen (str; wie hier *Löwisch/Kaiser* § 119 Rn 26). Geschützt ist allein die rechtmäßige Amtstätigkeit. Handelt der BR rechtswidrig, so können Störmaßnahmen des AG den Straftatbestand nicht erfüllen. 5

Strafbar nach § 119 I Nr 3 ist zunächst die **Benachteiligung**. Subjektiv ist zusätzlich zum nach § 15 StGB erforderlichen Vorsatz eine Benachteiligungsabsicht zu verlangen (str; wie hier GK-BetrVG/*Oetker* § 119 Rn 53), dh dem Täter muss es gerade auf die ungerechtfertigte Schlechterstellung des BR-Mitglieds wegen der Amtstätigkeit ankommen. Daran fehlt es, wenn der AG (vermeintlich) vertragswidriges Verhalten der BR-Mitglieder disziplinarisch ahnden will (vgl OLG Düsseldorf 27.3.2008, III-2 Ss 110/07 – 88/07 III, 2 Ss 110/07 – 88/07 III, EzA § 119 BetrVG 2001 Nr 1: nicht abgestimmte Teilnahme an uU nicht erforderlicher Schulung); zumindest liegt bei fehlerhafter Subsumtion der normativen Tatbestandsmerkmale in I ein unvermeidbarer Verbotsirrtum nahe (GK-BetrVG/*Oetker* § 119 Rn 58). Anknüpfend an § 78 S 2 (s § 78 Rdn 4) ist weiter die **Begünstigung eines BR** unter Strafe gestellt. Damit wird eine Strafbarkeitslücke des § 299 StGB geschlossen, der einen Gütermarktbezug verlangt. Dieser freilich besteht, wenn der BR über Vertragsverhältnisse zu Kunden und Lieferanten entscheidet (Fall Iveco Magirus *Rieble* CCZ 2008, 121), insb bei der Auswahl des Schulungsveranstalters nach § 37. Anders als bei §§ 299 f, 331 ff StGB ist die Vorteilsannahme durch den BR hier nicht strafbar. Das BR-Mitglied macht sich aber wegen Anstiftung oder Beihilfe zu § 119 I Nr 3 strafbar, wenn es über die straflose notwendige Teilnahme hinaus an der Tat mitwirkt, insb durch Fordern (*Schlösser* NStZ 2007, 562 ff). Verschärft wird die Norm durch das Betriebsausgabenabzugsverbot des § 4 V Nr 10 EStG: Bestechungszahlungen an BR sind keine Betriebsausgaben; der Zahler macht sich uU wegen Steuerhinterziehung strafbar (*Rieble* BB 2009, 1612 ff; *Schemmel/Slowinski* BB 2009, 830, 832 f; aA *Graf/Link* NJW 2009, 409 ff). Auch kann sich der AG der Untreue nach § 266 StGB strafbar machen, wenn er Zahlungen an BR leistet, um sich deren Wohlwollen zu erkaufen (Fall Volkert, BGH 17.9.2009, 5 StR 521/08, NJW 2010, 92) – weil der BR ohnehin zur vertrauensvollen Zusammenarbeit verpflichtet ist (*Rieble* CCZ 2008, 34, 35). Straflos bleiben Förderleistungen einer 6

Gewerkschaft an ihre Mitglieder im BR, solange sich die Zuwendungen als Vollzug des Verbandszwecks begreifen lassen (*Rieble* CCZ 2008, 121, 126 f).

7 Sollen Leistungen des AG an eine AN-Vereinigung mittelbar (auch) »deren« BR wohlwollend stimmen, ist dies für sich allein genommen weder nach § 266 StGB noch nach § 119 strafbar (*Rieble* ZIP 2009, 1593 ff; differenzierend mit Blick auf § 119 *Schemmel/Slowinski* BB 2009, 830, 832).

8 § 120 I sanktioniert das **Geheimhaltungsbedürfnis des AG** – freilich höchst ineffektiv: Das Betriebs- oder Geschäftsgeheimnis des AG oder eines Fremdunternehmens muss den Mitgliedern des BR in ihrer Amtstätigkeit (und nicht anderswie) bekannt geworden sein. Für Geheimnisse, die sie als AN erfahren haben, gilt § 17 UWG. Der AG muss die entspr Tatsachen »ausdrücklich« als geheimhaltungsbedürftig bezeichnet haben, wobei aber Bitte um eine vertrauliche Behandlung ausreicht. Ob es sich bei dem unbefugten Offenbaren iSd § 120 I, also bei der Preisgabe ohne Zustimmung des Geheimnisträgers, um ein Tatbestandsmerkmal oder ein allg Deliktsmerkmal der Rechtswidrigkeit handelt, ist aus strafrechtlicher Sicht – nicht anders als etwa bei den Vorschriften der §§ 202, 202a, 204, 206 StGB – entscheidend: Die (wohl noch) herrschende Ansicht stellt unterschiedliche Anforderungen an ein tatbestandsausschließendes Einverständnis einerseits und an eine rechtfertigende Einwilligung anderseits (näher *Rieble/Klebeck* NZA 2006, 758, 766). Bei börsennotierten Gesellschaften greift schärfer noch das WpHG: BR sind Primärinsider kraft Amtes.

9 § 120 II sorgt sich um den **Geheimnisschutz des AN** (näher *A Weber* Die Schweigepflicht des BR 2000, S 182 ff). Das **Geheimnis** muss zum persönlichen Lebensbereich rechnen – und das BetrVG muss die Schweigepflicht ausdrücklich anordnen, wie in §§ 82 II 3, 83 I 2, 99 I 3, 102 II 5. Die Schweigepflicht ist also vorgangsbezogen. Ungeschützt ist das, was der AN in der BR-Sprechstunde sagt oder was er zum Gegenstand seiner Beschwerde nach § 85 erfährt. Ungeschützt ist auch, was BR-Mitglieder in der Gerüchteküche erfahren. Anders als § 120 I muss der AN keine Geheimhaltungsbedürftigkeit erklären. Weil § 120 II nur den AN erfasst, bleiben Geheimnisse von Bewerbern ungeschützt. Ergänzend stellt sich die Frage nach der Strafbarkeit aus §§ 44, 43 II BDSG. Diese lässt sich nicht damit verneinen, dass das BetrVG als bereichsspezifische Datenschutzregelung dem BDSG nach § 1 III BDSG vorgeht (*Rieble/Klebeck* NZA 2006, 758, 766).

10 § 120 III qualifiziert den Grundtatbestand des § 120 I und setzt gem § 120 III 1 voraus, dass der Täter gegen Entgelt (vgl § 11 I Nr 9 StGB) oder mit Selbst- oder Drittbereicherungsabsicht oder mit Schädigungsabsicht handelt (*Rieble/Klebeck* NZA 2006, 758, 764).

11 §§ 119, 120 sind **absolute Antragsdelikte**. § 119 II nennt die Antragsberechtigten ausdrücklich, § 120 V spricht vom Verletzten (Unternehmer des § 120 I und AN des § 120 II). Der Strafantrag kann nicht durch untergeordnete Stellvertreter gestellt werden. In der Gewerkschaft muss das satzungsgemäße Organ entscheiden; im Unternehmen Vorstand/Geschäftsführung. Der Strafantrag des BR setzt einen wirksamen Beschluss des Gremiums voraus.

12 § 121 I flankiert die **genannten Aufklärungs- und Auskunftspflichten** des BetrVG mit einem Ordnungswidrigkeitentatbestand. Ordnungswidrig ist nur die vorsätzliche Verletzung der genannten Aufklärungspflichten (§ 10 OWiG). Für die Verfolgung gilt das Opportunitätsprinzip, für die Festsetzung einer Geldbuße greift § 30 OWiG: Bei juristischen Personen kann die Geldbuße nicht nur gegen handelnde Organe oder vertretungsberechtigte Gesellschafter, sondern auch gegen die juristische Person festgesetzt werden.

§ 126 Ermächtigung zum Erlass von Wahlordnungen

Das Bundesministerium für Arbeit und Soziales wird ermächtigt, mit Zustimmung des Bundesrates Rechtsverordnungen zu erlassen zur Regelung der in den §§ 7 bis 20, 60 bis 63, 115 und 116 bezeichneten Wahlen über
1. die Vorbereitung der Wahl, insbesondere die Aufstellung der Wählerlisten und die Errechnung der Vertreterzahl;
2. die Frist für die Einsichtnahme in die Wählerlisten und die Erhebung von Einsprüchen gegen sie;
3. die Vorschlagslisten und die Frist für ihre Einreichung;
4. das Wahlausschreiben und die Fristen für seine Bekanntmachung;
5. die Stimmabgabe;
5a. die Verteilung der Sitze im Betriebsrat, in der Bordvertretung, im Seebetriebsrat sowie in der Jugend- und Auszubildendenvertretung auf die Geschlechter, auch soweit die Sitze nicht gemäß § 15 Abs. 2 und § 62 Abs. 3 besetzt werden können;
6. die Feststellung des Wahlergebnisses und die Fristen für seine Bekanntmachung;
7. die Aufbewahrung der Wahlakten.

1 Zur WahlO deren Kommentierung.

§ 130 Öffentlicher Dienst

Dieses Gesetz findet keine Anwendung auf Verwaltungen und Betriebe des Bundes, der Länder, der Gemeinden und sonstiger Körperschaften, Anstalten und Stiftungen des öffentlichen Rechts.

Die Vorschrift grenzt den Geltungsbereich des BetrVG ggü den Personalvertretungsgesetzen des Bundes und der Länder ab. Dies geschieht formal nach der Rechtsform des Betriebes oder der Verwaltung (BAG 7.11.1975, 1 AZR 74/74, BAGE 27, 316 ff). Das BetrVG gilt also für alle Betriebe in Unternehmen, deren Träger natürliche oder juristische Personen oder Gesellschaften des Privatrechts sind. Dass die Anteile einer GmbH einer Gemeinde gehören, spielt keine Rolle (*Löwisch/Kaiser* § 130 Rn 1). Die Errichtung eines KBR für den privatrechtlich organisierten Teil eines Unterordnungskonzerns mit öffentl-rechtlich organisierter Konzernspitze ist möglich (BAG 27.10.2010, 7 ABR 85/09, EzA § 54 BetrVG 2001 Nr 4). Die **Rechtsformprivatisierung** führt also ins BetrVG. 1

Bürgerliches Gesetzbuch (BGB)

In der Fassung der Bekanntmachung vom 2.1.2002 (BGBl I S 42, 2909, 2003, S 738), zuletzt geändert durch Art 1 des Gesetzes vom 20.11.2015 (BGBl I S 2018)

– Auszug –

§ 12 Namensrecht
¹Wird das Recht zum Gebrauch eines Namens dem Berechtigten von einem anderen bestritten oder wird das Interesse des Berechtigten dadurch verletzt, dass ein anderer unbefugt den gleichen Namen gebraucht, so kann der Berechtigte von dem anderen Beseitigung der Beeinträchtigung verlangen. ²Sind weitere Beeinträchtigungen zu besorgen, so kann er auf Unterlassung klagen.

1 Der Namensschutz des § 12 erstreckt sich auf alle unter einem Gesamtnamen auftretenden Personenvereinigungen, ohne Rücksicht darauf, ob diese sonst rechtsfähig sind. Deshalb steht einer Gewerkschaft gegen den unbefugten Gebrauch ihres Namens oder einer Namensabkürzung mit Verkehrsgeltung ein Unterlassungsanspruch zu (BGH 24.2.1965, IV ZR 81/64, AP BGB § 12 Nr 1).

2 Namensschutz kommt auch Unternehmen ggü den in ihren Betrieben vertretenen **Gewerkschaften** zu. Dass eine Gewerkschaft sich in einem Unternehmen als »XAG-IG Metall« bezeichnet, ist deshalb unzulässig (*Rieble/Gutzeit* ZfA 2001, 341 ff). Unzulässig ist aber nur der unbefugte Namensgebrauch, nicht die bloße Namensnennung. Dass eine Gewerkschaft ein Rundschreiben an »die AN der X-AG« richtet, ist nicht zu beanstanden.

3 Der **Betriebsrat** ist befugt, den Namen des Arbeitgebers mit dem Zusatz »Betriebsrat« oä zu verwenden. Er kann auch eine entsprechende Domain anmelden (LAG Köln 6.5.2013, 2 Sa 62/13). Das Recht, den Schutz des Namens geltend zu machen, bleibt aber auch in diesem Fall beim Arbeitgeber. Etwa kann eine Bank Dritte auf Unterlassung verklagen, die unter ihrem mit dem Zusatz Betriebsrat versehenden Namen Geschäfte machen. Die Meinung des LAG Köln (6.5.2013, 2 Sa 62/13), die Geltendmachung des Namensrecht läge in einem solchen Fall beim Betriebsrat, scheitert schon an dessen fehlender Rechtsfähigkeit.

§ 13 Verbraucher
Verbraucher ist jede natürliche Person, die ein Rechtsgeschäft zu Zwecken abschließt, die überwiegend weder ihrer gewerblichen noch ihrer selbständigen beruflichen Tätigkeit zugerechnet werden können.

1 Nach Auffassung des BAG unterfällt auch der AN der Definition des § 13 und ist damit als **Verbraucher** iSd Gesetzes anzusehen; die sachgerechte Anwendung der auf den Verbraucher bezogenen Schutzvorschriften auf den AN sei nicht auf der Statusebene, sondern erst bei der konkret in Rede stehenden Norm zu entscheiden (BAG 25.5.2005, 5 AZR 572/04, EzA § 307 BGB 2002 Nr 3; aM OLG Hamm 3.8.2004, 4 U 94/04, NJW 2004, 3269, 3270; *Löwisch* FS Wiedemann, S 311, 315 f). Inzwischen sieht das BAG sogar den Geschäftsführer einer GmbH als Verbraucher an, wenn er nicht zugleich als Gesellschafter über zumindest eine Sperrminorität verfügt (BAG 19.5.2010, 5 AZR 253/09, NZA 2010, 939–942).

2 S zu der Frage noch §§ 288, 289, 291 Rdn 1und § 312 Rdn 1 f.

§ 21 Nicht wirtschaftlicher Verein
Ein Verein, dessen Zweck nicht auf einen wirtschaftlichen Geschäftsbetrieb gerichtet ist, erlangt Rechtsfähigkeit durch Eintragung in das Vereinsregister des zuständigen Amtsgerichts.

§ 22 Wirtschaftlicher Verein
¹Ein Verein, dessen Zweck auf einen wirtschaftlichen Geschäftsbetrieb gerichtet ist, erlangt in Ermangelung besonderer bundesgesetzlicher Vorschriften Rechtsfähigkeit durch staatliche Verleihung. ²Die Verleihung steht dem Land zu, in dessen Gebiet der Verein seinen Sitz hat.

1 AG-Verbände und Gewerkschaften sind **Idealvereine** iSd § 21, nicht wirtschaftliche Vereine iSd § 22. Durch Eintragung rechtsfähig sind durchweg die AG-Verbände, aber auch ver.di. Die anderen Gewerkschaften sind nicht eingetragen und damit an sich nicht rechtsfähig. Nachdem aber der BGH der nach außen auftretenden GbR die Rechtsfähigkeit zuerkannt hat (BGH 29.1.2001, II ZR 331/00, EzA § 50

ZPO Nr 4), muss auch der nicht rechtsfähige Verein und damit eine nicht eingetragene Gewerkschaft **als rechtsfähig behandelt** werden, soweit sie im Rechtsverkehr auftritt. Insb erwirbt die Gewerkschaft als solche Ansprüche aus einem in ihrem Namen abgeschlossenen Vertrag und wird Schuldner der für sie eingegangenen Verbindlichkeiten. S auch noch § 54 Rdn 1.

Die **Parteifähigkeit** vor den Gerichten hängt nicht von der Rechtsfähigkeit im vereinsrechtl Sinne ab. Dementsprechend bestimmt § 50 II ZPO, dass der nicht rechtsfähige Verein klagen und verklagt werden kann und im Rechtsstreit die Stellung eines rechtsfähigen Vereins hat. Für die Zwangsvollstreckung in das Vermögen einer nicht rechtsfähigen Gewerkschaft genügt nach § 735 ZPO ein gegen sie ergangenes Urteil. Zur Parteifähigkeit der Koalitionen vor dem AG s § 10 ArbGG Rdn 3 f. 2

Rechtsfähiger wirtschaftlicher Verein iSd § 22 ist die Urlaubs- und Lohnausgleichskasse der Bauwirtschaft. Hingegen ist die Zusatzversorgungskasse der Bauwirtschaft inzwischen AG. 3

§ 26 Vorstand; Vertretung

(1) ¹Der Verein muss einen Vorstand haben. ²Der Vorstand vertritt den Verein gerichtlich und außergerichtlich; er hat die Stellung eines gesetzlichen Vertreters. Der Umfang der Vertretungsmacht kann durch die Satzung mit Wirkung gegen Dritte beschränkt werden.

(2) ¹Besteht der Vorstand aus mehreren Personen, so wird der Verein durch die Mehrheit der Vorstandsmitglieder vertreten. ²Ist eine Willenserklärung gegenüber einem Verein abzugeben, so genügt die Abgabe gegenüber einem Mitglied des Vorstands.

§ 27 Bestellung und Geschäftsführung des Vorstands

(1) Die Bestellung des Vorstands erfolgt durch Beschluss der Mitgliederversammlung.

(2) ¹Die Bestellung ist jederzeit widerruflich, unbeschadet des Anspruchs auf die vertragsmäßige Vergütung. ²Die Widerruflichkeit kann durch die Satzung auf den Fall beschränkt werden, dass ein wichtiger Grund für den Widerruf vorliegt; ein solcher Grund ist insbesondere grobe Pflichtverletzung oder Unfähigkeit zur ordnungsmäßigen Geschäftsführung.

(3) Auf die Geschäftsführung des Vorstands finden die für den Auftrag geltenden Vorschriften der §§ 664 bis 670 entsprechende Anwendung.

§ 30 Besondere Vertreter

¹Durch die Satzung kann bestimmt werden, dass neben dem Vorstand für gewisse Geschäfte besondere Vertreter zu bestellen sind. ²Die Vertretungsmacht eines solchen Vertreters erstreckt sich im Zweifel auf alle Rechtsgeschäfte, die der ihm zugewiesene Geschäftskreis gewöhnlich mit sich bringt.

Gesetzlicher Vertreter des rechtsfähigen wie des nicht rechtsfähigen Vereins ist der Vorstand (§ 26 II 1). Andere Personen können den Verein nur vertreten, wenn sie satzungsmäßig dafür bestellt sind (§ 30) oder eine entspr Vollmacht iSd §§ 164 ff haben. Die Vertretungsmacht des Vorstands kann durch Satzungen beschränkt werden (§ 26 II 2). In der Bestellung von Tarifkommissionen liegt eine solche Beschränkung regelmäßig nicht (BAG 16.5.1995, 3 AZR 535/94, EzA § 613a BGB Nr 127 unter II. 2. a. bb.). 1

Fehlt einer für eine Gewerkschaft oder einen AG-Verband handelnden Person die Vertretungsmacht, hängt die Wirksamkeit eines Vertrages von der Genehmigung des Vorstands ab (§ 177). Bleibt sie aus, haftet der Vertreter ohne Vertretungsmacht nach § 179 (*Löwisch* BB 1997, 2161 für den Abschluss eines Haus-TV durch einen nicht dazu bevollmächtigten Gewerkschaftsvertreter). 2

Für die **Geschäftsführung** des Vorstands gelten nach § 27 III die Auftragsvorschriften entspr. Die Vorstandsmitglieder sind dem Verein zu normaler Sorgfalt verpflichtet und haben Rechenschaft zu legen. Andererseits haben sie Anspruch auf Aufwendungsersatz gem § 670. 3

§ 31 Haftung des Vereins für Organe

Der Verein ist für den Schaden verantwortlich, den der Vorstand, ein Mitglied des Vorstands oder ein anderer verfassungsmäßig berufener Vertreter durch eine in Ausführung der ihm zustehenden Verrichtungen begangene, zum Schadensersatz verpflichtende Handlung einem Dritten zufügt.

§ 31a Haftung von Organmitgliedern und besonderen Vertretern

(1) Sind Organmitglieder oder besondere Vertreter unentgeltlich tätig oder erhalten sie für ihre Tätigkeit eine Vergütung, die 720 Euro jährlich nicht übersteigt, haften sie dem Verein für einen bei der Wahrnehmung ihrer Pflichten verursachten Schaden nur bei Vorliegen von Vorsatz oder grober Fahrlässigkeit. Satz 1 gilt auch für die Haftung gegenüber den Mitgliedern des Vereins. Ist streitig, ob ein Organmitglied oder ein besonderer Vertreter einen Schaden vorsätzlich oder grob fahrlässig verursacht hat, trägt der Verein oder das Vereinsmitglied die Beweislast.

(2) Sind Organmitglieder oder besondere Vertreter nach Absatz 1 Satz 1 einem anderen zum Ersatz eines Schadens verpflichtet, den sie bei der Wahrnehmung ihrer Pflichten verursacht haben, so können sie von dem Verein die Befreiung von der Verbindlichkeit verlangen. Satz 1 gilt nicht, wenn der Schaden vorsätzlich oder grob fahrlässig verursacht wurde.

1 Für **Fehlverhalten** von Vorstandsmitgliedern oder bes Vertretern ggü Dritten haftet der Verein ohne die Möglichkeit des Entlastungsbeweises. Dabei ist zu beachten, dass verfassungsmäßig berufener Vertreter iSd § 31 jeder ist, dem durch allg Regelung oder Handhabung ein Geschäftskreis zugewiesen ist, in dem er eigenverantwortlich handeln kann. So sind Mitglieder der zentralen, regionalen oder örtlichen Arbeitskampfleitung bes Vertreter iSd § 31, während Streikposten lediglich Verrichtungsgehilfen iSd § 831 sind (BAG 21.6.1988, 1 AZR 651/86, EzA Art 9 GG Arbeitskampf Nr 75). Dementspr steht bei einem unzulässigen Arbeitskampf der Gewerkschaft lediglich hins der Streikposten, nicht aber hins der Streikleitungen der Entlastungsbeweis zu.

2 § 31 ist eine umfassende Zurechnungsnorm. Er gilt entspr für den nichtrechtsfähigen Verein, juristische Personen des Privatrechts wie die AG und die GmbH und Gesellschaften wie die OHG, die KG und die GbR sowie nach § 89 auch für den Fiskus und die Körperschaften, Stiftungen und Anstalten des öffentl Rechts, soweit sie privatrechtl handeln.

3 § 31 gilt auch für Vertragspflichtverletzungen der Vertreter. Gibt ein Gewerkschaftsfunktionär einem Mitglied eine falsche Auskunft über den Inhalt eines TV, haftet die Gewerkschaft über § 31.

4 Persönlich haften gesetzliche Vertreter grds nicht. Etwas anderes gilt nur bei Vorliegen eines bes Haftungsgrundes wie der Inanspruchnahme bes Vertrauens (dazu § 311 Rdn 14) und bei Delikt (BAG 23.2.2010, 9 AZR 44/09, EzA § 823 BGB 2002 Nr 9). In Betracht kommt nur ein Regress des Vereins ggü dem gesetzlichen Vertreter. Soweit es sich um unentgeltlich tätige Vorstandsmitglieder handelt, beschränkt sich dieser nach dem neuen § 31a auf Vorsatz und grobe Fahrlässigkeit.

5 Nach § 31a und § 31b haften unentgeltlich für den Verein tätige Organmitglieder, besondere Vertreter und einfache Vereinsmitglieder für Schäden, die sie bei der Wahrnehmung ihnen übertragener satzungsmäßiger Vereinsaufgaben verursachen, nur bei Vorsatz und grober Fahrlässigkeit, wobei die Beweislast der Verein trägt. Auch §§ 31a, 31b gelten für den nicht rechtsfähigen Verein entsprechend. Für die Anwendung auch auf Betriebsratsmitglieder im Falle von deren Haftung gegenüber Dritten *Dommermuth-Alhäuser/Heup* (BB 2013, 1467).

§ 31b Haftung von Vereinsmitgliedern

(1) Sind Vereinsmitglieder unentgeltlich für den Verein tätig oder erhalten sie für ihre Tätigkeit eine Vergütung, die 720 Euro jährlich nicht übersteigt, haften sie dem Verein für einen Schaden, den die bei Wahrnehmung der ihnen übertragenen satzungsmäßigen Vereinsaufgaben verursachen, nur bei Vorliegen von Vorsatz oder grober Fahrlässigkeit. § 31a Absatz 1 Satz 3 ist entsprechend anzuwenden.

(2) Sind Vereinsmitglieder nach Absatz 1 Satz 1 einem anderen zum Ersatz eines Schadens verpflichtet, den sie bei der Wahrnehmung der ihnen übertragenen satzungsmäßigen Vereinsaufgaben verursacht haben, so können sie vom Verein Befreiung von der Verbindlichkeit verlangen. Satz 1 gilt nicht, wenn die Vereinsmitglieder den Schaden vorsätzlich oder grob fahrlässig verursacht haben.

§ 32 Mitgliederversammlung; Beschlussfassung

(1) ¹Die Angelegenheiten des Vereins werden, soweit sie nicht von dem Vorstand oder einem anderen Vereinsorgan zu besorgen sind, durch Beschlussfassung in einer Versammlung der Mitglieder geordnet. ²Zur Gültigkeit des Beschlusses ist erforderlich, dass der Gegenstand bei der Berufung bezeichnet wird. ³Bei der Beschlussfassung entscheidet die Mehrheit der erschienenen Mitglieder.

(2) Auch ohne Versammlung der Mitglieder ist ein Beschluss gültig, wenn alle Mitglieder ihre Zustimmung zu dem Beschluss schriftlich erklären.

Oberstes Organ des Vereins und damit auch eines AG-Verbandes und einer Gewerkschaft ist die Mitgliederversammlung. Für deren Beschlussfassung bestimmt § 32 I 2, dass Beschlussgegenstände in der Tagesordnung enthalten sein müssen. Nach § 32 I 3 entscheidet die Mehrheit der erschienenen Mitglieder, wobei – vorbehaltlich einer abw Regelung in der Satzung – Enthaltungen bei der Ermittlung der Mehrheit nicht mitzuzählen sind (BGH 25.1.1982, II ZR 164/81, BGHZ 83, 35). Für Satzungsänderungen ist eine qualifizierte Mehrheit erforderlich (§ 33 I). 1

§ 38 Mitgliedschaft

¹**Die Mitgliedschaft ist nicht übertragbar und nicht vererblich.** ²**Die Ausübung der Mitgliedschaftsrechte kann nicht einem anderen überlassen werden.**

Die Mitgliedschaft wird durch **Beitritt** erworben, dessen Voraussetzungen sich nach der Satzung richten. Soweit dem Verein eine überragende Machtstellung zukommt, ein wesentliches Interesse am Erwerb der Mitgliedschaft besteht und kein sachlicher Grund die Versagung der Mitgliedschaft rechtfertigt, besteht ein Aufnahmeanspruch. Für mächtige Gewerkschaften hat das der BGH mehrfach ausgesprochen (vgl BGH 10.12.1984, II ZR 91/84, NJW 1985, 1216). Es gilt aber auch für AG-Verbände, wenn diese eine überragende Stellung innehaben. 1

Ein rückwirkender Beitritt ist zulässig (BGH 3.2.2015, II ZR 242/13, ZIP 2015, 1067), ändert aber nichts daran, dass die Tarifgebundenheit nach § 3 Abs 1 TVG erst mit der Erklärung des Beitritts beginnt (BAG 22.11.2000, 4 AZR 688/99, NZW 2001, 980). 1.1

Aus § 38 S 1 folgt, dass die Mitgliedschaft eines Einzelunternehmers im AG-Verband mit seinem Tod endet. Hingegen führt Insolvenz nur bei entspr Satzungsbestimmung zum Ende der Mitgliedschaft (*Löwisch/Rieble* TVG § 3 Rn 160). 2

§ 39 Austritt aus dem Verein

(1) Die Mitglieder sind zum Austritt aus dem Verein berechtigt.
(2) Durch die Satzung kann bestimmt werden, dass der Austritt nur am Schluss eines Geschäftsjahrs oder erst nach dem Ablauf einer Kündigungsfrist zulässig ist; die Kündigungsfrist kann höchstens zwei Jahre betragen.

§ 39 ist durch die negative Koalitionsfreiheit (Art 9 III GG) überlagert. Aus dieser ergibt sich, dass die **Austrittsfrist** nicht länger als ein halbes Jahr dauern darf (BGH 22.9.1980, II ZR 34/80, AP GG Art 9 Nr 33 für Gewerkschaften, aber für AG-Verbände gilt nichts anderes). Unabhängig davon ist jederzeit die einvernehmliche Beendigung der Mitgliedschaft möglich (*Löwisch/Rieble* TVG § 3 Rn 146 ff). Das gilt auch für einen »Blitzaustritt«. Allerdings muss dieser der anderen Tarifvertragspartei mitgeteilt werden, wenn eine Nachwirkung nach § 3 III TVG vermieden werden soll (BAG 20.2.2008, 4 AZR 64/07, EzA Art 9 GG Nr 94; 4.6.2008, 4 AZR 419/07, NZA 2008, 1366 für den Wechsel in die OT-Mitgliedschaft); einer besonderen Form bedarf diese Unterrichtung nicht (BAG 19.6.2012, 1 AZR 775/10, NZA 2012, 1372). 1

Ein **Ausschluss** aus dem Verein und damit auch aus einer Koalition setzt eine entspr satzungsmäßige Bestimmung voraus und muss das satzungsmäßig vorgesehene Verfahren beachten. Auch darf er nicht willkürlich erfolgen, sondern bedarf eines sachlichen Grundes. Einen solchen Grund stellt vor allem das Nichtzahlen der Beiträge dar. Auch darf eine Gewerkschaft das Mitglied einer Partei, die den Fortbestand von Gewerkschaften in ihrer heutigen Form infrage stellt, ausschließen (BGH 4.3.1991, II ZR 90/90, EzA Art 9 GG Nr 51). Nach Auffassung des BVerfG rechtfertigt auch die Kandidatur zum BR auf einer gewerkschaftsfremden Liste den Ausschluss (BVerfG 24.2.1999, 1 BvR 123/93, EzA Art 9 GG Nr 64). 2

Eine automatische Beendigung der Mitgliedschaft ist möglich, erfordert aber eine eindeutige Bestimmung in der Satzung (OLG Bbg 3.7.2012, 11 U 174/07). 3

§ 54 Nicht rechtsfähige Vereine

¹**Auf Vereine, die nicht rechtsfähig sind, finden die Vorschriften über die Gesellschaft Anwendung.** ²**Aus einem Rechtsgeschäft, das im Namen eines solchen Vereins einem Dritten gegenüber vorgenommen wird, haftet der Handelnde persönlich; handeln mehrere, so haften sie als Gesamtschuldner.**

§ 54 S 1 hat, auch soweit Gewerkschaften nicht rechtsfähige Vereine sind, keine praktische Bedeutung mehr, weil diese in ihren Rechtsbeziehungen und ihrer prozessualen Parteifähigkeit rechtsfähigen Vereinen 1

§ 117 BGB   Scheingeschäft

gleich stehen (§§ 21, 22 Rdn 1 f). Für die Verbindlichkeiten des nicht rechtsfähigen Idealvereins haften die einfachen Mitglieder entgegen dem Wortlaut der Vorschrift ohnehin nicht persönlich.

2 Von Bedeutung bleibt aber § 54 S 2. Danach haften auch die für den nicht rechtsfähigen Verein rechtsgeschäftlich Handelnden persönlich als Gesamtschuldner. Dies lässt sich nur ausschließen, indem der Verein insgesamt Rechtsfähigkeit erwirbt oder bestimmte Rechtsgeschäfte von Kapitalgesellschaften oder eingetragenen Untervereinen vornehmen lässt.

§ 113 Dienst- oder Arbeitsverhältnis

(1) ¹Ermächtigt der gesetzliche Vertreter den Minderjährigen, in Dienst oder in Arbeit zu treten, so ist der Minderjährige für solche Rechtsgeschäfte unbeschränkt geschäftsfähig, welche die Eingehung oder Aufhebung eines Dienst- oder Arbeitsverhältnisses der gestatteten Art oder die Erfüllung der sich aus einem solchen Verhältnis ergebenden Verpflichtungen betreffen. ²Ausgenommen sind Verträge, zu denen der Vertreter der Genehmigung des Familiengerichts bedarf.
(2) Die Ermächtigung kann von dem Vertreter zurückgenommen oder eingeschränkt werden.
(3) ¹Ist der gesetzliche Vertreter ein Vormund, so kann die Ermächtigung, wenn sie von ihm verweigert wird, auf Antrag des Minderjährigen durch das Familiengericht ersetzt werden. ²Das Familiengericht hat die Ermächtigung zu ersetzen, wenn sie im Interesse des Mündels liegt.
(4) Die für einen einzelnen Fall erteilte Ermächtigung gilt im Zweifel als allgemeine Ermächtigung zur Eingehung von Verhältnissen derselben Art.

1 Arbeitsverträgen Minderjähriger muss der gesetzliche Vertreter zustimmen (§ 107). Erforderlich ist die Zustimmung beider Eltern (§ 1629 I 2). Ist gesetzlicher Vertreter ein Vormund, bedarf er zum Vertragsabschluss der Zustimmung des Familiengerichts, wenn der Arbeitsvertrag länger als ein Jahr gelten soll (§ 1822 Nr 7). Bleibt die Zustimmung aus, ist der Arbeitsvertrag unwirksam. Hat der AN die Arbeit bereits aufgenommen, kann der AG die Unwirksamkeit aber nur für die Zukunft geltend machen.

2 Aus § 113 ergibt sich, dass der gesetzliche Vertreter den Minderjährigen ermächtigen kann, Arbeitsverträge selbstständig einzugehen oder aufzulösen und die sich aus einem Arbeitsverhältnis ergebenden Verpflichtungen zu erfüllen. Die Ermächtigung setzt das Einverständnis des gesetzlichen Vertreters mit der Tätigkeit des Minderjährigen voraus, deren bloße Hinnahme genügt nicht (BAG 19.7.1974, 5 AZR 517/73, EzA § 113 BGB Nr 1). Den Umfang der Ermächtigung kann der gesetzliche Vertreter iE bestimmen, bspw den Minderjährigen zur Eingehung eines Arbeitsverhältnisses in einer bestimmten Firma ermächtigen oder diese Ermächtigung ganz allg für einen bestimmten Gewerbezweig aussprechen.

3 Ist die Ermächtigung erteilt, steht der Jugendliche für alle verkehrsüblichen Geschäfte dem voll geschäftsfähigen AN gleich (BAG 8.6.1999, 3 AZR 71/98, EzA § 113 BGB Nr 2). Er kann Verträge abschließen, kündigen, Kündigungen entgegennehmen (Sächs LAG 19.6.2013, 2 Sa 171/12, NZA-RR 2013, 556) und Prozesse führen. Dies gilt nach § 1903 I 2 auch für den vom Betreuer ermächtigten Betreuten (BAG 13.2.2008, 2 AZR 864/06, EzA § 4 nF KSchG Nr 83).

4 Weil davon die Tarifwirkung auf sein Arbeitsverhältnis abhängt, umfasst die Ermächtigung auch die Befugnis, in eine Gewerkschaft einzutreten oder aus ihr auszutreten.

5 § 113 erstreckt sich nicht auf den Abschluss von Ausbildungsverträgen. Dass die Vorschrift diese nicht erwähnt, muss angesichts der vom BGB sonst vorgenommenen Unterscheidung zwischen Dienst- und Arbeitsverträgen einerseits und Lehrverträgen andererseits (vgl §§ 1822 Nr 6 und 7) dahin verstanden werden, dass sie nicht einbezogen werden sollen. Die Ausbildungsstelle kann der Auszubildende also nicht ohne bes Zustimmung des gesetzlichen Vertreters wechseln. S zum Abschluss des Ausbildungsvertrages noch Erl zu § 10 BBiG.

§ 117 Scheingeschäft

(1) Wird eine Willenserklärung, die einem anderen gegenüber abzugeben ist, mit dessen Einverständnis nur zum Schein abgegeben, so ist sie nichtig.
(2) Wird durch ein Scheingeschäft ein anderes Rechtsgeschäft verdeckt, so finden die für das verdeckte Rechtsgeschäft geltenden Vorschriften Anwendung.

1 Ein Scheingeschäft iSv I liegt vor, wenn in einem Arbeitsvertrag eine nicht zu erbringende Arbeitszeit angegeben wird, um die Zahlung einer übertariflichen Vergütung ggü anderen AN, dem BR oder einer Dienstaufsicht zu verschleiern. In einem solchen Fall hat der AN gem II nur die tatsächlich vereinbarte Arbeitszeit zu leisten (BAG 28.9.1982, 3 AZR 188/80, EzA § 117 BGB Nr 1).

Verdeckt ein zum Schein abgeschlossener Arbeitsvertrag den Abschluss eines Arbeitsvertrags mit einem Drit- 2
ten, wird dieser Vertragspartner und im Fall von Überzahlungen auf das Entgelt Bereicherungsschuldner
(BAG 22.9.1992, 9 AZR 385/91, EzA § 117 BGB Nr 3). Soll der Scheinarbeitsvertrag eine Schenkung
verdecken, ist diese wirksam und ggf nach § 134 InsO anfechtbar (BAG 18.9.2014, 6 AZR 145/13, EzA
§ 143 InsO Nr 3).

Nach I nichtig ist auch ein Arbeitsvertrag, mit dem der Handwerkskammer vorgespiegelt werden soll, ein 3
Handwerksmeister übernehme die Leitung eines Handwerksbetriebs (BAG 18.3.2009, 5 AZR 355/08, EzA
§ 134 BGB 2002 Nr 4). Der von einem solchen Vertrag verdeckte Vertrag über die Zurverfügungstellung
des Meistertitels ist wegen Umgehung von § 7 HandWO ebenfalls nichtig (BAG 18.3.2009, 5 AZR 355/08,
EzA § 134 BGB 2002 Nr 4).

§ 119 Anfechtbarkeit wegen Irrtums

(1) Wer bei der Abgabe einer Willenserklärung über deren Inhalt im Irrtum war oder eine Erklärung dieses Inhalts überhaupt nicht abgeben wollte, kann die Erklärung anfechten, wenn anzunehmen ist, dass er sie bei Kenntnis der Sachlage und bei verständiger Würdigung des Falles nicht abgegeben haben würde.
(2) Als Irrtum über den Inhalt der Erklärung gilt auch der Irrtum über solche Eigenschaften der Person oder der Sache, die im Verkehr als wesentlich angesehen werden.

Für die Anfechtung wegen eines Erklärungs- oder Inhaltsirrtums nach § 119 I bestehen im Arbeitsverhält- 1
nis grds keine Besonderheiten. Ein beachtlicher Irrtum liegt auch hier nur vor, wenn sich Erklärungsinhalt
und Erklärungswillen nicht decken. Das ist bei einer **ungelesen unterschriebenen** Erklärung nur der Fall,
wenn sich der Unterschreibende eine falsche Vorstellung von dem Inhalt des Schriftstücks macht (BAG
27.8.1970, 2 AZR 519/69, EzA § 119 BGB Nr 3). Dies gilt auch für AN, die der dt Sprache nicht mächtig
sind (BGH 27.10.1994, IX ZR 168/93, NJW 1995, 190, 191; LG Memmingen 30.10.1974, 1 S 125/74,
NJW 1975, 451; aM LAG Hamm 2.1.1976, 3 Sa 1121/75, EzA § 305 BGB Nr 8). Hingegen stellen
Fehler im Datentransfer einen Irrtum in der Erklärungshandlung dar (BGH 26.01.2005, VIII ZR 79/04,
NJW 2005, 976; *Löhnig* JA 2005, 481).

Auch im Arbeitsrecht berechtigt der Motivirrtum nicht zur Anfechtung. Das gilt auch für den Kalkulati- 2
onsirrtum, selbst, wenn dieser für den Erklärungsempfänger erkennbar ist (LAG Köln 04.04.2012, 9 Sa
797/11; LAGE § 782 BGB 2002 Nr 1; s allg BGH 07.07.1998, X ZR 17/97, BGHZ 139, 177).

Ein **Rechtsirrtum** berechtigt nur dann zur Anfechtung, wenn er die sich aus dem Inhalt des Geschäfts 3
ergebende Rechtsfolge betrifft, nicht aber dann, wenn er sich lediglich auf eine weitere kraft Gesetzes eintretende Rechtsfolge bezieht (BAG 30.10.1987, 7 AZR 115/87, EzA § 119 BGB Nr 13, nach dem der Irrtum
über die mit dem vorbehaltlosen Abschluss eines befristeten Arbeitsvertrags verbundene Auflösung eines bis
dahin bestehenden unbefristeten Arbeitsvertrages nicht zur Irrtumsanfechtung berechtigt). Auch der Irrtum
über die sozialrechtl Folgen einer vertraglichen Vereinbarung stellt deshalb keinen beachtlichen Inhaltsirrtum dar (BAG 10.2.2004, 9 AZR 401/02, AP BGB § 119 Nr 15). Allerdings kann in der Veranlassung
des AN zu einer solchen Vereinbarung eine Pflichtverletzung des AG liegen, die diesen zum Schadensersatz
verpflichtet (BAG aaO für die Veranlassung des AN zum Abschluss eines Altersteilzeitvertrages, welcher die
Voraussetzungen für einen späteren Anspruch auf vorzeitige Altersrente nicht erfüllt).

Eine Anfechtung wegen Rechtsirrtums scheidet aus, wo schon die Auslegung einer Willenserklärung zum 4
richtigen Ergebnis führt. Will der AG nur eine tarifliche Norm vollziehen, welche den von ihm angenommenen Inhalt gar nicht hat, ergibt die Auslegung, dass sich die Verpflichtung auf den Normvollzug
beschränkt (BAG 17.3.2010, 5 AZR 317/09, EzA § 4 TVG Rotstrich und Backwarenindustrie Nr 2). Das
gleiche gilt, wenn der AG eine tatsächlich nicht gegebene gesetzliche Verpflichtung vollziehen will. Führt
die Fehlvorstellung über sich aus dem Tarifvertrag ergebende Verpflichtungen allerdings zu einer betrieblichen Übung hinsichtlich der erbrachten übertariflichen Leistung (dazu BAG 29.08.2012, 10 AZR 571/11,
NZA 2013, 40), kommt eine Anfechtung über die rechtsgeschäftliche Bedeutung des zur betrieblichen
Übung führenden Verhaltens in Betracht (*Schwarze* NZA 2012, 289, 290; *Hromadka* NZA 2011, 65, 68).

Eine Anfechtung durch den AG nach § 119 II kommt nur in Betracht, wenn dem AN eine **konkrete** 5
Eigenschaft fehlt, die nach der Verkehrsanschauung für die von ihm geschuldete Arbeitsleistung relevant ist
(BAG 19.04.2012, 2 AZR 233/11, NZA 2012, 1449, im entschiedenen Fall verneint). In Bezug auf den
Gesundheitszustand kann man davon nur dann sprechen, wenn bei Abschluss des Arbeitsvertrags bestehendes ständiges Leiden, das immer wieder auftritt, den AN an der Erbringung der Arbeitsleistung erheblich
hindert (BAG 14.12.1979, 7 AZR 38/78, EzA § 119 BGB Nr 11). Keine verkehrswesentliche Eigenschaft
ist der vom AG erwartete Grad der Leistungsfähigkeit des AN. Bei verständiger Würdigung, auf die es nach

§ 119 I auch bei § 119 II ankommt, wird ein AG die Leistungsfähigkeit während einer Probezeit feststellen und sich, wenn seine Erwartung enttäuscht wird, durch Kdg wieder vom AN lösen. Der Irrtum des AG über die Schwangerschaft einer Bewerberin berechtigt im Hinblick auf das Diskriminierungsverbot des § 7 I AGG den AG nicht zur Irrtumsanfechtung. Auf der anderen Seite berechtigt auch die Unkenntnis der AN von einer im Zeitpunkt einer EigenKdg bestehenden Schwangerschaft diese nicht zur Irrtumsanfechtung (BAG 6.2.1992, 2 AZR 408/91, EzA § 119 BGB Nr 16). Ein zu Unrecht erworbener, nicht entzogener Doktorgrad stellt auch in akademischen Berufen nicht ohne weiteres eine verkehrswesentliche Eigenschaft dar (aM *Röbke* FA 2013, 199, 201).

§ 120 Anfechtung wegen falscher Übermittlung
Eine Willenserklärung, welche durch die zur Übermittlung verwendete Person oder Einrichtung unrichtig übermittelt worden ist, kann unter der gleichen Voraussetzung angefochten werden wie nach § 119 eine irrtümlich abgegebene Willenserklärung.

1 Eine zur **Übermittlung** bestimmte Person ist auch der Dolmetscher (BGH 19.11.1962, VIII ZR 229/61, WM 1963, 165). Übersetzt er etwa an einen ausländischen AN gerichtete Vertragserklärungen des AG falsch, kann dieser nach § 120 anfechten.

§ 121 Anfechtungsfrist
(1) ¹Die Anfechtung muss in den Fällen der §§ 119, 120 ohne schuldhaftes Zögern (unverzüglich) erfolgen, nachdem der Anfechtungsberechtigte von dem Anfechtungsgrund Kenntnis erlangt hat. ²Die einem Abwesenden gegenüber erfolgte Anfechtung gilt als rechtzeitig erfolgt, wenn die Anfechtungserklärung unverzüglich abgesendet worden ist.
(2) Die Anfechtung ist ausgeschlossen, wenn seit der Abgabe der Willenserklärung zehn Jahre verstrichen sind.

1 Die Anfechtung wegen Irrtums muss nach § 121 I unverzüglich erfolgen. Dabei ist, soweit es um eine Anfechtung nach § 119 II geht, § 626 II entspr anzuwenden. Die Anfechtung ist also nur rechtzeitig, wenn sie spätestens innerhalb von **2 Wochen** nach Kenntnis der für die Anfechtung maßgebenden Tatsachen erfolgt (BAG 14.12.1979, 7 AZR 38/78, EzA § 119 BGB Nr 11). Wird die Anfechtung zunächst auf § 123 I und dann auf § 119 II gestützt, reicht die Wahrung der Anfechtungsfrist nach § 124 I nicht aus um auch die Anfechtungsfrist nach § 121 I zu wahren (BAG 20.3.2014, 2 AZR 1071/12, NZA 2014, 1131).

2 Auch wenn der Irrtum fortbesteht und die 10-Jahres-Frist des § 121 II noch nicht verstrichen ist, kann die Anfechtung eines Arbeitsvertrages gegen Treu und Glauben verstoßen und deshalb unbeachtlich sein. Ein solcher Treueverstoß liegt vor, wenn nach langjähriger Tätigkeit der Anfechtungsgrund für die Durchführung des Arbeitsverhältnisses keine Bedeutung mehr hat (BAG 12.2.1970, 2 AZR 184/69, EzA § 119 BGB Nr 2).

§ 122 Schadensersatzpflicht des Anfechtenden
(1) Ist eine Willenserklärung nach § 118 nichtig oder aufgrund der §§ 119, 120 angefochten, so hat der Erklärende, wenn die Erklärung einem anderen gegenüber abzugeben war, diesem, andernfalls jedem Dritten den Schaden zu ersetzen, den der andere oder der Dritte dadurch erleidet, dass er auf die Gültigkeit der Erklärung vertraut, jedoch nicht über den Betrag des Interesses hinaus, welches der andere oder der Dritte an der Gültigkeit der Erklärung hat.
(2) Die Schadensersatzpflicht tritt nicht ein, wenn der Beschädigte den Grund der Nichtigkeit oder der Anfechtbarkeit kannte oder infolge von Fahrlässigkeit nicht kannte (kennen musste).

1 Sind AG oder AN im Vertrauen auf die Gültigkeit des zwischen ihnen geschlossenen Arbeitsvertrages einen möglichen Arbeitsvertrag mit einem Dritten nicht eingegangen, können sie einen ihnen daraus entstandenen Vertrauensschaden nach § 122 I beim Anfechtenden liquidieren. Dies gilt aber dann nicht, wenn sie selbst den Anfechtungsgrund kannten oder kennen mussten. Musste sich etwa der AN klar machen, dass sein schlechter Gesundheitszustand für den AG wesentlich sein würde, kann er keinen Ersatz verlangen. Hat der Anfechtungsgegner den Irrtum des Anfechtenden auch nur schuldlos mit veranlasst, mindert sich sein Schadensersatzanspruch in entspr Anwendung des § 254 I (BGH 14.3.1969, V ZR 8/65, AP BGB § 122 Nr 1).

§ 123 Anfechtbarkeit wegen Täuschung oder Drohung

(1) Wer zur Abgabe einer Willenserklärung durch arglistige Täuschung oder widerrechtlich durch Drohung bestimmt worden ist, kann die Erklärung anfechten.

(2) ¹Hat ein Dritter die Täuschung verübt, so ist eine Erklärung, die einem anderen gegenüber abzugeben war, nur dann anfechtbar, wenn dieser die Täuschung kannte oder kennen musste. ²Soweit ein anderer als derjenige, welchem gegenüber die Erklärung abzugeben war, aus der Erklärung unmittelbar ein Recht erworben hat, ist die Erklärung ihm gegenüber anfechtbar, wenn er die Täuschung kannte oder kennen musste.

Übersicht	Rdn.		Rdn.
A. Arglistige Täuschung	1	B. Drohung	11

A. Arglistige Täuschung. Die arglistige Täuschung setzt eine **vorsätzliche und rechtswidrige Irrtumserregung** beim Erklärenden voraus. Die Irrtumserregung kann sowohl durch positives Tun als auch durch Unterlassen erfolgen, soweit eine entspr Offenbarungspflicht besteht. Arglist liegt vor, wenn der Täuschende **weiß oder billigend in Kauf nimmt**, dass seine Behauptungen nicht der Wahrheit entsprechen oder mangels Offenbarung irrige Vorstellungen beim Erklärungsgegner entstehen oder aufrecht erhalten werden (BAG 11.07.2012, 2 AZR 42/11, NJW 2012, 3390). Die Beweislast für das Vorliegen von Arglist trägt der Anfechtende (BAG 12.05.2011, 2 AZR 479/09, EzA § 123 BGB 2002 Nr 10). 1

Soweit es um den Abschluss des Arbeitsvertrages geht, sind die Fälle unproblematisch, in denen der AN durch **aktives Handeln** im AG einen für den Abschluss des Arbeitsvertrages relevanten Irrtum erregt. Legt der Bewerber gefälschte Zeugnisse vor, führt er zu Unrecht einen ihm entzogenen Doktorgrad oder schildert er in seinem Lebenslauf seine Vorbildung unzutreffend, täuscht er den AG arglistig (LAG BW 13.10.2006, 5 Sa 25/06, LAGE § 123 BGB 2002 Nr 4). Gleiches gilt wenn er für die in Aussicht genommene Tätigkeit relevante Kontakte zu potenziellen Kunden vorspiegelt (aM ArbG Neumünster 23.1.2013, 3 Ca 1359 b/12). 2

Auf der anderen Seite kommt eine arglistige Täuschung durch **Unterlassen** nur bei Bestehen einer entspr **Offenbarungspflicht** in Betracht. Sie kann man nur annehmen, wo auf der Hand liegt, dass es dem AG für die Entscheidung über die Einstellung auf den betreffenden Umstand ankommen muss. Das ist etwa dann der Fall, wenn der Bewerber zur Erbringung der Arbeitsleistung überhaupt nicht in der Lage ist, zB wegen eines Gesundheitsschadens oder eines Berufs- oder Beschäftigungsverbots, oder wenn mit seiner Einstellung aufgrund konkreter Umstände eine erhebliche Gefahr für den AG verbunden ist, zB weil der Bewerber an einem Konkurrenzunternehmen beteiligt ist. Bei einem Abfindungsvergleich nach einer außerordentlichen Kdg besteht regelmäßig keine Offenbarungspflicht hins weiterer Verfehlungen (LAG BW 16.12.2009, 2 Sa 49/09, LAGE § 123 BGB 2002 Nr 6). 3

Problematisch sind die Fälle, in denen der AN anlässlich der Einstellung **Fragen des AG** beantworten muss. Insoweit geht die Rspr davon aus, dass in der Falschbeantwortung der Fragen eine arglistige Täuschung nur liegt, wenn die Fragen **berechtigt** sind. Insb muss der AN nur diejenigen Fragen wahrheitsgem beantworten, welche für die Beurteilung seiner Eignung für den zu besetzenden Arbeitsplatz von Bedeutung sind und die die unbedingt zu wahrende Intimsphäre des AN nicht berühren. IE gilt: Zulässig sind Fragen nach Schulbildung, Berufsbildung, Berufserfahrung, nach den früheren AG und der Dauer der jeweiligen Beschäftigungsverhältnisse, auch wenn der AN die Teilnahme an einer Entziehungskur verheimlichen will (LAG Köln 13.11.1995, 3 Sa 832/95, LAGE § 123 BGB Nr 23) und – wegen der Befristungsmöglichkeit nach § 14 II TzBfG (s dazu § 14 TzBfG Rdn 73 f) – nach einer Vorbeschäftigung beim gleichen AG. Dass der AN ein noch bestehendes Arbeitsverhältnis bei einem anderen AG nicht mehr rechtzeitig kündigen kann, braucht der AN aber nicht zu offenbaren, wenn er entschlossen ist, die neue Arbeit gleichwohl termingerecht anzutreten (LAG München 3.2.2005, 2 Sa 852/04, LAGE § 123 BGB 2002 Nr 1). Fragen nach dem Gesundheitszustand sind insoweit zulässig, als es sich um schwerwiegende Beeinträchtigungen der Arbeitsfähigkeit des Betroffenen oder um eine ansteckende Erkrankung handelt, die zukünftige Kollegen oder Kunden gefährdet (BAG 7.2.1964, 1 AZR 251/63, EzA § 123 BGB Nr 5). 4

Unzulässig ist die **Frage nach der Schwangerschaft**, weil sie gegen das Diskriminierungsverbot des § 7 AGG verstößt. Das gilt selbst dann, wenn die Frau die vereinbarte Tätigkeit wegen eines mutterschutzrechtl Beschäftigungsverbots zunächst gar nicht aufnehmen kann (BAG 6.2.2003, 2 AZR 621/01, EzA § 123 BGB 2002). Der AG hat dann lediglich iRv § 315 I die Möglichkeit der Umsetzung der AN auf einen anderen Arbeitsplatz (BAG 15.11.2000, 5 AZR 365/99, EzA § 11 MuSchG nF Nr 20). Ebenso wenig zulässig ist die Frage, ob eine Schwangerschaft demnächst zu erwarten ist oder ob intime Beziehungen bestünden (vgl LAG Bremen 24.2.1960, 1 Sa 160/59, BB 1960, 743). 5

§ 123 BGB   Anfechtbarkeit wegen Täuschung oder Drohung

6   Aus dem Diskriminierungsverbot des § 81 I SGB IX iVm dem AGG wird heute überwiegend gefolgt, dass auch die allg **Frage nach der Schwerbehinderteneigenschaft** unzulässig ist. Gefragt werden darf lediglich nach dem Vorhandensein der körperlichen Funktionen, der geistigen Fähigkeiten und der seelischen Gesundheit, die für die betreffende Stelle erforderlich sind (Hess LAG 24.3.2010, 6/7 Sa 1373/09; LAG Hamm 19.2.2006, 15 Sa 740/06; auch noch *Löwisch* SAE 2004, 129). Dem ist entgegenzuhalten, dass der AG die ihm obliegenden Verfahrens- und Förderpflichten zugunsten schwerbehinderter Menschen nur erfüllen kann, wenn er um die Schwerbehinderung weiß. Das BAG entnimmt deshalb der aus § 311 II 1 iVm § 241 II BGB folgenden Pflicht zur gegenseitigen Rücksichtnahme bei den Vertragsverhandlungen die Verpflichtung des AN, den AG bei einer Bewerbung klar und eindeutig über die Schwerbehinderteneigenschaft zu informieren (BAG 26. 9. 2013, 8 AZR 650/12, EzA § 22 AGG Nr 11). Das impliziert ein entsprechendes Fragerecht des AG.

7   Die **Frage nach Vorstrafen** ist nur insoweit zulässig, als die Art des zu besetzenden Arbeitsplatzes Klarheit erfordert, bei einem Kraftfahrer zB die Frage nach Vorstrafen wegen Verkehrsdelikten. Zu beachten sind auch die §§ 51, 53 BZRG: Da man sich als unbestraft bezeichnen kann, wenn eine Verurteilung nicht in das Führungszeugnis aufzunehmen oder wenn sie zu tilgen ist, darf nach solchen Verurteilungen auch nicht gefragt werden (BAG 20.3.2014, 2 AZR 1071/12, NZA 2014, 1131). Auf der anderen Seite kann der AG die Vorlage eines Führungszeugnisses verlangen, darf aber aus diesem nur die für den Arbeitsplatz relevanten Eintragungen verwenden (OLG Hamm 9.8.1985, 1 VAs 847/85, NStZ 1985, 558; *Gola/Schomerus*, BDSG 10. Aufl 2010 § 19 Rn 30; *Hohenstatt/Stamer/Hinrichs* NZA 2006, 1065,1067; aM *Thüsing* Arbeitnehmerdatenschutz und Compliance 2010 Rn 401 f). Zur Vorlage eines erweiterten Führungszeugnisses vergleiche LAG Hamm 25.4.2014, 10 Sa 1718/13).

8   Die Frage nach der **Partei-, Gewerkschafts- und Religionszugehörigkeit** ist, außer in den entspr Tendenzbetrieben, unzulässig.

9   Die Verpflichtung der Angehörigen des öffentl Dienstes auf die **Verfassungstreue** rechtfertigt nur die Befragung nach konkreten Umständen, die der Verfassungstreue entgegenstehen können (BAG 12.5.2011, 2 AZR 479/09, EzA § 123 BGB 2002 Nr 10). Die Frage nach einer etwaigen früheren **Mitarbeit für das Ministerium für Staatssicherheit** der DDR ist regelmäßig zulässig (BAG 16.12.2004, 2 AZR 148/04, EzA § 123 BGB Nr 5).

10   Für den Abschluss eines Arbeitsvertrages muss die Täuschung **ursächlich** sein. Hat der AG selbst erklärt, dass er den Arbeitsvertrag auf alle Fälle abgeschlossen hätte, scheidet eine Anfechtung aus (BAG 7.7.2011, 2 AZR 396/10, EzA § 123 BGB 2002 Nr 11).

10.1   Hat ein Dritter die Täuschung verübt, ist die Erklärung nur anfechtbar, wenn der Empfänger die Täuschung kannte oder kennen musste (II 1). Nicht Dritter in diesem Sinne sind der Vertreter und andere Hilfspersonen des AG, wohl aber Betriebsräte (aM LAG Nds 20.5.2015, 2 Sa 944/14). Bei einem dreiseitigen Vertrag, etwa einem Vertrag, der die Aufhebung des Arbeitsverhältnisses mit der Begründung eines neuen bei einer Beschäftigungsgesellschaft verbindet, sind die beiden AG im Verhältnis zum AN jeweils Dritte (LAG Nds 20.5.2015, 2 Sa 944/14 unter Bezugnahme auf BGH 3.12.1997, VII ZR 6/96, BGHZ 137, 255).

11   **B. Drohung.**   Drohung ist das Inaussichtstellen eines Übels, auf dessen Eintritt der Drohende Einfluss zu haben vorgibt (BAG 27.11.2003, 2 AZR 135/03, EzA § 312 BGB 2002 Nr 1). Widerrecht ist die Drohung, wenn entweder das eingesetzte Mittel oder das angestrebte Ziel rechtswidrig ist oder aber der Einsatz des verwendeten Mittels zum angestrebten Ziel als verwerflich angesehen werden muss. Die die Widerrechtlichkeit begründenden tatsächlichen Umstände muss der Drohende gekannt haben oder doch hätte erkennen können; hingegen geht die falsche Bewertung nicht widerrechtl stets zu seinen Lasten (BGH 23.9.1957, VII ZR 403/56, BGHZ 25, 217, 224 f). Die Beweislast für die Tatsachen, welche die angedrohte Maßnahme als widerrechtlich erscheinen lassen, trägt der Anfechtende (LAG Hamm 17.5.2013, 10 Sa 13/13).

12   Geht es um den Abschluss eines Auflösungsvertrags oder die Herbeiführung einer EigenKdg des AN, ist die Drohung des AG mit einer fristlosen Kdg dann widerrechtl, wenn ein verständiger AG sie nicht ernsthaft in Erwägung ziehen würde (BAG 5.12.2002, 2 AZR 478/01, EzA § 123 BGB 2002 Nr 1; 12.3.2015, 6 AZR 82/14, NZA 2015, 676). An der Widerrechtlichkeit ändert dann auch die Einräumung einer Bedenkzeit nichts, es sei denn der AN nutzt diese zu eigenen Angeboten für eine gütliche Einigung (BAG 28.11.2007, 6 AZR 1108/06, NZA 2008, 348, 352). Allein der nachdrückliche Hinweis des AG auf seine aussichtslose wirtschaftliche Lage, verbunden mit dem Angebot, einen Arbeitsvertrag mit einem auswärtigen Unternehmen abzuschließen, stellt hingegen keine widerrechtl Drohung dar (BAG 9.6.2011, 2 AZR 418/10, NZA-RR 2012, 129). Dass dem AN nicht vorab angekündigt wird, in einem mit ihm geführten Gespräch geht es um den Abschluss eines Auflösungsvertrags, begründet keinen Anfechtungsgrund nach § 123 (Hess LAG 25.8.2014, 16 Sa 143/14).

Wenn der langjährig beschäftigte AN umfangreiche private Telefongespräche geführt und sie nicht abgerechnet hat, darf die außerordentliche Kdg in Betracht gezogen werden (BAG 5.12.2002, 2 AZR 478/01, EzA § 123 BGB 2002 Nr 1). Dies gilt auch bei umfangreicher privater E-Mail-Nutzung trotz Verbots; hat allerdings der AG zu erkennen gegeben, dass er in solchen Fällen erst mit einer Abmahnung reagieren werde, ist die Drohung mit der Kdg widerrechtl (LAG Rh-Pf 23.4.2009, 11 Sa 667/08). Auch beim Verdacht einer strafbaren Handlung darf die außerordentliche Kdg in Betracht gezogen werden (BAG 27.11.2003, 2 AZR 135/03, EzA § 213 BGB 2002 Nr 1; LAG Köln 11.7.2011, 2 Sa 358/11). Allerdings muss der AG sich, soweit ihm das möglich ist, zunächst Gewissheit über die näheren Umstände des Verdachts verschafft haben (BAG 21.3.1996, 2 AZR 543/95, EzA § 123 BGB Nr 42). 13

Ist eine Anfechtung wegen arglistiger Täuschung erklärt worden, können andere Anfechtungsgründe, zB wegen Drohung oder eines anderen Irrtums, nicht nachgeschoben werden; vielmehr ist eine erneute Anfechtungserklärung erforderlich (BAG 7.11.2007, 5 AZR 1007/06, EzA BGB 2002 § 613a Nr 79). Zweckmäßigerweise wird deshalb eine Anfechtung vorsorglich auch auf andere in Betracht kommende Anfechtungsgründe gestützt. 14

§ 124 Anfechtungsfrist
(1) Die Anfechtung einer nach § 123 anfechtbaren Willenserklärung kann nur binnen Jahresfrist erfolgen.
(2) ¹Die Frist beginnt im Falle der arglistigen Täuschung mit dem Zeitpunkt, in welchem der Anfechtungsberechtigte die Täuschung entdeckt, im Falle der Drohung mit dem Zeitpunkt, in welchem die Zwangslage aufhört. ²Auf den Lauf der Frist finden die für die Verjährung geltenden Vorschriften der §§ 206, 210 und 211 entsprechende Anwendung.
(3) Die Anfechtung ist ausgeschlossen, wenn seit der Abgabe der Willenserklärung zehn Jahre verstrichen sind.

§ 124 legt die Fristen fest, innerhalb derer eine Anfechtung wegen arglistiger Täuschung oder Drohung erfolgen kann. »Entdeckt« ist eine Täuschung dann, wenn dem Getäuschten alle maßgebenden Tatsachen bekannt sind. Die Grundsätze über den Beginn des Laufs der Ausschlussfrist bei § 626 II 2 gelten entsprechend (§ 626 Rdn 206 ff). Im Fall der Drohung endet die Zwangslage mit einer fristlosen Kdg; die Zwangslage endet jedenfalls dann, wenn die Kdg tatsächlich ausgesprochen wird (vgl RG 90, 411) oder mit ihr nicht mehr ernsthaft zu rechnen ist (RG 60, 374). 1

Auch hier gilt, dass auch ohne das Verstreichen der Fristen eine Anfechtung gegen Treu und Glauben verstoßen kann, wenn sie keinerlei Relevanz mehr für das durch eine Täuschung zustande gekommene Arbeitsverhältnis hat (BAG 28.5.1998, 2 AZR 549/97, EzA § 123 BGB Nr 49). S dazu auch § 121 Rdn 2. 2

§ 125 Nichtigkeit wegen Formmangels
¹Ein Rechtsgeschäft, welches der durch Gesetz vorgeschriebenen Form ermangelt, ist nichtig. ²Der Mangel der durch Rechtsgeschäft bestimmten Form hat im Zweifel gleichfalls Nichtigkeit zur Folge.

Gesetzliche Form iSv S 1 ist gem Art 2 EGBGB auch die durch TV vorgeschriebene Form. Bedarf eine Kdg nach dem einschlägigen TV der Schriftform **und** der Angabe des Grundes, ist die Kdg deshalb wegen Formmangels nichtig, wenn der Kdggrund nicht schriftlich mitgeteilt wird (BAG 27.3.2003, 2 AZR 173/02, EzA § 125 BGB 2002 Nr 1). Ist in einem TV die schriftliche Geltendmachung des aus dem Vorjahr übertragenen Urlaubs bis zum 31.3. des Folgejahres vorgeschrieben, erlischt der Urlaubsanspruch bei nicht formgerechter Geltendmachung (BAG 14.6.1994, 9 AZR 284/93, EzA § 125 BGB Nr 11). Tarifliche Schriftformklauseln wie § 2 I u III TVöD verhindern das Entstehen einer betrieblichen Übung (§ 611 Rdn 50). 1

Formvorschriften **kirchlicher Arbeitsvertragsrichtlinien** sind kein Fall der gesetzlichen Form von S 1 (BAG 28.10.1987, 5 AZR 518/85, EzA § 125 BGB Nr 10). 2

Fehlt lediglich für einen Teil des Vertrags die gesetzlich vorgeschriebene Form, bleibt nach § 139 der formgültige Teil wirksam, wenn das dem Willen der Parteien entspricht. Allerdings setzt das voraus, dass der Vertrag teilbar ist (*Staudinger/Hertel* 2011, § 125 Rn 102). Ist bei einem Wettbewerbsverbot dessen räumlicher Geltungsbereich nur mündlich vereinbart, führt das zur Nichtigkeit des Wettbewerbsverbots überhaupt, weil dieses ohne Abgrenzung des Geltungsbereichs nicht sinnvoll bestehen kann. 2.1

Die Nichtigkeitsfolge des S 1 kann spezialgesetzlich verdrängt sein. So führt die mangelnde Schriftform eines befristeten Arbeitsvertrages zum Entstehen eines Arbeitsvertrages auf unbestimmte Zeit. S dazu § 16 TzBfG. 3

§ 126a BGB   Elektronische Form

4 Nach S 2 hat der Mangel der **rechtsgeschäftlichen Form** nur im Zweifel Nichtigkeit zur Folge. Ist vereinbart, dass die Kdg durch eingeschriebenen Brief zu erfolgen hat, soll das nur den Zugang der Kdg-Erklärung sichern. Deshalb ist die schriftlich erklärte Kdg auch gültig, wenn sie in anderer Weise zugeht (BAG 20.9.1979, 2 AZR 967/77, EzA § 125 BGB Nr 5). Die Vereinbarung der schriftlichen Angabe der Kdg-gründe ist im Zweifel konstitutiv (BAG 25.10.2012, 2 AZR 845/11, EzA § 125 BGB 2002 Nr 3).

§ 126 Schriftform

(1) Ist durch Gesetz schriftliche Form vorgeschrieben, so muss die Urkunde von dem Aussteller eigenhändig durch Namensunterschrift oder mittels notariell beglaubigten Handzeichens unterzeichnet werden.
(2) ¹Bei einem Vertrag muss die Unterzeichnung der Parteien auf derselben Urkunde erfolgen. ²Werden über den Vertrag mehrere gleichlautende Urkunden aufgenommen, so genügt es, wenn jede Partei die für die andere Partei bestimmte Urkunde unterzeichnet.
(3) Die schriftliche Form kann durch die elektronische Form ersetzt werden, wenn sich nicht aus dem Gesetz ein anderes ergibt.
(4) Die schriftliche Form wird durch die notarielle Beurkundung ersetzt.

§ 126a Elektronische Form

(1) Soll die gesetzlich vorgeschriebene schriftliche Form durch die elektronische Form ersetzt werden, so muss der Aussteller der Erklärung dieser seinen Namen hinzufügen und das elektronische Dokument mit einer qualifizierten elektronischen Signatur nach dem Signaturgesetz versehen.
(2) Bei einem Vertrag müssen die Parteien jeweils ein gleichlautendes Dokument in der in Absatz 1 bezeichneten Weise elektronisch signieren.

1 Die Wahrung der Schriftform erfordert eine schriftliche Abfassung der Erklärung und **eigenhändige Namensunterschrift.** Die Unterschrift muss nicht leserlich sein; es darf sich aber nicht um ein bloßes Handzeichen (Paraphe) handeln (BAG 21.1.2008, 6 AZR 519/07, NZA 2008, 521; Landesarbeitsgericht Nürnberg 18.04.2012, 2 Sa 100/11, im entschiedenen Fall verneint).

2 Ist tariflich bestimmt, dass in einer schriftlichen Kdg auch die Kdg-Gründe anzugeben sind, müssen diese in der Urkunde so genau bezeichnet werden, dass klar wird, auf welchen Lebenssachverhalt die Kdg gestützt wird; allein die Bezugnahme auf ein inhaltlich nicht näher umschriebenes Gespräch reicht dafür nicht aus (BAG 10.2.1999, 2 AZR 176/98, EzA § 125 BGB Nr 14). Auch die bloße Bezeichnung als »betriebsbedingt« genügt nicht (BAG 10.2.1999, 2 AZR 848/98, EzA § 125 BGB Nr 13).

3 Ist Schriftform für einen **Vertrag** vorgeschrieben, muss entweder die Unterzeichnung der Parteien auf derselben Urkunde erfolgen oder jede Partei muss von der anderen Partei unterzeichnete gleichlautende Urkunde erhalten (§ 126 II). »Gleichlauten« die Urkunden auch, wenn bei gleichem Inhalt die eine mit der Hand, die andere mit der Maschine geschrieben ist (LAG Rh-Pf 23.2.2015, 2 Sa 517/14). Vertragliche Einigung und Beurkundung des Vertrages sind strikt zu trennen, mit der Folge, dass die Beurkundung unabhängig von der Wahrung der Annahmefristen der §§ 146 f auch noch nachträglich erfolgen kann (BGH 14.7.2004, XII ZR 68/02, NJW 2004, 2962; BAG 26.7.2006, 7 AZR 514/05, EzA § 14 TzBfG Nr 30 für die Schriftform einer Befristungsabrede). Ein Aufhebungsvertrag, den der AN schon unterschrieben hat, wird also auch noch wirksam, wenn ihn der AG erst später unterschreibt. Gleiches muss für die nachträgliche Beurkundung einer Befristung gelten (aM BAG 1.12.2004, 7 AZR 198/04, EzA § 623 BGB 2002 Nr 3). Zur Beurkundung eines Aufhebungsvertrags s noch § 623 Rdn 3, zur Schriftform eines Interessenausgleichs mit Namensliste s § 1 KSchG Rdn 237, zur Unterzeichnung des Einigungsstellenspruchs durch den Vorsitzenden § 76 BetrVG Rdn 13.

4 Gem § 126 III kann die schriftliche Form grds durch die **elektronische Form** ersetzt werden. Diese setzt nach § 126a aber eine qualifizierte elektronische Signatur nach dem Signaturgesetz voraus. Eine bloße E-Mail genügt nicht (BAG 15.12.2011, 7 ABR 40/10, EzA § 78a BetrVG 2001 Nr 7), auch nicht, wenn die Unterschrift eingescannt ist (ArbG Düsseldorf 20.12.2011, 2 Ca 5676/11). Die elektronische Form kann gesetzlich ausgeschlossen sein. Das ist etwa für die Kdg und den Auflösungsvertrag nach § 623 der Fall, nicht aber für den befristeten Arbeitsvertrag gem § 14 IV TzBfG.

5 Für die Einhaltung der Schriftform ist erforderlich, dass alle Erklärenden die Urkunde unterzeichnen. Unterzeichnet ein Vertreter die Erklärung, muss dies in der Urkunde durch einen das Vertretungsverhältnis anzeigenden Zusatz deutlich zum Ausdruck kommen (BAG 28.11.2007, 6 AZR 1108/05, NZA 2008, 348, 350; für den TV s BAG 7.7.2010, 4 AZR 120/09, EzA § 3 TVG Bezugnahme auf Tarifvertrag Nr 49). Kündigt eine GbR ein mit ihr bestehendes Arbeitsverhältnis, genügt es nicht, wenn lediglich ein Teil der

Gesellschafter ohne weiteren Vertretungszusatz das Kdg-Schreiben unterzeichnet (BAG 21.4.2005, 2 AZR 162/04, EzA § 623 BGB 2002 Nr 4).

§ 126b Textform

Ist durch Gesetz Textform vorgeschrieben, so muss eine lesbare Erklärung, in der die Person des Erklärenden genannt ist, auf einem dauerhaften Datenträger abgegeben werden. Ein dauerhafter Datenträger ist jedes Medium, das
1. es dem Empfänger ermöglicht, eine auf dem Datenträger befindliche, an ihn persönlich gerichtete Erklärung so aufzubewahren oder zu speichern, dass sie ihm während eines für ihren Zweck angemessenen Zeitraums zugänglich ist, und
2. geeignet ist, die Erklärung unverändert wiederzugeben.

Die etwa für die Abrechnung des Arbeitsentgelts nach § 108 I 1 GewO und die Information über den Betriebsübergang nach § 613a V ausdrücklich vorgeschriebene Textform des § 126b kann auch ohne eigenhändige Namensunterschrift gewahrt werden. Es genügt eine auf einem dauerhaften Datenträger abgegebene lesbare Erklärung, in der die Person des Erklärenden - eindeutig - genannt ist. 1

Gesetzliche Schriftlichkeitsgebote können ausnahmsweise als bloße Textformgebote zu verstehen sein. So nimmt das BAG an, dass für die Mitteilungen des Betriebsrats über die Verweigerung seiner Zustimmung nach § 99 III S 1 BetrVG die Einhaltung der Textform genügt (BAG 1.6.2011, 7 ABR 138/09, DB 2012, 355). Zur Wahrung von Ausschlussfristen, die schriftliche Geltendmachung vorsehen, genügt ebenfalls die Einhaltung der Textform (BAG 7.7.2010, 4 AZR 549/08, NZA 2010, 1068). 2

§ 127 Vereinbarte Form

(1) Die Vorschriften des § 126, des § 126a oder des § 126b gelten im Zweifel auch für die durch Rechtsgeschäft bestimmte Form.
(2) ¹Zur Wahrung der durch Rechtsgeschäft bestimmten schriftlichen Form genügt, soweit nicht ein anderer Wille anzunehmen ist, die telekommunikative Übermittlung und bei einem Vertrag der Briefwechsel. ²Wird eine solche Form gewählt, so kann nachträglich eine dem § 126 entsprechende Beurkundung verlangt werden.
(3) ¹Zur Wahrung der durch Rechtsgeschäft bestimmten elektronischen Form genügt, soweit nicht ein anderer Wille anzunehmen ist, auch eine andere als die in § 126a bestimmte elektronische Signatur und bei einem Vertrag der Austausch von Angebots- und Annahmeerklärung, die jeweils mit einer elektronischen Signatur versehen sind. ²Wird eine solche Form gewählt, so kann nachträglich eine dem § 126a entsprechende elektronische Signierung oder, wenn diese einer der Parteien nicht möglich ist, eine dem § 126 entsprechende Beurkundung verlangt werden.

Die Anforderungen an die vereinbarte Form sind nach II geringer als die an die gesetzliche Schriftform: Es genügt die telekommunikative Übermittlung, insb **durch Fax oder E-Mail**, sofern darin der Erklärende genannt wird (OLG München 29.5.2013, 7 U 3692/12; Staudinger/*Hertel* aaO § 127 Rn 44). Auch ist der Briefwechsel ausreichend; gleichlautende Urkunden, wie nach § 126 II 2, sind nicht erforderlich. 1

Ist im Arbeitsvertrag bestimmt, dass Änderungen der Schriftform bedürfen, genügt es, wenn der AG die Änderung per E-Mail vorschlägt und diese vom AN per E-Mail akzeptiert wird. Auch die Aushändigung einer Kopie der Originalurkunde genügt (BAG 20.8.1998, 2 AZR 603/97, EzA § 127 BGB Nr 1). Verlangt eine arbeitsvertragliche **Ausschlussfrist** schriftliche Geltendmachung, reicht im Zweifel ebenfalls die E-Mail (BAG 16.12.2009, 5 AZR 888/08, EzA § 3 TVG Bezugnahme auf Tarifvertrag Nr 44) oder auch ein Faxschreiben (BAG 11.10.2000, 5 AZR 313/99, EzA § 126 BGB Nr 2). 2

Eine vereinbarte Schriftform kann auch ohne Einhaltung der Schriftform **abbedungen** werden, selbst wenn die Parteien bei Abschluss der an sich formbedürftigen Vereinbarung nicht an die Schriftform gedacht haben (BAG 24.6.2003, 9 AZR 302/02, EzA § 125 BGB 2002 Nr 2). Die Bestimmung des Arbeitsvertrags, Änderungen bedürften der Schriftform, steht deshalb mündlich vereinbarten Änderungen nicht im Wege. Auch kann sie das Entstehen einer betrieblichen Übung (s dazu § 611 Rdn 44 ff) nicht verhindern. Eine stillschweigende Aufhebung der vereinbarten Schriftform kann allerdings nur für nachträgliche Änderungen gelten, nicht aber für gleichzeitig mit dem schriftlichen Arbeitsvertrag getroffene, mündliche Abreden angenommen werden (LAG Köln 14.5.2008, 7 Sa 1561/07). 3

Vereinbaren die Arbeitsvertragsparteien eine sog »**doppelte Schriftformklausel**«, nach der Ergänzungen des Arbeitsvertrages der Schriftform bedürfen und die mündliche Abbedingung der Schriftformklausel nichtig 4

§ 130 BGB Wirksamwerden der Willenserklärung gegenüber Abwesenden

ist, scheiden formlose Änderungen des Arbeitsvertrages ebenso wie das Entstehen einer betrieblichen Übung aus (BAG 24.6.2003, 9 AZR 302/02, EzA § 125 BGB 2002 Nr 2). Ist die doppelte Schriftformklausel aber in einer AGB enthalten, kann sie wegen § 305b eine individuelle Vertragsabrede nicht verdrängen. Wird das in der Klausel nicht klargestellt, ist sie nach § 307 I unwirksam und schließt dann auch das Entstehen einer betrieblichen Übung nicht aus (BAG 20.5.2008, 9 AZR 382/07, NZA 2008, 1233). Um dies zu verhindern, müssen doppelte Schriftformklauseln deshalb einen Vorbehalt für Individualabreden enthalten (*Lingemann/Gotham* NJW 2009, 268).

§ 127a Gerichtlicher Vergleich
Die notarielle Beurkundung wird bei einem gerichtlichen Vergleich durch die Aufnahme der Erklärungen in ein nach den Vorschriften der Zivilprozessordnung errichtetes Protokoll ersetzt.

1 Die Aufnahme der Erklärungen in das gerichtliche Protokoll ersetzt nicht nur die notarielle Beurkundung, sondern auch die Schriftform. Das folgt aus § 126 IV. Das gilt auch, wenn der Vergleich gem § 278 VI ZPO dadurch geschlossen wird, dass die Parteien einen schriftlichen Vergleichsvorschlag des Gerichts durch Schriftsatz ggü dem Gericht annehmen (BAG 23.11.2006, 6 AZR 394/06, EzA § 278 ZPO 2002 Nr 1).

§ 130 Wirksamwerden der Willenserklärung gegenüber Abwesenden
(1) ¹Eine Willenserklärung, die einem anderen gegenüber abzugeben ist, wird, wenn sie in dessen Abwesenheit abgegeben wird, in dem Zeitpunkt wirksam, in welchem sie ihm zugeht. ²Sie wird nicht wirksam, wenn dem anderen vorher oder gleichzeitig ein Widerruf zugeht.
(2) Auf die Wirksamkeit der Willenserklärung ist es ohne Einfluss, wenn der Erklärende nach der Abgabe stirbt oder geschäftsunfähig wird.
(3) Diese Vorschriften finden auch dann Anwendung, wenn die Willenserklärung einer Behörde gegenüber abzugeben ist.

1 Auch im ArbR gilt für das Wirksamwerden empfangsbedürftiger Willenserklärungen **unter Abwesenden** der zu § 130 I 1 entwickelte **Zugangsbegriff**: Zugegangen ist die Erklärung dann, wenn sie so in den Machtbereich des Empfängers gelangt ist, dass er beim normalen Ablauf der Dinge von ihr Kenntnis nehmen konnte. Die Erklärung muss an einen **Ort** gelangen, an dem Kenntnisnahme zu erwarten ist, und sie geht erst zu dem **Zeitpunkt** zu, zu dem nach den regelmäßigen Umständen mit der Kenntnisnahme gerechnet werden kann. Das ist bei einem Brief, der in den Briefkasten geworfen wird, der Zeitpunkt, zu dem mit der Leerung des Briefkastens zu rechnen ist. Bei einem Einschreiben mit Rückschein ersetzt der Zugang des Benachrichtigungsscheins nicht den Zugang des Einschreibens (LAG Rh-Pf 28.4.2014, 2 Sa 5/14; LAG HH 8.4.2015, 5 Sa 61/14). Deshalb ist es zweckmäßig, im Postwege die Form des Einwurfeinschreibens, nicht aber die des Übergabeeinschreibens oder des Einschreibens gegen Rückschein zu verwenden (vgl KG Bln 10.6.2010, 8 U 11/10). Zum Zugang bei vorgeschriebener Schriftform s § 623 Rdn 6.

2 Ob der Empfänger von der Erklärung tatsächlich Kenntnis nimmt, spielt keine Rolle. Selbst wenn er wegen Abwesenheit, etwa Urlaubs oder Haft gar nicht Kenntnis nehmen kann und der Erklärende das weiß, geht die Erklärung, etwa eine Kdg, zu (BAG 22.3.2012, 2 AZR 224/11, EzA § 5 KSchG Nr 41). Zur Bedeutung dieses Grundsatzes für die Klagefrist nach § 4 KSchG und die nachträgliche Klagezulassung nach § 5 KSchG s § 4 KSchG Rdn 19 und § 5 KSchG Rdn 25.

3 Für den Zugang ist nicht auf die individuellen Verhältnisse des Empfängers abzustellen, sondern im Interesse der Rechtssicherheit zu generalisieren (Staudinger/*Singer/Benedict*, [2012] § 130 Rn 40). Zeitliche Beschränkungen (»Leerung nur zwischen 8 und 12 Uhr«) sind deshalb unbeachtlich (vgl LAG Berl-Bbg 11.6.2010, 6 Sa 747/10). Umgekehrt bewirkt ein Einwurf außerhalb der üblichen Postzustellzeiten, etwa durch einen privaten Zustelldienst, keinen Zugang (BAG 26.3.2015, 2 AZR 483/14; LAG HH 13.2.2014, 8 Sa 68/13).

4 Eine empfangsbedürftige Erklärung geht auch zu, wenn sie von einem **Empfangsboten** entgegen genommen wird. Beim AN ist das neben den in häuslicher Gemeinschaft mit ihm lebenden Erwachsenen (BAG 11.11.1992, 2 AZR 328/92, EzA § 130 BGB Nr 24) insb der Ehegatte (BAG 9.6.2011, 6 AZR 687/09, EzA § 130 BGB 2002 Nr 6) und der Vermieter (BAG 16.1.1976, 2 AZR 619/74, EzA § 130 BGB Nr 5). Zugangszeitpunkt ist dabei nicht die Aushändigung an den Empfangsboten, sondern der Zeitpunkt, zu dem die Übermittlung an den Empfänger normalerweise erwartet werden kann (BAG 9.6.2011, 6 AZR 687/09, EzA § 130 BGB 2002 Nr 6). Verweigert allerdings der Familienangehörige oder Vermieter die Entgegennahme, so ist er nicht mehr Empfangsbote; die Erklärung geht nicht zu (BAG 11.11.1992, 2 AZR

328/92, EzA § 130 BGB Nr 24). Die Aushändigung an einen **Bevollmächtigten** genügt, sofern sich die Vollmacht auf die Entgegennahme solcher Erklärungen bezieht. Das ist hins einer Kdg bei einer Prozessvollmacht nur dann der Fall, wenn diese schon im Hinblick auf einen erwarteten Kdg-Schutzprozess erteilt worden ist (BAG 27.10.1988, 2 AZR 160/88, RzK I 2b Nr 9). Bei **Geschäftsunfähigen** muss die Willenserklärung dem gesetzlichen Vertreter zugehen (§ 131 I). Nach dem BAG (28.10.2010, 2 AZR 794/09, NJW 2011, 872) soll das voraussetzen, dass die Willenserklärung auch an ihn gerichtet ist.

Wird der Zugang vom Adressaten wider **Treu und Glauben** vereitelt, muss er sich so behandeln lassen, als 5 ob die Erklärung rechtzeitig zugegangen wäre (arg § 162). Treuwidrig sind etwa
– Nichtabholen eines Übergabe-Einschreibens durch einen AN, der weiß, dass es eine Kdg enthält (BAG 15.11.1962, 2 AZR 301/62, EzA § 130 BGB Nr 2); Abholung innerhalb der Aufbewahrungsfrist genügt aber (BAG 25.4.1996, 2 AZR 13/95, EzA § 130 BGB Nr 27).
– Absprache mit Familienangehörigen, dass die Annahme verweigert wird (BAG 11.11.1992, 2 AZR 328/92, EzA § 130 BGB Nr 24).
– Nichtmitteilung eines Wohnungswechsels an den AG (KR/*Friedrich/Klose* § 4 KSchG Rn 154).
– Ist vertraglich oder gesetzlich (vgl § 15 V TzBfG, § 9 I 1 MuSchG) vorgeschrieben, dass eine empfangsbedürftige Erklärung unverzüglich abzugeben ist, ändert das nichts an der Notwendigkeit des Zugangs. Schlägt dieser fehl, muss deshalb ohne schuldhaftes Zögern die Erklärung erneut abgegeben werden (BGH 13.5.1987, VIII ZR 137/86, BGHZ 101, 49, 56; *Löwisch/Picker* Anm zu BAG 16.5.2002, 2 AZR 730/00, EzA § 9 MuSchG nF Nr 37 unter III 2).
– Bei einer bloßen Zugangsverzögerung ist der Absender jedoch gehalten, zunächst unverzüglich einen erneuten Zustellungsversuch zu unternehmen; erst dann kann sich der Empfänger nicht mehr auf die Fristversäumung berufen (BGH 26.11.1997, VIII ZR 22/97, EzA § 130 BGB Nr 28). Handelt der Empfänger arglistig ist jedoch kein neuer Zustellungsversuch erforderlich (LAG Rh-Pf 23.03.2012, 9 Sa 698/10).

Nach § 130 I 2 wird eine empfangsbedürftige Willenserklärung nicht wirksam, wenn vorher oder gleichzei- 6 tig ein **Widerruf** zugeht. Bereut ein AN eine Kdg, die er spät abends in den Geschäftsbriefkasten geworfen hat, kann er sie also ungeschehen machen, wenn er noch vor der üblichen Leerung einen Widerruf einwirft.

§ 130 I kann auf **geschäftsähnliche Handlungen** entspr anwendbar sein. So erfordert die Wahrung einer 7 Ausschlussfrist den Zugang des Geltendmachungsschreibens beim Schuldner (BAG 14.8.2002, 5 AZR 169/01, EzA § 130 BGB Nr 29).

Beweispflichtig für den Zugang und dessen Rechtzeitigkeit ist der Erklärende (BGH 13.5.1987, VIII 8 ZR 137/86, BGHZ 101, 49; 18.1.1978, IV ZR 204/75, BGHZ 70, 232). Es besteht kein Anscheinsbeweis, dass eine zur Post gegebene Sendung den Empfänger erreicht (BAG 14.7.1960, 2 AZR 173/99, NJW 61, 2132). Ebenso wenig kommt einem Sendebericht mit »ok-Vermerk« der Wert eines Anscheinsbeweises für den Zugang einer Telefaxsendung beim Empfänger zu (BAG 14.8.2002, 5 AZR 169/01, EzA § 130 BGB Nr 29). Das Einschreiben mit Rückschein begründet die Vermutung der Zustellung zu dem im Rückschein genannten Datum (arg § 175 ZPO). Hingegen ermöglichen das Einwurfeinschreiben und das Übergabeeinschreiben nur den Anscheinsbeweis des Zugangs (AG Paderborn 3.8.2000, 51 C 76/00, NJW 2000, 3722; *Putz* NJW 2007, 2450; aM [auch kein Anscheinsbeweis] AG Kempen 22.8.2006, 11 C 432/05, NJW 2007, 1215). Weder Vermutung noch Anscheinsbeweis erstrecken sich auf den **Inhalt** einer Briefsendung. Deshalb besteht der ganz sichere Weg für den Zugang einer schriftlichen Erklärung, insbes einer Kdg, in der Übergabe durch einen Boten, der zuvor vom Inhalt Kenntnis genommen hat; ein solches Vorgehen sollte auch dokumentiert werden.

Unter Anwesenden geht eine Willenserklärung zu, wenn sie durch Übergabe in den Herrschaftsbereich des 9 Empfängers gelangt (BAG 4.11.2004, 2 AZR 17/04, EzA § 130 BGB 2002 Nr 4). Dabei genügt es, dass dem Empfänger ein Schriftstück mit der für ihn erkennbaren Absicht, es ihm zu übergeben, angereicht und, falls er die Entgegennahme ablehnt, so in seiner unmittelbaren Nähe abgelegt wird, dass er es ohne Weiteres an sich nehmen kann (BAG 26.3.2015, 2 AZR 483/14).

§ 133 Auslegung einer Willenserklärung
Bei der Auslegung einer Willenserklärung ist der wirkliche Wille zu erforschen und nicht an dem buchstäblichen Sinne des Ausdrucks zu haften.

Gem § 133 sind Willenserklärungen an sich so auszulegen, wie sie der Erklärende verstanden wissen 1 wollte. Sind Willenserklärungen, wie stets im Verhältnis von AG und AN, einem anderen ggü abzugeben, ist für die Auslegung nach dem in § 157 zum Ausdruck gekommenen Grundsatz der **objektive Empfängerhorizont** maßgebend. Erklärungen sind so auszulegen, wie sie der Empfänger vernünftigerweise

§ 134 BGB   Gesetzliches Verbot

verstehen durfte (BAG 6.2.1974, 3 AZR 232/73, EzA § 133 BGB Nr 8). In diesem Rahmen maßgebend sind Wortlaut, Regelungszusammenhang, Regelungszweck und Begleitumstände der auszulegenden Erklärung sowie die tatsächliche Handhabung des Arbeitsverhältnisses und die Interessen der Beteiligten (BAG 20.4.2005, 4 AZR 292/04, EzA § 1 TVG Auslegung Nr 40).

2 Die Auslegung von nichttypischen Verträgen und Willenserklärungen ist in erster Linie Sache der Tatsachengerichte und in der Revision nur eingeschränkt überprüfbar. Der Überprüfung durch das Revisionsgericht unterliegt allein die Frage, ob das Tatsachengericht die Rechtsvorschriften über die Auslegung von Willenserklärungen (§§ 133, 157 BGB) richtig angewandt, Denkgesetze oder Erfahrungssätze beachtet und den Tatsachenstoff vollständig verwertet hat (zuletzt BAG 23.9.2014, 9 AZR 827/12).

3 Auch die Frage, ob eine Erklärung **überhaupt als Willenserklärung** oder als bloße Mitteilung anzusehen ist, ist nach den Auslegungsmaßstäben der §§ 133, 157 zu beurteilen (BAG 2.3.1973, 3 AZR 325/73, EzA § 133 BGB Nr 7). So kann die schriftliche Bestätigung einer Kdg ihrerseits eine selbstständige Kdg-Erklärung darstellen (LAG Düsseldorf 7.12.1995, 5 Sa 1035/95, LAGE § 130 BGB Nr 20). Auf der anderen Seite kann die Angabe der Höhe einzelner tariflich geregelter Ansprüche in einem Formulararbeitsvertrag als bloße Information des AN über die Höhe ihn bes interessierender Ansprüche auszulegen sein (BAG 1.8.2001, 4 AZR 7/01, EzA § 133 BGB Nr 23). Verpflichtet sich ein AG in einem arbeitsgerichtlichen Vergleich, »alle vertragsgemäßen Leistungen zu erbringen, soweit dies nicht geschehen ist«, hat dies lediglich die Bedeutung einer Bekräftigung der ohnehin gegebenen Verpflichtung, nicht aber die einer Zusage von Leistungen ohne Rücksicht darauf, ob die gesetzlichen Voraussetzungen gegeben sind (LAG Düsseldorf 29.4.1992, 4 Sa 116/92, LAGE § 157 BGB Nr 3). Zur Frage, wann aus einem wiederholten tatsächlichen Verhalten auf einen Verpflichtungswillen auch für die Zukunft geschlossen werden kann (»betriebliche Übung«), s § 611 Rdn 44 ff.

4 Steht allerdings fest, was die Parteien übereinstimmend gewollt haben, bedarf es keiner Auslegung (BAG 2.3.1973, 3 AZR 325/73, EzA § 133 BGB Nr 7); selbst eine falsche Bezeichnung schadet nicht (»falsa demonstratio non nocet«).

5 Lücken des Arbeitsvertrages sind im Wege der erg **Vertragsauslegung** zu schließen: Zu fragen ist, wie AN und AG die offen gebliebene Frage vernünftigerweise geregelt haben würden, wenn sie an diese gedacht hätten (BAG 3.6.1998, 5 AZR 552/97, EzA § 157 BGB Nr 4). So ist die Vereinbarung einer unwiderruflichen Freistellung von der Arbeit unter Fortzahlung der Vergütung nicht dahin gehend zu verstehen, dass der AG auch im Krankheitsfall EFZ über 6 Wochen hinaus zu leisten hat, weil das in 1. Linie auf eine Entlastung der Sozialversicherung hinausliefe, die herbeiführen zu wollen AG und AN nicht unterstellt werden kann (BAG 29.9.2004, 5 AZR 99/04, EzA § 133 BGB 2002 Nr 4). Wo sich auch ein hypothetischer übereinstimmender Parteiwille nicht feststellen lässt, scheidet eine erg Vertragsauslegung aus. In Betracht kommt dann nur eine Anpassung oder Beendigung wegen Störung der Geschäftsgrundlage (s § 313 Rdn 1). Eine erg Vertragsauslegung kommt nur in Betracht, wo tatsächlich eine Lücke besteht. Wird in einem Arbeitsvertrag unter der Überschrift »Arbeitsentgelt« eine bestimmte Vergütung festgelegt, kann diese nicht im Hinblick auf eine offene Arbeitszeitregelung als lückenhaft angesehen werden (BAG 17.10.2012, 5 AZR 697/11, DB 2013, 468).

6 Nehmen die Arbeitsvertragsparteien auf eine in einem Gesetz, TV oder BV enthaltene Regelung Bezug, sind für die Auslegung des Inhalts der in Bezug genommenen Regelung die Auslegungsmaßstäbe für Gesetz, TV oder BV maßgebend (BAG 10.1.1995, 3 AZR 70/74, EzA § 242 BGB Ruhegeld Nr 37). Hingegen ist die Frage, in welchem Umfang auf eine normative Bestimmung Bezug genommen ist, nach §§ 133, 157 zu beantworten (BAG 24.9.2003, 10 AZR 34/03, EzA § 133 BGB 2002 Nr 3; LAG MV 5.6.2013, 2 Sa 138/12). S zur Auslegung von Bezugnahmeklauseln, insb als statisch oder dynamisch, § 3 TVG Rdn 42 ff.

7 Zur Auslegung von TV s § 1 TVG Rdn 84. Zur Auslegung von BV s § 77 BetrVG Rdn 12. Zur erg Vertragsauslegung von AGB §§ 306, 306a Rdn 3.

§ 134 Gesetzliches Verbot
Ein Rechtsgeschäft, das gegen ein gesetzliches Verbot verstößt, ist nichtig, wenn sich nicht aus dem Gesetz ein anderes ergibt.

1 § 134 gilt sowohl in den Fällen, in denen der **Abschluss eines Vertrages** oder die Vereinbarung einer bestimmten Vertragsklausel gesetzlich verboten ist, als auch in denjenigen, in denen die **Erbringung der vorgesehenen Leistung** gesetzlich verboten ist. In die 1. Fallgruppe gehören etwa die Nichtigkeit von Vereinbarungen über Wettbewerbsverbote (§ 74a II HGB, § 110 GewO, § 12 I BBiG), der Abschluss eines Arbeitsvertrages zwischen einem Leih-AN und einem Verleiher, dem die erforderliche Erlaubnis fehlt (§ 9 Nr 1 AÜG), der

Verstoß gegen § 107 II 5 GewO (§ 107 GewO Rdn 39 f) und die Vereinbarung variabler Vergütungen, die gegen die Instituts-Vergütungsverordnung nach § 25a V KWG verstößt. Zur 2. Fallgruppe gehören insb Verstöße gegen öffentl-rechtl Tätigkeits- und Beschäftigungsverbote, wie § 42 IfSG oder §§ 2, 10 Bundesärzteordnung (BAG 3.11.2004, 5 AZR 592/03, DB 2005, 782) und Verstöße gegen AN-Schutzvorschriften, wie etwa §§ 5 und 7 JArbSchG, § 28 BBiG und die Schutzvorschriften des MuSchG. § 134 bezieht sich dabei auch auf die Umgehung von AN-Schutzvorschriften (BAG 21.5.2008, 8 AZR 481/07, EzA § 613a BGB 2002 Nr 96). Zur Anwendung von § 134 auf TV s § 1 TVG Rdn 43.

Ob das Verbot des Vertragsabschlusses oder das Verbot der Vertragserfüllung die Nichtigkeit des Vertrages 2
nach sich ziehen und welche Folgen an die Nichtigkeit zu knüpfen sind, muss jeweils genau geprüft werden. So führt der Verstoß gegen § 74a II HGB zur Nichtigkeit der Wettbewerbsabrede, während das Fehlen der Erlaubnis zur AN-Überlassung das Zustandekommen eines Arbeitsverhältnisses zwischen Entleiher und Leih-AN fingiert (§ 10 I AÜG). Der Verstoß gegen § 42 IfSG führt zur Nichtigkeit des Arbeitsvertrages, während der Verstoß gegen AN-Schutzvorschriften lediglich die entspr Pflichten entfallen lässt. Zu den Folgen eines Verstoßes gegen das SchwArbG und einer Schwarzgeldabrede s vor § 1 SchwArbG Rdn 2 ff; zum Verstoß gegen die Beschäftigungsverbote des MuSchG s § 3 MuSchG Rdn 3 f.

Gesetzlich verboten ist die Erbringung der Leistung auch in den Fällen, in denen der Arbeitsvertrag nur mit 3
behördlicher Genehmigung erfüllt werden darf, sofern mit deren Erteilung von vornherein nicht gerechnet werden kann, wie das etwa zutrifft, wenn jemand, der als Arzt tätig werden soll, nicht über die Approbation verfügt und diese auch nicht erlangen kann (BAG 3.11.2004, 5 AZR 592/03, EzA § 134 BGB 2002 Nr 3). Ist hingegen die Erteilung einer entspr Genehmigung möglich, etwa offen, ob der ausländische AN eine Arbeitsgenehmigung erhalten wird, ist die Leistung nur zeitweise unmöglich, solange die Genehmigung nicht vorliegt; wird sie endgültig versagt, liegt nachträgliche Unmöglichkeit iSv § 275 vor.

Soweit die Rechtsfolgen nicht bes geregelt sind, tritt Nichtigkeit ein. Ein bereits in Vollzug gesetzter Arbeits- 4
vertrag ist nach Bereicherungsrecht rückabzuwickeln (BAG 3.11.2004, 5 AZR 592/03, EzA § 134 BGB 2002 Nr 3). Zudem kommt eine Haftung der Vertragspartner wegen Verschuldens bei Vertragsschluss aus § 311 II in Betracht. Sie setzt voraus, dass der in Anspruch genommene Vertragspartner die Gesetzeswidrigkeit des Vertrages oder der von ihm zu erbringenden Leistung kannte oder kennen musste. Kannte auch der andere Teil die Gesetzeswidrigkeit oder musste er sie kennen, regelt sich der Umfang eines etwaigen Schadensersatzes nach § 254.

§ 134 gilt auch für einseitige Rechtsgeschäfte, insb Kdg. Eine ohne Anhörung des BR ausgesprochene Kdg 5
ist unwirksam (§ 102 I 3 BetrVG). Gleiches gilt für eine Kdg, die ohne das nach § 17 II KSchG erforderliche Konsultationsverfahren ausgesprochen wird (BAG 26.2.2015, 2 AZR 955/13, EzA § 17 KSchG Nr 33), und eine Kündigung, die gegen ein Benachteiligungsverbot des AGG verstößt (BAG 23.7.2015, 6 AZR 457/14, ZIP 2015, 2242; Sächs LAG 9.5.2014, 3 Sa 695/13). Unwirksam ist auch die Kdg eines kirchlichen AN ohne die Anhörung der Mitarbeitervertretung (LAG MV 15.05.2012, 5 Sa 283/11, AA 2013, 18).

Unterschreitet das vertraglich vereinbarte Entgelt den **gesetzlichen Mindestlohn**, tritt dieser an die Stelle des 6
vereinbarten Entgelts. Gleiches gilt wenn ein höherer tariflicher Mindestlohn unterschritten wird. Fällt im letzteren Fall der Verstoß später weg, weil etwa der AG in eine Branche mit einem niedrigerem Mindestlohn wechselt, lebt der Anspruch auf das vereinbarte vertragliche Entgelt wieder auf (siehe zum gleichen Problem im Verhältnis von Tarifvertrag und Arbeitsvertrag *Löwisch/Rieble* TVG § 4 Rn 38f).

§ 138 Sittenwidriges Rechtsgeschäft; Wucher
(1) Ein Rechtsgeschäft, das gegen die guten Sitten verstößt, ist nichtig.
(2) Nichtig ist insbesondere ein Rechtsgeschäft, durch das jemand unter Ausbeutung der Zwangslage, der Unerfahrenheit, des Mangels an Urteilsvermögen oder der erheblichen Willensschwäche eines anderen sich oder einem Dritten für eine Leistung Vermögensvorteile versprechen oder gewähren lässt, die in einem auffälligen Missverhältnis zu der Leistung stehen.

Eine arbeitsvertragliche **Entgeltvereinbarung** verstößt gegen die guten Sitten iSv § 138 wie auch gegen den 1
strafrechtl Wuchertatbestand, § 291 I 1 Nr 3 StGB, wenn ein auffälliges Missverhältnis zwischen Leistung und Gegenleistung vorliegt und der AG die Situation in verwerflicher Weise zu seinem Vorteil ausgenutzt hat (BAG 16.5.2012, 5 AZR 268/11, EzA § 138 BGB 2002 Nr 7). Beurteilungsmaßstab für das **auffällige Missverhältnis** sind die Tariflöhne des jeweiligen Wirtschaftszweigs (BAG 18.4.2012, 5 AZR 630/10, EzA § 138 BGB 2002 Nr 6). Welchem Wirtschaftszweig ein Unternehmen angehört richtet sich nach der Klassifikation des Statistischen Bundesamts (BAG 18.4.2012 5 AZR 630/10, EzA § 138 BGB 2002 Nr 6). Werden in einem Wirtschaftsgebiet, als das regelmäßig das Bundesland des Arbeitsortes anzusehen

ist (BAG 23.5.2001, 5 AZR 527/99, EzA § 138 BGB Nr 29), in dem betreffenden Wirtschaftszweig üblicherweise keine Tariflöhne gezahlt, ist das allg Lohnniveau im Wirtschaftsgebiet maßgebend (BAG 24.3.2004, 5 AZR 303/03, EzA § 138 BGB 2002 Nr 2; LAG Schl-Holst 31.8.2010, 5 Sa 121/10, LAGE § 138 BGB 2002 Nr 5). Von einem auffälligen Missverhältnis ist auszugehen, wenn das Entgelt **nicht einmal 2/3** des in der betreffenden Branche und Wirtschaftsregion üblicherweise gezahlten Tariflohns erreicht (BAG 22.4.2009, 5 AZR 436/08, EzA § 138 BGB 2002 Nr 5). Maßgebend ist dabei die Bruttovergütung (LAG Hamm 18.3.2009, 6 Sa 1372/08, BB 2009, 893). Neben der Arbeitsvergütung bezogene freiwillige Zusatzleistungen des AG sind, sofern sie für den AN einen geldwerten Vorteil darstellen, bei der Beurteilung der Sittenwidrigkeit zu berücksichtigen. Hingegen sind staatliche Transferleistungen hierfür irrelevant (LAG Bremen 28.8.2008, 3 Sa 69/08, LAGE § 138 BGB 2002 Nr 2). Dass mit dem Arbeitsverhältnis eine Ausbildung verbunden ist, rechtfertigt das Unterschreiten dieser Grenze aber, wenn der Ausbildungszweck deutlich überwiegt (LAG BW 8.2.2008, 5 Sa 45/07, NZA 2008, 768). Ist der Wert der Arbeitsleistung doppelt so hoch wie das Entgelt, kann regelmäßig von einer **verwerflichen Gesinnung** des AG ausgegangen werden. Liegt sie unter dem Doppelten bedarf es für die Annahme verwerflicher Gesinnung zusätzlicher Umstände (BAG 16.5.2012, 5 AZR 268/11, EzA § 138 BGB 2002 Nr 7). Maßgebend für die Beurteilung der Sittenwidrigkeit ist der Zeitraum der Arbeitsleistung. Deshalb kann eine zum Zeitpunkt ihres Abschlusses noch wirksamer Entgeltvereinbarung mangels Anpassung an die allgemeine Lohn- und Gehaltsentwicklung sittenwidrig werden (BAG 26.4.2006, 5 AZR 549/05, EzA § 612 BGB 2002 Nr 7).

2 Ausnahmsweise kann auch ein **Tariflohn** sittenwidrig sein. Davon ist auszugehen, wenn er unter Berücksichtigung aller Umstände des räumlichen, fachlichen und persönlichen Geltungsbereichs des TV sowie der im Geltungsbereich zu verrichtenden Tätigkeiten einen »Hungerlohn« darstellt (BAG 24.3.2004, 5 AZR 303/03, EzA § 138 BGB 2002 Nr 2). Dies hat das BAG in dem konkreten Fall, in dem der Tariflohn der Leih-AN lediglich ca 60 % des für die Entleiherbetriebe geltenden Lohns betrug, noch verneint. Praktisch hat die Frage heute kaum mehr Bedeutung weil der Tariflohn den gesetzlichen Mindestlohn nicht unterschreiten darf (§ 3 S 1 MiLoG).

3 Eine **Verlustbeteiligung des AN** ist jedenfalls dann sittenwidrig, wenn sie ohne nennenswerte Gegenleistung, etwa eine Gewinnbeteiligung, erfolgt (BAG 10.10.1990, 5 AZR 404/89, EzA § 138 BGB Nr 24; LAG Hamm 21.4.2015, 14 Sa 1249/14, LAGE § 138 BGB 2002 Nr 10). Sittenwidrig ist es auch, wenn ausschließlich ein bestimmter Arbeitserfolg entlohnt wird, ohne dass dem AN im Fall des Nichterfolges für seine ordnungsgem geleisteten Dienste eine feste Mindestvergütung garantiert ist (LAG Hamm 16.10.1989, 19 (13) Sa 1510/88, LAGE § 138 BGB Nr 4).

3.1 Scheitert eine Entgeltvereinbarung am Wucherverbot, gilt § 612 II, sodass die übliche Vergütung als vereinbart anzusehen ist (BAG 23.5.2001, 5 AZR 527/99, EzA § 138 Nr 29).

4 Ein **außergerichtlicher Vergleich**, in dem ein AN anerkennt, seinen AG durch strafbare Handlungen iH eines bestimmten Betrages geschädigt zu haben und diesen Schaden ersetzen zu müssen, kann sittenwidrig und daher gem § 138 nichtig sein, wenn ein auffälliges Missverhältnis des beiderseitigen Nachgebens besteht, das auf eine verwerfliche Gesinnung des AG schließen lässt. Bei der Bewertung des beiderseitigen Nachgebens kommt es darauf an, welcher Höchstschaden bei Abschluss des Vergleichs in Betracht gezogen und als Vergleichsrahmen angesehen wurde (BAG 11.9.1984, 3 AZR 184/82, EzA § 138 BGB Nr 17; ähnlich OLG Düsseldorf 26.2.1999, 22 U 193/98, LAGE § 138 BGB Nr 14 und LAG München 18.12.2008, 3 Sa 88/08, LAGE § 781 BGB 2002 Nr 1). Auch ein Schuldanerkenntnis des AN kann sittenwidrig sein (BAG 22.7.2010, 8 AZR 144/09, EzA § 781 BGB 2001 Nr 2).

5 Eine von einem AN mit mäßigem Einkommen aus Sorge um den Erhalt seines Arbeitsplatzes für einen Bankkredit des AG übernommene **Bürgschaft** ist sittenwidrig, wenn sie den AN finanziell krass überfordert und sich der AG ohnehin schon in einer wirtschaftlichen Notlage befindet (BGH 14.10.2003, XI ZR 121/02, NJW 2004, 161; s dazu auch *Seifert* NJW 2004, 1707).

6 Zusagen des AG über **Erstattung von Geldbußen** für Verstöße der AN gegen Vorschriften über Lenkzeiten im Güterfernverkehr sind sittenwidrig und nach § 138 nichtig (BAG 25.1.2001, 8 AZR 465/00, EzA § 611 BGB Arbeitgeberhaftung Nr 9). Zur Frage der Erstattung solcher Geldbußen iRd Schadensersatzes s § 826 Rdn 2.

7 Es verstößt gegen die guten Sitten, wenn ein Sportverein die Freigabe eines jugendlichen Amateurfußballspielers von der Zahlung eines Geldbetrages oder der Zuwendung eines sonstigen finanziellen Vorteils abhängig macht (LAG Rh-Pf 16.12.1987, 2 Sa 286/87, LAGE § 138 BGB Nr 2).

8 Zur Sittenwidrigkeit von Kdg s § 13 KSchG Rdn 14 ff. Zum Verstoß arbeitsvertraglicher Abreden gegen das SchwArbG s vor § 1 SchwArbG Rdn 2 ff.

§ 139 Teilnichtigkeit
Ist ein Teil eines Rechtsgeschäfts nichtig, so ist das ganze Rechtsgeschäft nichtig, wenn nicht anzunehmen ist, dass es auch ohne den nichtigen Teil vorgenommen sein würde.

§ 139 hat im ArbR nur einen geringen Anwendungsbereich. Soweit einzelne Vertragsbestimmungen wegen Verstoßes gegen zwingende AN-Schutzbestimmungen nichtig sind, wird der Inhalt des Arbeitsvertrages entspr korrigiert. Ist mit einem Jugendlichen entgegen § 8 I JArbSchG eine Arbeitszeit von mehr als 40 Stunden wöchentlich vereinbart, gilt die dort vorgesehene Höchstarbeitszeit von 40 Wochenstunden. Wird im Arbeitsvertrag ein gesetzlicher Mindestlohn unterschritten, gilt dieser (§ 134 Rdn 6). Aber auch wenn sonst Teile des Arbeitsvertrages nichtig sind, würde es dem Schutzzweck des ArbR widersprechen, entspr der Regel des § 139 die Entscheidung über Teilnichtigkeit oder Gesamtnichtigkeit vom Parteiwillen abhängig zu machen. Vielmehr entfällt auch dann nur die nichtige Einzelbestimmung (BAG 31.1.1974, 3 AZR 58/73, AP BBiG § 5 Nr 1 für einen nach § 5 I 1 BBiG [jetzt 12 I 1 BBiG] nichtiges nachvertragliches Arbeitsverbot). Muss die durch den Wegfall der Bestimmung entstehende Lücke gefüllt werden, tritt an die Stelle der nichtigen Bestimmung dispositives Gesetzesrecht. 1

Sind einzelne Normen **eines TV oder einer BV** unwirksam, bleibt diese Unwirksamkeit regelmäßig auf die inkriminierten Vorschriften beschränkt. Obwohl TV und BV als Verträge zustande kommen, richtet sich die Teilnichtigkeit nicht nach § 139, da wegen des Rechtsnormcharakters und den damit verbundenen Anforderungen an die Rechtssicherheit nicht auf den hypothetischen Willen der Parteien abgestellt werden kann. Vielmehr kommt es darauf an, ob der TV oder die BV ohne die unwirksamen Bestimmungen noch eine sinnvolle und in sich geschlossene Regelung enthält (für den TV zuletzt BAG 4.5.2010, 9 AZR 181/09, EzA Art 3 GG Nr 110; 16.8.2011, 1 AZR 314/10 für die BV). Totalnichtigkeit ist aber die Ausnahme. Sie kommt vor bei umfangreichen dynamischen Verweisungen oder wenn das Grundkonzept des TV oder der BV mangelhaft ist (*Löwisch/Rieble* TVG § 1 Rn 477f). 2

Zum Verhältnis von § 139 und § 306 s § 306, 306a Rdn 1, zur Anwendbarkeit von § 139 im Fall einer Unwirksamkeit nach § 7 II AGG s § 7 AGG Rdn 11, zur Anwendbarkeit bei Formnichtigkeit s § 125 Rdn 3. 3

§ 140 Umdeutung
Entspricht ein nichtiges Rechtsgeschäft den Erfordernissen eines anderen Rechtsgeschäfts, so gilt das letztere, wenn anzunehmen ist, dass dessen Geltung bei Kenntnis der Nichtigkeit gewollt sein würde.

§ 140 ist auch im ArbR anwendbar. Insb ist eine außerordentliche Kdg des Arbeitsvertrages durch den AG regelmäßig in eine ordentliche Kdg umzudeuten, weil anzunehmen ist, dass der AG sich in jedem Fall von dem Arbeitsverhältnis lösen wollte (näher § 626 Rdn 235 ff). Hingegen kommt die Umdeutung einer ordentlichen in eine außerordentliche Kdg wegen der weiter reichenden Folgen der letzteren regelmäßig nicht in Betracht. Etwas anderes gilt nur, wenn für die außerordentliche Kdg ausnahmsweise die fiktive Frist für die ordentliche Kdg gilt (*Löwisch* Anm zu BAG 7.10.2004, 2 AZR 81/03, EzA § 15 KSchG nF Nr 57). Eine Kdg, welche die Kdg-Frist nicht wahrt, ist in eine solche zum nächst zulässigen Kdg-Termin umzudeuten. Die Umdeutung scheitert jedoch, wenn die Kdg nach § 7 KSchG als rechtswirksam gilt (BAG 1.9.2010, 5 AZR 700/09, EzA § 4 nF KSchG Nr 90). Möglich ist auch die Umdeutung einer ordentlichen oder außerordentlichen Kdg in ein Angebot auf Abschluss eines Auflösungsvertrages; allerdings setzt die Annahme dieses Angebots durch den AN Erklärungsbewusstsein (BAG 13.4.1972, 2 AZR 243/71, EzA § 626 BGB nF Nr 13) und Wahrung der Schriftform des § 623 voraus. Nicht möglich ist wegen der unterschiedlichen Rechtsfolgen die Umdeutung einer Kdg in eine Anfechtung nach § 119 und § 123 (BAG 14.10.1975, 2 AZR 365/74, EzA § 140 BGB Nr 3). S ausf § 626 Rdn 235 ff. 1

§ 140 gilt grds auch für einzelne Vertragsbestimmungen. So kann ein überlanges und damit gem § 74a I 3 HGB unverbindliches Wettbewerbsverbot in ein für 2 Jahre geltendes Wettbewerbsverbot umgedeutet werden, wenn davon auszugehen ist, dass auch der AN an der Vertragsbestimmung im Hinblick auf die ihm zukommende Karenzentschädigung festhalten will (vgl BAG 20.4.1961, 5 AZR 167/60, EzA § 133 f GewO Nr 4). S auch noch § 306, 306a Rdn 1. 2

Die Umdeutung einer unwirksamen BV in eine Regelungsabrede oder eine arbeitsvertragliche Einheitsregelung scheitert regelmäßig daran, dass die Parteien mit der BV eine Regelung treffen wollen, deren Geltung in den einzelnen Arbeitsverhältnissen gerade nicht auf einzelvertraglicher Grundlage beruht und von der sich der AG mit den Mitteln des BV-Rechts wieder lösen kann (BAG 20.11.2001, 1 AZR 12/01, EzA § 77 BetrVG 1972 Nr 70). Ausnahmsweise kann die Erklärung des AG, die zu einer nichtigen BV geführt hat, in ein entspr Vertragsangebot an die AN umgedeutet werden, wenn bes Umstände darauf schließen 3 lassen, dass der AG sich unabhängig von der betriebsverfassungsrechtl Regelungsform binden wollte (BAG 24.1.1996, 1 AZR 597/95, EzA § 77 BetrVG 1972 Nr 55 für eine wegen Verstoßes gegen § 77 III BetrVG nichtige BV zur Erhöhung der bisherigen Vergütung und Weihnachtsgratifikation). Auch die Umdeutung eines Haus-TV in eine arbeitsvertragliche Einheitsregelung scheitert regelmäßig an der anderen Regelungsform und damit verbundenen unterschiedlichen Auflösungsmöglichkeiten.

§ 141 Bestätigung des nichtigen Rechtsgeschäfts
(1) Wird ein nichtiges Rechtsgeschäft von demjenigen, welcher es vorgenommen hat, bestätigt, so ist die Bestätigung als erneute Vornahme zu beurteilen.
(2) Wird ein nichtiger Vertrag von den Parteien bestätigt, so sind diese im Zweifel verpflichtet, einander zu gewähren, was sie haben würden, wenn der Vertrag von Anfang an gültig gewesen wäre.

1 Ein Rechtsgeschäft kann durch Bestätigung nur wirksam werden, wenn sich der Nichtigkeitsgrund durch die erneute Vornahme heilen lässt. Das trifft auf Formmängel zu. Ein mündlich geschlossener Auflösungsvertrag kann ohne Weiteres schriftlich bestätigt werden, indem seine wesentlichen Punkte in eine Urkunde aufgenommen werden, die dann unterschrieben wird. Für die nachträgliche Beurkundung einer Befristung soll das nach Auffassung des BAG (1.12.2004, 7 AZR 198/04, EzA § 623 BGB 2002 Nr 3) aber nicht gelten (s dazu §§ 126–126a Rdn 3). Hingegen kann ein nach § 134 nichtiger Arbeitsvertrag durch Bestätigung nicht wirksam werden, wenn der Nichtigkeitsgrund, etwa der Verstoß gegen das IfSG, fortbesteht.

2 Durch die Bestätigung wird das Rechtsgeschäft nicht von Anfang an, sondern erst **vom Zeitpunkt der Neuvornahme an** gültig. Nach II sind die Parteien aber im Zweifel verpflichtet, einander zu gewähren, was sie haben würden, wenn der Vertrag von Anfang an gültig gewesen wäre. War in einem mündlich geschlossenen Aufhebungsvertrag die Zahlung einer Abfindung vorgesehen und wird der Aufhebungsvertrag erst nach diesem Zeitpunkt schriftlich bestätigt, hat der AN im Zweifel Anspruch auf entspr Zwischenzinsen.

§ 142 Wirkung der Anfechtung
(1) Wird ein anfechtbares Rechtsgeschäft angefochten, so ist es als von Anfang an nichtig anzusehen.
(2) Wer die Anfechtbarkeit kannte oder kennen musste, wird, wenn die Anfechtung erfolgt, so behandelt, wie wenn er die Nichtigkeit des Rechtsgeschäfts gekannt hätte oder hätte kennen müssen.

1 § 142 I ist auf die Anfechtung des Arbeitsvertrags uneingeschränkt anwendbar, wenn die Anfechtung **vor Beginn der Tätigkeit** des AN erfolgt. Der Arbeitsvertrag ist dann von Anfang an nichtig. Hat der AN einen Vorschuss erhalten, muss er ihn nach den Vorschriften des Bereicherungsrechts zurückzahlen (s dazu noch § 611 Rdn 235 ff).

2 **Nach Aufnahme der Arbeit** wirkt die Anfechtung erst ab dem Zeitpunkt, an dem der AG sie erklärt. Bis dahin behält der AN seine vertraglichen Ansprüche (BAG 15.11.1957, 1 AZR 189/57, AP BGB § 125 Nr 2). Im Fall der arglistigen Täuschung beschränkt sich dieser Anspruch aber auf das eigentliche Entgelt. Hins der EFZ im Krankheitsfall besteht kein Grund, von der Rückwirkung der Anfechtung abzuweichen (BAG 3.12.1998, 2 AZR 754/97, EzA § 123 BGB Nr 51). Zu den Rechtsfolgen einer Nichtigkeit nach § 134 s § 134 Rdn 4.

§ 144 Bestätigung des anfechtbaren Rechtsgeschäfts
(1) Die Anfechtung ist ausgeschlossen, wenn das anfechtbare Rechtsgeschäft von dem Anfechtungsberechtigten bestätigt wird.
(2) Die Bestätigung bedarf nicht der für das Rechtsgeschäft bestimmten Form.

1 Die Bestätigung nach § 144 setzt voraus, dass der Anfechtungsberechtigte vom Anfechtungsgrund Kenntnis hat und gleichwohl ein Verhalten an den Tag legt, welches »den Willen offenbart, trotz Kenntnis der Anfechtbarkeit bei dem Rechtsgeschäft stehen zu bleiben« (BGH 1.4.1992, XII ZR 20/91, NJW-RR 1992, 779). Davon ist auszugehen, wenn der AG den AN trotz Kenntnis der Anfechtbarkeit weiterarbeiten lässt.
2 Die Bestätigung führt dazu, dass der Vertrag auch für die Zukunft voll wirksam bleibt.

§ 145 Bindung an den Antrag
Wer einem anderen die Schließung eines Vertrags anträgt, ist an den Antrag gebunden, es sei denn, dass er die Gebundenheit ausgeschlossen hat.

§ 146 Erlöschen des Antrags
Der Antrag erlischt, wenn er dem Antragenden gegenüber abgelehnt oder wenn er nicht diesem gegenüber nach den §§ 147 bis 149 rechtzeitig angenommen wird.

§ 147 Annahmefrist
(1) ¹Der einem Anwesenden gemachte Antrag kann nur sofort angenommen werden. ²Dies gilt auch von einem mittels Fernsprechers oder einer sonstigen technischen Einrichtung von Person zu Person gemachten Antrag.
(2) Der einem Abwesenden gemachte Antrag kann nur bis zu dem Zeitpunkt angenommen werden, in welchem der Antragende den Eingang der Antwort unter regelmäßigen Umständen erwarten darf.

§ 148 Bestimmung einer Annahmefrist
Hat der Antragende für die Annahme des Antrags eine Frist bestimmt, so kann die Annahme nur innerhalb der Frist erfolgen.

§ 149 Verspätet zugegangene Annahmeerklärung
¹Ist eine dem Antragenden verspätet zugegangene Annahmeerklärung dergestalt abgesendet worden, dass sie bei regelmäßiger Beförderung ihm rechtzeitig zugegangen sein würde, und musste der Antragende dies erkennen, so hat er die Verspätung dem Annehmenden unverzüglich nach dem Empfang der Erklärung anzuzeigen, sofern es nicht schon vorher geschehen ist. ²Verzögert er die Absendung der Anzeige, so gilt die Annahme als nicht verspätet.

§ 150 Verspätete und abändernde Annahme
(1) Die verspätete Annahme eines Antrags gilt als neuer Antrag.
(2) Eine Annahme unter Erweiterungen, Einschränkungen oder sonstigen Änderungen gilt als Ablehnung verbunden mit einem neuen Antrag.

Für den Abschluss des Arbeitsvertrags wie für sonstige Vereinbarungen zwischen AG und AN, aber auch für den Abschluss von TV, BV und Dienstvereinbarungen gelten die allg Vorschriften über den Vertragsschluss. Hervorzuheben ist: 1

Angebot und Annahme müssen die Anforderungen an rechtsgeschäftliche Willenserklärungen erfüllen, insb auf die Herbeiführung eines Rechtserfolges gerichtet und inhaltlich ausreichend bestimmt sein. Unmutsäußerungen des AN (»wenn sich nichts ändert, ist der 31. für mich der letzte«) können nicht als Angebot zum Abschluss eines Auflösungsvertrages gewertet werden (LAG Düsseldorf 25.9.1990, Sa 1175/90, LAGE § 611 BGB Aufhebungsvertrag Nr 1). Mangelhafte Deutschkenntnisse stehen der Wirksamkeit von schriftlichen auf Deutsch verfassten Vertragserklärungen nicht entgegen (BAG 19.3.2014, 5 AZR 252/12, NZA 2014, 1076). 2

Notwendiger Inhalt beim Arbeitsvertrag sind die »versprochenen Dienste« (§ 611 I) und damit Art und Beginn der Arbeitsleistung (BAG 15.10.2013, 9 AZR 572/12, für eine Rückkehrzusage). Ein Vertragsangebot muss so bestimmt sein, dass es mit einem »Ja« angenommen werden kann (BAG 14.5.2013, 9 AZR 664/11, EzA § 4 TVG Altersteilzeit Nr 39). Zwei einander widersprechende Angebote vom gleichen Tag ermangeln der Bestimmtheit (BAG 16.4.2013, 9 AZR 535/11). 3

Ob ein Vertragsangebot oder eine Aufforderung zu einem Vertragsangebot vorliegt, ist auch beim Arbeitsvertrag den Umständen zu entnehmen. Die Übersendung eines Vertragstextes ohne Unterschrift ist regelmäßig nur eine Aufforderung zu einem Angebot (Sächs LAG 6.11.2014, 9 Sa 149/14). Die Anforderung eines AN bei der Agentur für Arbeit ist noch kein Angebot auf Abschluss eines Arbeitsvertrages (BAG 27.6.1957, 2 AZR 58/55, AP BGB § 611 Vertragsschluss Nr 1). In der Geltendmachung eines Rückkehrrechts liegt regelmäßig die Aufforderung an den AG ein Angebot auf Wiedereinstellung abzugeben (vgl BAG 9.2.2011, 7 AZR 91/10, EzA § 311a BGB 2002 Nr 2). Auch der Ruf auf eine Professur stellt kein Angebot dar (BAG 9.7.1997, 7 AZR 424/96, EzA § 145 BGB Nr 1). 4

Die widerspruchslose Fortsetzung der Tätigkeit durch den AN nach einem Änderungsangebot des AG kann nur dann als Annahme der Vertragsänderung angesehen werden, wenn diese sich – mind teilw – unmittelbar im Arbeitsverhältnis auswirkt (BAG 1.8.2001, 4 AZR 129/00, EzA § 315 BGB Nr 50). 5

Erklärt sich ein AG mit einem von ihm veranlassten Angebot des AN zu zusätzlicher Arbeit »bis auf Weiteres« einverstanden, liegt darin keine abändernde Annahme des Angebots iSv § 150 II, sondern eine 6 vorbehaltlose Annahme mit der Folge, dass die Übertragung der zusätzlichen Arbeit so lange gilt, bis eine andere Abmachung erfolgt (BAG 26.8.1997, 9 AZR 761/95, EzA § 133 BGB Nr 20).

7 Die regelmäßige Frist (§ 147 II) für die Annahme eines Angebots auf Abschluss eines Arbeitsvertrages oder eines Auflösungsvertrages wird man auf 3 Wochen bemessen können. Wer sich auf die Vereinbarung einer längeren oder kürzeren Frist beruft, muss das beweisen (OLG Oldenburg 14.2.2008, 8 U 165/07). Allerdings kann sich eine solche Vereinbarung auch aus den Umständen ergeben. Es genügt jede zeitliche Konkretisierung, durch die der Antragende zu erkennen gibt, er wolle von § 147 abweichen (BAG 1.2.2007, 2 AZR 44/06, NZA 2007, 925). Gesetzliche Mindestannahmefristen wie die des § 2 S 2 KSchG sind stets einzuhalten. Eine nach § 148 einmal bestimmte Annahmefrist kann nur durch Vereinbarung verkürzt werden (BAG 19.8.2010, 8 AZR 645/09, AP Nr 49 zu § 307 BGB).

8 Soweit arbeitsrechtl Verträge, wie der Auflösungsvertrag nach § 623 und der TV nach § 1 II TVG, der Schriftform unterliegen, werden sie erst wirksam, wenn dieser genügt ist. Nimmt der AN das schriftliche Angebot des AG zum Abschluss eines Aufhebungsvertrages mit Einschränkungen schriftlich an, kommt ein wirksamer Auflösungsvertrag deshalb nur zustande, wenn auch der AG die – veränderte – Vertragsurkunde erneut unterzeichnet (BAG 28.8.2008, 1 AZR 346/07, EzA § 112 BetrVG 2002 Nr 28). Die Erfüllung des Formerfordernisses muss dabei aber nicht innerhalb der Fristen der §§ 146 f erfolgen. Vielmehr genügt auch eine spätere Beurkundung, insb die spätere Unterzeichnung durch eine Partei (BGH 14.7.2004, XII ZR 68/02, NJW 2004, 2963).

9 Auch **Gesamtzusagen**, mit denen der AG den AN in allg Form bestimmte Leistungen, etwa der betrieblichen Altersversorgung verspricht, sind als vertragliche Zusagen ggü den einzelnen AN zu werten und unterliegen deshalb den Bestimmungen über Verträge und Willenserklärungen (BAG 16.9.1986, GS 1/82, EzA § 77 BetrVG 1972 Nr 17). Insb ist Zugang des Angebots bei den einzelnen AN erforderlich (§ 130 I 1). Entgegen der Auffassung des BAG (23.9.2009, 5 AZR 628/08, EzA § 151 BGB 2002 Nr 1) ist das regelmäßig nur in Bezug auf die zum Zeitpunkt der Gesamtzusage betriebsangehörigen AN möglich. Ggü später eingestellten AN könnte die Gesamtzusage nur ein Angebot »ad incertas personas« darstellen, das zudem für die Zukunft jederzeit zurückgenommen werden könnte (§ 130 I 2). Ein solches Angebot abzugeben, entspricht regelmäßig nicht dem Willen des AG (Löwisch/Diller BB 2007, 830 f). Später eintretende AN haben deshalb Ansprüche aus der Gesamtzusage nur bei entspr arbeitsvertraglicher Vereinbarung oder ggf aufgrund des Gleichbehandlungsgrundsatzes. Jedenfalls auch nach Auffassung des BAG ist für später eingestellte AN die Gesamtzusage nur mit dem Inhalt maßgeblich den sie zum Zeitpunkt des Eintritts des AN hatte (BAG 20.8.2014, 10 AZR 453/13, EzA § 151 BGB 2002 Nr 2).

10 Eine **Annahme unter Änderungen** iSv § 150 II liegt auch vor, wenn eine dem ursprünglichen Vertragstext beigefügte Anlage über die Geltung ergänzender Regelungen ausgetauscht wird (LAG Nds 15.5.2009, 10 Sa 1584/08, LAGE § 150 BGB 2002 Nr 1). Die bloße Beseitigung offenbarer Unrichtigkeiten wie Rechtschreib- oder Grammatikfehler, die nicht zu einer inhaltlichen Änderung führt, ist keine Änderung iSv § 150 II (BAG 14.1.2015, 7 AZR 2/14, EzA § 14 TzBfG Nr 110).

§ 151 Annahme ohne Erklärung gegenüber dem Antragenden

[1]Der Vertrag kommt durch die Annahme des Antrags zustande, ohne dass die Annahme dem Antragenden gegenüber erklärt zu werden braucht, wenn eine solche Erklärung nach der Verkehrssitte nicht zu erwarten ist oder der Antragende auf sie verzichtet hat. [2]Der Zeitpunkt, in welchem der Antrag erlischt, bestimmt sich nach dem aus dem Antrag oder den Umständen zu entnehmenden Willen des Antragenden.

1 Ohne Erklärung der Annahme ggü dem Antragenden (§ 151) können insb Vertragsergänzungen und -änderungen zustande kommen. So braucht die Zusage einer bes Leistung, etwa einer Gratifikation, auch wenn sie in allg Form, etwa im Zuge einer Rede auf einer Betriebsversammlung erfolgt, nicht eigens angenommen zu werden. Auch die Bekanntgabe im Intranet genügt (LAG Düsseldorf 20.2.2014, 15 Sa 1167/13, JurionRS 2014, 14659).

2 Arbeitet der AN, dem vom AG eine Vertragsänderung vorgeschlagen wird, widerspruchslos weiter, liegt darin eine Annahme der Vertragsänderung, wenn sich die neuen Arbeitsbedingungen alsbald auf das Arbeitsverhältnis auswirken, es sich etwa um eine andere Tätigkeit handelt oder Zuschläge wegfallen (BAG 19.6.1986, 2 AZR 565/85, EzA § 2 KSchG Nr 7 sowie BAG 1.8.2001, 4 AZR 129/00, EzA § 315 BGB Nr 50, wonach das selbst dann gilt, wenn sich die Änderung nur teilw auf das Arbeitsverhältnis auswirkt). Dies gilt allerdings so lange nicht, wie die Frist für die Erklärung des Vorbehalts nach § 2 KSchG noch läuft (BAG 27.3.1987, 7 AZR 97/85, EzA § 2 KSchG Nr 10).

§ 154 Offener Einigungsmangel; fehlende Beurkundung

(1) ¹Solange nicht die Parteien sich über alle Punkte eines Vertrags geeinigt haben, über die nach der Erklärung auch nur einer Partei eine Vereinbarung getroffen werden soll, ist im Zweifel der Vertrag nicht geschlossen. ²Die Verständigung über einzelne Punkte ist auch dann nicht bindend, wenn eine Aufzeichnung stattgefunden hat.
(2) Ist eine Beurkundung des beabsichtigten Vertrags verabredet worden, so ist im Zweifel der Vertrag nicht geschlossen, bis die Beurkundung erfolgt ist.

Ein Arbeitsvertrag ist erst wirksam, wenn sich AG und AN vollständig geeinigt haben. Nimmt der AN aber im Einverständnis des AG schon vorher die Arbeit auf, ist der Vertrag geschlossen, selbst wenn noch keine vollständige Einigung über den Vertragsinhalt vorliegt; diese ist dann durch erg Vertragsauslegung zu ermitteln (vgl BAG 26.1.1967, 2 AZR 15/66, AP BGB § 611 Vertragsschluss Nr 2). Fehlt allerdings die Einigung über die Vertragsdauer, ist nach dem BAG von einem unbefristeten Vertrag auszugehen (vgl §§ 126–126a Rdn 3). 1

Nach I 2 bindet die Verständigung über einzelne Punkte grds auch dann nicht, wenn diese Punkte aufgezeichnet worden sind (sog Punktation). Dies gilt grds auch, wenn die Aufzeichnung von beiden Seiten unterzeichnet worden ist. Allerdings kann sich in diesem Fall aus Sinn und Zweck der Verabredung ergeben, dass ein verbindlicher Vorvertrag gewollt ist. In Betracht kommt das insb bei einer »Offer for Employment« (OLG München 22.10.1999, 21 U 3673/99, BB 2000, 327, im konkreten Fall verneint). 2

Soll ein mündlich abgeschlossener Arbeitsvertrag noch schriftlich niedergelegt werden, kommt er nach § 154 II regelmäßig erst mit der Beurkundung zustande (LAG MV 21.4.2009, 5 Sa 268/08, für den Fall, dass dem AN bei Arbeitsantritt bereits ein vom AG einseitig unterzeichneter Arbeitsvertrag vorliegt). § 154 II gilt entspr, wenn in einem außergerichtlichen Vergleich vereinbart wird, dass dieser noch gerichtlich protokolliert werden soll (BAG 16.1.1997, 2 AZR 35/96, EzA § 154 BGB Nr 2). § 154 II gilt jedoch weder unmittelbar noch entspr für den Abschluss einer Befristungsabrede nach dem TzBfG (§ 14 TzBfG Rdn 82). 3

§ 157 Auslegung von Verträgen

Verträge sind so auszulegen, wie Treu und Glauben mit Rücksicht auf die Verkehrssitte es erfordern.

S dazu § 133. 1

§ 164 Wirkung der Erklärung des Vertreters

(1) ¹Eine Willenserklärung, die jemand innerhalb der ihm zustehenden Vertretungsmacht im Namen des Vertretenen abgibt, wirkt unmittelbar für und gegen den Vertretenen. ²Es macht keinen Unterschied, ob die Erklärung ausdrücklich im Namen des Vertretenen erfolgt oder ob die Umstände ergeben, dass sie in dessen Namen erfolgen soll.
(2) Tritt der Wille, in fremdem Namen zu handeln, nicht erkennbar hervor, so kommt der Mangel des Willens, im eigenen Namen zu handeln, nicht in Betracht.
(3) Die Vorschriften des Abs. 1 finden entsprechende Anwendung, wenn eine gegenüber einem anderen abzugebende Willenserklärung dessen Vertreter gegenüber erfolgt.

Wirksame Stellvertretung setzt dreierlei voraus: Abgabe einer Willenserklärung durch den Stellvertreter, Handeln des Stellvertreters im Namen des Vertretenen und – rechtsgeschäftliche oder gesetzliche – Vertretungsmacht des Vertreters. Für das Handeln **im Namen des Vertretenen** genügt, dass für den Erklärungsempfänger deutlich wird, dass der Erklärende nicht sich selbst, sondern einen Dritten verpflichten will. Ergibt sich aus den Gesamtumständen, dass der Unterzeichner eines Arbeitsvertrages die Vertragserklärung ersichtlich im Namen eines anderen abgegeben hat, ist von einem Handeln als Vertreter auszugehen (BAG 25.3.2009, 7 AZR 59/08, ZTR 2009, 441). Namentlich benannt werden braucht der Vertretene nicht (BAG 21.12.1972, 5 AZR 310/72, EzA § 165 BGB Nr 1 für die Angabe in einem Heuerschein »im Auftrage der Rederei als Agent«). Ist das Vertretungsverhältnis aber überhaupt nicht ersichtlich, liegt kein Handeln des Vertretenden vor (LAG Nds 11.12.2009, 10 Sa 594/09, LAGE § 125 BGB 2002 Nr 2 für die Unterschrift nur eines Gesellschafters einer BGB-Gesellschaft unter die Kdg eines Arbeitsverhältnisses; Hess LAG 4.3.2013, 17 Sa 633/12, für die Unterschrift nur eines von mehreren Prokuristen vertretungsberechtigten Prokuristen unter einen Auflösungsvertrag). In einem solchen Fall kommt keine Genehmigung nach § 177 in Betracht, sondern muss sich der Handelnde an seiner Erklärung selbst festhalten lassen (II). Zur Stellvertretung bei Abschluss eines TV § 1 TVG Rdn 5. 1

2   III anerkennt die Möglichkeit der **Passivvertretung**: Empfangsbedürftige Willenserklärungen können nicht nur ggü dem Erklärungsempfänger selbst, sondern auch ggü seinem Vertreter abgegeben werden. So ist es möglich, die Kdg eines Minderjährigen auch bei Vorliegen der Voraussetzungen des § 113 seinem gesetzlichen Vertreter ggü auszusprechen.

§ 166 Willensmängel; Wissenszurechnung
(1) Soweit die rechtlichen Folgen einer Willenserklärung durch Willensmängel oder durch die Kenntnis oder das Kennenmüssen gewisser Umstände beeinflusst werden, kommt nicht die Person des Vertretenen, sondern die des Vertreters in Betracht.
(2) ¹Hat im Falle einer durch Rechtsgeschäft erteilten Vertretungsmacht (Vollmacht) der Vertreter nach bestimmten Weisungen des Vollmachtgebers gehandelt, so kann sich dieser in Ansehung solcher Umstände, die er selbst kannte, nicht auf die Unkenntnis des Vertreters berufen. ²Dasselbe gilt von Umständen, die der Vollmachtgeber kennen musste, sofern das Kennenmüssen der Kenntnis gleichsteht.

1   Die Vorschrift hat Bedeutung vor allem für die Anfechtung des Arbeitsvertrages durch den AG. Maßgebend ist nach ihr, ob sich der für den AG handelnde Vertreter **geirrt** hat oder **getäuscht** worden ist. Dass sich der AG selbst in einem Irrtum befindet, spielt grds keine Rolle. Hat allerdings der AG seinem Vertreter die Weisung erteilt, einen Bewerber, mit dem er zuvor selbst gesprochen hat, einzustellen, kommt es für den Irrtum auf seine Person an (vgl BAG 12.5.2010, 2 AZR 544/08, EzA § 123 BGB 2002 Nr 9 für einen vom Mandanten mit herbeigeführten Prozessvergleich; allgemein BGH 24.10.1968, II ZR 214/66, BGHZ 51, 141).
2   Soweit Rechtsfolgen vom Kennen oder Kennenmüssen bestimmter Umstände abhängen, kommt es grds ebenfalls auf die Person des Vertreters an. Überzahlungen auf das geschuldete Entgelt können deshalb nach § 814 nicht zurückverlangt werden, wenn der Vertreter, der die Zahlungen veranlasst hat, wusste, dass sie den geschuldeten Betrag übersteigen. Hat aber der AG selbst die Überzahlungen veranlasst, kommt es nach II auf seine Kenntnis an. Zur Zurechnung von Wissen und Erkenntnismöglichkeiten von Hilfspersonen im Zusammenhang mit dem Beginn der Verjährungsfrist s § 199 Rdn 3
3   Zur Wissenszurechnung im Zusammenhang mit dem Beginn der 2-Wochen-Frist gem § 626 II s § 626 BGB Rdn 222 ff.

§ 167
(1) Die Erteilung der Vollmacht erfolgt durch Erklärung gegenüber dem zu Bevollmächtigenden oder dem Dritten, dem gegenüber die Vertretung stattfinden soll.
(2) Die Erklärung bedarf nicht der Form, welche für das Rechtsgeschäft bestimmt ist, auf das sich die Vollmacht bezieht.

§ 168 Erlöschen der Vollmacht
¹Das Erlöschen der Vollmacht bestimmt sich nach dem ihrer Erteilung zugrunde liegenden Rechtsverhältnis. ²Die Vollmacht ist auch bei dem Fortbestehen des Rechtsverhältnisses widerruflich, sofern sich nicht aus diesem ein anderes ergibt. ³Auf die Erklärung des Widerrufs findet die Vorschrift des § 167 Abs. 1 entsprechende Anwendung.

§ 170 Wirkungsdauer der Vollmacht
Wird die Vollmacht durch Erklärung gegenüber einem Dritten erteilt, so bleibt sie diesem gegenüber in Kraft, bis ihm das Erlöschen von dem Vollmachtgeber angezeigt wird.

§ 171 Wirkungsdauer bei Kundgebung
(1) Hat jemand durch besondere Mitteilung an einen Dritten oder durch öffentliche Bekanntmachung kundgegeben, dass er einen anderen bevollmächtigt habe, so ist dieser aufgrund der Kundgebung im ersteren Falle dem Dritten gegenüber, im letzteren Falle jedem Dritten gegenüber zur Vertretung befugt.
(2) Die Vertretungsmacht bleibt bestehen, bis die Kundgebung in derselben Weise, wie sie erfolgt ist, widerrufen wird.

§ 172 Vollmachtsurkunde

(1) Der besonderen Mitteilung einer Bevollmächtigung durch den Vollmachtgeber steht es gleich, wenn dieser dem Vertreter eine Vollmachtsurkunde ausgehändigt hat und der Vertreter sie dem Dritten vorlegt.
(2) Die Vertretungsmacht bleibt bestehen, bis die Vollmachtsurkunde dem Vollmachtgeber zurückgegeben oder für kraftlos erklärt wird.

§ 173 Wirkungsdauer bei Kenntnis und fahrlässiger Unkenntnis

Die Vorschriften des § 170, des § 171 Abs. 2 und des § 172 Abs. 2 finden keine Anwendung, wenn der Dritte das Erlöschen der Vertretungsmacht bei der Vornahme des Rechtsgeschäfts kennt oder kennen muss.

Die Erteilung der Vollmacht kann nach § 167 I sowohl ggü dem zu Bevollmächtigenden (Innenvollmacht) wie ggü dem Geschäftsgegner (Außenvollmacht) erfolgen. Lässt es der Vertretene wissentlich geschehen, dass ein anderer für ihn als Vertreter auftritt, liegt auch darin eine Bevollmächtigung (Duldungsvollmacht). Möglich ist schließlich auch eine Anscheinsvollmacht. Sie liegt dann vor, wenn der Vertretene das Handeln seines angeblichen Vertreters zwar nicht kennt, es bei pflichtgemäßer Sorgfalt aber hätte erkennen und verhindern können, und wenn ferner der Gegner nach Treu und Glauben annehmen durfte, der Vertretene dulde und billige das Handeln seines Vertreters. Deshalb kann sich ein AG, der einen Mitarbeiter jahrelang wie einen AN behandelt, und ihm insb Weisungen erteilt hat, nicht darauf berufen, er habe mit dem Mitarbeiter nie einen Arbeitsvertrag schließen wollen, und der Abteilungsleiter habe dafür auch keine Vollmacht gehabt (BAG 20.7.1994, 5 AZR 627/93, EzA § 611 BGB Arbeitnehmerbegriff Nr 54). 1

Dass die Vollmacht nicht der für das Rechtsgeschäft bestimmten Form bedarf (§ 167 II), gilt auch für den Auflösungsvertrag (BAG 28.11.2007, 6 AZR 1108/06, NZA 2008, 348, 349 f) und den TV (BAG 29.6.2004, 1 AZR 143/03, EzA § 1 TVG Nr 46). Allerdings muss die Tatsache der Vertretung in der Vertragsurkunde ihren deutlichen Ausdruck finden (§§ 126–126a ff Rdn 5). 2

Die Vertretungsmacht von Prokuristen und Handlungsbevollmächtigten erstreckt sich nach den §§ 49 und 54 HGB auf alle im Zusammenhang mit dem Arbeitsverhältnis stehenden Rechtsgeschäfte. 3

Wenn sich nach § 168 S 1 das Erlöschen der Vollmacht nach dem ihrer Erteilung zugrunde liegenden Rechtsgeschäft bestimmt, heißt das, dass mit dem Ende des Arbeitsverhältnisses eines Angestellten grds auch eine ihm erteilte Vollmacht endet. Sofern (auch) eine Außenvollmacht vorliegt, bleibt diese aber bestehen, bis dem Dritten das Erlöschen angezeigt ist (§ 170) oder dieser das Ende des Anstellungsverhältnisses des Vertreters kennt oder kennen muss (§ 173). Gleiches gilt nach § 172, wenn der Vertreter über eine Vollmachtsurkunde verfügt, solange diese nicht zurückgegeben oder für kraftlos erklärt wird. 4

Die Vollmacht kann auch bei Fortbestehen des zugrunde liegenden Anstellungsverhältnisses widerrufen werden, § 168 S 2. Auch dann bleiben aber eine Außenvollmacht und eine Vollmacht, über die eine Urkunde ausgestellt ist, in Kraft, bis das Erlöschen dem Dritten angezeigt bzw die Vollmachtsurkunde zurückgegeben ist. 5

Prokura und Handlungsvollmacht bleiben wirksam, bis sie im HReg gelöscht sind oder ihr Erlöschen dem Dritten bekannt ist (§ 15 I HGB). 6

§ 174 Einseitiges Rechtsgeschäft eines Bevollmächtigten

¹Ein einseitiges Rechtsgeschäft, das ein Bevollmächtigter einem anderen gegenüber vornimmt, ist unwirksam, wenn der Bevollmächtigte eine Vollmachtsurkunde nicht vorlegt und der andere das Rechtsgeschäft aus diesem Grund unverzüglich zurückweist. ²Die Zurückweisung ist ausgeschlossen, wenn der Vollmachtgeber den anderen von der Bevollmächtigung in Kenntnis gesetzt hatte.

Aus § 174 S 1 folgt, dass eine Kdg, welche nicht der AG selbst, sondern ein Bevollmächtigter ausspricht, unwirksam ist, wenn der Bevollmächtigte eine Vollmachtsurkunde nicht vorlegt und der AN oder sein Bevollmächtigter die Kdg aus diesem Grunde unverzüglich zurückweist. Dass der AN nur das Vorliegen einer wirksamen Bevollmächtigung überhaupt bezweifelt, genügt nicht (BAG 19.4.2007, 2 AZR 180/06, NZA-RR 2007, 571). Die Vollmachtsurkunde muss im Original vorgelegt werden. Die Vorlage einer beglaubigten Abschrift oder Kopie genügt nicht, um das Zurückweisungsrecht auszuschließen (BAG 10.2.1994, IX ZR 109/93, NJW 1994, 1472; OLG Hamm 26.10.1990, 2 U 71/90, EzA § 174 BGB Nr 8). Die Vollmachtsurkunde muss nicht gleichzeitig mit der Kündigung vorgelegt werden, vielmehr genügt auch eine vorhergehende Vorlage etwa aus Anlass einer vorangegangenen sich als unwirksam erweisenden Kündigung (Hess LAG 5.3.2014, 12 Sa 265/13, ZIP 2014, 2363). 1

§ 174 BGB   Einseitiges Rechtsgeschäft eines Bevollmächtigten

1.1 Die Zurückweisung der Kdg muss unter Berufung darauf erfolgen, dass die Vollmachtsurkunde nicht vorgelegt worden ist (BAG 18.12.1980, 2 AZR 980/78, NJW 1981, 2374). Unverzüglich ist die Zurückweisung regelmäßig nur, wenn sie alsbald nach Zugang der Kdg erfolgt. Eine Zurückweisung nach mehr als 1 Woche ist regelmäßig nicht mehr unverzüglich (BAG 8.12.2011, 6 AZR 354/10, DB 2012, 579; LAG Rh-Pf 9.4.2013, 6 Sa 529/12, LAGE § 174 BGB 2002 Nr 1; LAG Hamm 4.6.2014, 4 Sa 285/14). Erhält der AN aber erst nach Urlaubsende von der zugegangenen Kdg Kenntnis, handelt er noch unverzüglich, wenn er alsbald danach die Kdg zurückweist (OLG München 4.8.1995, 21 U 5934/94, NJW-RR 1997, 904).

2 Nach S 2 ist das Zurückweisungsrecht ausgeschlossen, wenn der Kündigende den Kdg-Empfänger von der Bevollmächtigung in Kenntnis gesetzt hatte. Die bloße Auslage eines für den internen Dienstgebrauch bestimmten Mitteilungsblattes genügt nicht (LAG Rh-Pf 9.4.2013 aaO). Eine Inkenntnissetzung des AN durch den AG kann man, wenn sie nicht ausdrücklich erfolgt ist, nur annehmen, wenn der Vertreter eine Stellung einnimmt, mit der üblicherweise die entspr Vertretungsmacht verbunden ist. Dies trifft regelmäßig auf einen Prokuristen oder Personalleiter zu (BAG 25.9.2014, 2 AZR 567/13, EzA § 164 BGB 2002 Nr 9) und zwar auch dann, wenn die Befugnis, von der Vollmacht Gebrauch zu machen, im Innenverhältnis eingeschränkt ist (BAG 29.10.1992, 2 AZR 460/92, EzA § 174 BGB Nr 10). Ein Sachbearbeiter oder Referatsleiter innerhalb der Personalabteilung gehört nur dann zu dem Personenkreis des § 174 S 2, wenn mit der Position die Kdg-Befugnis für AN verbunden ist (BAG 26.6.1989, 2 AZR 482/88, EzA § 174 BGB Nr 6; BAG 20.8.1997, 2 AZR 518/96, EzA § 174 BGB Nr 12). Ist in einer größeren Verwaltung die Personalabteilung lediglich für die Sachbearbeitung und für Grundsatzfragen zuständig, während die Federführung in Personalfragen den einzelnen Abteilungsleitern der Verwaltung oder des Betriebes vorbehalten ist, so können bei entspr Kenntnis der AN die Abteilungsleiter ohne Vollmachtsvorlage kündigen (BAG 7.11.2002, 2 AZR 493/01, EzA § 174 BGB 2002 Nr 1). Ein vom AG beauftragter Rechtsanwalt gehört nicht zu dem Personenkreis, bei dem der AN von einer Vollmacht ausgehen muss (BAG 31.8.1979, 7 AZR 674/77, EzA § 174 BGB Nr 3), und zwar auch dann nicht, wenn es sich um einen vom Insolvenzverwalter beauftragten anderen Anwalt derselben Sozietät handelt (BAG 18.4.2002, 8 AZR 346/01, EzA § 613a BGB Nr 207).

3 Der Hinweis im Arbeitsvertrag, die Inhaber bestimmter Funktionen seien zur Kdg berechtigt, reicht nur aus, wenn der Arbeitnehmer den Funktionen unschwer Personen zuordnen kann, wie das etwa auf den unmittelbaren Vorgesetzten zutrifft; andernfalls muss der AN davon in Kenntnis gesetzt werden, wer die Stelle tatsächlich innehat (BAG 14.4.2011, 6 AZR 727/09, EzA § 174 BGB 2002 Nr 6).

4 Als Inkenntnissetzung gilt auch die Eintragung der Prokura ins HReg (BAG 11.7.1991, 2 AZR 107/91, EzA § 174 BGB Nr 9). Dass die Prokura nur zur Gesamtvertretung mit einem weiteren Prokuristen oder dem Geschäftsführer berechtigt, ändert an der Wirksamkeit der Inkenntnissetzung dann nichts, wenn der Kündigungsempfänger aufgrund der ihm bekannten Stellung des Kündigenden als Personalleiter von einer ordnungsgemäßen Bevollmächtigung zum alleinigen Ausspruch von Kündigungen ausgehen muss (BAG 25.9.2014, 2 AZR 567/13, EzA § 164 BGB 2002 Nr 9).

5 § 174 S 1 gilt nicht für die Kdg durch einen **gesetzlichen Vertreter**, etwa einen bes Vereinsvertreter iSd § 30 (BAG 18.1.1990, 2 AZR 358/89, EzA § 174 BGB Nr 7) oder den Vorstand einer AOK (BAG 10.2.2005, 2 AZR 584/03, EzA § 174 BGB 2002 Nr 3). Ermächtigt allerdings einer von 2 nur zur Gesamtvertretung berechtigten Geschäftsführern einer GmbH den anderen zum Ausspruch von Kündigungen, ist § 174 anwendbar, mit der Folge, dass der AN die Kdg zurückweisen kann, wenn keine Urkunde über die Ermächtigung vorgelegt wird (BAG 18.12.1980, 2 AZR 980/78, EzA § 174 BGB Nr 4). Für den rechtsgeschäftlich bestellten Stellvertreter eines Organmitgliedes gilt § 174 (BAG 20.9.2006, 6 AZR 82/06, EzA § 174 BGB 2002 Nr 5).

6 Die Vertragsannahme stellt ein einseitiges Rechtsgeschäft iSv § 174 dar (LG Berlin 14.5.2002, 65 S 412/01). § 174 findet auf die Geltendmachung von Ansprüchen zur Wahrung einer tariflichen Ausschlussfrist keine entsprechende Anwendung. Der Empfänger einer solchen Geltendmachung hat kein durch § 174 zu schützendes Interesse, unverzüglich klare Verhältnisse zu schaffen; er wird lediglich zur Erfüllung eines Anspruchs aufgefordert (BAG 14.8.2002, 5 AZR 341/01, EzA § 4 TVG Ausschlussfristen Nr 156). Auch für die Information des BR im Rahmen von § 102 BetrVG gilt § 174 nicht analog (BAG 13.12.2012, 6 AZR 348/11, EzA § 174 BGB 2002 Nr 8). Auch auf ein der Anhörung des Betriebsrats nach § 102 I BetrVG dienendes Schreiben ist § 174 nicht analog anzuwenden (BAG 25.4.2013, 6 AZR 49/12, NZI 2013, 758).

§ 175 Rückgabe der Vollmachtsurkunde
Nach dem Erlöschen der Vollmacht hat der Bevollmächtigte die Vollmachtsurkunde dem Vollmachtgeber zurückzugeben; ein Zurückbehaltungsrecht steht ihm nicht zu.

Ist die Vollmacht eines Angestellten infolge des Endes seines Anstellungsverhältnisses oder durch Widerruf erloschen (vgl §§ 167–173 Rdn 4 ff), hat er die Vollmachtsurkunde an den AG zurückzugeben, ohne dass ihm ein Zurückbehaltungsrecht, etwa wegen rückständigen Gehalts oder Nichtherausgabe der Arbeitspapiere, zustünde. 1

§ 177 Vertragsschluss durch Vertreter ohne Vertretungsmacht
(1) Schließt jemand ohne Vertretungsmacht im Namen eines anderen einen Vertrag, so hängt die Wirksamkeit des Vertrags für und gegen den Vertretenen von dessen Genehmigung ab.
(2) ¹Fordert der andere Teil den Vertretenen zur Erklärung über die Genehmigung auf, so kann die Erklärung nur ihm gegenüber erfolgen; eine vor der Aufforderung dem Vertreter gegenüber erklärte Genehmigung oder Verweigerung der Genehmigung wird unwirksam. ²Die Genehmigung kann nur bis zum Ablauf von zwei Wochen nach dem Empfang der Aufforderung erklärt werden; wird sie nicht erklärt, so gilt sie als verweigert.

§ 178 Widerrufsrecht des anderen Teils
¹Bis zur Genehmigung des Vertrags ist der andere Teil zum Widerruf berechtigt, es sei denn, dass er den Mangel der Vertretungsmacht bei dem Abschluss des Vertrags gekannt hat. ²Der Widerruf kann auch dem Vertreter gegenüber erklärt werden.

§ 179 Haftung des Vertreters ohne Vertretungsmacht
(1) Wer als Vertreter einen Vertrag geschlossen hat, ist, sofern er nicht seine Vertretungsmacht nachweist, dem anderen Teil nach dessen Wahl zur Erfüllung oder zum Schadensersatz verpflichtet, wenn der Vertretene die Genehmigung des Vertrags verweigert.
(2) Hat der Vertreter den Mangel der Vertretungsmacht nicht gekannt, so ist er nur zum Ersatz desjenigen Schadens verpflichtet, welchen der andere Teil dadurch erleidet, dass er auf die Vertretungsmacht vertraut, jedoch nicht über den Betrag des Interesses hinaus, welches der andere Teil an der Wirksamkeit des Vertrags hat.
(3) ¹Der Vertreter haftet nicht, wenn der andere Teil den Mangel der Vertretungsmacht kannte oder kennen musste. ²Der Vertreter haftet auch dann nicht, wenn er in der Geschäftsfähigkeit beschränkt war, es sei denn, dass er mit Zustimmung seines gesetzlichen Vertreters gehandelt hat.

§ 180 Einseitiges Rechtsgeschäft
¹Bei einem einseitigen Rechtsgeschäft ist Vertretung ohne Vertretungsmacht unzulässig. ²Hat jedoch derjenige, welchem gegenüber ein solches Rechtsgeschäft vorzunehmen war, die von dem Vertreter behauptete Vertretungsmacht bei der Vornahme des Rechtsgeschäfts nicht beanstandet oder ist er damit einverstanden gewesen, dass der Vertreter ohne Vertretungsmacht handele, so finden die Vorschriften über Verträge entsprechende Anwendung. ³Das Gleiche gilt, wenn ein einseitiges Rechtsgeschäft gegenüber einem Vertreter ohne Vertretungsmacht mit dessen Einverständnis vorgenommen wird.

Die Vorschriften über die Vertretung ohne Vertretungsmacht gelten uneingeschränkt auch im ArbR. Von Bedeutung ist insb § 180: Wird eine Kdg nicht vom AG selbst oder von jemandem, der dafür die Vertretungsmacht hat, ausgesprochen, sondern von jemandem, der nur mit der nachträglichen Zustimmung des AG rechnet, kann der AN das Wirksamwerden der Kdg verhindern, indem er sie zurückweist. Beanstandet er allerdings das Fehlen der Vertretungsmacht nicht, ist eine nachträgliche Genehmigung durch den AG oder einen sonst Vertretungsberechtigten möglich (BAG 26.3.1986, 7 AZR 585/84, EzA § 626 BGB nF Nr 99; aM LAG Köln 16.11.2005, 8 Sa 832/05, LAGE § 180 BGB Nr 1). Bei außerordentlichen Kdg muss die Genehmigung innerhalb der Frist des § 626 II erfolgen. 1
§ 180 S 1 gilt entspr für die Geltendmachung von Ansprüchen zur Wahrung einer tariflichen Ausschlussfrist. Eine Genehmigung nach § 180 S 2 kommt nicht in Betracht, weil dies der mit den Ausschlussfristen bezweckten Rechtssicherheit entgegenstünde (BAG 14.8.2002, 5 AZR 341/01, EzA § 4 TVG Ausschlussfristen Nr 156). 2

3 Fehlt es für einen Auflösungsvertrag an der Vertretungsmacht desjenigen, der ihn für den AG abgeschlossen hat, kann der AN, wenn er den Mangel der Vertretungsmacht nicht gekannt hat, den Vertrag bis zur Genehmigung widerrufen (§ 178). In einer Anfechtung des Auflösungsvertrags ist aber nicht ohne Weiteres ein solcher Widerruf enthalten (BAG 31.1.1996, 2 AZR 91/95, EzA § 178 BGB Nr 1).
4 Die Haftung nach § 179 I tritt auch ein, wenn jemand für einen AG handelt, der (noch) gar nicht existiert (BAG 12.7.2006, 5 AZR 613/05, EzA § 179 BGB 2002 Nr 1).
5 Die Regeln über die Vertretung ohne Vertretungsmacht gelten auch für den **Abschluss von TV**. Schließt ein dazu satzungsmäßig nicht berechtigter und auch nicht bevollmächtigter örtlicher Vertreter einer Gewerkschaft einen TV ab, wird dieser wirksam, wenn er von der zuständigen Stelle der Gewerkschaft genehmigt wird. Bleibt diese Genehmigung aus, haftet der Handelnde selbst nach § 179 (*Löwisch* BB 1997, 2161).
6 Zur Anwendbarkeit von § 177 bei einem zwischen Betriebsveräußerer und AN nach Betriebsübergang geschlossenen Beendigungsvergleich s § 613a Rdn 118. Zur Wirksamkeit eines mit einem Betriebserwerber geschlossenen Auflösungsvertrages im Fall des nachträglichen Widerspruchs gegen den Übergang des Arbeitsverhältnisses s § 613a Rdn 147 sowie *Löwisch* BB 2008, 326.

§ 181 Insichgeschäft
Ein Vertreter kann, soweit nicht ein anderes ihm gestattet ist, im Namen des Vertretenen mit sich im eigenen Namen oder als Vertreter eines Dritten ein Rechtsgeschäft nicht vornehmen, es sei denn, dass das Rechtsgeschäft ausschließlich in der Erfüllung einer Verbindlichkeit besteht.

1 Insichgeschäfte sind auch dem AN verboten. In Betracht kommen aber insoweit die in § 181 geregelten Ausnahmen, insb der Fall, dass der AN ausschließlich eine ihm ggü bestehende Verbindlichkeit des AG erfüllt. Soweit eine Vertretungsmacht hins der Auszahlung von Gehältern besteht, wie das auf Prokuristen und Handlungsbevollmächtigte zutrifft, können diese sich deshalb selbst das rückständige Gehalt anweisen (*Löwisch/Neumann* BGB AT Rn 209). Für den Abschluss eines Ausbildungsvertrages mit ihrem Kind sind Eltern vom Verbot des Insichgeschäfts befreit (§ 3 III BBIG).

§ 186
Für die in Gesetzen, gerichtlichen Verfügungen und Rechtsgeschäften enthaltenen Frist- und Terminsbestimmungen gelten die Auslegungsvorschriften der §§ 187 bis 193.

§ 187 Fristbeginn
(1) Ist für den Anfang einer Frist ein Ereignis oder ein in den Lauf eines Tages fallender Zeitpunkt maßgebend, so wird bei der Berechnung der Frist der Tag nicht mitgerechnet, in welchen das Ereignis oder der Zeitpunkt fällt.
(2) ¹Ist der Beginn eines Tages der für den Anfang einer Frist maßgebende Zeitpunkt, so wird dieser Tag bei der Berechnung der Frist mitgerechnet. ²Das Gleiche gilt von dem Tag der Geburt bei der Berechnung des Lebensalters.

§ 188 Fristende
(1) Eine nach Tagen bestimmte Frist endigt mit dem Ablauf des letzten Tages der Frist.
(2) Eine Frist, die nach Wochen, nach Monaten oder nach einem mehrere Monate umfassenden Zeitraum – Jahr, halbes Jahr, Vierteljahr – bestimmt ist, endigt im Falle des § 187 Abs. 1 mit dem Ablauf desjenigen Tages der letzten Woche oder des letzten Monats, welcher durch seine Benennung oder seine Zahl dem Tag entspricht, in den das Ereignis oder der Zeitpunkt fällt, im Falle des § 187 Abs. 2 mit dem Ablauf desjenigen Tages der letzten Woche oder des letzten Monats, welcher dem Tage vorhergeht, der durch seine Benennung oder seine Zahl dem Anfangstag der Frist entspricht.
(3) Fehlt bei einer nach Monaten bestimmten Frist in dem letzten Monat der für ihren Ablauf maßgebende Tag, so endigt die Frist mit dem Ablauf des letzten Tages dieses Monats.

§ 189 Berechnung einzelner Fristen
(1) Unter einem halben Jahr wird eine Frist von sechs Monaten, unter einem Vierteljahr eine Frist von drei Monaten, unter einem halben Monat eine Frist von 15 Tagen verstanden.
(2) Ist eine Frist auf einen oder mehrere ganze Monate und einen halben Monat gestellt, so sind die 15 Tage zuletzt zu zählen.

§ 190 Fristverlängerung
Im Falle der Verlängerung einer Frist wird die neue Frist von dem Ablauf der vorigen Frist an berechnet.

§ 191 Berechnung von Zeiträumen
Ist ein Zeitraum nach Monaten oder nach Jahren in dem Sinne bestimmt, dass er nicht zusammenhängend zu verlaufen braucht, so wird der Monat zu 30, das Jahr zu 365 Tagen gerechnet.

§ 192 Anfang, Mitte, Ende des Monats
Unter Anfang des Monats wird der erste, unter Mitte des Monats der 15., unter Ende des Monats der letzte Tag des Monats verstanden.

§ 193 Sonn- und Feiertag; Sonnabend
Ist an einem bestimmten Tag oder innerhalb einer Frist eine Willenserklärung abzugeben oder eine Leistung zu bewirken und fällt der bestimmte Tag oder der letzte Tag der Frist auf einen Sonntag, einen am Erklärungs- oder Leistungsorte staatlich anerkannten allgemeinen Feiertag oder einen Sonnabend, so tritt an die Stelle eines solchen Tages der nächste Werktag.

Aus § 186 folgt, dass mangels anderweitiger spezieller Regelung auch im ArbR alle Frist- und Terminbestimmungen sich nach den §§ 187–193 richten. Ob sie in arbeitsrechtlichen Gesetzen, TV, BV oder Dienstvereinbarungen oder im Arbeitsvertrag enthalten sind, spielt dafür keine Rolle. 1

Ob sich der Fristbeginn nach § 187 I oder § 187 II und dementsprechend das Fristende nach § 188 II 1 oder nach § 188 II 2 richtet, bestimmt sich danach, ob die jeweilige gesetzliche, tarifliche oder vertragliche Bestimmung für den Fristbeginn auf ein in den Lauf eines Tages fallendes Ereignis oder auf den Beginn des betreffenden Tages abstellt. Die Frist für die Kdg-Schutzklage beginnt nach § 4 S 1 KSchG mit dem Zugang der Kdg, sodass ein Fall des § 187 I iVm § 188 II 1 vorliegt. Hat der AG zB am 3.1. zum 31.1 gekündigt, so endet die 3-Wochenfrist am 24.1. Hingegen ist die vertragliche Bestimmung der Arbeitsaufnahme an einem bestimmten Tag § 187 II iVm § 188 II 2 zuzurechnen mit der Folge, dass der 1. Arbeitstag in die Berechnung des Ablaufs einer vertraglich vereinbarten Probezeit einzurechnen ist (BAG 27.6.2002, 2 AZR 382/01, EzA §§ 187–188 BGB Nr 1). Gleiches gilt für die Wartezeit nach § 1 I KSchG. Ist zB der Tag der Arbeitsaufnahme der 1.4., endet die Wartezeit am 30.9. um 24 Uhr. 2

Aus § 191 folgt, dass in einem AN, der nur einen Teil der Tage eines Monats gearbeitet hat, für jeden Arbeitstag ein Dreißigstel eines Monatsgehalts erhält, auch wenn der Monat, weil es sich um den Februar handelt, lediglich 28 oder 29 Tage hat (BAG 28.2.1975, 5 AZR 213/74, EzA § 191 BGB Nr 2). 3

§ 193 gilt in gleicher Weise für Erklärungen des AG wie des AN. Ist der letzte Tag, an dem unter Einhaltung einer gegebenen Kdgfrist gekündigt werden kann, ein Sonntag, allg anerkannter Feiertag oder Sonnabend, genügt es, wenn die Kdg am darauf folgenden Werktag zugeht. Staatlich anerkannte allg Feiertage sind lediglich die in den Feiertagsgesetzen der Länder festgelegten gesetzlichen Feiertage, nicht die kirchlichen Feiertage, mögen diese auch staatlich geschützt sein. Ob der Feiertag im ganzen Bundesland oder nur in einem Teil gesetzlicher Feiertag ist, spielt aber keine Rolle. Deshalb fallen in Bayern das Friedensfest in Augsburg (8.8.) und Mariä Himmelfahrt (15.8.) in überwiegend katholischen Gegenden unter § 193. 4

§ 194 Gegenstand der Verjährung
(1) Das Recht, von einem anderen ein Tun oder Unterlassen zu verlangen (Anspruch), unterliegt der Verjährung.
(2) Ansprüche aus einem familienrechtlichen Verhältnis unterliegen der Verjährung nicht, soweit sie auf die Herstellung des dem Verhältnis entsprechenden Zustands für die Zukunft oder auf die Einwilligung in eine genetische Untersuchung zur Klärung der leiblichen Abstammung gerichtet sind.

Ansprüche aus dem Arbeitsverhältnis unterliegen der **Verjährung**. Sie gibt dem Schuldner nach Ablauf einer bestimmten Zeit das Recht, die geschuldete Leistung zu verweigern (§ 214 I). 1

Vom gesetzlichen Institut der Verjährung zu unterscheiden ist das Institut arbeits- oder tarifvertraglich vereinbarter **Ausschlussfristen**. Ihr Ablauf begründet nicht nur ein Leistungsverweigerungsrecht, sondern führt zum Untergang des Anspruchs (dazu noch § 215 Rdn 2). Anders als für die Hemmung der Verjährung (dazu § 204) genügt zur Wahrung von Ausschlussfristen jedenfalls zunächst gewöhnlich die schriftliche, mitunter auch die bloße mündliche Geltendmachung. Erst wenn der Schuldner auf diese nicht reagiert, ist dann bei 2 einer »zweistufigen« Ausschlussfrist die gerichtliche Geltendmachung erforderlich. S iE zu den Ausschlussfristen § 611 Rdn 258 ff, § 4 TVG Rdn 34 sowie § 307 Rdn 10.

3 Ansprüche aus dem Arbeitsverhältnis, die weder verjährt noch ausgeschlossen sind, können ausnahmsweise **verwirkt** sein. S dazu § 242 Rdn 4.

§ 195 Regelmäßige Verjährungsfrist
Die regelmäßige Verjährungsfrist beträgt drei Jahre.

1 Die Verjährungsfrist für Ansprüche aus dem Arbeitsverhältnis beträgt heute mit wenigen spezialgesetzlichen Ausnahmen (zB § 61 II HGB) **einheitlich 3 Jahre**. Weder die Art des Anspruchs noch die Rechtsgrundlage (Vertrag, TV, BV, Dienstvereinbarung, Gesetz) spielen für die Verjährungsfrist eine Rolle. Auch für Bereicherungsansprüche nach den §§ 812 ff gilt § 195. Zum Beginn der Verjährungsfrist s § 199.

§ 197 Dreißigjährige Verjährungsfrist
(1) In 30 Jahren verjähren, soweit nicht ein anderes bestimmt ist,
1. Schadensersatzansprüche, die auf der vorsätzlichen Verletzung des Lebens, des Körpers, der Gesundheit, der Freiheit oder der sexuellen Selbstbestimmung beruhen,
2. Herausgabeansprüche aus Eigentum, anderen dinglichen Rechten, den §§ 2018, 2130 und 2362 sowie die Ansprüche, die der Geltendmachung der Herausgabeansprüche dienen,
3. rechtskräftig festgestellte Ansprüche,
4. Ansprüche aus vollstreckbaren Vergleichen oder vollstreckbaren Urkunden,
5. Ansprüche, die durch die im Insolvenzverfahren erfolgte Feststellung vollstreckbar geworden sind, und
6. Ansprüche auf Erstattung der Kosten der Zwangsvollstreckung.
(2) Soweit Ansprüche nach Abs. 1 Nr. 3 bis 5 künftig fällig werdende regelmäßig wiederkehrende Leistungen zum Inhalt haben, tritt an die Stelle der Verjährungsfrist von 30 Jahren die regelmäßige Verjährungsfrist.

1 Rechtskräftig festgestellte Ansprüche aus dem Arbeitsverhältnis und solche aus vollstreckbaren Vergleichen oder vollstreckbaren Urkunden (§ 794 I Nr 1 und 5 ZPO) sowie im Insolvenzverfahren festgestellte Ansprüche (§§ 174 ff InsO) verjähren erst in 30 Jahren. Dies gilt nach II aber nicht, soweit es sich um künftig fällig werdende wiederkehrende Leistungen, insb Entgeltansprüche, handelt. Sie verjähren, beginnend mit der Rechtskraft, der Errichtung des vollstreckbaren Titels oder der Feststellung im Insolvenzverfahren, in 3 Jahren (§ 201).

2 Zur 30-jährigen Verjährungsfrist für Leistungen aus der BAV s § 18a BetrAVG und die Erl dort.

3 Ansprüche auf Nebenleistungen, etwa Zinsen, verjähren nach § 217 spätestens mit dem Hauptanspruch (LAG Berl-Bbg 15.6.2012, Sa 587/12).

§ 199 Beginn der regelmäßigen Verjährungsfrist und Verjährungshöchstfristen
(1) Die regelmäßige Verjährungsfrist beginnt, soweit nicht ein anderer Verjährungsbeginn bestimmt ist, mit dem Schluss des Jahres, in dem
1. der Anspruch entstanden ist und
2. der Gläubiger von den den Anspruch begründenden Umständen und der Person des Schuldners Kenntnis erlangt oder ohne grobe Fahrlässigkeit erlangen müsste.
(2) Schadensersatzansprüche, die auf der Verletzung des Lebens, des Körpers, der Gesundheit oder der Freiheit beruhen, verjähren ohne Rücksicht auf ihre Entstehung und die Kenntnis oder grob fahrlässige Unkenntnis in 30 Jahren von der Begehung der Handlung, der Pflichtverletzung oder dem sonstigen, den Schaden auslösenden Ereignis an.
(3) ¹Sonstige Schadensersatzansprüche verjähren
1. ohne Rücksicht auf die Kenntnis oder grob fahrlässige Unkenntnis in zehn Jahren von ihrer Entstehung an und
2. ohne Rücksicht auf ihre Entstehung und die Kenntnis oder grob fahrlässige Unkenntnis in 30 Jahren von der Begehung der Handlung, der Pflichtverletzung oder dem sonstigen, den Schaden auslösenden Ereignis an.
²Maßgeblich ist die früher endende Frist.

(3a) Ansprüche, die auf einem Erbfall beruhen oder deren Geltendmachung die Kenntnis einer Verfügung von Todes wegen voraussetzt, verjähren ohne Rücksicht auf die Kenntnis oder grob fahrlässige Unkenntnis in 30 Jahren von der Entstehung des Anspruchs an.
(4) Andere Ansprüche als die nach den Abs. 2 bis 3a verjähren ohne Rücksicht auf die Kenntnis oder grob fahrlässige Unkenntnis in zehn Jahren von ihrer Entstehung an.
(5) Geht der Anspruch auf ein Unterlassen, so tritt an die Stelle der Entstehung die Zuwiderhandlung.

Der Beginn der 3-jährigen Verjährungsfrist des § 195 setzt nach § 199 I 1 zunächst voraus, dass der Anspruch **entstanden** ist. Mit Entstehung meint das Gesetz, dass die Anspruchsvoraussetzungen erfüllt sind und dass der Anspruch **fällig** ist (ausf Staudinger/*Peters/Jacoby* [2014] § 199 Rn 7 ff). Wann Fälligkeit eintritt, bestimmt sich in erster Linie nach der Vereinbarung der Parteien (BAG 19.1.2010, 3 AZR 191/08, EzA § 195 BGB 2002 Nr 1). Liegt keine Vereinbarung vor, tritt nach § 271 sofortige Fälligkeit ein, doch wird der Vergütungsanspruch mangels Vereinbarung erst nach Erbringung der Arbeitsleistung fällig (§ 614). Ist die Vergütung regelmäßig wiederkehrend zu zahlen (Monatsentgelt, Wochenentgelt), wird sie entspr gestaffelt fällig. 1

Nach § 199 I 2 muss der Gläubiger die den Anspruch begründenden Umstände und die Person des Schuldners kennen oder infolge grober Fahrlässigkeit nicht kennen. Notwendig ist die Kenntnis der Tatsachen, aus denen der Anspruch herzuleiten ist. Dazu gehört bei tariflichen Ansprüchen die Kenntnis des TV und seiner Geltung für das Arbeitsverhältnis; dass der AN den TV irrtümlich für wirksam hält, schließt die Kenntnis nicht aus (BAG 20.11.2013, 5 AZR 776/12 - für eine den Equal-Pay-Anspruch ausschließende arbeitsvertragliche Bezugnahme auf einen TV). Kann sich ein Anspruch des AN, etwa auf eine Tantieme, erst aus einer Auskunft des AG ergeben, beginnt die Verjährung nicht, solange nicht die Auskunft gegeben ist. Bei einem Bereicherungsanspruch kommt es außer auf die Kenntnis von der Leistung auf die Kenntnis vom Fehlen des Rechtsgrunds an. Nicht zu den den Anspruch begründenden Umständen gehören die Einwendungen und Einreden des Schuldners sowie die Möglichkeit, den Anspruch zu beweisen. Es genügt, dass der Gläubiger bei verständiger Würdigung davon ausgehen muss, dass die gerichtliche Geltendmachung des Anspruchs eine gewisse Erfolgsaussicht hat (BAG 24.9.2014, 5 AZR 256/13, JurionRS 2014, 27801). Kenntnis von der Person des Schuldners hat der Gläubiger, wenn ihm Name und Anschrift bekannt sind (LAG Nds 16.1.2012, 9 Sa 395/11). Bei mehreren Schuldnern, etwa einer GbR als AG, beginnt die Verjährung für jeden Schuldner bes vom Zeitpunkt der Kenntnis seiner Person ab. 2

Grob fahrlässig ist die Unkenntnis, wenn sie auf ein grobes, auch subjektiv schlechthin unentschuldbares Fehlverhalten zurückzuführen ist, welches das gewöhnliche Maß der Fahrlässigkeit erheblich übersteigt (§ 276 Rdn 5). Als grob fahrlässig wird man es regelmäßig ansehen müssen, wenn AN oder AG die Bestimmungen eines schriftlichen Arbeitsvertrags oder eines TV, aus denen sich Ansprüche ergeben, nicht kennen. Hingegen ist es nicht grob fahrlässig, wenn der AN komplizierte Bestimmungen eines Arbeitsvertrages, eines TV oder einer BV falsch interpretiert und deshalb über sich daraus ergebende Nebenleistungs- oder Schadensersatzansprüche nicht Bescheid weiß. Nachforschungen muss der Gläubiger regelmäßig nicht betreiben (BGH 22.7.2010, III ZR 99/09). Zuzurechnen sind dem Gläubiger auch Erkenntnismöglichkeiten von Hilfspersonen, sog »Wissensvertreter« müssen diese nicht sein (Staudinger/*Peters/Jacoby* [2014] § 199 Rn 81; aM Palandt/*Ellenberger* § 199 Rn 24). Das in arbeitsteiligen Organisationen keine wechselseitige Unterrichtung von Abteilungen stattfindet, begründet regelmäßig noch nicht den Vorwurf der groben Fahrlässigkeit (BGH 28.2.2012, VI ZR 9/11, NJW 2012, 1789). 3

Kenntnis und grob fahrlässige Unkenntnis beziehen sich nur auf die tatsächlichen Umstände, nicht auf die aus diesen zu ziehenden rechtlichen Schlüsse (BGH 8.5.2008, VII ZR 106/07, NJW 2008, 2427). Weiß der AN, dass er Überstunden geleistet hat, kann er sich nicht darauf berufen, er habe nicht gewusst, dass diese zu vergüten sind. 4

Die 3-jährige Verjährungsfrist beginnt erst mit dem Schluss des Kalenderjahres, in dem die Voraussetzungen der Nr 1 und 2 erfüllt worden sind. Für Entgeltansprüche, die während des Jahres 2009 fällig geworden sind, kann Verjährung also erst Ende 2012 eintreten. 5

Unabhängig von Kenntnis oder grob fahrlässiger Unkenntnis iSv I Nr 2 verjähren Ansprüche aus dem Arbeitsverhältnis nach IV in 10 Jahren seit Fälligkeit. Für Schadensersatzansprüche, gleichgültig ob sie auf Delikt oder Vertrag beruhen, gelten die bes Verjährungshöchstfristen nach II und III. 6

§ 202 Unzulässigkeit von Vereinbarungen über die Verjährung
(1) Die Verjährung kann bei Haftung wegen Vorsatzes nicht im Voraus durch Rechtsgeschäft erleichtert werden.
(2) Die Verjährung kann durch Rechtsgeschäft nicht über eine Verjährungsfrist von 30 Jahren ab dem gesetzlichen Verjährungsbeginn hinaus erschwert werden.

§ 204 BGB Hemmung der Verjährung durch Rechtsverfolgung

1 Erleichterungen der Verjährung, insb eine Abkürzung der einschlägigen Fristen, sind möglich. Sofern sie in AGB vereinbart werden, finden sie ihre Grenze in § 307 II Nr 1 (dazu § 307 Rdn 10). So wie die Haftung wegen Vorsatz im Voraus nicht erlassen werden kann (§ 276 III), kann aber auch die Verjährung bei Haftung wegen Vorsatzes nicht im Voraus rechtsgeschäftlich erleichtert werden (I). Die Verjährung eines bereits entstandenen Anspruchs kann auch im Vorsatzfalle erleichtert werden, vorausgesetzt, der Gläubiger hat die Vorsätzlichkeit der Schädigung erkannt (Staudinger/*Peters/Jacoby* [2014] § 202 Rn 12). § 202 I gilt auch für Ausschlussfristen (BAG 20.6.2013, 8 AZR 280/12, DB 2013, 2452), und zwar – entgegen dem BAG 20.6.2013, 8 AZR 280/12, DB 2013, 2452 – auch für tarifliche. In I drückt sich wie in § 276 III der elementare Grundsatz aus, dass ein Gläubiger nicht von vornherein der Willkür des Schuldners ausgeliefert werden darf. Dieser Grundsatz verlangt auch Geltung gegenüber tariflichen Regelungen (ebenso Staudinger/*Caspers* [2014] § 276 Rn 119).

2 **Rechtsgeschäftliche Erschwerungen** der Verjährung sind nach II nur bis zur Grenze der Verjährungsfrist von 30 Jahren möglich. Ein ohne zeitliche Einschränkung ausgesprochener Verzicht auf die Einrede der Verjährung ist regelmäßig dahin zu verstehen, dass er auf die 30 Jahresfrist des Abs. 2 begrenzt ist (BGH 18.9.2007, XI ZR 447/06, BB 2007, 2591).

Mittelbare Vereinbarungen über die Verjährung, insb die Vereinbarung späterer Fälligkeit, die Stundung und das pactum de non petendo werden von § 202 nicht erfasst. Tarifliche Regelungen sind als Rechtsnormen (Art 2 EGBGB) keine Vereinbarungen iSv § 202 (BAG 18.8.2011, 8 AZR 187/10, ZTR 2012, 31). Zum Verzicht auf die Einrede der Verjährung s § 214 Rdn 2.

§ 203 Hemmung der Verjährung bei Verhandlungen

¹Schweben zwischen dem Schuldner und dem Gläubiger Verhandlungen über den Anspruch oder die den Anspruch begründenden Umstände, so ist die Verjährung gehemmt, bis der eine oder der andere Teil die Fortsetzung der Verhandlungen verweigert. ²Die Verjährung tritt frühestens drei Monate nach dem Ende der Hemmung ein.

1 **Verhandeln** AG und AN über Bestehen oder Umfang eines Anspruchs oder über seine Verwirklichung, etwa eine Stundung, **hemmt** das den Lauf der Verjährungsfrist (S 1). Die Verjährung kann dann nach S 2 frühestens 3 Monate nach dem Ende der Hemmung eintreten. Wird über einen Entgeltanspruch im Dezember des letzten Jahres der Verjährungsfrist verhandelt und werden die Verhandlungen am 20.12. abgebrochen, kann Verjährung also erst am 20.3. des Folgejahres eintreten.

2 Verhandlungen setzen einen Meinungsaustausch zwischen Gläubiger und Schuldner voraus. Mahnung des Gläubigers und Ablehnung der Forderung durch den Schuldner leiten noch keine Verhandlungen ein (BGH 26.10.2006, VII ZR 194/05, NJW 2007, 587). Wird die Ablehnung aber mit der Aufforderung verknüpft, Nachweise vorzulegen, liegt darin ein Verhandlungsbeginn (LAG Rh-Pf 30.11.2007, 9 Sa 496/07, DB 2008, 592). Maßgeblicher Zeitpunkt für den Beginn der Verhandlungen ist der Zeitpunkt der Initiative zu ihnen, sofern sie zu Verhandlungen führt. Bietet der AN kurz vor Ablauf der Verjährungsfrist dem AG Verhandlungen über eine Entgeltforderung an und erklärt sich der AG kurz nach Ablauf der Verjährungsfrist mit der Aufnahme von Verhandlungen einverstanden, wird die Verjährung noch gehemmt.

3 Die Verhandlungen enden, wenn sie von dem einen oder anderen Teil für gescheitert erklärt oder abgebrochen werden. Auch bloßes Einschlafen der Verhandlungen führt zu deren Ende und damit zum Ende der Hemmung zu dem Zeitpunkt, zu dem nach Treu und Glauben eine Äußerung der Seite zu erwarten war, die am Zuge war (BGH 6.11.2008, IX ZR 158/07, NJW 2009, 1809; LAG Rh-Pf aaO). Hinhaltende Erklärungen ändern nichts am Ende der Verhandlungen (Saarländisches OLG 31.1.2012, 4 U 45/11).

4 Haben sich die Parteien darauf verständigt, dass ein bestimmtes Ereignis, etwa der Ausgang eines Strafverfahrens oder eines Musterprozesses abgewartet werden soll, liegt ein pactum de non petendo vor, das die Verjährung nach § 203 hemmt. Hat das andere Verfahren geendet, muss der Gläubiger die Initiative ergreifen, um die Hemmung fortdauern zu lassen (Staudinger/*Peters/Jacoby* [2014] § 203 Rn 13).

§ 204 Hemmung der Verjährung durch Rechtsverfolgung

(1) Die Verjährung wird gehemmt durch
1. die Erhebung der Klage auf Leistung oder auf Feststellung des Anspruchs, auf Erteilung der Vollstreckungsklausel oder auf Erlass des Vollstreckungsurteils,
[...]
3. die Zustellung des Mahnbescheids im Mahnverfahren oder des Europäischen Zahlungsbefehls im Europäischen Mahnverfahren nach der Verordnung (EG) Nr 1896/2006 des Europäischen Parlaments

und des Rates vom 12. Dezember 2006 zur Einführung eines Europäischen Mahnverfahrens (ABl EU Nr L 399 S. 1),
4. die Veranlassung der Bekanntgabe des Güteantrags, der bei einer durch die Landesjustizverwaltung eingerichteten oder anerkannten Gütestelle oder, wenn die Parteien den Einigungsversuch einvernehmlich unternehmen, bei einer sonstigen Gütestelle, die Streitbeilegungen betreibt, eingereicht ist; wird die Bekanntgabe demnächst nach der Einreichung des Antrags veranlasst, so tritt die Hemmung der Verjährung bereits mit der Einreichung ein,
5. die Geltendmachung der Aufrechnung des Anspruchs im Prozess,
6. die Zustellung der Streitverkündung,
7. die Zustellung des Antrags auf Durchführung eines selbständigen Beweisverfahrens,
[...]
9. die Zustellung des Antrags auf Erlass eines Arrests, einer einstweiligen Verfügung oder einer einstweiligen Anordnung, oder, wenn der Antrag nicht zugestellt wird, dessen Einreichung, wenn der Arrestbefehl, die einstweilige Verfügung oder die einstweilige Anordnung innerhalb eines Monats seit Verkündung oder Zustellung an den Gläubiger dem Schuldner zugestellt wird,
10. die Anmeldung des Anspruchs im Insolvenzverfahren oder im Schifffahrtsrechtlichen Verteilungsverfahren,
[...]
(2) ^{1}Die Hemmung nach Abs. 1 endet sechs Monate nach der rechtskräftigen Entscheidung oder anderweitigen Beendigung des eingeleiteten Verfahrens. ^{2}Gerät das Verfahren dadurch in Stillstand, dass die Parteien es nicht betreiben, so tritt an die Stelle der Beendigung des Verfahrens die letzte Verfahrenshandlung der Parteien, des Gerichts oder der sonst mit dem Verfahren befassten Stelle. ^{3}Die Hemmung beginnt erneut, wenn eine der Parteien das Verfahren weiter betreibt.
(3) Auf die Frist nach Abs. 1 Nr. 9, 12 und 13 finden die §§ 206, 210 und 211 entsprechende Anwendung.

Die Verjährung wird gehemmt, wenn der Gläubiger einen der im Katalog des Abs 1 genannten **gerichtlichen Schritte** einleitet, insb Klage auf Leistung oder auf Feststellung des Anspruchs erhebt (Nr 1) oder einen Mahnbescheid zustellt (Nr 3). Dabei genügt nach dem gem § 46a I 1 ArbGG auch im ArbG-Verfahren anwendbaren § 167 ZPO die Einreichung bei Gericht vor Ablauf der Verjährungsfrist, wenn die Zustellung demnächst erfolgt, auch wenn dann die Verjährungsfrist abgelaufen ist. Gem § 189 ZPO werden eventuelle Zustellungsmängel durch den tatsächlichen Zugang geheilt (s dazu BGH 26.2.2010, V ZR 98/09, MDR 2010, 646). 1

Nur die Erhebung der Klage auf Leistung oder auf Feststellung des Anspruchs hemmt nach I Nr 1 die Verjährung. Deshalb genügt – anders als für die Wahrung einer Ausschlussfrist (BAG 11.12.2001, 9 AZR 510/00, EzA § 4 TVG Ausschussfristen Nr 145) – die Erhebung der Kdg-Schutzklage nicht, um die Verjährung des Anspruchs auf Annahmeverzugslohn zu hemmen (BAG 24.9.2014, 5 AZR 593/12, EzA § 4 TVG Ausschlussfristen Nr 209). Auch eine negative Feststellungsklage oder die Verteidigung gegen diese reicht nicht aus (BGH 15.8.2012, XII ZR 86/11, ZIP 2012, 2157). Dazu, dass zur Verjährungshemmung von Urlaubsansprüchen die Erhebung einer Feststellungsklage ausreicht LAG Düsseldorf 18.8.2010, 12 Sa 650/10. 2

Nach I Nr 4 gilt die Vorschrift auch, wenn die Parteien einvernehmlich einen Einigungsversuch bei einer sonstigen Gütestelle, etwa einem **Mediator**, unternehmen. Ausgelöst wird die Hemmung durch die Bekanntgabe des eingereichten Güteantrags an die andere Partei. Erfolgt die Bekanntgabe demnächst nach der Einreichung, tritt die Hemmung bereits mit der Einreichung ein. Verzögerungen der Bekanntgabe, die auf einer Arbeitsüberlastung des Mediators beruhen, sind dem Antragsteller grds nicht zuzurechnen (BGH 22.9.2009, XI ZR 230/08, ZGS 2009, 505). 3

Die **Hemmung endet** 6 Monate nach der rechtskräftigen Entscheidung oder anderweitigen Beendigung des eingeleiteten Verfahrens (II 1). Betreiben die Parteien das Verfahren nicht weiter, endet die Hemmung 6 Monate nach der letzten Verfahrenshandlung, es sei denn, für das Untätig bleiben besteht ein triftiger Grund außerhalb des Verantwortungsbereichs der Parteien; außergerichtliche Vergleichsverhandlungen sind kein solcher Grund (BGH 16.3.2009, II ZR 32/08, ZIP 2009, 956) ebenso wenig das Abwarten eines Musterprozesses ohne Verständigung der Parteien (s § 203 Rdn 2) (BAG 22.4.2004, 8 AZR 620/02, EzA § 204 BGB Nr 1). Die Hemmung beginnt erneut, wenn das Verfahren innerhalb der 6 Monate, gleichgültig von welcher Partei, weiter betrieben wird. 4

§ 205 Hemmung der Verjährung bei Leistungsverweigerungsrecht
Die Verjährung ist gehemmt, solange der Schuldner auf Grund einer Vereinbarung mit dem Gläubiger vorübergehend zur Verweigerung der Leistung berechtigt ist.

1 **Stundet** der Gläubiger nach Eintritt der Fälligkeit dem Schuldner den Anspruch oder schließen beide ein Stillhalteabkommen, ist die Verjährung bis zu dem Zeitpunkt gehemmt, zu dem die Stundung oder das Stillhalteabkommen enden.
2 § 205 betrifft nur zwischen Gläubiger und Schuldner vereinbarte Leistungsverweigerungsrechte, nicht solche, die sich aus dem Gesetz ergeben. Diese muss der Gläubiger, wenn er den Eintritt der Verjährung vermeiden will, durch Rechtsverfolgung überwinden. Etwa muss er bei Bestehen eines Zurückbehaltungsrechts auf Leistung Zug um Zug klagen (§ 274 I).

§ 206 Hemmung der Verjährung bei höherer Gewalt
Die Verjährung ist gehemmt, solange der Gläubiger innerhalb der letzten sechs Monate der Verjährungsfrist durch höhere Gewalt an der Rechtsverfolgung gehindert ist.

1 **Höhere Gewalt** liegt vor, wenn der Gläubiger auch bei Anwendung äußerster Sorgfalt nicht zur Rechtsverfolgung iSd § 204 in der Lage ist. Zu denken ist an eine plötzliche Erkrankung des AN, die so geartet ist, dass er zur Einleitung der Rechtsverfolgung, insb zur Beauftragung einer 3. Person, nicht in der Lage ist.
2 Höhere Gewalt kann auch in äußeren Ereignissen bestehen. Wer am letzten Tag der Verjährungsfrist die Klage bei Gericht nicht einreichen kann, weil alle Straßen wegen Überflutung gesperrt sind oder weil das Gericht verschlossen ist und über keinen Nachtbriefkasten verfügt, kommt in den Genuss der Hemmung der Verjährung. Auch im Fall unvorhersehbarer Verzögerung der Briefbeförderung durch die Post liegt höhere Gewalt vor. Die falsche Entscheidung im Kündigungsschutzverfahren begründet keine höhere Gewalt, welche die Verfolgung des Anspruchs auf Annahmeverzugslohn hindert (BAG 24.9.2014, 5 AZR 593/12, EzA § 4 TVG Ausschlussfristen Nr 209).
3 Die Hemmung nach § 206 dauert nur so lange, wie die Hinderung an der Rechtsverfolgung fortdauert. Wird der erkrankte AN wieder handlungsfähig oder sind die Straßen wieder passierbar, muss der Gläubiger alsbald handeln und die Rechtsverfolgung einleiten.

§ 209 Wirkung der Hemmung
Der Zeitraum, während dessen die Verjährung gehemmt ist, wird in die Verjährungsfrist nicht eingerechnet.

1 Die Hemmung der Verjährung führt lediglich dazu, dass der Zeitraum, während dessen die Verjährung gehemmt ist, in die Verjährungsfrist **nicht eingerechnet** wird. Nicht etwa wird die Verjährung mit der Folge unterbrochen, dass eine neue Verjährungsfrist beginnt.
2 In den Hemmungszeitraum werden die Tage, an denen der Hemmungsgrund eintritt und endet, eingerechnet (RG 1.9.1939, VII B 28/39, RGZ 161, 125, 127). Werden zB Verhandlungen über den Anspruch am 10.5. aufgenommen und enden diese am 10.6., verlängert sich die Verjährungsfrist um 32 Tage.

§ 212 Neubeginn der Verjährung
(1) Die Verjährung beginnt erneut, wenn
1. der Schuldner dem Gläubiger gegenüber den Anspruch durch Abschlagszahlung, Zinszahlung, Sicherheitsleistung oder in anderer Weise anerkennt oder
2. eine gerichtliche oder behördliche Vollstreckungshandlung vorgenommen oder beantragt wird.
(2) Der erneute Beginn der Verjährung infolge einer Vollstreckungshandlung gilt als nicht eingetreten, wenn die Vollstreckungshandlung auf Antrag des Gläubigers oder wegen Mangels der gesetzlichen Voraussetzungen aufgehoben wird.
(3) Der erneute Beginn der Verjährung durch den Antrag auf Vornahme einer Vollstreckungshandlung gilt als nicht eingetreten, wenn dem Antrag nicht stattgegeben oder der Antrag vor der Vollstreckungshandlung zurückgenommen oder die erwirkte Vollstreckungshandlung nach Abs. 2 aufgehoben wird.

1 Fälle des **Neubeginns**, im früheren Sprachgebrauch der Unterbrechung der Verjährung, sind heute die Ausnahme. Erfasst wird nur mehr der Fall der Anerkennung des Anspruchs durch den Schuldner und der Fall der Durchführung oder Beantragung einer Vollstreckungshandlung.

Mit Anerkennung des Anspruchs meint I Nr 1 nicht nur das deklaratorische Schuldanerkenntnis, sondern 2
jedes Verhalten des Schuldners, mit dem er in Kenntnis der Schuld unzweideutig zum Ausdruck bringt,
dass er sich selbst als verpflichtet ansieht. Neben den genannten Tatbeständen der Abschlagszahlung, der
Zinszahlung und der Sicherheitsleistung kommen als solches Verhalten die Aufrechnung mit einer Gegenforderung oder die Aufnahme des Anspruchs in einen Vergleich in Betracht.

§ 212 I Nr 2 ist in erster Linie auf den Fall gemünzt, dass die durch Rechtsverfolgung eingetretene Hem- 3
mung der Verjährung gem § 204 II endet und es sich um Ansprüche handelt, die gem § 197 II wieder der
regelmäßigen Verjährungsfrist unterliegen. Hier führt die Vollstreckungshandlung, etwa eine Pfändung,
zum Neubeginn der Verjährung.

§ 214 Wirkung der Verjährung
(1) Nach Eintritt der Verjährung ist der Schuldner berechtigt, die Leistung zu verweigern.
(2) ¹Das zur Befriedigung eines verjährten Anspruchs Geleistete kann nicht zurückgefordert werden, auch wenn in Unkenntnis der Verjährung geleistet worden ist. ²Das Gleiche gilt von einem vertragsmäßigen Anerkenntnis sowie einer Sicherheitsleistung des Schuldners.

Die Verjährung schließt den Anspruch nicht aus, sondern begründet lediglich eine Einrede, die der Schuld- 1
ner erheben muss. Ob er das tut, steht ihm frei. Der Schuldner kann auch nur einen Teil der verjährten
Leistung verweigern (BAG 16.12.2014, 9 AZR 431/13, NZA-RR 2015, 229). Zur Erhebung der Einrede
darf der Schuldner vom Gericht nicht gedrängt werden. Vielmehr darf ihn dieses nur bei entspr Zweifeln
gem § 139 ZPO aufklären.

Auf die Einrede der Verjährung kann der Schuldner nach Eintritt der Verjährung verzichten. Möglich ist 2
das sowohl durch eine entspr Vereinbarung mit dem Gläubiger wie durch eine einseitige Erklärung (vgl
Staudinger/*Peters/Jacoby* [2014] § 214 Rn 30 ff). Der Verzicht vor Eintritt der Verjährung ist lediglich als
Vereinbarung über die Verjährung iSd § 202 II möglich.

Ausnahmsweise kann die Berufung auf die Einrede der Verjährung eine **unzulässige Rechtsausübung** dar- 3
stellen. Das kommt in Betracht, wenn der AG den AN durch Beschwichtigungen von der rechtzeitigen
Rechtsverfolgung abgehalten hat (BAG 17.12.1964, 5 AZR 90/64, EzA § 218 BGB Nr 1). Auch dann muss
der AN aber, wenn er Klarheit gewonnen hat, binnen kurzer Frist tätig werden (BAG, 17.12.1964, 5 AZR
90/64, EzA § 218 BGB Nr 1). Eine Verpflichtung des AG, den AN auf den drohenden Ablauf der Verjährung hinzuweisen, besteht nicht.

§ 215 Aufrechnung und Zurückbehaltungsrecht nach Eintritt der Verjährung
Die Verjährung schließt die Aufrechnung und die Geltendmachung eines Zurückbehaltungsrechts nicht aus, wenn der Anspruch in dem Zeitpunkt noch nicht verjährt war, in dem erstmals aufgerechnet oder die Leistung verweigert werden konnte.

Dass die Gegenforderung, mit der eine Aufrechnung erfolgen soll, verjährt ist oder einem Zurückbehal- 1
tungsrecht unterliegt, schließt die Aufrechnung nicht aus, wenn Verjährung zum Zeitpunkt der Aufrechnungs- oder Zurückbehaltungslage noch nicht eingetreten war.

Die Vorschrift gilt nur für die Verjährung, nicht für den Ablauf einer Ausschlussfrist (GmS OGB, AP BGB 2
§ 390 Nr 5).

§ 241 Pflichten aus dem Schuldverhältnis
(1) ¹Kraft des Schuldverhältnisses ist der Gläubiger berechtigt, von dem Schuldner eine Leistung zu fordern. ²Die Leistung kann auch in einem Unterlassen bestehen.
(2) Das Schuldverhältnis kann nach seinem Inhalt jeden Teil zur Rücksicht auf die Rechte, Rechtsgüter und Interessen des anderen Teils verpflichten.

Auch das Arbeitsverhältnis ist ein kraft Vertrages (§ 311 I) begründetes Schuldverhältnis, in dem AG und 1
AN Gläubiger und Schuldner von Leistungspflichten sind. Dementsprechend finden die Vorschriften des
allg Schuldrechts (§§ 241–432) Anwendung.

Aus II ergibt sich, dass AG wie AN zur Rücksichtnahme auf die Rechtsgüter, Rechte und Interessen des 2
anderen Teils verpflichtet sind. Der Begriff der Rücksichtnahme ist umfassend zu verstehen, gemeint
sind insb Aufklärungspflichten, Schutzpflichten und leistungssichernde Verhaltenspflichten (BAG
19.05.2010, 5 AZR 162/09, EzA § 615 BGB 2002 Nr 33), s iE § 611 Rdn 311 ff, § 618 Rdn 13 ff. Zur

§ 242 BGB Leistung nach Treu und Glauben

Rücksichtnahme gehört auch, keine Unterlagen über den AN zu sammeln, die dessen Einblick entzogen sind und von diesem deshalb nicht überprüft werden können; eine Pflicht, die zu den Personalakten genommenen Unterlagen zu paginieren, folgt daraus aber nicht (BAG 16.10.2007, 9 AZR 110/07, EzA § 241 BGB 2002 Nr 1). Dass ein AN wegen betrieblicher Vorkommnisse Strafanzeige gegen seinen AG erstattet, stellt nur dann eine Verletzung der Rücksichtnahmepflicht dar, wenn er wider besseres Wissen oder leichtfertig handelt (LAG Hamm 21.07.2011, 11 Sa 2248/10). Die Rücksichtnahmepflicht des AN kann auch gegenüber einem konzernzugehörigen Unternehmen bestehen wenn sich die Tätigkeit des AN auch auf dieses erstreckt (LAG Rh-Pf 29.5.2015, 1 Sa 597/14, JurionRS 2015, 25847). Zur Auskunftspflicht des AN über Fehlverhalten s § 666 Rdn 1.

3 Angesichts der Tatsache, dass II ausdrücklich von einer Verpflichtung spricht, muss davon ausgegangen werden, dass solche Rücksichtnahmepflichten grds auch **einklagbar** sind (Erman/*Westermann* § 241 Rn 13; s.a. *Stürner* JZ 1976, 384). Für Aufklärungspflichten leuchtet dies unmittelbar ein. So muss der tantiemenberechtigte AN Auskunft über die Ansätze in der Bilanz verlangen können, von denen die Höhe seiner Tantieme abhängt (BAG 30.1.1960, 5 AZR 603/57, AP BGB § 242 Auskunftspflicht Nr 1). Allg hat der AN ein gerichtlich durchsetzbaren Auskunftsanspruch, wenn er auf die Auskunft zur Durchsetzung eines möglichen Zahlungsanspruchs angewiesen ist (BAG 19.4.2005, 9 AZR 188/04, EzA § 242 BGB 2002 Auskunftspflicht Nr 1). Der von einer Gehaltserhöhung ausgenommene tarifliche Angestellte kann Auskunft über die Regeln verlangen, nach denen der AG die Gehaltserhöhungen vorgenommen hat (BAG 1.12.2004, 5 AZR 664/03, EzA § 242 BGB 2002 Gleichbehandlung Nr 5). Leistungssichernde Verhaltenspflichten sind ebenfalls regelmäßig einklagbar, etwa kann der AN im Klagewege die Entfernung einer unberechtigten Abmahnung aus der Personalakte verlangen (BAG 5.8.1992, 5 AZR 531/91, EzA § 611 BGB Abmahnung Nr 25). Aber auch Schutzpflichten können einklagbar sein. Dass seine Personalakte nicht für jedermann im Betrieb zugänglich ist, kann der AN durchsetzen. Hingegen ist dem Gesundheitsschutz des AN dadurch genügt, dass ihm regelmäßig ein Zurückbehaltungsrecht zusteht (s dazu noch §§ 273, 274 Rdn 2 und § 618 Rdn 27 ff).

§ 242 Leistung nach Treu und Glauben
Der Schuldner ist verpflichtet, die Leistung so zu bewirken, wie Treu und Glauben mit Rücksicht auf die Verkehrssitte es erfordern.

1 Das Gebot von Treu und Glauben konkretisiert die sich aus dem Arbeitsverhältnis ergebenden Pflichten von AG und AN, insb die Rücksichtnahmepflichten (vgl § 241 Rdn 2), anderseits begrenzt es diese Rechte und Pflichten von AG und AN. Deren Ausübung kann unzulässig sein, insb weil sich der Rechtsinhaber widersprüchlich verhält, weil er sein Recht zweckwidrig ausübt (Rechtsmissbrauch) oder, weil er es verspätet geltend macht (Verwirkung).

2 **Widersprüchlich** verhält sich ein AN, der sein Arbeitsverhältnis selbst unmissverständlich und definitiv gekündigt hat und sich nachträglich darauf beruft, er habe gar keinen wichtigen Grund für die Kdg gehabt (BAG 4.12.1997, 2 AZR 799/96, EzA § 242 BGB Rechtsmissbrauch Nr 3). Nimmt ein Rundfunkmitarbeiter eine Statusklage zurück, darf er sich nicht später zur Begründung der Voraussetzungen tariflicher Unkündbarkeit darauf berufen, er sei durchgehend AN gewesen (BAG 12.8.1999, 2 AZR 632/98, EzA § 242 BGB Rechtsmissbrauch Nr 4). Dass einem AN Treuepflichtverstöße zur Last fallen, lässt die Geltendmachung von Ruhegeldansprüchen noch nicht als widersprüchliches Verhalten erscheinen; vielmehr kann eine Versorgungszusage nur dann widerrufen werden, wenn sich die Betriebstreue des AN wegen der Zufügung eines schweren, die Existenz des AG bedrohenden Schadens als wertlos erweist (BGH 13.12.1999, II ZR 152/98, NJW 2000, 1197).

3 Eine **zweckwidrige Ausnutzung einer Rechtsposition** liegt vor, wenn der AN ohne sachlichen Grund die Lohnsteuerklasse mit der Folge wechselt, dass der AG tariflich zur Zahlung einer höheren Überbrückungsbeihilfe verpflichtet wird (BAG 9.12.2003, 9 AZR 328/02, EzA § 242 BGB Rechtsmissbrauch Nr 2); die Erlangung einer höheren staatlichen Leistung ist aber ein sachlicher Grund (*Croissant*, NZA 2013, 713 für einen Steuerklassenwechsel, der zu einem erhöhten Zuschuss zum Mutterschaftsgeld und des staatlichen Elterngeldes führt). Rechtsmissbräuchlich ist es auch, wenn eine befristet eingestellte AN, die ihre Schwangerschaft verschweigt, Zahlung der mutterschutzrechtl Entgelte verlangt, obwohl sie für die ganze Dauer des Arbeitsverhältnisses gehindert ist, irgendeine Arbeitsleistung zu erbringen (*Löwisch* SAE 2004, 128 f). Meldet sich ein ausländischer AN arbeitsunfähig, ohne krank zu sein, ist seine Berufung auf die Arbeitsunfähigkeitsbescheinigung des ausländischen Arztes rechtsmissbräuchlich, obwohl eine solche Arbeitsunfähigkeitsbescheinigung nach Art 18 I u V EWG-VO 574/72 an sich den vollen Beweis der Arbeitsunfähigkeit

begründet (EuGH 2.5.1996, Rs C-206/94, EzA § 5 EFZG Nr 1). Dass sich der AN auf den Mangel einer gesetzlichen oder vereinbarten Form beruft, stellt regelmäßig keinen Rechtsmissbrauch dar (LAG MV 22.1.2015, 5 Sa 89/14, LAGE § 9 KSchG Nr. 50 und LAG Hamm 19.3.2015, 15 Sa 1733/14, JurionRS 2015, 21514). Rechtsmissbräuchlich kann auch die Geltendmachung eines Rechts zur Unzeit sein (BAG 19.2.2015, 8 AZR 1011/13, JurionRS 2015, 16472 für den Widerruf der Einwilligung des AN zur Veröffentlichung einer Videoaufnahme).

Die Berufung auf den Ablauf einer Ausschlussfrist ist rechtsmissbräuchlich, wenn der Gläubiger pflichtwidrig von deren Einhaltung abgehalten wird. Eine solche Pflichtwidrigkeit liegt vor, wenn der AN Vergütungsüberzahlungen nicht anzeigt und der AG deshalb seinen Rückzahlungsanspruch nicht rechtzeitig geltend macht (BAG 13.10.2010, 5 AZR 648/09, EzA § 4 TVG Ausschlussfristen Nr 199). Der Einwand entfällt aber, wenn der Gläubiger anderweitig von seinem Anspruch erfährt. 4

Ansprüche des AN aus dem Arbeitsverhältnis, insb Entgeltansprüche, die weder verjährt noch ausgeschlossen sind, können ausnahmsweise **verwirkt** sein. Notwendig ist dafür ein längerer Zeitablauf (»Zeitmoment«) sowie ein Verhalten des AN, aus dem der AG schließen konnte, dass der AN den Anspruch nicht mehr geltend machen würde (»Umstandsmoment«). Reagiert der AN über längere Zeit nicht auf die Aufstellung des AG über die Überstunden und erweckt damit beim AG den Eindruck, er habe keine weiteren Forderungen, verwirkt er diese. Auch die Hinnahme zu geringer Entgeltzahlung aufgrund falscher Eingruppierung über einen längeren Zeitraum hinweg kann Verwirkung begründen (LAG MV 18.5.2010, 5 Sa 205/09). Nimmt der AN eine Versetzung längerer Zeit ohne Widerspruch hin, kann der Anspruch auf Beschäftigung auf dem bisherigen Arbeitsplatz verwirkt sein (BAG 12.12.2006, 9 AZR 747/06, EzA § 242 BGB Verwirkung Nr 1). Bloße Beweisschwierigkeiten rechtfertigen die Annahme einer Verwirkung nicht (BAG 11.12.2014, 8 AZR 838/13, EzA § 242 BGB 2002 Verwirkung Nr 4). Die Verwirkung setzt voraus, dass der AG darauf **vertraut** hat, der AN werde den Anspruch nicht mehr geltend machen. Daran fehlt es, wenn der AG von dem Anspruch nichts weiß. Den Schutz vor unbekannten Forderungen gewährleistet das Verjährungsrecht, nicht aber Treu und Glauben (BAG 25.9.2013, 5 AZR 936/12, JurionRS 2013, 48414). 5

Umgekehrt können auch Ansprüche des AG ggü dem AN, etwa auf Rückzahlung überzahlten Entgelts, verwirkt sein (BAG 25.4.2001, 5 AZR 497/99, EzA § 242 BGB Verwirkung Nr 1). Dass der AG auf eine Zahlungsaufforderung schweigt, hindert das Berufen auf den Eintritt der Verjährung aber regelmäßig nicht (BAG 7.11.2007, 5 AZR 910/06, EzA § 242 BGB 2002 Rechtsmissbrauch Nr 4). 6

Zum Rechtsmissbrauch bei der Befristung von Arbeitsverträgen § 14 TzBfG Rdn 63, § 2 WissZeitVG Rdn 12. Zur Verwirkung des Widerspruchsrechts nach § 613a VI s § 613a Rdn 146, zur Verwirkung des Sonderkdgschutz schwerbehinderter AN s § 85 SGB IX Rdn 5. Zur Treuwidrigkeit von Kdg s § 13 KSchG Rdn 23 f. Zur Begründung von Ansprüchen aus betrieblicher Übung s § 611 Rdn 44 ff. Zum arbeitsrechtl Gleichbehandlungsgrundsatz s Art 3 GG Rdn 41 ff. 7

§ 246 Gesetzlicher Zinssatz
Ist eine Schuld nach Gesetz oder Rechtsgeschäft zu verzinsen, so sind vier vom Hundert für das Jahr zu entrichten, sofern nicht ein anderes bestimmt ist.

§ 247 Basiszinssatz
(1) ¹Der Basiszinssatz beträgt 3,62 Prozent. ²Er verändert sich zum 1. Januar und 1. Juli eines jeden Jahres um die Prozentpunkte, um welche die Bezugsgröße seit der letzten Veränderung des Basiszinssatzes gestiegen oder gefallen ist. ³Bezugsgröße ist der Zinssatz für die jüngste Hauptrefinanzierungsoperation der Europäischen Zentralbank vor dem ersten Kalendertag des betreffenden Halbjahrs.
(2) Die Deutsche Bundesbank gibt den geltenden Basiszinssatz unverzüglich nach den in Abs. 1 Satz 2 genannten Zeitpunkten im Bundesanzeiger bekannt.

Der gesetzliche Zinssatz von 4 % gilt nur dort, wo vertraglich oder gesetzlich nichts anderes bestimmt ist. Solche anderweitigen Bestimmungen sind häufig. Meist legen sie den Basiszinssatz des § 247 zugrunde (vgl etwa für die Verzugszinsen § 288). 1

Der Basiszinssatz beträgt seit 1.1.2016 0,83 Prozent.
Die nächste Änderung steht zum 1.7.2016 an. 2

§ 266 Teilleistungen
Der Schuldner ist zu Teilleistungen nicht berechtigt.

1 Die Vorschrift gilt für die Leistung wie für die Gegenleistung. Ist ein AN, der nach dem Arbeitsvertrag zur 40-Stunden-Woche verpflichtet ist, nur bereit, 38 Stunden zu arbeiten, braucht der AG die Arbeitsleistung überhaupt nicht entgegenzunehmen. Umgekehrt kann der AN Teilzahlungen auf sein Gehalt zurückweisen. Der Schuldner, der nur zu Teilleistungen bereit ist, wird behandelt, als ob er überhaupt nicht leistet: Er gerät mit der gesamten Leistung in Verzug. Der Gläubiger kann die Teilleistung ablehnen, ohne in Annahmeverzug zu geraten.

2 § 266 ist dispositiv. Etwa kann vereinbart werden, dass der AG eines neu gegründeten Unternehmens einen Teil des Arbeitsentgelts erst in einem späteren Jahr zu zahlen braucht. Auch kann die Bestimmung durch eine andere Regelung überlagert sein. So gibt ein zulässiger Teilstreik dem AG nicht das Recht, die Annahme der Arbeitsleistung insgesamt zu verweigern (BAG 21.3.1984, 4 AZR 375/83, EzA § 611 BGB Nr 26); er hat insoweit nur die arbeitskampfrechtl Befugnis der Suspendierung (dazu Anhang TVG Arbeitskampfrecht Rdn 41).

3 § 266 wird durch § 242 begrenzt. Ist zwischen AG und AN nur ein geringfügiger Teil der Leistung streitig, muss der unstreitige Teil angenommen werden (BAG 14.2.2012, 3 AZB 59/11, NZA 2012, 469). Dementsprechend kann der Schuldner in einem solchen Fall bei einer Klage auf die vollständige Leistung den unstreitigen Teil mit der Folge anerkennen, dass der Gläubiger nach § 93 ZPO die Kosten zu tragen hat.

§ 269 Leistungsort
(1) Ist ein Ort für die Leistung weder bestimmt noch aus den Umständen, insbesondere aus der Natur des Schuldverhältnisses, zu entnehmen, so hat die Leistung an dem Orte zu erfolgen, an welchem der Schuldner zur Zeit der Entstehung des Schuldverhältnisses seinen Wohnsitz hatte.
(2) Ist die Verbindlichkeit im Gewerbebetrieb des Schuldners entstanden, so tritt, wenn der Schuldner seine gewerbliche Niederlassung an einem anderen Ort hatte, der Ort der Niederlassung an die Stelle des Wohnsitzes.
(3) Aus dem Umstand allein, dass der Schuldner die Kosten der Versendung übernommen hat, ist nicht zu entnehmen, dass der Ort, nach welchem die Versendung zu erfolgen hat, der Leistungsort sein soll.

§ 270 Zahlungsort
(1) Geld hat der Schuldner im Zweifel auf seine Gefahr und seine Kosten dem Gläubiger an dessen Wohnsitz zu übermitteln.
(2) Ist die Forderung im Gewerbebetrieb des Gläubigers entstanden, so tritt, wenn der Gläubiger seine gewerbliche Niederlassung an einem anderen Orte hat, der Ort der Niederlassung an die Stelle des Wohnsitzes.
(3) Erhöhen sich infolge einer nach der Entstehung des Schuldverhältnisses eintretenden Änderung des Wohnsitzes oder der gewerblichen Niederlassung des Gläubigers die Kosten oder die Gefahr der Übermittlung, so hat der Gläubiger im ersteren Falle die Mehrkosten, im letzteren Falle die Gefahr zu tragen.
(4) Die Vorschriften über den Leistungsort bleiben unberührt.

1 Aus § 269 I ergibt sich, dass der Erfüllungsort für die Leistungen aus dem Arbeitsverhältnis im Arbeitsvertrag, aber auch durch TV bestimmt werden kann. Ohne eine solche Bestimmung ist Erfüllungsort für die Leistungen des AG der Ort seiner Niederlassung (§ 269 II). Das gilt auch für die Erteilung des Arbeitszeugnisses (BAG 8.3.1995, 5 AZR 848/93, NJW 1995, 2373; Hess LAG 7.2.2011, 16 Sa 1195/10, LAGE § 109 GewO 2003 Nr 8).

2 Für die Leistungen des AN ist Erfüllungsort der Ort, an dem er seine **Arbeitsleistung** zu erbringen hat (BAG 3.12.1985, 4 AZR 325/84, EzA § 269 BGB Nr 1). Regelmäßig ist das der Sitz des Betriebes, in dem der AN beschäftigt ist (LAG BW 10.12.2010, 18 Sa 33/10, LAGE § 611 BGB 2002 Direktionsrecht Nr 2), und zwar auch dann, wenn der AN von dort aus, etwa als Kraftfahrer oder Monteur, auswärts tätig wird. Ist ein Reisender aber von seinem Wohnsitz aus tätig, ist dieser Erfüllungsort (BAG 12.6.1986, 2 AZR 398/85, EzA § 269 BGB Nr 2).

3 Nach § 269 richtet sich der Leistungsort nach dem Gerichtsstand des Erfüllungsorts iSv § 29 ZPO. S dazu § 2 ArbGG Rdn 29.

4 Zum Arbeitsort als Anknüpfungspunkt für das anzuwendende Recht bei grenzüberschreitenden Arbeitsverträgen s Art 1, 3, 8, 9 Rom I-VO Rdn 10 f.

Auch für das **Arbeitsentgelt** ist Erfüllungsort der Sitz des AG (§ 270 IV). Jedoch hat er das Entgelt auf seine 5
Gefahr und Kosten dem AN zu übermitteln (§ 270 I). Dementspr treffen ihn die Kosten der Überweisung,
nicht aber die Kontoführungsgebühr des AN; deren Übernahme durch den AG bedarf bes Vereinbarung. S
dazu § 611 Rdn 234.
Wechselt der AN nach Abschluss des Arbeitsvertrages den Wohnsitz ins benachbarte Ausland, fallen Mehr- 6
kosten für die Überweisung ihm zur Last (§ 270 III). Diese kann der AG von dem auszuzahlenden Betrag
abziehen.

§ 271 Leistungszeit
(1) Ist eine Zeit für die Leistung weder bestimmt noch aus den Umständen zu entnehmen, so kann der
Gläubiger die Leistung sofort verlangen, der Schuldner sie sofort bewirken.
(2) Ist eine Zeit bestimmt, so ist im Zweifel anzunehmen, dass der Gläubiger die Leistung nicht vor dieser
Zeit verlangen, der Schuldner aber sie vorher bewirken kann.

§ 271 ist für den Arbeitsvertrag durch § 614 modifiziert, nach dem die Vergütung nachträglich zu zahlen 1
ist. Allerdings ist auch die Regel des § 614 meist durch Arbeitsvertrag, BV oder TV modifiziert. S dazu
§ 614 Rdn 3. Andere als Vergütungsforderungen sind nach I regelmäßig sofort mit ihrer Entstehung fällig
(BAG 8.4.2014, 9 AZR 550/12, EzA § 7 BUrlG Abgeltung Nr 25). Dies gilt insb für Schadensersatzforderungen.
Wird die Forderung **gestundet**, schiebt das die Fälligkeit bis zum Ende der Stundung hinaus. Die Stundung 2
von Arbeitsentgelt ist idR auf die Dauer des Arbeitsverhältnisses beschränkt (LAG Berl-Bbg, 10 Sa 1734/11,
nv).
Aus II folgt an sich, dass der AG das Entgelt und andere Leistungen wie Versorgungsleistungen im Voraus 3
entrichten kann. Vorauszahlungen für einen über 6 Monate hinausgehenden späteren Zeitraum braucht
der AN nach § 242 indes nicht hinzunehmen (BGH 28.10.1971, II ZR 49/70, AP BGB § 387 Nr 1; BAG
16.12.1986, 3 AZR 198/95, EzA § 387 BGB Nr 2).

§ 271a Vereinbarungen über Zahlungs-, Überprüfungs- oder Abnahmefristen
(1) ¹Eine Vereinbarung, nach der der Gläubiger die Erfüllung einer Entgeltforderung erst nach mehr
als 60 Tagen nach Empfang der Gegenleistung verlangen kann, ist nur wirksam, wenn sie ausdrücklich
getroffen und im Hinblick auf die Belange des Gläubigers nicht grob unbillig ist. ²Geht dem Schuldner
nach Empfang der Gegenleistung eine Rechnung oder gleichwertige Zahlungsaufstellung zu, tritt der
Zeitpunkt des Zugangs dieser Rechnung oder Zahlungsaufstellung an die Stelle des in Satz 1 genannten
Zeitpunkts des Empfangs der Gegenleistung. ³Es wird bis zum Beweis eines anderen Zeitpunkts vermutet, dass der Zeitpunkt des Zugangs der Rechnung oder Zahlungsaufstellung auf den Zeitpunkt des
Empfangs der Gegenleistung fällt; hat der Gläubiger einen späteren Zeitpunkt benannt, so tritt dieser an
die Stelle des Zeitpunkts des Empfangs der Gegenleistung.
(2) ¹Ist der Schuldner ein öffentlicher Auftraggeber im Sinne von § 98 Nummer 1 bis 3 des Gesetzes
gegen Wettbewerbsbeschränkungen, so ist abweichend von Absatz 1
1. eine Vereinbarung, nach der der Gläubiger die Erfüllung einer Entgeltforderung erst nach mehr als 30
    Tagen nach Empfang der Gegenleistung verlangen kann, nur wirksam, wenn die Vereinbarung aus-
    drücklich getroffen und aufgrund der besonderen Natur oder der Merkmale des Schuldverhältnisses
    sachlich gerechtfertigt ist;eine Vereinbarung, nach der der Gläubiger die Erfüllung einer Entgeltfor-
    derung erst nach mehr als 60 Tagen nach Empfang der Gegenleistung verlangen kann, unwirksam.
²Absatz 1 Satz 2 und 3 ist entsprechend anzuwenden.
(3) Ist eine Entgeltforderung erst nach Überprüfung oder Abnahme der Gegenleistung zu erfüllen, so ist
eine Vereinbarung, nach der die Zeit für die Überprüfung oder Abnahme der Gegenleistung mehr als 30
Tage nach Empfang der Gegenleistung beträgt, nur wirksam, wenn sie ausdrücklich getroffen und im
Hinblick auf die Belange des Gläubigers nicht grob unbillig ist.
(4) Ist eine Vereinbarung nach den Absätzen 1 bis 3 unwirksam, bleibt der Vetrag im Übrigen wirksam.
(5) Die Absätze 1 bis 3 sind nicht anzuwenden auf
1. die Vereinbarung von Abschlagszahlungen und sonstigen Ratenzahlungen sowie
2. ein Schuldverhältnis, aus dem ein Verbraucher die Erfüllung der Entgeltforderung schuldet.
(6) Die Absätze 1 bis 3 lassen sonstige Vorschriften, aus denen sich Beschränkungen für Vereinbarungen
über Zahlungs-, Überprüfungs- oder Abnahmefristen ergeben, unberührt.
Gesetzestext Ende

§ 274 BGB Wirkungen des Zurückbehaltungsrechts

1 Der durch das Gesetz zur Bekämpfung von Zahlungsverzug im Geschäftsverkehr mit Wirkung vom 29.7.2014 in das BGB eingefügte § 271a, nach dem die Fälligkeit von Entgeltforderungen grds nicht länger als 60 Tage und, wenn sie sich gegen öffentliche Auftraggeber richtet, nicht länger als 30 Tage hinausgeschoben werden kann, ist mangels einer entgegenstehenden Vorschrift auch auf Arbeitsentgeltforderungen anzuwenden. Da die Arbeitsleistung laufend erbracht wird, muss ein monatlich zu zahlendes Arbeitsentgelt also spätestens am Ende des auf den Monat der Arbeitsleistung folgenden Monats und bei einem öffentlichen Arbeitgeber schon am Ende des Monats der Arbeitsleistung gezahlt werden. Die Vereinbarung späterer Fälligkeit ist im ersteren Fall nur zulässig, wenn sie nicht grob unbillig ist. Im zweiten Fall setzt sie eine sachliche Rechtfertigung voraus, auch darf die Fälligkeit dort keinesfalls über 60 Tage hinausgeschoben werden. Die Vorschrift gilt nicht für eine nach Eintritt der Fälligkeit erfolgende Stundung (so die Gesetzesbegründung, BT-Drucks 18/1309, S 15; aM Staudinger/*Bittner* Updatestand 10.7.2015, § 271a Rn 4.17, die aber mit der Annahme mangelnder grober Unbilligkeit helfen will).

2 Der gesetzliche Mindestlohn nach MiLoG ist spätestens am letzten Bankarbeitstag (Frankfurt am Main) des Monats zu zahlen, der auf den Monat folgt, in dem die Arbeitsleistung erbracht wurde (§ 2 I Nr 2 MiLoG). Diese Vorschrift geht § 271a nach dessen Absatz 6 vor.

§ 273 Zurückbehaltungsrecht

(1) Hat der Schuldner aus demselben rechtlichen Verhältnis, auf dem seine Verpflichtung beruht, einen fälligen Anspruch gegen den Gläubiger, so kann er, sofern nicht aus dem Schuldverhältnis sich ein anderes ergibt, die geschuldete Leistung verweigern, bis die ihm gebührende Leistung bewirkt wird (Zurückbehaltungsrecht).
(2) Wer zur Herausgabe eines Gegenstands verpflichtet ist, hat das gleiche Recht, wenn ihm ein fälliger Anspruch wegen Verwendungen auf den Gegenstand oder wegen eines ihm durch diesen verursachten Schadens zusteht, es sei denn, dass er den Gegenstand durch eine vorsätzlich begangene unerlaubte Handlung erlangt hat.
(3) [1]Der Gläubiger kann die Ausübung des Zurückbehaltungsrechts durch Sicherheitsleistung abwenden. [2]Die Sicherheitsleistung durch Bürgen ist ausgeschlossen.

§ 274 Wirkungen des Zurückbehaltungsrechts

(1) Gegenüber der Klage des Gläubigers hat die Geltendmachung des Zurückbehaltungsrechts nur die Wirkung, dass der Schuldner zur Leistung gegen Empfang der ihm gebührenden Leistung (Erfüllung Zug um Zug) zu verurteilen ist.
(2) Auf Grund einer solchen Verurteilung kann der Gläubiger seinen Anspruch ohne Bewirkung der ihm obliegenden Leistung im Wege der Zwangsvollstreckung verfolgen, wenn der Schuldner im Verzug der Annahme ist.

1 Der AN hat wegen **rückständigem Arbeitsentgelt** ein Zurückbehaltungsrecht. Dies folgt, weil der AN gem § 614 vorleistungspflichtig ist, nicht aus § 320 I 1, sondern aus § 273 I (BAG 25.10.1984, 2 AZR 417/83, EzA § 273 BGB Nr 3). Allerdings ist § 320 II anwendbar mit der Folge, dass ein nur geringfügiger Gehaltsrückstand den AN nicht zur Zurückhaltung berechtigt (BAG 25.10.1984, 2 AZR 417/83, EzA § 273 BGB Nr 3; LAG Köln 19.6.2012, 11 Sa 658/10, JurionRS 2010, 17230); ein Gehaltsrückstand von 1,5 Monatsgehältern ist aber nicht geringfügig (ArbG Hannover 11.12.1996, 9 Ca 138/96, EzA § 273 BGB Nr 6). Das Zurückbehaltungsrecht kann der AG nach § 273 III 1 durch Sicherheitsleistung abwenden. In Betracht kommen die Arten der Sicherheitsleistung des § 232 I. Ausgeschlossen ist die Sicherheitsleistung durch einen Bürgen (III 2); sie reicht ebenso wie eine Sicherungsübereignung nur aus, wenn der AN damit einverstanden ist. Auf das Recht, nach einer möglichen Insolvenzeröffnung Insolvenzgeld zu erhalten, kann der AN nicht verwiesen werden (BAG 25.10.1984, 2 AZR 417/83, EzA § 273 BGB Nr 3).

2 Unterlässt der AG **Sicherheitsmaßnahmen**, zu denen er nach § 618 I iVm Arbeitsschutzvorschriften verpflichtet ist (s § 618 Rdn 4), begründet das ebenfalls ein Zurückbehaltungsrecht des AN (BAG 19.2.1997, 5 AZR 982/94, EzA § 273 BGB Nr 7, wo zugleich abgelehnt wird, aus § 21 VI 2 GefahrstoffVO ein weiter gehendes Zurückbehaltungsrecht abzuleiten). Ein Zurückbehaltungsrecht steht dem AN auch zu, wenn der AG die sich aus §§ 81 ff BetrVG ergebenden Informationspflichten oder die Nachweispflichten aus dem NachwG nicht erfüllt oder seiner Pflicht, den AN vor Mobbing zu schützen, nicht nachkommt (BAG 13.3.2008, 2 AZR 88/07, EzA § 273 BGB 2002 Nr 1). Vor der Ausübung muss der AN dem AG mitteilen aufgrund welcher konkreten Tatsachen er das Zurückbehaltungsrecht ausüben will; anderenfalls

verstößt er gegen § 242 (BAG 13.3.2008, 2 AZR 88/07, EzA § 1 KSchG Verhaltensbedingte Kündigung Nr 73).

Solange dem AN ein Zurückbehaltungsrecht zusteht, kommt der AG mit der Folge des § 615 in Annahmeverzug, wenn er zwar bereit ist, die Arbeitsleistung anzunehmen, nicht aber seine Verpflichtungen zu erfüllen (§ 298). 3

Ggü einer Forderung des AG aus **vorsätzlicher unerlaubter Handlung** kann der AN kein Zurückbehaltungsrecht wegen einer Gegenforderung geltend machen (BAG 16.0.1967, 5 AZR 464/66, EzA § 273 BGB Nr 1). Dies gilt nicht bei Forderungen des AG aus vorsätzlichen Vertragsverletzungen (BGH 17.3.1975, VIII ZR 245/73, NJW 1975, 1120). 4

Ggü dem **unpfändbaren Teil** des Gehaltsanspruchs des AN steht dem **AG** in analoger Anwendung des § 394 auch kein Zurückbehaltungsrecht zu. Entspringt seine Gegenforderung aber einer vorsätzlichen unerlaubten Handlung des AN, kann er iRd insoweit bestehenden Aufrechnungsbefugnis (s §§ 387–394 Rdn 5) auch ein Zurückbehaltungsrecht geltend machen. Kein Zurückbehaltungsrecht besteht nach § 242 auch an den Arbeitspapieren (BAG 20.12.1958, 2 AZR 336/56, AP BGB § 611 Urlaubskarten Nr 2). Dasselbe gilt für das Arbeitszeugnis. 5

Die Ausübung des Zurückbehaltungsrechts steht unter dem Gebot von **Treu und Glauben** (§ 242). Daraus folgt: Der AN kann seine Arbeitsleistung nur zurückhalten, wenn er dem AG unter Angabe des Grundes klar und deutlich mitteilt, dass er sein Zurückbehaltungsrecht aufgrund einer ganz bestimmten, konkreten Gegenforderung ausübt; ein pauschales Berufen auf einen »Mobbingsachverhalt« genügt dafür nicht (BAG 13.3.2008, 2 AZR 88/07, EzA § 1 KSchG Verhaltensbedingte Kündigung Nr 73). Auch darf die Ausübung des Zurückbehaltungsrechts nicht zur praktischen Vereitelung der Durchsetzung der anderen Forderung führen, wie das insb der Fall ist, wenn die Klärung der Forderung des Schuldners unabsehbare Zeit in Anspruch nimmt (BAG 13.3.2008, 2 AZR 88/07, EzA § 1 KSchG Verhaltensbedingte Kündigung Nr 73). 6

§ 275 Ausschluss der Leistungspflicht

(1) Der Anspruch auf Leistung ist ausgeschlossen, soweit diese für den Schuldner oder für jedermann unmöglich ist.
(2) ¹Der Schuldner kann die Leistung verweigern, soweit diese einen Aufwand erfordert, der unter Beachtung des Inhalts des Schuldverhältnisses und der Gebote von Treu und Glauben in einem groben Missverhältnis zu dem Leistungsinteresse des Gläubigers steht. ²Bei der Bestimmung der dem Schuldner zuzumutenden Anstrengungen ist auch zu berücksichtigen, ob der Schuldner das Leistungshindernis zu vertreten hat.
(3) Der Schuldner kann die Leistung ferner verweigern, wenn er die Leistung persönlich zu erbringen hat und sie ihm unter Abwägung des seiner Leistung entgegenstehenden Hindernisses mit dem Leistungsinteresse des Gläubigers nicht zugemutet werden kann.
(4) Die Rechte des Gläubigers bestimmen sich nach den §§ 280, 283 bis 285, 311a und 326.

Übersicht	Rdn.		Rdn.
A. Allgemeines	1	C. Unzumutbarkeit	7
B. Unmöglichkeit	4		

A. Allgemeines. Der mit der Schuldrechtsreform neu konzipierte § 275 betrifft den **Anspruch auf die ursprünglich geschuldete** Leistung. Dieser wird ausgeschlossen, wenn die Erbringung der Leistung unmöglich ist (I). Seine Erfüllung kann verweigert werden, wenn sie für den Schuldner unzumutbar ist (II u III). Hat der Schuldner die Unmöglichkeit oder Unzumutbarkeit nicht zu vertreten, hat es mit dem Ausschluss der Leistungspflicht grds sein Bewenden. Der Gläubiger kann lediglich gem IV iVm § 285 Ersatzherausgabe verlangen. Auch wird der Gläubiger gem § 326 I 1 von seiner Gegenleistungspflicht befreit. 1

Hat der Schuldner die Unmöglichkeit oder Unzumutbarkeit der Leistung **zu vertreten**, tritt an die Stelle des ausgeschlossenen Anspruchs auf die Leistung nach IV iVm §§ 280 I, III, 283 der Anspruch auf Schadensersatz statt der Leistung, an dessen Stelle der Gläubiger nach Maßgabe des § 284 auch Ersatz seiner vergeblichen Aufwendungen verlangen kann. Neben dem Schadensersatz statt der Leistung kann der Gläubiger nach IV iVm § 280 I den Ersatz von Schäden an sonstigen Rechtsgütern verlangen, die infolge der Pflichtwidrigkeit eingetreten sind, die zur Unmöglichkeit oder Unzumutbarkeit geführt hat. 2

Die Schuldrechtsreform hat die Unterschiedlichkeit der Regelung nachträglicher und anfänglicher Unmöglichkeit im Prinzip aufgegeben. Dementspr erfasst § 275 die anfängliche Unmöglichkeit grds in gleicher Weise wie die nachträgliche Unmöglichkeit. Sonderregeln enthält aber der in IV in Bezug genommene § 311a. 3

§ 276 BGB   Verantwortlichkeit des Schuldners

4 **B. Unmöglichkeit.** Dem AN ist die Arbeitsleistung iSd I unmöglich, wenn ihm die Fähigkeit fehlt, diese **tatsächlich** zu erbringen. Ein solcher Fall ist gegeben, wenn der AN tatsächlich verhindert ist, an den Arbeitsort zu gelangen, sei es wegen der Witterungsverhältnisse (BAG 8.9.1982, 5 AZR 283/80, EzA § 616 BGB Nr 22) oder wegen eines Hausverbotes (LAG Bremen 24.8.2000, 4 Sa 68/00, NZA-RR 2000, 632). Auch bei einer Erkrankung kann tatsächliche Unmöglichkeit vorliegen (s dazu noch Rdn 8).

5 **Rechtl** unmöglich ist dem AN die Arbeitsleistung, wenn sie ihm aus Gründen des Schutzes Dritter, etwa durch ein Tätigkeitsverbot nach § 42 IfSG, untersagt wird, oder wenn er als AN aus einem Nicht-EU-Staat den nach § 39 AufenthG erforderlichen Aufenthaltstitel nicht erhält. Steht allerdings schon bei Vertragsschluss fest, dass der AN die Arbeitsleistung nicht erbringen darf, handelt es sich etwa um ein Kind iSd JArbSchG oder ist die Arbeitsgenehmigung schon endgültig versagt, ist der Arbeitsvertrag auf eine von vornherein verbotene Leistung gerichtet und damit nach § 134 nichtig (§ 134 Rdn 3).

6 Dass dem AG die finanziellen Mittel fehlen, um das Entgelt zu zahlen, befreit ihn nicht von der Zahlungspflicht. Insoweit gilt das Prinzip der unbeschränkten Vermögenshaftung (Staudinger/*Caspers* [2014] § 275 Rn 74). Von seiner Beschäftigungspflicht auf einen bestimmten Arbeitsplatz wird der AG nach I befreit wenn dieser Arbeitsplatz wegfällt (Hess LAG 24.6.2014, 8 Sa 1216/13, JurionRS 2014, 36507). Zum Beschäftigungsanspruch s iÜ § 611 Rdn 268).

7 **C. Unzumutbarkeit.** Unzumutbarkeit iSd III kann zunächst aus rechtl Konfliktsituationen resultieren. Wer arbeitsvertraglich zur Sonntagsarbeit verpflichtet ist, kann der Arbeit fernbleiben, um zu wählen; in Betracht kommt nur eine Schadensersatzverpflichtung wegen Abwendungsverschuldens, wenn es der AN schuldhaft unterlassen hat, von der Briefwahl Gebrauch zu machen. Bringt die Arbeitsleistung den AN in einen Gewissenskonflikt, braucht er sie nicht zu leisten; ihm ggü kommt dann keine verhaltensbedingte, sondern nur eine personenbedingte Kdg in Betracht (BAG 24.2.2011, 2 AZR 636/09, EzA § 1 KSchG Personenbedingte Kündigung Nr 28). Unzumutbar ist dem AN die Arbeitsleistung auch dann, wenn ihm eine Gefahr für Leib, Leben oder Freiheit droht. Deshalb braucht er nicht in einem Prozess seines AG im Ausland auszusagen, wenn er dort mit Verhaftung rechnen muss (Staudinger/*Caspers* [2014] § 275 Rn 112). Dass der AN an einer in die Arbeitszeit gelegten Ortsvorstandssitzung seiner Gewerkschaft nicht teilnehmen kann, stellt keine Unzumutbarkeit dar (BAG 13.8.2010, 1 AZR 173/09, EzA Art 9 GG Nr 100).

8 III ist auch der Fall zuzuordnen, dass ein AN wegen **Krankheit arbeitsunfähig** ist, ohne dass dies zu einer objektiven Unmöglichkeit der Erbringung der Arbeitsleistung führt. Das BAG hat diesen Fall zwar bisher als einen Fall des Unvermögens, das zu I gehört, aufgefasst (BAG 21.5.1992, 2 AZR 399/91, AP KSchG 1969 § 1 Krankheit Nr 30). Aber man darf nicht die Möglichkeit außer Acht lassen, dass der kranke AN trotz seiner Erkrankung – ganz oder teilw – arbeitet. Derartiges ist bei AN in verantwortlichen Positionen durchaus nicht selten. Auf diese Situation ist das Leistungsverweigerungsrecht des III geradezu zugeschnitten (*Henssler/Muthers* ZGS 2002, 219, 223). Stattdessen nach wie vor von einem Ausschluss der Leistungspflicht wegen Unmöglichkeit auszugehen und im Fall trotzdem erfolgter Arbeitsleistung einen Entgeltanspruch aus Treu und Glauben zu begründen (so *Joussen* NZA 2001, 747), erscheint als überflüssiger Umweg. Die Regeln über die Unmöglichkeit greifen erst, wenn die Arbeitsleistung tatsächlich nicht erbracht wird: Sie ist dann für die Zeit, für die sie versprochen war, nachträglich unmöglich geworden.

§ 276 Verantwortlichkeit des Schuldners

(1) ¹Der Schuldner hat Vorsatz und Fahrlässigkeit zu vertreten, wenn eine strengere oder mildere Haftung weder bestimmt noch aus dem sonstigen Inhalt des Schuldverhältnisses, insbesondere aus der Übernahme einer Garantie oder eines Beschaffungsrisikos zu entnehmen ist. ²Die Vorschriften der §§ 827 und 828 finden entsprechende Anwendung.
(2) Fahrlässig handelt, wer die im Verkehr erforderliche Sorgfalt außer Acht lässt.
(3) Die Haftung wegen Vorsatzes kann dem Schuldner nicht im Voraus erlassen werden.

1 Für Pflichtverletzungen aus dem Arbeitsvertrag ist gesetzlich kein bes Verschuldensmaßstab vorgesehen. Deshalb haften AG wie AN grds schon bei Fahrlässigkeit iSd § 276 II. Zahlt der AG das Arbeitsentgelt verspätet, genügt für den Eintritt des Verzugs leichte Fahrlässigkeit. Verletzt er Nebenpflichten, etwa Informationspflichten, trifft ihn bei leichter Fahrlässigkeit die Schadensersatzpflicht des § 280 I. Tritt der AN die Arbeit verspätet an, genügt für seine Verzugshaftung ebenfalls leichte Fahrlässigkeit. Auch für eine »Spaßfahrt« ohne jeden Zusammenhang mit seiner betrieblichen Tätigkeit haftet der AN nach dem Maßstab des § 276 II (BAG 18.4.2002, 8 AZR 348/01, EzA § 611 BGB Arbeitnehmerhaftung Nr 70).

Eingeschränkt ist die Arbeitnehmerhaftung aber dann, wenn der Schaden bei der Ausführung von Arbeiten 2
eingetreten ist, die **betrieblich veranlasst** sind. Es liegt dann ein Fall vor, in dem iSv § 276 I 1 dem Inhalt des
Schuldverhältnisses eine mildere Haftung zu entnehmen ist. S dazu iE § 611 Rdn 418 ff.

Vorsatz iSv § 276 I 1 bedeutet wissentliche und willentliche Herbeiführung des missbilligten Erfolges. 3
Dabei ist – anders als im Strafrecht – regelmäßig auch das Bewusstsein der Rechtswidrigkeit erforderlich
(dazu und zu den Ausnahmen Staudinger/*Caspers* [2014] § 276 Rn 25 ff). Der Vorsatz muss sich regelmäßig
nur auf den Haftungstatbestand, nicht aber auf den Schaden beziehen. Eine Ausnahme gilt insoweit bei
§§ 104, 105 SGB VII (BAG 27.6.1975, 3 AZR 457/74, AP RVO § 636 Nr 9) und iRd AN-Haftung (BAG
18.4.2002, 8 AZR 348/01, EzA § 611 BGB Arbeitnehmerhaftung Nr 70).

Fahrlässig handelt im Arbeitsleben derjenige, der die **dort objektiv** erforderliche Sorgfalt außer Acht lässt. 4
Dabei muss das gesamte Verhalten des Handelnden ins Auge gefasst werden. Der Sorgfaltsverstoß kann
auch in mangelnder Vorsorge oder mangelnder Abwendung des Schadens bestehen (Staudinger/*Caspers*
[2014] § 276 Rn 52). Ein unverschuldeter Rechtsirrtum schließt die Fahrlässigkeit aus. Von ihm ist insb zu
sprechen, wenn sich der Betreffende für seine Rechtsauffassung auf eine höchstrichterliche Entscheidung
berufen kann (BAG 12.11.1992, 8 AZR 503/91, EzA § 276 BGB Nr 37; ausf Staudinger/*Caspers* [2014]
§ 276 Rn 55 ff und Staudinger/*Löwisch/Feldmann* [2014] § 286 Rn 166 ff).

Grobe Fahrlässigkeit liegt bei einer bes groben und auch subjektiv schlechthin unentschuldbaren Pflicht- 5
verletzung vor, die das gewöhnliche Maß an Fahrlässigkeit erheblich übersteigt (BSG 20.9.1977, 8/12 RKg
8/76, DB 1978, 307, 308; BGH 22.7.2010, III ZR 99/09, NZG 2011, 68; ausf Staudinger/*Caspers* [2014]
§ 276 Rn 92 ff).

§ 278 Verantwortlichkeit des Schuldners für Dritte
¹Der Schuldner hat ein Verschulden seines gesetzlichen Vertreters und der Personen, deren er sich zur
Erfüllung seiner Verbindlichkeit bedient, in gleichem Umfang zu vertreten wie eigenes Verschulden. ²Die
Vorschrift des § 276 Abs. 3 findet keine Anwendung.

Der AG kann sich zur Erfüllung seiner Pflichten ggü dem AN Dritter als Erfüllungsgehilfen bedienen. 1
Dies trifft etwa auf den Betriebsarzt zu, für dessen Fehldiagnose der AG deshalb nach §§ 280 I, 278 haftet
(LG Paderborn 15.5.2001, 2 O 42/01, NJW-RR 2001, 1677). Beauftragt ein AG einen Angestellten mit
Verhandlungen über den Abschluss eines Arbeitsverhältnisses, haftet er für ein etwaiges Verschulden dieses
Angestellten nach §§ 311 II Nr 1, 280 I, 278 (BAG 15.5.1974, 5 AZR 393/73, EzA § 276 Nr 29).

Allgemein haftet der AG nach § 278 auch für die Einhaltung von **Schutzpflichten** durch die von ihm 2
bestellten Vorgesetzten; das Haftungsprivileg des § 104 SGB VII gilt auch im Fall des Vorsatzes des Erfüllungsgehilfen nicht (BAG 28.4.2011, 8 AZR 769/09, EzA § 636 RVO Nr 14). Dies gilt auch für die Pflicht
zur Abwehr von Diskriminierungen nach § 12 I iVm § 7 III AGG (BAG 25.10.2007, 8 AZR 593/06, EzA
§ 611 BGB 2002 Persönlichkeitsrecht Nr 7; LAG MV 5.7.2011, 5 Sa 86/11, nv) und Mobbing (LAG
München 30.10.2014, 4 Sa 159/14). Vorgesetzten stehen die mit der Einarbeitung eines AN Beauftragten
gleich (LAG Nds 9.11.2009, 9 Sa 1573/08, AE 2010, 199). Auf der anderen Seite ist der AN nicht Erfüllungsgehilfe von Mit-AN ggü dem AG (BAG 2.4.1958, 4 AZR 486/55, AP ZPO § 549 Nr 5). Überträgt
der AN aber Dritten unbefugt seine Arbeit, überlässt er diesen etwa das Steuer seines Dienstfahrzeuges,
haftet er für einen vom Dritten angerichteten Schaden in entspr Anwendung des § 278 (LAG Düsseldorf
16.5.1967, 8 Sa 90/67, EzA § 276 BGB Nr 12).

In den vertraglichen Beziehungen des AG zu Dritten ist der zur Erbringung der Leistungen eingeschaltete 3
AN regelmäßig Erfüllungsgehilfe. Dies gilt auch dann, wenn der AN entgegen seinen Weisungen gar nicht
tätig wird. Für die Haftung nach § 278 kann es keinen Unterschied machen, ob etwa ein Kraftfahrer den
Transport unsorgfältig oder gar nicht durchführt (AG Duisburg 8.4.2002, 3 C 654/02, RRa 2002, 171).
Allerdings kann der AG jederzeit das Erfüllungsgehilfenverhältnis beenden und die Verantwortung für die
Leistungsbewirkung selbst übernehmen. So wird es idR liegen, wenn AN streiken (näher Staudinger/*Caspers*
[2014] § 278 Rn 34).

§ 280 Schadensersatz wegen Pflichtverletzung
(1) ¹Verletzt der Schuldner eine Pflicht aus dem Schuldverhältnis, so kann der Gläubiger Ersatz des hierdurch entstehenden Schadens verlangen. ²Dies gilt nicht, wenn der Schuldner die Pflichtverletzung nicht
zu vertreten hat.
(2) Schadensersatz wegen Verzögerung der Leistung kann der Gläubiger nur unter der zusätzlichen Voraussetzung des § 286 verlangen.

§ 283 BGB   Schadensersatz statt der Leistung bei Ausschluss der Leistungspflicht

(3) Schadensersatz statt der Leistung kann der Gläubiger nur unter den zusätzlichen Voraussetzungen des § 281, des § 282 oder des § 283 verlangen.

§ 281 Schadensersatz statt der Leistung wegen nicht oder nicht wie geschuldet erbrachter Leistung

(1) ¹Soweit der Schuldner die fällige Leistung nicht oder nicht wie geschuldet erbringt, kann der Gläubiger unter den Voraussetzungen des § 280 Abs. 1 Schadensersatz statt der Leistung verlangen, wenn er dem Schuldner erfolglos eine angemessene Frist zur Leistung oder Nacherfüllung bestimmt hat. ²Hat der Schuldner eine Teilleistung bewirkt, so kann der Gläubiger Schadensersatz statt der ganzen Leistung nur verlangen, wenn er an der Teilleistung kein Interesse hat. ³Hat der Schuldner die Leistung nicht wie geschuldet bewirkt, so kann der Gläubiger Schadensersatz statt der ganzen Leistung nicht verlangen, wenn die Pflichtverletzung unerheblich ist.
(2) Die Fristsetzung ist entbehrlich, wenn der Schuldner die Leistung ernsthaft und endgültig verweigert oder wenn besondere Umstände vorliegen, die unter Abwägung der beiderseitigen Interessen die sofortige Geltendmachung des Schadensersatzanspruchs rechtfertigen.
(3) Kommt nach der Art der Pflichtverletzung eine Fristsetzung nicht in Betracht, so tritt an deren Stelle eine Abmahnung.
(4) Der Anspruch auf die Leistung ist ausgeschlossen, sobald der Gläubiger statt der Leistung Schadensersatz verlangt hat.
(5) Verlangt der Gläubiger Schadensersatz statt der ganzen Leistung, so ist der Schuldner zur Rückforderung des Geleisteten nach den §§ 346 bis 348 berechtigt.

§ 282 Schadensersatz statt der Leistung wegen Verletzung einer Pflicht nach § 241 Abs. 2

Verletzt der Schuldner eine Pflicht nach § 241 Abs. 2, kann der Gläubiger unter den Voraussetzungen des § 280 Abs. 1 Schadensersatz statt der Leistung verlangen, wenn ihm die Leistung durch den Schuldner nicht mehr zuzumuten ist.

§ 283 Schadensersatz statt der Leistung bei Ausschluss der Leistungspflicht

¹Braucht der Schuldner nach § 275 Abs. 1 bis 3 nicht zu leisten, kann der Gläubiger unter den Voraussetzungen des § 280 Abs. 1 Schadensersatz statt der Leistung verlangen. ²§ 281 Abs. 1 Satz 2 und 3 und Abs. 5 findet entsprechende Anwendung.

1 Erbringt der AN seine Arbeitsleistung überhaupt nicht, ist er im Fall des Verschuldens dem AG nach § 283 S 1 iVm § 280 I, III zum Schadensersatz statt der Leistung verpflichtet, an dessen Stelle der AG wiederum nach § 284 Ersatz seiner vergeblichen Aufwendungen verlangen kann. Erfasst wird dabei sowohl der Fall, dass dem AN die Leistung unmöglich oder unzumutbar iSd zu § 275 Rdn 4 ff Gesagten ist, als auch der Fall, dass die Leistung ihm an sich möglich ist, er die Leistungszeit aber verstreichen lässt. Im letzten Fall tritt Unmöglichkeit aufgrund des absoluten Fixschuldcharakters der Arbeitsleistung ein (BAG 15.9.2011, 8 AZR 846/09, ArztR 2012, 69; Staudinger/*Löwisch/Feldmann* [2014] Vorbem zu §§ 286-292 Rn 19).

2 Erbringt der AN seine Arbeitsleistung fehlerhaft und **ist der Fehler behebbar**, gilt entgegen verbreiteter Meinung (ausf *Servatius* JURA 2005, 838, 840 f) § 281 I 1 iVm § 280 I, III: Der AN ist zum Schadensersatz statt der Leistung verpflichtet, wenn er den Fehler nach einer Abmahnung nicht behebt und ihn daran ein Verschulden trifft. Entwickelt etwa ein angestellter Computerspezialist eine fehlerhafte Software und behebt nach erfolgter Abmahnung den Fehler nicht, ist er zum Ersatz des dem AG entgangenen Gewinns verpflichtet. Mit seinem Schadensersatzanspruch kann der AG gegen den Entgeltanspruch des AN aufrechnen. Ist hingegen der Fehler **nicht behebbar**, sodass der Schaden schon durch die Schlechtleistung eingetreten ist, richtet sich der Schadensersatzanspruch direkt nach § 280 I. Dies trifft etwa auf den Fall der Produktion von Ausschuss über das normale Maß zu.

3 Verletzt der AN eine Nebenpflicht iSd § 241 II, folgt die Pflicht zum Schadensersatz ebenfalls aus § 280 I (s dazu § 241 Rdn 2 f). Der Ersatz kann auch Dedektivkosten erfassen, wenn der AN einer vorsätzlichen Pflichtverletzung überführt wird (BAG 28.10.2010, 8 AZR 547/09, EzA § 280 BGB 2002 Nr 5).

4 Die Verpflichtung zum Schadensersatz setzt **Verschulden** des AN voraus. Dabei kommen ihm bei betrieblicher Tätigkeit die Grundsätze über die Beschränkung der AN-Haftung zugute (§ 276 Rdn 2 und § 611 Rdn 427 ff). Die Beweislast für das Verschulden trifft nach der Sonderregelung des § 619a abw von § 280 I 2 den AG.

Zahlt der AG das Arbeitsentgelt nicht, handelt es sich nicht um einen Fall der Unmöglichkeit (§ 275 Rdn 6), sondern um einen solchen der Verzögerung der Leistung. Schadensersatzansprüche richten sich dann nach § 286 iVm § 280 I, II (s §§ 286–287 Rdn 5 f). 5

Erfüllt der AG seine **Beschäftigungspflicht nicht**, kommt, weil es sich insoweit um ein absolutes Fixgeschäft handelt, ein Anspruch aus § 283 S 1 iVm § 280 I, III in Betracht. Ein materieller Schaden wird nur ausnahmsweise vorliegen. Zu denken ist daran, dass einem AN, der auf Provisionsbasis arbeitet, mangels Beschäftigung Einnahmen entgehen (vgl den Fall BAG 19.8.1976, 3 AZR 173/75, EzA § 611 BGB Beschäftigungspflicht Nr 1) oder, dass dem AN Trinkgelder entgehen (LAG Hamburg 13.2.2008, 5 Sa 69/07, LAGE § 280 BGB 2002 Nr 5). Wo sich die fehlende Beschäftigung als gravierende Persönlichkeitsrechtsverletzung auswirkt, kommt gem § 253 II auch wegen des immateriellen Schadens eine Geldentschädigung infrage (ErfK/*Preis* § 619a BGB Rn 72). So kann es angemessen sein, einem Schauspieler oder Musiker, der für seine künstlerische Entwicklung auf die Beschäftigung in bes Maße angewiesen ist, eine Geldentschädigung zuzubilligen. 6

Führt der AG entgegen einer vertraglichen Abrede keine Verhandlungen über eine **Zielvereinbarung**, sodass eine solche in der Zielperiode nicht zustande kommt, kann der AN gem § 280 I 1 Schadensersatz verlangen (BAG 12.5.2010, 10 AZR 390/09, NZA 2010, 1009). Dabei ist der für den Fall der Zielerreichung zugesagte Bonus Grundlage für die abstrakte Schadensberechnung nach § 252 S 2 (BAG 12.12.2007, 10 AZR 97/07 und 10.12.2008, 10 AZR 889/07, EzA § 611 BGB 2002 Gratifikation, Prämie Nr 22 und 23). 7

Auch eine fahrlässige falsche Auskunft verpflichtet den AG zum Ersatz eines – nachweisbaren – Schadens (BAG 21.5.2015, 6 AZR 349/14, BB 2015, 1914). 8

§ 284 Ersatz vergeblicher Aufwendungen

Anstelle des Schadensersatzes statt der Leistung kann der Gläubiger Ersatz der Aufwendungen verlangen, die er im Vertrauen auf den Erhalt der Leistung gemacht hat und billigerweise machen durfte, es sei denn, deren Zweck wäre auch ohne die Pflichtverletzung des Schuldners nicht erreicht worden.

Die Vorschrift ist in 1. Linie für den **Arbeitsvertragsbruch** von Bedeutung. Dieser verpflichtet den AN nach § 281 zum Schadensersatz statt der Leistung (dazu §§ 280–283 Rdn 2). An dessen Stelle kann der AG unter den Voraussetzungen des § 284 Ersatz seiner vergeblichen Aufwendung verlangen. In Betracht kommen als solche Aufwendungen Entgeltzahlungen an andere AN, die nun nicht sinnvoll eingesetzt werden können, sowie die Kosten von Materialien, die infolge des Ausbleibens des AN nicht verwendet werden können (s näher *Löwisch* FS Wißmann S 37, 39 ff). Anwendbar ist § 284 auch, wenn ein AN entgegen § 2 II 1 PflegeZG seine Arbeitsverhinderung durch eine Pflegesituation nicht unverzüglich mitteilt und der AG deshalb keine Vorsorge gegen vergebliche Aufwendungen treffen kann. S hierzu auch § 2 PflegeZG Rdn 7 f. 1

Auch im Fall **rechtswidriger Streiks** kommt eine Haftung der streikenden AN nach § 284 in Betracht, wenn sich Aufwendungen für eine Produktion oder für die Erbringung einer Dienstleistung als nutzlos erweisen, weil die Leistung der streikenden AN ausbleibt. Können etwa Zeitungen infolge eines rechtswidrigen Streiks nicht ausgeliefert werden, sind die Aufwendungen für den Druck der Zeitung, insb das nutzlos bedruckte Papier, ersatzfähig. Ob aus dem Zeitungsverkauf ein Gewinn erzielt worden wäre, spielt keine Rolle, weil schon Druck und Auslieferung der Zeitung den in § 284 Hs 2 genannten Zweck darstellen (*Löwisch* FS Wißmann S 42 f). Auf die im Fall eines rechtswidrigen Streiks deliktsrechtl haftende Gewerkschaft ist § 284 nicht anzuwenden, weil er nur innerhalb bestehender Schuldverhältnisse gilt. 2

Auch der **AG**, der fälliges Arbeitsentgelt nicht zahlt, kann nach § 284 haften, etwa wenn der AN im Vertrauen auf die laufende Zahlung des Arbeitsentgelts einen Kredit aufgenommen hat, den er nun nicht nutzen kann. 3

§ 285 Herausgabe des Ersatzes

(1) Erlangt der Schuldner infolge des Umstands, auf Grund dessen er die Leistung nach § 275 Abs. 1 bis 3 nicht zu erbringen braucht, für den geschuldeten Gegenstand einen Ersatz oder einen Ersatzanspruch, so kann der Gläubiger Herausgabe des als Ersatz Empfangenen oder Abtretung des Ersatzanspruchs verlangen.

(2) Kann der Gläubiger statt der Leistung Schadensersatz verlangen, so mindert sich dieser, wenn er von dem in Abs. 1 bestimmten Recht Gebrauch macht, um den Wert des erlangten Ersatzes oder Ersatzanspruchs.

§ 287 BGB Verantwortlichkeit während des Verzugs

1 Erzielt der AN, der die Arbeitsleistung infolge Unmöglichkeit oder Unzumutbarkeit nicht zu erbringen braucht (s dazu § 275 Rdn 4 ff), durch anderweitige Verwendung der Arbeitskraft einen Verdienst, hat er diesen nach § 285 I herauszugeben. Indem § 285 ausdrücklich auch den Fall der Unzumutbarkeit in seine Regelung einbezieht, bringt er zum Ausdruck, dass er auch diese Fälle erfassen will. Das ist dort von Bedeutung, wo der AG aufgrund bes Vorschriften (§ 3 EFZG, § 11 MuSchG, § 616) zur Entgeltzahlung verpflichtet bleibt. Dem AG dies abzuverlangen und gleichzeitig dem AN wegen des Umstands, der die Arbeitsleistung unmöglich oder unzumutbar macht, einen Vorteil zufließen zu lassen, wäre unbillig (s iE *Löwisch* NJW 2003, 2049 ff; Bamberger/Roth/*Unberath* § 285 Rn 6).

§ 286 Verzug des Schuldners

(1) ¹Leistet der Schuldner auf eine Mahnung des Gläubigers nicht, die nach dem Eintritt der Fälligkeit erfolgt, so kommt er durch die Mahnung in Verzug. ²Der Mahnung stehen die Erhebung der Klage auf die Leistung sowie die Zustellung eines Mahnbescheids im Mahnverfahren gleich.
(2) Der Mahnung bedarf es nicht, wenn
1. für die Leistung eine Zeit nach dem Kalender bestimmt ist,
2. der Leistung ein Ereignis vorauszugehen hat und eine angemessene Zeit für die Leistung in der Weise bestimmt ist, dass sie sich von dem Ereignis an nach dem Kalender berechnen lässt,
3. der Schuldner die Leistung ernsthaft und endgültig verweigert,
4. aus besonderen Gründen unter Abwägung der beiderseitigen Interessen der sofortige Eintritt des Verzugs gerechtfertigt ist.

(3) ¹Der Schuldner einer Entgeltforderung kommt spätestens in Verzug, wenn er nicht innerhalb von 30 Tagen nach Fälligkeit und Zugang einer Rechnung oder gleichwertigen Zahlungsaufstellung leistet; dies gilt gegenüber einem Schuldner, der Verbraucher ist, nur, wenn auf diese Folgen in der Rechnung oder Zahlungsaufstellung besonders hingewiesen worden ist. ²Wenn der Zeitpunkt des Zugangs der Rechnung oder Zahlungsaufstellung unsicher ist, kommt der Schuldner, der nicht Verbraucher ist, spätestens 30 Tage nach Fälligkeit und Empfang der Gegenleistung in Verzug.
(4) Der Schuldner kommt nicht in Verzug, solange die Leistung infolge eines Umstands unterbleibt, den er nicht zu vertreten hat.
(5) Für eine von den Absätzen 1 bis 3 abweichende Vereinbarung über den Eintritt des Verzugs gilt § 271a Absatz 1 bis 5 entsprechend.

§ 287 Verantwortlichkeit während des Verzugs

¹Der Schuldner hat während des Verzugs jede Fahrlässigkeit zu vertreten. ²Er haftet wegen der Leistung auch für Zufall, es sei denn, dass der Schaden auch bei rechtzeitiger Leistung eingetreten sein würde.

1 Erbringt der AN seine Arbeitsleistung verspätet, liegt regelmäßig nicht Verzug, sondern, weil es sich um ein absolutes Fixgeschäft handelt, Unmöglichkeit vor. Schadensersatzansprüche wegen Nichterbringung der Arbeitspflicht richten sich dann nach § 283 S 1 iVm § 280 I, III (§§ 280–283 Rdn 1). Erbringt der AN zwar seine Arbeitsleistung, gerät bei der Durchführung seiner Arbeitsaufgaben aber zeitlich ins Hintertreffen, liegt darin eine Schlechtleistung, für die er nach Maßgabe des § 280 I haftet. Verfährt sich etwa ein Lkw-Fahrer, so dass die Ware verspätet an der Verkaufsstelle ankommt, kann er zum Ersatz des dem AG entstandenen Schadens (entgangene Geschäfte, Verderben der Ware) verpflichtet sein, sofern ihn ein Verschulden trifft und ihm nicht die Grundsätze über die Beschränkung der AN-Haftung zugutekommen.

2 Hat der AN eine Geschäftsbesorgung für den AG übernommen, kommt Verzug mit der Herausgabepflicht des § 667 in Betracht. So haftet der AN, der mit dem Einkauf von Ware beauftragt ist und diese verspätet abliefert, für einen Verzögerungsschaden, etwa aus entgangenen Geschäften mit Kunden, wenn eine der Verzugsvoraussetzungen (zB Mahnung oder fester Ablieferungstermin) gegeben ist und der AN die Verzögerung nach § 286 IV zu vertreten hat. Letzteres setzt Verschulden iSd § 276 voraus. Weil es sich um eine betriebliche Tätigkeit handelt, kommt dem AN die beschränkte AN-Haftung zugute.

3 Ist der AN mit der Herausgabepflicht in Verzug, hat er auch für ein Fehlverhalten in der Zeit danach nur nach Maßgabe der Grundsätze der beschränkten AN-Haftung einzustehen; § 287 kann insofern nicht gelten. Erst recht scheidet auch die Zufallshaftung des § 287 S 2 aus.

4 Für den Verzug des AN mit Geldzahlungspflichten (Rückzahlung von Darlehen oder Überzahlung, Schadensersatzleistungen) gelten keine Besonderheiten. Insb kommen dem AN nicht die Grundsätze über die beschränkte AN-Haftung zugute, weil es sich nicht um eine betrieblich veranlasste Tätigkeit handelt.

Ist, wie das der Regel des § 614 S 2 entspricht, das Arbeitsentgelt nach Zeitabschnitten zu bezahlen (Monats- 5
gehalt, Wochenlohn), gerät der AG gem II Nr 1 in Verzug, wenn er am Ende des Zeitabschnittes nicht zahlt.
Fehlt es ausnahmsweise an der Festlegung von Zeitabschnitten oder geht es um eine besondere Zahlungsansprüche, setzt der Verzug Mahnung, also die ernsthafte und eindeutige Zahlungsaufforderung (BAG 19.3.2014,
5 AZR 954/12, EzA § 611 BGB 2002 Nr 5; auch Hess LAG 30.10.2013, 2 Sa 629/13, EzTöD 100, § 24
TVöD-AT Verzugszinsen Nr. 1; Staudinger/*Löwisch*/*Feldmann* [2014] § 286 Rn 29 ff), Klageerhebung
oder Zustellung eines Mahnbescheids voraus (I 2). In Betracht kommt auch Verzug nach III 1 Hs 1, wenn
der AN eine Rechnung oder Zahlungsaufstellung (zB Angabe von Stundenzahl und Stundenlohn) zuleitet.
Hingegen ist II Nr 4 für den Normalfall der Entgeltzahlung nicht gegeben.
Der Verzug des AG kann durch einen Rechtsirrtum ausgeschlossen sein (BAG 26.1.2011, 4 AZR 167/09, 6
ZTR 2011, 488). So muss der AG, der nach einer Kdg keine Arbeitsvergütung mehr zahlt, zum Ausschluss
seines Schuldnerverzugs nur darlegen und beweisen, dass aus seiner Sicht Kdg-Gründe vorliegen, die einen
sorgfältig abwägenden AG zur Kdg veranlassen konnten, sodass er auf die Wirksamkeit der Kdg vertrauen
durfte (BAG 13.6.2002, 2 AZR 391/01, EzA § 15 nF KSchG Nr 55; LAG Rh-Pf 19.8.2011, 9 Sa 155/11,
DStR 2012, 195). Ist zweifelhaft, in welche Tarifgruppe ein AN nach seiner Tätigkeit einzugruppieren ist,
darf der AG auf die ihm günstigere Rechtsauffassung vertrauen (BAG 11.6.1997, 10 AZR 613/96, AP BGB
§ 291 Nr 1; auch Hess LAG 30.10.2013, 2 Sa 629/13, EzTöD 100, § 24 Abs. 1 TVöD-AT Verzugszinsen
Nr 1; aA insoweit LAG BW 26.11.1998, 4 Sa 47/98, LAGE § 4 TVG Beschäftigungssicherung Nr 6).
Nach § 286 V ist auf eine von den Absätzen 1 bis 3 abweichende Vereinbarung § 271a entsprechend auz- 7
weunden. Siehe zu diewer Vorschrift § 271 Rn 4.

§ 288 Verzugszinsen

(1) ¹Eine Geldschuld ist während des Verzugs zu verzinsen. ²Der Verzugszinssatz beträgt für das Jahr fünf
Prozentpunkte über dem Basiszinssatz.
(2) Bei Rechtsgeschäften, an denen ein Verbraucher nicht beteiligt ist, beträgt der Zinssatz für Entgeltforderungen neun Prozentpunkte über dem Basiszinssatz.
(3) Der Gläubiger kann aus einem anderen Rechtsgrund höhere Zinsen verlangen.
(4) Die Geltendmachung eines weiteren Schadens ist nicht ausgeschlossen.
(5) ¹Der Gläubiger einer Entgeltforderung hat bei Verzug des Schuldners, wenn dieser kein Verbraucher
ist, außerdem einen Anspruch auf Zahlung einer Pauschale in Höhe von 40 Euro. ²Dies gilt auch, wenn es
sich bei der Entgeltforderung um eine Abschlagszahlung oder sonstige Ratenzahlung handelt. ³Die Pauschale nach Satz 1 ist auf einen geschuldeten Schadensersatz anzurechnen, soweit der Schaden in Kosten
der Rechtsverfolgung begründet ist.
(6) ¹Eine im Voraus getroffene Vereinbarung, die den Anspruch des Gläubigers einer Entgeltforderung
auf Verzugszinsen ausschließt, ist unwirksam. ²Gleiches gilt für eine Vereinbarung, die diesen Anspruch
beschränkt oder den Anspruch des Gläubigers einer Entgeltforderung auf die Pauschale nach Absatz 5 oder
auf Ersatz des Schadens, der in Kosten der Rechtsverfolgung begründet ist, ausschließt oder beschränkt,
wenn sie im Hinblick auf die Belange des Gläubigers grob unbillig ist. ³Eine Vereinbarung über den Ausschluss der Pauschale nach Absatz 5 oder des Ersatzes des Schadens, der in Kosten der Rechtsverfolgung
begründet ist, ist im Zweifel als grob unbillig anzusehen. ⁴Die Sätze 1 bis 3 sind nicht anzuwenden, wenn
sich der Anspruch gegen einen Verbraucher richtet.

§ 289 Zinseszinsverbot

¹Von Zinsen sind Verzugszinsen nicht zu entrichten. ²Das Recht des Gläubigers auf Ersatz des durch den
Verzug entstehenden Schadens bleibt unberührt.

Unbeschadet der Frage, ob der AN als Verbraucher anzusehen ist (§ 13 Rdn 1), sind auch Entgeltansprüche 1
aus dem Arbeitsverhältnis nicht mit 8, sondern nur mit 5 Prozentpunkten über dem Basiszinssatz (§ 247)
zu verzinsen; § 288 II meint nur Ansprüche aus Geschäftsvorgängen zwischen Unternehmen und zwischen
Unternehmen und öffentl Stellen (BAG 23.2.2005, 10 AZR 602/03, EzA § 209 InsO Nr 4). Zu verzinsen
ist dabei der gesamte Bruttobetrag des Arbeitsentgelts (BAG GS 7.3.2001, GS 1/00, EzA § 288 BGB Nr 3;
aA *Löwisch* RdA 2002, 182).
Für alle anderen Forderungen aus dem Arbeitsverhältnis (insb Schadensersatzforderungen und für Forde- 2
rungen aus ungerechtfertigter Bereicherung) gilt ebenfalls der Zinssatz von 5 Prozentpunkten über dem
Basiszinssatz des § 288 II. Dieser Zinssatz ist auch maßgebend, soweit der AN in seiner Stellung als Verbraucher Geschäfte mit dem AG tätigt, etwa ein Kfz kauft oder eine Wohnung mietet.

3 Ein weiterer Schaden iSd IV kommt insb in Betracht, wenn ein AN infolge der Verzögerung der Entgeltzahlung seinerseits Forderungen nicht bedienen kann, sodass einer seiner Gläubiger vom Vertrag zurücktritt und/oder Schadensersatz fordert.

4 Nach dem durch das Gesetz zur Bekämpfung von Zahlungsverzug im Geschäftsverkehr vom 22. 7. 2014 eingefügten Absatz 5 hat der Gläubiger einer Entgeltforderung im Falles des Verzugs des Schuldners Anspruch auf Zahlung einer **Pauschale von 40 Euro**. Dieser Anspruch steht auch dem Arbeitnehmer als Gläubiger der Forderung auf das Arbeitsentgelt zu (*Hülsemann*, ArbRAktuell 2015, 146 ff; aM *Diller* NZA 2015, 1095 ff, dessen Annahme, § 12a ArbGG stelle gegenüber § 288 V eine Spezialvorschrift dar, aber die unterschiedlichen Anwendungsbereiche der Vorschriften außer Acht lässt). Ist die Vergütung regelmäßig nach Zeitabschnitten bemessen, ist die Pauschale für jeden Fall des Verzugs zu zahlen. Dies folgt aus Abs 5 S 2 (*Tiedemann*, ArbRB 2015, 312). Nach Abs 5 S 3 ist die Pauschale auf einen geschuldeten Verzugsschadensersatz anzurechnen, soweit dieser in Kosten der Rechtsverfolgung begründet ist. Gerichts- und Mahngebühren sowie Kosten eines Rechtsanwalts oder eines Inkassounternehmens mindern also die Pauschale oder lassen sie ganz entfallen (Staudinger/*Löwisch/Feldmann*, Updatestand 25.3.2015, § 288 Rn 40.2). Der Anspruch auf die Pauschale kann nicht ausgeschlossen werden (Abs 6 S 2 und 3). Eine Beschränkung ist aber zulässig, wenn sie nicht grob unbillig ist, was vor allem für ganz geringfügige Forderungen zutreffen kann, wie sie bei der Bemessung der Vergütung nach kürzeren Zeitabschnitten (ein Tag, eine Woche) bestehen können.

§ 291 Prozesszinsen
¹Eine Geldschuld hat der Schuldner von dem Eintritt der Rechtshängigkeit an zu verzinsen, auch wenn er nicht im Verzug ist; wird die Schuld erst später fällig, so ist sie von der Fälligkeit an zu verzinsen. ²Die Vorschriften des § 288 Abs. 1 Satz 2, Abs. 2, Abs. 3 und des § 289 Satz 1 finden entsprechende Anwendung.

1 § 291 wird dort praktisch, wo die Klage ausnahmsweise keinen Verzug begründet, wie das zutreffen kann, wenn der AG eine Eingruppierungsfrage falsch beurteilt (BAG 11.6.1997, 10 AZR 613/96, AP Nr 1 zu § 291 BGB). Für die Prozesszinsen gelten nach § 291 S 2 die Vorschriften über die Verzugszinsen entspr.

2 Der Anspruch auf Verzugszinsen ist grundsätzlich abdingbar. Vereinbarungen, die den Anspruch ausschließen oder reduzieren, müssen sich aber an den §§ 305 ff. messen lassen (Staudinger/*Löwisch/Feldmann* [2014], § 288 Rn 5). Danach wird man iSv § 307 für Entgeltansprüche des Arbeitnehmers zwar den Ausschluss von Fälligkeitszinsen noch als angemessen ansehen können, nicht aber den Ausschluss von Verzugszinsen.

§ 293 Annahmeverzug
Der Gläubiger kommt in Verzug, wenn er die ihm angebotene Leistung nicht annimmt.

§ 294 Tatsächliches Angebot
Die Leistung muss dem Gläubiger so, wie sie zu bewirken ist, tatsächlich angeboten werden.

§ 295 Wörtliches Angebot
¹Ein wörtliches Angebot des Schuldners genügt, wenn der Gläubiger ihm erklärt hat, dass er die Leistung nicht annehmen werde, oder wenn zur Bewirkung der Leistung eine Handlung des Gläubigers erforderlich ist, insbesondere wenn der Gläubiger die geschuldete Sache abzuholen hat. ²Dem Angebot der Leistung steht die Aufforderung an den Gläubiger gleich, die erforderliche Handlung vorzunehmen.

§ 296 Entbehrlichkeit des Angebots
¹Ist für die von dem Gläubiger vorzunehmende Handlung eine Zeit nach dem Kalender bestimmt, so bedarf es des Angebots nur, wenn der Gläubiger die Handlung rechtzeitig vornimmt. ²Das Gleiche gilt, wenn der Handlung ein Ereignis vorauszugehen hat und eine angemessene Zeit für die Handlung in der Weise bestimmt ist, dass sie sich von dem Ereignis an nach dem Kalender berechnen lässt.

1 Der Vergütungsanspruch aus § 615 setzt Annahmeverzug iSd §§ 293 ff voraus. Zu dessen Begründung ist im Arbeitsverhältnis gem § 294 **regelmäßig ein tatsächliches Angebot** erforderlich. Ein AN hat sich zur Arbeitsaufnahme an der Arbeitsstelle einzufinden, sodass es an einem Angebot seiner Arbeitsleistung fehlt, wenn er infolge Glatteises seinen Arbeitsplatz nicht erreicht (BAG 2.12.1982, 4 AZR 134/80, DB 1983, 395, 396).

An einem Angebot des AN fehlt es auch, wenn der AN gem § 275 III die Arbeitsleistung wegen Unzumutbarkeit, etwa aus Gewissensgründen, verweigert (vgl BAG 24.5.1989, 2 AZR 285/88, EzA § 611 BGB Direktionsrecht Nr 3, das diesen Fall § 297 zuordnet). Dass der AG dem AN nach § 106 GewO eine andere iR der arbeitsvertraglichen Vereinbarung liegende Tätigkeit zuweisen kann, ändert daran nichts (BAG 19.5.2010, 5 AZR 162/09, EzA § 615 BGB 2002 Nr 33). Der AG ist in einem solchen Fall allerdings verpflichtet, dem AN eine mögliche andere Arbeit zuzuweisen. Unterlässt er das, behält der AN gem § 326 II seinen Entgeltanspruch (vgl BAG 20.12.1984, 2 AZR 436/83, EzA § 1 KSchG Verhaltensbedingte Kündigung Nr 16, welches in einem solchen Fall unter Ausschluss von § 297 Annahmeverzug annimmt). 2

Die Arbeitsleistung ist nach § 294 so anzubieten wie sie zu bewirken ist. Bietet der AN die Arbeitsleistung nur mit einer dem AG unzumutbaren Einschränkung an, begründet das keinen Annahmeverzug (BAG 24.9.2014, 5 AZR 611/12, EzA § 611 BGB 2002 Kirchliche Arbeitnehmer Nr 33: Angebot in einer Einrichtung der evangelischen Kirche nur mit islamischem Kopftuch zu arbeiten). Ist die Einschränkung hingegen dem AG zumutbar genügt ein entsprechend eingeschränktes Angebot (BAG 9.4.2014, 10 AZR 637/13, EzA § 106 GewO Nr 18). 2.1

Lehnt der AG die Entgegennahme der Arbeitsleistung ab, insb weil er dem AN gekündigt hat, ist das nach Auffassung des BAG kein Fall des § 295, sondern ein solcher des § 296: Der AG sei jeden Tag erneut, also kalendermäßig, verpflichtet, an der vom AN zu erbringenden Arbeitsleistung dadurch mitzuwirken, dass er diesem einen funktionstüchtigen Arbeitsplatz einrichte und zuweise (zuletzt BAG 19.1.1999, 9 AZR 679/97, EzA § 615 BGB Nr 93; krit hierzu Staudinger/*Feldmann* [2014] § 296 Rn 4). Gleiches wird für den Fall der unwirksamen Anordnung von Kurzarbeit angenommen (LAG Hamm 12.6.2014, 11 Sa 1566/13, LAGE § 615 BGB 2002 Nr 22). Hat der AG aber eine Kdg noch vor Ablauf der Kündigungsfrist wieder zurückgezogen und dem AN die nahtlose Fortsetzung des Arbeitsverhältnisses angeboten, findet § 296 keine Anwendung, sondern muss der AN seine Arbeitsleistung tatsächlich anbieten (LAG Berl-Bbg 11.2.2010, 25 Sa 2061/09). Wird der AN im ungekündigten Arbeitsverhältnis nicht in dem Umfang beschäftigt, den der Dienstplan vorgibt, ist § 296 nicht anwendbar, vielmehr muss der AN seine Arbeitsleistung gem § 295 anbieten (LAG Rh-Pf 28.07.2011, 2 Sa 283/11, nv). 3

Der Annahmeverzug endet, sobald der AG sich zur Entgegennahme der Arbeitsleistung **bereit erklärt**. Notwendig ist die Erklärung der Bereitschaft, den AN zu den im Arbeitsvertrag festgelegten Arbeitsbedingungen wieder zu beschäftigen (BAG 27.1.1994, 2 AZR 584/93, DB 1994, 2401). Dass ein Kündigungsrechtsstreit endet, macht die Erklärung nicht entbehrlich (BAG 16.5.2012, 5 AZR 251/11, EzA § 615 BGB 2002 Nr 37). 4

Auch wenn der AG das Arbeitsverhältnis gekündigt hat, ist sein Angebot, den AN zu **unveränderten Bedingungen** bis zum Abschluss des Kündigungsschutzprozesses weiter zu beschäftigen, wirksam. Nimmt der AN auf ein solches Angebot hin die Arbeit nicht auf, belegt das regelmäßig seine fehlende Leistungsbereitschaft mit der Folge, dass der Annahmeverzug nach § 297 ausscheidet (**aM** BAG 19.9.2012, 5 AZR 627/11, EzA § 4 TVG Ausschlussfristen Nr 201; s aber BAG 17.8.2011, 5 AZR 251/10, EzA § 615 BGB 2002 Nr 34 für das Angebot einem Urteil auf vorläufige Weiterbeschäftigung nachzukommen; wie hier ausf Staudinger/*Feldmann* [2014] § 293 Rn 28 f). Bietet der AG nur eine Beschäftigung zu geänderten Bedingungen an, kann das keinen Annahmeverzug begründen. Vielmehr liegt ein Fall des § 615 S 2 vor, dazu § 615 Rdn 52 ff. Wer streikt ist nicht leistungswillig (BAG 17.7.2012, 1 AZR 563/11, DB 2012, 2817). 5

§ 297 Unvermögen des Schuldners
Der Gläubiger kommt nicht in Verzug, wenn der Schuldner zur Zeit des Angebots oder im Falle des § 296 zu der für die Handlung des Gläubigers bestimmten Zeit außerstande ist, die Leistung zu bewirken.

Ein Angebot des AN ist nach § 297 unbeachtlich, wenn er zZt des Angebots außerstande ist, die Arbeitsleistung zu erbringen. Davon ist einmal auszugehen, wenn der AN durch äußere Umstände, etwa wegen einer Urlaubsreise, infolge Freiheitsentzugs (BAG 16.3.1967, 2 AZR 64/66, BB 1967, 630) oder infolge Alkoholgenusses (LAG Schl-Holst 28.11.1988, 4 Sa 382/88, NZA 1989, 472) gehindert ist, die Arbeitsleistung zu erbringen. Auch der Fall der Erkrankung des AN wird von § 297 erfasst. Ein Angebot des AN, die Arbeitsleistung trotz der Erkrankung zu erbringen, geht ins Leere (BAG 13.5.1992, 5 AZR 437/91, EzA § 14 SchwbG Nr 3, für einen Schwerbehinderten, dessen Gesundheitszustand sich verschlechtert hat). Etwas anderes gilt insoweit nur, wenn dem AN eine andere Arbeit zugewiesen werden kann, die noch in den Rahmen der geschuldeten Arbeitsleistung fällt, und der AN diese Arbeitsleistung anbietet (§§ 293 ff Rdn 3). 1

2 Rechtl ist der AN in folgenden Fällen an der Arbeitsleistung gehindert: Tätigkeitsverbot nach § 42 IfSG v 20.7.2000 (BGBl I S 1045); Beschäftigungsverbot wegen gesundheitlicher Bedenken aufgrund einer Vorsorgeuntersuchung im Bergbau (BAG 15.6.2004, 9 AZR 483/13, EzA § 615 BGB 2002 Nr 8); fehlende Berufsausübungserlaubnis, etwa fehlende Approbation eines Arztes (BAG 6.3.1974, 5 AZR 313/73, BB 1974, 740) oder fehlender Führerschein eines Aushilfsfahrers (BAG 18.12.1986, 2 AZR 34/86, EzA § 615 BGB Nr 53) oder Entzug der missio canonica bei einer Religionslehrerin (BAG 25.5.1988, 7 AZR 506/87, EzA § 611 BGB Kirchliche Arbeitnehmer Nr 27); fehlende Arbeitsgenehmigung nach § 284 SGB III bzw § 39 AufenthG (BAG 13.1.1977, 2 AZR 423/75, EzA § 19 AFG Nr 2). Ist der AN von der Arbeitspflicht befreit, weil ihm Urlaub erteilt oder Freizeitausgleich angeordnet ist, kann er die Arbeitsleistung iSd § 297 vorübergehend nicht erbringen (BAG 23.1.2001, 9 AZR 26/00, EzA § 615 BGB Nr 101). Gleiches gilt im Fall der Anordnung einer gesetzlich vorgesehenen Ruhepause (BAG 25.2.2015, 5 AZR 886/12, EzA § 295 BGB 2002 Nr 1). Die Tatsache, dass ein AN noch anderweitig in einem Arbeitsverhältnis steht, begründet keine rechtl Leistungsunfähigkeit iSd § 297; dieser Umstand kann aber auf mangelnde Leistungswilligkeit schließen lassen (dazu unten Rdn 5).

3 An der Leistungsfähigkeit des AN fehlt es auch, wenn dieser die Leistung unter Umständen anbietet, die die Annahme für den AG unzumutbar machen. Das ist etwa der Fall, wenn er sein Angebot der Arbeitsleistung mit Tätlichkeiten oder groben Beschimpfungen gegen den AG oder andere AN verbindet (BAG 26.4.1956, GS 1/56, NJW 1956, 1454). Unzumutbar ist die Annahme der Leistung auch, wenn der AN, der sein Arbeitsverhältnis fortsetzen möchte, bes grob gegen seine vertraglichen Pflichten verstoßen hat, und dadurch Rechtsgüter des AG, von dessen Familienangehörigen oder anderer AN gefährdet, deren Schutz Vorrang vor dem Interesse des AN an der Erhaltung seines Verdienstes hat (BAG 29.10.1987, 2 AZR 144/87, EzA § 615 BGB Nr 54; LAG Hamm 15.1.1987, 10 Sa 1651/86, LAGE § 615 BGB Nr 9).

4 Hat der AG die Leistungsunfähigkeit des AN allein oder weit überwiegend herbeigeführt, behält der AN gem § 326 II 1 Alt 1 den Anspruch auf das Arbeitsentgelt.

5 Aus § 297 folgt auch, dass das Angebot nur wirksam ist, wenn der AN den ernstlichen Willen hat, die Arbeitsleistung in dem geschuldeten zeitlichen Umfang zu erbringen (BAG 18.12.1974, 5 AZR 66/74, EzA § 615 BGB Nr 27). Stellt sich etwa heraus, dass der AN zum Zeitpunkt des Angebotes schon bei einem anderen AG tätig ist, tritt deswegen kein Annahmeverzug ein. Der vor Ausspruch einer Kündigung Leistungsunwillige, die Arbeit verweigernde AN, muss einen wieder gefassten Leistungswillen gegenüber dem AG durch ein tatsächliches Angebot der Leistung dokumentieren (BAG 22.2.2012, 5 AZR 249/11, EzA § 615 BGB 2002 Nr 36). Auf der anderen Seite genügt der Umstand, dass der AN an seiner Arbeitsfähigkeit zweifelt, nicht, um den Annahmeverzug auszuschließen, wenn er sich gleichwohl zum Angebot der Leistung entschließt (BAG 10.9.1973, 5 AZR 493/72, NJW 1973, 1949). Kündigt ein AN das Arbeitsverhältnis selbst, bringt er damit regelmäßig seine fehlende Leistungswilligkeit zum Ausdruck. Nimmt er aber später von der Kdg Abstand und erhebt Klage auf Feststellung des Fortbestehens des Arbeitsverhältnisses, kommt dadurch die Leistungswilligkeit zum Ausdruck und kann dementspr Annahmeverzug eintreten.

6 Die Fortdauer des einmal eingetretenen Annahmeverzugs ist nicht davon abhängig, dass der AN zur Leistung imstande bleibt. Im Unterschied zu § 286 IV BGB, nachdem der Schuldner nicht in Verzug kommt, »solange« er unverschuldet nicht leisten kann, kommt der AG nach § 297 BGB nur dann nicht in Verzug, »wenn der Schuldner zZt des Angebots« nicht leistungsbereit oder unfähig ist. Wird ein AN **während** des Annahmeverzugs arbeitsunfähig krank, verreist er oder tritt er eine Haftstrafe an, bleibt der Annahmeverzug also bestehen. Um seinen Folgen zu entgehen, muss der AG ihn beenden, indem er sich zur Annahme der Leistung bereit erklärt (LAG Sa-Anh 22.12.2014, 6 Sa 311/13, JurionRS 2014, 36342).

§ 298 Zug-um-Zug-Leistungen

Ist der Schuldner nur gegen eine Leistung des Gläubigers zu leisten verpflichtet, so kommt der Gläubiger in Verzug, wenn er zwar die angebotene Leistung anzunehmen bereit ist, die verlangte Gegenleistung aber nicht anbietet.

1 Ist der AG mit der Zahlung des Arbeitsentgelts im Rückstand, steht dem AN gem § 273 I ein Zurückbehaltungsrecht zu (§§ 273, 274 Rdn 1). Übt der AN dieses Zurückbehaltungsrecht aus, kommt der AG gem § 298 in Annahmeverzug, wenn er zwar die Arbeitsleistung anzunehmen bereit ist, nicht aber seinerseits das rückständige Arbeitsentgelt zahlt. Notwendig ist aber die **Ausübung** des Zurückbehaltungsrechts; die bloße Einstellung der Arbeit genügt dafür nicht (LAG Rh-Pf 16.5.2006, 5 Sa 149/06, LAGE § 320 BGB 2002 Nr 1).

§ 305 Einbeziehung Allgemeiner Geschäftsbedingungen in den Vertrag

(1) ¹Allgemeine Geschäftsbedingungen sind alle für eine Vielzahl von Verträgen vorformulierten Vertragsbedingungen, die eine Vertragspartei (Verwender) der anderen Vertragspartei bei Abschluss eines Vertrags stellt. ²Gleichgültig ist, ob die Bestimmungen einen äußerlich gesonderten Bestandteil des Vertrags bilden oder in die Vertragsurkunde selbst aufgenommen werden, welchen Umfang sie haben, in welcher Schriftart sie verfasst sind und welche Form der Vertrag hat. ³Allgemeine Geschäftsbedingungen liegen nicht vor, soweit die Vertragsbedingungen zwischen den Vertragsparteien im Einzelnen ausgehandelt sind.
(2) Allgemeine Geschäftsbedingungen werden nur dann Bestandteil eines Vertrags, wenn der Verwender bei Vertragsschluss
1. die andere Vertragspartei ausdrücklich oder, wenn ein ausdrücklicher Hinweis wegen der Art des Vertragsschlusses nur unter unverhältnismäßigen Schwierigkeiten möglich ist, durch deutlich sichtbaren Aushang am Ort des Vertragsschlusses auf sie hinweist und
2. der anderen Vertragspartei die Möglichkeit verschafft, in zumutbarer Weise, die auch eine für den Verwender erkennbare körperliche Behinderung der anderen Vertragspartei angemessen berücksichtigt, von ihrem Inhalt Kenntnis zu nehmen,
und wenn die andere Vertragspartei mit ihrer Geltung einverstanden ist.
(3) Die Vertragsparteien können für eine bestimmte Art von Rechtsgeschäften die Geltung bestimmter Allgemeiner Geschäftsbedingungen unter Beachtung der in Abs. 2 bezeichneten Erfordernisse im Voraus vereinbaren.

Verwendet ein AG für die von ihm abzuschließenden Arbeitsverträge oder sonstigen Vereinbarungen mit AN **vorformulierte Vertragsbedingungen**, unterliegt er grds den Vorschriften der §§ 305 ff; auf die Größe seines Unternehmens kommt es nicht an. Für eine Vielzahl von Verträgen sind Vertragsbedingungen bereits dann vorformuliert, wenn ihre 3-malige Verwendung beabsichtigt ist, was auch dann belegt ist, wenn die Klausel 3-mal mit demselben AN vereinbart worden ist (BAG 1.3.2006, 5 AZR 363/05, EzA § 4 TVG Tariflohnerhöhung Nr 48). Zur Anwendung der §§ 305 ff bei nur einmaliger Verwendung s § 310 Rdn 1. Aus Inhalt und äußerer Gestaltung kann sich ein vom AG zu widerlegender Anschein der Vorformulierung ergeben (BAG 1.3.2006, 5 AZR 363/05, EzA § 4 TVG Tariflohnerhöhung Nr 48).. Dass Vertragsbedingungen vor ihrer Verwendung kollektivrechtl ausgehandelt worden sind, ändert an ihrem Charakter als AGB nichts (BAG 19.3.2009, 6 AZR 557/07, EzA § 305c BGB 2002 Nr 17 für in einem Interessenausgleich vorformulierte Darlehensverträge). 1

§ 305 erstreckt sich auf alle vertraglichen Absprachen. Erfasst wird deshalb auch ein Freiwilligkeitsvorbehalt (BAG 19.3.2014, 10 AZR 622/13, EzA § 611 BGB 2002 Gratifikation, Prämie Nr 39). Auch Gesamtzusagen unterliegen dem AGB-Recht (LAG Rh-Pf 20.4.2015, 2 Sa 583/14). Nach hM ist auch eine mündliche oder durch betriebliche Übung begründete Vertragsbedingung, die der AG für eine Vielzahl von Arbeitsverhältnissen verwendet, AGB (BAG 27.8.2008, 5 AZR 820/07, EzA § 4 TVG Tariflohnerhöhung Nr 49; 20.5.2008, 9 AZR 382/07, EzA § 307 BGB 2002 Nr 37; LAG Rh-Pf 17.2.2014, 3 Sa 453/13, JurionRS 2014, 17720). Ein Insolvenzplan ist keine AGB (LAG Düsseldorf 3.7.2014, 5 Sa 225/14, JurionRS 2014, 20236). 1.1

Auf der anderen Seite folgt aus I 3, dass AGB iSd §§ 305 ff nicht vorliegen, sofern die Bedingungen eines Arbeitsvertrages zwischen AG und AN **im Einzelnen** ausgehandelt sind. Davon ist auszugehen, wenn der AG dem AN ausdrücklich und ernsthaft die Möglichkeit gegeben hat, den Inhalt der von ihm vorformulierten Vertragsbedingungen zu ändern (BAG 1.3.2006, aaO; BGH 3.11.1999, VIII ZR 269/98, BGHZ 143, 104, 111 f). Dass es tatsächlich zu einer Änderung kommt, ist nicht unbedingt erforderlich. Es genügt, wenn der AN nach gründlicher Erörterung von der Sachgerechtigkeit der Regelung überzeugt ist (BAG 19.5.2010, 5 AZR 253/09, EzA § 310 BGB 2002 Nr 10). Praktisch werden kann dies vor allem bei Führungskräften und für während des Arbeitsverhältnisses abgeschlossene Zusatzvereinbarungen, etwa über Kdg-Fristen, ein Darlehen oder die Arbeitskleidung. Werden solche Zusatzvereinbarungen iSd vorstehend Gesagten ausgehandelt, kann ihr Inhalt nicht nachträglich unter Berufung auf die §§ 307 ff infrage gestellt werden. Das Arbeitsentgelt und die Arbeitspflicht als solche unterliegen ohnehin nicht der AGB-Kontrolle (§ 307 Rdn 3). Ist die Möglichkeit der Einflussnahme auf eine konkrete Klausel streitig, muss der AG als Verwender den Vortrag des AN als Verwendungsgegner, er habe keine Einflussmöglichkeit gehabt, nach den Grundsätzen der abgestuften Darlegungslast qualifiziert bestreiten. Hierfür muss er darlegen, wie er die konkrete Klausel zur Disposition gestellt hat, sowie die Umstände benennen, aus denen darauf geschlossen werden kann, der AN habe die Klausel freiwillig akzeptiert (BAG 19.5.2010, 5 AZR 253/09, EzA § 310 BGB 2002 Nr 10). 2

3 Seit Einbeziehung der arbeitsrechtl AGB in die §§ 305 ff durch das SchuldRModG findet bei iSv I 3 ausgehandelten AGB eine allg Angemessenheitsprüfung nach § 242 nicht mehr statt (BAG 25.5.2005, 5 AZR 572/04, EzA § 307 BGB 2002 Nr 3). Die Grenze der Zulässigkeit zieht lediglich das zwingende Recht.
4 Zum Vorrang individueller Vertragsabreden vor AGB s § 305b.
5 Die II und III von § 305 finden kraft ausdrücklicher Anordnung des § 310 IV 2 Hs 2 auf arbeitsrechtl AGB **keine** Anwendung. Insbesondere ist ein ausdrücklicher Verweis auf die AGB nicht erforderlich. Das Gesetz sieht einen solchen Hinweis im Hinblick auf § 2 NachwG für überflüssig an (kritisch Staudinger/*Krause* [2013] Anh zu § 310 Rn 135). Die Einbeziehung tariflicher Regelungen durch Bezugnahme ist daher nicht deshalb unwirksam, weil der AN den Inhalt des TV möglicherweise nur unzureichend zur Kenntnis nehmen kann (BAG 6.5.2009, 10 AZR 390/08, EzA § 310 BGB 2002 Nr 8). Für die Einbeziehung in den Vertrag und die Geltung vorab vereinbarter Rahmenbedingungen genügt die ggf durch Auslegung zu ermittelnde (s dazu § 133 Rdn 1) Einigung von AG und AN.

§ 305b Vorrang der Individualabrede
Individuelle Vertragsabreden haben Vorrang vor Allgemeinen Geschäftsbedingungen.

1 Stehen zwischen AG und AN bei Vertragsschluss getroffene oder später individuell ausgehandelte Vereinbarungen im Widerspruch zu für das Arbeitsverhältnis geltenden AGB, haben sie nach § 305b den Vorrang. Vereinbaren AG und AN bei Beendigung des Arbeitsverhältnisses, dass für die Abwicklung des Arbeitsverhältnisses 6 Monate zur Verfügung stehen sollen, ist eine in den AGB festgelegte 3-monatige Ausschlussfrist unbeachtlich. Wird einem AN eine Prämie besonders zugesagt, geht ein Freiwilligkeitsvorbehalt in AGB ins Leere (schief BAG 14.9.2011, 10 AZR 526/10, DB 2012, 179, das von einer Unwirksamkeit der AGB ausgeht).
2 Eine mündliche Nebenabrede ist somit wirksam, auch wenn die AGB für Nebenabreden eine Schriftformklausel enthalten. Dies gilt auch für eine in AGB enthaltene **sog doppelte Schriftformklausel** (BAG 20.5.2008, 9 AZR 382/07, BB 2008, 2242; LAG Schl-Holst 23.5.2013, 5 Sa 375/12, LAGE § 307 BGB 2002 Nr 35).
3 Auch wenn man mit dem BAG annimmt, dass es sich bei einer betrieblichen Übung um AGB handelt (§ 305 Rdn 1), gilt der Vorrang der Individualabrede hier nicht (BAG 20.5.2008, 9 AZR 382/07, BB 2008, 2242). Damit bleibt ein restlicher Anwendungsbereich für die doppelte Schriftformklausel. Sie kann das Entstehen einer betrieblichen Übung verhindern. Allerdings setzt das Transparenzgebot (§ 307 I 2) voraus, dass die Klausel sich auf den Ausschluss der betrieblichen Übung beschränkt (BAG 20.5.2008, 9 AZR 382/07, BB 2008, 2242; *Picker* Die betriebliche Übung, 2011, S. 250ff).
4 Individualabreden unterliegen auch keiner Billigkeitskontrolle nach § 242 mehr (s § 307 Rdn 7).
5 Dass eine Klausel noch der Ergänzung im Einzelfall bedarf, ändert nichts an ihrem Charakter als AGB, solange die Ergänzungen nicht den Kerngehalt der Klausel verdrängen (BAG 19.3.2009, 6 AZR 557/07, NZA 2009, 896 für die notwendige Einfügung persönlicher Daten des AN in eine Abwicklungsvereinbarung).

§ 305c Überraschende oder mehrdeutige Klauseln
(1) Bestimmungen in Allgemeinen Geschäftsbedingungen, die nach den Umständen, insbesondere nach dem äußeren Erscheinungsbild des Vertrags, so ungewöhnlich sind, dass der Vertragspartner des Verwenders mit ihnen nicht zu rechnen braucht, werden nicht Vertragsbestandteil.
(2) Zweifel bei der Auslegung Allgemeiner Geschäftsbedingungen gehen zu Lasten des Verwenders.

Übersicht	Rdn.		Rdn.
A. Überraschende Klauseln...............	1	B. Mehrdeutige Klauseln	3

1 **A. Überraschende Klauseln.** Überraschend iSv § 305c I ist eine Vertragsklausel, wenn sie von den Erwartungen des Vertragspartners des Verwenders deutlich abweicht und er mit ihr den Umständen nach, insb aufgrund der Gestaltung des Vertrags und dessen äußerem Erscheinungsbild, nicht zu rechnen braucht (BAG 16.4.2008, 7 AZR 132/07, NZA 2008, 876). Zwischen den durch die Umstände bei Vertragsschluss begründeten Erwartungen und dem tatsächlichen Vertragsinhalt muss ein deutlicher Widerspruch bestehen. Das trifft zu, wenn eine den AN belastende Vertragsklausel an einer unerwarteten Stelle ohne bes Hervorhebung erscheint (BAG 16.4.2008, 7 AZR 132/07, NZA 2008, 876 für eine neben einer optisch hervorgehobenen Befristung weitere, im folgenden Text nicht hervorgehobene Befristung; BAG 23.9.2005, 3 AZR 551/02, EzA § 305c BGB 2002 Nr 1 für einen Reduzierungsvorbehalt in einer Versorgungszusage; BAG

31.8.2005, 5 AZR 545/04, EzA § 6 ArbZG Nr 6 für eine nicht als solche bezeichnete Ausschlussfristenklausel; LAG Schl-Holst 24.1.2007, 3 Sa 489/06 für eine wesentlich kleiner als der übrige Inhalt gedruckte Klausel). Überraschend ist eine Klausel mit der unter der Überschrift »Vertragsdauer und Kündigung« eine rückwirkende Änderung des Arbeitsvertrages erreicht werden soll (BAG 19.2.2014, 5 AZR 920/12, EzA § 10 AÜG Nr 24). Überraschend ist auch der in eine Ausgleichsquittung aufgenommene nicht besonders hervorgehobene Klageverzicht (BAG 25.9.2014, 2 AZR 788/13, EzA § 307 BGB 2002 Nr 66). **Nicht mehr überraschend** ist eine Klausel, wenn sie der AN zur Kenntnis nimmt und ihre Tragweite erfasst (Hess LAG 4.2.2013, 16 Sa 709/12, LAGE § 305c BGB 2002 Nr 7). Deshalb können entspr dokumentierte Erläuterungen bei Vertragsschluss zweckmäßig sein.

Nicht überraschend ist eine Bezugnahmeklausel auf einen einschlägigen TV (BAG 6.5.2009, 10 AZR 390/08, EzA § 310 BGB 2002 Nr 8; BAG 14.11.2012, 5 AZR 107/11). Allerdings muss klar sein auf welchen TV verwiesen wird (BAG 13.03.2013, 5 AZR 954/11, NZA 2013, 680, für den Verweis auf einen mehrgliedrigen TV). Die Bezugnahme auf einen im öffentl Dienst allg angewandten TV verstößt nicht gegen § 305c I, wenn dort die ordentliche Kdg auch befristeter Arbeitsverhältnisse vorgesehen ist (LAG BW 3.3.2006, 19 Sa 47/05). Keine Überraschung stellt es dar, wenn eine Altersgrenze unter der Überschrift »Beendigung des Arbeitsverhältnisses« enthalten ist (BAG 27.7.2005, 7 AZR 443/04, EzA § 620 BGB 2002 Altersgrenze Nr 6) oder wenn bei Führungskräften die Abhängigkeit einer Bonuszahlung von einem ausreichenden Bonusvolumen nur in den allg Bonusbedingungen steht, eine solche Regelung benachteiligt eine Führungskraft auch nicht unangemessen iSv § 307 I 1 (BAG 29.8.2012, 10 AZR 385/11, DB 2012, 2942). Auch die aufschiebende Bedingung bei einem Wettbewerbsverbot ist nicht ungewöhnlich (BAG 13.7.2005, 10 AZR 532/04, AP HGB § 74 Nr 78).

Ein Verstoß gegen das Transparenzgebot liegt nicht schon dann vor, wenn der AN nur eine erschwerte Möglichkeit hat, die betreffende Regelung zu verstehen. Erst in der Gefahr, dass er wegen unklar abgefasster AGB seine Rechte nicht wahrnimmt, liegt eine unangemessene Benachteiligung. Deshalb steht die Verwendung deutsch-englischer Begriffe in der Regelung einer Gesamtzusage in einem internationalen IT-Unternehmen der Transparenz nicht entgegen (BAG 20.8.2014, 10 AZR 453/13, EzA § 151 BGB 2002 Nr 2). Dass eine Klausel in deutscher Sprache verfasst ist begründet auch einem ausländischen AN gegenüber keinen Überrumpelungseffekt. Auch bei sprachunkundigen AN greift § 305c I nur bei inhaltlichem Widerspruch zwischen den Erwartungen des Vertragspartners und dem Inhalt der Klausel (BAG 19.3.2014, 5 AZR 252/12 (B), EzA Art 30 EGBGB Nr 10; *Rieble* FS Löwisch 2007, S 229, 239 f).

B. Mehrdeutige Klauseln. § 305c II gibt einen allg Rechtsgrundsatz wieder, der schon vor Inkrafttreten der Vorschrift auch im ArbR gegolten hat (BAG 18.8.1998, 1 AZR 589/97, NZA 1999, 659). Die Unklarheitenregelung des § 305c II BGB kommt nur dann zur Anwendung, wenn die Auslegung einer einzelnen Klausel mind zwei Ergebnisse vertretbar erscheinen lässt und keines den klaren Vorzug verdient (BAG 20.1.2010, 10 AZR 914/08, EzA § 305c BGB 2002 Nr 18). Vorrangig ist damit die Ausschöpfung der normalen Auslegungsmethoden. Maßgebend ist in 1. Linie der Wortlaut der AGB. Ist dieser nicht eindeutig, kommt es darauf an, wie der Vertragstext iS eines objektiv-generalisierenden Maßstabs aus der Sicht verständiger und redlicher Arbeitsvertragspartner unter Berücksichtigung der Verständnismöglichkeiten des durchschnittlichen Vertragspartners zu verstehen ist (BAG 4.8.2011, 6 AZR 436/10, EzA § 305c BGB 2002 Nr 19; 24.1.2013, 8 AZR 165/11, EzA § 305c BGB 2002 Nr 20: Eindeutigkeit der Bezeichnung als »Bruttobetrag«). Erst wenn dann noch ein nicht behebbarer Zweifel besteht, geht dies nach II zulasten des AG (BAG 30.7.2008, 10 AZR 606/07, DB 2008, 2194, 2199). Dass eine Ausschlussklausel den Zeitpunkt des Beginns der Ausschlussfrist offen lässt, stellt eine solche Unklarheit dar (LAG Hamm 1.6.2012, 13 Sa 1850/11, LAGE § 305c BGB 2002 Nr 8).

Widersprechen sich 2 Klauseln, so ist das kein Fall des II. Vielmehr liegt ein Verstoß gegen das Transparenzgebot des § 307 I 2 vor (BAG 20.1.2010, 10 AZR 914/08, EzA § 305c BGB 2002 Nr 18; 30.7.2008, 10 AZR 606/07, DB 2008, 2194, 2199). Sagt ein Arbeitsvertrag einerseits, dass ein Bonus »gewährt« wird und formuliert er andererseits einen Freiwilligkeitsvorbehalt für Sondervergütungen, liegt darin ein solcher Verstoß gegen § 307 I 2 (BAG 20.2.2013, 10 AZR 177/12, EzA § 305c BGB 2002 Nr 21). Hingegen ist eine Klausel nach der »die Zahlung eines 13. Gehalts eine freiwillige Leistung der Firma ist, die anteilig als Urlaubs- und Weihnachtsgeld gewährt werden kann« nach § 305c II dahin auszulegen, dass ein Anspruch auf Zahlung eines 13. Monatsgehalts entsteht (BAG 17.4.2013, 10 AZR 281/12, EzA § 305c BGB 2002 Nr 23). S zu Freiwilligkeitsvorbehalten noch § 308 Rdn 5 f.

II bezieht sich nur auf das Verständnis der AGB, nicht auf die Bedeutung **unklarer** Begleitumstände (BAG 26.9.2007, 5 AZR 808/06, EzA § 305c BGB 2002 Nr 13 für die Übersendung eines anderen als des in Bezug genommenen – eindeutigen – TV).

6 Von Bedeutung ist die Unklarheitenregel vor allem für **Bezugnahmeklauseln in Arbeitsverträgen**. Auf arbeitsvertragliche Klauseln, die auf ein Tarifwerk oder andere kollektivrechtl ausgehandelte Vertragsbedingungen Bezug nehmen oder inhaltlich mit ihm übereinstimmen, ist II idR nicht anwendbar, weil nicht feststellbar ist, ob der Arbeitsvertrag ohne den in Bezug genommenen Tarifvertrag günstiger ist (BAG 24.9.2008, 6 AZR 76/07, EzA § 305c BGB 2002 Nr 15). Allerdings gilt bei der Auslegung der Klausel der objektiv-generalisierende Maßstab (Rdn 3), weil die einzelnen AN am Aushandeln der Kollektivregelung nicht beteiligt waren (BAG 19.3.2009, 6 AZR 557/07, NZA 2009, 896). Zur Frage der Inhaltskontrolle solcher Bezugnahmeklauseln s § 310 Rdn 4.

7 Sagt die Klausel nicht eindeutig, ob die Bezugnahme auf einen TV **statisch oder dynamisch** gemeint ist, gilt zugunsten des AN das Letztere (BAG 9.11.2005, 5 AZR 128/05, EzA § 305c BGB 2002 Nr 3). Dass die dynamische Verweisung für den AN im Einzelfall ungünstiger sein kann, steht nicht entgegen (BAG 9.11.2005, 5 AZR 128/05, EzA § 305c BGB 2002 Nr 3; aA LAG Köln 22.4.2008, 9 Sa 1445/07, das die Öffnung auch für ungünstigere HausTV und BV für den AN für unüberschaubar hält). An der Wirksamkeit einer dynamischen Bezugnahmeklausel ändert sich nichts, wenn im Arbeitsvertrag gleichzeitig die im Zeitpunkt des Vertragsschlusses geltende Regelung - deklaratorisch - genannt wird (BAG 13.2.3013, 5 AZR 2/12, EzA § 305c BGB 2002 Nr 22: Nennung des Tarifentgelts; BAG 10.7.2013, 10 AZR 898/11, EzA § 305c BGB 2002 Nr 24: Wochenarbeitszeit). Auf der anderen Seite ist seit dem Inkrafttreten der Vorschrift am 1.1.2002 die bloße dynamische Verweisung auf einen TV nicht mehr als Gleichstellungsabrede aufzufassen, erfasst also TV, die erst später Geltung für die tarifgebundenen AN erlangen, nicht mehr (BAG 18.4.2007, 4 AZR 653/05, EzTöD 100 § 2 TVöD-AT Bezugnahmeklausel Nr 7; BAG 14.12.2005, 4 AZR 536/04, EzA § 3 TVG Nr 32; krit hierzu *Löwisch* FS Canaris I 2007, S 1403, 1408 ff). Bezugnahmen auf »die Bestimmungen der BVen« des AG sind dynamisch zu verstehen (LAG Köln 20.6.2006, 9 Sa 278/06).

8 Nicht zu verwechseln mit der Bezugnahmeklausel ist eine Klausel, mit der auf die jeweilige Fassung vom AG aufgestellter AGB verwiesen wird. Denn mit einer solchen Klausel wird dem AG ein einseitiges Änderungsrecht eingeräumt. Sie laufen auf einen Änderungsvorbehalt hinaus und unterliegen deshalb der Regelung des § 308 Nr 4 (BAG 11.2.2009, 10 AZR 222/08, EzA § 308 BGB 2020 Nr 9). S iE § 308 Rdn 2 ff.

9 Die Vorschrift gilt auch, wenn unklar ist, ob die Parteien (was sie dürfen, vgl § 6 GewO Rdn 24) einen an sich selbstständigen Dienstvertrag als Arbeitsvertrag behandeln wollen (*Löwisch* FS Hromadka S 229, 231 ff; offengelassen von BAG 19.3.2008, 5 AZN 1264/07, nv).

§ 306 Rechtsfolgen bei Nichteinbeziehung und Unwirksamkeit

(1) Sind Allgemeine Geschäftsbedingungen ganz oder teilweise nicht Vertragsbestandteil geworden oder unwirksam, so bleibt der Vertrag im Übrigen wirksam.
(2) Soweit die Bestimmungen nicht Vertragsbestandteil geworden oder unwirksam sind, richtet sich der Inhalt des Vertrags nach den gesetzlichen Vorschriften.
(3) Der Vertrag ist unwirksam, wenn das Festhalten an ihm auch unter Berücksichtigung der nach Abs. 2 vorgesehenen Änderung eine unzumutbare Härte für eine Vertragspartei darstellen würde.

1 In Umkehrung von § 139 bestimmt I, dass der fehlgeschlagene Einbezug oder die Unwirksamkeit von AGB die Wirksamkeit des Vertrages unberührt lässt. Nach II richtet sich der Inhalt der Bestimmung, die nicht Vertragsbestandteil geworden ist, nach den gesetzlichen Vorschriften. Dem Recht des Arbeitsvertrages fügt das nichts Neues hinzu, weil dort ohnehin anerkannt ist, dass die Nichtigkeit einzelner AN schützender Bestimmungen im Arbeitsvertrag nicht zu seiner Nichtigkeit im Ganzen führt (s § 139 Rdn 1).

2 Wie sonst auch, kommt bei unwirksamen AGB eine geltungserhaltende Reduktion auf den gerade noch zulässigen Inhalt nicht in Betracht (BAG 4.3.2004, 8 AZR 196/03, EzA § 309 BGB 2002 Nr 1 für eine unwirksame Vertragsstrafenklausel; BAG 19.12.2007, 5 AZR 1008/06, EzA § 306 BGB 2002 Nr 3 für eine zu kurz bemessene Ausschlussfrist; BAG 21.8.2012, 3 AZR 698/10, DB 2012, 2894 für eine Klausel über die Rückzahlung von Fortbildungskosten). Nach II gelten dann, soweit vorhanden, die dispositiven gesetzlichen Vorschriften.

3 Allerdings kann nach der neueren Rspr des BAG ein mit der Verwendung von AGB verbundenes besonderes **Prognoserisiko** des AG als arbeitsrechtl Besonderheit iSv § 310 IV 2 eine die Unwirksamkeit ausschließende **ergänzende Vertragsauslegung** rechtfertigen (BAG 14.1.2009, 3 AZR 900/07, EzA § 611 BGB 2002 Ausbildungsbeihilfe Nr 12). Ein solches Prognoserisiko nimmt das BAG an, wenn Besonderheiten des Einzelfalls es als möglich erscheinen lassen, dass eine Abweichung von den von der Rspr für einen bestimmten Fragenkreis entwickelten Rechtsgrundsätzen zulässig ist (BAG 14.1.2009, 3 AZR 900/07, EzA § 611 BGB 2002 für Bindungsklauseln bei für den AN besonders vorteilhaften oder für den AG besonders teuren

Ausbildungsbeihilfen). Der angemessene Ausgleich zwischen den Arbeitsvertragsparteien besteht dann in dem nach der Rspr zulässigen Klauselinhalt. Eine ergänzende Vertragsauslegung hat der BGH zur Vermeidung ausgleichsloser Abwälzung von Rentenlasten auch hinsichtlich der unwirksamen Satzungsregelung der VBL zugelassen (BGH 10.10.2012, IV ZR 10/11, ZTR 2013, 200; dazu *Löwisch* ZTR 2013, 534).

Diese Grundsätze gelten nicht nur in dem – häufigen – Fall, dass eine dispositive gesetzliche Regelung fehlt, sondern in gleicher Weise auch in dem Fall, dass die bestehende gesetzliche Regelung unbestimmt und damit auslegungsoffen ist. Sie müssen iÜ erst recht angewandt werden, wenn die Rspr für bestimmte AGB Regeln überhaupt noch nicht entwickelt hat, wie das etwa für die private Nutzung von firmeneigenen Computern zutrifft. Hat der AG in solchen Fällen sorgfältig formulierte und sachlich plausibel erscheinende AGB verwendet, muss bei einer von den Gerichten dann doch erkannten Unwirksamkeit im Wege der ergänzenden Vertragsauslegung festgestellt werden, was die Arbeitsvertragsparteien vereinbart hätten, wenn ihnen die Unwirksamkeit der Klausel bekannt gewesen wäre. Da die vertragliche Regelung der ergänzenden Vertragsauslegung vorgeht, stehe auch nichts entgegen, dem Prognoserisiko von vornherein durch eine angemessene salvatorische Klausel Rechnung zu tragen (in dieser Richtung auch Staudinger/*Schlosser* [2013] § 306 BGB Rn 18). 4

§ 306 hindert von vornherein nicht die Aufrechterhaltung einer Klausel nach dem sog »blue-pencil-test«: Kann die unwirksame Bestimmung als solche aus der Klausel herausgestrichen werden, ohne dass die Verständlichkeit und Wirksamkeit der Klausel iÜ tangiert wird, bleibt jene bestehen (BAG 21.4.2005, 8 AZR 425/04, EzA § 309 BGB 2000 Nr 3 im Anschluss an die Rspr des BGH; BAG 12.3.2008, 10 AZR 152/07, NZA 2008, 699). Sieht der Arbeitsvertrag eine dreimonatige Ausschlussfrist der ersten Stufe vor und nimmt gleichzeitig auf einen TV Bezug, der für die erste Stufe eine unwirksame zu kurze Ausschlussfrist enthält, bleibt die Ausschlussfrist der ersten Stufe wirksam (LAG Sachs 17.04.2012, 1 Sa 53/12, JurionRS 2012, 16551). 5

Eine ausnahmsweise **Gesamtunwirksamkeit** des Vertrages (III) scheidet bei Arbeitsverträgen regelmäßig aus, weil die Ausrichtung des Vertragsinhalts an den gesetzlichen Bestimmungen keine unzumutbare Härte für den AG als Verwender darstellt (LAG Rh-Pf 15.1.2015, 5 Sa 531/14, JurionRS 2015, 11171). Denkbar ist eine Anwendbarkeit des III aber bei vom eigentlichen Arbeitsvertrag unabhängigen Zusatzvereinbarungen. Vereinbart ein AG mit AN, die einen Schaden verursacht haben, eine Schadenspauschale unter gleichzeitigem Verzicht auf Schadensersatzansprüche, und erweist sich die Pauschalisierung wegen Verstoßes gegen § 309 Nr 5 als unwirksam, würde es eine unzumutbare Härte darstellen, wollte man den AG an seinem Verzicht auf Schadensersatzansprüche festhalten, mit der Folge, dass er allein auf dem gesamten Schaden sitzen bleibt. 6

§ 306a Umgehungsverbot
Die Vorschriften dieses Abschnitts finden auch Anwendung, wenn sie durch anderweitige Gestaltungen umgangen werden.

Eine Umgehung des AGB-Rechts kommt im Hinblick auf § 310 IV 1 in Betracht, wenn für bestimmte Komplexe des Verhältnisses von AG und AN gesellschaftsrechtliche Gestaltungen gewählt werden. Dass freiwillige Leistungen des AG über eine mit den AN gebildete Gesellschaft abgewickelt werden, entbindet nicht von der Kontrolle auf Angemessenheit nach § 307. 1

§ 307 Inhaltskontrolle
(1) ¹Bestimmungen in Allgemeinen Geschäftsbedingungen sind unwirksam, wenn sie den Vertragspartner des Verwenders entgegen den Geboten von Treu und Glauben unangemessen benachteiligen. ²Eine unangemessene Benachteiligung kann sich auch daraus ergeben, dass die Bestimmung nicht klar und verständlich ist.
(2) Eine unangemessene Benachteiligung ist im Zweifel anzunehmen, wenn eine Bestimmung
1. mit wesentlichen Grundgedanken der gesetzlichen Regelung, von der abgewichen wird, nicht zu vereinbaren ist oder
2. wesentliche Rechte oder Pflichten, die sich aus der Natur des Vertrags ergeben, so einschränkt, dass die Erreichung des Vertragszwecks gefährdet ist.
(3) ¹Die Abs. 1 und 2 sowie die §§ 308 und 309 gelten nur für Bestimmungen in Allgemeinen Geschäftsbedingungen, durch die von Rechtsvorschriften abweichende oder diese ergänzende Regelungen vereinbart werden. ²Andere Bestimmungen können nach Abs. 1 Satz 2 in Verbindung mit Abs. 1 Satz 1 unwirksam sein.

§ 307 BGB Inhaltskontrolle

Übersicht

		Rdn.			Rdn.
A.	Allgemeines	1	E.	Weitere Fälle der unangemessenen	
B.	Abweichung von dispositivem Recht	10		Benachteiligung	21
C.	Gefährdung des Vertragszwecks	17	F.	Keine Kontrolle bei Übereinstimmung	
D.	Unklarheit der AGB	19		mit Rechtsvorschriften	27

1 **A. Allgemeines.** Die Inhaltskontrolle nach § 307 wird durch § 310 IV 2 und 3 modifiziert. Danach sind bei Anwendung von § 307 die im ArbR geltenden Besonderheiten angemessen zu berücksichtigen (S 2) und stehen TV, BV und Dienstvereinbarungen Rechtsvorschriften iSv III gleich (S 3). Letzteres hat nur für den Ausnahmefall Bedeutung, dass ein TV, eine BV oder Dienstvereinbarung Bestimmungen enthält, die arbeitsvertraglich abbedungen werden können. Denn nur dann sind abw oder erg Regelungen überhaupt möglich. Zu denken ist etwa an den Fall, dass ein TV zwar Regeln für die Verteilung des Lohnrisikos bei Arbeitsausfällen infolge von Betriebsstörungen enthält, den Arbeitsvertragsparteien aber freistellt, diese Regeln zulasten des AN weiter einzuschränken.

2 § 307 betrifft von vornherein nicht **Abschluss, Änderung** und **Aufhebung** des Arbeitsvertrages als solche, weil es sich hierbei nicht um AGB handelt. Ob eine Erklärung des AG als Vertragsangebot zu werten ist, ist nach den allg Auslegungsregeln zu beurteilen. Nicht zu verwechseln ist damit, dass Kautelen für die Änderung und Aufhebung von Arbeitsverträgen zu deren Inhalt gehören und damit der Kontrolle unterliegen (ErfK/*Preis* §§ 305–310 BGB Rn 38).

3 Die Kontrolle nach § 307 betrifft auch **nicht** Vertragsbestimmungen, die Inhalt und Umfang der **Arbeitspflicht** und das **Arbeitsentgelt** festlegen (BAG 31.8.2005, 5 AZR 545/04, EzA § 6 ArbZG Nr 6; 14.3.2007, 5 AZR 630/06, EzA § 307 BGB 2002 Nr 18; 21.6.2011, 9 AZR 203/10, EzA § 307 BGB 2002 Nr 53; BAG 17.10.2012, 5 AZR 792/11, EzA § 307 BGB 2002 Nr 8). Eine solche Kontrolle würde in den Kern der Vertragsfreiheit eingreifen, was nicht Zweck des AGB-Rechts ist (*Henssler* RdA 2002, 129, 136; *Lingemann* NZA 2002, 181, 188 f; *Däubler/Bonin/Deinert* § 307 Rn 268). Insoweit greift eine richterliche Vertragskontrolle nur bei strukturellen Störungen der Vertragsparität ein. Es handelt sich dabei um Fälle, in denen der Inhalt des Vertrages eine Seite ungewöhnlich belastet und als Interessenausgleich offensichtlich ungeeignet ist (vgl BAG 25.5.2005, 5 AZR 572/04, EzA § 307 BGB 2002 Nr 3 unter VI. 2. b.). In diesen Fällen wird meist Sittenwidrigkeit nach § 138 gegeben sein (s § 138 Rdn 1 ff).

4 Zu **Inhalt** und **Umfang** der Arbeitspflicht zählen entgegen dem BAG auch die Verpflichtung zu Arbeit auf Abruf und eine befristete Arbeitszeiterhöhung (*Löwisch* FS Canaris I S 1403, 1410 ff; aM BAG 7.12.2005, 5 AZR 535/04, EzA § 12 TzBfG Nr 2; 18.1.2006, 7 AZR 191/05, EzA § 307 BGB 2002 Nr 13; BAG 15.12.2011, 7 AZR 39/10, EzA § 14 TzBfG Nr 83- s hierzu auch LSW/*Löwisch/Wertheimer* § 2 KSchG Rn 195). Zur Unangemessenheit einer Klausel, nach der Bereitschaftsdienst im Lohn für die tatsächlich erbrachte Leistung enthalten sein soll, LAG MV 16.4.2015, 5 Sa 239/14, JurionRS 2015, 21950.

5 Auf die **Form des Arbeitsentgelts** kommt es nicht an. Auch Provisionen, Bonuszahlungen und Prämien für Zielvereinbarungen können kontrollfrei vereinbart werden (BAG 12.12.2007, 10 AZR 97/07, NZA 2008, 409 für Zielvereinbarungen). Gleiches gilt für die Vereinbarung der Verrechnung von Tariflohnerhöhungen mit übertariflichen Zulagen (BAG 1.3.2006, 5 AZR 540/05, NZA 2006, 688, 689). Zu Freiwilligkeits- und Widerrufsvorbehalten in Bezug auf das Arbeitsentgelt vgl § 308 Rdn 3 ff.

6 Kontrollfrei ist auch die Festlegung des sachlichen, geografischen und zeitlichen Umfangs eines **Wettbewerbsverbots**, weil die Wettbewerbsabrede eine eigenständige, nicht zum Regelinhalt des Arbeitsverhältnisses gehörende Vereinbarung darstellt (LAG BW 30.1.2008, 10 Sa 60/07, NZA-RR 2008, 508).

6.1 Ausgleichsklauseln, in denen im Zusammenhang mit der Beendigung des Arbeitsverhältnisses erklärt wird, dass keine Ansprüche mehr bestehen, sind Nebenabreden und deshalb nicht kontrollfrei; erfassen sie nur Ansprüche der AN, benachteiligen sie diese unangemessen (BAG 21.6.2011, 9 AZR 203/10, EzA § 307 BGB 2002 Nr 53; weitergehend LAG Schl-Holst 24.9.2013, 1 Sa 61/13: Unangemessenheit auch bei beiderseitigem Verzicht auf Ansprüche). Auch ein Klageverzicht unterliegt der AGB-Kontrolle selbst wenn er als eigenständige Hauptabrede eines Klageverzichts- oder Abwicklungsvertrags ausgestaltet ist (BAG 25.9.2014, 2 AZR 788/13, EzA § 307 BGB 2002 Nr 66).

7 Aus dem Umstand, dass sich die §§ 305 ff und damit auch § 307 ausdrücklich allein auf AGB beziehen und nach § 305b individuelle Vertragsabreden Vorrang genießen, zieht das BAG den Schluss, dass ggü individuellen Vertragsabreden eine Billigkeitskontrolle iS einer allg, nicht auf die Besonderheiten des Falles bezogenen Angemessenheitsprüfung nach § 242 **nicht mehr** stattfindet; insoweit greift nur die Kontrolle bei strukturellen Störungen der Vertragsparität (BAG 31.8.2005, 5 AZR 545/04, EzA § 6 ArbZG Nr 6). Eine individuell vereinbarte Vertragsstrafe, Ausschlussfrist oder auch Befristung (dazu BAG 27.7.2005, 7 AZR 486/04, EzA § 307 BGB 2002 Nr 5) begegnet aus diesem Grund von vornherein keinen Bedenken.

I 1 erklärt in Form einer **Generalklausel** Bestimmungen in AGB für unwirksam, wenn sie den Vertragspartner des Verwenders im Fall allg Arbeitsvertragsbedingungen, also den AN, entgegen den Geboten von Treu und Glauben, **unangemessen benachteiligen**. Als unangemessen gilt jede Beeinträchtigung eines rechtl anerkannten Interesses des AN, das nicht durch begründete oder billigenswerte Interessen des AG gerechtfertigt ist oder durch gleichwertige Vorteile ausgeglichen wird (BAG 31.8.2005, 5 AZR 545/04, EzA § 6 ArbZG Nr 6). Zur Beurteilung der Unangemessenheit ist ein genereller, typisierender, vom Einzelfall losgelöster Maßstab anzulegen (BAG 4.3.2004, 8 AZR 196/03, EzA § 309 BGB 2002 Nr 1). 8

Außerdem bestimmt I 2, dass sich eine unangemessene Benachteiligung auch daraus ergeben kann, dass eine Bestimmung nicht klar und verständlich ist. Letzteres gilt auch für Bestimmungen, die mit Rechtsvorschriften übereinstimmen (LAG BW 3.6.2006, 19 Sa 47/05), und für Regelungen der Hauptleistungspflichten (BAG 21.6.2011, 9 AZR 238/10, EzA § 306 BGB 2002 Nr 5). 9

B. Abweichung von dispositivem Recht. II stellt für die unangemessene Benachteiligung 2 Regelbeispiele auf. Die Anwendung von II Nr 1 setzt voraus, dass eine gesetzliche Regelung vorhanden ist, von der abgewichen werden kann. Es geht mithin nicht um die ohnehin unzulässige Abweichung von zwingenden gesetzlichen Regelungen, sondern um die Abweichung von Grundgedanken des dispositiven Rechts. Da die arbeitsrechtl Gesetze mit wenigen Ausnahmen zugunsten des AN zwingend sind, geht es praktisch um wesentliche Abweichungen von den Grundgedanken der auch für das ArbR geltenden Regelungen des AT und des Schuldrechts des BGB. Insoweit ist das Interesse des AG an der Aufrechterhaltung der Klausel mit dem Interesse des AN an der Ersetzung der Klausel mit der Regel des dispositiven Rechts abzuwägen (BAG 30.7.2008, 10 AZR 606/07, EzA § 307 BGB 2002 Nr 38). 10

In diesem Sinne hat das BAG in der formularmäßigen Vereinbarung kurzer **Ausschlussfristen** eine Abweichung von den Grundgedanken des Verjährungsrechts gesehen und unter Berücksichtigung arbeitsrechtl Besonderheiten gem § 310 IV 2 einen Mindestzeitraum von 3 Monaten für erforderlich gehalten, und zwar für beide Stufen einer zweistufigen Ausschlussfrist (BAG 12.3.2008, 10 AZR 152/07, NZA 2008, 699). Daran ist richtig, dass dem Verjährungsrecht der Grundgedanke zu entnehmen ist, dass ein Zeitablauf ohne Hinzutreten weiterer Umstände die Geltendmachung eines Anspruchs nur dann entgegenstehen kann, wenn ein erheblicher Zeitraum verstrichen ist. Auch sehr kurze Ausschlussfristen entsprechen aber einer weitverbreiteten Arbeitsvertragspraxis und stellen damit eine arbeitsrechtl Besonderheit dar, die zu respektieren ist. Jedenfalls eine der 3-Wochen-Frist des § 4 KSchG entspr Mindestfrist sollte deshalb akzeptiert werden. S iÜ ausf § 611 Rdn 258 ff. 11

Der unmittelbar nach einer Kdg ohne Gegenleistung erfolgte formularmäßige **Verzicht auf die Erhebung einer Kdg-Schutzklage** ist mit dem Grundgedanken der §§ 4 S 1, 13 I 2 KSchG unvereinbar und deshalb unangemessen (BAG 6.9.2007, 2 AZR 722/06, EzA § 307 BGB 2002 Nr 29). 12

Eine Verrechnungsklausel, nach der der AN bei Ausscheiden ein negatives Arbeitszeitguthaben ausgleichen muss, ist wegen Verstoßes gegen den Grundgedanken des § 615 unwirksam, wenn sich die Klausel auch auf Fälle erstreckt, in denen das negative Arbeitszeitguthaben aus betrieblichen Gründen entstanden ist (LAG MV 26.3.2008, 2 Sa 314/07, LAGE § 388 BGB 2002 Nr 1). 13

Schließen **konstitutive Schuldversprechen und Schuldanerkenntnisse** die Möglichkeit aus, geltend zu machen, dass der ihnen zugrunde liegende Anspruch nicht bestehe, sieht das BAG darin eine unangemessene Abweichung von Regeln des Rechts der ungerechtfertigten Bereicherung (BAG 15.3.2005, 9 AZR 503/03, EzA § 307 BGB 2002 Nr 2). Ein isoliertes **deklaratorisches** Schuldanerkenntnis, mit dem Einwendungen und Einreden ausgeschlossen werden, widerspreche als »einseitiges« Zugeständnis des AN dem wesentlichen Grundgedanken des § 779, weil es an gegenseitigem Nachgeben fehle (BAG 15.3.2005, 9 AZR 503/03, EzA § 307 BGB 2002 Nr 2). Das überzeugt nicht. Wenn § 812 II bestimmt, dass auch die durch Vertrag erfolgte Anerkennung des Bestehens oder Nicht-Bestehens eines Schuldverhältnisses als Leistung gilt, die bei Fehlen eines rechtl Grundes nach § 812 I 1 zurückgefordert werden kann, sagt das nichts darüber aus, ob in konstitutives Schuldversprechen oder Schuldanerkenntnis so abgegeben werden kann, dass Einwendungen jeder Art ausgeschlossen sind. Vielmehr ergibt sich die Zulässigkeit einer solchen Vertragsgestaltung aus §§ 780 und 781, die offen lassen, ob und in welchem Umfang eine Verknüpfung des Schuldversprechens oder Schuldanerkenntnis mit dem Kausalverhältnis verfolgt werden soll oder nicht (Staudinger/*Marburger* [2015] § 780 Rn 13 ff und § 781 Rn 6). § 779 aber regelt nur die Unwirksamkeit von Vergleichen und sagt nichts über die Zulässigkeit einseitiger Zugeständnisse aus (s dazu noch §§ 780–782 Rdn 7). Zu einseitigen Ausgleichsklauseln oben Rdn 4. 14

Unangemessen kann auch eine Bestimmung sein, die das **Direktionsrecht** über § 106 GewO hinaus erweitert. Behält sich der AG vor, ohne den Ausspruch einer Änderungskündigung einseitig die vertraglich vereinbarte Tätigkeit unter Einbeziehung geringerwertiger Tätigkeiten zulasten des AN ändern zu können, so 15

§ 307 BGB Inhaltskontrolle

liegt darin regelmäßig eine unangemessene Benachteiligung iSd § 307 II Nr 1 (BAG 25.8.2010, 10 AZR 275/09, NZA 2010, 1355; 9.5.2006, 9 AZR 424/05, NZA 2007, 145). Ergibt die Auslegung eines Versetzungsvorbehalts hingegen, dass diese Klausel inhaltlich der Regelung des § 106 Satz 1 GewO entspricht, so unterliegt sie keiner Angemessenheitskontrolle, da der AG sich lediglich die Konkretisierung des vertraglich vereinbarten Tätigkeitsinhalts, nicht aber eine Änderung des Vertragsinhalts vorbehält, also nicht zulasten des AN von Rechtsvorschriften abweicht (BAG 25.8.2010, 10 AZR 275/09, NZA 2010, 1355). Der AG muss in derartige Versetzungsklauseln auch nicht Ankündigungsfristen oder den zulässigen örtlichen Entfernungsradius aufnehmen (BAG 13.4.2010, 9 AZR 36/09, EzA § 307 BGB 2002 Nr 47). Die vertragliche Regelung muss die Beschränkung auf den materiellen Gehalt des § 106 GewO unter Berücksichtigung der für AGB geltenden Auslegungsgrundsätze jedoch aus sich heraus erkennen lassen. Eine Vertragsklausel, wonach der AG berechtigt ist, einen AN eine andere Tätigkeit im Betrieb zuzuweisen, die seinen Kenntnissen und Fähigkeiten entspricht, genügt daher nicht dem Transparenzgebot (dazu Rdn 19), wenn sie keine Einschränkung dahin enthält, dass es sich um eine gleichwertige Tätigkeit handeln muss (BAG 25.8.2010, 10 AZR 275/09, NZA 2010, 1355; LAG Köln 9.1.2007, 9 Sa 1099/06). Eine Klausel, die dem AG die einseitige Anordnung von Kurzarbeit ermöglicht, überschreitet ebenfalls § 106 GewO und ist unangemessen, wenn Umfang, Ausmaß und Ankündigung der Kurzarbeit offen gelassen sind (LAG Berl-Bdg 7.10.2010, 2 Sa 1230/10, LAGE § 307 BGB 2002 Nr 25, das eine Abweichung von § 611 BGB und § 2 KSchG annimmt). Unzulässig ist auch eine Klausel, nach welcher der AG den AN anweisen kann, seine Steuererklärung durch einen bestimmten Steuerberater erstellen zu lassen (BAG 23.8.2012, 8 AZR 804/11, EzA § 307 BGB 2002 Nr 60).

16 Gesetzliche Regelungen iSd II Nr 1 sind an sich auch **tarifliche** Regelungen. Da die TV aber regelmäßig zugunsten des AN zwingend sind, kann von ihnen ohnehin nicht abgewichen werden. In Betracht kommt nur der seltene Fall dispositiver Tarifvorschriften (dazu noch Rdn 25). Nicht etwa können TV, die für ein Arbeitsverhältnis nach ihrem räumlichen, fachlichen und persönlichen Geltungsbereich nicht einschlägig sind, zur Beurteilung der Angemessenheit einer Regelung herangezogen werden. Auch können AGB in Arbeitsverträgen nicht organisierter AN, die zwar unter den Geltungsbereich eines TV fallen, auf diesen aber nicht Bezug genommen haben, nicht einer an dem betreffenden TV ausgerichteten Inhaltskontrolle unterstellt werden (so aber *Däubler/Bonin/Deinert* § 307 BGB Rn 272 ff). Dies liefe auf eine faktische Allgemeinverbindlicherklärung hinaus, der die Legitimation fehlt (*Löwisch/Rieble* TVG § 3 Rn 494).

17 **C. Gefährdung des Vertragszwecks.** Von einer die Erreichung des Vertragszwecks gefährdenden Einschränkung sich aus der Natur des Arbeitsvertrags ergebender Rechte und Pflichten (II Nr 2) ist zu sprechen, wenn dem AG die Möglichkeit eingeräumt wird, das mit seiner Rolle als AG verbundene wirtschaftliche Risiko ohne weiteres auf den AN abzuwälzen. Eine Bestimmung etwa, nach der AG den AN jederzeit unter Einstellung der Entgeltzahlung von der Arbeit freistellen kann, wäre unzulässig. Auch eine Klausel, nach der eine monatliche Leistungszulage nur unter Ausschluss jeden Rechtsanspruchs gezahlt wird, ist aus diesem Grund unzulässig (vgl BAG 25.4.2007, 5 AZR 627/06, NZA 2007, 853, das die Unzulässigkeit auf § 307 II stützt).

18 Hingegen sind Bestimmungen, die nach dem Vorbild tarifvertraglicher Regelungen das eigentliche Betriebsrisiko zwischen AG und AN verteilen, etwa den Zeitraum beschränken, für den Entgeltzahlung trotz Nichtleistung der Arbeit zu erfolgen hat, zulässig, da sie den Zweck des Arbeitsvertrages nicht gefährden. Zulässig ist auch eine Klausel, nach der der AG den AN im Fall der Kdg freistellen darf und die Freistellungszeit mit Zustimmung des AN auf den Resturlaub angerechnet werden kann (LAG Köln 20.2.2006, 14 (10) Sa 1394/05, LAGE § 307 BGB Nr 9). Zur Zulässigkeit von Widerrufsvorbehalten s § 308 Rdn 3 f.

19 **D. Unklarheit der AGB.** I 2 ist für vom AG verwendete AGB insofern von Bedeutung, als deren Einbeziehung in den Arbeitsvertrag wegen § 310 IV 2 Hs 2 nicht an § 305 II scheitern kann. Allerdings greift auch bei AGB zunächst § 305c II, nach dem Zweifel der Auslegung zulasten des AG gehen (dazu § 305c Rdn 4). Praktisch bleiben Fälle, in denen der AG die Rechtslage unzutreffend darstellt und dem AN dadurch seine Rechte und Pflichten nicht verständlich sind. Deshalb ist eine Klausel, nach der ein Rechtsanspruch auf **Bonuszahlung** ausgeschlossen wird, unwirksam, wenn der Arbeitsvertrag zugleich eine Verpflichtung des AG zur Bonuszahlung formuliert (BAG 24.10.2007, 10 AZR 825/06, EzA § 307 BGB 2002 Nr 26). Die Festlegung einer **monatlichen Durchschnittsarbeitszeit** ohne Bestimmung des Berechnungszeitraums ist intransparent; es gilt dann die tarifliche Wochenarbeitszeit (BAG 21.6.2011, 9 AZR 238/10, EzA § 306 BGB 2002 Nr 5). Eine vorformulierte **Überstundenregelung**, nach der die erforderliche Überstunden mit dem Monatsgehalt abgegolten sind, genügt dem Transparenzgebot nicht, wenn sich der Umfang der danach ohne zusätzliche Vergütung zu leistenden Überstunden nicht hinreichend deutlich aus dem Arbeitsvertrag ergibt (BAG 1.9.2010, 5 AZR 517/09, EzA § 307 BGB 2002 Nr 50; 17.8.2011, 5 AZR 406/10, EzA § 612

BGB 2002 Nr 10). Dabei genügt nach Auffassung des BAG die Festlegung des zeitlichen Umfangs allein nicht, vielmehr muss auch die Art der zu leistenden Mehrarbeit festgelegt werden (BAG 22.2.2012, 5 AZR 765/10, EzA § 612 BGB 2002 Nr 12). Eine Klausel, die den Provisionsanspruch daran knüpft, dass der AN nicht näher benannte Provisions- und Stornohaftungsbedingungen »anerkennt und als vertragsgemäß akzeptiert« ist intransparent (BAG 21.1.2015, 10 AZR 84/14, NZA 2015, 871). Hingegen verstößt eine **Anrechnungsklausel**, nach der der AG eine übertarifliche Zulage mangels anderweitiger Abrede bei Tariflohnerhöhungen – auch rückwirkend – verrechnen kann, nicht gegen das Transparenzgebot (BAG 27.8.2008, 5 AZR 820/07, EzA § 4 TVG Tariflohnerhöhung Nr 49).

Eine arbeitsvertragliche **Bezugnahmeklausel**, die auf bestimmte Teile eines TV verweist, ist nicht unklar oder unverständlich (BAG 6.5.2009, 10 AZR 390/08, EzA § 310 BGB 2002 Nr 8). Dies gilt auch für dynamische Bezugnahmeklauseln. Diese sind im ArbR weit verbreitet, entsprechen einer üblichen Regelungstechnik und dienen den Interessen beider Parteien eines auf die Zukunft gerichteten Arbeitsverhältnisses. Die im Zeitpunkt der jeweiligen Anwendung geltenden in Bezug genommenen Regelungen sind bestimmbar, was ausreichend ist (BAG 6.5.2009, 10 AZR 390/08, EzA § 310 BGB 2002 Nr 8; 14.11.2012, 5 AZR 107/11, JurionRS 2012, 32853). Auch die Bezugnahme auf einen mehrgliedrigen Tarifvertrag ist nicht intransparent (LAG Düsseldorf 24.10.2012, 5 Sa 704/12, LAGE § 307 BGB 2002 Nr 33). Unklar aber ist eine Bestimmung, nach der der Arbeitsvertrag auf einem Tarifvertrag »basiert« (LAG Düsseldorf 28.3.2013, 5 Sa 1877/12, LAGE § 307 BGB 2002 Nr 36). 20

E. Weitere Fälle der unangemessenen Benachteiligung. Auch unabhängig von I 2 und den Regelbsp des II kann eine Treu und Glauben widersprechende unangemessene Benachteiligung anzunehmen sein. In Betracht kommt insb, dass wegen arbeitsrechtl Besonderheiten iSd § 310 IV 2 ein Klauselverbot der §§ 308, 309 nicht eingreift, aber eine Regelung gleichwohl den AN zu weitgehend benachteiligt. In diesem Sinne hat das BAG Vertragsstrafen in AGB zwar für zulässig gehalten, in der Höhe aber Grenzen gezogen (s § 309 Rdn 2). Die Indienstnahme des AN für außerhalb des Arbeitsverhältnis liegende Interessen des AG ist unangemessen (BAG 23.8.2012, 8 AZR 804/11, BB 2013, 179, für Verpflichtung eine vom AG ausgewählte Steuerberatungsgesellschaft zu beauftragen). 21

Unangemessen ist auch eine **Rückzahlungsklausel** im Zusammenhang mit der Übernahme von Ausbildungskosten, wenn sie so gefasst ist, dass sie ohne Rücksicht auf den Beendigungsgrund gelten soll (BAG 13.12.2011, 3 AZR 791/09, NZA 2012, 738; 28.5.2013, 3a AZR 103/12, EzA § 307 BGB 2002 Nr 62) oder wenn ihr kein Beschäftigungsanspruch des AN entspricht (BAG 18.3.2008, 9 AZR 186/07, NZA 2008, 1004). Dem Transparenzgebot von Abs 1 S 2 genügt eine solche Klausel nur, wenn die entstehenden Ausbildungskosten dem Grunde und der Höhe nach im Rahmen des Möglichen und Zumutbaren angegeben sind (BAG 21.08.2012, 3 AZR 698/10, DB 2012, 2894). Keine unangemessene Benachteiligung liegt in einer Klausel, wenn der AN die Rückzahlung zurückzuzahlen hat, wenn der AN aus eigenem Verschulden« aus dem Arbeitsverhältnis ausscheidet (LAG Hamm 5.2.2009, 8 Sa 1665/08, LAGE § 611 BGB 2002 Gratifikation Nr 14). Bei einer Ausbildungsdauer von bis zu 4 Monaten ist eine Bindungsdauer von bis zu 24 Monaten zulässig (BAG 14.1.2009, 3 AZR 900/07, NZA 2009, 666). Eine Klausel nach der der Restbetrag eines Arbeitgeberdarlehens insgesamt fällig wird, wenn das Arbeitsverhältnis, gleichgültig aus welchem Grund, endet, ist unangemessen (LAG Hamm 25.11.2014, 14 Sa 463/14, ZTR 2015, 294). S ausf zu Rückzahlungsklauseln § 611 BGB Rdn 177 ff, 213, 217 ff. 22

Eine Bestandsklausel, die den Anspruch auf die **Bonuszahlung** an das Bestehen eines Arbeitsverhältnisses im Geschäftsjahr knüpft, benachteiligt den am Bonussystem teilnehmenden AN nicht iSv § 305 I 1 unangemessen (BAG 6.5.2009, 10 AZR 443/08, EzA § 307 BGB 2002 Nr 44). Auch eine Klausel, nach der eine lediglich an den Bestand des Arbeitsverhältnisses anknüpfende Sonderzuwendung davon abhängt, dass das Arbeitsverhältnis zum Auszahlungstag ungekündigt ist, ist zulässig (BAG 18.1.2012, 10 AZR 667/10). Hingegen kann eine Sonderzahlung, die auch Vergütungen für bereits erbrachte Arbeitsleistung darstellt, nicht vom ungekündigten Bestand des Arbeitsverhältnisses eines Ende oder zu einem Zeitpunkt außerhalb des Bezugszeitraums abhängig gemacht werden (BAG 13.11.2013, 10 AZR 848/12, EzA § 611 BGB 2002 Gratifikation, Prämie Nr 37; 18.1.2012, 10 AZR 612/10, JurionRS 2012, 13449). Wird für Führungskräfte vereinbart, dass der AG ein Zieleinkommen und die tatsächliche Höhe der variablen Vergütung nach billigem Ermessen bestimmt, liegt darin keine unangemessene Benachteiligung, wenn die Festvergütung bestimmt und gesichert ist (BAG 14.11.2012, 10 AZR 783/11, DB 2013, 346). Zu Bonuszahlungen, die von der zur Verfügungstellung eines ausreichenden Bonusvolumens abhängig sind s § 305c Rdn 2. 23

Bei der Inhaltskontrolle der Ausübungsbedingungen von Aktienoptionen können die zu anderen Sondervergütungen entwickelten Grundsätze nicht uneingeschränkt herangezogen werden. Insb ergibt sich aus der in § 193 II Nr 4 AktG genannten Wartezeit »von mindestens 2 Jahren«, dass jedenfalls eine Bindung für 2 Jahre zulässig ist. 24

§ 308 BGB   Klauselverbot mit Wertungsmöglichkeit

25 Eine Vertragsklausel, die für die Auslösung eines für den Fall des Betriebsübergangs vereinbarten Rückkehrrechts nicht nur eine wirksame Kdg durch den neuen AG sondern eine unter Einhaltung der Voraussetzungen des § 1 KSchG ausgesprochene Kdg verlangt, benachteiligt den AN unangemessen, weil sie ihm den Nachweis auferlegt, dass die ihm ggü ausgesprochene Kdg sozial gerechtfertigt war (BAG 19.10.2011, 7 AZR 672/10).

26 Der Kontrolle nach § 307 I 1 unterliegt auch die Befristung einzelner Arbeitsbedingungen (dazu § 14 TzBfG Rdn 65 und LSW/*Löwisch/Wertheimer* § 2 Rn 122 ff).

27 F. **Keine Kontrolle bei Übereinstimmung mit Rechtsvorschriften.** Die Inhaltskontrolle nach den I und II und nach den §§ 308 und 309 greift gem III 1 nur, soweit AGB von Rechtsvorschriften abw oder diese erg Regelungen enthalten. Deshalb unterliegt die Vereinbarung einer Probezeit als solche angesichts der zwingenden Vorschrift des § 20 S 1 BBiG keiner Inhaltskontrolle, wohl aber deren Dauer im Rahmen der Vorgabe des § 20 S 2 BBiG (BAG 12.2.2015, 6 AZR 831/13, EzA § 20 BBiG 2005 Nr 1).

28 Zu den Rechtsvorschriften gehören auch allg anerkannte Rechtsgrundsätze sowie die Gesamtheit der wesentlichen Rechte und Pflichten, die sich aus der Natur des Arbeitsvertrages ergeben (BAG 30.7.2008, 10 AZR 606/07, EzA § 307 BGB 2002 Nr 38). Die Bestimmung hat für das ArbR nur eingeschränkte Bedeutung, weil dieses zumeist zwingendes Recht enthält, von dem zulasten des AN ohnehin nicht abgewichen werden kann. Soweit das ArbR aber ausnahmsweise dispositiv ist, greift die Regelung. Angesichts ihrer Übereinstimmung mit § 622 III unterliegt deshalb die Vereinbarung einer 6-monatigen Probezeit keiner Inhaltskontrolle (BAG 24.1.2008, 6 AZR 519/07, EzA § 622 BGB 2002 Nr 4). Enthalten für den Arbeitsvertrag geltende AGB zB Regelungen für den Annahmeverzug oder persönliche Verhinderung in anderen als in Krankheitsfällen, hat es bei diesen sein Bewenden, soweit sie mit den gesetzlichen Regelungen der § 615 S 1, 2 und § 616 übereinstimmen. Ändern sie diese ab, wird etwa der Anspruch auf den Annahmeverzugslohn zeitlich eingeschränkt oder die verhältnismäßig nicht erhebliche Zeit vertraglich konkretisiert, findet die Inhaltskontrolle statt. Unberührt bleibt nach III eine Unwirksamkeit wegen Verstoßes gegen das Transparenzgebot.

§ 308 Klauselverbot mit Wertungsmöglichkeit
In Allgemeinen Geschäftsbedingungen ist insbesondere unwirksam
1. (Ausnahme- und Leistungsfrist) eine Bestimmung, durch die sich der Verwender unangemessen lange oder nicht hinreichend bestimmte Fristen für die Annahme oder Ablehnung eines Angebots oder die Erbringung einer Leistung vorbehält; ausgenommen hiervon ist der Vorbehalt, erst nach Ablauf der Widerrufsfrist nach § 355 Abs. 1 und 2 zu leisten.
1a. (Zahlungsfrist) eine Bestimmung, durch die sich der Verwender eine unangemessen lange Zeit für die Erfüllung einer Entgeltforderung des Vertragspartners vorbehält; ist der Verwender kein Verbraucher, ist im Zweifel anzunehmen, dass eine Zeit von mehr als 30 Tagen nach Empfang der Gegenleistung oder, wenn dem Schuldner nach Empfang der Gegenleistung eine Rechnung oder gleichwertige Zahlungsaufstellung zugeht, von mehr als 30 Tagen nach Zugang dieser Rechnung oder Zahlungsaufstellung unangemessen lang ist;
1b. (Überprüfungs- und Abnahmefrist) eine Bestimmung, durch die sich der Verwender vorbehält, eine Entgeltforderung des Vertragspartners erst nach unangemessen langer Zeit für die Überprüfung oder Abnahme der Gegenleistung zu erfüllen; ist der Verwender kein Verbraucher, ist im Zweifel anzunehmen, dass eine Zeit von mehr als 15 Tagen nach Empfang der Gegenleistung unangemessen lang ist;
3. (Rücktrittsvorbehalt) die Vereinbarung eines Rechts des Verwenders, sich ohne sachlich gerechtfertigten und im Vertrag angegebenen Grund von seiner Leistungspflicht zu lösen; dies gilt nicht für Dauerschuldverhältnisse;
4. (Änderungsvorbehalt) die Vereinbarung eines Rechts des Verwenders, die versprochene Leistung zu ändern oder von ihr abzuweichen, wenn nicht die Vereinbarung der Änderung oder Abweichung unter Berücksichtigung der Interessen des Verwenders für den anderen Vertragsteil zumutbar ist;
5. (Fingierte Erklärungen) eine Bestimmung, wonach eine Erklärung des Vertragspartners des Verwenders bei Vornahme oder Unterlassung einer bestimmten Handlung als von ihm abgegeben oder nicht abgegeben gilt, es sei denn, dass
    a) dem Vertragspartner eine angemessene Frist zur Abgabe einer ausdrücklichen Erklärung eingeräumt ist und
    b) der Verwender sich verpflichtet, den Vertragspartner bei Beginn der Frist auf die vorgesehene Bedeutung seines Verhaltens besonders hinzuweisen;
6. (Fiktion des Zugangs) eine Bestimmung, die vorsieht, dass eine Erklärung des Verwenders von besonderer Bedeutung dem anderen Vertragsteil als zugegangen gilt;

7. (**Abwicklung von Verträgen**) eine Bestimmung, nach der der Verwender für den Fall, dass eine Vertragspartei vom Vertrag zurücktritt oder den Vertrag kündigt,
   a) eine unangemessen hohe Vergütung für die Nutzung oder den Gebrauch einer Sache oder eines Rechts oder für erbrachte Leistungen oder
   b) einen unangemessen hohen Ersatz von Aufwendungen verlangen kann;
[...]

Übersicht

	Rdn.			Rdn.
A. Leistungs-, Zahlungs-, Überprüfungs- und Abnahmefrist.	1	D.	Fingierte Erklärung	10
B. Rücktrittsvorbehalt.	2	E.	Fiktion des Zugangs	12
C. Änderungsvorbehalt	3	F.	Abwicklung von Verträgen	13

A. Leistungs-, Zahlungs-, Überprüfungs- und Abnahmefrist. Sofern die Auszahlung der Arbeitsentgelte 1 nicht kollektivrechtlich insb nicht durch BV nach § 87 Abs 1 Nr 4 BetrVG geregelt ist, müssen die Nr 1a und 1b beachtet werden. Ein Hinausschieben der Fälligkeit der Vergütung über 30 Tage hinaus (etwa bis zum Ablauf der Probezeit) ist regelmäßig unangemessen lang. Allerdings wird man es entsprechend dem Rechtsgedanken des § 2 II Nr 2 MiLoG als noch angemessen ansehen können wenn bestimmt wird, dass die 30-Tage-Frist erst ab Ende des Monats gerechnet wird in dem die Arbeitsleistung erbracht wird.
Bestimmungen, nach denen der AG sich eine Zeit von mehr als 15 Tagen für die Überprüfung oder 1.1 Abnahme des Arbeitsergebnisses vorbehält ehe er das Arbeitsentgelt auszahlt, sind nach Nr 1b regelmäßig unwirksam. Ausnahmen sind aber denkbar wenn es sich um sehr komplizierte Arbeiten handelt. Soweit derartige Vereinbarungen in Tarifverträgen, Betriebs- oder Dienstvereinbarungen getroffen sind, bleiben sie nach § 310 IV 1 unberührt.

B. Rücktrittsvorbehalt. Die einem AG vorbehaltene einseitige Lösungsmöglichkeit von einem Vorvertrag 2 stellt regelmäßig einen Rücktrittsvorbehalt iSd Nr 3 dar und bedarf deshalb der sachlichen Rechtfertigung (BAG 27.7.2005, 7 AZR 488/04, EzA § 308 BGB 2002 Nr 2). Dies gilt aber nicht für das Arbeitsverhältnis selbst, weil es sich um ein Dauerschuldverhältnis handelt (Nr 3 2. Hs). Allerdings verstieße ein Rücktrittsvorbehalt, der über eine angemessene Probezeit hinausgeht, gegen Grundsätze des Befristungs- und Kündigungsschutzgesetzes und wäre daher wegen Verstoßes gegen § 307 II Nr 1 unwirksam.

C. Änderungsvorbehalt. Zwar unterliegt die Regelung der Hauptleistungspflichten aus dem Arbeitsver- 3 hältnis, insb das Arbeitsentgelt, nicht der Inhaltskontrolle (§ 307 Rdn 3). Dies gilt aber nur, soweit der Umfang dieser Pflichten bestandsfest vereinbart ist. Stehen sie aber unter dem Vorbehalt der Änderung durch den AG, können sie nach Nr 4 unwirksam sein. Dies gilt sowohl für **Widerrufsvorbehalte**, bei denen an sich ein Anspruch des AN auf die Leistung besteht, dieser aber unter bestimmten Voraussetzungen vom AG für die Zukunft ausgeschlossen werden kann, als auch für die Befristung einzelner Arbeitsbedingungen (vgl. BAG 27.7.2005, 7 AZR 486/04, EzA § 307 BGB 2002 Nr 5, welches die Befristung von Arbeitsbedingungen der Inhaltskontrolle nach § 307 I 1 zuordnet).
Ein Widerrufsvorbehalt ist nur wirksam vereinbart, wenn der Vorbehalt nach § 308 Nr 4 unter Berücksich- 4 tigung der Interessen des Verwenders auch dem anderen Vertragsteil zumutbar ist. Dies ist nur dann der Fall, wenn es für den Widerruf einen sachlichen Grund gibt und dieser bereits in der Änderungsklausel beschrieben ist (BAG 13.4.2010 u 20.4.2011, 9 AZR 113/09 u 5 AZR 191/10, EzA § 308 BGB 2002 Nr 11 u 12). Eine Vereinbarung, nach der der AG berechtigt ist, jederzeit die Überlassung eines auch zur Privatnutzung zur Verfügung gestellten Firmenwagens zu widerrufen, ist daher unwirksam (BAG 19.12.2006, 9 AZR 294/06, NZA 2007, 809); zulässig ist eine solche Klausel aber für den Fall der Freistellung nach einer Kdg des Arbeitsverhältnisses, wenn eine Ankündigungsfrist von mind. 4 Wochen eingehalten ist (BAG 21.3.2012, 5 AZR 651/10, EzA § 308 BGB 2002 Nr 13). Ein auf übertarifliche Leistungen bezogener Widerrufsvorbehalt ist nur wirksam, wenn der widerrufliche Anteil unter 25–30 % der Gesamtvergütung liegt und die Widerrufsgründe zumindest in allg Form festgelegt sind (BAG 12.1.2005, 5 AZR 364/04, EzA § 308 BGB 2002 Nr 1; 11.10.2006, 5 AZR 721/05, NZA 2007, 88).
Freiwilligkeitsvorbehalte unterfallen hingegen nicht Nr 4. Schließe eine Formulierung jeden Rechtsanspruch 5 des AN eindeutig aus, fehlt es schon an einer versprochenen Leistung iSd Nr 4 (BAG 30.7.2008, 10 AZR 606/07, DB 2008, 2194, 2195). Soweit solche Freiwilligkeitsvorbehalte freiwillige Sonderleistungen betreffen, dh Sonderzahlungen des AG, die dieser nicht vertraglich zugesagt hat, verstoßen sie auch nicht gegen § 307 II Nr 1 BGB und zwar auch dann nicht, wenn sie der zusätzlichen Vergütung der während des

§ 308 BGB Klauselverbot mit Wertungsmöglichkeit

Bezugszeitraums gezahlten Vergütung dienen sollen (BAG 21.1.2009, 10 AZR 219/08, EzA § 307 BGB 2002 Nr 41; 30.7.2008, 10 AZR 606/07, DB 2008, 2194, 2195). Anderenfalls wäre der AG gezwungen, die Leistung vor der dritten Gewährung einzustellen, um einen Anspruch des AN aus betrieblicher Übung zu vermeiden. Entgegen seiner früheren Rspr (30.7.2008, 10 AZR 606/07, DB 2008, 2194, 2195) lässt das BAG einen im Arbeitsvertrag enthaltenen Freiwilligkeitsvorbehalt nicht mehr genügen, um das Entstehen einer betrieblichen Übung auf Dauer auszuschließen (BAG 14.9.2011, 10 AZR 529/10, DB 2012, 179). Es ist deshalb angezeigt, den Freiwilligkeitsvorbehalt bei jeder Zahlung zu erklären. Ein Freiwilligkeitsvorbehalt hins der **laufenden Vergütung** ist hingegen mit § 307 II Nr 1 BGB unvereinbar, weil er dem Zweck des Arbeitsvertrags widerspricht (BAG 25.4.2007, 5 AZR 627/06, EzA § 308 BGB 2002 Nr 6 für den Fall einer monatlich zu zahlenden Leistungszulage; LAG München 7.5.2013, 6 Sa 731/12, für einen Leistungsbonus).

6   Freiwilligkeitsvorbehalte bei Sonderzahlungen müssen dem **Transparenzgebot** des § 307 I 2 genügen. Nach Ansicht des BAG genügt die Bezeichnung als »freiwillige Leistung« für sich genommen nicht, um einen Anspruch auf die Leistung auszuschließen, weil damit möglicherweise nur zum Ausdruck gebracht werde, dass der AG nicht durch TV, BV oder Gesetz zu dieser Leistung verpflichtet ist; klar sei erst eine Formulierung, nach der die Sondervergütung als freiwillige Leistung gezahlt werden »kann« (BAG 17.4.2013, 10 AZR 281/12, EzA § 305c BGB 2002 Nr 23). Unklar, weil widersprüchlich ist auch eine Regelung, wenn Sonderleistungen in einem Formulararbeitsvertrag in Voraussetzungen und Höhe präzise formuliert werden, dann aber dennoch mit einem Freiwilligkeitsvorbehalt verbunden werden (BAG 30.7.2008, 10 AZR 606/07, DB 2008, 2194, 2195; 20.2.2013, 10 AZR 177/12, EzA § 305c BGB 2002 Nr 21, das aber zu weit geht, wenn es eine solche Widersprüchlichkeit auch noch annehmen will, wenn in einer Regelung im ersten Satz erklärt wird, welche Leistungen »zurzeit« gewährt werden und im zweiten Satz der Freiwilligkeitsvorbehalt eindeutig formuliert wird.).

7   Die **Kombination von Freiwilligkeits- und Widerrufsvorbehalt**, wonach die Leistung »freiwillig und ohne jede rechtliche Verpflichtung« geleistet werde und »jederzeit ohne Wahrung einer besonderen Frist widerrufbar« ist, verstößt gegen das Transparenzgebot; eine solche Klausel ist insgesamt unwirksam, sodass ein Anspruch aus betrieblicher Übung entstehen kann (BAG 8.12.2010, 10 AZR 671/09, JurionRS 2010, 36817).

8   Ein **Anrechnungsvorbehalt** für eine Zulage fällt hingegen nicht unter Nr 4 (BAG 1.3.2006, 5 AZR 363/05, EzA § 4 TVG Tariflohnerhöhung Nr 48). Auch auf eine Versetzungsklausel ist Nr 4 nicht anzuwenden, da sie nicht die Leistung des Verwenders, sondern die Gegenleistung betrifft (BAG 11.4.2006, 9 AZR 557/05, NZA 2006, 1149).

9   Ein **Änderungsvorbehalt**, nach dem der AG die dem AN versprochene Leistung ändern oder von ihr abweichen kann, ist mit Nr 4 nur vereinbar, wenn für die Änderung ein triftiger Grund vorliegt und dieser bereits in der Änderungsklausel beschrieben ist (BAG 11.2.2009, 10 AZR 222/08, EzA § 308 BGB 2002 Nr 9).

9.1 Nr 4 setzt ein einseitiges Änderungsrecht des Verwenders voraus. Deshalb fallen Bezugnahmeklauseln die auf den jeweiligen Inhalt des in Bezug genommenen Tarifvertrages abstellen oder eine Ablösung arbeitsvertraglicher Regelungen durch Betriebsvereinbarungen vorsehen, nicht unter die Vorschrift (BAG 17.2.2015, 1 AZR 599/13, JurionRS 2015, 16256).

10 D. **Fingierte Erklärung.** Bestimmungen, nach denen die **Zustimmung** des AN zu einer Änderung oder Aufhebung seines Arbeitsvertrages **als erteilt gilt**, wenn er sich zu einem entspr Angebot des AG nicht äußert, sind nach Nr 5 nur wirksam, wenn dem AN eine angemessene Äußerungsfrist eingeräumt ist und der AG ihn bei Beginn der Frist auf die Bedeutung seines Schweigens aufmerksam gemacht hat.

11 Die Annahme, durch eine 3-malige widerspruchslose Entgegennahme einer vom AG ausdrücklich unter dem Vorbehalt der Freiwilligkeit gezahlten Gratifikation werde die Verpflichtung des AG zur Gratifikationszahlung **aus betrieblicher Übung** beendet (sog negative betriebliche Übung), ist mit § 308 Nr 5 BGB nicht vereinbar (BAG 18.3.2009, 10 AZR 281/08, EzA § 242 BGB 2002 Betriebliche Übung Nr 9).

12 E. **Fiktion des Zugangs.** Nach Nr 6 unwirksam ist eine Bestimmung, die vorsieht, dass eine Erklärung des AG von bes Bedeutung, wie etwa eine Kdg, dem AN mit Ablauf einer bestimmten Frist als **zugegangen gilt** (*Däubler/Bonin/Deinert* § 308 Nr 6 BGB Rn 4).

13 F. **Abwicklung von Verträgen.** Nr 7b findet Anwendung, wenn in einem vorformulierten Arbeitsvertrag für den Fall der Beendigung des Arbeitsverhältnisses durch den AN ein pauschalierter Aufwendungsersatz vorgesehen ist, ohne dass dem AN in entspr Anwendung des § 309 Nr 5b die Möglichkeit eingeräumt wurde, den Nachweis eines fehlenden oder wesentlich geringeren Anspruchs zu führen (BAG 27.7.2010, 3 AZR 777/08, NZA 2010, 1237).

§ 309 Klauselverbote ohne Wertungsmöglichkeit

Auch soweit eine Abweichung von den gesetzlichen Vorschriften zulässig ist, ist in Allgemeinen Geschäftsbedingungen unwirksam [...]

2. (Leistungsverweigerungsrechte) eine Bestimmung, durch die
   a) das Leistungsverweigerungsrecht, das dem Vertragspartner des Verwenders nach § 320 zusteht, ausgeschlossen oder eingeschränkt wird oder
   b) ein dem Vertragspartner des Verwenders zustehendes Zurückbehaltungsrecht, soweit es auf demselben Vertragsverhältnis beruht, ausgeschlossen oder eingeschränkt, insbesondere von der Anerkennung von Mängeln durch den Verwender abhängig gemacht wird; [...]
6. (Vertragsstrafe) eine Bestimmung, durch die dem Verwender für den Fall der Nichtabnahme oder verspäteten Abnahme der Leistung, des Zahlungsverzugs oder für den Fall, dass der andere Vertragsteil sich vom Vertrag löst, Zahlung einer Vertragsstrafe versprochen wird; [...]
10. (Wechsel des Vertragspartners) eine Bestimmung, wonach bei Kauf-, Darlehens-, Dienst- oder Werkverträgen ein Dritter anstelle des Verwenders in die sich aus dem Vertrag ergebenden Rechte und Pflichten eintritt oder eintreten kann, es sei denn, in der Bestimmung wird
    a) der Dritte namentlich bezeichnet oder
    b) dem anderen Vertragsteil das Recht eingeräumt, sich vom Vertrag zu lösen; [...]
12. (Beweislast) eine Bestimmung, durch die der Verwender die Beweislast zum Nachteil des anderen Vertragsteils ändert, insbesondere indem er
    a) diesem die Beweislast für Umstände auferlegt, die im Verantwortungsbereich des Verwenders liegen, oder
    b) den anderen Vertragsteil besti mmte Tatsachen bestätigen lässt;
    Buchstabe b gilt nicht für Empfangsbekenntnisse, die gesondert unterschrieben oder mit einer gesonderten qualifizierten elektronischen Signatur versehen sind;
13. (Form von Anzeigen und Erklärungen) eine Bestimmung, durch die Anzeigen oder Erklärungen, die dem Verwender oder einem Dritten gegenüber abzugeben sind, an eine strengere Form als die Schriftform oder an besondere Zugangserfordernisse gebunden werden.

Übersicht

	Rdn.			Rdn.
A.	Leistungsverweigerungsrechte	1	D. Beweislast	6
B.	Vertragsstrafen	2	E. Formbestimmungen	7
C.	Wechsel des Vertragspartners	5		

A. Leistungsverweigerungsrechte. Das aus § 273 folgende **Zurückbehaltungsrecht** des AN wegen rückständigen Arbeitsentgelts (§§ 273, 274 Rdn 1) kann nach Nr 2b im Regelfall weder ausgeschlossen noch eingeschränkt werden. Die Besonderheit des Insolvenzgeldes (§§ 183 ff SGB III) rechtfertigt es aber, wenn der Insolvenzverwalter mit den AN des insolventen Unternehmens durch AGB vereinbart, dass sie wegen der durch das Insolvenzgeld abgedeckten Rückstände ein Zurückbehaltungsrecht nicht ausüben dürfen. 1

B. Vertragsstrafen. Vertragsstrafenregelungen in AGB sind nicht in jedem Fall nach Nr 6 unwirksam. Vielmehr kann der Ausschluss der Vollstreckbarkeit der Arbeitsleistung nach § 888 III ZPO als arbeitsrechtl Besonderheit solche Klauseln rechtfertigen (BAG 23.1.2014, 8 AZR 130/13, EzA § 307 BGB 2002 Nr 65). Jedoch kann sich die Unwirksamkeit solcher Abreden aus § 307 ergeben (BAG 28.5.2009, 8 AZR 896/07, EzA § 307 BGB 2002 Nr 45). Ein Verstoß gegen das Transparenzgebot des § 307 II liegt vor, wenn für jeden Fall der Zuwiderhandlung des AN gegen ein Wettbewerbsverbot eine Vertragsstrafe iHv zwei durchschnittlichen Bruttomonatsgehältern vorgesehen ist und zugleich bestimmt wird, dass im Fall einer dauerhaften Verletzung des Wettbewerbsverbotes jeder angebrochene Monat als eine neue Verletzungshandlung gilt (BAG 14.8.2007, 8 AZR 973/06, EzA § 307 BGB 2002 Nr 28). 2

Eine für den Fall der verspäteten Aufnahme der Arbeit, der vorübergehenden Arbeitsverweigerung und der Auflösung des Arbeitsvertrages ohne Einhaltung der maßgeblichen Kündigungsfrist vereinbarte Vertragsstrafe in Höhe des aus der Bruttomonatsvergütung errechneten Bruttotagegelds für jeden Tag der Zuwiderhandlung ist angemessen (BAG 28.5.2009, 8 AZR 896/07, EzA § 307 BGB 2002 Nr 45), ebenso eine Vertragsstrafe von einem Bruttomonatslohn bei einer Kündigungsfrist von einem Monat (BAG 19.8.2010, 8 AZR 645/09, AP Nr 49 zu § 307 BGB). Eine Vertragsstrafe, die höher ist als die anteilige Arbeitsvergütung, ist hingegen regelmäßig unangemessen (BAG 18.12.2008, 8 AZR 81/08, DB 2009, 2269; 23.9.2010, 8 AZR 897/08, EzA § 309 BGB 2002 Nr 6). Ausnahmsweise kann aber auch eine höhere Vertragsstrafe gerechtfertigt sein (s etwa den Fall BAG 27.5.1992, 5 AZR 324/91, EzA § 339 BGB Nr 8 und 3

§ 310 BGB Anwendungsbereich

den Fall LAG Schl-Holst 28.2.2012, 1 Sa 235 b/11, LAGE § 307 BGB 2002 Nr 29). Beträgt die Kündigungsfrist in der Probezeit allerdings nur 2 Wochen, ist schon eine Vertragsstrafe von 1 Monatsgehalt unangemessen hoch (BAG 4.3.2004, 8 AZR 196/03, EzA § 309 BGB 2002 Nr 1). Eine Klausel, die eine Vertragsstrafe nur für den Fall der Kündigung des Vertrages durch den AN vorsieht, greift nicht im Fall der Kündigung durch den AG, auch wenn der AN durch unberechtigte und beharrliche Arbeitsverweigerung den Grund für die Kündigung gesetzt hat (BAG 23.1.2014, 8 AZR 130/13, EzA § 307 BGB 2002 Nr 65).

4 Vertragsstrafen zur Sicherung von Wettbewerbsverboten sind unwirksam, wenn bei jedem Verstoß ein hoher Betrag fällig wird (BAG 18.8.2005, 8 AZR 65/05, EzA § 307 BGB 2002 Nr 6). Eine geltungserhaltende Reduktion auf das angemessene Maß kommt wegen § 306 II nicht in Betracht.

5 **C. Wechsel des Vertragspartners.** Nr 10 hat Bedeutung für Bestimmungen, welche die **Versetzung** des AN zu einem **Konzernunternehmen** erlauben. Sie sind nur wirksam, wenn die Unternehmen, zu denen versetzt werden kann, namentlich bezeichnet werden, oder wenn dem AN für den Fall der Versetzung ein Kdg-Recht eingeräumt wird. Nr 10 betrifft nur den Wechsel des Vertragspartners, nicht schon die AN-Überlassung (*Däubler/Bonin/Deinert* § 309 Nr 10 Rn 2). IA sind Versetzungsklauseln hingegen wirksam (BAG 11.4.2006, 9 AZR 557/05, EzA § 308 BGB 2008 Nr 5). S hierzu § 307 Rdn 15.

6 **D. Beweislast.** Erhebliches Gewicht hat Nr 12. Nach § 619a hat der AG die volle **Beweislast**, soweit es um die Haftung des AN geht. Auch wenn man diese Vorschrift, weil materiell zum allg Schuldrecht gehörend, als dispositiv ansieht, ist ihre Abbedingung in allg Arbeitsvertragsbedingungen nicht möglich. Zu beachten ist, dass nach Nr 12 letzter Hs eine Umkehr der Beweislast hins eines Empfangsbekenntnisses (zB der Aushändigung der Urkunde über ein Wettbewerbsverbot nach § 74 I 2 HGB) möglich ist, wenn das Empfangsbekenntnis gesondert unterschrieben wird.

7 **E. Formbestimmungen.** Mit Nr 13 unvereinbar ist eine Bestimmung, nach der eine Kdg durch den AN in einer **strengeren Form** als der Schriftform, etwa per Einschreiben, erklärt werden muss (*Rolfs* StudKomm ArbR § 309 Rn 3). Sieht eine Ausschlussfristregelung vor, dass Ansprüche in der 2. Stufe gerichtlich geltend zu machen sind, führt das hingegen nicht zur Unwirksamkeit, weil eine solche Regelung weitverbreiteter TV- und Arbeitsvertragspraxis entspricht (vgl dazu BAG 25.5.2005, 5 AZR 572/04, EzA § 307 BGB 2002 Nr 3, das diesen Punkt der von ihm zu beurteilenden Regelung unbeanstandet gelassen hat). Zu doppelten Schriftformklauseln s § 305b Rdn 2 f.

§ 310 Anwendungsbereich

[...]

(3) Bei Verträgen zwischen einem Unternehmer und einem Verbraucher (Verbraucherverträge) finden die Vorschriften dieses Abschnitts mit folgenden Maßgaben Anwendung:
1. Allgemeine Geschäftsbedingungen gelten als vom Unternehmer gestellt, es sei denn, dass sie durch den Verbraucher in den Vertrag eingeführt wurden;
2. § 305c Abs. 2 und die §§ 306 und 307 bis 309 dieses Gesetzes sowie Artikel 46b des Einführungsgesetzes zum Bürgerlichen Gesetzbuche finden auf vorformulierte Vertragsbedingungen auch dann Anwendung, wenn diese nur zur einmaligen Verwendung bestimmt sind und soweit der Verbraucher auf Grund der Vorformulierung auf ihren Inhalt keinen Einfluss nehmen konnte;
3. bei der Beurteilung der unangemessenen Benachteiligung nach § 307 Abs. 1 und 2 sind auch die den Vertragsschluss begleitenden Umstände zu berücksichtigen.

(4) ¹Dieser Abschnitt findet keine Anwendung bei Verträgen auf dem Gebiet des Erb-, Familien- und Gesellschaftsrechts sowie auf Tarifverträge, Betriebs- und Dienstvereinbarungen. ²Bei der Anwendung auf Arbeitsverträge sind die im Arbeitsrecht geltenden Besonderheiten angemessen zu berücksichtigen; § 305 Abs. 2 und 3 ist nicht anzuwenden. ³Tarifverträge, Betriebs- und Dienstvereinbarungen stehen Rechtsvorschriften im Sinne von § 307 Abs. 3 gleich.

Übersicht	Rdn.		Rdn.
A. AGB-Kontrolle bei einmaliger Verwendung....................	1	C. Berücksichtigung der Besonderheiten des Arbeitsrechts....................	9
B. Bereichsausnahme für Kollektivverträge...	2		

1 **A. AGB-Kontrolle bei einmaliger Verwendung.** Folgt man dem BAG darin, dass der AN im Verhältnis zum AG Verbraucher iSv § 13 ist (§ 13 Rdn 1), findet nach III Nr 2 die AGB-Kontrolle auf einen vom AG vorformulierten Vertrag auch dann Anwendung, wenn dieser nur einmal verwendet werden soll. Das kann

insb für Auflösungsverträge von Bedeutung sein. Das Merkmal des »Einflussnehmens« in III Nr 2 entspricht dem des »Aushandelns« in § 305 I 3 (dazu § 305 Rdn 2).

B. Bereichsausnahme für Kollektivverträge. Die AGB-Kontrolle nach den §§ 305 ff findet nach IV 1 2 von vornherein keine Anwendung auf TV, BV und DV. Das Gesetz sieht bei ihnen die Angemessenheitskontrolle durch die Parität der Kollektivvertragspartner als gewahrt an. Dabei genügt es, wenn kollektivvertraglich die Grundentscheidungen getroffen werden. Auch deren nähere Ausgestaltung unterliegt dann nicht der AGB-Kontrolle (BGH 20.7.2011, IV ZR 76/09, BGHZ 190, 314; und zuletzt v 10.10.2012, IV ZR 12/11, ZTR 2012, 693; offen gelassen BAG 27.3.2007, 3 AZR 299/06, DB 2007, 2847). Bloße Öffnungsklauseln in einem TV genügen aber nicht (Hess LAG 18.7.2014, 18 Sa 187/13). TV werden auch dann erfasst, wenn sie Arbeitsbedingungen nur schuldrechtl regeln (*Löwisch/Rieble* TVG § 1 Rn 1131), nicht aber Koalitionsvereinbarungen, die noch einzelvertraglich umzusetzen sind (BAG 19.10.2011, 7 AZR 672/10; EzA § 1 KSchG Wiedereinstellungsanspruch Nr 10; anders noch BAG 27.7.2005, 7 AZR 486/04, EzA § 307 BGB 2002 Nr 5).

Diese Ausnahme gilt, was den TV anbelangt, nicht nur für qua Mitgliedschaft oder Allgemeinverbindlich- 3 keit tarifgebundene Arbeitsverhältnisse, sondern auch für solche, die auf einen einschlägigen TV Bezug genommen haben. Sonst würden die nichtorganisierten AN systemwidrig besser gestellt als die Gewerkschaftsmitglieder, weil sie nicht nur die Vorteile des TV hätten, sondern auch noch in den Genuss der AGB-Kontrolle kämen (*Löwisch/Rieble* TVG § 3 Rn 493). Vorausgesetzt ist dabei freilich, dass der TV das Arbeitsverhältnis in seinem räumlichen, fachlichen und persönlichen Geltungsbereich erfasst (*Löwisch/Rieble* TVG § 3 Rn 495). Auch muss auf den TV als **Ganzen** und nicht nur auf einzelne Bestimmungen Bezug genommen worden sein. Nur der von den TV-Parteien hergestellte Sachzusammenhang bietet die Richtigkeitsgewähr, die den Verzicht auf die Inhaltskontrolle rechtfertigt (BAG 18.9.2012, 9 AZR 1/11, EzA § 310 BGB 2002 Nr 12; Thür LAG 17.4.2012, 1 Sa 253/10, LAGE § 307 BGB 2002 Nr 30; *Löwisch/Rieble* TVG § 3 Rn 501). Die Bereichsausnahme gilt auch, wenn die Bezugnahme erst im Nachwirkungszeitraum des TV erfolgt (BAG 18.9.2012, 9 AZR 1/11, EzA § 310 BGB 2002 Nr 12).

»TV als Ganzes« bedeutet dabei allerdings nur, dass alle für den konkret zu prüfenden Arbeitsvertrag 4 einschlägigen Tarifvertragsbestimmungen in Bezug genommen werden müssen. Das BAG wollte IV 1 auf arbeitsvertragliche Bezugnahmeklauseln freilich nur anwenden, wenn die Bezugnahme sich auf ein **ganzes Tarifwerk** erstreckte, etwa mit der Formel »Es gilt der MantelTV XY und die diesen ersetzenden, ändernden und ergänzenden TVe« (BAG 28.6.2007, 6 AZR 750/06, EzA § 310 BGB 2002 Nr 5), nicht aber wenn nur einzelne TVe eines Tarifwerks in Bezug genommen wurden (BAG 17.10.2007, 4 AZR 812/06, BB 2008, 1121; 15.4.2008, 9 AZR 159/07, BB 2008, 2019). Das leuchtete nicht ein. Indem die Tarifparteien ihre Regelungen auf unterschiedliche TV verteilen, die innerhalb des Tarifwerks zwar unabhängig voneinander und mit unterschiedlichen Laufzeiten normativ gelten, stellen sie jeweils einen selbständigen Regelungszusammenhang her, der dann auch die Anwendbarkeit von IV 1 auf entsprechende Bezugnahmeklauseln rechtfertigt (*Löwisch/Rieble* TVG § 3 Rn 503). In der Entscheidung vom 18.9.2012 (9 AZR 1/11, EzA § 310 BGB 2002 Nr 12) hat das BAG nun auch die bloße Bezugnahme auf die jeweils gültigen Bestimmungen eines Manteltarifvertrags genügen lassen. Dem entspricht es auch, wenn das BAG inzwischen Klauseln, die auf bestimmte zusammenhängende Teile von TV verweisen, weder als unklar oder unverständlich noch als unangemessen ansieht (BAG 6.5.2009, 10 AZR 390/08, EzA § 310 BGB 2002 Nr 8).

IV 1 erstreckt die Bereichsausnahme auch auf **BV** und **DV**. Dies hat nach der Rspr des BAG zur Folge, 5 dass diese nicht mehr wie früher einer allgemeinen Billigkeitskontrolle auf den angemessenen Ausgleich der Interessen von AG und Belegschaft unterworfen sind (BAG 1.2.2006, 5 AZR 187/05, EzA § 310 BGB 2002 Nr 3). Unberührt bleibt nur die aus § 75 BetrVG bzw. § 67 BPersVG und den entspr Bestimmungen der Landespersonalvertretungsgesetze abzuleitende Kontrolle auf »billige« Behandlung der einzelnen AN (s dazu § 75 BetrVG Rdn 7). Die Regelung eines Widerrufsvorbehalts in einer BV fällt unter § 310 IV 1 (BAG 1.2.2006, 5 AZR 187/05, EzA § 310 BGB 2002 Nr 3). Auch in BV enthaltene Rückzahlungsklauseln für Gratifikationen und Ausbildungskosten unterliegen nicht der sonst gegebenen Kontrolle nach § 307 (dazu oben § 307 Rn 22). Die von der Rspr entwickelten Einschränkungen (§ 611 Rn 176 ff) sind deshalb auf BV nicht ohne weiteres anzuwenden. Eine äußerste Grenze ergibt sich nur aus Art 12 GG, so dass der Gestaltungsspielraum derselbe ist wie beim TV (*Löwisch* NZA 2013, 549).

IV 1 gilt auch für den Interessenausgleich, soweit er Regelungen enthält, die den AN Rechte oder Ansprüche 6 einräumen (BAG 25.4.2007, 6 AZR 622/06, EzA § 113 InsO Nr 19). Schreiben Interessenausgleich und Sozialplan den Text für eine arbeitsvertragliche Abwicklungsvereinbarung zwingend vor, gilt IV 1 auch für diese (BAG 25.4.2007, 6 AZR 622/06, EzA § 113 InsO Nr 19).

§ 311 BGB Rechtsgeschäftliche und rechtsgeschäftsähnliche Schuldverhältnisse

7   Keine Geltung entfaltet IV 1 für nicht normative Regelungsabreden und Betriebsabsprachen, auch wenn sie Vorgaben für Arbeitsvertragsbedingungen enthalten (*Däubler/Bonin/Deinert* § 310 Rn 34). Das gilt an sich auch für kirchliche Arbeitsvertragsregelungen, indessen ist insoweit als im ArbR geltende Besonderheit iSv IV 2 Hs 1 zu berücksichtigen, dass das Verfahren des Dritten Weges mit paritätischer Besetzung der arbeitsrechtl Kommissionen und Weisungsungebundenheit ihrer Mitglieder gewährleistet, dass die Arbeitgeberseite nicht einseitig ihre Interessen durchsetzen kann. Das führt dazu, dass diese Regelungen nur auf ihre Vereinbarkeit mit zwingendem Recht zu überprüfen sind (BAG 22.7.2010, 6 AZR 847/07, EzA § 611 BGB 2002 kirchliche Arbeitnehmer Nr 15; 19.4.2012, 6 AZR 677/10, ZTR 2012, 468; ebenso BGH 10.10.2012, IV ZR 80/11, JurionRS 2012, 26364).

8   Die Bereichsausnahme des IV 1 gilt für den gesamten Abschnitt über die allgemeinen Geschäftsbedingungen und damit auch für die Transparenzkontrolle nach § 307 I 2 (BAG 28.6.2007, 6 AZR 750/06, EzA § 310 BGB 2002 Nr 5). RL nach § 28 SprAuG fallen nicht unter die Bereichsausnahme. Auch § 306 und damit das Verbot geltungserhaltener Reduktion gelten nicht (*Löwisch* NZA 2013, 550).

9   **C. Berücksichtigung der Besonderheiten des Arbeitsrechts.** Nach IV 2 Hs 1 sind bei der Anwendung des AGB-Rechts auf Arbeitsverträge die im ArbR geltenden Besonderheiten angemessen zu berücksichtigen. Besonderheiten in diesem Sinne sind auch Besonderheiten des **Rechtsgebiets ArbR im Ganzen**, nicht nur Besonderheiten bestimmter, zB kirchlicher Arbeitsverhältnisse (BAG 4.3.2004, 8 AZR 196/03, EzA § 309 BGB 2002 Nr 1). Zum ArbR im Ganzen gehören Gesetze, auch wenn sie nicht nur im ArbR gelten, sondern sich dort nur bes auswirken (BAG 4.3.2004, 8 AZR 196/03, EzA § 309 BGB 2002 Nr 1). Dazu zählen weiter tarifvertragliche Regelungen (BAG 25.5.2005, 5 AZR 572/04, EzA § 307 BGB 2002 Nr 4). Teil des ArbR ist aber **auch die allg Arbeitsvertragspraxis**. IV 2 spricht anders als IV 3 nicht von »Rechtsvorschriften« oder wie § 307 II Nr 1 von »gesetzlichen Regelungen«, sondern allg von »ArbR«. Recht ist aber auch das Vertragsrecht (*Löwisch* FS Canaris I 2007, S 1403, 1412 f; aM ErfK/*Preis* §§ 305–310 BGB Rn 11).

10 Praktische Bedeutung entfaltet der Vorbehalt des IV 2 Hs 1 vor allem für die Klauselverbote ohne Wertungsmöglichkeit des § 309. Arbeitsvertragliche Besonderheiten können dazu führen, dass ein derartiges absolutes Verbot nicht greift, sondern lediglich eine Kontrolle nach § 307 stattfindet (BAG 4.3.2004, 8 AZR 196/03, EzA § 309 BGB 2002 Nr 1). S zu solchen Fällen § 309 Rdn 1 ff. Aber auch iRv §§ 307 und 308 beansprucht die Vorschrift Geltung. Zwar sehen §§ 307 und 308 eine Abwägung der Interessen des AGB-Verwenders und seines Vertragspartners vor, doch sind bei dieser Interessenabwägung noch die arbeitsrechtl Besonderheiten, insb die TV-Praxis und die Arbeitsvertragspraxis zu berücksichtigen (BAG 25.5.2005, 5 AZR 572/04, EzA § 307 BGB 2002 Nr 4 für die Tarifpraxis).

11 Nach IV 2 Hs 2 gelten § 305 II und III für Arbeitsverträge nicht (s § 305 Rdn 5).

12 Nach IV 3 stehen TV, BV und Dienstvereinbarung Rechtsvorschriften iSv § 307 III gleich, s dazu § 307 Rdn 1.

§ 311 Rechtsgeschäftliche und rechtsgeschäftsähnliche Schuldverhältnisse

(1) Zur Begründung eines Schuldverhältnisses durch Rechtsgeschäft sowie zur Änderung des Inhalts eines Schuldverhältnisses ist ein Vertrag zwischen den Beteiligten erforderlich, soweit nicht das Gesetz ein anderes vorschreibt.
(2) Ein Schuldverhältnis mit Pflichten nach § 241 Abs. 2 entsteht auch durch
1. die Aufnahme von Vertragsverhandlungen,
2. die Anbahnung eines Vertrags, bei welcher der eine Teil im Hinblick auf eine etwaige rechtsgeschäftliche Beziehung dem anderen Teil die Möglichkeit zur Einwirkung auf seine Rechte, Rechtsgüter und Interessen gewährt oder ihm diese anvertraut, oder
3. ähnliche geschäftliche Kontakte.
(3) ¹Ein Schuldverhältnis mit Pflichten nach § 241 Abs. 2 kann auch zu Personen entstehen, die nicht selbst Vertragspartei werden sollen. ²Ein solches Schuldverhältnis entsteht insbesondere, wenn der Dritte in besonderem Maße Vertrauen für sich in Anspruch nimmt und dadurch die Vertragsverhandlungen oder den Vertragsschluss erheblich beeinflusst.

Übersicht	Rdn.		Rdn.
A. Vertragsprinzip	1	C. Haftung Dritter	14
B. Culpa in contrahendo	7		

1   **A. Vertragsprinzip.** Das in § 311 I zum Ausdruck kommende Vertragsprinzip gilt auch für den Arbeitsvertrag: Die Begründung und Aufhebung sowie Ergänzungen und Änderungen des Arbeitsvertrages bedürfen der vertraglichen Einigung zwischen AG und AN, stehen dieser aber auch grds offen.

§ 311 I ermöglicht auch **Rahmenverträge**, die ein Stück des Inhalts künftiger Einzelverträge vorwegnehmen, aber erst mit den später abgeschlossenen Einzelverträgen wirksam werden. In Betracht kommt das insb dort, wo in zeitlichen Abständen erneut befristete Arbeitsverträge abgeschlossen werden. Zu den Rahmenverträgen vgl BAG 12.12.1984, 7 AZR 509/83, EzA § 315 BGB Nr 29 unter II 3d bb; *Löwisch* RdA 1987, 97 ff. 2

Auch **Änderungen des Inhalts** des Arbeitsverhältnisses bedürfen nach § 311 I des Vertrags, soweit nicht eine einseitige Änderung, insb durch ein Leistungsbestimmungsrecht, etwa einen Widerrufsvorbehalt (dazu § 315 Rdn 1), vorbehalten ist. Die vom BAG früher vertretene Auffassung, es seien einseitige »Gesamtzusagen« des AG möglich, ist überholt (vgl Staudinger/*Löwisch/Feldmann* [2013] § 311 Rn 19). 3

Mit der rechtsgeschäftlichen Änderung nicht zu verwechseln sind Änderungen, die **kraft Gesetzes** eintreten. Etwa wandelt sich ein Arbeitsvertrag in einen freien Dienstvertrag um, wenn infolge einer Änderung in der Stellung des Dienstverpflichteten dessen persönliche Unselbstständigkeit wegfällt (BAG 6.5.1998, 5 AZR 612/97, EzA § 611 BGB Arbeitnehmerbegriff Nr 68 für den Erwerb der Stimmenmehrheit durch Gesellschafter einer GmbH). 4

Vertragsänderung ist auch die **Verlängerung eines befristeten Arbeitsverhältnisses**. Eine solche Verlängerung kann auch durch einverständliche Aufhebung einer bereits ausgesprochenen Kdg erfolgen, entgegen einer früher vom BAG vertretenen Auffassung (BAG 17.4.1986, 2 AZR 308/85, BB 1986, 2202) aber nur, solange die Kündigungsfrist noch nicht abgelaufen ist (Staudinger/*Löwisch/Feldmann* [2013] § 311 Rn 71). 5

Zur Frage, inwieweit die Formvorschrift des § 623 für die Änderung von Arbeitsverträgen gilt, s § 623 Rdn 7. 6

B. Culpa in contrahendo. Nach § 311 II trifft **AG und Stellenbewerber** die wechselseitige **Pflicht zur Rücksichtnahme** auf die Rechte, Rechtsgüter und Interessen des anderen Teils. Dabei geht es in 1. Linie um die Aufklärungs-, Auskunfts-, Fürsorge-, Rücksichtnahme- und Schutzpflichten, wie sie von der Rspr als Nebenpflichten des Arbeitsverhältnisses entwickelt worden sind. § 311 II verpflichtet AG wie **Stellenbewerber** in gleicher Weise zur Rücksichtnahme wie das nach Vertragsschluss für AG und AN gilt (BAG 26.9.2013, 8 AZR 650/12, EzA § 22 AGG Nr 11). S zu diesem Fragenkreis § 611 Rdn 60 ff. 7

Wie in anderen Bereichen kann aber auch im Arbeitsleben die **Enttäuschung des Vertrauens auf das Zustandekommen des Vertrages** den Tatbestand des § 311 II iVm § 241 II erfüllen. Erweckt der AG bei Verhandlungen über den Abschluss eines Arbeitsvertrages den Anschein, der Vertrag werde sicher geschlossen, und kündigt der AN im Vertrauen darauf sein altes Arbeitsverhältnis, liegt darin ein solcher Tatbestand (BAG 7.6.1963, 1 AZR 276/95, EzA § 276 BGB Nr 8; LAG Köln 28.7.1993, 2 Sa 199/93, LAGE § 276 BGB Verschulden bei Vertragsschluss Nr 2). Dass der AG seine Disposition ändert und die Stelle einspart, die er dem AN in Aussicht gestellt hat, ändert dabei an der Haftung nichts (BAG 7.6.1963, 1 AZR 276/95, EzA § 276 BGB Nr 8). Zu den Rechtsfolgen unterbliebener Information über den Betriebsübergang s § 613a Rdn 138 f. 8

Auch die **pflichtwidrige Herbeiführung eines Vertragsschlusses** führt zur Haftung nach § 311 II iVm § 241 II. Deshalb haftet der AN, der den AG zum Abschluss des Arbeitsvertrags durch arglistige Täuschung veranlasst hat, diesem – über die Anfechtungsfrist des § 124 hinaus – auch aus Vertrag (BAG 7.2.1964, 1 AZR 251/63, AP BGB § 276 Vertragsschluss Nr 6). Eine allg Pflicht des AG dem AN bei Vertragsverhandlungen eine wirtschaftliche Bedrängnis zu offenbaren besteht aber nicht, es sei denn die Durchführung des Arbeitsverhältnisses ist konkret gefährdet (LAG Rh-Pf 9.10.2012, 3 Sa 247/12, AuA 2013, 116). 9

Veranlasst der AG einen AN zu einer stillen Beteiligung, muss er ihn über die für seine Anlageentscheidung wesentlichen Punkte, insb die Renditeerwartung, aufklären (BGH 24.5.1993, II ZR 136/92, NJW 1993, 2107). 10

Der zu **ersetzende Schaden** besteht bei Schutzpflichtverletzungen im Ersatz des Integritätsinteresses des Betroffenen. Ist das Vertrauen auf das Zustandekommen des Vertrages enttäuscht worden, beschränkt sich die Haftung auf den Ersatz des Vertrauensschadens. Dass die Haftung in einem solchen Fall dann auf den Ersatz des Erfüllungsinteresses gehe, wenn ohne das zum Schadensersatz verpflichtende Verhalten der Vertrag zustande gekommen wäre (BAG 16.3.1989, 2 AZR 325/88, EzA § 1 BeschFG 1985 Nr 7; BGH 11.6.2010, V ZR 144/09, WuM 2011, 524), kann nicht zugegeben werden, weil das wirtschaftlich auf einen Kontrahierungszwang hinaus läuft, der mit § 311 II nicht gewollt ist (vgl näher Staudinger/*Löwisch/Feldmann* [2013] § 311 Rn 159). Im Fall pflichtwidriger Herbeiführung des Vertragsschlusses bedeutet Schadensersatz Rückgängigmachung des Vertrages und zusätzlich Ersatz eines Vertrauensschadens, etwa von vergeblichen Aufwendungen. Macht der geschädigte Vertragspartner den Vertrag nicht rückgängig, kann er Ausgleich für seine enttäuschte Leistungserwartung verlangen. So hat der AN Anspruch auf die Differenz zwischen der tatsächlichen und der in der Stellenanzeige als Mindesteinnahme bezeichneten Summe, wenn ihn der AG im Vorstellungsgespräch nicht darauf hingewiesen hatte, dass das durch Provisionen zu 11 erzielende Einkommen tatsächlich nur von wenigen Mitarbeitern erreicht wird (Hess LAG 31.1.1993, 2 Sa 522/92, NZA 1994, 884, 886).

12 Hat ein AG Anlass zu zweifeln, ob er in der Lage sein werde, die in absehbarer Zeit fälligen Löhne und Gehälter auszuzahlen, so muss er vor Abschluss neuer Arbeitsverträge die Bewerber auf diesen Umstand hinweisen, soweit er nicht seine Zahlungsschwierigkeiten als bekannt voraussetzen kann (BAG 24.9.1974, 3 AZR 589/73, EzA § 823 BGB Nr 4). Versäumt ein Vertreter des AG diesen Hinweis, haftet gem § 278 der AG; eine Haftung des Vertreters kommt nur in Betracht, wenn dieser einen Eingehungsbetrug begangen hat (BAG 24.9.1974, 3 AZR 589/73, EzA § 823 BGB Nr 4).

13 Der AG braucht den künftigen AN bei den Einstellungsverhandlungen nicht über solche Umstände zu unterrichten, die sich aus der Sachlage von selbst ergeben. Das gilt insb auch hins der an ihn zu stellenden Anforderungen, soweit sich diese iRd Üblichen halten (BAG 12.12.1957, 2 AZR 574/55, EzA § 276 BGB Nr 1). Dass der AN das Arbeitsverhältnis gewechselt hat und deshalb für den Kdg-Schutz einer Wartezeit unterliegt, kann daran nichts ändern (BAG 12.12.1957, 2 AZR 574/55, EzA § 276 BGB Nr 1).

14 **C. Haftung Dritter.** Ausnahmsweise kommt auch eine quasivertragliche Eigenhaftung der für den AG tätigen Dritten aus III in Betracht, wenn diese in bes Maße Vertrauen für sich in Anspruch genommen haben. Wenn ein Geschäftsführer oder ein Gesellschafter für eine Gesellschaft verhandeln, nehmen sie im Regelfalle noch kein besonderes Vertrauen in Anspruch. Etwas anderes gilt nur, wenn sie Erklärungen abgeben, die als selbstständiges Garantieversprechen aufgefasst werden können oder wenn sie in eigenem wirtschaftlichen Interesse tätig werden (BAG 18.8.2011, 8 AZR 220/10, DB 2012, 285). So haftet der Geschäftsführer einer GmbH, über deren Vermögen später das Insolvenzverfahren eröffnet ist, ggü den AN nur, wenn er bei Begründung von Altersteilzeitverträgen im Blockmodell persönliches Vertrauen für die störungsfreie Vertragsdurchführung in Anspruch genommen hat (BAG 13.2.2007, 9 AZR 106/06, EzA § 823 BGB 2002 Nr 6; verneinend in den konkreten Fällen BAG 12.4.2011, 9 AZR 229/10, DB 2011, 2538 und BAG 20.3.2014, 8 AZR 45/13, EzA § 311 BGB 2002 Nr 3).

§ 311a Leistungshindernis bei Vertragsschluss

(1) Der Wirksamkeit eines Vertrags steht es nicht entgegen, dass der Schuldner nach § 275 Abs. 1 bis 3 nicht zu leisten braucht und das Leistungshindernis schon bei Vertragsschluss vorliegt.

(2) ¹Der Gläubiger kann nach seiner Wahl Schadensersatz statt der Leistung oder Ersatz seiner Aufwendungen in dem in § 284 bestimmten Umfang verlangen. ²Dies gilt nicht, wenn der Schuldner das Leistungshindernis bei Vertragsschluss nicht kannte und seine Unkenntnis auch nicht zu vertreten hat. ³§ 281 Abs. 1 Satz 2 und 3 und Abs. 5 findet entsprechende Anwendung.

1 Aus § 311a I folgt, dass das Vorliegen eines Leistungshindernisses schon bei Vertragsschluss anders als nach dem früheren § 306 aF nichts an der Wirksamkeit des Arbeitsvertrages selbst ändert. Ausgeschlossen ist lediglich der Anspruch auf die Arbeitsleistung, und zwar im Fall der Unmöglichkeit und des Unvermögens automatisch (§ 275 I) und im Fall der Unzumutbarkeit, wenn der AN die Leistung verweigert hat (§ 275 II u III). Das Wirksambleiben des Vertrages hat zur Folge, dass AN wie AG die mit dem Vertrag verbundenen Nebenpflichten, insb Informations- und Sicherungspflichten, treffen. Auch kann der AG Herausgabe des Ersatzes nach § 285 verlangen (dazu § 285 Rdn 1). Der Anspruch auf das Arbeitsentgelt entfällt nach § 326 I 1 unabhängig davon, ob der AG die Unmöglichkeit oder Unzumutbarkeit der Arbeitsleistung bei Vertragsschluss kannte oder hätte kennen müssen.

2 Aus § 311a II folgt, dass der AN, dem die Arbeitsleistung von Anfang an unmöglich oder unzumutbar ist, nicht wie nach § 307 aF nur auf das negative, sondern auf das positive Interesse, insb einen entgangenen Gewinn, haftet. Der AG kann stattdessen nach § 284 auch Ersatz vergeblicher Aufwendungen, etwa für Hilfskräfte, die nun nicht beschäftigt werden können, verlangen (s näher § 284 Rdn 1). Voraussetzung für diese Ansprüche ist nach § 311a II allerdings, dass der AN bei Vertragsschluss das Leistungshindernis kannte oder kennen musste. Bei der Beurteilung der Frage, ob dem AN fahrlässige Unkenntnis zur Last fällt, kommen diesem die Grundsätze über die Beschränkung der AN-Haftung nicht zugute, weil es sich nicht um durch den Betrieb veranlasste Tätigkeiten handelt. S dazu § 276 Rdn 2. Kenntnis oder fahrlässige Unkenntnis anfänglicher Unmöglichkeit oder Unzumutbarkeit ist als Mitverschulden des AG iSv § 254 I zu berücksichtigen.

3 Die Vorschrift hat Relevanz für den **Wiedereinstellungsanspruch**: Da von Anfang an bestehende Leistungshindernisse nicht mehr wie früher nach § 306 aF zur Nichtigkeit des Arbeitsvertrages führen, kann der AG rückwirkend zum Abschluss eines Arbeitsvertrages verurteilt werden (BAG 9.11.2006, 2 AZR 509/05, EzA § 311a BGB2002 Nr 1; 9.2.2011, 7 AZR 91/10, EzA § 311a BGB 2002 Nr 2; 15.10.2013, 9 AZR 572/12,

für eine Rückkehrzusage). Dies hat zur Folge, dass sich der AG für den Rückwirkungszeitraum im Annahmeverzug befindet und daher nach Maßgabe von § 615 S 1 Annahmeverzugslohn schuldet.
Zu den Rechtsfolgen der Gesetzeswidrigkeit eines Vertrages s § 134 Rdn 2.   4

§ 312 Anwendungsbereich
(1) Die Vorschriften der Kapitel 1 und 2 dieses Untertitels sind nur auf Verbraucherverträge im Sinne des § 310 Absatz 3 anzuwenden, die eine entgeltliche Leistung des Unternehmers zum Gegenstand haben. [...]

§ 312g
(1) Dem Verbraucher steht bei außerhalb von Geschäftsräumen geschlossenen Verträgen und bei Fernabsatzverträgen ein Widerrufsrecht gemäß § 355 zu.

Unbeschadet der Frage, ob der AN in seinem Verhältnis zum AG als Verbraucher anzusehen ist oder nicht (§ 13 Rdn 1), unterliegen außerhalb von Geschäftsräumen, also etwa in der Privatwohnung, bei einer Freizeitveranstaltung oder im Anschluss an ein überraschendes Ansprechen im öffentl Verkehr geschlossene Arbeitsverträge, Auflösungsverträge oder sonstige arbeitsvertraglichen Vereinbarungen nicht dem Widerrufsrecht nach § 312 (BAG 27.11.2003, 2 AZR 135/03, EzA § 312 BGB 2002 Nr 1; 22.4.2004, 2 AZR 281/03, EzA § 312 BGB 2002 Nr 2 für den Auflösungsvertrag; BAG 15.3.2005, 9 AZR 502/03, EzA § 307 BGB 2002 Nr 2 für andere arbeitsvertragliche Vereinbarungen). Das BAG leitet das aus Sinn und Zweck des Widerrufsrechts ab. Richtigerweise folgt es schon daraus, dass der Arbeitsvertrag keine entgeltliche Leistung des AG als Unternehmer zum Gegenstand hat; vielmehr erbringt der AN eine Leistung, für die der Arbeitgeber ein Entgelt zahlt.   1

Anwendbar sind die §§ 312 ff jedoch auf Verträge, durch die der AN von seinem AG Güter oder Dienstleistungen erwirbt. Für ein dem AN vom AG gewährtes Darlehen ergibt sich das Widerrufsrecht aus § 495, der nach § 312g III dem Widerrufsrecht aus § 312g vorgeht. Allerdings bestimmt insoweit § 491 II Nr 2, dass die Vorschriften über den Verbraucherdarlehensvertrag dann keine Anwendung finden, wenn die Darlehenszinsen unter den marktüblichen Sätzen liegen.   2

§ 313 Störung der Geschäftsgrundlage
(1) Haben sich Umstände, die zur Grundlage des Vertrags geworden sind, nach Vertragsschluss schwerwiegend verändert und hätten die Parteien den Vertrag nicht oder mit anderem Inhalt geschlossen, wenn sie diese Veränderung vorausgesehen hätten, so kann Anpassung des Vertrags verlangt werden, soweit einem Teil unter Berücksichtigung aller Umstände des Einzelfalls, insbesondere der vertraglichen oder gesetzlichen Risikoverteilung, das Festhalten am unveränderten Vertrag nicht zugemutet werden kann.
(2) Einer Veränderung der Umstände steht es gleich, wenn wesentliche Vorstellungen, die zur Grundlage des Vertrags geworden sind, sich als falsch herausstellen.
(3) ¹Ist eine Anpassung des Vertrags nicht möglich oder einem Teil nicht zumutbar, so kann der benachteiligte Teil vom Vertrag zurücktreten. ²An die Stelle des Rücktrittsrechts tritt für Dauerschuldverhältnisse das Recht zur Kündigung.

Übersicht	Rdn.		Rdn.
A. Störung der Geschäftsgrundlage	1	B. Rechtsfolgen der Störung	4

A. Störung der Geschäftsgrundlage. Die durch die Schuldrechtsreform in das BGB eingeführte Vorschrift unterscheidet, bisheriger Rspr und Lehre folgend, **objektive und subjektive Geschäftsgrundlage**. I erfasst den Fall, dass sich dem Vertrag zugrunde gelegte Umstände nach Vertragsschluss schwerwiegend verändern, II den Fall, dass sich die Parteien gemeinsam falsche Vorstellungen über das Vorliegen bestimmter Umstände gemacht haben. Zum letzteren Fall der »subjektiven« Geschäftsgrundlage zählen dabei auch der beiderseitige Rechtsirrtum (BAG 9.7.1986, 5 AZR 44/85, EzA § 242 BGB Geschäftsgrundlage Nr 1 für die irrtümliche Einordnung eines Arbeitsverhältnisses als freies Mitarbeiterverhältnis) und eine durch ergänzende Vertragsauslegung nicht behebbare Lücke in einer vertraglichen Regelung.   1

Die Störung der Geschäftsgrundlage ist nur erheblich, soweit einem Vertragsteil das Festhalten am unveränderten Vertrag nicht zugemutet werden kann. Dabei sind nach I die **vertragliche und die gesetzliche Risikoverteilung** zu berücksichtigen. Ist mit dem Chefarzt eines Krankenhauses keine feste Arbeitszeit vereinbart   2 und übt der Chefarzt eine zur Liquidation berechtigende Nebentätigkeit aus, widerspricht es der vertraglichen Risikoverteilung, Teile des Chefarztgehalts bei der Ermittlung der Kosten zu berücksichtigen, die dem Krankenhausträger für die Inanspruchnahme von Einrichtungen und Personal zu erstatten sind, auch wenn die Nebentätigkeit einen ungewöhnlich hohen Umfang erreicht (BAG 15.11.1994, 5 AZR 604/93, EzA § 242 BGB Geschäftsgrundlage Nr 4). Die Geschäftsgrundlage eines Abwicklungsvertrags wird nicht gestört, wenn der Gesetzgeber Verschlechterungen der gesetzlichen Altersrente beschließt, selbst wenn die Parteien mit diesen nicht gerechnet hatten. Vielmehr entspricht es der gesetzlichen Risikoverteilung, dass die Empfänger der gesetzlichen Altersrente solche Nachteile selbst tragen (BAG 20.7.2000, 3 AZR 52/00, EzA § 242 BGB Geschäftsgrundlage Nr 6). Kommt es auf Veranlassung des AG zur Vermeidung einer betriebsbedingten Kdg zum Abschluss eines Aufhebungsvertrags, ist dieser Vertrag nach den Regeln über den Wegfall der Geschäftsgrundlage anzupassen, wenn sich in der Zeit zwischen dem Abschluss des Aufhebungsvertrags und dem vereinbarten Vertragsende unvorhergesehen eine Weiterbeschäftigungsmöglichkeit für den AN ergibt (BAG 8.5.2008, 6 AZR 517/07, EzA § 520 ZPO 2002 Nr 6; LAG Rh-Pf 12.5.2011, 11 Sa 710/10, AuA 2011, 611). Bei Gesamtversorgungszusagen iRv BetrAV liegt eine Störung der Geschäftsgrundlage vor, wenn der zugrunde gelegte Dotierungsrahmen aufgrund von Rechtsänderungen um mehr als 50 % überschritten wird (BAG 19.2.1008, 3 AZR 290/06, EzA § 1 BetrAVG Geschäftsgrundlage Nr 4).

3 Abzustellen ist auf die Änderung der Verhältnisse der Arbeitsvertragsparteien. Dass sich die wirtschaftliche Lage des Konzerns zu dem ein AG gehört gravierend verschlechtert hat, reicht solange nicht aus, wie die Verschlechterung nicht auch den AG erfasst (LAG München 4.5.2011, 11 Sa 1018/10, nv).

4 **B. Rechtsfolgen der Störung.** Die Störung der Geschäftsgrundlage führt regelmäßig nur zu einem Anspruch des benachteiligten Vertragsteils auf **Anpassung**. Etwa kann im Fall der fälschlichen Bewertung eines Arbeitsverhältnisses als freies Mitarbeiterverhältnis eine Anpassung der Vergütung verlangt werden, wenn diese erheblich über der Vergütung eines vergleichbaren AN liegt, weil der AG keine AG-Beiträge zur Sozialversicherung abgeführt hat. Allerdings kommt eine solche Anpassung regelmäßig nur für noch nicht beendete Vertragsverhältnisse und dort nur für die Zukunft in Betracht (BAG 9.7.1986, 5 AZR 44/85, EzA § 242 BGB Geschäftsgrundlage Nr 1). Im Fall der Störung der Geschäftsgrundlage eines Aufhebungsvertrages kann die Vertragsanpassung aber auch in einem Anspruch auf Wiedereinstellung gesehen werden (BAG 8.5.2008, 6 AZR 517/07, EzA § 520 ZPO 2002 Nr 6). Umgekehrt kann im Fall der Unzumutbarkeit für den AG eine Anpassung der Abfindung in Betracht kommen (Hess LAG 19.4.2011, 12 Sa 1178/10, nv).

5 Dem Anspruch auf Anpassung entspricht die Verpflichtung der anderen Partei **mitzuwirken**. Wird die Mitwirkung verweigert, kann die benachteiligte Partei auf Zustimmung zu der als angemessen erachteten Anpassung und ggf unmittelbar auf die Leistung klagen, die sich aus der Anpassung ergibt (BGH 30.9.2011, V ZR 17/11, NJW 2012, 373). Erweist sich ein Arbeitsverhältnis als freies Mitarbeiterverhältnis, sodass keine Sozialversicherungsbeiträge zu zahlen sind, sich der AN aber selbst versichern muss, kann dieser direkt auf das entsprechend höhere Entgelt klagen. Auf der anderen Seite führt die Verweigerung der Mitwirkung zu einem Zurückbehaltungsrecht der benachteiligten Partei gem § 273. Ist ein AN fälschlich als freier Mitarbeiter angesehen worden, kann der AG die Zahlung des überschießenden Vergütungsteils (Rdn 4) verweigern.

6 Ein Anspruch auf Anpassung erübrigt sich dort, wo die Parteien für den Wegfall der Geschäftsgrundlage einer Partei ein Leistungsbestimmungsrecht eingeräumt haben. Die Anpassung hat dann gem § 315 nach billigem Ermessen zu erfolgen (BAG 10.12.1992, 2 AZR 269/92, EzA § 315 BGB Nr 40). Besteht bei der BetrAV die Störung der Geschäftsgrundlage in einer Äquivalenzstörung, steht das Recht zur Anpassung nach billigem Ermessen dem AG zu (BAG 29.1.2008, 3 AZR 42/06, EzA § 87 BetrVG 2001 betriebliche Lohngestaltung Nr 14).

7 Ist die Anpassung des Arbeitsvertrages nicht möglich oder nicht zumutbar, kann die benachteiligte Seite den Arbeitsvertrag kündigen (III 2). Das ist dann der Fall, wenn der Zweck des Arbeitsverhältnisses durch äußere Ereignisse endgültig oder doch für unabsehbare Zeit unerreichbar geworden ist (BAG 24.8.1995, 8 AZR 134/94, EzA § 242 BGB Geschäftsgrundlage Nr 5, das – vor Inkrafttreten des § 313 – dem AN in einem solchen Fall die Berufung auf das Fehlen einer Kdg-Erklärung des AG versagt hat).

8 Macht die Störung der Geschäftsgrundlage eine Änderung der Arbeitspflicht notwendig, muss der AG eine Änderungs-Kdg aussprechen, auf die in seinem Anwendungsbereich § 2 KSchG anzuwenden ist; die Vorschriften über die Kdg des Arbeitsverhältnisses durch den AG sind insoweit, nach Auffassung des BAG leges speciales ggü § 313 (BAG 8.10.2009, 2 AZR 235/08, EzA § 2 KSchG Nr 75; 5.6.2014, 2 AZR 615/13, EzA § 2 KSchG Nr 91 mit der Maßgabe, dass die die Geschäftsgrundlage störenden Umstände bei der Anwendung von § 2 KSchG zu berücksichtigen sind; aA mit ausf Begr LSW/*Löwisch/Wertheimer* KSchG 10. Aufl 2013 § 2 Rn 3f). Geht es hingegen um eine Anpassung der Gegenleistungspflichten des AG, bleibt § 313

I anwendbar, weil durch die Beseitigung der Vertragsstörung nur die urspr Ordnung wiederhergestellt wird (BAG 22.10.2002, 3 AZR 496/01, EzA § 1 BetrAVG Ablösung Nr 36). Eine Kdg wird dann nach § 313 III S 1 nur notwendig, wenn die Anpassung nicht möglich oder nicht zumutbar ist – s noch § 314 Rdn 3. § 313 gilt auch für TV und BV. S dazu § 1 TVG Rdn 20 ff und § 77 BetrVG Rdn 17. 9
Zum Wegfall der Vergleichsgrundlage s § 779 Rdn 4, zum Verhältnis zur erg Vertragsauslegung s § 133 Rdn 5. 10

§ 314 Kündigung von Dauerschuldverhältnissen aus wichtigem Grund

(1) ¹Dauerschuldverhältnisse kann jeder Vertragsteil aus wichtigem Grund ohne Einhaltung einer Kündigungsfrist kündigen. ²Ein wichtiger Grund liegt vor, wenn dem kündigenden Teil unter Berücksichtigung aller Umstände des Einzelfalls und unter Abwägung der beiderseitigen Interessen die Fortsetzung des Vertragsverhältnisses bis zur vereinbarten Beendigung oder bis zum Ablauf einer Kündigungsfrist nicht zugemutet werden kann.
(2) ¹Besteht der wichtige Grund in der Verletzung einer Pflicht aus dem Vertrag, ist die Kündigung erst nach erfolglosem Ablauf einer zur Abhilfe bestimmten Frist oder nach erfolgloser Abmahnung zulässig. ²Für die Entbehrlichkeit der Bestimmung einer Frist zur Abhilfe und für die Entbehrlichkeit einer Abmahnung findet § 323 Absatz 2 Nummer 1 und 2 entsprechende Anwendung. ³Die Bestimmung einer Frist zur Abhilfe und eine Abmahnung sind auch entbehrlich, wenn besondere Umstände vorliegen, die unter Abwägung der beiderseitigen Interessen die sofortige Kündigung rechtfertigen.
(3) Der Berechtigte kann nur innerhalb einer angemessenen Frist kündigen, nachdem er vom Kündigungsgrund Kenntnis erlangt hat.
(4) Die Berechtigung, Schadensersatz zu verlangen, wird durch die Kündigung nicht ausgeschlossen.

Die ebenfalls durch die Schuldrechtsreform in das BGB eingefügte Vorschrift etabliert das auch zuvor schon 1 anerkannte Recht der Vertragsparteien, Dauerschuldverhältnisse aus wichtigem Grund zu kündigen. Für den Arbeitsvertrag ist dieses Recht in § 626 gesondert geregelt. S dazu § 626 Rdn 1 ff.
§ 314 II legt fest, dass der Kdg aus wichtigem Grund eine Abmahnung voranzugehen hat, sofern dies dem 2 Kündigenden nicht ausnahmsweise unzumutbar ist (BAG 20.11.2014, 2 AZR 651/13, EzA § 626 BGB 2002 Nr 47).
§ 314 ist zu entnehmen, dass bei Dauerschuldverhältnissen grds nur eine Berücksichtigung der Störung der 3 Geschäftsgrundlage für die Zukunft zulässig ist (für das frühere Recht schon BAG 9.7.1986, 5 AZR 44/85, EzA § 242 BGB Geschäftsgrundlage Nr 1).
Aus § 314 ergibt sich nunmehr positivrechtl, dass auch TV und BV aus wichtigem Grund gekündigt werden 4 können. S dazu iE § 1 TVG Rdn 20 ff und § 77 BetrVG Rdn 17.

§ 315 Bestimmung der Leistung durch eine Partei

(1) Soll die Leistung durch einen der Vertragschließenden bestimmt werden, so ist im Zweifel anzunehmen, dass die Bestimmung nach billigem Ermessen zu treffen ist.
(2) Die Bestimmung erfolgt durch Erklärung gegenüber dem anderen Teil.
(3) ¹Soll die Bestimmung nach billigem Ermessen erfolgen, so ist die getroffene Bestimmung für den anderen Teil nur verbindlich, wenn sie der Billigkeit entspricht. ²Entspricht sie nicht der Billigkeit, so wird die Bestimmung durch Urteil getroffen; das Gleiche gilt, wenn die Bestimmung verzögert wird.

Übersicht   Rdn.   Rdn.
A.   Recht zur Leistungsbestimmung 1   C.   Geltendmachung der Unbilligkeit 9
B.   Beurteilung der Billigkeit 5

A. Recht zur Leistungsbestimmung. Der Anwendungsbereich von § 315 ist durch § 106 GewO einge- 1 schränkt, der das Weisungsrecht des AG über Inhalt, Ort und Zeit der Arbeitsleistung regelt. Für § 315 bleibt nur deren Umfang (s Rdn 4). Seinen Anwendungsbereich behalten hat § 315 aber bei der **Bestimmung der Gegenleistung**, insb des Arbeitsentgelts. Bes geregelt ist die Anpassung der laufenden Leistungen der betrieblichen Altersversorgung nach billigem Ermessen in § 16 BetrAVG. Hingegen ist auf den Wechsel des Durchführungswegs der BetrAV § 315 anwendbar (*Löwisch/Diller* BetrAV 2010, 411, 413 ff).
§ 315 betrifft nur die Kontrolle der Ausübung eines nach dem Arbeitsvertrag bestehenden Leistungsbe- 2 stimmungsrechts. Eine Billigkeitskontrolle der Anwendung gesetzlicher Vorschriften, etwa von Kdfristen, findet nicht statt (BAG 27.3.2014, 6 AZR 301/12, EzA § 113 InsO Nr 21). **Die Einräumung des**

Leistungsbestimmungsrechts selbst findet ihre Grenze an zwingendem Gesetzesrecht und muss das AGB-Recht der §§ 305 ff beachten. Insb darf der Vertragsinhaltsschutz des KSchG nicht umgangen werden. So ist eine vertraglich vorgesehene Befugnis des AG, das Arbeitsverhältnis auf ein anderes Unternehmen zu übertragen, nur wirksam, wenn dem AN ein gleichwertiger Schutz gegen Kündigungen durch den neuen AG gesichert ist (LAG Hamm 3.5.2013, 18 Sa 44/13, JurionRS 2013, 44913). Der einem **Widerrufsvorbehalt** unterliegende Anteil der Vergütung am Gesamtverdienst darf nicht über 25–30 % liegen (BAG 11.10.2006, 5 AZR 721/05, EzA § 308 BGB 2002 Nr 6). AGB dürfen nach der Wertung des § 307 II nicht in den Kernbereich des Arbeitsvertrags eingreifen und müssen das Klauselverbot des § 308 Nr 4 beachten, wozu gehört, dass mind die Richtung der Widerrufsgründe (wirtschaftliche Gründe, Leistung oder Verhalten des AN) vertraglich festgelegt wird (BAG 11.10.2006, 5 AZR 721/05, EzA § 308 BGB 2002 Nr 6). S hierzu § 308 Rdn 3.

3 Anders als § 106 GewO, der die Beachtung billigen Ermessens bei Ausübung des Weisungsrechts vorschreibt, enthält § 315 insoweit an sich nur eine Auslegungsregel. Die Leistungsbestimmung ist lediglich »im Zweifel« nach billigem Ermessen vorzunehmen, sodass einer Partei auch die freie Entscheidung über die Leistungsbestimmung eingeräumt werden kann. Gleichwohl geht die Rspr für die **Entgeltseite** davon aus, dass der Widerruf laufender Leistungen nur nach billigem Ermessen **erfolgen darf** (BAG 26.11.1986, 4 AZR 789/86, EzA § 4 TVG Rundfunk Nr 13; 13.5.1987, 5 AZR 125/86, EzA § 315 BGB Nr 34 und jetzt BAG 12.1.2005, 5 AZR 364/04, EzA § 308 BGB 2002 Nr 1). Lediglich für Sondervergütungen, die nicht zum laufenden Arbeitsentgelt gehören, etwa eine Leistungsprämie, wird die Möglichkeit anerkannt, eine Leistungsbestimmung nach freiem Ermessen zu vereinbaren; auch dann darf die Leistungsbestimmung aber nicht offenbar unbillig sein (BAG 16.3.1982, 3 AZR 1124/79, EzA § 315 BGB Nr 27).

4 Die Bestimmung des **Umfangs der Arbeitsleistung** unterfällt nicht § 106 GewO, sondern § 315. Das allg Weisungsrecht des AG hat stets nur eine Konkretisierungsfunktion hins der im Arbeitsvertrag enthaltenen Rahmen-Arbeitsbedingungen. Um eine solche Konkretisierung handelt es sich bei der Bestimmung des Umfangs der beiderseitigen Hauptleistungspflichten (Vergütungs- und Arbeitspflicht) nicht (BAG 12.12.1984, 7 AZR 509/83, EzA § 315 BGB Nr 29; unzutr ArbG Marburg 4.11.2003, 2 Ca 212/03, DB 2004, 1563). Indessen stellt nach Auffassung des BAG die Einräumung eines Leistungsbestimmungsrechts hins der regelmäßigen Dauer der Arbeitszeit eine objektive Umgehung von zwingenden Vorschriften des Kdg- und Kdg-Schutzrechts dar, weil es den AG berechtigt, ohne Bindung an Kdg-Fristen oder Kdg-Gründe einseitig in den Kernbereich des Arbeitsverhältnisses einzugreifen (BAG 12.12.1984, 7 AZR 509/83, EzA § 315 BGB Nr 29; LAG Düsseldorf 17.9.2004, 18 Sa 224/04, LAGE § 315 BGB Nr 1). Ob nicht auch insoweit der Eingriff in den Kernbereich erst beginnt, wenn die Anordnungsbefugnis 25–30 % des Arbeitsumfangs übersteigt, ist freilich zweifelhaft (s a LAG Bln 7.3.2003, 13 Sa 72/03, LAGE § 315 BGB Nr 12, das die Einräumung einer solchen Befugnis durch TV für wirksam hält). Möglich sind derartige Vereinbarungen jedenfalls außerhalb des Geltungsbereichs des KSchG und unter Wahrung von Ankündigungsfristen, die den Kdg-Fristen des § 622 entsprechen. Dann ist aber auch eine Bestimmung durch den AG nach freiem Ermessen bis zur Grenze offensichtlicher Willkür möglich, weil eine solche Regelung den AN materiell nicht schlechter stellt, als er nach Kdg-Recht steht.

5 **B. Beurteilung der Billigkeit.** In die Beurteilung der Billigkeit der vom AG vorgenommenen Leistungsbestimmung sind grds alle Umstände einzubeziehen, welche für die mit dem Arbeitsverhältnis im Zusammenhang stehenden Interessen von AG und AN relevant sind (BAG 13.4.2010, 9 AZR 36/09, NJW-Spezial 2010, 658). **Auf der Seite des AG** sind dies vor allen Dingen wirtschaftliche Gründe, wie eine wirtschaftliche Notlage des Unternehmens, ein negatives wirtschaftliches Ergebnis der Betriebsabteilung, ein nicht ausreichender Gewinn oder das Nichterreichen der erwarteten wirtschaftlichen Entwicklung (vgl BAG 12.1.2005, 5 AZR 364/04, § 308 BGB 2002 Nr 1) und im öffentl Dienst die Haushaltslage des öffentl AG. Auch der Wegfall der Beschäftigungsmöglichkeit am bisherigen Arbeitsort, zB einer Niederlassung, ist zu berücksichtigen (BAG 13.4.2010, aaO). Weiter kommen Leistung oder Verhalten des AN, insb Pflichtverletzungen in Betracht (BAG 12.1.2005, 5 AZR 364/04, EzA § 308 BGB 2002 Nr 1). Auch eine Reform des Entgeltsystems ist zu berücksichtigen (BAG 11.1.1978, 5 AZR 797/76, EzA § 315 BGB Nr 21 für den Widerruf des Liquidationsrechts eines Chefarztes im Zuge der Krankenhausreform). Zahlt eine von öffentl-rechtl Zuschüssen abhängige Stiftung ohne Zustimmung der Zuschussgeber eine Stellenzulage unter Widerrufsvorbehalt, verstößt der Widerruf nicht gegen die Billigkeit, wenn der Stiftung die zur Bezahlung der Stellenzulage notwendigen Geldmittel versagt werden (BAG 26.10.1977, 4 AZR 336/76, EzA § 33 BAT Nr 2).

6 **Auf der Seite des AN** ist vor allem das Interesse an der Stetigkeit der Vergütung von Bedeutung, auf die er sich in seiner Lebensführung eingerichtet hat. Auch das Interesse an der Aufrechterhaltung günstiger Darlehensbedingungen ist beachtlich (BAG 16.10.1991, 5 AZR 35/91, EzA § 19 BErzGG Nr 1). Wird

Zusatzurlaub widerrufen, ist auch das Interesse des AN, Freizeit für seine Erholung, aber auch für eine Fortbildung oder für die Kinderbeaufsichtigung zu haben, zu berücksichtigen. Für den Widerruf von Leistungen der betrieblichen Altersversorgung ist der Vertrauensschutzgesichtspunkt von zentraler Bedeutung (s dazu § 1b BetrAVG Rdn 66 ff).

Den Parteien steht es frei, die Gesichtspunkte festzulegen, an denen sich die Leistungsbestimmung ausrichten soll. Sie sind dann auch für die Beurteilung der Billigkeit maßgebend. So können nur bestimmte Gründe, etwa eine wirtschaftliche Notlage oder lediglich Pflichtwidrigkeiten, nicht aber allg Verhalten des AN, als relevant festgelegt werden (Staudinger/*Rieble* [2015] § 315 Rn 327ff). Zu berücksichtigen sind immer nur die Gesichtspunkte, die für die andere Seite erkennbar sind (LAG Düsseldorf 5.6.2003, 11 Sa 292/03, LAGE § 315 BGB Nr 13). 7

Billiges Ermessen lässt der AG walten, wenn er die im konkreten Fall relevanten Gesichtspunkte vernünftig und nachvollziehbar abwägt. Dabei gibt es nicht nur eine einzige richtige Entscheidung, vielmehr hat der AG einen Spielraum, innerhalb dessen ihm mehrere Entscheidungsmöglichkeiten zur Verfügung stehen (BAG 12.10.1961, 5 AZR 423/60, AP BGB § 611 Nr 84 Urlaubsrecht). Unbillig wird die Bestimmung aber dann, wenn sachfremde Überlegungen den Ausschlag geben, der AG etwa eine Zulage kürzt, weil er sich über den AN geärgert hat. Unbillig ist auch eine Leistungsbestimmung, die ein Diskriminierungsverbot (§ 7 AGG) verletzt. 8

C. Geltendmachung der Unbilligkeit. Die Unbilligkeit der Leistungsbestimmung kann vom AN im Wege der Feststellungsklage geltend gemacht werden. Ebenso kann er die Unbilligkeit inzidenter mit einer Klage auf die urspr festgelegte Leistung geltend machen (BAG 18.6.1997, 5 AZR 146/96, EzA § 315 BGB Nr 47). Klage auf Leistungsbestimmung durch Urt gem § 315 braucht er nicht zu erheben. Die Beweislast für die Billigkeit der Leistungsbestimmung trägt, wie sich aus § 315 III 1 ergibt, der bestimmende AG. Dem Revisionsgericht steht ein unbeschränktes Überprüfungsrecht zu (BAG 16.10.1991, 5 AZR 35/91, EzA § 19 BErzGG Nr 1). 9

Die gerichtliche Geltendmachung muss binnen »kurz zu bemessender Überlegungszeit« erfolgen, sonst bleibt die Leistungsbestimmung, etwa die Ausübung eines vorbehaltenen Widerrufsrechts, wirksam (BAG 16.12.1965, 5 AZR 304/65, AP BGB § 611 Fleischbeschauer-Dienstverhältnis Nr 9). Erfolgt die Geltendmachung rechtzeitig, ist eine unbillige Leistungsbestimmung von Anfang an unwirksam und wird – rückwirkend – vom Gericht getroffen (BAG 17.8.2010, 9 AZR 414/09). Fälligkeit tritt dann erst mit Rechtskraft der gerichtlichen Entscheidung ein (BGH 24.11.1995, V ZR 174/94, NJW 1996, 1054; Staudinger/*Rieble* [2015] § 315 Rn 404). 10

Je nach Lage des Falles kann es geboten sein, vor einer Bestimmung durch Urteil dem AG Gelegenheit zu geben, seine unbillige Leistungsbestimmung selbst zu korrigieren (so BAG 18.4.2014, 3 AZR 770/12, EzA § 301 ZPO 2002 Nr 2 für komplexe Versorgungssysteme mit kollektiver Wirkung). 11

§ 316 Bestimmung der Gegenleistung
Ist der Umfang der für eine Leistung versprochenen Gegenleistung nicht bestimmt, so steht die Bestimmung im Zweifel demjenigen Teil zu, welcher die Gegenleistung zu fordern hat.

Eine Anwendung von § 316 kommt in Betracht, wenn sich die Vergütung weder durch – ggf erg – Vertragsauslegung ermitteln lässt, noch eine übliche oder taxmäßige Vergütung iSv § 612 II (dazu § 612 Rdn 25 ff) festgestellt werden kann (BAG 21.11.2001, 5 AZR 87/100, EzA § 612 BGB Nr 23). Auch dann setzt die Anwendung aber voraus, dass die Einräumung des Rechts zur einseitigen Leistungsbestimmung den wirklichen oder mutmaßlichen Willen beider Parteien entspricht; fehlt es daran, ist der Vertrag mangels Einigung unwirksam (ausf Staudinger/*Rieble* [2015] § 316 Rn 12 ff). 1

§ 320 Einrede des nicht erfüllten Vertrags
(1) ¹Wer aus einem gegenseitigen Vertrag verpflichtet ist, kann die ihm obliegende Leistung bis zur Bewirkung der Gegenleistung verweigern, es sei denn, dass er vorzuleisten verpflichtet ist. ²Hat die Leistung an mehrere zu erfolgen, so kann dem einzelnen der ihm gebührende Teil bis zur Bewirkung der ganzen Gegenleistung verweigert werden. ³Die Vorschrift des § 273 Abs. 3 findet keine Anwendung.
(2) Ist von der einen Seite teilweise geleistet worden, so kann die Gegenleistung insoweit nicht verweigert werden, als die Verweigerung nach den Umständen, insbesondere wegen verhältnismäßiger Geringfügigkeit des rückständigen Teiles, gegen Treu und Glauben verstoßen würde.

S hierzu §§ 273, 274 Rdn 1. 1

§ 326 Befreiung von der Gegenleistung und Rücktritt beim Ausschluss der Leistungspflicht

(1) ¹Braucht der Schuldner nach § 275 Abs. 1 bis 3 nicht zu leisten, entfällt der Anspruch auf die Gegenleistung; bei einer Teilleistung findet § 441 Abs. 3 entsprechende Anwendung. ²Satz 1 gilt nicht, wenn der Schuldner im Falle der nicht vertragsgemäßen Leistung die Nacherfüllung nach § 275 Abs. 1 bis 3 nicht zu erbringen braucht.
(2) ¹Ist der Gläubiger für den Umstand, auf Grund dessen der Schuldner nach § 275 Abs. 1 bis 3 nicht zu leisten braucht, allein oder weit überwiegend verantwortlich oder tritt dieser vom Schuldner nicht zu vertretende Umstand zu einer Zeit ein, zu welcher der Gläubiger im Verzug der Annahme ist, so behält der Schuldner den Anspruch auf die Gegenleistung. ²Er muss sich jedoch dasjenige anrechnen lassen, was er infolge der Befreiung von der Leistung erspart oder durch anderweitige Verwendung seiner Arbeitskraft erwirbt oder zu erwerben böswillig unterlässt.
(3) ¹Verlangt der Gläubiger nach § 285 Herausgabe des für den geschuldeten Gegenstand erlangten Ersatzes oder Abtretung des Ersatzanspruchs, so bleibt er zur Gegenleistung verpflichtet. ²Diese mindert sich jedoch nach Maßgabe des § 441 Abs. 3 insoweit, als der Wert des Ersatzes oder des Ersatzanspruchs hinter dem Wert der geschuldeten Leistung zurückbleibt.
(4) Soweit die nach dieser Vorschrift nicht geschuldete Gegenleistung bewirkt ist, kann das Geleistete nach den §§ 346 bis 348 zurückgefordert werden.
(5) Braucht der Schuldner nach § 275 Abs. 1 bis 3 nicht zu leisten, kann der Gläubiger zurücktreten; auf den Rücktritt findet § 323 mit der Maßgabe entsprechende Anwendung, dass die Fristsetzung entbehrlich ist.

1 In I 1 Hs 1 hat das Prinzip »ohne Arbeit kein Lohn« seine Grundlage: Wird, auch durch Zeitablauf, dem AN die Erbringung der Leistung unmöglich oder verweigert er sie wegen Unzumutbarkeit, entfällt auch sein Anspruch auf das Arbeitsentgelt. Von dem Grundsatz bestehen aber zahlreiche gesetzliche Ausnahmen. S hierzu § 615 Rdn 1, 9 ff, § 616 Rdn 1 ff und § 3 EFZG Rdn 1 ff. Auch kann der Grundsatz vertraglich oder tarifvertraglich abbedungen werden.
2 Aus II 1 folgt, dass der AG das Entgelt trotz Unmöglichkeit oder Unzumutbarkeit der Arbeitsleistung zu zahlen hat, wenn er hierfür allein oder weit überwiegend verantwortlich ist. Ist die Erkrankung des AN auf ein Verschulden des AG zurückzuführen, hat dieser das Entgelt auch über 6 Wochen hinaus fortzuzahlen. Nach II 2 muss sich der AN dabei allerdings Ersparnisse, insb Anfahrtskosten, anrechnen lassen.

§ 339 Verwirkung der Vertragsstrafe

¹Verspricht der Schuldner dem Gläubiger für den Fall, dass er seine Verbindlichkeit nicht oder nicht in gehöriger Weise erfüllt, die Zahlung einer Geldsumme als Strafe, so ist die Strafe verwirkt, wenn er in Verzug kommt. ²Besteht die geschuldete Leistung in einem Unterlassen, so tritt die Verwirkung mit der Zuwiderhandlung ein.

1 Soweit Vertragsstrafen für Arbeitsvertragsbruch formularmäßig vereinbart werden, sind ihnen durch das Recht der AGB enge Grenzen gesetzt (s § 309 Rdn 2). Unberührt davon sind aber individuell vereinbarte Strafen für Arbeitsvertragsbruch sowie Vertragsstrafen für die Verletzung von Nebenpflichten, insb von Verschwiegenheitspflichten und Wettbewerbsverboten. Zu Letzteren s § 75c HGB.
2 Der Inhalt von Vertragsstrafenabreden ist durch Auslegung zu ermitteln. So erfasst eine Vertragsstrafe für den Fall des Vertragsbruchs iA nur den Fall, dass ein AN vorsätzlich und rechtswidrig die Arbeit nicht aufnimmt oder das Arbeitsverhältnis ohne wichtigen Grund beendet, nicht aber den Fall, dass der AG das Arbeitsverhältnis aus wichtigem Grund kündigt (BAG 18.9.1991, 5 AZR 650/90, EzA § 339 BGB Nr 7). Auch erstreckt sich eine Vertragsstrafe für den Fall der Nichterfüllung der Arbeitspflicht regelmäßig nicht auf den Verzug (BAG 14.6.1975, 5 AZR 245/74, EzA § 340 BGB Nr 3). Soweit Vertragsstrafen formularmäßig vereinbart sind, folgt dies heute auch regelmäßig aus der Unklarheitsregelung des § 305c II.
3 Dass § 339 von der Zahlung einer Geldsumme als Strafe spricht, hindert nicht, deren Festsetzung dem AG oder einem Dritten zu überlassen; lediglich der Gericht kann sie nicht von vornherein übertragen werden (BAG 25.9.1980, 3 AZR 133/80, EzA § 339 BGB Nr 1).
4 Den Vorschriften über die Vertragsstrafe unterliegt auch eine Klausel, nach der bei einer Vertragsverletzung durch den AN ein Teil seines Entgelts verwirkt sein soll. Das frühere Verbot solcher Verfallsklauseln in § 134 I GewO aF gilt heute nicht mehr. Allerdings müssen solche Klauseln die Pfändungsschutzvorschriften der §§ 850 ff ZPO beachten (Staudinger/*Rieble* [2015] § 339 Rn 200).

§ 340 Strafversprechen für Nichterfüllung
(1) ¹Hat der Schuldner die Strafe für den Fall versprochen, dass er seine Verbindlichkeit nicht erfüllt, so kann der Gläubiger die verwirkte Strafe statt der Erfüllung verlangen. ²Erklärt der Gläubiger dem Schuldner, dass er die Strafe verlange, so ist der Anspruch auf Erfüllung ausgeschlossen.
(2) ¹Steht dem Gläubiger ein Anspruch auf Schadensersatz wegen Nichterfüllung zu, so kann er die verwirkte Strafe als Mindestbetrag des Schadens verlangen. ²Die Geltendmachung eines weiteren Schadens ist nicht ausgeschlossen.

§ 341 Strafversprechen für nicht gehörige Erfüllung
(1) Hat der Schuldner die Strafe für den Fall versprochen, dass er seine Verbindlichkeit nicht in gehöriger Weise, insbesondere nicht zu der bestimmten Zeit, erfüllt, so kann der Gläubiger die verwirkte Strafe neben der Erfüllung verlangen.
(2) Steht dem Gläubiger ein Anspruch auf Schadensersatz wegen der nicht gehörigen Erfüllung zu, so findet die Vorschrift des § 340 Abs 2 Anwendung.
(3) Nimmt der Gläubiger die Erfüllung an, so kann er die Strafe nur verlangen, wenn er sich das Recht dazu bei der Annahme vorbehält.

§ 341 II ist für den Arbeitsvertragsbruch von Bedeutung. Dass der AG in einem solchen Fall die verwirkte Strafe geltend macht, hindert ihn nicht, gem §§ 283 S 1, 280 I, III weiteren Schadensersatz und gem § 284 Ersatz seiner vergeblichen Aufwendungen zu verlangen. 1

§ 343 Herabsetzung der Strafe
(1) ¹Ist eine verwirkte Strafe unverhältnismäßig hoch, so kann sie auf Antrag des Schuldners durch Urteil auf den angemessenen Betrag herabgesetzt werden. ²Bei der Beurteilung der Angemessenheit ist jedes berechtigte Interesse des Gläubigers, nicht bloß das Vermögensinteresse, in Betracht zu ziehen. ³Nach der Entrichtung der Strafe ist die Herabsetzung ausgeschlossen.
(2) Das Gleiche gilt auch außer in den Fällen der §§ 339, 342, wenn jemand eine Strafe für den Fall verspricht, dass er eine Handlung vornimmt oder unterlässt.

Ob eine verwirkte Strafe unverhältnismäßig hoch und deshalb vom Gericht herabzusetzen ist, richtet sich nach den Umständen des Einzelfalls. Etwa kann es sachgerecht sein, eine kurze vertragswidrige Wettbewerbstätigkeit deshalb mit einer verhältnismäßig hohen Strafe zu belegen, weil der frühere Angestellte die für die Konkurrenz entscheidenden Tatsachen schon in kurzer Zeit an das Konkurrenzunternehmen weitergeben kann (BAG 21.5.1971, 3 AZR 359/70, EzA § 340 BGB Nr 2) 1
Ist die Vertragsstrafe nicht individuell, sondern in AGB vereinbart, ist die Kontrolle nach § 307 vorrangig (dazu § 309 Rdn 2). 2

§ 344 Unwirksames Strafversprechen
Erklärt das Gesetz das Versprechen einer Leistung für unwirksam, so ist auch die für den Fall der Nichterfüllung des Versprechens getroffene Vereinbarung einer Strafe unwirksam, selbst wenn die Parteien die Unwirksamkeit des Versprechens gekannt haben.

Soweit eine Arbeitsleistung gesetzlich verboten ist, ist auch eine für den Fall ihrer Nichterbringung vereinbarte Vertragsstrafe unwirksam. Deshalb kann eine nach § 9 I ArbZG verbotene Sonn- oder Feiertagsarbeit nicht auf dem Umweg über eine Vertragsstrafe erzwungen werden. 1

§ 345 Beweislast
Bestreitet der Schuldner die Verwirkung der Strafe, weil er seine Verbindlichkeit erfüllt habe, so hat er die Erfüllung zu beweisen, sofern nicht die geschuldete Leistung in einem Unterlassen besteht.

§ 362 Erlöschen durch Leistung
(1) Das Schuldverhältnis erlischt, wenn die geschuldete Leistung an den Gläubiger bewirkt wird.
(2) Wird an einen Dritten zum Zwecke der Erfüllung geleistet, so findet die Vorschrift des § 185 Anwendung.

§ 366 BGB   Anrechnung der Leistung auf mehrere Forderungen

1. Wie bei jedem Dauerschuldverhältnis erlöschen auch beim Arbeitsverhältnis die Verpflichtungen zur Arbeitsleistung und zur Entgeltzahlung Stück für Stück mit ihrer Erbringung (vgl Staudinger/*Olzen* [2016] § 362 Rn 11).
2. Erfolgt die **Leistung an einen Dritten**, führt das zum Erlöschen der Verpflichtung, wenn der Gläubiger vorher oder nachträglich zustimmt (§ 362 II). Wird das Arbeitsentgelt nicht auf das Konto eines Dritten überwiesen, hängt die Erfüllungswirkung also davon ab, ob der AN sein Einverständnis damit erklärt (Hess LAG 15.1.2014, 18 Sa 1606/12, JurionRS 2014, 14528). Hilft der AN ohne Wissen des AG unter Hintanstellung seiner eigentlichen Arbeit für einige Stunden bei einem Kunden des AG aus, behält er seinen Entgeltanspruch, wenn der AG nachträglich seine Zustimmung gibt. Auf die Vorschriften über die GoA (§§ 677 ff) kommt es dann nicht an.
3. Die Abführung von Lohnbestandteilen für die Sozialversicherung durch den AG begründet einen besonderen Erfüllungseinwand, den der AG einem Entgeltanspruch des AN entgegenhalten kann, ohne dass es einer Aufrechnung bedürfte (BAG 20.4.2011, 5 AZR 184/10, AP Nr 5 zu § 28g SGB IV).
4. Die Erfüllung des Urlaubsanspruchs setzt die unwiderrufliche Freistellung des AN für die Urlaubsdauer voraus (LAG Rh-Pf 11.11.2014, 6 Sa 243/14, JurionRS 2014, 31552).

§ 363   Beweislast bei Annahme als Erfüllung
Hat der Gläubiger eine ihm als Erfüllung angebotene Leistung als Erfüllung angenommen, so trifft ihn die Beweislast, wenn er die Leistung deshalb nicht als Erfüllung gelten lassen will, weil sie eine andere als die geschuldete Leistung oder weil sie unvollständig gewesen sei.

1. Die Beweislast für die Erbringung der Arbeitsleistung liegt grds beim AN. Hat der AG aber die Arbeitsleistung ohne Beanstandung entgegen genommen, liegt die Beweislast für die unvollständige Erfüllung beim AG. So muss er nachweisen, dass der AN infolge verspäteten Erscheinens am Arbeitsplatz sein Arbeitszeitsoll nicht erfüllt hat.
2. Nimmt der AN monatliche Barzahlungen für erbrachte Arbeitsleistungen widerspruchslos entgegen, trifft ihn die Darlegungs- und Beweislast, wenn er die Zahlungen nicht mehr als vollständige Erfüllung seiner Lohnansprüche gelten lassen will (LAG Düsseldorf 10.12.2014, 4 Sa 400/14, JurionRS 2014, 33057).

§ 364   Annahme an Erfüllungs statt
(1) Das Schuldverhältnis erlischt, wenn der Gläubiger eine andere als die geschuldete Leistung an Erfüllungs statt annimmt.
(2) Übernimmt der Schuldner zum Zwecke der Befriedigung des Gläubigers diesem gegenüber eine neue Verbindlichkeit, so ist im Zweifel nicht anzunehmen, dass er die Verbindlichkeit an Erfüllungs statt übernimmt.

1. Eine **Annahme an Erfüllungs statt** gem § 364 I ist dort nicht möglich, wo die Ersetzung der Leistung gesetzlich ausgeschlossen ist. Inwieweit Waren in Anrechnung auf das Arbeitsentgelt überlassen werden dürfen, ist in § 107 II 3–5 GewO geregelt. S dazu § 107 GewO Rdn 15 ff.
2. Nimmt der gem § 61 II 1 ArbGG entschädigungsberechtigte AG die urspr geschuldete Leistung an, handelt es sich um eine Leistung an Erfüllungs statt, sodass der Entschädigungsanspruch erlischt (BAG 11.7.1975, 5 AZR 273/74, BB 1975, 1581).

§ 366   Anrechnung der Leistung auf mehrere Forderungen
(1) Ist der Schuldner dem Gläubiger aus mehreren Schuldverhältnissen zu gleichartigen Leistungen verpflichtet und reicht das von ihm Geleistete nicht zur Tilgung sämtlicher Schulden aus, so wird diejenige Schuld getilgt, welche er bei der Leistung bestimmt.
(2) Trifft der Schuldner keine Bestimmung, so wird zunächst die fällige Schuld, unter mehreren fälligen Schulden diejenige, welche dem Gläubiger geringere Sicherheit bietet, unter mehreren gleich sicheren die dem Schuldner lästigere, unter mehreren gleich lästigen die ältere Schuld und bei gleichem Alter jede Schuld verhältnismäßig getilgt.

1. Die Tilgungsreihenfolge des II wird praktisch, wenn Ausschlussfristen für Forderungen des AN zu unterschiedlichen Zeitpunkten ablaufen. Ohne Bestimmung tilgt dann eine Zahlung des AG zunächst die Forderung, bei der der Ablauf der Ausschlussfrist früher droht. Sie bietet geringere Sicherheit iS der Vorschrift. Lästiger kann eine Lohnforderung sein, die an künftigen Tariferhöhungen teilnimmt (BAG 22.10.2014, 5 AZR 731/12, EzA § 259 ZPO 2002 Nr 2).

Kein Anwendungsfall von II ist nach Auffassung des BAG das Verhältnis von gesetzlichem und darüber hinausgehenden tariflichem (oder arbeitsvertraglichem) Urlaubsanspruch. Vielmehr handelt es sich um einen einheitlichen Anspruch, der durch die Leistung des AG auch einheitlich getilgt wird (BAG 7.8.2012, 9 AZR 760/10, EzA § 7 BUrlG Nr 130). Etwas anderes gilt aber, wenn Tarif- oder Arbeitsvertragsparteien den tariflichen oder arbeitsvertraglichen Anspruch ausdrücklich als selbstständigen Anspruch begründen. Dann wird zunächst der gesetzliche Anspruch als der lästigere getilgt (BAG 5.9.2002, 9 AZR 244/01, EzA § 1 BUrlG Nr 24; *Picker* ZTR 2009, 238 f; s hierzu iE § 7 BUrlG Rdn 37 ff). 2

§ 368 Quittung
¹Der Gläubiger hat gegen Empfang der Leistung auf Verlangen ein schriftliches Empfangsbekenntnis (Quittung) zu erteilen. ²Hat der Schuldner ein rechtliches Interesse, dass die Quittung in anderer Form erteilt wird, so kann er die Erteilung in dieser Form verlangen.

AG wie AN können gegen Empfang ihrer Leistungen eine Quittung verlangen. Praktisch ist das vor allem, wenn Zahlungen, etwa des Gehalts oder eines Vorschusses oder dessen Rückzahlung, bar erfolgen. Aber auch bei Sachleistungen, zB der Überlassung von Werkzeugen an den AN oder deren Rückgabe, kann eine Quittung verlangt werden (LAG Berl-Bbg 17.12.2010, 25 Sa 1571/09, BB 2010, 1084). Die Quittung kann auch nachträglich verlangt werden. Etwa kann der AG, der das Gehalt überwiesen hat, vom AN eine Quittung verlangen, wenn ein dem AG bei der Zahlung unbekannter Zessionar geltend macht, der AG habe das Gehalt gar nicht voll bezahlt. 1

Der Anspruch geht auf eine Quittung in **schriftlicher Form**. Gem § 126 muss sie vom Aussteller eigenhändig unterschrieben sein. Ist die Quittung unterschrieben, begründet sie den vollen Beweis dafür, dass der Gläubiger erklärt hat, die Leistung empfangen zu haben (416 ZPO). Zugleich lässt sie dann regelmäßig den Schluss zu, dass der Gläubiger die Leistung auch tatsächlich empfangen hat, kann aber insoweit durch Gegenbeweis entkräftet werden (LAG Hamm 5.8.2011, 10 Sa 345/11, JurionRS 2011, 29788). 2

Zur Ausgleichsquittung s § 397 Rdn 1 ff. 3

§ 387 Voraussetzungen
Schulden zwei Personen einander Leistungen, die ihrem Gegenstand nach gleichartig sind, so kann jeder Teil seine Forderung gegen die Forderung des anderen Teils aufrechnen, sobald er die ihm gebührende Leistung fordern und die ihm obliegende Leistung bewirken kann.

§ 388 Erklärung der Aufrechnung
¹Die Aufrechnung erfolgt durch Erklärung gegenüber dem anderen Teil. ²Die Erklärung ist unwirksam, wenn sie unter einer Bedingung oder einer Zeitbestimmung abgegeben wird.

§ 389 Wirkung der Aufrechnung
Die Aufrechnung bewirkt, dass die Forderungen, soweit sie sich decken, als in dem Zeitpunkt erloschen gelten, in welchem sie zur Aufrechnung geeignet einander gegenübergetreten sind.

§ 390 Keine Aufrechnung mit einredebehafteter Forderung
Eine Forderung, der eine Einrede entgegensteht, kann nicht aufgerechnet werden.

§ 392 Aufrechnung gegen beschlagnahmte Forderung
Durch die Beschlagnahme einer Forderung wird die Aufrechnung einer dem Schuldner gegen den Gläubiger zustehenden Forderung nur dann ausgeschlossen, wenn der Schuldner seine Forderung nach der Beschlagnahme erworben hat oder wenn seine Forderung erst nach der Beschlagnahme und später als die in Beschlag genommene Forderung fällig geworden ist.

§ 393 Keine Aufrechnung aus unerlaubter Handlung
Gegen eine Forderung aus einer vorsätzlich begangenen unerlaubten Handlung ist die Aufrechnung nicht zulässig.

§ 394 Keine Aufrechnung gegen unpfändbare Forderung
¹Soweit eine Forderung der Pfändung nicht unterworfen ist, findet die Aufrechnung gegen die Forderung nicht statt. ²Gegen die aus Kranken-, Hilfs- oder Sterbekassen, insbesondere aus Knappschaftskassen und Kassen der Knappschaftsvereine, zu beziehenden Hebungen können jedoch geschuldete Beiträge aufgerechnet werden.

1 Auch im Arbeitsverhältnis können gleichartige Leistungen, insb Geldleistungen, gegeneinander aufgerechnet werden, sofern die Hauptforderung erfüllbar und die Gegenforderung fällig ist (zur Fälligkeit und Erfüllbarkeit s § 271 Rdn 1). Auch ein **Aufrechnungsvertrag** ist möglich (BAG 15.5.1974, 5 AZR 395/73, EzA § 115 GewO Nr 2). Er hat zur Folge, dass die Forderungen ohne weitere Erklärung mit Eintritt der Aufrechnungslage erlöschen. Außerdem kann in ihm von den Voraussetzungen der Aufrechnung abgewichen werden, soweit diese nicht, wie etwa § 394, zwingend sind. Keine Aufrechnung ist die bloße Anrechnung eines gezahlten Vorschusses auf den Lohnanspruch (LAG Rh-Pf 21.7.2014, 2 Sa 117/14, JurionRS 2014, 27584).

2 Mit einer **einredebehafteten Forderung** kann nach § 390 nicht aufgerechnet werden. Hat der AG dem AN eine Schadensersatzforderung gestundet, kann er mit dieser nicht gegen die Entgeltforderung des AN aufrechnen. Zur Aufrechnung mit einer verjährten Forderung s § 215 Rdn 1.

3 Hat ein Gläubiger die Entgeltforderung des AN **gepfändet**, hindert das die Aufrechnung des AG etwa mit einer Schadensersatzforderung nur dann, wenn diese nach der Pfändung der Entgeltforderung entstanden ist oder wenn sie erst nach der Pfändung und später als die Entgeltforderung fällig geworden ist (§ 392).

4 Soweit der Anspruch auf das Arbeitsentgelt **unpfändbar** ist (§§ 850 ff ZPO), kann der AG nicht aufrechnen (§ 394 S 1). Dies gilt auch im Fall eines Aufrechnungsvertrags (BAG 17.2.2009, 9 AZR 676/07, EzA § 394 BGB 2002 Nr 2 für die Verrechnung einer Kostenbeteiligung des AN an der Dienstkleidung mit dem Arbeitsentgelt). Ist im Entgelt Überstundenvergütung enthalten, hat der AG wegen deren teilw Unpfändbarkeit darzulegen und zu beweisen, um welchen Nettobetrag sich das Arbeitsentgelt durch die Überstundenvergütung erhöht hat (BAG 5.12.2002, 6 AZR 569/01, EzA § 394 BGB 2002 Nr 1). Gegen Bruttolohnforderungen des AN kann nicht aufgerechnet werden, weil unklar bleibt, worauf sich die Aufrechnung bezieht (LAG München 3.3.2011, 3 Sa 755/10; LAG MV 14.4.2015, 2 Sa 85/14, JurionRS 2015, 15349).

5 Beruht seine Gegenforderung allerdings auf einer **vorsätzlichen unerlaubten Handlung**, soll also zB der AN wegen vorsätzlicher Beschädigung einer Maschine Ersatz leisten, ist eine Aufrechnung auch gegen den unpfändbaren Teil des Entgeltanspruchs möglich, wobei dem AN aber das in § 850d ZPO festgelegte Existenzminimum belassen werden muss (BAG 16.6.1960, 5 AZR 212/60, AP BGB § 394 Nr 8; LAG Rh-Pf 10.11.2014, 3 Sa 520/13, JurionRS 2014, 28617). Nach Auffassung des BAG gilt die Durchbrechung des Aufrechnungsverbots auch für vorsätzliche Vertragsverletzungen des AN (BAG 31.3.1960, 5 AZR 441/57, AP BGB § 394 Nr 5; aA BGH 22.4.1959, IV ZR 255/58, AP BGB § 394 Nr 4).

§ 397 Erlassvertrag; negatives Schuldanerkenntnis
(1) Das Schuldverhältnis erlischt, wenn der Gläubiger dem Schuldner durch Vertrag die Schuld erlässt.
(2) Das Gleiche gilt, wenn der Gläubiger durch Vertrag mit dem Schuldner anerkennt, dass das Schuldverhältnis nicht bestehe.

1 Der Erlass kommt im Arbeitsverhältnis vor allem in Form der sog **Ausgleichsquittung** vor. Sie verbindet mit der Quittung als Empfangsbekenntnis (§ 368) ein negatives Schuldanerkenntnis iSd § 397 II und enthält damit einen Erlass möglicherweise noch bestehender Ansprüche (näher Staudinger/*Rieble* [2012] § 397 Rn 226). Ob in einer Ausgleichsquittung tatsächlich ein negatives Schuldanerkenntnis iSv § 397 II liegt, ist eine Frage der Auslegung. Die bloße Feststellung, es lägen keine Tatsachen vor, aus denen der Arbeitnehmer Ansprüche herleiten könne, reicht nicht aus (BAG 25.9.2013, 5 AZR 936/12, JurionRS 2013, 48414). Auch ist die Unterschrift unter einer außerhalb eines Aufhebungsvertrags unterzeichnete vorformulierte Ausgleichsquittung regelmäßig nur als deklaratorisches Schuldanerkenntnis anzusehen (BAG 23.10.2013, 5 AZR 135/12, EzA § 10 AÜG Nr 21).

2 Ausgleichsquittungen im Zusammenhang mit einem Aufhebungsvertrag sind im Interesse klarer Verhältnisse **weit auszulegen** (BAG 28.7.2004, 10 AZR 661/03, EzA § 611 BGB 2002 Aufhebungsvertrag Nr 4). Sie erfassen daher, wenn entspr Einschränkungen fehlen, auch Ansprüche aus einem nachvertraglichen Wettbewerbsverbot (BAG 19.11.2003, 10 AZR 174/03, EzA § 611 BGB 2002 Aufhebungsvertrag Nr 2), den Anspruch auf Rückzahlung eines AG-Darlehens (OLG Düsseldorf 9.7.1997, 3 U 11/97, EzA § 397 BGB Nr 4), nicht aber Ansprüche auf betriebliches Ruhegeld (BAG 20.4.2010, 3 AZR 225/08,

NZA 2010, 883–889). Steht fest, dass eine Forderung entstanden ist, liegt aber im Zweifel kein Erlass vor (BAG 7.11.2007, 5 AZR 880/06, EzA § 397 BGB 2002 Nr 2).

Ausgleichsklauseln in **Prozessvergleichen**, die ausdrücklich auch unbekannte Ansprüche erfassen, sind regelmäßig als umfassender Anspruchsausschluss in Form eines negativen Schuldanerkenntnisses zu verstehen (BAG 27.5.2015, 5 AZR 137/14, BB 2015, 2173). Regelt ein Prozessvergleich Ansprüche des AN für die Dauer der Kündigungsfrist werden in dieser Zeit fällig werdende jährliche Sonderzahlungen erfasst (LAG Berl-Bbg 12.11.2010, 6 Sa 1722/10 u 19.1.2011, 15 Sa 2348/10, LAGE § 397 BGB 2002 Nr. 2 u 3) 2.1

Da Ausgleichsquittungen zu einem Anspruchsverzicht führen, können sie tarifliche Ansprüche wegen des Verbots des § 4 IV 1 TVG nicht erfassen (s § 4 TVG Rdn 32). 3

Das mit der Ausgleichsquittung verbundene negative Schuldanerkenntnis kann, wenn dafür kein Rechtsgrund besteht, gem § 812 II zurückgefordert werden. Ein solcher Rechtsgrund ist indessen regelmäßig gegeben: Da die Ausgleichsquittung den Streit zwischen den Parteien erledigen soll, liegt ihr als causa ein Vergleich oder auch ein einseitiger Streiterledigungsvertrag zugrunde (Staudinger/*Rieble* [2012] § 397 Rn 234). Dazu, dass eine einseitige Streiterledigung iS eines Einwendungs- und Einredeverzichts entgegen der Auffassung des BAG auch in AGB zulässig ist, s §§ 780–782 Rdn 7. 4

In der unwiderruflichen Freistellung des AN unter Fortzahlung des Arbeitsentgelts von der Arbeitsleistung liegt regelmäßig das Angebot zum Abschluss eines Erlassvertrags hinsichtlich der Arbeitspflicht, welches der AN durch Nichterscheinen am Arbeitsplatz annimmt (BAG 19.3.2002, 9 AZR 16/01, EzA § 615 BGB Nr. 108; LAG Berl-Bbg 24.8.2012, 13 Sa 499/12, LAGE § 397 BGB 2002 Nr 4). Dementsprechend unterliegt der Entgeltanspruch für die Freistellungszeit nicht den Einschränkungen des § 615. Zu den Folgen der Freistellung für die Entgeltfortzahlung im Krankheitsfall § 3 EFZG Rdn 25. 5

§ 398 Abtretung

¹Eine Forderung kann von dem Gläubiger durch Vertrag mit einem anderen auf diesen übertragen werden (Abtretung). ²Mit dem Abschluss des Vertrags tritt der neue Gläubiger an die Stelle des bisherigen Gläubigers.

Forderungen aus dem Arbeitsverhältnis, insb Entgeltforderungen, sind grds in gleicher Weise abtretbar wie andere Forderungen. Auch zeitlich unbefristete Abtretungen des pfändbaren Teils des künftigen Arbeitsentgelts sind möglich (BAG 27.6.1968, 5 AZR 312/67, EzA § 398 BGB Nr 1). Eine allg Gehaltsabtretung ist im Regelfall dahin auszulegen, dass sie auch die Vorausabtretung etwa zu erwartender Lohnsteuererstattungsansprüche gegen das Finanzamt umfasst (BFH 4.12.1979, VII R 29/77, AP BGB § 398 Nr 4). Lohnabtretungsklauseln in Ratenkreditverträgen halten der Inhaltskontrolle nach § 307 nur stand, wenn sie Zweck und Umfang der Abtretung sowie die Voraussetzungen, unter denen der Verwender von ihnen Gebrauch machen darf, hinreichend eindeutig bestimmen und zu einem vernünftigen, die schutzwürdigen Belange beider Vertragspartner angemessen berücksichtigenden Interessenausgleich führen (BGH 22.6.1989, III ZR 72/88, AP BGB § 398 Nr 5). 1

Von der Abtretung einzelner Forderungen zu unterscheiden ist die **Vertragsübernahme**, mit der eine neue Partei in ein Schuldverhältnis als Ganzes eintritt. Die Figur der Vertragsübernahme ist im BGB nicht eigens geregelt, wird aber als Ausfluss der Vertragsfreiheit allgemein anerkannt (ausf Staudinger/*Busche* [2012] Einl zu §§ 398 ff Rn 196 ff). Dementsprechend ist auch die Übernahme eines Arbeitsvertrages durch einen neuen AG möglich. Sie setzt entweder einen dreiseitigen Vertrag zwischen altem und neuen AG und AN oder aber die Zustimmung des AN zu einem entsprechenden Vertrag zwischen altem und neuen AG voraus. Notwendig ist, dass der Inhalt des Arbeitsverhältnisses unverändert bleibt (BAG 24.10.1972, 3 AZR 102/72; EzA § 75d HGB Nr 5). Eine etwaige Anfechtung muss gegenüber den beiden anderen Vertragspartnern erfolgen (BAG 24.2.2011, 6 AZR 626/09, EzA § 611 BGB 2002 Aufhebungsvertrag Nr 8). Zu AGB, nach denen ein Wechsel des Vertragspartners einseitig vorgenommen werden kann, s § 308 Rdn 5, zur Kontrolle eines zulässigen einseitigen Wechsels auf Billigkeit s § 315 Rdn 2. Zur Frage, ob die Vertragsübernahme im Hinblick auf § 623 der Schriftform bedarf, § 623 Rdn 3. 2

§ 399 Ausschluss der Abtretung bei Inhaltsänderung oder Vereinbarung

Eine Forderung kann nicht abgetreten werden, wenn die Leistung an einen anderen als den ursprünglichen Gläubiger nicht ohne Veränderung ihres Inhalts erfolgen kann oder wenn die Abtretung durch Vereinbarung mit dem Schuldner ausgeschlossen ist.

1 Die Abtretung des Anspruchs auf die Arbeitsleistung ist im Regelfall durch § 399 Alt 1 ausgeschlossen, weil die Arbeitsleistung dem Sinn des Arbeitsvertrags nach persönlich zu erbringen ist. S dazu auch § 613 Rdn 2.

2 Nach § 399 Alt 2 kann die Abtretung von Ansprüchen aus dem Arbeitsverhältnis vertraglich ausgeschlossen werden (LAG Nds 16.6.2014, 13 Sa 1327/13, LAGE § 399 BGB 2002 Nr 1). Nach der Rspr soll ein solches Verbot auch kollektivvertraglich vereinbart werden können, und zwar mit Wirkung auch für solche AN, die erst nach Abschluss des Kollektivvertrages in ein Arbeitsverhältnis treten (BAG 5.9.1960, 1 AZR 509/57, EzA § 399 BGB Nr 2 für die BV; offengelassen von LAG Nds 16.6.2014, 13 Sa 1327/13, LAGE § 399 BGB 2002 Nr 1, das aber – zu Recht – die arbeitsvertragliche Bezugnahme auf eine solche BV für wirksam hält). Diese Auffassung ist abzulehnen. Dem AN die Verfügung über das über den Pfändungsfreigrenzen liegende Einkommen zu verweigern, verstößt gegen seine privatautonome Entscheidungsfreiheit (*Löwisch/ Rieble* TVG § 1 Rn 212).

§ 400 Ausschluss bei unpfändbaren Forderungen
Eine Forderung kann nicht abgetreten werden, soweit sie der Pfändung nicht unterworfen ist.

1 § 400 schließt die Abtretung von Forderungen auf Arbeitsentgelt und andere Forderungen des AN aus, soweit sie der Pfändung nicht unterworfen sind. Zu den Pfändungsgrenzen s §§ 850c ff ZPO.

2 Die Abtretung an sich unpfändbarer Forderungen ist jedoch möglich, wenn dem AN ein seinen Ansprüchen entspr Geldbetrag vom Abtretungsempfänger zur Verfügung gestellt wird. Die Abtretung ist dabei als durch die für den jeweiligen Monat erfolgende tatsächliche Leistung des Abtretungsempfängers aufschiebend bedingt anzusehen (BGH 9.11.1994, IV ZR 66/94, BGHZ 127, 354, 356). Deshalb ist im Arbeitskampffalle die vollständige Abtretung der wegen Unzulässigkeit einer Aussperrung bestehenden Lohnansprüche an die Streikgeld zahlende Gewerkschaft möglich (LAG MV 18.7.1996, 1 Sa 330/95, AP GG Art 9 Arbeitskampf Nr 148). Dass ein Vermieter dem AN für den jeweiligen Lohnzahlungszeitraum Wohnraum überlässt, befreit aber nicht vom Abtretungsverbot des § 400 (BAG 21.11.2000, 9 AZR 692/99, EzA § 400 BGB Nr 2).

3 § 400 erfasst auch die **Einziehungsermächtigung** (BGH 10.12.1951, GSZ 3/51, BGHZ 4, 153, 165 ff), nicht aber den an den AG gerichteten Auftrag des AN, den unpfändbaren Teil des Entgelts an einen Dritten, etwa eine Bank, auszuzahlen. Allerdings erstreckt sich ein Auftrag, die laufenden Darlehensraten vom Gehalt zu überweisen, nicht von vornherein auf den unpfändbaren Teil des Gehalts (BAG 23.11.1998, 5 AZR 723/87, EzA § 400 BGB Nr 1).

§ 576 Fristen der ordentlichen Kündigung bei Werkmietwohnungen
(1) Ist Wohnraum mit Rücksicht auf das Bestehen eines Dienstverhältnisses vermietet, so kann der Vermieter nach Beendigung des Dienstverhältnisses abweichend von § 573c Abs. 1 Satz 2 ist mit folgenden Fristen kündigen:
1. bei Wohnraum, der dem Mieter weniger als zehn Jahre überlassen war, spätestens am dritten Werktag eines Kalendermonats zum Ablauf des übernächsten Monats, wenn der Wohnraum für einen anderen zur Dienstleistung Verpflichteten benötigt wird;
2. spätestens am dritten Werktag eines Kalendermonats zum Ablauf dieses Monats, wenn das Dienstverhältnis seiner Art nach die Überlassung von Wohnraum erfordert hat, der in unmittelbarer Beziehung oder Nähe zur Arbeitsstätte steht, und der Wohnraum aus dem gleichen Grund für einen anderen zur Dienstleistung benötigt wird.

(2) Eine zum Nachteil des Mieters abweichende Vereinbarung ist unwirksam.

§ 576a Besonderheiten des Widerspruchsrechts bei Werkmietwohnungen
(1) Bei der Anwendung der §§ 574 bis 574c auf Werkmietwohnungen sind auch die Belange des Dienstberechtigten zu berücksichtigen.
(2) Die §§ 574 bis 574c gelten nicht, wenn
1. der Vermieter nach § 576 Abs. 1 Nr. 2 gekündigt hat;
2. der Mieter das Dienstverhältnis gelöst hat, ohne dass ihm von dem Dienstberechtigten gesetzlich begründeter Anlass dazu gegeben war, oder der Mieter durch sein Verhalten dem Dienstberechtigten gesetzlich begründeten Anlass zur Auflösung des Dienstverhältnisses gegeben hat.

(3) Eine zum Nachteil des Mieters abweichende Vereinbarung ist unwirksam.

§ 576b Entsprechende Geltung des Mietrechts bei Werkdienstwohnungen

(1) Ist Wohnraum im Rahmen eines Dienstverhältnisses überlassen, so gelten für die Beendigung des Rechtsverhältnisses hinsichtlich des Wohnraums die Vorschriften über Mietverhältnisse entsprechend, wenn der zur Dienstleistung Verpflichtete den Wohnraum überwiegend mit Einrichtungsgegenständen ausgestattet hat oder in dem Wohnraum mit seiner Familie oder Personen lebt, mit denen er einen auf Dauer angelegten gemeinsamen Haushalt führt.

(2) Eine zum Nachteil des Mieters abweichende Vereinbarung ist unwirksam.

1 Im Werkwohnungsrecht sind **Werkmietwohnungen und Werkdienstwohnungen** zu unterscheiden. Erstere sind dadurch gekennzeichnet, dass ein AN anlässlich seines Arbeitsverhältnisses vom AG oder einem Dritten eine Wohnung mietet, Letztere dadurch, dass ohne bes Mietvertrag iRd Arbeitsverhältnisses dem AN Wohnraum zur Nutzung überlassen wird. Ob eine Werkdienstwohnung oder Werkmietwohnung vorliegt, richtet sich nicht nach der Bezeichnung der Parteien, sondern nach dem materiellen Gehalt des Vereinbarten. Liegt danach ein Mietverhältnis vor, kann das zwingende Mietrecht einschl der Zuständigkeit des Amtsgerichts nicht durch die Vereinbarung der Anwendbarkeit des ArbR abbedungen werden (BAG 28.11.2007, 5 AZB 44/07, EzA § 2 ArbGG 1979 Nr 68).

2 Für **Rechtsstreitigkeiten über Werkmietwohnungen** ist nach § 23 Nr 2 lit a GVG, § 29a I ZPO sachlich und örtlich ausschl das **Amtsgericht** zuständig, in dessen Bezirk sich die Räume befinden, während für **Werkdienstwohnungen** nach § 2 I Nr 3 lit a ArbGG das **ArbG** zuständig ist (BAG 2.11.1999, 5 AZB 18/99, EzA § 2 ArbGG 1979 Nr 48; einschränkend Staudinger/*Rolfs* [2014] § 576b Rn 29). Die Zuständigkeit des Amtsgerichts für Werkmietwohnungen erstreckt sich dabei auch auf den Fall, dass der Mieter vom AG als Miete einbehaltenen Arbeitslohn herausverlangt (Hess LAG 29.12.1997, 16 Ta 568/97, ZTR 1998, 474) und den Fall, dass der Mieter gegen die Mietforderung mit einem Lohnanspruch aufrechnet (BAG 22.7.1998, 5 AS 17/98, EzA § 36 ZPO Nr 28).

3 § 576 legt für die Kdg von Werkmietwohnungen **nach Beendigung des Arbeitsverhältnisses** kürzere Kdg-Fristen fest, als sie in § 573c I 2 für länger dauernde Mietverhältnisse sonst vorgesehen sind. Eine bes kurze Frist gilt dabei nach § 576 I Nr 2 für funktionsgebundene Werkmietwohnungen, etwa die Wohnung eines Hausmeisters oder eines Revierförsters (LG Heilbronn 28.6.2012, 2 S 88/11 Co). Während des Laufs des Arbeitsverhältnisses bleibt es bei den normalen Kdg-Fristen.

4 § 576a schränkt für Werkmietwohnungen das **Widerspruchsrecht** des Mieters gegen Kdg nach den §§ 574 ff ein: Nach I sind bei der Abwägung der Interessen des Mieters und des Vermieters auch dessen Belange als AG zu berücksichtigen, etwa sein Interesse, den Wohnraum anderen AN zur Verfügung zu stellen. Diese Pflicht zur Berücksichtigung der AG-Interessen gilt auch, wenn Vermieter und AG verschiedene Personen sind. Handelt es sich um eine funktionsgebundene Werkmietwohnung oder hat der AN von sich aus das Arbeitsverhältnis gelöst, ohne dass ihm der AG dazu Anlass gegeben hat oder hat er seinerseits dem AG Anlass zur Auflösung des Arbeitsverhältnisses gegeben, gelten nach II die Vorschriften über das Widerspruchsrecht des Mieters überhaupt nicht.

5 Die Befugnis zum Gebrauch einer **Werkdienstwohnung** ist an den Bestand des Arbeitsverhältnisses gebunden. Endet dieses durch Kündigung oder Fristablauf, endet auch die Gebrauchsbefugnis. Nach **§ 576b** gelten die Vorschriften des Wohnungsmietrechts aber dann für **Werkdienstwohnungen**, wenn der AN den Wohnraum überwiegend selbst ausgestattet hat oder dort mit seiner Familie oder sonst gemeinsamen Haushaltsangehörigen lebt. Die Befugnis zum Gebrauch der Werkdienstwohnung endet in diesem Fall nicht automatisch mit dem Arbeitsverhältnis, sondern muss nach Maßgabe der mietrechtl Vorschriften gesondert beendet werden. Die Kdg durch den AG bedarf dann gem § 573 regelmäßig eines Kdg-Grundes. Sofern es sich, wie meist, um eine funktionsgebundene Wohnung handelt, scheidet allerdings gem § 576a II 2 iVm § 576 I 2 ein Widerspruchsrecht des AN aus. An der Zuständigkeit der ArbG gem § 2 I 3 lit a ArbGG ändert die Anwendung der mietrechtl Vorschriften nichts (BAG 2.11.1999, 5 AZB 18/99, EzA § 2 ArbGG 1979 Nr 48). Eine selbstständige Kündigung der Werkdienstwohnung während des Laufs des Arbeitsverhältnisses ist nicht möglich, weil dies auf eine unzulässige Teil-Kdg des Arbeitsverhältnisses hinausliefe (BAG 23.8.1989, 5 AZR 569/88, EzA § 565b BGB Nr 3).

6 Wird die Werkdienstwohnung **nach Ende des Arbeitsverhältnisses weiter überlassen**, führt das zu einem normalen Mietvertrag, der nur nach den allgemeinen Vorschriften über die Wohnungsmiete gekündigt werden kann. Die Befristung eines solchen Mietvertrags ist ausnahmsweise möglich, wenn die Wohnung auch künftig als Werksdienstwohnung dienen soll. Dieser Zweck muss dann aber bei der weiteren Überlassung ausdrücklich schriftlich mitgeteilt werden (§ 575 I Nr 3); sonst entsteht ein Mietverhältnis auf unbestimmte Zeit.

7 Zum Mitbestimmungsrecht des BR bei Werkswohnungen s § 87 BetrVG Rdn 54 ff.

§ 611 Vertragstypische Pflichten beim Dienstvertrag

(1) Durch den Dienstvertrag wird derjenige, welcher Dienste zusagt, zur Leistung der versprochenen Dienste, der andere Teil zur Gewährung der vereinbarten Vergütung verpflichtet.
(2) Gegenstand des Dienstvertrags können Dienste jeder Art sein.

Übersicht

		Rdn.
A.	**Grundlagen**	1
I.	Allgemeines	1
II.	Abgrenzung zu anderen Vertragstypen	3
	1. Freier Dienstvertrag	3
	2. Werkvertrag	4
	3. Geschäftsbesorgungsvertrag	5
	4. Auftrag	6
	5. Gesellschaftsvertrag	7
	6. Dienstverschaffung	8
	7. Franchisevertrag	9
III.	Arten von Arbeitsverhältnissen	11
	1. Unbefristetes Vollzeitarbeitsverhältnis	11
	2. Befristetes Arbeitsverhältnis	12
	3. Teilzeitarbeitsverhältnis	13
	4. Probearbeitsverhältnis	14
	5. Leiharbeit	15
	6. Gruppenarbeitsverhältnis	16
	7. Mittelbares Arbeitsverhältnis	19
	8. Aus- und Fortbildung	21
B.	**Grundbegriffe**	22
I.	Parteien des Arbeitsvertrags	22
	1. AN	22
	2. AG	23
II.	Betrieb	26
III.	Unternehmen	27
IV.	Konzern	28
C.	**Rechtsquellen**	29
I.	Arbeitsvölkerrecht	29
II.	Recht der Europäischen Union	31
	1. Allgemeines	31
	2. Einzelne Regelungsgegenstände	34
III.	Verfassungsrecht	36
IV.	Einfache Gesetze	37
V.	Rechtsverordnungen	38
VI.	Satzungen	39
VII.	TV	40
VIII.	BV und Dienstvereinbarungen	41
IX.	Arbeitsvertrag	42
	1. Einheitsregelung und Gesamtzusage	43
	2. Betriebliche Übung	44
X.	Weisungsrecht	52
XI.	Richterrecht	53
XII.	Rangfolge der Rechtsquellen	54
D.	**Begründung des Arbeitsverhältnisses**	57
I.	Vertragsanbahnung	57
	1. Stellenausschreibung	57
	2. Vorstellungskosten	58
	3. Vorvertragliche Pflichten	60
	4. Abbruch von Vertragsverhandlungen, Vorvertrag	65
	5. Informationsinteressen des AG	68
	a) Fragen des AG	68
	b) Personalfragebögen	69
	c) Einstellungstests	70
	d) Untersuchungen	75
	e) Anfragen bei Dritten	79
II.	Abschlussfreiheit	81
III.	Vertragsschluss	82
	1. Allgemeines	82
	2. Geschäftsfähigkeit	83
	3. Form	84
	4. Stellvertretung	85
IV.	Sonderformen der Begründung eines Arbeitsvertrags	86
V.	Mängel des Arbeitsvertrags	87
	1. Anfechtbare Arbeitsverträge	88
	a) Allgemeines	88
	b) Anfechtungsgründe	93
	c) Rechtsfolgen der Anfechtung	94
	2. Nichtige Arbeitsverträge	97
	a) Verstoß gegen ein gesetzliches Verbot	98
	b) Verstoß gegen die guten Sitten	99
	c) Wucher	106
	3. Rechtsfolgen	107
E.	**Pflichten des Arbeitgebers**	111
I.	Vergütung	111
	1. Allgemeines	111
	2. Geldleistungen und sonstige Vergütung	113
	a) Geldschuld	113
	b) Naturalvergütung	114
	c) Insb Dienstwagen	117
	3. Grundformen der Bemessung der Vergütung	122
	a) Zeitlohn	123
	b) Akkordlohn	124
	c) Prämie	129
	d) Gedinge	131
	e) Provision	132
	f) Gewinnbeteiligung	134
	4. Sonderformen der Vergütung	142
	a) Zuschläge und Zulagen	142
	aa) Mehrarbeits- und Überstundenvergütung	144
	bb) Erschwerniszulagen	150
	cc) Sozialzulagen	152
	dd) Funktionszulagen	153
	ee) Leistungszulagen	154
	b) Sonderzuwendungen	156
	aa) Allgemeines	156
	bb) Zuwendungszwecke	158
	cc) Freiwilligkeitsvorbehalt	160
	dd) Widerrufsvorbehalt	161
	ee) Kürzung aufgrund von Fehlzeiten	162
	(1) Kürzungsvereinbarung	163

(2)	Auslegung von Kürzungsvereinbarungen	166
(3)	Überproportionale Kürzung	167
(4)	Kürzung ohne Vereinbarung	169
ff)	Ausscheiden des AN	173
gg)	Rückzahlungsklauseln	177
hh)	Gleichbehandlung	184
c)	Bedienungsgeld, Trinkgeld	186
d)	Vergütung von Wegezeiten	190

5. Folgen von Tariflohnerhöhungen für übertarifliches Entgelt ... 191
6. Aufwendungsersatz ... 201
   - a) Allgemeines ... 201
   - b) Vorstellungskosten, Umzugskosten ... 205
   - c) Fahrt- und Reisekosten ... 206
   - d) Arbeitsmittel ... 207
   - e) Arbeitskleidung ... 208
   - f) Nicht ersatzfähige Aufwendungen ... 209
   - g) Auslösung ... 210
7. Sonstige Zahlungen im Zusammenhang mit dem Arbeitsverhältnis ... 211
   - a) Darlehen ... 211
   - b) Umzugskosten ... 215
   - c) Aus- und Fortbildungskosten ... 219
     - aa) Grds Zulässigkeit von Rückzahlungsklauseln ... 219
     - bb) Tarifvertragliche Rückzahlungsklauseln ... 220
     - cc) Vorformulierte Rückzahlungsklauseln ... 221
8. Nettolohnvereinbarung ... 229
9. Ort und Art der Zahlung ... 233
10. Rückzahlung überzahlter Vergütung ... 235
11. Entgeltschutz ... 244
    - a) Abtretung ... 245
    - b) Aufrechnung ... 248
    - c) Verzicht, Ausgleichsquittung ... 250
    - d) Pfändungsschutz ... 257
    - e) Ausschlussfrist ... 258
      - aa) Allgemeines ... 258
      - bb) Wirksamkeitsvoraussetzungen ... 260
      - cc) Auslegung von Ausschlussklauseln ... 264
      - dd) Fristbeginn ... 266
      - ee) Fristlauf ... 268
      - ff) Geltendmachung ... 269
      - gg) Klageerhebung auf der 2. Stufe ... 272
      - hh) Treu und Glauben ... 274
    - f) Verwirkung, Verjährung ... 276

II. Beschäftigungspflicht ... 278
1. Grundlagen ... 278
2. Beseitigung der Beschäftigungspflicht ... 281

III. Gleichbehandlung ... 285
1. Grundlagen ... 285
2. Inhalt und Geltungsbereich ... 287
   - a) Bestehende Rechtsbeziehung ... 288
   - b) Maßnahmen mit kollektivem Bezug ... 289
   - c) Räumlicher Geltungsbereich ... 293
3. Vergleichsgruppe ... 298
4. Rechtfertigung der Ungleichbehandlung ... 300
5. Einzelfragen ... 301
   - a) Vergütung ... 301
   - b) Unterscheidung nach Beschäftigtengruppen ... 303
   - c) Stichtagsregelungen ... 305
6. Rechtsfolgen ... 306
7. Darlegungs- und Beweislast ... 310

IV. Nebenpflichten ... 311
1. Allgemeines ... 311
2. Auskunft und Unterrichtung ... 315
3. Schutzpflichten ... 323
   - a) Leben und Gesundheit ... 323
   - b) Persönlichkeit ... 324
     - aa) Allgemeines ... 324
     - bb) Schikaneverbot ... 327
     - cc) Schutz vor sexueller Belästigung ... 328
     - dd) Datenschutz, Personalakten ... 329
   - c) Eigentum und Vermögen ... 330
     - aa) Obhuts- und Verwahrungspflichten ... 330
     - bb) Sonstige Vermögensinteressen ... 332
4. Sonstige Nebenpflichten ... 335

F. **Pflichten des Arbeitnehmers** ... 338
I. Arbeitsleistung ... 338
1. Grundlagen ... 338
2. Inhalt der Arbeitsleistung ... 340
   - a) Art der Arbeitsleistung ... 340
   - b) Arbeitsintensität, -tempo und -qualität ... 347
3. Ort der Arbeitsleistung ... 350
4. Arbeitszeit ... 356
   - a) Allgemeines ... 356
     - aa) Dauer ... 356
     - bb) Lage ... 360
   - b) Mehrarbeit, Überstunden, Kurzarbeit ... 361
   - c) Bereitschaftsdienst, Arbeits- und Rufbereitschaft ... 364
   - d) Anspruch auf Teilzeitarbeit ... 367
5. Durchsetzung der Arbeitspflicht ... 368

II. Nebenpflichten ... 369
1. Allgemeines ... 369
2. Auskunfts- und Anzeigepflichten ... 370
3. Verschwiegenheit ... 372
4. Wettbewerbsverbot ... 380
5. Nebentätigkeit ... 382
6. Einhalten der betrieblichen Ordnung ... 388
7. Außerdienstliches Verhalten ... 389
8. Ärztliche Untersuchung ... 393
9. Vorteilsannahme ... 394

G. **Leistungsstörungen** ... 397
I. Leistungsstörungen aufseiten des AN ... 398
1. Unmöglichkeit ... 398
   - a) Unmöglichkeit als Folge der Nichtleistung ... 398
   - b) Rechtsfolgen der Unmöglichkeit ... 402

2. Unzumutbarkeit	405	h) Mitverschulden des AG	438
3. Verspätete Leistung	411	i) Darlegungs- und Beweislast	439
4. Schlechtleistung	412	2. Mankohaftung	440
II. Leistungsstörungen aufseiten des AG	415	a) Gesetzliche Mankohaftung	440
H. Haftung im Arbeitsverhältnis	416	b) Vertragliche Mankohaftung	442
I. Allgemeines	416	3. Haftung für Schäden bei Dritten	445
II. Haftung des Arbeitnehmers	418	III. Haftung des Arbeitgebers	448
1. Haftung für Sachschäden des AG	418	1. Allgemeines	448
a) Entwicklung der Haftungsbeschränkung	418	2. Verschuldensabhängige Haftung	449
b) Begründung der Haftungsbeschränkung	419	3. Verschuldensunabhängige Haftung	450
c) Dogmatische Einordnung der Haftungsbeschränkung	420	a) Rechtsgrundlage	450
d) Abdingbarkeit	421	b) Voraussetzungen des Anspruchs	451
e) Anwendungsbereich	422	aa) Eigenschaden bei betrieblicher Tätigkeit	452
aa) Persönlicher Anwendungsbereich	422	bb) Schaden im Betätigungsbereich des AG	454
bb) Sachlicher Anwendungsbereich	424	cc) Kein angemessenes Risikoentgelt	458
f) Schadensteilung nach dem Grad des Verschuldens	427	dd) Verschulden des AN	461
		c) Umfang der Haftung	463
		d) Abdingbarkeit der Haftung	464
aa) Grundlagen	427	**I. Nachwirkungen des Arbeitsverhältnisses**	465
bb) Vorsatz	429	I. Allgemeines	465
cc) Grobe Fahrlässigkeit	430	II. Nachwirkende Nebenpflichten des Arbeitgebers	466
dd) Mittlere Fahrlässigkeit	433		
ee) Leichteste Fahrlässigkeit	434	III. Nachwirkende Nebenpflichten des Arbeitnehmers	467
g) Versicherungsschutz	435		

1 **A. Grundlagen. I. Allgemeines.** § 611 ist die Grundnorm des Dienstvertragsrechts. Unter den Oberbegriff des Dienstvertrags fallen sowohl **Arbeitsverträge**, also Verträge über die abhängige Dienstleistung, als auch **freie Dienstverträge**. Diese Differenzierung hat 1969 auch sprachlich in das BGB Eingang gefunden (s § 621 einerseits, § 622 andererseits). Die folgenden Ausführungen betreffen allein den Arbeitsvertrag.

2 Der Arbeitsvertrag ist ein schuldrechtlicher Vertrag, der dem Austausch einer Dienstleistung und eines Entgelts dient (zur überkommenen Konzeption des Arbeitsverhältnisses als personenrechtliches Gemeinschaftsverhältnis Staudinger/*Richardi/Fischinger* Vorb zu §§ 611 ff Rn 160 ff). Für ihn gelten, soweit keine Sonderregeln bestehen, die ersten beiden Bücher des BGB. Allerdings ist die **Vertragsfreiheit vielfach** durch (einseitig) zwingende Vorschriften zum Schutz des AN **begrenzt** (s zur Vertragsfreiheit § 105 GewO Rdn 1 ff).

3 **II. Abgrenzung zu anderen Vertragstypen. 1. Freier Dienstvertrag.** Gegenstand des Dienst- oder Arbeitsvertrags können nach II Dienste jeder Art sein. Ob ein freier Dienstvertrag oder ein Arbeitsvertrag gegeben ist, hängt davon ab, ob die Dienste **selbstständig** oder **unselbstständig** erbracht werden, ob der Dienstverpflichtete also AN ist (zum AN-Begriff § 6 GewO Rdn 21 ff). Viele Dienste können sowohl abhängig als auch unabhängig geleistet werden, auch wenn es sich um freiberufliche Tätigkeiten handelt (Arzt, Anwalt, s ErfK/*Preis* § 611 Rn 11).

4 **2. Werkvertrag.** Beim Werkvertrag schuldet der Unternehmer die Herstellung eines Werkes. Der Schuldner hat sich verpflichtet, einen **bestimmten Erfolg** herbeizuführen. Demggü schuldet der AN lediglich seine Arbeitsleistung, nicht einen bestimmten Erfolg (s BGH 16.7.2002, X ZR 27/01, NJW 2002, 3323, 3324). Die Abgrenzung kann im Einzelfall Schwierigkeiten bereiten, da jede Tätigkeit letztlich auf einen Erfolg gerichtet ist. Entscheidend ist, welche Partei nach den vertraglichen Vereinbarungen das Risiko trägt, dass der Erfolg nicht eintritt (HWK/*Thüsing* vor § 611 Rn 8 f). Ist eine Dienstleistung geschuldet, so wird allein aufgrund der Abrede über eine erfolgsabhängige Vergütung (zB Akkordlohn) der Vertrag nicht zum Werkvertrag (MüKo-BGB/*Müller-Glöge* § 611 Rn 26).

5 **3. Geschäftsbesorgungsvertrag.** § 675 erklärt für Dienstverträge, die eine Geschäftsbesorgung zum Gegenstand haben, einzelne Vorschriften aus dem Auftragsrecht für anwendbar. Ob der Begriff der Geschäftsbesorgung in § 675 dem des § 662 entspricht, ist str (s zum Meinungsstand Staudinger/*Martinek* § 675 Rn A 11 ff). Für das ArbR ist diese Frage im Ergebnis nicht relevant, da die in § 675 genannten

Vorschriften nach der Rspr weitgehend auf Arbeitsverhältnisse analog angewandt werden. So kann der AN zB Aufwendungsersatz für den Kauf von Sicherheitsschuhen verlangen, die der AG zu stellen hat (BAG 21.8.1985, 7 AZR 199/83, EzA § 618 BGB Nr 5). Auch Eigenschäden des AN werden uU analog § 670 ersetzt (s dazu Rdn 450–464). Analog § 667 hat der AN ihm anvertraute Arbeitsmittel herauszugeben (MüKo-BGB/*Müller-Glöge* § 611 Rn 33).

4. Auftrag. Erbringt ein Beauftragter eine Dienstleistung, so liegt der Unterschied zum Arbeitsvertrag in der **fehlenden Entgeltlichkeit** der Vereinbarung (ErfK/*Preis* § 611 Rn 20; aA MüKo-BGB/*Müller-Glöge* § 611 Rn 34). 6

5. Gesellschaftsvertrag. Der Gesellschafter einer Personengesellschaft hat nach § 705 den Gesellschaftszweck zu fördern und insb die vereinbarten Beiträge zu leisten. § 706 III bestimmt, dass der Beitrag auch in der Leistung von Diensten bestehen kann. Deshalb ist bei einer **Dienstleistung eines Gesellschafters** jeweils zu klären, ob er **aufgrund seiner gesellschaftsrechtlichen Verpflichtung** tätig wird, **oder ob die Dienstleistung auf einem gesonderten Dienst- oder Arbeitsvertrag beruht**. Entscheidend ist, ob der Gesellschafter abhängige Arbeit schuldet. Die dafür erforderliche Weisungsbindung besteht nicht, wenn ein Mehrheitsgesellschafter Dienste für die Gesellschaft leistet, da er über sein Stimmrecht letztlich die Leitungsmacht innehat (BAG 6.5.1998, 5 AZR 612/97, EzA § 611 BGB Arbeitnehmerbegriff Nr 68). Von einer solchen Abhängigkeit ist wegen des damit verbundenen Einflusses auf das Beschäftigungsverhältnis auch nicht auszugehen, wenn der Betroffene als Gesellschafter über eine Sperrminorität verfügt (BAG 28.11.1990, 4 AZR 198/90, EzA § 611 BGB Arbeitnehmerbegriff Nr 37). Um eine abhängige Tätigkeit handelt es sich dagegen, wenn ein Kommanditist einer KG ohne Sperrminorität Dienste leistet, ohne dass ihm eine weisungsfreie Tätigkeit möglich ist und die Tätigkeit Einfluss auf sein Gesellschaftereinkommen hat (LAG Berlin 26.3.2003, 5 Ta 1306/01, LAGE § 2 ArbGG 1979 Nr 41). Ist ein Kommanditist durch den Gesellschaftsvertrag zur Mitarbeit verpflichtet und ist diese Tätigkeit erforderlich dafür, dass der Gesellschaftszweck erreicht werden kann, so ist bereits zweifelhaft, ob ein Arbeitsvertrag besteht. Jedenfalls entfällt aber mit der Kdg des entspr Anstellungsverhältnisses nicht die gesellschaftsrechtliche Pflicht zur Mitarbeit (BAG 11.5.1978, 3 AZR 21/77, AP HGB § 161 Nr 2). 7

6. Dienstverschaffung. Beim Dienstverschaffungsvertrag verpflichtet sich der Schuldner nicht zur persönlichen Dienstleistung. Er verspricht vielmehr, **dem Gläubiger Dienstleistungen anderer Personen zu verschaffen**. Zu den Dienstverschaffungsverträgen gehören insb AN-Überlassungsverträge, die bei gewerbsmäßiger Tätigkeit des Verleihers dem AÜG unterfallen (dazu § 1 AÜG Rdn 1 ff), außerdem Verträge über die Überlassung von Bedienpersonal zu vermieteten Maschinen (dazu BAG 17.2.1993, 7 AZR 167/92, EzA § 10 AÜG Nr 6). Infrage steht hier nicht die Abgrenzung zum Arbeitsvertrag, sondern die Unterscheidung von der Arbeitsvermittlung einerseits und der Dienstleistung unter Einsatz eines Vertreters andererseits (HWK/*Thüsing* vor § 611 Rn 15). Die verschafften Dienste können sowohl iR eines Arbeitsvertrags als auch iR eines Dienstvertrags erbracht werden (Soergel/*Kraft* vor § 611 Rn 50). Ist ein Dienstverschaffungsvertrag vereinbart, haftet der Schuldner nur für die Auswahl, Überlassung und Vorhaltung einer geeigneten Person, nicht aber für die ordnungsgemäße Leistungserbringung (für ein echtes Leiharbeitsverhältnis BGH 9.3.1971, VI ZR 138/69, AP BGB § 611 Leiharbeitsverhältnis Nr 1). 8

7. Franchisevertrag. Nach der EWG VO 4087/88 ist Franchise eine Gesamtheit von Rechten an gewerblichem oder geistigem Eigentum wie Warenzeichen, Handelsnamen, Ladenschilder, Gebrauchsmuster, Geschmacksmuster, Urheberrechte, Know-how oder Patente, die zum Zwecke des Weiterverkaufs von Waren oder der Erbringung von Dienstleistungen an Endverbraucher genutzt wird. Eine Franchisevereinbarung ist nach dieser VO ein Vertrag, in dem der Franchisegeber es dem Franchisenehmer gegen unmittelbare oder mittelbare finanzielle Vergütung gestattet, eine Franchise zum Zwecke der Vermarktung bestimmter Waren und/oder Dienstleistungen zu nutzen. **Der Franchisenehmer kann AN oder Selbstständiger sein.** Die Abgrenzung ist gelegentlich schwierig, weil der Franchisenehmer bei der gängigsten Form des Franchising, dem Subordinations-Franchising, zwar im eigenen Namen und auf eigene Rechnung handelt, aufgrund des einheitlichen Vertriebskonzepts aber oft starken Bindungen bei der Gestaltung seiner Tätigkeit insb in zeitlicher und inhaltlicher Hinsicht unterliegt. 9

Allein die Bezeichnung als Franchisevertrag hat für die Frage der AN-Eigenschaft keine Bedeutung. Entscheidend ist, ob der Franchisenehmer weisungsgebunden und abhängig ist oder ob er seine Chancen auf dem Markt selbstständig und iW weisungsfrei suchen kann (BAG 16.7.1997, 5 AZB 29/96, EzA § 5 ArbGG 1979 Nr 24). Fehlt es an der erforderlichen persönlichen Abhängigkeit, so kann der Franchisenehmer als AN-Ähnlicher einzuordnen sein. Für die dazu erforderliche wirtschaftliche Abhängigkeit spricht es, wenn der Franchisenehmer keine nennenswerte weitere Erwerbstätigkeit mehr ausüben kann und er exklusiv an 10 das Warensortiment des Vertragspartners gebunden ist (BAG 16.7.1997, 5 AZB 29/96, EzA § 5 ArbGG 1979 Nr 24; s.a. LAG Nürnberg 20.8.2002, 6 Ta 63/02, AR-Blattei ES 120 Nr 17). Weisungsbindung hins des Warensortiments und der Gestaltung der Räumlichkeiten genügt für die Begründung der AN-Eigenschaft nicht, wenn der Franchisenehmer selbst AN einstellen kann, in der Preisgestaltung frei ist und nicht in das Abrechnungssystem des Franchisegebers eingebunden ist (BGH 16.10.2002, VIII ZB 27/02, NJW-RR 2003, 277, 280; s.a. BGH 27.1.2000, III ZB 67/99, EzA § 2 ArbGG 1979 Nr 50).

11 **III. Arten von Arbeitsverhältnissen. 1. Unbefristetes Vollzeitarbeitsverhältnis.** Das auf unbestimmte Zeit geschlossene Vollzeitarbeitsverhältnis prägt das Leitbild des Arbeitsverhältnisses. Mehr und mehr treten aber neben diese Art des Arbeitsverhältnisses andere Gestaltungsformen, wie zB Teilzeit- oder Leiharbeitsverhältnisse oder befristete Arbeitsverhältnisse. Diese Gestaltungsformen, die vor allem als Flexibilisierungsinstrumente eingesetzt werden, sind für die AN nicht nur mit Unsicherheiten und Risiken, sondern auch mit Gestaltungsmöglichkeiten verbunden (*Zachert* BB 1990, 565, 568).

12 **2. Befristetes Arbeitsverhältnis.** Befristete Arbeitsverhältnisse werden aus europäischer Perspektive krit betrachtet. Nach der Präambel der Rahmenvereinbarung über befristete Arbeitsverhältnisse, die durch die RL 1999/70/EG durchgeführt wurde, gilt das unbefristete Arbeitsverhältnis weiter als Normalfall. S zu befristeten Arbeitsverhältnissen die Kommentierung zum TzBfG.

13 **3. Teilzeitarbeitsverhältnis.** Teilzeitarbeitsverhältnisse sollen durch die einschlägige Rahmenvereinbarung der europäischen Sozialpartner, die durch die RL 97/81/EG durchgeführt wurde, gefördert werden. Zugleich dient die RL dem Schutz der Teilzeitbeschäftigten. S zu Teilzeitarbeitsverhältnissen die Kommentierung zum TzBfG.

14 **4. Probearbeitsverhältnis.** Ein Probearbeitsverhältnis gibt den Parteien Gelegenheit, die Zusammenarbeit zu erproben und die beiderseitige Zufriedenheit mit den Leistungen und Bedingungen zu prüfen. Eine Probezeit ist nur in § 20 BBiG für das Ausbildungsverhältnis gesetzlich vorgesehen. Ansonsten besteht sie nur bei vertraglicher Vereinbarung. Dabei kann das Probearbeitsverhältnis als befristetes Arbeitsverhältnis nach § 14 I 2 Nr 5 TzBfG ausgestaltet werden (dazu § 14 TzBfG Rdn 36–38). Alternativ dazu können die Parteien einen unbefristeten Vertrag schließen und lediglich eine erleichterte Auflösung in der vereinbarten Probezeit vorsehen (vgl § 622 III).

15 **5. Leiharbeit.** S die Erl zum AÜG.

16 **6. Gruppenarbeitsverhältnis.** Die Zusammenarbeit mit anderen AN ist in vielen Arbeitsverhältnissen die Regel. Von dieser Zusammenarbeit ist das Gruppenarbeitsverhältnis zu unterscheiden. Die Einstufung als Gruppenarbeitsverhältnis hat Auswirkungen auf die Vertragsbeziehungen und die Leistungspflichten (ausf *Rüthers* ZfA 1977, 1). Gruppenarbeit kann sowohl durch eine **Betriebsgruppe** als auch durch eine **Eigengruppe** ausgeführt werden. Eine Betriebsgruppe wird gebildet, indem der AG innerhalb eines Betriebs eine Gruppe von AN zusammenfasst (zB Akkordgruppen). Dagegen bieten Mitglieder einer Eigengruppe dem AG eine Arbeitsleistung als Gruppe an (zB Musikkapellen; LAG Sa-Anh 8.3.2000, 6 Sa 921/99, LAGE § 611 BGB Abmahnung Nr 48).

17 Die **Betriebsgruppe regelt eigenständig, wie sie die Arbeit gruppenintern organisiert.** Bei **Schlechtleistung** kann der AG den einzelnen AN nur dann in Anspruch nehmen, wenn dieser AN selbst seine Vertragspflicht schuldhaft verletzt hat. Eine gesamtschuldnerische Haftung ist bei einer Akkordgruppe nicht anzunehmen (BAG 18.5.1983, 4 AZR 456/80, EzA § 4 TVG Bauindustrie Nr 27). Allerdings muss nach der Rspr des BAG das einzelne Gruppenmitglied beweisen, dass es den Schaden nicht mitverursacht hat, wenn der AG eine Schädigung durch eine Schlechtleistung der Gruppe nachgewiesen hat. Die AN müssen nach diesem Urteil auch ihr fehlendes Verschulden beweisen (BAG 24.4.1974, 5 AZR 480/73, EzA § 611 BGB Arbeitnehmerhaftung Nr 24; dagegen zu Recht ua unter Berufung auf § 619a krit ErfK/*Preis* § 611 Rn 166). Da der AN nicht nur seine Leistung ordnungsgemäß zu erbringen hat, sondern auch Mängel, die das Gruppenergebnis gefährden, beseitigen und Gefahren abwenden muss (BAG 24.4.1974, 5 AZR 480/73, EzA § 611 BGB Arbeitnehmerhaftung Nr 24), kann der AG den nicht von vornherein für Gruppenarbeit eingestellten AN nicht durch Weisung einer Betriebsgruppe zuordnen. Die damit verbundene Veränderung der geschuldeten Leistung erfordert vielmehr eine Vertragsänderung (Staudinger/*Richardi*/*Fischinger* § 611 Rn 171). Zum Mitbestimmungsrecht des BR s § 87 BetrVG Rdn 84 f.

18 Eine **Eigengruppe kann selbst einen Vertrag schließen.** In diesen Fällen kann ein Werkvertrag, Dienstvertrag oder Dienstverschaffungsvertrag vorliegen. Die Gruppenmitglieder sind nicht AN der Eigengruppe, ihre Leistung erbringen sie auf gesellschaftsrechtlicher Basis (Staudinger/*Richardi*/*Fischinger* § 611 Rn 179).

Schließen die einzelnen Mitglieder der Eigengruppe Verträge mit dem AG, ist die Situation mit der Betriebsgruppe vergleichbar (ErfK/*Preis* § 611 Rn 171).

7. Mittelbares Arbeitsverhältnis. Ein mittelbares Arbeitsverhältnis entsteht, wenn ein AN seinerseits einen AN einstellt, um durch ihn mit Wissen seines AG seine arbeitsvertraglichen Pflichten zu erfüllen (BAG 9.4.1957, 3 AZR 435/54, AP BGB § 611 Mittelbares Arbeitsverhältnis Nr 2). Die **Zwischen- oder Mittelsperson muss selbst AN sein** (BAG 11.4.2000, 9 AZR 94/99, nv). In der Praxis hat das mittelbare Arbeitsverhältnis kaum Bedeutung. Es kann zB bei Musikern auftreten, die von einem Orchesterleiter eingestellt werden (BAG 22.7.1982, 2 AZR 57/81, EzAÜG § 611 BGB Leiharbeitsverhältnis Nr 5) oder bei wissenschaftlichen Mitarbeitern, die der Leiter eines Forschungsprojekts selbst einstellt (BAG 29.6.1988, 7 AZR 552/86, EzA § 611 BGB Arbeitgeberbegriff Nr 2). Das BAG kontrolliert die Gestaltungsform des mittelbaren Arbeitsverhältnisses unter den Aspekten des Rechtsmissbrauchs und der Gesetzesumgehung, wobei Umgehungsfragen im Vordergrund stehen. Im Fall eines Hausmeisters, der Reinigungspersonal im eigenen Namen einstellen sollte, sah das BAG eine Schwächung des Kündigungsschutzes, verlangte einen sachlichen Grund für die Gestaltungsform »mittelbares Arbeitsverhältnis« und stellte entscheidend darauf ab, ob der Hausmeister unternehmerische Entscheidungen treffen und Gewinn erzielen konnte (BAG 20.7.1982, 3 AZR 446/80, EzA § 611 BGB Mittelbares Arbeitsverhältnis Nr 1).

Ansprüche gegen den AG hat der mittelbare AN nach der älteren Rspr nur, wenn ein bes Verpflichtungsgrund gegeben ist (BAG 8.8.1958, 4 AZR 173/55, AP BGB § 611 Mittelbares Arbeitsverhältnis Nr 3). In einem jüngeren Urteil heißt es, der mittelbare AG hafte nur subsidiär, wenn sich Ansprüche gegen den Mittelsmann nicht durchsetzen lassen, allerdings war die Frage nicht entscheidungserheblich (BAG 21.2.1990, 5 AZR 162/89, EzA § 611 BGB Arbeitnehmerbegriff Nr 32). Jedenfalls kann der AN Ansprüche gegen den mittelbaren AG erst geltend machen, wenn er Ansprüche gegen den Mittelsmann nicht durchsetzen kann, die Durchgriffshaftung soll nur die letzte Möglichkeit für den AN darstellen (BAG 22.7.1982, 2 AZR 57/81, EzAÜG § 611 BGB Leiharbeitsverhältnis Nr 5). Eine Kündigungsschutzklage ist gegen den Mittelsmann zu richten (BAG 9.4.1957, 3 AZR 435/54, AP BGB § 611 Mittelbares Arbeitsverhältnis Nr 2). Den mittelbaren AG können Schutz- und Fürsorgepflichten treffen (*Konzen* ZfA 1982, 259, 285 ff).

8. Aus- und Fortbildung. Gem § 10 II BBiG wird das Ausbildungsverhältnis grds nach den Vorschriften behandelt, die für das Arbeitsverhältnis gelten, s näher § 10 BBiG Rdn 3, 5. Volontäre und Praktikanten werden von der hM als AN eingestuft (*Knigge* AR-Blattei SD Nr 1740 Rn 17, 36; Staudinger/*Richardi/Fischinger* § 611 Rn 301 f), Einzelfragen sind str.

B. Grundbegriffe. I. Parteien des Arbeitsvertrags. 1. AN. S zum **AN-Begriff** § 6 GewO Rdn 21 ff. Der AN ist Verbraucher (BAG 25.5.2005, 5 AZR 572/04, EzA § 307 BGB 2002 Nr 3; s.a. § 13 Rdn 1).

2. AG. AG ist, wer mindestens einen AN beschäftigt (BAG 21.1.1999, 2 AZR 648/97, EzA § 1 KSchG Nr 51). **Jede natürliche oder juristische Person kann AG sein.** Bei der GbR ist nach Anerkennung der Rechtsfähigkeit der (Außen) GbR die Gesellschaft selbst als AG anzusehen (s BAG 1.12.2004, 5 AZR 597/03, EzA § 50 ZPO 2002 Nr 3). Die Gesellschafter der GbR sind aber AG iSd ArbGG (BAG 19.8.2004, 1 AS 6/03, EzA § 43 ArbGG 1979 Nr 3). Eigentum an Produktionsmitteln ist keine Voraussetzung für die AG-Eigenschaft.

Ein Arbeitsverhältnis besteht mit einer **Mehrzahl von AG**, wenn ein rechtlicher Zusammenhang zwischen den arbeitsvertraglichen Beziehungen des AN zu den einzelnen AG besteht, der es verbietet, diese Beziehungen rechtlich getrennt zu behandeln. Ein bestimmtes, insb gesellschaftsrechtliches, Rechtsverhältnis zwischen den AG ist nicht erforderlich, auch müssen sie weder einen gemeinsamen Betrieb führen noch den Vertrag gemeinsam abschließen (BAG 16.2.2006, 8 AZR 211/05, EzA § 613a BGB 2002 Nr 47).

In manchen Fällen kommt es zur **Aufspaltung von AG-Funktionen**, so zB beim mittelbaren Arbeitsverhältnis (s.o. Rdn 19 f) oder – kraft gesetzlicher Regelung – durch das Gesetz über die Schaffung eines bes AG für Hafenarbeiter (BGBl I 1950 S 352).

II. Betrieb. Der Betriebsbegriff ist Anknüpfungspunkt vieler arbeitsrechtlicher Regelungen. So knüpfen zB das KSchG, die Betriebsverfassung und § 613a an den Betrieb an. **Eine einheitliche**, ohne Modifikation **im gesamten ArbR anwendbare Definition besteht nicht** (grdl zum Betriebsbegriff *Joost* Betrieb und Unternehmen als Grundbegriffe im ArbR, 1988). Ausgangsbasis ist die allg Definition, nach der ein Betrieb eine organisatorisch selbstständige Einheit ist, innerhalb derer ein Unternehmer mit sächlichen und immateriellen Mitteln allein oder mit Mitarbeitern arbeitstechnische Zwecke fortgesetzt verfolgt (für das BetrVG BAG 22.6.2005, 7 ABR 57/04, EzA § 1 BetrVG 2001 Nr 4).

27 **III. Unternehmen.** Ein Unternehmen ist eine organisatorische Einheit, in der ein Unternehmer in einem oder in mehreren zusammengefassten Betrieben einen wirtschaftlichen oder ideellen Zweck verfolgt (BAG 10.7.1996, 10 AZR 76/96, EzA § 4 TVG Wohnungswirtschaft Nr 1). Mehrere Unternehmen können einen gemeinschaftlichen Betrieb führen (s dazu § 1 BetrVG Rdn 11–14). Auch das Unternehmen ist Anknüpfungspunkt für zahlreiche arbeitsrechtliche Regelungen, so zB in § 1 II 2 Nr 2b) KSchG, §§ 99, 111 BetrVG.

28 **IV. Konzern.** Ein eigener arbeitsrechtlicher Konzernbegriff existiert nicht, maßgeblich ist **§ 18 AktG**. Die Einbindung in einen Konzern kann, wie § 54 BetrVG zeigt, betriebsverfassungsrechtlich eine Rolle spielen. Ferner werden Auswirkungen auf den Kündigungsschutz (s § 1 KSchG Rdn 153 f) und die Versetzungsmöglichkeiten des AG diskutiert (dazu unten Rdn 354).

29 **C. Rechtsquellen. I. Arbeitsvölkerrecht.** Arbeitsvölkerrecht ist **supranationales materielles ArbR**, das in völkerrechtlichen Verträgen geregelt ist. Auch Völkergewohnheitsrecht sowie allg, von den Kulturvölkern anerkannte Rechtsgrundsätze kommen als Rechtsquellen des Arbeitsvölkerrechts in Betracht (Hanau/Steinmeyer/Wank/*Wank* § 33 Rn 3). Adressat des Arbeitsvölkerrechts ist nicht das einzelne Rechtssubjekt, sondern der vertragsschließende Staat. Völkerrechtlich verbindlich wird die Vereinbarung durch Ratifikation, zusätzlich bedarf es für die Bindung der Rechtssubjekte nach dt Recht gem Art 59 II 1 GG der Transformation in nationales Recht. Des Umsetzungsakts bedarf es nicht beim sog self-executing treaty (HWK/*Thüsing* vor § 611 Rn 133). Wichtige internationale Verträge sind insb die **Europäische Konvention zum Schutz der Menschenrechte und Grundfreiheiten** vom 4.11.1950, die **Europäische Sozialcharta** vom 18.10.1961 und der **Int Pakt über wirtschaftliche, soziale und kulturelle Rechte** vom 16.12.1966. Nach nicht unbestrittener Auffassung ist unter diesen AbK die Sozialcharta nicht self-executing, gilt also nicht als unmittelbar anwendbares Recht. Weil Deutschland sich aber zur Durchführung der Sozialcharta verpflichtet hat, ist sie bei der Auslegung und Rechtsfortbildung von Gesetzen zu beachten (*Franzen* AR-Blattei SD Nr 920 Rn 8).

30 Darüber hinaus sind die **Übk und Empfehlungen der ILO** zu erwähnen. Während Letztere nicht verbindlich sind, werden die ILO-Übk mit ihrer Ratifikation für den Mitgliedstaat verbindlich. In Deutschland bedarf es zur innerstaatlichen Geltung zusätzlich der Transformation. Der Einfluss der ILO-AbK wird mit Blick auf die zunehmende Bedeutung des Rechts der EU als abnehmend eingestuft (ErfK/*Preis* § 611 Rn 201).

31 **II. Recht der Europäischen Union. 1. Allgemeines.** Die Regelungen im AEUV über das ArbR sind weder sehr zahlreich noch vollständig zu einem System ausgeprägt, erst im Laufe der Zeit wurden die arbeitsrechtlichen Kompetenzen der EU ausgedehnt. Für das europäische ArbR gilt das **Prinzip der begrenzten Einzelermächtigung**: Nur soweit die Verträge eine Zuständigkeit vorsehen, kann der europäische Gesetzgeber Recht setzen (Hanau/Steinmeyer/Wank/*Steinmeyer* § 9 Rn 286). Das europäische ArbR wirkt als **supranationales Recht** auf das nationale Recht ein. Mit wachsenden Kompetenzen der EU auf diesem Gebiet wächst die Bedeutung des europäischen ArbR.

32 Bei den Rechtsquellen des Gemeinschaftsrechts sind das Primärrecht und das Sekundärrecht zu unterscheiden. Zum **Primärrecht** zählen die **Gemeinschaftsverträge, die dazugehörigen Protokolle, die allg Rechtsgrundsätze des Gemeinschaftsrechts und das Gewohnheitsrecht der Europäischen Gemeinschaften** (*Streinz/Schröder* Art 288 AEUV Rn 17 f). Wichtige materielle Regelungen des AEUV sind die Vorschriften über die **AN-Freizügigkeit** (Art 45 AEUV) und der Grundsatz der **Entgeltgleichheit** (Art 157 AEUV). Bes Bedeutung hat ferner Art 153 AEUV, der die Schaffung von RL auf arbeitsrechtlich relevanten Gebieten ermöglicht. Auch Art 19 AEUV, der Grundlage für die europäische Rechtsetzung zur Bekämpfung von Diskriminierung ist, hat auf das ArbR erheblichen Einfluss. **Sekundäres Gemeinschaftsrecht** wird von den Organen der EU erlassen (Hanau/Steinmeyer/Wank/*Wank* § 9 Rn 49). Die Ermächtigung zu dieser Rechtsetzung stammt aus Art 288 AEUV, der als mögliche Rechtshandlungen **VO, RL, Entscheidung, Empfehlung und Stellungnahme** auflistet. Das europäische ArbR ist vor allem durch RL geprägt. RL sind an die Mitgliedstaaten gerichtet. Sie enthalten bestimmte verbindliche Ziele, überlassen die Wahl der Mittel zur Zielerreichung aber den Mitgliedstaaten (*Schlachter* S 28). Während die Art 45, 157 AEUV unmittelbar anwendbares Primärrecht sind und deshalb ohne weiteren Umsetzungsakt Rechte und Pflichten für den Einzelnen begründen, entfalten RL – jedenfalls zunächst – **keine unmittelbare Wirkung ggü dem Einzelnen**. Sie wirken für die Rechtssubjekte in den Mitgliedstaaten erst vermittelt über ein **Umsetzungsgesetz** (*Streinz/Schröder* Art 288 AEUV Rn 68). RL können ausnahmsweise Ansprüche von Bürgern gegen den Staat begründen (vertikale Wirkung), wenn dieser die RL nicht innerhalb der Umsetzungsfrist korrekt umgesetzt hat und die RL-Bestimmung inhaltlich unbedingt und hinreichend genau ist. Unmittelbare Wirkung zwischen Privaten (horizontale Wirkung) entfaltet die RL auch dann nicht (*Streinz/Schröder* Art 288 AEUV Rn 106 ff, 114, 116).

Unmittelbar anwendbares Gemeinschaftsrecht hat Vorrang vor dem nationalen Recht. Wenn nationales 33
Recht und unmittelbar anwendbares Gemeinschaftsrecht kollidieren, geht das Gemeinschaftsrecht vor, das
nationale Recht wird verdrängt (*Franzen* S 255 f; *Kamanabrou* NZA 2004, 950, 952). Ferner ist nationales Recht aufgrund des Vorrangs des Gemeinschaftsrechts **gemeinschaftskonform** – insb richtlinienkonform – **auszulegen**. Das nationale Recht ist iRd methodisch Zulässigen so auszulegen, dass ein RL-Verstoß
nicht gegeben ist und darüber hinaus das Ziel der RL möglichst gut erreicht wird. Das gilt auch, wenn die
Auslegung in einem Rechtsstreit zwischen Privaten erfolgt (EuGH 5.10.2004, Rs C-397/01 – C-403/01,
EzA Richtlinie 93/104 EGV Nr 1 Rn 116, 119). Lässt sich das nationale Recht nicht richtlinienkonform
auslegen, schlägt der Inhalt der RL ggü den Privaten nicht durch.

2. Einzelne Regelungsgegenstände. Die Rechtsetzung durch RL ist im Individualarbeitsrecht stärker 34
ausgeprägt als im kollektiven ArbR. Zur Regelung des Koalitionsrechts und der wichtigsten Bereiche des
Arbeitskampfrechts fehlt der EU nach Art 153 V AEUV die Kompetenz. Zu erwähnen ist im kollektiven
Bereich vor allem die neu gefasste und bis zum 5.6.2011 umzusetzende **EBR-RL** 2009/38/EG (ABl EG Nr
L 122 vom 6.5.2009), die die RL 94/45/EG ersetzt. Ferner betrifft die RL 2001/86/EG (ABl Nr L 294 vom
8.10.2001) zur Ergänzung des Status der Europäischen Gesellschaft hins der Beteiligung der AN die **Mitbestimmung der AN in der europäischen Aktiengesellschaft.** Schließlich sieht die RL 2002/14/EG (ABl EG
Nr L 80 vom 23.2.2002) zur Festlegung eines allg Rahmens für die **Unterrichtung und Anhörung der AN**
in der EG Informationspflichten ggü den AN vor.
Auf dem Gebiet des Individualarbeitsrechts sind VO und RL zur **AN-Freizügigkeit** ergangen (dazu 35
Art 45 AEUV Rdn 13, 15 f). Auch zu Art 157 AEUV wurden mehrere RL erlassen. Großen Raum nehmen
RL auf dem Gebiet des **technischen und sozialen Arbeitsschutzes** ein. Hier ist zum einen die RL 89/391/
EWG (ABl EG Nr L 183 vom 29.6.1989) über die Durchführung von **Maßnahmen zur Verbesserung
der Sicherheit und des Gesundheitsschutzes der AN bei der Arbeit** zu nennen, die den Rahmen für den
Arbeitsschutz bildet, zum anderen die RL 80/1107/EWG zum **Schutz der AN vor Gefährdung durch
chemische, physikalische und biologische Stoffe bei der Arbeit** (ABl EG Nr L 327 vom 3.12.1980). Dem
Schutz bestimmter Personengruppen dienen die RL 92/85/EWG (sog **Mutterschutz-RL**, ABl EG Nr L 348
vom 28.11.1992) und 94/33/EWG (sog **Jugendarbeitsschutz-RL**, ABl EG Nr L 216 vom 20.8.1994). In
den Bereich des sozialen Schutzes fallen auch die **Arbeitszeit-RL** (93/104/EWG, ABl EG Nr L 307 vom
13.12.1993) und die RL über den **Arbeitsschutz bei befristeter Beschäftigung und bei Leiharbeit** (91/383/
EWG, ABl EG Nr L 206 vom 29.7.1991). Die vorstehenden RL wurden durch die Gefahrstoffverordnung,
das ArbSchG, AÜG, MuSchG und JArbSchG umgesetzt. Weitere wichtige RL sind die RL 2001/23/EG
zur Angleichung der Rechtsvorschriften der Mitgliedstaaten über die **Wahrung von Ansprüchen der AN
beim Übergang von Unternehmen, Betrieben oder Unternehmens- oder Betriebsteilen** (sog Betriebsübergangs-RL, ABl EG Nr L 82 vom 22.3.2001, umgesetzt durch § 613a), die **Teilzeit-RL** (97/81/EG ABl EG
Nr 14 vom 20.1.1998), die **Befristungs-RL** 1999/70/EG (ABl EG Nr L 175 vom 10.7.1999, gemeinsam
mit der Teilzeit-RL umgesetzt durch das TzBfG), die RL 98/59/EG zur Angleichung der Rechtsvorschriften
der Mitgliedstaaten über **Massenentlassungen** (ABl EG Nr L 225 vom 12.8.1998, umgesetzt durch die
§§ 17 ff KSchG), die **Nachweis-RL** (RL 91/533/EWG, ABl EG Nr L 288 vom 18.10.1991, umgesetzt
durch das NachwG) und die bis zum 5.12.2011 umzusetzende **Leiharbeits-RL** (2008/104/EG, ABL EG Nr
L 327 vom 5.12.2008). Ferner sind zu erwähnen, die durch das BEEG umgesetzte **Elternurlaubs-RL** 96/34/
EG (ABl EG Nr L 145 vom 19.6.1996), die **Entsende-RL** 96/71/EWG (ABl EG Nr L 18 vom 21.1.1997,
umgesetzt durch das AEntG) und die RL 2008/94 EG über den **Schutz der AN bei Zahlungsunfähigkeit
des AG**, die die RL 80/987/EWG ersetzt. Verhältnismäßig jung sind die RL 2000/43/EG zur Anwendung
des Gleichbehandlungsgrundsatzes ohne Unterschied der Rasse oder der ethnischen Herkunft (ABl EG
Nr L 180 vom 19.7.2000), die RL 2000/78/EG zur Festlegung eines **allg Rahmens für die Verwirklichung der Gleichbehandlung in Beschäftigung und Beruf** (ABl EG Nr L 303 vom 2.12.2000) sowie die
RL 2006/54/EG zur Verwirklichung des Grundsatzes der **Chancengleichheit und Gleichbehandlung von
Männern und Frauen** in Arbeits- und Beschäftigungsfragen (ABL EG Nr L 303 vom 26.7.2007), die im
AGG umgesetzt wurden. Bei der RL 2006/54/EG handelt es sich um eine Neufassung und Zusammenführung mehrerer RL, darunter die RL 97/80/EG über die Beweislast bei Diskriminierung aufgrund des
Geschlechts und die Gleichbehandlungs-RL 76/207/EWG.

III. Verfassungsrecht. Das GG hat für das ArbR zum einen als **Kontroll- und Auslegungsmaßstab** für das 36
einfache Recht Bedeutung. Zum anderen spielt die Frage der **Grundrechtsbindung Privater** im ArbR eine
große Rolle. Zunehmend an Bedeutung gewinnt die **Schutzgebotsfunktion der Grundrechte**, die den Staat
zu gesetzgeberischem Handeln verpflichten kann. S iE die Kommentierung zum GG.

37 **IV. Einfache Gesetze.** Das ArbR ist nach Art 74 I Nr 12 GG **Gegenstand der konkurrierenden Gesetzgebung** von Bund und Ländern. Landesgesetze zum ArbR sind selten, die größte Bedeutung haben die Weiterbildungsgesetze der Länder. Die meisten **arbeitsrechtlichen Gesetze** sind aus Gründen des AN-Schutzes **einseitig zwingend**, können also nicht zum Nachteil des AN abbedungen werden. Während die einseitig zwingende Wirkung in einigen Normen ausdrücklich angeordnet ist (zB § 619, § 13 I 3 BUrlG, § 12 EFZG), ergibt sie sich bei anderen Vorschriften durch Auslegung aus dem Normzweck. Zweiseitig zwingende Gesetze sind selten. Sie werden dort eingesetzt, wo Interessen der Allgemeinheit oder Dritter betroffen sind (zB § 8 I MuSchG, ErfK/*Schlachter* § 8 MuSchG Rn 1). Handelt es sich um **dispositives Recht**, so sind abw Vereinbarungen auch zuungunsten des AN möglich. Das gilt zB für § 613. Häufiger ist **tarifdispositives Recht**, das lediglich durch TV, nicht aber durch BV oder Arbeitsvertrag zuungunsten des AN geändert werden kann. Tarifdispositiv sind zB nach § 13 I 1 BUrlG Teile des BUrlG und nach § 12 III 1 die Regelungen des TzBfG über Arbeit auf Abruf. § 14 II 3 TzBfG gestattet tarifvertragliche Abweichungen von § 14 II 1 TzBfG.

38 **V. Rechtsverordnungen.** Arbeitsrechtliche Rechtsverordnungen sind selten. Abgesehen von VO auf dem Gebiet des Arbeitsschutzes ist die WO zum BetrVG zu erwähnen.

39 **VI. Satzungen.** Auch Satzungen spielen im ArbR grds nur eine geringe Rolle. Erwähnenswert sind aber die BGV der Berufsgenossenschaften.

40 **VII. TV.** Tarifvertragliche Rechtsnormen wirken zwischen den tarifgebundenen AN und AG unmittelbar und zwingend, §§ 3, 4 TVG. S iE die Kommentierung zum TVG.

41 **VIII. BV und Dienstvereinbarungen.** Betriebs- und Dienstvereinbarungen wirken in ihrem Geltungsbereich ebenfalls unmittelbar und zwingend. Für die BV ist das in § 77 IV BetrVG ausdrücklich geregelt.

42 **IX. Arbeitsvertrag.** Wesentliches Mittel zur Gestaltung der Rechtsbeziehungen zwischen AG und AN ist neben dem TV der Arbeitsvertrag. Arbeitsverträge können als **frei ausgehandelte Verträge oder als Formulararbeitsverträge** auftreten, Letztere unterliegen der Inhaltskontrolle nach den §§ 305 ff. Für ausgehandelte Verträge hat das BAG eine Billigkeitskontrolle nach Inkrafttreten der §§ 305 ff abgelehnt (BAG 28.9.2005, 5 AZR 52/05, EzA § 307 BGB 2002 Nr 8). Da das BAG den AN als Verbraucher ansieht (BAG 25.5.2005, 5 AZR 572/04, EzA § 307 BGB 2002 Nr 3), ist § 310 III zu beachten.

43 **1. Einheitsregelung und Gesamtzusage.** Auf arbeitsvertraglichem Niveau liegen Einheitsregelung und Gesamtzusage. **Einheitsregelungen sind formularmäßige Arbeitsbedingungen**, die durch Willenserklärungen beider Parteien Vertragsbestandteil werden (MüKo-BGB/*Müller-Glöge* § 611 Rn 409). **Eine Gesamtzusage liegt vor, wenn der AG bekannt gibt, dass er jedem AN, der bestimmte Voraussetzungen erfüllt, eine bestimmte Leistung gewährt.** In der Zusage liegt ein Vertragsangebot, wobei der AG auf den Zugang der Annahmeerklärung nach § 151 verzichtet (BAG 17.11.2009, 9 AZR 765/08, EzA § 242 BGB 2002 Betriebliche Übung Nr 12; 4.6.2008, 4 AZR 421/07, NZA 2008, 1360, 1362). Erfolgt die Zusage über das Intranet des Betriebs, kommt es für den Adressatenkreis darauf an, ob der AN zur Nutzung des Intranets berechtigt war (BAG 22.1.2003, 10 AZR 395/02, EzA § 611 BGB 2002 Gratifikation, Prämie Nr 1). Gesamtzusagen bedürfen zu ihrer Wirksamkeit des Zugangs beim AN, der gegeben ist, wenn die Gesamtzusage ggü den AN in einer Form verlautbart wird, die den einzelnen AN typischerweise in die Lage versetzt, von der Erklärung Kenntnis zu nehmen. Die **tatsächliche Kenntnis jedes einzelnen AN ist nicht erforderlich** (BAG 24.1.2006, 3 AZR 583/04, AP BGB § 313 Nr 1). Die zugesagte Leistung wird Bestandteil des Arbeitsvertrags (BAG 15.2.2005, 9 AZR 116/04, EzA § 612a BGB 2002 Nr 2). Der AG darf sie nur dann einseitig widerrufen, wenn er sich den Widerruf oder die Änderung vorbehalten hat. Die zugesagte Leistung ist grds durch das Günstigkeitsprinzip ggü ungünstigeren kollektiven Regelungen geschützt. Nach einer Entscheidung des Großen Senats des BAG kommt aber eine **Verschlechterung der durch Gesamtzusage begründeten Rechte durch BV** in Betracht, wenn die Geschäftsgrundlage der Gesamtzusage gestört ist, der AG sich den Widerruf der Gesamtzusage vorbehalten oder sie unter den Vorbehalt einer abändernden Neuregelung durch BV gestellt hat, oder wenn die Neuregelung durch BV zumindest bei kollektiver Betrachtung insgesamt nicht ungünstiger als die abgelöste Gesamtzusage ist. Eine Neuregelung muss aber jedenfalls die Gebote des Vertrauensschutzes und der Verhältnismäßigkeit wahren (BAG 16.9.1986, GS 1/82, EzA § 77 BetrVG 1972 Nr 17). Da es bei Gesamtzusagen meist um Sozial- oder Geldleistungen geht, ist das Mitbestimmungsrecht des BR nach § 87 I Nr 8, 10 BetrVG zu beachten, weshalb sich eine Regelung durch BV anbietet. Eine unwirksame BV kann grds in eine Gesamtzusage oder Einheitsregelung umgedeutet werden (BAG 5.3.1997, 4 AZR 532/95, EzA § 77 BetrVG 1972 Nr 58).

2. Betriebliche Übung. Eine weitere Rechtsquelle auf arbeitsvertraglichem Niveau ist die betriebliche 44
Übung. Obwohl eine betriebliche Übung auch Pflichten von AN zur Folge haben kann, liegt ihre Bedeutung in der Begründung von Ansprüchen der AN im Bereich der freiwilligen Sonderleistungen. Die **dogmatische Grundlage** der betrieblichen Übung **ist str**. Inzwischen fokussiert sich die Diskussion auf 2 schuldrechtliche Begründungsansätze, normative Theorien sind in den Hintergrund getreten (s aber *Thüsing* NZA 2005, 718, 721). Nach der von der Rspr favorisierten **Vertragstheorie** macht der AG durch die regelmäßige Wiederholung bestimmter Verhaltensweisen ein vertragliches Angebot, das der AN stillschweigend annimmt. Der Zugang der Annahmeerklärung beim AG soll nach § 151 entbehrlich sein (BAG 28.2.1996, 10 AZR 516/95, EzA § 611 BGB Gratifikation, Prämie Nr 139). Diese Begründung wird in der Lit als Fiktion kritisiert (*Hromadka* NZA 1984, 241, 243; ausf zur Vertragstheorie *Waltermann* RdA 2006, 257, 259 ff). Demggü stützen sich die Vertreter der **Theorie der Vertrauenshaftung** auf § 242. Der AG, der durch mehrfaches gleichförmiges Verhalten ein Vertrauen bei den AN erzeugt hat, verhalte sich widersprüchlich, wenn er von diesem Verhalten wieder abrückt (*Canaris* S 387 ff; *Hromadka* NZA 1984, 241, 244 f; *Seiter* S 93 ff). Für eine betriebliche Übung verlangt das BAG ein kollektives Element. Sie beziehe sich auf eine Vielzahl oder zumindest eine abgrenzbare Gruppe von AN, ohne dass individuelle Besonderheiten die vertraglichen Beziehungen gestalten (BAG 21.4.2010, 10 AZR 163/09, NZA 2010, 808, 809). Fehlt das kollektive Element, kann der AN durch die Leistung dennoch einen Anspruch erworben haben. Maßgeblich ist, ob der AN aus einem tatsächlichen Verhalten des AG auf ein Angebot schließen konnte, das er gem § 151 BGB durch schlüssiges Verhalten angenommen hat (BAG 13.5.2015, 10 AZR 266/14, NZA 2015, 992; 14.9.2011, 10 AZR 526/10, EzA § 307 BGB 2002 Nr 54).

Voraussetzung für eine anspruchsbegründende betriebliche Übung ist ein **wiederholtes Verhalten des AG**, 45
aus dem die AN schließen können, ihnen solle eine Leistung oder eine Vergünstigung auf Dauer gewährt werden. Zahlt ein AG über mehrere Jahre hinweg neben einer tariflichen und einer aus einer BV begründeten Sonderzuwendung vorbehaltlos eine weitere jährliche Sonderzahlung, entsteht ein Anspruch aus betrieblicher Übung (BAG 29.8.2012, 10 AZR 571/11, EzA § 242 BGB 2002 Betriebliche Übung Nr 15). Hinsichtlich der Anzahl der erforderlichen Wiederholungen gilt Folgendes: Nach der Rspr soll eine dreimalige vorbehaltslose Leistung einer Weihnachtsgratifikation eine betriebliche Übung begründen (BAG 23.4.1963, 3 AZR 173/62, AP BGB § 611 Gratifikation Nr 26; 1.4.2009, 10 AZR 393/08, ZTR 2009, 485; auf Ruhegeld übertragen von BAG 30.4.1984, 3 AZR 236/82, EzA § 242 BGB Betriebliche Übung Nr 14). Eine allg gültige Regelung, nach welcher Anzahl von Leistungen der AN davon ausgehen darf, dass er die Leistung auch in Zukunft erhalten wird, gibt es nicht. Bei anderen Sozialleistungen als jährlichen Gratifikationszahlungen ist auf Art, Dauer und Intensität der Leistungen abzustellen. Das BAG will auf die Zahl der Anwendungsfälle im Verhältnis zur Belegschaftsstärke sowie auf Art und Inhalt der Leistungen abstellen. Weniger wichtige Leistungen werden danach erst nach mehrfacher Wiederholung verbindlich (BAG 28.5.2008, 10 AZR 274/07, EzA § 242 BGB 2002 Betriebliche Übung Nr 8). Für ein jährlich gezahltes Treuegeld hat das BAG eine viermalige Zahlung als ausreichend angesehen (BAG 28.6.2006, 10 AZR 385/05, EzA § 242 BGB 2002 Betriebliche Übung Nr 7). Die Leistung muss nicht in gleichförmiger Höhe erbracht werden, um als Vertragsangebot gewertet werden zu können. Seine ältere Rspr, nach der aus Leistungen in unterschiedlicher Höhe nur eine Zahlung für das jeweilige Jahr abzuleiten ist (BAG 28.2.1996, 10 AZR 516/95, EzA § 611 BGB Gratifikation, Prämie Nr 139), hat der 10. Senat 2015 – wenn auch im Kontext des konkludenten Vertragsschlusses mit einem einzelnen AN – ausdrücklich aufgegeben (BAG 13.5.2015, 10 AZR 266/14, NZA 2015, 992, 993). Es kommt nicht darauf an, ob der Anspruch stellende AN selbst bereits in die Übung einbezogen wurde. Das wird bei Leistungen wie Jubiläumsgeldern relevant, auf die ein Anspruch auch erworben werden kann, wenn der betroffene AN bisher die Leistung nicht erhalten hat (BAG 28.5.2008, 10 AZR 274/07, EzA § 242 BGB 2002 Betriebliche Übung Nr 8). Ferner kann ein Anspruch auch entstehen, wenn die an einige AN erbrachte Leistung den übrigen AN nicht mitgeteilt wird und der AG sie nicht allg im Betrieb veröffentlicht. Das BAG geht von einem allg Erfahrungssatz aus, nach dem begünstigende Leistungen der Belegschaft bekannt werden. Nach wie vielen geleisteten Zahlungen ein AN darauf schließen kann, die Leistung ebenfalls zu erhalten, ist nach den üblichen Maßstäben – Dauer und Intensität der Leistungen, Zahl der Leistungsfälle im Verhältnis zur Belegschaftsstärke – zu bestimmen (BAG 17.11.2009, 9 AZR 765/08, EzA § 242 BGB 2002 Betriebliche Übung Nr 12).

Der AG kann eine betriebliche Übung verhindern, indem er unmissverständlich einen entspr Vorbehalt 46
erklärt (BAG 16.4.1997, 10 AZR 705/96, EzA § 242 BGB Betriebliche Übung Nr 39). Dabei ist dem AG die Form des Vorbehalts freigestellt, er kann ihn durch Aushang oder Rundschreiben oder durch Erklärung ggü dem einzelnen AN bekannt geben (BAG 6.9.1994, 9 AZR 672/92, EzA § 242 BGB Betriebliche Übung Nr 31). Als Vorbehalt genügt die Erklärung, die Vergünstigung gelte nur für das jeweilige Jahr (BAG 6.9.1994, 9 AZR 672/92, EzA § 242 BGB Betriebliche Übung Nr 31). Auch die Zusätze »wie in

den Vorjahren« und »auch in diesem Jahr« hat das BAG als die betriebliche Übung hindernde Vorbehalte anerkannt (BAG 12.1.1994, 5 AZR 41/93, EzA § 242 BGB Betriebliche Übung Nr 30). Dieselbe Wirkung wie einem Freiwilligkeitsvorbehalt misst das BAG der Formulierung zu, eine Leistung sei einmalig und schließe zukünftige Ansprüche aus (BAG 18.3.2009, 10 AZR 289/08, EzA § 242 BGB 2002 Betriebliche Übung Nr 9). Ein formularvertraglicher Freiwilligkeitsvorbehalt muss dem Transparenzgebot genügen (BAG 8.12.2010, 10 AZR 671/09, EzA § 307 BGB 2002 Nr 51; 30.7.2008, 10 AZR 606/07, EzA § 307 BGB 2002 Nr 38, s dazu § 308 Rdn 6), das ist bei der Formulierung, eine Leistung erfolge freiwillig und mit der Maßgabe, dass auch mit einer wiederholten Zahlung kein Rechtsanspruch für die Zukunft begründet wird, der Fall (BAG 21.1.2009, 10 AZR 219/08, EzA § 307 BGB 2002 Nr 41). Wird der Freiwilligkeitsvorbehalt mit einem Widerrufsvorbehalt kombiniert, ist die Klausel wegen Intransparenz unwirksam, der AG kann sich dann auf den Freiwilligkeitsvorbehalt nicht berufen (BAG 14.9.2011, 10 AZR 526/10, EzA § 307 BGB 2002 Nr 54). Bezieht sich der Freiwilligkeitsvorbehalt auf Sonderzahlungen, so ist er unabhängig von der Höhe der Leistung zulässig (BAG 18.3.2009, 10 AZR 289/08, EzA § 242 BGB 2002 Betriebliche Übung Nr 9). Das BAG hat außerdem den Gesichtspunkt der Geringfügigkeit herangezogen, um eine anspruchsbegründende Wirkung des Verhaltens des AG zu verneinen. Wenn keine materiell ins Gewicht fallende Leistung, sondern lediglich eine Annehmlichkeit gewährt würde, spreche das gegen eine vertrauensbegründende Handlung (BAG 12.1.1994, 5 AZR 41/93, EzA § 242 BGB Betriebliche Übung Nr 30; 16.4.1997, 10 AZR 705/96, EzA § 242 BGB Betriebliche Übung Nr 39). Die geringe Höhe der Leistung allein schließt aber das Entstehen einer betrieblichen Übung nicht aus (BAG 29.4.2003, 3 AZR 339/02, EzA § 1 BetrAVG Betriebliche Übung Nr 4).

47 Verrechnet sich der AG bei der Anwendung einer Versorgungsordnung, so lehnt das BAG einen Anspruch auf die Fortzahlung der überzahlten Beträge aufgrund betrieblicher Übung ab (BAG 23.4.2002, 3 AZR 224/01, EzA § 1 BetrAVG Betriebliche Übung Nr 2; s.a. 16.4.2003, 4 AZR 373/02, EzA § 242 BGB 2002 Betriebliche Übung Nr 1). **Irrtümer begründen** jedenfalls dann **keine betriebliche Übung, wenn sie für den AN erkennbar waren** (BAG 26.5.1993, 4 AZR 130/93, EzA § 242 BGB Betriebliche Übung Nr 29). Die Frage, ob bei wiederholtem, von der Rechtsgrundlage abw Verhalten im Zweifel eine die Entstehung einer betrieblichen Übung ausschließende irrige Normanwendung anzunehmen ist oder nicht, blieb offen (dazu *Bepler* RdA 2004, 226, 234; s.a. BAG 24.3.2010, 10 AZR 43/09, EzA § 242 BGB 2002 Betriebliche Übung Nr 13).

48 Wenn ein nicht tarifgebundener AG das Entgelt entspr der Tarifentwicklung erhöht, begründet dieses Verhalten nicht ohne Weiteres einen **Anspruch aus betrieblicher Übung auf zukünftige Lohnerhöhungen entspr der Tarifentwicklung**. Der AG wolle regelmäßig die Entscheidungsfreiheit für die künftige Gehaltsentwicklung behalten und sich nicht der Regelungsmacht der TV-Parteien unterwerfen (BAG 19.10.2011, 5 AZR 359/10, EzA § 242 BGB 2002 Betriebliche Übung Nr 14; 13.3.2002, 5 AZR 755/00, EzA § 259 ZPO Nr 1). Regelmäßige Erhöhungen sollen auch bei tarifgebundenen AG keine betriebliche Übung begründen. Der AG wolle in diesen Fällen nur der Verpflichtung aus dem TV nachkommen und die AN gleichbehandeln (BAG 3.11.2004, 5 AZR 622/03, EzA § 242 BGB 2002 Betriebliche Übung Nr 4). Allerdings kann sich unabhängig von der Tarifbindung des AG aus der Gewährung tarifvertraglicher Leistungen eine Bezugnahme auf den TV im Wege der betrieblichen Übung ergeben. Die Frage der Tarifbindung spielt nach der Rspr des BAG für die Reichweite der Bezugnahme eine Rolle (BAG 19.1.1999, 1 AZR 606/98, EzA § 3 TVG Bezugnahme auf Tarifvertrag Nr 10; s.a. *Henssler* FS BAG, 2004, S 683, 693 ff). Wie Bezugnahme durch betriebliche Übung und bloße Gleichbehandlung hier voneinander abzugrenzen sind, bleibt unklar.

49 Da die **öffentl AG** ua durch die Festlegungen des **Haushaltsplans** gebunden sind und deshalb anders als private AG die Mindestbedingungen des Tarifrechts und die Haushaltsvorgaben beachten müssen, gilt **im öffentl Dienst im Zweifel Normvollzug**. Deshalb muss ein AN grds davon ausgehen, dass ihm sein AG nur die Leistungen gewähren will, zu denen er rechtlich verpflichtet ist. Auch bei langjähriger Gewährung von nicht geschuldeten Vergünstigungen darf der AN daher ohne bes Anhaltspunkte nicht darauf vertrauen, die Übung sei Vertragsinhalt geworden und werde unbefristet weitergewährt. Er muss vielmehr mit einer Korrektur rechnen (BAG 14.9.1994, 5 AZR 679/93, EzA § 242 BGB Betriebliche Übung Nr 32; 16.11.2005, 10 AZR 108/05, ZTR 2006, 313, 315; zust *Bepler* RdA 2004, 226, 230 f; s zu einem Ausnahmefall BAG 16.7.1996, 3 AZR 352/95, EzA § 1 BetrAVG Betriebliche Übung Nr 1).

50 **Schriftformklauseln** können uU das Entstehen einer betrieblichen Übung verhindern. Eine **einfache Schriftformklausel** hat diese Wirkung allerdings nicht, da die rechtsgeschäftlich vereinbarte Schriftform jederzeit stillschweigend aufgehoben werden kann. Dabei ist nicht erforderlich, dass die Parteien bei der mündlichen Abrede an die Schriftform gedacht haben (BAG 20.5.2008, 9 AZR 382/07, EzA § 307 BGB 2002 Nr 37; 28.10.1987, 5 AZR 518/85, EzA § 125 BGB Nr 10). Dagegen verhindert nach der Rspr des BAG eine **doppelte Schriftformklausel**, die nicht nur die zusätzliche Abrede, sondern auch die Änderung der

Schriftformklausel dem Formerfordernis unterstellt, eine betriebliche Übung. Schriftformklauseln müssten nicht schon wegen des Grundsatzes der Vertragsfreiheit stets mündlich abdingbar sein, um zu vermeiden, dass § 125 S 2 leer läuft. Auch der in § 305b normierte Grundsatz des Vorrangs der Individualabrede greife nicht ein, da es sich bei einer betrieblichen Übung nicht um eine individuell ausgehandelte Verpflichtung handele (BAG 24.6.2003, 9 AZR 302/02, EzA § 125 BGB 2002 Nr 2). Die Lit warnt allerdings zu Recht vor der Verwendung vorformulierter doppelter Schriftformklauseln, da sie als zu weit gehende Klauseln unter AGB-rechtlichen Gesichtspunkten unwirksam seien und damit auch keinen Schutz vor betrieblichen Übungen böten (*Hromadka* DB 2004, 1261, 1265). Diese Einschätzung hat sich in einem Urteil des BAG aus dem Jahr 2008 bestätigt, in dem das Gericht eine doppelte Schriftformklausel in einem vorformulierten Arbeitsvertrag für unwirksam erklärte, weil sie jedenfalls bei ausdrücklichen mündlichen Abreden zu einer unzutreffenden Belehrung über die Rechtslage führen könne. Da eine geltungserhaltende Reduktion der zu weiten Klausel nicht in Betracht kam, konnte das BAG offen lassen, ob eine doppelte Schriftformklausel zulässig ist, wenn sie allein die Entstehung betrieblicher Übungen erfasst (BAG 20.5.2008, 9 AZR 382/07, EzA § 307 BGB 2002 Nr 37). Eine **tarifliche Schriftformklausel** stellt ein **gesetzliches Schriftformerfordernis iSd § 126** auf. Die Nichtbeachtung der Formvorschrift führt zur Unwirksamkeit des Rechtsgeschäfts, eine betriebliche Übung kann nicht entstehen (BAG 18.9.2002, 1 AZR 477/01, EzA § 242 BGB Betriebliche Übung Nr 48). Ausnahmsweise kann die Berufung auf das Schriftformerfordernis rechtsmissbräuchlich sein (BAG 7.9.1982, 3 AZR 5/80, EzA § 242 BGB Betriebliche Übung Nr 8).

Für **neu eintretende AN** gilt die betriebliche Übung ebenfalls, wenn nicht der AG mit ihnen Abw vereinbart (zu Gleichbehandlungsaspekten *Bepler* RdA 2004, 226, 238). Dazu reicht allerdings die bloße Nichtgewährung der durch betriebliche Übung begründeten Leistung nicht aus (BAG 10.8.1988, 5 AZR 571/87, EzA § 242 BGB Betriebliche Übung Nr 25). Die durch die betriebliche Übung entstandenen **Ansprüche kann der AG nicht einseitig durch Widerruf vernichten** (BAG 14.8.1996, 10 AZR 69/96, EzA § 611 BGB Gratifikation, Prämie Nr 144). Etwas anderes gilt nur, wenn er sich den Widerruf wirksam vorbehalten hat, wobei ggf die §§ 305 ff zu beachten sind (s zur Inhaltskontrolle von Widerrufsvorbehalten § 308 Rdn 3 f; *Ricken* DB 2006, 1372, 1373 f). Eine Änderung durch BV muss sich der AG ebenfalls vorbehalten, wenn er verhindern will, dass eine betriebliche Übung entsteht, die Vorrang vor ungünstigeren Regelungen in BVen hat (BAG 5.8.2009, 10 AZR 483/08, EzA § 242 BGB 2002 Betriebliche Übung Nr 10). Mangels eines wirksamen Widerrufsvorbehalts bedarf es zur Beseitigung eines Anspruchs aus betrieblicher Übung einer **Änderungsvereinbarung oder -kündigung**. Eine Zeit lang ging das BAG davon aus, dass eine solche Änderungsvereinbarung auch konkludent durch **gegenläufige betriebliche Übung** geschlossen werden kann (BAG 26.3.1997, 10 AZR 612/96, EzA § 242 BGB Betriebliche Übung Nr 38; 4.5.1999, 10 AZR 290/98, EzA § 242 BGB Betriebliche Übung Nr 43; s dazu *Maties* Die gegenläufige betriebliche Übung, 2003; *Franzen* SAE 1997, 344 ff; *Waltermann* RdA 2006, 257, 268 f). Diese Rspr hat das BAG 2009 aufgegeben. Es sei mit § 308 Nr 5 BGB nicht zu vereinbaren, wenn man die dreimalige widerspruchslose Entgegennahme einer vom AG ausdrücklich unter dem Vorbehalt der Freiwilligkeit gezahlten Gratifikation durch den AN so verstehe, dass sie die Verpflichtung des AG zur Leistung beende (BAG 25.11.2009, 10 AZR 779/08, EzA § 242 BGB 2002 Betriebliche Übung Nr 11; 18.3.2009, 10 AZR 281/08, EzA § 242 BGB 2002 Betriebliche Übung Nr 9; mit zusätzlicher Begründung für die Situation im Betriebsrentenrecht BAG 16.2.2010, 3 AZR 118/08, EzA § 1 BetrAVG Betriebliche Übung Nr 10).

X. Weisungsrecht. Das Weisungsrecht des AG gehört zum Wesen des Arbeitsvertrags und ist eine weitere Rechtsquelle für das Arbeitsverhältnis. Seit dem 1.1.2003 ist es in § 106 GewO geregelt, Einzelheiten s Kommentierung dort.

XI. Richterrecht. Ob das Richterrecht eine Rechtsquelle ist, ist str (s bejahend HWK/*Thüsing* vor § 611 Rn 152, verneinend ErfK/*Preis* § 611 Rn 234), seine praktische Bedeutung ist jedoch unbestritten. So sind zB die AN-Haftung, der allg Weiterbeschäftigungsanspruch und das Arbeitskampfrecht richterrechtlich entwickelt worden. Ob die richterrechtlichen Grundsätze abdingbar sind, ist jeweils gesondert zu klären. UU ist Richterrecht lediglich tarifdispositiv (grdl hierzu *Käppler* Voraussetzungen und Grenzen tarifdispositiven Richterrechts, 1977; *Vossen* Tarifdispositives Richterrecht, 1974).

XII. Rangfolge der Rechtsquellen. Da ganz verschiedene Rechtsquellen auf ein Arbeitsverhältnis einwirken, kann es zu Kollisionen kommen. Wie solche Kollisionen aufzulösen sind, richtet sich danach, ob die Rechtsquellen auf **verschiedener oder gleicher Ebene** stehen. Ausgangspunkt für die Ermittlung der einschlägigen Rechtsquellen ist der Arbeitsvertrag, da sich aus ihm Anhaltspunkte ergeben können, welche gesetzlichen oder tarifvertraglichen Regelungen eingreifen (können).

§ 611 BGB Vertragstypische Pflichten beim Dienstvertrag

55 Nach dem Rangprinzip **geht die ranghöhere Norm der rangniedrigeren** vor. Die Rangfolge lautet danach: Verfassungsrecht, Gesetzesrecht, Rechtsverordnung, TV, BV, Regelungen auf arbeitsvertraglicher Ebene (zur Wirkung des Rechts der EU s.o. Rdn 32 f). Das **Rangprinzip** ist allerdings **mehrfach durchbrochen**. Es wird nicht angewandt, wenn die ranghöhere Norm selbst eine Abweichung gestattet. Das ist zB der Fall bei dispositivem Gesetzesrecht oder TV, die eine Öffnungsklausel enthalten. Eine weitere Durchbrechung des Rangprinzips erfolgt durch das Günstigkeitsprinzip. Es gilt im Verhältnis von Arbeitsvertrag und TV (§ 4 III TVG) und im Verhältnis von Arbeitsvertrag und BV, wenn es auch im BetrVG nicht ausdrücklich niedergelegt ist (s § 77 BetrVG Rdn 34). Die für den AN günstigere rangniedrige Regelung verdrängt in diesen Fällen die ungünstigere ranghöhere Norm.

56 Kollisionen **ranggleicher Normen** werden nach dem **Ablösungs- oder Ordnungsprinzip und dem Spezialitätsprinzip** aufgelöst. Das Ablösungs- oder Ordnungsprinzip besagt, dass die jüngere Regelung der älteren vorgeht, sie also ablöst. Das Spezialitätsprinzip besagt, dass von 2 ranggleichen Regelungen die speziellere vorgeht, ohne dass es auf die zeitliche Reihenfolge ankommt. Danach gehen zB die Regelungen eines Haus-TV den Normen eines Verbands-TV vor.

57 **D. Begründung des Arbeitsverhältnisses. I. Vertragsanbahnung. 1. Stellenausschreibung.** Der AG kann grds frei entscheiden, auf welchem Weg er Kontakt zu Bewerbern sucht. Allerdings kann der BR nach § 93 BetrVG verlangen, dass zu besetzende Arbeitsplätze allg oder für bestimmte Arten von Tätigkeiten vor ihrer Besetzung betriebsintern ausgeschrieben werden (s § 93 BetrVG Rdn 1 ff). Kommt der AG dieser Aufforderung nicht nach, kann das zu einem Zustimmungsverweigerungsrecht des BR nach § 99 II Nr 5 BetrVG führen (s § 99 BetrVG Rdn 64 f). Wenn der BR eine interne Ausschreibung verlangt, hindert das den AG nicht an weiteren Maßnahmen zur Rekrutierung von Bewerbern. Wählt der AG eine Ausschreibung, muss er nach § 7 TzBfG den Arbeitsplatz bei entspr Eignung als Teilzeitarbeitsplatz ausschreiben (s § 7 TzBfG Rdn 2–6). Die Ausschreibung darf nach § 11 AGG nicht unter Verstoß gegen das Benachteiligungsverbot des § 7 I AGG erfolgen (s § 11 AGG Rdn 1 f).

58 **2. Vorstellungskosten.** Wenn der AG den Bewerber zu einem Vorstellungsgespräch einlädt, hat er dem AN nach den §§ 670, 662 die **Vorstellungskosten zu ersetzen** (krit hins der Anspruchsgrundlage ArbRBGB/*Schliemann* § 611 Rn 442). Das gilt auch dann, wenn der AG dem Bewerber die Vorstellung lediglich anheim- oder freigestellt hat (HWK/*Thüsing* § 611 Rn 7; aA *Müller* ZTR 1990, 237, 239). Auch ist die Erstattungspflicht vom späteren Zustandekommen eines Arbeitsverhältnisses unabhängig. Ob der AG die Kosten zu erstatten hat, wenn er ein vom Bewerber gewünschtes Gespräch lediglich nicht ablehnt, ist str (bejahend LAG Nürnberg 25.7.1995, 2 Sa 73/94, LAGE § 670 BGB Nr 12; abl MüKo-BGB/*Müller-Glöge* § 611 Rn 631). **Keine Erstattungspflicht** besteht, **wenn der Bewerber von sich aus den AG aufsucht** (MüKo-BGB/*Müller-Glöge* § 611 Rn 631). Der AG hat ferner die Möglichkeit, die Erstattungspflicht auszuschließen, muss dies aber unmissverständlich erklären (BeckOKArbR/*Joussen* § 611 Rn 20 f). Ist die Erstattung nicht ausgeschlossen, muss der AG die Aufwendungen ersetzen, die der Bewerber für erforderlich halten durfte, dazu gehören Fahrtkosten oder Mehrkosten für Verpflegung und Übernachtung (BAG 29.6.1988, 5 AZR 433/87, EzA § 670 BGB Nr 21). Die Kosten für die Erstellung der Bewerbungsunterlagen trägt grds der Bewerber (ArbRBGB/*Schliemann* § 611 Rn 440). Str ist, ob der AG Verdienstausfall des Bewerbers zu ersetzen hat (bei Erforderlichkeit grds bejahend ErfK/*Müller-Glöge* § 629 Rn 15 mwN; *Brune* AR-Blattei SD Nr 1770 Rn 48). Nach einer Kdg kann ein AN nach § 629 BGB vom bisherigen AG Freistellung für die Stellensuche verlangen.

59 In einem bes gelagerten Einzelfall, in dem der AG die Kostenerstattung zwar auf die Fahrtkosten mit öffentl Verkehrsmitteln beschränkt, in einer Wegbeschreibung aber ua eine Taxifahrt als Anreisemöglichkeit genannt hatte, hat das ArbG Köln dem Bewerber nach den §§ 280 I 1, 311 I Nr 1, 254 I Erstattung der Hälfte der Taxikosten zugesprochen (ArbG Köln 20.5.2005, 2 Ca 10220/04, NZA-RR 2005, 577). Allg gültige Aussagen zu **Taxikosten** sind nicht möglich, da sich die Erforderlichkeit dieser Kosten nach den Umständen des Einzelfalles (ausgeschriebene Position, anderweitige Erreichbarkeit des Betriebs) richtet. Ob die Kosten für die **Benutzung eines Kraftfahrzeugs** zu erstatten sind, ist str (bejahend iRd steuerlichen Sätze bei der Benutzung des eigenen Kfz zu Dienstreisen LAG Nürnberg 25.7.1995, 2 Sa 73/94, LAGE § 670 BGB Nr 12 und ArbG Berlin 25.6.1975, 10 Ca 681/74, DB 1975, 1609; verneinend LAG München 30.5.1985, 9 Sa 986/84, LAGE § 670 BGB Nr 4; vermittelnd MüKo-BGB/*Müller-Glöge* § 611 Rn 632: jedenfalls bis zur Höhe der Kosten eines öffentl Verkehrsmittels). **Flugkosten** hat der AG idR nur nach entspr Zusage zu erstatten (ArbG Hamburg 2.11.1994, 13 Ca 24/94, NZA 1995, 428 (LS); für Flüge aus dem Ausland ArbG Wuppertal 28.4.1983, 2 Ca 926/83, DB 1983, 2257). Eine Ausgleichsklausel, die eine Erledigung aller evtl finanziellen Ansprüche aus dem Arbeitsverhältnis und seiner Beendigung vorsieht, erfasst auch Vorstellungskosten (LAG Nürnberg 29.9.2003, 6 Sa 882/02, NZA-RR 2004, 290).

3. Vorvertragliche Pflichten. Nach § 311 II Nr 1 entsteht durch die Aufnahme von Vertragsverhandlungen ein Schuldverhältnis mit Pflichten nach § 241 II. Verletzt eine der Parteien die daraus entstehenden Pflichten, so kann sie sich nach § 280 I schadensersatzpflichtig machen. Neben Rücksichtnahmepflichten ergeben sich Schutzpflichten, sowie Aufklärungs-, Mitwirkungs- und Obhutspflichten. 60

Aufgrund der Rücksichtnahmepflicht müssen AG und Bewerber von sich aus auf Umstände hinweisen, die für die andere Partei von Bedeutung sind. So muss der Bewerber von sich aus auf eine **Schwerbehinderteneigenschaft oder** seine **Gleichstellung mit einem Schwerbehinderten** hinweisen, wenn er wegen der zugrunde liegenden Behinderung die vorgesehene Arbeit nicht zu leisten vermag oder die Minderung der Leistung und Fähigkeiten für den in Betracht kommenden Arbeitsplatz von ausschlaggebender Bedeutung ist (BAG 1.8.1985, 2 AZR 101/83, EzA § 123 BGB Nr 26). Der Bewerber muss aber nach Ansicht des LAG München bei Vertragsschluss nicht darauf hinweisen, dass er ein ungekündigtes Arbeitsverhältnis nicht fristgerecht bis zum Beginn des neuen Arbeitsverhältnisses beenden kann (3.2.2005, 2 Sa 852/04, LAGE § 123 BGB 2002 Nr 1). Auch muss der Bewerber bei erkennbarem Interesse des AG an einer langfristigen Bindung anderweitige Vertragsverhandlungen nicht offenbaren (BAG 13.1.1982, 7 AZR 529/79, nv). 61

Wenn ein AG Zweifel daran hat, ob er in der Lage sein wird, die in absehbarer Zeit fälligen Löhne und Gehälter auszuzahlen, muss er die Bewerber darauf hinweisen, wenn er nicht seine **Zahlungsschwierigkeiten** als bekannt voraussetzen kann (BAG 24.9.1974, 3 AZR 589/73, EzA § 823 BGB Nr 8; s.a. 15.12.2005, 8 AZR 106/05, EzA § 611 BGB 2002 Arbeitgeberhaftung Nr 4). Auskunftspflichten hins eines möglichen Stellenabbaus treffen den AG erst, wenn der **Stellenabbau** hinreichend bestimmt und in Einzelheiten bereits absehbar ist (BAG 14.7.2005, 8 AZR 300/04, EzA § 242 BGB 2002 Nr 1). Ebenso hat der Bewerber ein berechtigtes Interesse, von einem bevorstehenden **Betriebsübergang** zu erfahren. Dagegen muss der AG bei Abschluss eines Arbeitsvertrages, der einen Einsatz des AN im Ausland vorsieht, grds nicht von sich aus darauf hinweisen, dass der AN im Ausland lohnsteuerpflichtig werden kann (BAG 22.1.2009, 8 AZR 161/08, EzA § 611 BGB 2002 Arbeitgeberhaftung Nr 7). 62

Aufgrund der vorvertraglichen Schutzpflichten müssen AG und Bewerber mit **den Rechtsgütern der anderen Partei sorgsam umgehen**. So hat der AG die Bewerbungsunterlagen des Bewerbers pfleglich zu behandeln und Geheimnisse des Bewerbers, die ihm bekannt geworden sind, vertraulich zu behandeln (ErfK/*Preis* § 611 Rn 265). Unaufgefordert zugesandte Unterlagen muss der AG jedoch weder verwahren noch zurücksenden (*Küttner/Poeche* Bewerbung Rn 3). Verursacht der Bewerber einen Schaden, sind bereits im Vertragsanbahnungsstadium die Grundsätze über die AN-Haftung anwendbar (BAG 24.1.1974, 3 AZR 488/72, EzA § 611 BGB Gefahrgeneigte Arbeit Nr 11). 63

Zur Rechtslage vor der Schuldrechtsreform hat das BAG ausgeführt, eine schuldhafte Verletzung vorvertraglicher Aufklärungspflichten begründe einen Schadensersatzanspruch aus culpa in contrahendo, wenn sich die verschwiegene Gefahr später realisiert und zur Beendigung des Rechtsverhältnisses führt. Zu ersetzen sei der Vertrauensschaden. Der Geschädigte sei so zu stellen, wie er stünde, wenn er auf die ordnungsgemäße Durchführung des Vertrags nicht vertraut und sich auf einen Vertragsschluss nicht eingelassen hätte. Der Vertrauensschaden sei nicht auf das Erfüllungsinteresse, also die versprochene Vergütung, begrenzt (BAG 14.7.2005, 8 AZR 300/04, EzA § 242 BGB 2002 Nr 1). Daran hat sich durch die Schuldrechtsreform nichts geändert. Der Geschädigte kann **Schadensersatz** nach § 280 I verlangen. Nach § 249 I ist der Zustand herzustellen, der bestünde, wenn der zum Ersatz verpflichtende Umstand nicht eingetreten wäre. Wäre die Aufklärungspflicht nicht verletzt worden, hätte der Bewerber den Vertrag nicht geschlossen. Dabei ist derjenige, der die vorvertragliche Aufklärungspflicht verletzt, beweispflichtig dafür, dass der Schaden auch bei pflichtgemäßem Verhalten eingetreten wäre. Zu beweisen ist, dass der Geschädigte den Hinweis unbeachtet gelassen und auch bei wahrheitsgemäßen Angaben den Vertrag so wie geschehen abgeschlossen hätte (BGH 4.4.2001, VIII ZR 32/00, NJW 2001, 2163, 2165). 64

4. Abbruch von Vertragsverhandlungen, Vorvertrag. Der Abbruch von Vertragsverhandlungen steht den Parteien grds frei. Hat aber der AG einem Bewerber erklärt, er könne sicher mit einer Einstellung rechnen, so haftet der AG auf Ersatz des Vertrauensschadens, wenn er die **Vertragsverhandlungen ohne sachlichen Grund abbricht** (LAG Köln 28.7.1993, 2 Sa 199/93, LAGE § 276 BGB Verschulden bei Vertragsabschluss Nr 2). Wenn der AG beim Bewerber den **Eindruck erweckt, es werde sicher zum Vertragsschluss kommen** und den Bewerber zur Kdg des bisherigen Arbeitsverhältnisses auffordert, ist der AG zum Ersatz des Vertrauensschadens verpflichtet, wenn er den Bewerber nicht einstellt. Der Anspruch ist nicht auf das Erfüllungsinteresse beschränkt (BAG 7.6.1963, 1 AZR 276/62, EzA § 276 BGB Nr 8; 15.5.1974, 5 AZR 393/73, EzA § 276 BGB Nr 29; s.a. *Hümmerich* NZA 2002, 1305). Schadensersatzansprüche können sich auch nach Vertragsschluss ergeben, wenn aufgrund von Umständen, die der AG dem Bewerber schuldhaft unter Verletzung seiner Aufklärungspflicht verschwiegen hat, das Arbeitsverhältnis vorzeitig endet (BAG 2.12.1976, 3 AZR 401/75, EzA § 276 BGB Nr 35). 65

66 Eine stärkere Bindung zwischen den Parteien besteht, wenn es zu einem **Vorvertrag** gekommen ist (s zum Vorvertrag *Zöllner* FS Floretta, 1983, S 455). Ein Vorvertrag ist ein schuldrechtlicher Vertrag, durch den sich beide Teile (oder auch nur ein Teil) dazu verpflichten, demnächst einen anderen schuldrechtlichen Vertrag, den Hauptvertrag, abzuschließen. Ein Vorvertrag dient dazu, die Parteien vorzeitig zu binden, wenn dem Abschluss des Hauptvertrags noch tatsächliche oder rechtliche Hindernisse entgegenstehen, die Parteien aber eine entspr Bindung schon jetzt begründen wollen, um den späteren Vertragsschluss zu sichern (BAG 21.3.1974, 3 AZR 187/73, AP BGB § 611 Bühnenengagementsvertrag Nr 14). Von einem Vorvertrag ist außerdem dann auszugehen, wenn die Parteien wegen einer noch nicht vorhandenen Einigung über alle zu regelnden Arbeitsbedingungen zunächst eine vertragliche Bindung begründen wollen, aufgrund derer jede Partei verpflichtet ist, den Arbeitsvertrag abzuschließen. **Die wesentlichen Elemente des Arbeitsvertrags müssen im Vorvertrag bestimmbar geregelt sein** (BAG 16.2.1983, 7 AZR 495/79, nv). Der Vorvertrag verpflichtet nicht nur zum Abschluss des Hauptvertrags, sondern auch zur Mitwirkung an der Beseitigung von Hindernissen, die dem Hauptvertrag entgegenstehen, zB die Beschaffung behördlicher Zustimmungen (BAG 21.3.1974, 3 AZR 187/73, AP BGB § 611 Bühnenengagementsvertrag Nr 14). Ein Vorvertrag kann sich auf einzelne Vertragsbestandteile beziehen. ZB ist ein Vorvertrag über den Abschluss eines Wettbewerbsverbots möglich. Dieser Vertrag darf den AN aber in seinem Fortkommen nicht über Gebühr behindern. Unbillig ist eine Vereinbarung, nach der der AG bis zum Ausspruch der Kdg erklären kann, ob er aufgrund des Vorvertrags den Abschluss einer Wettbewerbsvereinbarung verlangt (BAG 18.4.1969, 3 AZR 154/68, EzA § 133 f GewO Nr 12).

67 Ein Vorvertrag kann nicht gekündigt werden, da es sich nicht um ein Dauerschuldverhältnis handelt, sondern eine einmalige Leistungspflicht – der Abschluss des Hauptvertrags – vereinbart wurde (LAG Hamm 29.10.1985, 11 Sa 766/85, BB 1986, 667, 668; von einer Kündbarkeit scheint auszugehen BAG 16.2.1983, 7 AZR 495/79, nv). Zu Anfechtung und Rücktritt gelten die allg Regeln. Die Parteien des Vorvertrags können auf Erfüllung, also auf Abschluss des Hauptvertrags, klagen. Den aus dem Hauptvertrag resultierenden Anspruch auf die Arbeitsleistung kann der AG aber gem § 888 III ZPO nicht vollstrecken. Kommt es nicht zum Vertragsschluss, können Schadensersatzansprüche entstehen (BAG 16.2.1983, 7 AZR 495/79, nv).

68 **5. Informationsinteressen des AG.** **a) Fragen des AG.** Um aus dem Kreis der Bewerber die bestgeeignete Person zu finden, wird der AG den Bewerbern Fragen stellen, die über das hinausgehen, was sich aus ihren Bewerbungsunterlagen ergibt. Soweit es um Fragen geht, die für die Besetzung des Arbeitsplatzes von Bedeutung sind, ist das **Informationsinteresse des AG durch Art 12 I GG verfassungsrechtlich abgesichert.** Andererseits hat der **AN ein Interesse am Schutz seiner Privatsphäre,** das **durch Art 2 I GG ebenfalls verfassungsrechtlich verankert** ist. Auch andere Grundrechte – insb Art 9 III GG – können einem uneingeschränkten Fragerecht des AG entgegenstehen. Bei der Frage, welches Interesse höher zu bewerten ist, sind ferner die §§ 7, 1 AGG zu berücksichtigen. Stellt der AG eine **unzulässige Frage,** darf der Bewerber die Antwort nicht nur verweigern, er hat ferner das Recht, die Frage **wahrheitswidrig zu beantworten.** Der AG kann eine Anfechtung wegen arglistiger Täuschung nicht auf die wahrheitswidrige Beantwortung einer unzulässigen Frage stützen, weil das Verhalten des Bewerbers nicht rechtswidrig ist (BAG 6.2.2003, 2 AZR 621/01, EzA § 123 BGB 2002 Nr 2). Für den Bereich der öffentl Verwaltung verbietet § 7 II BGleiG ausdrücklich Fragen nach dem Familienstand, einer bestehenden oder geplanten Schwangerschaft sowie der Sicherstellung der Betreuung von Kindern, behinderten oder pflegebedürftigen Angehörigen neben der Berufstätigkeit. Zur Zulässigkeit einzelner Fragen des AG s § 123 BGB Rdn 4–9; ferner *Bayreuther* NZA 2010, 679; *C.S. Hergenröder* AR-Blattei SD Nr 715 Rn 17 ff. Den Aspekt des **Arbeitnehmerdatenschutzes** bei der Begründung des Arbeitsverhältnisses erfasst § 32 I 1 BDSG (s § 32 BDSG Rdn 1–17). Die Norm ist als Reaktion auf Datenschutzskandale kurzfristig in das BDSG eingefügt worden. Sie soll ausweislich der Gesetzesbegründung die von der Rspr erarbeiteten Grundsätze des Datenschutzes im Beschäftigungsverhältnis nicht ändern, sondern lediglich zusammenfassen (BT-Drs 16/13567, S 21). Diese Intention ist bei der Auslegung der Norm zu berücksichtigen.

69 **b) Personalfragebögen.** Will der AG Personalfragebögen benutzen, so muss er nach § 94 I BetrVG den BR beteiligen. § 94 I BetrVG normiert ein Zustimmungserfordernis, kommt es nicht zur Einigung, entscheidet bindend die Einigungsstelle. Die fehlende Zustimmung der AN-Vertretung führt nicht zur Unzulässigkeit einer zulässigen Frage (BAG 2.12.1999, 2 AZR 724/98, EzA § 94 BetrVG 1972 Nr 4). Der AG hat außerdem bei der Datenerhebung das BDSG zu beachten. Unabhängig von den Vorschriften des BDSG haben **erfolglose Bewerber** analog § 1004 grds einen **Anspruch auf Vernichtung ihres Fragebogens.** Etwas anderes gilt nur, wenn der AG ein berechtigtes Interesse hat, die Daten aufzubewahren. Das soll zB der Fall sein, wenn im Einverständnis beider Parteien bald eine erneute Bewerbung erfolgen soll oder der AG mit

Rechtsstreitigkeiten hins der Stellenbesetzung rechnen muss. Der allg Wunsch, die Daten bei einer erneuten Bewerbung heranzuziehen, begründet kein berechtigtes Interesse (BAG 6.6.1984, 5 AZR 286/81, EzA Art 2 GG Nr 4).

c) Einstellungstests. Einstellungstests in Form von Assessment-Centern, psychologischen Tests und grafologischen Gutachten können ebenfalls geeignet sein, das Persönlichkeitsrecht des Bewerbers zu verletzen. Der AG kann sie nur durchführen, wenn er mit Blick auf den zu besetzenden Arbeitsplatz ein **berechtigtes Interesse an der Durchführung des Tests hat, zudem muss der Bewerber zustimmen.** 70

Ein **Assessment-Center** ist ein systematisches Verfahren zur Feststellung von Verhaltensleistungen und -defiziten, das von mehreren Beobachtern auf mehrere Bewerber gleichzeitig angewandt wird (*Schönfeld/Gennen* NZA 1989, 543). Das BVerwG hat entschieden, dass **Einführung und Ausgestaltung** von Assessment-Centern nach § 51 MitbestG Schl-Holst **mitbestimmungspflichtig** sind (BVerwG 29.1.2003, 6 P 16/01, AP MitbestG Schl-Holst § 51 Nr 3). Der PersR hat aber – jedenfalls nach dem LPVG NRW – keinen Anspruch darauf, an dem sog Bewertungsverfahren eines Assessment-Centers als bloßer Beobachter (ohne eigene Bewertungsfunktion) mit einem Mitglied teilzunehmen (OVG NW 22.3.2000, 1 A 4382/98. PVL, *Schütz* D IV 1 Nr 119). Gestaltet der AG ein Assessment-Center so, dass Bewerber für einen Teil des Verfahrens in den Betrieb eingegliedert werden, liegt darin eine Einstellung iSd § 99 BetrVG (BAG 20.4.1993, 1 ABR 59/92, EzA § 99 BetrVG 1972 Nr 114). 71

Psychologische Tests müssen **durch Psychologen mit staatlichem Abschluss** durchgeführt werden, ob bei standardisierten Tests daneben eine Durchführung nach Anweisungen und Vorgaben eines Psychologen in Betracht kommt, wird unterschiedlich beurteilt (befürwortend *Gourmelon/Muthers/Stark* DÖD 2014, 25, 33; HWK/*Thüsing* § 611 Rn 20; noch großzügiger wohl *Kähler* DB 2006, 277; abl ErfK/*Preis* § 611 BGB Rn 309; Schaub/*Linck* § 26 Rn 13). Der Bewerber muss über Funktionsweise und Zweck des Tests aufgeklärt werden. Auch dürfen keine anderen Erkenntnismöglichkeiten bestehen (*Grunewald* NZA 1996, 15), da der Test ansonsten nicht verhältnismäßig ist. **Reine Intelligenztests werden überwiegend für unzulässig erachtet**, da ihnen idR der Bezug zum konkreten Arbeitsplatz fehle (*Heilmann* AuA 1995, 157, 158). Da Intelligenz allgemein ein aussagekräftiger Faktor für beruflichen Erfolg ist, kann die Unzulässigkeit derartiger Testverfahren jedoch nicht ohne Weiteres mit einem fehlenden Arbeitsplatzbezug begründet werden (*Franzen* NZA 2013, 1, 2). Der Psychologe unterliegt der Schweigepflicht und darf dem AG – entspr den Grundsätzen für Untersuchungsergebnisse – lediglich das Ergebnis hins der Eignung des Bewerbers für den Arbeitsplatz mitteilen (s Rdn 76). **Unzulässig sind sog Stressinterviews**, bei denen die Bewerber durch unangenehme, unerwartete und belastende Fragen emotional und intellektuell belastet werden, da sie zu einer Persönlichkeitsdurchleuchtung führen können, die durch berechtigte Interessen des AG nicht aufgewogen wird (*Däubler* CR 1994, 101, 105; offener HWK/*Thüsing* § 611 Rn 19). 72

Aufgrund der damit verbundenen Ausleuchtung der Persönlichkeit sind auch **grafologische Gutachten nicht ohne Weiteres zulässig.** Wie auch bei den sonstigen Informationsbemühungen des AG muss ein konkreter Bezug der durch das Gutachten erkennbaren Eigenschaften zu dem zu besetzenden Arbeitsplatz bestehen. Die für das Gutachten erforderliche **Einwilligung des Bewerbers kann konkludent erfolgen.** Zwar spricht das BAG in einem Urteil von dem Erfordernis einer ausdrücklichen Einwilligung. Aufgrund seines Selbstbestimmungsrechts müsse jeder Mensch frei darüber entscheiden können, ob und inwieweit er ein Ausleuchten seiner Persönlichkeit mit Mitteln, die über jedermann zur Verfügung stehende Erkenntnismöglichkeiten hinausgehen, gestatten wolle (BAG 16.9.1982, 2 AZR 228/80, EzA § 123 BGB Nr 22). Da es aber in dem genannten Urteil auf die Möglichkeit einer konkludenten Einwilligung nicht ankam und die konkludente Einwilligung ebenso, wie die ausdrückliche Einwilligung geeignet ist, das Persönlichkeitsrecht des Bewerbers zu wahren, ist eine konkludente Einwilligung möglich. Von einer konkludenten Einwilligung ist auszugehen, wenn ein Bewerber auf eine Führungsposition oder eine sonstige Schlüsselposition einen handschriftlichen Lebenslauf übersendet (*Brox* Anm zu BAG AP BGB § 123 Nr 24; aA *Michel/Wiese* NZA 1986, 505 f). Andernfalls liegt in der bloßen Übersendung handschriftlicher Texte keine konkludente Einwilligung (LAG BW 26.1.1972, 8 Sa 109/71, NJW 1976, 310; *Brox* Anm zu BAG AP BGB § 123 Nr 24; aA ArbG München 14.4.1975, 26 Ca 1674/75, NJW 1976, 1908). Bei Stellen auf niedrigerem Niveau ist zudem die Erforderlichkeit des Gutachtens für die Auswahlentscheidung zweifelhaft. 73

Reicht ein Bewerber seinen handschriftlichen, aber nicht eigenhändigen Lebenslauf ein, obwohl er weiß, dass auf dieser Basis ein grafologisches Gutachten erstellt werden soll, berechtigt das den AG zur Anfechtung nach § 123 (BAG 16.9.1982, 2 AZR 228/80, EzA § 123 BGB Nr 22). Ob grafologische Gutachten bei der Bewerberauswahl eingesetzt werden sollen, unterliegt nach § 94 II BetrVG (Beurteilungsgrundsätze) der **Mitbestimmung des BR.** Gutachten für nicht erfolgreiche Bewerber sind analog § 1004 zu vernichten (ErfK/*Preis* § 611 Rn 306). 74

75 **d) Untersuchungen.** Eine körperliche Untersuchung des Bewerbers stellt einen Eingriff in sein Persönlichkeitsrecht dar. In einigen Fällen ist eine **ärztliche Einstellungsuntersuchung** gesetzlich vorgesehen, so zB in § 32 JArbSchG, § 60 StrlSchV und § 12 SeeArbG. Eine allg gesetzliche Grundlage für Einstellungsuntersuchungen existiert jedoch nicht. Die Regelung des § 7 I BAT zur Einstellungsuntersuchung ist im TVöD nicht mehr enthalten. Nach den Durchführungshinweisen des BMI zum TVöD für die obersten Bundesbehörden (abrufbar unter www.bmi.bund.de) soll eine Untersuchung weiterhin zur Bedingung für die Einstellung gemacht werden. Besteht keine gesetzliche oder tarifvertragliche Pflicht, eine Einstellungsuntersuchung zu absolvieren, so kann der AG die Untersuchung nur verlangen, soweit er den Bewerber über die entspr körperlichen und geistigen Eigenschaften befragen darf (Staudinger/*Richardi/Fischinger* § 611 Rn 606). Da der AG den Bewerber zu **Krankheiten** befragen darf, **die seine Eignung für die angestrebte Tätigkeit beeinträchtigen** (BAG 7.6.1984, 2 AZR 270/83, EzA § 123 BGB Nr 24), kann er zulässigerweise entspr ärztliche Untersuchungen verlangen. Dabei kann es aber nur um Krankheiten gehen, die gegenwärtig, dh derzeit oder in absehbarer Zeit, eine Beeinträchtigung bewirken (ErfK/*Preis* § 611 Rn 293). Welche gesundheitlichen Anforderungen der zu besetzende Arbeitsplatz stellt, beurteilt der mit der Untersuchung befasste Arzt (*Keller* NZA 1988, 561, 562). Die Untersuchung ist freiwillig, was aber dem Bewerber kaum Handlungsspielraum einräumt. Verweigert der AG die Einstellung, weil der Bewerber einem berechtigten Untersuchungsverlangen des AG nicht nachkommt, muss der Bewerber die Nichteinstellung hinnehmen. Verweigert der Bewerber eine über das zulässige Maß hinausgehende Untersuchung und wird er daraufhin vom AG nicht eingestellt, werden sich Schadensersatzansprüche praktisch nicht realisieren lassen. Denn der Bewerber wird idR nicht nachweisen können, dass er wegen der Ablehnung der Untersuchung nicht eingestellt wurde (*Keller* NZA 1988, 561, 563).

76 Der AG kann bestimmen, von welchem Arzt der Bewerber untersucht wird (Staudinger/*Richardi/Fischinger* § 611 Rn 606). Es kann sowohl ein **Werksarzt** als auch ein **Amtsarzt oder ein frei praktizierender Arzt** mit der Untersuchung betraut werden. Unterzieht sich der Bewerber einer Einstellungsuntersuchung, ist sein Einverständnis mit der Untersuchung mangels anderer Anhaltspunkte nur insoweit anzunehmen, als die Untersuchung zur Klärung der Eignung des Bewerbers erforderlich ist. Der Arzt unterliegt auch hins dieser Untersuchung der ärztlichen Schweigepflicht. Untersuchungsergebnisse darf er daher nur weitergeben, soweit der Bewerber eingewilligt hat. **Mit der Einwilligung in die Untersuchung entbindet der Bewerber den Arzt stillschweigend von der Schweigepflicht.** Aufgrund des Zwecks der Untersuchung darf der Arzt nur deren Ergebnis hins der Tauglichkeit oder der Untauglichkeit des Bewerbers für die angestrebte Stelle an den AG weitergeben (MüKo-BGB/*Müller-Glöge* § 611 Rn 624; *Keller* NZA 1988, 561, 563 f). Der AG hat kein berechtigtes Interesse daran, darüber hinaus einzelne Befunde zu erfahren. Auch ist eine weiter gehende stillschweigende Befreiung des Arztes von seiner Schweigepflicht nicht anzunehmen.

77 Ein **AIDS-Test** ist zulässig, wenn aufgrund der Art der dem Bewerber zugedachten Tätigkeit eine Ansteckungsgefahr für andere Personen besteht. Auch hier entspricht die Untersuchungsmöglichkeit dem Fragerecht des AG (*Keller* NZA 1988, 561, 563). Will der AG vor der Einstellung regelmäßig Blut- und Urinproben entnehmen lassen, um diese auf Alkoholmissbrauch und Drogenkonsum zu überprüfen, so hat der BR nach § 95 BetrVG ein Mitbestimmungsrecht (LAG BW 13.12.2002, 16 TaBV 4/02, NZA-RR 2003, 417). **Tests zur Feststellung des Drogenkonsums oder Alkoholmissbrauchs** sind nicht bereits wegen des allg Risikos der damit verbundenen Schlechtleistung zulässig (*Diller/Powietzka* NZA 2001, 1227, 1228).

78 Durch das GenDG ist die bislang unklare Rechtslage zu genetischen Untersuchungen im Arbeitsleben gestaltet worden. Für den AG ist eine solche Analyse interessant, da er aufgrund der dadurch gewonnenen Erkenntnisse die Einstellung von AN mit genetisch bedingtem erhöhtem Erkrankungsrisiko vermeiden kann. Andererseits wird der AN durch eine solche Untersuchung und die Verwertung ihrer Ergebnisse in seinem Persönlichkeitsrecht berührt. Da die Aufdeckung genetisch bedingter Erkrankungsrisiken keine Aussage darüber zulässt, ob, wann und unter welchen Bedingungen sich das Risiko verwirklicht, hält der Gesetzgeber genetische Untersuchungen grds nicht für ein Instrument sachgerechter Personalauswahl (Begründung RegE BT-Drs 16/10532, S 37). § 19 GenDG **verbietet** es dem AG, von Beschäftigten **genetische Untersuchungen oder Analysen** zu verlangen. Der AG darf ferner die Mitteilung der Ergebnisse bereits erfolgter Untersuchungen dieser Art nicht verlangen, sie nicht entgegennehmen oder verwenden. Die Verbote gelten während der Anbahnungsphase und im bestehenden Arbeitsverhältnis. Der Beschäftigtenbegriff ist in § 3 Nr 12 GenDG umfassend definiert, der des AG in § 3 Nr 13 GenDG. Besonderheiten sind im Bereich des Arbeitsschutzes zu beachten. Zwar gelten die Verbote des § 19 GenDG nach § 20 I GenDG auch für arbeitsmedizinische Vorsorgeuntersuchungen. § 20 II GenDG sieht insoweit aber Ausnahmen vor. Die Regelung dient dazu, in der Arbeitsmedizin etablierte traditionelle Diagnoseverfahren der Genproduktanalyse für einen optimalen AN-Schutz weiterhin zuzulassen. Voraussetzungen und Rechtsfolgen der Untersuchung bleiben den konkreten Arbeitsschutzvorschriften vorbehalten (Begründung RegE BT-Drs 16/10532, S 38).

§ 20 III GenDG enthält eine Verordnungsermächtigung für weiter gehende genetische Untersuchungen im Rahmen der arbeitsmedizinischen Vorsorge. § 21 GenDG normiert ein **Benachteiligungsverbot**, das sich sowohl auf die genetischen Eigenschaften des Beschäftigten als auch auf die einer genetisch verwandten Person bezieht. S im Einzelnen die Erl zum GenDG u auch *Fischinger* NZA 2010, 65; *Wiese* BB 2009, 2198.

e) **Anfragen bei Dritten.** Um über die Informationen aus Bewerbungsunterlagen und vorgelegten Zeugnissen hinaus Aufschluss über den Bewerber zu bekommen, ist der AG uU an Auskünften von Dritten, insb dem vorhergehenden AG des Bewerbers, interessiert. **Der bisherige AG ist** unter dem Aspekt nachwirkender Vertragspflichten **zu Auskünften verpflichtet, wenn der Bewerber einen entspr Wunsch äußert** (BAG 5.8.1976, 3 AZR 491/75, EzA § 630 BGB Nr 8). Der bisherige AG darf auch **ohne oder gegen den Willen des Bewerbers** Auskunft über den AN erteilen, **wenn der Anfragende ein berechtigtes Interesse an der Auskunft hat**. Eine Auskunftspflicht besteht in diesen Fällen nicht (MünchArbR/*Richardi/Buchner* § 31 Rn 30 f). Ein berechtigtes Interesse des Anfragenden ist bei Einstellungsverhandlungen zu bejahen (ArbRBGB/*Schliemann* § 611 Rn 438). Wie bei Zeugnissen müssen die Auskünfte der Wahrheit entsprechen (BAG 5.8.1976, 3 AZR 491/75, EzA § 630 BGB Nr 8). Der bisherige AG darf nur Auskunft über die Leistung und das Verhalten des AN während des Arbeitsverhältnisses geben. Er darf nicht Teile der Personalakte an den Anfragenden weitergeben und insb **keine Einsicht in den Arbeitsvertrag gewähren**, da dies die Verhandlungsposition des Bewerbers schwächen kann (BAG 18.12.1984, 3 AZR 389/83, EzA § 611 BGB Persönlichkeitsrecht Nr 2). Fragen, die der AG dem Bewerber nicht stellen darf, darf er auch an den Dritten nicht richten. Nach einer in der Lit vertretenen Ansicht darf er keine Anfragen an Dritte richten, wenn der Bewerber das untersagt (HWK/*Thüsing* § 611 Rn 23). Haben der Bewerber und sein bisheriger AG vereinbart, dass der bisherige AG keine Auskünfte erteilt, sind Auskünfte nicht zulässig. Allerdings hat das BAG angenommen, dass eine entspr Vereinbarung im öffentl Dienst mit Bezug auf Bundes- und Landesbehörden nicht wirksam getroffen werden kann (BAG 15.7.1960, 1 AZR 496/58, AP GG Art 35 Nr 1). Soweit es um die Übermittlung personenbezogener Daten geht, ist das BDSG zu beachten. 79

Erteilt der bisherige AG Auskünfte nicht, obwohl er dazu verpflichtet ist, oder erteilt er Auskünfte unrichtig oder unvollständig, so hat er dem AN evtl Schäden gem § 280 I wegen Verletzung einer nachvertraglichen Pflicht zu ersetzen (für unrichtige Auskünfte LAG Berlin 8.5.1989, 9 Sa 21/89, LAGE § 242 BGB Auskunftspflicht Nr 2). Ansprüche aus den §§ 823, 826 kommen ebenfalls in Betracht (BGH 10.7.1959, VI ZR 149/58, AP BGB § 630 Nr 2). Ferner kann der AN im Wege der Naturalrestitution und analog § 1004 Berichtigung falscher Auskünfte verlangen (BeckOKArbR/*Joussen* § 611 Rn 7, der allerdings § 1004 direkt anwendet). Dasselbe gilt hins der Ergänzung unvollständiger Auskünfte. 80

II. **Abschlussfreiheit.** Grds besteht im Arbeitsvertragsrecht Abschlussfreiheit. Die Parteien können frei entscheiden, ob und mit wem sie einen Arbeitsvertrag schließen. Insb muss der AG abgesehen von den Diskriminierungsverboten seine Auswahl nicht rechtfertigen. Von dem Grundsatz der Abschlussfreiheit gibt es allerdings zahlreiche Ausnahmen. **Abschlussverbote und Abschlussgebote** beschränken vor allem die Abschlussfreiheit des AG (Einzelheiten s § 105 GewO Rdn 5–15). Während ein **Arbeitsvertrag bei Verstoß gegen ein Abschlussverbot nichtig** ist, führt ein **Beschäftigungsverbot** lediglich dazu, dass der AG den AN tatsächlich nicht beschäftigen darf, die Wirksamkeit des Vertragsschlusses wird nicht berührt (Staudinger/*Richardi/Fischinger* § 611 Rn 546). Auch **Wiedereinstellungsansprüche** beschränken die Entscheidungsfreiheit des AG. Wiedereinstellungsansprüche kommen zB in Betracht, wenn nach einer betriebsbedingten Kdg vor Ablauf der Kündigungsfrist der Kündigungsgrund entfällt oder wenn sich nach einer Verdachtskündigung herausstellt, dass der Verdacht unbegründet war (s § 1 KSchG Rdn 23 und § 626 Rdn 150). 81

III. **Vertragsschluss. 1. Allgemeines.** Der Arbeitsvertrag unterliegt den allg Regeln des BGB. Entspr den allg Regeln der Rechtsgeschäftslehre ist ein Stellenangebot in der Zeitung kein Vertragsangebot iSd § 145, sondern lediglich eine invitatio ad offerendum. Denn der inserierende AG will sich nicht ggü jedem Interessenten binden, der zum Abschluss bereit ist (ArbG Bremen 1.6.1971, 3 Ca 3100/71, DB 1972, 540). Auch § 117 ist auf den Arbeitsvertrag anwendbar. Ein **Scheingeschäft** nach § 117 I liegt vor, wenn die Beteiligten ein Ziel durch den bloßen Schein eines wirksamen Rechtsgeschäfts erreichen, aber die mit dem betreffenden Rechtsgeschäft verbundenen Rechtswirkungen nicht eintreten lassen wollen. Können die Parteien ihr Ziel nur durch die Wirksamkeit des Vertrags erreichen, handelt es sich nicht um ein Scheingeschäft (BAG 21.4.2005, 2 AZR 125/04, EzA § 626 BGB 2002 Nr 8). Ein Scheingeschäft liegt vor, wenn mit einer Person ein Arbeitsvertrag abgeschlossen wird, eine andere Person aber abredegemäß die Tätigkeit ausübt und mit dieser Person nur aufgrund ihres schlechten Rufs der Vertrag nicht direkt geschlossen wurde (BAG 22.9.1992, 9 AZR 385/91, EzA § 117 BGB Nr 3). Auch wenn in einem Arbeitsvertrag eine höhere Stundenzahl als eigentlich gewollt vereinbart wird, um zu verdecken, dass eine übertarifliche Vergütung gezahlt 82 wird, liegt ein Scheingeschäft vor. Der AN hat in diesem Fall nur die gewollte Stundenzahl zu leisten (BAG 28.9.1982, 3 AZR 188/80, EzA § 117 BGB Nr 1). Das LAG Sa-Anh hielt einen Arbeitsvertrag nach § 117 I für nichtig, den die Gründer einer GbR mit einem Mitgründer geschlossen hatten, um dessen Beteiligung an der Gründung zu verdecken (LAG Sa-Anh 10.6.1997, 8 Sa 913/96, juris). Wer sich auf das Vorliegen eines Scheingeschäfts beruft, trägt die Darlegungs- und Beweislast (BAG 13.2.2003, 8 AZR 59/02, EzA § 613a BGB 2002 Nr 8). Ein offener Dissens (§ 154) hindert ebenfalls das Zustandekommen eines Arbeitsvertrags (s LAG Berlin 1.6.1990, 6 Sa 27/90, LAGE § 154 BGB Nr 1).

83 **2. Geschäftsfähigkeit.** Hins der Geschäftsfähigkeit gelten die §§ 104 ff. Bei Geschäftsunfähigkeit einer der Vertragsparteien fehlt es nach § 105 I an der Wirksamkeit ihrer Willenserklärung, ein Vertrag kommt nicht zustande. Beschränkte Geschäftsfähigkeit (s § 106) kann ebenfalls zur Unwirksamkeit einer der vertragsbegründenden Willenserklärungen führen. Neben den **§§ 107 ff** sind bei Beteiligung beschränkt geschäftsfähiger Personen die **§§ 112, 113** zu beachten, die die Geschäftsfähigkeit Minderjähriger erweitern. § 112 betrifft den minderjährigen AG. Dieser ist für den Abschluss von Arbeitsverträgen unbeschränkt geschäftsfähig, wenn sein gesetzlicher Vertreter ihn mit Genehmigung des Vormundschaftsgerichts zum selbstständigen Betrieb eines Erwerbsgeschäfts ermächtigt hat. Das gilt allerdings nach § 112 I 2 nicht für Rechtsgeschäfte, zu denen der Vertreter der Genehmigung des Vormundschaftsgerichts bedarf. Nicht einschlägig ist insoweit § 1822 Nr 7, da es hier um die Stellung des Mündels als AG geht, allerdings kann § 1822 Nr 5 einschlägig sein, wenn das Vertragsverhältnis länger als 1 Jahr nach dem Eintritt der Volljährigkeit des Mündels fortdauern soll (MüKo-BGB/*Wagenitz* § 1822 Rn 47). Der minderjährige AN kann von seinem gesetzlichen Vertreter ermächtigt werden, in Dienst oder Arbeit zu treten (§ 113 I). Dadurch wird der Minderjährige hins des Abschlusses eines entspr Vertrags unbeschränkt geschäftsfähig. Zu den Beschränkungen aus den §§ 113 I 2, 1822 Nr 7 s § 113 Rdn 1 ff.

84 **3. Form.** Arbeitsverträge können grds formlos geschlossen werden, ein allg gesetzliches Formerfordernis besteht nicht. Bes gesetzliche Formvorschriften sind selten, eher treten Schriftformklauseln in TV und BV oder in Arbeitsverträgen auf (Einzelheiten s § 105 GewO Rdn 23–26). Zur Verpflichtung zum Nachweis der Vertragsbedingungen durch das NachwG s dort.

85 **4. Stellvertretung.** AN und AG können sich beim Abschluss des Arbeitsvertrags vertreten lassen, es gelten die §§ 164 ff. Die Grundsätze über die Duldungs- und Anscheinsvollmacht sind ebenso anwendbar wie die Regeln über die Vertretung ohne Vertretungsmacht (BAG 20.7.1994, 5 AZR 627/93, EzA § 611 BGB Arbeitnehmerbegriff Nr 54; 10.8.1964, 1 AZR 83/64, AP BGB § 179 Nr 1). Nimmt eine Partei des Arbeitsvertrags jemanden als Vertreter ohne Vertretungsmacht nach § 179 in Anspruch, so ist der Rechtsweg zu den Gerichten für Arbeitssachen gegeben (BAG 7.4.2003, 5 AZB 2/03, EzA § 3 ArbGG 1979 Nr 4).

86 **IV. Sonderformen der Begründung eines Arbeitsvertrags.** In bes gesetzlich geregelten Ausnahmefällen entsteht ein Arbeitsverhältnis ohne übereinstimmende Willenserklärungen der Parteien. Nach § 78a BetrVG kann ein **Jugendvertreter** vom AG 3 Monate vor Ablauf der Ausbildung Weiterbeschäftigung verlangen und so ein Arbeitsverhältnis begründen. In diesem Fall bewirkt allein die Erklärung des Jugendvertreters den Vertragsschluss. Kraft Gesetzes entsteht ein Arbeitsverhältnis bei **Betriebsübergang**, wenn der AN dem Übergang nicht widerspricht (§ 613a), und im Fall des Todes des AG (Universalsukzession, § 1922). Außerdem fingiert § 10 I 1 AÜG ein Arbeitsverhältnis zwischen Entleiher und Leih-AN, wenn der Vertrag zwischen Verleiher und Leih-AN nach § 9 Nr 1 unwirksam ist, weil der Verleiher nicht die nach § 1 AÜG erforderliche Erlaubnis hat. Zu einer Vertragsverlängerung ohne entspr Willenserklärungen der Parteien kommt es im Fall des § 15 V TzBfG, wenn ein befristetes Arbeitsverhältnis nach Zeitablauf oder Zweckerreichung mit Wissen des AG fortgesetzt wird und der AG nicht unverzüglich widerspricht.

87 **V. Mängel des Arbeitsvertrags.** Mängel des Arbeitsvertrags können zur Nichtigkeit oder Anfechtbarkeit des Vertrags führen. Die Rechtsfolgen bei Nichtigkeit eines Arbeitsvertrags werden durch die Grundsätze über das fehlerhafte Arbeitsverhältnis (unscharf auch als faktisches Arbeitsverhältnis bezeichnet) modifiziert.

88 **1. Anfechtbare Arbeitsverträge.   a) Allgemeines.** Für die Anfechtung von Willenserklärungen, die auf den Abschluss eines Arbeitsvertrags gerichtet sind, gelten die §§ 119 ff. **Das Anfechtungsrecht wird nicht durch das Recht zur außerordentlichen Kdg verdrängt** (BAG 21.2.1991, 2 AZR 449/90, EzA § 123 BGB Nr 35). Die Anfechtung kann nicht mit einer außerordentlichen Kdg gleichgesetzt werden. Zwar wirken Anfechtung und außerordentliche Kdg gleich, indem sie das Arbeitsverhältnis mit sofortiger Wirkung für die Zukunft beenden (zur Wirkung der Anfechtung im Arbeitsverhältnis s Rdn 94 ff). Sie haben aber eine unterschiedliche Basis, da die Kdg auf die Verhältnisse bei Ausspruch der Kdg Bezug nimmt und eher zukunftsbezogen ist, die Anfechtung aber auf den Zeitpunkt des Vertragsschlusses abstellt und insofern

vergangenheitsorientiert ist (MüKo-BGB/*Müller-Glöge* § 611 Rn 636). Lassen die Umstände erkennen, dass eine Partei den Vertrag aus Gründen der Täuschung oder Drohung beenden will, kann die Erklärung einer außerordentlichen Kdg als Anfechtung zu verstehen sein (ErfK/*Preis* § 611 Rn 345).

Das Anfechtungsrecht kann durch **Bestätigung** nach § 144 entfallen. Dafür muss nach der Rspr der Anfechtende Kenntnis von den das Anfechtungsrecht begründenden Tatsachen besitzen und dies mit der Vorstellung verbinden, dass er gegen die Wirksamkeit des Rechtsgeschäfts vorgehen könne. Deshalb ist in einer Kdg nicht unbedingt eine Bestätigung des anfechtbaren Rechtsgeschäfts zu sehen, sodass der AG, der den Anfechtungsgrund zum Anlass für eine Kdg genommen hat, uU noch zur Anfechtung berechtigt ist (BAG 21.2.1991, 2 AZR 449/90, EzA § 123 BGB Nr 35). Kündigungsverbote (zB § 9 MuschG) beschränken das Anfechtungsrecht nicht. 89

Nach § 121 muss die **Anfechtung wegen Irrtums unverzüglich** erfolgen. Str ist, ob die Ausschlussfrist des § 626 II analog anzuwenden ist. Nach Ansicht des BAG ist die Anfechtung nur dann unverzüglich erfolgt, wenn der Anfechtungsberechtigte im Fall eines Irrtums spätestens 2 Wochen nach Kenntnis von den Anfechtungsgründen die Anfechtung erklärt. Das BAG stellt auf das uU bestehende Wahlrecht zwischen Anfechtung und Kdg ab und begründet die Analogie mit Erwägungen zur Rechtssicherheit und vor allem zum Umgehungsschutz. Die Frist des § 626 II solle bei funktionaler Identität von Anfechtung und außerordentlicher Kdg nicht zur Disposition der Parteien stehen (BAG 14.12.1979, 7 AZR 38/78, EzA § 119 BGB Nr 11). Dem ggü betont die aA in der Lit die Wesensverschiedenheit von Anfechtung und Kdg, was gegen die Übertragung von Voraussetzungen von dem einen auf das andere Rechtsinstitut spreche (Staudinger/*Richardi/Fischinger* § 611 Rn 681). Auch bei einer Analogie zu § 626 II kann die Frist wegen Verzögerung schon vor Verstreichen der 2-Wochen-Frist ablaufen (BAG 21.2.1991, 2 AZR 449/90, EzA § 123 BGB Nr 35). **Auf Anfechtungen nach § 123 ist § 626 II** unstr nicht analog anwendbar, da § 124 I für diesen Fall eine starre Frist enthält (BAG 19.5.1983, 2 AZR 171/81, EzA § 123 BGB Nr 23). Das Anfechtungsrecht ist nach § 242 verwirkt, wenn der Anfechtungsberechtigte das Recht längere Zeit nicht ausübt, obwohl ihm dies möglich und zumutbar war (Zeitmoment), und wenn dadurch beim Anfechtungsgegner das berechtigte Vertrauen geweckt wurde, die Anfechtung werde unterbleiben, sodass er sich auf den Fortbestand des Arbeitsverhältnisses eingerichtet hat (Umstandsmoment) (BAG 16.12.2004, 2 AZR 148/04, EzA § 123 BGB 2002 Nr 5). Auch kann das Anfechtungsrecht nach Treu und Glauben entfallen, wenn die Rechtslage des Getäuschten im Zeitpunkt der Anfechtung durch die arglistige Täuschung nicht mehr beeinträchtigt ist. Da das Arbeitsverhältnis ein Dauerschuldverhältnis ist, kann uU der Anfechtungsgrund angesichts der nachträglichen Entwicklung so viel an Bedeutung verlieren, dass er eine Auflösung des Arbeitsverhältnisses nicht mehr rechtfertigen kann (BAG 28.5.1998, 2 AZR 549/97, EzA § 123 BGB Nr 49; einschränkend Staudinger/*Richardi/Fischinger* § 611 Rn 678 f). 90

Str ist, ob die Klagefrist des § 4 KSchG bei einer Anfechtung analog anzuwenden ist. Das BAG hat diese Frage für Arbeitsverhältnisse, die nicht dem KSchG unterliegen, verneint und sie für vom KSchG erfasste Arbeitsverhältnisse offengelassen (BAG 14.12.1979, 7 AZR 38/78, EzA § 119 BGB Nr 11). Die Lit spricht sich überwiegend gegen eine Übertragung der Klagefrist aus (DLW/*Dörner* Kap 2 Rn 988; Staudinger/ *Richardi/Fischinger* § 611 Rn 681; aA *Hönn* ZfA 1987, 61, 90 f). Überträgt man die Argumentation des BAG zur Anfechtungsfrist auf die Klagefrist, spricht das auf den 1. Blick für eine Analogie, denn die außerordentliche Kdg kann gem den §§ 4 S 1, 13 I 2 KSchG nur innerhalb einer Frist von 3 Wochen angegriffen werden. Allerdings dient die Umgehungsargumentation des BAG dazu, das Wahlrecht des Anfechtungsberechtigten zu regulieren. Das bedeutet nicht, dass auch die Reaktionsmöglichkeiten des Anfechtungsgegners nach Anfechtung oder Kdg einander anzupassen sind. Will der Anfechtungsberechtigte rasch Klarheit über die Wirksamkeit seiner Gestaltungserklärung, so muss er die außerordentliche Kdg wählen. Nicht durchschlagend ist dagegen das Argument, es bestehe kein allg Grundsatz, nach dem die Beendigung eines Arbeitsverhältnisses innerhalb von 3 Wochen angegriffen werden müsse (ErfK/*Preis* § 611 Rn 370). Angesichts der Frist für Klagen gegen die Beendigung befristeter Arbeitsverhältnisse (§ 17 TzBfG, zuvor § 1 V BeschFG) und der Ausdehnung des § 4 S 1 KSchG auf alle Unwirksamkeitsgründe außer der Schriftform ist eine Tendenz zur kurzfristigen Klärung von Bestandsfragen erkennbar. 91

Der **BR** braucht vor einer Anfechtung **nicht angehört zu werden**. Da der BR nach § 99 BetrVG nicht die Einstellung eines Bewerbers erzwingen kann, ist der AG auch frei in seiner Entscheidung darüber, ob er den Arbeitsvertrag trotz eines Anfechtungsgrundes gelten lässt (BAG 11.11.1993, 2 AZR 467/93, EzA § 123 BGB Nr 40). 92

b) Anfechtungsgründe. S §§ 119 Rdn 1 ff und § 123 Rdn 1 ff. 93

c) Rechtsfolgen der Anfechtung. Nach § 142 I führt eine wirksame Anfechtung dazu, dass das angefochtene Rechtsgeschäft als von Anfang an nichtig anzusehen ist. Grds gilt das auch im ArbR, allerdings wird 94 diese Regel im ArbR unter bestimmten Umständen durchbrochen mit der Folge, dass die Anfechtung häufig nur für die Zukunft (ex nunc) wirkt. Ansatzpunkt für diese Rechtsfortbildung des Anfechtungsrechts im ArbR sind die Folgen der von § 142 I vorgesehenen ex-tunc-Wirkung der Anfechtung. Bei rückwirkender Nichtigkeit des Vertrags sind die erbrachten Leistungen nach Bereicherungsrecht rückabzuwickeln. Die bereicherungsrechtliche Rückabwicklung wirft aber bei erbrachten Dienstleistungen einige Probleme auf, wovon nicht zuletzt der arbeitsrechtliche Sozialschutz betroffen ist (BAG 16.9.1982, 2 AZR 228/80, EzA § 123 BGB Nr 22; eingehend Staudinger/*Richardi/Fischinger* § 611 Rn 301 ff). Deshalb wird **im ArbR für die Rechtsfolgen der Anfechtung danach differenziert, ob das Arbeitsverhältnis bereits in Vollzug gesetzt wurde oder nicht.** Hat der AN noch keine Arbeitsleistung erbracht, wirft die Rückabwicklung keine bes Schwierigkeiten auf, sodass es bei der Rückwirkung der Anfechtung bleiben kann. **Wurde das Arbeitsverhältnis aber bereits in Vollzug gesetzt, wirkt die Anfechtung lediglich ex nunc** (BAG 16.9.1982, 2 AZR 228/80, EzA § 123 BGB Nr 22; aA *Beuthien* RdA 1969, 161). In Vollzug gesetzt wurde ein Arbeitsverhältnis nach Ansicht des BAG bereits, wenn der AN am Arbeitsplatz erschienen ist, sich den anderen Mitarbeitern vorgestellt und mit diesen einen 1. Überblick über die künftige Tätigkeit zu verschaffen (BAG 18.4.1968, 2 AZR 145/67, AP HGB § 63 Nr 32). Dagegen wird in der Lit zu Recht eine Arbeitsleistung des AN verlangt (Staudinger/*Richardi/Fischinger* § 611 Rn 692). Im Fall der ex-nunc-Wirkung der Anfechtung wird das fehlerhaft begründete Arbeitsverhältnis für die Vergangenheit wie ein fehlerfrei begründetes Arbeitsverhältnis behandelt.

95 Wiederum eine **Ausnahme von der ex-nunc-Wirkung** der Anfechtung beim in Vollzug gesetzten Arbeitsverhältnis gilt, **wenn das anfechtbare Arbeitsverhältnis vor der Anfechtung außer Vollzug gesetzt wurde.** Die Anfechtung kann dann auf den Zeitpunkt zurückwirken, zu dem das Arbeitsverhältnis außer Vollzug gesetzt wurde. Wenn das Arbeitsverhältnis außer Vollzug gesetzt wurde, entfallen die Rückabwicklungsprobleme, die die Abweichung von der Rechtsfolge des § 142 I rechtfertigen. Dann ist es aber auch nicht gerechtfertigt, die Abweichung aufrechtzuerhalten (BAG 3.12.1998, 2 AZR 754/97, EzA § 123 BGB Nr 51). **Außer Vollzug** oder außer Funktion gesetzt ist das Arbeitsverhältnis, **wenn der AN** aus irgendeinem Grund **keine Arbeitsleistung mehr erbringt,** zB aufgrund einer – wenn auch unwirksamen – Kdg (BAG 16.9.1982, 2 AZR 228/80, EzA § 123 BGB Nr 22). Allerdings hat das BAG ein Außervollzugsetzen zunächst verneint, wenn die Nichtleistung auf eine vom Willen beider Vertragsparteien unabhängige Erkrankung des AN zurückgeht (BAG 16.9.1982, 2 AZR 228/80, EzA § 123 BGB Nr 22). Diese Einschränkung hat das BAG aber zu Recht aufgegeben. Für die Frage, ob Rückabwicklungsprobleme auftreten, ist der Grund für die Nichtleistung unerheblich. Auch Vertrauensschutzgesichtspunkte sprechen nicht gegen eine Rückwirkung. Das gilt jedenfalls für die Fälle der arglistigen Täuschung, da die Rückwirkung dem Täuschenden einen unbilligen und nicht zu rechtfertigenden Vorteil verschaffen würde (BAG 3.12.1998, 2 AZR 754/97, EzA § 123 BGB Nr 51). Für die Irrtumsanfechtung ist noch nicht entschieden, ob Vertrauensschutzaspekte einer Rückwirkung entgegenstehen. Über die Fälle des außer Vollzug gesetzten Arbeitsverhältnisses hinaus wird in der Lit eine Rückwirkung der Anfechtung befürwortet, wenn die Arbeitsleistung für den AG aufgrund der Täuschung keinen Wert hatte oder der Vertrag aufgrund einer widerrechtlichen Drohung geschlossen wurde (Staudinger/*Richardi/Fischinger* § 611 Rn 707).

96 **Schadensersatzansprüche** des Anfechtungsgegners können sich im Fall des § 119 aus § 122 ergeben. Falls der Anfechtungsgegner den Anfechtungsberechtigten arglistig getäuscht hat, kommen Schadensersatzansprüche aus den §§ 280 I, 311 II Nr 2 sowie den §§ 823 II, 826 in Betracht (ErfK/*Preis* § 611 Rn 365).

97 **2. Nichtige Arbeitsverträge.** Nichtigkeitsgründe sind neben den bereits erwähnten §§ 105, 117 und weiteren allg Vorschriften vor allem die §§ 134, 138.

98 **a) Verstoß gegen ein gesetzliches Verbot.** Der Arbeitsvertrag kann ganz oder teilw gegen ein gesetzliches Verbot verstoßen, § 134. Da eine **Vielzahl der Arbeitsschutzgesetze Verbotsgesetze iSd** § 134 sind (zB Arbeitszeitschutz, Mutterschutz, Jugendschutz), ist der Anwendungsbereich dieser Norm im ArbR groß.

99 **b) Verstoß gegen die guten Sitten.** Ein Verstoß gegen die guten Sitten kann ebenfalls die Nichtigkeit des Arbeitsvertrags zur Folge haben. Die Lit unterscheidet zwischen **Inhalts- und Umstandssittenwidrigkeit.** Während bei der Inhaltssittenwidrigkeit das Leistungsversprechen selbst gegen die guten Sitten verstößt, ergibt sich bei der Umstandssittenwidrigkeit der Sittenverstoß aus einer Zusammenschau von Inhalt, Begründung und Zweck des Vertrags. Dabei können insb die Art der Ausübung der Tätigkeit oder die Umstände ihrer Ausübung eine Rolle spielen (Staudinger/*Richardi/Fischinger* § 611 Rn 651).

100 Subjektive Aspekte spielen für die Beurteilung eines Vertrags als sittenwidrig nur eine untergeordnete Rolle. Insb müssen die Parteien sich der Sittenwidrigkeit nicht bewusst sein, es reicht die **Kenntnis der Umstände,** die den Vertrag zu einer sittenwidrigen Abrede machen (BAG 10.10.1990, 5 AZR 404/89, EzA § 138 BGB Nr 24). Die Sittenwidrigkeit kann sich also allein aus dem objektiven Vertragsinhalt ergeben.

Die allg Definition, nach der Sittenwidrigkeit gegeben ist, wenn das Rechtsgeschäft gegen das Anstands- 101
gefühl aller billig und gerecht Denkenden verstößt (BAG 19.1.2006, 6 AZR 529/04, EzA § 125 InsO
Nr 2), ist wenig konkret, weshalb sich die Reichweite des § 138 über Einzelfälle erschließt. Sittenwidrig
ist eine Vertragsgestaltung, die den **AN in seiner wirtschaftlichen Freiheit**, insb in seinem Fortkommen,
unangemessen beschränkt. IdR greifen allerdings speziellere Regelungen ein, die die Anwendung des § 138
sperren, so regeln zB § 110 GewO, §§ 74 ff HGB die Ausgestaltung von nachvertraglichen Wettbewerbsverboten. Wird der AN zu Diensten auf Lebenszeit verpflichtet, so greift das Kündigungsrecht des § 15 IV
TzBfG. Dagegen hat das BAG einen Arbeitsvertrag auf Lebenszeit des AG als nicht sittenwidrig eingestuft.
Dem AG könne bei Unzumutbarkeit der Vertragsbindung ein Kündigungsrecht nach § 626 zustehen (BAG
25.3.2004, 2 AZR 153/03, EzA § 626 BGB 2002 Unkündbarkeit Nr 3).

Das BAG hat einen Arbeitsvertrag als sittenwidrig eingestuft, durch den sich der AN verpflichtet, auf der 102
Bühne den Geschlechtsverkehr vorzuführen (BAG 1.4.1976, 4 AZR 96/75, EzA § 138 BGB Nr 16). Ob das
Arbeitsverhältnis einer Stripteasetänzerin sittenwidrig ist, hat das BAG offengelassen (BAG 7.6.1972, 5 AZR
512/71, EzA § 138 BGB Nr 9). Das BSG ließ offen, ob die Verpflichtung, Btx-Dialoge mit sexuellem Inhalt
zu führen, sittenwidrig ist (BSG 10.8.2000, B 12 KR 21/98 R, EzA § 7 SGB IV Nr 2). Als sittenwidrig
wurde ein Vertrag eingestuft, durch den der AN ausschließlich für die geschlechtliche Hingabe entlohnt
werden soll (LAG Nürnberg 4.7.1994, 7 Sa 876/93, nv). Nach Inkrafttreten des ProstG lässt sich diese
Wertung aber nicht mehr aufrechterhalten.

Sittenwidrig ist ein Vertrag, durch den das **Betriebs- oder Wirtschaftsrisiko des AG auf den AN abgewälzt** 103
werden soll. Sittenwidrig ist daher die Vereinbarung einer Verlustbeteiligung, wenn der AN keinen angemessenen Ausgleich erhält (BAG 10.10.1990, 5 AZR 404/89, EzA § 138 BGB Nr 24). Es genügt, wenn
die Vereinbarung für den AN die Gefahr enthält, dass der AG ihn mit wirtschaftlichen Risiken belasten
und ihm so den angemessenen Lohn vorenthalten kann, unerheblich ist, ob sich diese Gefahr realisiert hat
(ArbG Leipzig 11.2.1999, 6 Ca 10412/98, nv). Gegen § 138 verstößt auch eine Vereinbarung, nach der
der AN das versprochene Gehalt nur bekommen soll, wenn der AG entspr Drittmittel erhält (LAG Berlin
17.2.1997, 9 Sa 124/96, NZA-RR 1997, 371). Sittenwidrig ist ferner eine AN-Bürgschaft, wenn der AN
die Bürgschaft für den wirtschaftlich notleidenden AG ohne Gegenleistung übernimmt, um den drohenden Verlust seines Arbeitsplatzes abzuwenden (BGH 14.10.2003, XI ZR 121/02, NJW 2004, 161). Eine
Vergütung allein auf Provisionsbasis ist erst dann sittenwidrig, wenn der AN aus den Provisionen keinen
angemessenen Verdienst erreichen kann (LAG Berlin 3.11.1986, 9 Sa 65/86, LAGE § 138 BGB Nr 1).
Wird der AN zur Rückzahlung von Provisionsvorschüssen verpflichtet, kann die Vereinbarung sittenwidrig
sein, wenn durch die Vorschusszahlungen eine unzulässige Bindung des AN herbeigeführt wird oder wenn
die Provisionsabrede so getroffen ist, dass der AN die geforderten Umsätze überhaupt nicht erbringen kann
(BAG 20.6.1989, 3 AZR 504/87, EzA § 87 HGB Nr 10).

Sittenwidrig wird ein Rechtsgeschäft nicht allein dadurch, dass ein Vertragspartner **keine oder nur eine** 104
kurze Bedenkzeit hatte (BAG 15.3.2005, 9 AZR 502/03, EzA § 307 BGB 2002 Nr 2). Einzelvertragliche **Ausschlussklauseln** können sittenwidrig sein, wenn sie für eine Seite ungewöhnlich belastend und als
Interessenausgleich offensichtlich unangemessen sind (BAG 27.2.2002, 9 AZR 543/00, EzA § 138 BGB
Nr 30). Eine Ausschlussklausel, nach der der AN seine Ansprüche innerhalb von 1 Monat nach Fälligkeit
schriftlich erheben (1. Stufe) und dann, wenn der AG den Anspruch schriftlich ablehnt oder sich nicht
innerhalb von 2 Wochen erklärt, binnen eines weiteren Monats seinen Anspruch gerichtlich geltend machen
muss (2. Stufe), ist nicht sittenwidrig (BAG 13.12.2000, 10 AZR 168/00, EzA § 611 BGB Inhaltskontrolle
Nr 8). Allerdings benachteiligt eine formularvertragliche Ausschlussfrist, nach der alle Ansprüche aus dem
Arbeitsverhältnis innerhalb einer kürzeren Frist als 3 Monaten als Fälligkeit geltend zu machen sind, den AN
unangemessen entgegen den Geboten von Treu und Glauben (BAG 28.11.2007, 5 AZR 992/06, EzA § 307
BGB 2002 Nr 30). Ein **Schuldanerkenntnis** kann sittenwidrig sein, wenn die Verpflichtung die Einkom-
mens- und Vermögensverhältnisse des AN weit übersteigt und zusätzliche, dem AG zurechenbare Umstände
eine unerträgliche Ungleichgewichtslage begründen, so zB, wenn der AG die Geschäftsunerfahrenheit oder
eine seelische Zwangslage des AN ausnutzt (BAG 22.10.1998, 8 AZR 457/97, EzA § 781 BGB Nr 5). Übt
der AG ggü dem AN Druck hins des Abschlusses eines Aufhebungsvertrags aus, kommt die Anwendung des
§ 138 zwar grds in Betracht. Der **Aufhebungsvertrag** kann aber nur unter bes Umständen als sittenwidrig
eingestuft werden, da die widerrechtliche Drohung in § 123 eine gesonderte Regelung erfahren hat (BAG
30.9.1993, 2 AZR 268/93, EzA § 611 BGB Aufhebungsvertrag Nr 13).

Eine **Vertragsstrafe** ist nicht schon bei unverhältnismäßiger Höhe sittenwidrig, da die Vertragsstrafe nach 105
§ 343 herabgesetzt werden kann (BAG 24.6.1987, 8 AZR 641/85, nv). Treten aber bes Umstände in Bezug
auf Inhalt, Beweggrund oder Zweck der Abrede hinzu, ist die Abrede sittenwidrig (so zu einer Klausel,
die den Vereinswechsel eines Profisportlers sanktionieren sollte, LAG Köln 9.4.1998, 10 Sa 1483/97,

NZA-RR 1999, 350). Die **einzelvertragliche Pauschalierung der Mehrarbeitsvergütung** ist unzulässig, wenn sich im Vergleich mit der üblichen Vergütung ein erhebliches Missverhältnis ergibt (LAG Schl-Holst 5.11.2002, 5 Sa 147 c/02, LAGReport 2003, 93). Ein Arbeitsvertrag, der eine **Schwarzgeldabrede** enthält, ist nicht insgesamt sittenwidrig (BAG 17.3.2010, 5 AZR 301/09, EzA § 611 BGB 2002 Nettolohn, Lohnsteuer Nr 5). Unter dem Gesichtspunkt der übermäßigen vertraglichen Bindung des AN ist eine Verschwiegenheitspflicht sittenwidrig, die nicht vom Geheimhaltungsinteresse des AG gedeckt ist (LAG Hamm 5.10.1988, 15 Sa 1403/88, DB 1989, 783).

106 **c) Wucher.** Lohnwucher iSd § 138 II ist gegeben, wenn **zwischen Arbeitsleistung und Lohn ein auffälliges Missverhältnis** besteht und der AG die Zwangslage, die Unerfahrenheit, den Mangel an Urteilsvermögen oder die erhebliche Willensschwäche des AN ausgebeutet hat (BAG 21.6.2000, 5 AZR 806/98, EzA § 242 BGB Gleichbehandlung Nr 83). Für die Frage, ob ein auffälliges Missverhältnis zwischen Leistung und Gegenleistung besteht, ist der Wert der Leistung des AN objektiv zu beurteilen. Dafür ist in aller Regel auf die Arbeitsleistung als solche, auf deren Dauer und Schwierigkeitsgrad, auf die körperliche und geistige Beanspruchung, die Arbeitsbedingungen schlechthin (Hitze, Kälte, Lärm) abzustellen, nicht auf den Aneignungswert der Leistung für den AG (BAG 11.1.1973, 5 AZR 322/72, EzA § 138 BGB Nr 10; bestätigt in BAG 22.3.1989, 5 AZR 151/88, nv). Maßstab für das Vorliegen eines Missverhältnisses sind die Tariflöhne des jeweiligen Wirtschaftszweigs. Das gilt jedenfalls dann, wenn in dem Wirtschaftsgebiet üblicherweise der Tariflohn gezahlt wird (BAG 17.10.2012, 5 AZR 792/11, EzA § 307 BGB 2002 Nr 61; 18.4.2012, 5 AZR 630/10, EzA § 138 BGB 2002 Nr 6). Weder die Pfändungsgrenzen des § 850c ZPO noch der Sozialhilfesatz sind für die Frage des Missverhältnisses maßgeblich (BAG 24.3.2004, 5 AZR 303/03, EzA § 138 BGB 2002 Nr 2). Das BAG geht mangels besonderer Umstände von Lohnwucher aus, wenn der vereinbarte Lohn die übliche Vergütung um mehr als ein Drittel unterschreitet. Zu vergleichen sei die regelmäßig gezahlte Vergütung mit dem regelmäßigen Tariflohn. Tarifliche Zulagen und Zuschläge seien ebenso wenig einzubeziehen wie unregelmäßige Zusatzleistungen eines AG im streitigen Arbeitsverhältnis (BAG 22.4.2009, 5 AZR 436/08, EzA § 138 BGB 2002 Nr 5; zum Vergleichsmaßstab *Böggemann* NZA 2011, 493, 494 ff; zum Zeitpunkt der Bewertung *Fischinger* JZ 2012, 546). Allerdings ist die Sittenwidrigkeit einer Entgeltvereinbarung nicht allein nach der vereinbarten Entgelthöhe zu beurteilen. Zu berücksichtigen sind vielmehr auch die Wertungen des GG und Konkretisierungen durch einfachgesetzliche Regelungen (BAG 26.4.2006, 5 AZR 549/05, EzA § 612 BGB 2002 Nr 7) und massive Verstöße gegen das ArbZG (BAG 22.4.2009, 5 AZR 436/08, EzA § 138 BGB 2002 Nr 5; s. zur Erforderlichkeit einer Gesamtbetrachtung auch BAG 17.10.2012, 5 AZR 792/11, EzA § 307 BGB 2002 Nr 61). Der AN ist auch für die Erfüllung des subjektiven Tatbestands des Lohnwuchers darlegungs- und beweispflichtig. Nur wenn das Missverhältnis zwischen Leistung und Gegenleistung besonders grob ist, kann bereits daraus auf die verwerfliche Gesinnung des AG geschlossen werden. Ein solches besonders grobes Missverhältnis ist gegeben, wenn der Wert der Leistung (mindestens) doppelt so hoch ist wie der Wert der Gegenleistung (BAG 27.06.2012, 5 AZR 496/11, juris). Im Anwendungsbereich des MiLoG stellt sich die Frage nach dem Verhältnis dieses Gesetzes zur Sittenwidrigkeitsrechtsprechung. Nach zutr Auffassung des BAG spielt der Mindestlohn für die Frage nach der Sittenwidrigkeit keine Rolle, da der Mindestlohn vor unangemessenen Niedriglöhnen schützt, während die Rspr zu § 138 BGB erhebliche Störungen des Äquivalenzverhältnisses von Leistung und Gegenleistung betrifft (BAG 18.11.2015, 5 AZR 814/14, juris; aus der Lit *Däubler* NJW 2014, 1924, 1927; ErfK/*Franzen* § 1 MiLoG Rn 1).

107 **3. Rechtsfolgen.** Nichtige Arbeitsverträge können von jeder Partei durch einseitige Erklärung mit sofortiger Wirkung beendet werden, eine Kdg ist ebenso wenig erforderlich wie die Wahrung der Schriftform. Der AN kann sich nicht auf Kündigungsschutzvorschriften berufen, § 102 BetrVG findet keine Anwendung (MüKo-BGB/*Müller-Glöge* § 611 Rn 639). Da Nichtigkeit einen Vertrag von Anfang an ergreift, besteht auch für die Vergangenheit kein wirksames Vertragsverhältnis, sodass die empfangenen Leistungen an sich nach Bereicherungsrecht rückabzuwickeln wären. Wegen der damit verbundenen Abwicklungsschwierigkeiten wird das Arbeitsverhältnis grds nach den Regeln über das fehlerhafte Arbeitsverhältnis für die Vergangenheit wie ein fehlerfrei begründetes Arbeitsverhältnis behandelt (BAG 3.11.2004, 5 AZR 592/03, EzA § 134 BGB 2002 Nr 3).

108 Ein **fehlerhaftes Arbeitsverhältnis** ist nur gegeben, wenn der AN aufgrund einer Störung im Vertragsschluss ohne wirksame Vertragsgrundlage Arbeitsleistungen erbracht hat. Haben die Parteien bereits keine Willenserklärungen zum Abschluss eines Arbeitsvertrags abgegeben, finden die Grundsätze über das fehlerhafte Arbeitsverhältnis keine Anwendung (BAG 14.1.1987, 5 AZR 166/85, EzA § 611 BGB Faktisches Arbeitsverhältnis Nr 1).

109 Hat ein Arbeitsvertrag einen bes schweren Mangel, ist die Nichtigkeit des Arbeitsvertrags auch rückwirkend zu beachten, die Grundsätze über das fehlerhafte Arbeitsverhältnis finden keine Anwendung. Einen bes schweren Mangel hat das BAG verneint bei einer Tätigkeit als Stripteasetänzerin (BAG 7.6.1972, 5 AZR 512/71, EzA § 138 BGB Nr 9). Dagegen kann ein Vertrag über die Vorführung des Geschlechtsverkehrs auf der Bühne nicht für die Vergangenheit als wirksam behandelt werden, da die Beschäftigung des AN nach ihrem Inhalt und Zweck selbst unsittlich ist (BAG 1.4.1976, 4 AZR 96/75, EzA § 138 BGB Nr 16). Bei fehlender Approbation als Arzt kann das Arbeitsverhältnis ebenfalls nicht für die Vergangenheit wie ein wirksames Arbeitsverhältnis behandelt werden, da die Arbeitsleistung schon nach ihrer Art rechts- und gesetzeswidrig ist und keine Vertrauensschutzaspekte eingreifen. Der Vertrag ist nach Bereicherungsrecht rückabzuwickeln (BAG 3.11.2004, 5 AZR 592/03, EzA § 134 BGB 2002 Nr 3). Wenn bei einem Verstoß gegen eine Formvorschrift der AG vom AN während der gesamten Vertragsdauer Verfügungsbereitschaft verlangt, kann der AG sich nicht rückwirkend auf die Nichtigkeit berufen. Bei Verstoß gegen eine Formvorschrift kann die Berufung auf die Nichtigkeit außerdem uU gegen Treu und Glauben verstoßen (BAG 15.11.1957, 1 AZR 189/57, AP BGB § 125 Nr 2).

110 Nach § 139 ist bei teilw Nichtigkeit eines Rechtsgeschäfts mangels anderer Anhaltspunkte das gesamte Rechtsgeschäft nichtig. Handelt es sich um einen Verstoß gegen eine arbeitsrechtliche Schutznorm, so würde der AN, der durch die verletzte Vorschrift geschützt werden soll, allerdings durch die Gesamtnichtigkeit noch mehr geschädigt, als wenn die Schutznorm nicht bestünde. Deshalb sieht das BAG in diesen Fällen von einer Anwendung des § 139 ab (BAG 4.10.1978, 5 AZR 886/77, EzA § 2 LohnFG Nr 14). Unabhängig vom Aspekt des AN-Schutzes ist zu untersuchen, ob die Norm die Gesamtnichtigkeit des Vertrags gebietet (ErfK/*Preis* § 611 Rn 342). So ist zB ein Arbeitsvertrag, der eine Schwarzgeldabrede enthält, nicht insgesamt nichtig, nichtig ist vielmehr allein die Verabredung der Hinterziehung von Steuern und Sozialabgaben (BAG 26.2.2003, 5 AZR 690/01, EzA § 134 BGB 2002 Nr 1). Teilnichtigkeit ist ferner gegeben, wenn der Vertrag eine Klausel enthält, nach der das Arbeitsverhältnis endet, wenn der AN eine Ehe eingeht (BAG 10.5.1957, 1 AZR 249/56, AP GG Art 6 I Ehe und Familie Nr 1). Nachdem das BAG anfänglich einen Vertrag mit einer schwangeren AN, nach dem sie nur mit Arbeiten beschäftigt werden kann, die ihr nach § 4 MuSchG verboten sind, als insgesamt nichtig eingestuft hat (BAG 27.11.1956, 1 AZR 540/55, EzA § 4 MuSchG aF Nr 1), hat das BAG diese Frage in einem späteren Urteil mit Hinweis auf gegen diese Ansicht geäußerte Bedenken offengelassen (BAG 8.9.1988, 2 AZR 102/88, EzA § 8 MuSchG Nr 1). Schließt ein AN einen 2. Arbeitsvertrag, mit dem er die arbeitszeitrechtlichen Beschäftigungsgrenzen überschreitet, ist dieser Vertrag insgesamt nichtig, wenn nicht davon auszugehen ist, dass die Parteien den Vertrag auch mit der höchstzulässigen Arbeitszeit geschlossen hätten. Das ist nicht anzunehmen, wenn der AG für eine bestimmte Schicht AN sucht und der AN die Schicht arbeitszeitrechtlich nicht vollständig ableisten kann (LAG Nürnberg 19.9.1995, 2 Sa 429/94, LAGE § 611 BGB Doppelarbeitsverhältnis Nr 1).

111 **E. Pflichten des Arbeitgebers. I. Vergütung. 1. Allgemeines.** Eine wesentliche Pflicht des AG aus dem Arbeitsvertrag ist nach § 611 I die Pflicht, die vereinbarte Vergütung zu zahlen. Die **Vergütungspflicht** des AG prägt den Arbeitsvertrag und ist daher eine **Hauptleistungspflicht** des AG. Die Vergütungspflicht steht **im Gegenseitigkeitsverhältnis zur Arbeitspflicht des AN**. Im Arbeitsverhältnis ist die Vergütung das Arbeitsentgelt (weiter Staudinger/*Richardi/Fischinger* § 611 Rn 1309, die allg bei Dienstberechtigten von der Verpflichtung zur Zahlung des Arbeitsentgelts sprechen). Anstelle des Begriffs Arbeitsentgelt werden auch die Begriffe Lohn, Gehalt und Entgelt verwendet, bei Künstlern spricht man von Gage, bei Seeleuten von der Heuer. Auch die Begriffe Bezüge oder Honorar bezeichnen das Arbeitsentgelt, wobei von einem Honorar üblicherweise bei Freiberuflern gesprochen wird. Die Bezeichnung des Arbeitsentgelts als Lohn hat sich vor allem für das Entgelt der Arbeiter etabliert, die Bezeichnung Gehalt für das der Angestellten. Die Unterscheidung schwindet aber mehr und mehr durch die für beide Gruppen einheitliche Verwendung des Begriffs Entgelt. Gebräuchlich ist auch der Begriff Lohn als Oberbegriff für die verschiedenen Geldleistungen des AG.

112 Die Vergütung wird in 1. Linie durch die Vereinbarung der Parteien bestimmt. Fehlt es an einer Vergütungsvereinbarung oder an einer Abrede über die Höhe der Vergütung, so greift § 612 ein (s § 612 Rdn 5). Besteht beiderseitige Tarifbindung, ist der Tariflohn das Mindestentgelt.

113 **2. Geldleistungen und sonstige Vergütung. a) Geldschuld.** Das Entgelt ist **grds eine Geldschuld**. § 107 GewO bestimmt, dass das Arbeitsentgelt in Euro zu berechnen und auszuzahlen ist. Neben einer Geldschuld ist ein **Naturallohn** als Vergütung für die Arbeitsleistung denkbar. Naturalleistungen des AG können Sachbezüge, Verpflegung, Unterkunft, Energie, die Einräumung von Personalrabatten und Deputaten sowie die Überlassung von Kfz zur privaten Nutzung sein (BeckOKArbR/*Joussen* § 611 Rn 147). Aus § 107 GewO ergibt sich das sog Truckverbot, der AN soll grds nicht mit Waren statt mit Geld entlohnt werden (s

§ 611 BGB Vertragstypische Pflichten beim Dienstvertrag

dazu § 107 GewO Rdn 2). Der Begriff der Sachbezüge in § 107 GewO wird weit ausgelegt, er entspricht dem der Naturalleistung (vgl HWK/*Lembke* § 107 GewO Rn 25). § 107 GewO verbietet Naturalleistungen als Arbeitsentgelt nicht völlig. Dem AG ist es aber untersagt, Geldschulden durch Sachleistungen zu tilgen (HWK/*Thüsing* § 611 Rn 87).

114 **b) Naturalvergütung.** Eine Naturalvergütung kann in Form von **Personalrabatten oder Deputaten** (zB Kohledeputat) gewährt werden. Die Einstufung von Personalrabatten als Vergütung ist vom BAG anerkannt (BAG 7.9.2004, 9 AZR 631/03, EzA § 611 BGB 2002 Personalrabatt Nr 1; aA LAG Bremen 28.7.1987, 1 Sa 155/86, NZA 1987, 815, 816). Die formularmäßige Ausgestaltung von Personalrabatten unterliegt der Inhaltskontrolle nach den §§ 305 ff. Dabei ist eine Klausel intransparent iSd § 307 I 2, nach der der AN ua im Fall der fristlosen Kdg oder der Eigenkündigung den nachgelassenen Betrag nachzahlen muss, wenn dieser Geldbetrag im Kaufvertrag nicht beziffert ist (BAG 26.5.1993, 5 AZR 219/92, EzA § 9 AGB-Gesetz Nr 1). Nach Ansicht des LAG Bremen ist eine solche Klausel nicht unangemessen iSd § 307 I 1, weil der AN letztlich nur den Marktpreis zahlen muss (LAG Bremen 28.7.1987, 1 Sa 155/86, NZA 1987, 815). Die Lit spricht sich für eine Inhaltskontrolle solcher Klauseln unter dem Gesichtspunkt der Kündigungserschwernis aus (ErfK/*Preis* § 611 Rn 520; s.a. LAG Bremen 28.7.1987, 1 Sa 155/86, NZA 1987, 815, 817). Einen zugesagten Personalrabatt kann der AG nicht einseitig abschaffen, wenn er sich den Widerruf der Leistung nicht vorbehalten hat (BAG 14.6.1995, 5 AZR 126/94, EzA § 611 BGB Personalrabatt Nr 1). Der Anspruch auf Personalrabatt kann bei einem Betriebsübergang erhalten bleiben. Allerdings ist der Teilbetriebsnachfolger, der keine Produktionsbereiche übernimmt, nicht verpflichtet, den übernommenen AN einen Personaleinkauf an den Produkten zu ermöglichen, die der frühere AG herstellte. Voraussetzung des Personalrabatts ist die Beibehaltung der Eigenproduktion (BAG 7.9.2004, 9 AZR 631/03, EzA § 611 BGB 2002 Personalrabatt Nr 1). Macht der AN hins des im Wege des Personaleinkaufs erworbenen Gegenstands Gewährleistungsansprüche geltend, sind die ArbG zust (OLG Braunschweig 10.2.1993, 4 W 13/93, NJW-RR 1994, 64).

115 Überlässt der AG dem AN eine **Werkswohnung**, kann es sich um eine Naturalvergütung handeln. Entscheidend ist, ob sie als Gegenleistung für die Arbeitsleistung zur Verfügung gestellt wird. Ist das der Fall, handelt es sich um einen Arbeitsvertrag, nicht um einen Mietvertrag (Staudinger/*Richardi/Fischinger* § 611 Rn 1403). Ist die Wohnung dagegen lediglich aufgrund des Arbeitsverhältnisses zur Verfügung gestellt worden, ist sie nicht Teil der Vergütung, so liegt ein Mietvertrag vor.

116 Besteht die Naturalleistung in **Kost und Logis**, ist der AN also in die häusliche Gemeinschaft des AG aufgenommen, greifen die bes Fürsorgepflichten der § 62 HGB, § 114 SeeArbG oder der §§ 617, 618 II (s § 617 und § 618 Rdn 23 f). Ferner kann die Naturalvergütung darin bestehen, dass die **Möglichkeit eines Verdienstes** verschafft wird, so zB die Empfangnahme von Trinkgeldern. Wird Trinkgeld ausnahmsweise vom AG als Naturalbezug geschuldet, so wird die Lohnzahlungspflicht des AG (teilw) durch die Pflicht ersetzt, Einnahmen aus Trinkgeldern zu ermöglichen. Hiervon kann insb auszugehen sein, wenn ein so geringes Festgehalt vereinbart wird, dass der AN das für eine derartige Arbeitsleistung übliche Arbeitsentgelt erst unter Einrechnung der von den Arbeitsvertragsparteien erwarteten Trinkgelder erreichen kann (BAG 28.6.1995, 7 AZR 1001/94, EzA § 11 BUrlG Nr 38). Keine Naturalleistung liegt vor, wenn der AN Sozialeinrichtungen des AG, wie zB eine Kantine, nutzen kann (MüKo-BGB/*Müller-Glöge* § 611 Rn 702).

117 **c) Insb Dienstwagen.** Die Überlassung eines Dienstwagens ist Naturalvergütung, wenn der AN den Dienstwagen privat nutzen kann (BAG 19.4.2005, 9 AZR 188/04, EzA § 242 BGB 2002 Auskunftspflicht Nr 1; s allg zu Fragen der privaten Nutzung von **Dienstwagen** *Lohr* MDR 1999, 1353). Die Möglichkeit, einen Dienstwagen iR eines Arbeitsverhältnisses **auch für Privatfahrten** nutzen zu können, ist eine zusätzliche Gegenleistung für die geschuldete Arbeitsleistung (BAG 14.12.2010, 9 AZR 631/09, EzA § 3 EntgeltfortzG Nr 17; 16.11.1995, 8 AZR 240/95, EzA § 249 BGB Nr 21). Sie ist mangels abw Regelung Teil des Gesamteinkommens des AN (BAG 24.1.1990, 4 AZR 555/89, nv). Ein AN, der einen entspr Anspruch gegen den AG hat, verliert ihn nicht mit der Freistellung als BR-Mitglied, da die Freistellung nach § 37 II BetrVG ohne Minderung des Arbeitsentgelts zu erfolgen hat (BAG 23.6.2004, 7 AZR 514/03, EzA § 37 BetrVG 2001 Nr 2).

118 Der AG schuldet die Gebrauchsüberlassung als Teil der Vergütung so lange, wie er überhaupt Arbeitsentgelt schuldet. Dass er eine Gegenleistung erhält, ist keine Anspruchsvoraussetzung, sodass die Nutzung **auch im Fall der Krankheit oder bei Eingreifen von Beschäftigungsverboten** zu gewähren ist. Auch für Zeiten ohne Anspruch auf Arbeitsentgelt ist der Anspruch des AN nicht unbedingt ausgeschlossen, zB kann das Fortbestehen des Anspruchs sich aus § 14 I 1 MuSchG ergeben (BAG 11.10.2000, 5 AZR 240/99, EzA § 14 MuSchG Nr 15). Ergibt sich ein Anspruch auf Fortgewährung der Nutzung aber nicht aus dem Arbeitsvertrag oder anderweitig, kann der AG dem AN den Dienstwagen mit Ablauf des EFZ-Zeitraums entziehen

(BAG 14.12.2010, 9 AZR 631/09, EzA § 3 EntgeltfortzG Nr 17; s allg zum Entzug der privaten Nutzung des Dienstwagens *Meier* NZA 1997, 298). Wenn der Dienstwagen während des Ausfalls des AN für eine Ersatzkraft benötigt wird, kann der AN zur vorübergehenden Herausgabe verpflichtet sein. Ihm ist dann Wertersatz zu leisten (MüKo-BGB/*Müller-Glöge* § 611 Rn 705; aA ArbG Braunschweig 25.9.1963, 3 Ca 1114/63, WA 1964, 54). Im Wege der einstweiligen Verfügung kann der AN den Anspruch auf Überlassung eines Dienstwagens nicht durchsetzen. Es fehlt am Verfügungsgrund, weil es dem AN zumutbar ist, selbst für Ersatz zu sorgen und die Kosten im Wege des Schadensersatzes geltend zu machen (LAG Köln 5.11.2000, 2 Ta 330/02, NZA-RR 2003, 300, 301).

Entzieht der AG dem AN zu Unrecht die private Nutzung des Dienstwagens, hat er den AN für den **Nutzungsausfall** zu entschädigen. Wird der Dienstwagen dem AN im laufenden Arbeitsverhältnis gar nicht erst überlassen, ist der AG nach den §§ 280, 283 schadensersatzpflichtig. Für Fälle, in denen der AG dem AN aufgrund einer unwirksamen Kdg den Dienstwagen entzieht, ist die Anspruchsgrundlage nach der Rspr unklar. Das BAG hat für solche Fälle zuletzt offengelassen, ob sich der Anspruch auf Entschädigung für die vorenthaltene Nutzung eines Dienstwagens aus § 615 oder aus schadensersatzrechtlichen Normen ergibt (BAG 5.9.2002, 8 AZR 702/01, EzA § 615 BGB Nr 109). In einem älteren Urteil sprach das BAG von einem Schadensersatzanspruch, der an die Stelle der unmöglich gewordenen Vergütung durch Überlassung des Dienstwagens zur privaten Nutzung trete (BAG 27.5.1999, 8 AZR 415/98, AP BGB § 611 Sachbezüge Nr 12). In einem anderen Urteil hatte es sich auf § 615 gestützt. Entziehe der AG dem AN nach einer unwirksamen Kdg die private Nutzung des Dienstwagens, gerate er hins der Arbeitsleistung des AN in Annahmeverzug. Der AN behalte den Anspruch auf die Vergütung, wozu auch die private Nutzung des Dienstwagens gehöre. Da dieser Teil der Vergütung rückwirkend nicht gewährt werden könne, habe der AN insoweit einen Anspruch auf Nutzungsausfallentschädigung. Dabei handele es sich nicht um einen Schadensersatzanspruch (BAG 2.12.1999, 8 AZR 849/98, nv). Den Anspruch auf Nutzungsausfallentschädigung kann der AN grds abstrakt berechnen (BAG 25.1.2001, 8 AZR 412/00, nv). Hat er aber einen gleichwertigen privaten Pkw genutzt, beschränkt sich sein Anspruch auf die konkret hierfür aufgewendeten Kosten, da der AN keinen Nutzungsausfall erlitten hat (BAG 16.11.1995, 8 AZR 240/95, EzA § 249 BGB Nr 21). Der Schaden des AN, der ein gleichwertiges Fahrzeug nutzt, liegt nicht in dem entgangenen Gebrauchsvorteil hins des Dienstwagens, sondern in den von ihm aufgewendeten Kosten für den Betrieb des gleichwertigen Fahrzeugs. Diese Kosten können nicht nach der Tabelle *Küppersbusch/Seifert/Kuhn* berechnet werden, allenfalls kommt mit Einschränkungen die sog ADAC-Tabelle in Betracht. Vorrangig vor einer Schätzung ist aber eine konkrete Darlegung der vom AN getragenen Kosten (BAG 16.11.1995, 8 AZR 240/95, EzA § 249 BGB Nr 21). Die verkehrsunfallrechtlich relevanten Tabellen sollen im Arbeitsverhältnis schon deshalb keine Rolle spielen, weil es bei der privaten Nutzung eines Dienstwagens um eine längerfristige Gebrauchsmöglichkeit geht, während der Ersatzbedarf nach einem Verkehrsunfall mit max 3 Wochen angesetzt wird. Allerdings scheidet eine abstrakte Schadensberechnung nicht völlig aus. Nach der Rspr des BAG entspricht es dabei ständiger Übung, die steuer- und sozialversicherungsrechtlich maßgeblichen Bewertungsfaktoren anzuwenden. Da ferner der Gesetzgeber durch § 6 I Nr 4 EStG eine gesetzliche Grundlage für die steuerliche Bewertung der privaten Nutzung eines Kraftfahrzeugs geschaffen habe, entspreche es richterlichem Ermessen, wenn der Wert der privaten Nutzung eines Kraftfahrzeugs für jeden Kalendermonat mit 1 % des inländischen Listenpreises im Zeitpunkt der Erstzulassung zuzüglich der Kosten für Sonderausstattung einschl Umsatzsteuer angesetzt werde (BAG 27.5.1999, 8 AZR 415/98, AP BGB § 611 Sachbezüge Nr 12).

Die private Nutzung des Dienstwagens kann der AG nur dann einseitig widerrufen, wenn er einen entspr Vorbehalt in den Vertrag aufgenommen hat. Vor der Schuldrechtsreform wurden **Widerrufsvorbehalte** vor allem an § 134 gemessen. Das BAG stufte sie als unwirksam ein, wenn sie zur Umgehung des zwingenden Kündigungsschutzes führten. Davon ging das BAG aus, wenn wesentliche Elemente des Arbeitsvertrags einer einseitigen Änderung unterliegen sollen, durch die das Gleichgewicht zwischen Leistung und Gegenleistung grundlegend gestört würde. Daneben fand eine Ausübungskontrolle nach § 315 statt (BAG 17.9.1998, 8 AZR 791/96, nv). Behält sich der AG formularvertraglich den Widerruf der privaten Nutzung des Dienstwagens vor, unterliegt die Klausel inzwischen der Inhaltskontrolle nach den §§ 307 ff. Wenn die Widerrufsgründe nicht im Vertrag angegeben sind, ist die Klausel unwirksam (BAG 13.4.2010, 9 AZR 113/09, EzA § 308 BGB 2002 Nr 11). Bei Verträgen, die vor der Schuldrechtsreform geschlossen wurden, kommt eine erg Vertragsauslegung mit dem Ziel, die Klausel in einem gewissen Umfang zu erhalten, nur in Betracht, wenn der AG bis zum Ablauf der Übergangsfrist des Art 229 § 5 § 2 EGBGB erfolglos mit dem AN darüber verhandelt hat, den Widerrufsvorbehalt anzupassen (BAG 19.12.2006, 9 AZR 294/06, EzA § 307 BGB 2002 Nr 17). Unwirksam ist eine Regelung, nach der der AN verpflichtet ist, bei Beendigung des Arbeitsverhältnisses für den auch zur Privatnutzung überlassenen Dienstwagen trotz der

Rückgabe die für die restliche Laufzeit des Leasingvertrags anfallenden Raten in einem Einmalbetrag zu zahlen (BAG 9.9.2003, 9 AZR 574/02, EzA § 611 BGB 2002 Inhaltskontrolle Nr 1; für das neue Schuldrecht ArbG Chemnitz 2.2.2006, 11 Ca 4455/05, nv).

121 Der Dienstwagen ist **bei Beendigung des Arbeitsverhältnisses zurückzugeben.** Erhebt der AN Kündigungsschutzklage, so richtet sich die Rückgabeverpflichtung nach den Regeln, die das BAG zum allg Weiterbeschäftigungsanspruch aufgestellt hat. Der AN kann daher vom AG verlangen, den Dienstwagen zurückzuerhalten, wenn die Unwirksamkeit der Kdg erstinstanzlich festgestellt wurde (Erman/*Edenfeld* § 611 Rn 475). Wird der AN aufgrund des § 102 V BetrVG weiterbeschäftigt, kann er ebenfalls die private Nutzung des Dienstwagens beanspruchen (HWK/*Thüsing* § 611 Rn 89). Die private Nutzung eines Dienstwagens kann **ruhegehaltsfähiges Einkommen** sein, maßgeblich ist die Auslegung der jeweiligen Versorgungsordnung. Nicht ruhegehaltsfähig ist die Nutzungsmöglichkeit, wenn der Begriff des ruhegeldfähigen Einkommens eng gehalten und eine vereinfachte, generalisierende Berechnung vorgesehen ist (BAG 14.8.1990, 3 AZR 321/89, EzA § 1 BetrAVG Nr 58).

122 **3. Grundformen der Bemessung der Vergütung.** Grundformen der Bemessung der Vergütung sind Zeitlohn, Leistungslohn und die erfolgsorientierte Vergütung. Während beim Zeitlohn das Entgelt nach Zeitabschnitten bemessen wird, ist beim Leistungslohn die Qualität oder Quantität der geleisteten Arbeit maßgeblich für die erarbeitete Vergütung. Leistungslohn kann in Form des Akkordlohns oder der Prämie gezahlt werden, eine Sonderform ist das Gedinge. Bei der Erfolgsvergütung hat der Erfolg des einzelnen AN oder des Unternehmens Einfluss auf die Vergütungshöhe. Die Erfolgsvergütung kann als Provision oder Gewinnbeteiligung (Tantieme, Bonus, Zielvereinbarung) an den Erfolg des einzelnen AN oder an den Erfolg des Unternehmens anknüpfen. Das betriebliche Entlohnungssystem ist mitbestimmungspflichtig nach § 87 I Nr 10 BetrVG (s § 87 BetrVG Rdn 60–71).

123 **a) Zeitlohn.** Der Zeitlohn kann nach Stunden, Tagen, Wochen oder Monaten berechnet werden. Das vom AN in dieser Zeit erzielte Ergebnis ist nicht maßgeblich für die Vergütungshöhe. Da das ArbR kein Gewährleistungsrecht kennt, kommt eine Minderung bei Schlechtleistung nicht in Betracht. UU kann dem AG aber ein Schadensersatzanspruch gegen den AN wegen der Schlechtleistung zustehen (BAG 18.7.2007, 5 AZN 610/07, AP § 611 BGB Minderleistung Nr 1; 6.6.1972, 1 AZR 438/71, EzA § 611 BGB Arbeitnehmerhaftung Nr 13; zur Schlechtleistung s Rdn 412–414). Ist eine tarifvertragliche Vergütung geschuldet, so hängt die Höhe der Vergütung von der Eingruppierung des AN ab. Die Ein- und Umgruppierung ist mitbestimmungspflichtig nach § 99 BetrVG (s § 99 BetrVG Rdn 12–25). Macht der AN Zeitlohn geltend, genügt er seiner Darlegungslast, indem er vorträgt, er habe sich zur rechten Zeit am rechten Ort bereitgehalten, um Anweisungen des AG zu befolgen. Auf diesen Vortrag muss der AG im Rahmen einer gestuften Darlegungslast substantiiert erwidern (BAG 18.4.2012, 5 AZR 248/11, EzA § 611 BGB 2002 Nr 1).

124 **b) Akkordlohn.** Der Akkordlohn ist **eine Form der Leistungsvergütung**, bei der sich die Menge der geleisteten Arbeit auf die Vergütung auswirkt (Details bei MünchArbR/*Krause* § 57 Rn 18 ff). Die Menge der geleisteten Arbeit kann je nach Tätigkeit unterschiedlich bestimmt werden. Beim **Stückakkord** kommt es auf die geleistete Stückzahl an, beim **Flächenakkord** auf die bearb Fläche (zB beim Fliesenlegen oder Verputzen), beim **Gewichtsakkord** auf das bewegte Gewicht, beim **Maßakkord** auf das bearb Maß (zB die Länge eines bearb Gegenstands). Sind unterschiedliche Tätigkeiten zu verrichten, kann ein **Pauschalakkord** vereinbart werden (ErfK/*Preis* § 611 Rn 391).

125 Wie die nach diesem Maßstab bestimmte Menge der geleisteten Arbeit in die Vergütung einfließt, hängt davon ab, ob ein Geldakkord oder ein Zeitakkord vereinbart ist. Beim **Geldakkord** wird für eine bestimmte Einheit der geleisteten Arbeitsmenge ein bestimmter Geldbetrag gezahlt. Das Arbeitsentgelt wird berechnet, indem die vom AN erbrachten Leistungseinheiten mit dem pro Leistungseinheit veranschlagten Geldbetrag multipliziert werden. Beim **Zeitakkord** wird zunächst eine bestimmte Zeit pro Leistungseinheit festgelegt. Diese sog Vorgabezeit ist an der Normalleistung orientiert. Ferner wird bestimmt, was der AN bei Normalleistung in der Stunde verdienen soll (Akkordrichtsatz). 1/60 dieses Akkordrichtsatzes macht den sog Geldfaktor aus, der in die Berechnung des Arbeitsentgelts mit einfließt. Die Vergütung wird in diesem Fall berechnet, indem die vom AN erbrachten Leistungseinheiten mit der Vorgabezeit und dem Geldfaktor multipliziert werden.

126 Da die Vorgabezeit beim Zeitakkord wesentlichen Einfluss auf die Vergütungshöhe des AN hat, ist ihre Bestimmung von bes Bedeutung. Die Vorgabezeit kann ausgehandelt (ausgehandelter Akkord), aufgrund von Erfahrungswerten festgesetzt (Faust- oder Meisterakkord) oder arbeitswissenschaftlich ermittelt werden (arbeitswissenschaftlicher Akkord). Die zuletzt genannte Form tritt in der Praxis am häufigsten auf.

127 Akkordlohn kann als Einzelakkord oder Gruppenakkord vorgesehen sein. Während beim **Einzelakkord** der Verdienst des einzelnen AN allein von seiner Leistung abhängt, wird beim **Gruppenakkord** die Leistung

mehrerer AN gemeinschaftlich nach dem insgesamt erzielten Arbeitsergebnis vergütet (zum Gruppenakkord BAG 22.4.1997, 1 ABR 84/96, EzA § 99 BetrVG 1972 Versetzung Nr 2).

Die Akkordentlohnung birgt für den AN Risiken. Zum einen führt die Verknüpfung von Vorgabezeit und tatsächlicher Leistung dazu, dass der AN bei unterdurchschnittlicher Leistung weniger verdient, als an sich als Verdienst pro Stunde vorgesehen ist. Um das zu vermeiden, sehen TV oft einen **Mindestverdienst** vor. Zum anderen ist mit dem Akkordlohn die **Gefahr der Überarbeitung** verbunden, da Akkordarbeit für den AN finanziell umso lohnender ist, je schneller er arbeitet. Aus arbeitsschutzrechtlichen Gründen ist für bestimmte, gesundheitlich bes gefährdete Personengruppen Akkordarbeit verboten. Das gilt zB für Jugendliche (§ 23 JArbSchG) und Schwangere (§ 4 II Nr 3 MuSchG). Auch darf Fahrpersonal nicht nach zurückgelegter Fahrstrecke oder der Menge der beförderten Güter vergütet werden (§ 3 FPersG). 128

c) **Prämie.** Prämienlöhne sind ebenso wie Akkordlöhne dadurch gekennzeichnet, dass ihre Höhe von der Leistung des AN derart abhängt, dass jede Änderung der Arbeitsleistung sich unmittelbar auf die Höhe des gezahlten Entgelts auswirkt. Es bedarf der Ermittlung einer **Normalleistung, die zur tatsächlichen Leistung des AN in Bezug gesetzt wird** (BAG 15.5.2001, 1 ABR 39/00, EzA § 87 BetrVG 1972 Leistungslohn Nr 18). Keine Prämienlöhne in diesem Sinne sind Anwesenheitsprämien oÄ, die nicht die Arbeitsleistung entlohnen, sondern Fehlzeiten reduzieren sollen. 129

Prämien werden **idR als Zulage** zu einem Zeitlohn gezahlt. Sie sind flexibler einsetzbar als Akkordregelungen, da sie sich auf ganz unterschiedliche Gegenstände wie Arbeitsmenge oder -qualität, Materialeinsatz oder Einhaltung von Terminen beziehen können (MünchArbR/*Krause* § 57 Rn 31). Je nachdem, welcher Leistungsanreiz dem AN gegeben werden soll, steigt die Prämie mit erhöhter Leistung (zB Zeitersparnis) linear oder ab einem bestimmten Punkt degressiv. Auch fixe Prämien werden eingesetzt (s MünchArbR/*Krause* § 57 Rn 32). Wegen der mit Leistungsanreizen verbundenen Gesundheitsgefahren ist die Prämienentlohnung für dieselben Personengruppen ausgeschlossen wie die Akkordentlohnung (s Rdn 128). 130

d) **Gedinge.** Die Leistungsentlohnung im Bergbau wird als Gedinge bezeichnet. Es beruht auf Mantel-TV und wird von Vertretern der Belegschaft und des Unternehmens ausgehandelt (MüKo-BGB/*Müller-Glöge* § 611 Rn 740). 131

e) **Provision.** Die Provision ist eine **Erfolgsvergütung**. Sie ist die übliche Entlohnungsform für Handelsvertreter (§§ 87 ff HGB). Wird für einen AN eine Vergütung durch Provision vereinbart, so gelten für Handlungsgehilfen gem § 65 HGB die §§ 87 I, III, 87a–87c HGB (s § 65 HGB Rdn 1 ff). Für andere AN, die eine Provision erhalten, werden die für Handlungsgehilfen geltenden Vorschriften entspr angewendet (Soergel/*Kraft* § 611 Rn 186). Die Vergütung kann ausschließlich auf Provisionsbasis erfolgen, ein Fixum muss grds nicht gezahlt werden. Allerdings ist eine reine Provisionsvergütung sittenwidrig, wenn von vornherein absehbar ist, dass der AN aus den Provisionen keinen angemessenen Verdienst erreichen kann (LAG Berlin 3.11.1986, 9 Sa 65/86, AP HGB § 65 Nr 14). 132

Durch die Provision wird der AN am Wert des von ihm vermittelten oder abgeschlossenen Geschäfts beteiligt. Während die **Vermittlungsprovision** daran anknüpft, dass eine Absatzvereinbarung mit einem Dritten vermittelt oder abgeschlossen wird, fällt eine **Bezirksprovision** auch für solche Geschäfte an, die ohne Mitwirkung des AN geschlossen werden (s BAG 11.4.2000, 9 AZR 266/99, EzA § 11 BUrlG Nr 45). Provisionen können auch in Form der **Umsatzprovision** vereinbart werden. In diesem Fall bezieht sich die Provision auf alle oder bestimmte Geschäfte eines Unternehmens. Die Provision wird als Prozentsatz des Geschäftswerts oder – seltener – in Staffeln gezahlt. 133

f) **Gewinnbeteiligung.** Eine Gewinnbeteiligung kann in unterschiedlicher Form vorgesehen sein. Eine **Tantieme** ist eine Gewinnbeteiligung als zusätzliche Vergütung, die prozentual nach dem Jahresgewinn des Unternehmens berechnet wird (BAG 3.5.2006, 10 AZR 310/05, EzA § 611 BGB 2002 Gratifikation, Prämie Nr 18). Möglich ist auch die Gewährung von Unternehmensanteilen (BAG 28.11.1989, 3 AZR 118/88, EzA § 315 BGB Nr 37). Eine Tantieme wird idR einzelnen AN, insb leitenden Angestellten, zugesagt, um sie zu motivieren, sich für das Unternehmen nachhaltig einzusetzen. Mit dieser Erfolgsvergütung soll die bes Leistung des AN für das Geschäftsergebnis honoriert werden. Die Tantieme tritt als **zusätzliches Entgelt** zu der sonstigen Vergütung, es handelt sich nicht um eine Gratifikation (BAG 8.9.1998, 9 AZR 273/97, EzA § 611 BGB Tantieme Nr 2; anders auch nicht – wie oft behauptet – das LAG Nds 5.7.2002, 10 Sa 657/02, DB 2003, 99, das lediglich über einen Fall zu entscheiden hatte, in dem eine Jahressondervergütung als Tantieme bezeichnet worden war). Wenn in einem Arbeitsvertrag neben der Bruttovergütung geregelt ist, dass bei erfolgreicher Zusammenarbeit im ersten Jahr die Zahlung einer Tantieme in Höhe von 10.000,- DM brutto erfolgt, hält das BAG die Auslegung für naheliegend, dass dem Grunde nach ein vertraglicher Anspruch des AN auf eine jährliche Tantieme begründet worden ist und der AG sich die 134

§ 611 BGB Vertragstypische Pflichten beim Dienstvertrag

Festsetzung der Tantieme für die Folgejahre nach § 315 BGB vorbehalten hat (BAG 17.4.2013, 10 AZR 251/12, DB 2013, 2568).

135 Für Vorstandsmitglieder von Aktiengesellschaften war die Gewinnbeteiligung in § 86 AktG geregelt. Diese Vorschrift wurde 2002 aufgehoben. Die Zulässigkeit einer Gewinnbeteiligung von Vorstandsmitgliedern ergibt sich aus § 87 I AktG (s *Hüffer* § 86 AktG Rn 1). Für die Berechnung der Tantieme von Aufsichtsratsmitgliedern gilt § 113 III AktG. In anderen Fällen ist die Tantieme nach dem jährlichen Reingewinn zu berechnen (MünchArbR/*Krause* § 58 Rn 46). Maßgeblich ist idR die Handelsbilanz des Unternehmens, nicht aber die steuerrechtliche Bilanz (BAG 13.4.1978, 3 AZR 844/76, EzA § 611 BGB Tantieme Nr 1). Abw Vereinbarungen sind möglich. Ist der Umsatz die Berechnungsgrundlage für diesen Vergütungsbestandteil, so handelt es sich um eine Umsatzbeteiligung. Erfolgsbeteiligungen, die an den Umsatz anknüpfen, haben Provisionscharakter (BAG 12.1.1973, 3 AZR 211/72, EzA § 611 BGB Gratifikation, Prämie Nr 37). Der AG wird durch die Gewinnbeteiligung in seiner unternehmerischen Entscheidungsfreiheit nicht eingeschränkt. Der AN kann sich daher zB nicht gegen Preisnachlässe wehren, die sich iR normalen kaufmännischen Geschäftsgebarens halten. Nur wenn der AG bewusst zum Nachteil des AN oder offensichtlich unsachlich handelt, kann der AN vom AG Unterlassung verlangen (BAG 13.4.1978, 3 AZR 844/76, EzA § 611 BGB Tantieme Nr 1).

136 Fällig ist die Gewinnbeteiligung, sobald die Bilanz festgestellt ist oder bei ordnungsgemäßem Geschäftsgang hätte festgestellt werden können (LAG Berlin 7.10.1975, 4 Sa 62/75, DB 1976, 636). Wenn der AN im laufenden Geschäftsjahr ausscheidet, muss mangels bes Abrede keine Zwischenbilanz erstellt werden. In diesem Fall erhält der AN die Gewinnbeteiligung, die ihm bei Fortbestehen des Arbeitsverhältnisses nach der Jahresbilanz zugestanden hätte, nur anteilig (BAG 3.6.1958, 2 AZR 406/55, AP HGB § 59 Nr 9). Wenn die Umsatzbeteiligung im Folgejahr in monatlichen, gleichen Raten ausgezahlt werden soll, regelt das nur die Leistungszeit. Der Anspruch geht aufgrund dieser Vereinbarungen nicht unter, wenn das Arbeitsverhältnis im folgenden Jahr nicht mehr besteht (BAG 8.9.1998, 9 AZR 223/97, EzA § 611 BGB Nr 29).

137 Die Gewinnbeteiligung darf nicht für den Fall der **Eigenkündigung** ausgeschlossen werden, da verdientes Arbeitsentgelt nicht von Bindungsklauseln erfasst werden kann (BAG 27.4.1982, 3 AZR 814/79, EzA § 74 HGB Nr 41). Das in diesem Zusammenhang gelegentlich zit Urteil des BAG vom 13.9.1974 (5 AZR 48/74, EzA § 611 BGB Gratifikation, Prämie Nr 43), das einer Bindungsklausel bei betriebsbedingter Kdg die Wirksamkeit versagt, betraf keine Gewinnbeteiligung, die zur Vergütung ieS zählte, sondern eine Sonderzahlung. Auch eine BV kann eine Stichtagsregelung für bereits verdientes Entgelt nicht wirksam vorsehen (BAG 12.4.2011, 1 AZR 412/09, EzA § 88 BetrVG 2001 Nr 2).

138 Ist dem AN eine Gewinnbeteiligung zugesagt, so trifft den AG die arbeitsvertragliche Nebenpflicht, dem AN die Auskünfte zu erteilen, die er benötigt, um Bestehen und Umfang seines Anspruchs beurteilen zu können. Die Reichweite der Auskunftspflicht bestimmt sich nach § 242. Dabei kann der AN grds nicht die Vorlage einzelner Belege verlangen. Auch muss der AG keine Auskunft über die Berechnung der Gewinne iE erteilen (BAG 30.1.1960, 5 AZR 603/57, AP BGB § 242 Auskunftspflicht Nr 1; 28.10.1986, 3 AZR 323/85, nv). Wenn dem AG die Vorlage von Bilanzen unzumutbar ist, kann er seiner Informationspflicht auf eigene Kosten nachkommen, indem er die Bilanz einem unparteiischen Wirtschaftsprüfer oder Buchsachverständigen vorlegt (BAG 7.7.1960, 5 AZR 61/59, AP BGB § 242 Auskunftspflicht Nr 2).

139 Wurde eine **Mindestgewinnbeteiligung** vereinbart, ist sie unabhängig davon zu zahlen, ob das Unternehmen tatsächlich einen Gewinn erzielt hat (LAG Berlin 7.10.1975, 4 Sa 62/75, DB 1976, 636). Aufgrund des Bezugs zur Arbeitsleistung kann der AN die Tantieme mangels abw Regelung nicht verlangen, wenn er in dem für die Berechnung der Tantieme maßgeblichen Zeitraum keine Arbeitsleistung erbracht hat. In diesem Fall besteht kein Grund, den AN am Gewinn zu beteiligen (BAG 8.9.1998, 9 AZR 273/97, EzA § 611 BGB Tantieme Nr 2).

140 Gewinnbeteiligungen können auch in Form von **Aktienoptionen** erfolgen. Aktienoptionen geben dem AN die Möglichkeit, Aktien des eigenen Unternehmens zu einem vorher festgelegten Kaufpreis zu erwerben. Die AN werden so an der Steigerung des Unternehmenswerts beteiligt. Aktienoptionen zählen zu den längerfristig orientierten Anreizsystemen (MünchArbR/*Krause* § 58 Rn 52 f). Zu weiteren marktorientierten Anreizsystemen wie Stock Appreciation Rights oder Phantom Stocks Plänen s HWK/*Thüsing* § 611 Rn 125 ff.

141 Eine weitere Form der Erfolgsvergütung stellt die **Vergütung anhand von Zielvereinbarungen** dar (allg zu Zielvereinbarungen *Hergenröder* AR-Blattei SD Nr 1855; *Riesenhuber/v Steinau-Steinrück* NZA 2005, 785; zu individual-rechtlichen Fragen *Brors* RdA 2004, 273; zur AGB-Kontrolle *Däubler* ZIP 2004, 2209). Zielvereinbarungen dienen dazu, Leistungsziele vertraglich festzulegen. Mit der Zielvereinbarung können variable Entgeltbestandteile verbunden werden. Ist die Zielvereinbarung in einem TV vorgesehen, kann der BR nach § 80 I Nr 1, II BetrVG Auskunft über die Zielvereinbarung verlangen (BAG 21.10.2003, 1 ABR

39/02, EzA § 80 BetrVG 2001 Nr 3; allg zu Mitbestimmungsfragen bei Zielvereinbarungen *Däubler* NZA 2005, 793). Zielvereinbarungen können mit AN-Gruppen oder mit einzelnen AN vereinbart werden (*Mauer* NZA 2002, 540). Unklarheiten hins des Inhalts der Zielvorgaben gehen zulasten des AG. Das ergibt sich für Formularvereinbarungen aus § 305c II. Auch außerhalb des Anwendungsbereichs dieser Norm kann aber der AG nicht geltend machen, dass die Vereinbarung Inhalte umfasst, die sich aus ihrem Wortlaut und systematischen Zusammenhang nicht ergeben (Hess LAG 29.1.2002, 7 Sa 836/01, AiB 2002, 575).

4. Sonderformen der Vergütung. a) Zuschläge und Zulagen. Zuschläge und Zulagen sind Vergütungsbestandteile, die zusätzlich zum Grundlohn gezahlt werden. Sie können ua dazu dienen, die Leistung zusätzlich zu entlohnen oder die Arbeitsleistung unter erschwerten Arbeitsbedingungen gesondert zu vergüten. Auch die sozialen Verhältnisse des AN sind oft Anknüpfungspunkt für Zulagen. Ferner kann es für den AG erforderlich sein, Zulagen zu zahlen, um Fachkräfte für sein Unternehmen zu gewinnen. Ein Anspruch des AN auf eine Zulage kann sich aus sämtlichen arbeitsrechtlichen Rechtsquellen ergeben. Bei einzelvertraglicher Regelung ist das Mitbestimmungsrecht des BR nach § 87 I Nr 10 BetrVG zu beachten, soweit ein kollektiver Tatbestand vorliegt. Eine Regelung im TV sperrt dagegen nach § 87 I BetrVG die Mitbestimmung, wenn sie abschließenden Charakter hat. Für Zeiten ohne Arbeitsleistung mit EFZ werden grds auch die Zuschläge fortgezahlt. Abw gilt für Leistungen, die ausschließlich als Ersatz für konkrete Aufwendungen des AN gewährt werden (MünchArbR/*Krause* § 57 Rn 52). 142

Zuschläge und Zulagen, die ein BR-Mitglied ohne Arbeitsbefreiung verdient hätte (zB Zuschläge für Mehr-, Über-, Nacht-, Sonn- und Feiertagsarbeit, Erschwernis- sowie Sozialzulagen) sind Arbeitsentgelt iSd § 37 II BetrVG (BAG 5.4.2000, 7 AZR 213/99, EzA § 37 BetrVG 1972 Nr 141; s § 37 BetrVG Rdn 7). 143

aa) Mehrarbeits- und Überstundenvergütung. Die Begriffe Mehrarbeit und Überarbeit werden nicht einheitlich benutzt. Die Lit bezeichnet idR mit **Mehrarbeit die Arbeitsleistung, die über die gesetzliche Arbeitszeit hinausgeht,** mit **Überarbeit die Überschreitung der regelmäßigen betrieblichen Arbeitszeit** (Soergel/*Kraft* § 611 Rn 171). Maßgeblich ist aber stets die Auslegung der Vereinbarung, aus der sich die Vergütung der Mehr- oder Überarbeit ergibt. In TV wird nicht selten der Begriff Mehrarbeit für die über die tarifvertraglich festgelegte Arbeitszeit hinausgehende Arbeit verwandt, zB im MTV für die Arbeiter im privaten Kraftomnibusverkehr in BW vom 4.5.1999 (BAG 7.7.2004, 4 AZR 433/03, AP TVG § 1 Tarifverträge: Verkehrsgewerbe Nr 10). Nach der konkreten Vereinbarung richtet sich auch, ob es auf das Überschreiten der individuellen täglichen Arbeitszeit oder der regelmäßigen Wochenarbeitszeit ankommt (MünchArbR/*Krause* § 57 Rn 54). 144

Leistet der AN Über- oder Mehrarbeit, ist zwischen dem Anspruch auf eine **Grundvergütung** für die zusätzlich geleistete Arbeit und dem Anspruch auf **Zuschläge** zur Grundvergütung zu unterscheiden. Zuschläge kann der AN nur verlangen, wenn eine entspr kollektiv- oder einzelvertragliche Regelung vorliegt, auch der Gleichbehandlungsgrundsatz kann einen Anspruch auf Überstundenzuschläge begründen. Eine Grundvergütung kann auch ohne ausdrückliche Abrede nach § 612 I geschuldet sein, ohne dass aber ein entspr allg Rechtsgrundsatz besteht (s § 612 Rdn 13). Ist eine Pauschalabgeltung für Überstunden vorgesehen, so ist die Klausel nur dann klar und verständlich, wenn sich aus dem Arbeitsvertrag selbst ergibt, welche Arbeitsleistungen in welchem zeitlichen Umfang von ihr erfasst werden sollen (BAG 22.2.2012, 5 AZR 765/10, EzA § 612 BGB 2002 Nr 12). Das ist der Fall, wenn bei Abschluss des Arbeitsvertrags verabredet wird, dass bei der vereinbarten Vergütung die ersten 20 Überstunden im Monat »mit drin« sind. Eine solche Abrede unterliegt als Hauptleistungsabrede gem § 307 III 1 BGB über die Transparenzkontrolle hinaus nicht der Inhaltskontrolle (BAG 16.5.2012 5 AZR 331/11, EzA § 611 BGB 2002 Mehrarbeit Nr 5). 145

Statt einer Vergütung kann **Freizeitausgleich** vorgesehen werden. So kann zB ein TV vorsehen, dass auf Verlangen des AN oder des AG Freizeitausgleich – ggf für einen Teil der Überstunden – zu gewähren ist. Mangels näherer Regelung im TV hat der AG nach billigem Ermessen zu bestimmen, wann die Freistellung erfolgen soll. Dabei darf der AG Zeiten wählen, in denen er die AN ohnehin nicht hätte beschäftigen können. Er muss aber den Termin für den Freizeitausgleich rechtzeitig ankündigen, wozu eine Benachrichtigung am Nachmittag des Vortags nicht ausreichend ist (BAG 17.1.1995, 3 AZR 399/94, EzA § 4 TVG Metallindustrie Nr 99). Unzulässig ist eine Vereinbarung, nach der eine Vergütung auch dann ausgeschlossen sein soll, wenn der AN Freizeitausgleich aus Gründen, die in der Sphäre des AG liegen, nicht nehmen konnte. Das ist zB der Fall, wenn der AN zwar seine Arbeitszeit frei einteilen kann, das zugewiesene Arbeitsvolumen in der vertraglich vorgesehenen Zeit aber nicht zu bewältigen ist (BAG 4.5.1994, 4 AZR 445/93, EzA § 611 BGB Mehrarbeit Nr 5). Ohne entspr Vereinbarung kann der AG Freizeitausgleich nicht einseitig anordnen (BAG 18.9.2001, 9 AZR 307/00, EzA § 611 BGB Mehrarbeit Nr 9). 146

Überstundenvergütung und Zuschläge schuldet der AG nur, wenn er die **Überstunden angeordnet, gebilligt oder geduldet** hat **oder sie** jedenfalls zur Erledigung der geschuldeten Arbeit **notwendig waren** (BAG 147

25.5.2005, 5 AZR 319/04, EzA § 611 BGB 2002 Mehrarbeit Nr 1). Es reicht aus, wenn der AG die vom AN geleistete Arbeitszeit, die über die regelmäßige wöchentliche Arbeitszeit hinausgeht, kennt und sie duldet (BAG 6.10.1994, 6 AZR 266/94, ZTR 1995, 118, 119). Auch kann sich die Überstundenanordnung mittelbar aus der Übertragung bestimmter Arbeiten ergeben. Das ist der Fall, wenn der AG einen Arbeitsauftrag erteilt und damit – ggf konkludent – die Weisung verbindet, diesen innerhalb einer bestimmten Zeit ohne Rücksicht auf die regelmäßige Arbeitszeit auszuführen (BAG 28.11.1973, 4 AZR 62/73, EzA § 17 BAT Nr 1). Überstunden können sich ferner daraus ergeben, dass der AG vorgeschriebene Ruhepausen nicht gewährt (BAG 27.2.1992, 6 AZR 478/90, EzA § 12 AZO Nr 5). Ist die Anordnung der Überstunden rechtswidrig, hindert das einen Vergütungsanspruch des AN nicht (BAG 19.2.2004, 6 AZR 211/03, ZTR 2004, 417). Verlangt ein TV die schriftliche Anordnung von Überstunden und kommt der AG diesem Formerfordernis nicht nach, hindert das ebenfalls den Vergütungsanspruch des AN nicht (BAG 15.10.2002, 6 AZR 349/91, EzA § 17 BAT Nr 6).

148 Eine Regelung, nach der **Teilzeitbeschäftigte** Überstundenzuschläge erst erhalten, wenn sie über die regelmäßige Arbeitszeit eines Vollzeitbeschäftigten hinaus Arbeitsleistungen erbringen, ist zulässig. Ein Verstoß gegen § 4 I 1 TzBfG liegt in einer solchen Regelung nicht, da keine Ungleichbehandlung vorliegt (BAG 16.6.2004, 5 AZR 448/03, EzA § 4 TzBfG Nr 9; s § 4 TzBfG Rdn 9).

149 Verlangt der AN Vergütung oder Freizeitausgleich für Mehrarbeit, so muss er iE darlegen, an welchen Tagen und zu welchen Zeiten er über die übliche Arbeitszeit hinaus gearbeitet hat. Er muss vortragen, von welcher Normalarbeitszeit er ausgeht, dass er tatsächlich gearbeitet und welche Tätigkeit er ausgeführt hat. Ferner muss er vortragen, ob die Überstunden vom AG angeordnet oder zur Erledigung der ihm obliegenden Arbeit notwendig waren oder vom AG gebilligt oder geduldet worden sind. Je nach der Einlassung des AG besteht eine abgestufte Darlegungs- und Beweislast (BAG 16.05.2012, 5 AZR 347/11, EzA § 611 BGB 2002 Mehrarbeit Nr 6; 25.5.2005, 5 AZR 319/04, EzA § 611 BGB 2002 Mehrarbeit Nr 1).

150 bb) **Erschwerniszulagen.** Erschwerniszulagen sind eine zusätzliche Vergütung für Arbeiten, die **unter erschwerten Umständen** geleistet werden **oder gesundheitsgefährdend** sind. Hierzu zählen Zulagen für Schmutz, Hitze, Kälte und Lärm. Auch die weite Entfernung der Arbeitsstelle vom Wohnort kann durch solch eine Zulage ausgeglichen werden (ErfK/*Preis* § 611 Rn 481). Aufwandsentschädigungen, die einen bes Aufwand des AN abgelten sollen, zählen nicht zu den Erschwerniszulagen. Sieht ein TV eine Erschwerniszulage vor, deren Höhe der AG im Einvernehmen mit dem BR festlegt, kann hierin die Einräumung eines echten Mitbestimmungsrechts liegen (BAG 9.5.1995, 1 ABR 56/94, EzA § 76 BetrVG 1972 Nr 66). Rechtsgrundlage für Erschwerniszulagen sind idR TV oder BV. Die Zulage entfällt, wenn die Erschwernis entfällt (BAG 7.9.1983, 5 AZR 259/81, nv). Eine widerruflich vereinbarte Erschwerniszulage kann nach billigem Ermessen widerrufen werden (BAG 30.8.1972, 5 AZR 140/72, EzA § 315 BGB Nr 9). Nach der neueren Rspr des BAG sind bei formularmäßigen Widerrufsvorbehalten allerdings Widerrufsgründe anzugeben, da ansonsten der Widerrufsvorbehalt nach § 308 Nr 4 unwirksam ist (allg für Widerrufsvorbehalte hins übertariflicher Zulagen BAG 12.1.2005, 5 AZR 364/04, EzA § 308 BGB 2002 Nr 1).

151 Sonderfälle der Erschwerniszulage sind Zulagen für **Nachtarbeit** und **Arbeit in Wechselschichten.** Ferner werden für Sonn- und Feiertagsarbeit oft tarifliche Zulagen vereinbart. Zur Nachtzeit zählt nach § 2 III ArbZG die Zeit von 23–6 Uhr, in Bäckereien und Konditoreien die Zeit von 22–5 Uhr. TV können die Nachtzeit abw bestimmen, so zB der MTV für die Arbeiter im privaten Kraftomnibusverkehr in BW vom 4.5.1999 (21–5 Uhr) oder der MTV für den Einzelhandel in Bayern, gültig ab 1.1.2000 (20–6 Uhr). Nach § 2 IV ArbZG liegt Nachtarbeit vor, wenn die Arbeit mehr als 2 Stunden der Nachtzeit umfasst. § 6 V ArbZG gewährt Nacht-AN gegen den AG einen Anspruch auf eine angemessene Zahl bezahlter freier Tage oder einen angemessenen Zuschlag auf das ihnen hierfür zustehende Bruttoarbeitsentgelt, soweit keine tarifvertraglichen Ausgleichsregelungen bestehen. Dabei ist nach § 2 V ArbZG Nacht-AN, wer aufgrund seiner Arbeitszeitgestaltung normalerweise Nachtarbeit in Wechselschicht zu leisten hat oder mindestens 48 Tagen im Kalenderjahr leistet. Der BR hat bei der Ausgestaltung des vom AG gem § 6 V ArbZG geschuldeten Ausgleichs für Nachtarbeit nach § 87 I Nr 7 BetrVG mitzubestimmen. Das gilt auch für die noch verbleibende Möglichkeit des Freizeitausgleichs, wenn ein TV zwar Zuschläge für Nachtarbeit ausschließt, aber keine Ausgleichsregelung enthält (BAG 26.4.2005, 1 ABR 1/04, EzA § 87 BetrVG 2001 Gesundheitsschutz Nr 3). Angemessen ist ein Ausgleich nicht erst dann, wenn er Tarifniveau erreicht, es sind die Umstände des Einzelfalls zu berücksichtigen (BAG 24.2.1999, 4 AZR 62/98, EzA § 3 TVG Nr 16).

152 cc) **Sozialzulagen.** Sozialzulagen wie Verheirateten-, Kinder-, Alters-, Wohn- und Ortszuschläge dienen der Berücksichtigung der bes sozialen Situation des AN bei der Vergütung. Rechtsgrundlage ist oft eine tarifvertragliche Regelung. Im Zusammenhang mit Sozialzulagen sind vor allem Gleichbehandlungsfragen relevant geworden. Der Gleichbehandlungsgrundsatz ist zu beachten und steht zB einer Regelung entgegen,

nach der eine Haushaltszulage für eine verheiratete weibliche AN an eine bes Antrags- und Nachweispflicht geknüpft wird, die für verheiratete männliche AN nicht besteht. Zulässig ist dagegen eine Regelung, nach der in einer sog Doppelverdienerehe nur demjenigen AN eine Haushaltszulage gewährt wird, der überwiegend den finanziellen Beitrag zum Haushalt leistet, wobei dies an der Höhe des Einkommens gemessen wird (BAG 20.4.1977, 4 AZR 732/75, EzA Art 3 GG Nr 4). Unzulässig ist wiederum eine Regelung, die eine Verheiratetenzulage ausschließlich für männliche AN gewährt (BAG 13.11.1985, 4 AZR 234/84, EzA Art 3 GG Nr 189). Ist nicht eindeutig geregelt, dass die Sozialzulage durch ein übertarifliches Gehalt abgegolten wird, kann der AN die Zulage zusätzlich verlangen (BAG 19.12.1958, 1 AZR 42/58, AP TVG § 4 Sozialzulagen Nr 1).

dd) **Funktionszulagen.** Die Funktionszulage ist Arbeitsentgelt für die Verrichtung von Arbeit in einer bestimmten Funktion. Übt der AN die Funktion nicht mehr aus, entfällt mangels abw Regelung der Anspruch auf die Zulage (BAG 16.11.2005, 10 AZR 108/05, ZTR 2006, 313). Nach § 87 Nr 3 LPVG Berlin hat der PersR beim Widerruf einer vertraglich vereinbarten Funktionszulage mitzubestimmen. Ein ohne Beteiligung des PersR ausgesprochener Widerruf ist unwirksam (BAG 26.1.2005, 10 AZR 331/04, AP LPVG Berlin § 87 Nr 6). Auch Regelungen über Funktionszulagen müssen den Gleichbehandlungsgrundsatz wahren. Die Ungleichbehandlung hins einer Funktionszulage bei Mitarbeitern unterschiedlicher Tarifgebiete kann nicht allein mit dem Vorliegen unterschiedlicher Tarifgebiete gerechtfertigt werden (BAG 23.4.1997, 10 AZR 603/96, EzA § 242 BGB Gleichbehandlung Nr 72). 153

ee) **Leistungszulagen.** Erbringt ein AN eine höhere Leistung als durch die Grundvergütung abgegolten, so kann diese Leistung durch Zulagen honoriert werden. Rechtsgrundlage für solche Zulagen sind vor allem TV und Arbeitsvertrag. Die Zulage richtet sich nach einer Beurteilung der Leistung des AN, die sich zB auf das Arbeitsergebnis, den Arbeitseinsatz, die Sorgfalt oder die Arbeitssicherheit beziehen kann (zur Leistungsbeurteilung MünchArbR/*Krause* § 57 Rn 11 ff). 154

Leistungszulagen können widerruflich ausgestaltet werden. Ohne **Widerrufsvorbehalt** kommt ein Widerruf jedoch nicht in Betracht (BAG 16.7.1976, 5 AZR 270/75, EzA § 611 BGB Nr 21). Auch ist bei Widerrufsvorbehalten, die der AGB-Kontrolle unterliegen, § 308 Nr 4 zu beachten. Danach ist eine Klausel unwirksam, die es dem AG gestattet, übertarifliche Lohnbestandteile jederzeit unbeschränkt zu widerrufen. Es muss sich aus der Regelung selbst ergeben, dass der Widerruf nicht ohne Grund erfolgen darf (BAG 12.1.2005, 5 AZR 364/04, EzA § 308 BGB 2002 Nr 1; s § 308 Rdn 4). Ferner hat das BAG einen auf eine Leistungszulage bezogenen Freiwilligkeitsvorbehalt nach § 307 I 1 für unwirksam erklärt (BAG 25.4.2007, 5 AZR 627/06, EzA § 307 BGB 2002 Nr 20). Der Ausschluss des Rechtsanspruchs verhindere die Verwirklichung des Prinzips der Vertragsbindung und beeinträchtige die Interessen des AN grundlegend. 155

b) **Sonderzuwendungen.** aa) **Allgemeines.** Sonderzuwendungen sind **Leistungen des AG**, die nicht regelmäßig mit der Vergütung ausgezahlt werden, sondern **zu bestimmten Anlässen oder Terminen** erfolgen. Die Terminologie ist uneinheitlich, auch die Begriffe Sonderzahlung, Sondervergütung oder Gratifikation sind gebräuchlich. Unter den Begriff der Sonderzuwendung fallen ganz unterschiedliche Leistungen wie zB Weihnachtsgeld, Urlaubsgeld, ein 13. Monatsgehalt, Jahresabschlussprämien und Jubiläumszuwendungen. Rechtsgrundlage für den Anspruch auf eine Sonderzuwendung kann eine kollektivvertragliche Abrede oder eine Vereinbarung auf arbeitsvertraglichem Niveau sein. Bei Letzterer spielen die betriebliche Übung und der Gleichbehandlungsgrundsatz eine erhebliche Rolle (s *Vossen* NZA 2005, 734). Sieht ein TV einen Anspruch auf eine Sonderzuwendung vor, so können die TV-Parteien wirksam die Anrechnung betrieblicher Sonderzuwendungen vereinbaren (BAG 3.3.1993, 10 AZR 42/92, EzA § 611 BGB Gratifikation, Prämie Nr 101). Bei Zusagen auf individualvertraglicher Ebene ist im Zusammenhang mit Sonderzuwendungen oft von freiwilligen Leistungen des AG die Rede. Aus dieser Bezeichnung leitet das BAG keinen Widerrufsvorbehalt ab, sondern entnimmt ihr ohne weitere Anhaltspunkte lediglich, dass der AG sich zur Erbringung der Leistung verpflichtet, ohne dazu durch TV, BV oder Gesetz gezwungen zu sein (BAG 17.4.2013, 10 AZR 636/11, EzA § 305c BGB 2002 Nr 23; 28.4.2004, 10 AZR 481/03, EzA § 4 TVG Ausschlussfristen Nr 172). 156

Sonderzuwendungen haben **grds Entgeltcharakter**. Sie sind auch dann keine Geschenke iSd § 516, wenn sie als solche bezeichnet werden, was insb bei Jubiläumsgeldern vorkommt (BAG 16.4.1997, 10 AZR 705/96, EzA § 242 BGB Betriebliche Übung Nr 39; 28.4.2004, 10 AZR 481/03, EzA § 4 TVG Ausschlussfristen Nr 172). Allerdings sind Geschenke im Arbeitsverhältnis nicht ausgeschlossen, eine Schenkung im Rechtssinne kann vor allem bei einer Zuwendung zu einem persönlichen Anlass in Betracht kommen (ErfK/*Preis* § 611 Rn 527). 157

§ 611 BGB Vertragstypische Pflichten beim Dienstvertrag

158 **bb) Zuwendungszwecke.** Mit Sonderzuwendungen können **unterschiedliche Zwecke** verfolgt werden. Nach ihrem Zweck lassen sich die Sonderzuwendungen in 3 Gruppen einteilen. Sie können eine **zusätzliche Vergütung** für die im Bezugszeitraum geleistete Arbeit darstellen, die **Betriebstreue** des AN **honorieren oder beide Zwecke** miteinander **verbinden**. Soll die Betriebstreue des AN belohnt werden, so kann einerseits auf die in der Vergangenheit erbrachte Betriebstreue Bezug genommen werden, andererseits kann es um einen Anreiz für zukünftige Betriebstreue gehen. Auch eine Kombination beider zeitlicher Dimensionen ist möglich (BAG 28.3.2007, 10 AZR 261/06, EzA § 611 BGB 2002 Gratifikation, Prämie Nr 21). Der Zweck einer tariflichen Jahressonderzahlung ergibt sich vorrangig aus den tatsächlichen und rechtlichen Voraussetzungen, von deren Vorliegen und Erfüllung die Leistung abhängig gemacht wird. Die Bezeichnung der Sonderzahlung kann allenfalls Indizwirkung haben (BAG 21.5.2003, 10 AZR 408/02, EzA § 611 BGB 2002 Gratifikation, Prämie Nr 8).

159 Der **Zweck der Sonderzuwendung** wird in der zugrunde liegenden Vereinbarung idR nicht ausdrücklich genannt, er **ist** vielmehr **durch Auslegung zu ermitteln**. Für eine Sonderzuwendung mit reinem Entgeltcharakter spricht es, wenn die Vereinbarung neben dem Bestehen des Arbeitsverhältnisses keine weiteren Anspruchsvoraussetzungen vorsieht. Macht die Sonderzuwendung einen wesentlichen Anteil der Gesamtvergütung des Arbeitnehmers aus, hat sie idR Vergütungscharakter (BAG 10.1.2012, 10 AZR 667/10, EzA § 611 BGB 2002 Gratifikation, Prämie Nr 32). Wenn eine **anteilige Zahlung** für das Ein- und Austrittsjahr vorgesehen ist, spricht das ebenfalls für eine zusätzliche Vergütung der Arbeitsleistung (BAG 22.10.2003, 10 AZR 152/03, EzA § 1 TVG Rückwirkung Nr 6). Aber auch ohne eine solche Regelung zum Ein- und Austritt des AN ist eine Sonderzuwendung mit reinem Entgeltcharakter im Ein- und Austrittsjahr anteilig zu zahlen, denn diese sog arbeitsleistungsbezogenen Sonderzahlungen werden als Vergütungsbestandteile im jeweiligen Bezugszeitraum verdient und lediglich bis zum vereinbarten Fälligkeitstermin aufgespart. Der Anspruch auf die Sonderzahlung mit reinem Entgeltcharakter entsteht daher pro rata temporis (BAG 18.8.1999, 10 AZR 424/98, AP BAT §§ 22, 23 Zuwendungs-TV Nr 22). Für die Entlohnung bisher erwiesener Betriebstreue spricht es, wenn die Regelung über die Sonderzuwendung eine **Wartezeit** vorsieht, der AN einen Anspruch also erst nach einer gewissen Betriebszugehörigkeit erwirbt (BAG 19.11.2003, 10 AZR 161/03, EzA § 611 BGB 2002 Gratifikation, Prämie Nr 11). Einen Anreiz und eine vorweggenommene Belohnung für zukünftige Betriebstreue bietet eine Regelung, nach der der AN am Ende des Bezugszeitraums oder zu einem bestimmten Stichtag in einem ungekündigten Arbeitsverhältnis gestanden haben muss (BAG 7.12.1989, 6 AZR 324/88, EzA § 4 TVG Bekleidungsindustrie Nr 4; 26.10.1994, 10 AZR 109/93, EzA § 611 BGB Gratifikation, Prämie Nr 115). Auch **Rückzahlungsklauseln**, nach denen der AN die Sonderzuwendung zurückzahlen muss, wenn er innerhalb eines bestimmten Zeitraums nach Auszahlung aus dem Betrieb ausscheidet, sichern im Vorhinein die künftige Betriebstreue des AN (BAG 12.10.2005, 10 AZR 640/04, EzA § 611 BGB 2002 Gratifikation, Prämie Nr 16). Allein aus der Bezeichnung einer Sonderzuwendung als Weihnachtsgeld kann nicht geschlossen werden, dass der Anspruch nur besteht, wenn der AN zu Weihnachten noch beim AG beschäftigt ist. Wenn sich aus der Weihnachtsgeldregelung keine weiteren Anspruchsvoraussetzungen ergeben, spricht das für den Entgeltcharakter der Sonderzuwendung (BAG 21.5.2003, 10 AZR 408/02, EzA § 611 BGB 2002 Gratifikation, Prämie Nr 8). Am weitesten verbreitet sind Sonderzuwendungen mit Mischcharakter, die sowohl die geleistete Arbeit zusätzlich vergüten als auch die Betriebstreue des AN belohnen. Diese doppelte Zielsetzung liegt einer Sonderzuwendung zugrunde, wenn die Vereinbarung Anhaltspunkte für beide Zwecke enthält. Das ist zB der Fall, wenn der Anspruch auf die Gesamtleistung anteilig für Monate mit einer Mindestarbeitsleistung oder einer Mindestanzahl an Tagen mit EFZ-Anspruch entsteht, zusätzlich aber von einer Wartezeit abhängt und ein ungekündigtes Arbeitsverhältnis zu einem bestimmten Stichtag voraussetzt (BAG 12.1.2000, 10 AZR 928/98, nv; s.a. 13.11.2013, 10 AZR 848/12, EzA § 611 BGB 2002 Gratifikation, Prämie Nr 37).

160 **cc) Freiwilligkeitsvorbehalt.** Arbeitsvertragliche Abreden über Sonderzuwendungen kann der AG unter einem Freiwilligkeitsvorbehalt treffen. Aufgrund des Freiwilligkeitsvorbehalts entsteht kein Anspruch des AN auf Zahlung der Sonderzuwendung für die Zukunft. Der AG kann jedes Jahr neu entscheiden, ob und unter welchen Voraussetzungen er eine Sonderzuwendung gewährt. Für das jeweilige Jahr entsteht der Anspruch mit der verbindlichen Zusage der Sonderzuwendung oder mit ihrer Auszahlung, wobei wiederum der Gleichbehandlungsgrundsatz eine Rolle spielen kann (BAG 12.1.2000, 10 AZR 840/98, EzA § 611 BGB Gratifikation, Prämie Nr 158). Der AG muss allerdings unmissverständlich zu erkennen geben, dass er eine Bindung ausschließen möchte. Die Zusage unter der Überschrift »freiwillige soziale Leistungen« reicht dafür nicht aus (BAG 20.2.2013, 10 AZR 177/12, EzA § 305c BGB 2002 Nr 21; 11.4.2000, 9 AZR 255/99, EzA § 611 BGB Gratifikation, Prämie Nr 160). Ebenso wenig ist eine Bindung ausgeschlossen, wenn in der Vereinbarung von einer »freiwilligen, jederzeit widerruflichen Zulage« die Rede ist. Der Hinweis

auf die Freiwilligkeit zeigt nur, dass der AG sich nicht aus anderen Gründen zu der Leistung verpflichtet sieht (BAG 8.12.2010, 10 AZR 671/09, EzA § 307 BGB 2002 Nr 51; 1.3.2006, 5 AZR 363/05, EzA § 4 TVG Tariflohnerhöhung Nr 48). Eine Bindung wird dagegen mit folgender Formulierung vermieden: »Betriebliche Sonderzuwendungen an den AN aus bes Anlass (zB Weihnachtsgeld, Urlaubsgeld) – Gratifikationen – erfolgen auf freiwilliger Grundlage. Ein Anspruch kann daraus nicht hergeleitet werden.« (BAG 5.6.1996, 10 AZR 883/95, EzA § 611 BGB Gratifikation, Prämie Nr 141). Dasselbe gilt für die Charakterisierung der Sonderzuwendung als freiwillige Leistung, die ohne Anerkennung einer Rechtspflicht gewährt wird und auch bei wiederholter Zahlung keinen Rechtsanspruch auf Leistungsgewährung in der Zukunft begründet (BAG 12.1.2000, 10 AZR 840/98, EzA § 611 BGB Gratifikation, Prämie Nr 158). Ob Freiwilligkeitsvorbehalte der **AGB-Kontrolle** unterliegen, ist in der Lit str (bejahend *Preis/Lindemann* NZA 2006, 632, 636; *Willemsen/Grau* NZA 2005, 1137, 1140; abl *Hanau/Hromadka* NZA 2005, 73, 75; *Thüsing/Leder* BB 2005, 1563, 1567 f). Das BAG hat inzwischen den Freiwilligkeitsvorbehalt als Vertragsbedingung iSd § 305 eingestuft (BAG 19.3.2014, 10 AZR 622/13, EzA § 611 BGB 2002 Gratifikation, Prämie Nr 39). Die Klausel sei unabhängig davon nicht nach § 308 Nr 4 unwirksam, da es an einer versprochenen Leistung iSd Norm fehle. Auch aus § 307 I 1 ergebe sich die Unwirksamkeit eines Freiwilligkeitsvorbehalts nicht (BAG 30.7.2008, 10 AZR 606/07, EzA § 307 BGB 2002 Nr 38; s aber zum Freiwilligkeitsvorbehalt im Zusammenhang mit einer Zielvereinbarung BAG 19.3.2014, 10 AZR 622/13, EzA § 611 BGB 2002 Gratifikation, Prämie Nr 39). Allerdings hält das BAG eine formularvertragliche Regelung, die einen Freiwilligkeitsvorbehalt enthält, für widersprüchlich, wenn sie zugleich die Sonderzahlung nach Voraussetzungen und Höhe präzise regelt. In diesem Fall ist trotz Transparenz des Freiwilligkeitsvorbehalts selbst die Gesamtregelung intransparent, weshalb der Freiwilligkeitsvorbehalt ersatzlos wegfällt (BAG 20.2.2013, 10 AZR 177/12, EzA § 305c BGB 2002 Nr 21; 30.7.2008, 10 AZR 606/07, EzA § 307 BGB 2002 Nr 38). Für eine Klausel, die einen Freiwilligkeitsvorbehalt mit einem Widerrufsvorbehalt kombiniert, hat das BAG entschieden, dass eine Vertragsbedingung iSd § 305 vorliegt. Eine solche Kombination sei intransparent. Ferner sei eine Klausel benachteiligend, die in den Vorbehalt alle zukünftigen Leistungen unabhängig von ihrer Art und ihrem Entstehungsgrund einschließt (BAG 14.9.2011, 10 AZR 526/10, EzA § 307 BGB 2002 Nr 54). Auch wenn es dem AG nur darum geht, eine Sonderzuwendung unter Freiwilligkeitsvorbehalt zu stellen, muss er also darauf achten, die Klausel nicht zu weit zu formulieren. Unter Transparenzgesichtspunkten unproblematisch ist eine Regelung, nach der der AG jährlich neu über die Höhe der Gratifikation entscheidet (BAG 16.1.2013, 10 AZR 26/12, EzA § 611 BGB 2002 Gratifikation, Prämie Nr 36).

dd) Widerrufsvorbehalt. Eine arbeitsvertragliche Sonderzuwendung kann der AG grds widerruflich ausgestalten. Ähnlich wie beim Freiwilligkeitsvorbehalt muss der AG sich insoweit aber deutlich ausdrücken. Die Bezeichnung einer Jubiläumszuwendung als »freiwillige Sozialleistung« allein begründet keinen Widerrufsvorbehalt, da der AN ihr nicht unmissverständlich entnehmen kann, dass sich der AG die freie Lösung von der Zusage vorbehält (BAG 28.4.2004, 10 AZR 481/03, EzA § 4 TVG Ausschlussfristen Nr 172). Bei Klauseln, die der **AGB-Kontrolle** unterliegen, sind vor allem die §§ 307 II, 308 Nr 4 zu beachten. Unzulässig ist danach eine Klausel, durch die sich der AG das Recht vorbehält, »übertarifliche Lohnbestandteile jederzeit unbeschränkt zu widerrufen«. Das BAG sieht Widerrufsvorbehalte in 2-facher Hinsicht als beschränkt an. Zwar habe der AG bei Zusatzleistungen ein anerkennenswertes Flexibilisierungsinteresse. Eingriffe in den Kernbereich des Arbeitsvertrags seien aber unzulässig, weshalb der widerrufliche Anteil der Vergütung 25–30 % des Gesamtverdienstes nicht übersteigen dürfe. Maßgeblich für die Zumutbarkeit der Klausel ist also in 1. Linie das Verhältnis des widerruflichen Teils der Vergütung zur restlichen Vergütung. Auch die Stellung des AN im Betrieb soll eine Rolle spielen. Außerdem müsse aus der Klausel selbst zumindest die Richtung hervorgehen, aus der der Widerruf möglich sein solle. Mögliche Widerrufsgründe seien wirtschaftliche Gründe, die Leistung oder das Verhalten des AN (BAG 12.1.2005, 5 AZR 364/04, EzA § 308 BGB 2002 Nr 1; 11.10.2006, 5 AZR 721/05, EzA § 308 BGB 2002 Nr 6). **Das erforderliche Maß an Konkretisierung** hat das BAG allerdings **offengelassen**. Ist eine Widerrufsklausel in einem Vertrag enthalten, der vor dem 1.1.2002 abgeschlossen wurde, wendet das BAG § 306 II nicht an, sondern nimmt eine erg Vertragsauslegung vor. Dabei sei anzunehmen, dass die Parteien den Widerruf zumindest für den Fall wirtschaftlicher Verluste vorgesehen hätten (BAG 12.1.2005, 5 AZR 364/04, EzA § 308 BGB 2002 Nr 1).

ee) Kürzung aufgrund von Fehlzeiten. Die Frage der Kürzung von Sonderzuwendungen bei Fehlzeiten des AN im Bezugszeitraum ist immer wieder Gegenstand höchstrichterlicher Entscheidung gewesen. In 1. Linie kommt es darauf an, ob eine wirksame Kürzungsvereinbarung besteht.

163 **(1) Kürzungsvereinbarung.** Für **Sonderzuwendungen mit reinem Entgeltcharakter** kann die Kürzung bei **Fehlzeiten ohne EFZ** ohne Weiteres vorgesehen werden. Eine solche Kürzung wäre auch ohne eine entspr Klausel zulässig (s unten Rdn 169), sodass eine Kürzungsvereinbarung dieser Art nur deklaratorischen Charakter hat (*Hanau/Vossen* DB 1992, 213, 218). Auch für **Fehlzeiten mit EFZ** kann eine Kürzung der Sonderzuwendung vereinbart werden. Für krankheitsbedingte Fehlzeiten mit EFZ zeigt das bereits § 4a EFZG, der auch Sonderzuwendungen mit reinem Entgeltcharakter erfasst. Für Fehlzeiten aufgrund von Mutterschutzfristen gelten allerdings Besonderheiten. Nach der Rspr des EuGH dürfen **Mutterschutzzeiten** bei Sonderzuwendungen nach Art 157 AEUV nicht anteilig leistungsmindernd berücksichtigt werden. Auch Zeiten des Erziehungsurlaubs dürfen nicht leistungsmindernd berücksichtigt werden, wenn die Gratifikation eine Vergütung für die im Bezugszeitraum geleistete Arbeit sein soll (EuGH 21.10.1999, Rs C-333/97, EzA § 611 BGB Gratifikation, Prämie Nr 156). Gewährt der AG eine freiwillige Sonderzuwendung, auf die der AN keinen Anspruch hat, kann der AG in den Grenzen des § 4a EFZG Fehlzeiten ohne Verstoß gegen den Gleichbehandlungsgrundsatz berücksichtigen (BAG 7.8.2002, 10 AZR 709/01, EzA § 4a EFZG Nr 3).

164 Dient die Sonderzuwendung allein der **Belohnung von Betriebstreue**, kommt eine Vereinbarung über die Kürzung aufgrund von Fehlzeiten nach dem Zweck der Zuwendung nicht in Betracht (*Vossen* NZA 2005, 734, 736). Allerdings wird idR nicht die Kürzungsvereinbarung unwirksam sein, weil sie dem Zweck der Sonderzuwendung widerspricht. Vielmehr ist eine Kürzungsregelung ein Indiz dafür, dass nicht allein die Betriebstreue belohnt werden soll, sondern die Leistung auch Entgelt für die im Bezugszeitraum geleistete Arbeit ist.

165 Bei **Sonderzuwendungen mit Mischcharakter** kann wiederum eine Kürzung für Fehlzeiten vereinbart werden und zwar **auch für Fehlzeiten mit EFZ** (BAG 26.10.1994, 10 AZR 482/93, EzA § 611 BGB Anwesenheitsprämie Nr 10). Für Fehlzeiten infolge einer Krankheit ist § 4a EFZG maßgeblich. Danach ist eine Kürzungsvereinbarung zulässig, allerdings darf die Kürzung für jeden Tag der Arbeitsunfähigkeit infolge Krankheit 1/4 des Arbeitsentgelts, das im Jahresdurchschnitt auf einen Arbeitstag entfällt, nicht überschreiten (s § 4a EFZG Rdn 5 f). Ob bei Sonderzuwendungen mit Mischcharakter eine Kürzung bei **Fehlzeiten aufgrund von Elternzeit** europarechtlich zulässig ist, lässt sich der Rspr des EuGH nicht zweifelsfrei entnehmen. In seiner Entscheidung vom 21.10.1999 hat der EuGH sich zum einen zu Gratifikationen geäußert, die als Vergütung für im Bezugszeitraum geleistete Arbeit einzustufen sind. Zum anderen ging er auf Sonderzuwendungen ein, die keine Vergütung für in der Vergangenheit geleistete Arbeit darstellen und für den Anspruch auf die Zuwendung allein die Voraussetzung aufstellen, dass der AN zum Zeitpunkt der Gewährung im aktiven Beschäftigungsverhältnis stand. Für Sonderzuwendungen der zuletzt genannten Art hat der EuGH eine Kürzung für Fehlzeiten aufgrund von Elternzeit für europarechtlich zulässig erklärt (EuGH 21.10.1999, Rs C-333/97, EzA § 611 BGB Gratifikation, Prämie Nr 156). Die so beschriebenen Typen von Sonderzuwendungen entsprechen Sonderzuwendungen mit reinem Entgeltcharakter einerseits und Sonderzuwendungen, die allein die Betriebstreue entlohnen andererseits; Sonderzuwendungen mit Mischcharakter hat der EuGH nicht in seine Überlegungen einbezogen. Da diese Sonderzuwendungen auch Entgelt für geleistete Arbeit darstellen, ist eine Kürzung für Fehlzeiten aufgrund von Elternzeit mit Blick auf Art 157 AEUV aber krit zu betrachten. Eine Kürzung dürfte nach den Vorgaben des EuGH nur für den Anteil der Sonderzuwendung vorgesehen werden können, der die Betriebstreue entlohnt. Da sich idR nicht feststellen lässt, welcher Anteil der Sonderzuwendung mit Mischcharakter die Arbeitsleistung zusätzlich vergüten soll und welcher Teil die Betriebstreue des AN entlohnt, kommt eine Kürzungsvereinbarung für Fehlzeiten aufgrund von Elternzeit letztlich nicht in Betracht. Das BAG hat in einer Entscheidung angenommen, eine tarifvertragliche Regelung, die einen Anspruch auf eine Sonderzuwendung nach einer 7-monatigen Wartezeit begründet, knüpfe die Leistung iSd EuGH-Rspr an den Bestand eines aktiven Arbeitsverhältnisses (BAG 4.12.2002, 10 AZR 138/02, EzA § 611 BGB 2002 Gratifikation, Prämie Nr 3).

166 **(2) Auslegung von Kürzungsvereinbarungen.** Wenn eine Sonderzuwendung für Zeiten des Ruhens des Arbeitsverhältnisses kraft Gesetzes anteilig gekürzt werden kann, erfasst das auch die Zeit, während der sich der AN in Elternzeit befindet (BAG 24.5.1995, 10 AZR 619/94, EzA § 611 BGB Gratifikation, Prämie Nr 124). Ferner ist eine anteilige Kürzung für Zeiten der **Streikbeteiligung** möglich, wenn eine Vereinbarung die Kürzung bei Ruhen des Arbeitsverhältnisses »kraft Gesetzes oder Vereinbarung oder aus sonstigen Gründen« vorsieht. Während des Arbeitskampfes ruht das Arbeitsverhältnis des streikbeteiligten AN jedenfalls aus »sonstigen Gründen« (BAG 3.8.1999, 1 AZR 735/98, EzA Art 9 GG Arbeitskampf Nr 133). **Krankheitsbedingte Fehlzeiten** bewirken kein Ruhen des Arbeitsverhältnisses. Im Krankheitsfall werden die Hauptpflichten aus dem Arbeitsverhältnis nicht suspendiert, vielmehr handelt es sich um eine Leistungsstörung (BAG 25.9.2013, 10 AZR 850/12, NZA 2014, 52, 53). Ebenso wenig führt der Bezug

einer Erwerbsunfähigkeitsrente auf Zeit zu einem Ruhen des Arbeitsverhältnisses kraft Gesetzes (BAG 11.10.1995, 10 AZR 985/94, EzA § 611 BGB Gratifikation, Prämie Nr 133). Sind in einem TV bestimmte Ruhenstatbestände genannt, die zu einer Kürzung der Sonderzuwendung führen können, so ist über diese ausdrückliche Regelung hinaus nicht anzunehmen, dass ein Anspruch auf die ungekürzte Sonderzuwendung nur insoweit entsteht, als der AN auch tatsächlich gearbeitet hat (BAG 20.12.1995, 10 AZR 742/94, EzA § 611 BGB Gratifikation, Prämie Nr 135; s.a. BAG 25.9.2013, 10 AZR 850/12, NZA 2014, 52, 54). Verlangt ein TV das Bestehen eines Arbeitsverhältnisses am Auszahlungstag und sieht er ferner vor, dass anspruchsberechtigte AN, die wegen Erwerbs- oder Berufsunfähigkeit, wegen Erreichens der Altersgrenze oder aufgrund Kdg zwecks Inanspruchnahme eines vorgezogenen Altersruhegeldes aus dem Beruf ausscheiden, die volle Leistung erhalten, so ist in diesen Konstellationen der Bestand des Arbeitsverhältnisses am Auszahlungstag nicht entbehrlich (BAG 12.10.2005, 10 AZR 630/04, EzA § 611 BGB 2002 Gratifikation, Prämie Nr 17).

(3) Überproportionale Kürzung. Vereinbart werden kann die proportionale Kürzung der Sonderzuwendung pro Fehltag. Das BAG lässt auch eine überproportionale Kürzung zu. Für eine arbeitsvertragliche Vereinbarung hat das BAG grds eine Kürzung von 1/60 pro Fehltag für angemessen erklärt (BAG 15.2.1990, 6 AZR 381/88, EzA § 611 BGB Anwesenheitsprämie Nr 9). In einer BV kann grds eine Anwesenheitsprämie in der Art wirksam vereinbart werden, dass die Sonderzuwendung pro Fehltag um mehr als 1/60 gekürzt wird. Die Betriebspartner könnten das Interesse des AG an geringen Fehlzeiten und das Interesse des AN, erforderliche Fehltage ohne finanzielle Einbußen in Anspruch zu nehmen, gegeneinander abwägen und zu dem Ergebnis kommen, dass eine Kürzung um 1/30 pro Fehltag angemessen ist. Um dem AN einen Anreiz zu geben, Fehltage gering zu halten, muss die Regelung aber an künftige Fehltage anknüpfen. Nur wenn der AN von den Folgen von Fehltagen weiß, kann die Anwesenheitsprämie ihn motivieren, Fehltage zu vermeiden. Die Regelung darf daher nicht auf Fehltage abstellen, die vor dem Bekanntwerden der Regelung liegen (BAG 26.10.1994, 10 AZR 482/93, EzA § 611 BGB Anwesenheitsprämie Nr 10). Für krankheitsbedingte Fehlzeiten ist inzwischen § 4a EFZG vorrangig, für Fehlzeiten aus anderen Gründen bleiben die vom BAG aufgestellten Grundsätze relevant. 167

In der Lit wurde angeregt, die überproportionale Kürzung je nach Kürzungsgrund zu beurteilen. Eine überproportionale Kürzung für streikbedingte Fehlzeiten sei nicht zulässig. Der AG habe mit Blick auf § 612a kein legitimes Interesse an der überproportionalen Kürzung (HWK/ *Thüsing* § 611 Rn 108). 168

(4) Kürzung ohne Vereinbarung. Enthält die Zusage der Sonderzuwendung keine Regelungen zur Kürzung, richtet sich die Kürzungsmöglichkeit des AG nach dem **Zweck der Sonderzuwendung** (zu den Zuwendungszwecken oben Rdn 158 f). Bei einer **Sonderzuwendung mit reinem Entgeltcharakter** erwirbt der AN bei vorzeitigem Ausscheiden aus dem Betrieb oder bei Eintritt in den Betrieb während des Bezugszeitraums nur einen anteiligen Anspruch. Das ergibt sich ohne Weiteres aus der synallagmatischen Verknüpfung von Arbeitsleistung und Vergütung. Aus demselben Grund kann der AG die Sonderzuwendung unabhängig von einer Kürzungsvereinbarung bei Fehlzeiten ohne EFZ reduzieren. Erbringt der AN die geschuldete Arbeitsleistung nicht, fehlt es an einer Anspruchsvoraussetzung (BAG 21.3.2001, 10 AZR 28/00, EzA § 611 BGB Gratifikation, Prämie Nr 163). Eine Ausnahme ist allerdings aufgrund der bereits erwähnten EuGH-Rspr für Fehlzeiten aufgrund von Elternzeit zu machen (Rdn 165; anders noch vor dem Urteil des EuGH BAG 19.4.1995, 10 AZR 49/94, EzA § 611 BGB Gratifikation, Prämie Nr 126). Für Fehlzeiten mit EFZ kommt eine Kürzung nicht in Betracht (BAG 25.11.1998, 10 AZR 595/97, EzA § 611 BGB Gratifikation, Prämie Nr 152). 169

Eine **Sonderzuwendung, die allein die Betriebstreue** des AN **belohnt**, kann bei Fehlzeiten nicht gekürzt werden. Da die Sonderzuwendung allein vom Bestand des Arbeitsverhältnisses abhängig gemacht wurde, kommt es auf den Umfang der tatsächlichen Arbeitsleistung nicht an (s BAG 19.1.1999, 9 AZR 204/98, EzA § 4 TVG Einzelhandel Nr 39). Eine Kürzung würde dem Zweck der Sonderzahlung zuwiderlaufen. 170

Umstr ist die Kürzungsmöglichkeit für **Sonderzuwendungen mit Mischcharakter.** Nach der aktuellen Rspr des BAG kann eine solche Sonderzuwendung ohne eine entspr Vereinbarung nicht gekürzt werden. In älteren Urteilen ging das BAG davon aus, dass der AN nur dann einen Anspruch auf die Sonderzuwendung hat, wenn er im Bezugszeitraum nicht ganz unerhebliche tatsächliche Arbeitsleistung erbracht hat. Als »nicht ganz unerheblich« wurde ein Zeitraum von 2 Wochen angesehen (BAG 29.8.1979, 5 AZR 511/79, EzA § 611 BGB Gratifikation, Prämie Nr 64). Diese Rspr hat das BAG 1992 mit folgender Begründung aufgegeben: Es sei sowohl den TV-Parteien als auch den Arbeitsvertragsparteien bekannt, dass sich die Zeiten der Betriebszugehörigkeit und der Arbeitsleistung für den Betrieb regelmäßig nicht decken. Wie Fehlzeiten sich auf die Sonderzuwendung auswirken sollen, könne von den Vertragsparteien geregelt werden. Erfasse eine solche Regelung nur bestimmte Fehlzeiten, so ergebe sich daraus, dass Fehlzeiten aus anderen 171

Gründen keine Auswirkungen auf den Anspruch haben sollen. Entspr gelte, wenn gar keine Regelung zur Kürzung der Sonderzuwendung bestehe. Die Vereinbarung sei dann so zu verstehen, dass Fehlzeiten sich in keinem Fall anspruchsmindernd auswirken. In die Vereinbarung könne nicht der Rechtssatz hineingelesen werden, dass eine nicht ganz unerhebliche Arbeitsleistung stets Voraussetzung für den Anspruch auf die Sonderzuwendung sein soll (BAG 5.8.1992, 10 AZR 88/90, EzA § 611 BGB Gratifikation, Prämie Nr 90; bestätigt ua durch BAG 10.4.1996, 10 AZR 600/95, EzA § 611 BGB Gratifikation, Prämie Nr 142; für Ruhenszeiten aufgrund der Inanspruchnahme von Elternzeit BAG 10.12.2008, 10 AZR 35/08, EzA § 611 BGB Gratifikation, Prämie Nr 24).

172 Bei einem Teil der Lit ist diese Rspr auf Ablehnung gestoßen. Sie berücksichtigt nicht hinreichend die **doppelte Zielsetzung** der Sonderzuwendung mit Mischcharakter. Wenn die Arbeitsleistung ausbleibe, fehle es an einer Anspruchsvoraussetzung (*Henssler* Anm zu BAG EzA § 611 BGB Gratifikation, Prämie Nr 90; *Schwarz* NZA 1996, 571, 574). Einige Autoren befürworten daher eine Anspruchskürzung (*Gaul* EzA § 611 Gratifikation, Prämie Nr 102; *Sowka* NZA 1993, 783, 784), während andere eine Kürzung zu Recht nur zulassen wollen, wenn der AN im Bezugszeitraum überhaupt keine Arbeitsleistung erbracht hat (*Hanau/Vossen* DB 1992, 213, 217; *Schaub* ZIP 1994, 921, 926). Eine der Fehlzeit entspr anteilige Kürzung komme nicht in Betracht, weil nicht ersichtlich sei, welchen Stellenwert die Arbeitsleistung ggü der Betriebstreue haben soll. Die zuletzt genannte Ansicht beachtet die doppelte Zielsetzung der Sonderzuwendung mit Mischcharakter, berücksichtigt aber auch, dass ohne eine Kürzungsvereinbarung offen bleibt, wie die Zuwendungszwecke zueinander gewichtet sind.

173 **ff) Ausscheiden des AN.** Für den Fall, dass der AN während des Bezugszeitraums aus dem Betrieb ausscheidet, können die Folgen für den Anspruch auf die Sonderzuwendung (kollektiv)vertraglich geregelt sein. Ein TV kann zB vorsehen, dass AN, die wegen des Erreichens der Altersgrenze im Bezugszeitraum aus dem Betrieb ausscheiden, die Sonderzuwendung anteilig erhalten (s BAG 20.4.1989, 6 AZR 198/86, AP BGB § 611 Gratifikation Nr 128). Entspr kann für den Fall des Ausscheidens aufgrund eines Aufhebungsvertrags vereinbart sein (s BAG 24.11.1988, 6 AZR 243/87, EzA § 4 TVG Bauindustrie Nr 45). Die Charakterisierung einer Sonderzuwendung als Weihnachtsgeld führt mangels anderweitiger Regelung dazu, dass der AN die Sonderzuwendung nicht erhält, wenn sein Arbeitsverhältnis bereits vor dem Zeitpunkt der Entstehung des Anspruchs beendet wurde (BAG 10.12.2008, 10 AZR 15/08, AP § 611 BGB Gratifikation Nr 280). Ferner können die Betriebspartner den in einer BV Bonus begründeten Anspruch auf eine variable Erfolgsvergütung mit ausschließlichem Entgeltcharakter vom Bestehen eines ungekündigten Arbeitsverhältnisses am Auszahlungstag abhängig machen (BAG 12.4.2011, EzA § 88 BetrVG 2001 Nr 2). Dagegen ist eine formularvertragliche Regelung, nach der eine Sonderzuwendung, die keinen Vergütungscharakter hat, nur gezahlt wird, wenn das Arbeitsverhältnis zum Auszahlungstag ungekündigt ist, ist weder unangemessen benachteiligend noch intransparent (BAG 10.1.2012, 10 AZR 667/10, EzA § 611 BGB 2002 Gratifikation, Prämie Nr 32). Fehlt es an einer Regelung, so gilt iÜ Folgendes: Eine **Sonderzuwendung** mit **reinem Entgeltcharakter entfällt nicht völlig**, der AN kann sie vielmehr anteilig beanspruchen (BAG 13.6.1991, 6 AZR 421/89, EzA § 611 BGB Gratifikation, Prämie Nr 86). Der AN erwirbt den Anspruch pro rata temporis, sodass der Anspruch für die zurückliegende Zeit durch das Ausscheiden des AN nicht berührt wird.

174 Bei einer **tariflichen Sonderzuwendung mit Mischcharakter** entsteht der Anspruch nicht, wenn der AN im Bezugszeitraum ausscheidet (BAG 7.11.1991, 6 AZR 489/89, EzA § 611 BGB Gratifikation, Prämie Nr 87). Das gilt erst recht für **Sonderzuwendungen, die allein die Betriebstreue** entlohnen. Der AN kann die Sonderzuwendung mit Mischcharakter auch dann nicht verlangen, wenn er aufgrund einer betriebsbedingten Kdg aus dem Betrieb ausscheidet. Der AN kann sich idR nicht auf § 162 berufen, da dem AG, der nicht beliebig kündigen kann, nicht ohne Weiteres ein widersprüchliches und treuwidriges Verhalten unterstellt werden kann (BAG 4.9.1985, 5 AZR 655/84, EzA § 611 BGB Gratifikation, Prämie Nr 76). Eine treuwidrige Vereitelung des Anspruchs auf die Sonderzuwendung iSd § 162 kann allerdings vorliegen, wenn der AG die Kdg allein deshalb unter Überschreiten der tariflichen bzw gesetzlichen Mindestfristen vorzeitig ausspricht, um den Zuwendungsanspruch des AN auszuschließen. Treuwidrig handelt der AG jedoch nicht, wenn er iR einer Massenentlassung einige Kdg vorfristig ausspricht (BAG 4.5.1999, 10 AZR 417/98, EzA § 611 BGB Gratifikation, Prämie Nr 155).

175 Eine **formularvertraglich geregelte Sonderzuwendung mit Mischcharakter** kann in ihrem Bestand nach der jüngeren Rspr des BAG nicht davon abhängig gemacht werden, dass das Arbeitsverhältnis an einem Stichtag innerhalb oder außerhalb des Bezugszeitraums besteht (BAG 13.11.2013, 10 AZR 848/12, EzA § 611 BGB 2002 Gratifikation, Prämie Nr 37; 18.1.2012, 10 AZR 612/10, EzA § 611 BGB 2002 Gratifikation, Prämie Nr 31). Das BAG hält eine solche Regelung nach § 307 I 1 für unwirksam. Eine Sonderzahlung, die zumindest auch bereits erbrachte Arbeitsleistung vergütet, könne nicht vom Bestand des Arbeitsverhältnisses zu

einem Stichtag nach Erbringung der Arbeitsleistung abhängig gemacht werden. Eine solche Klausel widerspreche dem Grundgedanken des § 611 I, weil sie dem AN bereits erarbeitetes Entgelt nimmt. Zudem erschwere sie dem AN die Ausübung seines Kdg-Rechts in unzulässiger Weise und beeinträchtige damit seine durch Art 12 I GG garantierte Berufsfreiheit (BAG 13.11.2013, 10 AZR 848/12, EzA § 611 BGB 2002 Gratifikation, Prämie Nr 37; 18.1.2012, 10 AZR 612/10, EzA § 611 BGB 2002 Gratifikation, Prämie Nr 31, zu den Auswirkungen auf Rückzahlungsklauseln s Rdn 182). Ausdrücklich unberührt lässt der 10. Senat in der Entscheidung vom 13.11.2013 die Möglichkeit, eine Bonuszahlung formularvertraglich vom Bestehen des Arbeitsverhältnisses im Geschäftsjahr abhängig zu machen. Er hatte 2009 in einem solchen Fall entschieden, dass der Wille der Arbeitsvertragsparteien, für den Anspruch auf den Bonus Jahresziele und nicht Tages-, Wochen- oder Monatsziele festzulegen, zu achten sei (BAG 6.5.2009, 10 AZR 443/08, EzA § 307 BGB 2002 Nr 44). Im Unterschied dazu war in der 2013 entschiedenen Konstellation die Zuwendung so gestaltet, dass sie im laufenden Jahr pro rata temporis erdient wurde.

Enthält ein TV eine Regelung, nach der AN, deren Arbeitsverhältnis aufgrund betriebsbedingter Kdg in der 2. Kalenderjahreshälfte endet, Anspruch auf 1/12 der Jahressonderzahlung für jeden Kalendermonat haben, in dem das Arbeitsverhältnis mindestens 14 Kalendertage bestanden hat, so erhält der AN, dessen Arbeitsverhältnis durch betriebsbedingte Kdg im Folgejahr endet, für das laufende Jahr die volle Sonderzuwendung (BAG 14.11.2001, 10 AZR 238/01, EzA § 611 BGB Gratifikation, Prämie Nr 166). Der Aufhebungsvertrag ist der Kdg nicht gleichzustellen. Deshalb greift eine tarifvertragliche Klausel, die zu dem Stichtag ein ungekündigtes Arbeitsverhältnis als Anspruchsvoraussetzung vorsieht, nicht ein, wenn die Parteien vor dem Stichtag einen Aufhebungsvertrag geschlossen haben, aufgrund dessen das Arbeitsverhältnis nach dem Stichtag endet (BAG 7.10.1992, 10 AZR 186/91, EzA § 611 BGB Gratifikation, Prämie Nr 92). Obsiegt der AN im Kündigungsschutzprozess und kommt es nachfolgend zur Auflösung des Arbeitsverhältnisses auf Antrag des AG, so steht diese Beendigung des Arbeitsverhältnisses einer Kdg ebenfalls nicht gleich (BAG 7.12.1989, 6 AZR 324/88, EzA § 4 TVG Bekleidungsindustrie Nr 4). 176

gg) Rückzahlungsklauseln. Vereinbarungen über Sonderzuwendungen werden häufig mit Rückzahlungsklauseln versehen, um die Betriebstreue der AN für die Zukunft in gewissem Maße sicherzustellen. Rückzahlungsklauseln sind **grds zulässig**, unterliegen aber Einschränkungen, die für Individualabreden und Kollektivvereinbarungen unterschiedlich sind. Eine Vereinbarung, die lediglich den Hinweis enthält, die Sonderzuwendung könne zurückverlangt werden, ist unwirksam. Die Rückzahlungspflicht muss **ausdrücklich und eindeutig** sowie für den AN **überschaubar und klar** geregelt werden. Dem wird eine Klausel ohne Festlegung irgendwelcher Voraussetzungen für den Eintritt der Rückzahlungspflicht und ohne eindeutige Bestimmung des Zeitraums der Bindung des AN nicht gerecht (BAG 14.6.1995, 10 AZR 25/94, EzA § 611 BGB Gratifikation, Prämie Nr 127). Das gilt auch für Rückzahlungsklauseln außerhalb des Anwendungsbereichs von § 307 I 2. Ist die Rückzahlung für den Fall der Eigenkündigung oder der vom AN verschuldeten Kdg vorgesehen, löst der Abschluss eines Aufhebungsvertrags die Rückzahlungspflicht nicht aus. Das gilt auch dann, wenn die Parteien den Aufhebungsvertrag auf Wunsch des AN geschlossen haben (LAG Hamm 12.2.1999, 10 Sa 1621/98, NZA-RR 1999, 514). Auch ein Ausscheiden durch Auslaufen eines befristeten Vertrags führt bei einer solchen Rückzahlungsklausel nicht zu einem Rückzahlungsanspruch des AG (BAG 4.12.2002, 10 AZR 82/02, EzA § 611 BGB 2002 Gratifikation, Prämie Nr 2). Das LAG Rh-Pf hat ferner entschieden, dass eine in einem Formularvertrag enthaltene Rückzahlungsklausel, die den Anspruchsverlust allein an die Beendigung des Arbeitsverhältnisses vor einem bestimmten Stichtag knüpft, nach § 307 I 1 unwirksam ist. Der AN laufe Gefahr, den Anspruch vollständig zu verlieren, ohne dass die Ursache für die Beendigung des Arbeitsverhältnisses in seiner Sphäre liegt (LAG Rh-Pf 13.7.2007, 6 Sa 315/07, nv). 177

Darüber hinaus dürfen Rückzahlungsklauseln den AN nicht über Gebühr in seiner **Berufsfreiheit** beschränken. Deshalb hat das BAG bis zum Inkrafttreten der §§ 305 ff nF bei arbeitsvertraglichen Rückzahlungsklauseln eine Inhaltskontrolle nach § 242 vorgenommen und will nun den Maßstab des § 307 anlegen (BAG 28.4.2004, 10 AZR 356/03, EzA § 611 BGB 2002 Gratifikation, Prämie Nr 12). Ob eine Rückzahlungsklausel den AN zu sehr in seiner Berufsfreiheit beschränkt, bestimmt das BAG nach der **Höhe der Sonderzuwendung** und **der Dauer der Bindung** des AN, nach jüngerer Rspr auch nach dem **Zuwendungszweck** (s Rdn 182). Der AN kann bis zum Ablauf des 31.3. des Folgejahres gebunden werden, wenn er eine Sonderzuwendung zum Jahresende erhält, **die 100 € überschreitet, aber unter einem Monatsgehalt liegt**. Der AN kann in diesen Fällen ohne Rückzahlungsverpflichtung mit Ablauf des 31.3. aus dem Arbeitsverhältnis ausscheiden (BAG 9.6.1993, 10 AZR 529/92, EzA § 611 BGB Gratifikation, Prämie Nr 103). Eine Klausel, nach der der AN eine Weihnachtsgratifikation dieser Höhe zurückzahlen muss, wenn er bis zum 31.3. des Folgejahres aus dem Betrieb ausscheidet, bindet den AN länger als zulässig und ist unwirksam. Die längere Bindung ergibt sich daraus, dass die Frist »bis zum 31.3.« nach § 188 mit Ablauf dieses Tages endet und 178 eine Kdg des AN zum 31.3. das Arbeitsverhältnis mit Ablauf des 31.3. beendet. Der Zeitpunkt des Ablaufs eines Tages gehört noch zu diesem Tag und damit zu der Frist, in die der Tag fällt (BAG 9.6.1993, 10 AZR 529/92, EzA § 611 BGB Gratifikation, Prämie Nr 103). Auch wenn der AN vor dem 31.3. des Folgejahres keine Kündigungsmöglichkeit hat, ist eine längere Bindungsfrist unzulässig (BAG 17.10.1968, 5 AZR 281/67, EzA § 611 BGB Gratifikation, Prämie Nr 24). Die Bindungsfrist bei Sonderzuwendungen, die zwischen 100 € und einem Monatsentgelt liegen, muss nicht verkürzt werden, wenn die Zuwendung bereits im November ausgezahlt wird. Das BAG stellt nicht auf eine 3-monatige Bindungsfrist ab, sondern akzeptiert eine Bindung bis zum 31.3. des Folgejahres auch dann, wenn sich daraus eine mehr als 3-monatige Bindung des AN ergibt (BAG 15.3.1973, 5 AZR 525/72, EzA § 611 BGB Gratifikation, Prämie Nr 36).

179 Erhält der AN eine **Sonderzuwendung, die den Betrag von 100 € nicht überschreitet**, so ist eine Rückzahlungsklausel unzulässig. Eine solche Sonderzuwendung ist nach Ansicht des BAG so schnell und leicht verbraucht, dass es dem AN nicht zumutbar ist, sie bei einer Kündigungsentscheidung zu berücksichtigen (BAG 10.5.1962, 5 AZR 452/61, EzA § 611 BGB Gratifikation, Prämie Nr 3). Ursprünglich betrug die Untergrenze 100 DM. Diese Grenze hat das BAG aber 1982 aufgrund der Entwicklung der Preise und Lebenshaltungskosten als nicht mehr sachgerecht eingestuft und stattdessen eine Untergrenze von 200 DM festgesetzt (BAG 17.3.1982, 5 AZR 1250/79, EzA § 611 BGB Gratifikation, Prämie Nr 71). Seit der Umstellung auf den Euro setzt das BAG eine Untergrenze von 100 € an (BAG 21.5.2003, 10 AZR 390/02, EzA § 611 BGB 2002 Gratifikation, Prämie Nr 9).

180 **Beträgt die Sonderzuwendung** zum Jahresende **1 Monatsgehalt oder mehr**, so kann der AN über den 31.3. des Folgejahres hinaus an den Betrieb gebunden werden. Erhält der AN zum Jahresende ein zusätzliches Monatsgehalt, so ist ihm zuzumuten, erst zum nächstmöglichen Kündigungstermin nach dem 31.3. des Folgejahres zu kündigen (BAG 28.4.2004, 10 AZR 356/03, EzA § 611 BGB 2002 Gratifikation, Prämie Nr 12). Die Kündigungserklärung kann der AN bereits vor Ablauf des 31.3. abgeben, entscheidend ist der Zeitpunkt der Beendigung des Arbeitsverhältnisses (BAG 10.5.1962, 5 AZR 452/61, EzA § 611 BGB Gratifikation, Prämie Nr 3). Bei Sonderzuwendungen, die ein Monatsgehalt überschreiten, aber unter dem Betrag von 2 Monatsgehältern bleiben, ist eine Bindung bis zum 30.6. des Folgejahres zulässig (BAG 27.10.1978, 5 AZR 754/77, EzA § 611 BGB Gratifikation, Prämie Nr 61). Damit wurde ein älteres Urteil eingeschränkt, in dem das BAG eine Bindung über den 30.6. des Folgejahres für denkbar erklärt hatte, wenn der AN eine »eindrucksvolle« und »beachtliche« Sonderzuwendung erhält, was in Betracht komme, wenn die Zuwendung ein Monatsentgelt erheblich überschreitet (BAG 12.12.1962, 5 AZR 324/62, AP BGB § 611 Gratifikation Nr 25).

181 Für die Frage der zulässigen Bindungsdauer ist das Arbeitsentgelt im Auszahlungsmonat maßgeblich und nicht der Durchschnittsverdienst des vergangenen Jahres. Das gilt jedenfalls dann, wenn das Entgelt sich im Laufe des Jahres ohne Änderung der Arbeitszeit oder sonstiger Arbeitsbedingungen erhöht hat (BAG 20.3.1974, 5 AZR 32/73, EzA § 611 BGB Gratifikation, Prämie Nr 41). Wenn eine Sonderzuwendung in 2 Teilleistungen ausgezahlt wird, kommt es für die Bindungsfrist auf die Höhe der vertraglich geschuldeten Auszahlung zum vertraglich vereinbarten Zeitpunkt an, nicht aber auf die zugesagte Gesamtsumme und den Auszahlungszeitpunkt des 2. Teilbetrags (BAG 21.5.2003, 10 AZR 390/02, EzA § 611 BGB 2002 Gratifikation, Prämie Nr 9).

182 Die Reichweite dieser Rspr hat sich durch ein Urteil aus dem Jahr 2012 verändert. Während sie ursprünglich für Sonderzuwendungen mit Mischcharakter und Sonderzuwendungen zur Belohnung von Betriebstreue galt, ist sie zukünftig allein auf letztere anwendbar. Der 10. Senat hat seine Rspr, nach der Bestandsklauseln bei Sonderzahlungen mit Mischcharakter zulässig sind, ausdrücklich aufgegeben (BAG 18.1.2012, 10 AZR 612/10, EzA § 611 BGB 2002 Gratifikation, Prämie Nr 31, s Rdn 174). Die Entscheidung betraf eine Stichtagsklausel, die die Sonderzuwendung vom ungekündigten Bestand des Arbeitsverhältnisses zu einem Zeitpunkt außerhalb des Bezugszeitraums, in dem die Arbeitsleistung erbracht wurde, abhängig machte. Die Aussagen des Senats zur Unzulässigkeit dieser Stichtagsregelung sind auf Rückzahlungsklauseln übertragbar. Es spielt keine Rolle, ob die Auszahlung der Sonderzuwendung vom ungekündigten Bestand des Arbeitsverhältnisses zu einem Stichtag nach dem Bezugszeitraum abhängt oder die bereits gezahlte Sonderzuwendung zurückgefordert wird, wenn zu diesem Stichtag das Arbeitsverhältnis nicht ungekündigt fortbesteht. 2013 hat der Senat außerdem entschieden, dass eine Sonderzuwendung mit Mischcharakter nicht vom Bestand des Arbeitsverhältnisses zu einem Stichtag im Bezugszeitraum abhängig gemacht werden darf (BAG 13.11.2013, 10 AZR 848/12, EzA § 611 BGB 2002 Gratifikation, Prämie Nr 37, s. Rdn 175). Daraus ergibt sich ein weiteres Argument gegen die Zulässigkeit von Rückzahlungsklauseln bei Sonderzuwendung mit Mischcharakter. Für Sonderzuwendungen mit reinem Entgeltcharakter galt schon zuvor, dass sie nicht mit einer Rückzahlungsklausel versehen werden können, da verdientes Entgelt dem AN nicht nachträglich entzogen werden kann (BAG 13.9.1974, 5 AZR 48/74, EzA § 611 BGB Gratifikation, Prämie

Nr 43). Da eine Rückzahlungsklausel ein Indiz für die Belohnung von Betriebstreue ist (s Rdn 159), ist eine Vereinbarung, die ansonsten als Sondervergütung mit reinem Entgeltcharakter zu deuten ist, durch Aufnahme einer Rückzahlungsklausel als Zuwendung mit Mischcharakter einzustufen. Das gilt auch nach der neueren Rspr des BAG, allerdings führt diese Charakterisierung der Sonderzuwendung nicht mehr zur Zulässigkeit von Rückzahlungsklauseln.

Für **BV** gelten dieselben Grundsätze für Rückzahlungsklauseln wie für individualvertragliche Vereinbarungen (BAG 16.11.1967, 5 AZR 157/67, EzA § 611 BGB Gratifikation, Prämie Nr 19). Das BAG erstreckt seine Rspr zu Rückzahlungsklauseln aber **nicht auf tarifvertragliche Klauseln**. Den Tarifpartnern seien aufgrund der Tarifautonomie weiter gehende Regelungen gestattet (BAG 23.2.1967, 5 AZR 234/66, EzA § 611 BGB Gratifikation, Prämie Nr 18). 183

hh) **Gleichbehandlung.** Gewährt der AG nach von ihm gesetzten allg Regeln freiwillige Leistungen, so ist er an den arbeitsrechtlichen Gleichbehandlungsgrundsatz gebunden (dazu Rdn 285–310). Dabei darf der AG die AN unterschiedlich behandeln, wenn die Unterscheidung nach dem Zweck der Leistung gerechtfertigt ist (BAG 10.12.2008, 10 AZR 35/08, EzA § 611 BGB 2002 Gratifikation, Prämie Nr 24). Das gilt auch für Differenzierungen zwischen **Arbeitern und Angestellten**, die Gruppenzugehörigkeit als solche rechtfertigt eine unterschiedliche Behandlung nicht (BAG 28.11.1984, 5 AZR 113/83, nv). Nicht sachgerecht ist eine Schlechterstellung der Arbeiter, wenn die Sonderzuwendung in der Vergangenheit geleistete Dienste zusätzlich vergüten und zusätzliche Aufwendungen anlässlich des Weihnachtsfests ausgleichen soll (BAG 25.1.1984, 5 AZR 251/82, EzA § 242 BGB Gleichbehandlung Nr 39). Gerechtfertigt ist die Unterscheidung dagegen, wenn der AG den Angestellten eine höhere Gratifikation zahlt als den bei ihm beschäftigten gewerblichen AN, weil ein Weggang der Angestellten zu bes Belastungen führt und er diese Beschäftigtengruppe mit der höheren Zahlung stärker an den Betrieb binden will (BAG 19.3.2003, 10 AZR 365/02, EzA § 611 BGB 2002 Gratifikation, Prämie Nr 6). Auch darf der AG den Angestellten eine höhere Sonderzuwendung als den gewerblichen AN zahlen, um eine Benachteiligung der Angestellten bei der Zahlung übertariflicher Zulagen auszugleichen (BAG 30.3.1994, 10 AZR 681/92, EzA § 611 BGB Gratifikation, Prämie Nr 110). Sieht ein TV die Kürzung der Sonderzuwendung bei Fehlzeiten nur für Arbeiter, nicht aber für Angestellte vor, so sieht das BAG diese Regelung als sachlich gerechtfertigt an, wenn die unterschiedliche Behandlung darauf beruht, dass die Arbeiter erheblich höhere krankheitsbedingte Fehlzeiten haben als die Angestellten (BAG 6.12.1995, 10 AZR 123/95, EzA § 242 BGB Gleichbehandlung Nr 68; aA ErfK/*Preis* § 611 Rn 536). Der AG kann AN, die einer Erhöhung der Wochenstundenzahl ohne Entgeltausgleich zugestimmt haben, eine Sonderzahlung gewähren und sie den AN, die nicht zugestimmt haben, vorenthalten. Ein Verstoß gegen den Gleichbehandlungsgrundsatz liegt aber vor, wenn der AG dabei Voraussetzungen aufstellt, die über den Ausgleich von Vergütungsnachteilen hinausgehen, und so Zwecke verfolgt, die auch die von der Leistung ausgeschlossenen AN erfüllen können (BAG 5.8.2009, 10 AZR 666/08, EzA § 612a BGB 2002 Nr 6; 1.4.2009, 10 AZR 353/08, NZA 2009, 1409, 1410). 184

Erhält der AG von einem Dritten arbeitsplatzgebundene Mittel für die Zahlung einer Sonderzuwendung, ist er nicht aufgrund des Gleichbehandlungsgrundsatzes verpflichtet, auch den auf anderen Arbeitsplätzen beschäftigten AN aus eigenen Mitteln ebenfalls eine Sonderzahlung zu gewähren (BAG 21.5.2003, 10 AZR 524/02, EzA § 611 BGB 2002 Gratifikation, Prämie Nr 10). Nicht gerechtfertigt ist eine tarifvertragliche Differenzierung zwischen wissenschaftlichen Hilfskräften und wissenschaftlichen Mitarbeitern (BAG 20.12.1995, 10 AZR 12/95, ZTR 1996, 226). Auch eine Unterscheidung zwischen wissenschaftlichen Hilfskräften mit abgeschlossener wissenschaftlicher Hochschulbildung und studentischen Hilfskräften ist nicht zulässig (BAG 6.10.1993, 10 AZR 450/92, EzA § 242 BGB Gleichbehandlung Nr 57). Wird eine **Streikbruchprämie** in zulässiger Weise als Arbeitskampfmittel eingesetzt (dazu § 612a Rdn 10 f), so ist die damit verbundene Differenzierung zwischen nichtstreikenden und streikenden AN bei der Prämienzahlung zulässig (BAG 13.7.1993, 1 AZR 676/92, EzA Art 9 GG Arbeitskampf Nr 112). 185

c) **Bedienungsgeld, Trinkgeld.** Das **Bedienungsgeld** ist eine Form der **Umsatzbeteiligung** des AN, die im Hotel- und Gaststättengewerbe eingesetzt wird. Es wird idR als prozentualer Aufschlag vom Gast erhoben. Ob zum Umsatz, nach dem sich das Bedienungsgeld berechnet, auch die Mehrwertsteuer gehört, richtet sich mangels Parteivereinbarung nach der Verkehrssitte (BAG 7.10.1971, 5 AZR 195/71, EzA § 4 TVG Gaststättengewerbe Nr 1). Der AN, der die Zahlung des Gastes entgegennimmt, erwirbt für den AG Eigentum an dem übergebenen Geld. Er hat es dem AG auszuhändigen, der dem AN wiederum das Bedienungsgeld auszuzahlen hat. Ist vereinbart, dass der AN das Bedienungsgeld einbehält, so handelt es sich um eine Aufrechnung (BAG 22.5.1965, 3 AZR 306/64, AP BGB § 611 Kellner Nr 4). 186

Wenn mehrere AN mit Bedienungsaufgaben beschäftigt werden, gibt es 2 Systeme, nach denen das Bedienungsgeld verteilt werden kann. Beim **Serviersystem** erhält jeder AN das Bedienungsgeld, das er einnimmt 187

(BAG 22.5.1965, 3 AZR 306/64, AP BGB § 611 Kellner Nr 4). Beim **Tronc-System** werden die gesamten Bedienungsgelder in einer Kasse gesammelt und auf die beteiligten AN verteilt. Ein im Voraus aufgestellter Verteilungsschlüssel ergibt, welchen Anteil am Gesamtaufkommen dem einzelnen AN zusteht. Tronc-Systeme sind vor allem in Spielbanken anzutreffen. Dort dürfen die AN persönliche Trinkgelder nicht annehmen. Kosten für Sachmittel des BR darf der AG nicht aus dem Tronc entnehmen (BAG 14.8.2002, 7 ABR 29/01, EzA § 41 BetrVG 2001 Nr 1). Der Spielbankunternehmer darf aber nach der Rspr zu § 7 SpielbG NW aF dem Tronc vorab die AG-Anteile zur Sozialversicherung einschl der AG-Anteile zur Pflegeversicherung, die Beiträge zur gesetzlichen Unfallversicherung sowie die Kosten der betrieblichen Altersversorgung einschl der Beiträge zur Insolvenzsicherung an den Pensions-Sicherungsverein entnehmen (BAG 11.3.1998, 5 AZR 69/97, EzA § 611 BGB Croupier Nr 4). Nach Inkrafttreten der Neufassung des Gesetzes zum 1.1.2008 ergibt sich das entspr Entnahmerecht für NW aus § 15 II SpielbG NW.

188 Gläubiger des AN können Ansprüche auf Bedienungsgeld pfänden. Der AG kann in diesem Fall nicht die dem AN geschuldete Leistung zurückbehalten. Vielmehr muss der AG die ordnungsgemäße Durchführung der Pfändung sicherstellen und Gelder vom AN einziehen, die diesem aufgrund einer Pfändung nicht mehr zur Anrechnung auf sein Arbeitsentgelt zur Verfügung stehen (BAG 22.5.1965, 3 AZR 306/64, AP BGB § 611 Kellner Nr 4). Umgekehrt können die Gläubiger des AG dessen Anspruch gegen den AN auf Herausgabe der Bedienungsgelder pfänden und sich überweisen lassen. Der AN behält in diesem Fall den vollen Entgeltanspruch gegen den AG, weil die Aufrechnung nicht erfolgen kann (Staudinger/*Richardi/Fischinger* § 611 Rn 1438).

189 Vom Bedienungsgeld zu unterscheiden ist das **Trinkgeld**. Trinkgeld ist nach § 107 III 2 GewO ein Geldbetrag, den ein Dritter ohne rechtliche Verpflichtung dem AN zusätzlich zu einer dem AG geschuldeten Leistung zahlt. Erhält der AN für seine Tätigkeit von Dritten ein Trinkgeld, darf nach § 107 III 1 GewO die Zahlung eines regelmäßigen Arbeitsentgelts nicht ausgeschlossen werden. Das Trinkgeld steht – anders als das Bedienungsgeld – dem AN unmittelbar zu. Es ist **kein Bestandteil des Arbeitsentgelts**, da der AN keinen entspr Anspruch gegen den AG hat. Die Möglichkeit, Trinkgelder einzunehmen, ist idR keine Naturalvergütung. Die Arbeitsvertragsparteien können allerdings Abw vereinbaren. Das Trinkgeld kann zB eine Naturalvergütung darstellen, wenn die Arbeitsvertragsparteien ein so geringes Festgehalt vereinbaren, dass der AN das für eine derartige Arbeitsleistung übliche Arbeitsentgelt erst unter Einrechnung der von den Arbeitsvertragsparteien erwarteten Trinkgelder erreichen kann. Wenn die Parteien nichts anderes vereinbart haben, gehören Trinkgelder für Zeiten des Urlaubs, der Arbeitsunfähigkeit und der BR-Tätigkeit nicht zum vom AG fortzuzahlenden Arbeitsentgelt (BAG 28.6.1995, 7 AZR 1001/94, EzA § 11 BUrlG Nr 38).

190 d) **Vergütung von Wegezeiten.** Ob dem AN Wegezeiten zu vergüten sind, hängt davon ab, ob es sich bei den Wegezeiten um Arbeitszeit handelt (s dazu unten Rdn 358).

191 5. **Folgen von Tariflohnerhöhungen für übertarifliches Entgelt.** Aufgrund des Günstigkeitsprinzips (§ 4 III TVG) können die Arbeitsvertragsparteien Arbeitsbedingungen über dem Niveau des TV vereinbaren. Ua kann es zu einer übertariflichen Entlohnung des AN kommen. Wenn der AN über Tarif bezahlt wird, fragt sich, ob und wie sich eine Tariflohnerhöhung auf den arbeitsvertraglichen Entgeltanspruch auswirkt. Denkbar sind 2 Lösungen: Zum einen könnte der AN den übertariflichen Vergütungsbestandteil weiterhin zusätzlich zum – nun erhöhten – Tariflohn erhalten (Aufstockung, Weitergabe), zum anderen könnte die Tariflohnerhöhung auf den übertariflichen Vergütungsbestandteil angerechnet werden (Anrechnung, Aufsaugung). Während bei der **Aufstockung** der AN die Tariflohnerhöhung zusätzlich zum bisherigen Arbeitsentgelt ausgezahlt bekommt, bleibt es bei der **Anrechnung** beim bisherigen Entgelt, dessen übertariflicher Anteil nun allerdings niedriger ist als zuvor.

192 Wie im Fall einer Tariflohnerhöhung zu verfahren ist, richtet sich in 1. Linie nach dem Arbeitsvertrag. Enthält er keine ausdrückliche Regelung, so ist der **Vertrag auszulegen**. Das BAG hat folgende Grundsätze zur Anrechnung und Aufstockung entwickelt: Anrechnungsbefugt ist der AG, wenn dem AN die übertarifliche Zulage nicht als selbstständiger Entgeltbestandteil neben dem jeweiligen Tarifentgelt zugesagt wurde. Wenn eine Zulage nicht eine bes Leistung oÄ abgilt, wird sie idR gewährt, weil AG und AN den Tariflohn nicht für ausreichend halten. Steigt nach Vertragsschluss das Tarifentgelt, so ist mangels anderer Anhaltspunkte anzunehmen, dass die Erhöhung auf die vertraglich zugesagte Erhöhung angerechnet wird (BAG 27.8.2008, 5 AZR 820/07, EzA § 4 TVG Tariflohnerhöhung Nr 49; 15.3.2000, 5 AZR 557/98, EzA § 4 TVG Tariflohnerhöhung Nr 34). Dabei sieht es das BAG als Anzeichen für eine Anrechnungsbefugnis des AG an, wenn die Vergütung als einheitlicher Betrag ausgewiesen wird (BAG 27.1.2004, 1 AZR 105/03, EzA § 64 ArbGG 1979 Nr 39).

193 **Anrechnungsfest** ist die Zulage, wenn die Parteien dies ausdrücklich so geregelt haben, die bes Umstände bei den Vertragsverhandlungen oder eine betriebliche Übung ergeben, dass die Zulage nicht angerechnet werden

kann, oder der Zweck der Zulage die Nichtanrechenbarkeit begründet. Soll die Zulage bes Leistungen des AN vergüten, so kommt eine Anrechnung nur in Betracht, wenn der AG sie sich vorbehalten hat (BAG 23.1.1980, 5 AZR 780/78, EzA § 4 TVG Tariflohnerhöhung Nr 4). Allein die Zahlung einer übertariflichen Zulage enthält nicht die vertragliche Abrede, die Zulage solle auch nach einer Tariflohnerhöhung als selbstständiger Lohnbestandteil neben dem jeweiligen Tariflohn gezahlt werden. Das gilt nach Ansicht des BAG auch, wenn die Zulage über einen längeren Zeitraum vorbehaltlos gezahlt und nicht mit Tariflohnerhöhungen verrechnet wurde (BAG 1.12.2004, 4 AZR 77/04, EzA § 4 TVG Versicherungswirtschaft Nr 6; 22.9.1992, 1 AZR 235/90, EzA § 87 BetrVG 1972 Betriebliche Lohngestaltung Nr 33). Allein die Bezeichnung einer Zulage als »Leistungszulage« macht die Zulage nicht anrechnungsfest, wenn sich nicht ermitteln lässt, dass der AN bes Leistungen erbracht oder zusätzliche Aufgaben übernommen hat, die zusätzlich vergütet werden sollen (BAG 1.12.2004, 4 AZR 77/04, EzA § 4 TVG Versicherungswirtschaft Nr 6).

Wenn der AG **jahrelang Anrechnungen unterlässt**, begründet das allein **keine betriebliche Übung** des Inhalts, dass die Zulage anrechnungsfest ist. Das BAG stützt sich dabei auf den Zweck der übertariflichen Zulage. Eine solche Zulage greife künftigen Tariflohnerhöhungen vor. Da der Tarifabschluss idR branchenbezogen sei und auf die wirtschaftlichen Verhältnisse des einzelnen Betriebs keine Rücksicht nehme, sei für den AG nicht absehbar, ob er bei künftigen Tariflohnerhöhungen die Zulagen weiterhin in voller Höhe zahlen könne. Deshalb sei der AG anrechnungsbefugt (BAG 14.1.2001, 1 AZR 744/00, EzA § 88 BetrVG 1972 Nr 1; 7.2.1995, 3 AZR 402/94, EzA § 4 TVG Tariflohnerhöhung Nr 30). Das BAG begründet mit dieser Argumentation allerdings nur das Anrechnungsinteresse des AG. Warum der AN bei wiederholter Nichtanrechnung nicht darauf vertrauen kann, dass der AG zukünftige Tariflohnerhöhungen nicht auf die Zulage anrechnet, bleibt unklar. Allerdings spielt das wiederholte Verhalten des AG keine Rolle, wenn er die Zulage als freiwillig gekennzeichnet hat. Dann hat der AG die Möglichkeit, von der Zahlung komplett Abstand zu nehmen, weshalb er auch anrechnen kann (s.a. BAG 7.2.1995, 3 AZR 402/94, EzA § 4 TVG Tariflohnerhöhung Nr 30). 194

Wenn die Anrechnung auf die »kommenden Lohnerhöhungen« vertraglich zugelassen ist, ist die Anrechnungsbefugnis des AG zeitlich begrenzt. Er muss bis zur erstmöglichen Umsetzung der Lohnerhöhung anrechnen (BAG 17.9.2003, 4 AZR 533/02, EzA § 4 TVG Tariflohnerhöhung Nr 42). Eine Tariflohnerhöhung ist die Erhöhung des regelmäßigen tariflichen Entgeltbetrags. Wird das Entgelt als Monatslohn geschuldet, ist eine Tariflohnerhöhung also gegeben, wenn die monatliche Vergütung angehoben wird. Eine Tariflohnerhöhung kann auch in einer **Einmalzahlung** liegen. Ob es sich bei der Einmalzahlung um eine Sonderzahlung handelt oder um eine pauschalierte Lohnerhöhung, ist durch Auslegung des TV zu klären (BAG 1.3.2006, 5 AZR 540/05, EzA § 4 TVG Tariflohnerhöhung Nr 47). Steht die Einmalzahlung im Zusammenhang mit einem Lohn- und Gehalts-TV, der dem Ausgleich des Anstiegs der Lebenshaltungskosten dient, so spricht das für eine pauschalierte Lohnerhöhung (BAG 19.5.2004, 5 AZR 354/03, EzA § 4 TVG Tariflohnerhöhung Nr 43). Wichtige Anhaltspunkte für die Auslegung der Einmalzahlung kann die Systematik des TV geben (s die Ausführungen in BAG 16.4.2002, 1 AZR 363/01, EzA § 4 TVG Tariflohnerhöhung Nr 39). 195

Anrechnungsklauseln erfassen keine Entgeltsteigerungen, die sich aus einer **Arbeitszeitverkürzung** mit Entgeltausgleich ergeben. Das gilt sowohl für den Fall des Wochen- oder Monatslohns als auch bei einer Stundenvergütung. Beim Wochenlohn leitet das BAG dieses Ergebnis bereits aus dem Wortlaut der Vereinbarung ab. Eine Tariflohnerhöhung sei nur bei Erhöhung des tariflich geschuldeten Entgeltbetrags anzunehmen. Wenn der Wert der Arbeitsleistung pro Zeiteinheit durch eine Arbeitszeitverkürzung mit Entgeltausgleich steige, bleibe die Höhe der Vergütung unverändert (BAG 15.3.2000, 5 AZR 557/98, EzA § 4 TVG Tariflohnerhöhung Nr 34). Zusätzlich wird der Zweck der übertariflichen Zulage zur Auslegung herangezogen. Handelt es sich um eine Zulage, die das verfügbare Einkommen des AN entspr der eingetretenen Entwicklung erhöhen soll, ist eine Anrechnung nur gerechtfertigt, wenn sich das Gesamtvolumen des Tarifentgelts erhöht, nicht dagegen bei einer bloßen Arbeitszeitverkürzung mit Lohnausgleich (BAG 3.6.1998, 5 AZR 616/97, EzA § 4 TVG Tariflohnerhöhung Nr 33). Bei einer Stundenvergütung ist nach jüngerer Rspr des BAG nicht anders zu entscheiden. Zwar steige das pro Zeiteinheit geschuldete Arbeitsentgelt, wenn die tariflichen Stundenbeträge erhöht würden. Der Zweck der Zulage spreche aber auch bei einer Stundenvergütung gegen die Anrechnung, wenn die Zulage dazu diene, den als nicht ausreichend angesehenen Tariflohn zu erhöhen. Dieser Zweck würde bei einer Anrechnung nach Arbeitszeitverkürzung verfehlt. Die anderslautende Rspr des 4. Senats zur Anrechnung bei Stundenvergütung (BAG 3.6.1987, 4 AZR 44/87, EzA § 4 TVG Metallindustrie Nr 31) gab der 5. Senat ausdrücklich auf (BAG 15.3.2000, 5 AZR 557/98, EzA § 4 TVG Tariflohnerhöhung Nr 34). 196

Anrechnungsvorbehalte sind uU an den §§ 305 ff zu messen. Eine **Inhaltskontrolle** findet allerdings nicht statt, wenn der AG dem AN ohne weitere Abrede einen höheren Stundenlohn zahlt als diesem nach dem 197

TV zusteht. Diese Bruttolohnabrede ist keine von Rechtsvorschriften abw oder diese erg Regelung iSd § 307 III 1, sie betrifft vielmehr unmittelbar das Verhältnis von Leistung und Gegenleistung. Das BAG sieht auch das Transparenzgebot als gewahrt an, weil die Anrechnung mit der Vereinbarung eines übertariflichen Lohns hinreichend klar verbunden ist. Der AN könne nicht annehmen, dass der übertarifliche Teil des Entgelts ihm unabhängig von der Höhe des Tariflohns gewährt werde (BAG 27.8.2008, 5 AZR 820/07, EzA § 4 TVG Tariflohnerhöhung Nr 49; 1.3.2006, 5 AZR 540/05, EzA § 4 TVG Tariflohnerhöhung Nr 47; 1.3.2006, 5 AZR 363/05, EzA § 4 TVG Tariflohnerhöhung Nr 48).

198 Wenn in einer vorformulierten Vereinbarung geregelt ist, dass eine »freiwillige, jederzeit widerrufliche und anrechenbare, betriebliche Ausgleichszulage« gezahlt wird, trennt das BAG zwischen dem darin enthaltenen Widerrufs- und Anrechnungsvorbehalt und hält Letzteren für zulässig. Wenn die Zulage keine bes Leistungen des AN honorieren soll, handelt es sich nach Ansicht des BAG um eine nur der Transparenzkontrolle unterliegende Bruttolohnabrede (s Rdn 197). Wenn die Zulage aber für bes Leistungen gewährt wird, könne der AG aufgrund des Anrechnungsvorbehalts die zweckbestimmte Leistung verändern. Damit weicht die Klausel von dem Grundsatz ab, dass der Vertrag für beide Seiten bindend ist und die im Gegenseitigkeitsverhältnis stehenden Leistungen nicht einseitig geändert werden dürfen (BAG 1.3.2006, 5 AZR 363/05, EzA § 4 TVG Tariflohnerhöhung Nr 48). Das BAG hält aber eine solche Änderung der Zulagenhöhe für zumutbar, da sich – anders als beim Widerruf – die Gesamtgegenleistung nicht verringert. Die Klausel ist nach Ansicht des BAG auch transparent, da für einen durchschnittlichen AN erkennbar sei, dass im Fall einer Erhöhung des Tarifentgelts die Zulage bis zur Höhe der Tarifsteigerung gekürzt werden kann (BAG 1.3.2006, 5 AZR 363/05, EzA § 4 TVG Tariflohnerhöhung Nr 48).

199 Die Anrechnung übertariflicher Zulagen kann der **Mitbestimmung des BR** unterliegen. Mitbestimmungsfrei ist die Anrechnung nach st Rspr, wenn sie das Zulagenvolumen völlig aufzehrt oder die Tariferhöhung iRd rechtlich und tatsächlich Möglichen vollständig und gleichmäßig auf die übertariflichen Zulagen angerechnet wird (BAG 30.5.2006, 1 AZR 111/05, EzA § 77 BetrVG 2001 Nr 14). Dagegen hat der BR ein Mitbestimmungsrecht, wenn sich durch die Anrechnung die bisherigen Verteilungsrelationen ändern und innerhalb des vom AG mitbestimmungsfrei vorgegebenen Dotierungsrahmens ein Gestaltungsspielraum verbleibt. Die Verteilungsrelation ändert sich ua, wenn eine Tariflohnerhöhung mit einem einheitlichen Prozentsatz auf unterschiedlich hohe Zulagen angerechnet wird (BAG 1.3.2006, 5 AZR 540/05, EzA § 4 TVG Tariflohnerhöhung Nr 47; grundlegend zur Mitbestimmung bei der Anrechnung übertariflicher Zulagen BAG 3.12.1991, GS 2/90, EzA § 87 BetrVG 1972 Betriebliche Lohngestaltung Nr 30; s.a. § 87 BetrVG Rdn 69). Ein Anrechnungsverbot kann wirksam in eine BV aufgenommen werden. § 77 III BetrVG steht dem nicht entgegen, weil die Betriebsparteien nur die Behandlung der übertariflichen Zulage, nicht aber einen Anspruch auf übertarifliche Bezahlung regeln. Mit § 77 III BetrVG nicht vereinbar ist dagegen eine Regelung der Betriebspartner zur Tariferhöhung (BAG 30.5.2006, 1 AZR 111/05, NZA EzA § 77 BetrVG 2001 Nr 14; 9.12.1997, 1 AZR 319/97, EzA § 77 BetrVG 1972 Nr 61).

200 Tarifliche Regelungen zum Schicksal von übertariflichen Zulagen bei Tariflohnerhöhungen sind weitestgehend unwirksam. Das BAG hält sämtliche **Effektivklauseln** mangels Regelungsmacht der TV-Parteien für den übertariflichen Bereich für unwirksam. Das gilt sowohl für Effektivgarantieklauseln, die die bisherige übertarifliche Zulage zum Bestandteil des Tariflohns machen wollen, als auch für begrenzte Effektivklauseln, die lediglich bewirken sollen, dass die Zulage auch zum erhöhten Tariflohn gezahlt wird (BAG 14.2.1968, 4 AZR 275/67, EzA § 4 TVG Nr 18; aA für begrenzte Effektivklauseln *Gamillscheg* S 869). **Anrechnungsklauseln**, nach denen Tariflohnerhöhungen mit übertariflichen Leistungen verrechnet werden sollen, sind ebenfalls unzulässig (BAG 18.8.1971, 4 AZR 342/70, EzA § 4 TVG Anrechnungsklausel Nr 1).

201 **6. Aufwendungsersatz. a) Allgemeines.** Aufwendungen sind **freiwillige Vermögensopfer**, die der AN im Interesse des AG macht. Für solche Aufwendungen kann der AN uU vom AG Ersatz verlangen. Anspruchsgrundlage kann zunächst eine kollektiv- oder individualvertragliche Regelung sein. Ist eine solche Regelung nicht gegeben, findet **§ 670 analoge Anwendung**. Dabei ist in der Lit str, ob die Analogie über § 675 vermittelt wird (ausf *Reichold* NZA 1994, 488). Das BAG stützt sich allein auf § 670, der nach Auffassung des BAG einen allg rechtlichen Grundsatz enthält, der auch für das Arbeitsverhältnis gilt: Wer im Interesse eines anderen Aufwendungen macht, kann Ersatz dieser Aufwendungen von demjenigen verlangen, für den er tätig geworden ist (BAG 19.5.1998, 9 AZR 307/96, EzA § 670 BGB Nr 28).

202 Analog § 670 kann der AN unter folgenden Voraussetzungen Aufwendungsersatz verlangen: (1) Der AN hat im Zusammenhang mit seinen Dienstpflichten **aus eigenem Vermögen für den AG Aufwendungen gemacht**. (2) Der AG hat die Aufwendungen gefordert oder **der AN durfte sie** nach den Umständen **für erforderlich halten**. (3) Die Aufwendungen sind **nicht durch die Vergütung** des AN **abgegolten** (BAG 1.2.1963, 5 AZR 74/62, AP BGB § 670 Nr 10).

Aufwendungsersatz ist **kein Arbeitsentgelt**, da er nicht als Gegenleistung für die Arbeitsleistung gezahlt 203
wird. Wie § 4 Ia 1 EFZG klarstellt, ist Aufwendungsersatz im Krankheitsfall nicht fortzuzahlen. Er ist ferner bei der Berechnung der Pfändungsgrenze nach § 850c ZPO nicht zu berücksichtigen, zählt aber nach
§ 850a Nr 3 ZPO zu den unpfändbaren Bezügen. Wenn der AN Aufwendungsersatz verlangen kann, kann
er vom AG analog § 669 einen Vorschuss verlangen.

Der Aufwendungsersatz kann **vertraglich abw von** § 670 geregelt werden. ZB ist eine Regelung zur pauschalierten Zahlung zulässig (BAG 14.2.1996, 5 AZR 978/94, EzA § 670 BGB Nr 25). Welche Aufwendungen 204
eine Pauschale erfasst, ist durch Auslegung zu klären. Soweit eine kollektiv- oder individualvertragliche
Regelung den Aufwendungsersatz begrenzt, muss sie mit höherrangigem Recht vereinbar sein, zB mit den
§§ 618, 619 und den einschlägigen Unfallverhütungsvorschriften. Wenn zB der AG Schutzausrüstungen
zur Verfügung stellen muss, darf er die Kosten nicht auf die AN abwälzen, wenn die Schutzausrüstung nur
betrieblich genutzt wird. Der AG kann aber Höchsterstattungsbeträge festsetzen, wenn sie so bemessen sind,
dass die AN für diesen Betrag die Schutzausrüstung erwerben können (BAG 14.2.1996, 5 AZR 978/94,
EzA § 670 BGB Nr 25).

b) **Vorstellungskosten, Umzugskosten.** S Rdn 58 f und 215–218. 205

c) **Fahrt- und Reisekosten.** Entstehen dem AN Fahrt- oder Reisekosten im Interesse des AG, kann er Aufwendungsersatz analog § 670 verlangen. Nicht im Interesse des AG sind allerdings die Kosten für die **Fahrten zur und von der ständigen Arbeitsstätte**, diese Kosten **zählen zum persönlichen Lebensbereich** des AN 206
und sind nicht vom AG zu tragen (BAG 19.1.1977, 4 AZR 595/75, EzA § 42 BAT Nr 4). Wenn dem AN
aufgrund seiner Tätigkeit Kosten für **auswärtige Übernachtungen** entstehen, hat der AG auch diese Kosten
analog § 670 zu ersetzen. Insb tarifvertragliche Regelungen enthalten zum Bereich der Fahrt- und Reisekosten Sonderregeln zu § 670. Sieht ein TV vor, dass der AN unabhängig davon, wie er den Weg zurücklegt, für
Wochenendheimfahrten Anspruch auf Zahlung des Eisenbahnfahrpreises für die 2. Klasse hat, so braucht
er sich die Vergünstigung, die er durch die Nutzung einer »Bahncard« erlangen könnte, nicht anrechnen zu
lassen. Das gilt auch dann, wenn der AG anbietet, die Kosten für den Erwerb der »Bahncard« zu erstatten.
Die TV-Parteien hätten die Kostenerstattung auf das preislich günstigste öffentl Verkehrsmittel beschränken
können, wenn sie Ermäßigungen berücksichtigt wissen wollten (BAG 7.2.1995, 3 AZR 776/94, EzA § 4
TVG Bauindustrie Nr 37).

d) **Arbeitsmittel.** Setzt der AN **eigene Arbeitsmittel** – wie zB Werkzeuge – ein, so kann er Aufwendungsersatz nur bei Bestehen einer entspr Vereinbarung verlangen (MünchArbR/*Reichold* § 85 Rn 40). 207
Allerdings wird in der Lit vertreten, dass der AG dem AN die Kosten für Betriebs- oder Arbeitsmittel zu
erstatten hat, die dieser beschafft und im Interesse des AG verwendet hat (MüKo-BGB/*Müller-Glöge* § 611
Rn 896). Als Bsp werden das Betanken eines Firmenfahrzeugs und der Kauf von Schrauben für Montagearbeiten genannt. Hat der AN **Aufwendungen für** derartiges **Verbrauchsmaterial** gemacht, so steht ihm
ein Aufwendungsersatzanspruch auch ohne gesonderter Vereinbarung zu. Bei **sonstigen Arbeitsmitteln** wie
Werkzeugen oder Büchern ist aber eine Vereinbarung zum Aufwendungsersatz erforderlich. Allerdings darf
ein Land einem angestellten Lehrer nicht die Schulbücher verweigern, die zur sachgerechten Durchführung
des Unterrichts zwingend erforderlich sind. Beschafft der Lehrer sie sich nach erfolgloser Aufforderung,
ihm die Bücher zu überlassen, selbst, kann er vom Land Aufwendungsersatz verlangen (BAG
12.3.2013, 9 AZR 455/11, NZA 2013, 1086). Wenn ein AN eigene Arbeitsmittel einsetzt, wird üblicherweise auch die Frage der Instandhaltungskosten vertraglich geregelt, s zB § 12 II des TV für die Musiker in
Kulturorchestern vom 1.7.1971. Erbringt ein AN Arbeitsleistungen zu Hause und ergibt sich daraus eine
wesentliche Einschränkung der Nutzungsmöglichkeit eines Teils des eigenen Wohnraums für private Zwecke, so kann dem AN für die Nutzung des privaten Wohnraums ein Aufwendungsersatzanspruch zustehen
(BAG 14.10.2004, 9 AZR 657/02, EzA § 670 BGB 2002 Nr 1).

e) **Arbeitskleidung.** Die Kleidung, in der der AN seine Tätigkeit ausübt, hat er grds selbst zu bezahlen. 208
Wenn der AG gesetzlich verpflichtet ist, **Schutzkleidung** zur Verfügung zu stellen (§§ 618, 619, BGV),
handelt der AN im Interesse des AG, wenn er die Schutzkleidung selbst beschafft. Soweit der AN die Ausgaben für erforderlich halten durfte, hat er gegen den AG analog § 670 einen Anspruch auf Kostenerstattung
(BAG 19.5.1998, 9 AZR 307/96, EzA § 670 BGB Nr 28). Das gilt auch für Kleidung, die der AN aus
hygienischen Gründen tragen muss (LAG Nds 11.6.2002, 13 Sa 53/02, LAGReport 2003, 289). Untersagt
ein AG das Tragen von Shirts mit Strasssteinen, großen bunten Emblemen oder »dummen Sprüchen« und
verlangt er von den AN, weiße Berufskleidung zu tragen, die bei mindestens 60°C waschbar ist, so fordert
er das Tragen von Dienstkleidung iSd § 21 II AVR-Caritas und muss die Kleidung nach dieser Vorschrift
unentgeltlich stellen (BAG 13.2.2003, 6 AZR 536/01, EzA § 618 BGB 2002 Nr 1). Nicht immer muss aber

der AG die Kosten für **einheitliche Dienstkleidung** tragen. Wenn die Anschaffungskosten für die einheitliche Dienstkleidung nicht höher liegen als die Anschaffungskosten für die individuelle Zivilkleidung, kann der AN ebenso wenig Aufwendungsersatz verlangen wie beim sonstigen Verschleiß von Arbeitskleidung (BAG 19.5.1998, 9 AZR 307/96, EzA § 670 BGB Nr 28).

209 **f) Nicht ersatzfähige Aufwendungen.** Nicht ersatzfähig sind allg gesprochen Aufwendungen, die der AG nicht verlangt hat und die auch nicht aufgrund der Arbeitsaufgabe erforderlich waren. Auch Aufwendungen, die durch das Arbeitsentgelt abgegolten sind, kann der AN nicht vom AG ersetzt verlangen. Hierzu zählen die sog Kosten der persönlichen Lebensführung wie die Beschaffung von Kleidung, die Kosten für die Fahrt zum Arbeitsplatz und Parkplatzkosten. Da **Sanktionen für Straftaten oder Ordnungswidrigkeiten** ihrem Zweck nach auf den Täter bezogen sind, muss er grds eine Geldstrafe oder Geldbuße aus seinem eigenen Vermögen aufbringen. Allerdings ist es nicht verboten, dem AN eine bezahlte Geldstrafe oder Geldbuße zu erstatten. Zusagen des AG, für den AN etwaige Geldbußen zu übernehmen, sind sittenwidrig und nach § 138 unwirksam, da sie dem Zweck von Straf- und Bußgeldvorschriften zuwiderlaufen und geeignet sind, die Hemmschwelle des AN, Straftaten oder Ordnungswidrigkeiten zu begehen, herabzusetzen (BAG 25.1.2001, 8 AZR 465/00, EzA § 611 BGB Arbeitgeberhaftung Nr 9). Der AN kann in solchen Fällen die Geldbuße idR auch nicht im Wege des Schadensersatzes geltend machen. Ein Schadensersatzanspruch kommt nur ausnahmsweise in Betracht, wenn es dem AN trotz seiner rechtlichen Pflichten nicht zumutbar gewesen ist, sich den Anordnungen des AG zu widersetzen (BAG 25.1.2001, 8 AZR 465/00, EzA § 611 BGB Arbeitgeberhaftung Nr 9).

210 **g) Auslösung.** Unter einer Auslösung versteht man einen **pauschalierten Aufwendungsersatz** (vgl BAG 11.5.1999, 3 AZR 10/98, EzA § 4 TVG Bauindustrie Nr 96). Auslösungen werden insb im Montagebereich zur Abgeltung von Fahrt-, Übernachtungs- und Verpflegungskosten vereinbart. Tarifvertragliche Regelungen, wie etwa im BRTV-Bau, sind in den einschlägigen Branchen üblich. Zu unterscheiden sind **Fern- und Nahauslösung.** Die Fernauslösung ist der Ersatz der Mehraufwendungen für Übernachtung, Verpflegung und sonstige Bedürfnisse, die dem AN wegen einer auswärtigen Beschäftigung entstehen, bei der er auswärts übernachten muss, weil ihm die tägliche Rückkehr von der Arbeitsstelle zur Wohnung nicht zumutbar ist (MüKo-BGB/*Müller-Glöge* § 611 Rn 917). Sie ist weder fortzuzahlendes Entgelt iSd § 37 II BetrVG (BAG 18.9.1991, 7 AZR 41/90, EzA § 37 BetrVG 1972 Nr 109) noch im Krankheitsfall fortzuzahlendes Entgelt oder Urlaubsentgelt iSd BUrlG (BAG 28.1.1982, 6 AZR 911/78, EzA § 2 LohnFG Nr 17). Die Nahauslösung soll Mehraufwendungen auswärtig Beschäftigter bei täglicher Heimfahrt abgelten (HWK/*Thüsing* § 611 Rn 150). Ihr steuerpflichtiger Teil zählt zum im Krankheitsfall fortzuzahlenden Entgelt, ist bei der Berechnung der Urlaubsvergütung zu berücksichtigen und Entgelt iSd § 37 II BetrVG (BAG 10.2.1988, 7 AZR 36/87, EzA § 37 BetrVG 1972 Nr 91). Auch an Feiertagen ist dieser Teil der Nahauslösung fortzuzahlen (BAG 1.2.1995, 5 AZR 847/93, EzA § 1 FeiertagslohnzG Nr 46).

211 **7. Sonstige Zahlungen im Zusammenhang mit dem Arbeitsverhältnis. a) Darlehen.** Ein AG-Darlehen liegt vor, wenn der AG dem AN mit Rücksicht auf das Arbeitsverhältnis Kapital zur vorübergehenden Nutzung überlässt. Solche Darlehen, die üblicherweise zu günstigeren Bedingungen gewährt werden, als sie am Kapitalmarkt gelten, zählen zum **Entgelt iwS**. Ob eine vom fälligen Arbeitsentgelt unabhängige Zahlung des AG Vorschuss oder Darlehen ist, ist durch Auslegung zu klären (§ 614 Rdn 12). Bei einem AG-Darlehen, das zu einem Zinssatz gewährt wird, der unter dem marktüblichen Zinssatz liegt, sind nach § 491 II 1 Nr 2 die Vorschriften über Verbraucherdarlehensverträge nicht anzuwenden. Die Anwendung der §§ 305 ff ist dagegen nicht ausgeschlossen (Preis/*Stoffels* Arbeitsvertrag, II D 10 Rn 4; offengelassen von BAG 23.2.1999, 9 AZR 737/97, EzA § 611 BGB Inhaltskontrolle Nr 7). Die Vergabe von AG-Darlehen ist **mitbestimmungspflichtig nach § 87 I Nr 10 BetrVG**. Da der Darlehensvertrag und der Arbeitsvertrag rechtlich selbstständig sind, erfasst eine tarifvertragliche Ausschlussfrist für vertragliche Ansprüche aus dem Arbeitsverhältnis den Zinsanspruch aus dem Darlehen nicht (BAG 23.2.1999, 9 AZR 737/97, EzA § 611 BGB Inhaltskontrolle Nr 7). Anders hat das BAG in Fällen entschieden, in denen eine Klausel die »Vergütungen sowie alle sonstigen Ansprüche aus dem Arbeitsverhältnis« erfasste (BAG 18.6.1980, 4 AZR 463/78, AP TVG § 4 Ausschlussfristen Nr 68) oder sich auf »Ansprüche aus dem Arbeitsverhältnis und solche, die mit dem Arbeitsverhältnis in Verbindung stehen« bezog (BAG 20.2.2001, 9 AZR 11/00, EzA § 4 TVG Ausschlussfristen Nr 140). Ferner hat der 6. Senat entschieden, dass es bei einem zweckgebundenen AG-Darlehen, dessen Kosten der AG vollständig übernimmt, von der Gestaltung des Darlehensvertrags abhängt, ob eine so enge Verknüpfung mit dem Arbeitsverhältnis gegeben ist, dass es sich um Ansprüche aus dem Arbeitsverhältnis handelt (BAG 21.1.2010, 6 AZR 556/07, EzA § 4 TVG Ausschlussfristen Nr 196). Eine Ausgleichsklausel, die »alle Ansprüche aus dem Arbeitsverhältnis« umfasst, kann bei entspr Gestaltung des

Darlehensvertrags die Rückzahlung eines AG-Darlehens ausschließen. Maßgeblich ist, wie eng das Darlehen mit dem Arbeitsverhältnis verknüpft ist (BAG 19.3.2009, 6 AZR 557/07, EzA § 305c BGB 2002 Nr 17). Fehlt es an einer besonderen Verknüpfung mit dem Arbeitsverhältnis, erfasst eine Ausgleichsklausel, die sich auf »sämtliche aus dem bestehenden Arbeitsverhältnis und seiner Beendigung abzuleitenden wechselseitigen Ansprüche« bezieht, Ansprüche aus einem AG-Darlehen nicht (BAG 19.1.2011, 10 AZR 873/08, EzA § 611 BGB 2002 Aufhebungsvertrag Nr 9).

Ob der Darlehensvertrag im Fall der **Beendigung des Arbeitsverhältnisses** gekündigt werden kann, hängt in 1. Linie von der Parteivereinbarung ab. Eine außerordentliche Kdg des Darlehensvertrags liegt aber bei Beendigung des Arbeitsverhältnisses nicht ohne Weiteres vor. Allein aufgrund der Beendigung des Arbeitsverhältnisses ist es für den AG nicht unzumutbar, den Darlehensvertrag aufrechtzuerhalten (DLW/*Dörner* Kap 3 Rn 1284). Auch eine erg Vertragsauslegung oder § 313 können idR einen vorzeitigen Rückzahlungsanspruch des AG nicht begründen. Weder ist ein entspr hypothetischer Wille der Arbeitsvertragsparteien anzunehmen, noch ist die Beendigung des Arbeitsverhältnisses ein unvorhersehbares Ereignis, sodass von einem Wegfall der Geschäftsgrundlage die Rede sein könnte (Schaub/*Linck* § 70 Rn 21). Dient das Darlehen weiteren Zwecken als allein der Bindung des AN an den Betrieb, so kann nach Auffassung des BAG unter dem Gesichtspunkt des teilw Wegfalls der Geschäftsgrundlage eine Anpassung der Konditionen in Betracht kommen, wenn das Arbeitsverhältnis endet (BAG 5.3.1964, 5 AZR 172/63, AP BGB § 607 Nr 2). Von einem Betriebsübergang wird der Darlehensvertrag nicht berührt, der Erwerber tritt nicht allein aufgrund des Betriebsübergangs in die Rechte und Pflichten aus dem Darlehensvertrag ein (BAG 21.1.1999, 8 AZR 373/97, nv). 212

Der AG hat idR ein **berechtigtes Interesse an der Rückzahlung des Darlehens bei Beendigung des Arbeitsverhältnisses**. Da der AN nicht erwarten kann, dass ihm das Darlehen über den Bestand des Arbeitsverhältnisses hinaus zugutekommt, sind entspr Rückzahlungsklauseln grds zulässig (MünchArbR/*Krause* § 60 Rn 25 ff). Bei formularvertraglichen Regelungen sind aber AGB-rechtliche Schranken zu beachten. Zwar wird der AN nicht unangemessen benachteiligt, wenn sein AG ihm einen Sonderzinssatz einräumt und vertraglich vorsieht, dass bei Beendigung des Arbeitsverhältnisses die Vergünstigung entfällt und der – im Voraus feststehende – normale Zinssatz gilt (BAG 23.2.1999, 9 AZR 737/97, EzA § 611 BGB Inhaltskontrolle Nr 7). Allerdings ist eine Rückzahlungsklausel, nach der das Darlehen nach Beendigung des Arbeitsverhältnisses in jedem Fall gekündigt werden darf, also auch im Fall der vom AG veranlassten Eigenkündigung des Arbeitnehmers, wegen unangemessener Benachteiligung nach § 307 I 1 BGB unwirksam (BAG 12.12.2013, 8 AZR 829/12, EzA § 307 BGB 2002 Nr 64). 213

Ein **AN-Darlehen** ist gegeben, wenn der AN dem AG mit Rücksicht auf das Arbeitsverhältnis Kapital zur vorübergehenden Nutzung zur Verfügung stellt. Solche Darlehen, die in der Praxis insb bei wirtschaftlichen Schwierigkeiten des AG auftreten, sind zulässig, unterliegen allerdings der AGB-Kontrolle, wenn sie auf vorformulierten Bedingungen beruhen (Küttner/*Griese* Arbeitnehmerdarlehen Rn 2; offengelassen von BAG 23.9.1992, 5 AZR 569/91, EzA § 117 GewO Nr 1). Zulässig ist eine Vereinbarung, nach der der AN eine Sonderzuwendung unter der Bedingung erhält, dass er sie dem AG als verzinsliches Darlehen zur Verfügung stellt. Das BAG hat in diesem Zusammenhang eine 15-jährige Vertragslaufzeit mit 12-monatiger Kündigungsfrist für zulässig erachtet, hat sich aber krit zu einer Klausel geäußert, nach der sich das Darlehen jeweils um 5 Jahre verlängert, wenn es nicht rechtzeitig gekündigt worden ist. Ebenso wie bei AG-Darlehen führt die Beendigung des Arbeitsverhältnisses nicht dazu, dass das Darlehen sofort zurückzuzahlen ist, wenn die Parteien keine entspr Vereinbarung getroffen haben (BAG 23.9.1992, 5 AZR 569/91, EzA § 117 GewO Nr 1). 214

b) Umzugskosten. Wenn der AN zu Beginn des Arbeitsverhältnisses oder während des laufenden Arbeitsverhältnisses in die Nähe des Betriebs zieht, hat er **idR** ohne gesonderte Vereinbarung **die Kosten des Umzugs selbst zu tragen**. Ein Anspruch auf Kostenerstattung kann sich aus dem Arbeitsvertrag ergeben oder durch BV oder TV begründet werden. Ob auch die Kosten des Rückumzugs von einer solchen Vereinbarung erfasst werden, ist mangels ausdrücklicher Regelung durch Auslegung zu klären. Einen solchen Erstattungsanspruch hat das BAG in einem Fall bejaht, in dem der AN unter Erstattung der Umzugskosten widerruflich in das entfernte Ausland versetzt wurde. Dass der Rückumzug erfolgte, weil die Filiale im Ausland geschlossen wurde und der AN aus diesem Grund kündigte, stand dem Erstattungsanspruch nicht entgegen (BAG 26.7.1995, 5 AZR 216/94, EzA § 133 BGB Nr 19). 215

Ohne individual- oder kollektivvertragliche Abrede kann der AN einen **Anspruch auf Erstattung der Umzugskosten haben, wenn der Umzug im Arbeitgeberinteresse liegt.** Das kann bei einer Versetzung des AN der Fall sein. Entstehen dem AN aufgrund der Versetzung Aufwendungen, so kann er dafür analog § 670 vom AG Ersatz verlangen, wenn er die Aufwendungen den Umständen nach für erforderlich halten durfte (BAG 21.3.1973, 4 AZR 187/72, EzA § 44 BAT Nr 1). Eine Erstattung der Umzugskosten kommt 216 danach insb in Betracht, wenn dem AN tägliches Pendeln nicht zuzumuten ist, weil der neue Arbeitsplatz erheblich weiter entfernt ist als der bisherige Arbeitsplatz (ErfK/*Preis* § 611 Rn 429). Ist in einem TV die Erstattung der Umzugskosten bei Versetzung vorgesehen und eine Versetzung nach dem TV gegeben, wenn der AN »auf eine Beschäftigungsstelle oder Betriebsstätte außerhalb seines Einstellungsortes geschickt wird«, so hat der AN keinen Ersatzanspruch, wenn er befördert wurde und mit seinem Einverständnis eine Beförderungsstelle in einer anderen Niederlassung antritt (BAG 18.3.1992, 4 AZR 374/91, EzA § 253 ZPO Nr 13).

217 Hat der AG dem AN Umzugskostenerstattung gewährt und endet das Arbeitsverhältnis, so besteht ein Interesse des AG, die Umzugskosten zurückzufordern. Eine **Rückforderung** kommt **nur aufgrund einer entspr Abrede** in Betracht. Zudem sind solchen Abreden Grenzen gesetzt, da sie geeignet sind, die durch Art 12 I GG garantierte **Berufsfreiheit des AN** zu beschränken. Ausgeschlossen ist eine Rückerstattung, wenn der Umzug durch eine Versetzung bedingt ist, der AN also aus dienstlichen Gründen den Umzug auf sich nimmt. Auch die TV-Parteien können für diesen Fall keine wirksame Rückzahlungsklausel vereinbaren (BAG 21.3.1973, 4 AZR 187/72, EzA § 44 BAT Nr 1). Bei nicht dienstlich veranlassten Umzügen müssen Rückzahlungsklauseln mit Blick auf Art 12 I GG maßvoll gefasst werden. Das BAG hat eine 3-jährige Bindungsfrist anerkannt und dabei eine Minderung des Rückzahlungsbetrags in Abhängigkeit von der Dauer der Betriebszugehörigkeit für nicht erforderlich erklärt. Unzulässig sei eine Klausel, die das Maß des dem AN Zumutbaren überschreite und von einem billigenswerten Interesse des AG nicht mehr gedeckt sei. Das sei bei einer 3-jährigen Bindungsfrist jedenfalls dann nicht der Fall, wenn der Erstattungsbetrag ein Monatsentgelt nicht überschreite (BAG 24.2.1975, 5 AZR 235/74, EzA Art 12 GG Nr 11). Für zulässig erklärt wurde auch eine 3-jährige Bindungsfrist in einem Fall, in dem die Umzugskostenerstattung mehr als 2 Monatsgehälter ausmachte und die Rückzahlungspflicht gestaffelt war (BAG 22.8.1990, 5 AZR 556/89, nv). Längere Bindungsfristen hatte das BAG bisher nicht zu beurteilen. Allerdings hat die Instanz-Rspr eine Bindungsfrist von 5 Jahren für unzulässig erklärt (LAG Düsseldorf 9.4.1973, 10 Sa 46/73, MDR 1973, 1054). Für den Fall, dass der AG den AN mithilfe der Umzugskostenerstattung bewegen wollte, in einen weit entfernten Betrieb zu wechseln, wurde auch eine Bindungsfrist von 2 Jahren abgelehnt (LAG Düsseldorf 3.12.1971, 8 Sa 418/71, EzA Art 12 GG Nr 6).

218 Wenn vertraglich lediglich vereinbart ist, dass die Umzugskosten über 3 Jahre amortisiert werden sollen, eine Regelung über die Rückzahlung für den Fall des **vorzeitigen Ausscheidens** des AN aber fehlt, ist der Vertrag lückenhaft. Für die dann erforderliche erg Vertragsauslegung ist anzunehmen, dass die Parteien den AN nur für den Fall zur Rückzahlung verpflichtet hätten, dass die vorzeitige Beendigung des Arbeitsverhältnisses vom AN zu vertreten ist (BAG 14.12.1983, 5 AZR 174/82, nv). In einer späteren Entscheidung hat das BAG offengelassen, ob eine Rückzahlungsvereinbarung, die allg vom Ausscheiden des AN innerhalb der Bindungsfrist spricht, auch für den Fall gilt, dass der AN innerhalb der Bindungsfrist aus Gründen ausscheidet, die er nicht zu vertreten hat (BAG 22.8.1990, 5 AZR 556/89, nv). Die Lit hält Rückzahlungsvereinbarungen für den Fall der Kdg des AN aus wichtigem Grund und bei betriebsbedingten Kdg für unzulässig (ErfK/*Preis* § 611 Rn 433; HWK/*Thüsing* § 611 Rn 482).

219 **c) Aus- und Fortbildungskosten. aa) Grds Zulässigkeit von Rückzahlungsklauseln.** Berufsausbildungskosten dürfen, wie § 12 II Nr 1 BBiG zeigt, nicht vom Ausbilder auf den Auszubildenden abgewälzt werden. Dagegen sind für Aus- und Fortbildungskosten, die iR eines Arbeitsverhältnisses entstanden sind, Rückzahlungsklauseln grds zulässig. Daran hat sich durch die Schuldrechtsreform und die dadurch eröffnete AGB-Kontrolle formularmäßiger Rückzahlungsklauseln nichts geändert (BAG 11.4.2006, 9 AZR 610/05, EzA § 307 BGB 2002 Nr 14). Der AG hat ein Interesse daran, von der von ihm bezahlten Aus- oder Fortbildung zu profitieren. Das ist nur möglich, wenn der AN die Aus- oder Fortbildung erfolgreich abschließt und der AN nach Beendigung der Maßnahme noch eine Zeit lang im Betrieb verbleibt, sodass der AG die neuen Kenntnisse des AN für sich nutzen kann. Um dieses Interesse des AG zu sichern, werden häufig Klauseln vereinbart, nach denen der AN die Aus- und Fortbildungskosten (anteilig) zu erstatten hat, wenn er die Aus- oder Fortbildung nicht erfolgreich abschließt oder den Betrieb alsbald nach ihrer Beendigung verlässt (s allg zu Rückzahlungsklauseln für Aus- und Fortbildungskosten *Dorth* RdA 2013, 287; *Hanau/Stoffels* Beteiligung von AN an den Kosten der beruflichen Fortbildung, 1992; *Meier/Schulz* NZA 1996, 742 [insb auch zum Aspekt des Abbruchs der Aus- oder Fortbildung]; *Schmidt* NZA 2004, 1002).

220 **bb) Tarifvertragliche Rückzahlungsklauseln.** Rückzahlungsklauseln in TV sind darauf zu untersuchen, ob sie die durch Art 12 I GG garantierte **Berufsfreiheit des AN** übermäßig beschränken. Eine weiter gehende Inhaltskontrolle findet nicht statt, da wegen der Gleichgewichtigkeit der TV-Parteien eine materielle Richtigkeitsgewähr für tarifliche Regelungen besteht. Rückzahlungsklauseln in TV sind darauf zu prüfen, ob sie gegen die Verfassung, anderes höherrangiges zwingendes Recht oder die guten Sitten verstoßen.

Die richterrechtlichen Regeln zur Zulässigkeit einzelvertraglicher Rückzahlungsklauseln sieht das BAG als tarifdispositiv an (BAG 6.9.1995, 5 AZR 174/94, AP BGB § 611 Ausbildungsbeihilfe Nr 22). Eine tarifvertragliche Regelung, die eine Bindungsdauer von 3 Jahren mit einer jährlich abgestuften Rückzahlungspflicht vorsah, hat das BAG trotz ihres wenig differenzierenden Charakters als zulässig eingestuft (BAG 6.9.1995, 5 AZR 174/94, AP BGB § 611 Ausbildungsbeihilfe Nr 22).

cc) Vorformulierte Rückzahlungsklauseln. Vorformulierte arbeitsvertragliche Rückzahlungsklauseln sind nur hinreichend **transparent**, wenn die ggf zu erstattenden Kosten dem Grunde und der Höhe nach angegeben sind. Der AG muss zwar die Kosten der Ausbildung bei Abschluss der Rückzahlungsvereinbarung nicht exakt der Höhe nach beziffern. Die Angaben müssen jedoch so konkret sein, dass der Vertragspartner sein Rückzahlungsrisiko abschätzen kann. Dazu sind zumindest Art und Berechnungsgrundlagen der ggf zu erstattenden Kosten anzugeben (BAG 21.8.2012, 3 AZR 698/10, EzA § 307 BGB 2002 Nr 58). Vorformulierte arbeitsvertragliche Rückzahlungsklauseln unterliegen ferner der **Inhaltskontrolle** nach den §§ 307 ff. Das BAG hat festgestellt, dass die gleichen Maßstäbe gelten, die es vor der Schuldrechtsreform an die Inhaltskontrolle nach den §§ 138, 242, 315 angelegt hat. Maßgeblich sei bereits bei Anwendung dieser Normen gewesen, ob der AN durch die Rückzahlungsklausel unangemessen benachteiligt wird (BAG 11.4.2006, 9 AZR 610/05, EzA § 307 BGB 2002 Nr 14). IE gilt Folgendes: Eine Rückzahlungsklausel kann wegen einer übermäßigen Beeinträchtigung der Berufsfreiheit des AN (Art 12 I GG) unwirksam sein. Die Rückzahlungsklausel muss **billigen Interessen des AG** Rechnung tragen. Ferner muss der AN mit der Fortbildung eine angemessene Gegenleistung erhalten haben. Eine Interessenabwägung unter Berücksichtigung aller Umstände des Einzelfalls bestimmt das Ausmaß der zulässigen Bindung. Das berechtigte Interesse des AG, die zusätzliche Qualifikation des AN für sich nutzen zu können, muss gegen das Interesse des AN, seinen Arbeitsplatz ohne finanzielle Lasten frei wählen zu können, abgewogen werden. Dabei spielt vor allem eine Rolle, ob und inwieweit der AN mit der Aus- oder Fortbildung einen geldwerten Vorteil erlangt hat (BAG 11.4.2006, 9 AZR 610/05, EzA § 307 BGB 2002 Nr 14). Je größer der **berufliche Vorteil des AN** ist, um so eher kann ihm eine Rückzahlungsklausel zugemutet werden. Ein solcher beruflicher Vorteil kann darin liegen, dass dem AN berufliche Möglichkeiten eröffnet werden, die ihm zuvor verschlossen waren, oder er nach der Maßnahme bei seinem AG die Voraussetzungen für eine höhere Vergütung erfüllt (BAG 21.7.2005, 6 AZR 452/04, EzA § 611 BGB 2002 Ausbildungsbeihilfe Nr 8). Führt die Maßnahme nicht zu einer außerbetrieblich nutzbaren Zusatzqualifikation, sondern dient sie nur der Einarbeitung für einen bestimmten Arbeitsplatz, so kann eine Rückzahlungsklausel nicht wirksam vereinbart werden (BAG 16.1.2003, 6 AZR 384/01, EzA § 611 BGB 2002 Ausbildungsbeihilfe Nr 4).

221

Die zulässige Bindungsintensität beurteilt das BAG nach der **Fortbildungsdauer** und der **Qualität der erworbenen Qualifikation**. Nach diesen Grundsätzen hat das BAG bei einer Ausbildungsdauer bis zu 4 Monaten eine Bindungsdauer bis zu 24 Monaten für zulässig gehalten (BAG 6.9.1995, 5 AZR 241/94, EzA § 611 BGB Ausbildungsbeihilfe Nr 14) und bei einer Ausbildungsdauer von 6–12 Monaten eine Bindungsdauer von 36 Monaten (BAG 15.12.1993, 5 AZR 279/93, EzA § 611 BGB Ausbildungsbeihilfe Nr 9). Wenn sich die Ausbildung über einen Zeitraum von 3 Jahren erstreckt und der AN in dieser Zeit für etwa 25 % seiner Gesamtarbeitszeit ausfällt, ist eine 2-jährige Bindung zulässig (BAG 21.7.2005, 6 AZR 452/04, EzA § 611 BGB 2002 Ausbildungsbeihilfe Nr 8). Eine verhältnismäßig lange Bindung soll ferner bei kürzerer Ausbildung nicht ausgeschlossen sein, wenn der AG ganz erhebliche Mittel aufwendet oder die Fortbildung dem AN überdurchschnittlich große Vorteile bringt. Ohne bes Anhaltspunkte dieser Art hat das BAG aber bei einer Fortbildung von nur 14 Tagen lediglich eine Bindungsfrist von 6 Monaten zugelassen (BAG 5.12.2002, 6 AZR 539/01, EzA § 611 BGB 2002 Ausbildungsbeihilfe Nr 1; ähnlich für eine Fortbildung, die gut eine Arbeitswoche dauerte, BAG 15.9.2009, 3 AZR 173/08, EzA § 611 BGB 2002 Ausbildungsbeihilfe Nr 13). In einem Fall, in dem es um den Erwerb einer Musterberechtigung für das Führen eines Flugzeugs ging und der berufliche Vorteil in der Einstellung des AN lag, hat das BAG bei einer ca 2-monatigen Ausbildung eine Bindungsfrist von 3 Jahren für zulässig erachtet (BAG 19.2.2004, 6 AZR 552/02, EzA § 611 BGB 2002 Ausbildungsbeihilfe Nr 5). In einem älteren Urteil hatte das BAG hins des Erwerbs einer Musterberechtigung aufgrund ihres begrenzten Wertes nur eine Bindung von 1 Jahr für zulässig gehalten (BAG 16.3.1994, 5 AZR 339/92, EzA § 611 BGB Ausbildungsbeihilfe Nr 10). Da auch in diesem Fall der berufliche Vorteil in der Einstellung lag, ist fraglich, ob das BAG in dem Urteil aus dem Jahr 2004 zu Recht von einer anderen Fallgestaltung ausging. 2009 hat das BAG seine Rspr wie folgt zusammengefasst: Bei einer Fortbildungsdauer von bis zu 1 Monat ohne Verpflichtung zur Arbeitsleistung unter Fortzahlung der Bezüge sei eine Bindungsdauer bis zu 6 Monaten zulässig, bei einer Fortbildungsdauer von bis zu 2 Monaten eine 1-jährige Bindung, bei einer Fortbildungsdauer von 3–4 Monaten eine 2-jährige Bindung, bei einer Fortbildungsdauer von 6 Monaten bis zu 1 Jahr keine längere Bindung als 3 Jahre und

222

bei einer mehr als 2-jährigen Dauer eine Bindung von 5 Jahren. Abweichungen von diesen Regelwerten erklärt das BAG jedoch ausdrücklich für möglich. Eine verhältnismäßig lange Bindung könne auch bei kürzerer Ausbildung gerechtfertigt sein, wenn der AG ganz erhebliche Mittel aufwende oder die Teilnahme an der Fortbildung dem AN überdurchschnittlich große Vorteile bringe (BAG 14.1.2009, 3 AZR 900/07, EzA § 611 BGB 2002 Ausbildungsbeihilfe Nr 12; bestätigt in BAG 19.1.2011, 3 AZR 621/08, EzA § 611 BGB 2002 Ausbildungsbeihilfe Nr 15).

223 Vor der Schuldrechtsreform hat das BAG einzelvertragliche Rückzahlungsklauseln, die den AN unzulässig lange binden, analog § 139 auf das zulässige Maß reduziert und insoweit aufrechterhalten (BAG 5.12.2000, 6 AZR 539/01, EzA § 611 BGB 2002 Ausbildungsbeihilfe Nr 1). Unter der Geltung der §§ 305 ff nF hat das BAG eine solche **geltungserhaltende Reduktion** zu Recht **abgelehnt** (BAG 23.1.2007, 9 AZR 482/06, EzA § 307 BGB 2002 Nr 19; 11.4.2006, 9 AZR 610/05, EzA § 307 BGB 2002 Nr 14). Auch eine erg Vertragsauslegung, die die Rückzahlungsklausel zumindest für bestimmte Fallkonstellationen aufrecht erhält, kommt nach diesem Urteil nur in Betracht, wenn durch die Unwirksamkeit der Rückzahlungsklausel das Vertragsgleichgewicht krass gestört ist (BAG 23.1.2007, 9 AZR 482/06, EzA § 307 BGB 2002 Nr 19; 11.4.2006, 9 AZR 610/05, EzA § 307 BGB 2002 Nr 14). Das kann nach Auffassung des BAG zB der Fall sein, wenn sich das Prognoserisiko des AG verwirklicht, das sich aus der möglichen Abweichung von den Regelwerten ergibt (BAG 14.1.2009, 3 AZR 900/07, EzA § 611 BGB 2002 Ausbildungsbeihilfe Nr 12).

224 Bei der Frage nach der Angemessenheit der Rückzahlungsklausel berücksichtigt das BAG auch den Grad der Minderung der Rückzahlungsverpflichtung mit Zeitablauf. Dabei hat es eine Minderung der Rückzahlungspflicht um 1/3 pro Jahr bei einer 3-jährigen Bindung als ausreichend angesehen. Es sei nicht erforderlich, die Minderung in Monatsschritten vorzusehen (BAG 23.4.1986, 5 AZR 159/85, EzA § 611 BGB Ausbildungsbeihilfe Nr 5).

225 Ein weiterer Aspekt, der bei der Beurteilung von Rückzahlungsklauseln eine Rolle spielt, ist der Auslöser der Rückzahlungspflicht. Die Rückzahlungsklausel muss danach differenzieren, **wessen Verantwortungs- und Risikobereich die Beendigung des Arbeitsverhältnisses zuzurechnen ist**. Eine Klausel, die den AN auch dann mit den Ausbildungskosten belastet, wenn der AG durch ein Fehlverhalten die Kdg des AN veranlasst hat oder wenn der AG aus betriebsbedingten Gründen kündigt, benachteiligt den AN unzumutbar. Der AN kann in diesen Fällen die Vertragsbeendigung nicht beeinflussen, die vorzeitige Beendigung des Arbeitsverhältnisses ist ihm nicht zuzurechnen (BAG 18.3.14, 9 AZR 545/12, EzA § 611 BGB 2002 Ausbildungsbeihilfe Nr 16; 11.4.2006, 9 AZR 610/05, EzA § 307 BGB 2002 Nr 14). Wenn das Arbeitsverhältnis auf Wunsch des AN einvernehmlich beendet wird, kommt der Beendigungsgrund ebenfalls aus der Sphäre des AN, sodass ihm die Rückzahlung zumutbar ist (BAG 5.7.2000, 5 AZR 883/98, EzA § 611 BGB Ausbildungsbeihilfe Nr 20). Unangemessen ist die Rückzahlungspflicht weiterhin, wenn es dem AN aus anderen Gründen nicht zumutbar ist, die Ausbildungskosten durch Betriebstreue abzugelten. Das ist zB der Fall, wenn der AG den AN nicht ausbildungsadäquat beschäftigt. Der AN liefe Gefahr, den durch die Ausbildung erworbenen Marktwert zu mindern oder zu verlieren (BAG 5.12.2002, 6 AZR 537/00, AP BBiG § 5 Nr 11). Wenn der AG nicht verpflichtet ist, dem AN nach Abschluss der Ausbildung ein Arbeitsverhältnis anzubieten, kann der Ausgebildete die Ausbildungskosten nicht verlässlich durch Betriebstreue abgelten. Der AN muss es in der Hand haben, durch Betriebstreue der Rückzahlungspflicht zu entgehen. Andernfalls ist die Rückzahlungsklausel unangemessen (BAG 18.3.2008, 9 AZR 186/07, EzA § 307 BGB 2002 Nr 36; zusammenfassend BAG 18.11.2008, 3 AZR 192/07, EzA § 307 BGB 2002 Nr 42). Ferner soll eine Klausel unangemessen sein, die dem AN eine Rückzahlungspflicht auch für den Fall auferlegt, dass ein befristetes Probearbeitsverhältnis nicht verlängert wird, da der AN die Rückzahlungspflicht nicht durch den Verbleib im Betrieb vermeiden könne (BAG 5.12.2002, 6 AZR 537/00, AP BBiG § 5 Nr 11). Dieser Aussage ist nicht uneingeschränkt zuzustimmen. Es kommt darauf an, aus welchen Gründen der AG das Probearbeitsverhältnis nicht verlängert hat (vgl BAG 24.6.2004, 6 AZR 320/03, EzA § 611 BGB 2002 Ausbildungsbeihilfe Nr 7). Das Vertrauen des AN, Rückzahlungspflichten durch Betriebstreue vermeiden zu können, ist nach einem Urteil des BAG nicht schutzwürdig, wenn der AN durch ein Fehlverhalten die Kdg herbeigeführt hat (BAG 24.6.2004, 6 AZR 320/03, EzA § 611 BGB 2002 Ausbildungsbeihilfe Nr 7). Nach einem neueren Urteil ist dagegen die Frage, ob der AN im konkreten Fall schutzwürdig ist, iRd § 307 nicht zu stellen. Die AGB-Kontrolle erfolge durch typisierende Betrachtung einer Klausel, individuelle Besonderheiten der Vertragsparteien seien nicht zu berücksichtigen (BAG 11.4.2006, 9 AZR 610/05, EzA § 307 BGB 2002 Nr 14). Allerdings geht es insoweit nicht um individuelle Besonderheiten der Vertragsparteien, sondern darum, dass die Rückzahlungsklausel, die allg auf die Beendigung des Arbeitsverhältnisses abstellt, zu weit gefasst und deshalb auch dann unwirksam ist, wenn ein Beendigungstatbestand gegeben ist, für den die Rückzahlungspflicht wirksam hätte vereinbart werden können.

In der **Höhe** ist die Rückzahlungspflicht des AN in 2-facher Hinsicht begrenzt. Zum einen kann der AG nicht mehr als den vereinbarten Betrag verlangen, zum anderen darf er nur den Betrag verlangen, den er für die Aus- oder Fortbildung tatsächlich aufgewandt hat. Ein darüber hinausgehender Betrag wäre zugleich eine Vertragsstrafe (BAG 16.3.1994, 5 AZR 339/92, EzA § 611 BGB Ausbildungsbeihilfe Nr 10). 226

Das BAG erkennt Rückzahlungsklauseln nur als wirksam an, wenn der AN die mit der Teilnahme verbundenen beruflichen Vorteile gegen die finanzielle Belastung im Fall eines vorzeitigen Ausscheidens aus dem Betrieb abwägen kann. Die Vereinbarung zu Grund und Umfang der Rückzahlungspflicht müsse eindeutig sein und der AN müsse erkennen können, welche Folgen sich aus dem Abschluss einer solchen Vereinbarung ergeben können (BAG 21.11.2002, 6 AZR 77/01, EzA § 611 BGB 2002 Ausbildungsbeihilfe Nr 2). In älteren Urteilen hat das BAG ausdrücklich verlangt, dass der AN **zu Beginn der** vereinbarten **Ausbildung** klar und unmissverständlich auf die Folgen einer Rückzahlungsvereinbarung hingewiesen wird (BAG 19.3.1980, 5 AZR 362/78, EzA § 611 BGB Ausbildungsbeihilfe Nr 2). Dh, dass eine Rückzahlungsklausel während oder nach der Ausbildung nicht mehr wirksam vereinbart werden kann. Gegen diese Rspr wurde in der Lit Kritik erhoben. Entspr vertraglicher Grundprinzipien seien auch spätere Vereinbarungen über Rückzahlungspflichten zulässig (HWK/*Thüsing* § 611 Rn 472). Dagegen spricht jedoch, dass der AN Nutzen und finanzielle Risiken der Aus- oder Fortbildung nur dann in seine Entscheidung über den Beginn der Aus- oder Fortbildung einbeziehen kann, wenn er vor Beginn der Ausbildung mit der evtl Rückzahlungsverpflichtung konfrontiert wird. Allenfalls ließe sich der Zeitpunkt des Abschlusses der Vereinbarung nach hinten verschieben, die Information über den konkreten Inhalt der Rückzahlungsklausel muss aber vor Beginn der Aus- oder Fortbildung erfolgen. 227

Der AG trägt die **Beweislast** für Tatsachen, aus denen sich ergibt, dass der AN durch die Weiterbildung einen beruflichen Vorteil erlangt hat. Hins der **Darlegungslast** sieht das BAG aber eine Erleichterung für den AG vor. Es genügt, wenn der AG Umstände darlegt und erforderlichenfalls beweist, aus denen sich ergibt, dass im Zeitpunkt der Vereinbarung der Rückzahlungsklausel ein entspr beruflicher Vorteil für den AN mit überwiegender Wahrscheinlichkeit zu erwarten war. Gelingt das dem AG, so muss der AN Umstände darlegen und ggf beweisen, die dieses Wahrscheinlichkeitsurteil entkräften (BAG 16.3.1994, 5 AZR 339/92, EzA § 611 BGB Ausbildungsbeihilfe Nr 10). Trägt der AG substanziiert vor, dass der AN aufgrund der durch die Weiterbildung erworbenen Qualifikation innerbetriebliche Vorteile erlangt hat, genügt er seiner Darlegungslast. Dabei kann der innerbetriebliche Vorteil auch in der Einstellung selbst liegen (BAG 16.3.1994, 5 AZR 339/92, EzA § 611 BGB Ausbildungsbeihilfe Nr 10). 228

8. Nettolohnvereinbarung. Die vereinbarte Vergütung ist **idR** eine **Bruttovergütung**. Das BAG hat in älteren Urteilen eine ausdrückliche Abrede verlangt, wenn eine Nettolohnvereinbarung getroffen werden soll (BAG 18.1.1974, 3 AZR 183/73, EzA § 611 BGB Nettolohn, Lohnsteuer Nr 2; 19.12.1963, 5 AZR 174/63, AP BGB § 670 Nr 15). Aus dem gelegentlich für die Möglichkeit konkludenter Nettolohnabreden zit Urteil des LAG Köln (1.8.1997, 11 (7) Sa 152/97, NZA-RR 1998, 393) ergibt sich nichts anderes. Nach allg rechtsgeschäftlichen Grundsätzen mag sich aus den Umständen ergeben, dass eine Nettolohnvereinbarung getroffen werden sollte, auch wenn es an einer ausdrücklichen Regelung fehlt. Da Nettolohnvereinbarungen ungewöhnlich sind, wird sich aus den Umständen allein aber nur selten eine solche Vereinbarung ableiten lassen. Eine Nettolohnvereinbarung ergibt sich im Fall einer Schwarzgeldabrede nicht aus § 14 II 2 SGB IV, da diese Norm keine arbeitsrechtliche Wirkung entfaltet (BAG 17.3.2010, 5 AZR 301/09, EzA § 611 BGB 2002 Nettolohn, Lohnsteuer Nr 5). 229

Hat der AG iR einer Bruttolohnabrede **zu wenig Lohnsteuern abgeführt**, so kann er vom AN Erstattung verlangen, wenn er die fehlenden Beträge nachentrichtet hat. Im Verhältnis von AG und AN zueinander ist grds allein der AN Schuldner der Steuerforderung (BAG 16.6.2004, 5 AZR 521/03, EzA § 42d EStG Nr 1). Hat der AG zu hohe Beträge als Lohnsteuer abgeführt, so hat er die Forderung des AN in Höhe des überzahlten Betrags nicht erfüllt (LAG Hamm 4.6.1980, 12 Sa 217/80, DB 1980, 2196). 230

Im Fall einer Nettolohnabrede trägt der AG für den AN die Steuern und den AN-Anteil zur Sozialversicherung (BAG 18.1.1974, 3 AZR 183/73, EzA § 611 BGB Nettolohn, Lohnsteuer Nr 2), die Auslegung kann ergeben, dass auch Beiträge zur freiwilligen Kranken- und Pflegeversicherung zulasten des AG gehen sollen (BAG 26.8.2009, 5 AZR 616/08, USK 2009-71). Der AN kann im Fall einer Nettolohnabrede nicht den Bruttolohn vom AG verlangen, weil ihm die Bruttovergütung vereinbarungsgemäß nicht zusteht (BAG 8.4.1987, 5 AZR 60/86, nv; vgl bereits BAG 6.7.1970, 5 AZR 523/69, EzA § 611 BGB Nr 5; aA ErfK/ *Preis* § 611 Rn 476). Ist ein Bruttolohn vereinbart, so ist der AG ohne Abzüge von Steuern zur Lohnzahlung zu verurteilen; das Urteil hat auf den vollen Bruttobetrag zu lauten (BGH 21.4.1996, VII ZB 3/66, AP BGB § 611 Lohnanspruch Nr 13). Auch bei einer Bruttolohnvereinbarung kann der AN aber den Nettolohn einklagen, wenn es um laufendes Arbeitsentgelt geht. Dann lässt sich der Nettolohn ohne Weiteres 231 bestimmen, sodass die Nettolohnklage zulässig ist (BAG 29.8.1984, 7 AZR 34/83, EzA § 123 BGB Nr 25; s zur Nettolohnklage bei vereinbarter Bruttovergütung auch BAG 26.2.2003, 5 AZR 223/02, EzA § 4 TVG Ausschlussfristen Nr 163). Zinsen kann der AN bei vereinbarter Bruttovergütung vom Bruttoentgelt verlangen (BAG 7.3.2001, GS 1/00, EzA § 288 BGB Nr 3). Da unter »Nettoverdienst« einerseits der um die vom AG abzuführenden Steuern und Sozialversicherungsbeiträge geminderte Entgeltanspruch verstanden wird, andererseits aber auch das nach Abzug der tatsächlich abgeführten Steuern und Sozialversicherungsbeiträge auszuzahlende Entgelt gemeint sein kann, sperrt eine Klage auf Zahlung des Nettoverdienstes nach § 261 III ZPO eine weitere Klage auf Zahlung des Bruttoentgelts (BAG 12.12.2000, 9 AZR 1/00, EzA § 4 TVG Ausschlussfristen Nr 135).

232 **Wenn sich die Grundlagen der Lohnsteuerberechnung ändern** – zB durch Änderung der Steuerklasse, Wegfall oder Hinzukommen von Freibeträgen – soll sich das nach einer in der Lit vertretenen Ansicht nicht auf den Entgeltanspruch des AN auswirken. Der AG trage sowohl die Lasten als auch die Vorteile solcher Veränderungen. Nur bei willkürlichen Änderungen des AN – zB beim Wechsel der Lohnsteuerklasse oder Verzicht auf Wiedereintrag eines Freibetrags – soll eine Anpassung nach § 242 in Betracht kommen (Schaub/*Linck* § 71 Rn 7). Dagegen hat das BAG zu Recht bei erheblichen Veränderungen der persönlichen Verhältnisse des AN, die zu erheblichen Änderungen seiner Besteuerung führten, eine **Vertragslücke** angenommen und sich für die Anpassung der Lohnabrede an die neuen Verhältnisse ausgesprochen. Steuervergünstigungen aufgrund von Freibeträgen und ehebedingte Steuervergünstigungen dienten dem Ausgleich stärkerer Belastungen des AN. Den Parteien sei nicht der Wille zu unterstellen, diese Entlastung nicht dem AN, sondern dem AG zugutekommen zu lassen (BAG 6.7.1970, 5 AZR 523/69, EzA § 611 BGB Nr 5).

233 **9. Ort und Art der Zahlung.** Erfüllungsort für die Zahlung der Vergütung ist idR der Betriebssitz des AG. Das gilt auch, wenn der AN außerhalb der Betriebsstätte tätig ist (Staudinger/*Richardi/Fischinger* § 611 Rn 1324). Der AN muss die Vergütung abholen (Holschuld). Nach § 107 I GewO ist das Arbeitsentgelt in Euro zu berechnen und auszuzahlen. Die **bargeldlose Zahlung** ist zulässig und weit verbreitet. Ist bargeldlose Zahlung vereinbart, so handelt es sich um eine Schickschuld. Der AG hat dann die Vergütung nach § 270 I auf seine Gefahr und seine Kosten an den Wohnsitz des AN zu übermitteln. Erfüllung tritt mit der Gutschrift auf das Konto des AN ein. Fällig ist die Vergütung mangels anderer Vereinbarung nach Leistung der Dienste (s § 614 Rdn 1, 3).

234 Der AG trägt bei bargeldloser Zahlung nur die **Kosten der Übermittlung der Vergütung**, ohne weitere Vereinbarung aber nicht die sonstigen Kosten, die dem AN aufgrund der bargeldlosen Zahlung entstehen, insb nicht die Kontoführungsgebühren (BAG 15.12.1976, 4 AZR 531/75, EzA § 36 BAT Nr 1). In BV oder TV finden sich oft Regelungen, die dem AG weitere Kosten des AN im Zusammenhang mit der bargeldlosen Zahlung auferlegen. Der BR hat nach § 87 I Nr 4 BetrVG ein Mitbestimmungsrecht hins Zeit, Ort und Art der Auszahlung des Arbeitsentgelts (s § 87 BetrVG Rdn 35). Dieses Mitbestimmungsrecht erfasst nach st Rspr des BAG als Annex Regelungen über die Erstattung von Kontoführungsgebühren. Auch die Abgeltung des mit der bargeldlosen Zahlung verbundenen sonstigen finanziellen und zeitlichen Aufwands des AN kann durch BV geregelt werden (BAG 15.1.2002, 1 ABR 10/01, EzA § 50 BetrVG 1972 Nr 19). Dabei sind Pauschbeträge zulässig, wenn sie sich iRd erfahrungsgemäß durch eine bargeldlose Entgeltzahlung entstehenden Kosten halten (BAG 5.3.1991, 1 ABR 41/90, EzA § 87 BetrVG 1972 Lohn und Arbeitsentgelt Nr 15). Eine sog Kontostunde, die Ausgleich dafür schaffen soll, dass der AN das Entgelt in seiner Freizeit in Empfang nehmen muss, darf die Einigungsstelle allerdings nicht vorsehen, wenn der AG es den AN ermöglicht, während der Arbeitszeit gegen Scheck Bargeld aus der Kasse des AG zu erhalten. In diesem Fall ist die bargeldlose Zahlung nicht zwingend mit einem Aufwand an Freizeit verbunden (BAG 10.8.1993, 1 ABR 21/93, EzA § 87 BetrVG 1972 Lohn und Arbeitsentgelt Nr 16). Ferner ist die Sperrwirkung des § 87 I HS 1 BetrVG zu beachten, die auch eingreift, wenn ein TV zwar die bargeldlose Lohnzahlung einführt, aber keine Regelung zu den Kontoführungsgebühren enthält (BAG 31.8.1982, 1 ABR 8/81, EzA § 87 BetrVG 1972 Nr 9).

235 **10. Rückzahlung überzahlter Vergütung.** Wenn der AG dem AN eine höhere Vergütung ausgezahlt hat als dem AN zusteht, kann er nach § 812 I 1 Alt 1 Rückzahlung des überzahlten Betrags verlangen. Der Anspruch ist ausgeschlossen, wenn der AN sich auf eine Entreicherung berufen kann, § 818 III. Abgesehen von den allg Voraussetzungen für eine Entreicherung kann der AN sich nicht auf § 818 III berufen, wenn ein Fall des § 818 IV oder § 819 I vorliegt (Rechtshängigkeit der Forderung, Bösgläubigkeit des AN). § 818 III greift ein, wenn das Erlangte beim gutgläubigen, unverklagten AN ersatzlos weggefallen ist und kein Überschuss mehr zwischen dem vorhandenen Vermögen und demjenigen Vermögen besteht, das auch ohne die ursprüngliche Bereicherung vorhanden wäre. Das ist der Fall, wenn der AN den überzahlten Betrag restlos für seine laufenden Lebensbedürfnisse verbraucht hat (BAG 23.5.2001, 5 AZR 374/99, EzA § 818

BGB Nr 12). Nicht entreichert ist der AN dagegen, wenn er mit der Ausgabe des Erlangten anderweitige Ausgaben erspart hat (BAG 19.2.2004, 6 AZR 664/02, EzA § 4 TVG Ausschlussfristen Nr 174).
Weil es sich bei § 818 III um eine rechtsvernichtende Einrede handelt, **trägt der AN die Beweislast für den** 236 **Wegfall der Bereicherung**. Er muss darlegen und ggf beweisen, dass der Stand seines Vermögens trotz der Überzahlung nicht höher ist als zuvor. Das BAG gewährt dem AN dabei uU eine **Beweiserleichterung**. Wenn der AN ein kleineres oder mittleres Einkommen bezieht und eine gleich bleibend geringe Überzahlung des laufenden Entgelts erhält, kann der Beweis des ersten Anscheins für den Wegfall der Bereicherung gegeben sein. Der konkrete Nachweis der Entreicherung ist dann entbehrlich (BAG 9.2.2005, 5 AZR 175/04, EzA § 818 BGB 2002 Nr 1; 23.5.2001, 5 AZR 374/99, EzA § 818 BGB Nr 12). Die Beweiserleichterung soll dann in Betracht kommen, wenn **erfahrungsgemäß und typischerweise** anzunehmen ist, dass der überzahlte Betrag für den laufenden Lebensunterhalt verbraucht wird. Das BAG stellt dabei zunächst entscheidend auf das Verhältnis des geschuldeten Entgelts zur überzahlten Vergütung ab. Je höher die Überzahlung im Verhältnis zum Realeinkommen, umso weniger lasse sich annehmen, dass der AN die Mittel für seine laufenden Lebensbedürfnisse verbraucht hat (BAG 23.5.2001, 5 AZR 374/99, EzA § 818 BGB Nr 12). Überzahlungen von 18 % und 57 % pro Kalenderjahr hat das BAG als nicht geringfügig eingestuft (BAG 9.2.2005, 5 AZR 175/04, EzA § 818 BGB 2002 Nr 1). Damit die Beweiserleichterung in Betracht kommt, darf nach Ansicht des BAG eine Nettoüberzahlung nicht die relative Größenordnung von 10 % des Nettozahlbetrags übersteigen (BAG 25.4.2001, 5 AZR 497/99, EzA § 242 BGB Verwirkung Nr 1). Die Beweiserleichterung soll auch dann nicht gelten, wenn dem AN neben seinem Einkommen nennenswerte andere Einkünfte zur Verfügung stehen. In diesem Fall könne nicht typischerweise darauf geschlossen werden, dass der AN die überzahlten Beträge für den laufenden Lebensunterhalt verwendet hat (BAG 9.2.2005, 5 AZR 175/04, EzA § 818 BGB 2002 Nr 1). Von einem AN, der eine vermietete Eigentumswohnung, Sparvermögen und einen Prämiensparvertrag besaß, verlangte das BAG nähere Darlegungen zum Verbrauch des überzahlten Betrags für laufende Ausgaben (BAG 18.1.1995, 5 AZR 817/93, EzA § 818 BGB Nr 8). Auch »Besserverdienenden«, also Personen, die nicht den unteren oder mittleren Einkommensgruppen angehören, gewährt das BAG die Beweiserleichterung nicht. Bei Besserverdienenden könne nicht davon ausgegangen werden, dass höhere Einkünfte idR auch ausgegeben werden (BAG 12.1.1994, 5 AZR 597/92, EzA § 818 BGB Nr 6).

Ist die Rückzahlung überzahlten Entgelts **vertraglich vereinbart**, so ist dem AN der Einwand der Entreiche- 237 rung verwehrt. Allerdings kann es sich um eine unzulässige Rechtsausübung handeln, wenn der AG dem AN zuvor die Richtigkeit der Abrechnung zugesichert oder ihm die Prüfung der Abrechnung unmöglich gemacht hat (BAG 8.2.1964, 5 AZR 371/63, AP BGB § 611 Lohnrückzahlung Nr 2). Erklärt der AN lediglich einseitig, dass ihm bekannt ist, dass er überzahlte Beträge zurückzahlen muss, liegt keine Vereinbarung zu überzahltem Entgelt vor. Eine bloße Wissenserklärung über die Rechtslage enthält keinen Verzicht auf den Entreicherungseinwand (BAG 18.9.1986, 6 AZR 517/83, EzA § 818 BGB Nr 1). Wenn die Rückzahlung von Provisionsvorschüssen vertraglich vereinbart ist, zweifelt das BAG an der Anwendbarkeit des Bereicherungsrechts. Jedenfalls sei der AN, der Provisionsvorschüsse empfange, bösgläubig, da er die Überzahlung kenne (BAG 20.6.1989, 3 AZR 504/87, EzA § 87 HGB Nr 10).

Gegen den Rückzahlungsanspruch des AG kann der AN uU mit einem **Schadensersatzanspruch** aufrechnen. 238 Ein Schaden des AN kommt in Betracht, wenn er durch die Überzahlung zu Ausgaben veranlasst wurde, die er ansonsten unterlassen hätte, ihm davon keine Vorteile mehr verblieben sind und er die Ausgaben nicht durch zumutbare Einschränkungen wieder ausgleichen kann. Auch hins der Frage, ob der AN wegen der Überzahlung einen Schadensersatzanspruch gegen den AG hat, hat aber eine Vereinbarung über die Rückzahlung Auswirkungen, da sie das Risiko der Überzahlung dem AN zuweist (BAG 8.2.1964, 5 AZR 371/63, AP BGB § 611 Lohnrückzahlung Nr 2).

Umgekehrt kann der AG uU Schadensersatzansprüche aus § 280 I gegen den AN geltend machen, wenn die 239 Überzahlung auf einem Fehlverhalten des AN beruht. So hat das BAG zB einen **Schadensersatzanspruch des AG** in Höhe des überzahlten Ruhegeldes für den Fall bejaht, dass der AN schuldhaft anderweitige Versorgungsbezüge nicht angezeigt hat (BAG 27.3.1990, 3 AZR 187/88, EzA § 276 BGB Nr 36). Ein Schadensersatzanspruch kommt auch in Betracht, wenn der AN anderweitigen Verdienst iR des § 615 S 2 nicht mitteilt (ErfK/*Preis* § 611 Rn 415). Gegen den Schadensersatzanspruch kann der AN die Entreicherungseinrede nicht erheben.

Wann der Rückzahlungsanspruch des AG **fällig** wird, hängt von den Umständen der Überzahlung ab. Wenn 240 der AG die Vergütung fehlerhaft berechnet, obwohl ihm die maßgeblichen Berechnungsgrundlagen bekannt waren oder hätten bekannt sein müssen, wird der Rückzahlungsanspruch nach st Rspr des BAG zeitgleich mit seiner Entstehung im Zeitpunkt der Überzahlung fällig. Das gilt unabhängig von der Kenntnis des AG von seinem Rückzahlungsanspruch. Unterlaufen dem AG Fehler in der Berechnung, obwohl er die Grundlagen der Berechnung kennt, fällt die Fehlberechnung in seine Sphäre, da ihm Kontrollmaßnahmen eher

Kamanabrou

möglich sind als dem AN (BAG 10.3.2005, 6 AZR 217/04, EzA § 4 TVG Ausschlussfristen Nr 176). Wenn dagegen der Fehler bei der Berechnung der Vergütung in die Sphäre des AN fällt – zB weil er Änderungen in seinen persönlichen Verhältnissen, die sich auf die Höhe der Vergütung auswirken, dem AG nicht mitteilt – so wird der Rückzahlungsanspruch erst fällig, wenn der AG von den rechtsbegründenden Tatsachen erfährt (BAG 10.3.2005, 6 AZR 217/04, EzA § 4 TVG Ausschlussfristen Nr 176). Dem AG ist es in diesem Fall praktisch unmöglich, den Anspruch mit seinem Entstehen geltend zu machen (19.2.2004, 6 AZR 664/02, EzA § 4 TVG Ausschlussfristen Nr 174).

241 Rückzahlungsansprüche können tarifvertraglichen **Ausschlussfristen** unterliegen. Das wird vor allem in Fällen relevant, in denen der Rückzahlungsanspruch im Zeitpunkt der Überzahlung fällig geworden ist, weil dem AG die maßgeblichen Berechnungsgrundlagen bekannt waren oder hätten bekannt sein müssen. Der AG kann in solchen Fällen nicht durch einseitige Erklärung eines Vorbehalts den Beginn der von ihm einzuhaltenden Ausschlussfrist hinauszögern (BAG 27.3.1996, 5 AZR 336/94, EzA § 4 TVG Ausschlussfristen Nr 124). Ist aber die Ausschlussfrist abgelaufen, bevor der AG Kenntnis von der Überzahlung erlangt hat, kann er dem AN, der sich auf die Ausschlussfrist beruft, uU den Einwand unzulässiger Rechtsausübung (§ 242) entgegenhalten (BAG 23.5.2001, 5 AZR 374/99, EzA § 818 BGB Nr 12). Eine **unzulässige Rechtsausübung** kommt in Betracht, wenn der AN den AG aktiv von der Einhaltung der Ausschlussfrist abhält oder es pflichtwidrig unterlässt, ihm Umstände mitzuteilen, die ihn zur Einhaltung der Ausschlussfrist veranlasst hätten. Pflichtwidriges Unterlassen ist gegeben, wenn der AN den Berechnungsirrtum des AG erkennt, den AG aber nicht darauf hinweist, obwohl es zu einer erheblichen Überzahlung gekommen ist. Der AN muss zwar Entgeltabrechnungen des AG nicht prüfen. Erhebliche Mehrzahlungen, die er sich nicht erklären kann, muss er aber dem AG anzeigen. Das BAG beruft sich insoweit auf die allg Pflicht des AN, den AG auf drohende Schäden hinzuweisen (BAG 10.3.2005, 6 AZR 217/04, EzA § 4 TVG Ausschlussfristen Nr 176). Der AG kann sich allerdings auf rechtsmissbräuchliches Verhalten des AN nur berufen, solange er nicht anderweitig vom Überzahlungstatbestand Kenntnis erhält. Weiß der AG aus anderer Quelle von der Überzahlung, so ist er nicht mehr daran gehindert, den Rückzahlungsanspruch geltend zu machen (BAG 13.10.2010, 5 AZR 648/09, EzA § 4 TVG Ausschlussfristen Nr 199; 10.3.2005, 6 AZR 217/04, EzA § 4 TVG Ausschlussfristen Nr 176). Erfährt der AG von der Überzahlung, so beginnt, nach Ansicht des BAG, die volle Ausschlussfrist nicht erneut zu laufen. Dem AG steht vielmehr nur eine deutlich kürzere Frist zu, um seinen Anspruch geltend zu machen. Bleibt der AG längere Zeit weiter untätig, ist er nicht schutzwürdig (BAG 23.5.2001, 5 AZR 374/99, EzA § 818 BGB Nr 12). Dieser Rspr ist zuzustimmen, da es um Fälle geht, in denen der AG für die Überzahlung verantwortlich ist. Unter diesen Umständen ist es gerechtfertigt, von ihm schnelles Handeln zu verlangen. Allerdings wird es für die Frage, ob dem AG die volle Ausschlussfrist zusteht, auch auf die Länge der Ausschlussfrist ankommen müssen. In den genannten Entscheidungen ging es jeweils um die 6-monatige Ausschlussfrist des § 70 S 1 BAT. Bei kürzeren Ausschlussfristen kann dem AG ein noch kurzfristigeres Handeln nicht unbedingt abverlangt werden.

242 Der Rückzahlungsanspruch kann, wie jeder andere Anspruch auch, **verwirkt** werden. Den allg Regeln entspr genügt dafür nicht bereits, dass der AG den Anspruch eine gewisse Zeit lang nicht geltend gemacht hat (**Zeitmoment**), hinzukommen muss das sog **Umstandsmoment**. Der AG muss den Eindruck erweckt haben, dass er den Anspruch nicht mehr geltend machen wird und der AN muss sich darauf eingestellt haben, dass er die Rückzahlung nicht mehr leisten muss (BAG 25.4.2001, 5 AZR 497/99, EzA § 242 BGB Verwirkung Nr 1). Da die Verjährungsfrist für Bereicherungsansprüche nach den §§ 195, 199 inzwischen nur noch 3 Jahre beträgt, hat sich das Problem entschärft.

243 Nach der Rspr des BAG ist der AN im Fall einer Überzahlung um die überzahlten Bruttobeträge bereichert. Die Vergütungspflicht erstreckt sich nicht nur auf den ausgezahlten Nettobetrag, sondern umfasst auch die Leistungen, die nicht in einer unmittelbaren Auszahlung an den AN bestehen (BAG 19.2.2004, 6 AZR 664/02, EzA § 4 TVG Ausschlussfristen Nr 174). Der Anspruch des AG auf Rückzahlung überzahlten Entgelts soll sich regelmäßig auf den überzahlten Bruttobetrag richten (BAG 24.10.2000, 9 AZR 610/99, EzA § 818 BGB Nr 10; aA *Groß* ZIP 1987, 5). Die Finanzverwaltung sieht ebenfalls eine Erstattung des Bruttobetrags und die Rückabwicklung im Verhältnis zwischen Finanzamt und AN vor (Einheitlicher Ländererlass, DB 1986, 725 f). Schwierigkeiten bereitet vor allem die Frage, ob auch die Beträge zurückzuzahlen sind, die dem AN-Anteil der Sozialversicherungsbeiträge entsprechen. Der AN-Anteil zur Sozialversicherung gehört zu dem Teil der Vergütung, der nicht in einer Zahlung an den AN besteht. Auch insoweit erhält der AN eine Leistung ohne Rechtsgrund. Der AG hat gegen den AN einen Anspruch auf Abtretung des Erstattungsanspruchs, den der AN nach § 26 II SGB IV gegen den Sozialversicherungsträger hat. Ein Zahlungsanspruch des AG in entspr Höhe kommt in Betracht, wenn die Abtretung nicht möglich ist, weil dem AN die überzahlten Beträge bereits ausgezahlt wurden (BAG 19.2.2004, 6 AZR 664/02, EzA § 4 TVG Ausschlussfristen Nr 174).

11. Entgeltschutz. Der AN kann seinen Entgeltanspruch durch eigene Verfügung, durch Zugriff Dritter, durch Ablauf einer Ausschlussfrist oder durch Verwirkung oder Verjährung verlieren. 244

a) Abtretung. Der AN kann die Entgeltforderung, die ihm gegen den AG zusteht, nach § 398 abtreten. 245 Dabei unterliegt die Abtretung der Grenze des § 400, der Entgeltanspruch kann also nur abgetreten werden, soweit er gepfändet werden kann (s §§ 850a ff ZPO). § 400 ist zwingend. Die Abtretung einer unpfändbaren Forderung verstößt gegen ein gesetzliches Verbot und ist nach § 134 nichtig (BGH 10.12.1951, GSZ 3/51, BGHZ 4, 153, 155). Zulässig ist die **Abtretung unpfändbarer Forderungen**, wenn der Schutz des AN anderweitig gewährleistet ist. Das ist anzunehmen, wenn der Abtretungsempfänger dem AN einen Geldbetrag in Höhe der abgetretenen Forderung zur Verfügung stellt (BAG 24.1.1964, 5 AZR 258/63, AP KO § 30 Nr 1). Die Überlassung von Wohnraum kann dagegen eine einschränkende Auslegung des § 400 nicht rechtfertigen. Es reicht nicht, wenn der Abtretungsempfänger in irgendeiner Weise zum Lebensunterhalt des AN beiträgt, die erbrachte Leistung und die abgetretene Forderung müssen sich decken (BAG 21.11.2000, 9 AZR 692/99, EzA § 400 BGB Nr 2). Eine Vereinbarung, die zwar nicht zum Übergang der Forderung führt, wirtschaftlich aber dasselbe Ergebnis hat, ist ebenfalls nur iRd § 400 zulässig (zB Inkassozession, MünchArbR/*Krause* § 66 Rn 6).

Die **Vorausabtretung** noch nicht bestehender Entgeltforderungen ist zulässig, soweit das Bestimmtheitsgebot gewahrt ist. Der AG muss erkennen können, welchen Betrag er an den neuen Gläubiger zu zahlen hat. Hinreichend bestimmt ist die Abtretung des pfändbaren Teils des Arbeitseinkommens. Der AG kann die abgetretenen Teile unter Berücksichtigung der gesetzlich geregelten Pfändungsvorschriften berechnen und auszahlen (BAG 24.4.2002, 10 AZR 42/01, EzA § 850e ZPO Nr 4). 246

Nach § 399 kann die Abtretung der Entgeltforderung ausgeschlossen werden. Die Vorschrift erfasst nicht nur Vereinbarungen der Arbeitsvertragsparteien, sondern auch **Abtretungsverbote** in TV und BV (BAG 20.12.1957, 1 AZR 237/56, EzA § 399 BGB Nr 1). Ist ein Abtretungsverbot vereinbart, so sind künftige Forderungen vom Zeitpunkt ihrer Entstehung an mit dem Abtretungsverbot behaftet. Auch wenn diese Forderungen im Voraus abgetreten wurden, setzt sich das Abtretungsverbot durch (BAG 29.8.1984, 7 AZR 34/83, EzA § 123 BGB Nr 25). 247

b) Aufrechnung. Auch die **Aufrechnung** gegen einen Entgeltanspruch **ist nur zulässig, soweit die Forderung pfändbar ist** (§ 394 S 1). Ferner ist iRd § 394 nur eine Aufrechnung mit der oder gegen die Nettoentgeltforderung zulässig, hins des Bruttoentgelts besteht keine Gegenseitigkeit der Forderungen (BAG 16.3.1994, 5 AZR 411/92, nv; 22.3.2000, 4 AZR 120/99, nv). Gegen einen Anspruch auf Zahlung einer Abfindung ist die Aufrechnung zulässig. Da die Abfindung pfändbar ist, steht § 394 der Aufrechnung nicht entgegen (BAG 27.10.2005, 8 AZR 546/03, EzA § 4 TVG Ausschlussfristen Nr 180). § 393 enthält ein weiteres gesetzliches **Aufrechnungsverbot**. In vorformulierten Verträgen ist § 309 Nr 3 zu beachten, der ein Aufrechnungsverbot zulasten des AN verbietet, wenn es sich um eine unbestrittene oder rechtskräftig festgestellte Forderung handelt. Ist eine Forderung durch Ablauf einer Ausschlussfrist erloschen, ist eine Aufrechnung nicht mehr möglich. § 215 ist nicht entspr anwendbar, da die Interessenlage bei Ausschluss- und Verjährungsfristen nicht vergleichbar ist (BAG 30.3.1973, 4 AZR 259/72, EzA § 390 BGB Nr 1). 248

Dem AN kann es nach Treu und Glauben (§ 242) verwehrt sein, sich auf ein Aufrechnungsverbot zu berufen. So hat das BAG für den Fall entschieden, dass der AG gegen eine Entgelt- oder Ruhegehaltsforderung mit einer Schadensersatzforderung aus einer vorsätzlichen unerlaubten Handlung des früheren AN aufrechnen will. In diesem Fall muss der Sozialschutz jedenfalls dann zurücktreten, soweit er den Interessen des Schädigers dient, wenn der AN den Schaden vorsätzlich verursacht hat und der Schaden so hoch ist, dass der AN ihn unter normalen Umständen mit dem pfändbaren Teil seines Einkommens nicht ausgleichen kann. Da aber der Aufrechnungsschutz auch Interessen der Allgemeinheit dient, da dem Schuldner so viel verbleiben soll, dass er nicht auf Sozialleistungen der öffentl Hand angewiesen ist, muss die Aufrechenbarkeit begrenzt bleiben. Ausreichend ist es aber, wenn dem (ehemaligen) AN das Existenzminimum verbleibt, das in Anlehnung an den notwendigen Selbstbehalt nach § 850d ZPO zu bestimmen ist (BAG 18.3.1997, 3 AZR 756/95, EzA § 394 BGB Nr 3). Die durch den Aufrechnungs- und Pfändungsschutz geschützten Interessen der Allgemeinheit hatte das BAG in einem früheren Urteil unbeachtet gelassen, in dem es den AG bei vorsätzlicher Schädigung nicht durch eine wirtschaftliche Notlage des AN in der Aufrechnung beschränken wollte, sondern annahm, der AN könne die öffentl Fürsorge zur Existenzsicherung anrufen (BAG 28.8.1964, 1 AZR 414/63, EzA § 19 JArbSchG Nr 1). 249

c) Verzicht, Ausgleichsquittung. Verzichtet der AN wirksam auf einen Entgeltanspruch, so erlischt die Forderung nach § 397 I (Erlass). Der Verzicht kann durch Gesetz ausgeschlossen sein, so in § 12 EFZG 250 und § 13 I BUrlG. Im Zusammenhang mit einem Betriebsübergang hält das BAG einen Lohnverzicht für wirksam, wenn sachliche Gründe vorliegen (BAG 27.4.1988, 5 AZR 358/87, EzA § 613a BGB Nr 70).

251 Nach § 4 IV 1 TVG kann auf **tarifliche Rechte** nur in einem Vergleich verzichtet werden, der von den TV-Parteien gebilligt wurde. Die Vorschrift ist auf Ansprüche aus lediglich schuldrechtlichen Vereinbarungen der TV-Parteien nicht analog anzuwenden (BAG 14.4.2004, 4 AZR 232/03, EzA § 1 TVG Nr 45). Sie verbietet ferner nicht den Tatsachenvergleich (BAG 5.11.1997, 4 AZR 682/95, EzA § 4 TVG Verzicht Nr 3). S iE § 4 TVG Rdn 33. Nach § 77 IV 2 BetrVG kann der AN auf Rechte aus BV nur mit Zustimmung des BR verzichten (s § 77 BetrVG Rdn 8).

252 Bei Beendigung des Arbeitsverhältnisses werden häufig **Ausgleichsquittungen** eingesetzt, um wechselseitige Ansprüche nach Beendigung des Arbeitsverhältnisses zu vermeiden. Mit der Ausgleichsquittung bestätigen sich die Arbeitsvertragsparteien, aus dem Arbeitsverhältnis keine Ansprüche mehr gegeneinander zu haben (Soergel/*Raab* § 611 Rn 238). Häufig kommt es auch zu einer einseitigen Erklärung des AN. Die Rechtsnatur der Ausgleichsquittung hängt von den Umständen ab, **es kann sich um einen Erlassvertrag, ein deklaratorisches oder konstitutives negatives Schuldanerkenntnis oder um einen Vergleich handeln.** Ein Vergleich iSd § 779 I ist gegeben, wenn die Arbeitsvertragsparteien über den Bestand von Forderungen gestritten haben und diesen Streit im Wege gegenseitigen Nachgebens beilegen. Das kann zB der Fall sein, wenn der AG auf die Einhaltung der Kündigungsfrist verzichtet und der AN im Gegenzug auf mögliche weitere Ansprüche aus dem Arbeitsverhältnis verzichtet (vgl BAG 28.7.2004, 10 AZR 661/03, EzA § 611 BGB 2002 Aufhebungsvertrag Nr 4). Wenn aber nur ein einseitiges Nachgeben des AN vorliegt, handelt es sich nicht um einen Vergleich (BAG 3.5.1979, 2 AZR 679/77, EzA § 4 KSchG nF Nr 15). Um einen Erlassvertrag handelt es sich, wenn beide Seiten von bestehenden Ansprüchen ausgehen, diese aber zum Erlöschen gebracht werden sollen (BAG 21.6.2011, 9 AZR 203/10, EzA § 307 BGB 2002 Nr 53; 31.7.2002, 10 AZR 513/01, EzA § 74 HGB Nr 63). Nach Auffassung des BAG liegt ein Erlass aber im Zweifel nicht vor. Zur Auslegung der Erklärung sind die Begleitumstände heranzuziehen. Wenn eine Forderung entstanden sei, sei idR nicht anzunehmen, dass der Gläubiger sein Recht einfach wieder aufgegeben habe (BAG 7.11.2007, 5 AZR 880/06, EzA § 397 BGB 2002 Nr 2 unter Berufung auf BGH 15.1.2002, X ZR 91/00, NJW 2002, 1044, 1046). Ein konstitutives negatives Schuldanerkenntnis ist gegeben, wenn die Parteien ihnen bekannte und unbekannte Ansprüche zum Erlöschen bringen wollen (BAG 21.6.2011, 9 AZR 203/10, EzA § 307 BGB 2002 Nr 53; 19.11.2003, 10 AZR 174/03, EzA § 611 BGB 2002 Aufhebungsvertrag Nr 2). Deklaratorisch ist das negative Schuldanerkenntnis, wenn AG und AN nicht vom Bestehen weiterer Ansprüche ausgehen, sie also nur die von ihnen angenommene Rechtslage eindeutig dokumentieren und fixieren wollen (BAG 23.10.2013, 5 AZR 135/12, EzA § 10 AÜG Nr 21; 19.11.2003, 10 AZR 174/03, EzA § 611 BGB 2002 Aufhebungsvertrag Nr 2).

253 Der **Umfang der Ausgleichsquittung** ist durch **Auslegung** zu ermitteln. Dabei legt das BAG eher strenge Maßstäbe an. Da ein Verzicht des AN auf Rechte nach der Lebenserfahrung iA nicht zu vermuten ist, muss sich aus dem Wortlaut der Erklärung und den Begleitumständen klar ergeben, dass und in welchem Umfang der AN ihm bekannte oder mögliche Ansprüche aufgibt (BAG 20.7.2004, 10 AZR 661/03, EzA § 611 BGB 2002 Aufhebungsvertrag Nr 4; s.a. 23.10.2013, 5 AZR 135/12, EzA § 10 AÜG Nr 21). In einem Vergleich oder Aufhebungsvertrag vereinbarte Ausgleichsklauseln will das BAG demgegenüber grds weit auslegen. Diese Auslegung diene den Interessen der Parteien, die in einem Aufhebungsvertrag idR das Arbeitsverhältnis abschließend bereinigen und alle Ansprüche erledigen wollten. Nur diese Auslegung könne den angestrebten Vergleichsfrieden gewährleisten (BAG 19.3.2009, 6 AZR 557/07, EzA § 305c BGB 2002 Nr 17; 19.11.2003, 10 AZR 174/03, EzA § 611 BGB 2002 Aufhebungsvertrag Nr 2).

254 Eine Klausel, nach der »keine Ansprüche gleich aus welchem Rechtsgrund, aus dem Arbeitsverhältnis sowie aus seiner Beendigung mehr gegeneinander bestehen ...« kann auch nachvertragliche Wettbewerbsverbote und Karenzentschädigungen erfassen (BAG 19.11.2003, 10 AZR 174/03, EzA § 611 BGB 2002 Aufhebungsvertrag Nr 2). Zu AG-Darlehen s.o. Rdn 211. Der AN kann in einer Ausgleichsquittung wirksam auf die Erhebung der **Kündigungsschutzklage** verzichten. Dies muss aber in der Erklärung hinreichend deutlich zum Ausdruck kommen, die Erklärung, keine Rechte aus dem Arbeitsverhältnis und seiner Beendigung mehr zu haben, genügt nicht (BAG 3.5.1979, 2 AZR 679/77, EzA § 4 KSchG nF Nr 15). Auch auf Ruhegehaltsansprüche muss sich die Ausgleichsquittung erkennbar beziehen, wenn sie von der Erklärung erfasst sein sollen. Eine allg Formulierung, wonach sämtliche Ansprüche aus dem Arbeitsverhältnis abgegolten sein sollen, reicht dazu nicht aus (BAG 9.11.1973, 3 AZR 66/73, EzA § 242 BGB Ruhegeld Nr 28; 27.2.1990, 3 AZR 213/88, EzA § 1 BetrAVG Nr 56). Eine allg gehaltene Ausgleichsklausel kann auch nicht dahin gehend ausgelegt werden, dass sie einen Verzicht auf ein qualifiziertes Zeugnis enthält (BAG 16.9.1974, 5 AZR 255/74, EzA § 630 BGB Nr 5). Erklärt der AN, dass er seine Arbeitspapiere und seinen Restlohn erhalten hat und alle seine Ansprüche aus dem Arbeitsverhältnis abgegolten sind und

er keine Forderungen gegen den AG hat, so bestätigt er damit nur den Empfang der Papiere und des Restlohns. Ein weiter gehender Verzicht kann unter diesen Umständen nicht angenommen werden (BAG 20.8.1980, 5 AZR 759/78, EzA § 9 LohnFG Nr 7).

Die Ausgleichsklausel muss die **Grenzen zwingenden Rechts** einhalten. Insoweit sind insb § 12 EFZG, § 13 I BUrlG sowie § 4 IV 1 TVG, § 77 IV 2 BetrVG zu beachten. **Vorformulierte Ausgleichsklauseln unterliegen der Inhaltskontrolle** (BAG 21.6.2011, 9 AZR 203/10, EzA § 307 BGB 2002 Nr 53; s dazu auch *Schütt* Die Vertragskontrolle von Ausgleichsquittungen, 2008). Sie werden als unangemessen benachteiligend eingestuft, wenn der AN einseitig und unentgeltlich auf seine Rechte und Ansprüche aus dem Arbeitsverhältnis verzichtet, ohne eine Gegenleistung vom AG zu erhalten (BAG 21.6.2011, 9 AZR 203/10, EzA § 307 BGB 2002 Nr 53). Das soll insb gelten, wenn dem AG bewusst ist, dass er noch Ansprüche des AN zu erfüllen hat (LAG Schl-Holst 24.9.2003, 3 Sa 6/03, NZA-RR 2004, 74, 75). Quittiert der AN zugleich den Erhalt von Arbeitspapieren, Schlussabrechnungen oÄ, so ist bei der Klauselformulierung bes auf **Transparenz** zu achten. Die Formulierung darf nicht den Eindruck erwecken, dass lediglich die Erfüllung seiner Ansprüche auf Arbeitspapiere, Bescheinigungen und Schlussabrechnung bestätigt würden (LAG Düsseldorf 13.4.2005, 12 Sa 154/05, LAGE § 307 BGB 2002 Nr 7). Als Besonderheit des ArbR (§ 310 IV 2) lässt sich eine einseitige Ausgleichsklausel nicht rechtfertigen (LAG Düsseldorf 13.4.2005, 12 Sa 154/05, LAGE § 307 BGB 2002 Nr 7; LAG Schl-Holst 24.9.2003, 3 Sa 6/03, NZA-RR 2004, 74, 76). Der Ansicht, nach der der isolierte Verzicht auf Ansprüche, die die Hauptleistung betreffen, mangels Abweichung von einer gesetzlichen Regelung nicht kontrollfähig ist (*Thüsing/Leder* BB 2005, 1563), ist nicht zu folgen. Durch den Verzicht weichen die Parteien von dem Grundsatz ab, dass Verträge einzuhalten sind. Zwar mag ein Aufhebungsvertrag als in die Zukunft gerichtete Regelung kontrollfrei sein (BAG 3.6.2004, 2 AZR 427/03, nv). Die Ausgleichsquittung ist aber in die Vergangenheit gerichtet und deshalb mit der Beendigung der Hauptleistungspflichten durch Aufhebungsvertrag nicht vergleichbar. Zweifel an der Angemessenheit könnte man auch bei gegenseitigen Ausgleichsklauseln haben, da der AG in vielen Fällen keine Ansprüche gegen den AN mehr haben wird. Man könnte daher annehmen, dass der AG keine wirkliche Gegenleistung erbringt. Dieser Schluss wäre jedoch verfehlt, weil der AG im Moment der Erklärung nicht völlig sicher sein kann, dass er keine Ansprüche mehr gegen den AN hat. Insb Schadensersatzansprüche kann er uU erst nachträglich erkennen. Die gegenseitige Ausgleichsklausel ist daher AGB-rechtlich grds unbedenklich.

Der AN kann die in der Ausgleichsquittung abgegebene Willenserklärung uU beseitigen. Ein **Widerruf** ist grds nicht möglich, abw (kollektiv)vertragliche Regelungen sind möglich, aber ungebräuchlich. Eine **Anfechtung** kann nach den §§ 119, 123 in Betracht kommen. Eine Irrtumsanfechtung ist nicht begründet, wenn der AN die Erklärung ungelesen unterschrieben hat. Meint er aber, lediglich eine Quittung über den Empfang des Restlohns und der Arbeitspapiere zu erteilen, kann er die Anfechtung auf § 119 I stützen (BAG 27.8.1970, 2 AZR 519/69, EzA § 119 BGB Nr 3; s.a. 29.4.1983, 7 AZR 678/79, nv). Ist in einem Sozialplan eine Abfindung vorgesehen, die zunächst nicht zu zahlen ist, wenn der AN Kündigungsschutzklage erhebt, und macht in diesem Fall der AG die sofortige Auszahlung der Abfindung davon abhängig, dass der AN eine Ausgleichsquittung unterzeichnet, so liegt darin keine widerrechtliche Drohung (BAG 20.6.1985, 2 AZR 427/84, EzA § 4 KSchG Ausgleichsquittung Nr 1). Eine widerrechtliche Drohung liegt dagegen vor, wenn der AG erklärt, dass er keine Arbeitspapiere herausgibt, wenn der AN die Ausgleichsklausel unterschreibt (MünchArbR/*Wank* § 105 Rn 25). Weist der AG den AN nicht auf die Ausgleichsklausel hin, so rechtfertigt dieses Verhalten allein keine Anfechtung wegen arglistiger Täuschung. Eine solche Anfechtung kommt aber in Betracht, wenn der AG ausdrücklich bittet, Lohn oder Papiere zu quittieren (Küttner/*Eisemann* Ausgleichsquittung Rn 14). Für die Wirksamkeit einer Ausgleichsquittung ggü einem ausländischen AN kommt es darauf an, ob er in der Lage war, den Inhalt der Erklärung zu verstehen (BAG 3.2.1982, 7 AZR 857/79, EzAÜG § 1 AÜG Erlaubnispflicht Nr 8). Nach § 812 I, II kann der AN eine rechtsgrundlos erteilte Ausgleichsquittung kondizieren. Der Anspruch besteht allerdings nicht, wenn der AN noch mit Ansprüchen gerechnet hat (MünchArbR/*Wank* § 105 Rn 28; Preis/*Rolfs* Arbeitsvertrag, II V 50 Rn 37).

d) **Pfändungsschutz.** Damit dem AN die Mittel zum Lebensunterhalt verbleiben, ist die Pfändbarkeit des Arbeitseinkommens beschränkt. Die **§§ 850 ff ZPO** unterscheiden zwischen unpfändbaren und bedingt pfändbaren Bezügen und stellen Pfändungsgrenzen auf, wobei zwischen Unterhaltsansprüchen und sonstigen Ansprüchen unterschieden wird. S iE die Kommentierung zu den §§ 850 ff ZPO.

e) **Ausschlussfrist. aa) Allgemeines.** Ausschlussfristen bestimmen eine (verhältnismäßig kurze) Zeitspanne, innerhalb derer Ansprüche aus dem Arbeitsverhältnis geltend gemacht werden müssen, damit sie nicht erlöschen. Sie begründen eine von Amts wegen zu beachtende **rechtsvernichtende Einwendung** gegen einen Anspruch. Die Ausschlussfrist hat damit eine stärkere Wirkung als die Verjährung, die dem Schuldner lediglich eine Einrede gibt, mit der er die Durchsetzung des Anspruchs des Gläubigers verhindern kann (BAG 25.5.2005, 5 AZR 572/04, EzA § 307 BGB 2002 Nr 3). Ausschlussfristen dienen der **Rechtssicherheit** und dem **Rechtsfrieden**, indem sie einen Interessenausgleich zwischen den Vertragsparteien herbeiführen. Auf der einen Seite soll der Schuldner schnell Klarheit darüber erlangen, ob er noch Ansprüchen aus dem Arbeitsverhältnis ausgesetzt ist, auf der anderen Seite hat der Gläubiger ein berechtigtes Interesse daran, Ansprüche sorgfältig prüfen zu können und sie nicht voreilig geltend machen zu müssen (BAG 28.9.2005, 5 AZR 52/05, EzA § 307 BGB 2002 Nr 8; s ausf *Krause* RdA 2004, 36, 37 f; zu Ausschlussklauseln allg *Weber* Die Ausschlussfrist im ArbR, 1983).

259 Ausschlussfristen können in Individual- und Kollektivvereinbarungen enthalten sein, vor allem in TV sind sie weit verbreitet (*Krause* RdA 2004, 36). Sie treten in verschiedenen Erscheinungsformen auf. **Zu unterscheiden sind ein- und zweistufige sowie ein- und zweiseitige Ausschlussfristen.** Einseitig ist eine Ausschlussfrist, die allein zulasten einer Vertragspartei – idR zulasten des AN – wirkt. Zweiseitige Ausschlussfristen erfassen die Ansprüche beider Parteien (*Preis/Roloff* RdA 2005, 144, 145). Soll die Ausschlussfrist nur Ansprüche einer Partei erfassen, so muss das in der Klausel deutlich zum Ausdruck kommen (BAG 14.9.1994, 5 AZR 407/93, EzA § 4 TVG Ausschlussfristen Nr 106). Die Unterscheidung nach ein- und zweistufigen Ausschlussfristen betr die Anforderungen an die Geltendmachung des Anspruchs. Während bei einstufigen Ausschlussfristen der Anspruch entweder formlos, schriftlich oder gerichtlich geltend zu machen ist, um sein Erlöschen zu vermeiden, muss der Gläubiger den Anspruch bei einer zweistufigen Klausel zunächst beim Vertragspartner geltend machen und bei Ablehnung oder nach Ablauf einer bestimmten Frist Klage erheben, um das Erlöschen des Anspruchs zu verhindern (MüKo-BGB/*Müller-Glöge* § 611 Rn 1194).

260 **bb) Wirksamkeitsvoraussetzungen.** Arbeitsvertragliche Ausschlussfristen können sowohl **abdingbare als auch unabdingbare gesetzliche Rechte** erfassen. Das gilt nach der Rspr des BAG auch dann, wenn die Ausschlussfrist vermittelt über eine arbeitsvertragliche Bezugnahmeklausel gilt (BAG 22.1.2002, 9 AZR 601/00, EzA § 13 BUrlG Nr 58). Eine Ausnahme hat das BAG allerdings für Urlaubs- und Urlaubsabgeltungsansprüche gemacht, die seiner Ansicht nach wegen § 13 I 1 BUrlG nicht von einzelvertraglichen Ausschlussfristen erfasst werden können (BAG 5.4.1984, 6 AZR 443/81, EzA § 13 BUrlG Nr 19). Aufgrund von § 4 IV 4 TVG, § 77 IV 4 BetrVG können Ausschlussfristen für Rechte aus TV oder BV nicht arbeitsvertraglich vereinbart werden. § 4 IV 3 TVG greift nur bei beiderseitiger normativer Tarifbindung ein (BAG 7.4.1981, 3 AZR 935/78, nv).

261 Eine einzelvertragliche Ausschlussklausel kann nach § 138 unwirksam sein, wenn sie für eine Partei ungewöhnlich belastend und als Interessenausgleich offensichtlich unangemessen ist (BAG 27.2.2000, 9 AZR 543/00, EzA § 138 BGB Nr 30). Nach einer anderen Entscheidung ist zu prüfen, ob die Klausel inhaltlich ausgewogen ist und nicht Rechte des AN einseitig beschneidet (BAG 24.3.1988, 2 AZR 630/87, EzA § 4 TVG Ausschlussfristen Nr 72). Mit dieser Formulierung kommt das BAG einer **Inhaltskontrolle** nach § 307 recht nah. Nach Einführung der Inhaltskontrolle vorformulierter Vertragsbedingungen auch für Arbeitsverträge hat eine derart weite Angemessenheitskontrolle sich auf vorformulierte Klauseln zu beschränken. § 138 bleibt daneben und für ausgehandelte Klauseln als Unwirksamkeitsgrund bestehen, dürfte aber bei Ausschlussfristen nur selten die Unwirksamkeit der Klausel bewirken. Zur Inhaltskontrolle vorformulierter Ausschlussfristen s § 307 Rdn 11 und § 309 Rdn 7; aus der Lit s insb *Preis/Roloff* RdA 2005, 144; *Reinecke* BB 2005, 378.

262 Ob **tarifvertragliche Ausschlussfristen** gesetzliche Ansprüche erfassen können, ist str (s hierzu § 4 TVG Rdn 34). Nach hM können sie sich auf einzelvertragliche Ansprüche erstrecken (BAG 24.10.1990, 6 AZR 37/89, AP BAT § 3 Nr 7; Wiedemann/*Wank* § 4 TVG Rn 741; s näher § 4 TVG Rdn 34).

263 Bei **Ausschlussfristen in BV** ist vor allem § 77 III BetrVG zu beachten, der die Regelungsmacht der Betriebspartner beschränkt. Das BAG räumt den Betriebspartnern ansonsten eine umfassende Regelungskompetenz auch für Ausschlussfristen ein (BAG 9.4.1991, 1 AZR 406/90, EzA § 77 BetrVG 1972 Nr 39).

264 **cc) Auslegung von Ausschlussklauseln.** Während sich das BAG bei tariflichen Ausschlussklauseln wiederholt für eine **enge Auslegung** ausgesprochen hat (BAG 4.4.2001, 4 AZR 242/00, EzA § 4 TVG Ausschlussfristen Nr 141), finden sich entspr Äußerungen für individualvertraglich vereinbarte Ausschlussfristen nicht. Krit zu diesem Auslegungsgrundsatz hat sich – ua mit Blick auf seine tatsächliche Handhabung durch das BAG – *Krause* geäußert und sich für die Anwendung der allg Regeln ausgesprochen. Die Reichweite einzelner Klauseln erschließt sich durch die umfangreiche Rspr, die vor allem zu tarifvertraglichen Verfallklauseln ergangen ist (s hierzu *Krause* RdA 2004, 36, 43 ff). Eine – auch formularvertraglich – in Bezug genommene tarifliche Ausschlussfrist will das BAG grds im tariflichen Sinne angewandt wissen (BAG 30.10.2008, 8 AZR 886/07, EzA § 4 TVG Ausschlussfristen Nr 192).

Wenn eine Ausschlussklausel sich auf gegenseitige Ansprüche aus dem Beschäftigungsverhältnis bezieht, gilt 265
sie auch für Ansprüche des AG und zwar auch dann, wenn die Rechtsfolge der Fristversäumnis nur auf den
AN bezogen in der Klausel genannt ist (BAG 18.3.2003, 9 AZR 44/02, AP BGB § 157 Nr 28). Zu Ansprüchen aus dem Arbeitsverhältnis zählen ua vertragliche Schadensersatzansprüche (BAG 20.6.2002, 8 AZR
488/01, EzA § 611 BGB Arbeitgeberhaftung Nr 11). Ebenso sind Schadensersatzansprüche wegen unerlaubter Handlungen (BAG 30.10.2008, 8 AZR 886/07, EzA § 4 TVG Ausschlussfristen Nr 192) und bereicherungsrechtliche Ansprüche als Ansprüche aus dem Arbeitsverhältnis einzuordnen (BAG 17.5.2001, 8 AZR
366/00, EzA § 4 TVG Ausschlussfristen Nr 136). Der Anspruch auf Sterbegeld ist kein Anspruch aus dem
Arbeitsvertrag (BAG 4.4.2001, 4 AZR 242/00, EzA § 4 TVG Ausschlussfristen Nr 141), das Gleiche gilt
für Vergütungsansprüche aus schöpferischen Sonderleistungen eines AN (BAG 21.6.1979, 3 AZR 855/78,
EzA § 4 TVG Ausschlussfristen Nr 41). Die Begriffe Arbeitsvertrag und Arbeitsverhältnis interpretiert das
BAG in Ausschlussklauseln nicht mehr unterschiedlich (*Krause* RdA 2004, 36, 43). Erfasst die Klausel **alle
Ansprüche, die mit dem Arbeitsverhältnis in Verbindung stehen**, so bezieht sie sich auf alle Ansprüche,
die mit dem Arbeitsverhältnis tatsächlich oder rechtlich – wenn auch nur entfernt – zusammenhängen. Ein
solcher Zusammenhang ist gegeben, wenn die Beziehung zwischen AG und AN die tatsächliche Grundlage
des Rechtsgeschäfts bildet, auf das der Anspruch gestützt wird. Nicht erfasst sind Ansprüche aus selbstständig
neben dem Arbeitsverhältnis abgeschlossenen privatrechtlichen Verträgen, für deren Inhalt oder Bestand das
Arbeitsverhältnis keine Rolle spielt. AG-Darlehen zu Sonderkonditionen werden zB von solchen Verfallklauseln erfasst (BAG 4.10.2005, 9 AZR 598/04, EzA § 611 BGB 2002 Arbeitgeberhaftung Nr 3). Ein
Wiedereinstellungsanspruch kann einer Ausschlussklausel unterliegen (BAG 1.12.2004, 7 AZR 37/04, EzA
§ 4 TVG Malerhandwerk Nr 4). Ansprüche, die auf das allg Persönlichkeitsrecht zurückgehen, wie etwa der
Anspruch auf Entfernung einer Abmahnung aus der Personalakte oder der Anspruch auf vertragsgemäße
Beschäftigung, können nicht von einer tariflichen Ausschlussklausel erfasst werden (BAG 1.12.2004, 7 AZR
37/04, EzA § 4 TVG Malerhandwerk Nr 4). Ruhegeldansprüche sind nur erfasst, wenn die Klausel das deutlich erkennen lässt (BAG 27.2.1990, 3 AZR 216/88, EzA § 4 TVG Ausschlussfristen Nr 83).

dd) Fristbeginn. Die Ausschlussfrist beginnt mit **Fälligkeit des Anspruchs** zu laufen. Fällig iSd Ausschluss- 266
frist ist ein Anspruch idR erst, wenn der Gläubiger ihn annähernd beziffern kann (BAG 27.10.2005, 8 AZR
3/05, EzA § 4 TVG Ausschlussfristen Nr 181; s zur Fälligkeit *Krause* RdA 2004, 106 ff). Die Frist beginnt
zunächst nicht zu laufen, wenn es dem Gläubiger praktisch unmöglich ist, den Anspruch mit seinem Entstehen geltend zu machen. Das ist insb der Fall, wenn die rechtsbegründenden Tatsachen in der Sphäre
des Schuldners liegen und der Gläubiger es nicht durch schuldhaftes Zögern versäumt hat, sich Kenntnis
von den Voraussetzungen zu verschaffen, die er für die Geltendmachung benötigt (BAG 1.3.2006, 5 AZR
511/05, NZA 2006, 783, 784). Das betrifft ua Schadensersatzansprüche, die nach der Rspr des BAG fällig sind, wenn der Schaden für den Gläubiger feststellbar ist und geltend gemacht werden kann (s BAG
16.5.1984, 7 AZR 143/81, EzA § 4 TVG Ausschlussfristen Nr 58). Schuldhaftes Zögern ist dem AG nicht
vorzuwerfen, wenn er bei dem Entstehen eines Verdachts nicht sofort Ersatzansprüche ggü verdächtigen AN
geltend macht, sondern zunächst den Ausgang eines Strafverfahrens – zumindest in 1. Instanz – abwartet,
wenn das Strafverfahren weitere Aufklärung über Umfang und Grenzen des Schadensersatzanspruchs verspricht. Das kommt vor allem bei fortgesetzten Vermögensdelikten in Betracht, bei denen umfangreiche
Ermittlungen anzustellen sind, während bei geringfügigen und leicht überschaubaren strafbaren Handlungen eine Schadensersatzforderung bereits fällig ist, wenn der Gläubiger die Straftat und den daraus erwachsenden Schaden kennt (BAG 26.5.1981, 3 AZR 269/78, EzA § 4 TVG Ausschlussfristen Nr 47). Geht es
nicht um Ersatzansprüche wegen Schäden, die die eine Vertragspartei der anderen zugefügt hat, sondern hat
der AG gegen den AN einen Freistellungsanspruch, weil der AN einen Vertragspartner des AG geschädigt
hat, so muss der AG bei entspr Weite der Ausschlussklausel bereits den Freistellungsanspruch innerhalb
der Ausschlussfrist geltend machen. Wenn er an den Dritten zahlt und der Freistellungsanspruch dadurch
zu einem Zahlungsanspruch wird, ändert der Anspruch lediglich seinen Inhalt, die Ausschlussfrist beginnt
nicht erneut zu laufen (BAG 16.3.1995, 8 AZR 58/92, EzA § 4 TVG Ausschlussfristen Nr 110). Wann die
Ausschlussfrist für den Freistellungsanspruch zu laufen beginnt, hängt davon ab, ob das Entstehen oder die
Fälligkeit des Anspruchs maßgeblich sein soll. Kommt es auf das Entstehen des Anspruchs an, so beginnt
die Frist nicht zu laufen, bevor der Dritte beim AG Ansprüche auf Schadensersatz geltend macht oder der
AG in sonstiger Weise von einer drohenden Schadensersatzforderung erfährt. Denn vorher ist ungewiss, ob
es überhaupt zu einem Regress beim AG kommt, sodass auch nicht sicher ist, dass dem AG ein Schaden
entsteht. Wenn die Fälligkeit maßgeblich für den Beginn der Ausschlussfrist ist, kommt es darauf an, ob
der AG von Dritten mit Erfolg in Anspruch genommen wurde. Erst bei rechtskräftiger Verurteilung oder
bei Abgabe eines Schuldanerkenntnisses sei der AG verpflichtet, seinen Anspruch gegen den AN fristgemäß

geltend zu machen (BAG 16.3.1995, 8 AZR 58/92, EzA § 4 TVG Ausschlussfristen Nr 110). Entspr wird der Freistellungsanspruch eines AN gegen seinen AG wegen Schädigung eines Dritten fällig, wenn die rechtskräftige Verurteilung des AN feststeht (BAG 25.6.2009, 8 AZR 236/08, EzTöD 120 § 3 TVöD-K Haftung Beschäftigte Nr 2). Knüpft der Fristbeginn an die Beendigung des Arbeitsverhältnisses an, so kann die Ausschlussfrist auf Ansprüche, die erst nach Auflösung des Arbeitsverhältnisses entstehen oder bezifferbar werden, sinnvollerweise nicht angewendet werden (BAG 19.12.2006, 9 AZR 343/06, EzA § 4 TVG Ausschlussfristen Nr 187).

267 Auf eine **Abrechnung** kommt es für den Fristbeginn nur an, wenn der Anspruchsberechtigte die Höhe seiner Ansprüche ohne die Abrechnung der Gegenseite nicht erkennen kann, ansonsten wirkt sich eine Abrechnungspflicht nicht auf den Fristlauf aus (BAG 19.4.2005, 9 AZR 160/04, EzA § 4 TVG Ausschlussfristen Nr 178). Bei Akkordarbeiten ist in aller Regel eine Lohnabrechnung durch den AG erforderlich, damit der AN seine Lohnansprüche erkennen kann. Die Ausschlussfrist beginnt in diesem Fall mit Zugang der Abrechnung, die die abgerechneten Flächen, Akkordsätze, Zulagen und Lohnstunden enthält (BAG 6.11.1985, 4 AZR 233/84, EzA § 4 TVG Ausschlussfristen Nr 67). Die fehlende Abrechnung hindert den Lauf der Verfallfrist aber nur so lange, wie der AN die Abrechnung noch verlangen kann. Auch der Abrechnungsanspruch kann als Hilfsanspruch einer Verfallfrist unterliegen. Mit Erlöschen des Anspruchs auf Erteilung einer Abrechnung aufgrund des Ablaufs der Ausschlussfrist beginnt die Verfallfrist für den Zahlungsanspruch (BAG 27.11.1984, 3 AZR 596/82, EzA § 4 TVG Ausschlussfristen Nr 64). Für Ansprüche auf Rückzahlung zu viel gezahlten Arbeitsentgelts beginnt die Ausschlussfrist im Zeitpunkt der Überzahlung, ob der AG den Rückzahlungsanspruch kennt, ist nicht erheblich. Zu einem späteren Zeitpunkt beginnt die Ausschlussfrist, wenn der AG die Überzahlung nicht erkennen kann (BAG 27.3.1996, 5 AZR 336/94, EzA § 4 TVG Ausschlussfristen Nr 124). Das BAG hat ferner angenommen, dass die Ausschlussfrist für einen Sozialplananspruch bei einem bereits ausgeschiedenen AN erst mit Kenntnis des AN vom Sozialplan zu laufen beginnt (BAG 18.4.2000, 1 AZR 386/99, nv). Ein Anspruch auf Nachteilsausgleich wird mit seinem Entstehen fällig, also mit dem Ausscheiden des AN aus dem Arbeitsverhältnis. Das gilt auch dann, wenn über die Kdg zunächst noch ein Kündigungsschutzprozess anhängig ist (BAG 3.8.1982, 1 AZR 77/81, EzA § 113 BetrVG 1972 Nr 10). Im Fall eines **Betriebsübergangs** beginnt eine Ausschlussfrist, die an das Ausscheiden aus dem Arbeitsverhältnis anknüpft, mit dem Zeitpunkt des Übergangs des Betriebs zu laufen (BAG 10.8.1994, 10 AZR 937/93, EzA § 4 TVG Ausschlussfristen Nr 105). Erteilt der AG nach Ablauf der Ausschlussfrist ein Zeugnis und verlangt der AN daraufhin eine abw Bewertung, so kann der AG sich nicht auf den Ablauf der Ausschlussfrist berufen. Die Ausschlussfrist für den Anspruch auf ein richtiges Zeugnis beginnt erst, wenn der AN Kenntnis von der durch den AG getroffenen Bestimmung hat (BAG 8.2.1984, 5 AZR 58/82, nv). Eine Ausschlussfrist, die allein auf die Beendigung des Arbeitsverhältnisses abstellt, ohne dass es darauf ankommt, ob die Ansprüche zu diesem Zeitpunkt erkennbar und durchsetzbar sind, ist unangemessen benachteiligend iSd § 307 (BAG 1.3.2006, 5 AZR 511/05, NZA 2006, 783, 784). Dass der Fristbeginn abw vom Beginn der regelmäßigen Verjährungsfrist nach § 199 I nicht am Jahresende liegt, sieht das BAG angesichts der Besonderheiten des ArbR nicht als unangemessene Benachteiligung an (BAG 28.9.2005, 5 AZR 52/05, EzA § 307 BGB 2002 Nr 8). Für tarifliche Ausschlussfristen, die den Fristbeginn an die Fälligkeit des Anspruchs knüpfen, hat das BAG entschieden, dass der Anspruch bereits vor seiner Fälligkeit ordnungsgemäß geltend gemacht werden kann, wenn er bereits entstanden ist (BAG 16.1.2013, 10 AZR 863/11, EzA § 4 TVG Ausschlussfristen Nr 204; 11.12.2003, 6 AZR 539/02, EzA § 4 TVG Ausschlussfristen Nr 170). Der AN kann einen Anspruch idR nicht wirksam geltend machen, bevor er entstanden ist. Von diesem Grundsatz gelten aber Ausnahmen. So kann eine Ausschlussfrist in Hinblick auf noch nicht entstandene Ansprüche gewahrt sein, wenn ein Anspruch einmalig ordnungsgemäß geltend gemacht wird, der jeweils aus einem ständig gleichen Grundtatbestand entsteht. Das gilt zB für Ansprüche auf dauerhafte Zulagen oder aus einer bestimmten Eingruppierung (BAG 16.1.2013, 10 AZR 863/11, EzA § 4 TVG Ausschlussfristen Nr 204). Lässt eine Klausel es ausreichen, wenn ein Anspruch dem Grunde nach geltend gemacht wird und ist nach der Klausel die nochmalige Geltendmachung auch für sich anschließende Ansprüche nicht erforderlich, so können Ansprüche ebenfalls schon vor ihrer Entstehung Frist wahrend geltend gemacht werden (BAG 28.4.2004, 10 AZR 481/03, EzA § 4 TVG Ausschlussfristen Nr 172).

268 **ee) Fristlauf.** Ist ein Anspruch durch Erhebung der **Kündigungsschutzklage** rechtzeitig geltend gemacht worden (dazu Rdn 271), so muss er nach Rechtskraft des Urteils im Kündigungsschutzprozess nicht erneut innerhalb der Ausschlussfrist geltend gemacht werden, wenn die Ausschlussklausel das nicht ausdrücklich vorsieht (BAG 9.8.1990, 2 AZR 579/89, EzA § 4 TVG Ausschlussfristen Nr 88). Einer entspr Anwendung von Vorschriften über die Hemmung und den Neubeginn der Verjährung steht die Lit überwiegend abl ggü (*Krause* RdA 2004, 106, 110 mwN; aA – noch zum alten Recht – *Wiedemann/Wank* § 4 Rn 779). Das BAG

hat sich in einigen Fällen für, in anderen Fällen gegen die analoge Anwendung von Vorschriften aus dem Verjährungsrecht ausgesprochen. Wenn ein AN Lohnansprüche durch Erhebung einer Kündigungsschutzklage rechtzeitig geltend machte, ohne dass die Ausschlussfrist eine gerichtliche Geltendmachung verlangte, hat das BAG die Vorschriften des alten Rechts über Dauer und Ende der Unterbrechung von Verjährungsfristen bei Klage und Klagerücknahme nicht entspr angewandt. Dagegen sah das BAG Raum für eine entspr Anwendung der gesetzlichen Vorschriften über Dauer und Ende der Unterbrechung von Verjährungsfristen, wenn eine tarifvertragliche Verfallklausel ausdrücklich gerichtliche Geltendmachung vorschreibt (BAG 7.11.1991, 2 AZR 34/91, EzA § 4 TVG Ausschlussfristen Nr 93). Nach dem neuen Verjährungsrecht führt eine Klage nach § 204 I Nr 1 zur Hemmung der Verjährung. Bei Klagerücknahme endet die Hemmung nach § 204 II 6 Monate nach diesem Ereignis. Mit Blick auf die Rspr des BAG zur alten Rechtslage ist § 204 II auf einstufige Ausschlussklauseln nicht analog anwendbar. Eine Klagerücknahme führt zum sofortigen Verfall des Anspruchs, wenn die Ausschlussfrist bereits abgelaufen ist (*Krause* RdA 2004, 106, 110). Bei höherer Gewalt ist § 206 II analog anwendbar, sodass der Lauf der Ausschlussfrist gehemmt wird (zu § 203 II aF BAG 8.3.1976, 5 AZR 361/75, EzA § 4 TVG Ausschlussfristen Nr 26).

ff) Geltendmachung. Macht der Gläubiger seinen Anspruch geltend, so nimmt er eine **geschäftsähnliche Handlung** vor, auf die die Vorschriften über Willenserklärungen entspr anwendbar sind (BAG 26.4.2006, 5 AZR 403/05, EzA § 4 TVG Ausschlussfristen Nr 185). So muss die Erklärung des Gläubigers, mit der er den Anspruch geltend macht, dem Schuldner analog § 130 zugehen, damit der Zweck der Geltendmachung, den Schuldner an seine Leistungspflicht zu erinnern, erfüllt wird. Bedient sich der Gläubiger eines Faxgeräts, so begründet ein Sendebericht mit dem »OK-Vermerk« keinen Anscheinsbeweis (BAG 14.8.2002, 5 AZR 169/01, EzA § 130 BGB Nr 29). Bei einer tarifvertraglichen Ausschlussfrist ist die Geltendmachung schriftlich iSd Norm erfolgt, wenn der Gläubiger einen im Original unterschriebenen Text per Fax schickt (BAG 11.10.2000, 5 AZR 313/99, EzA § 4 TVG Ausschlussfristen Nr 134). Der Gläubiger muss den Anspruch nicht selbst geltend machen, sondern kann sich nach den allg Regeln vertreten lassen. Weder § 174 S 1 noch § 180 S 2 sind aber auf die Geltendmachung einer Ausschlussfrist anwendbar. Der Gläubiger kann deshalb einen Anspruch durch einen Vertreter geltend machen, auch wenn dieser keine Vollmachtsurkunde vorlegt, kann sich dabei aber nur eines bevollmächtigten Vertreters bedienen (BAG 14.8.2002, 5 AZR 341/01, EzA § 4 TVG Ausschlussfristen Nr 156). Ob der **BR** Forderungen eines betriebsangehörigen AN vertretungsweise ggü dem AG Frist wahrend geltend machen kann, hat das BAG in seiner jüngeren Rspr offengelassen (BAG 5.4.1995, 5 AZR 961/93, EzA § 4 TVG Ausschlussfristen Nr 111; bejaht in 7.12.1962, 1 AZR 128/59, EzA § 1 HATG NRW Nr 3).

Die Auslegung der Geltendmachung erfolgt nach den §§ 133, 157. Der Schuldner soll die Möglichkeit haben, sich auf die (vermeintlich) noch offene Forderung einzustellen. Er soll Beweise sichern und – soweit erforderlich – Rücklagen bilden können. Daher muss **vom Empfängerhorizont des Schuldners aus erkennbar sein, dass er zur Erfüllung des Anspruchs aufgefordert wird** (BAG 20.2.2001, 9 AZR 46/00, EzA § 4 TVG Ausschlussfristen Nr 139; 26.2.2003, 5 AZR 223/02, EzA § 4 TVG Ausschlussfristen Nr 163). Nicht ausreichend ist es, wenn der AN den AG auffordert, die Anrechnung einer Tariflohnerhöhung auf eine freiwillige Zulage schriftlich zu begründen und noch einmal zu überdenken (BAG 5.4.1995, 5 AZR 961/93, EzA § 4 TVG Ausschlussfristen Nr 111). Erklärt der AN lediglich, er behalte sich die Geltendmachung seiner Ansprüche vor, so macht er den Anspruch ebenfalls nicht ordnungsgemäß geltend (LAG Köln 24.7.1984, 6 Sa 509/84, LAGE § 4 TVG Ausschlussfristen Nr 2). Dasselbe gilt, wenn der AN um die Prüfung seiner Eingruppierung bittet (BAG 10.12.1997, 4 AZR 228/96, AP BAT 1975 §§ 22, 23 Nr 234). Muss der Anspruch schriftlich geltend gemacht werden, so braucht die Forderung in dem entspr Schreiben nicht beziffert zu werden, wenn der Schuldner die Höhe der gegen ihn geltend gemachten Forderung kennt oder sie ohne Weiteres errechenbar ist und die schriftliche Geltendmachung erkennbar davon ausgeht (BAG 26.2.2003, 5 AZR 223/02, EzA § 4 TVG Ausschlussfristen Nr 163). Das gilt vor allem für Entgelt- und Entgeltfortzahlungsansprüche, bei denen der AG eher die genaue Höhe bestimmen kann als der AN (BAG 26.2.2003, 5 AZR 223/02, EzA § 4 TVG Ausschlussfristen Nr 163). Ansonsten sind Grund und Höhe des Anspruchs anzugeben, wobei hins der Höhe eine ungefähre Bezifferung ausreicht (BAG 22.6.2005, 10 AZR 459/04, EzA § 4 TVG Ausschlussfristen Nr 179).

Eine Ausschlussfrist, die (auf der 1. Stufe) lediglich die **schriftliche Geltendmachung** des Anspruchs verlangt, kann durch **Klageerhebung** gewahrt werden (BAG 12.12.2000, 9 AZR 1/00, EzA § 4 TVG Ausschlussfristen Nr 135). Insb erkennt das BAG die Erhebung einer Kündigungsschutzklage als schriftliche Geltendmachung aller Ansprüche an, die vom Ausgang des Kündigungsschutzverfahrens abhängen (BAG 14.12.2005, 10 AZR 70/05, EzA § 4 TVG Ausschlussfristen Nr 184; zu älterer anders lautender Rspr für den Bereich des öffentl Dienstes *Krause* RdA 2004, 106, 114). Verlangt ein Mitglied der Jugend- und

Auszubildendenvertretung schriftlich seine Weiterbeschäftigung nach Personalvertretungs- oder Betriebsverfassungsrecht, so macht es damit ebenfalls zugleich den Vergütungsanspruch schriftlich geltend (BAG 19.8.2015, 5 AZR 1000/13, EzA § 4 TVG Ausschlussfristen Nr 211). Beginnt die Ausschlussfrist bei Lohnforderungen im Fall der Erhebung einer Kündigungsschutzklage erst, wenn rechtskräftig festgestellt wurde, dass das Arbeitsverhältnis fortbesteht, so können solche Ansprüche mit der Kündigungsschutzklage nicht Frist wahrend geltend gemacht werden. Der AG soll in diesem Fall nicht schon vor der Beendigung des Kündigungsrechtsstreits zu Ansprüchen Stellung nehmen müssen, auf die es später möglicherweise gar nicht ankommt (BAG 22.10.1980, 5 AZR 453/78, EzA § 4 TVG Ausschlussfristen Nr 44). Wenn ein Anspruch gerade die Beendigung des Arbeitsverhältnisses voraussetzt – so etwa der Anspruch auf Karenzentschädigung – kann der AN diesen Anspruch nicht mit der Kündigungsschutzklage Frist wahrend geltend machen (BAG 18.12.1984, 3 AZR 383/82, EzA § 4 TVG Ausschlussfristen Nr 61).

272 gg) **Klageerhebung auf der 2. Stufe.** Für die in 2-stufigen Ausschlussklauseln regelmäßig vorgesehene Klageerhebung beginnt die Frist je nach Gestaltung der Klausel zu laufen, wenn der Vertragspartner den Anspruch abgelehnt hat oder er sich eine bestimmte Zeit lang nicht zu dem Anspruch geäußert hat. Macht der AN den Anspruch bereits auf der 1. Stufe gerichtlich geltend, so liegt im Klageabweisungsantrag des AG die Ablehnung des Anspruchs. Durch diesen Antrag wird die Frist der 2. Stufe der Ausschlussfrist in Lauf gesetzt. Mit **Erhebung einer Bestandsschutzklage** (Kündigungsschutz- oder Befristungskontrollklage) macht der AN die von deren Ausgang abhängigen Vergütungsansprüche gerichtlich geltend und **wahrt damit die zweite Stufe der Ausschlussfrist** (BAG 19.9.2012, 5 AZR 627/11, EzA § 4 TVG Ausschlussfristen Nr 201; 19.9.2012, 5 AZR 924/11, EzA § 4 TVG Ausschlussfristen Nr 202). Eine gesonderte Zahlungsklage ist nicht erforderlich. Das gilt unabhängig von der Rechtsgrundlage der Ausschlussklausel. Seine ältere Rspr, nach der es für die Erforderlichkeit einer Zahlungsklage neben einer Kündigungsschutzklage darauf ankam, ob es sich um eine tarifliche oder eine formularvertragliche Ausschlussklausel handelte, hat das BAG 2012 aufgrund eines vorangegangenen Beschlusses des BVerfG aufgegeben. Das BVerfG hatte zuvor entschieden, dass es dem AN nicht zumutbar ist, während einer laufenden Bestandsschutzstreitigkeit Annahmeverzugslohn einzuklagen. Durch ein solches Erfordernis erhöhe sich das Kostenrisiko des AN, wodurch dem AN der effektive Rechtsschutz verwehrt werde. Die Beschreitung des Rechtswegs oder die Ausschöpfung prozessualer Möglichkeiten würden ua dann faktisch vereitelt, wenn das Kostenrisiko zu dem mit dem Verfahren angestrebten Erfolg außer Verhältnis steht, sodass die Inanspruchnahme der Gerichte nicht mehr sinnvoll erscheint. Der Gesetzgeber habe diesem Gedanken Rechnung getragen, indem er den Streitwert bei Bestandsschutzstreitigkeiten auf 3 Monatsgehälter begrenzt hat und eine 3-wöchige Klagefrist lediglich für die Bestandsfrage, nicht aber für damit zusammenhängende Entgeltansprüche vorsieht. Diese Regelungen seien als Ausprägung des Grundrechts auf effektiven Rechtsschutz bei der Anwendung und Auslegung von (tariflichen) Ausschlussfristen zu berücksichtigen (BVerfG 1.12.2010, 1 BvR 1682/07, EzA § 4 TVG Ausschlussfristen Nr 197). Das BAG entschied daraufhin, dass tarifvertragliche Ausschlussfristen, die eine rechtzeitige gerichtliche Geltendmachung vorsehen, verfassungskonform dahingehend auszulegen sind, dass die vom Erfolg einer Bestandsschutzstreitigkeit abhängigen Ansprüche bereits mit der Klage in der Bestandsstreitigkeit gerichtlich geltend gemacht sind. Ausdrücklich weist das BAG darauf hin, dass durch die verfassungskonforme Auslegung das tarifliche Erfordernis der gerichtlichen Geltendmachung von Ansprüchen, die nicht vom Ausgang einer Bestandsschutzstreitigkeit abhängig sind, erhalten bleibt (BAG 19.9.2012, 5 AZR 627/11, EzA § 4 TVG Ausschlussfristen Nr 201; 19.9.2012, 5 AZR 924/11, EzA § 4 TVG Ausschlussfristen Nr 202). Auch kann die Verjährungsfrist nicht durch Erhebung einer Bestandsschutzklage unterbrochen werden. Eine Änderung dieser Rspr in Anlehnung an die soeben dargelegte Veränderung bei tariflichen Ausschlussfristen hat das BAG ausdrücklich abgelehnt (BAG 24.6.2015, 5 AZR 509/13, EzA § 204 BGB 2002 Nr 2).

273 Maßgeblich für die Einhaltung der Frist ist der Zeitpunkt der Anhängigkeit der Klage (BAG 5.11.2003, 5 AZR 562/02, EzA § 615 BGB 2002 Nr 2). Gerichtlich geltend gemacht ist ein Anspruch nur, wenn die erhobene Klage zu einer Bereinigung der Streitigkeit führen kann. Deshalb ist zwar eine unzulässige unbezifferte Leistungsklage geeignet, die Ausschlussfrist zu wahren, weil die Bezifferung des Klageantrags jederzeit nachgeholt werden kann (BAG 30.3.1989, 6 AZR 769/85, EzA § 4 TVG Ausschlussfristen Nr 79). Eine unzulässige Feststellungsklage ist dagegen nicht geeignet, den Streit der Parteien zu bereinigen, da sie sogar im Fall der Säumnis des Beklagten abgewiesen werden muss und nicht jederzeit zulässig gemacht werden kann (BAG 29.6.1989, 6 AZR 459/88, EzA § 4 TVG Ausschlussfristen Nr 78). Macht ein AN einen Anspruch vor Fälligkeit schriftlich geltend, so beginnt bei einer 2-stufigen Ausschlussfrist die Frist für die gerichtliche Geltendmachung nicht vor Fälligkeit des Anspruchs (BAG 26.9.2001, 5 AZR 699/00, EzA § 4 TVG Ausschlussfristen Nr 144).

hh) Treu und Glauben. Der Anspruchsgegner kann gegen Treu und Glauben (§ 242) verstoßen, wenn 274
er sich auf die Ausschlussfrist beruft (Wiedemann/*Wank* § 4 TVG Rn 784 ff). Das ist zB der Fall, wenn
der Schuldner den Gläubiger veranlasst hat, die Frist nicht zu wahren, etwa indem er ihm versichert hat,
er werde die Leistungsverpflichtung bei Bestehen der sonstigen Voraussetzungen auch ohne formelle Geltendmachung erfüllen (BAG 27.3.1963, 4 AZR 72/62, AP BetrVG § 59 Nr 9; 25.1.2006, 4 AZR 622/04,
EzA § 4 TVG Einzelhandel Nr 55). Auch durch sonstiges **aktives Handeln oder pflichtwidriges Unterlassen** kann die Berufung auf die Ausschlussfrist treuwidrig werden (BAG 10.10.2002, 8 AZR 8/02, EzA
§ 4 TVG Ausschlussfristen Nr 158). Pflichtwidriges Unterlassen ist dem AN zB vorzuwerfen, wenn er
eine erhebliche Überzahlung seines Entgelts erkennt, die Überzahlung dem AG aber nicht anzeigt (BAG
10.3.2005, 6 AZR 217/04, EzA § 4 TVG Ausschlussfristen Nr 176). Die Ausschlussfrist beginnt ferner
nicht zu laufen, wenn ein Anspruch des AN zwar fällig geworden ist, er aber aus Gründen, die in seiner
Person liegen, schuldlos nicht in der Lage ist, zu erkennen, ob der Anspruch vom AG auch tatsächlich
erfüllt worden ist. Auch wenn der AN die Nichterfüllung kennt, aber schuldlos nicht in der Lage ist, seinen
Anspruch innerhalb der Verfallfristen geltend zu machen, ist die Berufung auf die Ausschlussfrist treuwidrig (BAG 13.12.2000, 10 AZR 168/00, EzA § 611 BGB Inhaltskontrolle Nr 8). Allein der Verstoß gegen
die Nachweispflicht nach § 2 I NachwG begründet nicht den Einwand treuwidrigen Verhaltens (BAG
19.5.2002, 5 AZR 105/01, EzA § 2 NachwG Nr 4). Dasselbe gilt für die Verletzung der in § 8 TVG normierten Pflicht, TV im Betrieb auszulegen (BAG 23.1.2002, 4 AZR 56/01, EzA § 2 NachwG Nr 3). Auch
beruft der AG sich nicht treuwidrig auf die Ausschlussfrist, wenn er zuvor dem AN fälschlicherweise erklärt
hat, der Anspruch bestehe nicht. Der AN muss sich über die Berechtigung eines vermeintlichen Anspruchs
selbst informieren. Seine Unkenntnis über die Voraussetzungen eines Anspruchs oder über die Ausschlussfrist ist unbeachtlich (BAG 22.1.1997, 10 AZR 459/96, EzA § 4 TVG Ausschlussfristen Nr 125). Nur ein
Verhalten des Anspruchsgegners, das für das Verstreichenlassen der Frist kausal war, kann die Berufung auf
die Ausschlussfrist als treuwidrig erscheinen lassen. Deshalb kann ein Verhalten des Schuldners nach Verfall
des Anspruchs den Einwand treuwidrigen Verhaltens nicht begründen (BAG 22.6.2005, 10 AZR 459/04,
EzA § 4 TVG Ausschlussfristen Nr 179).

Beruft der Schuldner sich treuwidrig auf die Ausschlussfrist, so ist hins der **Rechtsfolgen** zu differenzieren. 275
Hat der Schuldner erklärt, er werde sich auf die Ausschlussfrist nicht berufen, so ist sie nicht anwendbar
und der Anspruch ist als rechtzeitig geltend gemacht anzusehen (BAG 25.1.2006, 4 AZR 622/04, EzA § 4
TVG Einzelhandel Nr 55). Gibt der AN durch ein deklaratorisches Schuldanerkenntnis zu erkennen, dass
er auf Einwendungen gegen die Forderung verzichtet, so kann er dem AG die Ausschlussfrist ebenfalls nicht
entgegenhalten (BAG 10.10.2002, 8 AZR 8/02, EzA § 4 TVG Ausschlussfristen Nr 158). In anderen Konstellationen ist dem Gläubiger jedoch nach Wegfall des Einwands der Treuwidrigkeit die Geltendmachung
des Anspruchs innerhalb einer kurzen Frist zuzumuten. Das hat das BAG angenommen, wenn der AG
während eines Kündigungsrechtsstreits erklärt hat, dass Zahlungsansprüche des AN von der Wirksamkeit
der Kdg abhängen. Nach Beendigung des Rechtsstreits ist dann vom AN kurzfristig zu klären, ob der AG
zahlungswillig ist (BAG 3.12.1970, 5 AZR 208/70, EzA § 4 TVG Ausschlussfristen Nr 3). Diese vom BAG
bei Ausschlussfristen ursprünglich allg für den Einwand der Treuwidrigkeit formulierte Rechtsfolge behält
ihre Berechtigung für Fälle, in denen der Schuldner die Einhaltung der Ausschlussfrist nicht treuwidrig
verhindert hat (s *Krause* RdA 2004, 106, 121).

f) Verwirkung, Verjährung. Der AN kann Entgeltansprüche verwirken, soweit es sich nicht um tarif- 276
vertragliche Ansprüche oder Ansprüche aus BV handelt (s § 4 IV 2 TVG, § 77 IV 3 BetrVG). Die **Verwirkung ist ein Sonderfall der unzulässigen Rechtsausübung** (§ 242) und setzt voraus, dass der Gläubiger seine Rechte längere Zeit nicht geltend gemacht hat und außerdem bes Umstände im Verhalten des
Berechtigten und des Verpflichteten hinzukommen, die es rechtfertigen, die späte Geltendmachung des
Rechts als mit Treu und Glauben unvereinbar und für den Verpflichteten als unzumutbar anzusehen (BAG
25.4.2001, 5 AZR 497/99, EzA § 242 BGB Verwirkung Nr 1).

Zur **Verjährung** s die Kommentierung zu den §§ 194–215. 277

II. Beschäftigungspflicht. 1. Grundlagen. Der AG hat die Pflicht, den AN vertragsgemäß zu beschäfti- 278
gen. Die Beschäftigungspflicht hat keine gesetzliche Grundlage, das BAG hat sie bereits früh aus dem **Persönlichkeitsrecht** des AN abgeleitet und sich normativ auf **Art 2 I iVm Art 1 GG** gestützt. Tragend für den
Beschäftigungsanspruch ist die Überlegung, dass Achtung und Anerkennung des AN als Mensch nicht nur
auf dem wirtschaftlichen Wert seiner Leistung beruhen, die sich in der Höhe seines Gehalts widerspiegelt,
sondern weitgehend darauf, wie er seine Aufgaben erfüllt. Auf dieser Basis ist einem AN nicht zuzumuten,
länger als nur vorübergehend sein Gehalt in Empfang zu nehmen, ohne sich beruflich betätigen zu können.
Von den Folgen für die Selbstachtung des AN abgesehen würde er durch die fehlende Möglichkeit, seine

beruflichen Fähigkeiten zu erhalten und fortzubilden, daran gehindert, seine Persönlichkeit zu entfalten (BAG 10.11.1955, 2 AZR 591/54, EzA § 611 BGB Nr 1).

279 Der GS des BAG hat die Beschäftigungspflicht in seinem grundlegenden Urteil zum Weiterbeschäftigungsanspruch des AN aus den §§ 611, 613 iVm § 242 abgeleitet. Auch der GS knüpft aber an die Grundrechte an, indem er für die Konkretisierung der Generalklausel des § 242 auf die Art 1 und 2 GG abstellt (BAG 27.2.1985, GS 1/84, EzA § 611 BGB Beschäftigungspflicht Nr 9). Der GS hat sich in diesem Urteil auf der Grundlage der Beschäftigungspflicht für einen Weiterbeschäftigungsanspruch des gekündigten AN für die Dauer des Kündigungsschutzprozesses ausgesprochen (s dazu § 4 KSchG Rdn 38). Es handelt sich bei diesem allg **Weiterbeschäftigungsanspruch** um eine **bes Ausprägung der Beschäftigungspflicht** insofern, als es um die spezielle Situation der Beschäftigung im gekündigten Arbeitsverhältnis geht. Gesetzliche **Sonderregelungen** der Beschäftigungspflicht sind in **§ 81 IV Nr 1 SGB IX** und **§ 102 V BetrVG** enthalten. Nach § 81 IV Nr 1 SGB IX hat der schwerbehinderte Mensch gegen seinen AG einen Anspruch auf eine Beschäftigung, bei der er seine Fähigkeiten und Kenntnisse möglichst voll verwerten und weiterentwickeln kann (s dazu § 81 SGB IX Rdn 4). § 102 V 1 BetrVG gibt dem ordentlich gekündigten AN, der Kündigungsschutzklage erhoben hat, einen Anspruch auf Weiterbeschäftigung zu unveränderten Arbeitsbedingungen bis zum rechtskräftigen Abschluss des Rechtsstreits, wenn der Betriebsrat der Kdg frist- und ordnungsgemäß widersprochen hat (s dazu § 102 BetrVG Rdn 37–48).

280 Ob die Beschäftigungspflicht als Haupt- oder Nebenpflicht des AG einzustufen ist, ist str (Hauptpflicht: HWK/*Thüsing* § 611 Rn 170; Nebenpflicht: BeckOKArbR/*Joussen* § 611 Rn 220; MüKo-BGB/*Müller-Glöge* § 611 Rn 973; grds Nebenpflicht: Erman/*Edenfeld* § 611 Rn 353; MünchArbR/*Reichold* § 84 Rn 1; offen ErfK/*Preis* § 611 Rn 564; Soergel/*Kraft* § 611 Rn 312). Das BAG hat sich zu dieser Frage mangels Entscheidungserheblichkeit bisher nicht geäußert. Der Beschäftigungsanspruch richtet sich nach dem Inhalt des Arbeitsvertrags. Der AG verletzt seine Beschäftigungspflicht, wenn er den AN auf einen geringerwertigen Arbeitsplatz versetzt. Ist die Versetzung offensichtlich unwirksam, so kann der AN den Anspruch auf Beschäftigung zu den bisherigen Bedingungen durch eine einstweilige Verfügung verfolgen (Sächs LAG 8.3.1996, 3 Sa 77/96, NZR-RR 1997, 4).

281 **2. Beseitigung der Beschäftigungspflicht.** Der Anspruch auf Beschäftigung ist **dispositiv**. Der AN muss ggü dem AG nicht auf vertragsgemäße Beschäftigung bestehen (BAG 27.2.1985, GS 1/84, EzA § 611 BGB Beschäftigungspflicht Nr 9). Darüber hinaus ist von Interesse, ob der AG einseitig die Beschäftigungspflicht aussetzen kann und unter welchen Bedingungen die Arbeitsvertragsparteien den AG gemeinsam von der Beschäftigungspflicht befreien können.

282 Wenn dem AG die Beschäftigung des AN unzumutbar ist, kann er den AN einseitig suspendieren. Der AG muss allerdings ein bes schutzwürdiges Interesse geltend machen (BAG 15.6.1972, 2 AZR 345/71, EzA § 626 nF BGB Nr 14). Das kommt in Betracht, wenn durch die weitere Beschäftigung Schäden drohen oder der Verdacht einer strafbaren Handlung oder einer schwerwiegenden Pflichtverletzung vorliegt (MüKo-BGB/*Müller-Glöge* § 611 Rn 979). Das LAG Hamm hat eine einseitige Suspendierung in einem Fall zugelassen, in dem ein Assistent der Geschäftsleitung, dem Geschäftsgeheimnisse bekannt waren, mit einer 9-monatigen Kündigungsfrist gekündigt hat, um nach Beendigung des Arbeitsverhältnisses bei einem Konkurrenzunternehmen tätig zu werden (LAG Hamm 3.11.1993, 15 Sa 1592/93, LAGE § 611 BGB Beschäftigungspflicht Nr 36). Allein die Entscheidung des AG, einen Arbeitsplatz abzubauen, rechtfertigt nicht die Suspendierung des daraufhin gekündigten AN vor Ablauf der Kündigungsfrist (LAG München 7.5.2003, 5 Sa 344/03, LAGE § 611 BGB 2002 Beschäftigungspflicht Nr 1). Sein schutzwürdiges Interesse an der Nichtbeschäftigung des AN muss der AG darlegen und beweisen (LAG München 7.5.2003, 5 Sa 344/03, LAGE § 611 BGB 2002 Beschäftigungspflicht Nr 1). Wenn der AG den AN **ausnahmsweise einseitig suspendieren** kann, muss er ihm die Vergütung idR weiter gewähren. Selbst wenn der AN aufgrund des Verdachts einer strafbaren Handlung freigestellt wird, kann der AG den Vergütungsanspruch für die Zeit der Suspendierung weder beseitigen noch mindern (BAG 4.6.1964, 2 AZR 310/63, EzA § 626 BGB Nr 5). Bei unberechtigter Suspendierung gerät der AG in Annahmeverzug, § 615. Das gilt nur dann nicht, wenn ihm die Weiterbeschäftigung des AN schlechthin unzumutbar ist. Das kommt aber nur bei bes groben Vertragsverstößen in Betracht (BAG 29.10.1987, 2 AZR 144/87, EzA § 615 BGB Nr 54).

283 Die Arbeitsvertragsparteien können vereinbaren, dass der AN von der Arbeit freigestellt wird. Haben sie eine entspr Vereinbarung getroffen, so ist § 615 nicht anwendbar. Ob der AG weiterhin die Vergütung schuldet, richtet sich nach der Parteivereinbarung. Fehlt eine ausdrückliche Regelung, so ist nicht davon auszugehen, dass der AN auf den Entgeltanspruch verzichten will. Ob sich der AN einen Zwischenverdienst anrechnen lassen muss, wenn sein Vergütungsanspruch fortbesteht, hängt vom Inhalt der **Freistellungsabrede** ab (BAG 19.3.2002, 9 AZR 16/01, EzA § 615 BGB Nr 108).

Entgegen einer in der Lit vertretenen Ansicht kann der AG den AN auch **nach einer Kdg nicht ohne Wei-** 284
teres einseitig suspendieren (so aber HWK/*Thüsing* § 611 Rn 177; wie hier LAG München 7.5.2003, 5 Sa
344/03, LAGE § 611 BGB 2002 Beschäftigungspflicht Nr 1; MünchArbR/*Reichold* § 37 Rn 19; das in diesem Zusammenhang zit Urteil des ArbG Düsseldorf 3.6.1993, 9 GA 28/93, NZA 1994, 559 betr einen Fall,
in dem im Voraus eine Freistellungsabrede getroffen wurde, auch bezieht sich das ArbG hins des schutzwürdigen Interesses des AG an einer Freistellung bis zum Ablauf der Kündigungsfrist nur auf Außendienstmitarbeiter). Zwar hat der AN nach der Rspr des BAG nur unter bestimmten Voraussetzungen einen Anspruch
auf Weiterbeschäftigung nach Ablauf der Kündigungsfrist (BAG 27.2.1985, GS 1/84, EzA § 611 BGB
Beschäftigungspflicht Nr 9). Das rechtfertigt aber nicht allg einen Vorgriff in das noch laufende Arbeitsverhältnis. Auch das BAG verlangt, wie unter Rdn 282 dargelegt, eine bes Begründung für die Freistellung des
AN bis zum Ablauf der Kündigungsfrist.

III. Gleichbehandlung. 1. Grundlagen. Der **allg arbeitsrechtliche Gleichbehandlungsgrundsatz** (im 285
Folgenden: Gleichbehandlungsgrundsatz) gebietet dem AG die Gleichbehandlung der AN. Neben diesen
Gleichbehandlungsgrundsatz treten **spezielle Benachteiligungsverbote**, die an bestimmte Aspekte anknüpfen. So verbieten zB § 4 I, II TzBfG die ungünstigere Behandlung von AN in bestimmten atypischen
Arbeitsverhältnissen. Nach den §§ 7, 1 AGG ist eine Benachteiligung aufgrund des Vorliegens bestimmter
persönlicher Merkmale nicht gestattet. Art 9 III 2 GG verbietet die Benachteiligung aufgrund der Gewerkschaftszugehörigkeit. Soweit ein spezielles Benachteiligungsverbot besteht, ist der Gleichbehandlungsgrundsatz subsidiär.

Der Gleichbehandlungsgrundsatz ist **nicht mit Art 3 I GG gleichzusetzen**. Diese Norm ist zwar – ebenso wie 286
Art 3 II, III GG – von den TV-Parteien und Betriebspartnern bei der Normsetzung zu beachten, wobei Art
und Weise der Bindung str sind (Art 3 GG Rdn 22–25). Eine unmittelbare Bindung des einzelnen AG an
Art 3 GG kommt aber nicht in Betracht. Die Herleitung des Gleichbehandlungsgrundsatzes ist umstr. Das
BAG sieht ihn als Anwendungsfall des allg Gleichheitssatzes (Art 3 I GG), der als Grundrecht des Einzelnen
zunächst ggü dem Staat garantiert sei, aber darüber hinaus als selbstverständlicher und ungeschriebener Verfassungsgrundsatz in allen Bereichen und für alle Personengemeinschaften gelte (BAG 10.12.2002, 3 AZR 3/02,
EzA § 1 BetrAVG Gleichbehandlung Nr 26). Ein Teil der Lit ordnet den Gleichbehandlungsgrundsatz als Ausprägung der Vertragsgerechtigkeit ein, die immer da gesichert werden müsse, wo ein Gemeinschaftsverhältnis
besteht, das nach einheitlichen Grundsätzen behandelt wird (*Hueck* S 127 ff). Weitere Begründungsmodelle
sind die Bindung an die selbst gesetzte Norm (*Bötticher* RdA 1953, 161) oder eine Anknüpfung an § 315 I,
der die Gestaltungsmacht des AG in die Grenze des billigen Ermessens weist (*Waltermann* Rn 210). Auch
die Treue- und Fürsorgepflicht des AG unter dem Grundsatz von Treu und Glauben wird zur Begründung
herangezogen (LAG Rh-Pf 24.3.2003, 7 Sa 1233/02, nv). Ferner wird als Geltungsgrund eine gewohnheitsrechtliche Anerkennung angegeben (MüKo-BGB/*Müller-Glöge* § 611 Rn 1122), von Teilen der Lit aber als
nicht ausreichend zur dogmatischen Begründung angesehen (Staudinger/*Richardi/Fischinger* § 611 Rn 1006).
Da die **dogmatische Herleitung stark umstr**, der Gleichbehandlungsgrundsatz aber schon über Jahrzehnte allg
anerkannt ist, ist die gewohnheitsrechtliche Geltung die überzeugendste Begründung. Die Erwähnung in § 1b
I 4 BetrAVG zeigt, dass der Gleichbehandlungsgrundsatz vom Gesetzgeber anerkannt ist.

2. Inhalt und Geltungsbereich. Der Gleichbehandlungsgrundsatz ist zugleich Schranke für die Gestal- 287
tungsfreiheit des AG und Anspruchsgrundlage. Er verbietet in seinem Anwendungsbereich sowohl die sachfremde Schlechterstellung einzelner AN ggü anderen AN in vergleichbarer Lage als auch die sachfremde
Gruppenbildung (BAG 14.6.2006, 5 AZR 584/05, AP BGB § 242 Gleichbehandlung Nr 200). Er ist nur
bei bestehender Rechtsbeziehung und nur bei Maßnahmen mit kollektivem Bezug anwendbar.

a) **Bestehende Rechtsbeziehung.** Zwischen dem AG und der Person, die sich auf den Gleichbehandlungs- 288
grundsatz beruft, muss ein **Rechtsverhältnis** bestehen (s BAG 28.1.1955, GS 1/54, AP GG Art 9 Arbeitskampf Nr 1). IdR handelt es sich bei diesem Rechtsverhältnis um ein Arbeitsverhältnis. Der Gleichbehandlungsgrundsatz findet aber auch im Ruhestandsverhältnis Anwendung (HWK/*Thüsing* § 611 Rn 192).
Unanwendbar ist der Gleichbehandlungsgrundsatz mangels bestehender Rechtsbeziehung bei der Begründung des Arbeitsverhältnisses (BAG 20.8.1986, 4 AZR 272/85, EzA § 242 BGB Gleichbehandlung Nr 44).
Dasselbe gilt für beendete Arbeitsverhältnisse, soweit nicht ein Ruhestandsverhältnis vorliegt (aA HWK/
Thüsing § 611 Rn 193, insb für die Handhabung von Wiedereinstellungsansprüchen).

b) **Maßnahmen mit kollektivem Bezug.** Der Gleichbehandlungsgrundsatz gilt nicht bei einzelfall- oder 289
personenbezogenen Handlungen des AG. Die Begünstigung einzelner AN wird durch den Gleichbehandlungsgrundsatz nicht ausgeschlossen. Individuell ausgehandelte Arbeitsbedingungen bleiben möglich
(BAG 29.9.2004, 5 AZR 43/04, EzA § 242 BGB 2002 Gleichbehandlung Nr 4). Aus dem Vorrang der

individuellen Abrede ergibt sich, dass der Betroffene auf die Gleichbehandlung verzichten kann. Allerdings darf die Zustimmung zur Ungleichbehandlung nicht unzulässig erwirkt worden sein (BAG 4.5.1962, 1 AZR 250/61, AP BGB § 242 Gleichbehandlung Nr 32). Akzeptiert der AN lediglich vom AG vorgegebene Arbeitsbedingungen, so liegt darin keine die Anwendung des Gleichbehandlungsgrundsatzes ausschließende individuelle Regelung (HWK/*Thüsing* § 611 Rn 187).

290 Der Gleichbehandlungsgrundsatz ist zu beachten, wenn der AG eine **Maßnahme mit kollektivem Bezug** trifft. Es kann sich um eine vertragliche Abrede, ein einseitiges Rechtsgeschäft oder eine Weisung handeln (soweit man in der Weisung nicht ohnehin eine rechtsgeschäftliche Erklärung sieht). Eine Maßnahme hat kollektiven Bezug, wenn der AG nach einem bestimmten erkennbaren und generalisierenden Prinzip handelt und dazu bestimmte Voraussetzungen oder einen bestimmten Zweck festlegt (BAG 14.6.2006, 5 AZR 584/05, AP BGB § 242 Gleichbehandlung Nr 200). Diese von der Rspr für Leistungen des AG benutzte Formel lässt sich allg auf Maßnahmen des AG erstrecken. Hins des Direktionsrechts ist der Gleichbehandlungsgrundsatz bei Fällen der Torkontrolle (LAG Köln 3.11.1983, 10 TaBV 19/83, nv), der Zeiterfassung (LAG Berlin 9.1.1984, 12 Sa 127/83, DB 1984, 2098), der Versetzung (BAG 12.7.1957, 1 AZR 129/56, AP BGB § 242 Gleichbehandlung Nr 5) und des Rauchverbots (Hess LAG 6.7.1989, 9 Sa 1295/88, LAGE § 611 BGB Direktionsrecht Nr 5) relevant geworden. Auch Fragen der Zuweisung von Mehrarbeit (BAG 7.11.2002, 2 AZR 742/00, EzA § 612a BGB 2002 Nr 1), Samstagsarbeit (LAG Schl-Holst 22.6.2005, 4 Sa 120/05, KirchE 47, 246–258 [2005]) oder Arbeit in Wechselschicht (LAG Rh-Pf 25.11.2004, 11 Sa 599/04, LAGReport 2005, 260) haben die Gerichte unter dem Aspekt der Gleichbehandlung beschäftigt. Bei Kdg kann der Gleichbehandlungsgrundsatz vor allem bei verhaltensbedingten Kündigungsgründen eine Rolle spielen. Beschäftigt der AG andere AN bei gleichem Verhalten und gleichen Rahmenbedingungen weiter, kann das einer Kdg des betroffenen AN entgegenstehen (Staudinger/*Richardi*/*Fischinger* § 611 Rn 1016).

291 Ansprüche aus dem Gleichbehandlungsgrundsatz setzen jedenfalls die Bildung einer Gruppe begünstigter AN voraus. Eine **Gruppenbildung** liegt nur vor, wenn die Besserstellung nach einem oder mehreren Kriterien vorgenommen wird, die bei allen Begünstigten vorliegen. Eine Besserstellung in Einzelfällen, die nicht an abstrakte Differenzierungsmerkmale geknüpft ist, kann Ansprüche nicht begünstigter AN nicht begründen (BAG 29.9.2004, 5 AZR 43/04, EzA § 242 BGB 2002 Gleichbehandlung Nr 4).

292 An einer Maßnahme fehlt es, wenn der AG lediglich Normen vollzieht oder vertragliche Pflichten erfüllt. In diesen Fällen ist der AG nicht an den Gleichbehandlungsgrundsatz gebunden, da er nicht gestaltend tätig wird (BAG 21.9.2011, 5 AZR 520/10, EzA § 242 BGB 2002 Gleichbehandlung Nr 26; 6.7.2005, 4 AZR 27/04, EzA § 242 BGB 2002 Gleichbehandlung Nr 6). Das gilt auch bei bloß vermeintlichem **Normvollzug**, sodass der AN keine Gleichbehandlung im Irrtum verlangen kann. Nur wenn der AG nach Kenntnis von seinem Irrtum die bis dahin ohne Rechtsgrund erbrachten Leistungen weitergewährt und rechtlich mögliche Rückforderungsansprüche nicht geltend macht, ist er für die Zukunft zur Gleichbehandlung verpflichtet (BAG 26.11.1998, 6 AZR 335/97, EzA § 242 BGB Gleichbehandlung Nr 81). Ferner gewährt der Gleichbehandlungsgrundsatz keinen Anspruch auf Wiederholung eines unrechtmäßigen Verwaltungshandelns. Dem steht der Grundsatz der Gesetzesbindung der Verwaltung entgegen (BAG 9.2.2003, 7 AZR 67/02, EzA § 620 BGB 2002 Nr 2).

293 **c) Räumlicher Geltungsbereich.** Der Gleichbehandlungsgrundsatz gilt nicht lediglich betriebsbezogen. Bei der Vergleichsgruppenbildung muss vielmehr das gesamte Unternehmen einbezogen werden. Zunächst wurde allerdings der Gleichbehandlungsgrundsatz als betriebsbezogen angesehen. Nur in Ausnahmefällen sollte eine unternehmensbezogene Sicht in Betracht kommen (BAG 26.4.1966, 1 AZR 242/65, EzA § 242 BGB Nr 5; *Tschöpe* DB 1994, 40). Die Rspr ließ die Frage in späteren Urteilen stets offen (zB BAG 20.8.1986, 4 AZR 272/85, EzA § 242 BGB Gleichbehandlung Nr 44) und nahm später an, dass die unternehmensbezogene Sicht jedenfalls dann geboten ist, wenn der AG eine allg gewährende Regelung aufstellt, die für alle Betriebe oder Dienststellen einer bestimmten Art gelten soll (BAG 17.12.1992, 10 AZR 306/91, EzA § 242 BGB Gleichbehandlung Nr 55). 1998 schloss sich das BAG der im Schrifttum inzwischen herrschenden Auffassung (s nur *Fastrich* Anm zu AP BGB § 242 Gleichbehandlung Nr 105; *Konzen* RdA 1984, 65, 87; MüKo-BGB/*Müller-Glöge* § 611 Rn 1133) an, nach der der Gleichbehandlungsgrundsatz **unternehmensbezogen** ist (BAG 17.11.1998, 1 AZR 147/98, EzA § 242 BGB Gleichbehandlung Nr 79; 3.12.2008, 5 AZR 74/08, EzA § 242 BGB 2002 Gleichbehandlung Nr 19).

294 Das BAG stützt sich wesentlich auf die Prägung des Gleichbehandlungsgrundsatzes durch den allg Gleichheitssatz des Art 3 I GG. Art 3 I GG sei kompetenzbezogen, beziehe sich also auf den Bereich, auf den sich die durch den Gleichheitssatz gebundene Regelungskompetenz erstreckt. Das spreche für den Unternehmensbezug des Gleichbehandlungsgrundsatzes, da der AG Träger des Unternehmens sei und sich dessen Regelungskompetenz auf das gesamte Unternehmen erstrecke (BAG 17.11.1998, 1 AZR 147/98, EzA

§ 242 BGB Gleichbehandlung Nr 79). Der in der Lit (*Tschöpe* DB 1994, 40, 41) für den Betriebsbezug angeführte § 75 I BetrVG wird vom BAG zu Recht als nicht maßgeblich betrachtet. Diese Norm knüpft an die Kompetenzen der Betriebspartner an und hat keine Auswirkungen auf die Reichweite der Bindung des AG durch den Gleichbehandlungsgrundsatz (BAG 17.11.1998, 1 AZR 147/98, EzA § 242 BGB Gleichbehandlung Nr 79; Staudinger/*Richardi*/*Fischinger* § 611 Rn 1008). Unterschiedliche Umstände in den verschiedenen Betrieben eines Unternehmens können bei der Gruppenbildung berücksichtigt werden und evtl eine betriebsbezogene Gruppenbildung rechtfertigen. Sie machen es jedoch nicht erforderlich, den Gleichbehandlungsgrundsatz von vornherein nur auf den Betrieb zu beziehen (BAG 17.11.1998, 1 AZR 147/98, EzA § 242 BGB Gleichbehandlung Nr 79).

Einen Anspruch auf Gleichbehandlung im **Konzern** lehnt das BAG ab (BAG 16.8.2005, 9 AZR 378/04, EzA Art 3 GG Nr 103 »allenfalls unternehmensweit anzuwenden«; 27.11.2002, 7 AZR 655/01, EzA § 620 BGB 2002 Altersgrenze Nr 2). Im Konzern handele nicht nur ein Akteur als Normadressat, sondern mehrere AG, die rechtlich voneinander unabhängig seien (BAG 17.11.1998, 1 AZR 147/98, EzA § 242 BGB Gleichbehandlung Nr 79). Diese Begründung zeigt die Ausnahmen zu diesem Grundsatz auf. Wenn die Konzernspitze eine konzernweite Regelung trifft, unterliegt sie dabei der Gleichbehandlungspflicht. Andernfalls wäre der Gleichlauf von Kompetenz und Gleichbehandlungspflicht ohne erkennbaren Grund gestört. Das BAG hat eine unternehmensübergreifende Anwendung des Gleichbehandlungsgrundsatzes bei Sozialleistungen für den Fall in Betracht gezogen, dass von herrschenden Unternehmen ausgehend bestimmte Leistungen üblicherweise konzerneinheitlich erbracht werden und bei den AN der Konzernunternehmen ein schützenswertes Vertrauen entstanden ist (BAG 25.6.2002, 3 AZR 226/01, EzA § 16 BetrAVG Nr 40; weiter gehend *Henssler* S 107 ff; *Martens* FS BAG, 1979, S 367, 386 ff). 295

In einem von 2 verschiedenen Unternehmen gemeinsam geführten Betrieb können die AN des einen Unternehmens nicht Gleichbehandlung mit den AN des anderen Unternehmens verlangen. Aufgrund des Gleichbehandlungsgrundsatzes muss ein AG die Arbeitsbedingungen seiner AN nicht den Arbeitsbedingungen für AN eines anderen AG anpassen. Die rechtliche und wirtschaftliche Selbstständigkeit der in dem gemeinsamen Betrieb zusammenwirkenden Unternehmen können für die AN in unterschiedlichen Arbeitsbedingungen resultieren (BAG 19.11.1992, 10 AZR 290/91, EzA § 242 BGB Gleichbehandlung Nr 54). 296

Nach einem **Betriebsübergang** können die übergegangenen AN nicht verlangen, ebenso wie die bereits beim Erwerber beschäftigten AN gestellt zu werden, wenn deren Arbeitsbedingungen besser sind. Wenn der Erwerber die mit dem früheren AG vereinbarten oder sich dort aus einer BV ergebenden Arbeitsbedingungen weitergewährt, kommt er lediglich seiner Verpflichtung aus § 613a I 1, 2 nach. Er trifft keine verteilende Entscheidung, sodass der Gleichbehandlungsgrundsatz nicht anwendbar ist. Auch nach Ablauf einer längeren Zeit muss der AG die Arbeitsbedingungen der übergegangenen AN nicht anpassen (BAG 31.8.2005, 5 AZR 517/04, EzA § 613a BGB 2002 Nr 39; *Moll* NJW 1993, 2016, 2019; aA hins der Anpassungspflicht nach Zeitablauf Erman/*Edenfeld* § 613a Rn 61). 297

3. Vergleichsgruppe. Gleichbehandlung ist ggü vergleichbaren AN zu üben. Vergleichbar sind AN mit vergleichbaren Tätigkeiten. Ob die **Tätigkeiten vergleichbar** sind, ist unter Berücksichtigung der Verkehrsanschauung im Wege eines Gesamtvergleichs zu entscheiden, einzelne Arbeitsvorgänge allein sind nicht maßgeblich. Entscheidend ist die überwiegend auszuübende Tätigkeit. Tarifvertragliche Arbeitsbewertungen können, unabhängig von ihrer Anwendbarkeit im konkreten Fall, zur Bestimmung der Vergleichbarkeit herangezogen werden (BAG 20.11.1996, 5 AZR 401/95, EzA § 612 BGB Nr 19). Tätigkeiten sind idR nicht vergleichbar, wenn eine Tätigkeit wegen Führungs- und Leitungsaufgaben, aufgrund der Qualifikation oder wegen bes Anforderungen tarifvertraglich anders bewertet wird. Geringere Unterschiede, die nicht zu einer anderen tariflichen Eingruppierung führen, bleiben aber idR außer Betracht (BAG 19.8.1992, 5 AZR 513/91, EzA § 242 BGB Gleichbehandlung Nr 52). Hat der AG eine weiter gehende allg Regel aufgestellt, die auch für nicht vergleichbare Tätigkeiten Geltung beansprucht, besteht die Gleichbehandlungspflicht auch ggü AN mit nicht vergleichbaren Tätigkeiten (BAG 12.1.1994, 5 AZR 6/93, EzA § 2 BeschFG 1985 Nr 32). 298

Zu Recht betont das BAG, dass der Gleichbehandlungsgrundsatz nicht erst dann eingreift, wenn die Mehrheit der AN begünstigt wird und dass auch das quantitative Verhältnis der Gruppen zueinander keine Rolle spielt. Die begünstigte Gruppe kann auch kleiner als die benachteiligte Gruppe sein (BAG 8.8.2000, 9 AZR 517/99, nv; 25.1.1984, 5 AZR 89/82, EzA § 242 BGB Gleichbehandlung Nr 38). Krit ist daher eine jüngere Entscheidung zu sehen, nach der von einer Gruppenbildung nicht auszugehen ist, wenn der AG eine Begünstigung nur einer geringen Anzahl von AN gewährt (BAG 13.2.2002, 5 AZR 713/00, EzA § 242 BGB Gleichbehandlung Nr 87. Im zu entscheidenden Fall waren weniger als 5 % der AT-Angestellten betroffen). Zwar mag es nahe liegen, dass die Begünstigung individuell motiviert ist, wenn sie nur eine geringe Zahl von AN betr. Eine entspr Regel lässt sich jedoch nicht begründen. 299

300 **4. Rechtfertigung der Ungleichbehandlung.** Ungleichbehandlungen sind zulässig, wenn die Differenzierung durch einen **sachlichen Grund** getragen wird. Ob ein sachlicher Grund gegeben ist, ist bei Leistungen des AG mit Blick auf den Zweck der Leistung zu ermitteln (BAG 12.10.2005, 10 AZR 640/04, EzA § 611 BGB 2002 Gratifikation, Prämie Nr 16). In Anlehnung an das BVerfG stellt das BAG auch darauf ab, ob es für die unterschiedliche Behandlung billigenswerte Gründe gibt. Ist die Regelung nach einer am Gleichheitsgedanken orientierten Betrachtungsweise willkürlich, so ist sie unzulässig (BAG 14.6.2006, 5 AZR 584/05, EzA § 242 BGB 2002 Gleichbehandlung Nr 9). Den Begriff des billigenswerten Grundes konkretisiert das BAG dahin gehend, dass er solche Gründe erfasst, die unter Berücksichtigung der Besonderheiten der jeweiligen Leistung auf vernünftigen Erwägungen beruhen und weder gegen verfassungsrechtliche noch gegen sonstige übergeordnete Wertentscheidungen verstoßen (BAG 21.5.2003, 10 AZR 524/02, EzA § 611 BGB 2002 Gratifikation, Prämie Nr 10). Generell ungeeignet für eine Differenzierung sind die in Art 3 GG, § 75 BetrVG, § 67 BPersVG und § 1 AGG genannten Merkmale (ErfK/*Preis* § 611 Rn 591; aA HWK/*Thüsing* § 611 Rn 203, der sich allerdings mit dem Bsp der durch Kostenbewusstsein motivierten Entscheidung, eine Schwangere nicht einzustellen, in einem Bereich bewegt, in dem nach hM der Gleichbehandlungsgrundsatz mangels bestehenden Rechtsverhältnisses nicht greift).

301 **5. Einzelfragen. a) Vergütung.** Große Bedeutung hat der Gleichbehandlungsgrundsatz im Bereich der Vergütung. Das BAG sieht den Grundsatz der Vertragsfreiheit als vorrangig an und geht deshalb von einer nur eingeschränkten Geltung des Gleichbehandlungsgrundsatzes im Bereich der Vergütung aus (BAG 6.7.2005, 4 AZR 27/04, EzA § 242 BGB 2002 Gleichbehandlung Nr 6). Damit ist jedoch nicht tatsächlich eine Einschränkung des Anwendungsbereichs gemeint. Denn das BAG räumt dem Gleichbehandlungsgrundsatz Geltung ein, wenn der AG **Leistungen nach einem erkennbar generalisierenden Prinzip** aufgrund einer abstrakten Regelung gewährt. Von einer solchen Regelung darf er AN nur aus sachlichen Gründen ausschließen (BAG 12.10.2011, 10 AZR 510/10, EzA § 611 BGB 2002 Gratifikation, Prämie Nr 29; 6.7.2005, 4 AZR 27/04, EzA § 242 BGB 2002 Gleichbehandlung Nr 6). Eine unzulässige Ungleichbehandlung ist nicht gegeben, wenn sich aus dem Leistungszweck Gründe für die Differenzierung ergeben (BAG 15.7.2009, 5 AZR 486/08, EzA § 242 BGB 2002 Gleichbehandlung Nr 20). Bei freiwilligen Lohnerhöhungen ist ein regelhaftes Verhalten anzunehmen, wenn der AG einen entspr allg Trend an die Mehrzahl seiner AN weitergibt (BAG 25.4.1959, 2 AZR 363/58, AP BGB § 242 Gleichbehandlung Nr 15). Wenn der AG nach Leistungsgesichtspunkten vorgeht, schließt das aber die Anwendung des Gleichbehandlungsgrundsatzes nicht von vornherein aus. Eine solche Lohnerhöhung kann zumindest teilw durch den allg Anstieg von Preisen und Gehältern motiviert sein und damit (teilw) regelhaften Charakter haben. Der AN, der Gleichbehandlung verlangt, hat den vollen Anspruch nur, wenn der begehrte Umfang der Gehaltserhöhungen insgesamt auf einer allg Regelung beruht (BAG 15.11.1994, 5 AZR 682/93, EzA § 242 BGB Gleichbehandlung Nr 61). Für einen Ausgleich des Kaufkraftverlusts spricht es, wenn ein AG bei einer Inflationsrate um die 5 % wiederholt bei mehr als 80 % der Belegschaft das Entgelt erhöht hat. Die Anwendung des Gleichbehandlungsgrundsatzes ist nicht allein deshalb ausgeschlossen, weil die Gehaltserhöhungen nicht zu einem bestimmten Zeitpunkt erfolgen, sondern auf verschiedene Zeitpunkte innerhalb eines zu betrachtenden Gesamtzeitraums verteilt werden (BAG 11.9.1985, 7 AZR 371/83, EzA § 242 BGB Gleichbehandlung Nr 43). Bei freiwilligen Lohnerhöhungen kann der AN aber nicht verlangen, dass der AG eine umfassende, lückenlose allg Regelung auch der Höhe nach aufstellt (BAG 15.11.1994, 5 AZR 682/93, EzA § 242 BGB Gleichbehandlung Nr 61). Ein AN, der eine Verletzung des Gleichbehandlungsgrundsatzes im Bereich der Vergütung geltend macht, kann vom AG Auskunft über die für die Gehaltserhöhungen verwendeten Regeln verlangen (BAG 1.12.2004, 5 AZR 664/03, EzA § 242 BGB 2002 Gleichbehandlung Nr 5).

302 Der Wunsch des AG, das Entgelt für neu eingestellte und bereits länger im Betrieb beschäftigte AT-Angestellte anzugleichen, wurde vom BAG als sachlicher Grund anerkannt (BAG 13.2.2002, 5 AZR 713/00, EzA § 242 BGB Gleichbehandlung Nr 87). Allg ist die unterschiedliche Behandlung von AN im übertariflichen Bereich sachlich begründet, wenn ungleiche Verhältnisse zwischen den AN der verschiedenen Gruppen vermieden oder beseitigt werden sollen, die ungleiche Anrechnung also Gehaltsdifferenzen verringern soll (BAG 28.6.1989, 5 AZR 435/88, nv). Die Angleichung unterschiedlicher Vergütungen im Betrieb oder Unternehmen rechtfertigt eine Differenzierung nicht ohne Weiteres. Sachlich berechtigt ist der Ausgleich, wenn der AG zuvor aus wirtschaftlichen Gründen bei einem Teil der AN eine Lohnabsenkung durchgesetzt hat (BAG 13.4.2011, 10 AZR 88/10, EzA § 242 BGB 2002 Gleichbehandlung Nr 25; 15.7.2009, 5 AZR 486/08, EzA § 242 BGB 2002 Gleichbehandlung Nr 20). Eine Überkompensation ist nicht zulässig, allerdings steht dem AG angesichts unterschiedlicher Entgeltbestandteile ein Beurteilungsspielraum zu (BAG 13.4.2011, 10 AZR 88/10, EzA § 242 BGB 2002 Gleichbehandlung Nr 25). Ferner kann ein sachlicher Grund für die Differenzierung in der Anpassung unterschiedlicher Arbeitsbedingungen

der Stammbelegschaft und der durch § 613a I 2 begünstigten AN liegen (BAG 14.3.2007, 5 AZR 420/06, EzA § 242 BGB 2002 Gleichbehandlung Nr 12). Scheitert eine für alle Betriebe eines Unternehmens einheitliche Regelung zur Anrechnung von Tariflohnerhöhungen auf Zulagen am Widerstand eines BR, so beruht die Differenzierung nicht auf einer regeldurchbrechenden Entscheidung des AG, sondern ist durch den widersprechenden BR bedingt. Der AG ist in diesem Fall nicht zur Gleichbehandlung verpflichtet (BAG 11.5.1999, 1 AZR 392/98, nv). Auch verstößt der AG nicht gegen den Gleichbehandlungsgrundsatz, wenn er einem im Zusammenhang mit einer Teilbetriebsstilllegung ausscheidenden AN eine Zulage vorenthält, die er den im Betrieb verbleibenden AN zu Motivationszwecken gewährt (BAG 10.3.1998, 1 AZR 509/97, EzA § 242 BGB Betriebliche Übung Nr 40). Will der AG den Entschluss der AN fördern, in den Vorruhestand zu gehen, so ist eine Jubiläumsgeldregelung zulässig, nach der bei Vorruheständlern die zurückgelegte Dienstzeit leistungserhöhend wirkt, bei Pensionären jedoch nicht (BAG 12.10.1989, 6 AZR 345/87, nv). Zulässig handelt der AG auch, wenn er nur die AN von einer Anrechnung ausnimmt, auf die er zur Fortführung des Betriebs bes angewiesen ist oder die eine bes berufliche Qualifikation aufweisen (BAG 11.5.1988, 5 AZR 334/87, EzA § 4 TVG Tariflohnerhöhung Nr 16). Ferner kann der AG AN aufgrund unzureichender Leistungen von einer Entgelterhöhung ausnehmen (BAG 27.4.1988, 5 AZR 332/87, nv). Ein Verstoß gegen den Gleichbehandlungsgrundsatz liegt nicht vor, wenn bei AN mit einem Monatslohn oder Monatsgehalt keine Anrechnung des übertariflichen Entgeltbestandteils bei Arbeitszeitverkürzungen vorgenommen wird und nur bei Arbeitern mit Stundenlohnvereinbarung die Anrechnung erfolgt (BAG 28.10.1987, 4 AZR 372/87, nv). Sachwidrig ist es, wenn der AG freiwillige Zulagen nur solchen AN nicht gewährt, die im Zeitpunkt der Nachzahlung bereits ausgeschieden waren oder sich in einem gekündigten Arbeitsverhältnis befanden. Der Lohn darf sich in diesen Fällen nur nach der Leistung richten, nicht aber danach, ob ein AN noch für eine bestimmte Zeit dem Betrieb angehört. Anderes gilt nur bei freiwilligen Sonderzuwendungen, die nicht unmittelbar leistungsbezogen sind. Dienen diese Sonderzuwendungen der Bindung der AN an den Betrieb, so kann der AG AN in gekündigter Stellung von der Leistung ausnehmen (BAG 9.6.1982, 5 AZR 501/80, EzA § 242 BGB Gleichbehandlung Nr 30).

b) Unterscheidung nach Beschäftigtengruppen. Eine unterschiedliche Behandlung von **Arbeitern und** 303 **Angestellten** allein aufgrund ihres Status ist unzulässig. Das gilt auch für den Bereich der betrieblichen Altersversorgung (BAG 10.12.2002, 3 AZR 3/02, EzA § 1 BetrAVG Gleichbehandlung Nr 26). Wenn der AG als freiwillige Leistung ein Weihnachtsgeld zahlt und er keinen bes Zweck angibt, dient die Zahlung dazu, zusätzlich entstehende Aufwendungen der AN auszugleichen und in der Vergangenheit geleistete Dienste zusätzlich zu honorieren. Da das Arbeiter und Angestellte gleichermaßen betr, ist eine Differenzierung zwischen diesen AN-Gruppen in diesem Fall unzulässig. Der AG kann aber die Angestellten bevorzugt behandeln, wenn er sie aufgrund der Lage auf dem Arbeitsmarkt stärker an den Betrieb binden muss als die Arbeiter. Der AG muss aber ein objektives, wirkliches Bedürfnis für die stärkere Bindung geltend machen, das sich auf die Situation in seinem Betrieb bezieht (BAG 12.10.2005, 10 AZR 640/04, EzA § 611 BGB 2002 Gratifikation, Prämie Nr 16; 19.3.2003, 10 AZR 365/02, EzA § 611 BGB 2002 Gratifikation, Prämie Nr 6). Entspr gilt für das Urlaubsgeld, das den AN bei urlaubsbedingten Mehraufwendungen entlasten soll (BAG 27.10.1998, 9 AZR 299/97, EzA § 242 BGB Gleichbehandlung Nr 80). Der Gleichbehandlungsgrundsatz ist nicht verletzt, wenn der AG den Angestellten ein höheres Weihnachtsgeld zahlt, um höhere übertarifliche Leistungen auszugleichen, die ohne bes Zweckbindung an die Arbeiter gezahlt werden. Dabei muss der Ausgleich sich nicht auf die sich zugunsten der Arbeiter ergebende Differenz beschränken (BAG 30.3.1994, 10 AZR 681/92, EzA § 611 BGB Gratifikation, Prämie Nr 110).

Angestellte Poliere dürfen ggü sonstigen Angestellten bei der Betriebsrente nicht schlechter gestellt wer- 304 den, wenn kein bes Differenzierungsgrund besteht (BAG 19.3.2002, 3 AZR 229/01, nv). Der AG darf ferner Außendienstmitarbeiter von Leistungen der betrieblichen Altersversorgung nicht deshalb ausschließen, weil diese ein höheres Entgelt (Fixum und Provision) als Mitarbeiter im Innendienst erhalten (BAG 20.7.1993, 3 AZR 52/93, EzA § 1 BetrAVG Gleichbehandlung Nr 4). Der Gleichbehandlungsgrundsatz ist verletzt, wenn an einer Hochschule wissenschaftliche Mitarbeiter mit abgeschlossener Hochschulbildung eine jährliche Sonderzuwendung erhalten, wissenschaftliche Mitarbeiter ohne abgeschlossene Hochschulbildung *jedoch nicht* (BAG 6.10.1993, 10 AZR 450/92, EzA § 242 BGB Gleichbehandlung Nr 57). Ob der AG danach differenzieren darf, ob ein AN **leitender Angestellter** ist oder nicht, ist eine Frage des Einzelfalls. Ist der AG aufgrund eines Sozialplans zu Leistungen an AN verpflichtet, können leitende Angestellte sich nicht auf den Gleichbehandlungsgrundsatz stützen, da der AG in diesem Fall nur eine Norm vollzieht (BAG 16.7.1985, 1 AZR 206/81, EzA § 112 BetrVG 1972 Nr 38). Beamte und AN muss der AG nicht gleichbehandeln. Ähnliche Sachverhalte in verschiedenen Ordnungs- und Regelungsbereichen brauchen auch unter der Geltung des Gleichbehandlungsgrundsatzes nicht gleich geregelt zu werden. Angestellte und

Beamte gehören unterschiedlichen Ordnungs- und Regelungsbereichen an. Ihre Beschäftigungsverhältnisse weisen derart wesentliche Unterschiede auf, dass sie nicht miteinander verglichen werden können (BAG 15.11.2005, 9 AZR 209/05, NZA 2006, 502, 505). Zur Ungleichbehandlung befristet Beschäftigter und Teilzeitbeschäftigter s § 4 TzBfG Rdn 2 ff, 23 ff.

305 c) **Stichtagsregelungen.** Das BAG sieht Stichtagsregelungen als »Typisierung in der Zeit« als grds zulässige Differenzierungsinstrumente an. Auch wenn damit Härten verbunden sein können, dürfen sie zur Abgrenzung zwischen begünstigtem und nicht begünstigtem Personenkreis herangezogen werden, wenn der gewählte Zeitpunkt sich am zu regelnden Sachverhalt orientiert und die Interessenlage der Betroffenen angemessen erfasst. Soweit ein AG von Leistungen für die Zukunft Abstand nehmen kann, kann er dafür einen in der Zukunft liegenden Stichtag wählen, den er grds nicht begründen muss (BAG 28.7.2004, 10 AZR 19/04, EzA § 242 BGB 2002 Betriebliche Übung Nr 2).

306 **6. Rechtsfolgen.** Einseitige Maßnahmen (zB Kdg, Weisung) des AG, die einzelne AN unter Verletzung des Gleichbehandlungsgrundsatzes benachteiligen, sind unwirksam. Arbeitsvertragliche Vereinbarungen, von denen einzelne AN oder AN-Gruppen unter Verstoß gegen den Gleichbehandlungsgrundsatz ausgenommen sind, behalten für die begünstigten AN ihre Wirksamkeit. Es entfällt lediglich die zu Unrecht beungünstigende Ausnahmeregelung. Auch wenn eine Abrede nur einen bestimmten Personenkreis gleichheitswidrig begünstigt, ohne sich zu anderen AN-Gruppen zu äußern, ist diese Regelung nicht unwirksam. Vielmehr bleibt sie bestehen und kann iVm dem Gleichbehandlungsgrundsatz auch den nicht begünstigten AN als Anspruchsgrundlage dienen. Der übergangene AN kann die Leistung verlangen, von der er ohne sachlichen Grund ausgeschlossen worden ist (BAG 28.7.2004, 10 AZR 19/04, EzA § 242 BGB 2002 Betriebliche Übung Nr 2). Da der Anspruch des AN kein Schadensersatzanspruch ist, ist er von einem Verschulden des AG unabhängig (BAG 28.7.1992, 3 AZR 173/92, EzA § 1 BetrAVG Gleichbehandlung Nr 2).

307 UU hat der AG die Möglichkeit, diese Rechtsfolgen zu seinen Gunsten zu beeinflussen. Die Verpflichtung zur Gleichbehandlung bedeutet zunächst nur, dass der AG zwischen vergleichbaren AN-Gruppen ohne Sachgrund nicht differenzieren darf. Eine Verpflichtung, den ausgeschlossenen AN die Leistung zu gewähren, ergibt sich daraus erst, wenn der AG keine Möglichkeit hat, den Begünstigten die Leistung zu entziehen. **Für die Vergangenheit** wird das allerdings regelmäßig der Fall sein, sodass insoweit nur eine Anpassung nach oben in Betracht kommt. **Für die Zukunft** mag es dem AG aber möglich sein – zB aufgrund eines Widerrufsvorbehalts oder weil die Leistung nicht für die Zukunft verbindlich versprochen wurde – von der Leistung an die Begünstigten abzusehen. Auch auf diesem Weg lässt sich Gleichbehandlung verwirklichen. Eine Änderungskündigung wird dem AG allerdings nur selten den Abbau der einmal versprochenen Leistung ermöglichen. Das BAG akzeptiert den Gleichbehandlungsgrundsatz nicht als dringendes betriebliches Erfordernis für eine Änderungskündigung (BAG 14.6.2006, 5 AZR 584/05, EzA § 242 BGB 2002 Gleichbehandlung Nr 9).

308 Das BAG verlangt eine **Anpassung nach oben** für die Vergangenheit auch dann, wenn dem AG zwar möglicherweise Rückzahlungsansprüche zustehen, er sie aber mit Blick auf § 818 III, Ausschluss- und Verjährungsfristen praktisch nicht realisieren kann (für eine gleichheitswidrige Tarifnorm BAG 13.11.1985, 4 AZR 234/84, EzA Art 3 GG Nr 18). Vertrauensschutz gewährt das BAG dem AG nur unter bes Umständen. Musste der AG mit der Unwirksamkeit einer Regelung rechnen, so hat er kein schutzwürdiges Vertrauen in die Wirksamkeit der Regelung erworben. Vertrauensschutz gewährte das BAG einem AG, der für Arbeiter und Angestellte zu einer Zeit unterschiedliche Regelungen getroffen hatte, als er die Differenzierung mangels entgegenstehender Rspr ursprünglich nicht für sachwidrig zu halten brauchte. Zusätzlich machte das BAG geltend, eine Übergangsfrist für die Anpassung der Regelung sei dem AG im zu entscheidenden Fall jedenfalls deshalb zuzugestehen, weil die bisher übergangene Gruppe die Mehrheit der AN darstelle und den AG deshalb eine unverhältnismäßige Belastung treffen würde (BAG 25.1.1984, 5 AZR 44/82, EzA § 242 BGB Gleichbehandlung Nr 40). In einem jüngeren Urteil hat das BAG ausgeführt, dass der AG eine gleichheitswidrige Vergünstigung für eine außerordentlich kleine Gruppe der Belegschaft nicht auf alle Beschäftigten übertragen muss. Das der Gleichbehandlungspflicht zugrunde liegende Gebot der Verteilungsgerechtigkeit trage diese Ausweitung nicht, weil in solchen Fällen die Freiheit des AG in der Bestimmung des Dotierungsrahmens freiwilliger Leistungen bes nachhaltig verletzt werden würde und die Ausweitung der Leistung zu unverhältnismäßig hohen weiteren finanziellen Belastungen des AG führte. Das BAG verweist auf Parallelen zur Ungleichbehandlung bei Sozialplänen und führt weiter aus, dass bei einer unrechtmäßigen Begünstigung einer außerordentlich kleinen Gruppe die erweiterte Zahlungspflicht des AG nur gerechtfertigt ist, wenn zugleich bes verfassungsrechtliche oder gemeinschaftsrechtliche Differenzierungsverbote verletzt worden sind. Im Streitfall kam es allerdings auf diese Beschränkung der Wirkungen des Gleichbehandlungsgrundsatzes nicht an, da das BAG Einzelfallregelungen zugunsten der Begünstigten annahm und so die Anwendbarkeit des Gleichbehandlungsgrundsatzes mangels Gruppenbildung verneinte

(BAG 13.2.2002, 5 AZR 713/00, EzA § 242 BGB Gleichbehandlung Nr 87). Soweit in dem Urteil die Grundlage für eine Einschränkung des Gleichbehandlungsgrundsatzes für den Fall der Begünstigung einer sehr kleinen Gruppe von AN geschaffen wird, ist es krit zu beurteilen. Wenn tatsächlich eine Gruppenbildung gegeben ist und der AG mit den wenigen Begünstigten keine individuellen Regelungen trifft, verlangt der Gleichbehandlungsgrundsatz Gleichbehandlung. Kann der AG diese Gleichbehandlung nicht nach unten vornehmen, weil er ggü der kleinen Gruppe der Begünstigten zur Leistung verpflichtet ist, muss er die große Gruppe der sachwidrig ausgeschlossenen AN ebenfalls begünstigen. Dabei darf nicht übersehen werden, dass bei einer geringen Zahl von Begünstigten – wie im Streitfall – oft bereits die Gruppenbildung nicht vorliegen wird oder ein Sachgrund für die Bevorzugung der wenigen AN gegeben ist.

Bei **Gleichheitsverstößen durch TV** ist die entscheidende Frage zunächst, ob die benachteiligende Regelung nichtig oder lediglich teilnichtig ist. **Teilnichtigkeit** kommt in Betracht, wenn eine den Gleichheitssatz verletzende Ausnahmeregelung geschaffen wurde. Das BAG entscheidet über die Teilnichtigkeit von TV nach den Grundsätzen, die das BVerfG zur Teilnichtigkeit von Gesetzen entwickelt hat. Maßgeblich ist, ob der gültige Teil des TV noch eine sinnvolle und in sich geschlossene Regelung enthält. Wird die Grundregel aufrechterhalten und lediglich der Ausnahme die Wirksamkeit versagt, so können die bisher ausgeschlossenen AN sich auf die begünstigende Regelung berufen, wenn der Normgeber nur auf diesem Weg dem Gleichheitssatz Rechnung tragen kann oder wenn anzunehmen ist, dass der Normgeber bei Beachtung des Gleichheitssatzes alle zu berücksichtigenden Personen in die Vergünstigung einbezogen hätte (BAG 7.3.1995, 3 AZR 282/94, EzA § 1 BetrAVG Gleichbehandlung Nr 9). Während das BAG in dem zuvor genannten Urteil noch zwischen der Feststellung der Teilnichtigkeit und den Folgen der Teilnichtigkeit trennt, verbindet es diese Aspekte, wenn es Teilnichtigkeit annimmt, wenn aufgrund des Regelungsgegenstandes unter Berücksichtigung der Belastung aus einer »Anpassung nach oben« davon auszugehen ist, dass die TV-Parteien die Regelung – mit erweitertem Anwendungsbereich – auch dann getroffen hätten, wenn sie die Gleichheitswidrigkeit der von ihnen vorgenommenen Gruppenbildung gekannt hätten (BAG 28.5.1996, 3 AZR 752/95, EzA Art 3 GG Nr 55). In einem jüngeren Urteil stellt das Gericht aber wieder darauf ab, ob die Tarifnorm auch ohne den unzulässigen Anspruchsausschluss eine sinnvolle, in sich geschlossene Regelung darstellt. Wenn das der Fall ist, sei davon auszugehen, dass die TV-Parteien den ausgeschlossenen Personenkreis einbezogen hätten, wenn sie die Gleichheitswidrigkeit der von ihnen vorgenommenen Gruppenbildung erkannt hätten. Die Belastungen, die sich für den AG aus einer solchen »Anpassung nach oben« ergeben, könnten bei einer in sich sinnvollen und geschlossenen Regelung nur ausnahmsweise zur Annahme der Gesamtnichtigkeit führen (BAG 31.1.2002, 6 AZR 36/01, EzA Art 3 GG Nr 95).

7. Darlegungs- und Beweislast. Werden AN mit ähnlicher Tätigkeit nach unterschiedlichen Vergütungssystemen entlohnt, so muss der AG darlegen, wie groß der begünstigte Personenkreis ist, wie er sich zusammensetzt, wie er abgegrenzt ist und warum der klagende AN nicht dazugehört (BAG 19.8.1992, 5 AZR 513/91, EzA § 242 BGB Gleichbehandlung Nr 52). Differenzierungsgründe, die nicht ohne Weiteres erkennbar sind, muss der AG offen legen und jedenfalls im Rechtsstreit so substanziiert dartun, dass sich beurteilen lässt, ob die Gruppenbildung sachlichen Kriterien entspricht. Tut der AG dies nicht, kann der klagende AN verlangen, wie ein begünstigter AN behandelt zu werden (BAG 23.2.2011, 5 AZR 84/10, EzA § 242 BGB 2002 Gleichbehandlung Nr 24; 12.10.2005, 10 AZR 640/04, EzA § 611 BGB 2002 Gratifikation, Prämie Nr 16). Da entscheidend für die Einhaltung des Gleichbehandlungsgrundsatzes ist, ob sachliche Gründe für die Differenzierung tatsächlich bestehen, kann der AG diese Gründe erstmals im Prozess vortragen, ohne damit präkludiert zu sein (BAG 23.2.2011, 5 AZR 84/10, EzA § 242 BGB 2002 Gleichbehandlung Nr 24).

IV. Nebenpflichten. 1. Allgemeines. Zusätzlich zu den bisher behandelten Pflichten des AG zur Zahlung der Vergütung, zur Beschäftigung des AN und zur Gleichbehandlung treffen den AG Nebenpflichten, die er im Umgang mit den AN zu beachten hat. Die Nebenpflichten können konkret gesetzlich geregelt sein, auf Kollektivvereinbarungen oder Einzelarbeitsverträge zurückgehen oder in Generalklauseln wurzeln. Bis zur Schuldrechtsreform wurde § 242 als Anknüpfungspunkt für nicht speziell geregelte Nebenpflichten angesehen. Inzwischen normiert § 241 II die **Pflicht zur Rücksichtnahme auf Rechte, Rechtsgüter und Interessen des Vertragspartners**. Diese Rücksichtnahmepflicht erfasst Schutzpflichten ebenso wie Auskunfts- und Unterrichtspflichten und erstreckt sich damit auf die wesentlichen Nebenpflichten des AG. Das BAG greift inzwischen vereinzelt ausdrücklich auf § 241 II zurück und setzt die darin normierten Pflichten mit der bislang aus § 242 abgeleiteten Fürsorgepflicht gleich (BAG 4.10.2005, 9 AZR 598/04, EzA § 611 BGB 2002 Arbeitgeberhaftung Nr 3). Allerdings wird in anderen Urteilen sowohl auf § 241 II als auch auf § 242 Bezug genommen und die genaue dogmatische Anknüpfung der jeweils einschlägigen Nebenpflicht nicht erörtert (BAG 15.11.2005, 9 AZR 209/05, NZA 2006, 502, 504; 29.9.2005, 8 AZR 571/04, EzA § 280 BGB 2002 Nr 1).

312 Die sog **Fürsorgepflicht** ist keine Nebenpflicht bestimmten Inhalts wie die nachfolgend beschriebenen Auskunfts- und Unterrichtungspflichten, Schutzpflichten und sonstigen Nebenpflichten. Sie geht auch nicht über diese Nebenpflichten hinaus (ErfK/*Preis* § 611 Rn 615). Die Fürsorgepflicht ist vielmehr der Oberbegriff, unter dem die Nebenpflichten des AG zusammengefasst werden. Ein Rückgriff auf »die Fürsorgepflicht« ist nicht möglich, wenn bes Vorschriften diese Fürsorgepflicht des AG konkretisieren (BAG 27.7.1995, 6 AZR 129/95, AP BAT § 40 Nr 11). Auch kann die Fürsorgepflicht des AG nur so weit gehen, wie es das Verhältnismäßigkeitsprinzip zulässt (*Kort* NZA 1996, 854. Zur vertragstheoretischen Begründung der Fürsorgepflicht *Brors* Die Abschaffung der Fürsorgepflicht, 2002).

313 **Folge einer Nebenpflichtverletzung** kann ein Erfüllungs- oder Unterlassungsanspruch sein. Ferner kommen Zurückbehaltungsrechte nach § 273 und Schadensersatzansprüche nach § 280 I oder § 823 in Betracht. Eine außerordentliche Kdg wird nur bei schweren Pflichtverletzungen gerechtfertigt sein (MüKo-BGB/*Müller-Glöge* § 611 Rn 991).

314 Zur Beschäftigungspflicht s Rdn 278–284.

315 **2. Auskunft und Unterrichtung.** Der AN kann uU vom AG Auskunft oder Unterrichtung über Umstände verlangen, die mit dem Arbeitsverhältnis zusammenhängen. Grds ist es Sache jeder Vertragspartei, sich über die für sie wichtigen Punkte zu informieren. **Auskunftspflichten** des AG **bedürfen** daher **bes Begründung** (MüKo-BGB/*Müller-Glöge* § 611 Rn 992). Ein Anspruch auf Auskunft oder Unterrichtung kann sich aus dem Gesetz ergeben. So enthalten zB die §§ 9 II 1, 14 ArbSchG und § 11 VI 2 AÜG Unterrichtungspflichten des AG im Bereich des Arbeitsschutzes. Nach § 11 III 1 AÜG muss der Verleiher den AN unverzüglich über den Zeitpunkt des Wegfalls der Erlaubnis unterrichten. § 18 S 1 TzBfG verpflichtet den AG, befristet Beschäftigte über entspr unbefristete Arbeitsplätze zu informieren, die besetzt werden sollen. Nach Anzeige des Wunsches, die persönliche Arbeitszeit zu verändern, muss der AG den AN nach § 7 II TzBfG über entspr Arbeitsplätze im Betrieb oder Unternehmen unterrichten. § 613a V sieht Unterrichtungspflichten im Fall eines Betriebsübergangs vor. Aus der Sollvorschrift des § 2 II 2 Nr 3 SGB III leitet das BAG keine selbstständige Nebenpflicht des AG zum Schutz des Vermögens des AN ab (BAG 29.9.2005, 8 AZR 571/04, EzA § 280 BGB 2002 Nr 1; aA *Ziglmeier* DB 2004, 1830, 1834 f). Auskünfte, die der AG dem AN erteilt, müssen richtig und vollständig sein (BAG 21.5.2015, 6 AZR 349/14, BB 2015, 1914, 1915; 17.10.2000, 3 AZR 605/99, EzA § 611 BGB Fürsorgepflicht Nr 59).

316 Weitere Auskunftspflichten können in **Kollektiv- oder Individualvereinbarungen** niedergelegt sein. So enthalten zB TV der Metallindustrie über Altersteilzeit Hinweispflicht des AG hins sozialversicherungs- und arbeitsrechtlicher Folgen eines Altersteilzeitarbeitsvertrags. Umfang und Grenzen dieser allg Auskunftspflicht bestimmt das BAG nach Treu und Glauben und legt die in der Rspr entwickelten Maßstäbe zu nicht gesetzlich oder vertraglich geregelten Aufklärungspflichten an (BAG 1.10.2002, 9 AZR 298/01, nv).

317 Wichtiger Anknüpfungspunkt für Auskunftspflichten ist ferner **§ 241 II**. Rücksichtnahme auf Rechte, Rechtsgüter und Interessen des Vertragspartners kann ua geübt werden, indem dem Vertragspartner die notwendigen Informationen zur Verfügung gestellt werden, die dieser benötigt, um seine Interessen effektiv zu wahren. Ausgangspunkt für die Feststellung von Auskunfts- und Unterrichtungspflichten ist der Grundsatz der eigenständigen Interessenwahrnehmung. Dennoch zieht die Rspr dem Eigennutz durch den schutzwürdigen Lebensbereich des Vertragspartners Grenzen. Erkennbare Informationsbedürfnisse des AN einerseits und die Beratungsmöglichkeiten des AG andererseits sollen stets zu beachten sein (BAG 16.11.2005, 7 AZR 86/05, EzA § 8 ATG Nr 1). Das Gericht betont aber auch, dass Schutz- und Fürsorgepflichten des AG nicht überspannt werden dürfen. Hinweis- und Aufklärungspflichten beruhten auf den bes Umständen des Einzelfalls und seien Ergebnis einer umfassenden Interessenabwägung (BAG 13.11.2014, 8 AZR 817/13, EzA § 241 BGB 2002 Nr 3; 11.12.2001, 3 AZR 339/00, EzA § 611 BGB Fürsorgepflicht Nr 62).

318 Gesteigerte Hinweispflichten bei der Beendigung eines Arbeitsverhältnisses können den AG vor allem treffen, wenn er die vertragsbeendende Vereinbarung initiiert hat und sie in seinem Interesse lag. Auch wenn der AN vor der Aufhebung des Arbeitsverhältnisses bewahrt werden muss, weil er sich durch die Aufhebung unbewusst selbst schädigen würde und vom AG redlicherweise Aufklärung zu erwarten ist, spricht das für eine Hinweispflicht des AG. Entspricht aber eine Altersteilzeitvereinbarung dem § 8 III ATG, so hat der AG nicht die Nebenpflicht, die Vermögensinteressen des AN zu wahren, indem er auf eine drohende Sperrzeit hinweist (BAG 16.11.2005, 7 AZR 86/05, EzA § 8 ATG Nr 1). Eine allg vertragliche Nebenpflicht des AG, den AN über eine frühzeitige Meldung bei der AA zu informieren, erkennt das BAG nicht an (BAG 29.9.2005, 8 AZR 571/04, EzA § 280 BGB 2002 Nr 1; zu § 2 II 2 Nr 3 SGB III s.o. Rdn 315).

319 Im Zusammenhang mit dem Abschluss eines **Aufhebungsvertrags** nimmt das BAG Hinweis- und Aufklärungspflichten des AG an, wenn der Vertrag vom AG initiiert wird und der Abschluss in seinem Interesse ist. Ferner kann der AG den Eindruck erwecken, dass er bei der vorzeitigen Beendigung die Interessen des AN

wahren und ihn nicht ohne ausreichende Aufklärung erheblichen, atypischen Versorgungsrisiken aussetzen wird. Auch wenn bes Umstände vorliegen, aufgrund derer der AN darauf vertrauen durfte, dass der AG sich um die Versorgung kümmert oder dass der AG auch den Interessen des AN an einer optimalen Versorgung Rechnung tragen wird, treffen den AG Hinweis- und Aufklärungspflichten (BAG 12.12.2002, 8 AZR 497/01, AP BGB § 611 Haftung des Arbeitgebers Nr 25). Bes Umstände, die eine Aufklärungspflicht begründen, hat das BAG allerdings nur selten als gegeben angesehen. Wünscht der AN die Aufhebung des Arbeitsverhältnisses, so genügt der AG seiner Hinweispflicht, wenn er den AN hins arbeitsförderungsrechtlicher Konsequenzen auf die AA verweist (s BAG 10.3.1988, 8 AZR 420/85, EzA § 611 BGB Aufhebungsvertrag Nr 6). Findet die Auflösung des Arbeitsverhältnisses in einem zeitlichen oder sachlichen Zusammenhang mit dem Eintritt in den Ruhestand statt, so muss der AG den AN auf die nachteiligen Wirkungen der Vertragsauflösung für die Zusatzversorgung von sich aus hinweisen. Auch insoweit kann aber der Wunsch des AN nach Auflösung des Arbeitsverhältnisses eine andere Interessenbewertung rechtfertigen (BAG 13.11.1984, 3 AZR 255/84, EzA § 611 BGB Fürsorgepflicht Nr 36; zurückhaltend hins einer Hinweispflicht ohne Rücksicht auf den Veranlasser des Aufhebungsvertrags *Brors* S 189 f). Hinweispflichten des AG bestehen auch, wenn sich die Berufs- oder Erwerbsunfähigkeit des AN abzeichnet und deshalb zu erwarten ist, dass der AN seinen Lebensunterhalt künftig iW aus Rentenleistungen zu bestreiten hat. Veranlasst in einem solchen Fall der AG die Vertragsbeendigung, so hat er den AN auf die nachteiligen betriebsrentenrechtlichen Auswirkungen des Aufhebungsvertrags hinzuweisen (BAG 17.10.2000, 3 AZR 605/99, EzA § 611 BGB Fürsorgepflicht Nr 59). Der AG muss den AN bei Verhandlungen über einen Aufhebungsvertrag nicht über geplante weitere Entlassungen unterrichten. Das gilt auch dann, wenn er zu diesem Zeitpunkt bereits weitere Entlassungen in sozialplanpflichtigem Umfang beabsichtigt (BAG 13.11.1996, 10 AZR 340/96, EzA § 112 BetrVG 1972 Nr 90).

Wenn ein AN sich beruflich verändern will, muss er sich selbst darüber informieren, ob die Veränderung für ihn von Vorteil ist. Bewirbt sich der AN allerdings auf eine andere Stelle bei seinem AG und erklärt er dabei, sich nicht verschlechtern zu wollen, so muss der AG auf Unsicherheiten bei der Stellenbewertung hinweisen, wenn die Stellenbewertung sich aufgrund einer aktuellen Tarifrechtsänderung verändern kann (BAG 13.6.1996, 8 AZR 415/94, nv). Gewährt der AG dem AN ein Darlehen, so muss er ihn über die Risiken der Verwendung der Darlehenssumme aufklären, wenn die Gewährung des Darlehens an einen bestimmten, im Interesse des AG liegenden Verwendungszweck gebunden ist (für ein Darlehen für den Erwerb noch nicht börsennotierter Aktien der Muttergesellschaft BAG 4.10.2005, 9 AZR 598/04, EzA § 611 BGB 2002 Arbeitgeberhaftung Nr 3). Der AG muss den AN nicht allg über seine tariflichen Rechte unterrichten (BAG 27.7.1995, 6 AZR 129/95, AP BAT § 40 Nr 11). Hat der AG eine Gruppenunfallversicherung abgeschlossen und wird der Vertrag dahin gehend geändert, dass der AN den Versicherungsfall selbst unmittelbar der Versicherungsgesellschaft anzuzeigen hat, macht der AG sich schadensersatzpflichtig, wenn er den AN schuldhaft nicht von sich aus auf diese Änderung hinweist (BAG 26.7.2007, 8 AZR 707/06, EzA § 611 BGB 2002 Arbeitgeberhaftung Nr 6). 320

Wenn der AG dem AN die tatsächliche Situation nach der Erhöhung der Jahresarbeitsverdienstgrenze für die gesetzliche Krankenversicherung darlegt und dabei auf gesetzliche Vorschriften hinweist, so kann der AN, der sich zu der nachteiligen Entscheidung entschließt, in der privaten Krankenversicherung zu verbleiben, nicht die Verletzung von Aufklärungspflichten geltend machen (LAG Nds 10.2.2003, 8 Sa 853/02, nv). Auch muss ein AN, der vorübergehend im Ausland eingesetzt wird, sich selbst über den Umfang des Krankenversicherungsschutzes während der Tätigkeit im Ausland informieren (Hess LAG 4.9.1995, 16 Sa 215/95, LAGE § 611 BGB Fürsorgepflicht Nr 24). 321

Die Aufklärungspflichten des AG vor Ausspruch einer Verdachtskündigung (BAG 10.2.2005, 2 AZR 189/04, EzA § 1 KSchG Verdachtskündigung Nr 3) liegen auf einer anderen Ebene als die bisher angesprochenen Aufklärungspflichten, da es nicht um die Information des AN, sondern um die Aufklärung eines Sachverhalts geht (s dazu § 626 Rdn 143). Zu vorvertraglichen Aufklärungspflichten s.o. Rdn 62. 322

3. Schutzpflichten. a) Leben und Gesundheit. Schutzpflichten des AG für Leben und Gesundheit des AN sind vor allem durch § 618 und durch Arbeitsschutzgesetze konkretisiert (zB ArbSchG, ASiG). S zu den Schutzpflichten und den Rechtsfolgen von Schutzpflichtverletzungen § 618 Rdn 13 ff, 25 ff. 323

b) Persönlichkeit. aa) Allgemeines. Dem Schutz der Persönlichkeitsrechte des AN kommt aufgrund ihrer grundrechtlichen Verankerung bes Bedeutung zu. Persönlichkeitsschutz erfährt der AN ua durch die Begrenzung des Fragerechts des AG (s.o. Rdn 68), durch Diskriminierungsverbote (insb §§ 1, 7 AGG), den Beschäftigungsanspruch (s.o. Rdn 278–284) und den Datenschutz. Das Persönlichkeitsrecht entzieht die Gestaltung des privaten Lebensbereichs weitestgehend dem Einfluss des AG. Nur soweit sich das private Verhalten auf den betrieblichen Bereich auswirkt und dort zu Störungen führt, können arbeitsvertragliche 324

Pflichten Einfluss auf den privaten Lebensbereich haben. Berührt **außerdienstliches Verhalten** den arbeitsvertraglichen Pflichtenkreis nicht, so darf der AG Umstände aus der Privatsphäre des AN nicht zum Anlass für eine Kdg nehmen. Bei der Frage, ob ein Verhalten des AN sich auf den betrieblichen Bereich auswirkt, ist der verfassungsrechtliche Schutz der Autonomie der Kirchen zu beachten (BAG 16.9.2004, 2 AZR 447/03, EzA § 242 BGB 2002 Kündigung Nr 5).

325 Soll durch BV eine **Videoüberwachung** am Arbeitsplatz eingeführt werden, so berührt diese Maßnahme nach der Rspr des BAG das Recht des AN am eigenen Bild. Der damit verbundene Eingriff in das Persönlichkeitsrecht des AN muss, wenn er nicht durch ausdrückliche gesetzliche Regelung zugelassen ist, durch schutzwürdige Belange des AG oder anderer Grundrechtsträger gerechtfertigt sein. Dabei ist der Grundsatz der Verhältnismäßigkeit zu beachten (BAG 26.8.2008, 1 ABR 16/07, EzA § 87 BetrVG 2001 Überwachung Nr 2). Ständigen Überwachungsdruck ohne Vorliegen eines Anfangsverdachts hat das BAG als unzulässigen Eingriff in das Persönlichkeitsrecht gewertet (BAG 29.6.2004, 1 ABR 21/03, EzA § 611 BGB 2002 Persönlichkeitsrecht Nr 2; krit *Ehmann* Anm zu BAG AP BetrVG 1972 § 87 Überwachung Nr 41; s zur neu aufgelebten Diskussion um die Überwachung am Arbeitsplatz *Freckmann/Wahl* BB 2008, 1904; *Maties* NJW 2008, 2219; *Oberwetter* NZA 2008, 609). Das Persönlichkeitsrecht des AN sieht es auch durch das heimliche **Mithörenlassen von Telefongesprächen** zwischen AN und AG als verletzt an. Es müsse nicht derjenige, der die Überwachung des Gesprächs nicht wünscht, diesen Wunsch anmelden, sondern vielmehr derjenige, der mithören lassen wolle, dies offenbaren (BAG 29.10.1997, 5 AZR 508/96, EzA § 611 BGB Persönlichkeitsrecht Nr 12). Ferner stellt die betriebsöffentliche Behauptung einer von einem AN begangenen Straftat jedenfalls dann einen unzulässigen Eingriff in sein Persönlichkeitsrecht dar, wenn dem AN die Straftat nicht nachweisbar ist (BAG 21.2.1979, 5 AZR 568/77, EzA § 847 BGB Nr 3). Wenn dem Absolventen einer Fachhochschule der Titel »Diplom-Ingenieur, Dipl.Ing« verliehen worden ist, greift der AG in das Persönlichkeitsrecht des AN ein, wenn er diesem Titel den Zusatz »FH« hinzufügt (BAG 8.2.1984, 5 AZR 501/81, AP BGB § 611 Persönlichkeitsrecht Nr 5). Ist ein AN berechtigt, die Berufsbezeichnung »Psychologischer Psychotherapeut« zu führen, so wird diese Befugnis vom allg Persönlichkeitsschutz des AN umfasst (Hess LAG 20.1.2006, 3 Sa 951/05, nv). Kann ein AN die im Dienst vorgeschriebene Uniform nicht sofort nach Beendigung der Arbeit ablegen, weil der AG keine Umkleidemöglichkeit zur Verfügung stellt, so wird dem AN das Tragen einer Uniform im privaten Bereich aufgezwungen und sein Persönlichkeitsrecht verletzt (LAG BW 11.5.2004, 14 Sa 126/03, nv). In jeder Diskriminierung aufgrund einer Behinderung liegt zugleich eine Persönlichkeitsrechtsverletzung (BAG 15.2.2005, 9 AZR 635/03, EzA § 81 SGB IX Nr 6). Das Gleiche gilt nach umstr Rspr des BAG für geschlechtsspezifische Benachteiligungen (BAG 14.3.1989, 8 AZR 351/86, EzA § 611a BGB Nr 5; aA zB *Scholz* Anm zu BAG AP BGB § 611a Nr 6).

326 Keine Persönlichkeitsrechtsverletzung ist gegeben, wenn der AG Briefe öffnet und mit Eingangsstempel versieht, die an Mitarbeiter und zugleich an die Dienststelle adressiert und nicht als persönlich oder vertraulich gekennzeichnet sind (LAG Hamm 19.2.2003, 14 Sa 1972/02, NZA-RR 2003, 346, 347). Wird in einem sicherheitsempfindlichen Behördenteil eine Sicherheitsüberprüfung durchgeführt, in deren Rahmen ein Fragebogen an das Bundesamt für Verfassungsschutz weitergeleitet wird, so verletzt dies das Persönlichkeitsrecht der betroffenen AN nicht (BAG 17.5.1983, 1 AZR 1249/79, EzA Art 2 GG Nr 3). Die Verpflichtung des AN, seinen Hauptwohnsitz am Arbeitsort zu nehmen, berührt zwar sein Persönlichkeitsrecht, ist aber durch betriebliche Belange des AG gerechtfertigt, wenn damit Ziele verfolgt werden, die auf die Arbeitsaufgabe bezogen sind. Ein AN kann vom AG nicht verlangen, andere AN anzuweisen, ihn zu siezen, wenn das Duzen unter den Beschäftigten zu den allg betrieblichen Umgangsformen gehört (LAG Hamm 29.7.1998, 14 Sa 1145/98, LAGE § 611 BGB Persönlichkeitsrecht Nr 10).

327 **bb) Schikaneverbot.** Aus dem Persönlichkeitsrecht ist ein allg Schikaneverbot als Nebenpflicht des AG abzuleiten. In der jüngeren Rspr und Lit ist in diesem Zusammenhang der Begriff des **Mobbing** gebräuchlich, wobei das BAG diesen Begriff nur sehr zurückhaltend verwendet (s zum Mobbing und seinen Rechtsfolgen ua *Benecke* NZA-RR 2003, 225; *Kollmer* AR-Blattei SD Nr 1215; *Rieble/Klumpp* ZIP 2002, 369). Mobbing ist das systematische Anfeinden, Schikanieren oder Diskriminieren von AN untereinander oder durch Vorgesetzte (BAG 15.1.1997, 7 ABR 14/96, EzA § 37 BetrVG 1972 Nr 133). Mobbing ist ein Sammelbegriff für eine Vielzahl von Verhaltensweisen. Eine Kennzeichnung als Mobbing setzt voraus, dass Verhaltensweisen aufeinander aufbauen oder ineinander greifen, die der Anfeindung, Schikane oder Diskriminierung dienen, nach ihrer Art und ihrem Ablauf im Regelfall ein von der Rechtsordnung missbilligtes Ziel verfolgen und in ihrer Gesamtheit das allg Persönlichkeitsrecht, die Ehre, den Körper oder die Gesundheit des Betroffenen verletzen (LAG Rh-Pf 13.10.2004, 10 TaBV 19/04, NZA-RR 2005, 376, 377). S zu einzelnen Fallgruppen der Persönlichkeitsrechtsverletzung näher MünchArbR/*Reichold* § 86 Rn 7 ff.

cc) **Schutz vor sexueller Belästigung.** Eine bes Ausprägung des Persönlichkeitsschutzes ist der Schutz vor sexuellen Belästigungen. S dazu § 3 AGG Rdn 15–17. 328

dd) **Datenschutz, Personalakten.** Zum Datenschutz s die Kommentierung zum BDSG. Hins der Personalakten enthalten § 83 BetrVG und § 26 SprAuG Sondervorschriften. Allg gilt, dass der AG Personalakten sorgfältig verwahren muss, sodass sie nicht allg zugänglich sind, um das Persönlichkeitsrecht der AN zu wahren. Bei bestimmten Informationen ist für Vertraulichkeit zu sorgen, der Kreis der mit Personalakten befassten Beschäftigten ist möglichst eng zu halten (BAG 4.4.1990, 5 AZR 299/89, EzA § 611 BGB Persönlichkeitsrecht Nr 9). Bei den sensiblen Daten kann der AN Anspruch auf eine stärker geschützte Aufbewahrung der Daten haben, verbunden mit einem noch weiter eingeschränkten einsichtsberechtigten Personenkreis. Zu den bes sensiblen Daten zählt das BAG insb solche über den körperlichen, geistigen und gesundheitlichen Zustand und allg Aussagen über die Persönlichkeit des AN (BAG 12.9.2006, 9 AZR 271/06, EzA § 611 BGB 2002 Persönlichkeitsrecht Nr 4). Bei unzutreffenden oder abwertenden Äußerungen kann der AN deren Widerruf und Beseitigung aus der Personalakte verlangen (BAG 12.6.1986, 6 AZR 559/84, RzK I 1 Nr 11). Der AG verletzt das allg Persönlichkeitsrecht des AN, wenn er dessen Personalakten einem Dritten ohne Wissen des Betroffenen zugänglich macht (BAG 18.12.1984, 3 AZR 389/83, EzA § 611 BGB Persönlichkeitsrecht Nr 2). Als Ausprägung des Persönlichkeitsrechts ist das Recht auf informationelle Selbstbestimmung für das Einsichtsrecht des AN in seine Personalakte relevant. Die Pflicht, dem AN Einsicht in die Personalakte zu gewähren, besteht auch nach Beendigung des Arbeitsverhältnisses. Nach der jüngeren Rspr des BAG muss der AN für das Einsichtsrecht kein berechtigtes Interesse geltend machen. Der AN könne auch nach Beendigung des Arbeitsverhältnisses die Beseitigung oder Korrektur unrichtiger Daten in seiner Personalakte verlangen. Diese Rechte könne er nur geltend machen, wenn er vom Inhalt der Personalakte Kenntnis hat, woraus sich das Einsichtsrecht begründet (BAG 16.11.2010, 9 AZR 573/09, EzA § 241 BGB 2002 Nr 2). Das Einsichtsrecht ist höchstpersönlich. Es kann grds nicht auf einen Dritten übertragen werden (LAG Schl-Holst, 17.4.2014, 5 Sa 385/13, NZA-RR 2014, 465, 466). 329

c) **Eigentum und Vermögen.** aa) **Obhuts- und Verwahrungspflichten.** Bereits vor Einführung des § 241 war anerkannt, dass den AG Obhuts- und Verwahrungspflichten hins der Sachen treffen können, die der AN zur Arbeit mitführt (BAG 5.3.1959, 2 AZR 268/56, AP BGB § 611 Fürsorgepflicht Nr 26). Mit § 241 II ist nun eine konkrete gesetzliche Anknüpfung dieser Pflicht möglich. Der AG hat **berechtigterweise in den Betrieb eingebrachtes AN-Eigentum** vor Verlust oder Beschädigung durch Maßnahmen zu schützen, die ihm nach den konkreten Verhältnissen zumutbar sind und die den AN bei eigenem Zutun in die Lage versetzen, sein eingebrachtes Eigentum entspr der betrieblichen Situation möglichst vor Verlust oder Beschädigung zu bewahren (BAG 1.7.1965, 5 AZR 264/64, EzA § 611 BGB Nr 5). Die Reichweite der Schutzpflicht ist nach Treu und Glauben unter Berücksichtigung der betrieblichen und örtlichen Verhältnisse zu bestimmen (BAG 25.5.2000, 8 AZR 518/99, EzA § 611 BGB Arbeitgeberhaftung Nr 8). 330

Wenn der AG einen **Parkplatz** zur Verfügung stellt, muss er ihn **verkehrssicher** gestalten. Das gilt auch dann, wenn er zur Bereitstellung von Parkplätzen nicht verpflichtet ist (BAG 10.11.1960, 2 AZR 226/59, EzA § 611 BGB Fürsorgepflicht Nr 3). Die Verkehrssicherungspflicht des AG erfasst die Gefahren, die von dem Parkplatz selbst oder von der Art seiner Benutzung ausgehen. Daher muss der AG ua dafür sorgen, dass keine gefährlichen Schlaglöcher vorhanden sind, dass der Parkplatz ausreichend beleuchtet ist und die Streupflicht erfüllt wird. Er muss ferner die Stellplätze so einzurichten, dass sie nicht zu eng sind und nicht aufgrund der örtlichen Gegebenheiten über das allg Maß hinaus gefährdet sind (BAG 25.6.1975, 5 AZR 260/74, EzA § 611 BGB Fürsorgepflicht Nr 17). Hins der Streupflicht genügt ein Streuen der Fahrbahnen, die Parkbuchten brauchen nicht gestreut zu werden (Hess LAG 21.7.2000, 2 Sa 1032/99, nv). Der AG braucht die Pkw nicht vor Schäden durch Gefährdungen zu schützen, denen sie im allg Straßenverkehr ebenso ausgesetzt sind. Der AN trägt das Risiko für sein Eigentum jedenfalls dann selbst, wenn der von ihm benutzte Pkw auf dem Werksparkplatz keinen anderen Risiken ausgesetzt ist als solchen, die ihn auch beim sonstigen Gebrauch treffen (BAG 25.6.1975, 5 AZR 260/74, EzA § 611 BGB Fürsorgepflicht Nr 17). Ob eine Umfriedung des Parkplatzes oder eine Bewachung erforderlich ist, richtet sich nach den Umständen des Einzelfalls, wobei auf die Zumutbarkeit der Maßnahme für den AG zu achten ist. Eine Sachversicherung für die abgestellten Pkw braucht der AG grds nicht abzuschließen (BAG 16.3.1966, 1 AZR 340/65, EzA § 611 BGB Nr 6). Der AG kann die Haftung für Schäden, die auf dem Betriebsparkplatz an Pkw der AN entstehen, nicht durch vertragliche Einheitsregelung ausschließen (BAG 28.9.1989, 8 AZR 120/88, EzA § 611 BGB Parkplatz Nr 1). Mit einer Klausel, nach der das Befahren des Betriebsgeländes und das Parken auf eigene Gefahr geschieht und der AG für Beschädigungen nicht haftet, schließt er lediglich die Haftung für typische Parkgefahren aus (BAG 14.8.1980, 3 AZR 281/78, nv). 331

332 **bb) Sonstige Vermögensinteressen.** Der AG ist nicht allg verpflichtet, den AN vor Vermögensnachteilen zu bewahren. In bestimmten Fällen ist aber eine entspr Nebenpflicht zu bejahen. Wenn der AG Sozialversicherungsbeiträge nicht ordnungsgemäß abführt, treffen ihn vertragliche und deliktische Schadensersatzansprüche des AN. Zum einen sind die sozialversicherungsrechtlichen Anmelde- und Beitragsvorschriften Schutzgesetze iSd § 823 II (BAG 14.7.1960, 2 AZR 485/59, AP BGB § 823 Schutzgesetz Nr 1; 12.7.1963, 1 AZR 514/61, AP BGB § 823 Schutzgesetz Nr 4). Auch bei § 266a II StGB soll es sich um ein Schutzgesetz zugunsten der AN handeln, für § 266a I StGB hat das BAG diese Frage offengelassen (BAG 18.8.2005, 8 AZR 542/04, NZA 2005, 1235, 1236). Zum anderen begründen diese öffentl-rechtlichen Verpflichtungen arbeitsvertragliche Nebenpflichten, deren schuldhafte Verletzung vertragliche Schadensersatzansprüche auslöst (ErfK/*Preis* § 611 Rn 776).

333 Um den Schutz sonstiger Vermögensinteressen des AN geht es auch bei **Hinweispflichten im Zusammenhang mit der betrieblichen Altersversorgung.** Der AG hat die vertragliche Nebenpflicht, den AN über die Möglichkeit einer Zusatzversorgung bei der VBL zu informieren. Er muss darauf hinwirken, dass der AN nicht dadurch um eine günstige Altersversorgung gebracht wird, dass er den notwendigen Antrag unterlässt (BAG 17.10.2000, 3 AZR 69/99, EzA § 1 BetrAVG Nr 71). Der AG hat ggü dem AN die vertragliche Nebenpflicht, der VBL richtige Angaben über das zusatzversorgungspflichtige Entgelt des AN zu machen. Diese Verpflichtung greift über das Ende des Arbeitsverhältnisses hinaus (BAG 14.10.1998, 3 AZR 377/97, EzA § 1 BetrVG Zusatzversorgung Nr 9). Gibt der AG von sich aus eine unrichtige Auskunft über die Höhe der sich aus einer Zusatzversorgung bei der VBL ergebenden Rentenansprüche, so verletzt er ebenfalls seine Schutzpflicht (BAG 21.11.2000, 3 AZR 13/00, EzA § 611 BGB Fürsorgepflicht Nr 61). Zu Aufklärungspflichten im Zusammenhang mit einem Aufhebungsvertrag s.o. Rdn 319.

334 Den AG trifft die Nebenpflicht, die Lohnsteuerkarte des AN richtig auszufüllen und an diesen herauszugeben (BAG 11.6.2003, 5 AZB 1/03, EzA § 2 ArbGG 1979 Nr 59; 20.2.1997, 8 AZR 121/95, EzA § 611 BGB Arbeitgeberhaftung Nr 5). Berechnet der AG die Lohnsteuer schuldhaft falsch, so hat er dem AN den daraus entstandenen Schaden zu ersetzen (BAG 27.3.1958, 2 AZR 188/56, AP BGB § 670 Nr 1; BFH 20.9.1996, VI R 57/95, NZA-RR 1997, 121). Im Fall einer Lohnpfändung muss er den AN nicht auf die Möglichkeit des Vollstreckungsschutzes nach § 850i ZPO hinweisen (BAG 13.11.1991, 4 AZR 20/91, EzA § 850 ZPO Nr 4). Der AG ist ferner nicht verpflichtet, gepfändete Lohn- bzw Gehaltsbeträge nicht nur einzubehalten, sondern auch an den Gläubiger abzuführen (LAG Hamm 15.6.1998, 2 Sa 541/88, LAGE § 611 BGB Fürsorgepflicht Nr 159).

335 **4. Sonstige Nebenpflichten.** Wenn ein AN sich mit einer Versetzung auf einen erheblich schlechter bezahlten Arbeitsplatz nur einverstanden erklärt hat, weil an seinem bisherigen Arbeitsplatz eine Schichtplanänderung eintreten sollte, die tatsächlich aber ausbleibt, darf der AG den AN nicht an seinem Einverständnis zur Versetzung festhalten (LAG Köln 29.1.2003, 7 Sa 1076/02, LAGE § 242 BGB Nr 6).

336 Ist der AN auf Dauer krankheitsbedingt nicht mehr in der Lage, die geschuldete Arbeit auf seinem bisherigen Arbeitsplatz zu leisten, so ist er zur Vermeidung einer Kdg auf einem leidensgerechten Arbeitsplatz im Betrieb oder Unternehmen weiterzubeschäftigen. Das gilt allerdings nur, wenn ein gleichwertiger oder jedenfalls zumutbarer Arbeitsplatz frei und der AN für die dort zu leistende Arbeit geeignet ist. Wenn nötig, muss der AG den Arbeitsplatz durch Ausübung seines Weisungsrechts freimachen und sich um die erforderliche Zustimmung des BR bemühen. Zu weiteren organisatorischen Maßnahmen ist der AG nach der bisherigen Rspr ebenso wenig verpflichtet wie zur Durchführung eines Zustimmungsersetzungsverfahrens gem § 99 IV BetrVG (BAG 29.1.1997, 2 AZR 9/96, EzA § 1 KSchG Krankheit Nr 42). § 84 II SGB IX, der seit 2004 bei längerer Erkrankung ein betriebliches Eingliederungsmanagement vorsieht und seinem Wortsinn nach nicht auf Erkrankungen behinderter oder schwerbehinderter Menschen beschränkt ist, begründet aber ggü dem bisher Erforderlichen weiter gehende Pflichten des AG (s § 84 SGB IX Rdn 2). Der AG ist nicht verpflichtet, dem erkrankten AN zu kündigen, um ihn vor einer Selbstschädigung zu bewahren (ErfK/*Preis* § 611 Rn 637; offengelassen von BAG 12.7.1995, 2 AZR 762/94, EzA § 626 nF BGB Nr 156).

337 Wenn der AG einen Verwaltungsakt, der ständiger Verwaltungspraxis entspricht, für rechtmäßig hält, muss er nicht im Interesse seines AN im eigenen Namen gegen den Verwaltungsakt Rechtsbehelfe einlegen (BAG 19.3.1992, 8 AZR 301/91, EzA § 611 BGB Arbeitgeberhaftung Nr 3).

338 **F. Pflichten des Arbeitnehmers.   I. Arbeitsleistung.   1. Grundlagen.** Die Hauptpflicht des AN besteht in der Arbeitsleistung. Ihre Grundlage findet sie im Arbeitsvertrag. Die Pflicht zur Arbeitsleistung ist die Pflicht des AN, die **in einem synallagmatischen Verhältnis zur Vergütungspflicht des AG** steht. Sie wird ua durch das Weisungsrecht des AG konkretisiert. Auch die übrigen Rechtsquellen des ArbR sind bei der Konkretisierung der notwendigerweise nicht vollständig vertraglich regelbaren Verpflichtung zur Arbeitsleistung zu berücksichtigen.

Nach § 613 S 1 ist die Pflicht zur Arbeitsleistung im Zweifel eine persönliche Leistungspflicht (s § 613 **339**
Rdn 2–6). Ob der AN Arbeit (so MünchArbR/*Reichold* § 36 Rn 3) oder lediglich Arbeitsbereitschaft schuldet (so *v Stebut* RdA 1985, 66, 70) ist str. Auch wenn der AN – anders als der Werkunternehmer – keinen bestimmten Erfolg schuldet (s ArbRBGB/*Schliemann* § 611 Rn 555), erfüllt er seine Leistungspflicht nur, wenn er auch tatsächlich arbeitet (BAG 8.2.1957, 1 AZR 338/55, AP BGB § 615 Betriebsrisiko Nr 2). Wollte man das sich zur Arbeit Bereithalten bereits als Erfüllung werten, wäre der Bereich der Leistungsstörungen bei der Hauptleistungspflicht weit nach hinten verlagert (s MünchArbR/*Reichold* § 36 Rn 3).

2. Inhalt der Arbeitsleistung. a) Art der Arbeitsleistung. Welche Arbeit der AN zu leisten hat, richtet **340**
sich in 1. Linie nach dem Arbeitsvertrag. Die Verpflichtung des AN muss sich iRd zwingenden Rechts halten (s zu verbots- und sittenwidrigen Arbeitsverträgen Rdn 98–105). Die **arbeitsvertragliche Tätigkeitsbeschreibung** begrenzt den Inhalt der Leistungspflicht des AN. Je enger der Arbeitsvertrag insoweit gefasst ist, umso enger ist der Einsatzbereich des AN. Das hat Konsequenzen für die Möglichkeit der einseitigen Zuweisung eines anderen Arbeitsplatzes. Auch der Kreis, der im Fall einer betriebsbedingten Kdg in die Sozialauswahl einzubeziehenden AN wird durch die Tätigkeitsbeschreibungen in den Arbeitsverträgen maßgeblich bestimmt (BAG 17.2.2000, 2 AZR 142/99, EzA § 1 KSchG Soziale Auswahl Nr 43). Der AG muss also bei der Formulierung der vertraglichen Arbeitspflicht des AN abwägen, ob er für größere Flexibilität beim Einsatz des AN die stärkere Berücksichtigung des AN bei betriebsbedingten Kdg in Kauf nehmen will. Eine kurze Charakterisierung oder Beschreibung der geschuldeten Tätigkeit ist nach § 2 I 2 Nr 5 NachwG notwendiger Bestandteil der vom AG zu erstellenden Niederschrift über die Vertragsbedingungen.

Wenn die Tätigkeit durch eine **Berufsbezeichnung** gekennzeichnet wird (zB Feinschlosser, Friseur), ist auf **341**
das **übliche Berufsbild** abzustellen, wobei dessen Entwicklung unter Berücksichtigung der Branche, des Orts und ggf auch des Betriebs einzubeziehen ist (ArbRBGB/*Schliemann* § 611 Rn 570). Der AN ist zu allen Tätigkeiten verpflichtet, die zu diesem Berufsbild zählen. So gehört zB die Durchführung von ein- oder mehrtägigen Klassenfahrten zum herkömmlichen Berufsbild eines Lehrers, sodass angestellte Lehrer auch ohne ausdrückliche vertragliche Regelung verpflichtet sind, solche Klassenfahrten durchzuführen (BAG 26.4.1985, 7 AZR 432/82, EzA § 611 BGB Nr 27). Eine Bäckereifachverkäuferin ist verpflichtet, zeitweise die im Verkaufsraum installierte automatische Brötchenbackanlage einschl vorgeschaltetem Gärschrank zu bedienen, da diese Tätigkeit zum einschlägigen Berufsbild gehört (LAG Hamm 8.6.1994, 14 Sa 2054/93, LAGE § 611 BGB Direktionsrecht Nr 20). Ist ein Musiker vertraglich verpflichtet, die Instrumente Schlagzeug und Pauke zu spielen, gehört dazu die Bedienung eines Regenmachers (BAG 27.9.2001, 6 AZR 577/00, AP TVG § 1 Tarifverträge Nr 16: Musiker). Wird im öffentl Dienst ein AN für einen allg umschriebenen Aufgabenbereich eingestellt, der allein durch die Nennung der Vergütungsgruppe bezeichnet ist, so kann der AG ihm alle Tätigkeiten zuweisen, die die Merkmale der Vergütungsgruppe erfüllen (BAG 30.8.1995, 1 AZR 47/95, EzA § 611 BGB Direktionsrecht Nr 14).

Die arbeitsvertraglich geschuldete Tätigkeit kann sich uU auf eine bestimmte Tätigkeit **konkretisiert** haben. **342**
Dazu genügt nicht schon der bloße Zeitablauf. Hinzukommen müssen bes Umstände, aus denen sich ergibt, dass der AN nicht anderweitig eingesetzt werden sollte (BAG 29.9.2004, 5 AZR 559/03, EzA § 87 BetrVG 2001 Altersteilzeit Nr 5; s näher § 106 GewO Rdn 38–40).

Im arbeitsvertraglich und ggf durch Konkretisierung vorgegebenen Rahmen kann der AG die geschuldete **343**
Arbeitsleistung kraft seines Weisungsrechts festlegen (s zum Weisungsrecht allg Erl zu § 106 GewO). Das **Weisungsrecht** ermöglicht es dem AG jedoch nicht, dem AN geringerwertige Tätigkeiten zuzuweisen. Das Weisungsrecht erfasst vielmehr **nur gleichwertige Tätigkeiten**. Ob Tätigkeiten gleichwertig sind, ist nach der auf den Betrieb abgestellten Verkehrsauffassung und dem sich daraus ergebenden Sozialbild zu bestimmen. Dabei spielt bei Anwendung eines tariflichen Vergütungsgruppensystems nicht allein die Vergütung eine Rolle, sondern auch der Inhalt der Tätigkeit. Deshalb kann der AG dem AN auch dann keine niedriger zu bewertende Tätigkeit zuweisen, wenn er eine der bisherigen Tätigkeit entspr Vergütung zahlt (BAG 30.8.1995, 1 AZR 47/95, EzA § 611 BGB Direktionsrecht Nr 14). Allerdings kann es dem AG durch TV, BV oder Arbeitsvertrag gestattet sein, dem AN eine geringerwertige Tätigkeit zuzuweisen (BAG 11.6.1958, 4 AZR 514/55, AP BGB § 611 Direktionsrecht Nr 2; für TV BAG 22.5.1985, 4 AZR 88/84, AP TVG § 1 Tarifverträge Nr 6 – Bundesbahn). Die Erweiterung des Weisungsrechts darf aber nicht zur Umgehung zwingender Kündigungsschutzbestimmungen führen, die zugleich einen Schutz vor Änderungen der Arbeitsbedingungen enthalten. Soweit es um die Vergütung und die Arbeitspflicht geht, muss daher die tarifliche Regelung Voraussetzungen enthalten, die die Ausübung des Direktionsrechts nach Anlass und Umfang im Einzelfall regeln (BAG 16.12.2004, 6 AZR 658/03, ZTR 2005, 424, 425). Die Instanz-Rspr hat deshalb eine tarifvertragliche Regelung als unwirksam angesehen, die den AG ohne bes Grund berechtigt, dem AN eine niedriger bezahlte Tätigkeit zuzuweisen (LAG Hamm 15.3.2006, 2 Sa 1812/04, nv).

Ferner hat das BAG eine vorformulierte Klausel nach § 307 II Nr 1 als unwirksam eingestuft, mit der sich der AG vorbehalten hat, falls erforderlich, nach Abstimmung der beiderseitigen Interessen, Art und Ort der Tätigkeit zu ändern (BAG 9.5.2006, 9 AZR 424/05, AP Nr 21 zu § 307 BGB).

344 Der AN kann aber nicht jede unterwertige Tätigkeit als vertragswidrig zurückweisen. Er hat Tätigkeiten auszuführen, die als bloße **Zusammenhangstätigkeiten** einzustufen sind. Darunter sind solche Tätigkeiten zu verstehen, die aufgrund ihres engen Zusammenhangs mit bestimmten, insb höherwertigen Aufgaben eines Angestellten bei der tariflichen Bewertung zwecks Vermeidung tarifwidriger Atomisierung der Arbeitseinheiten nicht abgetrennt werden dürfen, sondern diesen zuzurechnen sind. Danach kann die Anordnung, einen Dienstwagen selbst zu führen und Kollegen mitzunehmen, billigem Ermessen entsprechen (BAG 29.8.1991, 6 AZR 593/88, EzA § 611 BGB Direktionsrecht Nr 6). Bei einem Arzt gehören die in einem untergeordneten zeitlichen Umfang anfallenden administrativen Tätigkeiten, wie die Dokumentation von Befunden, zu den Zusammenhangstätigkeiten (BAG 5.11.2003, 4 AZR 632/02, AP ZPO 1977 § 256 Nr 83).

345 Weist der AG dem AN **vorübergehend eine höherwertige Tätigkeit** zu, so muss er nach der jüngeren Rspr des BAG bei dieser Entscheidung entspr § 315 billiges Ermessen walten lassen (BAG 22.1.2003, 4 AZR 553/01, ZTR 2003, 514). Bis zum Jahr 2002 hatte das BAG in solchen Fällen lediglich eine Missbrauchskontrolle vorgesehen. Es sah eine vorübergehend übertragene Tätigkeit als auf Dauer übertragen an, wenn die vorübergehende Übertragung nicht durch einen sachlichen Grund gerechtfertigt war (zB BAG 26.3.1997, 4 AZR 604/95, ZTR 1997, 413). Nach der neuen Rspr ist dagegen eine doppelte Billigkeitskontrolle erforderlich. Das billige Ermessen der Ausübung des Direktionsrechts muss sich zum einen auf die Tätigkeitsübertragung an sich und zum anderen auf die Nicht-Dauerhaftigkeit der Übertragung beziehen (BAG 17.4.2002, 4 AZR 174/01, AP BAT § 24 Nr 23). Die dauerhafte Übertragung einer höherwertigen Tätigkeit mag zwar idR im Interesse des AN liegen. Sie ist jedoch unter dem Aspekt der Überforderung nicht unbedenklich. Zu Recht nimmt die Instanz-Rspr an, dass der AG mit dem höherwertigen Einsatz des AN sein Weisungsrecht überschreitet und eine stillschweigende Vertragsänderung durch diese Weisung nicht eintritt (LAG Hamm 27.3.1992, 18 Sa 1165/91, LAGE § 611 BGB Direktionsrecht Nr 12).

346 Zu der geschuldeten Leistung gehören auch die sog **Nebenarbeiten**. Das sind Arbeiten, die in dem vereinbarten Tätigkeitsbereich typischerweise anfallen oder nur untergeordnete Bedeutung haben (BeckOKArbR/*Joussen* § 611 Rn 301). Zu solchen Nebenarbeiten zählen ua die Pflege der Arbeitsmittel und die Säuberung des Arbeitsplatzes (ArbRBGB/*Schliemann* § 611 Rn 572). Ferner kann der AG dem AN in Notfällen eine nicht geschuldete Tätigkeit zuweisen (BAG 8.10.1962, 2 AZR 550/61, AP BGB § 611 Direktionsrecht Nr 18).

347 **b) Arbeitsintensität, -tempo und -qualität.** Qualität und Quantität der innerhalb der Arbeitszeit geschuldeten Arbeitsleistung sind nicht nach dem objektiven Maßstab des § 243 zu bestimmen, sondern richten sich nach der **individuellen Leistungsfähigkeit des** jeweiligen AN (BAG 17.3.1988, 2 AZR 576/87, EzA § 626 nF BGB Nr 116; grds gegen die Einordnung der Arbeitsleistung als Gattungsschuld *Picker* JZ 1985, 693, 699; Staudinger/*Richardi/Fischinger* § 611 Rn 1054; für die Anwendung eines objektiven Maßstabs aber *Hunold* BB 2003, 2345, 2346). Da die konkrete Leistungspflicht individuell zu bestimmen ist, verletzt der AN, der trotz angemessener Bemühung die Normalleistung unterschreitet, nicht seine vertraglichen Pflichten. Er unterschreitet nur die vertraglich nicht fixierten berechtigten Erwartungen des AG an das ausgewogene Verhältnis von Leistung und Gegenleistung (BAG 11.12.2003, 2 AZR 667/02, EzA § 1 KSchG Verhaltensbedingte Kündigung Nr 62). Der AN darf die ihm mögliche Arbeitsleistung nicht bewusst zurückhalten, sondern muss seine Leistung unter angemessener Anspannung seiner Fähigkeiten und Kräfte erbringen (BAG 17.7.1970, 3 AZR 423/69, EzA § 11 MuSchG nF Nr 2). Er muss konzentriert und sorgfältig arbeiten und darf die Arbeit nicht unterbrechen, um privaten Interessen nachzugehen (BAG 14.1.1986, 1 ABR 75/83, EzA § 87 BetrVG 1972 Betriebliche Ordnung Nr 11). Der AN schuldet keine Anstrengungen, die zu gesundheitlichen Schäden führen oder ihn überbeanspruchen (s BAG 20.3.1969, 2 AZR 283/68, EzA § 123 GewO Nr 119). Der subjektive Leistungsmaßstab hat zur Konsequenz, dass der überdurchschnittlich leistungsfähige AN zu überdurchschnittlicher Leistung verpflichtet ist (ErfK/*Preis* § 611 Rn 644). Zu den Folgen einer Schlechtleistung s Rdn 413 f.

348 Ein bestimmtes **Arbeitstempo** ist idR nicht vorgegeben. Allerdings ergibt sich oft aus der organisierten Zusammenarbeit mehrerer AN (zB am Fließband) eine Tempovorgabe. Der Prozess muss dann mit Rücksicht auf die individuelle Leistungsfähigkeit der AN gestaltet werden (HWK/*Thüsing* § 611 Rn 302).

349 Bei Akkordarbeit muss der AN ebenfalls entspr seinen individuellen Fähigkeiten arbeiten. Die Verknüpfung von Arbeitsmenge und Entgelt berechtigt ihn nicht, seine Leistung zurückzuhalten, da er damit auch Interessen des AG zuwiderhandelt (MünchArbR/*Reichold* § 36 Rn 43).

3. Ort der Arbeitsleistung. Der Ort der Arbeitsleistung ist der Ort, an dem der AN seine Leistungshandlung zu erbringen hat. Der Leistungsort ist zugleich Erfüllungsort, weil der AN nur Leistungshandlungen, nicht aber einen bestimmten Leistungserfolg schuldet (ArbRBGB/*Schliemann* § 611 Rn 580). Wird der Ort der Arbeitsleistung im Vertrag niedergelegt, so handelt es sich idR um einen bestimmten Betrieb. Wenn der Ort der Arbeitsleistung nicht einzel- oder tarifvertraglich festgelegt ist, greift § 269 ein, wonach sich der Erfüllungsort nach den Umständen und der Natur des Schuldverhältnisses richtet. Danach ist der Erfüllungsort der Betriebssitz, wenn der AN dort ständig beschäftigt wird (BAG 3.12.1985, 4 AZR 325/84, EzA § 269 BGB Nr 1). Auch der Inhalt der geschuldeten Leistung kann Aufschluss über den Leistungsort geben (zB bei Handelsreisenden oder Reinigungspersonal; MünchArbR/*Reichold* § 36 Rn 48). Nach § 2 I 2 Nr 4 NachwG ist der Arbeitsort grds in die Niederschrift über die Arbeitsbedingungen aufzunehmen (s § 2 NachwG Rdn 14). Der Leistungsort kann mit Blick auf den Gerichtsstand des Erfüllungsorts (§ 29 I ZPO) prozessuale Bedeutung gewinnen (BAG 19.3.1996, 9 AZR 656/94, EzA § 829 ZPO Nr 3). 350

Bei **Reisetätigkeit** ist zu differenzieren. Wird der AN für den Betrieb eingestellt und vom Betriebssitz aus immer wieder an verschiedene auswärtige Orte zur Ausführung von Arbeiten entsandt (zB Montagearbeiter), dann ist Schwerpunkt der Dienstleistung der Betriebssitz. Wenn dem AN dagegen ein fester räumlicher Bezirk zugewiesen ist, den er von seinem Wohnsitz aus bearbeitet, liegt jedenfalls der Schwerpunkt der Dienstleistung am Wohnsitz des AN. Das gilt auch, wenn der AN nicht täglich an den Wohnsitz zurückkehrt. Maßgeblich ist, dass dort sein Lebensmittelpunkt liegt, von dem aus er seine Reisetätigkeit antritt, zu dem er, wenn auch mit Abständen, zurückkehrt, an dem er mit seiner Arbeitsleistung verbundene Leistungen wie die Erstellung der Berichte und die Korrespondenz mit Kunden erbringt und der auch Anlaufstelle für Weisungen des AG ist. Von wo aus die Weisungen erteilt werden und wo die Gehalts- und Provisionsabrechnungen erstellt und die Spesenabrechnungen überprüft werden, ist demggü nicht maßgeblich (BAG 12.6.1986, 2 AZR 398/85, EzA § 269 BGB Nr 2). 351

Neben einer starken Reisetätigkeit können auch **andere Gründe für einen wechselnden Arbeitsort** gegeben sein. Das gilt zB für AN, die Dienstleistungen bei verschiedenen Kunden des AG erbringen (Montage- oder Reinigungsarbeiten). Hier ist von einer entspr Weisungsbefugnis des AG auszugehen, den AN am jeweils passenden Ort einzusetzen (BeckOKArbR/*Joussen* § 611 Rn 345). Allerdings wird auch hier der Arbeitsvertrag einen Rahmen vorgeben. So ist zwar möglicherweise die Arbeitsleistung an wechselnden Orten innerhalb eines bestimmten Gebiets geschuldet, damit ist dem AG aber kein unbegrenztes Entsenderecht eingeräumt (s.a. MünchArbR/*Reichold* § 36 Rn 50). 352

Wenn für eine Flugbegleiterin arbeitsvertraglich ein bestimmter Einsatzort vereinbart ist, ist darin nicht ohne Weiteres die Vereinbarung eines Leistungsorts zu sehen. Eine solche Abrede kann auch so auszulegen sein, dass damit lediglich festgelegt werden soll, von welchem Ort und Zeitpunkt an die Flugbegleiter in Bezug auf ihre Arbeitszeit, Vergütung, Aufwandsentschädigungen uÄ so behandelt werden, als befänden sie sich bereits im Dienst (BAG 22.4.1998, 5 AZR 478/97, EzA § 11 MuSchG nF Nr 17). Hat ein Kontrollschaffner bisher die Tätigkeit in der Nähe seiner Wohnung aufgenommen und beendet, so kann der AG den Ort für Beginn und Ende der Arbeit anderweitig festlegen. Allein daraus, dass diese Handhabung jahrelang galt, kann der AN nicht entnehmen, dass der AG für die Zukunft insoweit auf sein Direktionsrecht verzichten will (BAG 7.12.2000, 6 AZR 444/99, EzA § 611 BGB Direktionsrecht Nr 23). 353

Auch wenn der AN bisher an einem Arbeitsort tätig war, kann der AG ihn möglicherweise aufgrund seines Weisungsrechts an einem anderen Ort einsetzen. Dabei kommt eine Beschäftigung an einem anderen Arbeitsplatz in demselben Betrieb oder ein Einsatz in einem anderen Betrieb in Betracht. Maßgeblich ist wiederum die Reichweite der arbeitsvertraglichen Regelung, die das Weisungsrecht des AG auch in örtlicher Hinsicht begrenzt. Ein Teil der Lit unterscheidet zwischen Umsetzung und **Versetzung**, wobei unter Umsetzung die Zuweisung eines anderen Arbeitsplatzes innerhalb des Betriebs, unter Versetzung ein neuer Einsatzort außerhalb des Betriebs verstanden wird (MünchArbR/*Reichold* § 36 Rn 51 f). Zu Recht wird aber darauf hingewiesen, dass diese Differenzierung über die Zulässigkeit einer einseitigen Maßnahme des AG nichts aussagt und es vielmehr auf die arbeitsvertraglichen oder kollektivvertraglichen Grenzen des Weisungsrechts ankommt (MünchArbR/*Reichold* § 36 Rn 51 ff). Bei arbeitsvertraglichen Regelungen kommt es nicht nur auf die Beschreibung des Einsatzorts an. Selbst wenn diese Beschreibung eng gefasst ist, kann eine Umsetzungs- oder Versetzungsklausel dem AG einen Einsatz des AN an anderer Stelle ermöglichen. Bei der Ausübung des Weisungsrechts muss der AG die Grenzen billigen Ermessens wahren (s § 106 GewO Rdn 50–65). Eine Versetzung im **Konzern** ist als dauerhafte Regelung nur einvernehmlich möglich, da sie zu einem AG-Wechsel führt. Eine vorübergehende Beschäftigung in einem anderen Konzernunternehmen kann dagegen durch eine entspr weite arbeitsvertragliche Gestaltung ermöglicht werden (ErfK/*Preis* § 611 Rn 198 mwN; zur Inhaltskontrolle von Konzernversetzungsklauseln s § 309 Rdn 5). 354

355 Wenn ein Betrieb verlegt wird, sich also die örtliche Lage des Betriebs ändert, kommt es für die Frage, ob der AN am neuen Einsatzort tätig werden muss, ebenfalls auf die vertragliche Verpflichtung des AN an. Wenn er, was idR der Fall ist, für einen bestimmten Betrieb unabhängig von dessen örtlicher Lage eingestellt ist, muss er den Einsatzort wechseln, soweit ihm der Wechsel zumutbar ist (BeckOKArbR/*Joussen* § 611 Rn 347). Wird der Betrieb innerhalb eines Orts verlegt oder ist die Ortsverlagerung nur geringfügig, so wird der AG idR verlangen können, dass der AN am neuen Arbeitsort tätig wird. Eine räumliche Veränderung von 3 km wurde iRd § 95 III BetrVG als unerheblich angesehen (BAG 27.6.2006, 1 ABR 35/05, EzA § 95 BetrVG 2001 Nr 3). Wenn sich aber durch die **Betriebsverlagerung** der Leistungsort wesentlich verändert, kann der AG vom AN die Arbeit am neuen Betriebssitz nicht aufgrund seines Weisungsrechts verlangen (für eine Betriebsverlegung von Berlin nach Lyon BAG 20.4.1989, 2 AZR 431/88, EzA § 1 KSchG Betriebsbedingte Kündigung Nr 61). Verlegt der Erwerber eines Betriebs ihn an einen Ort, an dem die AN aufgrund ihrer Arbeitsverträge nicht zur Leistung verpflichtet sind, so tritt der Erwerber nach § 613a I 1 nur in die Rechte und Pflichten der Arbeitsverhältnisse derjenigen AN ein, die bereit sind, am neuen Arbeitsort zu arbeiten (BAG 20.4.1989, 2 AZR 431/88, EzA § 1 KSchG Betriebsbedingte Kündigung Nr 61). Ob eine Ortsverlagerung geringfügig ist, hängt entscheidend von der Verkehrsanbindung ab. Das BAG hat die in einem Sozialplan vorgesehene Zumutbarkeitsgrenze von 2,5 Stunden für die arbeitstägliche Wegezeit akzeptiert (BAG 26.5.1998, 1 AZR 42/98, nv). IRd § 111 S 2 Nr 2 BetrVG hat das BAG entschieden, dass eine Verlagerung des Betriebs um 4,3 km keine geringfügige Verlegung des Standorts darstellt (BAG 17.8.1982, 1 ABR 40/80, EzA § 111 BetrVG 1972 Nr 14). Für die Frage, ob der damit verbundene längere Arbeitsweg dem AN zumutbar ist, ergibt sich daraus allerdings nichts.

356 **4. Arbeitszeit. a) Allgemeines. aa) Dauer.** Die Dauer der Arbeitszeit prägt maßgeblich die Hauptleistungspflicht des AN. Durch sie wird bestimmt, wie lange der AN seine Arbeitskraft zur Verfügung stellen muss, um die vereinbarte Vergütung zu erhalten. Die Dauer der Arbeitszeit richtet sich nach individual- oder kollektivvertraglicher Vereinbarung. Sie ist nach § 2 I 2 Nr 7 NachwG vom AG in die Niederschrift über die Arbeitsbedingungen aufzunehmen. Fehlt es an einer ausdrücklichen Vereinbarung, so kann eine betriebsübliche Arbeitszeit maßgeblich sein (LAG BW 28.10.1991, 4b Sa 27/91, EzA § 77 BetrVG 1972 Nr 44). Kann auch eine solche betriebsübliche Arbeitszeit nicht festgestellt werden, ist die nach § 3 ArbZG zulässige Höchstarbeitszeit die Regelarbeitszeit (LAG Schl-Holst 31.5.2005, 5 Sa 38/05, LAGE § 3 ArbZG Nr 2; LAG Nds 8.3.2004, 5 Sa 989/03, nv).

357 Für Tätigkeiten, die im Zusammenhang zur eigentlichen Arbeitsleistung stehen und ihrer Vor- oder Nachbereitung dienen, stellt sich die Frage, ob sie zur vergütungspflichtigen Hauptleistungspflicht des AN zählen. Hinsichtlich der Vergütung von Umkleidezeiten gab es im Jahr 2012 eine Rechtsprechungsänderung. Nach bisheriger Rspr. zählte Waschen und Umkleiden dann nicht zur Hauptleistungspflicht des AN, wenn diese **Vor- und Nachbereitungshandlungen** von der geschuldeten Leistung unterschieden werden können (so für einen Fahrer und Müllwerker eines Müllentsorgungsunternehmens BAG 11.10.2000, 5 AZR 122/99, EzA § 611 BGB Nr 30). Nur in Ausnahmefällen sollte das Umkleiden zum Inhalt der Arbeitsleistung gehören, so zB bei Models auf Modenschauen (BAG 22.3.1995, 5 AZR 934/93, EzA § 611 BGB Arbeitszeit Nr 1). Eine Vergütungspflicht sollte sich ferner nicht aus § 612 I ergeben. Das galt auch in den Fällen, in denen der AN die Dienstkleidung notwendig im Betrieb anlegen musste. Zwar könnte Waschen und Umkleiden uU als Arbeit zu werten sein, diese Tätigkeit sei aber nicht nur gegen eine Vergütung zu erwarten (BAG 11.10.2000, 5 AZR 122/99, EzA § 611 BGB Nr 30). Nicht ganz bruchfrei verhielt sich die soeben genannte Entscheidung zu einem älteren Urteil, in dem das BAG das Umkleiden bei Krankenschwestern, die vom AG gestellte Dienstkleidung in einem bestimmten Umkleideraum anlegen mussten und sie nicht mit nach Hause nehmen durften, als Teil der arbeitsvertraglichen Verpflichtung angesehen hat. Das BAG nahm an, dass die Zeit des Umkleidens und den Weg zur und von der Station zum Umkleideraum zur Arbeitszeit zu rechnen sind (BAG 28.7.1994, 6 AZR 220/94, AP BAT § 15 Nr 32). Anders entschied das BAG im Fall eines Kochs, der aus hygienischen Gründen die Berufskleidung für Köche tragen musste. Für ihn soll nach Ansicht des Gerichts die Arbeitszeit entspr einer Regelung in einer Gesamt-BV am konkreten Arbeitsplatz beginnen (BAG 22.3.1995, 5 AZR 934/93, EzA § 611 BGB Arbeitszeit Nr 1; zust *Wiese* SAE 1996, 371). Nach der neueren Rspr gilt Folgendes: Das Umkleiden für die Arbeit gehört zur Arbeit, wenn der AG das Tragen einer bestimmten Kleidung vorschreibt und das Umkleiden im Betrieb erfolgen muss. Die Fremdnützigkeit des Umkleidens ergibt sich schon aus der Weisung des AG, die ein Anlegen der Arbeitskleidung zu Hause und ein Tragen auf dem Weg zur Arbeitsstätte ausschließt. Zur Arbeit zählen auch die innerbetrieblichen Wege, die dadurch veranlasst sind, dass der AG das Umkleiden nicht am Arbeitsplatz ermöglicht, sondern dafür eine vom Arbeitsplatz getrennte Umkleidestelle einrichtet, die der AN zwingend benutzen muss. Das Umkleiden und die dadurch bedingten Wegezeiten sind auch vergütungspflichtig, da zu den nach

§ 611 zu vergütenden »versprochenen Diensten« alle vom AG im Synallagma verlangten Tätigkeiten gehören, die mit der eigentlichen Tätigkeit oder der Art und Weise ihrer Erbringung unmittelbar zusammenhängen (BAG 19.9.2012, 5 AZR 678/11, EzA § 611 BGB 2002 Nr 2. Siehe zu dieser Rspr sowie zu mitbestimmungsrechtlichen Fragen *Franzen* NZA 2016, 136). Unter diese Formulierung fällt auch das Abholen von Dienstkleidung, wenn der AG die Abholung kraft seines Weisungsrechts verlangt (BAG 19.3.2014, 5 AZR 954/12, EzA 611 BGB 2002 Nr 5).

Die Zeit, die der AN benötigt, um von seiner Wohnung aus zu dem Ort zu gelangen, an dem seine Arbeitszeit beginnt (Wegezeit), ist keine Arbeitszeit (BAG 8.12.1960, 5 AZR 304/58, EzA § 611 BGB Nr 3). Der AG hat dem AN für diese Zeiten eine Vergütung nur zu leisten, wenn eine einzel- oder kollektivvertragliche Regelung eine entspr Vergütung vorsieht. Anders ist es bei Zeiten, die der AN benötigt, um von der Betriebsstätte zu einem außerhalb der Betriebsstätte gelegenen Arbeitsplatz zu gelangen. Sie sind als Arbeitszeit zu vergüten, wenn keine abw Vereinbarung getroffen wurde (BAG 28.3.1963, 5 AZR 209/62, AP BGB § 611 Wegezeit Nr 3). Wenn der AN den außerhalb der Betriebsstätte liegenden Arbeitsplatz direkt von seiner Wohnung aus aufsucht, braucht der AG die vom AN eingesparte Wegezeit nicht zu vergüten (BAG 8.12.1960, 5 AZR 304/58, EzA § 611 BGB Nr 3). Wenn für einen Busfahrer während einer Arbeitsunterbrechung Wegezeiten anfielen, kann ein TV vorsehen, dass die Wegezeiten durch eine Schicht- und Linienzulage abgegolten werden (BAG 17.9.2003, 4 AZR 540/02, EzA § 4 TVG Ausschlussfristen Nr 169). Regelt ein TV die Vergütung für Vorbereitungs- und Abschlussdienste, für Wendezeiten und bestimmte Wegezeiten, nicht aber für den Weg vom Ort des Dienstendes zum Ort des Dienstbeginns, so kann der AN für diese Wegezeit keine Vergütung verlangen (BAG 19.1.2006, 6 AZR 259/05, EzA § 64 ArbGG 1979 Nr 41). Ein Kraftfahrer, der mit anderen Fahrern gemeinsam fährt und dabei Zeiten als Beifahrer verbringt, leistet in dieser Zeit Arbeit, weil seine Untätigkeit vom AG veranlasst ist, er am Arbeitsplatz anwesend sein muss und keine Pause iSd ArbZG hat (BAG 20.4.2011, 5 AZR 200/10, EzA § 611 BGB 2002 Mehrarbeit Nr 3). Soweit der AN eine Dienstreise unternehmen muss, ist ihm die Reisezeit, die während der Arbeitszeit anfällt, zu vergüten (*Küttner/Griese* Dienstreise Rn 4; *Loritz* NZA 1997, 1188, 1193; s ausf *Schaub/Linck* § 45 Rn 55). Fallen außerhalb der regelmäßigen Arbeitszeit Reisezeiten an, die im Interesse des AG liegen, so hat der AG diese Zeiten als Arbeitszeit zu vergüten, wenn eine entspr Vereinbarung vorliegt oder § 612 I eingreift. Eine Regel, nach der solche Reisezeiten grds zu vergüten sind, besteht nicht (BAG 26.7.2006, 7 AZR 495/05, EzA § 14 TzBfG Nr 31; 3.9.1997, 5 AZR 428/96, EzA § 612 BGB Nr 20). Eine formularvertragliche Klausel, nach der Reisezeiten, die außerhalb der Arbeitszeit anfallen, mit der Vergütung abgegolten sind, ist wegen Intransparenz unwirksam (BAG 20.4.2011, 5 AZR 200/10, EzA § 611 BGB 2002 Mehrarbeit Nr 3).

358

Eine einseitige Veränderung der Arbeitszeit ist dem AG nicht möglich und kann ihm auch nicht durch individualvertragliche Vereinbarung gestattet werden. Das BAG hat eine Klausel, nach der AG die Arbeitszeit einseitig nach Bedarf reduzieren konnte, als Umgehung von zwingenden Vorschriften des Kündigungsschutzrechts eingestuft und nach § 134 für nichtig erklärt (BAG 12.12.1984, 7 AZR 509/83, EzA § 315 BGB Nr 29). Nach Inkrafttreten des Schuldrechtsmodernisierungsgesetzes kontrolliert das BAG einseitige Leistungsbestimmungsrechte unter den §§ 305 ff. Eine Regelung, nach der AN bei einer vertraglich vorgesehenen wöchentlichen Arbeitszeit von 30 Stunden auf Aufforderung des AG über diese Arbeitszeit hinaus arbeiten musste, sieht es nach § 307 I 1 als unwirksam an (BAG 7.12.2005, 5 AZR 535/04, EzA § 12 TzBfG Nr 2). Eine tarifvertragliche Regelung, die das Leistungsbestimmungsrecht des AG erweitert, hält das BAG zumindest dann für zulässig, wenn der AG innerhalb eines tarifvertraglich festgelegten Rahmens unter den im TV zu regelnden Voraussetzungen eine feststehende tarifliche Wochenarbeitszeit verlängern oder zu ihr zurückkehren kann (BAG 10.7.2003, 6 AZR 372/02, AP TVAL II § 9 Nr 6; 26.6.1985, 4 AZR 585/83, EzA § 1 TVG Nr 19). Rahmenbestimmungen in TV, mit denen bestimmte Arbeitsbedingungen nicht abschließend geregelt werden und die der Konkretisierung bedürfen, hält das BAG generell für zulässig. Dabei müssen mit Blick auf die Rechtssicherheit und Rechtsklarheit Adressat und Umfang der Delegation deutlich sein. Die konkretisierende Regelung des Bestimmungsberechtigten ergänze den Tarifinhalt und schaffe damit Normen, die wie Tarifvorschriften wirken und deren rechtliches Schicksal teilen. Die Konkretisierung müsse nach billigem Ermessen erfolgen. Im Streitfall ging es um eine Klausel, die bei Vorliegen erschwerter Arbeitsbedingungen die Verkürzung der tarifvertraglich festgelegten Arbeitszeit bei gleichbleibendem Entgelt ermöglichte (BAG 28.11.1984, 5 AZR 123/83, AP TVG § 4 Bestimmungsrecht Nr 1). Zu beachten ist, dass tarifvertragliche Leistungsbestimmungsrechte den AN nicht den Schutz tarifdispositiver Gesetze entziehen dürfen, da die Leistungsbestimmung durch die bestimmungsberechtigte Person nicht die Richtigkeitsgewähr des TV mit sich bringt (*Löwisch/Rieble* § 1 TVG Rn 910). Erst recht sind die Grenzen zwingenden Rechts zu beachten. So hat auch das BAG eine Regelung, die dem AG die einseitige Anordnung von Kurzarbeit gestattete, ohne dieses Bestimmungsrecht

359

irgendwie zu begrenzen, wegen Verstoßes gegen zwingendes Kündigungsschutzrecht für unwirksam erklärt (BAG 18.10.1994, 1 AZR 503/93, EzA § 615 BGB Kurzarbeit Nr 2).

360 **bb) Lage.** Die Lage der Arbeitszeit, also die Verteilung der geschuldeten Arbeit auf den Tag, die Woche oder den Monat, unterliegt mangels arbeits- oder kollektivvertraglicher Regelung dem **Weisungsrecht** des AG (unter Verweis auf § 106 GewO BAG 23.9.2004, 6 AZR 567/03, EzA § 106 GewO Nr 1). An einer einzelvertraglichen Regelung wird es häufig fehlen, da die Lage der Arbeitszeit an den betrieblichen Bedürfnissen orientiert ist. Aus demselben Grund ist eine Regelung durch TV unpraktikabel (HWK/*Thüsing* § 611 Rn 310). In Betrieben mit BR kann daher trotz des Tarifvorrangs nach § 87 I Einleitungssatz BetrVG das Mitbestimmungsrecht des BR nach § 87 I Nr 2 BetrVG voll zum Tragen kommen. Wenn die Arbeitsvertragsparteien bei Vertragsschluss die zu diesem Zeitpunkt im Betrieb geltende Regelung zur Lage der Arbeitszeit vereinbaren, ist diese Abrede nicht als Individualvereinbarung zur Arbeitszeit zu verstehen. Sie ist vielmehr dahin gehend auszulegen, dass die Arbeitsleistung zu den jeweils wirksam bestimmten betrieblichen Arbeitszeiten zu erbringen ist. Angesichts der vielfältigen Gründe für eine Änderung der betriebsüblichen Arbeitszeit muss ein AN, der Wert auf eine bestimmte Arbeitszeit legt, diese mit dem AG als verbindlich vereinbaren. Das gilt auch dann, wenn die bei Vertragsschluss geltende betriebsübliche Arbeitszeit seinen Wünschen und Vorstellungen entspricht (BAG 23.6.1992, 1 AZR 57/92, EzA § 611 BGB Direktionsrecht Nr 12).

361 **b) Mehrarbeit, Überstunden, Kurzarbeit.** S zum Begriff der Mehrarbeit und der Überstunden sowie zur Vergütungspflicht des AG Rdn 144–149. Mehr- oder Überarbeit kann der AG nur verlangen, wenn eine entspr **Rechtsgrundlage** besteht. Kraft seines Weisungsrechts kann er Mehr- oder Überarbeit vom AN nicht verlangen. Eine Ausnahme gilt in Notfällen (ArbRBGB/*Schliemann* § 611 Rn 638; *Rolfs* StudKomm ArbR § 611 Rn 95). Ist allerdings ein Schaden bereits eingetreten und sollen durch Überstunden lediglich Aufräumarbeiten erledigt werden, ist trotz einer Extremsituation (Flutkatastrophe) nicht unbedingt ein Notfall gegeben (ArbG Leipzig 4.2.2003, 7 Ca 6866/02, NZA-RR 2003, 365). Der AN kann nicht allein aufgrund einer längeren entspr Handhabung die Zuweisung einer bestimmten Mindestanzahl von Überstunden verlangen (LAG Köln 21.1.1999, 6 Sa 1252/98, NZA-RR 1999, 517, 518).

362 Kurzarbeit ist gegeben, wenn die vereinbarte individuelle Arbeitszeit des AN aufgrund eines vorübergehend gesunkenen Arbeitsbedarfs im Betrieb herabgesetzt wird (Erman/*Edenfeld* § 611 Rn 287). Meist wird zugleich die betriebliche Arbeitszeit herabgesetzt (BeckOKArbR/*Joussen* § 611 Rn 326). Ihre Anordnung bedarf ebenfalls einer arbeits- oder kollektivvertraglichen Rechtsgrundlage, das Weisungsrecht des AG umfasst nicht den Umfang der Arbeitsleistung.

363 Bei der vorübergehenden Verkürzung oder Verlängerung der betriebsüblichen Arbeitszeit hat der BR nach § 87 I Nr 3 BetrVG mitzubestimmen (s § 87 BetrVG Rdn 25–34).

364 **c) Bereitschaftsdienst, Arbeits- und Rufbereitschaft.** Der AN ist uU verpflichtet, sich während bestimmter Zeiten zur Arbeit bereitzuhalten. Während dieser Zeiten leistet er zwar nicht unbedingt Arbeit für den AG, ist aber auch nicht völlig frei im Umgang mit seiner Zeit. Das BAG definiert **Bereitschaftsdienst** als die Zeitspanne, während derer der **AN**, ohne dass er unmittelbar am Arbeitsplatz anwesend sein müsste, **sich für Zwecke des Betriebs an einer vom AG bestimmten Stelle innerhalb oder außerhalb des Betriebs aufhalten muss**, damit er **erforderlichenfalls** seine **volle Arbeitstätigkeit sofort oder zeitnah aufnehmen** kann (BAG 16.3.2004, 9 AZR 93/03, EzA § 7 ArbZG Nr 7). Von dieser Definition geht auch der Gesetzgeber aus (BT-Drs 15/1587, S 29), obschon der Begriff des Bereitschaftsdienstes im ArbZG nicht definiert ist. Zu Recht wertet das BAG Zeiten des Bereitschaftsdienstes inzwischen als Arbeitszeit. Zwar ergab sich aus den §§ 5 III, 7 II Nr 1 ArbZG aF, dass der Gesetzgeber Bereitschaftsdienst zunächst nicht als Arbeitszeit verstanden wissen wollte. Nachdem der EuGH aber diese arbeitszeitrechtliche Bewertung des Bereitschaftsdienstes als nicht europarechtskonform beurteilt hatte, hat der Gesetzgeber zum 1.1.2004 die Bezugnahme auf den Bereitschaftsdienst aus den §§ 5 III, 7 II Nr 1 ArbZG gestrichen. Erklärtes Ziel der Gesetzesänderung war es, einen europarechtskonformen Zustand herzustellen und Bereitschaftsdienst als Arbeitszeit einzuordnen (BT-Drs 15/1587, S 29 f). Der AN ist nur dann verpflichtet, Bereitschaftsdienst zu leisten, wenn eine entspr **arbeits- oder kollektivvertragliche Regelung** besteht. Auch eine **betriebliche Übung** kann Rechtsgrundlage für die Leistung von Bereitschaftsdienst sein (BAG 26.1.1989, 6 AZR 566/86, ZTR 1989, 318, 319). Wenn die Pflicht zur Ableistung von Bereitschaftsdienst im Arbeitsvertrag nur rahmenmäßig geregelt ist, unterliegt die Konkretisierung dem Weisungsrecht des AG, sodass bei der Anordnung des Bereitschaftsdienstes die Grenzen des billigen Ermessens (§ 315) zu wahren sind (BAG 25.10.1989, 2 AZR 633/88, EzA § 1 KSchG Verhaltensbedingte Kündigung Nr 30). Eine Billigkeitskontrolle findet aber nicht statt, wenn die Anordnungsbefugnis des AG bereits tarifvertraglich durch bestimmte Vorgaben beschränkt ist.

In diesem Fall ist davon auszugehen, dass es im Übrigen der Entscheidung des AG überlassen sein soll, ob er Bereitschaftsdienst anordnen will (BAG 12.2.1992, 4 AZR 314/91, EzA § 611 BGB Direktionsrecht Nr 11). Da Bereitschaftsdienst und Vollarbeit sich qualitativ unterscheiden, können die TV-Parteien für den Bereitschaftsdienst eine geringere Vergütung vorsehen als für die Vollarbeit (BAG 28.1.2004, 5 AZR 503/02, EzA § 611 BGB 2002 Arbeitsbereitschaft Nr 1). Die arbeitsschutzrechtliche Zuordnung des Bereitschaftsdienstes zur Arbeitszeit hat keine Konsequenzen für die Vergütungspflicht. Auch wenn der Bereitschaftsdienst rechtswidrig angeordnet wurde, folgt daraus nicht, dass diese Zeiten wie Vollarbeit zu vergüten sind (BAG 28.1.2004, 5 AZR 503/02, EzA § 611 BGB 2002 Arbeitsbereitschaft Nr 1). Da im Fall des Abrufs Vollarbeit geleistet wird, kommt es zu einer vorübergehenden Verlängerung der betriebsüblichen Arbeitszeit. Ferner ist die Lage der Arbeitszeit betroffen. Der BR hat daher nach § 87 I Nr 2, 3 BetrVG ein Mitbestimmungsrecht bei der Einführung von Bereitschaftsdiensten (BAG 29.2.2000, 1 ABR 15/99, EzA § 87 BetrVG 1972 Arbeitszeit Nr 61). Nicht mitbestimmungspflichtig ist dagegen die Anordnung von Bereitschaftsdienst statt Vollarbeit innerhalb der betriebsüblichen Arbeitszeit (BAG 24.1.2006, 1 ABR 6/05, EzA § 87 BetrVG 2001 Arbeitszeit Nr 8).

Arbeitsbereitschaft definiert das BAG als »**wache Achtsamkeit im Zustand der Entspannung**« (BAG 29.10.2002, 1 AZR 603/01, EzA § 4 ArbZG Nr 1). Wie sich aus § 7 I Nr 1a) ArbZG ergibt, handelt es sich arbeitsschutzrechtlich um Arbeitszeit. **Ggü der Vollarbeit** ist Arbeitsbereitschaft eine **mindere Leistung**, die den AN erheblich weniger als die Vollarbeit beansprucht und damit einen Entspannungszustand ermöglicht. Von der **Pause** unterscheidet sich die Arbeitsbereitschaft dadurch, dass der AN sich bei Arbeitsbereitschaft zur jederzeitigen Arbeitsaufnahme bereithalten muss (BAG 9.3.2005, 5 AZR 385/02, EzA § 4 TVG Ausschlussfristen Nr 177). Das ständige Beobachten und die unmittelbare Beaufsichtigung technischer Anlagen auf Funktionstüchtigkeit ist nicht nur Arbeitsbereitschaft, sondern bereits unmittelbare Arbeitsleistung (BAG 22.3.1990, 6 AZR 411/88, ZTR 1990, 517, 519). Zur Vollarbeit zählen arbeitsleistungsfreie Zeiten von wenigen Minuten, die keine ins Gewicht fallende Entspannung ermöglichen und deshalb ggü der Vollarbeit keine mindere Leistung darstellen. Bis zu welcher Zeitdauer eine Wartezeit unerheblich für die Bewertung als Vollarbeit ist, hängt von der jeweiligen Tätigkeit ab (BAG 9.3.2005, 5 AZR 385/02, EzA § 4 TVG Ausschlussfristen Nr 177). Für die Tätigkeit eines Rettungssanitäters hat das BAG eine Wartezeit von bis zu 10 Minuten als unerheblich angesehen (BAG 12.2.1986, 7 AZR 358/84, AP BAT § 15 Nr 7). Wenn der AN während der Arbeitsbereitschaft zur Arbeit herangezogen wird, leistet er Vollarbeit und erhält für diese Zeiten einen Anspruch auf eine seiner Teilleistung entspr Vergütung, sofern nicht individual- oder kollektivrechtlich etwas anderes vereinbart ist (BAG 10.1.1991, 6 AZR 351/89, nv). IÜ soll nach einer in der Lit vertretenen Ansicht für Arbeitsbereitschaft mangels abw Regelung nur eine geringere Vergütung als der normale Zeitlohn zu entrichten sein (MüKo-BGB/*Müller-Glöge* § 611 Rn 563; aA zutr ArbRBGB/*Schliemann* Rn 613).

365

Rufbereitschaft ermöglicht es dem AG, den AN **außerhalb der regelmäßigen Arbeitszeit bei Bedarf** zur **Arbeitsleistung** zu verpflichten (BAG 22.9.2005, 6 AZR 579/04, EzA § 1 TVG Auslegung Nr 42). Im Gegensatz zum Bereitschaftsdienst kann der AN bei Rufbereitschaft die freie Zeit nach seinen Vorstellungen gestalten. Der AN ist allerdings in der Wahl seines Aufenthaltsorts nicht völlig frei. Er muss dafür sorgen, dass zwischen dem Abruf und der Arbeitsaufnahme nur eine solche Zeitspanne liegt, die den Einsatz nicht gefährdet (BAG 19.12.1991, 6 AZR 592/89, EzA § 611 BGB Arbeitsbereitschaft Nr 1). Deshalb mag es dem AN nicht unbedingt möglich sein, die Zeit der Rufbereitschaft zu Hause zu verbringen, wenn sein Arbeitsort vom Wohnort aus nicht schnell genug zu erreichen ist. Der AN kann sich aber während der Rufbereitschaft um private Angelegenheiten kümmern, da er nicht sofort nach Abruf zur Arbeit zur Verfügung stehen muss. Mit diesen Vorgaben ist es nicht vereinbar, wenn der AG die Abrufzeit so kurz bemisst, dass dem AN diese Freiheiten nicht mehr verbleiben. Abrufzeiten von 10 oder 20 Minuten hat das BAG als zu kurz angesehen. Wenn der AG auf derart kurze Abruffristen angewiesen sei, müsse er ggf auf Bereitschaftsdienst zurückgreifen (BAG 31.1.2002, 6 AZR 214/00, EzA § 611 BGB Rufbereitschaft Nr 2; 19.12.1991, 6 AZR 592/89, EzA § 611 BGB Arbeitsbereitschaft Nr 1). Der AN hat ohne bes Regelung keinen Anspruch darauf, zu Rufbereitschaftsdiensten eingeteilt zu werden (BAG 17.3.1988, 6 AZR 268/85, AP BAT § 15 Nr 11; Hess LAG 3.7.2001, 2 Sa 53/01, ArztR 2002, 240, 243). Zeiten einer Rufbereitschaft sind Arbeitszeiten iSv § 87 I Nr 2 BetrVG, ferner geht es bei der Einführung von Rufbereitschaft um die vorübergehende Verlängerung der betriebsüblichen Arbeitszeit in Bedarfsfällen. Der BR hat daher bei der Aufstellung von Rufbereitschaftsplänen ein Mitbestimmungsrecht nach § 87 I Nr 2, 3 BetrVG (BAG 21.12.1982, 1 ABR 14/81, EzA § 87 BetrVG 1972 Arbeitszeit Nr 16). Arbeitszeiten, die der AN iRv Rufbereitschaft ableistet, sind **keine Überstunden**, sondern werden je nach vertraglicher Vereinbarung mit dem für Überstunden vereinbarten Entgelt vergütet oder mit einer Pauschale abgegolten (BAG 24.10.2000, 9 AZR 634/99, EzA § 11 BUrlG Nr 48). Hat ein Chefarzt für die ihm zugesagte Vergütung keine bestimmte Arbeitszeit vereinbart, so

366

muss er bei Urlaubs- und Krankheitsvertretungen zusätzliche Rufbereitschaft ohne bes Vergütung jedenfalls dann übernehmen, wenn es sich nur um eine Vertretung von kurzer Dauer (im Streitfall 3 Monate) handelt (BAG 16.4.1986, 5 AZR 306/85, nv).

367 **d) Anspruch auf Teilzeitarbeit.** Zum Anspruch des AN auf Reduktion seiner Arbeitszeit nach § 8 I TzBfG, § 15 VII BEEG und § 81 V 2 SGB IX s jeweils Kommentierung dort.

368 **5. Durchsetzung der Arbeitspflicht.** Erfüllt der AN seine Leistungspflicht nicht, so kann der AG ihn auf Erfüllung verklagen. Zwar kann ein stattgebendes Urteil nach § 888 III ZPO nicht vollstreckt werden. Mit der Verurteilung zur Arbeitsleistung ist aber nach § 61 II 1 ArbGG auf Antrag des AG eine Entschädigung für den Fall festzusetzen, dass der AN nicht innerhalb einer im Urteil festzusetzenden Frist die Arbeitsleistung erbringt. Davon abgesehen hat das Urteil Appellfunktion und kann der Vorbereitung eines Schadensersatzprozesses dienen (MüKo-BGB/*Müller-Glöge* § 611 Rn 1033). Soweit die Zwangsvollstreckung ausscheidet, darf eine einstweilige Verfügung auf Arbeitsleistung nicht ergehen (Staudinger/*Richardi/Fischinger* § 611 Rn 1091; aA HWK/*Thüsing* § 611 Rn 346).

369 **II. Nebenpflichten. 1. Allgemeines.** Das Gegenstück zur Fürsorgepflicht des AG bildete in Rspr und Lit lange Zeit die **Treuepflicht** des AN. Sie wurde als arbeitsvertragliche Nebenpflicht des AN eingeordnet, die den AN verpflichtet, auf die Interessen des AG Rücksicht zu nehmen (BAG 13.11.2001, 9 AZR 590/99, EzA § 9 MuSchG nF Nr 36; s zur Entwicklung der Treuepflicht Staudinger/*Richardi/Fischinger* § 611 Rn 1162 ff). Teilw wurde auch sehr allg weitgehend formuliert, dass die Treuepflicht es dem AN gebietet, alles zu unterlassen, was dem AG oder dem Betrieb abträglich ist (BAG 26.1.1995, 2 AZR 355/94, EzA § 626 BGB nF Nr 155). Normativer Anknüpfungspunkt war § 242. Inzwischen regelt § **241 II** ausdrücklich die **Pflicht zur Rücksichtnahme auf Rechte, Rechtsgüter und Interessen des Vertragspartners** und ist damit die Rechtsgrundlage für die Nebenpflichten des AN. Die Nebenpflichten des AN sind vielgestaltig. Häufig sind sie auf ein Unterlassen gerichtet, aber auch Handlungspflichten können sich aus § 241 II ergeben. In der Rspr haben sich einzelne Nebenpflichten des AN herauskristallisiert.

370 **2. Auskunfts- und Anzeigepflichten.** Auskunfts- und Anzeigepflichten des AN können sich aus Gesetz, Kollektiv- oder Individualvertrag ergeben. Eine gesetzliche Anzeigepflicht enthält zB § 5 I EFZG hins der Arbeitsunfähigkeit und ihrer voraussichtlichen Dauer. Obwohl an sich jede Partei ihre Interessen selbstständig wahrnehmen muss, ist der AN kraft vertraglicher Nebenpflicht zur Auskunft verpflichtet, wenn der AG in entschuldbarer Weise über Bestehen oder Umfang seines Rechts im Ungewissen ist und der AN die zur Beseitigung der Ungewissheit erforderliche Auskunft unschwer geben kann. Der **AG** muss ein **berechtigtes, billigenswertes und schutzwürdiges Interesse** an der Beantwortung der Frage geltend machen können. Ferner darf die Auskunft **den AN nicht übermäßig belasten**. Kann der AG die Information auf zumutbare Weise anderweitig erhalten, so ist der AN nicht zur Auskunft verpflichtet. Bei Fragen, die das allg Persönlichkeitsrecht des AN berühren, muss eine Interessenabwägung unter Berücksichtigung des Verhältnismäßigkeitsgrundsatzes erfolgen (BAG 7.9.1995, 8 AZR 828/93, EzA § 242 BGB Auskunftspflicht Nr 4). Nach diesen Grundsätzen muss der AN Fragen des AG zu seiner Vor- und Ausbildung beantworten, wenn davon auszugehen ist, dass die bei der Einstellung abgegebenen Erklärungen und danach erfolgte Ergänzungen nicht mehr vollständig vorhanden sind (BAG 7.9.1995, 8 AZR 828/93, EzA § 242 BGB Auskunftspflicht Nr 4). Hat der AG Anhaltspunkte für eine Vertragsverletzung, so kann er den AN zu den Gründen befragen und dabei auch Auskunft darüber verlangen, ob der AN eine Nebentätigkeit ausübt (BAG 18.1.1996, 6 AZR 314/95, EzA § 242 BGB Auskunftspflicht Nr 5). Ein entspr Verdacht des AG muss aber durch Tatsachen begründet sein (BAG 23.1.1992, 6 AZR 110/90, ZTR 1993, 66, 67). Zum Auskunftsanspruch des AG über den während des Annahmeverzugs erzielten Zwischenverdienst s § 615 Rdn 78.

371 Der AN muss dem AG **drohende Schäden anzeigen**. Deshalb ist der AN verpflichtet, erhebliche Mehrzahlungen, die er sich nicht erklären kann, dem AG mitzuteilen (BAG 10.3.2005, 6 AZR 217/04, EzA § 4 TVG Ausschlussfristen Nr 176, s Rdn 241). Drohende Schäden oder Gefahren im eigenen Arbeitsbereich sind anzuzeigen (BeckOKArbR/*Joussen* § 611 Rn 387). **Schädigende Handlungen der Arbeitskollegen** muss der AN jedenfalls dann mitteilen, wenn sie sich in seinem Aufgabenbereich abspielen (BAG 18.6.1970, 1 AZR 520/69, EzA § 611 BGB Arbeitnehmerhaftung Nr 1; s.a. LAG Berlin 9.1.1989, 9 Sa 93/88, LAGE § 1 KSchG Verhaltensbedingte Kündigung Nr 21). Die Lit nimmt darüber hinausgehende Anzeigepflichten nur an, wenn erhebliche Schäden drohen (Soergel/*Kraft* § 611 Rn 145). Soweit es dem AN ohne eigene Gefährdung möglich ist, hat er einfach und in zumutbarer Weise zu beseitigende **Schäden oder Störungen in seinem Arbeitsbereich selbst zu beheben**. Auch hat der AN mit den Arbeits- und Betriebsmitteln sorgfältig umzugehen (MünchArbR/*Reichold* § 49 Rn 8).

3. Verschwiegenheit. Der AN ist verpflichtet, **Betriebs- und Geschäftsgeheimnisse** zu wahren (s zum 372
Schutz von Betriebsgeheimnissen *Richters/Wodtke* NZA-RR 2003, 281; *Depenheuer* Zulässigkeit und Grenzen der Verwertung von Unternehmensgeheimnissen durch den AN, 1995). Betriebs- und Geschäftsgeheimnisse sind Tatsachen, die im Zusammenhang mit einem Geschäftsbetrieb stehen, nicht offenkundig, sondern nur einem eng begrenzten Personenkreis bekannt sind und nach dem bekundeten Willen des AG iR eines berechtigten wirtschaftlichen Interesses geheim gehalten werden sollen. Dabei sind offenkundig solche Tatsachen, über die sich jeder Interessierte ohne bes Mühe Kenntnis verschaffen kann (BAG 16.3.1982, 3 AZR 83/79, EzA § 242 BGB Nachvertragliche Treuepflicht Nr 1). Zu den geheim zu haltenden Tatsachen können zB technisches Know-how, Warenbezugsquellen, Absatzgebiete, Kunden- und Preislisten, Bilanzen, Inventuren und Kreditwürdigkeit zählen. Zu ihnen gehören nicht allg bekannte und übliche Verfahren oder Tatsachen, auch wenn der AG sie als solche bezeichnet (BAG 26.9.1990, 2 AZR 602/89, RzK I 8c Nr 20).

Ein Geschäftsgeheimnis braucht keinen bestimmten Vermögenswert zu besitzen. Ausreichend ist vielmehr, 373
dass es sich für den AG nachteilig auswirken kann, wenn Dritte Kenntnis von den Daten erlangen (BGH 27.4.2006, I ZR 126/03, NJW 2006, 3424). Hins des Geheimhaltungswillens reicht es aus, wenn sich der entspr Wille des AG aus der Natur der geheim zu haltenden Tatsache ergibt (BGH 10.5.1995, 1 StR 764/94, NJW 1995, 2301).

Zur Geheimhaltungspflicht bestehen verschiedene **Spezialregelungen**. Für Auszubildende ist sie in § 13 374
Nr 6 BBiG ausdrücklich niedergelegt. Ferner enthält § 24 II ArbNErfG eine Sonderregel zur Geheimhaltung von Diensterfindungen. BR-Mitglieder sind nach § 79 I BetrVG zur Wahrung von Geheimnissen verpflichtet, die ihnen wegen ihrer Zugehörigkeit zum BR bekannt geworden und vom AG ausdrücklich als geheimhaltungsbedürftig bezeichnet worden sind. Außerdem enthalten die §§ 17 I, 18 I UWG Strafvorschriften im Zusammenhang mit Geheimhaltungspflichten. S zu gesetzlichen und vertraglichen Regelungen zum Schutz von Betriebs- und Geschäftsgeheimnissen *Salger/Breitfeld* BB 2005, 154.

Ein berechtigtes Geheimhaltungsinteresse kann der AG nicht geltend machen, soweit es um **illegale Geheim-** 375
nisse geht. Gesetzesverstöße des AG braucht der AN nicht geheim zu halten (BeckOKArbR/*Joussen* § 611 Rn 407). In der Lit wird allerdings vertreten, dass nur strafrechtlich sanktionierte oder den AN konkret berührende Gesetzesverstöße aus der Verschwiegenheitspflicht auszunehmen sind, da es nicht Sache des AN sei, für die Aufrechterhaltung des objektiven Rechts im Betrieb zu sorgen (HWK/*Thüsing* § 611 Rn 350). Diese Auffassung berücksichtigt nicht ausreichend, dass die Verschwiegenheitspflicht den AN einschränkt, was nur gerechtfertigt ist, wenn ein berechtigtes Geheimhaltungsinteresse des AG besteht. Das ist aber nicht gegeben, wenn er sich nicht gesetzestreu verhält. S zum strafrechtlichen Schutz illegaler Geheimnisse *Rützel* GRUR 1995, 557.

Kommt der AN seiner **Zeugnispflicht** nach und macht dabei nicht wissentlich unwahre oder leichtfertig 376
falsche Angaben, so darf ihm aufgrund dieses Verhaltens kein zivilrechtlicher Nachteil entstehen. Daher darf dem AN im Regelfall nicht aufgrund einer **Anzeige** fristlos gekündigt werden. Das gilt auch, wenn er die Anzeige freiwillig erstattet (BVerfG 2.7.2001, 1 BvR 2049/00, EzA § 626 BGB nF Nr 188). Allerdings darf die Anzeige keine unverhältnismäßige Reaktion auf ein Verhalten des AG oder seines Repräsentanten darstellen. Indizien für eine unverhältnismäßige Reaktion des anzeigenden AN sind die Berechtigung der Anzeige, die Motivation des Anzeigenden oder ein fehlender innerbetrieblicher Hinweis auf die angezeigten Missstände (BAG 3.7.2003, 2 AZR 235/02, EzA § 1 KSchG Verhaltensbedingte Kündigung Nr 61). So nimmt der AN mit der Anzeige des AG keine berechtigten Interessen wahr, wenn er den AG »fertigmachen« will (BAG 4.7.1991, 2 AZR 80/91, RzK I 6a 74). Die innerbetriebliche Klärung ist nicht stets vorrangig (BAG 7.12.2006, 2 AZR 400/05, EzA § 1 KSchG Verhaltensbedingte Kündigung Nr 70; 3.7.2003, 2 AZR 235/02, EzA § 1 KSchG Verhaltensbedingte Kündigung Nr 61; s zum Meinungsbild in der Lit *Müller* NZA 2002, 424, 434). So muss der AN eine innerbetriebliche Klärung nicht versuchen, wenn er sich durch die Nichtanzeige einer Straftat selbst strafbar machen würde oder wenn Abhilfe berechtigterweise nicht zu erwarten ist. Ferner muss der AN bei schwerwiegenden Straftaten oder vom AG selbst begangenen Straftaten nicht zunächst auf innerbetriebliche Klärung dringen. Hat dagegen ein Mitarbeiter seine Pflichten verletzt oder strafbar gehandelt, so hält das BAG einen Hinweis ggü dem AG für zumutbar. Das soll vor allem dann gelten, wenn es um Pflichtverstöße geht, die (auch) den AG schädigen (BAG 7.12.2006, 2 AZR 400/05, EzA § 1 KSchG Verhaltensbedingte Kündigung Nr 70; 3.7.2003, 2 AZR 235/02, EzA § 1 KSchG Verhaltensbedingte Kündigung Nr 61).

Vertragliche Vereinbarungen über die Verschwiegenheitspflicht des AN sind zulässig. Dabei kann der AG 377
die Verschwiegenheitspflicht aber nicht beliebig erweitern. Verschwiegenheit kann dem AN vielmehr nur abverlangt werden, wenn und soweit dies durch die Belange des Betriebs gerechtfertigt ist (LAG Hamm 5.10.1988, 15 Sa 1403/88, DB 1989, 783, 784; *Preis/Reinfeld* AuR 1989, 361, 365 f).

378 Die Verschwiegenheitspflicht des AN besteht **über das Ende des Arbeitsverhältnisses hinaus** fort. Das BAG sieht in einer nachvertraglichen Verschwiegenheitspflicht des AN keine unzulässige Beschränkung seiner Interessen. Sie stelle den AN vielmehr nur mit denjenigen AN gleich, die keine Geheimnisträger sind (BAG 16.3.1982, 3 AZR 83/79, EzA § 242 BGB Nachvertragliche Treuepflicht Nr 1; 15.6.1993, 9 AZR 558/91, EzA § 74 HGB Nr 55). Die Verschwiegenheitspflicht erfasst allerdings nur die geheim zu haltenden Tatsachen. Deshalb darf der AN zwar zB Kundenlisten nicht veräußern, das Umwerben von Kunden des AG ist ihm durch die Verschwiegenheitspflicht aber nicht verwehrt (BAG 15.12.1987, 3 AZR 474/86, EzA § 611 BGB Betriebsgeheimnis Nr 1). Auch in weiteren Urteilen unterscheidet das BAG die Anforderungen aus der Verschwiegenheitspflicht scharf von denen eines Wettbewerbsverbots. Ein solches Wettbewerbsverbot könne aus der nachvertraglichen Verschwiegenheitspflicht nicht abgeleitet werden. Vereinbaren die Parteien beim Ausscheiden des AN ausdrücklich Stillschweigen über einen bestimmten Geschäftsbereich, so wird mit einer so weitgehenden Verschwiegenheitspflicht die Grenze zum entschädigungspflichtigen und zeitlich auf höchstens 2 Jahre beschränkten Wettbewerbsverbot überschritten (BAG 19.5.1998, 9 AZR 394/97, EzA § 74 HGB Nr 61).

379 Wenn der AN seine Verschwiegenheitspflicht verletzt, kann der AG **Unterlassung** verlangen. **Schadensersatzansprüche** können sich aus § 280 I oder aus § 823 II iVm § 17 UWG ergeben. Die Pflichtverletzung kann ferner eine **Abmahnung** nach sich ziehen und **uU eine Kdg** rechtfertigen (LAG Berlin 10.7.2003, 16 Sa 545/03, LAGE § 626 BGB 2002 Nr 1a).

380 **4. Wettbewerbsverbot.** Für Wettbewerbsverbote gelten je nach dem Zeitpunkt der Wirkung des Verbots unterschiedliche Regeln. Zu unterscheiden sind **Wettbewerbsverbote, die während des Arbeitsverhältnisses greifen und nachvertragliche Wettbewerbsverbote**. Für die Dauer des Arbeitsverhältnisses enthält § 60 HGB ein gesetzliches Wettbewerbsverbot, das allerdings auf Handlungsgehilfen beschränkt ist. Das BAG hat den in dieser Vorschrift enthaltenen allg Rechtsgedanken aufgegriffen und entschieden, dass es AN allg auch ohne ausdrückliche vertragliche Abrede nicht gestattet ist, dem AG während der Dauer des Arbeitsvertrags Konkurrenz zu machen (BAG 28.9.1989, 2 AZR 97/89, RzK I 6a 58; 17.10.1969, 3 AZR 442/68, EzA § 60 HGB Nr 2). Für Einzelheiten zum Wettbewerbsverbot während des Arbeitsverhältnisses s die Kommentierung zu den §§ 60, 61 HGB.

381 Nach Beendigung des Vertragsverhältnisses kann die Wettbewerbstätigkeit des AN nach § 110 GewO vertraglich beschränkt werden. Die Vorschrift verweist auf die §§ 74–75 f HGB. S zu nachvertraglichen Wettbewerbsverboten die Kommentierung dort.

382 **5. Nebentätigkeit.** Dem AN ist es nicht grds versagt, neben seiner Hauptbeschäftigung einer weiteren Tätigkeit nachzugehen. Das folgt zum einen aus **Art 12 I GG** (BAG 18.1.1996, 6 AZR 314/95, EzA § 242 BGB Auskunftspflicht Nr 5; *Wank* AR-Blattei SD Nr 1230 Rn 18). Zum anderen ist zu berücksichtigen, dass der AN dem AG seine Arbeitskraft nur während der Arbeitszeit zur Verfügung zu stellen hat, die Gestaltung der freien Zeit jedoch dem AN überlassen ist (BAG 14.8.1969, 2 AZR 184/68, EzA § 1 ArbKrankhG Nr 25). Die Freiheit des AN findet jedoch dort ihre Grenze, wo seine Nebentätigkeit mit seiner Arbeitspflicht kollidiert (s zu den Interessenkonflikten bei Nebentätigkeiten *Peter* Nebentätigkeiten von Arbeitnehmern, 2006). Das ist vor allem dann der Fall, wenn die Nebentätigkeit in der Zeit ausgeübt wird, in der der AN seine Arbeitsleistung schuldet. Auch wenn eine solche Überschneidung nicht gegeben ist, ist die **Nebentätigkeit mit der Arbeitspflicht unvereinbar**, wenn die vertraglich vereinbarte Arbeitsleistung unter der Nebentätigkeit leidet (BAG 18.1.1996, 6 AZR 314/95, EzA § 242 BGB Auskunftspflicht Nr 5). Ferner können Wettbewerbsinteressen des AG einer Nebentätigkeit entgegenstehen (BAG 13.11.1979, 6 AZR 934/77, EzA § 1 KSchG Verhaltensbedingte Kündigung Nr 6; 21.9.1999, 9 AZR 759/98, EzA § 611 BGB Nebentätigkeit Nr 3; *Braun* DB 2003, 2282, 2283).

383 Das BAG hat eine erhebliche Pflichtverletzung des AN in einem Fall angenommen, in dem ein AN trotz Krankschreibung in Nebentätigkeit Nachtschichten geleistet hat (BAG 26.8.1993, 2 AZR 154/93, EzA § 626 BGB nF Nr 148). Nicht jede Nebentätigkeit während der Arbeitsunfähigkeit ist aber unzulässig. Nur wenn der AN die Genesung durch die Nebentätigkeit verzögert, liegt in der Nebentätigkeit bei Arbeitsunfähigkeit eine Pflichtverletzung (BAG 13.11.1979, 6 AZR 934/77, EzA § 1 KSchG Verhaltensbedingte Kündigung Nr 6; näher zu Nebentätigkeiten während der Arbeitsunfähigkeit *Hunold* NZA-RR 2002, 505, 507 f; *Wank* AR-Blattei SD Nr 1230 Rn 30 ff). Für unvereinbar mit der arbeitsvertraglichen Leistungspflicht sieht das BAG auch die Tätigkeit eines Krankenpflegers als Leichenbestatter an. Da die Haupttätigkeit des AN der Erhaltung von Leben und Gesundheit der Patienten diene, seine Nebentätigkeit aber den Tod voraussetze, könnten die Patienten den Eindruck gewinnen, von ihm nicht in der gebotenen Weise, also ohne eindeutige Lösung des durch Haupt- und Nebentätigkeit entstandenen Zielkonflikts iSd Erhaltung von Leben und Gesundheit, behandelt zu werden (BAG 28.2.2002, 6 AZR 357/01, EzA § 611 BGB Nebentätigkeit Nr 7).

In diesem Fall hat das BAG darüber hinaus allg eine Pflichtverletzung bei erheblicher Beeinträchtigung wesentlicher Interessen des AG angenommen. Eine solche relevante Beeinträchtigung sah das Gericht in der Verbindung der Tätigkeiten des AN in Presseberichten, die den Eindruck erwecken könnten, als ob der AN bei seiner Nebentätigkeit Wettbewerbsvorteile ggü anderen Bestattern genieße (BAG 28.2.2002, 6 AZR 357/01, EzA § 611 BGB Nebentätigkeit Nr 7). Die darin liegende Erweiterung der Beschränkung von Nebentätigkeiten des AN ist krit zu betrachten (ErfK/*Preis* § 611 Rn 725). Fraglich ist, ob bei dieser Sachlage tatsächlich die Nebentätigkeit zu untersagen ist oder der AN nicht lediglich auf die strikte Trennung der Tätigkeiten zu achten und die Tätigkeiten verbindende Werbung zu unterlassen hat.

Wettbewerbsinteressen sah das BAG verletzt bei einer Tätigkeit eines DGB-Rechtsschutzsekretärs als Rechtsanwalt (BAG 21.9.1999, 9 AZR 759/98, EzA § 611 BGB Nebentätigkeit Nr 3). Dasselbe gilt, wenn ein Hörfunksprecher bei einem anderen im publizistischen und finanziellen Wettbewerb mit seinem AG stehenden Sender Nachrichtentexte sprechen will (BAG 24.6.1999, 6 AZR 605/97, EzA § 611 BGB Nebentätigkeit Nr 2). Auch wenn ein Pkw-Hersteller Jahreswagen vermittelt und ein AN mit Jahreswagen Handel treibt, sind Wettbewerbsinteressen des AG berührt (BAG 15.3.1990, 2 AZR 484/89, RzK I 5i 60; s zu weiteren Einzelfällen die Übersicht bei *Hunold* NZA-RR 2002, 505, 509 f). Während die Rspr bisher nur darauf abstellte, wie der AN den Konkurrenten seines AG durch die Nebentätigkeit unterstützt, wenn nicht der Nebentätigkeit von vornherein jegliche unterstützende Wirkung abgesprochen werden kann (BAG 24.6.1999, 6 AZR 605/97, EzA § 611 BGB Nebentätigkeit Nr 2), hat der 10. Senat angeregt, bloße Hilfstätigkeiten ohne Wettbewerbsbezug unberücksichtigt zu lassen (BAG 24.3.2010, 10 AZR 66/09, EzA § 611 BGB 2002 Nebentätigkeit Nr 1). Im öffentl Dienst besteht ein berechtigtes Interesse des AG daran, dass ein AN keine Nebentätigkeit ausübt, die ihn in einen Konflikt mit seinen dienstlichen Pflichten bringt. Deshalb darf ein AN grds nicht in dem Bereich eine Nebentätigkeit ausüben, der unmittelbar in den Zuständigkeitsbereich seiner Dienststelle fällt. Wenn aber der AN ohne die Möglichkeit zur Rückkehr in ein aktives Arbeitsverhältnis beurlaubt ist, ist ein Interessenwiderstreit mit dienstlichen Pflichten wegen der auf Dauer ruhenden Hauptleistungspflichten der Parteien von vornherein ausgeschlossen (BAG 13.3.2003, 6 AZR 585/01, AP BAT § 11 Nr 7). 384

Arbeitszeitrechtliche Grenzen können einer Nebentätigkeit ebenfalls entgegenstehen. Wenn ein AN neben seinem Arbeitsverhältnis ein weiteres Arbeitsverhältnis eingeht und dadurch die gesetzlich zulässige Höchstarbeitszeit sehr erheblich überschritten wird, sieht das BAG das 2. Arbeitsverhältnis als nichtig an (BAG 19.6.1959, 1 AZR 565/57, AP BGB § 611 Doppelarbeitsverhältnis Nr 1). Wenn dagegen eine für kurze Zeit begründete Nebentätigkeit nur in geringem Umfang arbeitszeitrechtlich unzulässig ist, bleibt der Vertrag wirksam; es besteht lediglich ein Beschäftigungsverbot (BAG 14.12.1967, 5 AZR 74/67, AP AZO § 1 Nr 2). Der AN, der Höchstlenk- und Mindestruhezeiten einhalten muss, kann nicht verlangen, dass ihm eine Nebentätigkeit genehmigt wird, durch die sein vertragsgemäßer Einsatz beim AG mit Blick auf diese Beschränkungen gefährdet wird (BAG 26.6.2001, 9 AZR 343/00, EzA § 611 BGB Nebentätigkeit Nr 4). 385

Da eine Nebentätigkeit nur unter bestimmten Umständen unzulässig ist, kann der AG Nebentätigkeiten des AN nicht vertraglich unter einen generellen **Erlaubnisvorbehalt** stellen. Wenn diesem Grundsatz zuwider ein Arbeitsvertrag einen allg Genehmigungsvorbehalt enthält, so ist diese Klausel dahin gehend auszulegen, dass der AN für solche Nebentätigkeiten, die berechtigte Interessen des AG nicht beeinträchtigen, die Genehmigung beanspruchen kann (BAG 26.8.1976, 2 AZR 377/75, EzA § 626 BGB nF Nr 49; zust *Weber* SAE 2003, 364, 366). Diese Auslegung wird das BAG voraussichtlich auch nach der Schuldrechtsmodernisierung beibehalten. § 305c II, der ein abw Ergebnis begründen könnte, ist nur anzuwenden, wenn nach Ausschöpfung der anerkannten Auslegungsmethoden nicht behebbare Zweifel verbleiben. In anderem Zusammenhang hat das BAG dabei berücksichtigt, wie eine Klausel nach st Rspr zu verstehen ist (BAG 17.1.2006, 9 AZR 41/05, EzA § 3 TVG Bezugnahme auf Tarifvertrag Nr 33). Danach ist davon auszugehen, dass das BAG Nebentätigkeitsklauseln, die ihrem Wortsinn nach einen allg Genehmigungsvorbehalt vorsehen, einschränkend auslegen und als klar einstufen wird. Bei dieser Interpretation wirkt sich ein Erlaubnisvorbehalt nicht wie ein Nebentätigkeitsverbot aus. Das Genehmigungserfordernis soll es dem AG lediglich ermöglichen, bereits vor Aufnahme der Nebentätigkeit zu prüfen, ob dienstliche Interessen beeinträchtigt werden. Ein Verstoß gegen Art 12 I GG liegt nicht vor (BAG 21.9.1999, 9 AZR 759/98, EzA § 611 BGB Nebentätigkeit Nr 3). Berechtigte Interessen kann der AG geltend machen, wenn die Nebentätigkeit während der Arbeitszeit ausgeübt werden soll, die vertraglich vereinbarte Arbeitsleistung anderweitig unter der Nebentätigkeit leidet oder Wettbewerbsinteressen des AG berührt sind (s.o. Rdn 382; s.a. *Wertheimer/Krug* BB 2000, 1462, 1465). Bei einem geringfügig beschäftigten AN hat das BAG eine Anzeigepflicht auch ohne ausdrückliche Vereinbarung angenommen, weil der AG wegen evtl Meldepflichten ein Interesse hat, von der Nebentätigkeit zu erfahren (BAG 18.11.1988, 8 AZR 12/86, EzA § 611 BGB Teilzeitarbeit Nr 3). Regelungen der Betriebspartner über Nebentätigkeiten in BV sind nach umstr aber zutr Ansicht nur 386 zulässig, soweit es um die Kollision mit betrieblichen Belangen geht (BeckOKArbR/*Joussen* § 611 Rn 398). Die TV-Parteien haben iRd Regelung der Arbeits- und Wirtschaftsbedingungen die Befugnis, Nebenpflichten für Nebentätigkeiten zu regeln (BAG 26.6.2001, 9 AZR 343/00, EzA § 611 BGB Nebentätigkeit Nr 4). Genehmigungsvorbehalte in TV gestattet die Lit bei berechtigten Interessen des AG (MünchArbR/*Reichold* § 49 Rn 57).

387 Übt der AN eine unzulässige Nebentätigkeit aus, kann der AG **Unterlassung** verlangen. Er kann ferner eine **Abmahnung** aussprechen. Wenn der AN eine erforderliche Nebentätigkeitsgenehmigung nicht beantragt, rechtfertigt dieses Verhalten auch dann eine Abmahnung, wenn der AN Anspruch auf Erteilung der Genehmigung hat (BAG 11.12.2001, 9 AZR 464/00, EzA § 611 BGB Nebentätigkeit Nr 6). Eine **Kdg** aufgrund der unzulässigen Nebentätigkeit kommt in Betracht, wenn die Arbeitsleistung des AN unter der Nebentätigkeit leidet (BAG 26.8.1976, 2 AZR 377/75, EzA § 626 BGB nF Nr 49). Übt der AN die Nebentätigkeit während der Arbeitsunfähigkeit aus, so ist eine Kdg nur gerechtfertigt, wenn Wettbewerbsinteressen des AG beeinträchtigt werden oder die Nebentätigkeit den Heilungsprozess verzögert (BAG 13.11.1979, 6 AZR 934/77, EzA § 1 KSchG Verhaltensbedingte Kündigung Nr 6). Die Verletzung von Anzeigepflichten kann zu **Schadensersatzansprüchen** führen (BAG 18.11.1988, 8 AZR 12/86, EzA § 611 BGB Teilzeitarbeit Nr 3).

388 **6. Einhalten der betrieblichen Ordnung.** Der AN ist verpflichtet, sich der Ordnung des Betriebs entspr zu verhalten. Sofern das Verhalten die Erfüllung seiner Arbeitspflicht betr, ist die Arbeitspflicht Grundlage für die Verhaltenspflicht. Soweit es um das Zusammenwirken mit anderen im Betrieb geht, ist auf die allg Schutz- und Rücksichtnahmepflicht des AN zurückzugreifen. Zwar bestehen diese Pflichten nur ggü dem AG, er kann aber aufgrund seiner Organisations- und Leitungsmacht Regeln über das Verhalten im Betrieb aufstellen. Der AN hat das Interesse des AG an einem ungestörten Arbeitsablauf zu wahren (DLW/*Dörner* Kap 3 Rn 447). Hins des Ordnungsverhaltens besteht ein Mitbestimmungsrecht des BR nach § 87 1 Nr 1 BetrVG.

389 **7. Außerdienstliches Verhalten.** Außerdienstliches Verhalten des AN ist **dem Einfluss des AG grds entzogen**. So kann der AG weder in die Gestaltung der Vermögenssphäre des verschuldeten AN eingreifen und von ihm Umschuldung oder Tilgung bestimmter Forderungen verlangen (BAG 4.11.1981, 7 AZR 264/79, EzA § 1 KSchG Verhaltensbedingte Kündigung Nr 9), noch eine Kdg auf das Sexualverhalten des AN stützen (BAG 23.6.1994, 2 AZR 617/93, EzA § 242 BGB Nr 39). Der AN kann aber uU verpflichtet sein, bestimmte Verhaltensweisen zu unterlassen, wenn sich das Verhalten negativ auf die Arbeit auswirken würde (zB Alkoholgenuss eines Kraftfahrers vor Dienstantritt, vgl BAG 23.9.1986, 1 AZR 83/85, EzA § 87 BetrVG 1972 Betriebliche Ordnung Nr 12; MünchArbR/*Reichold* § 49 Rn 45).

390 **Vertragliche Abreden** können den AN **nicht über dieses Maß hinaus** beschränken. Sie können daher lediglich die ohnehin bestehende arbeitsvertragliche Nebenpflicht konkretisieren (vgl *Preis/Preis* Arbeitsvertrag, II A 160 Rn 7). Soweit in der Lit eine weiter gehende arbeitsvertragliche Beschränkung zugelassen wird (MünchArbR/*Reichold* § 49 Rn 48), ist dies abzulehnen, da der AG kein berechtigtes Interesse hat, die Handlungsfreiheit des AN zu beschränken, wenn nicht die Arbeitsleistung durch das außerdienstliche Verhalten berührt wird. Dass die vertraglichen Regelungsmöglichkeiten hins des außerdienstlichen Verhaltens nicht über das hinausgehen, wozu der AN ohnehin verpflichtet ist, ist hinzunehmen. Vertragliche Abreden werden dadurch nicht sinnlos, da sie der Klarstellung und Konkretisierung dienen.

391 Besonderheiten gelten in **Tendenzbetrieben** und insb im kirchlichen Bereich. Hier können sich Loyalitätspflichten ergeben, die in den außerdienstlichen Bereich hinübergreifen (HWK/*Thüsing* § 611 Rn 376; *Rolfs* StudKomm ArbR Art 140 GG Rn 3 f; zur Beachtung der kirchlichen Glaubens- und Sittenlehre bei kirchlichen AG BVerfG 4.6.1985, 2 BvR 1703/83, EzA § 611 BGB Kirchliche Arbeitnehmer Nr 24). Auch außerhalb des Tendenzbereichs kann der AG ein gewisses Maß an Loyalität von seinen AN verlangen, die daher rufschädigendes Verhalten grds zu unterlassen haben. Dabei ist aber das Grundrecht des AN auf freie Meinungsäußerung zu beachten (ErfK/*Preis* § 611 Rn 734; s näher Art 5 GG Rdn 36 f).

392 Soweit Nebenpflichten sich auf den außerdienstlichen Bereich erstrecken, kann ihre Verletzung zu **Schadensersatzansprüchen** führen oder uU – ggf nach einer **Abmahnung** – eine **Kdg** rechtfertigen.

393 **8. Ärztliche Untersuchung.** Der AN kann gesetzlich oder durch TV verpflichtet sein, sich während des Arbeitsverhältnisses ärztlich untersuchen zu lassen. Die Reichweite der Pflicht richtet sich nach der zugrunde liegenden Regelung. Enthält zB ein TV nur eine Regelung zur Untersuchung hins der körperlichen Eignung des AN, so kann der AG aufgrund dieser Norm keine Untersuchung auf die psychische Eignung verlangen (ArbG Frankfurt 29.4.2003, 4 Ca 7442/02, nv). Auch ohne eine gesonderte Rechtsgrundlage trifft den AN die Nebenpflicht, sich einer ärztlichen Untersuchung zu unterziehen, wenn der AG ein **berechtigtes**

Interesse an der Untersuchung hat. Ein solches berechtigtes Interesse kann sich zB aus begründeten Zweifeln an der gesundheitlichen Tauglichkeit des AN für die arbeitsvertraglich geschuldete Tätigkeit ergeben. Der AN darf in einem solchen Fall die notwendige ärztliche Begutachtung nicht über Gebühr erschweren oder unmöglich machen. Aus der Verpflichtung, sich untersuchen zu lassen, folgt aber nicht, dass der AN jede Untersuchung dulden muss, die der Arzt oder der AG für sachdienlich halten. Hins des Umfangs der Untersuchung sind die Interessen des AG und das Interesse des AN an der Wahrung seiner Intimsphäre und körperlichen Unversehrtheit gegeneinander abzuwägen. Routineuntersuchungen, mit deren Hilfe vorbeugend geklärt werden soll, ob der AN alkohol- oder drogenabhängig ist, sind nach diesen Grundsätzen regelmäßig unzulässig (BAG 12.8.1999, 2 AZR 55/99, EzA § 1 KSchG Verhaltensbedingte Kündigung Nr 55).

9. Vorteilsannahme. Der AN darf im Zusammenhang mit seiner Tätigkeit nur sehr eingeschränkt Vorteile von Dritten in Empfang nehmen. Das BAG nimmt eine Pflichtverletzung des AN an, wenn er bei der Ausführung von vertraglichen Aufgaben sich **Vorteile versprechen lässt oder entgegennimmt**, die dazu bestimmt oder auch nur geeignet sind, ihn **in seinem geschäftlichen Verhalten zugunsten Dritter und zum Nachteil seines AG zu beeinflussen** (BAG 21.6.2001, 2 AZR 30/00, EzA § 626 BGB Unkündbarkeit Nr 7). Auch eine nachträgliche Belohnung für die Tätigkeit darf der AN von Dritten nicht annehmen (MünchArbR/*Reichold* § 48 Rn 49). Die Nebenpflicht des AN, keine Vorteile von Dritten anzunehmen, dient dem Schutz des AG, der sich bei Vorteilsannahme durch den AN der Gefahr ausgesetzt sieht, dass der AN nicht wie geschuldet im Interesse des AG handelt (BeckOKArbR/*Joussen* § 611 Rn 400). Daher ist nicht relevant, ob es zu einer den AG schädigenden Handlung gekommen ist. Ausreichend ist vielmehr, dass der gewährte Vorteil allg die Gefahr begründet, der AN werde nicht mehr allein die Interessen des AG wahrnehmen (BAG 21.6.2001, 2 AZR 30/00, EzA § 626 BGB Unkündbarkeit Nr 7). Wegen dieses Hintergrunds ist die Nebenpflicht auch nicht nur verletzt, wenn der AN pflichtwidrig handelt (Staudinger/*Richardi/Fischinger* § 611 Rn 1225). § 299 StGB stellt unabhängig von zivilrechtlichen Sanktionen die Bestechlichkeit im geschäftlichen Verkehr unter Strafe. 394

Trinkgelder oder **kleinere, branchenübliche Geschenke** darf der AN iRd Verkehrssitte annehmen, weil sie nicht geeignet sind, einen Interessenkonflikt hervorzurufen (Soergel/*Kraft* § 611 Rn 151). Auch das Einverständnis des AG führt dazu, dass die Annahme des Vorteils keine Pflichtverletzung darstellt (HWK/*Thüsing* § 611 Rn 365). 395

Empfangene **Schmiergelder** muss der AN nach § 687 II an den AG herausgeben (BAG 14.7.1961, 1 AZR 288/60, EzA § 687 BGB Nr 1; LAG Nds 14.9.2005, 15 Sa 1610/03, LAGE § 667 BGB 2002 Nr 2, mit ausführlichem Nachweis der aA LAG München, 8.5.2012, 6 Sa 957/11, juris). Für den Fall, dass ein AN das Schmiergeldverbot erheblich verletzt, sieht das BAG nicht nur einen wichtigen Grund für eine außerordentliche Kdg als gegeben an. Das Gericht nimmt ferner an, dass in solchen Fällen die umfassende Interessenabwägung nur in bes Ausnahmefällen zur Unwirksamkeit der außerordentlichen Kdg führen kann (für den öffentl Dienst BAG 17.3.2005, 2 AZR 245/04, EzA § 626 BGB 2002 Nr 9). Den eigentlichen Grund für die Kdg sieht das BAG bei der Vorteilsannahme weniger in der Verletzung vertraglicher Pflichten, als in der damit zutage getretenen Einstellung des AN, bei seiner Tätigkeit unbedenklich eigene Vorteile wahrnehmen zu wollen, obwohl er sie allein im Interesse des AG auszuführen hat. Durch dieses Verhalten zerstöre der AN das Vertrauen in seine Zuverlässigkeit und Redlichkeit (BAG 15.11.1995, 2 AZR 974/94, EzA § 102 BetrVG 1972 Nr 89; 21.6.2001, 2 AZR 30/00, EzA § 626 BGB Unkündbarkeit Nr 7). 396

G. Leistungsstörungen. Leistungsstörungen treten auf, wenn Hauptleistungspflichten im Arbeitsverhältnis nicht oder nicht ordnungsgemäß erbracht werden. Zu Leistungsstörungen kann es aufseiten beider Parteien kommen. Erscheinungsformen der Leistungsstörung sind aufseiten des AN die Unmöglichkeit, die Unzumutbarkeit, die verspätete Leistung und die Schlechtleistung. Seitens des AG kann Unmöglichkeit oder Schuldnerverzug eintreten, zudem kann er in Annahmeverzug geraten (allg zu Leistungsstörungen im ArbR nach der Schuldrechtsreform *Wank* FS Schwerdtner, 2003, S 247). 397

I. Leistungsstörungen aufseiten des AN. 1. Unmöglichkeit. a) Unmöglichkeit als Folge der Nichtleistung. Die **Arbeitsleistung** hat nach hM **Fixschuldcharakter** (BAG 13.2.2002, 5 AZR 470/00, EzA § 4 EntgeltfzG Nr 5). IdR wird die Arbeitsleistung als absolute Fixschuld eingestuft mit der Folge, dass die Arbeitsleistung unmöglich wird, wenn sie nicht zum geschuldeten Zeitpunkt erbracht wird. Zur Begründung wird angeführt, dass die Leistungspflicht des AN mit der Bestimmung der Lage der Arbeitszeit zur absoluten Fixschuld wird (Staudinger/*Richardi/Fischinger* § 611 Rn 1064, 1100). Die Rspr des BAG ist nicht einheitlich. Neben Urteilen, die die Arbeitsleistung als absolute Fixschuld einordnen (BAG 3.8.1999, 1 AZR 735/98, EzA Art 9 GG Arbeitskampf Nr 133), steht zB ein Urteil, nach dem die Arbeitsleistung in einzelnen Arbeitsschichten bei geringfügigem Zuspätkommen zunächst noch nachholbar sein 398 soll, der Fixschuldcharakter der Arbeitsleistung also nicht absolut ist (BAG 17.3.1988, 2 AZR 576/87, EzA § 626 BGB nF Nr 116). Ein Teil der Lit betont die Bedeutung der konkreten Vereinbarung und Situation im Arbeitsverhältnis. Zwar sei die Arbeitsleistung nicht nachholbar, wenn die Arbeitszeit auf einen ganz bestimmten Zeitraum beschränkt sei. Auch könne der AG das Interesse an der Leistung verlieren, wenn die Arbeitszeit an der Laufzeit von Maschinen und einer bestimmten Betriebsorganisation ausgerichtet sei. Wenn aber die Lage der Arbeitszeit nicht streng fixiert sei, wie zB bei Gleitzeitvereinbarungen oder Vereinbarungen über Arbeitszeitkonten, könne die Nachholbarkeit der Leistung nicht von vornherein verneint werden (MünchArbR/*Reichold* § 39 Rn 8 ff). Letztlich ist aber auch bei flexibler Arbeitszeitgestaltung (zB im Wege der Gleitzeit) die Arbeitsleistung nicht beliebig nachholbar. Ggü der täglich streng auf einen bestimmten, der täglich geschuldeten Arbeitszeit entspr Zeitraum fixierten Arbeitszeit wird lediglich ein gewisser zeitlicher Rahmen für die Arbeitsleistung eröffnet. Erbringt der AN die für diesen Zeitabschnitt geschuldete Leistung nicht oder nicht vollständig, so wird ihm die Leistung idR ganz oder teilw unmöglich. Nur selten wird die Möglichkeit bestehen, Arbeit, die in einem bestimmten Zeitraum geschuldet wird – sei er genauso lang wie die geschuldete Arbeitszeit oder länger – außerhalb dieses Zeitraums nachzuholen.

399 Die Leistung kann **objektiv oder subjektiv unmöglich** sein, § 275 I. Das BAG hat objektive Unmöglichkeit ua beim Wegfall der Betriebsstätte angenommen. Wenn die Leistung eine bestimmte Grundlage voraussetze, wie im ArbR die Betriebsstätte des AG, könne mit deren Wegfall die geschuldete Leistung nicht mehr erbracht werden (BAG 13.6.1990, 5 AZR 350/89, EzA § 611 BGB Beschäftigungspflicht Nr 44). Subjektive Unmöglichkeit (Unvermögen) liegt demgegenüber vor, wenn einer anderen Person – die erforderlichen Fähigkeiten vorausgesetzt – die Arbeitsleistung möglich wäre, der AN aber außerstande ist, die geschuldete Leistung zu erbringen. In der Lit wird angeführt, dass Unvermögen im Arbeitsverhältnis stets zur objektiven Unmöglichkeit führt, da der AN die Arbeitsleistung in Person erbringen muss und deshalb nicht darauf abgestellt werden kann, ob ein anderer die Arbeitsleistung erbringen muss (*Gotthardt* Rn 89). Obwohl diese Auffassung zutr ist, lässt sich für den Ursprung der Unmöglichkeit trotzdem nach subjektiven und objektiven Gründen unterscheiden. Allerdings kommt es letztlich auf die Unterscheidung zwischen objektiver und subjektiver Unmöglichkeit nicht an, da § 275 I an beide Arten der Unmöglichkeit dieselbe Rechtsfolge knüpft.

400 Die Arbeitsleistung ist dem AN nicht schon dann unmöglich, wenn er aus Gründen in seiner Person nicht mehr alle Arbeiten verrichten kann, die in den Rahmen der vereinbarten Tätigkeit fallen. So hat zB der krankheitsbedingt nur eingeschränkt leistungsfähige AN einen Anspruch auf Zuweisung leidensgerechter Arbeit, wenn dies dem AG möglich und zumutbar ist (BAG 24.9.2003, 5 AZR 282/02, EzA § 615 BGB 2002 Nr 3).

401 Die sog **faktische oder praktische Unmöglichkeit** hat in § 275 II eine gesonderte Regelung erfahren. Die Norm erfasst Fälle, in denen die Leistung zwar erbracht werden könnte, kein vernünftiger Gläubiger sie aber ernsthaft erwarten würde (BeckOKArbR/*Joussen* § 611 Rn 352). Die bloße Leistungserschwerung wird nach der Gesetzesbegründung von § 275 II allerdings nicht erfasst, auf diese Fälle ist vielmehr § 313 anwendbar (BT-Drs 14/6040, S 130).

402 **b) Rechtsfolgen der Unmöglichkeit.** Nach § 275 I wird der Schuldner im Fall der Unmöglichkeit von der Verpflichtung zur Leistung frei. Das gilt sowohl für die anfängliche als auch für die nachträgliche objektive oder subjektive Unmöglichkeit. Diese Rechtsfolge ist verschuldensunabhängig. § 275 II gewährt dem Schuldner ein **Leistungsverweigerungsrecht**, das er **einredeweise** geltend machen kann.

403 Das Schicksal der Gegenleistung richtet sich nach § 326. **Nach § 326 I 1 entfällt der Anspruch des AN auf die Gegenleistung.** Hat der AG die Gegenleistung bereits erbracht, so kann er im Fall des § 326 I nach § 326 IV das Entgelt nach den Regeln über den Rücktritt zurückfordern. Die Norm ist Ausdruck des Grundsatzes »ohne Arbeit kein Lohn«. Allerdings gelten im ArbR zahlreiche **Ausnahmen** von dieser Vorschrift. So bleibt dem AN in den Fällen der §§ 615, 616 der Entgeltanspruch trotz Nichtleistung erhalten. An Feiertagen und bei Krankheit erfolgt EFZ nach dem EFZG und während des Urlaubs wird nach § 11 BUrlG Urlaubsentgelt gezahlt. Ein Entgeltanspruch ohne Arbeitsleistung kann sich ferner aus weiteren spezialgesetzlichen Regelungen wie zB § 11 MuSchG oder den §§ 37 II, 38 BetrVG ergeben. Der AN behält seinen Entgeltanspruch nach § 326 II 1 ferner, wenn der AG für den Umstand, der zur Unmöglichkeit der Arbeitsleistung geführt hat, allein oder weit überwiegend verantwortlich ist oder wenn dieser vom AN nicht zu vertretende Umstand während des Annahmeverzugs des AG eintritt. In diesen Fällen muss sich der AN allerdings nach § 326 II 1 dasjenige anrechnen lassen, was er infolge der Befreiung von der Leistung erspart oder durch anderweitige Verwendung seiner Arbeitskraft erwirbt oder zu erwerben böswillig unterlässt.

404 Ferner können dem AG bei Unmöglichkeit **Schadensersatzansprüche** gegen den AN nach den §§ 280 I, III, 283, 311a zustehen. Voraussetzung ist allerdings, dass der AN die Unmöglichkeit der Leistung zu vertreten hat, § 280 I 2. Das ist zB der Fall, wenn er die Leistung eigenmächtig abbricht oder nicht aufnimmt und

keiner der gesetzlich geregelten Befreiungstatbestände vorliegt (ErfK/*Preis* § 611 Rn 679). Das in § 326 V vorgesehene Rücktrittsrecht wird im ArbR durch das Kündigungsrecht verdrängt (MüKo-BGB/*Müller-Glöge* § 611 Rn 1041). Vertragswidriges Verhalten kann uU eine verhaltensbedingte Kdg des AG rechtfertigen.

2. Unzumutbarkeit. Ein **Leistungsverweigerungsrecht** steht dem AN ferner **nach § 275 III bei Unzumutbarkeit** der Leistung zu. Ob die Leistung unzumutbar ist, ist unter Berücksichtigung des der Leistung entgegenstehenden Hindernisses und des Leistungsinteresses des Gläubigers zu beurteilen. Anders als bei § 616 ist das Leistungshindernis nicht auf Gründe beschränkt, die in der Person des AN liegen (*Gotthardt* Rn 99). Im Fall der Unzumutbarkeit steht es dem AN frei, sich auf das Leistungsverweigerungsrecht zu berufen oder die Leistung trotzdem zu erbringen. 405

In der Gesetzesbegründung werden mehrere Beispielsfälle angeführt. Neben der Sängerin, die den Auftritt verweigert, weil ihr Kind erkrankt ist, soll auch der türkische AN, der zum Wehrdienst einberufen wurde und dem bei Nichtantritt des Wehrdienstes die Todesstrafe droht, ein Leistungsverweigerungsrecht nach § 275 III haben. Auch während der Arbeitszeit notwendige Arztbesuche, die notwendige Versorgung schwerkranker Angehöriger oder die Ladung zu Behörden oder Gerichtsterminen sollen unter die Norm fallen (BT-Drs 14/6040, S 130). Die Lit nennt neben diesen Fallgruppen der Krankheit und der familiären und persönlichen Gründe zusätzlich noch erhebliche Gefahren für Leben oder Gesundheit und Gewissensgründe als mögliche Ursachen für die Unzumutbarkeit der Leistung (HWK/*Thüsing* § 611 Rn 392). Für einige dieser Fälle ist str, ob sie zur Unmöglichkeit nach § 275 I oder zur Unzumutbarkeit nach § 275 III führen. 406

Str sind zunächst die Folgen einer **Erkrankung des AN**. Die Gegenäußerung der BReg zur Stellungnahme des BR zum Entwurf eines Schuldrechtsmodernisierungsgesetzes impliziert, dass bei Krankheit Unzumutbarkeit vorliegt, ohne sich allerdings zur Abgrenzung zu § 275 I zu äußern (BT-Drs 6857, S 47). Ein Teil der Lit ordnet Fälle der krankheitsbedingten Arbeitsunfähigkeit bei der Unmöglichkeit ein (BeckOKArbR/ *Joussen* § 611 Rn 354; *Däubler* NZA 2001, 1329, 1332), ein anderer Teil geht von einem Leistungsverweigerungsrecht nach § 275 III aus (*Huber/Faust* Rn 2/13 Fn 11; *Löwisch* NZA 2001, 465 f). Eine vermittelnde Ansicht stellt zu Recht darauf ab, ob der **AN potenziell zur Arbeitsleistung imstande** ist oder nicht. Kann der AN trotz der Erkrankung noch arbeiten, soll ihm das Leistungsverweigerungsrecht nach § 275 III zustehen, ist ihm dagegen die Arbeitsleistung gar nicht möglich, soll § 275 I eingreifen (HWK/*Thüsing* § 611 Rn 393). Diese Differenzierung wirkt sich vor allem dann aus, wenn dem AN die Arbeitsleistung zwar noch möglich ist, er aber durch die Leistung riskiert, in absehbarer Zeit seinen Gesundheitszustand zu verschlimmern. In diesen Fällen, in denen die Rspr Arbeitsunfähigkeit annimmt (BAG 9.10.2002, 5 AZR 443/01, EzA § 11 MuSchG nF Nr 23), steht dem AN nach der hier zugrunde gelegten vermittelnden Ansicht ein Leistungsverweigerungsrecht zu. Der ua auf die soeben zit Rspr des BAG gestützte Einwand, Arbeitsunfähigkeit meine schon inhaltlich nichts anderes, als dass der AN nicht in der Lage sei zu arbeiten, verfängt nicht. Das BAG geht in der fraglichen Konstellation ausdrücklich nicht davon aus, dass der AN bereits bei Bescheinigung der Arbeitsunfähigkeit nicht fähig ist, seine Leistung zu erbringen, sondern erst durch die Tätigkeit unfähig zur Arbeitsleistung würde (BAG 9.10.2002, 5 AZR 443/01, EzA § 11 MuSchG nF Nr 23). Soweit die Vertreter der Ansicht, die auch in dieser Konstellation § 275 I anwenden, dem AN die Möglichkeit zur überobligationsmäßigen Leistung einräumen und den AG jedenfalls dann zur Gegenleistung verpflichten, wenn der AN seine Leistung erbracht hat (*Joussen* NZA 2001, 745, 747), verringern sich zwar die Unterschiede zwischen den vertretenen Ansichten. Dennoch ist es unter dem Gesichtspunkt der Zurückweisung der vom erkrankten AN angebotenen Arbeitsleistung nicht gleichgültig, ob Unmöglichkeit vorliegt oder lediglich ein Leistungsverweigerungsrecht besteht. 407

Bringt die Arbeitsleistung eine objektive, erhebliche Gefahr für Leben oder Gesundheit des AN mit sich, so steht ihm nach § 273 ein Leistungsverweigerungsrecht zu, wenn die Gefahr darauf beruht, dass der AG die ihm arbeitsschutzrechtlich auferlegten Pflichten nicht erfüllt (s § 618 Rdn 26). § 275 III greift ein, wenn die Gefährdung trotz der Einhaltung arbeitsschutzrechtlicher Standards besteht (ErfK/*Preis* § 611 Rn 686). Ist die Gefährdung berufsspezifisch, wie etwa bei Feuerwehrleuten oder Sprengmeistern, so kann sich der AN nicht auf die Unzumutbarkeit der Leistung berufen (MüKo-BGB/*Müller-Glöge* § 611 Rn 1037). 408

Ein **Gewissenskonflikt** kann den AN ebenfalls berechtigen, die Leistung nach § 275 III zu verweigern (s allg zu Gewissenskonflikten im ArbR *Bauer* Gewissensschutz im Arbeitsverhältnis, 2004; *Hansen* Die rechtliche Behandlung von Glaubens- und Gewissenskonflikten im Arbeitsverhältnis, 2000; *Konzen/Rupp* Gewissenskonflikte im Arbeitsverhältnis, 1990; *Kraushaar* ZTR 2001, 208; *Otto* Personale Freiheit und soziale Bindung, 1978, S 108 ff; s.a. Art 4 GG Rdn 18). Damit ist das bereits vor Einführung der Norm von der Rspr anerkannte Leistungsverweigerungsrecht (BAG 20.12.1984, 2 AZR 436/83, EzA § 1 KSchG Verhaltensbedingte Kündigung Nr 16) gesetzlich verankert. Allerdings ist § 275 III nicht in allen Fällen des Gewissenskonflikts der korrekte Anknüpfungspunkt. UU ist der AN bereits nicht verpflichtet, die vom 409

AG verlangte Arbeit auszuführen, sodass es eines Leistungsverweigerungsrechts nicht bedarf. Diese Konstellation ist immer dann gegeben, wenn der AN eine Tätigkeit verweigert, die nicht im Arbeitsvertrag ausdrücklich als geschuldet bezeichnet ist, sondern ihm vom AG im Rahmen der arbeitsvertraglichen Tätigkeitsbeschreibung durch Einzelweisung zugeteilt wird. Der AG muss in diesen Fällen gem § 106 S 1 GewO die Grenzen billigen Ermessens wahren. Tut er dies nicht, so braucht der AN der Anweisung nicht Folge zu leisten. Ob dem AN im Einzelfall ein Leistungsverweigerungsrecht aus Gewissensgründen zusteht oder er die ihn in einen Gewissenskonflikt bringende Weisung mangels Billigkeit nicht zu befolgen braucht, ist unter Abwägung der Interessen beider Vertragsparteien zu bestimmen. IRd **Interessenabwägung** sind verfassungsrechtliche Wertungen einzubringen (ausf *Hensslein* AcP 190 (1990), 538, 547 ff). Das BAG will in dem Abwägungsprozess berücksichtigen, ob der **Gewissenskonflikt** für den AN **vorhersehbar** war, und ob aktuelle betriebliche Erfordernisse den Einsatz gerade dieses AN für die fragliche Tätigkeit notwendig machen oder ob nicht eine **anderweitige Beschäftigung des AN möglich** ist. Auch sei zu berücksichtigen, ob **in absehbarer Zeit mit weiteren Gewissenskonflikten zu rechnen** ist (BAG 20.12.1984, 2 AZR 436/83, EzA § 1 KSchG Verhaltensbedingte Kündigung Nr 16). Zum Kriterium der Vorhersehbarkeit hat das BAG ausgeführt, ihm käme weder absolute Bedeutung zu, noch sei es irrelevant. Hielte man vorhersehbare Gewissenskonflikte stets für unbeachtlich, sei der AN, der eine Tätigkeit erst im Laufe der Zeit als gewissensbelastend empfinde, nicht geschützt. Vorhersehbar ist ein Gewissenskonflikt nicht bereits dann, wenn er von vornherein nicht auszuschließen ist, sondern vielmehr erst, wenn der AN damit rechnen muss, dass die nach dem Arbeitsvertrag und den bestehenden betrieblichen Verhältnissen zu erwartenden Aufgaben ihn in einen Gewissenskonflikt bringen könnten (BAG 24.5.1989, 2 AZR 285/88, EzA § 611 BGB Direktionsrecht Nr 3; s. a. BAG 24.2.2011, 2 AZR 636/09, EzA § 1 KSchG Personenbedingte Kündigung Nr 28).

410 Die **Rechtsfolgen** bei Unzumutbarkeit entspr den Rechtsfolgen bei Unmöglichkeit der Leistung (s Rdn 402–404). Bei Arbeitsverweigerung aus Gewissensgründen spielt die Vorhersehbarkeit des Konflikts unter dem Aspekt des Verschuldens für Schadensersatzansprüche des AN eine Rolle (s HWK/*Thüsing* § 611 Rn 397). Bei Arbeitsverweigerung aus Gewissensgründen greift § 616 ein (s dort Rdn 16), sodass der AN seinen Entgeltanspruch gegen den AG behält. Die berechtigte Arbeitsverweigerung aus Gewissensgründen kann eine personenbedingte Kdg nach sich ziehen (BAG 24.5.1989, 2 AZR 285/88, EzA § 611 BGB Direktionsrecht Nr 3). Verweigert der AN die Leistung zu Unrecht, kommt eine verhaltensbedingte Kdg in Betracht. Wenn der AN eigenmächtig Urlaub nimmt, ist eine außerordentliche Kdg gerechtfertigt, wenn in der Kündigungsfrist zu erwarten ist, dass sich der Sachverhalt wiederholt und betriebliche Störungen auftreten (LAG Nds 29.9.2006, 16 Sa 490/06, nv; s.a. § 626 Rdn 202 Urlaub mwN).

411 **3. Verspätete Leistung.** Wenn der AN seine Leistung verspätet erbringt, wird idR hins des nicht erbrachten Teils Unmöglichkeit eintreten (s Rdn 398). Hat der AN einen über die geschuldete Arbeitszeit hinausgehenden Rahmen, innerhalb dessen er die Arbeitsleistung zu erbringen hat und hält er sich innerhalb dieses Rahmens, ist seine Leistung nicht verspätet. Wenn ausnahmsweise eine Konstellation gegeben ist, in der der AN zwar den vereinbarten Zeitrahmen für die Arbeitsleistung nicht einhält, die Leistung aber nachholbar ist, kann der AG uU Schadensersatzansprüche geltend machen. Holt der AN die Leistung nach und ist dem AG durch die Verspätung ein Schaden entstanden, so kann der AG den Verzugsschaden nach den §§ 280 I, II, 286 geltend machen, wenn der AN die Verzögerung zu vertreten hat. Kommt es nicht zur Nachleistung, so kann der AG unter den Voraussetzungen der §§ 280 I, III, 281 Schadensersatz statt der Leistung verlangen.

412 **4. Schlechtleistung.** Eine Schlechtleistung wird häufig definiert als Verletzung arbeitsvertraglicher Pflichten, die weder Verzug noch Unmöglichkeit der Arbeitsleistung zur Folge hat oder zu einem über die Folgen von Verzug oder Unmöglichkeit hinausgehenden Schaden des AG führt (*Kraft* NZA 1987, 777, 780). Dieser weite Schlechtleistungsbegriff erfasst nicht nur die Verletzung von Hauptpflichten, sondern auch die Verletzung von Nebenpflichten. Hier geht es allein um die Schlechterfüllung von Hauptleistungspflichten des AN, zur Verletzung von Nebenpflichten s Rdn 369–396. Ob eine erbrachte Leistung des AN als Schlechtleistung anzusehen ist, ist nach dem Arbeitsvertrag zu beurteilen. Dabei orientiert sich die Leistungspflicht des AN an seinem **individuellen Leistungsvermögen** (Rdn 347).

413 Wenn nach diesem individuellen Maßstab eine Schlechtleistung gegeben ist, kann der AG das Entgelt nicht mindern, da das ArbR **kein Gewährleistungsrecht** kennt und die Minderung als Rechtsbehelf bei Schlechtleistung nicht zur Verfügung steht (*Rolfs* StudKomm ArbR § 611 Rn 111). Ein Anspruch auf Nachbesserung besteht ebenfalls nicht. Wenn der AG die Beseitigung der Mängel verlangt, erfolgt die Mängelbeseitigung iRd normalen Tätigkeit des AN (ErfK/*Preis* § 611 Rn 683), nicht aber zusätzlich. Hat der AN schuldhaft gehandelt, so steht dem AG ein **Schadensersatzanspruch** nach § 280 I zu. Er kann Ersatz des Integritätsschadens verlangen, nicht jedoch Nacherfüllung als Naturalrestitution iSd § 249 BGB. Das

würde den Ausschluss der Nacherfüllungspflicht im Arbeitsverhältnis aushebeln (MünchArbR/*Reichold* § 39 Rn 63). Hat der AG einen auf Geld gerichteten Schadensersatzanspruch und sind die Voraussetzungen für eine Aufrechnung gegeben, so kann er unter Berücksichtigung der Pfändungsfreigrenzen die Aufrechnung erklären und auf diesem Weg einen Teil des Entgelts einbehalten. Die Schlechtleistung kann Anlass zu einer verhaltensbedingten Kdg geben.

Nichtleistung und Schlechtleistung unterscheiden sich in den Rechtsfolgen erheblich. Die Nichtleistung führt idR zur Unmöglichkeit der Arbeitsleistung (Rdn 398). Das hat zur Folge, dass der AG nach § 326 I 1 von der Gegenleistungspflicht befreit wird, wenn nicht ein Ausnahmetatbestand erfüllt ist. Dagegen kann das Entgelt bei Schlechtleistung nicht gekürzt werden. Eine Schlechtleistung kann auch nicht als Fall der Teilunmöglichkeit gewertet werden, da § 326 I 2 die Anwendung des § 326 I 1 für den Fall ausschließt, dass der Schuldner bei nicht vertragsgemäßer Leistung die Nacherfüllung nach § 275 nicht zu erbringen braucht. Obwohl § 326 I 2 im Arbeitsverhältnis nicht direkt anwendbar ist, weil bei Schlechtleistung bereits kein Nacherfüllungsanspruch besteht, zeigt die Regelung doch, dass Schlechtleistung und Unmöglichkeit gesonderten Regelungen unterliegen. Die damit erforderliche **Abgrenzung von Nicht- und Schlechtleistung** erweist sich allerdings oft als schwierig. Meist wird zwischen Bummelei und Langsamarbeit auf der einen Seite (Schlechtleistung) und eigenmächtigen Pausen auf der anderen Seite (Nichtleistung) unterschieden (s *Brune* AR-Blattei SD 1420 Rn 21 ff). Nach aA liegt dagegen im bewussten Zurückhalten der Arbeitsleistung eine Nichtleistung, da der AN nicht bloßes Tätigwerden schuldet (*Richardi* NZA 2002, 1004, 1011). 414

II. Leistungsstörungen aufseiten des AG. Hins der Beschäftigungspflicht des AG (s.o. Rdn 278–284) kann Unmöglichkeit zB bei Zerstörung der Betriebsstätte eintreten (HWK/*Thüsing* § 611 Rn 404). Dagegen wird Unmöglichkeit bei Geldschulden nicht anerkannt (MüKo-BGB/*Ernst* § 275 Rn 13; *Wank* FS Schwerdtner, 2003, S 247, 255), sodass der AG sich hins des geschuldeten Entgelts bei Zahlungsunfähigkeit nicht auf § 275 I berufen kann. Mit der Vergütung kann der AG in Schuldnerverzug geraten, insoweit gelten die allg Regeln. Hins des Annahmeverzugs erweitert § 615 die Rechtsfolgen des Annahmeverzugs für den AN ggü den allg Regeln der §§ 293 ff (s § 615 Rdn 1). 415

H. Haftung im Arbeitsverhältnis. I. Allgemeines. Haftungsfragen können sich im Arbeitsverhältnis in verschiedenen Konstellationen stellen. Zunächst ist danach zu unterscheiden, ob der AG oder ein AN der Schädiger ist. Bei einem schädigenden Verhalten eines AN ist weiter nach der geschädigten Person zu differenzieren. Schäden können den AG, einen Kollegen, einen sonstigen Dritten (zB einen Kunden oder Lieferanten des AG) und den handelnden AN selbst treffen. Schädigt der AG, so sind arbeitsrechtlich nur die Fälle relevant, in denen er einen AN schädigt. Für die Eigenschädigung und die Schädigung eines Dritten gelten für den AG die allg Regeln. In sämtlichen Fällen ist aber danach zu unterscheiden, ob ein Personen- oder ein Sachschaden vorliegt (grundlegend zur AN-Haftung *Otto/Schwarze/Krause* Die Haftung des Arbeitnehmers, 4. Aufl 2014; s aus der jüngeren Lit *Krause* NZA 2003, 577; *Schwab* NZA-RR 2006, 449; *Waltermann* RdA 2005, 98). 416

Die Haftung für **Personenschäden** im Arbeitsverhältnis unterliegt weitestgehend **Sonderregeln**, die im **SGB VII** niedergelegt sind. Das gilt sowohl für Personenschäden, die der AN sich, dem AG oder einem Kollegen zufügt als auch für Personenschäden, die der AG einem AN zufügt (s Kommentierung zu den §§ 104 ff SGB VII). Die Haftung für Personenschäden, die der AN bei sonstigen Dritten hervorruft, unterliegt den allg Regeln. Im Folgenden geht es daher grds nur um **Sach- oder Vermögensschäden**, nur bei Schädigung eines sonstigen Dritten erfassen die Ausführungen auch Personenschäden. 417

II. Haftung des Arbeitnehmers. 1. Haftung für Sachschäden des AG. a) Entwicklung der Haftungsbeschränkung. Eine Schadensersatzpflicht des AN ggü dem AG kann sich aus einer Pflichtverletzung (Haupt- oder Nebenpflicht) sowie aus deliktischem Verhalten des AN ergeben. Das **normale Haftungsrecht des BGB**, wonach der Schädiger bereits bei leichtem Verschulden für eingetretene Schäden voll haftet, wurde **im Arbeitsverhältnis** schon früh als **unangemessen** angesehen. Da der AN bei seiner Arbeit oft mit erheblichen Sachwerten zu tun hat, können bei uneingeschränkter Haftung bereits kleine Unachtsamkeiten zu hohen Schäden führen und vom AN nicht zu bewältigende Ersatzansprüche nach sich ziehen (zu frühen Begründungsansätzen für die Haftungsbeschränkung *Otto/Schwarze/Krause/Otto* § 1 Rn 7, § 2 Rn 2). Um die als unangemessen erkannte volle Haftung des AN zu beschränken, hat das BAG in Anlehnung an die **Rspr** des RAG eine **Haftungsbeschränkung entwickelt**, mit deren Hilfe der AN bei fahrlässigem Handeln von der Haftung zumindest teilw befreit werden sollte (s rechtsvergleichend hierzu *Pacic* EuZA 2009, 47). Diese Haftungsbeschränkung galt allerdings zunächst nur bei sog gefahr- oder schadensgeneigten Tätigkeiten. Als gefahrgeneigt sah das BAG eine Tätigkeit an, wenn die Eigenart der zu leistenden Dienste es mit sich 418 bringt, dass dem AN Fehler unterlaufen, die für sich allein betrachtet zwar jedes Mal vermeidbar waren, mit denen aber angesichts der menschlichen Unzulänglichkeit als einem typischen Abirren der Dienstleistung erfahrungsgemäß zu rechnen ist (BAG 25.9.1957, GS 4/56, AP RVO §§ 898, 899 Nr 4). Entscheidend sollte dabei nicht eine abstrakte Bewertung der Tätigkeit sein. Vielmehr stellte das BAG darauf ab, ob die Tätigkeit in der konkreten Schadenssituation gefahrgeneigt war (BAG 3.3.1960, 2 AZR 377/58, EzA § 276 BGB Nr 4). 1994 gab der GS des BAG das Kriterium der Gefahrgeneigtheit auf (zur Kritik an diesem Kriterium zusammenfassend MüKo-BGB/*Henssler* § 619a Rn 8 mwN; s zur Entwicklung auch Staudinger/ *Richardi/Fischinger* § 619a Rn 37 ff). Seitdem greift die Beschränkung der AN-Haftung bei jeder betrieblich veranlassten Tätigkeit (BAG 27.9.1994, GS 1/89 (A), EzA § 611 BGB Arbeitnehmerhaftung Nr 59).

419 **b) Begründung der Haftungsbeschränkung.** Die Entlastung des AN bei Schäden bei betrieblich veranlasster Tätigkeit wird vor allem auf 2 Argumente gestützt: das Betriebsrisiko des AG und den Sozialschutz des AN (s zu den Begründungselementen BeckOKArbR/*Joussen* § 611 Rn 367 ff; *Krause* NZA 2003, 577, 579 ff). Ein maßgeblicher Gesichtspunkt für die Entlastung des AN bei Schäden bei betrieblich veranlasster Tätigkeit ist die Verantwortung des AG für die Organisation des Betriebs und die Gestaltung der Arbeitsbedingungen. Der AN erbringt seine Leistung innerhalb einer **fremdbestimmten Organisation, die der AG steuert und für die er die Verantwortung trägt**. Dieses sog **Betriebsrisiko** des AG ist bei Haftungsfragen im Arbeitsverhältnis zu berücksichtigen. Unter diesem Aspekt ist es nicht gerechtfertigt, den AN in allen Fällen uneingeschränkt für Schäden haften zu lassen, die er dem AG zufügt, zumal der AG häufig die Möglichkeit hat, sich durch eine Versicherung abzusichern (BAG 27.9.1994, GS 1/89 (A), EzA § 611 BGB Arbeitnehmerhaftung Nr 59). Das Betriebsrisiko ist nach Ansicht des BAG auch deshalb zu berücksichtigen, weil die Grundrechte des AN (Art 12, 2 GG) eine Gestaltung der Haftungsfolgen gebieten, die eine einseitige Belastung des AN mit dem vollen Haftungsrisiko ohne Rücksicht auf das Betriebsrisiko des AG vermeidet (BAG 27.9.1994, GS 1/89 (A), EzA § 611 BGB Arbeitnehmerhaftung Nr 59; krit *Krause* NZA 2003, 577, 581; *Otto/Schwarze/Krause/Krause* § 4 Rn 5 ff; *Pallasch*, RdA 2013, 338, 340 f sieht den Kooperationsgedanken im Rahmen einer Arbeits- und Betriebsgemeinschaft als entscheidend an). Neben dem Gesichtspunkt des Betriebsrisikos werden Argumente aus dem Bereich des **Sozialschutzes** geltend gemacht. Angesichts des oft erheblichen Werts der Betriebsmittel können bereits geringfügige Sorgfaltsverstöße zu hohen Schäden führen. Die daraus folgenden Ersatzansprüche des AG stehen uU außer Verhältnis zum Arbeitsentgelt. Sie können außerdem ein existenzbedrohendes Risiko für den AN darstellen (*Otto/Schwarze/Krause/Otto* § 3 Rn 23 ff; s.a. BAG 27.9.1994, GS 1/89 (A), EzA § 611 BGB Arbeitnehmerhaftung Nr 59).

420 **c) Dogmatische Einordnung der Haftungsbeschränkung.** Anknüpfung für die Haftungsbeschränkung ist nach der Rspr des BAG eine **Analogie zu § 254** (BAG 27.9.1994, GS 1/89 (A), EzA § 611 BGB Arbeitnehmerhaftung Nr 59; 18.4.2002, 8 AZR 348/01, EzA § 611 BGB Arbeitnehmerhaftung Nr 70; 18.1.2007, 8 AZR 250/06, EzA § 611 BGB 2002 Arbeitnehmerhaftung Nr 2). So wie sich der AG ein Mitverschulden zurechnen lassen muss, ist auch zu berücksichtigen, dass er die Arbeitsbedingungen gestaltet, unter denen es zum Schadenseintritt kommt. In der Lit wurden bereits vor der Schuldrechtsreform abw Ansätze für die dogmatische Umsetzung der Haftungsbeschränkung vertreten (s die Darstellung bei *Otto/ Schwarze/Krause/Krause* § 5 Rn 1 ff). Mit der Schuldrechtsreform ist die dogmatische Anknüpfung aufgrund einer Äußerung der BReg erneut zum Gegenstand der Diskussion geworden. In ihrer Gegenäußerung zur Stellungnahme des BR zum Entwurf eines Gesetzes zur Modernisierung des Schuldrechts hat die BReg sich für eine **Anknüpfung an § 276 I 1** ausgesprochen, der Rspr aber ausdrücklich die Möglichkeit gelassen, wie bisher eine Analogie zu § 254 BGB vorzunehmen (BT-Drs 14/6587, S 48). Die Rspr ist in jüngeren Urteilen nicht auf die Position der BReg eingegangen (BAG 18.4.2002, 8 AZR 348/01, EzA § 611 BGB Arbeitnehmerhaftung Nr 70; 5.2.2004, 8 AZR 91/03, EzA § 611 BGB 2002 Arbeitnehmerhaftung Nr 1). Die Lit hat sich zu Recht dafür ausgesprochen, die Haftungsbeschränkung auch nach der Schuldrechtsreform an § 254 anzulehnen. § 276 ermöglicht nur Alles-oder-Nichts-Lösungen der Art, dass der AN für den angerichteten Schaden entweder voll oder gar nicht haftet. Eine Schadensteilung ist als Rechtsfolge nicht vorgesehen (*Henssler* RdA 2002, 129, 133; *Krause* NZA 2003, 577, 581). Die umfassende Abwägung, die zur Schadensteilung führt, lässt sich weiterhin besser angelehnt an den in § 254 enthaltenen Gedanken der Mitverantwortung vornehmen (*Henssler* RdA 2002, 129, 133; *Waltermann* RdA 2005, 98, 99 f). Kein geeigneter Anknüpfungspunkt ist § 619a, der keine materiellen Regelungen zur AN-Haftung enthält, sondern allein die Beweislast betrifft (BT-Drs 14/7052, S 204; MüKo-BGB/*Henssler* § 619a Rn 15). Allerdings zeigen die Ausführungen des Gesetzgebers im Gesetzgebungsverfahren und die Einf des § 619a, dass der Gesetzgeber die Grundsätze der AN-Haftung akzeptiert (MüKo-BGB/*Henssler* § 619a Rn 15; *Waltermann* RdA 2005, 98, 99).

d) Abdingbarkeit. Das BAG betrachtet die Grundsätze über die AN-Haftung als unabdingbar. Es handele 421 sich um einseitig **zwingendes AN-Schutzrecht**, von dem weder einzel- noch kollektivvertraglich zulasten des AN abgewichen werden könne (BAG 5.2.2004, 8 AZR 91/03, EzA § 611 BGB 2002 Arbeitnehmerhaftung Nr 1; 17.9.1998, 8 AZR 175/97, EzA § 611 BGB Arbeitnehmerhaftung Nr 64). **Ein Teil der Lit** vertritt demggü, dass die **Haftungsprivilegierung dispositiv** ist. Mit der Schuldrechtsreform seien die Grundsätze über die Beschränkung der AN-Haftung als gesetzlich anerkannte Fortbildung des dispositiven privaten Haftungsrechts anzusehen und damit selbst dispositiv (*Gotthardt* Rn 195; *Preis* S 464 f; *Schwirtzek* NZA 2005, 437, 439; ausf zur Abdingbarkeit *Schumacher*, Die privilegierte Haftung des Arbeitnehmers, 2012, S 167 ff.). Dagegen wird zu Recht eingewandt, dass allein die am Rande angestellten Überlegungen des Gesetzgebers zu einer Verankerung der Haftungsprivilegierung bei § 276 nicht bedeuten, dass die Grundsätze über die Beschränkung der AN-Haftung dispositiv sind. Damit würde die gesetzgeberische Intention überbewertet (*Krause* NZA 2003, 577, 585; MüKo-BGB/*Henssler* § 619a Rn 13). Für den einseitig zwingenden Charakter der Haftungsprivilegierung spricht, dass die Abwägung des Betriebsrisikos auf der einen Seite und des individuellen Verschuldens des AN auf der anderen Seite nicht zur Disposition steht. Andernfalls würde der Schadenszurechnungsgrund der sog Betriebsrisikos zur Disposition gestellt (*Waltermann* RdA 2005, 98, 108 f). Damit würde der Haftungsprivilegierung, die zur Korrektur eines unangemessenen Zustands entwickelt wurde, ihre umfassende Wirkung genommen (*Krause* NZA 2003, 577, 585; MüKo-BGB/*Henssler* § 619a Rn 13). Zu Recht wird aber eine Abweichung zugelassen, soweit der AN einen angemessenen Ausgleich erhält. Denn letztlich ist nur entscheidend, dass das richterrechtlich gewährte Schutzniveau nicht unterschritten wird (*Krause* NZA 2003, 577, 585). Diese Frage wird fast ausschließlich bei Mankoabreden relevant (HWK/*Krause* § 619a Rn 46; s dazu Rdn 440–444).

e) Anwendungsbereich. aa) Persönlicher Anwendungsbereich. Die Grundsätze über die AN-Haftung 422 gelten **für alle AN** – auch wenn lediglich ein fehlerhaftes Arbeitsverhältnis gegeben ist – **einschl der leitenden Angestellten** (*Otto/Schwarze/Krause/Otto* § 7 Rn 1 f; *Waltermann* RdA 2005, 98, 100; ausf zur Einbeziehung leitender Angestellter *Joussen* RdA 2006, 129, 130 ff, für diese Personengruppe differenzierend *Pallasch*, RdA 2013, 338, 348 f). Hins der leitenden Angestellten hat das BAG diese Frage bisher nicht entschieden. Es hat lediglich mit Blick auf die zunächst restriktive Rspr des BGH zum Ausdruck gebracht, dass die Haftungserleichterung für leitende Angestellte nicht von vornherein ausgeschlossen werden könne (BAG 11.11.1976, 3 AZR 266/75, EzA § 611 BGB Gefahrgeneigte Arbeit Nr 13). Der BGH, der leitenden Angestellten zunächst das Haftungsprivileg verwehrt hat (BGH 7.10.1969, VI ZR 223/67, AP BGB § 611 Haftung des Arbeitnehmers Nr 51), hat in einem jüngeren Urteil auch die leitenden Angestellten in den Anwendungsbereich einbezogen, soweit es sich nicht um Geschäftsführer handelt (BGH 25.6.2001, II ZR 38/99, NJW 2001, 3123, 3124). Die höheren Anforderungen, die zu Recht an leitende Angestellte gestellt werden, können beim Grad der Fahrlässigkeit berücksichtigt werden. Die Gründe für die Einschränkung der AN-Haftung gelten aber auch ihnen ggü, sodass ein Ausschluss aus dem Anwendungsbereich nicht angebracht ist (*Joussen* RdA 2006, 129, 132 f; *Otto/Schwarze/Krause/Otto* § 7 Rn 1; *Waltermann* RdA 2005, 98, 100).

Die Haftungsprivilegierung gilt ferner für **Auszubildende** (§ 10 II BBiG, BAG 18.4.2002, 8 AZR 423 348/01, EzA § 611 BGB Arbeitnehmerhaftung Nr 70) und für **Leih-AN** im Verhältnis zum Entleiher (BGH 22.5.1978, II ZR 111/76, VersR 1978, 819; *Peifer* ZfA 1996, 69, 76 f). Ob sie auch auf **AN-Ähnliche und freie Mitarbeiter** zu erstrecken ist, ist umstr. Die Befürworter einer ausgedehnten Anwendung berufen sich auf die Schutzbedürftigkeit dieses Personenkreises (HWK/*Krause* § 619a Rn 20; *Joussen* RdA 2006, 129, 136 f; gegen die Ausdehnung ErK/*Preis* § 619a Rn 19; nur für AN-Ähnliche bejahend MünchArbR/*Reichold* § 51 Rn 65). *Waltermann* will allg die Haftungsbeschränkung nur auf Rechtsverhältnisse außerhalb des ArbR ausweiten, wenn eine Regelungslücke *und* ein Zurechnungsgrund für ein bes Risiko gegeben sind (RdA 2005, 98, 100 ff). Schließlich können die Grundsätze über die eingeschränkte AN-Haftung bereits im Vertragsanbahnungsstadium anwendbar sein (BAG 24.1.1974, 3 AZR 488/72, EzA § 611 BGB Gefahrgeneigte Arbeit Nr 11).

bb) Sachlicher Anwendungsbereich. Die Haftungsbeschränkung greift nur bei **Schäden** ein, **die iR** 424 **betrieblich veranlasster Tätigkeiten entstanden sind.** Betrieblich veranlasst sind die Tätigkeiten des AN, die ihm **arbeitsvertraglich übertragen** worden sind **oder** die er **im Interesse des AG für den Betrieb** ausführt (BAG 28.10.2010, 8 AZR 418/09, EzA § 611 BGB 2002 Arbeitnehmerhaftung Nr 3). Das Merkmal soll gewährleisten, dass der AG nicht mit dem allg Lebensrisiko des AN belastet wird (BAG 18.4.2002, 8 AZR 348/01, EzA § 611 BGB Arbeitnehmerhaftung Nr 70). Nur wenn der Schaden auf einer betrieblich veranlassten Tätigkeit beruht, verwirklicht sich das Betriebsrisiko des AG (MüKo-BGB/*Henssler* § 619a Rn 22).

§ 611 BGB Vertragstypische Pflichten beim Dienstvertrag

425 Zur betrieblichen Tätigkeit zählen weder der Weg zur Arbeitsstätte noch sonstige Privatfahrten (BAG 17.10.1991, 8 AZR 213/91, nv; LAG Köln 15.9.1998, 13 Sa 367/98, MDR 1999, 684, 685). Seine arbeitsvertraglich geschuldeten Pflichten erfüllt der AN, wenn die Tätigkeit nach dem Arbeitsvertrag, den maßgeblichen kollektivvertraglichen Regelungen und den Weisungen des AG zu den Leistungspflichten des AN zählt (*Waltermann* RdA 2005, 98, 103). Allein ein räumlicher und zeitlicher Zusammenhang zwischen der Pflichtverletzung und der Arbeit genügt nicht (BAG 18.4.2002, 8 AZR 348/01, EzA § 611 BGB Arbeitnehmerhaftung Nr 70). Handeln für den Betrieb im Interesse des AG ist gegeben, wenn die Tätigkeit **objektiv im Interesse des AG** liegt (HWK/*Krause* § 619a Rn 24). Ist das nicht der Fall, kommt es darauf an, ob der AN bei der Beurteilung, ob sein Handeln im Interesse des AG liegt, die verkehrserforderliche Sorgfalt beachtet hat. Nur bei einem **unverschuldeten Irrtum** des AN kann ihm die Haftungsbeschränkung zugutekommen (BAG 11.9.1975, 3 AZR 561/74, EzA § 611 BGB Arbeitnehmerhaftung Nr 28). Wenn eine Tätigkeit betrieblichen Interessen dient, geht ihr betrieblicher Charakter nicht dadurch verloren, dass der AN bei ihrer Ausführung Verhaltenspflichten verletzt. Betrieblich veranlasst ist die Tätigkeit bereits, wenn sie als solche dem vertraglich Geschuldeten entspricht, auch wenn die Durchführung nicht ordnungsgemäß ist (BAG 28.10.2010, 8 AZR 418/09, EzA § 611 BGB 2002 Arbeitnehmerhaftung Nr 3; 18.4.2002, 8 AZR 348/01, EzA § 611 BGB Arbeitnehmerhaftung Nr 70; aA *Sandmann* SAE 2003, 163, 164 f). Dieser Bewertung ist zuzustimmen, die Missachtung von Weisungen kann bei der Bestimmung des Verschuldensgrads des AN berücksichtigt werden und sich so auf die Haftung auswirken, ohne dass die Haftungsprivilegierung vollständig entfällt (*Waltermann* RdA 2005, 98, 104).

426 Das Erfordernis der betrieblich veranlassten Tätigkeit kann im Bereich der Leistungsstörungen zur Folge haben, dass die Haftungsprivilegierung nicht eingreift. Die Nichtleistung oder verspätete Leistung der Arbeit wird idR nicht betrieblich veranlasst sein. In diesen Fällen richtet sich die Haftung nach den allg zivilrechtlichen Grundsätzen. Dagegen kann die Schlechtleistung oder die Nebenpflichtverletzung sich bei einer betrieblich veranlassten Tätigkeit ergeben (MüKo-BGB/*Henssler* § 619a Rn 29 f).

427 **f) Schadensteilung nach dem Grad des Verschuldens. aa) Grundlagen.** Wenn die Grundsätze über die Beschränkung der AN-Haftung Anwendung finden, richtet sich die Aufteilung des Schadens im Einzelfall in erster Linie nach dem Grad des Verschuldens des AN. Das BAG teilt die denkbaren Verschuldensgrade in **3 Stufen** ein. **Der AN haftet** danach bei **Vorsatz** und in aller Regel auch bei **grober Fahrlässigkeit voll, bei mittlerer Fahrlässigkeit** – das BAG spricht auch von normaler oder leichter Fahrlässigkeit – **ist der Schaden zu teilen** und **bei leichtester Fahrlässigkeit trägt der AG den Schaden allein** (BAG 18.4.2002, 8 AZR 348/01, EzA § 611 BGB Arbeitnehmerhaftung Nr 70; 24.11.1987, 8 AZR 524/82, EzA § 611 BGB Gefahrgeneigte Arbeit Nr 17). Über diese Grundsätze hinaus setzt das BAG keine festen Grenzen für die Haftung. Eine Entscheidung des LAG München, wonach bei einem deutlichen Missverhältnis zwischen Verdienst und dem Schadensrisiko der Tätigkeit die Haftung des AN bei grober Fahrlässigkeit grds auf 3 Bruttomonatsvergütungen zu beschränken ist (LAG München 27.7.2011, 11 Sa 319/11, Schaden-Praxis 2012, 104) hat das BAG aufgehoben. Eine solche Haftungshöchstgrenze könne nur der Gesetzgeber einführen. Starre Haftungsgrenzen wären auch mit der dogmatischen Herleitung der Beschränkung der Haftung im Arbeitsverhältnis nicht zu vereinbaren, denn der Rechtsgedanke des § 254 BGB fordere eine Abwägung aller Umstände. Auch sei keine Einschränkung der Haftung des AN bei grober Fahrlässigkeit angezeigt, solange es ihm möglich und zumutbar ist, aus seinem Entgelt den verursachten Schaden voll zu begleichen (BAG 15.11.2012, 8 AZR 705/11, EzA § 611 BGB 2002 Arbeitnehmerhaftung Nr 4).

428 Von erheblicher Bedeutung ist die Frage, ob das Verschulden sich allein auf die Pflichtverletzung beziehen oder ob es daneben den Schaden umfassen muss. Das BAG bezieht in seiner jüngeren Rspr das Verschulden auch auf den Schaden (BAG 18.1.2007, 8 AZR 250/06, EzA § 611 BGB 2002 Arbeitnehmerhaftung Nr 2; 10.10.2002, 8 AZR 103/02, EzA § 105 SGB VII Nr 2; 18.4.2002, 8 AZR 348/01, EzA § 611 BGB Arbeitnehmerhaftung Nr 70). Dagegen wird eingewandt, dass so dem AG keine Möglichkeit verbleibt, das Schadensrisiko in seinem Betrieb durch konkrete Weisungen zu steuern (HWK/*Krause* § 619a Rn 28; MünchArbR/*Reichold* § 51 Rn 36; *Otto/Schwarze/Krause/Schwarze* § 9 Rn 7). Auch sei nach allg zivilrechtlichen Grundsätzen der **Bezugspunkt des Verschuldens** die Pflicht-, Rechtsgut- oder Schutzgesetzverletzung (*Otto* FS BAG 2004, S 97, 101). Dagegen wird wiederum eingewandt, dass die Grundsätze über die Einschränkung der AN-Haftung nicht beim Haftungsgrund ansetzen, sondern erst bei den Haftungsfolgen. Da es um die Verteilung des Schadensrisikos gehe, sei es sinnvoll, den Verschuldensgrad des AN auf den Schadenserfolg zu beziehen (*Waltermann* RdA 2005, 98, 105 f). Bei vorsätzlichem Handeln des AN sei es nur dann gerechtfertigt, den AG gänzlich vom Schadensrisiko zu befreien, wenn der AN den Schaden in seiner konkreten Höhe zumindest als möglich voraussehe und ihn für den Fall des Eintritts billigend in Kauf

nehme (MüKo-BGB/*Henssler* § 619a Rn 38). Tatsächlich führen die beiden Ansichten zwangsläufig nur bei vorsätzlichem Handeln des AN zu unterschiedlichen Ergebnissen. Lässt man für die alleinige Haftung des AN das vorsätzliche Handeln genügen, so wird der AG in diesen Fällen vollständig vom Schadensrisiko befreit. Soll der AN den Schaden nur dann allein tragen, wenn sich sein Vorsatz auch auf den Schaden bezieht, ist die Fallgruppe kleiner, in der der AG vollständig entlastet ist. Bei fahrlässigem Verhalten ist eine Schadensteilung vorgesehen oder – bei grob fahrlässigem Verhalten – zumindest möglich. Da der AG in diesen Fällen nicht von vornherein vollständig vom Schadensrisiko befreit ist, kann der Grad des Verschuldens des AN hins des Schadens bei der Abwägung zum Umfang der Schadensteilung berücksichtigt werden. Auch bei vorsätzlichem Handeln des AN überlagert aber das individuelle Verschulden das Betriebsrisiko des AG nicht völlig. In einer arbeitsteiligen Wirtschaft **gehört auch gelegentliches weisungswidriges Verhalten** oder sonstiges vorsätzliches Fehlverhalten **zum normalen Betriebsrisiko**. Das Betriebsrisiko lässt sich in der Weise berücksichtigen, dass auch bei Vorsatz eine Schadensteilung nicht generell ausgeschlossen wird und der Umfang der Ersatzpflicht des AN ua von seinem Verschulden hins des Schadens abhängt. Soll es bei der bisherigen Dreiteilung bleiben, nach der der AN bei Vorsatz allein für den Schaden aufzukommen hat, muss sich der Vorsatz des AN auch auf den Schaden beziehen, damit das Betriebsrisiko des AG angemessen zur Geltung kommt.

bb) Vorsatz. Bei Vorsatz muss der AN den Schaden allein tragen. Vorsatz ist bei **wissentlichem und willentlichem Verhalten des AN** gegeben. Zu der Frage, ob sich der Vorsatz allein auf die Pflichtverletzung oder auch auf den Schaden beziehen muss s Rdn 428. 429

cc) Grobe Fahrlässigkeit. Bei grober Fahrlässigkeit muss der AN den Schaden idR allein tragen. Grob fahrlässig handelt, wer die **verkehrsübliche Sorgfalt in einem ungewöhnlich hohen Grad verletzt und unbeachtet lässt, was jedem hätte einleuchten müssen** (BAG 18.1.2007, 8 AZR 250/06, EzA § 611 BGB 2002 Arbeitnehmerhaftung Nr 2). Bei der Beurteilung des Fahrlässigkeitsgrades sind auch subjektive Umstände zu berücksichtigen (BAG 12.10.1989, 8 AZR 276/88, EzA § 611 BGB Gefahrgeneigte Arbeit Nr 23). Da der Schaden bei grober Fahrlässigkeit idR allein vom AN zu tragen ist und **nur ausnahmsweise** eine **Schadensteilung** in Betracht kommt, ist ähnlich wie bei der Frage des Vorsatzes relevant, ob sich die grobe Fahrlässigkeit allein auf die Pflichtverletzung oder auch auf den Schaden beziehen muss. Wer grobe Fahrlässigkeit hins des Schadens verlangt, eröffnet die Möglichkeit der Schadensteilung eher, als wenn nur die Pflichtverletzung grob fahrlässig erfolgt sein muss. 430

Grobe Fahrlässigkeit hat das BAG in folgenden Fällen angenommen: Fehlende Aufmerksamkeit eines Auszubildenden bei einer Fahrt mit einem Gabelstapler, wenn keine entspr Fahrerlaubnis vorliegt oder sonstige Einweisung erfolgt ist (BAG 18.4.2002, 8 AZR 348/01, EzA § 611 BGB Arbeitnehmerhaftung Nr 70). Ablegen der Kellnerbrieftasche mit Einnahmen im unverschlossenen Schrank des Restaurantwagens (BAG 15.11.2001, 8 AZR 95/01, EzA § 611 BGB Arbeitnehmerhaftung Nr 68). Fahrt mit einem wertvollen Enteiserfahrzeug in alkoholisiertem Zustand trotz arbeitsvertraglichen Alkoholverbots (BAG 23.1.1997, 8 AZR 893/95, NZA 1998, 140, 141). Einfahren in eine Kreuzung bei Rotlicht (BAG 12.10.1989, 8 AZR 276/88, EzA § 611 BGB Gefahrgeneigte Arbeit Nr 23 [nachdem die Ampel bereits 5,96 Sekunden Rot zeigte]; 12.11.1998, 8 AZR 221/97, EzA § 611 BGB Arbeitnehmerhaftung Nr 66 [ohne Bezugnahme auf eine bestimmte Dauer der Rotlichtanzeige]). Gestattung von Arbeiten an einem Bauvorhaben, mit denen von den genehmigten Plänen in für die Sicherheit und Standfestigkeit des Bauwerks erheblicher Weise abgewichen wird (BAG 1.12.1988, 8 AZR 65/84, EzA § 611 BGB Arbeitnehmerhaftung Nr 50). Probefahrt eines Bewerbers mit einem Lkw trotz mangelnder Fahrpraxis (BAG 24.1.1974, 3 AZR 488/72, EzA § 611 BGB Gefahrgeneigte Arbeit Nr 11). Einschlafen am Steuer wegen Übermüdung (BAG 29.6.1964, 1 AZR 434/63, EzA § 276 BGB Nr 9). Fahren eines LKW mit einer Blutalkoholkonzentration von 0,94 Promille (BAG 15.11.2012, 8 AZR 705/11, EzA § 611 BGB 2002 Arbeitnehmerhaftung Nr 4). Eine Regel, nach der grob fahrlässig handelt, wer als Fahrer eines Kleinlastwagens mit einer Geschwindigkeit von 60 km/h ohne ersichtlichen Grund von der Fahrbahn abweicht, hat das BAG nicht anerkannt (BAG 17.10.1991, 8 AZR 230/90, nv). 431

Nach der Rspr kommt eine Schadensteilung bei grob fahrlässigem Verhalten des AN in Betracht, wenn der **Verdienst des AN in einem deutlichen Missverhältnis zum Schadensrisiko der Tätigkeit** steht (BAG 23.1.1997, 8 AZR 893/95, NZA 1998, 140, 141; 15.11.2012, 8 AZR 705/11, EzA § 611 BGB 2002 Arbeitnehmerhaftung Nr 4). Diese Argumentation hat das BAG in Zusammenhang mit dem Betriebsrisiko des AG gebracht, das sich ua darin ausdrücke, dass der im Schadensfall zu erwartende Vermögensverlust des AN in einem groben Missverhältnis zu dem als Grundlage der Ersatzleistung in Betracht kommenden Arbeitslohn steht (BAG 18.4.2002, 8 AZR 348/01, EzA § 611 BGB Arbeitnehmerhaftung Nr 70). Zu Recht wird in der Lit eingewandt, dass die Schadensteilung in diesen Fällen nicht mit der Verantwortung des AG für 432 den Betriebsablauf zusammenhängt, sondern der **Sozialschutz des AN** im Vordergrund steht (HWK/*Krause* § 619a Rn 32). Das BAG hat angelehnt an Reformvorschläge zur AN-Haftung ein grobes Missverhältnis zwischen Schaden und Entgelt abgelehnt, wenn der Schaden 3 Bruttoeinkommen nicht übersteigt (BAG 15.11.2001, 8 AZR 95/01, EzA § 611 BGB Arbeitnehmerhaftung Nr 68; 12.11.1998, 8 AZR 221/97, EzA § 611 BGB Arbeitnehmerhaftung Nr 66). Eine summenmäßige Haftungsbeschränkung lehnt das BAG ab (BAG 28.10.2010, 8 AZR 418/09, EzA § 611 BGB 2002 Arbeitnehmerhaftung Nr 3; 23.1.1997, 8 AZR 893/95, NZA 1998, 140, 141; 12.10.1989, 8 AZR 276/88, EzA § 611 BGB Gefahrgeneigte Arbeit Nr 23). Bei bes grober (gröbster) Fahrlässigkeit schien das BAG die Schadensteilung zunächst für ausgeschlossen zu halten (BAG 25.9.1997, 8 AZR 288/96, EzA § 611 BGB Arbeitnehmerhaftung Nr 63). Inzwischen heißt es, dass auch bei gröbster Fahrlässigkeit Haftungserleichterungen für den AN in Betracht kommen (BAG 28.10.2010, 8 AZR 418/09, EzA § 611 BGB 2002 Arbeitnehmerhaftung Nr 3).

433 dd) **Mittlere Fahrlässigkeit.** Mittlere Fahrlässigkeit – auch normale oder leichte Fahrlässigkeit genannt – ist nach § 276 II gegeben, **wenn der AN die im Verkehr objektiv erforderliche Sorgfalt außer Acht lässt.** In diesem Fall ist der Schaden zwischen AG und AN aufzuteilen. Für die **Quote** kommt es auf die **Abwägung der Gesamtumstände** nach Billigkeits- und Zumutbarkeitsgesichtspunkten an, wobei insb Schadensanlass und Schadensfolgen zu berücksichtigen sind. Das BAG will, ohne sich auf die Anzahl der Kriterien oder ihre Gewichtung festzulegen, folgende Umstände in die Abwägung einbeziehen: den Grad des Verschuldens des AN, die Gefahrgeneigtheit der Arbeit, die Höhe des Schadens, ein vom AG einkalkuliertes oder durch Versicherung deckbares Risiko, die Stellung des AN im Betrieb und die Höhe des Arbeitsentgelts, in dem möglicherweise eine Risikoprämie enthalten sei. Auch die persönlichen Verhältnisse des AN, wie die Dauer seiner Betriebszugehörigkeit, sein Lebensalter, seine Familienverhältnisse und sein bisheriges Verhalten sollen Berücksichtigung finden können (BAG 5.2.2004, 8 AZR 91/03, EzA § 611 BGB 2002 Arbeitnehmerhaftung Nr 1). Hins der zuletzt genannten persönlichen Umstände stößt die Rspr des BAG allerdings auf Kritik in der Instanz-Rspr und Lit (LAG Köln 20.2.1991, 7 Sa 706/90, LAGE § 611 Gefahrgeneigte Arbeit Nr 9; *Annuß* NZA 1998, 1089, 1094; HWK/*Krause* § 619a Rn 36; *Pallasch*, RdA 2013, 338, 342).

434 ee) **Leichteste Fahrlässigkeit.** Bei leichtester Fahrlässigkeit soll der AN nicht haften. Das BAG definiert den Begriff der leichtesten Fahrlässigkeit nicht. Die Lit versteht darunter **Sorgfaltsverstöße, die unterhalb der mittleren Fahrlässigkeit anzusiedeln sind** (MüKo-BGB/*Henssler* § 619a Rn 35 Fn 108). Während ein Teil der Lit diese Fallgruppe befürwortet (Staudinger/*Richardi/Fischinger* § 619a Rn 61 f), äußern sich andere Autoren ua aus Praktikabilitätsgründen krit (HWK/*Krause* § 619a Rn 37).

435 g) **Versicherungsschutz.** Die Versicherbarkeit des Risikos durch den AG ist zu berücksichtigen, wenn ein Schaden durch Versicherungen – ohne Rückgriffsmöglichkeit gegen den AN – deckbar ist (BAG 18.1.2007, 8 AZR 250/06, EzA § 611 BGB 2002 Arbeitnehmerhaftung Nr 2). Ob und inwieweit sich bestehender oder möglicher Versicherungsschutz seitens des AN auf die Haftung auswirkt, wird in der Lit **kontrovers diskutiert** (s hierzu HWK/*Krause* § 619a Rn 38 ff; MünchArbR/*Reichold* § 51 Rn 51 f; *Otto* FS BAG 2004, S 97, 107 ff; *Otto/Schwarze/Krause/Otto* § 11 Rn 1 ff; *Walterman* RdA 2005, 98, 107 f). Das BAG differenziert danach, ob eine Haftpflichtversicherung gesetzlich vorgeschrieben ist oder freiwillig abgeschlossen wurde. Wenn eine **Pflichtversicherung** eingreift, kann der AN sich nicht auf die Haftungsbeschränkung berufen (BGH 8.12.1971, VI ZR 102/70, AP BGB § 611 Haftung des Arbeitnehmers Nr 68; vgl auch BAG 11.1.1966, 1 AZR 361/65, AP BGB § 611 Haftung des Arbeitnehmers Nr 36). Das BAG stellt in diesen Fällen die Grundsätze über die eingeschränkte AN-Haftung zurück und beruft sich auf die gesetzgeberische Entscheidung, den Handelnden bei Bestehen einer Pflichtversicherung angesichts der auftretenden Gefahren für andere ohne Versicherungsschutz nicht tätig sein zu lassen (BAG 25.9.1997, 8 AZR 288/96, EzA § 611 BGB Arbeitnehmerhaftung Nr 63). Eine **private Haftpflichtversicherung des AN ist dagegen nicht zu seinen Lasten zu berücksichtigen** (BAG 28.10.2010, 8 AZR 418/09, EzA § 611 BGB 2002 Arbeitnehmerhaftung Nr 3). Die Zufälligkeit des Bestehens oder Nichtbestehens einer privaten Haftpflichtversicherung soll nicht darüber entscheiden, ob die Haftungsbeschränkung eingreift (BAG 25.9.1997, 8 AZR 288/96, EzA § 611 BGB Arbeitnehmerhaftung Nr 63; 14.10.1993, 8 AZR 242/92, EzA § 611 BGB Gefahrgeneigte Arbeit Nr 28).

436 Zu diesen Grds des BAG gelten 2 **Ausnahmen**. Zum einen gelten die Regeln über die eingeschränkte AN-Haftung auch bei Eingreifen einer Pflichtversicherung, wenn der Versicherer beim AN Regress nehmen kann und der Anspruch des Versicherers nicht darauf beruht, dass der AN den Versicherungsfall vorsätzlich herbeigeführt hat (BAG 23.6.1988, 8 AZR 300/85, EzA § 611 Arbeitnehmerhaftung Nr 49; s zu einem Fall der vorsätzlichen Verletzung von Aufklärungspflichten LAG Düsseldorf 12.2.2003, 12 Sa 1345/02,

LAGE § 611 BGB Arbeitnehmerhaftung Nr 27). Außerdem will das BAG eine private Haftpflichtversicherung insoweit berücksichtigen, als im Fall grob fahrlässigen Handelns des AN nicht auf das Verhältnis zwischen Entgelt und drohendem Schaden abzustellen ist, wenn der AG vor Einstellung des AN wegen der Risiken der Tätigkeit den Abschluss einer privaten Haftpflichtversicherung verlangt und zur Einstellungsbedingung gemacht hat (BAG 28.10.2010, 8 AZR 418/09, EzA § 611 BGB 2002 Arbeitnehmerhaftung Nr 3; 14.10.1993, 8 AZR 242/92, EzA § 611 BGB Gefahrgeneigte Arbeit Nr 28; krit *Waltermann* RdA 2005, 98, 107; s.a. *Otto/Schwarze/Krause/Otto* § 11 Rn 7).

Str ist ferner, inwiefern **D&O-Versicherungen**, mit denen Unternehmen das Handeln von Führungskräften absichern, die Grundsätze der eingeschränkten AN-Haftung beeinflussen (s dazu *Hanau* FS Lorenz, 2004, S 283; *Otto* FS 50 Jahre BAG, 2004, S 97, 114 ff; *Waltermann* RdA 2005, 98, 108). 437

h) Mitverschulden des AG. Eine direkte Anwendung des § 254 wegen konkreten Mitverschuldens ist durch die Grds über die eingeschränkte AN-Haftung nicht ausgeschlossen. Das BAG berücksichtigt konkretes Mitverschulden des AG nach Anwendung der Haftungsbeschränkung. Ist nach diesen Grds in einem 1. Schritt eine Quotelung des Schadens erfolgt, muss ggf in einem 2. Schritt ein Mitverschulden des AG zusätzlich berücksichtigt werden (BAG 3.11.1970, 1 AZR 228/70, EzA § 611 BGB Gefahrgeneigte Arbeit Nr 5). IR des § 254 können vor allem fehlerhafte Anweisungen, eine Überforderung des AN oder eine Verletzung der Schadensminderungsobliegenheit eine Rolle spielen (DLW/*Dörner* Kap 3 Rn 690 ff, s.a. – im Ergebnis ablehnend – BAG 18.1.2007, 8 AZR 250/06, EzA § 611 BGB 2002 Arbeitnehmerhaftung Nr 2). 438

i) Darlegungs- und Beweislast. Nach § 619a hat der AG abw von § 280 I neben der Pflichtverletzung auch das Vertretenmüssen des AN darzulegen und zu beweisen. Der AN muss darlegen und ggf beweisen, dass die Tätigkeit, bei der der Schaden eingetreten ist, betrieblich veranlasst war (BAG 18.4.2002, 8 AZR 348/01, EzA § 611 BGB Arbeitnehmerhaftung Nr 70). 439

2. Mankohaftung. a) Gesetzliche Mankohaftung. Die Mankohaftung betrifft einen bestimmten Bereich der Haftung des AN für Schäden des AG. Ein **Manko ist gegeben, wenn ein Waren- oder Geldbestand**, der dem AN anvertraut wurde, **eine Fehlmenge aufweist** (Staudinger/*Richardi/Fischinger* § 611 Rn 1289). Die Ersatzpflicht des AN kann sich aus der Verletzung der vertraglichen Nebenpflicht ergeben, Vermögensinteressen des AG zu wahren. Zudem stellt das Verursachen von Fehlbeständen bei anvertrauten Sachen eine Schlechtleistung dar. Ferner kommen deliktische Anspruchsgrundlagen in Betracht (ErfK/*Preis* § 619a Rn 31). Die Rspr, die bei alleinigem Besitz des AN auf die Unmöglichkeit der Herausgabe der anvertrauten Sache abstellt (BAG 2.12.1999, 8 AZR 386/98, EzA § 611 BGB Arbeitnehmerhaftung Nr 67), wird in der Lit zu Recht als konstruiert abgelehnt (MüKo-BGB/*Henssler* § 619a Rn 41; s aber HWK/*Krause* § 619a Rn 48). 440

Auf die gesetzliche Mankohaftung finden die **Grds über die eingeschränkte Haftung des AN** Anwendung (BAG 2.12.1999, 8 AZR 386/98, EzA § 611 BGB Arbeitnehmerhaftung Nr 67). Die Darlegungs- und Beweislast richtet sich nach § 619a (ausführlich *Krause*, RdA 2013, 129, 134 ff.). 441

b) Vertragliche Mankohaftung. In der Praxis dienen vertragliche Mankoabreden dazu, die Situation des AG bei Fehlbeständen zu verbessern. Ansatzpunkt kann zum einen das **Verschuldenserfordernis**, zum anderen die Beweislastverteilung sein (vgl BAG 29.1.1985, 3 AZR 570/82, EzA § 611 BGB Arbeitnehmerhaftung Nr 41). Solche **Abreden sind grds zulässig**, erfordern allerdings eine klare und eindeutige vertragliche Regelung, da sie den AN mit erheblichen zusätzlichen Risiken belasten (BAG 13.2.1974, 4 AZR 13/73, EzA § 611 BGB Arbeitnehmerhaftung Nr 21). Ferner sind Mankoabreden nicht uneingeschränkt wirksam. Da die Rspr die Grds über die Einschränkung der AN-Haftung als einseitig zwingendes Recht ansieht (BAG 2.12.1999, 8 AZR 386/98, EzA § 611 BGB Arbeitnehmerhaftung Nr 67), müssen sich auch Mankoabreden in diesem Rahmen halten. 442

Auf dieser Grundlage hält das BAG Mankoabreden für zulässig, wenn der AN durch sie nur **bis zur Höhe einer vereinbarten Mankovergütung** haften soll. Bei einer solchen Gestaltung hat der AN letztlich die Chance, für die erfolgreiche Verwaltung des Waren- oder Geldbestandes eine zusätzliche Vergütung zu erhalten. Weil der AN so keiner zusätzlichen Haftung ausgesetzt wird, kann die Mankoabrede auch nicht voll beherrschbare Umstände und Risiken einschließen. Dazu zählt zB die Beaufsichtigung von Mitarbeitern und Hilfskräften. Eine Haftung für Beträge, die über das Mankogeld hinausgehen, kann nicht wirksam vereinbart werden (BAG 2.12.1999, 8 AZR 386/98, EzA § 611 BGB Arbeitnehmerhaftung Nr 67; *Krause*, RdA 2013, 129, 139). Geht der Schaden über den Betrag hinaus, der von einer wirksamen Mankoabrede erfasst wird, so haftet der AN für diese weiteren Beträge nach den Grds der gesetzlichen Mankohaftung (Staudinger/*Richardi/Fischinger* § 619a Rn 98). 443

444 Abreden, die die **Beweislast** zuungunsten des AN verändern sollen, sind nach Ansicht des BAG zulässig, wenn sie eine sinnvolle, den Eigenarten des Betriebs und der Beschäftigung angepasste Beweislastverteilung vorsehen (BAG 29.1.1985, 3 AZR 570/82, EzA § 611 BGB Arbeitnehmerhaftung Nr 41). Die Lit steht solchen Abreden in **Formularverträgen** mit Blick auf § 309 Nr 12 teilw krit ggü (*Stoffels* AR-Blattei SD Nr 870.2 Rn 157; s.a. *Deinert* RdA 2000, 22, 35). Zu Recht wird aber gegen einen generellen Ausschluss solcher Klauseln geltend gemacht, dass die für den AN ungünstigere Beweislastregelung nicht unzulässig sein kann, soweit eine verschuldensabhängige Einstandspflicht zulässig ist (HWK/*Krause* § 619a Rn 53; s.a. *Schwirtzek* NZA 2005, 437, 442).

445 **3. Haftung für Schäden bei Dritten.** Die Grds über die eingeschränkte AN-Haftung gelten nicht im Verhältnis des AN zu Dritten (BGH 26.1.1995, VII ZR 240/93, NJW-RR 1995, 659; BAG 26.8.1993, 8 AZR 247/92, nv; s rechtsvergleichend hierzu *Pacic* EuZA 2009, 218). Es fehlt an einem Grund für die Risikozurechnung seitens des Dritten, sodass der AN im Verhältnis zu Dritten nicht entlastet werden kann. Der **AN haftet daher für Schäden Dritter voll**, Ausnahmen gelten lediglich bei Personenschäden von Kollegen (s § 105 SGB VII Rdn 2). Da Außenbeziehungen keiner Haftungsbeschränkung unterliegen, wird im Zusammenhang mit der eingeschränkten AN-Haftung zu Recht auch vom innerbetrieblichen Schadensausgleich gesprochen.

446 Ein Teil der Lit spricht sich für die Anwendung der Haftungsbeschränkung ggü **Betriebsmittelgebern** aus. Dabei geht es um Dritte, die dem AG zB im Wege des Leasing, der Pacht oder des Verkaufs unter Eigentumsvorbehalt Sachen zur Verfügung stellen, die dieser benötigt, um seiner unternehmerischen Tätigkeit nachgehen zu können. Wenn dem Betriebsmittelgeber bekannt sei, dass der AG die Sachen selbst in seinem Betrieb verwende, sei das Schadensrisiko durch AN für den Betriebsmittelgeber kalkulierbar. Der Betriebsmittelgeber unterscheide sich von anderen Dritten dadurch, dass er seine **Sachen bewusst in die vom AG organisatorisch beherrschte Sphäre eingebracht** habe, **um** so **Gewinn zu erzielen**. Unter diesen Umständen sei der AN-Schutz durch Rechtsfortbildung zu bewirken und die Haftung des AN auch ggü Dritten zu beschränken (*Otto/Schwarze/Krause/Schwarze* § 17 Rn 2 mwN; *Schlachter* FS OLG Jena, 1994, S 253, 263). Der BGH hat im Fall der Schädigung eines Leasinggebers die Anwendung der Grds über die AN-Haftung auf Betriebsmittelgeber ausdrücklich abgelehnt. Da weder die spezifisch arbeitsvertraglichen Überlegungen eingriffen, die im Verhältnis des AN zum AG maßgeblich für die Haftungsbeschränkung sprechen, noch eine Rechtsfortbildung gerechtfertigt wäre, die zu einer generellen Beschränkung der Außenhaftung des AN führt, sei nach geltendem Recht an der Außenhaftung des AN festzuhalten (BGH 19.9.1989, VI ZR 349/88, EzA § 611 BGB Gefahrgeneigte Arbeit Nr 24; gegen eine Rechtsfortbildung auch *Katzenstein* RdA 2003, 351 ff). Auf eine Haftungsbeschränkung, die zwischen dem AN und dem Geschädigten vereinbart wurde, kann sich der AN allerdings berufen (BGH 21.12.1993, VI ZR 103/93, EzA § 611 BGB Gefahrgeneigte Arbeit Nr 27).

447 Wenn der AN bei der Arbeit einen Dritten schädigt, hat er **uU gegen den AG einen Freistellungsanspruch**. Ein solcher Freistellungsanspruch besteht, wenn und soweit der AG den Schaden zu tragen hätte, wenn er selbst geschädigt worden wäre (BAG 18.1.1966, 1 AZR 247/63, AP BGB § 611 Haftung des Arbeitnehmers Nr 37; 23.6.1988, 8 AZR 300/85, EzA § 611 Arbeitnehmerhaftung Nr 49). Soweit der AG zahlungsfähig ist, trägt der AN letztlich auch im Verhältnis zu Dritten das Schadensrisiko nur soweit, wie er es bei Schädigung des AG zu tragen hätte. Das volle Schadensrisiko trifft ihn im Fall der **Insolvenz des AG**. Als Anspruchsgrundlage für den Freistellungsanspruch zieht die Rspr die aus dem Arbeitsvertrag resultierende Fürsorgepflicht des AG heran (BAG 23.6.1988, 8 AZR 300/85, EzA § 611 Arbeitnehmerhaftung Nr 49). Die Lit stützt sich überwiegend auf die §§ 670, 257 (HWK/*Krause* § 619a Rn 62; MünchArbR/*Reichold* § 52 Rn 14), ohne dass aber die unterschiedliche Begründung Einfluss auf den Inhalt des Anspruchs hat. Aufgrund des Freistellungsanspruchs hat der AG für den AN Zahlungen an den Geschädigten zu leisten, soweit er zur Freistellung verpflichtet ist. Hat der AN dem Geschädigten bereits den vollen Schaden ersetzt, so hat er gegen den AG einen Anspruch auf Erstattung des Betrags, der im Innenverhältnis vom AG zu tragen gewesen wäre (BAG 24.8.1983, 7 AZR 670/79, EzA § 249 BGB Nr 15). Bei gesamtschuldnerischer Haftung erfolgt der Ausgleich über § 426. § 840 II findet im Arbeitsverhältnis keine Anwendung. Haftet der AG neben dem AN nach § 831 für den Schaden des Dritten, so wird die Ausgleichsregelung des § 840 II von den Grundsätzen über den innerbetrieblichen Schadensausgleich verdrängt (Staudinger/*Richardi/Fischinger* § 619a Rn 84). Der Freistellungsanspruch des AN kann von seinen Gläubigern gepfändet werden, wodurch der Anspruch zu einem Zahlungsanspruch wird (BAG 11.2.1969, 1 AZR 280/68, EzA § 4 TVG Nr 25).

448 **III. Haftung des Arbeitgebers. 1. Allgemeines.** Eine Haftung des AG für Schäden des AN kommt zum einen in Betracht, wenn der AG schuldhaft einen Schaden des AN verursacht hat. Zum anderen kann der

AG dem AN verschuldensunabhängig zum Schadensersatz verpflichtet sein. Personenschäden des AN, die auf einen Arbeitsunfall zurückzuführen sind, unterfallen § 104 SGB VII.

2. Verschuldensabhängige Haftung. Die verschuldensabhängige Haftung des AG richtet sich nach den allg Regeln. Als Anspruchsgrundlagen kommen insb die **§§ 280 ff, 311a, 823 ff** in Betracht. Vertragliche Schadensersatzansprüche richten sich nach dem vertraglichen Pflichtenprogramm und setzen eine schuldhafte Pflichtverletzung voraus, wobei eine Zurechnung des schuldhaften Verhaltens von Erfüllungsgehilfen nach § 278 S 1 erfolgt. Deliktische Ansprüche kommen insb bei Eigentumsverletzungen durch den AG, bei der Verletzung einer Verkehrssicherungspflicht oder des Persönlichkeitsrechts des AN in Betracht. Der AN hat aber kein Recht am eigenen Arbeitsplatz, das als sonstiges Recht nach § 823 I geschützt ist (ErfK/*Preis* § 619a Rn 56; offengelassen von BAG 4.6.1998, 8 AZR 786/96, EzA § 823 BGB Nr 9). Deliktische Ansprüche können sich ferner aus § 823 II bei Verletzung eines Schutzgesetzes oder aus § 831 ergeben. 449

3. Verschuldensunabhängige Haftung. a) Rechtsgrundlage. Unter bestimmten Umständen muss der AG für Schäden des AN aufkommen, die diesem ohne ein Verschulden des AG bei der Arbeitsleistung entstehen. Die Entlastung des AN bei derartigen **Eigenschäden** ist im Ergebnis anerkannt, die dogmatische Begründung ist jedoch umstr. Die **Rspr** wendet **§ 670 analog** an (BAG 22.6.2011, 8 AZR 102/10, EzA § 670 BGB 2002 Nr 6; 27.1.2000, 8 AZR 876/98, EzA § 611 BGB Arbeitgeberhaftung Nr 7; 10.11.1961, GS 1/60, EzA § 670 BGB Nr 2). IR dieser Norm sollen in bestimmten Fällen nicht nur freiwillige Vermögensopfer, sondern darüber hinaus auch erlittene Schäden als bes Opfer und damit als Aufwendung anzusehen sein (BAG 10.11.1961, GS 1/60, EzA § 670 BGB Nr 2). In der Lit sind abw Begründungsansätze entwickelt worden, wobei vor allem der Gedanke der Risikohaftung des AG Anklang gefunden hat (*Canaris* RdA 1966, 41, 47 f; *Larenz* SAE 1962, 197, 198 f; s zu den verschiedenen Lösungsansätzen MünchArbR/ *Reichold* § 85 Rn 25 ff; *Stoffels* AR-Blattei SD Nr 860.1 Rn 134 ff). Die neuere Lit verbindet beide Ansätze, indem sie den Gedanken der Risikohaftung iR einer analogen Anwendung des § 670 zur Geltung bringt. Der AG soll für den Eigenschaden einzustehen haben, weil die fremdnützige Tätigkeit des AN der unentgeltlichen ähnlich ist und der AG kraft seiner Organisationsgewalt die Schadensrisiken beherrscht (*Otto/ Schwarze/Krause/Schwarze* § 27 Rn 3 ff; s.a. ErfK/*Preis* § 619a Rn 91). 450

b) Voraussetzungen des Anspruchs. Die Voraussetzungen für die verschuldensunabhängige Haftung des AG für Eigenschäden des AN haben sich seit der grundlegenden Entscheidung des BAG aus dem Jahr 1961 (BAG 10.11.1961, GS 1/60, EzA § 670 BGB Nr 2) gewandelt. 451

aa) Eigenschaden bei betrieblicher Tätigkeit. Der AN muss bei einer betrieblichen Tätigkeit einen Eigenschaden erlitten haben (BAG 16.3.1995, 8 AZR 260/94, EzA § 670 BGB Nr 24). Ersetzt werden sowohl **Sachschäden** (BAG 14.12.1995, 8 AZR 875/94, EzA § 611 BGB Arbeitgeberhaftung Nr 4) als auch **Vermögensschäden** (BAG 11.8.1988, 8 AZR 721/85, EzA § 670 BGB Nr 19). Das Merkmal der betrieblichen Tätigkeit soll – wie bei der Beschränkung der Haftung des AN für Schäden, die er beim AG verursacht – gewährleisten, dass der AG nicht mit privaten Risiken des AN belastet wird. Schäden, die der AN bei der Verfolgung privater Interessen erleidet, sind von ihm selbst zu tragen (HWK/*Krause* § 619a Rn 76 f). Nicht entscheidend ist, ob der AN einen außergewöhnlichen Schaden erlitten hat (MünchArbR/*Reichold* § 85 Rn 29). Zwar wird dieses Kriterium in jüngeren Urteilen wieder erwähnt (BAG 22.6.2011, 8 AZR 102/10, EzA § 670 BGB 2002 Nr 6; 28.10.2010, 8 AZR 647/09, EzA § 670 BGB 2002 Nr 4), nachdem das BAG es zwischenzeitlich nicht mehr aufgegriffen hatte (BAG 17.7.1997, 8 AZR 480/95, EzA § 611 BGB Arbeitgeberhaftung Nr 6). In beiden Entscheidungen geht es aber nur darum, den AG nicht für Schäden haften zu lassen, die notwendig oder regelmäßig entstehen. Bei solchen Schäden handelt es sich aber um allg Lebensrisiken, die vom AN zu tragen sind (s Rdn 454), sodass das Kriterium des außergewöhnlichen Schadens keine zusätzliche Einschränkung der Haftung dahin gehend ergibt, dass der AG erst bei Überschreiten einer Bagatellgrenze für den Schaden haftet. 452 453

bb) Schaden im Betätigungsbereich des AG. Nicht für alle Eigenschäden, die der AN bei betrieblich veranlasster Tätigkeit erleidet, steht ihm aber ein verschuldensunabhängiger Ersatzanspruch zu. Die Rspr stellt zusätzlich darauf ab, ob der Schaden dem Betätigungsbereich des AG zuzuordnen ist (BAG 25.5.2000, 8 AZR 518/99, EzA § 611 BGB Arbeitgeberhaftung Nr 8). **Allg Lebensrisiken muss der AN selbst tragen.** Deshalb muss der AG nicht für Sachen aufkommen, die dem AN auf einer Dienstreise gestohlen werden (BAG 8.5.1980, 3 AZR 213/79, AR-Blattei ES 860 Nr 54). Auch gewöhnliche Verschleißschäden an der Kleidung sind nicht vom AG zu ersetzen (BAG 8.5.1980, 3 AZR 82/79, EzA § 670 BGB Nr 14). Wenn der Schaden aber auf ein tätigkeitsspezifisches Risiko zurückzuführen ist, ist der AG ersatzpflichtig. 454

Das gilt zB dann, wenn Kleidung des AN beim Umgang mit ätzenden oder anderweitig schädigenden Substanzen beschädigt wird (HWK/*Krause* § 619a Rn 79; anders noch BAG 10.11.1961, GS 1/60, EzA § 670 BGB Nr 2) oder sich auf andere Art und Weise ein tätigkeitsspezifisches Risiko verwirklicht (für die Beschädigung der Brille eines Pflegers durch einen Patienten einer psychiatrischen Klinik offengelassen von BAG 20.4.1989, 8 AZR 632/87, EzA § 670 BGB Nr 20).

455 **Schäden am eigenen Pkw des AN** sind vom AG zu ersetzen, **wenn der AG ansonsten selbst ein Fahrzeug hätte einsetzen** und damit dessen Unfallgefahr hätte tragen **müssen** (BAG 22.6.2011, 8 AZR 102/10, EzA § 670 BGB 2002 Nr 6; 28.10.2010, 8 AZR 647/09, EzA § 670 BGB 2002 Nr 4; 14.12.1995, 8 AZR 875/94, EzA § 611 BGB Arbeitgeberhaftung Nr 4). Dass der AG den Einsatz des Pkw billigt, genügt für einen Ersatzanspruch des AN nicht, die Billigung des Einsatzes verlangt das BAG neben dem Einsatz im Betätigungsbereich des AG (BAG 28.10.2010, 8 AZR 647/09, EzA § 670 BGB 2002 Nr 4; 25.5.2000, 8 AZR 518/99, EzA § 611 BGB Arbeitgeberhaftung Nr 8). Wenn der AG den Einsatz des privaten Pkw sogar verlangt, muss er ebenfalls für Schäden einstehen. Das gilt auch dann, wenn der AG den AN zwar nicht auffordert, den Pkw zu benutzen, er aber die Arbeit so organisiert, dass der AN sie nur unter Einsatz seines Pkw leisten kann (HWK/*Krause* § 619a Rn 80; offengelassen von BAG 16.11.1978, 3 AZR 258/77, EzA § 670 BGB Nr 12). Wenn der AN einen schadhaften Pkw einsetzt, wird die Fahrt dadurch nicht zu einer Privatfahrt. Dieser Umstand ist vielmehr, wie auch sonstiges Fehlverhalten des AN, analog § 254 zu berücksichtigen (BAG 23.11.2006, 8 AZR 701/05, EzA § 670 BGB 2002 Nr 2).

456 Entstehen einem Außendienstmitarbeiter zwischen 2 am selben Tag durchzuführenden Dienstreisen während seiner Innendiensttätigkeit Schäden an seinem Pkw, so sind auch diese Schäden vom AG analog § 670 zu ersetzen (BAG 14.12.1995, 8 AZR 875/94, EzA § 611 BGB Arbeitgeberhaftung Nr 4). Schäden, die im Anschluss an eine Dienstfahrt entstehen, sind dagegen nicht zu ersetzen, wenn der AN den Pkw nicht für weitere Dienstfahrten vorhalten muss (LAG Thüringen 25.4.2006, 7/8 Sa 40/05, LAGE § 670 BGB 2002 Nr 1).

457 Begeht der AN im Zusammenhang mit einer betrieblichen Tätigkeit eine **Straftat oder Ordnungswidrigkeit**, so kann er für eine gegen ihn verhängte Geldstrafe oder -buße idR keinen Ausgleich verlangen, da das (straf)rechtswidrige Verhalten nicht betrieblich veranlasst ist (MünchArbR/*Reichold* § 85 Rn 30, 42). Für Straftaten in Zusammenhang mit Verkehrsdelikten hat das BAG ausgeführt, dass nur der AN die Strafverfolgung verhindern könne, indem er bei seiner Tätigkeit die Regeln des Straßenverkehrs genau beachtet (BAG 11.8.1988, 8 AZR 721/85, EzA § 670 BGB Nr 19). Diese Argumentation ist auf andere Straftaten und Ordnungswidrigkeiten bei betrieblichen Tätigkeiten außerhalb der Teilnahme am Straßenverkehr übertragbar. Eine Ausnahme hat das BAG für den Fall gemacht, dass der AN in einem Gebiet außerhalb der BRD tätig wird, in dem unzumutbare Maßnahmen der Strafverfolgung zu befürchten sind. In einem solchen Fall gehöre diese Gefahr zum Betätigungsbereich des AG (BAG 11.8.1988, 8 AZR 721/85, EzA § 670 BGB Nr 19). Die Kosten für die Verteidigung nach einem Verkehrsunfall, in den der AN bei einer Dienstfahrt unverschuldet verwickelt wurde, hat der AG zu tragen (BAG 16.3.1995, 8 AZR 260/94, EzA § 670 BGB Nr 24). Wenn der AG dem AN vertraglich zusagt, Bußgelder zu erstatten, die gegen den AN für Verstöße gegen Lenkzeiten verhängt werden, kann der AN aus dieser Vereinbarung keine Ansprüche gegen den AG ableiten. Die Abrede ist sittenwidrig und daher nach § 138 unwirksam. Als sittenwidrig stuft das BAG solche Vereinbarungen ein, weil sie dem Zweck von Straf- und Bußgeldvorschriften zuwiderlaufen und die Hemmschwelle des AN, Straftaten oder Ordnungswidrigkeiten zu begehen, herabsetzen können. Die zivilrechtliche Missbilligung der Abrede sei von der strafrechtlichen Bewertung der Übernahme von Geldstrafen oder -bußen durch Dritte unabhängig (BAG 25.1.2001, 8 AZR 465/00, EzA § 611 BGB Arbeitgeberhaftung Nr 9; s zur Abwälzung von Geldstrafen und -bußen auch *Holly/Friedhofen* NZA 1992, 145). Im Einzelfall kann ein Schadensersatzanspruch des AN nach § 826 in Betracht kommen. Voraussetzung ist zunächst, dass der AG das verbotswidrige Verhalten anordnet, was nicht ausdrücklich geschehen muss. Ferner muss es sich bei der Geldbuße um einen ersatzfähigen Schaden handeln. Das ist nach Ansicht des BAG idR nicht der Fall, da Anordnungen des AG den AN nicht von seiner persönlichen Verantwortung für ordnungsgemäßes Verhalten befreien. Eine Geldbuße sieht das BAG nur ausnahmsweise als erstattungsfähigen Schaden an, wenn es dem AN im Einzelfall nicht zumutbar ist, sich den Anordnungen des AG zu widersetzen (BAG 25.1.2001, 8 AZR 465/00, EzA § 611 BGB Arbeitgeberhaftung Nr 9).

458 **cc) Kein angemessenes Risikoentgelt.** Ein Anspruch des AN besteht nicht, wenn er für das Schadensrisiko eine angemessene Abgeltung erhält. Dabei muss die **Risikovergütung** nicht so hoch bemessen sein, dass sie den Schaden im Einzelfall abdecken kann. Es genügt, wenn der AN durch sie in die Lage versetzt wird, das Risiko zu versichern (BAG 27.1.2000, 8 AZR 876/98, EzA § 611 BGB Arbeitgeberhaftung Nr 7). Ob eine Zulage dazu dient, ein Schadensrisiko des AN abzudecken, ist durch Auslegung zu ermitteln.

Gefahren- oder Schmutzzulagen dienen idR dazu, Sachschäden des AN abzugelten (BAG 10.11.1961, 459
GS 1/60, EzA § 670 BGB Nr 2). Zu pauschal ist aber die Aussage des BAG, soweit sie sich allg auf Zulagen
für bes Arbeiten (genannt wurden in dem soeben zit Urteil noch Fleisch- oder Fischtransporte) bezieht. Eine
Zulage für bes Arbeiten kann auch dazu dienen, Erschwernisse oder Unannehmlichkeiten auszugleichen,
ohne dass zugleich Schadensrisiken abgegolten werden sollen. So hat das BAG in einem jüngeren Urteil
eine Psychiatriezulage als reine Erschwerniszulage eingeordnet, die bes Belastungen des Pflegepersonals ausgleichen soll und nicht der Abgeltung von Sachschäden dient (BAG 20.4.1989, 8 AZR 632/87, EzA § 670
BGB Nr 20).
Soweit für die Benutzung des eigenen Pkw ein **Kilometergeld** gezahlt wird, deckt dieser Betrag grds nur 460
Verschleißschäden, nicht aber Unfallschäden ab (vgl BAG 8.5.1980, 3 AZR 82/79, EzA § 670 BGB Nr 14;
LAG BW 17.9.1991, 7 Sa 44/91, NZA 1992, 458; *Franzen* ZTR 1996, 305, 307). Die Kilometerpauschale erfasst allerdings den Schaden, den der AN durch die Rückstufung in der Haftpflichtversicherung
erleidet, weil die Kosten der Haftpflichtversicherung zu den Betriebskosten gehören, die durch ein Kilometergeld abgegolten werden sollen (BAG 30.4.1992, 8 AZR 409/91, EzA § 670 BGB Nr 23). Für Unfallschäden muss der AG dann nicht einstehen, wenn er dem AN eine monatliche Kfz-Pauschale zahlt und
die Parteien vereinbaren, dass diese Leistung auch zur teilw Finanzierung einer Vollkasko-Versicherung
für das benutzte Fahrzeug verwendet werden kann und der AG nicht für Unfallschäden am Kfz haftet
(LAG BW 17.9.1991, 7 Sa 44/91, NZA 1992, 458). Dasselbe gilt, wenn auf das Arbeitsverhältnis ein TV
anwendbar ist, der auf § 6 I 1 LRKG NW verweist, der die Abgeltung der Kosten der Fahrzeugvollversicherung durch die pauschale Wegstreckenentschädigung regelt (LAG Düsseldorf 22.10.2014, 12 Sa 617/14,
NZA-RR 2015, 219, 221). Eine Stundenvergütung von 39 DM für den Einsatz eines eigenen Schleppers
durch einen Forstarbeiter hat das BAG nicht als angemessene Abgeltung für das Schadensrisiko angesehen
(BAG 17.7.1997, 8 AZR 480/95, EzA § 611 BGB Arbeitgeberhaftung Nr 6).

dd) Verschulden des AN. Ein Verschulden des AN schließt seinen Ersatzanspruch gegen den AG nicht 461
unbedingt aus. Das **Verschulden des AN ist analog § 254 zu berücksichtigen, wobei die Grds über die
eingeschränkte AN-Haftung Anwendung finden** (BAG 22.6.2011, 8 AZR 102/10, EzA § 670 BGB
2002 Nr 6; zu den verschiedenen Möglichkeiten der Anknüpfung mit Vorschlag einer differenzierenden
Lösung Schwarze, RdA 2013, 140,). Bei leichtester Fahrlässigkeit entfällt daher die Mithaftung des AN
(BAG 27.1.2000, 8 AZR 876/98, EzA § 611 BGB Arbeitgeberhaftung Nr 7; 8.5.1980, 3 AZR 82/79, EzA
§ 670 BGB Nr 14).
Ein Journalist, der ohne tatsächlich vorhandene Grundlage eine ehrenrührige Behauptung aufstellt, han- 462
delt grob fahrlässig. Wenn der Betroffene erfolgreich gegen den AN prozessiert, kann dieser deshalb vom
AG nicht die Übernahme seiner Prozesskosten verlangen (BAG 14.11.1991, 8 AZR 628/90, EzA § 670
BGB Nr 22). Einem Pfleger in der Psychiatrie, der seine Brille unbeaufsichtigt im Tagesraum liegen ließ,
warf das BAG normale Fahrlässigkeit vor (BAG 20.4.1989, 8 AZR 632/87, EzA § 670 BGB Nr 20). Bei
einer verspäteten Bremsung trotz guter Übersicht des Fahrers hat das BAG grobe Fahrlässigkeit des AN bei
der Verursachung eines Auffahrunfalls angenommen und ihm das volle Schadensrisiko zugewiesen (BAG
11.8.1988, 8 AZR 721/85, EzA § 670 BGB Nr 19). Ebenso hat das BAG bei einem Auffahrunfall bei
dichtem Verkehr entschieden. In diesem Fall hatte der AN nicht ausreichend dazu vorgetragen, dass er
nicht grob fahrlässig gehandelt hat. Die Darlegungs- und Beweislast sah das BAG insoweit beim AN, da der
Aufwendungsersatzanspruch voraussetzt, dass der AN den Schaden nicht grob fahrlässig verursacht hat, und
die Beweislast für Anspruchsvoraussetzungen grds beim Anspruchsteller liegt (28.10.2010, 8 AZR 647/09,
EzA § 670 BGB 2002 Nr 4).

c) Umfang der Haftung. Das BAG gewährt dem AN in analoger Anwendung des § 670 lediglich einen 463
Wertersatzanspruch, nicht aber einen Schadensersatzanspruch (BAG 20.4.1989, 8 AZR 632/87, EzA § 670
BGB Nr 20). **Aufwendungen** kann der AN ersetzt verlangen, **soweit er sie für erforderlich halten durfte**.
Dazu zählen die Kosten für einen Verteidiger in einem Ermittlungsverfahren, das gegen den AN wegen eines
Unfalls bei einer Dienstfahrt eingeleitet wurde. Allerdings muss der AN die über die gesetzlichen Gebühren
hinausgehenden Kosten einer Honorarvereinbarung selbst tragen, wenn er anwaltliche Hilfe zu den gesetzlichen Gebührensätzen erlangen kann (BAG 16.3.1995, 8 AZR 260/94, EzA § 670 BGB Nr 24). Ob dem
AN Ersatz für den Nutzungsausfall eines Pkw zu gewähren ist, ist str (bejahend MünchArbR/*Reichold* § 85
Rn 33; abl HWK/*Krause* § 619a Rn 84). Das BAG hat diese Frage bisher nicht entschieden, die in diesem
Zusammenhang gelegentlich zit Entscheidung des BAG vom 7.9.1995 (8 AZR 515/94, NZA 1996, 32)
bezieht sich auf einen Schadensersatzanspruch.

464 **d) Abdingbarkeit der Haftung.** Das BAG hat bisher nicht entscheiden müssen, ob die Grds über die verschuldensunabhängige Haftung dispositiv sind (offengelassen in BAG 27.1.2000, 8 AZR 876/98, EzA § 611 BGB Arbeitgeberhaftung Nr 7). In der Lit ist diese Frage – ebenso wie bei den Grds über die Einschränkung der AN-Haftung – umstr (für die Abdingbarkeit ErfK/*Preis* § 619a Rn 94; MünchArbR/ *Reichold* § 51 Rn 68; dagegen *Müller-Glöge* FS Dieterich, 1999, S 387, 411). Da auch die verschuldensunabhängige AG-Haftung dem innerbetrieblichen Schadensausgleich zuzurechnen ist, sind die dazu entwickelten Grds ebenso wenig ohne Kompensation für den AN abdingbar wie die Beschränkung der AN-Haftung.

465 **I. Nachwirkungen des Arbeitsverhältnisses. I. Allgemeines.** Mit der Beendigung des Arbeitsverhältnisses enden nicht notwendigerweise die Rechtsbeziehungen der Parteien aus dem Arbeitsverhältnis. Die Parteien können an das Arbeitsverhältnis anknüpfend **fortwirkende Pflichten vereinbaren**. Gegenstand solcher Vereinbarungen sind vor allem Ruhegeldzusagen (s dazu die Kommentierung zum BetrAVG) und nachvertragliche Wettbewerbsverbote (s dazu die Kommentierung zu den §§ 74–75 f HGB). Unabhängig von vereinbarten Fortwirkungen können die Parteien nachwirkende Nebenpflichten treffen.

466 **II. Nachwirkende Nebenpflichten des Arbeitgebers.** Der AG hat dem AN nach einer Kdg gem **§ 629 Freizeit zur Stellensuche** zu geben. Diese Pflicht ist streng genommen keine nachwirkende Nebenpflicht, weil sie während des noch bestehenden Arbeitsverhältnisses auftritt. Bei Beendigung des Arbeitsverhältnisses steht dem AN nach **§ 109 GewO** ein Anspruch auf ein **schriftliches Zeugnis** zu. Auch sind ihm die **Arbeitspapiere** herauszugeben (näher ErfK/*Preis* § 611 Rn 752). Die **Arbeitspapiere** hat der AN grds abzuholen (BAG 8.3.1995, 5 AZR 848/93, EzA § 630 BGB Nr 19). Nach § 2 II 2 Nr 3 SGB III soll der AG den AN vor der Beendigung des Arbeitsverhältnisses frühzeitig über die Notwendigkeit eigener Aktivitäten bei der Suche nach einer anderen Beschäftigung sowie über die Verpflichtung unverzüglicher Meldung bei der AA informieren. Das BAG leitet daraus aber keine selbstständige Nebenpflicht ab (BAG 29.9.2005, 8 AZR 571/04, EzA § 280 BGB 2002 Nr 1). Zu Aufklärungspflichten des AG bei Beendigung des Arbeitsverhältnisses – insb im Zusammenhang mit einem Aufhebungsvertrag – s Rdn 318 f. Zu Auskünften des AG ggü Dritten s Rdn 79 f.

467 **III. Nachwirkende Nebenpflichten des Arbeitnehmers.** Nach Beendigung des Arbeitsverhältnisses ist der AN entspr § 667 BGB verpflichtet, dem AG alles herauszugeben, was er zur Ausführung der ihm übertragenen Arbeit erhalten und was er aus dem Arbeitsverhältnis erlangt hat (BAG 14.12.2011, 10 AZR 283/10, EzA § 667 BGB 2002 Nr 2). Erfüllungsort für die Rückgabeverpflichtung ist die Betriebsstätte des AG (ErfK/*Preis* § 611 Rn 756). Der AN kann auch nach Beendigung des Arbeitsverhältnisses noch zur **Verschwiegenheit** verpflichtet sein (s dazu Rdn 378).

§ 612 Vergütung

(1) Eine Vergütung gilt als stillschweigend vereinbart, wenn die Dienstleistung den Umständen nach nur gegen eine Vergütung zu erwarten ist.

(2) Ist die Höhe der Vergütung nicht bestimmt, so ist bei dem Bestehen einer Taxe die taxmäßige Vergütung, in Ermangelung einer Taxe die übliche Vergütung als vereinbart anzusehen.

Übersicht	Rdn.		Rdn.
A. Allgemeines	1	3. Sonderleistungen	14
B. Stillschweigende Vereinbarung einer Vergütung	2	4. Urheberrechtsfähige Werke	15
		VI. Fehlgegangene Vergütungserwartung	16
I. Rechtsnatur	2	VII. Beweislast	23
II. Vereinbarung über Dienstleistung	3	C. Höhe der Vergütung	24
III. Fehlen einer Vergütungsvereinbarung	5	I. Anwendungsbereich	24
IV. Vergütungserwartung	7	II. Taxen	25
V. Mehrleistung	11	III. Übliche Vergütung	26
1. Qualitative Mehrleistung	12	IV. Einseitige Leistungsbestimmung	30
2. Quantitative Mehrleistung	13	V. Beweislast	31

1 **A. Allgemeines.** Die Norm ist anzuwenden, wenn die Vertragsparteien die Frage der Vergütung nicht vollständig geregelt haben. I befasst sich mit der Vergütungspflicht in dem Fall, dass eine **Vergütung nicht vereinbart** ist. In diesem Fall wäre ohne eine spezielle Regelung der Vertrag mangels Einigung über einen

wesentlichen Punkt nicht zustande gekommen (Dissens, §§ 154, 155). II kommt zum Tragen, wenn lediglich eine Abrede über die **Höhe der Vergütung** fehlt. Der bisherige III, der den Grundsatz der Entgeltgleichheit für Männer und Frauen bei gleicher oder gleichwertiger Arbeit festschrieb, ist mit Inkrafttreten des AGG aufgehoben worden. S zum Grundsatz der Entgeltgleichheit Art 157 AEUV Rdn 7–9.

B. Stillschweigende Vereinbarung einer Vergütung. I. Rechtsnatur. Str ist, ob I seinem Wortlaut entspr als Fiktion (so ErfK/*Preis* § 612 Rn 1) oder den Ausführungen in den Motiven entspr als Auslegungsregel zu verstehen ist (so *Canaris* BB 1967, 165). Für die Praxis hat diese Unterscheidung keine Bedeutung. 2

II. Vereinbarung über Dienstleistung. I setzt grds eine **wirksame Vereinbarung** über die Leistung von Diensten voraus. Nur die Vereinbarung über die Vergütung darf fehlen. Es genügt allerdings für die Anwendung des I, wenn das Vertragsverhältnis trotz Nichtigkeit nach den Regeln über das fehlerhafte Arbeitsverhältnis (dazu § 611 Rdn 107 f) behandelt wird (HWK/*Thüsing* § 612 Rn 9). 3

Bei **Weiterbeschäftigung** des AN **nach einer Kdg** ist zu unterscheiden. Einigen sich die Parteien auf die Fortsetzung des Arbeitsverhältnisses bis zum Abschluss des Kündigungsrechtsstreits, so besteht das Vertragsverhältnis auflösend bedingt fort, die Vergütung beruht auf dem bisherigen Arbeitsverhältnis (BAG 4.9.1986, 8 AZR 636/84, EzA § 611 BGB Beschäftigungspflicht Nr 27). Dasselbe gilt, wenn der AN einen Weiterbeschäftigungsanspruch nach § 102 V BetrVG hat. Macht der AN dagegen den allg arbeitsrechtlichen Weiterbeschäftigungsanspruch geltend, fehlt es bei wirksamer Kdg an einer Rechtsgrundlage für den Leistungsaustausch, der Vergütungsanspruch richtet sich in diesem Fall nach Bereicherungsrecht (BAG 10.3.1987, 8 AZR 146/84, EzA § 611 BGB Beschäftigungspflicht Nr 28; ArbRBGB/*Schliemann* § 612 Rn 6). 4

III. Fehlen einer Vergütungsvereinbarung. Eine Vergütungsvereinbarung fehlt, wenn eine Vergütung **weder ausdrücklich noch stillschweigend vereinbart** wurde und die Parteien sich auch nicht über die Unentgeltlichkeit der Dienstleistung geeinigt haben. Ergibt die Auslegung des Vertrags, dass eine Vergütung stillschweigend vereinbart wurde, so greift lediglich II hins der Vergütungshöhe. Spricht der Parteiwille für Unentgeltlichkeit, so kommt I nicht zur Anwendung (BeckOKBGB/*Fuchs* § 612 Rn 1; Staudinger/*Richardi/Fischinger* § 612 Rn 15 f). 5

Ein Teil der Lit wendet I auch bei **unwirksamer Vergütungsabrede** an (HWK/*Thüsing* § 612 Rn 10; aA Staudinger/*Richardi/Fischinger* § 612 Rn 18). Die in diesem Zusammenhang zitierten Urteile des BAG (BAG 10.3.1960, 5 AZR 426/58, AP BGB § 138 Nr 2; 24.11.1993, 5 AZR 153/93, EzA § 611 BGB Mehrarbeit Nr 1; 28.9.1994, 4 AZR 619/93, EzA § 612 BGB Nr 17) vermögen diese Ansicht allerdings nicht zu stützen, da das BAG sich in diesen Urteilen auf II stützt und sich zur Anwendbarkeit von I auf unwirksame Vergütungsabreden nicht äußert. Bei unwirksamer Vergütungsvereinbarung ist ein Rückgriff auf I nicht erforderlich, da die Parteien eindeutig die Entgeltlichkeit der Dienstleistung vorgesehen haben (Staudinger/*Richardi/Fischinger* § 612 Rn 18). 6

IV. Vergütungserwartung. Voraussetzung für das Eingreifen von I ist, dass die Dienstleistung den Umständen nach nur gegen eine Vergütung zu erwarten ist. Dabei sind die gesamten Umstände des Einzelfalls zu berücksichtigen. Maßgeblich sind die Verkehrssitte, Art, Umfang und Dauer der Dienstleistung sowie die Stellung der Beteiligten zueinander. Die Vergütungserwartung kann sich insb daraus ergeben, dass in der Branche TV gelten, die für vergleichbare Arbeiten eine Vergütung von Überstunden vorsehen (BAG 22.2.2012, 5 AZR 765/10, EzA § 612 BGB 2002 Nr 12). Gegen eine Vergütungserwartung spricht es, wenn arbeitszeitbezogen und arbeitszeitunabhängig vergütete Arbeitsleistungen zeitlich verschränkt sind, Dienste höherer Art geschuldet sind oder insgesamt eine deutlich herausgehobene, die Beitragsbemessungsgrenze der gesetzlichen Rentenversicherung überschreitende Vergütung gezahlt wird. So hat der 5. Senat eine Vergütungserwartung abgelehnt, wenn ein AN für einen Teil seiner Tätigkeit eine zusätzliche Vergütung in Form einer Provision erhält. Bei dieser Kombination aus arbeitsbezogener Vergütung und Provision lasse sich eine Vergütungserwartung nicht ohne besondere Umstände aus der Verkehrssitte ableiten (BAG 27.6.2011, 5 AZR 530/11, EzA § 612 BGB 2002 Nr 14). Es gilt ein **objektiver Maßstab**, auf die persönliche Meinung der Beteiligten kommt es nicht an (BAG 11.10.2000, 5 AZR 122/99, EzA § 611 BGB Nr 30). Der Irrtum über die Vergütungspflicht berechtigt daher nicht zur Anfechtung (ErfK/*Preis* § 612 Rn 11). 7

Bei **Gefälligkeiten und Gefälligkeitsverhältnissen** ist eine Vergütung nicht zu erwarten. Davon abzugrenzen sind Fälle, in denen der Wunsch, jemandem gefällig zu sein, nur das Motiv für eine entgeltliche Arbeitsleistung ist (MüKo-BGB/*Müller-Glöge* § 612 Rn 9). Nach den Gesamtumständen werden kleinere freundschaftliche und nachbarschaftliche Dienste eher unentgeltlichen Charakter haben, wogegen bei Zusatz- oder Sonderleistungen von (ehemaligen) Beschäftigten (zB Aushilfe einer Putzhilfe bei einer Familienfeier) eher eine Vergütungserwartung besteht. 8

§ 612 BGB Vergütung

9 Bei **familienrechtlicher Mitarbeit** ist idR eine Vergütung nicht zu erwarten (ErfK/*Preis* § 612 Rn 13). Auch in den Fällen, in denen eine gesetzliche Verpflichtung zur Mitarbeit nicht besteht (zB zwischen Nichte und Tante oder Verlobten), ist nicht automatisch von einer Vergütungspflicht auszugehen (MüKo-BGB/*Müller-Glöge* § 612 Rn 8). Erbringt ein Partner einer **nichtehelichen Gemeinschaft** für den anderen Dienstleistungen, so ist dafür idR keine Vergütung zu erwarten. Dies gilt vor allem dann, wenn die Mitarbeit in einem Betrieb mit kleinem Zuschnitt erfolgt und jeder seinen Beitrag zum Gelingen leistet (LAG Köln 17.6.1999, 10 Sa 69/99, LAGE § 612 BGB Nr 7).

10 Für die Tätigkeit als **Geschäftsführer** ist nicht zwangsläufig eine Vergütungserwartung gegeben. Das gilt erst recht, wenn bereits ein anderweitiges Anstellungsverhältnis besteht, dessen Vergütungsabrede die Geschäftsführertätigkeit mit abdecken könnte (LG Essen 6.9.2000, 41 O 71/00, NZA-RR 2001, 412).

11 **V. Mehrleistung.** Erbringt der Dienstverpflichtete Leistungen, die über das vertraglich Vereinbarte hinausgehen, kann I anwendbar sein.

12 **1. Qualitative Mehrleistung.** Eine qualitative Mehrleistung ist gegeben, wenn der Dienstverpflichtete eine **höherwertige Tätigkeit** erbringt als vertraglich geschuldet. Eine solche Mehrleistung muss der AN uU nach Treu und Glauben ohne eine zusätzliche Vergütung erbringen. So besteht zB bei kurzfristiger Urlaubs- oder Krankheitsvertretung kein Anspruch auf zusätzliche Vergütung (Soergel/*Raab* § 612 Rn 31). Auch bei **vorübergehender Übernahme** höherwertiger Tätigkeiten aufgrund einer Vakanz kann der AN, insb wenn er in einer Spitzenposition tätig ist, kein zusätzliches Entgelt verlangen. Dabei hat das BAG eine Zeit von 2 Monaten als vorübergehend gewertet (BAG 4.10.1972, 4 AZR 475/71, AP BAT § 24 Nr 2). Übernimmt der AN zur **Erprobung** eine höherwertige Tätigkeit, kann eine zusätzliche Vergütung ausgeschlossen sein. Allerdings muss der Erprobungszeitraum zum Erprobungszweck in einem vernünftigen Verhältnis stehen (s dazu BAG 16.2.1978, 3 AZR 723/76, EzA § 612 BGB Nr 8). Ist eine Verpflichtung zur Übernahme der höherwertigen Vergütung ohne bes Vergütung nicht gegeben und haben die Vertragsparteien eine Vergütung der höherwertigen Tätigkeit nicht vereinbart, ist I anwendbar. Es fehlt in diesen Fällen an einer Vergütungsabrede für eine vertraglich geschuldete Tätigkeit (Staudinger/*Richardi/Fischinger* § 612 Rn 26; unklar zur Frage der direkten oder entspr Anwendung BAG 4.10.1972, 4 AZR 475/71, AP BAT § 24 Nr 2). Wurde einem AN unter Missachtung von Mitbestimmungsvorschriften eine höherwertige Tätigkeit übertragen, für die eine tarifvertragliche Vergütungsregelung besteht, so steht die Mitbestimmungswidrigkeit der Maßnahme dem Vergütungsanspruch des AN nicht entgegen (BAG 16.1.1991, 4 AZR 301/90, EzA § 24 BAT Nr 4).

13 **2. Quantitative Mehrleistung.** Leistet der Dienstverpflichtete Überstunden, kann ihm ein Vergütungsanspruch nach I zustehen (BAG 28.9.2005, 5 AZR 52/05, EzA § 307 BGB 2002 Nr 8 für über § 3 ArbZG hinausgehende Mehrarbeit; 21.9.1995, 6 AZR 188/95, AP TVG § 1 Tarifverträge Musiker Nr 8). Dabei ist sorgfältig zu prüfen, ob die **Mehrarbeit** nur gegen Vergütung zu erwarten ist. Ein allg Rechtsgrundsatz dieses Inhalts besteht nicht (BAG 21.9.2011, 5 AZR 629/10, EzA § 612 BGB 2002 Nr 11; 4.5.1994, 4 AZR 445/93, EzA § 611 BGB Mehrarbeit Nr 5). Bei leitenden Angestellten und Chefärzten ist Mehrarbeit, die sich aus der ordnungsgemäßen Erledigung der übertragenen Aufgabe ergibt, durch die vereinbarte Vergütung abgegolten (BAG 17.3.1982, 5 AZR 1047/79, AP BGB § 612 Nr 33; 17.11.1966, 5 AZR 225/66, EzA § 15 AZO Nr 4; zu den Grenzen pauschaler Abgeltung LAG Köln 20.12.2001, 6 Sa 965/01, LAGE § 612 BGB Nr 8). Die Mehrarbeit ist nicht zu vergüten, wenn der AN nach dem Vertrag seine Arbeitszeit frei einteilen und so Überstunden durch Freizeit ausgleichen kann (BAG 4.5.1994, 4 AZR 445/93, EzA § 611 BGB Mehrarbeit Nr 5). Ist aber ein Freizeitausgleich nicht vorgesehen, kann der AG ihn nicht einseitig anordnen (BAG 18.9.2001, 9 AZR 307/00, EzA § 611 BGB Mehrarbeit Nr 9).

14 **3. Sonderleistungen.** Sonderleistungen des AN, die durch die vereinbarte Vergütung nicht abgegolten sind, sind bei fehlender Vergütungsregelung nach I zu vergüten (BAG 14.10.2004, 6 AZR 564/03, AP BAT SR 2r § 2 Nr 3). Eine Sonderleistung liegt nicht vor, wenn ein Musiker, der vertraglich zum Spielen des Instruments Trompete verpflichtet ist, für eine Aufführung eine amerikanische statt einer dt Trompete benutzen soll (BAG 21.3.2002, 6 AZR 456/01, EzA § 4 TVG Musiker Nr 2). Auch ein Redakteur, der Fotografien anfertigt, erbringt keine Sonderleistung (BAG 29.1.2003, 5 AZR 703/01, AP BGB § 612 Nr 66). Reisezeiten außerhalb der vereinbarten Arbeitszeit können ebenfalls nach I zu vergüten sein. Entscheidend sind die Umstände des Einzelfalls, wobei auch die Branchenüblichkeit zu berücksichtigen ist (BAG 11.7.2006, 9 AZR 519/05, EzA § 2 ArbZG Nr 1; 3.9.1997, 5 AZR 428/96, EzA § 612 BGB Nr 20). Für die Frage, ob das Waschen und Umkleiden vor und nach der Arbeit zu vergüten ist, kommt es zunächst darauf an, ob es als Arbeit einzuordnen ist (dazu § 611 Rdn 357). Selbst wenn das zu bejahen ist,

wird es idR mangels entspr Verkehrssitte an einer Vergütungserwartung fehlen (MüKo-BGB/*Müller-Glöge* § 612 Rn 23).

4. Urheberrechtsfähige Werke. Wenn ein AN in Ausübung seiner Tätigkeit ein urheberrechtlich schutzfähiges Werk schafft, kommt für die geleistete Arbeit eine zusätzliche Vergütung nur in Betracht, wenn er über die normale Arbeitszeit hinaus gearbeitet hat (ArbRBGB/*Schliemann* § 612 Rn 20). Ein mögliches Entgelt für die Nutzungsrechte richtet sich nicht nach § 612, da es nicht um die Gegenleistung für geleistete Dienste, sondern um die Übertragung von Nutzungsrechten geht (BAG 13.9.1983, 3 AZR 371/81, AP UrhG § 43 Nr 2). 15

VI. Fehlgegangene Vergütungserwartung. Rspr und hM wenden I auch auf die Fälle der fehlgeschlagenen Vergütungserwartung an. Das BAG hat insoweit folgende Voraussetzungen aufgestellt: (1) Der Dienstleistende muss in der **erkennbaren Erwartung** tätig werden, dass seine Arbeitsleistung durch eine Zuwendung in der Zukunft abgegolten werden soll. (2) Für die Dienste erfolgt **zunächst keine** oder nur eine deutlich **unterwertige Bezahlung**. (3) Zwischen der fehlenden oder unterwertigen Zahlung und der Erwartung des Dienstleistenden besteht ein **unmittelbarer Zusammenhang** (BAG 14.7.1966, 5 AZR 2/66, AP BGB § 612 Nr 24; 27.10.1982, 5 AZR 599/80, nv). So hat das BAG einen Vergütungsanspruch in Fällen bejaht, in denen Dienstleistungen ohne Barentgelt oder gegen ein geringes Entgelt erbracht wurden und der Dienstberechtigte die testamentarische Zuwendung des Hofes bzw des Hauses versprochen, ein entspr Testament aber nicht errichtet hatte (BAG 5.8.1963, 5 AZR 79/63, AP BGB § 612 Nr 20; 18.1.1964, 5 AZR 261/63, AP BGB § 612 Nr 22; 24.6.1965, 5 AZR 443/64, AP BGB § 612 Nr 23). Nach dieser Rspr hat § 612 den Sinn, demjenigen einen vertraglichen Entgeltanspruch zu verschaffen, der in Erwartung einer bes Vergütung Leistungen zunächst unentgeltlich erbringt, obwohl sie normalerweise vergütungswert sind (BAG 24.6.1965, 5 AZR 443/64, AP BGB § 612 Nr 23). Das BAG hat § 612 dabei **direkt** angewandt, ein Teil der Lit spricht von einer **analogen Anwendung** (ArbRBGB/*Schliemann* § 612 Rn 27; Erman/*Edenfeld* § 612 Rn 5). Lediglich in einem Urteil hat das BAG sich dogmatisch unklar sowohl direkt auf § 612 als auch auf den Rechtsgedanken dieser Norm gestützt, weil es eine Besonderheit ggü den sonstigen Fällen darin sah, dass immerhin eine Teilvergütung für die Dienstleistung erfolgt war (BAG 24.6.1965, 5 AZR 443/64, AP BGB § 612 Nr 23). 16

Ein Teil der Lit hat sich gegen diese Rspr gewandt. I fingiere lediglich die Vergütungsvereinbarung, nicht aber das Vorliegen eines Dienstvertrags. Wenn der Vertrag fehlerhaft sei, könne I trotzdem angewandt werden, wenn die Nichtigkeitsfolgen nach den Grundsätzen über das fehlerhaft begründete Arbeitsverhältnis begrenzt sind. Sei der Vertrag schlechthin nichtig oder habe eine Anfechtung ausnahmsweise Rückwirkung, finde I keine Anwendung. In diesen Fällen richte sich der Ausgleich für erbrachte Dienstleistungen nach dem Bereicherungsrecht (Staudinger/*Richardi/Fischinger* § 612 Rn 10; HWK/*Thüsing* § 612 Rn 14). 17

Dagegen wird eingewandt, dass von vornherein feststand, dass ein Entgelt gezahlt werden müsse und von der Vereinbarung lediglich Art und Höhe des Entgelts weggefallen seien. § 612 zeige gerade, dass die Gültigkeit des Vertrags jedenfalls für die Vergangenheit durch die Unvollständigkeit hins des Lohns nicht berührt werde. Die fehlerhafte Vergütungsvereinbarung könne außerdem keine stärkeren Auswirkungen haben als die fehlende (ErfK/*Preis* § 612 Rn 23). 18

Wie bereits ausgeführt (Rdn 3), kann I nur zur Anwendung kommen, wenn eine Vereinbarung über die Leistung von Diensten gegeben ist. Diese Vereinbarung muss wirksam sein oder zumindest für die Vergangenheit nach den Regeln über das fehlerhafte Arbeitsverhältnis als wirksam behandelt werden. Ist diese Voraussetzung erfüllt, steht der Anwendung des I bei fehlgeschlagener Vergütungserwartung nichts entgegen. Die Rspr ist in den genannten Fällen stets von einem wirksamen Dienstverhältnis ausgegangen. Das ist allerdings bei einem Versprechen einer testamentarischen Zuwendung zweifelhaft, da § 2302 eine entspr vertragliche Vereinbarung für nichtig erklärt. Letztlich kann aber auch in diesen Fällen I angewandt werden, da nach den Grundsätzen über das **fehlerhafte Arbeitsverhältnis** das Arbeitsverhältnis für die Vergangenheit als wirksam zu behandeln ist. Der Schutzzweck des § 2302 gebietet es nicht, das Arbeitsverhältnis rückwirkend als nichtig zu behandeln. 19

Für die Anwendung des I ist es ausreichend, wenn der Dienstverpflichtete **erkennbar eine Vergütung erwartet** und der Dienstberechtigte die Dienste **in Kenntnis dieser Erwartung** entgegennimmt (BAG 14.7.1966, 5 AZR 2/66, AP BGB § 612 Nr 24). Der spätere Ausgleich der Dienste muss also vom Dienstberechtigten nicht sicher in Aussicht gestellt worden sein (BAG 24.6.1965, 5 AZR 443/64, AP BGB § 612 20

§ 612 BGB Vergütung

Nr 23). Allerdings reicht die einseitige Hoffnung des Dienstverpflichteten nicht aus (BAG 19.2.1970, 5 AZR 241/69, AP BGB § 612 Nr 26).

21 Ob eine unterwertige Vergütung gezahlt wird, kann nicht durch einen Vergleich der gewährten mit der üblichen Vergütung bestimmt werden, vielmehr sind die (wirtschaftlichen) Verhältnisse im betroffenen Betrieb maßgeblich (BAG 14.7.1966, 5 AZR 2/66, AP BGB § 612 Nr 24; 14.5.1969, 5 AZR 457/68, AP BGB § 612 Nr 25). Fehlgegangen ist die Vergütungserwartung nur, wenn der AN den Empfang der vereinbarten Vergütung nicht selbst vereitelt. Dem AN steht kein Wahlrecht zwischen der erwarteten und der üblichen Vergütung zu (BAG 20.9.1978, 5 AZR 365/77, EzA § 612 BGB Nr 10). I ist bei fehlgeschlagener Eheerwartung nicht anzuwenden, da es sich bei einem Eheversprechen nicht um eine Vergütung handelt (LAG Rh-Pf 18.11.1998, 3 Ta 191/98, MDR 1999, 617).

22 Die Rspr geht von der Stundung der Vergütung der geleisteten Dienste bis zu dem Zeitpunkt aus, in dem Klarheit darüber besteht, dass die Vergütungserwartung fehlgegangen ist. Dieser Zeitpunkt ist maßgeblich für den Beginn der Verjährungsfrist (BAG 30.8.1973, 5 AZR 122/73, EzA § 612 BGB Nr 4; 28.9.1877, 5 AZR 303/76, EzA § 612 BGB Nr 6).

23 **VII. Beweislast.** Derjenige, der ein Entgelt für geleistete Dienste beansprucht, muss darlegen und beweisen, dass ein Vertrag geschlossen wurde, nach dem die Leistung der Dienste oder der Arbeit den Umständen nach nur gegen Vergütung zu erwarten war. Bei fehlgegangener Vergütungserwartung muss er darüber hinaus darlegen und beweisen, dass zugunsten der späteren Vermögenszuwendung die sofortige Vergütung entfiel (BAG 19.2.1970, 5 AZR 241/69, AP BGB § 612 Nr 26). Der Empfänger der Leistung hat diejenigen Umstände darzulegen und zu beweisen, die für die Unentgeltlichkeit der Leistung sprechen (BGH 12.5.1975, III ZR 179/72, WM 1975, 643).

24 **C. Höhe der Vergütung. I. Anwendungsbereich.** II enthält eine **Auslegungsregel** für die Fälle, in denen die Höhe der Vergütung weder durch Gesetz, TV, BV noch Vereinbarung der Parteien festgelegt worden ist (BAG 18.9.2003, 2 AZR 498/02, EzA § 314 ZPO 2002 Nr 1). Die Vorschrift bezieht sich nicht nur auf das Arbeitsentgelt ieS, sondern auch auf Gratifikationen, Tantiemen, Provisionen und Leistungen der betrieblichen Altersversorgung (ArbRBGB/*Schliemann* § 612 Rn 32). II gilt auch bei Mehrleistungen, die nicht durch die vereinbarte Vergütung mit abgegolten sind (s BAG 22.3.1989, 5 AZR 151/88, nv, unter fälschlicher Berufung auf vorangegangene Rspr des BAG, die sich allein auf I bezieht).

25 **II. Taxen.** Taxen sind Vergütungssätze, die auf Bundes- oder Landesrecht beruhen und staatlich festgesetzt sind. Für Arbeitsverhältnisse bestehen solche Taxen nicht (MünchArbR/*Krause* § 54 Rn 92). Taxen können aber für **freie Dienstverträge** eine Rolle spielen, da sie sich in Gebührenordnungen für freie Berufe (zB Ärzte, Architekten) finden.

26 **III. Übliche Vergütung.** Die übliche Vergütung bestimmt sich danach, was für **gleiche oä Dienstleistungen** in **gleichen oä Gewerben** oder Berufen unter Berücksichtigung der **persönlichen Verhältnisse** des Berechtigten als Entgelt gezahlt wird (BGH 24.10.1989, X ZR 58/88, NJW-RR 1990, 349, 350). An dieser Definition wird bemängelt, dass sie andere Vorteile wie Sonderzuwendungen, Rabatte für AN und vermögenswirksame Leistungen nicht berücksichtigt (ArbRBGB/*Schliemann* § 612 Rn 35). Im Ergebnis besteht Einigkeit darüber, dass Sonderzuwendungen, vermögenswirksame Leistungen uÄ bei der Bestimmung der üblichen Leistung zu berücksichtigen sind (BAG 17.2.1992, 10 AZR 450/90, ZTR 1992, 390 für tarifvertragliche Sonderzuwendungen; 15.11.1990, 8 AZR 283/89, EzA § 2 BeschFG 1985 Nr 5 für Urlaubsgeld; 3.3.1993, 10 AZR 36/92, nv für vermögenswirksame Leistungen, deren Zahlung der AN allerdings nicht an sich selbst verlangen kann). Differenzierungen aufgrund des Geschlechts dürfen angesichts des AGG keine Rolle spielen.

27 Str ist, unter welchen Umständen die **tarifliche Vergütung** als übliche Vergütung angesehen werden kann. Für den **öffentl Dienst** ist anerkannt, dass die tarifliche Vergütung die übliche Vergütung ist (BAG 29.1.1992, 5 AZR 518/90, AP BeschFG 1985 § 2 Nr 18, st Rspr). Dabei hat sich das BAG auf die im öffentl Dienst geltende Übung gestützt, tarifvertragliche Regelungen ohne Rücksicht auf Verbandszugehörigkeit der AN anzuwenden (BAG 25.1.1989, 5 AZR 161/88, EzA § 2 BeschFG 1985 Nr 1). Inzwischen geht das BAG auch **außerhalb des öffentl Dienstes** davon aus, dass mangels anderer Anhaltspunkte die tarifliche Vergütung für die übliche Vergütung maßgeblich ist (BAG 14.6.1994, 9 AZR 89/93, EzA § 4 TVG Geltungsbereich Nr 5).

28 Ein Teil der Lit verlangt demggü für die Gleichsetzung der tariflichen mit der üblichen Vergütung außerhalb des öffentl Dienstes bes Anhaltspunkte. Für eine Gleichsetzung soll es sprechen, wenn der AG bei der

Entlohnung seiner AN idR nicht nach gewerkschaftlich organisierten und nicht gewerkschaftlich organisierten AN unterscheidet (Staudinger/*Richardi*/*Fischinger* § 612 Rn 58). Auch wenn in einem Tarifgebiet einer Branche beinahe ausschließlich nach Tariflohn vergütet werde und eine Abweichung überraschend sei, könne der Tariflohn mit dem üblichen Entgelt gleichgesetzt werden (HWK/*Thüsing* § 612 Rn 41). Den Kritikern ist darin zuzustimmen, dass die grds Gleichsetzung von Tariflohn und üblichem Entgelt die **Grenzen der Tarifgeltung** verwischt (Staudinger/*Richardi*/*Fischinger* § 612 Rn 58). Das gilt umso mehr, als bei einer pauschalen Gleichsetzung das Tarifentgelt selbst dann als übliches Entgelt anzusehen wäre, wenn nicht einmal der AG tarifgebunden ist und er in seinem Betrieb unter Tarif bezahlt. Zwar will auch das BAG Tarifentgelt und übliches Entgelt nicht gleichsetzen, wenn Hinweise für eine höhere oder geringere Entlohnung gegeben sind (BAG 14.6.1994, 9 AZR 89/93, EzA § 4 TVG Geltungsbereich Nr 5; 21.1.1998, 5 AZR 50/97, EzA § 612 BGB Nr 21). Dementspr würde die Rspr in der soeben geschilderten Konstellation wohl ebenfalls zu dem Ergebnis kommen, dass das übliche Entgelt nicht dem Tariflohn entspricht. Dann ist aber die pauschale Gleichsetzung unergiebig und sollte aufgegeben werden.

Zahlt der AG grds ein **übertarifliches Entgelt**, ist dieses Entgelt maßgeblich für die Bestimmung der üblichen Vergütung. Das gilt vor allem, wenn die Zahlung des Tariflohns Teilzeitbeschäftigte diskriminiert, weil die Vollzeitbeschäftigten übertariflich bezahlt werden (BAG 26.5.1993, 4 AZR 461/92, EzA § 2 BeschFG 1985 Nr 28; 28.9.1994, 4 AZR 619/93, EzA § 612 BGB Nr 17). 29

IV. **Einseitige Leistungsbestimmung.** Fehlt es an einer üblichen Vergütung, hat der Dienstverpflichtete nach den §§ **315, 316** die Vergütung nach **billigem Ermessen** zu bestimmen (MüKo-BGB/*Müller-Glöge* § 612 Rn 31; hins der bestimmungsberechtigten Person offen BAG 21.11.2001, 5 AZR 87/00, EzA § 612 BGB Nr 23; für ein Leistungsbestimmungsrecht des AG MüKo-BGB/*Würdinger* § 316 Rn 6). Ist eine einseitige Leistungsbestimmung nicht gewollt, bleibt nur die erg Vertragsauslegung (BGH 21.3.1961, I ZR 133/59, AP BGB § 612 Nr 19; ErfK/*Preis* § 612 Rn 43). Das BAG hat dazu bisher noch nicht entschieden, in der Entscheidung vom 8.3.1989 (5 AZR 92/88, AP UrhG § 43 Nr 4) hat es lediglich festgestellt, dass § 316 hinter § 612 II zurücktritt. 30

V. **Beweislast.** Der Dienstleistende ist hins der Höhe der Vergütung darlegungs- und beweispflichtig. Damit hat er auch die Üblichkeit der verlangten Vergütung zu beweisen (BAG 29.1.1986, 4 AZR 465/84, AP BAT 1975 §§ 22, 23 Nr 115). 31

§ 612a Maßregelungsverbot
Der Arbeitgeber darf einen Arbeitnehmer bei einer Vereinbarung oder einer Maßnahme nicht benachteiligen, weil der Arbeitnehmer in zulässiger Weise seine Rechte ausübt.

Übersicht	Rdn.		Rdn.
A. Allgemeines	1	5. Einzelfälle	10
I. Europarechtlicher Hintergrund	1	a) Streikbruchprämien	10
II. Normzweck	2	b) Kündigung	13
III. Besondere Maßregelungsverbote	3	c) Kürzung von Sonderzuwendungen	15
B. Anwendungsbereich	4	aa) Krankheitsbedingte Fehlzeiten	15
I. Persönlicher Anwendungsbereich	4	bb) Streikteilnahme	16
II. Sachlicher Anwendungsbereich	5	d) Sonstige Fälle	17
1. Zulässige Rechtsausübung	5	C. Rechtsfolgen	18
2. Vereinbarung oder Maßnahme	6	D. Beweislast	20
3. Benachteiligung	7	E. Aushangpflicht	21
4. Kausalität	9		

A. **Allgemeines.** I. **Europarechtlicher Hintergrund.** § 612a wurde zur Umsetzung der RL 76/207/EWG und 75/117 EG geschaffen, die 2006 in der RL 2006/54/EG aufgegangen sind. Inzwischen sind weitere RL erlassen worden, die Vorschriften zum Schutz vor Viktimisierung enthalten. § 612a geht über die Vorgaben der RL hinaus, indem er sich nicht auf bestimmte Benachteiligungen beschränkt, sondern in jedem Fall der unzulässigen Rechtsausübung schützt. 1

II. **Normzweck.** § 612a betr eine **spezielle Ausprägung der Sittenwidrigkeit** (BAG 22.5.2003, 2 AZR 426/02, EzA § 242 BGB 2002 Kündigung Nr 2). Die Norm enthält ein allg Diskriminierungsverbot (BAG 16.2.1989, 2 AZR 347/88, EzA § 138 BGB Nr 23); sie ist zwingend. 2

§ 612a BGB Maßregelungsverbot

3 **III. Besondere Maßregelungsverbote.** Bes Vorschriften zum Schutz vor Benachteiligungen aufgrund der Ausübung von Rechten sind in § 84 III BetrVG, § 16 I AGG, § 7 VII 3 ArbZG enthalten.

4 **B. Anwendungsbereich. I. Persönlicher Anwendungsbereich.** AN sind neben Arbeitern und (leitenden) Angestellten auch Praktikanten, Auszubildende und Volontäre (ErfK/*Preis* § 612a Rn 4); für AN-Ähnliche gilt dagegen § 138 (BAG 14.12.2004, 9 AZR 23/04, EzA § 138 BGB 2002 Nr 3; aA APS/*Linck* § 612a Rn 4). Neben dem Vertragspartner des AN wird vom Maßregelungsverbot jeder angesprochen, der ggü dem AN AG-Funktionen ausübt, zB auch der Entleiher im Fall einer AN-Überlassung oder ein Dritter, der im Betrieb AG-Funktionen für den Vertragspartner des AN ausübt (KR/*Treber* § 612a Rn 6).

5 **II. Sachlicher Anwendungsbereich. 1. Zulässige Rechtsausübung.** Der AN wird durch § 612a nur geschützt, wenn das **ausgeübte Recht tatsächlich besteht** und die Ausübung objektiv in zulässiger Art und Weise erfolgte (MüKo-BGB/*Müller-Glöge* § 612a Rn 8 ff). Eine zulässige Rechtsausübung kann auch in der Erhebung einer Klage liegen (BAG 15.2.2005, 9 AZR 116/04, EzA § 612a BGB 2002 Nr 2).

6 **2. Vereinbarung oder Maßnahme.** Vereinbarungen sind Abreden zwischen mindestens 2 Parteien. Erfasst werden Individualabreden ebenso wie Kollektivvereinbarungen (für BV BAG 31.5.2005, 1 AZR 254/04, EzA § 112 BetrVG 2001 Nr 14). Der Begriff der Maßnahme ist weit zu verstehen, er umfasst jegliches tatsächliches Verhalten oder einseitiges rechtsgeschäftliches Verhalten des AG (Staudinger/*Richardi/Fischinger* § 612a Rn 13). Unter welchen Voraussetzungen ein Unterlassen eine Maßnahme iSd Norm sein kann, ist noch nicht abschließend geklärt (uneingeschränkt bejahend noch BAG 23.2.2000, 10 AZR 1/99, AP BAT §§ 22, 23 Lehrer Nr 80; einschränkend *Franzen* RdA 2003, 368, 375; offengelassen vom BAG 15.2.2005, 9 AZR 116/04, EzA § 612a BGB 2002 Nr 2).

7 **3. Benachteiligung.** Eine Benachteiligung ist gegeben, wenn sich die Situation des AN verschlechtert, er also eine **Einbuße** erleidet. Benachteiligend ist es ferner, wenn der AG dem AN **Vorteile vorenthält**, die er anderen AN gewährt (BAG 12.6.2002, 10 AZR 340/01, EzA § 612a BGB Nr 2; zu der Frage, ob bei Unterlassen eine Maßnahme vorliegt, s Rdn 6). Knüpft das Gesetz an ein Verhalten des AN einen Nachteil, ist § 612a nicht einschlägig, es fehlt bereits an einer Maßnahme des AG (MüKo-BGB/*Müller-Glöge* § 612a Rn 14). Dasselbe gilt, wenn der AG lediglich eine kollektive Regelung oder individualvertragliche Vereinbarung vollzieht (BAG 14.12.2011, 5 AZR 675/10, EzA § 242 BGB 2002 Gleichbehandlung Nr 27).

8 Bei benachteiligenden Vereinbarungen kommt es nicht drauf an, ob sie **vor oder nach der Rechtsausübung** getroffen werden (Soergel/*Raab* § 612a Rn 11). Zwar wird in der Lit geltend gemacht, der Zweck der Norm erfasse nur Reaktionen des AG auf ein unerwünschtes Verhalten des AN, der AN solle vor unvorhersehbaren Folgen einer zulässigen Rechtsausübung geschützt werden (HWK/*Thüsing* § 612a Rn 8). Warum aber der Normzweck nur vor unvorhersehbaren Folgen schützen soll, wird nicht begründet. Das Wissen um eine Vereinbarung, aus der dem AN bei zulässiger Rechtsausübung ein Nachteil erwächst, kann ihn von dieser Rechtsausübung abhalten. Schützt § 612a, wie allg anerkannt ist, die Willensfreiheit des AN (BAG 15.2.2005, 9 AZR 116/04, EzA § 612a BGB 2002 Nr 2), so wird dieser Schutz nur dann effektiv gewährleistet, wenn auch Vereinbarungen, die der Rechtsausübung vorangehen, von der Norm erfasst werden.

9 **4. Kausalität.** Zwischen der Ausübung des Rechts und der Benachteiligung muss ein **Kausalzusammenhang** bestehen. Über einen bloßen Ursachenzusammenhang hinaus ist ein subjektives Element erforderlich. Die Rechtsausübung muss der **tragende Beweggrund** für das Handeln des AG gewesen sein (BAG 16.9.2004, 2 AZR 511/03, EzA § 102 BetrVG 2001 Nr 10). Eine § 612a widersprechende Maßnahme kann auch dann vorliegen, wenn ein Sachverhalt gegeben ist, der die Maßnahme des AG gerechtfertigt hätte. Entscheidend ist, ob sich dieser Grund auf die Entscheidung des AG kausal ausgewirkt hat (für die Kdg BAG 2.4.1987, 2 AZR 227/86, EzA § 612a BGB Nr 1).

10 **5. Einzelfälle. a) Streikbruchprämien.** Streikbruchprämien sind Leistungen an AN, die sich nicht am Streik beteiligen oder beteiligt haben (HWK/*Thüsing* § 612a Rn 15). Die Zulässigkeit von Streikbruchprämien richtet sich danach, ob sie als Arbeitskampfmittel einzuordnen sind oder eine Reaktion auf die Streikteilnahme darstellen. § 612a schränkt die Arbeitskampfordnung nicht ein (BAG 13.7.1993, 1 AZR 676/92, EzA Art 9 GG Arbeitskampf Nr 112). Streikbruchprämien sind dann zulässige Arbeitskampfmittel (und damit keine Maßregelungen), wenn sie **während des Arbeitskampfs** unterschiedslos an alle Arbeitswilligen ausgezahlt werden und die Höhe der Prämie verhältnismäßig ist. Auch wenn der AG die Streikbruchprämie vor oder während des Arbeitskampfs zusagt, aber erst nachträglich auszahlt, ist die Streikbruchprämie bei verhältnismäßiger Höhe ein zulässiges Arbeitskampfmittel. Auch in diesen Fällen setzt der AG die Streikbruchprämie ein, um auf das Arbeitskampfgeschehen einzuwirken (*Rolfs* DB 1994, 1237, 1241 f).

Zahlt der AG dagegen **nach Beendigung des Arbeitskampfs und ohne vorherige Ankündigung** Prämien 11
an diejenige AN, die sich nicht am Streik beteiligt haben, stellen die Streikbruchprämien kein Arbeitskampfmittel dar. Bei dieser Fallkonstellation können die Zahlungen keine Auswirkungen auf das Arbeitskampfgeschehen haben. Eine unzulässige Maßregelung stellt die Prämie aber nur dann dar, wenn die Differenzierung nach Streikteilnehmern und nicht streikenden AN sachlich nicht gerechtfertigt ist. Eine solche Rechtfertigung kann insb in zusätzlichen Belastungen für die während des Streiks arbeitenden AN liegen. Dafür verlangt das BAG aber eine über die bloße Streikarbeit hinausgehende bes Erschwerung der Arbeit (BAG 11.8.1992, 1 AZR 103/92, EzA Art 9 GG Arbeitskampf Nr 105). Die Zusammenarbeit mit Ungeübten soll ebenso wenig ausreichen wie Schwierigkeiten durch unvollständig besetzte Schichten (*Schwarze* NZA 1993, 967, 971).

Die TV-Parteien können eine zulässige Differenzierung bei der Prämienleistung nach Abschluss des Arbeits- 12
kampfs tarifvertraglich aufheben. Das BAG legt entspr Vereinbarungen weit aus. So sind Differenzierungen unzulässig, wenn im TV geregelt ist, dass jede Maßregelung von Beschäftigten aus Anlass oder im Zusammenhang mit dem Arbeitskampf unterbleibt oder rückgängig zu machen ist (BAG 13.7.1993, 1 AZR 676/92, EzA Art 9 GG Arbeitskampf Nr 112; krit ErfK/*Preis* § 612a Rn 17; *Rolfs* DB 1994, 1239).

b) Kündigung. Einen erheblichen Anteil der Anwendungsfälle iRd des § 612a bilden AG-Kündigungen. 13
Die auf die Ablehnung eines Änderungsangebotes gestützte Kdg kann eine Maßregelung sein, wenn das Änderungsangebot selbst sich als unerlaubte Maßregelung darstellt und vom AG gewissermaßen als »Racheakt« für eine zulässige Rechtsausübung durch den AN eingesetzt wird (BAG 22.5.2003, 2 AZR 426/02, EzA § 242 BGB 2002 Kündigung Nr 3). Äußert ein AN betriebsintern die Ansicht, die schwere Erkrankung eines Kollegen sei durch mangelnden Arbeitsschutz verursacht, verstößt die daraufhin ausgesprochene Kdg des AG gegen § 612a (LAG Schl-Holst 28.12.2005, 2 Ta 241/05, juris). Die Kdg unmittelbar nach Verlangen notwendiger Sicherungsmaßnahmen verstößt ebenfalls gegen § 612a (LAG Schl-Holst 28.6.2005, 5 Sa 64/05, AiB 2006, 61, 62). Kündigt der AG ein möglicherweise nicht wirksam befristetes Arbeitsverhältnis ordentlich, liegt darin ohne Weiteres kein Verstoß gegen das Maßregelungsverbot (BAG 22.9.2005, 6 AZR 607/04, EzA § 1 KSchG Nr 58). Kündigt der AG aufgrund einer Erkrankung des AN, so liegt kein Verstoß gegen § 612a vor, wenn der AG sich dabei auf die Krankheit selbst und ihre Auswirkungen auf den Betrieb stützt (LAG Sa-Anh 27.7.1999, 8 Sa 1066/98, LAGE § 613a BGB Nr 6). Bleibt ein AN aufgrund der Erkrankung seines Kindes der Arbeit fern, übt er ein ihm nach § 45 III 1 SGB V zustehendes Recht aus, sodass die auf dieses Verhalten gestützte Kdg des AG gegen § 612a verstößt (LAG Köln 10.11.1993, 7 Sa 690/93, LAGE § 612a BGB Nr 5). Provoziert der AG nach einer erfolgreichen Kündigungsschutzklage durch die Zuweisung sinnloser Arbeiten und durch unsinnige Kontrollmaßnahmen Vertragsverletzungen des AN, kann eine nachfolgende Kdg des AG eine unzulässige Maßregelung darstellen (LAG Schl-Holst 25.7.1989, 1 (3) Sa 557/88, LAGE § 612a BGB Nr 4). Will der AN aus einem erstinstanzlichen Urteil seine Weiterbeschäftigung vollstrecken, verstößt die Kdg des AG gegen § 612a (LAG Düsseldorf 13.12.1988, 8 Sa 663/88, LAGE § 612a BGB Nr 3). Auch die Kdg aufgrund einer vorausgegangenen Kdg des AN ist nicht mit dieser Vorschrift vereinbar (LAG Nürnberg 7.10.1988, 6 Sa 44/87, LAGE § 612a BGB Nr 2). Dasselbe gilt für eine Kdg aufgrund der gewerkschaftlichen Betätigung des AN (LAG Hamm 18.12.1987, 17 Sa 1225/87, LAGE § 612a BGB Nr 1). Ebenso ist eine Kdg mit § 612a nicht vereinbar, die nur ausgesprochen wird, um den Eintritt des Vorruhestands zu verhindern (BAG 2.4.1987, 2 AZR 227/86, EzA § 612a BGB Nr 1).

§ 612a steht einer Vereinbarung der Arbeitsvertragsparteien, nach der der AN eine Abfindung nur erhält, 14
wenn er keine **Kündigungsschutzklage** erhebt, nicht entgegen (BAG 15.2.2005, 9 AZR 116/04, EzA § 612a BGB 2002 Nr 2). Das BAG stützt sich dabei ua auf § 1a KSchG, der zeige, dass die Verknüpfung von Abfindung und Hinnahme der Kdg zulässig sei. Der **Klageverzicht als Abfindungsvoraussetzung im Sozialplan** soll dagegen auch nach Einführung des § 1a KSchG nicht zulässig sein, wobei das BAG die Frage des Verstoßes gegen § 612a offen lässt und sich auf § 75 BetrVG stützt (BAG 31.5.2005, 1 AZR 254/04, EzA § 112 BetrVG 2001 Nr 14; krit *Thüsing/Wege* DB 2005, 2634; s auch *Riesenhuber* NZA 2005, 1100; einen Verstoß gegen § 612a bejahend LAG Nds 16.8.2002, 10 Sa 409/02, LAGE § 1 KSchG Soziale Auswahl Nr 40). Die Sozialplanabfindung sei mit einer Abfindung im Kündigungsschutzprozess oder einer Abfindung nach § 1a KSchG nicht vergleichbar, da es angesichts der Erzwingbarkeit des Sozialplans dem AG nicht freistehe, sich für oder gegen die Zahlung einer Abfindung zu entscheiden. Das BAG gestattet den Betriebspartnern aber die Verknüpfung von zusätzlichen Abfindungsleistungen und Klageverzicht in einer zusätzlichen, vom Sozialplan getrennten BV. Allein in dieser Verknüpfung könne keine unzulässige Maßregelung liegen, da sonst Abfindungsvergleiche unzulässig sein müssten. Der AN könne frei entscheiden, ob er sein Klagerecht verfolge oder für eine Gegenleistung darauf verzichte (BAG 31.5.2005, 1 AZR 254/04, EzA

§ 112 BetrVG 2001 Nr 14). Zulässig sind Regelungen im Sozialplan, wonach die Abfindung im Fall einer Kündigungsschutzklage erst mit dem rechtskräftigen Abschluss des Prozesses fällig wird und eine in diesem Prozess erzielte Abfindung auf die Sozialplanabfindung angerechnet wird (BAG 20.6.1985, 2 AZR 427/84, EzA § 4 KSchG Ausgleichsquittung Nr 1).

15 **c) Kürzung von Sonderzuwendungen. aa) Krankheitsbedingte Fehlzeiten.** Nach § 4a S 1 EFZG ist die Kürzung von Sonderzuwendungen aufgrund krankheitsbedingter Fehlzeiten zulässig. Das zulässige Maß der Kürzung begrenzt § 4a S 2 EFZG.

16 **bb) Streikteilnahme.** Dienen Sonderzahlungen (auch) dazu, die Arbeitsleistung des AN zusätzlich zu vergüten und belohnen sie nicht nur die Betriebstreue des AN, so sind Kürzungen bei arbeitskampfbedingten Arbeitsausfällen möglich. Bestimmt eine tarifvertragliche Regelung, dass für Zeiten des Ruhens des Arbeitsverhältnisses die Sonderzuwendung gekürzt wird, erfasst das auch Arbeitsausfälle aufgrund einer Streikteilnahme. § 612a ist nicht einschlägig, weil die TV-Parteien selbst sämtliche Ruhenszeiten anspruchsmindernd berücksichtigt haben (BAG 3.8.1999, 1 AZR 735/98, EzA Art 9 GG Arbeitskampf Nr 133). Kürzungen sind bei Sonderzuwendungen, die zumindest auch Entgeltcharakter haben, auch ohne entspr Vereinbarung zulässig, da Arbeitsleistung und Sonderzuwendung synallagmatisch verbunden sind (ErfK/*Preis* § 612a Rn 19). Wird eine Tariflohnerhöhung teilw durch Monatspauschalen verwirklicht, können diese Pauschalen bei Streikteilnahme anteilig gekürzt werden, ohne dass damit ein tarifvertragliches Maßregelungsverbot verletzt wird, das die Schlechterstellung streikender AN verbietet. Von diesem Maßregelungsverbot sind Nachteile, die sich bereits aus den allg Grundsätzen des Arbeitskampfrechts ergeben, nicht erfasst, sodass insb der Verlust des Lohnanspruchs für die Zeit der Streikbeteiligung nicht entfällt (BAG 17.6.1997, 1 AZR 674/96, EzA Art 9 GG Arbeitskampf Nr 128). Wird eine monatliche **Anwesenheitsprämie** an alle AN gezahlt, die im jeweiligen Monat keine Fehlzeiten aufweisen, kann die Prämie bei Streikteilnahme verweigert werden. Eine solche Regelung zielt nicht darauf, die Streikbereitschaft zu beeinflussen, sondern zielt vor allem auf andere Leistungsstörungen und -unterbrechungen. Eine lediglich anteilige Kürzung ist in solchen Fällen nicht erforderlich, da die monatliche Prämie ausschließlich die Arbeitsleistung vergütet, nicht aber die Betriebstreue des AN honoriert (BAG 31.10.1995, 1 AZR 217/95, EzA Art 9 GG Arbeitskampf Nr 123). Bei jährlichen Sonderzuwendungen, die zumindest auch die Betriebstreue belohnen, ist nur eine proportionale Kürzung zulässig (ErfK/*Preis* § 612a Rn 19). Die Kürzung einer tariflich geregelten Sonderzahlung aufgrund fehlender Arbeitsleistung kommt nicht in Betracht, wenn der TV vorsieht, dass das Arbeitsverhältnis während des Streiks als nicht ruhend galt, soweit Ansprüche davon abhängen, dass das Arbeitsverhältnis nicht geruht hat (BAG 13.2.2007, 9 AZR 374/06, EzA Art 9 GG Arbeitskampf Nr 138).

17 **d) Sonstige Fälle.** Ein Verstoß gegen § 612a liegt vor, wenn der AG ein Zeugnis grundlos verändert, nachdem der AN um die Berichtigung seines Geburtsdatums gebeten hat (BAG 21.6.2005, 9 AZR 352/04, EzA § 109 GewO Nr 4). § 612a ist ferner einschlägig, wenn der AG einem AN nur deshalb keine Überstunden zuweist, weil dieser nicht auf tarifvertragliche Vergütungsansprüche verzichtet (BAG 7.11.2002, 2 AZR 742/00, EzA § 612a BGB 2002 Nr 1). Ferner darf der AG den AN nicht von einer Regelung zur Erfolgsbeteiligung ausschließen, weil dieser der Verlängerung seiner Arbeitszeit ohne Lohnausgleich nicht zugestimmt hat (BAG 12.6.2002, 10 AZR 340/01, EzA § 612a BGB Nr 2). Maßregelnd handelt der AG auch, wenn er mit einem befristet Beschäftigten nur deshalb keinen unbefristeten Vertrag schließt, weil dieser in zulässiger Weise von seinem Recht auf freie Meinungsäußerung Gebrauch macht (BAG 21.9.2011, 7 AZR 150/10, EzA § 612a BGB 2002 Nr 7). Dagegen verstößt es nicht gegen § 612a, wenn er bei Abschluss eines befristeten Arbeitsvertrags mit einem befristet beschäftigten AN nicht bereit ist, einen Vorbehalt in den Anschlussvertrag aufzunehmen, nach dem der AN die Wirksamkeit der vorherigen Befristung gerichtlich überprüfen lassen kann (BAG 14.2.2007, 7 AZR 95/06, EzA § 620 BGB 2002 Nr 12). Dasselbe gilt, wenn der AG solche AN von einer Lohnerhöhung ausnimmt, die zuvor einer verschlechternden Änderung der Arbeitsbedingungen nicht zugestimmt haben. Der AG kann so allein die Nachteile der AN mit den neuen Arbeitsverträgen ausgleichen (BAG 15.7.2009, 5 AZR 486/08, EzA § 242 BGB 2002 Gleichbehandlung Nr 20).

18 **C. Rechtsfolgen.** § 612a ist **Verbotsgesetz** iSd § 134. Ein Rechtsgeschäft, das mit § 612a nicht vereinbar ist, ist daher nach § 134 nichtig. Nach § 612a unzulässige und damit rechtswidrige Weisungen braucht der AN nicht zu befolgen (APS/*Linck* § 612a Rn 24). Maßregelnde tatsächliche Maßnahmen sind rechtswidrig. Der AN kann **Beseitigung der Beeinträchtigung** und bei Wiederholungsgefahr Unterlassung verlangen (KR/*Treber* § 612a Rn 26). Den Ersatz von Vermögensschäden kann der AN nach § 280 I oder § 823 II iVm § 612a geltend machen (BAG 21.9.2011, 7 AZR 150/10, EzA § 612a BGB 2002 Nr 7;

MüKo-BGB/*Müller-Glöge* § 612a Rn 23). Auf diesem Weg kann der AN zB ihm vorenthaltene finanzielle Vergünstigungen einfordern (APS/*Linck* § 612a Rn 25). Liegt die Maßregelung in der Verweigerung eines Vertragsschlusses, kann der Betroffene diesen nicht im Wege der Naturalrestitution verlangen, analog § 15 VI AGG kommt ein Anspruch auf Vertragsbegründung nicht in Betracht (BAG 21.9.2011, 7 AZR 150/10, EzA § 612a BGB 2002 Nr 7;).

Will der AN die Unwirksamkeit einer **Kdg** nach § 612a geltend machen, muss er die Klagefrist des § 4 KSchG einhalten. Str ist, ob er neben der Unwirksamkeit nach § 612a auch die Sozialwidrigkeit der Kdg geltend machen darf, wenn er einen **Auflösungsantrag des AG** nach § 9 KSchG vermeiden will. Nach einer in der Lit vertretenen Ansicht ist dem AG der Auflösungsantrag nur verwehrt, wenn der AN die Sozialwidrigkeit der Kdg nicht geltend macht. Stütze der AN sich allein auf sonstige Unwirksamkeitsgründe, habe er den Streitgegenstand der Klage damit bestimmt, der AG könne ihn nicht erweitern (APS/*Biebl* § 9 KSchG Rn 11; KR/*Spilger* § 9 KSchG Rn 35; Stahlhacke/Preis/*Vossen* Rn 2098). Das BAG versagt dem AG den Auflösungsantrag aber auch dann, wenn der AN die Sozialwidrigkeit der Kdg geltend gemacht hat und die Unwirksamkeit aus anderen Gründen Folge eines Verstoßes gegen eine Schutznorm zugunsten des AN ist (BAG 27.9.2001, 2 AZR 389/00, EzA § 322 ZPO Nr 13). In einem jüngeren Urteil hat das BAG enger formuliert. Nach dieser Entscheidung kann der AG die Auflösung des Arbeitsverhältnisses nur verlangen, wenn der geltend gemachte Kündigungssachverhalt lediglich nach § 1 KSchG wegen Sozialwidrigkeit zur Unwirksamkeit der Kdg führt (BAG 10.10.2002, 2 AZR 240/01, EzA § 9 KSchG nF Nr 46). 19

D. Beweislast. Der AN muss darlegen und beweisen, dass eine Maßregelung vorliegt (BAG 16.9.2004, 2 AZR 511/03, EzA § 102 BetrVG 2001 Nr 10). Die inzwischen entfallene Beweiserleichterung des § 611a I 3 war auf § 612a nicht übertragbar, eine Beweiserleichterung durch **Anscheinsbeweis** ist aber möglich (BAG 25.11.1993, 2 AZR 517/93, EzA § 14 KSchG Nr 3; s.a. *Belling/v Steinau-Steinrück* DB 1993, 534, 536 f). Der Anscheinsbeweis kommt dem AN zugute, wenn ein zeitlicher Zusammenhang zwischen benachteiligender Maßnahme bzw Vereinbarung und Ausübung eines Rechts besteht, etwa bei Versprechen einer Prämie an nicht arbeitskampfbeteiligte AN unmittelbar nach Beendigung des Arbeitskampfs (BAG 11.8.1992, 1 AZR 103/92, EzA Art 9 GG Arbeitskampf Nr 105). Auch wenn der AN nach gewonnenem Kündigungsschutzprozess ohne erkennbaren Grund an einem neuen Arbeitsplatz getrennt von den übrigen Mitarbeitern mit sinnlosen Arbeiten beschäftigt wird und sich trotz vorhandener Stempeluhr stets mündlich von der Arbeit an- und abmelden muss, ist der Anscheinsbeweis gegeben (LAG Schl-Holst 25.7.1989, 1 (3) Sa 557/88, LAGE § 612a BGB Nr 4). 20

E. Aushangpflicht. Nach Art 2 ArbREG-AnpassungsG musste in Betrieben, in denen idR mehr als 5 AN ständig beschäftigt sind, der Text des § 612a an geeigneter Stelle ausliegen oder aushängen. Art 2 ArbREG-AnpassungsG ist durch Art 3 II des Gesetzes zur Umsetzung europäischer Richtlinien zur Verwirklichung des Grundsatzes der Gleichbehandlung vom 14.8.2006 (BGBl I, 1897) aufgehoben worden, die Aushangpflicht ist damit beseitigt. Art 30 der RL 2006/54/EG, der die Bekanntgabe der Vorschriften an die Betroffenen verlangt, die zur Umsetzung der RL erlassen werden, wird dadurch nicht verletzt, da das insoweit speziellere Maßregelungsverbot des § 16 AGG nach § 12 V AGG im Betrieb bekannt zu machen ist. 21

§ 613 Unübertragbarkeit

¹Der zur Dienstleistung Verpflichtete hat die Dienste im Zweifel in Person zu leisten. ²Der Anspruch auf die Dienste ist im Zweifel nicht übertragbar.

Übersicht	Rdn.		Rdn.
A. Rechtsnatur	1	II. Abweichende Vereinbarungen	3
B. Persönliche Verpflichtung zur		III. Tod des AN	4
Arbeitsleistung	2	C. **Persönlicher Anspruch auf die**	
I. Grundsatz	2	**Arbeitsleistung**	7

A. Rechtsnatur. Nach der Auslegungsregel des § 613 ist die Arbeitsleistung eine höchstpersönliche Pflicht. Abw Vereinbarungen sind sowohl hins der Verpflichtung des AN zur Arbeitsleistung als auch hins des Anspruchs des AG möglich, wie die Formulierung »im Zweifel« zeigt. 1

B. Persönliche Verpflichtung zur Arbeitsleistung. I. Grundsatz. Aufgrund der persönlichen Verpflichtung zur Arbeitsleistung ist der AN nicht berechtigt, die **Arbeitsleistung durch eine andere Person** 2

§ 613 BGB Unübertragbarkeit

erbringen zu lassen. Das gilt auch dann, wenn der AN an der Arbeitsleistung (teilw) verhindert ist. Ein Außendienstmitarbeiter, der seine Fahrerlaubnis verliert, ist nicht berechtigt, sich von einer anderen Person fahren zu lassen (LAG Schl-Holst 16.6.1986, 4 (5) Sa 684/85, NZA 1987, 669, 670; offengelassen BAG 14.2.1991, 2 AZR 525/90, RzK I 6a 70). Aus § 613 ergibt sich umgekehrt, dass der AN keinen Ersatz stellen muss, wenn er an der Arbeitsleistung verhindert ist. Eine Verletzung der Pflicht zur persönlichen Leistung kann Schadensersatzansprüche nach sich ziehen (LAG Bremen 16.4.1971, 1 Sa 5/71, DB 1971, 1429).

3 **II. Abweichende Vereinbarungen.** Abweichungen von der Verpflichtung zur höchstpersönlichen Leistung sind in der Praxis selten. Am ehesten kommt eine (konkludente) Abweichung in Betracht, wenn die Vertretung durch Familienangehörige üblich ist (Bsp Hausmeisterehepaar, Erman/*Edenfeld* § 613 Rn 3). Das Job-Sharing nach § 13 TzBfG hebt die Verpflichtung zur persönlichen Arbeitsleistung nicht auf (MüKo-BGB/*Müller-Glöge* § 613 Rn 7; aA HWK/*Thüsing* § 613 Rn 8). Von der Übertragung der Arbeitspflicht zu unterscheiden sind mittelbare Arbeitsverhältnisse und Gruppenarbeitsverhältnisse (s § 611 Rdn 16–18).

4 **III. Tod des AN.** Aufgrund der höchstpersönlichen Verpflichtung zur Leistung endet das Arbeitsverhältnis mit dem Tod des AN. Der AG kann von den **Erben** des AN keine Arbeitsleistung verlangen, die Erben des AN haben keinen Anspruch auf Eintritt in das Arbeitsverhältnis (Staudinger/*Richardi*/*Fischinger* § 613 Rn 13). Gegenstände, die dem AN zur Arbeitsleistung überlassen wurden, sind von den Erben an den AG herauszugeben. Mit der Verpflichtung zur Arbeitsleistung erlöschen auch Ansprüche des AN auf Befreiung von der Arbeitspflicht, insb der Urlaubsanspruch (BAG 26.4.1990, 8 AZR 517/89, EzA § 4 TVG Metallindustrie Nr 69).

5 **Forderungen** des AN gegen den AG, **die nicht höchstpersönlicher Natur sind**, können von den Erben geltend gemacht werden. Dazu zählen auch Gratifikationsansprüche (BAG 14.9.1983, 5 AZR 315/81, nv). Nach jüngerer Rspr des BAG zählen dazu außerdem entstandene, aber noch nicht erfüllte Urlaubsabgeltungsansprüche (BAG 22.9.2015, 9 AZR 170/14, NZA 2016, 37, 39). Aufgrund der Rspr des EuGH (EuGH 12.6.2014, Rs C-118/13, EzA Richtlinie 2003/88 EG-Vertrag 1999 Nr 14) wird das BAG wohl auch seine Auffassung aufgeben müssen, nach der Urlaubsabgeltungsansprüche, die auf die Erben übergehen könnten, nicht begründet werden, wenn das Arbeitsverhältnis durch den Tod des AN endet (so noch BAG 23.6.1992, 9 AZR 111/91, EzA § 7 BUrlG Nr 84). Siehe zur Frage, ob die Erben Abgeltungsansprüche geltend machen können § 7 BUrlG Rdn 64.

6 Der rechtskräftig ausgeurteilte **Abfindungsanspruch** des AN ist vererblich (BAG 25.6.1987, 2 AZR 504/86, EzA § 9 KSchG Nr 23). Dasselbe gilt grds auch für Abfindungsansprüche, die durch Vergleich oder Aufhebungsvertrag begründet wurden (vgl BAG 16.10.1969, 2 AZR 373/68, EzA § 1 KSchG Nr 15). Bei vertraglich vorgesehenen Abfindungen kann allerdings fraglich sein, ob der Anspruch bereits entstanden ist, wenn der AN nach Abschluss des Vertrags, der die Abfindung enthält, aber vor dem vorgesehenen Ende des Arbeitsverhältnisses verstirbt. Wird die Abfindung als Ausgleich für den Verlust des Arbeitsplatzes gezahlt und dient sie zur Einkommenssicherung des Mitarbeiters bis zum Eintritt in das Rentenalter, entsteht der Anspruch nur, wenn der AN den vereinbarten Beendigungszeitpunkt erlebt (BAG 16.5.2000, 9 AZR 277/99, EzA § 611 BGB Aufhebungsvertrag Nr 36).

7 **C. Persönlicher Anspruch auf die Arbeitsleistung.** Nach der 2., ebenfalls dispositiven Auslegungsregel des § 613 ist der Anspruch auf die Arbeitsleistung im Zweifel nicht übertragbar. Der AG kann dem AN keinen anderen AG aufdrängen (vgl BAG 17.1.1979, 5 AZR 248/78, EzA § 613 BGB Nr 1). Aus der Unübertragbarkeit folgt, dass der Anspruch weder abtretbar noch pfändbar ist (§ 851 I ZPO, s ErfK/*Preis* § 613 Rn 13). Von § 613 unabhängig zu beurteilen ist die Verpflichtung zur Arbeitsleistung im Betrieb eines Dritten, die sich nach dem Vertragsinhalt richtet. Den gesetzlichen Übergang des Anspruchs auf die Arbeitsleistung sieht § 613a für den Fall des Betriebsübergangs vor. Der AN kann aber durch Widerspruch gem § 613a VI den Übergang seines Arbeitsverhältnisses verhindern. Wichtigste vertragliche Abweichung von § 613 S 2 ist die Vereinbarung eines Leiharbeitsverhältnisses. Der Anspruch auf die Arbeitsleistung ist vererblich. Ist er untrennbar mit der Person des AG verbunden (zB Krankenpflege, ErfK/*Preis* § 613 Rn 11), kann das Arbeitsverhältnis auflösend bedingt sein, sodass die §§ 21, 15 II TzBfG anwendbar sind. In diesem Fall endet das Arbeitsverhältnis frühestens 2 Wochen nach schriftlicher Unterrichtung des AN über den Bedingungseintritt, bis dahin sind die Erben an das Arbeitsverhältnis gebunden. UU können sie sich nach § 626 I vom Arbeitsverhältnis lösen (MüKo-BGB/*Müller-Glöge* § 613 Rn 22; s BAG 2.5.1958, 2 AZR 607/57, AP BGB § 626 Nr 20).

§ 613a Rechte und Pflichten bei Betriebsübergang

(1) ¹Geht ein Betrieb oder Betriebsteil durch Rechtsgeschäft auf einen anderen Inhaber über, so tritt dieser in die Rechte und Pflichten aus den im Zeitpunkt des Übergangs bestehenden Arbeitsverhältnissen ein. ²Sind diese Rechte und Pflichten durch Rechtsnormen eines Tarifvertrags oder durch eine Betriebsvereinbarung geregelt, so werden sie Inhalt des Arbeitsverhältnisses zwischen dem neuen Inhaber und dem Arbeitnehmer und dürfen nicht vor Ablauf eines Jahres nach dem Zeitpunkt des Übergangs zum Nachteil des Arbeitnehmers geändert werden. ³Satz 2 gilt nicht, wenn die Rechte und Pflichten bei dem neuen Inhaber durch Rechtsnormen eines anderen Tarifvertrags oder durch eine andere Betriebsvereinbarung geregelt werden. ⁴Vor Ablauf der Frist nach Satz 2 können die Rechte und Pflichten geändert werden, wenn der Tarifvertrag oder die Betriebsvereinbarung nicht mehr gilt oder bei fehlender beiderseitiger Tarifgebundenheit im Geltungsbereich eines anderen Tarifvertrags dessen Anwendung zwischen dem neuen Inhaber und dem Arbeitnehmer vereinbart wird.
(2) ¹Der bisherige Arbeitgeber haftet neben dem neuen Inhaber für Verpflichtungen nach Absatz 1, soweit sie vor dem Zeitpunkt des Übergangs entstanden sind und vor Ablauf von einem Jahr nach diesem Zeitpunkt fällig werden, als Gesamtschuldner. ²Werden solche Verpflichtungen nach dem Zeitpunkt des Übergangs fällig, so haftet der bisherige Arbeitgeber für sie jedoch nur in dem Umfang, der dem im Zeitpunkt des Übergangs abgelaufenen Teil ihres Bemessungszeitraums entspricht.
(3) Absatz 2 gilt nicht, wenn eine juristische Person oder eine Personenhandelsgesellschaft durch Umwandlung erlischt.
(4) ¹Die Kündigung des Arbeitsverhältnisses eines Arbeitnehmers durch den bisherigen Arbeitgeber oder durch den neuen Inhaber wegen des Übergangs eines Betriebs oder eines Betriebsteils ist unwirksam. ²Das Recht zur Kündigung des Arbeitsverhältnisses aus anderen Gründen bleibt unberührt.
(5) Der bisherige Arbeitgeber oder der neue Inhaber hat die von einem Übergang betroffenen Arbeitnehmer vor dem Übergang in Textform zu unterrichten über:
1. den Zeitpunkt oder den geplanten Zeitpunkt des Übergangs,
2. den Grund für den Übergang,
3. die rechtlichen, wirtschaftlichen und sozialen Folgen des Übergangs für die Arbeitnehmer und
4. die hinsichtlich der Arbeitnehmer in Aussicht genommenen Maßnahmen.
(6) ¹Der Arbeitnehmer kann dem Übergang des Arbeitsverhältnisses innerhalb eines Monats nach Zugang der Unterrichtung nach Abs. 5 schriftlich widersprechen. ²Der Widerspruch kann gegenüber dem bisherigen Arbeitgeber oder dem neuen Inhaber erklärt werden.

Übersicht

		Rdn.
A.	Zweck der Vorschrift	1
B.	**Voraussetzungen eines Betriebsübergangs**	3
I.	Übergang des Betriebs bzw eines Betriebsteils	3
II.	7-Punkte-Katalog	5
	1. Art des Unternehmens	6
	2. Materielle Betriebsmittel	7
	3. Immaterielle Betriebsmittel	10
	4. Übernahme von AN	11
	5. Übernahme der Kundschaft	14
	6. Ähnlichkeit zwischen der verrichteten Tätigkeit, identitätswahrende Fortführung des Betriebs, Eingliederung in die eigene bzw eine neue Organisationsstruktur	15
	7. Unterbrechung der Geschäftstätigkeit	22
III.	Abgrenzung zur Auftragsnachfolge	24
IV.	Übergang durch Rechtsgeschäft	29
	1. Wirksamkeit des Rechtsgeschäfts	29
	2. Gesamtrechtsnachfolge	30
	3. Art des Rechtsgeschäfts	32
	4. Vertragspartner	34
	5. Übertragung von Betrieben der öffentl Hand, Auftragsvergabe	35
	6. Maßgeblicher Zeitpunkt	38
C.	**Rechtsfolgen**	39
I.	Übergang der AG-Stellung	39
	1. Betroffene Arbeitsverhältnisse	39
	2. Arbeitsbedingungen im Erwerberbetrieb	44
II.	Übergang von TV und BV. Betriebsverfassung	56
	1. Primäre kollektivrechtliche Weitergeltung	57
	2. Weitergeltung (Transformation)	60
	3. Ablösung durch Kollektivvereinbarung des Erwerbers	64
	4. Einjähriges Änderungsverbot	68
	5. Bezugnahmeklausel	72
	6. Weitere betriebsverfassungsrechtliche Fragen	81
D.	**Haftung von Veräußerer und Erwerber**	86
I.	Haftung im Außenverhältnis	86
	1. Nachhaftung des Veräußerers	87
	2. Haftung des Erwerbers	90
	3. Versorgungsanwartschaften aktiver AN, beendete Arbeitsverhältnisse	94
II.	Haftungsverteilung im Innenverhältnis	100
	1. Grundsatz	100
	2. Unanwendbarkeit nach § 613a III	101

E.	**Kündigung von Arbeitsverhältnissen** 102	F.	**Unterrichtung der Arbeitnehmer** 124
I.	Allgemeines. 102	I.	Grundsätze/Formalia. 124
II.	Abgrenzung zur Betriebsstilllegung 107	II.	Zu erteilende Informationen 128
III.	Betriebsbedingte, insbesondere »sanierende Kündigung«. 109	III.	Rechtsfolgen einer unterbliebenen (fehlerhaften) Unterrichtung. 138
IV.	Wiedereinstellungsanspruch 112	G.	**Widerspruch**. 140
V.	Prozessuales. 116	I.	Widerspruchsrecht 140
	1. Klagefrist und -art 116	II.	Frist zur Widerspruchserklärung 145
	2. Passivlegitimation. 117	III.	Rechtsfolgen eines ausgeübten Widerspruchs 149
	3. Darlegungs- und Beweislast. 122		

1 **A. Zweck der Vorschrift.** § 613a ordnet im Fall eines Betriebsübergangs den Eintritt des Betriebserwerbers in alle mit dem bisherigen Betriebsinhaber bestehenden Arbeitsverhältnisse an. Würde es an einer solchen Regelung fehlen, würden aufgrund der Relativität der Schuldverhältnisse die Arbeitsverhältnisse weiterhin beim Veräußerer verbleiben. Zu einem Übergang der Arbeitsverhältnisse käme es nur, wenn sich der Erwerber zu einer rechtsgeschäftlichen Vertragsübernahme bereit erklärt. Dieser könnte folglich frei darüber entscheiden, welche AN er übernehmen will und welche nicht. Die nicht übernommenen AN müssten dann fürchten, dass der Veräußerer ihnen betriebsbedingt kündigt, obgleich ihr Arbeitsplatz beim Erwerber fortbesteht. § 613a stellt daher in 1. Linie eine den allg Kdg-Schutz ergänzende Schutzvorschrift zugunsten der AN dar. Flankierend dazu sichert sie die Aufrechterhaltung der kollektivrechtlich geregelten Arbeitsbedingungen. Schließlich regelt § 613a die Haftung des alten und des neuen Betriebsinhabers für Ansprüche der vom Betriebsübergang betroffenen AN, sowie die Verteilung des Haftungsrisikos zwischen den am Übergang beteiligten AG.

2 Mit § 613a hat der Gesetzgeber verschiedene EG-RL in nationales Recht umgesetzt (wenngleich die »Urfassung« des § 613a im Jahr 1972 noch vor der 1. einschlägigen RL erlassen wurde). Dies sind: RL 2001/23/EG v 12.3.2001 (ABlEG Nr L 82/16 v 22.3.2001), RL 98/50/EG v 29.6.1998 (ABlEG Nr L 201/88 v 17.7.1998) und RL 77/187/EWG v 5.3.1977 (ABlEG Nr L 61/26 v 5.3.1977). Entspr ist die Regelung **gemeinschaftskonform auszulegen**. Dies erklärt, dass sich im Anwendungsbereich des § 613a die Rspr des EuGH und des BAG in vielfältiger Weise überschneiden.

3 **B. Voraussetzungen eines Betriebsübergangs. I. Übergang des Betriebs bzw eines Betriebsteils.** Obgleich Rspr und Lit sich intensiv um eine Konkretisierung des wichtigsten Tatbestandsmerkmals des § 613a bemüht haben, nämlich das des »Übergangs eines Betriebs oder Betriebsteils«, ist dieses nach wie vor schillernd geblieben. So betritt der Rechtsanwender im Anwendungsbereich des § 613a unsicheres Terrain. Dabei ist der Ausgangspunkt bei der Auslegung des § 613a an sich eindeutig: Der Erwerber soll in die Rechte und Pflichten der durch den Veräußerer begründeten Arbeitsverhältnisse eintreten, wenn er dessen **Betriebsorganisation** so weiter nutzt, dass die vom Veräußerer geschaffene Arbeitsorganisation bei ihm fortbesteht. Es geht um die Herstellung des Gleichlaufs von Arbeitsverhältnis und Arbeitsplatz. Treffend beschreibt Art 1 Ia der RL 2001/23/EG den Betriebsübergang als einen Übergang einer ihre **Identität bewahrenden wirtschaftlichen Einheit iS einer organisierten Zusammenfassung von Ressourcen** zur Verfolgung einer wirtschaftlichen Tätigkeit. Maßgeblich ist also, dass das Rechtssubjekt, dem die betreffende Funktionseinheit zugeordnet ist, wechselt, während die betreffende Wirtschaftseinheit selbst von der Transaktion unberührt bleibt.

4 Schwierigkeiten bereitet bereits die Bestimmung der Begriffe Betrieb und Betriebsteil. Da allerdings die Prüfung, ob eine relevante wirtschaftliche Einheit gegeben ist, untrennbar mit der Frage verbunden ist, ob diese auf den Erwerber übertragen wurde bzw ob sie von diesem unter Wahrung ihrer bisherigen Identität fortgeführt wird, werden zur Vermeidung von Doppelausführungen die beiden Begriffe hier nur kurz definiert und ansonsten die Tatbestandsmerkmale des »Vorliegens einer wirtschaftlichen Einheit« und ihrer »identitätswahrenden Übernahme« im Rahmen des nachfolgend (Rdn 5) skizzierten 7-Punkte-Katalogs zusammenhängend erörtert. Faustformelhaltig lässt sich aber vorab festhalten, dass ein **Betrieb** iSd § 613a eine auf Dauer angelegte organisatorische Gesamtheit von Personen und Sachen zur Ausübung einer wirtschaftlichen Tätigkeit mit eigener Zielsetzung ist, die nicht auf die Ausführung eines bestimmten Vorhabens beschränkt ist. Ein **Betriebsteil** ist eine organisatorische Untergliederung des Gesamtbetriebs, mit der innerhalb des betrieblichen Gesamtzwecks ein Teilzweck verfolgt wird, auch wenn es sich dabei um eine untergeordnete Hilfsfunktion handelt. Im Teilbetrieb müssen aber nicht andere Zwecke als im übrigen Betrieb verfolgt werden (BAG 17.12.2009, 8 AZR 1019/08, EzA § 613a BGB 2002 Nr 117; 21.2.2008, 8 AZR 77/07, AP BGB § 613a Nr 343). Wird etwa ein Hotel einer Hotelkette veräußert, steht daher der Annahme eines Betriebsübergangs nicht entgegen, dass die anderen Hotels des Unternehmens ebenfalls der Beherbergung von Gästen dienen. Maßgeblich ist also jeweils alleine, ob eine **wirtschaftlich abgrenzbare Einheit**

vorliegt, die eine **organisatorische Verknüpfung von Betriebsmitteln mit einem konkreten Betriebszweck** aufweist. Daher ist der Betriebsbegriff des § 613a auch nicht mit dem allg Betriebsbegriff des dt Arbeits- bzw Betriebsverfassungsrechts identisch. Zwar wird fast ausnahmslos ein Betriebsübergang gegeben sein, wenn eine Unternehmenseinheit, die dem herkömmlichen arbeitsrechtlichen Betriebsbegriff genügen würde, auf einen Dritten übertragen wird. Umgekehrt kann aber ein Betriebsübergang auch dann vorliegen, wenn eine wirtschaftliche Einheit übergeht, die ihrerseits nicht dem allg arbeitsrechtlichen Betriebsbegriff genügt, etwa wenn ein Dritter bestimmte Betriebsmethoden und/oder einen wesentlichen Teil der AN, denen eine bestimmte Aufgabe auf Dauer zugewiesen ist, übernimmt.

II. 7-Punkte-Katalog. Der EuGH und das BAG haben zur Prüfung des Vorliegens eines Betriebsübergangs einen 7 Punkte umfassenden **Katalog** entwickelt, nachdem maßgeblich ist: (1.) die Art des betreffenden Unternehmens oder Betriebs; (2.) der Übergang materieller Aktiva; (3.) der Übergang immaterieller Betriebsmittel; (4.) eine etwaige Übernahme der Hauptbelegschaft; (5.) ein Übergang der Kundschaft; (6.) der Grad der Ähnlichkeit zwischen der vor und nach dem Übergang verrichteten Tätigkeit; (7.) die Dauer einer evtl Unterbrechung in der Geschäftstätigkeit. Es kommt auf eine **Gesamtwürdigung aller relevanten Umstände des Einzelfalls** an. Daher zwingt der Umstand, dass ein oder mehrere Prüfungspunkt(e) erfüllt ist (sind), ebenso wenig zur Annahme eines Betriebsübergangs, wie selbst das Fehlen zahlreicher Prüfungskriterien einen Betriebsübergang nicht zwingend ausschließt. 5

1. Art des Unternehmens. Zunächst ist die Art des betreffenden Unternehmens festzustellen. Bei diesem Kriterium handelt es sich allerdings weniger um ein Tatbestandsmerkmal, das über das Vorliegen eines Betriebsübergangs (mit-)entscheidet. Dabei kommt keinem der Merkmale absolute Bedeutung, sondern je nach der ausgeübten Tätigkeit und je nach den Produktions- oder Betriebsmethoden unterschiedliches Gewicht zu (BAG 22.5.2014, 8 AZR 1069/12, EzA § 613a BGB 2002 Nr 155). Vielmehr dient es nur der Feststellung, welches Gewicht das Vorliegen bzw das Fehlen der Kriterien (2.) bis (7.) in der Gesamtabwägung gewinnt. Faustformelartig lässt sich insoweit festhalten, dass es im **produzierenden Gewerbe** wesentlich auf den Übergang materieller Betriebsmittel ankommt, während bei **Dienstleistungs- und Handelsbetrieben** entscheidend ist, ob auf den Erwerber immaterielle Betriebsmittel, Rechts- und Kundenbeziehungen, Know-How, Lieferverträge, Geschäftslokale, die Verkaufsorganisation oder Teile der Belegschaft übergegangen sind. Während in der zuerst genannten Konstellation bereits die Übernahme der sächlichen Betriebsmittel zu einem Betriebsübergang führen kann, kann in der 2. Alternative alleine die Übernahme eines Teils der Belegschaft einen solchen herbeiführen und zwar auch dann, wenn keine Sachmittel übernommen wurden. Diese Formel bedarf aber einer **Feinjustierung**, die maßgeblich von der Eigenart der betreffenden Unternehmung abhängt. Ein Produktionsbetrieb muss sich auch tatsächlich als betriebsmittelintensiv erweisen, ein Dienstleistungsbetrieb muss auch tatsächlich mit nur wenigen Betriebsmitteln auskommen. Die Rspr hat in den letzten Jahren zahlreiche Dienstleistungen herausgearbeitet, die sich bei genauerer Betrachtung als betriebsmittelintensiv erweisen (s Rdn 8). 6

2. Materielle Betriebsmittel. Materielle Betriebsmittel können Grundstücke, Betriebsgebäude, Maschinen, Einrichtungsgegenstände, Rohstoffe, Halb- und Fertigprodukte sein. Unerheblich ist insoweit, ob der Übernehmer das **Eigentum** an den übertragenen Betriebsmitteln erlangt (s Rdn 26 f, 32 f). Entscheidend, aber auch ausreichend, ist vielmehr, dass dem Übernehmer die fraglichen Betriebsmittel zugerechnet werden können, weil dieser die **arbeitstechnische Organisationsgewalt** über diese ausüben kann (EuGH 15.12.2005, C-232/04, EzA § 613a BGB 2002 Nr 41 – Güney-Görres; 20.11.2003, C-340/01, EzA § 613a BGB Nr 13 – Abler; BAG 17.12.2009, 8 AZR 1019/08, EzA § 613a BGB 2002 Nr 117; 22.10.2009, 8 AZR 766/08, EzA § 613a BGB 2002 Nr 116; 31.1.2008, 8 AZR 2/07, AP BGB § 613a Nr 339; 15.2.2007, 8 AZR 431/06, EzA § 613a BGB 2002 Nr 64). So kann es ausreichen, dass dem »Erwerber« die Betriebsmittel etwa iR eines Pachtvertrags überlassen werden oder dass ein Auftraggeber ihm diese zur Nutzung überlässt (s Rdn 24 ff, 32). Indes hat es sich eingebürgert, in diesem Zusammenhang generalisierend von einem »Erwerb« von Betriebsmitteln zu sprechen, ohne dass es deshalb auf einen »Erwerb« iSd Sachenrechts des BGB ankommen würde. 7

Auch ein alleiniger Erwerb von sächlichen Betriebsmitteln kann zu einem Betriebsübergang führen, wenn die übernommenen Aktiva den eigentlichen Kern der betrieblichen Wertschöpfung ausmachen (dazu auch Rdn 26), die **menschliche Arbeitsleistung** dagegen nur eine **untergeordnete Rolle** spielt, sodass der Erwerber bereits durch die Übernahme der Betriebsmittel in die Lage versetzt wird, die arbeitstechnischen Verrichtungen des Veräußerers fortzuführen. Auf die Übernahme eines nach Zahl und Sachkunde wesentlichen Teils der Belegschaft kommt es dann nicht an (grundlegend: EuGH 26.11.2015, C-509/14, EzA-RL 2001/23 EG-Vertrag 1999 Nr 11 – Aira Pascual; EuGH 29.7.2010, C-151/09, EzA-RL 2001/23 EG-Vertrag 8

1999 Nr 4; 15.12.2005, C-232/04, EzA § 613a BGB 2002 Nr 41 – Güney-Görres; 20.11.2003, C-340/01, EzA § 613a BGB Nr 13 – Abler). Das ist dann der Fall, wenn der Erwerber wertvolle und kapitalintensive Betriebsmittel, wie etwa identitätsstiftende Grundstücke, Betriebsgebäude oder identitätsprägende Maschinen, übernimmt, die die Arbeitsabläufe, Aufgaben und Tätigkeiten der Mitarbeiter vorzeichnen. Bsp: Übernahme von Rettungsfahrzeugen im Rettungsdienst (BAG 10.5.2012, 8 AZR 434/11, EzA § 613a BGB 2002 Nr 135); Übernahme der technischen Einrichtungen für Schlacht-, Ausbein- und Zerlegearbeiten in einem Schlachthof (BAG 15.2.2007, 8 AZR 431/06, EzA § 613a BGB 2002 Nr 64); (Nicht-) Übernahme von Kränen auf einem Güterbahnhof (EuGH 26.11.2015, C-509/14, EzA-RL 2001/23 EG-Vertrag 1999 Nr 11 – Aira Pascual); Übernahme von Gebäuden und Einrichtungsgegenständen in einem Hotelkomplex (BAG 21.8.2008, 8 AZR 201/07, EzA § 613a BGB 2002 Nr 95); Übernahme der Lagerhalle, sowie von Lager- und Fördermitteln (Paletten, Umreifungspressen u dgl) in einem Industrielager (BAG 13.12.2007, 8 AZR 937/06, EzA § 613a BGB 2002 Nr 88); Erwerb eines Seeschiffes (BAG 18.3.1997, 3 AZR 729/95, EzA § 613a BGB Nr 150; iErg auch BAG 2.3.2006, 8 AZR 147/05, EzA § 613a BGB 2002 Nr 50, s.a. Rdn 26); Erwerb wertvoller, standortgebundener Anlagen und Maschinen zum Druck von Zeitungen (BAG 6.4.2006, 8 AZR 222/04, EzA § 613a BGB 2002 Nr 49); Übernahme der Passagierkontrolle auf einem Flughafen notwendigen Gerätschaften wie Tor- und Handsonden oder Gepäckprüfanlagen, zumal diese nicht ohne Weiteres auf dem freien Markt erhältlich sind, s.a. Rdn 26 f (BAG 13.6.2006, 8 AZR 271/05, EzA § 613a BGB 2002 Nr 53); Übernahme des Betriebs einer Krankenhauskantine oder eines Zugrestaurants samt der dafür bestimmten Räumlichkeiten, des Inventars (etwa: Gerätschaften zur Zubereitung der Speisen, Spülmaschinen) und der vorgegebenen Anschlüsse für Wasser und Energie (EuGH 20.11.2003, C-340/01, EzA § 613a BGB Nr 13 – Abler; BAG 6.4.2006, 8 AZR 249/04, EzA § 613a BGB 2002 Nr 52, teils anders: BAG 17.12.2009, 8 AZR 1019/08, EzA § 613a BGB 2002 Nr 117). Umgekehrt scheidet ein Betriebsübergang aus, wenn ein Callcenter alleine die Telefonanlage eines anderen Callcenters übernehmen würde (vgl BAG 25.6.2009, 8 AZR 258/08, EzA § 613a BGB 2002 Nr 111) oder eine Flugverkehrsgesellschaft beschließt, die Bodenabfertigung auf einem bestimmten Flughafen durch einen Partner erbringen zu lassen, der hierfür seine eigenen Terminals benutzt und vom Auftraggeber lediglich die benötigten Daten überspielt bekommt (BAG 16.5.2007, 8 AZR 693/06, EzA § 613a BGB 2002 Nr 70). Ebenso liegt kein Betriebsübergang vor, wenn der neue Auftragnehmer im Bereich des öffentl Linienbusverkehrs keine Fahrzeuge vom bisherigen Diensterbringer übernimmt (EuGH 25.1.2001, C-172/99, NZA 2001, 249 – Liikenne; s dazu aber auch Rdn 28). Gleiches kann für eine Betriebskantine gelten. Obwohl die Bedeutung der menschlichen Arbeitskraft bei der Herstellung von Mahlzeiten in einer solchen vergleichsweise hoch ist (EuGH 20.11.2003, C-340/01, EzA § 613a BGB 2002 Nr 13, Rn 36), scheidet ein Betriebsübergang dann aus, wenn die Speisen vom neuen Betreiber nicht mehr frisch zubereitet, sondern die nun nur noch von außen angelieferten Mahlzeiten lediglich aufgewärmt werden (BAG 17.12.2009, 8 AZR 1019/08, EzA § 613a BGB 2002 Nr 117). Im Speditionsgewerbe gilt häufig Ähnliches, werden die LKW des bisherigen Spediteurs nicht mit übernommen. Selbst aber, wenn Fahrzeuge aufgekauft werden, kann daraus nicht ohne weiteres auf einen Betriebsübergang geschlossen werden, da es sich um leicht auszutauschende bzw schnell zur Verfügung stehende Betriebsmittel handelt (BAG 21.5.2015, 8 AZR 409/13, EzA-SD 2015, Nr 23, 5). Freilich liegt ein Betriebsübergang desto eher nahe, je mehr Fahrzeuge der neue Spediteuer einsetzt. Dass sich der Betreiber eines Hafenumschlagbetriebs derselben öffentlichen Anlagen (etwa: Gleisanschluss) und öffentlichen Räume (etwa: Zugang zu den Kaianlagen und Hafenfläche) bedient wie sein »Vormann« reicht alleine zur Annahme eines Betriebsübergangs nicht aus, weil es sich dabei um der Öffentlichkeit gewidmete Räume handelt, die von vornherein keiner privatrechtlichen Nutzungsvereinbarung zugänglich sind (BAG 22.8.2013, 8 AZR 521/12, EzA § 613a BGB 2002 Nr 146). Anderes gilt nur, wenn der neue Betreiber auch das die Tätigkeit prägende schwere Gerät übernimmt. Ebenso scheidet ein Betriebsübergang aus, wenn zwar der Auftrag zum Vortrieb von Bergwerksstollen, dabei aber keine Gerätschaften u dgl des Vorgänger übernommen werden (EuGH 2.12.1999, C-234/98, EzA § 613a BGB Nr 186 – G. C. Allen).

9 Die Übernahme alleine von materiellen Aktiva reicht aber dann nicht zur Annahme eines Betriebsübergangs aus, wenn diese in eine **personalbetonte** oder eine auch durch **immaterielle Mittel geprägte Betriebsorganisation** eingebunden sind, die nicht mit übertragen wird (BAG 16.5.2002, 8 AZR 319/01, NZA 2003, 93; 24.4.1997, 8 AZR 848/94, NZA 1998, 253). Das gilt selbst dann, wenn die übernommenen Aktiva bes wertvoll sind oder (und) die einzigen Vermögensgegenstände des Veräußerers darstellen (zum Erwerb einzelner Betriebsmittel s.a. Rdn 16 f).

10 **3. Immaterielle Betriebsmittel.** Immaterielle Betriebsmittel können Betriebsmethoden, gewerbliche Schutzrechte, Lizenzen (vgl BAG 21.5.2008, 8 AZR 84/07, NZA 2008, 1294), Unternehmensnamen, Unternehmenskennzeichen und Geschäftsabzeichen (BAG 21.8.2008, 8 AZR 201/07, EzA § 613a BGB

2002 Nr 95; 16.2.2006, 8 AZR 204/05, EzA § 613a BGB 2002 Nr 46 – vgl aber Rdn 17), öffentl-rechtliche Gestattungen und andere Konzessionen, spezielle Computerprogramme, das im Veräußererbetrieb vorhandene Know-How (dazu eingehend: *Fuhlrott* NZA 2013, 183), Produktionsanleitungen, Rezepturen, Rechts- und Kundenbeziehungen, Datenbestände, Kundenkarteien oder der »Goodwill«, den das Unternehmen genießt, sein. Ein entscheidendes Kriterium zur Annahme eines Betriebsübergangs kann es daher sein, wenn der Erwerber eines Industrielagers wie schon sein Vorgänger Lagerungsaufträge und Warenabrufe weiterhin über das EDV-System des Auftraggebers bucht (BAG 13.12.2007, 8 AZR 937/06, EzA § 613a BGB 2002 Nr 88). So spricht es etwa gegen einen Betriebsübergang, wenn der Erwerber einer gutbürgerlichen Gaststätte diese als arabisches Spezialitätenlokal unter einer völlig anderen Bezeichnung fortführt (BAG 11.9.1997, 8 AZR 555/95, EzA § 613a BGB Nr 153).

4. Übernahme von AN. Die Übernahme von AN weist auf einen Betriebsübergang hin, wenn die **Hauptbelegschaft** bzw wenn in Branchen, in denen es iW auf die menschliche Arbeitskraft ankommt, **ein nach Zahl und Sachkunde wesentlicher Teil des Personals** übernommen wird (EuGH 21.10.2010 C-242/09, EzA Richtlinie 2001/23 EG-Vertrag 1999 Nr 5 – Albron; 29.7.2010, C-151/09, EzA-RL 2001/23 EG-Vertrag 1999 Nr 4; 24.1.2002, C-51/00, EzA Richtlinie 77/187 EG-Vertrag 1999 Nr 1 – Temco Service Industries SA; 25.1.2001, C-172/99, NZA 2001, 249 – Liikenne; st Rspr des BAG, zuletzt: BAG 22.1.2015, 8 AZR 139/14, EzA § 613a BGB 2002 Nr 160; BAG 22.5.2014, 8 AZR 1069/12, EzA § 613a BGB 2002 Nr 155). Zu welchen Arbeitsbedingungen die AN übernommen werden, ist dabei nachrangig. So spricht noch nicht einmal der Umstand, dass zuvor angestellte AN fortan als freie Mitarbeiter tätig sind, gegen einen Betriebsteilübergang (BAG 19.3.2015, 8 AZR 119/14, EzA § 17 KSchG Nr 34). Ein »einfacher« Betriebsmittelerwerber bzw Auftragsübernehmer läuft damit Gefahr, bietet er einem Teil der Belegschaft seines Vormanns eine Weiterbeschäftigung an, auch den restlichen Teil übernehmen zu müssen. Umgekehrt hat es ein »wirklicher« Betriebserwerber in der Hand, § 613a uU zu umgehen, wenn er von der an sich möglichen Fortbeschäftigung einzelner AN Abstand nimmt. 11

Entscheidend ist, dass der übernommene Personenkreis (zur Berücksichtigung von im Betrieb tätigen Leih-AN: Rdn 40) für die Organisationsstruktur des bisherigen Betriebs prägend war. Dafür kommt es nicht allein auf eine quantitative Betrachtung an. Maßgeblich ist vielmehr die Gesamtbeurteilung aller Umstände. Zwischen der erforderlichen Anzahl der weiterbeschäftigten AN u deren Stellung im Veräußererbetrieb besteht eine Interdependenz. Handelt es sich um AN mit einer geringeren Qualifikation, bedarf es einer höheren Übernahmezahl, während bei AN, deren Spezialwissen zur Aufrechterhaltung des Betriebsablaufs erforderlich ist, geringere Quoten ausreichen. Generell lassen sich zwar keine allgemeingültigen Zahlen herausbilden, doch hat die Rspr bei wenig qualifizierten AN eine Quote von 75 % (BAG 25.6.2009, 8 AZR 258/08, EzA § 613a BGB 2002 Nr 111) bzw von über 85 % (BAG 11.12.1997, 8 AZR 426/94, EzA § 613a BGB Nr 160), dagegen nicht Quoten im Bereich von 40–60 % (BAG 27.10.2005, 8 AZR 568/04, EzA § 613a BGB 2002 Nr 42: 12 von 25 AN, Quote: 48 %; 24.5.2005, 8 AZR 333/04, EzA § 613a BGB 2002 Nr 37: Quote: 75 %; 10.12.1998, 8 AZR 676/97, EzA BGB § 613a Nr 174 und 14.5.1998, 8 AZR 418/96, NZA 1999, 483: Quote: 60 bzw 61 %) für ausreichend erachtet. 12

Die Voraussetzungen eines Betriebsübergangs können danach erfüllt sein, wenn ein Unternehmen seine Reinigungskräfte durch einzelvertragliche Vereinbarungen auf eine Service-GmbH überträgt, diese Service-GmbH alle übernommenen AN an den ursprünglichen AG entleiht u dieser, wie bisher, die Reinigungsarbeiten organisiert (BAG 21.5.2008, 8 AZR 481/07, EzA § 613a BGB 2002 Nr 96, iErg auch: BAG 23.9.2010, 8 AZR 567/09, DB 2011, 246, krit dazu: *Gaul/Ludwig* DB 2011, 298, 300; s zu Leiharbeitskonstellationen auch Rdn 40). Auch kann es, etwa für eine Tätigkeit im Bewachungsgewerbe ausreichen, wenn ein Betriebsteil mit kontinuierlicher Stammbelegschaft, die über Erfahrung u Objektkenntnis verfügt, unter Beibehaltung der bisherigen Leitungsstruktur u Arbeitsorganisation weiter geführt wird, der Erwerber diesen Stamm aber durch neu eingestellte AN ergänzt (BAG 19.3.2015, 8 AZR 119/14, EzA § 17 KSchG Nr 34). Werden mehr als die Hälfte der in einem IT-Service-Betrieb beschäftigten IT-Servicetechniker, EDV-Servicemitarbeiter u Führungskräfte übernommen, so kann dies aufgrund des hohen Qualifikationsgrades dieser Mitarbeiter die Übernahme eines nach Zahl u Sachkunde wesentlichen Teils des Personals darstellen (BAG 21.6.2012, 8 AZR 181/11, EzTöD 100 § 2 TVöD-AT Betriebsübergang Nr 34). Gleiches gilt, wenn die Nachfolgerin eines Callcenters allen 256 unbefristet Beschäftigten der Vorgängerin eine Übernahme anbietet u die 172 dort befristet tätigen AN neu einstellt (BAG 25.6.2009, 8 AZR 258/08, EzA § 613a BGB 2002 Nr 111) u zwar unabhängig davon, dass im Fall im Endergebnis tatsächlich 75 % der bisherigen Belegschaft übernommen wurde, was für sich gesehen bereits für einen Betriebsübergang spricht (s Rdn 13). Umgekehrt reicht es nicht, wenn aus einem Geschäftsführerteam nur ein Prokurist übernommen wird (vgl BAG 28.5.2009, 8 AZR 273/08, AP BGB § 613a Nr 370). Werden in einem betriebsmittelgeprägten 13

Betrieb (Rdn 6 und 8) zwar die materiellen Aktiva übernommen, kann der Umstand, dass AN, die aufgrund ihres Spezialwissens u Know-Hows für die weitere Nutzung der erworbenen Aktiva u damit für die Fortführung des Betriebs unverzichtbar sind, übernommen werden, die Annahme des Vorliegens eines Betriebsübergangs weiter verdichten (BAG 14.5.1998, 8 AZR 418/96, NZA 1999, 483). Zwar lässt sich grundsätzlich festhalten, dass je geringer der Qualifikationsgrad der AN ist, desto mehr Mitarbeiter übernommen werden müssen, um einen Betriebsübergang auszulösen (*Kappenhagen* BB 2013, 696). Ist der Betrieb aber eindeutig betriebsmittelgeprägt (etwa: Herstellung von Kettenschienen in einem Metall verarbeitenden Betrieb), reicht dagegen selbst die Übernahme des ganz wesentlichen Teils des Personals nicht für die Annahme eines Betriebsübergangs aus, wenn keinerlei materielle Betriebsmittel übernommen werden (BAG 23.9.2010, 8 AZR 567/09, DB 2011, 246). Dies gilt selbst, wenn das Personal hochqualifiziert u umfassend ausgebildet ist (Entschieden für den Rettungsdienst: BAG 10.5.2012, 8 AZR 434/11, EzA § 613a BGB 2002 Nr 135). Umgekehrt kommt dem Umstand, dass keine AN übernommen wurden, negative Indizfunktion zu, wenn die Wertschöpfung ausschließlich oder jedenfalls überwiegend durch den Einsatz menschlicher Arbeitskraft erzielt wurde oder der Betriebsablauf ganz wesentlich durch die früheren AN geprägt war (eine anschauliche Übersicht findet sich bei: *Kappenhagen* BB 2013, 696).

14 **5. Übernahme der Kundschaft.** Die Übernahme der Kundschaft (BAG 15.12.2011, 8 AZR 197/11, EzA § 613a BGB 2002 Nr 130; 17.12.2009, 8 AZR 1019/08, EzA § 613a BGB 2002 Nr 117; s.u. Rdn 17; 28.5.2009, 8 AZR 273/08, AP BGB § 613a Nr 370; 14.8.2007, 8 AZR 803/06, EzA § 613a BGB 2002 Nr 75) weist ebenfalls auf einen Betriebsübergang hin. Indes hat auch dieses Kriterium nur eingeschränkte Aussagekraft, weil es das Ziel jeder unternehmerischen Betätigung ist, möglichst viele Kunden für sich zu erhalten. So spricht alleine der Umstand einer hohen Übereinstimmung von Alt- und Neukunden noch lange nicht für einen Betriebsübergang (BAG 18.9.2014, 8 AZR 733/13, EzA § 613a BGB 2002 Nr 157). Vor allem in den Fällen der Auftragsnachfolge, in denen die Unterscheidung zwischen einem Betriebsübergang und einer bloßen Tätigkeitsnachfolge so extrem schwerfällt (Rdn 24 ff), versagt dieses Kriterium sogar fast vollständig, weil der Erwerber zwangsläufig die »Kundschaft« seines Vorgängers übernimmt. Bedeutung kann diesem Merkmal aber bei Produktionsbetrieben zukommen. Werden hier zusammen mit materiellen Aktiva etwa Kundenkarteien, Lieferverträge oder Vertriebsberechtigungen übernommen, kann dies als die Annahme eines Betriebsübergangs verstärkendes Indiz gewertet werden. Bedeutung hat dieses Tatbestandsmerkmal zudem bei der Übertragung von Handelsunternehmen und für die Praxen freiberuflicher Dienstleister (Arztpraxen, Rechtsanwaltskanzleien, s LAG Düsseldorf 29.2.2000, 3 Sa 1896/99, NZA-RR 2000, 353). Unerheblich ist, ob die Kundschaft »freiwillig« zum Erwerber wechselt oder aufgrund äußerer Umstände an diesen gebunden ist (etwa Patienten eines Krankenhauses im Hinblick auf das Patientenessen oder Fahrgäste der Dt Bahn im Hinblick auf die Zugrestaurants; aA Hess LAG 5.2.2004, 9 Sa 935/03 [= Vorinstanz zu BAG 6.4.2006, 8 AZR 249/04, EzA § 613a BGB 2002 Nr 52, das diese Frage nicht problematisiert]). Keine Übernahme der Kundschaft liegt dagegen bei der Abwicklung des Anzeigen- und Annoncengeschäfts für eine Zeitung vor, weil hier kein »Kundenstamm« übergeht (BAG 28.5.2009, 8 AZR 273/08, AP BGB § 613a Nr 370). Gleiches gilt, wenn der vermeintliche Erwerber iR einer früheren Zusammenarbeit mit dem Veräußerer die Kunden betreut hat, die er nun alleine versorgt (BAG 21.5.2008, 8 AZR 84/07, NZA 2008, 1294).

15 **6. Ähnlichkeit zwischen der verrichteten Tätigkeit, identitätswahrende Fortführung des Betriebs, Eingliederung in die eigene bzw eine neue Organisationsstruktur.** Auch das Kriterium des Grads der Ähnlichkeit der Tätigkeit vor und nach der Übernahme erweist sich eher als Ausschlusskriterium. Erwirbt jemand materielle oder immaterielle Betriebsmittel, wird er sie häufig schon aus der Natur der Sache heraus zum selben Zweck einsetzen wie der Veräußerer, sodass diesem Umstand wenig für einen Betriebsübergang entnommen werden kann. Das gilt gerade in den kritischen Fällen der Auftragsnachfolge (Rdn 24 ff), weil auch der bloße Auftragsnachfolger zwangsläufig die gleiche Arbeit verrichtet wie sein Vormann. Die Ähnlichkeit beider Verrichtungen reicht daher zur Annahme eines Betriebsübergangs regelmäßig nicht aus (EuGH 11.3.1997, C-13/95, EzA § 613a BGB Nr 145 – Süzen).

16 Umgekehrt ist es aber zwingende Voraussetzung für einen Betriebsübergang, dass der Übernehmer die erworbene Einheit auch unter **Wahrung ihrer wirtschaftlichen Identität** fortführt (Art 1 RL 2001/23/EG: Übergang einer ihre Identität bewahrenden wirtschaftlichen Einheit; engl: which retains its identity; fr: maintenant son identité; esp: que mantenga su identidad). § 613a setzt daher für den Teilbetriebsübergang voraus, dass die übernommenen Betriebsmittel bereits bei dem früheren Betriebsinhaber die Qualität eines Betriebsteils hatten. Es reicht nicht aus, wenn der Erwerber mit einzelnen bislang nicht teilbetrieblich organisierten Betriebsmitteln einen Betrieb oder Betriebsteil gründet (BAG 16.2.2006, 8 AZR 204/05,

EzA § 613a BGB 2002 Nr 46). Umgekehrt scheidet ein Betriebsübergang aus, wenn der Übernehmer die erworbenen Betriebsmittel zu einem anderen Zweck einsetzt als der frühere Inhaber. Dann liegt nämlich nur ein »einfacher Kauf« von Betriebsmitteln vor, um die der Erwerber lediglich seinen eigenen, bestehenden Betrieb erweitert.

Ein Betriebsübergang ist aber auch dann nicht gegeben, wenn die übernommene wirtschaftliche Einheit beim Erwerber eine wesentliche **organisatorische Umgestaltung** erfährt, in deren Folge der Funktionszusammenhang zwischen den übernommenen Ressourcen und dem mit ihnen bislang verfolgten Betriebszweck verloren geht. Die Identität geht freilich noch nicht dann verloren, wenn der Erwerber den Namen des Betriebs ändert, ihn ansonsten aber unter Wahrung seiner Identität fortführt (BAG 21.8.2008, 8 AZR 201/07, EzA § 613a BGB 2002 Nr 95: weitere Nutzung eines Hotelkomplexes als Übernachtungs- und Tagungshotel in der gleichen Kategorie und bei gleicher Ausstattung). Die Identität des Betriebs wird dagegen zerstört, wenn ein Insolvenzverwalter ein Unternehmen in zwei aufspaltet und beide getrennt veräußert, es sei denn, die beiden Erwerber würden die übernommenen Teile als gemeinsamen Betrieb führen (BAG 26.7.2007, 8 AZR 769/06, NZA 2008, 112). Weitere Bsp: In einer Betriebskantine werden die Speisen vom neuen Betreiber nicht mehr frisch zubereitet, sondern die nun nur noch von außen angelieferten Mahlzeiten lediglich aufgewärmt (BAG 17.12.2009, 8 AZR 1019/08, EzA § 613a BGB 2002 Nr 117). Ein Unternehmen erledigt an einer im Eigentum eines Dritten stehenden Müllsortieranlage anfallende »manuelle« Sortieraufgaben; der Dritte vergibt später die Hälfte der Sortiermenge an ein anderes Unternehmen, sodass nunmehr zwei Unternehmen jeweils in getrennten Schichten die bisherige Sortiertätigkeit durchführen (BAG 27.9.2007, 8 AZR 911/06, EzA § 613a BGB 2002 Nr 86); Umstellung des Einkaufs- und Verkaufskonzepts eines Einzelhandelsunternehmens (Wechsel von Markenmöbeln zu Restpostenmöbeln: BAG 13.7.2006, 8 AZR 331/05,NZA 2006, 1357); Umwandlung eines Gastronomie- und Hotelbetriebs in einen Integrationsbetrieb nach § 132 SGB IX (LAG Berl-Bbg 4.3.2010, 26 Sa 2407/09, EzB BGB § 613a Nr 3); Fertigung von Modellschuhen statt Massenproduktion (BAG 13.5.2004, 8 AZR 331/03, AP BGB § 613a Nr 273); komplette Umstellung der Arbeitsabläufe auf einem Truppenübungsplatz (etwa Aufgabe der früheren Aufgabenteilung in militärische und zivile Arbeiten; Übertragung auch der vormals durch Zivilangestellte erledigten Bewachungsarbeiten auf Soldaten: BAG 25.9.2003, 8 AZR 421/02, EzA § 613a BGB 2002 Nr 14); Aufkauf von Markenzeichen, Maschinen und Rohmaterialien mit nachfolgender Verteilung auf zahlreiche weit entfernt liegende Betriebe des Erwerbers (BAG 16.5.2002, 8 AZR 320/01, AP InsO § 113 Nr 9); ein Unternehmen kauft lediglich die einzelnen Taxen eines Taxiunternehmers auf (LAG Köln 28.3.2006, 9 [13] Sa 1361/05); erheblicher Sortimentswechsel im Einzelhandel (BAG 2.12.1999, 8 AZR 796/98, EzA § 613a BGB Nr 188); Umwandlung eines »gut bürgerlichen« in ein arabisches Spezialitätenlokal (BAG 11.9.1997, 8 AZR 555/95, EzA § 613a BGB Nr 153); Umwandlung eines Ferienzentrums des früheren FDGB in ein Hotel (BAG 16.7.1998, 8 AZR 81/97, NZA 1998, 1233); Umwandlung eines Bordellbetriebs in ein gewöhnliches Hotel (LAG Berl 4.3.1998, 13 Sa 159/97); Übergang einer Gemeindeverwaltung auf eine Verwaltungsgemeinschaft, der zu einer völligen Veränderung der Organisationsstruktur führt (BAG 26.6.1997, 8 AZR 426/95, EzA § 613a BGB Nr 151). Gleiches soll schließlich auch gelten, wenn der Übernehmer eines »Frauenhauses« den Betriebszweck nicht mehr alleine in der geschützten Unterbringung misshandelter Frauen sieht, sondern vielmehr ein umfassendes Beratungskonzept verfolgt, in dessen Rahmen er gerade zur Vermeidung einer Unterbringung Weiterbildungen zu Stress- und Konfliktbewältigung, Freizeitgestaltung bzw kostenlose Rechtsberatung anbietet und bedrohte Frauen nur im Notfall und als letzten Ausweg unterbringt (BAG 4.5.2006, 8 AZR 299/05, EzA § 613a BGB 2002 Nr 51). Letztere Entsch ist indes zu großzügig.

Werden die übernommenen Ressourcen **an einen anderen Ort verlagert**, kann dies der Annahme eines Betriebsübergangs entgegenstehen, wenn der bisherige Standort für die wirtschaftliche Einheit identitätsstiftend war (BAG 26.5.2011, 8 AZR 37/10, EzA § 613a BGB 2002 Nr 125). So scheidet ein Betriebsübergang aus, wenn bislang in der Betriebskantine frisch zubereitete Mahlzeiten nunmehr von außen angeliefert werden (BAG 17.12.2009, 8 AZR 1019/08, EzA § 613a BGB 2002 Nr 117) oder ein Einzelhandelsbetrieb vom Erwerber in weiter Entfernung des bisherigen Ladenlokals fortgeführt wird, zumal damit ein Verlust des bisherigen Kundenkreises verbunden ist (BAG 2.12.1999, 8 AZR 796/98, EzA § 613a BGB Nr 188). Ähnliches gilt regelmäßig für Gaststätten, Hotel- und Kinobetriebe, Theater oder Kindertagesstätten. Auch darüber hinaus ist zu fragen, ob der Erwerber die übernommenen Betriebsmittel an der neuen Betriebsstelle in ihrer bisherigen organisatorischen Zusammenfassung nutzt, weil Ortsverlagerungen insb in betriebsmittelgeprägten Betrieben ein Indiz dafür sein können, dass die übernommenen Ressourcen vom Erwerber aus ihrem früheren Funktionszusammenhang herausgelöst wurden und seinen bestehenden Betrieb lediglich um die fraglichen Gegenstände erweitert hat (s etwa BAG 16.5.2002, 8 AZR 319/01, EzA § 613a BGB Nr 210).

19 Dagegen kommt es nicht schon deshalb zu einem Bruch in der Organisationsstruktur, nur weil der Erwerber den übernommenen Betrieb **vollständig in einen bei ihm bereits bestehenden Betrieb eingliedert** (EuGH 12.2.2009, C-466/07, EzA Richtlinie 2001/23 EG-Vertrag 1999 Nr 2 – Klarenberg; BAG 13.10.2011, 8 AZR 455/10, EzA § 613a BGB 2002 Nr 129; 7.4.2011, 8 AZR 730/09, EzA § 613a BGB 2002 Nr 124; 17.12.2009, 8 AZR 1019/08, EzA § 613a BGB 2002 Nr 117; 22.1.2009, 8 AZR 158/07, EzA § 613a BGB 2002 Nr 107; *Bayreuther* DB 2006, 2126). Das BAG hatte dies bis zur Klarenberg-Entsch des EuGH anders beurteilt (24.4.2008, 8 AZR 268/07, NZA 2008, 1314; 14.8.2007, 8 AZR 1043/06, EzA § 613a BGB 2002 Nr 74; 6.4.2006, 8 AZR 249/04, EzA § 613a BGB 2002 Nr 52). Das BAG hat sich dem mittlerweile – zumindest was die Leit- und Orientierungssätze der einschlägigen Urt betrifft – angeschlossen. Danach kann ein Betriebsübergang auch vorliegen, wenn der übertragene Unternehmens- oder Betriebsteil seine organisatorische Selbstständigkeit nicht bewahrt, sofern die funktionelle Verknüpfung zwischen den übertragenen Produktionsfaktoren beibehalten wird und sie es dem Erwerber erlaubt, diese Faktoren zu nutzen, um derselben oder einer gleichartigen wirtschaftlichen Tätigkeit nachzugehen. Ob dies iR einer anderen oder größeren Arbeitsorganisation geschieht, ist indes unerheblich. Der Umstand, dass die übertragene Einheit also in die Struktur des Erwerbers oder in eine **andere Organisationsstruktur eingegliedert** wurde, lässt den Zusammenhang zwischen der **funktionellen Verknüpfung der Wechselbeziehung** und gegenseitigen Ergänzung zwischen den für einen Betriebsübergang maßgeblichen Faktoren also nicht zwangsläufig wegfallen. Übernimmt bspw ein neu gegründetes Callcenter einen wesentlichen Teil der in einem Callcenter beschäftigten Mitarbeiter, so liegt idR auch dann ein Betriebsübergang vor, wenn der neue Betreiber das Service-Angebot erweitert (im Fall: Erbringung von »First-« und »Second-Level-Beratungen« statt bislang nur »First-Level-Tätigkeiten«) und zwar selbst dann, wenn deshalb eine Fortbildung der übernommenen Mitarbeiter nötig wird (BAG 25.6.2009, 8 AZR 258/07, EzA § 613a BGB 2002 Nr 111). Anders liegen dagegen die Dinge, wenn in einer Betriebskantine die Speisen vom neuen Betreiber nicht mehr frisch zubereitet werden, sondern die nun nur noch von außen angelierten Mahlzeiten lediglich aufgewärmt werden (BAG 17.12.2009, 8 AZR 1019/08, EzA § 613a BGB 2002 Nr 117). Weitere Beispiele: Rdn 17, 24, insb 27 ff.

20 Zwar erweist sich das Tatbestandsmerkmal der »Beibehaltung der funktionellen Verknüpfung der Wechselbeziehung und gegenseitigen Ergänzung zwischen diesen Faktoren« als nicht sonderlich scharf. Indes lassen sich die vom EuGH benannten Merkmale durchaus konkretisieren (Prüfungskataloge bei: *Salamon* NZA 2012, 482; *Willemsen/Sagan* ZIP 2010, 1205, 1211 f; *Schiefer* DB 2011, 55, 59). Daher steht entgegen einer Annahme etlicher Autoren nicht zu befürchten, dass die neue Rspr einen Paradigmenwechsel herbeiführt, in dessen Folge nunmehr eine Vielzahl bloßer Auftragsvergaben (s dazu auch Rdn 24 ff) als Betriebsübergang zu qualifizieren wäre (so aber: *Willemsen* NZA 2009, 289; *T. Wißmann/Schneider* BB 2009, 1126; *Grobys* NJW 2009, 2032; wie hier: *Schlachter* RdA Sonderbeil zu Heft 5/2009, 31, 38 ff; *Bayreuther* Anm EzA § 613a BGB 2002 Nr 100, differenzierend nun auch: *Willemsen/Sagan* ZIP 2010, 1205, 1210). Dem Richter bleibt lediglich verwehrt, die etwaige organisatorische Eingliederung des übernommenen Betriebs als Negativkriterium heranzuziehen, um so vorschnell einen Betriebsübergang abzulehnen. Vielmehr muss er auch in einem Eingliederungsfall anhand des hergebrachten Kriterienkatalogs Stück für Stück prüfen, ob ein Betriebsübergang vorliegt oder nicht. Daher ist zwar zuzugeben, dass das Prüfungsverfahren in diesen Konstellationen aufwendiger und überdies mit zusätzlichen Unwägbarkeiten und Rechtsunsicherheiten belastet wird. Indes bewirkt die neue Rspr nicht, dass gleich jede Auftragsneuvergabe als Betriebsübergang zu erfassen wäre. Vielmehr kann der Umstand, dass die übernommenen Ressourcen in die Organisation des eigenen Betriebs eingegliedert wurden, ohne Weiteres als Indiz dafür herangezogen werden, dass überhaupt kein Betriebsübergang vorliegt, weil gar keine organisatorisch abgegrenzte Funktionseinheit, sondern nur einzelne, wenngleich vielleicht wertvolle Betriebsmittel erworben wurden (so dann auch das BAG in der endgültigen Revisionsentsch in Sachen Klarenberg: 13.10.2011, 8 AZR 455/10, EzA § 613a BGB 2002 Nr 129). Auch kann aus dem Umstand der Eingliederung des erworbenen Betriebs in den Altbetrieb abzuleiten sein, dass sich die Betriebsorganisation darüber hinaus beim Erwerber so wesentlich verändert hat, dass die Verbindung zwischen den übernommenen Betriebsmitteln und dem bisherigen Betriebszweck verloren gegangen ist. Das bedingt aber, dass zur bloßen formalen Eingliederung der erworbenen Funktionseinheit in den »Altbetrieb« weitere arbeitsorganisatorische Anhaltspunkte hinzukommen, die auf einen identitätszerstörenden Wechsel in der Betriebsorganisation hindeuten. Deshalb hat das BAG in den zahlreichen Berliner Charité-Fällen, in denen es einen Betriebsübergang vormals ablehnte, weil die fraglichen Dienstleistungseinheiten (im Fall: Anlagenwartung) in eine übergeordnete Facility-Management-Einheit überführt wurden (BAG 24.4.2008, 8 AZR 268/07, EzA § 613a BGB 2002 Nr 92) auch nach der Klarenberg-Entsch keinen Betriebsübergang bejaht (BAG 22.1.2009, 8 AZR 158/07, EzA § 613a BGB

2002 Nr 107). Aufgrund der eingetretenen Änderungen in der Arbeitsorganisation und den Betriebsmitteln existierten die bisherigen Arbeitsplätze nicht mehr. Weitere Fälle einer beachtlichen Organisationsänderung, s Rdn 17.

Ein Betriebsübergang setzt schließlich voraus, dass der Erwerber den übernommenen Betrieb **tatsächlich** **fortführt**. Alleine die Möglichkeit zur Fortführung reicht – und zwar auch nach der Klarenberg-Entsch des EuGH (Rdn 38) – nicht zur Annahme eines Betriebsübergangs aus (EuGH 15.12.2005, C-232/04, EzA § 613a BGB 2002 Nr 41 – Güney-Görres; BAG 22.8.2013, 8 AZR 521/12,EzA § 613a BGB 2002 Nr 146; 17.12.2009, 8 AZR 1019/08, EzA § 613a BGB 2002 Nr 117; 21.8.2008, 8 AZR 201/07, EzA § 613a BGB 2002 Nr 95; 21.2.2008, 8 AZR 77/07, AP BGB § 613a Nr 343; 26.7.2007, 8 AZR 769/06, NZA 2008, 112; 6.4.2006, 8 AZR 222/04, EzA § 613a BGB 2002 Nr 49; 6.4.2006, 8 AZR 249/04, EzA § 613a BGB 2002 Nr 52; LAG Nds 6.9.2010, 9 Sa 1624/09; *Willemsen/Sagan* ZIP 2010, 1209, 1210). Hat der Erwerber zum Zeitpunkt der Übernahme die Absicht zur Betriebsfortführung, ist es unerheblich, wenn er diesen Betrieb für eine unwesentliche Zeit zunächst nicht weiterführt (Rdn 22), etwa, weil zuerst Erhaltungs-, Umbau- oder Restrukturierungsmaßnahmen vorzunehmen sind. Ebenfalls unerheblich ist, wie lange der Erwerber den Betrieb fortführen will. Daher schadet auch nicht, wenn der Erwerber die Absicht hat, ihn alsbald stillzulegen (BAG 22.9.1994, 2 AZR 54/94, EzA § 613a BGB Nr 121). Kommt es zu keiner Betriebsfortführung, kann dessen ungeachtet ein Betriebsübergang gegeben sein, wenn der Erwerber sich ggü dem Veräußerer zur Betriebsfortführung verpflichtet hat. Gleiches gilt, wenn sich der Erwerber ggü den betroffenen AN ausdrücklich oder konkludent dahin gehend bindet, dass er den Betrieb fortführen wolle. S dazu auch Rdn 22 f. Gibt ein Leistungserbringer die ihm überlassenen sächlichen Betriebsmittel an den Träger heraus, wird dieser allein dadurch noch nicht zum neuen Betriebsinhaber. Es fehlt an der Aufnahme der Betriebstätigkeit, wenn die materiellen Betriebsmittel sofort anderen privaten Leistungserbringern zur Verfügung gestellt werden (BAG 10.5.2012, 8 AZR 434/11, EzA § 613a BGB 2002 Nr 135).

7. Unterbrechung der Geschäftstätigkeit. Eine längere tatsächliche Unterbrechung der Geschäftstätigkeit durch den Erwerber kann die Annahme eines Betriebsübergangs ausschließen. Zur Beurteilung, wann eine Unterbrechung in diesem Sinn erheblich ist, lassen sich zwar grds keine starren Zeiträume angeben. Kurze oder unerhebliche Betriebspausen von wenigen Tagen oder Wochen reichen aber jedenfalls nicht. Vielmehr muss aufgrund der Unterbrechung der Funktionszusammenhang mit der bisherigen wirtschaftlichen Einheit und damit deren Identität verloren gehen. Das hängt auch von der Art des Geschäftsbetriebs und vom Grad der Ähnlichkeit der alten und der neuen Unternehmung ab. Selbst eine längere Unterbrechung schließt daher einen Betriebsübergang nicht zwingend aus, wenn genau der gleiche Geschäftsbetrieb an Ort und Stelle wieder aufgenommen wird. Bei einem Modefachgeschäft genügt indes eine 9-monatige Unterbrechung, weil sich Kunden in dieser Zeit regelmäßig umorientieren (BAG 11.9.1997, 8 AZR 555/95, EzA § 613a BGB Nr 153). Bei einer Kindertagesstätte reicht bereits eine 3-monatige Unterbrechung, sollten die betreuten Kinder zwischenzeitlich anderweitig untergebracht sein (LAG Köln 2.10.1997, 10 Sa 643/97, NZA-RR 1998, 290). Überschlägig betrachtet wird man regelmäßig eine Mindestkarenz von 6–9 Monaten fordern müssen (s etwa BAG 11.9.1997, 8 AZR 555/95, EzA § 613a BGB Nr 153; 22.5.1997, 8 AZR 101/96, EzA § 613a BGB Nr 149). Ein Anzeichen für eine relevante Unterbrechung kann es darüber hinaus auch sein, wenn diese länger angedauert hat als die längste im Betrieb einzuhaltende Kdgfrist (BAG 22.5.1997, 8 AZR 101/96, EzA § 613a BGB Nr 149). Bei der Beurteilung sind selbstredend betriebsspezifische Ausnahmen (wie etwa Saison- oder Kampagnebetriebe) zu beachten (EuGH 17.12.1987, 287/86, EuGHE 1987, 5465).

Eine vor dem Erwerb durchgeführte **Betriebsstilllegung** schließt einen Betriebsübergang nicht notwendigerweise aus. Vielmehr muss genau geprüft werden, ob im Anschluss an die vermeintliche Betriebsstilllegung nicht eine Veräußerung der prägenden Ressourcen erfolgen soll, die deren Erwerber eine Wiederaufnahme und damit letztlich eine Betriebsfortführung ermöglicht (Rdn 107 f). Hier besteht nämlich die Gefahr, dass Veräußerer und Erwerber versuchen, die Rechtsfolgen des § 613a zu umgehen, indem sie sich darauf einigen, dass der Veräußerer den Betrieb vordergründig stilllegt, obgleich der Erwerber von vornherein beabsichtigt, die Geschäftstätigkeit später wieder aufzunehmen. Eine Stilllegung liegt daher nur vor, wenn der AG den ernstlichen und endgültigen Entschluss gefasst hat, die Betriebsorganisation auf Dauer, zumindest aber für einen unbestimmten Zeitraum aufzuheben (st Rspr, zuletzt BAG 13.6.2006, 8 AZR 271/05, EzA § 613a BGB 2002 Nr 53; 4.5.2006, 8 AZR 299/05, EzA § 613a BGB 2002 Nr 51). Wird der Betrieb durch den Erwerber nur kurze Zeit (Rdn 22) nach dem Übergang wieder eröffnet, spricht eine Vermutung gegen eine Stilllegungsabsicht des Veräußerers. Gegen eine Betriebsstilllegung spricht es, wenn die Betriebstätigkeit längere Zeit geruht hat. S zur Betriebsstilllegung auch Rdn 21 f, 107 f.

24 **III. Abgrenzung zur Auftragsnachfolge.** Die bloße Übernahme einer Tätigkeit oder eines Auftrags kann an sich keinen Betriebsübergang begründen (st Rspr vgl nur zuletzt BAG 15.11.2012, 8 AZR 683/11, EzA § 613a BGB 2002 Nr 141; 17.12.2009, 8 AZR 1019/08, EzA § 613a BGB 2002 Nr 117; 28.5.2009, 8 AZR 273/08, AP BGB § 613a Nr 370; 18.3.1999, 8 AZR 196/98, EzA § 613a BGB Nr 178; EuGH 20.1.2011, C-463/09, EzA Richtlinie 2001/23 EG-Vertrag 1999 Nr 6 – CLECE; EuGH 11.3.1997, C-13/95, EzA § 613a BGB Nr 145 – Süzen). Indes fällt die Unterscheidung zwischen einer solchen Funktionsnachfolge und einem Betriebsübergang äußerst schwer. Das belastet die Fallgestaltungen der **Auftragsübernahme** mit einem erheblichen Beurteilungsrisiko (also: erstmalige Fremdvergabe einer bislang durch den Auftragnehmer selbst erledigten Tätigkeit; Weitergabe eines bereits fremd vergebenen Auftrags an einen anderen Auftragnehmer, Rücknahme einer fremd vergebenen Tätigkeit). Denn gerade hier erweisen sich die Kriterien des 7-Punkte-Katalogs als wenig hilfreich. So benötigen viele Auftragnehmer (Bsp: Reinigungs- und Bewachungsunternehmen) kaum materielle Betriebsmittel, sodass es maßgeblich darauf ankommt, ob die Personal- und Organisationskompetenz übernommen wurde. Entspr kann der Übernehmer die Rechtsfolgen eines Betriebsüberganges vermeiden, indem er kein Personal übernimmt, was ihm zumindest dann leicht möglich ist, wenn für die Tätigkeitsausübung kaum betriebsspezifische Kenntnisse und Erfahrungen erforderlich sind. Auf der anderen Seite sind die Kriterien »Ähnlichkeit der Tätigkeit«, »Übernahme der Kundschaft« und »keine längere Unterbrechung der Geschäftstätigkeit« in Fällen der Auftragsübernahme schon aus der Natur der Sache heraus stets erfüllt. Alleine deshalb darf aber ein Betriebsübergang noch nicht bejaht werden. Ansonsten würde jede Weitergabe irgendeiner Tätigkeit auch einen Betriebsübergang darstellen, was wirtschaftlich kaum vertretbar wäre. Müsste der aktuelle Auftragnehmer nämlich das Personal seines Vormanns übernehmen, verliert der Auftraggeber faktisch die Chance, den Auftrag an einen Diensterbringer zu vergeben, der seiner Meinung nach den Auftrag besser erfüllt als der bisherige Auftragnehmer. Zudem müsste jeder, der einen Auftrag akquiriert, die AN seines Vormanns übernehmen, was vielen Auftragnehmern oft nicht möglich ist, weil sie bereits selbst über eine hinreichende Anzahl von AN verfügen. Sie müssten in der Folge betriebsbedingte Kdg aussprechen, in deren Rahmen sie sich, je nach Ausgang der Sozialauswahl, von »eigenen« Stamm-AN trennen müssten.

25 Die zu diesem Problemkreis ergangene Rspr ist schillernd. In der viel gescholtenen Christel-Schmidt-Entsch (krit *Willemsen* DB 1995, 924, 925; *Buchner* DB 1994, 2625; *Junker* NJW 1994, 2527) hatte der EuGH bereits die bloße Übernahme der vormals durch eine Bank selbst betreuten Reinigungsarbeiten seitens eines Reinigungsunternehmens als Betriebsübergang gewertet (14.4.1994, C-392/92, EzA § 613a BGB Nr 114). In der Folge hatte das Reinigungsunternehmen die Putzkraft der Bank zu übernehmen. In der nachfolgenden Süzen-Entsch (EuGH 11.3.1997, C-13/95, EzA § 613a BGB Nr 14) korrigierte der EuGH sich dahin gehend, dass alleine die **Identität der vor und nach der Auftragsübernahme erbrachten Arbeiten** nicht zur Feststellung eines Betriebsübergangs ausreicht, solange keine weiteren Anhaltspunkte für einen solchen sprechen (Rdn 15). Wieder offener ggü der Annahme eines Betriebsübergangs zeigte sich der EuGH in der neueren Entsch in Sachen Abler (20.11.2003, C-340/01, EzA § 613a BGB Nr 13, vgl zu einem ähnlich gelagerten Sachverhalt aber auch: 17.12.2009, 8 AZR 1019/08, EzA § 613a BGB 2002 Nr 117). Dort erkannte er in der Übernahme des Catering-Services eines Krankenhauses einen Betriebsübergang. Zur Begr verwies er darauf, dass das Krankenhaus dem Auftragsnachfolger ua die Kücheneinrichtung zur Verfügung gestellt hatte. Diese sind zur Zubereitung der Speisen unerlässlich, sodass es sich bei ihnen um materielle Betriebsmittel handelt.

26 In diese Richtung geht auch die spätere Entsch in Sachen Güney-Görres (EuGH 15.12.2005, C-232/04, EzA § 613a BGB 2002 Nr 41). In ihrem Mittelpunkt stand die Frage, welche Voraussetzungen an das Tatbestandsmerkmal des »Erwerbs« von Betriebsmitteln (Rdn 7, 32 f) zu knüpfen sind, und dabei insb wann Betriebsmittel, die dem Auftraggeber gehören, dem Auftragnehmer zuzurechnen sind. Das BAG forderte lange Zeit, dass zwischen den Parteien zumindest eine Nutzungsvereinbarung bestehen muss, die es dem Auftragnehmer ermöglicht, die fraglichen Betriebsmittel autonom und eigenständig für seine Betriebszwecke einsetzen zu können, er sie also zur **eigenwirtschaftlichen Nutzung** überlassen bekommt. Dem hat der EuGH eine **klare Absage** erteilt. Vielmehr soll genügen, wenn dem Übernehmer die Betriebsmittel zur Verfügung gestellt werden, die für die Erbringung der betreffenden Dienstleistungen **unerlässlich** sind, oder, in den Worten des BAG, die den eigentlichen Kern der Wertschöpfung ausmachen (s.a. Rdn 8 und 10). Ob der Übernehmer der fraglichen Leistungen aufgrund einer vertraglichen Vereinbarung mit dem Auftraggeber alleine mit dessen Betriebsmitteln erbringen darf oder ob er aus der Natur der Sache heraus den Auftrag nur mit Betriebsmitteln des Auftraggebers erbringen kann, ist zweitrangig. Das erschwert die Abgrenzung zwischen Betriebsübergang und bloßer Tätigkeitsnachfolge naturgem nicht unerheblich, weil materielle Aktiva danach schon dann auf den Auftragnehmer übergehen, wenn sie zur Durchführung eines Auftrags

unerlässlich sind (*Schlachter* NZA 2006, 80, 83; *Melot de Beauregard* BB 2006, 275; wenngleich sehr weitgehend: *Bauer* NZA 2004, 14; *Bauer/Arnold* AuA 2006, 264, 265). Auch die unter Rdn 19 referierte Rspr des EuGH in Sachen Klarenberg und die sich daran orientierenden Urt des BAG (15.12.2011, 8 AZR 197/11, EzA § 613a BGB 2002 Nr 130; 25.6.2009, 8 AZR 258/08, EzA § 613a BGB 2002 Nr 111; 22.1.2009, 8 AZR 158/07, EzA § 613a BGB 2002 Nr 107; EuGH 12.2.2009, C-466/07, EzA Richtlinie 2001/23 EG-Vertrag 1999 Nr 2 – Klarenberg), wonach ein Betriebsübergang nicht schon deshalb abzulehnen ist, weil der vom Erwerber übernommene Betrieb vollständig in eine bei ihm **bereits bestehende Organisationseinheit** eingliedert wurde, erschweren die Abgrenzung zwischen Betriebsübergang und Funktionsnachfolge (Einzelheiten s Rdn 19). Doch lassen sich bei sorgfältiger Prüfung der einzelnen Tatbestandsmerkmale des vorstehend dargestellten 7-Punkte-Katalogs Betriebsübergänge im Regelfall von bloßen Auftragsnachfolgen abgrenzen. Werden Dienstleistungen an Betriebsmitteln des Auftraggebers erbracht, ist innerhalb der einzelnen Prüfungspunkte dabei das Augenmerk insb darauf zu richten, ob die fraglichen Tätigkeiten lediglich **an den Betriebsmitteln des Auftraggebers** vorzunehmen sind, die ansonsten aber vollständig in die Arbeitsorganisation des Auftraggebers eingegliedert bleiben, oder ob die Dienstleistung nur **mit den Mitteln** erbracht werden kann, die der Auftraggeber bzw der vermeintliche Auftraggeber zur Verfügung stellt (Formel geprägt von: *Willemsen/Annuß* DB 2004, 134; in diese Richtung wohl nunmehr auch: BAG 19.3.2015, 8 AZR 150/14, EzA § 613a BGB 2002 Nr 163). So stellt etwa das von einer Hausverwaltung betreute Grundstück kein Betriebsmittel dar, sondern ist das Objekt der Verwaltungstätigkeit (BAG 15.11.2012, 8 AZR 683/11, EzA § 613a BGB 2002 Nr 141). Anders liegen dagegen die Dinge bei einem Sicherheitsdienstleister, der das Alarmmanagementsystem eines Unternehmens nutzt, das über zahlreiche, weit verstreute Betriebsteile verfügt (BAG 23.5.2013, 8 AZR 207/12, EzA § 613a BGB 2002 Nr 145). Dieses kann für ein Bewachungsunternehmen sehr wohl den Kern der Wertschöpfung ausmachen. Wiederum nicht relevant sind die für einen Zeitungszustelldienst notwendigen Hausschlüssel (BAG 19.3.2015, 8 AZR 150/14, EzA § 613a BGB 2002 Nr 163). Die eigentliche Leistung der Zustellung wird nicht durch die Hausschlüssel, sondern nur mit ihrer Hilfe erbracht. Es handelt sich bei ihnen um wichtige Hilfsmittel, jedoch nicht um solche, die die Identität der Einheit nach prägen.

Die Rspr des BAG bietet hierfür reichhaltige Anschauungsbsp. Ein **Betriebsübergang** wurde etwa in folgenden Fällen **bejaht**: Übergabe der in einem Callcenter zu erledigenden Aufgaben, nachdem der neue Betreiber einen wesentlichen Teil der Mitarbeiter des bisherigen Betreibers übernommen hatte und zwar ungeachtet des Umstands, dass der neue Betreiber weiterreichende Beratungsleistungen erbrachte (BAG 25.6.2009, 8 AZR 258/08, EzA § 613a BGB 2002 Nr 111, ausf Rdn 11 ff; Übertragung des Betriebs eines Industrielagers unter Zurverfügungstellung der wesentlichen Betriebsmittel (BAG 13.12.2007, 8 AZR 937/06, EzA § 613a BGB 2002 Nr 88); Übertragung der Bereederung eines Forschungsschiffes an einen Dritten (BAG 2.3.2006, 8 AZR 147/05, EzA § 613a BGB 2002 Nr 50); Beauftragung der Herstellung seiner Druckerzeugnisse durch einen Zeitungsverlag, dem der Auftragnehmer seinen Maschinenpark zur Verfügung stellt (BAG 6.4.2006, 8 AZR 222/04, AP BGB § 613a Nr 299; 13.6.2006, 8 AZR 271/05, EzA § 613a BGB 2002 Nr 53; 2.3.2006, 8 AZR 147/05, EzA § 613a BGB 2002 Nr 50); Neuvergabe eines Objektschutzauftrages, wenn der Auftraggeber verlangt, dass für die Bewachung des Objekts ein von ihm angeschafftes, umfangreiches zentrales Alarmmanagementsystem benutzt wird (BAG 23.5.2013, 8 AZR 207/12, EzA § 613a BGB 2002 Nr 145); Übertragung des Auftrags zur Personenkontrolle auf einem Flughafen, wobei die zur Personenkontrolle erforderlichen Gerätschaften (Tor- und Handsonden, Gepäckprüfanlagen) durch das BMI zur Verfügung gestellt werden (BAG 13.6.2006, 8 AZR 271/05, EzA § 613a BGB 2002 Nr 53); Übernahme der Durchführung der Ausbein-, Zerlege- und Schlachtarbeiten auf einem Schlachthof, dessen Betreiber dem jeweiligen Auftragnehmer die Nutzung der sich auf dem Gelände befindlichen technischen Einrichtungen gestattet (BAG 15.2.2007, 8 AZR 431/06, EzA § 613a BGB 2002 Nr 64). **Kein Betriebsübergang**, sondern lediglich eine Auftragsnachfolge, ist dagegen gegeben, wenn ein Zeitungszustelldienst einen bestimmten Bezirk u dabei auch die notwendigen Hausschlüssel von seinem Vormann übernimmt (BAG 19.3.2015, 8 AZR 150/14, EzA § 613a BGB 2002 Nr 163); eine Hausverwaltung die von ihren bisherigen »Hausmeistern« betreute Immobilie an einen Dritten veräußert (BAG 15.11.2012, 8 AZR 683/11, EzA § 613a BGB 2002 Nr 141), ein Zeitschriftenverlag die Entgegennahme und Betreuung von Anzeigen wieder »insourct« (BAG 28.5.2009, 8 AZR 273/08, AP BGB § 613a Nr 370), wenn in einer an sich »übernommenen« Betriebskantine die Speisen vom neuen Betreiber nicht mehr frisch zubereitet, sondern die nun nur noch von außen angelieferten Mahlzeiten lediglich aufgewärmt werden (BAG 17.12.2009, 8 AZR 1019/08, EzA § 613a BGB 2002 Nr 117); wenn die Wartungsarbeiten an Klima-, Heizungs- und Elektroanlagen eines bestimmten Abschnitts eines Klinikums auf ein übergeordnetes Facility-Management übertragen werden (BAG 22.1.2009, 8 AZR 158/07, EzA § 613a BGB 2002 Nr 107; 24.4.2008, 8 AZR 268/07, EzA § 613a BGB 2002 Nr 92, ausf Rdn 19), wenn die Bundeswehr den Auftrag zur Bewachung eines

Truppenübungsplatzes neu vergibt (BAG 25.9.2008, 8 AZR 607/07, EzA § 613a BGB 2002 Nr 98; ähnlich bereits: BAG 14.5.1998, 8 AZR 418/96, NZA 1999, 483) oder wenn die bisher von der Bundeswehr durchgeführten militärischen Instandsetzungsarbeiten auf eine neu gegründete GmbH übertragen werden (BAG 30.10.2008, 8 AZR 855/07, EzA § 613a BGB 2002 Nr 102). Nichts anderes gilt, wenn Kommissionsarbeiten in einem Lager unter Zuhilfenahme nur unwesentlicher sächlicher Betriebsmittel übernommen werden (BAG 13.12.2007, 8 AZR 937/06, EzA § 613a BGB 2002 Nr 88), wenn ein Reinigungsauftrag weitergegeben wird (EuGH 20.1.2011, C-463/09, EzA Richtlinie 2001/23 EG-Vertrag 1999 Nr 6 – CLECE; EuGH 11.3.1997, C-13/95, EzA § 613a BGB Nr 145 – Süzen; BAG 24.5.2005, 8 AZR 333/04, EzA § 613a BGB 2002 Nr 37; 11.12.1997, 8 AZR 729/96, EzA § 613a BGB Nr 159; zweideutig aber: BAG 21.5.2008, 8 AZR 481/07, EzA § 613a BGB 2002 Nr 96), und zwar selbst dann, wenn das zur Reinigung beschäftigte Personal überdies mit der Ausgabe von Essen an Mitarbeiter betraut wird (BAG 24.5.2005, 8 AZR 333/04, EzA § 613a BGB 2002 Nr 37), oder wenn eine Mineralölgesellschaft einen Standort schließt, in der Nähe einen neuen Tankstellenbetrieb errichtet und diesen an einen anderen Pächter vergibt (BAG 18.9.2014, 8 AZR 733/13, EzA § 613a BGB 2002 Nr 157).

28 Eine durchaus eigenwillige Betriebsübergangsregelung enthalten § 131 Abs. 3 GWB u Art 4 V der VO 1370/2007/EG (ABlEG Nr L 315/1; »VO«) über die Vergabe von Dienstleistungsaufträgen im **Bereich des ÖPNV** (Einzelheiten bei: Kaufmann/Lübbig/Prieß/Pünder/*Fehling*, VO 1370/2007, 1. Aufl. (2010); Ziekow/Völlink/*Zuck*, Vergaberecht, 2. Aufl. 2013, Art. 4 VO 1357; Montag/Säcker (Hrsg.), MüKo-Europäisches und Deutsches Wettbewerbsrecht (Kartellrecht), Bd. 3, 2011, Anhang 2; *Bayreuther* NZA 2014, 1171; *ders* NZA 2009, 582). In den Anwendungsbereich der VO fallen alle Aufträge, die im Bereich des Eisenbahnverkehrs vergeben werden. Straßengebundene Verkehre (einschließlich Straßenbahn) sind dagegen nur dann in die VO einbezogen, wenn die öffentl Hand eine bestimmte Verkehrsdienstleistung an einen Anbieter vergibt, der für diese das Betriebs- und Wirtschaftsrisiko trägt, im Gegenzug aber durch die Behörde ausschließliche Rechte und/oder Ausgleichsleistungen zugesichert erhält (s Art 2i u 3 VO). Die Übergänge sind fließend. Im Ergebnis dürften wohl die allermeisten Aufträge, die im Bereich des ÖPNV vergeben werden, in die VO einzubeziehen sein (s. Montag/Säcker/*Hölzl*, MüKo-Europäisches und Deutsches Wettbewerbsrecht (Kartellrecht), Bd. 3, 2011, Anhang 2, Vorb. zu VO 1370/2007, Rn 19; *Fehling/Niehnus* DÖV 2008, 662, 663 f; *Saxinger* DVBl 2008, 688; *Otting/Scheps* NVwZ 2008, 499, 500). Die Vergabe eines derartigen Auftrags würde nach allgemeinen Kriterien (Rdn 3 ff) keinen Betriebsübergang begründen. Art 5 IV VO ermächtigt indes die konzessionierende Behörde, den ausgewählten Betreiber eines öffentl Dienstes zu verpflichten, den AN, die zuvor zur Erbringung der Dienste eingestellt wurden, die Rechte zu gewähren, auf die sie Anspruch hätten, wenn ein Übergang iSd RL 2001/23 erfolgt wäre. Regelmäßig geschieht dies, indem die Vergabebehörde Anbietern eine Selbstverpflichtung abfordert, den betroffenen AN einen Vertragsübergang anzubieten; rechtstechnisch gesehen kommt es so zu keinem Betriebsübergang im engeren Sinn, sondern zu einer rechtsgeschäftlich vereinbarten Vertragsübernahme. Nach dem zum 18.4.2016 in Kraft getretenen § 131 Abs. 3 GWB ist der Aufgabenträger, soweit keine atypische Ausnahmesituation gegeben ist, für den Regelfall zum Erlass einer entsprechenden »Anordnung« verpflichtet.

29 **IV. Übergang durch Rechtsgeschäft. 1. Wirksamkeit des Rechtsgeschäfts.** Ein Betriebsübergang kann nur durch Rechtsgeschäft erfolgen. **Unerheblich** ist aber, ob das fragliche Rechtsgeschäft **wirksam** ist (BAG 15.12.2005, 8 AZR 202/05, EzA § 613a BGB 2002 Nr 45; 13.2.2003, 8 AZR 654/01, EzA § 613a BGB 2002 Nr 2). Vielmehr reicht aus, dass zwischen Veräußerer und Erwerber ein Rechtsgeschäft abgeschlossen wurde und letzterer den Betrieb rein tatsächlich fortgeführt hat. Daher schadet auch nicht, wenn die Übereignung der Betriebsmittel unter die **aufschiebende Bedingung** einer vollständigen Kaufpreiszahlung gestellt wird, soweit der Besitz an den Betriebsmitteln (Rdn 32) und die Nutzungsmöglichkeit vorher übergehen. Ohne Einfluss ist zudem, ob dem Betriebserwerber ein **Rücktrittsrecht** zusteht (BAG 31.1.2008, 8 AZR 2/07, AP BGB § 613a Nr 339). Erklärt der Veräußerer dann tatsächlich den Rücktritt und kommt es daraufhin zu einer Rückübertragung (bzw -übereignung) der Betriebsmittel, liegt erneut ein Betriebsübergang vor, vorausgesetzt, der Veräußerer führt seinerseits die Betriebstätigkeit des Erwerbers fort (BAG 15.12.2005, 8 AZR 202/05, EzA § 613a BGB 2002 Nr 45).

30 **2. Gesamtrechtsnachfolge.** In Fällen der **Universalsukzession kraft Gesetzes** ist nach der Rspr des BAG grds kein Betriebsübergang gegeben (BAG 18.8.2011, 8 AZR 230/10, EzA § 613a BGB 2002 Nr 127; 2.3.2006, 8 AZR 124/05, EzA § 613a BGB 2002 Nr 48). Das gilt etwa für die gesetzliche oder testamentarische Erbfolge (anders wiederum bei Vermächtnissen) oder für die Betriebsfortführung durch den Insolvenzverwalter (§§ 80, 148, 159 InsO). Ebenfalls zu keinem Betriebsübergang kommt es bei Zwangsvollstreckungsmaßnahmen in das Betriebsvermögen (Staudinger/*Annuß* § 613a Rn 128 f). Anderes gilt aber, wenn der Zwangsverwalter eines Grundstücks den Pachtvertrag über ein auf diesem Grundstück von

einem Dritten betriebenes Hotel kündigt und dieses mit Zustimmung des Vollstreckungsgerichts in eigenem Namen weiterführt, nachdem er es vom bisherigen Pächter übernommen hat (BAG 18.8.2011, 8 AZR 230/10, EzA § 613a BGB 2002 Nr 127; krit: *Drasdo* NZA 2012, 239). Auch ist § 613a selbstredend anwendbar, wenn der Insolvenzverwalter den Betrieb veräußert. Zu den haftungs- und kündigungsrechtlichen Besonderheiten des Betriebsübergangs in der Insolvenz s Rdn 90, 96, 99, 103, 112 f, 134. Zur Übertragung von Betrieben der öffentl Hand durch Hoheitsakt oder Gesetz: Rdn 35.

Keine Anwendung findet § 613a schließlich bei einem **Gesellschafterwechsel oder einem Rechtsformwechsel** (§ 190 UmwG), weil die Identität des AGs hiervon unberührt bleibt (BAG 21.2.2008, 8 AZR 157/07, EzA § 613a BGB 2002 Nr 90; 14.8.2007, 8 AZR 803/06, EzA § 613a BGB 2002 Nr 75). Das gilt auch, wenn die Konzernmutter zur Gesellschafterin einer konzernangehörigen KG wird, und zwar selbst dann, wenn diese die Buchhaltung und Personalverwaltungsaufgaben der KG übernimmt (BAG 14.8.2007, 8 AZR 803/06, EzA § 613a BGB 2002 Nr 75). Auf eine Anwendung des § 613a kommt es hier aber ohnehin nicht an, weil der Rechtsnachfolger schon aufgrund der Gesamtrechtsnachfolge auch ohne Übertragungsakt voll in die Rechtsstellung seines Vormanns einrückt. Nach § 324 UmwG ausdrücklich anwendbar ist § 613a dagegen in den Fällen der **übertragenden Umwandlung** (Spaltung und Ausgliederung nach §§ 123 ff UmwG, Vermögensübertragung nach §§ 174 ff UmwG). Anwendung findet § 613a BGB überdies im Fall einer gesellschaftsrechtlichen **Verschmelzung** (§ 324 UmwG). Lösen die Gesellschafter nämlich die Gesellschaft auf und übertragen alle Geschäftsanteile auf einen Erwerber, so bleibt das Rechtssubjekt gerade nicht identisch (BAG 21.2.2008, 8 AZR 157/07, EzA § 613a BGB 2002 Nr 90). Allerdings handelt es sich bei § 324 UmwG nur um eine **Rechtsgrundverweisung**, sodass jeweils im konkreten Einzelfall zu prüfen ist, ob die Voraussetzungen des § 613a auch tatsächlich gegeben sind (BAG 6.10.2005, 2 AZR 316/04, EzA § 102 BetrVG 2001 Nr 16). § 613a ist in diesem Fall den Regelungen des UmwG insoweit vorrangig, als eine Zuordnung der Arbeitsverhältnisse in Spaltungs- und Übernahmeverträgen nach § 134 UmwG unzulässig ist, wenn dadurch die betroffenen Arbeitsverhältnisse einem anderen Unternehmen zugerechnet werden, als dies bei Anwendung des § 613a der Fall wäre (ErfK/*Oetker* § 324 UmwG Rn 1). Erlöschen die übertragenden Rechtsträger nach einer Verschmelzung, besteht jedoch kein Widerspruchsrecht nach VI. Ein dennoch ausgeübter Widerspruch geht ins Leere (BAG 21.2.2008, 8 AZR 157/07, EzA § 613a BGB 2002 Nr 90). Kein Fall der Gesamtrechtsnachfolge, sondern vielmehr ein Betriebsübergang aufgrund eines Rechtsgeschäfts ist ferner gegeben, wenn ein Betrieb innerhalb eines **Konzern**verbunds übertragen wird, da hier ein Übergang zwischen rechtlich selbstständigen Unternehmen (§§ 15 ff AktG) stattfindet.

3. Art des Rechtsgeschäfts. Als Rechtsgeschäft kommt jede Vertragsgestaltung in Betracht, durch die einem Dritten die Möglichkeit der Ausübung der betrieblichen Leitungsmacht ermöglicht wird, wie etwa Kauf- oder Pachtverträge, Leasing- und Nießbrauchstellungen, Schenkungen, Vermächtnisse, Gesellschaftsverträge, Management Buy-outs, Betriebsführungsverträge oder untypische Verträge. Wie bereits dargelegt, ist unerheblich, ob der Dritte das **Eigentum** an den übertragenen Betriebsmitteln erlangt, weil ausreicht, dass er die **arbeitstechnische Organisationsgewalt** über diese ausüben kann (Rdn 7, 25 ff). Ferner kann ein Betriebsübergang vorliegen, wenn der Verpächter den Betrieb seinerseits weiter verpachtet oder wenn der verpachtete Betrieb nach Auslauf, Kdg oder Aufhebung des Pachtvertrags an den Pächter zurückfällt (sog Insourcing, BAG 22.7.2004, 8 AZR 350/03, EzA § 613a BGB 2002 Nr 27, s. aber auch Rdn 107 und Rdn 151). Die Nutzungsmöglichkeit setzt indes die vollständige Übertragung des Besitzes voraus (BAG 31.1.2008, 8 AZR 2/07, AP § 613a BGB Nr 339). Eine Sicherungsübereignung begründet idR keinen Betriebsübergang, soweit, wie üblich, die Sicherungsgegenstände und damit die Organisationsgewalt beim Sicherungsgeber verbleiben (BAG 20.3.2003, 8 AZR 312/02, EzA § 4 KSchG nF Nr 68).

Eine **explizite Übertragung der Leitungsmacht** auf den Erwerber ist nicht erforderlich; es genügt vielmehr, dass dieser **tatsächlich die Organisationsgewalt** ausüben kann (EuGH 26.5.2005, C-297/03, ZESAR 2005, 477 – Sozialhilfeverband Rohrbach; BAG 21.8.2008, 8 AZR 201/07, EzA § 613a BGB 2002 Nr 95; 6.4.2006, 8 AZR 249/04, NZA 2006, 1039). Der neue Inhaber muss die arbeitstechnische Organisations- und Leitungsmacht im eigenen Namen übernehmen, also für den Betrieb als Inhaber »verantwortlich« werden (BAG 18.8.2011, 8 AZR 230/10, EzA § 613a BGB 2002 Nr 127; 27.10.2005, 8 AZR 568/04, EzA § 613a BGB 2002 Nr 42; 15.12.2005, 8 AZR 202/05, EzA § 613a BGB 2002 Nr 45). Darauf nimmt keinen Einfluss, ob der neue Inhaber den Betrieb auf eigene Rechnung führt oder den Gewinn an einen anderen abzuführen hat (BAG 15.12.2005, 8 AZR 202/05, EzA § 613a BGB 2002 Nr 45; 20.3.2003, 8 AZR 312/02, EzA § 4 KSchG nF Nr 68). Selbstredend kann die Inbesitznahme der Betriebsmittel (Rdn 32) und die daraus folgende Nutzungsbefugnis auch durch einen für den Übernehmer als Betriebsleiter tätigen Besitzdiener iSd § 855 vermittelt werden (BAG 15.12.2005, 8 AZR 202/05, EzA § 613a BGB 2002 Nr 45). Alleine der Abschluss eines Alleinvertriebs- und Kooperationsvertrags reicht hierfür aber noch nicht aus (BAG 27.9.2012, 8 AZR 826/11, EzA § 613a BGB 2002 Nr 139). Auch findet keine Übertragung der Leitungsmacht und damit auch kein Betriebsübergang statt, wenn zwei AG lediglich einen **Gemeinschaftsbetrieb** gründen. Zweck der Vereinbarung über die gemeinsame Betriebsführung ist nämlich allein die Koordination der Tätigkeit und des Direktionsrechts der verschiedenen Gesellschaften ggü den AN. Daher wird der Gemeinschaftsbetrieb nicht AG der dort eingesetzten AN und folglich wird auf ihn auch nichts übertragen, was die Identität einer wirtschaftlichen Einheit ausmacht (BAG 16.2.2005, 8 AZR 211/05, EzA § 613a BGB 2002 Nr 47).

34 **4. Vertragspartner.** Nicht erforderlich ist, dass zwischen dem Veräußerer und dem Erwerber **unmittelbare Vertragsbeziehungen** bestehen. Vielmehr kann der Betriebsübergang auch über einen Dritten, namentlich den Eigentümer der übergehenden Betriebsmittel, vermittelt werden (EuGH 11.3.1997, C-13/95, EzA § 613a BGB Nr 145 – Süzen; 20.11.2003, C-340/01, EzA § 613a BGB Nr 13 – Abler; BAG 18.8.2011, 8 AZR 230/10, EzA § 613a BGB 2002 Nr 127; 21.8.2008, 8 AZR 201/07, EzA § 613a BGB 2002 Nr 95). Das ist etwa der Fall, wenn der bisherige Verpächter den Pachtvertrag kündigt und den verpachteten Betrieb an einen Dritten verpachtet. Ebenso kann es zu einem Betriebsübergang kommen, wenn ein Unternehmer einem Auftragnehmer einen Auftrag entzieht und diesen an einen Dritten weiter gibt. Dies gilt auch dann, wenn zwischen beiden Verträgen eine zeitliche Lücke liegt, die indes nicht erheblich sein darf (Rdn 22 f; ErfK/*Preis* § 613a Rn 60; *Maschmann* BB-Spezial 34/2006, S 29). Auch schadet nicht, wenn der Betrieb vom bisherigen Pächter direkt an einen neuen Pächter übergeben wird, die Vertragsbeziehungen jedoch mit dem Verpächter bestehen (BAG 18.8.2011, 8 AZR 230/10, EzA § 613a BGB 2002 Nr 127; 25.2.1981, 5 AZR 991/78, EzA § 613a BGB Nr 28). Schließlich erfasst § 613a auch Bündel von Verträgen und Einzelgeschäften, die erst in ihrer Gesamtheit zu einem Betriebsübergang führen.

35 **5. Übertragung von Betrieben der öffentl Hand, Auftragsvergabe.** § 613a findet grds auch auf Betriebe der öffentl Hand Anwendung (s nur EuGH 6.9.2011, C-108/10, EzA Richtlinie 2001/23 EG-Vertrag 1999 Nr 7 – Scattolon; BVerfG 25.1.2011, 1 BvR 1741/09, EzA Art 12 GG Nr 48). Insoweit ergibt sich eine Ausnahme, wenn es alleine um die Weitergabe hoheitlicher Befugnisse geht. Solche stellen keine wirtschaftliche Tätigkeit dar, vorausgesetzt, auch der Übernehmer übt die fragliche Tätigkeit hoheitlich oder zumindest in Form einer Beleihung aus (EuGH 6.9.2011, C-108/10, EzA Richtlinie 2001/23 EG-Vertrag 1999 Nr 7 – Scattolon; BAG 26.3.2015, 2 AZR 783/13, EzA § 613a BGB 2002 Nr 161; 22.5.2014, 8 AZR 1069/12, EzA § 613a BGB 2002 Nr 155). Sobald aber die öffentl Hand einen Wirtschaftsbetrieb überträgt oder ein Dritter eine bislang hoheitlich erbrachte Aufgabe nunmehr in privatrechtlicher Form fortführt, kann es – soweit nicht lediglich eine Auftragsnachfolge vorliegt – ohne Weiteres zu einem Betriebsübergang kommen. Überhaupt ist der Begriff der **hoheitlichen Tätigkeit** eng auszulegen. Eine solche setzt eine hinreichend qualifizierte Ausübung von Sonderrechten, Hoheitsprivilegien oder Zwangsbefugnissen voraus (st Rspr EuGH 29. April 2010, C-160/08, NZBau 2010, 450 – Kommission/Deutschland; BAG 22.5.2014, 8 AZR 1069/12, EzA § 613a BGB 2002 Nr 155). Daher steht der Annahme einer wirtschaftlichen Tätigkeit nicht entgegen, dass es sich um eine im öffentl Interesse stehende Aufgabe der Daseinsvorsorge handelt (BAG 10.5.2012, 8 AZR 434/11, EzA § 613a BGB 2002 Nr 135). Entspr gelten als **wirtschaftliche Tätigkeiten** auch solche, die im allg Interesse und ohne eigenen Erwerbszweck erbracht werden, wenn der Erbringer im Wettbewerb mit den Diensten von Wirtschaftsteilnehmern stehen, die ihrerseits einen Erwerbszweck verfolgen (st Rspr EuGH 6.9.2011, C-108/10, EzA Richtlinie 2001/23 EG-Vertrag 1999 Nr 7 – Scattolon; BAG 26.3.2015, 2 AZR 783/13, EzA § 613a BGB 2002 Nr 161). Nach diesen Grds unterfällt selbst die Weitergabe der Personenkontrolle auf einem Verkehrsflughafen dem Anwendungsbereich des § 613a (s nur EuGH 15.12.2005, C-232/04, EzA § 613a BGB 2002 Nr 41 – Güney-Görres; BAG 13.6.2006, 8 AZR 271/05, EzA § 613a BGB 2002 Nr 53). Ebenso handelt es sich bei Rettungsdiensten um eine wirtschaftliche Tätigkeit und keine hoheitliche Aufgabe (BAG 10.5.2012, 8 AZR 434/11, EzA § 613a BGB 2002 Nr 135). Weiter zählen zu wirtschaftlichen Tätigkeiten: Reinigung staatlicher Schulen (EuGH 6.9.2011, C-108/10, EzA Richtlinie 2001/23 EG-Vertrag 1999 Nr 7 – Scattolon); Facilitymanagement militärischer Einrichtungen durch Zivilbeschäftigte (BAG 26.3.2015, 2 AZR 783/13, EzA § 613a BGB 2002 Nr 161), Arbeitsvermittlungsdienste (BAG, 22.5.2014, 8 AZR 1069/12, EzA § 613a BGB 2002 Nr 155), der Betrieb eines einer Kommune gehörenden Kindergartens (BAG 20.3.2014, 8 AZR 1/13, EzA § 613a BGB 2002 Nr 152).

36 Nach der Rspr des BAG scheidet die Annahme eines Betriebsübergangs aber aus, wenn öffentl Betriebe ausschließlich und unmittelbar durch Gesetz oder Hoheitsakt übertragen werden und zwar selbst dann, wenn Ziel der Übertragung die Privatisierung des betreffenden Betriebs ist (Übergang kraft Gesetzes: BAG 26.9.2013, 8 AZR 775/12 (A), EzA § 6c SGB II Nr 1; 18.12.2008, 8 AZR 692/07, nv; 10.5.2007, 2 AZR 263/06, EzA § 1 KSchG Betriebsbedingte Kündigung Nr 155; 28.9.2006, 8 AZR 704/05, nv; 2.3.2006, 8 AZR 124/05, EzA § 613a BGB 2002 Nr 48; Übergang kraft Hoheitsakts: BAG 10.5.2012, 8 AZR 434/11,

EzA § 613a BGB 2002 Nr 135; 26.8.1999, 8 AZR 827/98, EzA § 613a BGB Nr 187; ähnlich auch: EuGH 26.5.2005, C-297/03, ZESAR 2005, 477 – Sozialhilfeverband Rohrbach; 15.10.1996, C-298/94, AP EWG-Richtlinie Nr 77/187 Nr 13 – Henke). Insoweit war das BAG der Ansicht, dass, wenn eine Tätigkeit durch Hoheitsakt übertragen wird, ausnahmsweise eine analoge Anwendung des § 613a in Betracht kommt, wenn die betreffenden AN schutzbedürftig sind, der Sachverhalt mit den üblicherweise durch § 613a erfassten Konstellationen vergleichbar ist und zudem die Rechtsgrundlage, aufgrund derer sich der Betriebswechsel vollzieht, eine dahin gehende, planwidrige Regelungslücke enthält. Anderes sollte indes gelten, wenn das Arbeitsverhältnis durch Gesetz übergeleitet wird und dieses die Anwendung des § 613a ausdrücklich ausschließt. Das BAG war insoweit der Ansicht, dass eine derartige Regelung durch die Auswechslung des AG zwar in das GR der AN aus Art 12 GG eingreift. Der Eingriff könne indes verfassungsrechtlich gehalten werden, soweit er durch Gründe des Gemeinwohls gerechtfertigt wird und verhältnismäßig ist (etwa: Überleitung der Arbeitsverhältnisse der AN einer Klinik zum Zweck der Erhaltung der Klinik und der Weiterführung der dort stattfindenden wissenschaftlichen Forschung und Lehre). Ob sich dies nach der neueren Rspr des EuGH (6.9.2011, C-108/10, EzA Richtlinie 2001/23 EG-Vertrag 1999 Nr 7 – Scattolon) noch uneingeschränkt aufrechterhalten lässt, erscheint zweifelhaft (Steffan NZA 2012, 473, 473). Jedenfalls darf dem Arbeitnehmer der von VI intendierte Schutz nicht völlig entzogen werden (BVerfG 25.1.2011, 1 BvR 1741/09, EzA Art 12 GG Nr 48; 26.9.2013, 8 AZR 775/12 (A),EzA § 6c SGB II Nr 1). Soll der Arbeitnehmer an einen privaten Rechtsträger übergeleitet werden oder der gesetzliche Übergang zwischen zwei Verwaltungsträgern erkennbar in eine Privatisierung münden, ist ihm daher ein Widerspruchsrecht entspr VI einzuräumen. Kein Betriebsübergang liegt zudem vor, wenn die betreffende Amtsträgerstellung höchstpersönlicher Natur ist, wie dies etwa bei einem staatlichen Notariat der Fall ist (BAG 26.8.1999, 8 AZR 827/98, EzA § 613a BGB Nr 187).

Der Annahme einer privatrechtsgestaltenden Übertragung von Betriebsmitteln steht es nicht entgegen, 37 dass der Übertragung einer Einheit ein **öffentl Vergabeverfahren** vorausgegangen war (EuGH 25.1.2001, C-172/99, NZA 2001, 249 – Liikenne; BAG 10.5.2012, 8 AZR 434/11, EzA § 613a BGB 2002 Nr 135; 2.3.2006, 8 AZR 147/05, EzA § 613a BGB 2002 Nr 50). Ebenso kann ein Betriebsübergang auf eine Entsch staatlicher Stellen in Form einer Verwaltungskonzession zurückgehen (EuGH 14.9.2000, C-343/98, EzA § 613a BGB Nr 191 – Collino; LAG Düsseldorf 23.9.2009, 12 Sa 357/09, EzTöD 100 § 4 Abs 3 TVöD-AT Personalgestellung Nr 2). Schließlich kann einen Betriebsübergang auch auslösen, wenn die öffentl Hand einen Betrieb von einer Privatperson übernimmt, wobei unschädlich ist, wenn die privatrechtliche Erwerbsgesellschaft durch eine öffentl Einrichtung gegründet worden ist (EuGH 14.9.2000, C-343/98, EzA § 613a BGB Nr 191 – Collino). Das gilt auch, wenn die Weitergabe der betreffenden Einheit im Wege einer vertraglichen Vereinbarung (ggf auch einer solchen nach § 62 VwVfG) erfolgt. Auch kann es zu einem Betriebsübergang kommen, wenn ein Betrieb zwischen öffentl Körperschaften weitergegeben wird.

6. Maßgeblicher Zeitpunkt. Die Rechtsfolgen des Übergangs greifen, sobald der neue Inhaber die 38 arbeitstechnische **Organisations- und Leitungsmacht** tatsächlich übernimmt. Maßgeblich ist also der **Zeitpunkt**, in dem der neue Inhaber die Geschäftstätigkeit tatsächlich weiterführt oder wieder aufnimmt. Die bloße vertraglich eingeräumte Möglichkeit zu einer unveränderten Fortführung des Betriebs genügt dagegen nicht (EuGH 26.5.2005, C-478/03, AP RL 77/187/EWG Nr 1 – Celtec; BAG 15.12.2011, 8 AZR 197/11, EzA SD 2012 Nr 6, 10; 21.8.2008, 8 AZR 201/07, EzA § 613a BGB 2002 Nr 95; 21.2.2008, 8 AZR 77/07, AP BGB § 613a Nr 343; 26.7.2007, 8 AZR 769/06, NZA 2008, 112). Nicht ganz kohärent hierzu hat das BAG allerdings entschieden, dass wenn die Übernahme der Betriebsmittel in mehreren Schritten erfolgt, der Betriebsübergang jedenfalls in dem Zeitpunkt erfolgt ist, in dem die wesentlichen, zur Fortführung des Betriebs erforderlichen Betriebsmittel übergegangen sind und die Entsch über den Betriebsübergang nicht mehr rückgängig gemacht werden kann (27.10.2005, 8 AZR 568/04, EzA § 613a BGB 2002 Nr 42). Der Zeitpunkt des Betriebsübergangs kann durch vertragliche Vereinbarung zwischen Veräußerer und Erwerber nicht beeinflusst werden (BAG 20.3.2014, 8 AZR 1/13, EzA § 613a BGB 2002 Nr 152). Daher begründet die bloße vertragliche Verpflichtung, einen Betrieb zu einem bestimmten Zeitpunkt zu übernehmen, noch keinen Betriebsübergang (BAG 21.2.2008, 8 AZR 77/07, AP BGB § 613a Nr 343; indes mag sie im Einzelfall als vertragliche Vereinbarung zugunsten der AN nach § 328 ausgelegt werden).

C. Rechtsfolgen. I. Übergang der AG-Stellung. 1. Betroffene Arbeitsverhältnisse. Mit dem Betriebs- 39 übergang tritt der Erwerber in die beim Veräußerer bestehenden Arbeitsverhältnisse ein.Das bezieht sich auf alle Rechtsbeziehungen, die nach dem dt ArbR als Arbeitsverhältnisse zu qualifizieren sind (zu Besonderheiten kirchlicher Arbeitsverträge beim Betriebsübergang: *Joussen* NJW 2006, 1850). Erfasst werden folglich Arbeiter, Angestellte und leitende Angestellte ebenso wie in Teilzeit oder befristet beschäftigte AN, aber auch Ausbildungsverhältnisse (BAG 13.7.2006, 8 AZR 382/05, EzA § 613a BGB 2002 Nr 57).

Dabei ist unerheblich, ob das Arbeitsverhältnis wirksam ist oder nur als faktisches bzw fehlerhaftes besteht und ebenso, ob die kündigungsrechtliche Wartezeit nach § 1 I KSchG erfüllt ist oder nicht. Auch vorübergehende Suspendierungen des Arbeitsverhältnisses (Kurzarbeit, Mutterschutz, Elternzeit, Wehrdienst, vorübergehende Bestellung zum Geschäftsführer, Auslandsentsendung unter Begründung eines 2. Arbeitsverhältnisses [dazu allg BAG 14.7.2005, 8 AZR 393/04]) ändern am Übergang des Arbeitsverhältnisses nichts. Mit Rücksicht auf den Schutzzweck des § 613a erfasst die Regelung auch Heimarbeiter, soweit sie dem betreffenden Betriebsübergang zuordenbar sind (KR/*Pfeiffer* § 613a Rn 13; aA aber die überwiegende Ansicht im Schrifttum und BAG 24.3.1998, 9 AZR 218/97, EzA § 613a BGB Nr 165). Übernimmt ein AN freilich selbst den Betrieb seines früheren AG, scheidet, was seine Person betrifft, die Annahme eines Betriebsübergangs notwendigerweise aus. Nicht in den Anwendungsbereich des § 613a fallen dagegen AN-ähnliche Personen, Beamte (s.a. Rdn 37) und freie Mitarbeiter. Keine Anwendung findet § 613a auf das Dienstverhältnis eines Organmitglieds einer juristischen Person (arg § 5 III ArbGG, § 14 I Nr 2 KSchG, s BAG 13.2.2003, 8 AZR 654/01, EzA § 613a BGB 2002 Nr 2). Hier kann es aber zu einem Betriebsübergang kommen, wenn ein früheres Arbeitsverhältnis parallel zum Organverhältnis als sog ruhendes Arbeitsverhältnis fortbesteht, wobei es allerdings zu beachten gilt, dass im Abschluss eines (schriftlichen: § 623) Geschäftsführer-Dienstvertrags durch einen leitenden Mitarbeiter im Zweifel die konkludente Aufhebung seines bisherigen Arbeitsverhältnisses zu sehen ist (zuletzt: BAG 5.6.2008, 2 AZR 754/06, NZA 2008, 1002; 4.11.2005, 2 AZR 614/04, EzA § 1 KSchG Nr 59). Der AN kann im Wege der Feststellungsklage gerichtliche Entsch darüber begehren, dass sein ArbV auf den Erwerber übergegangen ist (KDZ/*Zwanziger* § 613a Rn 246; aA ErfK/*Preis* § 613a Rn 175, der für ein Fortsetzungsverlangen Klage auf Abgabe einer Willenserklärung gem § 894 ZPO zum Abschluss eines entspr Arbeitsvertrages für nötig hält); zur Kündigungsschutzklage s.u. Rdn 120.

40 Probleme bereitet die Behandlung von **Leih-AN**. Der EuGH hat mit Urt v 21.10.2010 (C-242/09, EzA Richtlinie 2001/23 EG-Vertrag 1999 Nr 5 – Albron; dem in der Tendenz folgend: BAG 15.5.2013, 7 AZR 525/11, EzA § 14 TzBfG Nr 93) entschieden, dass bei der Übertragung eines Betriebs (Betriebsteils) eines Konzernunternehmens ein Betriebsübergang auch insoweit vorliegen kann, als die dort tätigen AN nicht beim übertragenden Rechtsträger, sondern durch die Konzernmutter oder eine andere Konzerngesellschaft angestellt sind und lediglich an den fraglichen Betrieb ausgeliehen waren. Das hat in der Lit Kritik hervorgerufen (*Gaul/Ludwig* DB 2011, 298; differenzierend: *Greiner* NZA 2014, 284; *Willemsen* NJW 2011, 1546; *Bauer/v Medem* NZA 2011, 20; *Thüsing* ZESAR 2009, 487, 488 [Bezug: Schlussantrag GA Bot], zustimmend: *Göpfert* ArbRAktuell 2010, 601). Dabei überzeugt das gegen den EuGH vorgebrachte Argument nicht, dass derart die Möglichkeiten zur Vermeidung der Rechtsfolgen des § 613a minimiert würden, weil es schlechterdings nicht Aufgabe der Gerichte sein kann, Wege zur Gesetzesumgehung zu eröffnen. Problematisch ist indes, dass der EuGH – in Unterscheidung zum »Arbeitsvertrag« – auf ein vermeintlich zwischen Einsatzbetrieb und Leih-AN bestehendes »Arbeitsverhältnis« abstellt, das es so im dt Recht nicht gibt. Auch fragt sich, ob nur dieses »Arbeitsverhältnis« übergeht und daher der eigentliche »Arbeitsvertrag« mit dem Veräußerer fortbesteht, was widersinnig wäre, weil dem AN derart keinerlei vertraglichen Ansprüche gegen den Erwerber zustehen würden. Geht es aber, wie im Ausgangssachverhalt, um eine **konzernweite Leihe**, kann dem EuGH durchaus gefolgt werden. In einem Konzern bestehen zwischen Verleiher und Entleiher weitaus engere Beziehungen als bei einer »gewöhnlichen« AN-Überlassung. Auch spricht für die Lösung des EuGH, dass es konzernverbundenen Unternehmen ansonsten leicht gemacht würde, § 613a zu umgehen, indem eine betriebsmittellose Holdinggesellschaft das gesamte Personal einstellt und dieses anschließend an die Betriebsmittel innehabenden Unternehmen verleiht. Ein Betriebsübergang wäre dann selbst bei Veräußerung der gesamten Betriebsmittel ausgeschlossen. Weiterhin muss die Überlassung an den Einsatzbetrieb für einige Zeit erfolgt sein und sich so verfestigt haben, dass es gerechtfertigt ist, Rechtsträger als veräußernden Arbeitgeber iSd § 613a anzusehen. Für die »normale« Leiharbeit gelten diese Grds jedoch allenfalls in Ausnahmefällen (*Greiner* NZA 2014, 284; *Bauer/v Medem* NZA 2011, 20; viel weitergehend aber: *Forst* RdA 2011, 228, 229). Ein solcher Ausnahmefall kann vorliegen, wenn in einer Kumulation von Befristungen und Verleihvorgängen durch die zufällig gestaltete Aufteilung von Arbeitsbeziehungen auf unterschiedliche Verantwortliche, von wirtschaftlich und rechtlich eng verbundenen Arbeitgebern, Schutzvorschriften des Überlassungs- bzw des Befristungsrechts umgangen werden (s. dazu die Analyse von BAG 15.5.2013, 7 AZR 525/11, EzA § 14 TzBfG Nr 93 durch *Greiner* NZA 2014, 284, 288). Zur Ausgliederung und anschließenden Entleihe von AN, s Rdn 12.

41 **Beendete Arbeitsverhältnisse** gehen grds nicht auf den Erwerber über (BAG 11.11.1986, 3 AZR 179/85, EzA § 613a BGB Nr 60; mittelbar auch BAG 14.7.2005, 8 AZR 392/04, EzA § 613a BGB 2002 Nr 36; 22.2.2005, 3 AZR 499/03, EzA § 126 UmwG Nr 1). Zur Haftung des Erwerbers für Ansprüche aus beendeten Arbeitsverhältnissen, insb aus **Versorgungsanwartschaften**: s Rdn 96 ff. Dagegen tritt der Erwerber in

gelangen können. Schafft der AG dagegen völlig **neue Vergütungsstrukturen** im Betrieb, ist er voll an den Gleichbehandlungsgrds gebunden (BAG 31.8.2005, 5 AZR 517/04, EzA § 613a BGB 2002 Nr 39). Zum Angebot des Erwerbers, die Arbeitsbedingungen zu erhöhen, falls der AN einem bevorstehenden Betriebsübergang nicht widerspricht und der Möglichkeit des AN, dieses auch nach Ablauf einer ihm hierzu gesetzten Frist annehmen zu können: BAG 19.12.2007, 5 AZR 1008/06, EzA § 306 BGB 2002 Nr 3.

Der Betriebserwerber muss an die übernommenen AN dieselben **Löhne und Gehälter** zahlen wie der Veräußerer. Das gleiche gilt im Hinblick auf zusätzliche oder übertarifliche Leistungen des früheren AG, wie etwa Gratifikationen (BAG 18.4.2012, 10 AZR 47/11, NZA 2012, 791), Zulagen, Sonderzahlungen oder Prämien (zum Übergang erfolgsbezogener Vergütungsbestandteile: *Walk/Grimm* BB 2003, 577; *Nehls/Sudmeyer* ZIP 2002, 201). Dies gilt auch dann, wenn der Anspruch auf die Leistung aus einer **betrieblichen Übung** (BAG 24.2.2010 EzA § 626 BGB 2002 Unkündbarkeit Nr 17 (obiter dictum), 3.11.2004, 5 AZR 73/04) oder einer Gesamtzusage folgt (BAG 4.6.2008, 4 AZR 421/07, EzTöD 100 § 2 TVöD-AT Betriebliche Übung Nr 1). Nichts anderes gilt für die Fortzahlungs- und Freistellungsansprüche eines BR-Mitglieds aus § 37 Abs 2 und 3 BetrVG (BAG 20.8.2014, 7 ABR 60/12, EzA § 40 BetrVG 2001 Nr 25; 9.12.2009, 7 ABR 90/07, EzA § 40 BetrVG 2001 Nr 16). Der Erwerber haftet folglich auch für noch nicht erfüllte Freistellungsansprüche des BR, obgleich diese ihre Grundlage im Betriebsverfassungsrecht finden, weil es sich bei diesen im Kern um Entgeltansprüche des einzelnen BR-Mitglieds handelt. Ist ein Anspruch aus betrieblicher Übung noch nicht vollständig zur Entstehung gelangt, kann der Erwerber ihren Eintritt aber verhindern, indem er die im Entstehen begriffene Übung abbricht. 46

Grds tritt der Erwerber in alle Verpflichtungen des früheren Inhabers ein, die sich aus dem Arbeitsverhältnis selbst ergeben. Dagegen gehen Ansprüche nicht auf ihn über, die auf einem **vom Arbeitsverhältnis unabhängigen, eigenen Rechtsgrund** beruhen, auch wenn sie mit Rücksicht auf das Arbeitsverhältnis begründet wurden. Dies ist vor allem im Hinblick auf **Sachleistungen** und sonstige dem AN gewährte **Vergünstigungen** von Bedeutung. So wird der Erwerber nur dann zum Gläubiger eines AG-Darlehens, wenn das Darlehen Zuwendungscharakter (etwa Lohn- oder Gehaltsvorschuss) hat (BAG 21.1.1999, 8 AZR 373/97, nv; 23.2.1999, 9 AZR 737/97, EzA § 611 BGB Inhaltskontrolle Nr 7). 47

Ansprüche auf **unternehmensspezifische Leistungen** (Warenbezug, Mitarbeitereinkauf, Freifahrten und -flüge etc) gehen, auch wenn sie Zuwendungscharakter (Rdn 47) haben, idR mit der Betriebsveräußerung unter, sollte der Erwerber keine gleichartigen Leistungen erbringen. Nach Ansicht der Rspr sollen sie unter dem konkludenten Vorbehalt stehen, dass der AG die betreffenden Produkte selbst herstellt oder vergünstigt im Konzern beziehen kann (BAG 7.9.2004, 9 AZR 631/03, EzA § 611 BGB 2002 Personalrabatt Nr 1; ähnlich auch zu Flugvergünstigungen einer Fluggesellschaft BAG 13.12.2006, 10 AZR 792/05, NZA 2007, 325, das allerdings letztlich eine einzelfallbezogene Auslegung vornimmt). Das erscheint indes im Hinblick auf die §§ 305, 307 I 2 fraglich. Vielmehr wird der Erwerber wegen **Unmöglichkeit** (§ 275) von der Leistungserbringung frei. Dem AN stehen dann zwar uU nach §§ 283, 280, 281 BGB Schadensersatzansprüche zu. Diese könnten indes nur den Veräußerer treffen (aA Staudinger/*Annuß* § 631a Rn 219; *Moll* FS 50 Jahre BAG, S 59, 72 ff: Anspruchsgegner ist der Erwerber) und würden insoweit allenfalls dann eingreifen, wenn man annehmen wollte, dass dieser durch die Betriebsveräußerung die Erfüllung des Anspruchs vereitelt hat, was fragwürdig erschiene. Den Erwerber trifft dagegen nur eine **Ausgleichspflicht**. Zu ihr gelangt man aber nur, wenn sich die Vergünstigung letztlich als Bestandteil des Arbeitsentgelts erweist (Sachbezug/Naturallohn, s § 107 GewO). Darüber hinaus kann der Arbeitsvertrag zu einer Ausgleichspflicht des Erwerbers führen, nämlich dann, wenn schon der Veräußerer zur Abgeltung der Leistung für den Fall verpflichtet gewesen wäre, dass er die betreffende Produktion einstellt. Die Ausgleichspflicht entfällt, wenn der AN Gelegenheit hat, Leistungen des Erwerbers preisreduziert in Anspruch zu nehmen und dadurch die mit dem Wegfall des vergünstigten Personaleinkaufs verbundenen finanziellen Nachteile wieder aufgefangen werden. 48

Die gleichen Grds gelten für Ansprüche aus einem **Aktienoptionsplan**. Auch diese gehen nicht auf den Erwerber über (offengelassen in: BAG 12.2.2003, 10 AZR 299/02, EzA § 613a BGB 2002 Nr 3; wie hier: *Moll* FS 50 Jahre BAG, S 59, 62; *Willemsen* FS Wiedemann, S 645, 646; *Bauer/Göpfert/v Steinau-Steinrück* ZIP 2001, 1129; aA: ErfK/*Preis* § 613a Rn 73; *Nehls/Sudmeyer* ZIP 2002, 201; *Tappert* NZA 2002, 1188; *Lembke* BB 2001, 1469). Dem Erwerber ist nämlich die mit einem Aktienoptionsplan verbundene Kapitalerhöhung und Ausgabe neuer Aktien regelmäßig unmöglich, weil er sich allenfalls auf dem freien Kapitalmarkt mit umlaufenden Aktien des Veräußerers eindecken kann. Unerheblich ist dabei, ob es um Ansprüche aus bereits gewährten Aktienoptionen geht oder um solche auf Abschluss eines Optionsvertrags. Indes entsteht auch hier ein **übergangsfähiger Ausgleichsanspruch** (Rdn 48), wenn die Optionen vergütungsersetzenden Charakter hatten (noch weiter differenzierend: *Tappert* NZA 2001, 1188, 1194; *Mechlem/Melms* DB 2000, 1614, 1616). Davon völlig unabhängig tritt der Erwerber jedenfalls dann nicht in den 49

Optionsplan ein, wenn der AN die entspr Vereinbarung nicht mit seinem AG, sondern mit einem Dritten geschlossen hat und zwar auch dann, wenn es sich bei diesem um ein mit dem Veräußerer konzernverbundenes Unternehmen handelt. Der AN kann dann alleine gegen die emittierende Gesellschaft vorgehen.

50 Anwendung findet § 613a dagegen auf die Überlassung von **Werkdienstwohnungen** (§ 576b). Freilich kann der Erwerber auch insoweit zur Leistung unvermögend sein. Hat er die Wohnung dagegen mit übernommen, besteht zwischen den Parteien unabhängig von § 613a bereits nach § 566 ein Mietverhältnis. Bei Werkmietwohnungen ist die Überlassung der Wohnung von vornherein nicht Bestandteil des Arbeitsverhältnisses; vielmehr ist dem AN der Wohnraum nur mit Rücksicht auf das Arbeitsverhältnis überlassen worden. Damit scheidet ein Rückgriff auf § 613a aus (Rdn 47). Denkbar ist aber auch hier, dass das Mietverhältnis nach § 566 auf den Erwerber übergeht oder aber zumindest, dass der AG aus dem Arbeitsverhältnis verpflichtet ist, dem AN entspr Wohnraum zu verschaffen. Eine derartige Pflicht geht dann zwar auf den Erwerber über (Staudinger/*Annuß* § 613a Rn 240); ob sie den Erwerber aber dazu anhält, dem AN weiterhin die Nutzung der bislang überlassenen Wohnung zu ermöglichen, beurteilt sich erneut nach § 275.

51 Der Anspruch des AG gegen den AN auf Unterlassung von **Wettbewerb** geht zwar auf den Erwerber über, passt sich aber an die Verhältnisse in dessen Unternehmen an. In der Folge kann der AN gehalten sein, eine früher erlaubte Tätigkeit zu unterlassen (HWK/*Willemsen/Müller-Bonanni* § 613a Rn 243). Hat der AN dem Übergang seines Arbeitsverhältnisses widersprochen und besteht das Arbeitsverhältnis daher mit dem früheren Inhaber fort (VI), hat der AN nach § 242 auch dann Wettbewerbshandlungen im Geschäftsfeld des übernommenen Betriebs zu unterlassen, wenn er aufgrund des Umstands, dass der Erwerber auf diesem Feld nicht mehr tätig ist, eigentlich von der Wettbewerbsabrede frei werden würde. Dies gilt zumindest dann, wenn der Veräußerer sich ggü dem neuen Inhaber seinerseits zur Unterlassung von Wettbewerb verpflichtet hat (Staudinger/*Annuß* § 613a Rn 246). Ein nachvertragliches Wettbewerbsverbot geht zwar auf den Erwerber über. Dies ist jedoch nur der Fall, wenn das Arbeitsverhältnis zum Zeitpunkt des Betriebsübergangs noch nicht beendet war. War das Arbeitsverhältnis beendet, wird der Erwerber mangels Übergang des Arbeitsverhältnisses nicht zum Gläubiger des Wettbewerbsverbots (Rdn 41). Der AN ist nämlich alleine seinem früheren AG verpflichtet (Hess LAG 3.5.1993, 10 SaGa 345/93, NZA 1994, 1033; HWK/*Willemsen/Müller-Bonanni* § 613a Rn 244; Staudinger/*Annuß* § 613a Rn 245; *Gaul/Ludwig* NZA 2013, 489; aA ErfK/*Preis* § 613a Rn 80; MüKo-BGB/*Müller-Glöge* § 613a Rn 102: analoge Anwendung von § 613a I 1 BGB, §§ 74 ff HGB). Hat der Betriebsveräußerer mit dem Übergang seine Tätigkeit im entspr Geschäftszweig aufgegeben, wird das Wettbewerbsverbot insgesamt inhaltslos (§ 74a I 1 HGB). Der AN kann dann ohne Weiteres in Wettbewerb zum Erwerber treten.

52 Dem AN bleibt die beim Veräußerer erdiente **Betriebszugehörigkeit** erhalten (EuGH 6.9.2011, C-108/10, EzA Richtlinie 2001/23 EG-Vertrag 1999 Nr 7 – Scattolon; BAG 18.9.2003, 2 AZR 330/02, EzA § 622 BGB 2002 Nr 2), was für ihn zunächst im Hinblick auf die Berechnung der **Wartezeit nach § 1 KSchG** (BAG 27.6.2002, 2 AZR 270/01, EzA § 1 KSchG Nr 55) und die verlängerten Kündigungsfristen des § 622 II von Bedeutung ist. Eine Fortschreibung der Betriebszugehörigkeit findet hier selbst dann statt, wenn das Arbeitsverhältnis zum Zeitpunkt des Betriebsübergangs zwar unterbrochen war, die Unterbrechung aber nur von so kurzer Dauer gewesen ist und zwischen dem früheren und dem jetzigen Arbeitsverhältnis ein so enger sachlicher Zusammenhang besteht, dass beide nach kündigungsrechtlichen Grds (dazu KR/*Griebeling* § 1 KSchG Rn 108 ff) zusammenzurechnen sind (BAG 18.9.2003, 2 AZR 330/02, EzA § 622 BGB 2002 Nr 2). War der AN im Veräußererbetrieb **ordentlich unkündbar**, ist er das auch im Erwerberbetrieb, vorausgesetzt, die maßgebliche Rechtsgrundlage (zB: individualvertragliche Vereinbarung, Betriebsübung, transformierter TV oä) gilt auch in diesem weiter (BAG 18.3.2010, 2 AZR 337/08, EzA § 626 BGB 2002 Unkündbarkeit Nr 17). Dagegen geht der im Arbeitsverhältnis mit dem Betriebsveräußerer aufgrund der Zahl der beschäftigten AN erwachsene Kdg-Schutz nicht auf den Betriebserwerber über. Werden im Erwerberbetrieb die **Schwellenwerte des § 23 I KSchG** unterschritten, endet der Kdg-Schutz des AN nach dem KSchG mit dem Betriebsübergang (BAG 15.2.2007, 8 AZR 397/06, EzA § 23 KSchG Nr 30).

53 Zu berücksichtigen sind die **Vordienstzeiten** im Veräußererbetrieb zudem bei der Berechnung anderer gesetzlicher Wartezeiten wie etwa beim Urlaub oder der EFZ im Krankheitsfall und zudem bei einem vertraglichen bzw tariflichen Zeit- oder Bewährungsaufstieg.

54 Was »eigene« Leistungen des Erwerbers betrifft, kann dieser grds frei darüber entscheiden, ob er insoweit die Vordienstzeiten berücksichtigen will, die der AN beim Veräußerer zurückgelegt haben (EuGH 14.9.2000, C-343/98, EzA § 613a BGB Nr 191 – Collino). Anderes gilt indes, wenn die AN beim Erwerber einer tariflichen Vergütungsordnung unterliegen (etwa aufgrund beiderseitiger Tarifgebundenheit oder weil der Veräußerer eine Tarifwechselklausel in ihren Arbeitsvertrag aufgenommen hatte, s Rdn 79 f). Insoweit hängt es von der Tarifnorm ab, ob die beim Veräußerer geleisteten Beschäftigungszeiten bei der Berechnung von bestimmten, für die **Eingruppierung** oder Einstufung bedeutungsvollen Beschäftigungszeiten anzurechnen

sind oder nicht. UU ist eine Auslegung des TV erforderlich (BAG 23.3.2011, 4 AZR 300/09; 2.7.2008, 4 AZR 246/07, NZA 2008, 1432; 17.10.2007, 4 AZR 1005/06, EzA § 1 TVG Nr 48). Vorbeschäftigungszeiten müssen jedenfalls dann nicht berücksichtigt werden, wenn der AN beim Erwerber nach den bei diesem geltenden Tarifvorschriften keine Verschlechterungen hinnehmen muss (BAG 12.9.2013, 6 AZR 512/12, NZA-RR 2014, 154). Auch den TVP steht ein weitreichender Entscheidungsspielraum zu, wenn sie entscheiden, ob und gegebenenfalls welche Vorbeschäftigungszeiten bei einem anderen AG tariflich gewichtet werden sollen (BAG 12.9.2013, 6 AZR 512/12, NZA-RR 2014, 154; 20.9.2012, 6 AZR 211/11, EzTöD 100 § 17 TVöD-AT Stufenzuordnung Höhergruppierung Nr 1; 8.12.2011, 6 AZR 319/09, EzTöD 320 § 5 TVÜ-VKA Nr 4; 17.10.2007, 4 AZR 1005/06, EzA § 1 TVG Nr 48).

Der Anspruch des AN auf Erteilung eines Zeugnisses besteht nach einem Betriebsübergang **alleine** gegen den Erwerber, und zwar unabhängig davon, wie lange der AN für den Veräußerer bzw den Erwerber tätig war. Der Erwerber kann sich im Verhältnis zum AN auch nicht auf die Unkenntnis der zeugnisrelevanten Tatsachen vor dem Betriebsübergang berufen. Vielmehr steht dem Erwerber ein Auskunftsanspruch gegen den Betriebsveräußerer zu, der ihm die Informationen über die Tätigkeit, die Leistung und das Verhalten des AN vor dem Betriebsübergang **erteilen muss** (BAG 16.10.2007, 9 AZR 248/07, EzA § 109 GewO Nr 6). Der Erwerber ist bei der Erteilung eines Endzeugnisses dabei idR an den Inhalt eines **früheren**, durch den Veräußerer gefertigten Zwischenzeugnisses **gebunden**. Von diesem darf er nur dann abweichen, wenn die späteren Leistungen und das spätere Verhalten des AN dies rechtfertigen. Der AN kann vom Veräußerer anlässlich des Betriebsübergangs die Erteilung eines Zwischenzeugnisses fordern (*Jüchser* NZA 2012, 244). 55

II. Übergang von TV und BV. Betriebsverfassung. Nach I 2 werden Rechte und Pflichten aus dem Arbeitsverhältnis, die durch Rechtsnormen eines TV oder durch eine BV geregelt sind, zum Inhalt des übernommenen Arbeitsverhältnisses. Diese Regelung berücksichtigt, dass der Erwerber aus koalitions- bzw betriebsverfassungsrechtlichen Gründen nicht in jedem Fall und ohne Weiteres an die jeweilige Kollektivabrede gebunden ist und will daher auf schuldrechtlichem Weg sicherstellen, dass dem AN die hieraus folgenden Rechte zumindest für einen gewissen Zeitraum erhalten bleiben. Die Regelung ist aber nur ein Auffangtatbestand. Soweit eine originäre kollektivrechtliche Weitergeltung möglich ist, ist diese der durch S 2 angeordneten Transformation in Individualrecht vorrangig. Zur »Weitergeltung« von TV aufgrund von Bezugnahmeklauseln s Rdn 72 ff. 56

1. Primäre kollektivrechtliche Weitergeltung. Ist der im Veräußererbetrieb geltende TV für **allgemein verbindlich** erklärt, so wirkt er ebenfalls beim Erwerber normativ (§ 5 TVG), ohne dass es auf dessen Tarifbindung ankommt. Gleiches wird man für einen durch eine RechtsVO nach §§ 7 und 8 AEntG erstreckten TV annehmen müssen. Voraussetzung ist aber stets, dass sich der Betriebszweck nicht so geändert hat, dass der Betrieb aus dem fachlichen Geltungsbereich des TV herausgewandert ist (wodurch häufig aber schon die Annahme eines Betriebsübergangs ausgeschlossen wird: Rdn 15 ff). Ein im Veräußererbetrieb kraft mitgliedschaftlicher Tarifbindung anwendbarer TV gilt im Erwerberbetrieb dagegen nur dann normativ, wenn der Erwerber **Mitglied des tarifschließenden AG-Verbands** ist. Mit Rücksicht auf die negative Koalitionsfreiheit des Art 9 III GG lässt § 613a die Verbandsmitgliedschaft des Veräußerers nicht auf den Erwerber übergehen. Der Erwerber ist also nur dann tarifgebunden iSd §§ 3, 4 TVG, wenn er sich aus dem Verband beigetreten ist oder diesem noch beitritt. Das gilt auch für Betriebsübergänge, die sich iR einer umwandlungsrechtlichen Gesamtrechtsnachfolge vollziehen und zwar auch dann, wenn die Satzung des tarifschließenden Verbandes anderes vorsehen sollte (*Löwisch/Rieble* § 3 Rn 72 und 219; offenbar aA etwa ErfK/*Preis* § 613a Rn 113a). Die Bindung an einen **Firmen-TV** geht dagegen nicht auf den Erwerber über (BAG 10.6.2009, 4 ABR 21/08, NZA 2010, 51; 15.3.2006, 4 AZR 132/05, AP TVG § 2 Firmentarifvertrag Nr 9). TVP ist nämlich nicht der Betrieb, sondern das (nicht übertragene) AG-Unternehmen. Auch ein Firmen-TV wird daher nur nach § 613a I 2 transformiert, was auch zur Folge hat, dass der Erwerber ihn selbst dann nicht kündigen kann, wenn der Veräußerer ihn hätte kündigen können (BAG 26.8.2009, 4 AZR 280/08, nv, aA aber *Bauer/v Medem* DB 2010, 2560, 2563 unter Hinweis auf: BAG 22.4.2009, 4 AZR 100/08, EzA § 613a BGB 2002 Nr 110). Freilich kann sich der Übernehmer durch eine ggü der tarifschließenden Gewerkschaft erklärten Vertragsübernahme oder durch einen Neuabschluss normativ dem Firmen-TV unterwerfen. Darüber hinaus kommt es auch dann zu einem normativen Übergang von Firmen-TV, wenn sich der Betriebsübergang (ausnahmsweise) im Wege der Gesamtrechtsnachfolge durch Verschmelzung vollzieht, da der TV insoweit als Verbindlichkeit iSd § 20 I Nr 1 UmwG anzusehen ist. Das gilt sowohl für die Verschmelzung durch Aufnahme als auch für die durch Neugründung nach § 2 Nr 1 bzw 2 UmwG (BAG 4.7.2007, 4 AZR 491/06, EzA § 4 TVG Tarifkonkurrenz Nr 20; 24.6.1998, 4 AZR 208/97, EzA § 20 UmwG Nr 1). Der Übergang der Firmentarifbindung scheitert in diesen Fällen nicht daran, dass der Erwerber seinerseits tarifgebunden ist oder dem Geltungsbereich eines für allgemein 57 verbindlich erklärten bzw eines nach dem AEntG erstreckten TV unterfällt (BAG 4.7.2007, 4 AZR 491/06, EzA § 4 TVG Tarifkonkurrenz Nr 20).

58 **Betriebsvereinbarungen** (BV) wirken nach hM im Erwerberbetrieb kollektivrechtlich weiter, wenn bei ihm die Betriebsidentität iW erhalten bleibt (hM und st Rspr zuletzt: BAG 8.7.2015, 4 AZR 111/14, nv; 5.5.2015, 1 AZR 763/13, EzA-SD 2015, Nr 18, 11; ErfK/*Preis* § 613a Rn 114; *Thüsing* DB 2004, 2474, 2477; krit *Junker* RdA 1993, 203; *Wank* NZA 1987, 505). Darüber hinaus will es das BAG zu einer kollektivrechtlichen Weitergeltung von BV kommen lassen, wenn zwar nur ein **Betriebsteil** übertragen, dieser vom neuen Inhaber aber als eigenständiger Betrieb fortgeführt wird (BAG 14.8.2013, 7 ABR 56/11, EzA § 99 BetrVG 2001 Umgruppierung Nr 9; 18.9.2002, 1 ABR 54/01, EzA § 613a BGB 2002 Nr 5; *Bauer/v. Medem* DB 2010, 2560)). Nach einer darüber hinausgehenden Auffassung soll eine BV für ihren bisherigen Geltungsbereich sogar dann kollektivrechtlich weiter gelten, wenn der Betrieb bei dem neuen Inhaber seine eigenständige Identität verliert, ihr bisheriger betrieblicher Geltungsbereich bei dem neuen Inhaber aber weiterhin identifizierbar ist (*Mues* DB 2003, 1273; aA *Preis/Richter* ZIP 2004, 925; krit auch *Schiefer* DB 2005, 2134). Betrachtet man dies in einer Gesamtschau, bedarf es der schuldrechtlichen Weitergeltung von BV eigentlich gar nicht. Auf sie käme es allenfalls an, wenn der Betrieb beim Erwerber aus dem Anwendungsbereich des BetrVG herausfällt oder ein Rechtsformwechsel der AN-Vertretung (etwa Übergang vom Personalvertretungs- zum Betriebsverfassungsrecht) stattfindet (s *Schiefer* DB 2005, 2134, 2134). Theoretisch käme die Transformationsanordnung zwar auch in Fällen in Betracht, in denen der Erwerber den übernommenen Betrieb so in seinen eigenen Betrieb eingliedert, dass dieser dort nicht mehr identifizierbar ist (*Fitting* § 77 BetrVG Rn 173). Dann soll nach neuerer Auffassung des BAG (6.4.2006, 8 AZR 249/04, NZA 2006, 1039) aber gar kein Betriebsübergang mehr vorliegen (Rdn 19). Gilt die Betriebsvereinbarung weiter, ist sie – und zwar auch innerhalb der 1-jährigen Veränderungssperre nach § 613a I 2 – kollektivrechtlich so kündbar, wie der Veräußerer sie hätte kündigen können (*Bauer/v Medem* DB 2010, 2560, 2562 unter Verweis auf: BAG 22.4.2009, 4 AZR 100/08, EzA § 613a BGB 2002 Nr 110).

59 Nach der Rechtsansicht des BAG finden Gesamtbetriebsvereinbarungen (GBV) im Erwerberbetrieb eine kollektivrechtliche Fortgeltung als Einzel-BV, wenn der Erwerber den übernommenen Betrieb nach dem Betriebsübergang als eigenständigen Betrieb fortführt (BAG 5.5.2015, 1 AZR 763/13, EzA-SD 2015, Nr 18, 11; 18.9.2002, 1 ABR 54/01, EzA § 613a BGB 2002 Nr 5). Dies wirft nicht unerhebliche Bedenken auf, weil die ursprüngliche Einheit, für die die GBV einmal gedacht war, mit der Betriebsübertragung vollständig untergeht und dem Erwerber der ursprüngliche Vertragspartner (GBR bzw KBR) nicht mehr als Ansprechpartner zur Verfügung steht (krit zur Rspr daher: *Braun/Rütz* ArbRB 2013, 27; *Preis/Richter* ZIP 2004, 925; *Rieble/Gutzeit* NZA 2003, 233, 236; *Hohenstatt/Müller-Bonanni* NZA 2003, 766). Im Einzelfall kann die »betriebsbezogene Fortgeltung« von GBV jedenfalls daran scheitern, dass die betreffende Regelung nach ihrem Inhalt zwingend die Zugehörigkeit zum bisherigen Unternehmen voraussetzt und nach dem Betriebsübergang gegenstandslos ist. Zudem gelangt man nur zu einer Weitergeltung nach I 2, wenn die Identität der früheren Betriebe aufgelöst wird (BAG 31.8.2005, 5 AZR 517/04, EzA § 613a BGB 2002 Nr 39), insb wenn diese in bestehende Betriebe des Erwerbers eingegliedert werden. Ebenfalls nur zu einer schuldrechtlichen Transformation kommt es, wenn der Erwerber bereits über eine vergleichbare Organisation verfügt und bei ihm eine Gesamt- oder Konzern-BV zum gleichen Regelungsgegenstand besteht (aA *Mohnke/Betz* BB 2008, 498, 500: normative Fortgeltung alleine für den übernommenen Betrieb). Konzern-BV gelten bei rein konzerninternen Übertragungsvorgängen kollektivrechtlich fort (*C. Meyer* BB 2005, 5, 9). Bei konzernexternen Übertragungen einzelner Betriebe ist dagegen danach zu unterscheiden, ob die Vereinbarung ihrem Wesen nach noch auf den einzelnen Betrieb passt (dann kollektivrechtliche Fortgeltung als Betriebs-, ggf auch als GBV) oder nicht (dann Transformation; Gleiches gilt für den Fall, dass im neuen Konzernverbund bereits eine Gesamt- oder Konzern-BV zu dem jeweiligen Themenkomplex besteht).

60 **2. Weitergeltung (Transformation).** Kommt es zu keiner kollektivrechtlichen Fortgeltung, werden die Rechtsnormen eines(r) im Zeitpunkt des Betriebsübergangs gültigen TV bzw BV zum **Inhalt der einzelnen Arbeitsverhältnisse** (§ 613a I 2) und zwar unabhängig davon, ob es sich um einen Verbands- oder Firmen-TV, eine Konzern-, Gesamt oder Einzel-BV handelt. Trotz der Gesetzesformulierung nimmt das BAG im Hinblick auf die 1-jährige Veränderungssperre an, dass die Weitergeltung kollektiv-rechtlichen Charakter hat (BAG 22.4.2009, 4 AZR 100/08, NZA 2010, 41). Sind bei einem Betriebsübergang die Arbeitsbedingungen zwischen dem Betriebsveräußerer und dem tarifgebundenen AN vor dem Betriebsübergang **in mehreren TV** geregelt, wird der gesamte Bestand der geltenden Tarifnormen in das Arbeitsverhältnis zwischen Erwerber und AN transformiert. Dies gilt auch, wenn die Regelungsbereiche der TV sich überschneiden und eine Ablösung für einen Zeitpunkt nach dem Betriebsübergang zeitlich dynamisch

geregelt war. Fällt daher nach dem Betriebsübergang ein Firmen-TV weg, weil dieser endet und die TVP dessen Nachwirkung ausgeschlossen hatten, lebt der Verbands-TV wieder auf, an den der Veräußerer zum Zeitpunkt des Abschlusses des Firmen-TV gebunden war (BAG 22.4.2009, 4 AZR 100/08, EzA § 613a BGB 2002 Nr 110, ausf zu denkbaren Fallkonstellationen: *Bauer/v Medem* DB 2010, 2560, 2562).

Voraussetzung für die Transformation ist stets, dass das jeweilige Regelwerk im Zeitpunkt des Betriebsübergangs im fraglichen Arbeitsverhältnis auch tatsächlich als Kollektivrecht gegolten hat (st Rspr; vgl zuletzt: BAG 16.5.2012, 4 AZR 321/10, EzA 613a BGB 2002 Nr 134; 24.2.2010, 4 AZR 691/08, EzA § 3 TVG Bezugnahme auf TV Nr 47; grundlegend: 16.10.2002, 4 AZR 467/01, EzA § 3 TVG Bezugnahme auf Tarifvertrag Nr 22). Das setzt bei einem TV voraus, dass sowohl der Betriebsveräußerer als auch der betreffende AN normativ an ihn gebunden waren. Voraussetzung ist darüber hinaus, dass der Tarifvertrag zum Zeitpunkt des Betriebsübergangs nicht nur bereits abgeschlossen, sondern auch in Kraft getreten war (BAG 16.5.2012, 4 AZR 321/10, EzA § 613a BGB 2002 Nr 134). Tritt er erst nach dem Betriebsübergang in Kraft, bleibt er im Erwerberbetrieb wirkungslos. Zudem nehmen die AN an einer Kollektivregelung nicht mehr teil, die der Veräußerer nur rückwirkend, wenngleich für einen vor dem Übergang liegenden Zeitpunkt in Kraft gesetzt hat. Dagegen fallen **nachwirkende TV und BV** in den Anwendungsbereich des S 2. Sie sind von § 613a I 2 voll erfasst (EuGH 11.9.2014, C-328/13, EzA-SD 2014, Nr 20, 10-12), gehen also nicht nur als Bestandteil des Arbeitsvertrags auf den neuen Inhaber über (§ 4 V TVG, § 77 VI BetrVG, § 613a I S 1; so aber: BAG 22.4.2009, 4 AZR 100/08, EzA § 613a BGB 2002 Nr 110). In der Praxis hat dies jedoch keine große Bedeutung, weil die 1-jährige Veränderungssperre des S 2 HS 2 wegen S 3 nicht greifen kann, da der TV ja bereits ausgelaufen ist. Im Ergebnis ergibt sich so kein Unterschied zu BAG 22.4.2009, 4 AZR 100/08, EzA § 613a BGB 2002 Nr 110. S.a. Rdn 68.

61

Die Weitergeltung bezieht sich nur auf den normativen, nicht aber auf den schuldrechtlichen Teil des TV bzw der BV. Bei TV findet folglich eine Transformation von Bestimmungen statt, die unmittelbar die wechselseitigen Rechte und Pflichten der Arbeitsvertragsparteien regelt. Das sind regelmäßig die **Inhalts- und Beendigungsnormen**, ggf auch die Abschlussnormen des TV. Schuldrechtliche Abreden zwischen den TVP werden dagegen nicht transformiert. Deshalb wäre es einer Gewerkschaft nicht möglich, den Veräußerer auf den Abschluss eines TV in Anspruch zu nehmen, obgleich im transformierten TV Regelungen zu den jeweiligen Sachfragen enthalten sind. Weiterhin folgt daraus, dass dem Erwerber eine Kündigung eines transformierten Firmen-TV auch dann nicht möglich ist, wenn der Veräußerer ihn hätte kündigen können (BAG 26.8.2009, 4 AZR 280/08 für einen Firmen-TV, nv). Zu einer Transformation von **betrieblichen und betriebsverfassungsrechtlichen Normen** kann es indes allenfalls dann kommen, wenn diese auch zum Gegenstand einer arbeitsvertraglichen Regelung hätten gemacht werden können, was indes nur in Ausnahmefällen anzunehmen sein wird. Eine Weitergeltung von Tarifnormen über gemeinsame Einrichtungen scheidet dagegen grds aus. Der Erwerber ist daher auch nicht verpflichtet, die übernommenen AN auf anderweitigem Weg in den Genuss der Leistung der Einrichtung zu bringen (s.a. Rdn 47 ff), es sei denn, der Veräußerer hätte den AN die Leistung auch ausdrücklich individuell zugesagt. Ebenso scheidet eine Transformation von **Regelungsabreden** aus, da diese von vornherein nicht normativ wirken. Die AN können sich auf Rechte aus einer Regelungsabrede nur berufen, wenn deren Regelungsinhalt bereits im Veräußererbetrieb in das Individualarbeitsverhältnis umgesetzt war.

62

Ein TV wird nur in der Fassung, in der er am Tag des Betriebsübergangs gegolten hatte, in das Arbeitsverhältnis transformiert. Insoweit reicht nicht aus, dass der TV am Tag des Betriebsübergangs abgeschlossen war, vielmehr muss er auch bereits in Kraft getreten sein (BAG 16.5.2012, 4 AZR 320/10, EzA § 613a BGB 2002 Nr 134). Der TV wirkt mithin nur noch **statisch** weiter, sodass sich spätere Änderungen des TV (etwa Lohnerhöhungen) nicht mehr auf das Arbeitsverhältnis auswirken (st Rspr, zuletzt etwa: EuGH 18.7.2013 C-426/11, EzA Richtlinie 2001/23 EG-Vertrag 1999 Nr 8; 9.3.2006, C-499/04, EzA § 613a BGB 2002 Nr 44 – Werhof; BAG 16.5.2012, 4 AZR 321/10, EzA 613a BGB 2002 Nr 134; 23.9.2009, 4 AZR 331/08, EzA § 3 TVG Bezugnahme auf Tarifvertrag Nr 45; grundlegend: BAG 4.8.1999, 5 AZR 642/98, EzA § 613a BGB Nr 184). Dessen ungeachtet können aber **Bezugnahmeklauseln** im Arbeitsvertrag zu einer dynamischen Weitergeltung des früher normativ geltenden TV führen (s Rdn 72 ff). Darüber hinaus können Veräußerer und Erwerber im Wege des **Vertrags zugunsten Dritter** (§ 328) vereinbaren, dass die vom Übergang betroffenen AN auch weiterhin in den Genuss einer dynamischen Anwendung des beim Veräußerers geltenden TV gelangen (BAG 20.4.2005, 4 AZR 292/04, EzA § 1 TVG Auslegung Nr 40). Eine solche Vereinbarung soll nach Ansicht der BAG selbst dann kein unzulässiger Vertrag zulasten Dritter sein und auch nicht gegen die Veränderungssperre nach S 2 verstoßen, wenn die TVP nach dem Betriebsübergang das Tarifniveau herabsenken. Der entschiedene Fall zeichnete sich allerdings durch die Besonderheit aus, dass den betroffenen AN im Übernahmevertrag ein ausdrückliches Recht zur Abwahl des alten und zum Übertritt in den neuen TV zugestanden wurde.

63

64 **3. Ablösung durch Kollektivvereinbarung des Erwerbers.** Nach S 3 tritt die individual-rechtliche Weitergeltung nicht ein, wenn die Rechte und Pflichten der AN beim Erwerber durch **Rechtsnormen** eines anderen TV oder einer anderen **BV** geregelt sind (zu möglichen Fallkonstellationen umfassend: *Bauer/v Medem* DB 2010, 2560). Zweck dieser Regelung ist es, die Vereinheitlichung der Arbeitsbedingungen beim neuen Betriebsinhaber zu erleichtern. Die neue Bestimmung muss mit der transformierten Bestimmung aber **regelungsidentisch** sein, dh die jeweilige Sachfrage muss in der Kollektivregelung des Veräußererbetriebs eine entspr Regelung erfahren haben (BAG 23.1.2008, 4 AZR 602/06, EzA § 3 TVG Bezugnahme auf Tarifvertrag Nr 38). Maßgeblich ist, ob die nach S 2 zum Inhalt des Arbeitsverhältnisses gewordenen und die bei dem Erwerber geltenden Regelungen die gleichen Rechte und Pflichten betreffen, wobei der tarifliche Sachzusammenhang zu beachten ist. Eine Nichtregelung oder ein bloßes Schweigen der Regelung zu einer Sachfrage genügt nicht. Soweit sich der neue TV (die neue BV) nicht vollständig mit dem(der-)jenigen des Veräußerers deckt, bleibt es im Hinblick auf die in der neuen Abrede nicht geregelten Sachfragen bei der schuldrechtlichen Weitergeltung des alten Regelwerks. Ohne Einfluss auf die Ablösung ist dagegen, ob die neue Regelung **günstiger** ist als die alte oder nicht (BAG 22.4.2009, 4 AZR 100/08, EzA § 613a BGB 2002 Nr 110; 23.1.2008, 4 AZR 602/06, EzA § 3 TVG Bezugnahme auf Tarifvertrag Nr 38). Daran sollte ungeachtet der insoweit unklaren Feststellungen des EuGH in Sachen Scattolon (6.9.2011, C-108/10, EzA Richtlinie 2001/23 EG-Vertrag 1999 Nr 7, Rdn 76) festgehalten werden. Grenzen bestehen hier aber im Hinblick auf bereits entstandene Ansprüche des AN. Insoweit können hier die Grds entspr herangezogen werden, die die Rspr zur **rückwirkenden Verschlechterung** des Tarifniveaus durch einen ablösenden TV herausgebildet hat (BAG 11.10.2006, 4 AZR 486/05, EzA § 1 TVG Rückwirkung Nr 9; 2.2.2006, 2 AZR 58/05, EzA § 1 TVG Rückwirkung Nr 7; 23.11.1995, 4 AZR 879/93, EzA § 1 TVG Rückwirkung Nr 3; 15.11.1995, 2 AZR 521/95, EzA BGB § 315 Nr 45; allg: *Däubler/Weinert* § 4 TVG Rn 62). Daher kann bspw ein bereits erreichter Sonderkündigungsschutz nicht mehr vollständig beseitigt werden. Bedeutung hat dies vor allem mit Blick auf BV über die betriebliche Altersversorgung, da dem AN erdiente, zumindest aber unverfallbare Versorgungsanwartschaften erhalten bleiben (Staudinger/*Annuß* § 613a Rn 284). Schließlich ist grds unerheblich, ob die ablösende Abrede bereits vor dem Zeitpunkt des Betriebsübergangs bestand oder erst im Anschluss daran abgeschlossen wurde (BAG 11.5.2005, 4 AZR 315/04, EzA § 613a BGB 2002 Nr 34). Auch gibt es für die Anwendbarkeit des S 3 keine zeitliche Grenze, insb gilt nicht der für die Veränderungssperre in S 2 vorgesehene Jahreszeitraum (BAG 11.5.2005, 4 AZR 315/04, EzA § 613a BGB 2002 Nr 34).

65 Die Ablösung eines weitergeltenden TV setzt jedoch eine **kongruente Tarifgebundenheit** voraus, dh sowohl der AN als auch der Erwerber müssen an den ablösenden TV normativ gebunden und damit entspr organisiert sein (st Rspr, zuletzt: BAG 23.1.2008, 4 AZR 602/06, EzA § 3 TVG Bezugnahme auf Tarifvertrag Nr 38). Alleine die Tarifbindung des neuen AG ist unzureichend, und zwar selbst dann, wenn sowohl der Veräußerer- als auch der Erwerber-TV durch eine DGB-Gewerkschaft abgeschlossen wurden (BAG 11.5.2005, 4 AZR 315/04, EzA § 613a BGB 2002 Nr 34; 21.2.2001, 4 AZR 18/00, EzA § 613a BGB Nr 195; 30.8.2000, 4 AZR 581/99, EzA § 3 TVG Bezugnahme auf Tarifvertrag Nr 13). Damit scheidet eine Ablösung des weitergeltenden TV aus, wenn der übernommene Betrieb(-steil) beim Erwerber in den Zuständigkeitsbereich einer anderen Fachgewerkschaft hineinwandert und die AN nicht in diese übertreten. Umgekehrt endet die Weitergeltung des alten TV, sobald der AN durch Beitritt in die »neue« Gewerkschaft seine Tarifgebundenheit an den ablösenden TV begründet (BAG 11.5.2005, 4 AZR 315/94, EzA § 613a BGB 2002 Nr 34). Dass der AG aber keinen Anspruch gegen den AN auf Übertritt in die andere Gewerkschaft hat, versteht sich von selbst. Verweigert der AN den Übertritt und bleibt es daher bei der Weitergeltung nach S 2, kommt es im Erwerberbetrieb zur Geltung zweier unterschiedlicher TV und damit zu einer **Tarifpluralität**. Zur Wirkung von im Arbeitsvertrag enthaltenden Bezugnahmeklauseln: Rdn 72 f.

66 Auch **BV** sind beim Erwerber nur insoweit geschützt als sie im Veräußererbetrieb normativ gegolten hätten. Daher kann entgegen der 1-jährigen Veränderungssperre nach S 2 eine transformierte BV abgelöst werden, wenn sie durch eine BV nachträglich abgeändert wird (BAG 13.3.2012, 1 AZR 659/10, EzA § 77 BetrVG 2001 Nr 33; 18.11.2003, 1 AZR 604/02, EzA § 77 BetrVG 2001 Nr 9; 29.7.2003, 3 AZR 630/02, EzA § 1 BetrAVG Ablösung Nr 42). Dies gilt auch dann, wenn die ablösende Regelung aus AN-Sicht schlechter ausfällt als die frühere Regelung, sodass sie mit Rücksicht auf das **Günstigkeitsprinzip** an sich durch die arbeitsvertraglich weiter geltende Ursprungsregelung verdrängt werden müsste (BAG 20.4.1994, 4 AZR 342/93, EzA § 613a BGB Nr 118 – anders für den Bereich der betrieblichen Altersversorgung: 24.7.2001, 3 AZR 660/00, EzA § 613a BGB Nr 204). Die frühere Regelung entfällt vollständig, lebt also selbst dann nicht wieder auf, wenn die abändernde BV, etwa durch Kdg, endet (BAG 18.11.2003, 1 AZR 604/02, EzA § 77 BetrVG 2001 Nr 9).

Bedenken bestehen gegen **Überkreuzlösungen**, bei denen ein weitergeltender TV durch eine BV abgelöst werden soll. Das BAG lässt eine Überkreuzablösung jedenfalls dann nicht zu, wenn ein transformierter TV durch eine Betriebsvereinbarung abgelöst werden soll, die nicht der erzwingbaren Mitbestimmung des BR unterliegt (BAG 3.7.2013, 4 AZR 961/11, EzA § 3 TVG Bezugnahme auf Tarifvertrag Nr 57; 21.4.2010, 4 AZR 768/08, EzA § 613a BGB 2002 Nr 118; 6.11.2007, 1 AZR 862/06, EzA § 613a BGB 2002 Nr 83; 13.11.2007, 3 AZR 191/06, EzA § 613a BGB 2002 Nr 83; in der Tendenz ähnlich bereits: 22.3.2005, 1 ABR 64/03, EzA § 77 BetrVG 2001 Nr 10; krit/aA *Döring/Grau* BB 2009, 158; *C. Meyer*, BB 2006, 440; *ders* NZA 2001, 751). Nach Ansicht des BAG fehlt es dem jeweiligen Regelungsgegenstand an der notwendigen Kongruenz des Umfangs der »erzwingbaren« Regelungsmacht der Tarifpartner auf der einen und der Betriebspartner auf der anderen Seite. Das freilich legt nahe, dass eine Überkreuzlösung im Anwendungsbereich des § 87 BetrVG möglich ist. Hier würde mit Rücksicht auf die vom BAG vertretene Vorrangtheorie eine Überkreuzablösung auch nicht an der Tarifsperre des § 77 III BetrVG scheitern (*Döring/Grau* BB 2009, 158, 161). Umgekehrt ist die Ablösung einer BV durch einen TV möglich (BAG 13.3.2012, 1 AZR 659/10, EzA § 77 BetrVG 2001 Nr 33). Zwischen der individualrechtlich transformierten BV und dem TV findet das Günstigkeitsprinzip des § 4 III TVG keine Anwendung (Rdn 66). 67

4. Einjähriges Änderungsverbot. Die Weitergeltung nach I 2 ist schuldrechtlicher Natur und daher nicht zwingend. Um zugunsten der AN einen gewissen Mindestbestandsschutz zu etablieren, ordnet S 2 aber an, dass die transformierten Regelungen vor Ablauf 1 Jahres nach dem Zeitpunkt des Übergangs nicht zum Nachteil des AN geändert werden dürfen. Die Transformation gewinnt so einen kollektiv-rechtlichen Einschlag, mit der Folge, dass der Erwerber gestellt ist, wie ein AG, für den der TV nach § 3 III TVG fort gilt (BAG 22.4.2009, 4 AZR 100/08, EzA § 613a BGB 2002 Nr 110). Daraus folgt zunächst, dass die individualrechtliche Vereinbarung besserer Arbeitsbedingungen immer möglich ist. Zur Feststellung, ob diese für den Arbeitnehmer wirklich günstiger sind, ist ein Sachgruppenvergleich in Anlehnung an § 4 III TVG durchzuführen. Dabei sind die in einem inneren sachlichen Zusammenhang stehenden Teilkomplexe der unterschiedlichen Regelungen zu vergleichen. Für den Grundfall des § 4 III TVG hat das BAG entschieden, dass, wenn nicht zweifelsfrei feststellbar ist, dass die einzelvertragliche Regelung für den Arbeitnehmer günstiger ist, es bei der zwingenden, normativen Geltung des Tarifvertrags verbleibt (BAG 15.4.2015, 4 AZR 587/13, NZA 2015, 1274). Hier führt dies dazu, dass der transformierte Tarifvertrag sich ggü der individualvertraglichen Vereinbarung durchsetzt. Mit Rücksicht auf den kollektivrechtlichen Einschlag der Transformation scheidet während der Veränderungssperre nicht nur eine entspr **Änderungs-Kdg** aus, vielmehr ist auch eine **einvernehmliche Abänderung** der Vertragsbedingungen unwirksam (§ 134). Die Unwirksamkeit nach § 134 kann sich dabei sogar auf Aufhebungsverträge erstrecken, wenn sie der Erwerber veranlasst, um die Kontinuität des Inhalts des Arbeitsverhältnisses bei gleichzeitigem Erhalt des Arbeitsplatzes zu beseitigen (BAG 19.3.2009, 8 AZR 722/07, EzA § 613a BGB 2002 Nr 108; 21.5.2008, 8 AZR 481/07, EzA § 613a BGB 2002 Nr 96; 18.8.2005, 8 AZR 523/04, EzA § 613a BGB 2002 Nr 40). Nicht erfasst vom Veränderungsverbot sind dagegen Vereinbarungen über die Änderung (Herabsenkung) übertariflicher Leistungen des AG. Sie bedürfen auch keines sachlichen Grundes (insoweit unklar BAG 17.1.1980, 3 AZR 160/79, EzA § 613a BGB Nr 24), dürfen sich aber eben nicht auf tarifliche Ansprüche erstrecken (LAG Brem 30.3.2006, 3 Sa 204/05, NZA-RR 2006, 458). Im Anwendungsbereich des § 323 I UmwG kommt es darüber hinaus zu einer 2-jährigen Veränderungssperre im Hinblick auf einen tarif- oder betrieblichen Sonderkündigungsschutz. 68

Die Veränderungssperre entfällt immer dann, wenn der betreffende Kollektivvertrag seine **zwingende Wirkung verliert** (S 4), weil er endet, gekündigt oder auch nur geändert (BAG 3.7.2013, 4 AZR 961/11, EzA § 3 TVG Bezugnahme auf Tarifvertrag Nr 57) wird. Die einzelnen Tatbestände dieser vorzeitigen Ablösbarkeit entsprechen denen einer fiktiven Nachbindung nach § 3 III TVG, dh dass die Veränderungssperre das Änderungsverbot immer dann entfällt, wenn zugunsten eines aus dem AG-Verband ausgetretenen AG die Fortgeltung nach § 3 III TVG entfallen würde (BAG 22.4.2009, 4 AZR 100/08, NZA 2010, 41; zu bereits im Erwerberbetrieb beendeten Verträgen s Rdn 60). 69

Nach **Ende der Veränderungssperre** können die transformierten Arbeitsbedingungen einvernehmlich aufgehoben werden. Zudem ist dem AG der Ausspruch einer Änderungs-Kdg möglich, die aber häufig an den strengen Vorgaben scheitern dürfte, die die Rspr ihr macht (Rdn 71). 70

Die Veränderungssperre greift zudem nicht, wenn der Erwerber mit dem AN die **Anwendung eines anderen TV vereinbart**, der auf das Arbeitsverhältnis nicht schon normativ wirkt, weil entweder er oder der AN oder auch beide Parteien nicht in den tarifschließenden Verbänden organisiert sind. Erforderlich ist aber, dass der TV von seinem fachlichen Anwendungsbereich her gesehen einschlägig ist und als Ganzes in Bezug genommen wird. Der AN ist aber nicht verpflichtet, in eine entspr Bezugnahmeabrede einzuwilligen. Im Anwendungsbereich des KSchG kommt eine **Änderungs-Kdg** nur in Betracht, wenn der AG für 71 die angestrebte Vereinheitlichung der Arbeitsbedingungen sachlich-betriebliche Gründe vorweisen kann. Solche sind etwa gegeben, wenn nach dem Übergang im Betrieb mehrere TV kollidieren, die aufgrund ihrer unterschiedlichen fachlichen Ausrichtung nicht miteinander kompatibel sind. Dagegen ist alleine der Wunsch des Erwerbers nach einer **Vereinheitlichung der Arbeitsbedingungen** (s.a. Rdn 44 ff) nicht geeignet, um eine Änderungs-Kdg sozial zu rechtfertigen (BAG 12.1.2006, 2 AZR 126/05, EzA § 2 KSchG Nr 56 – im Zusammenhang mit §§ 9 und 10 AÜG), insb dann nicht, wenn er durch eine Absenkung des bisherigen Tarifniveaus lediglich eine etwaige Besserstellung der übernommenen AN beseitigen will.

72 **5. Bezugnahmeklausel.** Bezugnahmeklauseln im Arbeitsvertrag können eine Durchbrechung der zuvor dargestellten Grds über die Fort- bzw Weitergeltung von TV bewirken. Keine Besonderheiten ergeben sich allerdings, wenn die Bezugnahmeklausel nur **statisch** ausgestaltet ist (»TV X-Branche idF v 1.1.2009«). Eine solche Abrede führt lediglich zu einer Anwendung des im Arbeitsvertrag konkret benannten TV und geht daher in ihrer Wirkung keinesfalls über die kollektivrechtliche Fortgeltung eines TV bzw dessen Weitergeltung nach § 613a hinaus. Anders können die Dinge aber liegen, wenn in den Arbeitsvertrag eine kleine **dynamische Bezugnahmeklausel** aufgenommen ist, nach der ein bestimmter TV in seiner jeweils aktuellen Fassung Anwendung finden soll. Dabei ist zu beachten: Ist unklar, ob eine dynamische oder eine statische Bezugnahme gegeben ist, namentlich weil in der Klausel nur das betreffende Tarifwerk an sich genannt ist, geht die Rspr vom Vorliegen einer dynamischen Verweisung aus (s zuletzt: BAG 14.12.2011, 10 AZR 447/10; 19.05.2010, 4 AZR 796/08, EzA § 3 TVG Bezugnahme auf Tarifvertrag Nr 48; 24.2.2010, 4 AZR 691/08, EzA § 3 TVG Bezugnahme auf Tarifvertrag Nr 47; 16.12.2009, 5 AZR 888/08, NZA 2010, 401; 18.6.2008, 7 AZR 116/07, EzA § 3 TVG Bezugnahme auf Tarifvertrag Nr 44; 26.9.2007, 5 AZR 808/06, EzA § 305c BGB 2002 Nr 13; 17.1.2006, 9 AZR 41/05, EzA § 3 TVG Bezugnahme auf Tarifvertrag Nr 33; 9.11.2005, 5 AZR 128/05, EzA § 305c BGB 2002 Nr 3). Zur Auslegung von kleinen oder »offenen« Bezugnahmeklauseln als Tarifwechselklausel: Rdn 79 f.

73 Liegt eine **kleine Bezugnahmeklausel** vor, ist nach der neueren Rspr (BAG 22.2.2012, 4 AZR 24/10, nv; 17.11.2010, 4 AZR 391/09, EzA § 3 TVG Bezugnahme auf Tarifvertrag Nr 51; 7.7.2010, 4 AZR 549/06 u. 537/08, NZA-RR 2008, 149; 24.2.2010, 4 AZR 691/08, EzA § 3 TVG Bezugnahme auf Tarifvertrag Nr 47; 18.4.2007, 4 AZR 652/05, EzA § 3 TVG Bezugnahme auf Tarifvertrag Nr 35; 14.12.2005, 4 AZR 536/04, EzA § 3 TVG Bezugnahme auf Tarifvertrag Nr 32) wie folgt zu unterscheiden:

74 Wurde die Klausel **vor dem 31.12.2001** in den Arbeitsvertrag aufgenommen und war der Veräußerer **tarifgebunden**, stellt die Bezugnahmeabrede lediglich eine **Gleichstellungsabrede** dar, die nur den tarifrechtlichen Zustand herstellt, der auch ansonsten im Betrieb vorherrscht. Ist der Erwerber daher an den im Arbeitsvertrag genannten TV nicht normativ gebunden, bewirkt auch die Bezugnahmeklausel nur die Geltung des TV in der Fassung, in der er am Tag des Betriebsübergangs gegolten hat, weil ja auch die Gewerkschaftsmitglieder im Betrieb nur noch in den Genuss des am Austrittstag geltenden Tarifniveaus gelangen (Rdn 63; BAG 10.12.2008, 4 AZR 881/07, AP TVG § 1 Bezugnahme auf Tarifvertrag Nr 68; 16.10.2002, 4 AZR 467/01, EzA § 3 TVG Bezugnahme auf Tarifvertrag Nr 22). Anderes gilt nur, wenn die Bezugnahmeklausel dem AN ausdrücklich zusichert, dass er in den Genuss des jeweils aktuellen Tarifniveaus kommen soll, und zwar völlig unabhängig davon, ob der AG auch weiterhin normativ an den benannten TV gebunden ist. Weiterhin behält die Klausel ihre Dynamik, wenn der Erwerber seinerseits normativ an den im Veräußererbetrieb geltenden TV gebunden ist, weil dieser dann auch im Erwerberbetrieb kollektivrechtlich gilt (Rdn 57) und dort dynamisch anzuwenden ist. Dazu, dass vor dem 31.12.2001 abgeschlossene Arbeitsverträge durch Ergänzungen zu einem »Neuvertrag« iS der Rdn 75 werden können: BAG 13.5.2015, 4 AZR 244/14, EzA § 3 TVG Bezugnahme auf Tarifvertrag Nr 61; 24.2.2010, 4 AZR 691/08, EzA § 3 TVG Bezugnahme auf Tarifvertrag Nr 47; 18. 11. 2009, 4 AZR 514/08, EzA § 3 TVG Bezugnahme auf Tarifvertrag Nr 43.

75 Wurde die Abrede **nach dem 31.12.2001** (formularmäßig) in den Arbeitsvertrag aufgenommen, will die Rspr sie mit Rücksicht auf die §§ 133, 157 (in seiner Entsch v 14.12.2005, s.o. Rdn 73 hatte das BAG noch auf § 305c abgestellt) dann nicht mehr als bloße Gleichstellungsabrede bewerten, wenn die Abhängigkeit der Dynamik von der Tarifgebundenheit des AG im Vertragstext nicht zweifelsfrei zum Ausdruck kommt. Die Klausel dynamisiert auch dann weiter, wenn der bislang tarifgebundene AG den Verband verlässt. Damit bringt eine vorbehaltlose Bezugnahmeklausel den AN ohne Einschränkung in den Genuss des jeweils aktuellen TV (»**ewige Tarifdynamik**«). Ob der AN zum Zeitpunkt des Vertragsschlusses tarifgebunden war oder nicht, ist ohne Belang. Für die Gewerkschaftsmitglieder wechselt lediglich der Geltungsgrund des TV. Sie erhalten das aktuelle Tarifniveau nicht mehr auf normativer, sondern auf schuldrechtlicher Grundlage.

76 Die soeben in Rdn 75 geschilderte »ewige Tarifdynamik« abschließend formulierter kleiner dynamischer Verweisungsklauseln hat im Fall eines **Betriebsübergangs** zur Folge, dass auch der Erwerber entgegen der in

Rdn 63 genannten Regel den beim Veräußerer geltenden TV in der jeweils **aktuellen Fassung** anzuwenden hat. Dabei ist unerheblich, ob der Erwerber an diesen normativ gebunden ist oder nicht. Ob diese Rspr allerdings **europarechtskonform** ist, steht seit EuGH 18.7.2013 C-426/11, EzA Richtlinie 2001/23 EG-Vertrag 1999 Nr 8, Alemo-Herron in Zweifel. Das BAG hat diese Frage daher dem EuGH zur Vorabentscheidung vorgelegt: BAG 17.6.2015, 4 AZR 61/14 (A), PM Nr 33/15. Ausgangspunkt ist, dass der EuGH der Meinung war, dass Art 16 und 52 VII der Grundrechtscharta, sowie die RiL 2011/23/EG es einem Mitgliedstaat verwehren, vorzusehen, dass im Fall eines Betriebsübergangs die Klauseln, die dynamisch auf nach dem Zeitpunkt des Übergangs verhandelte und abgeschlossene Kollektivverträge verweisen, gegenüber dem Erwerber durchgesetzt werden können, wenn dieser nicht die Möglichkeit hat, an den Verhandlungen über die neuen Tarifverträge teilzunehmen (in diese Richtung auch bereits: EuGH 9.3.2006, C-499/04, EzA § 613a BGB 2002 Nr 44 – Werhof). Daraus wird teilweise gefolgert, dass das BAG seine Rspr aufgeben müsse, so dass das Verweisungsobjekt beim Erwerber trotz unbeschränkt-dynamischer Bezugnahmeabrede nur noch statisch gelten würde (etwa: *Willemsen/Grau* NZA 2014, 12; *Lobinger* NZA 2014, 945). Indes spricht viel dafür, dass das BAG auch weiter an seiner Rechtsprechung festhalten kann (so zu Recht: *Forst* DB 2013, 1847; *Mückl* ZIP 2014, 207, 210; *Thüsing* EWiR 2013, 543). Die Entscheidung des EuGH bezieht sich nämlich alleine auf den Sonderfall des englischen Arbeitsrechts, das keine normative Tarifgeltung kraft beiderseitiger Organisationszugehörigkeit kennt. Die Anwendbarkeit eines Tarifvertrags kann nur auf individualrechtlichem Weg herbeigeführt werden. Die »Bezugnahmeabrede« des englischen Rechts bewirkt daher eben jene Tarifgeltung, die im TVG in den §§ 3 und 4 vorgesehen ist. Im deutschen Recht ist sie dagegen ein aliud zur normativen Tarifwirkung und alleine auf der arbeitsvertraglichen Ebene angesiedelt. Zu Recht ordnet sie das BAG daher nicht etwa den tariflichen Arbeitsbedingungen nach § 613a I 2, sondern den individualvertraglichen nach § 613a I 1 zu. Es kommt noch hinzu, dass der EuGH alleine Art. 16 GrCh berücksichtigt, nicht hingegen die damit konkordant abzuwägenden Arbeitnehmerrechte und überdies im Zweifel steht, ob die Grundrechtscharta in diesem Kontext überhaupt Geltung entfaltet, da die »Fortwirkung« von Bezugnahmeklauseln alleine eine Frage des nationalen Rechts ohne Unionsbezug ist (kritisch gegen den EuGH daher auch: *Heuschmid*, AuR 2013, 500; *Jacobs/Frieling*, EuZW 2013, 737).

Zu dieser dynamischen Weitergeltung des Veräußerer-TV kommt es auch dann, wenn im Erwerberbetrieb ein anderer TV Anwendung findet. Das gilt sogar, wenn dieser auf das Arbeitsverhältnis des übernommenen AN normativ anzuwenden ist, sei es, dass AN und Erwerber entspr organisiert sind, sei es, dass der andere TV für allgemein verbindlich erklärt wurde. Ergibt sich danach eine Kollision zwischen dem schuldrechtlich übernommenen Veräußerer-TV und dem normativ geltenden Erwerber-TV, ist diese nach dem **Günstigkeitsprinzip** des § 4 III TVG aufzulösen. Nach der zutreffenden Ansicht des BAG begründet die individualvertragliche Bezugnahme auf einen TV nämlich nicht dessen tarifrechtliche, sondern nur dessen schuldrechtliche Geltung. Sie kann daher nicht zu einer Tarifkonkurrenz führen. Eine Auflösung der sich hier ergebenden »Tarifkollision« nach dem tarifrechtlichen Spezialitätsgrds oder nach I 3 scheidet daher aus (st Rspr zuletzt: BAG 22.2.2012, 4 AZR 24/10, EzA-SD 2012, Nr 14, 14; 17.11.2010, 4 AZR 391/09, EzA § 3 TVG Bezugnahme auf Tarifvertrag Nr 51). Vielmehr kollidieren lediglich schuldrechtlich vereinbarte Arbeitsbedingungen mit einem normativ anwendbaren TV. Der AN kommt daher in den Genuss der Arbeitsbedingungen, die für ihn günstiger sind. Dabei sind im Rahmen des Sachgruppenvergleichs die in einem inneren sachlichen Zusammenhang stehenden Teilkomplexe der unterschiedlichen Regelungen zu vergleichen. Für den Grundfall des Günstigkeitsvergleichs, also für § 4 Abs. 3 TVG, hat das BAG entschieden, dass, wenn nicht zweifelsfrei feststellbar ist, dass die einzelvertragliche Regelung für den Arbeitnehmer günstiger ist, es bei der zwingenden, normativen Geltung des Tarifvertrags verbleibt (BAG 15.4.2015, 4 AZR 587/13, NZA 2015, 1274). Auf die vorliegende Konstellation gewendet bedeutet dies, dass sich im Zweifel der normativ geltende Erwerbertarifvertrag gegen den nur in Bezug genommenen Tarifvertrag durchsetzt.

War der AG zu keinem Zeitpunkt tarifgebunden, ist eine Verweisungsklausel stets als **konstitutive Bezugnahme** auszulegen, es sei denn in ihr wäre ausdrücklich darauf hingewiesen worden, dass sie ihre Dynamik unter bestimmten Umständen verlieren soll, bspw dann, wenn der Betrieb veräußert wird. In diesem Fall ist es unerheblich, wann die Klausel in den Vertrag aufgenommen wurde. Das BAG hatte nämlich einer Bezugnahmeabrede, die ein tarifungebundener AG in den Vertrag aufnimmt, schon immer konstitutive Bedeutung zugemessen. Die bei ihm beschäftigten AN gelangen daher stets in den Genuss des aktuellen TV. Daran muss sich nach § 613a I 1 auch der Erwerber festhalten lassen. Folglich gelten in dieser Konstellation die in Rdn 75 getroffenen Ausführungen entsprechend.

Große dynamische Bezugnahmeabreden (auch **Tarifwechselklauseln**), die bestimmen, dass der »jeweils im Betrieb normativ geltende TV auf das Arbeitsverhältnis« anzuwenden ist, können nach dem Betriebsübergang einen Tarifwechsel herbeiführen, wenn im Erwerberbetrieb ein anderer TV normativ gilt. Vorstellbar sind insoweit folgende Konstellationen: (1.) Der »neue« TV wurde von der Gewerkschaft abgeschlossen, die auch Tarifpartner des »alten« TV war. Ist der Erwerber an diesen tarifrechtlich gebunden, gilt für Gewerkschaftsmitglieder der »andere« TV normativ, für Außenseiter dagegen schuldrechtlich über die Verweisungsklausel. Die **Veränderungssperre** des § 613a I 2 steht dem nicht entgegen, weil die vertragliche Inbezugnahme eines »neuen« TV (§ 613a I 4) auch bereits **vor dem Betriebsübergang** erfolgen kann. Dies ist indes durch die, allerdings recht kryptisch gebliebenen Aussagen des BAG in BAG 21.4.2010, 4 AZR 750/08, EzTöD 200 § 6 Abs 1 TV-L Nr 2; 1.7.2009, 4 AZR 250/08, EzA § 4 TVG Nachwirkung Nr 44; 22.10.2008, 4 AZR 789/07, EzA § 4 TVG Nachwirkung Nr 43 unsicher geworden. (2.) Der »neue« TV wurde von der Gewerkschaft abgeschlossen, die auch Tarifpartner des »alten« TV war. Der Erwerber ist tarifrechtlich weder an den »alten« noch an den »neuen« TV gebunden. Während der »alte« TV – von seinem fachlichen Geltungsbereich her gesehen – eindeutig nicht zur Anwendung auf den Erwerberbetrieb geeignet ist, erfasst der »neue« TV den Erwerberbetrieb passgenau (ggf wird er dort bereits angewandt). Die Tarifwechselklausel führt hier dazu, dass der »neue« TV den nach § 613a I 2 weiter geltenden TV für alle Arbeitsverhältnisse verdrängt. (3.) Im Prinzip gilt Gleiches, wenn der TV, der fachlich für den Erwerberbetrieb einschlägig ist, von einer anderen Gewerkschaft abgeschlossen wurde, als derjenigen, die den »alten« TV abgeschlossen hat. Auch hier gilt über die Tarifwechselklausel der »neue« TV für alle AN des Betriebs schuldrechtlich. Eine Ausnahme ergibt sich insoweit nur für diejenigen AN, die in der »neuen« Gewerkschaft organisiert sind, sollte der Erwerber auch tarifrechtlich an den neuen TV gebunden sein. In diesen Arbeitsverhältnissen gilt der »neue« TV nämlich normativ.

80 Eine derartige große dynamische Verweisungsklausel liegt indes nur dann vor, wenn sich aus dem Wortlaut der Bezugnahmeabrede klar ergibt, dass es sich um eine Tarifwechselklausel handelt. Zu Recht weigert sich die Rspr, kleine dynamische Klauseln entgegen ihrem Wortlaut als große Bezugnahmeklauseln auszulegen (zuletzt: BAG 17.11.2010, 4 AZR 391/09, EzA § 3 TVG Bezugnahme auf Tarifvertrag Nr 51; 9.6.2010, 5 AZR 122/09, nV; 29.8.2007, 4 AZR 767/06, EzA § 3 TVG Bezugnahme auf Tarifvertrag Nr 37). Aber selbst wenn die Abrede offen gefasst ist, kann sie nicht ohne Weiteres als Tarifwechselklausel bewertet werden. Bislang ist die Rspr insoweit zwar außerordentlich großzügig verfahren (BAG 23.3.2005, 4 AZR 203/04, EzA § 4 TVG Tarifkonkurrenz Nr 18; 15.4.2008, 9 AZR 159/07, EzA § 4 TVG Tarifkonkurrenz Nr 21), mit Rücksicht auf die **Unklarheitenregelung** in § 305c wird sich das aber nicht mehr aufrechterhalten lassen. Vielmehr sind inhaltsoffene Abreden als kleine Verweisungsklauseln auszulegen und führen allenfalls dann zu einer Anwendung eines anderen Tarifwerks, wenn sich dieses als günstiger erweist als das bislang im Betrieb geltende (BAG 29.8.2007, 4 AZR 767/06, EzA § 3 TVG Bezugnahme auf Tarifvertrag Nr 37). Mit Rücksicht hierauf, aber auch auf die in Rdn 75 und Rdn 76 geschilderte »ewige Tarifdynamik« sollte der Rechtsanwender **höchste Sorgfalt** auf die **Gestaltung** von Bezugnahmeklauseln verwenden (Formulierungs- und Gestaltungshinweise: *Jacobs* BB 2011, 2037; *Preis/Greiner* NZA 2007, 1073; *Bauer/Günther* NZA 2008, 6; *Bayreuther* Anm BAG AP TVG § 1 Nr 53; *Hanau* RdA 2007, 180; *Hanau/Kania* FS Schaub, 1998, 239; *Giesen* NZA 2006, 625; *Gaul* BB 2000, 1088). Ob große Bezugnahmeklauseln allerdings ohne Weiteres mit §§ 307 I 2, 305c II vereinbar sind, wird im Schrifttum derzeit bestritten (*Hanau/Kania* FS Schaub [1998] S 239: nur zulässig, soweit auf TV verwiesen wird, die von einer anderen DGB-Gewerkschaft abgeschlossen wurden; noch weiter gehende Bedenken: *Reinecke* BB 2006, 2637; *Löwisch/Rieble* TVG § 3 Rn 311 f; BAG 27.6.2005, 3 AZR 255/05, EzA § 1 BetrAVG Ablösung Nr 45; keine Bedenken dagegen haben: *Hromadka/Maschmann/Wallner* Tarifwechsel 1996, 298; *Bauer/Haussmann* DB 2005, 2815; *dies* DB 2003, 610, 613; *Bauer/Günther* NZA 2008, 6; *Preis/Greiner*, NZA 2007, 1073).

81 **6. Weitere betriebsverfassungsrechtliche Fragen.** Wird der Betrieb als Ganzes übertragen, bleibt der **BR** auch beim Erwerber erhalten, vorausgesetzt, der Betrieb verliert mit dem Übergang nicht seine Identität (BAG 8.5.2014, 2 AZR 1005/12, EzA § 1 KSchG Betriebsbedingte Kündigung Nr 180; 5.2.1991, 1 ABR 32/90, EzA § 613a BGB Nr 93; *Nicolai* BB 2006, 1162). Dazu kommt es aber, wenn der übertragene Betrieb **organisatorisch** in einen bestehenden Betrieb **eingegliedert** wird (s aber Rdn 19). In diesem Fall ist der BR des aufnehmenden Betriebs für den neu entstandenen Gesamtbetrieb zuständig, wenn der aufnehmende Betrieb dessen Identität insgesamt prägt (str, wie hier: *Richardi/Thüsing* § 21a Rn 10; aA etwa: *Fitting* § 21b BetrVG Rn 13; *Fischer* RdA 2005, 39). Der alte BR behält aber nach § 21b BetrVG ein »rückwärts gewandtes« **Restmandat** für Regelungsfragen, die die Zeit vor dem Übergang betreffen. Nach § 13 II Nr 1 BetrVG kann im Erwerberbetrieb eine **Neuwahl** erforderlich werden. Grds anderes gilt, wenn beide Betriebe infolge der »**Verschmelzung**« ihre Identität verlieren. In diesem Fall steht dem BR des nach der Zahl der wahlberechtigten AN größeren Betriebs ein Übergangsmandat nach § 21a II BetrVG zu. Wird nur ein **Betriebsteil** übertragen, dieser aber als selbstständige Einheit fortgeführt, kommt dem im Veräußererbetrieb gebildeten BR nach § 21a I BetrVG ein Übergangsmandat für diesen Betriebsteil zu. Dies gilt nicht,

wenn der Betriebsteil durch die Spaltung seine BR-Fähigkeit verliert (§ 21a I 1 BetrVG; DKK/*Buschmann* § 21a BetrVG Rn 33). In diesem Fall steht dem BR des beim Veräußerer verbliebenen Teils aber ein Restmandat entspr § 21b BetrVG zu. Wird der Betriebsteil dagegen in einen Erwerberbetrieb überführt, gelten die zuvor dargestellten Grds entspr. Wollen AG im Umfeld eines Betriebsübergangs eine Kdg aussprechen (zur jeweiligen Kündigungsberechtigung s Rdn 102), haben sie stets »ihren« BR nach § 102 BetrVG anzuhören. Entspr ist für eine Kdg nach dem Zeitpunkt des Betriebsübergangs alleine der BR des Erwerberbetriebs zust. Dies ist also keine Frage des Restmandats eines nach § 21b BetrVG aus dem Veräußererbetrieb »übernommenen« BR. Widerspricht der AN dem Betriebsübergang und kündigt daraufhin der Veräußerer das Arbeitsverhältnis, ist ausschließlich der dortige BR anzuhören. Besteht dort kein Betrieb und damit kein BR mehr, entfällt die Anhörung. Es bedarf also keiner Anhörung eines im übergegangenen Betrieb etwa fortbestehenden BR. Dieser besitzt insoweit weder ein Übergangs- noch ein Restmandat (BAG 8.5.2014, 2 AZR 1005/12, EzA § 1 KSchG Betriebsbedingte Kündigung Nr 180).

Werden sämtliche Betriebe eines Unternehmens auf einen einzigen Erwerber übertragen, so besteht das Mandat eines **Gesamtbetriebsrats** (GBR) fort, es sei denn, der Erwerber unterhält seinerseits einen oder mehrere Betriebe, in denen ein BR besteht (offengelassen: BAG 5.6.2002, 7 ABR 17/01, EzA § 47 BetrVG 1972 Nr 9). Werden sämtliche oder einzelne Betriebe eines Unternehmens übertragen und unterhält der Erwerber bereits einen Betrieb, ist für das Erwerberunternehmen dort ein neuer GBR zu bilden. Werden sämtliche oder einzelne Betriebe eines Unternehmens übertragen und unterhält der Erwerber bereits mehrere Betriebe, für die ein GBR bestellt wurde, entsenden die AN der übertragenen Betriebe die nach § 47 II BetrVG erforderliche Anzahl von Mitgliedern in den GBR des Erwerbers, der sich entspr vergrößert (BAG 16.3.2005, 7 ABR 37/04, EzA § 51 BetrVG 2001 Nr 2). Vergrößert sich dadurch auch die Zahl der Mitglieder des Gesamtbetriebsausschusses, sind alle »weiteren Mitglieder« des **Gesamtbetriebsausschusses** (§ 51 I 2 BetrVG) nach dem Prinzip der Verhältniswahl neu zu wählen. Ein Nachrücken von Ersatzmitgliedern oder eine Nachwahl, beschränkt auf die zusätzlichen Sitze, ist unzulässig (BAG 16.3.2005, 7 ABR 37/04, EzA § 51 BetrVG 2001 Nr 2). Werden nur einzelne Betriebe übertragen und unterhält der Erwerber selbst keinen Betrieb, behält der im Veräußererunternehmen gebildete GBR ein Übergangsmandat entspr § 21a I BetrVG übertragenen Betriebe. Wird nur ein einziger Betrieb oder ein Betriebsteil übertragen und unterhält der Erwerber selbst keinen Betrieb, steht dem GBR ein Restmandat in Entsprechung des § 21b BetrVG zu (DKK/*Trittin* § 47 BetrVG Rn 11). 82

Der Übergang eines Betriebs stellt für sich alleine keine **Betriebsänderung** iSd §§ 111 ff BetrVG dar, weil lediglich der Inhaber des Betriebs wechselt, die Beschäftigungsstelle als solche aber erhalten bleibt und die betroffenen AN infolge des § 613a dort auch zu den bisherigen Arbeitsbedingungen beschäftigt bleiben (hM und st Rspr, zuletzt BAG 11.11.2010, 8 AZR 169/09;; 21.10.1980, 1 AZR 145/79, EzA § 111 BetrVG 1972 Nr 12; LAG Nürnberg 31.8.2005, 6 TaBV 41/05, NZA-RR 2006, 137; aA DDK/*Däubler* § 111 BetrVG Rn 102). Dagegen stellt die Übertragung eines Betriebsteils im Regelfall eine Betriebsänderung dar, weil sie meist zu einer Spaltung der bisherigen Betriebsorganisation iSd § 111 S 3 BetrVG führt. Unerheblich ist die Funktion oder Größe des abgespaltenen Betriebsteils und ebenso, ob die Schwellenwerte des § 17 KSchG erreicht werden (BAG 10.12.1996, 1 ABR 32/96, EzA § 111 BetrVG 1972 Nr 35), soweit es sich um keine Bagatellausgründung handelt (offengelassen durch BAG 10.12.1996, 1 ABR 32/96, EzA § 111 BetrVG 1972 Nr 35). 83

Erschöpft sich der Übergang eines Betriebs jedoch nicht alleine im Inhaberwechsel, sondern ist er mit Maßnahmen verbunden, die als solche einen der Tatbestände des § 111 BetrVG erfüllen, liegt eine **Betriebsänderung** vor, die auch eine **Sozialplanpflicht** auslösen kann (BAG 25.1.2000, 1 ABR 1/99, EzA § 112 BetrVG 1972 Nr 106). Dazu kann es etwa im Fall eines Personalabbaus aufgrund eines Sanierungskonzepts des Erwerbers kommen (§§ 111 S 3 Nr 1, 112a I BetrVG, s.a. Rdn 109 f). Unzureichend ist aber der Verlust der Chance auf die Erzwingbarkeit eines Sozialplans, etwa weil der Betrieb auf ein neu gegründetes Unternehmen iSd § 112a II BetrVG übergeht (*Reichold* RdA 2007, 372; offengelassen in BAG 27.6.2006, 1 ABR 18/05, EzA § 112a BetrVG 2001 Nr 2). Entspr ist ein durch Spruch der Einigungsstelle erzwungener Sozialplan rechtswidrig, wenn bei seiner Aufstellung keine Nachteile iSd § 112 I 2, V 2 Nr 1 BetrVG zu erwarten waren, welche die vorgesehenen Ausgleichs- oder Milderungsmaßnahmen, wie zB Abfindungen rechtfertigen konnten (BAG 25.1.2000, 1 ABR 1/99, EzA § 112 BetrVG 1972 Nr 106). Ansprechpartner des BR ist derjenige der beteiligten AG, der die betreffende Maßnahme plant bzw durchführt. 84

Davon unabhängig hat der Betriebsveräußerer den **Wirtschaftsausschuss** umfassend über eine Betriebsveräußerung zu unterrichten und diese mit ihm zu beraten (§ 106 II, III Nr 10 BetrVG; SprA: § 32 I SprAuG). Die Unterrichtung hat so rechtzeitig zu erfolgen, dass der Wirtschaftsausschuss bzw der von diesem unterrichtete BR noch Einfluss auf die entspr Planungen des AG nehmen könnte (BAG 22.1.1991, 1 ABR 38/89, EzA § 106 BetrVG 1972 Nr 14). Auch den Erwerber trifft eine Unterrichtspflicht (HWK/*Willemsen*/ 85

Müller-Bonanni § 613a Rn 293; ErfK/*Preis* § 613a Rn 90). Ist kein Wirtschaftsausschuss eingerichtet, gehen die Unterrichtungsansprüche nicht auf den BR über (HWK/*Willemsen/Müller-Bonanni* § 613a Rn 293). Ein Unterrichtungsanspruch des BR folgt auch nicht aus §§ 2, 74 I, 80 II BetrVG (aA *Fitting* § 80 BetrVG Rn 52; DKK/*Buschmann* § 80 BetrVG Rn 73: Unterrichtung des BR nach § 80 II BetrVG und ggf auch des Wirtschaftsausschusses). Anderes gilt nur, wenn durch den Übergang einzelfallabhängig ein konkretes Mitbestimmungsrecht des BR (wie etwa das Beratungsrecht nach § 92 I BetrVG) ausgelöst wird (LAG Nürnberg 31.8.2005, 6 TaBV 41/05, NZA-RR 2006, 137). Dessen ungeachtet wird eine freiwillige Information des BR für den AG freilich häufig von Vorteil sein. Widersprechen AN dem Betriebsübergang, bleiben sie dem Veräußererbetrieb zugeordnet (Rdn 140 ff, 149 ff) und zählen dort bei der Berechnung der Schwellenwerte nach § 112a BetrVG mit.

86 **D. Haftung von Veräußerer und Erwerber. I. Haftung im Außenverhältnis.** II regelt die Haftung des alten und des neuen Betriebsinhabers für Ansprüche der vom Betriebsübergang betroffenen AN, sowie die Verteilung des Haftungsrisikos zwischen den am Übergang beteiligten AG.

87 **1. Nachhaftung des Veräußerers.** Nach II haften Veräußerer und Erwerber dem AN als **Gesamtschuldner** (§§ 421 ff) für die Erfüllung von Ansprüchen, die vor dem Betriebsübergang entstanden und spätestens 1 Jahr nach dem Betriebsübergang fällig geworden sind. Anlass hierfür ist, dass der Erwerber mit dem Betriebsübergang zum alleinigen Vertragspartner des AN und damit auch zu dessen alleinigen Schuldner wird. Der AN könnte sich also nur noch an den Erwerber halten und zwar auch im Hinblick auf Ansprüche, die bereits vor dem Betriebsübergang fällig geworden sind. Dies wäre für den AN insb dann nicht hinnehmbar, wenn der Erwerber nicht über dieselbe Leistungsfähigkeit wie der Veräußerer verfügt. Die angeordnete Haftungsverteilung ist **zwingend**, kann also nicht zum Nachteil des AN abgeändert werden. Das BAG (19.3.2009, 8 AZR 722/07, EzA § 613a BGB 2002 Nr 108) hält daher bereits einen zwischen Veräußerer und AN abgeschlossenen **Erlassvertrag** für unwirksam, mit dem ein AN anlässlich eines bevorstehenden Betriebsübergangs auf rückständiges Weihnachts- und Urlaubsgeld verzichtet. Umgekehrt ist es den Beteiligten aber natürlich möglich, dem AN eine erweiterte Haftung zuzusichern. Eine Haftungsbeschränkung wird aber nicht dadurch wirksam, dass sie mit einer Haftungserweiterung des anderen am Betriebsübergang beteiligten Unternehmens kompensiert wird. Vielmehr ist eine solche Bestimmung nach § 139 meist insgesamt unwirksam.

88 § 613a II lässt **andere gesetzliche Nachhaftungsregelungen** unberührt. § 613a will einen Mindestschutz für AN in Fällen eines Betriebsübergangs etablieren, nicht aber bestehende Gläubigerrechte einschränken. Die AN können insoweit kaum schlechter gestellt werden als andere Unternehmensgläubiger. Sie können daher insb auf die §§ 26 I, 28 III HGB zurückgreifen, die eine Nachhaftung des Kaufmanns für Verbindlichkeiten anordnen, die vor Ablauf von 5 Jahren nach der Veräußerung seines Handelsgeschäfts fällig geworden und gerichtlich geltend gemacht worden sind (BAG 23.1.1990, 3 AZR 171/88, EzA § 28 HGB Nr 1; ErfK/*Preis* § 613a Rn 141 ff; aA: MüKo-HGB/*Lieb* § 25 Rn 127 ff; *Lieb* GmbHR 1994, 657, 662). Das gilt, obwohl derart die AN, die bei einem Einzelkaufmann beschäftigt waren, besser gestellt werden als diejenigen, die etwa durch eine Kapitalgesellschaft angestellt waren. Auch bleibt es bei der Nachhaftung einer Handelsgesellschaft nach §§ 159, 160 HGB, die eintreten kann, wenn die Gesellschaft aufgelöst wird, es aber im Anschluss an die Veräußerung der Betriebsmittel zu einer Betriebsfortführung durch den Betriebsmittelerwerber kommt (Rdn 22 f, 107 f). Vorrangig vor § 613a sind die umwandlungsrechtlichen Nachhaftungstatbestände der §§ 22, 45, 133 und 134 UmwG (hM ErfK/*Oetker* § 324 UmwG Rn 5; HWK/*Willemsen/Müller-Bonanni* § 613a Rn 301; Kallmeyer/*Kallmeyer* § 133 UmwG Rn 11; Lutter/*Joost* § 324 UmwG Rn 36). Mithin kommt es zu einer 5- (ggf auch 10-)jährigen Nachhaftung, wenn eine Personengesellschaft im Zuge der Umwandlung in eine Kapitalgesellschaft erlischt oder wenn eine Umwandlung durch Ausgliederung des Vermögens bzw durch Abspaltung erfolgt.

89 Den bisherigen Betriebsinhaber trifft die volle **Nachhaftung** für Ansprüche, die bereits **vor dem Betriebsübergang fällig** geworden sind, § 613a II 1. Darüber hinaus haftet er für Ansprüche, die zwar schon vor dem Betriebsübergang entstanden, aber erst **binnen Jahresfrist** danach fällig werden. Für diese hat er aber nur **zeitanteilig** entspr dem zum Übertragungszeitraum abgelaufenen Bemessungszeitraum einzustehen (BAG 22.6.1978, 3 AZR 832/76, EzA § 613a BGB Nr 19). Bsp: zum 31.12. fällige Jahressonderzahlung, Betriebsübergang am 30.6. – Haftung zu 50 %. Der Veräußerer soll nämlich nicht für Ansprüche des AN in die Haftung genommen werden, wenn er dafür keine Gegenleistung erhalten hat.

90 **2. Haftung des Erwerbers.** Der Erwerber haftet für alle Ansprüche des AN **in vollem Umfang** und zwar unabhängig davon, ob sie vor oder nach dem Betriebsübergang entstanden oder fällig geworden sind. § 613a tritt dabei neben die Haftung eines (Unternehmens-) Erwerbers nach anderen gesetzlichen Bestimmungen

(Rdn 88), wie etwa denen der §§ 25 I und 28 HGB (BAG 23.1.1990, 3 AZR 171/88, EzA § 28 HGB Nr 1) oder der des früheren § 419 aF (aufgehoben mit Wirkung zum 1.1.1999, Art 223a EGBGB). Anderes gilt indes in der **Insolvenz**. Wurde der Betrieb **nach** Eröffnung des Insolvenzverfahrens erworben, hat der Erwerber nicht für als Insolvenzforderung geltend zu machende Ansprüche einzustehen, die bis zum Tag des tatsächlichen Betriebsübergangs entstanden sind, da die Verteilungsgrds des Insolvenzverfahrens dem Haftungsregime des § 613a (und ebenso dem der §§ 25, 28, 159 f HGB) vorrangig sind (BAG 20.9.2006, 6 AZR 215/06, BB 2007, 401; 19.4.2005, 3 AZR 469/04, EzA § 1b BetrAVG Nr 3; 20.6.2002, 8 AZR 459/01, EzA § 613a BGB Nr 211). Dagegen hat der Erwerber für Masseverbindlichkeiten (§§ 55 I Nr 2, 209 II Nr 3 InsO) aufzukommen (BAG 19.5.2005, 3 AZR 649/03, EzA § 613a BGB 2002 Nr 33), wobei offen ist, ob dies auch für solche gilt, die nach der etwaigen Anzeige einer Massezulänglichkeit entstanden sind. Zudem hat er für Sonderzahlungen aufzukommen, die bei ihm fällig werden und zwar auch dann, wenn der AN sich diese teilw noch im Veräußerbetrieb erdient hat.

Urlaub kann nur durch den Betriebserwerber geleistet werden, da er in Form der Freistellung von der Arbeitsleistung bei Fortzahlung des Arbeitsentgelts zu gewähren ist. Eine Inanspruchnahme des früheren Betriebsinhabers hierfür ist aus der Natur der Sache heraus ausgeschlossen (zutreffend *Leinemann/Lipke* DB 1988, 1217, 1221). Anderes gilt dagegen für ein zusätzliches **Urlaubsgeld**, für das der Erwerber ganz und der Veräußerer entspr den oben dargestellten Grds anteilig (Rdn 89) einzustehen hat. Auch besteht eine anteilige Mithaftung des Veräußerers für das Urlaubsentgelt (s.a. Rdn 100), sowie für etwaige Schadensersatzansprüche des AN wegen Nichtgewährung des Urlaubs durch den Veräußerer (§§ 283, 281 I 2 und 3, 287 S 2, 249), soweit diese nicht als Naturalrestitution in Form von Gewährung bezahlter Freizeit, sondern ausnahmsweise als Geldersatz zu leisten sind. Gleiches gilt, wenn das Arbeitsverhältnis nach dem Betriebsübergang endet und dem AN nicht genommener Urlaub nach § 7 IV BUrlG abzugelten ist (OLG Frankfurt/M 17.2.1983, 1 und 127/82, AP BGB § 613a Nr 33; ErfK/*Preis* § 613a Rn 137). Zwar erweisen sich diese Ersatzansprüche allesamt als Surrogat des originär auf Gewährung von Freizeit gerichteten Urlaubsanspruchs, für den der frühere Inhaber an sich nicht einstehen muss. Indes geht es hier jeweils um die Leistung von Geld, die der Erwerber ohne Weiteres erbringen kann und die sich der AN bei ihm anteilig erdient hat. Daher kommt ein Rückgriff auf die Unmöglichkeitsregelung des § 275 hier jedenfalls nicht in Betracht (zum Verhältnis von § 613a, den einschlägigen EU-RL – s Rdn 2 – und § 275: *Tappert* NZA 2002, 1188, 1190). Zum Innenverhältnis von Veräußerer und Erwerber s Rdn 100. 91

Hat der AN **Ausschlussfristen** einzuhalten, so können sich sowohl der Erwerber als auch der Veräußerer darauf berufen, dass der AN diese versäumt hat. Dabei werden Zeiten, die der AN bereits beim Veräußerer »zurückgelegt« hat, dem Erwerber angerechnet. 92

Nach einer älteren Rspr des BAG sollten **Ausschlussfristen**, die auf die **Beendigung des Arbeitsverhältnisses** abstellen, für bis zum Zeitpunkt des Betriebsübergangs entstandene Ansprüche mit dem Betriebsübergang anlaufen (BAG 10.8.1994, 10 AZR 937/93, EzA § 4 TVG Ausschlussfristen Nr 105). Diese Ansicht führte zu einer deutlichen Verkürzung der Haftung des Veräußerers, vor allem aber der des Erwerbers und wurde daher durch das Schrifttum heftig bekämpft. Der Streit hat sich aber faktisch erledigt, da **formularmäßig vereinbarte Ausschlussfristen** frühestens mit dem Zeitpunkt der Fälligkeit des Anspruchs anlaufen dürfen (BAG 1.3.2006, 5 AZR 511/05, AP BGB § 307 Nr 10). Anderslautende Formularklauseln sind unwirksam. Die frühere Rspr hat daher allenfalls noch Bedeutung für (kaum vorstellbare) Individualabreden und solche Regelungen, die explizit vorsehen, dass bereits fällige Ansprüche innerhalb einer angemessenen Frist nach Beendigung des Arbeitsverhältnisses geltend zu machen sind. 93

3. Versorgungsanwartschaften aktiver AN, beendete Arbeitsverhältnisse. Eine Haftung des Betriebserwerbers kommt dann nicht in Betracht, wenn das Arbeitsverhältnis zum Zeitpunkt des Betriebsübergangs nicht mehr bestand, weil **beendete Arbeitsverhältnisse** nicht auf den Erwerber übergehen (s Rdn 41). § 613a soll den Bestand von Arbeitsplätzen absichern, nicht aber die Erfüllung von Verbindlichkeiten von Nicht(mehr)-AN. Kommt es indes zu einer Einstandspflicht des Erwerbers nach §§ 25, 28 und 159 HGB (Rdn 88), kann sich hierauf natürlich auch ein ausgeschiedener AN berufen. Zudem kann der Erwerber ggü dem Veräußerer oder dem AN einen Schuldbeitritt erklären. Darüber hinaus können sämtliche Beteiligte dreiseitig eine schuldbefreiende Haftungsübernahme des Erwerbers vereinbaren (§§ 415, 328 f). 94

Der Erwerber haftet daher nicht für **Provisionsansprüche** ausgeschiedener AN, und zwar selbst dann nicht, wenn erst er das vermittelte Geschäft ausführt (BAG 11.11.1986, 3 AZR 179/85, EzA § 613a BGB Nr 60). 95

Beim Veräußerer verdiente **Versorgungsanwartschaften** aktiver AN gehen nach § 613a auf den Erwerber über und zwar unabhängig davon, wie sie rechtlich ausgestaltet und ob sie verfall- oder unverfallbar sind (BAG 19.4.2005, 3 AZR 469/04, EzA § 1b BetrAVG Nr 3; 18.3.2003, 3 AZR 313/02, EzA § 7 BetrAVG Nr 68). In der Folge wird der Veräußerer mit dem Betriebsübergang von der Erbringung der 96

Versorgungsleistung in den Grenzen seiner Nachhaftung nach § 613a II frei. Wird allerdings ein Betrieb aus einer **Insolvenz** heraus erworben, sind die in Rdn 90 dargestellten Besonderheiten zu beachten. Der Erwerber haftet daher nur für den Teil der Versorgungsansprüche, die ab dem Tag des Betriebsübergangs entstanden sind; Ansprüche für die Dienstzeiten beim Veräußerer sind dagegen als Insolvenzforderung geltend zu machen oder gegen den Pensionssicherungsverein (§ 7 II BetrAVG) zu richten (BAG 19.5.2005, 3 AZR 649/03, EzA § 613a BGB 2002 Nr 33). Darüber hinaus gilt auch in Bezug auf Versorgungsanwartschaften, dass der Erwerber grds nicht verpflichtet ist (Rdn 44, 53, 54) bei der Gewährung und Berechnung **eigener Leistungen** Vorbeschäftigungszeiten der übernommen AN im Veräußererbetrieb anzurechnen (BAG 19.4.2005, 3 AZR 469/04, EzA § 1b BetrAVG Nr 3). Im Fall einer qualifizierten Wartezeitregelung ist der neue AG frei, den aufgenommenen Mitarbeitern zwar eine betriebliche Altersversorgung zu versprechen, diese jedoch von der Leistung einer Dienstzeit im eigenen Unternehmen abhängig zu machen. Er kann daher auch übernommene Mitarbeiter, die im Zeitpunkt des Betriebsübergangs älter als bspw 55 Jahre sind, von der Versorgungszusage ausschließen. Dies dürfte nach der neueren Rspr des EuGH und des BAG auch mit §§ 7, 3 I AGG vereinbar sein (§§ 2 II 2, 8, 10 AGG, vgl EuGH 23.9.2008, C-427/06, EzA Richtlinie 2000/78 EG-Vertrag 1999 Nr 7 – Bartsch; BAG 29.4.2008, 3 AZR 266/06, NZA 2008, 1417; 11.12.2007, 3 AZR 249/06, EzA § 2 AGG Nr 1).

97 Der Anspruch des AN auf Auskunft über die Höhe (ua) einer Anwartschaft aus einer betrieblichen Altersversorgung (§ 4a BetrAVG) besteht nach einem Betriebsübergang alleine ggü dem Erwerber, soweit der AN bei diesem noch in einem aktuellen Arbeitsverhältnis steht bzw erst bei diesem aus dem aktiven Dienst ausgeschieden ist (BAG 22.5.2007, 3 AZR 357/06, NZA 2007, 1285). Ein Auskunftsanspruch gegen den Veräußerer ergibt sich auch nicht aus § 613a V. Die Regelung verpflichtet den Veräußerer nur, den AN über die Folgen eines Betriebsübergangs zu informieren, nicht aber über Ansprüche aus der betrieblichen Altersvorsorge, die unabhängig vom Betriebsübergang entstehen. Ausnahmsweise kann sich allerdings aus § 242 ein Auskunftsanspruch gegen den Veräußerer ergeben, wenn der AN keine zuverlässige Auskunft durch den Erwerber erhält, der Veräußerer hingegen die Auskunft ohne größeren Aufwand erteilen kann und der AN ein berechtigtes Interesse an der Erteilung der Auskunft hat, zB um Ansprüche gegen den Erwerber durchzusetzen. Überdies kann sich uU ein Auskunftsanspruch gegen den Veräußerer auch dann ergeben, wenn die betriebliche Zusatzversorgung mit dem Betriebsübergang ohne Nachwirkung endet und lediglich die erdienten Anwartschaften auf den Erwerber übergehen (BAG 22.5.2007, 3 AZR 834/05, EzA § 2 BetrAVG Nr 29).

98 Der Erwerber übernimmt die jeweiligen Versorgungslasten auch dann, wenn der Veräußerer sich einer **Unterstützungskasse** bedient hatte. Indes bewirkt § 613a keinen automatischen Übergang der Unterstützungskasse; hierzu bedarf es vielmehr einer bes vertraglichen Vereinbarung zwischen Veräußerer und Erwerber. Fehlt es daran, kann der Erwerber die übernommenen AN nicht an die Unterstützungskasse des Veräußerers verweisen.

99 § 613a führt zu keiner Haftung des Erwerbers für **Versorgungsansprüche von Betriebsrentnern** (Rdn 41, 94; BAG 22.2.2005, 3 AZR 499/03 (A), EzA § 126 UmwG Nr 1; 23.3.2004, 3 AZR 151/03, EzA § 613a BGB 2002 Nr 22; *Klose/Klose* RdA 2006, 48, 50). Zu ihr kommt es nur, wenn der Erwerber der Haftung des Veräußerers beitritt (Rdn 94). Möglich ist auch eine den Veräußerer entpflichtende schuldbefreiende Haftungsübernahme des Erwerbers. Diese bedarf selbstredend der Zustimmung der betroffenen AN (§ 4 I BetrAVG; BAG 22.2.2005, 3 AZR 499/03 (A), EzA § 126 UmwG Nr 1; 18.3.2003, 3 AZR 313/02, EzA § 7 BetrAVG Nr 68). Hiergegen wird allerdings eingewandt, dass eine Übertragung nach der Neufassung des § 4 BetrAVG ausgeschlossen sein soll, weil danach nur eine Übertragung auf den »neuen AG« in Betracht kommt, der Erwerber aber nicht AG für die bereits ausgeschiedenen AN wird (*Blomeyer/Rolfs/Otto* Anh. § 1 BetrAVG Rn 335; iErg ähnlich: HWK/*Willemsen/Müller-Bonanni* § 613a Rn 238). Schließlich können Versorgungsverbindlichkeiten ausgeschiedener AN im Zuge einer Umwandlung iSd UmwG auf eine neu gegründete Gesellschaft übergehen (BAG 11.3.2008, 3 AZR 358/06, EzA § 4 BetrAVG Nr 7; zu den Einzelheiten der Gründung einer »Rentnergesellschaft«: *Kleffmann/Reich* BB 2009, 214, 215 ff). Ist dies der Fall, kann der Versorgungsempfänger dem Übergang nicht mehr nach § 613a VI widersprechen. Dies folgt bereits daraus, dass der Betriebsrentner nicht mehr AN ist, sodass auf sein Rechtsverhältnis zum Veräußerer § 613a keine Anwendung findet (st Rspr BAG 17.6.2014, 3 AZR 298/13, EzA § 16 BetrAVG Nr 69; 11.3.2008, 3 AZR 358/06, EzA § 4 BetrAVG Nr 7; s.a. Rdn 140). Ebenso scheidet ein Widerspruch nach § 4 BetrAVG oder §§ 414, 415 BGB aus (BAG 11.3.2008, 3 AZR 358/06, EzA § 4 BetrAVG Nr 7; 22.2.2005, 3 AZR 499/03, EzA § 126 UmwG Nr 1).

100 **II. Haftungsverteilung im Innenverhältnis. 1. Grundsatz.** Die Haftungsverteilung im Innenverhältnis zwischen Veräußerer und Erwerber richtet sich zwar grds nach § 426 I 1. Indes wird bei Betriebsveräußerung

davon ausgegangen, dass, soweit im Übernahmevertrag nicht ohnehin ein anderes bestimmt ist, aus der Natur der Sache heraus die Haftung nach dem zum Fälligkeitszeitpunkt abgelaufenen Bemessungszeitraum aufzuteilen ist (ErfK/*Preis* § 613a Rn 137; Staudinger/*Annuß* § 613a Rn 305; eingehender zur dogmatischen Begründung: *Löwisch* ZIP 1986, 1101, 1102). Der Veräußerer hat danach für alle bis zum Übergang fällig gewordenen Ansprüche aufzukommen und für alle später fällig gewordenen Ansprüche mit dem Anteil, mit dem er dem AN im Außenverhältnis ggü verpflichtet gewesen wäre (Rdn 89). Dieser Grds findet auch auf vom Erwerber geleisteten **Urlaub** Anwendung. Erfüllt der Erwerber Urlaubsansprüche der übernommenen AN durch Gewährung bezahlter Freizeit, so erwächst ihm insoweit ein Erstattungsanspruch gegen den alten Inhaber als der Urlaubsanspruch bereits vor der Betriebsübernahme entstanden war (BGH 25.3.1999, III ZR 27/98, EzA § 613a BGB Nr 180; 4.7.1985, IX ZR 172/84, AP BGB § 613a Nr 50; aA OLG Frankfurt/M 17.2.1983, 1 und 127/82, AP BGB § 613a Nr 33). Dass insoweit der den beiden Gesamtschuldnern vom AN abverlangte Leistungsinhalt nicht völlig identisch ist (einerseits Freizeitgewährung und Entgelt, andererseits Ausgleichszahlung), ist nach dem Recht der Gesamtschuld unerheblich. Der Gesamtschuldausgleich tritt ein, sobald die Verpflichtung im Außen- und Innenverhältnis eine an der Grenze zur inhaltlichen Gleichheit liegende enge Verwandtschaft aufweisen (BGH 1.2.1965, GSZ 1/64, Z 43, 227/234).

2. Unanwendbarkeit nach § 613a III. Das Haftungsregime des II kommt nicht zur Anwendung, wenn eine juristische Person durch umwandlungsrechtliche Verschmelzung oder Vermögensübertragung erlischt. Diese Regelung ist aber letztlich überflüssig, da die Ausgangsgesellschaft dann ohnehin zu existieren aufhört und daher nicht mehr als Haftungsträger zur Verfügung steht. Hier kann zwangsläufig nur der neue bzw aufnehmende Rechtsträger als Gesamtrechtsnachfolger der früheren Gesellschaften in die Haftung genommen werden. Zur Anwendbarkeit der §§ 45, 133 und 134 UmwG neben § 613a (Rdn 88). 101

E. Kündigung von Arbeitsverhältnissen. I. Allgemeines. Bis zum Betriebsübergang ist alleine und ausschließlich der Veräußerer zur Kdg befugt. Umgekehrt geht eine Kdg des Betriebsveräußerers nach Betriebsübergang ins Leere (BAG 20.3.2014, 8 AZR 1/13, EzA § 613a BGB 2002 Nr 152). Ist das Arbeitsverhältnis übergegangen und möchte der Erwerber eine Kdg aussprechen, ist der BR im Erwerberbetrieb anzuhören. Widersprechen einzelne AN dem Übergang ihres Arbeitsverhältnisses auf den Betriebserwerber, ist umgekehrt alleine der Veräußerer kündigungsbefugt. Zur prozessualen Fragen in diesem Zusammenhang s Rdn 117; zur Anhörung des BR s Rdn 81. 102

Die Kdg des Arbeitsverhältnisses wegen des Betriebsübergangs ist unwirksam und zwar unabhängig davon, ob sie durch den Veräußerer oder den Erwerber erfolgt. Mit dieser Regelung soll verhindert werden, dass der Bestandsschutz des I durch die Kdg des Arbeitsverhältnisses unterlaufen wird. Zum Erhalt des beim Erwerber erdienten Kdg-Schutzes: s Rdn 52. 103

Das Kdg-Verbot nach IV erstreckt sich auf **alle** vom Betriebsübergang betroffenen **Arbeitsverhältnisse**. Unerheblich ist, ob das KSchG Anwendung findet und damit, ob die Wartezeit des § 1 I KSchG oder die Kleinbetriebsklausel des § 23 KSchG erfüllt ist. Der Kdg-Schutz nach IV erfasst zudem sämtliche Kdg-Arten und damit ordentliche Beendigungs-Kdg ebenso wie außerordentliche Kdg oder Änderungs-Kdg. Es trifft den Veräußerer genauso wie den Erwerber. Das Kdg-Verbot des § 613a gilt auch im **Insolvenzverfahren** (st Rspr: BAG 29.9.2005, 8 AZR 647/04, EzA § 1 KSchG Betriebsbedingte Kündigung Nr 140; 20.3.2003, 8 AZR 97/02, EzA § 613a BGB 2002 Nr 9). Dem Insolvenzverwalter bleiben aber die übrigen Kdg-Erleichterungen in der Insolvenz (§§ 113, 120–122, 125–127 InsO) erhalten (s.a. Rdn 122).

IV 1 erfasst über seinen eigentlichen Anwendungsbereich hinaus auch Gestaltungen, mit denen eine Umgehung des Kdgverbots versucht wird. Entspr kann ein Arbeitsverhältnis nicht **aufschiebend bedingt** bis zu einem geplanten Betriebsübergang abgeschlossen oder bis dahin zweck- oder **zeitbefristet** werden. Auch kann eine Befristung nicht mit Hinweis auf einen bevorstehenden Betriebsübergang sachlich gerechtfertigt (§ 14 I TzBfG) werden (BAG 2.12.1998, 7 AZR 597/97, AP BGB § 620 Befristeter Arbeitsvertrag Nr 207). Das gilt, obgleich der Gesetzgeber mit Erlass des TzBfG das Befristungsrecht dogmatisch vom Kdg-Schutzrecht abgekoppelt hat. Unschädlich ist dagegen, wenn andere Gründe, die eine Befristung rechtfertigen, mit dem Betriebsübergang zusammentreffen. 104

Unwirksam sind zudem **Aufhebungsverträge** oder **Eigen-Kdg**, zu denen der Veräußerer oder der Erwerber den AN mit dem Versprechen veranlasst, ihn anschließend (wenngleich ggf zu geänderten Bedingungen) wieder einzustellen oder es für den AN nach den gesamten Umständen klar gewesen ist, dass er vom Betriebserwerber eingestellt werde (BAG 25.10.2012, 8 AZR 575/11, EzA § 613a BGB 2002 Nr 138; 21.5.2008, 8 AZR 481/07, EzA § 613a BGB 2002 Nr 96). Diese Umstände hat der AN näher darzulegen und gegebenenfalls zu beweisen. Gleiches gilt, wenn die AN zu einem Widerspruch gegen den Übergang ihres Arbeitsverhältnisses gedrängt werden (VI) und ihnen der Erwerber anschließend den Abschluss eines neuen Arbeitsverhältnisses anbietet. Unwirksam ist ein Aufhebungsvertrag auch, wenn der AG den AN 105 darüber täuscht, dass ein Betriebsübergang geplant ist, indem er ihm wahrheitswidrig vorspiegelt, der Betrieb solle stillgelegt werden (BAG 23.11.2006, 8 AZR 349/06, EzA § 613a BGB 2002 Nr 61). War dem AN im Aufhebungsvertrag eine Abfindung angeboten, entfällt diese nach § 139 mit der Unwirksamkeit des Aufhebungsvertrags. Zulässig sind dagegen Aufhebungsverträge, die im Zusammenhang mit der Überleitung der Beschäftigungsverhältnisse auf eine **Beschäftigungs- und Qualifizierungsgesellschaft** abgeschlossen werden (BAG 18.8.2011, 8 AZR 312/10, EzA § 613a BGB 2002 Nr 128; 23.11.2006, 8 AZR 349/06, EzA § 613a BGB 2002 Nr 61; 18.8.2005, 8 AZR 523/04, EzA § 613a BGB 2002 Nr 40; *Fuhlrott* NZA 2012, 549; *Gaul/Ludwig* DB 2011, 298, 300; krit ErfK/*Preis* § 613a Rn 159; *Willemsen* NZA 2013, 242). Die beteiligten AG versuchen hier nämlich nicht, die Kontinuität des Inhalts des Arbeitsverhältnisses zu beseitigen, obwohl der fragliche Arbeitsplatz als solcher erhalten bleibt. Vielmehr entscheiden sich die AN für die Eingehung eines anderen Arbeitsverhältnisses. Das muss ihnen schon im Hinblick auf die Unsicherheiten über den Fortbestand ihrer Arbeitsplätze beim Erwerber möglich sein. Die Vereinbarung muss aber auf das endgültige Ausscheiden des Arbeitnehmers aus dem Betrieb gerichtet sein. Sie ist daher nicht zulässig, wenn der AN nur kurze Zeit durch die Qualifizierungsgesellschaft »durchgeleitet« wird (besonders krasser Fall etwa BAG 25.10.2012, 8 AZR 572/11, EzA-SD 2012, Nr 23, 11: Zuordnung zur Qualifizierungsgesellschaft für nur eine halbe Stunde) oder wenn ein späterer Erwerber dem AN bereits vor Eintritt in die Beschäftigungsgesellschaft neue Arbeitsverhältnisse in Aussicht gestellt hat (BAG 25.10.2012, 8 AZR 572/11, EzA-SD 2012, Nr 23, 11; 18.8.2011, 8 AZR 312/10, EzA § 613a BGB 2002 Nr 128).

106 Unwirksam ist eine Kdg nach IV jedoch nur, wenn sie »wegen« des Betriebsübergangs erfolgt. Das erfordert zwar nicht zwingend, dass der Betriebsübergang im nahen zeitlichen Zusammenhang mit dem Ausspruch der Kdg stattfinden muss. Vielmehr kann das Kdg-Verbot des § 613a IV sehr wohl auch dann eingreifen, wenn die Kdg erst nach dem Betriebsübergang ausgesprochen wird (BAG 27.10.2005, 8 AZR 568/04, EzA § 613a BGB 2002 Nr 42; 28.10.2004, 8 AZR 391/03, EzA § 1 KSchG Soziale Auswahl Nr 56). Der Betriebsübergang muss aber stets der **eigentliche Beweggrund** für die Kdg gewesen sein. Dazu reicht naturgem nicht, wenn der Betriebsübergang nur conditio sine qua non ist (allg zur Kausalitätsbeziehung zwischen Kdg und Betriebsübergang *Nicolai* BB 2006, 1162; *Lipinski* NZA 2002, 75, 77 ff). Denn anderenfalls könnte sich der Erwerber niemals mehr von den übernommenen Arbeitsverhältnissen lösen; zudem kann § 613a den **AN** nicht vor Risiken schützen, die sich bei jedem Betriebsinhaber realisieren können. Das Arbeitsverhältnis kann daher trotz eines erfolgten Betriebsübergangs gekündigt werden, wenn neben dem Betriebsübergang ein sachlicher Grund besteht, der aus sich heraus die Kdg rechtfertigt (S 2; BAG 4.5.2006, 8 AZR 299/05, EzA § 613a BGB 2002 Nr 51; 27.10.2005, 8 AZR 568/04, EzA § 613a BGB 2002 Nr 42), die also jeder beliebige Betriebsinhaber hätte durchführen können. Zu beachten ist, dass behördliche »Zustimmungen«, wie etwa die zur Kündigung eines schwerbehinderten AN (§ 85 SGB IX), die noch der Veräußerer beantragt hat und nur diesem gegenüber zugestellt werden, nicht zu Gunsten des Erwerbers wirken. Dieser kann sich also etwa nicht auf einen Zustimmungsbescheid des Integrationsamtes berufen, der nach dem Betriebsübergang nur dem bisherigen Arbeitgeber (oder auch dessen Insolvenzverwalter) zugestellt worden ist (BAG 15.11.2012, 8 AZR 827/11, EzA § 88 SGB IX Nr 3). Eine daraufhin durch den Erwerber erklärte Kündigung wäre mithin nach § 134 BGB unwirksam.

107 **II. Abgrenzung zur Betriebsstilllegung.** Will ein AG seinen Betrieb stilllegen (Rdn 43), kann er die bei ihm bestehenden Arbeitsverhältnisse aufkündigen. Dies bereitet aber im Hinblick auf § 613a IV Probleme, sollte der AG im Anschluss an eine Betriebsaufgabe die bisherigen Betriebsmittel an einen Dritten weiter veräußern und dadurch einen Betriebsübergang auslösen. Betriebsveräußerung und Betriebsstilllegung schließen sich systematisch aus (st Rspr, zuletzt BAG 21.5.2015, 8 AZR 409/13, EzA-SD 2015, Nr 23, 5). Zudem wird die Abgrenzung von Betriebsstilllegung und Betriebsübergang akut, wenn der Veräußerer in Absprache mit dem Erwerber eine Betriebsstilllegung nur vorschiebt, um derart die Rechtsfolgen des § 613a zu umgehen. Maßgeblich ist insoweit stets die Tatsachenlage im **Zeitpunkt des Zugangs der Kdg** (BAG 21.5.2015, 8 AZR 409/13, EzA-SD 2015, Nr 23, 5; 26.4.2007, 8 AZR 695/05, EzA-SD 2007, Nr 10, 14; 29.9.2005, 8 AZR 647/04, EzA § 1 KSchG Betriebsbedingte Kündigung Nr 140; 21.4.2005, 2 AZR 241/04, AP KSchG 1969 § 1 Soziale Auswahl Nr 74). Beabsichtigt der AG zu diesem Zeitpunkt, seinen Betrieb **stillzulegen**, hindert ihn § 613a IV nicht am Ausspruch betriebsbedingter Kdg (st Rspr, zuletzt BAG 26.4.2007, 8 AZR 695/05, EzA-SD 2007, Nr 10, 14; 4.5.2006, 8 AZR 299/05, EzA § 613a BGB 2002 Nr 51). Eine Betriebsstilllegung liegt aber nur dann vor, wenn der AG den ernstlichen und endgültigen Entschluss hat, die bisherige Betriebs- und Produktionsgemeinschaft endgültig aufzuheben (BAG 15.12.2011, 8 AZR 692/10, EzA § 613a BGB 2002 Nr 132; 26.4.2007, 8 AZR 695/05, NZA 2008, 72; 29.9.2005, 8 AZR 647/04, EzA § 1 KSchG Betriebsbedingte Kündigung Nr 140; 21.6.2001, 2 AZR 137/00, EzA § 15 KSchG nF Nr 53). Die Betriebsstilllegung muss zudem bereits »greifbare Formen«

angenommen haben, die bei betriebswirtschaftlicher Betrachtung die Prognose rechtfertigen, dass die Stilllegung bis zum Ablauf der längsten einzuhaltenden Kdg-Frist durchgeführt sein wird (grundlegend: BAG 19.6.1991, 2 AZR 127/91, EzA § 1 KSchG Betriebsbedingte Kündigung Nr 70). Ist dies der Fall, bleibt die Kdg auch dann wirksam, wenn es später – gleichsam überraschenderweise – dann doch noch zu einem Betriebsübergang kommt. Hatte der AG dagegen zu diesem Zeitpunkt schon einen **Betriebsübergang** geplant, rechtfertigt dies die Annahme, dass die Kdg der Vorbereitung eines späteren Betriebsübergangs dient. Das gleiche gilt, wenn ein Betriebsübergang zumindest im Bereich des Möglichen lag. Das ist etwa der Fall, wenn dem Insolvenzverwalter vor Erklärung der Kdg ein Übernahmeangebot eines Interessenten vorliegt, das wenige Tage später zu konkreten Verhandlungen mit einer teilw Betriebsübernahme führt (BAG 29.9.2005, 8 AZR 647/04, EzA § 1 KSchG Betriebsbedingte Kündigung Nr 140). Dies gilt erst recht, wenn in einem der Kdg vorausgegangenen Interessenausgleich dessen Neuverhandlung vereinbart war, falls ein Betriebsübergang auf einen dritten Interessenten erfolgt. Zur Darlegungs- und Beweislast s Rdn 122 f.

Wird nur ein **Teil eines Betriebs** übertragen, während der beim Veräußerer verbleibende Teil stillgelegt werden soll, kann dieser so vielen AN kündigen, wie Arbeitsplätze bei ihm verbleiben. Die nach § 1 III KSchG erforderlich Sozialauswahl hat sich aber auf den bisherigen Gesamtbetrieb zu erstrecken (BAG 21.5.2015, 8 AZR 409/13, EzA-SD 2015, Nr 23, 5; 28.10.2004, 8 AZR 391/03, EzA § 1 KSchG Soziale Auswahl Nr 56; zu Besonderheiten bei Gemeinschaftsbetrieben: BAG 15.2.2007, 8 AZR 310/06, EzA § 613a BGB 2002 Nr 66). Zum Kdg-Recht des Veräußerers bei einem **Widerspruch** von AN gegen den Betriebsübergang s Rdn 151 ff. 108

III. Betriebsbedingte, insbesondere »sanierende Kündigung«. IV hindert den **Betriebserwerber** nicht daran, sozial gerechtfertigte **betriebsbedingte Kdg** auszusprechen, wenn er im übernommenen Betrieb **Rationalisierungen** durchführt. Umgekehrt kann der Veräußerer Kdg aussprechen, wenn sich dies als notwendig erweist, um die **Chancen auf eine Veräußerung des Betriebs** zu verbessern (BAG 18.7.1996, 8 AZR 127/94, EzA § 613a BGB Nr 142). Dies gilt in jedem Fall, wenn er unternehmerische Maßnahmen durchführen will, die jeder Betriebsinhaber hätte vornehmen können. Dies gilt aber auch, wenn er in Übernahmeverhandlungen eingetreten ist und sich dabei zeigt, dass der potenzielle Kaufinteressent den Betrieb allenfalls mit einem reduzierten Personalbestand übernehmen wird. Der Veräußerer kann Kdg aussprechen, wenn er mit dem Erwerber ein (**Sanierungs-) Konzept** abgesprochen hat, das eine entspr Reduktion des Personalbestands bedingt (BAG 20.3.2003, 8 AZR 97/02, EzA § 613a BGB 2002 Nr 9). 109

Indes ist eine gewisse Vorsicht geboten, was Kdg zur Herstellung der Übernahmefähigkeit eines Betriebs betrifft. Sicher wäre es gerade aus Sicht der AN sinnwidrig, wenn potenzielle Übernahmekandidaten vom Aufkauf und der Fortführung eines maroden Betriebs abgehalten werden, weil der Veräußerer zur Aufrechterhaltung eines zu groß gewordenen Personalbestands gezwungen wird. Denn nicht selten bleibt dem Veräußerer im Hinblick auf seine eigenen finanziellen und organisatorischen Möglichkeiten dann nur noch die Betriebsstilllegung als Alternative mit der Folge des Verlusts aller Arbeitsplätze. Auch ist es nicht der Zweck des § 613a, den Erwerber zu einer künstlichen Verlängerung von Arbeitsverhältnissen zu zwingen, die aufgrund einer voraussehbar wegfallenden Beschäftigungsmöglichkeit ohnehin wegfallen müssten. Umgekehrt dürfen die Gestaltungswünsche des Erwerbers aber nicht zu einem Zauberwort werden, mit dem der Veräußerer jedwede Kdg rechtfertigen und der Erwerber sich der Verpflichtung zur Übernahme der Belegschaft weitgehend entledigen kann. Denn anderenfalls droht der durch § 613a intendierte Bestandsschutz leer zu laufen (KDZ/*Zwanziger* § 613a Rn 204). Daher gilt: (1.) Bloße Forderungen nach einer Personalreduzierung genügen nicht. Vielmehr muss der Veräußererbetrieb sanierungsbedürftig sein und zudem muss ein **konkretes, zur Betriebssanierung geeignetes Erwerberkonzept** nachgewiesen werden (BAG 20.3.2003, 8 AZR 97/02, EzA § 613a BGB 2002 Nr 9). (2.) Anders als im Übrigen Kdg-Recht kann es hier darauf ankommen, dass **betriebswirtschaftliche Plausibilität** der dem Erwerberkonzept zugrunde liegenden unternehmerischen Entsch nachgewiesen wird. (3.) Der Veräußerer muss mit dem Erwerber eine **verbindliche Abrede über den Betriebsübergang** und die **zukünftige Gestaltung des Betriebs** getroffen haben (so auch BAG 20.3.2003, 8 AZR 97/02, EzA § 613a BGB 2002 Nr 9). (4.) Das Sanierungskonzept muss bereits **greifbare Formen** angenommen haben (ebenso BAG 20.3.2003, 8 AZR 97/02, EzA § 613a BGB 2002 Nr 9). (5.) Die Kdg ist nicht zulässig, wenn der Veräußerer das Erwerberkonzept aus arbeitsorganisatorischen oder betriebstechnischen Gründen **in seinem Betrieb nicht hätte durchführen** können, weil die ausgetragene Kdg dann in Wirklichkeit alleine eine solche des Erwerbers ist (aA jedenfalls für den Insolvenzfall aber: BAG 20.3.2003, 8 AZR 97/02, EzA § 613a BGB 2002 Nr 9). Indes schadet nicht, wenn es dem Veräußerer an der **notwendigen Finanzkraft** zur Durchführung des Konzepts mangelt, wenn er hierzu zu klein wäre und erst recht natürlich nicht, wenn die Durchführung bei ihm scheitern würde, weil sein Betrieb an sich nicht mehr **sanierungsfähig** ist. 110

111 Ist eine Kdg auf Erwerberkonzept zulässig, sind in die **Sozialauswahl** nicht nur die AN des zu übernehmenden Betriebs einzubeziehen, sondern vielmehr auch beim Erwerber beschäftigte AN, wenn diese in einem Betrieb beschäftigt sind, in den der übernommene Betrieb eingegliedert werden soll. Voraussetzung ist aber, dass die Kdg-Frist der AN des zu übernehmenden Betriebs nicht bereits vor dem Betriebsübergang ausläuft. § 613a lässt es nämlich nicht zu, dass der Erwerber bzw die bei ihm beschäftigten AN besser gestellt werden, als wenn der Erwerber die Kdg erst nach vollzogenem Betriebsübergang ausgesprochen hätte (*Annuß/Stamer* NZA 2003, 1247, 1248 f; Staudinger/*Annuß* § 613a Rn 358; *C. Meyer* NZA 2003, 244, 248). Gleiches gilt für die unternehmensbezogene Prüfung der **Weiterbeschäftigungsmöglichkeiten** nach § 1 II 2 KSchG. Was die BR-Beteiligung nach § 102 BetrVG betrifft, ist indes der BR des Veräußerers anzusprechen.

112 **IV. Wiedereinstellungsanspruch.** Kommt es bei einer wirksamen Kdg, die im Hinblick auf eine tatsächlich beabsichtigte Betriebsstilllegung ausgesprochen wird (Rdn 107), nach Zugang der Kdg-Erklärung zu einem Betriebsübergang, hat der AN einen Anspruch auf Wiedereinstellung (BAG 21.8.2008, 8 AZR 201/07, EzA § 613a BGB 2002 Nr 95; 25.10.2007, 8 AZR 989/06, EzA § 613a BGB 2002 Nr 80). Indes hat das BAG den Wiedereinstellungsanspruch bislang nur zugelassen, wenn sich noch vor **Ablauf der Kdg-Frist** herausstellt, dass die Prognoseentsch, wonach es zu einer Betriebsstilllegung kommen wird, falsch ist und sich der Betriebsübergang zumindest unmittelbar im Anschluss an den Auslauf der Kdg-Frist vollzieht. Nicht völlig geklärt ist bislang, ob ein Wiedereinstellungsanspruch auch dann in Betracht kommt, wenn die Prognoseentsch erst nach dem **Auslauf der Kdg-Frist** korrigiert werden muss. Im Kdg-Recht hat das BAG einen Fortsetzungsanspruch in diesem Fall stets abgelehnt (BAG 16.5.2007, 7 AZR 621/06, nv; 4.12.1997, 2 AZR 140/97, EzA § 1 KSchG Wiedereinstellungsanspruch Nr 3). In einer Entsch des 8. Senats aus dem Jahr 1998 (BAG 12.11.1998, 8 AZR 265/97, EzA § 613a BGB Nr 171; das in der Lit an dieser Stelle zuweilen herangezogene Urt v BAG 13.11.1997, 8 AZR 295/95, EzA § 613a BGB Nr 154 gibt für die vorliegende Problemstellung nichts her) heißt es indes, dass ein Fortsetzungsanspruch auch »nach Beendigung des Arbeitsverhältnisses« besteht, wenn sich der Betriebsübergang durch die willentliche Übernahme der Hauptbelegschaft und nicht durch die Übernahme materieller und/oder immaterieller Betriebsmittel vollzieht. Das wird zuweilen so wiedergegeben, als bestehe der Fortsetzungsanspruch auch dann, wenn sich die spätere Übernahme der Belegschaft noch nicht während des Laufs der Kdg-Frist der gekündigten AN abgezeichnet hat (ErfK/*Preis* § 613a Rn 163; HWK/*Willemsen/Müller-Bonanni* § 613a Rn 308; *Krieger/Willemsen* NZA 2011, 1128). Solches ergibt sich indes weder aus dem Tatbestand, noch dem Sachverhalt des Urt, vielmehr lässt sich danach das Urt auch so deuten, dass sich der bevorstehende Betriebsübergang noch während des Laufs der Kdg-Frist abgezeichnet haben muss. Davon abgesehen überzeugt es aber auch nicht, warum es darauf ankommen soll, ob der Nachfolger materielle Betriebsmittel erwirbt und deshalb zu einem Betriebsübergang kommt, mit der Folge, dass er auch die beim Veräußerer verbliebene Belegschaft zu übernehmen hat oder, ob er »freiwillig« einen Teil der Belegschaft übernimmt und deshalb ein Betriebsübergang vorliegt. Beachtlich dürfte vielmehr sein, dass der Wiedereinstellungsanspruch ein Ausfluss der arbeitgeberseitigen Fürsorgepflicht (§ 242) ist. Jene Verhaltenspflichten des AG bestehen nach rechtswirksamer Beendigung des Arbeitsverhältnisses aber nur noch eingeschränkt in Form der culpa post contractum finitum. Wird die Prognoseentsch daher erst nach dem **Auslauf der Kdg-Frist** korrigiert, kommt ein Wiedereinstellungsanspruch nur in bes Ausnahmefällen in Betracht (vgl auch: BAG 28.6.2000, 7 AZR 904/98, EzA § 1 KSchG Wiedereinstellungsanspruch Nr 5), dies dann aber unabhängig davon, auf welcher Grundlage sich der Betriebsübergang vollzieht.

113 Kein Wiedereinstellungsanspruch besteht im Fall der **Insolvenz** des veräußernden Unternehmens (BAG 13.5.2004, 8 AZR 198/03, EzA § 613a BGB 2002 Nr 25; 10.12.1998, 8 AZR 324/97, EzA § 613a BGB Nr 175). Allerdings bezieht sich das BAG in der nach Inkrafttreten der InsO ergangenen Entsch v 13.5.2004 nur darauf, dass »jedenfalls« dann kein Wiedereinstellungsanspruch besteht, wenn sich der Betriebsübergang erst nach Ablauf der Kdg-Frist vollzieht.

114 Ein Wiedereinstellungsanspruch scheidet aus, wenn der Veräußerer mit guten Gründen von einer wirksamen Beendigung des Arbeitsverhältnisses ausgehen durfte und dem Erwerber die Wiedereinstellung des AN nicht zugemutet werden kann. Das ist etwa der Fall, wenn sich nach einer ernstzunehmenden Stilllegungsabsicht doch noch ein Erwerber für den Betrieb findet, der den Betrieb nur mit einer **reduzierten AN-Zahl** fortzuführen bereit ist (BAG 27.2.1997, 2 AZR 160/96, EzA § 1 KSchG Wiedereinstellungsanspruch Nr 1). Gleiches gilt, wenn der Erwerber (ggf auch schon der Veräußerer) den Arbeitsplatz in gutem Glauben bereits **anderweitig besetzt** hat (BAG 28.6.2000, 7 AZR 904/98, EzA § 1 KSchG Wiedereinstellungsanspruch Nr 5). Stehen danach weniger Arbeitsplätze zur Verfügung als AN vorhanden sind, denen ein Wiedereinstellungsanspruch zusteht, hat der neue AG bei der Besetzung der Stelle in Anlehnung an § 1 III KSchG soziale Gesichtspunkte ausreichend zu beachten (BAG 28.6.2000, 7 AZR 904/98, EzA § 1 KSchG

Wiedereinstellungsanspruch Nr 5). Der AG kann sich jedoch nicht auf die anderweitige Besetzung des betreffenden Arbeitsplatzes berufen, sollte er diesen Zustand selbst treuwidrig (§ 162) herbeigeführt haben. Ein solcher Fall liegt insb vor, wenn Veräußerer oder Erwerber einen Beschäftigungsüberhang dadurch herbeiführen, dass sie die Stelle eines AN neu besetzen, der aufgrund einer später rkr für unwirksam erklärten Kdg vorübergehend aus dem Betrieb ausgeschieden ist (BAG 1.2.2007, 2 AZR 710/05, EzA § 1 KSchG Betriebsbedingte Kündigung Nr 153).

Der Wiedereinstellungsanspruch ist in Anlehnung an VI 1 Monat ab dem Zeitpunkt geltend zu machen, zu dem der AN Kenntnis von den den Betriebsübergang ausmachenden tatsächlichen Umständen erlangt hat (BAG 21.8.2008, 8 AZR 201/07, EzA § 613a BGB 2002 Nr 95). Der Anspruch ist vor dem Vollzug des Betriebsübergangs gegen den Veräußerer und anschließend gegen den Erwerber zu richten (BAG 21.8.2008, 8 AZR 201/07, EzA § 613a BGB 2002 Nr 95). 115

V. Prozessuales. 1. Klagefrist und -art. Ein Verstoß gegen § 613a ist stets innerhalb der Klagefrist des § 4 KSchG geltend zu machen (§§ 13 III, 23 I KSchG). Rügt der AN dabei ausnahmsweise allein die Unwirksamkeit der Kdg nach § 613a, handelt es sich aber um keine Kdg-Schutzklage iSd §§ 4, 6 KSchG, sondern um eine **allg Feststellungsklage** iSd § 256 ZPO. 116

2. Passivlegitimation. Die Klage ist grds gegen den AG zu richten, der die **Kdg ausgesprochen** hat. Spricht der Erwerber die Kdg aus, ist dieser Klagepartei. Der **Veräußerer** ist dagegen passivlegitimiert (BAG 18.3.1999, 8 AZR 306/98, EzA § 613a BGB Nr 179), wenn er das Arbeitsverhältnis vor dem Betriebsübergang gekündigt hat (zum Kdg-Ausspruch nach Vollzug des Übergangs s Rdn 120). Das gilt unabhängig davon, ob der angestrebte Beendigungszeitpunkt vor oder nach dem Betriebsübergang liegt oder ob die Klage vor oder nach dem Betriebsübergang anhängig gemacht wird (Letzteres offengelassen in BAG 24.8.2006, 8 AZR 574/05, NZA 2007, 328). Wird die Klage vor dem Vollzug des Betriebsübergangs erhoben, bleibt der Veräußerer auch dann alleinige Prozesspartei, wenn der Betrieb während des Prozesses übertragen wird (st Rspr, zuletzt BAG 24.8.2006, 8 AZR 574/05; anders dagegen für die Beteiligtenstellung nach § 83 III ArbGG im Beschlverfahren: BAG 9.12.2008, 1 ABR 75/07, EzA § 83 ArbGG 1979 Nr 11: automatischer Eintritt des Erwerbers in die Prozessstellung des Veräußerers). Wurde die Klage noch vor Vollzug des Übergangs anhängig, wirkt ein gegen den Veräußerer ergehendes Urt entspr § 325 ZPO auch gegen den Erwerber (BAG 18.5.2010, 1 AZR 864/08, NZA 2010, 1198; 18.3.1999, 8 AZR 306/98, EzA § 613a BGB Nr 179). Voraussetzung ist aber, dass der Tatbestand eines Übergangs des Arbeitsverhältnisses gerichtlich festgestellt oder zwischen den Beteiligten unstr sind. In den seltenen Fällen, in denen die Klage erst nach dem Betriebsübergang eingereicht wird, kommt es zwar zu keiner eigentlichen Rechtskrafterstreckung des Urt gegen den Erwerber nach § 325 ZPO (BAG 18.3.1999, 8 AZR 306/98, EzA § 613a BGB Nr 179). Indes ist der Erwerber aufgrund einer entspr Anwendung der §§ 256, 325 ZPO iVm § 613a I 1 an das Urt gebunden (KDZ/*Zwanziger* § 613a Rn 228). 117

Der verklagte frühere Betriebsinhaber kann im Prozess auch nach dem Betriebsübergang noch einen **Beendigungsvergleich** abschließen, dabei aber nur sich selbst zur Leistung einer Abfindungszahlung verpflichten. Dies ist die zwingende Konsequenz aus dem Umstand, dass der Veräußerer auch nach dem Betriebsübergang Prozesspartei bleibt. Er wird dadurch zum Prozessstandschafter des Erwerbers (entspr § 265 II ZPO). Als solcher ist er berechtigt, das Arbeitsverhältnis durch Vergleich mit Wirkung für und gegen den Erwerber zu beenden (letztlich offengelassen in BAG 24.8.2006, 8 AZR 574/05, NZA 2007, 328; der Senat tendiert aber sehr deutlich zu dieser Annahme). Selbst wenn man hier anderer Ansicht wäre, kann der Veräußerer dann aber immerhin noch als Vertreter des Erwerbers handeln. Sollte dieser den Erwerber nicht zum Abschluss eines Beendigungsvergleichs bevollmächtigt haben, kann der Erwerber den Vergleich nach §§ 177, 179 genehmigen. Das kann auch konkludent dadurch erfolgen, dass er sich weigert, den AN zu beschäftigen. 118

Der verklagte Veräußerer bleibt im laufenden Prozess auch nach dem Betriebsübergang berechtigt, einen **Auflösungsantrag** nach §§ 9, 10 KSchG zu stellen (BAG 24.5.2005, 8 AZR 246/04, EzA § 613a BGB 2002 Nr 32). Dies gilt auch dann, wenn der Auflösungstermin nicht auf den Zeitraum vor Vollzug des Betriebsübergangs zurückwirkt (offengelassen: BAG 24.5.2005, 8 AZR 246/04, EzA § 613a BGB 2002 Nr 32). Dagegen kann der AN einen Aufhebungsantrag nach § 9 II KSchG nur stellen, wenn der Betrieb noch nicht auf den Erwerber übergegangen ist und auch dann nur, wenn die fiktive Kdg-Frist noch vor einem bevorstehenden Betriebsübergang auslaufen würde. Will er dagegen eine gegen den Erwerber wirkende Auflösung erzwingen, muss er dem Übergang des Arbeitsverhältnisses widersprechen oder den neuen AG in den Prozess einbeziehen oder den Übergang des Arbeitsverhältnisses hinnehmen, abwarten, ob der Betriebserwerber eine Kdg ausspricht und dann die Auflösung beantragen (BAG 20.3.1997, 8 AZR 769/95, EzA BGB § 613a Nr 148). 119

§ 613a BGB   Rechte und Pflichten bei Betriebsübergang

120 Nach Ansicht des BAG ist die gegen den Veräußerer geführte Klage **unbegründet**, wenn dieser zu einem Zeitpunkt gekündigt hatte, zu dem das Arbeitsverhältnis bereits auf den Erwerber übergegangen war (BAG 20.3.2014, 8 AZR 1/13, EzA § 613a BGB 2002 Nr 152; BAG 15.12.2005, 8 AZR 202/05, EzA § 613a BGB 2002 Nr 45). Dieser sei dann gar nicht mehr kündigungsberechtigt (s Rdn 102), weshalb die Kdg »ins Leere« ginge. Ein Erfolg im Kdg-Schutzprozess setze nach der punktuellen Streitgegenstandstheorie aber voraus, dass zum Zeitpunkt der Kdg noch ein Arbeitsverhältnis besteht. Das ist unbefriedigend. Die Kdg ist nämlich »in der Welt«, ohne dass der AN gegen sie wirklich etwas unternehmen kann. Eine gegen den Erwerber erhobene Klage wäre ja ebenfalls unbegründet, da dieser keine Kdg ausgesprochen hat. Ihn könnte der AN nur auf Feststellung des Fortbestehens des Arbeitsverhältnisses in Anspruch nehmen. Dem Erwerber wird derart dann aber eine Klage aufgezwungen, obgleich er gar keine Kdg ausgesprochen hat. Er kann sich zwar den damit verbundenen Belastungen durch ein sofortiges Anerkenntnis (§ 93 ZPO) entziehen. Das hat aber wiederum eine Kostenbelastung des AN zur Folge, die sich potenziert, wenn dieser vorsorglich auch noch den Veräußerer in Anspruch genommen hat (KDZ/*Zwanziger* § 613a Rn 230). Richtigerweise muss daher wie folgt verfahren werden: Der AN kann jedenfalls gegen den Veräußerer eine allg Feststellungsklage mit dem Ziel der Feststellung der Gegenstandslosigkeit der Kdg erheben, um deren Rechtsschein zu beseitigen. Ein der Klage stattgebendes Urt wirkt dann entspr den in Rdn 117 getroffenen Ausführungen auch gegen den Erwerber. Gleichwohl empfiehlt es sich für den AN, ungeachtet etwaiger Kostenrisiken gegen beide AG vorzugehen.

121 Ist umstr, ob ein **Betriebsübergang vorliegt** und hat der Veräußerer vor dem behaupteten Betriebsübergang gekündigt, ist alleine er passivlegitimiert. Der AN kann und sollte aber im Weg der **subjektiven Klagehäufung** zugleich den Übernehmer auf Feststellung des Fortbestands des ungekündigten Arbeitsverhältnisses zu den bisherigen Bedingungen in Anspruch nehmen (BAG 18.4.2002, 8 AZR 346/01, EzA § 613a BGB Nr 207). Die Klagehäufung muss dabei unbedingt erfolgen (BAG 11.12.1997, 8 AZR 729/96, EzA § 613a BGB Nr 159). Die Beklagten sind dann zwar **keine notwendigen Streitgenossen** nach § 62 ZPO, es kann aber ein gemeinsamer Gerichtsstand nach § 36 Nr 3 ZPO bestimmt werden (BAG 4.3.1991, 2 AZR 507/92, EzA § 613a BGB Nr 107). Eine solche Klagehäufung kann dann zum **Ergebnis** haben: (1.) Erweist sich die Kdg als wirksam, unterliegt der AN mit beiden Anträgen, ohne dass es noch darauf ankommt, ob ein Betriebsübergang vorlag. (2.) Kann zwar kein Betriebsübergang festgestellt werden, erweist sich die Kdg aber aus einem anderen Grund als unwirksam, gewinnt der AN den eigentlichen Kdg-Schutzprozess, unterliegt aber mit seinem erg Feststellungsantrag. (3.) Liegt ein Betriebsübergang vor und erweist sich die Kdg als unwirksam, obsiegt der AN mit beiden Anträgen.

122 **3. Darlegungs- und Beweislast.** Im Prinzip trägt der AN die **Darlegungs- und Beweislast** dafür, dass ein Betriebsübergang vorliegt (BAG 21.5.2008, 8 AZR 84/07, NZA 2008, 753). Tatsächlich liegt sie im Anwendungsbereich des KSchG jedoch beim AG. Nach § 1 II 4 KSchG hat der AG nämlich die Tatsachen zu beweisen, die die Kdg bedingen. Gelingt es ihm nicht nachzuweisen, dass die Kdg nach dem KSchG sozial gerechtfertigt ist, ist der Kdg-Schutzklage stattzugeben, ohne dass es der Feststellung bedarf, dass der tragende Beweggrund für die Kdg ein Betriebsübergang ist (BAG 26.4.2007, 8 AZR 695/05, AP Nr 4 zu § 125 InsO; 16.5.2002, 8 AZR 319/01, EzA § 613a BGB Nr 210; möglicherweise anders aber: BAG 21.5.2008, 8 AZR 84/07, NZA 2008, 753). Beruft sich der AN also darauf, dass der Betrieb von dem bisherigen AG nicht stillgelegt, sondern an einen neuen Inhaber übertragen worden ist, muss der AG beweisen, dass kein Betriebsübergang stattfand, sondern der Betrieb tatsächlich stillgelegt wurde. Anderes gilt nur, sollte der AN ausschließlich den Unwirksamkeitsgrund des § 613a IV 1 geltend machen oder das Arbeitsverhältnis nicht in den Anwendungsbereich des KSchG fallen. Ist ein Betriebsübergang festgestellt, besteht ein Anscheinsbeweis dafür, dass dieser der tragende Grund für die Kdg gewesen ist. Wird der Betrieb aus einer **Insolvenz** heraus veräußert, spricht der Erwerber oder Veräußerer in zeitlicher Nähe hierzu Kdg aus und wird in diesem Zusammenhang ein Interessenausgleich mit Namensliste nach § 125 InsO abgeschlossen, kommt dem Insolvenzverwalter zudem die Vermutungswirkung der §§ 125, 128 II InsO zugute. Diese besteht darin, dass der AN darlegen und beweisen muss, dass die Kdg nicht betrieblich bedingt ist bzw alleine durch einen (ebenfalls ihm zu beweisenden) Betriebsübergang ausgelöst wurde.

123 Problematisch sind Fallgestaltungen, bei denen der AG eine betrieblich bedingte Reduzierung von Arbeitsplätzen bzw die **Stilllegung des Betriebs** vorträgt und an sich vollständig beweist, der AN aber einwendet, dass der Betrieb in Wirklichkeit durch einen Dritten **fortgeführt** werden soll und damit die betreffenden Arbeitsplätze erhalten bleiben. Hier trifft den AN in der Tat die Darlegungs- und Beweislast für den behaupteten Betriebsübergang. Allerdings kommt dem AN die auch ansonsten im Kdg-Schutzrecht gebräuchliche

Abstufung der Darlegungs- und Beweislast zugute, zumal der AN meist nicht die notwendige Kenntnis über entspr Planungen des AG haben kann. Wurde der Betrieb stillgelegt, dann aber von einem Dritten alsbald wieder eröffnet, spricht eine tatsächliche Vermutung gegen eine endgültige und ernsthafte Stilllegungsabsicht (BAG 3.7.1986, 2 AZR 68/85, EzA § 613a BGB Nr 53; zu weitgehend aber LAG Köln 3.3.1997, 3 Sa 1063/96, LAGE § 613a BGB Nr 59).

F. Unterrichtung der Arbeitnehmer. I. Grundsätze/Formalia. Nach V ist die Belegschaft über den Umstand des Betriebsübergangs, den (geplanten) Zeitpunkt, den Grund für den Übergang, dessen Folgen für die AN und die insoweit in Aussicht genommenen Maßnahmen zu unterrichten. Die Regelung geht dabei relativ weit über die ihr zugrunde liegende europarechtliche Vorgabe des Art 7 VI RL 2001/23/EG hinaus, die letztlich nur eine Unterrichtung der AN in nicht betriebsratsfähigen Betrieben fordert. 124

Die Unterrichtung muss grds **vor dem Betriebsübergang** erfolgen. Sie kann nach einer verbreiteten Meinung aber auch noch nach dem Betriebsübergang nachgeholt werden, allerdings läuft die Widerspruchsfrist in diesem Fall konsequenterweise auch erst mit Zugang der Unterrichtung und überdies laufen die Beteiligten Gefahr, sich schadensersatzpflichtig (Rdn 138) zu machen (ErfK/*Preis* Rn 93; *Nebeling/Brauch* BB 2010, 1474, 1475). Die Unterrichtung ist in **Textform** (§ 126b) vorzunehmen. Eine Unterrichtung per Mail ist daher möglich, eine mündliche, iR einer Betriebsversammlung gegebene Information dagegen unzureichend. Das Risiko des Zugangs der Unterrichtung trägt der AG ebenso wie die **Darlegungs- und Beweislast** für ihren Zugang. 125

Verpflichtet sind sowohl der bisherige als auch der neue Betriebsinhaber. Veräußerer und Erwerber sind insoweit aber **Gesamtschuldner** iSd § 421, sodass die Unterrichtung durch einen der beiden Beteiligten genügt. Sie hat vor dem Betriebsübergang zu erfolgen. Ihr Inhalt richtet sich folglich nach dem **Kenntnisstand** des Veräußerers und Erwerbers zum **Zeitpunkt der Unterrichtung** (BAG 23.7.2009, 8 AZR 538/08, EzA § 613a BGB 2002 Nr 114). Indes genügt es nicht, wenn der Unterrichtende die Auskünfte erteilt, die seiner Meinung nach richtig sein könnten. Im Anwendungsbereich des § 613a BGB gibt es keine »subjektive Determination« (so aber: *Lindemann/Wolter-Roßteuscher* BB 2007, 938, 940). Vielmehr bestehen im Innenverhältnis zwischen Veräußerer und Erwerber wechselseitige Auskunftspflichten (§ 242). Jede Partei ist danach verpflichtet, der anderen Partei die notwendigen Informationen zur Verfügung zu stellen, die ihr eine ausreichende Unterrichtung ermöglichen (*Mückl* RdA 2008, 343). Diese muss der Unterrichtende ggf anfordern, zumindest aber dem AN mitteilen, dass ihm die andere Vertragspartei ausreichende Auskünfte verweigert hat. Darüber hinaus besteht eine Verpflichtung zur **Offenlegung** ggü dem AN, dass der Unterrichtende über wichtige **Informationen noch nicht verfügt**, was bspw der Fall ist, wenn als Betriebserwerberin eine Gesellschaft fungiert, die noch nicht gegründet ist und daher der Firmensitz, die Adresse und die verantwortlichen Personen der Betriebserwerberin noch nicht bekannt sind (BAG 23.7.2009, 8 AZR 538/08, EzA § 613a BGB 2002 Nr 114). Grds gilt, dass es keiner weiteren Unterrichtung über die neu eingetretenen Umstände bedarf, wenn sich nach erfolgter Unterrichtung die **Tatsachengrundlagen ändern**. Die beteiligten AG haben ihre Pflicht zur Unterrichtung erfüllt (§ 362 I), wenn der Unterrichtungspflichtige dem AN Informationen nach seinem Kenntnisstand im Zeitpunkt der Unterrichtung erteilt. Ein Anspruch auf Aufklärung über neu eingetretene Umstände bzw erneute Unterrichtung kann sich allenfalls dann ergeben, wenn es sich nicht mehr um denselben Betriebsübergang handelt, bspw weil der Betrieb nunmehr auf einen anderen Erwerber übergehen soll (BAG 13.7.2006, 8 AZR 303/05, EzA § 613a BGB 2002 Nr 55; *Gaul/Otto* DB 2005, 2465). Anderes gilt indes, wenn der Unterrichtende im Zeitpunkt der Unterrichtung über wichtige Informationen noch nicht verfügt (und dies auch im Schreiben offen legt). Das Unterrichtungsschreiben dürfte in diesem Fall erst vollständig werden, wenn er die notwendigen Informationen **nachreicht**. 126

Der AG muss den einzelnen AN **nicht individuell** über den Betriebsübergang bzw über die ihn konkret treffenden Folgen informieren. Es genügt, wenn er die Belegschaft **kollektiv** oder einzelne AN-Gruppen insgesamt unterrichtet (BAG 10.11.2011, 8 AZR 430/10, NZA 2012, 584; BAG 13.7.2006, 8 AZR 305/05, EzA § 613a BGB 2002 Nr 56). Daher ist unschädlich, wenn es sich bei dem Unterrichtungsschreiben um ein **Standardschreiben** handelt. Dessen ungeachtet muss der AG aber etwaige Besonderheiten der einzelnen Arbeitsverhältnisse beachten (BAG 13.7.2006, 8 AZR 305/05, EzA § 613a BGB 2002 Nr 56). Die Informationen haben nachvollziehbar, in einer für den juristischen Laien verständlichen Sprache zu erfolgen (BAG 13.7.2006, 8 AZR 305/05, EzA § 613a BGB 2002 Nr 56). Unschädlich ist freilich, wenn der AN die Bedeutung der ihm mitgeteilten Tatsachen nicht sofort vollständig durchschauen kann und sich daher erst fachkundig beraten lassen muss (BAG 24.5.2005, 8 AZR 398/04, EzA § 613a BGB 2002 Nr 35). Es genügt, wenn die Unterrichtung in **dt Sprache** abgefasst ist, und zwar auch dann, wenn im Betrieb ausländische AN tätig sind, die dieser möglicherweise nicht vollständig mächtig sind (*Langner* DB 2008, 2082; 127

aA: Schaub/*Koch* § 118 Rn 36; differenzierend: *Schnitker/Grau* BB 2005, 2238; *Gaul* Betriebsübergang, 2002, § 11 Rn 26). Dies verstößt auch nicht gegen §§ 7, 2 I Nr 2, 3 II AGG (*Meinel/Heyn/Herms* § 8 Rn 25). Insoweit drängt sich mE die Parallele zum AGB-Recht auf (insb §§ 305 II Nr 2, 305c, 307), in dessen Anwendungsbereich anerkannt ist, dass der Verwender bei einem in Deutschland geschlossenen, dt Recht unterstehenden Vertrag idR nicht verpflichtet ist, Übersetzungen seiner AGB bereit zu halten (BGH 10.3.1983, VII ZR 302/82, BGHZ 87, 115; Palandt/*Grüneberg* § 305 Rn 42; *Stoffels* AGB-Recht Rn 282).

128 **II. Zu erteilende Informationen.** Die Unterrichtung muss **inhaltlich so ausreichend** genau sein, dass die AN auf Grundlage der mitgeteilten Informationen sachgerecht über die (Nicht-) Ausübung ihres Widerspruchsrechts entscheiden können (BT-Drs 14/7760 S 19; st Rspr, s zuletzt: BAG 10.11.2011, 8 AZR 430/10, AP Nr 15 zu § 613a BGB Unterrichtung; 23.7.2009, 8 AZR 538/08, EzA § 613a BGB 2002 Nr 114;). Umgekehrt ist aber auch zu beachten, dass eine allumfassende Unterrichtung der AN naturgem nicht zu gewährleisten ist (BT-Drs 14/7760 S 19). Die Unterrichtung muss dabei nicht nur den formalen Anforderungen des V genügen, sondern auch **inhaltlich zutreffen** (zu den Rechtsfolgen einer unzureichenden oder fehlerhaften Unterrichtung s Rdn 138 ff, 145 ff; zum Kenntnisstand des Unterrichtenden: Rdn 126). Steht die Unterrichtung im Streit, kommt den Gerichten nicht nur eine formelle, sondern auch eine inhaltliche **Prüfungskompetenz** zu. Sie haben daher nicht nur nachzuprüfen, ob die Unterrichtung vollständig ist, sondern auch, ob die dort angegebenen Tatsachen sich als zutreffend erweisen (st Rspr, BAG 10.11.2011, 8 AZR 430/10 NZA 2012, 584; 23.7.2009, 8 AZR 538/08, EzA § 613a BGB 2002 Nr 114; 31.1.2008, 8 AZR 1116/06, EzA § 613a BGB 2002 Nr 85). Genügt die Unterrichtung indes den formalen Anforderungen des V und ist sie nicht offensichtlich fehlerhaft, ist es Sache des AN, im Wege der abgestuften Darlegungs- und Beweislast einen Mangel näher darzulegen (BAG 10.11.2011, 8 AZR 430/10, NZA 2012, 584). Die Unterrichtsverpflichteten müssen die Einwände des AN dann entspr entkräften (BAG 31.1.2008, 8 AZR 1116/06, EzA § 613a BGB 2002 Nr 85; 14.12.2006, 8 AZR 763/05, EzA § 613a BGB 2002 Nr 63; 13.7.2006, 8 AZR 305/05, EzA § 613a BGB 2002 Nr 56).

129 Dem AN muss zunächst der Erwerber benannt werden. Der AN ist dabei über die **Identität des Betriebsübernehmers** zu informieren, was idR die Angabe des Namens oder der Firma (§ 17 I HGB) und den Firmensitz des Erwerbers nebst dessen Anschrift erfordert (BAG 23.7.2009, 8 AZR 538/08, EzA § 613a BGB 2002 Nr 114; 21.8.2008, 8 AZR 407/07, NZA-RR 2009, 62). Der Erwerber muss in jedem Fall so identifizierbar sein, dass der AN ggf eigene Nachforschungen anstellen, wie etwa das Handelsregister einsehen, kann (BAG 23.7.2009, 8 AZR 538/08, EzA § 613a BGB 2002 Nr 114) und vor allem weiß, gegen wen er ggf seinen Widerspruch richten kann. Daher ist die Unterrichtung über den Betriebserwerber, wenn es sich bei diesem um eine juristische Person handelt, unvollständig, sollte diese (noch) nicht mit den genannten Angaben im Handelsregister eingetragen sein (BAG 14.11.2013, 8 AZR 824/12, DB 2014,901). Weiterhin ist bei juristischen Personen die Angabe eines Ansprechpartners erforderlich (BAG 23.7.2009, 8 AZR 538/08, EzA § 613a BGB 2002 Nr 114: Nennung einer gesetzlichen Vertreterin bzw einer identifizierbaren natürlichen Person mit Personalverantwortung).

130 Weiterhin ist der Grund für den Betriebsübergang anzugeben. Damit ist zunächst die Rechtsnatur des dem Übergang zugrunde liegenden **Rechtsgeschäfts** (also etwa Kauf, Miete, Pacht, Umwandlung) gemeint. Dies beinhaltet auch eine Information darüber, dass der Betriebsübernehmer die Betriebsmittel des Veräußerers nicht mit übernimmt, sondern diese nur iR einer Vereinbarung mit dem Veräußerer oder einem Dritten nutzt, an den der Veräußerer diese überträgt (ausf: Rdn 135). Der AN muss darüber hinaus auch über das **unternehmerische Motiv** des Betriebsübergangs unterrichtet werden, wenngleich insoweit eine schlagwortartige Umschreibung genügt (BAG 13.7.2006, 8 AZR 305/05, EzA § 613a BGB 2002 Nr 56; APS/ *Steffan* § 613a Rn 208; krit: *Lindemann/Wolter-Roßteuscher* BB 2007, 938). Insoweit hat das BAG die Mitteilung ausreichen lassen, die bisher selbst erbrachten Küchenleistungen müssten aufgrund »der gestiegenen Kosten im Gesundheitswesen« ausgelagert werden (Weiteres Bsp auch *Gaul/Otto* DB 2005, 2465, 2465: Konzentration auf das Kerngeschäft). Grds nicht zum Gegenstand der Unterrichtung müssen vertrauliche Informationen gemacht werden, deren Offenbarung dem Unternehmen schaden könnten (*Hergenröder* RdA 2007, 216, 226; *Willemsen/Lembke* NJW 2002, 1159, 1163; *Bauer/v Steinau-Steinrück* ZIP 2002, 457, 461). Hierzu dürfte zwar in vielen Fällen der »Kaufpreis« für den Betrieb/Betriebsteil zählen. Dies gilt indes nicht, wenn der Kaufpreis einen wesentlichen Anhaltspunkt dafür gibt, dass die Transaktion risikobehaftet sein könnte, insb weil ein negativer Kaufpreis verabredet wurde (BAG 23.7.2009, 8 AZR 538/08, EzA § 613a BGB 2002 Nr 114, s Rdn 126, 128).

131 Die vom Übergang betroffenen AN sind über die **rechtlichen** Folgen des Betriebsübergangs zu unterrichten. Das erfordert zunächst, den AN überhaupt über die durch § 613a angeordneten Rechtsfolgen eines Betriebsübergangs in Kenntnis zu setzen. Er ist daher über den Eintritt des Übernehmers in die Rechte

und Pflichten aus dem bestehenden Arbeitsverhältnis, die Haftung von Veräußerer und Erwerber, die Weitergeltung oder Änderung der bisherigen Pflichten aus dem Arbeitsverhältnis und über das Kdg-Verbot nach IV zu informieren (BAG 21.8.2008, 8 AZR 407/07, NZA-RR 2009, 62; 14.12.2006, 8 AZR 763/05, EzA § 613a BGB 2002 Nr 63). Konsequent hat das BAG beanstandet, wenn einem AN mitgeteilt wurde, dass seine Arbeitsbedingungen (dh auch solche, die nicht durch TV oder BV geregelt sind) für die Dauer von einem Jahr nach dem Betriebsübergang nicht zu seinem Nachteil geändert werden könnten (BAG 13.7.2006, 8 AZR 303/05, EzA § 613a BGB 2002 Nr 55). Darüber hinaus sind die AN über ihr **Widerspruchsrecht** und die Folgen eines etwaigen Widerspruchs zu informieren (BAG 20.3.2008, 8 AZR 1016/06, NZA 2008, 1354). Sie müssen daher auch über mittelbare Folgen eines Widerspruchs informiert werden, etwa, dass der Veräußerer für diesen Fall den Ausspruch von Kdg oder die Freistellung der widersprechenden AN (BAG 20.3.2008, 8 AZR 1016/06, NZA 2008, 1354) beabsichtigt. Großen Wert legt das BAG auf eine genaue Darstellung der Grenzen des **Haftungsregimes** nach II. Keinesfalls darf suggeriert werden, dass der Veräußerer nach dem Betriebsübergang ohne Einschränkung für Ansprüche aus dem Arbeitsverhältnis hafte (BAG 23.7.2009, 8 AZR 538/08, EzA § 613a BGB 2002 Nr 114). Darüber hinaus nahm das BAG an der Darstellung Anstoß, wonach der Veräußerer für solche Verpflichtungen weiter hafte, die vor dem Betriebsübergang entstanden und fällig geworden sind. Es fehle ein Hinweis darauf, dass dieser auch für vor dem Betriebsübergang entstandene Ansprüche haftet, die vor Ablauf von einem Jahr nach dem Betriebsübergang fällig werden, auf die dann bestehende Gesamtschuldnerschaft zwischen Veräußerer und Erwerber sowie auf die in § 613a II enthaltene Beschränkung dieser Haftung bzgl der Ansprüche, die nach einem Jahr fällig werden, auf den Teil des Bezugszeitraums, der vor dem Betriebsübergang liegt (BAG 23.7.2009, 8 AZR 538/08, EzA § 613a BGB 2002 Nr 114). Angaben dazu, wann Ansprüche entstehen und wann sie fällig werden, sind iR der Haftungsklausel aber nicht erforderlich (BAG 10.11.2011, 8 AZR 430/10, NZA 2012, 584; *Lingemann* NZA 2012, 546).

Ist der AN allerdings über einen Sachverhalt zu informieren, der die Beantwortung **komplexer Rechtsfragen** voraussetzt, ist die Unterrichtung dann nicht fehlerhaft, wenn der AG bei angemessener Prüfung der Rechtslage, die ggf die Einholung von Rechtsrat über die höchstrichterliche Rspr beinhaltet, rechtlich vertretbare Positionen ggü dem AN kundtut (BAG 26.3.2015, 2 AZR 783/13, EzA § 613a BGB 2002 Nr 161; 13.7.2006, 8 AZR 303/05, EzA § 613a BGB 2002 Nr 55). 132

Schwierig erweist sich dies vor allem im Hinblick auf die weitere **Anwendung von tariflichen und betrieblichen Normen** auf das Arbeitsverhältnis des AN. Das beinhaltet nämlich auch eine Unterrichtung über die mögliche kollektivrechtliche **Ablösung** von im Veräußererbetrieb geltenden Kollektivvereinbarungen nach I 3 sowie eine vom Erwerber angestrebte Vereinheitlichung der Arbeitsbedingungen durch Inbezugnahme eines normativ nicht geltenden TV (I 4) (BAG 10.11.2011, 8 AZR 430/10, NZA 2012, 584; 23.7.2009, 8 AZR 538/08, EzA § 613a BGB 2002 Nr 114; 13.7.2006, 8 AZR 305/05, EzA § 613a BGB 2002 Nr 56; 8 AZR 303/05, EzA § 613a BGB 2002 Nr 55; ausf: *Gaul/Otto* DB 2005, 2465, 2466; *Mohnke/Betz* BB 2008, 498). Allerdings betont das BAG, dass eine detaillierte Aufstellung aller ablösungsgeeigneten BV oder TV des Erwerberbetriebs nicht erforderlich ist. Zum Umfang der Unterrichtung über die Weitergeltung von Tarifverträgen und Betriebsvereinbarungen vgl. *Lingemann* NZA 2012, 546, 548. Die bloße Wiedergabe der einschlägigen gesetzlichen Vorschriften (also denen der § 613a I 2–4 und des TVG) soll aber umgekehrt auch unzureichend sein. So soll es zumindest eines Hinweises darüber bedürfen, ob ein im Veräußererbetrieb normativ geltender TV kollektivrechtlich fort- oder nur individual-rechtlich weiter gilt. Zudem soll in allg Form mitzuteilen sein, welches Tarifwerk im Erwerberbetrieb angewendet wird, insb dann, wenn dieses einen anderen fachlichen Geltungsbereich abdeckt als dasjenige des Veräußererbetriebs (also: nicht mehr »TV Metallbranche in X«, sondern »Verbands-TV Kunststoff für den Bezirk Y«). Das dürfte sich im Hinblick auf die Rspr des 4. Senats des BAG zur Wirkung kleiner dynamischer Bezugnahmeklauseln sowie zur Weitergeltung und Ablösung von TV im Erwerberbetrieb (Rdn 72 ff) in einigen Fällen als weitaus schwieriger erweisen als von der Rspr angenommen. Ausführungen zu einem Tarifwechsel sind indes entbehrlich, wenn ein solcher nicht absehbar ist (BAG 10.11.2011, 8 AZR 430/10, NZA 2012, 584). Als ohne Weiteres richtig erweist sich dagegen die Forderung, dass den AN nicht vorenthalten werden darf, dass der Erwerber die BV des Veräußerers übernimmt, wenn diese gezielt zulasten der zu übernehmenden AN abgeändert wurden (BAG 23.7.2009, 8 AZR 538/08, EzA § 613a BGB 2002 Nr 114). Sind Überleitungs-TV abgeschlossen worden, ist darauf hinzuweisen (aber: kein Informationsrecht des BR nach § 80 II 2 BetrVG: LAG Nürnberg 31.8.2005, 6 TaBV 41/05, NZA-RR 2006, 137). Dagegen hat der AN keinen Anspruch auf Auskunft über die Höhe seiner bis zum Betriebsübergang erworbenen Anwartschaften auf Betriebsrente, da diese Anwartschaften nicht Folge des Betriebsüberganges sind (BAG 22.5.2007, 3 AZR 357/06, NZA 2007, 1285). 133

134 Die Unterrichtspflicht erstreckt sich grds auch auf die **Solvenz** des Erwerbers (BAG 24.5.2005, 8 AZR 398/04, EzA § 613a BGB 2002 Nr 35 – obiter dictum; LAG Düsseldorf 6.10.2005, 15 Sa 355/05, nv), wobei sich das BAG mit der Leerformel »man sei überzeugt, einen guten Vertragspartner gefunden zu haben« zufrieden zu geben scheint. Zwar dürfen hier keine überspannten Anforderungen gestellt werden, auch birgt eine Mitteilung aller denkbaren Umstände die Gefahr in sich, dass der AN letztlich desinformiert wird (*Reinhard* NZA 2009, 63, 67). In jedem Fall darauf hinzuweisen ist aber, wenn über den Erwerberbetrieb das Insolvenzverfahren eröffnet ist (BAG 31.1.2008, 8 AZR 1116/06, EzA § 613a BGB 2002 Nr 85). Auch ist darüber zu informieren, wenn der Betriebsübernehmer nicht die im Eigentum des Veräußerers stehenden Betriebsmittel (etwa: wertvolle Immobilien) mit übernimmt, sondern diese nur iR einer Vereinbarung mit einem Dritten nutzt, an den der Veräußerer sie übertragen hatte (BAG 31.1.2008, 8 AZR 1116/06, EzA § 613a BGB 2002 Nr 85) oder aber, wenn wichtige Patente bzw Lizenzen (BAG 23.7.2009, 8 AZR 538/08, EzA § 613a BGB 2002 Nr 114) vom Erwerber nicht übernommen werden. Unrichtig ist eine Unterrichtung überdies, wenn den AN suggeriert wird, dass ihr Betrieb von einem weltweit agierenden Branchenführer übernommen werden soll, er aber tatsächlich nur in eine von diesem neu zu gründende Tochter-GmbH eingegliedert wird, die gerade einmal mit dem Mindestkapital ausgestattet ist und dem vermeintlichen Branchenführer ein negativer Kaufpreis dafür gezahlt wird, dass er der Veräußerin den fraglichen Betriebsteil abnimmt (BAG 23.7.2009, 8 AZR 538/08, EzA § 613a BGB 2002 Nr 114). Gleichermaßen fehlerhaft ist es, wenn ein zur Eintragung in das Handelsregister angemeldeter Newcomer auf dem Markt als erfahrenes und erfolgreiches mittelständisches Industrieunternehmen bezeichnet wird (LAG München 30.8.2005, 8 Sa 523/05 [Vorinstanz zu: BAG 24.5.2005, 8 AZR 398/04, EzA § 613a BGB 2002 Nr 35, das auf diese Frage allerdings nicht eingeht]).

135 Mit den hins der AN **in Aussicht genommenen Maßnahmen** sind etwa gemeint: Maßnahmen personeller Natur, Weiterbildungsmaßnahmen, Produktionsumstellungen sowie andere, die die berufliche Entwicklung der AN beeinflussen können (*Grobys* BB 2002, 726, 728). Weiterhin bedarf es einer Information des AN über die mittelbaren Folgen eines Betriebsübergangs, und zwar auch dann, wenn die Rechtspositionen des AN durch diesen nicht unmittelbar betroffen sind, die **ökonomischen Rahmenbedingungen** des Betriebsübergangs jedoch zu einer so gravierenden Gefährdung der wirtschaftlichen Absicherung der AN beim neuen Betriebsinhaber führen, dass diese Gefährdung als ein wesentliches Kriterium für einen möglichen Widerspruch der AN gegen den Übergang der Arbeitsverhältnisse anzusehen ist. Das ist natürlich erst recht dann der Fall, wenn dadurch die Arbeitsplatzsicherheit beim Betriebserwerber gefährdet wird, der Erwerber plant, **betriebsbedingte Kdg** in großem Umfang auszusprechen (BAG 24.5.2005, 8 AZR 398/04, EzA § 613a BGB 2002 Nr 35), der Erwerberbetrieb nicht in den Anwendungsbereich des KSchG fällt (ErfK/*Preis* § 613a Rn 88a), bei ihm anders als im Veräußererbetrieb kein **BR** besteht, sich dort die betriebsverfassungsrechtliche Struktur signifikant ändern wird (ErfK/*Preis* § 613a Rn 88b), aber auch wenn die Absicht besteht, die beim Veräußerer bestehende großzügige Prämienregelung zu kündigen. Die Voraussetzungen einer betriebsbedingten Kündigung nach Widerspruch müssen hingegen nicht im Einzelnen dargestellt werden (*Lingemann* NZA 2012, 546). Sollte der Betriebsübergang mit einer Betriebsänderung iSd §§ 111 ff BetrVG verbunden sein, genügt der Hinweis auf die Absicht einer vorzunehmenden Interessenausgleich und den Sozialplan. In Aussicht genommen ist eine Maßnahme allerdings frühestens dann, wenn ein Stadium **konkreter Planung** erreicht ist (BAG 13.7.2006, 8 AZR 305/05, EzA § 613a BGB 2002 Nr 56; aA ErfK/*Preis* § 613a BGB Rn 89). Grundsätzlich gilt aber, dass das Unterrichtungsschreiben Wissens- und nicht Willenserklärung ist und daher die Frage, ob der Unternehmenskaufvertrag Ansprüche der AN begründet, offen lassen darf (*Lingemann* NZA 2012, 546).

136 Weiter müssen die AN darauf hingewiesen werden, dass sie im Veräußererbetrieb in einen **Interessenausgleich bzw Sozialplan** einbezogen werden würden, zumindest dann, wenn ihnen Ansprüche daraus zustehen (BAG 13.7.2006, 8 AZR 303/05, EzA § 613a BGB 2002 Nr 55). Dies gilt aber nicht, wenn der Veräußerer bislang keinen Interessenausgleich (Sozialplan) abgeschlossen hat und er bislang auch nicht damit rechnen muss, dass ein solcher abzuschließen ist. Die AN müssen also nicht darauf aufmerksam gemacht werden, dass, sollte eine Vielzahl von ihnen dem Übergang widersprechen, der Veräußerer daraufhin Kdg aussprechen müsste, was zur Folge haben könnte, dass, sollten deshalb die Schwellenwerte des § 17 KSchG, § 112a BetrVG überschritten werden, ein Interessenausgleich und ein Sozialplan abzuschließen sind (BAG 13.7.2006, 8 AZR 303/05, EzA § 613a BGB 2002 Nr 55). Besteht indes beim Veräußerer bereits ein Sozialplan in den der Erwerber eintritt, kann ein Hinweis erforderlich sein, dass Ansprüche aus dem Sozialplan erst dann entstehen, wenn der betreffende AN eine Kdg erhält, sowie darauf, dass der Veräußerer für Abfindungsansprüche nicht mehr haftet, wenn erst der Erwerber das Arbeitsverhältnis kündigt (BAG 20.3.2008, 8 AZR 1016/06, NZA 2008, 1354; 20.3.2008, 8 AZR 1022/06, EzA § 613a BGB 2002 Nr 91).

Das gilt auch und gerade dann, wenn der AN im zugehörigen Interessenausgleich namentlich als zur Kdg anstehend benannt worden ist.

Den AN ist schließlich der Zeitpunkt des Übergangs mitzuteilen. Das ist der Stichtag oder der geplante Zeitraum, zu dem der Erwerber die Organisationsmacht im Betrieb übernehmen soll (Rdn 33). Regelmäßig genügt, wenn dieser Zeitraum näher eingegrenzt wird, falls sich der Übergabetermin vorab nicht punktgenau bestimmen lässt (*Nebeling/Brauch* BB 2010, 1474; *Gaul/Otto* DB 2005, 2465). 137

III. **Rechtsfolgen einer unterbliebenen (fehlerhaften) Unterrichtung.** Bei der Unterrichtspflicht handelt es sich um eine **Rechtspflicht** (BAG 9.12.2010, 8 AZR 592/08; 31.1.2008, 8 AZR 1116/06, EzA § 613a BGB 2002 Nr 85; 20.3.2008, 8 AZR 1022/06, EzA § 613a BGB 2002 Nr 91) und nicht lediglich um eine Obliegenheit des AG. Sie ist daher selbstständig einklagbar (Letzteres offengelassen durch BAG 24.5.2005, 8 AZR 398/04, EzA § 613a BGB 2002 Nr 35; wie hier *Grau* ZfA 2005, 647, 666; *Willemsen/Lembke* NJW 2002, 1159, 1161, 1164; *Gaul/Otto* DB 2002, 634, 638 f). Hauptfolge einer unterbliebenen, unvollständigen, unrichtigen oder nicht formgerechten Unterrichtung ist, dass die **Widerspruchsfrist** des VI nicht anzulaufen beginnt, s dazu ausf Rdn 145 ff. Dessen ungeachtet sind die Beteiligten aber verpflichtet, eine unterlassene Unterrichtung auch nach dem Betriebsübergang noch nachzuholen (s.a. Rdn 145, 149). Darüber hinaus kann die vorsätzliche oder fahrlässige Verletzung (§§ 280 I 2, 276) der Unterrichtspflicht **Schadensersatzansprüche** des nicht unterrichteten AN nach §§ 311 I, 281 I, 280 I 2, 249 auslösen (BAG 9.12.2010, 8 AZR 592/08; 31.1.2008, 8 AZR 1116/06, EzA § 613a BGB 2002 Nr 85; 20.3.2008, 8 AZR 1022/06, EzA § 613a BGB 2002 Nr 91; 24.5.2005, 8 AZR 398/04, EzA § 613a BGB 2002 Nr 35). Dabei haftet der eine beteiligte AG auch für eine unzureichende Unterrichtung durch den anderen AG, wenn ihm vorzuwerfen ist, dass er es unterlassen hat, die Unterrichtung zu prüfen und er im Fall einer ordnungsgemäßen Prüfung die Fehlerhaftigkeit der Unterrichtung hätte erkennen können. Überdies könnte entgegen der Regelung des § 425 sogar ein gesamtwirkendes Verschulden zwischen beiden Beteiligten angenommen werden, weil deren Pflichten hier derart eng miteinander verknüpft sind, dass sie aus wirtschaftlichen oder tatsächlichen Gründen eine Einheit bilden (*Grau* RdA 2005, 367, 371, 373). Dem AN muss freilich ein Schaden durch die Aufnahme der Arbeit für den Erwerber entstanden sein und er muss nachweisen, dass dieser nicht eingetreten wäre, wenn er zutreffend und vollständig unterrichtet worden wäre und er deshalb dann dem Übergang seines Arbeitsverhältnisses widersprochen hätte (BAG 31.1.2008, 8 AZR 1116/06, EzA § 613a BGB 2002 Nr 85). Ein solcher Schadensersatzanspruch kann ggf darin bestehen, dass der Erwerber die Arbeitsleistung des AN nicht vertragsgemäß vergüten kann (s dazu auch Rdn 149; zum Umfang des Schadensersatzes ausf *Grau* RdA 2005, 367, 371). Ggf kann ein Schaden darin bestehen, dass der AN im Fall eines Widerspruchs in einen beim Veräußerer bestehenden Sozialplan einbezogen worden wäre und ihm daher mangels Widerspruchsausübung eine Abfindungszahlung entgangen ist. Nicht **kausal** soll ein Schaden indes dann sein, wenn der AN ihn durch die nachträgliche Ausübung des Widerspruchsrechts (Rdn 145) noch hätte verhindern können, etwa weil er sich so den Veräußerer als solventen Haftungsgegner »gesichert« hätte (20.3.2008, 8 AZR 1022/06, EzA § 613a BGB 2002 Nr 91). Das kann den AN dazu anhalten, nach Entdeckung der Unrichtigkeit einer Unterrichtung zu prüfen, ob er nicht zeitnah einen Widerspruch aussprechen sollte (s auch Rdn 145 aE). Im Übrigen kann die fehlende oder fehlerhafte Unterrichtung dazu führen, dass sich der Betriebserwerber nicht auf Ausschlussfristen berufen kann, wenn ein innerer Zusammenhang zwischen dieser Pflichtverletzung und der Fristversäumung besteht (BAG 22.8.2012, 5 AZR 526/11, EzA § 613a BGB 2002 Nr 137). 138

Die fehlerhafte Unterrichtung lässt aber weder eine durch den Veräußerer bzw Erwerber ausgesprochene **Kdg** noch einen durch den AN erklärten **Widerspruch** unwirksam werden (BAG 24.5.2005, 8 AZR 398/04, EzA § 613a BGB 2002 Nr 35). Anderes gilt allerdings, wenn die Unterrichtung einschneidend fehlerhaft war und der unterrichtende den AN bewusst **getäuscht**, vorsätzlich falsch unterrichtet oder die Fehlerhaftigkeit der Unterrichtung – etwa durch Angaben ins Blaue hinein – bewusst in Kauf (LAG München 30.8.2005, 8 Sa 523/05) genommen hat. Widerspricht der AN daraufhin dem Betriebsübergang bzw unterlässt er einen Widerspruch, ist eine durch den Veräußerer bzw den Erwerber ausgesprochene Kdg nach § 242 unwirksam. Zudem kann der AN einen erklärten Widerspruch nach § 123 anfechten (LAG Düsseldorf 6.10.2005, 15 Sa 355/05). Das gilt entspr § 166 I auch dann, sollte der »andere« AG den AN fehlerhaft unterrichtet haben, also derjenige, der nicht die Kdg ausgesprochen hat bzw der nicht Anfechtungsgegner nach § 143 I ist. Eines Rückgriffs auf § 123 II bedarf es daher nicht (aA LAG Düsseldorf 6.10.2005, 15 Sa 355/05, das im Fall der arglistigen Täuschung auf § 123 II abstellt). 139

G. **Widerspruch.** I. **Widerspruchsrecht.** Nach § 613a VI kann der AN dem Übergang seines Arbeitsverhältnisses auf den Erwerber widersprechen. Anlass der Regelung ist, dass dem AN mit Rücksicht auf 140

§ 613a BGB   Rechte und Pflichten bei Betriebsübergang

seine GR aus Art 2 I und 12 GG nicht ein Vertragspartner gegen seinen Willen aufgezwungen werden darf (BT-Drs 14/7760 S 20). Kein Widerspruchsrecht besteht allerdings im Fall eines Betriebsübergangs im Wege einer Verschmelzung nach § 324 UmwG, die zur Folge hat, das der übertragende Rechtsträger erlischt (Rdn 31; BAG 21.2.2008, 8 AZR 157/07, EzA § 613a BGB 2002 Nr 90; krit: *Fandel/Hausch* DB 2008, 2402, 2403; iE offen dagegen für den Fall einer partiellen Gesamtrechtsnachfolge infolge einer Spaltung nach § 131 I Nr 1 UmwG: BAG 11.3.2008, 3 AZR 358/06, EzA § 4 BetrAVG Nr 7, das im Fall ein Widerspruchsrecht jedenfalls deshalb ablehnte, nachdem der Kläger, ein Betriebsrentner, nicht mehr beim bisherigen Rechtsträger beschäftigt war, s Rdn 99).

141 Das Widerspruchsrecht ist ein **einseitiges Gestaltungsrecht**. Es kann weder bedingt noch unter einem Vorbehalt (etwa des Nichtausspruchs von betriebsbedingten Kdg seitens des alten Betriebsinhabers) ausgeübt werden. Der Widerspruch stellt eine einseitige empfangsbedürftige Willenserklärung dar. Er kann daher nach §§ 119, 123 angefochten werden (BAG 15.2.2007, 8 AZR 310/06, nv; s dazu auch Rdn 139). Davon abgesehen kann der Widerspruch nach Zugang beim Erklärungsgegner (Rdn 142) durch den AN nicht mehr einseitig **rückgängig** gemacht werden kann (§ 130 I 1; BAG 30.10.2003, 8 AZR 491/02, EzA § 613a BGB 2002 Nr 16). Vielmehr kann das Arbeitsverhältnis zu diesem Zeitpunkt nur noch durch eine 3-seitige Vereinbarung aller Beteiligter zum Übergang auf den Erwerber gebracht werden. Eine solche Vereinbarung bedarf jedenfalls im Verhältnis zwischen AN und Veräußerer der Schriftform, da sie das zwischen diesen bestehende Arbeitsverhältnis aufhebt (§§ 623, 613a IV analog; aA LAG Hamm 15.1.2004, 16 Sa 391/03). Von vornherein unzureichend ist eine Abrede, die alleine zwischen AN und Veräußerer geschlossen wird, da sie einen unzulässigen **Vertrag zulasten Dritter** darstellt. Diesen kann der Erwerber freilich genehmigen (§§ 182 I, 184 I). Tut er dies nicht, kann die Vereinbarung nicht in einen Aufhebungsvertrag zwischen Veräußerer und AN umgedeutet werden. In Ausnahmefällen kann dem AN ein Anfechtungsrecht nach § 123 BGB zustehen (Einzelheiten bei *Haas/Salamon/Hoppe* NZA 2011, 128).

142 Der Widerspruch kann sowohl ggü dem **bisherigen Inhaber als auch dem Übernehmer** erklärt werden, allerdings nicht gegenüber einem (noch) früheren AG, von dem der Veräußerer seinerseits den Betrieb erworben hatte (st Rspr zuletzt BAG 11.12.2014, 8 AZR 943/13, NZA 2015, 481; 16.10.2014, 8 AZR 696/13, EzA § 613a BGB 2002 Nr 159; 24.4.2014, 8 AZR 369/13, EzA § 613a BGB 2002 Nr 154). Dabei ist unerheblich, durch wen die Unterrichtung nach V erfolgt ist. Ebenso unerheblich für die Bestimmung des Adressaten ist, ob der Widerspruch vor oder nach dem Übergang erfolgt. Der Widerspruch ist schriftlich (§ 126) zu erklären, muss also vom AN eigenhändig unterschrieben sein. Zulässig ist zwar die Erklärung in elektronischer Form (§ 126a). Erfolgt der Widerspruch dagegen in Textform (zB per Telefax), konkludent oder mündlich, ist er unwirksam, mit der Folge, dass das Arbeitsverhältnis auf den Erwerber übergeht. Inhaltlich muss aus Sicht des Erklärungsempfängers (§ 133) erkennbar sein, dass der AN die Fortsetzung des Arbeitsverhältnisses mit dem Erwerber ablehnt. Das Wort »Widerspruch« muss aber nicht eigens verwandt werden.

143 Der Widerspruch ist nicht an das Vorliegen **sachlicher Gründe** gebunden (BAG 30.9.2004, 8 AZR 462/03, EzA § 613a BGB 2002 Nr 28). Er bedarf daher auch keiner Begr. Der Widerspruch kann durch die Belegschaft auch **kollektiv ausgeübt** werden (BAG 30.9.2004, 8 AZR 462/03, EzA § 613a BGB 2002 Nr 28). Das gilt selbst dann, wenn der AG durch die kollektive Ausübung in eine gewisse Drucksituation gerät. Das Widerspruchsrecht ist Ausfluss der Privatautonomie des AN, sodass dieser frei in der Entsch darüber ist, ob er den Widerspruch ausüben will und ebenso, ob er dies gemeinsam mit anderen AN tun möchte. Die kollektive Ausübung des Widerspruchs ist auch keine Arbeitskampfmaßnahme, weil sie der Sicherung der bestehenden individualrechtlichen Beziehungen dient und nicht dem Ziel, dem AG eine Veränderung der bestehenden Arbeitsverträge abzuringen. Sie unterliegt daher nicht den Zulässigkeitsanforderungen eines Arbeitskampfes (teilw aA: *Rieble* NZA 2005, 1, 2). Nach Ansicht des BAG darf der Kollektivwiderspruch aber nicht institutionell missbraucht werden. Das soll der Fall sein, wenn der kollektiven Widerspruchsausübung kein schutzwürdiges Eigeninteresse zu Grunde liegt, sondern sie alleine der Verhinderung des AG-Wechsels oder der Erzielung von Vergünstigungen im Zusammenhang mit dem Inhaberwechsel dient, auf die der AN keinen Rechtsanspruch hat. Das ist nicht frei von Widersprüchen (*Schmalenberg* AuR 2008, 163). Die Ausübung des Widerspruchsrechts wird derart eben doch an das Bestehen eines Sachgrunds gebunden. Darüber hinaus besteht der Sinn eines Kollektivwiderspruchs regelmäßig in der Verhinderung des AG-Wechsels, sodass das BAG die behauptete Zulässigkeit eines solchen Widerspruchs auf einer 2. Wertungsebene wieder aufhebt. Auch ist unklar, wie das schutzwürdige Eigeninteresse der AN näher konkretisiert werden soll. Zur Sozialplanpflicht einer in der Folge notwendig werdenden Massen-Kdg s Rdn 154.

144 Das Widerspruchsrecht ist zwingend und kann auch durch Kollektivabrede nicht ausgeschlossen werden. Der AN kann indes auf sein Widerspruchsrecht **verzichten** (ErfK/*Preis* § 613a Rn 102; *Gaul/Otto*

DB 2002, 634, 638). Mit Rücksicht auf den Schutzzweck des VI kann der Verzicht aber nur im Hinblick auf einen konkreten, unmittelbar bevorstehenden oder vollzogenen Betriebsübergang erfolgen. Ein Verzicht im Voraus, etwa schon bei Vertragsschluss, ist unwirksam (HWK/*Willemsen* § 613a Rn 364) und zwar auch dann, wenn er in Form der Individualabrede erfolgt. Weiterhin ist der Verzicht nur wirksam, wenn der AN zuvor ausreichend über den Betriebsübergang und dessen Folgen informiert wird. Es darf zu keinem »blinden Verzicht« kommen, sodass die Anforderungen, die an eine solche Information zu stellen sind, denjenigen ähnlich sind, die an eine Unterrichtung nach V (s Rdn 128 ff) zu richten sind (str; großzügiger: ErfK/*Preis* § 613a Rn 102; Staudinger/*Annuß* § 613a Rn 174, 201). Andernfalls wäre nämlich die Unterrichtungspflicht nach V für die beteiligten AG disponibel. Jedenfalls ist es treuwidrig, wenn sich der alte Betriebsinhaber auf den Verzicht beruft, obgleich er den AN unrichtig über einzelne Umstände des Betriebsübergangs informiert hat (LAG München 30.8.2005, 8 Sa 523/05; n rkr; Revision: 8 AZR 615/06). Der Verzicht auf das Widerspruchsrecht unterscheidet sich daher letztlich nur dadurch von der bloßen Nichtausübung eines Widerspruchs nach VI, dass sich der AN **vor Ablauf der Widerspruchsfrist** mit dem Übergang des Arbeitsverhältnisses auf den Betriebserwerber einverstanden erklärt. Der Verzicht bedarf nicht der **Schriftform** (HWK/*Willemsen* § 613a Rn 365; Staudinger/*Annuß* § 613a Rn 204; aA *Franzen* RdA 2002, 258, 268; ErfK/*Preis* § 613a Rn 102). Vielmehr kann er auch konkludent erklärt werden, etwa indem der AN arbeitsvertragliche Vereinbarungen mit dem Erwerber trifft. Eine dem AN vom AG vorgelegte Verzichtserklärung ist indes unwirksam (§§ 310 III Nr 2, 307 I, II Nr 1, ggf auch § 309 Nr 10; s Staudinger/*Annuß* § 613a Rn 203).

II. Frist zur Widerspruchserklärung. Die Frist zur Erklärung eines Widerspruchs beträgt **einen Monat.** 145
Das Widerspruchsrecht kann auch noch nach Beendigung des Arbeitsverhältnisses ausgeübt werden (BAG 20.3.2008, 8 AZR 1016/06, NZA 2008, 1354). Eine Fristverlängerung ist durch 3-seitigen Vertrag zwischen Veräußerer, Erwerber und AN möglich. Die Beweislast für den fristgerechten Zugang (§ 130) der Widerspruchserklärung trägt der AN. Maßgeblicher Zeitpunkt zur Berechnung des Fristbeginns ist der Zugang des Unterrichtungsschreibens nach V beim AN (Berechnung des Fristendes: §§ 187 I, 188 I Alt 1, 193). Die Widerspruchsfrist hängt daher nicht vom Zeitpunkt des Betriebsübergangs ab. Wird die Unterrichtung nach dem Betriebsübergang nachgeholt (Rdn 138), beginnt die Widerspruchsfrist erst mit dem Zeitpunkt der Unterrichtung zu laufen (BAG 13.7.2006, 8 AZR 305/05, EzA § 613a BGB 2002 Nr 56). Daraus folgt: **Unterbleibt die Unterrichtung,** läuft die Widerspruchsfrist nicht an (BAG 22.6.2012, 8 AZR 752/09, EzTöD 100 § 2 TVöD-AT Betriebsübergang Nr 27). Der AN kann dem Betriebsübergang daher noch nachträglich widersprechen. Eine Kausalität zwischen der fehlerhaften oder unrichtigen Information und dem nicht ausgeübten Widerspruchsrecht ist nicht erforderlich (BAG 20.3.2008, 8 AZR 1016/06, NZA 2008, 1354). Sie läuft auch dann nicht an, wenn der AN aus einer anderen Quelle vom Betriebsübergang erfahren haben sollte oder aufgrund der äußeren Umstände völlig eindeutig ist, dass der AG gewechselt hat. Das Gleiche gilt aber auch, wenn die Unterrichtung zwar an sich erfolgt ist, jedoch **unrichtig oder unvollständig** geblieben war (st Rspr, zuletzt: BAG 16.10.2014, 8 AZR 696/13, EzA § 613a BGB 2002 Nr 159; 20.5.2010, 8 AZR 1011/08; weitere Nachw bei Rdn 147 unter dem Stichwort »Siemens/BenQ«). Eine gewisse Unklarheit bringt indes BAG 20.3.2008 (8 AZR 1022/06, EzA § 613a BGB 2002 Nr 91) ins Spiel, wo es heißt, dass im Fall einer unrichtigen Unterrichtung die Widerspruchsfrist mit dem Zeitpunkt zu laufen beginnt, indem der AN von der Fehlinformation Kenntnis erlangt (s auch Rdn 138). Vorschläge für eine feste Frist, etwa von 6 Monaten ab dem Betriebsübergang (so zB *Rudkowski* NZA 2010, 739), konnten sich bislang nicht durchsetzen.

Läuft die Widerspruchsfrist nicht an, kann die Ausübung des Widerspruchsrechts allenfalls **verwirkt** werden 146
(st Rspr, zuletzt: BAG 22.6.2012, 8 AZR 752/09, EzTöD 100 § 2 TVöD-AT Betriebsübergang Nr 27; weitere Nachw bei Rdn 147 unter dem Stichwort »Siemens/BenQ«). Das setzt voraus, dass der AN Kenntnis von tatsächlichen Umständen erlangt hat, die den Betriebsübergang ausmachen (etwa: Erhalt von Gehaltsabrechnungen, die den neuen Inhaber als AG ausweisen, Urlaubsgenehmigung durch der Erwerber, Auftritt des Erwerbers auf einer Betriebsversammlung), er ausreichend Anlass und Gelegenheit hatte, sich beim alten bzw neuen AG über einen etwaigen Betriebsübergang zu erkundigen und er sich dessen ungeachtet über einen längeren Zeitraum auf eine Tätigkeit für den Betriebserwerber eingelassen hat. Was das Umstandsmoment betrifft, werden Veräußerer und Erwerber gleichsam als Gesamtgläubiger behandelt. Die subjektive Kenntnis des Widerspruchsadressaten von den eingetretenen Verwirkungsumständen ist also nicht erforderlich. Vielmehr genügt, wenn die jeweils andere Partei von den fraglichen Umständen (positive) Kenntnis hat (BAG 27.11.2008, 8 AZR 174/07, EzA § 613a BGB 2002 Nr 106). Sieht der AN sich vor allem deshalb zum Widerspruch motiviert, weil der Erwerber in Insolvenz gefallen ist, verwirkt er dadurch weder sein Widerspruchsrecht, noch erweist sich der Widerspruch als unzulässige Rechtsausübung.

147 Für das erforderliche **Umstandsmoment** genügt die bloße Weiterarbeit für den Erwerber nicht (BAG 14.11.2013, 8 AZR 824/12,EzA § 613a BGB 2002 Nr 151; 17.10.2013, 8 AZR 974/12,EzA § 613a BGB 2002 Nr 150; 23.7.2009, 8 AZR 540/08, EzA § 613a BGB 2002 Nr 114; 2.4.2009, 8 AZR 262/07, AP BGB § 613a Widerspruch Nr 7; 20.3.2008, 8 AZR 1016/06,NZA 2008, 1354) und zwar auch, wenn der AN insoweit eine Versetzung an einen anderen Arbeitsplatz akzeptiert (BAG, 23.7.2009, 8 AZR 540/08, EzA § 613a BGB 2002 Nr 114). Gleichermaßen unzureichend ist, wenn der AN Leistungen des AG entgegen nimmt. Entspr erweist sich auch die Hinnahme einer Gehaltserhöhung, die Inanspruchnahme von Bildungsurlaub, die Entgegennahme einer Bonuszahlung oder eines Zwischenzeugnisses als nicht hinreichend (BAG 27.11.2008, 8 AZR 230/07, AP BGB § 613a Unterrichtung Nr 6, aA *Nebeling/Kille* NZA-RR 2013, 1; *Dzida* NZA 2009, 641, 646). Unschädlich ist auch, wenn sich der AN von seinen bisherigen Kollegen verabschiedet hat (BAG 24.7.2008, 8 AZR 202/07, AP BGB § 613a Nr 352) oder nicht auf »Fristsetzungen« einer Partei reagiert, sich mit dem Betriebsübergang einverstanden zu erklären. Der AN muss vielmehr durch sein Verhalten zu erkennen geben, dass er einem Betriebsübergang nicht mehr widersprechen werde (BAG 24.7.2008, 8 AZR 205/07, EzA § 613a BGB 2002 Nr 93; 15.2.2007, 8 AZR 431/06, EzA § 613a BGB 2002 Nr 64). Dies ist etwa der Fall, wenn er eine von ihm selbst gesetzte Frist zur Entsch über die Ausübung seines Widerspruchsrechts verstreichen lässt (BAG 2.4.2009, 8 AZR 262/07, AP BGB § 613a Widerspruch Nr 7), oder mit dem Erwerber sein AV »auf eine völlig neue rechtliche Grundlage« stellt, wie dies etwa bei der Begr eines Altersteilzeitverhältnisses (BAG 23.7.2009, 8 AZR 357/08, EzA § 613a BGB 2002 Nr 113) der Fall ist. Der Abschluss einer Teilzeitvereinbarung wird dagegen nicht genügen können. Entgegen dem BAG (24.7.2008, 8 AZR 205/07, EzA § 613a BGB 2002 Nr 93) reicht es auch nicht aus, wenn der AN gegen den Erwerber erdiente Ansprüche geltend macht und zwar auch nicht, wenn dies durch einen von ihm beauftragten Anwalt geschieht. Das gilt erst recht, wenn der Anwalt des AN einen der Beteiligten auffordert, nunmehr endlich eine ordentliche Unterrichtung nachzureichen (so auch: BAG 24.7.2008, 8 AZR 755/07, EzA § 613a BGB 2002 Nr 94). Schließt der AN dagegen mit dem Erwerber einen **Aufhebungsvertrag**, ist das für eine Verwirkung des Widerspruchsrechts erforderliche Umstandsmoment idR unzweifelhaft gegeben (BAG 23.7.2009, 8 AZR 357/08, EzA § 613a BGB 2002 Nr 113 [va »Siemens/BenQ«-Fälle], sowie in einer Vielzahl von überwiegend unveröffentl Folgeentscheidungen u.a.: 11.11.2010, 8 AZR 169/08; 20.5.2010, 8 AZR 1011/08; 22.4.2010, 8 AZR 805/07; 18.3.2010, 840/08; 21.1.2010, 8 AZR 63/08), weil der AN durch die Disposition über sein AV deutlich macht, dass er den Erwerber als neuen AG anerkennt (s *Löwisch/Göpfert/Siegrist* DB 2007, 2538, 2539). Ob der Aufhebungsvertrag dabei als solcher bezeichnet ist, ist unerheblich. Vielmehr disponiert ein Arbeitnehmer auch dann über sein Arbeitsverhältnis, wenn er in einem Vergleich gegen Geldzahlung gegenüber dem Betriebserwerber anerkennt, dass mit diesem kein Arbeitsverhältnis zustande gekommen war und zwar selbst dann, wenn dies damit begründet wird, dass es keinen Betriebsübergang gegeben habe und sich der AN sogar den Widerspruch gegenüber dem Veräußer vorbehält (BAG 17.10.2013, 8 AZR 974/12, EzA § 613a BGB 2002 Nr 150- mE sehr zweifelhaft). Entspr gilt, wenn der AN beim Erwerber **selbst gekündigt** hat. Nach Auffassung des BAG soll überdies ausreichen, wenn der AN keine Klage gegen eine arbeitgeberseitige **Kdg** erhebt (BAG 24.2.2011, 8 AZR 413/09, AP BGB § 613a BGB; 24.7.2008, 8 AZR 175/07, AP BGB § 613a Nr 347; aA LAG Düsseldorf 2.11.2011, 7 Sa 677/11, AA 2012, 108; 27.5.2009, 7 Sa 443/07, das selbst nach einer zwischenzeitlichen Aufhebung seiner Entscheidung durch das BAG [24.2.2011, aaO] auf seiner Auffassung beharrt). Hingegen stellt die Erhebung einer Feststellungsklage zur Sicherung der bisherigen Vertragsbedingungen grds kein Umstandsmoment dar, das für Verwirkung spricht (BAG 11.12.2014, 8 AZR 943/13, NZA 2015, 481). Grundsätzlich nicht erforderlich ist, dass der Arbeitgeber im Vertrauen auf das Unterbleiben des Widerspruchs konkret feststellbare Vermögensdispositionen getroffen hat (BAG 22.6.2012, 8 AZR 752/09, EzTöD 100 § 2 TVöD-AT Betriebsübergang Nr 27). Sicher nicht hinreichend ist es hingegen, wenn der AN gegen eine durch den Erwerber ausgesprochene Kdg klagt und die Klage (jedenfalls zunächst) alleine gegen den Erwerber vorträgt (BAG 2.4.2009, 8 AZR 178/07, EzA-SD 2009, Nr 20, 9). Im Gesamtergebnis überzeugt der Rückgriff des BAG auf die Rechtsfigur der Verwirkung, da er dem Tatrichter eine relativ flexible Entsch des Einzelfalls ermöglicht. In dogmatischer Perspektive spricht zwar nicht wenig für die in der Lit entwickelten rechtsgeschäftlichen Lösungsmodelle (*Rieble/Wiebauer* NZA 2009, 401; *Löwisch* BB 2009, 326, 328). Sie dürften indes in der Praxis nur schwer handhabbar sein.

148 Hins des **Zeitmoments** kann zwar nicht auf eine feststehende Frist abgestellt werden (BAG 22.4.2010, 8 AZR 805/07 DZWiR 2010, 368; 18.3.2010, 8 AZR 840/08; 27.11.2008, 8 AZR 174/07, EzA § 613a BGB 2002 Nr 106; aA *Worzalla* NZA 2002, 353, 357; *Gaul/Otto* DB 2002, 634, 63: 6 Monate), vielmehr sind Zeit- und Umstandsmoment zueinander in Relation zu setzen: Je stärker das gesetzte Vertrauen oder die Umstände, die eine Geltendmachung für den Anspruchsgegner unzumutbar machen, desto schneller kann

ein Anspruch verwirken. Das BAG hat bei eindeutigen Anzeichen für einen Betriebsübergang Zeiträume von 7 1/2 Monaten bis 1 Jahr genügen lassen (BAG 2.4.2009, 8 AZR 220/07, EzA-SD 2009, Nr 20, 10; 15.2.2007, 8 AZR 431/06, EzA § 613a BGB 2002 Nr 64; in anderem Zusammenhang obiter dictum für eine kürzere Frist: BAG 24.5.2006, 7 AZR 365/05; 6 Monate hält aufgrund der äußeren Umstände für unzureichend: BAG 20.3.2008, 8 AZR 1016/06, NZA 2008, 1354; dagegen 6 Monate für ausreichend hält BAG 17.10.2013, 8 AZR 974/12, EzA § 613a BGB 2002 Nr 150 nach Streitverkündung gegenüber dem Betriebsveräußerer). Die Darlegungs- und Beweislast für die Verwirkung trägt derjenige, der sich auf die Verwirkung beruft.

III. Rechtsfolgen eines ausgeübten Widerspruchs. Widerspricht der AN vor Vollzug des Betriebsübergangs, bleibt das Arbeitsverhältnis beim bisherigen Betriebsinhaber bestehen (**Rechtsfolgenverweigerungsrecht**). Kann der AN nach einem bereits erfolgten Betriebsübergang dem Betriebsübergang widersprechen (Rdn 138, 144), soll der Widerspruch mit Rücksicht auf den Schutzzweck des VI, obgleich er ein Gestaltungsrecht ist, auf den Zeitpunkt des Betriebsübergangs **zurückwirken** (hM und st Rspr; zuletzt: BAG 11.12.2014, 8 AZR 943/13, NZA 2015, 481; 13.7.2006, 8 AZR 305/05, EzA § 613a BGB 2002 Nr 56; dagegen mit gewichtigen Gründen: *Löwisch* FS Birk (2008), 541 ff; *Rieble* NZA 2004, 1, 4). Daraus schließt die Rspr, dass das Widerspruchsrecht des AN gegen den Übergang seines Arbeitsverhältnisses auch nicht dadurch ausgeschlossen wird, dass zum Zeitpunkt der Widerspruchserklärung das Arbeitsverhältnis des AN **bereits beendet** ist (BAG 24.7.2008, 8 AZR 755/07, EzA § 613a BGB 2002 Nr 94), wobei freilich zu beachten ist, dass im Hinblick auf die Art und Weise, auf die das Arbeitsverhältnis geendet hat, das Widerspruchsrecht verwirkt sein könnte (s Rdn 146 ff). 149

Die rechtliche Bewältigung der **Interimszeit** bis zur nachträglichen Ausübung des Widerspruchs ist in vielen Punkten noch ungeklärt (Einzelheiten insb bei *Rieble* NZA 2004, 1). Zwischen dem AN und dem Erwerber besteht ein fehlerhaftes Arbeitsverhältnis, sodass dem AN bzw Erwerber die ausgetauschten Leistungen verbleiben. Schuldner für Lohnansprüche des AN in der Interimszeit ist daher der Erwerber. Der Veräußerer kommt allerdings mit Zugang des Widerspruchsschreibens in Annahmeverzug und ist – in Anwendung der Grds für Annahmeverzug bei Kdg-Schutzprozessen – auch für die Zeit davor im Annahmeverzug, wenn er deutlich gemacht hat, dass er den AN im Fall eines Widerspruchs nicht weiter beschäftigen werde (§ 296 BGB, BAG 27.11.2008, 8 AZR 230/07 nv). Hierzu genügt etwa eine entspr Äußerung im Unterrichtungsschreiben (BAG 27.11.2008, 8 AZR 230/07, nv). Der AN muss sich den beim Erwerber erzielten Verdienst als anderweitiges Einkommen iSd § 615 S 2 anrechnen lassen, ebenso empfangenes Alg. Gegen den Veräußerer hat der AN einen Anspruch auf dienstzeitabhängige Leistungen, wie etwa solche der betrieblichen Altersversorgung (HWK/*Willemsen* § 613a Rn 356; differenzierend: *Rieble* NZA 2004, 1), sowie ggf auf Schadensersatz wegen einer schuldhaften Unterlassung der Information über den Betriebsübergang (Rdn 138). Widerspricht der AN einem Betriebsübergang, so läuft eine tarifliche Ausschlussfrist, die von dem Widerspruch abhängt, frühestens mit dem Zugang des Widerspruchs beim Arbeitgeber (BAG 16.4.2013, 9 AZR 731/11, EzA § 4 TVG Ausschlussfristen Nr 205). 150

Kann der bisherige AG einen widersprechenden AN nach dem Betriebsübergang nicht mehr fortbeschäftigen, kann dieser das Arbeitsverhältnis **betriebsbedingt kündigen**, dies ggf. auch außerordentlich sollte der AN **ordentlich unkündbar** sein (BAG 26.3.2015, 2 AZR 783/13, EzA § 613a BGB 2002 Nr 161; 20.6.2013, 2 AZR 379/12, EzA § 626 BGB 2002 Unkündbarkeit Nr 19). Die Kdg scheitert dann auch nicht an IV 1, da Ursache für die Kdg nicht der Betriebsübergang als solcher, sondern der Wegfall der entspr Arbeitsplätze beim Veräußerer ist. Der bisherige AG kann im Fall einer Vermietung oder Verpachtung von Betriebsmitteln das Arbeitsverhältnis eines widersprechenden AN auch dann beenden, wenn er berechtigt ist, den Miet- oder Pachtvertrag zu kündigungen. Alleine die Möglichkeit eines durch eine Kündigung ausgelösten Rückfalls der Miet- oder Pachtsache berechtigt nicht zur pauschalen Annahme, dass deshalb ein **Restbetrieb** beim Vermieter oder Verpächter bestehen bleibt und die Kündigung deshalb nicht betrieblich bedingt sei (BAG 14.3.2013, 8 AZR 154/12, EzA § 1 KSchG Betriebsbedingte Kündigung Nr 174; 27.4.1995, 8 AZR 197/94, EzA § 613a BGB Nr 126). Der AN genießt insoweit ungeachtet des Umstands, dass er einem Betriebsübergang widersprochen hat, den vollen Kdg-Schutz, der ihm ohne Widerspruch im Veräußererbetrieb zugekommen wäre (BAG 27.11.2008, 2 AZR 757/07, AP BAT § 55 Nr 9; 31.5.2007, 2 AZR 276/06, EzA § 1 KSchG Soziale Auswahl Nr 77; s auch Rdn 102 ff). Nach § 1 II KSchG muss der frühere AG dem AN also geeignete freie Arbeitsplätze im Unternehmen anbieten (BAG 29.3.2007, 8 AZR 538/06, EzA § 626 BGB 2002 Unkündbarkeit Nr 14). Die zu berücksichtigenden Weiterbeschäftigungsmöglichkeiten sind dabei im öffentl Dienst nicht auf den Einzugsbereich der Dienststelle beschränkt. Im Falle einer außerordentlichen Kdg erstreckt sich die Prüf- und Sondierungspflicht 151 des öffentl AG vielmehr auf sämtliche Geschäftsfelder in seinem territorialen Einflussbereich (BAG 26.3.2015, 2 AZR 783/13, EzA § 613a BGB 2002 Nr 161). Darüber hinaus muss der alte AG, jedenfalls während des Laufs der Widerspruchsfrist bzw in zeitlicher Nähe zum Betriebsübergang, offene Stellen vorläufig freihalten, zumindest dann, wenn mit der Möglichkeit zu rechnen ist, dass AN dem Betriebsübergang widersprechen werden (BAG 15.8.2002, 2 AZR 195/01, EzA § 1 KSchG Betriebsbedingte Kündigung Nr 123; krit *Lunk/Möller* NZA 2004, 9, 14; *C. Meyer* NZA 2005, 9, 10; zu Besonderheiten bei Gemeinschaftsbetrieben: BAG 15.2.2007, 8 AZR 310/06, EzA § 613a BGB 2002 Nr 66). Das gilt natürlich erst recht, wenn AN dies bereits konkret angekündigt haben. Dagegen hat der AN keinen Anspruch auf Zuordnung zu einem anderen Betrieb, der ebenfalls zur Veräußerung anstand, indes an einen anderen Erwerber übergegangen ist (BAG 21.2.2013, 8 AZR 877/11, EzA § 613a BGB 2002 Nr 143).

152 Wird nur ein Betriebsteil übertragen, nehmen widersprechende AN an einer **Sozialauswahl** (§ 1 III KSchG) mit vergleichbaren AN teil, die von vornherein im Veräußererbetrieb verbleiben sollten. Die vormalige Rspr, wonach innerhalb der **Sozialauswahl** zu berücksichtigen sein sollte, warum der AN dem Betriebsübergang widersprochen hat, hat das BAG mittlerweile aufgegeben (s BAG 31.5.2007, 2 AZR 276/06, EzA § 1 KSchG Soziale Auswahl Nr 77; 31.5.2007, 2 AZR 218/06, AuA 2008, 241; ausf *Eylert/Spinner* BB 2008, 50). Das verdient Zustimmung. Die vormalige Rspr eröffnete dem Tatrichter erhebliche Wertungsspielräume und war für die Praxis nur schwer kalkulierbar. § 613a BGB bindet den Widerspruch gegen einen Betriebsübergang nicht daran, dass der AN Gründe hierfür vorweisen kann. Schließlich legt das KSchG idF des Reformgesetzes 2003 (BGBl I, 3002) die Kriterien der Sozialauswahl in § 1 III abschließend fest.

153 Aus **sozialrechtlicher Sicht** verhält sich der Widerspruch gegen den Betriebsübergang sperrzeitneutral (vgl BSG 8.7.2009, B 11 AL 17/08 R, EzA § 144 SGB III Nr 5; Einzelheiten bei: *Klumpp* NZA 2009, 354). Selbst im Fall eines grundlosen Widerspruchs kann gegen den AN also keine **Sperrzeit** nach § 144 SGB III verhängt werden. Eine Sperrzeit kommt nur dann in Betracht, wenn der AN nach dem Betriebsübergang mit dem Veräußerer einen Aufhebungsvertrag abschließt, ihm aber kein wichtiger Grund für die Eingehung des Aufhebungsvertrages zur Seite steht. Dieser ist indes immer dann gegeben, wenn ihm eine rechtmäßige arbeitgeberseitige Kdg aus nicht verhaltensbedingten Gründen gedroht hätte, die zum Aufhebungszeitpunkt wirksam geworden wäre, etwa weil der Veräußerer die bei ihm verbliebenen AN nicht mehr fortbeschäftigen hätte können.

154 Die TVP sind befugt, AN, die dem Übergang ihres Arbeitsverhältnisses auf einen Betriebserwerber widersprochen haben und denen deshalb gekündigt werden muss, von **Abfindungsansprüchen** auszuschließen (BAG 10.11.1993, 4 AZR 184/93, EzA § 4 TVG Einzelhandel Nr 25). Auch die Betriebspartner können AN, die dem Übergang ihres Arbeitsverhältnisses ohne sachlichen Grund widersprochen haben, von **Sozialplanansprüchen** ausnehmen. In aller Regel ergibt eine Auslegung einer Bestimmung in einem TV bzw Sozialplan, wonach AN, die einen ihnen angebotenen, zumutbaren anderen Arbeitsplatz ablehnen, keine Sozialplanleistungen beanspruchen können, dass auch widersprechende AN keine solchen erhalten sollen (BAG 5.2.1997, 10 AZR 553/96, EzA § 112 BetrVG 1972 Nr 92). Sieht dagegen ein Sozialplan Abfindungen bei betriebsbedingten Kdg ohne Einschränkung vor, so haben mangels entgegenstehender Anhaltspunkte auch solche AN einen Anspruch, die deshalb entlassen werden, weil sie dem Übergang ihres Arbeitsverhältnisses auf den Erwerber eines Betriebsteils widersprochen haben. Das gilt auch dann, wenn der Sozialplan für diejenigen AN, die dem Übergang ihrer Arbeitsverhältnisse nicht widersprechen, bes Leistungen vorsieht (BAG 15.12.1998, 1 AZR 332/98, EzA § 112 BetrVG 1972 Nr 103). Etwas anderes kann sich in Ausnahmefällen aus dem Grds von Treu und Glauben ergeben. Hierzu reicht aber noch nicht, dass der AN dem Übergang seines Arbeitsverhältnisses widerspricht, um an einem Sozialplan des Veräußerers teilzunehmen (so aber: ErfK/*Preis* § 613a Rn 109). Das folgt auch nicht aus den in diesem Zusammenhang zuweilen zitierten Entsch des BAG v 10.11.1993 (4 AZR 184/93, EzA § 4 TVG Einzelhandel Nr 25) und 24.11.1993 (4 AZR 407/92, EzA § 4 TVG Einzelhandel Nr 23), weil der dort anspruchsbegründende TV widersprechende AN ausdrücklich von Abfindungszahlungen ausgenommen hatte. Eine Treuwidrigkeit kann allenfalls dann eintreten, wenn der AN schon von sich aus eigentlich kein Interesse an einer Weiterarbeit beim Veräußerer hat, etwa weil er bereits ein neues Arbeitsverhältnis bei einem dritten AG in Aussicht genommen hat. Wird der Sozialplan durch Spruch der Einigungsstelle aufgestellt, muss im Regelfall ein Ausschluss widersprechender AN vorgesehen werden (§ 122 V 2 Nr 2 BetrVG). Das Sächs LAG ist darüber hinaus sogar der Ansicht, dass im Fall einer Massenkdg von AN, die dem Betriebsübergang widersprochen haben, erst gar kein Sozialplan aufgestellt werden müsse, sollte der Widerspruch ohne triftigen Grund erfolgt sein (LAG Sachs 30.4.1996, 8 Sa 166/96, AuA 1997, 203).

§ 614 Fälligkeit der Vergütung

¹Die Vergütung ist nach der Leistung der Dienste zu entrichten. ²Ist die Vergütung nach Zeitabschnitten bemessen, so ist sie nach dem Ablauf der einzelnen Zeitabschnitte zu entrichten.

Übersicht	Rdn.			Rdn.
A. Vorleistungspflicht des Arbeitnehmers....	1	II.	Vorschuss- und Abschlagszahlungen	12
B. Abdingbarkeit......................	3	1.	Begriffe, Abgrenzung zum Darlehen ...	12
C. Sonderregeln......................	4	2.	Anspruchsgrundlagen	13
D. Einzelfragen	9	3.	Rückzahlung....................	14
I. Verzug, Zurückbehaltungsrecht und		4.	Lohnpfändung	15
Kündigung	9	5.	Darlegungs- und Beweislast..........	17

A. Vorleistungspflicht des Arbeitnehmers. § 614 normiert die Vorleistungspflicht des AN. Die Vergütung wird nach S 1 erst nach der Arbeitsleistung fällig. § 614 ist nicht Grundlage des Vergütungsanspruchs, sondern **regelt allein die Fälligkeit** des sich aus § 611 I ergebenden Anspruchs (HWK/*Krause* § 614 Rn 1). Für das Arbeitsverhältnis ist idR § 614 S 2 einschlägig, da das Arbeitsentgelt typischerweise nach Zeitabschnitten bemessen ist. Bei einer Bemessung nach Monaten ist die Vergütung danach am 1. des Folgemonats zu entrichten (BAG 3.8.2005, 10 AZR 559/04, EzA § 4 TVG Bewachungsgewerbe Nr 3). Abw von § 614 S 2 ist eine nach Stunden oder Tagen bemessene Vergütung nach der Verkehrssitte erst am Ende der Woche zu zahlen (Staudinger/*Richardi/Fischinger* § 614 Rn 13). Beim **Akkordlohn** ist § 614 S 1 anwendbar, da die Vergütung nach Menge, nicht nach Zeitabschnitten bemessen wird. Die Vergütung wird in diesem Fall nach Feststellung des Arbeitsergebnisses fällig (Staudinger/*Richardi/Fischinger* § 614 Rn 14). Die Beendigung des Arbeitsverhältnisses verschiebt den nach § 614 bestimmten Fälligkeitszeitpunkt nicht (für Gratifikationen BAG 8.11.1978, 5 AZR 358/77, EzA § 611 BGB Gratifikation, Prämie Nr 60). 1

§ 614 erfasst Vergütungsansprüche für tatsächlich geleistete Arbeit. Ist das Arbeitsentgelt zu zahlen, obwohl der AN nicht geleistet hat (zB bei Annahmeverzug des AG), wird nach dem Prinzip des § 614 die Vergütung in dem Zeitpunkt fällig, in dem die Arbeitsleistung vollständig erbracht worden wäre (Soergel/*Kraft* § 614 Rn 1). 2

B. Abdingbarkeit. Die Vorschrift ist dispositiv, abw Vereinbarungen sind die Regel. Der Auszahlungstermin wird häufig durch TV oder BV geregelt. Fehlt eine tarifvertragliche Regelung, so hat der BR ein **Mitbestimmungsrecht** nach § 87 I Nr 4 BetrVG. Das erzwingbare Mitbestimmungsrecht erfasst den Auszahlungszeitpunkt und die Zeitabschnitte, für die das Entgelt zu leisten ist. Dabei können auch Arbeitszeitkonten vorgesehen werden. Ob der AN vorleistungspflichtig ist, unterliegt nicht der zwingenden Mitbestimmung des BR (Erman/*Belling* § 614 Rn 3). 3

C. Sonderregeln. Wichtigste gesetzliche Sonderregel zu § 614 ist **§ 11 II BUrlG**. Nach dieser nach § 13 I 1 BUrlG tarifdispositiven Vorschrift ist das Urlaubsentgelt (nicht: Urlaubsgeld) vor Antritt des Urlaubs auszuzahlen. 4

Die Vergütung von Handlungsgehilfen ist nach **§ 64 S 1 HGB** am Schluss des Monats fällig. Abreden, nach der die Zahlung später erfolgen soll, sind nach § 64 S 2 HGB nichtig. Das gilt allerdings nur für feste, laufende Bezüge, nicht für Gratifikationen oder Gewinnbeteiligungen. Außerdem ist die Stundung des fälligen Entgelts zulässig (ErfK/*Preis* § 614 Rn 8).

Provisionsansprüche werden nach § 87a IV HGB am letzten Tag des Monats fällig, in dem nach § 87c I HGB über sie abzurechnen ist. Abzurechnen ist nach § 87c I 1 HGB monatlich, wobei der Unternehmer den Abrechnungszeitraum auf 3 Monate verlängern kann. 5

Der Anspruch auf **Gewinnbeteiligung** wird fällig, wenn die Bilanz festgestellt ist. Dabei ist auch bei Ausscheiden im Geschäftsjahr die Jahresbilanz maßgeblich (BAG 3.6.1958, 2 AZR 406/55, AP HGB § 59 Nr 9). 6

Die **Ausbildungsvergütung** ist nach § 11 I 1 BBiG nach Monaten zu bemessen, sie ist nach § 11 II BBiG spätestens am letzten Arbeitstag des Monats zu zahlen. Diese Regelungen sind zwingend, § 18 BBiG. 7

Für Seeleute gelten die §§ 38 ff SeeArbG, für AN auf Binnenschiffen § 24 BinSchG. 8

D. Einzelfragen. I. Verzug, Zurückbehaltungsrecht und Kündigung. Wenn die Vergütung nach Zeitabschnitten bemessen ist, gerät der AG nach § 286 II Nr 1 ohne Mahnung in Verzug, wenn er am Tag nach Beendigung des Zeitabschnitts nicht leistet. 9

Soweit der AN vorleistungspflichtig ist, kann er die **Einrede des nicht erfüllten Vertrags** (§ 320 I 1) nicht geltend machen. Das BAG gewährt dem AN auch dann nur das allg **Zurückbehaltungsrecht** des § 273 I, 10

§ 614 BGB Fälligkeit der Vergütung

wenn die Vergütung nach Zeitabschnitten bemessen wird und Lohnrückstände aus einem früheren Zeitabschnitt bestehen (BAG 25.10.1984, 2 AZR 417/83, EzA § 273 BGB Nr 3). Für die Einrede des nicht erfüllten Vertrags fehlt es in diesen Fällen am Gegenseitigkeitsverhältnis (ErfK/*Preis* § 614 Rn 17; aA HWK/*Krause* § 614 Rn 14). Handelt es sich lediglich um einen geringen Rückstand oder um eine kurzfristige Zahlungsverzögerung, darf der AN die Leistung nach Treu und Glauben nicht verweigern. Dasselbe gilt, wenn dem AG durch die Ausübung des Zurückbehaltungsrechts zur Unzeit ein unverhältnismäßig hoher Schaden droht oder der Anspruch anderweitig gesichert ist (BAG 25.10.1984, 2 AZR 417/83, EzA § 273 BGB Nr 3).

11 Zahlungsverzug des AG kann für den AN nach einer Abmahnung des AG jedenfalls dann einen **wichtigen Grund zur Kdg** iSd § 626 darstellen, wenn die Nichtzahlung eine nicht unerhebliche Höhe erreicht oder der Verzug sich über einen erheblichen Zeitraum erstreckt. Verweigert der AG den Lohn willkürlich oder ohne Begründung, sollen darüber hinaus auch kleinere Rückstände den AN zu einer außerordentlichen Kdg berechtigen (BAG 6.7.2001, 8 AZR 739/00, EzA § 628 BGB Nr 19).

12 **II. Vorschuss- und Abschlagszahlungen. 1. Begriffe, Abgrenzung zum Darlehen.** Vorschüsse sind Vorausleistungen auf noch nicht verdientes Entgelt, Abschlagszahlungen sind Leistungen auf bereits verdientes, aber noch nicht abgerechnetes Entgelt (BAG 11.2.1987, 4 AZR 144/86, EzA § 850e ZPO Nr 1). Als Vorschuss wirkt sich zB die volle Gehaltszahlung des AG aus, wenn ein Arbeitszeitkonto ein negatives Guthaben aufweist (BAG 15.1.2002, 1 AZR 165/01, EzA § 614 BGB Nr 1). Zahlt der AG auf einen Gratifikationsanspruch, der unter Rückzahlungsvorbehalt steht, handelt es sich nicht um einen Vorschuss (BAG 15.3.2000, 10 AZR 101/99, EzA § 196 BGB Nr 12). Vom Vorschuss abzugrenzen ist das Darlehen. Dabei ist die Bezeichnung durch die Parteien nur ein schwaches Indiz für die Bestimmung des Charakters der Vereinbarung, maßgeblich ist der Parteiwille. Wenn die Parteien die vorzeitige Leistung auf das noch nicht fällige Arbeitsentgelt vereinbaren wollten, handelt es sich um einen Vorschuss, sollte die Vereinbarung von Arbeitsentgelt unabhängig sein, ist ein Darlehen gewollt (HWK/*Krause* § 614 Rn 18). Für ein Darlehen spricht es, wenn die geleistete Zahlung das zu erwartende Entgelt deutlich übersteigt und der Betrag einem Zweck dient, für den normalerweise Kredit aufgenommen wird (LAG Bremen 21.12.1960, 1 Sa 147/60, DB 1961, 243). Von einem Vorschuss ist auszugehen, wenn die Zahlung kurz vor Fälligkeit erfolgt, um dem AN die Bestreitung seines Lebensunterhalts zu ermöglichen (LAG Düsseldorf 14.7.1955, 2a Sa 158/55, AP BGB § 614 Gehaltsvorschuss Nr 1).

13 **2. Anspruchsgrundlagen.** Ohne entspr Vereinbarung hat der AN keinen Anspruch auf einen Vorschuss. In dringenden Fällen (Entbindung, schwere Erkrankung, Todesfall) soll der AG aber aus **§ 241 II** zu einem Vorschuss verpflichtet sein (ErfK/*Preis* § 614 Rn 19; zu Recht einschränkend ArbRBGB/*Schliemann* § 614 Rn 26: nur bei arbeitsverhältnisbedingten Notlagen). Eine Sonderregelung für Handlungsgehilfen enthalten die §§ 65, 87a I 2 HGB. Ansprüche auf Abschlagszahlungen können sich aus Individual- oder Kollektivvereinbarungen ergeben, anderenfalls besteht kein Anspruch. Der AG kann Vorschüsse oder Abschläge bei der endgültigen Abrechnung verrechnen, ohne aufrechnen zu müssen (BAG 13.12.2000, 5 AZR 334/99, EzA § 4 TVG Friseurhandwerk Nr 1).

14 **3. Rückzahlung.** Entsteht die bevorschusste Forderung nicht oder nicht zeitgerecht, hat der AN den Vorschuss zurückzuzahlen (BAG 25.9.2002, 10 AZR 7/02, EzA § 611 BGB Gratifikation, Prämie Nr 168). Auch ein Abschlag ist zurückzugewähren, wenn die Abrechnung ergibt, dass das verdiente Entgelt geringer als der Abschlag ist (Staudinger/*Richardi*/*Fischinger* § 614 Rn 33). Da die Rückzahlungspflicht sich aus der Vorschussvereinbarung ergibt, kann der AN dem AG den Wegfall der Bereicherung nicht entgegenhalten (für eine tarifvertragliche Vorschussvereinbarung BAG 25.2.1993, 6 AZR 334/91, AP BAT § 37 Nr 10; allg Küttner/*Griese* Vorschuss Rn 8). Weist das Arbeitszeitkonto des AN bei Beendigung des Arbeitsverhältnisses einen negativen Stand auf, ist der AN ausgleichspflichtig (BAG 13.12.2000, 5 AZR 334/99, EzA § 4 TVG Friseurhandwerk Nr 1).

15 **4. Lohnpfändung.** Wenn nach einer Vorschuss- oder Abschlagszahlung eine Lohnpfändung erfolgt, wird das pfändbare Einkommen des AN nach dem gesamten vereinbarten Entgelt bestimmt, bereits geleistete Zahlungen werden nicht abgezogen (BAG 11.2.1987, 4 AZR 144/86, EzA § 850e ZPO Nr 1). Vorschüsse oder Abschläge werden zunächst auf den **unpfändbaren Teil des Einkommens** angerechnet (BAG 11.2.1987, 4 AZR 144/86, EzA § 850e ZPO Nr 1). Wenn der Vorschuss oder Abschlag den unpfändbaren Betrag übersteigt, mindert sich der Betrag, auf den der Gläubiger zugreifen kann. Außerdem muss dem AN der notwendige Lebensbedarf bleiben (§ 850d ZPO), was sich negativ für den Gläubiger auswirken kann (ErfK/*Preis* § 614 Rn 24; aA MüKo-BGB/*Müller-Glöge* § 614 Rn 19; offengelassen von BAG 11.2.1987, 4 AZR 144/86, EzA § 850e ZPO Nr 1).

Geht die Pfändung der Vorschuss- oder Abschlagszahlung voraus, muss der Gläubiger Zahlungen des AG, die 16
den unpfändbaren Teil des Einkommens übersteigen, nicht gegen sich gelten lassen (ArbRBGB/*Schliemann*
§ 614 Rn 29).

5. Darlegungs- und Beweislast. Ist str, ob in Höhe des gezahlten Vorschusses eine Forderung des AN 17
entstanden ist, muss der AN die Umstände darlegen und beweisen, die die Höhe seines Entgeltanspruchs
betreffen (BAG 28.6.1965, 3 AZR 86/65, EzA § 87 HGB Nr 1). Dagegen muss der AG darlegen und
beweisen, dass eine Vorschusszahlung erfolgt ist, wenn er diese Einwendung dem Entgeltanspruch des AN
entgegenhalten will (LAG München 28.9.1989, 4 Sa 241/89, LAGE § 362 BGB Nr 2).

§ 615 Vergütung bei Annahmeverzug und bei Betriebsrisiko

¹Kommt der Dienstberechtigte mit der Annahme der Dienste in Verzug, so kann der Verpflichtete für die infolge des Verzugs nicht geleisteten Dienste die vereinbarte Vergütung verlangen, ohne zur Nachleistung verpflichtet zu sein. ²Er muss sich jedoch den Wert desjenigen anrechnen lassen, was er infolge des Unterbleibens der Dienstleistung erspart oder durch anderweitige Verwendung seiner Dienste erwirbt oder zu erwerben böswillig unterlässt. ³Die Sätze 1 und 2 gelten entsprechend in den Fällen, in denen der Arbeitgeber das Risiko des Arbeitsausfalls trägt.

Übersicht	Rdn.			Rdn.
A. Allgemeines	1		3. Bei Fortsetzung des Arbeitsverhältnisses	54
I. Normzweck und Rechtsnatur	1	III.	Beendigung des Dienstverhältnisses	56
II. Abgrenzung zur Unmöglichkeit	3	IV.	Unmöglichkeit	57
III. Abdingbarkeit	7	D.	Rechtsfolgen des Annahmeverzugs	
B. Voraussetzungen des Annahmeverzugs	9	I.	Vergütung	58
I. Erfüllbares Dienstverhältnis	9		1. Rechtsnatur	58
II. Angebot der Leistung	15		2. Lohnausfallprinzip	59
1. Tatsächliches Angebot	16		3. Fälligkeit und Wegfall des Anspruchs	61
2. Wörtliches Angebot	20		4. Anrechnung	63
a) Grundsätzliches	20		a) Allgemeines	63
b) Ablehnung der Leistung	23		b) Verhältnis zu § 11 KSchG	65
c) Fehlende Mitwirkung	24		c) Anrechenbare Gegenstände	66
3. Entbehrlichkeit des Angebots	27		aa) Ersparte Aufwendungen	66
4. Angebot nach AG-Kündigung	29		bb) Anderweitiger Erwerb	67
III. Leistungswille und -fähigkeit	33		cc) Böswillig unterlassener Erwerb	70
1. Allgemeines	33	II.	Sonstige Ansprüche	75
2. Leistungsbereitschaft	34	E.	Durchsetzung des Anspruchs auf Annahmeverzugslohn	76
3. Leistungsfähigkeit	37	I.	Klageantrag	76
4. Leistungsbereitschaft nach Krankheit	40	II.	Darlegungs- und Beweislast	77
IV. Nichtannahme der Leistung	44	III.	Auskunftsanspruch	78
1. Grundsätzliches	44	F.	**Betriebsrisiko**	81
2. Einzelfälle	45	I.	Begriff	81
3. Unzumutbarkeit	46	II.	Regelung in Satz 3	82
4. Vorübergehende Annahmeverhinderung	49	III.	Entwicklung der Betriebsrisikolehre	83
C. Beendigung des Annahmeverzugs	50	IV.	Einzelfälle	86
I. Allgemeines	50	V.	Abdingbarkeit	89
II. Annahme der Leistung	51	VI.	Beendigung des Arbeitsverhältnisses	90
1. Allgemeines	51			
2. Vor Klärung der Wirksamkeit einer Kdg.	52			

A. Allgemeines. I. Normzweck und Rechtsnatur. Die Norm ist dem Recht der **Leistungsstörung** zuzu- 1
ordnen. Ggü den allg Rechtsfolgen des Annahmeverzugs enthält sie eine Erweiterung der Rechtsfolgen
zugunsten des AN. Denn während der Schuldner nach § 304 lediglich Ersatz von annahmeverzugsbedingten Mehraufwendungen verlangen kann, **behält der AN unter bestimmten Umständen seinen Entgeltanspruch**, obwohl er die Arbeitsleistung nicht erbracht hat. § 615 enthält damit eine Ausnahme vom
Grundsatz »ohne Arbeit kein Lohn«. Hintergrund der Regelung ist, dass der AN seine Arbeitskraft nicht
kurzfristig anderweitig verwerten kann und auf das Arbeitsentgelt angewiesen ist, um seinen Lebensunterhalt bestreiten zu können. Darüber hinaus ergibt sich aus der Norm, dass der AN die Arbeitsleistung im

§ 615 BGB Vergütung bei Annahmeverzug und bei Betriebsrisiko

Fall des Annahmeverzugs nicht nachholen muss, selbst wenn es sich im Einzelfall um eine nachholbare Leistung handelt.

2 § 615 regelt nur die Rechtsfolgen des Annahmeverzugs, die Voraussetzungen richten sich nach den allg Regeln (*Feuerborn* JR 2003, 177, 180). Die Norm enthält keine Anspruchsgrundlage, sondern erhält dem AN den ursprünglichen arbeitsvertraglichen Entgeltanspruch (BAG 5.9.2002, 8 AZR 702/01, EzA § 615 BGB Nr 109). Da es sich nicht um einen Schadensersatzanspruch handelt, ist § 254 nicht anwendbar (BAG 7.11.2002, 2 AZR 650/00, EzA § 615 BGB 2002 Nr 1). S 3 gilt nur für Arbeitsverhältnisse, S 1 und 2 auch für freie Dienstverhältnisse.

3 **II. Abgrenzung zur Unmöglichkeit.** Da nach hM die **Arbeitsleistung Fixschuldcharakter** hat (BAG 13.2.2002, 5 AZR 470/00, EzA § 4 EntgeltfortzG Nr 5), führt an sich jeder Annahmeverzug zur Unmöglichkeit der Leistung (MüKo-BGB/*Henssler* § 615 Rn 3). Geht man außerdem mit der herrschenden zivilrechtlichen Lehre davon aus, dass Unmöglichkeit und Annahmeverzug sich gegenseitig ausschließen, so würde § 615 im Fall des Annahmeverzugs des AG leer laufen. Zur Auflösung dieses Konflikts werden verschiedene Lösungen vertreten.

4 Nach der Rspr schließen sich Unmöglichkeit und Annahmeverzug gegenseitig aus. **Annahmeverzug** liege vor, wenn der AN seine Arbeitsleistung zwar anbiete, der AG deren Annahme jedoch verweigere und es daher zur Nichtleistung komme. **Unmöglichkeit** liege demggü vor, wenn der AG zwar zur Annahme bereit sei, dem AN die Leistung jedoch unmöglich sei (BAG 24.11.1960, 5 AZR 545/59, EzA § 615 BGB Nr 3; 18.8.1961, 4 AZR 132/60, AP BGB § 615 Nr 20). Wenn der AG annahmeunfähig ist, liegt danach kein Verzug vor. Bis zur Einführung des § 615 S 3 fehlte es nach dieser Auffassung an einer Regelung für den Fall der **zufälligen Leistungsverhinderung**. Diese **Lücke** füllte die Rspr mit der sog **Betriebsrisikolehre** (dazu Rdn 81–90), inzwischen ist S 3 anwendbar.

5 In der **Lit** finden sich **vielfältige Lösungsansätze**. Nach einer Ansicht kommt es darauf an, ob die Leistungsstörung dauerhaft oder vorübergehend ist (*Rückert* ZfA 1983, 1, 15 ff). Nach einer weiteren Ansicht ist bereits das Zurverfügungstellen der Arbeitskraft die vom AN geschuldete Leistung, sodass der AN damit seine Leistung erbracht hat (*Nikisch* Anm zu BAG AP BGB § 615 Betriebsrisiko Nr 15). Andere Autoren setzen am Fixschuldcharakter der Arbeitsleistung an und stellen darauf ab, ob die Arbeit nachholbar ist oder nicht (*Nierwetberg* BB 1982, 995, 998; *v Stebut* RdA 1985, 66, 68).

6 Nach einer weiteren Ansicht erfasst § 615 alle Fälle der »**Annahmeunmöglichkeit**«, also die Fälle, in denen der AG nicht Willens oder aus vom AN nicht zu vertretenden Gründen nicht in der Lage ist, die Arbeitsleistung anzunehmen (MüKo-BGB/*Henssler* § 615 Rn 8; *Picker* JZ 1979, 285, 292 ff; *Richardi* NZA 2002, 1004, 1008). Dieser Auffassung ist zu folgen. Zwar können die Fälle der Annahmeunmöglichkeit nach Einführung des S 3 nicht mehr dem Annahmeverzug nach S 1 zugeordnet werden. S 3 ordnet aber die Anwendung der S 1 und 2 in Fällen der Annahmeunmöglichkeit an (s dazu Rdn 82).

7 **III. Abdingbarkeit.** § 615 ist abdingbar (BAG 5.9.2002, 8 AZR 702/01, EzA § 615 BGB Nr 109). Dass es sich um dispositives Recht handelt, ergibt sich im **Umkehrschluss aus § 619** (DLW/*Dörner* Kap 3 Rn 1579 ff). Die abw Vereinbarung muss allerdings klar und unmissverständlich sein (Soergel/*Kraft* § 615 Rn 8). Eine Klausel, nach der Lohn nur für geleistete Arbeit gezahlt wird, schließt ohne weitere Anhaltspunkte nur den Anspruch aus § 616 aus (BAG 9.3.1983, 4 AZR 301/80, EzA § 615 BGB Betriebsrisiko Nr 9).

8 Aus der Abdingbarkeit folgt aber nicht, dass abw Vereinbarungen stets zulässig sind. So kann die Norm nicht abbedungen werden, soweit die Fortzahlung des Arbeitsentgelts den Kündigungsschutz ergänzt. Deshalb kann der AG sich bei unwirksamer Kdg nicht von den Verzugsfolgen befreien (MünchArbR/*Boewer* Rn 5). Ebenso wenig kann er allg das Entgeltrisiko auf den AN abwälzen (ArbRBGB/*Matthes* § 615 Rn 102; *Schaub* AR-Blattei SD Nr 80 Rn 3a). Teilw wird vertreten, dass eine einzelvertragliche Abweichung im Voraus generell unzulässig ist (Küttner/*Griese* Annahmeverzug Rn 21). Letztlich sind Abweichungen von S 1 nur in bestimmten Einzelfällen möglich (Staudinger/*Richardi*/*Fischinger* § 615 Rn 14). Zwingend ist die Norm nach § 11 IV 2 AÜG im Leiharbeitsverhältnis.

9 **B. Voraussetzungen des Annahmeverzugs. I. Erfüllbares Dienstverhältnis.** § 615 ist nur anwendbar, wenn ein erfüllbares **Dienstverhältnis** vorliegt. Der Dienstverpflichtete muss zur Arbeitsleistung verpflichtet, der Dienstberechtigte zur Annahme der Dienstleistung berechtigt sein (BAG 12.9.1985, 2 AZR 324/84, EzA § 102 BetrVG 1972 Nr 61). Wird das Arbeitsverhältnis rückwirkend begründet, ist diese Voraussetzung nicht erfüllt (BAG 19.8.2015, 5 AZR 975/13, EzA § 615 BGB 2002 Nr 45). Nach § 10 II BBiG gilt § 615 auch im **Ausbildungsverhältnis**. Für **Heimarbeiter** ist § 29 VII, VIII HAG vorrangig; ob § 615 auf Heimarbeitsverhältnisse überhaupt anwendbar ist, hat das BAG offengelassen (s BAG 13.9.1983, 3 AZR 270/81, AP HAG § 29 Nr 1).

Ein **anfechtbares** oder **nichtiges Arbeitsverhältnis** wird ebenfalls von § 615 erfasst, soweit es für den   10
Zeitraum bis zur Anfechtung oder der Geltendmachung der Unwirksamkeit als wirksam zu behandeln
ist (HWK/*Krause* § 615 Rn 12). Im **ruhenden Arbeitsverhältnis** gerät der AG nicht in Annahmeverzug
(MünchArbR/*Boewer* § 69 Rn 9). Das gilt zB für den Fall der wirksamen Freistellung des AN von der
Arbeitsleistung (BAG 19.3.2002, 9 AZR 16/01, EzA § 615 BGB Nr 108). Auch bei wirksam angeordneter
Kurzarbeit kann der AN die Differenz zu der ihm ohne Kurzarbeit geschuldeten Vergütung nicht als Annahmeverzugslohn geltend machen, da mit der Arbeitspflicht des AN die Vergütungspflicht des AG reduziert
wird. Das BAG wendet § 615 an, wenn der AG dem AN unter Verstoß gegen § 612a keine Mehrarbeit
zuweist (BAG 7.11.2002, 2 AZR 742/00, EzA § 612a BGB 2002 Nr 1). Da aber ohne entspr Anordnung
hins der Mehrarbeit keine erfüllbare Arbeitspflicht besteht, muss der AN das entgangene Entgelt im Wege
des Schadensersatzes geltend machen (HWK/*Krause* § 615 Rn 15; s § 612 Rdn 18). Findet ein **Betriebsübergang** statt, nachdem der AN den bisherigen AG in Annahmeverzug gesetzt hat, so muss der Erwerber
den Verzug gegen sich gelten lassen. Ihm sind auch alle Geschehnisse zuzurechnen, die als Tatbestandsmerkmale des Annahmeverzugs von Bedeutung sind, so etwa das Angebot des AN zur Arbeitsleistung (BAG
21.3.1991, 2 AZR 577/90, EzA § 615 BGB Nr 68).

Macht der AN nach einer Kdg den **allg Weiterbeschäftigungsanspruch** geltend, so gerät der AG bei Vorlie-   11
gen der übrigen Voraussetzungen in Annahmeverzug, wenn die Kdg unwirksam war, das Arbeitsverhältnis
also fortbesteht oder – im Fall eines Auflösungsantrags – zumindest zunächst fortbestand. War die Kdg
wirksam, kann der AN keinen Annahmeverzugslohn geltend machen. Das gilt auch dann, wenn der AG vor
Abschluss des Kündigungsrechtsstreits aufgrund des allg Weiterbeschäftigungsanspruchs verurteilt wurde,
den AN weiterzubeschäftigen (BAG 17.6.1999, 2 AZR 608/98, EzA § 102 BetrVG 1972 Beschäftigungspflicht Nr 10).

Anders ist die Situation, wenn der AN den **Weiterbeschäftigungsanspruch nach § 102 V BetrVG** geltend   12
macht. In diesem Fall wird das Arbeitsverhältnis kraft Gesetzes fortgesetzt. Verliert der AN den Kündigungsrechtsstreit, so entfällt der Beschäftigungsanspruch des AN für die Dauer des Prozesses durch diese
Entscheidung nicht (BAG 12.9.1985, 2 AZR 324/84, EzA § 102 BetrVG 1972 Nr 61; 7.3.1996, 2 AZR
432/95, EzA § 102 BetrVG 1972 Beschäftigungspflicht Nr 9). Wird der AG von der Weiterbeschäftigungspflicht entbunden, verliert er erst ab dem Zeitpunkt der Entscheidung das entspr Annahmeverzugsrisiko
hins des Weiterbeschäftigungsverhältnisses. Bis dahin entstandene Ansprüche bleiben unberührt (BAG
7.3.1996, 2 AZR 432/95, EzA § 102 BetrVG 1972 Beschäftigungspflicht Nr 9). Außerdem ist zu berücksichtigen, dass der AG mit der Entbindung von der Weiterbeschäftigungspflicht nicht vom Annahmeverzugsrisiko hins des ursprünglichen Arbeitsverhältnisses frei wird. Obsiegt der AN im Kündigungsrechtsstreit, kann er daher bei Vorliegen der weiteren Voraussetzungen Annahmeverzugslohn vom AG verlangen
(LAG Rh-Pf 11.1.1980, (7) 6 Sa 657/79, EzA § 615 BGB Nr 35; Staudinger/*Richardi*/*Fischinger* § 615
Rn 115).

Vereinbaren die Arbeitsvertragsparteien, dass eine Kdg nicht wirken, sondern das Arbeitsverhältnis fort-   13
gesetzt werden soll, ist mangels anderer Anhaltspunkte davon auszugehen, dass beide Parteien die Kdg als
unwirksam behandeln wollen. Das führt zur Anwendbarkeit des § 615 (BAG 17.4.1986, 2 AZR 308/85,
EzA § 615 BGB Nr 47).

Verweigert der BR die **Zustimmung zu einer Einstellung** und verlangt er die Aufhebung der personellen   14
Maßnahme, so folgt daraus nicht die Unwirksamkeit der Einstellung, sondern lediglich ein Beschäftigungsverbot (BAG 5.4.2001, 2 AZR 580/99, AP BetrVG 1972 § 99 Einstellung Nr 32; ausf hierzu *Gimpel* Individualrechtliche Konsequenzen betriebsverfassungsrechtlicher Fehler, 2006, S 12 ff). Demnach kann der AG
bei einer unbedingten Einstellung in Annahmeverzug geraten, wenn der BR seine Zustimmung verweigert.

II. Angebot der Leistung.   Nach § 293 setzt der Gläubigerverzug ein Angebot der Leistung voraus. Dabei   15
ist nach § 294 grds ein tatsächliches Angebot erforderlich.

1. Tatsächliches Angebot.   Im ungekündigten Dienstverhältnis muss der Dienstverpflichtete dem Dienst-   16
berechtigten die Dienstleistung **in eigener Person am rechten Ort, zur rechten Zeit und in der rechten
Weise** anbieten (BAG 29.10.1992, 2 AZR 250/92, EzA § 615 BGB Nr 77; s.a. 15.5.2013 - 10 AZR
325/12, EzA § 615 BGB 2002 Nr 39). Bei dem tatsächlichen Angebot handelt es sich um einen Realakt,
der nicht den Regeln über Willenserklärungen unterliegt. Deshalb ist insb ein Zugang nicht erforderlich.

Da der Dienstverpflichtete nach § 613 die Dienste im Zweifel in eigener Person erbringen muss, kann er den   17
Dienstberechtigten nicht durch eine Ersatzkraft in Annahmeverzug setzen. Für die Frage, ob der Dienstverpflichtete seine Leistung am rechten Ort anbietet, kommt es auf den Erfüllungsort für die Arbeitsleistung
an. Im Arbeitsverhältnis muss das Angebot idR am zugewiesenen Arbeitsplatz im Betrieb erfolgen. Das
gilt auch, wenn der AG den Transport zum konkreten Arbeitsplatz organisiert, sodass Transportstörungen

§ 615 BGB   Vergütung bei Annahmeverzug und bei Betriebsrisiko

zulasten des AN gehen (BAG 8.12.1982, 4 AZR 134/80, EzA § 616 BGB Nr 23). Verspätet sich der Dienstverpflichtete, so tritt der Verzug frühestens mit seinem Erscheinen ein. Der Annahmeverzug kann aber für die betroffene Leistungsperiode ganz ausgeschlossen sein, wenn der Dienstberechtigte die Leistung aufgrund der Verspätung nicht mehr annehmen kann oder ihm die Annahme unzumutbar ist (zB wenn der Transport zu der entfernt gelegenen Arbeitsstätte bereits erfolgt ist, HWK/*Krause* § 615 Rn 29). Auch das verfrühte Angebot ist nicht ordnungsgemäß. In einer den Annahmeverzug begründenden Weise kann der Dienstverpflichtete, mit dem keine bestimmte Arbeitszeit vereinbart wurde, seine Leistung nur anbieten, wenn der Betrieb geöffnet ist und die Leistung entgegengenommen werden kann (LAG Köln 12.4.2002, 11 Sa 1327/01, NZA-RR 2003, 128 f).

18   Welche Leistung anzubieten ist, richtet sich danach, was vertraglich vereinbart ist, wobei die konkrete Arbeitspflicht des AN idR durch das Direktionsrecht des AG bestimmt wird. Fehlt es an einer konkreten Weisung durch den AG, so hat er eine notwendige Mitwirkungshandlung nicht vorgenommen. Der AN muss in diesem Fall nur allg die Arbeitsleistung iR des vertraglich Vereinbarten anbieten (Staudinger/*Richardi/Fischinger* § 615 Rn 55).

19   Der **Leih-AN** hat seine Leistung an sich dem Verleiher anzubieten. Er macht jedoch ein ordnungsgemäßes Angebot, wenn er die geschuldete Leistung dem Entleiher anbietet (Erman/*Belling* § 615 Rn 9).

20   **2. Wörtliches Angebot. a) Grundsätzliches.** Ein wörtliches Angebot genügt nach § 295, wenn der Dienstberechtigte die **Annahme der Dienste verweigert oder eine erforderliche Mitwirkungshandlung nicht vornimmt.** Ist eine Mitwirkungshandlung des Dienstberechtigten erforderlich, kann der Dienstverpflichtete sich nach § 295 S 2 auch darauf beschränken, vom Dienstberechtigten die Vornahme der erforderlichen Handlung zu verlangen. Das wörtliche Angebot wird als geschäftsähnliche Handlung eingestuft mit der Folge, dass § 130 anwendbar ist (BAG 21.3.1985, 2 AZR 201/84, EzA § 615 BGB Nr 44).

21   Das wörtliche Angebot muss der Ablehnungserklärung des Dienstberechtigten nachfolgen. Deshalb ist die ältere Rspr des BAG abzulehnen, nach der das wörtliche Angebot im ungekündigten Arbeitsverhältnis in der bisherigen Dienstleistung lag (BAG 8.3.1961, 4 AZR 223/59, AP BGB § 615 Betriebsrisiko Nr 13). Lehnt der Dienstberechtigte die Leistung ab, unterlässt er aber zumindest im Arbeitsverhältnis zugleich die erforderliche Mitwirkungshandlung, den funktionsfähigen Arbeitsplatz zur Verfügung zu stellen, sodass das Angebot nach § 296 entbehrlich ist (Staudinger/*Richardi/Fischinger* § 615 Rn 60).

22   Im Dauerschuldverhältnis stellt sich die Frage, ob und ggf wie häufig der Schuldner sein Angebot wiederholen muss, um den Annahmeverzug des Gläubigers aufrechtzuerhalten. Das BAG hält ein **einmaliges Angebot** für **ausreichend**, soweit nicht nachträglich Unmöglichkeit oder Unvermögen auftreten. Es betrachtet das Leistungsangebot insoweit als fortbestehend (BAG 18.1.1961, 4 AZR 132/60, AP BGB § 615 Nr 20).

23   b) **Ablehnung der Leistung.** Die Ablehnungserklärung des Dienstberechtigten ist ebenfalls eine geschäftsähnliche Handlung, die zu ihrer Wirksamkeit des Zugangs bedarf (Soergel/*Wiedemann* § 615 Rn 14). Sie kann ausdrücklich oder konkludent erfolgen. Im Arbeitsverhältnis liegt eine Ablehnungserklärung ua vor, wenn der AG unberechtigt Kurzarbeit oder Freischichten einführt oder den AN anderweitig ohne Rechtsgrundlage einseitig von der Arbeit freistellt (HWK/*Krause* § 615 Rn 33; s.a. BAG 26.6.2013, 5 AZR 432/12, EzA § 615 BGB 2002 Nr 41). Einen Sonderfall der Ablehnung stellt die Kdg dar. Ob es bei unwirksamer Kdg des AG überhaupt eines Angebots des AN bedarf, ist str (dazu Rdn 29–32). Lässt sich eine vom AG mit fehlerhafter Kündigungsfrist erklärte, aber wirksame ordentliche Kdg als solche zum richtigen Termin auslegen, ist ein wörtliches Angebot erforderlich (BAG 15.5.2013, 5 AZR 130/12, EzA § 615 BGB 2002 Nr 40). Stellt der AG den AN bei Ausspruch der Kdg unter Anrechnung der Urlaubsansprüche von der Arbeitsleistung frei, ist idR davon auszugehen, dass dem AN die zeitliche Festlegung der Urlaubszeit überlassen ist und der AG iÜ die Annahme der Arbeitsleistung ablehnt und in Annahmeverzug gerät (BAG 6.9.2006, 5 AZR 703/05, EzA § 615 BGB 2002 Nr 16).

24   c) **Fehlende Mitwirkung.** Nimmt der Dienstberechtigte eine **erforderliche Mitwirkungshandlung** nicht vor, so ist ein tatsächliches Angebot nicht erforderlich. Ob ein wörtliches Angebot notwendig ist, um den Annahmeverzug auszulösen, oder ein Angebot gänzlich entbehrlich ist, hängt davon ab, ob für die Mitwirkungshandlung eine Zeit nach dem Kalender bestimmt ist oder nicht. Wenn der Zeitpunkt für die Mitwirkungshandlung kalendermäßig bestimmt ist, ist das Angebot nach § 296 S 1 entbehrlich, anderenfalls muss der Dienstverpflichtete ein wörtliches Angebot machen.

25   **Mitwirkungshandlungen sind** diejenigen **Handlungen** des Dienstberechtigten, **die die Dienstleistung ermöglichen sollen.** Dazu gehört die Bereitstellung von Arbeitsräumen, Material und Werkzeug ebenso wie die Gewährleistung des Arbeitsschutzes. Auch konkrete Arbeitsanweisungen gehören dazu, wenn sie erforderlich sind, um die Leistungspflicht zu konkretisieren (MüKo-BGB/*Henssler* § 615 Rn 22). Das BAG

nimmt für Arbeitsverhältnisse an, der AG müsse dem AN einen funktionsfähigen Arbeitsplatz zur Verfügung stellen, um seine Mitwirkungshandlung zu erbringen (BAG 15.6.2004, 9 AZR 483/03, EzA § 615 BGB 2002 Nr 8). Diese Mitwirkungshandlung sieht es als kalendermäßig bestimmt an, sodass der AN die Arbeitsleistung nach § 296 nicht anzubieten braucht, wenn der AG keinen funktionsfähigen Arbeitsplatz zur Verfügung stellt (BAG 7.11.2002, 2 AZR 650/00, EzA § 615 BGB 2002 Nr 1). Diese Auffassung wird zum einen im gekündigten Arbeitsverhältnis, zum anderen bei unberechtigter (Teil)Suspendierung des AN relevant, also immer dann, wenn der AG von sich aus dem AN die Erfüllung der Arbeitspflicht verwehrt (dazu Rdn 29–32).

Zu Recht wird allerdings in der Lit darauf hingewiesen, dass zwar bei Konkretisierungsbedürftigkeit der geschuldeten Leistung vor dem Angebot des AN die Konkretisierung durch den AG stehen muss, diese aber wiederum das Erscheinen des AN voraussetzt (*Konzen* Anm zu BAG AP BGB § 615 Nr 34, 35; *Schwarze* Anm zu BAG EzA § 615 BGB Nr 78). Die Mitwirkungshandlung kann dem AG damit erst abverlangt werden, wenn der **AN leistungsbereit im Betrieb erscheint** (in diesem Sinne wohl auch HWK/*Krause* § 615 Rn 35, der vom AN das tatsächliche Angebot seiner Arbeit verlangt). Das gilt auch für das Bereitstellen eines funktionsfähigen Arbeitsplatzes. Mitwirkungshandlungen des AG sind im ungekündigten, nicht arbeitgeberseitig gestörten Arbeitsverhältnis nur sinnvoll, wenn der AN zugegen ist, um auf sie zu reagieren. So nimmt auch das BAG an, dass der AN im ungekündigten Arbeitsverhältnis seine Leistung tatsächlich anbieten muss. Die bloße schriftliche Anzeige der Wiederherstellung der Arbeitsfähigkeit hat es als unzureichend angesehen, um den Annahmeverzug zu begründen (BAG 29.10.1992, 2 AZR 250/92, EzA § 615 BGB Nr 77). Nur selten wird eine Mitwirkungshandlung des AG erforderlich sein, bevor der AN im Betrieb zu erscheinen hat. So kann tarifvertraglich geregelt sein, dass der AG den AN über die Wiederaufnahme der Arbeit nach Unterbrechung wegen ungünstiger Witterung zu unterrichten hat. Erfolgt diese Mitteilung nicht, so gerät der AG im fortbestehenden Arbeitsverhältnis in Annahmeverzug (LAG Düsseldorf 20.6.1968, 4 Sa 750/68, DB 1969, 975). 26

3. Entbehrlichkeit des Angebots. Weder ein tatsächliches noch ein wörtliches Angebot ist erforderlich, wenn der Dienstberechtigte eine **kalendermäßig bestimmte Mitwirkungshandlung** unterlässt, § 296. Das BAG wendet § 296 im Arbeitsverhältnis inzwischen sehr häufig an. Neben den bereits erwähnten Fällen des Annahmeverzugs im gekündigten Arbeitsverhältnis stützt sich das BAG zB dann auf die Obliegenheit des AG, einen funktionsfähigen Arbeitsplatz zur Verfügung zu stellen, wenn der AG unberechtigt Kurzarbeit angeordnet hat (BAG 27.1.1994, 6 AZR 541/93, EzA § 615 BGB Kurzarbeit Nr 1) oder wenn eine wirksame Kdg mit zu kurzer Frist erklärt wurde (BAG 9.4.1987, 2 AZR 280/86, EzA § 9 AÜG Nr 1). 27

In bes Ausnahmefällen kann ein Angebot des AN auch wegen **Sinnlosigkeit** entbehrlich sein. Das BAG hält ein Angebot mit dieser Begründung für entbehrlich, wenn der AG dem AN ein Hausverbot erteilt hat (BAG 11.11.1976, 2 AZR 457/75, EzA § 103 BetrVG 1972 Nr 17; s.a. 20.3.1986, 2 AZR 295/85, EzA § 615 BGB Nr 48). Ebenso hat es in einem Fall entschieden, in dem der AG per Aushang angekündigt hat, Wechselschichtarbeitsplätze in Zukunft nur nach Maßgabe der Normalarbeitszeit bereitzuhalten (BAG 18.9.2002, 1 AZR 668/01, EzA § 87 BetrVG 2001 Arbeitszeit Nr 1; zu Recht krit HWK/*Krause* § 615 Rn 44 Fn 14). 28

4. Angebot nach AG-Kündigung. Für den Bereich des ArbR gelten Besonderheiten für die Begründung des Annahmeverzugs **nach einer AG-Kündigung oder unberechtigten Suspendierung**. Nachdem das BAG auch in diesen Fällen zunächst ein wörtliches Angebot des AN verlangt hatte (BAG 10.4.1963, 4 AZR 95/62, EzA § 4 TVG Nr 5), änderte es 1984 seine Rspr und verzichtet seitdem in den genannten Fällen auf ein (wörtliches) Angebot. Da der AG dem AN einen funktionsfähigen Arbeitsplatz zur Verfügung stellen muss und das BAG darin eine kalendermäßig bestimmte Mitwirkungshandlung iSd § 296 sieht, hält das Gericht ein Angebot des AN nach einer Kdg des AG oder unberechtigten Suspendierung für entbehrlich. In diesem Fall muss der AN weder tatsächlich noch wörtlich seine Arbeitsleistung anbieten, um den AG in Verzug zu setzen (für den Fall der ordentlichen Kdg zB BAG 13.7.2005, 5 AZR 578/04, EzA § 615 BGB 2002 Nr 9; für den Fall der außerordentlichen Kdg zB BAG 9.8.1984, 2 AZR 374/83, EzA § 615 BGB Nr 43; für den Fall der unberechtigten Suspendierung BAG 27.1.1994, 6 AZR 541/93, EzA § 615 BGB Kurzarbeit Nr 1). Ob § 296 auch bei Ablauf einer unwirksamen Befristung anwendbar ist, beantworten unterschiedliche Senate des BAG verschieden (bejahend BAG 25.11.1992, 7 AZR 191/92, EzA § 620 BGB Nr 117; verneinend BAG 19.9.2012, 5 AZR 627/11, EzA § 4 TVG Ausschlussfristen Nr 201). 29

Anders sei die Situation bei einer **Eigenkündigung des AN** oder wenn der AN geltend mache, das Arbeitsverhältnis sei aufgrund eines **Aufhebungsvertrags** beendet worden. In diesen Fällen gehe es nicht um den einseitigen Entzug der Arbeitsmöglichkeit durch den AG (BAG 7.12.2005, 5 AZR 19/05, EzA § 615 BGB 2002 Nr 12; 16.1.2003, 2 AZR 653/01, EzA § 242 BGB 2002 Kündigung Nr 3). Auch für das freie 30

§ 615 BGB Vergütung bei Annahmeverzug und bei Betriebsrisiko

Dienstvertragsrecht gelten die vorstehenden Erwägungen nicht. Hier verlangt das BAG in Anlehnung an die Rspr des BGH vielmehr ein wörtliches Angebot, wenn nicht der Dienstberechtigte erkennen lässt, dass er den Dienstverpflichteten unter keinen Umständen weiterbeschäftigen wird. Das erforderliche wörtliche Angebot kann in einem solchen Fall im Widerspruch des Gekündigten gegen die Kdg oder in der Klage auf Gehaltsfortzahlung gesehen werden (BAG 12.7.2006, 5 AZR 277/06, EzA § 627 BGB 2002 Nr 1).

31 Die Lit hat den Wandel der Rspr unterschiedlich aufgenommen. Zahlreiche Autoren folgen dem BAG im Ergebnis, wenn auch nicht immer in der Begründung (DLW/*Dörner* Kap 3 Rn 1607; Erman/*Belling* § 615 Rn 15, 21; *Ricken* NZA 2005, 323, 324; *Schäfer* JuS 1988, 265, 266; *Schwarze* Anm zu BAG EzA § 615 BGB Nr 78; Staudinger/*Richardi*/*Fischinger* § 615 Rn 71 f; *Waas* NZA 1994, 151, 153 ff; zwischen einseitiger Suspendierung und Kdg unterscheidet Soergel/*Kraft* § 615 Rn 21 f; eingehend zu den Einzelpositionen in der Lit *Bopf* S 145 ff). Als alternative Begründung wird ua eine teleologische Reduktion des § 295 herangezogen (*Blomeyer* AP BGB § 615 Nr 26; *Schäfer* JuS 1988, 265, 266). Auch der Gesichtspunkt der Erfüllungsverweigerung als Leistungstreuepflichtverletzung wird herangezogen (*Waas* NZA 1994, 151, 153 ff). Andere lehnen die Anwendung des § 296 ab und verlangen ein wörtliches Angebot des AN. Die Kritik stützt sich darauf, dass es sich bei der Bereitstellung eines funktionsfähigen Arbeitsplatzes nicht um eine kalendermäßig bestimmte Mitwirkungspflicht iSd § 296 handele (*Löwisch* Anm zu BAG EzA § 615 BGB Nr 66; Soergel/*Kraft* § 615 Rn 25; *Bopf* S 203 ff). Ferner entspreche die Anwendung des § 296 im Arbeitsverhältnis nicht dem Willen des historischen Gesetzgebers (*Kaiser* Anm zu BAG EzA § 615 BGB Nr 70).

32 Wie bereits ausgeführt (Rdn 26) obliegt dem AG seine Mitwirkungshandlung, die im Zurverfügungstellen eines funktionsfähigen Arbeitsplatzes liegt, erst bei Erscheinen des AN. Ob man dieses Erscheinen als tatsächliches Angebot bezeichnet (*Schwarze* Anm zu BAG EzA § 615 BGB Nr 78; Soergel/*Kraft* § 615 Rn 15) oder erst eine Erklärung oder Handlung des AN nach Weisung und Bereitstellung des Arbeitsplatzes Angebot nennt und das Erscheinen als vorgelagert ansieht, ist letztlich nicht entscheidend. Jedenfalls ist grds eine Handlung des AN erforderlich (das Erscheinen im Betrieb) um die Mitwirkungsobliegenheiten des AG auszulösen. § 296 begründet daher die Entbehrlichkeit des Angebots im Arbeitsverhältnis nicht. Das gilt auch im Fall einer unwirksamen Kdg oder unberechtigten Suspendierung des Arbeitsverhältnisses. Auch in diesen Fällen würde die Mitwirkungsobliegenheit des AG erst durch das Erscheinen des AN ausgelöst (aA *Schwarze* Anm zu BAG EzA § 615 BGB Nr 78, der von einer Modifikation der Mitwirkungsobliegenheiten des AG ausgeht). Ansatzpunkt für die Entbehrlichkeit des Angebots in diesen Fällen ist eine **Einschränkung des § 295**. Durch eine Kdg oder Suspendierung gibt der AG unmissverständlich zu erkennen, dass er den AN (bei der ordentlichen Kdg: nach Ablauf der Kündigungsfrist) nicht mehr beschäftigen möchte. Wollte man in diesen Konstellationen ein (wörtliches) Angebot vom AN verlangen, würde ihm eine sinnlose Handlung abverlangt. Ähnlich wie die ernsthafte und endgültige Erfüllungsverweigerung im allg Leistungsstörungsrecht eine Fristsetzung entbehrlich macht (§§ 281 II, 323 II Nr 1, s.a. § 286 II Nr 3 für die Mahnung), führt die in der Kdg oder Suspendierung liegende vorweggenommene Zurückweisung der Leistung des AN dazu, dass dieser nicht mehr gehalten ist, seine Leistung anzubieten (zu der Parallele zur Erfüllungsverweigerung – allerdings unter Anwendung des § 296 – *Waas* NZA 1994, 151, 153 f). Von der Konstruktion her handelt es sich um eine **Rechtsanalogie, angelehnt an die §§ 281 II, 323 II Nr 1, 286 II Nr 3**. Da diese Normen letztlich eine Ausprägung des § 242 darstellen, wäre konstruktiv statt der Rechtsanalogie auch ein Rückgriff auf diese Vorschrift denkbar. Obwohl § 295 bei angekündigter Ablehnung der Leistung durch den Gläubiger gerade ein wörtliches Angebot fordert, ist die Reduktion der Norm in den genannten Fällen gerechtfertigt. Während das wörtliche Angebot in anderen Fällen noch den Sinn haben kann, die Ernsthaftigkeit der Weigerung zu prüfen und den Zeitpunkt des Verzugsbeginns zu klären, entfällt diese Funktion des wörtlichen Angebots bei Kdg oder unberechtigter Suspendierung. An der Ernsthaftigkeit der Ablehnung kann kein Zweifel bestehen. Das gilt vor allem für den Fall der Kdg. In diesem Fall lehnt der AG im Vergleich zu einer Ablehnung in einem Schuldverhältnis, das auf einen einmaligen Leistungsaustausch gerichtet ist, mit seiner Erklärung nicht nur die Leistung ab, sondern löst gleich das ganze Schuldverhältnis. Der Verzugsbeginn lässt sich sowohl bei Kdg als auch bei Suspendierung ohne Weiteres bestimmen. Auch der BGH und die zivilrechtliche Lit halten ein wörtliches Angebot im Fall des § 295 S 1 Alt 1 für entbehrlich, wenn offenkundig ist, dass der Gläubiger auf der Ablehnung beharrt (BGH 9.10.2000, II ZR 75/99, NJW 2001, 287, 288; MüKo-BGB/*Ernst* § 295 Rn 7 mwN). Diese Erwägungen lassen sich auf den Fall des Auslaufens einer unwirksamen Befristung übertragen. Zwar fehlt es in diesen Fällen an einer aktuellen Beendigungserklärung des AG, so dass man annehmen könnte, das wörtliche Angebot diene dem AG als Warnung vor möglichen Annahmeverzugsansprüchen (so *v Medem*, NZA 2013, 345, 349). Wenn, wovon auszugehen ist, der AG sich aber auf die Befristung beruft und den AN zB zur Rückgabe von Arbeitsmaterial auffordert oder sonstige Handlungen vornimmt, die auf die Abwicklung des Arbeitsverhältnisses gerichtet

sind, ist ebensowenig wie im Fall der unwirksamen Kdg daran zu zweifeln, dass der AG die Arbeitsleistung des AN ernsthaft ablehnt.

III. **Leistungswille und -fähigkeit.** 1. **Allgemeines.** Nach § 297 kommt der Dienstberechtigte nicht in Verzug, wenn der Dienstverpflichtete zur Zeit des Angebots oder im Zeitpunkt der Fälligkeit der Mitwirkungshandlung nicht in der Lage ist, die Leistung zu bewirken. Dabei ist ein AN nicht bereits leistungsunfähig iSv § 297, wenn er aus persönlichen Gründen nicht mehr alle Arbeiten verrichten kann, die zu den vertraglich vereinbarten Tätigkeiten gehören. Vielmehr muss der AG dem AN soweit möglich und zumutbar eine vertragsgemäße und leidensgerechte Tätigkeit zuweisen, um den Annahmeverzug zu verhindern (BAG 27.8.2008, 5 AZR 16/08, EzA § 615 BGB 2002 Nr 26; 8.11.2006, 5 AZR 51/06, EzA § 615 BGB 2002 Nr 17). Nicht erfasst werden von § 297 die Fälle, in denen dem Dienstberechtigten die Annahme unmöglich ist, da anderenfalls dieses dem Dienstberechtigten zuzuordnende Risiko den Dienstverpflichteten treffen würde. Die Umstände, die zur Leistungsunfähigkeit des Dienstverpflichteten führen, müssen vielmehr aus seiner Sphäre stammen oder zumindest seinem Risikobereich zugewiesen sein (MüKo-BGB/ *Henssler* § 615 Rn 28; ArbRBGB/*Matthes* § 615 Rn 42). Neben der Leistungsfähigkeit verlangt das BAG Leistungswilligkeit oder -bereitschaft des Dienstverpflichteten. Diese Voraussetzung für den Annahmeverzug ergebe sich zwar nicht aus dem Wortlaut des § 297. Ein leistungsunwilliger AN setze sich aber selbst außerstande, die geschuldete Leistung zu bewirken. Unabhängig vom Angebot der Leistung oder der Entbehrlichkeit des Angebots müsse während des gesamten Verzugszeitraums subjektiv Leistungsbereitschaft vorliegen (BAG 22.2.2012, 5 AZR 249/11, EzA § 615 BGB 2002 Nr 36; 17.8.2011, 5 AZR 251/10, EzA § 615 BGB 2002 Nr 34). Der Leistungswille des AN muss sich dabei auf die durch die wirksame Weisung näher bestimmte Tätigkeit richten. Greift der AN die Weisung als nicht billigem Ermessen entsprechend an, ist er bis zur rechtskräftigen Entscheidung über die Weisung an sie gebunden, so dass sich sein Leistungswille jedenfalls bis dahin auf die ihm zugewiesene Tätigkeit beziehen muss (BAG 22.2.2012, 5 AZR 249/11, EzA § 615 BGB 2002 Nr 36).

2. **Leistungsbereitschaft.** Soweit dem Dienstverpflichteten kein Leistungsverweigerungsrecht zusteht, ist seine Leistungsbereitschaft Voraussetzung für den Annahmeverzug. Will der AN ein Zurückbehaltungsrecht geltend machen, ohne den Verzug des AG auszuschließen, muss er allerdings dem AG den Grund für seine fehlende Leistungsbereitschaft mitteilen und ihm so Gelegenheit geben, das Leistungshindernis zu beseitigen (BAG 7.6.1973, 5 AZR 563/72, EzA § 295 BGB Nr 4; 6.5.1998, 5 AZR 235/97, nv). Wenn der Dienstverpflichtete **nicht leistungsbereit** ist, liegt **bereits kein ernsthaftes Angebot** iSd §§ 294, 295 vor (Soergel/*Kraft* § 615 Rn 29; im Ergebnis ebenso BAG 19.5.2004, 5 AZR 434/03, EzA § 615 BGB 2002 Nr 6, wonach das Angebot unbeachtlich ist). Nur im Fall des § 296 ergibt sich daher aus dem Erfordernis der Leistungswilligkeit eine ggü dem Angebot selbstständige Voraussetzung für die Begründung des Annahmeverzugs. Da aber die Leistungswilligkeit während der gesamten Verzugsdauer fortbestehen muss, kann der Wegfall der Leistungsbereitschaft auch nach einem ordnungsgemäßen Angebot der Dienstleistung relevant werden und verzugsbeendend wirken.

Der AN ist nicht leistungswillig, wenn er die Arbeitsaufnahme davon abhängig macht, dass der AG eine Kdg »zurücknimmt«. Bietet der AG nach Kdg vertragsgemäße Beschäftigung an, so hat der AN kein berechtigtes Interesse, die Leistung wegen der Ungewissheit über die Kdg zu verweigern (BAG 13.7.2005, 5 AZR 578/04, EzA § 615 BGB 2002 Nr 9). Die Erhebung einer **Kündigungsschutzklage** ersetzt den Leistungswillen nicht (BAG 22.2.2012, 5 AZR 249/11, EzA § 615 BGB 2002 Nr 36; 19.5.2004, 5 AZR 434/03, EzA § 615 BGB 2002 Nr 6). Andererseits muss der AN nicht Kündigungsschutzklage erheben, um seine Leistungsbereitschaft nachzuweisen (ErfK/*Preis* § 615 Rn 47). Stellt der AN einen **Auflösungsantrag**, folgt allein daraus nicht, dass es ihm am Leistungswillen fehlt (BAG 18.1.1963, 5 AZR 200/62, EzA § 615 BGB Nr 5). Auch kann allein aus der Eingehung eines neuen Arbeitsverhältnisses nicht das Fehlen jeder Leistungsbereitschaft des AN im alten Arbeitsverhältnis hergeleitet werden. Reagiert er aber nicht auf eine Arbeitsaufforderung, indiziert das seine Leistungsunwilligkeit (BAG 16.5.2012, 5 AZR 251/11, EzA § 615 BGB 2002 Nr 37). Nicht leistungsbereit ist der AN, der nach einer außerordentlichen Kdg, die sich später als unwirksam herausstellt, an einem Streik teilnimmt BAG 17.07.2012, 1 AZR 563/11, EzA Art 9 GG Arbeitskampf Nr 147). Im Fall des § 296 muss der AN seine Leistungsbereitschaft nicht nachweisen. Es ist in diesen Fällen Sache des AG, den fehlenden Leistungswillen darzutun (LAG Köln 25.5.2005, 7 (11) Sa 1347/04, NZA-RR 2006, 181, 182).

Nach einer unwirksamen Kdg braucht der AN seine Arbeitswilligkeit nicht anzuzeigen, um den AG in Verzug zu setzen (BAG 19.09.2012, 5 AZR 628/11, EzA § 4 TVG Ausschlussfristen Nr 203). Das BAG geht davon aus, dass der AG nach einer unwirksamen Kdg in Verzug gerät, wenn er den AN nicht zur Arbeit auffordert und ihm einen funktionsfähigen Arbeitsplatz anbietet. In diesen Fällen reiche es aus, wenn der

§ 615 BGB   Vergütung bei Annahmeverzug und bei Betriebsrisiko

AN leisten könne, sobald der AG bereit sei, die Leistung anzunehmen oder die erforderliche Mitwirkungshandlung vorzunehmen. Der Annahmeverzug sei auch dann nicht unbedingt ausgeschlossen, wenn der AN vor Ausspruch der Kdg nicht leistungswillig gewesen ist oder sich vertragswidrig verhalten hat (BAG 26.7.1995, 2 AZR 665/94, nv). Diese Sichtweise ist zutr, da anderenfalls die Entbehrlichkeit des Angebots – sei sie über § 296 oder wie hier über eine Reduktion des § 295 begründet – leer liefe.

37 **3. Leistungsfähigkeit.** Der Dienstberechtigte kommt nicht in Verzug, wenn der Dienstverpflichtete nicht in der Lage ist, die Leistung zu erbringen, ohne dass ein Fall der Annahmeunmöglichkeit vorliegt. Die **Unmöglichkeit** der Leistung kann sich zB aus einer fehlenden, für die geschuldete Tätigkeit erforderlichen Fahrerlaubnis, Einsatzgenehmigung oder einer fehlenden Approbation als Arzt ergeben (BAG 18.12.1986, 2 AZR 34/86, EzA § 615 BGB Nr 5; 23.9.2015, 5 AZR 146/14, NZA 2016, 293; 6.3.1974, 5 AZR 313/73, EzA § 615 BGB Nr 21). Auch die fehlende Arbeitserlaubnis hindert den Annahmeverzug (MüKo-BGB/*Henssler* § 615 Rn 30). Neben diesen rechtlichen Leistungshindernissen können tatsächliche Leistungshindernisse für den Schuldner bestehen. So kann der AN zB an der Arbeitsleistung gehindert sein, weil er eine Haftstrafe verbüßen muss (vgl BAG 18.8.1961, 4 AZR 132/60, AP BGB § 615 Nr 20). Der AG gerät aber in Annahmeverzug, wenn er die Beschäftigung des AN im Freigang ablehnt (LAG BW 17.2.2006, 7 Sa 61/05, nv). Häufigster tatsächlicher Hinderungsgrund ist die Arbeitsunfähigkeit infolge **Krankheit**. Entscheidend ist insofern die objektive Leistungsfähigkeit. Der Wille des AN, trotz Arbeitsunfähigkeit die Arbeit anzutreten, ist nicht zu berücksichtigen (BAG 29.10.1998, 2 AZR 666/97, EzA § 615 BGB Nr 91). Bloße Zweifel an der Arbeitsfähigkeit genügen dagegen nicht, um den Annahmeverzug auszuschließen (BAG 10.5.1973, 5 AZR 493/72, EzA § 294 BGB Nr 1). Auch bei dauernder unwiderruflicher Freistellung von der Arbeitspflicht ist ohne besondere Vereinbarung nicht davon auszugehen, dass die Vertragsparteien eine Vergütung des AN unabhängig von seiner Leistungsfähigkeit gewollt haben. Der AG gerät daher auch in diesem Fall bei einer länger andauernden krankheitsbedingten Arbeitsunfähigkeit des AN mit Ablauf des Entgeltfortzahlungszeitraums nicht in Verzug (BAG 23.1.2008, 5 AZR 393/07, EzA § 615 BGB 2002 Nr 22). Gleiches gilt, wenn der AN alkoholbedingt seine Arbeitsleistung nicht erbringen kann. Ferner kann die Alkoholabhängigkeit ohne konkreten Nachweis der Alkoholisierung zu einer bestimmten Zeit dem Annahmeverzug entgegenstehen, wenn der AG für den fraglichen Zeitraum damit rechnen muss, dass der AN unter Alkoholeinfluss steht (LAG Schl-Holst 28.11.1988, 4 Sa 382/88, LAGE § 615 BGB Nr 17).

38 Wenn der AN einen Teil der vertraglich vereinbarten Tätigkeiten noch ausüben kann, muss der AG sein Weisungsrecht nach billigem Ermessen dahin gehend ausüben, dass er dem AN eine **leidensgerechte Tätigkeit** zuweist, soweit ihm eine entspr Weisung vertraglich möglich und organisatorisch zumutbar ist. Der AG kann sich in diesem Fall nicht darauf berufen, dass dem AN die Leistung aufgrund der Einschränkung der Leistungsfähigkeit unmöglich ist (BAG 6.12.2001, 2 AZR 422/00, EzA § 1 KSchG Interessenausgleich Nr 9). Kann ein schwerbehinderter AN die geschuldete Tätigkeit nicht mehr ausüben, so gerät der AG nicht in Annahmeverzug, wenn er den Arbeitsplatz des Betroffenen nicht mit Hilfsmitteln ausstattet. Zwar mag der AG zur Änderung des Arbeitsvertrags verpflichtet sein. Die Verletzung einer solchen Pflicht begründet aber – verschuldensabhängig – Schadensersatzpflichten und führt nicht zum verschuldensunabhängigen Anspruch auf Annahmeverzugslohn (BAG 23.1.2001, 9 AZR 287/99, EzA § 615 BGB Nr 103). Dementspr kann auch bei bloß krankheitsbedingter Arbeitsunfähigkeit, ohne dass eine Schwerbehinderung vorliegt, der AN Annahmeverzugslohn nicht geltend machen, weil der AG eine zumutbare Vertragsänderung unterlassen hat (s HWK/*Krause* § 615 Rn 50).

39 Weist der AG dem AN eine andere als die geschuldete Tätigkeit zu, ohne dass dafür ein in der Person des AN liegender Grund besteht, hindert das den Verzug nicht (MünchArbR/*Boewer* § 69 Rn 19). Ferner muss der AN nicht ständig abrufbereit sein (BAG 18.8.1961, 4 AZR 132/60, AP BGB § 615 Nr 20; 26.2.1987, 2 AZR 151/86, nv). Wenn der AG die Arbeitsleistung des AN abgelehnt hat, beendet daher auch ein Auslandsaufenthalt des AN den Verzug nicht (BAG 11.7.1985, 2 AZR 106/84, EzA § 615 BGB Nr 52). Wie § 615 S 2 zeigt, endet der Annahmeverzug nicht, wenn der AN eine andere Stelle antritt.

40 **4. Leistungsbereitschaft nach Krankheit.** Ob der AN seine Leistungsbereitschaft anzeigen muss, wenn er zunächst nicht leistungsfähig war, ist für das gekündigte Arbeitsverhältnis umstr. **Im ungekündigten Arbeitsverhältnis** muss der AN die Leistung tatsächlich anbieten (s Rdn 16), sodass das in einer Anzeige liegende wörtliche Angebot nicht ausreicht (BAG 29.10.1992, 2 AZR 250/92, EzA § 615 BGB Nr 77). Diskutiert wird für das gekündigte Arbeitsverhältnis vor allem der Fall der Wiederherstellung der Arbeitsfähigkeit nach auskurierter Krankheit. Zu Recht weist aber *Krause* darauf hin, dass diese Frage sich auch bei anderen Leistungshindernissen als krankheitsbedingter Arbeitsunfähigkeit stellen kann (s HWK/*Krause* § 615 Rn 57).

Das BAG hat zunächst angenommen, dass der genesene AN auch **im gekündigten Arbeitsverhältnis** seine 41
Arbeitsfähigkeit anzeigen und die Arbeitsleistung anbieten müsse (BAG 27.1.1975, 5 AZR 404/74, EzA
§ 615 BGB Nr 28). Erst 1990 begann das BAG, diese Rspr zu lockern. In einem Fall, in dem der AN nur
kurzfristig und einmal befristet arbeitsunfähig erkrankt war und der AN seine Leistungsbereitschaft durch
Erhebung einer Kündigungsschutzklage zu erkennen gegeben hatte, hielt das Gericht eine Anzeige für entbehrlich (BAG 19.4.1990, 2 AZR 591/89, EzA § 615 BGB Nr 66). Schon im Jahr darauf dehnte das BAG
diese Rspr auf Fälle der mehrfach befristeten Arbeitsunfähigkeit aus (BAG 24.10.1991, 2 AZR 112/91,
EzA § 615 BGB Nr 70). Seit 1994 **muss der AN auch bei unbefristeter Arbeitsunfähigkeit im Zeitpunkt
der Kdg seine Genesung nicht** mehr anzeigen. Dass der AN seine Leistungsbereitschaft durch Erhebung
der Kündigungsschutzklage oder anderweitig erkennen lassen muss, erwähnt das BAG in diesem Urteil
nur beiläufig (BAG 24.11.1994, 2 AZR 179/94, EzA § 615 BGB Nr 83). Das BAG führt zur Begründung
seiner neuen Rspr aus, dass § 296 den Gläubiger über die Leistungsfähigkeit des Schuldners im Unklaren
lässt und es nicht dem AG zugutekommen könne, wenn der AN zufällig im Zeitpunkt der Kdg arbeitsunfähig war. Auch sei der AN von Anzeige- und Nachweispflichten befreit, wenn der AG durch eine Kdg
deutlich mache, dass er einen funktionsfähigen Arbeitsplatz nicht zur Verfügung stellen und damit seiner
Mitwirkungspflicht nicht nachkommen werde. Der AG müsse in einem solchen Fall zunächst die Kdg
»zurücknehmen« oder zumindest eine vorübergehende Beschäftigung anbieten (BAG 24.11.1994, 2 AZR
179/94, EzA § 615 BGB Nr 83).

Ein Teil der Lit lehnt diese Rspr ab und **verlangt zumindest bei unbefristeter Arbeitsunfähigkeit** vom AN 42
die Anzeige der Arbeitsfähigkeit. Zur Begründung wird angeführt, die Mitwirkungshandlung des AG sei
nicht mehr kalendermäßig bestimmt, wenn der AN auf unbestimmte Zeit arbeitsunfähig sei (*Ramrath* Anm
zu BAG AP BGB § 615 Nr 60; MüKo-BGB/*Henssler* § 615 Rn 32). *Krause* will auf ein zumindest wörtliches
Angebot im unwirksam gekündigten Arbeitsverhältnis nicht verzichten, sieht dieses und die Erklärung der
Leistungsbereitschaft zum Zeitpunkt der Wiederherstellung der Arbeitsfähigkeit aber in der Erhebung der
Kündigungsschutzklage. In diesem Fall könne der AG den AN zur Anzeige der Arbeitsfähigkeit auffordern.
Komme der AN dieser Aufforderung nicht nach, könne er keine Rechte aus Annahmeverzug herleiten
(HWK/*Krause* § 615 Rn 59).

Nach der hier vertretenen Auffassung ist das Angebot im unwirksam gekündigten oder zu Unrecht suspen- 43
dierten Arbeitsverhältnis nicht nach § 296, sondern aufgrund einer Reduktion des § 295 entbehrlich. Ob
und inwieweit § 296 den Gläubiger im Unklaren über die Leistungsfähigkeit des Schuldners lässt, spielt
nach dieser Ansicht keine Rolle für die Anzeigepflicht des erkrankten AN. Diese Gründe, die für eine
Reduktion des § 295 in den genannten Fällen sprechen, streiten aber gegen eine Anzeigepflicht des erkrankten AN. Da der AG zu erkennen gegeben hat, dass er das Vertragsverhältnis lösen oder aussetzen will und
an der Leistung des AN nicht interessiert ist, ist die **Anzeige der Leistungsfähigkeit** durch den AN solange
nicht erforderlich, wie der AG ihn nicht dazu auffordert (im Ergebnis ebenso HWK/*Krause* § 615 Rn 59).

IV. Nichtannahme der Leistung. 1. Grundsätzliches. Der Annahmeverzug setzt weiter voraus, dass der 44
Dienstberechtigte die Leistung nicht annimmt. Jedes **Verhalten, das den Erfüllungseintritt verhindert**, stellt
eine solche Nichtannahme dar (MünchArbR/*Boewer* § 69 Rn 23). Erklärungen des Dienstberechtigten sind
nicht erforderlich, auch ist die Nichtannahme weder eine geschäftsähnliche Handlung noch ein ablehnender Realakt. Das schlichte Unterlassen genügt für die verzugsbegründende Nichtannahme (HWK/*Krause*
§ 615 Rn 61). Schließlich ist ein Verschulden des AG nicht erforderlich (BAG 10.5.1973, 5 AZR 493/72,
EzA § 294 BGB Nr 1).

2. Einzelfälle. Der Dienstberechtigte nimmt die Leistung immer dann nicht an, wenn er sie rechtswidrig 45
ablehnt. Dazu zählen Fälle der **unberechtigt angeordneten Kurzarbeit** (BAG 27.1.1994, 6 AZR 541/93,
EzA § 615 BGB Kurzarbeit Nr 1) oder Verlegung der Arbeitszeit (BAG 3.3.1964, 1 AZR 209/63, AP
BGB § 324 Nr 1 unter Anwendung des Unmöglichkeitsrechts) oder Fälle der unberechtigten Suspendierung des Arbeitsverhältnisses nach einer Kdg (BAG 19.8.1976, 3 AZR 173/75, EzA § 611 BGB Beschäftigungspflicht Nr 1). Freistellungserklärungen des AG können nicht ohne Weiteres als Urlaubsgewährung
gedeutet werden mit der Folge, dass keine Nichtannahme iSd § 615 vorliegt. Die **Urlaubsgewährung** setzt
vielmehr voraus, dass der AG deutlich macht, dass die Arbeitsbefreiung erfolgt, um den Urlaubsanspruch
zu erfüllen (BAG 25.1.1994, 9 AZR 312/92, EzA § 7 BUrlG Nr 92). In Verzug gerät der AG ferner bei
rechtswidriger Aussperrung (BAG 12.3.1985, 1 AZR 636/82, EzA Art 9 GG Arbeitskampf Nr 58) oder
wenn er nicht urlaubsberechtigte aber arbeitswillige AN während der Betriebsferien nicht beschäftigt (BAG
2.10.1974, 5 AZR 507/73, EzA § 7 BUrlG Nr 17). Im zuletzt genannten Fall hält das BAG eine Abrede,
nach der der AN unbezahlten Sonderurlaub erhält, grds für zulässig (BAG 30.6.1976, 5 AZR 246/75, EzA
§ 7 BUrlG Nr 19). Weist der AG dem AN Arbeit zu, die dieser nach dem Arbeitsvertrag nicht schuldet,

liegt darin ebenfalls eine Nichtannahme der geschuldeten Leistung (s BAG 3.12.1980, 5 AZR 477/78, EzA § 615 BGB Nr 39). Das gilt auch im Fall einer unwirksamen Änderungskündigung, da die Unwirksamkeit nach § 8 KSchG zurückwirkt (ErfK/*Preis* § 615 Rn 59). Aus § 298 ergibt sich, dass die Annahmebereitschaft des Dienstberechtigten nicht ausreicht, um den Verzugsbeginn zu verhindern, wenn er eine verlangte Gegenleistung nicht anbietet. Da die Vergütung nach § 614 S 1 grds erst nach der Leistung der Dienste zu entrichten ist, greift § 298 im Dienstvertragsrecht vor allem bei Zahlungsrückständen des Dienstberechtigten oder abw von § 614 vereinbarten Vorschüssen ein (ErfK/*Preis* § 615 Rn 61).

46 **3. Unzumutbarkeit.** Der AG kommt nicht in Verzug, wenn er die Leistung wegen Unzumutbarkeit zu Recht zurückweist. Ausgangspunkt für diese Argumentation war ein Urteil des GS, in dem das BAG ein gegen Treu und Glauben verstoßendes Angebot als nicht ordnungsgemäß einstufte mit der Folge, dass der AG es ablehnen konnte, ohne in Annahmeverzug zu geraten (BAG 26.4.1956, GS 1/56, EzA § 615 BGB Nr 1). Unter Berufung auf dieses Urteil entschied das BAG später, dass der AG nicht in Annahmeverzug gerät, wenn er die Annahme der Dienste des AN aus einem rechtlich anerkannten Grund verweigert. Der AG sei berechtigt, die Arbeitsleistung abzulehnen, wenn ihm die **Weiterbeschäftigung** unter Berücksichtigung der dem AN zuzurechnenden Umstände **nach Treu und Glauben nicht zuzumuten** ist (BAG 29.10.1987, 7 AZR 144/87, EzA § 615 BGB Nr 54). Dieser Entscheidung lag ein Sachverhalt zugrunde, in dem der AN seine Leistung nach einer unwirksamen außerordentlichen Kdg nicht angeboten hatte und nach der Rspr des BAG auch nicht anbieten musste, um den AG in Verzug zu setzen. In diesem Fall konnte also der Verzug nicht daran scheitern, dass kein ordnungsgemäßes Angebot erfolgt war. Zu Recht werfen *Konzen/Weber* die Frage auf, ob das Verhalten, das die außerordentliche Kdg rechtfertigt, überhaupt herangezogen werden darf, um die Unzumutbarkeit der Annahme der Leistung zu begründen (*Konzen/Weber* Anm zu BAG AP BGB § 615 Nr 42; krit auch Soergel/*Kraft* § 615 Rn 39). Diese Frage wird nur relevant, wenn es sich um eine gerechtfertigte außerordentliche Kdg handelt, die an allg Wirksamkeitsvoraussetzungen – wie etwa der Anhörung des BR – scheitert. Bei auch in der Sache ungerechtfertigter Kdg können die vermeintlichen Kündigungsgründe die Unzumutbarkeit der Annahme der Leistung von vornherein nicht begründen. Bei vollständig wirksamer Kdg war der AG mangels bestehenden Arbeitsverhältnisses nicht zur Annahme der Dienste verpflichtet. In der verbleibenden Konstellation der in der Sache gerechtfertigten, aber an allg Wirksamkeitsvoraussetzungen scheiternden Kdg würde dem AG aber das Risiko der verfahrensmäßigen Unwirksamkeit der Kdg genommen. Er könnte den AN wie nach einer wirksamen außerordentlichen Kdg behandeln, ohne dass eine solche vorliegt (*Konzen/Weber* Anm zu BAG AP BGB § 615 Nr 42). Kündigungsrecht und Annahmeverzugsrecht sind dahin gehend zu harmonisieren, dass der Kündigungsgrund, der nicht wirksam geltend gemacht wurde, zur Ablehnung der Dienstleistung iR des § 615 nicht berechtigt.

47 Von einem Treu und Glauben widersprechenden und damit nicht ordnungsgemäßen Angebot geht das BAG aus, wenn der AN **ungewöhnlich schwer gegen allg Verhaltenspflichten verstößt**, sodass der AG schlechterdings berechtigt ist, die Dienste abzulehnen. Ein Verhalten, das eine außerordentliche Kdg rechtfertigt, genügt für sich allein nicht. Auch eine Beleidigung des AG führt nicht ohne Berücksichtigung der Umstände für sich allein dazu, dass das Angebot als nicht ordnungsgemäß einzustufen ist. Für den Fall einer durch das MuSchG geschützten AN hat der GS darauf abgestellt, ob sie sich so verhält, dass bei Annahme der angebotenen Dienste Leib, Leben, Freiheit, Gesundheit, Ehre, andere Persönlichkeitsrechte oder Eigentum des AG, seiner Angehörigen oder anderer Betriebsangehöriger unmittelbar und nachhaltig so gefährdet werden, dass die Abwehr dieser Gefährdung absoluter Rechte den Vorrang vor dem Interesse der unter das MuSchG fallenden AN an der Erhaltung ihres Verdienstes haben muss (BAG 26.4.1956, GS 1/56, EzA § 615 BGB Nr 1). Auch wenn ein AN durch politische Ansteck-Plaketten bewusst politisch provoziert, liegt in seinem Erscheinen zur Arbeit kein ordnungsgemäßes Angebot (BAG 9.12.1982, 2 AZR 620/80, EzA § 626 BGB nF Nr 86).

48 Als unzumutbar hat die Rspr die Annahme der Leistung in einem Fall angesehen, in dem der AN im Verdacht stand, Kinder, die er zu betreuen hatte, sexuell missbraucht zu haben (LAG Berlin 27.11.1995, 9 Sa 85/95, NZA-RR 1996, 283, 284). Dagegen sah das BAG durch das Verhalten eines AN, der sich aus Firmenbeständen Material zugeeignet hatte, Rechtsgüter des AG, seiner Familienangehörigen oder anderer AN nicht als gefährdet an und hielt die Annahme der Arbeitsleistung für zumutbar (BAG 29.10.1987, 2 AZR 144/87, EzA § 615 BGB Nr 54).

49 **4. Vorübergehende Annahmeverhinderung.** Nach § 299 gerät der Gläubiger nicht in Verzug, wenn er nur vorübergehend an der Annahme verhindert ist, die Leistungszeit nicht bestimmt ist oder der Schuldner vor der vereinbarten Zeit leisten darf und der Schuldner die Leistung nicht eine angemessene Zeit vorher angekündigt hat. Da die Leistungszeit im Arbeitsverhältnis idR bestimmt ist, hat diese Vorschrift im ArbR wenig

Bedeutung. In der Lit wird als Bsp der Fall genannt, dass nach einem Arbeitskampf Vorbereitungshandlungen erforderlich sind, bevor der AG die AN wieder beschäftigen kann (MünchArbR/*Boewer* § 69 Rn 25).

C. Beendigung des Annahmeverzugs. I. Allgemeines. Der Annahmeverzug endet, wenn eine seiner Voraussetzungen wegfällt. Daher können die nachträgliche Annahme der Leistung, die Beendigung des Dienstverhältnisses und die später eintretende Unmöglichkeit den Verzug beenden. **Die Wirkungen des Annahmeverzugs entfallen lediglich für die Zukunft.** Bereits entstandene Rechtsfolgen bleiben bestehen (Erfk/*Preis* § 615 Rn 65). 50

II. Annahme der Leistung. 1. Allgemeines. Der Annahmeverzug endet, wenn der Dienstberechtigte die **Leistung als vertraglich geschuldete annimmt** (für das Arbeitsverhältnis BAG 14.11.1985, 2 AZR 98/84, EzA § 615 BGB Nr 46). Ist dem AN nicht ohne Weiteres erkennbar, wann und wo er seine Arbeit wieder aufnehmen soll, muss der AG ihm Arbeit zuweisen, um den Annahmeverzug zu beenden (BAG 19.1.1999, 9 AZR 679/97, EzA § 615 BGB Nr 93). 51

2. Vor Klärung der Wirksamkeit einer Kdg. Bes Augenmerk verdienen die Fälle, in denen der AG den AN nach unwirksamer Kdg, aber vor gerichtlicher Klärung der Unwirksamkeit beschäftigen will. Nach der Rspr des BAG kann nur die Annahme der Leistung als Erfüllung des bisherigen Vertrags verzugsbeendend wirken. Das Gericht lässt es nicht ausreichen, wenn der AG die Leistung nur faktisch entgegennimmt, um die Folgen des § 615 zu vermeiden (BAG 21.5.1981, 2 AZR 95/79, EzA § 615 BGB Nr 40). Ein vorübergehendes Vertragsverhältnis, das durch die positive Entscheidung über die Wirksamkeit der Kdg auflösend bedingt oder auf die Dauer des Prozesses befristet ist, genügt ebenfalls nicht (BAG 14.11.1985, 2 AZR 98/84, EzA § 615 BGB Nr 46; 24.9.2003, 5 AZR 500/02, EzA § 615 BGB 2002 Nr 4; zust Erman/*Belling* § 615 Rn 31). Ferner ist die Weiterbeschäftigung nach § 102 V BetrVG nicht geeignet, den Verzug zu beenden (BAG 14.11.1985, 2 AZR 98/84, EzA § 615 BGB Nr 46). Wenn der **AG nicht zugleich erklärt, er habe zu Unrecht gekündigt**, beendet er den Verzug nicht (BAG 7.11.2002, 2 AZR 650/00, EzA § 615 BGB 2002 Nr 1; zust ErfK/*Preis* § 615 Rn 67; MünchArbR/*Boewer* § 69 Rn 28; mit ausf Begründung Staudinger/*Richardi/Fischinger* § 615 Rn 101 ff). 52

Ein Teil der Lit steht dieser Rspr krit ggü und will den AG auch dann aus dem Annahmeverzug entlassen, wenn er dem AN die Weiterbeschäftigung bis zum Prozessende anbietet, ohne zugleich von der Kdg Abstand zu nehmen (*Gaul* Anm zu BAG EzA § 615 BGB Nr 46; *Löwisch* DB 1986, 2433; *Schäfer* JuS 1988, 265, 267; *Waas* NZA 1994, 151, 156 f; *Bopf* S 295 ff). Ua wird argumentiert, dass der AG im Fall einer außerordentlichen Kdg mit der Weiterbeschäftigung seine Kdg infrage stelle (*Stahlhacke* AuR 1992, 8, 14). Andere beschränken das Recht der verzugsbeendende Wirkung der Weiterbeschäftigungsangebots ohne Anerkennung des Fortbestehens des Arbeitsverhältnisses auf die Fälle, in denen der Vertrag auflösend bedingt fortgeführt werden soll (HWK/*Krause* § 615 Rn 70; MüKo-BGB/*Henssler* § 615 Rn 42; Soergel/*Kraft* § 615 Rn 43). Zwar braucht der Schuldner nicht auf ein Angebot einzugehen, mit dem der Gläubiger den Annahmeverzug vermeiden oder beenden will, zugleich aber bestreitet, dass der Schuldner durch die Leistung seine Verbindlichkeit erfüllt (Staudinger/*Richardi/Fischinger* § 615 Rn 101). Im Fall der **auflösend bedingten Weiterbeschäftigung** wird aber keine neue Grundlage für die Beschäftigung geschaffen, sondern gerade an dieses Vertragsverhältnis angeknüpft (HWK/*Krause* § 615 Rn 70; MüKo-BGB/*Henssler* § 615 Rn 42). 53

3. Bei Fortsetzung des Arbeitsverhältnisses. **Obsiegt der AN im Kündigungsschutzprozess**, so endet damit nicht automatisch der Annahmeverzug. Der AG muss den AN vielmehr auffordern, das Arbeitsverhältnis fortzusetzen und ihm erneut Arbeit zuweisen (BAG 19.1.1999, 9 AZR 679/97, EzA § 615 BGB Nr 93). Wird das Arbeitsverhältnis auf der Grundlage eines **Vergleichs** fortgesetzt, so soll der Verzug in dem Zeitpunkt enden, in dem der Vergleich wirksam wird, ohne dass es einer gesonderten Arbeitsaufforderung des AG bedarf (LAG Rh-Pf 3.11.1992, 7 Sa 562/92, LAGE § 615 BGB Nr 34). **Vereinbaren die Parteien die Fortsetzung des Arbeitsverhältnisses**, so ist das Arbeitsverhältnis wieder ungestört und der AN muss seine Leistung von sich aus anbieten (HWK/*Krause* § 615 Rn 74). Wird in einem Vergleich vereinbart, dass das Arbeitsverhältnis nicht aufgrund der ausgesprochenen außerordentlichen Kdg, sondern durch ordentliche Kdg endet, endet dadurch der Annahmeverzug zunächst nicht. Der AG muss deutlich machen, dass er den AN für die restliche Dauer der Kündigungsfrist beschäftigen will (LAG Bbg 26.9.1996, 3 Sa 341/96, LAGE § 615 BGB Nr 50). 54

Im Fall der **Rücknahme einer Kdg durch den AG** endet der Annahmeverzug, wenn der AG die Unwirksamkeit der Kdg einräumt und sich bereit erklärt, die Dienste anzunehmen. Zwar wird das Arbeitsverhältnis nicht bereits durch die einseitige Rücknahmeerklärung fortgesetzt. Dazu bedarf es vielmehr der 55

Annahme des in dieser Erklärung liegenden Fortsetzungsangebots durch den AN. Auch liegt in der Kündigungsschutzklage keine vorweggenommene Annahme eines solchen arbeitgeberseitigen Angebots (BAG 19.8.1982, 2 AZR 230/80, EzA § 9 KSchG nF Nr 14). Der AG gibt aber mit seiner Erklärung zu erkennen, dass er die Arbeitsleistung des AN als Erfüllung annehmen will (HWK/*Krause* § 615 Rn 74). Die Zahlung des bislang aufgelaufenen Annahmeverzugslohns braucht der AG nicht von sich aus anzubieten. Nur wenn der AN erfolglos die Zahlung geltend macht und sich auf sein daraus resultierendes Leistungsverweigerungsrecht beruft, bleibt es nach § 298 beim Verzug des AG (BAG 21.5.1981, 2 AZR 95/79, EzA § 615 BGB Nr 40).

56 **III. Beendigung des Dienstverhältnisses.** Mit der Beendigung des Dienstverhältnisses entfällt eine Voraussetzung für den Annahmeverzug. Auf den Beendigungsgrund (zB Kdg, Aufhebungsvertrag, Vergleich, Auflösung durch Urteil nach § 9 KSchG) kommt es nicht an. Im Fall der Kdg kommt es nicht auf die Wirksamkeit an, wenn die Kdg das Dienstverhältnis trotz Unwirksamkeit beendet. Daher kann im Arbeitsverhältnis eine unwirksame Kdg verzugsbeendend wirken, wenn § 7 KSchG eingreift. Wird allerdings nachträglich die Kündigungsschutzklage nach § 5 KSchG zugelassen, endet der Annahmeverzug nicht zum vorgesehenen Kündigungstermin, da die Fiktionswirkung bei nachträglicher Klagezulassung nicht – auch nicht vorübergehend – eintritt (BAG 24.11.1994, 2 AZR 179/94, EzA § 615 BGB Nr 83). Hat der Dienstberechtigte eine unwirksame außerordentliche Kdg ausgesprochen, die nach § 140 in eine wirksame ordentliche Kdg umgedeutet werden kann, so endet das Dienstverhältnis und damit auch der Annahmeverzug zum nächstmöglichen Kündigungstermin (Staudinger/*Richardi*/*Fischinger* § 615 Rn 128). Wenn ein AN nach § 12 S 1 KSchG die Fortsetzung des Arbeitsverhältnisses verweigert, steht ihm nach § 12 S 4 KSchG Annahmeverzugslohn nur bis zum Tag des Eintritts in das neue Arbeitsverhältnis zu. Will der AN dagegen das alte Arbeitsverhältnis fortsetzen und kündigt er das neue Arbeitsverhältnis, so steht ihm der Verzugslohn gegen den alten AG bis zur Beendigung des neuen Arbeitsverhältnisses zu (s Rdn 39).

57 **IV. Unmöglichkeit.** Kann der Dienstverpflichtete seine Leistung nicht mehr erbringen, ohne dass dies dem Dienstberechtigten zuzurechnen ist, endet der Annahmeverzug (s Rdn 37–39).

58 **D. Rechtsfolgen des Annahmeverzugs. I. Vergütung. 1. Rechtsnatur.** § 615 erhält dem Dienstverpflichteten während des Annahmeverzugs des Dienstberechtigten **den Entgeltanspruch**. Da es sich um den Vergütungsanspruch aus dem gestörten Vertragsverhältnis handelt, ist der Anspruch bei AN steuer- und sozialversicherungsrechtlich nicht anders zu behandeln als andere Vergütungsansprüche (BAG 19.10.2000, 8 AZR 20/00, EzA § 286 BGB Nr 1). Dasselbe gilt hins des Pfändungsschutzes (ArbRBGB/ *Matthes* § 615 Rn 71).

59 **2. Lohnausfallprinzip.** Die Höhe der Annahmeverzugsvergütung richtet sich nach dem Lohnausfallprinzip (dazu näher § 4 EFZG Rdn 1 ff; ausführlich zur Anrechnung *Lostermann*, Die Erwerbsanrechnung beim Annahmeverzug des Arbeitgebers, 2011). Der Dienstberechtigte wird so gestellt, **als ob er seine Leistung erbracht hätte** (BAG 7.11.2002, 2 AZR 742/00, EzA § 612a BGB 2002 Nr 1). Dabei sind alle Entgeltbestandteile zu berücksichtigen. Dazu zählen ua Zuschläge mit Entgeltcharakter, garantierte Tantiemen und Weihnachtsgratifikationen (BAG 18.9.2002, 1 AZR 668/01, EzA § 87 BetrVG 2001 Arbeitszeit Nr 1; 19.5.1983, 2 AZR 171/81, EzA § 123 BGB Nr 23; 18.1.1963, 5 AZR 200/62, EzA § 615 BGB Nr 5). Kann das Entgelt **bei schwankender Vergütung** nicht genau bestimmt werden, so ist nach § 287 II ZPO zu **schätzen** (BAG 18.9.2001, 9 AZR 307/00, EzA § 611 BGB Mehrarbeit Nr 9). Dabei kann bei AN der Durchschnittsverdienst der letzten 3 Monate als Anhaltspunkt dienen (ErfK/*Preis* § 615 Rn 77). Hätte der AN bei Weiterarbeit Überstunden geleistet, gehört auch die Überstundenvergütung zur fortzuzahlenden vertraglichen Vergütung (BAG 18.9.2001, 9 AZR 307/00, EzA § 611 BGB Mehrarbeit Nr 9). Leistungen, die für tatsächliche Aufwendungen des Dienstverpflichteten erbracht werden, zählen nicht zum Arbeitsentgelt iSd § 615 (BAG 30.5.2001, 4 AZR 249/00, EzA § 615 BGB Nr 104). Handelt es sich bei einer Leistung trotz Bezeichnung als Aufwandsentschädigung um einen verdeckten Vergütungsbestandteil, weil die Leistung nicht dazu dient, tatsächliche Aufwendungen abzudecken, so ist sie iRd § 615 zu berücksichtigen (OLG Stuttgart 1.8.1986, 2 U 13/86, NJW-RR 1987, 159, 160).

60 **Sachbezüge** sind abzugelten. Dabei sind, soweit vorhanden, amtliche Sachbezugswerte, die in der Sachbezugsverordnung nach § 17 I 1 Nr 4 SGB IV enthalten sind, zu berücksichtigen (MünchArbR/*Boewer* § 69 Rn 36). Wenn der Dienstberechtigte dem Dienstverpflichteten einen Dienstwagen zur Verfügung stellen muss, den der Dienstberechtigte auch privat nutzen darf und diese Leistung während des Annahmeverzugs unterbleibt, ist str, ob der Dienstverpflichtete einen Schadensersatzanspruch geltend machen muss oder der Wert der Nutzung für den Annahmeverzugslohn zu berücksichtigen ist (s dazu § 611 Rdn 119).

3. Fälligkeit und Wegfall des Anspruchs. Der Anspruch auf Annahmeverzugslohn wird zu dem Zeitpunkt **61** fällig, zu dem das Entgelt bei tatsächlicher Leistung fällig geworden wäre (BAG 13.2.2003, 8 AZR 236/02, EzA § 4 TVG Ausschlussfristen Nr 162). Der Beginn von **Ausschluss- und Verjährungsfristen** richtet sich nach diesem Zeitpunkt. Eine Ausschlussfrist wahrt der AN mit der Erhebung einer Bestandsschutzklage. Das gilt unabhängig davon, ob es sich um eine 1- oder 2-stufige Ausschlussklausel handelt (s dazu § 611 Rdn 271 f). Die Verjährungsfrist wird dagegen nur durch die Erhebung einer Zahlungsklage unterbrochen, die Kündigungsschutzklage oder eine Feststellungsklage, die auf das Fortbestehen des Arbeitsverhältnisses gerichtet ist, reicht dazu nicht aus (BAG 24.6.2015, 5 AZR 509/13, juris; 7.11.1991, 2 AZR 159/91, EzA § 209 BGB Nr 5).

Der Anspruch auf Annahmeverzugslohn erlischt, wenn der Dienstverpflichtete auf ihn **verzichtet**. Dabei **62** sind die Grenzen der §§ 4 IV 1 TVG, 77 IV 2 BetrVG zu beachten (s zum Verzicht § 611 Rdn 250 f).

4. Anrechnung. a) Allgemeines. IWährend des Annahmeverzugs erspart sich der Dienstverpflichtete **63** möglicherweise Aufwendungen. Auch kann er uU seine Arbeitskraft anderweitig gegen Entgelt einsetzen. Damit der Dienstverpflichtete **keinen finanziellen Vorteil aus der Verzugssituation** zieht, sieht S 2 vor, dass er sich auf den Annahmeverzugslohn ersparte Aufwendungen, durch anderweitige Tätigkeit Verdientes oder böswillig nicht Verdientes anrechnen lassen muss. Für die Anrechnung bedarf es keiner Erklärung des Dienstberechtigten, sie erfolgt vielmehr automatisch (BAG 24.9.2003, 5 AZR 500/02, EzA § 615 BGB 2002 Nr 4). Pfändungsschutz steht dem Dienstverpflichteten nicht zu, da er die Leistungen schon erhalten hat (MüKo-BGB/*Henssler* § 615 Rn 63). Erfährt der Dienstberechtigte erst nach Zahlung des Annahmeverzugslohns von dem Anrechnungsbetrag, kann er insoweit Rückzahlungsansprüche nach den §§ 812 ff geltend machen (BAG 29.7.1993, 2 AZR 110/93, EzA § 615 BGB Nr 79).

Für die Anrechnung gibt es in zeitlicher Hinsicht 2 Möglichkeiten. Zum einen kann der anrechenbare **64** Betrag auf den Annahmeverzugslohn des gesamten Verzugszeitraums angerechnet werden (sog Gesamtberechnung), zum anderen kann die Anrechnung nach Zeitabschnitten erfolgen. Letztere Berechnungsmethode ist für den Dienstverpflichteten günstiger, wenn er in den verschiedenen Zeitabschnitten unterschiedlich viel verdient und dabei in einigen Zeitabschnitten unter dem Verdienst beim Dienstberechtigten bleibt. Die Rspr führt im Arbeitsverhältnis die Anrechnung im Wege der **Gesamtberechnung** durch. Sie stützt sich dabei auf den Zweck der Vorschrift, nach dem der AN aufgrund des Annahmeverzugs nicht mehr oder weniger als die vereinbarte Vergütung erhalten soll. Die Verdienstmöglichkeit beruhe maßgeblich auf der Nichtannahme der Leistung durch den AG (BAG 22.11.2005, 1 AZR 407/04, EzA § 615 BGB 2002 Nr 14). Ein Teil der Lit spricht sich demggü für die **Anrechnung nach Zeitabschnitten** aus. Die Begründung fällt unterschiedlich aus (ausf zu den Anrechnungsmethoden *Kühn*, Zur Methode der Anrechnung anderweitigen Erwerbs nach § 615 Satz 2 BGB 2008, S 112 ff, 134 ff). Zum einen heißt es, Zweck der S 1 und 2 sei vordringlich, dass der AN keine Einbuße erleide. Gute Verhandlungserg mit dem anderen AG sollten nicht dem ursprünglichen AG zukommen (*Nübold* RdA 2004, 31, 33). Zum anderen wird der Zweck des S 2 darin gesehen, dass der AN nicht für die Verwendung seiner Arbeitskraft von 2 Seiten eine Gegenleistung erhalten soll, und daraus die Anrechnung nach Zeitabschnitten abgeleitet wird (*Boecken* NJW 1995, 3218, 3223). Ferner wird darauf hingewiesen, dass der AN für jeden Zeitabschnitt einen selbstständigen Lohnanspruch erhält (ErfK/*Preis* § 615 Rn 92). Das BAG berücksichtigt den Zusammenhang zwischen Vergütungsansprüchen und Zeitabschnitten, indem es anderweitig erworbenen Verdienst zunächst auf den einzelnen Monat anrechnet, für den der AG die Vergütung schuldet. Damit soll dem AN für jeden Monat der für den Lebensunterhalt erforderliche Mindestbetrag erhalten werden. Erst nach Beendigung des Annahmeverzugs kommt es zur Gesamtabrechnung und ggf zu einem Rückzahlungsanspruch des AG (BAG 24.8.1999, 9 AZR 804/98, EzA § 615 BGB Nr 96).

b) Verhältnis zu § 11 KSchG. Unterliegt ein Arbeitsverhältnis dem KSchG, so wird S 2 von der Sonderregel **65** des § 11 KSchG verdrängt (Staudinger/*Richardi/Fischinger* § 615 Rn 149; *Lostermann*, Die Erwerbsanrechnung beim Annahmeverzug des Arbeitgebers, 2011, S. 28). **§ 11 KSchG** erfasst Ansprüche auf **Arbeitsentgelt**, das der AG **für die Zeit nach der Entlassung** schuldet (ErfK/*Preis* § 615 Rn 84). IRd § 11 KSchG sind ersparte Aufwendungen des AN anders als hier nicht zu berücksichtigen. In der Lit werden gegen diese Differenzierung verfassungsrechtliche Zweifel (Art 3 GG) erhoben (MüKo-BGB/*Henssler* § 615 Rn 65). Ein weiterer Unterschied scheint sich daraus zu ergeben, dass § 11 Nr 3 KSchG die Anrechnung öffentl-rechtlicher Sozialleistungen vorsieht, wenn sie infolge von Arbeitslosigkeit erbracht wurden. Da nach § 115 I SGB X nicht erfüllte Entgeltforderungen des AN gegen den AG auf den Sozialleistungsträger übergehen, der wegen der Nichterfüllung Sozialleistungen erbracht hat, führt eine Anwendung von S 2 letztlich aber zu keinem anderen Ergebnis (MünchArbR/*Boewer* § 69 Rn 41). Das BAG betrachtet die Vorschriften als

§ 615 BGB   Vergütung bei Annahmeverzug und bei Betriebsrisiko

deckungsgleich (BAG 16.5.2000, 5 AZR 500/02, EzA § 615 BGB Nr 99). Eine Vorlage des LAG Nürnberg hat das BVerfG als unzulässig angesehen (BVerfG 24.6.2010, 1 BvL 5/10, EzA § 615 BGB 2002 Nr 32).

66   c) **Anrechenbare Gegenstände.   aa) Ersparte Aufwendungen.** Anrechenbar sind Aufwendungen, die der Dienstverpflichtete durch die Nichtleistung erspart hat. Hierzu zählen zB **ersparte Fahrtkosten** und ersparte Aufwendungen für Arbeitskleidung (ArbRBGB/*Matthes* § 615 Rn 87).

67   **bb) Anderweitiger Erwerb.** Anderweitiger Erwerb ist im Arbeitsverhältnis der **Verdienst, der dem AN möglich wurde, weil der AG ihn nicht beschäftigt hat.** Einkommen, das der AN neben der Erfüllung der arbeitsvertraglichen Pflichten hätte erzielen können, bleibt unberücksichtigt (BAG 6.9.1990, 2 AZR 165/90, EzA § 615 BGB Nr 67; *Lostermann*, Die Erwerbsanrechnung beim Annahmeverzug des Arbeitgebers, 2011, S. 88 ff.). Hat der Dienstverpflichtete iRd des anderweitigen Erwerbs **Überstunden** geleistet, ist dieser Verdienst auch dann anzurechnen, wenn die Überstunden in der eigentlich freien Zeit geleistet wurden. Zwar will das BAG nur den Verdienst anrechnen, den der Dienstverpflichtete durch anderweitige Verwendung desjenigen Teils seiner Arbeitskraft erwirbt, den er dem Dienstberechtigten zur Verfügung stellen muss (BAG 6.9.1990, 2 AZR 165/90, EzA § 615 BGB Nr 67). Der daraus für den Nebenerwerb gezogene Schluss lässt sich jedoch auf Überstunden nicht übertragen, da diese nur geleistet werden konnten, weil der Dienstverpflichtete in der Zeit, in der er eigentlich für den Dienstberechtigten arbeiten musste, eine anderweitige Tätigkeit übernommen hat. Der anderweitige Verdienst, den der AN erzielt hat, ist nicht pro-rata-temporis, sondern auf die Gesamtvergütung für die Dauer des Annahmeverzugs anzurechnen. Der Gesamtvergütung für die infolge des Verzugs nicht geleisteten Dienste ist das gegenüberzustellen, was der AN in der betreffenden Zeit anderweitig verdient hat. Endet der Annahmeverzug nicht zum Ende eines Monats, ist die geschuldete Vergütung auf der Grundlage eines Tagessatzes von einem Dreißigstel des Monatsentgelts zu berechnen (BAG 16.5.2012, 5 AZR 251/11, EzA § 615 BGB 2002 Nr 37).

68   Unerheblich ist, ob der anderweitige Erwerb aus **selbstständiger oder unselbstständiger, höher- oder geringerwertiger Tätigkeit** stammt (ArbRBGB/*Matthes* § 615 Rn 85). Auch ist der Zeitpunkt der Fälligkeit des Verdienstes nicht maßgeblich, wenn er auf einer Tätigkeit im Verzugszeitraum beruht (BAG 16.6.2004, 5 AZR 508/03, EzA § 615 BGB 2002 Nr 7). Erlischt das Arbeitsverhältnis nach § 12 S 3 KSchG, so ist ein Zwischenverdienst des AN korrespondierend zu § 12 S 4 KSchG nur für die Zeit bis zum Eintritt in das neue Arbeitsverhältnis anzurechnen (BAG 19.7.1978, 5 AZR 748/77, EzA § 242 BGB Auskunftspflicht Nr 1).

69   **Aufwendungen**, die der Dienstverpflichtete gemacht hat, um den Erwerb zu ermöglichen, sind abzuziehen (*Schaub* AR-Blattei SD Nr 80 Rn 76). Einkünfte aus Kapital sind nicht anzurechnen, sofern nicht die Vermögensverwaltung die gesamte Arbeitskraft in Anspruch nimmt (ErfK/*Preis* § 615 Rn 91). Auch eine unentgeltliche Tätigkeit im privaten Haushalt oder bei Nachbarn ist nicht zu berücksichtigen (MünchArbR/*Boewer* § 78 Rn 59).

70   **cc) Böswillig unterlassener Erwerb.** Anzurechnen ist ferner, was der Dienstverpflichtete böswillig nicht erwirbt. Für das Arbeitsverhältnis nimmt das BAG böswilliges Unterlassen an, wenn der **AN vorsätzlich grundlos Arbeit ablehnt oder vorsätzlich verhindert, dass ihm Arbeit angeboten wird.** Schädigungsabsicht des AN ist nicht erforderlich, (grob) fahrlässiges Verhalten genügt aber nicht (BAG 16.5.2000, 9 AZR 203/99, EzA § 615 BGB Nr 99).

71   Die nicht aufgenommene Tätigkeit muss dem Dienstverpflichteten zumutbar sein (*Schier* BB 2006, 2578, 2581). Maßgeblich sind die Umstände des Einzelfalls, wobei zugunsten des Dienstverpflichteten Art 12 GG zu berücksichtigen ist. Die Unzumutbarkeit der Tätigkeit kann sich zB aus der Art der Arbeit, den sonstigen Arbeitsbedingungen oder der Person des AG ergeben. Die Zumutbarkeitskriterien des § 140 SGB III sind nicht heranzuziehen, da sie anders als S 2 den Schutz der Versichertengemeinschaft bezwecken (BAG 16.6.2004, 5 AZR 508/03, EzA § 615 BGB 2002 Nr 7). Nichtvertragsgemäße Arbeit ist nicht per se unzumutbar (BAG 17.11.2011, 5 AZR 564/10, EzA § 615 BGB 2002 Nr 35).

72   Die Anrechnung kommt ferner in Betracht, wenn der bisherige AG selbst eine Tätigkeit anbietet. Ein solches Beschäftigungsangebot des AG kann vor allem mit Blick darauf relevant werden, dass dieses Angebot den Verzug nach der Rspr nicht beendet, wenn er nicht gleichzeitig von der Kdg Abstand nimmt (s Rdn 52). Durch ein zumutbares Angebot kann der AG zumindest das Verzugsentgeltrisiko beherrschen (s *Rolfs* StudKomm ArbR § 615 Rn 13). Ein Beschäftigungsangebot ist auch in einer Änderungskündigung enthalten. Nimmt der AN das Angebot nicht unter dem Vorbehalt des § 2 KSchG an, so ist ihm böswilliges Unterlassen vorzuwerfen, wenn die angebotene Arbeit zumutbar war (BAG 26.9.2007, 5 AZR 870/06, EzA § 615 BGB 2002 Nr 21). Der AN muss nicht initiativ werden und sich um Arbeit beim bisherigen AG bemühen (BAG 11.1.2006, 5 AZR 98/05, EzA § 615 BGB 2002 Nr 11). Auch ansonsten muss der AN

nicht aktiv werden, um eine anderweitige Tätigkeit zu erlangen. Str ist, ob er sich zumindest bei der AA als **arbeitslos melden** muss. Während das BAG eine entspr Obliegenheit ablehnt (BAG 16.5.2000, 9 AZR 203/99, EzA § 615 BGB Nr 99, zustimmend *Lostermann*, Die Erwerbsanrechnung beim Annahmeverzug des Arbeitgebers, 2011, S. 182 ff.), verlangt ein Teil der Lit die Meldung des AN (MüKo-BGB/*Henssler* § 615 Rn 75; *Spirolke* NZA 2001, 707, 711; *Bopf* S 349 ff; *Bayreuther* NZA 2003, 1365, 1366 f unter Berufung auf die 2003 eingeführte Meldepflicht des § 38 I SGB III (ursprünglich § 37b SGB III); dagegen wiederum *Ricken* NZA 2005, 323, 327; *Küttner/Griese* Annahmeverzug Rn 17). Der AN braucht ein Urteil, das den AG für die Dauer des Kündigungsschutzprozesses zur Weiterbeschäftigung verurteilt, nicht zu vollstrecken oder die Vollstreckung anzudrohen (BAG 22.2.2000, 9 AZR 194/99, EzA § 615 BGB Nr 97). Nach einer älteren Entscheidung brauchte der AN eine nicht geschuldete Tätigkeit nicht aufzunehmen (BAG 3.12.1980, 5 AZR 477/78, EzA § 615 BGB Nr 39). Zwischenzeitlich hieß es, dass jedenfalls die **Fortsetzung der bisherigen Tätigkeit zu einer verminderten Vergütung** zumutbar sein könne (BAG 16.6.2004, 5 AZR 508/03, EzA § 615 BGB 2002 Nr 7). Inzwischen hat das BAG unter ausdrücklicher Aufgabe des Urteils vom 3.12.1980 entschieden, dass auch eine objektiv vertragswidrige Tätigkeit dem AN uU zumutbar sein kann (BAG 7.2.2007, 5 AZR 422/06, EzA § 615 BGB 2002 Nr 19). Für die Zumutbarkeit spricht das Angebot der Weiterbeschäftigung bis zur Entscheidung des Kündigungsrechtsstreits zu denselben Bedingungen. Das BAG differenziert weiter nach Kündigungsgründen und geht davon aus, dass die Weiterarbeit dem AN bei einer betriebs- oder personenbedingten Kdg idR zumutbar ist, während bei der (außerordentlichen) verhaltensbedingten Kdg Art und Schwere der Vorwürfe die Unzumutbarkeit begründen können (BAG 24.9.2003, 5 AZR 500/02, EzA § 615 BGB 2002 Nr 4).

Nicht böswillig handelt der AN, wenn er das Angebot des AG ablehnt, weil es ohne die erforderliche Beteiligung des BR erfolgt ist (BAG 7.11.2002, 2 AZR 650/00, EzA § 615 BGB 2002 Nr 1). Auch braucht er weder ein neues Dauerschuldverhältnis einzugehen, das ihm die Rückkehr an den bisherigen Arbeitsplatz erschwert (BAG 18.6.1965, 5 AZR 351/64, AP BGB § 615 Böswilligkeit Nr 2), noch mit dem bisherigen AG ein neues Arbeitsverhältnis zu begründen und damit irreparable Rechtsverluste zu erleiden (LAG Rh-Pf 3.5.2007, 2 Sa 903/06, nv). Hat der AN mehrere Beschäftigungsmöglichkeiten, kann er die Arbeit wählen, die seiner beruflichen und allg Weiterentwicklung förderlich ist, selbst wenn er bei der anderen Tätigkeit mehr verdient hätte (BAG 23.1.1967, 3 AZR 253/66, EzA § 74c HGB Nr 1). Auch eine selbstständige Tätigkeit kann der AN dem Bezug von Arbeitslosengeld ohne Rücksicht auf die Höhe des Verdienstes vorziehen (BAG 2.6.1987, 3 AZR 626/85, EzA § 74c HGB Nr 25). Widerspricht der AN einem Übergang seines Arbeitsverhältnisses nach § 613a I 1 in zulässiger Weise und nimmt er das Angebot des Erwerbers auf vorübergehende Weiterbeschäftigung zu denselben Bedingungen nicht an, so hindert der Widerspruch allein die Annahme böswilligen Unterlassens nicht (BAG 19.3.1988, 8 AZR 139/97, EzA § 613a BGB Nr 163). 73

Wenn der AN während des Annahmeverzugs Arbeitslosengeld bezieht und zumutbaren Erwerb böswillig unterlässt, ist das Arbeitslosengeld anteilig auf das Arbeitsentgelt anzurechnen, das der AN unter Berücksichtigung der Anrechnung des unterlassenen Erwerbs noch vom AG verlangen kann (BAG 11.1.2006, 5 AZR 125/05, EzA § 615 BGB 2002 Nr 10). Handelt der AN im Verzugszeitraum nur zeitweise böswillig, ist die Anrechnung zeitanteilig vorzunehmen (BAG 6.11.1986, 2 AZR 714/85, RzK I 13a Nr 14). 74

II. Sonstige Ansprüche. Der Dienstverpflichtete kann nach § 304 Ersatz für die Mehraufwendungen für das erfolglose Angebot verlangen (MüKo-BGB/*Henssler* § 615 Rn 61; aA HWK/*Krause* § 615 Rn 103). Die Rspr spricht dem AN zudem bei schuldhaftem Handeln des AG einen Schadensersatzanspruch zu, wenn dieser einer rechtskräftig festgestellten Beschäftigungspflicht nicht nachkommt (BAG 12.9.1985, 2 AZR 324/84, EzA § 102 BetrVG 1972 Nr 61; krit HWK/*Krause* § 615 Rn 105). Befindet sich der AG zugleich im Schuldnerverzug, so kann der AN nach den §§ 280 II, 286, 288, 291 Zinsen für den Annahmeverzugslohn verlangen (BAG 13.6.2002, 2 AZR 391/01, EzA § 15 KSchG nF Nr 55). 75

E. Durchsetzung des Anspruchs auf Annahmeverzugslohn. I. Klageantrag. Der Dienstverpflichtete muss bei einer Zahlungsklage den Antrag genau beziffern und dabei die anzurechnenden Beträge abziehen. Der Antrag, den AG zur Zahlung einer bestimmten Bruttolohnsumme »abzüglich erhaltenen Arbeitslosengeldes« zu verurteilen, ist nicht bestimmt genug (BAG 15.11.1978, 5 AZR 199/77, EzA § 613a BGB Nr 21). Der gekündigte AN kann die Zahlungsklage im Wege kumulativer Klagehäufung neben dem Antrag auf Feststellung der Unwirksamkeit der Kdg geltend machen (ErfK/*Preis* § 615 Rn 116). 76

II. Darlegungs- und Beweislast. Die Partei, die geltend macht, dass § 615 S 2 abbedungen wurde, trägt hierfür die Darlegungs- und Beweislast (BAG 6.2.1964, 5 AZR 93/63, EzA § 615 BGB Nr 6). Entspr gilt für eine Abweichung von S 1. IÜ muss der Dienstverpflichtete die Voraussetzungen des Annahmeverzugs 77

§ 615 BGB Vergütung bei Annahmeverzug und bei Betriebsrisiko

darlegen und beweisen. Will er sich auf ein Leistungsverweigerungsrecht berufen (§ 298), muss er auch insofern die Voraussetzungen darlegen und beweisen, Gleiches gilt für die Höhe des Vergütungsanspruchs (MüKo-BGB/*Henssler* § 615 Rn 123). Der AG muss darlegen und beweisen, dass der AN nicht leistungsfähig oder -willig ist (BAG 22.2.2012, 5 AZR 249/11, EzA § 615 BGB 2002 Nr 36; 17.8.2011, 5 AZR 251/10, EzA § 615 BGB 2002 Nr 34). Dabei reicht es zunächst, wenn der AG Indizien vorträgt, aus denen auf die fehlende Leistungsfähigkeit oder den fehlenden Leistungswillen des AN geschlossen werden kann. Fallen der Ablauf der Kündigungsfrist und das behauptete Ende der Arbeitsunfähigkeit zusammen, ist die Indizwirkung begründet (BAG 22.2.2012, 5 AZR 249/11, EzA § 615 BGB 2002 Nr 36). Der AG trägt auch die Darlegungs- und Beweislast hins der Anrechnung nach S 2 (DLW/*Dörner* Kap 3 Rn 1708 ff).

78 **III. Auskunftsanspruch.** Da der AG idR nicht genau weiß, in welcher Höhe der AN während des Annahmeverzugs Einkünfte erzielt hat oder hätte erzielen können, räumt das BAG ihm analog § 74c II HGB einen entspr Auskunftsanspruch gegen den AN ein. Das Gericht geht dabei von einem **selbstständig einklagbaren Anspruch** des AG und nicht nur von einer bloßen Obliegenheit des AN aus (BAG 29.7.1993, 2 AZR 110/93, EzA § 615 BGB Nr 79; aA *Herschel* Anm zu BAG AP BGB § 242 Auskunftspflicht Nr 16). Die überwiegende Lit stimmt dem zumindest für den Fall zu, dass der AG einen Anspruch aus § 812 in Höhe des nicht angerechneten Zwischenverdienstes geltend macht (MünchArbR/*Boewer* § 69 Rn 47). Darüber, ob der AN seine Arbeitskraft anderweitig verwertet hat, kann der AG keine Auskunft verlangen (HWK/*Krause* § 615 Rn 109; aA *Klein* NZA 1998, 1208, 1210).

79 **Inhalt und Umfang der Auskunftspflicht** richten sich nach **Treu und Glauben**. Nur für den Einzelfall kann entschieden werden, ob der AN bei Bedenken des AG Belege vorzulegen hat (BAG 29.7.1993, 2 AZR 110/93, EzA § 615 BGB Nr 79). Bei selbstständiger unternehmerischer Betätigung genügt die Vorlage des Einkommensteuerbescheids, der AG kann nicht zusätzlich Einsicht in die Bilanz nebst Gewinn- und Verlustrechnung verlangen (BAG 25.2.1975, 3 AZR 148/74, EzA § 74c HGB Nr 15). Wenn der AN die Auskunft nicht erteilt, ist der AG berechtigt, den Annahmeverzugslohn zurückzuhalten. Die Klage des AN ist als zurzeit unbegründet abzuweisen (BAG 19.3.2002, 9 AZR 16/01, EzA § 615 BGB Nr 108). Das Zurückbehaltungsrecht des AG ergibt sich aus § 273 (BAG 19.2.1997, 5 AZR 379/94, nv).

80 Solange der Verzug noch andauert, ist der Auskunftsanspruch des AG begrenzt. Er setzt voraus, dass iR einer vorläufigen Gesamtberechnung eine Feststellung über das anrechnungsbedingte Erlöschen der vom AN für die fortlaufend geltend gemachten Ansprüche möglich ist. Dafür muss es möglich sein, den bisherigen Erwerb mit den zeitabschnittsweise entstandenen Entgeltansprüchen zu vergleichen (BAG 24.8.1999, 9 AZR 804/98, EzA § 615 BGB Nr 96).

81 **F. Betriebsrisiko. I. Begriff.** Eine Leistungsstörung, die im Arbeitsverhältnis auftreten kann, ist die Unmöglichkeit der Arbeitsleistung aus Gründen, die weder der AG noch der AN zu vertreten hat. In solchen Fällen stellt sich die Frage, welche der Arbeitsvertragsparteien das Entgeltrisiko trägt. Dieses **Entgeltrisiko bei beiderseitig nicht zu vertretender Unmöglichkeit** der Arbeitsleistung wird als Betriebsrisiko und abw von § 326 I dem AG zugewiesen. Unerheblich ist, auf welcher Ursache die Störung beruht. Betriebstechnische Störungen werden ebenso erfasst wie Naturkatastrophen oder das Ausbleiben von Energie oder Material (MünchArbR/*Boewer* § 69 Rn 56). Vom Betriebsrisiko zu unterscheiden ist das Wirtschaftsrisiko. Das **Wirtschaftsrisiko** betrifft die **Verwendbarkeit der Leistung für den AG**. Die Leistung ist möglich, für den AG aber – zB weil Aufträge fehlen – wirtschaftlich sinnlos. Das Wirtschaftsrisiko trägt der AG (BAG 11.7.1990, 5 AZR 557/89, EzA § 615 BGB Betriebsrisiko Nr 11), es gilt nichts anderes als bei sonstigen Austauschverträgen. Ob der Gläubiger die geschuldete Leistung verwerten kann, ist keine Frage des Leistungsstörungsrechts, nimmt der AG die Leistung nicht an, so gerät er in Annahmeverzug (Staudinger/*Richardi*/*Fischinger* § 615 Rn 198).

82 **II. Regelung in Satz 3.** Bis zur Einführung des S 3 war umstr, ob Betriebsrisikofälle gesetzlich geregelt waren oder nicht. Während das BAG im Anschluss an das RAG und das RG von einer Gesetzeslücke ausging, vertrat ein Teil der Lit die Lehre von der Annahmeunmöglichkeit und wandte S 1 auf Betriebsrisikofälle an. Mit der Einführung des S 3 hat der Gesetzgeber die These von der Lückenhaftigkeit des BGB hins des Betriebsrisikos bestätigt und die Lücke zugleich beseitigt. Der Gesetzgeber wollte dafür sorgen, dass weiterhin der AG das Arbeitsentgelt zahlen muss, wenn er das Risiko des Arbeitsausfalls trägt (BT-Drs 14/6857, S 48). Unter welchen Umständen der AG das Risiko des Arbeitsausfalls trägt, ist in S 3 nicht geregelt (*Däubler* NZA 2001, 1339, 1332; *Reichold* ZfA 2006, 223, 230).

83 **III. Entwicklung der Betriebsrisikolehre.** Da der Gesetzgeber bei der Einführung von S 3 an die bisherige Rspr angeknüpft und den Gerichten auch weiterhin die Konkretisierung des Betriebsrisikos aufgetragen hat (BT-Drs 14/6857, S 48), spielt die Entwicklung der Rspr für das heutige Verständnis des Betriebsrisikos

eine Rolle (ausf *Tamm* S 111 ff). Bereits das **RG** nahm an, dass der Fall der beiderseits nicht zu vertretenden Unmöglichkeit nach den allg Regeln des BGB nicht befriedigend zu lösen sei. Da AG und AN eine **soziale Arbeits- und Betriebsgemeinschaft** bildeten, könne die Leistungsstörung nicht individualistisch betrachtet werden. Wenn die AN eine Störung bewirkten, könne dem AG die Entgeltzahlung nicht zugemutet werden (RG 6.2.1923, III 93/22, RGZ 106, 272 ff; s zu diesem Ausgangspunkt der Betriebsrisikolehre *Reichold* ZfA 2006, 223, 225 f). Das **RAG** entwickelte daraus den **Sphärengedanken** und stellte darauf ab, ob die Störung aus der Sphäre der AN oder des AG stammt. Dabei zählte das RAG auch Störungen von außen, wie Naturereignisse oder fremde Gewalt, zum Risikobereich der AN (RAG 20.6.1928, RAG 72/28, ARS 3, 116 ff). Diesen Sphärengedanken griff das BAG zunächst auf, wies allerdings dem AG grds das Betriebsrisiko zu, weil der AG den Betrieb organisiert, leitet, die Verantwortung trägt und die Erträge bezieht. Gehe die Unmöglichkeit der Beschäftigung auf das Verhalten der AN zurück, finde dieses Grundprinzip aber keine Anwendung (BAG 8.2.1957, 1 AZR 338/55, AP BGB § 615 Betriebsrisiko Nr 2). Später gab das **BAG** die Sphärentheorie auf und unterscheidet seitdem zwischen dem **allg Betriebs- und Wirtschaftsrisiko** einerseits sowie dem **Arbeitskampfrisiko** andererseits (BAG 22.12.1980, 1 ABR 2/79, EzA § 615 BGB Betriebsrisiko Nr 7).

Das **Arbeitskampfrisiko** trägt der AG nach der Rspr nicht uneingeschränkt. Dabei geht es um das **Entgeltrisiko für nicht arbeitskampfbeteiligte AN**. AN, die am Arbeitskampf teilnehmen, erhalten aufgrund der damit verbundenen Suspendierung der Hauptleistungspflichten ohnehin kein Entgelt. Das BAG greift zur Verteilung des Arbeitskampfrisikos auf den Grundsatz der **Kampfparität** zurück. Dieser Grundsatz wirke sich nicht nur auf die Kampfmittel, sondern auch auf das Leistungsstörungsrecht aus. Da die Fernwirkungen in Drittbetrieben das Verhandlungsgleichgewicht der TV-Parteien wesentlich beeinflussen können, müssen sie im Arbeitskampfrecht berücksichtigt werden. Deshalb schuldet uU der AG nicht kampfbeteiligten AN, die er nicht beschäftigen kann oder deren Beschäftigung sinnlos wäre, für die Zeit des Arbeitsausfalls kein Entgelt (BAG 22.12.1980, 1 ABR 2/79, EzA § 615 BGB Betriebsrisiko Nr 7; s.a. Soergel/*Kraft* § 615 Rn 75 ff). 84

Str ist, ob die AN das Entgeltrisiko mittragen müssen, wenn durch die Entgeltzahlungen die **Existenz des Unternehmens** gefährdet wäre (bejahend BAG 28.9.1972, 2 AZR 506/71, EzA § 626 BGB nF Nr 17; abl die überwiegende Lit, ua MünchArbR/*Boewer* § 69 Rn 59; *Tamm* S 466 ff). Da das BAG eine Umverteilung nur bei Gefährdung des ganzen Unternehmens vornehmen will (BAG 28.9.1972, 2 AZR 506/71, EzA § 626 BGB nF Nr 17) und einen solchen Fall bislang noch nicht angenommen hat, kommt dem Streit kaum praktische Bedeutung zu. 85

IV. Einzelfälle. Zum Betriebsrisiko zählt es, wenn die Arbeit aufgrund einer durch äußere Umstände hervorgerufenen **betriebstechnischen Störung** unmöglich wird. Dazu gehören Arbeitsausfälle aufgrund von Stromausfall (BAG 30.1.1991, 4 AZR 338/90, EzA § 615 BGB Betriebsrisiko Nr 12), Ausfall der Heizung (BAG 9.3.1983, 4 AZR 301/80, EzA § 615 BGB Betriebsrisiko Nr 9) oder Maschinenschaden (RAG 30.4.1932, RAG 635/31, ARS 15, 350). Dagegen hat das BAG Unmöglichkeit angenommen und Lohnzahlungen in einem Fall abgelehnt, in dem in einem Betrieb immer wieder eine kurzzeitige Betriebsstilllegung zur Wartung der Maschinen erforderlich war (BAG 21.12.1954, 2 AZR 5/53, AP BGB § 611 Lohnanspruch Nr 2; krit HWK/*Krause* § 615 Rn 116). 86

Über die Fälle der betriebstechnischen Störung hinaus werden vom Betriebsrisiko auch Fälle erfasst, in denen **Umstände von außen auf das Unternehmen einwirken** und die Arbeitsleistung unmöglich machen. So zählte das BAG zum Betriebsrisiko den Fall eines Brandes in einem feuergefährdeten Betrieb (BAG 28.9.1972, 2 AZR 506/71, EzA § 626 BGB nF Nr 17) und Arbeitsausfall aufgrund extremer Witterungsverhältnisse (BAG 18.5.1999, 9 AZR 13/98, EzA § 615 BGB Nr 94). Witterungsbedingter Arbeitsausfall fällt dabei auch dann in den Risikobereich des AG, wenn er sich aufgrund der Witterung für eine Betriebseinschränkung entscheidet. Es kommt nicht darauf an, ob die Wetterverhältnisse die Weiterarbeit unmöglich gemacht haben (BAG 9.7.2008, 5 AZR 810/07, EzA § 615 BGB 2002 Nr 25). Auch Naturkatastrophen und Unglücksfälle werden genannt (BAG 9.3.1983, 4 AZR 301/80, EzA § 615 BGB Betriebsrisiko Nr 9), ohne dass das BAG über solche Fälle bisher zu entscheiden gehabt hätte. Das BAG hat ferner den Arbeitsausfall aufgrund einer Inventur (BAG 7.12.1962, 1 AZR 134/61, AP BGB § 615 Betriebsrisiko Nr 14) und den Ausfall aufgrund behördlichen Verbots öffentl Lustbarkeiten (BAG 30.5.1963, 5 AZR 282/62, AP BGB § 615 Betriebsrisiko Nr 15) zum Betriebsrisiko gezählt. Die Lit geht nach nicht unumstr Ansicht auch bei Arbeitsausfall aufgrund von Smogalarm von der Entgeltzahlungspflicht des AG aus (*Richardi* NJW 1987, 1231, 1235; aA *Ehmann* NJW 1987, 401, 410). Kann ein Bergmann nicht beschäftigt werden, weil ihm die erforderliche ärztliche Unbedenklichkeitsbescheinigung nicht erteilt wird, zählt das nicht zum Betriebsrisiko (BAG 15.6.2004, 9 AZR 483/03, EzA § 615 BGB 2002 Nr 8). 87

88 Das **Wegerisiko** trägt der AN (*Feuerborn* JR 2003, 177, 181; *Luke* NZA 2004, 244, 247). Insb bei Smogalarm, Naturkatastrophen (zB Überschwemmungen) und extremer Witterung ist danach zu unterscheiden, ob dem anwesenden AN die Arbeitsleistung nicht möglich ist – dann fällt der Arbeitsausfall unter das Betriebsrisiko des AG – oder ob der AN den Erfüllungsort bereits nicht erreichen kann – in diesem Fall realisiert sich sein Wegerisiko und er erhält kein Entgelt für die ausgefallene Arbeit (MüKo-BGB/*Henssler* § 615 Rn 101, 34).

89 **V. Abdingbarkeit.** Aus einem Umkehrschluss zu § 619 ergibt sich, dass S 3 kein zwingendes Recht enthält. Bereits vor Einführung der Norm sah die Rspr die Zuteilung des Betriebsrisikos als abdingbar an. Dabei verlangt das BAG für eine wirksame Abweichung eine klare und deutliche Regelung. Bei einem TV, nach dem der AG das Entgelt zahlen muss, wenn er den Arbeitsausfall zu vertreten hat, ordnet das BAG die Fälle des Betriebsrisikos als zu vertretenden Arbeitsausfall ein (BAG 9.3.1983, 4 AZR 301/80, EzA § 615 BGB Betriebsrisiko Nr 9). Abweichungen durch Formulararbeitsvertrag sind nicht zulässig Einzelvertragliche Regelungen oder eine Abweichung durch BV sind dagegen möglich (HWK/*Krause* § 615 Rn 122).

90 **VI. Beendigung des Arbeitsverhältnisses.** Die Betriebsstörung rechtfertigt keine außerordentliche Kdg (BAG 28.9.1972, 2 AZR 506/71, EzA § 626 BGB nF Nr 17). Eine ordentliche betriebsbedingte Kdg ist grds möglich, muss aber ggf die Grenzen des KSchG wahren.

§ 616 Vorübergehende Verhinderung

¹Der zur Dienstleistung Verpflichtete wird des Anspruchs auf die Vergütung nicht dadurch verlustig, dass er für eine verhältnismäßig nicht erhebliche Zeit durch einen in seiner Person liegenden Grund ohne sein Verschulden an der Dienstleistung verhindert wird. ²Er muss sich jedoch den Betrag anrechnen lassen, welcher ihm für die Zeit der Verhinderung aus einer auf Grund gesetzlicher Verpflichtung bestehenden Kranken- oder Unfallversicherung zukommt.

Übersicht	Rdn.		Rdn.
A. Allgemeines	1	e) Erfüllung religiöser Pflichten, Gewissenskonflikte	16
B. Anspruchsvoraussetzungen	4	f) Sonstiges	17
I. Dienstverhältnis	4	III. Kausalität	18
II. Verhinderung aus persönlichen Gründen	7	IV. Nicht erhebliche Zeit	19
1. Allgemeines	7	V. Fehlendes Verschulden	22
2. Einzelfälle	9	VI. Anzeige und Nachweispflicht	23
a) Krankheit und Arztbesuche	9	C. Rechtsfolgen	25
b) Pflege erkrankter Familienangehöriger	11	I. EFZ	25
c) Familienereignisse	14	II. Anrechnung	26
d) Öffentliche Pflichten und Ehrenämter	15	D. Abdingbarkeit	27

1 **A. Allgemeines.** Die Norm enthält eine Ausnahme vom Grundsatz »ohne Arbeit kein Lohn«, indem sie dem Dienstverpflichteten den Vergütungsanspruch unter bestimmten Umständen trotz Nichtleistung erhält (DLW/*Dörner* Kap 3 Rn 602). Es handelt sich nicht um eine Anspruchsgrundlage, sondern um eine **Ausnahme zu § 326 I** (MüKo-BGB/*Henssler* § 616 Rn 3). Erfasst werden Fälle, in denen der Dienstverpflichtete aus persönlichen, weder von ihm noch vom Dienstberechtigten zu vertretenden Gründen an der Leistung verhindert ist. Bei Verschulden des Dienstberechtigten findet § 326 II 1 Alt 1 Anwendung. **Krankheitsbedingte Verhinderungen von AN** sind ebenso wie Nichtleistungen aufgrund von Kuren, Sterilisationen oder Schwangerschaftsabbrüchen durch das **EFZG** geregelt, für freie Dienstverträge gilt auch insoweit § 616.

2 Unter Berufung auf die Motive, die zur Begründung der Norm sozialpolitische Rücksichten und Gründe der Humanität anführen, wird § 616 herkömmlich als Ausprägung der Fürsorgepflicht des AG eingestuft (BAG GS 18.12.1959, GS 8/58, AP BGB § 616 Nr 22). Inzwischen setzt sich aber zu Recht die Ansicht durch, nach der **unerhebliche Verhinderungen bereits in das Entgelt einkalkuliert sind**, weil personengebundener Tätigkeit das Risiko des Ausfalls immanent ist. Nur so lässt sich schlüssig erklären, warum die Norm auch für freie Dienstverträge gilt. Ferner wäre die Abdingbarkeit der Norm bei einer Ableitung aus der Fürsorgepflicht schwer hinnehmbar (*Schwerdtner* ZfA 1979, 1, 20; Staudinger/*Oetker* § 616 Rn 9 ff).

Sonderregeln zu § 616 finden sich – vom EFZG abgesehen – ua in § 19 I Nr 2 BBiG, in Vorschriften über 3
Erholungs- oder Bildungsurlaub und in § 11 MuSchG (ausf Staudinger/*Oetker* § 616 Rn 24 ff).

B. Anspruchsvoraussetzungen. I. Dienstverhältnis. § 616 gilt für alle Dienstverhältnisse. Anders als 4
bei § 617 spielt die Vertragsdauer keine Rolle (MüKo-BGB/*Henssler* § 616 Rn 11), auch der zeitliche
Umfang der Tätigkeit ist für die Anwendung der Norm unerheblich. Bei Heimarbeitern wird die Norm von
§ 10 EFZG verdrängt, das gilt auch für Fälle der persönlichen Verhinderung, die nicht auf einer Erkrankung beruhen (HWK/*Krause* § 616 Rn 8).

Wurde ein **fehlerhaftes Arbeitsverhältnis** in Vollzug gesetzt, ist § 616 bis zu seiner Beendigung anzuwenden 5
(Erman/*Belling* § 616 Rn 18). Bei **Arbeit auf Abruf** iSd § 12 TzBfG greift die Norm, wenn der AG die
Arbeit abgerufen hat. Der AG darf vom Abruf der Arbeit absehen, wenn er von einem persönlichen Leistungshindernis Kenntnis hat. Die Norm ist aber anwendbar, wenn der AG während des gesamten Bezugszeitraums vom Abruf der Leistung absieht. IdR wird sich der Entgeltanspruch des AN in diesen Fällen
bereits aus § 615 ergeben (MüKo-BGB/*Henssler* § 616 Rn 12 f).

Wird ein AN **während eines Kündigungsschutzprozesses** weiterbeschäftigt, so ist § 616 anwendbar, wenn 6
die Weiterbeschäftigung auf § 102 V BetrVG beruht. Wenn der AN aufgrund des allg arbeitsrechtlichen
Weiterbeschäftigungsanspruchs beschäftigt wird, kommt es auf die Umstände an. Ist die Weiterbeschäftigung auf vertraglicher Grundlage erfolgt, so ist § 616 anwendbar. Das gilt auch dann, wenn sich die Kdg als
wirksam herausstellt. Wenn die Kdg wirksam ist und der AN ohne vertragliche Grundlage weiterbeschäftigt
wurde, hat der AN allein bereicherungsrechtliche Ansprüche (BAG 12.2.1992, 5 AZR 297/90, EzA § 611
BGB Beschäftigungspflicht Nr 52), sodass eine Anwendung von § 616 nicht in Betracht kommt (Erman/
Belling § 616 Rn 19).

II. Verhinderung aus persönlichen Gründen. 1. Allgemeines. Der Dienstverpflichtete ist an der Dienst- 7
leistung verhindert, wenn sie ihm **unmöglich oder unzumutbar** ist (BAG 8.9.1982, 5 AZR 283/80, EzA
§ 616 BGB Nr 22). Bei Unzumutbarkeit sieht seit der Schuldrechtsreform § 275 III die Befreiung des
Dienstverpflichteten von der Leistungspflicht vor. Das zeigt, dass auch in diesen Fällen der Dienstverpflichtete an der Dienstleistung verhindert ist (zum alten Recht BAG 19.4.1978, 5 AZR 834/76, EzA § 616 BGB
Nr 12). Die Verhinderung muss unvermeidbar sein. Deshalb muss der AN versuchen, die Verhinderung
nach Möglichkeit zu begrenzen (BAG 19.4.1978, 5 AZR 834/76, EzA § 616 BGB Nr 12).

Das **Hindernis** muss **persönlicher Natur** sein. Dabei genügt es, wenn das Hindernis aus der Sphäre des Dienst- 8
verpflichteten stammt, es muss nicht unmittelbar in seiner Person begründet sein (BAG 8.12.1982, 4 AZR
134/80, EzA § 616 BGB Nr 23). **Objektive Leistungshindernisse** erfasst § 616 nicht. Ein objektives Leistungshindernis ist gegeben, wenn der Grund für die Verhinderung nicht auf den einzelnen Dienstnehmer
beschränkt ist, sondern einen größeren Personenkreis betr (Staudinger/*Oetker* § 616 Rn 76). Da § 616
bewusst auf Fälle der persönlichen Verhinderung des Dienstverpflichteten beschränkt wurde, kommt eine
Anwendung der Norm bei objektiven Leistungshindernissen nicht in Betracht (MüKo-BGB/*Henssler* § 616
Rn 18; so aber *Moll* RdA 1980, 138, 150 ff). § 616 ist allerdings anwendbar, wenn das objektive Leistungshindernis sich beim Dienstverpflichteten als auswirkt. Für Unerreichbarkeit des Arbeitsplatzes aufgrund
von Schneeverwehungen oder eines Fahrverbots hat das BAG eine solche Ausnahme jedoch abgelehnt (BAG
24.3.1982, 5 AZR 1209/79, DB 1982, 1883; 8.9.1982, 5 AZR 283/80, EzA § 616 BGB Nr 22).

2. Einzelfälle. a) Krankheit und Arztbesuche. Krankheit ist ein persönlicher Verhinderungsgrund, der 9
allerdings aufgrund des EFZG iRd § 616 nur bei freien Dienstnehmern eine Rolle spielt. Dagegen kann die
Norm im Fall eines **Arztbesuchs** nicht nur für freie Dienstnehmer, sondern auch für AN relevant werden.
Ist der AN bereits arbeitsunfähig, richtet sich die EFZ allein nach dem EFZG. Ist zwar ein Arztbesuch
erforderlich, der AN aber nicht arbeitsunfähig, gilt für ihn ebenso wie für den freien Dienstnehmer § 616
(ErfK/*Preis* § 616 Rn 7).

Aus persönlichen Gründen an der Arbeitsleistung verhindert ist der Dienstverpflichtete, wenn der Arztbe- 10
such während der Arbeitszeit medizinisch notwendig ist. Das ist bei akuten Beschwerden ebenso zu bejahen, wie wenn die Untersuchung nur bei nüchternem Magen durchgeführt werden kann und der Termin
deshalb in die Arbeitszeit fällt (s BAG 27.6.1990, 5 AZR 365/89, EzA § 4 TVG Papierindustrie Nr 2;
Brill NZA 1984, 281, 282). Kann der Termin dagegen auch außerhalb der Arbeitszeit stattfinden, hat sich
der Dienstverpflichtete um eine entspr Termingestaltung zu bemühen. Er ist in solchen Fällen aber an der
Arbeitsleistung persönlich verhindert, wenn der Arzt seinen terminlichen Wünschen nicht nachkommen
kann oder will; die freie Arztwahl geht insoweit der Rücksichtnahme auf die Interessen des Dienstberechtigten vor (BAG 29.2.1984, 5 AZR 92/82, EzA § 616 BGB Nr 26, bezogen auf eine tarifvertragliche Regelung,
die eine EFZ ua für aufgrund eines Arztbesuchs notwendig ausgefallene Arbeitszeit vorsah).

§ 616 BGB Vorübergehende Verhinderung

11 **b) Pflege erkrankter Familienangehöriger.** Die Erkrankung von Familienangehörigen kann zur Unzumutbarkeit der Dienstleistung für den Dienstverpflichteten führen. Entscheidend ist, in welchem Maße der erkrankte Angehörige auf die Pflege durch den Dienstverpflichteten angewiesen ist und ob ein Näheverhältnis gegeben ist, das den Vorrang der Pflege vor der Dienstleistung begründet. IdR setzt das voraus, dass die erkrankte Person in den Haushalt des Dienstverpflichteten integriert ist (Staudinger/*Oetker* § 616 Rn 56).

12 Danach kommt in 1. Linie die Pflege von **Kindern oder Ehepartnern** als persönlicher Verhinderungsgrund in Betracht (BAG 20.6.1979, 5 AZR 361/78, EzA § 616 BGB Nr 14; 20.7.1977, 5 AZR 325/76, EzA § 616 BGB Nr 11). In der Lit werden daneben Eltern, Geschwister und Lebenspartner iSd LPartG zu den Personen gezählt, zu denen der Dienstverpflichtete das erforderliche Näheverhältnis hat. Sonstige Lebenspartner sollen mangels gesetzlicher Beistandspflicht nicht zu berücksichtigen sein (Staudinger/*Oetker* § 616 Rn 57). Diese Gruppenbildung ist zu eng. Zunächst kann auch die Erkrankung anderer Verwandter die Unzumutbarkeit der Dienstleistung begründen, wenn ein hinreichendes Näheverhältnis besteht. Das ist zB der Fall, wenn eine Nichte, Cousine oder Tante in den Haushalt des Dienstverpflichteten integriert ist. Zwar mag es bei entspr Alter der Person an der Notwendigkeit der Pflege gerade durch den Dienstverpflichteten fehlen. Grds kann die Erkrankung in diesen Fällen aber zur Anwendung des § 616 führen. Auch bei Partnern einer **nichtehelichen Lebensgemeinschaft** kann die Dienstleistung aufgrund der Erkrankung unzumutbar sein. Nach der Rspr des BVerfG ist die Berücksichtigung des Einkommens eines Partners einer nichtehelichen Lebensgemeinschaft bei der Bedürftigkeitsprüfung verfassungsmäßig nicht zu beanstanden, wenn so enge persönliche Bindungen bestehen, dass von der Frau und dem Mann ein gegenseitiges Einstehen in den Not- und Wechselfällen des Lebens erwartet werden kann (BVerfG 23.6.1992, 1 BvL 8/87, BVerfGE 87, 234). Dann ist es aber nur stimmig, den Partnern einer solchen Lebensgemeinschaft das Füreinandereinstehen im Krankheitsfall zuzugestehen.

13 Die Erkrankung des Angehörigen oder Partners führt aber nur dann zur **Unzumutbarkeit** der Dienstleistung, wenn die Betreuung oder Pflege geboten ist und nicht anderweitig sichergestellt werden kann (BAG 19.4.1978, 5 AZR 834/76, EzA § 616 BGB Nr 12). Aufgrund dieser Anforderungen wird bei erwachsenen Familienangehörigen oder Partnern sowie bei Jugendlichen die Unzumutbarkeit häufig zu verneinen sein. Für die Frage, ob ein erkranktes Kind auf die Pflege angewiesen ist, kann die Altersgrenze des § 45 I SGB V (nicht vollendetes 12. Lebensjahr) herangezogen werden (Staudinger/*Oetker* § 616 Rn 58; aA *Kießling/Jünemann* DB 2005, 1684, 1686). Je älter das Kind ist, umso schwerer muss die Erkrankung sein, um die Unzumutbarkeit der Dienstleistung zu begründen (MüKo-BGB/*Henssler* § 616 Rn 30). Ist die Pflegebedürftigkeit zu bejahen und sind beide Eltern berufstätig, so können sie wählen, wer die Pflege übernimmt (BAG 20.6.1979, 5 AZR 361/78, EzA § 616 BGB Nr 14). Da die Pflege eines erkrankten Kindes zumindest bei längerer Erkrankung auch durch andere Personen gewährleistet werden kann als durch den Dienstverpflichteten selbst, wird die Dienstleistung idR nur für wenige Tage unzumutbar sein (für die Erkrankung eines Kleinkindes BAG 19.4.1978, 5 AZR 834/76, EzA § 616 BGB Nr 12). Das BAG hat sich dabei an § 185c RVO angelehnt, der bei Erkrankung eines Kindes einen Krankengeldanspruch für längstens 5 Arbeitstage gewährte. Nachdem der Bezugszeitraum erheblich verlängert wurde, kann der Bezugszeitraum des heutigen § 45 SGB V nicht weiter als Richtwert dienen (MüKo-BGB/*Henssler* § 616 Rn 32). Ferner kann aus dem dem AN nach § 2 I PflegeZG zustehenden Recht, der Arbeit zur akuten Pflege eines Angehörigen 10 Tage fernzubleiben, nicht geschlossen werden, dass dieser Zeitraum grds nicht erheblich iSd § 616 ist. Es kommt auch in diesen Fällen auf den Einzelfall an (HWK/*Krause* § 616 Rn 42; MüKo-BGB/*Henssler* § 616 Rn 60; wohl aA ErfK/*Preis* § 616 Rn 10a).

14 **c) Familienereignisse.** Persönlich verhindert ist der Dienstverpflichtete bei bes Ereignissen im Familienkreis. Entscheidend ist, ob vom Dienstverpflichteten eine Teilnahme **gesellschaftlich allg erwartet** wird und damit einer sittlichen Pflicht gleichkommt, sodass ein Fehlen als anstößig gelten würde (*Brune* AR-Blattei SD Nr 140 Rn 106). Das gilt zunächst für die eigene Hochzeit des Dienstverpflichteten, wobei das BAG unter Eheschließung als tarifvertraglich geregeltem Verhinderungsgrund sowohl die standesamtliche als auch die kirchliche Eheschließung versteht (BAG 27.4.1983, 4 AZR 506/80, EzA § 616 BGB Nr 24). Der standesamtlichen Trauung gleichzustellen ist die Eintragung einer Lebenspartnerschaft nach dem LPartG. Die goldene Hochzeit der Eltern ist ebenso ein Verhinderungsgrund (BAG 25.10.1973, 5 AZR 156/73, EzA § 616 BGB Nr 6) wie die Heirat eigener Kinder oder die Wiederheirat eines Elternteils (ErfK/*Preis* § 616 Rn 4). Verhindert ist der Dienstverpflichtete auch im Fall der Niederkunft seiner Ehefrau oder Lebensgefährtin (Letzteres verneint BAG 25.2.1987, 8 AZR 430/84, EzA Art 3 GG Nr 21 aber zu Recht bei Bestehen einer tariflichen Regelung, die nur die Niederkunft der Ehefrau erfasst). Konfirmation oder Kommunion der Kinder verlangen ebenfalls die Anwesenheit des Dienstverpflichteten (ArbRBGB/*Matthes* § 616 Rn 22). Bei Todesfällen kommt es auf die Nähebeziehung des Dienstverpflichteten zum Verstorbenen an. Verhindert

ist der Dienstverpflichtete beim Tod von Verwandten in gerader Linie, beim Tod von Geschwistern, Ehegatten und Lebenspartnern. Bei anderen Personen kommt eine Verhinderung in Betracht, wenn eine Haus- und Lebensgemeinschaft mit dem Dienstverpflichteten bestand (HWK/*Krause* § 616 Rn 26). Das betr vor allem den Tod eines Partners einer nichtehelichen Lebensgemeinschaft.

d) Öffentliche Pflichten und Ehrenämter. Der Dienstverpflichtete kann EFZ verlangen, wenn er als Wahlhelfer oder Laienrichter einberufen wird und die Tätigkeit notwendig während der Arbeitszeit ausüben muss (MüKo-BGB/*Henssler* § 616 Rn 41). Das gilt bei einer Tätigkeit als ehrenamtlicher Richter auch für die Zeit der Akteneinsicht (LAG Bremen 14.6.1990, 3 Sa 132/89, LAGE § 616 BGB Nr 5). Wird der Dienstverpflichtete von einer Behörde vorgeladen oder sein Erscheinen zu einem gerichtlichen Termin angeordnet, kann er sich ebenfalls auf § 616 berufen (BAG 13.12.2001, 6 AZR 30/01, EzA § 616 BGB Nr 47 für eine tarifvertragliche Regelung, die EFZ bei Erfüllung einer staatlichen Pflicht vorsieht; MünchArbR/*Boewer* § 70 Rn 14). Dient der gerichtliche Termin dagegen der Wahrnehmung eigener Interessen, kommt eine EFZ jedenfalls dann nicht in Betracht, wenn eine Tarifnorm EFZ bei der Wahrnehmung gerichtlicher Termine nur gewährt, wenn diese nicht durch private Angelegenheiten des Arbeiters veranlasst sind (BAG 4.9.1985, 7 AZR 249/83, EzA § 616 BGB Nr 33). Das gilt auch iRd § 616, es ist kein Grund dafür ersichtlich, dass der Dienstverpflichtete für die Zeit, in der er seine privaten Angelegenheiten regelt, vom Dienstberechtigten vergütet wird. Dasselbe gilt für private Prüfungen (MüKo-BGB/*Henssler* § 616 Rn 43). Ehrenämter, die der Dienstverpflichtete freiwillig übernimmt, werden von § 616 nicht erfasst. Kandidiert der Dienstverpflichtete für ein öffentl Amt oder wird er in einem privaten Verein aktiv, er sich nicht auf § 616 berufen. Das gilt auch für eine gewerkschaftliche Tätigkeit, für die allerdings in TV gelegentlich abw geregelt ist (ErfK/*Preis* § 616 Rn 5; s.a. BAG 11.9.1985, 4 AZR 147/85, EzA § 616 BGB Nr 30). 15

e) Erfüllung religiöser Pflichten, Gewissenskonflikte. Religiöse Pflichten können Vorrang vor der Dienstleistung haben. Eigenständige Bedeutung hat diese Fallgruppe nur, soweit nicht zugleich eine familiäre Verpflichtung vorliegt, die die Unzumutbarkeit der Arbeitsleistung begründet. Relevant wird § 616 zB bei **Gebetspausen** für muslimische Dienstverpflichtete (LAG Hamm 26.2.2002, 5 Sa 1582/01, AP BGB § 611 Gewissensfreiheit Nr 3; MüKo-BGB/*Henssler* § 616 Rn 46). Darf der Dienstverpflichtete aufgrund eines Gewissenskonflikts die Leistung verweigern, so will ein Teil der Lit dem AN nicht den EFZ-Anspruch des § 616 einräumen. Die Norm betr nicht persönliche Verhinderungsgründe, die in der Dienstleistung selbst ihren Ursprung haben. Ferner sei der Dienstverpflichtete beim Gewissenskonflikt nicht generell an der Dienstleistung verhindert, sondern könne nur die konkrete Tätigkeit nicht ausüben (*Kohte* NZA 1989, 161, 167; Staudinger/*Oetker* § 616 Rn 69; aA *Beck* S 108 ff; *Kamanabrou*, GS Zachert, 2010, 400, 406 ff). Dem ist entgegenzuhalten, dass das Merkmal der persönlichen Verhinderung der Abgrenzung zu objektiven Verhinderungsgründen dient. Ein solcher objektiver Verhinderungsgrund ist bei der Arbeitsverweigerung aus Gewissensgründen aber nicht ersichtlich. Auch die Beschränkung des Anwendungsbereichs der Norm auf Fälle der generellen Verhinderung an der Leistung ist abzulehnen, da der Tatbestand dafür keinerlei Anhaltspunkte enthält. Zwar ist der AN in den von § 616 typischerweise erfassten Fallgruppen (Teilnahme an Familienfeiern, Betreuung erkrankter Angehöriger) insgesamt an der Arbeitsleistung gehindert. Das lässt aber nicht den Schluss zu, dass § 616 in anderen Fällen nicht eingreift (*Kamanabrou*, GS Zachert, 2010, 400, 407 f). 16

f) Sonstiges. Einen Umzug hat der Dienstverpflichtete mangels abw tarifvertraglicher Regelung an einem arbeitsfreien Tag durchzuführen (BAG 25.4.1960, 1 AZR 16/58, EzA § 616 BGB Nr 2). Die Untersuchungshaft ist ein persönliches Leistungshindernis (BAG 11.8.1988, 8 AZR 721/85, EzA § 670 BGB Nr 19). Ob der Dienstverpflichtete in diesen Fällen einen EFZ-Anspruch hat, wird wesentlich von der Frage des Verschuldens und der Dauer der Inhaftierung abhängen. Die Stellensuche kann eine persönliche Verhinderung iSd Norm begründen, wobei die angemessene Zeit der Freistellung nach § 629 mit einer verhältnismäßig nicht erheblichen Verhinderung iSd § 616 gleichzusetzen ist (BAG 13.11.1969, 4 AZR 35/69, EzA § 616 BGB Nr 5). Dasselbe gilt für Freistellungsansprüche des AN nach § 2 II 2 Nr 3 SGB III (HWK/*Krause* § 616 Rn 34). 17

III. Kausalität. Der Dienstverpflichtete muss durch den in seiner Person liegenden Grund an der Arbeitsleistung verhindert sein. Das bedeutet, dass dieser Grund kausal für den Ausfall der Leistung sein muss. Das ist nur der Fall, wenn der persönliche Grund allein die Verhinderung bedingt (MünchArbR/*Boewer* § 70 Rn 15). Hätte der Dienstverpflichtete auch ohne Vorliegen des persönlichen Hinderungsgrundes nicht gearbeitet, erhält § 616 seinen Entgeltanspruch nicht (s zu einer tarifvertraglichen Regelung über Freistellung bei persönlicher Verhinderung BAG 11.1.1966, 5 AZR 383/65, EzA § 1 BUrlG Nr 2). Führen mehrere Ursachen zum Ausfall der Leistung, ist auf den zeitlich ersten Verhinderungsgrund abzustellen (MüKo-BGB/*Henssler* § 616 Rn 55; allg zu dieser Problematik *Reinicke* DB 1991, 1168 ff; krit *Gutzeit* NZA 2003, 81 ff). 18

19 **IV. Nicht erhebliche Zeit.** Der Entgeltanspruch bleibt nur erhalten, wenn die Verhinderung lediglich eine verhältnismäßig nicht erhebliche Zeit andauert. Bei Verhinderung für eine erhebliche Zeit entfällt der Fortzahlungsanspruch für die gesamte Dauer der Verhinderung, nicht nur für den Zeitraum, der die verhältnismäßig unerhebliche Verhinderungsdauer überschreitet (BAG GS 18.12.1959, GS 8/58, AP BGB § 616 Nr 22; 11.8.1988, 8 AZR 721/85, EzA § 670 BGB Nr 19). War die Nichtleistung für einen verhältnismäßig nicht erheblichen Zeitraum berechtigt und bleibt der Dienstverpflichtete danach der Arbeit weiter fern, wird er vertragsbrüchig, behält aber für die Zeit der berechtigten Nichtleistung den Entgeltanspruch (HWK/*Krause* § 616 Rn 39).

20 Wie festzustellen ist, ob die Verhinderung eine verhältnismäßig nicht erhebliche Zeit andauert, ist str. Das BAG und ein Teil der Lit wollen bei einer Gesamtbetrachtung der Umstände des Einzelfalls ua das Verhältnis zwischen der Dauer der Verhinderung und der bisherigen und noch zu erwartenden Dauer des Dienstverhältnisses berücksichtigen (BAG 13.11.1969, 4 AZR 35/69, EzA § 616 BGB Nr 5; Soergel/*Kraft* § 616 Rn 22). Dabei hält das BAG jedenfalls eine Verhinderungsdauer von mehr als 6 Wochen für erheblich (BAG 11.8.1988, 8 AZR 721/85, EzA § 670 BGB Nr 19).

21 Diese belastungsbezogene Sichtweise ist sinnvoll, wenn man § 616 auf die Fürsorgepflicht des Dienstberechtigten zurückführt. Nach der hier vertretenen Ansicht betr § 616 dagegen Fälle, in denen der Dienstberechtigte das Ausfallrisiko bereits in das Entgelt einkalkuliert hat (s Rdn 2). Unter dieser Prämisse ist darauf abzustellen, ob bei dem vorliegenden Verhinderungsgrund mit einer Nichtleistung zu rechen ist. Wenn das der Fall ist, hat der Dienstberechtigte den Ausfall einzukalkulieren und das Entgelt fortzuzahlen (Staudinger/*Oetker* § 616 Rn 96). Für diese ergebnisbezogene Betrachtung spricht auch der Wortsinn der Norm, da der Normtext nicht auf die Dauer des Arbeitsverhältnisses abstellt (HWK/*Krause* § 616 Rn 41). Danach kann als verhältnismäßig nicht erhebliche Zeit nur ein Zeitraum von wenigen Tagen angesehen werden (ArbRBGB/*Matthes* § 616 Rn 17).

22 **V. Fehlendes Verschulden.** Hat der Dienstverpflichtete den Verhinderungsgrund verschuldet, hat er keinen Fortzahlungsanspruch nach § 616. Der **Verschuldensbegriff** entspricht dem des § 3 EFZG, er ist iS eines Verschuldens gegen sich selbst zu verstehen (s ausf § 3 EFZG Rdn 29–38).

23 **VI. Anzeige und Nachweispflicht.** § 616 enthält keine dem § 5 EFZG entspr Regelung zu Anzeige- und Nachweispflichten. Dennoch trifft den Dienstverpflichteten nach § 241 II die **Nebenpflicht**, den Dienstberechtigten über den Grund und die voraussichtliche Dauer der Verhinderung zu informieren (Staudinger/*Oetker* § 616 Rn 112 f). Die Anzeige muss so frühzeitig erfolgen, dass der Dienstberechtigte sich auf den Arbeitsausfall einstellen kann. Ist das nicht möglich, hat der Dienstverpflichtete die Verhinderung unverzüglich anzuzeigen (Soergel/*Kraft* § 616 Rn 26). Ob der Dienstverpflichtete einen Nachweis für den Verhinderungsgrund erbringen muss, ist in der Lit umstr. IA ist das abzulehnen, der Dienstberechtigte kann einen Nachweis nur aus begründetem Anlass verlangen (Staudinger/*Oetker* § 616 Rn 115; aA MüKo-BGB/*Henssler* § 616 Rn 65).

24 Kommt der Dienstverpflichtete seiner Anzeigepflicht nicht nach, entfällt sein Entgeltanspruch nicht, auch steht dem Dienstberechtigten kein Leistungsverweigerungsrecht zu. Handelte der Dienstverpflichtete schuldhaft, kann er aber Schadensersatzansprüchen nach § 280 ausgesetzt sein (ArbRBGB/*Matthes* § 616 Rn 47). Bei wiederholtem Verhalten kommt eine Kdg in Betracht (BAG 15.1.1986, 7 AZR 128/83, EzA § 626 BGB Nr 100).

25 **C. Rechtsfolgen. I. EFZ.** Im Fall des § 616 kann der Dienstverpflichtete Fortzahlung seines Entgelts verlangen. Es gilt das Lohnausfallprinzip (Einzelheiten s § 4 EFZG Rdn 1 ff).

26 **II. Anrechnung.** Die Anrechnungsregelung des S 2 spielt praktisch keine Rolle, da sie für andere persönliche Verhinderungsgründe als den Krankheitsfall keine Bedeutung hat (ErfK/*Preis* § 616 Rn 12). Hat der Dienstverpflichtete wegen der Leistungsverhinderung einen Schadensersatzanspruch gegen einen Dritten, entfällt der Schaden nicht aufgrund der EFZ nach § 616, vielmehr wird der Schaden des Dienstverpflichteten als normativer Schaden verstanden (MüKo-BGB/*Henssler* § 616 Rn 64). Der Dienstverpflichtete ist verpflichtet, den Schadensersatzanspruch an den Dienstberechtigten abzutreten. Bis er dieser Pflicht nachkommt, hat der Dienstberechtigte ein Leistungsverweigerungsrecht (Staudinger/*Oetker* § 616 Rn 138 f).

27 **D. Abdingbarkeit.** Wie sich im **Umkehrschluss** aus § 619 ergibt, ist § 616 abdingbar. Abw Vereinbarungen sind nicht nur durch Kollektivvertrag (BAG 18.1.2001, 6 AZR 492/99, EzA Art 3 GG Nr 92), sondern auch auf arbeitsvertraglicher Ebene möglich (BAG 25.10.1973, 5 AZR 156/73, EzA § 616 BGB Nr 6). Die Abrede kann sowohl die Gründe für eine Verhinderung als auch die Rechtsfolge der EFZ betreffen, sie kann die Anwendung des § 616 vollständig ausschließen (Soergel/*Kraft* § 616 Rn 4). Zwar wird in der Lit

vereinzelt geltend gemacht, dass zumindest bei einer Abbedingung unterhalb der tarifvertraglichen Ebene eine Vertragskontrolle nach § 242 zu einem abw Ergebnis führen kann (MünchArbR/*Boewer* § 70 Rn 7). Dem ist aber mangels einer entspr Einschränkung der Dispositivität nicht zu folgen (Staudinger/*Oetker* § 616 Rn 144). Der Gesetzgeber hätte die Möglichkeit gehabt, § 616 lediglich für tarifdispositiv zu erklären, wenn er einen Ausschluss unterhalb der Ebene des TV nicht hätte zulassen wollen. Allerdings unterliegen Abweichungen in Formulararbeitsverträgen seit der Schuldrechtsreform der Inhaltskontrolle nach § 307. Danach wird ein vollständiger Ausschluss der EFZ ohne eine Rechtfertigung durch bes betriebliche Gründe in der Lit als nicht zulässig betrachtet (*Gotthardt* Rn 321).

In TV finden sich häufig Kataloge zu persönlichen Verhinderungsgründen, in denen zugleich geregelt ist, für welchen Zeitraum dem AN das Entgelt fortgezahlt wird. Ob die jeweilige Regelung abschließend ist, ist durch Auslegung zu klären. Ist die Regelung abschließend, so besteht ein Anspruch nur in den von der Tarifbestimmung aufgezählten Fällen und in dem dort vorgesehenen Umfang (s BAG 13.12.2001, 6 AZR 30/01, EzA § 616 BGB Nr 47). Wird ausdrücklich auf § 616 Bezug genommen, interpretiert das BAG die Klausel als Konkretisierung der Norm (BAG 27.6.1990, 5 AZR 365/89, EzA § 4 TVG Papierindustrie Nr 2). 28

§ 617 Pflicht zur Krankenfürsorge

(1) ¹Ist bei einem dauernden Dienstverhältnis, welches die Erwerbstätigkeit des Verpflichteten vollständig oder hauptsächlich in Anspruch nimmt, der Verpflichtete in die häusliche Gemeinschaft aufgenommen, so hat der Dienstberechtigte ihm im Falle der Erkrankung die erforderliche Verpflegung und ärztliche Behandlung bis zur Dauer von sechs Wochen, jedoch nicht über die Beendigung des Dienstverhältnisses hinaus, zu gewähren, sofern nicht die Erkrankung von dem Verpflichteten vorsätzlich oder durch grobe Fahrlässigkeit herbeigeführt worden ist. ²Die Verpflegung und ärztliche Behandlung kann durch Aufnahme des Verpflichteten in eine Krankenanstalt gewährt werden. ³Die Kosten können auf die für die Zeit der Erkrankung geschuldete Vergütung angerechnet werden. ⁴Wird das Dienstverhältnis wegen der Erkrankung von dem Dienstberechtigten nach § 626 gekündigt, so bleibt die dadurch herbeigeführte Beendigung des Dienstverhältnisses außer Betracht.
(2) Die Verpflichtung des Dienstberechtigten tritt nicht ein, wenn für die Verpflegung und ärztliche Behandlung durch eine Versicherung oder durch eine Einrichtung der öffentlichen Krankenpflege Vorsorge getroffen ist.

Übersicht	Rdn.		Rdn.
A. Allgemeines	1	1. Verschulden	6
B. Anspruchsvoraussetzungen	2	2. Versicherung	7
I. Dauerndes Dienstverhältnis	2	C. Geschuldete Leistungen	8
II. Häusliche Gemeinschaft	4	I. Verpflegung und ärztliche Behandlung	8
III. Krankheit	5	II. Dauer	10
IV. Ausschluss des Anspruchs	6	III. Kosten	11

A. Allgemeines. § 617 soll, wie die Subsidiaritätsklausel des II zeigt, Lücken im Krankenversicherungsschutz schließen. Angesichts des ausgedehnten Krankenversicherungsschutzes hat die Vorschrift nur noch **geringe Bedeutung** (Staudinger/*Oetker* § 617 Rn 4). Die Pflicht des AG zur Krankenfürsorge ist eine gesetzlich normierte Nebenpflicht, die nicht im Gegenseitigkeitsverhältnis zum Anspruch auf die Arbeitsleistung steht (Erman/*Belling* § 617 Rn 3). Die Vorschrift ist nach § 619 zwingend. § 30 I Nr 2 JArbSchG und die §§ 99 ff SeeArbG enthalten Sonderregelungen. 1

B. Anspruchsvoraussetzungen. I. Dauerndes Dienstverhältnis. § 617 erfasst sowohl Arbeitsverhältnisse als auch freie Dienstverhältnisse. Allerdings wird die Norm für Dienstverpflichtete nicht relevant, weil sie bei Eingliederung in einen Haushalt nicht mehr selbständig sind (MüKo-BGB/*Henssler* § 617 Rn 4). Dauernd ist das Dienstverhältnis, wenn der Vertrag auf längere oder unbestimmte Dauer geschlossen ist oder das zunächst kurzfristig angelegte Dienstverhältnis fortgesetzt wird, wobei die Grenze zur nur vorübergehenden Tätigkeit bei 6 Monaten liegen soll (ErfK/*Preis* § 617 Rn 2; gegen eine bestimmte zeitliche Mindestdauer Staudinger/*Oetker* § 617 Rn 19). 2

Das Dienstverhältnis muss die Erwerbstätigkeit des Dienstverpflichteten ganz oder vollständig in Anspruch nehmen. Die Fürsorgepflicht des Dienstberechtigten rechtfertigt sich aus der fehlenden Möglichkeit des Dienstverpflichteten zur Eigenvorsorge (Soergel/*Kraft* § 617 Rn 1). Entscheidend ist die zeitliche Inanspruchnahme. Nach dem Wortlaut löst bereits eine geringe Stundenzahl die Fürsorgepflicht aus, wenn der 3

Dienstverpflichtete keine weitere Erwerbstätigkeit ausübt. Die Lit verlangt mit Blick auf den Gedanken der fehlenden Möglichkeit zur Eigenvorsorge eine wöchentliche Mindestarbeitszeit von 15 Stunden (HWK/*Krause* § 617 Rn 6; gegen ein Mindestvolumen Staudinger/*Oetker* § 617 Rn 21).

4 **II. Häusliche Gemeinschaft.** In die häusliche Gemeinschaft des Dienstberechtigten aufgenommen ist der Dienstverpflichtete jedenfalls dann, wenn er in dessen Haus wohnt und dort zumindest teilw verpflegt wird. Str ist, ob eine Unterbringung in einer Gemeinschaftsunterkunft mit Verpflegung genügt (pro MüKo-BGB/*Henssler* § 617 Rn 7; contra HWK/*Krause* § 617 Rn 8).

5 **III. Krankheit.** Eine Krankheit ist bei einem behandlungsbedürftigen regelwidrigen Körper- oder Geisteszustand gegeben. Arbeitsunfähigkeit ist nicht erforderlich (ArbRBGB/*Matthes* § 617 Rn 17 ff).

6 **IV. Ausschluss des Anspruchs. 1. Verschulden.** Hat der Dienstberechtigte die Erkrankung vorsätzlich oder grob fahrlässig verursacht, entsteht der Anspruch nicht. Das Verschulden wird wie iRd EFZG als **Verschulden gegen sich selbst** verstanden (ErfK/*Preis* § 617 Rn 2).

7 **2. Versicherung.** Der Anspruch ist nach II ausgeschlossen, wenn der Dienstverpflichtete Leistungen aus einer gesetzlichen oder privaten Krankenversicherung erhält. Dabei ist nicht maßgeblich, wer die Beiträge gezahlt hat (MüKo-BGB/*Henssler* § 617 Rn 11 ff).

8 **C. Geschuldete Leistungen. I. Verpflegung und ärztliche Behandlung.** Zur geschuldeten Verpflegung zählt nicht nur die ggf der Krankheit angepasste Nahrung des Dienstverpflichteten, sondern auch die Versorgung mit Arzneien, Verbandmitteln und Heilmitteln iSd SGB V. Hilfsmittel werden nur geschuldet, wenn sie der Heilung dienen (HWK/*Krause* § 617 Rn 12). Der Dienstverpflichtete hat ferner einen Anspruch auf Behandlung durch einen approbierten Facharzt. Die Auswahl des Arztes steht dem Dienstberechtigten zu (ErfK/*Preis* § 617 Rn 3).

9 Der Dienstberechtigte kann seine Verpflichtung nach I 2 auch erfüllen, indem er veranlasst, dass der Dienstberechtigte in eine Krankenanstalt aufgenommen wird.

10 **II. Dauer.** Die Verpflichtung zur Krankenfürsorge endet, wenn der Dienstberechtigte nicht mehr behandlungsbedürftig ist, spätestens jedoch nach **6 Wochen**. Davon unabhängig entfällt der Anspruch mit Beendigung des Dienstverhältnisses, wenn nicht die Beendigung durch eine außerordentliche Kdg wegen der Erkrankung erfolgt. Allerdings rechtfertigt die Erkrankung die außerordentliche Kdg eines AN nicht.

11 **III. Kosten.** Die Krankenfürsorge ist durch Sachleistungen zu erbringen, weshalb der Dienstberechtigte die Kosten trägt. Nach I 3 kann er die Kosten aber auf die während der Krankheit geschuldete Vergütung anrechnen. Liegen die Kosten über diesem Betrag, trägt sie der Dienstberechtigte. Nicht anrechenbar sind die Kosten für Unterkunft und Verpflegung, die ohnehin der Dienstberechtigte trägt (Erman/*Belling* § 617 Rn 13).

§ 618 Pflicht zu Schutzmaßnahmen

(1) Der Dienstberechtigte hat Räume, Vorrichtungen oder Gerätschaften, die er zur Verrichtung der Dienste zu beschaffen hat, so einzurichten und zu unterhalten und Dienstleistungen, die unter seiner Anordnung oder seiner Leitung vorzunehmen sind, so zu regeln, dass der Verpflichtete gegen Gefahr für Leben und Gesundheit soweit geschützt ist, als die Natur der Dienstleistung es gestattet.
(2) Ist der Verpflichtete in die häusliche Gemeinschaft aufgenommen, so hat der Dienstberechtigte in Ansehung des Wohn- und Schlafraums, der Verpflegung sowie der Arbeits- und Erholungszeit diejenigen Einrichtungen und Anordnungen zu treffen, welche mit Rücksicht auf die Gesundheit, die Sittlichkeit und die Religion des Verpflichteten erforderlich sind.
(3) Erfüllt der Dienstberechtigte die ihm in Ansehung des Lebens und der Gesundheit des Verpflichteten obliegenden Verpflichtungen nicht, so finden auf seine Verpflichtung zum Schadensersatz die für unerlaubte Handlungen geltenden Vorschriften der §§ 842 bis 846 entsprechende Anwendung.

Übersicht	Rdn.		Rdn.
A. Allgemeines 1		V. Öffentlich-rechtlicher Arbeitsschutz	5
I. Normzweck	1	B. Inhalt und Grenzen der Schutzpflicht	13
II. Anwendungsbereich	2	I. Räume	13
III. Sonderregeln	3	II. Vorrichtungen und Gerätschaften	15
IV. Verhältnis zum öffentlich-rechtlichen		III. Regelung der Dienstleistung	17
Arbeitsschutz	4	IV. Nichtraucherschutz	19

V.	Grenzen 22	III.	Schadensersatzansprüche............. 32
VI.	Erweiterte Pflichten nach II 23		1. Vertragliche Ansprüche........... 32
C.	**Rechtsfolgen einer Pflichtverletzung** 25		2. Deliktische Ansprüche............. 37
I.	Erfüllungsanspruch................... 25		3. Haftungsausschluss 38
II.	Leistungsverweigerungsrecht............. 27	IV.	Recht zur außerordentlichen Kündigung... 39
	1. Zurückbehaltungsrecht, § 273........ 27	V.	Beschwerderecht 40
	2. Recht zur Einstellung der Arbeit 30		

A. Allgemeines. I. Normzweck. § 618 soll den Dienstverpflichteten vor Gefahren für Leben und Gesundheit schützen, die mit der Dienstleistung verbunden sind. Der Dienstberechtigte hat ferner dafür zu sorgen, dass die guten Sitten und der Anstand gewahrt werden (ArbRBGB/*Friedrich* § 618 Rn 5 f). Das ergibt sich aus der allg Fürsorgepflicht des AG (HWK/*Krause* § 618 Rn 1 mwN). § 618 schützt nicht das Eigentum des Dienstverpflichteten (für AN BAG 1.7.1965, 5 AZR 264/64, EzA § 611 BGB Nr 5). 1

II. Anwendungsbereich. § 618 gilt für Arbeits- und Dienstverhältnisse. Die Vorschrift wird auf **Werkverträge analog** angewandt, wenn der Unternehmer ähnlich wie bei einem Dienstvertrag der räumlichen und organisatorischen Herrschaft des Bestellers unterliegt (Staudinger/*Oetker* § 618 Rn 99 f). Beim Leiharbeitsverhältnis ist der Verleiher als Vertragspartner des AN aus § 618 verpflichtet. Das BAG hält die Vorschrift auch im Verhältnis des AN zum Entleiher für anwendbar (BAG 5.5.1988, 8 AZR 484/85, EzA § 831 BGB Nr 1; aA HWK/*Krause* § 618 Rn 9). 2

III. Sonderregeln. Fast inhaltsgleiche Sonderregeln enthält § 62 HGB für Handlungsgehilfen und § 114 SeeArbG für Seeleute. Weitergehenden Schutz bieten die §§ 28 ff JArbSchG, § 2 MuschG, § 81 IV SGB IX und § 12 HAG. 3

IV. Verhältnis zum öffentlich-rechtlichen Arbeitsschutz. § 618 begründet privatrechtliche Pflichten des Dienstberechtigten. Diese Pflichten, die Ausdruck der allg Fürsorgepflicht sind, werden für das Arbeitsverhältnis durch die öffentl-rechtlichen Arbeitsschutznormen **konkretisiert** (BAG 10.3.1976, 5 AZR 34/75, EzA § 618 BGB Nr 2). Die Vorschriften des technischen Arbeitsschutzes erzeugen auf diesem Weg unabdingbare Pflichten des AG (sog Doppelwirkung, BAG 12.8.2008, 9 AZR 1117/06, EzA § 618 BGB 2002 Nr 3; ArbRBGB/*Friedrich* § 618 Rn 44). Das gilt allerdings nur, wenn sie geeignet sind, Gegenstand einer vertraglichen Vereinbarung zu sein (BAG 10.3.1976, 5 AZR 34/75, EzA § 618 BGB Nr 2). Nicht transformiert werden daher öffentl-rechtliche Arbeitsschutznormen mit Organisations- oder Ordnungsfunktion (zB Aufzeichnungs- oder Aushangpflichten). Bei Arbeitsschutznormen, die auf den Schutz der Belegschaft zielen (sog Solidarnormen), kommt es darauf an, ob sie nach ihrem Zweck dem einzelnen AN Ansprüche gewähren (ErfK/*Wank* § 618 Rn 5). Die öffentl-rechtlichen Normen legen einen Mindeststandard fest, begrenzen aber idR auch die Pflichten des AG (Soergel/*Kraft* § 618 Rn 10). Weitergehende Maßnahmen kann der AN verlangen, wenn er gegen bestimmte Schadstoffe bes anfällig ist (BAG 17.2.1998, 9 AZR 84/97, EzA § 618 BGB Nr 14). 4

V. Öffentlich-rechtlicher Arbeitsschutz. Der öffentl-rechtliche Arbeitsschutz umfasst den **technischen und den sozialen Arbeitsschutz** (allg zum öffentl-rechtlichen Arbeitsschutz *Wank* Kommentar zum technischen Arbeitsschutz, 1999). Der technische Arbeitsschutz dient dem Schutz der AN vor Gefahren für Leben und Gesundheit, die mit der Arbeitsleistung verbunden sind (MünchArbR/*Kohte* § 292 Rn 3). Dazu zählen ua das ArbSchG, die §§ 34 ff ProdSG und die auf der Grundlage dieser Gesetze erlassenen Rechtsverordnungen, ferner die GefStoffV, das GenTG und als autonome öffentl-rechtliche Normen die BGV der Berufsgenossenschaften. Das nationale technische Arbeitsschutzrecht wird stark vom Recht der EU beeinflusst (dazu Staudinger/*Oetker* § 618 Rn 40 ff). 5

Das **ArbSchG** dient der Umsetzung der RL 89/391/EWG vom 12.6.1989 über die Durchführung von Maßnahmen zur Verbesserung der Sicherheit und des Gesundheitsschutzes der AN bei der Arbeit (sog Arbeitsschutz-Rahmen-RL, ABl EG Nr L 183) und der RL 91/383/EWG vom 25.6.1991 (ABl EG Nr L 206) und der RL 91/383/EWG vom 25.6.1991 zur Ergänzung der Maßnahmen zur Verbesserung der Sicherheit und des Gesundheitsschutzes von AN mit befristetem Arbeitsverhältnis oder Leiharbeitsverhältnis (ABl EG Nr L 206). 6

Entspr der Vorgabe der Rahmenrichtlinie betr das ArbSchG alle Beschäftigungsbereiche, insb auch den öffentl Dienst und kirchliche Einrichtungen. Dementspr knüpft das ArbSchG nicht an den AN-Begriff, sondern an einen besonderen Beschäftigtenbegriff an, der auch AN-Ähnliche Personen, Beamte, Richter und Soldaten umfasst (§ 2 II ArbSchG). Der näheren Ausgestaltung des Arbeitsschutzes dienen Rechtsverordnungen, zu deren Erlass § 18 ArbSchG die BReg ermächtigt. Hervorzuheben sind vor allem die 7

§ 618 BGB Pflicht zu Schutzmaßnahmen

ArbStättV aus dem Jahr 2004 und die dazu ergangenen Arbeitsstätten-RL, die genaue Vorschriften für die Einrichtung der Arbeitsplätze, des Arbeitsablaufs und der Arbeitsumgebung enthalten. Zu nennen sind weiter die Verordnung über gefährliche Arbeitsstoffe und Arbeitsschutzverordnungen für Spezialgebiete, zB die Verordnung über Arbeit in Druckluft und die Bildschirmarbeitsplatzverordnung. Abgedruckt sind die staatlichen Arbeitsschutzvorschriften etwa bei Nipperdey II, Arbeitssicherheit.

8   Den staatlichen Arbeitsschutzvorschriften korrespondieren die von den Berufsgenossenschaften aufgrund von § 15 SGB VII erlassenen **BGV**. Generalklausel ist hier § 2 I der BGV A 1 (VGB 1) Grundsätze der Prävention von April 2005, nach welcher der Unternehmer zur Verhütung von Arbeitsunfällen, Einrichtungen, Anordnungen und Maßnahmen zu treffen hat, die den Bestimmungen dieser und anderer BGV und iÜ den allgemein anerkannten sicherheitstechnischen und arbeitsmedizinischen Regeln entsprechen. Diese Generalklausel wird durch eine Vielzahl teils allgemeiner, teils branchenspezifischer BGV konkretisiert. Die BGV sind abrufbar über die Internetseite der Deutschen Gesetzlichen Unfallversicherung (http://www.dguv.de/inhalt/praevention/vorschr_regeln/vorschriften_57322/index.jsp).

9   Die Einhaltung der staatlichen Arbeitsschutzvorschriften wird von den Gewerbeaufsichtsämtern, die Einhaltung der BGV von den Berufsgenossenschaften überwacht. Verstöße werden im einen wie im anderen Fall als Ordnungswidrigkeit oder Straftat geahndet (vgl §§ 25, 26 ArbSchG, § 209 SGB VII). Zu den Aufgaben des BR beim Arbeitsschutz s § 89 BetrVG und Erläuterungen hierzu.

10 Um zu erreichen, dass die Sachvorschriften des Arbeitsschutzrechts den jeweiligen Betriebsverhältnissen angepasst werden, verpflichtet das **ASiG** den AG zum Aufbau einer betrieblichen Sicherheitsorganisation. Nach dem ASiG hat der AG Betriebsärzte, Sicherheitsingenieure und andere Fachkräfte für Arbeitssicherheit zu bestellen, soweit dies im Hinblick auf Betriebsart, Zahl und Zusammensetzung der Arbeitnehmerschaft und die Betriebsorganisation erforderlich ist. In größeren Betrieben stehen Betriebsärzte und Fachkräfte für Arbeitssicherheit idR in einem Arbeitsverhältnis. Für kleinere Betriebe werden häufig Dienst- oder Werkverträge mit selbstständigen Ärzten und anderen Sicherheitsfachkräften abgeschlossen. Möglich ist auch die Übertragung der Aufgaben an einen überbetrieblichen Dienst von Betriebsärzten oder Fachkräften für Arbeitssicherheit (§ 19 ASiG). Bei der Bestellung und Abberufung von angestellten Ärzten und Fachärzten für Arbeitssicherheit hat der BR gem § 9 III ASiG ein Mitbestimmungsrecht (dazu BAG 24.3.1988, 2 AZR 369/87, EzA § 9 ASiG Nr 1; LAG Hamm 17.1.2008, 10 TaBV 125/07, nv).

11 Die Bestimmungen des ASiG über die betriebliche Sicherheitsorganisation werden durch §§ 22 ff SGB VII ergänzt, nach denen in Unternehmen mit mehr als 20 Beschäftigten unter Mitwirkung des BR oder PersonalR Sicherheitsbeauftragte zu bestellen sind. Ihnen obliegt in erster Linie die Überwachung des Vorhandenseins und der ordnungsgemäßen Benutzung der in den BGV vorgeschriebenen Schutzvorrichtungen.

12 Zum sozialen Arbeitsschutz zählen der Arbeitszeitschutz und der Schutz bestimmter Personengruppen (zB Mütter oder Jugendliche). Auch diese Normen werden von der Transformationswirkung des § 618 erfasst, soweit sie der Abwehr von Gesundheitsgefahren dienen.

13 **B. Inhalt und Grenzen der Schutzpflicht. I. Räume.** Zu den Räumen iSd Vorschrift zählt nicht nur die eigentliche Arbeitsstätte des Dienstverpflichteten, betroffen sind vielmehr **alle Örtlichkeiten, die er im Zusammenhang mit seiner Dienstpflicht aufsucht** (zB Waschräume, Pausenräume, ErfK/*Wank* § 618 Rn 7). Auch Arbeitsstätten, die sich im Freien befinden, werden erfasst (BGH 20.2.1958, VII ZR 76/57, AP RVO § 1542 Nr 1). Der Begriff des Raumes entspricht iW dem der Arbeitsstätte in § 2 ArbStättV (MüKo-BGB/*Henssler* § 618 Rn 33). Im Anwendungsbereich dieser VO konkretisieren die §§ 3 ff ArbStättV die Pflichten des AG.

14 Dabei enthält die **ArbStättV** allg **Rahmenregeln**, die im Anh zu § 3 I ArbStättV konkretisiert werden. Geregelt werden ua Fragen der Belüftung, Beleuchtung und Temperatur sowie der Gestaltung und Anordnung der Sanitärräume und Fluchtwege. Ferner ermittelt nach § 7 III, IV ArbStättV der Ausschuss für Arbeitsstätten Regeln bezogen auf den Arbeitsschutz, die das BMAS bekannt macht. Diese Regeln sind zwar nicht rechtsverbindlich, sind aber ein wichtiges Hilfsmittel bei der Konkretisierung der Pflichten aus § 3 I ArbStättV (MüKo-BGB/*Henssler* § 618 Rn 30). Auch die BGV der Berufsgenossenschaften konkretisieren die Schutzpflichten des AG (ErfK/*Wank* § 618 Rn 11).

15 **II. Vorrichtungen und Gerätschaften.** Die Schutzpflicht des Dienstberechtigten erstreckt sich auch auf Vorrichtungen und Gerätschaften. Dazu zählen sämtliche **Gegenstände, die vom Dienstberechtigten zur Verfügung gestellt werden und mit denen der Dienstverpflichtete bei seiner Tätigkeit in Berührung kommt** (Staudinger/*Oetker* § 618 Rn 120). Neben Maschinen und Werkzeugen werden auch Hilfs- und Beförderungsmittel sowie Arbeitsstoffe erfasst. Das ProdSG spielt für die Schutzpflicht ebenfalls eine Rolle. Zwar richtet es sich nicht an Dienstberechtigte, sondern an Hersteller, Importeure und Händler. Der Dienstberechtigte erfüllt aber idR seine Pflichten, wenn er die Vorgaben des ProdSG einhält. Str ist, ob der

Dienstberechtigte nur solche technischen Arbeitsmittel einsetzen darf, die den Anforderungen des ProdSG entsprechen (bejahend Staudinger/*Oetker* § 618 Rn 158; abl ErfK/*Wank* § 618 Rn 11).
Hins der Arbeitsmittel sind außerdem die BGV der Berufsgenossenschaften und die §§ 3 ff BetrSichV zu berücksichtigen. Ferner ist für den Umgang mit Gefahrstoffen im Arbeitsverhältnis die GefStoffV maßgeblich, die in den §§ 8 ff GefStoffV allg und erg Schutzmaßnahmen des AG vorsieht. 16

III. Regelung der Dienstleistung. Auch die Dienstleistung ist vom Dienstberechtigten so zu regeln, dass Gefahren für Leben und Gesundheit des Dienstverpflichteten vermieden werden. Die wenigen öffentl-rechtlichen Regelungen hierzu, die vor allem aus dem ArbSchG, dem ASiG und den BGV stammen, sind überwiegend Ordnungs- und Organisationsnormen, die nicht in das Privatrecht transformiert werden können (HWK/*Krause* § 618 Rn 19). Konkretisierungsfunktion haben insb die **allg und bes Unterrichtungspflichten** des ArbSchG. So muss der AG den AN nach § 12 I ArbSchG über Sicherheit und Gesundheitsschutz bei der Arbeit während seiner Arbeitszeit ausreichend und angemessen unterweisen und dabei die Ausführungen auf den konkreten Arbeitsplatz zuschneiden. Spezielle Unterweisungspflichten ergeben sich aus den §§ 8, 9 ArbSchG sowie aus spezialgesetzlichen Vorschriften wie § 14 II GefStoffV. 17

Der Dienstberechtigte muss den Dienstverpflichteten vor **Überanstrengung** schützen (BAG 13.3.1967, 2 AZR 133/66, EzA § 611 BGB Nr 8). Dabei kann sich der Dienstberechtigte mangels bes Umstände an der dem Durchschnitt entspr Leistungsfähigkeit orientieren (ErfK/*Wank* § 618 Rn 13). Ferner ist der Dienstverpflichtete vor einer Ansteckung durch erkrankte Dienstverpflichtete zu schützen (BGH 30.11.1978, III ZR 43/77, EzA § 616 BGB Nr 18). Eine erforderliche Körperschutzausrüstung muss der Dienstberechtigte auf seine Kosten zur Verfügung stellen, eine Kostenbeteiligung kommt aber in Betracht, wenn die Schutzkleidung auch privat genutzt wird (BAG 18.8.1982, 5 AZR 493/80, EzA § 618 BGB Nr 4). 18

IV. Nichtraucherschutz. Im Anwendungsbereich der ArbStättV regelt § 5 ArbStättV den Nichtraucherschutz (allg zum Nichtraucherschutz *Bergwitz* NZA-RR 2004, 169; *Dietrich* Nichtraucherschutz am Arbeitsplatz, 2008). Diese Vorschrift verlangt keine konkrete Gefahr für einzelne AN. Sie beruht vielmehr auf der Annahme, dass **Passivrauchen** schädlich ist (ErfK/*Wank* § 618 Rn 16, s dort auch zur Diskussion vor Einführung des § 5 ArbStättV; zur Änderung der ArbStättV *Wellenhofer-Klein* RdA 2003, 155). 19

Wie der AG der Schutzpflicht nachkommt, bleibt ihm überlassen. Er kann zB Raucher und Nichtraucher räumlich trennen, Raucherzonen einrichten oder lüftungstechnische Maßnahmen ergreifen (MüKo-BGB/*Henssler* § 618 Rn 53). Da der AN bes Schutzmaßnahmen verlangen kann, wenn er aufgrund seiner gesundheitlichen Veranlagung gegen bestimmte Schadstoffe bes anfällig ist (s Rdn 4), kann er uU einen Anspruch auf einen rauchfreien Arbeitsplatz haben (BAG 17.2.1998, 9 AZR 84/97, EzA § 618 BGB Nr 14). 20

Bei Räumen mit **Publikumsverkehr** muss der AG Schutzmaßnahmen nach § 5 II ArbStättV nur ergreifen, soweit die Natur des Betriebes und die Art der Beschäftigung es zulassen. Der AN kann keine Maßnahmen verlangen, die die vom AG gewählte unternehmerische Betätigung grundlegend verändern würden. So kann der AG zB trotz des an sich gebotenen Nichtraucherschutzes Raucherzonen für Kunden einrichten (BAG 8.5.1996, 5 AZR 971/94, EzA § 618 BGB Nr 11). Seine unternehmerische Betätigungsfreiheit kann der AG aber nur im Rahmen des Erlaubten ausüben, gesetzliche Verbote beschränken seinen Handlungsspielraum. Deshalb kann ein AN einen rauchfreien Arbeitsplatz verlangen, wenn ein einschlägiges landesgesetzliches Rauchverbot besteht (BAG 19.5.2009, 9 AZR 241/08, EzA § 618 BGB 2002 Nr 4). 21

V. Grenzen. Die Schutzpflicht des Dienstberechtigten besteht nur soweit, als die **Natur der Dienstleistung** Schutzmaßnahmen gestattet. Gefahren, die nach dem **Stand der Technik** nicht abgemildert werden können, muss der Dienstverpflichtete hinnehmen (Staudinger/*Oetker* § 618 Rn 231). Eine Konkretisierung enthält § 4 Nr 1 ArbSchG, der den AG verpflichtet, die Arbeit so zu gestalten, dass eine Gefährdung für Leben und Gesundheit möglichst vermieden und die verbleibende Gefährdung möglichst gering gehalten wird. 22

VI. Erweiterte Pflichten nach II. Erweiterte Fürsorgepflichten treffen den Dienstberechtigten, wenn er den Dienstverpflichteten in die **häusliche Gemeinschaft** aufnimmt. Der Begriff der häuslichen Gemeinschaft wird hier über den Inhalt des Begriffs in § 617 ausgedehnt. Neben der häuslichen Gemeinschaft mit dem Dienstberechtigten werden durch erweiterte Auslegung oder (methodisch zutr) Analogie auch Gemeinschaftsunterkünfte für AN von dem Begriff erfasst (BAG 8.6.1955, 2 AZR 200/54, AP BGB § 618 Nr 1). 23

Besteht eine häusliche Gemeinschaft, so ist der Dienstberechtigte zu Schutzmaßnahmen in Wohn- und Schlafräumen verpflichtet, wobei ihm über den **Gesundheitsschutz** hinaus Rücksicht auf **Religion und Sittlichkeit** abverlangt wird. Konkretisierend wirkt Nr 4.4 des Anh zu § 3 I ArbStättV, der Rahmenregeln über 24

§ 618 BGB Pflicht zu Schutzmaßnahmen

die Ausstattung von Unterkünften und die Trennung der Geschlechter aufstellt. Der Dienstberechtigte muss außerdem eine gesundheitlich unbedenkliche Verpflegung gewährleisten, ob religiöse Essgewohnheiten zu berücksichtigen sind, hängt von den Umständen des Einzelfalls ab (Staudinger/*Oetker* § 618 Rn 246). Hins der Arbeits- und Erholungszeiten hat der Dienstberechtigte die öffentl-rechtlichen Vorschriften über den Arbeitsschutz, insb das ArbZG, zu beachten.

25 **C. Rechtsfolgen einer Pflichtverletzung. I. Erfüllungsanspruch.** Verletzt der Dienstberechtigte seine Pflichten aus § 618, kann der Dienstverpflichtete die **Herstellung eines arbeitsschutzkonformen Zustands** fordern (s BAG 10.3.1976, 5 AZR 34/75, EzA § 618 BGB Nr 2; ErfK/*Wank* § 618 Rn 23). Verlangen § 618 oder eine konkretisierende öffentl-rechtliche Arbeitsschutznorm keine bestimmte Handlung des Dienstberechtigten, kann der Dienstverpflichtete lediglich verlangen, dass der Dienstberechtigte sein Ermessen bei der Erfüllung der Schutzpflicht fehlerfrei ausübt (BAG 12.8.2008, 9 AZR 1117/06, EzA § 618 BGB 2002 Nr 3; MüKo-BGB/*Henssler* § 618 Rn 87). Praktisch bedeutsam ist der Erfüllungsanspruch nicht, da er idR nur nachträglich geltend gemacht werden kann und das Leistungsverweigerungsrecht (s Rdn 27–31) ein effektiveres Mittel zur Durchsetzung der Ansprüche ist (ErfK/*Wank* § 618 Rn 23).

26 Ist die notwendige **Maßnahme mitbestimmungspflichtig** nach § 87 I Nr 7 BetrVG, so kann der AN vom AG nur verlangen, dass er initiativ wird und versucht, eine entspr Einigung mit dem BR zu erzielen. Erforderlichenfalls muss der AG die Einigungsstelle anrufen (Staudinger/*Oetker* § 618 Rn 196). Bei konkreten Gefahren für Leben oder Gesundheit kann und muss der AG die erforderlichen Maßnahmen aber sofort treffen (ArbRBGB/*Friedrich* § 618 Rn 200).

27 **II. Leistungsverweigerungsrecht. 1. Zurückbehaltungsrecht, § 273.** Wenn der Dienstberechtigte seine Schutzpflichten nicht erfüllt, kann der Dienstverpflichtete nach § 273 die Dienstleistung verweigern. § 320 ist nicht einschlägig, weil die Schutzpflichten des Dienstberechtigten nicht im Gegenseitigkeitsverhältnis zu der Dienstleistungspflicht des Dienstverpflichteten stehen (Staudinger/*Oetker* § 618 Rn 257 f). Das Zurückbehaltungsrecht steht dem Dienstverpflichteten auch dann zu, wenn keine konkrete unmittelbare Gefahr für Leben oder Gesundheit besteht, es setzt aber eine objektive Schutzpflichtverletzung voraus (HWK/*Krause* § 618 Rn 31).

28 Begrenzt wird das Zurückbehaltungsrecht zunächst durch die **Grenzen des Erfüllungsanspruchs**. Hat der Dienstberechtigte ein Ermessen bei der Erfüllung der Schutzpflichten oder ist die erforderliche Maßnahme mitbestimmungspflichtig, entfällt das Zurückbehaltungsrecht, wenn der Dienstberechtigte initiativ geworden ist (HWK/*Krause* § 618 Rn 31). Das Zurückbehaltungsrecht ist nach Treu und Glauben auszuüben. Es darf bei geringfügigen oder kurzfristigen Verstößen, die keinen nachhaltigen Schaden bewirken können, nicht ausgeübt werden (ErfK/*Wank* § 618 Rn 26). Aufgrund des Schutzzwecks der Schutzpflichten kann der Dienstberechtigte das Zurückbehaltungsrecht nicht nach § 273 III durch Sicherheitsleistung abwenden (ArbRBGB/*Friedrich* § 618 Rn 205).

29 Verweigert der Dienstverpflichtete unter Berufung auf die Schutzpflichtverletzung die Leistung, gerät der Dienstberechtigte in **Annahmeverzug** und bleibt zur Entgeltzahlung verpflichtet (ArbRBGB/*Friedrich* § 618 Rn 207; LAG Köln 22.1.1993, 12 Sa 872/92, LAGE § 618 BGB Nr 6; vgl auch BAG 7.6.1973, 5 AZR 563/72, EzA § 295 BGB Nr 4). Dabei wird die Herstellung des arbeitsschutzrechtlich ordnungsgemäßen Zustands als Mitwirkungshandlung iSd § 295 angesehen (HWK/*Krause* § 618 Rn 33).

30 **2. Recht zur Einstellung der Arbeit.** Dogmatisch vom Leistungsverweigerungsrecht nach § 273 zu unterscheiden ist das unter bestimmten Umständen **spezialgesetzlich gewährte Recht** des AN, die Arbeit einzustellen (ErfK/*Wank* § 618 Rn 25). Nach § 9 III ArbSchG muss der AG Maßnahmen treffen, die es dem AN ermöglichen, sich bei unmittelbarer erheblicher Gefahr durch sofortiges Verlassen des Arbeitsplatzes in Sicherheit zu bringen. Da der AG den AN bei Anhalten der Gefahr nur in bes begründeten Ausnahmefällen auffordern darf, seine Tätigkeit wieder aufzunehmen, setzt diese Norm ein Leistungsverweigerungsrecht des AN voraus (Staudinger/*Oetker* § 618 Rn 269). § 9 III 1 ArbSchG ist eine spezielle Ausprägung des in § 275 III normierten Unzumutbarkeitsgrundsatzes (HWK/*Krause* § 618 Rn 32). Die Vorschrift setzt eine **unmittelbare erhebliche Gefahr** voraus. Das Merkmal erheblich ist europarechtskonform dahin gehend auszulegen, dass nur solche Gefahren nicht zu berücksichtigen sind, die zu einer nur geringfügigen Beeinträchtigung führen können (Staudinger/*Oetker* § 618 Rn 272 ff). Unmittelbar ist die Gefahr, wenn mit hoher Wahrscheinlichkeit davon auszugehen ist, dass sie in einen Schaden umschlägt (MünchArbR/*Kothe* § 291 Rn 24 f).

31 Das bis zum 31.12.2004 in § 21 VI 2 GefStoffV enthaltene Recht zur Einstellung der Arbeit für den Fall der Überschreitung bestimmter Grenzwerte bei Umgang mit Gefahrstoffen ist in der aktuellen GefStoffV nicht mehr enthalten.

III. Schadensersatzansprüche. 1. Vertragliche Ansprüche. Verletzt der Dienstverpflichtete seine Schutzpflicht, kann das zu einem Schadensersatzanspruch des Dienstberechtigten nach § 280 I führen. **§ 618 III ist keine Anspruchsgrundlage für Schadensersatzansprüche**, sondern lediglich eine partielle Rechtsfolgenverweisung, die einen Schadensersatzanspruch voraussetzt (HWK/*Krause* § 618 Rn 34). Ansprüche kommen vor allem bei einer Verletzung von Leben und Gesundheit in Betracht, sind aber bei Verletzung der Pflicht zur Rücksichtnahme auf Sittlichkeit und Religion nicht ausgeschlossen (Staudinger/*Oetker* § 618 Rn 283). 32

Ein Schadensersatzanspruch entsteht nach den allg Regeln nur bei **Verschulden des Dienstberechtigten**, § 278 findet Anwendung. Erfüllungsgehilfe hins der Schutzpflichten aus § 618 ist, wer aufgrund seiner Stellung im Betrieb oder kraft bes Anweisung für den Gefahrenschutz bezogen auf den Dienstverpflichteten verantwortlich ist (ErfK/*Wank* § 618 Rn 29). Verschuldensunabhängige Ansprüche bei Gesundheitsschäden analog § 670 sind abzulehnen. Solche Ansprüche würden die Funktion der gesetzlichen Unfallversicherung als Haftpflichtversicherung des Unternehmers im Bereich der Berufskrankheiten gefährden (ArbRBGB/*Friedrich* § 618 Rn 260 f; aA *Däubler* JuS 1986, 425, 430). 33

Ein **Mitverschulden** des Dienstverpflichteten ist nach § 254 zu berücksichtigen (BAG 27.2.1970, 1 AZR 258/69, EzA § 618 BGB Nr 1). Ein Mitverschulden kommt insb beim Verstoß des AN gegen die Pflichten aus den §§ 15 f ArbSchG in Betracht. Allg ist bei der Annahme von Mitverschulden Zurückhaltung zu üben. Zum einen ist der AG derjenige, der für die Einhaltung des Arbeitsschutzes verantwortlich ist, zum anderen riskiert der AN möglicherweise seinen Arbeitsplatz, wenn er arbeitsschutzrechtliche Bedenken erhebt. Diese Sorge mag ihn dazu bewegen, uU trotz besserer Einsicht eine gefährliche Tätigkeit zu übernehmen (ArbRBGB/*Friedrich* § 618 Rn 215). Führt der AN Anweisungen aus, ist ihm das idR nicht als Mitverschulden anzurechnen (Staudinger/*Oetker* § 618 Rn 300). 34

Der Dienstverpflichtete kann zunächst vollen Ersatz seines Schadens und nach § 253 Schmerzensgeld verlangen. Außerdem wird die Ersatzpflicht des Dienstberechtigten durch die Verweisung in III über das normale Maß hinaus erweitert. Dabei würden sich die in den §§ 842, 843 geregelten Ansprüche bereits aus den §§ 249 ff ergeben. Eine echte Erweiterung liegt aber in dem Verweis auf die §§ 844, 845, die einem Dritten eigene Schadensersatzansprüche einräumen (BGH 5.2.1952, GSZ 4/51, BGHZ 5, 62, 63). 35

Der Dienstverpflichtete muss nur den **Schaden** und den **objektiv ordnungswidrigen Zustand** der Räume, Vorrichtungen oder Gerätschaften **nachweisen**, wenn dieser generell geeignet ist, den eingetretenen Schaden herbeizuführen. Der Dienstberechtigte muss dann beweisen, dass es an der Kausalität zwischen dem Schaden und dem ordnungswidrigen Zustand fehlt oder dass ihn kein Verschulden trifft (BAG 8.5.1996, 5 AZR 315/95, EzA § 273 BGB Nr 5). 36

2. Deliktische Ansprüche. Deliktische Schadensersatzansprüche können sich aus § 823 I und II ergeben. In einem Verstoß gegen § 618 I, II liegt zumeist ein Verstoß gegen **Verkehrssicherungspflichten**. Außerdem sind Arbeitsschutznormen **Schutzgesetze iSd § 823 II**, soweit sie auf den Schutz von Leben und Gesundheit des AN zielen (Staudinger/*Oetker* § 618 Rn 300). Als Schutzgesetze werden zB die Generalklauseln des technischen Arbeitsschutzes angesehen, nicht dagegen Organisationsnormen. Der Schutzgesetzcharakter von BGV ist umstr (bejahend HWK/*Krause* § 618 Rn 39; verneinend OLG Celle 19.3.2003, 9 und 223/02, NZS 2003, 667). § 618 I, II sind keine Schutzgesetze (aA in einem obiter dictum BAG 25.4.2001, 5 AZR 368/99, EzA § 2 BeschFG 1985 Nr 64), da anderenfalls in jeder Schutzpflichtverletzung ein Verstoß gegen § 823 II läge und die Haftungserweiterung des III damit sinnlos wäre. 37

3. Haftungsausschluss. Ein Schadensersatzanspruch des AN aus § 618 scheitert idR am Haftungsausschluss des § 104 SGB VII. Voraussetzung für das Eingreifen des Haftungsausschlusses ist das Vorliegen eines **Versicherungsfalls**, also eines Arbeitsunfalls oder einer Berufskrankheit. Ist, wie meist, ein Versicherungsfall gegeben, so tritt an die Stelle der Schadensersatzhaftung der Versicherungsschutz durch die zust Berufsgenossenschaft. Der AG haftet allerdings direkt, wenn er den Unfall vorsätzlich oder auf einem versicherten Weg (§ 8 II Nr 1-4 SGB VII) verursacht hat (ausf Staudinger/*Oetker* § 618 Rn 324 ff). 38

IV. Recht zur außerordentlichen Kündigung. Dem Dienstverpflichteten kann bei schwerwiegender Verletzung der Schutzpflichten nach einer erfolglosen Abmahnung ein Recht zur außerordentlichen Kdg zustehen (MünchArbR/*Kothe* § 291 Rn 30). 39

V. Beschwerderecht. Neben dem innerbetrieblichen Beschwerderecht nach den §§ 84, 85 BetrVG kann dem AN ein außerbetriebliches Beschwerderecht nach § 17 II 1 ArbSchG zustehen. Der AN muss allerdings erst beim AG Beschwerde über den aus seiner Sicht arbeitsschutzwidrigen Zustand einlegen, bevor er sich an die zust Behörde wenden kann (ausf Staudinger/*Oetker* § 618 Rn 384 ff). 40

§ 619 Unabdingbarkeit der Fürsorgepflichten
Die dem Dienstberechtigten nach den §§ 617, 618 obliegenden Verpflichtungen können nicht im Voraus durch Vertrag aufgehoben oder beschränkt werden.

1 Die §§ 617, 618 enthalten zwingendes Recht. Zuungunsten des Dienstverpflichteten abw einzelvertragliche oder kollektivvertragliche Abreden sind nach § 134 nichtig (ErfK/*Wank* § 619 Rn 1). In zeitlicher Hinsicht sind Vereinbarungen, die die Pflichten des Dienstberechtigten aufheben oder beschränken, vor, während und nach Beendigung des Arbeitsverhältnisses unzulässig. Abreden über bereits entstandene Ersatzansprüche bleiben nach den allg Regeln zulässig (ErfK/*Wank* § 619 Rn 2).

§ 619a Beweislast bei Haftung des Arbeitnehmers
Abweichend von § 280 Abs. 1 hat der Arbeitnehmer dem Arbeitgeber Ersatz für den aus der Verletzung einer Pflicht aus dem Arbeitsverhältnis entstehenden Schaden nur zu leisten, wenn er die Pflichtverletzung zu vertreten hat.

Übersicht   Rdn.   Rdn.
A. Normzweck 1   C. Rechtsfolge 4
B. Anwendungsbereich 2   D. Abdingbarkeit 5

1 **A. Normzweck.** Die Norm ist im Zuge der Schuldrechtsreform in das BGB eingefügt worden. Sie regelt eine **Ausnahme zu § 280 I 2**, wonach eine widerlegliche Vermutung besteht, dass der Schuldner die Verletzung einer Pflicht aus dem Schuldverhältnis zu vertreten hat. Diese Beweislastumkehr verhindert § 619a für die Schadensersatzhaftung des AN ggü dem AG bei der Verletzung arbeitsvertraglicher Pflichten. Die Norm schließt die Schadensersatzhaftung des AN nicht aus und enthält keinen speziellen Haftungsmaßstab (s Beschlussempfehlung und Beratung des Rechtsausschusses, BT-Drs 14/7052, S 204).

2 **B. Anwendungsbereich.** § 619a gilt seinem Wortsinn nach nur für die Haftung von AN, nicht jedoch für sonstige Dienstnehmer. Da die Norm die bisherige Beweislastverteilung bei der AN-Haftung aufrechterhalten soll, wendet die Lit sie zu Recht analog an, wenn die Grundsätze der AN-Haftung ausnahmsweise für andere Personen als AN gelten (MüKo-BGB/*Henssler* § 619a Rn 46).

3 Die Norm bezieht sich allein auf eine Verpflichtung zum Schadensersatz nach § 280 I, deliktische Schadensersatzansprüche betrifft sie nicht (*Gotthardt* Rn 188). Ihrem Wortsinn nach erfasst die Vorschrift den Ersatz für sämtliche Schäden des AG, die auf einer Pflichtverletzung des AN beruhen. Damit geht § 619a über den Anwendungsbereich der AN-Haftung hinaus, der durch Unmöglichkeit oder Verzug verursachte Schäden nicht umfasst. Da die Norm aber lediglich die bisherige Beweislastverteilung aufrechterhalten sollte, ist ihr insofern zu weit geratener Anwendungsbereich teleologisch dahin gehend zu reduzieren, dass sie für Schäden aufgrund von Unmöglichkeit oder Verzug nicht gilt (MüKo-BGB/*Henssler* § 619a Rn 50).

4 **C. Rechtsfolge.** Nach § 619a hat der AG die Pflichtverletzung des AN zu beweisen. Allerdings hatte die Rspr dem AG bereits vor Inkrafttreten der Norm die Darlegung erleichtert, wenn das schädigende Ereignis näher am AN als am AG gelegen hat (BAG 7.9.1998, 8 AZR 175/97, EzA § 611 Arbeitnehmerhaftung Nr 64). Der AN hat sich dann iS einer gestuften Darlegungslast substanziiert zu äußern. An dieser abgestuften Darlegungslast ist nach Einführung des § 619a festzuhalten (MüKo-BGB/*Henssler* § 619a Rn 52 f). Die Beweislastumkehr bleibt dem AN bei einem Übergang des Anspruchs auf Dritte (zB § 86 VVG) erhalten (Staudinger/*Oetker* § 619a Rn 27).

5 **D. Abdingbarkeit.** § 619a ist dispositiv, kann aber aufgrund des § 309 Nr 12a in Formularverträgen nicht wirksam abbedungen werden (*Henssler* RdA 2002, 129, 133).

§ 620 Beendigung des Dienstverhältnisses
(1) Das Dienstverhältnis endigt mit dem Ablauf der Zeit, für die es eingegangen ist.
(2) Ist die Dauer des Dienstverhältnisses weder bestimmt noch aus der Beschaffenheit oder dem Zwecke der Dienste zu entnehmen, so kann jeder Teil das Dienstverhältnis nach Maßgabe der §§ 621 bis 623 kündigen.
(3) Für Arbeitsverträge, die auf bestimmte Zeit abgeschlossen werden, gilt das Teilzeit- und Befristungsgesetz.

Übersicht	Rdn.		Rdn.
A. Anwendungsbereich	1	C. Abgrenzung von sonstigen	
B. Kündigung	3	Beendigungsmöglichkeiten	13

A. Anwendungsbereich. Zur Abgrenzung der Arbeitsverträge von sonstigen Dienstverträgen s § 6 GewO 1 Rdn 21 ff, 45 ff. **Einschränkungen** des Grundsatzes des § 620 I ergeben sich für Arbeitsverträge aus dem TzBfG, und zwar über den Wortlaut des § 620 III hinaus nicht nur für Zeitbefristungen, sondern auch für Zweckbefristungen und auflösende Bedingungen (§§ 15 II, 21 TzBfG). Daneben gibt es **spezielle Befristungsregelungen** zB im WissZeitVG (s dort und § 23 TzBfG Rdn 10). Sonstige Dienstverträge, auch solche mit arbeitnehmerähnlichen Personen, können gem § 620 grds ohne bes Sachgrund auf begrenzte Zeit geschlossen werden. UU ist vor der Beendigung eine **Ankündigungsfrist** zu wahren (s BAG 7.1.1971, 5 AZR 221/70, AP BGB § 611 Abhängigkeit Nr 8). Eine zeitliche Obergrenze für die vertragliche Bindung folgt (entspr § 15 IV TzBfG) aus § 624.

Bei **auf unbestimmte Zeit** bestehenden Arbeitsverhältnissen ergeben sich die einzuhaltenden **Kündigungs-** 2 **fristen** gem § 620 II aus § 622, bei sonstigen Dienstverhältnissen aus § 621 (zu nicht erwähnten Spezialnormen s dort). Bei Arbeitsverhältnissen ist zudem die Schriftform (§ 623) zu beachten und vom AG ggf das KSchG. Zu beachten ist ferner, dass Spezialnormen die Kdg zeitlich begrenzt ausschließen (insb § 15 KSchG, § 9 MuSchG, § 18 BEEG, § 5 PflegeZG, § 2 III FPfZG, § 2 ArbPlSchG, § 2 EÜG, § 78 ZDG, § 2 AbgG und § 22 II BBiG) oder es verbieten, aus bestimmten Gründen zu kündigen (zB § 20 BetrVG, § 24 BPersVG, § 26 ArbGG, § 20 SGG). Zum **Ausschluss der ordentlichen Kdg** durch TV oder Einzelarbeitsvertrag s § 622 Rdn 18. Zur außerordentlichen, idR fristlosen Kdg von Arbeits- und sonstigen Dienstverhältnissen s § 626.

B. Kündigung. Es handelt sich um die Ausübung eines **Gestaltungsrechts** zur Beendigung des Rechtsver- 3 hältnisses für die Zukunft. Für das einseitige Rechtsgeschäft gelten die allg Regeln für Willenserklärungen (s §§ 113–144).

Die **Auslegung** hat gem § 133 zu erfolgen. Die Willenserklärung muss für den Erklärungsempfänger nach 4 Treu und Glauben unter Berücksichtigung der Verkehrssitte und der ihm bekannten Umstände den Beendigungswillen klar erkennen lassen. Wird kein Kündigungstermin genannt, so ist im Zweifel eine ordentliche Kdg zum nächstzulässigen Termin gewollt. Dieser muss für den Kündigungsadressaten allerdings leicht feststellbar sein, damit die Kdg nicht wegen fehlender Bestimmtheit unwirksam ist (vgl BAG 10.4.2014, 2 AZR 647/13, EzA § 622 BGB 2002 Nr 10). Eine zum Monatsersten erklärte Kdg kann dahin auszulegen sein, dass das Arbeitsverhältnis mit Ablauf des Vormonats enden soll (BAG 25.9.2002, 10 AZR 7/02, EzA § 611 BGB Gratifikation, Prämie Nr 168). Kdg mit unzureichender Kündigungsfrist oder zu einem nicht zulässigen Termin sind iÜ, wenn nicht erkennbar etwas anderes gewollt ist (BAG 1.9.2010, 5 AZR 700/09, EzA § 4 KSchG nF Nr 90), als Kdg **zum nächstzulässigen Termin** auszulegen, was auch außerhalb der Klagefrist des § 4 KSchG geltend gemacht werden kann (BAG 15.12.2005, 2 AZR 148/05, EzA § 4 KSchG nF Nr 72).

Kdg sind grds **bedingungsfeindlich** (BAG 15.3.2001, 2 AZR 705/99, EzA § 620 BGB Kündigung Nr 2). 5 Zulässig sind reine Rechts- und Potestativbedingungen (zB hilfsweise ordentliche Kdg für den Fall der Unwirksamkeit der außerordentlichen Kdg, Änderungs-Kdg). Spätere vorsorgliche Kdg, zB mit Rücksicht auf einen laufenden Kündigungsschutzprozess, sind idR unbedingt (BAG 12.10.1954, 2 AZR 36/53, BAGE 1, 110).

Kündigt jemand als **Vertreter ohne Vertretungsmacht**, ist die Kdg gem § 180 unwirksam, kann jedoch – bei 6 einer außerordentlichen Kdg nur innerhalb der Frist des § 626 II (s § 626 Rdn 224) – genehmigt werden, wenn der Empfänger die fehlende Vertretungsmacht nicht beanstandet (s § 177-180 Rdn 1).

Die Kdg durch einen Vertreter mit **Vertretungsmacht** kann gem § 174 unverzüglich (§ 121) zurückgewie- 7 sen werden, wenn nicht eine Originalvollmacht vorgelegt wird oder der Empfänger durch den Vertretenen zuvor von der Vollmacht in Kenntnis gesetzt worden war (s § 174). Zur Bedeutung eines behördlichen Dienstsiegels in diesem Zusammenhang s einerseits BAG 29.6.1988, 7 AZR 180/87, EzA § 174 BGB Nr 5, andererseits BAG 20.8.1997, 2 AZR 518/96, EzA § 174 BGB Nr 12.

Zur **Schriftsatz-Kdg** (Prozess-Kdg) s § 626 Rdn 128. 8

Die Kdg bedarf iA keiner vorherigen **Anhörung des Gekündigten** und auch keiner **Begründung** (s § 626 9 Rdn 21 f).

Sie kann grds schon **vor Dienstantritt** erklärt werden, jedoch kann vertraglich vereinbart werden bzw die 10 Vertragsauslegung im Einzelfall ergeben, dass die ordentliche Kdg vor Dienstantritt ausgeschlossen sein soll oder dass die Kündigungsfrist erst ab dem vereinbarten Dienstantritt zu laufen beginnt (BAG 9.5.1985,

2 AZR 372/84, EzA § 620 BGB Nr 75; 25.3.2004, 2 AZR 324/03, EzA § 620 BGB 2002 Kündigung Nr 1). Für die außerordentliche Kdg ergeben sich derartige Einschränkungen nicht (s § 626 Rdn 16).

11 Zur **Umdeutung** einer unwirksamen Kdg s § 140 Rdn 1 und § 626 Rdn 235 ff.

12 Da die wirksame Kdg bereits mit ihrem Zugang rechtsgestaltend wirkt, ist ihre spätere einseitige **Rücknahme** durch den Kündigenden nicht möglich. Die Beseitigung der Rechtsfolgen iS einer nahtlosen Fortsetzung des Arbeitsverhältnisses oder dessen Neubegründung bedarf einer vertraglichen Vereinbarung. Wegen der Möglichkeit eines Auflösungsantrags nach § 9 KSchG liegt in der Erhebung der Kündigungsschutzklage keine antizipierte Annahme des »Rücknahmeangebots« (BAG 19.2.1982, 2 AZR 230/80, EzA § 9 KSchG nF Nr 14).

13 **C. Abgrenzung von sonstigen Beendigungsmöglichkeiten.** Zu Rücktritt, Wegfall der Geschäftsgrundlage, Anfechtung, Berufung auf die Nichtigkeit des Vertrages, Aufhebungsvertrag und weiteren Beendigungstatbeständen s § 626 Rdn 24 ff.

§ 621 Kündigungsfristen bei Dienstverhältnissen

Bei einem Dienstverhältnis, das kein Arbeitsverhältnis im Sinne des § 622 ist, ist die Kündigung zulässig,
1. wenn die Vergütung nach Tagen bemessen ist, an jedem Tag für den Ablauf des folgenden Tages;
2. wenn die Vergütung nach Wochen bemessen ist, spätestens am ersten Werktag einer Woche für den Ablauf des folgenden Sonnabends;
3. wenn die Vergütung nach Monaten bemessen ist, spätestens am fünfzehnten eines Monats für den Schluss des Kalendermonats;
4. wenn die Vergütung nach Vierteljahren oder längeren Zeitabschnitten bemessen ist, unter Einhaltung einer Kündigungsfrist von sechs Wochen für den Schluss eines Kalendervierteljahrs;
5. wenn die Vergütung nicht nach Zeitabschnitten bemessen ist, jederzeit; bei einem die Erwerbstätigkeit des Verpflichteten vollständig oder hauptsächlich in Anspruch nehmenden Dienstverhältnis ist jedoch eine Kündigungsfrist von zwei Wochen einzuhalten.

1 Die abdingbare Vorschrift regelt die bei **freien Dienstverhältnissen** für ordentliche Kdg einzuhaltenden Fristen und gilt auch für arbeitnehmerähnliche Personen (BAG 8.5.2007, 9 AZR 777/06, BB 2007, 2298). Zur Abgrenzung von Arbeitsverhältnissen, für die § 622 gilt, s § 6 GewO Rdn 21 ff, 45 ff.

2 **Spezielle Regelungen** gibt es für Heimarbeiter (§ 29 HAG) und Handelsvertreter (§ 89 HGB) sowie für Fernunterrichtsverträge (§ 5 FernUSG). Zur Kdg der Anstellungsverträge von GmbH-Geschäftsführern und Vorstandsmitgliedern einer AG s § 622 Rdn 3.

§ 622 Kündigungsfristen bei Arbeitsverhältnissen

(1) Das Arbeitsverhältnis eines Arbeiters oder eines Angestellten (Arbeitnehmers) kann mit einer Frist von vier Wochen zum Fünfzehnten oder zum Ende eines Kalendermonats gekündigt werden.
(2) ¹Für eine Kündigung durch den Arbeitgeber beträgt die Kündigungsfrist, wenn das Arbeitsverhältnis in dem Betrieb oder Unternehmen
1. zwei Jahre bestanden hat, einen Monat zum Ende eines Kalendermonats,
2. fünf Jahre bestanden hat, zwei Monate zum Ende eines Kalendermonats,
3. acht Jahre bestanden hat, drei Monate zum Ende eines Kalendermonats,
4. zehn Jahre bestanden hat, vier Monate zum Ende eines Kalendermonats,
5. zwölf Jahre bestanden hat, fünf Monate zum Ende eines Kalendermonats,
6. 15 Jahre bestanden hat, sechs Monate zum Ende eines Kalendermonats,
7. 20 Jahre bestanden hat, sieben Monate zum Ende eines Kalendermonats.
²Bei der Berechnung der Beschäftigungsdauer werden Zeiten, die vor der Vollendung des 25. Lebensjahrs des Arbeitnehmers liegen, nicht berücksichtigt.
(3) Während einer vereinbarten Probezeit, längstens für die Dauer von sechs Monaten, kann das Arbeitsverhältnis mit einer Frist von zwei Wochen gekündigt werden.
(4) ¹Von den Absätzen 1 bis 3 abweichende Regelungen können durch Tarifvertrag vereinbart werden. ²Im Geltungsbereich eines solchen Tarifvertrags gelten die abweichenden tarifvertraglichen Bestimmungen zwischen nicht tarifgebundenen Arbeitgebern und Arbeitnehmern, wenn ihre Anwendung zwischen ihnen vereinbart ist.
(5) ¹Einzelvertraglich kann eine kürzere als die in Absatz 1 genannte Kündigungsfrist nur vereinbart werden,

1. wenn ein Arbeitnehmer zur vorübergehenden Aushilfe eingestellt ist; dies gilt nicht, wenn das Arbeitsverhältnis über die Zeit von drei Monaten hinaus fortgesetzt wird;
2. wenn der Arbeitgeber in der Regel nicht mehr als 20 Arbeitnehmer ausschließlich der zu ihrer Berufsbildung Beschäftigten beschäftigt und die Kündigungsfrist vier Wochen nicht unterschreitet.
²Bei der Feststellung der Zahl der beschäftigten Arbeitnehmer sind teilzeitbeschäftigte Arbeitnehmer mit einer regelmäßigen wöchentlichen Arbeitszeit von nicht mehr als 20 Stunden mit 0,5 und nicht mehr als 30 Stunden mit 0,75 zu berücksichtigen. ³Die einzelvertragliche Vereinbarung längerer als der in den Absätzen 1 bis 3 genannten Kündigungsfristen bleibt hiervon unberührt.
(6) Für die Kündigung des Arbeitsverhältnisses durch den Arbeitnehmer darf keine längere Frist vereinbart werden als für die Kündigung durch den Arbeitgeber.

Übersicht	Rdn.			Rdn.
A. Normzweck und Anwendungsbereich	1	I.	Grundsatz	9
B. Fristberechnung	4	II.	Verfassungsrechtliche Grenzen	11
C. Probe- und Aushilfsarbeitsverhältnisse, Kleinunternehmen	6	**E.**	**Abw arbeitsvertragliche Vereinbarungen**	14
		I.	Grundsatz	14
I. Probearbeitsverhältnisse	6	II.	Vereinbarung abw TV-Regelungen	15
II. Aushilfsarbeitsverhältnisse	7	III.	Einzelvertragliche Verlängerung	16
III. Kleinunternehmen	8	**F.**	**Ausschluss der ordentlichen Kdg**	18
D. Abw tarifliche Regelungen	9	**G.**	**Einseitige Kündigungserschwerungen**	19

A. Normzweck und Anwendungsbereich. Für AN bietet § 622 einen zeitlich begrenzten Kündigungsschutz, indem er die ordentliche Kdg nur unter Einhaltung bestimmter **Fristen** und nur zu bestimmten **Terminen** (zum 15. oder zum Ende des Kalendermonats) zulässt. Zugleich wird für AG die Personalplanung erleichtert. Für AG-Kündigungen **verlängern** sich die einzuhaltenden Fristen gem § 622 II in Abhängigkeit von der **Dauer des Arbeitsverhältnisses** in dem Betrieb oder Unternehmen, also nicht ggü im **Haushalt** beschäftigten AN (aA DHSW/*Schmitt* Rn 15 u LAG BW 26.6.2015, 8 Sa 5/15, NZA-RR 2016, 17, die darin eine unzulässige Diskriminierung sehen). Zu Kdg mit unzureichender Frist oder zu einem unzulässigen Termin s § 620 Rdn 4. **Spezialnormen** bestehen noch für Heuerverhältnisse (§ 66 SeeArbG), für Berufsausbildungsverhältnisse (§ 22 BBiG, § 88 SeeArbG), bei schwerbehinderten Menschen (§ 86 SGB IX), zum Ende der Elternzeit (§§ 18 f, 21 IV BEEG) und im Insolvenzverfahren (§ 113 InsO).

Dass für die verlängerten Kündigungsfristen die Dauer des Arbeitsverhältnisses erst ab Vollendung des 25. Lebensjahres berücksichtigt wird, verstößt gegen das Verbot der **Diskriminierung** wegen des Alters (Art 21 I GR-Charta der EU iVm der RL 2000/78/EG); II 2 ist deshalb unangewendet zu lassen (EuGH 19.1.2010, C-555/07, EzA Richtlinie 2000/78 EG-Vertrag 1999 Nr 14; BAG 9.9.2010, 2 AZR 714/08, EzA § 622 BGB 2002 Nr 8). Dagegen verstößt die Staffelung der Kündigungsfristen als solche nicht gegen das Verbot der Altersdiskriminierung (BAG 18.9.2014, 6 AZR 636/13, EzA § 622 BGB 2002 Nr 11).

Auf arbeitnehmerähnliche Personen ist § 622 nicht anwendbar (BAG 8.5.2007, 9 AZR 777/06, BB 2007, 2298). Der BGH wendet aber § 622 I auf nicht beherrschend am Kapital beteiligte **GmbH-Geschäftsführer und Vorstandsmitglieder** einer AG entspr an (BGH 26.3.1984, II ZR 120/83, BGHZ 91, 217); auch für die verlängerten Fristen des § 622 II wird dies vertreten (s LG Duisburg 18.1.2007, 8 O 234/06, ZInsO 2008, 515; KR/*Spilger* § 622 Rn 79 mwN).

B. Fristberechnung. Es gelten die §§ 186 ff. Das iSv § 187 für den Beginn maßgebliche Ereignis ist der **Zugang der Kdg**, eine abw Vereinbarung (zB Tag der Absendung) ist unwirksam (BAG 13.10.1976, 5 AZR 638/75, EzA § 130 BGB Nr 6). § 193 gilt nicht, der Zugang kann also uU auch an einem Samstag, Sonntag oder Feiertag erfolgen. Mit solchen Tagen kann die Frist auch ablaufen. Wird mit einer **längeren** als der gebotenen **Frist** gekündigt, muss ein nach § 622 zulässiger Termin gewählt werden (BAG 12.7.2007, 2 AZR 492/05, NZA 2008, 476; 21.8.2008, 8 AZR 201/07, EzA § 613a BGB 2002 Nr 95).

Die für verlängerte Fristen maßgebliche Dauer der Beschäftigung bestimmt sich nach dem Zeitpunkt des Zugangs der Kdg, nicht dem des Fristablaufs. Beschäftigungszeiten aus **früheren Arbeitsverhältnissen** mit demselben AG sind grds nicht zu berücksichtigen, es sei denn, es besteht ein enger zeitlicher und sachlicher Zusammenhang (BAG 18.9.2003, 2 AZR 330/02, EzA § 622 BGB 2002 Nr 2). Die Anrechnung kann allerdings vertraglich vereinbart oder tarifvertraglich geregelt werden (BAG 17.6.2003, 2 AZR 437/02, EzA § 1 KSchG Verdachtskündigung Nr 2); im Zweifel wird in diesen Fällen die Unterbrechungszeit nicht mitgezählt (BAG 17.6.2003, 2 AZR 257/02, EzA § 622 BGB 2002 Nr 1). Unschädlich ist der Neuabschluss eines zeitlich nahtlos anschließenden Arbeitsvertrages, auch wenn dieser geänderte Arbeitsbedingungen vorsieht. Auch die Zeit des nahtlos vorausgegangenen **Berufsausbildungsverhältnisses** zählt mit (BAG

2.12.1999, 2 AZR 139/99, EzA § 622 BGB nF Nr 60; zu Zeiten vor Vollendung des 25. Lebensjahres s.o. Rdn 2), nicht dagegen die Zeit eines Einsatzes als Leiharbeitnehmer (vgl LAG RhPf 27.11.2008, 10 Sa 486/08, EzAÜG KSchG Nr 28), eines nicht als Arbeitsverhältnis ausgestalteten Praktikums (vgl BAG 18.11.1999, 2 AZR 89/99, EzA § 1 KSchG Nr 52) oder eines Eingliederungsvertrages nach § 229 SGB III aF (BAG 17.5.2001, 2 AZR 10/00, EzA § 1 KSchG Nr 54).

6 **C. Probe- und Aushilfsarbeitsverhältnisse, Kleinunternehmen. I. Probearbeitsverhältnisse.** Für eine vereinbarte Probezeit von **max 6 Monaten** gilt gem § 622 III eine verkürzte **Kündigungsfrist von 2 Wochen**, wobei kein Kündigungstermin einzuhalten ist. Erfolgt der Zugang rechtzeitig vor Ablauf der Probezeit bzw der 6 Monate, ist es unschädlich, wenn die Frist erst danach abläuft (BAG 21.4.1966, 2 AZR 264/65, AP BAT § 53 Nr 1). Dass der AN nur für einfache Tätigkeiten eingestellt wird, steht der Ausschöpfung der 6 Monate nicht entgegen (BAG 24.1.2008, 6 AZR 519/07, EzA § 622 BGB 2002 Nr 4). Die Probezeit kann sich auch aus einem **TV** ergeben. Haben AG und AN ein befristetes Probearbeitsverhältnis vereinbart, gilt § 622 III allerdings nur dann, wenn die Kündbarkeit während der **Befristung** ausdrücklich oder konkludent vorbehalten wurde (s § 15 III TzBfG).

7 **II. Aushilfsarbeitsverhältnisse.** Die vertragliche Bezeichnung als »Aushilfsarbeitsverhältnis« genügt nicht. Ein solches idR (zweck)befristet abgeschlossenes Arbeitsverhältnis liegt nur dann vor, wenn es einen vorübergehenden Arbeitskräftebedarf decken soll, der durch den Ausfall von Stamm-AN oder einen zeitlich begrenzten zusätzlichen Arbeitsanfall begründet ist (BAG 22.5.1986, 2 AZR 392/85, EzA § 622 BGB nF Nr 24). In diesem Fall kann mit **Ausnahme** von **Leiharbeitsverhältnissen** (§ 11 IV 1 AÜG) gem § 622 V Nr 1 **für** die ersten **3 Monate** eine kürzere als die Regelkündigungsfrist des § 622 I vereinbart werden, und zwar nach Sinn und Zweck der Vorschrift ohne Bindung an einen Kündigungstermin. Auch die Vereinbarung einer entfristeten ordentlichen Kdg ist möglich (BAG 22.5.1986 aaO); auf einen solchen Parteiwillen kann allerdings nicht schon allein aus der ausdrücklichen Bezeichnung als »Aushilfsarbeitsverhältnis« geschlossen werden. Auch hier genügt ggf der rechtzeitige Zugang der Kdg vor Ablauf der 3 Monate.

8 **III. Kleinunternehmen.** Beträgt die **Zahl der** vom AG idR beschäftigten **AN** (vgl zur »Regelmäßigkeit« § 23 KSchG Rdn 20 f) **nicht mehr als 20**, kann gem § 622 V Nr 2 vereinbart werden, dass die **Kdg** auch **zu anderen** als den in § 622 I genannten **Terminen** zulässig ist. Die genannte Zahl der AN darf weder bei Vertragsschluss noch bei Zugang der Kdg überschritten sein. Zu ihrer Berufsausbildung Beschäftigte bleiben unberücksichtigt. Teilzeitbeschäftigte sind nach Maßgabe des § 622 V 2 anteilig mitzuzählen; Maßgeblich ist die vertraglich geschuldete Arbeitszeit, die sich aber auch aus der tatsächlichen Vertragsdurchführung ergeben kann (vgl BAG 21.11.2001, 5 AZR 296/00, EzA § 4 EntgfzG Nr 4). Von den **verlängerten Fristen** des § 622 II kann auch in Kleinunternehmen nicht abgewichen werden.

9 **D. Abw tarifliche Regelungen. I. Grundsatz.** Sowohl die in I–III vorgesehenen **Kündigungsfristen** als auch die **Kündigungstermine** sind tarifdispositiv. Auf kirchliche AVR findet IV entspr Anwendung (LAG Berl-Bbg 23.2.2007, 6 Sa 1847/06, EzA-SD 2007 Nr 10 S 13; str). Möglich ist eine **Abkürzung** bis hin zu einer entfristeten ordentlichen Kdg (BAG 2.8.1978, 4 AZR 46/77, AP MTL II § 55 Nr 1), wobei ggf auch die Voraussetzungen dafür geregelt werden können. Zulässig ist aber ebenso eine **Verlängerung** der Fristen und eine Beschränkung möglicher Kündigungstermine (BAG 4.7.2001, 2 AZR 469/00, EzA § 622 BGB nF Nr 63). Eine Staffelung nach der Dauer der Betriebszugehörigkeit ist grds nicht notwendig (BAG 23.4.2008, 2 AZR 21/07, EzA § 622 BGB 2002 Nr 5). Allerdings dürfen gem § 622 VI für AN keine längeren Fristen vorgesehen werden als für AG.

10 Diese Grundsätze gelten auch für **TV aus der Zeit vor** der Neufassung des § 622 durch das **KündFG vom 7.10.1993**, soweit sie konstitutive Regelungen enthalten und die frühere Gesetzeslage nicht lediglich deklaratorisch wiedergeben (s – auch zur diesbezüglichen TV-Auslegung – BAG 7.3.2002, 2 AZR 610/00, EzA § 622 BGB Tarifvertrag Nr 3). Die Regelungen können auch nur teilw, zB nur hins der verlängerten Kündigungsfristen, konstitutiv sein (BAG 14.2.1996, 2 AZR 201/95, EzA § 622 BGB nF Nr 53). Deklaratorische Regelungen wurden durch die korrespondierenden Regelungen des § 622 nF ersetzt.

11 **II. Verfassungsrechtliche Grenzen.** Art 3 I GG verbietet **sachlich nicht gerechtfertigte Ungleichbehandlungen** auch in TV-Regelungen (s BAG 12.10.2004, 3 AZR 571/03, EzA Art 3 GG Nr 102). Allerdings ergibt sich aus der **Tarifautonomie** (Art 9 III GG) ein erheblicher **Gestaltungsspielraum**; die Gerichte haben nicht zu prüfen, ob jeweils die »gerechteste« und zweckmäßigste Lösung gefunden wurde. Es genügt, wenn sachlich vertretbare Gründe etwa aufgrund der Besonderheiten des Wirtschaftszweiges oder der Beschäftigungsart für die Ungleichbehandlung erkennbar sind (BAG 18.9.2003, 2 AZR 537/02, ZInsO 2004, 1155). So kann zB eine Differenzierung zwischen den AN in der Produktion und denen in der Verwaltung zulässig sein (s *Hromadka* BB 1993, 2378).

Für **Arbeiter** können kürzere tarifliche Kündigungsfristen als für **Angestellte** nur dann gerechtfertigt sein, wenn branchenspezifische **Besonderheiten** wie produkt-, mode-, witterungs- oder saisonbedingte Auftragsschwankungen ein Bedürfnis nach erhöhter personalwirtschaftlicher Flexibilität gerade bei den Arbeitern begründen (BAG 23.1.1992, 2 AZR 470/91, EzA § 622 BGB nF Nr 41). Insb bei einem ganz überwiegenden Anteil (75 % oder mehr) von Arbeitern in der Produktion (BAG 4.3.1993, 2 AZR 355/92, EzA § 622 BGB nF Nr 44) oder bei einer branchentypischen im Vergleich zu Angestellten höheren Fluktuation (BAG 29.10.1998, 2 AZR 683/97, EzA-SD 1999 Nr 2 S 3) kann die Abkürzung der Kündigungsfristen für Arbeiter einer Überprüfung am Maßstab des Art 3 I GG standhalten. Für zulässig angesehen wurde auch die Abkürzung für Friseure, die idR während der Kündigungsfrist bezahlt freigestellt werden, um die »Mitnahme« der von ihnen persönlich betreuten Kunden zu vermeiden (BAG 18.1.2001, 2 AZR 619/99, EzA § 622 BGB nF Nr 62). Siehe iÜ zu einzelnen TV den Rspr-Überblick bei KR/*Spilger* § 622 Rn 285 ff. Die Ungleichbehandlung und der sie rechtfertigende Grund müssen jeweils in einem angemessenen Verhältnis zueinander stehen (BAG 10.3.1994, 2 AZR 605/93, EzA § 622 BGB nF Nr 50). Auch verlieren die Differenzierungsgründe mit **zunehmender Dauer des Arbeitsverhältnisses** an Gewicht, sodass dann idR die Gleichbehandlung mit Angestellten geboten ist (BAG 29.8.1991, 2 AZR 220/91(A), EzA § 622 BGB nF Nr 35). Wird eine verfassungswidrige Ungleichbehandlung festgestellt, kann die entstandene TV-Lücke zumeist nicht im Wege erg Auslegung geschlossen werden (BAG 21.3.1991, 2 AZR 323/84(A), EzA § 622 BGB nF Nr 33). Im Normalfall ist die **Lücke durch Anwendung des § 622 nF zu schließen** (BAG 10.3.1994, 2 AZR 323/84(C), EzA § 622 BGB nF Nr 48; aA *Hromadka* BB 1993, 2378 f). 12

Der Gleichheitssatz verlangt grds keine Gleichheit der **TV-Regelungen in verschiedenen** persönlichen, räumlichen und sachlichen **Geltungsbereichen**. Das gilt insb, wenn die TV von unterschiedlichen TV-Parteien abgeschlossen werden (BAG 18.9.2003, 2 AZR 537/02, ZInsO 2004, 1155). Dass dieselben TV-Parteien die Kündigungsfristen für Angestellte und Arbeiter in unterschiedlichen TV regeln, rechtfertigt für sich genommen jedoch keine Differenzierung (BAG 23.1.1992, 2 AZR 389/91, EzA § 622 BGB nF Nr 40). 13

E. Abw arbeitsvertragliche Vereinbarungen. I. Grundsatz. Abgesehen von den Fällen einer vereinbarten Probezeit, einer Aushilfsbeschäftigung und der Arbeitsverhältnisse in Kleinunternehmen (s dazu oben Rdn 6 ff) ist eine arbeitsvertragliche **Verkürzung** der in den I und II normierten Kündigungsfristen und eine Flexibilisierung der dort vorgesehenen Termine grds nicht möglich. Entspr Vereinbarungen sind **unwirksam**. Allerdings kann ein Abwicklungsvertrag für den AN die Möglichkeit vorsehen, sein vorzeitiges Ausscheiden zu erklären (s BAG 17.12.2015, 6 AZR 709/14). 14

II. Vereinbarung abw TV-Regelungen. Eine **Ausnahme** von dem genannten Grundsatz lässt § 622 IV 2 zu. Im räumlichen, sachlichen und persönlichen Geltungsbereich eines TV können die dort geregelten Kündigungsfristen und -termine auch von nicht tarifgebundenen Arbeitsvertragsparteien vereinbart werden. Damit kann insb eine **Gleichstellung** mangels Gewerkschaftsmitgliedschaft nicht tarifgebundener AN mit **tarifgebundenen AN** erreicht werden. Eine Übernahme nur einzelner TV-Regelungen ist nicht zulässig; vielmehr muss entweder der TV insgesamt oder dessen Gesamtregelung der Fristen und Termine für eine ordentliche Kdg vereinbart werden oder in Bezug genommen werden. Auch die Regelungen nur **nachwirkender TV** können vereinbart werden, wenn dies unmissverständlich geschieht; eine Verweisung auf »den AG bindenden« TV ist hierfür nicht klar genug (BAG 18.8.1982, 5 AZR 281/80, nv). Es empfiehlt sich, die »jeweils« geltenden TV-Bestimmungen zu vereinbaren, weil bei Bezugnahme auf einen bestimmten TV die Vereinbarung mit dessen Ablösung durch einen neuen TV hinfällig wird. Die Vereinbarung kann ausdrücklich oder stillschweigend erfolgen; auch eine entspr **betriebliche Übung** genügt (vgl BAG 17.4.2002, 5 AZR 89/01, EzA § 2 NachwG Nr 5; aA BAG 3.7.1996, 2 AZR 469/95, RzK I 3e Nr 62). Welche TV-Regelungen Anwendung finden sollen, muss sich daraus jedoch eindeutig bestimmen lassen. 15

III. Einzelvertragliche Verlängerung. Im Fall **beidseitiger Tarifbindung** sind auch Vereinbarungen zu Kündigungsfristen und -terminen möglich, die zwar hinter den gesetzlichen Regelungen zurückbleiben, aber für AN günstiger als die des TV sind (**Günstigkeitsprinzip**, § 4 III TVG). Entspr Vereinbarungen mit **nicht tarifgebundenen AN** dürften über den Wortlaut des § 622 IV 2 hinausgehend dann zulässig sein, wenn sie vom AG allg, dh auch mit den tarifgebundenen AN getroffen werden (s KR/*Spilger* § 622 Rn 209). Bei der Frage der Günstigkeit sind die Vereinbarungen zu Kündigungsfristen und -terminen nicht isoliert, sondern zusammen zu betrachten (vgl BAG 4.7.2001, 2 AZR 469/00, EzA § 622 BGB nF Nr 63; 29.1.2015, 2 AZR 280/14, EzA § 622 BGB 2002 Nr 12). Dagegen sind die Grundkündigungsfrist und die jeweiligen Stufen der Verlängerung gesondert zu beurteilen (BAG 4.7.2001 aaO). Maßgeblicher Zeitpunkt für den abstrakt vorzunehmenden Günstigkeitsvergleich ist grds der des Vertragsschlusses, dh es muss schon zu diesem Zeitpunkt voraussehbar sein, dass die vertragliche Regelung für den konkret betroffenen AN 16 günstiger sein wird (BAG 12.4.1972, 4 AZR 211/71, EzA § 4 TVG Nr 36; 29.1.2015, 2 AZR 280/14, EzA § 622 BGB 2002 Nr 12). Das wird idR nicht der Fall sein, soweit die Verlängerung auch den AN binden soll (Wensing/Hesse NZA 2009, 1309).

17 Eine einzelvertragliche Verlängerung der **gesetzlichen Kündigungsfristen** oder Einschränkung der zulässigen **Kündigungstermine** ist grds möglich. Für den **Günstigkeitsvergleich** gelten die in Rdn 16 genannten Grundsätze (zur Möglichkeit der Verlängerung für Kdg des ANs *Wensing/Hesse* NZA 2009, 1312). Auch kann vereinbart werden, dass die verlängerten Fristen des § 622 II und die dort vorgesehenen Termine **nicht nur für den AG, sondern auch für den AN** gelten (s – auch zur Kontrolle – BAG 28.5.2009, 8 AZR 896/07, EzA § 307 BGB 2002 Nr 45). Jedoch können für den AN gem § 622 VI keine längeren Fristen als für den AG vereinbart werden. Eine Obergrenze ergibt sich zudem aus § 15 IV TzBfG.

18 **F. Ausschluss der ordentlichen Kdg.** Einzelvertraglich oder durch TV kann die Möglichkeit einer ordentlichen Kdg auch gänzlich ausgeschlossen werden. Viele TV sehen diese sog »**Unkündbarkeit**« zugunsten von AN vor, die eine bestimmte längere Beschäftigungszeit im Unternehmen zurückgelegt und ein bestimmtes Alter erreicht haben. Das Abstellen auf ein höheres Alter dürfte zumeist trotz der RL 2000/78/EG im Hinblick auf Art 6 I der RL auch weiterhin zulässig sein; derartige Regelungen verfolgen das legitime Ziel einer Honorierung der Unternehmenstreue und der Sicherstellung des kündigungsrechtlichen Schutzes von solchen AN, die altersbedingt zunehmende Schwierigkeiten haben, einen neuen Arbeitsplatz zu finden (s BAG 13.3.1997, 2 AZR 175/96, EzA § 2 BeschFG 1985 Nr 52). Zu den Rechtsfolgen der »Unkündbarkeit« s § 626 Rdn 106 ff, 195 ff. Zum Arbeitsverhältnis auf Lebenszeit oder auf mehr als 5 Jahre s § 15 TzBfG Rdn 18 ff. Davon zu unterscheiden ist die idR nur die Interessenabwägung beeinflussende Zusage einer Lebens- oder Dauerstellung (s, auch zu anderen Auslegungsmöglichkeiten, KR/*Fischermeier* § 624 Rn 13 ff).

19 **G. Einseitige Kündigungserschwerungen.** Sie sind nur **zulasten des AG zulässig**. § 622 VI verbietet eine einzel- oder tarifvertragliche Verlängerung der Kündigungsfristen einseitig zulasten des AN. Ggf gilt die verlängerte Frist für beide Parteien (BAG 2.6.2005, 2 AZR 296/04, EzA § 622 BGB 2002 Nr 3). Über den Wortlaut hinaus ist der Vorschrift der allg Grundsatz zu entnehmen, dass die Kdg **nicht** einseitig **zulasten des AN** erschwert werden darf. Das gilt zunächst für die Einschränkung möglicher Kündigungstermine. Darüber hinaus ist auch die Vereinbarung einer vom AN zu zahlenden Abfindung oder **Vertragsstrafe** oder des Verfalls einer vom AN gestellten Kaution für den Fall der ordentlichen Kdg durch den AN unwirksam (BAG 6.9.1989, 5 AZR 586/88, EzA § 622 BGB nF Nr 26).

20 Zulässig sind allerdings **Rückzahlungsklauseln**, die den AN verpflichten, Sonderleistungen (zB Gratifikationen, Prämien, Urlaubsgeld, Umzugskosten) oder vom AG übernommene Aus- oder Weiterbildungskosten zurückzuzahlen, wenn der AN vor einem bestimmten Zeitpunkt aufgrund eigener oder von ihm verschuldeter Kdg ausscheidet, sofern sie unter Berücksichtigung von **Art 12 GG** nicht zu einer unverhältnismäßig langen Bindung führen (s iE § 611 Rdn 177 ff, 220 ff). Zulässig ist auch die Einräumung einer Gesellschaftsbeteiligung nur für die Dauer des Arbeitsverhältnisses (Mitarbeitermodell, s BGH 19.9.2005, II ZR 342/03, NJW 2005, 3644).

§ 623 Schriftform der Kündigung
Die Beendigung von Arbeitsverhältnissen durch Kündigung oder Auflösungsvertrag bedürfen zu ihrer Wirksamkeit der Schriftform; die elektronische Form ist ausgeschlossen.

Übersicht	Rdn.			Rdn.
A. Normzweck, Unabdingbarkeit	1	III.	Auflösungsvertrag	7
B. Anwendungsbereich	2	D.	Rechtsfolgen der Nichteinhaltung der Schriftform	8
C. Schriftform	5			
I. Allgemeines	5	E.	Schriftformerfordernis und Umdeutung	9
II. Kündigung	6	F.	Beweislast	10

1 **A. Normzweck, Unabdingbarkeit.** Die Schriftform als **Wirksamkeitsvoraussetzung** stärkt die **Rechtssicherheit** und soll Ungewissheit und Streit über Existenz und Inhalt von Kdg und Aufhebungsverträgen verhindern. Zugleich **schützt sie vor Übereilung**. § 623 ist unabdingbar; auch durch TV oder BV kann keine Formerleichterung zugelassen werden.

2 **B. Anwendungsbereich.** Erfasst werden alle Formen der **Kdg**, die das Arbeitsverhältnis beenden können, gleichgültig ob sie vom AN oder vom AG erklärt werden. Dazu zählt auch die **Änderungs-Kdg** iSv § 2 KSchG, die vorsorgliche Kdg und die **Nichtfortsetzungserklärung** des AN nach § 12 S 1 KSchG (BAG

17.12.2015, 6 AZR 709/14), nicht dagegen der (vertraglich vorbehaltene) Widerruf einzelner Arbeitsbedingungen bzw die nur ausnahmsweise zulässige, auf die Beseitigung einzelner Vertragsbestandteile gerichtete Teilkündigung. Auch der Widerspruch nach § 625, § 15 V TzBfG oder § 24 BBiG, die sog Nichtverlängerungsmitteilung nach Bühnen-TV-Recht und die Mitteilung der Zweckerreichung gem § 15 V TzBfG, die die automatische Verlängerung befristeter Arbeitsverhältnisse verhindern, sind formlos möglich (für Mitteilung gem § 15 V TzBfG str, s § 625 Rdn 20). Gleiches gilt für die Anfechtung einer auf den Abschluss eines Arbeitsvertrages gerichteten Willenserklärung nach §§ 119, 123 und die einfache Beendigungserklärung im Fall eines bloß faktischen Arbeitsverhältnisses (hM).

Ein gleichfalls dem Schriftformzwang unterliegender »**Auflösungsvertrag**«, gewöhnlich als Aufhebungsvertrag bezeichnet, liegt auch im Fall eines **dreiseitigen Vertrages** vor, mit dem ein anderer AG in das Arbeitsverhältnis eintritt (LAG Hamm 25.8.2011, 17 Sa 498/11, mwN; zT aA LAG Hamm 17.9.2009, 6 Sa 321/09). Die bloße Berufung eines AN zum GmbH-Geschäftsführer oder in den Vorstand einer AG kann wegen des Formzwangs dessen bisheriges Arbeitsverhältnis nicht mehr stillschweigend beenden. Dieser Beendigungswille ist jedoch idR einem der Schriftform genügenden, der **Bestellung zum Organ** zugrunde liegenden Anstellungsvertrag mit dem bisherigen AG zu entnehmen (BAG 24.10.2013, 2 AZR 1078/12, EzA-SD 2014 Nr 9 S 3). Entspr gilt für einen von den Parteien gewollten Übergang zu einem sonstigen Dienstverhältnis (s BAG 25.1.2007, 5 AZB 49/06, EzA § 233 ZPO 2002 Nr 6). Nicht dem Formzwang unterliegt der echte Abwicklungsvertrag, der eine wirksame bzw nach § 7 KSchG wirksam werdende Kdg voraussetzt. Auch der **Verzicht** auf Kündigungsschutz nach einer Kdg kann grds formfrei erklärt werden (LAG Hamm 9.10.2003, 11 Sa 515/03, RzK I 10 f Nr 18; aA BAG 19.4.2007, 2 AZR 208/06, EzA § 611 BGB 2002 Aufhebungsvertrag Nr 7). 3

§ 623 gilt nur für die Beendigung von **Arbeitsverhältnissen** (zur Abgrenzung von sonstigen Dienstverhältnissen s § 6 GewO Rdn 21 ff, 45 ff). Auch die Beendigung von Dienstverhältnissen mit arbeitnehmerähnlichen Personen wird nicht erfasst. Dagegen findet die Vorschrift über § 10 II BBiG auf die Beendigung von **Berufsausbildungsverträgen** und die von Verträgen mit Volontären und Praktikanten iSv § 26 BBiG Anwendung. Für deren Kdg ist allerdings § 22 III BBiG lex specialis. Weitere spezielle Schriftformerfordernisse enthalten die §§ 65 II, 88 III SeeArbG und § 9 III MuSchG. Für die **Befristung** von Arbeitsverhältnissen gilt § 14 IV TzBfG. 4

C. Schriftform. I. Allgemeines. Strengere Formerfordernisse können **durch TV** vorgesehen und im Prinzip auch einzelvertraglich vereinbart werden, wegen § 622 VI jedoch nicht einseitig zulasten des AN. Ist Kdg durch eingeschriebenen Brief vereinbart, ist dies im Zweifel kein Formerfordernis, sondern hat nur beweissichernde Bedeutung (BAG 14.3.2001, 4 AZR 161/00, EzA § 4 TVG Einzelhandel Nr 47). Durch **AGB** können **strengere Formerfordernisse** wegen § 309 Nr 13 nicht vorgegeben werden. Die Schriftform wird auch durch **notarielle Beurkundung** oder durch einen die Erklärung(en) enthaltenden **Prozessvergleich** gewahrt (§§ 126 IV, 127a); auch die Feststellung des Vergleichs in einem Beschluss gem § 278 VI ZPO genügt (BAG 23.11.2006, 6 AZR 394/06, EzA § 278 ZPO 2002 Nr 1). Die elektronische Form (§ 126a) ist ausdrücklich ausgeschlossen, Textform (§ 126b) nicht zugelassen. 5

II. Kündigung. S zunächst §§ 126, 126a Rdn 1. Ist der Erklärende hinreichend erkennbar, kann die Unterzeichnung nur mit dem Vornamen oder mit Pseudonym genügen. Kaufleute können mit ihrer Firma zeichnen, Vertreter mit dem Namen des Vertretenen oder ihrem eigenen; s ferner §§ 126–126a Rdn 5. Die **Unterschrift** muss unterhalb des Textes der Beendigungserklärung stehen und sie räumlich abschließen (s BAG 7.5.1998, 2 AZR 55/98, EzA § 1 KSchG Interessenausgleich Nr 6). Die **Übermittlung der Kdg** mittels Fax (BAG 17.12.2015, 6 AZR 709/14) oder Telegramm genügt nicht, denn sie muss in der vorgeschriebenen Form nicht nur erklärt, sondern auch zugegangen sein. Hierfür ist jedoch idR ausreichend, wenn der Kündigungsempfänger das ihm ausgehändigte Original alsbald zurückgibt und dafür eine Kopie erhält, selbst wenn er das Schreiben zuvor nicht gelesen hat (BAG 4.11.2004, 2 AZR 17/04, EzA § 130 BGB 2002 Nr 4; aA DHSW/*Schmitt* Rn 43). Bei der **Änderungs-Kdg** muss auch der Inhalt des Änderungsangebots im Kdg-Schreiben zumindest hinreichenden Anklang gefunden haben (BAG 25.04.2013, 2 AZR 960/11, EzA § 20 GVG Nr 8; aA KR/*Spilger* Rn 138 f). Zu Schriftsatz-Kdg (Prozess-Kdg) s § 626 Rdn 128. 6

III. Auflösungsvertrag. Zu den Anforderungen an die **Unterzeichnung** s zunächst oben Rdn 6 und §§ 126, 126a Rdn 3. Dass die Parteien jeweils ihre eigene Vertragserklärung unterzeichnen und diese dann austauschen, genügt nicht. Entgegen der früheren Rspr und Lit dürfte es aber ausreichend sein, dass eine Partei ihr Vertragsangebot unterzeichnet und die andere sodann mit oder ohne vorherige Anfügung ihrer Annahmeerklärung ebenfalls unterschreibt (vgl BAG 26.7.2006, 7 AZR 514/05, EzA § 14 TzBfG Nr 30). 7

der AN dagegen nach der Zweckerreichung mit neuen Arbeitsaufgaben beschäftigt, liegt eine ausdrückliche oder zumindest konkludente Einigung der Parteien vor; für die Fiktion des § 15 V TzBfG bleibt dann kein Raum (s.o. Rdn 14).

III. Fortsetzung mit Wissen des Dienstberechtigten. Die fingierte Bereitschaft des Dienstberechtigten, das Dienstverhältnis fortzusetzen, setzt voraus, dass ihm bekannt ist, dass der Dienstverpflichtete für ihn weitere Dienstleistungen erbringt. Im Fall des § 15 V TzBfG genügt ggf auch das Wissen um arbeitgeberseitige Fortsetzungshandlungen (s.o. Rdn 17). Es kommt auf die **Kenntnis** des geschäftsfähigen **Dienstberechtigten** oder seines **Vertreters** an, wobei sich die Vertretungsmacht auf den Abschluss eines Dienst- bzw Arbeitsvertrages beziehen muss (BAG 11.7.2007, 7 AZR 501/06, EzA § 15 TzBfG Nr 2). 18

Mit Wissen des Dienstberechtigten wird das Dienstverhältnis auch dann fortgesetzt, wenn er die weitere Dienstleistung deswegen entgegennimmt, weil er **irrtümlich** davon ausgeht, das Dienstverhältnis sei noch nicht beendet worden (s auch oben Rdn 6; LAG Düsseldorf 26.9.2002, 5 Sa 748/02, LAGE § 15 TzBfG Nr 1 und hM; aA ErfK/*Müller-Glöge* Rn 5). Entspr gilt für die Fortsetzung eines zweckbefristeten oder auflösend bedingten Arbeitsverhältnisses durch den AG in Unkenntnis der Zweckerreichung bzw des Bedingungseintritts. 19

IV. Fehlender Widerspruch des Dienstberechtigten. Auch wenn die vorgenannten Voraussetzungen von § 625, § 15 V TzBfG erfüllt sind, kann der Dienstberechtigte deren Rechtsfolgen ausschließen, wenn er **unverzüglich widerspricht** (BAG 30.11.1984, 7 AZR 539/83, AP MTV § 22 Ausbildung Nr 1). Im Fall eines zweckbefristeten oder auflösend bedingten Arbeitsverhältnisses genügt statt eines Widerspruchs auch die unverzügliche Mitteilung der Zweckerreichung bzw des Bedingungseintritts an den AN (§ 15 V TzBfG); im Gegensatz zur Unterrichtung als Voraussetzung des Beginns der Ankündigungsfrist gem § 15 II TzBfG bedarf diese Mitteilung zur Vereitelung der Fiktion gem § 15 V TzBfG **nicht** der **Schriftform** (sehr str, s KR/*Fischermeier* § 625 Rn 30). 20

Der Widerspruch ist eine rechtsgeschäftliche, einseitige empfangsbedürftige **Willenserklärung**, für die die §§ 130 ff gelten. Er kann ausdrücklich oder **konkludent** (zB durch Aushändigung der Arbeitspapiere) auch schon einige Zeit **vor Ablauf** eines befristeten Arbeitsverhältnisses erklärt werden (BAG 14.8.2002, 7 AZR 372/01, AP LPVG Bbg § 90 Nr 1; 22.7.2014, 9 AZR 1066/12, EzA § 611 BGB 2002 Beschäftigungspflicht Nr 3). 21

Ein Widerspruch kann auch darin liegen, dass der AG dem AN nur den Abschluss eines **befristeten Vertrages** anbietet (BAG 23.1.2002, 7 AZR 611/00, EzA § 620 BGB Nr 185; 7.10.2015, 7 AZR 40/14). Nimmt der AN dieses Angebot nicht an, dann kommt es weder zu einer befristeten noch zu einer unbefristeten Fortsetzung des Arbeitsverhältnisses nach § 625, § 15 V TzBfG. 22

Das Gleiche gilt dann, wenn sich der Dienstberechtigte kurz vor dem Ende der Vertragszeit oder unverzüglich danach nur zu einer **vorläufigen Weiterbeschäftigung** mit dem Hinweis bereit erklärt, er sei dazu nur aus sozialen Gründen oder bis zur endgültigen Regelung der künftigen Vertragsbeziehungen bereit. Auch wenn derartige Vorbehalte nicht zum vertraglichen Ausschluss der § 625, § 15 V TzBfG führen, dann reichen sie doch als Widerspruch des Dienstberechtigten aus. 23

Wenn ein AN nach Erhebung der **Kündigungsschutzklage** seine Tätigkeit im Betrieb fortsetzt und der AG den Lohn fortzahlt, wenn der AG aber andererseits Klageabweisung beantragt und diesen Antrag aufrecht erhält, dann hat er zwar einen Beschäftigungswillen, macht aber zugleich seine Absicht deutlich, an der Wirksamkeit der Kdg festhalten und mit der Weiterbeschäftigung nur eine **Übergangsregelung** treffen zu wollen. Das prozessuale Verhalten des AG stellt regelmäßig einen Widerspruch iSv § 625 dar (s LAG Köln 10.3.1995, 13 Sa 842/94, NZA-RR 1996, 202). Nach Rspr und hM wollen die Parteien in diesem Fall das gekündigte Arbeitsverhältnis **auflösend bedingt** durch die rechtskräftige Abweisung der Kündigungsschutzklage fortsetzen (BAG 4.9.1986, 8 AZR 636/84, EzA § 611 BGB Beschäftigungspflicht Nr 27; aA LAG Hamm 22.8.1996, RzK I 5e Nr 47). Die Wirksamkeit dieser auflösenden Bedingung **bedarf** entgegen LAG Hamm (16.1.2003, 16 Sa 1126/02, LAGE § 14 TzBfG Nr 9; zur Vereinbarung einer befristeten Beschäftigung während des Prozesses auch BAG 22.10.2003, 7 AZR 113/03, EzA § 14 TzBfG Nr 6; s ferner BAG 8.4.2014, 9 AZR 856/11) **keines** bes **Sachgrundes und** auch **nicht** der Einhaltung **der Schriftform** gem §§ 21, 14 TzBfG, weil es sich dabei um eine Rechtsbedingung handelt. Auf Rechtsbedingungen finden die §§ 21, 14 TzBfG keine Anwendung. Jedenfalls wäre unter Berücksichtigung des Schutzzwecks des Befristungsrechts insoweit eine teleologische Reduktion geboten (str, s KR/*Fischermeier* § 625 Rn 35). Auch beinhaltet die bloße Erfüllung des Weiterbeschäftigungsanspruchs des AN nach seinem Obsiegen in 1. Instanz nicht den Abschluss eines neuen Arbeitsvertrags, selbst wenn der AN diesen Anspruch nicht mit eingeklagt hatte (BAG 22.7.2014, 9 AZR 1066/12, EzA § 611 BGB 2002 Beschäftigungspflicht Nr 3). 24

§ 626 BGB   Fristlose Kündigung aus wichtigem Grund

25 Der Widerspruch bzw die ihm nach § 15 V TzBfG gleichgestellte Mitteilung muss **unverzüglich** iSv § 121 erfolgen. Die Frist für den Widerspruch kann erst mit der Kenntnis des Dienstberechtigten beginnen, dass der Dienstverpflichtete über die Vertragszeit hinaus seine Dienste weiter erbringt (BAG 13.8.1987, 2 AZR 122/87; str, s KR/*Fischermeier* § 625 Rn 36). Wartet der Dienstberechtigte dann noch länger als eine Woche, wird der Widerspruch idR verspätet sein.

26 Ein schuldhaftes Zögern ist dem Dienstberechtigten dann nicht vorzuwerfen, wenn er zunächst den **Versuch einer Einigung** über Dauer und Form einer Weiterbeschäftigung anstrebt oder den Einwand des BR überprüft, der AN befinde sich bereits in einem Arbeitsverhältnis auf unbestimmte Zeit (BAG 13.8.1987 aaO). Dagegen sind an das Merkmal der Unverzüglichkeit bes strenge Anforderungen zu stellen, wenn der Dienstberechtigte die Weiterbeschäftigung nicht nur geduldet, sondern darüber hinaus einen bes **Vertrauenstatbestand** gesetzt hat, aus dem der Dienstverpflichtete schließen durfte, der Dienstberechtigte sei mit der Fortsetzung des Dienstverhältnisses einverstanden (BAG 1.11.1966, 3 AZR 214/65, AP BGB § 242 Ruhegehalt Nr 117).

27 Wenn der Widerspruch unverzüglich erfolgt ist, greift die Fiktion der § 625, § 15 V TzBfG nicht; es kann daher nur der Abschluss eines **neuen Dienstvertrages** in Betracht kommen, wenn ein AG keine Maßnahme ergreift, um den AN an der Weiterarbeit zu hindern. Kommt es nicht zu einem neuen Dienstvertrag, sind nach der Beendigung des Dienstverhältnisses erbrachte Leistungen nach bereicherungsrechtlichen Grundsätzen auszugleichen (str; nach aA besteht ein sog faktisches Arbeitsverhältnis [s KR/*Fischermeier* § 625 Rn 38]).

28 Vom Widerspruch nach § 625, § 15 V TzBfG ist die einzelvertraglich mögliche und gelegentlich in TV vorgesehene Verpflichtung zu unterscheiden, dem AN innerhalb einer bestimmten Frist vor Ablauf des Vertrages mitzuteilen, ob er das Arbeitsverhältnis über die Befristung hinaus fortsetzen will (sog **Nichtverlängerungsanzeige**; s dazu LAG Frankfurt 21.9.1949, II LA 237/49, AP 1950 Nr 221; LAG Düsseldorf 11.3.1952, (4) 3 Sa 1/52, DB 1952, 471; LAG Bremen 18.4.1963, 2 Sa 136/62, BB 1963, 1136). Der arbeitsvertraglichen Vereinbarung einer bloß befristeten Verlängerung des Arbeitsverhältnisses als Rechtsfolge der Unterlassung der Anzeige steht nunmehr die Unabdingbarkeit des § 15 V TzBfG gem § 22 TzBfG entgegen.

29 D. **Rechtsfolgen.** Das Dienstverhältnis wird ggf mit den **bisherigen Rechten** und **Pflichten** fortgesetzt, ohne Rücksicht darauf, ob das dem tatsächlichen Willen der Parteien entspricht. Ihnen bleibt nur eine **einverständliche Abänderung** des Vertrages. Betriebsverfassungsrechtlich stellt sich die Weiterbeschäftigung als Einstellung iSv § 99 BetrVG dar (str, s KR/*Fischermeier* § 625 Rn 44).

30 Das Dienstverhältnis gilt als auf **unbestimmte Zeit** verlängert. Ob die vereinbarten vertraglichen durch die **gesetzlichen Kündigungsfristen** ersetzt werden, ist str (s KR/*Fischermeier* § 625 Rn 41).

31 E. **Beweislast.** Diejenige Partei, die für sich die Rechtsfolgen des § 625 bzw des § 15 V TzBfG in Anspruch nimmt, muss darlegen und beweisen, dass das Dienstverhältnis mit Wissen des Dienstberechtigten fortgesetzt worden ist. Wer trotz einer solchen Fortsetzung die Verlängerung bestreitet, ist für den unverzüglich erhobenen Widerspruch des Dienstberechtigten beweispflichtig (BAG 30.11.1984, 7 AZR 539/83, AP MTV § 22 Ausbildung Nr 1).

§ 626 Fristlose Kündigung aus wichtigem Grund

(1) Das Dienstverhältnis kann von jedem Vertragsteil aus wichtigem Grund ohne Einhaltung einer Kündigungsfrist gekündigt werden, wenn Tatsachen vorliegen, aufgrund derer dem Kündigenden unter Berücksichtigung aller Umstände des Einzelfalles und unter Abwägung der Interessen beider Vertragsteile die Fortsetzung des Dienstverhältnisses bis zum Ablauf der Kündigungsfrist oder bis zu der vereinbarten Beendigung des Dienstverhältnisses nicht zugemutet werden kann.
(2) ¹Die Kündigung kann nur innerhalb von zwei Wochen erfolgen. ²Die Frist beginnt mit dem Zeitpunkt, in dem der Kündigungsberechtigte von den für die Kündigung maßgebenden Tatsachen Kenntnis erlangt. ³Der Kündigende muss dem anderen Teil auf Verlangen den Kündigungsgrund unverzüglich schriftlich mitteilen.

Übersicht	Rdn.			Rdn.
A. Geltungsbereich	1	B.	Ausübung des Rechts zur außerordentlichen Kdg	14
I. Unmittelbare oder entspr Anwendung	1			
II. Abschließende Sonderregelungen	2	I.	Rechtsgeschäftliche Willenserklärung	14
III. Erg Sonderregelungen	8	II.	Rückwirkende Kdg – Kdg vor Dienstantritt	15

III.	Arten der außerordentlichen Kdg	17
	1. Außerordentliche fristlose Kdg	17
	2. Außerordentliche befristete Kdg	18
IV.	Anhörung des Gekündigten	21
V.	Mitteilung der Kündigungsgründe	22
C.	**Abgrenzung der außerordentlichen Kdg von anderen Beendigungstatbeständen**	24
I.	Rücktritt	24
II.	Wegfall der Geschäftsgrundlage	25
III.	Anfechtung	26
IV.	Berufung auf die Nichtigkeit des Arbeitsvertrages	27
V.	Aufhebungsvertrag	28
VI.	Fristlose Dienstentlassung als Dienststrafe	34
VII.	Auflösungsantrag nach § 78a BetrVG	36
VIII.	Sonstige Beendigungsgründe	37
D.	**Ausschluss, Beschränkung und Erweiterung der außerordentlichen Kdg**	
I.	Ausschluss	38
	1. Grundsatz der Unabdingbarkeit	38
	2. Abgrenzung zu Verzicht und Verzeihung	39
II.	Beschränkung	41
	1. Unzumutbare Erschwerungen	41
	2. Ausschluss von Kündigungsgründen	43
III.	Erweiterungen	45
	1. Vertragliche Regelungen	45
	2. Tarifliche Regelungen	46
E.	**Methode der gesetzlichen Regelung und allg Merkmale des wichtigen Grundes**	50
I.	Regelungsgehalt	50
II.	Problematik des unbestimmten Rechtsbegriffs	51
III.	Nähere Bestimmung des wichtigen Grundes	53
	1. Allgemeines	53
	2. An sich geeignete Gründe	54
	3. Grds ungeeignete Gründe	55
IV.	Weitere Konkretisierung des wichtigen Grundes und Systematisierung der Kündigungsgründe	65
F.	**Begriff des Kündigungsgrundes und Folgerungen aus der Begriffsbestimmung**	66
I.	Objektiver Tatbestand des wichtigen Grundes	66
II.	Beurteilungszeitpunkt	67
III.	Beurteilungsmaßstab	68
G.	**Nachteilige Auswirkung auf das Arbeitsverhältnis**	69
I.	Allg Grundsätze, Prognoseprinzip	69
II.	Nebentätigkeit	72
III.	Straftaten	73
IV.	Meinungsäußerungen, politische Betätigung	74
V.	Tendenzbetriebe, Kirchen	78
VI.	Sicherheitsbedenken	83
VII.	Ruhendes Arbeitsverhältnis	84
H.	**Systematisierung nach der Art der Kündigungsgründe**	85
I.	Sachliche Abgrenzungskriterien	85
II.	Gründe in der Person des Gekündigten	86
	1. Kdg durch AG	87
	2. Kdg durch AN	91
III.	Gründe im Verhalten des Gekündigten	92
	1. Kdg durch AG	100
	2. Kdg durch AN	101
IV.	Gründe in der Person des Kündigenden	102
	1. Kdg durch AG	103
	2. Kdg durch AN	104
V.	Betriebsbedingte Gründe	105
VI.	Mischtatbestände	110
I.	**Systematisierung der Kündigungsgründe nach der Auswirkung auf das Arbeitsverhältnis**	114
J.	**Systematisierung der Kündigungsgründe nach dem Zeitpunkt ihrer Entstehung und Geltendmachung**	115
I.	Gründe vor Zugang der Kdg	115
II.	Gründe nach Zugang der Kdg	118
III.	Nachschieben von Gründen	119
IV.	Nachschieben von Gründen als neue Kdg	127
K.	**Besondere Arten der außerordentlichen Kdg**	131
I.	Außerordentliche Änderungskündigung	131
II.	Druckkündigung	137
III.	Verdachtskündigung	141
L.	**Interessenabwägung**	151
I.	Umfassende Interessenabwägung	151
II.	Abwägung bei mehreren Kündigungsgründen	158
III.	Außerordentliche Kdg als ultima ratio	161
	1. Abmahnung	163
	a) Rügerecht	163
	b) Abmahnung als Kündigungsvoraussetzung	166
	c) Ausnahme einzelner Störbereiche	169
	d) Grenzen der Erforderlichkeit	170
	e) Rechtsnatur der Abmahnung	172
	f) Funktionen der Abmahnung	173
	g) Abmahnungsberechtigte Personen	178
	h) Beteiligung des BR/PersR u der Schwerbehindertenvertretung	179
	i) Verhältnismäßigkeit der Abmahnung	180
	j) Verzicht auf Kdg	181
	k) Erneute Pflichtverstöße als Kündigungsgrund	182
	l) Gerichtliche Überprüfung der Abmahnung	183
	2. Betriebsbußen	185
	3. Widerrufsvorbehalt, Direktionsrecht	186
	4. Feststellungs-, Unterlassungsklage	187
	5. Umsetzung, Versetzung	188
	6. Änderungskündigung	191
	7. Ordentliche Kdg	193
IV.	Bedeutung der Unkündbarkeit und der Dauer der Vertragsbindung	194
V.	Gleichbehandlungsgrundsatz	199
VI.	Gesichtspunkt der Solidarität	200

§ 626 BGB Fristlose Kündigung aus wichtigem Grund

M. Rspr-Überblick zu einzelnen Kündigungsgründen 201	
I. Außerordentliche Kdg durch den AG 202	
II. Außerordentliche Kdg durch den AN 203	
N. **Die Ausschlussfrist für die Kündigungserklärung (§ 626 II)** 205	
I. Zweck und Bedeutung der Frist 205	
II. Beginn und Hemmung der Ausschlussfrist .. 207	
1. Kenntnis von den für die Kdg maßgebenden Tatsachen 207	
2. Fristbeginn bei Dauergründen 210	
3. Hemmung des Beginns der Frist 213	
4. Mitwirkungs- bzw Mitbestimmungsrecht des BR oder PersR 215	
5. Mutterschutz, Elternzeit, (Familien-)Pflegezeit, schwerbehinderte Menschen 217	
III. Für die Kenntnis maßgebender Personenkreis 222	
1. Kreis der Kündigungsberechtigten 222	
2. Vertragliche Regelung der Kündigungsbefugnis 227	
3. Kenntnis anderer, nicht kündigungsberechtigter Personen 229	
4. Betriebsübergang 230	
IV. Berechnung und Ablauf der Ausschlussfrist 231	
1. Berechnung 231	
2. Hemmung des Ablaufs der Frist 232	
V. Rechtsmissbräuchliche Berufung auf die Ausschlussfrist 233	
O. **Umdeutung einer unwirksamen außerordentlichen Kdg** 235	
P. **Verfahrensfragen** 238	
I. Frist und Form der Klage 238	
1. Kündigungsschutzklage des AN 238	
2. Feststellungsklage nach § 256 ZPO ... 239	
II. Fortbestand der Parteifähigkeit des Kündigenden 241	
III. Darlegungs- und Beweislast 242	
1. Ausspruch einer außerordentlichen Kdg 242	
2. Vorliegen wichtiger Gründe 243	
3. Wahrung der Ausschlussfrist 246	
IV. Auswirkungen des Beschlussverfahrens nach § 103 II BetrVG 248	
V. Nachprüfung des wichtigen Grundes in der Revisionsinstanz 249	
VI. Materielle Rechtskraft und Präklusionswirkung 250	
1. Klageabweisung 250	
2. Wirkung des obsiegenden Urteils 251	
3. Berufung auf Umdeutung in fristgemäße Kdg 253	
4. Wiederholungskündigung, Trotzkündigung 255	

1 **A. Geltungsbereich**   **I. Unmittelbare oder entspr Anwendung.** Das Recht der außerordentlichen Kdg ist für **alle Arten von Dienstverhältnissen**, also auch für **Arbeitsverhältnisse** (s zur Abgrenzung § 6 GewO Rdn 21 ff, 45 ff), einheitlich in § 626 geregelt, seien sie **unbefristet oder befristet** (zur entspr Anwendung auf **Heimarbeitsverhältnisse** s § 29 HAG). Die Vorschrift gilt sowohl für die Kdg durch den (Dienst-)AN als auch für die durch den (Dienst-)AG. § 626 ist lex specialis ggü § 314, der die Kdg von Dauerschuldverhältnissen aus wichtigem Grund allg regelt (für Betriebsrenten s allerdings BAG 8.5.1990, 3 AZR 152/88, EzA § 1 BetrAVG Rechtsmissbrauch Nr 3 und zur Abmahnung Rdn 166).

2 **II. Abschließende Sonderregelungen.** Im Bereich der Arbeitsverhältnisse ist lex specialis die Regelung im **Einigungsvertrag** für die Kdg aus wichtigem Grund ggü AN im öffentl Dienst der neuen Bundesländer (s dazu EinigungsV Rdn 2).

3 Die außerordentliche Kdg von Heuerverhältnissen in der **Seeschifffahrt** wird in den §§ 67–69 SeeArbG geregelt. Bei der Kündigungsmöglichkeit des Besatzungsmitglieds gem § 69 SeeArbG ist weiterhin keine Interessenabwägung erforderlich. Soweit in §§ 67 f SeeArbG Tatbestände als wichtige Gründe aufgeführt werden, handelt es sich dagegen wegen der grds Verweisung auf § 626 nicht mehr um **absolute Kündigungsgründe**, sondern nur noch um Regelbeispiele (s BT-Drs 17/10959 S 85).

4 Die außerordentliche Kdg eines **Berufsausbildungsverhältnisses** richtet sich nach § 22 BBiG (s § 22 BBiG Rdn 1 ff).

5 Für Dienstverhältnisse, die keine Arbeitsverhältnisse sind, gilt gem § 627 dann, wenn kein dauerndes Dienstverhältnis mit festen Bezügen vorliegt und **Dienste höherer Art** zu leisten sind, die aufgrund bes Vertrauens übertragen zu werden pflegen, die Besonderheit, dass sie auch ohne einen wichtigen Grund iSd § 626 außerordentlich gekündigt werden können.

6 Das Vertragsverhältnis eines **Handelsvertreters** kann nach § 89a HGB außerordentlich gekündigt werden. Sachlich besteht kein Unterschied zu den Voraussetzungen der außerordentlichen Kdg nach § 626 I. Die Anwendbarkeit der Ausschlussfrist des § 626 II wird vom BGH in st Rspr verneint, ist aber str (s zum Streitstand KR/*Rost* Arbeitnehmerähnliche Personen Rn 148).

7 Nicht die Kdg von Dienstverhältnissen, sondern den **Widerruf der Bestellung** zum Vorstandsmitglied oder Geschäftsführer oder den **Ausschluss** als BR- oder PersR-Mitglied betreffen § 84 AktG, § 38 GmbHG, § 23 BetrVG und § 28 BPersVG. Das der bisherigen Amts- oder Organstellung zugrunde liegende Dienstverhältnis wird durch die Abberufung von **Organmitgliedern** oder den Ausschluss von **Amtsträgern** nicht zugleich

beendet. Es bedarf vielmehr einer Kdg, die nicht schon allein wegen der Tatsache des Widerrufs oder der Abberufung aus wichtigem Grunde gerechtfertigt ist (BAG 17.8.1972, 2 AZR 359/71, EzA § 626 BGB nF Nr 16). Andererseits führt die fristlose Entlassung eines AN-Vertreters im Aufsichtsrat nicht zugleich zum Verlust seines Mandates (BGH 21.2.1963, II ZR 76/62, BGHZ 39, 116).

III. Erg Sonderregelungen. Eine bes ausgestaltete außerordentliche Kdg, bei der die Voraussetzungen des § 626 nicht erfüllt zu sein brauchen, ist im **Insolvenzverfahren** gem § 113 InsO vorgesehen (s dort Rdn 2 ff). Daneben besteht im Vorliegen eines wichtigen Grundes (wozu die Eröffnung des Insolvenzverfahrens allein nicht ausreicht, s BAG 24.1.2013, 2 AZR 453/11, EzA-SD 2013 Nr 13 S 3) auch in diesem Bereich die Befugnis zur außerordentlichen Kdg nach § 626. 8

Für ANinnen besteht gem § 10 MuSchG während der **Schwangerschaft** und nach der Entbindung die zusätzliche Möglichkeit, das Arbeitsverhältnis ohne Einhaltung einer Frist zum Ende der Mutterschutzfrist zu kündigen (s § 10 MuSchG Rdn 1 ff; zum fristgebundenen Sonderkündigungsrecht in der **Elternzeit** s § 19 BEEG). 9

Der Kündigungsschutz für **Soldatinnen und Soldaten** gem §§ 2, 16a ArbPlSchG (s dazu § 2 ArbPlSchG Rdn 6 ff) lässt das Recht zur Kdg aus wichtigem Grunde grds unberührt (§ 2 III ArbPlSchG), schränkt es aber insofern ein, als – von Ausnahmen für unverheiratete AN in Kleinbetrieben abgesehen – die Einberufung zum Wehrdienst kein wichtiger Grund zur Kdg ist (s dazu § 2 ArbPlSchG Rdn 10 ff). 10

Den § 626 erg Sonderregelungen enthalten ferner die gesetzlichen Kündigungsbeschränkungen, nach denen eine außerordentliche Kdg nur mit vorheriger **Zustimmung** einer **Behörde** oder der zust **AN-Vertretung** bzw nach deren **Mitwirkung** zulässig ist. 11

Nach § 9 MuSchG ist auch die außerordentliche Kdg ggü einer **schwangeren** AN von der vorherigen Zulässigkeitserklärung der zust Landesbehörde abhängig (s dazu § 9 MuSchG Rdn 1 ff). Die außerordentliche Kdg eines **schwerbehinderten Menschen** bedarf nach den §§ 85, 91 SGB IX der vorherigen Zustimmung durch das Integrationsamt (s dazu § 91 SGB IX Rdn 3 ff). 12

Die Kdg eines **Mitglieds des BR** oder eines anderen in § 15 KSchG genannten **Amtsträgers** ist nach § 15 KSchG iVm § 103 BetrVG bzw §§ 47, 108 BPersVG nur zulässig, wenn der BR oder PersR zuvor der Kdg zugestimmt hat oder die verweigerte **Zustimmung** durch das Arbeits- oder Verwaltungsgericht ersetzt worden ist (s dazu § 15 KSchG Rdn 7, § 103 BetrVG Rdn 1, 11 ff). Dies wirkt sich auf die **Auslegung** des Begriffs des wichtigen Grundes iSd § 626 insoweit aus, als bei einer Zustimmungsverweigerung des BR bzw PersR im Ersetzungsverfahren nach § 103 II BetrVG bzw nach §§ 47, 108 BPersVG in Grenzfällen auch evtl kollektive Interessen an der Fortführung des Amtes gerade durch den betroffenen AN bei der Interessenabwägung mit zu berücksichtigen sind (zu weitgehend BAG 22.8.1974, 2 ABR 17/74, EzA § 103 BetrVG 1972 Nr 6; s.a. KR/*Etzel/Kreft* § 15 KSchG Rn 40). In Betrieben und Verwaltungen, für die ein BR oder PersR gebildet worden ist, muss eine **Anhörung** des zust Vertretungsorgans auch vor beabsichtigten außerordentlichen Kdg ggü anderen AN nach § 102 BetrVG bzw § 79 III BPersVG erfolgen (s dazu § 102 BetrVG Rdn 3, § 108 BPersVG Rdn 62 ff). 13

B. Ausübung des Rechts zur außerordentlichen Kdg. I. Rechtsgeschäftliche Willenserklärung. Die außerordentliche Kdg ist eine einseitige rechtsgestaltende **Willenserklärung**. S zur Geschäftsfähigkeit § 113; zur Vertretung §§ 164–180 und § 620 Rdn 6 ff; zur Form der Kdg § 623 Rdn 2, 5 ff; zum Zugang der Kdg § 130; zur Bedingungsfeindlichkeit § 620 Rdn 5. 14

II. Rückwirkende Kdg – Kdg vor Dienstantritt. Da ein wichtiger Grund nicht automatisch zur Beendigung des Arbeitsverhältnisses führt, kann die außerordentliche Kdg das Arbeitsverhältnis frühestens mit ihrem **Zugang** beenden, auch wenn sie »rückwirkend« erklärt wird (BAG 22.3.1979, 2 AZR 360/77). 15

Anders als bei der ordentlichen Kdg (s dazu § 620 Rdn 10) wirkt eine außerordentliche Kdg vor Dienstantritt bereits sofort mit Zugang und beendet den Arbeitsvertrag vor seiner Realisierung. 16

III. Arten der außerordentlichen Kdg. 1. Außerordentliche fristlose Kdg. Der **Regelfall** der außerordentlichen Kdg ist die **fristlose Kdg**, durch die das Arbeitsverhältnis sofort mit Zugang beendet werden soll. Sie braucht **nicht ausdrücklich** erklärt zu werden, sondern es genügt jede formgerechte Erklärung des Kündigungsberechtigten, aus der der Vertragspartner eindeutig und zweifelsfrei entnehmen kann, dass die Beschäftigung sofort endgültig eingestellt und das Arbeitsverhältnis nicht fortgesetzt werden soll. Es ist unter Berücksichtigung des gesamten Umstände nach § 133 durch **Auslegung** zu ermitteln, ob eine fristlose Entlassung beabsichtigt und erklärt worden ist (BAG 13.1.1982, 7 AZR 757/79, EzA § 626 BGB nF Nr 81). An der Erkennbarkeit des Willens, das Arbeitsverhältnis aus einem wichtigen Grunde zu beenden, kann es mangeln, wenn der Kündigende sich auf einen Beendigungstatbestand beruft, der keinen wichtigen Grund voraussetzt (zB Anfechtung, Formmangel – BAG 13.1.1982 aaO). 17

18 **2. Außerordentliche befristete Kdg.** Wenn einem Vertragspartner die Fortsetzung des Arbeitsverhältnisses bis zum Fristablauf unzumutbar geworden ist, ist er auch berechtigt, aus wichtigem Grund mit einer **Auslauffrist** zu kündigen (BAG 13.5.2015, 2 AZR 531/14, EzA § 626 BGB 2002 Nr 50 mwN), deren Ablauf aber von vornherein bestimmt sein muss (s BGH 22.10.2003, XII ZR 112/02, ZIP 2004, 317). Das gilt selbst dann, wenn der Kündigungsberechtigte die Auslauffrist im eigenen Interesse gewährt, um sich zunächst um eine Ersatzkraft oder eine neue Stellung zu bemühen (s BAG 15.3.1973, 2 AZR 255/72, AP SeemG § 63 Nr 3). Beschäftigt der kündigende AG den AN allerdings während einer längeren Auslauffrist tatsächlich weiter, wird es idR an der erforderlichen Unzumutbarkeit iSd § 626 I fehlen, sofern er damit nicht nur seiner Schadensminderungspflicht nach § 254 II (Fehlen einer Ersatzkraft) nachkommt (BAG 9.2.1960, 2 AZR 585/57, BAGE 9, 44; 6.2.1997, 2 AZR 38/96, AuR 1997, 210). Zur in Ausnahmefällen bestehenden Verpflichtung zur Einräumung einer Auslauffrist s Rdn 198.

19 Sofern dem Gekündigten nicht vorzuwerfen ist, er versuche rechtsmissbräuchlich aus seinem eigenen vertragswidrigen Verhalten Vorteile zu ziehen, braucht er sich auf die ihm freiwillig eingeräumte Frist nicht einzulassen, sondern kann auf sofortiger Beendigung des Arbeitsverhältnisses bestehen (str, s KR/*Fischermeier* § 626 Rn 30 mwN).

20 Wenn der Kündigungsberechtigte bei einer Kdg aus wichtigem Grund die Frist für die ordentliche Kdg einhält, muss er durch einen geeigneten Hinweis **klarstellen**, auf sein Recht zur außerordentlichen Kdg nicht zu verzichten. Andernfalls darf der Gekündigte berechtigt annehmen, ihm sei ordentlich gekündigt worden (BAG 12.9.1974, 2 AZR 535/73, EzA § 1 TVG Auslegung Nr 3).

21 **IV. Anhörung des Gekündigten.** Die vorherige **Anhörung** des Gekündigten oder gar eine **Gegenüberstellung** mit Belastungszeugen ist **keine Wirksamkeitsvoraussetzung** für eine außerordentliche Kdg (BAG 10.2.1977, 2 ABR 80/76, EzA § 103 BetrVG 1972 Nr 18; 18.9.1997, 2 AZR 36/97, EzA § 626 BGB nF Nr 169), sofern es nicht um eine sog Verdachts-Kdg geht (s dazu Rdn 143 ff). Maßgeblich ist allein, ob objektiv die Fortsetzung des Arbeitsverhältnisses bis zum Fristablauf unzumutbar ist. Mit der Anhörung handelt der Kündigende allerdings im eigenen Interesse. Schon um einen aussichtslosen Prozess zu vermeiden, empfiehlt es sich, vor Ausspruch einer außerordentlichen Kdg den Sachverhalt durch Anhörung des Betroffenen aufzuklären. S zur Bedeutung der Anhörung iRd **Ausschlussfrist** des § 626 II Rdn 213 f.

22 **V. Mitteilung der Kündigungsgründe.** Nach § 626 II 3 muss der Kündigende auf Verlangen des anderen Teiles den **Kündigungsgrund** unverzüglich **schriftlich mitteilen**, wobei »schriftlich« hier nicht gleichbedeutend ist mit »Schriftform« iSv § 126 (s *Gotthardt/Beck* NZA 2002, 880). Das Verlangen kann auch noch nach Ablauf der Frist des § 4 KSchG gestellt werden (str, s KR/*Fischermeier* § 626 Rn 36 mwN). Die Mitteilung ist grds **keine Wirksamkeitsvoraussetzung** für die Kdg, jedoch kann aus der pflichtwidrigen Nichtangabe des Kündigungsgrundes für den Gekündigten ein Anspruch auf **Schadenersatz** wegen der Kosten des Prozesses erwachsen, den der Gekündigte zunächst im Vertrauen darauf anhängig gemacht hat, dass für die Kdg kein wichtiger Grund vorlag (BAG 17.8.1972, 2 AZR 415/71, EzA § 626 BGB nF Nr 22).

23 Die Angabe des Kündigungsgrundes gehört nur dann zum notwendigen Inhalt der Kündigungserklärung, wenn das durch eine **konstitutive Formabrede** (TV, BV oder Arbeitsvertrag) vorgesehen **oder** – wie zB in § 22 BBiG oder § 9 MuSchG – **gesetzlich vorgeschrieben** ist.

24 **C. Abgrenzung der außerordentlichen Kdg von anderen Beendigungstatbeständen. I. Rücktritt.** Das **Rücktrittsrecht** nach den §§ 323 ff ist durch § 626 als lex specialis für die sofortige Beendigung von Dienstverhältnissen **ausgeschlossen**. Wenn ein »Rücktritt« vom Arbeitsvertrag erklärt wird, liegt darin zumeist eine ungenaue Ausdrucksweise. Die Erklärung ist bei gewahrter Schriftform als Kdg **auszulegen** oder in eine außerordentliche Kdg **umzudeuten**.

25 **II. Wegfall der Geschäftsgrundlage.** Eine wesentliche Veränderung oder ein **Wegfall der Geschäftsgrundlage** für den Abschluss eines Arbeitsvertrages (s § 313) ist rechtlich idR nur dann erheblich, wenn deswegen eine außerordentliche Kdg erklärt wird (s § 313 III 2). Ändert sich allerdings durch Gesetzesänderungen die Geschäftsgrundlage für ein Arbeitsverhältnis grundlegend, kann sich daraus die Notwendigkeit ergeben, die vertraglichen Abreden nach den Regeln über den Wegfall oder die Änderung der Geschäftsgrundlage anzupassen (BAG 25.2.1988, 2 AZR 346/87, EzA § 611 BGB Krankenhausarzt Nr 1). Wenn eine Kdg **ausnahmsweise** nicht möglich ist oder der **Arbeitsvertrag gegenstandslos** geworden ist, kann wegen Wegfalls der Geschäftsgrundlage gem § 242 die Berufung eines AN auf das Fehlen einer Kdg unbeachtlich sein, etwa wenn wegen einer Abschiebung aus der DDR im Jahr 1979 der Zweck des Arbeitsverhältnisses erkennbar für unabsehbare Zeit unerreichbar geworden war (BAG 24.8.1995, 8 AZR 134/94, EzA § 242

BGB Geschäftsgrundlage Nr 5; s zu solchen Extremfällen ferner BAG 3.10.1961, 3 AZR 138/60, und 12.3.1963, 3 AZR 60/62, AP BGB § 242 Geschäftsgrundlage Nr 4 und 5; aA Bader/Bram-*Bader* § 626 Rn 20).

III. Anfechtung. Unberührt durch das Recht zur außerordentlichen Kdg bleibt die Möglichkeit, einen Arbeitsvertrag unter den Voraussetzungen der §§ 119, 123 wegen **Irrtums** oder **Täuschung** anzufechten (s §§ 119 ff und § 611 Rdn 88 ff). Wenn ein Anfechtungsgrund so stark nachwirkt, dass er dem Anfechtungsberechtigten die Fortsetzung des Arbeitsverhältnisses unzumutbar macht, kann ein und ders Grund sowohl zur **Anfechtung** als auch zur ordentlichen oder außerordentlichen **Kdg** berechtigen. In einem solchen Fall steht es dem Anfechtungs- und Kündigungsberechtigten frei, welche rechtliche Gestaltungsmöglichkeit er ausüben will (BAG 16.12.2004, 2 AZR 148/04, EzA § 123 BGB 2002 Nr 5). Eine schriftliche Anfechtungserklärung kann evtl in eine außerordentliche Kdg **umgedeutet** werden oder dahin **auszulegen** sein, eine solche Kdg solle vorsorglich erklärt werden (BGH 27.2.1975, II ZR 77/73, NJW 1975, 1700). 26

IV. Berufung auf die Nichtigkeit des Arbeitsvertrages. Nichtig kann ein Arbeitsvertrag zB wegen **Verstoßes gegen ein Gesetz** (§ 134) oder **gegen die guten Sitten** (§ 138) sein. Auch ein Verstoß **gegen gesetzliche Formvorschriften** führt zur Nichtigkeit des Arbeitsvertrages (§ 125). Wurde dem nichtigen Vertrag gem gearbeitet, so liegt ein sog **faktisches Arbeitsverhältnis** vor, das von jeder der Parteien zu jeder Zeit beendet werden kann (**Lossagungsrecht**). § 1 KSchG und § 626 finden in diesen Fällen keine Anwendung. Die Berufung auf die Nichtigkeit des Arbeitsvertrages wirkt allerdings idR nicht rückwirkend, sondern nur für die Zukunft. 27

V. Aufhebungsvertrag. Ein Arbeitsvertrag kann auch durch einen **Aufhebungsvertrag** sofort oder zu einem bestimmten Zeitpunkt beendet werden (zur **Schriftform** s § 623 Rdn 5, 7; wegen der Abgrenzung zur nachträglichen Befristung des Arbeitsvertrages s BAG 28.11.2007, 6 AZR 1108/06, EzA § 123 BGB 2002 Nr 7 mwN). Sogar eine **rückwirkende Auflösung** des Arbeitsverhältnisses ist möglich, soweit dieses bereits außer Vollzug gesetzt war (s BAG 10.12.1998, 8 AZR 324/97, EzA § 613a BGB Nr 175). Kündigungsschutzvorschriften (§ 1 KSchG, § 626 BGB, § 102 BetrVG) finden keine Anwendung (zu Massenentlassungen s aber § 17 KSchG Rdn 14, 22 ff). IdR muss sich der AN selbst über die Folgen eines Aufhebungsvertrags informieren (BAG 11.12.2001, 3 AZR 339/00, EzA § 611 BGB Fürsorgepflicht Nr 62). Kommt der Vertrag auf **Initiative** und im Interesse **des AG** zustande, können sich aus Treu und Glauben (§ 242) **Hinweispflichten** des AG zu sozialversicherungsrechtlichen Nachteilen und den Folgen für die Altersversorgung ergeben, deren Verletzung Schadensersatzansprüche gem § 280 auslösen kann (BAG 17.10.2000, 3 AZR 605/99, EzA § 611 BGB Fürsorgepflicht, Nr 59; s.a. § 611 Rdn 318 f). 28

Unzulässig ist es allerdings, einen **bedingten Aufhebungsvertrag** als Ersatz für eine sonst erforderliche außerordentliche Kdg vorzusehen, weil damit der Nachprüfung entzogen wird, ob das als Bedingung vorgesehene Ereignis als wichtiger Grund für eine außerordentliche Kdg ausreicht (für Urlaubsüberziehung als aufschiebende Bedingung BAG 19.12.1974, 2 AZR 565/73, EzA § 305 BGB Nr 6; für die Auflösung eines Berufsausbildungsverhältnisses bei einer bestimmten Note im Berufsschulzeugnis BAG 5.12.1985, 2 AZR 61/85, EzA § 620 BGB Bedingung Nr 5; für den Rückfall eines alkoholabhängigen AN als aufschiebende Bedingung LAG München 29.10.1987, 4 Sa 783/87, BB 1988, 348; für die Unterschreitung einer bestimmten Quote krankheitsbedingter Fehltage als auflösende Bedingung LAG BW 15.10.1990, 15 Sa 92/90, DB 1991, 918). Eine unzulässige Umgehung von Kündigungsbestimmungen kann auch die unbedingte Auflösung des Arbeitsverhältnisses mit **bedingter Wiedereinstellungszusage** darstellen (s BAG 13.12.1984, 2 AZR 294/83, EzA § 620 BGB Bedingung Nr 2; 25.6.1987, 2 AZR 541/86, EzA § 620 BGB Bedingung Nr 8; str, s KR/*Spilger* AufhebungsV Rn 23 ff). Etwas anderes gilt nur dann, wenn die Bedingungen keine schutzwürdigen Interessen des AN verletzen (s BAG 7.3.2002, 2 AZR 93/01, EzA § 611 BGB Aufhebungsvertrag Nr 40 für einen innerhalb der Wartezeit des § 1 KSchG geschlossenen Aufhebungsvertrag mit bedingter Wiedereinstellungszusage). Sachlich gerechtfertigt zB auch eine Bedingung, die darauf abstellt, dass der AN für die vereinbarte Arbeitsleistung nach einem amtsärztlichen Attest tauglich ist (LAG Berlin 16.7.1990, 9 Sa 43/90, LAGE § 620 BGB Bedingung Nr 2). 29

Unter den Voraussetzungen der §§ 119, 123 kommt die **Anfechtung** eines Aufhebungsvertrages in Betracht (s dazu §§ 119–124). Zum **Rücktritt** gem § 323 wegen Nichtzahlung einer vereinbarten Abfindung s BAG 10.11.2011, 6 AZR 357/10, EzA § 323 BGB 2002 Nr 1 und 11.7.2012, 2 AZR 42/11, EzA § 123 BGB 2002 Nr 12. 30

Die **Geschäftsgrundlage** (§ 113) für einen aus betrieblichen Gründen geschlossenen Aufhebungsvertrag mit **Abfindung** fällt nicht ohne Weiteres weg, wenn nach dessen Abschluss zum gleichen Auflösungszeitpunkt auch noch eine verhaltensbedingte ordentliche Kdg ausgesprochen wird. Der Auflösungsvertrag wird 31

Fischermeier 1279

jedoch gegenstandslos, wenn das Arbeitsverhältnis vor dem vereinbarten Auflösungszeitpunkt aufgrund einer außerordentlichen Kdg endet (BAG 10.11.2011, 6 AZR 357/10, EzA § 323 BGB 2002 Nr 1). Zum kollusiven Zusammenwirken eines zur Geschäftsführung befugten Gesellschafters mit einer ANin zulasten der Gesellschaft beim Abschluss eines Aufhebungsvertrages mit Abfindung s BAG 29.1.1997, 2 AZR 472/96, EzA § 123 BGB Nr 47. Zur Zulässigkeit von Aufhebungsverträgen im Zusammenhang mit einem **Betriebsübergang** s BAG 23.11.2006, 8 AZR 349/06, EzA § 613a BGB 2002 Nr 61 und § 613a Rdn 105.

32 Wenn TV bei Aufhebungsverträgen eine **Bedenkzeit** vorsehen, auf die verzichtet werden kann, darf der **Verzicht** bereits in die Urkunde über die Vertragsauflösung aufgenommen werden (BAG 24.1.1985, 2 AZR 317/84, EzA § 4 TVG Einzelhandel Nr 2). Darüber hinaus ist die Berufung auf einen Aufhebungsvertrag nicht schon deswegen rechtsmissbräuchlich, weil der AG den AN zu einem Gespräch gebeten hat, ohne ihm dessen Thema zu nennen, und ihm keine Bedenkzeit oder ein Rücktrittsrecht eingeräumt hat (BAG 14.2.1996, 2 AZR 234/95, EzA § 611 BGB Aufhebungsvertrag Nr 21; str, s KR/*Spilger* AufhebungsV Rn 29 mwN). Auch die §§ 312, 355 idF des SchuldRModG haben an dieser Rechtslage nichts geändert und gaben dem AN **kein Widerrufsrecht** (BAG 22.4.2004, 2 AZR 281/03, EzA § 312 BGB 2002 Nr 2; zu § 312 ff BGB nF s *Fischinger/Werthmüller* NZA 2016, 193 ff). UU kann eine Vertragsaufhebung als Überraschungsklausel iSv § 305c nicht Vertragsbestandteil werden (BAG 15.2.2007, 6 AZR 286/06, EzA § 611 BGB 2002 Aufhebungsvertrag Nr 6), der Inhaltskontrolle gem §§ 307 ff unterliegt sie aber nicht (BAG 27.11.2003, 2 AZR 135/04, EzA § 312 BGB 2002 Nr 1). S iÜ zur AGB-Kontrolle von Aufhebungsverträgen und zum Rücktritt vom Aufhebungsvertrag *Bauer* NZA 2002, 170 ff.

33 Vom Aufhebungsvertrag ist der sog **Abwicklungsvertrag** zu unterscheiden, der von den Arbeitsvertragsparteien **nach einer Kdg** durch den AG abgeschlossen wird, die der AN hinnimmt (s hierzu *Hümmerich* BB 1999, 1868 mwN und zur Abgrenzung BAG 25.4.2007, 6 AZR 622/06, EzA § 113 InsO Nr 19). Kündigungsschutzprobleme ergeben sich insoweit nicht.

34 **VI. Fristlose Dienstentlassung als Dienststrafe.** Von der außerordentlichen Kdg ist die in Dienstordnungen vorgesehene fristlose **Dienstentlassung von** Bediensteten (**Dienstordnungs-Angestellten**) der Sozialversicherungsträger als **Disziplinarmaßnahme** zu unterscheiden (BAG 25.2.1998, 2 AZR 256/97, RzK I 8e Nr 2). Gesetzliche Grundlage für den Erlass entspr Dienstordnungen, die keiner Mitbestimmung durch den PersR unterliegen (BAG 25.5.1982, 1 AZR 1073/79, BAGE 39, 76), sind § 352 RVO und § 145 SGB VII; anders als im Bereich der gesetzlichen Unfallversicherung geht es im Bereich der gesetzlichen Krankenversicherung aber nur noch um Altfälle (s § 358 RVO). Die Entlassung bedeutet für den betroffenen- AN eine mit einem Unwerturteil verbundene Sanktion. Demggü ist eine außerordentliche Kdg, die nicht iR eines Disziplinarverfahrens erfolgt, keine Sanktion, sondern das von der Rechtsordnung vorgesehene Mittel, um ein Arbeitsverhältnis unter den gesetzlichen und vertraglichen Voraussetzungen zu beenden (BAG 17.1.1991, 2 AZR 375/90, EzA § 1 KSchG Verhaltensbedingte Kündigung Nr 37). Der aufgrund einer Kdg ausgeschiedene AN kann weiterhin für den öffentl Dienst geeignet und tragbar sein (BAG 11.11.1971, 2 AZR 218/70 und 3.2.1972, 2 AZR 170/71, AP BGB § 611 Dienstordnungs-Angestellte Nr 31, 32). Wegen der unterschiedlichen Voraussetzungen kann der Sozialversicherungsträger zwischen fristloser Dienstentlassung und außerordentlicher Kdg nicht frei wählen (BAG 26.5.1966, 2 AZR 339/65, SAE 1967, 42); die **Kdg** ist ggü der Dienstentlassung auch **kein milderes Mittel** (BAG 25.2.1998 aaO).

35 Für die Nachprüfung einer Dienstentlassung eines Dienstordnungs-Angestellten ist der **Rechtsweg** zu den Gerichten für Arbeitssachen gegeben (BAG 11.11.1971, 2 AZR 218/70, AP BGB § 611 Dienstordnungs-Angestellte Nr 31). Die gerichtliche Überprüfung erstreckt sich darauf, ob das Dienststrafverfahren in der vorgeschriebenen Form (zB notw Anhörung des AN) und mit der vorgesehenen Beteiligung des PersR (zB § 79 III BPersVG, s BAG 2.12.1999, 2 AZR 724/98, EzA § 94 BetrVG 1972 Nr 4) ordnungsgemäß durchgeführt worden ist und ob der Dienstherr bei der Verhängung der Dienststrafe ohne **Ermessensfehler** gehandelt hat. Fehlerhaft ist die Entscheidung des Dienstherrn insb dann, wenn er den Grundsatz der **Verhältnismäßigkeit** verletzt hat, indem er zB nicht geprüft hat, ob der AN bei Verhängung einer milderen Dienststrafe als der Dienstentlassung noch im Dienst tragbar wäre. Dagegen gilt bei der Verhängung der Dienststrafe der Dienstentlassung die **Ausschlussfrist** des § 626 II weder unmittelbar noch entspr (BAG 3.2.1972 aaO).

36 **VII. Auflösungsantrag nach § 78a BetrVG.** Die Zumutbarkeitsbegriffe in § 626 I und in § 78a IV BetrVG sind inhaltlich nicht identisch (BAG 6.11.1996, 7 ABR 54/95, EzA § 78a BetrVG 1972 Nr 24). § 626 II ist auf den Auflösungsantrag weder unmittelbar noch entspr anwendbar (BAG 15.12.1983, 6 AZR 60/83, EzA § 78a BetrVG 1972 Nr 13; s KR/*Weigand* § 78a BetrVG Rn 73).

VIII. Sonstige Beendigungsgründe. Im Ergebnis zur sofortigen Beendigung führen ebenfalls **Fristablauf** 37 oder **Bedingungseintritt** bei befristeten oder auflösend bedingten Dienst- bzw Arbeitsverhältnissen, der **Tod des AN**, **Konfusion** (str, s KR/*Fischermeier* Rn 63), der **vermutete Verlust von Schiff und Besatzung** gem § 71 SeeArbG, die **Nichtfortsetzungserklärung** gem § 12 KSchG (s § 12 KSchG Rdn 6, 9), das Verbleiben als **freiwilliger Soldat** in den Streitkräften gem § 3 EignÜG, die **lösende Aussperrung** (BAG 21.4.1971, GS 1/68, EzA Art 9 GG Nr 6; s KR/*Bader* § 25 KSchG Rn 5) sowie die **Abkehrerklärung** des AN **bei einer suspendierenden Aussperrung** (BAG aaO; *Löwisch/Krauß* Arbeitskampf- und Schlichtungsrecht 170.3.1 Rn 36 f; aA *ZLH/Loritz* S 450). Als weitere sofort wirkende gesetzliche Beendigungsgründe kommen ferner das Erlöschen der Verleiherlaubnis bei gewerbsmäßiger AN-Überlassung (§§ **9 Nr 1, 10 I AÜG**), der Übergang des Arbeitsverhältnisses im Fall des Betriebsübergangs (§ **613a I 1**; s § 613a Rdn 39 ff) und die Schließung einer Innungs- oder Betriebskrankenkasse (§ **164 IV 1 SGB V**, vgl dazu BAG 21.11.2013, 2 AZR 474/12, EzA § 164 SGB V Nr 1) in Betracht.

D. Ausschluss, Beschränkung und Erweiterung der außerordentlichen Kdg. I. Ausschluss. 1. Grund- 38 **satz der Unabdingbarkeit.** Das **Recht zur außerordentlichen Kdg** ist für beide Vertragsteile **unabdingbar** (BAG 19.12.1974, 2 AZR 565/73, AP BGB § 620 Bedingung Nr 3). Es kann weder durch einzelvertragliche noch durch kollektivrechtliche Vereinbarungen (**BV** oder **TV**) von vornherein ausgeschlossen werden.

2. Abgrenzung zu Verzicht und Verzeihung. Von dem vorherigen Ausschluss des Kündigungsrechts ist 39 der **nachträgliche Verzicht** auf die Kündigungsbefugnis zu unterscheiden. Ein Verzicht auf ein entstandenes Kündigungsrecht muss ausdrücklich oder konkludent durch eine empfangsbedürftige **Willenserklärung** des Kündigungsberechtigten erfolgen. Er ist nur anzunehmen, wenn der Kündigungsberechtigte eindeutig seine Bereitschaft zu erkennen gibt, das Arbeitsverhältnis fortzusetzen (BAG 6.3.2003, 2 AZR 128/02, EzA § 626 BGB 2002 Nr 3), zB wenn der Kündigungsberechtigte **vor Ablauf der Ausschlussfrist** des § 626 II eine **Abmahnung** (Rdn 181) oder eine **ordentliche Kdg** ausspricht (BAG 31.7.1986, 2 AZR 559/85, RzK I 8c Nr 10), es sei denn, der AG hatte in Verkennung eines (tarif)vertraglichen Ausschlusses der ordentlichen Kdg fristgerecht zu kündigen versucht (BAG 5.2.1998, 2 AZR 227/97, EzA § 626 BGB Unkündbarkeit Nr 2). Der Verzicht führt zum Erlöschen des Kündigungsrechts. Mit dem Ablauf der Ausschlussfrist verwirkt das Kündigungsrecht ohnehin, weshalb dem Verzicht im Bereich des § 626 keine große Bedeutung zukommt.

Auch die sog **Verzeihung** eines Kündigungsgrundes setzt voraus, dass der Kündigungsberechtigte ausdrück- 40 lich oder durch schlüssiges Verhalten zu erkennen gegeben hat, einen bestimmten Grund nicht mehr zum Anlass für eine außerordentliche Kdg nehmen zu wollen. Zum Verzicht besteht nur insoweit ein Unterschied, als bei der Verzeihung der **Kündigungsgrund entfällt** und der Berechtigte auch nicht mehr ordentlich kündigen kann, weshalb eine Abmahnung jedenfalls auch verzeihende Wirkung hat. Eine **Verwirkung** des Kündigungsrechts kommt neben § 626 II grds nicht in Betracht (s BAG 9.1.1986, 2 ABR 24/85, EzA § 626 BGB nF Nr 98).

II. Beschränkung. 1. Unzumutbare Erschwerungen. Nicht nur ein Ausschluss, sondern auch eine 41 **unzumutbare Erschwerung** der außerordentlichen Kdg ist unzulässig (BAG 8.8.1963, 5 AZR 395/62, BAGE 14, 294). Eine solche liegt nicht schon dann vor, wenn interne gesellschaftsrechtliche Bindungen bestehen bzw arbeitsvertraglich modifiziert werden (zB Kdg nur nach vorheriger Zustimmung der Gesellschafterversammlung [BAG 11.3.1998, 2 AZR 287/97, EzA § 37 GmbHG Nr 2] bzw eines Gesellschafters [BAG 20.10.1960, 2 AZR 554/59, BAGE 10, 122]; zur vertraglichen Beschränkung der Kündigungsberechtigung auf die Person des AG s Rdn 227). Unzumutbar erschwert wird das Recht zur außerordentlichen Kdg dagegen idR dann, wenn eine fristlose Entlassung durch den AG nur mit Zustimmung eines Dritten zulässig sein soll. Da allerdings in den Fällen, in denen die außerordentliche Kdg der Zustimmung des BR oder PersR oder einer Behörde bedarf (s Rdn 11 ff), die Verweigerung der Zustimmung gerichtlich überprüft werden kann, wird durch den gesetzlichen Sonderkündigungsschutz das Recht zur außerordentlichen Kdg nicht unzumutbar erschwert. Aus dem gleichen Grunde ist es unbedenklich, dass nach § 102 VI BetrVG auch die außerordentliche Kdg ohne Sonderkündigungsschutz durch **BV** an die **Zustimmung des BR** gebunden werden kann, denn bei der Verweigerung der Zustimmung hat die neutrale Einigungsstelle zu entscheiden. Das gilt auch für eine TV-Regelung, die bei Meinungsverschiedenheiten die Einschaltung einer Einigungsstelle vorsieht (BAG 12.11.1997, 7 AZR 422/96, EzA § 611 BGB Einstellungsanspruch Nr 12).

Eine **unzulässige Kündigungserschwerung** enthält die Verpflichtung, während des Kündigungsschutzpro- 42 zesses die Vergütung weiterzuzahlen (BAG 18.12.1961, 5 AZR 104/61, SAE 1962, 181). Unzumutbar erschwert wird eine außerordentliche Kdg ferner, wenn der jeweils Kündigende trotz eines vom Gekündigten schuldhaft gesetzten wichtigen Grundes zur Zahlung einer **Vertragsstrafe** oder einer **Abfindung** verpflichtet sein soll (BAG 8.8.1963, 5 AZR 395/62, BAGE 14, 294; BGH 3.7.2000, II ZR 282/98, EzA § 626 BGB nF Nr 181) oder wenn dem AN bei einer von ihm ausgesprochenen außerordentlichen Kdg die **Rückzahlung** von Urlaubsentgelt, Urlaubsgeld oder Gratifikationen auferlegt wird.

43 **2. Ausschluss von Kündigungsgründen.** Zumeist unwirksame Einschränkungen enthalten Arbeits- oder TV, wenn **abschließend** festgelegt wird, welche **bestimmten Gründe** zur außerordentlichen Kdg berechtigen sollen, und damit eine außerordentliche Kdg in anderen als den vorgesehenen Fällen ausgeschlossen wird (zB § 55 II BAT im Gegensatz zum neuen § 34 II 1 TVöD). Zwar beruhte die Regelung auf iA berechtigten Erwartung, im öffentl Dienst sei es bei einer Änderung der Organisation des AG zumutbar, den AN zu veränderten Bedingungen weiterzubeschäftigen. Jedoch sind auch im öffentl Dienst Fälle denkbar, in denen dringende betriebliche Erfordernisse einer Weiterbeschäftigung schlechthin entgegenstehen (dazu Rdn 106). Auch im **öffentl Dienst** sind die grundlegenden Organisationsentscheidungen des AG grds nicht auf Notwendigkeit und Zweckmäßigkeit zu überprüfen (BAG 26.1.1995, 2 AZR 371/94, EzA § 2 KSchG Nr 22; 6.10.2005, 2 AZR 362/04, EzA § 626 BGB 2002 Nr 14). Ob eine Weiterbeschäftigung des AN zu veränderten Bedingungen möglich und zumutbar ist, muss unter Berücksichtigung aller Umstände des Einzelfalles geprüft und kann nicht in einem TV generalisierend bejaht werden. Da der Kündigungsausschluss des § 55 II BAT bei betriebsbedingten Gründen von der Besitzstandsklausel des § 34 II 2 TVöD nicht erfasst wird, ist er inzwischen kaum noch von Bedeutung (BAG 28.10.2010, 2 AZR 688/09, EzA § 2 KSchG Nr 80).

44 Mit der Beschränkung auf zumutbare Erschwerungen können allerdings die Parteien und die Tarifpartner die Grenzen der **relativen Unzumutbarkeit** bestimmen. So ist es zB unbedenklich, die außerordentliche Kdg wegen pflichtwidrigen Verhaltens auf Gründe zu beschränken, die bei einem Beamten die Entfernung aus dem Dienst rechtfertigen. Zur Übernahme des Vergütungsrisikos bei betrieblichen Gründen s Rdn 109.

45 **III. Erweiterungen. 1. Vertragliche Regelungen.** Die Parteien eines **Arbeitsvertrages** können das Recht zur außerordentlichen Kdg auch vertraglich **nicht** über das gesetzliche Maß hinaus **erweitern** (s.a. BAG 9.2.2006, 6 AZR 47/05, EzA § 308 BGB 2002 Nr 3; 19.1.2005, 7 AZR 113/04, EzBAT § 53 BAT Beschäftigung Nr 13). Die Festlegung bestimmter Tatbestände als wichtige Gründe über den durch § 626 gesetzten Rahmen hinaus verstößt gegen die in § 622 zwingend festgelegten **Mindestkündigungsfristen** (BAG 22.11.1973, 2 AZR 580/72, EzA § 626 BGB nF Nr 33). Eine beschränkte rechtliche Bedeutung haben Vereinbarungen über Gründe zur außerordentlichen Kdg iRd **Interessenabwägung**.

46 **2. Tarifliche Regelungen.** Auch die TV-Parteien können das gesetzliche Recht zur außerordentlichen Kdg nicht erweitern (BAG 24.6.2004, 2 AZR 656/02, EzA § 626 BGB 2002 Unkündbarkeit Nr 7). Allerdings sind die TV-Parteien nach § 622 IV nicht an die gesetzlichen Mindestfristen gebunden, sondern können auch **entfristete Kdg** vereinbaren. Sie überschreiten deswegen nicht die Grenzen ihrer Regelungsbefugnis, wenn sie bes Kündigungsgründe (sog **minder wichtige Gründe**) für Kdg festlegen, die entfristet oder mit kürzeren Kündigungsfristen erfolgen können (BAG 19.1.1973, 2 AZR 103/72, EzA § 626 BGB nF Nr 24; s aber Rdn 49).

47 Zumeist werden »wichtige Gründe« nur in solchen **Tarifvorschriften** näher bestimmt, die das Recht zur »außerordentlichen Kdg« von AN regeln, denen mit Rücksicht auf die Dauer ihrer Betriebszugehörigkeit nicht mehr ordentlich gekündigt werden kann (sog **unkündbare AN**). Bei einer tariflich vorgesehenen Kdg von an sich unkündbaren AN aus bestimmten Gründen handelt es sich sachlich nicht um eine außerordentliche, sondern um eine **ordentliche Kdg** (BAG 27.1.2011, 2 AZR 9/10, AP § 1 KSchG 1969 Betriebsbedingte Kündigung Nr 187).

48 Verwendet ein TV den Begriff des wichtigen Grundes, dann ist allerdings grds davon auszugehen, dass die TV-Parteien diesen Begriff auch in seiner allg gültigen Bedeutung iSd § 626 gebraucht haben und nicht anders verstanden wissen wollen (BAG 20.3.2014, 2 AZR 288/13, EzA § 4 TVG Stahlindustrie Nr 3). Wenn diese **Auslegungsregel** eingreift, sind die im TV genannten »wichtigen Gründe« an den Anforderungen des § 626 zu messen.

49 Eine weitere Einschränkung der Wirksamkeit tariflicher Regelungen des »wichtigen Grundes« ergibt sich daraus, dass nach dem Sinn und Zweck des § 622 VI die Anforderungen für die Kdg durch den AG nicht geringer sein dürfen als für den AN. Aus diesem Grunde ist es nicht möglich, einseitig zuungunsten der AN bes Gründe für eine entfristete Kdg vorzusehen. Die **minder wichtigen Gründe** müssen vielmehr für **beide Vertragsteile** gelten (LAG Köln 31.1.2001, 8 Sa 1059/00, ZTR 2001, 474).

50 **E. Methode der gesetzlichen Regelung und allg Merkmale des wichtigen Grundes. I. Regelungsgehalt.** Der Gesetzgeber hat bei § 626 die Methode der Regelung durch eine Generalklausel bzw **Blankettnorm** gewählt. Der wichtige Grund ist als **umfassender unbestimmter Rechtsbegriff** ausgestaltet worden.

Bei seiner Ausfüllung ist der objektive Gehalt der **Grundrechte** zu beachten, wobei insb Art 12 GG Bedeutung erlangt (s BVerfG 27.1.1998, 1 BvL 15/87, EzA § 23 KSchG Nr 17).

II. Problematik des unbestimmten Rechtsbegriffs. Nach § 626 I ist bei allen Kündigungsgründen eine Berücksichtigung aller **Umstände des Einzelfalles** und eine Abwägung der (jeweiligen) **Interessen beider Vertragsteile** erforderlich. Das Erfordernis, die Besonderheiten des Einzelfalles umfassend zu berücksichtigen, schließt es aus, bestimmte Tatsachen stets als wichtige Gründe zur außerordentlichen Kdg anzuerkennen. Es gibt iRd § 626 **keine** unbedingten **(absoluten) Kündigungsgründe** (BAG 10.6.2010, 2 AZR 541/09, EzA § 626 BGB 2002 Nr 32). 51

Auch dann, wenn **mehrere Kdg aus demselben Anlass** oder wegen eines gleichartigen Kündigungssachverhaltes ausgesprochen werden, ist es bei Berücksichtigung aller Umstände des Einzelfalles und der beiderseitigen Interessen nicht nur möglich, sondern uU sogar geboten, die Wirksamkeit der von den gekündigten AN angegriffenen Kdg unterschiedlich zu beurteilen (BAG 25.3.1976, 2 AZR 163/75, EzA § 103 BetrVG 1972 Nr 12). Im Interesse der gebotenen **Einzelfallgerechtigkeit** wird dadurch zwangsläufig die Rechtssicherheit beeinträchtigt. Gleichwohl ist die Regelung des § 626 rechtspolitisch nicht verfehlt. Ein Versuch, die Tatbestände des wichtigen Grundes durch eine abschließende gesetzliche Regelung zu bestimmen, müsste an der Vielfältigkeit und der Unterschiedlichkeit der denkbaren Kündigungssachverhalte scheitern. Damit das Recht der außerordentlichen Kdg nicht zu einem unübersichtlichen und unberechenbaren echten »**case-law**« wird, bedarf es allerdings einer **Strukturierung** des wichtigen Grundes, der Konkretisierung typischer Kündigungssachverhalte, einer **Systematisierung** der Kündigungsgründe und der Entwicklung allg Richtlinien für die Beurteilung bestimmter Kündigungsgründe. 52

III. Nähere Bestimmung des wichtigen Grundes. 1. Allgemeines. Ein brauchbarer Ansatzpunkt zur Konkretisierung des wichtigen Grundes ist der vom BAG entwickelte Maßstab zur **revisionsrechtlichen Nachprüfung** des wichtigen Grundes. Die Anwendung und Auslegung des § 626 I ist im Revisionsverfahren dahin zu überprüfen, ob ein bestimmter Sachverhalt ohne die bes Umstände des Einzelfalles an sich geeignet ist, einen wichtigen Grund zu bilden, und ob bei der Berücksichtigung der Umstände des Einzelfalles und der Interessenabwägung alle vernünftigerweise in Betracht kommenden Umstände vollständig und widerspruchsfrei berücksichtigt worden sind (BAG 2.6.1960, 2 AZR 91/58, BAGE 9, 263). Bei Letzterem steht dem Tatsachenrichter ein **Beurteilungsspielraum** zu. Der **wichtige Grund** ist damit **in 2** systematisch zu trennenden **Abschnitten zu prüfen** (BAG 26.3.2009, 2 AZR 953/07, NZA-RR 2010, 516). Dies ermöglicht die Systematik für die generell geeigneten Gründe und grenzt iÜ die voll überprüfbare Rechtsfrage (generelle Eignung als wichtiger Grund) von der beschränkt revisiblen Würdigung der bes Umstände des Falles und der jeweiligen Interessen (Zumutbarkeitsprüfung) ab. 53

2. An sich geeignete Gründe. Die in den mit dem ArbRBereinigG von 1969 **aufgehobenen gesetzlichen Vorschriften** genannten Bsp für wichtige Gründe sind weiterhin als **typische Sachverhalte** anzuerkennen, die an sich geeignet sind, einen wichtigen Grund zur außerordentlichen Kdg zu bilden. Diese »Regeltatbestände« begründen allerdings **keine** vom Gekündigten auszuräumende tatsächliche **Vermutung** für die Unzumutbarkeit der Fortsetzung des Arbeitsverhältnisses. Mit dieser Maßgabe kommen in Betracht: **Anstellungsbetrug** (§ 123 I Nr 1 GewO), dauernde oder **anhaltende Arbeitsunfähigkeit** (§ 72 I Nr 3 HGB), beharrliche **Arbeitsverweigerung** oder **Arbeitsvertragsbruch** (§ 123 I Nr 3 GewO und § 72 I Nr 2 HGB), grobe Verletzung der **Treuepflicht** (§ 72 I Nr 1 HGB), Verstöße gegen das **Wettbewerbsverbot** (§ 72 I Nr 1 HGB), **Tätlichkeiten** oder erhebliche **Ehrverletzungen** ggü dem AG bzw dessen Vertreter (§ 72 I Nr 4 HGB) und Dienstverhinderungen des AN durch eine längere **Freiheitsstrafe** (§ 72 I Nr 3 HGB). Außerordentliche **Kdg durch AN** sind an sich berechtigt, wenn sie **dauernd zur** Fortsetzung der **Arbeit unfähig** werden (§ 124 I Nr 1 GewO und § 71 I Nr 1 HGB), wenn der AG die **Vergütung** nicht zahlt (§ 124 I Nr 4 GewO und § 71 I Nr 2 HGB) oder wenn der AG sich **Tätlichkeiten** oder erhebliche **Ehrverletzungen** gegen den AN zuschulden kommen lässt (§ 124 I Nr 2 GewO, § 71 I Nr 4 HGB). 54

3. Grds ungeeignete Gründe. Während positive abstrakte Rechtssätze für Gründe, die die Kdg schlechthin rechtfertigen, nicht möglich sind (s Rdn 51), lassen sich negative Obersätze für Fallgestaltungen bilden, bei denen eine außerordentliche Kdg von vornherein ausgeschlossen ist. 55

So kann sich der Kündigende zur Begründung einer außerordentlichen Kdg nicht auf **Umstände** berufen, die er **vor Vertragsschluss gekannt** hat, und zwar selbst dann nicht, wenn er sie oder ihre Folgen nicht richtig eingeschätzt hat. 56

Auch die den **Diskriminierungsverboten** des Art 3 GG und des AGG unterliegenden Tatbestände sind grds absolut ungeeignete Kündigungsgründe. Insb kann die Zugehörigkeit zu einer bestimmten **Rasse** für sich allein kein Kündigungsgrund sein. Auch die **politische oder gewerkschaftliche Tätigkeit** reicht für sich 57

§ 626 BGB Fristlose Kündigung aus wichtigem Grund

genommen nicht als Grund für eine außerordentliche Kdg aus (s § 16 Vorl LandarbO). Dasselbe gilt für die **gesetzlich geregelten** absoluten und relativen **Kündigungsverbote**, soweit sie bestimmte Tatsachen als Kündigungsgründe absolut ausschließen.

58 **Nur vertragsbezogene Interessen** beider Parteien des Arbeitsverhältnisses sind iRd § 626 I geschützt; Interessen, die völlig außerhalb des Vertragsverhältnisses stehen, können eine Kdg nicht rechtfertigen (BAG 20.9.1984, 2 AZR 633/82, EzA § 626 BGB nF Nr 91). Da nur auf die konkrete Rechtsbeziehung AN/AG abzustellen ist, kann auch die Verletzung von »Drittinteressen« nicht als wichtiger Grund anerkannt werden (*Preis* Prinzipien S 237).

59 Daraus ist der allg Grundsatz abzuleiten, dass alle Umstände und Verhaltensweisen, die sich nicht nachteilig auf das Arbeitsverhältnis auswirken, dh den durch Auslegung zu ermittelnden Vertragsinhalt verletzen oder die Abwicklung stören, als wichtige Gründe ausscheiden (*Preis* Prinzipien S 491 f). Ein bestimmter Vorfall ist von vornherein ungeeignet, einen wichtigen Grund abzugeben, wenn er nicht zu einer **konkreten Beeinträchtigung** des **Arbeitsverhältnisses** geführt hat (s.a. Rdn 69 ff).

60 Wenn und solange der AG bei einer **Betriebsstockung** verpflichtet ist, auch an AN, die deswegen nicht beschäftigt werden können, den Lohn fortzuzahlen, ist er nicht berechtigt, aus wichtigem Grund zu kündigen (BAG 28.9.1972, 2 AZR 506/71, EzA § 626 BGB nF Nr 17). Darüber hinaus darf der AG generell keine Gründe, die in den Bereich seines **Unternehmerrisikos** fallen, zum Anlass für eine außerordentliche Kdg nehmen (s Rdn 105 ff).

61 Gründe, die dem AG schon **länger als 2 Wochen** vor Ausspruch der Kdg **bekannt** gewesen sind, können allein keine außerordentliche Kdg stützen (§ 626 II).

62 Nur bei ordentlich kündbaren Arbeitsverhältnissen sind Tatsachen in der Person des Gekündigten oder des Kündigenden als relativ ungeeignete und betriebsbedingte als absolut ungeeignete Gründe für eine außerordentliche Kdg auszugrenzen.

63 Str ist, ob auch **geringfügigen Pflichtverletzungen** des AN, die zu einer als **geringfügig** anzusehenden **Schädigung** des AG führen, von vornherein die Eignung für eine außerordentliche Kdg abzusprechen ist. Nach der zutr Auffassung des BAG (11.12.2003, 2 AZR 36/03, EzA § 626 BGB 2002 Nr 5) ist diese Abgrenzung nicht möglich, weil es bereits eine von den konkreten Umständen des Einzelfalles abhängende Wertungsfrage ist, ob eine bestimmte Vertragsverletzung und die daraus folgende Störung des Arbeitsverhältnisses als geringfügig anzusehen sind. Bei einer fallbezogenen Würdigung bereits im 1. Prüfungsabschnitt würde die bisherige Systematik aufgegeben. Der Grad des Verschuldens und die Höhe des Schadens sind iRd Interessenabwägung zu berücksichtigen.

64 Auch der Hinweis, dass eine außerordentliche Kdg jedenfalls dann unwirksam ist, wenn die arbeitgeberseitige Kdg schon an den **Rechtsschranken** scheitern müsste, die **für eine ordentliche Kdg** gelten (MüKo-BGB/ *Henssler* Rn 2; ErfK/*Müller-Glöge* Rn 18; *Stahlhacke/Preis* Rn 548), führt nicht wirklich weiter. Diese Prüfung macht eine Interessenabwägung idR nicht entbehrlich, denn auch bei der Prüfung der sozialen Rechtfertigung einer ordentlichen Kdg aus Gründen in der Person oder im Verhalten des AN ist zwischen dem Kündigungsgrund an sich und der Interessenabwägung zu unterscheiden (ganz hM, s aber § 1 KSchG Rdn 27).

65 **IV. Weitere Konkretisierung des wichtigen Grundes und Systematisierung der Kündigungsgründe.** Weitere Möglichkeiten, den unbestimmten Rechtsbegriff des **wichtigen Grundes** überschaubarer und anwendbarer zu machen, ergeben sich durch die **Bestimmung des Begriffs** des Kündigungsgrundes (s dazu Rdn 66 ff), die Konkretisierung des Erfordernisses **nachteiliger Auswirkungen** auf das Arbeitsverhältnis (s Rdn 69 ff), die **Systematisierung** der Kündigungsgründe **nach** ihrem **sachlichen Gehalt** (s Rdn 85 ff) und ihrer **zeitlichen Entstehung** und Geltendmachung (s Rdn 115 ff) sowie durch **allg Regeln für bestimmte Gründe** (s Rdn 137 ff, 141 ff) und **für die Interessenabwägung** (s Rdn 151 ff).

66 **F. Begriff des Kündigungsgrundes und Folgerungen aus der Begriffsbestimmung. I. Objektiver Tatbestand des wichtigen Grundes.** Nach § 626 I kommt es darauf an, ob Tatsachen vorliegen, aufgrund derer dem Kündigenden die Fortsetzung des Dienstverhältnisses unter Berücksichtigung der Umstände des Einzelfalles und der beiderseitigen Interessen nicht zugemutet werden kann. Daraus folgern die hL und Rspr zutr, der wichtige Grund werde durch die **objektiv vorliegenden Tatsachen** bestimmt, die (an sich) geeignet seien, die Fortsetzung des Arbeitsverhältnisses unzumutbar zu machen (BAG 18.1.1980, 7 AZR 260/78, EzA § 626 BGB nF Nr 71; BGH 5.12.1979, VIII ZR 155/78, DB 1980, 967). Im Interesse der Rechtssicherheit und aus systematischen und pragmatischen Gründen kann **nicht** das **Motiv** oder der **subjektive Kenntnisstand** des Kündigenden zum Ansatzpunkt für die Bestimmung des wichtigen Grundes gewählt werden. Das gilt auch dann, wenn der Wissensstand des AG auf einem **Irrtum** beruht, den der AN hätte aufklären können (BAG 20.2.1986, 2 AZR 201/85, RzK I 5h Nr 2). Ob das **AGG** an der grds

1284 *Fischermeier*

Unbeachtlichkeit des Motivs für die Kdg etwas geändert hat, ist im Hinblick auf § 2 IV AGG str, mit BAG 6.11.2008, 2 AZR 523/07 (EzA § 1 KSchG Soziale Auswahl Nr 82) aber zu bejahen: Bei einer aus einem **diskriminierenden Motiv** erklärten außerordentlichen Kdg ergibt sich deren Unwirksamkeit trotz eines für sie ausreichenden objektiven Sachverhalts aus der fehlenden Unzumutbarkeit im konkreten Fall, wenn sie ohne diese Motivation unterblieben wäre. Unerheblich ist, ob der AG mögliche **Aufklärungsmaßnahmen unterlassen** hat (BAG 18.9.1997, 2 AZR 36/97, EzA § 626 BGB nF Nr 169). Ein Kündigungsgrund verliert auch nicht deshalb sein Gewicht als wichtiger Grund, weil dem Kündigenden jeder Grund recht gewesen wäre, um das Vertragsverhältnis fristlos zu beenden. Grds sind sogar erst bei einer gezielten Suche aufgedeckte Kündigungsgründe verwertbar (LAG Nürnberg 28.3.2003, 4 Sa 136/02, LAGE § 626 BGB Nr 149; *Küttner* FS Bartenbach, S 599 ff; aA OLG Köln 4.11.2002, 19 und 38/02, NJW-RR 2003, 399). Zieht allerdings der Kündigende aus einem an sich bestehenden Grund zunächst keine Folgerung, sondern beruft er sich nur auf Umstände, die mit dem Arbeitsverhältnis nichts zu tun haben, so wäre das spätere Zurückgreifen auf den an sich erheblichen Grund uU als **widersprüchliches Verhalten** (venire contra factum proprium) unzulässig. Neben diesen Ausnahmen gewinnt das Motiv nur dann Bedeutung, wenn der Kündigende in verwerflicher Gesinnung (§ 138) handelt.

II. Beurteilungszeitpunkt. Ebenso wie bei der ordentlichen ist bei der außerordentlichen Kdg auf den Zeitpunkt des **Zugangs** der Kdg abzustellen, sodass grds auch nur die bis dahin eingetretenen Umstände darauf überprüft werden können, ob sie als Kündigungsgrund geeignet sind (BAG 10.3.1982, 4 AZR 158/79, EzA § 2 KSchG Nr 4; s.a. Rdn 116). 67

III. Beurteilungsmaßstab. Die objektive Bestimmung des Kündigungsgrundes wirkt sich auch auf den Prüfungsmaßstab aus. Der subjektive Standpunkt des Kündigenden ist ebenso wenig entscheidend wie die subjektive Würdigung des Gekündigten. Es ist vielmehr bei der Wertung des Kündigungsgrundes und bei der Interessenabwägung ein **objektiver Maßstab** anzulegen. 68

G. Nachteilige Auswirkung auf das Arbeitsverhältnis. I. Allg Grundsätze, Prognoseprinzip. Eine außerordentliche Kdg kann nur auf solche Gründe gestützt werden, die sich konkret nachteilig auf das Arbeitsverhältnis auswirken (*Preis* Prinzipien S 224 ff). Im Bereich der **verhaltensbedingten Kdg** darf allerdings bei einer konkreten Beeinträchtigung des Arbeitsverhältnisses nicht ohne Weiteres ein **vertragswidriges Verhalten** des AN unterstellt werden. Der Grundsatz, dass die Verletzung einer vertraglichen Haupt- oder Nebenpflicht durch AG oder AN regelmäßig zur **konkreten Störung** des arbeitsrechtlichen Austauschverhältnisses führt (BAG 17.1.1991, 2 AZR 375/90, EzA § 1 KSchG Verhaltensbedingte Kündigung Nr 37), lässt sich nicht umkehren. Da der **Kündigungsgrund** seiner Natur nach »zukunftsbezogen« ist (BAG 16.8.1991, 2 AZR 604/90, EzA § 1 KSchG Verhaltensbedingte Kündigung Nr 41; 11.6.1992, 8 AZR 474/91, EzA Art 20 EinigungsV Nr 16), kommt es auf seine nachteiligen Auswirkungen für die Zukunft an (gegen dieses sog Prognoseprinzip *Rüthers* NJW 1998, 1433; hierzu Erwiderung von *Preis* NJW 1998, 1889). Steht fest, dass die nachteiligen Auswirkungen zwar nicht sofort, aber ab einem bestimmten Zeitpunkt vor einer Möglichkeit zur ordentlichen Beendigung des Arbeitsverhältnisses eintreten werden, kann (bzw wegen § 626 II muss) die außerordentliche Kdg sogleich erklärt werden, wirkt jedoch erst zu dem späteren Zeitpunkt (s BAG 13.4.2000, 2 AZR 259/99, EzA § 626 BGB nF Nr 180). Zurückliegende Ereignisse, die das Arbeitsverhältnis nicht mehr belasten, sind dagegen unerheblich, auch wenn sie zunächst schwerwiegend waren. Entscheidend ist, ob die Gründe noch eine künftige Belastung des Arbeitsverhältnisses erwarten lassen (BAG 23.10.2008, 2 ABR 59/07, EzA § 626 BGB 2002 Nr 25). Da es um den künftigen Bestand des Arbeitsverhältnisses geht, muss dessen Fortsetzung durch **objektive Umstände, betriebliche Erfordernisse** oder die Einstellung oder das Verhalten des Gekündigten konkret beeinträchtigt sein (BAG 16.8.1991 aaO; 9.3.1995, 2 AZR 497/94, EzA § 626 BGB nF Nr 154). 69

Dies ist vom Kündigenden darzulegen, wenn sich die Besorgnis nicht bereits aus **Schwere** oder Nachhaltigkeit der bisherigen Störungen ergibt (BAG 24.10.1996, 2 AZR 900/95, RzK I 5i Nr 120; s.a. Rdn 99). Die **Nichtbeachtung** einer **Abmahnung** rechtfertigt regelmäßig bereits die sichere negative Prognose der **Wiederholungsgefahr** (BAG 19.4.2007, 2 AZR 180/06, EzTöD 100 § 34 Abs 2 TVöD-AT Verhaltensbedingte Kdg Nr 7). Dagegen ist von dem Kündigenden nicht zu verlangen, bereits konkret die negativen Auswirkungen für in der Zukunft zu unterstellende Vertragsstörungen zu schildern (BAG 17.1.1991, 2 AZR 375/90, EzA § 1 KSchG Verhaltensbedingte Kündigung Nr 37). 70

Nachteilige Auswirkungen auf das Arbeitsverhältnis sind kündigungsrechtlich allerdings dann unerheblich, wenn zumutbare **Überbrückungsmöglichkeiten** bestehen (BAG 9.3.1995, 2 AZR 497/94, EzA § 626 BGB nF Nr 154). Auch wenn die nachteiligen Auswirkungen nur die Folge einer für den Gekündigten unerwarteten Entwicklung sind, ist idR keine negative Prognose gerechtfertigt. Diese Einschränkung ist insb bei 71 einer abwertenden Kritik am AG oder an Vorgesetzten zu beachten, wenn die **Äußerungen im Kollegenkreis** erfolgen und der AN als sicher davon ausgehen darf, das Gespräch werde vertraulich behandelt werden. Ob diese Erwartung gerechtfertigt ist, hängt davon ab, ob der Gesprächspartner die **Vertraulichkeit** der Unterhaltung ohne vernünftigen Grund missachtet hat (BAG 23.5.1985, 2 AZR 290/84, RzK I 6e Nr 4). Dieser beschränkte Vertrauensschutz greift nicht ein, wenn ein AN sich ggü betriebsfremden Personen oder einer größeren Zahl von Belegschaftsmitgliedern, die nicht zu seinen engeren Mitarbeitern gehören, abfällig über AG oder Vorgesetzte äußert (BAG 6.2.1997, 2 AZR 38/96, RzK I 6a Nr 146). Auch wenn der AN unter konkretisierenden Angaben Kollegen darauf hinweist, ihre Arbeitsplätze seien gefährdet, muss er grds damit rechnen, dass die Vertraulichkeit nicht gewahrt bleibt (das verkennt das BAG 10.12.2009, 2 AZR 534/08, EzA § 626 BGB 2002 Nr 29).

72 **II. Nebentätigkeit.** Die Ausübung einer **Nebentätigkeit** außerhalb der Dienstzeit kann nur dann ein wichtiger Grund sein, wenn der AN hierdurch seinem AG in dessen Handelszweig unerlaubte **Konkurrenz** macht, wenn sich die vertraglich geschuldeten **Leistungen** durch die Nebentätigkeit **verschlechtern** (BAG 26.8.1976, 2 AZR 377/75, EzA § 626 BGB nF Nr 49) oder wenn die Nebentätigkeit andere berechtigte **Interessen** des AG **beeinträchtigt**, zB weil sein Ansehen leidet bzw seine Integrität in Frage gestellt wird (s ferner Rdn 202 »Nebentätigkeit«, »Wettbewerb«).

73 **III. Straftaten.** Auch ein sonstiges **außerdienstliches Verhalten**, insb die Begehung einer Straftat, die sich nicht gegen den AG oder einen Arbeitskollegen richtet, kann nur dann ein Grund für eine außerordentliche Kdg sein, wenn dadurch das Arbeitsverhältnis beeinträchtigt wird (BAG 6.11.2003, 2 AZR 631/02, EzA § 626 BGB 2002 Verdacht strafbarer Handlung Nr 2). Gewöhnlich ist streng zwischen der **Privatsphäre** und der Stellung als AN zu unterscheiden. Straftaten können das Arbeitsverhältnis belasten, indem sie ernsthafte Zweifel an der **Zuverlässigkeit** oder der Eignung des AN für die von ihm zu verrichtende Tätigkeit begründen, so uU außerdienstliche Straftaten eines im **öffentl Dienst** mit **hoheitlichen Aufgaben** betrauten AN (BAG 10.4.2014, 2 AZR 684/13, EzA § 1 KSchG Personenbedingte Kündigung Nr 33), idR **Vermögensdelikte** bei einem Buchhalter, Kassierer, Lagerverwalter oder Geldboten oder **Sittlichkeitsdelikte**, uU **auch andere Straftaten** (BAG 23.9.1976, 2 AZR 309/75, EzA § 1 KSchG Nr 35), bei Lehrern, Erziehern und Jugendpflegern. **Politische Straftaten** stehen dann im Zusammenhang mit dem Arbeitsverhältnis, wenn sie von AN begangen werden, deren Beschäftigung beim Verfassungsschutz oder anderen öffentl Verwaltungen eine verfassungstreue Einstellung voraussetzen. Weitere Bsp bei *Mayer* S 159 ff; s iÜ Rdn 202 »Alkohol«, »Außerdienstliches Verhalten«. Entgegen LAG Berlin (22.3.1996, 6 Sa 15/96, LAGE § 626 BGB Nr 100) ist es hierfür ohne Bedeutung, ob sich der AN nach dem BZRG als nicht vorbestraft bezeichnen darf.

74 **IV. Meinungsäußerungen, politische Betätigung.** Im Arbeitsverhältnis besteht für AN die Pflicht, auf die schutzwürdigen Interessen des AG **Rücksicht** zu **nehmen** und **Störungen des Betriebsfriedens oder Betriebsablaufs** zu **vermeiden** (s § 241 II). Nachteilige Auswirkungen auf das Arbeitsverhältnis können zB öffentl Aktionen gegen das Produktionsprogramm des AG haben. Ein leitender Angestellter darf nicht den Bau von Reaktoren oder Kriegswaffen durch das Unternehmen öffentl kritisieren, der Prokurist einer Brauerei oder einer Tabakfirma nicht in der Öffentlichkeit gegen den Genuss von Alkohol oder Tabakwaren protestieren. Erheblich ist wegen der grds zu achtenden **Meinungsfreiheit** idR nur der gezielte Angriff auf Programm oder Existenz des AG. Auch kann von AN in **untergeordneter Stellung** kein vergleichbares Maß an Loyalität erwartet werden wie bei AN in **leitender Stellung**.

75 Die Betätigung in einer verfassungsfeindlichen Partei oder eine radikale und provozierende politische Meinungsäußerung kann ebenfalls nur dann kündigungsrechtlich erheblich sein, wenn sie konkret das Arbeitsverhältnis beeinträchtigt (BAG 28.9.1989, 2 AZR 317/86, EzA § 1 KSchG Verhaltensbedingte Kündigung Nr 28 mwN). Als wesentliche Pflicht zur Rücksichtnahme und Interessenwahrung gilt über § 74 II BetrVG hinaus das Verbot provozierender parteipolitischer oder sonstiger radikaler Betätigung im Betrieb für alle AN insoweit, als hierdurch der **Betriebsfrieden** oder der **Arbeitsablauf** konkret gestört oder die Arbeitspflicht des Störers beeinträchtigt wird (BAG 9.12.1982, 2 AZR 620/80, EzA § 626 BGB nF Nr 86 mwN). Demggü ist die bloße Äußerung einer politischen Meinung im Betrieb grds von der Meinungsfreiheit gedeckt. Bei der Beschäftigung in der Privatwirtschaft genügt es **nicht**, wenn keine tatsächliche Störung der betrieblichen Ordnung eingetreten ist, sondern der AG nur auf eine mögliche **abstrakte Gefährdung** verweisen kann (BAG 28.9.1989 aaO mwN). Selbst eine sog **konkrete Gefährdung** des Betriebsfriedens reicht grds nicht aus (BAG 17.3.1988, 2 AZR 576/87, EzA § 626 BGB nF Nr 116; str, s KR/*Fischermeier* § 626 Rn 124 mwN).

76 Eine nicht nur abstrakte Gefährdung, sondern eine **tatsächliche Störung** tritt ein, wenn ein AN während der Arbeitszeit an einer politischen **Demonstration** teilnimmt (LAG Schl-Holst 18.1.1995, 3 Sa 568/94, LAGE § 611 BGB Abmahnung Nr 39) oder wenn er andere Mitarbeiter durch **ständige Angriffe** auf ihre politische

oder religiöse Einstellung reizt und dadurch erhebliche Unruhe in der Belegschaft hervorruft. Ein AN darf auch nicht in **Flugblättern** an alle AN des Betriebes bewusst wahrheitswidrige Behauptungen über den AG aufstellen (BAG 26.5.1977, 2 AZR 632/76, EzA § 611 BGB Beschäftigungspflicht Nr 2). Auch das Tragen einer auffälligen **Plakette** im Betrieb während der Arbeitszeit, durch die eine parteipolitische Meinung sichtbar zum Ausdruck gebracht wird, kann ähnlich wie eine ständige verbale Agitation eine provozierende parteipolitische Betätigung darstellen, die einen wichtigen Grund zur außerordentlichen Kdg abgeben kann, wenn hierdurch der Betriebsfrieden oder der Betriebsablauf konkret gestört wird (BAG 9.12.1982, 2 AZR 620/80, EzA § 626 BGB nF Nr 86). Andere AN und auch der AG brauchen sich unter dem Schutz ihrer Grundrechte nicht gegen ihren Willen einer nachhaltigen Agitation oder Provokation aussetzen, der sie sich im Betrieb nicht ohne Weiteres entziehen können (s BVerfG 2.3.1977, 2 BvR 1319/76, BVerfGE 44, 197; BAG 9.12.1982 aaO). Eine Berufung auf das Recht der **freien Meinungsäußerung** (Art 5 GG) versagt in diesen Fällen, weil es seine **Schranken** in den **Grundregeln des Arbeitsverhältnisses** findet (BAG 9.12.1982 aaO mwN; str, s KR/*Fischermeier* § 626 Rn 125 mwN). Diese Grundregeln ergeben sich nämlich aus allg Gesetzen iSv Art 5 II GG, nicht zuletzt aus §§ 241 II, 242. Sie sind allerdings ihrerseits im Lichte der Bedeutung des Grundrechts des Art 5 GG auszulegen, dh es findet eine **Wechselwirkung** statt (BVerfG 16.10.1998, 1 BvR 1685/92, EzA § 611 BGB Abmahnung Nr 40 mwN). Lediglich **Schmähkritik** oder **Formalbeleidigungen** scheiden von vornherein aus dem Schutzbereich des Art 5 GG aus (BVerfG 16.10.1998 aaO). Ist nach diesen Grundsätzen eine Meinungsäußerung nicht als Verletzung der arbeitsvertraglichen Rücksichtnahmepflicht zu werten, vermag sie eine Kdg auch dann nicht zu begründen, wenn der Betriebsfrieden durch sie tatsächlich gestört wurde (BAG 24.6.2004, 2 AZR 63/03, EzA § 1 KSchG Verhaltensbedingte Kündigung Nr 65). Entspr gilt für von der **Kunstfreiheit** gedeckte Darstellungen (LAG Hamm 15.07.2011, 13 Sa 436/11, ArbRB 2011, 225).

Welches Maß an politischer Treue von AN im **öffentl Dienst** zu verlangen ist, hängt in 1. Linie von ihrem Amt und ihrem Aufgabenkreis ab (BAG 12.5.2011, 2 AZR 479/09, EzA § 123 BGB 2002 Nr 10). So darf etwa der Pressesprecher einer Stadt nicht in Flugblättern den Bürgermeister als selbstherrlich und herrlich bezeichnen und ihn zum Rücktritt auffordern (LAG Bbg 26.6.1997, 3 Sa 71/97, LAGE § 626 BGB Nr 117). Von Lehrern, Sozialpädagogen oder Sozialarbeitern, die **erzieherische Aufgaben** wahrnehmen, muss ein positives Verhältnis zu den Grundwerten der Verfassung und ein aktives Eintreten für diese Wertordnung erwartet werden (BAG 12.3.1986, 7 AZR 20/83, EzA Art 33 GG Nr 13; EGMR 22.11.2001, 39799/98, NJW 2002, 3087), auch wenn sie an einer Schule für Lernbehinderte arbeiten (BAG 16.12.2004, 2 AZR 148/04, EzA § 123 BGB 2002 Nr 5). Bei AN, deren Tätigkeit nicht der Vermittlung der Grundwerte unserer Verfassung dient, ist die politische Treuepflicht niedriger anzusetzen und auf die Pflicht zu beschränken, politische Zurückhaltung zu üben. Das gilt zB für die Tätigkeit eines Hauptvermittlers bei der Bundesagentur für Arbeit (BAG 6.6.1984, 7 AZR 456/82, EzA § 1 KSchG Verhaltensbedingte Kündigung Nr 12) oder eines Fernmeldehandwerkers (BAG 12.3.1986, 7 AZR 468/81, RzK I 1 Nr 10) sowie allg bei der politischen Betätigung von Reinigungskräften, **Arbeitern** oder **untergeordneten Angestellten** im Bürodienst oder in technischen Berufen des öffentl Dienstes. Die Verbreitung eines Demonstrationsaufrufs, dessen Verfasser für einen gewaltsamen Umsturz eintreten, muss der öffentl AG aber auch bei solchen AN nicht hinnehmen (BAG 6.9.2012, 2 AZR 372/11, EzA § 1 KSchG Personenbedingte Kündigung Nr 30). Auch bei Verletzungen der Pflicht zur Verfassungstreue ist aber grds eine vorherige **Abmahnung** erforderlich (BAG 12.3.1986 aaO; aA offenbar LAG Schl-Holst 6.8.2002, 2 Sa 150/02, EzBAT § 54 BAT Nr 84, in einem Fall der Billigung der Terroranschläge vom 11.9.2001). Zum Verbot religiöser Bekundungen in staatlichen Schulen und Kindertagesstätten s einerseits BAG 20.8.2009, 2 AZR 499/08, EzA § 611 BGB 2002 Abmahnung Nr 4 und BAG 12.8.2010, 2 AZR 593/09, ZTR 2011, 177, andererseits BVerfG 27.01.2015, 1 BvR 471, 1181/10, EzA Art 4 GG Nr 3(»islamisches« Kopftuch).

V. Tendenzbetriebe, Kirchen. Häufiger als in der übrigen Privatwirtschaft und im öffentl Dienst kann in Tendenzbetrieben (§ 118 BetrVG) das außerdienstliche Verhalten von AN mit den Pflichten aus dem Arbeitsverhältnis unvereinbar sein (BAG 23.10.2008, 2 AZR 483/07, EzA-SD 2009 Nr 8 S 3). Die Auswirkungen des »Tendenzschutzes« werden jeweils von der »Tendenznähe« der von den AN zu erfüllenden Aufgabe bestimmt. Sie reichen von der **Pflicht zur aktiven Tendenzförderung**, die iW nur Tendenzträger in leitender oder bes verantwortlicher Stellung trifft, bis zur Pflicht, in der Öffentlichkeit oder im Betrieb Meinungsäußerungen oder Aktivitäten zu unterlassen, die der Unternehmenszielsetzung widersprechen oder in ihrer provokativen Wirkung auf Arbeitskollegen den Arbeitsablauf oder den Betriebsfrieden stören (**Unterlassungs-, Rücksichtnahme-** oder **Neutralitätspflicht**).

Auch die frühere Rspr des BAG zu Kdg im kirchlichen Bereich war geprägt durch das Bestreben, die Loyalitätspflichten der AN jeweils an der übertragenen Aufgabe auszurichten und auch die Nähe zum sog

§ 626 BGB Fristlose Kündigung aus wichtigem Grund

Verkündigungsauftrag der Kirchen durch die Gerichte zu bestimmen. Dies hat das BVerfG (4.6.1985, 2 B vR 1703, 1718/83, 865/84, EzA § 611 BGB Kirchliche Arbeitnehmer Nr 24) als Verstoß gegen die **Selbstordnungs- und Selbstverwaltungsgarantie der Kirchen** gewertet (Art 4, 140 GG, 137 WRV; die »Scientology Kirche« ist allerdings keine Religions- oder Weltanschauungsgemeinschaft iS dieser Bestimmungen, s BAG 22.3.1995, 5 AZB 21/94, EzA Art 140 GG Nr 26). Die ArbG haben idR die **kirchlichen Maßstäbe** für die Bewertung vertraglicher Loyalitätsobliegenheiten zugrunde zu legen. Die Kirchen sind grds berechtigt, verbindlich festzulegen, was die Glaubwürdigkeit der Kirche und ihrer Verkündigung erfordert, dh was »spezifisch kirchliche Aufgaben« sind, welches die wesentlichen Grundsätze der »Glaubens- und Sittenlehre« sind und wie schwerwiegend ein Verstoß dagegen ist (s iE BVerfG 22.10.2014, 2 BvR 661/12, EzA § 611 BGB 2002 Kirchliche Arbeitnehmer Nr 32). Dabei sind sie allerdings an den **Gleichbehandlungsgrundsatz** gebunden und sie können sich darüber hinaus hins des einzuhaltenden Verfahrens selbst binden mit der Folge, dass Verstöße gegen solch bindende **Verfahrensnormen** zur Unwirksamkeit einer Kdg führen (BAG 16.9.1999, 2 AZR 712/98, EzA § 611 BGB Kirchliche Arbeitnehmer Nr 45; zur Beteiligung der MAV s BAG 10.12.1992, 2 AZR 271/92, EzA § 611 BGB Kirchliche Arbeitnehmer Nr 38). Auch ist bei der Überprüfung der außerordentlichen Kdg kirchlicher Mitarbeiter eine **Interessenabwägung** nicht entbehrlich (BVerfG 22.10.2014, 2 BvR 661/12, EzA § 611 BGB 2002 Kirchliche Arbeitnehmer Nr 32). Allerdings können die generellen kirchlichen Vorgaben so strikt sein, dass ein Überwiegen der AN-Interessen im Einzelfall nur noch schwer vorstellbar ist.

80 Die Antidiskriminierungsrichtlinie 2000/78/EG (ABlEG L 303/16) zwingt nicht zur Aufgabe bzw Modifizierung der vom BVerfG aufgestellten Grundsätze (str, s *Fischermeier* FS Richardi, S 875 ff; *Mohr/v Fürstenberg* BB 2008, 2125 f; *Schoenauer* S. 136 f, 163 f; **aA** offenbar EGMR 23.9.2010, 1620/03, EuGRZ 2010, 560 Rn 69 f); das gegen die BRD wegen unzureichender Umsetzung eingeleitete Vertragsverletzungsverfahren hat die Europäische Kommission am 28.10.2010 eingestellt (IP/10/1429).

81 Nach der neueren Rspr rechtfertigt der **Kirchenaustritt** eines im verkündigungsnahen Bereich eingesetzten Mitarbeiters idR eine Kdg (BAG 25.4.2013, 2 AZR 579/12, EzA § 611 BGB 2002 Kirchliche Arbeitnehmer Nr 26; vgl aus der früheren Rspr auch BAG 4.3.1980, 1 AZR 1151/78, 12.12.1984, 7 AZR 418/83, EzA § 1 KSchG Tendenzbetrieb Nr 9, 17). Ein **Arzt** in einem **katholischen Krankenhaus** begeht einen schweren Loyalitätsverstoß, wenn er sich öffentl **gegen** das von der Kirche vertretene absolute **Verbot des Schwangerschaftsabbruches** ausspricht (BAG 15.1.1986, 7 AZR 545/85, KirchE 24, 7) oder nach Äußerungen des Lehramts **unzulässige Behandlungsmethoden** (homologe Insemination) anwendet (BAG 7.10.1993, 2 AZR 226/93, EzA § 611 BGB Kirchliche Arbeitnehmer Nr 40). Auch die standesamtliche **Ehe** einer bei einer **katholischen** Schule beschäftigten **Lehrerin** mit einem **geschiedenen katholischen Mann** oder die **Wiederverheiratung eines geschiedenen katholischen Kirchenmusikers** stellen einen schwerwiegenden und fortdauernden Verstoß gegen den Grundsatz der Unauflöslichkeit der Ehe dar, der zu den wesentlichen Grundsätzen der katholischen Glaubens- und Sittenlehre gehört (BAG 18.11.1986, 7 AZR 274/85, EzA § 611 BGB Kirchliche Arbeitnehmer Nr 26; 16.9.2004, 2 AZR 447/03, EzA § 242 BGB 2002 Kirchliche Arbeitnehmer Nr 5; s aber EGMR 23.9.2010, 1620/03, EuGRZ 2010, 560 u zur Wiederverheiratung eines geschiedenen Chefarztes BAG 8.9.2011, 2 AZR 543/10, EzA § 611 BGB 2002 Kirchliche Arbeitnehmer Nr 21, aufgehoben v BVerfG 22.10.2014, 2 BvR 661/12, EzA § 611 BGB 2002 Kirchliche Arbeitnehmer Nr 32). Zur Entziehung der **kirchlichen Lehrbefugnis** s BAG 25.5.1988, 7 AZR 506/87, EzA § 611 BGB Kirchliche Arbeitnehmer Nr 27; 10.4.2014, 2 AZR 812/12, EzA-SD 2014 Nr 11 S 3. Bei einem für **Öffentlichkeitsarbeit** zust Angestellten der Kirche Jesu Christi der Heiligen der letzten Tage (**Mormonen**) rechtfertigt **Ehebruch** grds eine fristlose Kdg (BAG 24.4.1997, 2 AZR 268/96, EzA § 611 BGB Kirchliche Arbeitnehmer Nr 43; s.a. EGMR 23.9.2010, 425/03, EuGRZ 2010, 571). Sie kann auch ggü der ANin in einem **evangelischen Kindergarten** gerechtfertigt sein, wenn diese **in der Öffentlichkeit** die von evangelischen Glaubenssätzen erheblich abw **Lehre der** »**Universalen Kirche**« verbreitet (BAG 21.2.2001, 2 AZR 139/00, EzA aaO Nr 47; s.a. EGMR 3.2.2011, 18136/02, EzA § 611 BGB 2002 Kirchliche Arbeitnehmer Nr 17). Die **Weigerung** des AN, einer von allen anderen Mitarbeitern akzeptierten **Verschlechterung der Arbeitsvertragsbedingungen zuzustimmen**, soll dagegen keine zur Kdg berechtigende Verletzung von Loyalitätsobliegenheiten darstellen können (BAG 25.10.2001, 2 AZR 216/00, EzA § 626 BGB Änderungskündigung Nr 2).

82 Aus der früheren Rspr des BAG sind folgende Entscheidungen weiter von Bedeutung: **Standesamtliche Eheschließung** der Leiterin eines katholischen Kindergartens mit einem nicht laisierten **Priester** (BAG 4.3.1980, 1 AZR 125/78, EzA § 1 KSchG Tendenzbetrieb Nr 8; s zu einem ähnlichen Fall neuerdings BVerfG 31.1.2001, 1 BvR 619/92, EzA § 611 BGB Kirchliche Arbeitnehmer Nr 46); 2. **Ehe** einer in einer **Caritas**-Geschäftsstelle beschäftigten katholischen **Angestellten nach** ihrer **Scheidung** (BAG 14.10.1980, 1 AZR 1274/79, EzA § 1 KSchG Tendenzbetrieb Nr 10); **homosexuelle Praxis** eines im Dienst des Diakonischen Werkes einer **evangelischen** Landeskirche stehenden **Konfliktberaters** der **Familienhilfe**

(BAG 30.6.1983, 2 AZR 524/81, EzA § 1 KSchG Tendenzbetrieb Nr 14). In den genannten Bsp wird regelmäßig nur eine ordentliche Kdg in Betracht kommen.

VI. Sicherheitsbedenken. Bei AN, die Aufgaben verrichten, bei denen eine erhöhte **Gefahr** von **Spionage** oder **Sabotage** besteht (zB Beschäftigung bei der Bundeswehr, den alliierten Streitkräften, Ministerien und Betrieben, die wichtige öffentl Aufgaben erfüllen), besteht zwar ein erhöhtes Sicherheitsbedürfnis. Bei **Sicherheitsbedenken** (zB Mitgliedschaft bei verfassungsfeindlichen Parteien) genügt aber nicht schon eine allg Besorgnis, sondern es ist zu prüfen, ob und wie stark durch **bestimmte Tatsachen** das Arbeitsverhältnis belastet wird (BAG 20.7.1989, 2 AZR 114/87, EzA § 2 KSchG Nr 11). Fehlt es an einer Verletzung von Loyalitätspflichten durch den AN, kommt allenfalls eine personenbedingte Kdg in Betracht. Eine außerordentliche personenbedingte Kdg kann zB gerechtfertigt sein, wenn einem AN des BfV die VS-Ermächtigung entzogen wird, weil er Kontakte zu einem wegen schwerer Straftaten verurteilten Schwager unterhält (BAG 26.11.2009, 2 AZR 272/08, EzA § 626 BGB 2002 Unkündbarkeit Nr 16). 83

VII. Ruhendes Arbeitsverhältnis. Die Grundsätze über die beschränkte kündigungsrechtliche Relevanz außerdienstlichen Verhaltens sind auch bei einem Ruhen des Arbeitsverhältnisses anzuwenden, selbst wenn das beanstandete Verhalten Tätigkeiten betrifft, die von der **suspendierten Arbeitspflicht** des AN erfasst wurden (BAG 17.2.1982, 7 AZR 663/79). Das ruhende Arbeitsverhältnis eines zu einem anderen Konzernunternehmen entsandten AN kann aber durch dortige erhebliche Pflichtverletzungen, die die Vertrauenswürdigkeit und Zuverlässigkeit in Frage stellen, beeinträchtigt werden (BAG 27.11.2008, 2 AZR 193/07, EzAÜG § 626 BGB Nr 5). 84

H. Systematisierung nach der Art der Kündigungsgründe. I. Sachliche Abgrenzungskriterien. Im Schrifttum werden Kündigungsgründe nach ihrem sachlichen Gehalt unterschiedlich abgegrenzt. Überwiegend wird eine am Vorbild des § 1 KSchG orientierte **Dreiteilung** befürwortet. Dem ist mit der Einschränkung zu folgen, dass sich, freilich selten, ein wichtiger Grund auch in der **Person des Kündigenden** selbst ergeben kann. 85

II. Gründe in der Person des Gekündigten. Da ein wichtiger Grund nicht voraussetzt, dass dem Gekündigten ein Verschulden vorzuwerfen ist, können auch in der Person des Gekündigten liegende **unverschuldete** und von ihm nicht zu vertretende **Umstände** eine außerordentliche Kdg rechtfertigen (BAG 26.11.2009, 2 AZR 272/08, EzA § 626 BGB 2002 Unkündbarkeit Nr 16). 86

1. Kdg durch AG. Ob der AG wegen des Fehlens oder des Ablaufes der **Arbeitsgenehmigung** zur ordentlichen oder außerordentlichen Kdg berechtigt ist, hängt von den Umständen des Einzelfalles ab, insb davon, ob der AG den Arbeitsplatz sofort neu besetzen muss (BAG 13.1.1977, 2 AZR 423/75, EzA § 19 AFG Nr 2; 7.2.1990, 2 AZR 359/89, EzA § 1 KSchG Personenbedingte Kündigung Nr 8 aaO; **aA** KDZ/*Däubler* Rn 141; s.a. Rdn 202 »Mitteilungspflichten«). Fehlt einem AN aus **gesundheitlichen** oder **charakterlichen Gründen** die erforderliche Fähigkeit für die vertraglich übernommene Arbeit oder ist diese Eignung erheblich beeinträchtigt, dann kann das dem AG ein Recht zur außerordentlichen Kdg geben (BAG 28.3.1974, 2 AZR 92/73, EzA § 119 BGB Nr 5). Die fehlende fachliche Qualifikation ist nur dann ein personenbedingter Kündigungsgrund, wenn die Eignung durch den AN **nicht** mehr **steuerbar** ist. Zumeist wird es bei Leistungsmängeln darum gehen, ob nicht eine vorwerfbare Vertragsverletzung (Schlechtleistung) und deswegen ein verhaltensbedingter Grund vorliegt (BAG 11.12.2003, 2 AZR 667/02, EzA § 1 KSchG Verhaltensbedingte Kündigung Nr 62). Zur Verdachts-Kdg s Rdn 141. 87

Eine fristlose Entlassung kann bei einer abschreckenden (zB sichtbaren Geschlechtskrankheit) oder ansteckenden **Krankheit** (zB Dauerausscheidung von Typhuserregern) gerechtfertigt sein. Bei einer Kdg wegen krankheitsbedingter Fehlzeiten ist zwar schon bei der ordentlichen Kdg ein **strenger Maßstab** anzulegen, aber es ist nicht ausgeschlossen, krankheitsbedingte Arbeitsunfähigkeit in bes Fällen als wichtigen Grund anzuerkennen (BAG 27.11.2003, 2 AZR 601/02, EzA § 626 BGB 2002 Krankheit Nr 1). Eine außerordentliche Kdg kommt allerdings idR nur dann in Betracht, wenn eine **ordentliche Kdg** tariflich oder vertraglich **ausgeschlossen** ist, dauernde Leistungsunfähigkeit oder eine langandauernde Erkrankung vorliegt und auch eine Weiterbeschäftigung auf einem anderen Arbeitsplatz nicht möglich ist (BAG 4.2.1993, 2 AZR 469/92, EzA § 626 BGB nF Nr 144; 18.10.2000, 2 AZR 627/99, EzA § 626 BGB Krankheit Nr 3; zur Auslauffrist s Rdn 198). Dabei steht die Ungewissheit der Wiederherstellung der Arbeitsfähigkeit einer dauernden Leistungsunfähigkeit dann gleich, wenn in den nächsten 24 Monaten mit einer anderen Prognose nicht gerechnet werden kann (BAG 12.4.2002, 2 AZR 148/01, EzA § 1 KSchG Krankheit Nr 49). **Alkoholismus** ist kündigungsrechtlich dann einer **Krankheit** gleichzusetzen, wenn eine starke Alkoholabhängigkeit mit Suchtcharakter besteht, die vom AN nicht mehr zu steuern ist (BAG 13.12.1990, 2 AZR 336/90, 88

EzA § 1 KSchG Krankheit Nr 33). Auch an eine Kdg, die auf ein suchtbedingtes Fehlverhalten gestützt wird, sollen grds die gleichen Anforderungen wie an eine krankheitsbedingte Kdg zu stellen sein (BAG 20.12.2012, 2 AZR 32/11, EzA § 1 KSchG Personenbedingte Kündigung Nr 31; **aA** mit Recht *Bengelsdorf* FA 2013, 323 f; zum Verschulden bei Rückfall nach erfolgreicher **Entziehungskur** und längerer Abstinenz s BAG 7.12.1989, 2 AZR 134/89, RzK I 7c Nr 7; **aA** LAG Hamm 15.1.1999, 10 Sa 1235/98, LAGE § 1 KSchG Verhaltensbedingte Kündigung Nr 74). An die Bemühungen des AG, eine leidensgerechte Beschäftigung zu finden, sind erhebliche Anforderungen zu stellen, wobei allerdings auch der AN gehalten ist, kooperativ mitzuwirken (BAG 13.5.2004, 2 AZR 36/04, EzA § 626 BGB 2002 Krankheit Nr 2). § 84 II SGB IX verlangt und regelt insoweit ein **betriebliches Eingliederungsmanagement**. Insb vor dem Ausspruch einer Kdg wegen krankheitsbedingter Minderung der Leistungsfähigkeit muss der AG zunächst einen Ausgleich durch **organisatorische Maßnahmen** (Änderung des Arbeitsablaufs, leidensgerechte Gestaltung des Arbeitsplatzes, Umverteilung der Aufgaben) versuchen (BAG 12.7.1995, 2 AZR 762/94, EzA § 626 BGB nF Nr 156). Ist dagegen eine ordentliche Kdg möglich, so ist die Fortsetzung des Arbeitsverhältnisses bis zum Ablauf der Kündigungsfrist regelmäßig zumutbar, zumal der AG idR bereits von seiner EFZ-Pflicht (§ 3 EFZG) befreit ist (s BAG 16.12.1960, 1 AZR 429/58, BB 1961, 253).

89 Auch das Arbeitsverhältnis eines **BR-Mitgliedes** kann idR nicht wegen krankheitsbedingter Arbeitsunfähigkeit außerordentlich gekündigt werden, weil bei der Zumutbarkeitsprüfung nach § 15 KSchG auf die **fiktive Kündigungsfrist** abzustellen ist (BAG 17.1.2008, 2 AZR 821/06, EzA § 15 KSchG nF Nr 62 und hM). Wenn demggü *Etzel* (KR/*Etzel* 10. Aufl § 15 KSchG Rn 22 ff; wN bei KR/*Fischermeier* § 626 Rn 140) auf die Amtszeit und die Zeit des nachwirkenden Kündigungsschutzes des BR-Mitglieds abstellen will, so ist dem nur für **betriebliche** Kündigungsgründe zuzustimmen, bei denen der AG anderenfalls an der Umsetzung gerichtlich nur eingeschränkt überprüfbarer **Organisationsentscheidungen** gehindert wäre (s für betriebsbedingte Massenänderungs-Kdg BAG 17.3.2005, 2 ABR 2/04, EzA § 15 KSchG nF Nr 59 mwN). Bei diesen wird nämlich aus der Regelung für die Stilllegung von Betrieben und Betriebsabteilungen in § 15 IV und V KSchG deutlich, dass sich die in Art 2, 12 und 14 GG verfassungsrechtlich verankerte Freiheit der Unternehmerentscheidungen ggf auch ggü dem erhöhten Bestandsschutz für BR-Mitglieder durchsetzen können soll, was bei einem Abstellen auf die fiktive Kündigungsfrist regelmäßig nicht möglich wäre (s BAG 17.1.2008 aaO). Dagegen fehlen bei **verhaltens-** und **personenbedingten Kündigungsgründen** vergleichbare verfassungsrechtliche und gesetzliche Anhaltspunkte. Mit einer ggü sonstigen AN leichteren Möglichkeit der fristlosen Kdg würden Amtsträger bei gleichem Kündigungsgrund und vergleichbaren Sozialdaten entgegen § 78 BetrVG wegen ihrer Tätigkeit benachteiligt, wenn die Kdg ggü den anderen AN wegen des abw Prüfungsmaßstabs nur fristgerecht möglich wäre (BAG 17.1.2008 aaO; BAG 27.9.2001, 2 AZR 487/00, EzA § 15 KSchG nF Nr 54). Dies kann auch nicht durch eine entspr **Auslauffrist** kompensiert werden, denn § 15 KSchG sieht anders als § 626 die Möglichkeit einer fristlosen Kdg nicht erst als Rechtsfolge vor, sondern setzt ausdrücklich voraus, dass Tatsachen vorliegen, die den AG zur Kdg aus wichtigem Grund **ohne Einhaltung einer Kündigungsfrist** berechtigen (BAG 18.2.1993, 2 AZR 526/92, EzA § 15 KSchG nF Nr 40; 21.6.2012, 2 AZR 343/11, EzA § 15 nF KSchG Nr 71).

90 Bei der Kdg eines AN wegen Arbeitsverhinderung durch die Verbüßung einer **Freiheitsstrafe** geht es nicht um einen verhaltens-, sondern um einen personenbedingten Kündigungsgrund (BAG 24.3.2011, 2 AZR 790/09, EzA § 1 KSchG Personenbedingte Kündigung Nr 27). Es hängt von Art und Ausmaß der betrieblichen Auswirkungen ab, ob eine haftbedingte Nichterfüllung der Arbeitspflicht durch den AN eine außerordentliche oder eine ordentliche Kdg rechtfertigt (BAG 15.11.1984, 2 AZR 613/83, EzA § 626 BGB nF Nr 95). Insb kommt es darauf an, ob für den AG zumutbare **Überbrückungsmaßnahmen** bestehen (BAG 24.3.2011 aaO).

91 **2. Kdg durch AN.** Ein wichtiger Grund für eine Kdg durch den AN ist zB dann gegeben, wenn einem AG oder dem von ihm eingesetzten Ausbilder die für die Anerkennung einer Ausbildung oder Zulassung zu einer Abschlussprüfung erforderliche **Ausbildungsbefugnis entzogen** wird.

92 **III. Gründe im Verhalten des Gekündigten.** Anders als die vorstehend behandelte personenbedingte Kdg setzt eine **verhaltensbedingte Kdg** stets ein **vertragswidriges Verhalten** des Gekündigten voraus. Verhaltensweisen eines Vertragspartners, die keine Haupt- oder Nebenpflichten aus dem Arbeitsvertrag verletzen, können keine verhaltensbedingte Kdg rechtfertigen. Allerdings besteht generell gem § 241 II BGB die Pflicht zur **Rücksichtnahme** auf die Interessen des Vertragspartners (BAG 12.5.2010, 2 AZR 845/08, EzA § 626 BGB 2002 Nr 31) und damit auch die arbeitsvertragliche **Nebenpflicht**, das Arbeitsverhältnis nicht durch ein steuerbares Verhalten konkret zu beeinträchtigen. Deshalb kann bei einem außerdienstlichen Verhalten, das die Eignung des AN für die geschuldete Dienstleistung in Frage stellt, sowohl das Vorliegen personenbedingter als auch das Vorliegen verhaltensbedingter Kündigungsgründe in Betracht kommen (s BAG

28.9.1989, 2 AZR 317/86, EzA § 1 KSchG Verhaltensbedingte Kündigung Nr 28; 20.11.1997, 2 AZR 643/96, EzA aaO Nr 52; aA *Stahlhacke/Preis* Rn 1240; s zu Mischtatbeständen Rdn 110 ff).
Verhaltensbedingte Gründe bilden nur dann einen wichtigen Grund, wenn der Gekündigte nicht nur objektiv, sondern auch **rechtswidrig** und **schuldhaft** seine Pflichten aus dem Vertrag verletzt hat, wobei allerdings auch **Fahrlässigkeit** ausreichen kann (BAG 16.3.1961, 2 AZR 539/59, BAGE 11, 57; 25.4.1991, 2 AZR 624/90, EzA § 626 BGB nF Nr 140). Der Grad des Verschuldens ist für die **Interessenabwägung** erheblich (BAG 14.2.1996, 2 AZR 274/95, EzA § 626 BGB nF Nr 160). Die Frage, ob bei einem bes schwerwiegenden Fall einer **schuldlosen Vertragspflichtverletzung** ausnahmsweise eine verhaltensbedingte Kdg in Betracht kommen kann, ist im Interesse einer **eindeutigen Abgrenzung** zur Kdg aus Gründen in der Person des Gekündigten zu verneinen (s.a. BAG 14.2.1996 aaO; jedenfalls für Ordnungsverstöße ohne schwerwiegende Folgen ferner BAG 3.11.2011, 2 AZR 748/10, EzA § 1 KSchG Verhaltensbedingte Kündigung Nr 79; aA BAG 21.1.1999, 2 AZR 665/98, EzA § 626 BGB nF Nr 178; s zum Meinungsstreit in der Lit KR/*Fischermeier* § 626 Rn 146). Ein **personenbedingter Kündigungsgrund** kommt bei fehlendem Verschulden insb dann in Betracht, wenn Wiederholungsgefahr besteht. 93

Keine rechtswidrige Verletzung des Arbeitsvertrages liegt vor, wenn sich ein AN weigert, **Arbeiten** auszuführen, deren Erfüllung für ihn **unzumutbar** ist (§ 275 III; s dazu BAG 22.10.2015, 2 AZR 569/14, EzA-SD 2016 Nr 6 S 3). Es kann von ihm ua nicht verlangt werden, Arbeiten zu verrichten, die sonst von Streikenden erbracht werden (sog **direkte Streikarbeit**: BAG 25.7.1957, 1 AZR 194/56, SAE 1957, 181). Bei verfassungskonformer Auslegung des § 106 GewO darf der AG dem AN keine Arbeit zuweisen, die diesen in einen vermeidbaren **Gewissenskonflikt** bringt (BAG 20.12.1984, 2 AZR 436/83, EzA § 1 KSchG Verhaltensbedingte Kündigung Nr 16). Dabei ist als **Gewissensentscheidung** jede ernstliche sittliche Entscheidung anzuerkennen, die der Einzelne in einer bestimmten Lage als für sich bindend und unbedingt verpflichtend innerlich erfährt und gegen die er nicht ohne ernste Gewissensnot handeln könnte. Der AN hat dies nachvollziehbar zu erläutern; auch kann er sich nicht auf einen Gewissenskonflikt berufen, den er im Hinblick auf seine Überzeugungen bei Eingehung des Arbeitsverhältnisses voraussehen konnte (BAG 24.2.2011, 2 AZR 636/09, EzA § 1 KSchG Personenbedingte Kündigung Nr 28; 24.05.1989, 2 AZR 285/88, EzA § 611 BGB Direktionsrecht Nr 3). Wenn dem AN bei berechtigter Weigerung keine anderen Aufgaben übertragen werden können, kann sich daraus ein **personenbedingter Kündigungsgrund** ergeben, wenn er aufgrund seiner Gewissensentscheidung auf Dauer unfähig ist, die vertraglich geschuldete Leistung zu erbringen (BAG 24.2.2011 aaO). Wie diese Konsequenz verdeutlicht, stellt die personenbedingte Kdg bei nicht rechtswidrigem oder nicht vorwerfbarem Verhalten insoweit einen **Auffangtatbestand** dar. 94

Es stellt idR keine die fristlose Kdg begründende Arbeitsverweigerung dar, wenn ein AN nach gewonnenem Kündigungsschutzprozess die Arbeit nicht binnen der Wochenfrist des § 12 KSchG wieder aufnimmt, sondern bei seinem inzwischen anderweitig eingegangenen Arbeitsverhältnis die Kündigungsfrist einhält (LAG Köln 23.11.1994, 8 Sa 862/94, LAGE § 12 KSchG Nr 2). Unzumutbarkeit und damit ein **Leistungsverweigerungsrecht** gem § 275 III besteht idR auch bei einer **Kollision** zwischen der **Arbeitspflicht** und einer **ausländischen Wehrpflicht** (ebenso im Ergebnis BAG 7.9.1983, 7 AZR 433/82, EzA § 626 BGB nF Nr 87; 20.5.1988, 2 AZR 682/87, EzA § 1 KSchG Personenbedingte Kündigung Nr 3). Aus dem Ausfall des AN kann sich aber ein personenbedingter Kündigungsgrund ergeben. Die Kollision zwischen der Arbeitspflicht und familienrechtlichen Bindungen (**Betreuung von Kindern**) schließt nicht stets eine beharrliche Arbeitsverweigerung aus (BAG 21.5.1992, 2 AZR 10/92, EzA § 1 KSchG Verhaltensbedingte Kündigung Nr 43). Mit einem **Interessenkonflikt**, den er hätte **vermeiden** können, kann der AN die Verletzung der Arbeitspflicht nicht rechtfertigen oder entschuldigen. Er muss vielmehr bei seinen Planungen und Maßnahmen – auch in Abstimmung mit dem ebenfalls sorgepflichtigen Ehegatten – hinreichend versucht haben, die Kinderbetreuung anderweitig zu regeln (zum Freistellungsanspruch und Sonderkündigungsschutz bei der **Pflege naher Angehöriger** s §§ 2 ff PflegeZG; zur Betreuung eines erkrankten Kindes s ferner § 45 SGB V, LAG Köln 10.11.1993, 7 Sa 690/93, LAGE § 612a BGB Nr 5 und LAG Hamm 27.8.2007, 6 Sa 751/07, AuR 2008, 117). Nach dem gleichen Maßstab ist die religiös motivierte Verweigerung von Sonntagsarbeit bzw die Weigerung von ausländischen AN zu beurteilen, an den **Feiertagen** ihrer **Religionsgemeinschaft** Arbeitsleistungen zu erbringen (s LAG Hamm 8.11.2007, 15 Sa 271/07, LAGE Art 466 Nr 5; s aber auch Rdn 202 »Arbeitsverweigerung«). 95

Dem AN steht ein **Zurückbehaltungsrecht** an seiner Arbeitsleistung zu, wenn der AG seine **Lohnzahlungspflicht** in mehr als nur geringfügigem Umfang nicht erfüllt (BAG 9.5.1996, 2 AZR 387/95, EzA § 626 BGB nF Nr 161). 96

Nicht vorwerfbar ist eine Arbeitsverweigerung auch dann, wenn der AN aufgrund eines **unverschuldeten Rechtsirrtums** angenommen hat, er brauche die ihm zugewiesene Arbeit nicht oder nicht in der angeordneten Form und Zeit zu verrichten. Dass er die Rechtslage sorgfältig geprüft und sachgemäße Beratung in 97

Anspruch genommen hat, genügt nicht. Entschuldbar ist der Rechtsirrtum nur, wenn der AN mit einem Unterliegen im Rechtsstreit nicht zu rechnen brauchte (BAG 29.8.2013, 2 AZR 273/12, EzA § 626 BGB 2002 Nr 44; 22.10.2015, 2 AZR 569/14, EzA-SD 2016 Nr 6 S 3). Dabei ist zu beachten, dass dem AN über § 278 idR auch ein Verschulden des von ihm in Anspruch genommenen juristischen Beraters zuzurechnen ist.

98 Die schuldhafte Verletzung einer **Nebenpflicht** (zB der Pflicht des AN, seine Arbeitsunfähigkeit unverzüglich anzuzeigen) setzt zwar für die Eignung als Kündigungsgrund idR eine vorherige vergebliche Abmahnung (s dazu Rdn 168), aber keine konkrete Störung speziell des Arbeitsablaufs, der Arbeitsorganisation oder des Betriebsfriedens voraus (BAG 16.8.1991, 2 AZR 604/90, EzA § 1 KSchG Verhaltensbedingte Kündigung Nr 41). Über die Störung des Arbeitsverhältnisses hinausgehende konkrete Beeinträchtigungen im betrieblichen Bereich sind erst für die Interessenabwägung erheblich.

99 Da die ordentliche Kdg die übliche und regelmäßig auch ausreichende Reaktion auf die Verletzung einer Nebenpflicht ist, kommt eine außerordentliche Kdg nur in Betracht, wenn das regelmäßig **geringere Gewicht** dieser Pflichtverletzung durch erschwerende Umstände verstärkt wird (BAG 12.5.2010, 2 AZR 845/08, EzA § 626 BGB 2002 Nr 31). Diese Voraussetzung ist zB dann erfüllt, wenn aus der **beharrlichen** Nichtbeachtung einer Nebenpflicht auf die insgesamt fehlende Bereitschaft zur ordnungsgemäßen Vertragserfüllung zu schließen ist (BAG 15.1.1986, 7 AZR 128/83, EzA § 626 BGB nF Nr 100), wenn der AG in eine durch zumutbare Überbrückungsmaßnahmen nicht behebbare Zwangslage gerät (BAG 7.9.1983, 7 AZR 433/82, EzA § 626 BGB nF Nr 87), dh wenn sie zu einer **erheblichen Störung** des Betriebsablaufes oder der Betriebsorganisation führt oder wenn der **Grad des Verschuldens** und damit auch die Wiederholungsgefahr oder fortwirkende Belastung des Arbeitsverhältnisses bes groß ist (BAG 16.8.1991, 2 AZR 604/90, EzA § 1 KSchG Verhaltensbedingte Kündigung Nr 41). Wenn sich die **Wiederholungsgefahr** oder **fortwirkende Belastung** bereits aus dem Gewicht oder der Nachhaltigkeit der bisherigen Vertragswidrigkeiten ergibt, bedarf es über die Leistungsstörung hinaus nicht noch der Darlegung, auch künftig seien Störungen des Betriebsablaufes oder des Betriebsfriedens zu besorgen (s Rdn 70). Neben dem Verschuldensprinzip kommt bei der **verhaltensbedingten Kdg** dem **Prognoseprinzip** nämlich **nur** eine **Ergänzungsfunktion** zu.

100 **1. Kdg durch AG.** Ein AN verletzt seine Leistungspflicht beharrlich, wenn er trotz Abmahnung seine **Arbeitsleistung** bewusst **zurückhält** (BAG 11.12.2003, 2 AZR 667/02, EzA § 1 KSchG Verhaltensbedingte Kündigung Nr 62). Eine außerordentliche Kdg ist idR (BAG 31.1.1985, 2 AZR 486/83, EzA § 8a MuSchG Nr 5; 15.1.1986, 7 AZR 128/83, EzA § 626 BGB nF Nr 100; 17.6.1992, 2 AZR 568/91, RzK I 6a Nr 90) gerechtfertigt, wenn wiederholte Aufforderungen zum vertragsgemäßen Verhalten erfolglos sind oder wenn eine einmalige Vertragsverletzung den nachhaltigen Willen erkennen lässt, den arbeitsvertraglichen Pflichten nicht nachzukommen. Ein verhaltensbedingter wichtiger Grund für eine außerordentliche Kdg durch den AG kann insb auch bei **Straftaten** des AN gegen den AG, Arbeitskollegen oder Geschäftspartner vorliegen. Es kommt aber nicht auf die strafrechtliche Wertung, sondern darauf an, ob dem AG deswegen nach dem gesamten Sachverhalt die Fortsetzung des Arbeitsverhältnisses noch zuzumuten ist (BAG 22.12.1956, 3 AZR 91/56, BAGE 3, 193). Allerdings kann für diese Prüfung die exakte strafrechtliche Einordnung durchaus von Bedeutung sein (s *Schall* RdA 2010, 225 ff).

101 **2. Kdg durch AN.** Wegen einer Verletzung der Leistungspflicht des AG kommt als wichtiger Grund insb der Tatbestand in Betracht, dass der AG mit der **Zahlung** der Vergütung in **Verzug** gerät. Der AN kann zB ferner dann zur fristlosen Kdg berechtigt sein, wenn der AG ihn **zu Unrecht verdächtigt**, an einem Diebstahl beteiligt gewesen zu sein; dies gilt uU selbst dann, wenn für den Verdacht gewisse Anhaltspunkte sprachen, zB bei Äußerung des Verdachts in Gegenwart Dritter, wenn sich der AG zuvor nicht um Aufklärung bemüht hatte (BAG 24.2.1964, 5 AZR 201/63, EzA § 607 BGB Nr 1). Für die Wirksamkeit einer vom AN erklärten fristlosen Kdg gelten jedoch dieselben Maßstäbe wie bei der fristlosen Kdg durch den AG, dh es bedarf einer Interessenabwägung, die sich auf alle vernünftigerweise in Betracht kommenden Umstände zu erstrecken hat (BAG 26.7.2001, 8 AZR 739/00, EzA § 628 BGB Nr 19).

102 **IV. Gründe in der Person des Kündigenden.** Gründe, die in der Person des Kündigenden selbst liegen, werden selten zum Anlass für eine Kdg genommen und sind nur ausnahmsweise als wichtige Gründe anzuerkennen.

103 **1. Kdg durch AG.** Die Erben eines Notars, der nur als Träger eines öffentl Amtes und nicht zugleich als Rechtsanwalt tätig war, haben nach dem Tod des Notars die Möglichkeit, die Arbeitsverhältnisse der Notariatsangestellten aus wichtigem Grunde zu kündigen (BAG 2.5.1958, 2 AZR 607/57, BAGE 5, 256). Unmittelbar durch den **Tod des AG** wird das Arbeitsverhältnis nur dann beendet, wenn die Arbeitsleistung nach ihrem Inhalt notwendig das Leben des AG voraussetzt (Dienste als Pflegerin, die zweckbefristet sind).

2. **Kdg durch AN.** Ein AN ist nicht schon dann zur fristlosen Kdg berechtigt, wenn er ein **anderes Dienst-** 104
verhältnis mit erheblich **besseren Bedingungen** eingehen kann und für sein bestehendes Arbeitsverhältnis
eine längere Kündigungsfrist gilt (BAG 17.10.1969, 3 AZR 442/68, EzA § 60 HGB Nr 2). Ein wichtiger Grund des AN zur außerordentlichen Kdg seines gegenwärtigen Arbeitsverhältnisses kann allenfalls
dann bestehen, wenn sich ihm eine ganz **außergewöhnliche Lebenschance** bietet, sodass der AG nach Treu
und Glauben unter gewissen Umständen einer vorzeitigen Lösung zustimmen müsste (offengelassen BAG
1.10.1970, 2 AZR 542/69, EzA § 626 BGB nF Nr 6; aA MüKo-BGB/*Henssler* Rn 267). Die **Eheschließung** bzw ein mit der Eheschließung verbundener sofortiger **Umzug** kann grds keine außerordentliche Kdg
rechtfertigen. Aus einem in seiner Person liegenden Grunde kann ein AN das Arbeitsverhältnis dann fristlos
beenden, wenn er durch eine **Krankheit** auf Dauer unfähig wird, die vertraglichen Arbeitsleistungen zu
erbringen. Bemüht der AN sich aber nicht um eine im Interesse des AG liegende Änderung der Arbeitsbedingungen, dann ist seine außerordentliche Kdg in aller Regel unwirksam (BAG 2.2.1973, 2 AZR 172/72,
EzA § 626 BGB nF Nr 23).

V. Betriebsbedingte Gründe. Dringende **betriebliche Erfordernisse**, die sich aus innerbetrieblichen 105
Umständen (zB Rationalisierungsmaßnahmen, Umstellen oder Einstellung der Produktion) oder aus außerbetrieblichen Gründen (Auftragsmangel oder Umsatzrückgang) ergeben können (BAG 7.12.1978, 2 AZR
175/77, EzA § 1 KSchG Betriebsbedingte Kündigung Nr 10), kommen als wichtige Gründe zur außerordentlichen Kdg nur **ausnahmsweise** in Betracht. Solche Ausnahmen sind in der Rspr anerkannt worden, wenn durch **Krieg** oder Wirtschaftskrisen unvorhersehbare Ereignisse eintreten, die nicht mehr dem
wirtschaftlichen Risiko des AG zugerechnet werden können und eine Fortführung des Betriebes ganz oder
teilw unmöglich machen oder die Existenz des Unternehmens bedrohen (RAG 9.7.1932, RAG 577/31,
ARS 15, 507; RAG 2.6.1937, RAG 274/36, ARS 30, 87). Die Schließung eines Handwerksbetriebes auf
Anordnung der Handwerkskammer dürfte dagegen noch dem **Unternehmer-Risiko** des AG zuzurechnen
sein (aA LAG Düsseldorf 23.7.1964, 2 Sa 272/62, BB 1964, 1259).

Betriebsstilllegungen und andere Unternehmerentscheidungen bzw Organisationsentscheidungen in der 106
öffentl Verwaltung, die den Wegfall einer Beschäftigungsmöglichkeit zur Folge haben, sind nicht von vornherein deswegen als wichtige Gründe ausgeschlossen, weil selbst die Eröffnung des Insolvenzverfahrens noch
nicht zur fristlosen Kdg berechtigt (s BAG 12.9.1974, 2 AZR 535/73, EzA § 1 TVG Auslegung Nr 3;
24.1.2013, 2 AZR 453/11, EzA-SD 2013 Nr 13 S 3). In diesen Fällen kann dem AG vielmehr die Fortsetzung des Arbeitsverhältnisses unzumutbar sein, wenn die **ordentliche Kdg ausgeschlossen** ist oder längere
Kündigungsfristen oder eine längere Vertragsdauer vereinbart worden sind und eine Versetzung auch in
einen anderen Betrieb des Unternehmens oder eine andere Dienststelle der Verwaltung nicht möglich ist
(BAG 6.3.1986, 2 ABR 15/85, EzA § 15 KSchG nF Nr 34; 12.8.1999, 2 AZR 748/98, EzA § 21 SchwbG
1986 Nr 10; 27.6.2002, 2 AZR 367/01, EzA § 626 BGB Unkündbarkeit Nr 8; 18.6.2015, 2 AZR 480/14,
EzA § 626 BGB 2002 Unkündbarkeit Nr 23 [für nur 1 Arbeitsplatz betreffendes Outsourcing]; in der Lit
zT str, s KR/*Fischermeier* § 626 Rn 165 mwN). Schlechthin Unzumutbares darf die Rechtsordnung nicht
fordern. Diesem Grundsatz soll § 626 Rechnung tragen und insoweit ist die Vorschrift zwingend (s dazu
Rdn 38, 43 ff). Außerhalb des öffentl Dienstes kann sich der AG zudem auf den Schutz der Grundrechte
berufen. Bliebe ihm nur die Wahl, die unkündbaren AN über längere Zeit bis zum Eintritt in den Ruhestand ohne Beschäftigungsmöglichkeit weiter zu entlohnen oder auf die Durchführung seiner für sachdienlich erachteten unternehmerischen Entscheidung (zB Betriebsstilllegung) zu verzichten, wäre dies idR
mit Art 12 GG nicht vereinbar (BAG 5.2.1998, 2 AZR 227/97, EzA § 626 BGB Unkündbarkeit Nr 2;
20.6.2013, 2 AZR 379/12, EzA § 626 BGB 2002 Unkündbarkeit Nr 19). Für AG des öffentl Dienstes bietet jedenfalls das verfassungsrechtliche Demokratieprinzip iVm dem Haushaltsrecht vergleichbaren Schutz
(s *Kiel* NZA 2005, Beil 1 S 19), wobei das BAG allerdings die Fortsetzung des Arbeitsverhältnisses ohne
Beschäftigungsmöglichkeit für einen Zeitraum von 35 Monaten nicht als unzumutbar angesehen hat (BAG
6.10.2005, 2 AZR 362/04, EzA § 626 BGB 2002 Nr 14; das BAG deutet an, dass es die 5-Jahresfrist des
§ 624 BGB zum Maßstab nehmen will). Zur Einhaltung einer **Auslauffrist** bei einer außerordentlichen Kdg
aus betriebsbedingten Gründen s Rdn 198.

In jedem Fall sind, unter Achtung der Freiheit der vorausgegangenen unternehmerischen Entscheidung 107
(BAG 24.9.2015, 2 AZR 562/14, EzA-SD 2016 Nr 5 S 3), **verschärfte Anforderungen** an das Bemühen zu stellen, diese AN zur Vermeidung einer außerordentlichen Kdg **anderweitig zu beschäftigen** (BAG
5.2.1998, 2 AZR 227/97, EzA § 626 BGB Unkündbarkeit Nr 2; 27.6.2002, 2 AZR 367/01, EzA § 626
BGB Unkündbarkeit Nr 8; 13.6.2002, 2 AZR 391/01, EzA § 15 KSchG nF Nr 55). Das gilt auch dann,
wenn der AN dem Übergang seines Arbeitsverhältnisses auf einen Betriebserwerber widersprochen hat
(BAG 29.3.2007, 8 AZR 538/06, EzA § 626 BGB 2002 Unkündbarkeit Nr 14). Bei der Bestimmung

der gebotenen Bemühungen ist stets die bes Ausgestaltung des tariflichen Sonderkündigungsschutzes zu berücksichtigen (BAG 10.5.2007, 2 AZR 626/05, EzA § 626 BGB 2002 Unkündbarkeit Nr 15 zur Unterbringung im Konzern). Im öffentl Dienst muss der AG zumindest die nach dem RatSchTV vom 9.1.1987 in Betracht kommenden Bemühungen unternommen haben (BAG 6.10.2005, 2 AZR 362/04, EzA § 626 BGB 2002 Nr 14). Eine außerordentliche Kdg kommt nur in Betracht, wenn eine Weiterbeschäftigung oder eine Vermittlung zu andern AG des öffentl Dienstes auch nach einer Fortbildung oder Umschulung des AN nicht möglich oder nicht zumutbar ist (BAG 6.10.2005, 2 AZR 362/04, EzA § 626 BGB 2002 Nr 14). Die Prüf- und Sondierungspflichten des öffentl AG erstrecken sich grds auf alle Geschäftsbereiche in seinem gesamten territorialen Zuständigkeitsbereich (BAG 26.3.2015, 2 AZR 783/13, EzA § 613a BGB 2002 Nr 161). Es sind auch solche Arbeitsplätze zu berücksichtigen, deren Freiwerden aufgrund üblicher Fluktuation innerhalb der zu gewährenden Auslauffrist (s Rdn 198) zu erwarten ist oder die der AG durch Umorganisation und Umsetzungen in Ausübung seines Direktionsrechts freimachen kann (s BAG 6.10.2005 aaO). Das Fehlen jeglicher Beschäftigungsmöglichkeit zählt zum wichtigen Grund, weshalb der AG dazu von sich aus **substantiiert vortragen** muss (BAG 20.6.2013, 2 AZR 295/12, EzA § 626 BGB 2002 Unkündbarkeit Nr 20). § 1 V KSchG findet keine Anwendung (BAG 28.5.2009, 2 AZR 844/07, EzA § 1 KSchG Interessenausgleich Nr 19).

108 Vergleichbaren, **nicht unkündbaren AN** im Betrieb ist grds **vorrangig zu kündigen,** sofern nicht dadurch die Auswahl unter sozialen Aspekten als grob fehlerhaft erscheint (geltungserhaltende Reduktion der Unkündbarkeitsklausel, vgl BAG 20.6.2013, 2 AZR 295/12, EzA § 626 BGB 2002 Unkündbarkeit Nr 20; 5.6.2014, 2 AZR 418/13, EzA § 4 TVG Textilindustrie Nr 2; iE str, s *Kamanabrou* NZA Beil Nr 3/2006 S 146 und KR/*Fischermeier* § 626 Rn 167 mwN; zur **Sozialauswahl** zwischen unkündbaren AN analog § 1 III KSchG s BAG 5.2.1998, 2 AZR 227/97, EzA § 626 BGB Unkündbarkeit Nr 2). Dass der unkündbare AN dem Übergang seines Arbeitsverhältnisses auf den Erwerber eines Betriebsteils widersprochen hatte, ändert daran nichts (BAG 17.9.1998, 2 AZR 419/97, EzA § 626 BGB Unkündbarkeit Nr 3). Ein darüber hinausgehendes Freikündigen eines andern Arbeitsplatzes kann dagegen nur verlangt werden, wenn der andere AN keinen Kündigungsschutz nach dem KSchG genießt (str, s BAG 18.5.2006, 2 AZR 207/05, EzA § 2 KSchG Nr 60 und KR/*Fischermeier* aaO mwN).

109 Bei einem vertraglichen Ausschluss der ordentlichen Kdg oder bei einem solchen in Rationalisierungsschutzabkommen bzw Standortsicherungs-TV kann sich aus den Vereinbarungen oder eindeutigen Umständen ergeben, dass der AG auch das **Risiko übernommen** hat, das Arbeitsverhältnis ohne Beschäftigungsmöglichkeit fortzusetzen (BAG 25.3.2004, 2 AZR 153/03, EzA § 626 BGB 2002 Unkündbarkeit Nr 3; 30.9.2004, 8 AZR 462/03, EzA § 613a BGB 2002 Nr 28; s.a. BAG 29.3.2007, 8 AZR 538/06, EzA § 626 BGB 2002 Unkündbarkeit Nr 14; zu kirchlichen Arbeitsvertragsregelungen s LAG Köln 4.9.2008, 7 Sa 208/08, AuR 2009, 369). Bei einer **Betriebsstockung,** für die der AG das Betriebsrisiko zu tragen hat (zB Brand in einem feuergefährdeten Betrieb), kann der AG nicht außerordentlich kündigen, solange es ihm zumutbar ist, die nicht beschäftigten AN weiter zu entlohnen (BAG 28.9.1972, 2 AZR 506/71, EzA § 626 BGB nF Nr 17).

110 **VI. Mischtatbestände.** Als »Mischtatbestand« von Kündigungsgründen werden in der Rspr (BAG 17.5.1984, 2 AZR 109/83, EzA § 1 KSchG Betriebsbedingte Kündigung Nr 32; 21.11.1985, 2 AZR 21/85, EzA § 1 KSchG Nr 42) und im Schrifttum (s KR/*Fischermeier* § 626 Rn 171 mwN) Fallgestaltungen behandelt, bei denen ein einheitlicher Kündigungssachverhalt nicht eindeutig und zweifelsfrei dem Tatbestand der verhaltens-, der personen- oder der betriebsbedingten Kdg zuzuordnen ist. Davon zu unterscheiden sind Kdg, die auf **mehrere** unterschiedliche **Lebenssachverhalte** gestützt werden. Bei kumulativ vorliegenden Kündigungssachverhalten (Doppeltatbeständen) ist jeder tatsächliche Vorgang getrennt auf seinen kündigungsrelevanten Gehalt zu überprüfen. Ein **einheitlicher Kündigungssachverhalt** liegt zB dann vor, wenn ein AN durch ein schuldhaftes Verhalten einen **Brand** im Betrieb **verursacht** hat und dadurch ua auch sein Arbeitsplatz vernichtet worden ist. Um mehrere, inhaltlich voneinander unabhängige tatsächliche Vorgänge geht es bspw, wenn ein AN während einer länger anhaltenden **Erkrankung** seinem AG unerlaubte **Konkurrenz** macht.

111 Bei einem einheitlichen Kündigungssachverhalt ist das BAG (21.11.1985, 2 AZR 21/85, EzA § 1 KSchG Nr 42) früher davon ausgegangen, er sei ausschließlich einem der 3 gesetzlich geregelten Kündigungstatbestände zuzuordnen (offengelassen jetzt vom BAG 6.11.1997, 2 AZR 94/97, EzA § 1 KSchG Betriebsbedingte Kündigung Nr 96). Dabei soll sich die Abgrenzung in 1. Linie danach richten, aus welchem der im Gesetz genannten Bereiche die sich auf das Arbeitsverhältnis nachteilig auswirkende Störung primär stammt bzw danach, was als **wesentliche Ursache** anzusehen ist. Diese These ist vom BAG allerdings nur im Urteil vom 21.11.1985 (aaO) konsequent angewandt worden. Dagegen wurde im Urteil vom 17.5.1984 (2 AZR

109/83, EzA § 1 KSchG Betriebsbedingte Kündigung Nr 32) trotz des »Überwiegens« des betriebsbedingten Grundes eine der personenbedingten Kdg entspr Interessenabwägung verlangt. Andererseits wurde zB zur Druck-Kdg stets betont, der Kündigungsgrund sei alternativ als verhaltens-, personen- oder betriebsbedingter zu prüfen (zuletzt BAG 31.1.1996, 2 AZR 158/95, EzA § 626 BGB Druckkündigung Nr 3 mwN); auch werden zB Kdg im öffentl Dienst wegen Straftaten oder wegen Falschbeantwortung von Fragen nach einer früheren Stasi-Tätigkeit unter verhaltens- und personenbedingten Gesichtspunkten geprüft (BAG 10.4.2014, 2 AZR 684/13, EzA § 1 KSchG Personenbedingte Kündigung Nr 33; 13.6.1996, 2 AZR 483/95, EzA § 1 KSchG Verhaltensbedingte Kündigung Nr 48).

Sowohl gegen die **Vermischung der Prüfungskriterien** als auch gegen die Prämisse, ein Kündigungssachverhalt sei stets nur unter einem rechtlichen Aspekt zu überprüfen, bestehen Bedenken. Die Vermischung der Prüfkriterien führt zu konturenlosen Billigkeitserwägungen und zur Auflösung der Dreiteilung der Kündigungsgründe. Andererseits ist kein rechtlich erheblicher Grund ersichtlich, einen Kündigungssachverhalt nicht sowohl unter dem Aspekt der verhaltens- oder personenbedingten als auch unter dem der betriebsbedingten Kdg zu würdigen. Die Abkehr von der »**Sphärentheorie**« des BAG führt nicht zu einer die Systematik und die Praxis verwirrenden Vermehrung der sog Mischtatbestände, wenn vor der Annahme eines Mischtatbestandes **vorrangig** eine sorgfältige und exakte Bestimmung und **Abgrenzung** der gesetzlich geregelten Kündigungsgründe erfolgt. Bei einer systemgerechten Beschränkung der betriebsbedingten Kdg auf Fälle, in denen der Personalbestand größer ist als der Personalbedarf, sowie der Eingrenzung der verhaltensbedingten Kdg auf vertragswidrige und auch schuldhafte Verhaltensweisen des AN (s Rdn 93 ff) verbleiben wenige **einheitliche Kündigungssachverhalte**, die unter verschiedene rechtliche Kündigungsgründe zu subsumieren sind. In diesen seltenen Fällen sind die einschlägigen **Kriterien** zB einer verhaltens- und einer personenbedingten Kdg **jeweils gesondert zu prüfen**, wobei weder zwangsläufig auf spezielle wesentliche Aspekte verzichtet noch die verschiedenen rechtlichen Aspekte miteinander vermischt werden dürfen. Zur Interessenabwägung s Rdn 158 ff. 112

Bei der Anwendung dieser Grundsätze sind die vom BAG entschiedenen Fälle der **Mischtatbestände** wie folgt zu beurteilen: Das Urteil des BAG vom 21.11.1985 (2 AZR 21/85, EzA § 1 KSchG Nr 42) ist im Ergebnis zutr. Die Kdg war nicht durch Gründe im Verhalten des AN bedingt, weil der AG die **Arbeitsverweigerung** nicht zuvor abgemahnt hatte. Das Fehlen einer Abmahnung schloss zugleich auch ein **dringendes** betriebliches Erfordernis für die vom AG zu spontan angeordnete betriebliche **Umorganisation** aus. Bei dem Kündigungssachverhalt, der dem Urteil des BAG vom 17.5.1984 (2 AZR 109/83, EzA § 1 KSchG Betriebsbedingte Kündigung Nr 32) zugrunde lag, ging es entgegen der Wertung des BAG nicht um eine betriebsbedingte Kdg, bei der es ausnahmsweise wegen der Mischung mit personenbedingten Gründen einer Interessenabwägung bedurfte. Da die persönliche Eignung der gekündigten ANin unvermindert fortbestand, lag kein personenbedingter, sondern ausschließlich ein betriebsbedingter Kündigungsgrund vor, weil der AG den »Arbeitsplatz« für eine Lehrkraft ohne Lehramtsbewilligung in die **Stelle** eines vollausgebildeten **Lehrers** im Beamtenverhältnis **umgewandelt** hatte. Werden in einem Betrieb **neue** technisch schwierig zu bedienende **Maschinen** angeschafft und können sich einige ältere AN nicht mehr einarbeiten, dann geht es nicht um den Verlust der für die bisherige Tätigkeit fortbestehenden Eignung, sondern um den fehlenden Bedarf an Arbeitskräften für die stillgelegten Maschinen, dh ausschließlich um eine betriebsbedingte Kdg (BAG 29.1.1997, 2 AZR 49/96, RzK I 5c R 82). Gleiches gilt, wenn eine betriebliche Organisationsänderung dazu führt, dass ein in seiner Gesundheit beeinträchtigter AN nicht mehr leidensgerecht beschäftigt werden kann (BAG 6.11.1997, 2 AZR 94/97, EzA § 1 KSchG Betriebsbedingte Kündigung Nr 96; aA*Stahlhacke/Preis* Rn 900). Dagegen ist eine Kdg nur nach dem Maßstab der krankheitsbedingten Kdg zu beurteilen, wenn der AG für einen längere Zeit erkrankten AN einen **Nachfolger** auf unbestimmte Zeit einstellt. Ein betriebsbedingter Grund fehlt dann, weil der AG nur die personelle Besetzung eines erhaltenen Arbeitsplatzes ändern will. Auch wenn eine **Krankheit** letztlich **betriebliche Ursachen** hat, geht es ggf um eine personen-, nicht um eine betriebsbedingte Kdg (s BAG 29.1.1997, 2 AZR 9/96, EzA § 1 KSchG Krankheit Nr 42). 113

I. Systematisierung der Kündigungsgründe nach der Auswirkung auf das Arbeitsverhältnis. Zur normativen Konkretisierung und Strukturierung des wichtigen Grundes hat das BAG zunächst eine **Systematisierung** der Kündigungsgründe versucht, indem es nach Störungen im **Leistungsbereich**, im Bereich der **betrieblichen Verbundenheit** aller Mitarbeiter, im persönlichen **Vertrauensbereich** der Vertragspartner und im **Unternehmensbereich** unterschied (BAG 6.2.1969, 2 AZR 241/68, EzA § 626 BGB Nr 11; 3.12.1970, 2 AZR 110/70, EzA § 626 BGB nF Nr 7; 28.9.1972, 2 AZR 469/71, EzA § 1 KSchG Nr 25, AP KSchG 1969 § 1 Betriebsbedingte Kdg Nr 21). Inzwischen hat es erkannt, dass der Ertrag dieser Systematisierung eher gering ist (BAG 4.6.1997, 2 AZR 526/96, EzA § 626 BGB nF Nr 168). 114

J. Systematisierung der Kündigungsgründe nach dem Zeitpunkt ihrer Entstehung und Geltendmachung. I. Gründe vor Zugang der Kdg. Eine außerordentliche Kdg kann auf alle Gründe gestützt werden, die bei Zugang der Kdg bereits **objektiv vorhanden** waren und dem Kündigenden **nicht länger als 2 Wochen bekannt** gewesen sind (zu sog verfristeten Gründen s Rdn 126).

116 Da die außerordentliche Kdg eine empfangsbedürftige Willenserklärung ist, kommt es auf die Verhältnisse im Zeitpunkt des **Zugangs** an, sodass auch die zwischen der Absendung und dem Zugang des Kündigungsschreibens entstandenen Kündigungsgründe zu berücksichtigen sind (hM; BAG 30.4.1977, 2 AZR 221/76). Ein nach der Absendung des Kündigungsschreibens entstandener Grund kann allerdings dann nicht verwertet werden, wenn die Kündigungsgründe nach einer konstitutiven **Formvorschrift** schriftlich mitgeteilt werden müssen (s zB BAG 25.11.1976, 2 AZR 751/75, EzA § 15 BBiG Nr 3).

117 Auch bereits **vor Beginn** des **Arbeitsverhältnisses** eingetretene Ereignisse oder Umstände können eine außerordentliche Kdg rechtfertigen. Voraussetzung ist allerdings, dass diese Umstände das Arbeitsverhältnis weiterhin erheblich belasten und dass sie dem Kündigenden bei Vertragsabschluss noch **nicht bekannt** waren (BAG 5.4.2001, 2 AZR 159/00, EzA § 626 BGB nF Nr 187).

118 **II. Gründe nach Zugang der Kdg.** Kündigungsgründe, die erst **nach** der Kdg entstanden sind, können dagegen nicht zur Rechtfertigung der bereits erklärten Kdg herangezogen werden, sondern nur zum Anlass für eine **weitere Kdg** genommen werden (BAG 11.12.1975, 2 AZR 426/74, EzA § 15 KSchG nF Nr 6). Ausnahmsweise können nachträgliche Vorgänge für die zuvor erfolgte Kdg dann von Bedeutung sein, wenn sie die **früheren Umstände**, die zu der Kdg geführt haben, weiter **aufhellen**. Das ist zB anzunehmen, wenn das Verhalten des Gekündigten nach Ausspruch der Kdg erkennen lässt, dass er endgültig nicht bereit war, seine vertraglichen Pflichten zu erfüllen (s BAG 10.6.2010, 2 AZR 541/09, EzA § 626 BGB 2002 Nr 32 mN; entspr gilt für nachträgliche Entlastungstatsachen: BAG 23.10.2014, 2 AZR 644/13, EzA § 626 BGB 2002 Nr 48). Zu weitgehend hält der BGH (28.4.1960, VII ZR 218/59, BB 1961, 48) einen inneren Zusammenhang auch dann für gegeben, wenn ein Dienstpflichtiger, der zunächst wegen des unberechtigten Vorwurfs des Wettbewerbsverstoßes entlassen worden ist, nachträglich verbotenen Wettbewerb betreibt.

119 **III. Nachschieben von Gründen.** Von einem »Nachschieben« der Kündigungsgründe spricht man, wenn der Kündigende seine ursprüngliche Begründung der Kdg später durch weitere Kündigungsgründe ergänzt oder ersetzt. Kündigungsgründe, die dem Kündigenden bei Zugang der Kdg noch **nicht länger als 2 Wochen bekannt** gewesen sind, können ohne materiell-rechtliche Einschränkungen nachgeschoben werden, wenn sie bereits **vor der Kdg entstanden** waren (hM; BAG 4.6.1997, 2 AZR 146/95, EzA § 626 BGB nF Nr 167 mwN). Wenn bereits eine außerordentliche Kdg ausgesprochen worden ist, hat der Gekündigte kein schutzwürdiges Interesse mehr daran, weitere Gründe innerhalb der Ausschlussfrist des § 626 II zu erfahren (BAG 4.6.1997 aaO). Die Grenzen des zulässigen Nachschiebens bekannter Gründe ergeben sich vielmehr **nur** aus den prozessrechtlichen Vorschriften über die **Zurückweisung verspäteten Vorbringens** (zB § 67 ArbGG), aus dem Grundsatz der **Verwirkung** und aus **§ 102 BetrVG** (Rdn 121).

120 Nach Rspr und hM sind aus der Ausschlussfrist und der Begründungspflicht keine Bedenken gegen das Nachschieben von Gründen herzuleiten, die der Kündigende erst **nach** der **Kdg erfahren** hat (BAG 23.5.2013, 2 AZR 102/12, EzA § 626 BGB 2002 Verdacht strafbarer Handlung Nr 14). Das gilt selbst dann, wenn die Kdg durch das Auswechseln der Gründe einen »**völlig anderen Charakter**« erhält (BGH 1.12.2003, II ZR 161/02, BB 2004, 64; aA LAG Düsseldorf 24.6.2015, 7 Sa 1243/14, ArbR 2015, 432). Auch hier braucht das Nachschieben nicht innerhalb der Frist des § 626 II zu erfolgen (zu den Grenzen s Rdn 119 aE).

121 Für den AG wird das Nachschieben durch die Pflicht beschränkt, dem **BR** vor Erklärung der Kdg die Kündigungsgründe mitzuteilen (§ 102 I BetrVG). Für vor Erklärung der Kdg bekannte Gründe gilt Folgendes: Nachgeschobene Kündigungsgründe, die bereits vor Erklärung der Kdg entstanden und dem AG bekannt gewesen sind, die er aber nicht dem BR mitgeteilt hat, sind im Kündigungsschutzprozess nicht zu verwerten, weil der AG bei objektiver Betrachtung hins der ihm bekannten, aber nicht mitgeteilten Gründe seine Mitteilungspflicht nach § 102 I BetrVG ggü dem BR verletzt hat (BAG 18.6.2015, 2 AZR 256/14, NZA 2016, 287). Das gilt auch dann, wenn der BR der Kdg zugestimmt oder wenn ihm der AG die weiteren Gründe nachträglich mitgeteilt hat. Dieses »**Verwertungsverbot**« bezieht sich nicht nur auf selbstständige weitere Kündigungsgründe, sondern auch auf Tatsachen, die einen Sachverhalt erst zu einem kündigungsrechtlich relevanten Grund machen (zB für die spätere Berufung auf eine erforderliche Abmahnung oder die Schilderung der Auswirkung des Kündigungssachverhaltes auf das Arbeitsverhältnis). Dagegen ist der AG nicht gehindert, im Kündigungsschutzprozess Tatsachen nachzuschieben, die ohne wesentliche Veränderung des Kündigungssachverhaltes lediglich die dem BR mitgeteilten Kündigungsgründe näher erläutern oder

konkretisieren (BAG 11.4.1985, 2 AZR 239/84, EzA § 102 BetrVG 1972 Nr 62). Dabei sind allerdings die Grenzen für eine **zulässige Substantiierung** eng zu ziehen.

Aus dem Schutzzweck des § 102 BetrVG ergeben sich durchgreifende Bedenken aber auch gegen die Heranziehung solcher Gründe, die dem AG bei Erklärung der Kdg noch **unbekannt** waren, wenn sich der BR damit nicht befasst hat (BAG 28.2.1990, 2 AZR 401/89, EzA § 1 KSchG Personenbedingte Kündigung Nr 5). § 102 BetrVG ist deshalb hins der später bekannt gewordenen Kündigungsgründe entspr anzuwenden. Das Nachschieben von Kündigungsgründen ist insoweit der Erklärung der Kdg gleichzustellen, und deswegen wird eine weitere Anhörung des BR erforderlich, bevor die zunächst unbekannten Kündigungsgründe nachgeschoben werden können. Unterlässt der AG das **nachträgliche Anhörungsverfahren**, sind die Gründe im Prozess nicht verwertbar (BAG 10.4.2014, 2 AZR 684/13, EzA § 1 KSchG Personenbedingte Kündigung Nr 33). Unverwertbar sind derart nachgeschobene Kündigungsgründe darüber hinaus dann, wenn der BR schon zu den ursprünglich geltend gemachten Gründen nicht oder nicht ordnungsgemäß angehört worden war; die aus § 102 I BetrVG folgende Unwirksamkeit der Kdg kann in diesem Fall nicht durch ein Nachschieben der erst später bekannt gewordenen Gründe geheilt werden. 122

Bedarf die Kdg der **Zustimmung des BR** nach § 103 BetrVG iVm § 15 KSchG, kann der AG im **Zustimmungsersetzungsverfahren** weitere Kündigungsgründe nachschieben, sofern er zuvor dem BR deswegen erneut Gelegenheit zur Stellungnahme gegeben hat (BAG 27.1.1977, 2 ABR 77/76, EzA § 103 BetrVG 1972 Nr 16). Str ist insoweit allerdings, ob es genügt, wenn der AG die erforderliche Vorbehandlung nachgeschobener Kündigungsgründe fristgerecht (§ 626 II) beim BR einleitet (so BAG 22.8.1974, 2 ABR 17/74, EzA § 103 BetrVG 1972 Nr 6) oder ob er die nachgeschobenen Gründe innerhalb von 2 Wochen nach Kenntniserlangung bereits in das gerichtliche Zustimmungsersetzungsverfahren einführen muss (so zutr mit eingehender Begr u mwN zum Meinungsstreit KR/*Etzel/Rinck* § 103 BetrVG Rn 134). 123

Wenn die **Zustimmung des Integrationsamtes** zur Kdg eines **schwerbehinderten Menschen** (§ 91 SGB IX) erteilt ist, dann bestehen keine durchgreifenden Bedenken, dem AG im Kündigungsschutzprozess das Nachschieben von bekannten oder unbekannten Gründen zu gestatten, die er im behördlichen Zustimmungsverfahren noch nicht geltend gemacht hatte, soweit er damit im Zeitpunkt der Zustimmungserteilung nicht bereits gem § 626 II ausgeschlossen war. Wenn das Integrationsamt bereits aufgrund der ihm mitgeteilten Gründe die Zustimmung zur Kdg erteilt hat, dann ist es sinnlos, eine weitere Vorbehandlung nachgeschobener Kündigungsgründe durch die Behörde zu verlangen, weil der Zweck des Verfahrens nach dem SGB IX, den betroffenen AN einen bes Schutz zu gewähren, nach der gesetzlichen Eröffnung der Kündigungsmöglichkeit nicht mehr erreicht werden kann (s § 91 SGB IX Rdn 29 und KR/ *Gallner* §§ 85–90 SGB IX Rn 158; zu dem vergleichbaren Tatbestand des Nachschiebens weiterer Kündigungsgründe nach rechtskräftiger Ersetzung der Zustimmung gem § 103 II BetrVG s § 15 KSchG Rdn 21). Die Zustimmung des Integrationsamtes befreit den AG jedoch nicht von der **Anhörungspflicht** nach § 102 BetrVG und den sich daraus ergebenden Grenzen für das Nachschieben (s Rdn 121 f). 124

Entspr gilt, wenn die zust Behörde im Fall der **Eltern- oder Pflegezeit** die Kdg gem § 18 BEEG bzw. § 5 PflegeZG für zulässig erklärt hat. Wurde dagegen die Kdg einer **Schwangeren** gem § 9 MuSchG für zulässig erklärt, scheitert ein Nachschieben von Kündigungsgründen an § 9 III 2 MuSchG. 125

Gründe, die dem Kündigenden länger als 2 Wochen vor Zugang der Kdg bekannt gewesen und deshalb nach § 626 II »**verfristet**« sind (s hierzu iE Rdn 207 ff), können grds nicht nachgeschoben werden. Sie dürfen **nur** dann **unterstützend** zur Rechtfertigung der Kdg herangezogen werden, wenn die früheren Vorgänge mit den innerhalb der Ausschlussfrist bekannt gewordenen in einem so engen sachlichen Zusammenhang stehen, dass die neuen Vorgänge ein Weiteres und letztes Glied in der Kette der Ereignisse bilden, die zum Anlass der Kdg genommen worden sind (st Rspr, aber str, s BAG 15.3.2001, 2 AZR 147/00, EzA § 626 BGB nF Nr 185; KR/*Fischermeier* § 626 Rn 200 ff mwN). Diese Voraussetzung ist zB erfüllt, wenn es sich um **gleichartige Verfehlungen** (Verspätungen, unentschuldigtes Fehlen) handelt, aus denen generell die fehlende Bereitschaft zur vertrauensvollen Zusammenarbeit oder zur Erfüllung der arbeitsvertraglichen Verpflichtungen zu entnehmen ist. Dagegen besteht der erforderliche innere Zusammenhang dann nicht, wenn einem AN wegen nicht schwerwiegender Nachlässigkeiten außerordentlich gekündigt wird und der AG diesen nicht ausreichenden Grund durch den Vorwurf verstärken will, der AN habe früher auch schon seine Zuständigkeiten überschritten und Indiskretionen begangen (BAG 10.4.1975, 2 AZR 113/74, EzA § 626 BGB nF Nr 37; LAG Berl 15.3.1977, 3 Sa 114/76, AuR 1978, 57). 126

IV. Nachschieben von Gründen als neue Kdg. In dem Vorbringen neuer Tatsachen, die eine weitere außerordentliche Kdg rechtfertigen können, kann uU die Erklärung einer **neuen Kdg** enthalten sein (sog Prozesskündigung). Da mit Rücksicht auf den punktuellen Streitgegenstand des Kündigungsschutzprozesses grds jede weitere Kdg mit einer Kündigungsschutzklage angegriffen werden muss, geht es allerdings zu weit, das 127

§ 626 BGB Fristlose Kündigung aus wichtigem Grund

Nachschieben eines späteren Grundes regelmäßig als neue Kdg auszulegen (so aber BAG 3.5.1956, 2 AZR 388/54, BAGE 3, 13; BGH 28.4.1960, VII ZR 218/59, BB 1961, 48). Es muss vielmehr dem Gekündigten eindeutig **erkennbar** sein, dass mit der Berufung auf einen neuen Kündigungsgrund eine weitere Kdg beabsichtigt ist. Die abgelehnte Auffassung wird in ihren Konsequenzen allerdings entschärft, wenn man schon im Widerspruch des gekündigten AN gegen die neuen Kündigungsgründe eine **Erweiterung** seines ursprünglich auf die erste Kdg beschränkten **Antrages** sieht (s BAG 9.3.1961, 2 AZR 502/59, BAGE 11, 46).

128 Da eine **Prozessvollmacht** nach § 81 ZPO nicht die Vollmacht einschließt, weitere Kdg zu erklären, ist dann, wenn eine neue Kdg in einem Schriftsatz des Prozessbevollmächtigten der Partei enthalten ist, eine entspr Erweiterung der Vollmacht erforderlich (BAG 10.8.1977, 5 AZR 394/76, EzA § 81 ZPO Nr 1; LAG Düsseldorf 13.1.1999, 12 Sa 1810/98, ZinsO 1999, 544). Eine Vollmacht zur **Prozesskündigung** ist allerdings idR dann anzunehmen, wenn aufgrund desselben Kündigungssachverhaltes die Kdg nur wiederholt wird (BAG 10.8.1977 aaO). Zu beachten ist weiter, dass die für eine Klage gem §§ 13 I, 4 KSchG erteilte Prozessvollmacht auch nicht zum **Empfang weiterer Kdg** berechtigt. Eine Kdg im Prozess wird somit im Zweifel erst dann wirksam, wenn sie der Partei selbst zugegangen ist. Eine Vollmacht, aufgrund derer eine Kdg nicht mit der Klage nach § 4 KSchG, sondern mit der Klage auf **Feststellung** des Fortbestandes des Arbeitsverhältnisses nach § 256 ZPO angegriffen wird, bevollmächtigt hingegen den Prozessbevollmächtigten zur Entgegennahme weiterer Kdg die während des Rechtsstreites ausgesprochen werden und sich auf den streitbefangenen Zeitraum beziehen; entspr ist dann der gegnerische Prozessbevollmächtigte zur Abgabe auf diesen Zeitraum bezogener weiterer Kdg bevollmächtigt (BAG 21.1.1988, 2 AZR 581/86, EzA § 4 KSchG nF Nr 33). Zur **Schriftform** bei Schriftsatzkündigungen s LAG Nds 30.11.2001, 10 Sa 1046/01, LAGE § 623 BGB Nr 2 und KR/*Spilger* § 623 BGB Rn 144.

129 Für weitere Kdg, die deutlich erkennbar in dem Nachschieben später entstandener Gründe liegen oder vorsorglich ausdrücklich erklärt werden, gelten folgende Besonderheiten: In Betracht kommen alle **Umstände**, die **nach** der ersten **Kdg** bis zur rechtlichen Beendigung des Dienstverhältnisses eintreten. Das bedeutet, dass nach einer ordentlichen Kdg und bei einer außerordentlichen befristeten Kdg (s dazu Rdn 18) bis zum Ablauf der einzuhaltenden oder gewährten Kündigungsfrist eintretende wichtige Gründe zur fristlosen außerordentlichen Kdg berechtigen. Auch wenn zunächst eine unwirksame Kdg ausgesprochen worden ist, kann aus einem danach eintretenden wichtigen Grund eine **weitere Kdg** nachgeschoben werden (BAG 19.12.1958, 2 AZR 390/58, BAGE 7, 165; BGH 28.4.1960, VII ZR 218/59, BB 1961, 48).

130 Die in der Zeit **nach** einer **unwirksamen Kdg** begangenen **Verfehlungen** des Gekündigten sind aber uU wesentlich **milder zu beurteilen** als bei einem ungekündigten Vertragsverhältnis. Immerhin hat der Kündigende durch eine unwirksame Kdg – auch wenn darüber noch Streit herrscht – das Vertrauensverhältnis selbst erheblich belastet. Die zumindest objektiv begangene Vertragsverletzung entbindet den Gekündigten zwar nicht von der von ihm selbst weiter einzuhaltenden Vertragstreue. Sie kann aber ein aus verständlicher Verärgerung über das Vorgehen des Vertragspartners oder durch die Ungewissheit über den Fortbestand des Arbeitsverhältnisses provoziertes oder veranlasstes Verhalten entschuldigen (RG 22.2.1916, III 355/15, RGZ 88, 127). So hängt das Gewicht eines **Wettbewerbsverstoßes**, den der AN im Anschluss an eine unwirksame Kdg des AG begeht, von dem Grad des Verschuldens des AN und von Art und Auswirkung der Wettbewerbshandlung ab (BAG 25.4.1991, 2 AZR 624/90, EzA § 626 BGB nF Nr 140; s allg zur Bewertung eines **beiderseits vertragswidrigen Verhaltens**: BAG 12.5.1966, 2 AZR 308/65, BAGE 18, 307).

131 **K. Besondere Arten der außerordentlichen Kdg. I. Außerordentliche Änderungskündigung.** Eine außerordentliche Kdg ist beim Vorliegen eines wichtigen Grundes auch dann zulässig, wenn hierdurch eine Änderung der Arbeitsbedingungen durchgesetzt werden soll (BAG 28.10.2010, 2 AZR 688/09, EzA § 2 KSchG Nr 80). Die **Annahme** unter Vorbehalt muss der AN bei einer fristlosen Änderungs-Kdg ggf **unverzüglich** erklären (BAG 27.3.1987, 7 AZR 790/85, EzA § 2 KSchG Nr 10); falls eine Auslauffrist gewährt wurde, ist dagegen § 2 S 2 KSchG entspr anzuwenden (hM; offen gelassen v BAG 28.10.2010 aaO, weil eine evtl verspätete Annahme jedenfalls ein neues Angebot auf Abschluss eines Änderungsvertrags unter Vorbehalt darstellte, das der AG angenommen hatte). Zu den Besonderheiten des Beginns der Ausschlussfrist des § 626 II s Rdn 211; zur Abgrenzung der **Änderungs-Kdg** von der außerordentlichen Teilkündigung s BAG 7.10.1982, 2 AZR 455/80, EzA § 315 BGB Nr 28; zum Verhältnis zwischen der Änderungs- und Beendigungs-Kdg s Rdn 191 f.

132 **Prüfungsmaßstab** für eine außerordentliche Änderungs-Kdg ist grds nicht allein, ob dem Kündigenden die Fortsetzung des Arbeitsverhältnisses insgesamt unzumutbar geworden ist. Es ist vielmehr auch auf das **Angebot** abzustellen, das Arbeitsverhältnis unter bestimmten anderen Bedingungen fortzusetzen (hM, s KR/*Fischermeier* § 626 Rn 213 f; BAG 21.6.1995, 2 ABR 28/94, EzA § 15 KSchG nF Nr 43). Der Prüfungsmaßstab ist auch nicht davon abhängig, ob der gekündigte AN das Angebot **unter Vorbehalt angenommen**

oder **abgelehnt** hat. Wie sich der Gekündigte auf das Änderungsangebot einlässt, wirkt sich vielmehr nur auf die **Rechtsfolgen** der außerordentlichen Kdg aus (BAG 16.1.1997, 2 AZR 240/96, RzK I 7a Nr 37). Bei einer vorbehaltlosen Ablehnung des Änderungsangebotes muss sich der Gekündigte mit der Beendigung des Arbeitsverhältnisses abfinden, wenn die Kündigungsschutzklage rechtskräftig abgewiesen wird. Wenn der AN dagegen die Änderung unter Vorbehalt annimmt und die gegen die Änderung gerichtete Klage erfolglos bleibt, wird das Arbeitsverhältnis mit dem geänderten Inhalt aufrechterhalten. Die Wirksamkeit der Änderung der Arbeitsbedingungen scheitert in diesem Fall nicht schon deshalb am fehlenden Kündigungsgrund bzw am **ultima-ratio-Prinzip**, weil der AG die Änderung bereits durch Ausübung eines **Widerrufsvorbehalts** oder seines **Direktionsrechts** hätte bewirken können, denn ungerechtfertigt wäre nur die nicht mehr in Betracht kommende Rechtsfolge der Beendigung des Arbeitsverhältnisses (BAG 16.1.1997 aaO und 26.1.2012, 2 AZR 102/11, EzA § 2 KSchG Nr 84 mwN; str, s KR/*Fischermeier* § 626 Rn 213 f).

Ein wichtiger Grund zur außerordentlichen Änderungs-Kdg setzt zunächst aufseiten des Kündigenden voraus, dass ihm die Fortsetzung zu den bisherigen Bedingungen unzumutbar geworden ist, dh dass deren **alsbaldige Änderung unabweisbar notwendig** ist. Da die Änderung der Arbeitsbedingungen schon vor Ablauf der Kündigungsfrist selten unabweisbar notwendig sein wird, kommt die außerordentliche Änderungs-Kdg meist nur bei **Unkündbarkeit** in Betracht (BAG 25.3.1976, 2 AZR 127/75, EzA § 626 BGB Änderungskündigung Nr 1). Soweit die Unkündbarkeit auch für betriebsbedingte Änderungs-Kdg Geltung beansprucht (zB § 34 II TVöD), ist Voraussetzung, dass das geänderte unternehmerische Konzept die Änderung erzwingt und ohne sie oder mit geringeren Änderungen wesentlich beeinträchtigt würde (BAG 26.6.2008, 2 AZR 147/07, BB 2009, 108). Die neuen Bedingungen müssen auch dem Gekündigten **zumutbar** sein, dh sie dürfen ihn nicht stärker als zur Vermeidung einer Beendigungs-Kdg unumgänglich belasten (BAG 21.1.1993, 2 AZR 330/92, EzA § 2 KSchG Nr 18; 23.6.2005, 2 AZR 642/04, EzA § 2 KSchG Nr 54; 26.6.2008 aaO). Beide Voraussetzungen müssen kumulativ vorliegen und sind jeweils gesondert zu prüfen. Will der kündigende AG mit einer Änderungs-Kdg **mehrere neue Bedingungen** durchsetzen, so müssen die genannten Voraussetzungen für jede einzelne Änderung vorliegen (BAG 23.6.2005 aaO). 133

Die Interessenabwägung muss das Ergebnis vermeiden, dass der AG mit einer außerordentlichen Beendigungs-Kdg durchdringen könnte, mit einer Änderungs-Kdg als einer an sich milderen Maßnahme hingegen nicht, weil die Weiterbeschäftigung des AN zu den gewünschten Bedingungen – isoliert betrachtet – unzumutbar erscheint. Wäre ohne die Wahl der Änderungs-Kdg eine Beendigungs-Kdg unumgänglich und gerechtfertigt (BAG 20.1.2000, 2 ABR 40/99, EzA § 15 KSchG nF Nr 49), kann die Wirksamkeit der Änderungs-Kdg nicht an der Unzumutbarkeit der neuen Bedingungen scheitern. Zudem trifft der Hinweis von *Preis* (Prinzipien S 302) zu, ob sich der AN die geänderten Arbeitsbedingungen zumuten wolle, könne er nur selbst entscheiden (s.a. BAG 21.4.2005, 2 AZR 132/04, EzA § 2 KSchG Nr 53). 134

Soweit mit der Änderungs-Kdg die **Kürzung** dem AN **zugesagter Leistungen** (insb Vergütung) bezweckt wird, sind noch folgende Grundsätze zu beachten: Die Änderung lässt sich nicht schon damit rechtfertigen, dass eine Gleichbehandlung mit anderen AN herbeigeführt werden soll (BAG 20.1.2000 aaO; 12.1.2006, 2 AZR 126/05, EzA § 2 KSchG Nr 56). Auch sind weder der Entschluss, die Lohnkosten zu senken, noch die Änderungs-Kdg selbst sog bindende, von den Gerichten nur auf Rechtsmissbrauch zu prüfende Unternehmerentscheidungen. Die Kürzung zugesagter Leistungen hat mit unternehmerischer Freiheit nichts zu tun. Ein dringendes betriebliches Erfordernis oder ein wichtiger Grund für Entgeltsenkungen liegt nur dann vor, wenn sonst die Arbeitsplätze der von der Änderungs-Kdg Betroffenen verloren gingen bzw wenn ohne die Kürzung eine »akute Gefahr« für die Arbeitsplätze oder eine **Existenzgefährdung** für das Unternehmen eintreten würde (BAG 20.1.2000 aaO). Dabei ist auf die wirtschaftliche Situation des Gesamtbetriebes, nicht auf die eines unselbstständigen Betriebsteils abzustellen (BAG 20.8.1998, 2 AZR 84/98, EzA § 2 KSchG Nr 31). Der AG darf grds nicht einzelne AN (zB die in einer unrentablen Abteilung beschäftigten) herausgreifen; auch müssen die AN bei nur vorübergehenden Verlusten jedenfalls keine Entgeltsenkung auf Dauer hinnehmen (BAG 20.8.1998 aaO). Müsste allerdings ohne die angestrebte Personalkostensenkung alsbald Insolvenzantrag gestellt werden, kann sogar bei einem an Beamtenverhältnisse angelehnten Bestands- und Inhaltsschutz wie in § 55 BAT auch von tariflich unkündbaren AN ein Sanierungsbeitrag verlangt werden, wenn sonstige Maßnahmen einschließlich entspr Änderungs-Kdg ggü ordentlich kündbaren AN nicht ausreichen würden (s BAG 1.3.2007, 2 AZR 580/05, DB 2007, 1413). Die vorstehenden Grundsätze gelten freilich nicht, wenn die **Änderung** der Arbeitsbedingungen die Gestaltung der **Arbeit** oder der **Arbeitszeit** betrifft und erst diese Änderung unmittelbare Auswirkungen auf die Vergütung des AN hat, sei es aufgrund eines im Betrieb angewandten Vergütungssystems (»Tarifautomatik«) oder eines vom AG darzulegenden evident geringeren Marktwerts der neuen Tätigkeit (BAG 28.10.2010, 2 AZR 688/09, EzA § 2 KSchG Nr 80; 23.6.2005, 2 AZR 642/04, EzA § 2 KSchG Nr. 54). 135

§ 626 BGB Fristlose Kündigung aus wichtigem Grund

136 Die Unwirksamkeit der Änderung gem § 626 muss der AN entspr § 4 S 2 KSchG innerhalb der 3-wöchigen **Klagefrist** geltend machen (BAG 28.10.2010, 2 AZR 688/09, EzA § 2 KSchG Nr 80). **Unwirksamkeitsgründe** iSv § 13 III KSchG wie zB die fehlende oder unzureichende Anhörung des BR nach § 102 BetrVG erfassen, anders als die nicht unter § 13 III KSchG fallende Unverhältnismäßigkeit (Rdn 132), nicht nur das Element der Kdg, sondern auch das mit ihm verbundene Änderungsangebot (BAG 23.11.2000, 2 AZR 547/99, EzA § 2 KSchG Nr 40). Nur dann, wenn die entspr Änderung der Arbeitsbedingungen bereits auf andere Weise, etwa durch eine Änderung des einschlägigen TV, bewirkt wurde und die Änderungs-Kdg eigentlich überflüssig war, kann die Änderungsschutzklage wegen ihres gem § 4 S 2 KSchG eingeschränkten Streitgegenstands trotz solcher sonstigen Kündigungsmängel keinen Erfolg haben (BAG 24.6.2004, 8 AZR 22/03, ZTR 2004, 579 mwN; 29.9.2011, 2 AZR 523/10, EzA § 2 KSchG Nr 83 mwN; 26.1.2012, 2 AZR 102/11, EzA § 2 KSchG Nr 84; aA jetzt 22.10.2015, 2 AZR 124/14, EzA-SD 2016 Nr 2 S 3 unter Nichtbeachtung von § 45 ArbGG u unter Verkennung des Streitgegenstands [»Änderungs-Kdg« statt richtig »Änderung der Arbeitsbedingungen«]).

137 **II. Druckkündigung.** Von einer Druck-Kdg, die auch als außerordentliche Kdg in Betracht kommt, spricht man, wenn von der Belegschaft, einer Gewerkschaft, dem BR oder Geschäftspartnern unter **Androhung von Nachteilen** vom AG die Entlassung eines bestimmten AN verlangt wird. Es ist zunächst zu klären, ob in der Person oder im Verhalten des betroffenen AN liegende Gründe gegeben sind, die das Entlassungsverlangen sachlich rechtfertigen und eine **personen-** oder **verhaltensbedingte** Kdg ermöglichen (BAG 31.1.1996, 2 AZR 158/95, EzA § 626 BGB Druckkündigung Nr 3). Fehlt ein derartiger Kündigungssachverhalt, dann ist eine **betriebsbedingte** Druck-Kdg nur unter den nachfolgenden Voraussetzungen zulässig (BAG 18.7.2013, 6 AZR 420/12, EzA § 1 KSchG Betriebsbedingte Kündigung Nr 175; str, s KR/*Fischermeier* § 626 Rn 219).

138 Der AG darf nicht ohne Weiteres dem Verlangen auf Entlassung nachgeben, sondern muss sich **schützend vor den AN** stellen und versuchen, diejenige Seite, von der der Druck ausgeübt wird, von ihrer Drohung abzubringen. Das gilt selbst dann, wenn der AG verpflichtet ist, dem Verlangen eines Auftraggebers zu entsprechen, einen unerwünschten AN abzuberufen (BAG 19.6.1986, 2 AZR 563/85, EzA § 1 KSchG Betriebsbedingte Kündigung Nr 39), oder wenn der **BR** nach § 104 BetrVG die Entlassung von AN verlangt (BAG 26.1.1962, 2 AZR 244/61, BAGE 12, 220). Den BR muss der AG grds auf das Verfahren nach § 104 S 2 BetrVG verweisen. Nur dann, wenn alle Vermittlungsversuche des AG gescheitert sind und ihm nur die Wahl bleibt, entweder den AN zu entlassen oder schwere wirtschaftliche Nachteile hinzunehmen, kann ein wichtiger Grund zur außerordentlichen Kdg zugebilligt werden. Unter diesen Voraussetzungen kann auch eine außerordentliche Änderungs-Kdg in Betracht kommen (BAG 4.10.1990, 2 AZR 201/90, EzA § 626 BGB Druckkündigung Nr 2). Der AG kann sich zudem auf keine **Drucksituation** berufen, die er **selbst** in vorwerfbarer Weise **herbeigeführt** hat (BAG 26.1.1962 aaO).

139 Andererseits muss auch der AN in einer Drucksituation versuchen, unzumutbare Nachteile von seinem AG abzuwenden, und uU bereit sein, in eine **Versetzung** einzuwilligen, wenn dadurch die Lage entspannt werden kann (BAG 11.2.1960, 5 AZR 210/58, EzA § 611 BGB Nr 2). Die vorherige Anhörung des betroffenen AN ist aber keine Wirksamkeitsvoraussetzung für die Druck-Kdg (BAG 4.10.1990, 2 AZR 201/90, EzA § 626 BGB Druckkündigung Nr 2).

140 Dem gekündigten AN kann gegen den Dritten ein **Schadenersatzanspruch** nach §§ 823 f, 826 zustehen (BAG 4.6.1998, 8 AZR 786/96, EzA § 823 BGB Nr 9). Darüber hinaus soll dem durch eine solche Druck-Kdg ausgeschiedenen AN analog § 904 und entspr den Grundsätzen über den **Aufopferungsanspruch** auch ein Schadensersatzanspruch gegen den AG zustehen (str, s KR/*Fischermeier* § 626 Rn 223). In diesem Fall ist im Innenverhältnis der Dritte als Verursacher allein verpflichtet, den Schaden zu tragen. Der AN muss deshalb seinen Schadensersatzanspruch gegen den Dritten zum Ausgleich an den AG abtreten.

141 **III. Verdachtskündigung.** Nach der st Rspr des BAG kann nicht nur eine erwiesene strafbare Handlung oder eine erwiesene Vertragsverletzung eines AN, sondern auch der **Verdacht**, dieser habe eine **strafbare Handlung** oder eine **schuldhafte Pflichtverletzung** begangen, ein wichtiger Grund für eine außerordentliche Kdg sein; die in Art 6 II MRK verankerte **Unschuldsvermutung** steht nicht entgegen (zB BAG 14.9.1994, 2 AZR 164/94 und 13.9.1995, 2 AZR 587/94, EzA § 626 BGB Verdacht strafbarer Handlung Nr 5, 6; s.a. BVerfG 15.12.2008, 1 BvR 347/08, BVerfGK 14, 507; in der Lit hM, aber nicht unbestr, s KR/*Fischermeier* § 626 Rn 235 ff mzN). Eine »echte« Verdachts-Kdg liegt nur dann vor, wenn es gerade der Verdacht ist, der das zur Fortsetzung des Arbeitsverhältnisses notwendige Vertrauen des AG in die Redlichkeit des AN zerstört oder zu einer **unzumutbaren Belastung** des Arbeitsverhältnisses geführt hat. Dies kann auch noch dann der Fall sein, wenn der AN bereits unwiderruflich bezahlt freigestellt wurde (BAG 5.4.2001, 2 AZR 217/00, EzA § 626 BGB Verdacht strafbarer Handlung Nr 10). Zumeist wird der AG bei

einem solchen Verdacht eine fristlose Kdg erklären, jedoch ist auch die ordentliche Verdachts-Kdg, zB wenn die Frist des § 626 II versäumt wurde, nicht ohne praktische Bedeutung (s § 1 KSchG Rdn 109). Der **verdachtsbedingte Verlust der Vertrauenswürdigkeit** (s BAG 5.4.2001 aaO), dh der Wegfall einer persönlichen Eigenschaft, ist nach hM (s KR/*Fischermeier* § 626 Rn 225) ein personenbedingter Kündigungsgrund, bei dem die nachfolgend dargestellten bes Kündigungsvoraussetzungen festgestellt sein müssen, um der Gefahr vorzubeugen, dass die Kdg einen Unschuldigen trifft.

Der Verdacht muss **objektiv** durch bestimmte, **im Zeitpunkt der Kdg** vorliegende **(Indiz-)Tatsachen** begründet sein (BAG 14.9.1994, 2 AZR 164/94, EzA § 626 BGB Verdacht strafbarer Handlung Nr 5; s aber auch Rdn 118). Die subjektive Wertung des AG ist unmaßgeblich. Der **Verdacht** muss sich aus Umständen ergeben, die so beschaffen sind, dass sie einen verständigen und gerecht abwägenden AG zum Ausspruch der Kdg veranlassen können. Er muss insb **dringend** sein (BAG 29.11.2007, 2 AZR 724/06, EzA § 626 BGB 2002 Verdacht strafbarer Handlung Nr 5 mwN) und sich auf eine **schwerwiegende Pflichtverletzung** beziehen (BAG 5.4.2001, 2 AZR 217/00, EzA § 626 BGB Verdacht strafbarer Handlung Nr 10). Das gilt auch im Fall einer ordentlichen Verdachts-Kdg, dh die Tatsachen müssten im Prinzip eine Kdg nach § 626 I rechtfertigen (BAG 21.11.2013, 2 AZR 797/11, EzA § 1 KSchG Verdachtskündigung Nr 5). In jedem Fall haben die Gerichte für Arbeitssachen einem Entlastungsvorbringen des AN durch eine vollständige Aufklärung des Sachverhalts nachzugehen (BAG 18.11.1999, 2 AZR 743/98, EzA § 626 BGB Verdacht strafbarer Handlung Nr 9). Für sich genommen begründen weder die Einleitung eines strafrechtlichen Ermittlungsverfahrens noch ein Haftbefehl noch die Erhebung der Anklage bzw. die Eröffnung des Hauptverfahrens einen dringenden Tatverdacht, auch wenn sie den Kündigungsgrund unterstützen können (BAG 29.11.2007 aaO; 24.5.2012, 2 AZR 206/11, EzA § 626 BGB 2002 Verdacht strafbarer Handlung Nr 11); der AG muss ggf die Ermittlungsergebnisse der Strafverfolgungsbehörden, zumindest durch Bezugnahme, als eigene Behauptungen vortragen (BAG 25.10.2012, 2 AZR 700/11, EzA § 626 BGB 2002 Verdacht strafbarer Handlung Nr 13). Auch sind die Einstellung des Ermittlungsverfahrens (BAG 20.8.1997, 2 AZR 62/96, EzA § 626 BGB Verdacht strafbarer Handlung Nr 7) bzw das Ergebnis des **Strafverfahrens** für den Kündigungsschutzprozess **nicht bindend**; entscheidend sind der Verstoß gegen vertragliche Pflichten und der mit ihm verbundene Vertrauensbruch (BAG 25.10.2012 aaO). Nur bei einem **Freispruch** wegen »erwiesener Unschuld«, der sich nach § 267 V StPO nur aus den Gründen des Strafurt ergeben kann, hat auch das ArbG, wenn der Sachverhalt unverändert bleibt und nicht neue Umstände hinzutreten, davon auszugehen, der Verdacht sei von Anfang an unbegründet gewesen (zu weitgehend BAG 19.9.1991, 2 ABR 14/91, RzK I 8c Nr 24). 142

Der AG muss auch prüfen, ob nicht andere Personen als Täter in Betracht kommen, und alle **zumutbaren** Anstrengungen zur **Aufklärung des Sachverhalts** unternommen haben (s zB Hess LAG 17.6.2008, 4/12 Sa 523/07, PflR 2009, 22). Er ist insb verpflichtet, den verdächtigen **AN anzuhören**, um ihm Gelegenheit zur Stellungnahme zu geben. Dies gebietet schon der Grundsatz der **Verhältnismäßigkeit**. Eine ohne hinreichende Anhörung des verdächtigen AN ausgesprochene Verdachts-Kdg ist als solche grds unwirksam (BAG 24.5.2012, 2 AZR 206/11, EzA § 626 BGB 2002 Verdacht strafbarer Handlung Nr 11; zum erfolgreichen Tatnachweis s allerdings Rdn 148). Die Anhörung des AN muss **vor der BR-Anhörung** (LAG Köln 30.11.1992, 11 Sa 413/92, LAGE § 626 BGB Verdacht strafbarer Handlung Nr 3) und unter solchen äußeren Bedingungen erfolgen, dass dem AN eine Einlassung zumutbar ist (LAG Köln 15.4.1997, 13(2) Sa 812/96, LAGE § 626 BGB Verdacht strafbarer Handlung Nr 6; LAG Berl-Bbg 16.12.2010, 2 Sa 2022/10, LAGE § 626 BGB 2002 Verdacht strafbarer Handlung Nr 10). Unzumutbar ist die Einlassung aber nicht schon deshalb, weil er über den Zweck des Gesprächs zuvor im Unklaren gelassen oder getäuscht wurde (vgl BAG 12.2.2015, 6 AZR 845/13, EzA § 22 BBiG 2005 Nr 1; **aA** LAG Düsseldorf 25.6.2009, 5 TaBV 87/09, LAGE § 103 BetrVG 2001 Nr 9; LAG Berl-Bbg 16.12.2010 aaO). Bei komplexen Sachverhalten kann es geboten sein, dem AN eine angemessene Vorbereitungszeit einzuräumen und ggf eine 2. Anhörung durchzuführen (BAG 12.2.2015 aaO). Ein Anspruch auf Hinzuziehung seines **Anwalts** zum Anhörungsgespräch besteht dagegen grds nicht (LAG Hamm 23.5.2001, 14 Sa 497/01, MDR 2001, 1361; **aA** BAG 13.3.2008, 2 AZR 961/06, EzA § 626 BGB 2002 Verdacht strafbarer Handlung Nr 6; 24.5.2012, 2 AZR 206/11, EzA § 626 BGB 2002 Verdacht strafbarer Handlung Nr 11; diff Hess LAG 1.8.2012, 16 Sa 202/11, ArbR 2011, 516). Jedenfalls muss der AG den AN nicht von sich aus auf die Möglichkeit der Kontaktierung eines Anwalts oder sonstiger Vertrauenspersonen hinweisen (BAG 12.2.2015 aaO). Der dem AN vorgehaltene Verdacht muss zumindest soweit **konkretisiert** werden, dass dieser sich darauf substantiiert einlassen kann (BAG 13.3.2008 aaO). Kann sich der AN bei seiner Anhörung zunächst entlasten, führen jedoch die weiteren Ermittlungen wieder zu einer Verdichtung des Verdachts, so ist der AN zu den neuen Ermittlungsergebnissen auch erneut zu hören (BAG 13.9.1995, 2 AZR 587/94, EzA § 626 BGB Verdacht strafbarer Handlung Nr 6). 143

144 Wenn der AG den Verdacht nicht selbst aufklären kann, darf er mit der Kdg bis zum Abschluss eines Strafverfahrens warten (BAG 11.3.1976, 2 AZR 29/75, EzA § 626 BGB nF Nr 46; s zur Auswirkung auf die Ausschlussfrist Rdn 208). Der AG ist andererseits nicht verpflichtet, die Staatsanwaltschaft zur Durchführung weiterer Ermittlungen einzuschalten (BAG 28.9.1989, 2 AZR 111/89, NZA 1990, 568 [Ls]). Grds braucht er den verdächtigen AN auch nicht mit Belastungszeugen zu konfrontieren (BAG 26.2.1987, 2 AZR 170/86, RzK I 8c Nr 13; 27.11.2008, 2 AZR 98/07, EzA § 1 KSchG Verdachtskündigung Nr 4). Kann allerdings eine vom AN selbst verlangte **Gegenüberstellung** mit **Belastungszeugen** problemlos durchgeführt werden, dürfte auch sie zu den notwendigen Aufklärungsmaßnahmen gehören.

145 Nach der Rspr des BAG führt nur eine **schuldhafte Verletzung der Anhörungspflicht** zur Unwirksamkeit der Verdachts-Kdg. Den AG trifft kein Verschulden, wenn er von der Anhörung deswegen absieht, weil der AN von vornherein nicht bereit ist, sich zu den Verdachtsgründen substantiiert zu äußern (BAG 26.9.2002, 2 AZR 424/01, EzA § 626 BGB 2002 Verdacht strafbarer Handlung Nr 1 mwN). Der Verdächtige ist gehalten, an der Aufklärung des Verdachtes mitzuwirken. Unterlässt er es, rechtzeitig auf entlastende Umstände hinzuweisen, dann werden dadurch die gegen ihn sprechenden Verdachtsmomente verstärkt (BAG 15.5.1986, 2 AZR 397/85, RzK I 8c Nr 9). Das schließt aber die Möglichkeit eines späteren »Reinigungsbeweises« durch den Verdächtigen nicht aus. Den **Verdacht verstärkende** oder **entkräftende Tatsachen** können bis zur letzten mündlichen Verh in der Berufungsinstanz vorgetragen werden und müssen dann grds berücksichtigt werden, sofern diese Tatsachen, wenn auch unerkannt, bereits vor Zugang der Kdg vorgelegen haben (BAG 14.9.1994, 2 AZR 164/94, EzA § 626 BGB Verdacht strafbarer Handlung Nr 5; 24.5.2012, 2 AZR 206/11, EzA § 626 BGB 2002 Verdacht strafbarer Handlung Nr 11; in der Lit str, s KR/*Fischermeier* § 626 Rn 240, 247; zu kollektivrechtlichen Beschränkungen des Nachschiebens s Rdn 121 ff). Die Frage der Unzumutbarkeit der Fortsetzung des Arbeitsverhältnisses ist aus der Sicht eines verständigen und gerecht abwägenden AG zu beurteilen, der nicht nur die Fakten kennt, welche schon im Zeitpunkt der Kdg bekannt waren, sondern den gesamten Sachverhalt, wie er im Prozess bis zur letzten mündlichen Verh des Tatsachengerichts aufgeklärt wurde.

146 Eine Verdachts-Kdg liegt iÜ nur dann vor, wenn der AG seine Kdg damit begründet, **gerade der Verdacht** eines – nicht erwiesenen – strafbaren oder vertragswidrigen Verhaltens habe das für die Fortsetzung des Vertragsverhältnisses erforderliche Vertrauen zerstört (BAG 26.3.1992, 2 AZR 519/91, und 14.9.1994, 2 AZR 164/94, EzA § 626 BGB Verdacht strafbarer Handlung Nr 4 und 5). Auf diese Argumentation kann sich der AG auch dann beschränken, wenn er den Tatnachweis führen könnte, aber den AN schonen oder von entspr Beweismitteln (zB Kunden als Zeugen) keinen Gebrauch machen will (BAG 14.9.1994 aaO). Umgekehrt kann der AG auch dann, wenn er objektiv nur einen Verdacht hat, die Verfehlung des AN für nachweisbar halten und mit dieser Begründung die Kündigung erklären. Dann geht es nicht um eine Verdachts-Kdg, mag auch der Vorwurf von Pflichtverletzungen nur auf Schlussfolgerungen des AG beruhen; daran ändert es auch nichts, wenn der AG seine Behauptungen nicht nachweisen kann, jedoch nach dem Ergebnis der Beweisaufnahme ein begründeter Verdacht nicht auszuschließen ist. Der Verdacht einer strafbaren oder vertragswidrigen Handlung ist ggü dem Vorwurf, der AN habe die Tat begangen, **ein eigenständiger Kündigungsgrund**, der im Tatvorwurf nicht zwangsläufig enthalten ist (BAG 23.4.2008, 2 ABR 71/07, EzA § 103 BetrVG 2001 Nr 6). In diesen Fällen darf das Gericht die Kündigung nicht nach den Grundsätzen der Verdachts-Kdg behandeln, wenn sich der AG im Prozess nicht zumindest vorsorglich auch auf diesen Tatbestand beruft (BAG 4.10.1990, 2 AZR 222/90, RzK I 8c Nr 21). Insoweit muss es freilich genügen, wenn der AG nur die festgestellten (Indiz-)Tatsachen mitteilt und es dem Gericht überlässt (»iura novit curia«), den Sachverhalt unter die Voraussetzungen einer Tat- oder Verdachts-Kdg zu subsumieren; damit bringt der AG nämlich zum Ausdruck, er berufe sich zumindest vorsorglich auch auf den Tatbestand einer Verdachts-Kdg.

147 Ein späteres **Nachschieben des Verdachts** als Kündigungsgrund ist materiellrechtlich möglich, setzt aber voraus, dass der AG die gebotenen Aufklärungsbemühungen unternommen (BAG 23.3.1984, 7 AZR 323/82, nv), also insbes den AN angehört hatte. Zudem unterliegt das Nachschieben den kollektivrechtlichen Beschränkungen nach § 102 BetrVG (BAG 4.10.1990, 2 AZR 222/90, RzK I 8c Nr 21; 29.1.1997, 2 AZR 292/96, EzA § 611 BGB Aufhebungsvertrag Nr 27). Teilt der AG dem BR nur mit, ein AN solle wegen einer nachweisbaren strafbaren oder pflichtwidrigen Handlung entlassen werden und stützt er später die Kdg bei unverändert gebliebenem Sachverhalt auch auf den Verdacht einer Verfehlung, dann ist der nachgeschobene Grund der Verdachts-Kdg wegen fehlender Anhörung des BR im Kündigungsschutzprozess nicht verwertbar (BAG 4.10.1990 aaO). Dies bedeutet nicht, dass der AG bei der **Anhörung des BR** stets den Kündigungssachverhalt auch ausdrücklich als **Verdachts- oder Tatkündigung** qualifizieren muss. Entscheidend ist, dass der BR erkennen kann, ob eine Kdg wegen eines Verdachts oder wegen eines Tatvorwurfs oder (vorsorglich) aus beiden Gründen ausgesprochen werden soll (LAG Köln 31.10.1997, 11(8) 665/97, LAGE § 102 BetrVG 1972 Nr 66; s.a. BAG 20.6.2013, 2 AZR

546/12, EzA § 611 BGB 2002 Persönlichkeitsrecht Nr 14; 23.4.2008, 2 ABR 71/07, EzA § 103 BetrVG 2001 Nr 6). Der AG, der bereits wegen einer schuldhaften Pflichtverletzung gekündigt hat, kann zudem, wenn er den BR zuvor nochmals anhört, solche Tatsachen nachschieben, die bereits bei Zugang der Kdg vorgelegen haben, die ihm aber erst **nachträglich bekannt** geworden sind und den Verdacht einer Pflichtverletzung begründen. Ob die ursprünglich angeführten Kündigungsgründe beweisbar sind oder nicht, ist insoweit unerheblich (BAG 13.9.1995, 2 AZR 587/94, EzA § 626 BGB Verdacht strafbarer Handlung Nr 6). Die **Anhörung des AN** ist dagegen **entbehrlich**, weil die Kdg bereits ausgesprochen ist, die Stellungnahme des AN also den Kündigungsentschluss nicht mehr beeinflussen und die Verteidigung gegen den Verdacht in dem bereits geführten Prozess erfolgen kann (BAG 23.5.2013, 2 AZR 102/12, EzA § 626 BGB 2002 Verdacht strafbarer Handlung Nr 14).

Trotz ihrer Eigenständigkeit stehen die beiden Kündigungsgründe des Verdachts und des Vorwurfs einer Pflichtwidrigkeit nicht völlig beziehungslos nebeneinander. Wenn die Kdg nur mit dem Verdacht eines pflichtwidrigen Handelns begründet worden ist, nach der Überzeugung des Gerichts aber über den Verdacht des pflichtwidrigen Handelns hinaus die Pflichtwidrigkeit nachgewiesen ist, kann das Gericht sich damit begnügen, auf einen zumindest begründeten dringenden Tatverdacht abzustellen. Es ist aber auch nicht gehindert, die **nachgewiesene Pflichtwidrigkeit** als wichtigen Grund anzuerkennen (BAG 6.12.2001, 2 AZR 496/00, EzA § 626 BGB Verdacht strafbarer Handlung Nr 11; BAG 3.7.2003, 2 AZR 437/02, EzA § 1 KSchG Verdachtskündigung Nr 2). Ob der AN vor der Kdg ausreichend angehört worden war, ist dann ohne Bedeutung (BAG 23.6.2009, 2 AZR 474/07, EzA § 626 BGB 2002 Verdacht strafbarer Handlung Nr 8). Dieser Würdigung steht auch nicht eine insoweit unzureichende Unterrichtung des BR entgegen, wenn diesem alle Tatsachen mitgeteilt worden sind, die nicht nur einen Verdacht, sondern den Tatvorwurf selbst begründen. Der Normzweck des § 102 BetrVG wird bei dieser Fallgestaltung nicht vereitelt, weil der vom AG dem BR ursprünglich mitgeteilte Verdacht dem BR erfahrungsgemäß keinen geringeren, sondern einen stärkeren Anlass für eine gründliche Klärung des Kündigungssachverhaltes gegeben hat als eine Anhörung wegen einer als erwiesen behaupteten Handlung (BAG 23.6.2009 aaO). **148**

Nach der rechtskräftigen Feststellung der **Unwirksamkeit** einer **Verdachts-Kdg** (zB wegen Versäumung der Frist des § 626 II) ist der AG nicht gehindert, nach Abschluss des Strafverfahrens nunmehr eine **Tatkündigung** auszusprechen (BAG 12.12.1984, 7 AZR 575/83, EzA § 626 BGB nF Nr 97). Ebenso wenig steht die rechtskräftige Feststellung der **Unwirksamkeit** einer **Tatkündigung** einer späteren (fristgerechten) **Verdachts-Kdg** entgegen, wenn dieser Grund im Vorprozess nicht vorgebracht oder aus formellen Gründen nicht geprüft wurde (BAG 6.9.1990, 2 AZR 162/90, EzA § 1 KSchG Verdachtskündigung Nr 1). **149**

Gelingt einem AN seine **Rehabilitation** erst **nach** dem **Kündigungsschutzprozess**, so bleibt es nicht zwangsläufig beim endgültigen Verlust des Arbeitsplatzes. Dann greift vielmehr die **nachwirkende Fürsorgepflicht** des AG ein, die ihn verpflichtet, einen schuldlos in Verdacht geratenen AN zu einem späteren Zeitpunkt **wieder einzustellen** (BAG 14.12.1956, 1 AZR 29/55, BAGE 3, 332). Das gilt auch dann, wenn der AN davon absieht, wegen der zunächst aussichtslosen Lage einen Prozess zu führen. Für die zT in der Lit (s die Nachw bei KR/*Fischermeier* § 626 Rn 248) vertretene Ansicht, wenn die erneute Einstellung unmöglich sei oder vom AG nicht grundlos abgelehnt werde, könne der zu Unrecht verdächtigte, rehabilitierte AN eine **Abfindung** analog §§ 9, 10 KSchG verlangen, fehlt es dagegen an einer Rechtsgrundlage. **150**

L. Interessenabwägung. I. Umfassende Interessenabwägung. Die st Rspr verlangt, ausgehend vom Wortlaut des Gesetzes, eine umfassende Interessenabwägung, dh die Berücksichtigung aller vernünftigerweise in Betracht zu ziehenden Umstände des Einzelfalles (seit BAG 9.12.1954, 2 AZR 46/53, BAGE 1, 237). Soweit solche im Tatbestand eines Urteils wiedergegeben sind, kann idR auch ohne erneute Erwähnung in den Entscheidungsgründen davon ausgegangen werden, dass sie bei der Urteilsfindung berücksichtigt wurden (s BAG 5.4.2001, 2 AZR 159/00, EzA § 626 BGB nF Nr 187). **Maßstab** für die Interessenabwägung ist, ob unter Berücksichtigung der personenbezogenen Interessen des Gekündigten eine so starke Beeinträchtigung betrieblicher oder vertraglicher Interessen des Kündigenden vorliegt, dass das Kündigungsinteresse ggü dem Bestandsschutzinteresse des Gekündigten überwiegt. **151**

Gegen die Rspr wird eingewandt, sie beruhe auf einer rein **topischen Rechtsmethodik** und sei **normativ** auf arbeitsvertraglich relevante Umstände **zu konkretisieren** und zu reduzieren. **Nur vertragsbezogene Interessen** seien zu berücksichtigen (zB APS/*Dörner/Vossen* Rn 112; ErfK/*Müller-Glöge* Rn 24b; *Preis* Prinzipien S 224 f). Verletzungen von Interessen, die ausschließlich der **privaten Sphäre** des AN oder des AG zuzurechnen sind, könnten weder die Unzumutbarkeit noch die Zumutbarkeit der Weiterbeschäftigung begründen. Dem ist entgegenzuhalten, dass eine Beschränkung der zu berücksichtigenden Interessen auf solche mit Relevanz für den Arbeitsvertrag **vom Wortlaut** des § 626 I **nicht gedeckt** ist und zudem oft erhebliche **152**

§ 626 BGB Fristlose Kündigung aus wichtigem Grund

Abgrenzungsprobleme aufwirft. Das Interesse des AN an der Aufrechterhaltung des Arbeitsverhältnisses wenigstens bis zum Fristablauf beruht vielfach gerade auf Faktoren, die mehr oder weniger aus seiner Privatsphäre stammen. Allerdings ist deren größere oder geringere »**Nähe zum Arbeitsvertrag**« für ihre **Gewichtung** im Einzelfall von Bedeutung. Je geringer ihr Bezug zum Arbeitsvertrag und zum Kündigungsgrund ist und je mehr sie der Privatsphäre zuzuordnen sind, um so weniger Gewicht kann ihnen bei der gebotenen Interessenabwägung beigemessen werden. Führt die Abwägung der stark arbeitsvertraglich relevanten Interessen zu einem eindeutigen Ergebnis, können die **sonstigen Gesichtspunkte** ggf vernachlässigt werden (s BAG 27.4.2006, 2 AZR 415/05, EzA § 626 BGB 2002 Nr 17 mwN); sie sind dann im Sinne der Rspr des BAG nicht mehr »vernünftigerweise in Betracht zu ziehen«. Sie können aber **in Grenzfällen** den Ausschlag geben, dh wenn ohne ihre Berücksichtigung von einem Gleichgewicht der Interessen beider Vertragsteile auszugehen wäre.

153 Für die **vertragsbezogenen Interessen** des AG sind insb das **Gewicht** und die **Auswirkungen** einer **Vertragsverletzung** des AN sowie eine mögliche **Wiederholungsgefahr** von Bedeutung (zum Ruhen des Arbeitsverhältnisses bzw zur Freistellung des AN s BAG 5.4.2001, 2 AZR 217/00, EzA § 626 BGB Verdacht strafbarer Handlung Nr 10). **Betriebliche Interessen** des AG werden ua verletzt, wenn der **Betriebsablauf** konkret gestört oder dem Produktionszweck geschadet wird. Die allg **wirtschaftliche Lage** des Unternehmens ist dagegen idR irrelevant.

154 Ob und mit welcher Folge **personenbezogene Umstände** des AN vertragsbezogen und schutzwürdig sind, ist nach dem jeweiligen Kündigungssachverhalt und dem Zweck der Kdg zu beurteilen. Weil sie im Arbeitsverhältnis selbst ihren Ursprung hat, ist – trotz AGG unbedenklich (BAG 7.7.2011, 2 AZR 355/10, EzA § 626 BGB 2002 Nr 38) – die Dauer der **Betriebszugehörigkeit** des AN stets zu beachten, und zwar auch dann, wenn es um ein Vermögensdelikt zum Nachteil des AG geht (BAG 13.12.1984, 2 AZR 454/83, EzA § 626 BGB nF Nr 94). Die Dauer der Betriebszugehörigkeit wirkt sich allerdings nicht stets bei Straftaten zugunsten des AN aus, sondern idR nur dann, wenn es um ein relativ geringes Delikt geht und der AN sich in der früheren Zeit vertragstreu verhalten hatte. Eine langjährige ungestörte Vertrauensbeziehung zweier Vertragspartner wird nicht notwendig schon durch eine erstmalige Vertrauensenttäuschung vollständig und unwiederbringlich zerstört (BAG 10.6.2010, 2 AZR 541/09, EzA § 626 BGB 2002 Nr 32). Hat andererseits gerade die längere störungsfreie Betriebszugehörigkeit den AG veranlasst, den AN weniger als andere zu kontrollieren, kann dies das Gewicht einer Vertrauensstörung auch erhöhen. Von diesem Vorbehalt abgesehen sind die bisherigen Leistungen und die **Bewährung** des AN im Betrieb aber zu seinen Gunsten zu verwerten. Da das **Alter** eines AN gewöhnlich keinen unmittelbaren Bezug zum Arbeitsvertrag hat, ist es nicht unabhängig von der Dauer des Arbeitsverhältnisses und den **Chancen auf dem Arbeitsmarkt** als personenbedingtes Interesse des AN anzuerkennen; dies stünde auch im Widerspruch zum Gemeinschaftsrecht der EU (s EuGH 22.11.2005, C-144/04, EzA § 14 TzBfG Nr 21). **Unterhaltspflichten** des AN sind jedenfalls bei einer verhaltensbedingten Kdg nicht generell, sondern nur dann von Gewicht, wenn es um ein Vermögensdelikt geht, bei dem eine durch die Unterhaltspflicht bedingte wirtschaftliche Notlage das Motiv für das Verhalten des AN gewesen ist (BAG 2.3.1989, 2 AZR 280/88, EzA § 626 BGB nF Nr 118) oder der Kündigungsvorwurf einen spezifischen Zusammenhang mit der familiären Situation aufweist (BAG 16.12.2004, 2 ABR 7/04, EzA § 626 BGB 2002 Nr 7). Die von der persönlichen Lebensführung abhängige **Vermögenslage** des AN ist dagegen für die Interessenabwägung idR ebenso irrelevant wie die allg wirtschaftliche Lage des Unternehmens.

155 Bei einer verhaltensbedingten Kdg ist das **Verhalten nach der Aufdeckung** bis zur Kündigung wichtig, dh ob der AN die Pflichtverletzung einräumt und sich reuig zeigt oder ob er sie leugnet und zu vertuschen sucht (BAG 24.11.2005, 2 AZR 39/05, EzA § 626 BGB 2002 Nr. 12; LAG Berl-Bbg 1.12.2011, 2 Sa 2015/11, DB 2012, 866), ferner insb der **Grad des Verschuldens** (BAG 25.4.1991, 2 AZR 624/90, EzA § 626 BGB nF Nr 140; für den Fall eines vermeidbaren Rechtsirrtums zB BAG 14.2.1996, 2 AZR 274/95, EzA § 626 BGB nF Nr 160). Auch fahrlässige Pflichtverletzungen können schwerwiegend sein, wenn der AN eine bes Verantwortung trägt und das Verschulden zu hohem **Schaden** führt (BAG 4.7.1991, 2 AZR 79/91, RzK I 6a Nr 73).

156 Unterschiedlich wird beurteilt, welche **wirtschaftlichen Folgen** der sofortigen Beendigung des Arbeitsverhältnisses iRd Interessenabwägung zu berücksichtigen sind. Zu berücksichtigen ist jedenfalls die fehlende oder bestehende Aussicht des Gekündigten, in absehbarer Zeit eine andere Anstellung zu finden. Die Auswirkung der sofortigen Vertragsbeendigung auf **Ruhegeldanwartschaften oder -ansprüche** ist dagegen für die Prüfung des wichtigen Grundes nach § 626 idR unerheblich (s BAG 18.10.1979, 3 AZR 550/78, EzA § 242 BGB Ruhegeld Nr 82). Es ist auch nicht darauf abzustellen, ob sich der Gekündigte nach § 628 **schadensersatzpflichtig** gemacht hat, weil es dabei nur um die unmittelbare gesetzliche Rechtsfolge einer wirksamen außerordentlichen Kdg geht. Insb kann die leichtere Realisierbarkeit von Schadensersatzansprüchen

nicht als Argument für eine Weiterbeschäftigung des AN angeführt werden (BAG 24.10.1996, 2 AZR 900/95, RzK I 5i Nr 120). Nicht zu berücksichtigen ist schließlich idR auch der **Verlust** weiterer **Vergütungsansprüche** des AN. Isoliert betrachtet sind Gesichtspunkte wie die Verhinderung der Unverfallbarkeit einer Ruhegeldanwartschaft, der Verlust weiterer Vergütungsansprüche oder auch der Verlust von **Abfindungsansprüchen** aus einem Sozialplan oder Aufhebungsvertrag (s zB BAG 29.1.1997, 2 AZR 292/96, EzA § 611 BGB Aufhebungsvertrag Nr 27; 5.4.2001, 2 AZR 217/00, EzA § 626 BGB Verdacht strafbarer Handlung Nr 10) **ambivalent:** Dem Interesse des AN am Erhalt des Anspruchs steht das Interesse des AG an der Befreiung von seiner Verpflichtung ggü. Welchem mehr Gewicht zukommt, lässt sich nicht ohne Rückgriff auf die Art der Kündigungsgründe entscheiden. Bei schuldhaften Vertragsverletzungen des AN wird idR das Interesse des AG überwiegen, weil auf weitere Leistungen aus dem Arbeitsverhältnis grds derjenige nicht mehr uneingeschränkt vertrauen kann, der selbst seine arbeitsvertraglichen Pflichten schuldhaft verletzt. Es ist dann kein durchschlagendes Argument, die dem Gekündigten entstehenden Nachteile seien weitaus größer als der dem Kündigenden entstandene Schaden (LAG Rh-Pf 27.3.1996, 2 Sa 381/95, LAGE § 626 BGB Nr 113). Letztlich ist aber auch insoweit auf die **Umstände des Einzelfalles** abzustellen.

Da es bei jeder außerordentlichen Kdg einer umfassenden Interessenabwägung bedarf, sind auch bei der Entlassung von Tendenzträgern in **Tendenzbetrieben** die Interessen der AN an der Fortsetzung des Arbeitsverhältnisses zu berücksichtigen. Absolute Kündigungsgründe gibt es selbst für Kdg von AN bei **kirchlichen Einrichtungen** nicht (s Rdn 79). Zu den Besonderheiten der Interessenabwägung bei der Kdg eines Amtsträgers iSd § 15 KSchG s Rdn 89. 157

II. Abwägung bei mehreren Kündigungsgründen. Vielfach wird eine außerordentliche Kdg nicht nur auf einen Kündigungsgrund oder einen einheitlichen Kündigungssachverhalt gestützt, sondern auf **mehrere**, verschiedenartige **Kündigungsgründe** (s zu den sog Mischtatbeständen Rdn 110 ff). Bei einer mehrfachen Begründung der Kdg bedarf es zunächst einer gründlichen Prüfung der einzelnen Kündigungsgründe und der Würdigung, ob nicht bereits ein Grund die Fortsetzung des Arbeitsverhältnisses unzumutbar gemacht hat. Wenn bei dieser **Einzelprüfung** kein wichtiger Grund anzuerkennen ist, muss geprüft werden, ob die einzelnen Kündigungsgründe in ihrer Gesamtheit das Arbeitsverhältnis so belasten, dass dem Kündigenden die Fortsetzung nicht zuzumuten ist (BAG 10.12.1992, 2 AZR 271/92, EzA § 611 BGB Kirchliche Arbeitnehmer Nr 38). 158

Vom BAG nicht entschieden (BAG 10.12.1992 aaO) ist, ob dann, wenn der Kündigungssachverhalt für eine verhaltensbedingte Kdg nicht ausreicht, es unerheblich ist, wenn auch die Erfordernisse für eine personen- oder betriebsbedingte Kdg nur knapp nicht erfüllt sind. Nach zutr Ansicht ist zu differenzieren: Nur die **aus der Sphäre des AN** stammenden personen- und verhaltensbedingten Gründe dürfen »gebündelt« in die Interessenabwägung einbezogen werden, **nicht** aber zusätzlich – auch nicht unterstützend – **betriebsbedingte Gründe.** 159

Für Kündigungsgründe, die dem Kündigenden bei Ausspruch der Kdg schon **länger als 2 Wochen bekannt** waren (§ 626 II), gilt die Besonderheit, dass sie die übrigen Kündigungsgründe **nur** dann **unterstützen** können, wenn die weiter zurückliegenden Vorfälle mit den unverwirkten (unverfristeten) Kündigungsgründen in einem **engen** sachlichen (inneren) **Zusammenhang** stehen (BGH 10.9.2001, II ZR 14/00, EzA § 611 BGB Abmahnung Nr 43; s.a. Rdn 126). Auch **verziehene Kündigungsgründe** können nur zur Unterstützung neuer Kündigungsgründe herangezogen werden. 160

III. Außerordentliche Kdg als ultima ratio. Eine außerordentliche Kdg setzt nach § 626 I voraus, dass die Fortsetzung des Arbeitsverhältnisses den Kündigenden unzumutbar belastet. Sie ist nur zulässig, wenn sie für ihn die unausweichlich letzte Maßnahme (**ultima ratio**) ist (st Rspr und ganz hM, s BAG 9.7.1998, 2 AZR 201/98, EzA § 626 BGB Krankheit Nr 1 mwN; 10.6.2010, 2 AZR 541/09, EzA § 626 BGB 2002 Nr 32). Es reicht nicht aus, wenn dem AG die Fortsetzung des Arbeitsverhältnisses mit dem bisherigen Inhalt zwar nicht mehr zuzumuten ist, aber eine Beschäftigung auf einem freien Arbeitsplatz im Unternehmen zu anderen Bedingungen für den AG tragbar wäre. Nach dem Grundsatz der **Verhältnismäßigkeit** kommt somit eine außerordentliche Kdg nur dann in Betracht, wenn alle anderen, nach den jeweiligen Umständen des konkreten Falles möglichen und angemessenen **milderen Mittel**, die es zulassen, das in der bisherigen Form nicht mehr tragbare Arbeitsverhältnis fortzusetzen, **erschöpft** sind (BAG 9.7.1998 aaO). 161

Das für die außerordentliche Kdg spezifisch mildere Mittel ist die **ordentliche Kdg**. Alle sonstigen nach den konkreten Umständen zu erwägenden milderen Mittel (insb **Abmahnung, Umsetzung, Versetzung** und **Änderungs-Kdg**) müssen bereits bei der ordentlichen Kdg dahin überprüft werden, ob sie objektiv möglich und **geeignet** sind. Der ultima-ratio-Grundsatz ist also schon für die Wirksamkeit einer nach § 1 KSchG zu beurteilenden ordentlichen Kdg von wesentlicher Bedeutung und hat in § 12 III AGG einen gesetzlichen 162

Niederschlag gefunden; er beherrscht das **gesamte Kündigungsschutzrecht** (s BAG 12.7.2007, 2 AZR 716/06, EzA § 84 SGB IX Nr 3).

163 **1. Abmahnung. a) Rügerecht.** Das Recht, ein Fehlverhalten des Vertragspartners zu beanstanden oder abzumahnen, folgt unmittelbar aus der Stellung als Gläubiger (allg **vertragliches Rügerecht**; BAG 17.1.1991, 2 AZR 375/90, EzA § 1 KSchG Verhaltensbedingte Kündigung Nr 37). Tarifliche **Ausschlussfristen** finden idR keine Anwendung, es kann allenfalls **Verwirkung** eintreten (BAG 14.12.1994, 5 AZR 137/94, EzA § 4 TVG Ausschlussfristen Nr 109). So kann der AG nach einem verlorenen Kündigungsschutzprozess durchaus wegen desselben (für die Kdg allein nicht ausreichenden) Sachverhalts noch eine Abmahnung aussprechen (BAG 7.9.1988, 5 AZR 625/87, EzA § 611 BGB Abmahnung Nr 17). Die vorherige **Anhörung des AN** vor einer Abmahnung ist aus den gleichen Gründen **entbehrlich** wie vor einer Kdg (str, s KR/*Fischermeier* § 626 Rn 267 mwN; zu TV, die eine Anhörung vorschreiben, s Rdn 170). Auch für die Anwendung des **Gleichbehandlungsgrundsatzes** ist idR kein Raum (LAG Schl-Holst 29.11.2005, 2 Sa 350/05, NZA-RR 2006, 180; s Rdn 199).

164 Nach Rspr (BAG 11.12.2001, 9 AZR 464/00, EzA § 611 BGB Nebentätigkeit Nr 6) und hM ist der AG schon dann berechtigt, eine Abmahnung zu erteilen, **wenn objektiv** ein **vertragswidriges Verhalten** des AN vorliegt, also unabhängig davon, ob das Fehlverhalten vorwerfbar ist oder nicht. Ist dem AN ein objektiver Pflichtverstoß subjektiv nicht vorzuwerfen, weil er zB aufgrund seiner Qualifikation oder seines Gesundheitszustandes nicht fähig ist, seine vertraglichen Pflichten zu erfüllen, dann ist die Abmahnung jedenfalls geeignet, weiter zur Klärung beizutragen, ob ein verhaltens- oder ein personenbedingter Grund für eine Kdg gegeben ist. Im Fall eines Rechtsirrtums erfüllt die Abmahnung ihre Funktionen, weil sie dann klarstellt, dass der AN vertragswidrig handelt und in Zukunft bei gleichartigen Pflichtverstößen mit kündigungsrechtlichen Konsequenzen rechnen muss. Auch eine auf einer **Gewissensentscheidung** beruhende Vertragsverletzung ist einer Abmahnung zugänglich (BAG 20.8.2009, 2 AZR 499/08, EzA § 611 BGB 2002 Abmahnung Nr 4; Hess LAG 20.12.1994, 7 Sa 560/94, LAGE § 611 BGB Abmahnung Nr 41).

165 Nach BAG 15.7.1992, 7 AZR 466/91 (EzA § 611 BGB Abmahnung Nr 26) rechtfertigt auch die Verletzung der vertraglichen Pflicht eines BR-Mitgliedes, sich vor Beginn einer **BR-Tätigkeit** beim AG abzumelden, eine Abmahnung. Gleiches gilt für den Fall der Verletzung der Arbeitspflicht wegen Teilnahme an einer nicht erforderlichen Schulung bzw Gerichtsverh und zwar nicht nur bei einer groben Pflichtverletzung iSv § 23 I BetrVG (BAG 10.11.1993, 7 AZR 682/92, EzA § 611 BGB Abmahnung Nr 29; BAG 31.8.1994, 7 AZR 893/93, EzA § 611 BGB Abmahnung Nr 33). Selbst wegen der Teilnahme an einer BR-Sitzung kann ausnahmsweise eine Abmahnung in Betracht kommen, wenn dringende betriebliche Bedürfnisse die Arbeitsleistung des BR-Mitglieds erforderten und es sich um eine bloße Routinesitzung des BR handelte (BAG 11.6.1997, 7 AZR 229/96, ZTR 1997, 524). Dagegen ist eine »Abmahnung«, mit der der AG nur die Verletzung betriebsverfassungsrechtlicher Pflichten iSv § 23 BetrVG beanstandet, kündigungsrechtlich ohne Bedeutung; soweit mit ihr eine Kdg angedroht wird, ist sie unzulässig (BAG 31.8.1994 aaO).

166 **b) Abmahnung als Kündigungsvoraussetzung.** Die Voraussetzung einer vergeblichen **Abmahnung** des Vertragspartners **vor** Ausspruch einer **außerordentlichen Kdg** besteht sowohl für den **AG** als auch für den **AN und** folgt aus § 314 II. § 626 enthält insoweit keine spezielle Regelung.

167 Im Bereich der **ordentlichen Kdg** ist Rechtsgrundlage des Abmahnungserfordernisses der **Verhältnismäßigkeitsgrundsatz** (BAG 21.2.2001, 2 AZR 579/99, EzA § 242 BGB Kündigung Nr 2). Auch vor Änderungs-Kdgen (BAG 21.11.1985, 2 AZR 21/85, EzA § 1 KSchG Nr 42) und Versetzungen wegen Leistungsmängeln (BAG 30.10.1985, 7 AZR 216/83, EzA § 611 BGB Fürsorgepflicht Nr 40) ist grds eine Abmahnung erforderlich. Im Bereich der ordentlichen Kdg ist die Anwendung des Verhältnismäßigkeitsgrundsatzes allerdings **nur** zu rechtfertigen, **soweit** das Arbeitsverhältnis nach §§ 1, 23 KSchG einem bes **Bestandsschutz** unterliegt (BAG 23.4.2009, 6 AZR 533/08, EzA § 16 TzBfG Nr 1). Insb setzt die ordentliche Kdg durch den AN nie eine vergebliche Abmahnung voraus.

168 Das Erfordernis der vorherigen Abmahnung gehört zur sachlichen Begründetheit der Kdg (BAG 21.2.2001, 2 AZR 579/99, EzA § 242 BGB Kündigung Nr 2 mwN) und besteht insb im Bereich der **verhaltensbedingten Kdg** auch und gerade bei Verletzung von **Neben- und Schutzpflichten**. Kann der AN den Kündigungsgrund durch sein steuerbares Verhalten beseitigen, bedarf es auch vor einer **personenbedingten Kdg** grds einer vergeblichen Abmahnung (BAG 4.6.1997, 2 AZR 526/96, EzA § 626 BGB nF Nr 168; zu kurzfristig behebbaren Eignungsmängeln s BAG 15.8.1984, 7 AZR 228/82, EzA § 1 KSchG Nr 40; zur Beschaffung einer für die Tätigkeit notwendigen behördlichen Erlaubnis s BAG 7.12.2000, 2 AZR 459/99, EzA § 1 KSchG Personenbedingte Kündigung Nr 15; str, s KR/*Fischermeier* § 626 Rn 273).

c) **Ausnahme einzelner Störbereiche.** Das **Abmahnungserfordernis** ist auch bei Störungen im Vertrauens- 169
bereich **stets zu prüfen** (BAG 4.6.1997, 2 AZR 526/96, EzA § 626 BGB nF Nr 168). Die Abmahnung hat
die Funktion einer »gelben Karte«, die den AN anhalten soll, künftig wieder vertragsgerechte Leistungen zu
erbringen, und für den Fall künftigen nicht vertragsgerechten Erfüllung der Pflichten aus dem Arbeitsvertrag Konsequenzen für Inhalt oder Bestand des Arbeitsverhältnisses androht. Diesen Zweck kann die
Abmahnung dann erfüllen, wenn es um ein **steuerbares Fehlverhalten** des AN geht, das bisherige vertragswidrige Verhalten noch keine klare Negativprognose für die weitere Vertragsbeziehung zulässt und deswegen
von der Möglichkeit einer künftigen vertragskonformen Erfüllung auszugehen ist (BAG 4.6.1997 aaO).
Auch bei **Störungen im Vertrauensbereich** ist es nicht stets und von vornherein ausgeschlossen, verlorenes
Vertrauen wieder zurückzugewinnen (BAG 4.6.1997 aaO). Selbst bei Eigentums- oder Vermögensdelikten
von AN, durch die der AG nahezu nicht geschädigt wird und bei denen ein mutmaßliches Einverständnis
des AG nicht von vornherein ausgeschlossen erscheint, kann nicht ohne Weiteres auf das Erfordernis einer
Abmahnung verzichtet werden (s BAG 10.6.2010, 2 AZR 541/09, EzA § 626 BGB 2002 Nr 32 zum
unberechtigten Einlösen von Pfandbons im Wert von 1,30 €; 23.6.2009, 2 AZR 103/08, EzTöD 100
§ 34 Abs 2 TVöD-AT Verhaltensbedingte Kündigung Nr 17 zur Umgehung einer Sachbezugsregelung).
Bei der primären Erschütterung der notwendigen Vertragsgrundlage wird allerdings oft die abschließende **negative Prognose** angebracht sein, die Wiederherstellung des notwendigen Vertrauensverhältnisses
sei nicht mehr möglich und die Abmahnung sei deswegen nicht die geeignete und folglich eine entbehrliche
Maßnahme (s dazu Rdn 171).

d) **Grenzen der Erforderlichkeit.** Nicht abänderbar und deswegen nicht abmahnungsbedürftig ist das 170
Verhalten eines AN, wenn er aus physischen, persönlichkeitsbezogenen, rechtlichen oder anderen Gründen
objektiv nicht in der Lage ist, vertragsgerechte Leistungen zu erbringen. Eine Abmahnung ist darüber hinaus **entbehrlich**, wenn aufgrund objektiver Anhaltspunkte bereits ex ante erkennbar ist, dass eine an sich
mögliche Verhaltensänderung des AN in der Zukunft auch nach einer Abmahnung nicht zu erwarten steht
(für außerordentliche Kdg s § 314 II iVm § 323 II; BAG 25.10.2012, 2 AZR 495/11, EzA § 626 BGB
2002 Nr 41). Diese negative Prognose ist insb dann gerechtfertigt, wenn der AN bereits ausdrücklich erklärt
bzw unmissverständlich konkludent zum Ausdruck gebracht hat, sein Fehlverhalten nicht ändern zu wollen
oder wenn eine Vertragsverletzung hartnäckig oder uneinsichtig begangen wird (BAG 18.5.1994, 2 AZR
626/93, EzA § 611 BGB Abmahnung Nr 31). Sie kann ferner gerechtfertigt sein, wenn der AN die Vertragswidrigkeit seines Verhaltens aus entspr Hinweisen (zB bei früheren Anlässen, im **Arbeitsvertrag**, in **Rundschreiben** oder **Betriebsaushängen**; s BAG 23.4.2009, 6 AZR 533/08, EzA § 16 TzBfG Nr 1; LAG Hamm
16.12.1982, 10 Sa 965/82, BB 1983, 1601; LAG Köln 12.11.1993, 13 Sa 726/93, LAGE § 1 KSchG Verhaltensbedingte Kündigung, Nr 40; LAG Köln 6.8.1999, 11 Sa 1085/98, LAGE § 626 BGB Nr 127; LAG BW
30.9.2010, 21 Sa 26/10, NZA-RR 2011, 76; Hess LAG 24.11.2010, 8 Sa 491/10, NZA-RR 2011, 294),
aus einer »**vorweggenommenen Abmahnung**« vor einer konkret befürchteten Pflichtverletzung (BAG
5.4.2001, 2 AZR580/99, EzA § 626 BGB nF Nr 186), aus einer bloßen Vertragsrüge (s Rdn 173) oder
aus »Abmahnungen« nicht abmahnungsberechtigter Vorgesetzter (s Rdn 178) kannte oder kennen musste
(str, s KR/*Fischermeier* § 626 Rn 280 mwN). Auch eine **frühere Kdg** kann die Funktion einer Abmahnung
erfüllen, wenn der Kündigungssachverhalt feststeht und die Kdg aus anderen Gründen – zB auch wegen fehlender Abmahnung – für sozialwidrig erachtet worden ist (BAG 31.8.1989, 2 AZR 13/89, EzA § 1 KSchG
Verhaltensbedingte Kdg Nr 27). Gleiches gilt für eine nach einer Tarifnorm wegen fehlender Anhörung des
AN **formell unwirksame Abmahnung** (BAG 19.2.2009, 2 AZR 603/07, EzA § 314 BGB 2002 Nr 5). Zu
aus der Personalakte entfernten bzw sachlich unbegründeten Abmahnungen s Rdn 176.
Die Erforderlichkeit einer Abmahnung wird durch das Merkmal der **Geeignetheit** ferner in dem Sinne 171
begrenzt, dass abzuwägen ist, ob die Abmahnung nicht mehr das ausreichende Mittel zur Wahrung der
Interessen des AG ist. Ausnahmen, in denen wegen der Art und der Auswirkung der Vertragsverletzung
das Erfordernis der Abmahnung entfällt, sind zB dann anzuerkennen, wenn es sich um **schwerwiegende
Pflichtverletzungen** handelt, deren Rechtswidrigkeit dem AN ohne Weiteres erkennbar und deren auch
nur einmalige Hinnahme dem AG objektiv unzumutbar und damit offensichtlich ausgeschlossen ist (BAG
25.10.2012, 2 AZR 495/11, EzA § 626 BGB 2002 Nr 41). Dies gilt selbstverständlich auch und erst
recht bei derartigen Pflichtverletzungen im Vertrauensbereich (BAG 1.7.1999, 2 AZR 676/98, EzA § 15
BBiG Nr 13) und folgt für außerordentliche Kdg aus der Verweisung in § 314 II auf § 323 II. Die Möglichkeit einer positiven Prognose für das Arbeitsverhältnis ist in diesen Fällen deshalb auszuschließen, weil
auch durch eine künftige Vertragstreue die eingetretene Erschütterung oder Zerstörung des Vertrauensverhältnisses nicht mehr behoben werden kann. Verfehlt ist es deshalb, selbst bei Diebstählen oder Unterschlagungen in einer Größenordnung von 35 € (ArbG HH 21.9.1998, 21 Ca 154/98, EzA § 1 KSchG

Verhaltensbedingte Kündigung Nr 54) oder gar 50 € (*Klueß* NZA 2009, 337 ff, der auf § 248a StGB abstellen will; dagegen zutr *Reuter* NZA 2009, 594 f u *v.Steinau-Steinrück/Ziegler* NJW-Spezial 2009, 274 f) noch stets eine vergebliche Abmahnung zu fordern; idR ist dann vielmehr die Pflichtverletzung **evident** und eine Wiederherstellung des für die Fortsetzung des Arbeitsverhältnisses notwendigen Vertrauens kann nicht mehr erwartet werden (s BAG 12.8.1999, 2 AZR 923/98, EzA § 626 BGB Verdacht strafbarer Handlung Nr 8 für eine Zueignung von anvertrauten Waren im Wert von ca 8 €; 11.12.2003, 2 AZR 36/03, EzA § 626 BGB 2002 Nr 5; 16.12.2010, 2 AZR 485/08, EzA § 626 BGB 2002 Nr 33; 21.6.2012, 2 AZR 153/11, EzA § 611 BGB 2002 Persönlichkeitsrecht Nr 13; Gegenbeispiel: BAG 10.6.2010, 2 AZR 541/09, EzA § 626 BGB 2002 Nr 32 [»Emmely«]).

172 e) **Rechtsnatur der Abmahnung.** Bei der Abmahnung handelt es sich um eine empfangsbedürftige **Willenserklärung** (BAG 6.3.2003, 2 AZR 128/02, EzA § 626 BGB 2002 Nr 3). Damit sie die intendierte Warnfunktion entfalten kann, ist allerdings über den **Zugang** hinaus grds auch noch die **Kenntnis des Empfängers** von ihrem Inhalt erforderlich (s BAG 9.8.1984, 2 AZR 400/83, EzA § 1 KSchG Verhaltensbedingte Kündigung Nr 11; sehr str, s KR/*Fischermeier* § 626 Rn 283 mwN). Jedoch kann es dem AN nach Treu und Glauben verwehrt sein, sich auf fehlende Kenntnis zu berufen, wenn er Möglichkeiten zur Kenntnisnahme nicht genutzt oder, zB durch eigenmächtige Selbstbeurlaubung, vereitelt hat (s BAG 9.8.1984 aaO; LAG Köln 16.3.2001, 11 Sa 1479/00, RzK I 6a Nr 199).

173 f) **Funktionen der Abmahnung.** Die Abmahnung wegen eines nicht vertragsgerechten Verhaltens hat nach dem Urteil des BAG vom 10.11.1988 (2 AZR 215/88, EzA § 611 BGB Abmahnung Nr 18) je nach ihrem Inhalt und ihrer Zielsetzung unterschiedliche Formen und Funktionen: Sie kann als konkrete Beanstandung bestimmter Pflichtverletzungen, verbunden mit dem Hinweis auf eine Gefährdung von Inhalt oder Bestand des Arbeitsverhältnisses bzw »arbeitsrechtliche Konsequenzen« bei künftigen gleichartigen Pflichtverletzungen, der Vorbereitung einer Kdg dienen (**Warnfunktion**; s BAG 19.4.2012, 2 AZR 258/11, EzA § 626 BGB 2002 Nr 39 mzN). Der AG kann eine Abmahnung aber auch in Ausübung des vertraglichen **Rügerechts** ohne ausreichende Warnfunktion aussprechen. Eine Abmahnung **ohne Warnfunktion** ist nach dem Verständnis des BAG (10.11.1988 aaO) nicht ohne Bedeutung. Wenn der AG dem AN wegen eines bestimmten vertragswidrigen Verhaltens zunächst eine Vertragsrüge (»strengen Verweis«) erteilt hat, kann bei einer späteren Kdg, die wegen der Fortsetzung des beanstandeten Verhaltens ausgesprochen wird, nicht ohne Weiteres angenommen werden, der AG habe mit seiner späteren Kdg den Grundsatz der Verhältnismäßigkeit verletzt (BAG 8.12.1988, 2 AZR 294/88, RzK I 5i Nr 45).

174 Allerdings dient es der Systematik und Rechtsklarheit, die bloße Ausübung des vertraglichen Rügerechts begrifflich von der »echten Abmahnung« **zu trennen** und zur Verdeutlichung als Verwarnung, Ermahnung oder Beanstandung zu kennzeichnen. Eine **Abmahnung als Vorstufe zur Kdg** muss zwar nicht unbedingt die ausdrückliche Androhung einer Kdg beinhalten, der AG muss aber in einer dem AN hinreichend deutlich erkennbaren Art und Weise konkret bestimmte Leistungs- oder Verhaltensmängel beanstanden und damit den eindeutigen und unmissverständlichen Hinweis verbinden, bei künftigen gleichartigen Vertragsverletzungen seien Inhalt oder Bestand des Arbeitsverhältnisses gefährdet (BAG 17.2.1994, 2 AZR 616/93, EzA § 611 BGB Abmahnung Nr 30; BGH 12.10.2011, VIII ZR 3/11, BB 2011, 2945). Entspr muss ggf **auch** der AN den AG abmahnen, bevor er zum Mittel der außerordentlichen Kdg greift.

175 Im Einzelfall, insb bei **geringfügigen Pflichtverletzungen** oder **länger zurückliegenden** Abmahnungen kann es zwar zur Erhaltung der Warnfunktion erforderlich sein, den AN vor Ausspruch einer Kdg erneut oder ausnahmsweise mehrmals abzumahnen (BAG 15.11.2001, 2 AZR 609/00, EzA § 1 KSchG Verhaltensbedingte Kündigung Nr 56). Es bedarf aber nicht stets einer **2. oder 3. Abmahnung**. Vielmehr kann durch eine mehrmalige Wiederholung die Warnfunktion der Abmahnung auch entwertet werden (BAG 15.11.2001 aaO), was freilich nicht schon bei der 3. Abmahnung wegen gleichartiger Pflichtverletzungen angenommen werden kann (BAG 16.9.2004, 2 AZR 406/03, EzA § 1 KSchG Verhaltensbedingte Kündigung Nr 64). Um dem Vorwurf »leerer Drohungen« zu entgehen, sollte der AG ggf eine weitere Abmahnung **bes eindringlich** abfassen (BAG 15.11.2001 aaO). Einen »Kündigungszwang« gibt es allerdings auch nach einer »letzten Abmahnung« nicht. Der AG, der nach einer »letzten Abmahnung« trotz eines gleichartigen Fehlverhaltens, zB aus betrieblichem Interesse, von einer Kdg absieht, sollte jedoch ggü dem AN unter Hinweis auf dieses bes Interesse klarstellen, dass er sich die Kdg für den Fall erneuter Pflichtverstöße vorbehält, damit er sich bei einer späteren Kdg nicht dem Vorwurf widersprüchlichen Verhaltens aussetzt.

176 Die **Warnfunktion der Abmahnung kann** auch dann **erhalten bleiben,** wenn der AG sie freiwillig oder aufgrund eines entspr Urt aus der Personalakte entfernt hat (vgl BAG 20.12.2012, 2 AZR 32/11, EzA § 1 KSchG Personenbedingte Kündigung Nr 31; str). Es ist auch **nicht** unbedingt entscheidend, ob die

Abmahnung **sachlich berechtigt** war (so aber BAG 5.8.1992, 5 AZR 531/91, EzA § 611 BGB Abmahnung Nr 25 und hM, dagegen offengelassen v BAG 23.6.2009, 2 AZR 283/08, EzA § 1 KSchG Verhaltensbedingte Kündigung Nr 75). Vielmehr kommt es auch in diesen Fällen darauf an, ob der AN die Pflichtwidrigkeit des nunmehr störenden Verhaltens erkennen und der Abmahnung entnehmen musste, der AG werde es keinesfalls hinnehmen, sondern voraussichtlich zum Anlass nehmen, das Arbeitsverhältnis zu kündigen (LAG Köln 5.2.1999, 11 Sa 565/98, MDR 1999, 877; LAG Nürnberg 16.10.2007, 7 Sa 233/07, LAGE § 626 BGB 2002 Nr 14; LAG Rh-Pf 7.5.2010, 10 Sa 712/09, ZTR 2010, 600; s KR/*Fischermeier* § 626 Rn 289 mwN).

Auch wenn die Wirksamkeit einer Abmahnung nicht davon abhängt, ist es doch empfehlenswert, eine Abmahnung schriftlich zu erteilen und zu den Personalakten zu nehmen (**Dokumentationsfunktion**). Allerdings erbringt der Nachweis der Erteilung einer Abmahnung allein noch keinen Beweis dafür, dass der AN die ihm in der Abmahnung vorgeworfene Vertragsverletzung tatsächlich begangen hat (BAG 13.3.1987, 7 AZR 601/85, EzA § 611 BGB Abmahnung Nr 5). 177

g) Abmahnungsberechtigte Personen. Als abmahnungsberechtigte Personen kommen nicht nur kündigungsberechtigte Vorgesetzte, sondern alle Mitarbeiter in Betracht, die befugt sind, verbindliche Anweisungen hins des Ortes, der Zeit sowie der Art und Weise der arbeitsvertraglich geschuldeten Arbeitsleistung zu erteilen (BAG 18.1.1980, 7 AZR 75/78, EzA § 1 KSchG Verhaltensbedingte Kündigung Nr 7 und hM, s KR/*Fischermeier* § 626 Rn 291). Davon abw kann der AG die Abmahnungsberechtigung auf bestimmte Vorgesetzte beschränken. Mit der Bekanntgabe einer solchen Regelung der Abmahnungsberechtigung im Betrieb kann er der Gefahr vorbeugen, dass es durch vorschnelle Abmahnungen seitens nachrangiger Mitarbeiter zu einem Kündigungsverzicht für den konkreten Fall kommt (s Rdn 181). 178

h) Beteiligung des BR/PersR u der Schwerbehindertenvertretung. Die in einzelnen Landespersonalvertretungsgesetzen vorgesehene Beteiligung des PersR bei Abmahnungen ist nicht immer zugleich als Wirksamkeitsvoraussetzung normiert. Auch die ggf gem § 95 II 1 SGB IX vorzunehmende Beteiligung der Schwerbehindertenvertretung ist keine Wirksamkeitsvoraussetzung (LAG Berl-Bbg 5.11.2010, 13 Sa 1695/10, LAGE § 611 BGB 2002 Abmahnung Nr 7). Der **Mitbestimmung des BR** nach dem BetrVG unterliegt die Abmahnung nicht, wenn sie sich auf eine die betriebliche Ordnung berührende Vertragspflichtverletzung bezieht, denn als Ausübung eines Gläubigerrechtes ist die Abmahnung individualrechtlich zu beurteilen (BAG 17.9.2013, 1 ABR 26/12, EzA § 80 BetrVG 2001 Nr 17). Über die individualrechtliche Möglichkeit der Abmahnung hinaus gehen dagegen **Betriebsbußen**, die Sanktionscharakter haben und nur auf der Grundlage einer mitbestimmungspflichtigen Betriebsbußenordnung verhängt werden können. Es hängt von der unter Berücksichtigung des Wortlautes, des Gesamtzusammenhanges und der Begleitumstände erforderlichen Auslegung einer bestimmten Maßnahme des AG ab, ob es sich noch um eine Abmahnung oder schon um eine mitbestimmungspflichtige Betriebsbuße handelt (BAG 30.1.1979, 1 AZR 342/76, EzA § 87 BetrVG 1972 Betriebsbuße Nr 3). 179

i) Verhältnismäßigkeit der Abmahnung. Zunehmend wird die Anwendung des Grundsatzes der **Verhältnismäßigkeit** und ein »vertretbares Verhältnis« zwischen **Abmahnung und Fehlverhalten** verlangt (BAG 31.8.1994, 7 AZR 893/93, EzA § 611 BGB Abmahnung Nr 33). Es ist zu prüfen, ob ein verständiger AG die Pflichtverstöße im Wiederholungsfall ernsthaft für kündigungsrechtlich erheblich halten dürfte (s BAG 16.1.1992, 2 AZR 412/91, EzA § 123 BGB Nr 36; str, s KR/*Fischermeier* § 626 Rn 293). Diese Einschränkung gilt allerdings nicht für das vertragliche Rügerecht. Ggf kann nach mehreren Ermahnungen eine »Sammelabmahnung« erfolgen. 180

j) Verzicht auf Kdg. Abgemahnte Leistungs- oder Verhaltensmängel behalten nur dann kündigungsrechtliche Bedeutung, wenn **später weitere erhebliche Umstände** eintreten oder bekannt werden. Mit der Abmahnung – normalerweise nicht schon mit einer bloßen Ermahnung ohne Warnfunktion (BAG 6.3.2003, 2 AZR 128/02, EzA § 626 BGB 2002 Nr 3) – verzichtet der AG idR konkludent auf eine Kdg wegen des abgemahnten Verhaltens (BAG 13.12.2007, 6 AZR 145/07, EzA § 623 BGB 2002 Nr. 9; 19.11.2015, 2 AZR 217/15). 181

k) Erneute Pflichtverstöße als Kündigungsgrund. Ein **weiterer Pflichtverstoß** berechtigt idR nur dann zur Kdg, wenn das abgemahnte Fehlverhalten **auf der gleichen Ebene** gelegen hat wie der Kündigungsvorwurf (BAG 24.3.1988, 2 AZR 680/87, RzK I 5i Nr 35). Pflichtverletzungen sind dann gleichartig, wenn sie unter einem einheitlichen Kriterium zusammengefasst werden können wie zB der Verletzung der vertraglichen Arbeitspflicht in Form von verzögerter, unpünktlicher oder unzuverlässiger Leistung (BAG 10.12.1992, 2 ABR 32/92, EzA § 103 BetrVG 1972 Nr 33). Es ist ausreichend, wenn die jew 182

Pflichtwidrigkeiten aus demselben Bereich stammen und somit Abmahnung und Kündigungsgründe in einem inneren Zusammenhang stehen (BAG 19.4.2012, 2 AZR 258/11, EzA § 626 BGB 2002 Nr 39). Letztlich ist entscheidend, ob der AN aus der Abmahnung bei gehöriger Sorgfalt erkennen konnte, der AG werde das neuerlich störende Verhalten nicht einfach hinnehmen, sondern evtl mit einer Kdg reagieren (BAG 9.6.2011, 2 AZR 323/10, EzA § 626 BGB 2002 Nr 36). Die negative Prognose ist evident bei wiederholten gleichartigen Störungshandlungen, kann allerdings bei einer Vielzahl von Abmahnungen wegen verschiedenartiger Vertragsverletzungen auch unter dem Gesichtspunkt **genereller Unzuverlässigkeit** zu bejahen sein.

183 **l) Gerichtliche Überprüfung der Abmahnung.** Eine reine Vertragsrüge unterliegt der gerichtlichen Nachprüfung nur dann, wenn sie die Rechtsstellung des AN dadurch beeinträchtigt, dass sie in die Personalakte aufgenommen wird, oder wenn sie durch Form oder Inhalt in Grundrechte des AN, zB Art 5 GG, eingreift. Dagegen kann der AN eine Abmahnung mit Warnfunktion schon deshalb **gerichtlich überprüfen** lassen, weil sie seine Rechtsstellung beeinträchtigt, indem sie als Vorstufe zur Kdg dient. Eine Klage auf Feststellung der Unwirksamkeit der Abmahnung wäre allerdings unzulässig (BAG 9.9.2015, 7 ABR 69/13, EzA § 78 BetrVG 2001 Nr 5). Der AN kann aber auf **Entfernung aus den Personalakten**, uU auch auf **Widerruf** der unberechtigten Abmahnung klagen (BAG 15.4.1999, 7 AZR 716/97, EzA § 611 BGB Abmahnung Nr 41; 11.12.2001, 9 AZR 464/00, EzA § 611 BGB Nebentätigkeit Nr 6), wobei er die Beweislast für die Unwahrheit der erhobenen Vorwürfe trägt (ArbG Ludwigshafen 12.12.2005, 8 Ca 2155/05, DB 2006, 675; aA offenbar BAG 26.1.1994, 7 AZR 640/92). Ein solcher Entfernungsanspruch ist grds auch noch für die Zeit nach Beendigung des Arbeitsverhältnisses anzuerkennen (vgl BAG 16.11.2010, 9 AZR 573/09, EzA § 241 BGB 2002 Nr 2; aA BAG 19.4.2012, 2 AZR 233/11, NZA 2012, 1449). Dagegen kommt gegen eine erst **drohende Abmahnung** keine einstweilige Verfügung in Betracht (LAG Köln 19.6.1996, 2 Ta 99/96, BB 1996, 2255). Auf den Entfernungsanspruch finden **tarifliche Ausschlussfristen** keine Anwendung, es kann jedoch **Verwirkung** eintreten (BAG 14.12.1994, 5 AZR 137/94, EzA § 4 TVG Ausschlussfristen Nr 109). Werden in einer Abmahnung **mehrere Pflichtverletzungen gerügt**, dann müssen alle Vorwürfe berechtigt sein. Andernfalls ist die Abmahnung insgesamt aus der Personalakte zu entfernen, kann aber berichtigt neu ausgesprochen werden (BAG 13.3.1991, 5 AZR 133/90, EzA § 611 BGB Abmahnung Nr 20).

184 Der AN ist allerdings nicht verpflichtet, die Berechtigung einer Abmahnung gerichtlich klären zu lassen. Er kann vielmehr die Abmahnung zunächst hinzunehmen und ihre Richtigkeit erst in einem evtl späteren Kündigungsschutzprozess bestreiten (BAG 13.3.1987, 7 AZR 601/85, EzA § 611 BGB Abmahnung Nr 5). Die Abmahnung kann zudem durch **Zeitablauf** ihre Warnfunktion verlieren, aber das kann nur im konkreten Einzelfall unter Berücksichtigung der Umstände beurteilt werden; eine Regelfrist, nach deren Ablauf die Abmahnung wirkungslos wird, gibt es nicht (BAG 10.10.2002, 2 AZR 418/01, EzA § 626 BGB 2002 Unkündbarkeit Nr 1 mwN). Auch besteht – zumal vor dem Hintergrund der Argumentation im sog Emmely-Urteil (BAG 10.06.2010, 2 AZR 541/09, EzA § 626 BGB 2002 Nr 32) – kein Entfernungsanspruch bloß wegen des Bedeutungsverlusts (hM, s KR/*Fischermeier* § 626 Rn 298, Novara/Knierim NJW 2011, 1176 f. u Schrader NZA 2011, 180 ff; aA Kreft FS Etzel S 235; diff BAG 19.7.2012, 2 AZR 782/11, EzA § 611 BGB 2002 Abmahnung Nr 7).

185 **2. Betriebsbußen.** Bei Verstößen gegen die betriebliche Ordnung sind in BV (Bußordnungen) als echte Sanktionen verschiedentlich **Betriebsbußen** vorgesehen. Eine Erstreckung des Grundsatzes der Verhältnismäßigkeit im Bereich des Kündigungsrechtes auf solche kollektivrechtlichen Sanktionsmaßnahmen wäre aber **systemwidrig** (BAG 17.1.1991, 2 AZR 375/90, EzA § 1 KSchG Verhaltensbedingte Kündigung Nr 37 und hM; aA LAG Brem 18.11.2004, 3 Sa 170/04, EzASD 2004 Nr 26 S 11).

186 **3. Widerrufsvorbehalt, Direktionsrecht.** Eine Änderungs-Kdg mit dem Ziel, eine unter **Widerrufsvorbehalt** gewährte freiwillige Sozialleistung rückgängig zu machen, verstößt gegen den Verhältnismäßigkeitsgrundsatz (BAG 28.4.1982, 7 AZR 1139/79, EzA § 2 KSchG Nr 4). Entspr verstößt eine Änderungs-Kdg gegen das ultima-ratio-Prinzip, wenn schon die Ausübung des **Direktionsrechts** (§ 106 GewO) genügt hätte (BAG 6.9.2007, 2 AZR 368/06, EzA § 2 KSchG Nr 68). Dies gilt aber nicht für die Vertragsänderung als solche, wenn das mit der Änderungs-Kdg unterbreitete Angebot unter Vorbehalt angenommen wurde (s Rdn 132).

187 **4. Feststellungs-, Unterlassungsklage.** Bei Verletzung von **Nebenpflichten**, deren Inhalt str ist, kann es vor einer Kdg sowohl für den AG als auch den AN (s dazu BAG 2.3.1983, 7 AZR 732/79) geboten sein, Inhalt und Umfang der Pflichten durch eine **Feststellungs- oder Unterlassungsklage** klären zu lassen.

5. Umsetzung, Versetzung. Nach dem Grundsatz der Verhältnismäßigkeit kommt eine Beendigungs-Kdg nur dann in Betracht, wenn **keine Möglichkeit** zu einer **anderweitigen Beschäftigung** auf einem freien Arbeitsplatz besteht (BAG 21.4.2005, 2 AZR 132/04, EzA § 2 KSchG Nr 53). Die Prüfung, ob eine Beendigungs-Kdg durch Versetzung auf einen anderen Arbeitsplatz vermieden werden kann, ist nicht nur auf den Beschäftigungsbetrieb, sondern grds auf das **gesamte Unternehmen** des AG zu erstrecken (BAG 8.10.1957, 3 AZR 124/55, SAE 1958, 137). Es ist auch zu prüfen, ob eine Weiterbeschäftigung zwar nicht auf Dauer, aber wenigstens bis zum Ablauf der ordentlichen **Kündigungsfrist** möglich ist (BAG 30.5.1978, 2 AZR 630/76, EzA § 626 BGB nF Nr 66). Dabei geht es um eine tatsächliche Beschäftigung; eine **Freistellung** ist demggü idR keine mildere Maßnahme, die der AG für die Dauer der Kündigungsfrist in Betracht ziehen müsste, um die fristlose Kdg zu vermeiden (BAG 11.3.1999, 2 AZR 507/98, EzA § 626 BGB nF Nr 176). 188

Die anderweitige Beschäftigung muss dem AG nicht nur **möglich**, sondern auch **zumutbar** sein (BAG 6.10.2005, 2 AZR 280/04, EzA § 1 KSchG Verhaltensbedingte Kündigung Nr 66). Außerdem sind zur **Überbrückung** bei verhaltensbedingten und personenbedingten Gründen, die auf ein steuerbares Verhalten des AN zurückzuführen sind, vom AG geringere Anstrengungen zu erwarten als zB bei einem krankheitsbedingten Ausfall (BAG 16.8.1990, 2 AZR 182/90, RzK I 5h Nr 18). Bei verhaltensbedingten Gründen, die **gravierend** (zB Tätlichkeit) oder **arbeitsplatzunabhängig** (zB fortwährende Unpünktlichkeit) sind, ist eine Versetzung regelmäßig kein geeignetes milderes Mittel (BAG 6.10.2005 aaO). 189

Der Grundsatz der Verhältnismäßigkeit ist auch dann zu wahren, wenn der AN auf dem bisherigen oder einem anderen Arbeitsplatz nur zu **schlechteren Arbeitsbedingungen** weiterbeschäftigt werden kann (BAG 21.4.2005, 2 AZR 132/04, EzA § 2 KSchG Nr 53). Wenn der AG die Änderung der unhaltbar gewordenen Arbeitsbedingungen nicht einseitig aufgrund seines Direktionsrechtes anordnen kann, dann ist dazu das Einverständnis des AN und notfalls eine **Änderungs-Kdg** erforderlich. 190

6. Änderungskündigung. Der AG muss dem AN die Gelegenheit geben, das Änderungsangebot zumindest unter einem dem § 2 KSchG entspr Vorbehalt unverzüglich anzunehmen. Bringt der AN bei den Verh mit dem AN unmissverständlich zum Ausdruck, er werde die geänderten Arbeitsbedingungen im Fall einer Änderungs-Kdg keinesfalls, auch nicht unter Vorbehalt, annehmen, dann ist der AG durch den Grundsatz der Verhältnismäßigkeit nicht gehindert, **sogleich** eine außerordentliche **Beendigungs-Kdg** zu erklären (s BAG 21.4.2005, 2 AZR 132/04, EzA § 2 KSchG Nr 53). Davon kann idR ausgegangen werden, wenn der AG seinerseits unmissverständlich (BAG 7.12.2000, 2 AZR 391/99, EzA § 1 KSchG Betriebsbedingte Kündigung Nr 108) klargestellt hat, dass bei Ablehnung des Änderungsangebotes eine außerordentliche Beendigungs-Kdg beabsichtigt ist, der AN das Angebot aber gleichwohl vorbehaltlos ablehnt (BAG 30.5.1978, 2 AZR 630/76, EzA § 626 BGB nF Nr 66). Das gilt allerdings dann nicht, wenn der AG einen an sich anerkennenswerten Anlass dazu benutzt hat, dem AN **Bedingungen** vorzuschlagen, die nicht **unabweisbar notwendig** sind (BAG 6.3.1986, 2 ABR 15/85, EzA § 15 KSchG nF Nr 34). Die Klärung vor Ausspruch der Kdg ist zwar wünschenswert, der Grundsatz der Verhältnismäßigkeit verwehrt es dem AG aber nicht, **ohne vorheriges Änderungsangebot** sogleich eine Kdg mit einem Änderungsangebot zu verbinden (BAG 21.4.2005 aaO). 191

Nimmt der AN das Änderungsangebot **unter Vorbehalt** nach § 2 KSchG **an**, dann muss sich der AG mit einer außerordentlichen **Änderungs-Kdg** begnügen. Wenn ihm eine Weiterbeschäftigung zu geänderten Bedingungen nur als **Übergangsregelung** bis zum Ablauf der Kündigungsfrist möglich oder zumutbar ist, kann er die außerordentliche Änderungs-Kdg mit einer ordentlichen Beendigungs-Kdg verbinden. 192

7. Ordentliche Kdg. Bereits gesetzlich konkretisiert ist der Grundsatz der Verhältnismäßigkeit insoweit, als nach § 626 I stets zu prüfen ist, ob nicht eine **ordentliche Kdg** als **mildere Maßnahme** ggü einer außerordentlichen Kdg ausreicht. Für diese Abwägung ist die Dauer der künftigen Vertragsbindung von entscheidender Bedeutung. 193

IV. Bedeutung der Unkündbarkeit und der Dauer der Vertragsbindung. Schon nach dem Wortlaut des Gesetzes wird als Voraussetzung für eine außerordentliche Kdg gefordert, dass die Fortsetzung des Dienstverhältnisses bis zum Ablauf der Kündigungsfrist oder bis zu der vereinbarten Beendigung des Dienstverhältnisses unzumutbar ist. Es ist deshalb allg für die Interessenabwägung wesentlich, wie lange die Parteien noch an den Arbeitsvertrag gebunden wären, wenn die außerordentliche Kdg nicht durchgreifen würde (BAG 21.6.2001, 2 AZR 30/00, EzA § 626 BGB Unkündbarkeit Nr 7). Der Kündigungsberechtigte kann allerdings auch dann, wenn das Arbeitsverhältnis ohnehin demnächst endet, ein zu billigendes bes Interesse an einer sofortigen Auflösung haben, und zwar zB dann, wenn die außerordentliche Kdg zum Wegfall von Ansprüchen führt, die bei einer fristgerechten Vertragsbeendigung erhalten bleiben würden (s Rdn 156). 194

§ 626 BGB   Fristlose Kündigung aus wichtigem Grund

195 Anders als bei der Kdg von AN, die durch § 15 KSchG geschützt sind, ist auch im Fall des (tarif-)vertraglichen Ausschlusses der ordentlichen Kdg bei der Interessenabwägung **nicht** auf die **fiktive Frist** für die ordentliche Kdg, sondern auf die tatsächliche künftige Vertragsbindung abzustellen (BAG 14.11.1984, 7 AZR 474/83, EzA § 626 BGB nF Nr 93; str, s KR/*Fischermeier* § 626 Rn 319 u neuerdings BAG 13.5.2015, 2 AZR 531/14, EzA § 626 BGB 2002 Nr 50). Bei der Prüfung, ob ein wichtiger Grund vorliegt, ist bei diesen sog **unkündbaren AN** im Prinzip ein bes **strenger Maßstab** anzulegen (BAG 3.11.1955, 2 AZR 39/54, EzA § 626 BGB Nr 1), und zwar auch bei verhaltensbedingten Gründen (BAG 20.4.1977, 4 AZR 778/75, EzA § 626 BGB nF Nr 55; str, s KR/*Fischermeier* § 626 Rn 316). Das folgt aus dem Schutzzweck des Ausschlusses der ordentlichen Kdg, gilt jedoch **nicht uneingeschränkt**.

196 Bei **betriebs- und personenbedingten Kündigungsgründen** handelt es sich idR um **Dauertatbestände**, die dem AG die Fortsetzung des Arbeitsverhältnisses bis zum Eintritt des AN in den Ruhestand unzumutbar machen können, obgleich sie bei ordentlich kündbaren AN eine Kdg gem § 626 nicht rechtfertigen würden (BAG 22.7.1992, 2 AZR 84/92, EzA § 626 BGB nF Nr 141 bei einer Betriebsstilllegung; BAG 4.2.1993, 2 AZR 469/92, EzA § 626 BGB nF Nr 144 bei dauerhafter Arbeitsunfähigkeit). Gleiches gilt für personenbedingte Gründe mit Wiederholungsgefahr (BAG 9.9.1992, 2 AZR 190/92, EzA § 626 BGB nF Nr 142) wie häufigen, auch künftig zu erwartenden krankheitsbedingten Fehlzeiten). Selbstverständlich stellen betriebs- oder personenbedingte Gründe im Fall des Ausschlusses der ordentlichen Kdg nicht schon allein deshalb einen wichtigen Grund für eine außerordentliche Kdg dar, weil sie bei nicht vor ordentlichen Kdg geschützten AN die Kdg gem § 1 KSchG sozial rechtfertigen würden (insoweit zutr LAG Düsseldorf 24.8.2001, 18 Sa 366/01, LAGE § 626 BGB Unkündbarkeit Nr 4); nur in Ausnahmefällen, insb wenn sonst dem AG die Fortsetzung eines sinnentleerten Arbeitsverhältnisses über viele Jahre und womöglich noch unter Weiterzahlung der Vergütung zugemutet würde, kann eine außerordentliche Kdg in Betracht kommen (BAG 16.9.1999, 2 AZR 123/99, EzA § 626 BGB Krankheit Nr 2; 13.6.2002, 2 AZR 391/01, EzA § 15 KSchG nF Nr 55; 8.4.2003, 2 AZR 355/02, EzA § 626 BGB 2002 Unkündbarkeit Nr 2; 6.10.2005, 2 AZR 362/04, EzA § 626 BGB 2002 Nr 14; 12.1.2006; 2 AZR 242/05, EzA § 626 BGB 2002 Unkündbarkeit Nr 9).

197 Bei **verhaltensbedingten Gründen** ist zu unterscheiden: Pflichtverletzungen können so **gravierend** sein, dass sie die Fortsetzung des Arbeitsverhältnisses auf Zeit schlechthin unzumutbar machen. In diesen Fällen kann auch ein Ausschluss der ordentlichen Kdg zu keiner anderen Interessenabwägung führen (BAG 10.10.2002, 2 AZR 418/01, EzA § 626 BGB 2002 Unkündbarkeit Nr 1). Bei Pflichtverletzungen mit **Wiederholungsgefahr**, die im konkreten Fall bei ordentlicher Kündbarkeit nur eine fristgerechte Kdg sozial rechtfertigen würden, kann bei Ausschluss dieser Kündigungsmöglichkeit gerade wegen der langen Vertragsbindung eine außerordentliche Kdg gerechtfertigt sein (s.a. BAG 13.5.2015, 2 AZR 531/14, EzA § 626 BGB 2002 Nr 50). Bei einmaligen Pflichtverletzungen, die zwar unter Berücksichtigung aller Umstände und Abwägung der Interessen beider Vertragsteile keine fristlose Kdg rechtfertigen, aber immerhin so gravierend sind, dass trotz fehlender Wiederholungsgefahr wegen der fortwirkenden Belastung des Arbeitsverhältnisses eine ordentliche Kdg als sozial gerechtfertigt anzusehen wäre (s KR/*Griebeling/Rachor* § 1 KSchG Rn 405), kann sich dagegen der Ausschluss der ordentlichen Kdg zugunsten des AN auswirken und einer außerordentlichen Kdg entgegenstehen, obwohl die lange Vertragsbindung sonst eher die Unzumutbarkeit iSv § 626 begründet (str, s KR/*Fischermeier* § 626 Rn 318). Solche Fälle dürften allerdings selten sein.

198 Wirkt sich die Dauer der Vertragsbindung bei der Interessenabwägung zum Nachteil für die altersgesicherten bzw unkündbaren AN aus, würden sie ihren Arbeitsplatz durch eine fristlose Kdg früher verlieren als die kündbaren AN, sodass ein **Wertungswiderspruch** entstünde (BAG 28.3.1985, 2 AZR 113/84, EzA § 626 BGB nF Nr 96). Fristlos kann solchen AN deshalb nur gekündigt werden, wenn auch bei unterstellter Kündbarkeit die Einhaltung der Kündigungsfrist unzumutbar wäre (BAG 12.8.1999, 2 AZR 923/98, EzA § 626 BGB Verdacht strafbarer Handlung Nr 8; 13.4.2000, 2 AZR 259/99, EzA § 626 BGB nF Nr 180). Ansonsten gebietet es die bezweckte bes Sicherung des Arbeitsplatzes, eine außerordentliche Kdg nur unter Einhaltung der bei unterstellter ordentlicher Kündbarkeit einschlägigen gesetzlichen oder tariflichen Kündigungsfrist (**Auslauffrist**) zuzulassen (BAG 28.3.1985 aaO; 5.2.1998, 2 AZR 227/97, EzA § 626 BGB Unkündbarkeit Nr 2; 15.11.2001, 2 AZR 605/00, EzA § 626 BGB nF Nr 192). Das gilt auch für andere Arbeitsverträge, bei denen zwar die ordentliche Kdg nicht ausgeschlossen ist, aber eine langfristige Bindung zum Schutz des AN vereinbart worden ist. Dabei sind alle Modalitäten der **BR-** bzw **PersR-Beteiligung** für eine ordentliche Kdg zu beachten, die für den AN günstiger sind als im Fall einer außerordentlichen Kdg gestaltet sind (BAG 5.2.1998 aaO; 18.1.2001, 2 AZR 616/99, EzA § 626 BGB Krankheit Nr 4), es sei denn, der Betriebs- bzw PersR hat der Kdg ausdrücklich und vorbehaltlos zugestimmt (BAG 8.6.2000, 2 AZR 638/99, EzA § 626 BGB nF Nr 182). Auch die **Umdeutung** einer fristlosen Kdg in eine außerordentliche Kdg mit notwendiger Auslauffrist setzt die Zustimmung oder eine Beteiligung des Betriebs- bzw PersR nach

den für eine ordentliche Kdg geltenden Bestimmungen voraus (BAG 8.6.2000, 2 AZR 638/99, EzA § 626 BGB nF Nr 182; 18.10.2000, 2 AZR 627/99, EzA § 626 BGB Krankheit Nr 3). Zudem greift bei **schwerbehinderten Menschen** weder die Zustimmungsfiktion des § 91 III SGB IX noch die Ermessensbeschränkung gem § 91 IV SGB IX (wN bei KR/*Fischermeier* § 626 Rn 323; **aA** BAG 22.10.2015, 2 AZR 381/14). Ein **Auflösungsantrag** des AG ist gleichwohl nicht möglich (BAG 30.9.2010, 2 AZR 160/09, EzA § 9 nF KSchG Nr 61).

V. Gleichbehandlungsgrundsatz. Nach der Rspr des BAG (22.2.1979, 2 AZR 115/78, EzA § 103 BetrVG 1972 Nr 23; 16.7.2015, 2 AZR 85/15, EzA-SD 2016 Nr 3 S 3) und hM ist der **Gleichbehandlungsgrundsatz** bei der Beurteilung des wichtigen Grundes **nicht unmittelbar** anzuwenden, weil dieser Grundsatz mit dem Gebot der umfassenden Abwägung der Umstände des jeweiligen Einzelfalles nur beschränkt zu vereinbaren ist. Bei »gleicher Ausgangslage« (bei zeitlich auseinander liegenden Ereignissen idR ausgeschlossen, vgl *Preis* Prinzipien S 388) muss der AG allerdings darlegen, weshalb die Interessenabwägung nur in einem oder in einigen von mehreren Fällen ergeben soll, dass die Fortsetzung des Arbeitsverhältnisses unzumutbar ist. So darf der AG zB nicht ohne sachliche Differenzierungskriterien (s dazu *Preis* Prinzipien S 390) bei einem von mehreren AN begangenen Prämienbetrug nur 2 Mitglieder des BR **herausgreifen** und es bei den anderen, ebenso belasteten AN bei einer Verwarnung belassen (BAG 22.2.1979 aaO). Eine solche Differenzierung lässt eine Verletzung des Benachteiligungsverbotes des § 78 S 2 BetrVG vermuten. Eine mittelbare Auswirkung auf die Interessenabwägung hat der Gleichbehandlungsgrundsatz auch dann, wenn die Behandlung vergleichbarer Kündigungssachverhalte durch den AG eine **Selbstbindung** erkennen lässt (BAG 14.10.1965, 2 AZR 466/64, EzA § 133b GewO Nr 1; 22.2.1979, 2 AZR 116/78, nv). 199

VI. Gesichtspunkt der Solidarität. Das Problem der »**herausgreifenden Kdg**« und der Gleichbehandlung bei einer Kdg iR eines **Arbeitskampfes** entschärft das BAG, indem es den Gesichtspunkt der **Solidarität** bei der Interessenabwägung zugunsten des gekündigten AN berücksichtigt (BAG 14.2.1978, 1 AZR 103/76, EzA Art 9 GG Arbeitskampf Nr 24). Bei einer kollektiven Arbeitsniederlegung ist es für den einzelnen AN schwer, sich zu distanzieren. Auf eine Solidarisierung mit seinen Arbeitskollegen kann sich der AN allerdings dann nicht mehr berufen, wenn er iR einer rechtswidrigen Arbeitsniederlegung bes aktiv wird oder sich bei einer derartigen Aktion an Maßnahmen beteiligt, die auch iR eines rechtmäßigen Arbeitskampfes nicht hinzunehmen sind. Das gilt zB für eine Fabrikbesetzung, Blockademaßnahmen, Sabotageakte, Tätlichkeiten und Beleidigungen. 200

M. Rspr-Überblick zu einzelnen Kündigungsgründen. Eine begrenzte **Typologie des wichtigen Grundes** ergibt sich daraus, dass sich die Rspr immer wieder mit ähnlich gelagerten Kündigungssachverhalten befassen muss. Diese typischen Sachverhalte werden im Folgenden zur besseren Übersicht in alphabetischer Reihenfolge dargestellt. Zur Ergänzung wird auf die instruktiven Übersichten von MüKo-BGB/*Henssler* Rn 132 ff, 267 ff und *Stahlhacke/Preis* Rn 565 ff verwiesen. Weil es grds **keine absoluten** (unbedingten) **Kündigungsgründe** gibt (s Rdn 51), ist letztlich immer die konkrete und individuelle Interessenabwägung im Einzelfall entscheidend. Mit diesem Vorbehalt sind die einzelnen Kündigungsgründe, getrennt für AG und AN, nachstehend wie folgt unterschieden: Gründe die eine außerordentliche Kdg idR (++), häufig (+), im Einzelfall (±), selten (-), idR nicht (- -) rechtfertigen. Zur Erforderlichkeit oder Entbehrlichkeit einer vergeblichen Abmahnung s ggf Rdn 166 ff. 201

I. Außerordentliche Kdg durch den AG. Absicht des AN, das Arbeitsverhältnis zu beenden (sog **Abkehrwille**) (- -)(LAG BW 31.5.1961, 4 Sa 70/60, DB 1961, 951); Leugnung eines leitenden Angestellten, der sich bereits bei einem Konkurrenzunternehmen beworben hat (+)(LAG Hamm 14.2.1968, 8(5) Sa 37/68, BB 1969, 797). **Abwerbung** von Arbeitskollegen durch einen AN, der sich selbstständig machen will, bei ernstlicher und beharrlicher Einwirkung (+)(LAG BW 21.2.2002, 6 Sa 83/01, LAGE § 60 HGB Nr 8); unter Verleitung zum Vertragsbruch oder für ein Konkurrenzunternehmen (++) (BAG 30.1.1963, 2 AZR 319/62, EzA § 60 HGB Nr 1; im Fall einer bloß beiläufigen oder ersichtlich nicht ernst gemeinten Frage (- -)(LAG BW 30.9.1970, 4 Sa 21/70, BB 1970, 1538). **Alkohol**genuss durch leitenden Angestellten während der Dienstzeit mit störenden Auswirkungen (+)(LAG Düsseldorf 20.12.1955, 4 Sa 591/55, DB 1956, 332); durch sonstige AN bei Beeinträchtigung der Arbeitsleistung und/oder Erhöhung der Unfallgefahr (+)(LAG Düsseldorf 17.8.1967, 2 Sa 254/67, BB 1967, 1425), insb im Fall der Verletzung eines wegen des Unfallgefahr bestehenden betrieblichen Alkoholverbots (++)(LAG Hamm 23.8.1990, 16 Sa 293/90, LAGE § 626 BGB Nr 52); Dienstfahrten von Berufsfahrzeugführern in alkoholisiertem Zustand, insb bei Personen- oder Gefahrgutbeförderung (++)(BAG 12.1.1956, 2 AZR 117/54, EzA § 123 GewO Nr 1; LAG Nürnberg 17.12.2002, 6 Sa 480/01, LAGE § 626 BGB Nr 147; LAG Köln 19.3.2008, 7 Sa 1369/07, AuA 2009, 49); Privatfahrten in alkoholisiertem Zustand, insb bei Verlust der Fahrerlaubnis, 202

§ 626 BGB Fristlose Kündigung aus wichtigem Grund

wenn daraus auf die fehlende Eignung für die geschuldete Tätigkeit zu schließen ist (+)(LAG Köln 25.8.1988, 8 Sa 1334/87, LAGE § 626 BGB Nr 34; BAG 4.6.1997, 2 AZR 526/96, EzA § 626 BGB nF Nr 168) oder keine Versetzungsmöglichkeit besteht (+)(BAG 30.5.1978, 2 AZR 630/76, EzA § 626 BGB nF Nr 66); Fehlverhalten infolge Alkoholabhängigkeit (±)(BAG 30.9.1993, 2 AZR 188/93, EzA § 626 BGB nF Nr 152; s auch Rdn 89); zum Nachweis der Alkoholisierung s BAG 16.9.1999, 2 AZR 123/99, EzA § 626 BGB Krankheit Nr 2. **Anzeigen** gegen den AG bei wissentlich unwahren oder leichtfertig falschen Angaben (+)(BVerfG 2.7.2001, 1 BvR 2049/00, EzA § 626 BGB nF Nr 188; Hess LAG 12.2.1987, 12 Sa 1249/86, LAGE § 626 BGB Nr 28; s aber auch EGMR 21.7.2011, 28274/08, AuR 2011, 355); aus sachfremden Motiven oder bei Unverhältnismäßigkeit (+)(BAG 4.7.1991, 2 AZR 80/91, RzK I 6a Nr 74; LAG Köln 7.1.2000, 4 Sa 1273/99, RzK I 6a Nr 180; zur entspr Drohungen s LAG Schl-Holst 17.8.2011, 3 Sa 196/11, DB 2011, 2668; LAG Rh-Pf 15.5.2014, 5 Sa 60/14, öAT 2014, 170); ohne zumutbaren Versuch einer innerbetrieblichen Bereinigung (+)(BAG 7.12.2006, 2 AZR 400/05, EzA § 1 KSchG Verhaltensbedingte Kündigung Nr 70; LAG Berl 28.3.2006, 7 Sa 1884/05, LAGE § 626 BGB 2002 Nr 7b); zur Wahrung berechtigter eigener Interessen (+)(BAG 8.5.2014, 2 AZR 249/13, EzA § 626 BGB 2002 Nr 45; LAG BW 29.6.1964, 4 Sa 12/64, DB 1964, 1451; LAG Köln 23.2.1996, 11(13) Sa 976/95, LAGE § 626 BGB Nr 94); Wahrnehmung der Zeugenpflicht in einem staatsanwaltlichen Ermittlungsverfahren (-)(BVerfG 2.7.2001 aaO). Fehlen oder Ablauf der **Arbeitsgenehmigung** (±)(s Rdn 87). **Arbeitsschutzvorschriften** s »Sicherheitsvorschriften«. **Arbeitsunfähigkeit(sbescheinigung)** s »Krankheit«. Beharrliche **Arbeitsverweigerung** (++)(BAG 12.4.1973, 2 AZR 291/72, EzA § 611 BGB Nr 12; 21.11.1996, 2 AZR 357/95, EzA § 1 KSchG Verhaltensbedingte Kündigung Nr 50; 22.10.2015, 2 AZR 569/14, EzA-SD 2016 Nr 6 S 3), soweit der AG nicht sein Direktionsrecht aus § 106 GewO überschreitet (BAG 28.10.1971, 2 AZR 15/71, EzA § 626 BGB nF Nr 9; 12.4.1973, 2 AZR 291/72, EzA § 611 BGB Nr 12; LAG Düsseldorf 18.11.1966, 3 Sa 337/66, DB 1967, 1000; LAG Frankfurt 21.3.1986, 13 Sa 1250/85, LAGE § 626 BGB nF Nr 25; LAG Köln 28.8.2014, 6 Sa 423/14, DStR 2015, 486; ArbG Frankfurt a.M. 26.11.1998, 2 Ca 4267/98, LAGE § 626 BGB Nr 125); bei Beschneidung des Verantwortungsbereichs ohne Erl der Gründe (-)(BAG 27.4.1967, 2 AZR 194/66, AP BGB § 626 Nr 54); von unterwertiger Tätigkeit in Notfällen (+)(LAG Düsseldorf 28.1.1964, 8 Sa 486/63, DB 1964, 628); von direkter Streikarbeit (- -)(s Rdn 94); aus Gewissensgründen (-)(BAG 29.1.1960, 1 AZR 200/58, BAGE 9, 1; 10.10.2002, 2 AZR 472/01, EzA § 1 KSchG Verhaltensbedingte Kündigung Nr 58; LAG Hamm 26.2.2002, 5 Sa 1582/01, NZA 2002, 1090; s.a. Rdn 94); speziell wegen religiöser, nicht gesetzlicher Feiertage (+)(LAG Düsseldorf 14.2.1963, 7 Sa 581/62, DB 1963, 522; str, s.a. Rdn 95 und die Nachw bei KR/ *Fischermeier* § 626 Rn 149); bei Pflichtkollision (±)(s Rdn 95); bei notwendiger, aber fehlender Mitbestimmung des BR (±)(BAG 5.4.2001, 2 AZR 580/99, EzA § 626 BGB nF Nr 186); bei Zurückbehaltungsrecht wegen ausstehender Vergütung (-)(s Rdn 96); bei grds zulässiger, aber nicht vorhersehbarer Anordnung von Überstunden oder Samstagsarbeit, soweit der AN diese Zeit schon anderweitig verplant hat (-) (LAG BW 26.11.1964, 4 Sa 67/64, BB 1965, 417; ArbG Frankfurt a.M. 26.11.1998 aaO). Vorsätzlich überhöhte Dokumentation von **Arbeitszeit** (++)(BAG 9.6.2011, 2 AZR 381/10, EzA § 626 BGB 2002 Nr 35); s.a. »Stechuhren«. Arztbesuch während der Arbeitszeit (±)(LAG BW 4.6.1964, 4 Sa 25/64, BB 1964, 1008). **Auskunftspflichten** s »Berichtspflichten«, »Mitteilungspflichten«. **Ausländerfeindliche Hetze**, insb in Betrieben mit zahlreichen ausländischen AN oder in Ausbildungsbetrieben (++)(BVerfG 2.1.1995, 1 BvR 320/94, EzB Art 103 Nr 4; BAG 9.3.1995, 2 AZR 644/94, BB 1996, 434; 14.2.1996, 2 AZR 274/95, EzA § 626 BGB nF Nr 160; 1.7.1999, 2 AZR 676/98, EzA § 15 BBiG Nr 13; LAG Hamm 11.11.1994, 10(19) Sa 100/94, RzK I 6a Nr 120; LAG BW 25.3.2009, 2 Sa 94/08, LAGE § 626 BGB 2002 Nr 20); s ferner »öffentl Dienst«. **Außerdienstliches Verhalten** (-)(s Rdn 72 ff); häufige Spielbankbesuche (-)(LAG Hamm 14.1.1998, 3 Sa 1087/97, LAGE § 626 BGB Nr 119 [Leiter einer Bankfiliale]); Teilnahme am großstädtischen Nachtleben (-)(LAG BW 3.4.1967, 4 Sa 13/67, BB 1967, 757); nicht strafbares Sexualverhalten (-)(BAG 23.6.1994, 2 AZR 617/93, EzA § 242 BGB Nr 39; ArbG Passau 11.12.1997, 2 Ca 711/97 D, BB 1998, 326); Diebstähle (±)(BAG 20.9.1984, 2 AZR 633/82, EzA § 626 BGB nF Nr 91; LAG Frankfurt 4.7.1985, 12 Sa 1329/84, LAGE § 626 BGB Nr 22; LAG Berl 26.3.1965, 5 Sa 6/65, BB 1965, 910); dem Erziehungsauftrag grob zuwiderlaufendes Verhalten eines Lehrers bei zufälliger Begegnung mit Schülern (+)(BAG 27.11.2008, 2 AZR 98/07, EzA § 1 KSchG Verdachtskündigung Nr 4). Massive **Bedrohung** des AG, eines Vorgesetzten oder von Arbeitskollegen (+)(BAG 12.1.1995, 2 AZR 456/94, RzK I 6a Nr 121; LAG Frankfurt 31.10.1986, 13 Sa 63/85, LAGE § 626 BGB Nr 27; LAG Düsseldorf 16.7.2003, 12 Sa 690/03, LAGE § 280 BGB 2002 Nr 1; LAG Hamm 10.1.2006, 12 Sa 1603/05, EzA-SD 2006 Nr 8 S 9; LAG Köln 21.3.2007, 7 TaBV 38/06, AE 2008, 35; LAG Schl-Holst 21.10.2009, 3 Sa 224/09, LAGE § 626 BGB 2002 Nr 24a). Schwere, bewusste und gewollte Ehrverletzungen aus gehässigen Motiven (BAG 18.7.1957, 2 AZR 121/55, EzA § 124a GewO

Nr 1; 17.10.1980, 7 AZR 687/78), dh grobe **Beleidigungen** des AG, eines Vorgesetzten, eines Kunden oder auch eines Arbeitskollegen (++)(BAG 27.9.2012, 2 AZR 646/11, EzA § 626 BGB 2002 Nr 43 mwN; s auch EGMR 12.9.2011, 28955/05 ua, NZA 2012, 1421); durch Altenpflegerin gegenüber in ihrer Wahrnehmungsfähigkeit stark eingeschränkten Heimbewohnern (++)(LAG München 8.8.2007, 11 Sa 496/06, PflR 2007, 529); Vergleiche mit (Zuständen unter) Hitler oder anderen NS-Verbrechern oder mit der Stasi der DDR (++)(BAG 24.11.2005, 2 AZR 584/04, EzA § 626 BGB 2002 Nr 13; 7.7.2011, 2 AZR 355/10, EzA § 626 BGB 2002 Nr 38; LAG Berl 17.11.1980, 9 Sa 69/80, EzA § 626 BGB nF Nr 75; LAG Düsseldorf 5.3.2007, 10 Sa 1321/06, LAGE § 626 BGB 2002 Nr 11; Hess LAG 14.9.2010, 3 Sa 243/10, BB 2011, 1524); bewusst wahrheitswidrige Tatsachenbehauptungen iSv übler Nachrede (++)(BAG 27.9.2012 aaO; LAG Schl-Holst 20.9.2007, 4 Sa 192/07, LAGE § 626 BGB 2002 Nr 13); Verwendung des »Götz-Zitates« und ähnliche Äußerungen (±)(LAG Düsseldorf 24.6.1959, 6 Sa 190/59, DB 1959, 796; LAG Schl-Holst 5.10.1998, 5 Sa 309/98, LAGE § 626 BGB Nr 123; LAG Rh-Pf 8.11.2000, 9 Sa 967/00, ZMV 2001, 146; LAG Hamm 22.11.2001, 17 Sa 1178/01, RzK I 6 f Nr 31; LAG Nds 25.10.2004, 5 TaBV 96/03, NZA-RR 2005, 530; LAG Rh-Pf 24.1.2008, 11 Sa 564/07; LAG Schl-Holst. 8.4.2010, 4 Sa 474/09, ArbR 2010, 350); »Stinkefinger« (+)(BayVGH 22.4.2013, 17 P 12.1862, PersV 2013, 349); wenn der AN durch ein Verhalten des Beleidigten provoziert wurde (-)(BAG 22.12.1956, 3 AZR 91/56, BAGE 3, 193); in vertraulicher Unterhaltung, wenn der AN annehmen darf, die Äußerungen würden nicht weitergegeben (-)(BAG 10.10.2002, 2 AZR 418/01, EzA § 626 BGB 2002 Unkündbarkeit Nr 1; s.o. Rdn 71); im Zusammenhang mit der Scheidung ggü dem AG- bzw Vorgesetzten-Ehegatten (-)(ArbG Passau 14.9.1995, 2 Ca 77/95 D, RzK I 6a Nr 130); Verweigerung des Grußes ggü AG oder Vorgesetzten (-) (LAG Köln 29.11.2005, 9(7) Sa 657/05, EzA-SD 2006 Nr 9 S 12). Beharrliche Verletzung von **Berichtspflichten** bzw Verweigerung von Tätigkeitsaufzeichnungen, zB von Außendienstmitarbeitern (++)(BAG 19.4.2007, 2 AZR 78/06, EzTöD 100 § 34 Abs 2 TVöD-AT Verhaltensbedingte Kdg Nr 8; LAG Brem 1.12.1954, Sa 94/54, DB 1955, 123; LAG Düsseldorf 19.10.1955, 2 Sa 196/55, DB 1956, 92; LAG Berl 27.6.1968, 1 Sa 4/68, BB 1969, 834); pflichtwidrig unterlassene bzw falsche Dokumentation im Krankenhaus- oder Pflegebereich (+)(LAG München 26.4.2007, 4 TaBV 11/07, PflR 2007, 535; wN bei *Häcker* ArbRB 2011, 90). **Bestechung** s »Schmiergeld«. Konkrete Störung des **Betriebsfriedens** (+)(s Rdn 74 ff); durch Beleidigungen in Betriebsversammlungen (+)(LAG Düsseldorf 3.6.1955, 4 Sa 69/55, DB 1956, 504); durch Flugblätter mit wahrheitswidrigen Behauptungen (+)(BAG 15.12.1977, 3 AZR 184/76, EzA § 626 BGB nF Nr 61; 13.10.1977, 2 AZR 387/76, EzA § 74 BetrVG 1972 Nr 3); durch Zusammenrottung, um Auskunft und Rechenschaft zu verlangen (+)(LAG BW 20.1.1970, 7 Sa 90/69, DB 1970, 934). **Betriebsstilllegung** und andere betriebsbedingte Gründe (-)(BAG 22.7.1992, 2 AZR 84/92, EzA § 626 BGB nF Nr 141); s Rdn 105 f, 196. **Betrug** s »Arbeitszeit«, »Krankheit«, »Spesenbetrug«, »Stechuhren«, »Urlaub«; Bescheinigung tatsächlich nicht erbrachter Leistungen, die einem Geschäftspartner des AG überhöhte Rechnung ermöglicht (++)(LAG Düsseldorf 27.7.1966, 3 Sa 161/66, DB 1966, 1571); Abrechnungsbetrug eines Chefarztes ggü Privatpatienten (++)(LAG Nds 17.4.2013, 2 Sa 179/12, LAGE § 626 BGB 2002 Nr 43); Buchung von fremden Kundenbonuspunkten auf eigene Kundenkarte (++)(Hess LAG 11.12.2008, 9 Sa 1075/08, LAGE § 626 BGB 2002 Nr 18); unberechtigte Meilengutschriften für Ehemann durch Mitarbeiterin einer Fluggesellschaft (++)(BAG 3.7.2003, 2 AZR 437/02, EzA § 1 KSchG Verdachtskündigung Nr 2); Versuch, den Betriebsleiter zu falschen Angaben über die Verhältnisse des AN ggü dem Finanzamt und der Agentur für Arbeit zu veranlassen, bzw entspr Falschangaben einer Personalleiterin (+)(LAG Bay 21.11.1958, Sa 270/58/V/N, WA 1960, 52; LAG Brem 31.1.1997, 4 Sa 85 und 111/96, LAGE § 626 BGB Nr 107). **Computermissbrauch** und/oder Verstöße gegen den **Datenschutz** durch Missbrauch des Internetzugangs mit Virengefährdung (+)(Hess LAG 13.12.2001, 5 Sa 987/01, LAGE § 626 BGB Nr 136); durch verbotswidrige Installation einer Anonymisierungssoftware (+)(BAG 12.1.2006, 2 AZR 179/05, EzA § 1 KSchG Verhaltensbedingte Kündigung Nr 68); durch Aufsuchen pornografischer Web-Seiten (+)(BAG 27.4.2006, 2 AZR 386/05, EzA § 626 BGB 2002 Unkündbarkeit Nr 11 mwN; LAG Nds 26.4.2002, 3 Sa 726/01, MMR 2002, 766; ArbG Frankfurt 2.1.2002, 2 Ca 5340/01, RzK I 5i Nr 173); durch Vervielfältigung von Musik-/Film-CDs/DVDs unter Umgehung des Kopierschutzes (++)(BAG 16.7.2015, 2 AZR 85/15, EzA-SD 2016 Nr 3 S 3); durch übermäßige bzw verbotswidrige private Internetnutzung (+)(BAG 27.4.2006 aaO mwN; LAG Nds 31.5.2010, 12 Sa 875/09, EzTöD 100 § 34 Abs 2 TVöD-AT Verhaltensbedingte Kündigung Nr 21; ArbG Düsseldorf 1.8.2001, 4 Ca 3437/01, RDV 2002, 134; zu großzügig LAG Köln 11.2.2005, 4 Sa 1018/04, LAGReport 2005, 229); unerlaubter Zugriff auf gesperrte Personaldaten oder Betriebsgeheimnisse (++)(LAG Köln 29.9.1982, 5 Sa 514/82, DB 1983, 124; LAG Schl-Holst 15.11.1989, 5 Sa 335/89, DB 1990, 635; LAG Saarl 1.12.1993, 2 Sa 154/92, CR 1994, 296; LAG BW 11.1.1994, 7 Sa 86/92, RDV 1995, 81); unbefugter Eingriff in den E-Mail-Account des AG (+)(LAG Schl-Holst 3.6.2008, 5 Sa 22/08; LAG Köln 14.5.2010, 4 Sa 1257/09,

CR 2011, 11); Herunterladen von Hackersoftware (+)(OLG Celle 27.1.2010, 9 U 38/09, GmbHR 2010, 365); Manipulation von für das Geschäftsergebnis relevanten Daten durch ltd Ang (+) (LAG Rh-Pf 23.7.2008, 7 Sa 188, 189/08); eigenmächtige Änderung des Hauptpassworts zur Vereitelung des Zugriffs auf oder absichtliche Löschung von Geschäftsdaten (++)(Hess LAG 13.5.2002, 13 Sa 1268/01, RDV 2003, 148; 5.8.2013, 7 Sa 1060/10, ZD 2014, 377). **Diebstahl**, auch bloßer Versuch (++)(BAG 11.12.2003, 2 AZR 36/03, EzA § 626 BGB 2002 Nr 5; LAG Köln 22.1.1996, 3 Sa 722/95, LAGE § 66 ArbGG 1979 Nr 17); insb Vermögensdelikte hins anvertrauter Gegenstände oder Gelder (++)(BAG 12.8.1999, 2 AZR 923/98, EzA § 626 BGB Verdacht strafbarer Handlung Nr 8; LAG Düsseldorf 13.1.1976, 11 Sa 845/75, DB 1976, 680); Schrott, Abfall, Sachen von geringem Wert (+)(BAG 12.8.1999 aaO mwN; 10.2.1999, 2 ABR 31/98, EzA § 15 KSchG nF Nr 47; 11.12.2003 aaO; BAG 10.6.2010, 2 AZR 541/09, EzA § 626 BGB 2002 Nr 32; LAG Rh-Pf 20.9.2005, 5 Sa 341/05, AE 2007, 73; wN o Rdn 171 u – auch zu im Einzelfall abw Ergebnissen der Interessenabwägung – bei KR/*Fischermeier* § 626 Rn 278, 461, 462); s ferner »Außerdienstliches Verhalten«. Verweigerung der Herausgabe eines **Dienstfahrzeugs** nach str Kdg (+)(LAG Nürnberg 25.1.2011, 7 Sa 521/10, AA 2011, 142). **Drogenmissbrauch** (±)(s »Alkohol«; BAG 18.10.2000, 2 AZR 36/03, EzA § 626 BGB nF Nr 183; LAG BW 19.10.1993, 11 TaBV 9/93, LAGE § 626 BGB Nr 76). Zur **Druck-Kdg** s Rdn 137 ff. Fehlende **Eignung** bzw **Fähigkeiten**, auch wenn der AN bei der Bewerbung übertrieben hat (-)(LAG Düsseldorf 11.6.1954, 2a Sa 365/53, DB 1954, 764; LAG Berl 21.7.1960, 4 Sa 56/60, BB 1960, 1167); bei schwerwiegendem Versagen in bes verantwortungsvoller Position (+)(LAG BW 28.2.1964, 4 Sa 57/63, BB 1964, 681 [Betriebsleiter]; BAG 14.10.1965, 2 AZR 466/64, EzA § 133b GewO Nr 1 [Pilot]); s.a. »Probezeit«. Verlust der **Fahrerlaubnis** (+)(s »Alkohol«); ob ein Außendienstmitarbeiter durch Gestellung eines Ersatzfahrers den Kündigungsgrund ausräumen kann, ist str (s LAG Rh-Pf 11.8.1989, 6 Sa 297/89, LAGE § 626 BGB Nr 43; BAG 14.2.1991, 2 AZR 525/90, RzK I 6a Nr 70); Entzug einer rein innerbetrieblichen Erlaubnis durch den Betriebsleiter (-)(BAG 5.6.2008, 2 AZR 984/06, EzA § 1 KSchG Personenbedingte Kündigung Nr 22). **Fahrtenschreiber** s »Stechuhren«. **Gefährdung** von Personen durch Manipulation am Bremssystem des Fahrzeugs eines Arbeitskollegen (++)(LAG Hamm 25.5.2007, 18 Sa 2183/05); s.a. »Schlechtleistung«. Bei einem **Gruppenarbeitsverhältnis** kann die minderwertige Gesamtleistung der Eigengruppe (Musikkapelle, Maurerkolonne) ein wichtiger Grund für eine Kdg ggü allen Gruppenmitgliedern sein, auch wenn nur das Versagen eines einzelnen Gruppenmitglieds ursächlich ist (BAG 9.2.1960, 2 AZR 585/57, BAGE 9, 44; LAG Sa-Anh 8.3.2000, 6 Sa 921/99, LAGE § 611 BGB Abmahnung Nr 48). **Haft** je nach Dauer und Überbrückungsmöglichkeit (±) (BAG 24.3.2011, 2 AZR 790/09, EzA § 1 KSchG Personenbedingte Kündigung Nr 27; 20.11.1997, 2 AZR 805/96, RzK I 6a Nr 154; 10.6.1965, 2 AZR 339/64, EzA § 124a GewO Nr 4; uU kann eine Mitwirkung an der Erlangung des Freigängerstatus zumutbar sein: BAG 9.3.1995, 2 AZR 497/94, EzA § 626 BGB nF Nr 154). Unzulässige **Interessenverquickung** insbes durch Nutzung betrieblicher Ressourcen für private Zwecke (++)(LAG RhPf 31.10.2008, 9 Sa 296/07). **Internet** s »Computermissbrauch«. Zu Verstößen gegen kirchliche Loyalitätsanforderungen s Rdn 79 ff. **Konkurrenz** s »Wettbewerb«. **Kontrolleinrichtungen** s »Stechuhren«. Für das Anfertigen privater **Kopien** gilt Ähnliches wie für private »Telefongespräche« (s dort). Eigenmächtige Ruhigstellung einer schwerkranken Patientin durch **Krankenpfleger** mittels ärztlich nicht verordneter verschreibungspflichtiger Medikamente (+) (LAG MV 19.5.2006, 1 Sa 38/06, PflR 2007, 76). **Krankheit** (-) (s Rdn 88); Verletzung der Anzeigepflicht und/oder der Pflicht zur Vorlegung der Arbeitsunfähigkeitsbescheinigung gem § 5 I EFZG (±) (BAG 15.1.1986, 7 AZR 128/83, EzA § 626 BGB nF Nr 100; LAG Rh-Pf 19.1.2012, 10 Sa 593/11, AuR 2012, 177; LSG Rh-Pf 28.11.2002, L 1 AL 67/01, ArbRB 2003, 67; LAG Sa-Anh 24.4.1996, 3 Sa 449/95, LAGE § 626 BGB Nr 99; LAG Köln 9.2.2009, 5 Sa 926/08, LAGE § 626 BGB 2002 Nr 19; LAG Schl-Holst 13.10.2009, 2 Sa 130/09, PersF 2010 Nr 1 S 9); Verzögerung der Stellung eines Rentenantrags bzw Verweigerung der Mitwirkung an einer dafür notwendigen oder sonst vorgeschriebenen Begutachtung des Gesundheitszustands (+) (BAG 7.11.2002, 2 AZR 475/01, EzA § 130 BGB 2002 Nr 1 mwN; LAG Düsseldorf 31.5.1996, 15 Sa 180/95, RzK I 6 f Nr 12; Hess LAG 18.2.1999, 12 Sa 716/97, LAGE § 1 KSchG Verhaltensbedingte Kündigung Nr 70; LAG Schl-Holst 12.5.2009, 5 Sa 458/08, ZMV 2009, 334); Vortäuschung einer Krankheit, Manipulation oder Erschleichung einer Arbeitsunfähigkeitsbescheinigung bzw entspr dringender Verdacht (++)(BAG 6.9.1990, 2 AZR 162/90, EzA § 1 KSchG Verdachtskündigung Nr 1; 26.8.1993, 2 AZR 154/93, EzA § 626 BGB nF Nr 148; LAG Düsseldorf 3.6.1981, 22 Sa 203/81, EzA § 626 BGB nF Nr 78; LAG Köln 9.6.1982, 7 Sa 76/82, EzA § 626 BGB Nr 82; LAG Berl 3.8.1998, 9 Ta BV 4/98, LAGE § 15 KSchG Nr 17; LAG Berl 1.11.2000, 13 Sa 1746/00, NZA-RR 2001, 470; LAG Hamm 10.9.2003, 18 Sa 721/03, LAGE § 5 EntgeltfortzG Nr 8; Hess LAG 1.4.2009, 6 Sa 1593/08, ArbRB 2010, 9; 23.3.2015, 16 Sa 646/14, ArbR 2015, 323; zur Überprüfung ausländischer Arbeitsunfähigkeitsbescheinigungen s BAG 17.6.2003, 2 AZR 123/02, EzA § 626 BGB

2002 Nr 4; 19.2.1997, 5 AZR 83/96, EzA § 3 EntgeltfortzG Nr 2); Ankündigung einer Krankmeldung, insb für den Fall der Verweigerung von Vorteilen (zB Urlaubsgewährung) oder der Zuweisung bestimmter Arbeiten (++)(BAG 12.3.2009, 2 AZR 251/07, EzA § 626 BGB 2002 Nr 26; LAG Köln 14.9.2000, 6 Sa 850/00, LAGE § 626 BGB Nr 130b; LAG Schl-Holst 19.10.2004, 5 Sa 279/04, LAGE § 1 KSchG Verhaltensbedingte Kündigung Nr 86; Hess LAG 18.5.2015, 16 Sa 999/14, PflR 2015, 663; LAG Hamm 14.8.2015, 10 Sa 156/15, PflR 2015, 848); genesungsverzögerndes Verhalten (±)(BAG 26.8.1993 aaO; LAG München 9.9.1982, 6 Sa 96/82, DB 1983, 1931; LAG Rh-Pf 11.1.2002, 8 Sa 1159/01, AuA 2002, 378; LAG Hamm 16.9.2005, 10 Sa 2425/04, dbr 2006 Nr 6 S 40); wenn es zudem die Glaubwürdigkeit des AG (zB eines Medizinischen Dienstes der Krankenkassen) untergräbt (++) (BAG 2.3.2006, 2 AZR 53/05, EzA § 626 BGB 2002 Nr 16). Bewusste Verstöße gegen elementare Hygiene- und **Lebensmittelvorschriften** (++)(Hess LAG 27.4.2006, 5 Sa 1710/05, LAGE § 626 BGB 2002 Nr 7a; LAG Köln 19.1.2009, 5 Sa 1323/08, LAGE § 626 BGB 2002 Nr 18a). **Lohnpfändungen** (- -)(s »Verschuldung«). **Manko** bei anvertrauten Waren, Geldern oder Werkzeugen ohne Verschuldensnachweis (- -)(BAG 22.11.1973, 2 AZR 580/72, EzA § 626 BGB nF Nr 33). Aggressive **Missionierung** für eine Religion oder Sekte bzw Werbung für eine Weltanschauung im Betrieb (+)(zB für die Scientology-Bewegung ArbG Ludwigshafen 12.5.1993, 3 Ca 3165/92, AiB 1994, 754; LAG Berl 11.6.1997, 13 Sa 19/97, LAGE – § 626 BGB Nr 112). Verletzung von **Mitteilungspflichten** über Nebentätigkeit (±) (BAG 11.12.2001, 9 AZR 464/00, EzA § 611 BGB Nebentätigkeit Nr 6); über andere mögliche Konflikte zwischen eigenen und AG-Interessen bei Angestellten in leitender Stellung (+)(LAG Nürnberg 5.9.1990, 3 Sa 346/89, LAGE § 626 BGB Nr 51; LAG Köln 25.9.2006, 14 Sa 658/06, LAGE § 626 BGB 2002 Nr 10); vor ungewöhnlichen Maßnahmen, die für den AG zu einer Rufschädigung oder anderen schwerwiegenden Nachteilen führen könnten (+)(BAG 11.3.1999, 2 AZR 427/98, EzA § 626 BGB nF Nr 177); durch Berufsfußballspieler über angesonnene Spielmanipulation (+)(LAG Düsseldorf 21.4.1972, 3 Sa 413/71, DB 1972, 1443); über Straftaten zulasten des AG (+)(LAG Hamm 29.7.1994, 18 (2) Sa 2016/93, RzK I 5 i Nr 95; s.a. LAG Köln 3.12.2009, 7 Sa 603/09, ArbR 2010, 587); durch ausländischen AN über die Ausreiseaufforderung und den Entzug der Arbeitsgenehmigung (+)(LAG Nürnberg 21.9.1994, 3 Sa 1176/93, RzK I 6a Nr 114); bei Erkrankung s »Krankheit«; s ferner § 123 Rdn 4 ff. **Mobbing** (+)(Thür LAG 15.2.2001, 5 Sa 102/00, LAGE § 626 BGB Nr 133; krit zur vorschnellen Einordnung als Mobbing zu Recht Thür LAG 10.6.2004, 1 Sa 148/01, LAGE Art 2 GG Persönlichkeitsrecht Nr 8a). **Nebentätigkeit**, wenn die vertraglich geschuldete Leistung oder berechtigte Interessen des AG erheblich beeinträchtigt werden (+)(BAG 3.12.1970, 2 AZR 110/70, EzA § 626 BGB nF Nr 7; 28.2.2002, 6 AZR 357/01, EzA § 611 BGB Nebentätigkeit Nr 7; 18.9.2008, 2 AZR 827/06, EzA § 626 BGB 2002 Nr 24; LAG BW 8.5.1970, 4 Sa 15/70, DB 1970, 2452; LAG Frankfurt 31.7.1980, 12 Sa 356/80, AuR 1981, 219); eines Busfahrers unter Verstoß gegen das tarifvertragliche Verbot (±)(s BAG 26.6.2001, 9 AZR 343/00, EzA § 611 BGB Nebentätigkeit Nr 4; LAG Düsseldorf 28.7.1970, 11 Sa 62/70, DB 1970, 2228); während Arbeitsunfähigkeit (±)(BAG 26.8.1993, 2 AZR 154/93, EzA § 626 BGB nF Nr 148; LAG Nürnberg 7.9.2004, 6 Sa 116/04, LAGE § 626 BGB 2002 Unkündbarkeit Nr 1; BAG 13.11.1979, 6 AZR 934/77, EzA § 1 KSchG Verhaltensbedingte Kündigung Nr 6; LAG Köln 7.1.1993, 10 Sa 632/92, LAGE § 626 BGB Nr 69); s ferner Rdn 72 und »Wettbewerb«. **Nötigung** durch Drohung mit massiver Schädigung (++)(LAG HH 7.9.2007, 6 Sa 37/07, NZA-RR 2008, 577); durch Sitzstreik im Zimmer des Vorgesetzten (+)(LAG Schl-Holst 6.5.2015, 3 Sa 354/14, ArbR 2015, 459). **Offenbarungspflichten** s »Mitteilungspflichten« und § 123 Rdn 3. Im **öffentl Dienst** bei Verknüpfung der Erfüllung dienstlicher Aufgaben mit der Durchsetzung eigener privater Interessen (+)(BAG 20.4.1977, 4 AZR 778/75, EzA § 626 BGB nF Nr 55; s.a. § 20 VwVfG u dazu BAG 26.9.2013, 2 AZR 843/12, EzA § 108 BPersVG Nr 9); Verbreitung menschenverachtend-rassistischer und sexistischer Witze im Dienst (+)(LAG Köln 14.12.1998, 12 Sa 896/98, LAGE § 626 BGB Nr 124; LAG Köln 10.8.1999, 13 Sa 220/99, RzK I 6a Nr 178; aA LAG Köln 7.7.1999, 7 Sa 22/99, RzK I 8c Nr 49), insb eines entspr antisemitischen Witzes durch einen Lehrer im Unterricht (++)(BAG 5.11.1992, 2 AZR 287/92, AuR 1993, 124); erhebliche Steuerhinterziehung durch Angestellten eines Finanzamts (++)(BAG 21.6.2001, 2 AZR 325/00, EzA § 626 BGB nF Nr 189; LAG Düsseldorf 20.5.1980, 19 Sa 624/79, EzA § 626 BGB nF Nr 72); Ladendiebstahl einer Angestellten bei der Staatsanwaltschaft (++)(LAG Frankfurt 4.7.1985, 12 Sa 1329/84, LAGE § 626 BGB Nr 22); s ferner Rdn 77 und »Schmiergeld«. Überziehen von **Pausen** bzw Unterbrechung der Arbeit (±)(LAG Hamm 26.1.1970, 5 Sa 535/69, AuR 1970, 287; LAG Berl 18.1.1988, 9 Sa 118/87, LAGE § 626 BGB Nr 31; Hess LAG 24.11.2010, 8 Sa 491/10, NZA-RR 2011, 294 [Fluglotse]); hartnäckige Missachtung der Anweisung, bei Raucherpausen auszustempeln (++)(LAG Rh-Pf 7.5.2010, 10 Sa 712/09, ZTR 2010, 600). **Politische Betätigung** s Rdn 74 ff. Versendung privater **Post** auf Firmenkosten (+)(Hess LAG 14.5.2007, 16 Sa 1885/06, AuA 2007, 686; LAG Rh-Pf 18.12.2013, 8 Sa 220/13). Unerlaubte **Privatfahrten** mit

§ 626 BGB Fristlose Kündigung aus wichtigem Grund

Dienstfahrzeugen (+)(BAG 9.3.1961, 2 AZR 129/60, EzA § 123 GewO Nr 5; LAG Düsseldorf 23.9.1952, 4 Sa 94/52, DB 1953, 24; LAG BW 10.5.1963, 4 Sa 22/63, WA 1963, 154; LAG BW 19.12.1969, 4 Sa 77/69, BB 1970, 534; LAG Köln 18.4.2007, 7 Sa 1232/06, PersV 2008, 273); s.a. »Alkohol«. Mangelhafte Leistungen in der **Probezeit** (-)(LAG Frankfurt 5.2.1987, 12 Sa 1449/86, LAGE § 626 BGB Nr 29). Vorsätzliche Falschaussage bzw falsche eidesstattliche Versicherung in einem **Prozess gegen den AG** (++)(BAG 24.11.2005, 2 ABR 55/04, EzA § 103 BetrVG 2001 Nr 5; 8.11.2007, 2 AZR 528/06, EzA § 626 BGB 2002 Nr 19). Verstoß gegen **Rauchverbot** in Betrieben mit akuter Brandgefahr oder bei der Verarbeitung oder dem Verkauf von Lebensmitteln (++)(BAG 27.9.2012, 2 AZR 955/11, NJW 2013, 1323; LAG Düsseldorf 17.6.1997, 16 Sa 346/97, LAGE § 1 KSchG Verhaltensbedingte Kündigung Nr 58); zur Anordnung des Verbots durch BV s BAG 19.1.1999, 1 AZR 499/98, EzA § 87 BetrVG 1972 Betriebliche Ordnung Nr 24. Hartnäckige Weigerung, bei (auch mittelbaren) Vorgesetzten zur **Rücksprache** zu erscheinen (++)(BAG 18.7.1963, 2 AZR 436/62, AP MTL § 59 Nr 1; LAG Düsseldorf 22.3.1966, 8 Sa 435/65, EzA § 133c GewO Nr 7; s aber BAG 23.6.2009, 2 AZR 606/08, EzA § 106 GewO Nr 3). Zerrüttung oder **Scheidung** der Ehe mit dem AG (-)(BAG 9.2.1995, 2 AZR 389/94, EzA § 1 KSchG Personenbedingte Kündigung Nr 12). **Schlafen** an der Arbeitsstelle (±)(Hess LAG 5.6.2012, 12 Sa 652/11, PflR 2013, 402; LAG Rh-Pf 16.4.2015, 5 Sa 637/14, PflR 2015, 658). **Schlechtleistung** (-); bei Vorsatz und/oder gravierenden Schäden (+)(BAG 20.3.1969, 2 AZR 283/68, EzA § 123 GewO Nr 11; LAG Düsseldorf 25.11.1954, (5)3 Sa 251/53, DB 1955, 196; LAG BW 28.2.1969, 4 Sa 92/68, DB 1969, 931); bei Täuschung des AG (+)(LAG Nds 16.9.2011, 16 Sa 1827/10; LAG Köln 4.3.2013, 2 Sa 489/12, öAT 2013, 150); bei grob fahrlässigem Verhalten eines Angestellten mit bes verantwortungsvoller Tätigkeit und Gefahr eines bes schweren Schadens (+)(BAG 14.10.1965, 2 AZR 466/64, EzA § 133b GewO Nr 1; 4.7.1991, 2 AZR 79/91, RzK I 6a Nr 73; LAG Rh-Pf 10.2.2005, 4 Sa 784/04, ZTR 2005, 437); Gefährdung von Patienten durch Fehlleistung eines Arztes oder einer Arzthelferin (+)(LAG Düsseldorf 4.11.2005, 9 Sa 993/05, LAGE § 626 BGB 2002 Nr 7). Annahme oder Forderung von **Schmiergeld** oder anderen Vergünstigungen, insb im öffentl Dienst, (++)(BAG 15.11.1995, 2 AZR 974/94, EzA § 102 BetrVG 1972 Nr 89; 26.9.2002, 2 AZR 424/01, EzA § 626 BGB 2002 Verdacht strafbarer Handlung Nr 1; 24.5.2012, 2 AZR 206/11, EzA § 626 BGB 2002 Verdacht strafbarer Handlung Nr 1; Hess LAG 18.6.1997, 8 Sa 977/96, LAGE § 626 BGB Nr 114; LAG Schl-Holst 6.5.1996, 2 TaBV 14/96, LAGE § 626 BGB Nr 95; LAG Berl 16.5.1978, 9 Sa 138/77, EzA § 626 BGB nF Nr 62); wenn arbeitsvertragliche Pflichten trotzdem korrekt erfüllt werden (+)(BAG 17.8.1972, 2 AZR 415/71, EzA § 626 BGB nF Nr 22; 15.11.2001, 2 AZR 605/00, EzA § 626 BGB nF Nr 192); durch Berufssportler (+)(LAG Düsseldorf 21.4.1972, 3 Sa 413/71, DB 1972, 1443); Annahme von Geldgeschenken durch Betreuer, auch nach dem Tod des Betreuten (+)(LAG Schl-Holst 27.10.2004, 3 Sa 314/04, EzBAT § 54 BAT Unkündbare Angestellte Nr 20); Forderung einer Provision von einem Dritten für die Vermittlung von dessen Einstellung beim AG (-)(BAG 24.9.1987, 2 AZR 26/87, EzA § 1 KSchG Verhaltensbedingte Kündigung Nr 18 mit zu Recht krit Anm *Löwisch*); Anbieten oder Bezahlen von Schmiergeld oÄ (±)(BAG 21.6.2012, 2 AZR 694/11, EzASD 2013 Nr 3 S 3); zu Trinkgeld s »Weisungen«. **Schwarzarbeit** (-) soweit nicht »Wettbewerb« vorliegt. **Schwarzfahrten** s Privatfahrten. Massive **Sexuelle Belästigungen** von Untergebenen oder Auszubildenden (++)(BAG 9.1.1986, 2 ABR 24/85, EzA § 626 BGB nF Nr 98; Sächs LAG 10.3.2000, 2 Sa 635/99, LAGE § 626 BGB Nr 130; LAG Hamm 25.5.2005, 13 TaBV 119/06, PflR 2008, 81; Hess LAG 27.2.2012, 16 Sa 1357/11, NZA-RR 2012, 471; LAG Nds 6.12.2013, 6 Sa 391/13, PflR 2014, 147) bzw entspr dringender Verdacht (++)(BAG 8.6.2000, 2 ABR 1/00, EzA § 15 KSchG nF Nr 50); ansonsten je nach Umfang und Intensität (±)(BAG 20.11.2014, 2 AZR 651/13, EzA § 626 BGB 2002 Nr 47; 9.6.2011, 2 AZR 323/10, EzA § 626 BGB 2002 Nr 36; 25.3.2004, 2 AZR 341/03, EzA § 626 BGB 2002 Nr 6; LAG Hamm 22.10.1996, 6 Sa 730/96, LAGE § 4 BSchG Nr 1; LAG Hamm 13.2.1997, 17 Sa 1544/96, LAGE § 626 BGB Nr 110; LAG Schl-Holst 4.3.2009, 3 Sa 410/08, RDG 2009, 168); Missbrauch eines Schulkindes durch Lehrer oder einer Patientin einer psychiatrischen Klinik durch Krankenpfleger (++)(BAG 23.10.2014, 2 AZR 865/13, EzA § 286 ZPO 2002 Nr 4; 12.3.2009, 2 ABR 24/08, EzTöD 100 § 34 Abs 2 TVöD-AT Arbeitnehmervertreter Nr 1; s.a. Hess LAG 10.1.1984, 7 Sa 739/83, AuR 1984, 346); Missbrauch des Kindes eines Arbeitskollegen (++)(BAG 27.1.2011, 2 AZR 825/09, EzA § 626 BGB 2002 Verdacht strafbarer Handlung Nr 10). Missachtung elementarer **Sicherheitsvorschriften** (+)(LAG Schl-Holst 14.8.2007, 5 Sa 150/07, LAGE § 626 BGB 2002 Nr 12); hins des Zugangs zum Betrieb (++)(Hess LAG 19.6.2007, 17 Sa 454/05, AuA 2007, 114); s.a. »Weisungen«. **Spesenbetrug** (++)(BAG 11.7.2013, 2 AZR 994/12, EzA § 1 KSchG Verhaltensbedingte Kündigung Nr 83). Darlehen eines Tischchefs in einer **Spielbank** an Stammkunden (+)(BAG 26.3.2009, 2 AZR 953/07, NZA-RR 2010, 516). **Stalking** (+)(BAG 19.4.2012, 2 AZR 258/11, EzA § 626 BGB 2002 Nr 39). Manipulationen an **Stechuhren, Stempelkarten** oder Fahrtenschreibern (+)(BAG 27.1.1977, 2 ABR 77/76, EzA § 103 BetrVG 1972 Nr 16; LAG Rh-Pf

27.1.2004, 2 Sa 1221/03, NZA-RR 2004, 473; LAG Köln 22.5.2003, 6(3) Sa 194/03, LAGE § 626 BGB Nr 150; LAG Hamm 20.2.1986, 4 Sa 1288/85, DB 1986, 1338; Hess LAG 17.2.2014, 16 Sa 1299/13, BB 2014, 2164); Mitstempeln(lassen) für (durch) Kollegen (+)(BAG 23.1.1963, 2 AZR 278/62, EzA § 124a GewO Nr 3; 24.11.2005, 2 AZR 39/05, EzA § 626 BGB 2002 Nr 12). **Strafhaft** s »Haft«. **Straftaten** s spezielle Stichworte. Teilnahme an rechtmäßigem **Streik** (-)(BAG 28.1.1955, GS 1/54, BAGE 1, 291; 17.12.1976, 1 AZR 605/75, EzA Art 9 GG Arbeitskampf Nr 19); an rechtswidrigem wildem Streik (+) (BAG 21.10.1969, 1 AZR 93/68, EzA § 626 BGB nF Nr 1; 28.4.1966, 2 AZR 176/65, EzA § 124a GewO Nr 5; **aA** ArbG Gelsenkirchen 13.3.1998, 3 Ca 3173/97, EzA Art 9 GG Arbeitskampf Nr 130); einfache Teilnahme an rechtswidrigem Streik bei Aufruf oder Billigung durch die Gewerkschaft oder bei psychologischem Druck, sich solidarisch zu zeigen (-)(BAG 29.11.1983, 1 AZR 469/82, EzA § 626 nF BGB Nr 89; 14.2.1978, 1 AZR 76+103/76, EzA Art 9 GG Arbeitskampf Nr 22 und 24); s ferner Rdn 200. **Surfen im Internet** s »Computermissbrauch«. Schwere **Tätlichkeiten** ggü Vorgesetzten oder Kollegen auch außerhalb des Betriebes (++)(BAG 18.9.2008, 2 AZR 1039/06, EzTöD 100 § 34 Abs 2 TVöD-AT Verhaltensbedingte Kündigung Nr 13 mwN; LAG Schl-Holst 6.1.2009, 5 Sa 313/08, BB 2009, 949); Ohrfeige eines Pflegehelfers ggü einem Patienten (++)(LAG Schl-Holst 13.7.2000, 5 Sa 240/00, PflR 2001, 311). Ausdrücklich untersagte private **Telefongespräche** (+)(LAG Düsseldorf 14.2.1963, 7 Sa 507/62, BB 1963, 732; ArbG Würzburg 16.12.1997, 1 Ca 1326/97, BB 1998, 1318); mittels technischer Manipulation zu gesperrten Rufnummern, zB Sex-Hotlines (++)(LAG Köln 13.3.2002, 7 Sa 380/01, LAGE § 626 BGB Verdacht strafbarer Handlung Nr 15); heimlich von Anschlüssen von Arbeitskollegen aus (++)(BAG 4.3.2004, 2 AZR 147/03, EzA § 103 BetrVG 2001 Nr 3); bei fehlendem Verbot, wenn der AN Kosten und zeitlichen Umfang nicht in den Grenzen mutmaßlicher Duldung hält (±)(zu großzügig LAG Köln 11.2.2005, 4 Sa 1018/04, LAGReport 2005, 229); wenn er die Gespräche pflichtwidrig nicht zum Zweck der Abrechnung kennzeichnet (+)(BAG 5.12.2002, 2 AZR 478/01, EzA § 123 BGB 2002 Nr 1; LAG Hamm 28.11.2008, 10 Sa 1921/07, LAGE § 626 BGB 2002 Nr 17a). Heimliche **Tonaufzeichnung** von Personalgesprächen (++)(BAG 19.7.2012, 2 AZR 989/11, EzA § 15 nF KSchG Nr 72). Verletzung der **Treuepflicht** durch geschäftsschädigende Äußerungen (+)(BAG 6.2.1997, 2 AZR 38/96, RzK I 6a Nr 146; LAG Brem 10.4.1963, 1 Sa 15/63, DB 1963, 834; LAG Köln 11.9.2012, 11 Sa 1418/11, ArbR 2013, 274); durch Vermittlung eines unzufriedenen Kunden an ein Konkurrenzunternehmen (+)(Sächs LAG 25.6.1996, 9 Sa 257/96, LAGE § 626 BGB Nr 102); indem eine ohne Kenntnis des AG als Heilpraktikerin tätige Krankenschwester die vorgesehene Behandlung eines Patienten hintertreibt (+)(LAG Köln 11.9.1996, 8 Sa 292/96, LAGE § 626 BGB Nr 103); durch Aufruf zur Schädigung des AG (+)(LAG Hamm 23.2.1965, 3 Sa 763/64, DB 1965, 1052); durch die ernsthafte Ankündigung, den AG in existenzgefährdender Weise schädigen zu wollen (+)(LAG Nürnberg 13.1.1993, 3 Sa 304/92, LAGE § 626 BGB Nr 67); s.a. spezielle Stichworte. **Unentschuldigtes Fehlen** (±)(BAG 15.3.2001, 2 AZR 147/00, EzA § 626 BGB nF Nr 185; LAG Düsseldorf 27.1.1970, 8 Sa 156/69, DB 1970, 595; LAG Hamm 1.9.1995, 10 Sa 1909/94, LAGE § 611 BGB Persönlichkeitsrecht Nr 7); nach Ende der Arbeitsunfähigkeit (+)(BAG 16.3.2000, 2 AZR 75/99, EzA § 626 BGB nF Nr 179); s aber auch »Arbeitsverweigerung«, »Stechuhren«, »Unpünktlichkeiten«, »Urlaub«. Bewusste **Unfallverursachung** mit Dienstfahrzeug zur mit Unfallbeteiligtem verabredeten Schädigung der Haftpflichtversicherung des AG (++)(BAG 29.11.2007, 2 AZR 724/06, EzA § 626 BGB 2002 Verdacht strafbarer Handlung Nr 5). Wiederholte **Unpünktlichkeiten**, wenn sie den Grad und die Auswirkung einer beharrlichen Arbeitsverweigerung erreichen (+)(BAG 17.3.1988, 2 AZR 576/87, EzA § 626 BGB nF Nr 116; LAG Düsseldorf 15.3.1967, 3 Sa 40/67, EzA § 123 GewO Nr 6; LAG Hamm 26.1.1970, 5 Sa 535/69, AuR 1970, 287). **Unterschlagung, Untreue** s »Diebstahl«. **Untersuchungshaft** s »Haft«. Eigenmächtiger, insb verbotswidriger Antritt von nicht genehmigtem **Urlaub** bzw von Elternzeit (+)(BAG 20.1.1994, 2 AZR 521/93, EzA § 626 BGB nF Nr 153; 16.3.2000, 2 AZR 75/99, EzA § 626 BGB nF Nr 179; LAG BW 29.8.1989, 7 Sa 42/89, LAGE § 626 BGB Nr 47; LAG Düsseldorf 24.9.1981, 22 Sa 22/81, EzA § 626 BGB nF Nr 77; LAG Köln 6.12.2010, 2 TaBV 23/10, AuR 2011, 222); nach Widerruf des bereits bewilligten Urlaubs (-)(BAG 19.12.1991, 2 AZR 367/91, RzK I 6a Nr 82); wenn der AG den Betriebsablauf nicht so organisiert hat, dass die Urlaubsansprüche nach den gesetzlichen Vorschriften erfüllt werden können, oder wenn er die Gewährung ohne triftigen Grund verweigert (-)(BAG 20.1.1994 aaO; LAG Hamm 21.10.1997, 4 Sa 407/97, RzK I 6a Nr 161; LAG Hamm 12.9.1996, 4 Sa 486/96, LAGE § 626 BGB Nr 105; LAG Rh-Pf 25.1.1991, 6 Sa 829/90, LAGE § 7 BUrlG Nr 27; LAG BW 9.10.1970, 4 Sa 67/70, DB 1970, 2279; LAG Schl-Holst 6.1.2011, 5 Sa 459/10, LAGE § 626 BGB 2002 Nr 31); verspätete Rückkehr aus dem Urlaub (±)(LAG Saarl 15.4.1964, Sa 2/64, WA 1964, 111); unter Vortäuschung einer Krankheit (+)(s »Krankheit«); Manipulation von Urlaubsunterlagen zur Erschleichung von zusätzlichem Urlaub (++)(Hess LAG 20.8.2004, 17/10 Sa 1653/03, NZA-RR 2005, 301). **Verdachts-Kdg** s Rdn 141 ff. **Verschuldung** und dadurch bedingte Lohnpfändungen (- -)(BAG 15.10.1992, 2 AZR 188/92,

§ 626 BGB   Fristlose Kündigung aus wichtigem Grund

EzA § 1 KSchG Verhaltensbedingte Kündigung Nr 45). Verletzung der **Verschwiegenheitspflicht** hins Geschäfts- und Betriebsgeheimnissen (+)(BAG 4.4.1974, 2 AZR 452/73, EzA § 15 KSchG nF Nr 1; 26.9.1990, 2 AZR 602/89, RzK I 8c Nr 20; LAG Berl 10.7.2003, 16 Sa 545/03, LAGE § 626 BGB 2002 Nr 1a); bei verständlicher Sorge eines leitenden Angestellten wegen des Leichtsinns des AG (-)(BAG 22.7.1965, 2 AZR 384/64, EzA § 70 HGB Nr 2). Missbrauch einer **Vollmacht** zur Durchsetzung eigener persönlicher Interessen (++)(BAG 26.11.1964, 2 AZR 211/63, AP BGB § 626 Nr 53; LAG Köln 28.3.2001, 8 Sa 405/00, RzK I 6a Nr 203). Missachtung von **Weisungen** (+)(BAG 12.5.2010, 2 AZR 845/08); wenn der AN annehmen darf, im Interesse des AG zu handeln (-)(LAG BW 29.1.1958, IV Sa 79/57, DB 1958, 199); hins der Ablieferung von Trinkgeldern bzw der Unterlassung des selbständigen Kassierens durch einen Kellner (-)(LAG Rh-Pf 9.12.2010, 10 Sa 483/10, DB 2011, 881); hins Arbeitsschutzbestimmungen oder Sicherheitsvorschriften (+)(LAG Hamm 17.11.1989, 12 Sa 787/89, LAGE § 626 BGB Nr 48; LAG Köln 17.3.1993, 7 Sa 13/93, LAGE § 626 BGB Nr 71); s ferner »Arbeitsverweigerung«. **Wettbewerb** während des (rechtlich) bestehenden Arbeitsverhältnisses ohne Einwilligung des AG (+)(BAG 24.4.1970, 3 AZR 324/69, EzA § 60 HGB Nr 3; 6.8.1987, 2 AZR 226/87, EzA § 626 BGB nF Nr 109); kapitalmäßige oder sonstige Unterstützung eines konkurrierenden Unternehmens (+)(BAG 21.11.1996, 2 AZR 852/95, EzA § 626 BGB nF Nr 162; LAG Köln 29.4.1994, 13 Sa 1029/93, LAGE § 60 HGB Nr 3); Vorfühlen bei potenziellen Kunden, auch wenn der AN noch keine Geschäfte abschließt (+)(BAG 28.9.1989, 2 AZR 97/89, RzK I 6a Nr 58; LAG Rh-Pf 5.3.2009, 11 Sa 442/08, AuA 2009, 435); Eintragung als Geschäftsführer eines Konkurrenzunternehmens im HReg (+)(Hess LAG 10.6.2013, 21 Sa 850/12, ArbR 2013, 581); Wettbewerbshandlungen im Anschluss an eine unwirksame Kdg des AG (±) (BAG 21.6.1991, 2 AZR 624/90, EzA § 626 BGB nF Nr 140; 28.1.2010, 2 AZR 1008/08, EzA § 626 BGB 2002 Nr 30; 23.10.2014, 2 AZR 644/13, EzA § 626 BGB 2002 Nr 48; LAG Schl-Holst 26.6.2012, 1 Sa 443/11, NZA-RR 2012, 515; str, s KR/*Fischermeier* § 626 Rn 480); Vorbereitungshandlungen für die Zeit nach dem Ausscheiden, durch die noch nicht unmittelbar in die Geschäfts- oder Wettbewerbsinteressen des AG eingegriffen wird (- -)(BAG 30.5.1978, 2 AZR 598/76, EzA § 60 HGB Nr 11). **Whistleblowing** s »Anzeigen«.

203   II. **Außerordentliche Kdg durch den AN.** Für die außerordentliche Kdg durch den AN gelten grds die **gleichen Maßstäbe** und Grundsätze wie für die außerordentliche Kdg durch den AG (BAG 12.3.2009, 2 AZR 894/07, EzA § 242 BGB 2002 Kündigung Nr 8; LAG Berl 22.3.1989, 14 Sa 10/89, BB 1989, 1121). Will der AG die Unwirksamkeit der Kdg geltend machen, so kann er dies im Wege der Feststellungsklage gem § 256 ZPO. Das für die Zulässigkeit erforderliche bes Feststellungsinteresse ist idR zu bejahen (BAG 20.3.1986, 2 AZR 296/85, EzA § 256 ZPO Nr 25; 24.10.1996, 2 AZR 845/95, EzA Art 12 GG Nr 29). Nimmt allerdings der AG die außerordentliche Kdg hin, so ist es nach Treu und Glauben unbeachtlich, wenn sich der AN später, weil ihn die Kdg reut, auf deren Unwirksamkeit mit der Begründung beruft, es habe an einem wichtigen Grund gefehlt (BAG 4.12.1997, 2 AZR 799/96, EzA § 242 BGB Rechtsmissbrauch Nr 3; 12.3.2009 aaO). In Erregung **übereilt erklärte** fristlose Kdg des AN (s dazu LAG Köln 2.2.2000, 3 Sa 1296/99, NZA-RR 2000, 419; BAG 16.1.2003, 2 AZR 653/01, EzA § 242 BGB 2002 Kündigung Nr 3) verhindert nun idR die gem § 623 vorgeschriebene Schriftform (s BAG 12.3.2009 aaO).

204   **Abwehraussperrung**, wenn ein (nicht organisierter) AN weder Streikunterstützung noch öffentl Mittel erhält (-)(ArbG Heilbronn 24.9.1963, Ca 195/63, BB 1964, 351). Interesse an schnellem **Arbeitsplatzwechsel** bzw der Wahrnehmung bes beruflicher Chancen (-)(BAG 24.10.1996, 2 AZR 845/95, EzA Art 12 GG Nr 29; LAG Schl-Holst 31.7.1962, 3 Sa 71/62, DB 1962, 1543; LAG Schl-Holst 30.1.1991, 3 Sa 430/90, LAGE § 626 BGB Nr 55); s.a. Rdn 104. Missachtung von **Arbeitsschutznormen** durch den AG (+)(BAG 28.10.1971, 2 AZR 15/71, EzA § 626 BGB nF Nr 9). Tätliche Angriffe bzw **Bedrohungen** durch Arbeitskollegen, die der AG nicht unterbindet (+)(LAG Frankfurt 2.9.1953, I LA 48/53, AuR 1954, 121). Für grobe **Beleidigungen** seitens des AG gilt Gleiches wie für solche seitens des AN (s Rdn 202). Unterlassung der zugesagten **Bestellung zum Geschäftsführer** (+)(BAG 8.8.2002, 8 AZR 574/01, EzA § 628 BGB Nr 21). **Eheschließung** s Rdn 104. **Entzug von Aufgaben** in kränkender Art und Weise (+)(BAG 15.6.1972, 2 AZR 345/71, EzA § 626 BGB nF Nr 14); s.a. »Suspendierung«. Verlust des Vergütungsanspruchs bei Leistungsverweigerungsrecht wegen eines **Gewissenskonflikts** (+)(ArbG Heidelberg 28.3.1967, 1 Ca 26/67, ARSt 1967, 165). Ansteckende **Krankheit** des AG (+)(LAG Düsseldorf 20.10.1960, 7 Sa 395/60, BB 1961, 49); zur Krankheit des AN s Rdn 104. Ständiges Verlangen eines AG, unzulässige **Mehrarbeit** zu leisten (+)(BAG 28.10.1971, 2 AZR 15/71, EzA § 626 BGB nF Nr 9). Vertragswidriger Entzug einer **Prokura** (+)(BAG 26.8.1986, 3 AZR 94/85, EzA § 52 HGB Nr 1); Verweigerung der Wiedererteilung (±)(BAG 17.9.1970, 2 AZR 439/69, EzA § 626 BGB nF Nr 5). Erhebliche

Verdienstminderung bei Arbeit auf **Provisionsbasis**, die auf Maßnahmen des AG zurückgeht (+)(LAG BW 24.7.1969, 4 Sa 42/69, BB 1969, 1312). Unterlassung der Abführung von Lohnsteuer und **Sozialversicherungsbeiträgen** über längeren Zeitraum (+)(LAG BW 30.5.1968, 4 Sa 27/68, BB 1968, 874). Unzulässige **Suspendierung** (±)(BAG 19.8.1976, 3 AZR 173/75, EzA § 611 BGB Beschäftigungspflicht Nr 1). Für **Tätlichkeiten** des AG gilt Gleiches wie für solche des AN (s Rdn 202). **Umzug** s Rdn 104. Unberechtigte **Verdächtigungen** ggü dem AN (±) (s Rdn 101). Zeitlich oder dem Betrage nach erheblicher **Verzug** mit Zahlung der Vergütung (++)(BAG 17.1.2002, 2 AZR 494/00, EzA § 628 BGB Nr 20; 8.8.2002, 8 AZR 574/01, EzA § 628 BGB Nr 21; 26.7.2007, 8 AZR 796/06, EzA § 628 BGB 2002 Nr 6; LAG BW 5.7.1968, 4 Sa 4/68, BB 1968, 1160; LAG Rh-Pf 21.4.2009, 3 Sa 701/08, AE 2009, 329). Nicht vertragsgemäßer Zustand einer **Werkswohnung** (±)(BAG 19.6.1967, 2 AZR 287/66, EzA § 124 GewO Nr 1; LAG Düsseldorf 24.3.1964, 8 Sa 53/64, BB 1964, 927); eine Teilkündigung allein der Werksdienstwohnung ist nicht möglich (BAG 23.8.1989, 5 AZR 569/88, EzA § 565b BGB Nr 3; str), evtl aber ein Widerruf aufgrund Vorbehalts (LAG Köln 4.3.2008, 11 Sa 582/07, ZMR 2008, 963).

N. Die Ausschlussfrist für die Kündigungserklärung (§ 626 II). I. Zweck und Bedeutung der Frist. Bei 205 einer so einschneidenden Maßnahme wie der außerordentlichen Kdg erfordert es die Ordnung des Betriebs, eine mögliche Rechtsgestaltung alsbald vorzunehmen. Zum anderen hat auch derjenige, der einen wichtigen Grund zur außerordentlichen Kdg setzt, ein berechtigtes Interesse daran, umgehend zu erfahren, ob der Kündigungsberechtigte daraus Folgen ziehen will. Gegen die zeitliche Begrenzung des Rechts der außerordentlichen Kdg auf 2 Wochen ab Kenntniserlangung bestehen keine verfassungsrechtlichen Bedenken (BAG 28.10.1971, 2 AZR 32/71, EzA § 626 BGB nF Nr 8). Es handelt sich um eine materiell-rechtliche Ausschlussfrist für die Kündigungserklärung, die sachlich den Tatbestand einer **Verwirkung** des wichtigen Grundes **wegen des reinen Zeitablaufes** regelt (BAG 17.3.2005, 2 AZR 245/04, EzA § 626 BGB Nr 9). Das Kündigungsrecht des § 626 I kann nach II ohne **Kenntnis des Kündigungsberechtigten** vom Kündigungssachverhalt nicht verwirken (BAG 9.1.1986, 2 ABR 24/85, EzA § 626 BGB nF Nr 98). Nach Ablauf der Frist greift die **unwiderlegbare** gesetzliche **Vermutung** ein, dass auch ein möglicherweise erheblicher wichtiger Grund nicht mehr geeignet ist, die Fortsetzung des Arbeitsverhältnisses unzumutbar zu machen (BAG 17.8.1972, 2 AZR 415/71, EzA § 626 BGB nF Nr 22). Gegen die Versäumung der Ausschlussfrist gibt es **keine Wiedereinsetzung** in den vorigen Stand (BAG 28.10.1971 aaO). Auch ein »verfristeter« Kündigungsgrund kann allerdings noch zum Anlass für eine **ordentliche Kdg** genommen werden, weil die Ausschlussfrist nur im Regelungsbereich des § 626 eingreift (BAG 15.8.2002, 2 AZR 514/01, EzA § 1 KSchG Nr 56). Das gilt nicht nur für eine weitere ordentliche Kdg, sondern auch dann, wenn eine unwirksame außerordentliche in eine ordentliche Kdg umzudeuten ist. Zur **Unterstützung** unverfristeter durch verfristete Gründe s Rdn 126.

Die Ausschlussfrist kann weder durch Parteivereinbarung noch durch TV ausgeschlossen oder abgeändert 206 werden, weil es sich bei § 626 II um eine **zwingende gesetzliche Vorschrift** handelt (BAG 12.4.1978, 4 AZR 580/76, EzA § 626 BGB nF Nr 64).

II. Beginn und Hemmung der Ausschlussfrist. 1. Kenntnis von den für die Kdg maßgebenden Tat- 207 **sachen.** Die Frist beginnt, sobald der Kündigungsberechtigte eine zuverlässige und möglichst vollständige **Kenntnis vom Kündigungssachverhalt** hat, die ihm die Entscheidung ermöglicht, ob die Fortsetzung des Arbeitsverhältnisses zumutbar ist oder nicht (BAG 23.10.2008, 2 AZR 388/07, EzA § 626 BGB 2002 Nr 23). Zu den für die Kdg maßgebenden Tatsachen gehören sowohl die für als auch die gegen die Kdg sprechenden Umstände. Erheblich ist nur die positive Kenntnis der maßgeblichen Tatsachen, der selbst eine **grobfahrlässige Unkenntnis nicht gleichzustellen** ist (BAG 23.10.2008 aaO). Von der völligen Unkenntnis des Kündigungssachverhalts ist jedoch der Fall zu unterscheiden, dass zunächst nur einige Umstände bekannt werden, die zwar auf einen wichtigen Grund zur außerordentlichen Kdg hindeuten, aber ersichtlich noch weitere Ermittlungen erfordern. Versäumt oder **verzögert** der Kündigungsberechtigte die gebotene **Aufklärung**, dann kann dadurch die Ausschlussfrist ungenutzt verstreichen (s Rdn 214, aber auch Rdn 209).

Auch auf die außerordentliche **Verdachts-Kdg** ist die Ausschlussfrist anzuwenden (BAG 29.7.1993, 2 AZR 208 90/93, EzA § 626 BGB Ausschlussfrist Nr 4). Maßgebend für den Beginn der Frist ist der Zeitpunkt, in dem dem Kündigungsberechtigten durch seine Ermittlungen die den Verdacht begründenden Umstände bekannt sind, die ihm die nötige Interessenabwägung und die Entscheidung darüber ermöglichen, ob ihm die Fortsetzung des Arbeitsverhältnisses zumutbar ist oder nicht. Das kann je nach den Umständen des Einzelfalles auch schon vor dem Abschluss eines Strafverfahrens der Fall sein. Dazu reicht idR ein **Geständnis** des AN im Ermittlungsverfahren, wenn es dem AG bekannt wird (LAG Düsseldorf 17.2.1981, 8 TaBV 27/80, LAGE § 626 BGB Nr 11).

209 Grds darf jedoch der Kündigungsberechtigte nicht nur das Ergebnis eines Ermittlungsverfahrens der Staatsanwaltschaft, sondern auch das eines **Strafverfahrens abwarten**, wenn ihm selbst keine vollständige tatbestandliche Klärung möglich ist, wenn er nicht wegen des Verdachts, sondern wegen einer erwiesenen Straftat kündigen will, oder wenn er auf das im Richterspruch liegende Unwerturteil für das Strafmaß abstellen will (BAG 11.3.1976, 2 AZR 29/75, EzA § 626 BGB nF Nr 46). Soweit es ihm dabei auf die Rechtskraft des Urteils oder des Strafbefehls ankommt, beginnt die Frist grds erst ab Kenntnis der Rechtskraft, ohne dass er insoweit Erkundigungen einholen müsste (BAG 5.6.2008, 2 AZR 25/07, EzTöD 100 § 34 Abs 2 TVöD-AT Verhaltensbedingte Kündigung Nr 10). Aber auch eine nicht rechtskräftige Verurteilung des AN kann der AG zum Anlass der Kdg nehmen, sodass die Frist des § 626 II ab Kenntniserlangung von der Verurteilung zu laufen beginnt (BAG 18.11.1999, 2 AZR 852/98, EzA § 626 BGB Ausschlussfrist Nr 14). Allerdings kann er **nicht** zunächst von eigenen Ermittlungen absehen und dann später spontan ohne veränderten Kenntnisstand zu einem **willkürlich gewählten Zeitpunkt** fristwahrend **selbstständige Ermittlungen** aufnehmen oder kündigen (BAG 17.3.2005, 2 AZR 245/04, EzA § 626 BGB Nr 9); für den gewählten Zeitpunkt bedarf es eines sachlichen Grundes, etwa die Kenntniserlangung von neuen Tatsachen oder Beweismitteln oder bei einer Verdachts-Kdg die Verstärkung des Verdachts durch die Erhebung der öffentlichen Klage bzw die Verurteilung, die auch Anlass für eine Kdg geben können (BAG 27.1.2011, 2 AZR 825/09, EzA § 626 BGB 2002 Verdacht strafbarer Handlung Nr 10; 22.11.2012, 2 AZR 732/11, EzA § 626 BGB 2002 Ausschlussfrist Nr 2). Wenn eine Verdachts-Kdg rechtskräftig für unwirksam erklärt worden ist, hindert dies den AG nicht daran, nach Abschluss des gegen den AN eingeleiteten Strafverfahrens eine auf die Tatbegehung selbst gestützte außerordentliche Kdg auszusprechen. Das gilt selbst dann, wenn das Strafverfahren gegen Zahlung eines Geldbetrages nach § 153a II StPO eingestellt worden ist. Die Ausschlussfrist des § 626 II für die erneute Kdg beginnt jedenfalls dann nicht vor dem Abschluss des Strafverfahrens, wenn der AG vorher zwar Verdachtsumstände kannte, diese aber noch keine jeden vernünftigen Zweifel ausschließende sichere Kenntnis der Tatbegehung selbst begründeten (BAG 12.12.1984, 7 AZR 575/83, EzA § 626 BGB nF Nr 97).

210 **2. Fristbeginn bei Dauergründen.** Bei sog echten Dauergründen oder **Dauertatbeständen** beginnt die Ausschlussfrist erst mit Beendigung des länger anhaltenden Zustandes. Systematisch ist aber zwischen fortdauernden wichtigen Gründen und Tatbeständen zu unterscheiden, die bereits abgeschlossen sind und nur noch fortwirken (BAG 25.3.1976, 2 AZR 127/75, EzA § 626 BGB Änderungskündigung Nr 1). Die Besonderheit des Dauergrundes besteht darin, dass **fortlaufend neue Tatsachen**, die für die Kdg maßgeblich sind, eintreten (zB anhaltendes unentschuldigtes Fehlen, BAG 22.1.1998, 2 ABR 19/97, EzA § 626 BGB Ausschlussfrist Nr 11; Betreiben einer Homepage mit grob beleidigendem Inhalt, LAG Nds 24.5.2013, 14 Sa 1406/12) oder ein noch nicht abgeschlossener, länger **andauernder Zustand** vorliegt.

211 Bei Pflichtverletzungen, die zu einem **Gesamtverhalten** zusammengefasst werden können, beginnt die Ausschlussfrist mit dem **letzten Vorfall**, der ein weiteres und letztes Glied in der Kette der Ereignisse bildet, die zum Anlass für eine Kdg genommen werden (BAG 17.8.1972, 2 AZR 359/71, EzA § 626 BGB nF Nr 16). Das ist zB in den Fällen des sog **Mobbings** anzunehmen. Einen Dauergrund stellt etwa auch das **Fehlen** bzw der Entzug der für die Beschäftigung eines ausländischen AN erforderlichen **Arbeitsgenehmigung** dar, weil sich der AG mit der Weiterbeschäftigung fortlaufend gesetzwidrig verhalten würde (BAG 13.1.1977, 2 AZR 423/75, EzA § 19 AFG Nr 2). Um andauernde Zustände geht es ferner in Fällen der **Arbeitsunfähigkeit**, einer anhaltenden Drucksituation (**Druck-Kdg**), des **Arbeitsplatzwegfalls** oder des **Zahlungsverzugs** (str, s KR/*Fischermeier* § 626 Rn 344 ff), weil bei ihnen der **Grad der Unzumutbarkeit** des Festhaltens am Arbeitsverhältnis mit zunehmender Dauer der negativen Auswirkungen auf das Arbeitsverhältnis beständig **wächst**, solange sich an der negativen Prognose nichts ändert. Die Dauer der negativen Auswirkungen gehört deshalb mit zu den für die Kdg maßgebenden Tatsachen, auf deren Kenntnis § 626 II für den Fristbeginn abstellt (BAG 26.7.2001, 8 AZR 739/00, EzA § 628 BGB Nr 19 [für den Fall des Zahlungsverzugs des AG]). Insb bei einer Kdg wegen einer Langzeiterkrankung, deren Ende nicht abzusehen oder bei der von dauerhaftem Leistungsunvermögen auszugehen ist, wird es idR um tariflich unkündbare AN gehen. Die Unzumutbarkeit wird hier nicht dadurch geringer, dass der AG im Interesse des AN durch Zuwarten die **Chance** einer an sich **unwahrscheinlichen Prognoseänderung** offen hält (s BAG 25.3.2004, 2 AZR 399/03, EzA § 626 BGB 2002 Unkündbarkeit Nr 4). Ein Dauertatbestand kann nach der neueren Rspr selbst bei nicht durchgehender Arbeitsunfähigkeit und wechselnden Krankheitsursachen anzunehmen sein (BAG 23.1.2014, 2 AZR 582/13, EzA § 626 BGB 2002 Ausschlussfrist Nr 5). Auch bei der Druck-Kdg kann es dem AG nicht zum Nachteil gereichen, dass er dem Druck länger standhält, als ihm zuzumuten wäre. Entspr gilt bei betriebsbedingten Gründen, bei denen die **Unzumutbarkeit** mit der zunehmenden Dauer der fehlenden Beschäftigungsmöglichkeit zunächst **wächst** und erst

später wieder abnimmt, wenn der Eintritt des AN in den Ruhestand oder das Ende des Arbeitsverhältnisses durch Fristablauf bevorsteht. Auch hier handelt es sich um einen Dauertatbestand, solange sich eine Einsetzbarkeit des AN nicht konkret abzeichnet (BAG 20.6.2013, 2 AZR 379/12, EzA § 626 BGB 2002 Unkündbarkeit Nr 19). Dem AG kann es nicht zum Nachteil gereichen, wenn er dem AN diese Chance offen hält. Andererseits braucht der AG mit der Kdg nicht so lange zu warten, bis die letzten Arbeiten beendet sind. Er kann vielmehr schon vorher außerordentlich zu dem Zeitpunkt kündigen, zu dem die Beschäftigungsmöglichkeit voraussichtlich entfällt (BAG 8.10.1957, 3 AZR 136/55, BAGE 5, 20). Um eine verfrühte Kdg zu vermeiden, ist der AG in diesem Sonderfall gehalten, eine befristete außerordentliche Kdg auszusprechen (s Rdn 18, 198).

Nur um einen abgeschlossenen Kündigungsgrund mit Fortwirkung handelt es sich dagegen, wenn einem Berufskraftfahrer **vorübergehend** die **Fahrerlaubnis entzogen** wird (LAG Köln 22.6.1995, 5 Sa 781/94, LAGE § 626 BGB Ausschlussfrist Nr 7); die Zumutbarkeit der Fortsetzung des Arbeitsverhältnisses kann jedenfalls ab dem Zeitpunkt beurteilt werden, in dem der AG ausreichend sichere Kenntnis über die voraussichtliche Dauer des Entzugs erhält. Ein Dauertatbestand ist ferner zu verneinen, wenn ein AG aus verfristeten Vorgängen den Vorwurf herleitet, die **Vertrauensgrundlage** sei nachhaltig **zerstört** oder es bestünden nach wie vor – wenn auch nicht durch neue Tatsachen zu belegende – Zweifel an der Einsatzbereitschaft des AN oder eine weisungswidrige Einkaufspolitik wirke sich weiterhin nachteilig auf den Umsatz aus (BAG 15.3.1984, 2 AZR 159/83, nv). Ob ein Vertrauensverlust oder eine fehlende Bereitschaft zur Zusammenarbeit vorliegt, ist eine **Schlussfolgerung**, die aufgrund bestimmter Tatsachen vorzunehmen ist. Nicht die Ergebnisse einer solchen Würdigung, sondern die Vorgänge, die eine solche Beurteilung rechtfertigen, sind die maßgebenden Tatsachen iSd § 626 II (BAG 2.3.2006, 2 AZR 46/05, EzA § 91 SGB IX Nr 3). Ein Dauergrund liegt bei einem dem AG seit längerer Zeit bekannten Diebstahl oder einer Unterschlagung nicht so lange vor, bis der AN die entwendeten oder unterschlagenen Sachen von sich aus zurückgegeben hat. Verweigert er allerdings die Herausgabe, dann begeht er eine zusätzliche beharrliche fortgesetzte Pflichtverletzung. 212

3. Hemmung des Beginns der Frist. Für den Beginn der Frist ist diejenige Kenntnis entscheidend, die dem Kündigenden die Entscheidung darüber ermöglicht, ob ihm die Fortsetzung des Arbeitsverhältnisses zumutbar ist oder nicht. Da diese Entscheidung die **Kenntnis aller** gegen und auch für den Gekündigten sprechenden **Umstände** einschl der Beschaffung und Sicherung möglicher Beweismittel (BAG 2.2.2006, 2 AZR 57/05, EzA § 626 BGB 2002 Ausschlussfrist Nr 1) voraussetzt, ist im Fall der AG-Kündigung idR die **Anhörung des AN** zur Aufklärung des Kündigungssachverhalts erforderlich (BAG 12.2.1973, 2 AZR 116/72, EzA § 626 BGB nF Nr 26; 25.11.2010, 2 AZR 171/09, EzA § 108 BPersVG Nr 5). Bei einer Erkrankung des AN hängt es davon ab, ob er trotzdem in der Lage ist, die erforderliche Aufklärung zu geben. Der AG darf nicht stets das Ende der Krankheit abwarten (LAG Köln 25.1.2001, 6 Sa 1310/00, LAGE § 626 BGB Ausschlussfrist Nr 13). Entspr gilt, wenn sich der AN in Urlaub befindet (teilw aA LAG Nds 6.3.2001, 12 Sa 1766/00, LAGE § 626 BGB Ausschlussfrist Nr 14: ein Urlaub bis zu 2 Wochen kann abgewartet werden). Neben der Anhörung kann es geboten sein, Unterlagen oder Abrechnungen zu überprüfen, Erkundigungen bei Geschäftspartnern oder Kunden über das Verhalten des AN einzuholen oder Vorgesetzte und Arbeitskollegen über den Vorfall zu vernehmen, selbst wenn der AN schon ein allg gehaltenes Geständnis abgelegt hat (instruktiv BAG 5.12.2002, 2 AZR 478/01, EzA § 123 BGB 2002 Nr 1 und LAG Köln 13.3.2002, 7 Sa 380/01, LAGE § 626 BGB Verdacht strafbarer Handlung Nr 15). Dies hat der Kündigungsberechtigte im Prozess darzulegen (s BAG 1.2.2007, 2 AZR 333/06, EzA § 626 BGB 2002 Verdacht strafbarer Handlung Nr 3). Wenn eine angeforderte schriftliche Stellungnahme des AN nicht ausreicht, um den Sachverhalt hinreichend aufzuklären, kann es gerechtfertigt sein, den AN zu den gegen ihn erhobenen Vorwürfen noch einmal mündlich anzuhören (BAG 12.2.1973 aaO). Solange der Kündigungsberechtigte die zur **Aufklärung** des Kündigungssachverhalts nach pflichtgemäßem Ermessen notwendig erscheinenden Maßnahmen **zügig** durchführt, ist der **Beginn** der Ausschlussfrist **gehemmt.** Das gilt auch dann, wenn die Maßnahmen rückblickend zur Feststellung des Sachverhalts nicht beitragen oder überflüssig erscheinen, weil sie **keine neuen Erkenntnisse** bringen (BAG 25.11.2010 aaO). Die Bitte Dritter, zB der Staatsanwaltschaft, bestimmte Erkenntnisse vorerst nicht zu verwerten, hemmt den Beginn der Frist dagegen idR nicht (Hess LAG 4.4.2003, 12 Sa 250/02, ZTR 2004, 371). 213

Die Ermittlungen des Kündigungsberechtigten dürfen den Ausspruch der Kdg freilich nicht unnötig hinauszögern (BAG 5.12.2002, 2 AZR 478/01, EzA § 123 BGB 2002 Nr 1). Die weitere **Aufklärung** muss **aus verständigen Gründen veranlasst** worden sein und darf nicht willkürlich erfolgen (BAG 6.7.1972, 2 AZR 386/71, EzA § 626 BGB nF Nr 15). Für zusätzliche Ermittlungen besteht kein Anlass mehr, wenn der Sachverhalt bereits geklärt und vom Gekündigten sogar zugestanden worden ist (BAG 214

17.3.2005 aaO). Andernfalls kommen, abhängig vom Ermittlungsstand, auch mehrfache Verdachtskdg in Betracht, ohne dass § 626 II BGB entgegenstünde (BAG 27.1.2011, 2 AZR 825/09, EzA § 626 BGB 2002 Verdacht strafbarer Handlung Nr 10). Die erforderlichen Ermittlungen müssen stets mit der gebotenen **Eile** innerhalb einer kurz bemessenen Frist erfolgen, die hins der **Anhörung** der Verdächtigten idR nicht über **1 Woche** hinausgehen darf (BAG 2.3.2006, 2 AZR 46/05, EzA § 91 SGB IX Nr 3). Wird die **Regelfrist** ohne erheblichen Grund (zB BAG 28.11.2007, 5 AZR 952/06, EzA § 626 BGB 2002 Verdacht strafbarer Handlung Nr. 4; 27.1.2011, 2 AZR 825/09, aaO) überschritten, dann beginnt die Ausschlussfrist mit dem Ende der Regelfrist. Für die Durchführung anderer Ermittlungen lässt sich keine Regelfrist angeben (BAG 10.6.1988, 2 AZR 25/88, EzA § 626 BGB Ausschlussfrist Nr 2). Jedenfalls dann, wenn die Aufklärung ohne sachlichen Grund für mehr als 2 Wochen ins Stocken gerät, wird § 626 II BGB verletzt (LAG Köln 22.3.2012, 7 Sa 1022/11, ArbR 2012, 624). Zur Kenntnis vom Kündigungssachverhalt gehört nicht mehr dessen Würdigung; für sie ist **keine zusätzliche »Bedenkzeit«** bzw Zeit zur Einholung von Rechtsrat einzuräumen (LAG Hamm 1.10.1998, 8 Sa 969/98, LAGE § 626 BGB Ausschlussfrist Nr 10).

215 **4. Mitwirkungs- bzw Mitbestimmungsrecht des BR oder PersR.** Die Anhörung des BR nach § 102 BetrVG bzw die Beteiligung des PersR muss **vor Ablauf der Ausschlussfrist** erfolgen, die nicht um die Anhörungsfrist von 3 Tagen verlängert wird (BAG 18.8.1977, 2 ABR 19/77, EzA § 103 BetrVG 1972 Nr 20). Ein nach Landespersonalvertretungsrecht vorgeschriebenes weiteres Mitbestimmungsverfahren muss noch innerhalb der Frist eingeleitet und nach dessen Abschluss muss unverzüglich gekündigt werden (BAG 2.2.2006, 2 AZR 57/05, EzA § 626 BGB 2002 Ausschlussfrist Nr 1).

216 Nach der st Rspr des BAG gilt die Ausschlussfrist auch für die außerordentliche Kdg ggü den AN, die den bes Kündigungsschutz des § 15 KSchG genießen. Auch im Regelungsbereich von § 15 KSchG und § 103 BetrVG beginnt die 2-Wochenfrist mit der Kenntnis des AG von den für die Kdg maßgebenden Tatsachen. Die Frist von 3 Tagen, die dem BR für seine Entscheidung über den Zustimmungsantrag nach § 103 I BetrVG eingeräumt ist, wirkt sich auf den Ablauf der **Frist** des § 626 II nicht aus, sie wird **weder unterbrochen noch gehemmt**. Verweigert der BR die Zustimmung oder gibt der BR innerhalb von 3 Tagen keine Stellungnahme ab, dann muss der AG, wenn er sein Kündigungsrecht nicht verlieren will, noch **innerhalb der Ausschlussfrist** des § 626 II das gerichtliche **Verfahren auf Ersetzung der Zustimmung einleiten**. Dieser Antrag wahrt die Frist, wenn er vor ihrem Ablauf bei Gericht eingeht, demnächst zugestellt wird (§ 270 III ZPO; BAG 18.8.1977, 2 ABR 19/77, EzA § 103 BetrVG 1972 Nr 20) und **zulässig** ist (BAG 24.10.1996, 2 AZR 3/96, EzA § 103 BetrVG 1972 Nr 37). Wenn das **Ersetzungsverfahren** rechtskräftig zugunsten des AG **abgeschlossen** ist, beginnt die Ausschlussfrist des § 626 II nicht erneut zu laufen. Sobald die Entscheidung über die Ersetzung der Zustimmung rechtskräftig geworden ist, muss der AG vielmehr in entspr Anwendung des § 91 V SGB IX **unverzüglich** die außerordentliche Kdg aussprechen (BAG 25.1.1979, 2 AZR 983/77, EzA § 103 BetrVG 1972 Nr 22). Entspr gilt, wenn während des Ersetzungsverfahrens der BR seine Zustimmung nachträglich erteilt oder der bes Kündigungsschutz des Amtsträgers endet (s BAG 8.6.2000, 2 AZR 375/99, EzA § 626 BGB Ausschlußfrist Nr 15, und 2 AZN 276/00, EzA § 102 BetrVG 1972 Nr 106). Diese Grundsätze gelten entspr auch dann, wenn vor Ausspruch der Kdg ein betriebsverfassungsrechtliches Zustimmungsverfahren gem § 102 VI BetrVG oder ein personalvertretungsrechtliches Zustimmungsverfahren durchzuführen ist. Zur Präklusionswirkung des Ersetzungsverfahrens s § 103 BetrVG Rdn 23.

217 **5. Mutterschutz, Elternzeit, (Familien-)Pflegezeit, schwerbehinderte Menschen.** Da es regelmäßig nicht möglich ist, schon **innerhalb der Ausschlussfrist** des § 626 II einen Bescheid über die **Zulässigkeitserklärung** gem § 9 MuSchG, § 18 BEEG, § 5 PflegeZG bzw § 2 III FPfZG zu erwirken, ist es ausreichend, aber auch erforderlich, dass der AG binnen 2 Wochen nach Kenntnis der Kündigungsgründe bei der Behörde **beantragt**, die beabsichtigte außerordentliche Kdg für zulässig zu erklären. Wird die beabsichtigte Kdg für zulässig erklärt, dann muss der AG nach Zustellung des Bescheides die Kdg **unverzüglich** aussprechen (BAG 11.9.1979, 6 AZR 753/78, EzA § 9 MuSchG 1968 Nr 8).

218 Auch nach § 91 II SGB IX kann die **Zustimmung des Integrationsamtes** zur außerordentlichen Kdg eines schwerbehinderten Menschen nur **innerhalb von 2 Wochen** nach Kenntnis der für die Kdg maßgebenden Tatsachen **beantragt** werden. Ist die Frist bei Antragstellung bereits verstrichen, dann ist der Antrag als unzulässig zu verwerfen. Das ArbG hat aber die Einhaltung der Frist des § 626 II eigenständig zu prüfen; wird eine Zustimmung erteilt, obwohl die Frist bei Antragstellung bereits versäumt war, ist das ArbG insoweit nicht gebunden (BAG 2.3.2006, 2 AZR 46/05, EzA § 91 SGB IX Nr 3). Nach § 91 V SGB IX kann die Kdg auch nach Ablauf der Frist des § 626 II erfolgen, wenn sie **unverzüglich nach Erteilung der**

Zustimmung erklärt wird. Die Frist des § 626 II wird durch § 91 V SGB IX allerdings nicht verkürzt (BAG 27.11.2003, 2 AZR 601/02, EzA § 626 BGB 2002 Krankheit Nr 1).

Trifft die Behörde **innerhalb** einer Frist von **2 Wochen keine Entscheidung**, dann gilt – abgesehen von den Fällen tariflicher oder vertraglicher Unkündbarkeit (s Rdn 198) – die **Zustimmung** nach § 91 III SGB IX mit der Folge als erteilt, dass die Kdg nunmehr **unverzüglich** zu erklären ist. Um den Beginn dieser Ausschlussfrist bestimmen zu können, muss der AG sich alsbald nach dem Eingang des Antrages und nach Ablauf von 2 Wochen erkundigen, ob eine **Entscheidung ergangen** ist; deren Zustellung innerhalb der 2-Wochenfrist ist nicht erforderlich, vielmehr genügt insoweit die Absendung oder mündliche Mitteilung (BAG 12.8.1999, 2 AZR 748/98, EzA § 21 SchwbG 1986 Nr 10). Ein noch nachzuholendes **Anhörungsverfahren** beim **BR** ist alsbald einzuleiten und danach die Kdg in der kürzestmöglichen Zeit zu erklären (BAG 20.5.1988, 2 AZR 739/87, EzA § 9 MuSchG nF Nr 27). 219

Die vorstehenden Grundsätze sind auch dann anzuwenden, wenn ein **schwerbehinderter Mensch** zugleich **Mitglied des BR** oder PersR ist. Auch in diesem Fall greift § 91 V SGB IX ein. Hat der AG bereits zugleich mit der Zustimmung beim Integrationsamt die Zustimmung nach § 103 I BetrVG beim BR beantragt, so muss er dann, wenn der BR die beantragte Zustimmung verweigert, unverzüglich nach Erteilung der Zustimmung durch das Integrationsamt oder nach Eintritt der Zustimmungsfiktion des § 91 III SGB IX das Beschlussverfahren auf Ersetzung der Zustimmung nach § 103 II BetrVG einleiten. Es ist jedoch nicht erforderlich, dass der AG innerhalb von 2 Wochen nach Kenntnis der Kündigungsgründe zumindest bereits die Zustimmung beim BR beantragt hatte. Es reicht vielmehr aus, wenn der Antrag nach § 91 SGB IX fristgemäß gestellt worden ist und der AG dann nach erteilter oder fingierter Zustimmung unverzüglich beim BR die Zustimmung nach § 103 I BetrVG beantragt und bei deren Ablehnung wiederum unverzüglich das gerichtliche Ersetzungsverfahren einleitet. 220

Den schwerbehinderten Menschen steht der volle Sonderkündigungsschutz der §§ 85 ff SGB IX im Grundsatz auch dann zu, wenn der AG von der bereits festgestellten Schwerbehinderteneigenschaft oder der beantragten Anerkennung nichts wusste (BAG 23.2.1978, 2 AZR 462/76, EzA § 12 SchwbG Nr 5). Jedoch ist zu den für die Kdg maßgebenden Tatsachen auch die **Kenntnis** von einem **anhängigen Feststellungsverfahren** oder einer bereits festgestellten **Schwerbehinderteneigenschaft** zu rechnen (BAG 14.5.1982, 7 AZR 1221/79, EzA § 18 SchwbG Nr 5). Solange dem AG die mögliche Zustimmungsbedürftigkeit nicht bekannt ist, läuft die Antragsfrist des § 91 II SGB IX nicht; allerdings kommt eine außerordentliche Kdg dann nicht mehr in Betracht, wenn der AG bereits die nach seinem Kenntnisstand allein maßgebliche Ausschlussfrist des § 626 II versäumt hatte. Hat der AG wegen eines ihm bekannten Antrages auf Feststellung der Schwerbehinderteneigenschaft nur vorsorglich die Zustimmung des Integrationsamtes beantragt, dann ist es dem AN verwehrt, sich auf die Ausschlussfrist des § 626 II zu berufen, wenn er nicht als schwerbehinderter Mensch anerkannt wird und die Kdg keiner Zustimmung bedarf (BAG 27.2.1987, 7 AZR 632/85, EzA § 626 BGB Ausschlussfrist Nr 1). Entspr gilt, wenn der AG die Zustimmung des Integrationsamtes beantragt hat, weil ihm ein Wegfall der Schwerbehinderteneigenschaft nicht bekannt und vom AN nicht mitgeteilt worden war. 221

III. Für die Kenntnis maßgebender Personenkreis. 1. Kreis der Kündigungsberechtigten. Der Fristbeginn nach § 626 II setzt weiter voraus, dass der Kündigungsberechtigte den Kündigungssachverhalt kennt. Kündigungsberechtigter ist diejenige **natürliche Person**, der das Recht zur außerordentlichen Kdg zusteht (BAG 6.7.1972, 2 AZR 386/71, EzA § 626 BGB nF Nr 15). 222

Minderjährige AN können nur dann selbst kündigen, wenn sie der gesetzliche Vertreter ermächtigt hat, in Dienst oder Arbeit zu treten (§ 113 I). Fehlt eine solche Ermächtigung, dann muss die Kdg vom **gesetzlichen Vertreter** ausgesprochen werden, wobei nicht der Wissensstand des Minderjährigen, sondern der seines gesetzlichen Vertreters maßgebend ist (s BAG 25.11.1976, 2 AZR 751/75, EzA § 15 BBiG Nr 3). 223

Auf der Seite des AG hat bei **Personengesellschaften** des Handelsrechts grds jeder **Gesellschafter** (OHG) bzw jeder Komplementär (KG) **Einzelvertretungsmacht** (§§ 125 I, 161 II, 164 HGB) und ist damit Kündigungsberechtigter. Wenn der AN bei einem rechtsfähigen **Verein**, einer **GmbH**, einer **AG** oder einer eingetragenen **Genossenschaft** beschäftigt ist, müssen dann, wenn die **Satzung** nichts anderes vorsieht, alle Mitglieder des **Vorstandes** bzw alle **Geschäftsführer** gemeinsam handeln (**Gesamtvertretungsmacht:** s § 26 II BGB, § 35 II GmbHG, § 78 II AktG, § 24 I GenG). Die außerordentliche Kdg kann in diesem Fall nur aufgrund eines von allen gesetzlichen Vertretern gefassten Beschlusses oder durch einen Vertreter aufgrund einer ihm durch die übrigen Mitglieder des Vertretungsorgans erteilten **Ermächtigung** (s § 78 IV AktG) ausgesprochen werden (BAG 18.12.1980, 2 AZR 980/78, EzA § 174 BGB Nr 4). Eine nur von einem der Gesamtvertreter ausgesprochene Kdg ist von den übrigen Vertretern nach §§ 180 S 2, 177 224 genehmigungsfähig, wenn der Kündigungsempfänger die fehlende Vertretungsmacht bei der Vornahme des Rechtsgeschäfts nicht beanstandet hat. Die **ohne** hinreichende **Vertretungsmacht** erklärte außerordentliche Kdg kann vom Vertretenen mit rückwirkender Kraft nach § 184 jedoch nur innerhalb der 2-wöchigen Ausschlussfrist des § 626 II genehmigt werden (BAG 4.2.1987, 7 AZR 583/85, EzA § 626 BGB nF Nr 106). Es gelten die allg Grundsätze über die Bedeutung der **Kenntnis eines Gesamtvertreters** bei passiver Stellvertretung (s § 28 II BGB, § 78 II 2 AktG, § 35 II 3 GmbHG, § 25 I 3 GenG). Die Ausschlussfrist nach § 626 II beginnt demgemäß schon dann, wenn auch nur einer von mehreren Gesamtvertretern, zB ein Mitglied des Vorstandes eines eingetragenen Vereins, der nur insgesamt zur Kdg von AN berechtigt ist, den Kündigungsgrund kennt (BAG 20.9.1984, 2 AZR 73/83, EzA § 626 BGB nF Nr 92). Seit Anerkennung der Rechtsfähigkeit der GbR gilt dies auch für die Kenntnis eines Gesellschafters (BAG 28.11.2007, 6 AZR 1108/06, EzA § 123 BGB 2002 Nr 7). Unbillige Ergebnisse, die sich daraus ergeben, dass einer von mehreren Gesamtvertretern aus persönlicher Rücksichtnahme ggü einem AN oder wegen Beteiligung an der Pflichtverletzung sein Wissen den übrigen Gesamtvertretern ggü verschweigt oder erst verspätet mitteilt, sind insb dann zu korrigieren, wenn er mit dem Gekündigten zum Nachteil des AG zusammengewirkt hat (sog **Kollusion**; s BAG 18.6.2015, 2 AZR 256/14, NZA 2016, 287). Nicht auf die Kenntnis eines einzelnen Mitglieds eines Kollektivorgans ist grds dann abzustellen, wenn es an einer dem § 26 II entspr **Regelung der passiven Stellvertretung fehlt** und das **Kollegialorgan** seine Entscheidung aufgrund einer **Beschlussfassung** zu treffen hat (zB LAG Hamm 26.2.1985, 7 Sa 672/84, LAGE § 626 BGB Nr 19; BAG 22.2.1984, 7 AZR 516/82). Die Frist beginnt dann erst mit der Unterbreitung des Sachverhalts ggü dem zur kollektiven Willensbildung einberufenen Kollegialorgan; wird allerdings von einberufungsberechtigten Mitgliedern die Einberufung nach Kenntniserlangung unangemessen verzögert, so muss sich die Gesellschaft so behandeln lassen, als wäre die Einberufung mit der gehörigen Beschleunigung erfolgt (s BGH 9.4.2013, II ZR 273/11, NJW 2013, 2425).

225 Neben den gesetzlichen und satzungsgemäßen Vertretern des AG kommen als Kündigungsberechtigte weiter die Personen in Betracht, denen nach § 48 HGB **Prokura** (BAG 9.10.1975, 2 AZR 332/74, EzA § 626 BGB nF Nr 43) oder nach § 54 HGB **Handlungsvollmacht** erteilt worden ist, ferner diejenigen, regelmäßig leitenden Mitarbeiter des AG, denen er das Recht zur außerordentlichen Kdg von AN nach den Vorschriften über die **Stellvertretung** (§§ 164 ff) übertragen hat.

226 Für Kdg im **öffentl Dienst** sind folgende Entscheidungen des BAG von Bedeutung: Ggü den AN bayerischer Kommunen ist zT nicht der Bürgermeister, sondern der Gemeinderat oder an dessen Stelle der dafür gebildete Verwaltungsausschuss kündigungsberechtigt. Tagt der Ausschuss im Monatsrhythmus, so wird die Ausschlussfrist regelmäßig auch dann gewahrt, wenn die fristlose Kdg in der nächsten ordentlichen Ausschusssitzung beschlossen wird, nachdem der Erste Bürgermeister von dem Kündigungssachverhalt Kenntnis erlangt hat (BAG 18.5.1994, 2 AZR 930/93, EzA § 626 BGB Ausschlussfrist Nr 6); uU kann sogar eine kurzfristige Vertagung durch das Gremium unschädlich sein (BAG 21.2.2013, 2 AZR 433/12). Durch § 54 III 2 GO NW aF, nach dem Erklärungen zur Regelung der Rechtsverhältnisse von Angestellten und Arbeitern neben der Unterschrift des Gemeindedirektors noch der Unterzeichnung durch einen weiteren vertretungsberechtigten Beamten oder Angestellten bedurften, wurde die Kündigungsbefugnis des Gemeindedirektors auch nach außen eingeschränkt (BAG 26.3.1986, 7 AZR 585/84, EzA § 626 BGB nF Nr 99). Das gilt auch für die in § 104 II 1 GO NW enthaltene Regelung, nach der die Bestellung und Abberufung von Prüfern des Rechnungsprüfungsamtes durch den Rat der Gemeinde zu erfolgen hat. Aufgrund dieser Einschränkung ist der Bürgermeister nicht berechtigt, einem angestellten Prüfer die ihm vom Rat übertragene Funktion durch außerordentliche oder ordentliche Änderungs- bzw Beendigungs-Kdg zu entziehen (BAG 4.2.1987, 7 AZR 583/85, EzA § 626 BGB nF Nr 106). Die einem Landrat in BW zustehende Einzelvertretungsmacht bezieht sich auch auf Kdg von AN, die vom Landkreis beschäftigt werden (BAG 14.11.1984, 7 AZR 133/83, BAGE 47, 179).

227 **2. Vertragliche Regelung der Kündigungsbefugnis.** Nach dem Grundsatz der **Vertragsfreiheit** ist es zulässig, durch Vereinbarung zwischen dem AN und dem AG das **Recht zur** außerordentlichen **Kdg auf die Person des AG zu beschränken**, und zwar auch unter Einschränkung einer bestehenden Prokura. Darin liegt keine unzulässige Kündigungserschwerung (BAG 9.10.1975, 2 AZR 332/74, EzA § 626 BGB nF Nr 43). Die Beschränkung darf allerdings nicht dazu führen, bei längeren Verhinderungen des AG den Beginn der Ausschlussfrist unangemessen lange hinauszuschieben. Es ist dann vielmehr eine **erg Vertragsauslegung** erforderlich, die idR ergeben wird, dass für die Dauer der **Verhinderung** die Personen, denen grds die Vertretung obliegt, als Kündigungsberechtigte anzusehen sind (BAG 9.10.1975 aaO).

Unzulässig ist es, durch eine Vereinbarung nicht die **Kündigungsbefugnis selbst** zu regeln, sondern nur für 228
den Fristbeginn auf die Kenntnis bestimmter Personen bzw einer intern am Kündigungsvorgang beteiligten
Stelle abzustellen (BAG 12.4.1978, 4 AZR 580/76, EzA § 626 BGB nF Nr 64). Wenn der AG sich nur im
Innenverhältnis das Recht zur außerordentlichen Kdg ggü bestimmten AN vorbehalten hat, verlieren die an
sich Kündigungsberechtigten ihre Befugnis nicht, sodass auf ihre Kenntnis abzustellen ist.

3. Kenntnis anderer, nicht kündigungsberechtigter Personen. Die Kenntnis von Vorgesetzten, die **keine** 229
Kündigungsbefugnis besitzen, ist im Grundsatz nur dann erheblich, wenn sie eine **ähnlich selbstständige**
Stellung wie ein gesetzlicher oder rechtsgeschäftlicher Stellvertreter haben und nicht nur zur Meldung,
sondern auch zur Feststellung der für eine außerordentliche Kdg maßgebenden Tatsachen verpflichtet
sind (BAG 28.10.1971, 2 AZR 32/71, EzA § 626 BGB nF Nr 8). Der AG darf sich nach **Treu und Glau-**
ben nicht auf eine spätere Kenntnis berufen, wenn sie darauf beruht, dass die eingerichtete **Organisation**
des Betriebes den Fristbeginn verzögert, obwohl eine andere Organisation mit einem zügigeren Ablauf
sachgerecht und zumutbar wäre. Beide Voraussetzungen (selbstständige Stellung und Verzögerung durch
unsachgemäße Organisation) müssen kumulativ vorliegen (BAG 23.10.2008, 2 AZR 388/07, EzA § 626
BGB 2002 Nr 23).

4. Betriebsübergang. Da sich beim Wechsel des AG aufgrund Betriebsübergangs der neue Inha- 230
ber auf fortwirkende Kündigungsgründe stützen kann, die beim früheren AG entstanden sind (BAG
5.5.1977, 2 AZR 297/76, EzA § 626 BGB nF Nr 57), ist für den Beginn der Ausschlussfrist in diesen
Fällen zu unterscheiden: Wenn ein Sachverhalt erst wegen bes Interessen des neuen AG Kündigungsrele-
vanz erlangt oder dem Veräußerer unbekannt geblieben ist, läuft die Frist erst ab Kenntnis des neuen AG.
Wird der Betrieb vor Ablauf der Frist in Kenntnis des für Veräußerer und Erwerber gleichermaßen relevanten Grundes an den unwissenden Erwerber veräußert, dann muss dieser sich das Wissen des Veräußerers
zurechnen lassen.

IV. Berechnung und Ablauf der Ausschlussfrist. 1. Berechnung. Die Berechnung der Ausschlussfrist 231
richtet sich nach den §§ 187 ff. Die Frist beginnt damit erst am Tage nach der Kenntniserlangung. Wenn
die Ausschlussfrist an einem Sonnabend, einem Sonntag oder einem gesetzlichen Feiertag abläuft, tritt an
die Stelle dieses Tages nach § 193 der nächste Werktag. »Erfolgt« ist eine Kdg iSd § 626 II erst in dem Zeitpunkt, in dem sie dem Kündigungsempfänger nach den allg Regeln des bürgerlichen Rechts zugegangen ist,
dh sobald sie in den Machtbereich des Gekündigten gelangt ist (BAG 9.3.1978, 2 AZR 529/76, EzA § 626
BGB nF Nr 63; s dazu § 130).

2. Hemmung des Ablaufs der Frist. Bei unvermeidbaren Verzögerungen des Zugangs, die weder dem 232
Einflussbereich des Kündigenden noch dem des Empfängers zuzurechnen sind, gilt § 206 analog (s *Herschel*
Anm EzA § 103 BetrVG 1972 Nr 20). Die Hemmung des Fristablaufs setzt **höhere Gewalt** voraus. Dem
fristgerechten Zugang der Kdg muss ein Hindernis entgegengestanden haben, das von dem Kündigenden
auch durch die größte, vernünftigerweise zu erwartende Vorsicht nicht abzuwenden war (*Herschel* aaO). Es
genügt nicht, wenn sich die Beförderung oder Zustellung durch die Post über die üblichen Brieflaufzeiten
hinaus verzögert (BAG 7.2.1973, 2 AZB 30/73, AP ZPO § 233 Nr 63). Eine Hemmung ist dann denkbar, wenn der Kündigungsempfänger postalisch nur langfristig (Aufenthalt im Ausland mit fehlender oder
schleppender Postbeförderung, Streik im Post- oder Luftpostdienst) erreichbar ist. Auch wenn die für einen
Häftling bestimmte Kündigungserklärung trotz rechtzeitiger Einreichung bei der JVA nicht oder nur verzögert weitergegeben wird, kann § 206 analog anzuwenden sein (LAG Düsseldorf 13.8.1998, 13 Sa 345/98,
BB 1998, 2215). Von diesen Fällen sind kürzere Abwesenheiten zu unterscheiden, durch die der Machtbereich des Empfängers für den Zugang von Postsendungen an seinem Wohnort nicht aufgehoben wird (BAG
2.3.1989, 2 AZR 275/88, EzA § 130 BGB Nr 22; s § 130 Rdn 2).

V. Rechtsmissbräuchliche Berufung auf die Ausschlussfrist. Der Einwand der **Arglist** greift ggü der Beru- 233
fung auf die Versäumung der Ausschlussfrist nur unter strengen Voraussetzungen durch. Die Fristversäumung muss vom Gekündigten in seinem Interesse veranlasst und durch sein Verhalten verursacht worden
sein, zB durch von ihm gewünschte **Verhandlungen** über einen Aufhebungsvertrag oder eine Versetzung (s
BAG 19.1.1973, 2 AZR 103/72, EzA § 626 BGB nF Nr 24). Rechtsmissbräuchlich ist die Berufung auf
die Ausschlussfrist in diesen Fällen allerdings nur dann, wenn der Kündigungsberechtigte nach Scheitern
der Verh unverzüglich kündigt (BGH 5.6.1975, II ZR 131/73, EzA § 626 BGB nF Nr 36). Zur **Zugangs-**
vereitelung s § 130 Rdn 5.
Eine unverschuldete Verhinderung des Kündigungsberechtigten, die auf allein in seiner Sphäre liegen- 234
den Umständen (Krankheit, Geschäftsreise) beruht, kann den Einwand des Rechtsmissbrauchs idR nicht

begründen; etwas anderes könnte allenfalls bei **ganz unerwarteten** und **unabwendbaren Verhinderungen** gelten, bei denen eine Vorsorge zur Fristwahrung nicht möglich war. Zur **Kollusion** s Rdn 224.

235 **O. Umdeutung einer unwirksamen außerordentlichen Kdg.** Vor der Umdeutung ist zunächst durch **Auslegung** zu ermitteln, ob trotz formeller Bezeichnung nicht statt einer außerordentlichen Kdg eine rechtsgeschäftliche Willenserklärung mit einem anderen Inhalt (zB eine Anfechtung) vorliegt. Ist dies nicht der Fall, kann eine unwirksame außerordentliche Kdg nach § 140 in ein anderes Rechtsgeschäft umgedeutet werden, das dem mutmaßlichen Willen des Kündigenden entspricht, falls der mutmaßliche Wille dem Kündigungsempfänger bei Zugang erkennbar war, die Kdg den Erfordernissen dieses anderen Rechtsgeschäfts genügt und dieses keine weiter gehenden Rechtsfolgen als eine außerordentliche Kdg herbeiführt. Danach wird idR die **Umdeutung in** eine **ordentliche Kdg** möglich sein (BAG 15.11.2001, 2 AZR 310/00, EzA § 140 BGB Nr 24; § 140 Rdn 1, § 623 Rdn 9). Entgegenstehen kann § 102 BetrVG, wenn der BR nicht auch zu einer ordentlichen Kdg ordnungsgemäß angehört wurde, es sei denn, der BR hatte der außerordentlichen Kdg ausdrücklich zugestimmt (BAG 20.9.1984, 2 AZR 633/82, EzA § 626 BGB nF Nr 91; zur PR-Beteiligung BAG 23.10.2008, 2 AZR 388/07, EzA § 626 BGB 2002 Nr 23). Auch kann die außerordentliche Kdg eines schwerbehinderten Menschen nicht in eine ordentliche Kdg umgedeutet werden (BAG 16.10.1991, 2 AZR 197/91, RzK IV 8b Nr 4; KR/ *Gallner* § 91 SGB IX Rn 14).

236 Der Kündigende muss sich im Prozess auf die Umdeutung nicht ausdrücklich berufen. Es genügt vielmehr ein konkreter Sachvortrag, aus dem sich die materiell-rechtlichen Voraussetzungen einer Umdeutung nach § 140 ergeben und aus dem auf einen entspr mutmaßlichen Willen des Kündigenden geschlossen werden kann (BAG 15.11.2001, 2 AZR 310/00, EzA § 140 BGB Nr 24).

237 Die Umdeutung einer unwirksamen Kdg in ein Vertragsangebot zur sofortigen einverständlichen Beendigung des Arbeitsverhältnisses führt idR nicht weiter, weil der **Aufhebungsvertrag** bei Arbeitsverhältnissen der Schriftform bedarf (s § 623 Rdn 9).

238 **P. Verfahrensfragen. I. Frist und Form der Klage. 1. Kündigungsschutzklage des AN.** Die Rechtsunwirksamkeit einer außerordentlichen Kdg muss der AN nach § 13 I 2 iVm § 4 KSchG **innerhalb von 3 Wochen nach Zugang der Kdg** durch eine Klage auf Feststellung geltend machen, dass das Arbeitsverhältnis durch die Kdg nicht aufgelöst worden ist (s § 13 KSchG Rdn 1, 5 sowie zum **Auflösungsantrag** des AN gem § 13 I 3 KSchG § 13 KSchG Rdn 2, 10). Die **Art des Unwirksamkeitsgrundes** spielt grds keine Rolle mehr. Nach dem erklärten Willen des Gesetzgebers (s §§ 5 I 2 KSchG sowie BT-Drs 15/1204 S 9 f) soll auch der Unwirksamkeitsgrund des Fehlens einer notwendigen vorherigen **behördlichen Zustimmung** erfasst werden (str, s § 4 KSchG Rdn 28; aA jetzt BAG 13.2.2008, 2 AZR 864/06, EzA § 4 KSchG nF Nr 83). Eine gesetzliche Ausnahme ist in § 4 S 1 KSchG nur für den Unwirksamkeitsgrund der fehlenden **Schriftform** der Kdg vorgesehen. Zur Klagefrist bei **Vertretungsmängeln**, bei Mängeln der **Geschäftsfähigkeit**, bei fehlender **Bestimmtheit** der Kündigungserklärung und bei einer mit einer unzulässigen **Bedingung** versehenen Kdg s KR/*Friedrich*/*Treber* § 13 KSchG Rn 225, 234 ff, 238.

239 **2. Feststellungsklage nach § 256 ZPO.** Will der AG die Unwirksamkeit der Kdg geltend machen, so kann er dies im Wege der Feststellungsklage gem § 256 ZPO. Das für die Zulässigkeit erforderliche bes Feststellungsinteresse ist idR zu bejahen (BAG 20.3.1986, 2 AZR 296/85, EzA § 256 ZPO Nr 25; 24.10.1996, 2 AZR 845/95, EzA Art 12 GG Nr 29).

240 **Streitgegenstand** einer Klage nach § 256 ZPO ist idR das Fortbestehen des Dienst- bzw Arbeitsverhältnisses über den durch die Kdg bestimmten Termin hinaus bis zum Zeitpunkt der **letzten mündlichen Verh** in der Tatsacheninstanz (BAG 31.5.1979, 2 AZR 473/77, EzA § 4 KSchG nF Nr 16). Durch Auslegung von Antrag und Begründung ist zu ermitteln, ob es um den Fortbestand nur für einen kürzeren Zeitraum (zB Dauer der Kündigungsfrist) geht. Anders als beim Streitgegenstand der Klage nach § 4 KSchG ist bei der allg Feststellungsklage auch zu prüfen, ob das Dienst- bzw Arbeitsverhältnis im streitigen Zeitraum zwar nicht durch die angegriffene Kdg, wohl aber danach auf andere Weise (zB weitere Kdg, Anfechtung, Aufhebungsvertrag oder Fristablauf) beendet worden ist (BAG 21.1.1988, 2 AZR 581/86, EzA § 4 KSchG nF Nr 33). Deshalb kann auch der AN ein bes Interesse daran haben, einen (zusätzlichen) Feststellungsantrag gem § 256 ZPO zu stellen (zur Wahrung der Klagefrist hins späterer AG-Kündigungen durch eine allg Feststellungsklage s BAG 7.12.1995, 2 AZR 772/94, EzA § 4 KSchG nF Nr 56; 13.3.1997, 2 AZR 512/96, EzA § 4 KSchG nF Nr 57; s.a. § 4 KSchG Rdn 23, 34).

241 **II. Fortbestand der Parteifähigkeit des Kündigenden.** Richtet sich die Klage eines AN gegen eine juristische Person (GmbH, AG), die während des Rechtsstreits liquidiert und im Handelsregister gelöscht wird, dann besteht deren **Parteifähigkeit** gleichwohl fort (BAG 9.7.1981, 2 AZR 329/79, EzA § 50 ZPO Nr 1).

III. Darlegungs- und Beweislast. 1. Ausspruch einer außerordentlichen Kdg. Da Streitgegenstand im Kündigungsschutzprozess die Frage ist, ob das Arbeitsverhältnis gerade durch die angegriffene Kdg zu dem in ihr vorgesehenen Termin aufgelöst worden ist (sog punktuelle Streitgegenstandstheorie, s § 4 KSchG Rdn 31), ist die vom Kl **behauptete Kdg** eine klagebegründende Tatsache, die von ihm **nachzuweisen** ist. Bleibt es zweifelhaft, ob diese Voraussetzung erfüllt ist, dann ist die Kündigungsschutzklage ohne Weiteres abzuweisen. Bestreitet der AG, er selbst habe gekündigt, behauptet er aber einen anderen Auflösungstatbestand, kann der AN Beweisschwierigkeiten entgehen, wenn er die allg Feststellungsklage nach § 256 ZPO mit dem Antrag erhebt, dass das Arbeitsverhältnis über den in der außerordentlichen Kdg genannten Termin hinaus fortbesteht. Ggf kann der AN von der Kündigungsschutzklage zu einer solchen Klage übergehen. Der AG hat dann die Beweislast für die von ihm eingewandten Auflösungsgründe. 242

2. Vorliegen wichtiger Gründe. Der Kündigende ist darlegungs- und beweisbelastet für alle Umstände des wichtigen Grundes und der Unzumutbarkeit der Weiterbeschäftigung (BAG 6.8.1987, 2 AZR 226/87, EzA § 626 BGB nF Nr 109 mwN). Die **Darlegungs- und Beweislast** kann aus diesem Grunde nicht zwischen dem Kündigenden und dem Gekündigten derart aufgeteilt werden, dass der Kündigende nur die objektiven Merkmale für einen Kündigungsgrund und die bei der Interessenabwägung für den Gekündigten ungünstigen Umstände und der Gekündigte seinerseits **Rechtfertigungsgründe** und für ihn **entlastende Umstände** vorzutragen und zu beweisen hat (BAG 6.8.1987 aaO). Zu den die Kdg bedingenden Tatsachen, die der Kündigende vortragen und ggf beweisen muss, gehören auch diejenigen, die Rechtfertigungs- oder Entschuldigungsgründe für das Verhalten des Gekündigten ausschließen (BAG 6.8.1987 aaO). Auch die ggf erforderliche **Abmahnung** hat vom Kündigenden zu beweisen. 243

Durch diese Regelung der Darlegungs- und Beweislast wird der Kündigende nicht überfordert. Der Kündigende braucht nicht von vornherein alle nur denkbaren Rechtfertigungsgründe zu widerlegen. Es genügt nicht, wenn der Gekündigte pauschal und ohne nachprüfbare Angaben Rechtfertigungs- oder Entschuldigungsgründe anführt oder sich auf sonstige ihn entlastenden Umstände beruft. Er ist vielmehr nach § 138 II ZPO gehalten, **substantiiert** zu bestreiten. ZB muss der AN dem Vorwurf, unberechtigt gefehlt zu haben, unter genauer Angabe der Gründe entgegentreten, die ihn gehindert haben, seine Arbeitsleistung zu erbringen. Dazu reicht der Hinweis eines gekündigten AN auf eine angebliche Erkrankung oder Beurlaubung nicht aus, sondern er muss näher die Art und den Verlauf seiner Erkrankung darlegen und die konkreten Umstände schildern, aus denen sich ergeben soll, dass er erkrankt oder beurlaubt worden war (BAG 23.9.1992, 2 AZR 199/92, EzA § 1 KSchG Verhaltensbedingte Kündigung Nr 44). Falls es dem AG gelungen ist, den Beweiswert einer ärztlichen Arbeitsunfähigkeitsbescheinigung zu erschüttern, muss der AN darüber hinaus seinen Arzt von dessen Schweigepflicht entbinden (BAG 26.8.1993, 2 AZR 154/93, EzA § 626 BGB nF Nr 148). Entspr gilt zB, wenn sich der Gekündigte zu seiner Entlastung auf einen angeblich unvermeidbaren Rechtsirrtum (s Rdn 97) beruft. Die dafür maßgebenden Tatsachen muss der Gekündigte in den Prozess einführen (BAG 31.1.1985, 2 AZR 486/83, EzA § 8a MuSchG Nr 5). Nur bei einer substantiierten Einlassung ist es dem Kündigenden möglich, die Angaben zu überprüfen und, falls sie sich nach seinen Ermittlungen als unrichtig herausstellen, die erforderlichen Beweise anzutreten. Dadurch wird die den Kündigenden treffende Darlegungs- und Beweislast für den Ausschluss von Gründen, die das Verhalten des Gekündigten rechtfertigen, entschuldigen oder als weniger schwerwiegend erscheinen lassen, sachgerecht abgestuft (BAG 16.7.2015, 2 AZR 85/15, EzA-SD 2016 Nr 3 S 3). Trotz substantiierten Gegenvorbringens können allerdings uU die Indizien, die für eine rechtswidrige Pflichtverletzung des AN sprechen, so gewichtig sein, dass es ihm obliegt, diese zu entkräften (BAG 12.3.2009, 2 AZR 251/07, EzA § 626 BGB 2002 Nr 26). 244

Dass Beweismittel durch Diebstahl oder Unterschlagung erlangt wurden, begründet noch kein **Beweisverwertungsverbot** (BAG 15.8.2002, 2 AZR 214/01, EzA § 103 BetrVG 1972 Nr 44). Dagegen unterliegen Beweismittel dann einem Beweisverwertungsverbot, wenn sie unter **Verletzung des Persönlichkeitsrechts** des Gekündigten beschafft wurden und nicht schutzwürdige Interessen des Kündigenden überwiegen (s § 32 BDSG; VGH BW 28.11.2000, PL 15 S 2838/99, AuR 2001, 469 [heimliche DNA-Analyse]; BAG 20.6.2013, 2 AZR 546/12, EzA § 611 BGB 2002 Persönlichkeitsrecht Nr 14 [heimliche Spinddurchsuchung]; BAG 27.3.2003, 2 AZR 51/02, EzA § 611 BGB 2002 Persönlichkeitsrecht Nr 1 u EGMR 5.10.2010, 420/07, EzA § 611 BGB 2002 Persönlichkeitsrecht Nr 12 [heimliche Videoüberwachung]; BVerfG 9.10.2002, 1 BvR 1611/96+805/98, EzA § 611 BGB Persönlichkeitsrecht Nr 15 [heimlich mitgehörte Telefonate]; BVerfG 31.7.2001, 1 BvR 304/01, EzA § 611 BGB Persönlichkeitsrecht Nr 14 [heimliche Tonaufzeichnung]; BGH 15.5.2013, XII ZB 107/08, NJW 2013, 2668 [heimliche GPS-Überwachung]; LAG Nds 31.5.2010, 12 Sa 875/09, EzTöD 100 § 34 Abs 2 TVöD-AT Verhaltensbedingte Kündigung Nr 21 [PC-Überprüfung; dazu wN bei KR/*Fischermeier* Rn 400]). Die Zeugenvernehmung des 245

Gesprächspartners des Gekündigten bleibt allerdings zulässig (s BVerfG 31.7.2001 aaO). Kein Verwertungsverbot besteht iÜ dann, wenn ein Gespräch bzw Telefonat ohne Zutun des Beweispflichtigen zufällig von einem Zeugen mitgehört wurde (BAG 23.4.2009, 6 AZR 189/08, EzA § 611 BGB 2002 Persönlichkeitsrecht Nr 9). Auch ein bloßer Verstoß gegen die Hinweispflicht gem § 6b BDSG auf Videoaufzeichnungen in öffentl zugänglichen Räumen (BAG 21.6.2012, 2 AZR 153/11, EzA § 611 BGB 2002 Persönlichkeitsrecht Nr 13) oder die Verletzung von Mitbestimmungsrechten des Betriebsrats begründen idR kein Verwertungsverbot (BAG 13.12.2007, 2 AZR 537/06, EzA § 626 BGB 2002 Nr 20; LAG Hamm 28.11.2008, 10 Sa 1921/07, LAGE § 626 BGB 2002 Nr 17a; Hess LAG 24.11.2010, 8 Sa 491/10, NZA-RR 2011, 294; str), erst recht nicht, wenn der Betriebsrat der Kdg in Kenntnis der erlangten Beweismittel zugestimmt hatte (vgl. BAG 27.3.2003 aaO; str). Unstreitiger Sachvortrag ist grds zu berücksichtigen (BAG 13.12.2007 aaO), jedoch kann auch dem ausnahmsweise entgegenstehen, dass damit eine gravierende Verletzung rechtlich geschützter, hochrangiger Positionen des Gekündigten perpetuiert würde (BAG 16.12.2010, 2 AZR 485/08, EzA § 626 BGB 2002 Nr 33).

246 **3. Wahrung der Ausschlussfrist.** Der Kündigende muss substantiiert darlegen und beweisen, dass er von den für die Kdg maßgebenden Tatsachen erst **innerhalb** der letzten 2 **Wochen** vor Ausspruch der Kdg **Kenntnis** erlangt hat (BAG 17.8.1972, 2 AZR 359/71, EzA § 626 BGB nF Nr 16). Da die Darlegungslast sich auch auf die Tatsachen erstreckt, aus denen sich eine Hemmung des Beginns der Ausschlussfrist ergeben soll, bedarf es genauer Angaben, weshalb noch **weitere Ermittlungen** notwendig waren und welche Nachforschungen angestellt worden sind (BAG 30.5.1974, 2 AZR 253/73, nv; 31.7.1975, 2 AZR 233/74, nv). Der Kündigende braucht allerdings **nicht schon in der Klageerwiderung** ausdrücklich und eingehend **darzulegen**, die **Ausschlussfrist sei gewahrt**. Das muss vielmehr erst und **nur** dann geschehen, **wenn** schon nach dem zeitlichen Abstand zwischen den behaupteten Kündigungsgründen und dem Ausspruch der Kdg **zweifelhaft** erscheint, ob die Ausschlussfrist gewahrt ist, oder wenn der Gekündigte geltend macht, die Kündigungsgründe seien verfristet (BAG 28.3.1985, 2 AZR 113/84, EzA § 626 BGB nF Nr 96). Da die Parteien zudem auch die Voraussetzungen des § 626 II **unstreitig stellen** können, darf einer Kündigungsschutzklage nicht ohne Berücksichtigung der Einlassung des Gekündigten mit der Begründung stattgegeben werden, der Kündigende habe nicht vorgetragen, dass die außerordentliche Kdg fristgerecht erfolgt sei.

247 Behauptet der Kündigende, aufgrund eines Vorganges, an dem der Gekündigte beteiligt war, an einem bestimmten Tage den Kündigungssachverhalt erfahren zu haben, muss der Gekündigte den Sachverhalt substantiiert bestreiten. Beruft sich der Kündigende hingegen auf einen internen Vorgang, der sich der Mitwirkung oder der Wahrnehmung des Gekündigten entzogen hat, dann kann dieser den behaupteten Zeitpunkt der Kenntniserlangung mit Nichtwissen bestreiten.

248 **IV. Auswirkungen des Beschlussverfahrens nach § 103 II BetrVG.** Die **Ersetzung der Zustimmung des BR** gem § 103 II BetrVG wirkt **präjudiziell**. Der AN kann sich, wenn er im Beschlussverfahren als Beteiligter hinzugezogen war, im nachfolgenden Kündigungsschutzprozess nicht mehr auf Unwirksamkeitsgründe oder Kündigungshindernisse berufen, die er schon im Zustimmungsersetzungsverfahren geltend gemacht hatte oder hätte einwenden können (BAG 11.5.2000, 2 AZR 276/99, EzA § 103 BetrVG 1972 Nr 41).

249 **V. Nachprüfung des wichtigen Grundes in der Revisionsinstanz.** Im Revisionsverfahren ist nur zu prüfen, ob der Begriff des wichtigen Grundes als solcher richtig erkannt wurde und ob bei der Interessenabwägung alle vernünftigerweise in Betracht kommenden Umstände des Einzelfalles daraufhin geprüft wurden, ob dem Kündigenden die Fortsetzung des Arbeitsverhältnisses bis zum Ablauf der Frist für die ordentliche Kdg oder bis zum vereinbarten Vertragsende unzumutbar geworden ist (BAG 9.5.1996, 2 AZR 387/95, EzA § 626 BGB nF Nr 161). Die Bewertung der für und gegen die Unzumutbarkeit sprechenden Umstände liegt weitgehend im **Beurteilungsspielraum der Tatsacheninstanz**. Der Tatsachenrichter braucht sich zudem nicht mit jeder Einzelheit, die an sich für die Interessenabwägung erheblich ist, ausdrücklich zu befassen, sofern nur ersichtlich ist, dass auch dieser Umstand nicht übersehen worden ist (BAG 30.6.1959, 3 AZR 111/58, PrAR 280 KSchG § 1 II Nr 163).

250 **VI. Materielle Rechtskraft und Präklusionswirkung. 1. Klageabweisung.** Wird eine in der Form des § 4 KSchG gegen eine außerordentliche Kdg erhobene **Klage rechtskräftig abgewiesen**, dann steht fest, dass das Arbeitsverhältnis zu dem vorgesehenen Termin beendet worden ist (BAG 12.6.1986, 2 AZR 426/85, EzA § 4 KSchG nF Nr 31). Die gleiche Rechtskraftwirkung tritt dann ein, wenn der Gekündigte mit einer positiven Feststellungsklage nach § 256 ZPO, mit der er den Fortbestand des Arbeitsverhältnisses geltend gemacht hat, unterliegt. Nach rechtskräftiger Abweisung seiner Klage ist es dem Gekündigten deswegen

verwehrt, sich darauf zu berufen, die Kdg sei jedenfalls aus anderen, bislang nicht behandelten Gründen rechtsunwirksam.

2. Wirkung des obsiegenden Urteils. Bei einem rechtskräftigen obsiegenden Urteil über eine Kündigungsschutzklage nach § 4 KSchG folgt aus der materiellen Rechtskraft, dass das Arbeitsverhältnis durch die str Kdg nicht zu dem vorgesehenen Termin aufgelöst worden ist. Das Präklusionsprinzip hindert den AG daran, geltend zu machen, die Kdg sei aus anderen als im Verfahren vorgebrachten Gründen wirksam. Die Rechtskraft des Urteils hindert den AG auch daran, sich in einem späteren Verfahren zwischen denselben Parteien darauf zu berufen, ein **Arbeitsverhältnis** habe zwischen ihnen **zu keiner Zeit** bestanden bzw sei schon **vor** dem **oder zum selben Termin** durch Kdg oder in anderer Weise aufgelöst worden (s BAG 10.11.2005, 2 AZR 623/04, EzA § 626 BGB 2002 Nr 11; 18.12.2014, 2 AZR 163/14, EzA § 4 nF KSchG Nr 96; in der Lit str, s KR/*Fischermeier* § 626 Rn 409). Die Berufung auf einen anderen streitbefangenen Auflösungstatbestand ist dem AG allerdings dann nicht verwehrt, wenn das Gericht diesen für beide Parteien klar ersichtlich **ausgeklammert** hatte (BAG 22.11.2012, 2 AZR 732/11, EzA § 626 BGB 2002 Ausschlussfrist Nr 2). Nicht ausgeschlossen ist der AG ferner mit dem Einwand, das Arbeitsverhältnis sei nach dem vorgesehenen Kündigungstermin beendet worden. Vorsicht ist für den AG dann geboten, wenn eine primäre und eine vorsorglich ausgesprochene Folgekündigung vom AN gerichtlich angegriffen werden. Er darf dann, um eine Präklusionswirkung zu vermeiden, eine für ihn ungünstige Entscheidung über die Folgekündigung nicht rechtskräftig werden lassen, sondern muss insoweit **Aussetzung** beantragen oder Rechtsmittel einlegen.

Bei einer Feststellungsklage nach § 256 ZPO reicht die rechtskräftige Feststellung des Fortbestand des Arbeitsverhältnisses bis zu dem durch den Antrag des Kl bestimmten Zeitpunkt, längstens bis zur letzten mündlichen Verh in den Tatsacheninstanzen; der Bekl kann sich in einem späteren Rechtsstreit nur noch auf solche Beendigungstatbestände berufen, die auf eine **Auflösung** des Arbeitsverhältnisses zu einem **späteren Zeitpunkt** gerichtet sind (BAG 31.5.1979, 2 AZR 473/77, EzA § 4 KSchG nF Nr 16).

3. Berufung auf Umdeutung in fristgemäße Kdg. Ein Kündigender kann sich dann, wenn die Unwirksamkeit seiner außerordentlichen Kdg rechtskräftig festgestellt worden ist, in einem **späteren Prozess** grds **nicht** mehr darauf berufen, die Kdg sei in eine ordentliche Kdg **umzudeuten** (BAG 14.8.1974, 5 AZR 497/73, EzA § 615 BGB Nr 26). **Ausnahmen** von diesem Grundsatz werden nur dann anerkannt, wenn entweder der Streitgegenstand des früheren Kündigungsschutzprozesses aufgrund eines **beschränkten Feststellungsantrages** von vornherein auf die Frage begrenzt war, ob die angegriffene Kdg als außerordentliche wirksam war (BAG 26.2.1975, 2 AZR 144/74), oder wenn die Umdeutung in eine ordentliche Kdg zwischen den Parteien erörtert wurde und str war, das Gericht aber gleichwohl diese **Frage eindeutig** und ausdrücklich **ausgeklammert** hat (BAG 19.2.1970, 2 AZR 133/69, EzA § 11 KSchG Nr 2). Ob über einen erweiterten Streitgegenstand, der sich auch auf die fristgemäße Beendigung des Arbeitsverhältnisses erstreckt, zu entscheiden ist, ist durch **Auslegung des Vortrages** des klagenden AN zu ermitteln; ein ausdrücklicher Antrag auf Feststellung der Unwirksamkeit der ordentlichen Kdg ist nicht erforderlich (BAG 15.11.1984, 2 AZR 613/83, EzA § 626 BGB nF Nr 95).

Entscheidet das Gericht bei erweitertem Streitgegenstand bewusst nicht über die Wirksamkeit der ordentlichen Kdg, dann liegt der Sache nach ein **Teilurt** vor, wodurch der Rechtsstreit wegen der ordentlichen Kdg rechtshängig bleibt. Entscheidet das Gericht versehentlich nicht zugleich auch über die ebenfalls angegriffene ordentliche Kdg, dann hat es diesen **Teil des Antrages** des Kl iSd § 321 I ZPO **übergangen**. Dieser Fehler kann nur behoben werden, wenn eine der Parteien binnen 2 Wochen nach Zustellung des Urteils dessen Ergänzung beantragt (§ 321 II ZPO). Wird der **Ergänzungsantrag** nicht oder nicht rechtzeitig gestellt, dann erlischt die Rechtshängigkeit des übergangenen Antrages. Der AG kann sich dann in einem späteren Prozess darauf berufen, das Arbeitsverhältnis sei jedenfalls fristgemäß beendet worden, und das Gericht hat daraufhin nur noch zu überprüfen, ob die Voraussetzungen für die Umdeutung in eine ordentliche Kdg vorgelegen haben. Eine etwaige Unwirksamkeit der ordentlichen Kdg wird nach § 7 KSchG rückwirkend geheilt, weil das **Erlöschen der Rechtshängigkeit** der Klage gegen die ordentliche Kdg zur Folge hat, dass ihre Unwirksamkeit nicht rechtzeitig geltend gemacht worden ist.

4. Wiederholungskündigung, Trotzkündigung. Die Präklusionswirkung greift auch dann ein, wenn nach rechtskräftiger Feststellung der Unwirksamkeit einer Kdg eine weitere aus denselben Gründen ausgesprochen wird (sog **Trotzkündigung**). Gleiches gilt für vor Rechtskraft des ersten Urteils aus denselben Gründen ausgesprochene Kdg (sog **Wiederholungskündigungen**). Die in dem rechtskräftigen ersten Urteil für unzureichend befundenen Kündigungsgründe können nicht nochmals zur Begründung einer weiteren Kdg herangezogen werden (BAG 20.12.2012, 2 AZR 867/11, EzA § 1 KSchG Betriebsbedingte Kündigung Nr 172;

18.5.2006, 2 AZR 207/05, EzA § 2 KSchG Nr 60). Auch gegen Wiederholungs- oder Trotzkündigungen muss allerdings der AN grds innerhalb der Frist des § 4 KSchG Klage erheben (BAG 26.8.1993, 2 AZR 159/93, EzA § 322 ZPO Nr 9). Keine **Präklusionswirkung** besteht für Kündigungsgründe, die nicht geprüft wurden, wenn die Kdg bereits aus formellen Gründen unwirksam war (BAG 25.3.2004, 2 AZR 399/03, EzA § 626 BGB 2002 Unkündbarkeit Nr 4), oder auch sonst, wenn sich das Gericht im Vorprozess mit diesen Gründen eindeutig nicht befasst hat (BAG 20.12.2012 aaO; 12.4.1956, 2 AZR 247/54, AP BGB § 626 Nr 11); Gleiches gilt, wenn der Kündigende sich auf zusätzliche neue Tatsachen berufen kann, die den bisherigen Kündigungssachverhalt verändern oder ergänzen (BAG 10.11.2005, 2 AZR 44/05, EzA § 1 KSchG Krankheit Nr 52) oder wenn der AG einem sog unkündbaren AN nach einer für unwirksam erklärten fristlosen Kdg außerordentlich mit Auslauffrist kündigt (BAG 26.11.2009, 2 AZR 272/08, EzA § 626 BGB 2002 Unkündbarkeit Nr 16).

§ 627 Fristlose Kündigung bei Vertrauensstellung

(1) Bei einem Dienstverhältnis, das kein Arbeitsverhältnis im Sinne des § 622 ist, ist die Kündigung auch ohne die in § 626 bezeichnete Voraussetzung zulässig, wenn der zur Dienstleistung Verpflichtete, ohne in einem dauernden Dienstverhältnis mit festen Bezügen zu stehen, Dienste höherer Art zu leisten hat, die auf Grund besonderen Vertrauens übertragen zu werden pflegen.
(2) ¹Der Verpflichtete darf nur in der Art kündigen, dass sich der Dienstberechtigte die Dienste anderweit beschaffen kann, es sei denn, dass ein wichtiger Grund für die unzeitige Kündigung vorliegt. ²Kündigt er ohne solchen Grund zur Unzeit, so hat er dem Dienstberechtigten den daraus entstehenden Schaden zu ersetzen.

Übersicht	Rdn.		Rdn.
A. Normzweck	1	IV. Kdg durch den Dienstberechtigten	7
B. Abdingbarkeit	2	D. Voraussetzungen des § 627 II	8
C. Voraussetzungen des § 627 I	3	I. Kdg durch den Dienstverpflichteten	8
I. Dienstverhältnis	3	II. Wichtiger Grund	9
II. Dienste höherer Art	5	III. Schadensersatz	10
III. Vertrauen	6	E. Darlegungs- und Beweislast	11

1 **A. Normzweck.** Die Norm **betrifft nicht Arbeitsverhältnisse** und sonstige dauernde Dienstverhältnisse mit festen Bezügen. Das ggü § 626 vereinfachte Kündigungsrecht gem § 627 knüpft an das bes Vertrauen an, aufgrund dessen die Dienste der höheren Art zu leisten sind. **Vertrauen als wesentliche Voraussetzung** für das Dienstverhältnis ist nur sehr eingeschränkt wägbar und daher als Merkmal kaum justiziabel. Für die Gestaltung eines derartigen Dienstverhältnisses ist ein großes Maß an persönlicher Entschließungsfreiheit zugrunde zu legen. Verliert der Dienstberechtigte sein Vertrauen in den Dienstverpflichteten und damit in dessen Dienstleistung, ist dem Vertragsverhältnis seine wesentliche Grundlage entzogen. Folglich bedarf es keines nachweisbaren Grundes und keiner Frist für die Kdg. Aus diesem Regelungszweck der Norm versteht sich auch die Einschränkung des Kündigungsrechts für den Dienstverpflichteten gem § 627 II.

2 **B. Abdingbarkeit.** Das durch die unabhängige Stellung weitgehende Kündigungsrecht kann abbedungen werden. Schadensersatzansprüche gem §§ 281, 283 bleiben unberührt (ErfK/*Müller-Glöge* § 627 Rn 2).

3 **C. Voraussetzungen des § 627 I. I. Dienstverhältnis.** Dies setzt hins der zeitlichen und organisatorischen Durchführung eine weitestgehend eigenbestimmte, selbstständige Tätigkeit des Dienstverpflichteten zum Nutzen des Dienstberechtigten voraus (Staudinger/*Preis* § 627 Rn 5 mwN; MüKo/*Henssler* § 627 Rn 10).

4 Bes deutlich wird die Abgrenzung **des Dienstverhältnisses gem § 627** gegen das Arbeitsverhältnis dadurch, dass es sich gem § 627 I **weder um ein dauerndes Dienstverhältnis** handeln darf **noch feste Bezüge** zu zahlen sind (kumulativ, BAG 12.7.2006, 5 AZR 277/06, EzA § 627 BGB 2002 Nr 1). **Dauernd** ist ein Dienstverhältnis, wenn es für einen längeren Zeitraum angelegt oder eingegangen ist. Es muss nicht auf unbestimmte Zeit eingegangen sein. Bei einer zweijährigen Bindung kann das Merkmal »dauernd« vorliegen, ebenso bei einer einjährigen, wenn ständige Aufgaben zu erledigen sind und beide Vertragsteile von einer Verlängerung ausgehen (BAG aaO). **Feste Bezüge** stellen ein dauerhaftes Entgelt für eine Gesamtleistung und nicht für einzelne Tätigkeiten dar, die der Dienstverpflichtete im Hinblick auf ihre gleichbleibende Bezifferung für eine geraume Dauer erwarten darf und für die Lebensplanung entspr kalkuliert (BGH 13.3.1993, IX ZR 77/92, NJW-RR 1993, 374; HWK/*Sandmann* § 627 Rn 8).

II. Dienste höherer Art. Diese müssen nicht nur vertraglich vereinbart sein, sondern auch tatsächlich 5
verrichtet werden. Sie setzen idR eine qualifizierte Ausbildung und reichhaltige einschlägige Erfahrungen sowie ein am neuesten Entwicklungsstand gepflegtes Fachwissen und hohe tätigkeitsbezogene Kunstfertigkeiten voraus. Dazu zählen die Dienste sog freier Berufe wie der des Arztes, Privatlehrers, Rechtsanwaltes, Steuerberaters, Künstlers, Kommissionärs und der Hebamme. Die Rspr hat Dienstleistungen mit bes anspruchsvollen Tätigkeitsmerkmalen der wirtschafts- und rechtsberatenden, der technischen und naturwissenschaftlichen und der medizinischen Berufe als solche der höheren Art anerkannt (vgl ausf Nachw bei MüKo/*Henssler* § 627 Rn 18 ff; Staudinger/*Preis* § 627 Rn 18 ff).

III. Vertrauen. Die Dienste höherer Art müssen iA – gleichgültig, ob im einzelnen Fall – nur zufolge bes 6
Vertrauens übertragen zu werden pflegen. Neben der Sachkompetenz kommt es bes auf das Vertrauen an, das der Dienstberechtigte in den -verpflichteten setzt (zB Betriebsarzt angesichts dessen Aufgaben und Stellung im Betrieb gem §§ 1, 3, 8 ASiG, BGH 13.11.2014 III ZR 101/14 NZA 2015, 490). IdR beruht Vertrauen auf bes persönlichen Empfindungen. Diese können nur einer natürlichen Person entgegengebracht werden, nicht dagegen einer Institution, zB einer Bildungseinrichtung (BGH 8.3.1984, IX ZR 144/83, BGHZ 90, 280; Staudinger/*Preis* § 627 Rn 22 f mwN zur Rspr).

IV. Kdg durch den Dienstberechtigten. Der Dienstberechtigte ist gem § 627 frei in der Ausübung seines 7
Kündigungsrechts. Aus dem Zusammenhang mit § 626 I folgt, dass die Kdg gem § 627 eine außerordentliche ist. Sie kann fristlos erfolgen oder mit einer Auslauffrist erklärt werden (BGH 21.4.1975, II ZR 2/73, WM 1975, 761). Ein wichtiger Grund wie bei § 626 ist bei der Kdg gem § 627 I nicht erforderlich.

D. Voraussetzungen des § 627 II. I. Kdg durch den Dienstverpflichteten. Grds steht dem Dienstverpflichteten 8
ebenso wie dem -berechtigten ein freies Ermessen zur Kdg des Vertragsverhältnisses zu. Kündigt der Dienstverpflichtete ohne wichtigen Grund zur Unzeit, ist er zum Ersatz des daraus entstehenden Schadens verpflichtet.

II. Wichtiger Grund. Der Begriff des wichtigen Grundes gem § 627 II entspricht nicht dem des § 626 9
I. Er betrifft vornehmlich das Merkmal der Unzeitigkeit der Beendigung der Dienstleistung. Der wichtige Grund muss geeignet sein, ohne Rücksicht auf die Beschaffbarkeit von Ersatzdiensten die Beendigung des Dienstleistungsverhältnisses zu rechtfertigen (Staudinger/*Preis* § 627 Rn 31). Infrage kommen als wichtige Gründe auch die objektive Verhinderung des Dienstverpflichteten an der Erfüllung der vereinbarten Dienstpflichten oder gegen den Dienstverpflichteten gerichtete Schmähungen durch den Dienstberechtigten selbst (MüKo/*Henssler* § 627 Rn 26).

III. Schadensersatz. Der Ersatzanspruch ist nicht auf das Erfüllungs-, sondern auf das negative Interesse 10
(§§ 249 ff), den Vertrauensschaden, zu richten (RGRK/*Corts* § 627 Rn 18), da nur der Schaden wegen der Unzeit der Beendigung ersatzfähig ist.

E. Darlegungs- und Beweislast. Die Voraussetzungen für das freie Kündigungsrecht (s Rdn 7, 8) hat der 11
Kündigende darzulegen und zu beweisen. Beruft sich der Dienstverpflichtete auf das Vorliegen eines wichtigen Grundes (s Rdn 9) für eine unzeitige Kdg, muss er das Vorliegen des wichtigen Grundes nachweisen. Fordert der Dienstberechtigte den Ersatz des Schadens, den er wegen einer unzeitigen Kdg erlitten hat, muss er die Voraussetzungen für das Merkmal der Unzeitigkeit darlegen und beweisen und die Höhe des Schadens iE beziffern.

§ 628 Teilvergütung und Schadensersatz bei fristloser Kündigung

(1) ¹Wird nach dem Beginn der Dienstleistung das Dienstverhältnis auf Grund des § 626 oder des § 627 gekündigt, so kann der Verpflichtete einen seinen bisherigen Leistungen entsprechenden Teil der Vergütung verlangen. ²Kündigt er, ohne durch vertragswidriges Verhalten des anderen Teiles dazu veranlasst zu sein, oder veranlasst er durch sein vertragswidriges Verhalten die Kündigung des anderen Teiles, so steht ihm ein Anspruch auf die Vergütung insoweit nicht zu, als seine bisherigen Leistungen infolge der Kündigung für den anderen Teil kein Interesse haben. ³Ist die Vergütung für eine spätere Zeit im Voraus entrichtet, so hat der Verpflichtete sie nach Maßgabe des § 346 oder, wenn die Kündigung wegen eines Umstands erfolgt, den er nicht zu vertreten hat, nach den Vorschriften über die Herausgabe einer ungerechtfertigten Bereicherung zurückzuerstatten.

(2) Wird die Kündigung durch vertragswidriges Verhalten des anderen Teiles veranlasst, so ist dieser zum Ersatz des durch die Aufhebung des Dienstverhältnisses entstehenden Schadens verpflichtet.

§ 628 BGB Teilvergütung und Schadensersatz bei fristloser Kündigung

Übersicht

	Rdn.		Rdn.
A. Allgemeines	1	I. Kdg iSd § 628 II	20
I. Funktion des § 628	1	II. Auflösungsverschulden	25
II. Abdingbarkeit	2	1. Vertragswidriges schuldhaftes Verhalten	25
III. Anwendungsbereich und Sonderregelungen	3	2. Mitverschulden	30
1. Vertragsstrafe	4	3. Vertragswidriges Verhalten beider Parteien	31
2. Entschädigung gem § 61 II ArbGG	8	III. Schaden	32
B. Vergütungsanspruch gem § 628 I	9	1. Allg Grundsätze	32
I. Allg Grundsätze	9	2. Zeitliche Begrenzung	34
II. Umfang und Bemessung des Vergütungsanspruchs (§ 628 I 1)	10	3. Schaden des AN	37
III. Minderung des Vergütungsanspruchs (§ 628 I 2)	14	4. Schaden des AG	43
1. Kdg ohne Veranlassung (§ 628 I Alt 1)	15	IV. Beweislastregeln	53
2. Veranlassung der Kdg durch vertragswidriges Verhalten (§ 628 I 2 Alt 2)	16	V. Rechtsnatur und Verjährung des Anspruchs	54
3. Wegfall des Interesses	17	VI. Sozialversicherung	55
IV. Vorausgezahlte Vergütung (§ 628 I 3)	18	1. Beitragspflicht	55
C. Schadensersatz (§ 628 II)	19	2. Anrechnung auf das Arbeitslosengeld	56
		VII. Schadensersatzanspruch gem § 628 II in der Insolvenz des AG	57

1 **A. Allgemeines. I. Funktion des § 628.** Nach § 628 wird das Arbeitsverhältnis, das gem §§ 626, 627 gekündigt worden ist, nur noch als reines **Abwicklungsverhältnis** behandelt, das noch bestehende gegenseitige finanzielle Ansprüche ausgleichen soll. Der Vergütungsanspruch gem § 628 I entspricht dem allg Rechtsgedanken, dass der Lohn sich nach den erbrachten Leistungen bemisst. § 628 II beruht ebenso auf allg Rechtsgrundsätzen, wonach der Veranlasser der Kdg des Arbeitsverhältnisses (soweit ihm schuldhaftes vertragswidriges Verhalten vorgeworfen werden kann) dem anderen zum Ersatz des dadurch entstandenen Schadens verpflichtet ist.

2 **II. Abdingbarkeit.** Die Vorschrift des § 628 ist **grds abdingbar** (BGH 28.6.1952, II ZR 283/51, LM § 611 BGB Nr 3). **Grenzen der Abdingbarkeit** ergeben sich aus dem Sinn und Zweck der Vorschrift, die einen gerechten Ausgleich der widerstreitenden Interessen herbeiführen will (Rechtsgedanke § 242). Die Abdingbarkeit scheidet aus, wenn damit unmittelbar oder mittelbar zwingendes ArbR unterlaufen wird (ErfK/*Müller-Glöge* § 628 Rn 46; anders Staudinger/*Preis* § 628 Rn 14). Eine Abweichung von der Dispositivnorm darf nur soweit gehen, dass der Gerechtigkeitsgehalt der gesetzlichen Vorschrift durch die Alternativregelung nicht gravierend vereitelt wird (BGH 4.6.1970, VII ZR 187/68, NJW 1970, 1596 für AGB iRd § 628 I 1). Anstatt des § 628 I können in diesem Rahmen zB die Rechtsfolgen des § 649 vereinbart werden. Die Pauschalierung von Schadensersatzansprüchen ist zulässig (HWK/*Sandmann* § 628 Rn 9), sie unterliegt der richterlichen Billigkeitskontrolle wie die Vertragsstrafen, § 309 Nr 5. Ebenso ergeben sich für durch AGB gestaltete Arbeitsverhältnisse Beschränkungen gem § 310 IV 2 hins des Verbots unangemessen hoher Vergütungen (§ 308 Nr 7a) und der Pauschalierung von Schadensersatzansprüchen (§ 309 Nr 5).

3 **III. Anwendungsbereich und Sonderregelungen.** § 628 ist anwendbar auf **alle Dienst- und Arbeitsverhältnisse** (BAG 8.8.2002, 8 AZR 574/01, EzA § 628 BGB Nr 21), auch im Fall einer Kdg vor Dienstantritt (ArbRBGB/*Corts* § 628 Rn 4). Nicht anwendbar ist diese Vorschrift, soweit im Bereich des ArbR **Sonderregelungen** bestehen, wie bei Berufsausbildungsverhältnissen (gem § 23 BBiG, vgl KR/*Weigand* §§ 21–23 BBiG Rn 131 ff; s LAG Düsseldorf 26.6.1984, 8 Sa 617/84, nv) und beim Handelsvertreter (vgl § 89a II HGB, der inhaltlich der Regelung in § 628 II entspricht; BGH 3.3.1993, VIII ZR 101/92, EzA § 89a HGB Nr 1). Bei Seeleuten findet die Regelung des § 628 II im Fall der berechtigten außerordentlichen Kdg neben § 70 SeemG Anwendung (§ 70 II SeemG; BAG 16.1.2003, 2 AZR 653/01, EzA § 242 BGB 2002 Kündigung Nr 3). Im Unterschied zu Berufsausbildungsverträgen sind Unterrichtsverträge als Dienstleistungsverträge anzusehen, auf die § 628 anwendbar ist: Erfüllt ein Weiterbildungsträger die vertraglich geschuldeten Leistungen unzureichend, können die Teilnehmer außerordentlich kündigen und Schadensersatz verlangen (OLG Hamburg 18.5.1998, 12 U 42/97, EzB aF § 626 BGB Nr 35). Zum Geltungsbereich des § 628 vgl auch Rdn 9 und Rdn 20.

1. Vertragsstrafe. Zu unterscheiden vom Schadensersatzanspruch gem § 628 II ist die Verwirkung 4 einer Vertragsstrafe (s.a. *Heinze* NZA 1994, 244). In Arbeitsverträgen (auch in TV oder BV, LAG Düsseldorf 7.12.1970, 10 Sa 756/70, DB 1971, 1017) werden oft Vereinbarungen getroffen, wonach der AN eine Vertragsstrafe zu zahlen hat, wenn er **schuldhaft die Arbeit nicht aufnimmt** (vgl *Bengelsdorf* BB 1989, 2390) oder die **Tätigkeit vertragswidrig beendet** (vgl *Popp* NZA 1988, 455). **Individuell vereinbarte Vertragsstrafenabreden** sind nach hM zulässig. Soweit es sich um einseitig vom AG vorformulierte, **standardisierte Arbeitsverträge** handelt, sind Vertragsstrafenklauseln für Fälle der Vertragsauflösung entspr der Rspr des BAG zulässig (BAG 27.5.1992, 5 AZR 324/91, EzA § 339 BGB Nr 8). Bei der Auslegung und Angemessenheitskontrolle gilt ein strenger Maßstab (BAG 23.1.2014 8 AZR 130/13 EzA-SD 12/2014, 8f.). Soweit die vorformulierten Vertragsstrafenbedingungen der Inhaltskontrolle gem §§ 305–309 unterliegen, sind gem § 310 IV 2 die im **ArbR geltenden Besonderheiten** angemessen zu berücksichtigen. Im Fall des Vertragsbruchs wegen vertragswidriger Beendigung vermag der AG kaum einen Schadensnachweis zu führen und verfügt über kein angemessenes Sanktionsmittel; denn ein AN kann zur Erbringung der Arbeitsleistung gem § 888 III ZPO nicht durch Zwangsgeld oder -haft angehalten werden. Allerdings sind vorformulierte Vertragsstrafenabreden **unwirksam** gem § 307 I 1 (eine Herabsetzung des Vertragsstrafenbetrages kommt nicht infrage), wenn sie – zB wegen des Missverhältnisses zwischen Pflichtverletzung und Höhe der Vertragsstrafe – den AN entgegen Treu und Glauben unangemessen benachteiligen. Die eine Vertragsstrafe auslösende Pflichtverletzung muss so **eindeutig beschrieben** sein, dass sich der Vertragspartner darauf einstellen kann (BAG 14.8.2007, 8 AZR 973/06, NJW 2008, 170; Anm. *Schramm* NJW 2008, 1494; BAG 18.8.2005, 8 AZR 65/05, EzA § 307 BGB 2002 Nr 6; KR/*Weigand* § 628 Rn 4 ff mwN).

Wenn im Arbeitsvertrag eine **Vertragsstrafe für den Fall des »Vertragsbruchs«** vereinbart ist, so umfasst der 5 Begriff des »Vertragsbruchs« nach allg Sprachgebrauch (zum Begriff des Arbeitsvertragsbruchs vgl *Stoffels* Vertragsbruch, S 7 ff) sowie seiner Verwendung in Rspr und Lit das Verhalten des AN, wenn er die **Arbeit nicht aufnimmt** oder vor Ablauf der vereinbarten Vertragszeit oder ohne Einhaltung der Kündigungsfrist ohne rechtfertigenden Grund aus dem Arbeitsverhältnis ausscheidet (BAG 18.9.1991, 5 AZR 650/90, EzA § 339 BGB Nr 7).

Soll die Vertragsstrafe auch den Fall der vom AN **schuldhaft veranlassten vorzeitigen Beendigung des Arbeits-** 6 **verhältnisses** durch Kdg des AG umfassen, muss dies ausdrücklich vereinbart werden (BAG 18.9.1991, 5 AZR 650/90, EzA § 339 BGB Nr 7). Wird eine Strafe für den Fall der »vorzeitigen Beendigung des Vertrages« vorgesehen, so ist hierunter regelmäßig die rechtliche Beendigung, nicht jedoch die bloße Nichtleistung der vertraglich geschuldeten Leistung zu verstehen. Eine Vertragsstrafe, die für den Fall der rechtlichen Beendigung des Vertrages durch den AN versprochen wird, gilt auch dann nicht im Fall einer Kdg durch den AG, wenn die Kdg durch ein grob vertragswidriges Verhalten des AN veranlaßt ist (BAG 23.1.2014 8 AZR 130/13 EzA-SD 12/2014, 8f.). Unzulässig ist jede derartige Vereinbarung einer Vertragsstrafe, wenn sie gegen ein Gesetz verstößt, ein Berufsausbildungsverhältnis betrifft (§ 12 II Nr 2 BBiG) oder wenn sie das Kündigungsrecht des AN gem § 622 einschränkt (BAG 9.3.1972, 5 AZR 246/71, EzA § 622 BGB nF Nr 6).

Voraussetzung für eine ausreichende Bestimmtheit einer Vertragsstrafenvereinbarung ist auch, dass die zu 7 leistende Strafe ihrer Höhe nach klar und bestimmt ist (BAG 14.8.2007, 8 AZR 973/06, NJW 2008, 170; BAG 21.4.2005, 8 AZR 425/04, EzA § 309 BGB 2002 Nr 3). Wenn während der Probezeit eine 14-tägige Kündigungsfrist vorgesehen ist, dann erscheint eine Vertragsstrafe in Höhe eines Monatslohnes für einen in der Nichteinhaltung dieser Kündigungsfrist liegenden Vertragsbruch des AN unverhältnismäßig hoch iSv § 343 I 1 ZPO.

2. Entschädigung gem § 61 II ArbGG. Wenn bei vertragswidrigem Ausfall eines AN (zB durch über- 8 stürztes Verlassen des Arbeitsplatzes) der Schaden für den AG dem Grunde und der Höhe nach schwierig nachzuweisen ist, kann der AG gem § 61 II ArbGG auf Leistung der Arbeit klagen und den Antrag verbinden, den AN bei Nichtbefolgung zur Zahlung einer vom ArbG nach **freiem Ermessen festzusetzenden Entschädigung** – praktisch wie nach § 287 ZPO – zu verurteilen (Staudinger/*Preis* § 628 Rn 11). Ebenso kann der AN seinen klageweise geltend gemachten Beschäftigungsanspruch mit einem Entschädigungsanspruch gem § 61 II 1 ArbGG verknüpfen (ArbRBGB/*Corts* § 628 Rn 24; aA ArbG Wetzlar 8.12.1986, 1 Ca 343/86, NZA 1987, 536). Es handelt sich bei der Regelung gem § 61 II ArbGG nicht um eine eigenständige Anspruchsgrundlage hins eines zu ersetzenden Schadens, sondern um eine erleichterte Durchführung des dem Grunde nach bestehenden Schadensersatzanspruchs (GMP/*Germelmann* § 61 ArbGG Rn 36).

B. Vergütungsanspruch gem § 628 I. I. Allg Grundsätze. Wird ein Arbeitsverhältnis rechtswirksam 9 aufgelöst – sei es durch eine einseitige Kdg, durch eine Parteivereinbarung oder einen anderen auflösenden

§ 628 BGB Teilvergütung und Schadensersatz bei fristloser Kündigung

Grund –, so hat der AN einen **Vergütungsanspruch entspr seinen bisherigen Leistungen**. Wenn der AN die Beendigung durch sein Verhalten veranlasst hat oder selbst ohne wichtigen Grund das Vertragsverhältnis löst, mindert sich sein Vergütungsanspruch auf den **Wert, den die Teilarbeit für den AG hat**. Sind die Vergütungen vom AG bereits im Voraus geleistet worden, so hat der AN den zu viel gewährten Lohnanteil nach den Grundsätzen der ungerechtfertigten Bereicherung herauszugeben (§§ 812 ff). Diese allg Grundsätze (so auch Staudinger/*Preis* § 628 Rn 13) erfahren ihre ausdrückliche Regelung für die Fälle der außerordentlichen Kdg nach den §§ 626, 627 im § 628 I (BGH 26.1.1994, VIII ZR 39/93, NJW 1994, 1069, 1070; APS/*Rolfs* § 628 Rn 3). Allerdings tritt nach dieser Vorschrift eine **Haftungsverschärfung** für den AN ein, wenn er wegen eines von ihm zu vertretenden Grundes gekündigt wird oder selbst kündigt, ohne durch das Verhalten des AG dazu veranlasst worden zu sein: Für die im Voraus empfangenen Vergütungen haftet er nach den §§ 347, 987 ff unbedingt; er muss für den entspr Betrag Zinsen zahlen und kann sich nicht auf den Wegfall der Bereicherung berufen.

10 II. **Umfang und Bemessung des Vergütungsanspruchs (§ 628 I 1).** Der Vergütungsanspruch bezieht sich nur auf die »bisherigen Leistungen«, die der AN im Voraus für den AG erbracht hat (vgl § 614). Es handelt sich demnach nur um einen Vergütungsanteil entspr der anteiligen tatsächlichen Arbeitsleistung ggü der ursprünglich gedachten Gesamtleistung (HWK/*Sandmann* § 628 Rn 13). Allerdings kann die Zahlung der vollen Vergütung vereinbart werden (Soergel/*Kraft* § 628 Rn 3). Hins der **anteiligen Vergütungspflicht** kommt es nicht darauf an, welchen Wert der Leistungserfolg hat oder von welchem Interesse die Arbeitsleistung für den AG ist. Sondervorschriften hierzu finden sich für Seeleute in den §§ 65, 70 SeemG. Der Anspruch auf die Teilvergütung umfasst auch die **Natural- und Nebenvergütungen**. Auslagen sind, soweit berechtigt, voll zu ersetzen (ErfK/*Müller-Glöge* § 628 Rn 4).

11 Die »**bisherigen Leistungen**« bestehen bei Zeitlohn in der bis zur wirksamen Kdg abgeleisteten Arbeitszeit einschl der abzugeltenden Feiertage. Bei der Berechnung des anfallenden Teillohnes ist die Wahl zwischen **typisierender und konkreter Berechnung** möglich. Nach dem Prinzip des Monatsgehalts kann ein gleichbleibender Durchschnittswert als Berechnungsgrundlage genommen werden, wobei die im betreffenden Monat tatsächlich anfallenden Kalender-, Werk- und Arbeitstage unberücksichtigt bleiben (BAG 28.2.1975, 5 AZR 213/74, EzA § 191 BGB Nr 2; ErfK/*Müller-Glöge* § 628 Rn 5). Die konkrete Berechnungsmethode, wonach das monatliche Bruttogehalt durch die in dem betreffenden Monat tatsächlich anfallenden Arbeitstage geteilt und der sich danach ergebende Betrag mit der Anzahl der bis zur Vertragsbeendigung angefallenen Tage dieses Monats zu multiplizieren ist, kann den Interessen der Arbeitsvertragsparteien nahe kommen (BAG 14.8.1985, 5 AZR 384/84, EzA § 63 HGB Nr 38; sinngemäß so auch Sächs LAG 2.9.2011, 3 Sa 127/11; ArbRBGB/*Corts* § 628 Rn 7).

12 Neben der zeitlichen Dauer können die »**bisherigen Leistungen**« auch qualitative Aspekte wie die Schwierigkeit oder die bes Gefährlichkeit der Tätigkeit (Zulagen) umfassen, auch vorbereitende und nachbereitende Tätigkeiten, zB Dienstreisen. Erfolgt die Vergütung durch Akkordlohn, so ist wenigstens der versprochene Mindestsatz zu entrichten. IdR ist jedoch die bis zur wirksamen Kdg erbrachte tatsächliche (Stück-)Leistung quantitativ zu bestimmen und entspr zu vergüten.

13 Steht im Zeitpunkt der Kdg noch **fälliger Urlaub** aus, so kann der AN neben dem Urlaubsentgelt auch das vereinbarte Urlaubsgeld verlangen. **Provisionen** stehen dem AN auch dann zu, wenn der Tätigkeitserfolg erst nach Beendigung des Arbeitsverhältnisses eintritt (§§ 87, 87a HGB). **Gewinnbeteiligungen** können erst am Ende des Geschäftsjahres errechnet werden, sodass erst zu diesem Zeitpunkt der anteilige Betrag fällig wird. **Sonderzuwendungen** wie das 13. Monatsgehalt, die fest in das Vergütungsgefüge eingebaut sind, stehen dem AN als Entgelt anteilig seiner Beschäftigungszeit am Arbeitsjahr auch dann zu, wenn er sich im Zeitpunkt der Fälligkeit nicht mehr in den Diensten des AG befindet (BAG 8.11.1978, 5 AZR 358/77, EzA § 611 BGB Gratifikation, Prämie Nr 60; ArbRBGB/*Corts* § 628 Rn 8; aA LAG Düsseldorf [Köln] 19.11.1970, 3 Sa 189/70, DB 1970, 2376; Erman/*Belling* § 628 Rn 6). **Gratifikationen** als Sondervergütungen anlässlich betrieblicher Ereignisse oder von Festtagen kann der AN anteilig entspr seiner Tätigkeitsperiode im Betrieb verlangen, wenn sie ihm wie den anderen AN zustehen, ohne dass ihre Begründung gerade an den weiteren Bestand des Arbeitsverhältnisses anknüpft. Wenn dagegen mit der Gratifikation die Betriebstreue für den gesamten Bezugszeitraum honoriert werden soll, entfällt der Anspruch darauf in vollem Umfang mit Ausscheiden des AN vor dem Stichtag (BAG 27.10.1978, 5 AZR 139/77, EzA § 611 BGB Gratifikation, Prämie Nr 57). Liegt eine Vereinbarung über ein **Ruhegehalt** vor, so kann der AN neben den anteiligen Vergütungen auch die fälligen Leistungen aus dem Ruhegehaltsverhältnis verlangen.

14 III. **Minderung des Vergütungsanspruchs (§ 628 I 2).** Der Vergütungsanspruch kann sich gem den Voraussetzungen in I 2 vermindern. Trotz des Wortlauts ist dabei nicht zwingend eine wirksame

außerordentliche Kdg vorauszusetzen; denn nach der ratio legis des § 628 I 2 sind auch Fälle, in denen ein AN wichtige (persönliche) Gründe iSd § 626 zur Beendigung des Arbeitsvertrages hat, erfasst (Staudinger/*Preis* § 628 Rn 22 mit Verweis auf BAG 21.10.1983, 7 AZR 285/82, EzA § 628 BGB Nr 15; ArbRBGB/*Corts* § 628 Rn 9).

1. Kdg ohne Veranlassung (§ 628 I Alt 1). Es werden die Fälle angesprochen, in denen zB der AN ohne Berechtigung die Arbeit aufgibt, weil ihm die bisherige Tätigkeit nicht mehr zusagt oder er eine andere Arbeit aufnehmen will. Lehnt es zB der AG ab, einem Angestellten Prokura zu erteilen oder eine widerrufene Prokura zu erneuern, nachdem der Anlass für die Entziehung weggefallen ist, so rechtfertigt dies allein noch keine außerordentliche Kdg durch den Angestellten, es sei denn, es ist ihm nach den bes Umständen des Einzelfalles unzumutbar, das Arbeitsverhältnis ohne diese vorherige Rechtsstellung fortzusetzen (BAG 17.9.1970, 2 AZR 439/69, AP BGB § 628 Nr 5). Auch **objektive Gründe** wie Heirat, Auswanderung, Krankheit, Tod eines Angehörigen, soweit diese zur Beendigung der Tätigkeit führen, sind als Kündigungsanlässe anzusehen, die der AG keinesfalls zu vertreten hat (Staudinger/*Preis* § 628 Rn 23). Der AG hat eine Veranlassung iS dieser Vorschrift nur gegeben, wenn er eine schuldhafte (§§ 276, 278) Vertragsverletzung zu vertreten hat. Dabei kommt dem schuldhaften Verhalten des AG das seiner Erfüllungsgehilfen gem § 278 gleich. Der Begriff des schuldhaft vertragswidrigen Verhaltens hat die gleiche Bedeutung wie beim Schadensersatzanspruch gem § 628 II (s.a. Rdn 25 ff). 15

2. Veranlassung der Kdg durch vertragswidriges Verhalten (§ 628 I 2 Alt 2). Die außerordentliche Kdg durch den AG muss der AN durch ein von ihm zu vertretendes schuldhaftes vertragswidriges Verhalten veranlasst haben (s.a. Rdn 25 ff). Objektive Gründe (Rdn 15) können hier nicht berücksichtigt werden. Die **schuldhaften** Vertragsverletzungen können sich auf Haupt- und Nebenpflichten aus dem Arbeitsverhältnis beziehen, gleichwohl ob sie ausdrücklich vereinbart sind oder dem Vertragsverhältnis innewohnen (Staudinger/*Preis* § 628 Rn 25). Durch eine bes Abrede kann auch eine **unverschuldete** Vertragswidrigkeit für eine Vergütungsminderung ausreichen (Soergel/*Kraft* § 628 Rn 4). 16

3. Wegfall des Interesses. Die vom AN bis zum Ende seiner Tätigkeit erbrachten Leistungen haben für den AG dann kein Interesse, wenn sie für ihn wirtschaftlich nutzlos sind. Sowohl bei Zeitlohn- als auch bei Akkordlohnverhältnissen kommt es dabei auf den Einzelfall an, ob die vorzeitige Beendigung der Tätigkeit noch einen selbstständig verwertbaren Arbeitsanteil hervorbrachte. **Interesse bedeutet Vorteil oder Wert der Leistung für den AG** (BGH 7.6.1984, III ZR 37/83, LM § 628 Nr 7; Staudinger/*Preis* § 628 Rn 27). Soweit dem AG bes Unkosten entstehen, um das Stücklohnwerk fertigzustellen, kann er diese vom Gesamtakkordlohn in Abzug bringen. IdR dürfte aber bei normalen Arbeitsverhältnissen die erbrachte Leistung ihren eigenständigen wirtschaftlichen Wert für den AG haben; denn die Teilleistung kann durch die Tätigkeit eines anderen AN gewöhnlich fortgesetzt werden. Etwas anderes kann zB bei Forschungs- und Entwicklungs- sowie anderen wissenschaftlichen Tätigkeiten der Fall sein, bei denen die Teilleistung wertlos wird, weil ein neuer Mitarbeiter bereits erarbeiteten Wissensstand für sich selbst noch einmal nachvollziehen muss und der ausscheidende Mitarbeiter seine immateriellen Arbeitsergebnisse in Form von Spezialwissen bzgl eines zu entwickelnden Produkts »mitnimmt«. Zu den Leistungen iSd § 628 I 2 gehören nicht nur die geschuldeten Dienste im engeren Sinne, sondern auch alle vorbereitenden Tätigkeiten dazu. Soweit der AG sein »Interesse« an der Leistung iSd § 628 I 2 für die Ferienzeit eines Lehrers verneint, ist dem entgegenzuhalten, dass auch Lehrer während eines dem üblichen Erholungsurlaub entspr Zeitraums zu keinerlei Leistungen für den Dienstherrn verpflichtet sind und deshalb während dieses Zeitraums auch ein Interesse des Dienstherrn an diesen Leistungen nicht iSd § 628 I 2 entfallen kann (BAG 21.10.1983, 7 AZR 285/82, AP BGB § 628 Teilvergütung Nr 2 mit abl Anm *Weitnauer*, vgl dazu auch *Hanau* ZfA 1984, 578). Das Interesse ist weggefallen zB für die Probe eines Musikers oder Schaustellers, wenn es nicht mehr zur vereinbarten Darbietung der Leistung kommt (Soergel/*Kraft* § 628 Rn 4). 17

IV. Vorausgezahlte Vergütung (§ 628 I 3). Bei der Vorleistung der Vergütung ist der AN zur **Rückerstattung** des Betrages verpflichtet, der »für die spätere Zeit« bereits geleistet ist. Soweit es sich um Geld handelt, ist es mit Zinsen (vom Tage des Empfanges an) zurückzuerstatten, Naturalvergütungen sind einschließlich der Nutzungen zurückzugeben. Dies folgt aus den §§ 347, 987 ff, wenn die Kdg aus Gründen, die der AN zu vertreten hat, ausgesprochen wurde (BAG 3.10.1985, 2 AZR 601/84, nv). Dies gilt auch, wenn der AG einen anderen Beendigungsmodus wählt, zB die ordentliche Kdg oder einen Auflösungsvertrag schließt (*Hueck/Nipperdey* I, S 713). Wird dem AN gekündigt, ohne dass er die Umstände dafür zu vertreten hat, muss er die erlangte Bereicherung einschließlich der Nutzungen nach den Grundsätzen der §§ 812 ff zurückgewähren (HWK/*Sandmann* § 628 Rn 35). Danach ist der Betrag herauszugeben, um den der AN im Zeitpunkt der Kdg noch bereichert war, § 818 III (Palandt/*Weidenkaff* § 628 Rn 5). 18

19 **C. Schadensersatz (§ 628 II).** Nach Sinn und Zweck soll diese Vorschrift verhindern, dass der wegen eines Vertragsbruches zur fristlosen Kdg veranlasste Vertragsteil die Ausübung seines Kündigungsrechts mit Vermögenseinbußen bezahlen muss, die darauf beruhen, dass infolge der Kdg das Arbeitsverhältnis endet. Der **Kündigende soll so gestellt werden, als wäre das Arbeitsverhältnis ordnungsgemäß fortgeführt oder doch wenigstens durch eine fristgerechte Kdg beendet worden** (BAG 23.8.1988, 1 AZR 276/87, EzA § 113 BetrVG 1972 Nr 17 mwN). Somit ist der durch die Beendigung des Arbeitsverhältnisses entstehende Schaden zukunftsbezogen, der bis zur Aufhebung des Vertragsverhältnisses entstandene Schaden ist gem § 325 zu regulieren (vgl auch *Heinze* NZA 1994, 244). Der Schadensersatzanspruch nach § 628 II setzt grds eine berechtigte und auch wirksame Kdg (Rdn 21) voraus, die ihren Grund in dem vertragswidrigen schuldhaften Verhalten des anderen Vertragsteils hat (Rdn 25ff) und einen Schaden beim Kündigenden verursacht hat (Rdn 32 ff). Soweit der Ersatz anderer Schäden neben dem Beendigungsschaden infrage kommt (zB rechtliche Beratung, Umzugskosten), die aber auch mit der Beendigung zusammenhängen, können diese nicht nach § 628 II, sondern nach §§ 280 ff geltend gemacht werden.

20 **I. Kdg iSd § 628 II.** Die Regelung gilt für fristlose Kdg iSd § 626 und andere Beendigungsformen, sofern nur der andere Vertragsteil durch ein vertragswidriges schuldhaftes Verhalten den Anlass für die Beendigung gegeben hat (BAG 8.8.2002, 8 AZR 574/01, EzA § 628 BGB Nr 21 mwN). Das Auflösungsverschulden (Rdn 25 ff) muss den Merkmalen des **wichtigen Grundes iSd § 626 I** entsprechen (st Rspr, BAG 12.6.2003, 8 AZR 341/02, EzA § 628 BGB 2002 Nr 1). Unter dieser Voraussetzung bleibt der die Beendigung veranlassende Vertragspartner zum Schadensersatz auch dann verpflichtet, wenn das Arbeitsverhältnis im Wege der **Parteivereinbarung** aufgelöst wird (aA Palandt/*Weidenkaff* § 628 Rn 1). Allerdings muss sich in diesem Fall derjenige, der Rechte aus dem Auflösungsverschulden herleiten will, diese bei der Vereinbarung über die Auflösung des Arbeitsverhältnisses ausdrücklich vorbehalten (Staudinger/*Preis* § 628 Rn 41; HWK/*Sandmann* § 628 Rn 42; aA *Canaris* Anm zu AP BGB § 628 Nr 6; ArbRBGB/*Corts* § 628 Rn 34, der die Erkennbarkeit des vertragswidrigen Verhaltens als Beendigungsgrund ausreichen lässt). Fehlt dieser Vorbehalt, so kann der andere Teil die Einigung über die Auflösung dahin gehend verstehen, dass etwaige Rechte aus dem Auflösungsverschulden nicht mehr geltend gemacht werden sollen (BAG 10.5.1971, 3 AZR 126/70, EzA § 628 BGB Nr 1). Ebenso steht es dem Schadensersatzanspruch nicht entgegen, wenn **ordentlich gekündigt** wird (Erman/*Belling* § 628 Rn 23) oder das Arbeitsverhältnis durch Zeitablauf endet (aA ErfK/*Müller-Glöge* § 628 Rn 20; MüKo/*Henssler* § 628 Rn 66), und es von beiden Seiten ohne Widerspruch ua als den vertragsverletzenden Umständen fortgesetzt würde, sofern jeweils die Rechte aus dem Auflösungsverschulden ausdrücklich vorbehalten werden.

21 Liegt eine **fristlose Kdg** vor, so setzt der Schadensersatzanspruch gem § 628 II voraus, dass sie **berechtigt und wirksam erklärt ist**; sonst entfällt auch der Schadensersatzanspruch (BAG 15.6.1972, 2 AZR 345/71, EzA § 626 BGB nF Nr 14). Bei einer unwirksamen außerordentlichen Kdg können Ersatzansprüche nach allg Schadensersatzrecht (§ 280) infrage kommen (aA ArbG Köln 3.2.2000, 1 Ca 8005/99, EzA-SD 2001, 1, S 9).

22 Der Schadensersatzanspruch gem § 628 II setzt die **Wahrung der Zweiwochenfrist** gem § 626 II voraus (BAG 20.11.2003, 8 AZR 608/02, EzA § 628 BGB 2002 Nr 3; HWK/*Sandmann* § 628 Rn 48). Dies ergibt sich aus der Systematik der Regelungen gem §§ 626 und 628. IdR hat der Kdg gem dem Grds der Verhältnismäßigkeit eine Abmahnung durch den Kündigenden voranzugehen (BAG 26.7.2007, 8 AZR 796/06, EzA § 628 BGB 2002 Nr 6; BAG 20.11.2003, 8 AZR 609/02, EzA § 628 BGB 2002 Nr 3).

23 Üben **beide Vertragsteile** aufgrund **vertragswidrigen schuldhaften Verhaltens** des jeweils anderen berechtigt ihr Kündigungsrecht aus, so entfallen beiderseits Schadensersatzansprüche aus § 628 II (BAG 12.5.1966, 2 AZR 308/65, EzA § 70 HGB Nr 3; s.a. Rdn 31).

24 Wird das Arbeitsverhältnis nach unwirksamer außerordentlicher Kdg durch das ArbG gem § 9 KSchG aufgelöst, so besteht bis zum Zeitpunkt der gerichtlichen Beendigung die Entgeltzahlungspflicht des AG fort. In die Abfindung gem §§ 9, 10 KSchG gehen diese Vergütungsansprüche mit ein (KR/*Spilger* § 10 KSchG Rn 62). Für die Zeit nach Beendigung des Arbeitsverhältnisses können Schadensersatzansprüche auf Zahlung von Vergütungsbeträgen nicht mehr geltend gemacht werden; denn die Abfindung stellt eine »Entschädigung eigener Art« für die Auflösung des Arbeitsverhältnisses dar und soll pauschal die Vermögens- und Nichtvermögensschäden für den Verlust des Arbeitsplatzes ausgleichen (BAG 15.2.1973, 2 AZR 16/72, EzA § 9 KSchG nF Nr 1; ArbRBGB/*Corts* § 628 Rn 36).

25 **II. Auflösungsverschulden. 1. Vertragswidriges schuldhaftes Verhalten.** Die Kdg oder die andere Beendigungsform des Arbeitsverhältnisses muss durch ein vertragswidriges, schuldhaftes Verhalten (sog Auflösungsverschulden) des anderen Vertragsteils veranlasst worden sein. Ein **unmittelbarer Zusammenhang zwischen der Vertragsverletzung und der Beendigung muss gegeben sein.** Keinen Schadensersatzanspruch

begründet ein erst nach dem Kündigungszeitpunkt dem Kündigenden bekannt gewordener – zum Kündigungszeitpunkt bereits objektiv bestehender – wichtiger Grund (BAG 17.1.2002, 2 AZR 494/00, EzA § 628 BGB Nr 20). Aus dem Zusammenhang von § 628 I und II folgt, dass nicht jede geringfügige schuldhafte Vertragsverletzung, die Anlass für eine Beendigung des Arbeitsverhältnisses gewesen ist, die Folge des II nach sich zieht (BAG 20.11.2003, 8 AZR 608/02, EzA § 628 BGB 2002 Nr 3).

Unter **vertragswidrigem Verhalten iSd § 628 II** ist die von einer Vertragspartei zu vertretende, also idR 26 schuldhafte Vertragsverletzung zu verstehen (MüKo/*Henssler* § 628 Rn 55). Das Erfordernis des Auflösungsverschuldens (vgl BAG 10.5.1971, 3 AZR 126/70, EzA § 628 BGB Nr 1 mit Anm *Bernert* SAE 1972, 165) ergibt sich schon aus der Natur des Schadensersatzanspruchs in § 628 II. Schuldhaftes vertragswidriges Verhalten kann in den Umständen liegen, die einen – zu vertretenden – **wichtigen Grund** zur außerordentlichen Kdg gem § 626 I darstellen und die die Fortsetzung des Arbeitsverhältnisses unzumutbar machen (st Rspr, BAG 8.8.2002, 8 AZR 574/01, EzA § 628 BGB Nr 21 mwN). Nach dem Grds. der Verhältnismäßigkeit ist auch vom AN zu verlangen, den pflichtwidrig handelnden AG vor Ausspruch einer außerordentlichen Kdg wegen des »wichtigen Grundes« **abzumahnen**, es sei denn, dies wäre aussichtslos (BAG 26.7.2007, 8 AZR 796/06, EzA § 628 BGB 2002 § 628 Nr. 6).

Ein wichtiger Grund kann vorliegen, wenn dem AN eine **nicht vertragsgemäße Arbeit zugewiesen** wird 27 und der AG dabei die Grenzen des Direktionsrechts überschritten hat sowie eine Abmahnung ggü dem AG erfolglos bleibt (BAG 20.11.2003, 8 AZR 608/02, EzA § 628 BGB 2002 Nr 3). Werden dem Dienstverpflichteten die **Dienstbezüge** in erheblicher Höhe oder für einen längeren Zeitraum **vorenthalten**, berechtigt dies zur fristlosen Kdg (st Rspr, BAG 26.7.2007, 8 AZR 796/06, EzA § 628 BGB 2002 Nr 6; BAG 17.1.2002, 2 AZR 494/00, EzA § 628 BGB Nr 20; BAG 26.7.2001, 8 AZR 739/00, EzA § 628 BGB Nr 19 mit Anm *Krause*; Anm *Gamillscheg* SAE 2002, 123) und hat zur Folge, dass das Wettbewerbsverbot entfällt und Schadensersatz in Höhe der geschuldeten Vergütung verlangt werden kann (BGH 19.10.1987, II ZR 97/87, EzA § 628 BGB Nr 16; krit *Grunsky* Anm EWiR 1988, 249). Sog **Mobbing** durch den AG oder einen AN ggü einem anderen AN kann zur außerordentlichen Kdg mit anschließendem Schadensersatzanspruch gem § 628 II berechtigen (LAG Thüringen 15.2.2001, 5 Sa 102/00, NZA-RR 2001, 577; *Wickler* S 205 f). Fehlt es an einem wichtigen Grund, der den einen Vertragsteil zur fristlosen Kdg berechtigt, so scheidet ein Auflösungsverschulden ebenso wie das darauf gestützte Schadensersatzbegehren als unbegründet aus (BAG 11.2.1981, 7 AZR 12/79, EzA § 4 KSchG nF Nr 20). Denn aus dem Zusammenhang von § 628 I und II ergibt sich die gesetzliche Wertung, dass nicht jede geringfügige schuldhafte Vertragsverletzung, die Anlass für eine Beendigung des Arbeitsverhältnisses gewesen ist, die schwerwiegende Folge des § 628 II nach sich zieht (KDZ/*Däubler* § 628 Rn 13). Kein Auflösungsverschulden und damit kein wichtiger Grund liegt vor, wenn der AG die mit einem AN besetzte Stelle ausschreibt (LAG Rheinland-Pfalz 15.11.2005, 2 Sa 688/05).

Davon ist zu trennen das Verhalten einer Partei, das zur fristlosen Kdg gem § 626 I durch den anderen 28 Vertragsteil berechtigt, das aber **keine schuldhafte Vertragsverletzung** darstellt und folglich auch keine Schadensersatzpflicht nach sich zieht. Hat der eine Vertragsteil sein vertragswidriges Verhalten nicht verschuldet, ist es aber kraft Arbeitsvertrags von ihm zu vertreten, so steht diese Vertragswidrigkeit einer verschuldeten gleich. Eine unwirksame außerordentliche Kdg kann eine Vertragsverletzung sein (BAG 15.2.1973, 2 AZR 16/72, EzA § 9 KSchG nF Nr 1; BGH 14.11.1986, VII ZR 112/64, AP BGB § 628 Nr 4). Sie verpflichtet zum Schadensersatz dann, wenn der Kündigende die Unwirksamkeit der Kdg kannte oder bei gehöriger Sorgfalt hätte kennen müssen (§ 276 I 1 und 2) und daraus ein Schaden entsteht (BAG 24.10.1974, 3 AZR 488/73, EzA § 276 BGB Nr 32). Zum »rechtmäßigen Alternativverhalten« vgl Rdn 47–49.

Kündigt ein GmbH-Geschäftsführer von sich selbst aus fristlos, kann er Schadensersatz gem § 628 II nur 29 verlangen, wenn seine Kdg durch vertragswidriges Verhalten der Gesellschaft veranlasst worden ist. Die seiner Kdg vorausgegangene organschaftliche Ablösung des Geschäftsführers gem § 38 GmbHG stellt grds kein vertragswidriges Verhalten der Firma dar (BGH 28.10.2002, II ZR 146/02, EzA § 628 BGB 2002 Nr 2). Ein Weiterbeschäftigungsangebot des Betriebs auf einer unterhalb der Geschäftsführerposition angesiedelten, jedoch herausgehobenen und entspr dotierten Stelle beinhaltet auch kein vertragswidriges Verhalten der Gesellschaft (OLG Frankfurt 28.11.1980, 20 W 216/80, BB 1981, 265). Wird der Dienstnehmer vertragswidrig nicht zum Geschäftsführer bestellt, kann darin ein Auflösungsverschulden des Dienstgebers liegen. Dem Schadensersatzanspruch des Dienstnehmers gem § 628 II steht auch nicht entgegen, dass seine Bestellung zum Geschäftsführer gem § 38 I GmbHG jederzeit widerruflich ist (BAG 8.8.2002, 8 AZR 574/01, EzA § 628 BGB Nr 21).

30 **2. Mitverschulden.** Die Schadensersatzpflicht mindert sich nach den Grundsätzen des § 254, dessen Voraussetzungen vAw zu prüfen sind (BAG 18.12.1970, 1 AZR 177/70, EzA § 611 BGB Gefahrgeneigte Arbeit Nr 8), wenn ein Mitverschulden des Kündigenden vorliegt, sei es, weil der Kündigende selbst durch vertragswidriges Verhalten die schuldhafte Vertragsverletzung provoziert hat (ArbRBGB/*Corts* § 628 Rn 32; BAG 29.9.1958, 2 AZR 324/57, AP ArbGG 1953 § 64 Nr 17), sei es, weil der Ersatzberechtigte es unterlassen hat, den Schaden zu mindern oder gar abzuwenden (s.a. Rdn 42).

31 **3. Vertragswidriges Verhalten beider Parteien.** Wird eine Partei durch schuldhaft vertragswidriges Verhalten des anderen Teils zur Kdg des Arbeitsverhältnisses veranlasst, so ist dieser dann nicht zum Ersatz des durch die Aufhebung des Arbeitsvertrages entstandenen Schadens verpflichtet, wenn er selbst wegen eines ebenfalls schuldhaften vertragswidrigen Verhaltens der Gegenpartei hätte kündigen können. Hier **entfallen die wechselseitigen Schadensersatzansprüche**, auch wenn die beiderseitigen Kündigungsgründe nicht miteinander zusammenhängen (BAG 12.5.1966, 2 AZR 308/65, EzA § 70 HGB Nr 3 mit Anm *E Wolf* AP HGB § 70 Nr 9; ErfK/*Müller-Glöge* § 628 Rn 32). Einer zusätzlichen Kdg auch des anderen Vertragsteils bedarf es nicht. Auch § 254 kann hier keine Anwendung mehr finden.

32 **III. Schaden. 1. Allg Grundsätze.** Es ist grds der **tatsächliche Schaden** zu ersetzen, der dem Ersatzberechtigten durch die im Auflösungsverschulden des anderen begründete Beendigung des Arbeitsverhältnisses entstanden ist (Pauschalierung von Schadensersatzansprüchen, unterliegt der richterlichen Billigkeitskontrolle; *Bengelsdorf* BB 1989, 2390). Erfasst wird nur der **Ersatz von Vermögensschäden** (vgl § 253 II nF; HWK/*Sandmann* § 628 Rn 53). Der Schaden muss in einem unmittelbaren Zusammenhang mit der Auflösung des Vertrages stehen. Allerdings muss derjenige, der eine Vertragspflicht verletzt, nicht für alle schädigenden Folgen aufkommen, die in einem **adäquaten Kausalzusammenhang** zu dem vertragswidrigen Verhalten stehen. Vielmehr wird die Schadensersatzpflicht durch den Schutzzweck der verletzten Vertragsnorm begrenzt (BAG 26.3.1981, 3 AZR 485/78, EzA § 249 BGB Nr 14). Der Ersatz des Auflösungsschadens umfasst die Pflicht, den Anspruchsberechtigten so zu stellen, wie er bei Fortbestand des Arbeitsverhältnisses stehen würde (§§ 249, 252), denn der Anspruch aus § 628 II geht auf das **volle Erfüllungsinteresse** (BAG 8.8.2002, 8 AZR 574/01, EzA § 628 BGB Nr 21). Bei dem erforderlichen Vermögensvergleich (Rdn 33) sind sowohl die arbeitsvertraglichen Haupt- als auch die Nebenpflichten zu berücksichtigen (BAG 9.5.1975, 3 AZR 352/74, EzA § 628 BGB Nr 10). Ersatzfähig ist nur der nach Beendigung des Arbeitsverhältnisses entstandene Schaden, demggü ist der vor dem Auflösungsereignis entstandene Schaden gem § 325 geltend zu machen (vgl *Heinze* NZA 1994, 244). Zum Ersatz von fiktiven Kosten für eine nicht eingestellte Ersatzarbeitskraft s Rdn 51.

33 Der ersatzfähige Schaden nach der sog **Differenzmethode** wird durch die Differenz zwischen 2 Güterlagen bestimmt. Dem tatsächlichen durch das schädigende Ereignis eingetretenen Zustand ist der hypothetische ohne das schädigende Ereignis zu verzeichnende Güterzustand gegenüberzustellen (BAG 8.8.2002, 8 AZR 574/01, EzA § 628 BGB Nr 21). Allerdings wird die Differenzmethode durch den sog **normativen Schadensbegriff** korrigiert: Selbst wenn bei der Differenzrechnung keine Minderung des Vermögens erkennbar ist, kann durch normative Wertungen ein Schaden im Rechtssinne anerkannt werden (st Rspr BGH 30.11.1979, V ZR 214/77, NJW 1980, 775). Neben übrigen Grundsätzen des Schadensrechts wie der Vorteilsausgleichung (vgl Rdn 42) oder der abstrakten und konkreten Schadensberechnung (vgl Rdn 50) hat die Schadenszurechnung nach dem Schutzzweck der verletzten Norm bes Bedeutung für den Schadensersatzanspruch gem § 628 II (vgl Rdn 44, 49). Das Problem der hypothetischen Kausalität (Rdn 52) betrifft die Schadenszurechnung und Schadensberechnung.

34 **2. Zeitliche Begrenzung.** Die Schadensersatzpflicht unterliegt grds keiner Grenze (Staudinger/*Preis* § 628 Rn 45), zeitlich ist der Anspruch grds auf den dem AN **bis zum Ablauf der Kündigungsfrist einer fiktiven Kdg** entstehenden Vergütungsausfall begrenzt (BAG 22.4.2004, 8 AZR 269/03, EzA § 628 BGB 2002 Nr 4). **Kumulativ** hinzutreten kann eine dem Verlust des Bestandsschutzes ausgleichende angemessene Entschädigung entspr §§ 13 I 3, 10 KSchG (BAG 26.7.2001, 8 AZR 739/00, EzA § 628 BGB Nr 19 Anm *Krause*; Anm *Gamillscheg* SAE 2002, 123; vgl Rdn 40). Bei der Regelung gem § 628 II geht es laut Motiven zunächst nur um den **Ausgleich des sog Verfrühungsschadens**, da jeder der Vertragsteile – seinerzeit mangels Bestehens eines Kündigungsschutzes – immer mit einer ordentlichen Kdg rechnen muss. Der Ersatz des sog Verfrühungsschadens ist zu **ergänzen durch die Ansprüche des AN aus dem gesetzlichen Kündigungsschutz**, soweit diese im Einzelfall bestehen; denn der AN verzichtet durch seine Kdg gem § 626 – veranlasst durch das vertragswidrige Verhalten des AG – auf den durch die Kündigungsschutzbestimmungen eingeräumten Bestandsschutz. Nach den Entscheidungsgründen des BAG vom 26.7.2001 ist die Lage des wegen schuldhafter Vertragsverletzung des AG selbst kündigenden AN vergleichbar derjenigen des AN, dem ggü der AG eine unberechtigte Kdg ausgesprochen hat und der sodann seinerseits einen Auflösungsantrag stellt, da ihm die Fortsetzung des Arbeitsverhältnisses unzumutbar ist (vgl Rdn 40; ErfK/*Müller-Glöge* § 628 Rn 28).

Diese Grundsätze zur Ersatzpflicht sowohl des sog Verfrühungsschadens als auch kumulativ möglicher Ansprüche auf Abfindung für den Verlust des Arbeitsplatzes können auch auf AN mit **bes Kündigungsschutz** zB gem § 15 KSchG, § 9 MuSchG, §§ 85 ff, 91 SGB IX oder in Fällen tarifvertraglicher Unkündbarkeit angewandt werden (BAG 21.5.2008, 8 AZR 623/07, FA 2008, 379; ErfK/*Müller-Glöge* § 628 Rn 31). Findet das KSchG keine Anwendung, bildet der Ablauf der ordentlichen Kündigungsfrist für die AN-Ansprüche die zeitliche Grenze. Der Schadensersatzanspruch endet jedoch mit dem Zeitpunkt, in dem das Vertragsverhältnis wegen seiner Befristung in jedem Fall abgelaufen wäre und eine Verlängerung nicht vorgesehen war und wenn der AN schadlos gestellt ist und endgültig die Mittel für seinen Lebensunterhalt in einem anderen Betrieb erwirbt (ArbRBGB/*Corts* § 628 Rn 49; MüKo/*Henssler* § 628 Rn 72). 35

Die zeitliche Begrenzung des Schadensersatzanspruchs gem § 628 II ist dem Wortlaut der Norm nicht zu entnehmen. Nach dem Zweck der Norm soll dem Berechtigten aber **kein Anspruch auf den Ersatz eines »Endlosschadens«** zustehen, vielmehr soll der Kündigende nicht in einem unzumutbaren Vertragsverhältnis festgehalten werden müssen und daher nur den Ersatz des sog Verfrühungsschadens beanspruchen können, zumal dann immer mit einer fristgerechten Kdg des anderen Vertragspartners zu rechnen ist (BAG 22.4.2004, 8 AZR 269/93, EzA § 628 BGB 2002 Nr 4 mwN; BGH 3.3.1993, VIII ZR 101/92, EzA § 89a HGB Nr 1). 36

3. Schaden des AN. Der Ersatzanspruch des AN (vgl auch Rdn 10 ff) geht auf den Schaden, den er durch die in der Vertragsverletzung des AG begründete Auflösung des Arbeitsverhältnisses erlitten hat (zur zeitlichen Begrenzung s Rdn 34 ff). Grds richtet sich der vom AG gem § 628 II zu ersetzenden Schaden nach den §§ 249, 252, dh es ist das volle Interesse aus allen Haupt- und Nebenpflichten zu erfüllen (LAG Hamm 12.6.1984, 7 Sa 2264/83, NZA 1985, 159). Zunächst kann er den **Verlust seines Entgeltanspruchs** einschl aller bes Zuwendungen (BAG 8.8.2002, 8 AZR 574/01, EzA § 628 BGB Nr 21), der zu bezahlenden Feiertage gem EFZG (ArbG Marburg 1.7.1963, Ca 229/63, BB 1963, 1376), der Naturalvergütungen sowie der entsprechenden Tantiemen ersetzt verlangen (Staudinger/*Preis* § 628 Rn 52; HWK/*Sandmann* § 628 Rn 74). 37

Dem **Handelsvertreter**, dem ein bestimmter Bezirk oder Kundenkreis zugewiesen ist, stehen gem § 87 HGB die **Provisionen** auch für die Geschäfte zu, die ohne seine Mitwirkung mit Kunden in seinem Bezirk geschlossen worden sind, ebenso aus Geschäften, die während seines Arbeitsverhältnisses zustande gebracht und die erst nach Beendigung seiner Tätigkeit ausgeführt werden (§ 87 III HGB; ArbRBGB/*Corts* § 628 Rn 48). 38

Zum erstattungsfähigen **Schaden des AN** können der durch die Abwertung einer Währung entstandene Verzugsschaden (Dollarabwertung: LAG Hamburg 2.8.1971, 2 Sa 60/71, DB 1972, 1587), zustehende Gewinnanteile am Betriebsertrag (sobald sie zum Geschäftsjahresabschluss ausgerechnet sind) sowie entstandene Ruhegeldansprüche und Sonderzuwendungen wie Gratifikationen (schon vor dem für die Gratifikation maßgebenden Zeitpunkt) gehören (*Hueck/Nipperdey* I, S 312, Fn 63). Ist ein Arbeitsverhältnis durch Gerichtsurteil bei Festsetzung einer Abfindung gem §§ 9, 10 KSchG aufgelöst worden, so ist als Schadensposition der Verlust der Anwartschaft auf die betriebliche Altersversorgung bei der Festsetzung der Abfindung zu berücksichtigen; er ist daneben nicht gem § 628 II erstattungsfähig (BAG 12.6.2003, 8 AZR 341/02, EzA § 628 BGB 2002 Nr 1). Zum Schaden bei Nichtgewährung von Prokura vgl BAG 17.9.1970, 2 AZR 439/69, EzA § 626 BGB nF Nr 5. 39

Neben dem Entgeltanspruch zuzüglich aller bes Zuwendungen (s Rdn 37) beinhaltet der Schadensersatzanspruch nach § 628 II – kumulativ – einen angemessenen **Ausgleich für den Verlust des Arbeitsplatzes** nach Maßgabe der **Abfindungsregelung gem §§ 13 I 3, 10 KSchG** in entspr Anwendung, soweit das KSchG auf das Arbeitsverhältnis anwendbar ist. Es kommt nicht darauf an, ob unter Berücksichtigung der tatsächlichen Umstände eine Abfindung gezahlt worden wäre (BAG 26.7.2007, 8 AZR 796/06, EzA BGB 2002 § 628 Nr. 6). Die Höhe des Schadensersatzanspruchs bemisst sich insoweit nach § 10 KSchG. Damit soll der wirtschaftliche Verlust, der mit der Aufgabe des Arbeitsplatzes verbunden ist, angemessen ausgeglichen werden. Denn die Lage des wegen schuldhafter Vertragspflichtverletzung des AG selbst kündigenden AN ist derjenigen des selbst kündigenden AN vergleichbar, dem ggü der AG eine unberechtigte Kdg ausgesprochen hat und der seinerseits einen Auflösungsantrag stellt, weil ihm die Fortsetzung des Arbeitsverhältnisses unzumutbar ist (BAG 21.5.2008, 8 AZR 623/07; 20.11.2003, 8 AZR 608/02, EzA § 628 BGB 2002 Nr 3). Ein Entschädigungsanspruch für den Verlust des Bestandsschutzes setzt neben der Anwendbarkeit des KSchG auch voraus, dass der AG zum Zeitpunkt der AN-Kdg das Arbeitsverhältnis nicht selbst hätte kündigen können, also **kein Kündigungsgrund gem. § 1 Abs 2 KSchG** bestand. Denn der – hypothetische – Ausspruch 40 einer Kdg durch die für die Auflösung des Arbeitsverhältnisses verantwortliche Vertragspartei begrenzt den durch die Schadensersatzpflicht gewährleisteten Schutz. Der AG muss sich nicht auf die Kündigungsmöglichkeit berufen oder sie beweisen, da nach dem Schutzzwecke von § 628 Abs 2 BGB ein über den Verdienstausfall für die Dauer der Kündigungsfrist hinaus auszugleichender Schaden nicht besteht, wenn der AG ordentlich kündigen kann (BAG 26.7.2007, 8 AZR 796/06, EzA § 628 BGB 2002 Nr 6 mwN). Diese Möglichkeit liegt zB beim AG schon vor, wenn die Umstände einer Betriebsstilllegung greifbare Formen angenommen haben und bis zum Ablauf der einzuhaltenden Kündigungsfrist die Stilllegung durchgeführt sein wird (BAG 21.5.2008, 8 AZR 623/07, FA 2008, 379).

41 Schließlich steht dem AN auch **Ersatz der Aufwendungen** zu, die ihm aufgrund der unerwarteten Suche eines neuen Arbeitsplatzes entstehen, einschl der Kosten für eine notwendige Ortsveränderung (zB Umzugskosten; MüKo/*Henssler* § 628 Rn 79; aA Soergel/*Kraft* § 628 Rn 7). Im Fall der Arbeitslosigkeit nach Auflösung des Arbeitsverhältnisses kann der AN vom AG gem § 628 I Ersatz von Unterstützungsleistungen, die ihm die BA nach dem SGB III nicht gewährt, verlangen (ArbRBGB/*Corts* § 628 Rn 56 und 60; Staudinger/*Preis* § 628 Rn 53).

42 Nach den Grundsätzen des § 254 muss der AN sich anrechnen lassen, was er durch die Beendigung des Arbeitsverhältnisses erspart (**Vorteilsausgleichung**) oder durch anderweitige Verwendung seiner Arbeitskraft erwirbt oder zu erwerben schuldhaft unterlässt (BAG 17.9.1970, 2 AZR 439/69, EzA § 626 BGB nF Nr 5; HWK/*Sandmann* § 628 Rn 76). Hierbei reicht jede Fahrlässigkeit, die Unterlassung braucht nicht böswillig zu sein (§ 615 gilt hier nicht). Die schuldhafte Nichtwahrnehmung anderer Verdienstmöglichkeiten ist im Prozess vom AG zu beweisen. Einen erzielten Neuverdienst durch anderweitige Verwertung der Arbeitskraft muss sich der AN auf den gesamten Abgeltungszeitraum anrechnen lassen, er bleibt nicht auf die Zeitperiode beschränkt, während der er verdient. Hins der Höhe des Schadensersatzes ist das beiderseitige Verschulden gegeneinander abzuwägen und zu schätzen. Eine Minderung des Schadensersatzanspruchs tritt auch ein, wenn das vertragswidrige Verhalten des AG, das zur Beendigung des Arbeitsverhältnisses führte, vom AN provoziert wurde (zB Beleidigung, nachdem der AN dazu gereizt hat). Steht dem vertragswidrigen Verhalten des AG ein ebensolches des AN ggü, so entfällt der Schadensersatzanspruch völlig; denn hier findet § 254 keine Anwendung (s Rdn 30).

43 **4. Schaden des AG.** Ebenso wie der AN kann der AG den **vollen Schaden** (zur zeitlichen Begrenzung s Rdn 34–36) verlangen, soweit er durch das Auflösungsverschulden des AN entstanden ist. Dabei hat er gem § 276 Vorsatz und Fahrlässigkeit zu vertreten. Beruft sich der AN wegen seines vertragswidrigen Verhaltens auf einen Rechtsirrtum, so entfällt das Verschulden nur, wenn der Irrtum nicht fahrlässig bestand. Dem AG steht kein Schadensersatzanspruch zu, wenn der Schaden nicht auf ein Verschulden des AN zurückgeht, sondern als Schadensursache zB die Krankheit eines iÜ die Arbeit verweigernden AN gilt; denn während krankheitsbedingter Arbeitsunfähigkeit besteht keine Arbeitspflicht (BAG 5.10.1962, 1 AZR 51/61, AP BGB § 628 Nr 2 verneint hier die hypothetische Kausalität). Der Schadensersatzanspruch des AG mindert sich gem § 254, wenn er es schuldhaft unterlässt, den entstehenden Schaden gering zu halten (indem er zB rasch eine Ersatzkraft einstellt) oder gänzlich abzuwenden. Entsteht ein Schaden durch das vertragswidrige Verhalten mehrerer AN zB als Betriebsgruppe, haftet nicht jeder Einzelne als Gesamtschuldner für den gesamten Schaden (Staudinger/*Preis* § 628 Rn 56). Eine **gesamtschuldnerische Haftung** kommt nur bei entspr vertraglicher – ausdrücklicher oder auch konkludenter – Vereinbarung (BAG 30.5.1972, 1 AZR 427/71, EzA § 4 TVG Ausschlussfristen Nr 16) und bei bewusstem und gewolltem Zusammenwirken der einzelnen Schädiger in Betracht (ArbRBGB/*Corts* § 628 Rn 46).

44 Bei der Beurteilung der Schadensersatzpflicht ist vom Schutzzweck der verletzten Vertragsnorm auszugehen (s Rdn 32). Grds kann der AG nur dann Ersatz von Schäden bei Vertragsbruch des AN verlangen, wenn die dadurch verursachten Kosten bei vertragstreuem Verhalten des AN vermeidbar gewesen wären (BAG 26.3.1981, 3 AZR 485/78, EzA § 249 BGB Nr 14). Es muss demnach ein **Rechtswidrigkeitszusammenhang** zwischen dem Verhalten des Handelnden und dem entstandenen Schaden bestehen.

45 Zur **Ermittlung des Schadensumfangs** ist die gegenwärtige tatsächliche Vermögenslage mit derjenigen zu vergleichen, die ohne das vertragswidrige Ereignis eingetreten wäre (sog Differenzhypothese, *Stoffels* AR-Blattei SD, Arbeitsvertragsbruch Rn 134). Der Schaden kann zunächst in den entstandenen **angemessenen Mehrausgaben** durch die notwendige Fortsetzung der vom ausgeschiedenen AN unterbrochenen Arbeiten bestehen (LAG Berlin 27.9.1973, 7 Sa 59/73, BB 1974, 278). Als Aufwendungen kommen die **Mehrvergütungen für AN** in Betracht, die durch Überstunden die Arbeit des ausgeschiedenen AN verrichten (LAG Düsseldorf [Köln] 19.10.1967, 2 Sa 354/67, DB 1968, 90; MüKo/*Henssler* § 628 Rn 84) oder die als Ersatzkräfte mit vergleichsweise höheren Entgeltansprüchen eingestellt (LAG Berlin 27.9.1973, 7 Sa 59/73, DB 1974, 538) bzw als Leih-AN eingekauft werden (*Heinze* NZA 1994, 244). Wenn der AG die ausgefallene Arbeitskraft durch eigenen **überobligatorischen Arbeitseinsatz** kompensiert, kann er dafür Ersatz

verlangen (s.a. Rdn 51). Zum Schadensersatzanspruch bei Abordnung von AN einer anderen Filiale des gleichen Betriebs auf den vakanten Arbeitsplatz sowie bei Mehrleistung anderer AN durch höhere Beanspruchung vgl BAG 24.4.1970, 3 AZR 324/69, EzA § 60 HGB Nr 3. Die **Kosten wegen Stillstandes** einer vom AG gemieteten Maschine, die der ausgeschiedene AN bedient hat, sind zu ersetzen (*Frey* BB 1959, 744). Das Gleiche gilt für **Konventionalstrafen**, die der AG wegen Nichteinhaltung von Terminen zahlen muss, weil der AN vertragsbrüchig geworden ist (LAG Düsseldorf [Köln] 19.10.1967, 2 Sa 354/67, DB 1968, 90). Verliert der AG durch die vorzeitige Vertragsbeendigung den Konkurrenzschutz nach § 60 HGB, so muss der vertragsbrüchige AN für die dadurch verursachten Vermögenseinbußen des AG aufkommen (BAG 9.5.1975, 3 AZR 352/74, EzA § 628 BGB Nr 10; 23.2.1977, 3 AZR 620/75, BB 1977, 847 mit Anm *Hadding* SAE 1976, 219). Verstößt der Dienstverpflichtete gegen ein **Wettbewerbsverbot**, kann dies einen Schadensersatzanspruch gem § 628 II auslösen, aber der Dienstberechtigte darf deshalb nicht die Vergütung der Dienste verweigern (BGH 19.10.1987, II ZR 97/87, EzA § 628 BGB Nr 16; krit Anm *Schwerdtner* EWiR 1988, 249). Zum nachvertraglichen Wettbewerbsverbot bei Vertragsbruch vor Dienstantritt vgl BAG 3.2.1987, 3 AZR 523/85, EzA § 74 HGB Nr 50.

Die **Kosten für Zeitungsinserate**, mit denen der AG eine Ersatzkraft sucht, gehören in zulässigen und gebotenen Grenzen zu den nach § 249 ausgleichspflichtigen Schadensfolgen (BAG 26.3.1981, 3 AZR 485/78, EzA § 249 BGB Nr 14; vgl zu Rspr und Lit auch *Stoffels* AR-Blattei SD, Arbeitsvertragsbruch Rn 152 ff). Grds sollen die Inseratskosten bis zur Höhe eines Monatsbezugs des vertragsbrüchigen AN erstattungsfähig sein (Hess LAG 23.1.1980, 10 Sa 460/79, ARSt 1980, 169). 46

Die Kosten für die **Inanspruchnahme einer Unternehmensberatung** zur Wiederbesetzung des vakanten Arbeitsplatzes sind dann erstattungsfähig, wenn die Einschaltung einer Beratungsfirma notwendig ist (*Stoffels* AR-Blattei SD, Arbeitsvertragsbruch Rn 156). 47

Die Schadensersatzpflicht kann entfallen, wenn sich der AN auf ein **rechtmäßiges Alternativverhalten** beruft, weil die gleichen Kosten für Inserate auch bei einer vertragsmäßigen Auflösung des Arbeitsverhältnisses entstanden wären (BAG 26.3.1981, 3 AZR 485/78, EzA § 249 BGB Nr 14). Es bedarf keines Nachw, dass der AN von der vertraglich eingeräumten Kündigungsmöglichkeit fristgemäß Gebrauch gemacht hätte (BAG 23.3.1984, 7 AZR 37/81, EzA § 249 BGB Nr 16). 48

Auszugehen ist von der Begrenzung der Schadensersatzpflicht durch den Schutzzweck der verletzten Vertragsnorm. Schäden, die auch bei einem normgerechten Verhalten entstanden wären, fallen nicht in den Schutzbereich der verletzten Norm und scheiden als Schadensposition stets aus (ArbG Hagen 22.7.1980, 2 Ca 705/80, DB 1980, 2294). Tritt ein AN die Arbeit nicht an oder beendet er das Vertragsverhältnis überstürzt, so verletzt er die Vorschriften über die Kündigungsfristen. Der Schutzzweck dieser Normen reicht aber nur bis zum Ablauf der Kündigungsfrist; denn der Normzweck der im Arbeitsvertrag vereinbarten Kündigungsfristen erstreckt sich lediglich darauf, den AG vor einer vorzeitigen Arbeitsaufgabe des AN zu schützen (LAG Düsseldorf 29.4.1981, 6 Sa 193/81, ARSt 1981, 172). Die Kosten für die Suche eines Nachfolgers stehen dann im Rechtswidrigkeitszusammenhang mit dem Vertragsbruch, wenn sie bei vertragsgerechtem Verhalten vermeidbar gewesen wären. Nach der Entscheidung des BAG vom 26.3.1981 (3 AZR 485/78, EzA § 249 BGB Nr 14) ist das zB dann anzunehmen, wenn die Kündigungsfrist für eine innerbetriebliche Ausschreibung, Erfolg versprechende Umfragen in Fachkreisen oder ähnliche kostensparende Maßnahmen ausgereicht hätte. Nur der »Verfrühungsschaden« ist zu ersetzen (*Medicus* Anm AP BGB § 276 Vertragsbruch Nr 5). 49

Der AG kann Schadensersatz für **entgangenen Gewinn** verlangen (BAG 27.1.1972, 2 AZR 172/71, EzA § 628 BGB Nr 5; HWK/*Sandmann* § 628 Rn 66), wenn sich durch das Ausscheiden des AN Verdiensteinbußen ergeben. Soweit sich der Gewinnausfall nicht einfach durch Vorlage der Geschäftsbücher ermitteln lässt, gibt das Gesetz wegen der hier oft schwierig zu führenden Nachw für die Gewinnminderung mit § 252 BGB und § 287 ZPO Beweiserleichterungen sowohl für den Eintritt des Schadens (dh für die Annahme der sog haftungsausfüllenden Kausalität) als auch für die Höhe des Schadens. Danach reichen aus erstens Anhaltspunkte für die Wahrscheinlichkeit des Verdienstausfalls und zweitens Angaben des AG zur Schätzung der behaupteten Höhe der Verdienstminderung. Dies ergibt sich aus der Bedeutung von § 252 BGB und § 287 ZPO für den Umfang der Darlegungslast; denn nach den genannten Vorschriften mindern die Beweiserleichterungen auch die Darlegungslast derjenigen Partei, die Ersatz des entgangenen Gewinns verlangt, weil Darlegungs- und Beweislast einander entsprechen (*Wieczorek* § 287 Anm D). Es bedarf nicht der Prüfung, obschon allein der Ausfall der Arbeitskraft des AN ohne Rücksicht auf die konkreten wirtschaftlichen Auswirkungen auf den Betrieb des AG ein messbarer Vermögensschaden ist, sondern nach der abstrakten Schadensberechnung geht es nicht um die Ermittlung des unmittelbaren Wertes der Arbeitsleistung des AN, sondern um deren weitere Vorteile, deren Wert nach objektiven Kriterien zu bestimmen ist (BAG 27.1.1972, 2 AZR 172/71, EzA § 628 BGB Nr 5). 50

51 **Verrichtet der AG die Arbeit des ausgeschiedenen AN selbst,** weil er keine Ersatzkraft gefunden hat und Geschäftseinbußen verhindern will (BAG 24.8.1967, 5 AZR 59/67, EzA § 249 BGB Nr 2), kann er den potenziellen Schaden, den er aber nur aufgrund eigener überobligatorischer Anstrengungen nicht erlitten hat, ersetzt verlangen. Der Anspruch ist allerdings auf die Differenz zwischen der Entgelthöhe des ersatzpflichtigen AN und dem Wert der Eigenleistung des AG zu beschränken (Staudinger/*Preis* § 628 Rn 51; Erman/*Belling* § 628 Rn 33). Abzulehnen ist dagegen der Schadensersatzanspruch, wenn der AG im Fall des im Auflösungsverschulden begründeten Ausscheidens des AN keine neue Ersatzkraft einstellt (so auch LAG Schleswig-Holstein 13.4.1972, 3 Sa 76/72, BB 1972, 1229; ArbRBGB/*Corts* § 628 Rn 44; aA Hess LAG 5.7.1966, 5 Sa 424/65, DB 1967, 212).

52 Dem AG steht kein Anspruch auf Schadensersatz wegen Nichtleistung der Arbeit in Bezug auf Erstattung des entgangenen Gewinns gem § 252 zu, wenn die Arbeitsleistung sowohl wegen Arbeitsverweigerung – was ein Auflösungsverschulden darstellen kann – als auch wegen gleichzeitiger Krankheit unterbleibt; denn solange ein AN krank ist, besteht keine Arbeitspflicht, mithin macht er sich für diese Zeit nicht schadensersatzpflichtig (BAG 5.10.1962, 1 AZR 51/61, AP BGB § 628 Nr 2 verneint hier die hypothetische Kausalität; krit dazu Anm *Brecher* ebenda).

53 **IV. Beweislastregeln.** Für das Begehren gem § 628 I 1 muss der AN darlegen und beweisen, dass der beanspruchte Teil der Vergütung seinen bisherigen Leistungen entspricht (HWK/*Sandmann* § 628 Rn 91). Die Voraussetzungen des § 628 I 2 muss der AG beweisen, nämlich die Kdg durch den AN, ohne dass dieser durch vertragswidriges Verhalten des AG dazu veranlasst wurde, oder das vertragswidrige Verhalten des AN, das den AG zur Kdg veranlasste, sowie den Wegfall des Interesses an der Arbeitsleistung des AN. Für den Rückerstattungsanspruch gem § 628 I 3 bzgl im Voraus entrichteter Vergütungen hat der AG die Beweislast für die Zahlung. Soweit es für den AN nur um die bereicherungsrechtliche Haftung geht, hat er sein Nichtvertretenmüssen in der Weise zu beweisen, als er die vom AG substanziiert darzulegenden Umstände für die außerordentliche Kdg zu widerlegen hat (Staudinger/*Preis* § 628 Rn 65). IRd Schadensersatzanspruchs gem § 628 II muss der Antragsteller das vertragswidrige Verhalten des anderen Teils und sein aus diesem Sachverhalt (kausal) folgendes Recht zur außerordentlichen Kdg (BGH 13.11.1997, III ZR 165/96, AP BGB § 628 Nr 12) sowie seinen dadurch verursachten Schaden auch in der geltend gemachten Höhe darlegen und beweisen (LAG Köln 21.7.2006, 4 Sa 574/06, NZA-RR 2007, 134), insb für die Zeit der potenziellen Fortsetzung der Tätigkeit, wenn das Vertragsverhältnis nicht aufgelöst worden wäre. Zur Anwendung des § 287 ZPO sowie den Beweiserleichterungen beim Anspruch auf entgangenen Gewinn gem § 252; s § 628 Rdn 50 (vgl auch ErfK/*Müller-Glöge* § 628 Rn 50).

54 **V. Rechtsnatur und Verjährung des Anspruchs.** Der Schadensersatzanspruch gem § 628 II ist zwar – soweit er auf Entgeltausfall des AN geht – kein echter Erfüllungsanspruch auf Entgelt, wird aber wie ein Entgeltanspruch der **Verjährungsfrist der §§ 195, 199** unterstellt (Staudinger/*Preis* § 628 Rn 57 f mwN zur Rspr; MüKo/*Henssler* § 628 Rn 88). Dieser Grundsatz gilt ebenso bei wiederkehrenden Vergütungsansprüchen, die aus ungerechtfertigter Bereicherung oder aus GoA geltend gemacht werden. Insoweit unterliegen die Schadensersatzansprüche auch den Pfändungs- und Aufrechnungsbeschränkungen (Erman/*Belling* § 628 Rn 69; MüKo/*Henssler* § 628 Rn 88).

55 **VI. Sozialversicherung. 1. Beitragspflicht.** Die Beitragspflicht zur Sozialversicherung wird an ein **bestehendes Arbeitsverhältnis geknüpft.** Daher sind Sozialversicherungsbeiträge auf Ersatzleistungen iSd § 628 II nicht zu entrichten (§ 14 SGB IV, § 342 SGB III; vgl auch KR/*Wolff* SozR Rn 97). Nach dem Grundsatz der Naturalrestitution ist der frühere AG gem § 249 S 1 verpflichtet, dem AN einen entsprechenden kranken- und rentenversicherungsrechtlichen Schutz zu finanzieren; im Fall der Arbeitslosigkeit ist entgehendes Arbeitslosengeld zu ersetzen (vgl ArbRBGB/*Corts* § 628 Rn 57).

56 **2. Anrechnung auf das Arbeitslosengeld.** Wird der AN nach der Auflösung des Arbeitsverhältnisses arbeitslos und beantragt Arbeitslosengeld, so kann ein Schadensersatz, den der AN gem § 628 II erhält oder zu beanspruchen hat, gem § 158 SGB III zum **Ruhen des Arbeitslosengeldes** führen; denn derartiger Schadensersatz ist eine der Abfindung ähnliche Leistung bzw Entlassungsentschädigung, die »wegen Beendigung des Arbeitsverhältnisses« gezahlt wird bzw beansprucht werden kann. Die Schadensersatzleistungen kompensieren entgangenen Lohn für den Zeitraum vom Ende des Arbeitsverhältnisses bis zum Ablauf der ordentlichen Kündigungsfrist und haben daher in gleicher Weise Lohnersatzfunktion wie eine Abfindung, mit der Arbeitsentgeltansprüche abgefunden werden. Steht dem Arbeitslosen neben einer Abfindung ein Schadensersatzanspruch gem § 628 II zu, so sind beide zu einer nach der Regelung gem § 158 I SGB III zu berücksichtigenden »Gesamtabfindung« zusammenzurechnen (BSG 13.3.1990, 11 RAr 107/89, EzA § 117

AFG Nr 7). Nicht anders zu behandeln sind Schadensersatzansprüche nach § 113 S 3 InsO (vgl KR/*Wolff* § 158 II Nr 2 SGB III Rn 22).

VII. Schadensersatzanspruch gem § 628 II in der Insolvenz des AG. Der Schadensersatzanspruch des 57 AN gem § 628 II ist mit dem Inkrafttreten der InsO nur in den Fällen eine sonstige Masseverbindlichkeit gem § 55 I InsO, wenn er durch eine Handlung des Insolvenzverwalters verursacht wurde. IÜ kann der AN Schadensersatzansprüche nur als Insolvenzgläubiger gem § 38 InsO geltend machen (BAG 22.10.1998, 8 AZR 73/98, nv). Der Schadensersatzanspruch gem § 628 II ist nicht insolvenzgeldfähig (§ 166 I Nr 1 SGB III).

§ 629 Freizeit zur Stellungssuche
Nach der Kündigung eines dauernden Dienstverhältnisses hat der Dienstberechtigte dem Verpflichteten auf Verlangen angemessene Zeit zum Aufsuchen eines anderen Dienstverhältnisses zu gewähren.

Übersicht	Rdn.			Rdn.
A. Normzweck	1	V. Gewährung angemessener Zeit		8
B. Anspruchsvoraussetzungen	2	C. Entgeltanspruch		9
I. Dauerndes Dienstverhältnis	2	I. Fortzahlung des Entgelts		9
II. Kdg	4	II. Vorstellungskosten		10
III. Verlangen der Freistellung	5	D. Durchsetzung des Freistellungsanspruchs		11
IV. Aufsuchen anderer Beschäftigung	7	E. Darlegungs- und Beweislast		12

A. Normzweck. Zum Ende eines Dienst- bzw Arbeitsverhältnisses gebietet es die Fürsorgepflicht des 1 Dienstberechtigten bzw des AG, die Anstrengungen des Dienstverpflichteten bzw AN bei der Suche nach einer Anschlussbeschäftigung durch Gewährung der erforderlichen Freistellung von den Dienst- bzw Arbeitspflichten zu fördern. Der mögliche Rückgriff auf den Urlaubsanspruch ist idR nicht angemessen, da dieser zunächst Erholungszwecken dient und oftmals schon erfüllt ist (Staudinger/*Preis* § 629 Rn 2). Die Regelung gem § 629 ist nicht abdingbar, soweit es um den Freistellungsanspruch dem Grunde nach geht (zur Bestimmung iE s Rdn 8, 9).

B. Anspruchsvoraussetzungen. I. Dauerndes Dienstverhältnis. Die Norm betrifft Dienst- und Arbeits- 2 verhältnisse sowie Berufsausbildungsverhältnisse (§ 10 II BBiG). Dauernd ist das Vertragsverhältnis (s.a. §§ 617 I, 627, 630), wenn es für einen längeren Zeitraum vereinbart oder eingegangen ist. Erst die Herausbebung der Merkmals der Dauer eines Arbeitsverhältnisses begründet die Pflicht des AG, auf die Interessen des AN an der Suche nach einem anderen Arbeitsplatz durch Gewährung der erforderlichen Freistellung Rücksicht zu nehmen. Wenn schon nach kurzer Dauer des Vertragsverhältnisses mit einem Arbeitsplatzwechsel zu rechnen ist, scheidet der Freistellungsanspruch gem § 629 aus (HWK/*Sandmann* § 629 Rn 2). Bei befristeten und bei Aushilfsarbeitsverhältnissen ist der Anspruch gem § 629 nur berechtigt, wenn sie 3 nicht nur kurzfristig eingegangen sind. Zuzubilligen ist dem AN der Freistellungsanspruch schon während der Probezeit bei einem unbefristeten Arbeitsverhältnis (ErfK/*Müller-Glöge* § 629 Rn 5; Staudinger/*Preis* § 629 Rn 7). Dagegen steht Teilzeitbeschäftigten der Freistellungsanspruch nur zu, wenn die Stellensuche aus zwingenden Gründen, die der AN dem AG nachzuweisen hat, nur während der Arbeitszeit möglich ist (MüKo/*Henssler* § 629 Rn 7).

II. Kdg. Mit dem Zugang der Kündigungserklärung entsteht der Freistellungsanspruch unabhängig 4 davon, ob der AG oder der AN die Kdg erklärt. Bei einer fristlosen Kdg stellt sich die Frage des Freistellungsanspruchs nicht, es sei denn, es gilt eine Auslauffrist. Der Anspruch besteht bei einer Änderungskündigung, soweit der AN das Änderungsangebot nicht kurzfristig annimmt (MüKo/*Henssler* § 629 Rn 9). Verbindet der AG mit der Kdg eine Wiedereinstellungszusage, bleibt der Anspruch gem § 629 unberührt (ErfK/ *Müller-Glöge* § 629 Rn 9). Bekundet der AG seine Absicht, das Arbeitsverhältnis auflösen zu wollen, sei es durch einseitige Kdg, sei es durch Aufhebungsvertrag (ggf mit Auslauffrist), und stellt er dem AN anheim, sich nach einem anderen Arbeitsplatz umzusehen, kommt eine entspr Anwendung des § 629 in Betracht (Staudinger/*Preis* § 629 Rn 11). Das Interesse des AN an einer beruflichen Veränderung begründet den Freistellungsanspruch nicht.

III. Verlangen der Freistellung. Die Pflicht zur Freistellung trifft den AG nur auf Verlangen des AN. Sei- 5 tens des AG bedarf es weder eines Hinweises noch eines Angebotes an den AN. Wann der AN zB während der Kündigungsfrist sein Verlangen erklärt, ist unerheblich. Sobald der AN sein Verlangen dem AG erklärt, ist der Freistellungsanspruch zwar fällig, aber dem AN obliegt es, den Zeitpunkt für die begehrte Freistellung so rechtzeitig anzumelden, dass sich der AG betriebsorganisatorisch darauf einstellen kann (ErfK/*Müller-Glöge* § 629 Rn 4 mwN). Auch den Grund und die voraussichtliche Dauer hat der AN dem AG anzugeben, nicht aber die Stelle, wo er eine Beschäftigung nachsucht.

6   Wenn dem AN bis zum Ablauf der Kündigungsfrist Erholungsurlaub gewährt ist, muss er ggü dem AG das Freistellungsverlangen gem § 629 gesondert und so rechtzeitig geltend machen, dass die Zweckbestimmung der Freizeitgewährung vor dem tatsächlichen Ende des Arbeitsverhältnisses geklärt wird; denn in Anspruch genommener Erholungsurlaub kann nicht nachträglich in Freistellung gem § 629 umgewandelt werden, um einen zusätzlichen Urlaubsabgeltungsanspruch zu erreichen (LAG Düsseldorf [Köln] 11.1.1973, 3 Sa 521/72, DB 1973, 676; ErfK/*Müller-Glöge* § 629 Rn 5; HWK/*Sandmann* § 629 Rn 10).

7   **IV. Aufsuchen anderer Beschäftigung.**   Der Zweck der Freistellung dient den erforderlichen Anstrengungen zur Erlangung einer neuen Beschäftigung. In erster Linie soll die Freistellung die Vorstellung des AN bei einem neuen AG ermöglichen. Aber auch die Vorsprache bei Einrichtungen, die eine neue Beschäftigung vermitteln können, zB Arbeitsagentur, gewerbliche Arbeitsvermittler und Personalberatungsunternehmen, sollen ebenso wie die Durchführung von berufsspezifischen Untersuchungen und Tests ermöglicht werden. IÜ sollen AG – unabhängig von der Regelung gem § 629 – gem § 2 II Nr 3 SGB III »AN vor der Beendigung des Arbeitsverhältnisses frühzeitig über die Notwendigkeit eigener Aktivitäten bei der Suche nach einer anderen Beschäftigung sowie über die Verpflichtung unverzüglicher Meldung bei der Agentur für Arbeit informieren, sie hierzu freistellen und die Teilnahme an erforderlichen Qualifizierungsmaßnahmen ermöglichen.«

8   **V. Gewährung angemessener Zeit.**   Zeitpunkt und -umfang der Freistellung erfolgen idR durch einseitige Leistungsbestimmung des AG, § 315. Hins des Zeitpunktes, zu dem ein AN zB bei einem anderen AG zur Vorstellung eingeladen ist, muss idR von einer stärkeren Bindung des AG an das Verlangen des AN ausgegangen werden (ErfK/*Müller-Glöge* § 629 Rn 7), da sonst der Zweck der Regelung gem § 629 leerlaufen könnte. Beim Umfang der Freistellung sind die Interessen des AG am störungsfreien Betriebsablauf einerseits und des AN an guten Voraussetzungen bei der Aufsuche den neuen AG andererseits zu berücksichtigen und abzuwägen (MüKo/*Henssler* § 629 Rn 7). Daher beschränkt sich der Freistellungsanspruch nicht auf den unbedingt notwendigen Mindestzeitraum, sondern es ist die dem Zweck entspr ausreichende Freizeit zu gewähren. Bedarf es zB zur Wahrnehmung eines Vorstellungstermins einer Anreise an einen entfernten Ort, ist auch der dafür erforderliche Zeitraum nicht zu knapp zu berechnen. Zum Merkmal der angemessenen Zeit können einzel- und kollektivvertragliche Abreden getroffen werden. Bei einer tarifvertraglichen Regelung kann idR auch für nicht tarifgebundene Parteien von ihrer Richtigkeitsgewähr ausgegangen werden (Erman/*Belling* § 629 Rn 5).

9   **C. Entgeltanspruch. I. Fortzahlung des Entgelts.**   Mangels einer Regelung in § 629 selbst ist für den Zeitraum der Freistellung der Anspruch auf EFZ gem § 616 zu beurteilen. Danach ist das Entgelt während der Freistellung fortzuzahlen, wenn sie verhältnismäßig nicht erhebliche Zeit in Anspruch nimmt. Dieser Maßstab entspricht nicht dem Merkmal der angemessenen Zeit gem § 629, das im Einzelfall zu einem umfänglicheren Anspruch auf zeitliche Freistellung als auf EFZ führen kann (BAG 13.11.1969, 4 AZR 35/69, EzA § 616 BGB Nr 5). Wegen der Abdingbarkeit der Regelung gem § 616 kann einzel- oder tarifvertraglich die EFZ für die Freistellung gem § 629 ausgeschlossen werden. Werden in einem TV ausdrücklich Einzelfälle der EFZ gem § 616 geregelt, ist sie für den Fall des § 629 auch nicht zwingend ausgeschlossen, wenn der Freistellungsgrund des § 629 nicht erwähnt ist. Es bedarf im Einzelfall der Auslegung der TV-Norm (BAG 13.11.1969, 4 AZR 35/69, EzA § 616 BGB Nr 5; HWK/*Sandmann* § 629 Rn 16; ErfK/*Müller-Glöge* § 629 Rn 12; Staudinger/*Preis* § 629 Rn 23).

II. Vorstellungskosten.   Vom EFZ-Anspruch gegen den bisherigen AG sind Erstattungsansprüche der Vorstellungskosten ggü dem neuen AG zu unterscheiden. Nach den Regelungen entspr §§ 670, 662 hat der AG, der einen Bewerber zum persönlichen Vorstellungsgespräch einlädt, die notwendigen Aufwendungen ohne Rücksicht auf das Zustandekommen eines Arbeitsvertrages dem Bewerber zu erstatten (BAG 14.2.1977, 5 AZR 171/76, EzA 196 BGB Nr 3; ErfK/*Müller-Glöge* § 629 Rn 13). Wenn der neue AG die Kostenerstattung ausschließen will, muss er dies – idR im Einladungsschreiben – rechtzeitig ggü dem Bewerber erklären. Erstattungsfähig sind die objektiv notwendigen Kosten für Fahrt, Unterbringung und Verpflegung anlässlich des Vorstellungsgesprächs, wie sie der Bewerber nach sorgfältiger Prüfung der kostengünstigsten Möglichkeiten veranschlagen konnte. Anhaltspunkte zur Erstattungshöhe können sich nach steuerrechtlichen Grundsätzen oder Reisekostenrichtlinien des AG, bei dem sich der Bewerber vorstellt, ergeben. Abweichungen bedürfen der ausdrücklichen Zusage (zB für Flugkosten

ArbG Hamburg 2.11.1994, 13 Ca 24/94, NZA 1995, 428). Verdienstausfall des Bewerbers bei seinem bisherigen AG, weil dieser nicht gem § 616 fortzahlt (s Rdn 9), hat der neue AG nicht zu erstatten, es sei denn, er sagt dies zu. Das Risiko für den Verdienstausfall trägt der Bewerber idR selbst (Staudinger/ *Preis* § 629 Rn 26; BGB-AnwK/*Franzen* § 629 D II 2; aA ErfK/*Müller-Glöge* § 629 Rn 15; HWK/ *Sandmann* § 629 Rn 19).

D. Durchsetzung des Freistellungsanspruchs. Erfüllt der AG den Freistellungsanspruch unberechtigt 11 nicht, steht dem AN ein **Selbstbeurlaubungsrecht nicht** zu (HWK/*Sandmann* § 629 Rn 20), auch nicht qua Einrede gem § 273 oder qua Zurückbehaltungsrecht gem § 320 (MüKo/*Henssler* § 629 Rn 19 mwN; aA LAG BaWü 11.4.1967, 7 Sa 15/67, DB 1967, 1048). Die Ausübung eines Zurückbehaltungsrechts an der Arbeitsleistung gem § 273 ist umstr, denn dies darf nicht zur Erfüllung des Freistellungsanspruchs führen; seine praktische Bedeutung ist gering (ErfK/*Müller-Glöge* § 629 Rn 8; anders HWK/*Sandmann* § 629 Rn 21). Kündigt der AN fristlos gem § 626 wegen Nichtgewährung der Freistellung, können je nach Berechtigung der Kdg Schadensersatzansprüche gem § 628 II infrage kommen. Schließlich bleibt dem AN auch der Weg des einstweiligen Rechtsschutzes (*Dütz* DB 1976, 1480; HWK/*Sandmann* § 629 Rn 20).

E. Darlegungs- und Beweislast. Der AN hat die Voraussetzung für den Anspruch auf Freistellung iE 12 darzulegen und zu beweisen. Welcher Zeitraum gem § 629 für die Freistellung im Einzelfall angemessen ist, legt das Gericht nach Maßgabe des § 315 III fest.

§ 630 Pflicht zur Zeugniserteilung
¹Bei der Beendigung eines dauernden Dienstverhältnisses kann der Verpflichtete von dem anderen Teil ein schriftliches Zeugnis über das Dienstverhältnis und dessen Dauer fordern. ²Das Zeugnis ist auf Verlangen auf die Leistungen und die Führung im Dienst zu erstrecken. ³Die Erteilung des Zeugnisses in elektronischer Form ist ausgeschlossen. ⁴Wenn der Verpflichtete ein Arbeitnehmer ist, findet § 109 der Gewerbeordnung Anwendung.

§ 630 findet nur noch auf dauernde Dienstverhältnisse, **nicht auf Arbeitsverhältnisse Anwendung**. Durch 1 Gesetz vom 24.8.2002 (BGBl I S 3412) ist S 4 in § 630 eingefügt worden. Danach gilt für Arbeitsverhältnisse die Regelung gem § 109 GewO; vgl Kommentierung dort.

Zum Begriff des dauernden Dienstverhältnisses s.o. § 627 Rdn 3. Dienstverpflichtete, die einen sog 2 freien Beruf ausüben, haben nur im Einzelfall einen Anspruch auf ein Zeugnis (zB Privatlehrer). Normalerweise benötigen sie für die Anbahnung von neuen Dienstverhältnissen keine Dienstleistungszeugnisse (HWK/*Sandmann* § 630 Rn 2; ErfK/*Müller-Glöge* § 630 Rn 2). Die Regelung gem § 630 bleibt nur noch anwendbar auf AN-ähnliche Personen (§ 5 I 2 ArbGG) wie Heimarbeiter, Einfirmenvertreter nach § 92a HGB und GmbH-Geschäftsführer, die nicht zugleich Gesellschafter sind (ErfK/ *Müller-Glöge* § 630 Rn 2 mwN).

§ 666 Auskunfts- und Rechenschaftspflicht
Der Beauftragte ist verpflichtet, dem Auftraggeber die erforderlichen Nachrichten zu geben, auf Verlangen über den Stand des Geschäfts Auskunft zu erteilen und nach der Ausführung des Auftrags Rechenschaft abzulegen.

Soweit sich der Arbeitsvertrag zugleich als Geschäftsbesorgungsvertrag darstellt (dazu § 675 Rdn 1), trifft 1 den AN nach § 666 eine **umfassende Informations-, Auskunfts- und Rechenschaftspflicht** über seine Tätigkeit. Er muss den AG von sich aus über diese, etwa den Stand der Verhandlungen über den Abschluss eines Geschäfts, informieren, muss auf Verlangen Auskunft auch über die Einzelheiten seiner Tätigkeit geben und Rechenschaft über Einnahmen und Ausgaben ablegen. Dass sich der AN über eine Auskunft möglicherweise selbst belastet, steht der Auskunftspflicht nicht entgegen (BGH 30.4.1964, VII ZR 156/62, AP Nr 11 zu § 242 BGB Auskunftspflicht; LAG Berlin 13.6.1992, 9 Sa 21/92, LAGE § 242 BGB Auskunftspflicht Nr 4). Es besteht lediglich ein strafrechtl Verwertungsverbot, das mangels gesetzlicher Regelung richterrechtl aus dem von Art 2 I GG gebotenen Schutz des Persönlichkeitsrechts abzuleiten ist (BVerfG 13.1.1981, 1 BvR 116/77, NJW 1981, 1431). Dementspr sind insb auch Schmiergeldzahlungen dem AG auf Verlangen zu offenbaren. Über Fragen, die nicht seine eigene Arbeit, sondern die von Kollegen betreffen, hat der AN im Rahmen des Zumutbaren gem § 241 II Auskunft zu geben (LAG Düsseldorf 12.12.2005,10 TaBV 46/05). Zur Auskunfts- und Rechenschaftspflicht von Führungskräften: *Bröckner* Nebenpflichten und Haftung von Arbeitnehmern in Führungspositionen, 2012, S 102 ff.

§ 667 Herausgabepflicht
Der Beauftragte ist verpflichtet, dem Auftraggeber alles, was er zur Ausführung des Auftrags erhält und was er aus der Geschäftsbesorgung erlangt, herauszugeben.

1 Die Herausgabepflicht ist umfassend zu verstehen. Sie erstreckt sich nicht nur auf alle Geschäftsunterlagen (dazu BAG 14.12.2011, 10 AZR 283/10, EzA § 667 BGB 2002 Nr 2) und Arbeitsmittel (dazu LAG Rh-Pf 25. 3. 2014, 6 Sa 514/13, juris). Vielmehr erstreckt sich die Herausgabepflicht auf alle Vorteile, die dem AN aus der Geschäftsbesorgung zugeflossen sind. So hat der AN, der bei seiner vom AG finanzierten Dienstreise am Miles-and-More Programm einer Fluggesellschaft teilnimmt, die erworbenen Bonusmeilen für weitere Dienstflüge einzusetzen (BAG 11.4.2006, 9 AZR 500/05, EzA § 667 BGB 2002 Nr 1). Herauszugeben sind auch an den AN abgetretene Forderungen (LAG HH 7. 4. 2014, 7 Sa 52/11, juris), ihm zugeflossene Schmiergelder (LAG Nds 14.9.2003, 15 Sa 1610/03, LAGE § 667 BGB 2002 Nr 2; LAG Hamm 13.10.2010, 3 Sa 527/10). Obwohl das Zahngold Verstorbener herrenlos ist, kann der Krematoriumsbetreiber von seinen AN Herausgabe nach § 667 verlangen (BAG 21. 8. 2014, 8 AZR 655/13, EzA § 667 BGB 2002 Nr. 3).

2 Die Herausgabepflicht besteht auch nach Ende des Arbeitsverhältnisses fort. Die Klausel in einem Auflösungsvertrag, nach der alle wechselseitigen Ansprüche gegenseitig abgegolten sind, steht diesem Herausgabeanspruch nicht entgegen (BAG 14.12.2011, 10 AZR 283/10, EzA § 667 BGB 2002 Nr 2).

§ 670 Ersatz von Aufwendungen
Macht der Beauftragte zum Zwecke der Ausführung des Auftrags Aufwendungen, die er den Umständen nach für erforderlich halten darf, so ist der Auftraggeber zum Ersatz verpflichtet.

1 Überträgt der AG dem AN eine Tätigkeit, mit der für den AN Aufwendungen verbunden sind, sind diese dem AN nach § 670 zu ersetzen. Der Arbeitsvertrag stellt sich dann zugleich als Geschäftsbesorgungsvertrag iSd § 675 dar, auf den die Auftragsvorschriften entspr anzuwenden sind (dazu noch § 675 Rdn 1).

2 Zu den Aufwendungen, die zu ersetzen sind, gehören dabei einmal **im Zuge der Arbeitsleistung erwachsende Ausgaben**, etwa für im Unterricht zu verwendende Schulbücher (BAG 12.3.2013, 9 AZR 455/11, NZA 2013, 1086), für Fahrtkosten (für LeihAN LAG Hamm 30.06.2011, 8 Sa 387/11, LAGE § 4 TVG Ausschlussfrist Nr 38; LAG Niedersachsen 20.12.2013, 6 Sa 392/12 [im konkreten Fall wegen betrieblicher Übung verneint]), Benzin, Verpflegungsmehraufwand, Telefon oder Porto oder auch die Zurverfügungstellung im Eigentum des AN stehender Räumlichkeiten für Zwecke des AG (BAG 14.10.2003, 9 AZR 657/02, EzA § 670 BGB Nr 1); Aufwendungen für ein häusliches Arbeitszimmer unterfallen § 670 aber nur dann, wenn dem AN kein Arbeitsplatz im Betrieb zur Verfügung steht (BAG 12.4.2011, 9 AZR 14/10, EzA § 670 BGB 2002 Nr 5). **Kosten einer Fortbildung** können nach § 670 zu ersetzen sein, wenn der AN arbeitsvertraglich zur Fortbildung verpflichtet ist (BAG 18.9.1991, 5 AZR 161/91, nv).

3 § 670 gilt **auch für Schäden**, die der AN bei der Tätigkeit erleidet. Erledigt der AN auf Weisung des AG mit dem eigenen Pkw eine geschäftliche Besorgung und wird dabei schuldlos in einen Unfall verwickelt, hat er Anspruch auf Ersatz der Reparaturaufwendungen (BAG 22.6.2011, 8 AZR 102/10, EzA § 670 BGB 2002 Nr 6; LAG Rh-Pf 23.4.2013, 6 Sa 559/12, ZTR 2013, 463). Auch ohne ausdrückliche Weisung besteht dieser Anspruch dann, wenn ohne Einsatz des Fahrzeugs des AN der AG ein eigenes Fahrzeug hätte einsetzen müssen (BAG 23.11.2006, 8 AZR 701/05, NZA 2007, 870). Allerdings gelten diese Grundsätze nur bei Schäden, die der betrieblichen Risikosphäre zuzurechnen sind. Sein allg Lebensrisiko muss der AN selbst tragen. Insb muss er sich damit abfinden, dass an seiner Kleidung der übliche Verschleiß eintritt; insoweit kommt ein Ersatz nur bei außergewöhnlichen Schäden in Betracht (BAG 10.11.1961, GS 1/60, EzA § 670 BGB Nr 2). Auch Geldstrafen und Geldbußen sind keine ersatzfähige Aufwendung (ArbG Düsseldorf 22.12.2009, 7 Ca 8603/09, MedR 2010, 257). Zum Freistellungsanspruch des AN bei Schädigung eines Dritten s § 611 Rdn 447.

4 Zu ersetzen sind nach § 670 nur Aufwendungen, die der AN **für erforderlich halten durfte**. Dies hängt einerseits davon ab, ob er nach dem Arbeitsvertrag überhaupt zu eigenen Aufwendungen befugt war. Zum anderen kommt es darauf an, dass er bei der Aufwendung selbst die notwendige Sorgfalt beachtet hat. Bei Schäden, die der AN an eigenen Sachen erleidet, muss also der Einsatz vom AG gewünscht oder angezeigt gewesen sein. Außerdem darf den AN am Schaden kein Verschulden treffen, wobei ihm die Grundsätze zur Beschränkung der AN-Haftung zugutekommen und auch § 254 entspr anzuwenden ist (BAG 28.10.2010, 8 AZR 647/09, EzA § 670 BGB 2002 Nr 4; 22.06.2011, 8 AZR 102/10, EzA § 670 BGB 2002 Nr 6). Ein Ersatz scheidet aus, wenn der AN für das Unfallschadenrisiko eine besondere Vergütung

erhält (BAG 28.10.2010, 8 AZR 647/09, EzA § 670 BGB 2002 Nr 4) oder dies durch eine Wegstreckenentschädigung mit abgedeckt ist (LAG Düsseldorf 22. 10. 2014, 12 Sa 617/14, NZA-RR 2015, 219).
Bewerber um einen Arbeitsplatz haben Anspruch auf Ersatz ihrer Aufwendungen, zB für eine Vorstellung nur, wenn ihnen das ausdrücklich oder stillschweigend zugesagt worden ist. Von einer stillschweigenden Zusage der Reisekosten ist auszugehen, wenn der AG den AN zur Vorstellung aufgefordert hat (BAG 14.2.1977, 5 AZR 171/76, EzA § 196 BGB Nr 3). Flugreisen innerhalb Deutschlands, die teurer sind als die Bahn, darf der Bewerber regelmäßig nicht für erforderlich halten (ArbG Düsseldorf 15.05.2012, 2 Ca 2404/12, NZA-RR 2012, 488). 5

§ 675 Entgeltliche Geschäftsbesorgung
(1) Auf einen Dienstvertrag oder einen Werkvertrag, der eine Geschäftsbesorgung zum Gegenstand hat, finden, soweit in diesem Untertitel nichts Abweichendes bestimmt wird, die Vorschriften der §§ 663, 665 bis 670, 672 bis 674 und, wenn dem Verpflichteten das Recht zusteht, ohne Einhaltung einer Kündigungsfrist zu kündigen, auch die Vorschrift des § 671 Abs. 2 entsprechende Anwendung.
(2) Wer einem anderen einen Rat oder eine Empfehlung erteilt, ist, unbeschadet der sich aus einem Vertragsverhältnis, einer unerlaubten Handlung oder einer sonstigen gesetzlichen Bestimmung ergebenden Verantwortlichkeit, zum Ersatz des aus der Befolgung des Rates oder der Empfehlung entstehenden Schadens nicht verpflichtet.

In dem Maße, in welchem dem AN die Wahrnehmung der wirtschaftlichen Interessen des AG übertragen ist, stellt sich der Arbeitsvertrag zugleich als Geschäftsbesorgungsvertrag iSd § 675 I dar (BAG 21.9.1966, 1 AZR 504/65, NJW 1967, 414). Der AN ist dann gem § 666 zur Auskunft und Rechenschaft (s dazu § 666 Rdn 1) und gem § 667 zur Herausgabe des aus der Tätigkeit Erlangten an den AG (dazu § 667 Rdn 1) verpflichtet, kann von Weisungen abweichen, wenn er den Umständen nach von einer Billigung durch den AG ausgehen kann (§ 665), und hat Anspruch auf Aufwendungsersatz (dazu § 670 Rdn 1). 1

§ 687 Unechte Geschäftsführung
(1) Die Vorschriften der §§ 677 bis 686 finden keine Anwendung, wenn jemand ein fremdes Geschäft in der Meinung besorgt, dass es sein eigenes sei.
(2) ¹Behandelt jemand ein fremdes Geschäft als sein eigenes, obwohl er weiß, dass er nicht dazu berechtigt ist, so kann der Geschäftsherr die sich aus den §§ 677, 678, 681, 682 ergebenden Ansprüche geltend machen. ²Macht er sie geltend, so ist er dem Geschäftsführer nach § 684 Satz 1 verpflichtet.

Kassiert ein AN anlässlich der Vergabe von Aufträgen, mit der er betraut ist, **Schmiergelder**, hat er diese nach § 687 II iVm § 681 S 2, § 667 an den AG herauszugeben (BAG 14.7.1961, 1 AZR 288/60, EzA § 687 BGB Nr 1; Hess LAG 25.1.2008, 10 Sa 1195/06, ZInsO 2008, 1094). Dies gilt selbst dann, wenn er die Aufträge schon vor Beginn seines Arbeitsverhältnisses vorbereitet hatte (BAG 26.2.1971, 3 AZR 97/70, EzA § 687 BGB Nr 3). 1
Unabhängig von § 687 II liegt in der Annahme von Schmiergeldern auch eine Vertragspflichtverletzung, und zwar entgegen der Auffassung des BAG (24.9.1987, 2 AZR 26/87, EzA § 1 KSchG Verhaltensbedingte Kündigung Nr 18) auch dann, wenn sie nicht für eine vertraglich geschuldete Tätigkeit erfolgt, etwa in einer »Vermittlungsprovision« für eine Einstellungsempfehlung besteht (*Löwisch* Anm zu BAG aaO). 2
Erfolgt die Annahme von Schmiergeldern für eine unlautere Bevorzugung anderer **im Wettbewerb**, ist sie nach § 299 StGB strafbar. 3
Macht der AN unter Verletzung eines Wettbewerbsverbots eigene Geschäfte, gilt § 61 HGB (s Erl dort). 4

§ 779 Begriff des Vergleichs, Irrtum über die Vergleichsgrundlage
(1) Ein Vertrag, durch den der Streit oder die Ungewissheit der Parteien über ein Rechtsverhältnis im Wege gegenseitigen Nachgebens beseitigt wird (Vergleich), ist unwirksam, wenn der nach dem Inhalt des Vertrags als feststehend zugrunde gelegte Sachverhalt der Wirklichkeit nicht entspricht und der Streit oder die Ungewissheit bei Kenntnis der Sachlage nicht entstanden sein würde.
(2) Der Ungewissheit über ein Rechtsverhältnis steht es gleich, wenn die Verwirklichung eines Anspruchs unsicher ist.

§ 779 BGB Begriff des Vergleichs, Irrtum über die Vergleichsgrundlage

1 Ein Vergleich kann wirksam nur geschlossen werden, soweit die Dispositionsbefugnis der Arbeitsvertragsparteien reicht. Die Erklärung in einem Vergleichs- oder Aufhebungsvertrag, alle Ansprüche aus dem Arbeitsverhältnis seien erfüllt, umfasst deshalb nicht den gesetzlichen Mindesturlaub (BAG 20.1.1998, 9 AZR 812/96, EzA § 13 BUrlG Nr 57). Über Ansprüche aus BV kann nicht, über solche aus TV nur in einem von den TV-Parteien gebilligten Vergleich disponiert werden (§ 4 IV 1 TVG). Doch erstreckt sich die zwingende Wirkung von BV und TV nicht auf den sog **Tatsachenvergleich**, durch den nur der Streit oder die Ungewissheit über die tatsächlichen Voraussetzungen eines tariflichen Anspruchs beigelegt wird (s dazu § 4 TVG Rdn 33). Das BetrAVG verbietet weder einen Vergleich über tatsächliche Voraussetzungen eines Versorgungsanspruchs noch über das Bestehen von Versorgungsrechten (BAG 18.12.1984, 3 AZR 125/84, EzA § 17 BetrAVG Nr 2). Zulässig ist der vergleichsweise Verzicht auf die Erhebung der Kdg-Schutzklage nach erfolgter Kdg (BAG 3.5.1979, 2 AZR 679/77, EzA § 4 KSchG nF Nr 15), nicht aber schon bei Abschluss des Arbeitsvertrages oder während des Laufs des Arbeitsverhältnisses (vgl BAG 19.1.2005, 7 AZR 115/04, EzA § 17 TzBfG Nr 7).

2 Wie weit die Beseitigung des Streits oder der Ungewissheit reicht, ist eine Frage der **Auslegung des Vergleichs** im Einzelfall. Ein Vergleich, mit dem der Streit über die Beendigung eines Arbeitsverhältnisses beigelegt wird, ist idR umfassend gemeint. So erfasst eine allg Ausgleichsklausel in einem solchen Vergleich idR auch Ansprüche aus einem Wettbewerbsverbot (BAG 31.7.2002, 10 AZR 558/01, EzA § 74 HGB Nr 64; 22.10.2008, 10 AZR 617/07, EzA § 74 HGB Nr 70; einschränkend BAG 8.3.2006, 10 AZR 349/05, EzA § 74 HGB Nr 67), nicht aber Herausgabeansprüche (§ 667 Rdn 2). Die in einem Abfindungsvergleich vereinbarte Höhe der Abfindung kann nicht nachträglich als unangemessen in Frage gestellt werden (BAG 25.4.2013, 8 AZR 453/12, EzA § 138 BGB 2002 Nr 10).

3 § 779 betrifft nur den Fall, dass der von den Parteien als **feststehend** zugrunde gelegte Sachverhalt von vornherein nicht besteht. Auf einen Irrtum über ungewisse Umstände, welche der Vergleich gerade beseitigen will, ist § 779 nicht anzuwenden. Deshalb hat eine vergleichsweise Versetzung eines AN, der im Verdacht einer strafbaren Handlung steht, auch dann Bestand, wenn sich der Verdacht später als unbegründet herausstellt (BAG 15.9.2004, 4 AZR 9/04, EzA § 779 BGB 2002 Nr 1).

4 Fällt die Vergleichsgrundlage **nachträglich** weg, ist § 313 anzuwenden. Haben sich etwa die Parteien wegen einer vom AG geplanten Betriebsstilllegung vergleichsweise auf die Aufhebung des Arbeitsverhältnisses gegen Abfindung geeinigt, und revidiert der AG später die Stilllegungsentscheidung noch während der Kdg-Frist, kann der Vergleich wegen Wegfalls der Geschäftsgrundlage an die geänderte Situation anzupassen sein, mit dem Ergebnis, dass der AN wieder einzustellen ist und die Abfindung zurückzuzahlen hat (BAG 4.12.1997, 2 AZR 140/97, EzA § 1 KSchG Wiedereinstellungsanspruch Nr 3); Voraussetzung dafür ist nach § 313 I allerdings ein entspr Verlangen des AN. Keine unvorhergesehene nachträgliche Veränderung der Umstände liegt vor, wenn den Parteien eines Prozessvergleichs das Risiko einer drohenden Zahlungsunfähigkeit einer Partei bewusst ist und sich dieses Risiko realisiert (BAG 11.7.2012, 2 AZR 42/11, NJW 2012, 3390).

5 Ein Rücktritt vom Vergleich gem § 323 I kommt nur in Betracht, wenn sich dieser als gegenseitiger Vertrag darstellt; eine Verständigung über die Höhe der geschuldeten Vergütung genügt dafür nicht (BAG 27. 8. 2014, 4 AZR 999/12, EzA § 323 BGB 2002 Nr. 2).

6 Zum Prozessvergleich s § 54 ArbGG Rdn 5.

§ 780 Schuldversprechen

¹Zur Gültigkeit eines Vertrags, durch den eine Leistung in der Weise versprochen wird, dass das Versprechen die Verpflichtung selbständig begründen soll (Schuldversprechen), ist, soweit nicht eine andere Form vorgeschrieben ist, schriftliche Erteilung des Versprechens erforderlich. ²Die Erteilung des Versprechens in elektronischer Form ist ausgeschlossen.

§ 781 Schuldanerkenntnis

¹Zur Gültigkeit eines Vertrags, durch den das Bestehen eines Schuldverhältnisses anerkannt wird (Schuldanerkenntnis), ist schriftliche Erteilung der Anerkennungserklärung erforderlich. ²Die Erteilung der Anerkennungserklärung in elektronischer Form ist ausgeschlossen. ³Ist für die Begründung des Schuldverhältnisses, dessen Bestehen anerkannt wird, eine andere Form vorgeschrieben, so bedarf der Anerkennungsvertrag dieser Form.

§ 782 Formfreiheit bei Vergleich
Wird ein Schuldversprechen oder ein Schuldanerkenntnis auf Grund einer Abrechnung oder im Wege des Vergleichs erteilt, so ist die Beobachtung der in den §§ 780, 781 vorgeschriebenen schriftlichen Form nicht erforderlich.

§§ 780, 781 betreffen das **konstitutive** Schuldversprechen und Schuldanerkenntnis, mit denen eine abstrakte Verbindlichkeit begründet wird, die neben das urspr Schuldverhältnis tritt. Vom konstitutiven ist das **deklaratorische** Schuldanerkenntnis zu unterscheiden, mit dem lediglich Unklarheiten und Ungewissheiten des urspr Schuldverhältnisses beseitigt werden, sodass dessen Inhalt soweit endgültig festgelegt wird. Ob die eine oder die andere Form vorliegt, ist eine Frage der Auslegung. Bezeichnet das Schuldanerkenntnis den Schuldgrund, spricht das für den deklaratorischen Charakter (BAG 18.2.1976, 5 AZR 629/74, EzA § 781 BGB Nr 3). Wird in der Erklärung ausdrücklich auf § 780 oder § 781 Bezug genommen oder gesagt, dass das Anerkenntnis die Vepflichtung selbständig begründen soll, spricht das für den konstitutiven Charakter (BAG 15.3.2005, 9 AZR 502/03, EzA § 307 BGB 2002 Nr 2; LAG Rh-Pf 29. 10. 2014, 4 Sa 164/14, juris). 1

Konstitutives Schuldversprechen und -anerkenntnis bedürfen der **Schriftform**. Dies gilt aber nicht, wenn sie im Zuge eines Vergleichs (dazu § 779) oder einer Abrechnung abgegeben werden (§ 782). Erklärt der AG dem AN, er werde eine bestimmte Zahl von Urlaubstagen abgelten, stellt das ein wirksames Schuldanerkenntnis dar, auch wenn der AN nur stillschweigend erklärt (LAG Köln 4.4.2012, 9 Sa 797/11, LAGE § 782 BGB 2002 Nr 1). 2

Konstitutives Schuldversprechen und -anerkenntnis unterliegen den allg Regeln über Rechtsgeschäfte. In Betracht kommt eine Anfechtung wegen Drohung; doch ist eine Drohung mit einer Strafanzeige nicht widerrechtl, wenn der AG den geforderten und im Anerkenntnis festgelegten Schadensersatz aufgrund der Angaben des AN für berechtigt halten durfte. Ein Schuldanerkenntnis, das von einer 19-jährigen Auszubildenden nach einem Verhör von ca 3 Stunden in einer den tatsächlichen Schaden weit überschreitenden Höhe abgegeben wird, ist sittenwidrig (OLG Düsseldorf 26.3.1999, 22 U 193/98, EzA § 781 BGB Nr 6). 3

Besteht das Schuldverhältnis, aufgrund dessen das konstitutive Schuldversprechen oder -anerkenntnis abgegeben wird, tatsächlich nicht, oder wird es später, etwa durch Anfechtung, beseitigt, kann das Schuldversprechen oder -anerkenntnis gem § 812 II zurückgefordert werden. Wird diese Möglichkeit ausgeschlossen, etwa indem bestimmt wird, dem Schuldner sei der Einwand verwehrt, der zugrunde liegende Anspruch bestehe nicht, liegt darin nach Auffassung des BAG eine unangemessene Benachteiligung iSd § 307 II Nr 1 mit der Folge der Unwirksamkeit des Einwendungsausschlusses (BAG 15.3.2005, 9 AZR 502/03, EzA § 307 BGB 2002 Nr 2). Auch dann ist es aber Sache des Versprechenden bzw Anerkennenden, den Beweis zu führen, dass die zugrunde liegende Forderung nicht besteht. Als Prozesspartei, die eine negative Tatsache zu beweisen hat, kann sie die Gegenseite zunächst darauf verweisen, die Höhe der Forderung und ihre Errechnung darzulegen, und hat dann erst die Unrichtigkeit dieses Vortrages zu beweisen (BAG 15.3.2005, 9 AZR 502/03, EzA § 307 BGB 2002 Nr 2). 4

Durch das **deklaratorische** Schuldanerkenntnis werden dem Schuldner Einwendungen abgeschnitten, die er ohne das Anerkenntnis aus Tatsachen herleiten könnte, die er zZt der Abgabe des Anerkenntnisses kannte, oder mit denen er zu dieser Zeit doch rechnen musste (BAG 22.7.2010, 8 AZR 144/09, EzA § 781 BGB 2002 Nr 2). Teilt der AG in einer Lohnabrechnung dem AN die Zahl der noch nicht gewährten Urlaubstage mit, liegt darin ein deklaratorisches Schuldanerkenntnis, das ihm den Einwand verwehrt, er schulde Urlaub in dieser Höhe nicht; freilich darf er sich nach Ablauf des Übertragungszeitraums auf das Erlöschen des Urlaubsanspruchs berufen (BAG 10.3.1987, 8 AZR 610/84, EzA § 781 BGB Nr 4). Gibt der AN ein deklaratorisches Schuldanerkenntnis hins der Höhe seiner Verpflichtung zum Schadensersatz ab, kann er später nicht einwenden, der AG hätte einen Schaden in dieser Höhe nicht nachweisen können (BAG 22.7.2010, 8 AZR 144/09, EzA § 781 BGB 2002 Nr 2). In der bloßen Erklärung der Aufrechnung liegt noch kein deklaratorisches Anerkenntnis der Forderung, gegen die aufgerechnet wird (LAG Berl-Bbg, 4.6.2010, 13 Sa 832/10, juris). In einer Lohnabrechnung liegt regelmäßig kein Schuldanerkenntnis (§ 108 GewO Rdn 2). Gleiches gilt für eine bloße Provisionsabrechnung (Hess LAG 9.7.2012, 7 Sa 1666/11, juris). 5

Auch das deklaratorische Schuldanerkenntnis unterliegt den Regeln über Rechtsgeschäfte, kann also unter den Voraussetzungen der §§ 119 ff angefochten werden oder auch iSd § 138 sittenwidrig sein (BAG 22.10.1998, 8 AZR 457/97, EzA § 781 BGB Nr 5; 22.7.2010, 8 AZR 144/09, EzA § 781 BGB 2002 Nr 2). Beim deklaratorischen Schuldanerkenntnis kommt ein Bereicherungsanspruch auf Wiederherstellung des Schuldverhältnisses in seiner urspr Gestalt nicht in Betracht. Der Zweck des deklaratorischen Anerkenntnisses geht dahin – und nur dahin – die Einwendungen und Einreden auszuschließen, die der Schuldner bei Abgabe seiner Erklärung kannte, oder mit denen er zumindest rechnete. Für diese Einwendungen 6

§ 814 BGB Kenntnis der Nichtschuld

und Einreden stellt das – das urspr Rechtsverhältnis umgestaltende – Anerkenntnis den Rechtsgrund dar. Auf andere Einwendungen und Einreden erstreckt es sich aber von vornherein nicht.

7 In einem obiter dictum des Urt v 15.3.2005 (9 AZR 502/03, EzA § 307 BGB 2002 Nr 2) vertritt das BAG die Auffassung, ein formularmäßiges und damit den Regeln der §§ 305 ff unterliegendes deklaratorisches Anerkenntnis sei nach § 307 II Nr 1 unwirksam, wenn es nur ein »einseitiges« Zugeständnis enthalte. Es widerspreche dann dem wesentlichen Grundgedanken des § 779, nach dem der Streit oder die Ungewissheit über ein Rechtsverhältnis im Wege gegenseitigen Nachgebens beseitigt werde. Dem ist schon entgegenzuhalten, dass es für die Anwendbarkeit von § 779 nicht auf den Umfang des Nachgebens ankommt (vgl Staudinger/*Marburger* [2009] § 779 Rn 27). Vor allem aber regelt § 779 gar nicht die Zulässigkeit des Vergleichs, sondern sagt nur, dass er unwirksam ist, wenn der zugrunde gelegte Sachverhalt der Wirklichkeit nicht entspricht und der Streit bei Kenntnis der Sachlage nicht entstanden wäre.

8 Zum negativen Schuldanerkenntnis s § 397 Rdn 1 ff.

§ 812 Herausgabeanspruch
(1) ¹Wer durch die Leistung eines anderen oder in sonstiger Weise auf dessen Kosten etwas ohne rechtlichen Grund erlangt, ist ihm zur Herausgabe verpflichtet. ²Diese Verpflichtung besteht auch dann, wenn der rechtliche Grund später wegfällt oder der mit einer Leistung nach dem Inhalt des Rechtsgeschäfts bezweckte Erfolg nicht eintritt.
(2) Als Leistung gilt auch die durch Vertrag erfolgte Anerkennung des Bestehens oder des Nichtbestehens eines Schuldverhältnisses.

1 Die §§ 812 ff gelten auch für den Arbeitsvertrag (BAG 19.3.1959, 2 AZR 402/55, EzA § 276 BGB Nr 3). Eine Ausnahme gilt nur insofern, als die Nichtigkeit oder Anfechtbarkeit von Arbeitsverträgen nach Aufnahme der Arbeit grds nur für die Zukunft geltend gemacht werden kann (§ 142 Rdn 2). Dementspr erfolgt in Fällen, in denen der AN trotz der Beendigung des Arbeitsverhältnisses, etwa nach § 33 III TVöD, seine bisherige Tätigkeit ohne Kenntnis des AG fortsetzt, die Rückabwicklung der rechtsgrundlos erbrachten Leistungen nach Bereicherungsrecht (BAG 30.4.1997, 7 AZR 122/96, EzA § 812 BGB Nr 3). Auch eine Weiterbeschäftigung während des Kdg-Rechtsstreits führt außerhalb des Anwendungsbereichs des § 102 V BetrVG zur Rückabwicklung nach Bereicherungsrecht, wenn sich nachträglich herausstellt, dass die Kdg berechtigt war (BAG 10.3.1987, 8 AZR 146/84, EzA § 102 BetrVG 1972 Nr 71; krit hierzu LSW/*Spinner* KSchG § 4 Rn 125 ff). Umgekehrt hat der AN eine bereits gezahlte Übergangsversorgung bis zur Erreichung der Regelaltersgrenze herauszugeben, wenn das Arbeitsverhältnis doch fortgesetzt wird (BAG 12.12.2012, 5 AZR 93/12, EzA § 818 BGB 2002 Nr 3). Zu Wertersatz und Entreicherung in diesen Fällen s § 818 Rdn 2 ff.

2 Aus § 812 I 1 folgt, dass der AG die **Rückzahlung überzahlter Honorare** verlangen kann, wenn der AN-Status eines freien Mitarbeiters rückwirkend festgestellt wird, weil damit zugleich feststeht, dass der Dienstverpflichtete als AN zu vergüten war und ein Rechtsgrund für die Honorarzahlung nicht bestand (BAG 9.2.2005, 5 AZR 175/04, EzA § 818 BGB 2002 Nr 1).

3 Hat der AG **nicht geschuldete AN-Beiträge zur Sozialversicherung** abgeführt, steht der Erstattungsanspruch gem § 26 III SGB IV zwar dem AN zu. Dieser ist jedoch auf Kosten des AG ungerechtfertigt bereichert (BAG 29.3.2001, 6 AZR 653/99, EzA § 812 BGB Nr 7).

4 Löst ein AN einen Sparvertrag über vermögenswirksame Leistungen vorzeitig prämien- und sparzulagenschädlich auf, kann der AG die erbrachten vermögenswirksamen Leistungen nur dann nach § 812 I 2 Alt 2 zurückverlangen, wenn sich aus der zugrunde liegenden Vereinbarung ergibt, dass die Aufrechterhaltung der vermögenswirksamen Anlage vorausgesetzt wird (BAG 30.4.1975, 5 AZR 187/74, EzA § 812 BGB Nr 2).

5 Wird der AG rechtskräftig verurteilt, für einen bestimmten Zeitraum des Annahmeverzugs die vereinbarte Vergütung zu zahlen und erfährt er später von einem nach § 615 S 2 anrechenbaren Verdienst des AN, ist er durch das rechtskräftige Urt nicht gehindert, den überzahlten Betrag nach § 812 zurückzufordern (BAG 29.7.1993, 2 AZR 110/93, EzA § 615 BGB Nr 79). Ist im Vorprozess der Anspruch des AG auf Rückzahlung zu Unrecht empfangener Leistungen abgewiesen worden, so ist das für einen bereicherungsrechtl Anspruch des AN präjudiziell, soweit dieser auf den vermeintlichen Anspruch des AG Rückzahlungen geleistet hat (BAG 28.4.1998, 9 AZR 297/96, EzA § 812 BGB Nr 5).

§ 814 Kenntnis der Nichtschuld
Das zum Zwecke der Erfüllung einer Verbindlichkeit Geleistete kann nicht zurückgefordert werden, wenn der Leistende gewusst hat, dass er zur Leistung nicht verpflichtet war, oder wenn die Leistung einer sittlichen Pflicht oder einer auf den Anstand zu nehmenden Rücksicht entsprach.

Der Ausschluss der Rückforderung nach § 814 erfordert, dass der Leistende im Zeitpunkt der Leistung **positive Kenntnis der Rechtslage** hatte. Die Kenntnis der Tatsachen, aus denen sich das Fehlen einer rechtl Verpflichtung ergibt, reicht nicht. Vielmehr muss der Leistende wissen, dass er nach der Rechtslage nicht schuldet (BAG 9.2.2005, 5 AZR 175/04, EzA § 818 BGB 2002 Nr 1 für den Irrtum des AG über den AN-Status eines freien Mitarbeiters). Hat der Leistende aber dem Empfänger gegenüber zum Ausdruck gebracht, dass er auch für den Fall der Nichtschuld zahlen wolle, steht das der Kenntnis gleich (LAG Köln 2.10.2014, 7 Sa 249/14, juris). 1

Im Fall der Überzahlung von Entgelt muss die Kenntnis bei dem vorliegen, der für den AG tatsächlich leistet, regelmäßig also bei der Lohnbuchhaltung, dass eine andere Stelle des AG etwa die Personalabteilung, die eine Änderung des Vertrages vorgenommen hat, von der Herabsetzung des Entgelts weiß, reicht nicht aus. Eine Wissenszurechnung entspr § 166 I BGB nimmt das BAG mit Recht nicht vor (BAG 13.10.2010, 5 AZR 648/09, EzA § 4 TVG Ausschlussfristen Nr 199). § 814 will die schuldrechtl Güterzuordnung nur dann korrigieren, wenn aufseiten des Leistenden widersprüchliches Verhalten vorliegt. 2

§ 817 Verstoß gegen Gesetz oder gute Sitten

¹War der Zweck einer Leistung in der Art bestimmt, dass der Empfänger durch die Annahme gegen ein gesetzliches Verbot oder gegen die guten Sitten verstoßen hat, so ist der Empfänger zur Herausgabe verpflichtet. ²Die Rückforderung ist ausgeschlossen, wenn dem Leistenden gleichfalls ein solcher Verstoß zur Last fällt, es sei denn, dass die Leistung in der Eingehung einer Verbindlichkeit bestand; das zur Erfüllung einer solchen Verbindlichkeit Geleistete kann nicht zurückgefordert werden.

Gilt der AG entgegen den Bestimmungen des BUrlG oder entgegen einem tariflichen Verbot in Freizeit zu gewährenden Urlaub in Geld ab, steht seinem Rückforderungsanspruch aus Bereicherung § 817 S 2 entgegen (BAG 7.12.1956, 1 AZR 480/55, EzA § 817 BGB Nr 1). S 2 gilt auch für das Entgelt, das ein Handwerksmeister für die bloße Zurverfügungstellung des Meistertitels erhalten hat (BAG 18.3.2009, 5 AZR 355/08, EzA § 134 BGB 2002 Nr 4). 1

Zu Bereicherungsansprüchen im Fall der Nichtigkeit des Arbeitsvertrages wegen Verstoßes gegen das SchwArbG s vor § 1 SchwArbG Rdn 3 ff. 2

§ 818 Umfang des Bereicherungsanspruchs

(1) Die Verpflichtung zur Herausgabe erstreckt sich auf die gezogenen Nutzungen sowie auf dasjenige, was der Empfänger auf Grund eines erlangten Rechtes oder als Ersatz für die Zerstörung, Beschädigung oder Entziehung des erlangten Gegenstands erwirbt.
(2) Ist die Herausgabe wegen der Beschaffenheit des Erlangten nicht möglich oder ist der Empfänger aus einem anderen Grund zur Herausgabe außerstande, so hat er den Wert zu ersetzen.
(3) Die Verpflichtung zur Herausgabe oder zum Ersatz des Wertes ist ausgeschlossen, soweit der Empfänger nicht mehr bereichert ist.
(4) Von dem Eintritt der Rechtshängigkeit an haftet der Empfänger nach den allgemeinen Vorschriften.

Nach § 812 I erstreckt sich die Herausgabepflicht auf das **Erlangte**. Dies ist im Fall der Abführung nicht geschuldeter AN-Beiträge zur Sozialversicherung nicht der entspr Geldbetrag, sondern der Erstattungsanspruch des AN gegen den Sozialversicherungsträger (BAG 29.3.2001, 6 AZR 653/99, EzA § 812 BGB Nr 7). 1

Kann das Erlangte, wie das auf die Arbeitsleistung zutrifft, nicht herausgegeben werden, ist nach II dem **Wert zu vergüten**. Maßgebend für den Wert der Arbeitsleistung ist die übliche und, wo eine solche fehlt, eine angemessene, höchstens aber die vertraglich vorgesehene Vergütung (BAG 10.3.1987, 8 AZR 146/84, EzA § 611 BGB Beschäftigungspflicht Nr 28; BGH 31.5.1990, VII ZR 336/89, BGHZ 111, 308, 314). Soweit der AN die Arbeitsleistungen, etwa wegen Krankheit, nicht erbringt, kommt ein Wertersatz nicht in Betracht. Auch dem AN nicht gewährter Urlaub ist nicht nach § 818 II zu ersetzen (BAG 10.3.1987, 8 AZR 146/84, EzA § 611 BGB Beschäftigungspflicht Nr 28). 2

Entreicherung iSv § 818 III liegt nur vor, wenn der Empfänger die Beträge **restlos** für seine laufenden Lebensbedürfnisse verbraucht hat. Hat er sich mit der empfangenen Leistung noch in seinem Vermögen vorhandene Werte oder Vorteile verschafft, liegt insoweit keine Entreicherung vor. Auch die infolge Tilgung einer Schuld eintretende Befreiung von Verbindlichkeiten zählt dabei zu den bestehen bleibenden Vermögensvorteilen (BAG 9.2.2005, 5 AZR 175/04, EzA § 818 BGB 2002 Nr 1). 3

Im Fall einer Gehaltsüberzahlung hat der **AN grds darzulegen und zu beweisen**, dass er seinen Vermögensstand infolge der Gehaltsüberzahlung nicht verbessert hat (BAG 25.4.2001, 5 AZR 497/99, EzA § 242 4

§ 823 BGB   Schadensersatzpflicht

BGB Verwirkung Nr 1). Ein Beweis des ersten Anscheins für den Wegfall einer durch Gehaltsüberzahlung eingetretenen Bereicherung ist nur für geringfügige Überzahlungen bei kleineren bis mittleren Einkommen anzunehmen, nicht aber bei »Besserverdienenden« (BAG 12.1.1994, 5 AZR 597/92, EzA § 818 BGB Nr 6; LAG Köln 15.5.2014, 7 Sa 23/14, juris). Für die Behauptung des Wegfalls der Bereicherung aufgrund einer mehrere Monate betreffenden einmaligen Überzahlung, die das richtige Gehalt um ein Vielfaches übersteigt, scheidet eine solche Beweiserleichterung regelmäßig aus (BAG 23.5.2001, 5 AZR 374/99, EzA § 818 BGB Nr 12). Der AN genügt seiner Darlegungs- und Beweislast nicht, wenn er zu den nach Art oder Grund nach plausibel behaupteten anderweitigen Einkünften nicht substantiiert Stellung nimmt (BAG 18.1.1995, 5 AZR 817/93, EzA § 818 BGB Nr 8). Muss sich dem Arbeitnehmer die Tatsache der Überzahlung aufdrängen, scheitert die Berufung auf III schon an § 819 I (LAG Köln 6.6.2012, 7 Sa 1195/11, juris).

§ 823 Schadensersatzpflicht

(1) Wer vorsätzlich oder fahrlässig das Leben, den Körper, die Gesundheit, die Freiheit, das Eigentum oder ein sonstiges Recht eines anderen widerrechtlich verletzt, ist dem anderen zum Ersatz des daraus entstehenden Schadens verpflichtet.

(2) ¹Die gleiche Verpflichtung trifft denjenigen, welcher gegen ein den Schutz eines anderen bezweckendes Gesetz verstößt. ²Ist nach dem Inhalt des Gesetzes ein Verstoß gegen dieses auch ohne Verschulden möglich, so tritt die Ersatzpflicht nur im Falle des Verschuldens ein.

1   AG und andere Betriebsangehörige haften dem AN wegen Körper- oder Gesundheitsverletzung nach § 823 I nur bei Vorsatz oder wenn es sich um einen Wegeunfall handelt (§§ 104 SGB VII Rdn 1 ff). Für Eigentumsverletzungen gilt § 823 I hingegen grds unbeschränkt. Allerdings richtet sich die Haftung des AG ggü dem AN nach dem Maß der arbeitsvertraglichen Fürsorgepflicht (dazu § 611 Rdn 330 ff).

2   Der Schutz der **Freiheit** iSd körperlichen Bewegungsfreiheit kommt auch AN und AG zu. Hindert der AG einen AN gewaltsam, etwa durch Einschließen, am Verlassen des Betriebsgebäudes, haftet er diesem auf Schadensersatz, der je nach der Schwere des Eingriffs gem § 253 II auch in einer billigen Geldentschädigung für den Nichtvermögensschaden bestehen kann. Gleiches gilt, wenn die AN den AG, etwa im Zuge einer Streikaktion, im Betriebsgebäude einsperren. Ein Eingriff in die Freiheit liegt auch vor, wenn Streikende arbeitswillige AN gewaltsam am Betreten des Betriebes hindern (*Löwisch/Krauß* DB 1995, 1330).

3   § 823 I schützt auch das **allg Persönlichkeitsrecht** des AN. Dies kann verletzt sein, wenn der AG Fehlverhalten des AN öffentl, etwa durch Aushang, anprangert (BAG 21.2.1979, 5 AZR 568/77, EzA § 847 BGB Nr 3), ihm offenkundig sinnlose Arbeiten zuweist (LAG Schl–Holst 20. 9. 2014, 1 Sa 107/14, juris), die Personalakten ohne Wissen des AN einem Dritten zugänglich macht (BAG 18.12.1984, 3 AZR 389/83, EzA § 611 BGB Persönlichkeitsrecht Nr 2) oder den AN bei einem Folge-AG grob diskreditiert (LAG Rh-Pf 17.06.2011, 7 Sa 2/11). Je nach der Schwere des Verstoßes kommt auch hier eine billige Entschädigung in Geld für den Nichtvermögensschaden in Betracht; dass das allg Persönlichkeitsrecht in § 253 II nicht erwähnt ist, steht nicht entgegen (BAG 19.2.2015, 8 AZR 1007/13, NZA 2015, 994). Zum »Mobbing« s § 611 Rdn 327.

4   § 823 I schützt das **Eigentum** und den **Besitz** des AG an den Betriebsmitteln einschl deren Nutzung (BGH 05.11.1997, VI ZR 348/96, BGHZ 137/98 Rn 25) sowie das **Recht am eingerichteten und ausgeübten Gewerbebetrieb** auch ggü dem AN (BAG 4.5.1955, 1 AZR 493/54, EzA Art 9 GG Arbeitskampf Nr 1). Die Vorschrift ist deshalb Haftungsgrundlage bei rechtswidrigen Arbeitskämpfen. S dazu Anhang TVG Arbeitskampfrecht Rdn 34, 38. Auch dem AG kommt der Schutz des allg Persönlichkeitsrechts zu. Grobe Rufschädigungen durch den AN braucht er nicht hinzunehmen (Hess LAG 26.3.2014, 12 Sa 1728/12, juris).

5   Ob § 823 I auch ein **Recht des AN am Arbeitsplatz** schützt, hat das BAG bislang offengelassen (BAG 4.6.1998, 8 AZR 786/96, EzA § 823 BGB Nr 9; abl LAG Düsseldorf 28.8.2012, 8 Sa 1346/11, juris). Doch muss schon aus Paritätsgesichtspunkten im Fall rechtswidriger Arbeitskämpfe eine auf § 823 I gegründete Haftung des AG möglich sein. Auch müssen sich AN dagegen wehren können, dass sie von Kollegen oder Dritten etwa durch sog »Flashmob«-Aktionen an der Arbeit gehindert werden. Deshalb ist mind ein Recht des AN »zur Arbeit« anzuerkennen (*Löwisch* RdA 1987, 219, 221 Fn 17).

6   **Schutzgesetze** iSd II sind vor allem die Arbeitsschutzgesetze. Allerdings führt auch deren Verletzung nur dann zum Schadensersatz wegen Körper- und Gesundheitsverletzung, wenn Vorsatz vorliegt oder es sich um einen Wegeunfall handelt (Rdn 1). Schutzgesetze sind auch §§ 22, 23 KunstUrhG (dau BAG 11.12.2014, 8 AZR 1010/13, EzA § 611 BGB 2002 Persönlichkeitsrecht Nr 17), Art 9 GG, §§ 75, 78, 84 und 119 BetrVG, §§ 8, 46 III 6 und 107 BPersVG sowie § 64 I GmbHG (LAG Hamm 12.9.2008, 7 Sa 737/08, LAGE § 823 BGB 2002 Nr 2), der freilich durch den Abschluss neuer Arbeitsverträge trotz Überschuldung noch nicht

§ 855 Besitzdiener
Übt jemand die tatsächliche Gewalt über eine Sache für einen anderen in dessen Haushalt oder Erwerbsgeschäft oder in einem ähnlichen Verhältnis aus, vermöge dessen er den sich auf die Sache beziehenden Weisungen des anderen Folge zu leisten hat, so ist nur der andere Besitzer.

§ 858 Verbotene Eigenmacht
(1) Wer dem Besitzer ohne dessen Willen den Besitz entzieht oder ihn im Besitz stört, handelt, sofern nicht das Gesetz die Entziehung oder die Störung gestattet, widerrechtlich (verbotene Eigenmacht).
(2) ¹Der durch verbotene Eigenmacht erlangte Besitz ist fehlerhaft. ²Die Fehlerhaftigkeit muss der Nachfolger im Besitz gegen sich gelten lassen, wenn er Erbe des Besitzers ist oder die Fehlerhaftigkeit des Besitzes seines Vorgängers bei dem Erwerb kennt.

§ 859 Selbsthilfe des Besitzers
(1) Der Besitzer darf sich verbotener Eigenmacht mit Gewalt erwehren.
(2) Wird eine bewegliche Sache dem Besitzer mittels verbotener Eigenmacht weggenommen, so darf er sie dem auf frischer Tat betroffenen oder verfolgten Täter mit Gewalt wieder abnehmen.
(3) Wird dem Besitzer eines Grundstücks der Besitz durch verbotene Eigenmacht entzogen, so darf er sofort nach der Entziehung sich des Besitzes durch Entsetzung des Täters wieder bemächtigen.
(4) Die gleichen Rechte stehen dem Besitzer gegen denjenigen zu, welcher nach § 858 Abs. 2 die Fehlerhaftigkeit des Besitzes gegen sich gelten lassen muss.

§ 860 Selbsthilfe des Besitzdieners
Zur Ausübung der dem Besitzer nach § 859 zustehenden Rechte ist auch derjenige befugt, welcher die tatsächliche Gewalt nach § 855 für den Besitzer ausübt.

§ 861 Anspruch wegen Besitzentziehung
(1) Wird der Besitz durch verbotene Eigenmacht dem Besitzer entzogen, so kann dieser die Wiedereinräumung des Besitzes von demjenigen verlangen, welcher ihm gegenüber fehlerhaft besitzt.
(2) Der Anspruch ist ausgeschlossen, wenn der entzogene Besitz dem gegenwärtigen Besitzer oder dessen Rechtsvorgänger gegenüber fehlerhaft war und in dem letzten Jahre vor der Entziehung erlangt worden ist.

§ 862 Anspruch wegen Besitzstörung
(1) ¹Wird der Besitzer durch verbotene Eigenmacht im Besitz gestört, so kann er von dem Störer die Beseitigung der Störung verlangen. ²Sind weitere Störungen zu besorgen, so kann der Besitzer auf Unterlassung klagen.
(2) Der Anspruch ist ausgeschlossen, wenn der Besitzer dem Störer oder dessen Rechtsvorgänger gegenüber fehlerhaft besitzt und der Besitz in dem letzten Jahr vor der Störung erlangt worden ist.

§ 863 Einwendungen des Entziehers oder Störers
Gegenüber den in den §§ 861, 862 bestimmten Ansprüchen kann ein Recht zum Besitz oder zur Vornahme der störenden Handlung nur zur Begründung der Behauptung geltend gemacht werden, dass die Entziehung oder die Störung des Besitzes nicht verbotene Eigenmacht sei.

Wie sich aus § 855 ergibt, ist der **AN** hins der Räume, in denen er tätig ist, der Maschinen und Einrichtungen, die er benutzt, und der Produkte, die er herstellt, nur **Besitzdiener**; Besitzer ist allein der Unternehmer (OLG Frankfurt 19.4.2012, 11 U 15/11, juris; LAG Rh-Pf 25.3.2014, 6 Sa 514/13, juris). Als Besitzdiener kommt dem AN gem § 860 die Befugnis zu, verbotene Eigenmacht Dritter, etwa Diebstähle von Kunden, mit Gewalt abzuwehren. Ggü anderen AN desselben Betriebes kommt § 860 jedoch nicht zur Anwendung (OLG Köln 18.5.1956, Ss 34/56, AP BGB § 860 Nr 1). Nur wenn dem AN eine Sache, etwa ein Fahrzeug, auch zur privaten Nutzung überlassen wird, ist er Besitzer (LAG Köln, 10 Ta 5/12, juris). 1

Als **Besitzer entscheidet der Unternehmer**, wem er den Aufenthalt in den Betriebsräumen gestattet. Diese Gestattung ist jederzeit widerruflich (Staudinger/*Bund* [2007] § 858 BGB Rn 19). Deshalb kann der AG 2

§ 1004 BGB   Beseitigungs- und Unterlassungsanspruch

dem gekündigten AN das Betreten des Betriebsgeländes untersagen. Einen mit dem Beschäftigungsanspruch einhergehenden Anspruch auf Gestattung des Aufenthalts muss der AN im Streitfall erst gerichtlich durchsetzen.

3 **Betriebsbesetzungen**, die gegen den Willen des AG erfolgen, stellen verbotene Eigenmacht iSv § 858 dar. Dies gilt auch iRv Arbeitskämpfen; Betriebsbesetzungen sind kein zulässiges Arbeitskampfmittel (BAG 14.2.1978, 1 AZR 76/76, EzA Art 9 GG Arbeitskampf Nr 22 unter 5b und 6 vor a; *Löwisch/Krauß* AR-Blattei SD 170.3.3 [2004] Rn 115; *Kissel* § 61 Rn 63; aA *Däubler/Bieback* Rn 418 ff).

4 Auch sog »Flashmob«-Aktionen greifen in den Besitz des AG an den Betriebsräumen ein. Das anerkennt auch das BAG, wenn es erklärt, der AG könne sich gegen sie durch die Ausübung seines Hausrechts zur Wehr setzen (BAG 22.9.2009, 1 AZR 972/08, EzA Art 9 GG Arbeitskampf Nr 143).

5 Da Betriebsbesetzungen, »Flashmob«-Aktionen und ebenso Betriebsblockaden verbotene Eigenmacht iSv § 858 I darstellen, darf sich der AG ihrer nach § 859 I **mit Gewalt** erwehren, etwa den Werkschutz einsetzen. Auf die Polizei braucht er dabei nicht zu warten, weil das Selbsthilferecht des § 859 unabhängig von obrigkeitsrechtl Hilfe besteht (iE *Löwisch* NZA 2010, 209 u *Löwisch/Beck* NZA 2010, 857 zu Rechtsweg und Gerichtsstand).

6 Zur Durchsetzung seines Besitzrechts gegen Betriebsbesetzungen und Betriebsblockaden steht dem AG auch der **possessorische Beseitigungs- und Unterlassungsanspruch** des § 862 I zu. Gegen diesen Anspruch sind Einwendungen, die sich nicht auf die besitzrechtl Situation selbst beziehen, nicht zulässig (§ 863). Arbeitskampfrechtl Überlegungen, insb zu Paritätsgesichtspunkten, haben iR eines Besitzstörungsstreits keinen Platz.

7 Ggü dem Anspruch des AN auf Wiedereinräumung des Besitzes an einem durch verbotene Eigenmacht weggenommen, auch zu privater Nutzung überlassenen PKW kann der AG keinen petitorischen Herausgabeanspruch geltend machen (LAG Bbg 13.3.2008, 13 Ta 519/08, LAGE § 861 BGB 2002 Nr 1).

§ 950 Verarbeitung

(1) ¹Wer durch Verarbeitung oder Umbildung eines oder mehrerer Stoffe eine neue bewegliche Sache herstellt, erwirbt das Eigentum an der neuen Sache, sofern nicht der Wert der Verarbeitung oder der Umbildung erheblich geringer ist als der Wert des Stoffes. ²Als Verarbeitung gilt auch das Schreiben, Zeichnen, Malen, Drucken, Gravieren oder eine ähnliche Bearbeitung der Oberfläche.
(2) Mit dem Erwerb des Eigentums an der neuen Sache erlöschen die an dem Stoffe bestehenden Rechte.

1 »Hersteller« der in einem Betrieb produzierten Sachen ist nicht der AN, sondern der Unternehmer. Dementspr wird dieser Eigentümer und auch Besitzer seiner hergestellten Sachen. Der AN ist lediglich Besitzdiener iSd § 855.

§ 1004 Beseitigungs- und Unterlassungsanspruch

(1) ¹Wird das Eigentum in anderer Weise als durch Entziehung oder Vorenthaltung des Besitzes beeinträchtigt, so kann der Eigentümer von dem Störer die Beseitigung der Beeinträchtigung verlangen. ²Sind weitere Beeinträchtigungen zu besorgen, so kann der Eigentümer auf Unterlassung klagen.
(2) Der Anspruch ist ausgeschlossen, wenn der Eigentümer zur Duldung verpflichtet ist.

1 § 1004 gewährt nicht nur dem Eigentümer einen Beseitigungs- und Unterlassungsanspruch, sondern über den Wortlaut hinaus auch den Inhabern anderer nach § 823 I deliktisch geschützter Rechte. Auch auf die Verletzung von Schutzgesetzen iSd § 823 II und auf Verstöße gegen § 824 oder § 826 ist § 1004 entspr anzuwenden, nicht aber auf Vertragsverletzungen (LAG Düsseldorf 28.2.1995, 6 Sa 1986/94, LAGE § 1004 BGB Nr 3). Verschulden setzt die Vorschrift nicht voraus. Notwendig sind lediglich Rechtswidrigkeit und Wiederholungsgefahr (zu letzterem Hess LAG 9.5.2012, 18 Sa 1596/11, juris).

2 Als Eigentumsverletzungen und Eingriffe in den eingerichteten und ausgeübten Gewerbebetrieb begründen **Betriebsbesetzungen, Betriebsblockaden** und »Flashmob«-Aktionen einen Beseitigungs- und Unterlassungsanspruch nach § 1004. Dies gilt auch im Arbeitskampffalle (BAG 14.2.1978, 1 AZR 76/76, EzA Art 9 GG Arbeitskampf Nr 22 unter 5b und 6 vor a). Dazu, dass solche Aktionen auch verbotene Eigenmacht iSv § 858 darstellen, s §§ 854 ff Rdn 3 f.

3 § 1004 gewährt einen Beseitigungs- und Unterlassungsanspruch auch bei Eingriffen in das **allg Persönlichkeitsrecht**. Gibt der AG in einem Aushang bekannt, dass ein AN wegen eines Diebstahls fristlos entlassen worden ist, so muss er den Vorwurf widerrufen und den Widerruf in gleicher Weise aushängen, wenn der Diebstahl nicht nachgewiesen werden kann (BAG 21.2.1979, 5 AZR 568/77, EzA § 847 BGB Nr 3). Ein

erfolglos gebliebener Stellenbewerber kann die Vernichtung eines von ihm auf Verlangen des AG ausgefüllten Personalfragebogens verlangen, wenn dieser auch Angaben über die Privat- und Intimsphäre enthält (BAG 6.6.1974, 5 AZR 286/81, EzA Art 2 GG Nr 4). Ein ausgeschiedener AN kann die Entfernung seines Profils aus dem Internetauftritt des AG und zwar auch aus einem noch aufrufbaren News-Blog verlangen (Hess LAG 24.1.2012, 19 SaGa 1480/11, BB 2012, 768, anders für einen Werbefilm LAG Rh-Pf 8.5.2013, 8 Sa 36/13, juris, n rkr).

§ 1004 gilt auch im Fall rechtswidriger Eingriffe in die positive oder negative **Koalitionsfreiheit** des Einzelnen und das Betätigungsrecht der Koalitionen. So kann ein AG, gegen den ein Boykottaufruf ergeht, weil er in einen AG-Verband eintritt oder aus diesem austritt, Unterlassung verlangen. Umgekehrt kann ein AG, der die Einstellung von AN von deren fehlender Zugehörigkeit zu einer bestimmten Gewerkschaft abhängig macht, von dieser auf Unterlassung in Anspruch genommen werden (BAG 17.2.1998, 1 AZR 364/97, EzA Art 9 GG Nr 63). Verlautbarungen einer TV-Partei über die andere begründen keinen Unterlassungsanspruch, auch wenn sie in überspitzter Form erfolgen (LAG Köln 9.11.1994, 2 Sa 1128/94, LAGE § 1004 BGB Nr 2). Eine Gewerkschaft kann Unterlassung der Mitgliederwerbung einer Konkurrenzgewerkschaft verlangen, wenn die Werbung mit unlauteren Mitteln erfolgt oder auf Existenzvernichtung ausgerichtet ist (BAG 31.5.2005, 1 AZR 141/04, EzA Art 9 GG Nr 84). Zu dem vom BAG auf § 1004 gestützten Tarifbruchunterlassungsanspruch s § 23 BetrVG Rdn 27 und § 77 BetrVG Rdn 42.   4

Wird der Widerruf von Tatsachenbehauptungen verlangt, liegt die **Beweislast** für die Wahrheitswidrigkeit grds beim Kläger. Doch kann sich aus den Umständen eine Verlagerung der Beweislast ergeben. Bezichtigt der AG einen AN in einem Rundschreiben des Personaldiebstahls, liegt es bei ihm nachzuweisen, dass tatsächlich ein Diebstahl vorlag, wenn er einen Widerruf der Bezichtigung vermeiden will (BAG 21.2.1979, 5 AZR 568/77, EzA § 847 BGB Nr 3).   5

Bundespersonalvertretungsgesetz (BPersVG)

Vom 15.3.1974 (BGBl I S 693), zuletzt geändert durch Art 3 Absatz 2 des Gesetzes vom 3.7.2013 (BGBl I S 1978) – Auszug –

§§ 47, 72, 79, 108

§ 47 Außerordentliche Kündigung und Versetzung von Personalratsmitgliedern

(1) ¹Die außerordentliche Kündigung von Mitgliedern des Personalrates, die in einem Arbeitsverhältnis stehen, bedarf der Zustimmung des Personalrates. ²Verweigert der Personalrat seine Zustimmung oder äußert er sich nicht innerhalb von drei Arbeitstagen nach Eingang des Antrages, so kann das Verwaltungsgericht sie auf Antrag des Dienststellenleiters ersetzen, wenn die außerordentliche Kündigung unter Berücksichtigung aller Umstände gerechtfertigt ist. ³In dem Verfahren vor dem Verwaltungsgericht ist der betroffene Arbeitnehmer Beteiligter.

(2) ¹Mitglieder des Personalrates dürfen gegen ihren Willen nur versetzt oder abgeordnet werden, wenn dies auch unter Berücksichtigung der Mitgliedschaft im Personalrat aus wichtigen dienstlichen Gründen unvermeidbar ist. ²Als Versetzung im Sinne des Satzes 1 gilt auch die mit einem Wechsel des Dienstortes verbundene Umsetzung in derselben Dienststelle; das Einzugsgebiet im Sinne des Umzugskostenrechts gehört zum Dienstort. ³Die Versetzung oder Abordnung von Mitgliedern des Personalrates bedarf der Zustimmung des Personalrates.

(3) ¹Für Beamte im Vorbereitungsdienst und Beschäftigte in entsprechender Berufsausbildung gelten die Absätze 1, 2 und die §§ 15, 16 des Kündigungsschutzgesetzes nicht. Absätze 1 und 2 gelten ferner nicht bei der Versetzung oder Abordnung dieser Beschäftigten zu einer anderen Dienststelle im Anschluß an das Ausbildungsverhältnis. ²Die Mitgliedschaft der in Satz 1 bezeichneten Beschäftigten im Personalrat ruht unbeschadet des § 29, solange sie entsprechend den Erfordernissen ihrer Ausbildung zu einer anderen Dienststelle versetzt oder abgeordnet sind.

§ 72 Konsultationspflicht der Dienststelle

(1) Soweit der Personalrat an Entscheidungen mitwirkt, ist die beabsichtigte Maßnahme vor der Durchführung mit dem Ziele einer Verständigung rechtzeitig und eingehend mit ihm zu erörtern.

(2) ¹Äußert sich der Personalrat nicht innerhalb von zehn Arbeitstagen oder hält er bei Erörterung seine Einwendungen oder Vorschläge nicht aufrecht, so gilt die beabsichtigte Maßnahme als gebilligt. ²Erhebt der Personalrat Einwendungen, so hat er dem Leiter der Dienststelle die Gründe mitzuteilen. ³§ 69 Abs. 2 Satz 6 gilt entsprechend.

(3) Entspricht die Dienststelle den Einwendungen des Personalrates nicht oder nicht in vollem Umfange, so teilt sie dem Personalrat ihre Entscheidung unter Angabe der Gründe schriftlich mit.

(4) ¹Der Personalrat einer nachgeordneten Dienststelle kann die Angelegenheit binnen drei Arbeitstagen nach Zugang der Mitteilung auf dem Dienstwege den übergeordneten Dienststellen, bei denen Stufenvertretungen bestehen, mit dem Antrag auf Entscheidung vorlegen. ²Diese entscheiden nach Verhandlung mit der bei ihnen bestehenden Stufenvertretung. ³§ 69 Abs. 3 Sätze 2, 3 gilt entsprechend. ⁴Eine Abschrift seines Antrages leitet der Personalrat seiner Dienststelle zu.

(5) Ist ein Antrag gemäß Abs. 4 gestellt, so ist die beabsichtigte Maßnahme bis zur Entscheidung der angerufenen Dienststelle auszusetzen.

(6) § 69 Abs. 5 gilt entsprechend.

§ 79 Mitwirkung des Personalrats bei ordentlichen Kündigungen, Anhörung des Personalrats bei außerordentlichen Kündigungen

(1) ¹Der Personalrat wirkt bei der ordentlichen Kündigung durch den Arbeitgeber mit. ²§ 77 Abs. 1 Satz 2 gilt entsprechend. ³Der Personalrat kann gegen die Kündigung Einwendungen erheben, wenn nach seiner Ansicht
1. bei der Auswahl des zu kündigenden Arbeitnehmers soziale Gesichtspunkte nicht oder nicht ausreichend berücksichtigt worden sind,
2. die Kündigung gegen eine Richtlinie im Sinne des § 76 Abs. 2 Nr 8 verstößt,

3. der zu kündigende Arbeitnehmer an einem anderen Arbeitsplatz in derselben Dienststelle oder in einer anderen Dienststelle desselben Verwaltungszweiges an demselben Dienstort einschließlich seines Einzugsgebietes weiterbeschäftigt werden kann,
4. die Weiterbeschäftigung des Arbeitnehmers nach zumutbaren Umschulungs- oder Fortbildungsmaßnahmen möglich ist oder
5. die Weiterbeschäftigung des Arbeitnehmers unter geänderten Vertragsbedingungen möglich ist und der Arbeitnehmer sein Einverständnis hiermit erklärt.

⁴Wird dem Arbeitnehmer gekündigt, obwohl der Personalrat nach Satz 3 Einwendungen gegen die Kündigung erhoben hat, so ist dem Arbeitnehmer mit der Kündigung eine Abschrift der Stellungnahme des Personalrates zuzuleiten, es sei denn, daß die Stufenvertretung in der Verhandlung nach § 72 Abs. 4 Satz 2 die Einwendungen nicht aufrechterhalten hat.

(2) ¹Hat der Arbeitnehmer im Falle des Absatzes 1 Satz 4 nach dem Kündigungsschutzgesetz Klage auf Feststellung erhoben, daß das Arbeitsverhältnis durch die Kündigung nicht aufgelöst ist, so muß der Arbeitgeber auf Verlangen des Arbeitnehmers diesen nach Ablauf der Kündigungsfrist bis zum rechtskräftigen Abschluß des Rechtsstreits bei unveränderten Arbeitsbedingungen weiterbeschäftigen. ²Auf Antrag des Arbeitgebers kann das Arbeitsgericht ihn durch einstweilige Verfügung von der Verpflichtung zur Weiterbeschäftigung nach Satz 1 entbinden, wenn
1. die Klage des Arbeitnehmers keine hinreichende Aussicht auf Erfolg bietet oder mutwillig erscheint oder
2. die Weiterbeschäftigung des Arbeitnehmers zu einer unzumutbaren wirtschaftlichen Belastung des Arbeitgebers führen würde oder
3. der Widerspruch des Personalrates offensichtlich unbegründet war.

(3) ¹Vor fristlosen Entlassungen und außerordentlichen Kündigungen ist der Personalrat anzuhören. ²Der Dienststellenleiter hat die beabsichtigte Maßnahme zu begründen. ³Hat der Personalrat Bedenken, so hat er sie unter Angabe der Gründe dem Dienststellenleiter unverzüglich, spätestens innerhalb von drei Arbeitstagen schriftlich mitzuteilen.

(4) Eine Kündigung ist unwirksam, wenn der Personalrat nicht beteiligt worden ist.

§ 108 Kündigungsschutz

(1) ¹Die außerordentliche Kündigung von Mitgliedern der Personalvertretungen, der Jugendvertretungen oder der Jugend- und Auszubildendenvertretungen, der Wahlvorstände sowie von Wahlbewerbern, die in einem Arbeitsverhältnis stehen, bedarf der Zustimmung der zuständigen Personalvertretung. ²Verweigert die zuständige Personalvertretung ihre Zustimmung oder äußert sie sich nicht innerhalb von drei Arbeitstagen nach Eingang des Antrags, so kann das Verwaltungsgericht sie auf Antrag des Dienststellenleiters ersetzen, wenn die außerordentliche Kündigung unter Berücksichtigung aller Umstände gerechtfertigt ist. ³In dem Verfahren vor dem Verwaltungsgericht ist der betroffene Arbeitnehmer Beteiligter.

(2) ...

Übersicht	Rdn.		Rdn.
A. Zweck der Vorschriften...............	1	C. Umfang des Kdg-Schutzes	13
B. Geschützter Personenkreis.............	2	D. Versetzungs- und Abordnungsschutz.....	18

A. Zweck der Vorschriften. Die §§ 47, 108 I bezwecken den Schutz von AN mit personalvertretungsrechtlichen Aufgaben vor unberechtigten außerordentlichen Kündigungen und Versetzungen/Abordnungen. Gleichzeitig soll die Kontinuität der Arbeit der Personalvertretungen auch personell sichergestellt werden (BVerwG 28.1.1998, 6 P 2/97, NZA-RR 1998, 345). Sie **ergänzen den Kdg-Schutz des § 15 KSchG**. Ihre Zweckbestimmung entspricht der des § 103 BetrVG, der AN mit betriebsverfassungsrechtlichen Aufgaben schützt. Wegen der Einzelheiten des Schutzzweckes kann daher auf § 103 BetrVG verwiesen werden. Auch auf **außerordentliche Kdg nach dem Einigungsvertrag** (Anl I Kap XIX Sachgebiet A Abschn III Nr 1 Abs 5) finden §§ 47 I, 108 I Anwendung (BAG 28.4.1994, 8 AZR 209/93, EzA Art 20 EinigungsV Nr 36; BVerwG 30.4.1998, 6 P 5/97, ZTR 1998, 573). 1

B. Geschützter Personenkreis. Die Vorschrift des § 47 I schützt nach ihrem Wortlaut die Mitglieder des PersR in den Verwaltungen des Bundes und der bundesunmittelbaren Körperschaften, Anstalten und Stiftungen des öffentl Rechts sowie in den Gerichten des Bundes (vgl § 1), die in einem Arbeitsverhältnis stehen. Kraft Verweisung in anderen Vorschriften genießen in demselben Behördenbereich auch die 2

§ 108 BPersVG   Kündigungsschutz

Mitglieder des **Bezirks-PersR** und des **Haupt-PersR** (§ 54 I), des **Gesamt-PersR** (§ 56), der **Jugend- und Auszubildendenvertretung** (§ 62 S 2) und des **Wahlvorstandes** (§§ 24 I 3, 53 III 1, 62 S 3) sowie **Wahlbewerber** (§ 24 I 3) den Schutz des § 47.

3   Die Mitglieder der **Schwerbehindertenvertretung** (§ 96 III SGB IX), der Konzern-, Gesamt-, Bezirks- und Hauptschwerbehindertenvertretung (§ 97 VII SGB IX) sowie die **Wahlvorstände und Wahlbewerber für diese Schwerbehindertenvertretungen** (§§ 94 VI 2, 97 VII SGB IX) kommen durch Verweisung im SGB IX ebenfalls in den Genuss des Kdg-Schutzes nach § 47 I. Dasselbe gilt für Mitglieder v **Betriebsvertretungen bei den alliierten Streitkräften** (LAG Rh-Pf 26.8.2014, 6 TaBV 11/14; vgl KR/*Weigand* Art. 56 NATO-ZusAbk Rn 42) und **Soldatenvertreter in Personalvertretungen** (§ 51 III SBG).

4   Der Schutz vor außerordentlichen Kündigungen und Versetzungen ist grds an die Dauer der Amtszeit als PersR-Mitglied geknüpft. Diese beginnt nach § 26 S 2 mit dem Tage der Wahl oder, wenn zu diesem Zeitpunkt noch ein PersR besteht, mit dem Ablauf seiner Amtszeit. Im letztgenannten Fall muss der Schutz nach seinem Zweck aber bereits mit Bekanntgabe des Wahlergebnisses beginnen (RDW/*Treber* § 47 Rn 10; Fitting § 21 Rn 12; vgl auch BAG 22.9.1983, 6 AZR 323/81, § 78a BetrVG 1972 Nr 12). Er endet mit dem Ende der Mitgliedschaft im PersR, unabhängig v Grund der Beendigung (BVerwG 30.4.1998, 6 P 5/97, ZTR 1998, 573; vgl. auch BAG 5.11.2009, 2 AZR 487/08, EzA § 15 KSchG nF Nr 64).

5   Der **Schutz für Wahlbewerber** beginnt mit der Aufstellung des Wahlvorschlages (vgl d Erl zu § 103 BetrVG). Ein Wahlvorschlag zur Wahl einer Personalvertretung nach dem Bundespersonalvertretungsrecht ist aufgestellt, sobald ein schriftlicher Wahlvorschlag vorliegt, der die erforderliche Zahl v Unterschriften aufweist, auch wenn in dem Zeitpunkt, in dem die letzte erforderliche Unterschrift geleistet wird, die Frist für die **Einreichung** v Wahlvorschlägen noch nicht begonnen hat (BAG 7.7.2011, 2 AZR 377/10, EzA § 15 KSchG nF Nr 68), die Bewerber auf dem Wahlvorschlag in erkennbarer Reihenfolge aufgeführt sind, der Wahlvorschlag keine Änderungen enthält und nicht aus sonstigen Gründen wegen Verletzung zwingender Vorschriften (zB Nichtwählbarkeit des Bewerbers) unheilbar nichtig ist (vgl §§ 10 II, 32, 42, 45 WahlO BPersVG). Entspr gilt auch für Wahlbewerber zur Wahl einer JAV des Personalvertretungsrechts (§ 46 WahlO BPersVG) und der Mitglieder der Schwerbehindertenvertretungen im öffentl Dienst (§§ 94 VI 2, 97 VII SGB IX).

6   **Ersatzmitglieder** der angeführten personalvertretungsrechtlichen Organe erlangen den bes Schutz für Mitglieder des betreffenden Organs, wenn und solange sie anstelle eines auf Dauer ausscheidenden oder vorübergehend verhinderten Mitglieds in die Personalvertretung nachrücken (vgl § 31 I). Maßgeblich ist der objektive Eintritt des Verhinderungsfalls, auf eine Kenntnis des Ersatzmitglieds kommt es nicht an (zu § 25 BetrVG: BAG 8.9.2011, 2 AZR 388/10, EzA § 25 BetrVG 2001 Nr 3). Die Ersatzmitglieder werden bei einer Listenwahl der Reihe nach aus den nicht gewählten Beschäftigten derjenigen Vorschlagslisten entnommen, denen die zu ersetzenden Mitglieder angehören; bei einer Mehrheitswahl rückt grds das Ersatzmitglied ein, das die nächsthöhere, nicht mehr zum Zuge gekommene Stimmenzahl auf sich vereinigt (vgl § 31). Ein vorübergehend verhindertes Ersatzmitglied wird durch das nächste Ersatzmitglied vertreten, das dann ebenfalls für die Dauer der Vertretung den Schutz erlangt.

7   Die Vorschrift des § 108 I schützt **in den Verwaltungen und Betrieben der Länder, Gemeinden, Gemeindeverbände** und der sonstigen nicht bundesunmittelbaren Körperschaften, Anstalten und Stiftungen des öffentl Rechts sowie in den Gerichten der Länder (vgl § 95 I) die Mitglieder der Personalvertretungen (PersR, Bezirks-PersR, Gesamt-PersR), der JAV, der Wahlvorstände sowie die Wahlbewerber und der Schwerbehindertenvertretungen und deren Wahlvorstände und Wahlbewerber (vgl §§ 96 I, 97 VII, 94 VI 2 SGB IX) einschließlich der jeweiligen Ersatzmitglieder. § 108 gilt auch nach der Föderalismusreform uneingeschränkt weiter. Durch die Föderalismusreform wurde zwar die Gesetzgebungskompetenz des Bundes für den Erlass rahmenrechtlicher Vorschriften zur Regelung der Rechtsverhältnisse der im öffentl Dienst stehenden Personen nach Art 75 I 1 GG aufgehoben, bei § 108 handelt es sich jedoch um arbeitsrechtliche Regelungen, die nach Art 74 I Nr 12 GG zur konkurrierenden Gesetzgebung gehören.

8   Nicht geschützt sind in Dienststellen des Bundes Beamte im Vorbereitungsdienst und Beschäftigte in entsprechender **Berufsausbildung** (§ 47 III 1). Gleiches gilt für die Mitglieder v Vertretungen der nicht ständig Beschäftigten iSd § 65 (und der entspr Vorschriften der PersVG der Länder), da diese Vertretungen nicht als Personalvertretungen anzusehen sind und § 65 nicht auf die Schutzvorschriften verweist.

9   Grds unterliegen auch **Dienstordnungsangestellte** dem Schutz nach den §§ 47 I, 108 I. Dies gilt allerdings nicht, soweit sich die Beendigung des Dienstordnungsverhältnisses nach beamtenrechtlichen Vorschriften richtet. In diesem Fall gewähren die beamtenrechtlichen Vorschriften ihrerseits ausreichenden Schutz (vgl BAG 5.9.1986, 7 AZR 193/85, AP KSchG 1969 § 15 Nr 27).

10 Keinen Kdg-Schutz nach § 47 I erlangen »Mitglieder« einer Personalvertretung, wenn die Wahl der Personalvertretung v vornherein **nichtig** ist (vgl für das BetrVG: BAG 7.5.1986, 2 AZR 349/85, EzA § 17

BetrVG 1972 Nr 5). Die Nichtigkeit der Wahl kann v den Gerichten für Arbeitssachen im Kdg-Rechtsstreit inzidenter festgestellt werden (vgl BAG 27.4.1976, 1 AZR 482/75, EzA § 19 BetrVG 1972 Nr 8). Nichtig ist eine Wahl nur, wenn gegen allg Grds jeder ordnungsgemäßen Wahl in so hohem Maße verstoßen worden ist, dass auch der Anschein einer dem Gesetz entsprechenden Wahl nicht mehr vorliegt (zum BetrVG: BAG 13.3.2013, 7 ABR 70/11, EzA § 3 BetrVG 2001 Nr 6). Es muss so grob gegen wesentliche Wahlvorschriften verstoßen worden sein, dass v einem Wahlakt nicht mehr gesprochen werden kann. Bei weniger groben Verstößen gegen wesentliche Wahlvorschriften ist eine PersR-Wahl nur anfechtbar; in diesem Fall kann die Unwirksamkeit der Wahl gem § 25 nur auf Antrag in einem bes Verfahren vor dem VG festgestellt werden. Wird bei der Durchführung der PersR-Wahl gegen mehrere wesentliche Wahlvorschriften verstoßen, können aber die einzelnen Verstöße für sich betrachtet nur die Anfechtbarkeit der Wahl begründen, kann auch eine Gesamtwürdigung nicht zur Nichtigkeit der Wahl führen (vgl BAG 19.11.2003, 7 ABR 24/03, EzA § 19 BetrVG 2001 Nr 2).

Nichtig ist zB eine **PR-Wahl**, wenn sie ohne Wahlvorstand und ohne Wahlausschreiben durchgeführt wurde oder als offene Wahl durch Zuruf in der Personalversammlung erfolgt oder wenn die Mehrzahl der gewählten PR-Mitglieder nicht wählbar war (vgl auch BAG 28.11.1977, 1 ABR 36/76, EzA § 19 BetrVG 1972 Nr 14) oder wenn die Dienststelle gem § 12 I nicht personalratsfähig ist (vgl BAG 9.2.1982, 1 ABR 36/80, EzA § 118 BetrVG 1972 Nr 33). Nichtig ist auch die Wahl des **Wahlvorstandes** in einer Personalversammlung, wenn die Einladung zu dieser Versammlung nicht so bekannt gemacht worden ist, dass alle AN der Dienststelle hiervon Kenntnis nehmen konnten, diese auch nicht auf andere Weise tatsächlich hiervon erfahren haben und durch das Fernbleiben der nicht unterrichteten AN das Wahlergebnis beeinflusst werden konnte (BAG 7.5.1986, 2 AZR 349/85, EzA § 17 BetrVG 1972 Nr 5). 11

Die aus einer nichtigen Wahl hervorgegangenen »Mitglieder« einer Personalvertretung erlangen aber nach der Bekanntgabe des »Wahlergebnisses« den **nachwirkenden Kdg-Schutz** für Wahlbewerber (KR-*Etzel/Kreft* § 15 KSchG Rn 93; RDW/*Treber* § 47 Rn 12). Bei einer bloßen **Wahlanfechtung** erlangen die AN-Vertreter den vollen Schutz nach §§ 47, 108 I; dieser endet erst, wenn die Wahl rkr für unwirksam erklärt ist (zu § 103 BetrVG: BAG 27.1.2011, 2 ABR 114/09, EzA § 103 BetrVG 2001 Nr 8). Bis dahin ist der Personalrat rechtmäßig im Amt (BVerwG 23.10.2003, 6 P 10/03, AP § 23 BPersVG Nr 1). 12

C. Umfang des Kdg-Schutzes. Der Kdg-Schutz für AN-Vertreter im öffentl Dienst nach dem BPersVG ist **ebenso ausgestaltet wie der Kdg-Schutz für AN-Vertreter in der privaten Wirtschaft** nach § 103 BetrVG. Für die Zustimmung zur Kdg des Mitglieds einer PersV ist im Bereich des BPersVG **die PersV** (PersR, Gesamt-PersR, Bezirks-PersR, Haupt-PersR) **zust, der der betroffene AN als Mitglied angehört**, weil es um die Kontinuität der Arbeit dieser Personalvertretung geht (BVerwG 30.4.1998, 6 P 5/97, ZTR 1998, 573; 9.7.1980, 6 P 43.79, PersV 1981, 370). Dies gilt jeweils unabhängig davon, v welcher Dienststelle die Kdg ausgesprochen werden kann. Gehört das betroffene PersR-Mitglied mehreren Personalvertretungen an, bedarf die außerordentliche Kdg der Zustimmung aller Personalvertretungen (BVerwG 30.4.1998, 6 P 5/97, aaO). 13

Handelt es sich bei dem betroffenen AN um kein PersR-Mitglied, sondern zB um das Mitglied eines Wahlvorstandes, um einen Wahlbewerber, einen Jugend- und Auszubildendenvertreter, ist der **PersR der Dienststelle, bei der der AN beschäftigt ist**, für die Zustimmung zur Kdg zust (*Lorenzen/Etzel* § 47 Rn 30). 14

Aus der fast völligen Übereinstimmung der gesetzlichen Regelungen folgt, dass der **Kündigungsschutz für AN-Vertreter im öffentl Dienst** und für AN-Vertreter in der privaten Wirtschaft auch in den Einzelheiten grds übereinstimmt, wenn man davon absieht, dass im öffentl Dienst an die Stelle des BR der PersR tritt. Auch dem PersR steht bei der Frage, ob er der Kdg zustimmen soll, kein Mitbestimmungsrecht im technischen Sinne, sondern nur ein **Mitbeurteilungsrecht** zu. Auf die Ausführungen zu § 103 BetrVG kann daher – mit zwei Ausnahmen – verwiesen werden. 15

In 2 Fragen weicht die Regelung des BPersVG v der Regelung des § 103 BetrVG ab: 16
1. Nach § 103 BetrVG muss der BR zu der v AG beantragten Zustimmung zur außerordentlichen Kdg unverzüglich, spätestens aber innerhalb v 3 Tagen Stellung nehmen; in §§ 47 I, 108 I wird dem PersR hingegen eine **Frist v 3 Arbeitstagen** zur Stellungnahme eingeräumt. Fällt der letzte Tag der Anhörungsfrist v 3 Arbeitstagen auf einen Sonntag, zB in Dienststellen mit regelmäßiger Sonntagsarbeit, läuft die Frist in entspr Anwendung v §§ 188 Abs 1, 193 BGB erst am nächstfolgenden Werktag ab.
2. Die fehlende Zustimmung des BR wird nach § 103 BetrVG v ArbG, die fehlende Zustimmung des PersR hingegen nach §§ 47 I, 108 I v **VG** ersetzt. Auch insoweit ist zur Wahrung der 2-wöchigen Ausschlussfrist des § 626 II BGB erforderlich, dass der Antrag auf Ersetzung der Zustimmung der Personalvertretung zur außerordentlichen Kdg spätestens 2 Wochen, nachdem der Kdg-Berechtigte v den Kdg-Tatsachen Kenntnis erlangt hat, beim VG eingeht (BAG 27.3.1991, 2 AZR 418/90, RzK II 1a

Nr 5). Für dieses personalvertretungsrechtliche Beschlussverfahren gelten die Vorschriften des ArbGG über das Beschlussverfahren entspr (§ 83 II). In dem Verfahren ist der betroffene AN zu beteiligen (§§ 47 I 3, 108 I 3).

17 Auf das **Zustimmungsverfahren** beim PersR finden Vorschriften über das Mitbestimmungsverfahren nach § 69 und das Mitwirkungsverfahren nach § 72 keine Anwendung; die verweigerte Zustimmung des PersR kann also **nicht durch eine Stufenvertretung** (Bezirks-PersR, Haupt-PersR) **ersetzt** werden. Das folgt daraus, dass §§ 47 I, 108 I die Anrufung des VG an die verweigerte Zustimmung des PersR anknüpfen und die Zustimmungspflichtigkeit der Kdg nicht in dem Katalog der Mitbestimmungs- und Mitwirkungsfälle der §§ 75 ff aufgeführt ist.

18 **D. Versetzungs- und Abordnungsschutz.** Der Versetzungsschutz für Mitglieder v Personalvertretungen im **Bundesdienst** ist in § 47 II geregelt. Auch er dient der Sicherung der Unabhängigkeit der PersR-Mitglieder (BVerwG 15.7.2004, 6 P 15/03, ZTR 2004, 607). Für Wahlvorstandsmitglieder und Wahlbewerber gilt er nur mit Einschränkungen (§§ 24 I 3, 62 S 3; vgl zB BVerwG 13.6.2007, 1 WDS-VR 2/07, Buchholz 449.7 § 48 SBG Nr 2). Bei Beamten ist der Versetzungsbegriff nach beamtenrechtlichen Grds maßgeblich, der hier nicht näher erörtert wird. Bei AN kann auf die tarifl Definitionen v Versetzung und Abordnung in § 4 I TVöD zurückgegriffen werden (RDW/ *Treber* § 47 Rn 71). Bestimmte Umsetzungen stellt § 47 II 2 gleich. Nach der Rspr gilt die Regelung nur für Maßnahmen, die an die betroffenen PersR-Mitglieder selbst gerichtet sind. Organisatorische Maßnahmen, wie zB die Auflösung der Dienststelle, fallen nicht darunter (BVerwG 15.7.2004, 6 P 15/03, aaO). Gleiches soll für die Zuweisung v Tätigkeiten durch G gelten (zu § 44g I 1 SGB II: OVG NRW 5.9.2012, 20 A 1903/11.PVB, PersR 2012, 466).

19 Zulässig sind solche Maßnahmen nur unter engen Voraussetzungen, sie müssen »aus wichtigen dienstl Gründen unvermeidbar« sein. In jedem Fall ist die vorherige Zustimmung des PersR erforderlich (II 3). Bemerkenswert ist, dass eine v PersR verweigerte Zustimmung – anders als nach § 103 III BetrVG bei der Versetzung v BR-Mitgliedern – nicht durch gerichtliche Entsch ersetzt werden kann.

20 Der Versetzungsschutz für Mitglieder v Personalvertretungen im **Landesdienst** richtet sich nach § 99 II. Diese Vorschrift steht aber nach der Föderalismusreform 2006 zur Disposition der Länder und ist nur noch anzuwenden, solange und soweit die Länder keine andere Regelung für ihren Bereich getroffen haben (Art 125a I GG; vgl. dazu iE RDW/ *Treber* § 47 Rn 99 f).

§ 108 Kündigungsschutz

(1) [...]
(2) **Eine durch den Arbeitgeber ausgesprochene Kündigung des Arbeitsverhältnisses eines Beschäftigten ist unwirksam, wenn die Personalvertretung nicht beteiligt worden ist.**

Übersicht	Rdn.		Rdn.
A. Zweck der Vorschriften	1	V. Schweigepflicht des PersR	30
B. Der geschützte Personenkreis	5	VI. Stellungnahme des PersR	32
C. Voraussetzungen des AN-Schutzes	9	1. Zustimmung, Schweigen	32
I. Vorhandensein und Funktionsfähigkeit eines PersR	9	2. Erörterung mit dem Dienststellenleiter	34
		3. Einwendungen	40
II. Kdg durch den AG	11	4. Abgabe der Stellungnahme	43
D. Mitwirkung des PersR bei ordentlichen Kdg.		VII. Die Entscheidung des Dienststellenleiters	44
		VIII. Vorlage und Verfahren bei übergeordneten Dienststellen	48
I. Einleitung des Mitwirkungsverfahrens	15		
1. Mitteilungspflichten des Dienstherrn	15	IX. Rechtsfolgen bei Fehlern im Mitwirkungsverfahren	53
2. Vertretungsberechtigte AG-Vertreter	16	E. Einwendungen des PersR bei einer ordentlichen Kdg und Weiterbeschäftigungsanspruch	58
II. Zuständigkeit und Empfangsberechtigung aufseiten des PersR zur Entgegennahme von AG-Erklärungen	20	F. Die Kdg durch den Dienststellenleiter	61
III. Frist zur Stellungnahme für PersR	23	G. Anhörung bei außerordentlichen Kdg	62
IV. Willensbildung des PersR, Anhörung des AN	25	H. Beteiligung der PersR in den Ländern	65

1 **A. Zweck der Vorschriften.** Das BPersVG regelt unmittelbar (§§ 66 I, 72, 79, 77 I 2) die Mitwirkung der Personalvertretungen bei Kdg ggü AN **in den Verwaltungen des Bundes** und der bundesunmittelbaren Körperschaften, Anstalten und Stiftungen des öffentl Rechts sowie in den Gerichten des Bundes (vgl § 1).

Die Regelungen über die Mitwirkung der Personalvertretungen bei ordentlichen Kdg bezwecken, dass **2 Dienststellenleiter und Personalvertretung vor Ausspruch einer Kdg diese eingehend beraten** und Argumente austauschen, um eine Einigung herbeizuführen, die notfalls auch durch eine übergeordnete Dienststelle mit der bei ihr bestehenden Stufenvertretung herbeigeführt werden kann. Dieses Mitwirkungsrecht der Personalvertretungen ist somit **stärker ausgestaltet als das Mitwirkungsrecht des BR** bei ordentlichen Kdg. Hingegen reduziert sich das Mitwirkungsrecht der Personalvertretungen bei außerordentlichen Kdg auf ein bloßes Anhörungsrecht und entspricht damit dem Anhörungsrecht des BR vor jeder Kdg.

Das **Widerspruchsrecht des PersR** nach § 79 I (»Einwendungen«) bezweckt, dem PersR die Möglichkeit **3** zu geben, durch Erhebung eines Widerspruchs einerseits den AG vielleicht doch noch v der Kdg abzuhalten, andererseits für den Fall der Kdg deren Sozialwidrigkeit iSv § 1 I KSchG zu begründen. Außerdem begründet ein ordnungsgemäßer Widerspruch des PersR für den AN gem § 79 I einen **Weiterbeschäftigungsanspruch** bis zum rkr Abschluss des Kdg-Rechtsstreits. Widerspruchsrecht des PersR und Weiterbeschäftigungsanspruch des AN sind weitgehend dem Widerspruchsrecht des BR und dem Weiterbeschäftigungsanspruch nach § 102 V BetrVG nachgestaltet.

Eine **Erweiterung** des Mitwirkungsrechts des PersR **durch TV oder Dienstvereinbarung** ist ausgeschlossen **4** (§§ 3, 73 I 1, 97). Da im BPersVG eine dem § 102 VI BetrVG entspr Vorschrift fehlt, kann demgem im Bereich des BPersVG durch Dienstvereinbarung nicht geregelt werden, dass Kdg durch den öffentl Dienstherrn der Zustimmung des PersR bedürfen (Lorenzen/*Etzel* § 79 Rn 4). Soweit Personalvertretungsgesetze der Länder die Zustimmungsbedürftigkeit v Kdg vorsehen oder den Abschluss entspr Dienstvereinbarungen erlauben, sind die verfassungsrechtlichen Grenzen solcher Regelungen zu beachten (vgl. dazu zB BVerfG 20.7.2001, 2 BvL 8/00, NZA-RR 2002, 334; BAG 27.1.2011, 2 AZR 744/09, EzA § 108 BPersVG Nr 6; APS/Koch § 108 BPersVG Rn 4f; s auch Rdn 65 f).

B. Der geschützte Personenkreis. Die Mitwirkungsrechte des PersR (in Verschlusssachen »VS-VER- **5** TRAULICH«: eines bes Ausschusses gem § 93) bei Kdg gelten **grds für alle AN** in den Verwaltungen des Bundes und der bundesunmittelbaren Körperschaften, Anstalten und Stiftungen des öffentl Rechts sowie in den Gerichten des Bundes (vgl § 1). Ausnahmen bestehen für den Bundesnachrichtendienst (§ 86 Nr 12: kein Weiterbeschäftigungsanspruch nach § 79 II) und für im Ausland beschäftigte Ortskräfte, weil diese nach § 91 I 1 keine Beschäftigten iSd § 4 sind und deshalb nicht durch den PersR repräsentiert werden (§ 91 I Nr 1; vgl schon BAG 21.11.1996, 2 AZR 832/95, AP § 79 BPersVG Nr 10). Ferner entfallen Beteiligungsrechte des PersR nach I und II für die Angestellten, die auf einer Beamtenstelle v der Besoldungsgruppe A 16 aufwärts beschäftigt sind oder eine Stellung bekleiden, die einer Beamtenstelle ab A 16 entspricht (§ 79 I 2 iVm § 77 I 2; BAG 7.12.2000, 2 AZR 532/99, AP § 77 BPersVG Nr 9). Diese Vorschrift verstößt nicht gegen höherrangiges Recht (BAG 16.3.2000, 2 AZR 138/99, EzA § 108 BPersVG Nr 1; vgl auch BAG 29.9.2011, 2 AZR 451/10, EzA § 6 KSchG Nr 82 zu § 68 IV PersVG MV). Bei ordentlichen Kdg ggü diesen Angestellten hat der PersR also weder ein Mitspracherecht noch ein Anhörungsrecht, jedoch wird man eine Unterrichtungspflicht des Dienststellenleiters bei der Monatsbesprechung nach § 66 I bejahen müssen. Vor außerordentlichen Kdg ggü solchen Angestellten ist der PersR hingegen wie bei sonstigen außerordentlichen Kdg gem § 79 III zu hören, da § 79 III den § 77 I 2 nicht für entspr anwendbar erklärt. Das Mitwirkungsrecht des PersR nach § 79 III besteht auch bei außerordentlichen Kdg eines Berufsausbildungsverhältnisses.

Bei außerordentlichen Kdg ggü **AN mit personalvertretungsrechtlichen Aufgaben** gilt die Sondervorschrift **6** des § 47 (s dort).

Auf AN, die bei den **Stationierungsstreitkräften** beschäftigt sind, sind die Vorschriften des BPersVG gem **7** Art 56 IX ZA-NATO Truppenstatut anzuwenden, wenn der Entsendestaat sie als örtliche (zivile) Arbeitskräfte iSv Art 9 IV NATO-Truppenstatut einstellt. Anderes gilt für die Mitglieder des sog zivilen Gefolges iSv Art I Ib NATO-Truppenstatut (vgl dazu zB BAG 7.11.2000, 1 ABR 55/99, EzA § 83 ArbGG 1979 Nr 9; 12.2.1985, 1 ABR 3/83, AP Art 1 NATO-Truppenstatut Nr 1). Soweit eine Betriebsvertretung zu beteiligen ist, ist grds diejenige zu beteiligen, die bei der Dienststelle gebildet ist, die über die Kdg zu entscheiden hat. Dienststellen, deren Leiter für die Kdg zust sind, sind die einzelnen Verwaltungsstellen und Betriebe einer Truppe und eines zivilen Gefolges in der BRD nach näherer Bestimmung durch die betreffende Truppe selbst (BAG 25.10.2012, 2 AZR 552/11; 20.1.2000, 2 ABR 19/99, ZTR 2001, 89).

Für **AN der Länder und Gemeinden** gelten hins der Mitwirkungsrechte des PersR bei Kdg die Landes- **8** personalvertretungsgesetze. Der Landesgesetzgeber hat hierbei eine weitgehende Gestaltungsfreiheit (BAG 29.9.2011, 2 AZR 451/10, EzA § 2 KSchG Nr 82). Nur die Rechtsfolgen bei Verletzung v normierten Beteiligungsrechten sind durch § 108 II für die Länder unmittelbar geregelt (BAG 26.9.2013, 2 AZR 843/12, EzA § 108 BPersVG Nr 9; vgl Rdn 65).

Reinfelder

9 **C. Voraussetzungen des AN-Schutzes. I. Vorhandensein und Funktionsfähigkeit eines PersR.** Die Mitwirkungsrechte des PersR können nur in den Dienststellen ausgeübt werden, in denen ein PersR gebildet und funktionsfähig ist. Es gelten hier dieselben Erwägungen wie bei der Anhörung des BR. Auf die Ausführungen zu § 102 BetrVG Rdn 2 kann daher verwiesen werden.

10 In Dienststellen, in denen ein PersR nicht gebildet oder nicht funktionsfähig ist, kann der AG eine Kdg aussprechen, ohne an die Vorschriften über die Mitwirkung des PersR gebunden zu sein.

11 **II. Kdg durch den AG.** Die Vorschriften über die Mitwirkungsrechte des PersR gem § 79 sind **bei jeder Art v Kdg** durch den AG, die auf die Beendigung des Arbeitsverhältnisses zielt, anwendbar. Dies gilt auch für Änderungs-Kdg. Soll durch eine Änderungskdg eine **Rückgruppierung** herbeigeführt werden, hat der AG nicht nur die Mitbestimmungsrechte des PersR bei einer Kdg, sondern auch das Mitbestimmungsrecht bei einer Rückgruppierung (§ 75 I 2) zu beachten; es handelt sich hier um 2 verschiedene Verfahren, die der AG aber miteinander verbinden kann (BAG 3.11.1977, 2 AZR 277/76, AP § 75 BPersVG Nr 1). Gleiches gilt bsplw bei einer mit der Ändkdg verbundenen **Umsetzung** (BAG 6.8.2002, 1 ABR 47/01, EzA § 75 BPersVG Nr 2).

12 Wird das Arbeitsverhältnis nicht durch Kdg des AG, sondern **auf andere Art beendet** (zB Ablauf eines wirksam befristeten Arbeitsvertrages, Eintritt der Bedingung bei einem auflösend bedingten Arbeitsverhältnis, Aufhebungsvertrag), sind die Mitwirkungsrechte des PersR bei Kdg nicht einschlägig.

13 Wegen der Einzelheiten, wann bei Kdg die Mitwirkungsrechte des PersR zu beachten sind und unter welchen Voraussetzungen sie entfallen, sind die Ausführungen zur Anhörung des BR (§ 102 BetrVG) sinngem anwendbar.

14 Die Befugnis des Dienststellenleiters, vor Abschluss des Mitwirkungsverfahrens **vorläufige Regelungen** zu treffen (§ 72 VI iVm § 69 V), umfasst nicht das Recht, eine Kdg auszusprechen. Dies ergibt sich schon aus §§ 79 IV, 108 II. Im Übrigen darf die vorläufige Regelung keinen Zustand herstellen, der nicht wieder rückgängig gemacht werden kann (RDW/*Weber* § 69 Rn 110 f).

15 **D. Mitwirkung des PersR bei ordentlichen Kdg. I. Einleitung des Mitwirkungsverfahrens. 1. Mitteilungspflichten des Dienstherrn.** Das Mitwirkungsverfahren wird dadurch eingeleitet, dass der Dienststellenleiter dem nach § 82 zust PersR (s Rdn 20) seine **Kdg-Absicht** mitteilt (vgl *Lorenzen/Gerhold* § 72 Rn 10 mwN). Eine bestimmte Form schreibt das Gesetz nicht vor, die Mitteilung kann also auch mündlich erfolgen (RDW/*Weber* § 72 Rn 13). Zur ordnungsgemäßen Einleitung des Mitwirkungsverfahrens gehört aber grds, dass der Dienststellenleiter mit der Mitteilung der Kdg-Absicht den PersR über die **Person** des AN (Personalien, Unterhaltsverpflichtungen etc), insb auch über persönliche Umstände, die sich iR einer Interessenabwägung zu seinen Gunsten auswirken können (BAG 21.6.2001, 2 AZR 30/00, EzA § 626 BGB Unkündbarkeit Nr 7), über die **Art der Kdg** (zB ordentliche oder außerordentliche), ggf die Kdg-Frist und den **Zeitpunkt, zu dem gekündigt werden soll**, sowie die **Kdg-Gründe** unterrichten muss. Diese Unterrichtungspflicht ist im BPersVG zwar nicht ausdrücklich normiert, folgt aber daraus, dass die eingehende Erörterung der beabsichtigten Kdg mit dem PersR vorgesehen ist (vgl *Fischer/Goeres/Gronimus* § 72 Rn 7). Die Unterrichtung des PersR über die Gründe für die beabsichtigte ordentliche Kündigung soll diesem die Möglichkeit eröffnen, sachgerecht zur Kündigungsabsicht Stellung zu nehmen (BAG 9.6.2011, 2 AZR 284/10, EzA § 626 BGB 2002 Nr 37). Der PersR soll sich ein eigenes Urt bilden können (BAG 4.3.1981, 7 AZR 104/79, AP LPVG BW § 77 Nr 1). Dazu ist es nötig, dass der Dienstherr dem PersR die für ihn - den Dienstherrn - maßgeblichen Kündigungsgründe mitteilt. Der PerR ist ordnungsgemäß unterrichtet, wenn der Dienstherr ihm die aus seiner subjektiven Sicht tragenden Umstände unterbreitet hat (subj Determination). Darauf, ob diese Umstände auch objektiv geeignet und ausreichend sind, die Kündigung zu stützen, kommt es für die Korrektheit der Unterrichtung nicht an (BAG 9.6.2011, 2 AZR 284/10, aaO). Auch die spätere Beschränkung des Kdg-Sachverhalts im KSch-Prozess, etwa weil einzelne Vorwürfe nicht beweisbar sind, berührt die Wirksamkeit der PersR-Beteiligung nicht. Dem AG ist es auch nicht verwehrt, die Kdg auf den verbliebenen Sachverhalt zu stützen, ohne den PersR erneut zu beteiligen (BAG 27.11.2008, 2 AZR 98/07, EzA § 1 KSchG Verdachtskündigung Nr 4). Bei einer (Probezeit-)Kdg innerhalb der ersten 6 Monate des Arbeitsverhältnisses (Wartezeit nach § 1 I KSchG) braucht der AG dem PersR weder Lebensalter noch Unterhaltspflichten des AN mitzuteilen, weil die Kdg (noch) keiner sozialen Rechtfertigung bedarf (BAG 23.4.2009, 6 AZR 516/08, EzA § 102 BetrVG 2001 Nr 25). Es genügen insoweit pauschale, schlagwortartige Begr (subjektive Wertungen), wenn der AG keine auf Tatsachen gestützte und durch Tatsachen konkretisierbaren Kdg-Gründe benennen kann (BAG 22.4.2010, 6 AZR 828/08, ZTR 2010, 430; zu § 102 BetrVG: BAG 12.9.2013, 6 AZR 121/12, ZTR 2014, 50). Fehlerhaft ist die Unterrichtung hingegen, wenn der Dienstherr dem PersR bewusst unrichtige oder unvollständige Sachverhalte unterbreitet oder einen für dessen Entschließung wesentlichen, insbesondere einen den AN entlastenden Umstand verschweigt. Enthält

der Diensther dem PersR bewusst ihm bekannte und seinen Kündigungsentschluss bestimmende Tatsachen vor, die nicht nur eine Ergänzung oder Konkretisierung des mitgeteilten Sachverhalts darstellen, sondern diesem erst das Gewicht eines Kündigungsgrundes verleihen oder weitere eigenständige Kündigungsgründe enthalten, ist die Unterrichtung fehlerhaft und die Kündigung unwirksam (BAG 9.6.2011, 2 AZR 284/10, aaO). IÜ kann zum Umfang der Unterrichtungspflicht auf die Mitteilungspflichten des AG bei der Anhörung des BR verwiesen werden, § 102 BetrVG. Die Unterrichtung des PersR muss schon mit der Einleitung des Mitwirkungsverfahrens erfolgen, damit sich der PersR darüber schlüssig werden kann, welche Stellung er beziehen soll (vgl auch RDW/*Weber* § 72 Rn 11). Hingegen ist es nicht erforderlich, dass der Dienststellenleiter den PersR zu einer Erörterung der Angelegenheit auffordert oder einen entsprechenden Antrag stellt (vgl BAG 3.2.1982, 7 AZR 907/79, AP BPersVG § 72 Nr 1). Zur Erörterung s iÜ Rdn 34 ff.

2. Vertretungsberechtigte AG-Vertreter. Erforderlich ist, **dass der Dienststellenleiter** oder – im Fall seiner Verhinderung – sein ständiger Vertreter **das Mitwirkungsverfahren** durch die erforderlichen Mitteilungen **einleitet.** Nach § 7 handelt für die Dienststelle ihr Leiter, der sich bei Verhinderung durch seinen ständigen Vertreter vertreten lassen muss; das bedeutet, dass auch die Einl des Mitwirkungsverfahrens nach § 72 v dem Dienststellenleiter bzw seinem ständigen Vertreter vorgenommen werden muss. Dies gilt unabhängig v der Größe der Dienststelle (zB Großstadt, Regierungspräsident) sowie davon, ob das Verfahren mündlich oder schriftlich eingeleitet wird (vgl BAG 10.3.1983, 2 AZR 356/81, AP LPVG NW § 66 Nr 1). Lediglich bei obersten Dienstbehörden, bei Bundesbehörden ohne nachgeordnete Dienststellen und bei Behörden der Mittelstufe kann der Dienststellenleiter für den Verhinderungsfall auch den Abteilungsleiter für Personal- und Verwaltungsangelegenheiten zu seinem Vertreter bestimmen (§ 7 III; *Lorenzen/Faber* § 7 Rn 18), wobei damit keine funktionale Vertretung in dem Sinne verbunden ist, dass der jeweilige Vertreter des Personalabteilungsleiters bei dessen Verhinderung automatisch an die Stelle des Personalabteilungsleiters tritt (BAG 29.10.1998, 2 AZR 61/98, EzA § 79 BPersVG Nr 1). Ausschließlich bei diesen Behörden kann der Dienststellenleiter ferner für den Verhinderungsfall Beschäftigte der Dienststelle mit seiner Vertretung beauftragen, sofern sich der PersR mit dieser Beauftragung einverstanden erklärt (§ 7 S 4). Das Einverständnis kann der PersR im Voraus oder bei der Behandlung der einzelnen Angelegenheiten erklären; es ist jederzeit widerruflich (*Lorenzen/Faber* § 7 Rn 22). Die Pflicht des Dienststellenleiters, das Mitwirkungsverfahren grds selbst einzuleiten, schließt es nicht aus und macht es auch nicht unzulässig, dass ein anderer Bediensteter (zB Personalsachbearbeiter) vor der Einl des Mitwirkungsverfahrens Vorbesprechungen oder Vorverhandlungen mit dem PersR führt (vgl BAG 21.7.1977, 3 AZR 158/76, AP PersVG Bayern Art 8 Nr 1).

Die Vertretungsregelung des § 7 greift bei **jeder Verhinderung** des Dienststellenleiters ein, gleichgültig ob er aus tatsächlichen (zB Krankheit, Urlaub, anderweitige Dienstgeschäfte) oder rechtlichen Gründen (zB Interessenkollision) verhindert ist oder ob es sich um eine dauernde oder vorübergehende Verhinderung handelt (BAG 31.3.1983, 2 AZR 384/81, AP LPVG Hessen § 8 Nr 1). Hierbei steht es im pflichtgemäßen Ermessen des Dienststellenleiters zu beurteilen, ob ein Fall der Verhinderung vorliegt. Er ist nicht verpflichtet, unter Zurückstellung anderer Dienstaufgaben vorzugsweise zunächst mit der Personalvertretung Terminabsprachen zu treffen. Bei zeitlich sich überschneidenden Dienstaufgaben entscheidet er frei, welche Termine er selbst wahrnehmen und bei welchen er sich vertreten lassen will (BAG 31.3.1983, 2 AZR 384/81, aaO).

Die Vertretungsregelung in § 7 ist **zugunsten der Personalvertretung abschließend und zwingend** (vgl BAG 10.3.1983, 2 AZR 356/81, AP LPVG NW § 66 Nr 1). Der Dienststellenleiter kann sich daher gegen den Willen der Personalvertretung nur bei Verhinderung und nur durch die in § 7 aufgeführten Personen, aber nicht durch einen sonstigen Beauftragten vertreten lassen (BAG 10.3.1983, 2 AZR 356/81, aaO). Er kann auch nicht im Einzelfall einen anderen Bediensteten mit der Vornahme einzelner Handlungen, zB mit der Einl des Mitwirkungsverfahrens oder mit der Erörterung mit dem PersR, beauftragen oder wirksam bevollmächtigen (in diesem Sinne: BAG 26.10.1995, 2 AZR 743/94, AP BPersVG § 79 Nr 8). **Rügt die Personalvertretung jedoch nicht,** dass das Beteiligungsverfahren durch einen personalvertretungsrechtlich nicht zust Vertreter des Dienststellenleiters eingeleitet bzw durchgeführt wurde, und nimmt sie zu der beabsichtigten Kdg abschließend Stellung, **führt dieser Verstoß nicht zur Unwirksamkeit der Kdg** (BAG 25.2.1998, 2 AZR 226/97, AP LPVG NW § 72 Nr 2; in diesem Sinne auch BAG 25.11.2010, 2 AZR 801/09, EzA § 626 BGB 2002 Verdacht strafbarer Handlung Nr 9). IÜ ist es zulässig, dass der Dienststellenleiter im Einzelfall einen anderen Bediensteten beauftragt, dem PersR bestimmte Erklärungen (»Vertreter in der Erklärung«) als Bote zu übermitteln (BAG 27.2.1987, 7 AZR 652/85, EzA § 1 KSchG Betriebsbedingte Kündigung Nr 46).

Der Dienststellenleiter braucht seine Verhinderung ggü der Personalvertretung grds nicht näher zu begründen. Die Personalvertretung kann jedoch die **Bekanntgabe des Verhinderungsgrundes** verlangen (BAG 31.3.1983, 2 AZR 384/81, AP LPVG Hessen § 8 Nr 1). In diesem Fall muss der beklagte AG auch im

Kündigungsschutzprozess auf Rüge des AN darlegen und ggf beweisen, dass ein Verhinderungsgrund vorlag; anderenfalls ist die Kdg unwirksam. **Rügt die Personalvertretung jedoch nicht** eine fehlende Verhinderung des Dienststellenleiters, kann sich der AN im Kdg-Schutzprozess auch bei fehlender Verhinderung **nicht auf diesen Mangel berufen** (BAG 26.10.1995, 2 AZR 743/94, AP BPersVG § 79 Nr 8; s auch Rdn 38).

20 **II. Zuständigkeit und Empfangsberechtigung aufseiten des PersR zur Entgegennahme von AG-Erklärungen** Zust für das Beteiligungsverfahren ist grds die Personalvertretung der Dienststelle, bei der der AN beschäftigt ist (vgl. zB BAG 25.11.2010, 2 AZR 171/09, EzA § 108 BPersVG Nr 5 [zum NPersVG]). Ist jedoch für die Kdg eine andere Dienststelle zust, ist die bei dieser Dienststelle gebildete Stufenvertretung zu beteiligen (§ 82 I). Die Mitteilungen des Dienststellenleiters über die Kdg-Absicht, die Kdg-Gründe sowie die sonstigen Umstände der Kdg sind **grds an den PersR-Vorsitzenden** des zust PersR oder – im Fall seiner Verhinderung – an den in der v PersR festgelegten Reihenfolge nächsten Stellvertreter, der nicht verhindert ist, zu richten (vgl *Fischer/Goeres/Gronimus* § 32 Rn 48). Anders als im BetrVG (§ 26 III 2) fehlt im BPersVG eine ausdrückliche Vorschrift, die regelt, wer zur Entgegennahme v Erklärungen berechtigt ist, die dem PersR ggü abzugeben sind. Aus § 32 III 1, der bestimmt, dass der Vorsitzende den PersR iRd v diesem gefassten Beschlüsse vertritt, lässt sich jedoch ableiten, dass der Vorsitzende der allein berechtigte Empfänger v Erklärungen ist, die für den PersR bestimmt sind (*Fischer/Goeres/Gronimus* § 32 Rn 46). Soweit der Vorsitzende gemeinsam mit einem anderen Vorstandsmitglied den PersR vertritt (§ 32 III 2), genügt es, wenn der AG einem v ihnen seine Kdg-Absicht, die Kdg-Gründe und die sonstigen Umstände mitteilt (vgl KR/*Etzel* § 79 Rn 20; aA RDW/*Jacobs* § 32 Rn 81; nur der Vorsitzende ist zur Entgegennahme berechtigt).

21 Der PersR kann im Einzelfall eines seiner Mitglieder **ausdrücklich bevollmächtigen**, den PersR in einer bestimmten Kdg-Angelegenheit zu vertreten. Dann ist dieses PersR-Mitglied neben dem Vorsitzenden des PersR berechtigt, in dieser Kdg-Angelegenheit Erklärungen des AG entgegenzunehmen (vgl *Fischer/Goeres/Gronimus* § 32 Rn 52).

22 Gibt der AG eine Erklärung ggü einem zur Entgegennahme nicht berechtigten PersR-Mitglied ab, trägt der AG grds das Übermittlungsrisiko (zum BetrVG Fitting § 102 Rn 21).

23 **III. Frist zur Stellungnahme für PersR.** Der PersR hat nach Unterrichtung durch den Dienststellenleiter **10 Arbeitstage** (im Fall der originären Beteiligung der Stufenvertretung nach § 82: 20 Arbeitstage) Gelegenheit, sich zu der Kdg zu äußern. Äußert er sich innerhalb dieser Frist nicht, gilt die beabsichtigte Kdg als gebilligt (§ 72 II). Für die Fristberechnung gelten §§ 187 I, 188 I BGB. Die Frist beginnt mit dem Tag nach der Unterrichtung durch den Dienststellenleiter (vgl *Lorenzen/Gerhold* § 72 Rn 17, § 69 Rn 47). Innerhalb der 10-Tage-Frist kann die Personalvertretung v Diensttherrn die mündliche Erörterung der Angelegenheit sowie weitere Informationen verlangen, Einwendungen erheben oder Gegenvorschläge machen. Durch eine Erörterung zwischen Dienststellenleiter und Personalvertretung wird die Äußerungsfrist weder unterbrochen noch gehemmt (BVerwG 27.4.1995, 6 P 22.92, RzK III 2a Nr 29).

24 Nur bei der Erhebung v **Einwendungen** kann die Personalvertretung die Entsch einer übergeordneten Dienststelle erreichen. Die Einwendungen müssen innerhalb der 10-Tage-Frist begründet werden (§ 72 II 2). Ob die Äußerungsfrist durch Vereinbarung zwischen Dienststellenleiter und Personalvertretung verkürzt oder verlängert werden kann, ist str (vgl APS/*Koch* § 79 Rn 27 mwN zum Streitstand). Die 10-tägige Äußerungsfrist für die Personalvertretung ist eine materiell-rechtliche **Ausschlussfrist**. Deshalb ist bei einer – auch unverschuldeten – Fristversäumung eine Wiedereinsetzung in den vorigen Stand nicht möglich. Die Vorschriften der §§ 233 ff ZPO sind nur bei der Versäumung prozessualer Fristen anwendbar.

25 **IV. Willensbildung des PersR, Anhörung des AN.** Über die Stellungnahme zu der v dem AG erklärten Kdg-Absicht **berät** der PersR in seiner Gesamtheit, an der **Beschlussfassung** dürfen jedoch nur die PersR-Mitglieder der AN-Gruppe teilnehmen (§ 38 II 1). Ist die AN-Gruppe im PersR nicht vertreten, beschließt der PersR in seiner Gesamtheit die Stellungnahme zur Kdg (vgl § 38 II 2).

26 Beraten und beschließen kann der PersR **nur in einer PersR-Sitzung** (vgl § 37); eine Beschlussfassung im schriftlichen Umlaufverfahren, auf elektronischem Weg oder telefonisch ist unzulässig.

27 Soweit iRd Stellungnahmeverfahrens beim PersR, wozu auch die Erörterung mit dem Dienststellenleiter nach § 72 I gehört, v irgendeiner Seite, sei es Dienststellenleiter, PersR-Mitgliedern oder sonstigen Teilnehmern an einer PersR-Sitzung (zB Gewerkschaftsbeauftragten), Beschwerden oder Behauptungen tatsächlicher Art vorgetragen werden, die für den v der beabsichtigten Kdg betroffenen AN ungünstig sind (zB unzureichende Leistungen, Fehlverhalten ggü Vorgesetzten) oder ihm nachteilig werden können (zB häufige Fehlzeiten infolge Krankheit), **hat der PersR dem AN Gelegenheit zur Äußerung zu geben** (§ 72 II 3 iVm § 69 II 6). Falls der AN sich äußert, hat der PersR die Äußerung aktenkundig zu machen (§ 69 II 6 letzter HS). Dies kann zB durch Niederlegung in einer Sitzungsniederschrift des PersR (§ 41) oder in einer

schriftlichen Stellungnahme des PersR zu der beabsichtigten Kdg an den Dienststellenleiter geschehen (aA *Fischer/Goeres/Gronimus* § 72 Rn 12, § 69 Rn 13, nur die Dienststelle muss dem Betroffenen Gelegenheit zur Äußerung geben; ebenso RDW/*Weber* § 69 Rn 60).

§ 69 II 6 ist nur im Hinblick auf die Stellungnahme des PersR nach § 72 II für entspr anwendbar erklärt, 28 daher **gilt** er insoweit **nicht für den Dienststellenleiter** (aA *Fischer/Goeres/Gronimus* § 72 Rn 1, 2). Dieser wird zwar aufgrund seiner Fürsorgepflicht iA gehalten sein, einen AN zu ungünstigen Beurteilungen und Behauptungen zu hören, bevor er aus diesem Grunde kündigt, eine generelle Pflicht zur Anhörung wird man aber nicht bejahen können, zB wenn der Sachverhalt offen zu Tage liegt.

Hält die Mehrheit der Jugend- und Auszubildendenvertreter oder die Schwerbehindertenvertretung einen 29 Beschl des PersR für eine erhebliche Beeinträchtigung wichtiger Interessen der durch sie vertretenen AN, so ist auf ihren Antrag der **Beschl auf die Dauer v 6 Arbeitstagen v Zeitpunkt der Beschlussfassung an auszusetzen**, damit in dieser Frist eine Verständigung, ggf mithilfe der im PersR oder der JAV vertretenen Gewerkschaften, versucht werden kann. Erst nach Ablauf dieser Frist ist über die Angelegenheit neu zu beschließen (§ 39). Die Aussetzung des Beschl führt nicht zu einer Verlängerung der Äußerungsfrist des § 72 II (vgl § 39 I 3).

V. Schweigepflicht des PersR. PersR-Mitglieder haben über die ihnen im Mitwirkungsverfahren bekannt 30 gewordenen Angelegenheiten und Tatsachen Stillschweigen zu bewahren (vgl § 10 I 1). Die Schweigepflicht besteht nicht für Angelegenheiten oder Tatsachen, die offenkundig sind oder ihrer Bedeutung nach keiner Geheimhaltung bedürfen (§ 10 II). Ist eine Angelegenheit **nur einer beschränkten Öffentlichkeit bekannt** (zB innerhalb einer Dienststelle oder innerhalb der Abteilung), besteht nur ggü dieser beschränkten Öffentlichkeit keine Schweigepflicht (*Fischer/Goeres/Gronimus* § 10 Rn 18).

Eine Schweigepflicht besteht für PersR-Mitglieder und Jugend- und Auszubildendenvertreter nicht **ggü** 31 **den übrigen Mitgliedern der Vertretung** sowie auch nicht ggü der vorgesetzten Dienststelle, der bei ihr gebildeten Stufenvertretung und ggü dem Gesamt-PersR (§ 10 II).

VI. Stellungnahme des PersR. 1. Zustimmung, Schweigen. Der PersR hat **nach pflichtgemäßem** 32 **Ermessen** über die Stellungnahme zu der beabsichtigten Kdg zu entscheiden. Er kann der Kdg ausdrücklich zustimmen; dann ist das Mitwirkungsverfahren abgeschlossen, und der AG kann die Kdg aussprechen.

Der PersR kann auch auf eine Stellungnahme ggü dem Dienststellenleiter verzichten; ebenso gilt sein **Schwei-** 33 **gen** nach Ablauf v 10 Arbeitstagen seit der Unterrichtung durch den Dienststellenleiter als Zustimmung (§ 72 II; vgl zur Zustimmungsfiktion im Bereich des NPersVG BAG 28.1.2010, 2 AZR 50/09, EzA § 108 BPersVG Nr 4; iÜ RDW/*Weber* § 72 Rn 30).

2. Erörterung mit dem Dienststellenleiter. Der PersR kann v Dienststellenleiter eine **Erörterung** der 34 Angelegenheiten verlangen. Nach dem Wortlaut des § 72 I ist die Erörterung sogar zwingend vorgeschrieben. Da der PersR sich zu der beabsichtigten Kdg aber nicht zu äußern braucht (vgl § 72 II 1), liegt es in seiner Hand, ob eine Erörterung überhaupt stattfindet. Stimmt der PersR der Kdg ausdrücklich zu, liegt darin ein wirksamer Verzicht auf die Erörterung (BAG 27.2.1987, 7 AZR 652/85, EzA § 1 KSchG Betriebsbedingte Kündigung Nr 46). Unter diesen Umständen erscheint es sachgerecht, dass eine Erörterung nur auf Wunsch des PersR stattfinden muss (BAG 3.2.1982, 7 AZR 907/79, AP BPersVG § 72 Nr 1). Davon ist auszugehen, wenn der PersR fristgerecht Einwendungen gegen eine beabsichtigte Kdg erhebt (BAG 20.1.2000, 2 AZR 65/99, EzA § 2 KSchG Nr 39; vgl auch Sächs LAG 3.5.1994 PersR 1994, 437). Eine ohne notwendige Erörterung erklärte Kdg ist unwirksam (BAG 20.1.2000, 2 AZR 65/99, aaO).

Die Erörterung soll mit dem Ziele einer Verständigung und eingehend geführt werden (§ 72 I). Bei der 35 eingehenden Erörterung der beabsichtigten Kdg geht es um das Abwägen des Für und Wider der Kdg und um das Austauschen v Argumenten. Daher sollte diese Erörterung grds **nur in einer mündlichen Besprechung stattfinden**. Da der PersR es aber in der Hand hat, ob überhaupt eine Erörterung stattfindet, kann die Erörterung auf seinen Wunsch auch im schriftlichen Verfahren stattfinden, wenn der Dienstherr damit einverstanden ist (BVerwG 26.7.1984, 1 D 57.83, PersV 1986, 110).

Die Erörterung muss der PersR **innerhalb der 10-Tage-Frist** des § 72 II 1 beim Dienststellenleiter **bean-** 36 **tragen**. Den Antrag kann er zwar auch noch am letzten Tage der Frist stellen, jedoch wird dadurch die Äußerungsfrist v 10 Arbeitstagen nicht verlängert (vgl BVerwG 27.1.1995, 6 P 22.92, RzK III 2a Nr 29). Erhebt der PersR bereits vor einer Erörterung innerhalb der 10-Tage-Frist Einwendungen oder unterbreitet Gegenvorschläge, kann die Erörterung auch noch nach Ablauf der Frist durchgeführt werden, muss aber vor Ausspruch der Kdg stattfinden (*Lorenzen/Gerhold* § 72 Rn 19). Dienststellenleiter und PersR setzen den Erörterungstermin bzw einen Termin zum Abschluss eines schriftlichen Verfahrens gemeinsam fest. Sofern der PersR bis dahin keine Einwendungen erhoben oder Gegenvorschläge unterbreitet hat, gilt Folgendes:

Der Termin kann dann nur auf einen Tag innerhalb der 10-Tage-Frist festgesetzt werden, weil anderenfalls bei der Erörterung die Äußerungsfrist für den PersR bereits abgelaufen wäre und damit die beabsichtigte Kdg als gebilligt gälte (§ 72 II). Nach der Erörterung muss der PersR innerhalb der 10-tägigen Äußerungsfrist seit der Unterrichtung durch den Dienststellenleiter (s Rdn 15) seine Stellungnahme abgeben, wenn sie rechtserhebliche Bedeutung haben soll. Das gilt auch, wenn die Erörterung mit dem Dienststellenleiter erst am letzten Tag der Äußerungsfrist stattgefunden hat. Dies folgt aus § 72 II 1, der den Fall regelt, dass der PersR »bei Erörterung seine Einwendungen und Vorschläge nicht aufrecht« erhält. Das Gesetz geht damit davon aus, dass es am Tage der Erörterung zu einer Stellungnahme des PersR kommt.

37 Die Erörterung **muss der Dienststellenleiter grds selbst führen und** kann sich nur im Verhinderungsfall durch eine nach § 7 befugte Person vertreten lassen (s Rdn 16 ff). Er darf aber zu der Erörterung andere Bedienstete (Personalsachbearbeiter) zu seiner Beratung und zur Sachaufklärung hinzuziehen.

38 Lässt sich der Dienststellenleiter durch einen anderen Bediensteten vertreten, kann der PersR die **Bekanntgabe des Verhinderungsgrundes** (s hierzu Rdn 17) verlangen (vgl BAG 31.3.1983, 2 AZR 384/81, AP LPVG Hessen § 8 Nr 1) und ggf die fehlende Verhinderung rügen. Lässt sich hingegen der PersR widerspruchslos in eine mündliche Erörterung mit dem Vertreter ein, kann auch bei fehlender Verhinderung des Dienststellenleiters der AN diesen Mangel im Kdg-Schutzprozess nicht rügen (BAG 26.10.1995, 2 AZR 743/94, AP BPersVG § 79 Nr 8). Dies gilt selbst dann, wenn der Vertreter auch im Verhinderungsfall den Dienststellenleiter nach den gesetzlichen Bestimmungen nicht vertreten kann (BAG 25.2.1998, 2 AZR 226/97, AP LPVG NW § 72a Nr 2).

39 Aufseiten des PersR muss an der Erörterung **der gesamte PersR** und nicht etwa nur dessen Vorsitzender oder der Vorstand des PersR teilnehmen. Denn die Erörterung ist Bestandteil des Mitwirkungsverfahrens und gehört daher nicht zu den laufenden Geschäften des PersR (vgl *Fischer/Goeres/Gronimus* § 72 Rn 9; APS/*Koch* § 79 Rn 24).

40 **3. Einwendungen.** Der PersR kann gegen die Kdg **Einwendungen** erheben, die auch darin bestehen können, dass er Gegenvorschläge (zB Versetzung statt Kdg) macht (aA *Fischer/Goeres/Gronimus* § 72 Rn 11). Sollen die Einwendungen beachtlich sein, muss der PersR sie begründen, sofern die Gründe nicht offenkundig sind. Er kann Einwendungen auch erheben, wenn der AN noch keinen Kdg-Schutz nach dem KSchG genießt und ist nicht auf die Geltendmachung bestimmter Gründe beschränkt (BAG 29.9.1983, 2 AZR 179/82, AP BPersVG § 79 Nr 1; 27.10.2005, 6 AZR 27/05, AP Nr. 151 zu § 102 BetrVG 1972). Nur wenn die Einwendungen des PersR einen Weiterbeschäftigungsanspruch des AN nach Ablauf des Kdg-Termins begründen sollen, ist der PersR auf bestimmte Widerspruchsgründe beschränkt (RDW/*Weber* § 72 Rn 27).

41 Einwendungen gegen die Kdg müssen **innerhalb v 10 Arbeitstagen seit der Unterrichtung** durch den Dienstherrn **erhoben werden** (arg § 72 II 1). Hält der PersR zunächst erhobene Einwendungen bei der Erörterung mit dem Dienststellenleiter nicht aufrecht, gilt die Kdg gem § 72 II 1 als v PersR gebilligt. Für die **Einwendungen** gegen die Kdg und ihre Begründung ist **keine Form vorgeschrieben**. Nur wenn der PersR gem § 72 IV die Sache der übergeordneten Dienststelle auf dem Dienstweg zur Entsch vorlegt, muss er seine Stellungnahme schriftlich begründen; dasselbe gilt, wenn die Einwendungen des PersR einen Weiterbeschäftigungsanspruch des AN begründen sollen (s Rdn 59 ff).

42 Jede Art v Einwendung des PersR, die ordnungsgemäß begründet wird, ist iSv § 72 beachtlich und führt dazu, dass der Dienststellenleiter nach § 72 I verfahren muss (Erörterung mit dem PersR, s Rdn 34 ff) und zunächst nicht kündigen darf. Eine trotzdem ausgesprochene Kdg ist unwirksam (BAG 20.1.2000, 2 AZR 65/99, EzA § 2 KSchG Nr 39). Die Verweigerung der Zustimmung ist nach der Rspr aber dann unbeachtlich, wenn die v der PersV angegebenen Gründe **offensichtlich außerhalb der Mitbestimmung liegen oder rechtsmißbräuchlich** sind. Sie kann dann nicht die Verpflichtung der Dienststelle auslösen, das Einigungsverfahren einzuleiten (BAG 19.6.2007, 2 AZR 58/06, NZA 2008, 52; stRspr zB BVerwG 30.4.2001, 6 P 9.00, PersV 2001, 411). Dabei hat der Dienststellenleiter keine Vorprüfungskompetenz hins der Schlüssigkeit der angeführten Ablehnungsgründe (BVerwG 30.4.2001, 6 P 9.00, aaO; 7.12.1994, 6 P 35.92, AP BAT § 2 SR 2y Nr. 13). Es ist nur zu prüfen, ob die Zustimmungsverweigerung unbeachtlich ist, weil sie entweder (objektiv) das Vorliegen eines gesetzlichen Zustimmungsverweigerungsgrundes als nicht möglich erscheinen lässt (sog. »Möglichkeitstheorie«) oder aber aus sonstigen (subjektiven) Gründen rechtsmissbräuchlich ist, etwa weil der Personalrat sich v vornherein besserer Erkenntnis verschließt oder aber seinen Standpunkt nur zum Schein einnimmt (BAG 19.6.2007, 2 AZR 58/06, aaO; BVerwG 30.11.1994, 6 P 11.93, AP BPersVG § 79 Nr 9).

43 **4. Abgabe der Stellungnahme.** Die Stellungnahme des PersR ggü dem Dienststellenleiter hat der **Vorsitzende des PersR** abzugeben, da dieser den PersR iRd v PersR gefassten Beschl vertritt (§ 32 III 1). Gehört der Vorsitzende jedoch nicht der AN-Gruppe an, hat er die Stellungnahme des PersR gemeinsam mit einem

Vorstandsmitglied der AN-Gruppe abzugeben (vgl § 32 III 2). Entspr gilt, wenn der Vorsitzende zwar der Gruppe der AN angehört, aber v der Gruppe der Beamten in den PersR gewählt wurde; in diesem Fall muss der Vorsitzende, wenn es um die Kdg eines AN geht, ein Vorstandsmitglied der Gruppe der AN hinzuziehen, da er selbst als Vertreter der Gruppe gilt, die ihn gewählt hat. Unterzeichnet nur der Vorsitzende eine schriftliche Stellungnahme des PersR, ist diese unbeachtlich (vgl *Wahlers* PersV 2006, 413).

VII. Die Entscheidung des Dienststellenleiters. Hat der PersR der Kdg zugestimmt oder gilt die Kdg v 44 ihm gem § 72 II 1 als gebilligt, kann die **Kdg ausgesprochen werden**.

Hat der PersR frist- und ordnungsgemäß Einwendungen erhoben, kann der Dienststellenleiter diesen Ein- 45 wendungen folgen und v **der Kdg absehen**; die Angelegenheit ist damit erledigt.

Will der Dienststellenleiter trotz frist- und ordnungsgemäßer Einwendungen des PersR an seiner Kdg-Ab- 46 sicht festhalten, darf er die Kdg zunächst nicht aussprechen, sondern hat dem PersR alsbald seine **Entsch**, das Festhalten an der Kdg-Absicht, **unter Angabe der Gründe schriftlich mitzuteilen** (§ 72 III). Beantragt der PersR innerhalb v 3 Arbeitstagen nach Zugang dieser Mitteilung nicht auf dem Dienstweg die Entsch der übergeordneten Dienststelle, kann der Dienststellenleiter nunmehr die Kdg aussprechen, falls eine Erörterung stattgefunden hat. Stellt jedoch der PersR fristgerecht einen solchen Antrag, muss der Dienststellenleiter die Kdg bis zur Entsch der angerufenen Dienststelle zurückstellen (§ 72 V), kann aber in dringenden Fällen eine vorläufige Regelung treffen (§ 72 VI iVm § 69 V), wozu allerdings nicht die Kdg gehört, weil sie eine endgültige Maßnahme wäre (s Rdn 14); wohl aber ist eine Suspendierung des AN v der Arbeit unter Fortzahlung seiner Vergütung denkbar. Trifft der Dienststellenleiter eine solche vorläufige Regelung, hat er sie dem PersR mitzuteilen und zu begründen.

Bei **obersten Dienstbehörden** besteht für den PersR keine Vorlagemöglichkeit an eine übergeordnete 47 Dienststelle, weil es eine solche nicht gibt. Hier beendet die Mitteilung des Leiters der obersten Dienstbehörde an den PersR über das Festhalten an seiner Kdg-Absicht das Mitwirkungsverfahren, falls eine Erörterung stattgefunden hat; die Kdg kann ausgesprochen werden (vgl *Fischer/Goeres/Gronimus* § 72 Rn 16). Die abschließende Mitteilung durch die oberste Dienstbehörde ist aber keine Wirksamkeitsvoraussetzung für die Kdg (BAG 5.10.1995, 2 AZR 909/94, EzA § 519 ZPO Nr 8; BVerwG 26.7.1984, 1 D 57.83, BVerwGE 76, 182).

VIII. Vorlage und Verfahren bei übergeordneten Dienststellen. Hatte der PersR fristgerecht ordnungs- 48 gemäße Einwendungen gegen die Kdg erhoben, hat aber der Dienststellenleiter an seiner Kdg-Absicht festgehalten, kann der PersR binnen 3 Arbeitstagen nach Zugang der schriftlichen Mitteilung des Dienststellenleiters auf dem Dienstweg bei der übergeordneten Dienststelle, bei der eine Stufenvertretung besteht, eine Entsch beantragen (§ 72 IV). Da der Antrag nach dem Wortlaut des Gesetzes »vorzulegen« ist, und zwar auf dem Dienstweg, kann damit nur **Schriftform** gemeint sein; der Antrag muss also schriftlich gestellt werden (*Fischer/Goeres/Gronimus* § 72 Rn 16). Die Antragsfrist ist gewahrt, wenn der Antrag auf Entsch der übergeordneten Dienststelle innerhalb der Frist dem Dienststellenleiter, dessen Entsch beanstandet wird, vorliegt (RDW/ *Weber* § 72 Rn 38). In dem Antrag hat der PersR seine **Einwendungen gegen die Kdg schriftlich zu begründen**, sofern er das bisher noch nicht getan hat; anderenfalls ist der Antrag unzulässig, weil die übergeordnete Dienststelle nicht weiß, mit welchen Einwendungen sie sich auseinanderzusetzen hat.

Die übergeordnete Dienststelle hat mit der bei ihr bestehenden Stufenvertretung (Bezirks-PersR oder 49 Haupt-PersR) die Angelegenheit in derselben Weise zu erörtern, wie der untergeordnete Dienststellenleiter mit der bei ihm bestehenden Personalvertretung (vgl RDW/ *Weber* § 72 Rn 45). Die Ausführungen Rdn 34 ff gelten auch für dieses Verfahren. Jedoch **verdoppeln sich die Fristen des § 72**, da die Stufenvertretung vor ihrer Beschlussfassung dem PersR, der in der 1. Stufe entschieden hat, Gelegenheit zur Äußerung geben muss (§ 82 II). Das heißt: Die Stufenvertretung hat gem § 72 II eine Äußerungsfrist v 20 Arbeitstagen.

An die Auffassungen der Beteiligten der vorangegangenen Stufe sind die Stufenvertretung und die über- 50 geordnete Dienststelle **nicht gebunden** (*Fischer/Goeres/Gronimus* § 72 Rn 18). Erzielen sie Einverständnis darüber, dass nicht gekündigt werden soll, hat die Kdg zu unterbleiben. Erzielen sie Einverständnis über die Kdg oder gilt die Entsch der übergeordneten Dienststelle gem § 72 II als v der Stufenvertretung gebilligt, kann die Kdg ausgesprochen werden.

Hat die Stufenvertretung frist- und ordnungsgemäß Einwendungen gegen die v der übergeordneten Dienst- 51 stelle erklärte Kdg-Absicht erhoben, hat die Dienststelle, wenn sie an der Kdg-Absicht festhält, dies **der Stufenvertretung unter Angabe der Gründe schriftlich mitzuteilen** (§ 72 III). Wenn es sich bei der übergeordneten Dienststelle um die oberste Dienstbehörde handelt, ist das Mitwirkungsverfahren damit abgeschlossen, falls eine Erörterung stattgefunden hat; die Kdg kann ausgesprochen werden.

52 Handelt es sich bei der Stufenvertretung um den Bezirks-PersR, kann er gem §§ 72 IV, 82 II, innerhalb v 6 Arbeitstagen nach Zugang der schriftlichen Mitteilung iSv § 72 III auf dem Dienstweg die **Entsch der obersten Dienstbehörde** beantragen (*Fischer/Goeres/Gronimus* § 72 Rn 19; aA RDW/*Weber* § 72 Rn 49; 3 Arbeitstage!). Für den Antrag und das Verfahren bei der obersten Dienstbehörde gelten die Ausführungen zu Rdn 48 ff sinngem.

53 **IX. Rechtsfolgen bei Fehlern im Mitwirkungsverfahren.** Hat weder der Dienststellenleiter noch ein nach § 7 befugter Bediensteter das Mitwirkungsverfahren beim PersR eingeleitet oder die Erörterung mit dem PersR nach § 72 I geführt, ist die **Kdg unwirksam**, falls der PersR diesen Mangel rügt. Lässt sich der PersR jedoch auf Verhandlungen mit dem nicht befugten Bediensteten ein, ohne den Mangel zu rügen, führt dies nicht zur Unwirksamkeit der Kdg (s Rdn 18, 19).

54 Hat der Dienststellenleiter den PersR **unzureichend unterrichtet**, führt dies zur Unwirksamkeit der Kdg, ohne dass es darauf ankommt, ob der PersR der Kdg zugestimmt hat oder nicht (vgl BAG 5.2.1981, 2 AZR 1135/78, EzA § 102 BetrVG 1972 Nr 47; 9.6.2011, 2 AZR 284/10, EzA § 626 BGB 2002 Nr 37). Auf die Ausführungen zu § 102 BetrVG kann verwiesen werden; sie sind sinngem anwendbar.

55 Lehnt der Dienststellenleiter den Wunsch des PersR nach einer Erörterung der Angelegenheit ab, nimmt er durch arglistige Täuschung oder rechtswidrige Drohung in unzulässiger Weise Einfluss auf die Entsch des PersR oder spricht er die Kdg aus, bevor die Äußerungsfrist für den PersR im Mitwirkungsverfahren nach § 72 abgelaufen ist, ist die Kdg unwirksam (*Fischer/Goeres/Gronimus* § 72 Rn 23). Das gilt auch, wenn der Dienststellenleiter nicht den zust PersR, sondern zB eine Stufenvertretung (Bezirks-PersR oder Haupt-PersR) beteiligt (BAG 3.2.1982, 7 AZR 791/79, AP LPVG Bayern Art 77 Nr 1); denn die **Beteiligung einer unzuständigen Personalvertretung** gehört zu den in den Verantwortungsbereich des Dienstherrn fallenden Mängeln des Beteiligungsverfahrens (BAG 19.5.1993, 2 AZR 454/91, nv; 25.11.2010, 2 AZR 171/09, EzA § 108 BPersVG Nr 5).

56 Mängel, die in dem Bereich vorkommen, für den der PersR verantwortlich ist, also **Fehler bei seiner Willensbildung** über die Stellungnahme zu der beabsichtigten Kdg, berühren die Ordnungsmäßigkeit des Anhörungsverfahrens grds nicht, auch wenn der Dienststellenleiter weiß oder vermuten kann, dass das Verfahren beim PersR nicht fehlerfrei verlaufen ist (vgl BAG 6.10.2005, 2 AZR 316/04, EzA § 102 BetrVG 2001 Nr 16). Solche Fehler liegen zB vor, wenn der PersR bei der Beschlussfassung fehlerhaft besetzt gewesen ist, etwa weil ein Mitglied oder Ersatzmitglied nicht geladen war, wenn der PersR nicht in einer ordnungsgem einberufenen Sitzung, sondern im Umlaufverfahren seinen Beschl gefasst hat, wenn ein Widerspruch nur mündlich oder ohne ausreichende Begr erhoben wird, wenn der PersR den AN ermessensfehlerhaft nicht anhörte, wenn der PersR in Gruppenangelegenheiten das gesetzlich vorgeschriebene Verfahren nicht eingehalten hat (BAG 19.5.1982, 2 AZR 454/81, nv). Denn einerseits hat der AG keinen Einfluss auf das v PersR eingeschlagene Verfahren bei der Stellungnahme zu einer v AG beabsichtigten Kdg, andererseits kann v AG nur verlangt werden, dass er die ihm auferlegten Pflichten in seinem Verantwortungsbereich erfüllt. Erklärungen des PersR in Gruppenangelegenheiten, die entgegen § 32 III 2 nicht v Vorsitzenden und dem Gruppenvertreter gemeinsam abgegeben werden, sind unwirksam und damit für den AG unbeachtlich (BAG 13.10.1982, 7 AZR 617/80, AP LPVG Niedersachsen § 40 Nr 1).

57 Eine **Ausnahme** v diesen Grds gilt dann, wenn erkennbar keine Stellungnahme des Gremiums, sondern nur des PR-Vors vorliegt oder der Dienststellenleiter durch unsachgemäßes Verhalten **Mängel bei der Beteiligung des PersR veranlasst** (vgl BAG 16.1.2003, 2 AZR 707/01, EzA § 102 BetrVG 2001 Nr 2), zB wenn er den PR-Vorsitzenden bittet, die Stellungnahme des PersR im Umlaufverfahren herbeizuführen und der PR-Vorsitzende diesem Wunsch nachkommt. Hier trifft den Dienststellenleiter die Verantwortung für das fehlerhafte Verhalten des PR. Deshalb ist in solchen Fällen die Kdg wegen fehlerhafter Beteiligung des PR gem § 79 IV unwirksam.

58 **E. Einwendungen des PersR bei einer ordentlichen Kdg und Weiterbeschäftigungsanspruch.** Einwendungen des PersR gegen die Kdg sind **ohne rechtliche Bedeutung** für eine nach ordnungsgem Durchführung des Mitwirkungsverfahrens ausgesprochene Kdg, wenn sich die v PersR geltend gemachten Gründe nicht unter einen der Tatbestände des § 79 I 3 Nr 1–5 subsumieren lassen. Die Einwendungen des PersR entfalten ferner keine Rechtswirkungen, wenn sie die Stufenvertretung nicht aufrechterhalten hat; hingegen bleiben die Einwendungen rechtlich existent mit den in Rn 59 ff dargelegten Konsequenzen, wenn der Dienststellenleiter an seiner Kdg-Absicht festhält, der PersR aber die Angelegenheit nicht der übergeordneten Dienststelle vorlegt, sodass der Dienststellenleiter die Kdg aussprechen darf (s Rdn 46).

59 Fallen die v PersR geltend gemachten Gründe unter einen Tatbestand des § 79 I 3 Nr 1–5, kann dies die **Sozialwidrigkeit der Kdg** (vgl § 1 II KSchG) und einen **Weiterbeschäftigungsanspruch** des AN nach Ablauf der Kdgsfrist begründen. Voraussetzung hierfür ist, dass die Einwendungen fristgerecht erhoben und ordnungsgemäß begründet wurden, weil anderenfalls die Kdg als v PersR gebilligt gilt (s Rdn 33, 41).

Zur ordnungsgem Begr gehört, dass die geltend gemachten Einwendungen durch Angabe v konkreten Tatsachen erläutert werden und die v der Personalvertretung zur Begr ihrer Einwendungen angeführten Tatsachen es als möglich erscheinen lassen, dass einer der in § 79 I 3 angeführten Widerspruchsgründe vorliegt. Die vorgebrachten Tatsachen müssen dabei zwar nicht schlüssig einen Widerspruchsgrund ergeben, die Einwendungen müssen sich jedoch zumindest auf einen der im Gesetz aufgeführten Gründe beziehen (BAG 27.2.1997, 2 AZR 361/96, RzK III 2a Nr 37). § 79 I 3–4 und § 79 II stimmen iÜ in allen wesentlichen Punkten hins der Einwendungen gegen die Kdg, des Weiterbeschäftigungsanspruchs des AN und der Entbindung des AG v der Weiterbeschäftigungspflicht mit § 102 III–V 3–5 BetrVG überein. Die Ausführungen zu § 102 BetrVG gelten deshalb sinngem.

Bei der Anwendung des § 79 I 3–4 und § 79 II sind lediglich folgende Besonderheiten zu beachten: 60
a) Während die **Einwendungen** des PersR iSv § 72 mündlich erhoben werden können (s Rdn 41), müssen sie in den Fällen des § 79 **schriftlich erhoben und begründet** werden (arg § 79 I 4). Sie sind dann als **Widerspruch** gegen die Kdg anzusehen (arg § 79 II 2 Nr 3). Ein **Fax** reicht zur Wahrung der Schriftform ebenso aus wie Textform (vgl § 102 BetrVG Rdn 26; BAG 9.12.2008, 1 ABR 79/07, EzA § 99 BetrVG 2001 Nr 11). Die Schriftform kann durch die elektronische Form ersetzt werden (§ 126 III BGB). Nach der nach dem Rechtsgedanken wohl übertragbaren Rspr zu § 99 BetrVG genügt insoweit eine **E-Mail**, die die Voraussetzungen des § 126b BGB erfüllt (BAG 10.3.2009, 1 ABR 93/07, EzA § 99 BetrVG 2001 Nr 12). Eine qualifizierte elektronische Signatur nach dem Signaturgesetz ist nicht erforderlich.
b) An die Stelle des **Widerspruchsgrundes,** »dass der zu kündigende AN an einem anderen Arbeitsplatz im selben Betrieb oder in einem anderen Betrieb des Unternehmens weiterbeschäftigt werden kann« (§ 102 I Nr 3 BetrVG), tritt in § 79 I 3 der Grund, dass »der zu kündigende AN an einem anderen Arbeitsplatz in derselben Dienststelle oder in einer anderen Dienststelle desselben Verwaltungszweiges an demselben Dienstort einschl seines Einzugsgebietes weiterbeschäftigt werden kann.« Dieser Widerspruchsgrund ist zB nicht gegeben, wenn bei den Stationierungsstreitkräften der Entsendestaat aufgrund seiner Hoheitsgewalt entscheidet, Arbeitsplätze künftig nicht mehr mit örtlichen Arbeitskräften, sondern mit Zivilpersonen, die bei der Truppe beschäftigt sind und diese begleiten, zu besetzen. In einem solchen Fall kann der PersR (Betriebsvertretung) nicht geltend machen, örtliche Arbeitskräfte, die zur Kdg anstehen, könnten auf solchen »freien« Arbeitsplätzen weiterbeschäftigt werden (BAG 27.2.1997, 2 AZR 361/96, RzK III 2a Nr 37).
c) Die Verpflichtung des Dienststellenleiters, dem AN mit der Kdg eine **Abschrift der Stellungnahme des PersR** zuzuleiten, in der dieser Einwendungen nach § 79 I 3 erhebt, entfällt, wenn die Stufenvertretung in der Verhandlung mit der übergeordneten Dienststelle die Einwendungen nicht aufrechterhalten hat (§ 79 I 4). Hat sie andere Einwendungen erhoben, sind diese nach dem Sinn des Gesetzes dem AN mitzuteilen. Die Verletzung der Mitteilungspflicht ist ohne Einfluss auf die Wirksamkeit der Kdg (RDW/ *Benecke* § 79 Rn 82).

F. Die Kdg durch den Dienststellenleiter. Zur Kdg durch den Dienststellenleiter gelten die zu § 102 61 BetrVG dargestellten Grds zur Abgabe der Kdg-Erklärung, zur Zuleitung der Abschrift der Stellungnahme des BR an den AN, zur Umdeutung einer außerordentlichen Kdg und zum Kdg-Schutzprozess entspr.

G. Anhörung bei außerordentlichen Kdg. Vor **fristlosen Entlassungen und außerordentlichen Kdg** ist der 62 PersR anzuhören (§ 79 III). Der Dienststellenleiter hat die beabsichtigte Kdg ggü dem PersR zu begründen und das Anhörungsverfahren durchzuführen (vgl § 79 III 2). Es ist wie das Anhörungsverfahren beim BR vor außerordentlicher Kdg nach § 102 I–II BetrVG ausgestaltet u es gelten die gleichen Anforderungen an die Anhörung (BAG 16.7.2015, 2 AZR 87/15, NZA 2016, 161). Das bedeutet insb, dass der Dienststellenleiter dem PersR die Person des zu kündigenden AN näher bezeichnet, wozu ggf auch die Angabe eines Sonderkündigungsschutzes gehört (BAG 21.6.2001, 2 AZR 30/00, EzA § 626 BGB Unkündbarkeit Nr 7), die Art der Kdg angibt und die Gründe für die Kdg mitteilt. Hierbei muss er den für die Kdg maßgebenden Sachverhalt näher umschreiben, insb die Tatsachen angeben, aus denen er seinen Kdg-Entschluss herleitet. Eine pauschale, schlagwort- oder stichwortartige Bezeichnung des Kdg-Grundes genügt idR ebenso wenig, wie die Mitteilung eines Werturteils ohne Angabe der für die Bewertung maßgebenden Tatsachen (BAG 26.5.1994, 8 AZR 395/93, AuA 1995, 205). Anders als nach § 102 II 3 BetrVG hat der PersR jedoch Bedenken nicht innerhalb v 3 Tagen, sondern innerhalb v **3 Arbeitstagen** mitzuteilen. Das Gesetz schreibt in § 79 III 3 auch ausdrücklich vor, dass der PersR – anders als bei Einwendungen nach § 72 II – dem Dienststellenleiter **Bedenken schriftlich mitteilen** muss. Die ordnungsgemäße Anhörung des PersR ist Wirksamkeitsvoraussetzung für die Kdg. Sie muss vor Ausspruch der Kdg stattfinden, nicht zwingend aber vor Entsch des kündigungsberechtigten Organs (vgl zu Art 77 BayPersVG: BAG 21.1.2013, 2 AZR 433/12, EzA § 626 BGB 2002 Ausschlussfrist Nr 3). IÜ sind die Ausführungen zu § 102 BetrVG Rdn 8 ff bzgl der Durchführung des Anhörungsverfahrens, der Bedeutung v Bedenken des BR und der Rechtsfolgen bei Fehlern im Anhörungsverfahren sinngemäß anwendbar. Hins der Schweigepflicht der PersR-Mitglieder gilt § 10 (s Rdn 30 f).

63 Will der öffentl AG für den Fall einer außerordentlichen Kdg sicherstellen, dass bei einer Unwirksamkeit dieser außerordentlichen Kdg eine Umdeutung in eine ordentliche Kdg nach § 140 BGB möglich ist, muss er bei Einl des Beteiligungsverfahrens auf beide Beendigungsvarianten – deutlich – hinweisen. Nur wenn der PersR der beabsichtigten außerordentlichen Kdg ausdrücklich und vorbehaltlos zugestimmt hat und auch aus den sonstigen Umständen nicht erkennbar ist, dass er einer umgedeuteten ordentlichen Kdg entgegengetreten wäre, scheitert eine Umdeutung nicht an der fehlenden Beteiligung des PersR (BAG 23.10.2008, 2 AZR 388/07, EzA § 626 BGB 2002 Nr 23).

64 Geht es bei **ordentlich unkündbaren AN** um eine außerordentliche Kdg mit notwendiger Auslauffrist (s § 626 BGB), zB bei einer Betriebsstilllegung oder wegen krankheitsbedingter Fehlzeiten, ist der PersR vor Ausspruch der Kdg nach den für eine ordentliche Kdg geltenden Bestimmungen zu beteiligen (BAG 12.1.2006, 2 AZR 242/05, EzA § 626 BGB 2002 Unkündbarkeit Nr 9). Das gilt auch bei der Umdeutung einer außerordentlichen fristlosen Kdg in eine außerordentliche Kdg mit notwendiger Auslauffrist (BAG 18.10.2000, 2 AZR 627/99, EzA § 626 BGB Krankheit Nr 3).

65 **H. Beteiligung der PersR in den Ländern.** Für die Regelung der Rechtsverhältnisse der in den Verwaltungen und Betrieben **der Länder, Gemeinden, Gemeindeverbände** und der sonstigen nicht bundesunmittelbaren Körperschaften, Anstalten und Stiftungen des öffentl Rechts sowie in den Gerichten der Länder stehenden Personen sind nunmehr die Länder allein zust, nachdem iR der Föderalismusreform die Gesetzgebungskompetenz des Bundes für den Erlass v Rahmenvorschriften nach Art 75 I 1 GG aufgehoben wurde. Schon nach der bisherigen Rechtslage stand es dem Landesgesetzgeber in den Grenzen des § 104 Satz 1 frei zu regeln, für welche Gruppen v Beschäftigten besondere Bestimmungen gelten und welche Angelegenheiten der Beteiligung der PersV in welcher Form unterliegen (BVerfG 27.3.1979, 2 BvL 2/77, DB 1979, 2331; BAG 24.6.2004, 2 AZR 208/03, ZTR 2005, 160). So war es dem Landesgesetzgeber nicht verwehrt, bei bestimmten Kdg durch den AG eine Mitwirkung der Personalvertretung überhaupt nicht vorzusehen (BVerfG 27.3.1979, 2 BvL 2/77, aaO; BAG 29.9.2011, 2 AZR 451/10, EzA § 2 KSchG Nr 82) oder die Mitwirkungsrechte schwächer als nach dem BPersVG auszugestalten, indem zB nur eine Verständigung (Unterrichtung) des PersR vor Ausspruch der Kdg vorgesehen ist (BAG 16.12.1981, 2 AZR 1107/78, nv). Andererseits ist es dem Landesgesetzgeber nach wie vor verwehrt, für die v ihm vorgesehene Beteiligungsform zu bestimmen, dass die mangelnde Beteiligung der Personalvertretung ohne Einfluss auf die Wirksamkeit der Kdg ist (vgl BAG 16.3.2000, 2 AZR 828/98, EzA § 108 BPersVG Nr 2). Denn die unmittelbar für die Länder geltende arbeitsrechtliche Vorschrift des § 108 II, die nach Art 74 I Nr 12 GG in die Gesetzgebungskompetenz des Bundes (konkurrierende Gesetzgebung) fällt, bestimmt, dass eine durch den AG ausgesprochene Kdg des Arbeitsverhältnisses eines Beschäftigten unwirksam ist, wenn die Personalvertretung nicht beteiligt worden ist. Danach ist eine Kdg wegen mangelnder Beteiligung der Personalvertretung in allen Fällen unwirksam, in denen das Landesrecht eine Beteiligung des PersR vorschreibt (BAG 28.1.2010, 2 AZR 50/09, EzA § 108 BPersVG Nr. 4).

66 Die derzeit in den Ländern geltenden Regelungen lehnen sich weitgehend an die Regelungen des BPersVG an. Allerdings sind in den meisten Ländern Beteiligungsrechte der Personalvertretungen bei Kdg nicht als Mitwirkungsrecht, sondern als **Mitbestimmungsrecht** ausgestaltet (vgl bsplh zum PersVG Brem BAG 26.9.2013, 2 AZR 843/12, EzA § 108 BPersVG Nr 9; zum PersVG MV BAG 23.1.2014, 2 AZR 638/13). So sehen die Landesgesetze v Bbg (§ 63 I Nr 17 PersVG Bbg), BW (§ 75 I Nr 12 LPVG BW), HH (§ 88 I Nr 14 HmbPersVG), Hess (§ 77 I Nr 2i HPVG), Nds (§ 65 II Nr 9 NPersVG), NRW (§ 74 I LPVG NRW), Sa-Anh (§ 67 I Nr 8 PersVG LSA) und dem Saarl (§ 80 I b Nr 10 SPersVG) ein Mitbestimmungsrecht des PersR bei ordentlichen Kdg vor. Die Regelungen sind dabei in ihren Einzelheiten unterschiedlich ausgestaltet. In Bayern (Art 77 BayPVG), Rh-Pf (§ 83 LPersVG RP), Sachsen (§ 78 SächsPersVG) und Thüringen (§ 78 I ThürPersVG) gelten weitgehend **die gleichen Regelungen wie in § 79 BPersVG**.

67 In Berlin (§ 87 Nr 8 PersVG Bln), Bremen (§ 65 I c PersVG Brem) und Schl-Holst (§ 51 I MBG Schl-H) erstreckt sich das **Mitbestimmungsrecht** des PersR sogar auf alle – auch **außerordentliche – Kdg**. V einem umfassenden Mitbestimmungsrecht geht das BAG auch hinsichtlich der unklaren Regelung in MV (§ 68 PersVG MV) aus (BAG 23.6.2009, 2 AZR 532/08, EzA § 1 KSchG Verhaltensbedingte Kündigung Nr 76). Allerdings sind die **verfassungsrechtlichen Grenzen** solcher Regelungen zu beachten (vgl. dazu BVerfG 24.5.1995, 2 BvF 1/92, ZTR 1995, 566; 20.7.2001, 2 BvL 8/00, NZA-RR 2002, 334). Deshalb darf die Entsch über die Wirksamkeit einer Kündigung nicht auf eine Einigungsstelle übertragen werden, die ermessensgeleitet entscheidet. Vielmehr ist nur eine strikt rechtsgebundene, gerichtliche überprüfbare Entsch zulässig (BAG 27.1.2011, 2 AZR 744/09, EzA § 108 BPersVG Nr 6; BVerwG 4.6.2010, 6 PB 4/10, ZTR 2010, 433; OVG Berl-Bbg 17.10.2013, OVG 60 PV 9.13 [zum PersVG Bln]; vgl iÜ APS/*Koch* § 108 BPersVG Rn 4f).

Mindesturlaubsgesetz für Arbeitnehmer (Bundesurlaubsgesetz – BUrlG)

Vom 8.1.1963 (BGBl I S 2) in der im BGBl Teil III, Gliederungsnummer 800-4, veröffentlichten bereinigten Fassung, zuletzt geändert durch Art 3 Abs 3 des Gesetzes vom 20.4.2013 (BGBl I S 868).

§ 1 Urlaubsanspruch
Jeder Arbeitnehmer hat in jedem Kalenderjahr Anspruch auf bezahlten Erholungsurlaub.

Übersicht	Rdn.			Rdn.
A. Zweck der Vorschrift................	1	E.	Zwingende Wirkung................	15
B. Regelungsgehalt im Überblick.........	3	F.	Rechtsmissbrauch...................	16
C. Nichtleistung des AN aus anderen Gründen........................	6	G.	Urlaubsrechtl Regelungen außerhalb des BUrlG.......................	17
D. Gerichtliche Geltendmachung des Urlaubsanspruchs..................	11			

A. Zweck der Vorschrift. In § 1 werden zentrale Anliegen des BUrlG formuliert und an die Spitze gestellt. 1
So wird vor allem durch die Verwendung des Begriffs »Erholungs«urlaub deutlich, dass das Gesetz der **Erholung des AN** dienen will. Den Erholungszweck belegen insb auch die §§ 8 und 9. Entspr spricht das BAG ganz allg davon, dass der Urlaubsanspruch der Erhaltung und Wiederauffrischung der Arbeitskraft und der Gesundheit der AN dient (BAG 7.11.1985, 6 AZR 169/84, EzA § 7 BUrlG Nr 43; zum Erholungszweck näher *Höpfner* RdA 2013, 65). Der Urlaub ist schließlich zu bezahlen, so dass sich der AN ohne finanzielle Nöte erholen kann (dazu auch BAG 10.2.2015, 9 AZR 455/13, EzA § 7 BUrlG Nr 136).
Für die **Auslegung** des Gesetzes folgt aus dem festgestellten Zweck jedoch wenig. Vielmehr begreift das 2
BAG den **Gesetzeszweck einseitig programmatisch**: In den Fällen, in denen zulasten des AN der Erholungszweck vereitelt wird, wird dem AG entweder ein Unterlassungsanspruch an die Hand gegeben, wenn der AN dem Urlaubszweck widersprechende Erwerbstätigkeit leistet (§ 8); oder aber es unterbleibt eine Anrechnung auf den Jahresurlaub für Tage nachgewiesener krankheitsbedingter Arbeitsunfähigkeit während des Urlaubs (§ 9). Umgekehrt soll es jedoch für den Urlaubsanspruch als solchen grds **nicht** auf ein konkretes **Erholungsbedürfnis** des einzelnen **AN ankommen** (*Leinemann/Linck* § 1 Rn 6 ff); eine vorausgehende Arbeitsleistung sei nicht Voraussetzung eines Urlaubsanspruchs (BAG 6.5.2014, 9 AZR 678/12, EzA § 1 BUrlG Nr 26). Der AN soll die Urlaubsgewährung vielmehr selbst dann verlangen können, wenn er während des gesamten Urlaubsjahres arbeitsunfähig erkrankt war (dazu auch EuGH 20.1.2009, C 350/06 und C 520/06, NJW 2009, 495; 24.1.2012, C 282/10, EzA EG-Vertrag 1999 RL 2003/88 Nr 8; BAG 24.3.2009, 9 AZR 983/07, EzA § 7 BUrlG Abgeltung Nr 15; 7.8.2012, 9 AZR 353/10, EzA § 7 BUrlG Nr 129; 14.5.2013, 9 AZR 844/11, EzA § 13 BUrlG Nr 63). Auch der **Einwand des Rechtsmissbrauchs** soll ihm dabei grds nicht entgegengehalten werden können (dazu noch Rdn 16). Für eine tarifliche Urlaubsregelung hat das BAG in diesem Zusammenhang ausgeführt, dass mit dem Zusatz »Erholung« lediglich der sozialpolitische Zweck umschrieben würde, dem der Urlaub dienen soll (BAG 18.3.2003, 9 AZR 190/02, EzA § 1 BUrlG Nr 25; 7.8.2012, 9 AZR 353/10, EzA § 7 BUrlG Nr 129). Weitergehende rechtl Folgen zieht das BAG daraus nicht.

B. Regelungsgehalt im Überblick. Das Gesetz sagt (vermeintlich) klar: Der AN hat in jedem Kalender- 3
jahr Anspruch auf »**bezahlten Erholungsurlaub**«. Eindeutig hat der AN danach während eines bestimmten Zeitraums Anspruch auf **Befreiung** von der **geschuldeten Arbeitspflicht**. Freilich kann der AN nicht auch darüber hinaus verlangen, während des Urlaubs von sämtlichen Pflichten entbunden zu werden. Soweit **Nebenpflichten** bestehen, die von der Pflicht zur Arbeitsleistung unabhängig sind – wie etwa eine Pflicht zur Geheimhaltung vertraulicher Informationen –, **bestehen** diese auch während des Urlaubszeitraums **fort**.
Umstritten ist, ob der auf Befreiung von der Arbeitspflicht gerichtete Urlaubsanspruch zugleich einen 4
eigenständigen Entgeltanspruch umfasst (sog Einheitstheorie), oder ob während des Urlaubszeitraums der arbeitsvertragliche Entgeltanspruch lediglich aufrechterhalten bleibt. Der Wortlaut des § 1 wie auch der Berechnungsmodus des § 11 sprechen eigentlich recht eindeutig dafür, einen spezifisch urlaubsrechtl Entgeltanspruch anzunehmen (vgl ferner EuGH 16.3.2006, C 131/04 und C 257/04, NZA 2006, 481: die RL 93/104/EG behandle den Anspruch auf Jahresurlaub und denjenigen auf Zahlung des Urlaubsentgelts als zwei Teile eines einzigen Anspruchs; so auch EuGH 20.1.2009, C 350/06 und C 520/06, NJW 2009, 495; 22.5.2014, C 539/12, EzA Richtlinie 2003/88 EG-Vertrag 1999 Nr 13; 12.6.2014, C 118/13, EzA

§ 1 BUrlG Urlaubsanspruch

Richtlinie 2003/88 EG-Vertrag 1999 Nr 14; ferner EuGH 11.11.2015, C 219/14, EzA Richtlinie 97/81 EG-Vertrag 1999 Nr 3; vgl auch BVerwG 30.4.2014, 2 A 8/13, NVwZ 2014, 1166). Gleichwohl hat sich das **BAG** inzwischen auf den Standpunkt gestellt, dass **kein eigenständiger Entgeltanspruch** begründet wird, sondern der AN lediglich seinen **vertraglichen Entgeltanspruch** nach § 611 I BGB **behält** (BAG 20.6.2000, 9 AZR 405/99, EzA § 1 BUrlG Nr 23; 24.6.2003, 9 AZR 563/02, EzA § 11 BUrlG Nr 56; 15.1.2013, 9 AZR 465/11, EzA § 13 BUrlG Nr 62; AnwK-ArbR/*Düwell* § 1 Rn 23; HWK/*Schinz* § 1 Rn 6; krit. LAG Hamm 14.3.2013, 16 Sa 763/12; vgl nunmehr aber BAG 10.2.2015, 9 AZR 455/13, EzA § 7 BUrlG Nr 136). Bedeutung hat dieser Streit vor allem für den Fall der Pfändung, weil dann auch die Pfändungsvorschriften für Arbeitseinkommen gelten (§§ 850 ff ZPO; dazu BAG 20.6.2000, 9 AZR 405/99, EzA § 1 BUrlG Nr 23).

5 Der **Umfang** der **geschuldeten Arbeitsleistung** des AN ist für den Urlaubsanspruch unbeachtlich. Auch Teilzeitbeschäftigte (selbst im Fall einer nur geringfügigen Beschäftigung) haben einen Urlaubsanspruch (HWK/*Schinz* § 1 Rn 15). Der Urlaubsanspruch ist ein **privatrechtl Anspruch** (dazu ausf *Neumann/Fenski* § 1 Rn 56 ff) und besteht grds nur im **Urlaubsjahr** sowie bei Vorliegen der Voraussetzungen des § 7 III im Übertragungszeitraum (dazu näher § 7 Rdn 29 ff). Danach erlischt er (BAG 13.5.1982, 6 AZR 360/80, EzA § 7 BUrlG Nr 25; zu Modifikationen im Zuge der »Schultz-Hoff«-Entsch des EuGH vgl § 7 Rdn 37 ff). Das Urlaubsjahr ist das Kalenderjahr (zu Ausnahmen s § 13 III; beachte ferner für die Seeschifffahrt § 56 I SeeArbG: Beschäftigungsjahr). Zur **Wartezeit** vgl § 4. Zum Urlaubsanspruch bei **Betriebsübergang** vgl § 4 Rdn 2, § 6 Rdn 4 und § 7 Rdn 62; Schuldner des Freistellungsanspruchs im Fall des Betriebsübergangs ist trotz § 613a II BGB allein der Erwerber. Eine gesamtschuldnerische Haftung von Veräußerer und Erwerber kommt nach Maßgabe des § 613a II BGB nur für Zahlungsansprüche (insb auf Urlaubsentgelt) in Betracht (ausf zum Urlaubsanspruch bei Betriebsübergang *Leinemann/Linck* § 1 Rn 142 ff). Zu Urlaubsansprüchen in der **Insolvenz** vgl *Düwell/Pulz* NZA 2008, 786.

6 **C. Nichtleistung des AN aus anderen Gründen.** Die Arbeitsleistung des AN kann auch aus anderen Gründen entfallen. Das Gesetz statuiert zunächst in ganz unterschiedlichen Zusammenhängen **weitere Freistellungsansprüche des AN**. Zu nennen sind etwa die betriebsverfassungsrechtl Freistellungsansprüche der §§ 37 II, 38 BetrVG, der Freistellungsanspruch zur Stellensuche nach § 629 BGB, der Bildungsurlaub nach den Bildungsurlaubsgesetzen der Länder (dazu AnwK-ArbR/*Düwell* § 1 Rn 39 f), die EZ nach dem BEEG usw. Solche Freistellungsansprüche und der Urlaubsanspruch schließen sich grds aus (ErfK/*Gallner* § 1 Rn 10); sie können also nicht kumulativ gewährt werden (vgl auch BAG 1.10.1991, 9 AZR 290/90, EzA § 10 BUrlG nF Nr 2).

7 Statt auf diese Freistellungsansprüche kann der AN aber grds auf den Urlaubsanspruch nach dem BUrlG als umfassenderen Freistellungsanspruch zurückgreifen. Für die **betriebsverfassungsrechtl Freistellungsansprüche** folgt dies schon daraus, dass die freigestellten BR-Mitglieder zwar von der Arbeitspflicht befreit sind, wohl aber BR-Aufgaben wahrnehmen müssen. (Auch) Von dieser Verpflichtung werden sie während des Urlaubs befreit (BAG 20.8.2002, 9 AZR 261/01, EzA § 38 BetrVG 2001 Nr 1). Entspr gilt auch für den **Freistellungsanspruch zur Stellensuche** nach der Kdg eines dauernden Dienstverhältnisses gem § 629 BGB – und zwar schon deswegen, weil der AN Befreiung zur Stellensuche nur für eine angemessene Zeit verlangen kann (vgl § 629 BGB Rdn 8), mithin nicht notwendig für einen ganzen Arbeitstag oder gar für einen darüber hinausreichenden Zeitraum. Wurde einem stellensuchenden AN bis zum Ablauf der Kdg-Frist Erholungsurlaub bereits gewährt, so soll er nach wohl hL (ErfK/*Müller-Glöge* § 629 BGB Rn 5; HWK/*Sandmann* § 629 BGB Rn 4) verlangen können, dass ihm anstelle des Erholungsurlaubs Befreiung nach § 629 BGB gewährt wird. Das ist indes weder überzeugend, noch stützt die in diesem Zusammenhang regelmäßig zitierte Entsch des BAG vom 26.10.1956 (1 AZR 248/55, AP BGB § 611 Urlaubsrecht Nr 14) eine solche Ansicht. Auf keinen Fall kann für einen zurückliegenden Zeitraum gewährter Erholungsurlaub nachträglich in eine Freistellung zur Stellensuche umgewandelt werden. Für Erholungsurlaub und **EZ** beachte § 17 BEEG.

8 Von solchen gesetzlichen Freistellungsansprüchen grds zu scheiden sind spezifisch **leistungsstörungsrechtl Regelungen**, die Fragen der Lohnfortzahlung ohne Arbeitsleistung betreffen. Unterbleibt die Arbeitsleistung des AN, so ordnet das Gesetz die Lohnfortzahlung dann an, wenn bestimmte Gründe für den Arbeitsausfall ursächlich waren. Zu erinnern ist insoweit an den Annahmeverzugslohn (§ 615 BGB), der die Lohnfortzahlung anordnet, wenn die Arbeitsleistung wegen Annahmeverzugs des AG unterblieben ist; ferner sind zu nennen die Lohnfortzahlungsansprüche bei krankheitsbedingter Arbeitsunfähigkeit (§ 3 EFZG), bei gesetzlichen Feiertagen (§ 2 EFZG) sowie bei vorübergehender persönlicher Verhinderung (§ 616 BGB). Ist dem AN für solche Zeiten Erholungsurlaub gewährt worden, so kommt es auf die leistungsstörungsrechtl Vorschriften nicht mehr an, weil aufgrund der geschuldeten Befreiung von der Arbeitspflicht kein Fall der

Leistungsstörung mehr vorliegt. Der AG erfüllt vielmehr schlicht (und vertragsgem) den Anspruch des AN auf bezahlte Freistellung. Allein für den Fall der **krankheitsbedingten Arbeitsunfähigkeit** verbleibt es deshalb bei den Vorschriften des EFZG, weil durch die Krankheit des AN der Erholungszweck des Urlaubs gefährdet ist und der Gesetzgeber die Parteien darum in § 9 konsequent auf das Recht der Leistungsstörung verweist (dazu § 9 Rdn 1 f, 5). Außerdem können gem § 3 II **gesetzliche Feiertage** grds keine Urlaubstage sein.

Befindet sich der AG in **Annahmeverzug** (§ 615 BGB), weil er bspw den AN nach Ausspruch einer Kdg »freistellt«, so liegt in dieser Freistellung grds keine Erfüllung des Urlaubsanspruchs. Vielmehr braucht es zur Erfüllung des Urlaubsanspruchs (§ 362 I BGB) eine **Freistellungserklärung** des AG, die **hinreichend deutlich erkennen** lassen muss, dass eine **Befreiung** von der **Arbeitspflicht zur Erfüllung des Anspruchs auf Urlaub** gewährt wird (BAG 25.1.1994, 9 AZR 312/92, EzA § 7 BUrlG Nr 92; 9.6.1998, 9 AZR 43/97, EzA § 7 BUrlG Nr 106; 14.3.2006, 9 AZR 11/05, EzA § 7 BUrlG Nr 117; 14.8.2007, 9 AZR 934/06, EzA § 7 BUrlG Nr 119; 20.1.2009, 9 AZR 650/07; 19.5.2009, 9 AZR 433/08, EzA § 7 BUrlG Nr 121; 24.3.2009, 9 AZR 983/07, EzA § 7 BUrlG Abgeltung Nr 15; 10.2.2015, 9 AZR 455/13, EzA § 7 BUrlG Nr 136). Lässt sie die erforderliche Klarheit vermissen, so ist von einer schlichten Annahmeverweigerung des AG auszugehen (dazu näher § 7 Rdn 8 ff; ferner ErfK/*Gallner* § 7 Rn 6 f). 9

Auch während eines **Arbeitskampfes** können Urlaubsansprüche des AN erfüllt werden. Weder Streik (BAG 9.2.1982, 1 AZR 567/79, EzA § 1 BUrlG Nr 18) noch Aussperrung (BAG 31.5.1988, 1 AZR 200/87, EzA Art 9 GG Arbeitskampf Nr 78) haben Einfluss auf einen **bereits bewilligten Urlaub** und – damit zusammenhängend – auf die Zahlung des während des Urlaubs »fortzuzahlenden« Entgelts (vgl auch ArbG HH 16.10.2013, 27 Ca 184/13 mwN). Für den Fall eines bereits streikenden AN vertritt das BAG allerdings die reichlich konstruierte Ansicht, der betroffene AN müsse sich zumindest vorübergehend zur Wiederaufnahme der Arbeit bereit erklären, möchte er seinen Urlaubsanspruch während eines laufenden Arbeitskampfes wirksam geltend machen (BAG 24.9.1996, 9 AZR 364/95, EzA § 7 BUrlG Nr 102 [zust *Peterek*]). Nach vorzugswürdiger Ansicht kann jedoch auch der bereits streikende AN Urlaub beantragen und gewährt bekommen (ausf *Gutzeit* Das arbeitsrechtliche System der Lohnfortzahlung 2000, S 116 ff). 10

D. Gerichtliche Geltendmachung des Urlaubsanspruchs. Schuldner des Urlaubsanspruchs ist der AG. Er gewährt den Urlaub, indem er die Urlaubszeit durch **einseitige empfangsbedürftige Willenserklärung** festlegt (sog **Freistellungserklärung**). Keinesfalls kann sich der AN selbst beurlauben. Weil es also eine Willenserklärung des AG braucht, kann der AN im Wege der **Leistungsklage** (AnwK-ArbR/*Düwell* § 7 Rn 152 ff) verlangen, dass ihm für einen bestimmten Zeitraum eine bestimmte Zahl an Urlaubstagen gewährt wird. Es handelt sich dabei nicht etwa um eine Gestaltungsklage nach § 315 III 2 BGB, weil der AG nach Maßgabe des § 7 I an die Urlaubswünsche des AN gebunden ist (dazu § 7 Rdn 16 ff). Die **Vollstreckung** eines solchen Urt richtet sich nach **§ 894 ZPO** (BAG 12.4.2011, 9 AZR 80/10, EzA § 7 BUrlG Nr 123). 11

Verlangt der AN die Urlaubsgewährung – etwa infolge einer langen gerichtlichen Verfahrensdauer – für einen (inzwischen) zurückliegenden Zeitraum, so ist die Klage auf eine **unmöglich gewordene Leistung** gerichtet. Sie ist nach Ansicht des BAG **unzulässig**. Es fehle das Rechtsschutzbedürfnis (BAG 18.12.1986, 8 AZR 502/84, EzA § 7 BUrlG Nr 48; ebenso LAG Schl-Holst 12.5.2010, 6 Sa 447/09; dazu AnwK-ArbR/*Düwell* § 7 Rn 157). 12

Nach Ansicht des BAG sind **Klagen** auf Urlaubsgewährung **ohne konkrete Zeitangabe zulässig** (BAG 18.3.2014, 9 AZR 669/12, EzA § 7 BUrlG Nr 133; vgl ferner die Nachw bei *Leinemann/Linck* § 7 Rn 80). Das ist im Ergebnis deshalb überzeugend, weil der AG die zeitliche Lage des Urlaubs nach Maßgabe des § 7 I festzulegen hat. Allerdings kann die **Vollstreckung** eines obsiegenden Urt dann nicht mehr nach Maßgabe des § 894 ZPO erfolgen, weil der AG nicht nur eine Willenserklärung, sondern zudem die Konkretisierung des Urlaubszeitraums schuldet. Deshalb richtet sich die Vollstreckung solcher Urt nach **§ 888 ZPO** (ErfK/*Gallner* § 7 Rn 31; HWK/*Schinz* § 7 Rn 59; aM *Leinemann/Linck* § 7 Rn 83 ff, mit Appell an den Gesetzgeber). Nach Ansicht des BAG kann der AN auch **Klage auf Feststellung** erheben, dass ihm aus einem bestimmten Kalenderjahr noch eine bestimmte Anzahl an Urlaubstagen zusteht (BAG 19.4.1994, 9 AZR 462/92, EzA § 74 SGB V Nr 2; 24.2.2010, 4 AZR 708/08, ZTR 2010, 408; 12.4.2011, 9 AZR 80/10, EzA § 7 BUrlG Nr 123; 5.8.2014, 9 AZR 77/13, EzA § 7 BUrlG Nr 135; *Neumann/Fenski* § 7 Rn 50; krit ErfK/*Gallner* § 7 Rn 32); zur Zulässigkeit einer Feststellungsklage zur Auflösung eines Berechnungskonflikts bei einem Freischichtmodell vgl BAG 19.1.2010, 9 AZR 246/09, EzA § 4 TVG Bewachungsgewerbe Nr 4. 13

Nach überwiegender Ansicht kann der AN seinen Urlaubsanspruch auch über eine **einstweilige Verfügung** gem §§ 935, 940 ZPO durchsetzen (LAG BW 3.6.2009, 10 SaGa 1/09, NZA-RR 2010, 178; Hess LAG 7.5.2013, 19 SaGa 461/13; LAG Köln 8.7.2015, 11 SaGa 11/15; ErfK/*Gallner* § 7 Rn 33; *Neumann/* 14

Fenski § 7 Rn 54; krit AnwK-ArbR/*Düwell* § 7 Rn 164 ff; aM *Leinemann/Linck* § 7 Rn 95: nur Regelungsverfügung gerichtet auf das Fernbleiben von der Arbeit). Das ist freilich nicht unproblematisch, weil die Ansprüche des AN nicht nur gesichert, sondern auch erfüllt werden.

15 **E. Zwingende Wirkung.** Der gesetzliche Urlaubsanspruch ist nach Maßgabe des § 13 I zwingend. Der AN kann auf seinen kalenderjährlichen Anspruch auf bezahlten Erholungsurlaub aus § 1 weder **verzichten** (BAG 20.1.1998, 9 AZR 812/96, EzA § 13 BUrlG Nr 57; näher *Neumann/Fenski* § 13 Rn 53 ff), noch kann statt einer Freistellung die **Abgeltung** noch bestehender Urlaubsansprüche vereinbart werden (*Leinemann/Linck* § 13 Rn 39, 85). Entspr sind (tarifliche) **Ausschlussfristen** auf Freistellungsansprüche aus § 1 nicht anwendbar (BAG 22.1.2002, 9 AZR 601/00, EzA § 13 BUrlG Nr 58; 12.11.2013, 9 AZR 727/12; ErfK/*Gallner* § 13 Rn 8; näher *Neumann/Fenski* § 13 Rn 67 ff). Für den Urlaubsanspruch nach § 1 dürfen ferner **keine zusätzlichen Voraussetzungen** aufgestellt werden – wie etwa eine vorherige tatsächliche Arbeitsleistung (BAG 8.3.1984, 6 AZR 442/83, EzA § 13 BUrlG Nr 18). Von der zwingenden Wirkung nicht erfasst sind demggü etwaige über den gesetzlichen (Mindest)Urlaubsanspruch hinausreichende tarifliche oder einzelvertragliche Urlaubsansprüche.

16 **F. Rechtsmissbrauch.** Während früher der 5. Senat des BAG davon ausging, dass die Geltendmachung eines Urlaubsanspruchs durch einen AN wegen Rechtsmissbrauchs grds dann ausgeschlossen ist, wenn der AN krankheitsbedingt im Urlaubsjahr nur eine geringe oder gar keine Arbeitsleistung erbracht hat, hat der 6. Senat mit dieser Rspr in seiner Entsch vom 28.1.1982 (6 AZR 571/79, EzA § 3 BUrlG Nr 13; ferner 8.3.1984, 6 AZR 600/82, EzA § 3 BUrlG Nr 14; seither auch st Rspr des nunmehr zuständigen 9. Senats – vgl etwa: BAG 24.3.2009, 9 AZR 983/07, EzA § 7 BUrlG Abgeltung Nr 15; 7.8.2012, 9 AZR 353/10, EzA § 7 BUrlG Nr 129; 22.9.2015, 9 AZR 170/14, NZA 2016, 37) gebrochen. Der Urlaubsanspruch des BUrlG sei unabhängig vom Umfang der Arbeitsleistung und lediglich an die Erfüllung der Wartezeit nach § 4 geknüpft (vgl auch EuGH 20.1.2009, C 350/06 und C 520/06, NJW 2009, 495). Auch sei das Entstehen des Urlaubsanspruchs nicht an ein (abstraktes oder individuelles) Erholungsbedürfnis gekoppelt (ausf zu dem – damit praktisch nicht mehr möglichen – Einwand des Rechtsmissbrauchs *Leinemann/Linck* § 1 Rn 90 ff).

17 **G. Urlaubsrechtl Regelungen außerhalb des BUrlG.** Im SeeArbG ist in den §§ 56–64 der Urlaub von **Besatzungsmitgliedern** auf **Kauffahrteischiffen** (Handelsschiffen) geregelt. **Schwerbehinderte AN** erhalten einen Zusatzurlaub nach Maßgabe des § 125 SGB IX (vgl auch § 127 SGB IX für die Beschäftigung Schwerbehinderter in Heimarbeit). Der Urlaub **jugendlicher AN** ist in § 19 JArbSchG geregelt. Zum Zusammenfallen von Urlaub und **Wehrdienst** vgl § 4 ArbPlSchG sowie § 7 ArbPlSchG für die in Heimarbeit Beschäftigten; diese Vorschriften gelten für **anerkannte Kriegsdienstverweigerer** entspr (§ 78 I Nr 1 ZDG). Zum Zusammenfallen von Urlaub und EZ vgl § 17 BEEG; **zu mutterschutzrechtl Beschäftigungsverboten** und Urlaub vgl § 17 MuSchG.

18 Von Bedeutung ist ferner Art 7 der **RL 2003/88/EG** vom 4.11.2003 über bestimmte Aspekte der Arbeitszeitgestaltung. Dort ist für jeden AN ein bezahlter Mindesturlaub von 4 Wochen nach Maßgabe der Bedingungen für die Inanspruchnahme und Gewährung, die in den einzelstaatlichen Rechtsvorschriften und/oder nach den einzelstaatlichen Gepflogenheiten vorgesehen sind, europarechtl festgeschrieben. **Landesrechtl** existieren in vielen Bundesländern Vorschriften über Sonderurlaub für Mitarbeiter in der **Jugendarbeit** sowie Vorschriften zum **Bildungsurlaub** (vgl auch § 15 Rdn 1).

§ 2 Geltungsbereich

¹Arbeitnehmer im Sinne des Gesetzes sind Arbeiter und Angestellte sowie die zu ihrer Berufsausbildung Beschäftigten. ²Als Arbeitnehmer gelten auch Personen, die wegen ihrer wirtschaftlichen Unselbständigkeit als arbeitnehmerähnliche Personen anzusehen sind; für den Bereich der Heimarbeit gilt § 12.

1 § 2 legt den **persönlichen Geltungsbereich** des Gesetzes fest. Es gilt für sämtliche AN (Arbeiter und Angestellte) und zwar ausdrücklich auch für die zu ihrer Berufsausbildung Beschäftigten. Das BUrlG findet ferner für arbeitnehmerähnliche Personen Anwendung, wobei für die in Heimarbeit Beschäftigten § 12 gilt. Zum arbeitsrechtl AN-Begriff vgl § 6 GewO Rdn 21 ff; zu den zu ihrer Berufsausbildung Beschäftigten vgl § 6 GewO Rdn 128; zum Begriff der arbeitnehmerähnlichen Person vgl § 6 GewO Rdn 70 ff, § 12a TVG Rdn 1 f sowie BAG 15.11.2005, 9 AZR 626/04, EzA § 2 BUrlG Nr 5; 17.1.2006, 9 AZR 61/05, EzA § 2 BUrlG Nr 6. Das BUrlG gilt nicht für Beamte (VG Potsdam 2.7.2014, 2 K 2692/12).

§ 3 Dauer des Urlaubs
(1) Der Urlaub beträgt jährlich mindestens 24 Werktage.
(2) Als Werktage gelten alle Kalendertage, die nicht Sonn- oder gesetzliche Feiertage sind.

Übersicht	Rdn.		Rdn.
A. Arbeitszeitschutz	1	C. Sonn- und Feiertage	11
B. Berechnung der Urlaubsdauer	5		

A. Arbeitszeitschutz. In der seit dem 1.1.1995 maßgeblichen Fassung des § 3 beträgt der Urlaub jährlich mindestens 24 Werktage (das entspricht 4 Wochen). Damit genügt das BUrlG europarechtl Vorgaben, die einen 4-wöchigen Mindesturlaub vorschreiben (vgl Art 7 I der RL 2003/88/EG des Rates über bestimmte Aspekte der Arbeitszeitgestaltung vom 4.11.2003). Zuvor betrug der gesetzliche Mindesturlaub nur 18 Werktage. Sonderregelungen hins der Urlaubsdauer für bestimmte AN-Gruppen enthalten die § 57 SeeArbG, § 125 SGB IX (dazu BAG 24.10.2006, 9 AZR 669/05, EzA § 125 SGB IX Nr 1) und § 19 JArbSchG. Eine **Kürzungsmöglichkeit** der Urlaubsdauer bei EZ sieht § 17 I BEEG vor (zu europarechtlichen Fragen insoweit vgl LAG Rh-Pf 16.1.2014, 5 Sa 180/13, LAGE § 17 BEEG Nr 1); zur Kürzung der Urlaubsdauer bei Wehrdienst vgl § 4 ArbPlSchG (bzw § 78 I ZDG iVm § 4 ArbPlSchG für den Zivildienst anerkannter Kriegsdienstverweigerer). Pflegezeit nach § 3 PflegeZG führt gem § 4 IV gleichfalls zur Kürzung der Urlaubsdauer (zur früheren Rechtslage ohne Kürzungsmöglichkeit vgl BAG 7.8.2012, 9 AZR 353/10, EzA § 7 BUrlG Nr 129). Haben die Arbeitsvertragsparteien hingegen unbezahlten Sonderurlaub vereinbart, berührt das grundsätzlich nicht den Urlaubsanspruch des AN (BAG 6.5.2014, 9 AZR 678/12, EzA § 1 BUrlG Nr 26). 1

Nach der Vorstellung des G sind also nunmehr 24 Werktage der Zeitraum, den ein AN innerhalb eines Kalenderjahres zur »Erhaltung und Wiederauffrischung der Arbeitskraft und der Gesundheit« benötigt (s.o. § 1 Rdn 1; dazu auch AnwK-ArbR/*Düwell* § 3 Rn 4). Deshalb soll der Urlaub dem AN auch möglichst zusammenhängend gewährt werden (§ 7 II). Schon das macht hinreichend deutlich, dass es dem BUrlG um **Arbeitszeitschutz** geht (vgl auch *Wank* FS Reuter 2010, S 921); nicht etwa soll mit dem Urlaubsanspruch ein bes Freizeit- oder sonst irgendein unspezifisches Freistellungsinteresse des AN bedient werden. Weil es also nicht zuerst um Freistellungsinteressen, sondern um einen Arbeitszeitschutz geht, ist es auch durchaus konsequent, dass § 3 I die **Urlaubsdauer** nach **Werktagen** und **nicht** nach **Arbeitstagen** bestimmt. Entspr stellt § 3 II klar, dass als Werktage alle Kalendertage (also auch die arbeitsfreien) gelten, die nicht Sonn- oder Feiertage sind. In der Begründung des Entwurfs eines BUrlG der CDU/CSU-Fraktion (BT-Drs IV/207 S 4) wurde sogar eigens darauf hingewiesen, dass grds auch **arbeitsfreie Kalendertage** als **Urlaubstage** anzusehen seien (insofern unzutr AnwK-ArbR/*Düwell* § 3 Rn 7, der meint, der Gesetzgeber sei von einer Verteilung der Arbeitspflicht auf 6 Tage ausgegangen). Die auf Arbeitstage abstellenden SPD-Entwürfe konnten sich nicht durchsetzen (zur Entstehungsgeschichte auch *Bleistein* GK-BUrlG § 3 Rn 1 f). 2

Das bedeutet: Sowenig der Urlaubsanspruch eine vorherige Arbeitsleistung voraussetzt (s § 1 Rdn 2), sowenig gebietet es der allein maßgebliche Erholungszweck, dass der AN ohne den Urlaub überhaupt gearbeitet hätte. Entscheidend ist nur, dass sich der AN während des Urlaubs erholen kann; entscheidend ist nicht, was der AN sonst getan hätte. 3

Trotz dieser klaren Vorgaben des G setzt die ganz **hM** und vor allem auch die Rspr des **BAG** den Akzent anders und stellt maßgeblich auf die **Freistellung** des AN **von der Arbeitspflicht** ab (dazu *Leinemann/Linck* § 3 Rn 13). Sie entfernt sich damit jedoch eindeutig von der gesetzlichen Konzeption, nach der es für die Urlaubsdauer nur auf die Werktage ankommt – ungeachtet irgendwelcher Arbeitspflichten. Stattdessen orientiert sich die hM für die **Urlaubsdauer** an den **Arbeitstagen**. Tage, an denen der AN ohnehin nicht hätte arbeiten müssen, können nach Ansicht der hM auch keine Urlaubstage sein (BAG 8.9.1998, 9 AZR 161/97, EzA § 4 TVG Bauindustrie Nr 93; 30.10.2001, 9 AZR 314/00, EzA § 3 BUrlG Nr 23; 19.1.2010, 9 AZR 246/09, EzA § 4 TVG Bewachungsgewerbe Nr 4; 15.1.2013, 9 AZR 430/11, EzA § 3 BUrlG Nr 25; 18.3.2014, 9 AZR 669/12, EzA § 7 BUrlG Nr 133; AnwK-ArbR/*Düwell* § 1 Rn 24). Der AG könne – so die hM – den AN an den ohnehin arbeitsfreien Tagen nicht von seiner Arbeitspflicht befreien. Die Erfüllung des Urlaubsanspruchs sei ihm deshalb unmöglich (§ 275 I BGB). Eine solche Sichtweise verschiebt nicht nur den Urlaubsanspruch in den Bereich des Leistungsstörungsrechts (als Rückausnahme zu § 326 I BGB »Lohn ohne Arbeit«); sie führt zuweilen auch zu vollkommen unbefriedigenden Ergebnissen. Nimmt man die hM nämlich ernst, dann kann der AG etwa bei sog Betriebsrisikofällen keinen Urlaub gewähren, wenn die vom AN geschuldete Leistung wegen eines Betriebsbrandes oä ohnehin nicht erbracht werden kann; es kann aber nicht richtig sein, den AN in solchen Konstellationen zulasten des AG auf den 4

Annahmeverzugslohn (§ 615 BGB) zu verweisen und ihm Urlaubsansprüche offen zu halten (zu den Konsequenzen der hM vgl weiter exemplarisch § 10 Rdn 7 ff). Dass das G an anderer Stelle – nämlich für den **Zusatzurlaub** der **Schwerbehinderten** aus § 125 SGB IX – seinerseits auf die Arbeitstage abstellt, ist für die Auslegung des BUrlG ohne Bedeutung (anders freilich die hM – etwa ErfK/*Gallner* § 3 Rn 8; vgl auch BAG 19.1.2010, 9 AZR 246/09, EzA § 4 TVG Bewachungsgewerbe Nr 4: Umrechnungsnotwendigkeit ergebe sich aus dem in § 125 I SGB IX ausgedrückten »allgemeinen Rechtsgedanken«). Im Folgenden soll jedoch die Konzeption der hM als die für die Praxis maßgebliche zugrunde gelegt werden.

5 **B. Berechnung der Urlaubsdauer.** Weil es der hM maßgeblich auf die Befreiung von der Arbeitspflicht ankommt (dazu soeben Rdn 4), erachtet sie die vom G gewählte Berechnungsmethode nur für solche Arbeitsverhältnisse als unproblematisch, in denen sämtliche Werktage zugleich Arbeitstage sind (**6-Tage-Woche**). Doch schon für die heute weitverbreitete 5-Tage-Woche, die idR den **Samstag arbeitsfrei** lässt, berechnet die **hM** die **Dauer** des **Urlaubsanspruches bezogen auf** die **Arbeitstage** neu. Der Grund für eine solche Umrechnung liegt ua darin, dass sonst bei einer »geschickten« Lage des Urlaubs die (ohnehin) freien Samstage die freie Zeit des AN zusätzlich verlängern könnten. Das soll verhindert werden (dazu *Leinemann/Linck* § 3 Rn 12, 15; s.a. BAG 30.10.2001, 9 AZR 314/00, EzA § 3 BUrlG Nr 23: Umrechnung sichert »gleich langen Urlaub«; vgl auch AnwK-ArbR/*Düwell* § 3 Rn 10). Doch ließe sich zum einen ein solcher »Missbrauch« auch anders in den Griff bekommen, ohne dass man deshalb die gesetzliche Konzeption des BUrlG umstoßen müsste (zu Lösungsversuchen s.a. ErfK/*Dörner*, 10 Aufl, § 3 Rn 7). Zum andern wirkt dieser Grund nachgerade »kleinlich«, wenn man bedenkt, dass ein AN, der zum 1.1. eingestellt wird, für das laufende Kalenderjahr denselben Urlaubsanspruch erwirbt, wie ein AN, dessen Arbeitsverhältnis erst am 1.6. beginnt. Dem Gedanken der »Urlaubsgerechtigkeit« hat sich das BUrlG jedenfalls nicht verschrieben. Schließlich ergeben sich auch nach der Konzeption der hM unterschiedliche Freistellungs- und Arbeitslasten, wenn nämlich die Dauer der täglichen Arbeitszeit (stark) schwankt (dazu noch unten Rdn 9) und vor allem, wenn die Anzahl der Arbeitstage je Woche variiert (dazu sogleich Rdn 7).

6 Die für die Praxis maßgebliche Ansicht (zu ihr etwa *Leinemann/Linck* § 3 Rn 16 f) **rechnet** die **Urlaubsdauer** des BUrlG **bezogen auf** die **Arbeitstage in der Woche wie folgt um**: Die auf die Arbeitstage bezogene Urlaubsdauer beträgt 24 (Urlaubstage)/6 (Werktage pro Woche) × A (Arbeitstage pro Woche). Für eine 5-Tage-Woche erhält der AN nach dieser Formel 20 Tage Urlaub, für eine 4-Tage-Woche noch 16 Urlaubstage, für eine 3-Tage-Woche 12 Tage und bei einer 2-Tage-Woche 8 Tage. Arbeitet der AN nur einen Tag in der Woche, dann erhält er 4 Tage Urlaub. Für eine solche Umrechnung ist es dann freilich nicht entscheidend, welche Werktage einer Woche Arbeitstage sind und welche nicht. Maßgeblich ist allein die Anzahl der **geschuldeten** (und nicht etwa die Zahl der tatsächlich geleisteten) **Arbeitstage** (BAG 18.2.1997, 9 AZR 738/95, EzA § 3 BUrlG Nr 20). (Un)Entschuldigte **Fehltage** spielen also für die Berechnung der Urlaubsdauer ebenso wenig eine Rolle wie **arbeitskampfbedingter Arbeitsausfall**.

7 **Schwankt** die **Anzahl** der **Arbeitstage je Woche**, so soll eine solche Schwankung bei der Umrechnung der Urlaubsdauer dadurch berücksichtigt werden, dass sich der für die Umrechnung maßgebliche **Bezugsrahmen ändert** (HWK/*Schinz* § 3 Rn 18). Arbeitet der AN bspw in einem **2-Wochen-Rhythmus** abwechselnd 4 und 5 Tage die Woche (**roulierendes Arbeitszeitsystem**), so soll die Umrechnung bezogen auf den 2-Wochen-Rhythmus wie folgt erfolgen: 24 (Urlaubstage)/12 (Werktage innerhalb 2 Wochen) × 9 (Arbeitstage innerhalb 2 Wochen). Der AN hat dann nach dieser Formel 18 Tage Urlaub (so ErfK/*Gallner* § 3 Rn 17; vgl auch BAG 8.9.1998, 9 AZR 161/97, EzA § 4 TVG Bauindustrie Nr 93; AnwK-ArbR/*Düwell* § 3 Rn 18 f). Dass damit gleichwohl das selbst gesetzte Anliegen der hM verfehlt wird, eine mit Blick auf die Urlaubsdauer strategisch geschickte Lage des Urlaubs zu verhindern, steht auf einem anderen Blatt. Beantragt etwa der AN bei solch roulierenden Arbeitszeitsystemen seinen Urlaub bevorzugt während der 4-Tage-Wochen, dann gewinnt er bezogen auf eine wochenweise Betrachtung der Urlaubsdauer auch nach der Konzeption der hM Urlaubstage hinzu (so ausdrücklich HWK/*Schinz* § 3 Rn 19). Das hält die hM freilich gleichfalls nicht davon ab, an ihrer Konzeption festzuhalten. Im Gegenteil: Abhängig vom konkreten Arbeitszeitmodell lässt die hM auch **längere Bezugsräume** (Monat, Jahr) für die Umrechnung zu – je nach Arbeitsrhythmus (**Wechselschichten** uam; zu **Freischichttagen** s BAG 19.1.2010, 9 AZR 246/09, EzA § 4 TVG Bewachungsgewerbe Nr 4 und ausf *Leinemann* BB 1998, 1414; *Leinemann/Linck* § 3 Rn 48 ff). Beträgt danach der Bezugsrahmen bei hochflexiblen Arbeitszeitmodellen **1 Jahr**, so geht die hM bei einer **6-Tage-Woche** von insgesamt **312 Werktagen** aus (BAG 20.8.2002, 9 AZR 261/01, EzA § 38 BetrVG 2001 Nr 1; 15.11.2005, 9 AZR 626/04, EzA § 2 BUrlG Nr 5; AnwK-ArbR/*Düwell* § 3 Rn 20). Die Umrechnungsformel für den Mindestanspruch nach dem BUrlG lautet dann: 24 (Urlaubstage)/312 (Werktage im Jahr) × A (Arbeitstage im Jahr). Ist für einen auf das Kalenderjahr bezogenen und nach Arbeitstagen bemessenen (tariflichen) Urlaubsanspruch von einer **5-Tage-Woche** auszugehen, so werden

für eine auf das Jahr bezogene Umrechnung **260 Arbeitstage** (BAG 30.10.2001, 9 AZR 314/00, EzA § 3 BUrlG Nr 23) zugrunde gelegt. In beiden Fällen spielt es keine Rolle, ob das Urlaubsjahr ein **Schaltjahr** ist. Zu den bes Schwierigkeit der hM für den Fall der **Arbeit auf Abruf** (iSd § 12 TzBfG) vgl nur AnwK-ArbR/ *Düwell* § 3 Rn 35.

Schwierigkeiten hat die hM auch dann, wenn sich die **Zahl** der **Arbeitstage** in der Woche **dauerhaft** 8 **ändert** – wenn der AN also bspw bis zum 30.9. in der Woche 4 Arbeitstage schuldet, ab dem 1.10. (etwa aufgrund eines neuen Arbeitszeitmodells) hingegen 5 Arbeitstage. Nichts anderes gilt, wenn sich die Anzahl der in der Woche geschuldeten Arbeitstage daucrhaft verringert – etwa im Zuge eines Teilzeitbegehrens des AN gem § 8 TzBfG. Ändert sich die Anzahl der Arbeitstage dauerhaft für einen bestimmten Zeitraum des Urlaubsjahres, dann **rechnete** das BAG den (verbleibenden) **Urlaubsanspruch bezogen auf** die unterschiedlichen **Zeiträume** jeweils **um** (BAG 28.4.1998, 9 AZR 314/97, EzA § 7 BUrlG Nr 105 [dort für eine **Umrechnung im Übertragungszeitraum** nach § 7 III]; 5.9.2002, 9 AZR 244/01, EzA § 1 BUrlG Nr 24; s.a. HWK/*Schinz* § 3 Rn 33 ff; *Leinemann/Linck* § 3 Rn 53 ff; aM jedenfalls hins einer Umrechnung des Urlaubs im Übertragungszeitraum ErfK/*Gallner* § 7 Rn 60; *Hohmeister* BB 1999, 798 f). Der AN konnte daher im ersten Beispiel für eine Urlaubsgewährung bis zum 30.9. lediglich 16 Urlaubstage geltend machen (4-Tage-Woche); ab dem 1.10. hingegen 20 Urlaubstage (5-Tage-Woche). Eine auf einzelne Zeitabschnitte bezogene Umrechnung des Urlaubsanspruchs erfolgte auch dann, wenn in einem Betrieb **Kurzarbeit** eingeführt wird und sich dadurch die Anzahl der Arbeitstage verringert (dazu mit Bsp HWK/*Schinz* § 3 Rn 38 ff). Eine solche Umrechnung des Urlaubsanspruchs auf der Grundlage des »(Arbeits)Tageprinzips« schien zunächst in Ansehung der Entsch des EuGH vom 22.4.2010 (C 486/08, EzA RL 99/70 EG-Vertrag 1999 Nr 3 »Zentralbetriebsrat der Landeskrankenhäuser Tirols«; dazu näher *Bayreuther*, DB 2012, 2748; *Fieberg* NZA 2010, 925; *Powietzka/Christ* NJW 2010, 3397; vgl auch Hess LAG 30.10.2012, 13 Sa 590/12, und EuGH 8.11.2012, C 229/11, EzA EG-Vertrag 1999 RL 2003/88 Nr 11 auf die Vorlageentscheidung des ArbG Passau 13.4.2011, 1 Ca 62/11, BB 2012, 1163) europarechtskonform zu sein. Auf eine neuerliche Vorlage durch das ArbG Nienburg (4.9.2012, 2 Ca 257/12 Ö) entschied indes der EuGH (13.6.2013, C-415/12, EzA Richtlinie 97/81 EG-Vertrag 1999 Nr 2 [Brandes]) nunmehr dezidiert, dass bei einer Änderung des Beschäftigungsumfangs eines AN der Umfang des bis dahin noch nicht verbrauchten Erholungsurlaubs nicht in der Weise angepasst werden dürfe, dass ein in einer Zeit der Vollzeitbeschäftigung erworbener Anspruch auf bezahlten Jahresurlaub nun mit Blick auf eine jetzt maßgebliche Teilzeitbeschäftigung gekürzt wird. Allerdings soll das nur dann gelten, wenn dem AN die »Ausübung« seines Urlaubsanspruchs während der Vollzeitbeschäftigung nicht möglich war. Nimmt man den EuGH hier wörtlich, so könnte das zu absurden Konsequenzen führen (vgl eingehend *Schubert* NZA 2013, 1105; ferner *Schubert* RdA 2013, 370; *Stiebert/Imani* NZA 2013, 1338). Das **BAG** (10.2.2015, 9 AZR 53/14 [F], EzA § 3 BUrlG Nr 26; vgl auch LAG Hess 30.9.2015, 12 Sa 1327/13; ArbG Nienburg 19.12.2013, 2 Ca 257/12 Ö, ZTR 2014, 285) ist dem EuGH inzwischen gefolgt und hat seine **Rspr geändert** – wenn auch nur widerwillig. Eine **Umrechnung** bereits erworbener Urlaubsansprüche bei einem Wechsel von **Vollzeit in Teilzeit findet nicht** (mehr) **statt**. Eine Tarifnorm, die eine entsprechende Umrechnung anordnet, sei wegen Verstoßes gegen § 4 I TzBfG gem § 134 BGB unwirksam (so BAG 10.2.2015, 9 AZR 53/14 [F], EzA § 3 BUrlG Nr 26). Auf einen **Vertrauensschutz** in die bisherige Umrechnungsrechtsprechung des BAG könne sich der AG bei alledem **nicht berufen** (BAG 10.2.2015 aaO). Als mögliche praktische Konsequenz seiner europarechtlich motivierten Rspr-Änderung verweist der Senat selbst auf einen AN mit 30 Arbeitstagen Resturlaub. Wechselt dieser AN von einer Fünftagewoche in eine Zweitagewoche, so erwächst ihm ein Urlaubsanspruch von insgesamt 15 Wochen. Der Senat beschreibt dieses absurde Ergebnis seiner nunmehrigen Rspr richtig als eine »widersinnige Folge des Quotierungsverbots« (vgl aber neuerlich in diesem Sinne EuGH 11.11.2015, C 219/14, EzA Richtlinie 97/81 EG-Vertrag 1999 Nr 3). Solche Konsequenzen ließen sich womöglich dadurch vermeiden, wenn man zu der im BUrlG angelegten werktäglichen Betrachtungsweise zurückkehrte (dazu Rdn 2). Für den **umgekehrten Fall** eines Wechsels von **Teilzeit in Vollzeit** mit einer Erhöhung der Anzahl der Wochenarbeitstage entschied der EuGH freilich anders. Hier bleibe nicht die Höhe des Urlaubsanspruchs aus der Teilzeitphase maßgeblich. Nach Ansicht des EuGH verlange das Unionsrecht vielmehr, dass eine Nachberechnung der Ansprüche auf bezahlten Jahresurlaub in Bezug auf den Zeitraum, in dem der AN die Anzahl seiner Arbeitsstunden erhöht hat, vorgenommen wird (dazu näher EuGH 11.11.2015, C 219/14, EzA Richtlinie 97/81 EG-Vertrag 1999 Nr 3). Zu möglichen Konsequenzen der Entscheidungen des EuGH für den Anspruch auf Urlaubsentgelt vgl § 11 Rdn 5.

Eine auf **Arbeitsstunden** bezogene **Umrechnung** des Urlaubsanspruchs – etwa bei Teilzeitbeschäftigten mit 9 stark schwankender täglicher Arbeitszeit – lässt allerdings auch die hM (ErfK/*Gallner* § 3 Rn 14; HWK/ *Schinz* § 3 Rn 28 f; *Leinemann/Linck* § 3 Rn 33 f) nicht zu (vgl auch BAG 8.5.2001, 9 AZR 240/00, EzA § 3 BUrlG Nr 22; LAG Rh-Pf 3.11.2014, 2 Sa 245/14). Die Dauer des Urlaubs sei auf Arbeitstage bezogen und nicht auf Arbeitsstunden. Entspr ist auch umgekehrt eine stundenweise Urlaubsgewährung grds ausgeschlossen. Etwas anderes soll nach der Konzeption der hM hingegen dann gelten, wenn die **Umrechnung** des Urlaubsanspruchs nach **Arbeitstagen** im Ergebnis zu **Bruchteilen** führt (also bspw zu 19,8 Urlaubstagen). Der AN soll dann Anspruch auf Urlaubsgewährung in eben diesem Umfang haben – und damit mit Blick auf den Bruchteil auch stundenweise (BAG 18.2.1997, 9 AZR 738/95, EzA § 3 BUrlG Nr 20). Bruchteile seien weder auf- noch abzurunden (BAG 15.11.2005, 9 AZR 626/04, EzA § 2 BUrlG Nr 5). Die Regelung des § 5 II soll keine (auch keine entspr) Anwendung finden (BAG 31.5.1990, 8 AZR 269/89, EzA § 5 BUrlG Nr 15; 9.8.1994, 9 AZR 384/92, EzA § 7 BUrlG Nr 97; LAG Rh-Pf 3.11.2014, 2 Sa 245/14; *Leinemann/Linck* § 3 BUrlG Rn 38, 44, 46; aM wohl AnwK-ArbR/*Düwell* § 3 Rn 16, 23, 40, § 5 Rn 12; hat der AN einen Anspruch auf Zusatzurlaub [etwa gem § 125 I SGB IX], so soll nach Ansicht *Düwells* [aaO § 3 Rn 39] eine Umrechnung des Urlaubs getrennt nach Grund- und Zusatzurlaub erfolgen, um unzulässige Rundungen bei einer Gesamtrechnung zu vermeiden). § 5 II gilt nach hM mithin allein für Teilurlaubsansprüche und nicht für Vollurlaubsansprüche.

10 Diese von der hM für das BUrlG vorgenommene Umrechnung der »Urlaubs-Werk-Tage« in »Urlaubs-Arbeits-Tage« gilt – sofern keine abw Regelung existiert (BAG 8.5.2001, 9 AZR 240/00, EzA § 3 BUrlG Nr 22; 5.9.2002, 9 AZR 244/01, EzA § 1 BUrlG Nr 24) – entspr für **Urlaubsansprüche** aus TV oder aus einer **BV** (ErfK/*Gallner* § 3 Rn 9). Freilich kehren hier die gegen die Umrechnung des gesetzlichen Urlaubsanspruchs vorgetragenen Einwände wieder – sofern die untergesetzliche Norm der auf Werktage abstellenden Konzeption des BUrlG folgt. Gibt hingegen (wie wohl meist) die untergesetzliche Norm ihrerseits die Urlaubsdauer bezogen auf Arbeitstage vor, so hat auch nach hier vertretener Ansicht eine Umrechnung untergesetzlicher Urlaubsansprüche für abw Arbeitszeitmodelle zu erfolgen. Für eine solche Umrechnung gelten dann die von der hM hins des gesetzlichen Urlaubsanspruchs entwickelten Berechnungsmodelle entspr (etwa BAG 8.5.2001, 9 AZR 240/00, EzA § 3 BUrlG Nr 22). Praktisch wird die Umrechnung vor allem bei **Teilzeitbeschäftigten**, sofern deren Arbeitszeit auf nur wenige Arbeitstage innerhalb einer Woche verteilt wird. Bei untergesetzlichen Urlaubsansprüchen kann sich der **Urlaubsanspruch** infolge der Umrechnung auch umgekehrt **erhöhen**, wenn bspw der TV von einer 5-Tage-Woche ausgeht, der AN aber tatsächlich in einer 6-Tage-Woche arbeitet (BAG 20.6.2000, 9 AZR 309/99, EzA § 3 BUrlG Nr 21). Zu einer tariflichen Regelung, die die Urlaubsdauer in **Kalendertagen** ausdrückt, vgl BAG 19.1.2010, 9 AZR 246/09, EzA § 4 TVG Bewachungsgewerbe Nr 4.

11 **C. Sonn- und Feiertage.** Sonn- und gesetzliche Feiertage gelten nicht als Urlaubstage (§ 3 II). Welche Tage **gesetzliche Feiertage** sind, wird mit Ausnahme des Tages der Dt Einheit (3.10.), der bundesrechtl zum gesetzlichen Feiertag erklärt wurde (vgl Kap I Art 2 II des Einigungsvertrags vom 31.8.1990 [BGBl II S 889]), in den jeweiligen Landesgesetzen festgelegt. Von den gesetzlichen Feiertagen sind die sog **kirchlichen Feiertage** zu unterscheiden, die nach Maßgabe einiger Landesgesetze dem AN zwar einen Freistellungsanspruch gewähren, jedoch weder zu einem Entgeltfortzahlungsanspruch nach § 2 I EFZG führen, noch bei der Urlaubsberechnung nach § 3 II ausgenommen werden.

12 Die urlaubsrechtl Sonderstellung der Sonn- und gesetzlichen Feiertage erklärt sich aus der mit dem Erholungsurlaub iW **gleichen Schutzrichtung.** Wenn auch die mit der Urlaubsgewährung bezweckte »Wiederauffrischung und Erhaltung der Arbeitskraft und der Gesundheit« der AN schon aufgrund der Dauer der Freistellung nachhaltiger verwirklicht werden kann als an den Sonn- und gesetzlichen Feiertagen, so dienen doch auch Letztere der »Erhebung« (vgl etwa § 5 Feiertagsgesetz des Landes Baden-Württemberg vom 8.5.1995 [GBl S 450]) und damit der Regeneration der AN. Entspr bleiben nach Art 140 GG iVm Art 139 WRV der »Sonntag und die staatlich anerkannten Feiertage« als »Tage der Arbeitsruhe und der seelischen Erhebung gesetzlich geschützt«.

13 Dieser verfassungsrechtl verbürgte Schutz der Sonn- und gesetzlichen Feiertage wird im ArbR doppelt gewährleistet: Zum einen verbietet § 9 ArbZG für alle Beschäftigungsbereiche unterschiedslos die Beschäftigung der AN an Sonn- und gesetzlichen Feiertagen von 0–24 Uhr (zur Entgeltfortzahlung vgl § 2 I EFZG). Und das in § 3 II ausgesprochene Verbot der Anrechnung von Sonn- und gesetzlichen Feiertagen auf den (Mindest-)Urlaubsanspruch sichert zweitens die Gewährung des Urlaubs **zusätzlich** zu den Sonn- und gesetzlichen Feiertagen. Damit tragen Sonn- und gesetzliche Feiertage aber zugleich auch ihr eigenes rechtl Schicksal. Die Entgeltfortzahlung an Feiertagen bestimmt sich deshalb auch dann nach § 2 EFZG, wenn der Feiertag innerhalb eines zusammenhängend gewährten Urlaubszeitraums liegt.

14 Problematisch ist die urlaubsrechtl Herausnahme der Sonn- und Feiertage in § 3 II jedoch dann, wenn die Sonn- und Feiertage **nicht arbeitsfrei** sind, sondern (auch) an diesen Tagen gearbeitet werden soll (vgl etwa § 10 ArbZG). In diesem Fall läuft die mit § 3 II BUrlG bezweckte Gewährung von Erholungsurlaub zusätzlich zu dem Sonn- und gesetzlichen Feiertag leer. Soweit es an einer sonn- oder feiertagsbedingten

Freistellung fehlt, kann Urlaub nicht zusätzlich gewährt werden. Deshalb kann das Anrechnungsverbot des § 3 II hier keine Anwendung finden. Der AN muss sich für solche Tage vielmehr Urlaub anrechnen lassen (BAG 15.11.2005, 9 AZR 626/04, EzA § 2 BUrlG Nr 5; 15.1.2013, 9 AZR 430/11, EzA § 3 BUrlG Nr 25; LAG Hamm 10.3.2011, 16 Sa 1677/10; AnwK-ArbR/*Düwell* § 3 Rn 8; ErfK/*Gallner* § 3 Rn 11 f; HWK/*Schinz* § 3 Rn 16; *Leinemann/Linck* § 3 Rn 27; aM *Neumann/Fenski* § 3 Rn 27). Er erhält dann aber auch einen Anspruch auf das Urlaubsentgelt gem §§ 1, 11 I. Eine unmittelbare oder analoge Anwendung des § 2 I EFZG für diese Tage überzeugt nicht.

Soweit sich der AN auch für Sonn- und Feiertage Urlaub anrechnen lassen muss, könnten die damit bei einer auf Werktage bezogenen Urlaubsberechnung verbundenen Nachteile dadurch kompensiert werden, dass der nach § 11 III ArbZG geschuldete Ersatzruhetag urlaubsrechtl wie ein Sonn- oder Feiertag behandelt wird (zum Ersatzruhetag BAG 13.7.2006, 6 AZR 55/06, ZTR 2007, 86). Die (ausschl) auf Arbeitstage abstellende hM braucht hingegen – jedenfalls für die Sonntage – für eine entspr Kompensation nicht zu sorgen, weil sie die im Gesetz angelegte Unterscheidung zwischen Werk-, Sonn- und Feiertagen von vornherein aufgegeben hat. Etwas anderes mag für nicht arbeitsfreie gesetzliche Feiertage gelten, weil diese aufgrund fehlender Regelhaftigkeit nicht bei der Umrechnung berücksichtigt werden können. Die hM geht aber auch insoweit den hier vorgeschlagenen Weg nicht mit. 15

§ 4 Wartezeit
Der volle Urlaubsanspruch wird erstmalig nach sechsmonatigem Bestehen des Arbeitsverhältnisses erworben.

Das Gesetz knüpft die Entstehung des vollen Urlaubsanspruchs an einen mehr als 6-monatigen Bestand des Arbeitsverhältnisses. Innerhalb der ersten 6 Monate entsteht allenfalls ein **Teilurlaubsanspruch** nach Maßgabe des § 5 I lit a und b. Weder ist während der Wartezeit der Anspruch des AN auf den vollen Jahresurlaub aufschiebend bedingt, noch erwirbt der AN während der Wartezeit eine entspr Anwartschaft (so aber *Neumann/Fenski* § 4 Rn 5 ff). Zu **europarechtl Vorgaben** hins der Wartezeit vgl EuGH 26.6.2001, C 173/99, AP Nr 3 zu EWG-Richtlinie Nr 93/104 (ferner EuGH 24.1.2012, C 282/10, EzA EG-Vertrag 1999 RL 2003/88 Nr 8; vgl auch HWK/*Schinz* § 4 Rn 3). 1

Weil der (volle) Urlaubsanspruch vom Bestand des Arbeitsverhältnisses abhängt, kommt es **nicht** auf die **tatsächliche Beschäftigung** an (BAG 28.1.1982, 6 AZR 571/79, EzA § 3 BUrlG Nr 13; 6.5.2014, 9 AZR 678/12, EzA § 1 BUrlG Nr 26). (Un)Entschuldigte Fehlzeiten, Krankheitstage, arbeitskampfbedingte Ausfallzeiten ua sind deshalb für die Berechnung der Wartezeit unbeachtlich. Maßgeblich ist allein der **rechtl Bestand** des Arbeitsverhältnisses (BAG 20.10.2015, 9 AZR 224/14, NZA 2016, 159). Weil es auf den rechtl Bestand ankommt, wird die Wartezeit auch dann nicht unterbrochen, wenn das **Arbeitsverhältnis ruht** – etwa während der Elternzeit (§§ 15 ff BEEG) oder während des Grundwehrdienstes (§§ 1 ff ArbPlSchG); für mutterschutzrechtl Beschäftigungsverbote vgl ausdrücklich § 17 MuSchG: Ausfallzeiten gelten als Beschäftigungszeiten. Auch ein **Betriebsinhaberwechsel** iSd § 613a I BGB unterbricht die Wartezeit nicht (BAG 20.7.1993, 3 AZR 99/93, EzA § 613a BGB Nr 110; *Leinemann/Linck* § 1 Rn 155, § 4 Rn 12). 2

Wird der **rechtl Bestand des Arbeitsverhältnisses** indes **unterbrochen**, so beginnt die **Wartezeit** des § 4 grds **neu zu laufen** (sehr streng insoweit noch BAG 15.11.2005, 9 AZR 626/04, EzA § 2 BUrlG Nr 5). Das BAG (20.8.1998, 2 AZR 83/98, EzA § 1 KSchG Nr 50; 23.5.2013, 2 AZR 54/12, EzA § 23 KSchG Nr 39) hat zunächst für die Wartezeit des § 1 I KSchG gemeint, dass Zeiten eines früheren Arbeitsverhältnisses zumindest dann angerechnet werden, wenn das alte und das neue Arbeitsverhältnis in einem engen sachlichen Zusammenhang stehen und die Unterbrechung nicht zu lange gewährt hat. Für § 4 kann nichts Anderes gelten (für die Bedeutungslosigkeit kurzfristiger Unterbrechungen im Kontext des § 4 zunächst auch LAG Düsseldorf 19.2.2014, 1 Sa 1273/13; *Neumann/Fenski* § 4 Rn 43 ff). Eine entsprechende Einschränkung trägt dem Erholungszweck des Gesetzes angemessen Rechnung und ist auch nicht wegen »erheblicher Rechtsunsicherheit« abzulehnen (so aber die wohl überwiegende Ansicht in der Literatur vgl ErfK/*Gallner* § 4 Rn 4, 5; *Leinemann/Linck* § 4 Rn 13 f). Inzwischen ist das BAG (20.10.2015, 9 AZR 224/14, NZA 2016, 159) auch für das Urlaubsrecht eingeschwenkt und hält zumindest eine eintägige (rechtliche) Unterbrechung des Arbeitsverhältnisses für die Erfüllung der Wartezeit des § 4 für unerheblich. Dies soll jedenfalls in den Fällen gelten, in denen aufgrund vereinbarter Fortsetzung des Arbeitsverhältnisses schon vor dessen zwischenzeitlicher Beendigung feststand, dass das Arbeitsverhältnis nur für eine kurze Zeit unterbrochen werden wird (BAG 20.10.2015, 9 AZR 224/14, NZA 2016, 159). In jedem Fall können AG und AN vereinbaren, dass die in einem früheren Arbeitsverhältnis zurückgelegte Wartezeit auf die Wartezeit in einem neuen Arbeitsverhältnis angerechnet wird. 3

Gutzeit

§ 5 BUrlG Teilurlaub

4 Werden nur einzelne **Arbeitsbedingungen geändert**, so ist das für den Lauf der Wartezeit unbeachtlich. Wird bspw ein bislang befristet abgeschlossenes Arbeitsverhältnis »entfristet« oder wird ein Vollzeitarbeitsverhältnis in ein Teilzeitarbeitsverhältnis überführt, so spielt das für die Wartezeit keine Rolle. Gleiches gilt, wenn sich an ein **Ausbildungsverhältnis** ein Arbeitsverhältnis unmittelbar anschließt. Sowohl das Ausbildungsverhältnis wie auch das Arbeitsverhältnis werden urlaubsrechtl gleichbehandelt (§ 2 S 1) und bei nahtlosem Übergang urlaubsrechtl als Einheit gewertet (BAG 29.11.1984, 6 AZR 238/82, EzA § 13 BUrlG Nr 22).

5 Der AN muss in einem bestehenden Arbeitsverhältnis die **Wartezeit nur einmal erfüllt** haben. Die Wartezeit beginnt nicht etwa für jedes Kalenderjahr neu zu laufen. Hat der AN die Wartezeit einmal erfüllt, so entsteht in den Folgejahren der Anspruch des AN auf den vollen Jahresurlaub bereits vom 1. Tag an (BAG 24.10.2006, 9 AZR 669/05, EzA § 125 SGB IX Nr 1; AnwK-ArbR/*Düwell* § 4 Rn 10). Die Wartezeit kann auch auf 2 Kalenderjahre verteilt sein (*Neumann/Fenski* § 4 Rn 18).

6 Die **Wartezeit** kann durch Vereinbarung zugunsten des AN **verkürzt** oder ganz **ausgeschlossen** werden (*Neumann/Fenski* § 4 Rn 10). Eine **Verlängerung** der **Wartezeit** durch Einzelvertrag oder BV ist jedoch wegen § 13 I 3 unzulässig – soweit der gesetzliche Mindesturlaub betroffen ist. Eine Verlängerung der Wartezeit durch TV ist zwar grds möglich (§ 13 I 1), darf aber im Ergebnis nicht dazu führen, dass der Anspruch des AN auf den gesetzlichen Mindesturlaub (§§ 1, 3 I) mittelbar abbedungen wird (zutr *Leinemann/Linck* § 13 Rn 51; zu weitergehenden europarechtl Vorbehalten insoweit vgl LAG Hamm 4.3.2010, 16 Sa 1130/09).

7 Der volle Urlaubsanspruch entsteht nach dem klaren Wortlaut des § 4 erstmals **nach Ablauf** der Wartezeit und **nicht** bereits **am letzten Tag** der **Wartezeit** (AnwK-ArbR/*Düwell* § 4 Rn 2; *Leinemann/Linck* § 4 Rn 19; aM BAG 26.1.1967, 5 AZR 395/66, BB 1967, 717; *Neumann/Fenski* § 5 Rn 6). Ein AN, dessen Arbeitsverhältnis am 1.7. beginnt, erwirbt also – weil die Wartezeit erst mit Ablauf des 31.12. endet – für das Jahr seiner Einstellung keinen vollen Urlaubsanspruch mehr (BAG 17.11.2015, 9 AZR 179/15, NJW 2016, 734; HWK/*Schinz* § 4 Rn 12), sondern allenfalls einen Teilurlaubsanspruch nach Maßgabe des § 5 I lit a.

8 Für die **Berechnung** der **Wartezeit** gelten die Bestimmungen der §§ 186 ff BGB. Dabei ist für den Beginn der Wartefrist der **vertraglich vereinbarte Beginn** des **Arbeitsverhältnisses** maßgeblich und nicht etwa der Tag, an dem der Arbeitsvertrag abgeschlossen wurde. Der vertraglich vereinbarte Beginn des Arbeitsverhältnisses dürfte zumeist der Tag der Arbeitsaufnahme sein. Bei der Fristberechnung ist der 1. Tag des Arbeitsverhältnisses wegen § 187 II BGB regelmäßig mitzurechnen. Anderes gilt jedoch, wenn der AN etwa im Anschluss an ein Vorstellungsgespräch sofort eingestellt wird und die Arbeit noch am selben Tage aufnimmt. Hier ist wegen § 187 I BGB der 1. Tag nicht mitzurechnen (ErfK/*Gallner* § 4 Rn 3; *Neumann/Fenski* § 4 Rn 20). Die Frist beginnt dann am nachfolgenden Tag zu laufen. Zum jeweiligen Fristende s § 188 II BGB. Für **Sonn- und Feiertage** gelten beim Fristlauf keine Besonderheiten. Beginnt das Arbeitsverhältnis am 1.5., so wird dieser (Feier-)Tag mitgerechnet. Auch § 193 BGB findet keine Anwendung, weil dessen Voraussetzungen nicht vorliegen (HWK/*Schinz* § 4 Rn 10). Die Frage, ob die Wartezeit abgelaufen ist, kann Gegenstand einer **Feststellungsklage** sein (BAG 19.8.2003, 9 AZR 641/02, EzA § 256 ZPO 2002 Nr 4).

§ 5 Teilurlaub

(1) Anspruch auf ein Zwölftel des Jahresurlaubs für jeden vollen Monat des Bestehens des Arbeitsverhältnisses hat der Arbeitnehmer
a) für Zeiten eines Kalenderjahrs, für die er wegen Nichterfüllung der Wartezeit in diesem Kalenderjahr keinen vollen Urlaubsanspruch erwirbt;
b) wenn er vor erfüllter Wartezeit aus dem Arbeitsverhältnis ausscheidet;
c) wenn er nach erfüllter Wartezeit in der ersten Hälfte eines Kalenderjahrs aus dem Arbeitsverhältnis ausscheidet.

(2) Bruchteile von Urlaubstagen, die mindestens einen halben Tag ergeben, sind auf volle Urlaubstage aufzurunden.

(3) Hat der Arbeitnehmer im Falle des Absatzes 1 Buchstabe c bereits Urlaub über den ihm zustehenden Umfang hinaus erhalten, so kann das dafür gezahlte Urlaubsentgelt nicht zurückgefordert werden.

Übersicht	Rdn.		Rdn.
A. Gegenstand der Vorschrift 1		II. Insb: § 5 I lit b	8
B. Teilurlaub vor erfüllter Wartezeit		C. Gekürzter Vollurlaub nach § 5 I lit c	9
(§ 5 I lit a und b) 3		D. Bruchteile von Urlaubstagen	16
I. Insb: § 5 I lit a 6			

A. Gegenstand der Vorschrift. Weil der AN den vollen Urlaubsanspruch erst nach Ablauf der Wartezeit 1
von 6 Monaten erwirbt (§ 4), braucht es mit Blick auf den vom Gesetz verfolgten Erholungszweck ein
Korrektiv für die Fälle, in denen der AN die Wartezeit nicht (mehr) erfüllen kann. Deshalb erhält der
AN in den in § 5 I lit a und lit b angesprochenen Konstellationen einen Anspruch auf **Teilurlaub** – und
zwar in Höhe von 1/12 des Jahresurlaubs für jeden vollen Monat des Bestehens des Arbeitsverhältnisses
(sog **Zwölftelungsgrundsatz**). Dies ist einmal dann der Fall, wenn der AN im laufenden Kalenderjahr die
Wartezeit nicht mehr erreichen kann (§ 5 I lit a), da das Arbeitsverhältnis erst zum oder nach dem 1.7.
zu laufen beginnt (s § 4 Rdn 7). Und das ist zweitens der Fall, wenn der AN vor Ablauf der Wartezeit aus
dem Arbeitsverhältnis ausscheidet (§ 5 I lit b). Mit diesen Teilurlaubsansprüchen erlegt das Gesetz dem
AG einerseits in (nur) zumutbarem Umfang Freistellungslasten auf und es trägt andererseits zugleich dem
Erholungsbedürfnis des AN angemessen Rechnung.
Genau umgekehrt **kürzt** § 5 I lit c den **Vollurlaub**, wenn der AN die Wartezeit zwar bereits zurückgelegt 2
hat (dazu § 4 Rdn 5), er aber in der **1. Hälfte** des **Kalenderjahres** aus dem **Arbeitsverhältnis ausscheidet**.
Hat der AN im Fall einer Kürzung nach § 5 I lit c bereits Vollurlaub erhalten, so kann das gezahlte Urlaubs-
entgelt wegen des **Rückforderungsverbots** des § 5 III grds nicht zurückverlangt werden. § 5 II enthält eine
Rundungsvorschrift.

B. Teilurlaub vor erfüllter Wartezeit (§ 5 I lit a und b). Sowohl § 5 I lit a als auch lit b knüpfen an den 3
Begriff der Wartezeit iSd § 4 an. Insoweit kann auf die Ausführungen zu § 4 verwiesen werden. Maßgeblich
für den Lauf der Wartezeit ist also nicht die tatsächliche Beschäftigung des AN, sondern allein der (ununterbrochene) rechtl Bestand des Arbeitsverhältnisses. Ein Teilurlaubsanspruch kann deshalb auch bspw dann
entstehen, wenn der AN während des gesamten Arbeitsverhältnisses arbeitsunfähig erkrankt ist (*Neumann/
Fenski* § 5 Rn 21).
Weil gem § 4 der volle Urlaubsanspruch erst nach Ablauf der Wartezeit entsteht, der AN also vorher 4
grds keinerlei Urlaub beanspruchen kann, stellt sich die Frage, wann die **Teilurlaubsansprüche** des § 5 I
jeweils zur **Entstehung** gelangen. Das Gesetz sagt hierzu nichts. Vorstellbar ist zweierlei: Der Teilurlaubsanspruch könnte einmal ratierlich entspr des Zwölftelungsgrundsatzes anwachsen. Der AN erhielte dann
nach jedem vollen Monat 1/12 seines Jahresurlaubs hinzu (so *Neumann/Fenski* § 5 Rn 10). Andererseits
wäre es vorstellbar, den Teilurlaubsanspruch sofort mit Beginn des Arbeitsverhältnisses oder zumindest
dann in vollem Umfang entstehen zu lassen, sobald die Voraussetzungen eines Teilurlaubsanspruches feststehen (so BAG 10.3.1966, 5 AZR 498/65, BB 1966, 580; ErfK/*Gallner* § 5 Rn 6, 11; HWK/*Schinz* § 5
Rn 6 f, 17; weitergehend AnwK-ArbR/*Düwell* § 5 Rn 16, 19, § 7 Rn 19 ff). Ein Teilurlaubsanspruch nach
§ 5 I lit a entstünde nach letzterer Ansicht bereits mit Begründung des Arbeitsverhältnisses, weil schon
bei einer Einstellung zum oder nach dem 1.7. eines Kalenderjahres feststeht, dass der AN die Wartezeit
im laufenden Kalenderjahr nicht mehr erfüllen kann. Entspr gilt für einen Teilurlaubsanspruch aus § 5 I
lit b, wenn – etwa aufgrund einer Befristungsabrede – von vornherein feststeht, dass der AN vor erfüllter
Wartezeit aus dem Arbeitsverhältnis ausscheiden wird. Im Fall eines Aufhebungsvertrages
entstünde der Teilurlaubsanspruch mit Zugang der Kdg bzw mit Abschluss des Aufhebungsvertrages. Mit
Blick auf das Anliegen des Gesetzes, den Urlaub möglichst zusammenhängend zu gewähren (§ 7 II), ist
die letztere Ansicht vorzugswürdig und ein ratierliches Anwachsen des Teilurlaubsanspruchs abzulehnen.
Teilurlaubsansprüche sind mit ihrem Entstehen auch fällig (*Leinemann/Linck* § 5 Rn 11; aM *Neumann/
Fenski* § 5 Rn 11).
Mit den (vollen) Monaten, für die der AN 1/12 seines Jahresurlaubs erhält (Zwölftelungsgrundsatz), sind 5
nicht die Kalendermonate angesprochen, sondern die **Beschäftigungsmonate** des AN. Für die Berechnung
der Beschäftigungsmonate gelten die Bestimmungen der §§ 186 ff BGB (dazu § 4 Rdn 8). Angefangene
Monate bleiben außer Betracht – und zwar selbst dann, wenn zur Vollendung nur noch ein (arbeitsfreier)
Sonn- oder Feiertag fehlt (BAG 26.1.1989, 8 AZR 730/87, EzA § 5 BUrlG Nr 14; 13.10.2009, 9 AZR
763/08; AnwK-ArbR/*Düwell* § 5 Rn 7; ErfK/*Gallner* § 5 Rn 9; aM *Neumann/Fenski* § 5 Rn 16). Zu europarechtl Bedenken bei Arbeitsverhältnissen unter einem Monat, für die nach § 5 I lit a und b wegen des
Zwölftelungsprinzips grds kein Teilurlaubsanspruch entstehen kann, s HWK/*Schinz* § 5 Rn 11.

I. Insb: § 5 I lit a. Ein Teilurlaubsanspruch nach § 5 I lit a entsteht für Zeiten eines Kalenderjahres, für 6
die der AN wegen Nichterfüllung der Wartezeit in diesem Kalenderjahr keinen vollen Urlaubsanspruch
erwirbt. Das ist dann der Fall, wenn der AN so spät während eines Kalenderjahres eingestellt wird, dass er
die Wartezeit des § 4 nicht mehr erfüllen kann – also bei einer Einstellung zum 1.7. oder danach (s § 4 Rdn
7; BAG 17.11.2015, 9 AZR 179/15, NJW 2016, 734; aM für den Fall einer Einstellung zum 1.7. *Neumann/
Fenski* § 5 Rn 6, 22, die dann von Vollurlaub ausgehen; vgl auch noch BAG 26.1.1967, 5 AZR 395/66,
BB 1967, 717). Wird die Wartezeit hingegen deshalb nicht erfüllt, weil das Arbeitsverhältnis zuvor endet,

dann bestimmt sich ein Teilurlaubsanspruch ausschließlich nach § 5 I lit b. § 5 I lit a geht von einem fortbestehenden Arbeitsverhältnis aus, § 5 I lit b von einem beendeten. In diesem Sinne schließen sich die beiden Teilurlaubsansprüche wechselseitig aus – ein Teilurlaubsanspruch besteht also entweder nach lit a oder nach lit b (vgl auch ErfK/*Gallner* § 5 Rn 5).

7 Eben darum ist auch (nur) für den Teilurlaubsanspruch nach § 5 I lit a in § 7 III 4 die Möglichkeit eröffnet, diesen **auf Verlangen** des AN auf das **nächste Kalenderjahr** zu **übertragen**. Der AN muss die Übertragung des Teilurlaubs auf das nächste Kalenderjahr allerdings noch im Urlaubsjahr verlangen (BAG 24.3.2009, 9 AZR 983/07, EzA § 7 BUrlG Abgeltung Nr 15). Dafür genügt jede Handlung des AN, mit der er für den AG deutlich macht, den Teilurlaub erst im nächsten Jahr nehmen zu wollen. Nicht ausreichend ist es hingegen, dass der AN im Urlaubsjahr darauf verzichtet, einen Urlaubsantrag zu stellen (BAG 29.7.2003, 9 AZR 270/02, EzA § 7 BUrlG Nr 111; AnwK-ArbR/*Düwell* § 5 Rn 13). Wird der Teilurlaubsanspruch nach Maßgabe des § 7 III 4 übertragen, so kann er bis zum Ablauf des Folgejahres gewährt und genommen werden (HWK/*Schinz* § 5 Rn 15). Versäumt der AN die Übertragung nach Maßgabe des § 7 III 4, weil er ein entspr Verlangen nicht ausreichend artikuliert, so kommt nur noch eine Übertragung des Teilurlaubsanspruchs nach Maßgabe der allg Grundsätze der § 7 III 2 und 3 in Betracht.

8 **II. Insb: § 5 I lit b.** Zum Verhältnis des § 5 I lit b zu lit a s.o. Rdn 6. Das Gesetz gewährt einen Teilurlaubsanspruch ferner dann, wenn der AN vor erfüllter Wartezeit aus dem Arbeitsverhältnis ausscheidet. Dabei ist mit Ausscheiden die rechtl und nicht nur die tatsächliche Beendigung des Arbeitsverhältnisses gemeint. Weil der volle Urlaubsanspruch erst nach Ablauf der Wartezeit entsteht (§ 4 Rdn 7), ist § 5 I lit b auch dann anzuwenden, wenn der AN **mit Ablauf der Wartezeit** aus dem Arbeitsverhältnis ausscheidet (ErfK/*Gallner* § 5 Rn 13; *Leinemann/Linck* § 5 Rn 28 f). Ein Teilurlaubsanspruch nach § 5 I lit b kommt ferner dann in Betracht, wenn das Arbeitsverhältnis in einem Kalenderjahr beginnt und im nachfolgenden Jahr noch fortdauert (also etwa befristet vom 1.11. bis zum 28.2. des Folgejahres; dazu BAG 13.10.2009, 9 AZR 763/08; LAG Rh-Pf 14.10.2014, 7 Sa 85/14; AnwK-ArbR/*Düwell* § 5 Rn 22). Teilurlaubsansprüche, die im 1. Kalenderjahr entstanden sind, können ggf nach Maßgabe des § 7 III 2 und 3 in das nachfolgende Kalenderjahr übertragen werden. Die (komfortable) Übertragungsregel des § 7 III 4 gilt für Teilurlaubsansprüche aus § 5 I lit b nicht.

9 **C. Gekürzter Vollurlaub nach § 5 I lit c.** Hat der AN die Wartezeit zwar zurückgelegt (dazu § 4 Rdn 5), scheidet er aber in der 1. Hälfte des Kalenderjahres (also spätestens mit Ablauf des 30.6.; dazu auch BAG 17.11.2015, 9 AZR 179/15, NJW 2016, 734) aus dem Arbeitsverhältnis aus, dann wird der Vollurlaubsanspruch des AN nach dem Zwölftelungsprinzip gekürzt. Dh: Für jeden vollen Monat im Urlaubsjahr erhält der AN 1/12 seines Jahresurlaubs. Einen höheren Anspruch gewährt ihm das Gesetz dann nicht mehr (zu europarechtlichen Bedenken insoweit vgl ArbG Wesel 29.8.2012, 4 Ca 1267 mwN). Mit »Ausscheiden« meint das Gesetz die rechtl Beendigung des Arbeitsverhältnisses; auf eine tatsächlich erbrachte Arbeitsleistung kommt es insoweit nicht an (BAG 22.10.2009, 8 AZR 865/08, NZA-RR 2010, 565). Da es sich bei alledem um den gekürzten Vollurlaubsanspruch handelt, ist es terminologisch eigentlich unzutreffend, insoweit von (einem Anspruch auf) Teilurlaub zu sprechen.

10 Steht schon zu Jahresbeginn fest, dass der AN innerhalb der 1. Hälfte des Kalenderjahres ausscheidet (etwa aufgrund einer Befristung), dann entsteht der Urlaub schon von Anfang an gekürzt (*Leinemann/Linck* § 5 Rn 34, 37). Stellt sich erst später heraus, dass der AN in der 1. Hälfte des Kalenderjahres aus dem Arbeitsverhältnis ausscheidet, so erfolgt die Kürzung des Vollurlaubs gem § 5 I lit c ab diesem Zeitpunkt (ErfK/*Gallner* § 5 Rn 16; HWK/*Schinz* § 5 Rn 28) – das wird regelmäßig der Zeitpunkt des Zugangs der Kündigungserklärung oder der Zeitpunkt des Abschlusses eines Aufhebungsvertrages sein. Ausscheiden meint die rechtl Beendigung des Arbeitsverhältnisses und nicht nur die tatsächliche.

11 Eine Kürzung des gesetzlichen Mindesturlaubs aus anderen Gründen oder in anderen Fällen (etwa im Fall des **Ausscheidens** des AN in der **2. Hälfte** des **Kalenderjahres**) kommt grds nicht in Betracht. Insoweit enthält § 5 I lit c eine abschließende Regelung (dazu BAG 8.3.1984, 6 AZR 442/83, EzA § 13 BUrlG Nr 18; 9.6.1998, 9 AZR 43/97, EzA § 7 BUrlG Nr 106; 16.12.2014, 9 AZR 295/13, EzA § 6 BUrlG Nr 6; *Leinemann/Linck* § 5 Rn 3). Weitergreifende (tarifliche) Kürzungsregelungen für (tariflichen) Zusatzurlaub sind zwar möglich; sie dürfen aber nicht dazu führen, dass der Umfang des gesetzlichen Mindesturlaubs gemindert wird (BAG 24.10.2000, 9 AZR 610/99, EzA § 4 TVG Metallindustrie Nr 120; 20.1.2009, 9 AZR 650/07; 12.11.2013, 9 AZR 727/12; 18.2.2014, 9 AZR 765/12; LAG HH 27.6.2012, 5 Sa 7/12).

12 Eine Kürzungsmöglichkeit auch der (Mindest-)Urlaubsdauer bei **Elternzeit** sieht jedoch § 17 I BEEG vor; zur Kürzung der Urlaubsdauer bei **Wehrdienst** vgl § 4 ArbPlSchG (bzw § 78 I ZDG iVm § 4 ArbPlSchG im Fall des **Zivildienstes** anerkannter Kriegsdienstverweigerer). **Pflegezeit** nach § 3 PflegeZG führt gem § 4

IV gleichfalls zur Kürzung der Urlaubsdauer (zur früheren Rechtslage ohne Kürzungsmöglichkeit vgl BAG 7.8.2012, 9 AZR 353/10, EzA § 7 BUrlG Nr 129).

Hat ein AN im Fall des § 5 I lit c bereits Urlaub über den ihm zustehenden Umfang hinaus erhalten, so kann gem § 5 III das dafür gezahlte Urlaubsentgelt nicht zurückgefordert werden (**Rückforderungsverbot**). Hat also ein AN bspw im Januar seinen gesamten Jahresurlaub (24 Werktage) einschließlich des Urlaubsentgelts bereits erhalten und endet das Arbeitsverhältnis später aufgrund einer im Februar ausgesprochenen Kdg zum 31.3. und damit in der 1. Hälfte des Kalenderjahres, dann kann der AG das rechtsgrundlos gezahlte Urlaubsentgelt für den überschießenden Teil des Urlaubs (18 Werktage = 24 Werktage [bereits gewährter Urlaub] – 3 [volle Monate]/12 × 24 [Werktage Jahresurlaub]) nicht zurückverlangen. 13

Das Rückforderungsverbot des § 5 III setzt nach seinem klaren Wortlaut allerdings zweierlei (kumulativ) voraus: Einmal muss der AN zur Erfüllung des Urlaubsanspruchs schon **tatsächlich freigestellt** worden sein. Und zum andern muss er das **Urlaubsentgelt** auch schon tatsächlich **erhalten** haben (§ 11 II). § 5 III bezieht sich nämlich nur auf die Rückforderung und **schließt** für den in § 5 III genannten Fall den **Bereicherungsanspruch des AG aus** (BAG 24.10.2000, 9 AZR 610/99, EzA § 4 TVG Metallindustrie Nr 120). § 5 III enthält darüber hinausgehend aber keine bes Anspruchsgrundlage für die Zahlung von Entgelt für diejenige Zeit einer Freistellung, die sich nachträglich nicht als Urlaub erweist (BAG 23.4.1996, 9 AZR 317/95, EzA § 5 BUrlG Nr 17). War also der AN (wegen § 5 I lit c) zwar zu Unrecht freigestellt, hatte er aber das Urlaubsentgelt noch nicht erhalten, so bietet ihm § 5 III keine Grundlage für eine der materiellen Rechtslage widerstreitenden Nachforderung des Urlaubsentgelts (ErfK/*Gallner* § 5 Rn 18; HWK/*Schinz* § 5 Rn 40). 14

Schon gar nicht kann der AN ungekürzten Urlaub dann verlangen, wenn die Kürzung des Vollurlaubsanspruchs zwar nach der Urlaubsgewährung aber noch vor Urlaubsantritt oder während des Urlaubs erfolgte. Hier kann der AG vielmehr seine über den gesetzlichen Anspruch hinausgehende Freistellungserklärung kondizieren, weil der Rechtsgrund weggefallen ist. Der AN bleibt dann für die entspr Zeiträume zur Arbeitsleistung verpflichtet (AnwK-ArbR/*Düwell* § 7 Rn 49; HWK/*Schinz* § 5 Rn 44). Hat der AN zwar bereits das Urlaubsentgelt, nicht aber auch eine (ihm wegen § 5 I lit c nicht mehr zustehende) Freistellung erhalten, dann kann der AG die Freistellungserklärung kondizieren und zudem das Urlaubsentgelt nach bereicherungsrechtl Grundsätzen für den noch nicht verbrauchten Urlaub zurückverlangen. § 5 III, der für ein Rückforderungsverbot sowohl die Zahlung des Urlaubsentgelts als auch die tatsächliche Freistellung verlangt, steht der Rückforderung nicht entgegen, weil es an der Freistellung fehlt (BAG 24.10.2000, 9 AZR 610/99, EzA § 4 TVG Metallindustrie Nr 120). Allg gilt: Außerhalb seines Anwendungsbereiches sperrt § 5 III einen Zugriff des AG auf das Bereicherungsrecht nicht (dazu BAG 5.9.2002, 9 AZR 244/01, EzA § 1 BUrlG Nr 24; *Leinemann/Linck* § 5 Rn 59 f; ferner ArbG Regensburg 12.3.1997, 6 Ca 4530/96 S, EzA § 5 BUrlG Nr 18; für ein allg Rückforderungsverbot hingegen [wenn auch mit Ausnahmen] *Neumann/Fenski* § 5 Rn 48 ff). Gem § 13 I können die **TV-Parteien** – nicht aber auch die Arbeitsvertragsparteien oder die Betriebspartner – auch zuungunsten des AN von dem **Rückforderungsverbot** des § 5 III **abweichen** (BAG 23.1.1996, 9 AZR 554/93, § 5 BUrlG Nr 16). 15

D. Bruchteile von Urlaubstagen. Bruchteile von Urlaubstagen werden auf volle Urlaubstage aufgerundet, sofern die Bruchteile mindestens einen halben Tag ergeben (§ 5 II). Das bedeutet aber nicht zugleich umgekehrt, dass Bruchteile unter einem halben Tag abzurunden wären und damit entfielen (dazu ausf *Leinemann/Linck* § 5 Rn 41 ff; ferner AnwK-ArbR/*Düwell* § 5 Rn 11; HWK/*Schinz* § 5 Rn 37 f). Vielmehr hat in diesen Fällen der AN Anspruch auf stundenweise Befreiung entspr des verbleibenden Bruchteils oder auf anteilige Abgeltung nach § 7 IV (BAG 26.1.1989, 8 AZR 730/87, EzA § 5 BUrlG Nr 14). Die Regelung des § 5 II **gilt** nach hM jedoch **allein für Teilurlaubsansprüche** und nicht für Vollurlaubsansprüche. Für die Umrechnung von Vollurlaubsansprüchen soll sie keine (auch keine entspr) Anwendung finden (BAG 31.5.1990, 8 AZR 269/89, EzA § 5 BUrlG Nr 15; 9.8.1994, 9 AZR 384/92, EzA § 7 BUrlG Nr 97; LAG Rh-Pf 3.11.2014, 2 Sa 245/14; *Leinemann/Linck* § 3 BUrlG Rn 38, 44, 46; aM wohl AnwK-ArbR/*Düwell* § 3 Rn 16, 23, 40, § 5 Rn 12). 16

§ 6 Ausschluss von Doppelansprüchen

(1) Der Anspruch auf Urlaub besteht nicht, soweit dem Arbeitnehmer für das laufende Kalenderjahr bereits von einem früheren Arbeitgeber Urlaub gewährt worden ist.

(2) Der Arbeitgeber ist verpflichtet, bei Beendigung des Arbeitsverhältnisses dem Arbeitnehmer eine Bescheinigung über den im laufenden Kalenderjahr gewährten oder abgegoltenen Urlaub auszuhändigen.

§ 6 BUrlG Ausschluss von Doppelansprüchen

Übersicht

	Rdn.		Rdn.
A. Ausschluss von Doppelansprüchen......	1	B. Bescheinigung	6

1 **A. Ausschluss von Doppelansprüchen.** Weil der Urlaubsanspruch nach dem BUrlG auf das Kalenderjahr bezogen ist, muss das Gesetz dafür Sorge tragen, dass der AN im Fall eines AG-Wechsels für dasselbe Kalenderjahr nicht mehrfach Urlaub erhält. Deshalb hindert § 6 I die Entstehung des Urlaubsanspruchs (der Höhe nach), soweit dem AN von einem früheren AG für das laufende Kalenderjahr Urlaub bereits gewährt worden ist. Irgendein Ausgleich zwischen früherem und neuem AG mit Blick auf unterschiedliche Urlaubslasten findet nicht statt.

2 § 6 I enthält einen allg urlaubsrechtl Grundsatz, der zwar (nur) auf den (Mindest-)Urlaubsanspruch nach dem BUrlG bezogen ist, der jedoch grds auch entspr bei einem darüber hinausreichenden Urlaubsanspruch zu beachten ist (*Neumann/Fenski* § 6 Rn 6). Angesprochen ist etwa ein Anspruch des AN auf gesetzlichen (zB § 125 SGB IX) oder tariflichen **Zusatzurlaub** (ErfK/*Gallner* § 6 Rn 1). Die Anwendung des § 6 I auf den Urlaubsanspruch des AN insgesamt ist unproblematisch, soweit der AN in seinem früheren und seinem neuen Arbeitsverhältnis Urlaubsansprüche in gleicher Höhe hat. Hat hingegen der frühere AG dem AN **freiwillig** zusätzliche **Urlaubstage** gewährt oder stand dem AN in seinem früheren Arbeitsverhältnis ein **höherer Urlaubsanspruch** als in dem neuen Arbeitsverhältnis zu, dann ist § 6 I insoweit nicht anwendbar. Die urlaubsrechtl Besserstellung beim früheren AG darf dem AN über § 6 I nicht wieder genommen werden. Diese ist deshalb bei der Anrechnung anteilig zu berücksichtigen (dazu AnwK-ArbR/*Düwell* § 6 Rn 22 f). Entspr gilt umgekehrt, wenn der Urlaubsanspruch im neuen Arbeitsverhältnis höher ist. Auch diese Besserstellung muss dem AN verbleiben. Gänzlich unberücksichtigt bleiben iRd § 6 I (un)bezahlte **Sonderurlaubstage** aus bes Anlass.

3 Weil § 6 I die mehrfache Entstehung des Jahresurlaubs **im selben Kalenderjahr** verhindern soll, ist er ferner nicht anwendbar, wenn beim früheren AG **Urlaub aus dem Vorjahr** nach Maßgabe des § 7 III übertragen wurde (HWK/*Schinz* § 6 Rn 5; *Leinemann/Linck* § 4 Rn 5 f). Nicht anwendbar ist § 6 I schließlich auch dann, wenn beim früheren und neuen AG **jeweils nur Teilurlaubsansprüche** entstanden sind, weil es dann aufgrund der unterschiedlichen Zeitabschnitte nicht zu Doppelansprüchen kommen kann, die § 6 I allein verhindern will (AnwK-ArbR/*Düwell* § 6 Rn 18 f). Wird der AN durch eine Aufrundung der Teilurlaubsansprüche nach § 5 II insgesamt bessergestellt, so wird dieser »Rundungsvorteil« über § 6 I gleichfalls nicht korrigiert (*Leinemann/Linck* § 6 Rn 23 f).

4 Nach seinem klaren Wortlaut setzt § 6 I einen **AG-Wechsel** voraus. Nicht anzuwenden ist die Vorschrift jedoch, wenn es infolge **Betriebsübergangs** nach § 613a I BGB zu einem AG-Wechsel kommt. In diesem Fall besteht das (ursprüngliche) Arbeitsverhältnis schlicht fort; der neue AG tritt lediglich in die Rechte und Pflichten das früheren AG ein. Sowenig im Fall eines Betriebsübergangs die Wartefrist des § 4 neu zu laufen beginnt (s § 4 Rdn 2), sowenig entstehen neue (»zusätzliche«) Urlaubsansprüche des AN, deren Entstehung über § 6 I gehindert werden müsste. Nicht erfasst von § 6 I ist auch der Fall eines **Doppelarbeitsverhältnisses**, bei dem zwei voneinander unabhängige Arbeitsverhältnisse nebeneinander bestehen (BAG 21.2.2012, 9 AZR 487/10, BB 2012, 1728; HWK/*Schinz* § 6 Rn 7; *Neumann/Fenski* § 6 Rn 34; offengelassen noch in BAG 28.2.1991, 8 AZR 196/90, EzA § 6 BUrlG Nr 4). Soweit der AN im Falle eines Doppelarbeitsverhältnisses aber nicht beide Pflichten in den jeweiligen Arbeitsverhältnissen gleichzeitig hätte erfüllen können (was in der Praxis etwa dann vorkommt, wenn der AN in einem Kündigungsrechtsstreit in einem Arbeitsverhältnis freigestellt ist und parallel dazu ein weiteres Arbeitsverhältnis eingeht), soll er sich im freigestellten Arbeitsverhältnis analog § 11 Nr 1 KSchG und § 615 S. 2 BGB einen etwaigen Urlaub im vollzogenen Arbeitsverhältnis anrechnen lassen müssen (so nunmehr BAG 21.2.2012, 9 AZR 487/10, BB 2012, 1728).

5 Der Urlaubsgewährung für das laufende Kalenderjahr **beim früheren AG** steht es iRd § 6 I gleich, wenn **Urlaubstage** gem § 7 IV **abgegolten** wurden (*Leinemann/Linck* § 6 Rn 10). Das setzt nach hM allerdings voraus, dass der Abgeltungsanspruch auch tatsächlich erfüllt wurde. Besteht zwar ein Abgeltungsanspruch ggü dem früheren AG, ist dieser aber noch nicht erfüllt worden, so kann der AN von seinem neuen AG weiterhin die Gewährung des Urlaubs verlangen. Der neue AG kann den AN nicht auf dessen Abgeltungsanspruch gegen den früheren AG verweisen (und umgekehrt; dazu LAG MV 31.8.2010, 5 Sa 90/10). Urlaubsansprüche beim neuen AG sind nur dann ganz oder teilw ausgeschlossen, soweit diese im früheren Arbeitsverhältnis bereits erfüllt wurden (BAG 28.2.1991, 8 AZR 196/90, EzA § 6 BUrlG Nr 4; 16.12.2014, 9 AZR 295/13, EzA § 6 BUrlG Nr 6). Diese Ansicht führt freilich aus Sicht des AG zu einem etwas unbefriedigenden Schwebezustand: Erfüllt zuerst der frühere AG den Abgeltungsanspruch

des AN, dann reduziert sich nachträglich der beim neuen AG schon entstandene Urlaubsanspruch. Hat hingegen umgekehrt der neue AG den entstandenen Urlaub bereits gewährt, dann soll davon nach (der im Ergebnis freilich sehr zweifelhaften) Ansicht des BAG der Abgeltungsanspruch des AN aus dem früheren Arbeitsverhältnis unberührt bleiben. § 6 I schließe nur Urlaubsansprüche im neuen Arbeitsverhältnis aus, enthalte aber für den umgekehrten Fall keine Regelung (BAG 28.2.1991, 8 AZR 196/90, aaO; LAG MV 31.8.2010, 5 Sa 90/10; AnwK-ArbR/*Düwell* § 6 Rn 31; aM noch BAG 25.11.1982, 6 AZR 1254/79, EzA § 6 BUrlG Nr 3). Um Doppelansprüche auch für diesen Fall zu vermeiden, hilft die Lit wie folgt: Hat der neue AG Urlaub gewährt und erfüllt der frühere AG zeitlich danach den Abgeltungsanspruch des AN, dann soll sich auch hier nachträglich der Urlaubsanspruch gegen den neuen AG reduzieren. Der neue AG soll dann das für diesen Zeitraum ohne Rechtsgrund gezahlte Urlaubsentgelt kondizieren können (so ErfK/*Gallner* § 6 Rn 3; HWK/*Schinz* § 6 Rn 11).

Das BAG (16.12.2014, 9 AZR 295/13, EzA § 6 BUrlG Nr 6) begreift § 6 I überzeugend als **negative Anspruchsvoraussetzung**. Der AN als Gläubiger des Urlaubsanspruchs müsse darlegen und ggf beweisen, dass die Voraussetzungen, unter denen § 6 I eine Anrechnung bereits gewährten Urlaubs vorsieht, nicht vorliegen. Dafür gebe das BUrlG dem AN mit § 6 II ein geeignetes Mittel an die Hand, als der AN von seinem früheren AG eine Bescheinigung über den im laufenden Kalenderjahr bereits gewährten oder abgegoltenen Urlaub verlangen kann. An seiner früheren Rspr, nach der es sich bei § 6 I um eine rechtshindernde Einwendung handeln soll (BAG 9.10.1969, 5 AZR 501/68, EzA § 5 BUrlG Nr 11), hält das Gericht nicht mehr fest. Zu Recht hebt der 9. Senat nunmehr hervor, dass über eine Interpretation des § 6 I als rechtshindernde Einwendung der neue AG mit der Obliegenheit belastet würde, Umstände vorzutragen, von denen er in aller Regel keine Kenntnis hat. In der Sache führte das zu einem »faktischen Zwang zu Behauptungen ins Blaue«, der dem Zivilprozessrecht fremd sei. 5.1

B. Bescheinigung. § 6 II verpflichtet den AG, dem AN bei Beendigung des Arbeitsverhältnisses eine Bescheinigung über den im laufenden Kalenderjahr gewährten oder abgegoltenen Urlaub auszuhändigen. Die Bescheinigung muss 6
– den AN namentlich benennen;
– das maßgebliche Kalenderjahr bezeichnen;
– darüber informieren, für welchen Zeitraum innerhalb des Kalenderjahres das Arbeitsverhältnis bestanden hat (AnwK-ArbR/*Düwell* § 6 Rn 32; *Leinemann/Linck* § 6 Rn 37; weitergehend ErfK/*Gallner* § 6 Rn 4; HWK/*Schinz* § 6 Rn 17, die meinen, es müsse der gesamte Zeitraum benannt werden, zu dem das Arbeitsverhältnis bestanden hat);
– die Höhe des in dem Kalenderjahr entstandenen Urlaubsanspruchs angeben
– und sie muss vollständige Angaben über den Zeitraum einer etwaigen Urlaubsgewährung sowie die Anzahl der abgegoltenen Urlaubstage enthalten.

Der AG hat die Bescheinigung unaufgefordert und schriftlich zu erstellen. Eine mündliche Mitteilung reicht nicht aus. Der AG muss die Bescheinigung dem AN aushändigen oder sie ihm rechtzeitig zusenden. Ein Zurückbehaltungsrecht gegen den AN steht dem AG nicht zu. Der AN kann im Wege der Leistungsklage die Ausstellung einer Urlaubsbescheinigung erwirken, wobei sich die Vollstreckung nach § 888 ZPO richtet (Wissenserklärung – nicht: Willenserklärung [§ 894 ZPO]). 7

Einen Anspruch auf die Bescheinigung hat (nur) der AN selbst, nicht (auch) ein neuer AG. Entgegen der wohl hM (vgl ErfK/*Gallner* § 6 Rn 6; HWK/*Schinz* § 6 Rn 23 f) kann jedoch der neue AG vom AN die Einsichtnahme in die Bescheinigung eines früheren AG verlangen. Es ist kein Grund ersichtlich, eine entspr Nebenpflicht des AN zu verneinen (vgl auch *Neumann/Fenski* § 6 Rn 14). 8

§ 7 Zeitpunkt, Übertragbarkeit und Abgeltung des Urlaubs

(1) ¹Bei der zeitlichen Festlegung des Urlaubs sind die Urlaubswünsche des Arbeitnehmers zu berücksichtigen, es sei denn, dass ihrer Berücksichtigung dringende betriebliche Belange oder Urlaubswünsche anderer Arbeitnehmer, die unter sozialen Gesichtspunkten den Vorrang verdienen, entgegenstehen. ²Der Urlaub ist zu gewähren, wenn der Arbeitnehmer dies im Anschluss an eine Maßnahme der medizinischen Vorsorge oder Rehabilitation verlangt.

§ 7 BUrlG   Zeitpunkt, Übertragbarkeit und Abgeltung des Urlaubs

(2) ¹Der Urlaub ist zusammenhängend zu gewähren, es sei denn, dass dringende betriebliche oder in der Person des Arbeitnehmers liegende Gründe eine Teilung des Urlaubs erforderlich machen. ²Kann der Urlaub aus diesen Gründen nicht zusammenhängend gewährt werden, und hat der Arbeitnehmer Anspruch auf Urlaub von mehr als zwölf Werktagen, so muss einer der Urlaubsteile mindestens zwölf aufeinanderfolgende Werktage umfassen.
(3) ¹Der Urlaub muss im laufenden Kalenderjahr gewährt und genommen werden. ²Eine Übertragung des Urlaubs auf das nächste Kalenderjahr ist nur statthaft, wenn dringende betriebliche oder in der Person des Arbeitnehmers liegende Gründe dies rechtfertigen. ³Im Fall der Übertragung muss der Urlaub in den ersten drei Monaten des folgenden Kalenderjahrs gewährt und genommen werden. ⁴Auf Verlangen des Arbeitnehmers ist ein nach § 5 Abs. 1 Buchstabe a entstehender Teilurlaub jedoch auf das nächste Kalenderjahr zu übertragen.
(4) Kann der Urlaub wegen Beendigung des Arbeitsverhältnisses ganz oder teilweise nicht mehr gewährt werden, so ist er abzugelten.

Übersicht	Rdn.			Rdn.
A. Zeitliche Festlegung des Urlaubs	2	C.	Befristung und Übertragung des Urlaubsanspruchs	29
I. Insb: Urlaubswünsche des AN	16	I.	Übertragung des Urlaubs und Verfall	30
1. Entgegenstehende betriebliche Belange	20	II.	Insb: Übertragung von Teilurlaubsansprüchen	46
2. Urlaubswünsche anderer AN	22	III.	Gewillkürte Übertragungsregelungen	48
II. Urlaub im Anschluss an eine Maßnahme der medizinischen Vorsorge oder Rehabilitation	24	IV.	Schadensersatz wegen Verfalls des Urlaubs	50
B. Zusammenhängende Urlaubsgewährung	25	D.	Abgeltung des Urlaubsanspruchs	53

1 § 7 ist eine Zentralnorm des Urlaubsrechts. Sie regelt die **zeitliche Festlegung des Urlaubs** durch den AG (§ 7 I), sie stellt den Grundsatz auf, dass der **Urlaub zusammenhängend** zu gewähren ist (§ 7 II), sie regelt die **Befristung** und die **Übertragbarkeit** des Urlaubsanspruchs auf das nächste Kalenderjahr (§ 7 III) und sie bestimmt, unter welchen Voraussetzungen **Urlaub abzugelten** ist (§ 7 IV).

2 **A. Zeitliche Festlegung des Urlaubs.** Der Schuldner des Urlaubsanspruchs ist der AG. Er gewährt den Urlaub, indem er die Urlaubszeit durch **einseitige empfangsbedürftige Willenserklärung** festlegt (sog **Freistellungserklärung**). **Keinesfalls** kann sich der **AN selbst beurlauben**. Tritt der AN eigenmächtig einen vom AG nicht genehmigten Urlaub an, so verletzt er damit in erheblichem Maße seine arbeitsvertraglichen Pflichten. Ein solches Verhalten ist an sich geeignet, einen wichtigen Grund zur fristlosen Kdg darzustellen (dazu BAG 22.1.1998, 2 ABR 19/97, EzA § 626 BGB Ausschlussfrist Nr 11). Auch ein »**Selbsthilferecht**« des AN etwa für den Fall, dass der AG grundlos die Freistellung zu Urlaubszwecken verweigert, **gibt es nicht** (AnwK-ArbR/*Düwell* § 7 Rn 67, 147; ErfK/*Gallner* § 7 Rn 9; *Leinemann/Linck* § 7 Rn 22 ff; aM *Neumann/Fenski* § 7 Rn 42 ff). Allerdings kann es der AG dem AN überlassen, die **zeitliche Lage des Urlaubs** innerhalb eines bestimmten Freistellungszeitraums **selbst festzulegen** (vgl. BAG 16.7.2013, 9 AZR 50/12). Das kann etwa bei angestellten Lehrkräften im Schuldienst praktisch werden, die innerhalb der Schulferienzeiten ihren Urlaub nach eigenen Bedürfnissen selbst festlegen können (dazu LAG Hess 25.2.2015, 2 Sa 439/14; vgl. auch Rdn 9). Zur **gerichtlichen Durchsetzung** des **Urlaubsanspruchs** des AN vgl näher § 1 Rdn 11 ff.

3 Bei der **Freistellungserklärung** des AG handelt es sich um eine **Willenserklärung**, die mit ihrem Zugang (§ 130 BGB) wirksam wird (BAG 23.1.1996, 9 AZR 554/93, § 5 BUrlG Nr 16; 24.3.2009, 9 AZR 983/07, EzA § 7 BUrlG Abgeltung Nr 15). Auf sie finden die allg Regelungen über Willenserklärungen Anwendung – also insb die Vorschriften über die Geschäftsfähigkeit (§§ 104 ff BGB) wie auch die Vorschriften über die Anfechtbarkeit von Willenserklärungen (§§ 119 ff BGB; dazu AnwK-ArbR/*Düwell* § 7 Rn 48).

4 Mit der Freistellungserklärung hat der AG als Schuldner des Urlaubsanspruchs die für die Erfüllung des Urlaubsanspruchs erforderliche Leistungshandlung vorgenommen. »Bewirkt« iSd § 362 I BGB ist die Leistung aber erst dann, wenn auch der Leistungserfolg eingetreten ist, dh der AN den Urlaub erhalten hat – wenn der AN also von der Arbeitspflicht tatsächlich befreit wurde (BAG 9.8.1994, 9 AZR 384/92, EzA § 7 BUrlG Nr 97; 24.3.2009, 9 AZR 983/07, EzA § 7 BUrlG Abgeltung Nr 15; 17.5.2011, 9 AZR 189/10, EzA § 7 BUrlG Nr 124; ErfK/*Gallner* § 7 Rn 4; *Leinemann/Linck* § 7 Rn 11).

Kommen verschiedene Urlaubsansprüche (gesetzliche, tarifliche, einzelvertragliche) für die Freistellung in 5
Betracht, so hat der AG zu bestimmen, welchen Anspruch er erfüllen will (BAG 1.10.1991, 9 AZR 220/90,
EzA § 10 BUrlG nF Nr 2; aM unzutreffend *I. Natzel* NZA 2011, 77). Eine solche **Tilgungsbestimmung**
hat bei der Leistung (und damit spätestens mit der Freistellungserklärung) zu erfolgen (§ 366 I BGB). Im
Nachhinein kann der AG eine Tilgungsbestimmung weder abgeben, noch kann er eine bereits abgegebene
Tilgungsbestimmung abändern (ErfK/*Gallner* § 7 Rn 5). Gibt der AG **keine Tilgungsbestimmung** ab, so
ist mit Blick auf die Unabdingbarkeit grds davon auszugehen, dass **zunächst der gesetzliche Mindesturlaub** erfüllt wird (so überzeugend *Leinemann/Linck* § 7 Rn 15; ferner BAG 22.1.2002, 9 AZR 601/01,
EzA § 13 BUrlG Nr 58; LAG Düsseldorf 30.9.2010, 5 Sa 353/10; iE auch Hess LAG 26.4.2010, 17 Sa
1772/09; ferner HWK/*Schinz* § 7 Rn 14). Dem entspricht es im Ergebnis weitgehend, wenn das **BAG
nunmehr** und **ohne Rückgriff auf § 366 BGB** meint, es läge in Höhe des gesetzlichen Urlaubsanspruchs
eine **Anspruchskonkurrenz** zwischen dem gesetzlichen und dem gewillkürten Urlaubsanspruch vor – mit
der Folge, dass der AG mit der Freistellung des AN von der Verpflichtung zur Arbeitsleistung auch ohne
ausdrückliche oder konkludente Tilgungsbestimmung beide Ansprüche ganz oder teilweise erfülle (BAG
7.8.2012, 9 AZR 760/10, NZA 2013, 104; 16.10.2012, 9 AZR 234/11, NZA 2013, 575; 17.11.2015,
9 AZR 275/14). Auch nach dieser Ansicht wird aber der gesetzliche Urlaubsanspruch zuerst aufgezehrt. Das
BAG will außerdem nur dann von einer Anspruchskonkurrenz ausgehen, wenn im Arbeits- oder Tarifvertrag hinsichtlich des Umfangs des Urlaubsanspruchs zwischen dem gesetzlichen Mindesturlaub und einem
übergesetzlichen Mehrurlaub nicht differenziert wird.

Gewährt der AG den Urlaub entgegen § 7 II und ohne rechtfertigenden Grund nicht zusammenhängend, 6
so ist hingegen grds davon auszugehen, dass der AG in diesem Fall zuerst die den gesetzlichen Mindesturlaub übersteigenden tariflichen oder einzelvertraglichen Urlaubsansprüche bedienen will, weil für diese § 7
II nicht gilt (unten Rdn 25). Wurde nach Maßgabe des § 7 III 2 Urlaub aus dem Vorjahr auf das laufende
Kalenderjahr übertragen, dann ist davon auszugehen, dass der AG zuerst den »alten« Urlaub gewähren will
(AnwK-ArbR/*Düwell* § 7 Rn 104; HWK/*Schinz* § 7 Rn 91).

Wurde der Urlaub bereits gewährt und wird sodann die **Freistellung von der Arbeitspflicht unmöglich**, 7
weil der AN schon aus einem anderen Grund von der Arbeitspflicht befreit ist, so soll nach der (unzutreffenden – vgl § 3 Rdn 4) Konzeption des BAG und der ganz hM der durch die Freistellungserklärung
konkretisierte **Freistellungsanspruch** des AN wegen §§ 243 II, 275 I BGB **ersatzlos untergehen**, sofern
der AG die **Unmöglichkeit nicht zu vertreten** hat (BAG 9.8.1994, 9 AZR 384/92, EzA § 7 BUrlG Nr 97;
10.5.2005, 9 AZR 251/04, EzA § 7 BUrlG Nr 113; 18.3.2014, 9 AZR 669/12, EzA § 7 BUrlG Nr 133;
HWK/*Schinz* § 7 Rn 15, 21, 141; *Leinemann/Linck* § 7 Rn 131 f). Der AN kann in solchen Fällen nicht
verlangen, dass der Urlaub neu festgesetzt wird. Im Ergebnis ist das freilich zutreffend, weil es nach vorzugswürdiger Ansicht auf eine Arbeitspflicht des AN überhaupt nicht ankommt (§ 3 Rdn 2 f). **Anderes** soll jedoch für **Einsätze als THW-Helfer** gelten, weil gem § 3 I 1 des THW-Helferrechtsgesetzes ein
umfassendes Benachteiligungsverbot greift. Soweit ein THW-Helfer hätte freigestellt werden müssen, soll
deshalb ein Anrechnungsverbot dieser Tage auf den Jahresurlaub greifen, um Benachteiligungen zu vermeiden (BAG 10.5.2005, 9 AZR 251/04, EzA § 7 BUrlG Nr 113). Vergleichbare Benachteiligungsverbote
enthalten regelmäßig die **Feuerwehr-** bzw **Rettungsdienstgesetze** der **Länder**. Für den Fall der **Erkrankung**
des AN während des Urlaubs vgl § 9 Rdn 3 f. Legt der AG gemeinsam mit dem BR in einer BV »**Kurzarbeit Null**« für einen Zeitraum fest, für den der AG einem AN bereits Urlaub gewährt hatte, so soll zwar
nach hM auch in diesem Fall der durch die Festlegung des AG konkretisierte Freistellungsanspruch nach
Maßgabe der §§ 243 II, 275 I BGB untergehen. Der AG soll aber dem AN **Ersatzurlaub** nach Maßgabe
der §§ 280, 283 BGB schulden, weil er die nachträglich eingetretene Unmöglichkeit der Freistellung von
der Arbeitspflicht zu vertreten habe. Nach Ansicht des BAG (16.12.2008, 9 AZR 164/08, EzA § 7 BUrlG
Nr 120; zust *Bauer/Kern* NZA 2009, 925, 928 f; *Walker* SAE 2010, 70 [mit übersichtlicher Fallgruppenbildung]; krit *Bayreuther* DB 2012, 2748 [2750 f]; *Lunk* BB 2009, 1984) verhindert ein AG mit der
Einführung von »Kurzarbeit Null« »bewusst und gewollt den Eintritt des Leistungserfolgs« des von ihm
bereits gewährten Urlaubs.

Die **Freistellung** zu Urlaubszwecken ist **von** der bloßen, zum Annahmeverzug iSd § 615 BGB führen- 8
den, **Annahmeverweigerung** der **Arbeitsleitung** durch den AG strikt zu **scheiden** (allg dazu *R. Schwarze*
RdA 2007, 300). Stellt der AG den AN »frei«, etwa um die Zeit bis zum Ablauf der Kdg-Frist zu überbrücken, so liegt darin grds keine Urlaubsgewährung – und zwar regelmäßig schon deshalb nicht, weil der AN
damit rechnen muss, dass der AG eine solche Suspendierung (einseitig) wieder zurücknimmt. Entspr gilt

§ 7 BUrlG Zeitpunkt, Übertragbarkeit und Abgeltung des Urlaubs

aber auch für (zweiseitige) Freistellungsvereinbarungen zwischen AG und AN, bei denen der AN ob der Zweiseitigkeit nicht damit zu rechnen braucht, wieder zur Arbeitsleistung herangezogen zu werden (dazu etwa BAG 9.6.1998, 9 AZR 43/97, EzA § 7 BUrlG Nr 106). Das ist deshalb richtig, weil man schon im Hinblick auf die für den AN sehr unterschiedlichen Rechtsfolgen (zB hins der Erwerbsobliegenheit nach § 615 S 2 BGB) vom AG als Schuldner des Urlaubsanspruchs entspr Klarheit darüber einfordern muss, ob er nun Urlaub gewähren will oder nicht. Die zur Erfüllung des Urlaubsanspruchs (§ 362 I BGB) erforderliche **Freistellungserklärung** des **AG** muss deshalb **hinreichend deutlich erkennen** lassen, dass eine **Befreiung** von der **Arbeitspflicht zur Erfüllung** des **Anspruchs** auf **Urlaub** gewährt wird (BAG 25.1.1994, 9 AZR 312/92, EzA § 7 BUrlG Nr 92; 9.6.1998, 9 AZR 43/97, EzA § 7 BUrlG Nr 106; 14.3.2006, 9 AZR 11/05, EzA § 7 BUrlG Nr 117; 14.8.2007, 9 AZR 934/06, EzA § 7 BUrlG Nr 119; 20.1.2009, 9 AZR 650/07; 19.5.2009, 9 AZR 433/08, EzA § 7 BUrlG Nr 121; 24.3.2009, 9 AZR 983/07, EzA § 7 BUrlG Abgeltung Nr 15; 10.2.2015, 9 AZR 455/13, EzA § 7 BUrlG Nr 136). Lässt sie die erforderliche Klarheit missen, so ist von einer schlichten Annahmeverweigerung des AG auszugehen (ErfK/*Gallner* § 7 Rn 6 f). Einer (zweiseitigen) Anrechnungsvereinbarung bedarf es hingegen nicht (BAG 19.11.1996, 9 AZR 376/95, EzA § 7 BUrlG Abgeltung Nr 1).

9   Die bloße Erklärung des AG, den AN von der Arbeitspflicht zu entbinden, ist deshalb regelmäßig nicht als Urlaubsgewährung zu qualifizieren (*Leinemann/Linck* § 7 Rn 8). Entspr gilt für die (bezahlte) **Freistellung** wegen eines **mutterschutzrechtl Beschäftigungsverbots**, die der AG schlicht damit begründet, »keine andere zumutbare Tätigkeit anbieten« zu können (BAG 25.1.1994, 9 AZR 312/92, EzA § 7 BUrlG Nr 92; HWK/*Schinz* § 7 Rn 6). Demggü ist die Freistellung »**unter Anrechnung (etwaiger) noch offener Urlaubsansprüche**« als urlaubsrechtl Freistellungserklärung zu werten. Dass der AG in letzterem Fall die Urlaubstage nicht konkret benennt, ist unschädlich. Legt nämlich der AG die zeitliche Lage des Urlaubs und die Zahl der Urlaubstage nicht selbst fest, dann kann der AN daraus regelmäßig entnehmen, dass der AG es ihm überlässt, die zeitliche Lage seines Urlaubs innerhalb des vorbehaltlos gewährten Freistellungszeitraums selbst zu bestimmen (BAG 14.3.2006, 9 AZR 11/05, EzA § 7 BUrlG Nr 117; 16.7.2013, 9 AZR 50/12; vgl auch LAG Hess 25.2.2015, 2 Sa 439/14). (Nur) Mit der über die Erfüllung der Urlaubsansprüche hinausgehenden einseitigen Freistellung lehnt dann der AG die Annahme der Arbeitsleistung ab und gerät insoweit in Annahmeverzug (BAG 6.9.2006, 5 AZR 703/05, EzA § 615 BGB 2002 Nr 16). Erfolgt eine solch längere Freistellung des AN im Übrigen aber ausdrücklich unter Anrechnung auf den Zwischenverdienst (§ 615 S 2 BGB), so muss nach Ansicht des BAG (14.5.2013, 9 AZR 760/11, EzA § 7 BUrlG Nr 131) der AG innerhalb einer solchen Zeitspanne den Urlaubszeitraum wegen der unterschiedlichen Rechtsfolgen dann doch selbst konkret festlegen (vgl dazu auch BAG 16.7.2013, 9 AZR 50/12). Zu einer »**vorsorglichen Urlaubsgewährung**« für den Fall, dass eine von dem AG ausgesprochene ordentliche oder außerordentliche Kdg das Arbeitsverhältnis nicht auflöst vgl BAG 14.8.2007, 9 AZR 934/06, EzA § 7 BUrlG Nr 119; 10.2.2015, 9 AZR 455/13, EzA § 7 BUrlG Nr 136.

10 Nach früherer Rspr des BAG hatte es für eine wirksame Urlaubsgewährung sogar genügt, wenn der AG die Freistellung »**unter Anrechnung** auf den **Resturlaub ohne Fortzahlung** der **Bezüge**« erklärte (BAG 21.6.2005, 9 AZR 295/04, EzA § 209 InsO Nr 5). Nach dieser Ansicht bewirkte die Erklärung des AG, er werde keine Vergütung während der Freistellung zahlen, lediglich, dass nach § 286 II Nr 3 BGB bereits mit Fälligkeit des Anspruchs auf Urlaubsvergütung der Schuldnerverzug eintrat, ohne dass es einer Mahnung bedurft hätte (BAG 21.6.2005, 9 AZR 295/04, aaO). Das war nicht überzeugend. Die frühere Position des BAG wäre schon im Ausgangspunkt allenfalls dann gangbar gewesen, wenn man der – vom BAG geteilten, aber unzutreffenden – Ansicht zuneigt, der Urlaubsanspruch umfasse keinen eigenständigen Entgeltanspruch, sondern erhalte den arbeitsvertraglichen Anspruch auf das Entgelt schlicht aufrecht (dazu § 1 Rdn 4; ablehnend deshalb auch LAG Hamm 14.3.2013, 16 Sa 763/12). Inzwischen ist das BAG von seiner früheren Rspr abgerückt. Für eine wirksame Urlaubsgewährung verlangt der 9. Senat nunmehr, dass der AG dem AN die **Urlaubsvergütung vor Antritt** des **Urlaubs** zahlt oder jedenfalls **vorbehaltlos zusagt** (richtig BAG 10.2.2015, 9 AZR 455/13, EzA § 7 BUrlG Nr 136; dazu *Inhester* DB 2015, 1904).

11 Die **Freistellung** durch den AG muss ferner **unwiderruflich** erfolgen. Dem AN muss es möglich sein, die ihm urlaubsrechtl zustehende Freizeit uneingeschränkt zu nutzen. Das ist nur dann der Fall, wenn er während der Freistellung nicht damit rechnen muss, zur Arbeit zurückgerufen zu werden (BAG 20.6.2000, 9 AZR 405/99, EzA § 1 BUrlG Nr 23; 14.3.2006, 9 AZR 11/05, EzA § 7 BUrlG Nr 117; 19.5.2009, 9 AZR 433/08, EzA § 7 BUrlG Nr 121; 16.7.2013, 9 AZR 50/12; 10.2.2015, 9 AZR 455/13, EzA § 7 BUrlG Nr 136). Entspr gibt es nach dem BUrlG keinen Anspruch des AG gegen den AN, den Urlaub abzubrechen oder zu unterbrechen (so richtig BAG 19.1.2010, 9 AZR 246/09, EzA § 4 TVG Bewachungsgewerbe Nr 4; ErfK/*Gallner* § 7 Rn 27 zieht allein die Wiederherstellung der Arbeitspflicht nach den Grundsätzen des Wegfalls der Geschäftsgrundlage in Betracht; weitergehend für »Notfälle« BAG 19.12.1991, 2 AZR

367/91; LAG Köln 27.9.2012, 6 Sa 449/12; *Neumann/Fenski* § 7 Rn 37 ff). Eine hiervon abw Vereinbarung zwischen AG und AN oder auch zwischen den TV-Parteien, die den AN verpflichtet, unter bestimmten Voraussetzungen die Arbeit wieder aufzunehmen, wäre gem § 13 I unwirksam (BAG 20.6.2000, 9 AZR 405/99, EzA § 1 BUrlG Nr 23). Zu urlaubsrechtl Konsequenzen der »ständigen Erreichbarkeit« des AN über Handy, Internet oder BlackBerry vgl *Falder* NZA 2010, 1150; *J. Richter* AuR 2011, 16. Widerruflich kann eine Freistellungserklärung freilich dann erfolgen, wenn mit ihr allein Arbeitszeitguthaben des AN abgebaut und keine Urlaubsansprüche des AN erfüllt werden sollen (dazu BAG 19.1.2010, 9 AZR 246/09, EzA § 4 TVG Bewachungsgewerbe Nr 4).

Eine **nachträgliche Abänderung** eines bereits vom AG festgelegten **Urlaubszeitraums** kann nur einvernehmlich erfolgen (*Gutzeit* NZA 2010, 618). Das gilt nach vorzugswürdiger Ansicht auch dann, wenn der Urlaub aufgrund der **vorherigen Beendigung** des **Arbeitsverhältnisses** (etwa durch Kdg) nicht mehr angetreten werden kann (dazu näher AnwK-ArbR/*Düwell* § 7 Rn 27 f mwN). 12

Die Unwiderruflichkeit der Urlaubsgewährung muss bei der Freistellungserklärung nicht gesondert herausgestellt oder auch nur (deklaratorisch) erwähnt werden. Ergibt allerdings die Auslegung der Freistellungserklärung, dass der AG sich den Widerruf der Urlaubsgewährung vorbehalten hat, ist eine zur Erfüllung des Urlaubsanspruchs notwendige Befreiungserklärung nicht gegeben (BAG 14.3.2006, 9 AZR 11/05, EzA § 7 BUrlG Nr 117). 13

Aus denselben Gründen hat auch die **Freistellungserklärung** des AG **vor Antritt** des **Urlaubs** zu erfolgen (BAG 1.10.1991, 9 AZR 220/90, EzA § 10 BUrlG nF Nr 2; 25.10.1994, 9 AZR 339/93, EzA § 7 BUrlG Nr 96; 11.7.2006, 9 AZR 535/05, EzA § 626 BGB 2002 Nr 18; 24.3.2009, 9 AZR 983/07, EzA § 7 BUrlG Abgeltung Nr 15; 16.7.2013, 9 AZR 50/12; LAG Schl-Holst 12.5.2015, 1 Sa 359a/14). Im Nachhinein können (un)entschuldigte Fehltage des AN nicht als Urlaub »deklariert« oder mit Urlaubsansprüchen verrechnet werden (AnwK-ArbR/*Düwell* § 7 Rn 63; *Gutzeit* NZA 2010, 618). Das gilt auch dann, wenn der AN sich »selbst beurlaubt« hatte (ErfK/*Gallner* § 7 Rn 9; HWK/*Schinz* § 7 Rn 11, 16); zur Selbstbeurlaubung des AN allg s auch oben Rdn 2. 14

Der **BR** hat bei der Aufstellung allg Urlaubsgrundsätze und des Urlaubsplans sowie der Festsetzung der zeitlichen Lage des Urlaubs für einzelne AN, wenn zwischen dem AG und den beteiligten AN kein Einverständnis erzielt wird, ein **Mitbestimmungsrecht** gem § 87 I Nr 5 BetrVG. Zu diesem näher § 87 BetrVG Rdn 36 ff. 15

I. Insb: Urlaubswünsche des AN. Gem § 7 I 1 hat der AG bei der Urlaubsgewährung die Urlaubswünsche des AN zu berücksichtigen. **Äußert der AN keinen Urlaubswunsch**, dann ist eine ohne Wunsch des AN erfolgte zeitliche Festlegung des Urlaubs wirksam, sofern der AN auf die Erklärung des AG hin keinen anderen Urlaubswunsch äußert (BAG 11.4.2006, 9 AZR 523/05, EzA § 7 BUrlG Nr 116; 24.3.2009, 9 AZR 983/07, EzA § 7 BUrlG Abgeltung Nr 15). Äußert der AN hingegen einen abw Wunsch, dann ist der AG an diesen wiederum nach Maßgabe des § 7 I gebunden (so ErfK/*Gallner* § 7 Rn 12 ff; HWK/*Schinz* § 7 Rn 23 f; enger *Leinemann/Linck* § 7 Rn 52 ff, die für eine »Annahmeverweigerung« des AN Gründe in der Person des AN iSd § 7 III 2 verlangen). Könnte indes dem AN im Fall einer solchen »Annahmeverweigerung« Urlaub zu einem anderen Zeitpunkt gar nicht mehr gewährt werden – etwa weil der Urlaubsanspruch dann verfallen wäre oder weil das Arbeitsverhältnis infolge einer Kdg oder Befristung ohnehin endet –, dann äußert der AN in Wahrheit keinen abw Urlaubswunsch, sondern er sucht schlicht die Erfüllung des Urlaubsanspruchs in Form der Freistellung insgesamt zu verhindern. Es liegt nach vorzugswürdiger Ansicht in solchen Fällen mithin kein abw Urlaubswunsch des AN vor, an den der AG nach Maßgabe des § 7 I gebunden wäre (krit *Reinecke*, AuR 2013, 19 [21 f]). Allg gilt: Der **schlichte Widerspruch** des **AN** gegen vom AG festgelegte Urlaubszeiten bedeutet noch **keinen Urlaubswunsch** iSd § 7 I (vgl BAG 22.9.1992, 9 AZR 483/91, EzA § 7 BUrlG Nr 87; AnwK-ArbR/*Düwell* § 7 Rn 30). Auch ein Abgeltungsinteresse des AN vermag eine derartige »Annahmeverweigerung« (Totalverweigerung) nicht zu rechtfertigen (so richtig ErfK/*Gallner* § 7 Rn 15; vgl auch BAG 14.8.2007, 9 AZR 934/06, EzA § 7 BUrlG Nr 119). 16

Der **AG** ist grds **nicht verpflichtet**, vor Urlaubserteilung die **AN** nach ihren **Urlaubswünschen zu befragen** (BAG 24.3.2009, 9 AZR 983/07, EzA § 7 BUrlG Abgeltung Nr 15). Freilich ist der AG auch umgekehrt nicht gehindert, **Urlaubslisten** auszulegen oder in Umlauf zu geben, in die sich die AN eintragen können. Mit der Eintragung der AN in solche Listen wird der Urlaub allerdings grds noch nicht festgelegt; die AN äußern lediglich ihre Urlaubswünsche (BAG 24.9.1996, 9 AZR 364/95, EzA § 7 BUrlG Nr 102; AnwK-ArbR/*Düwell* § 7 Rn 38; *Neumann/Fenski* § 7 Rn 20), die der AG dann nach Maßgabe des § 7 I zu berücksichtigen hat (näher zu Urlaubslisten *Leinemann/Linck* § 7 Rn 16 ff). 17

Äußert der **AN** einen **Urlaubswunsch**, dann ist der AG bei der Erteilung des Urlaubs daran gebunden – es sei denn, es stehen dringende betriebliche Belange oder unter sozialen Gesichtspunkten vorrangig zu 18 berücksichtigende Urlaubswünsche anderer AN entgegen. Damit findet die Festsetzung des Urlaubszeitraums durch den AG ihre Grenzen nicht etwa in einem billigen Ermessen (§ 315 BGB, § 106 GewO). Und schon gar nicht kann der AG beliebig Urlaub erteilen. Maßstab für die ordnungsgem Erfüllung des Urlaubsanspruchs ist vielmehr (allein) § 7 I (vgl BAG 31.1.1996, 2 AZR 282/95, EzA § 1 KSchG Verhaltensbedingte Kündigung Nr 47; *Neumann/Fenski* § 7 Rn 10); freilich ist auch das BUrlG iÜ zu beachten – etwa die Verpflichtung zur zusammenhängenden Urlaubsgewährung gem § 7 II.

19 Stehen der Berücksichtigung eines Urlaubswunsches des AN dringende betriebliche Belange oder unter sozialen Gesichtspunkten vorrangig zu berücksichtigende Urlaubswünsche anderer AN entgegen, dann kann der AG dem AN Urlaub für einen anderen Zeitraum gewähren. Er kann aber auch die Urlaubsgewährung schlicht verweigern. Allein dadurch kommt der AG nicht in Verzug (*Leinemann/Linck* § 7 Rn 36 f, 160).

20 **1. Entgegenstehende betriebliche Belange.** Stehen dem Urlaubswunsch dringende betriebliche Belange entgegen, so braucht der AG dem Urlaubswunsch des AN nicht zu entsprechen. Dringende betriebliche Belange iSd § 7 I sind solche Umstände, die in der betrieblichen Organisation, im technischen Arbeitsablauf, der Auftragslage und ähnlichen Umständen ihren Grund haben (BAG 28.7.1981, 1 ABR 79/79, EzA § 87 BetrVG 1972 Urlaub Nr 4). Bes zu beachten ist dabei, dass nach der klaren Gesetzesfassung die betrieblichen Belange »dringend« sein müssen. Daraus folgt, dass nicht schon ein Hinweis auf solche Störungen des Betriebsablaufs genügt, die ohnehin bei jeder Abwesenheit des AN zu beobachten sind. Derartige Störungen hat der AG regelmäßig hinzunehmen (AnwK-ArbR/*Düwell* § 7 Rn 23; ErfK/*Gallner* § 7 Rn 18). Es müssen vielmehr weitere Umstände hinzutreten, die die dem Urlaubswunsch des AN entgegenstehenden betrieblichen Belange als dringend erscheinen lassen.

21 Nach diesen Grundsätzen kann der AG etwa in einem **Saisonbetrieb** (zB in einem Vergnügungspark, der nur von April-Oktober für Publikumsverkehr geöffnet ist) das Urlaubsbegehren seines AN innerhalb der Saison unter Hinweis auf dringende betriebliche Belange regelmäßig zurückweisen (LAG Köln 17.3.1995, 13 Sa 1282/94, AR-Blattei ES 1390 Nr 2). Entspr gilt für den **Einzelhandel** zu Zeiten des Weihnachtsgeschäfts (*Leinemann/Linck* § 7 Rn 40). In einer **Universität** sprechen in aller Regel dringende dienstliche Belange dafür, den Urlaub von solchen AN, die mit dem Wissenschafts- und Lehrbetrieb zu tun haben, in die vorlesungsfreie Zeit zu legen (LAG Berl 20.5.1985, 9 Sa 38/85, LAGE § 7 BUrlG Nr 9). Auch rechtswirksam unter Beteiligung des BR eingeführte **Betriebsferien** können dringende betriebliche Belange begründen, hinter denen die individuellen Urlaubswünsche der AN zurückstehen müssen (BAG 28.7.1981, 1 ABR 79/79, EzA § 87 BetrVG 1972 Urlaub Nr 4; HWK/*Schinz* § 7 Rn 28; näher zu Betriebsferien *Neumann/Fenski* § 7 Rn 31 ff). Ferner können **Krankheitszeiten oder Entlassungen anderer AN** zu personellen Engpässen und damit zu dringenden betrieblichen Belangen führen, die einem Urlaubswunsch entgegenstehen. Zur Relevanz von Urlaubswünschen bei der **Einführung** von **geförderter Kurzarbeit** vgl § 96 IV 2 Nr 2 SGB III und dazu *Bauer/Kern* NZA 2009, 925, 926.

22 **2. Urlaubswünsche anderer AN.** Dem Urlaubswunsch eines AN können auch unter sozialen Gesichtspunkten vorrangig zu berücksichtigende Urlaubswünsche anderer AN entgegenstehen. Die Urlaubswünsche anderer AN sind freilich nur dann von Bedeutung, wenn der AG aufgrund dringender betrieblicher Belange nicht allen Urlaubswünschen gleichermaßen entsprechen kann (HWK/*Schinz* § 7 Rn 30; *Leinemann/Linck* § 7 Rn 43; *Neumann/Fenski* § 7 Rn 16).

23 Bei der **sozialen Gewichtung** der Urlaubswünsche ist nicht etwa auf § 1 III KSchG zurückzugreifen, was im Ergebnis vielfach zu einem in der Sache kaum überzeugenden urlaubsrechtl Anciennitätsgrundsatz führen würde. Für § 7 I 1 sind vielmehr eigene Kriterien zu entwickeln. Eine Rolle spielen regelmäßig die Urlaubszeiten des Ehegatten/Lebenspartners, die Schulferien schulpflichtiger Kinder, ein konkretes Erholungsbedürfnis eines AN als auch die Nichtberücksichtigung der Urlaubswünsche eines AN in den vergangenen Jahren (zu Letzterem auch HWK/*Schinz* § 7 Rn 31: Urlaub in den Sommerferien sei nicht generell Eltern mit Schulkindern vorbehalten). Daneben können aber auch durchaus das Lebensalter und die Dauer der Betriebszugehörigkeit berücksichtigt werden.

24 **II. Urlaub im Anschluss an eine Maßnahme der medizinischen Vorsorge oder Rehabilitation.** Verlangt der AN Urlaub im Anschluss an eine Maßnahme der medizinischen Vorsorge oder Rehabilitation (zum Begriff § 10 Rdn 1 f), so ist der Urlaub – sofern dem AN noch ein erfüllbarer Urlaubsanspruch zusteht – zu gewähren. Der Rückgriff auf dringende betriebliche Belange oder auf vorrangig zu berücksichtigende Urlaubswünsche anderer AN ist dem AG in einem solchen Fall verschlossen. Das gilt auch im Hinblick auf Betriebsferien (*Neumann/Fenski* § 7 Rn 17a). Freilich kommt es ungeachtet des etwas missverständlichen Wortlauts nur darauf an, dass der Urlaub im Anschluss an eine Maßnahme der medizinischen Vorsorge oder Rehabilitation gewährt wird; der Zeitpunkt des Urlaubsverlangens ist demggü ohne Bedeutung.

B. Zusammenhängende Urlaubsgewährung. Mit Blick auf den Erholungszweck des Gesetzes (§ 1 Rdn 1) 25
ist der Urlaub nach Maßgabe des § 7 II zusammenhängend zu gewähren. Eine Stückelung des Urlaubs
lässt das Gesetz nur aus dringenden betrieblichen oder in der Person des AN liegenden Gründen zu. Hat
der AN einen Urlaubsanspruch von mehr als 12 Werktagen, dann muss zumindest ein Teil des Urlaubs 12
aufeinander folgende Werktage umfassen (§ 7 II 2). § 7 II gilt nur für den **gesetzlichen Mindesturlaub**
sowie für etwaige **Teilurlaubsansprüche** nach Maßgabe des § 5 I (AnwK-ArbR/*Düwell* § 7 Rn 33). Für
aus dem Vorjahr nach Maßgabe des § 7 III **übertragenen Urlaub** gilt die Pflicht zur zusammenhängenden
Urlaubsgewährung nicht (HWK/*Schinz* § 7 Rn 46; *Leinemann/Linck* § 7 Rn 101; aM *Neumann/Fenski* § 7
Rn 57). Nicht erfasst sind auch den gesetzlichen Mindesturlaub übersteigende tarifliche oder einzelvertragliche Urlaubsansprüche.

Gewährt der AG den Urlaub unzulässigerweise nicht zusammenhängend iSd § 7 II, dann liegt keine ord- 26
nungsgem Urlaubserteilung vor. Der AN kann die zusammenhängende Gewährung nachfordern (AnwK-
ArbR/*Düwell* § 7 Rn 36; ErfK/*Gallner* § 7 Rn 26; *Leinemann/Linck* § 7 Rn 102; ebenso *Neumann/Fenski*
§ 7 Rn 62, jedoch mit dem zutr Hinweis auf die Einrede der unzulässigen Rechtsausübung, wenn eine
unzulässige Stückelung des Urlaubs gerade auf dringenden Wunsch des AN erfolgte). Von vornherein **ausgeschlossen** ist eine nur **stundenweise Urlaubsgewährung** (etwa für halbe Tage – dazu auch § 3 Rdn 9).
Hins der **dringenden betrieblichen Gründe**, die eine Stückelung rechtfertigen können, gilt das zu § 7 I 27
Gesagte entspr (s.o. Rdn 20 f). Insofern können auch **Urlaubswünsche anderer AN** relevant werden und
zu einem dringenden betrieblichen Grund führen (vgl auch oben Rdn 22 f) – etwa dann, wenn für die Zeit
der Schulferien nacheinander 2 AN mit jeweils schulpflichtigen Kindern Urlaub gewährt werden soll und
längere Urlaubsansprüche dafür geteilt werden müssen (*Neumann/Fenski* § 7 Rn 58). Zu den **in der Person
des AN liegenden Gründen** s unten Rdn 33 f.

Von § 7 II 2, wonach bei einer zulässigen Stückelung ein Urlaubsteil zumindest 12 aufeinanderfolgende 28
Werktage umfassen muss, wenn ein Urlaubsanspruch von mehr als 12 Werktagen besteht, kann durch TV,
BV und sogar durch Arbeitsvertrag auch zuungunsten des AN abgewichen werden (§ 13 I 3). Von dem
allg Grundsatz des § 7 II 1 kann hingegen nicht – auch nicht durch TV – abgewichen werden (*Leinemann/
Linck* § 7 Rn 107).

C. Befristung und Übertragung des Urlaubsanspruchs. Der gesetzliche **Urlaubsanspruch** ist auf das 29
Kalenderjahr als Urlaubsjahr **befristet**. § 7 III 1 bestimmt, dass der Urlaub im laufenden Kalenderjahr
gewährt und genommen werden muss. So wie der gesetzliche Urlaubsanspruch nach (einmaligem) Ablauf
der Wartezeit mit dem Beginn des jeweiligen Kalenderjahres entsteht (§ 4 Rdn 5), so erlischt er auch grds
mit dem Ende des Kalenderjahres (*Leinemann/Linck* § 7 Rn 109 ff; HWK/*Schinz* § 7 Rn 70 ff; vgl auch
LAG Hamm 19.2.2015, 16 Sa 1207/14, LAGE § 4 BUrlG Nr 2). Deshalb kann Urlaub auch nicht im
Vorgriff auf das **nächste Urlaubsjahr** gewährt werden (BAG 11.7.2006, 9 AZR 535/05, EzA § 626 BGB
2002 Nr 18; AnwK-ArbR/*Düwell* § 7 Rn 87; *Gutzeit* NZA 2010, 618). Davon ist der Fall zu unterscheiden, dass der AG einem AN Urlaub des Folgejahres für einen bestimmten Zeitraum im Folgejahr bereits
gewährt. Das ist zulässig (BAG 17.5.2011, 9 AZR 189/10, EzA § 7 BUrlG Nr 124). Das Erlöschen des
Urlaubsanspruchs wird iÜ auch nicht dadurch gehindert, dass der Urlaub im Urlaubsjahr (nur) angetreten wird. Er muss innerhalb des Urlaubsjahres vollständig genommen worden sein (*Neumann/Fenski* § 7
Rn 66). Dass der Urlaubsanspruch auf das Kalenderjahr als Urlaubsjahr befristet ist, folgt mittelbar auch
aus § 17 II BEEG und § 4 II ArbPlSchG. Diese Regelungen sowie die Übertragungsregelungen des § 7
III 2–4 wären schlicht überflüssig, bestünde der Urlaubsanspruch über das Kalenderjahr hinaus unbefristet fort (gegen eine Befristung des Urlaubsanspruchs indes LAG Düsseldorf 2.2.2009, 12 Sa 486/06,
NZA-RR 2009, 149; 31.3.2010, 12 Sa 1512/09, LAGE § 7 BUrlG Abgeltung Nr 25; 18.8.2010, 12 Sa
650/10). Die Befristung des Urlaubsanspruchs auf das Kalenderjahr gilt **auch** für **tariflich** und **einzelvertraglich** vereinbarten **Urlaub**, sofern keine abw Regelung vereinbart wurde.

I. Übertragung des Urlaubs und Verfall. Die Voraussetzungen einer Übertragung des Urlaubs auf das 30
nachfolgende Urlaubsjahr regelt insb § 7 III 2. Die gesetzlichen Übertragungsregelungen gelten entspr auch
für (einzel- oder tarif-) vertraglichen (Zusatz-) Urlaub, sofern dafür keine abw Regelung getroffen wurde
(BAG 7.12.1993, 9 AZR 683/92, EzA § 7 BUrlG Nr 91). Für die Übertragung von Teilurlaub gem § 5 I lit a
vgl § 7 III 4 und dazu Rdn 46 f; vgl ferner die Sonderregelungen in § 4 II ArbPlSchG, § 17 II BEEG (beachte
dazu die Änderung der Senatsrechtsprechung durch BAG 20.5.2008, 9 AZR 219/07, NZA 2008, 1237:
Übertragung auch dann, wenn weitere EZ an frühere unmittelbar anschließt) sowie in § 17 S 2 MuSchG
und die Kommentierungen dort.

§ 7 III 2 verlangt für die Übertragung von Urlaub auf das nächste Kalenderjahr die Übertragung recht- 31
fertigende **dringende betriebliche** oder **in der Person des AN liegende Gründe**. Die Darlegungs- und

Beweislast für die Übertragungsvoraussetzungen trägt der AN (*Leinemann/Linck* § 7 Rn 122; problematisch ErfK/*Gallner* § 7 Rn 61, die daraus folgert, hohe Anforderungen an die Darlegung dürften nicht gestellt werden, anderes jedoch dann annimmt, wenn hins derselben Rechtsbegriffe der AG darlegungs- und beweispflichtig ist, wie etwa in den Fällen des § 7 I und II; ähnlich HWK/*Schinz* § 7 Rn 85).

32 Zu den **dringenden betrieblichen Gründen** vgl bereits oben Rdn 20 f. Hierzu rechnen auch sozial vorrangige Urlaubswünsche anderer AN, sofern der AG aus dringenden betrieblichen Gründen nicht allen Urlaubswünschen gleichermaßen entsprechen kann (Rdn 22 f). Dringende betriebliche Gründe müssen für die Übertragung des Urlaubs jeweils konkret dargelegt werden. Sie werden nicht vermutet (BAG 23.6.1992, 9 AZR 57/91, EzA § 7 BUrlG Nr 85).

33 Ein **in der Person des AN liegender Grund** ist vor allem die (dauerhafte) **krankheitsbedingte Arbeitsunfähigkeit** des AN (BAG 21.2.2012, 9 AZR 486/10, EzA § 7 BUrlG Abgeltung Nr 21; 5.8.2014, 9 AZR 77/13, EzA § 7 BUrlG Nr 135). Freilich ist dabei zu verlangen, dass der AN wegen der Erkrankung seinen Urlaub bis zum Ablauf des Urlaubsjahres nicht mehr hatte nehmen können. War der AN hingegen vor Ablauf des Urlaubsjahres wieder arbeitsfähig, dann konnte (und musste) er vom AG Urlaub verlangen. Tat er dies nicht, dann verfällt zumindest der Teil des Urlaubsanspruchs, der – freilich vorbehaltlich dringender betrieblicher Gründe – noch hätte genommen werden können (BAG 24.11.1992, 9 AZR 549/91, EzA § 4 TVG Ausschlussfristen Nr 102; 13.12.2011, 9 AZR 420/10; 6.8.2013, 9 AZR 956/11, NZA 2014, 545; HWK/*Schinz* § 7 Rn 83). Ein in der Person des AN liegender Grund ist nach vorzugswürdiger Ansicht ferner auch dann gegeben, wenn der Urlaub im Urlaubsjahr deshalb nicht mehr (vollständig) genommen und gewährt werden konnte, weil die Zeit nach Ablauf der **Wartezeit** (§ 4) bis zum Jahresende dafür nicht mehr ausreichte (so etwa wenn die Wartezeit des AN am 15.12. endete und der volle Urlaubsanspruch mithin erst am 16.12. zur Entstehung gelangte; *Neumann/Fenski* § 7 Rn 76, gehen insoweit von einem gesetzlich nicht geregelten Übertragungsgrund aus). Läuft die Wartezeit bereits im Oktober ab, dann wäre es hingegen nicht überzeugend, eine Übertragung des Urlaubs unter Hinweis auf das »schlechte Wetter« oder die »schlechte Jahreszeit« zuzulassen (so aber *Neumann/Fenski* § 7 Rn 84). Das liefe im Ergebnis darauf hinaus, dem bloßen Wunsch des AN nach Übertragung des Urlaubs zu entsprechen (dazu noch Rdn 34).

34 Aber auch weitere, in der **persönlichen Sphäre** das **AN liegende Gründe** kommen in Betracht – etwa die Erkrankung naher Angehöriger (vor allem der eigenen Kinder), sofern deren Erkrankung ob der damit verbunden Betreuungslasten dazu führt, dass ein dem Erholungszweck entspr Urlaub nicht angetreten werden kann. Entspr gilt im Fall der Niederkunft der Ehefrau (*Leinemann/Linck* § 7 Rn 120; aM HWK/*Schinz* § 7 Rn 82 mit Fn 14, der meint, die Niederkunft sei vorhersehbar und müsse deshalb beim Urlaubsverlangen von vornherein mit berücksichtigt werden; jedenfalls bei Geburten auf natürlichem Wege lässt sich das jedoch so gewiss nicht sagen). Stets aber gilt: (All) Diese Gründe müssen dazu geführt haben, dass der AN seinen Urlaub bis zum Ablauf des Urlaubsjahres nicht mehr hatte nehmen können. Nur soweit das der Fall ist, wird der Urlaub übertragen (AnwK-ArbR/*Düwell* § 7 Rn 112 ff). Demggü genügt der **bloße Wunsch** des AN für die Übertragung des Urlaubs in das Folgejahr sicher nicht (ErfK/*Gallner* § 7 Rn 61).

35 Die **Übertragung** des Urlaubs in den Übertragungszeitraum erfolgt, sofern die Voraussetzungen des § 7 III 2 gegeben sind, »**automatisch**« – also kraft Gesetzes. Irgendeinen Antrag oder sonst eine Handlung von AG oder AN braucht es nicht (BAG 23.6.1992, 9 AZR 57/91, EzA § 7 BUrlG Nr 85; 9.8.1994, 9 AZR 384/92, EzA § 7 BUrlG Nr 97; 13.12.2011, 9 AZR 420/10; AnwK-ArbR/*Düwell* § 7 Rn 99; *Neumann/Fenski* § 7 Rn 69).

36 **Folge** der **Übertragung** des Urlaubs ist nicht, dass der Urlaubsanspruch nunmehr unbefristet fortbesteht. Das **Befristungsende** wird lediglich **hinausgeschoben**; an die Stelle des Endes des Kalenderjahres tritt der 31.3. des Folgejahres. Innerhalb des dadurch begründeten Übertragungszeitraums vom 1.1. bis 31.3. des Folgejahres muss der Urlaub dann auch genommen und gewährt werden (§ 7 III 3). Soweit der übertragene Urlaubsanspruch nicht bis zum 31.3. vollständig erfüllt wurde, verfällt er (BAG 7.12.1993, 9 AZR 683/92, EzA § 7 BUrlG Nr 91; *Neumann/Fenski* § 7 Rn 93). Dass der Urlaub im Übertragungszeitraum nur angetreten wird, reicht nicht. Äußert der AN im Übertragungszeitraum einen Urlaubswunsch, so kann der AG den AN hins des übertragenen Urlaubs weder auf dringende betriebliche Belange noch auf Urlaubswünsche anderer AN verweisen. Der AG muss dem Urlaubsbegehren des AN im Übertragungszeitraum grds entsprechen (BAG 21.1.1997, 9 AZR 791/95, EzA § 7 BUrlG Nr 104; AnwK-ArbR/*Düwell* § 7 Rn 102).

37 **Konnte** dem AN auch im **Übertragungszeitraum kein Urlaub gewährt** werden – etwa weil er dauerhaft arbeitsunfähig erkrankt war – dann **verfiel** nach **bisheriger Rspr** des **BAG** der **Urlaubsanspruch** (dazu ausf *Leinemann/Linck* § 7 Rn 128, 138 ff – auch unter Hinweis auf die früher entgegenstehende Rspr des 5. Senats des BAG; ferner BAG 7.12.1993, 9 AZR 683/92, EzA § 7 BUrlG Nr 91; ErfK/*Gallner* § 7 Rn 65; *Neumann/Fenski* § 7 Rn 95). Auf Vorlage des LAG Düsseldorf (2.8.2006, 12 Sa 486/06, LAGE

§ 7 BUrlG Nr 43) hat der EuGH (20.1.2009, C 350/06 und C 520/06, NJW 2009, 495; krit dazu *Dornbusch/ Ahner* NZA 2009, 180; *Wank* FS Reuter 2010, S 921) jedoch zwischenzeitlich entschieden, dass Art 7 I der RL 2003/88 dahin auszulegen sei, dass er einzelstaatlichen Rechtsvorschriften oder Gepflogenheiten entgegenstehe, nach denen der Anspruch auf bezahlten Jahresurlaub bei Ablauf des Bezugszeitraums und/ oder eines im nationalen Recht festgelegten Übertragungszeitraums auch dann erlösche, wenn der AN seinen Anspruch auf bezahlten Jahresurlaub deshalb nicht ausüben konnte, weil er während des gesamten Bezugszeitraums oder eines Teils davon krankgeschrieben war und seine Arbeitsunfähigkeit bis zum Ende seines Arbeitsverhältnisses (Anm: in der Entsch des EuGH stand die Abgeltung von Urlaubsansprüchen im Streit) fortgedauert hatte. Der AN müsse vielmehr auch tatsächlich die Möglichkeit gehabt haben, seinen Anspruch auf bezahlten Jahresurlaub »auszuüben« (vgl auch EuGH 10.9.2009, C 277/08, NZA 2009, 1133; 3.5.2012, C 337/10, EzA EG-Vertrag 1999 Richtlinie 2003/88 Nr 9).

Der 9. Senat des **BAG** hat daraufhin in einer Entsch vom 24.3.2009 (9 AZR 983/07, EzA § 7 BUrlG Abgeltung Nr 15; vgl auch BAG 23.3.2010, 9 AZR 128/09, EzA § 7 BUrlG Abgeltung Nr 16; 4.5.2010, 9 AZR 183/09, NZA 2010, 1011) gemeint, die **Bestimmungen** in **§ 7 III und IV** »**richtlinienkonform fortbilden**« zu können. III und IV seien künftig so zu verstehen, dass gesetzliche Urlaubsabgeltungsansprüche nicht mehr erlöschten, wenn der AN bis zum Ende des Urlaubsjahres und/oder des Übertragungszeitraums erkranke und deswegen arbeitsunfähig sei (zur Frage, was diese Änderung des Urlaubsrechts für **ruhende Arbeitsverhältnisse** bedeutet, vgl ausf *Fieberg* NZA 2009, 929; ferner LAG BW 29.4.2010, 11 Sa 64/09, LAGE § 7 BUrlG Abgeltung Nr 28; LAG Schl-Holst 16.12.2010, 4 Sa 209/10, einerseits und LAG Düsseldorf 5.5.2010, 7 Sa 1571/09, NZA-RR 2010, 568 [unter Hinweis auf BAG 15.12.2009, 9 AZR 795/08]; 1.10.2010, 9 Sa 1541/09; LAG Köln 29.4.2010, 6 Sa 103/10, ZTR 2010, 589, andererseits; fußt das **Ruhen** des Arbeitsverhältnisses auf einer **Erkrankung des AN** [»gesundheitliche Gründe«], so soll nach Ansicht des BAG der Urlaubsanspruch nicht gekürzt werden können oder gar in Gänze entfallen – so BAG 7.8.2012, 9 AZR 353/10, EzA § 7 BUrlG Nr 129; 22.9.2015, 9 AZR 170/14, NZA 2016, 37; vgl auch LAG Schl-Holst, 6.12.2012, 4 Sa 173/12; ferner LAG MV 12.2.2015, 5 Sa 47/14, LAGE § 3 BUrlG Nr 6; nichts anderes soll gelten, wenn die Arbeitsvertragsparteien unbezahlten Sonderurlaub vereinbart haben – dazu BAG 6.5.2014, 9 AZR 678/12, EzA § 1 BUrlG Nr 26). Dieses Ergebnis entspreche Wortlaut, Systematik und Zweck der innerstaatlichen Regelungen, wenn die durch den EuGH konkretisierten RL-Vorgaben und der regelmäßig anzunehmende Wille des nationalen Gesetzgebers zur ordnungsgem Umsetzung von RL berücksichtigt würden (BAG 24.3.2009, 9 AZR 983/07, EzA § 7 BUrlG Abgeltung Nr 15). Methodisch sei dabei jedenfalls eine richtlinienkonforme Rechtsfortbildung durch »teleologische Reduktion« der zeitlichen Grenzen von III 1, 3 und IV in Fällen krankheitsbedingter Arbeitsunfähigkeit bis zum Ende des Urlaubsjahres und/oder des jeweiligen Übertragungszeitraums geboten und vorzunehmen. Auch wenn das BAG sich in seinen Ausführungen zuerst auf den Urlaubsabgeltungsanspruch des IV bezieht, kann nichts anderes für den **Urlaubsanspruch selbst** gelten (weitergehend LAG Nürnberg 9.3.2010, 7 Sa 220/10, nach dessen Ansicht der Urlaub selbst dann nicht verfällt, wenn der AG den Fortbestand des Arbeitsverhältnisses bestreitet und der AN während eines Bestandsschutzverfahrens keinen Urlaub verlangt; ebenso *G Becker* NZA-RR 2010, 337; dagegen zu Recht BAG 13.12.2011, 9 AZR 420/10; LAG München 3.12.2009, 4 Sa 564/09, LAGE § 7 BUrlG Abgeltung Nr 23). **38**

Erlangt der AN seine Arbeitsfähigkeit im laufenden Arbeitsverhältnis wieder, so werden nach vorzugswürdiger Ansicht die aufgelaufenen Urlaubsansprüche den Urlaubsansprüchen des laufenden Urlaubsjahres zugeschlagen. Sie teilen dann aber auch deren rechtl Schicksal – dh: sie verfallen mit diesen zum nächstmöglichen Verfallszeitpunkt (zu dieser rechtl Konstruktion vgl § 7 Rdn 49; so nunmehr auch BAG 12.4.2011, 9 AZR 80/10, EzA § 7 BUrlG Nr 123; 9.8.2011, 9 AR 425/10, EzA § 7 BUrlG Nr 125; vgl ferner LAG Köln 18.5.2010, 12 Sa 38/10; 17.9.2010, 4 Sa 584/10; *Gaul/Bonanni/Ludwig* DB 2009, 1013). Nicht etwa kann der AN die aufgelaufenen Urlaubsansprüche ohne zeitliche Deckelung bis zum Ende des Arbeitsverhältnisses aufsparen (vgl dazu auch noch Rdn 44). Gesundet der AN bereits im Übertragungszeitraum (also frühestens zum 1.1., aber noch vor dem 31.3.) und hätte er seinen Urlaub im Übertragungszeitraum auch nehmen können, so verbleibt es bei den allg Grundsätzen des Urlaubsrechts. Ein gleichwohl nicht genommener Urlaub verfällt. Eine Korrektur mit Blick auf europarechtl Vorgaben ist hier nicht geboten, weil der AN die »tatsächliche Möglichkeit« hatte, seinen Anspruch auf Jahresurlaub »auszuüben« (so richtig LAG Rh-Pf 15.4.2010, 10 Sa 775/09). Zur inzwischen »nuancierten« Rspr des EuGH und zu der sich daran anschließenden Rspr des BAG vgl noch § 7 Rdn 43. **39**

Von der Rspr-Änderung unmittelbar betroffen ist **nur der gesetzliche Urlaubs(abgeltungs)anspruch** als solcher. Für den gesetzlichen Anspruch **übersteigende (tarif- bzw einzel)vertragliche Urlaubsansprüche** kann der Verfall deshalb tarif- bzw einzelvertraglich angeordnet werden (dazu EuGH 24.1.2012, C 282/10, EzA EG-Vertrag 1999 RL 2003/88 Nr 8; 3.5.2012, C 337/10, EzA EG-Vertrag 1999 Richtlinie **40**

2003/88 Nr 9; BAG 24.3.2009, 9 AZR 983/07, § 7 BUrlG Abgeltung Nr 15; 23.3.2010, 9 AZR 128/09, EzA § 7 BUrlG Abgeltung Nr 16; 4.5.2010, 9 AZR 183/09, NZA 2010, 1011; 12.4.2011, 9 AZR 80/10, EzA § 7 BUrlG Nr 123; 22.5.2012, 9 AZR 618/10, EzA § 7 BUrlG Nr 127; 13.11.2012, 9 AZR 64/11; 12.12.2012, 10 AZR 192/11; 12.3.2013, 9 AZR 292/11; 16.7.2013, 9 AZR 914/11, EzA § 7 BUrlG Abgeltung Nr 24; 12.11.2013, 9 AZR 551/12, NZA 2014, 383; 17.11.2015, 9 AZR 275/14; LAG Nds 17.12.2010, 16 Sa 297/10; LAG Rh-Pf 19.8.2010, 10 Sa 244/10; 14.1.2013, 5 Sa 377/12; vgl ferner ErfK/*Gallner* § 7 Rn 67; *B Gaul/Josten/Strauf* BB 2009, 497). Allerdings braucht es auch eine solche den Verfall des vertraglichen Zusatzurlaubs anordnende Regelung (so überzeugend *B Gaul/Bonanni/Ludwig* DB 2009, 1013; vgl auch BAG 22.5.2012, 9 AZR 618/10, EzA § 7 BUrlG Nr 127; 20.1.2015, 9 AZR 585/13, EzA § 4 TVG Großhandel Nr 9; 17.11.2015, 9 AZR 275/14: es brauche »deutliche Anhaltspunkte« für einen eigenen Regelungswillen der Tarifvertragsparteien, den Mehrurlaub abweichend regeln zu wollen; so auch neuerlich BAG 16.7.2013, 9 AZR 914/11, EzA § 7 BUrlG Abgeltung Nr 24; 12.11.2013, 9 AZR 551/12, NZA 2014, 383; ferner LAG Nürnberg 27.5.2014, 7 Sa 32/14; *Grobys* NJW 2009, 2177; HWK/ *Schinz* § 7 Rn 74d; krit *Krieger/Arnold* NZA 2009, 530; einen Formulierungsvorschlag liefern *Bauer/ Arnold* NJW 2009, 631). Soweit eine entspr Regelung nicht existiert, teilt ein über den gesetzlichen Anspruch hinausreichender vertraglicher Urlaubsanspruch nämlich das rechtl Schicksal des gesetzlichen Mindestanspruchs (dazu § 13 Rdn 5 und ausf gegen Kritik aus Rspr und Lit hins dieses Gleichlaufs BAG 23.3.2010, 9 AZR 128/09, EzA § 7 BUrlG Abgeltung Nr 16). Der gesetzliche Urlaubsanspruch besteht aber gerade fort (zum Gleichlauf vgl auch BAG 20.1.2015, 9 AZR 585/13, EzA § 4 TVG Großhandel Nr 9).

41 Trotz krankheitsbedingter Arbeitsunfähigkeit verfällt nach vorzugswürdiger Ansicht indes weiterhin der **gesetzliche Zusatzurlaub** für schwerbehinderte Menschen gem **§ 125 SGB IX** (so LAG Berl-Bbg 2.10.2009, 6 Sa 1215/09 und 1536/09; Hess LAG 21.4.2010, 6 Sa 1944/09; *Subatzus* DB 2009, 510; aM BAG 23.3.2010, 9 AZR 128/09, EzA § 7 BUrlG Abgeltung Nr 16; 13.12.2011, 9 AZR 399/10, NZA 2012, 514; LAG BW 29.4.2010, 11 Sa 64/09, LAGE § 7 BUrlG Abgeltung Nr 28; LAG Düsseldorf 2.2.2009, 12 Sa 486/06, NZA-RR 2009, 149). Hins gesetzlicher Ansprüche auf Zusatzurlaub ist nämlich eine »teleologische Reduktion« der gesetzlichen Regelungen nicht überzeugend, weil der Zusatzurlaub von den RL-Vorgaben gerade nicht erfasst wird. Der sonst im Grundsatz bestehende regulative Gleichlauf von Mindesturlaub und Zusatzurlaub muss hier also im Ergebnis aufgegeben werden.

42 Ob AG, die sich nunmehr im Zuge der Rspr-Änderung unvermittelt Urlaubsansprüchen Langzeiterkrankter ausgesetzt sehen, zumindest über den Aspekt des **Vertrauensschutzes** geholfen werden kann, sagte das BAG in seiner Entsch vom 24.3.2009 (9 AZR 983/07, EzA § 7 BUrlG Abgeltung Nr 15) nicht abschließend (mit Recht krit zu Vertrauensschutzerwägungen überhaupt *Abele* RdA 2009, 312; für weitreichenden Vertrauensschutz hingegen *Bauer/Arnold* NJW 2009, 631; *B Gaul/Bonanni/Ludwig* DB 2009, 1013). Nach Ansicht des 9. Senats sind nationale Gerichte als Teil der Staatsgewalt an das Rechtsstaatsprinzip des Art 20 III GG gebunden. Entspr hätten sie auch den Grundsatz des Vertrauensschutzes zu beachten. Unter welchen Voraussetzungen sich AG aber hins Urlaubsansprüchen arbeitsunfähig erkrankter AN auf Vertrauensschutzerwägungen zurückziehen können, brauchte der 9. Senat in seiner Entsch vom 24.3.2009 (9 AZR 983/07, aaO) deshalb nicht zu entscheiden, weil seiner Ansicht nach jedenfalls seit Bekanntwerden des Vorabentscheidungsersuchens des LAG Düsseldorf vom 2.8.2006 (12 Sa 486/06, LAGE § 7 BUrlG Nr 43) die AG damit rechnen mussten, Urlaubsansprüche arbeitsunfähig erkrankter AN noch erfüllen bzw mit Beendigung des Arbeitsverhältnisses abgelten zu müssen. Eine uneingeschränkte Anwendung von III 1 und 3 sowie des IV hätte jedenfalls seither nicht mehr als gesichert angesehen werden können (krit dazu *B Gaul/Bonanni/Ludwig* aaO; *Krieger/Arnold* NZA 2009, 530). Inzwischen hat der 9. Senat in einer Entsch vom 23.3.2010 (9 AZR 128/09, EzA § 7 BUrlG Abgeltung Nr 16) sogar weitergehend gemeint, dass ein mögliches Vertrauen der AG auf den Fortbestand der vormaligen Rspr des BAG jedenfalls **seit Ablauf der Umsetzungsfrist** für die erste Arbeitszeit-RL 93/104/EG **am 23.11.1996 nicht mehr schutzwürdig** sei. Die Schutzwürdigkeit der AG sei also seit dem 24.11.1996 entfallen (vgl auch BAG 4.5.2010, 9 AZR 183/09, NZA 2010, 1011; 9.8.2011, 9 AZR 365/10, NZA 2011, 1421; 13.12.2011, 9 AZR 399/10, NZA 2012, 514; LAG Düsseldorf 5.5.2010, 7 Sa 1571/09, NZA-RR 2010, 568; aM Hess LAG 21.4.2010, 6 Sa 1944/09).

43 Ob und unter welchen Voraussetzungen **Ausschlussfristen** zum Verfall von Urlaubs(abgeltungs)ansprüchen langzeiterkrankter AN führen können, ließ das BAG in seiner Entsch vom 24.3.2009 (9 AZR 983/07, EzA § 7 BUrlG Abgeltung Nr 15) gleichfalls offen (einen Verfall verneinend: Hess LAG 17.12.2010, 19 Sa 939/10; *B Gaul/Bonanni/Ludwig* DB 2009, 1013; für einen Verfall durch Ausschlussfristen hingegen *Bauer/ Arnold* NJW 2009, 631; zum Verfall des Abgeltungsanspruchs vgl noch Rdn 59 f). Der »Schultz-Hoff«-Entsch des EuGH vom 20.1.2009 (C350/06 und C 520/06, NJW 2009, 495) ließ sich nichts zu dieser

Frage und auch nichts dazu entnehmen, ob die Urlaubsansprüche zumindest den **allg Verjährungsregelungen** unterliegen (für die Anwendung der regelmäßigen Verjährungsfrist von 3 Jahren gem § 195 BGB auf Urlaubs[abgeltungs]ansprüche LAG Düsseldorf 18.8.2010, 12 Sa 650/10; 1.10.2010, 9 Sa 1541/09; *Bauer/ Arnold* NJW 2009, 631; krit AnwK-ArbR/*Düwell* § 7 Rn 91).

Das LAG Hamm (15.4.2010, 16 Sa 1176/09, LAGE Nr 27 zu § 7 BUrlG Abgeltung) legte deshalb dem EuGH die Frage nach einer möglichen zeitlichen Begrenzung von Urlaubsansprüchen vor, um vor allen in den Fällen langjähriger Erkrankungen das **Ansammeln** von **Urlaubsansprüchen zu deckeln**. In der daraufhin ergangenen Entscheidung des EuGH vom 22.11.2011 (C-214/10, EzA EG-Vertrag 1999 Richtlinie 2003/88 Nr 7; vgl auch EuGH 3.5.2012, C 337/10, EzA EG-Vertrag 1999 Richtlinie 2003/88 Nr 9) meinte das Gericht, die »Schlussfolgerungen« aus der »Schultz-Hoff«-Entsch müssten »nuanciert« werden. Ein unbegrenztes Ansammeln von Ansprüchen auf bezahlten Jahresurlaub würde nämlich dem Zweck des Anspruchs auf bezahlten Jahresurlaub widersprechen, wobei das Gericht dabei vor allem auf den Erholungszweck abstellte: ein Urlaub entfalte für einen länger zurückliegenden Zeitraum keine Erholungswirkung mehr. Gleichwohl betonte der EuGH, dass der Übertragungszeitraum in den Fällen langandauernder Arbeitsunfähigkeit den Bezugszeitraum des Urlaubs »deutlich überschreiten« müsse. Einen **Übertragungszeitraum** von **15 Monaten** hat der EuGH aber insgesamt als **ausreichend** angesehen. Entsprechende tarif- und auch einzelvertragliche Ausschlussfristen, die sich an diesen europarechtlichen Vorgaben orientieren, dürften wohl auch mit Blick auf § 13 I BUrlG Bestand haben, weil die deutlich kürzeren Übertragungsfristen des BUrlG gewahrt bleiben. Zu einem »**automatischen**« Verfall von Urlaubsansprüchen nach 15 (oder 18) Monaten im Zuge der Rspr des EuGH kommt es nach vorzugswürdiger Ansicht indes nicht (LAG Düsseldorf 23.2.2012, 5 Sa 1370/11; *Franzen* NZA 2011, 1403; aM LAG Frankfurt 7.2.2012, 19/Sa 818/11: Verfall nach 15 Monaten; LAG Hamm 13.2.2012, 16 Sa 148/11: Verfall nach 18 Monaten unter Rückgriff auf Art 9 Abs 1 des Übereinkommens Nr 132 IAO vom 24.6.1970; *Bauer/ von Medem* NZA 2012, 113; zunächst nur tendenziell auch BAG 9.8.2011, 9 AR 425/10, EzA § 7 BUrlG Nr 125 in Rn 19). Ein anderes Ergebnis ist jedoch in methodischer Hinsicht kaum mehr vertretbar. Das BAG (7.8.2012, 9 AZR 353/10, EzA § 7 BUrlG Nr 129; 18.9.2012, 9 AZR 623/10; 16.10.2012, 9 AZR 63/11, NZA 2013, 326; 11.6.2013, 9 AZR 855/11; 16.7.2013, 9 AZR 914/11, EzA § 7 BUrlG Abgeltung Nr 24; 12.11.2013, 9 AZR 727/12; 12.11.2013, 9 AZR 646/12, NJW 2014, 413; 18.3.2014, 9 AZR 669/12, EzA § 7 BUrlG Nr 133; 16.12.2014, 9 AZR 295/13, EzA § 6 BUrlG Nr 6; 20.1.2015, 9 AZR 585/13, EzA § 4 TVG Großhandel Nr 9) meint nun aber auch insoweit § 7 III dahingehend unionsrechtskonform auslegen zu können (zur Verpflichtung einer unionsrechtskonformen Auslegung vgl EuGH 24.1.2012, C 282/10, EzA EG-Vertrag 1999 RL 2003/88 Nr 8), dass **gesetzliche Urlaubsansprüche** vor **Ablauf eines Zeitraums** von **15 Monaten** nach dem **Ende des Urlaubsjahres nicht erlöschen**, wenn der Arbeitnehmer aus gesundheitlichen Gründen an seiner Arbeitsleistung gehindert war. Sie sollen jedoch mit **Ablauf des 31. März** des **zweiten Folgejahres untergehen**. Dies gölte auch bei fortdauernder Arbeitsunfähigkeit (der sog **15-Monats-**Rspr des BAG zust. LAG BW 19.3.2014, 13 Sa 73/13; LAG Hamm 9.10.2014, 16 Sa 711/14, ZTR 2015, 214; LAG MV 13.8.2014, 3 Sa 9/14; LAG Schl-Holst 2.12.2015, 3 Sa 218/15). Zur besonderen Konstellation einer **krankheitsbedingten Arbeitsunfähigkeit** im **unmittelbaren Anschluss an** eine **Elternzeit** vgl. LAG Düsseldorf 26.11.2014, 12 Sa 982/14, LAGE § 17 BEEG Nr 3: übertragene Urlaubsansprüche verfallen erst 15 Monate nach dem Ende des Folgejahres, in dem der AN aus der Elternzeit zurückkehrt, sofern der AN nach dem Ende der Elternzeit dauerhaft arbeitsunfähig erkrankt war.

Dass mit der soeben beschriebenen Korrektur des Urlaubsrechts arbeitsunfähig erkrankte AN bessergestellt werden als andere AN, hält das BAG (24.3.2009, 9 AZR 983/07, aaO) mit dem allg Gleichheitssatz des Art 3 I GG für vereinbar. Indes bedeutet die urlaubsrechtl Besserstellung in Wahrheit ein Danaergeschenk für längerfristig erkrankte AN, weil die AG es grundsätzlich nicht zulassen können, dass Urlaubsansprüche in relevantem Umfang auflaufen (dazu auch *Bauer/Arnold* NJW 2009, 631). Die Entscheidung des EuGH vom 22.11.2011 (C-214/10, EzA Richtlinie 2003/88 EG-Vertrag 1999 Nr 7) und die sich daran anschließende Rspr des BAG (7.8.2012, 9 AZR 353/10, EzA § 7 BUrlG Nr 129; 16.10.2012, 9 AZR 63/11, NZA 2013, 326; 11.6.2013, 9 AZR 855/11; 12.11.2013, 9 AZR 727/12; 12.11.2013, 9 AZR 646/12, NJW 2014, 413; 16.12.2014, 9 AZR 295/13, EzA § 6 BUrlG Nr 6; 20.1.2015, 9 AZR 585/13, EzA § 4 TVG Großhandel Nr 9) hat dieser Problematik aber etwas die Brisanz genommen. Dessen ungeachtet sind AN freilich nicht zur Eigenkündigung verpflichtet, um den AG vor einer Anhäufung von Urlaubsansprüchen zu bewahren (LAG Nds 17.12.2010, 16 Sa 297/10).

II. Insb: Übertragung von Teilurlaubsansprüchen. Für den **Teilurlaubsanspruch** nach § 5 I lit a (dazu § 5 Rdn 6) ist in § 7 III 4 die Möglichkeit eröffnet, diesen **auf Verlangen des AN** auf das **nächste Kalenderjahr zu übertragen**. Für andere Teilurlaubsansprüche des AN gilt das nicht. Der AN soll den ihm nach

§ 5 I lit a zustehenden Teilurlaub zusammen mit dem Vollurlaub des Folgejahres nehmen können. Dafür muss der AN jedoch die Übertragung des Teilurlaubs auf das nächste Kalenderjahr noch im Urlaubsjahr verlangen (BAG 24.3.2009, 9 AZR 983/07, EzA § 7 BUrlG Abgeltung Nr 15). Ein solches Verlangen ist weder formbedürftig, noch muss es begründet werden. Es genügt vielmehr jede Handlung des AN, mit der er für den AG deutlich macht, den Teilurlaub erst im nächsten Jahr nehmen zu wollen. Nicht ausreichend ist es hingegen, wenn der AN im Urlaubsjahr darauf verzichtet, einen Urlaubsantrag zu stellen (BAG 29.7.2003, 9 AZR 270/02, EzA § 7 BUrlG Nr 111; aM *Neumann/Fenski* § 7 Rn 80). Im Streitfall muss der AN darlegen und ggf beweisen, dass er die Übertragung des Urlaubs verlangt hat.

47 Wird der Teilurlaubsanspruch nach Maßgabe des § 7 III 4 übertragen, so kann er bis zum Ablauf des Folgejahres gewährt und genommen werden (HWK/*Schinz* § 5 Rn 15; *Neumann/Fenski* § 7 Rn 90). Versäumt der AN die Übertragung nach Maßgabe des § 7 III 4, weil er ein entspr Verlangen nicht ausreichend artikuliert, so kommt nur noch eine Übertragung des Teilurlaubsanspruchs nach Maßgabe der allg Grundsätze in § 7 III 2 und 3 in Betracht. Letztere bleiben neben § 7 III 4 anwendbar.

48 **III. Gewillkürte Übertragungsregelungen.** AG und AN können eine **großzügigere Übertragungsregelung** als im Gesetz vorgesehen vereinbaren – etwa dahingehend, dass Urlaub, der aus persönlichen oder betrieblichen Gründen nicht im Verlauf des Urlaubsjahres genommen oder gewährt werden konnte, im gesamten Folgejahr zu gewähren ist (aM wohl AnwK-ArbR/*Düwell* § 7 Rn 132). § 13 I steht einer solchen Vereinbarung nicht entgegen, weil sie für den AN günstiger ist. Sie kann auch Gegenstand einer **betrieblichen Übung** sein (BAG 21.6.2005, 9 AZR 200/04, EzA § 7 BUrlG Nr 114; HWK/*Schinz* § 7 Rn 79).

49 Ist tarifvertraglich unter bestimmten Voraussetzungen die gesetzliche Verfallsfrist bei der Übertragung des Urlaubs auf das Folgejahr in der Weise abbedungen, dass der AG schlicht verpflichtet wird, den Urlaub nachzugewähren, so folgt daraus, dass solcher Urlaub zu dem Urlaubsanspruch des Folgejahres hinzutritt, dann aber denselben Verfallsfristen wie dieser unterliegt (BAG 11.4.2006, 9 AZR 523/05, EzA § 7 BUrlG Nr 116). Er besteht also grds nicht auf Dauer unbefristet fort. Dahingehend dürfte eine entspr tarifliche Regelung zumindest regelmäßig zu interpretieren sein (vgl aber auch BAG 15.12.2009, 9 AZR 795/08, zu einer vollständigen Entfristung des Urlaubsanspruchs durch Tarifvertrag).

50 **IV. Schadensersatz wegen Verfalls des Urlaubs.** Verfällt der Urlaubsanspruch aufgrund seiner Befristung, hatte der AN den Urlaub aber rechtzeitig vom AG verlangt (zu den Anforderungen an eine Mahnung näher AnwK-ArbR/*Düwell* § 7 Rn 149 f) und hätte der AG den Urlaub auch erteilen können, dann **wandelt** sich nach Ansicht des BAG der **Urlaubsanspruch in** einen **Schadensersatzanspruch** um, der auf Gewährung von Ersatzurlaub als Naturalrestitution (§§ 275 I, IV, 280, 283, 286 I 1, 287 S 2, 249 I BGB) gerichtet ist (BAG 23.6.1992, 9 AZR 57/91, EzA § 7 BUrlG Nr 85; 16.3.1999, 9 AZR 428/98, EzA § 7 BUrlG Nr 107; 11.4.2006, 9 AZR 523/05, EzA § 7 BUrlG Nr 116; 11.7.2006, 9 AZR 535/05, EzA § 626 BGB 2002 Nr 18; 12.4.2011, 9 AZR 80/10, EzA § 7 BUrlG Nr 123; 14.5.2013, 9 AZR 760/11, EzA § 7 BUrlG Nr 131; 6.8.2013, 9 AZR 956/11, NZA 2014, 545; 12.11.2013, 9 AZR 551/12, NZA 2014, 383; 3.6.2014, 9 AZR 944/12, EzA § 7 BUrlG Nr 134; 10.2.2015, 9 AZR 53/14 (F), EzA § 3 BUrlG Nr 26; AnwK-ArbR/*Düwell* § 7 Rn 126 ff). Das gilt in gleicher Weise für (tariflichen) Zusatzurlaub (BAG 24.2.2010, 4 AZR 708/08, ZTR 2010, 408). Entspr gilt, wenn der AG die Unmöglichkeit der Urlaubsgewährung – auch ohne in Verzug geraten zu sein – zu vertreten hat. Das ist allerdings nicht schon dann der Fall, wenn der AG den Urlaub nicht von sich aus festgelegt hat (zutr LAG Rh-Pf 28.7.2014, 3 Sa 108/14; HWK/*Schinz* § 7 Rn 135; *Leinemann/Linck* § 7 Rn 168; aM LAG Berl-Bbg 12.6.2014, 21 Sa 221/14, LAGE § 7 BUrlG Abgeltung Nr 43; 7.5.2015, 10 Sa 86/15 ua; LAG München 6.5.2015, 8 Sa 982/14; dem LAG Berl-Bbg aus europarechtlichen Gründen folgend *Polzer/Kafka* NJW 2015, 2289). Grds bedarf es mithin eines verzugsbegründenden Urlaubsverlangens (Mahnung) durch den AN. Insofern sollte der AN in einem **Kdg-Schutzprozess**, sobald der originäre Urlaubsanspruch mit Blick auf die Verfahrensdauer zu verfallen droht, vom AG stets auch die Urlaubsgewährung einfordern, um im Obsiegensfall zumindest einen auf Ersatzurlaub gerichteten Schadensersatzanspruch in der Hand zu haben (BAG 21.9.1999, 9 AZR 705/98, EzA § 7 BUrlG Abgeltung Nr 6; 14.5.2013, 9 AZR 760/11, EzA § 7 BUrlG Nr 131; 6.8.2013, 9 AZR 956/11, NZA 2014, 545; AnwK-ArbR/*Düwell* § 7 Rn 174 f; HWK/*Schinz* § 7 Rn 146). Eine verzugsbegründende Mahnung kann gem § 286 Abs 2 Nr 3 BGB allerdings dann entbehrlich sein, wenn der AG – insbesondere in einem Kündigungsschutzprozess – die Erfüllung der Urlaubsansprüche ernsthaft und endgültig verweigert (so richtig BAG 6.8.2013, 9 AZR 956/11, NZA 2014, 545; ferner LAG Düsseldorf 9.4.2014, 12 Sa 1866/12, LAGE § 7 BUrlG Abgeltung Nr 42). Nach Ansicht des LAG Nürnberg (9.3.2010, 7 Sa 220/10) soll der Urlaub hingegen schon gar nicht erst nicht verfallen, wenn der AG schlicht den Fortbestand des Arbeitsverhältnisses bestreitet und der AN während eines Bestandsschutzverfahrens keinen Urlaub verlangt (ebenso *G Becker* NZA-RR 2010, 337). Auf Schadensersatzansprüche kommt es nach dieser Ansicht nicht an, eben weil der

Urlaubsanspruch als Primäranspruch noch fortbestehen soll. Das LAG Nürnberg stützt sich für seine Position (zu Unrecht) auf die »Schultz-Hoff«-Entsch des EuGH – zu dieser Rdn 37 f, 57 f; gegen eine solche Konstruktion zu Recht BAG 13.12.2011, 9 AZR 420/10; LAG München 3.12.2009, 4 Sa 564/09, LAGE § 7 BUrlG Abgeltung Nr 23.

Der Schadensersatzanspruch ist auf **Ersatzurlaubsgewährung** gerichtet. Eine Entschädigung in Geld lässt 51 das BAG grds nicht zu (dazu *Leinemann/Linck* § 7 Rn 164 f). Endet jedoch das Arbeitsverhältnis, bevor auf schadensersatzrechtl Grundlage Ersatzurlaub gewährt wurde, so kommt eine Naturalrestitution nach § 249 I BGB nicht mehr in Betracht und es ist nunmehr Schadensersatz in Geld zu zahlen (§ 251 I BGB). Nach Ansicht des BAG ist diese Geldschuld wegen § 286 II Nr 1 BGB ab Beendigung des Arbeitsverhältnisses zu verzinsen (BAG 11.4.2006, 9 AZR 523/05, EzA § 7 BUrlG Nr 116).

Der auf Ersatzurlaubsgewährung gerichtete Schadensersatzanspruch unterliegt der **regelmäßigen 3-jähri-** 52 **gen Verjährungsfrist** des § 195 BGB (BAG 11.4.2006, 9 AZR 523/05, EzA § 7 BUrlG Nr 116; zur Verjährung der Ersatzansprüche nach »altem Recht« s BAG 5.12.1995, 9 AZR 666/94, EzA § 1 AWbG NW Nr 1: regelmäßige Verjährungsfrist von 30 Jahren); zum Verjährungsbeginn vgl § 199 BGB. Hins eines Schadensersatzanspruchs auf Ersatzurlaubsgewährung können ggf (tarifliche) **Ausschlussfristen** zu beachten sein (AnwK-ArbR/*Düwell* § 7 Rn 130). § 13 I steht den Ausschlussfristen insoweit nicht entgegen, weil es sich bei den Schadensersatzansprüchen nicht um Ansprüche aus dem BUrlG, sondern um leistungsstörungsrechtl Ansprüche handelt. Darüber hinaus unterliegt der auf Ersatzurlaubsgewährung gerichtete Schadensersatzanspruch aber nicht den für den Erholungsurlaub geltenden gesetzlichen **Befristungsregelungen** (§ 7 III).

D. Abgeltung des Urlaubsanspruchs. Gem § 7 IV ist Urlaub abzugelten, wenn er wegen der Beendi- 53 gung des Arbeitsverhältnisses ganz oder teilw nicht mehr gewährt werden kann. Der noch nicht erfüllte Urlaubsanspruch wandelt sich bei Beendigung des Arbeitsverhältnisses »automatisch« in einen Abgeltungsanspruch um. Dabei ist die Umwandlung des Urlaubsanspruchs in einen Abgeltungsanspruch nicht auf den gesetzlichen Mindesturlaub beschränkt; erfasst sind – vorbehaltlich einer abw Regelung – auch weitergehende (tarif)vertragliche Urlaubsansprüche des AN (BAG 5.12.1995, 9 AZR 871/94, EzA § 7 BUrlG Nr 101; 10.5.2005, 9 AZR 253/04, EzA § 7 BUrlG Abgeltung Nr 13; 22.10.2009, 8 AZR 865/08, NZA-RR 2010, 565) sowie gesetzlicher Zusatzurlaub – etwa der für Schwerbehinderte aus § 125 SGB IX (BAG 27.5.2003, 9 AZR 366/02, EzA § 7 BUrlG Abgeltung Nr 9: dort noch zu § 47 I SchwbG). Zur Abgeltung des Urlaubsanspruchs von **Besatzungsmitgliedern** auf **Kauffahrteischiffen** (Handelsschiffen) vgl die § 7 IV verdrängende Vorschrift des § 64 SeeArbG (zu § 60 SeemG BAG 24.6.2003, 9 AZR 423/02, EzA § 7 BUrlG Abgeltung Nr 10); zur Urlaubsabgeltung nach EZ vgl § 17 III BEEG sowie § 17 BEEG Rdn 10; zu § 17 III BEEG vgl. ferner BAG 19.5.2015, 9 AZR 725/13, EzA § 17 BEEG Nr 1: die Kürzungsbefugnis des § 17 I BEEG besteht nicht mehr, wenn der Urlaubsabgeltungsanspruch bereits entstanden ist.

Der Abgeltungsanspruch entsteht **mit der Beendigung des Arbeitsverhältnisses** (BAG, 9.8. 2011, 9 AZR 54 365/10, EzA § 7 BUrlG Abgeltung Nr. 18). Er setzt voraus, dass im Zeitpunkt der Beendigung des Arbeitsverhältnisses ein noch offener (und nunmehr abzugeltender) Urlaubsanspruch des AN besteht. Scheidet der AN aus dem Arbeitsverhältnis aus und verfallen seine Urlaubsansprüche am selben Tag (etwa bei einem Ausscheiden aus dem Arbeitsverhältnis mit Ablauf des 31.12. oder mit Ablauf des 31.3.), so existiert zum Zeitpunkt der Beendigung des Arbeitsverhältnisses kein noch abzugeltender Urlaubsanspruch mehr (LAG Hamm 9.10.2014, 16 Sa 711/14, ZTR 2015, 214). Besteht ein noch abzugeltender Urlaubsanspruch, so ist der entsprechende Abgeltungsanspruch gem § 271 I BGB auch **sofort fällig** (BAG 9.8.2011, 9 AZR 352/10, NZA-RR 2012, 129; 8.4.2014, 9 AZR 550/12, EzA § 7 BUrlG Abgeltung Nr 25; 6.5.2014, 9 AZR 758/12; LAG Rh-Pf 26.6.2012, 3 Sa 2/12; LAG Schl-Holst 30.4.2013, 1 Sa 373/12). Die Fälligkeit des Abgeltungsanspruchs bestimmt sich regelmäßig nicht nach Maßgabe der (tarif)vertraglichen Fälligkeitsregelungen für Lohnansprüche (BAG 8.4.2014, 9 AZR 550/12, EzA § 7 BUrlG Abgeltung Nr 25; LAG Rh-Pf 26.6.2012, 3 Sa 2/12; aM BAG 6.5.2014, 9 AZR 758/12; LAG Düsseldorf 12.9.2014, 10 Sa 1329/13; LAG Hamm 29.3.2012, 16 Sa 322/10). Allerdings ist damit für die Leistung der Abgeltung nicht zugleich eine Zeit nach dem Kalender iSd § 286 II Nr 1 BGB bestimmt (BAG 7.8.2012, 9 AZR 353/10, EzA § 7 BUrlG Nr 129). Will der AN den AG in **Verzug** setzen, so braucht es grundsätzlich eine verzugsbegründende Mahnung.

Der Abgeltungsanspruch gem § 7 IV war nach früherer Lesart einer gefestigten und ständigen Rspr sowie 55 weiter Teile der Literatur **kein** spezifisch urlaubsrechtl **Abfindungsanspruch**; er entstand vielmehr als Ersatz (Surrogat) für die aufgrund der Beendigung des Arbeitsverhältnisses nicht mehr mögliche Befreiung von der Arbeitspflicht. Er war deshalb – mit Ausnahme der Beendigung des Arbeitsverhältnisses – an die **gleichen Voraussetzungen** wie der **Urlaubsanspruch** selbst gebunden (st Rspr – etwa BAG 21.6.2005, 9 AZR

200/04, EzA § 7 BUrlG Nr 114; vgl aber auch Rdn 59 f). Er setzte insb voraus, dass der Urlaubsanspruch noch hätte erfüllt werden können. Auch war der Abgeltungsanspruch entspr dem Urlaubsanspruch **befristet**; er entfiel daher spätestens mit dem Ende des Übertragungszeitraums (BAG 27.5.2003, 9 AZR 366/02, EzA § 7 BUrlG Abgeltung Nr 9; 10.5.2005, 9 AZR 253/04, EzA § 7 BUrlG Abgeltung Nr 13; ErfK/ *Gallner* § 7 Rn 77 ff).

56 Nach diesen vormaligen Grundsätzen der Rspr des BAG konnte ein Abgeltungsanspruch insgesamt erlöschen, wenn der AN (dauerhaft) **arbeitsunfähig erkrankt** war und der Urlaub wegen § 9 nicht gewährt und in der Folge nicht erfüllt werden konnte. Entspr galt regelmäßig dann, wenn der AN aus dem Arbeitsverhältnis ausschied, weil er **Rente wegen Erwerbsminderung** (§ 43 SGB VI) bezog. Freilich war in diesem Fall stets zu prüfen, ob die Erwerbsminderung auch wirklich zur Arbeitsunfähigkeit iSd § 9 BUrlG führte. Nur soweit das der Fall war, war auch die Erfüllbarkeit des Urlaubsanspruchs und damit auch der Urlaubsabgeltungsanspruch ausgeschlossen. Ein Verfall kam nach bisheriger Ansicht des BAG auch dann in Betracht, wenn die Arbeitsunfähigkeit auf einem **Arbeitsunfall** beruhte (BAG 27.5.2003, 9 AZR 366/02, EzA § 7 BUrlG Abgeltung Nr 9).

57 Diese Rspr hat das BAG dann zunächst für Krankheitsfälle aufgegeben. Auf Vorlage des LAG Düsseldorf (2.8.2006, 12 Sa 486/06, LAGE § 7 BUrlG Nr 43) hat nämlich der EuGH (20.1.2009, C 350/06 und C 520/06, NJW 2009, 495; krit dazu *Dornbusch/Ahner* NZA 2009, 180; *Wank* FS Reuter 2010, S 921) zwischenzeitlich entschieden, dass Art 7 I der RL 2003/88 dahin auszulegen sei, dass er einzelstaatlichen Rechtsvorschriften oder Gepflogenheiten entgegenstehe, nach denen der Anspruch auf bezahlten Jahresurlaub bei Ablauf des Bezugszeitraums und/oder eines im nationalen Recht festgelegten Übertragungszeitraums auch dann erlösche, wenn der AN seinen Anspruch auf bezahlten Jahresurlaub deshalb nicht ausüben konnte, weil er während des gesamten Bezugszeitraums oder eines Teils davon krankgeschrieben war und seine Arbeitsunfähigkeit bis zum Ende seines Arbeitsverhältnisses fortgedauert hatte. Der AN müsse vielmehr auch tatsächlich die Möglichkeit gehabt haben, seinen Anspruch auf bezahlten Jahresurlaub »auszuüben« (vgl auch EuGH 10.9.2009, C 277/08, NZA 2009, 1133; 3.5.2012, C 337/10, EzA EG-Vertrag 1999 Richtlinie 2003/88 Nr 9).

58 Der 9. Senat des **BAG** hat daraufhin in einer Entsch vom 24.3.2009 (9 AZR 983/07, EzA § 7 BUrlG Abgeltung Nr 15; vgl auch BAG 23.3.2010, 9 AZR 128/09, EzA § 7 BUrlG Abgeltung Nr 16; 4.5.2010, 9 AZR 183/09, NZA 2010, 1011) gemeint, die **Bestimmungen** in **§ 7 III und IV »richtlinienkonform fortbilden«** zu können. III und IV seien künftig so zu verstehen, dass gesetzliche Urlaubsabgeltungsansprüche nicht mehr erlöschen, wenn der AN bis zum Ende des Urlaubsjahres und/oder des Übertragungszeitraums erkranke und deswegen arbeitsunfähig sei (zur Frage, was diese Änderung des Urlaubsrechts für **ruhende Arbeitsverhältnisse** bedeutet, vgl ausf *Fieberg* NZA 2009, 929; ferner LAG BW 29.4.2010, 11 Sa 64/09, LAGE § 7 BUrlG Abgeltung Nr 28; LAG Schl-Holst 16.12.2010, 4 Sa 209/10, einerseits und LAG Düsseldorf 5.5.2010, 7 Sa 1571/09, NZA-RR 2010, 568 [unter Hinweis auf BAG 15.12.2009, 9 AZR 795/08]; 1.10.2010, 9 Sa 1541/09; LAG Köln 29.4.2010, 6 Sa 103/10, ZTR 2010, 589, andererseits; fußt das **Ruhen** des Arbeitsverhältnisses auf einer **Erkrankung des AN** [»gesundheitliche Gründe«], so soll nach Ansicht des BAG der Urlaubsanspruch nicht gekürzt werden können oder gar in Gänze entfallen - so BAG 7.8.2012, 9 AZR 353/10, EzA § 7 BUrlG Nr 129; 22.9.2015, 9 AZR 170/14, NZA 2016, 37; vgl auch LAG Schl-Holst, 6.12.2012, 4 Sa 173/12; ferner LAG MV 12.2.2015, 5 Sa 47/14, LAGE § 3 BUrlG Nr 6; nichts anderes soll gelten, wenn die Arbeitsvertragsparteien unbezahlten Sonderurlaub vereinbart haben – dazu BAG 6.5.2014, 9 AZR 678/12, EzA § 1 BUrlG Nr 26). Dieses Ergebnis entspreche Wortlaut, Systematik und Zweck der innerstaatlichen Regelungen, wenn die durch den EuGH konkretisierten RL-Vorgaben und der regelmäßig anzunehmende Wille des nationalen Gesetzgebers zur ordnungsgem Umsetzung von RL berücksichtigt würden (BAG 24.3.2009, 9 AZR 983/07, EzA § 7 BUrlG Abgeltung Nr 15). Methodisch sei dabei jedenfalls eine richtlinienkonforme Rechtsfortbildung durch »teleologische Reduktion« der zeitlichen Grenzen von III S 1, 3 und IV in Fällen krankheitsbedingter Arbeitsunfähigkeit bis zum Ende des Urlaubsjahres und/oder des jeweiligen Übertragungszeitraums geboten und vorzunehmen. Der AN hat künftig also auch ungeachtet einer krankheitsbedingten Arbeitsunfähigkeit einen Anspruch auf Abgeltung seines Urlaubs (weitergehend LAG Nürnberg 9.3.2010, 7 Sa 220/10, nach dessen Ansicht der Urlaub selbst dann nicht verfällt, wenn der AG den Fortbestand des Arbeitsverhältnisses bestreitet und der AN während eines Bestandsschutzverfahrens keinen Urlaub verlangt; ebenso *G Becker* NZA-RR 2010, 337; dagegen zu Recht BAG 13.12.2011, 9 AZR 420/10; LAG München 3.12.2009, 4 Sa 564/09, LAGE § 7 BUrlG Abgeltung Nr 23).

59 Nach hier vertretener Ansicht ist der AN zum Ende des Arbeitsverhältnisses in Ansehung des Abgeltungsanspruchs aber so zu behandeln, als könne ihm Urlaub gewährt werden. Denn auch wenn der arbeitsunfähig erkrankte AN einen Urlaubsanspruch im laufenden Arbeitsverhältnis nicht geltend machen können soll,

so hindert ihn seine Arbeitsunfähigkeit jedenfalls nicht daran, nach Beendigung des Arbeitsverhältnisses einen Abgeltungsanspruch als Zahlungsanspruch zu verlangen (zur – zunächst jedenfalls partiellen – Aufgabe der Surrogationstheorie insoweit vgl BAG 24.3.2009, 9 AZR 983/07, EzA § 7 BUrlG Abgeltung Nr 15; 23.3.2010, 9 AZR 128/09, EzA § 7 BUrlG Abgeltung Nr 16; zur Surrogationstheorie allg vgl Rdn 55). Diesen Anspruch kann der AG auch erfüllen. § 9 steht der Erfüllung von Zahlungsansprüchen nicht entgegen. Mithin ist der AN an der Geltendmachung des Abgeltungsanspruches nicht länger »tatsächlich gehindert« (so nun auch BAG 9.8.2011, 9 AZR 365/10, NZA 2011, 1421; 13.12.2011, 9 AZR 399/10, NZA 2012, 514; LAG Düsseldorf 5.5.2010, 7 Sa 1571/09, NZA-RR 2010, 568; LAG Köln 20.4.2010, 12 Sa 1448/09, LAGE § 7 BUrlG Abgeltung Nr 26). Für eine zeitliche Deckelung des Abgeltungsanspruchs wäre es daran anknüpfend überzeugend gewesen, den Anspruch unter Rückgriff auf eine relativierte Surrogationstheorie (unter Ausklammerung der krankheitsbedingten Arbeitsunfähigkeit) dem Zeitregime des Urlaubsrechts zu unterstellen, so dass auch bei (dauerhaft) arbeitsunfähig erkrankten AN der Abgeltungsanspruch zum Ende des Urlaubsjahres, in dem das Arbeitsverhältnis endete – spätestens aber zum Ende des sich an das Urlaubsjahr anschließenden Übertragungszeitraums – verfallen wäre (aA LAG Düsseldorf 5.5.2010, 7 Sa 1571/09, NZA-RR 2010, 568; LAG Köln 20.4.2010, 12 Sa 1448/09, LAGE § 7 BUrlG Abgeltung Nr 26). Diesen Weg will das BAG aber nicht beschreiten, weil es in einer Entscheidung vom 19.6.2012 (9 AZR 652/10, EzA § 7 BUrlG Abgeltung Nr 22), die **Surrogationstheorie vollständig aufgegeben** hat und den Abgeltungsanspruch künftig nur noch als »**reinen Geldanspruch**« qualifizieren will, der nicht dem »Fristenregime des BUrlG« unterfällt (dazu noch Rdn 61).

Deshalb kommt es für eine zeitliche Begrenzung des Abgeltungsanspruchs insb auf die Frage an, ob **tarifliche** 60 **Ausschlussfristen** den Anspruch zum Wegfall bringen können; vgl dazu bereits Rdn 43; für die Anwendbarkeit tariflicher Ausschlussfristen bei Abgeltungsansprüchen hatten sich zunächst die Instanzgerichte mehrheitlich ausgesprochen: LAG Berl-Bbg 7.10.2010, 2 Sa 1464/10; LAG Düsseldorf 23.4.2010, 10 Sa 203/10, LAGE § 7 BUrlG Abgeltung Nr 27a; 5.5.2010, 7 Sa 1571/09, NZA-RR 2010, 568; LAG Hamm 24.6.2010, 16 Sa 371/10; LAG Köln 20.4.2010, 12 Sa 1448/09, LAGE § 7 BUrlG Abgeltung Nr 26; LAG München 24.6.2010, 4 Sa 1029/09; LAG Nds 13.8.2010, 6 Sa 409/10; ArbG Regensburg 4.2.2010, 8 Ca 1022/09; aM Hess LAG 21.4.2010, 6 Sa 1944/09; ArbG Herne 21.7.2010, 5 Ca 826/10. Inzwischen hat auch das **BAG** in Abkehr von seiner früheren Rspr **tarifliche Ausschlussfristen** für **wirksam** erachtet (BAG 9.8.2011, 9 AZR 365/10, NZA 2011, 1421; 9.8.2011, 9 AZR 352/10, NZA-RR 2012, 129; 9.8.2011, NZA 2012, 166; 13.12.2011, 9 AZR 399/10, NZA 2012, 514; 21.2.2012, 9 AZR 486/10, EzA § 7 BUrlG Abgeltung Nr 21; 19.6.2012, 9 AZR 652/10, EzA § 7 BUrlG Abgeltung Nr 22; 18.9.2012, 9 AZR 1/11, NZA 2013, 216: eine tarifvertragliche Ausschlussfrist von nur sechs Wochen ist wirksam; 16.4.2013, 9 AZR 731/11, EzA § 4 TVG Ausschlussfristen Nr 205; 14.5.2013, 9 AZR 844/11, EzA § 13 BUrlG Nr 63; 8.4.2014, 9 AZR 550/12, EzA § 7 BUrlG Abgeltung Nr 25; 6.5.2014, 9 AZR 758/12). Was für tarifliche Ausschlussfristen gilt, muss konsequent auch für **arbeitsvertragliche Ausschlussfristen** gelten (so überzeugend BAG 16.12.2014, 9 AZR 295/13, EzA § 6 BUrlG Nr 6; LAG Düsseldorf 12.9.2014, 10 Sa 1329/13). Die Entscheidung des EuGH vom 22.11.2011 (C-214/10, EzA Richtlinie 2003/88 EG-Vertrag 1999 Nr 7), nach der der Übertragungszeitraum in den Fällen langandauernder Arbeitsunfähigkeit den Bezugszeitraum des Urlaubs »deutlich überschreiten« müsse (dazu Rdn 44), steht nach zutreffender Ansicht des BAG (13.12.2011, 9 AZR 399/10, NZA 2012, 514) kurzen Ausschlussfristen hinsichtlich des Urlaubs*abgeltungs*anspruchs nicht entgegen (zur Vereinbarkeit mit dem Europarecht allgemein vgl auch BAG 19.6.2012, 9 AZR 652/10, EzA § 7 BUrlG Abgeltung Nr 22). Die Äußerung eines AN, »die restlichen Urlaubstage schenke ich Ihnen«, ist regelmäßig nicht als ein - nach Aufgabe der Surrogationstheorie nunmehr wohl möglicher - Verzicht auf den Abgeltungsanspruch zu werten (Hess. LAG 25.1.2013, 14 Sa 865/12). Der Abgeltungsanspruch kann auch infolge einer **Ausgleichsklausel** im Rahmen eines Vergleichs untergehen – dies aber nur dann, wenn der Vergleich zeitlich **nach der Beendigung des Arbeitsverhältnisses** zustande kommt (so BAG 14.5.2013, 9 AZR 844/11, EzA § 13 BUrlG Nr 63; ferner LAG Rh-Pf 28.4.2015, 8 Sa 580/14; kritisch *Moll* RdA 2015, 239). Zu **weiteren Einzelheiten** und **Folgefragen** der Rspr-Änderung im Zuge der »Schultz-Hoff«-Entsch des EuGH vgl Rdn 37 ff.

Vorbehaltlich der durch das Europarecht veranlassten Korrekturen hätte es durchaus nahegelegen, an der 61 vormaligen ständigen Rspr des BAG festzuhalten und den nach der Beendigung des Arbeitsverhältnisses verbliebenen Urlaubsanspruch nur in dem Umfange abzugelten, wie er bei Beendigung des Arbeitsverhältnisses bis zum Ablauf des Urlaubsjahres – ggf bis zum Ende des Übertragungszeitraums – noch hätte gewährt werden können (so noch BAG 19.8.2003, 9 AZR 619/02, EzA § 7 BUrlG Abgeltung Nr 11; mit Nachdruck auch BAG 5.12.1995, 9 AZR 871/94, EzA § 7 BUrlG Nr 101 gegen LAG Düsseldorf als Vorinstanz; aM LAG Düsseldorf 25.7.2007, 12 Sa 944/07, LAGE § 7 BUrlG Abgeltung Nr 21 = BB 2008, 110 [abl *G. Ernst*]; LAG Köln 20.4.2010, 12 Sa 1448/09, LAGE § 7 BUrlG Abgeltung Nr 26). Für diese

Erfüllbarkeit hätte dann nach den überkommenen Grundsätzen der AN die **Darlegungs-** und **Beweislast** getragen (so noch BAG 27.5.1997, 9 AZR 337/95, EzA § 7 BUrlG Abgeltung Nr 2). Das **BAG** ist aber in einer Entscheidung vom 19.6.2012 (9 AZR 652/10, EzA § 7 BUrlG Abgeltung Nr 22) **von der Surrogationstheorie vollständig abgerückt** (unklar noch BAG 4.5.2010, 9 AZR 183/09, NZA 2010, 1011; in dieser Entsch sprach das Gericht einmal von der »früheren« Senatsrspr zur Surrogationstheorie, es betonte aber zugleich an anderer Stelle, dass der Senat »nur für den Fall der Arbeitsunfähigkeit« die Surrogationstheorie aufgegeben habe; für einen umfassenden Abschied von der Surrogationstheorie jedoch der frühere Vorsitzende des 9. Senats des BAG *Düwell* in AnwK-ArbR § 7 Rn 133 f; DB 2011, 2492; zur Problematik auch LAG Sa-Anh 9.2.2011, 7 Sa 324/10). Das BAG behandelt den Abgeltungsanspruch mithin künftig insgesamt als »reinen Geldanspruch«, der nicht dem »Fristenregime des BUrlG« unterfällt (so schon für den Fall krankheitsbedingter Arbeitsunfähigkeit BAG 9.8.2011, 9 AZR 365/10, NZA 2011, 1421; 20.9.2011, 9 AZR 416/10, EzA § 7 BUrlG Abgeltung Nr 19; 13.12.2011, 9 AZR 399/10, NZA 2012, 514; 14.5.2013, 9 AZR 844/11, EzA § 13 BUrlG Nr 63; 8.4.2014, 9 AZR 550/12, EzA § 7 BUrlG Abgeltung Nr 25; 22.9.2015, 9 AZR 170/14, NZA 2016, 37; ferner BAG 6.5.2014, 9 AZR 758/12; 19.5.2015, 9 AZR 725/13, EzA § 17 BEEG Nr 1).

62 Stets muss für einen Abgeltungsanspruch aus § 7 IV das **Arbeitsverhältnis** (rechtl) **beendet** worden sein. Im laufenden Arbeitsverhältnis darf **Urlaub nicht** »abgekauft« werden (LAG Rh-Pf 29.7.2015, 4 Sa 4/15; HWK/*Schinz* § 7 Rn 98; *Neumann/Fenski* § 7 Rn 102). Das gilt auch in den Fällen einer dauerhaften krankheitsbedingten Arbeitsunfähigkeit (BAG 9.8.2011, 9 AZR 352/10, NZA-RR 2012, 129). Wurde der Urlaub im laufenden Arbeitsverhältnis zu Unrecht »abgekauft«, so kann der AG den Abgeltungsbetrag wg §§ 814, 817 S 2 BGB nicht zurückfordern; umgekehrt kann der AN gleichwohl verlangen, dass ihm der gesetzlich zustehende Urlaub noch gewährt wird. Auf die **Art** der **Beendigung** (Kdg, Befristung, Aufhebungsvereinbarung usw) kommt es grds nicht an (BAG 20.9.2011, 9 AZR 416/10, EzA § 7 BUrlG Abgeltung Nr 19; zum Tod des AN aber Rdn 64). Nicht maßgeblich ist ferner, auf wessen Veranlassung das Arbeitsverhältnis beendet worden ist oder in wessen Verantwortungsbereich der jeweilige Beendigungsgrund fällt (so richtig BVerwG 30.4.2014, 2 A 8/13, NVwZ 2014, 1166). Endet das Arbeitsverhältnis aufgrund einer Altersgrenze (etwa bei Erreichen des Renteneintrittsalters), dann kommt ein Urlaubsabgeltungsanspruch gleichfalls in Betracht (*Leinemann/Linck* § 7 Rn 197). Setzt hingegen ein AN das Arbeitsverhältnis im Fall eines **Betriebsübergangs** mit dem neuen Inhaber des Betriebs (§ 613a BGB) fort, so hat der bisherige AG den Urlaub des AN nicht abzugelten (*Neumann/Fenski* § 7 Rn 101, 106) – und zwar nach Ansicht des BAG selbst dann nicht, wenn der bisherige AG das Arbeitsverhältnis zuvor wirksam betriebsbedingt gekündigt hatte (BAG 2.12.1999, 8 AZR 774/98, EzA § 613a BGB Nr 189; ErfK/*Gallner* § 7 Rn 71).

63 Bei **ATZ-Arbeit** im **Blockmodell** bewirkt der Übergang von der Arbeits- in die Freistellungsphase keine Beendigung des Arbeitsverhältnisses iSd § 7 IV. Zu diesem Zeitpunkt offene Urlaubsansprüche sind daher erst dann abzugelten, wenn sie zum Zeitpunkt der Beendigung des Arbeitsverhältnisses (nach Ablauf auch der Freistellungsphase) noch nicht verfallen sind und die in der Person des Arbeitnehmers liegenden Voraussetzungen für die Urlaubsgewährung noch gegeben sind. Mit Blick auf die Dauer der Freistellungsphase dürfte der Urlaub jedoch oftmals verfallen sein. Eine analoge Anwendung des § 7 IV bei diesen Konstellationen hat das BAG abgelehnt (BAG 15.3.2005, 9 AZR 143/04, NZA 2005, 994; 16.10.2012, 9 AZR 234/11, NZA 2013, 575; dazu AnwK-ArbR/*Düwell* § 7 Rn 140). Zu prüfen ist aber, ob nunmehr in einem solchen Fall europarechtskonform (dazu oben Rdn 57 f) Abgeltungsansprüche erhalten bleiben müssen, sofern der AN iRd Blockmodells nicht die »tatsächliche Möglichkeit« hatte, seinen Urlaub zu nehmen (für den Fall des Bezugs einer **Erwerbsunfähigkeitsrente** vgl LAG Schl-Holst 16.12.2010, 4 Sa 209/10; zur Erwerbsunfähigkeitsrente vgl auch Rdn 56).

64 **Verstirbt** der **AN** nach Beendigung des Arbeitsverhältnisses, dann erlosch nach vormals hM grds der Urlaubsabgeltungsanspruch, weil der dem Abgeltungsanspruch zugrundeliegende Urlaubsanspruch auf der Grundlage der früheren Surrogationstheorie des BAG (zu dieser Rdn 55) ob des Todes des AN nicht mehr erfüllbar war (ErfK/*Gallner* § 7 Rn 81; *Leinemann/Linck* § 7 Rn 217 f). Entspr konnte der Abgeltungsanspruch auch nicht auf die Erben übergehen (BAG 26.4.1990, 8 AZR 517/89, EzA § 4 TVG Metallindustrie Nr 69; aM im Zuge der »Schultz-Hoff«-Entsch des EuGH [zu dieser Rdn 37 f, 57 f] zunächst LAG Hamm 22.4.2010, 16 Sa 1502/09, ZEV 2010, 592 [dort sogar für den Fall des Todes im laufenden Arbeitsverhältnis]; dem LAG Hamm zust *Schipper/Polzer* NZA 2011, 80; dazu auch AnwK-ArbR/*Düwell* § 7 Rn 141). War der AG indes mit der Urlaubsabgeltung in Verzug, dann ging nach Ansicht des BAG der daraus resultierende Schadensersatzanspruch selbst auf der Grundlage der Surrogationstheorie gem § 1922 I BGB auf die Erben über (BAG 19.11.1996, 9 AZR 376/95, EzA § 7 BUrlG Abgeltung Nr 1). Auf die Erben konnte ferner ein tariflicher Urlaubsabgeltungsanspruch übergehen, sofern dieser nicht an die nach § 7 IV

für den gesetzlichen Urlaubsanspruch zu beachtenden Merkmale gebunden war (BAG 26.4.1990, 8 AZR 517/89, EzA § 4 TVG Metallindustrie Nr 69). Weil das BAG die Surrogationstheorie nunmehr insgesamt aufgegeben hat und weil es den Urlaubsabgeltungsanspruch künftig als »reinen Geldanspruch« begreifen will (dazu Rdn 61), geht der **Abgeltungsanspruch** auf der Grundlage dieser rechtlichen Konstruktion nunmehr **auf die Erben über** (dahingehend zunächst BAG 12.11.2013, 9 AZR 646/12, NJW 2014, 413; dezidiert nunmehr BAG 22.9.2015, 9 AZR 170/14, NZA 2016, 37). Nach vorzugswürdiger Ansicht gilt dies jedoch nicht, wenn das Arbeitsverhältnis erst mit dem Tod des AN geendet hat (aM aber LAG Hamm 22.4.2010, 16 Sa 1502/09, ZEV 2010, 592), weil in diesem Fall der Urlaubsanspruch erlischt und sich nicht in einen Abgeltungsanspruch wandeln kann (so richtig BAG 20.9.2011, 9 AZR 416/10, EzA § 7 BUrlG Abgeltung Nr 19; 12.3.2013, 9 AZR 532/11; kritisch *Bieder* AuR 2012, 239). Der EuGH (12.6.2014, C 118/13, EzA Richtlinie 2003/88 EG-Vertrag 1999 Nr 14) hat jedoch auf Vorlage des LAG Hamm (14.2.2013, 16 Sa 1511/12) inzwischen entschieden, dass selbst im Falle einer Beendigung des Arbeitsverhältnisses durch den Tod des AN der Abgeltungsanspruch für nicht genommenen Urlaub nicht untergehen dürfe. Der Abgeltungsanspruch geht deshalb auch in diesem Falle auf die Erben über (so nunmehr auch LAG Düsseldorf 29.10.2015, 11 Sa 537/15; näher zur Problematik *Ricken* NZA 2014, 1361; ferner *C. Schmidt* NZA 2014, 701). Die Abgeltung soll ferner nicht davon abhängen, ob der AN im Vorfeld einen entsprechenden Antrag auf Abgeltung gestellt hat (EuGH 12.6.2014, C 118/13, EzA Richtlinie 2003/88 EG-Vertrag 1999 Nr 14).

Auf der Grundlage der inzwischen überkommenen Surrogationstheorie haben und konnten die **TV-Parteien weitergehende Regelungen** schaffen, die etwa bei längerer Krankheit des AN auch eine Abgeltung des wegen Zeitablaufs verfallenen Urlaubs selbst im ungekündigten Arbeitsverhältnis anordnen (BAG 14.3.2006, 9 AZR 312/05, EzA § 7 BUrlG Abgeltung Nr 14: für das Urlaubsabkommen für die Beschäftigten in der Metall- und Elektroindustrie für die Tarifgebiete Südwürttemberg-Hohenzollern und Südbaden vom 1.4.1989; für eine **einzelvertragliche Regelung** auch BAG 18.10.2011, 9 AZR 303/10, EzA § 7 BUrlG Nr 126). Und die TV-Parteien konnten grds auch anordnen, dass arbeitsunfähig erkrankten AN bei Beendigung des Arbeitsverhältnisses der Urlaubsanspruch stets abzugelten sei – also vor allem ungeachtet der Frage, ob der Urlaub im ungekündigten Arbeitsverhältnis noch hätte gewährt werden können oder nicht (dazu etwa BAG 9.11.1999, 9 AZR 797/98, EzA § 7 BUrlG Abgeltung Nr 3). Es brauchte in letzterem Fall aber hinreichende Anhaltspunkte dafür, dass die TV-Parteien arbeitsunfähige AN nach beendetem Arbeitsverhältnis urlaubsrechtl besserstellen wollten, als solche im aktiven Arbeitsverhältnis. § 13 I stand solchen Regelungen jedenfalls nicht entgegen. Durch die europarechtlich angestoßenen (dazu Rdn 57 f.) Änderungen im Urlaubsrecht und insbesondere durch die Aufgabe der Surrogationstheorie sind viele tarifliche Regelungen materiell überholt. 65

Das in **Abgeltung** des Urlaubsanspruchs zu zahlende Entgelt ist nach Ansicht des BAG gem § 850c I ZPO **pfändbar**, soweit es die Pfändungsfreigrenzen für den Zeitraum übersteigt, für den es gezahlt wird (BAG 28.8.2001, 9 AZR 611/99, EzA § 7 BUrlG Abgeltung Nr 7; LAG Rh-Pf 14.10.2014, 7 Sa 85/14; LG Münster 11.6.1999, 5 T 223/99, EzA § 7 BUrlG Abgeltung Nr 4; ErfK/*Gallner* § 7 Rn 82; aM *Neumann/Fenski* § 7 Rn 115). § 850a Nr 2 ZPO hindert die Pfändung nicht. 66

Das als Urlaubsabgeltung zu zahlende Entgelt ist Arbeitsentgelt iSd § 14 I SGB IV; zur Beitragspflicht vgl § 23a SGB IV. Der Anspruch auf Arbeitslosengeld ruht während der Zeit, für die der Arbeitslose Arbeitsentgelt erhält oder zu beanspruchen hat (§ 157 I SGB III). Im Fall der Urlaubsabgeltung nach § 7 IV **ruht** der **Anspruch** auf **Arbeitslosengeld** gem § 157 II SGB III entspr für die Zeit des abgegoltenen Urlaubs. Der Ruhenszeitraum beginnt mit dem Ende des die Urlaubsabgeltung begründenden Arbeitsverhältnisses. Im Fall einer **Gleichwohlgewährung** von Arbeitslosengeld gem § 157 III SGB III kommt ein gesetzlicher **Anspruchsübergang** nach Maßgabe des § 115 SGB X in Betracht. Der Urlaubsabgeltungsanspruch geht dann bis zur Höhe des vom AN bezogenen Alg auf die BA über (dazu auch BAG 14.3.2006, 9 AZR 312/05, EzA § 7 BUrlG Abgeltung Nr 14; LAG Rh-Pf 6.6.2013, 10 Sa 26/13). 67

§ 8 Erwerbstätigkeit während des Urlaubs
Während des Urlaubs darf der Arbeitnehmer keine dem Urlaubszweck widersprechende Erwerbstätigkeit leisten.

Übersicht	Rdn.			Rdn.
A. Zweck, Geltungsbereich	1	C.	Rechtsfolgen	7
B. Gegenstand des Verbots	3			

Gutzeit

§ 8 BUrlG Erwerbstätigkeit während des Urlaubs

1 **A. Zweck, Geltungsbereich.** § 8 sichert den Erholungszweck des Urlaubs (s.o. § 1 Rdn 1) und will damit – im Ansatz paternalistisch – den Interessen beider Vertragsparteien dienen. Der AN wird vor sich selbst geschützt. Er darf während des Urlaubs seine Arbeitskraft nicht anderweitig zu Markte tragen. Er soll sich (wenn auch selbstbestimmt) erholen. Entspr kann der AG nach Ablauf der – von ihm finanzierten – Urlaubszeit auf einen erholten AN zurückgreifen.

2 § 8 gilt nur für den Erholungsurlaub und nicht auch bei **Freistellungen aus anderem Grund**. Eine analoge Anwendung kommt nicht in Betracht. § 8 ist auch dann zu beachten, wenn der Erholungsurlaub zum Ende des Arbeitsverhältnisses **während** der **Kdg-Frist** gewährt wird (ErfK/*Gallner* § 8 Rn 3; *Neumann/Fenski* § 8 Rn 2). Entspr gilt, wenn der AG dem AN (Rest) Urlaub bis zum (einvernehmlich) **vereinbarten Ende** des Arbeitsverhältnisses gewährt (BAG 25.2.1988, 8 AZR 596/85, EzA § 8 BUrlG Nr 2). Wird der **Urlaub abgegolten** (§ 7 IV), greift § 8 nicht (HWK/*Schinz* § 8 Rn 2).

3 **B. Gegenstand des Verbots.** § 8 formuliert kein Gebot, während des Urlaubs jedwede Anstrengung zu unterlassen – und zwar selbst dann nicht, wenn die Anstrengung dem Urlaubszweck klar widerspricht (*Neumann/Fenski* § 8 Rn 15). Sowenig dem AN verwehrt werden kann, während des Urlaubs (Um)Bauarbeiten am eigenen Haus vorzunehmen, sowenig kann ihm verwehrt werden, entspr Arbeiten aus Gefälligkeit für Nachbarn oder Bekannte zu erbringen (LAG Köln 21.9.2009, 2 Sa 674/09: Verkaufstätigkeit auf dem Weihnachtsmarkt als unentgeltliche Mithilfe im Familienbetrieb). Das Gesetz verbietet dem AN nur eine »**Erwerbstätigkeit**«. Der AN soll also nicht zulasten seiner Gesundheit nach Gewinn streben. Das ist dann der Fall, wenn dem AN für seine Arbeitsleistung ein adäquater **Vergütungsanspruch** (in Form von Geld oder Sachwerten) erwächst; nur dann kommt die Anwendung des § 8 in Betracht (weitergehend *Neumann/Fenski* § 8 Rn 4). Geht der AN allerdings parallel zu seinem Arbeitsverhältnis (berechtigterweise) einer **Nebentätigkeit** nach, dann findet § 8 insoweit keine Anwendung (HWK/*Schinz* § 8 Rn 3; *Leinemann/Linck* § 8 Rn 8).

4 Erhält der AN eine bloße **Ausbildungsvergütung** nach Maßgabe der §§ 17 ff BBiG, so liegt keine Erwerbstätigkeit iSd § 8 vor (für § 47 VIII BAT vgl BAG 20.10.1983, 6 AZR 590/80, DB 1984, 1306). Gleiches gilt bei mildtätiger oder karitativer Tätigkeit des AN.

5 Unbeachtlich ist die **Art** des **Rechtsverhältnisses**, in dem der AN einer Erwerbstätigkeit nachgeht. Es muss sich nicht um ein Arbeitsverhältnis handeln. Auch andere Vertragsverhältnisse – etwa (freie) Dienst- oder Werkverträge – kommen in Betracht (BAG 25.2.1988, 8 AZR 596/85, EzA § 8 BUrlG Nr 2). Beruht das Tätigwerden des AN hingegen auf **familienrechtl** oder **öffentl-rechtl** Verpflichtungen, so scheidet die Anwendung des § 8 grds aus.

6 Die Erwerbstätigkeit darf nicht dem **Urlaubszweck widersprechen**; sie darf also der Erhaltung und Auffrischung der Arbeitskraft und der Gesundheit des AN (s.o. § 1 Rdn 1) nicht entgegenstehen. Wann das der Fall ist, lässt sich nicht generalisierend festlegen, sondern nur am Einzelfall prüfen (*Leinemann/Linck* § 8 Rn 7). Entscheidungserhebliche Kriterien sind dabei vor allem Art und Dauer der Tätigkeit, wobei grds sowohl körperliche als auch geistige Arbeiten dem Urlaubszweck widerstreiten können. Je schwerer die Arbeit, desto eher widerspricht sie dem Urlaubszweck. Stundenweise körperliche Arbeit mag allerdings für einen Büroangestellten sogar als geeigneter Ausgleich zu seiner überwiegend sitzenden Tätigkeit anzusehen sein, wohingegen die vollschichtige Beschäftigung als Stahlkocher dem Urlaubszweck eindeutig widerspräche. Die Beispiele zeigen ferner: Auf das Berufsbild des AN kommt es nicht an. Verboten ist nicht nur – wenn auch insb – die Erwerbstätigkeit »im (ausgeübten) Beruf«.

7 **C. Rechtsfolgen.** Geht der AN urlaubszweckwidrig einer Erwerbstätigkeit während des Urlaubs nach, so kann der AG das nach Maßgabe der §§ 1 und 11 geschuldete Urlaubsentgelt weder kürzen, noch entfällt der Anspruch in Gänze (eingehend dazu BAG 25.2.1988, 8 AZR 596/85, EzA § 8 BUrlG Nr 2; ferner LAG Rh-Pf 23.5.2014, 7 Sa 66/14; aM noch BAG 19.7.1973, 5 AZR 73/73, EzA § 8 BUrlG Nr 1; *Neumann/Fenski* § 8 Rn 9 ff). Auch kann der AG einen anderweitig erzielten Verdienst nicht anrechnen (BAG 19.3.2002, 9 AZR 16/01, EzA § 615 BGB Nr 108). Die Pflichtwidrigkeit des AN führt jedoch – sofern sich ein Schaden nachweisen lässt – zu Schadensersatzansprüchen des AG; sie kann zudem Grundlage einer (in Ausnahmefällen auch außerordentlichen) Kdg sein. Ferner hat der AG einen Unterlassungsanspruch gegen den AN (BAG 25.2.1988, aaO; AnwK-ArbR/*Düwell* § 8 Rn 5).

8 Eine urlaubszweckwidrige Erwerbstätigkeit des AN während des Urlaubs führt nicht etwa dazu, dass der Urlaubsanspruch des AN wieder auflebt, weil der AN sich nicht erholen konnte (LAG Rh-Pf 23.5.2014, 7 Sa 66/14; ErfK/*Gallner* § 8 Rn 4; *Leinemann/Linck* § 8 Rn 14). Es bleibt auch bei der Befreiung von der Arbeitspflicht; der AG kann also nicht von einem sich pflichtwidrig verhaltenden AN die Wiederaufnahme der Arbeit verlangen (HWK/*Schinz* § 8 Rn 11). Ebenso wenig führt § 8 als gesetzliches Verbot zur **Nichtigkeit** des pflichtwidrig eingegangenen **Rechtsverhältnisses** (§ 134 BGB). Der Vertragspartner des

AN weiß nämlich im Regelfall nichts von dem Verbot und ist insoweit schutzwürdig. Verboten ist zudem nur die Beschäftigung, nicht der Vertragsschluss als solcher (im Ergebnis auch BAG 25.2.1988, 8 AZR 596/85, EzA § 8 BUrlG Nr 2; *Klumpp* AR-Blattei SD Nr 1640.1 Rn 260; *Leinemann/Linck* § 8 Rn 11 f; aM *Neumann/Fenski* § 8 Rn 7).

§ 9 Erkrankung während des Urlaubs
Erkrankt ein Arbeitnehmer während des Urlaubs, so werden die durch ärztliches Zeugnis nachgewiesenen Tage der Arbeitsunfähigkeit auf den Jahresurlaub nicht angerechnet.

Übersicht	Rdn.		Rdn.
A. Zweck, Regelungsgehalt, Rechtsfolgen....	1	B. Einzelfragen	5

A. Zweck, Regelungsgehalt, Rechtsfolgen. Eine zur Arbeitsunfähigkeit führende Erkrankung des AN 1 während des Urlaubs steht dem Erholungszweck des Urlaubs (s § 1 Rdn 1) entgegen. Deshalb bestimmt § 9, dass durch ärztliches Zeugnis nachgewiesene Tage krankheitsbedingter Arbeitsunfähigkeit nicht auf den Jahresurlaub angerechnet werden (das ist mit europarechtl RL-Vorgaben [insb mit Art 7 I der RL 2003/88] vereinbar – dazu EuGH 20.1.2009, C 350/06 und C 520/06, NJW 2009, 495 – und auch geboten – so EuGH 10.9.2009, C 277/08, NZA 2009, 1133). Der AN kann in diesem Fall die Urlaubsgewährung neuerlich – nach den allg Grundsätzen – verlangen.

Dass eine **krankheitsbedingte Arbeitsunfähigkeit** dem **Erholungszweck** des Urlaubs **widerstreitet**, muss 2 zwar grds nicht gesondert geprüft werden; davon ist iRd § 9 vielmehr regelmäßig auszugehen. Indes kann es in bes gelagerten Fällen geboten sein, § 9 entspr des mit ihm verfolgten Zweckes restriktiv zu interpretieren (*Neumann/Fenski* § 9 Rn 7; aM ErfK/*Gallner* § 9 Rn 4; HWK/*Schinz* § 9 Rn 8; *Leinemann/Linck* § 9 Rn 9 f). Dies ist aber auf bes Ausnahmen zu beschränken (»verstauchter Finger des Pianisten«; insofern zu weitgehend *Neumann/Fenski* aaO). Keinesfalls genügt der allg Hinweis, man könne sich auch trotz einer leichten Erkältung erholen.

Weil es der ganz hM beim Urlaub maßgeblich auf die **Freistellung** des AN **von der Arbeitspflicht** ankommt, 3 interpretiert sie **§ 9 vornehmlich technisch** – als Rückausnahme zu § 275 I BGB. Die dafür erforderliche leistungsstörungsrechtl Herleitung gelingt der hM wie folgt: Der AG könne – so der (unzutreffende) – vgl § 3 Rdn 4, § 10 Rdn 8) Ausgangspunkt – den AN an den ohnehin arbeitsfreien Tagen nicht von seiner Arbeitspflicht befreien. Die Erfüllung des auf Befreiung von der Arbeitspflicht zielenden Urlaubsanspruchs sei ihm dadurch unmöglich (§ 275 I BGB). Das gilt auch dann, wenn – wie im Fall des § 9 – der Urlaub bereits gewährt wurde und der AN danach (während des Urlaubs) arbeitsunfähig erkrankt. Weil aber im Fall des § 9 der Urlaub bereits gewährt wurde, soll nach der Konzeption des BAG und der ganz hM der durch die Freistellungserklärung schon konkretisierte **Freistellungsanspruch** des AN wegen §§ 243 II, 275 I BGB grds **ersatzlos untergehen** (s allg dazu § 7 Rdn 7). Der AN soll also zivilrechtl besehen eine neuerliche Urlaubsgewährung nicht mehr verlangen können. Dieses Ergebnis will – so die hM – § 9 für den Fall der krankheitsbedingten Arbeitsunfähigkeit verhindern. Die grds eintretende Folge des § 275 I BGB soll durch die Vorschrift des § 9 vermieden werden (so BAG 9.8.1994, 9 AZR 384/92, EzA § 7 BUrlG Nr 97; 18.3.2014, 9 AZR 669/12, EzA § 7 BUrlG Nr 133; LAG Köln 10.10.2012, 5 Sa 255/12; ErfK/*Gallner* § 9 Rn 1; HWK/*Schinz* § 9 Rn 1 ff; *Leinemann/Linck* § 9 Rn 1 ff).

Das ist im Ergebnis sicher zutreffend, in der Begr aber unnötig konstruiert. Sowenig es darauf ankommt, 4 dass der AN während des Urlaubs gearbeitet hätte, sowenig bedarf es für das Verständnis des § 9 eines Rückgriffs auf leistungsstörungsrechtl Modelle (vgl näher § 3 Rdn 2 ff, § 10 Rdn 8). § 9 untersagt schlicht die Anrechnung der durch ärztliches Zeugnis nachgewiesenen Tage krankheitsbedingter Arbeitsunfähigkeit auf den Jahresurlaub, weil die Erkrankung des AN dem Erholungszweck des Urlaubs (§ 1 Rdn 1) entgegensteht. Der **Urlaub** ist deshalb zu einem späteren Zeitpunkt gem den allg urlaubsrechtl Bestimmungen **neu zu gewähren** (HWK/*Schinz* § 9 Rn 14 f; vgl auch EuGH 10.9.2009, C 277/08, NZA 2009, 1133). Ein Selbstbeurlaubungsrecht steht dem AN dabei freilich nicht zu (vgl allg zur Selbstbeurlaubung § 7 Rdn 2). Kann der Urlaub wegen der krankheitsbedingten Arbeitsunfähigkeit **bis** zum **Ende** des **Übertragungszeitraums** nicht mehr gewährt werden, so verfällt er (BAG 19.3.1996, 9 AZR 67/95, EzA § 9 BUrlG Nr 14; vgl auch § 7 Rdn 36 ff mit Hinweis auf **Modifikationen** infolge **europarechtl Implikationen**). Die **Entgeltfortzahlung** für die Tage krankheitsbedingter Arbeitsunfähigkeit richtet sich nach **§ 3 EFZG** (*Leinemann/Linck* § 9 Rn 15). Einen Anspruch auf Urlaubsentgelt hat der AN insoweit nicht (mehr). Zu einem »Verzicht« auf die Nichtanrechnung gem § 9 vgl näher AnwK-ArbR/*Düwell* § 9 Rn 36 f.

§ 10 BUrlG Maßnahmen der medizinischen Vorsorge oder Rehabilitation

5 **B. Einzelfragen.** § 9 gilt für den **Teilurlaub** nach Maßgabe des § 5 I und den Vollurlaub gleichermaßen. Er gilt (vorbehaltlich einer abw Regelung) auch für den **Mindesturlaub übersteigende** einzel- oder tarifvertragliche **Urlaubsansprüche** (BAG 3.10.1972, 5 AZR 209/72, EzA § 1 LohnFG Nr 27; krit AnwK-ArbR/*Düwell* § 9 Rn 31 ff). Eine **analoge Anwendung** des § 9 bei anderen »urlaubsstörenden Ereignissen« (zB bei mutterschutzrechtl Beschäftigungsverboten) ist hingegen abzulehnen (BAG 9.8.1994, 9 AZR 384/92, EzA § 7 BUrlG Nr 97; ArbG Berl 17.6.2010, 2 Ca 1648/10, LAGE § 9 BUrlG Nr 1 [keine Analogie bei Pflege eines kranken Kleinkindes]; AnwK-ArbR/*Düwell* § 9 Rn 16 ff; HWK/*Schinz* § 9 Rn 9).

6 § 9 setzt seinem Wortlaut nach eine **Erkrankung während** des **Urlaubs** voraus, gilt aber auch dann, wenn der AN bereits **vor Antritt des** vom AG schon festgelegten **Urlaubs erkrankt** und die Erkrankung in den Urlaubszeitraum hinein fortdauert (ErfK/*Gallner* § 9 Rn 3). Gesundet der AN während des Urlaubszeitraums, dann greift das Anrechnungsverbot des § 9 für die verbleibenden Tage nicht (AnwK-ArbR/*Düwell* § 9 Rn 25). Ob der Krankheit des AN ist der AG weder berechtigt noch rechtl in der Lage, einseitig den Urlaub insgesamt neu festzusetzen (ganz hM; aM aber *Neumann/Fenski* § 9 Rn 2 f). Eine Änderung der Urlaubslage insgesamt ist nur einvernehmlich möglich (vgl allg § 7 Rdn 11).

7 Zum **Begriff** der **Krankheit** einerseits und der dadurch bedingten **Arbeitsunfähigkeit** andererseits vgl § 3 EFZG Rdn 11 ff. Da insoweit ein Gleichlauf mit den entgeltfortzahlungsrechtlichen Bestimmungen besteht, ist auch die Vorschrift des § 3 II EFZG, nach der eine **nicht rechtswidrige Sterilisation** und ein **nicht rechtswidriger Schwangerschaftsabbruch** als (unverschuldete) Arbeitsunfähigkeit gelten, für § 9 maßgeblich (HWK/*Schinz* § 9 Rn 5). **Unerheblich** ist es hingegen, ob der AN seine Krankheit bzw die daraus resultierende Arbeitsunfähigkeit **verschuldet** hat. Weil es beim BUrlG um Arbeitszeitschutz und damit um den Schutz der Gesundheit des AN geht (§ 3 Rdn 1 ff), kann es für das Anrechnungsverbot des § 9 (anders als bei § 3 EFZG) auf ein Verschulden des AN nicht ankommen (AnwK-ArbR/*Düwell* § 9 Rn 14; ErfK/*Gallner* § 9 Rn 4; HWK/*Schinz* § 9 Rn 6).

8 Die krankheitsbedingte Arbeitsunfähigkeit muss durch ein **ärztliches Zeugnis nachgewiesen** sein. Sowenig es dafür ein amtsärztliches Zeugnis braucht, so sehr genügt auch ein ärztliches Zeugnis aus dem Ausland. Entscheidend ist nur, dass das ärztliche Zeugnis beides bescheinigt: die Krankheit des AN und die dadurch hervorgerufene Arbeitsunfähigkeit (dazu BAG 15.12.1987, 8 AZR 647/86, EzA § 9 BUrlG Nr 13; AnwK-ArbR/*Düwell* § 9 Rn 21; ErfK/*Gallner* § 9 Rn 5). Ein anderweitiger Nachweis einer krankheitsbedingten Arbeitsunfähigkeit ist hingegen grds nicht ausreichend, kann aber in bes gelagerten Ausnahmefällen akzeptiert werden (zB bei Unfall auf einer Berghütte ohne die Möglichkeit einer ärztlichen Versorgung; näher *Neumann/Fenski* § 9 Rn 6). Eine urlaubsrechtl relevante **Frist** zur Vorlage des ärztlichen Zeugnisses **existiert nicht** (LAG Rh-Pf 13.1.2015, 8 Sa 373/14; für die Entgeltfortzahlung vgl § 5 EFZG); durch TV kann aber eine Frist auch für den gesetzlichen Mindesturlaub begründet werden (BAG 15.12.1987, 8 AZR 647/86, EzA § 9 BUrlG Nr 13; aM AnwK-ArbR/*Düwell* § 9 Rn 30).

§ 10 Maßnahmen der medizinischen Vorsorge oder Rehabilitation
Maßnahmen der medizinischen Vorsorge oder Rehabilitation dürfen nicht auf den Urlaub angerechnet werden, soweit ein Anspruch auf Fortzahlung des Arbeitsentgelts nach den gesetzlichen Vorschriften über die Entgeltfortzahlung im Krankheitsfall besteht.

Übersicht

		Rdn.			Rdn.
A.	Tatbestandliche Voraussetzungen	1	C.	Rechtsfolge	7
B.	Verhältnis zu § 9, Zweck	6	D.	Altfälle	13

1 **A. Tatbestandliche Voraussetzungen.** Während § 9 ein Anrechnungsverbot auf den Jahresurlaub nur für solche Tage anordnet, an denen der AN (nachgewiesen) arbeitsunfähig erkrankt war, bezieht sich das Anrechnungsverbot des § 10 weitergehend auf sämtliche **Maßnahmen der medizinischen Vorsorge oder Rehabilitation**. Damit sind Kuren des AN angesprochen, die entweder in Ansehung einer geschwächten Konstitution des AN einer Krankheit vorbeugen sollen (Vorsorge – vgl näher dazu §§ 23 f SGB V) oder aber im Anschluss an eine Krankheit den eingetretenen Gesundheitsschaden oder dessen Folgen beseitigen oder doch zumindest abmildern sowie Verschlimmerungen verhüten sollen (Rehabilitation). Zu Maßnahmen der Rehabilitation rechnen auch Entziehungskuren. Maßnahmen der **beruflichen** oder **sozialen Rehabilitation** genügen hingegen nicht, weil sich das Adjektiv »medizinisch« nicht nur auf »Vorsorge« sondern auch auf »Rehabilitation« bezieht.

2 Reine **Erholungskuren** sind ebenso wenig Maßnahmen einer medizinischen Vorsorge oder Rehabilitation wie sog **Nachkuren** (Schonzeiten) im Anschluss an eine Maßnahme einer medizinischen Vorsorge oder

Rehabilitation. Allerdings muss der AG dem AN gem § 7 I 2 für solche Nachkuren (Schonzeiten) auf Verlangen Urlaub gewähren. Nach vorzugswürdiger Ansicht besteht für Nachkuren kein Entgeltfortzahlungsanspruch aus § 616 BGB (ErfK/*Gallner* § 10 Rn 3; HWK/*Schinz* § 10 Rn 12; *Neumann/Fenski* § 10 Rn 10; aM *Leinemann/Linck* § 10 Rn 27 ff).

Weil § 10 für das **Anrechnungsverbot** auf die entgeltfortzahlungsrechtl Vorschriften verweist und einen   3
entspr **Entgeltfortzahlungsanspruch** verlangt (s § 10 Hs 2), sind insoweit auch die materiellen Vorgaben des **EFZG** maßgeblich. § 9 I 1 EFZG verlangt für den Entgeltfortzahlungsanspruch eines gesetzlich Versicherten bei Maßnahmen der medizinischen Vorsorge oder Rehabilitation, dass der zuständige Sozialversicherungsträger die jeweilige Maßnahme (vorab) bewilligt hat. Der Bewilligungsbescheid entfaltet Tatbestandswirkung. Ist der AN nicht Mitglied einer gesetzlichen Krankenkasse (also idR privat krankenversichert) oder nicht gesetzlich rentenversichert, so genügt eine ärztliche Verordnung. Zu den Voraussetzungen des entgeltfortzahlungsrechtl Anspruchs iE s § 9 EFZG Rdn 2 ff.

Soweit der **Entgeltfortzahlungsanspruch** des AN auf **TV, BV** oder **Arbeitsvertrag** beruht, wird man der-   4
artige Ansprüche für ein Anrechnungsverbot nach § 10 jedenfalls dann genügen lassen können, wenn der gesetzliche Anspruch »nur« in zeitlicher Hinsicht verlängert wird (KassArbR/*Schütz* 2.4 Rn 390; aM HWK/ *Schinz* § 10 Rn 15). Wird der gesetzliche Anspruch hingegen auch darüber hinaus tatbestandlich erweitert, dann scheidet ein Anrechnungsverbot insoweit aus.

Die Maßnahmen müssen ferner grds in spezifischen **Vorsorge- oder Rehabilitationseinrichtungen** erbracht   5
werden (s dazu die Legaldefinition des § 107 II SGB V). Nur bei den AN, die nicht Mitglied einer Krankenkasse oder nicht gesetzlich rentenversichert sind, genügt eine »vergleichbare Einrichtung«. Die Vergleichbarkeit ist wiederum an den Voraussetzungen des § 107 II SGB V zu messen (dazu ErfK/*Reinhard* § 9 EFZG Rn 12; *Neumann/Fenski* § 10 Rn 19). Eine stationäre Aufnahme des AN ist nicht (mehr) erforderlich, weil mit Wirkung zum 1.7.2001 das Wort »stationär« in § 9 I EFZG durch die Art 38, 68 des SGB IX vom 19.6.2001 (BGBl I S 1046) gestrichen wurde (zur Rechtslage vor der Streichung s BAG 19.1.2000, 5 AZR 685/98, EzA § 9 Entgeltfortzahlungsgesetz Nr 1). Seither genügen auch **teilstationäre** oder **ambulante Maßnahmen** (AnwK-ArbR/*Düwell* § 10 Rn 7; *Neumann/Fenski* § 10 Rn 17).

B. Verhältnis zu § 9, Zweck.   In der Sache bedeutet das Anrechnungsverbot des § 10 eine Weiterung ggü   6
dem Verbot nach § 9, weil der AN während solcher medizinischer Maßnahmen nicht notwendig arbeitsunfähig erkrankt sein muss. Das gilt evident für den Bereich der Vorsorgemaßnahmen, ist aber auch bei Rehabilitationsmaßnahmen vorstellbar. Weil damit durch die Anrechnung solcher Maßnahmen nicht in gleicher Weise der Erholungszweck des Urlaubs (s § 1 Rdn 1 f) beeinträchtigt wird, ist das Anrechnungsverbot des § 10 weniger strikt ausgestaltet als das des § 9. Es ist lediglich an einen Lohnfortzahlungsanspruch nach Maßgabe des EFZG gekoppelt und bezweckt damit, Ansprüchen des AN nach dem EFZG einen Vorrang ggü dem BUrlG einzuräumen. Mithin gilt: Besteht kein Lohnfortzahlungsanspruch nach Maßgabe des EFZG, so besteht auch kein Anrechnungsverbot nach Maßgabe des § 10. Freilich kann in solch einem Fall ein Anrechnungsverbot nach § 9 zu beachten sein, sofern der AN während der entgeltfortzahlungsfreien Zeiten arbeitsunfähig erkrankt ist (ErfK/*Gallner* § 10 Rn 2; HWK/*Schinz* § 10 Rn 4). § 9 und § 10 stehen in diesem Sinne nicht in einem Rang- oder Spezialitätsverhältnis; vielmehr sind die jeweiligen Voraussetzungen gesondert zu prüfen.

C. Rechtsfolge.   Was aus dem Anrechnungsverbot des § 10 folgt, ist unklar. Die hM geht davon aus,   7
dass der AN während Maßnahmen der medizinischen Vorsorge oder Rehabilitation Urlaub selbst dann nicht beantragen und gewährt bekommen kann, wenn kein Entgeltfortzahlungsanspruch nach dem EFZG besteht. Die hM begründet ihre Ansicht unter Hinweis auf § 275 I BGB: Weil die Arbeitspflicht des AN bereits aufgrund der Maßnahme der medizinischen Vorsorge und Rehabilitation entfallen sei, könne der AG die von ihm urlaubsrechtl geschuldete Befreiung von der Arbeitspflicht (vgl § 1 Rdn 3) nicht erfüllen. Die Erfüllung des Urlaubsanspruchs des AN sei dem AG unmöglich (ErfK/*Gallner* § 10 Rn 7; HWK/ *Schinz* § 10 Rn 17; *Leinemann/Linck* § 10 Rn 13); s dazu allg auch § 7 Rdn 7.

Wenn das auch die für die Praxis maßgebliche Ansicht sein dürfte, so überzeugt sie gleichwohl weder im   8
Ergebnis noch in der Begr. Das BUrlG ist kein dem Leistungsstörungsrecht zuzuordnendes Gesetz, sondern bezweckt zuerst einen Arbeitszeitschutz. Der AN soll sich möglichst zusammenhängend (§ 7 II) 24 Tage lang erholen. Entspr wird nach § 3 I die Dauer des Urlaubs konsequent nach Werktagen und nicht nach Arbeitstagen bestimmt. Und § 3 II stellt klar, dass als Werktage alle Kalendertage gelten (also auch die arbeitsfreien), die nicht Sonn- oder Feiertage sind. Sogar in der Begr des Entw eines BUrlG der CDU/ CSU-Fraktion (BT-Drs IV/207 S 4) wurde darauf hingewiesen, dass grds auch arbeitsfreie Kalendertage als Urlaubstage anzusehen seien. Sowenig also der Urlaub eine vorherige Arbeitsleistung voraussetzt (§ 1 Rdn 2), sowenig gebietet es der Erholungszweck, dass der AN ohne den Urlaub überhaupt gearbeitet hätte.

Entscheidend ist allein, dass sich der AN während des Urlaubs erholt. Letzteres wiederum wird durch die Regelung des § 8 abgesichert, die dem AN eine dem Urlaubszweck widersprechende Erwerbstätigkeit verbietet. Ferner greifen die Anrechnungsverbote der §§ 9 und 10. Der Hinweis der hM auf § 275 I BGB geht deshalb fehl.

9 Die hM nimmt dem AN die Möglichkeit, auch für die entgeltfortzahlungsfreien Zeiträume einer Maßnahme der medizinischen Vorsorge oder Rehabilitation einen Vergütungsanspruch nach Maßgabe der §§ 1 und 11 zu erreichen (so ausdrücklich ErfK/*Gallner* § 10 Rn 7; HWK/*Schinz* § 10 Rn 17). Insofern ist auch das Ergebnis der hM nicht überzeugend, zumal der AN für eine sog Nachkur (im Anschluss an eine Maßnahme der medizinischen Vorsorge und Rehabilitation) über § 7 I 2 urlaubsrechtl Privilegien erfährt (krit auch AnwK-ArbR/*Düwell* § 10 Rn 9). Folgt man der hM, so heißt das: Ist eine medizinische Maßnahme für den AN bes dringlich und wird ihm deshalb ein Freistellungsanspruch an die Hand gegeben, dann wirkt sich das urlaubsrechtl überaus nachteilig aus. Für den AN mag die Konsequenz der hM deshalb sogar ein Anreiz sein, eine Maßnahme der medizinischen Vorsorge oder Rehabilitation vorzeitig abzubrechen und aus finanziellen Gründen früher als angemessen die Nachkur zu beginnen. Das kann nicht richtig sein.

10 Nach hier vertretener Ansicht kann der AN daher während Maßnahmen der medizinischen Vorsorge oder Rehabilitation – vorbehaltlich des § 9 – Urlaub nach allg Grundsätzen beantragen und gewährt bekommen, sofern ihm ein Anspruch nach dem EFZG nicht (mehr) zusteht (so richtig KassArbR/*Schütz* 2.4 Rn 394 ff; unklar *Neumann/Fenski* § 10 Rn 23 ff, die die Anrechnung nach § 10 von der Urlaubserteilung nach allg Grundsätzen abgrenzen). **Ausgeschlossen** ist es freilich, Zeiten einer Maßnahme der medizinischen Vorsorge oder Rehabilitation auf den **Urlaub nachträglich anzurechnen** (BAG 1.10.1991, 9 AZR 260/90, EzA § 10 BUrlG nF Nr 2; krit AnwK-ArbR/*Düwell* § 10 Rn 14; zu weitgehend *Neumann/Fenski* § 10 Rn 29: nachträgliche Anrechnung sei »in ganz bes Ausnahmefällen« möglich; s allg auch § 7 Rdn 14). Eine nachträgliche Anrechnung war nur während und nach Maßgabe der vom 1.10.1996 bis zum 31.12.1998 geltenden Rechtslage (dazu unten Rdn 13) möglich (BAG 28.5.2002, 9 AZR 430/99, EzA § 10 BUrlG nF Nr 4).

11 Weil die hM bei einem Befreiungsanspruch des AN für Maßnahmen der medizinischen Vorsorge oder Rehabilitation von der Unmöglichkeit der Urlaubsgewährung durch den AG ausgeht, **läuft die Vorschrift des § 10 nach der Konzeption der hM zumindest bei einer bereits bewilligten (verordneten) Maßnahme praktisch leer**. Ist die Urlaubsgewährung dem AG nämlich unmöglich, so ist es gleich, ob der AN einen Entgeltfortzahlungsanspruch hat oder nicht. Nach der Konzeption der hM kann der AG Urlaubsansprüche des AN in beiden Fällen nicht erfüllen. Auf § 10 kommt es daher nicht an (so in der Tat *Leinemann/Linck* § 10 Rn 16: § 10 habe allenfalls deklaratorische Bedeutung; ferner ErfK/*Gallner* § 10 Rn 5: »§ 10 klärt die Rechtslage«).

12 Wurde der **Urlaub dem AN bereits vor der Bewilligung (Verordnung) der Maßnahme** gewährt, so soll § 10 – folgt man der hM – immerhin klarstellen, dass die »Rechtsfolge des § 275 I BGB nicht eintritt« (so HWK/*Schinz* § 10 Rn 22). Der AN soll dann nach Beendigung der Maßnahme Urlaub nach allg Grundsätzen (neu) beantragen können (ErfK/*Gallner* § 10 Rn 5 [dort aber unter Rückgriff auf § 9]). Zumindest insoweit müsste sich dann auch die in § 10 BUrlG angelegte Unterscheidung nach dem Bestehen oder Nichtbestehen eines Entgeltfortzahlungsanspruchs auswirken. Dh dann aber: Der (letztlich zufällige) Zeitpunkt der Bewilligung einer Maßnahme entscheidet über das Schicksal des Urlaubsanspruchs des AN während entgeltfortzahlungsfreier Kurzzeiten. Sachgerecht ist auch das nicht (nach AnwK-ArbR/*Düwell* § 10 Rn 9, sollte § 10 für Zeiten nach dem Entgeltfortzahlungszeitraum so ausgelegt werden, dass die Überschreitung des Fortzahlungszeitraums unberücksichtigt bleibt; der AN soll also auch in den entgeltfortzahlungsfreien Zeiten seinen Urlaubsanspruch nicht einbüßen; mit einer solchen Ansicht wird freilich die in § 10 getroffene Unterscheidung nach dem Bestehen eines Entgeltfortzahlungsanspruchs praktisch obsolet).

13 **D. Altfälle.** Das Anrechnungsverbot des § 10 war zwischenzeitlich durch das Arbeitsrechtl Gesetz zur Förderung von Wachstum und Beschäftigung vom 25.9.1996 (BGBl I S 1476) mit Wirkung zum 1.10.1996 gelockert worden. Es räumte dem AG grds die Befugnis ein, von je 5 Tagen, an denen der AN aufgrund einer Maßnahme der medizinischen Vorsorge oder Rehabilitation an der Arbeitsleistung verhindert war, die ersten 2 Tage auf den Erholungsurlaub anzurechnen, wobei der gesetzliche Mindesturlaub durch die Anrechnung nicht unterschritten werden durfte (ausf zur damaligen Rechtslage *Leinemann/Linck* § 10 Rn 38 ff; zur Verfassungsgemäßheit der damaligen Fassung des § 10 s BVerfG 3.4.2001, 1 BvL 32/97, EzA Art 9 GG Nr 75). Durch Art 8 des Gesetzes zu Korrekturen in der Sozialversicherung und zur Sicherung der AN-Rechte vom 19.12.1998 (BGBl I S 3843) wurde diese Befugnis mit Wirkung zum 1.1.1999 wieder zurückgenommen. Für den Übergangszeitraum vom 10.12. bis 31.12.1998 gilt § 15a.

§ 11 Urlaubsentgelt

(1) ¹Das Urlaubsentgelt bemißt sich nach dem durchschnittlichen Arbeitsverdienst, das der Arbeitnehmer in den letzten dreizehn Wochen vor dem Beginn des Urlaubs erhalten hat, mit Ausnahme des zusätzlich für Überstunden gezahlten Arbeitsverdienstes. ²Bei Verdiensterhöhungen nicht nur vorübergehender Natur, die während des Berechnungszeitraums oder des Urlaubs eintreten, ist von dem erhöhten Verdienst auszugehen. ³Verdienstkürzungen, die im Berechnungszeitraum infolge von Kurzarbeit, Arbeitsausfällen oder unverschuldeter Arbeitsversäumnis eintreten, bleiben für die Berechnung des Urlaubsentgelts außer Betracht. ⁴Zum Arbeitsentgelt gehörende Sachbezüge, die während des Urlaubs nicht weitergewährt werden, sind für die Dauer des Urlaubs angemessen in bar abzugelten.
(2) Das Urlaubsentgelt ist vor Antritt des Urlaubs auszuzahlen.

Übersicht	Rdn.		Rdn.
A. Regelungsgegenstand, Zeitfaktor	1	1. Kurzarbeit	21
B. Geldfaktor	6	2. Arbeitsausfälle, unverschuldete	
I. Arbeitsverdienst	7	Arbeitsversäumnis	22
II. Berechnung des Geldfaktors	13	D. Fälligkeit, Verjährung, Ausschlussfristen, Verwirkung	23
C. Sonderfälle/Korrekturen	15		
I. Überstunden	16	E. Einzelfragen	25
II. Verdiensterhöhungen	18	F. (Zusätzliches) Urlaubsgeld	28
III. Verdienstkürzungen	20		

A. Regelungsgegenstand, Zeitfaktor. § 11 bestimmt, wie das Urlaubsentgelt, das der AG dem AN während des Urlaubszeitraums schuldet (»bezahlter Erholungsurlaub«), zu bemessen ist. Urlaubsrechtl sind der Freistellungsanspruch und der Anspruch auf das Urlaubsentgelt untrennbar miteinander verbunden (sog Einheitstheorie). Dass es sich beim Urlaubsentgelt nicht etwa um das aufrechterhaltene Arbeitsentgelt handelt (so jedoch die wohl hL – vgl BAG 20.6.2000, 9 AZR 405/99, EzA § 1 BUrlG Nr 23; 24.6.2003, 9 AZR 563/02, EzA § 11 BUrlG Nr 56; 15.1.2013, 9 AZR 465/11, EzA § 13 BUrlG Nr 62; AnwK-ArbR/*Düwell* § 11 Rn 4; ErfK/*Gallner* § 11 Rn 1; *Leinemann/Linck* § 11 Rn 1; krit LAG Hamm 14.3.2013, 16 Sa 763/12), wird einmal dadurch deutlich, dass § 1 vom »bezahlten« Erholungsurlaub spricht und dafür iVm § 11 eine eigene Anspruchsgrundlage vorhält. Entspr ist auch das nach § 11 zu berechnende Urlaubsentgelt für eine ordnungsgem Urlaubsgewährung nach dem BUrlG zwingend erforderlich. Vor allem aber zeigt die in § 11 angeordnete Berechnung des Urlaubsentgelts nach der sog Bezugsmethode (Referenzmethode), dass es nicht um die schlichte Weitergewährung des sonst zu zahlenden Arbeitsentgelts gehen kann (hins der europarechtl Vorgaben vgl EuGH 16.3.2006, C 131/04 und C 257/04, NZA 2006, 481: die RL 93/104/EG behandle den Anspruch auf Jahresurlaub und denjenigen auf Zahlung des Urlaubsentgelts als zwei Teile eines einzigen Anspruchs; so auch wieder EuGH 20.1.2009, C 350/06 und C 520/06, NJW 2009, 495; 22.5.2014, C 539/12, EzA Richtlinie 2003/88 EG-Vertrag 1999 Nr 13; 12.6.2014, C 118/13, EzA Richtlinie 2003/88 EG-Vertrag 1999 Nr 14; ferner EuGH 11.11.2015, C 219/14, EzA Richtlinie 97/81 EG-Vertrag 1999 Nr 3; vgl nunmehr auch BAG 10.2.2015, 9 AZR 455/13, EzA § 7 BUrlG Nr 136; ferner BVerwG 30.4.2014, 2 A 8/13, NVwZ 2014, 1166).

In § 11 hat sich der Gesetzgeber im Grundsatz für die sog **Bezugsmethode** entschieden – wenn sie dort auch nicht konsequent durchgehalten ist (dazu Rdn 15 ff). Grundlage des Urlaubsentgelts ist das durchschnittliche Arbeitsentgelt in den letzten 13 Wochen vor Beginn des Urlaubs. Damit hat sich insoweit der seinerzeitige SPD-Entw (vgl § 7 des Entw BT-Drs IV/142) durchgesetzt und nicht der das Lohnausfallprinzip favorisierende CDU/CSU-Entw (vgl § 12 des Entw BT-Drs IV/207); den Vorzug erhielt die Bezugsmethode der einfacheren Berechnung wegen (vgl den Bericht des Ausschusses für Arbeit [21. Ausschuss], BT-Drs IV/785). Damit kommt es auf der Rechtsfolgenseite grds nicht darauf an, was der AN erhalten hätte, wäre er nicht beurlaubt gewesen (sog Lohnausfallprinzip). Irgendwelche hypothetischen Betrachtungen bleiben grds außen vor.

Von diesen normativen Vorgaben entfernt sich die Rspr des BAG zusehends. Im Ausgangspunkt zutreffend ist es freilich, wenn das BAG meint, die Höhe des Urlaubsentgelts sei das **Produkt** aus **Geldfaktor** einerseits und **Zeitfaktor** andererseits. Und es ist weiter zutreffend, dass § 11 grds nur den Geldfaktor regelt (BAG 22.1.2002, 9 AZR 601/00, EzA § 13 BUrlG Nr 58). Der Brückenschlag zum (im Gesetzgebungsverfahren ausdrücklich abgelehnten) Lohnausfallprinzip gelingt dem BAG indes über den Zeitfaktor. Für den **Zeitfaktor** orientiert sich der 9. Senat nicht – wie es nach der Bezugsmethode grds geboten wäre – an der Dauer des Urlaubs (also an der Anzahl der Urlaubstage – dazu auch Rdn 13), sondern an der **durch den Urlaub ausgefallenen Arbeitszeit** (so dezidiert auch *Leinemann/Linck* § 11 Rn 3: »insoweit« gölte das

§ 11 BUrlG Urlaubsentgelt

Lohnausfallprinzip; ferner ErfK/*Gallner* § 11 Rn 3; HWK/*Schinz* § 11 Rn 3). Konsequent berechnet das BAG den Zeitfaktor dann nicht »nur« tageweise, sondern auch stunden- oder gar minutenweise (so etwa BAG 9.11.1999, 9 AZR 771/98, EzA § 11 BUrlG Nr 44; zur Ermittlung des Zeitfaktors bei Arbeit auf Abruf vgl etwa LAG Hamm 25.9.2012, 14 Sa 280/12 und 14 Sa 939/12).

4 Auf diese Weise gelangt das BAG und mit ihm die hM zu einem im Gesetz nicht angelegten »**gemischten System**« (AnwK-ArbR/*Düwell* § 11 Rn 6 f; ErfK/*Gallner* § 11 Rn 2a; *Leinemann/Linck* § 11 Rn 6). Ein solch gemischtes System (wobei das »Mischungsverhältnis« sehr zugunsten des Lohnausfallprinzips gewählt ist – vgl auch Rdn 14) ist freilich schon deshalb abzulehnen, weil sich die Berechnungsschwierigkeiten, denen durch die Bezugsmethode gerade begegnet werden soll, vor allem beim Zeitfaktor und weniger beim Geldfaktor stellen. Für die Praxis bleibt es indes dabei: Schwankungen des Arbeitszeitvolumens während des Urlaubszeitraums werden bei der Berechnung des Urlaubsentgelts über den Zeitfaktor berücksichtigt (zur bes Problematik der Überstunden vgl noch unten Rdn 16) – auch wenn die hM damit das gesetzliche Modell insgesamt konterkariert (die Ansicht der hM zu Recht ablehnend *Neumann/Fenski* § 11 Rn 63).

5 **Modifikationen** dieses »**gemischten Systems**« sind nun mit Blick auf eine Entsch des EuGH vom 22.4.2010 (C 486/08, EzA-RL 99/70 EG-Vertrag 1999 Nr 3 »Zentralbetriebsrat der Landeskrankenhäuser Tirols«; vgl auch 8.11.2012, C 229/11, EzA EG-Vertrag 1999 RL 2003/88 Nr 11; 13.6.2013, C-415/12, EzA Richtlinie 97/81 EG-Vertrag 1999 Nr 2 [Brandes]) zu erwarten. In diesen Entscheidungen hat der EuGH ausgeführt, dass durch eine Veränderung (insb durch eine Verringerung) der Arbeitszeit beim **Übergang** von einer **Vollzeit**- zu einer **Teilzeitbeschäftigung** der **Anspruch** auf **Jahresurlaub**, den der AN in der Zeit der Vollzeitbeschäftigung erworben hat, **nicht gemindert werden dürfe**. Der Pro-rata-temporis-Grundsatz sei zwar grds auch bei der Gewährung von Jahresurlaub für Teilzeitbeschäftigte anzuwenden. Das gelte aber nicht, sofern der Anspruch auf Jahresurlaub bereits in einer Zeit der Vollzeitbeschäftigung erworben wurde. Eine nationale Regelung dürfe nicht dazu führen, dass ein in Vollzeit erworbener Urlaubsanspruch in der Teilzeitphase mit einem geringeren Urlaubsentgelt vergütet wird (zur Frage der Umrechnung der Urlaubsdauer vgl § 3 Rdn 8). Eben dazu kommt es aber, wenn das BAG für die Höhe des Urlaubsentgelts auf einen Zeitfaktor abstellt, der sich an der durch den Urlaub ausgefallenen Arbeitszeit orientiert. Jedoch sind die bisherigen Grundsätze der Rspr des BAG auch nach Ansicht des EuGH nur dann zu modifizieren, wenn der betroffene AN während der Vollzeit nicht die Möglichkeit hatte, seinen Anspruch auf bezahlten Jahresurlaub »auszuüben« (näher zur Problematik *Fieberg* NZA 2010, 925; *Powietzka/Christ* NJW 2010, 3397; vgl auch LAG Köln 29.1.2014, 11 Sa 1221/12). Zum umgekehrten Fall des Wechsels von Teilzeit in Vollzeit vgl unten Rdn 18 f.

6 **B. Geldfaktor.** Das Urlaubsentgelt ist das Produkt aus Geldfaktor und Zeitfaktor (zum Zeitfaktor vgl Rdn 3 f). Hins des Geldfaktors stellt § 11 I 1 zunächst den Grundsatz auf, dass sich das Urlaubsentgelt nach dem **durchschnittlichen Arbeitsverdienst**, den der AN in den **letzten 13 Wochen vor** dem **Beginn** des **Urlaubs** erhalten hat, bemisst. Hat das Arbeitsverhältnis bis zum Urlaubsantritt erst weniger als 13 Wochen bestanden, dann ist die bisherige Dauer des Arbeitsverhältnisses der maßgebliche Bezugszeitraum (ErfK/*Gallner* § 11 Rn 15). Umgekehrt ist eine **Verlängerung** des Bezugszeitraums wegen § 13 I zuungunsten der AN nur durch TV möglich (BAG 3.12.2002, 9 AZR 535/01, EzA § 11 BUrlG Nr 55; 19.1.2010, 9 AZR 427/09; 23.2.2010, 9 AZR 52/09, ZTR 2010, 367; *Leinemann/Linck* § 11 Rn 49; weitergehend *Neumann/ Fenski* § 11 Rn 12, 24; in Anlehnung an § 12 Bezugszeitraum von 1 Jahr bei stark schwankenden Bezügen). Zulässig ist auch eine **Verkürzung** des Bezugszeitraums durch TV (BAG 23.2.2010, 9 AZR 52/09, ZTR 2010, 367).

7 **I. Arbeitsverdienst.** Zum **Arbeitsverdienst** rechnet umfassend all das, was dem AN im Bezugszeitraum **als Gegenleistung** für die von ihm geschuldete Arbeitsleistung **zustand** (*Neumann/Fenski* § 11 Rn 8 f). Entgegen des etwas missverständlichen Wortlauts kommt es für den nach § 11 I maßgeblichen Arbeitsverdienst nur darauf an, ob der AN auf den Verdienst einen **fälligen Anspruch** im Bezugszeitraum hatte (AnwK-ArbR/*Düwell* § 11 Rn 23; HWK/*Schinz* § 11 Rn 8; *Leinemann/Linck* § 11 Rn 48). Unbeachtlich ist es hingegen, ob der AN den Verdienst auch tatsächlich erhalten hat. Käme es auf den Zahlungs(Leistungs)fluss an, dann hätte es der AG in der Hand, durch verspätete oder (mit Blick auf den 13-Wochen-Zeitraum) auch durch vorzeitige Auszahlung den Geldfaktor und damit die Höhe des Urlaubsentgelts zu seinen Gunsten zu beeinflussen.

8 Zum Arbeitsverdienst gehört grds das gesamte **Arbeitsentgelt** – ganz gleich in welcher Form es geschuldet wird (also zB als Stunden-, Tage-, Wochen- oder Monatslohn). Das gilt außer für den Zeitlohn auch für **leistungsabhängige Vergütungsformen** – etwa den **Akkord**- und **Prämienlohn** oder auch für **Provisionsansprüche** (zu Provisionszahlungen vgl auch EuGH 22.5.2014, C 539/12, EzA Richtlinie 2003/88 EG-Vertrag 1999 Nr 13: es darf in Ansehung der Provisionsansprüche auch nicht zu einem »reduzierten

Arbeitsentgelt« in der auf den Jahresurlaub folgenden Zeit kommen; zur Entscheidung des EuGH *Franzen* NZA 2014, 647). Insoweit kommt es freilich nicht auf den Akkordrichtsatz, einen garantierten Mindestverdienst oÄ an, sondern auf die vom AN im Berechnungszeitraum **tatsächlich erzielte Lohnhöhe** (*Leinemann/Linck* § 11 Rn 22 f; *Neumann/Fenski* § 11 Rn 17, 21). Entspr gilt für **Einsatz- und Spielprämien** eines Fußball-Lizenzspielers (BAG 24.11.1992, 9 AZR 564/91, EzA § 11 BUrlG Nr 33; 23.4.1996, 9 AZR 856/94, EzA § 11 BUrlG Nr 39; 8.12.1998, 9 AZR 623/97, EzA § 11 BUrlG Nr 41).

Vor allem bei erfolgsabhängigen Vergütungsformen ist jedoch darauf zu achten, dass es über deren Berücksichtigung beim Geldfaktor im Ergebnis **nicht** zu einer **Anspruchsdoppelung** kommt. Letzteres ist etwa bei **Umsatzprovisionen** zu bedenken, sofern diese kennzahlenabhängig (und zwar unabhängig von der Arbeitsleistung des einzelnen AN) auch im Urlaub weitergezahlt werden. Das gilt ebenso für **Bezirks-, Fremd- oder Superprovisionen**, soweit diese losgelöst von der Leistung des AN auch im Urlaubszeitraum dem AN zufließen (BAG 11.4.2000, 9 AZR 266/99, EzA § 11 BUrlG Nr 45). Solche Zahlungen bleiben beim Geldfaktor außen vor. Entspr gilt für **Jahresprovisionen** (wie überhaupt für alle **Jahressonderzahlungen** – also auch beim **Weihnachtsgeld**, beim **13. Monatsgehalt** usw). Jahreszahlungen honorieren die Gesamtleistung (oder doch zumindest die Betriebstreue) des AN im laufenden Jahr und erfassen damit auch den Urlaubszeitraum. Sie bleiben bei der Berechnung des Geldfaktors deshalb insgesamt unberücksichtigt (BAG 17.1.1991, 8 AZR 644/89, EzA § 11 BUrlG Nr 30; 23.4.1996, 9 AZR 856/94, EzA § 11 BUrlG Nr 39; 11.4.2000, 9 AZR 266/99, EzA § 11 BUrlG Nr 45; 23.1.2001, 9 AZR 4/00, EzA § 11 BUrlG Nr 49; *Neumann/Fenski* § 11 Rn 30). Dieses Ergebnis wird durch die Vorgaben des Gesetzes hins der Berücksichtigung von Sachbezügen (»die während des Urlaubs nicht weitergewährt werden« – § 11 I 4) bestätigt. Gleiches gilt für **vermögenswirksame Leistungen**, die als Festbetrag auch während des Urlaubs weiter gewährt werden (BAG 17.1.1991, 8 AZR 644/89, EzA § 11 BUrlG Nr 30; 22.1.2002, 9 AZR 601/00, EzA § 13 BUrlG Nr 58; 10.12.2013, 9 AZR 279/12).

Zum Arbeitsverdienst rechnen ferner **Entgeltfortzahlungsansprüche** – also bspw Ansprüche auf Entgeltfortzahlung im Krankheitsfall (§§ 3, 4 EFZG), auf Entgeltfortzahlung an gesetzlichen Feiertagen (§ 2 EFZG) oder auch Ansprüche auf Annahmeverzugslohn (§ 615 BGB). Entspr gilt für **bezahlte Pausenzeiten** (BAG 23.1.2001, 9 AZR 4/00, EzA § 11 BUrlG Nr 49; dh aber nicht zugleich umgekehrt, dass bezahlte Pausenzeiten deshalb auch beim Zeitfaktor zu berücksichtigen wären – dazu: BAG 31.1.1991, 8 AZR 52/90, EzA § 11 BUrlG Nr 29) oder **bezahlte Essenszeiten**. Auch sie rechnen ebenso zum Arbeitsverdienst (vgl auch *Leinemann/Linck* § 11 Rn 20 f), wie eine Vergütung für **Bereitschaftsdienst** und **Rufbereitschaft** (BAG 20.6.2000, 9 AZR 437/99, EzA § 11 BUrlG Nr 47; 24.10.2000, 9 AZR 634/99, EzA § 11 BUrlG Nr 48), **Familien-** und **Kinderzuschläge**, Zuschläge für **Sonn-, Feiertags- und Nachtarbeit** (BAG 12.1.1989, 8 AZR 404/87, EzA § 11 BUrlG Nr 27; 22.1.2002, 9 AZR 601/00, EzA § 13 BUrlG Nr 58; LAG MV 31.8.2010, 5 Sa 90/10), **Erschwerniszuschläge** sowie **Schicht- und Schmutzzulagen**. Sofern der AN bereits im Berechnungszeitraum Urlaub erhalten hatte, ist auch das dafür nach §§ 1, 11 geschuldete **Urlaubsentgelt** zu berücksichtigen (ErfK/*Gallner* § 11 Rn 12), nicht aber etwaiges zusätzlich gezahltes **Urlaubsgeld** (zu diesem noch Rdn 28 f). Unberücksichtigt bleiben ferner **Vorschusszahlungen** des AG auf das zu berechnende **Urlaubsentgelt**, die zusammen mit den laufenden Bezügen bereits im Bezugszeitraum geleistet wurden (BAG 8.12.1998, 9 AZR 623/97, EzA § 11 BUrlG Nr 41).

Bei der Berechnung des Geldfaktors bleibt jeglicher **Aufwendungsersatz** (für Fahrtkosten des AN, für von ihm eingesetzte Sachmittel usw) außen vor (BAG 12.12.2001, 5 AZR 257/00, EzA § 612 BGB Nr 24) – und zwar selbst dann, wenn der Aufwendungsersatz pauschaliert gezahlt wird (*Leinemann/Linck* § 11 Rn 34; *Neumann/Fenski* § 11 Rn 36). Gleiches gilt für **Trinkgelder** (zB in der Gastronomie oder der Frisörbranche), die freiwillig von Dritten gezahlt werden. Sie rechnen nicht zu dem vom AG geschuldeten Arbeitsverdienst (BAG 28.6.1995, 7 AZR 1001/94, EzA § 11 BUrlG Nr 38). **Bedienungsgelder** hingegen, die sich am persönlichen Umsatz des AN orientieren und vom AG gewährt werden, zählen zum Arbeitsverdienst (HWK/*Schinz* § 11 Rn 17; *Neumann/Fenski* § 11 Rn 27, 29).

Zum Arbeitsverdienst rechnen auch **Sachbezüge**. Werden sie während des Urlaubs nicht weitergewährt (Unterkunft usw), dann sind sie gem § 11 I 4 für die Dauer des Urlaubs angemessen in bar abzugelten. Hins der Höhe ist auf die Sätze zurückzugreifen, die bei der Beitragsbemessung zur Sozialversicherung (vgl dazu die ua auf der Grundlage des § 17 I SGB IV erlassene Sozialversicherungsentgeltverordnung) in Ansatz gebracht werden (ErfK/*Gallner* § 11 Rn 13; aM *Neumann/Fenski* § 11 Rn 41).

II. Berechnung des Geldfaktors. Stellte man entspr der gesetzlichen Konzeption (§ 3) für den Urlaub auf Werktage ab (dazu § 3 Rdn 2 ff), dann errechnete sich die Höhe des Urlaubsentgelts wie folgt: Der in den letzten 13 Wochen vor Urlaubsbeginn erzielte Arbeitsverdienst wird – freilich vorbehaltlich der in § 11 I vorgesehen Korrekturen – durch 78 (= Anzahl der Werktage in 13 Wochen) geteilt und sodann mit der Anzahl der Urlaubstage multipliziert. Da allerdings die ganz hM für den Urlaub allg auf Arbeits- und nicht auf Werktage abstellt (§ 3 Rdn 4) und hins des für § 11 I maßgeblichen Zeitfaktors nicht auf die Dauer des Urlaubs, sondern auf die durch den Urlaub ausgefallene Arbeitszeit abstellt (dazu Rdn 3), muss der Geldfaktor jedenfalls dann entspr heruntergerechnet werden, wenn die Anzahl der Werktage innerhalb des Bezugszeitraums von der Anzahl der Arbeitstage abweicht. Für die **5-Tage-Woche** teilt die hM den in den 13 Wochen vor Urlaubsbeginn erzielten Arbeitsverdienst durch 65 (= Anzahl der Arbeitstage in 13 Wochen). Für eine **4-Tage-Woche** betrüge der Divisor entsprechend 52 (4 Arbeitstage × 13 Wochen). Der auf diese Weise ermittelte Geldfaktor wird dann mit den Urlaubstagen (die nach hM nur Arbeitstage sein können; das ist der Zeitfaktor) multipliziert. Zu etwaigen Modifikationen mit Blick auf europarechtl Vorgaben vgl oben Rdn 5.

14 Vollends überzogen – wenn auch in Konsequenz des von der hM favorisierten »gemischten Systems« (oben Rdn 3 f) – ist es jedoch, wenn die hM bei flexiblen Arbeitsverhältnissen mit schwankender Stundenzahl je Arbeitstag den **Geldfaktor** auf »Stunden« herunterrechnen will. Die hM (HWK/*Schinz* § 11 Rn 38, 40; *Leinemann/Linck* § 11 Rn 56; aM wohl ErfK/*Gallner* § 11 Rn 18) teilt dafür den Arbeitsverdienst der letzten 13 Wochen vor Urlaubsbeginn durch die Anzahl der Arbeitsstunden im Bezugszeitraum (Geldfaktor) und multipliziert sodann das Ergebnis mit der Anzahl der im Urlaubszeitraum ausgefallenen Arbeitsstunden (Zeitfaktor). Die im Gesetz verankerte Bezugsmethode wirkt sich im Ergebnis nach dieser Ansicht überhaupt »nur« noch bei Arbeitsverhältnissen mit flexiblen Entgeltsystemen, nicht aber bei Arbeitsverhältnissen mit flexiblen Arbeitszeitsystemen aus.

15 **C. Sonderfälle/Korrekturen.** Wenn auch die Bezugsmethode die vom Gesetz favorisierte Methode zur Berechnung des Urlaubsentgelts ist, so ist sie doch nicht konsequent durchgehalten. Vielmehr ordnet das Gesetz in § 11 I mehrere Durchbrechungen an.

16 **I. Überstunden.** Nach § 11 I 1 ist bei der Bestimmung des Urlaubsentgelts der durchschnittliche Arbeitsverdienst maßgeblich, den der AN in den letzten 13 Wochen vor dem Beginn des Urlaubs erhalten hat, »mit Ausnahme des zusätzlich für Überstunden gezahlten Arbeitsverdienstes«. Diese Einschränkung ist durch Art 2 des Arbeitsrechtl Gesetzes zur Förderung von Wachstum und Beschäftigung vom 25.9.1996 (BGBl I S 1476 [1477]) eingefügt und bis heute nicht wieder zurückgenommen worden. Nach Ansicht des BAG soll daraus aber nicht folgen, dass Überstundenvergütungen wie Überstunden überhaupt bei der Berechnung des Urlaubsentgelts vollständig außen vor bleiben. Vielmehr will es der 9. Senat (9.11.1999, 9 AZR 771/98, EzA § 11 BUrlG Nr 44 [abl *Bengelsdorf*]; 22.2.2000, 9 AZR 107/99, EzA § 11 BUrlG Nr 46; wie das BAG *Leinemann/Linck* § 11 Rn 42 ff) für Überstunden, die *während*(!) des Urlaubszeitraums ohne die urlaubsbedingte Arbeitsbefreiung angefallen wären, bei einer »Entgeltfortzahlungspflicht« belassen. Der 9. Senat begründet seine Ansicht damit, dass § 11 I nur den Geldfaktor, nicht aber den Zeitfaktor regle (oben Rdn 3). Weil jedoch der Zeitfaktor sich nach der ausgefallenen Arbeitszeit richte, erhöhten Überstunden während des Urlaubszeitraums den Zeitfaktor. In der Folge sei dann auch das Urlaubsentgelt entsprechend höher. Die den Geldfaktor betreffende Regelung des § 11 S 1 aE wirke sich daher insgesamt nur insoweit aus, als der Geldfaktor nicht mehr die **Zuschläge für im Bezugszeitraum geleistete Überstunden** umfasse (weitergehend LAG Schl-Holst 15.1.2013, 1 Sa 138/12; ErfK/*Gallner* § 11 Rn 7; HWK/*Schinz* § 11 Rn 30 ff: auch Grundbetrag; dieser Streit wirkt sich im Ergebnis freilich nicht aus – so zutr AnwK-ArbR/*Düwell* § 11 Rn 19). Ausfallende Überstunden im Urlaubszeitraum seien daher im Ergebnis wie sonstige ausfallende Arbeitsstunden zu vergüten (AnwK-ArbR/*Düwell* § 11 Rn 17). Das ist abzulehnen (zur Kritik vgl eingehend *Gutzeit* Anm zu BAG EzA § 11 BUrlG Nr 46).

17 Die Herausnahme der Überstunden aus dem Zeitfaktor soll nach Ansicht des BAG nicht einmal durch TV möglich sein (BAG 22.2.2000, 9 AZR 107/99, EZA § 11 BUrlG Nr 46; vgl auch LAG Schl-Holst 15.1.2013, 1 Sa 138/12). Aus dem gem § 13 I »tariffesten« § 1 folge eine Entgeltpflicht für alle urlaubsbedingt ausfallenden Arbeitsstunden – einschließl der Überstunden.

18 **II. Verdiensterhöhungen.** Gem § 11 I 2 ist bei Verdiensterhöhungen nicht nur vorübergehender Natur, die während des Berechnungszeitraums oder des Urlaubs eintreten, von dem erhöhten Verdienst auszugehen. Angesprochen sind damit (dauerhafte) Verdiensterhöhungen aufgrund einer **(Tarif)Lohnerhöhung**, einer **Höhergruppierung** wegen einer geänderten Arbeitsaufgabe usw. Soweit es zu einer nach § 11 I 2 zu berücksichtigenden dauerhaften Verdiensterhöhung kommt, ist das Entgelt während des gesamten Bezugszeitraums auf der Grundlage des erhöhten Verdienstes (neu) zu berechnen. Für den Geldfaktor kommt es mithin auf eine **fiktive Lohnberechnung** an (BAG 5.9.2002, 9 AZR 236/01, EzA § 11 BUrlG Nr 54; *Leinemann/Linck* § 11 Rn 59) – und zwar insb auch dann, wenn die Verdiensterhöhung erst während des Urlaubszeitraums eintritt.

Verdiensterhöhungen aufgrund einer **dauerhaften Erhöhung** der geschuldeten **Arbeitszeit** (etwa beim 19
Übergang von einem **Teilzeit- in ein Vollzeitarbeitsverhältnis**) sollen indes nach hM (HWK/*Schinz* § 11
Rn 41; *Leinemann/Linck* § 11 Nr 58; aM *Neumann/Fenski* § 11 Rn 14; vgl auch BAG 21.5.1970, 5 AZR
421/69, EzA § 11 BUrlG Nr 7: dort jedoch für einen Sonderfall der Rückkehr des AN aus unbezahltem
Sonderurlaub) nicht unter § 11 I 2 fallen. Das ist im Ergebnis insofern konsequent, als nach der Konzeption
der hM Änderungen im Arbeitszeitvolumen (ohnehin) über den Zeitfaktor berücksichtigt werden. Deshalb
braucht die hM dafür nicht auf § 11 I 2 zurückzugreifen. Nach hier vertretener Ansicht wäre dieser Fall
allerdings über § 11 I 2 zu bewältigen. Zum umgekehrten Fall des Wechsels von Vollzeit in Teilzeit vgl oben
Rdn 5.

III. Verdienstkürzungen. Gem § 11 I 3 bleiben Verdienstkürzungen, die im Bezugszeitraum infolge von 20
Kurzarbeit, Arbeitsausfällen oder unverschuldeter Arbeitsversäumnis eintreten, für die Berechnung des
Urlaubsentgelts außer Betracht (zur Abänderbarkeit durch TV vgl BAG 17.11.2009, 9 AZR 844/08, EzA
§ 13 BUrlG Nr 59). Sonstige Verdienstkürzungen im Bezugszeitraum, die auf anderen Gründen beruhen,
fließen hingegen in die Berechnung des Geldfaktors ein (ErfK/*Gallner* § 11 Rn 23). Zu etwaigen Modifikationen
aufgrund europarechtl Vorgaben vgl aber oben Rdn 5.

1. Kurzarbeit. Hat der AN **im Bezugszeitraum** Kurzarbeit geleistet, so werden Verdienstkürzungen infolge 21
Kurzarbeit bei der Bestimmung des Geldfaktors herausgerechnet. Der maßgebliche Geldfaktor wird so
bestimmt, als ob die Kurzarbeit im Bezugszeitraum nicht angefallen wäre (ErfK/*Gallner* § 11 Rn 24; HWK/
Schinz § 11 Rn 44). Die wohl hM will jedoch Kurzarbeit, die **während des Urlaubszeitraums** anfällt, über
den Zeitfaktor berücksichtigen. Kurzarbeit während des Urlaubszeitraums soll also – spiegelbildlich zu den
Überstunden (Rdn 16) – den Zeitfaktor reduzieren und entspr zu einer Verringerung des Urlaubsentgelts
führen (so *Leinemann/Linck* § 11 Rn 63 ff). Soweit es infolge von Kurzarbeit während des Urlaubszeitraums
zu einer Verringerung des Urlaubsentgelts kommt, will die hM den AN auf das Kurzarbeitergeld nach Maßgabe
der §§ 95 ff SGB III verweisen (ErfK/*Gallner* § 11 Rn 24; *Leinemann/Linck* § 11 Rn 64, 66; krit dazu
Bauer/Kern NZA 2009, 925, 927 ff, die insb meinen, es bestünde kein Anspruch auf Kurzarbeitergeld bei
Kurzarbeit während des Urlaubszeitraums, weil dann der Arbeitsausfall vermeidbar iSd § 96 IV 2 Nr 2 SGB
III sei); zu »**Kurzarbeit Null**« während des Urlaubszeitraums vgl § 7 Rdn 7. Kurzarbeit liegt nicht vor, wenn
der Umfang der Arbeitszeit dauerhaft reduziert wird (»echte Arbeitszeitverkürzung«; dazu *Neumann/Fenski*
§ 11 Rn 50 und oben Rdn 5).

2. Arbeitsausfälle, unverschuldete Arbeitsversäumnis. Bei Arbeitsausfällen infolge **Betriebsunterbre-** 22
chungen im Bezugszeitraum (etwa wegen Maschinenschäden, Stromausfall usw) hat der AG zumeist ohnehin
einen Entgeltfortzahlungsanspruch gem § 615 BGB (dazu § 615 BGB Rdn 86 f). Soweit das der Fall
ist, braucht es keinen Rückgriff auf § 11 I 3 (HWK/*Schinz* § 11 Rn 51; *Neumann/Fenski* § 11 Rn 53). Eine
etwaige Anrechnung ersparter Aufwendungen oder anderweitigen Verdienstes nach Maßgabe des § 615
S 2 BGB ist über § 11 I 3 jedoch zu korrigieren. Zum Tragen kommt § 11 I 3 vor allem dann, wenn
(ausnahmsweise) kein Entgeltfortzahlungsanspruch nach den Grundsätzen des in § 615 BGB verankerten
Betriebs- und Wirtschaftsrisikos besteht, sowie im Fall eines **arbeitskampfbedingten Arbeitsausfalls**
(Letzteres gilt freilich nicht im Fall eines rechtswidrigen Streiks, weil insoweit grds von einer verschuldeten
Arbeitsversäumnis des AN auszugehen ist – so richtig für einen »wilden Streik« ErfK/*Gallner* § 11 Rn 26;
aM für den Fall des rechtswidrigen Streiks *Neumann/Fenski* § 11 Rn 54). Entspr gilt in den sonstigen Fällen
unverschuldeter Arbeitsversäumnis (Krankheit, Vorladung als Zeuge, Pflege erkrankter Kinder usw). Nach
Ansicht des BAG stellt auch ein zwischen den Arbeitsvertragsparteien vereinbarter **unbezahlter Sonderurlaub**
ein unverschuldetes Arbeitsversäumnis iSd § 11 I 3 dar (so BAG 6.5.2014, 9 AZR 678/12, EzA § 1
BUrlG Nr 26). Soweit nicht ohnehin ein Entgeltfortzahlungsanspruch besteht, wird bei der Bestimmung
des Geldfaktors die Verdienstkürzung herausgerechnet. Hins des Verschuldens ist auf die allg, insb zu § 3
EFZG entwickelten Grundsätze zurückzugreifen (dazu näher § 3 EFZG Rdn 29 ff).

D. Fälligkeit, Verjährung, Ausschlussfristen, Verwirkung. Gem § 11 II ist das Urlaubsentgelt vor 23
Antritt des Urlaubs auszuzahlen. § 11 II regelt jedoch schlicht die **Fälligkeit**. Die pünktliche Auszahlung
des Urlaubsentgelts zu dem in § 11 II festgelegten Zeitpunkt ist weder Voraussetzung für eine wirksame
Erfüllung des Urlaubsanspruchs (BAG 18.12.1986, 8 AZR 481/84, EzA § 7 BUrlG Nr 50; aM offenbar
LAG Hamm 14.3.2013, 16 Sa 763/12), noch könnte der AN die Freistellung zurückweisen, wenn der AG
verspätet zahlt (AnwK-ArbR/*Düwell* § 11 Rn 65; ErfK/*Gallner* § 11 Rn 27; HWK/*Schinz* § 11 Rn 54;
aM *Neumann/Fenski* § 11 Rn 80). Eine abw individualvertragliche Vereinbarung über die Fälligkeit des
Urlaubsentgelts zuungunsten des AN wäre wegen § 13 I unwirksam. Wirksam wäre demgü eine tarifliche
Regelung.

§ 11 BUrlG Urlaubsentgelt

24 Der Anspruch auf Urlaubsentgelt verjährt nach Ablauf der **regelmäßigen Verjährungsfrist** von 3 Jahren (§ 195 BGB); zum Fristbeginn vgl § 199 BGB. Hins des Anspruchs auf Urlaubsentgelt sind nach Ansicht des BAG außerdem die (tarif)vertraglichen **Ausschlussfristen** zu beachten (BAG 22.1.2002, 9 AZR 601/00, EzA § 13 BUrlG Nr 58; AnwK-ArbR/*Düwell* § 11 Rn 69). Der Anspruch kann also verfallen. Zur **Verwirkung** des Anspruchs auf Urlaubsentgelt vgl näher BAG 24.11.1992, 9 AZR 564/91, EzA § 13 BUrlG Nr 33. Eine Verwirkung des Anspruchs auf Urlaubsentgelt scheitert – ungeachtet des dafür notwendigen Zeitmoments – regelmäßig daran, dass der AN kein schützenswertes Vertrauen des AG begründet, nicht mehr in Anspruch genommen zu werden. Die Nichtgeltendmachung eines Anspruchs allein ist grds nicht geeignet, das für die Verwirkung des Anspruchs erforderliche bes Vertrauen zu schaffen.

25 **E. Einzelfragen.** Der AN kann auf den Anspruch auf Urlaubsentgelt – freilich nur im Umfang des gesetzlichen Mindesturlaubs – wegen § 13 I weder **verzichten**, noch kann der Anspruch **abbedungen** werden (dazu BAG 20.1.1998, 9 AZR 812/96, EzA § 13 BUrlG Nr 57; 9.6.1998, 9 AZR 43/97, EzA § 7 BUrlG Nr 106). Für tarifliche Ansprüche ist § 4 IV TVG zu beachten. Der Anspruch auf Urlaubsentgelt ist nach Ansicht des BAG in den Grenzen **pfändbar**, in denen auch ein Anspruch auf Arbeitsentgelt (§ 850c ZPO) pfändbar ist (BAG 20.6.2000, 9 AZR 405/99, EzA § 1 BUrlG Nr 23). § 850a Nr 2 hindert nur die Pfändung eines Anspruchs auf (zusätzliches) Urlaubsgeld. Soweit der Anspruch auf Urlaubsentgelt bereits entstanden ist, ist er auch **vererblich** (ErfK/*Gallner* § 11 Rn 31; *Leinemann/Linck* § 11 Rn 95). Zum Urlaubsentgelt in der **Insolvenz** vgl *Düwell/Pulz* NZA 2008, 786; *C. Betz* BB 2015, 886.

26 **Durch TV** kann die in § 11 vorgesehene **Bezugsmethode durch** das **Lohnausfallprinzip ersetzt** werden – und zwar auch soweit der gesetzliche Mindesturlaub betroffen ist (BAG 19.1.2010, 9 AZR 427/09; hierzu auch *Neumann/Fenski* § 11 Rn 83). Zulässig ist es nach Ansicht des BAG dabei auch, dem AG die Wahl zwischen den beiden Berechnungsmethoden zu eröffnen (BAG 3.12.2002, 9 AZR 535/01, EzA § 11 BUrlG Nr 55). Bei der Ausübung dieses Wahlrechts soll allerdings dem BR ein Mitbestimmungsrecht nach Maßgabe des § 87 I Nr 10 BetrVG zustehen (BAG 3.12.2002, 9 AZR 535/01, aaO).

27 Für eine **Änderung** der **Berechnungsmethode** durch TV verlangt das BAG jedoch, dass die Methode grds geeignet sein muss, ein **Urlaubsentgelt sicherzustellen**, wie es der AN bei Weiterarbeit ohne Freistellung voraussichtlich hätte erwarten können (wegen des »tariffesten« Anspruchs aus § 1 auf »bezahlten« Erholungsurlaub; dazu etwa BAG 15.12.2009, 9 AZR 887/08, EzA § 13 BUrlG Nr 60; 23.2.2010, 9 AZR 52/09, ZTR 2010, 367; 15.1.2013, 9 AZR 465/11, EzA § 13 BUrlG Nr 62). Regelungen, die das Ziel der Kürzung des Urlaubsentgelts im Vergleich zum Arbeitsentgelt verfolgen – etwa durch die Herausnahme von Entgeltbestandteilen (zB Zulagen, Prämien usw) –, seien unwirksam (BAG 22.1.2002, 9 AZR 601/00, EzA § 13 BUrlG Nr 58; vgl auch LAG Düsseldorf 1.7.2014, 16 Sa 214/14, LAGE § 13 BUrlG Nr 5; LAG Schl-Holst 15.1.2013, 1 Sa 138/12; näher dazu AnwK-ArbR/*Düwell* § 11 Rn 30 ff; zu den Folgen einer nach diesen Grundsätzen unwirksamen tariflichen Regelung vgl BAG 15.12.2009, 9 AZR 887/08, EzA § 13 BUrlG Nr 60, das die tarifliche Regelung nur in Ansehung des gesetzlichen Mindesturlaubsanspruchs für unwirksam hält). Umgekehrt kann freilich durch TV bestimmt werden, dass während des Referenzzeitraums gezahlte **Überstunden** und **Überstundenzuschläge** in die Berechnung des Urlaubsentgelts mit einfließen (BAG 16.3.1999, 9 AZR 315/98, EzA § 11 BUrlG Nr 42; 5.11.2002, 9 AZR 658/00, EzA § 11 BUrlG Nr 53 – zu Überstunden näher Rdn 16 f). Zur Bemessung des Urlaubsentgelts nach **§ 21 TVöD** vgl BAG 1.9.2010, 5 AZR 557/09, NZA 2010, 1360.

28 **F. (Zusätzliches) Urlaubsgeld.** Von dem nach §§ 1, 11 geschuldeten Urlaubsentgelt ist das Urlaubsgeld (auch: Urlaubsgratifikation) zu scheiden, das aufgrund (tarif)vertraglicher Verpflichtung oder auf der Grundlage einer BV zusätzlich zum Urlaubsentgelt geschuldet wird. Das Urlaubsgeld ist auf die Berechnung des Urlaubsentgelts ohne Einfluss – wird also nicht (auch nicht anteilig) etwa im Geldfaktor berücksichtigt. Das folgt schon daraus, dass der Anspruch auf Urlaubsgeld zumeist auf das Urlaubsjahr bezogen gewährt wird; mithin gelten auch für das Urlaubsgeld die für Jahressonderzahlungen vorgestellten Grundsätze (Rdn 9).

29 Weil der Anspruch auf Urlaubsgeld ein vertraglicher Anspruch ist, sind auch die **Anspruchsvoraussetzungen** innerhalb der durch die Rechtsordnung gezogenen Grenzen (insb Gleichbehandlungsgrundsatz, Diskriminierungsverbote nach dem AGG sowie dem TzBfG usw) **frei gestaltbar**. Der Anspruch auf Urlaubsgeld kann vom Bestand, Umfang oder von der Erfüllbarkeit des Urlaubsanspruchs abhängig gemacht werden (dazu etwa BAG 24.6.2003, 9 AZR 563/02, EzA § 11 BUrlG Nr 56; 19.5.2009, 9 AZR 477/07, DB 2009, 2051); es kann eine »Wartezeit« auch für das Urlaubsgeld vorgesehen werden usw. Der AG kann sich hins des Anspruchs auf Urlaubsgeld eine Widerrufsmöglichkeit vorbehalten haben und es kann sich beim Urlaubsgeld auch um eine freiwillige Leistung des AG handeln (BAG 11.4.2000, 9 AZR 255/99, EzA § 611 BGB Gratifikation, Prämie Nr 160). Zu den Konsequenzen der »Schultz-Hoff«-Entsch des

EuGH (20.1.2009, C 350/06 und C 520/06, NJW 2009, 495; zu dieser s § 7 Rdn 37 f, 57 f) für Urlaubsgeldansprüche vgl BAG 19.5.2009, 9 AZR 477/07, DB 2009, 2051; *Powietzka/Fallenstein* NZA 2010, 673. Zum Anspruch auf **Urlaubsgeld** und EZ vgl BAG 10.2.1993, 10 AZR 450/91, EzA § 15 BErzGG Nr 4; 18.3.1997, 9 AZR 84/96, EzA § 17 BErzGG Nr 6; 11.4.2000, 9 AZR 225/99, EzA § 4 TVG Luftfahrt Nr 4; 15.4.2003, 9 AZR 137/02, EzA Art 141 EG-Vertrag 1999 Nr 14. Der Anspruch auf Urlaubsgeld ist nach Maßgabe des § 850a Nr 2 ZPO der **Pfändung entzogen**; zur Frage, ob das Urlaubsgeld auf den **Mindestlohn anrechenbar** ist, vgl. die Anrechenbarkeit verneinend LAG Berl-Bbg 25.9.2015, 8 Sa 677/15; 2.10.2015, 9 Sa 570/15; ArbG Bautzen 25.6.2015, 1 Ca 1094/15; ArbG Berl 4.3.2015, 54 Ca 14420/14, NZA-RR 2015, 404; die Anrechenbarkeit bejaht hingegen ArbG Herne 7.7.2015, 3 Ca 684/15; zur Problematik näher *Bissels/Falter* DB 2015, 2209; *Lindemann/Kafka* DB 2015, 1664; *R. Wagner* NZA-RR 2015, 408.

§ 12 Urlaub im Bereich der Heimarbeit

Für die in Heimarbeit Beschäftigten und die ihnen nach § 1 Abs. 2 Buchstaben a bis c des Heimarbeitsgesetzes Gleichgestellten, für die die Urlaubsregelung nicht ausdrücklich von der Gleichstellung ausgenommen ist, gelten die vorstehenden Bestimmungen mit Ausnahme der §§ 4 bis 6, 7 Abs. 3 und 4 und § 11 nach Maßgabe der folgenden Bestimmungen:

1. Heimarbeiter (§ 1 Abs. 1 Buchstabe a des Heimarbeitsgesetzes) und nach § 1 Abs. 2 Buchstabe a des Heimarbeitsgesetzes Gleichgestellte erhalten von ihrem Auftraggeber oder, falls sie von einem Zwischenmeister beschäftigt werden, von diesem bei einem Anspruch auf 24 Werktage ein Urlaubsentgelt von 9,1 vom Hundert des in der Zeit vom 1. Mai bis zum 30. April des folgenden Jahres oder bis zur Beendigung des Beschäftigungsverhältnisses verdienten Arbeitsentgelts vor Abzug der Steuern und Sozialversicherungsbeiträge ohne Unkostenzuschlag und ohne die für den Lohnausfall an Feiertagen, den Arbeitsausfall infolge Krankheit und den Urlaub zu leistenden Zahlungen.
2. War der Anspruchsberechtigte im Berechnungszeitraum nicht ständig beschäftigt, so brauchen unbeschadet des Anspruches auf Urlaubsentgelt nach Nummer 1 nur so viele Urlaubstage gegeben zu werden, wie durchschnittliche Tagesverdienste, die er in der Regel erzielt hat, in dem Urlaubsentgelt nach Nummer 1 enthalten sind.
3. Das Urlaubsentgelt für die in Nummer 1 bezeichneten Personen soll erst bei der letzten Entgeltzahlung vor Antritt des Urlaubs ausgezahlt werden.
4. Hausgewerbetreibende (§ 1 Abs. 1 Buchstabe b des Heimarbeitsgesetzes) und nach § 1 Abs. 2 Buchstaben b und c des Heimarbeitsgesetzes Gleichgestellte erhalten von ihrem Auftraggeber oder, falls sie von einem Zwischenmeister beschäftigt werden, von diesem als eigenes Urlaubsentgelt und zur Sicherung der Urlaubsansprüche der von ihnen Beschäftigten einen Betrag von 9,1 vom Hundert des an sie ausgezahlten Arbeitsentgelts vor Abzug der Steuern und Sozialversicherungsbeiträge ohne Unkostenzuschlag und ohne die für den Lohnausfall an Feiertagen, den Arbeitsausfall infolge Krankheit und den Urlaub zu leistenden Zahlungen.
5. Zwischenmeister, die den in Heimarbeit Beschäftigten nach § 1 Abs. 2 Buchstabe d des Heimarbeitsgesetzes gleichgestellt sind, haben gegen ihren Auftraggeber Anspruch auf die von ihnen nach den Nummern 1 und 4 nachweislich zu zahlenden Beträge.
6. Die Beträge nach den Nummern 1, 4 und 5 sind gesondert im Entgeltbeleg auszuweisen.
7. Durch Tarifvertrag kann bestimmt werden, dass Heimarbeiter (§ 1 Abs. 1 Buchstabe a des Heimarbeitsgesetzes), die nur für einen Auftraggeber tätig sind und tariflich allgemein wie Betriebsarbeiter behandelt werden, Urlaub nach den allgemeinen Urlaubsbestimmungen erhalten.
8. Auf die in den Nummern 1, 4 und 5 vorgesehenen Beträge finden die §§ 23 bis 25, 27 und 28 und auf die in den Nummern 1 und 4 vorgesehenen Beträge außerdem § 21 Abs. 2 des Heimarbeitsgesetzes entsprechende Anwendung. Für die Urlaubsansprüche der fremden Hilfskräfte der in Nummer 4 genannten Personen gilt § 26 des Heimarbeitsgesetzes entsprechend.

Übersicht	Rdn.			Rdn.
A. Regelungsgehalt	1	II.	Hausgewerbetreibende und nach § 1 II lit b und c HAG Gleichgestellte	17
B. Persönlicher Geltungsbereich	3	III.	Zwischenmeister	18
I. Heimarbeiter	4	IV.	Entgeltbescheinigung, Entgeltschutz	19
II. Hausgewerbetreibende	5	D.	Nicht anwendbare Vorschriften	20
III. Gleichgestellte	6			
C. Modifikationen des BUrlG	10			
I. Heimarbeiter und heimarbeiterähnliche Personen (§ 12 Nr 1–3, 7)	11			

§ 12 BUrlG Urlaub im Bereich der Heimarbeit

1   **A. Regelungsgehalt.** Für **in Heimarbeit Beschäftigte** und die ihnen nach § 1 II lit a–c HAG **Gleichgestellten** erklärt § 12 mehrere Bestimmungen des BUrlG für nicht anwendbar; andere Vorschriften des BUrlG werden zT nicht nur unerheblich modifiziert. Das Gesetz will mit der urlaubsrechtl Sonderregelung in § 12 den bes Verhältnissen im Bereich der Heimarbeit Rechnung tragen. Dabei geht es vor allem um die Berechnung des Urlaubsentgelts. Nicht anwendbar sind § 4 (Wartezeit), § 5 (Teilurlaub), § 6 (Ausschluss von Doppelansprüchen), § 7 III (Übertragung des Urlaubs), § 7 IV (Urlaubsabgeltung) sowie § 11 (Berechnung und Fälligkeit des Urlaubsentgelts). Für sog **Zwischenmeister**, die gem § 1 II lit d HAG gleichfalls den in Heimarbeit Beschäftigten gleichgestellt werden können, gelten die Sonderregelungen des § 12 indes grds nicht. Damit haben Zwischenmeister – selbst wenn sie den in Heimarbeit Beschäftigten gleichgestellt sind – grds keinen eigenen (gesetzlichen) Urlaubsanspruch (ErfK/*Gallner* § 12 Rn 13). Jedoch ist für gleichgestellte Zwischenmeister § 12 Nr 5 zu beachten (dazu Rdn 18).

2   Weil die gesetzlichen Urlaubsregelungen auch für den Bereich der Heimarbeit nur Mindestregelungen sein wollen, kann die urlaubsrechtl Stellung der in Heimarbeit Beschäftigten insb über Entgeltregelungen nach Maßgabe der §§ 17 ff HAG (also vor allem durch **bindende Festsetzung** gem § 19 HAG) ausgebaut werden (*Leinemann/Linck* § 12 Rn 2 ff). Für **jugendliche Heimarbeiter** ist § 19 IV JArbSchG zu beachten; für **schwerbehinderte Menschen in Heimarbeit** gilt § 127 SGB IX. Im Fall der **Einberufung zum Wehrdienst** gelten die §§ 4, 7 ArbPlSchG.

3   **B. Persönlicher Geltungsbereich.** Eine urlaubsrechtl Sonderbehandlung erfahren über § 12 die in Heimarbeit Beschäftigten und die ihnen gem § 1 II lit a–c HAG Gleichgestellten. Gem § 1 I HAG sind **in Heimarbeit Beschäftigte** zum einen die **Heimarbeiter** (§ 2 I HAG) und zum andern die **Hausgewerbetreibenden** (§ 2 II HAG). Zu den gem § 1 II lit a–c HAG **Gleichgestellten** gehören die **heimarbeiterähnlichen Personen** (lit a), **Hausgewerbetreibende** mit **mehr als 2 fremden Hilfskräften oder Heimarbeitern** (lit b) sowie **Lohngewerbetreibende** (lit c); zu Zwischenmeistern, die gem § 1 II lit d den in Heimarbeit Beschäftigten gleichfalls gleichgestellt werden können, s Rdn 1.

4   **I. Heimarbeiter.** Gem § 2 I HAG ist ein Heimarbeiter ein in selbst gewählter Arbeitsstätte (eigener Wohnung oder selbst gewählter Betriebsstätte) allein oder mit Familienangehörigen (zum Kreis der Familienangehörigen s § 2 V HAG) im Auftrag von Gewerbetreibenden oder Zwischenmeistern erwerbsmäßig Arbeitender, der die Verwertung der Arbeitsergebnisse dem unmittelbar oder mittelbar auftraggebenden Gewerbetreibenden überlässt. Sofern der Heimarbeiter die Roh- oder Hilfsstoffe für seine Tätigkeit selbst beschafft, steht das seiner Eigenschaft als Heimarbeiter nicht entgegen (§ 2 I 2 HAG).

5   **II. Hausgewerbetreibende.** Gem § 2 II HAG ist Hausgewerbetreibender, wer in eigener Arbeitsstätte (eigener Wohnung oder Betriebsstätte) mit nicht mehr als 2 fremden Hilfskräften (das sind AN iSd § 2 VI HAG) oder Heimarbeitern im Auftrag von Gewerbetreibenden oder Zwischenmeistern Waren herstellt, bearbeitet oder verpackt, wobei er selbst wesentlich das Stück mitarbeitet, jedoch die Verwertung der Arbeitsergebnisse dem unmittelbar oder mittelbar auftraggebenden Gewerbetreibenden überlässt (zum Hausgewerbetreibenden vgl auch BAG 3.4.1990, 3 AZR 258/88, EzA § 2 HAG Nr 1; LAG Hamm 10.10.2005, 2 Ta 332/05). Beschafft der Hausgewerbetreibende die Roh- und Hilfsstoffe selbst oder arbeitet er vorübergehend unmittelbar für den Absatzmarkt, so wird hierdurch seine Eigenschaft als Hausgewerbetreibender nicht beeinträchtigt (§ 2 II 2 HAG). Soweit der Hausgewerbetreibende mit mehr als 2 fremden Hilfskräften oder Heimarbeitern arbeitet, kann er – wenn dies wegen seiner Schutzbedürftigkeit gerechtfertigt erscheint – gem § 1 II lit b HAG den in Heimarbeit Beschäftigten gleichgestellt werden.

6   **III. Gleichgestellte.** Den in Heimarbeit Beschäftigten können gem § 1 II lit a–c HAG heimarbeiterähnliche Personen, Hausgewerbetreibende mit mehr als 2 fremden Hilfskräften/Heimarbeitern sowie Lohngewerbetreibende gleichgestellt werden.

7   **Heimarbeiterähnliche Personen** sind solche Personen, die idR allein oder mit ihren Familienangehörigen (zum Kreis der Familienangehörigen s § 2 V HAG) in eigener Wohnung oder selbst gewählter Betriebsstätte eine sich in regelmäßigen Arbeitsvorgängen wiederholende Arbeit im Auftrag eines anderen gegen Entgelt ausüben, ohne dass ihre Tätigkeit als gewerblich anzusehen oder dass der Auftraggeber ein Gewerbetreibender oder Zwischenmeister ist (§ 1 II lit a HAG). **Lohngewerbetreibende** sind andere im Lohnauftrag arbeitende Gewerbetreibende, die infolge ihrer wirtschaftlichen Abhängigkeit eine ähnliche Stellung wie Hausgewerbetreibende einnehmen (§ 1 II lit c HAG). Zu **Hausgewerbetreibenden** mit mehr als 2 fremden Hilfskräften/Heimarbeitern s Rdn 5.

8   Voraussetzung für eine **Gleichstellung** ist insb, dass diese wegen der **Schutzbedürftigkeit gerechtfertigt** erscheint. Dabei ist das Ausmaß der wirtschaftlichen Abhängigkeit maßgebend (§ 1 II 2 HAG). Es sind insb die Zahl der fremden Hilfskräfte, die Abhängigkeit von einem oder mehreren Auftraggebern, die

Möglichkeit des unmittelbaren Zugangs zum Absatzmarkt, die Höhe und die Art der Eigeninvestitionen sowie der Umsatz zu berücksichtigen (§ 1 II 3 HAG).
Die Gleichstellung erfolgt im Wege eines **Gleichstellungsverfahrens** durch widerrufliche Entscheidung des zuständigen Heimarbeitsausschusses (§ 4 HAG). Die Entscheidung, die als VA zu qualifizieren ist (*Leinemann/Linck* § 12 Rn 14; näher dazu *Neumann/Fenski* § 12 Rn 8), ergeht nach Anhörung der Beteiligten. Sie bedarf der Zustimmung der zuständigen (§ 3 HAG) Arbeitsbehörde (zum Verfahren vgl näher § 1 IV, V HAG). Weil die Gleichstellung gem § 1 III auf einzelne Schutzvorschriften beschränkt werden kann, kann die **Anwendbarkeit des** § **12** – trotz einer Gleichstellung iÜ – **ausgenommen** sein (ErfK/*Gallner* § 12 Rn 5, 6; *Neumann/Fenski* § 12 Rn 9). 9

C. Modifikationen des BUrlG. Schon weil in Heimarbeit Beschäftigte bei der Einteilung ihrer Arbeitszeit grds frei sind, müssen urlaubsrechtl Besonderheiten gelten. § 12 unterscheidet dabei wie folgt: 10

I. Heimarbeiter und heimarbeiterähnliche Personen (§ 12 Nr 1–3, 7). Heimarbeiter und heimarbeiterähnliche Personen haben grds einen Urlaubsanspruch von 24 Werktagen nach Maßgabe der §§ 1, 3. Weil sie aber ihre Arbeitszeit und ihren Arbeitsrhythmus grds selbst bestimmen (können), kann der Urlaubsanspruch nicht wie bei einem in den Betrieb eingegliederten AN auf Befreiung von der Arbeitspflicht für einen bestimmten Zeitraum gerichtet sein. Daraus folgt aber gleichwohl nicht, dass sich Heimarbeiter und heimarbeiterähnliche Personen selbst beurlauben könnten (ErfK/*Gallner* § 12 Rn 8; *Leinemann/Linck* § 11 Rn 27; aM *v Hase/Lembke* BB 1997, 1095, 1097; differenzierend *Neumann/Fenski* § 12 Rn 13). Vielmehr ist der Urlaubsanspruch auf Freistellung von der Bearbeitung von Aufträgen gerichtet (HWK/*Schinz*, 3. Aufl, § 12 Rn 14), was regelmäßig auf die Ablieferungstermine rückwirkt, die ggf verlängert werden müssen. Eine in diesem Sinne verstandene Freistellung hat nach Maßgabe der § 7 I und II zu erfolgen. 11

Heimarbeiter und heimarbeiterähnliche Personen erhalten von ihrem Auftraggeber oder, falls sie von einem Zwischenmeister beschäftigt werden, von diesem ein **Urlaubsentgelt**, dessen Höhe nach Maßgabe des § 12 Nr 1 zu berechnen ist. Bei einem Anspruch auf 24 Werktage ist ein Urlaubsentgelt in Höhe von 9,1 % des in der Zeit vom 1.5. bis zum 30.4. des folgenden Jahres oder bis zur Beendigung des Beschäftigungsverhältnisses verdienten Arbeitsentgelts vor Abzug der Steuern und Sozialversicherungsbeiträge ohne Unkostenzuschlag und ohne die für den Lohnausfall an Feiertagen, den Arbeitsausfall infolge Krankheit (den Gesetzestext relativierend *Neumann/Fenski* § 12 Rn 25: bei Krankheiten länger als 6 Wochen müsse der fiktive Arbeitsverdienst angesetzt werden) und den Urlaub zu leistenden Vergütungen zu zahlen. Der Prozentsatz orientiert sich hins der Höhe an dem Verhältnis von Urlaubstagen und (angenommenen) Arbeitstagen (dazu näher ErfK/*Gallner* § 12 Rn 11; *Leinemann/Linck* § 12 Rn 29). 12

Unklar ist, welcher **Zeitraum** für die Berechnung des Urlaubsentgelts zugrunde zu legen ist. Die Vorschrift vermittelt zunächst den Eindruck, es sei das Arbeitsentgelt des laufenden Jahres ab dem 1.5. bis zum 30.4. des Folgejahres zu berücksichtigen (so etwa *Leinemann/Linck* § 12 Rn 30; *Neumann/Fenski* § 12 Rn 19 ff; dahingehend auch HWK/*Schinz*, 3. Aufl, § 12 Rn 16). Das ist indes keine zwingende Interpretation der Vorschrift, weil der Passus »30.4. des folgenden Jahres« auch auf den Beginn des Berechnungszeitraums »vom 1.5.« bezogen sein kann. Es handelt sich auch dann um den 30.4. des »folgenden« Jahres, wenn die Vorschrift den 1.5. des Vorjahres meint. Der Wortlaut lässt also beide Deutungen zu. Für eine vergangenheitsbezogene Betrachtungsweise streiten indes Praktikabilitätserwägungen (so überzeugend ErfK/ *Gallner* § 12 Rn 12). Die Berechnung des Urlaubsentgelts geriete hochspekulativ – zumal die Zahlungen für Arbeitsausfall infolge Krankheit (§ 10 EFZG) außen vor bleiben sollen – wollte man für einen Heimarbeiter ernstlich das Entgelt bis zum 30.4. des Folgejahres ermitteln. Die hM will zwar damit helfen, dass dann doch der Verdienst des vergangenen Jahres zu Prognosezwecken herangezogen wird (*Neumann/Fenski* § 12 Rn 20) – eine konsequente Position ist das aber nicht. Überdies schlüge der spekulative Charakter der Ermittlung des Anspruchsinhalts beim nicht ständig beschäftigten Heimarbeiter wegen § 12 Nr 2 sogar auf die Dauer des Urlaubsanspruchs durch (dazu Rdn 15). 13

Das **Urlaubsentgelt** soll erst bei der letzten Entgeltzahlung **vor Antritt** des **Urlaubs ausgezahlt** werden (§ 12 Nr 3). Diese Vorschrift ist jedoch nicht zwingend. In der Praxis wird das Urlaubsentgelt vielfach ratierlich in Form eines Zuschlags zum laufenden Entgelt gezahlt (*Neumann/Fenski* § 12 Rn 26). 14

Für **nicht ständig Beschäftigte** (Teilzeitbeschäftigte sind damit nicht gemeint!) wird über § 12 Nr 2 die Urlaubsdauer gekürzt. Es müssen nur so viele Urlaubstage gegeben werden, wie durchschnittliche Tagesverdienste, die der nicht ständig Beschäftigte idR erzielt hat, in dem Urlaubsentgelt nach § 12 Nr 1 enthalten sind. Es ist also zunächst der durchschnittliche Tagesverdienst zu ermitteln (bei 100 Arbeitstagen und einem Arbeitsverdienst iHv 7.000 € im Berechnungszeitraum wären das 70 €). Sodann ist der Urlaubsentgeltanspruch zu bestimmen (9,1 % von 7.000 € = 637 €). Schließlich ist das Urlaubsentgelt durch die Höhe des Tagesverdienstes zu teilen – hier: 637/70 = 9,1 Urlaubstage. Das Ergebnis wird nicht gerundet (*Leinemann/* 15

Linck § 12 Rn 38). Diese Vorschrift ist auch dann anzuwenden, wenn der Heimarbeiter seine Tätigkeit im Laufe des Urlaubsjahres aufnimmt oder aufgibt (*Neumann/Fenski* § 12 Rn 16).

16 Heimarbeiter, die nur für einen Auftraggeber tätig sind und tariflich allg wie Betriebsarbeiter behandelt werden, können aufgrund einer **tarifvertraglichen Regelung Urlaub** nach den **allg Urlaubsbestimmungen** erhalten (§ 12 Nr 7). Diese Norm ist zwar rechtl überflüssig, weil § 12 gem § 13 I ohnehin tarifdispositiv ist (so zu Recht *Leinemann/Linck* § 12 Rn 43). Immerhin mag aber von der Vorschrift eine gewisse Anregung für die Gestaltung von TV ausgehen.

17 **II. Hausgewerbetreibende und nach § 1 II lit b und c HAG Gleichgestellte.** Hausgewerbetreibende und nach § 1 II lit b und c HAG Gleichgestellte erhalten gem § 12 Nr 4 von ihrem Auftraggeber oder, falls sie von einem Zwischenmeister beschäftigt werden, von diesem als eigenes Urlaubsentgelt und zur Sicherung der Urlaubsansprüche der von ihnen Beschäftigten einen Betrag von 9,1 % des an sie ausgezahlten Arbeitsentgelts vor Abzug der Steuern und Sozialversicherungsbeiträge ohne Unkostenzuschlag und ohne die für den Lohnausfall an Feiertagen, den Arbeitsausfall infolge Krankheit und den Urlaub zu leistenden Zahlungen. Es gelten iW die zum Urlaubsentgelt der Heimarbeiter und heimarbeiterähnlichen Personen vorgestellten Grundsätze entspr. Berechnet wird das Urlaubsentgelt jedoch nach dem tatsächlich ausgezahlten Entgelt und nicht wie im Fall des § 12 Nr 1 auf der Grundlage eines bestimmten Bezugszeitraums (*Neumann/Fenski* § 12 Rn 27; aM ErfK/*Gallner* § 12 Rn 13, die auch für das Entgelt aus § 12 Nr 4 auf den Zeitraum nach § 12 Nr 1 zurückgreifen will). Entspr erfolgt die Auszahlung des Urlaubsentgelts zusammen mit den laufenden Zahlungen und nicht – wie es § 12 Nr 3 für die Heimarbeiter vorsieht – vor Antritt des Urlaubs. Die Regelung für nicht ständig Beschäftigte (§ 12 Nr 2) ist auf Hausgewerbetreibende und nach § 1 II lit b und c HAG Gleichgestellte nicht anwendbar (*Leinemann/Linck* § 12 Rn 39; *Neumann/Fenski* § 12 Rn 27; aM ErfK/*Gallner* § 12 Rn 9).

18 **III. Zwischenmeister.** Zwischenmeister (zu diesen schon Rdn 1) können – sofern sie den in Heimarbeit Beschäftigten nach § 1 II lit d HAG gleichgestellt sind – von ihrem Auftraggeber die von ihnen nach den § 12 Nr 1 und 4 nachweislich zu zahlenden Beträge erstattet verlangen (§ 12 Nr 5). Gem § 2 III HAG ist Zwischenmeister, wer, ohne AN zu sein, die ihm von Gewerbetreibenden übertragene Arbeit an Heimarbeiter oder Hausgewerbetreibende weitergibt. Erstattet werden also die Urlaubsentgeltansprüche der vom Zwischenmeister eingesetzten in Heimarbeit Beschäftigten.

19 **IV. Entgeltbescheinigung, Entgeltschutz.** Die nach Maßgabe der § 12 Nr 1, 4 und 5 zu zahlenden (Urlaubs)Entgelte sind gesondert im Entgeltbeleg (§ 9 HAG) auszuweisen. Auf die Entgeltansprüche aus § 12 Nr 1, 4 und 5 finden die Vorschriften über den Entgeltschutz der §§ 23 – 25, 27 und 28 HAG entspr Anwendung. Auf die nach § 12 Nr 1 und 4 vorgesehenen Beträge findet außerdem § 21 II HAG (Mithaftung des Auftraggebers bei Zahlung an Zwischenmeister) entspr Anwendung. Für die Urlaubsansprüche der fremden Hilfskräfte der in § 12 Nr 4 genannten Personen gilt § 26 HAG entspr.

20 **D. Nicht anwendbare Vorschriften.** Nicht anwendbar sind die Vorschriften über die Wartezeit (§ 4). Nach wohl hM muss der in Heimarbeit Beschäftigte sich jedoch seinen Urlaubsanspruch über das Urlaubsentgelt (§ 12 Nr 1 und 4) erst erdienen. Es gelte das sog Ansammlungsprinzip (dazu *Leinemann/Linck* § 12 Rn 18 f; aM ErfK/*Gallner* § 12 Rn 15; HWK/*Schinz*, 3. Aufl, § 12 Rn 8: Urlaub erst nach Ablauf des Berechnungszeitraums ab dem 30.4. möglich). In Heimarbeit Beschäftigte haben keinen Anspruch auf Teilurlaub (§ 5); umgekehrt greift für sie nicht der Ausschluss von Doppelansprüchen (§ 6). Nicht anwendbar ist § 7 III. Damit ist die Übertragung von Urlaubsansprüchen im Bereich der Heimarbeit ausgeschlossen (an der Befristung des Urlaubsanspruchs ändert sich dadurch jedoch nichts, weil sich die Befristung auf das Kalenderjahr schon aus § 1 ergibt – BAG 28.11.1990, 8 AZR 570/89, EzA § 7 BUrlG Nr 79; *Leinemann/ Linck* § 12 Rn 23; aM ErfK/*Gallner* § 12 Rn 18; HWK/*Schinz*, 3. Aufl, § 12 Rn 10: Befristung bis zum 30.4. des Folgejahres). In Heimarbeit Beschäftigte haben ferner keinen Abgeltungsanspruch im Fall der Beendigung des Beschäftigungsverhältnisses (§ 7 IV). In Betracht kommt jedoch ein Schadensersatzanspruch, wenn der Auftraggeber mit der Urlaubsgewährung in Verzug war (dazu § 7 Rdn 50 ff). Schließlich ist § 11 nicht anwendbar. Die Berechnung des Urlaubsentgelts für in Heimarbeit Beschäftigte ist stattdessen vollständig in den § 12 Nr 1 und 4 geregelt.

§ 13 Unabdingbarkeit

(1) ¹Von den vorstehenden Vorschriften mit Ausnahme der §§ 1, 2 und 3 Abs. 1 kann in Tarifverträgen abgewichen werden. ²Die abweichenden Bestimmungen haben zwischen nichttarifgebundenen Arbeitgebern und Arbeitnehmern Geltung, wenn zwischen diesen die Anwendung der einschlägigen tariflichen Urlaubsregelung vereinbart ist. ³Im Übrigen kann, abgesehen von § 7 Abs. 2 Satz 2, von den Bestimmungen dieses Gesetzes nicht zuungunsten des Arbeitnehmers abgewichen werden.

(2) ¹Für das Baugewerbe oder sonstige Wirtschaftszweige, in denen als Folge häufigen Ortswechsels der von den Betrieben zu leistenden Arbeit Arbeitsverhältnisse von kürzerer Dauer als einem Jahr in erheblichem Umfange üblich sind, kann durch Tarifvertrag von den vorstehenden Vorschriften über die in Abs. 1 Satz 1 vorgesehene Grenze hinaus abgewichen werden, soweit dies zur Sicherung eines zusammenhängenden Jahresurlaubs für alle Arbeitnehmer erforderlich ist. ²Abs. 1 Satz 2 findet entsprechende Anwendung.

(3) Für den Bereich der Deutsche Bahn Aktiengesellschaft sowie einer gemäß § 2 Abs. 1 und § 3 Abs. 3 des Deutsche Bahn Gründungsgesetzes vom 27. Dezember 1993 (BGBl. I S 2378, 2386) ausgegliederten Gesellschaft und für den Bereich der Nachfolgeunternehmen der Deutschen Bundespost kann von der Vorschrift über das Kalenderjahr als Urlaubsjahr (§ 1) in Tarifverträgen abgewichen werden.

Übersicht

	Rdn.			Rdn.
A.	Regelungsgehalt, Grundsätze	1	V. Zeitpunkt, Übertragbarkeit und	
B.	Einzelfragen	7	Abgeltung des Urlaubs (§ 7)	16
I.	Urlaubsanspruch (§ 1)	8	VI. Urlaubsentgelt (§ 11)	22
II.	Dauer des Urlaubs (§ 3)	10	C. Bauwirtschaft und vergleichbare	
III.	Wartezeit (§ 4)	12	Wirtschaftszweige	26
IV.	Teilurlaub (§ 5)	13	D. Bahn und Post	28

A. Regelungsgehalt, Grundsätze. Das BUrlG ist nach Maßgabe seines § 13 dispositiv – und zwar zuerst 1 tarifdispositiv. Von den Vorschriften des BUrlG kann bis auf die §§ 1, 2 und 3 I **durch TV** abgewichen werden – dh: grds auch zuungunsten der AN (zu europarechtl Bedenken insoweit vgl BAG 17.11.2009, 9 AZR 844/08, EzA § 13 BUrlG Nr 59). Dafür genügt ein gem § 4 V TVG nur nachwirkender TV (*Neumann/Fenski* § 13 Rn 12). Abweichungen zuungunsten des AN **durch BV** oder **durch AV** sind demggü, mit Ausnahme einer Abweichung von § 7 II 2, unzulässig (§ 13 I 3). Dh freilich umgekehrt: **Günstigere Abweichungen** oder auch sog **günstigkeitsneutrale Abweichungen** (zu diesen AnwK-ArbR/*Düwell* § 13 Rn 13; HWK/*Schinz* § 13 Rn 11) von den Bestimmungen des BUrlG können durch BV (wenn auch nur innerhalb der durch § 77 III BetrVG gezogenen Grenzen) oder durch Arbeitsvertrag vereinbart werden. Das gilt hins der §§ 1–3 I auch für Abweichungen durch TV (*Neumann/Fenski* § 13 Rn 13). Der dabei erforderliche **Günstigkeitsvergleich** ist mit Blick auf die **konkrete** urlaubsrechtl **Regelung** vorzunehmen. Auf eine vergleichende Gesamtschau der urlaubsrechtl Regelungen (Gruppenvergleich) kommt es nicht an (BAG 22.1.2002, 9 AZR 601/00, EzA § 13 BUrlG Nr 58; LAG HH 27.6.2012, 5 Sa 7/12; AnwK-ArbR/*Düwell* § 13 Rn 19; *Leinemann/Linck* § 13 Rn 32 ff; *Neumann/Fenski* § 13 Rn 33 ff). Im Ergebnis führt das für den AN dazu, dass die für ihn jeweils günstigere Norm Anwendung findet (»Rosinentheorie«).

Soweit durch TV in zulässiger Weise von den Bestimmungen des BUrlG abgewichen wird, können gem 2 § 13 I 2 nichttarifgebundene AG und AN individualvertraglich durch **Bezugnahme** (s allg zu Bezugnahmeklauseln § 3 TVG Rdn 39 ff) die Anwendung der **einschlägigen tariflichen Urlaubsregelung** vereinbaren – auch wenn sich das im Ergebnis zuungunsten der AN auswirken sollte. Für eine solche Bezugnahme reicht es aus, wenn der einschlägige TV gem § 4 V TVG nur noch nachwirkt (dazu ErfK/*Gallner* § 13 Rn 20; *Leinmann/Linck* § 11 Rn 23 f). Entgegen des etwas missverständlichen Wortlauts genügt es für eine Bezugnahme iSd § 13 I 2, wenn nur eine Seite nicht tarifgebunden ist (*Leinemann/Linck* § 11 Rn 16; *Neumann/Fenski* § 13 Rn 26).

Die Arbeitsvertragsparteien müssen zwar nicht den gesamten (in zeitlich, räumlich, fachlich und persön- 3 licher Hinsicht einschlägigen!) TV in Bezug nehmen, wohl aber die **gesamten urlaubsrechtl Regelungen** des TV. Ein »Herauspicken« nur einzelner urlaubsrechtl Bestimmungen des TV durch Arbeitsvertrag ist nur dann zulässig, wenn die in Bezug genommene Regelung vom BUrlG zugunsten des AN abweicht (*Neumann/Fenski* § 13 Rn 23; vgl auch Hess. LAG 5.8.2013, 7 Sa 1060/10). Letzteres gilt auch dann, wenn auf einen **nicht einschlägigen TV** Bezug genommen wird (BAG 22.1.2002, 9 AZR 601/00, EzA § 13 BUrlG Nr 58). Eine **Übernahme tariflicher Bestimmungen** für die gesamte Belegschaft **durch BV** scheitert grds an § 77 III BetrVG (ErfK/*Gallner* § 13 Rn 24; HWK/*Schinz* § 13 Rn 23).

§ 13 BUrlG   Unabdingbarkeit

4   Auch wenn § 13 I 1 davon spricht, dass die §§ 3 II ff zur Disposition der TV-Parteien stehen, ist eine **Grenze** für eine **tarifliche Regelung** gleichwohl dort zu ziehen, wo die **Tarifpartner mittelbar** in Ansprüche der AN aus den §§ 1–3 I eingreifen würden (BAG 5.8.2014, 9 AZR 77/13, EzA § 7 BUrlG Nr 135; ErfK/ *Gallner* § 13 Rn 5; *Leinemann/Linck* § 13 Rn 2, 6, 44; *Neumann/Fenski* § 13 Rn 16). Das schränkt die Regelungsbefugnis der TV-Parteien auch bei Abweichungen von den §§ 3 II ff erheblich ein (HWK/*Schinz* § 13 Rn 1).

5   Die **zwingende Wirkung** der §§ 1 – 3 I gilt freilich nur vornherein nur in Ansehung des **gesetzlichen Mindestanspruchs** des AN. Soweit ein darüber hinausreichender Urlaubsanspruch des AN in Rede steht, setzt das BUrlG der Regelungsbefugnis der TV-Parteien (wie auch der Betriebspartner oder der Arbeitsvertragsparteien) ohnehin keine Grenzen (so etwa BAG 16.7.2013, 9 AZR 914/11, EzA § 7 BUrlG Abgeltung Nr 24; HWK/*Schinz* § 13 Rn 3, 21); zu über das BUrlG hinausgreifenden Urlaubsansprüchen aus betrieblicher Übung vgl BAG 19.1.2010, 9 AZR 246/09, EzA § 4 TVG Bewachungsgewerbe Nr 4. Soweit eine **(tarif)vertragliche Regelung nicht existiert** oder **unwirksam** ist, gilt die gesetzliche Regelung (BAG 22.2.2000, 9 AZR 107/99, EzA § 11 BUrlG Nr 46; 23.3.2010, 9 AZR 128/09, EzA § 7 BUrlG Abgeltung Nr 16) – und zwar auch soweit es um den gesetzlichen Mindestanspruch übersteigende Urlaubsansprüche geht (vgl aber auch BAG 15.12.2009, 9 AZR 887/08, EzA § 13 BUrlG Nr 60). Existiert eine tarifliche Regelung, so prüft das BAG sehr kritisch, ob der Regelungswille der Tarifvertragsparteien dahin ging, eine vom gesetzlichen Urlaubsregime abweichende Regelung zu implementieren (dazu näher § 7 Rdn 40). Ist eine eigenständige Tarifregelung allein im Hinblick auf den gesetzlichen Mindesturlaub unwirksam, so soll sie für den vom gesetzlichen Urlaub abtrennbaren Teil einer einheitlich geregelten Gesamturlaubsdauer - also für den tariflichen Mehrurlaub - gem § 139 BGB wirksam bleiben (so BAG 12.4. 2011, 9 AZR 80/10, EzA § 7 BUrlG Nr 123; 12.11.2013, 9 AZR 551/12, NZA 2014, 383; 5.8.2014, 9 AZR 77/13, EzA § 7 BUrlG Nr 135).

6   Eine ggü § 13 I weitergehende Öffnung für eine tarifvertragliche Regelung des Urlaubsrechts gestatten II und III für das **Baugewerbe** und mit ihr **verwandte Wirtschaftszweige** sowie für den Bereich der **Dt Bahn AG** (nebst ausgegliederten Gesellschaften) als auch für den Bereich der **Nachfolgeunternehmen** der Dt **Bundespost**.

7   **B. Einzelfragen.**   Hins der Zulässigkeit von Abweichungen von den gesetzlichen Regelungen des BUrlG – vor allem durch TV – hat sich eine umfangreiche Kasuistik entwickelt:

8   **I. Urlaubsanspruch (§ 1).** Der AN kann auf seinen kalenderjährlichen Anspruch auf bezahlten Erholungsurlaub aus § 1 weder **verzichten** (BAG 20.1.1998, 9 AZR 812/96, EzA § 13 BUrlG Nr 57; näher *Neumann/Fenski* § 13 Rn 53 ff), noch kann statt einer Freistellung die **Abgeltung** noch bestehender Urlaubsansprüche vereinbart werden (*Leinemann/Linck* § 13 Rn 39, 85). Entspr sind (tarifliche) **Ausschlussfristen** auf Freistellungsansprüche aus § 1 nicht anwendbar (BAG 22.1.2002, 9 AZR 601/00, EzA § 13 BUrlG Nr 58; 12.11.2013, 9 AZR 727/12; ErfK/ *Gallner* § 13 Rn 8; näher *Neumann/Fenski* § 13 Rn 67 ff); für den Urlaubsentgeltanspruch aus § 11 I sollen hingegen Ausschlussfristen (sogar einzelvertragliche!) zu beachten sein (dazu § 11 Rdn 24). Für den Urlaubsanspruch nach § 1 dürfen ferner **keine zusätzlichen Voraussetzungen** aufgestellt werden – wie etwa eine vorherige tatsächliche Arbeitsleistung (BAG 8.3.1984, 6 AZR 442/83, EzA § 13 BUrlG Nr 18).

9   Nach diesen Grundsätzen ist auch eine vergleichsweise Regelung (§ 779 BGB), die dem AN Ansprüche auf bezahlten Erholungsurlaub nimmt, regelmäßig unwirksam (BAG 31.5.1990, 8 AZR 132/89, EzA § 13 BUrlG Nr 49; *Neumann/Fenski* § 13 Rn 73 ff). Anderes soll jedoch bei einem sog **Tatsachenvergleich** gelten. Er soll zulässig sein, wenn **in tatsächlicher Hinsicht** – also über die den Urlaubsanspruch betreffenden Tatsachen – **Streit besteht**. (Nur) Soweit das der Fall ist (etwa bei einem Streit über den Umfang bereits gewährter Urlaubstage), soll eine vergleichsweise Regelung auch dann in Betracht kommen, wenn dadurch in Wahrheit der Urlaubsanspruch des AN beschnitten wird (AnwK-ArbR/*Düwell* § 13 Rn 7; *Leinemann/ Linck* § 13 Rn 37). Die im Vergleich niedergelegten urlaubsrechtl Folgen müssen sich dann aber an den im Vergleich angenommenen Tatsachen orientieren. Der Tatsachenvergleich ist kein Einfallstor einer umfassenden individualvertraglichen Regelung beliebiger Urlaubsfragen. Besteht kein Streit über Tatsachen, so kommt auch ein Tatsachenvergleich nicht in Betracht. Es verbleibt dann ohne Einschränkungen bei der zwingenden Wirkung des § 13 I (BAG 20.1.1998, 9 AZR 812/96, EzA § 13 BUrlG Nr 57; ferner HWK/ *Schinz* § 13 Rn 28).

10   **II. Dauer des Urlaubs (§ 3).** Die in § 3 I festgesetzte **(Mindest)Urlaubsdauer** kann nicht durch (tarif) vertragliche Regelung **gekürzt** werden. Allein die **Umrechnung** der auf Werktage bezogenen Urlaubsdauer **auf Arbeitstage** ist möglich (zur Umrechnung § 3 Rdn 5 ff). Bei einem (tarif)vertraglichen **Ausbau** von

Urlaubsansprüchen sind insbesondere die Vorgaben des AGG zu beachten. Eine **altersabhängige Staffelung** der Urlaubsansprüche kann danach wegen Altersdiskriminierung unwirksam sein (hierzu BAG 20.3.2012, 9 AZR 529/10, EzA § 10 AGG Nr 5; 21.10.2014, 9 AZR 956/12, EzA § 10 AGG Nr 10; LAG MV 19.2.2015, 5 Sa 168/14). Nach Auffassung des BAG (aaO) ist eine etwaige Altersdiskriminierung – zumindest für die Vergangenheit - durch eine Anpassung der Urlaubsansprüche nach oben zugunsten der diskriminierten AN zu beseitigen.

Eine Vereinbarung, dass der gesetzliche Mindesturlaub etwa nach Maßgabe des Zwölftelungsprinzips gekürzt wird, wenn der AN in der 2. Hälfte des Kalenderjahres ausscheidet, kommt grds nicht in Betracht, weil sie den Umfang des gesetzlichen Mindesturlaubs beschneidet. Insoweit enthält § 5 I lit c eine abschließende Regelung für ein Ausscheiden des AN in der 1. Hälfte des Kalenderjahres (dazu BAG 8.3.1984, 6 AZR 442/83, EzA § 13 BUrlG Nr 18; 9.6.1998, 9 AZR 43/97, EzA § 7 BUrlG Nr 106; 16.12.2014, 9 AZR 295/13, EzA § 6 BUrlG Nr 6; LAG HH 27.6.2012, 5 Sa 7/12; ErfK/*Gallner* § 13 Rn 9, 11). (Tarifliche) Kürzungsregelungen für (tariflichen) Zusatzurlaub sind zwar möglich; sie dürfen aber im Ergebnis nicht dazu führen, dass der Umfang des gesetzlichen Mindesturlaubs gemindert wird (BAG 24.10.2000, 9 AZR 610/99, EzA § 4 TVG Metallindustrie Nr 120; 20.1.2009, 9 AZR 650/07; 12.11.2013, 9 AZR 727/12; 18.2.2014, 9 AZR 765/12; vgl auch AnwK-ArbR/*Düwell* § 3 Rn 42). 11

III. Wartezeit (§ 4). Die **Wartezeit** kann durch Vereinbarung zugunsten des AN **verkürzt** oder ganz **ausgeschlossen** werden (*Neumann/Fenski* § 4 Rn 10). Eine **Verlängerung** der **Wartezeit** durch Einzelvertrag oder BV ist jedoch wegen § 13 I 3 per se unzulässig – soweit der gesetzliche Mindesturlaub betroffen ist. Eine Verlängerung der Wartezeit durch TV ist zwar wg § 13 I 1 grds möglich; sie darf aber nicht dazu führen, dass der Anspruch des AN auf den gesetzlichen Mindesturlaub (§§ 1, 3 I) mittelbar abbedungen wird (so zutr *Leinemann/Linck* § 13 Rn 51; zu weitergehenden europarechtlichen Vorbehalten vgl die Position des LAG Hamm unten Rdn 13). Unzulässig wäre daher jedenfalls eine tariflich festgesetzte Wartezeit von 12 Monaten (ErfK/*Gallner* § 13 Rn 10). 12

IV. Teilurlaub (§ 5). Umfassend tariflich regelbar sind die **Teilurlaubsansprüche** aus § 5 I lit a und b. Es handelt sich bei diesen Ansprüchen um jeweils eigenständige Ansprüche, durch deren Änderung auch nicht mittelbar in die tariffesten Ansprüche des AN aus den §§ 1 – 3 I eingegriffen würde (*Leinemann/Linck* § 13 Rn 53 f; enger LAG Hamm 4.3.2010, 16 Sa 1130/09: tarifliche Regelung, die einen (Teil-)Urlaubsanspruch erst nach mehr als 3-monatiger Betriebs- oder Unternehmenszugehörigkeit gewährt, sei mit Blick auf Art 7 der RL 2003/88/EG unanwendbar). Anderes gilt hingegen für den »**Teilurlaubsanspruch**« aus § 5 I lit c. Bei diesem handelt es sich nicht um einen eigenständigen (Teilurlaubs)Anspruch, sondern um den gekürzten Vollurlaubsanspruch (dazu § 5 Rdn 9). Diese im Gesetz vorgenommene Kürzung des Vollurlaubsanspruchs darf jedoch weder durch TV und erst recht nicht durch BV oder Arbeitsvertrag weiter ausgebaut werden (dazu Rdn 11; ferner HWK/*Schinz* § 13 Rn 34). 13

Weil die Teilurlaubsansprüche aus den § 5 I lit a und b umfassend tariflich abänderbar sind (auch zuungunsten des AN), der gekürzte Vollurlaubsanspruch des § 5 I lit c jedoch nicht, kann auch die **Rundungsvorschrift** des § 5 II nur dann zuungunsten des AN tariflich abbedungen werden, wenn es um die Ansprüche aus den § 5 I lit a und b geht. Demggü darf die Rundungsregel hins des gekürzten Vollurlaubsanspruchs aus § 5 I lit c nicht zuungunsten des AN abgeändert werden. 14

Obgleich § 5 I lit c »tariffest« ist, kann das sich auf den gekürzten Vollurlaubsanspruch beziehende **Rückforderungsverbot** des § 5 III (zu diesem § 5 Rdn 13 ff) durch TV (freilich nicht durch BV oder Arbeitsvertrag) abbedungen werden (BAG 23.1.1996, 9 AZR 554/93, § 5 BUrlG Nr 16). Das ist deshalb möglich, weil dem AN auf diese Weise nur etwas genommen wird, was ihm – auch und gerade in Ansehung seines (wegen § 5 I lit c gekürzten) Vollurlaubsanspruchs – nicht zusteht (*Leinemann/Linck* § 13 Rn 66). In Urlaubsansprüche wird nicht eingegriffen – auch nicht mittelbar. 15

V. Zeitpunkt, Übertragbarkeit und Abgeltung des Urlaubs (§ 7). Soweit es um die Urlaubsgewährung nach § 7 I geht, können durch TV Art und Weise der Urlaubserteilung geregelt werden. Dazu gehört es bspw, etwaige dem Urlaubswunsch des AN entgegenstehende betriebliche Belange näher zu spezifizieren oder auch die zu berücksichtigenden sozialen Gesichtspunkte im Fall widerstreitender Urlaubswünsche mehrerer AN zu konkretisieren und zu gewichten. Der TV kann auch vorsehen, dass das Urlaubsverlangen des AN dem AG **schriftlich** mitzuteilen ist. Ferner können durch TV bestimmte Zeiträume vorgegeben werden, in denen der Urlaub (nur) gewährt werden darf (BAG 13.2.1996, 9 AZR 79/95, EzA § 47 SchwbG 1986 Nr 7: Urlaub von Lehrern nur in den Schulferien). 16

Eine über § 7 II 1 hinausgreifende **Stückelung** des Urlaubsanspruchs kann weder durch TV und erst recht nicht durch BV oder durch Arbeitsvertrag zugelassen werden, weil eine weitergehende Stückelung des 17

Urlaubs keinen »Erholungsurlaub« iSd § 1 mehr bedeutete (*Leinemann/Linck* § 7 Rn 107; vgl auch ErfK/ *Gallner* § 13 Rn 12). Schon gar nicht darf es infolge der Stückelung »halbe Urlaubstage« geben. Von § 7 II 2, wonach bei einer zulässigen Stückelung ein Urlaubsteil zumindest 12 aufeinanderfolgende Werktage umfassen muss, wenn ein Urlaubsanspruch von mehr als 12 Werktagen besteht, kann hingegen durch TV, BV und sogar durch Arbeitsvertrag auch zuungunsten des AN abgewichen werden (§ 13 I 3). Freilich darf es mit Blick auf § 1 dadurch nicht zu einer »Atomisierung« des Erholungsurlaubs kommen (HWK/*Schinz* § 13 Rn 42).

18 Die **Übertragungsregelung** des § 7 III kann durch TV modifiziert und sogar ganz beseitigt werden. Das ist gem § 13 I 1 deshalb zulässig, weil § 1 einen Urlaubsanspruch nur für das Kalenderjahr verlangt (HWK/ *Schinz* § 13 Rn 45; *Leinemann/Linck* § 13 Rn 81). Zu den Folgen insbesondere der »Schultz-Hoff«-Entsch des EuGH für die Übertragung von Urlaubsansprüchen vgl § 7 Rdn 37 ff; dazu auch dezidiert BAG 5.8.2014, 9 AZR 77/13, EzA § 7 BUrlG Nr 135: tarifliche Regelungen, die bei fortbestehender Krankheit einen Verfall des unionsrechtlich geschützten Mindesturlaubsanspruchs vor Ablauf des gebotenen Übertragungszeitraums vorsehen, sind gem § 13 I 1, § 1 BUrlG unwirksam. Durch BV und durch Arbeitsvertrag können hingegen nur **großzügigere Übertragungsregelungen** als in § 7 III vorgesehen vereinbart werden – etwa dahingehend, dass Urlaub, der aus persönlichen oder betrieblichen Gründen nicht im Verlauf des Urlaubsjahres genommen oder gewährt werden konnte, im gesamten Folgejahr zu gewähren ist (aM wohl AnwK-ArbR/*Düwell* § 7 Rn 132). Eine solche Regelung kann auch Gegenstand einer **betrieblichen Übung** sein (BAG 21.6.2005, 9 AZR 200/04, EzA § 7 BUrlG Nr 114; HWK/*Schinz* § 7 Rn 79).

19 Ist tarifvertraglich unter bestimmten Voraussetzungen die gesetzliche Verfallfrist bei der Übertragung des Urlaubs auf das Folgejahr in der Weise abbedungen, dass der AG schlicht verpflichtet wird, den Urlaub nachzugewähren, so folgt daraus, dass solcher Urlaub zu dem Urlaubsanspruch des Folgejahres hinzutritt, dann aber denselben Verfallfristen wie dieser unterliegt (BAG 11.4.2006, 9 AZR 523/05, EzA § 7 BUrlG Nr 116). Er besteht also grds nicht auf Dauer unbefristet fort. Dahingehend dürfte eine entspr tarifliche Regelung zumindest regelmäßig zu interpretieren sein (vgl aber auch BAG 15.12.2009, 9 AZR 795/08, zu einer vollständigen Entfristung des Urlaubsanspruchs durch TV).

20 Der **Abgeltungsanspruch** gem § 7 IV kann als solcher nicht durch TV (und schon gar nicht durch BV oder durch Arbeitsvertrag) zuungunsten des AN geändert werden (*Leinemann/Linck* § 13 Rn 87). Die Vereinbarung in einem Arbeitsvertrag, nach der eine Abgeltung des Urlaubs nur zulässig ist, wenn der Urlaub aus betriebsbedingten Gründen nicht gewährt werden konnte, ist deshalb unwirksam (Hess LAG 25.1.2013, 14 Sa 865/12). Selbst wenn dem AN wirksam außerordentlich gekündigt wurde, ist der Abgeltungsanspruch weder kraft Gesetzes ausgeschlossen, noch kann er durch eine tarifliche Regelung ausgeschlossen werden (BAG 18.6.1980, 6 AZR 328/78, EzA § 13 BUrlG Nr 14). Nach früherer Rspr des BAG waren auch **Ausschlussfristen** hins des Abgeltungsanspruchs unwirksam (BAG 23.4.1996, 9 AZR 165/95, EzA § 1 BUrlG Nr 21; *Neumann/Fenski* § 13 Rn 71). Das BAG ging nämlich davon aus, dass der Abgeltungsanspruch **kein** spezifisch urlaubsrechtl **Abfindungsanspruch** ist; er entstand nach überkommener Lesart vielmehr als Ersatz (Surrogat) für die aufgrund der Beendigung des Arbeitsverhältnisses nicht mehr mögliche Befreiung von der Arbeitspflicht. Er war deshalb zum einen an die **gleichen Voraussetzungen** wie der **Urlaubsanspruch** selbst gebunden und er genoss zum andern ggü einer abw tariflichen Regelung den **gleichen Schutz** wie der Urlaubsanspruch (ErfK/*Gallner* § 13 Rn 14). Im Zuge der »Schultz-Hoff«- Entsch des EuGH (zu dieser § 7 Rdn 37 ff, 57 ff) ist das BAG aber nunmehr vollständig von der Surrogationstheorie abgerückt und betrachtet den Abgeltungsanspruch inzwischen als »reinen Geldanspruch« (dazu näher § 7 Rdn 59, 61). Entsprechend hält das BAG heute **tarifliche Ausschlussfristen** – selbst von nur 6 Wochen – für wirksam (BAG 9.8.2011, 9 AZR 365/10, NZA 2011, 1421; 9.8.2011, 9 AZR 352/10, NZA-RR 2012, 129; 9.8.2011, 9 AZR 475/10, NZA 2012, 166; 13.12.2011, 9 AZR 399/10, NZA 2012, 514; 21.2.2012, 9 AZR 486/10, EzA § 7 BUrlG Abgeltung Nr 21; 19.6.2012, 9 AZR 652/10, EzA § 7 BUrlG Abgeltung Nr 22; 18.9.2012, 9 AZR 1/11, NZA 2013, 216; 16.4.2013, 9 AZR 731/11, EzA § 4 TVG Ausschlussfristen Nr 205; 14.5.2013, 9 AZR 844/11, EzA § 13 BUrlG Nr 63; 8.4.2014, 9 AZR 550/12, EzA § 7 BUrlG Abgeltung Nr 25; 6.5.2014, 9 AZR 758/12). Was für tarifliche Ausschlussfristen gilt, muss konsequent auch für **arbeitsvertragliche Ausschlussfristen** gelten (so überzeugend BAG 16.12.2014, 9 AZR 295/13, EzA § 6 BUrlG Nr 6; LAG Düsseldorf 12.9.2014, 10 Sa 1329/13). Die Entscheidung des EuGH vom 22.11.2011 (C-214/10, EzA Richtlinie 2003/88 EG-Vertrag 1999 Nr 7), nach der der Übertragungszeitraum in den Fällen langandauernder Arbeitsunfähigkeit den Bezugszeitraum des Urlaubs »deutlich überschreiten« müsse (dazu § 7 Rdn 43), steht nach zutreffender Ansicht des BAG (13.12.2011, 9 AZR 399/10, NZA 2012, 514) kurzen Ausschlussfristen hinsichtlich des Urlaubs*abgeltungs*anspruchs nicht entgegen (zur Vereinbarkeit mit dem Europarecht allgemein vgl auch BAG 19.6.2012, 9 AZR 652/10, EzA § 7 BUrlG Abgeltung Nr 22). Die Äußerung eines AN, »die restlichen Urlaubstage schenke ich Ihnen«,

ist regelmäßig nicht als ein - nach Aufgabe der Surrogationstheorie nunmehr wohl möglicher – Verzicht auf den Abgeltungsanspruch zu werten (Hess LAG 25.1.2013, 14 Sa 865/12). Der Abgeltungsanspruch kann auch infolge einer **Ausgleichsklausel** im Rahmen eines Vergleichs untergehen – dies aber nur dann, wenn der Vergleich zeitlich **nach der Beendigung des Arbeitsverhältnisses** zustande kommt (so BAG 14.5.2013, 9 AZR 844/11, EzA § 13 BUrlG Nr 63; ferner LAG Rh-Pf 28.4.2015, 8 Sa 580/14; kritisch *Moll* RdA 2015, 239).

Auf der Grundlage der inzwischen überkommenen Surrogationstheorie haben und konnten die **TV-Par- 21 teien** (wie auch die Betriebspartner und die Arbeitsvertragsparteien) **weitergehende Regelungen** schaffen, die etwa bei längerer Krankheit des AN auch eine Abgeltung des wegen Zeitablaufs verfallenen Urlaubs selbst im ungekündigten Arbeitsverhältnis anordnen (BAG 14.3.2006, 9 AZR 312/05, EzA § 7 BUrlG Abgeltung Nr 14: für das Urlaubsabkommen für die Beschäftigten in der Metall- und Elektroindustrie für die Tarifgebiete Südwürttemberg-Hohenzollern und Südbaden vom 1.4.1989). Das war kein unzulässiger Abkauf von Urlaubsansprüchen, weil die Urlaubsansprüche ohne eine solche (tarifliche) Regelung ersatzlos verfallen wären (für eine einzelvertragliche Regelung auch BAG 18.10.2011, 9 AZR 303/10, EzA § 7 BUrlG Nr 126). Und die TV-Parteien konnten grds auch anordnen, dass arbeitsunfähig erkrankten AN bei Beendigung des Arbeitsverhältnisses der Urlaubsanspruch stets abzugelten sei – also vor allem ungeachtet der Frage, ob der Urlaub im ungekündigten Arbeitsverhältnis noch hätte gewährt werden können oder nicht (dazu etwa BAG 9.11.1999, 9 AZR 797/98, EzA § 7 BUrlG Abgeltung Nr 3). Es brauchte in letzterem Fall aber hinreichende Anhaltspunkte dafür, dass die TV-Parteien arbeitsunfähige AN nach beendetem Arbeitsverhältnis urlaubsrechtl besserstellen wollten, als solche im aktiven Arbeitsverhältnis. § 13 I stand solchen Regelungen jedenfalls nicht entgegen. Durch die europarechtlich angestoßenen (dazu § 7 Rdn 57 ff) Änderungen im Urlaubsrecht und insbesondere durch die Aufgabe der Surrogationstheorie sind viele tarifliche Regelungen materiell überholt.

VI. Urlaubsentgelt (§ 11). Grds dürfen die TV-Parteien den Urlaubsentgeltanspruch nicht verringern. 22 So darf der TV zB nicht vorsehen, dass bestimmte Entgeltbestandteile bei der Berechnung des Geldfaktors (zu diesem § 11 Rdn 6 ff) außen vor bleiben (BAG 12.1.1989, 8 AZR 404/87, EzA § 11 BUrlG Nr 27). Eine solche tarifliche Regelungssperre folgt aus § 1 iVm § 13 I 1, weil § 1 vom »bezahlten« Erholungsurlaub spricht. Allerdings kann nach Ansicht des BAG **durch TV** die in § 11 vorgesehene **Bezugsmethode durch das Lohnausfallprinzip ersetzt** werden – und zwar auch soweit der gesetzliche Mindesturlaub betroffen ist (BAG 19.1.2010, 9 AZR 427/09; hierzu auch *Neumann/Fenski* § 11 Rn 83). Dabei ist es nach Ansicht des BAG sogar zulässig, dem AG die Wahl zwischen den beiden Berechnungsmethoden zu eröffnen (BAG 3.12.2002, 9 AZR 535/01, EzA § 11 BUrlG Nr 55). Bei der Ausübung dieses Wahlrechts soll allerdings dem BR ein Mitbestimmungsrecht nach Maßgabe des § 87 I Nr 10 BetrVG zustehen (BAG 3.12.2002, 9 AZR 535/01, aaO).

Für eine **Änderung der Berechnungsmethode** durch TV verlangt das BAG jedoch, dass die Methode grds 23 geeignet sein muss, ein **Urlaubsentgelt sicherzustellen**, wie es der AN bei Weiterarbeit ohne Freistellung voraussichtlich hätte erwarten können (eben wegen des »tariffesten« Anspruchs aus § 1 auf »bezahlten« Erholungsurlaub; dazu etwa BAG 15.12.2009, 9 AZR 887/08, EzA § 13 BUrlG Nr 60; 23.2.2010, 9 AZR 52/09, ZTR 2010, 367; 15.1.2013, 9 AZR 465/11, EzA § 13 BUrlG Nr 62). Regelungen, die das Ziel der Kürzung des Urlaubsentgelts im Vergleich zum Arbeitsentgelt verfolgen – etwa durch die Herausnahme von Entgeltbestandteilen (zB Zulagen, Prämien usw) –, seien unwirksam (BAG 22.1.2002, 9 AZR 601/00, EzA § 13 BUrlG Nr 58; vgl auch LAG Düsseldorf 1.7.2014, 16 Sa 214/14, LAGE § 13 BUrlG Nr 5; LAG Schl-Holst 15.1.2013, 1 Sa 138/12; näher dazu AnwK-ArbR/*Düwell* § 11 Rn 30 ff; zu den Folgen einer nach diesen Grds unwirksamen tariflichen Regelung vgl BAG 15.12.2009, 9 AZR 887/08, EzA § 13 BUrlG Nr 60, das die tarifliche Regelung nur in Ansehung des gesetzlichen Mindesturlaubsanspruchs für unwirksam hält). Die **Verlängerung** des **Bezugszeitraums** auf 12 Monate durch TV soll indes grds möglich sein (BAG 13.2.1996, 9 AZR 798/93, EzBAT § 47 BAT Nr 15; 19.1.2010, 9 AZR 427/09; *Leinemann/Linck* § 13 Rn 105). Nichts anderes gilt für eine **Verkürzung** des Bezugszeitraums (BAG 23.2.2010, 9 AZR 52/09, ZTR 2010, 367).

Durch TV kann bestimmt werden, dass während des Referenzzeitraums gezahlte **Überstunden** und **Über- 24 stundenzuschläge** entgegen § 11 I 1 aE über den Geldfaktor in die Berechnung des Urlaubsentgelts mit einfließen (BAG 16.3.1999, 9 AZR 315/98, EzA § 11 BUrlG Nr 42; 5.11.2002, 9 AZR 658/00, EzA § 11 BUrlG Nr 53). Die Herausnahme der Überstunden aus dem Zeitfaktor durch TV soll nach Ansicht des BAG hingegen nicht möglich sein (BAG 22.2.2000, 9 AZR 107/99, EzA § 11 BUrlG Nr 46; ErfK/*Gallner* § 13 Rn 19 – dazu näher § 11 Rdn 16 f).

25 Hins des Anspruchs auf Urlaubsentgelt sind nach Ansicht des BAG außerdem die (tarif)vertraglichen **Ausschlussfristen** zu beachten (BAG 22.1.2002, 9 AZR 601/00, EzA § 13 BUrlG Nr 58; 13.12.2011, 9 AZR 399/10, NZA 2012, 514). Der Anspruch kann also verfallen. Zur **Bemessung** des **Urlaubsentgelts** nach § 21 TVöD vgl BAG 1.9.2010, 5 AZR 557/09, NZA 2010, 1360.

26 **C. Bauwirtschaft und vergleichbare Wirtschaftszweige.** Sind infolge eines häufigen Ortswechsels in erheblichem Umfange Arbeitsverhältnisse von kürzerer Dauer als einem Jahr üblich, so können durch TV zur Sicherung eines zusammenhängenden Jahresurlaubs für alle AN weitergehende Abweichungen von den Vorschriften des BUrlG vorgenommen werden (zu europarechtl Bedenken insoweit vgl BAG 17.11.2009, 9 AZR 844/08, EzA § 13 BUrlG Nr 59; nunmehr: Vorlage an den EuGH durch LAG Berl-Bbg 16.6.2011, 2 Sa 3/11, LAGE § 13 BUrlG Nr 2; vgl auch LAG München 12.5.2011, 3 Sa 1064/10). Das gilt gem § 13 II für das Baugewerbe und für in dieser Hinsicht vergleichbare Wirtschaftszweige (uU Zirkus, Musikbranche usw). Die nach § 13 II weitergehenden Lockerungen von der zwingenden Wirkung des BUrlG gewährt das Gesetz jedoch nur, wenn und soweit es um die Sicherung eines zusammenhängenden Jahresurlaubs geht. Tarifliche Modifikationen, die ein anderes Ziel verfolgen, werden über § 13 II nicht privilegiert. So ist etwa eine Verminderung der Urlaubsvergütung bei vorangegangenen Zeiten der Arbeitsunfähigkeit ohne Entgeltfortzahlung nicht erforderlich, um einen zusammenhängenden Jahresurlaub zu ermöglichen (BAG 15.1.2013, 9 AZR 465/11, EzA § 13 BUrlG Nr 62).

27 Im Baugewerbe wurde zur Sicherung eines zusammenhängenden Jahresurlaubs die »Urlaubs- und Lohnausgleichskasse der Bauwirtschaft (ULAK)« in Wiesbaden (www.soka-bau.de) als gemeinsame Einrichtung der TV-Parteien iSd § 4 II TVG gegründet. Die ULAK erhebt Beiträge von den jeweiligen AG eines AN. Aus diesen Beiträgen (es werden sog Arbeitnehmerkonten geführt) wird dann das Urlaubsentgelt des AN finanziert. Dadurch soll eine gleichmäßige finanzielle Belastung aller AG eines AN gewährleistet werden. Der AN muss sich nämlich auf tariflicher Grundlage (die TV sind im Baugewerbe regelmäßig für allgemein verbindlich erklärt) seinen Urlaubsanspruch erst durch seine Beschäftigung (auch und gerade bei mehreren AG) »ansparen«; er nimmt dafür im Fall eines AG-Wechsels die angesammelten Urlaubsansprüche in das neue Arbeitsverhältnis mit (vgl § 8 Bundesrahmen-TV für das Baugewerbe [BRTV-Bau] idF vom 20.8.2007; zu Einzelheiten s *Leinemann/Linck* § 13 Rn 118 ff; *Neumann/Fenski* § 13 Rn 79 ff; ferner AnwK-ArbR/*Düwell* § 13 Rn 38 ff; zu europarechtlichen Vorbehalten vgl ArbG Nienburg 15.6.2012, 2 Ca 472/11).

28 **D. Bahn und Post.** Für den Bereich der Dt Bahn AG und für den Bereich der Nachfolgeunternehmen der Dt Bundespost kann von der Vorschrift über das Kalenderjahr als Urlaubsjahr (§ 1) in TV abgewichen werden. Es kann also das Urlaubsjahr durch TV »verlegt« werden. Dass die Möglichkeit einer einzelvertraglichen Bezugnahme auf einen solchen TV nicht wie in § 13 II 2 ausdrücklich erwähnt wird, sollte der Zulässigkeit einer entspr Bezugnahme nicht entgegenstehen (so ErfK/*Gallner* § 13 Rn 27; *Neumann/Fenski* § 13 Rn 88; aM *Leinemann/Linck* § 13 Rn 143).

§ 14 Berlin-Klausel
Dieses Gesetz gilt nach Maßgabe des § 13 Abs 1 des Dritten Überleitungsgesetzes vom 4. Januar 1952 (Bundesgesetzbl. I S 1) auch im Land Berlin.
(Gegenstandslos)

§ 15 Änderung und Aufhebung von Gesetzen
(1) Unberührt bleiben die urlaubsrechtlichen Bestimmungen des Arbeitsplatzschutzgesetzes vom 30. März 1957 (Bundesgesetzbl. I S 293), geändert durch Gesetz vom 22. März 1962 (Bundesgesetzbl. I S 169), des Neunten Buches Sozialgesetzbuch des Jugendarbeitsschutzgesetzes vom 9. August 1960 (Bundesgesetzbl. I S 665), geändert durch Gesetz vom 20. Juli 1962 (Bundesgesetzbl. I S 449), und des Seearbeitsgesetzes vom 20. April 2013 (BGBl. I S. 868), jedoch wird a) und b) ...
(2) Mit dem Inkrafttreten dieses Gesetzes treten die landesrechtlichen Vorschriften über den Erholungsurlaub außer Kraft. In Kraft bleiben jedoch die landesrechtlichen Bestimmungen über den Urlaub für Opfer des Nationalsozialismus und für solche Arbeitnehmer, die geistig oder körperlich in ihrer Erwerbsfähigkeit behindert sind.

1 Das BUrlG trat am 1.1.1963 in Kraft (§ 16). § 15 enthält Regelungen über das Außerkrafttreten bzw die Weitergeltung seinerzeit bestehender bundes- und landesrechtlicher Vorschriften über den Erholungsurlaub und deren Nachfolgeregelungen. Gem § 15 II traten sämtliche landesrechtliche Vorschriften über den

Erholungsurlaub außer Kraft. In Kraft blieben jedoch die landesrechtlichen Bestimmungen über den Urlaub für Opfer des Nationalsozialismus und für solche AN, die geistig oder körperlich in ihrer Erwerbsfähigkeit behindert sind. Landesrechtliche Vorschriften über den **Bildungsurlaub** (dazu BVerfG 15.12.1987, 1 BvR 563/85 ua, BVerfGE 77, 308 = AP GG Art 12 Nr 62) sowie landesrechtliche Vorschriften über Sonderurlaub für Mitarbeiter in der **Jugendarbeit** sind von § 15 II gleichfalls unberührt, weil es insoweit nicht um Vorschriften über den Erholungsurlaub geht. Zu heute relevanten urlaubsrechtlichen Bestimmungen des Bundesrechts außerhalb des BUrlG s § 1 Rdn 17.

§ 15a Übergangsvorschrift
Befindet sich der Arbeitnehmer von einem Tag nach dem 9. Dezember 1998 bis zum 1. Januar 1999 oder darüber hinaus in einer Maßnahme der medizinischen Vorsorge oder Rehabilitation, sind für diesen Zeitraum die seit dem 1. Januar 1999 geltenden Vorschriften maßgebend, es sei denn, dass diese für den Arbeitnehmer ungünstiger sind.

Die Vorschrift ist eine Übergangsvorschrift für den Regelungsbereich des § 10. Nachdem noch das Arbeitsrechtliche Gesetz zur Förderung von Wachstum und Beschäftigung vom 25.9.1996 (BGBl I S 1476) in dem seinerzeitigen § 10 mit Wirkung zum 1.10.1996 grds die Möglichkeit eröffnet hatte, Maßnahmen der medizinischen Vorsorge oder Rehabilitation auf den Urlaub anzurechnen, wurde diese Option durch Art 8 des Gesetzes zu Korrekturen in der Sozialversicherung und zur Sicherung der AN-Rechte vom 19.12.1998 (BGBl I S 3843) mit Wirkung zum 1.1.1999 wieder zurückgenommen (dazu auch § 10 Rdn 13). Der gleichfalls durch das Korrekturgesetz neu eingefügte § 15a erstreckt das Anrechnungsverbot – vorbehaltlich eines Günstigkeitsvergleichs – auch auf den Zeitraum vom 10.12.1998 bis zum 31.12.1998. Der 9.12.1998 war der Tag der 3. Lesung des Gesetzes im Bundestag. 1

Für die Übergangsvorschrift ist allein entscheidend, ob der AN sich nach dem 9.12.1998 in einer Maßnahme der medizinischen Vorsorge oder Rehabilitation (tatsächlich) befand. Auf den Zeitpunkt der Anrechnungsentscheidung des AG kommt es nicht an (*Neumann/Fenski* § 15a Rn 2). 2

§ 16 Inkrafttreten
Dieses Gesetz tritt mit Wirkung vom 1. Januar 1963 in Kraft.

Das BUrlG ist in den alten Bundesländern zum 1.1.1963 in Kraft getreten. Für das Gebiet der neuen Bundesländer gilt das BUrlG aufgrund des Einigungsvertrages vom 31.8.1990 seit dem 3.10.1990 – jedoch zunächst mit der Maßgabe, dass abw von § 3 der Urlaub jährlich mindestens 20 Arbeitstage betrug. Hierbei war von 5 Arbeitstagen in der Woche auszugehen (vgl Einigungsvertrag Anl I B Kap VIII Sachgebiet A Abschn III Nr 5, BGBl II S 889). Soweit in Rechtsvorschriften der DDR ein über 20 Arbeitstage hinausgehender Erholungsurlaub festgelegt war, galt dieser bis zum 30.6.1991 als vertraglich vereinbarter Erholungsurlaub. 1

Durch Art 2, 20, 21 des Arbeitszeitrechtsgesetzes vom 6.6.1994 (BGBl I S 1170) wurde mit Änderung des § 3 zum 1.1.1995 der Urlaubsanspruch nunmehr bundeseinheitlich auf mindestens 24 Werktage jährlich festgelegt. 2

Gesetz über die Drittelbeteiligung der Arbeitnehmer im Aufsichtsrat (Drittelbeteiligungsgesetz – DrittelbG)

Vom 18.5.2004 (BGBl I S 974), zuletzt geändert durch Art 8 des Gesetzes vom 24.4.2015 (BGBl. I S. 642).

§ 1 Erfasste Unternehmen

(1) Die Arbeitnehmer haben ein Mitbestimmungsrecht im Aufsichtsrat nach Maßgabe dieses Gesetzes in
1. einer Aktiengesellschaft mit in der Regel mehr als 500 Arbeitnehmern. Ein Mitbestimmungsrecht im Aufsichtsrat besteht auch in einer Aktiengesellschaft mit in der Regel weniger als 500 Arbeitnehmern, die vor dem 10. August 1994 eingetragen worden ist und keine Familiengesellschaft ist. Als Familiengesellschaften gelten solche Aktiengesellschaften, deren Aktionär eine einzelne natürliche Person ist oder deren Aktionäre untereinander im Sinne von § 15 Abs. 1 Nr 2 bis 8, Abs. 2 der Abgabenordnung verwandt oder verschwägert sind;
2. einer Kommanditgesellschaft auf Aktien mit in der Regel mehr als 500 Arbeitnehmern. Nr. 1 Satz 2 und 3 gilt entsprechend;
3. einer Gesellschaft mit beschränkter Haftung mit in der Regel mehr als 500 Arbeitnehmern. Die Gesellschaft hat einen Aufsichtsrat zu bilden; seine Zusammensetzung sowie seine Rechte und Pflichten bestimmen sich nach § 90 Abs. 3, 4, 5 Satz 1 und 2, nach den §§ 95 bis 114, 116, 118 Abs. 3, § 125 Abs. 3 und 4 und nach den §§ 170, 171, 268 Abs. 2 des Aktiengesetzes;
4. einem Versicherungsverein auf Gegenseitigkeit mit in der Regel mehr als 500 Arbeitnehmern, wenn dort ein Aufsichtsrat besteht;
5. einer Genossenschaft mit in der Regel mehr als 500 Arbeitnehmern. § 96 Absatz 4 und die §§ 97 bis 99 des Aktiengesetzes sind entsprechend anzuwenden. Die Satzung kann nur eine durch drei teilbare Zahl von Aufsichtsratsmitgliedern festsetzen. Der Aufsichtsrat muss zwei Sitzungen im Kalenderhalbjahr abhalten.

(2) ¹Dieses Gesetz findet keine Anwendung auf
1. die in § 1 Abs. 1 des Mitbestimmungsgesetzes, die in § 1 des Montan-Mitbestimmungsgesetzes und die in den §§ 1 und 3 Abs. 1 des Montan-Mitbestimmungsergänzungsgesetzes bezeichneten Unternehmen;
2. Unternehmen, die unmittelbar und überwiegend
   a) politischen, koalitionspolitischen, konfessionellen, karitativen, erzieherischen, wissenschaftlichen oder künstlerischen Bestimmungen oder
   b) Zwecken der Berichterstattung oder Meinungsäußerung, auf die Artikel 5 Abs. 1 Satz 2 des Grundgesetzes anzuwenden ist,
   dienen.

²Dieses Gesetz ist nicht anzuwenden auf Religionsgemeinschaften und ihre karitativen und erzieherischen Einrichtungen unbeschadet deren Rechtsform.

(3) Die Vorschriften des Genossenschaftsgesetzes über die Zusammensetzung des Aufsichtsrats sowie über die Wahl und die Abberufung von Aufsichtsratsmitgliedern gelten insoweit nicht, als sie den Vorschriften dieses Gesetzes widersprechen.

Übersicht	Rdn.		Rdn.
A. Grundlagen	1	C. GmbH	10
B. AG, KGaA (zur SE s § 1 MitbestG Rdn 9)	4	I. Gründung	10
		II. Aufsichtsrat	12
I. Gründung	4	D. VVaG	16
II. AN-Zahl	5	E. eG	17
III. Familiengesellschaft	6	F. Andere Mitbestimmungsregime	18
IV. Aufsichtsrat	7	G. Tendenzschutz	19

1 **A. Grundlagen.** Unter Übernahme großer Teile ersetzte das DrittelbG das BetrVG 1952 mit Wirkung zum 1.7.2004 (für eine synoptische Darstellung s HWK/*Seibt* Vorb DrittelbG Rn 2). Erfasst sind (1) alle AG, KGaA, GmbH, VVaG und Genossenschaften, die idR mehr als 500 AN haben, sowie (2) alle vor dem 10.8.1994 eingetragenen (mit zumindest 5 AN, vgl BGH 7.2.2012, II ZB 14/11, ZIP 2012, 669 ff; s.a. §§ 97 – 99 AktG Rdn 1 zum Statusverfahren) AG und KGaA, die nicht Familiengesellschaften sind. Sie

haben, sofern nicht ohnehin vorhanden (§§ 95 ff, 278 III, 287 AktG), einen Aufsichtsrat zu bilden, dessen Mitglieder zu einem Drittel aus AN-Vertretern besteht. In der Praxis geschieht das durchaus nicht immer, was weitgehend sanktionsfrei bleibt, aber ggf. Berichtspflichten nach § 321 I HGB auslöst (vgl. *Bayer/ Hoffmann* GmbHR 2015, 909, *Olbertz/Sturm* GmbHR 2014, 1254).

Ausländische Gesellschaften sind wegen des völkerrechtlichen Territorialprinzips nicht erfasst (ErfK/ 2 *Oetker* Einf DrittelbG Rn 3), auch wenn sie rechtlich unselbstständige Betriebe in Deutschland unterhalten (HWK/*Seibt* § 1 Rn 2). Nach der **Gründungstheorie** des EuGH sind auch im EU-Ausland wirksam gegründete Unternehmen, die ihren tatsächlichen Verwaltungssitz in Deutschland haben, nicht erfasst (EuGH 30.9.2003, Rs C-167/01 – Inspire Art, NJW 2003, 3331; 5.11.2002, Rs C-208/00 – Überseering, NJW 2002, 3614; s iÜ § 1 MitbestG Rdn 7 auch zu US-Gesellschaften, Gesellschaften aus dem EWR und zur SE). Im Ausland beschäftigte AN eines inländischen Unternehmens werden nicht vom Gesetz umfasst, dh sie werden weder an der Wahl der ANvertreter beteiligt noch sind sie für die Schwellenwerte des DrittelbG (§ 1 I) und des MitbestG (§ 1 I) zu berücksichtigen (LG Berl 1.6.2015, 102 O 65/14, ZIP 2015, 1291, ErfK/*Oetker* Einf DrittelbG Rn 3 mwN, aA LG Frankfurt 16.2.2015, 3-16 O 1/14, NZG 2015, 683 [nrkr]). Der EuGH hat derzeit darüber zu entscheiden, ob die ausschließliche Einräumung des aktiven und passiven Wahlrechts iRd MitbestG für Inlandsbeschäftigte unionrechtskonform ist (vgl Vorlage des KG Berl 16.10.2015, 14 W 89/15, DStR 2015, 2507).

Für Gesellschaften, die dem DrittelbG (oder dem MitbestG) unterliegen und an einer **grenzüberschrei-** 3 **tenden Verschmelzung** beteiligt sind, findet das G über die Mitbestimmung der AN bei einer grenzüberschreitenden Verschmelzung (MgVG) v 21.12.2006 (BGBl I S 3332) zuletzt geändert durch Art 11 des Gesetzes vom 30.7.2009 (BGBl. I S. 2479) Anwendung (ausf HWK/*Hohenstatt/Dzida* MgVG Rn 1 ff). Ziel des G ist, die Mitbestimmungsrechte der AN für die Zeit nach der Verschmelzung zu sichern (§ 1 I 2 MgVG). Voraussetzung ist sowohl die Beteiligung einer mitbestimmten Gesellschaft mit durchschnittlich mehr als 500 AN als auch die sonstige Anwendbarkeit eines Rechtsstatuts, das die Mitbestimmung nicht mind im gleichen Umfang wie bei den an der Verschmelzung beteiligten Gesellschaften vorsieht (§ 5 Nr 1, 2 MgVG; ErfK/*Oetker* Einl MitbestG Rn 24). Findet das MgVG Anwendung, kann die Mitbestimmung entweder auf Vereinbarung (§ 22 MgVG), die innerhalb der Frist des § 21 MgVG zu schließen ist, oder auf Gesetz (§§ 24 ff MgVG) beruhen. Eine Anwendbarkeit der gesetzlichen Regelungen kommt dann in Betracht, wenn die Frist des § 21 MgVG ohne Erg verstrichen ist oder die Leitungen der beteiligten Gesellschaften von vornherein entscheiden, die Regelungen ohne vorhergehende Verh unmittelbar ab dem Zeitpunkt der Eintragung anzuwenden (§ 23 I 1 Nr 3 MgVG). Beide Möglichkeiten setzen voraus, dass vorher bereits Mitbestimmung bestanden hat und sich diese auf mind ein Drittel sämtlicher AN erstreckt (§ 23 I 2 Nr 1 MgVG). Maßgeblich ist dann der höchste Anteil an AN-Vertretern, der bei den an der Verschmelzung beteiligten Gesellschaften bestanden hat (§ 24 I 2 MgVG).

B. AG, KGaA (zur SE s § 1 MitbestG Rdn 9). **I. Gründung.** Zum Gründungsstadium s § 1 MitbestG 4 Rdn 6. Der Aufsichtsrat der Gründungsgesellschaft muss noch nicht zu einem Drittel aus AN-Vertretern bestehen, § 30 II AktG. Bei formwechselnder Umwandlung in eine AG oder KGaA bleibt der Aufsichtsrat erhalten, wenn er bereits passend zusammengesetzt ist. Sonst muss neu gewählt werden (*Raiser/Veil* § 1 MitbestG Rn 24). Bestand bisher kein mitbestimmter Aufsichtsrat, etwa bei einer vor 1994 gegründeten Personengesellschaft, und wird sie nach 1994 in eine AG umgewandelt, so gilt sie nicht als Alt-, sondern als Neugesellschaft, weil das Eintragungsdatum maßgeblich ist (§ 202 I Nr 1 UmwG), sodass für sie die Grenze von 500 AN maßgeblich ist, nicht I Nr 1 S 2, 3 (weitere Bsp bei HWK/*Seibt* § 1 Rn 13). Nicht zulässig ist eine Satzung, die die Anwendung des DrittlbG umschreibt, obwohl es nicht anwendbar ist (OLG D 27.7.2011, I-26 W 7/10, NZG 2011, 1152). Zur Verfassungsmäßigkeit von §1 I Nr.1 S 2, BVerfG 9.1.2014, 1 BvR 2344/11, AG 2014, 279; krit. *Latzel* AG 2014, 395.

II. AN-Zahl. Es müssen idR mehr als 500 AN im Unternehmen beschäftigt sein, I Nr 1, 2. Entscheidend 5 ist nicht der Blick in die Vergangenheit, sondern eine nachvollziehbare Prognoseentsch; wie beim MitbestG ist ein Zeitraum von etwa anderthalb bis 2 Jahren zu betrachten (vgl § 1 MitbestG Rdn 10).

III. Familiengesellschaft. Altgesellschaften mit weniger als 500 AN sind ausgenommen, wenn sie Fami- 6 liengesellschaften sind, I Nr 1 S 2, 3, Nr 2 S 2. Obergesellschaften sind die AN abhängiger Unternehmen nach § 2 II zuzurechnen (HWK/*Seibt* § 1 Rn 14). Familiengesellschaften sind Einpersonenunternehmen wie auch Mehrpersonengesellschaften, bei denen die Anteilseigner iSd AO miteinander verwandt oder verschwägert sind, wobei eine Verwandtschaftskette ausreicht (MüKo-AktG/*Gach* § 1 Rn 2). Die Eigner müssen alle Anteile halten, eine Mehrheitsbeteiligung reicht nicht aus (ErfK/*Oetker* § 1 Rn 10). In der

§ 1 DrittelbG   Erfasste Unternehmen

KGaA müssen nicht nur die Kommanditaktionäre, sondern auch die Komplementäre verwandtschaftliche Beziehungen unterhalten (MüKo-AktG/*Gach* § 1 Rn 4).

7 **IV. Aufsichtsrat.** Die interne Organisation des Aufsichtsrats regeln §§ 107–110 AktG. Es bedarf eines **Vorsitzenden** und (mind.) eines **Stellvertreters**, § 107 I 1 AktG. Anders als nach dem MitbestG kann die Geschäftsordnung dem Vorsitzenden weitere Aufgaben übertragen und ihm die **Stichentsch** bei Pattsituationen sowie ein **Vetorecht** einräumen (vgl *Hüffer* § 77 AktG Rn 12). Nach § 107 III AktG können **Ausschüsse** eingerichtet und nach dem Ermessen der Mehrheit des Aufsichtsrats besetzt werden; Letzteres findet seine Grenze erst im allg Diskriminierungsverbot ggü den Gruppen im Aufsichtsrat (vgl dazu, allerdings zum MitbestG, BGH 17.5.1993, II ZR 89/92 – Hamburg-Mannheimer, BGHZ 122, 342, 358 ff). Der bes wichtige Personalausschuss sollte idR jedenfalls einen AN-Vertreter als Mitglied haben (BGH 17.5.1993, II ZR 89/92, aaO; HWK/*Seibt* § 1 Rn 19). Mitbestimmungsvereinbarungen sind wegen des in der AG wie der KGaA geltenden Prinzips der Satzungsstrenge allenfalls in engen Grenzen möglich, vgl § 1 MitbestG Rdn 3.

8 Die **Rechte und Pflichten** des Aufsichtsrats und seiner Mitglieder ergeben sich aus dem AktG, für die **AG** vor allem aus §§ 58 II, 111 IV, 171 II 3–5, 172 S 1 AktG. In der AG hat der Aufsichtsrat die Vorstände zu bestellen und abzuberufen sowie Dienstverträge abzuschließen, zu ändern oder aufzuheben. Die Kompetenz des Aufsichtsrats in der **KGaA** ist schwächer, er hat keine Personalkompetenz bzgl des persönlich haftenden Gesellschafters (*Hüffer* § 278 AktG Rn 15), und die Feststellung des Jahresabschlusses obliegt ihm nicht, § 286 I AktG.

9 Die Mitglieder des Aufsichtsrats haben die **gleiche Rechtsstellung** bzgl Information, Mitwirkung, Stimme, Vergütung, Erstattung von Aufwendungen und haftungsrechtlicher Verantwortung (BGH 15.11.1993, II ZR 235/92, BGHZ 124, 111, 127). Es besteht **Gesamtverantwortung**, § 116 AktG (vgl dazu § 25 MitbestG Rdn 4), ebenso wie die Pflicht zur **Verschwiegenheit**, § 116 S 2 AktG. Zu Letzterem besteht auch keine Ausnahme zugunsten des BR oder des Wirtschaftsausschusses. Das ergibt sich im Umkehrschluss aus § 79 I 4 BetrVG; der Schutz des Vertrauensverhältnisses im Aufsichtsrat und zum Vorstand hat Vorrang (vgl *Raiser/Veil* § 25 MitbestG Rn 132).

10 **C. GmbH. I. Gründung.** In Abweichung von § 52 GmbHG ist bei regelmäßig mehr als 500 AN ein Aufsichtsrat zu bilden, auch wenn die Satzung das nicht vorsieht. Zu **ausländischen Gesellschaften** s.o. Rdn 2. Die **Gründungs-GmbH** unterliegt noch nicht der Pflicht zur Bildung eines mitbestimmten Aufsichtsrats (s § 1 MitbestG Rdn 6; hM, vgl BayObLG 9.6.2000, 3 Z BR 92/00, BB 2000, 1538; UHH/ *Ulmer/Habersack* § 6 MitbestG Rn 7). Das gilt auch bei Sachgründung (HWK/*Seibt* § 1 Rn 31). Hingegen unterfällt die Unternehmergesellschaft (UG) als GmbH dem DrittelbG.

11 Zum **Formwechsel** s.o. Rdn 4. Zur **AN-Zahl** s.o. Rdn 5. Eine Ausnahme für die **Familiengesellschaft** besteht bei der GmbH nicht.

12 **II. Aufsichtsrat.** Es gelten weitgehend die aktienrechtlichen Vorschriften. Die **Zahl der Mitglieder** bestimmt sich nach § 95 AktG, davon ein Drittel AN-Vertreter, I Nr 3, § 4 I. **Mitbestimmungsvereinbarungen** sind bei der GmbH wegen der größeren Satzungsfreiheit, § 45 GmbHG, leichter möglich, wenngleich nicht zum Nachteil der AN-Vertreter. Zulässig ist die Anhebung des Mitbestimmungsniveaus auf das des MitbestG, eine Stärkung der Personalkompetenz oder die Einrichtung eines mitbestimmten Aufsichtsrats trotz Unterschreitens der Grenze von 500 AN. Ihre Schranke finden solche Vereinbarungen im Verbot der Überparität der AN-Seite (vgl HWK/*Seibt* § 1 Rn 34). Für die innere Organisation gelten die §§ 107 ff AktG (s.o. Rdn 7).

13 Die **Kompetenzen** des Aufsichtsrats ergeben sich aus I Nr 3 S 2 und dessen Verweisungen auf das AktG. Da § 84 AktG nicht in Bezug genommen ist, verbleibt die **Personalkompetenz** bei der **Gesellschafterversammlung**, § 46 Nr 5 GmbHG (*Deilmann* BB 2004, 2253), einschließlich Abschluss, Änderung und Beendigung von Geschäftsführer-Dienstverträgen. Die Gesellschafterversammlung bleibt auch für die Vergabe von **Geschäftsführerdarlehen** zuständig (auch auf § 89 AktG wird nicht verwiesen). Beides kann jedoch durch Satzung dem Aufsichtsrat zugewiesen werden. Ein Recht auf periodische Berichterstattung durch die Geschäftsleitung besteht ebenfalls nicht, da auch auf § 90 I, II AktG nicht verwiesen wird. § 90 III AktG kann jedoch genutzt werden, und die Satzung kann anderes bestimmen. Die Mitglieder des Aufsichtsrats dürfen analog § 118 II AktG an Gesellschafterversammlungen teilnehmen (ErfK/*Oetker* § 1 Rn 20). Die **Überwachungspflicht** nach § 111 AktG ist weiterhin aufgrund der Gesellschaftsstruktur der GmbH **eingeschränkt**: Soweit Geschäftsführungsmaßnahmen gesetzlich oder durch Satzung der Gesellschafterversammlung zugewiesen sind, geht § 46 Nr 6 GmbHG der Kompetenz des Aufsichtsrats vor (*Deilmann* BB 2004, 2253, 2255; ErfK/*Oetker* § 1 Rn 16). Die Gesellschafterversammlung kann daher auch eine Geschäftsführungsmaßnahme untersagen, der der Aufsichtsrat zugestimmt hatte, sowie eine Untersagung

durch den Aufsichtsrat aufheben. Nur der Katalog nach § 111 IV 2 AktG kann nicht zum Nachteil des Aufsichtsrats eingeschränkt werden (hM, vgl HWK/*Seibt* § 1 Rn 41 mwN).

Dem Aufsichtsrat obliegen die **Vertretung** der Gesellschaft in Verfahren gegen die Geschäftsführer, § 112 AktG, und die **Prüfung des Jahresabschlusses**, § 171 AktG; dessen Feststellung bleibt aber Aufgabe der Gesellschafterversammlung (§ 46 Nr 1 GmbHG; auf § 172 AktG wird nicht verwiesen), wenn die Satzung nichts anderes vorsieht (ErfK/*Oetker* § 1 Rn 19). 14

Für den **Schutz** der AN-Vertreter gilt § 9, für ihre **Wahl** und **Amtszeit** §§ 5 ff. Eine **Beiratsposition** in der GmbH schließt ein Aufsichtsratsmandat nicht aus (ErfK/*Oetker* § 1 Rn 21). 15

D. VVaG. In großen VVaG besteht zwingend ein Aufsichtsrat (§ 35 VAG), in kleinen VVaG ist er nicht vorgeschrieben, kann aber gebildet werden (§ 53 III VAG). Das DrittelbG zwingt den kleinen VVaG nicht zur Einrichtung eines mitbestimmten Aufsichtsrats. Hat er aber einen, ist dieser drittelparitätisch zu besetzen. 16

E. eG. § 36 GenG schreibt einen Aufsichtsrat zwingend vor. Hat die eG mehr als 500 AN, ist ihr Aufsichtsrat drittelparitätisch zu besetzen. Für seine Rechte und Kompetenzen gelten die §§ 36–41 GenG; die Mitgliederzahl des Aufsichtsrats muss aber durch 3 teilbar sein, es sind mind 2 Aufsichtsratssitzungen pro Kalenderhalbjahr abzuhalten, I Nr 5 S 4, und die ansonsten geltenden Vorschriften dürfen dem DrittelbG nicht widersprechen, III. 17

F. Andere Mitbestimmungsregime. II Nr 1 grenzt das DrittelbG von anderen Mitbestimmungsgesetzen ab. 18

G. Tendenzschutz. II Nr 2 und S 2 nehmen Unternehmen, die politischen, konfessionellen, karitativen, erzieherischen, wissenschaftlichen, künstlerischen oder Zwecken der Berichterstattung und Meinungsäußerungen dienen, sowie Religionsgemeinschaften und ihre karitativen und erzieherischen Einrichtungen unabhängig von ihrer Rechtsform von der Anwendung des DrittelbG aus. Die Regelung entspricht inhaltlich § 118 BetrVG und § 1 IV MitbestG (zu Letzterem s § 1 MitbestG Rdn 13 f, auch zum Tendenzschutz im Konzern). Ggü dem BetrVG 1952 ist nun klargestellt, dass die Unternehmen »unmittelbar und überwiegend« dem geschützten Zweck dienen müssen. 19

§ 2 Konzern

(1) An der Wahl der Aufsichtsratsmitglieder der Arbeitnehmer des herrschenden Unternehmens eines Konzerns (§ 18 Abs. 1 des Aktiengesetzes) nehmen auch die Arbeitnehmer der übrigen Konzernunternehmen teil.

(2) Soweit nach § 1 die Beteiligung der Arbeitnehmer im Aufsichtsrat eines herrschenden Unternehmens von dem Vorhandensein oder der Zahl von Arbeitnehmern abhängt, gelten die Arbeitnehmer eines Konzernunternehmens als solche des herrschenden Unternehmens, wenn zwischen den Unternehmen ein Beherrschungsvertrag besteht oder das abhängige Unternehmen in das herrschende Unternehmen eingegliedert ist.

Übersicht	Rdn.		Rdn.
A. Anwendungsbereich	1	C. Zurechnung von Konzernarbeitnehmern	3
B. Wahlteilnahme im Konzern, I	2		

A. Anwendungsbereich. Ähnlich § 5 MitbestG ist es das Ziel der Vorschrift, eine Unternehmensmitbestimmung der AN dort zu gewährleisten, wo die wesentliche Kontrolle ausgeübt wird. I befasst sich mit dem aktiven und passiven Wahlrecht – also dem Wahlkörper – im Konzern nach § 18 AktG, II behandelt die Zurechnung von AN im Konzern zur Obergesellschaft. 1

B. Wahlteilnahme im Konzern, I. Der Verweis auf § 18 I AktG soll den faktischen Unterordnungs- dem Vertragskonzern gleichstellen (BT-Drs 15/2739, S 3). Wie bei § 5 MitbestG ist die **Konzernvermutung** nach §§ 18 I 3, 17 II AktG aber **widerlegbar**, wenn die Leitung praktisch nicht ausgeübt wird (vgl BayObLG 6.3.2002, 3 Z BR 343/00 – Walter Holding II, NZG 2002, 579, 581). Der Nachweis kann bspw durch einen **Entherrschungsvertrag** erbracht werden, oder es besteht eine reine **Vermögensholding** (dazu HWK/*Seibt* § 2 Rn 6). Auf die **Rechtsform** des beherrschten (abhängigen) Unternehmens kommt es nicht an (ErfK/*Oetker* § 2 Rn 4). Selbst AN eines abhängigen Tendenzbetriebs können an der Wahl des Aufsichtsrats des herrschenden Unternehmens teilnehmen (ErfK/*Oetker* § 2 Rn 5). Das **herrschende Unternehmen** muss allerdings eine in § 1 genannte Rechtsform aufweisen und selbst, ggf unter Berücksichtigung des § 2 II, **aufsichtsratspflichtig** sein (UHH/*Habersack* § 2 Rn 6). IÜ sei, auch für den **mehrstufigen Konzern** und 2 das **Gemeinschaftsunternehmen**, auf die Kommentierung zu § 5 MitbestG verwiesen. Die AN des abhängigen Unternehmens sind aktiv und passiv wahlberechtigt; eine bestimmte **Anzahl von Sitzen** im Aufsichtsrat ist den AN des herrschenden Unternehmens nicht vorbehalten (BAG 24.11.1981, 1 ABR 80/79, AP BetrVG 1952 § 76 Nr 24; 8.12.1981, 1 ABR 71/79, AP BetrVG 1952 § 76 Nr 25; ErfK/*Oetker* § 2 Rn 12).

3 **C. Zurechnung von Konzernarbeitnehmern.** I enthält keine ggü § 77a BetrVG 1952 andere Regelung. AN abhängiger Unternehmen werden ausschließlich (HWK/*Seibt* § 2 Rn 10) dann dem herrschenden Unternehmen zugerechnet, wenn zwischen den Unternehmen ein Beherrschungsvertrag besteht, § 291 AktG, oder das abhängige Unternehmen in das herrschende Unternehmen eingegliedert ist, §§ 319 ff AktG. Für den **Beherrschungsvertrag** kommt es auf die Rechtsform des beherrschten Unternehmens nicht an (BAG 15.12.2011, 7 ABR 56/10, EzA § 2 DrittelbG Nr. 1; UHH/*Habersack* § 2 Rn 13). Zwar ist der Begriff mitbestimmungsrechtlich weiter als der aktienrechtliche nach § 291 AktG und umfasst alle Organisationsverträge, durch die der Gesellschaftszweck eines Unternehmens dem Konzerninteresse eines anderen Unternehmens unterworfen wird (hM, vgl HWK/*Seibt* § 2 Rn 11 mwN). Ergebnisabführungsverträge (OLG Düsseldorf 27.12.1996, 19 W 4/96 AktE, NZA-RR 1997, 213, 215) oder Unternehmensverträge nach § 292 I AktG reichen jedoch nicht aus (UHH/*Habersack* aaO; vgl auch KG 7.6.2007, 2 W 8/07, NZG 2007, 913). Die Beendigung eines Beherrschungsvertrages ist nicht deswegen unwirksam, weil damit die Mitbestimmung vermieden werden soll (OLG Zweibrücken 18.10.2005, 3 W 136/05 – Eckes, NZG 2006, 31, 32). Für eine Eingliederung nach §§ 319 ff AktG ist die Rechtsform des abhängigen Unternehmens nicht gleichgültig; es muss sich um eine AG handeln. Eine analoge Anwendung auf andere Rechtsformen ist wegen des eindeutigen Wortlauts nicht möglich (OLG Zweibrücken 18.10.2005, 3 W 136/05, aaO; UHH/*Habersack* § 2 Rn 14; HWK/*Seibt* § 2 Rn 12 mwN).

§ 3 Arbeitnehmer, Betrieb

(1) Arbeitnehmer im Sinne dieses Gesetzes sind die in § 5 Abs. 1 des Betriebsverfassungsgesetzes bezeichneten Personen mit Ausnahme der in § 5 Abs. 3 des Betriebsverfassungsgesetzes bezeichneten leitenden Angestellten.
(2) [1]Betriebe im Sinne dieses Gesetzes sind solche des Betriebsverfassungsgesetzes. [2]§ 4 Abs. 2 des Betriebsverfassungsgesetzes ist anzuwenden.
(3) [1]Die Gesamtheit der Schiffe eines Unternehmens gilt für die Anwendung dieses Gesetzes als ein Betrieb. [2]Schiffe im Sinne dieses Gesetzes sind Kauffahrteischiffe, die nach dem Flaggenrechtsgesetz die Bundesflagge führen. [3]Schiffe, die in der Regel binnen 48 Stunden nach dem Auslaufen an den Sitz eines Landbetriebs zurückkehren, gelten als Teil dieses Landbetriebs.

Übersicht	Rdn.		Rdn.
A. AN	1	B. Betrieb, II, III	2

1 **A. AN.** I definiert AN durch Verweis auf § 5 I BetrVG und nimmt die leitenden Angestellten nach § 5 III BetrVG ausdrücklich aus. Anders als § 3 I 2 MitbestG wird nicht klargestellt, dass die Personen des § 5 II BetrVG keine AN sind. Sachlich macht das jedoch keinen Unterschied (ErfK/*Oetker* § 3 Rn 1). Einzurechnen sind **alle AN** unabhängig von ihrer Beschäftigungsdauer sowie Teilzeit-AN, nicht jedoch **Leih-AN** (OLG D 12.5.2004, I 19 W 2/04, AG 2004, 616; *Zimmermann* BB 2015, 1205; zur Definition des AN *Lambrich/Reinhard* NJW 2014, 2229; anders BAG 4.11.2015, 7 ABR 42/13 zum MitbestG), selbst wenn sie länger als 3 Monate beim Entleiher beschäftigt sind und an der BR-Wahl teilnehmen könnten, denn anders als in § 5 II 2 wird § 7 S 2 BetrVG nicht in Bezug genommen. Auch AN in der **Passivphase der Altersteilzeit** sind nicht AN iSv I (HWK/*Seibt* § 3 Rn 2). Es muss eine arbeitsrechtliche Beziehung zum Unternehmen bestehen. Bestehen **mehrfache Beziehungen** zu unterschiedlichen Unternehmen im Konzern, wird mehrfach zugerechnet. Im **Gemeinschaftsbetrieb** reicht nach wohl hM für eine Zuordnung zu allen Trägern die arbeitsvertragliche Beziehung zu einem der Träger (HWK/*Seibt* § 3 Rn 3, LAG Hess 10.3.2011, 9 TaBV 163/10; s aber § 1 MitbestG Rdn 11). AN ausländischer Unternehmen sind nach dem DrittelbG nicht einzurechnen, auch wenn das ausländische Unternehmen zum Konzern gehört (a.A. LG Frankfurt a.M. 16.2.2015, 3-16 O 1/14, NZG 2015, 683, krit. *Winter/Marx/De Decker*,NZA 2015, 1111, *Mense/Klie* DStR 2015, 1508, *Wißmann* ArbRAktuell 2015, 259, *Josupeit/von Eiff* GWR 2015, 209, *Seibt* DB 2015, 912, *Hellwig/Behme* AG 2015, 333).

2 **B. Betrieb, II, III.** Für den Betriebsbegriff wird auf das BetrVG verwiesen. III entspricht § 34 I, II MitbestG und § 114 III, IV BetrVG.

§ 4 Zusammensetzung

(1) Der Aufsichtsrat eines in § 1 Abs. 1 bezeichneten Unternehmens muss zu einem Drittel aus Arbeitnehmervertretern bestehen.
(2) ¹Ist ein Aufsichtsratsmitglied der Arbeitnehmer oder sind zwei Aufsichtsratsmitglieder der Arbeitnehmer zu wählen, so müssen diese als Arbeitnehmer im Unternehmen beschäftigt sein. ²Sind mehr als zwei Aufsichtsratsmitglieder der Arbeitnehmer zu wählen, so müssen mindestens zwei Aufsichtsratsmitglieder als Arbeitnehmer im Unternehmen beschäftigt sein.
(3) ¹Die Aufsichtsratsmitglieder der Arbeitnehmer, die Arbeitnehmer des Unternehmens sind, müssen das 18. Lebensjahr vollendet haben und ein Jahr dem Unternehmen angehören. ²Auf die einjährige Unternehmensangehörigkeit werden Zeiten der Angehörigkeit zu einem anderen Unternehmen, dessen Arbeitnehmer nach diesem Gesetz an der Wahl von Aufsichtsratsmitgliedern des Unternehmens teilnehmen, angerechnet. ³Diese Zeiten müssen unmittelbar vor dem Zeitpunkt liegen, ab dem die Arbeitnehmer zur Wahl von Aufsichtsratsmitgliedern des Unternehmens berechtigt sind. ⁴Die weiteren Wählbarkeitsvoraussetzungen des § 8 Abs. 1 des Betriebsverfassungsgesetzes müssen erfüllt sein.
(4) Unter den Aufsichtsratsmitgliedern der Arbeitnehmer sollen Frauen und Männer entsprechend ihrem zahlenmäßigen Verhältnis im Unternehmen vertreten sein.

Übersicht	Rdn.		Rdn.
A. Größe des Aufsichtsrats	1	C. AN-Vertreter	3
B. Mehrheit	2	D. Gleichberechtigung der Geschlechter	4

A. Größe des Aufsichtsrats. Im Aufsichtsrat ist Drittelparität herzustellen, ein Drittel der Mitglieder müssen AN-Vertreter sein. Die Gesamtzahl der Mitglieder bestimmt sich nach § 95 AktG und der Satzung. Sie muss **durch 3 teilbar** sein, § 95 I 3 AktG (AG und KGaA), § 1 I Nr 3 (GmbH), § 35 I 3 VAG (VVaG), § 1 I Nr 5 (eG). Die Mindestzahl ist 3, die Höchstzahl richtet sich nach dem Grundkapital des Unternehmens, § 95 AktG (9, 15 oder 21 Mitglieder). Befasst sich die Satzung mit der Zahl der Mitglieder des Aufsichtsrats, muss sie innerhalb des möglichen Rahmens eine konkrete Zahl nennen, sonst gilt der gesetzliche Regelung (*Hüffer* § 95 AktG Rn 3, 7). Der satzungsmäßige Ausschluss einer Ersetzung eines ausscheidenden Mitglieds ist unwirksam (BAG 3.10.1989, 1 ABR 12/88, AP BetrVG 1952 § 76 Nr 28). Wird die Anzahl erhöht, ist keine Neuwahl erforderlich, es reicht vielmehr Nachwahl oder gerichtliche Bestellung (*Hüffer* § 95 AktG Rn 5). Eine Verkleinerung des Aufsichtsrats wirkt erst mit Ablauf der Amtszeit der bisherigen Mitglieder, wenn sie nicht vorher freiwillig ausscheiden (hM, vgl OLG Dresden 18.2.1997, 14 W 1396/96, ZIP 1997, 589, 591; KK-AktG/*Mertens* § 95 Rn 26; ErfK/*Oetker* § 4 Rn 5; *Hüffer* § 95 AktG Rn 5 mwN). Ein Statusverfahren ist bei Satzungsänderung nicht erforderlich. Vakanzen wegen Ausscheidens werden durch Ersatzmitglieder oder Nachwahl gefüllt, wenn nicht die zeitliche Nähe zur nächsten turnusmäßigen Wahl und die Kosten für die Übergangszeit eine Ersatzbestellung nach § 104 AktG ermöglichen (vgl HWK/*Seibt* § 4 Rn 5). 1

B. Mehrheit. Die **Beschlussfähigkeit** bestimmt sich nach Satzung oder § 108 II AktG. Die Mindestzahl von 3 ist zwingend (*Hüffer* § 108 AktG Rn 11), bei größeren Aufsichtsräten reicht die Teilnahme von mind der Hälfte der Mitglieder an der Abstimmung, § 108 II 2 AktG. Die Satzung kann nicht wirksam bestimmen, dass für die Beschlussfähigkeit der Vorsitzende, bestimmte Mitglieder oder Gruppenvertreter anwesend sein müssen (KK-AktG/*Mertens* § 108 Rn 47; vgl auch *Hüffer* § 108 AktG Rn 13). Grds genügt die **einfache Mehrheit der abgegebenen Stimmen**, wenn die Satzung nichts anderes vorsieht. Einem einzelnen Mitglied kann kein Vetorecht eingeräumt werden. Zulässig ist die Bestimmung, dass bei Patt der Vorsitzende oder das Los entscheidet (HWK/*Seibt* § 4 Rn 9). 2

C. AN-Vertreter. Sind nur 1 oder 2 AN-Vertreter in den Aufsichtsrat zu wählen, müssen diese als AN im Unternehmen beschäftigt sein, II 1. Sind mehr als 2 AN-Vertreter zu wählen, müssen mind 2 im Unternehmen beschäftigt sein, II 2. Die Passivphase der Altersteilzeit lässt die Wählbarkeit entfallen, weil dann feststeht, dass keine Arbeitsleistung mehr für das Unternehmen erbracht wird (BAG 25.1.2000, 7 ABR 18/00, EzA BetrVG 1952 § 76 Nr 16). Die Wählbarkeit setzt weiterhin das Mindestalter von 18 Jahren und eine 1-jährige Beschäftigung im Unternehmen oder einem an der Wahl teilnehmenden (Konzern-)Unternehmen voraus. § 105 I AktG ist ebenfalls zu erfüllen, gleichermaßen die persönlichen Voraussetzungen des § 100 I, II AktG. Ob außerdem die Voraussetzungen des § 8 I BetrVG erfüllt sein müssen, ist str (dafür HWK/*Seibt* § 4 Rn 11 mN der überwiegend gegenteiligen Lit). Anders als nach dem MitbestG ist ein Gewerkschaftsvorschlag (für die nach den 2 Unternehmensangehörigen weiteren AN-Vertreter) nicht erforderlich. 3

4 **D. Gleichberechtigung der Geschlechter.** Nach IV soll Proportionalität der Geschlechter im Unternehmen und im Aufsichtsrat gewahrt werden. Die **Verletzung** dieser Regelung hat keine Auswirkungen und macht die Wahl nicht nichtig oder anfechtbar (UHH/*Henssler* § 4 Rn 17).

§ 5 Wahl der Aufsichtsratsmitglieder der Arbeitnehmer
(1) Die Aufsichtsratsmitglieder der Arbeitnehmer werden nach den Grundsätzen der Mehrheitswahl in allgemeiner, geheimer, gleicher und unmittelbarer Wahl für die Zeit gewählt, die im Gesetz oder in der Satzung für die von der Hauptversammlung zu wählenden Aufsichtsratsmitglieder bestimmt ist.
(2) ¹Wahlberechtigt sind die Arbeitnehmer des Unternehmens, die das 18. Lebensjahr vollendet haben. ²§ 7 Satz 2 des Betriebsverfassungsgesetzes gilt entsprechend.

Übersicht	Rdn.		Rdn.
A. Wahl der AN-Vertreter	1	C. Amtszeit	4
B. Aktives Wahlrecht	3		

1 **A. Wahl der AN-Vertreter.** Die AN-Vertreter sind in allg, geheimer, gleicher und unmittelbarer (also nicht über Delegierte) Wahl zu bestimmen. Die wahlberechtigten AN dürfen an der Wahl nicht gehindert werden. Das **Wahlverfahren** richtet sich nach der **WO-DrittelbG** (v 23.6.2004, BGBl I S 1393). Die Regeldauer des Wahlverfahrens beträgt 14 Wochen ab Einleitung durch Benachrichtigung des Vertretungsorgans ggü dem BR (bzw ggü den AN bei Fehlen eines BR). Der BR oder eine Betriebsversammlung hat unverzüglich einen Wahlvorstand einzusetzen, der ebenso unverzüglich eine Wählerliste zu erstellen hat, gegen die innerhalb 1 Woche Einspruch eingelegt werden kann. Spätestens 6 Wochen vor der Wahl ist das Wahlausschreiben zu erlassen. Auch bei mehreren Betrieben ist das Wahlverfahren **einheitlich** durchzuführen.

2 Es findet eine **Mehrheitswahl** statt. Gewählt wird nicht nach Gruppen, sondern stets **gemeinsam** (BAG 8.12.1970, 1 ABR 23/70, AP BetrVG 1952 § 76 Nr 21; ErfK/*Oetker* § 5 Rn 3). Nur bei den ersten beiden AN-Vertretern ist zu beachten, dass sie Unternehmensangehörige sein müssen. Das Wahlerg ist bekannt zu machen, und die Wahlunterlagen sind vom Unternehmen 5 Jahre lang aufzubewahren.

3 **B. Aktives Wahlrecht.** II bestimmt das aktive Wahlrecht und entspricht § 18 MitbestG. Das Mindestalter zum Zeitpunkt der Wahl beträgt 18 Jahre. Leih-AN sind nach 3 Monaten Einsatz im Unternehmen wahlberechtigt, § 7 S 2 BetrVG.

4 **C. Amtszeit.** Die Amtszeit der AN-Vertreter bestimmt sich nach G oder Satzung. Die gesetzliche Amtszeit richtet sich nach § 102 I AktG (Ausnahme: Amtszeit des 1. Aufsichtsrats, § 30 III 1 AktG) und beträgt (4 ohne das 1., also) idR 5 Jahre. In der Satzung können die Amtszeiten bei gleicher Länge gestaffelt oder unterschiedliche Amtszeiten festgelegt, es darf aber nicht zwischen den Gruppen differenziert werden (*Hüffer* § 102 AktG Rn 4). Die Amtszeit beginnt idR mit der Annahme der Wahl (zur Änderung der Amtszeit HWK/*Seibt* § 5 Rn 9).

§ 6 Wahlvorschläge
¹Die Wahl erfolgt auf Grund von Wahlvorschlägen der Betriebsräte und der Arbeitnehmer. ²Die Wahlvorschläge der Arbeitnehmer müssen von mindestens einem Zehntel der Wahlberechtigten oder von mindestens 100 Wahlberechtigten unterzeichnet sein.

1 Die Wahlvorschläge sind innerhalb von 2 Wochen nach Erlass des Wahlausschreibens schriftlich einzureichen. Sie sollen doppelt so viele Vorschläge enthalten, wie AN-Vertreter zu wählen sind (§ 7 II 1 WO-DrittelbG). Wahlvorschläge können vom BR und vom GBR eingereicht werden, vom KBR nur, wenn AN abhängiger Konzernunternehmen an der Wahl teilnehmen (ErfK/*Oetker* § 6 Rn 2; zur verfassungskonformen Auslegung der Norm BVerfG 12.2.2014, 1 BvL 7/11, NZA 2014, 981, LAG Hamm 23.1.2015, 13 TaBV 46/10, NZG 2015, 1084). § 6 ist verfassungskonform auszulegen, so dass vom Begriff des BR auch nach § 117 II 1 BetrVG gebildete Arbeitnehmervertretungen umfasst werden (bzgl Personalvertretung Cockpit, LAG Hamm 23.1.2015, 13 TaBV 46/10, JurionRS 2015, 12683). Mehrere BR müssen sich nicht auf einen gemeinsamen Vorschlag einigen.

2 Die AN können Wahlvorschläge einreichen, wenn diese von einem Zehntel der Wahlberechtigten, mind aber von 100 Wahlberechtigten unterzeichnet sind. Ein Vorschlagsrecht der Gewerkschaften, ob im Unternehmen vertreten oder nicht, sowie des Unternehmens besteht nicht (ErfK/*Oetker* § 6 Rn 1; UHH/*Habersack* § 6 Rn 2).

§ 7 Ersatzmitglieder

(1) ¹In jedem Wahlvorschlag kann zusammen mit jedem Bewerber für diesen ein Ersatzmitglied des Aufsichtsrats vorgeschlagen werden. ²Ein Bewerber kann nicht zugleich als Ersatzmitglied vorgeschlagen werden.
(2) Wird ein Bewerber als Aufsichtsratsmitglied gewählt, so ist auch das zusammen mit ihm vorgeschlagene Ersatzmitglied gewählt.

Die Bestimmung orientiert sich an § 17 MitbestG. Für Ersatzmitglieder bestehen keine zusätzlichen Voraussetzungen. Eine Überkreuzkandidatur ist nicht zulässig, § 7 I 2; zulässig ist hingegen eine Mehrfachbewerbung als Ersatzmitglied für mehrere Wahlvorschläge (UHH/*Henssler* § 7 Rn 5). 1

Eine Bestellung zum Ersatzmitglied kann nur gleichzeitig mit der Bestellung des zu Ersetzenden vorgenommen und nicht nachgeholt werden, II (*Hüffer* § 101 AktG Rn 12). Scheidet ein Mitglied aus dem Aufsichtsrat aus, rückt sein Ersatzmitglied nach, wenn es vorhanden ist und die nach § 4 II erforderliche Mindestzahl der unternehmensangehörigen AN-Vertreter gewahrt bleibt (ErfK/*Oetker* § 7 Rn 1). Erst dann kann der Bewerber nachrücken, der die nächsthöhere Stimmenzahl auf sich vereinen konnte, anderenfalls ist eine Nachwahl erforderlich (BAG 21.12.1965, I ABR 12/65, AP BetrVG 1952 § 76 Nr 14) oder eine gerichtliche Ersatzbestellung (UHH/*Henssler* § 7 Rn 9). 2

§ 8 Bekanntmachung der Mitglieder des Aufsichtsrats

¹Das zur gesetzlichen Vertretung des Unternehmens befugte Organ hat die Namen der Mitglieder und der Ersatzmitglieder des Aufsichtsrats unverzüglich nach ihrer Bestellung in den Betrieben des Unternehmens bekannt zu machen und im Bundesanzeiger zu veröffentlichen. ²Nehmen an der Wahl der Aufsichtsratsmitglieder des Unternehmens auch die Arbeitnehmer eines anderen Unternehmens teil, so ist daneben das zur gesetzlichen Vertretung des anderen Unternehmens befugte Organ zur Bekanntmachung in seinen Betrieben verpflichtet.

Die Regelung entspricht § 19 MitbestG. Für die GmbH ist darüber hinaus § 106 AktG, auf den § 1 I Nr 3 verweist, zu beachten, allerdings nur für die Bestellung, weil die Vorschrift, anders als § 106 AktG (»Änderung«), nur darauf abstellt, nicht auf ein Ausscheiden von AR-Mitgliedern. Daneben ist vom Wahlvorstand nach §§ 21 I, 31 IV 2 WO-DrittelbG das Wahlerg bekannt zu machen. 1

§ 9 Schutz von Aufsichtsratsmitgliedern vor Benachteiligung

¹Aufsichtsratsmitglieder der Arbeitnehmer dürfen in der Ausübung ihrer Tätigkeit nicht gestört oder behindert werden. ²Sie dürfen wegen ihrer Tätigkeit im Aufsichtsrat nicht benachteiligt oder begünstigt werden. ³Dies gilt auch für ihre berufliche Entwicklung.

Die Regelung entspricht § 26 MitbestG und enthält ein Behinderungs- und Benachteiligungsverbot. Einen bes Kdg-Schutz gewährt § 9 nicht; er ist nur relativ, bezogen auf die regelmäßige Unwirksamkeit einer Kdg wegen Mitgliedschaft im Aufsichtsrat. Bes Schutz nach § 15 KSchG wegen paralleler Mitgliedschaft im BR (oder aus anderen Gründen) bleibt unberührt. Inzident enthält die Regelung auch ein Bevorzugungsverbot; hierzu und iÜ sei auf die Kommentierung zu § 26 MitbestG verwiesen. 1

§ 10 Wahlschutz und Wahlkosten

(1) ¹Niemand darf die Wahl der Aufsichtsratsmitglieder der Arbeitnehmer behindern. ²Insbesondere darf niemand in der Ausübung des aktiven und passiven Wahlrechts beschränkt werden.
(2) Niemand darf die Wahlen durch Zufügung oder Androhung von Nachteilen oder durch Gewährung oder Versprechen von Vorteilen beeinflussen.
(3) ¹Die Kosten der Wahlen trägt das Unternehmen. ²Versäumnis von Arbeitszeit, die zur Ausübung des Wahlrechts oder der Betätigung im Wahlvorstand erforderlich ist, berechtigt nicht zur Minderung des Arbeitsentgeltes.

Die Regelung entspricht inhaltlich § 20 MitbestG und § 20 BetrVG. Auf die dortigen Kommentierungen sei verwiesen. 1

§ 11 Anfechtung der Wahl von Aufsichtsratsmitgliedern der Arbeitnehmer
(1) Die Wahl eines Aufsichtsratsmitglieds oder eines Ersatzmitglieds der Arbeitnehmer kann beim Arbeitsgericht angefochten werden, wenn gegen wesentliche Vorschriften über das Wahlrecht, die Wählbarkeit oder das Wahlverfahren verstoßen worden und eine Berichtigung nicht erfolgt ist, es sei denn, dass durch den Verstoß das Wahlergebnis nicht geändert oder beeinflusst werden konnte.
(2) ¹Zur Anfechtung berechtigt sind
1. mindestens drei Wahlberechtigte,
2. die Betriebsräte,
3. das zur gesetzlichen Vertretung des Unternehmens befugte Organ.
²Die Anfechtung ist nur binnen einer Frist von zwei Wochen, vom Tag der Veröffentlichung im Bundesanzeiger an gerechnet, zulässig.

Übersicht	Rdn.		Rdn.
A. Norminhalt........................	1	B. Anfechtung..........................	2

1 **A. Norminhalt.** Im BetrVG war eine Wahlanfechtung nicht vorgesehen, wurde aber von der Rspr für zulässig erklärt. Die Regelung des § 11 orientiert sich an § 22 MitbestG. Angefochten werden kann die Wahl eines AN-Vertreters, eines Ersatzmitglieds oder aller AN-Vertreter (BAG 12.8.1970, 1 ABR 23/70, AP BetrVG 1952 § 76 Nr 21).

2 **B. Anfechtung.** Anfechtungsberechtigt sind mind 3 Wahlberechtigte, der BR einschließlich GBR und ggf KBR (entspr dem Wahlvorschlagsrecht nach § 6 S 1; ErfK/*Oetker* § 11 Rn 2) oder das gesetzliche Vertretungsorgan des Unternehmens. Im Verfahren sind nur Antragsberechtigte zu beteiligen, sowie diejenigen, deren Rechtsposition durch die gerichtliche Entsch beeinträchtigt werden kann; die Gewerkschaft ist mangels Antragsberechtigung und Betroffenheit regelmäßig ausgeschlossen (aA wohl HWK/*Seibt* § 11 Rn 3). Die **Anfechtungsfrist** beträgt 2 Wochen ab Veröffentlichung im BAnz, II 2. **Materiell** ist erforderlich, dass gegen wesentliche Vorschriften verstoßen wurde, der Verstoß nicht berichtigt wurde und er das Erg ändern oder beeinflussen konnte.

3 **Rechtsfolge** einer erfolgreichen Anfechtung ist das Ende des Amtes der betroffenen Aufsichtsratsmitglieder. Das Ersatzmitglied, so vorhanden, rückt nach, sonst der Bewerber mit der nächsthöheren Stimmenzahl. Auch hier ist aber auf die Mindestzahl der unternehmensangehörigen AN-Vertreter zu achten. Die bisherigen Beschl des Aufsichtsrats bleiben bei Ausscheiden des Mitglieds wirksam (HWK/*Seibt* § 11 Rn 7).

4 Jedermann kann jederzeit in jedem Verfahren **Nichtigkeit** der Wahl geltend machen, wenn ganz schwerwiegende Verstöße gegen Wahlprinzipien vorliegen. Sie kommt nur ausnahmsweise in Betracht, wenn nicht einmal der Anschein einer Wahl gegeben war (BAG 13.3.2013, 7 ABR 47/11, NZA 2013, 853; UHH/*Henssler* § 11 Rn 9; ErfK/*Oetker* § 11 Rn 5; zur Nichtigkeit, wenn die Voraussetzungen für die Wahl nicht vorlagen: BAG 16.4.2008, 7 ABR 6/07, NZA 2008, 1025).

§ 12 Abberufung von Aufsichtsratsmitgliedern der Arbeitnehmer
(1) ¹Ein Aufsichtsratmitglied der Arbeitnehmer kann vor Ablauf der Amtszeit auf Antrag eines Betriebsrats oder von mindestens einem Fünftel der Wahlberechtigten durch Beschluss abberufen werden. ²Der Beschluss der Wahlberechtigten wird in allgemeiner, geheimer, gleicher und unmittelbarer Abstimmung gefasst; er bedarf einer Mehrheit von drei Vierteln der abgegebenen Stimmen. ³Auf die Beschlussfassung findet § 2 Abs. 1 Anwendung.
(2) Abs. 1 ist für die Abberufung von Ersatzmitgliedern entsprechend anzuwenden.

Übersicht	Rdn.		Rdn.
A. Grundsätze........................	1	II. Amtsniederlegung................	4
B. Abberufung.......................	2	III. Wegfall der Wählbarkeit........	5
C. Andere Beendigungsgründe........	3	IV. Gerichtliche Abberufung........	6
I. Wegfall des Aufsichtsrats........	3		

1 **A. Grundsätze.** Die Abberufung ohne Grund entspricht der Regelung des § 103 I AktG. Das Verfahren ist in §§ 32 ff WO-DrittelbG geregelt. Parallel zu § 7 ermöglicht II auch die Abberufung von Ersatzmitgliedern.

B. Abberufung. Erforderlich ist ein Beschl der wahlberechtigten AN des Unternehmens. Ein Beschluss 2
der Haupt- oder Gesellschafterversammlung reicht nicht (ErfK/*Oetker* § 12 Rn 2). Entspr der Regelung
zum Wahlvorschlag kann der Antrag vom BR, GBR, KBR oder einem Fünftel (statt einem Zehntel nach
§ 6) der wahlberechtigten AN gestellt werden. Das Abwahlverfahren entspricht dem Wahlverfahren, es ist
vom Betriebswahlvorstand durchzuführen. Jedoch ist eine Mehrheit von 3 Vierteln der abgegebenen Stimmen erforderlich. Ungültige Stimmen sind bei der Auszählung nicht zu berücksichtigen (UHH/*Henssler*
§ 12 Rn 11). Das Amt endet mit der Mitteilung des Abstimmungserg durch den Betriebswahlvorstand an
das betroffene Mitglied. An seine Stelle tritt das Ersatzmitglied, so vorhanden und die Voraussetzungen des
§ 4 II erfüllend, ansonsten ist nachzuwählen. Der Name des abberufenen Mitglieds ist nach § 106 AktG
bekannt zu machen.

C. Andere Beendigungsgründe. I. Wegfall des Aufsichtsrats. Erlischt die Gesellschaft, etwa auf- 3
grund einer Verschmelzung, erlischt auch das Amt des Aufsichtsrats. Gleiches gilt bei Wegfall der mitbestimmungsrechtlichen Voraussetzungen, etwa durch Formwechsel in eine mitbestimmungsfreie Personenhandelsgesellschaft (HWK/*Seibt* § 12 Rn 5). Bei Unter- bzw Überschreiten der Schwellenwerte von
500 bzw 2.000 AN ist hingegen das Statusverfahren nach § 97 AktG einschlägig, ebenso bei Änderung
des Unternehmenszwecks (etwa zum Tendenzunternehmen; UHH/*Henssler* § 12 Rn 14; vgl auch BAG
16.4.2008, 7 ABR 6/07, NZA 2008, 1025).

II. Amtsniederlegung. Die Niederlegung ist zwar gesetzlich nicht vorgesehen, aber allg anerkannt. Sie 4
ist dem Vorsitzenden des Aufsichtsrats oder dem Vertretungsorgan des Unternehmens ggü zu erklären und
kann nicht widerrufen oder angefochten werden (UHH/*Henssler* § 12 Rn 15). Sie wird mit Zugang der
Erklärung wirksam.

III. Wegfall der Wählbarkeit. Sind die Wählbarkeitsvoraussetzungen nicht mehr gegeben, etwa nach 5
§§ 100 I, II 105 I AktG, § 4 III, aber auch eine erforderliche Unternehmenszugehörigkeit nach § 4 II, endet
auch das Amt (BAG 25.10.2000, 7 ABR 18/00, AP BetrVG 1952 § 76 Nr 32; HWK/*Seibt* § 12 Rn 7). Bei
Kdg eines Mitglieds, das zwingend dem Unternehmen angehören muss, endet das Amt erst mit Unanfechtbarkeit (hM, ErfK/*Oetker* § 12 Rn 11; HWK/*Seibt* § 12 Rn 8). Eine Beschäftigung ist für diese Gruppe der
AN-Vertreter auch nicht mehr gegeben in der passiven Phase der Altersteilzeit (BAG 25.10.2000, 7 ABR
18/00, aaO); hingegen reicht Freistellung als solche nicht aus (HWK/*Seibt* aaO). An der erforderlichen
Unternehmenszugehörigkeit fehlt es ebenso bei Beförderung zum leitenden Angestellten (UHH/*Henssler*
§ 12 Rn 16).

IV. Gerichtliche Abberufung. Neben der Abberufung nach § 12 ist gem § 103 III, IV AktG eine gericht- 6
liche Abberufung durch Beschl des für die Gesellschaft zuständigen Registergerichts nach § 376 I FamFG,
§ 14 AktG bei Vorliegen eines **wichtigen Grundes** möglich. Erforderlich, aber auch ausreichend, ist jeder
Grund, der einen weiteren Verbleib des Mitglieds im Aufsichtsrat unzumutbar macht, weil er die Erfüllung der Funktionen des Aufsichtsrats erheblich gefährdet (ähnlich § 23 MitbestG, s dort). Wesentliche,
nicht nur vorübergehende Interessenkonflikte, Fehlen der erforderlichen Mindestkenntnisse, Verletzung der
Verschwiegenheitspflicht (*Hüffer* § 103 AktG Rn 11) und ähnlich schwerwiegende Gründe können eine
Abberufung rechtfertigen (UHH/*Henssler* § 12 Rn 18; HWK/*Seibt* § 12 Rn 10). Die berechtigte außerordentliche Kdg des Arbeitsverhältnisses ist ein (starkes) Indiz für die Unzumutbarkeit des Verbleibs im
Aufsichtsrat, aber noch nicht zwingend ein wichtiger Grund iSd § 103 AktG.

§ 13 Ermächtigung zum Erlass von Rechtsverordnungen

Die Bundesregierung wird ermächtigt, durch Rechtverordnung Vorschriften über das Verfahren für die
Wahl und die Abberufung von Aufsichtsratsmitgliedern der Arbeitnehmer zu erlassen, insbesondere über
1. die Vorbereitung der Wahl, insbesondere die Aufstellung der Wählerlisten und die Errechnung der
   Zahl der Aufsichtsratsmitglieder der Arbeitnehmer;
2. die Frist für die Einsichtnahme in die Wählerlisten und die Erhebung von Einsprüchen gegen sie;
3. die Wahlvorschläge und die Frist für ihre Einreichung;
4. das Wahlausschreiben und die Frist für seine Bekanntmachung;
5. die Teilnahme von Arbeitnehmern eines in § 3 Abs. 3 bezeichneten Betriebs an der Wahl;
6. die Stimmabgabe;
7. die Feststellung des Wahlergebnisses und die Fristen für seine Bekanntmachung;
8. die Anfechtung der Wahl;
9. die Aufbewahrung der Wahlakten.

§ 14 DrittelbG   Verweisungen

1   Mit der VO zum 2. G zur Vereinfachung der Wahl der AN-Vertreter in den Aufsichtsrat v 23.6.2004 (BGBl I S 1393) hat der Gesetzgeber von der Ermächtigung des § 13 Gebrauch gemacht und in Art 1 die VO zur Wahl der Aufsichtsratsmitglieder der AN nach dem DrittelbG (WO-DrittelbG) erlassen.

§ 14 Verweisungen
Soweit in anderen Gesetzen auf Vorschriften verwiesen wird, die durch Artikel 6 Abs. 2 des Zweiten Gesetzes zur Vereinfachung der Wahl der Arbeitnehmervertreter in den Aufsichtsrat aufgehoben werden, treten an ihre Stelle die entsprechenden Vorschriften dieses Gesetzes.

§ 15
[aufgehoben mWv 1. 5. 2015 durch G v. 24. 4. 2015 (BGBl. I S. 642)]

Gesetz über Europäische Betriebsräte (Europäische Betriebsräte-Gesetz – EBRG)

In der Fassung der Bekanntmachung vom 7.12.2011 (BGBl. I S. 2650) – Auszug –

Vorbemerkung

Übersicht	Rdn.		Rdn.
A. Inkrafttreten	1	I. Umsetzungsakte	5
B. Regelungszweck und Inhalt	2	II. EU-Erweiterung	6
C. Verhältnis zur Betriebsverfassung	3	E. Auslegung	9
D. Andere Mitgliedsstaaten	5	F. Gerichtliche Durchsetzung	10

A. Inkrafttreten. Das EBRG beruht auf der unter Ausschluss des Vereinigten Königreichs verabschiedeten 1 RL 94/45/EG über die Einsetzung eines Verfahrens zur Unterrichtung und Anhörung der AN in gemeinschaftsweit operierenden Unternehmen und Unternehmensgruppen vom 22.9.1994 (ABlEG 1994 Nr L 254/64). Rechtsgrundlage der RL 94/45/EG ist das Maastrichter Protokoll und **Abkommen über die Sozialpolitik** vom 7.2.1992 (ABlEG 1992 Nr C 191/91). Am **1.11.1996** ist das EBRG (BGBl I S 1548) in Kraft getreten. Nachdem durch den Vertrag von Amsterdam das Abkommen über die Sozialpolitik in den EG-Vertrag integriert worden war, ist der Geltungsbereich auf das Gebiet des **Vereinigten Königreichs** mit Verabschiedung der RL 97/74/EG (ABlEG 1997 Nr L 10/22) vom 15.12.1997 ausgedehnt worden. Letztere wurde vom dt Gesetzgeber mit dem sog **EBR-Anpassungsgesetz** am 22.12.1999 umgesetzt und trat am 31.12.1999 in Kraft (BGBl I S 2809). Die Kommission hat am 2.7.2008 einen Vorschlag zur Verbesserung der Arbeit Europäischer Betriebsräte bei der Unterrichtung und Anhörung der Beschäftigten vorgelegt (KOM (2008) 419). Hierauf basiert die **Richtlinie 2009/38/EG (RL)**, die am 16.5.2009 im Amtsblatt der EU veröffentlicht wurde und am 5.6.2009 in Kraft trat (ABlEU 2009 Nr L 122/28). Gem ihres Art 17 ersetzt die RL die bisherige RL 94/45/EG. Die Mitgliedsstaaten hatten gemäß Art. 16 I RL bis zum 5.6.2011 Zeit, ihr nationales Recht an die neuen Bestimmungen anzupassen. Dem ist der dt Gesetzgeber mit dem **Zweiten Gesetz zur Änderung des Europäische Betriebsräte-Gesetzes (2. EBRG-ÄndG)** vom 14.6.2011 nachgekommen. Es ist am 18.6.2011 in Kraft getreten (BGBl S 1050). Ziel der Neufassung ist es, das Recht auf Unterrichtung und Anhörung der AN in gemeinschaftsweit tätigen Unternehmen zu stärken. Durch das 2. EBRG-ÄndG wurde eine erweiterte Definition der Begriffe Anhörung und Unterrichtung vorgenommen (§ 1 IV, V), die Zuständigkeiten des EBR konkretisiert (§ 1 II), der Auskunftsanspruch gegenüber der zentralen Leitung erweitert (§ 5), die Zusammensetzung von BVG und EBR kraft Gesetzes neu geregelt (§§ 10, 22), ein zusätzliches Sitzungsrecht auch nach jeder Verhandlung des BVG mit der zentralen Leitung eingefügt (§ 13 II), das Teilnahmerecht für Gewerkschaften und Sachverständige an Sitzungen des BVG konkretisiert (§ 13 I, IV), ein Neuverhandlungsrecht bei wesentlichen Strukturänderungen des Unternehmens oder der Unternehmensgruppe eingeführt (§ 37), das sich auch auf bisher bestandsgeschützte Altvereinbarungen erstreckt (§ 41) und die Fortbildungsansprüche für europäische AN-Vertreter garantiert (§ 38).

B. Regelungszweck und Inhalt. Das EBRG dient der Förderung des **grenzübergreifenden Dialogs** der 2 AN in gemeinschaftsweit tätigen Unternehmen und Unternehmensgruppen. Angesichts der zunehmenden europaweiten Unternehmensverflechtungen im Binnenmarkt werden Entscheidungen immer häufiger bei Unternehmensleitungen mit Sitz außerhalb des Landes getroffen, in dem sie sich für die AN auswirken. Die Unterrichtungsrechte des BetrVG finden dann keine Anwendung. Die dadurch entstehende mangelnde **Transparenz** soll durch die Informationsrechte des EBRG vermindert werden (JRH/*Heckelmann* Kap 32 Rn 2). Danach bleibt die zentrale Leitung von gemeinschaftsweit tätigen Unternehmen und Unternehmensgruppen in ihren unternehmerischen Entscheidungen frei. Sie muss diese allerdings vorab in einem grenzübergreifenden Unterrichtungs- und Anhörungsverfahren mit einer europäischen AN-Vertretung kommunizieren, wenn ein solches Verfahren vereinbart wurde oder kraft Gesetzes existiert (*Fitting* Übersicht EBRG Rn 11).

C. Verhältnis zur Betriebsverfassung. Die RL lässt die im nationalen Recht bestehenden Strukturen der Interessenvertretung unberührt (*Gaul* NJW 1995, 228, 229). Somit kann **neben und in Ergänzung des nationalen AN-Vertretungsrechts** ein EBR errichtet werden, der seiner Funktion nach besser 3

Vorbemerkung EBRG

als »**Europäischer Wirtschaftsausschuss**« (iSv § 106 BetrVG) hätte beschrieben werden können (so auch *Hromadka* DB 1995, 1125, 1128; aA DKK/*Däubler* Rn 11 mwN). Seine Errichtung hängt vom Antrag der AN bzw AN-Vertreter ab; eine Pflicht hierzu besteht indes nicht.

4 Die betriebsverfassungsrechtlichen Gremien werden in das EBR-Recht vereinzelt einbezogen. Der BR, der KBR und der GBR sind nach § 5 berechtigt, die zentralen Leitung zur Einholung und Weiterleitung von Informationen zu verpflichten, die sie benötigen, um beurteilen zu können, ob die Voraussetzungen für die Errichtung eines EBR vorliegen. Ferner steht diesen Gremien gem §§ 11, 23 die Bestellung der inländischen Mitglieder des BVG und des EBR kraft Gesetzes zu. Eine vor dem 22.9.1996 zwischen der zentralen Leitung und einer im BetrVG vorgesehenen AN-Vertretung abgeschlossene freiwillige Vereinbarung über die grenzübergreifende Unterrichtung und Anhörung hat unter den Voraussetzungen des § 41 I gesetzesverdrängende Wirkung, sofern keine wesentliche Strukturänderung iSd § 37 eintritt.

5 **D. Andere Mitgliedsstaaten. I. Umsetzungsakte.** Alle Mitgliedstaaten iSd EBRG haben inzwischen nationale Bestimmungen zur Errichtung von EBR erlassen. Zum Teil – etwa in Belgien – erfolgte dies auch durch TV. Eine Übersicht der einzelnen Umsetzungsakte findet sich auf der Internetseite der Kommission (Celex-Nummer 72009L0038 bzw. 71994L0045).

6 **II. EU-Erweiterung.** Der Beitritt neuer Mitgliedstaaten kann Auswirkungen auf die Zusammensetzung des EBR haben.

7 Bestand **bislang kein AN-Vertretungsverfahren iSd EBRG**, bestimmen sich bei der Neubildung eines EBR kraft Gesetzes oder Schaffung eines AN-Anhörungsverfahrens die Grenzwerte und Anwendungsvoraussetzungen nunmehr unter Einbeziehung der Betriebe und Unternehmen der neuen Mitgliedstaaten.

8 **Bestand bereits ein EBR kraft Vereinbarung** (§ 18), bleibt die Vereinbarung nur dann wirksam, wenn der Betrieb bzw das Unternehmen im Beitrittsstaat auf Grundlage **der Errichtungsvereinbarung** einbezogen werden können und die dort angesiedelten AN-Vertreter mit gleichberechtigten Rechten ausgestattet sind. Ist dies nicht der Fall, führt der Beitritt eines neuen Mitgliedstaates zu Neuverhandlungen iSd § 37 (vgl § 37 Rdn 8). Hins des **EBR kraft Gesetzes** (§§ 21 ff) greift ebenfalls § 37.

9 **E. Auslegung.** Das EBRG ist insoweit **richtlinienkonform auszulegen**, als das Gesetz seinem Wortlaut nach Spielräume enthält. Kommt es in einem gerichtlichen Prozess auf eine unklare Vorschrift an, ist das Instanzgericht gehalten, den EuGH anzurufen. Das Gericht der letzten Instanz ist gem Art 234 III AEUV im **Vorabentscheidungsverfahren** zur Vorlage verpflichtet.

10 **F. Gerichtliche Durchsetzung.** Die **sachliche Zuständigkeit** des ArbG, im **Beschlussverfahren** über alle kollektivrechtlichen Streitigkeiten aus dem EBRG zu entscheiden, folgt aus § 2a I Nr 3b ArbGG. Ausgenommen hiervon sind Maßnahmen nach §§ 43–45, für die nach § 13 GVG iVm §§ 68 ff OWiG die ordentlichen Gerichte zuständig sind. Individualrechte können im Urteilsverfahren durchgesetzt werden (zB Ansprüche aus § 40 I iVm § 15 KSchG). **Örtlich zuständig** ist das ArbG, in dessen Bezirk das Unternehmen oder das herrschende Unternehmen nach § 2 seinen Sitz hat, § 82 II 1 ArbGG. Der Sitz des vertragsschließenden Unternehmens ist in Angelegenheiten aus Vereinbarungen gem § 41 für die Zuständigkeit des ArbG maßgeblich, § 82 II 2 ArbGG. Die **Beteiligtenfähigkeit** für die zentrale Leitung im Inland, das BVG, den EBR (kraft Gesetzes), den Ausschuss und sonstige Gremien nach § 41 ergibt sich aus § 10 S 1 Hs 2 ArbGG. Die Vertretung erfolgt durch den Vorsitzenden des Gremiums, bei dezentralen Verfahren die Vorsitzenden der beteiligten AN-Vertretungen. Auch **ausländische AN-Vertretungen** sind beteiligtenfähig, zB hins Ansprüchen aus § 5.

11 Ein **BR** allein ist im Beschlussverfahren **nicht antragsbefugt**, wenn es um die Frage geht, ob der Errichtung eines EBR eine Vereinbarung nach § 41 entgegensteht, es sei denn, die Vereinbarung weist dem BR ein solches Recht zu (ArbG Stuttgart 4.5.2007, 10 BV 42/05, juris). Vielmehr muss der BR die Bildung eines BVG nach § 9 vorantreiben und ggf gerichtlich durchsetzen. Innerhalb eines solchen Verfahrens kann die Vorfrage geklärt werden, ob der Bildung eines EBR eine Vereinbarung gem § 41 entgegen steht (ArbG Stuttgart 4.5.2007, 10 BV 42/05, aaO).

12 Vor dem Hintergrund, dass die **Verletzung** der vereinbarten oder gesetzlichen Unterrichtungs- und Anhörungspflichten beim EBR kraft Gesetzes durch die zentrale Leitung **materiell-rechtlich folgenlos** bleibt (JRH/*Heckelmann* Kap 32 Rn 106; *Schmidt* RdA 2001, Heft 5 Beil. 12, 21), können das BVG, der EBR kraft Gesetzes, Gremien nach §§ 17 ff oder AN-Vertreter Ansprüche im Wege des **einstweiligen Verfügungsverfahrens** nach § 85 II ArbGG geltend machen. Ähnlich wie iRd § 111 BetrVG ist auch in Bezug auf das EBRG **umstritten**, ob der Verstoß gegen Pflichten zu einem Unterlassungsanspruch führt. Hintergrund der Uneinigkeit ist nicht zuletzt der Umstand, dass die st Rspr in Frankreich einen solchen Anspruch anerkennt (vgl Cour d'Appel de Versailles vom 7.5.1997, AuR 1997, 299, zum Verstoß gegen eine EBR-Vereinbarung

bei Betriebsstilllegung des Renault-Werkes in Vilvoorde, Belgien; Cour d'Appel de Paris 5.8.1998, 98/12501 zur Betriebsverlagerung des Panasonic-Fertigungswerkes in Longwy, Frankreich, vgl *Blanke* § 32 Rn 38). Für einen Unterlassungsanspruch soll sprechen, dass Unterrichtung und Anhörung ihren Zweck nur unvollständig erfüllen können, wenn bereits vollendete Tatsachen geschaffen wurden (*Blanke* § 32 Rn 37; DKK/*Däubler* Rn 23 mwN; *Lorenz/Zumfelde* RdA 1998, 168, 172). So folgt nach einer Ansicht bei richtlinienkonformer Auslegung ein Anspruch aus § 23 III BetrVG, § 1004 BGB iVm § 823 I, II BGB, wenn die Missachtung der Anhörungsverpflichtung in massivem Umfang Interessen der AN beeinträchtigt oder wiederholt erfolgt (*Blanke* § 32 Rn 37; DKK/*Bachner* § 33 Rn 6). Dem ist entgegenzusetzen, dass obwohl das Europäische Parlament und der Rat der Europäischen Union diese Rechtsprechung kannten, sie gleichwohl keine Notwendigkeit gesehen haben, einen entsprechenden Unterlassungsanspruch bei der inhaltlichen Änderung der Richtlinie 94/45/EG im Jahr 2009 zu normieren. Auch der Deutsche Bundestag lehnte einen Antrag auf Einfügung eines Unterlassungsanspruches in das EBRG Anfang 2011 ausdrücklich ab (BT.-Drs. 17/5184). Somit beinhalten weder die RL noch das EBRG einen Unterlassungsanspruch. Das Recht auf Unterrichtung und Anhörung darf auch nicht in ein temporäres Mitbestimmungsrecht umfunktioniert werden (*Schmidt* RdA 2001, Heft 5, Beil. 12, 22). Es besteht folglich **kein Unterlassungsanspruch** (JRH/*Heckelmann* Kap 32 Rn 106; ebenso *Giesen* RdA 2004, 307, 310; *Pauken/Biester* ArbRAkt 2011, 657). Zu diesem Ergebnis kommt auch das LAG Köln, das einen Unterlassungsanspruch auf Grundlage des novellierten EBRG ausdrücklich ablehnt (LAG Köln 8.9.2011 – 13 Ta 267/11, BB 2012, 197 mit Anm. Heckelmann/Wolff). Zur Durchsetzung in anderen Mitgliedsstaaten s *Büggel* AiB 2002, 760 ff.

§ 1 Grenzübergreifende Unterrichtung und Anhörung

(1) ¹Zur Stärkung des Rechts auf grenzübergreifende Unterrichtung und Anhörung der Arbeitnehmer in gemeinschaftsweit tätigen Unternehmen und Unternehmensgruppen werden Europäische Betriebsräte oder Verfahren zur Unterrichtung und Anhörung der Arbeitnehmer vereinbart. ²Kommt es nicht zu einer Vereinbarung, wird ein Europäischer Betriebsrat kraft Gesetzes errichtet.
(2) ¹Der Europäische Betriebsrat ist zuständig in Angelegenheiten, die das gemeinschaftsweit tätige Unternehmen oder die gemeinschaftsweit tätige Unternehmensgruppe insgesamt oder mindestens zwei Betriebe oder zwei Unternehmen in verschiedenen Mitgliedstaaten betreffen. ²Bei Unternehmen und Unternehmensgruppen nach § 2 Abs. 2 ist der Europäische Betriebsrat nur in solchen Angelegenheiten zuständig, die sich auf das Hoheitsgebiet der Mitgliedstaaten erstrecken, soweit kein größerer Geltungsbereich vereinbart wird.
(3) Die grenzübergreifende Unterrichtung und Anhörung der Arbeitnehmer erstreckt sich in einem Unternehmen auf alle in einem Mitgliedstaat liegenden Betriebe sowie in einer Unternehmensgruppe auf alle Unternehmen, die ihren Sitz in einem Mitgliedstaat haben, soweit kein größerer Geltungsbereich vereinbart wird.
(4) ¹Unterrichtung im Sinne dieses Gesetzes bezeichnet die Übermittlung von Informationen durch die zentrale Leitung oder eine andere geeignete Leitungsebene an die Arbeitnehmervertreter, um ihnen Gelegenheit zur Kenntnisnahme und Prüfung der behandelten Frage zu geben. ²Die Unterrichtung erfolgt zu einem Zeitpunkt, in einer Weise und in einer inhaltlichen Ausgestaltung, die dem Zweck angemessen sind und es den Arbeitnehmervertretern ermöglichen, die möglichen Auswirkungen eingehend zu bewerten und gegebenenfalls Anhörungen mit dem zuständigen Organ des gemeinschaftsweit tätigen Unternehmens oder der gemeinschaftsweit tätigen Unternehmensgruppe vorzubereiten.
(5) ¹Anhörung im Sinne dieses Gesetzes bezeichnet den Meinungsaustausch und die Einrichtung eines Dialogs zwischen den Arbeitnehmervertretern und der zentralen Leitung oder einer anderen geeigneten Leitungsebene zu einem Zeitpunkt, in einer Weise und in einer inhaltlichen Ausgestaltung, die es den Arbeitnehmervertretern auf der Grundlage der erhaltenen Informationen ermöglichen, innerhalb einer angemessenen Frist zu den vorgeschlagenen Maßnahmen, die Gegenstand der Anhörung sind, eine Stellungnahme abzugeben, die innerhalb des gemeinschaftsweit tätigen Unternehmens oder der gemeinschaftsweit tätigen Unternehmensgruppe berücksichtigt werden kann. ²Die Anhörung muss den Arbeitnehmervertretern gestatten, mit der zentralen Leitung zusammenzukommen und eine mit Gründen versehene Antwort auf ihre etwaige Stellungnahme zu erhalten.
(6) Zentrale Leitung im Sinne dieses Gesetzes ist ein gemeinschaftsweit tätiges Unternehmen oder das herrschende Unternehmen einer gemeinschaftsweit tätigen Unternehmensgruppe.
(7) Unterrichtung und Anhörung des Europäischen Betriebsrats sind spätestens gleichzeitig mit der der nationalen Arbeitnehmervertretung durchzuführen.

§ 1 EBRG Grenzübergreifende Unterrichtung und Anhörung

Übersicht

		Rdn.			Rdn.
A.	Gesetzeszweck	1	D.	Unterrichtung (IV)	4
B.	Zuständigkeit (II)	2	E.	Anhörung (V)	6
C.	Erstreckung (III)	3	F.	Zentrale Leitung (VI)	9

1 **A. Gesetzeszweck.** Die beabsichtigte »Stärkung« des Rechts auf **grenzübergreifende Unterrichtung und Anhörung** der AN in gemeinschaftsweit tätigen Unternehmen und Unternehmensgruppen (vgl auch Vorb Rdn 2) impliziert bestehende AN-Vertretungen in den einzelnen Mitgliedstaaten. Das Unterrichtungs- und Anhörungsverfahren kann **durch Vereinbarung alternativ** als **institutionell-zentrales Modell** mit einem EBR **oder** als **prozedural-dezentrales Verfahren** unter Einbeziehung bestehender nationaler Vertretungsstrukturen ausgestaltet werden (*Blanke* § 1 Rn 5). Kommt es nicht zu einer Vereinbarung, wird als Auffanglösung ein EBR kraft Gesetzes nach §§ 21 ff errichtet, § 1 I 2. Die Vereinbarungslösung genießt nach dem **Subsidiaritätsprinzip** Vorrang.

2 **B. Zuständigkeit (II).** Die Zuständigkeit des EBR ist begründet in Angelegenheiten, die das gemeinschaftsweit tätige Unternehmen/Unternehmensgruppe insgesamt (1. Alt) oder mindestens zwei Betriebe oder zwei Unternehmen in verschiedenen Mitgliedstaaten (2. Alt) betreffen. Unverändert sprechen Richtlinie und jetzt auch der Wortlaut des § 1 II von einer »Betroffenheit« in zwei Mitgliedstaaten. Dieser Wortlaut ist Anlass von Streitigkeiten, da die Formulierung »Betroffenheit« nahe legt, dass Maßnahmen, die lediglich in einem Mitgliedstaat Auswirkungen für AN haben, keine EBR-Zuständigkeit begründen, selbst wenn die Entscheidung hierüber in einem anderen Mitgliedstaat getroffen wurde. Denn der Mitgliedstaat, in dem entschieden wurde, war zwar involviert aber gerade nicht »betroffen« (Melot de Beauregard/Buchmann, BB 2009, 1417, 1419, aA Pauken/Biester ArbRAkt 2011, 657; DKK/Däubler Rn 4; Fittig, Übersicht EBRG Rn 9). Zu prüfen ist aber stets, ob sich eine Zuständigkeit jedenfalls aus § 1 II S. 1 1. Alt herleiten lässt, wonach Angelegenheiten umfasst sind, die ungeachtet der Zahl der betroffenen Mitgliedstaaten für die europ. AN hinsichtlich der Reichweite ihrer möglichen Auswirkungen von Belang sind oder die Verlagerung von Tätigkeiten zwischen Mitgliedstaaten betreffen (Hohenstatt/Kröpelin/Bertke, NZA 2011, 1313, 1314). Nach S 2 ist die Zuständigkeit des EBR, vorbehaltlich einer anderslautenden Vereinbarung, auf das Hoheitsgebiet der Mitgliedstaaten (§ 2 III) beschränkt.

3 **C. Erstreckung (III).** Die Reichweite des EBRG erfasst alle Betriebe und Unternehmen, die ihren Sitz in einem Mitgliedstaat (vgl § 2 III) haben. Zum Begriff des Unternehmens und der Unternehmensgruppe vgl § 2 Rdn 1, § 3 Rdn 2. Die Voraussetzungen der gemeinschaftsweiten Tätigkeit sind in § 3 festgeschrieben. Der Betriebsbegriff ist weder im EBRG noch in der RL näher bestimmt. Vor dem Hintergrund, dass das EBRG die bestehende nationale AN-Vertretung lediglich ergänzt und durch Vereinbarung ein dezentrales Verfahren unter Einbeziehung des BR möglich ist, bestimmt sich der Betriebsbegriff nach dem BetrVG (ebenso Müller § 10 Rn 2; aA Blanke § 1 Rn 12). Betrieb ist danach eine organisatorische Einheit, innerhalb derer ein AG allein oder mit seinen AN mithilfe von technischen und immateriellen Mitteln bestimmte arbeitstechnische Zwecke fortgesetzt verfolgt (vgl näher Kommentierung zu § 1 BetrVG). Mangels einschränkender Regelung sind allerdings auch Klein- und Kleinstbetriebe vom EBRG umfasst. In anderen Mitgliedstaaten bestimmt sich der Betriebsbegriff nach dem dort maßgeblichen Recht. Kraft Vereinbarung kann der Geltungsbereich auf Unternehmen erweitert werden, die außerhalb des Hoheitsgebietes der Mitgliedstaaten eine Niederlassung haben, Unternehmen in sog Drittstaaten (vgl § 14 Rdn 1, § 18 Rdn 3). Somit lassen sich »Welt BR« nach dem EBRG bilden (vgl DKK/Däubler Rn 5).

4 **D. Unterrichtung (IV).** § 1 IV definiert, in Übereinstimmung mit Art. 2 I lit f) RL, die Unterrichtung als Übermittlung von Informationen durch die zentrale Leitung oder eine andere geeignete Leitungsebene an die Arbeitnehmervertreter, um ihnen Gelegenheit zur Kenntnisnahme und Prüfung der behandelten Frage zu geben. Ausweislich des Anhangs zur RL bezieht sich die Unterrichtung vor allem auf die Struktur, die wirtschaftliche und finanzielle Situation sowie die voraussichtliche Entwicklung der Geschäfts-, Produktions- und Absatzlage des gemeinschaftsweit operierenden Unternehmens/Unternehmensgruppe. Hierunter zu fassen sei insbesondere die Beschäftigungslage und ihre voraussichtliche Entwicklung, Investitionen, grundlegende Änderungen der Organisation, die Einführung neuer Arbeits- und Fertigungsverfahren, die Verlagerung der Produktion, Fusionen, Verkleinerungen oder Schließungen von Unternehmen, Betrieben oder wichtigen Teilen dieser Einheiten und Massenentlassungen (ABlEU 2009 Nr. L 122/40 Anh I (1) lit a).

5 Nach S 2 hat die Unterrichtung in zeitlicher Hinsicht, nach Art und Weise sowie inhaltlicher Ausgestaltung so zu erfolgen, dass den AN-Vertretern die Möglichkeit gegeben wird, mögliche Auswirkungen zu bewerten und gegebenenfalls Anhörungen mit dem zuständigen Organ des gemeinschaftsweit tätigen

Unternehmens/Unternehmensgruppe durchzuführen. Inhaltlich muss die Unterrichtung so umfassend sein, dass auf ihrer Grundlage ohne eigene Nachforschungen eine sachgerechte Erörterung möglich ist (Düwell/*Blanke*, BetrVG, 3. Aufl. 2010). Wie weit das zeitliche Kriterium der Unterrichtung reicht, ist weder der RL noch der Gesetzesbegründung zum 2. EBRG-ÄndG zu entnehmen. Da der EBR in seiner Funktion mit einem Wirtschaftsausschuss zu vergleichen ist (s Vorb Rdn 3), gelten dieselben Grundsätze wie bei § 106 II BetrVG. Nach der hierzu ergangenen Rechtsprechung muss die Unterrichtung noch im Planungsstadium erfolgen, dh der AG muss noch zwischen Alternativen abwägen und darf keine endgültige Entscheidung getroffen haben, damit der AN-Vertretung die Möglichkeit der Einflussnahme noch offensteht. Nach Abs. VII sind sowohl Unterrichtung als auch Anhörung spätestens gleichzeitig mit der der nationalen Arbeitnehmervertretung durchzuführen.

E. Anhörung (V). Mit der nunmehr in Abs V aufgenommenen Legaldefinition hat sich der Gesetzgeber für das weite Verständnis des Anhörungsbegriffs iSe einer Konsultation bzw Beratung entschieden. Demnach muss vor entsprechenden Entscheidungen ein Meinungsaustausch zwischen zentraler Leitung und AN-Vertretung in einer Form stattfinden, die eine Stellungnahme der AN-Vertreter ermöglicht. Danach soll die zentrale Leitung ihre Entscheidung erst treffen, wenn sie die Stellungnahme ausreichend gewürdigt und berücksichtigt hat oder nach der Unterrichtung eine angemessene Frist verstrichen ist, ohne dass die AN-Vertretung eine Stellungnahme abgegeben hat. Der Verzicht des Gesetzgebers auf eine starre Frist deutet darauf hin, dass diese einzelfallabhängig jeweils nach der Komplexität der Materie bestimmt werden muss. Bei der Bestimmung der Frist muss die Handlungsfähigkeit des Unternehmens berücksichtigt werden. Ausweislich der RL darf der Entscheidungsprozess im Unternehmen durch die Anhörung nicht verlangsamt werden (22. Erwägungsgrund RL). Für eine nicht allzu ausgedehnte Frist spricht auch, dass anders als im Anwendungsbereich des BetrVG dem AG nicht die Möglichkeit offensteht, über die Anrufung der Einigungsstelle eine Entscheidung herbeizuführen. Es dürfte daher ausreichen, wenn sich die zL 2 bis 4 Wochen nach der Unterrichtung an die AN-Vertretung wendet und, falls diese dann noch nicht zu einer Stellungnahme bereit ist, eine Nachfrist von 1 bis 2 Wochen setzt. Insgesamt sollte die Frist auch bei komplexen Fragestellungen 6 Wochen nicht überschreiten. Im Rahmen einer Vereinbarung über die Errichtung eines EBR kann eine konkrete Frist bestimmt werden (§ 1 Rdn 6 a.E.; a.A. DKK/Däubler Rn 15 die die Länge der Frist in das Beurteilungsermessen der Arbeitnehmervertreter stellen; in einer EBR-Vereinbarung könnten auch allenfalls Mindestfristen vereinbart werden).

In S 2 wird das Recht der AN-Vertretung statuiert, die Stellungnahme in einem gemeinsamen Gespräch zu erörtern und von der zL eine begründete Antwort zu fordern. **Beteiligte** der Anhörung sind die bestehende Interessenvertretung und die zL oder eine andere geeignete Leitungsebene.

Aus der Aufnahme der Anhörungs- und Unterrichtungsdefinition in den allgemeinen Teil des EBRG folgt, dass hiermit Mindestvoraussetzungen festgelegt werden, die nicht nur für die Anhörung des EBR kraft Gesetzes, sondern auch für die Anhörung des EBR kraft Vereinbarung zu beachten sind.

F. Zentrale Leitung (VI). Die RL definiert zentrale Leitung als die zentrale Unternehmensleitung eines gemeinschaftsweit operierenden Unternehmens/Unternehmensgruppe, Art 2 I lit e) RL. Gemeint ist die Person oder das Organ eines Unternehmens oder einer Unternehmensgruppe, die in der **Entscheidungshierarchie** als **höchste Leitungsebene** die Vertretung und Geschäftsführung ausübt (*Hromadka* DB 1995, 1125, 1128; zum Unternehmensbegriff s § 2 Rdn 1). Bei Personengesellschaften sind dies der/die geschäftsführende(n) Gesellschafter und bei Kapitalgesellschaften, Genossenschaften, Stiftungen etc die Mitglieder ihrer geschäftsführenden Organe. Der Meinungsaustausch kann auch auf eine **andere geeignete Leitungsebene** (IV aE) übertragen werden. Geeignet ist eine andere Leitungsebene dann, wenn sie über die **erforderliche Sachkenntnis und Sachnähe** verfügt und bei ihr die angestrebten **Entscheidungen getroffen** werden (*Blanke* § 1 Rn 24 mwN). Zum Geltungsbereich des EBRG je nach Sitz der zentralen Leitung im In- oder Ausland vgl § 2 Rdn 2 ff.

§ 2 Geltungsbereich

(1) Dieses Gesetz gilt für gemeinschaftsweit tätige Unternehmen mit Sitz im Inland und für gemeinschaftsweit tätige Unternehmensgruppen mit Sitz des herrschenden Unternehmens im Inland.

(2) [1]Liegt die zentrale Leitung nicht in einem Mitgliedstaat, besteht jedoch eine nachgeordnete Leitung für in Mitgliedstaaten liegende Betriebe oder Unternehmen, findet dieses Gesetz Anwendung, wenn die nachgeordnete Leitung im Inland liegt. [2]Gibt es keine nachgeordnete Leitung, findet das Gesetz Anwendung, wenn die zentrale Leitung einen Betrieb oder ein Unternehmen im Inland als ihren Vertreter benennt. [3]Wird kein Vertreter benannt, findet das Gesetz Anwendung, wenn der Betrieb oder das

§ 2 EBRG   Geltungsbereich

Unternehmen im Inland liegt, in dem verglichen mit anderen in den Mitgliedstaaten liegenden Betrieben des Unternehmens oder Unternehmen der Unternehmensgruppe die meisten Arbeitnehmer beschäftigt sind. ⁴Die vorgenannten Stellen gelten als zentrale Leitung.
(3) Mitgliedstaaten im Sinne dieses Gesetzes sind die Mitgliedstaaten der Europäischen Union sowie die anderen Vertragsstaaten des Abkommens über den Europäischen Wirtschaftsraum.
(4) Für die Berechnung der Anzahl der im Inland beschäftigten Arbeitnehmer (§ 4), den Auskunftsanspruch (§ 5 Abs. 2 und 3), die Bestimmung des herrschenden Unternehmens (§ 6), die Weiterleitung des Antrags (§ 9 Abs. 2 Satz 3), die gesamtschuldnerische Haftung des Arbeitgebers (§ 16 Abs. 2), die Bestellung der auf das Inland entfallenden Arbeitnehmervertreter (§§ 11, 23 Abs. 1 bis 5 und § 18 Abs. 2 in Verbindung mit § 23) und die für sie geltenden Schutzbestimmungen (§ 40) sowie für den Bericht gegenüber den örtlichen Arbeitnehmervertretungen im Inland (§ 36 Abs. 2) gilt dieses Gesetz auch dann, wenn die zentrale Leitung nicht im Inland liegt.

Übersicht	Rdn.		Rdn.
A. Sachlicher Geltungsbereich	1	II. Zentrale Leitung in Drittstaaten (II)	3
B. Räumlicher Geltungsbereich	2	III. Zentrale Leitung in einem anderen	
I. Zentrale Leitung im Inland (I)	2	Mitgliedstaat (IV)	4

1   **A. Sachlicher Geltungsbereich.**   § 2 ist eine **einseitige Kollisionsregel**, die den Geltungsbereich des EBRG festlegt. Das EBRG gilt sachlich für gemeinschaftsweit tätige Unternehmen mit Sitz im Inland und Unternehmensgruppen mit Sitz des herrschenden Unternehmens im Inland. Wann eine gemeinschaftsweite Tätigkeit vorliegt bestimmt § 3. Der **Unternehmensbegriff** ist im EBRG nicht definiert. Unternehmen ist die in **privatrechtlicher Rechtsform** ausgestaltete organisatorische Einheit mit der das Unternehmen seine wirtschaftlichen oder ideellen Zwecke verfolgt (JRH/*Heckelmann* Kap 32 Rn 11; *Müller* Rn 9; aA *Blanke* § 2 Rn 13; DKK/*Däubler* § 2 Rn 2, wonach Unternehmen der öffentl Hand umfasst sind). Dies geht daraus hervor, dass die **betriebsverfassungsrechtlichen** – nicht die personalvertretungsrechtlichen – AN-Vertreter das **Bestellungsmonopol der Mitglieder** des BVG und des EBR innehaben (vgl §§ 11, 23). Die gewählte privatrechtliche Rechtsform ist unbeachtlich. § 6 bestimmt, wann ein Unternehmen herrschend ist. Seeschifffahrtsunternehmen sind nicht ausgenommen.

2   **B. Räumlicher Geltungsbereich.   I. Zentrale Leitung im Inland (I).**   Nach der **Sitztheorie** bestimmt sich das anzuwendende Umsetzungsrecht danach, in welchem Mitgliedstaat die zentrale Leitung eines Unternehmens oder eines herrschendes Unternehmens einer Unternehmensgruppe ihren Sitz hat. Befindet sich die zentrale Leitung in Deutschland, so gelten die Vorschriften des EBRG transnational auch in Bezug auf AN anderer Mitgliedstaaten und Drittstaaten.

3   **II. Zentrale Leitung in Drittstaaten (II).**   Sofern die zentrale Leitung weder im Inland noch in einem anderen Mitgliedstaat ihren Sitz hat, ist das EBRG nur in den in II 1–3 genannten **3 Alternativen** anwendbar. Danach gilt eine nachgeordnete Leitung (S 1), ein ernannter Vertreter (S 2) oder ein nach seiner Beschäftigtenzahl stärkstes Unternehmen (S 3) als zentrale Leitung (S 4) mit all ihren Rechten und Pflichten. Multinationale Unternehmen und Konzerne sind nach S 1 an das EBRG gebunden, wenn die zentrale Leitung im Inland eine **nachgeordnete Leitung** (sog Europazentrale) bestimmt hat, die für die in den Mitgliedstaaten liegenden Betriebe und Unternehmen zuständig ist. Das Gesetz definiert den Begriff der nachgeordneten Leitung nicht. Es kann sich um ein Beherrschungsverhältnis oder eine delegierte Leitungsmacht handeln. Nach dem Regelungszweck des EBRG reicht eine selbstständige Befugnis der nachgeordneten Leitung über Angelegenheiten, die die Interessen der AN in allen Mitgliedstaaten berühren, iW in eigener Verantwortung zu entscheiden, aus (JRH/*Heckelmann* Kap 32 Rn 6). Diese Befugnis muss nicht auf Beteiligungs- und Satzungsrecht beruhen (*Müller* Rn 4). Häufig existieren gemeinschaftsweit **mehrere nachgeordnete Leitungen** (zB Nord-, Mittel- und Südeuropa). Die zentrale Leitung ist in diesem Fall anzuhalten, einen Vertreter iSd S 2 zu benennen. Kommt sie dem nicht nach, so ist entspr S 3 diejenige nachgeordnete Leitung zuständig, die die höchste AN-Zahl beschäftigt (*Blanke* § 2 Rn 8). Liegt keine nachgeordnete Leitung in Deutschland, kann die zentrale Leitung einen **Vertreter** im Inland benennen, der als nachgeordnete Leitung fungiert (S 2, 4). Diese Regelung ermöglicht der zentralen Leitung, das Umsetzungsrecht eines Mitgliedstaates selbst zu wählen, in dem es tätig ist. Der Vertreter muss ausreichend Kompetenzen und einen Informationsstand besitzen, der ihn zu einem die gesetzlichen Aufgaben erfüllenden Verhandlungspartner macht (DKK/*Däubler* § 2 Rn 3). Besteht weder eine nachgeordnete Leitung noch ist ein Vertreter benannt, ist das EBRG gemessen an der **AN-Zahl** dann anzuwenden, wenn ein Unternehmen oder ein herrschendes Unternehmen einer Unternehmensgruppe in Deutschland einen Betrieb oder ein Unternehmen hat, welche im Vergleich mit

den Betrieben und Unternehmen in den übrigen Mitgliedstaaten die meisten AN beschäftigt (S 3). Nach dem Wortlaut ist die Beschäftigtenzahl je Betrieb oder Unternehmen maßgebend (Bsp: Beschäftigt eine Unternehmensgruppe in ihrem Unternehmen in Deutschland 1.000 AN, in Frankreich in 2 Unternehmen jeweils 800 AN, liegt die zentrale Leitung in Deutschland [so schon JRH/*Heckelmann* Kap 32 Rn 8; aA DKK/*Däubler* § 2 Rn 4, wonach es auf die AN-Zahl je Mitgliedstaat ankommt]). Hins des AN-Begriffs und der Berechnung der AN-Zahlen ist IV heranzuziehen.

III. Zentrale Leitung in einem anderen Mitgliedstaat (IV). Sofern sich die zentrale Leitung in einem 4 anderen Mitgliedstaat befindet, ist das dort geltende Umsetzungsrecht transnational anzuwenden. Aufgrund eines engen Inlandbezugs gelten eine Reihe von abschließend aufgezählten Vorschriften nach IV jedoch dann, wenn ein Unternehmen in Deutschland Betriebe oder Tochterunternehmen hat. Dazu zählen der AN-Begriff und die Berechnung der AN-Zahlen (§ 4), der Auskunftsanspruch (§ 5 II), die Bestimmung des herrschenden Unternehmens (§ 6), die Weiterleitung des Antrages auf Bildung des BVG (§ 9 II 3), die gesamtschuldnerische Haftung des AG (§ 16 II), die Bestellung der inländischen AN-Vertreter (§§ 11, 23 I–V, 18 II iVm § 23) und die für sie geltenden Schutzbestimmungen (§ 40) sowie die Voraussetzungen für den Bericht über die grenzübergreifende Unterrichtung und Anhörung ggü den örtlichen AN-Vertretungen im Inland (§ 35 II).

§ 3 Gemeinschaftsweite Tätigkeit

(1) Ein Unternehmen ist gemeinschaftsweit tätig, wenn es mindestens 1 000 Arbeitnehmer in den Mitgliedstaaten und davon jeweils mindestens 150 Arbeitnehmer in mindestens zwei Mitgliedstaaten beschäftigt.

(2) Eine Unternehmensgruppe ist gemeinschaftsweit tätig, wenn sie mindestens 1 000 Arbeitnehmer in den Mitgliedstaaten beschäftigt und ihr mindestens zwei Unternehmen mit Sitz in verschiedenen Mitgliedstaaten angehören, die jeweils mindestens je 150 Arbeitnehmer in verschiedenen Mitgliedstaaten beschäftigen.

Maßgeblich für die Ermittlung der Schwellenwerte ist die **Unternehmens- und Mitgliedstaatsbezogenheit** 1 (JRH/*Heckelmann* Kap 32 Rn 12). Innerhalb der EU muss das Unternehmen bzw die Unternehmensgruppe mindestens 1.000 AN beschäftigen, von denen in mindestens 2 Mitgliedstaaten jeweils mindestens 150 AN in einem Unternehmen tätig sind. Die Berechnung der AN-Zahl richtet sich nach dem **AN-Begriff des jeweiligen Mitgliedstaates**, vgl § 4. Entliehene AN sind in Anlehnung an § 7 S 2 BetrVG in dem Betrieb oder Unternehmen des Einsatzortes mitzuzählen. Das EBRG findet keine Anwendung, wenn das Unternehmen oder die Unternehmensgruppe in den Mitgliedstaaten insgesamt weniger als 1.000 AN beschäftigt. Für die Ermittlung der Schwellenwerte ist es bei einem Unternehmen unerheblich, wenn sich die AN-Zahl aus der Summe der AN verschiedener Betriebe in einem Mitgliedstaat ergibt. Dies gilt unabhängig davon, ob das Unternehmen zu einer Unternehmensgruppe aus einem Drittstaat gehört.

Eine **Unternehmensgruppe (II)** besteht aus einem herrschenden Unternehmen mit Sitz im Inland und 2 einem oder mehreren von diesem abhängigen Unternehmen in den Mitgliedstaaten. Nach II muss die Unternehmensgruppe **in mindestens 2 Mitgliedstaaten je ein Unternehmen besitzen, das mindestens 150 AN beschäftigt**. Eine Addition der Beschäftigtenzahlen mehrerer Tochterunternehmen in einem Mitgliedstaat kommt nicht in Betracht (aA *Blanke* § 3 Rn 10, der gegen den Wortlaut auch bei II von einer Betriebsbezogenheit ausgeht).

Bsp: Hat ein herrschendes Unternehmen in Deutschland 850 AN und 2 Tochterunternehmen in den Nie- 3 derlanden mit je 130 AN, ist das EBRG nicht anwendbar (JRH/*Heckelmann* Kap 32 Rn 6; ebenso *Boecken* ZfA 2000, 379, 425; *Franzen* BB 2004, 938; *Müller* Rn 6; aA DKK/*Däubler* § 3 Rn 5). Es fehlt an einem Unternehmen mit mindestens 150 AN im 2. Mitgliedstaat. Mangels mitgliedstaatlichen Bezugs scheitert die Anwendung des EBRG, wenn ein herrschendes Unternehmen in Deutschland 850 AN, ein Tochterunternehmen in der Schweiz mit 50 AN hat, welche wiederum in einem Betrieb in Frankreich 160 AN beschäftigt. Da die Schweiz nicht Mitgliedstaat ist, fehlt es an 2 Unternehmen mit Sitz in verschiedenen Mitgliedstaaten. Der Schwellenwert ist auch dann nicht erreicht, wenn ein herrschendes Unternehmen in Deutschland ein Tochterunternehmen in Frankreich mit 200 AN hat, wovon jedoch 80 AN in einem Betrieb in Deutschland arbeiten (JRH/*Heckelmann* Kap 32 Rn 12). Denn das Unternehmen in Frankreich weist nicht die erforderliche Beschäftigtenzahl auf.

§ 4 Berechnung der Arbeitnehmerzahlen

¹In Betrieben und Unternehmen des Inlands errechnen sich die im Rahmen des § 3 zu berücksichtigenden Arbeitnehmerzahlen nach der Anzahl der im Durchschnitt während der letzten zwei Jahre beschäftigten Arbeitnehmer im Sinne des § 5 Absatz 1 des Betriebsverfassungsgesetzes. ²Maßgebend für den Beginn der Frist nach Satz 1 ist der Zeitpunkt, in dem die zentrale Leitung die Initiative zur Bildung des besonderen Verhandlungsgremiums ergreift oder der zentralen Leitung ein den Voraussetzungen des § 9 Absatz 2 entsprechender Antrag der Arbeitnehmer oder ihrer Vertreter zugeht.

Übersicht

		Rdn.			Rdn.
A.	AN-Begriff	1	I.	Durchschnittswert	2
B.	Berechnung	2	II.	Fristbeginn/Fristende	3

1 **A. AN-Begriff.** Für die Berechnung der AN-Zahlen ist der **AN-Begriff nach** Maßgabe des **jeweiligen nationalen Rechts** bzw des Umsetzungsgesetzes heranzuziehen. Das EBRG stellt auf den AN-Begriff iSd § 5 I **BetrVG** ab (siehe dort Rdn 1 f). AN sind demnach Arbeiter, Angestellte, Auszubildende, Heimarbeiter und befristet Beschäftigte. Teilzeitbeschäftigte werden pro Kopf erfasst. Einzubeziehen sind auch Personen mit ruhenden Arbeitsverhältnissen (*Gaul* NJW 1996, 3378, 3379), nicht jedoch Leiharbeitnehmer und aufgrund eines öffentl-rechtlichen Dienstverhältnisses beschäftigte Personen (ausf zum AN-Begriff s Kommentierung zu § 5 BetrVG Rdn 1 f). Nach dem Sinn und Zweck des EBRG ist davon auszugehen, dass **leitende Angestellte** iSd § 5 III BetrVG nicht mitgezählt werden. Sie sind allerdings in §§ 11 IV, 23 VI, 36 II berücksichtigt (*Fitting* Übersicht EBRG Rn 12). Der AN-Begriff gilt nach § 2 IV für Beschäftigte in Deutschland auch dann, wenn die zentrale Leitung nicht im Inland liegt.

2 **B. Berechnung. I. Durchschnittswert.** Für die Berechnung der AN-Zahlen ist – anders als nach dem BetrVG – die Anzahl der im Durchschnitt **während der letzten 2 Jahre** beschäftigten AN maßgeblich. Grds ist die Berechnung nach folgender **Formel** vorzunehmen: Zahl der je Tag beschäftigten AN geteilt durch 730 Tage (JRH/*Heckelmann* Kap 32 Rn 13). Von einem starren Festhalten an dieser Berechnungsformel ist jedoch dann abzusehen, wenn die **tatsächliche Entwicklung** im Unternehmen erkennen lässt, dass die AN-Zahl nachhaltig und dauerhaft unter oder über dem Schwellenwert liegen wird (ebenso *Blanke* § 4 Rn 3; *Hromadka* DB 1995, 1125, 1126). Stehen zB der Erwerb oder die Veräußerung einzelner Betriebe an, deren AN-Zahlen Einfluss auf das Erreichen des Schwellenwerts haben, ist die Berechnung unter Berücksichtigung der **aktuellen Beschäftigtenzahl** durchzuführen. Sinkt bei einem bereits errichteten **EBR kraft Gesetzes** die Zahl der AN unter die in § 3 festgesetzten Schwellenwerte ab, erlischt dieser nicht automatisch kraft Gesetzes (aA *Schmidt* NZA 1997, 180, 182). Vielmehr ist nach § 32 II alle 2 Jahre zu prüfen, ob die Belegschaftsstärke im Zeitpunkt der Prüfung noch den Grenzwerten des § 3 entspricht. Zur Veränderung der Beschäftigtenzahl durch eine wesentliche Strukturänderung s § 37 Rdn 3–8. Liegt die Belegschaftsstärke bei **Vereinbarungen** über die Unterrichtung und Anhörung (§§ 17 ff) unter dem Grenzwert (§ 3), steht der zentralen Leitung ein jederzeit ausübbares fristloses Kündigungsrecht zu. Übt sie dieses Recht nicht aus, bleibt die Vereinbarung als freiwillig bestehen.

3 **II. Fristbeginn/Fristende.** Fristbeginn ist der Zugang des **Antrags** der AN zur Bildung eines BVG nach § 9 bzw der Zugang der Information über eine entspr Initiative der zentralen Leitung bei der örtlichen AN-Vertretung (/*Däubler* Rn 2). Von diesem Fristbeginn errechnet sich der Durchschnittswert rückblickend auf die zurückliegenden 2 Jahre. **Fristende** ist somit der um 2 Jahre zurückdatierte Kalendertag, der auf den Zugangstag folgt, § 187 I BGB. Bei Zugang des Antrags am 1.5.2006 ist Fristende der 2.5.2004.

§ 5 Auskunftsanspruch

(1) ¹Die zentrale Leitung hat auf Verlangen einer Arbeitnehmervertretung die für die Aufnahme von Verhandlungen zur Bildung eines Europäischen Betriebsrats erforderlichen Informationen zu erheben und an die Arbeitnehmervertretung weiterzuleiten. ²Zu den erforderlichen Informationen gehören insbesondere die durchschnittliche Gesamtzahl der Arbeitnehmer und ihre Verteilung auf die Mitgliedstaaten, die Unternehmen und Betriebe sowie über die Struktur des Unternehmens oder der Unternehmensgruppe.
(2) Ein Betriebsrat oder ein Gesamtbetriebsrat kann den Anspruch nach Abs. 1 gegenüber der örtlichen Betriebs- oder Unternehmensleitung geltend machen; diese ist verpflichtet, die erforderlichen Informationen und Unterlagen bei der zentralen Leitung einzuholen.
(3) Jede Leitung eines Unternehmens einer gemeinschaftsweit tätigen Unternehmensgruppe sowie die zentrale Leitung sind verpflichtet, die Informationen nach Absatz 1 zu erheben und zur Verfügung zu stellen.

Übersicht

		Rdn.			Rdn.
A.	Allgemeines	1	D.	Zentrale Leitung in einem anderen Mitgliedstaat	8
B.	Auskunftspflicht der zentralen Leitung im Inland (I)	2	E.	Klarstellung (III)	9
I.	Anspruchsberechtigte	2	F.	Streitigkeiten	10
II.	Auskunftsverpflichteter	3	I.	Gerichtliche Durchsetzung	10
III.	Auskunft	4	II.	Streitwert	11
C.	Auskunftspflicht der örtlichen Betriebs- oder Unternehmensleitung (II)	7			

A. Allgemeines. Mit der Neufassung durch das 2. EBRG-ÄndG wurde § 5 novelliert. Die Neufassung enthält in Übereinstimmung mit der EuGH-Rechtsprechung zu Bofrost (EuGH 29.3.2001, Rs C-62/99, EzA EGV Richtlinie 94/45/EG Nr 2), Kühne&Nagel (EuGH 13.1.2004, Rs C-440/00, EzA EGV Richtlinie 94/45/EG Nr 3) und ADS Anker (EuGH 15.7.2004, Rs C-349/01, NZA 2004, 1167) die Klarstellung, dass die zL zur Informationserhebung und -weiterleitung verpflichtet ist. Demnach ist § 5 als **vorgelagerter Informationsanspruch** gedacht (EuGH 29.3.2001, Rs C-62/99, aaO). In Anlehnung an § 80 II BetrVG muss lediglich eine **gewisse tatsächliche Wahrscheinlichkeit** dafür bestehen, dass die Voraussetzungen des EBRG erfüllt sind (BAG 30.3.2004, 1 ABR 61/01, EzA § 5 EBRG Nr 1). Verfügt die AN-Vertretung bereits über zuverlässige Informationen, besteht demgegenüber kein Informationsanspruch (BAG 30.3.2004, 1 ABR 61/01, aaO). 1

B. Auskunftspflicht der zentralen Leitung im Inland (I). I. Anspruchsberechtigte. Anspruchsberechtigt ist **jede AN-Vertretung** aus dem **Inland** oder aus einem **Mitgliedstaat**, in dem das Unternehmen oder die Unternehmensgruppe einen Betrieb hat. Es muss sich um betriebliche AN-Vertretungen handeln, die nach dem Recht des jeweiligen Mitgliedstaates betriebsverfassungsrechtliche Aufgaben wahrnehmen (JRH/*Heckelmann* Kap 32 Rn 12). Da **Gewerkschaften** keine originären Beteiligungsrechte haben, steht ihnen **kein Auskunftsanspruch** zu (wohl auch *Müller* Rn 2; aA *Blanke* § 5 Rn 2; DKK/*Däubler* § 5 Rn 2). 2

II. Auskunftsverpflichteter. Gem I obliegt die Informationsverschaffung der **zentralen Leitung**. Ist unklar, welches Unternehmen herrschend ist, besteht der Anspruch auch gegen die von der AN-Vertretung **vermutete zentrale Leitung** (EuGH 29.3.2001, Rs C-62/99, aaO). Die Auskunftspflicht trifft auch eine fingierte zentrale Leitung iSd § 2 II (EuGH 13.1.2004, Rs C-440/00, aaO). 3

III. Auskunft. Jede betriebliche AN-Vertretung aus einem Mitgliedstaat kann von der zentralen Leitung die tatsächlichen Auskünfte verlangen, die sie benötigt, um beurteilen zu können, ob die Voraussetzungen für die Errichtung eines EBR oder die Vereinbarung eines Verfahrens zur grenzüberschreitenden Unterrichtung und Anhörung der AN vorliegen (BAG 30.3.2004, 1 ABR 61/01, EzA § 5 EBRG Nr 1). Dies umfasst Informationen über die durchschnittliche Gesamtzahl der AN und ihre Verteilung in den einzelnen Betrieben und Unternehmen in den Mitgliedstaaten und über die Struktur des Unternehmens bzw der Unternehmensgruppe (I S 2). Der Auskunftsanspruch betrifft insb Information zur **Konzernstruktur**, die zur Beurteilung der Frage erforderlich sind, ob ein Unternehmen unmittelbar oder mittelbar einen beherrschenden Einfluss auf andere Unternehmen ausüben kann (BAG 30.3.2004, 1 ABR 61/01, aaO). Sind die Beherrschungsverhältnisse aus Sicht der zentralen Leitung zweifelhaft, sind detaillierte Erläuterungen erforderlich. Folglich hängt der Umfang der Auskunftspflicht von der Eindeutigkeit des Sachverhalts ab. Erfolgt keine oder eine unzureichende Auskunft innerhalb der 6-Monatsfrist (§ 21 I 1), erweitert sich der Anspruch um **Namen und Anschriften** der **ausländischen Interessenvertretungen**, die bei der Errichtung eines EBR kraft Gesetzes zu beteiligen sind (BAG 29.6.2004, 1 ABR 32/99, EzA § 5 EBRG Nr 2; DKK/*Däubler* § 5 Rn 4). Die Informationen sind zu beschaffen, soweit sie verfügbar sind und beschafft werden können (EuGH 29.3.2001, Rs C-62/99, aaO). Der Gesetzgeber ging davon aus, dass die zu verschaffenden Informationen keine Betriebs- und Geschäftsgeheimnisse enthalten (Umkehrschluss aus § 39, *Junker* RdA 2002, 32, 34). 4

Im Einzelfall kann die Überlassung der erforderlichen **Unterlagen** geboten sein (EuGH 29.3.2001, Rs C-62/99, aaO; DKK/*Däubler* Rn 3; aA *Gaul* NJW 1996, 3378, 3379). AN-Vertretungen aus anderen Mitgliedstaaten haben ein Recht auf Auskunft in ihrer Amtssprache (*Blanke* Rn 5). 5

Die Informationsverschaffung stößt dann an **Grenzen**, wenn ein ausländisches Unternehmen ggü einem im Inland ansässigen Unternehmen Auskunft verlangt. Jedoch ist von einem **wechselseitigen horizontalen Auskunftsanspruch** in- und ausländischer Unternehmen innerhalb einer Unternehmensgruppe auszugehen (BAG 27.6.2000, 1 ABR 32/99, BB 2001, 414, neigt dieser Auffassung in seinem Vorlagebeschluss an den 6

EuGH zu; s.a. *Schmidt* RdA 2001, Sonderbeil 12, 16; *Joost* BB 2001, 2214). Das ausländische Unternehmen ist auf einen dem § 5 entspr Auskunftsanspruch im ausländischen Umsetzungsrecht angewiesen.

7 **C. Auskunftspflicht der örtlichen Betriebs- oder Unternehmensleitung (II).** Zur Vereinfachung können sich **BR** und **GBR** auch an die örtliche Betriebs- oder Unternehmensleitung wenden. Dieser mittelbare Informationsbeschaffungsanspruch vermeidet, dass die AN-Vertretung aufgrund langwieriger Suche nach der zuständigen zentralen Leitung Nachteile erleidet (JRH/*Heckelmann* Kap 32 Rn 23). Der Anspruch nach II ist ggü dem nach I nicht nachrangig. Die AN-Vertretung hat vielmehr ein **Wahlrecht** (BAG 30.3.2004, 1 ABR 61/01, aaO). Aufgrund vergleichbarer Schutzbedürftigkeit hat ein **KBR** bei dem Vorliegen eines sog **Konzerns im Konzern** ggü der örtlichen Konzernleitung einen Auskunftsanspruch aus § 5 II analog (JRH/*Heckelmann* Kap 32 Rn 12; *Blanke* § 5 Rn 4; aA DKK/*Däubler* § 5 Rn 4).

8 **D. Zentrale Leitung in einem anderen Mitgliedstaat.** Nach § 2 IV können sich BR und GBR auch dann an die örtliche Betriebs- oder Unternehmensleitung wenden, wenn sich die zentrale Leitung in einem anderen Mitgliedstaat befindet. Gleiches gilt eingeschränkt auch für den KBR (vgl Rdn 7). Der Auskunftsanspruch gegen die zentrale Leitung in einem anderen Mitgliedstaat bestimmt sich nicht nach § 5, sondern nach den Umsetzungsvorschriften des anderen Mitgliedstaates.

9 **E. Klarstellung (III).** Der neu eingefügte III dient der Klarstellung der Pflicht der Unternehmensleitung und der zL zur Informationserhebung und -überlassung. Das Unternehmen kann sich somit nicht auf eine subjektive Unmöglichkeit nach § 275 BGB berufen, solange es nicht alles ihm mögliche und zumutbare zur Informationsbeschaffung getan hat. Die örtliche Betriebs- oder Unternehmensleitung muss insb ihrer Verpflichtung nach II nachkommen und die erforderlichen Informationen ggf horizontal ggü den Unternehmen der Unternehmensgruppe und der zentralen Leitung gerichtlich durchsetzen (BAG 30.3.2004, 1 ABR 61/01, EzA § 5 EBRG Nr 1).

10 **F. Streitigkeiten. I. Gerichtliche Durchsetzung.** Zur gerichtlichen Durchsetzung s Vorb EBRG Rdn 10-12. Unvollständige und unrichtige Auskünfte stellen eine bußgeldbewehrte **Ordnungswidrigkeit** dar, vgl § 45 I Nr 1, II.

11 **II. Streitwert.** Der Auskunftsanspruch ist eine nichtvermögensrechtliche Streitigkeit iSd § 23 III 2 RVG (LAG Hamm 28.4.2005, 10 TaBV 35/05, NZA-RR 2005, 436). Ist eine Unternehmensgruppe des AG in 10 europäischen Ländern tätig, ergibt sich bei Geltendmachung eines Auskunftsanspruchs hieraus nicht, dass der Auffangwert des § 23 III 2 RVG mit der Zahl der Sitze im entspr Gremium zu multiplizieren ist (LAG Hamm 28.4.2005, 10 TaBV 35/05, aaO).

§ 6 Herrschendes Unternehmen

(1) Ein Unternehmen, das zu einer gemeinschaftsweit tätigen Unternehmensgruppe gehört, ist herrschendes Unternehmen, wenn es unmittelbar oder mittelbar einen beherrschenden Einfluss auf ein anderes Unternehmen derselben Gruppe (abhängiges Unternehmen) ausüben kann.
(2) ¹Ein beherrschender Einfluss wird vermutet, wenn ein Unternehmen in Bezug auf ein anderes Unternehmen unmittelbar oder mittelbar
1. mehr als die Hälfte der Mitglieder des Verwaltungs-, Leitungs- oder Aufsichtsorgans des anderen Unternehmens bestellen kann oder
2. über die Mehrheit der mit den Anteilen am anderen Unternehmen verbundenen Stimmrechte verfügt oder
3. die Mehrheit des gezeichneten Kapitals dieses Unternehmens besitzt.
²Erfüllen mehrere Unternehmen eines der in Satz 1 Nr 1 bis 3 genannten Kriterien, bestimmt sich das herrschende Unternehmen nach Maßgabe der dort bestimmten Rangfolge.
(3) Bei der Anwendung des Absatzes 2 müssen den Stimm- und Ernennungsrechten eines Unternehmens die Rechte aller von ihm abhängigen Unternehmen sowie aller natürlichen oder juristischen Personen, die zwar im eigenen Namen, aber für Rechnung des Unternehmens oder eines von ihm abhängigen Unternehmens handeln, hinzugerechnet werden.
(4) Investment- und Beteiligungsgesellschaften im Sinne des Artikels 3 Absatz 5 Buchstabe a oder c der Verordnung EG Nr. 139/2004 des Rates vom 20. Januar 2004 über die Kontrolle von Unternehmenszusammenschlüssen (ABl. L 24 vom 29.1.2004, S 1) gelten nicht als herrschendes Unternehmen gegenüber einem anderen Unternehmen, an dem sie Anteile halten, an dessen Leitung sie jedoch nicht beteiligt sind.

Übersicht	Rdn.			Rdn.
A. Allgemeines	1		II. Konzernstrukturen/Rechtsformen	5
B. Generalklausel (I)	2		C. Abhängigkeitsvermutung	7
I. Konzernbegriff	2			

A. Allgemeines. § 6 definiert den **Begriff des herrschenden Unternehmens** für die einer Unternehmens- 1
gruppe angehörigen inländischen und ausländischen (vgl § 2 IV) Unternehmen, weil das EBRG nur für
gemeinschaftsweit tätige Unternehmensgruppen mit Sitz des herrschenden Unternehmens im Inland gilt,
§ 2 I. Ansonsten finden die Umsetzungsvorschriften eines anderen Mitgliedstaates Anwendung. Ferner ist
das herrschende Unternehmen gem § 1 VI die **zentrale Leitung**, der Unterrichtung und Anhörung obliegen. Zum Begriff des Unternehmens § 2 Rdn 1.

B. Generalklausel (I). I. Konzernbegriff. Ein Unternehmen einer gemeinschaftsweit tätigen Unterneh- 2
mensgruppe ist dann herrschend, wenn es unmittelbar oder mittelbar einen beherrschenden Einfluss auf
ein anderes Unternehmen der Gruppe ausüben kann (abhängiges Unternehmen). Die Legaldefinition ist
weiter gefasst als nach dt BetrVG, MitbestG und Gesellschaftsrecht und gilt **nur für den Anwendungsbereich des EBRG** (BAG 30.3.2004, 1 ABR 61/01, EzA § 5 EBRG Nr 1). Es genügt die Möglichkeit, das
abhängige Unternehmen zu beherrschen (**potenzieller Konzern**). Anders als nach dem aktienrechtlichen
Konzernbegriff ist die Ausübung einer einheitlichen Leitung nicht erforderlich (vgl § 18 I AktG; *Fitting*
Übersicht EBRG Rn 29).

Neben den in II aufgeführten Beherrschungsmöglichkeiten nennt Art 3 I RL beispielhaft **Eigentum, finan-** 3
zielle Beteiligung und **sonstige Bestimmungen, die die Tätigkeit des Unternehmens regeln.** Darüber
hinaus wird auf die Regelungen der jeweiligen Mitgliedstaaten verwiesen. Beherrschungsmöglichkeiten
ergeben sich nach § 18 I 2 AktG aufgrund von Beherrschungs- und Gewinnabführungs- oder Eingliede-
rungsverträgen. Es ist die Gesamtheit der Umstände zu berücksichtigen. Umfasst sind auch die von der
Rspr anerkannten sog **faktischen Konzerne** (JRH/*Heckelmann* Kap 32 Rn 18). Der Verweis auf das nationale Recht führt zu der Einschränkung, dass der herrschende Einfluss gesellschaftsrechtlich bedingt oder
zumindest vermittelt sein muss (*Müller* Rn 6; aA *Blanke* § 6 Rn 12; DKK/*Kittner* Rn 4). Nicht ausreichend
sind folglich externe Abhängigkeiten infolge rein schuldrechtlicher Liefer- oder Kreditbeziehungen,
sowie vereinbarte Zustimmungs-, Kontroll- oder Leitungsbefugnisse ohne Beherrschungsvertrag (JRH/
Heckelmann aaO). Etwaige Diskrepanzen zwischen potenzieller und tatsächlicher Leitungsmacht können
durch Vereinbarung (§§ 17 ff) überwunden werden.

IV bezeichnete einen Sonderfall. **Investment- und Beteiligungsgesellschaften** iSd Art 3 V a, c der Verord- 4
nung EG Nr 139/2004 des Rates vom 20.1.2004 über die Kontrolle von Unternehmenszusammenschlüssen (Abl L 24 vom 29.1.2004) werden als herrschende Unternehmen ausgeschlossen, sofern sie an der
Leitung nicht beteiligt sind. Folglich fallen Kreditinstitute, Fonds, Banken und Versicherungsgesellschaften
dann nicht unter den Konzernbegriff, wenn sie vorübergehend zum Zweck der Veräußerung Anteile an
einem Unternehmen erwerben, ohne Einfluss auf das Wettbewerbsverhalten der Unternehmen zu nehmen.
Auch Insolvenzverwalter fallen nach dt Recht nicht unter den Begriff des herrschenden Unternehmens
(BR-Drs. 251/96, 37).

II. Konzernstrukturen/Rechtsformen. Das EBRG geht von dem Fall aus, dass sich eine Unternehmens- 5
gruppe aus einem übergeordneten, herrschenden Unternehmen und mindestens einem von diesem abhängigen Unternehmen zusammensetzt. Konvergent mit § 54 I 1 BetrVG und § 5 I MitbestG sind **Gleichord-
nungskonzerne** (§ 18 II AktG) vom Anwendungsbereich des EBRG nicht erfasst (BAG 30.3.2004, 1 ABR
61/01, EzA § 5 EBRG Nr 1), denn in rechtlich selbstständigen Unternehmen ohne einheitliche Leitung
fehlt es an einem beherrschenden Einfluss eines Unternehmens in Bezug auf ein anderes. Umstritten ist,
ob ein **Gemeinschaftsunternehmen (Joint Venture)**, an dem keine Muttergesellschaft einen beherrschenden Einfluss ausüben kann, als abhängiges Unternehmen infrage kommt. Weil das EBRG auf die potenzielle Beherrschungsmöglichkeit abstellt und keinen Verweis wie § 54 BetrVG enthält, ist dies abzulehnen.
Bei gleicher Kapitalbeteiligung fehlt es an einer herrschenden Einflussnahme (BR-Drs 251/96, 36; *Gaul*
NJW 1996, 3378, 3379; *Müller* Rn 13; aA *Bachner/Nielebock* AuR 1997, 129; *Blanke* § 6 Rn 13; DKK/
Bachner Rn 7; *Fiedler* AuR 1996, 180, 182). Erfüllt ein inländisches Gemeinschaftsunternehmen jedoch für
sich betrachtet die Voraussetzungen, ist das EBRG auf dieses uneingeschränkt anwendbar (JRH/*Heckelmann*
Kap 32 Rn 19).

Herrschendes und abhängiges Unternehmen können in **jeder privaten Rechtsform** ausgestaltet sein 6
(BAG 30.3.2004, 1 ABR 61/01, EzA § 5 EBRG Nr 1). In Betracht kommen: Kapital- und Personengesellschaften, Einzelkaufleute, Vereine, Genossenschaften, Stiftungen, Familiengesellschaften und

Erbengemeinschaften. Zum Unternehmensbegriff vgl § 2 Rdn 1. Unternehmen iSd G kann auch eine natürliche Person sein. Unerheblich ist das Fehlen eines eigenen Geschäftsbetriebs oder einer eigenen Belegschaft (BAG 30.3.2004, 1 ABR 61/01, aaO). Wegen der Ausnahmeregelung in III bedarf es allerdings einer unternehmerischen Betätigung, die über die bloße Kapitalanlage und Verwaltung hinausgeht (*Hromadka* DB 1995, 1125, 1126).

7 **C. Abhängigkeitsvermutung.** Zur Erleichterung der Darlegung eines Abhängigkeitsverhältnisses stellt II 3 widerlegbare Vermutungen für den beherrschenden Einfluss eines Unternehmens auf. **Herrschend** ist ein Unternehmen, wenn es mehr als die Hälfte der Mitglieder des Verwaltungs-, Leitungs- oder Aufsichtsorgans bestellen kann (Nr 1) oder die Mehrheit der Stimmrechte innehat (Nr 2) oder die Mehrheit des gezeichneten Kapitals besitzt (Nr 3). Die Vermutung kann sich auf inländische wie auf ausländische Unternehmen beziehen (vgl § 2 IV). Nr 1 und 2 gehen über § 17 II AktG hinaus und haben einen eigenständigen Regelungsgehalt (BAG 30.3.2004, 1 ABR 61/01, aaO). Die Vermutungsregel hat mittlerweile auch Bedeutung für die Beteiligung der AN in einer SE gem § 2 III **SEBG** erlangt (*Grobys* NZA 2005, 84, 85).

8 Die Einflussmöglichkeiten können **unmittelbar** oder **mittelbar** sein. Möglichkeiten der Beeinflussung Dritter, über die das Unternehmen rechtlich und faktisch verfügen kann, werden zugerechnet (DKK/*Bachner* Rn 9; *Fiedler* AuR 1996, 180, 182). Nach III zählen hierzu auch die Stimm- und Ernennungsrechte aller abhängigen Unternehmen sowie aller natürlichen oder juristischen Personen, die für Rechnung des Unternehmens oder eines von ihm abhängigen Unternehmens handeln. Damit sollen Gesetzesumgehungen durch Schaffung von **Treuhandkonstellationen** vermieden werden (JRH/*Heckelmann* Kap 32 Rn 17).

9 Zur Vorbeugung von etwaigen Kollisionsfällen beinhaltet II eine **Rangfolge**. Erfüllen mehrere Unternehmen einer Unternehmensgruppe eines der Vermutungskriterien, bestimmt sich das herrschende Unternehmen nach Maßgabe der numerischen Reihenfolge (BR-Drs 251/96, 35), dh die Mehrheit der Stimmrechte (Nr 2) in der Unternehmensgruppe stellt eine vorrangige Vermutung im Verhältnis zu der Mehrheit des gezeichneten Kapitals (Nr 3) dar.

10 Ein Unternehmen kann die Vermutung durch den Nachweis einer anderen Beherrschungsmöglichkeit (vgl Rdn 3) **widerlegen** (*Fitting* Übersicht EBRG Rn 28). Zur Widerlegung bedarf es idR der Durchführung eines **rechtskräftigen gerichtlichen Verfahrens** (*Blanke* § 6 Rn 9; *Lörcher* AuR 1996, 297, 300). Dabei müssen konkrete Umstände dargelegt werden, die einem Abhängigkeitsverhältnis entgegenstehen. Insb die gesellschaftsrechtlichen Verhältnisse können dabei offenzulegen sein. Die Vermutung ist nicht bereits deshalb widerlegt, weil in Personengesellschaften nach § 119 I HGB regelmäßig das Einstimmigkeitsprinzip gilt (BAG 30.3.2004, 1 ABR 61/01, aaO). Maßgeblich sind die Festlegungen im Gesellschaftsvertrag und die darin enthaltenen vertraglichen Ausschlüsse der an sich gegebenen Einflussmöglichkeiten. Für abhängigkeitsbegründende Tatsachen tragen die AN bzw die AN-Vertretung die **Beweislast**.

§ 7 Europäischer Betriebsrat in Unternehmensgruppen

Gehören einer gemeinschaftsweit tätigen Unternehmensgruppe ein oder mehrere gemeinschaftsweit tätige Unternehmen an, wird ein Europäischer Betriebsrat nur bei dem herrschenden Unternehmen errichtet, sofern nichts anderes vereinbart wird.

1 Die grenzübergreifende Unterrichtung und Anhörung der AN hat auf der **obersten Leitungsebene** in einer gemeinschaftsweit tätigen Unternehmensgruppe zu erfolgen. Dabei ist unbeachtlich, ob die abhängigen Unternehmen ihrerseits gemeinschaftsweit tätig sind und unter den Geltungsbereich des EBRG nach §§ 2 I, 3 fallen. Die Regelung stellt klar, dass in einer Unternehmensgruppe **lediglich ein EBR** obligatorisch ist. Für eine gemeinschaftsweit tätige Unternehmensgruppe, von der mindestens eine weitere gemeinschaftsweit tätige Unternehmensgruppe abhängt (sog **Konzern im Konzern**), gilt die Bestimmung ebenfalls (*Fitting* Übersicht EBRG Rn 30 mwN). Abw Vereinbarungen sind möglich, §§ 17, 18. Dabei ist sicher zu stellen, dass alle auf der nachgeordneten Ebene in den Mitgliedsstaaten beschäftigten AN der Gruppe von der Vereinbarung erfasst sind. Wird auf der höheren Ebene ein Unterrichtungs- und Anhörungsverfahren bei dem herrschenden Unternehmen durchgeführt, kann die Vereinbarung auf der nachgeordneten Ebene außerordentlich gekündigt werden (JRH/*Heckelmann* Kap 32 Rn 20).

§ 8 Aufgabe

(1) Das besondere Verhandlungsgremium hat die Aufgabe, mit der zentralen Leitung eine Vereinbarung über eine grenzübergreifende Unterrichtung und Anhörung der Arbeitnehmer abzuschließen.
(2) Die zentrale Leitung hat dem besonderen Verhandlungsgremium rechtzeitig alle zur Durchführung seiner Aufgaben erforderlichen Auskünfte zu erteilen und die erforderlichen Unterlagen zur Verfügung zu stellen.
(3) ¹Die zentrale Leitung und das besondere Verhandlungsgremium arbeiten vertrauensvoll zusammen. ²Zeitpunkt, Häufigkeit und Ort der Verhandlungen werden zwischen der zentralen Leitung und dem besonderen Verhandlungsgremium einvernehmlich festgelegt.

Übersicht

		Rdn.			Rdn.
A.	Aufgabe des BVG	1	C.	Vertrauensvolle Zusammenarbeit	5
B.	Umfassende Informationspflicht	3			

A. Aufgabe des BVG. Die Aufgabe des transnational zusammengesetzten BVG besteht darin, mit der zentralen Leitung im Inland eine **Vereinbarung** über die Art und Weise der grenzübergreifenden Unterrichtung und Anhörung auszuhandeln (I). IRd gem § 17 gewährten Gestaltungsspielraums kann **alternativ** oder kombiniert die Errichtung eines **zentralen EBR (§ 18) oder ein dezentrales Verfahren** zur Unterrichtung und Anhörung (§ 19) vereinbart und die Rechte und Pflichten der zentralen Leitung und der vereinbarten AN-Vertretung festgelegt werden. Die Bestimmung der personellen und sachlichen Ausstattung der Geschäftsführung der AN-Vertretung, Ort, Zeitpunkt und Häufigkeit der Sitzungen, Freistellung- und EFZ-Fragen sowie Kostentragungsregeln kann durch Vereinbarung erfolgen.
Verhandlungspartner aufseiten der AN ist grds das **BVG**, soweit keine Vereinbarung nach § 41 besteht. 2 Die multinationale Zusammensetzung ergibt sich aus § 10. Das BVG nimmt seine vorgesehenen Aufgaben und Befugnisse in eigener Verantwortung wahr. Es steht ihm frei, durch Beschluss bzw Ermächtigung nach § 13 I bzw III eine kleinere **Verhandlungsgruppe** zu bilden (ebenso DKK/*Klebe* Rn 3). Hierfür ist kein Einverständnis der zentralen Leitung erforderlich. Zur Problematik der Entsendekreise s § 10 Rdn 1, § 13 Rdn 10. Die **Amtszeit** des BVG endet mit dem Abschluss einer Vereinbarung, mit einem Beschluss gem § 15 I oder mit Eintritt der Voraussetzungen nach § 21 I (*Hromadka* DB 1995, 1125, 1128; aA *Weiss* AuR 1995, 438, 441). Dem BVG steht die **zentrale Leitung im Inland** als Verhandlungspartner ggü.

B. Umfassende Informationspflicht. Die zentrale Leitung hat dem BVG rechtzeitig alle zur Durchführung seiner Aufgaben erforderlichen Auskünfte zu erteilen und die erforderlichen Unterlagen zur Verfügung zu stellen. **Anknüpfungspunkt** für die Auskunftspflicht sind die Aufgaben des BVG (vgl Rdn 1). Das soll das BVG ggü der zentralen Leitung in eine ebenbürtige Verhandlungsposition bringen (*Fitting* Übersicht EBRG Rn 58). Der Anspruch geht nicht über den aus § 5 hinaus (*Müller* Rn 2; aA *Blanke* § 8 Rn 6). Die **Erforderlichkeit** der Auskunft ist ähnlich wie gem § 80 II BetrVG nach Sachlage im Einzelfall zu 4 bestimmen. Die umfassende Informationspflicht besteht auch ohne ein entspr Verlangen des BVG. In der Praxis wird das BVG jedoch zumeist eine Anfrage hins bestimmter Informationen stellen, um dadurch »seine Aufgaben« iRd ihm zustehenden **Beurteilungsspielraums** für die zentrale Leitung zu definieren (ebenso *Blanke* § 8 Rn 8). Die Auskunft muss **rechtzeitig** erfolgen (vgl § 80 II BetrVG). Dem BVG muss ein hinreichend zeitlicher Rahmen gewährt werden, über die erhaltenen Informationen zu beraten.

C. Vertrauensvolle Zusammenarbeit. Wie im BetrVG gilt der **Grundsatz der vertrauensvollen Zusam-** 5 **menarbeit** (III 1). Die zentrale Leitung hat die Bildung des BVG zu unterstützen und eine sachgerechte Wahrnehmung seiner Aufgaben zu ermöglichen. Der Grundsatz ist europarechtlich auszulegen (so auch *Blanke* § 8 Rn 10). Die Art des Zusammenwirkens mit Gewerkschaften und AG-Verbänden wird weder in § 5 noch in § 34 erwähnt; daher gelten diesbezüglich keine Sonderregelungen.
Da sich im Zusammenhang mit einer grenzübergreifenden Unterrichtung und Anhörung in Form eines 6 Meinungsaustauschs und der Einrichtung eines Dialogs zwischen AN-Vertretern und der zentralen Leitung eine Vielzahl von Fragen stellen, von denen es idR von mehreren Verhandlungsterminen kommen wird. Dabei werden **Zeitpunkt, Häufigkeit und Ort der Verhandlungen** von den Parteien **einvernehmlich festgelegt** (S 2). Dies gilt auch für die internen Sitzungen des BVG, § 13 II. Das Gesetz sieht keinen regelmäßigen Sitzungsturnus vor. Aus dem Grundsatz der vertrauensvollen Zusammenarbeit lässt sich keine Verpflichtung der zentralen Leitung ableiten, regelmäßig alle 6 Monate Sitzungen durchzuführen (aA *Klebe/Kunz* in FS Däubler, 1999, 823, 831). Nach Sinn und Zweck des Gesetzes ist eine einvernehmliche Entscheidung der Verhandlungspartner herbeizuführen.

§ 9 Bildung

(1) Die Bildung des besonderen Verhandlungsgremiums ist von den Arbeitnehmern oder ihren Vertretern schriftlich bei der zentralen Leitung zu beantragen oder erfolgt auf Initiative der zentralen Leitung.
(2) ¹Der Antrag ist wirksam gestellt, wenn er von mindestens 100 Arbeitnehmern oder ihren Vertretern aus mindestens zwei Betrieben oder Unternehmen, die in verschiedenen Mitgliedstaaten liegen, unterzeichnet ist und der zentralen Leitung zugeht. ²Werden mehrere Anträge gestellt, sind die Unterschriften zusammenzuzählen. ³Wird ein Antrag bei einer im Inland liegenden Betriebs- oder Unternehmensleitung eingereicht, hat diese den Antrag unverzüglich an die zentrale Leitung weiterzuleiten und die Antragsteller darüber zu unterrichten.
(3) Die zentrale Leitung hat die Antragsteller, die örtlichen Betriebs- oder Unternehmensleitungen, die dort bestehenden Arbeitnehmervertretungen sowie die in inländischen Betrieben vertretenen Gewerkschaften über die Bildung eines besonderen Verhandlungsgremiums und seine Zusammensetzung zu unterrichten.

Übersicht	Rdn.		Rdn.
A. Bildung des BVG	1	B. Unterrichtungspflichten (III)	3

1 **A. Bildung des BVG.** Auch wenn die Voraussetzungen für die Einrichtung eines EBR vorliegen, ist der BR nur bei Unterstützung aus mindestens einem weiteren Mitgliedstaat befugt, das Verfahren zur Bildung eines EBR in Gang zu setzen (ArbG Stuttgart, 4.5.2007, 10 BV 42/05). Der AN-Begriff richtet sich nach dem Recht des jeweiligen Mitgliedstaates, § 4 Rdn 1. Wie aus der gesonderten Auflistung der **Gewerkschaften** in III deutlich wird, zählen diese nicht zu den AN-Vertretungen iSd § 9 I, II (aA *Blanke* § 9 Rn 2). Die Unterschriften sind zusammenzuzählen, wenn sie auf einzelnen Antragsformularen enthalten sind, II 2. Die Verteilung der AN-Zahl der einzelnen Mitgliedstaaten ist unbeachtlich. Reichen die AN den Antrag gem III 3 bei der im Inland liegenden Betriebs- oder Unternehmensleitung ein, wird der Antrag erst mit **Zugang** bei der zentralen Leitung wirksam. Der Zugangszeitpunkt des Antrags ist maßgebend, der erstmals zur Überschreitung der Relevanzschwelle von 100 AN aus mindestens 2 Mitgliedstaaten führt (JRH/*Heckelmann* Kap 32 Rn 22). Mit dem Zugang des Antrags beginnt die Frist für die Errichtung des EBR kraft Gesetzes zu laufen, § 21 I. Zugleich endet die für die Berechnung der AN-Zahlen maßgebliche 2-Jahresfrist gem § 4 S 1.

2 Für die Bildung des BVG auf **Initiative der zentralen Leitung** stellt das Gesetz keine Voraussetzungen auf. Die Mitteilung an eine der zuständigen AN-Vertretungen iSd § 5 I ist ausreichend. Aus beweisrechtlichen Gründen sollte der Zugang einer entspr Initiativmitteilung quittiert werden. Erfolgt kein Antrag der AN, ist die zentrale Leitung **nicht verpflichtet**, die Initiative zur Bildung eines BVG zu ergreifen (ebenso *Blanke* § 9 Rn 6).

3 **B. Unterrichtungspflichten (III).** Die Unterrichtung hat ggü sämtlichen betriebliche AN-Vertretungen (BR, GBR, KBR) sowie den in inländischen Betrieben vertretenen Gewerkschaften zu erfolgen. Unerheblich ist, wer die Initiative für die Bildung des BVG ergriffen hat. Wird die zentrale Leitung trotz Antrags nach I, II nicht tätig, so steht dies einer Verhandlungsverweigerung gem § 21 I gleich (BAG 29.6.2004, 1 ABR 32/99, EzA § 5 EBRG Nr 2).

§ 10 Zusammensetzung

(1) Für jeden Anteil der in einem Mitgliedstaat beschäftigten Arbeitnehmer, der 10 Prozent der Gesamtzahl der in allen Mitgliedstaaten beschäftigten Arbeitnehmer der gemeinschaftsweit tätigen Unternehmen oder Unternehmensgruppen oder einen Bruchteil davon beträgt, wird ein Mitglied aus diesem Mitgliedstaat in das besondere Verhandlungsgremium entsandt.
(2) Es können Ersatzmitglieder bestellt werden.

Übersicht	Rdn.		Rdn.
A. Personelle Zusammensetzung (I)	1	C. Amtszeit	5
B. Ersatzmitglieder (II)	4	D. Rechtsstellung	6

1 **A. Personelle Zusammensetzung (I).** § 10 regelt die Verteilung der Sitze im BVG auf die einzelnen Mitgliedsländer. Der neugefasste I vereint nun den Grundsatz der Repräsentativität und den der Proportionalität. Demnach entfällt jeweils ein Vertreter auf einen Mitgliedstaat für jede angefangene 10% bezogen auf

die Anzahl aller Beschäftigten. Das BVG besteht also aus mindestens einem AN-Vertreter aus jedem Mitgliedstaat, in dem das Unternehmen oder die Unternehmensgruppe einen Betrieb hat. Die Betriebsgröße ist unbeachtlich, sofern in dem jeweiligen Mitgliedstaat keine anderweitige nationale Bestimmung nach Art 5 IIa 3 der RL existiert. Die Frage, ob Mitgliedstaaten mit nur sehr kleinen Betrieben auf eine eigene Entsendung verzichten und sich von einem anderen Mitgliedsstaat vertreten lassen können, ist bisher nicht gerichtlich geklärt. Es wäre zu überlegen, ob bspw ein zypriotischer Betrieb mit nur zwei Arbeitnehmern sich vom Vertreter Griechenlands (mit) vertreten lassen kann oder ob etwa die baltischen Staaten einen gemeinsamen Vertreter entsenden können. Sofern die Initiative hierfür von den AN ausgeht, sind solche Gesamtvertretungen nicht zu beanstanden. Denn auch im Rahmen einer Vereinbarung nach § 17 ist die Bildung von Entsendekreisen ebenso anerkannt (s § 17 Rdn 4) wie für die Vereinbarung nach § 41 (BT-Drs 13/5608, 33; *Bachner/Nielebock* AuR 1997, 129, 135).

In Abhängigkeit zur Anzahl der in einem Mitgliedstaat beschäftigten AN können zusätzliche Vertreter entsandt werden. Nach I darf der Mitgliedstaat, in dem mehr als 10% der Gesamtbeschäftigten arbeiten, ein zusätzliches Mitglied entsenden. Für über 20% dürfen 2 zusätzliche Mitglieder entsandt werden, für über 30% dann 3, etc. Damit kann das BVG bei 31 Mitgliedstaaten maximal aus 40 Mitgliedern bestehen. Die Formulierung »oder einen Bruchteil davon« verdeutlicht, dass wenn die 10%-Schwelle erreicht aber nicht überschritten wird, dies für die Entsendung eines weiteren Vertreters noch nicht ausreicht. Die Gesetzesbegründung der BReg enthält folgendes **Bsp**: Beschäftigt eine Unternehmensgruppe insg 4500 AN, davon 2000 in Deutschland, 1100 in Italien, 900 in Frankreich und 500 in Polen, entfallen 44,4% auf Deutschland, 24,4% auf Italien, 20,0% auf Frankreich und 11,1% auf Polen. Damit besteht das BVG aus insg 12 Mitgliedern, davon 5 aus Deutschland, 3 aus Italien, 2 aus Frankreich und 2 aus Polen (BT-Drs. 17/4808, S. 10). 2

Der zur Bestimmung der AN-Zahl wesentliche AN-Begriff bestimmt sich gem § 4 S 1 nach § 5 I BetrVG. Da § 4 S 1 ausdrücklich nur auf § 3 verweist, ist die AN-Zahl iRd § 10 nicht nach dem Durchschnitt der letzten 2 Jahre zu bestimmen. Maßgeblicher Zeitpunkt ist der der BVG-Errichtung. **Nachträgliche Änderungen** der AN-Zahlen sind, sofern sie nicht auf wesentliche Strukturänderungen iSd § 37 zurückzuführen sind, unbeachtlich (aA *Blanke* § 10 Rn 14; DKK/*Klebe* Rn 2; § 10 Rdn 3 aE). Eine Neuzusammensetzung des BVG bei wesentlichen Strukturänderungen ist bis zur Konstituierung des BVG vorzunehmen. Danach besteht aus Gründen der Rechtssicherheit keine Anpassungspflicht (*Hey/Schröder* BB 2012, 3014). 3

B. Ersatzmitglieder (II). Ersatzmitglieder nehmen im Fall einer vorübergehenden Verhinderung oder bei einem vorzeitigen Ausscheiden eines Mitglieds des AN-Vertretungsgremiums dessen Stellung ein. Die Bestimmung des Verfahrens und der Anzahl der Ersatzmitglieder ist den nationalen AN-Vertretungen freigestellt. In Betracht kommt eine Zuordnung gem § 17 II MitbestG oder ein Nachrückerliste gem § 25 II BetrVG. 4

C. Amtszeit. Das BVG ist ein **Ad-hoc-Gremium**. Die Amtszeit **endet** mit dem Abschluss einer Vereinbarung über das Verfahren der Unterrichtung und Anhörung gem § 17, mit einem Beschluss gem § 15 I oder mit Eintritt der Voraussetzungen nach § 21 I (*Hromadka* DB 1995, 1125, 1128; aA *Weiss* AuR 1995, 438, 441). Eine **Neubildung** ist in den Fällen der §§ 15 II, 20, 37 vorgesehen. 5

D. Rechtsstellung. Für die **Mitglieder des BVG** aus dem Inland gelten die in § 39 II 1, 2, § 40 I enthaltenen **Geheimhaltungspflichten, der Anspruch auf Fortbildung und die Kündigungsschutzvorschriften** entspr Mitglieder aus den übrigen Mitgliedstaaten sind durch die jeweiligen nationalen Umsetzungsvorschriften geschützt. Bes Kündigungsschutz nach § 40 iVm § 15 KSchG entsteht nur, wenn das Ersatzmitglied tatsächlich in das BVG nachrückt. 6

§ 11 Bestellung inländischer Arbeitnehmervertreter

(1) ¹Die nach diesem Gesetz oder dem Gesetz eines anderen Mitgliedstaates auf die im Inland beschäftigten Arbeitnehmer entfallenden Mitglieder des besonderen Verhandlungsgremiums werden in gemeinschaftsweit tätigen Unternehmen vom Gesamtbetriebsrat (§ 47 des Betriebsverfassungsgesetzes) bestellt. ²Besteht nur ein Betriebsrat, so bestellt dieser die Mitglieder des besonderen Verhandlungsgremiums.
(2) ¹Die in Abs. 1 Satz 1 genannten Mitglieder des besonderen Verhandlungsgremiums werden in gemeinschaftsweit tätigen Unternehmensgruppen vom Konzernbetriebsrat (§ 54 des Betriebsverfassungsgesetzes) bestellt. ²Besteht neben dem Konzernbetriebsrat noch ein in ihm nicht vertretener Gesamtbetriebsrat oder Betriebsrat, ist der Konzernbetriebsrat um deren Vorsitzende und um deren Stellvertreter zu erweitern; die Vorsitzenden und ihre Stellvertreter gelten insoweit als Konzernbetriebsratsmitglieder.

(3) Besteht kein Konzernbetriebsrat, werden die in Abs. 1 Satz 1 genannten Mitglieder des besonderen Verhandlungsgremiums wie folgt bestellt:
a) Bestehen mehrere Gesamtbetriebsräte, werden die Mitglieder des besonderen Verhandlungsgremiums auf einer gemeinsamen Sitzung der Gesamtbetriebsräte bestellt, zu welcher der Gesamtbetriebsratsvorsitzende des nach der Zahl der wahlberechtigten Arbeitnehmer größten inländischen Unternehmens einzuladen hat. Besteht daneben noch mindestens ein in den Gesamtbetriebsräten nicht vertretener Betriebsrat, sind der Betriebsratsvorsitzende und dessen Stellvertreter zu dieser Sitzung einzuladen; sie gelten insoweit als Gesamtbetriebsratsmitglieder.
b) Besteht neben einem Gesamtbetriebsrat noch mindestens ein in ihm nicht vertretener Betriebsrat, ist der Gesamtbetriebsrat um den Vorsitzenden des Betriebsrats und dessen Stellvertreter zu erweitern; der Betriebsratsvorsitzende und sein Stellvertreter gelten insoweit als Gesamtbetriebsratsmitglieder. Der Gesamtbetriebsrat bestellt die Mitglieder des besonderen Verhandlungsgremiums. Besteht nur ein Gesamtbetriebsrat, so hat dieser die Mitglieder des besonderen Verhandlungsgremiums zu bestellen.
c) Bestehen mehrere Betriebsräte, werden die Mitglieder des besonderen Verhandlungsgremiums auf einer gemeinsamen Sitzung bestellt, zu welcher der Betriebsratsvorsitzende des nach der Zahl der wahlberechtigten Arbeitnehmer größten inländischen Betriebs einzuladen hat. Zur Teilnahme an dieser Sitzung sind die Betriebsratsvorsitzenden und deren Stellvertreter berechtigt; § 47 Abs. 7 des Betriebsverfassungsgesetzes gilt entsprechend.
d) Besteht nur ein Betriebsrat, so hat dieser die Mitglieder des besonderen Verhandlungsgremiums zu bestellen.
(4) Zu Mitgliedern des besonderen Verhandlungsgremiums können auch die in § 5 Abs. 3 des Betriebsverfassungsgesetzes genannten Angestellten bestellt werden.
(5) Frauen und Männer sollen entsprechend ihrem zahlenmäßigen Verhältnis bestellt werden.

Übersicht

		Rdn.			Rdn.
A.	Allgemeines	1	II.	Fehlen eines KBR (III)	5
B.	Persönliche Wahlvoraussetzungen	2	III.	Mehrere KBR	6
C.	Bestellung in Unternehmen (I)	3	E.	Fehlen inländischer AN-Vertretung	7
D.	Bestellung in Unternehmensgruppen	4	F.	Streitigkeiten	8
I.	Bestehender KBR (II)	4			

1 **A. Allgemeines.** In Anlehnung an das BetrVG werden die auf das Inland entfallenden Mitglieder des BVG durch die betriebsverfassungsrechtlichen AN-Vertretungsgremien bestellt. § 11 gilt auch, wenn die zentrale Leitung in einem anderen Mitgliedstaat liegt, vgl § 2 IV. Nach der RL soll die Bestellung entspr den Vorgaben der nationalen Bestimmungen erfolgen (Art 5 II lit a) RL). Das Bestellungsrecht steht idR dem AN-Vertretungsorgan auf der jeweils höchsten Ebene zu. In gemeinschaftsweit tätigen Unternehmen bestellt der GBR, hilfsweise der BR (I), in Unternehmensgruppen grds der KBR (II, III) die Mitglieder des BVG.

2 **B. Persönliche Wahlvoraussetzungen.** In das BVG können nur AN des inländischen, gemeinschaftsweit tätigen Unternehmens bzw der Unternehmensgruppe entsandt werden. **Leitende Angestellte** (§ 5 III BetrVG) können gem IV auch in das BVG bestellt werden. Entgegen teilweise vertretener Ansicht ist die Berufung **Externer** (wie zB **Gewerkschaftsvertreter**) nicht zulässig (aA *Blanke* § 11 Rn 15; *Klebe/Kunz* in FS Däubler, 1999, 823, 832). Diese können lediglich beratend an den Verhandlungen teilnehmen, § 13 IV 2. Hätte der Gesetzgeber eine Bestellung Außenstehender gewollt, so hätte er dies, wie in IV hins der leitenden Angestellten explizit geregelt.

3 **C. Bestellung in Unternehmen (I).** Das Bestellungsrecht steht dem **GBR** zu (S 1). Die Errichtung eines GBR ist nach § 47 BetrVG zwingend vorgeschrieben, wenn mehrere BR in einem Unternehmen bestehen. Existiert kein GBR, so nimmt **hilfsweise der BR** die Bestellung vor (S 2).

4 **D. Bestellung in Unternehmensgruppen. I. Bestehender KBR (II).** Die Bestellung in Unternehmensgruppen erfolgt durch den **KBR** (S 1). Ein KBR kann gem § 54 BetrVG gebildet werden, obligatorisch ist er hingegen nicht. Umfasst der KBR **nicht alle Betriebe oder Unternehmen** im Inland, so ist der KBR um den Vorsitzenden und den Stellvertreter dieser AN-Vertretungsgremien zu erweitern (S 2). Der KBR erfasst zB dann nicht alle GBR bzw BR, wenn einem herrschenden Unternehmen einer im Inland ansässigen Unternehmensgruppe ein Unternehmen in einem anderen Mitgliedstaat gehört, welches seinerseits einen

Betrieb mit BR in Deutschland hat. Die Stimmgewichtung der eingegliederten Mitglieder des GBR bzw BR bestimmt sich nach § 55 III BetrVG nach der Größe des GBR bzw BR. Bei der Beschlussfassung stehen dem entsandten Vorsitzenden und dem Stellvertreter die Stimmen der Mitglieder des entsendenden GBR bzw BR je zur Hälfte zu.

II. Fehlen eines KBR (III). Besteht kein KBR, so hängt die Bestellung der Mitglieder des BVG von der 5 **konkreten Gremienkonstellation** ab. Sind **mehrere GBR** gebildet, werden die Mitglieder des BVG auf einer gemeinsamen Sitzung der GBR bestellt. In Anlehnung an II 2 sind der Vorsitzende und der Stellvertreter eines in den GBR nicht enthaltenen BR hinzuzuziehen. Kraft gesetzlicher Fiktion gelten sie als Mitglieder des GBR. Die Ladung nimmt der GBR-Vorsitzende des nach der Zahl der wahlberechtigten AN größten inländischen Unternehmens vor (III lit a). Gleiches gilt, wenn nur **ein GBR** und ggf daneben noch ein in ihm nicht vertretener BR bestehen. In diesem Fall beruft der GBR-Vorsitzende die Sitzung ein (III lit b). Bestehen **mehrere BR**, werden die Mitglieder des BVG auf einer Sitzung der BR-Vorsitzenden und ihren Stellvertretern gem § 47 VII BetrVG unter Berücksichtigung der Anzahl der durch sie vertretenen AN bestellt. Es lädt der BR-Vorsitzende des nach der Zahl der wahlberechtigten AN größten inländischen Betriebs (III lit c). Besteht nur ein GBR (III lit b 3) oder nur **ein BR** (III lit d), so steht diesen Gremien das Bestellungsrecht zu.

III. Mehrere KBR. Keine Regelung enthält das EBRG für den Fall, dass im Inland **2 KBR** bestehen. Hier 6 ist § 11 III lit a analog in der Weise heranzuziehen, dass der KBR-Vorsitzende des nach der Zahl der wahlberechtigten AN größten inländischen Konzerns eine gemeinsame Sitzung einberuft (JRH/*Heckelmann* Kap 32 Rn 28; *Blanke* § 11 Rn 8). In dieser Konstellation gilt auch II 2 für nicht bereits vertretene GBR oder BR.

E. Fehlen inländischer AN-Vertretung. Nicht geregelt ist der Fall, dass im Inland keine betriebsverfas- 7 sungsrechtliche AN-Vertretung besteht. Aus § 11 folgt, dass sich der Gesetzgeber im Einklang mit der RL für eine **Mandatsprärogative** bei der Bestellung der Mitglieder des BVG entschieden hat. Daher kann dann keine Entsendung in das BVG erfolgen. Eine Direktwahl der zu entsendenden Mitglieder durch sämtliche AN kommt somit nicht in Betracht (ausf s JRH/*Heckelmann* Kap 32 Rn 29 mwN; ebenso *Ruoff* BB 1997, 2478, 2480; *Müller* § 11 Rn 2; aA *Blanke* § 11 Rn 14; DKK-*Klebe* § 11 Rn 8).

F. Streitigkeiten. Steht die **Wirksamkeit der Bestellung** infrage, kann die Bestellung gem § 19 II BetrVG 8 **analog nur** innerhalb von 2 Wochen beim ArbG angefochten werden (ebenso *Müller* Rn 13). Anfechtungsberechtigt ist jedes Mitglied des Bestellungsgremiums und eine im Betrieb vertretene Gewerkschaft (vgl Kommentierung zu § 47 BetrVG Rn 2). Bis zur rechtskräftigen Entscheidung bleiben die Bestellten im Amt. Die Verhandlungen können solange fortgesetzt werden. Die Grundsätze der Rspr zu § 19 BetrVG, nach der bei extremen Ausnahmefällen, in denen gegen die allg Grds einer ordnungsgem Wahl in so hohem Maß verstoßen wurde, dass auch der Anschein einer dem Gesetz entsprechenden Wahl nicht mehr vorliegt, sodass eine nichtige Bestellung gegeben ist, gelten auch hier (vgl etwa BAG 22.3.2000, NZA 2000, 1119). Diese Frage besitzt hohe Relevanz, da eine nichtige Entsendung die Unwirksamkeit sämtlicher Beschlüsse nach sich ziehen kann (vgl Kommentierung zu § 19 BetrVG Rn 8). Die Frage wird insb dann relevant, wenn kein BR existiert und eine nach hier vertretener Auffassung rechtswidrige (vgl Rdn 7) Entsendung von Vertretern in das BVG erfolgt. Da in solchen Fällen wesentlich auf die demokratische Legitimität der Entscheidung abzustellen ist, wird man die Bestimmung eines BVG-Vertreters durch Direktwahl der AN nur für anfechtbar, eine Entsendung eine BVG-Vertreters etwa durch den AG jedoch als nichtig einstufen müssen. Hins der **Abberufung** einzelner Mitglieder des BVG enthält das Gesetz keine Regelung. § 23 IV ist analog heranzuziehen (DKK/*Klebe* § 11 Rn 11 mwN).

§ 12 Unterrichtung über die Mitglieder des besonderen Verhandlungsgremiums

¹Der zentralen Leitung sind unverzüglich die Namen der Mitglieder des besonderen Verhandlungsgremiums, ihre Anschriften sowie die jeweilige Betriebszugehörigkeit mitzuteilen. ²Die zentrale Leitung hat die örtlichen Betriebs- oder Unternehmensleitungen, die dort bestehenden Arbeitnehmervertretungen sowie die in inländischen Betrieben vertretenen Gewerkschaften über diese Angaben zu unterrichten.

Sobald die Mitglieder des BVG feststehen, sind deren **Namen, Anschrift und Betriebszugehörigkeit** der 1 zentralen Leitung mitzuteilen (S 1). Ratsam ist das auch hins der Ersatzmitglieder. Die zentrale Leitung hat daraufhin die örtlichen Betriebs- oder Unternehmensleitungen, die dort bestehenden AN-Vertretungen sowie die in inländischen Betrieben vertretenden Gewerkschaften über die vorgenannten Angaben zu informieren (S 2). Damit sollen sich die Beteiligten ein Bild von der personellen Zusammensetzung des BVG machen können. Die Erfüllung der Informationspflichten ist ggf im Beschlussverfahren durchzusetzen.

§ 13 Sitzungen, Geschäftsordnung, Sachverständige

(1) ¹Die zentrale Leitung lädt unverzüglich nach Benennung der Mitglieder zur konstituierenden Sitzung des besonderen Verhandlungsgremiums ein und unterrichtet die örtlichen Betriebs- oder Unternehmensleitungen. ²Die zentrale Leitung unterrichtet zugleich die zuständigen europäischen Gewerkschaften und Arbeitgeberverbände über den Beginn der Verhandlungen und die Zusammensetzung des besonderen Verhandlungsgremiums nach § 12 Satz 1. ³Das besondere Verhandlungsgremium wählt aus seiner Mitte einen Vorsitzenden und kann sich eine Geschäftsordnung geben.
(2) Vor jeder Verhandlung mit der zentralen Leitung hat das besondere Verhandlungsgremium das Recht, eine Sitzung durchzuführen und zu dieser einzuladen; § 8 Abs. 3 Satz 2 gilt entsprechend.
(3) Beschlüsse des besonderen Verhandlungsgremiums werden, soweit in diesem Gesetz nichts anderes bestimmt ist, mit der Mehrheit der Stimmen seiner Mitglieder gefasst.
(4) ¹Das besondere Verhandlungsgremium kann sich durch Sachverständige seiner Wahl unterstützen lassen, soweit dies zur ordnungsgemäßen Erfüllung seiner Aufgaben erforderlich ist. ²Sachverständige können auch Beauftragte von Gewerkschaften sein. ³Die Sachverständigen und Gewerkschaftsvertreter können auf Wunsch des besonderen Verhandlungsgremiums beratend an den Verhandlungen teilnehmen.

Übersicht	Rdn.		Rdn.
A. Konstituierende Sitzung (I)	1	C. Beschlussfassung (III)	7
B. Sonstige Sitzungen	5	D. Sachverständige (IV)	9
I. Sitzungen mit der zentralen Leitung	5	E. Streitigkeiten	10
II. Interne Sitzungen	6		

1 **A. Konstituierende Sitzung (I).** Unverzüglich nach der Unterrichtung über die Benennung der Mitglieder (§ 12) lädt die zentrale Leitung zur konstituierenden Sitzung des BVG und informiert hiervon die örtliche Betriebs- und Unternehmensleitung (S 1), um die ordnungsgemäße Freistellung und Erstattung des Lohnausfalls (§ 40 iVm § 37 II, III BetrVG) zu gewährleisten. Die Sitzung findet soweit möglich während der Arbeitszeit statt (*Blanke* § 13 Rn 4). Die zentrale Leitung hat kein Recht auf Teilnahme an der konstituierenden Sitzung (*Bachner/Nielebock* AuR 1987, 129, 131). Wegen der Vertraulichkeit der Beratungsgegenstände tagt das BVG **nicht öffentl**, § 27 I 5 analog. Die zentrale Leitung hat dem BVG rechtzeitig alle zur Durchführung seiner Aufgaben erforderlichen Auskünfte zu erteilen und die erforderlichen Unterlagen zur Verfügung zu stellen, § 8 II. Daraus resultiert jedoch **keine Pflicht** der zentralen Leitung, Dokumente zu erstellen, über die sie nicht verfügt.

2 Der in I neu eingefügte S 2 entspricht Art. 5 II lit c) der RL. Die Regelung ergänzt die Adressaten der Unterrichtung über den Beginn der Verhandlungen und die Zusammensetzung des BVG um die zuständigen europ AN- und AG-Verbände. Dies sind solche Verbände, die nach Art. 154 AEUV von der Kommission gehört werden. Eine entsprechende Liste wird von der Kommission laufend aktualisiert und im Internet veröffentlicht (derzeit unter http://ec.europa.eu/social/main.jsp?catId=522&langId=en). Zur Vereinfachung des Verfahrens haben die europ. Dachverbände einheitliche E-Mail-Adressen eingerichtet (ewc@etuc.org und ewc@business-europe.eu). Die zL kann der Verpflichtung durch eine Nachricht an diese Adressen entsprechen (vgl Gesetzesbegr der BReg BT-Drs. 17/4808 S 10).

3 Das BVG ist verpflichtet, in der konstitutiven Sitzung **aus seiner Mitte** einen **Vorsitzenden** zu wählen (S 3). Bes Wahlvorschriften existieren nicht. Die Grundsätze der Beschlussfassung sind heranzuziehen (Rdn 9). Der Vorsitzende vertritt das BVG gem § 25 II analog iRd gefassten Beschlüsse und ist zur Entgegennahme von Erklärungen und Unterlagen (zB gem § 8 II) bevollmächtigt (JRH/*Heckelmann* Kap 32 Rn 31; *Müller* Rn 1; aA *Däubler* FS Schaub, S 95, 100; *Klebe/Kunz* FS Däubler, S 823, 833; *Blanke* § 13 Rn 7 wonach die Rechtstellung in der Geschäftsordnung festzulegen ist). Sein Amt endet idR mit der Amtszeit des BVG (§ 10 Rdn 5). Ferner kann das BVG eine **Geschäftsordnung** zur Regelung des internen Verfahrensablaufs beschließen. Die Geschäftsordnung muss schriftlich niedergelegt und vom Vorsitzenden unterzeichnet werden.

4 Die **Ladung** zur konstituierenden Sitzung unter Festlegung von Ort und Zeitpunkt erfolgt durch die **zentrale Leitung** (S 1) **unverzüglich** nach Benennung der Mitglieder des BVG. Der zentralen Leitung muss eine angemessene Vorbereitungszeit zugebilligt werden. Eine Mindestfrist, innerhalb derer die konstitutive Sitzung stattzufinden hat, enthält das Gesetz nicht. Es besteht **kein Selbstversammlungsrecht** des BVG (JRH/*Heckelmann* Kap 32 Rn 31). Wird nicht unverzüglich zur konstituierenden Sitzung eingeladen, können die bestellten Mitglieder den Rechtsweg beschreiten (aA *Klebe/Kunz* FS Däubler, S 823, 831).

B. Sonstige Sitzungen. I. Sitzungen mit der zentralen Leitung. Das BVG führt mit der zentralen Leitung Verhandlungen, um eine Vereinbarung über eine grenzübergreifende Unterrichtung und Anhörung der AN abzuschließen. **Zeitpunkt, Häufigkeit und Ort** der Verhandlungen werden im **Einvernehmen** mit der zentralen Leitung festgelegt, § 8 III 2.

II. Interne Sitzungen. Vor und nach jeder Sitzung mit der zentralen Leitung kann das BVG eine interne **vorbereitende bzw. nachbereitende Sitzung** durchführen, um eine Strategie zu entwickeln und interne Abstimmungen durchzuführen (II). Hierzu lädt der Vorsitzende (*Engels/Müller* DB 1996, 981, 984). Die Sitzungen stehen in räumlichem und zeitlichem Zusammenhang mit den jeweiligen Verhandlungsterminen. Gem II aE iVm § 8 III 2 werden Ort und Zeitpunkt der Sitzungen einvernehmlich zwischen den Verhandlungspartnern festgelegt. Zur Gewährleistung eines reibungslosen Sitzungsablaufes kann die Durchführung der Sitzungen in der Geschäftsordnung näher geregelt werden.

C. Beschlussfassung (III). Ein wirksamer Beschluss setzt eine ordnungsgemäße Ladung, Beschlussfähigkeit und die erforderliche Mehrheit voraus. Das BVG fasst seine Beschlüsse mit der **Mehrheit der Stimmen seiner Mitglieder (absolute Mehrheit)**, soweit das EBRG nichts anderes bestimmt (anders § 28 S 1 für den EBR kraft Gesetzes). Aufgrund der Bedeutung der Beschlüsse reicht nach der RL eine relative Mehrheit nicht aus. Nach § 15 I ist ausnahmsweise eine 2/3-Mehrheit erforderlich, wenn keine Verhandlungen aufgenommen werden oder ergebnislos beendet werden sollen. **Stimmenthaltung** und Abwesenheit wirken sich als Ablehnung aus. Der Antrag gilt bei **Stimmengleichheit** als abgelehnt (§ 33 I 2 BetrVG analog *Müller* Rn 5). Die **Beschlussfähigkeit** wird nicht dadurch beeinträchtigt, dass weniger als 2/3 der Mitglieder nicht abstimmen oder noch nicht die gesetzliche Mitgliederzahl erfüllt ist. Bei unterbliebener Benennung in einem anderen Mitgliedstaat gilt für die Bestimmung der Mehrheit die Zahl der bereits bestellten Mitglieder (aA *Blanke* § 13 Rn 16). Die Beschlüsse sind in **ordnungsgemäß einberufenen Sitzungen** zu fassen, soweit nicht alle Mitglieder ausnahmsweise mit einem Umlaufverfahren einverstanden sind (aA DKK/*Klebe* § 13 Rn 9; *Blanke* § 13 Rn 16). Das **Abstimmungsverfahren** kann in der Geschäftsordnung festgelegt werden.

Sieht die Geschäftsordnung **Entsendekreise** vor (vgl § 10 Rdn 1), stellt sich die Frage, ob sich das Stimmrecht des Vertreters des Entsendekreises entspr der Anzahl der vertretenen Mitgliedstaaten erhöht oder ob lediglich für die vertretenen Mitgliedstaaten die Anwesenheitspflicht entfällt, was letztlich einer Reduzierung der bestellten Mitglieder gleichkommt. Von Ersterem ist auszugehen, es entspricht dem Repräsentationsgrundsatz. Grds spricht auch nichts dagegen, dass das BVG selbst eine Regelung in der Geschäftsordnung trifft, wie im Fall von Entsendekreisen zu verfahren ist. Erkennt man an, dass ein Vertreter das Stimmrecht mehrerer Mitgliedsstaaten wahrnehmen kann, dann muss es konsequenterweise auch zulässig sein, in der Geschäftsordnung zu regeln, dass eine nationale AN-Vertretung, der wegen des hohen Anteils an der Gesamtbelegschaft mehrere Sitze im BVG zustehen, nur einen Vertreter entsendet, der dann alle nationalen Stimmen einheitlich ausüben kann.

D. Sachverständige (IV). **Sachverständige** iSd Gesetzes sind Personen, die dem BVG ihm fehlende fachliche Kenntnisse zur Beantwortung konkreter, aktueller Fragen vermitteln sollen (BAG 19.4.1989, 7 ABR 87/87, EzA § 80 BetrVG 1972 Nr 35). Sie müssen nicht neutral sein. Mit der Einbeziehung von **Gewerkschaftsbeauftragten** (S 2) wird ermöglicht, dass diese nicht lediglich als gebührenfreie Auskunftspersonen herangezogen werden (*Blanke* § 13 Rn 18). Der Vorbehalt der **Erforderlichkeit** geht über die Vorgaben der RL hinaus. Die Abweichung stellt jedoch keinen RL-Verstoß dar, weil die Hinzuziehung eines Sachverständigen nach dem Grundsatz der vertrauensvollen Zusammenarbeit ohnehin nur geboten ist, wenn die zur sachgerechten Interessenwahrung notwendige Sachkunde fehlt (JRH/*Heckelmann* Kap 32 Rn 32; *Müller* Rn 6; HWK/*Giesen* Rn 30; aA *Bachner/Nielebock* AuR 1997, 129, 131; DKK/*Klebe* § 13 Rn 11; *Kunz* AiB 1997, 267, 278). Das BVG kann **mehrere Sachverständige** gleichzeitig einschalten. Die **Kostentragungspflicht** der zentralen Leitung ist aber auf **einen Sachverständigen** beschränkt, vgl § 16 I 2. S 3 dient der Klarstellung, dass Sachverständigen nur beratende Funktion zukommt. Sie dürfen nicht die Verhandlungen mit der zL führen und besitzen kein Stimmrecht.

E. Streitigkeiten. Beschlüsse des BVG sind vom ArbG **nur eingeschränkt überprüfbar**. Das Gericht prüft die Beschlüsse nicht auf ihre Zweckmäßigkeit. Auf Organisationsentscheidungen des BVG finden die Vorschriften über die Anfechtung gem § 19 BetrVG entspr Anwendung. Die Rechtsunwirksamkeit sonstiger Beschlüsse kann dagegen jederzeit geltend gemacht werden (*Blanke* § 13 Rn 25 mwN). Ausf zur gerichtlichen Durchsetzung Vorb Rdn 11 ff.

§ 14 Einbeziehung von Arbeitnehmervertretern aus Drittstaaten

Kommen die zentrale Leitung und das besondere Verhandlungsgremium überein, die nach § 17 auszuhandelnde Vereinbarung auf nicht in einem Mitgliedstaat (Drittstaat) liegende Betriebe oder Unternehmen zu erstrecken, können sie vereinbaren, Arbeitnehmervertreter aus diesen Staaten in das besondere Verhandlungsgremium einzubeziehen und die Anzahl der auf den jeweiligen Drittstaat entfallenden Mitglieder sowie deren Rechtsstellung festlegen.

1 Hat ein Unternehmen bzw eine Unternehmensgruppe Betriebe oder Unternehmen außerhalb der Mitgliedstaaten, so können auch AN-Vertreter aus **Drittstaaten** bei der Zusammensetzung des BVG berücksichtigt werden. Deren Einbeziehung erfordert eine **Vereinbarung** zwischen der zentralen Leitung und dem BVG, die die Rechtsstellung der einbezogenen AN-Vertreter iE festlegt. Insb kann vereinbart werden, ob das Proportionalitätsprinzip Anwendung findet und ob den AN-Vertretern eine gleichberechtigte Mitgliedschaft oder lediglich ein Gaststatus zukommen soll (JRH/*Heckelmann* Kap 32 Rn 28).

§ 15 Beschluss über Beendigung der Verhandlungen

(1) ¹Das besondere Verhandlungsgremium kann mit mindestens zwei Dritteln der Stimmen seiner Mitglieder beschließen, keine Verhandlungen aufzunehmen oder diese zu beenden. ²Der Beschluss und das Abstimmungsergebnis sind in eine Niederschrift aufzunehmen, die vom Vorsitzenden und einem weiteren Mitglied zu unterzeichnen ist. ³Eine Abschrift der Niederschrift ist der zentralen Leitung zuzuleiten.
(2) Ein neuer Antrag auf Bildung eines besonderen Verhandlungsgremiums (§ 9) kann frühestens zwei Jahre nach dem Beschluss gemäß Absatz 1 gestellt werden, sofern das besondere Verhandlungsgremium und die zentrale Leitung nicht schriftlich eine kürzere Frist festlegen.

1 Nach § 15 kann der zumindest **temporäre Verzicht** der AN auf die grenzüberschreitende Unterrichtung und Anhörung herbeigeführt werden. Das BVG kann mit **mindestens 2/3 der Stimmen seiner Mitglieder** beschließen, keine Verhandlungen aufzunehmen oder diese zu beenden (I 1). Wie in § 13 III wird die Abwesenheit von Mitgliedern und die Stimmenthaltung als Nein-Stimme gewertet. Der Beschluss ist weder ein Realakt noch eine empfangsbedürftige Willenserklärung, sondern eine autonome **Organisationsentscheidung** (*Blanke* § 15 Rn 2). Als solche ist er nur nach vorangegangener Konstituierung wirksam; vorher ist das BVG nicht beschlussfähig.

§ 16 Kosten und Sachaufwand

(1) ¹Die durch die Bildung und Tätigkeit des besonderen Verhandlungsgremiums entstehenden Kosten trägt die zentrale Leitung. ²Werden Sachverständige nach § 13 Abs. 4 hinzugezogen, beschränkt sich die Kostentragungspflicht auf einen Sachverständigen. ³Die zentrale Leitung hat für die Sitzungen in erforderlichem Umfang Räume, sachliche Mittel, Dolmetscher und Büropersonal zur Verfügung zu stellen sowie die erforderlichen Reise- und Aufenthaltskosten der Mitglieder des besonderen Verhandlungsgremiums zu tragen.
(2) Der Arbeitgeber eines aus dem Inland entsandten Mitglieds des besonderen Verhandlungsgremiums haftet neben der zentralen Leitung für dessen Anspruch auf Kostenerstattung als Gesamtschuldner.

Übersicht	Rdn.		Rdn.
A. Allgemeines	1	C. Sachverständigenkosten (I 2)	4
B. Kosten für Bildung und Tätigkeit (I 1, 3)	2	D. Haftung (II)	5

1 **A. Allgemeines.** Das BVG hat **kein Vermögen oder Einnahmemöglichkeiten**. Die Kostentragungsregel ermöglicht ihm, seine Aufgaben in angemessener Weise zu erfüllen. Aufgrund der Anlehnung der Vorschrift an § 40 BetrVG können die dort entwickelten Grundsätze weitgehend übernommen werden (siehe die Kommentierung zu § 40 BetrVG; ebenso *Fitting* Übersicht EBRG Rn 62). I findet nur Anwendung, wenn die zentrale Leitung iSd § 2 I, II in Deutschland liegt. Die Haftungsregelung in II gilt auch für eine zentrale Leitung mit Sitz in einem anderen Mitgliedstaat, vgl § 2 IV.

2 **B. Kosten für Bildung und Tätigkeit (I 1, 3).** Die Kosten iSv S 1 müssen **im Zusammenhang mit der Bildung und den Aufgaben** des BVG entstanden sein. Hierzu zählen insb die **Geschäftsführungskosten** und Ausgaben, die durch die **Sitzungen** entstehen (JRH/*Heckelmann* Kap 32 Rn 33), zB die Anschaffung der erforderlichen Vorschriften in der jeweiligen Nationalsprache sowie ein Grundbestand an arbeitsrechtlicher

Fachliteratur. Zu den von der zentralen Leitung zu tragenden Kosten gehören **außerhalb der Sitzungen** die erforderlichem Ausgaben für **Kommunikationsmittel** (*Blanke* § 16 Rn 4). Ferner sind, soweit erforderlich, die Kosten für **Rechtsstreitigkeiten** einschließlich etwaiger **Anwaltskosten** umfasst. Zum Umfang der Kostentragungspflicht vgl auch Kommentierung zu § 40 BetrVG.

Dem BVG und seinen Mitgliedern steht bei der Auswahl seiner sachlichen Mittel ein **Ermessensspielraum** 3 zu. Jedoch muss es iR einer Verhältnismäßigkeitsprüfung die Ausgaben unter Anlegung eines verständigen Maßstabes zur Erfüllung seiner Aufgaben für **erforderlich** halten.

C. Sachverständigenkosten (I 2). Die von der RL eröffnete Möglichkeit der Beschränkung der Kos- 4 tentragungspflicht auf einen Sachverständigen hat der dt Gesetzgeber genutzt. Demnach besteht eine Kostenübernahme für einen weiteren, erforderlichen Sachverständigen **in zeitlicher Hinsicht** nur dann, wenn der 1. Sachverständige seine Tätigkeit bereits beendet hat (DKK/*Klebe* § 16 Rn 7) und sich der weitere Sachverständige mit einem anderen Beratungs- bzw Verhandlungsgegenstand beschäftigt (*Boecken* ZfA 2000, 379, 425; aA DKK/*Klebe* § 16 Rn 7). Die Verhandlungspartner können eine **Vereinbarung** über weiter gehende Kostentragungspflichten treffen.

D. Haftung (II). Für die Kostentragungspflicht statuiert II eine **gesamtschuldnerische Haftung** des 5 inländischen AG neben der zentralen Leitung unabhängig davon, wo die zentrale Leitung ihren Sitz hat, damit inländische Mitglieder des BVG ihre Ausgaben ggf vor dt ArbG geltend machen können (BT-Drs 13/4520, 22; *Müller* Rn 5).

§ 17 Gestaltungsfreiheit

¹Die zentrale Leitung und das besondere Verhandlungsgremium können frei vereinbaren, wie die grenzübergreifende Unterrichtung und Anhörung der Arbeitnehmer ausgestaltet wird; sie sind nicht an die Bestimmungen des Vierten Teils dieses Gesetzes gebunden. ²Die Vereinbarung muss sich auf alle in den Mitgliedstaaten beschäftigten Arbeitnehmer erstrecken, in denen das Unternehmen oder die Unternehmensgruppe einen Betrieb hat. ³Die Parteien verständigen sich darauf, ob die grenzübergreifende Unterrichtung und Anhörung durch die Errichtung eines Europäischen Betriebsrats oder mehrerer Europäischer Betriebsräte nach § 18 oder durch ein Verfahren zur Unterrichtung und Anhörung der Arbeitnehmer nach § 19 erfolgen soll.

Übersicht	Rdn.		Rdn.
A. Gestaltungsfreiheit..................	1	II. Grenzübergreifende Unterrichtung und	
B. Maßgebliche Rechtsordnung...........	2	Anhörung.......................	5
C. Rechtsnatur und Auslegung...........	3	III. Form...........................	6
D. Mindestanforderungen...............	4	E. Gestaltungsmöglichkeiten...........	7
I. Erstreckung auf alle AN (S 2).......	4	F. Rechtsfolge unvollständiger Vereinbarungen und Streitigkeiten.............	9

A. Gestaltungsfreiheit. Die Vereinbarungsautonomie ermöglicht es den Verhandlungspartnern, das 1 Unterrichtungs- und Anhörungsverfahren an etwaige strukturelle, rechtliche und branchenbezogene Besonderheiten des Unternehmens oder der Unternehmensgruppe anzupassen. Die Verhandlungspartner müssen lediglich dafür Sorge tragen, dass die Vereinbarung nicht hinter den Voraussetzungen des § 1 IV, V zurückbleibt und alle in den Mitgliedstaaten beschäftigten AN erfasst, in denen das Unternehmen oder die Unternehmensgruppe einen Betrieb hat.

B. Maßgebliche Rechtsordnung. Grds unterliegt die Vereinbarung dem **Recht des Mitgliedstaates, in** 2 **dem die zentrale Leitung** iSd § 2 I, II angesiedelt ist. Angesichts der ansonsten gewährten Regelungsautonomie kann eine abw Regelung in einer **Rechtswahlklausel** vereinbart werden (JRH/*Heckelmann* Kap 32 Rn 34; DKK/*Däubler* § 17 Rn 4 f; *Schiek* RdA 2001, 218, 235 mwN).

C. Rechtsnatur und Auslegung. Die Vereinbarung über die grenzübergreifende Anhörung und Unter- 3 richtung gem §§ 17 ff stellt einen **Kollektivvertrag mit normativer Wirkung** dar (JRH/*Heckelmann* Kap 32 Rn 66; *Müller* Rn 3; DKK/*Däubler* § 17 Rn 9; aA *Hanau* in FS Vieregge, 1995, S 319, 334). Mangels entspr Vorschriften wie § 4 I TVG oder § 77 IV 1 BetrVG erscheint diese Wirkung zwar nicht denknotwendig. Jedoch weist der Wortlaut des Gesetzes vereinzelt auf die normative Wirkung hin (zB in § 20 S 1 »Fortgeltung« – ähnlich wie § 4 V TVG). Auch vermag nur die unmittelbare und zwingende Wirkung das Ziel der RL (vgl § 1 I) zu erreichen. Die neue Typisierung ergibt sich daraus, dass dem BVG als vertragsschließender Partei die Berechtigung sowohl für den Abschluss eines TV als auch einer BV fehlt. In der Vereinbarung werden jedoch Rechte und Pflichten für andere Gremien (zB für die zentrale Leitung, den EBR kraft Vereinbarung, den KBR) festgelegt. Weil das Amt des BVG mit Abschluss der Vereinbarung endet (*Hromadka* DB 1995, 1125, 1128), ist es selbst nicht an die Rechte und Pflichten aus der Vereinbarung gebunden. Die normative Wirkung ermöglicht es dem EBR, für die Einhaltung der Vereinbarung Sorge tragen zu können. Die **Auslegung** folgt den Regeln über die Auslegung von Gesetzen (ausf vgl Kommentierung zu § 77 BetrVG). Regelungslücken sind danach entspr dem durch den Wortlaut der Vereinbarung zum Ausdruck gebrachten Willen der Vertragsparteien zu schließen.

4 **D. Mindestanforderungen. I. Erstreckung auf alle AN (S 2).** Der **räumliche Geltungsbereich** der Vereinbarung muss **alle in den Mitgliedstaaten beschäftigten AN umfassen,** in denen das Unternehmen oder die Unternehmensgruppe einen Betrieb hat. Der AN-Begriff richtet sich nach den Bestimmungen des jeweiligen Mitgliedstaates (vgl § 4 Rdn 1). Zum Betriebsbegriff s § 1 Rdn 3. Anders als bei Vereinbarungen, die vor dem 22.9.1996 abgeschlossen worden sind (§ 41 I bzw VII), verlangt § 17 ausdrücklich keine angemessene Beteiligung der in den Mitgliedstaaten beschäftigen AN. Durch die proportionale Repräsentation der einzelnen Mitgliedstaaten im BVG wird die angemessene Beteiligung bereits mittelbar sichergestellt (JRH/*Heckelmann* Kap 32 Rn 35). Folglich muss nicht aus jedem Mitgliedstaat ein Vertreter entsandt werden (*Bachner/Nielebock* AuR 1997, 129, 132). Es können zB auch Entsendekreise unter Zusammenfassung verschiedener kleiner Einheiten gebildet werden, die ihren Vertreter durch gesondert geregelte Wahlen bestimmen (vgl für das BVG § 10 Rdn 1, § 13 Rdn 8).

5 **II. Grenzübergreifende Unterrichtung und Anhörung.** Inhalt der Vereinbarung muss ein Verfahren über die grenzübergreifende Unterrichtung und Anhörung sein. Im Unterschied zur betriebsverfassungsrechtlichen Terminologie (vgl § 102 BetrVG) ist unter **Anhörung** ein Meinungsaustausch und Dialog mit der zentralen Leitung zu verstehen (s § 1 Rdn 6). **Unterrichtung** umfasst die Übermittlung von Informationen (vgl § 19 S 1), um der AN-Vertretung Gelegenheit zur Kenntnisnahme und Prüfung der behandelten Frage zu geben (§ 1 Rdn 4 f). Der Informationsgegenstand muss in der Weise dargestellt werden, dass auf dessen Grundlage ohne eigene Nachforschungen durch die AN-Vertreter eine sachgerechte Erörterung möglich ist (*Gaul* NJW 1995, 228, 230). Unterrichtung und Anhörung müssen sich auf **grenzübergreifende** Angelegenheiten iSd § 1 II beziehen (s § 1 Rdn 3).

6 **III. Form.** Aus den §§ 18, 19 folgt mittelbar, dass die Vereinbarung zwischen BVG und zentraler Leitung der **Schriftform** bedarf. Ferner muss ein wirksamer Beschluss des BVG (vgl § 13 Rdn 7) zugrunde liegen.

7 **E. Gestaltungsmöglichkeiten.** Soweit die Voraussetzungen des § 1 IV und V eingehalten werden, steht den Verhandlungspartnern bei der Ausgestaltung hins Form und Intensität der AN-Beteiligung ein **weiter Gestaltungsspielraum** zu. In der Vereinbarung kann ein **zentrales**, an der Spitze des gemeinschaftsweit tätigen Unternehmens oder der Unternehmensgruppe angesiedeltes **AN-Vertretungsgremium in Form eines EBR** (§ 18) festgelegt werden. Die Parteien können zB bestimmen, dass mehrere nach Sparten ausgerichtete AN-Vertretungsgremien vorgesehen werden oder der EBR aus Gründen der Arbeitsteilung Ausschüsse bildet. Anstelle eines EBR kann auch ein **dezentrales Verfahren** vereinbart werden, das die Unterrichtung und den Meinungsaustausch zwischen den europäischen AN-Vertretern und der zentralen Leitung gewährleistet (§ 19). Diesbezüglich müssen Vorkehrungen geschaffen werden, dass die AN-Vertreter die ihnen mitgeteilten Informationen grenzübergreifend beraten und ihre Vorstellungen mit der zentralen Leitung oder einer anderen geeigneten Leitungsebene erörtern können. Das zentrale und das dezentrale Verfahren des grenzübergreifenden Dialogs können auch miteinander kombiniert werden (BR-Drs 251/96, 27).

8 Umstritten ist, ob und inwieweit der EBR mit der zentralen Leitung auch Kollektivverhandlungen über materielle Arbeitsbedingungen (sog. Europäische Betriebsvereinbarungen) führen kann. Mit der wohl hL (vgl *Rehberg* NZA 2013, 73; *Schmidt* NZA 2002, 1272, 1273) ist davon auszugehen, dass weder das europäische Primärrecht noch die RL dazu eine Kompetenzgrundlage vermitteln (vgl auch § 18 Rdn 7 f).

9 **F. Rechtsfolge unvollständiger Vereinbarungen und Streitigkeiten.** Lücken in Vereinbarungen können durch **ergänzende Auslegung** geschlossen werden (*Blanke* § 17 Rn 16). Erfüllt eine Vereinbarung nicht die Mindestvoraussetzungen gem §§ 17 ff, ist sie unwirksam mit der Folge, dass spätestens 3 Jahre nach Antragstellung ein EBR kraft Gesetzes zu errichten ist. In diesem Fall bleibt das **BVG weiter im Amt**, bis der **Wirksamkeitsmangel** durch eine Ergänzung der Vereinbarung mit **ex-tunc Wirkung** geheilt worden ist (DKK/*Däubler* § 17 Rn 16). Die Unwirksamkeit muss vom ArbG im Beschlussverfahren festgestellt werden. Die Möglichkeit der Korrektur der Vereinbarung kann in einer **salvatorischen Klausel** geregelt werden. Bsp bei JRH/*Heckelmann* Kap 32 Rn 63.

Ein **Beschlussverfahren** ist auch dann durchzuführen, wenn die zentrale Leitung bestimmte aus der Vereinbarung gem §§ 17 ff folgende Pflichten nicht erfüllt. Der EBR bzw die nationale Interessenvertretung können dann insoweit **Erfüllung** verlangen und gerichtlich durchsetzen (§§ 2a, 80 ff ArbGG). 10

§ 18 Europäischer Betriebsrat kraft Vereinbarung

(1) ¹Soll ein Europäischer Betriebsrat errichtet werden, ist schriftlich zu vereinbaren, wie dieser ausgestaltet werden soll. ²Dabei soll insbesondere folgendes geregelt werden:
1. Bezeichnung der erfassten Betriebe und Unternehmen, einschließlich der außerhalb des Hoheitsgebietes der Mitgliedstaaten liegenden Niederlassungen, sofern diese in den Geltungsbereich einbezogen werden,
2. Zusammensetzung des Europäischen Betriebsrats, Anzahl der Mitglieder, Ersatzmitglieder, Sitzverteilung und Mandatsdauer,
3. Aufgaben und Befugnisse des Europäischen Betriebsrats sowie das Verfahren zu seiner Unterrichtung und Anhörung; dieses Verfahren kann auf die Beteiligungsrechte der nationalen Arbeitnehmervertretungen abgestimmt werden, soweit deren Rechte hierdurch nicht beeinträchtigt werden,
4. Ort, Häufigkeit und Dauer der Sitzungen,
5. die Einrichtung eines Ausschusses des Europäischen Betriebsrats einschließlich seiner Zusammensetzung, der Bestellung seiner Mitglieder, seiner Befugnisse und Arbeitsweise,
6. die für den Europäischen Betriebsrat zur Verfügung zu stellenden finanziellen und sachlichen Mittel,
7. Klausel zur Anpassung der Vereinbarung an Strukturänderungen, die Geltungsdauer der Vereinbarung und das bei ihrer Neuverhandlung, Änderung oder Kündigung anzuwendende Verfahren, einschließlich einer Übergangsregelung.

(2) § 23 gilt entsprechend.

Übersicht	Rdn.		Rdn.
A. Allgemeines	1	IV. Sitzungsmodalitäten (Nr 4)	11
B. Form	2	V. Ausschuss (Nr 5)	12
C. Sinnvolle Regelungsgegenstände (I 2)	3	VI. Kostenregelung (Nr 6)	13
I. Geltungsbereich (Nr 1)	3	VII. Anpassungsklauseln, Geltungsdauer und Übergangsregelungen (Nr 7)	14
II. Zusammensetzung, Sitzverteilung, Mandatsdauer (Nr 2)	4	VIII. Sonstige Regelungen	16
III. Aufgaben, Befugnisse und Verfahren (Nr 3)	7	D. Bestellung der Mitglieder des EBR (II)	17

A. Allgemeines. Um die Praktikabilität des EBR zu fördern, beinhaltet I 2 einen Katalog an Regelungsgegenständen, die als Orientierungshilfe (**Checkliste**) dienen sollen und sich eng an der RL anlehnen (BT-Drs 17/4808 S 11). Dabei handelt es sich ausweislich des Wortlauts nicht um Wirksamkeitsvoraussetzungen (*Müller* Rn 2; DKK/*Däubler* § 18 Rn 4; krit *Bachner/Nielebock* AuR 1997, 129, 133 unter Hinweis auf Art 6 II RL). Unabhängig von der Ausgestaltung der AN-Vertretung empfiehlt es sich indes, die in I 2 enthaltenen Gegenstände in der Vereinbarung zu regeln. Nach dem 2. EBRG-ÄndG ist es nun insb wichtig, eine Vereinbarung über das Verfahren im Fall von wesentlichen Strukturänderungen iSd § 37 zu treffen. Hins der Rechtsfolge bei Unwirksamkeit der Vereinbarung vgl § 17 Rdn 9. 1

B. Form. Die Vereinbarung über die Errichtung eines EBR ist in **Schriftform** abzufassen (I 1). Entspr dem Formerfordernis für BV (BAG 14.2.1978, 1 AZR 154/76, EzA § 102 BetrVG 1972 Nr 33) sollten die Parteien die Vereinbarung auf derselben Urkunde durch Namensunterschrift unterzeichnen (§ 126 II 1 BGB analog). Im Gegensatz zu Vereinbarungen gem § 41 reicht der bloße Austausch von Briefen oder Protokollnotizen nicht aus. Der Vereinbarung muss ein **wirksamer Beschluss** des BVG (§ 13 III) zugrunde liegen. Für das BVG unterzeichnet der Vorsitzende die Vereinbarung, sofern ihm in der Geschäftsordnung die Vertretungsbefugnis eingeräumt worden ist. Ansonsten ist die Vereinbarung von allen Mitgliedern des BVG zu unterzeichnen (*Blanke* § 18 Rn 3; weiter DKK/*Däubler* § 18 Rn 2). 2

C. Sinnvolle Regelungsgegenstände (I 2). I. Geltungsbereich (Nr 1). Die Vereinbarung soll den Geltungsbereich festlegen. Für die **Einbeziehung von AN aus** Betrieben oder Unternehmen in **Drittstaaten** ist eine ausdrückliche Regelung notwendig. IÜ sollten die erfassten Betriebe und Unternehmen nicht konkret aufgelistet werden. Um mögliche gesellschaftsrechtliche Veränderungen einzubeziehen, ist es ratsam, eine **flexible Formulierung** zu wählen (JRH/*Heckelmann* Kap 32 Rn 38). Enthält die Vereinbarung **keine** 3

Regelung zum Geltungsbereich, kann sich im Wege der ergänzenden Vertragsauslegung im Hinblick auf § 17 S 2 ergeben, dass die Vereinbarung sich auf alle in den Mitgliedstaaten beschäftigten AN erstreckt, in denen das Unternehmen oder die Unternehmensgruppe einen Betrieb hat (vgl § 17 Rdn 4).

4 **II. Zusammensetzung, Sitzverteilung, Mandatsdauer (Nr 2).** Sinnvoll ist eine Regelung über die Zusammensetzung des EBR, Anzahl der Mitglieder, Ersatzmitglieder sowie Sitzverteilung und Mandatsdauer. Die Wahl der dt EBR-Mitglieder erfolgt vorbehaltlich einer abw Vereinbarung im Verfahren gem § 23. Folglich haben die Verhandlungsparteien hins der **Festlegung der Bestellungsregeln Gestaltungsfreiheit**.

5 Im Gegensatz zum BVG muss der EBR nicht ausschließlich mit Beschäftigten des Unternehmens oder der Unternehmensgruppe besetzt werden. Eine Vereinbarung über die Bestellung von Gewerkschaftsbeauftragten oder anderen Externen ist zulässig (JRH/*Heckelmann* Kap 32 Rn 43). **Leitenden Angestellten** kann ein gleichberechtigtes Teilnahmerecht zugestanden werden, das über § 23 VI hinaus geht (vgl *Engels/Müller* DB 1996, 981; *Ramme* DB 1995, 2066 f). Ferner ist auch ein aus AN-Vertretern und Repräsentanten des Managements **gemischt besetztes Gremium** zulässig. Es muss dann aber sichergestellt sein, dass sich die AN-Vertreter in Sitzungen ohne Beteiligung des Managements beraten können (*Asshoff/Bachner/Kunz* S 237; *Blanke* § 18 Rn 8; DKK/*Däubler* § 18 Rn 9). Auch kann ein bei der zentralen Leitung angesiedelter **KBR** durch AN-Vertreter aus dem Geltungsbereich der Vereinbarung liegenden Staaten ergänzt werden (JRH/*Heckelmann* Kap 32 Rn 40). Bei der Besetzung ist auf repräsentative und proportionale Vertretung der AN aus den Mitgliedstaaten zu achten. Ansonsten können die Parteien auch die **Größe** und die **Repräsentation** der einzelnen Mitgliedstaaten autonom festlegen, ohne an den Verteilungsschlüssel von § 13 gebunden zu sein. Sind Entsendekreise (s § 17 Rdn 4) gebildet worden, empfiehlt sich eine Vereinbarung über deren Stimmgewicht.

6 Die Vereinbarung kann die Bildung eines oder **mehrerer EBR** vorsehen (vgl § 17 S 3). Mehrere EBR sind dann sinnvoll, wenn die Unternehmensgruppe nach Sparten organisiert ist oder wenn einer Unternehmensgruppe weitere gemeinschaftsweit tätige Unternehmen oder Unternehmensgruppen angehören (vgl *Asshoff/Bachner/Kunz* S 201; *Engels/Müller* DB 1996, 981, 985; *Rademacher* S 117). Dabei ist auch die Unterrichtung und Anhörung bei der zentralen Leitung sicherzustellen, um die Befassung bei spartenübergreifenden Angelegenheiten zu gewährleisten. Die Amtszeit des EBR als Gremium ist auf die Laufzeit der Vereinbarung einschließlich Nachwirkungszeitraum beschränkt. Hingegen kann die **Mandatsdauer** der einzelnen Mitglieder auf eine bestimmte Periode begrenzt werden (zB auf 4 Jahre; vgl § 36 I 1).

7 **III. Aufgaben, Befugnisse und Verfahren (Nr 3).** Die Verhandlungsparteien können sich hins der **Unterrichtungs- und Anhörungsgegenstände** an den Regelungskatalogen in §§ 29 II, 30 I 2 orientieren (*Blanke* § 18 Rn 10). Eine Übernahme ist zwar nicht zwingend. Die Vorgänge gem § 29 II einzubeziehen, ist mit Blick auf das Ziel der RL indes anzuraten. Die Vereinbarung kann inhaltlich auch weitaus umfassender sein. Die Parteien müssen nur die Mindestvoraussetzung nach § 17 und § 1 IV, V erfüllen (vgl § 17 Rdn 4 ff). Die Anhörung ist demnach dann erforderlich, wenn sich die Angelegenheiten auf die Interessen der AN grenzübergreifend auswirken. Dazu zählen **insb wirtschaftliche Angelegenheiten**.

8 Echte **Mitbestimmungsrechte** wie zB in § 87 BetrVG können dem EBR nicht eingeräumt werden (aA wohl DKK/*Däubler* § 18 Rn 13). Zwar verbietet die RL entspr Abmachungen nicht explizit. Die Gewährung von Mitbestimmungsrechten geht jedoch über den Rahmen der RL und des EBRG hinaus (zutreffend *Schmidt* NZA 2002, 1272, 1273).

9 Entspr der bestehenden Vereinbarungsautonomie können BVG und zentrale Leitung den Abschluss **verbindlicher Vereinbarungen zwischen EBR und zentraler Leitung** regeln (*Blanke* § 18 Rn 12 mwN). Dabei kann es sich zB um die Ausfüllung von getroffenen Rahmenregelungen bzgl I 2 Nr 4, 6 handeln. Gegenstand kann auch die Änderung von Maßnahmen sein, auf die sich die Anhörung bezieht, denn das BVG kann sein Recht auf Abschluss einer normativen Vereinbarung in begrenztem Rahmen an den EBR delegieren (DKK/*Däubler* § 18 Rn 14; wohl auch *Büggel/Buschak* AiB 2000, 418, 421).

10 Ferner sollten die Parteien Regelungen über das **Verfahren** der Unterrichtung und Anhörung treffen. Dabei sind nunmehr die Definition des § 1 IV, V zu beachten. Nach dem Sinn und Zweck des Unterrichtungs- und Anhörungsrechts muss die Vereinbarung dafür Sorge tragen, dass eine **Erörterung** mit zeitlichem Abstand vor der Durchführung der geplanten unternehmerischen Entscheidung erfolgt. Weiter kann ein Antragsrecht des EBR auf Beratung vorgesehen werden. Die Festlegung eines ausschließlich schriftlichen Verfahrens verstieße gegen den Begriff der Anhörung und wäre unwirksam (*Blanke* § 18 Rn 11). Aus Nr 3 HS 2 ergibt sich, dass das Verfahren auf die Beteiligungsrechte der nationalen Arbeitnehmervertretungen abgestimmt werden kann. Es kann aber nicht in die Rechte der nationalen AN-Vertretungen eingegriffen werden.

IV. Sitzungsmodalitäten (Nr 4). Sinnvoll sind Bestimmungen über Ort, Häufigkeit und Dauer der Sitzungen sowie nähere Regelungen zu **internen Vorbereitungs- und Auswertungstreffen** des EBR. Der Sitzungsort muss nicht am Sitz der zentralen Leitung liegen. Hins der Häufigkeit der Sitzungen ist ein fester **Sitzungsturnus** empfehlenswert. Üblich ist in der Praxis ein Jahresturnus. Darüber hinaus sollte die Einberufung von Sondersitzungen bei außergewöhnlichen Umständen vorgesehen werden. Entspr § 32 II kann auch die Übertragung der Unterrichtung und Anhörung auf einen Ausschuss bei konkreten außergewöhnlichen Umständen vereinbart werden. 11

V. Ausschuss (Nr 5). Entsprechend Art. 6 II lit e) der RL soll die Vereinbarung über den EBR auch Regelungen über die Einsetzung eines Ausschusses innerhalb des EBR enthalten. Dies dient dem Ziel der RL, eine verbesserte Koordinierung und eine höhere Effizienz der Arbeit des EBR zu ermöglichen (BT-Drs 17/4808 S 11). Sinnvoll ist es, dem Ausschuss die laufenden Geschäfte des EBR zu übertragen, wie es für den Ausschuss des EBR kraft Gesetzes vorgeschrieben ist, § 26. Sonstige Voraussetzungen für die Ausschüsse werden gesetzlich nicht konkretisiert. Daher lässt sich festhalten, dass den Verhandlungspartnern bei der Ausgestaltung der Ausschüsse weiter Spielraum zukommt. 12

VI. Kostenregelung (Nr 6). Die Vereinbarung sollte festlegen, welche **finanziellen und sachlichen Mittel** dem EBR zur Verfügung zu stellen sind. Hierzu zählen Schulungs- und Sachverständigenkosten. Die Vereinbarung sollte auch Regelungen über die Kosten für Dolmetscher und für Übersetzungsarbeiten enthalten (DKK/*Däubler* § 18 Rn 19). In der Praxis wird hins der **Reise- und Aufenthaltskosten** häufig auf bestehende Reisekostenrichtlinien verwiesen. 13

VII. Anpassungsklauseln, Geltungsdauer und Übergangsregelungen (Nr 7). Die Vereinbarung muss stets alle in den Mitgliedstaaten beschäftigten AN erfassen. Vor diesem Hintergrund sollte unbedingt eine Anpassungsmöglichkeit bei wesentlichen **Strukturänderungen** vorgesehen werden, die der repräsentativen Zusammensetzung Rechnung tragen kann. Tritt der Unternehmensgruppe zB ein neues Unternehmen hinzu, kann dies dazu führen, dass ein bislang im EBR nicht vertretener Mitgliedstaat nunmehr vom Geltungsbereich der RL erfasst wird oder das Zahlenverhältnis der AN-Vertreter nicht mehr den vereinbarten Grenzwerten entspricht. Zu beachten ist in diesem Zusammenhang der neu geschaffene § 37. Daher wird in § 18 I 2 Nr 7 nun klargestellt, dass auch die Modalitäten einer Änderung oder Kündigung möglichst in der Vereinbarung selbst festgelegt werden sollten. In Betracht kommt hier insb eine Regelung, die das durch EBR-Vereinbarung gebildete Gremium zum Verhandlungspartner für eine Anpassung oder Neuverhandlung bestimmt, um das aufwendige Verfahren zur Bildung eines BVG bei wesentlichen Strukturänderungen nach § 37 zu vermeiden (*Hohenstatt/Kröpelin/Bertke* NZA 2011, 1313, 1315). Eine Regelung über das Verfahren im Fall der Fusion zweier Unternehmen oder Unternehmensgruppen ist ebenso hilfreich, wird aber nicht zur Anwendung kommen, sofern beim Fusionspartner widersprüchliche Regelungen bestehen (vgl § 37 Rdn 9). Bei Schwankungen der AN-Zahl durch Veränderungen, die nicht als wesentliche Strukturänderungen iSd § 37 zu qualifizieren sind, sollten die Verhandlungsparteien festlegen, in welchen Fällen sofort oder nach einer Frist eine Anpassung erfolgen soll. In Anlehnung an § 32 II kommen auch **Stichtagsregelungen** dergestalt in Betracht, dass alle 3 Jahre nach der konstituierenden Sitzung des EBR eine Überprüfung und ggf Anpassung an veränderte Mitarbeiterzahlen und deren Verteilung auf die erfassten Staaten durchgeführt werden muss. Sinkt die durchschnittliche AN-Zahl der letzten 2 Jahre (vgl § 4) **unter den Schwellenwert gem § 3**, steht der zentralen Leitung ein außerordentliches Kündigungsrecht zu (*Rademacher* S 120; aA *Blanke* § 18 Rn 17). Ansonsten bleibt die Vereinbarung als freiwillige bestehen. Die gesellschaftliche Strukturänderung kann auch zur Folge haben, dass eine **andere zentrale Leitung iSd § 2 II 2, 3** unter den Geltungsbereich des EBRG fällt. Dies hat zunächst keine Auswirkungen (aA *Blanke* § 18 Rn 18, wonach die neue zentrale Leitung automatisch an die Stelle der bisherigen tritt). Allerdings kann die neue zentrale Leitung in entspr Anwendung des § 36 II verlangen, nunmehr als Ansprechpartner herangezogen zu werden. Schließlich ist auch eine Regelung für den Fall vorzusehen, dass sich die Zahl der Mitgliedstaaten iSd § 2 III durch **EU-Erweiterung** erhöht (vgl Vorb Rdn 6 ff, § 37 Rdn 8). 14

Ferner sollte die Geltungsdauer der Vereinbarung und das bei ihrer Neuaushandlung anzuwendende Verfahren, einschließlich Übergangsbestimmung, vereinbart werden. Die Vereinbarung kann befristet oder unbefristet abgeschlossen werden. Aus Gründen der Kontinuität ist eine unbefristete Dauer idR vorzuziehen. Für das Verfahren einer evtl notwendig werdenden Neuverhandlung sollte festgelegt werden, dass die nationalen AN-Vertreter im EBR mit der zentralen Leitung innerhalb einer festzulegenden Frist eine neue Vereinbarung aushandeln können. Durch derartige Regelungen kann die kostenintensive Bestellung und Einberufung eines BVG vermieden werden. 15

16 **VIII. Sonstige Regelungen.** Über die in I 2 enthaltenen Soll-Vorschriften hinaus sind folgende Regelungen sinnvoll: Sprach- und Übersetzungsregelungen; Ausgestaltung des Verfahrens über die Unterrichtung der örtlichen Belegschaften und ggf die Häufigkeit von Schulungs- und Weiterbildungsmaßnahmen. Aus Gründen der Rechtsklarheit sollte die Vereinbarung ausdrücklich auf die auch bei autonomen Vereinbarungen geltenden gesetzlichen Vorschriften über die **vertrauensvolle Zusammenarbeit**, die **Geheimhaltungsverpflichtung** und die **Vertraulichkeit** hinweisen (JRH/*Heckelmann* Kap 32 Rn 62).

17 **D. Bestellung der Mitglieder des EBR (II).** Soweit die Parteien keine abw Bestellungsregelungen treffen, erfolgt die Bestellung der **auf das Inland entfallenden Mitglieder** des EBR entspr der Bestellung gem § 23 (BT-Drs 13/4520; aA *Müller* Rn 11). Auch die Entsendung eines leitenden Angestellten durch den Sprecherausschuss entspr § 23 VI ist vertraglich durch die Parteien abdingbar (*Blanke* § 18 Rn 22; aA *Müller* Rn 11). Die Bestellung der dt AN-Vertreter gilt nach § 2 IV unabhängig davon, ob die zentrale Leitung ihren Sitz im Inland hat. Hat sie ihren Sitz in einem anderen Mitgliedstaat, kann mangels Verweises in § 2 IV auf § 23 VI kein Vertreter der leitenden Angestellten bestellt werden.

§ 19 Verfahren zur Unterrichtung und Anhörung

¹Soll ein Verfahren zur Unterrichtung und Anhörung der Arbeitnehmer eingeführt werden, ist schriftlich zu vereinbaren, unter welchen Voraussetzungen die Arbeitnehmervertreter das Recht haben, die ihnen übermittelten Informationen gemeinsam zu beraten und wie sie ihre Vorschläge oder Bedenken mit der zentralen Leitung oder einer anderen geeigneten Leitungsebene erörtern können. ²Die Unterrichtung muss sich insbesondere auf grenzübergreifende Angelegenheiten erstrecken, die erhebliche Auswirkungen auf die Interessen der Arbeitnehmer haben.

Übersicht	Rdn.		Rdn.
A. Allgemeines	1	I. Grenzübergreifende Angelegenheiten	
B. Mindestinhalt einer Vereinbarung	2	mit erheblichen Auswirkungen	2
		II. Beratungssitzungen	3

1 **A. Allgemeines.** Anders als im Fall des § 18 wird bei einer Vereinbarung iSd § 19 **kein neues Gremium** geschaffen. Das Unterrichtungs- und Anhörungsrecht steht nach diesem **dezentralen** Verfahren den einzelnen bestehenden – oder ausnahmsweise neu zu bildenden – **nationalen AN-Vertretungen** zu. Folglich enthält die Vereinbarung vorwiegend **prozedurale Bestimmungen**. Die Grundstruktur sieht vor, dass die zentrale Leitung zunächst die örtliche Betriebs- oder Unternehmensleitung über die vereinbarten Angelegenheiten informiert, die anschließend die örtlichen AN-Vertreter entspr zu unterrichten hat (sog **Bypass-Modell**; JRH/*Heckelmann* Kap 32 Rn 64; *Fitting* Übersicht EBRG Rn 68). Die direkte Unterrichtung durch die zentrale Leitung kann ebenfalls vereinbart werden. Entspr § 1 IV, V muss die Vereinbarung Regelungen darüber enthalten, unter welchen Voraussetzungen die einzelnen nationalen AN-Vertreter das Recht haben, die ihnen übermittelten Informationen gemeinsam mit den übrigen AN-Vertretern zu beraten, und wie sie ihre Vorschläge oder Bedenken mit der zentralen Leitung oder einer anderen geeigneten Leitungsebene erörtern können. Ziel der in § 19 enthaltenen Mindestvoraussetzungen ist die Gewährleistung einer Gleichwertigkeit mit dem Modell des EBR kraft Vereinbarung (BT-Drs 13/4520, 23). Die Kombination eines zentralen EBR und eines dezentralen Verfahrens ist ebenfalls möglich. Entspricht die Vereinbarung nicht den Voraussetzungen des § 19, treten dieselben Rechtsfolgen wie bei § 17 ein (s § 17 Rdn 9).

2 **B. Mindestinhalt einer Vereinbarung. I. Grenzübergreifende Angelegenheiten mit erheblichen Auswirkungen.** Die Unterrichtung muss sich insb auf solche grenzübergreifenden Angelegenheiten erstrecken, die erhebliche Auswirkungen auf die Interessen der AN haben (S 2). Zur Frage, wann eine Angelegenheit grenzübergreifend ist, vgl § 1 Rdn 3. Eine Orientierungshilfe, wann von erheblichen Auswirkungen gesprochen werden kann, bieten die in den §§ 29 II, 30 I 2 genannten Angelegenheiten. Seinem Wortlaut nach sind die Voraussetzungen in § 19 weiter gefasst als in § 30 I, wo einschränkend »außergewöhnliche Umstände oder Entscheidungen« vorliegen müssen. Nicht jede Angelegenheit, die objektiv die Interessen der AN erheblich berührt, muss als Gegenstand der Unterrichtung und Anhörung vereinbart werden (*Müller* Rn 3), denn wegen der Gestaltungsfreiheit gem § 17 kann nicht davon ausgegangen werden, dass der Gesetzgeber bei einem dezentralen Verfahren Art und Umfang zwingend regelt, während für den EBR (§ 18) die Parteien über die Festlegung der Unterrichtungs- und Anhörungsgegenstände selbst entscheiden. Die einzelnen Gegenstände sollten aus praktischen Erwägungen in der Vereinbarung konkret aufgeführt werden (JRH/*Heckelmann* Kap 32 Rn 64).

II. Beratungssitzungen. Die Vereinbarung muss Regelungen über ein Beratungsrecht der einzelnen natio- 3
nalen AN-Vertreter enthalten. Die **gemeinsame interne Beratung** entspricht den Vor- und Nachbereitungssitzungen des EBR. Ort, Zeitpunkt und Häufigkeit der Sitzungen sollten festgelegt werden, ebenso eine detaillierte Regelung über die Voraussetzung zur Bildung eines **Ad-hoc-Gremiums** und eine Bestimmung zur Art und Weise, wie die AN ihre **Vorschläge oder Bedenken** mit der zentralen Leitung oder einer **anderen geeigneten Leitungsebene erörtern** können (DKK/*Däubler* § 19 Rn 4). Eine andere Leitungsebene ist dann geeignet, wenn sie eigene Leitungsmacht hat. Ein ausschließlich schriftlicher Austausch widerspricht dem Wortlaut des Gesetzes (»erörtern«) und ist unzulässig.

§ 20 Übergangsbestimmung

[1]Eine nach § 18 oder 19 bestehende Vereinbarung gilt fort, wenn vor ihrer Beendigung das Antrags- oder Initiativrecht nach § 9 Abs. 1 ausgeübt worden ist. [2]Das Antragsrecht kann auch ein auf Grund einer Vereinbarung bestehendes Arbeitnehmervertretungsgremium ausüben. [3]Die Fortgeltung endet, wenn die Vereinbarung durch eine neue Vereinbarung ersetzt oder ein Europäischer Betriebsrat kraft Gesetzes errichtet worden ist. [4]Die Fortgeltung endet auch dann, wenn das besondere Verhandlungsgremium einen Beschluss nach § 15 Abs. 1 fasst; § 15 Abs. 2 gilt entsprechend. [5]Die Sätze 1 bis 4 finden keine Anwendung, wenn in der bestehenden Vereinbarung eine Übergangsregelung enthalten ist.

Übersicht	Rdn.		Rdn.
A. Allgemeines	1	II. Ende	3
B. Fortgeltung	2	C. Übergangsregelung (S 5)	4
I. Eintritt	2		

A. Allgemeines. § 20 dient der Kontinuität der Unterrichtung und Anhörung einer durch Zeitablauf 1
oder Kdg beendeten Vereinbarung (BT-Drs 13/4520, 23). Die Fortgeltung setzt voraus, dass vor dem Zeitpunkt der Beendigung ein **Antrag nach § 9 I** gestellt wurde (S 1), sofern nicht die Verhandlungspartner eine Übergangsregelung (§ 18 I 2 Nr 7) getroffen haben (S 5). Besteht **keine Übergangsregelung** und bleibt ein fristgerechter Antrag aus, findet so lange keine grenzübergreifende Unterrichtung und Anhörung statt, bis eine neue Vereinbarung ausgehandelt oder ein EBR kraft Gesetzes errichtet worden ist. Die Vorschrift entspricht der Bestimmungen zur Fortgeltung bei freiwilligen Vereinbarungen nach § 41 V, VI.

B. Fortgeltung. I. Eintritt. Vorbehaltlich einer abw Regelung (S 5) gilt die Vereinbarung fort, wenn 2
vor dem Zeitpunkt ihrer Beendigung von der zentralen Leitung, mindestens 100 AN oder ihren Vertretern aus mindestens 2 Betrieben oder Unternehmen, die in verschiedenen Mitgliedstaaten liegen, ein Antrag gem § 9 I gestellt worden ist (zu den Antragsvoraussetzungen iE vgl Kommentierung zu § 9 Rdn 1 f). Aus Praktikabilitätsgründen ist nach S 2 ausnahmsweise ein aufgrund der Vereinbarung bestehendes AN-Vertretungsgremium antragsberechtigt (BT-Drs 13/4520, 23).

II. Ende. Die Fortgeltung endet, wenn eine neu ausgehandelte Vereinbarung in Kraft tritt oder ein EBR 3
kraft Gesetzes (§§ 21 ff) errichtet worden ist (S 3). Das BVG kann die Fortgeltung dadurch beenden, dass es nach § 15 I durch Beschluss auf eine grenzübergreifende Unterrichtung und Anhörung verzichtet oder beschließt, keine Verhandlungen aufzunehmen oder diese zu beenden (S 4). Verhandlungen über eine Vereinbarung zur grenzübergreifenden Unterrichtung und Anhörung der AN können nach einem Beschluss entspr § 15 II frühestens nach 2 Jahren wieder aufgenommen werden, sofern das BVG keine kürzere Frist festlegt. Eine bestehende Fortgeltungswirkung kann nicht durch einen Vertrag zwischen der zentralen Leitung und dem EBR aufgehoben werden (*Blanke* Rn 2). Denn das für Neuverhandlungen zuständige Gremium ist ein neuzugründendes BVG (vgl S 4).

C. Übergangsregelung (S 5). Die Verhandlungsparteien können eine von § 20 abw Übergangsrege- 4
lung treffen (s § 18 Rdn 15). Es kann sich um Fortgeltungsbestimmungen handeln, deren Frist von § 20 abweicht, um den ersatzlosen Wegfall des Gremiums oder auch den Übergang zu einem EBR kraft Gesetzes. Verhandlungen über eine neue Vereinbarung zur Unterrichtung und Anhörung kann auch der bestehende EBR mit der zentralen Leitung führen und abschließen (so auch DKK/*Däubler* Rn 2).

§ 21 Voraussetzungen

(1) ¹Verweigert die zentrale Leitung die Aufnahme von Verhandlungen innerhalb von sechs Monaten nach Antragstellung (§ 9), ist ein Europäischer Betriebsrat gemäß den §§ 22 und 23 zu errichten. ²Das gleiche gilt, wenn innerhalb von drei Jahren nach Antragstellung keine Vereinbarung nach §§ 18 oder 19 zustande kommt oder die zentrale Leitung und das besondere Verhandlungsgremium das vorzeitige Scheitern der Verhandlungen erklären. ³Die Sätze 1 und 2 gelten entsprechend, wenn die Bildung des besonderen Verhandlungsgremiums auf Initiative der zentralen Leitung erfolgt.

(2) Ein Europäischer Betriebsrat ist nicht zu errichten, wenn das besondere Verhandlungsgremium vor Ablauf der in Absatz 1 genannten Fristen einen Beschluss nach § 15 Abs. 1 fasst.

Übersicht	Rdn.		Rdn.
A. EBR kraft Gesetzes	1	III. Keine Vereinbarung nach §§ 18 f	
B. Errichtung	2	(I 2 Alt 1)	4
I. Voraussetzungen (I)	2	IV. Scheitern der Verhandlungen (I 2 Alt 2)	5
II. Verweigerung (I 1)	3	C. Keine Errichtung (II)	6

1 **A. EBR kraft Gesetzes.** Die Errichtung eines EBR kraft Gesetzes ist **subsidiär** ggü einer autonomen Vereinbarungslösung nach §§ 17 ff und ggü einer vor dem Stichtag geschlossenen sog Vereinbarung iSd § 41. Nur unter den engen Voraussetzungen des § 21 ist bei einem gemeinschaftsweit tätigen Unternehmen bzw einer Unternehmensgruppe, deren **zentrale Leitung** ihren Sitz **in Deutschland** hat (vgl § 2 I, II), ein EBR kraft Gesetzes zu errichten. Er ist ein **nationales AN-Vertretungsorgan**, das aufgrund seiner transnationalen Aufgaben auch mit AN-Vertretern aus anderen Mitgliedstaaten besetzt ist (*Müller* Rn 2; *Rademacher* S 131). Er wird auf Dauer errichtet und hat im Unterschied zu den einzelnen Mitgliedern (§ 32) **keine feste Amtszeit**. 4 Jahre nach seiner Errichtung prüft der EBR kraft Gesetzes, ob er Verhandlungen über eine Vereinbarung nach §§ 17 ff mit der zentralen Leitung aufnehmen soll. Ausf vgl § 33 Rdn 1 ff.

2 **B. Errichtung. I. Voraussetzungen (I).** Entspr der RL enthält § 21 3 **Fallkonstellationen**: (1) Die zentrale Leitung verweigert die **Aufnahme von Verhandlungen** innerhalb von **6 Monaten** nach Antragstellung gem § 9 (S 1). (2) Es kommt innerhalb von **3 Jahren** nach Antragstellung nicht zum Abschluss einer Vereinbarung gem § 18 oder § 19 (S 2 Alt 1). (3) Die zentrale Leitung und das BVG erklären übereinstimmend das vorzeitige **Scheitern der Verhandlungen** (S 2 Alt 2). Liegt **keine Initiative** – weder von AN-Seite noch von der zentralen Leitung – zur Errichtung des BVG gem § 9 vor, ist kein EBR kraft Gesetzes zu errichten (ebenso *Blanke* § 21 Rn 13 ff mwN). Maßgeblich für den **Fristbeginn** ist der Zugang eines wirksamen Antrags auf Bildung eines BVG bei der zentralen Leitung (§ 9 II 1) oder der Zugang des Initiativbeschlusses der zentralen Leitung bei der nach § 11 federführenden AN-Vertretung. Die **Fristberechnung** erfolgt gem §§ 187 f BGB. Liegen die Voraussetzungen des § 21 vor, ist der EBR kraft Gesetzes unverzüglich durch die Bestellung der AN-Vertreter gem § 23 zu errichten. Daraufhin lädt die zentrale Leitung gem § 25 I zur konstituierenden Sitzung. Eine vorsorgliche Bestellung ist nicht möglich (DKK/*Bachner* § 21 Rn 8; *Blanke* § 21 Rn 9).

3 **II. Verweigerung (I 1).** Das Gesetz differenziert klar zwischen einseitiger Verweigerung der Aufnahme der Verhandlungen durch die zentrale Leitung, der übereinstimmenden Erklärung des Scheiterns und dem Zeitablauf (JRH/*Heckelmann* Kap 32 Rn 75). Eine Verweigerung wie auch eine **Erklärung** des Scheiterns (durch die zentrale Leitung) müssen **eindeutig, ernsthaft und endgültig** sein (*Hromadka* DB 1995, 1125, 1128). Die Untätigkeit der zentralen Leitung steht der Verweigerung der Aufnahme von Verhandlungen nach einem Antrag gem § 9 gleich (BAG 29.6.2004, 1 ABR 32/99, EzA § 5 EBRG Nr 2 aA JRH/*Heckelmann* – Kap 32 Rn 75).

4 **III. Keine Vereinbarung nach §§ 18 f (I 2 Alt 1).** Die Vorschrift will **Verhandlungen ohne Zeitdruck** ermöglichen (*Hromadka* DB 1995, 1125, 1128). Führt eine Partei die Verhandlungen aus Sicht der Gegenseite lediglich formell oder scheinen sich die gegensätzlichen Positionen zu verhärten, soll nach der gesetzlichen Regelung erst nach Ablauf der 3-Jahresfrist ein EBR kraft Gesetzes gebildet werden müssen (JRH/*Heckelmann* Kap 32 Rn 75; aA DKK/*Bachner* § 21 Rn 3). Dies setzt voraus, dass nach der konstituierenden Sitzung des BVG zumindest **eine Verhandlung** stattgefunden hat. Für die Errichtung eines EBR kraft Gesetzes ist unbeachtlich, welcher Seite das Nichtzustandekommen einer Vereinbarung zuzurechnen ist.

5 **IV. Scheitern der Verhandlungen (I 2 Alt 2).** Das Scheitern der Verhandlungen steht fest, wenn eine diesbezügliche Erklärung **von beiden Parteien** unterzeichnet wurde oder entspr Erklärungen wechselseitig zugegangen sind. Die Erklärungen müssen weder zeitgleich noch im gleichen Dokument erfolgen. Sie sind vor Ablauf der 3-Jahresfrist abzugeben. Aus ihnen muss der Wille, die Verhandlungen nicht weiter fortsetzen zu wollen, deutlich hervorgehen. Wird die Erklärung an eine Bedingung geknüpft, kann dies nicht eindeutig angenommen werden. Das Einvernehmen über das Scheitern wird als Vereinbarung (§ 18) eines EBR kraft Gesetzes auszulegen sein.

C. Keine Errichtung (II). Den AN soll keine grenzübergreifende Unterrichtung und Anhörung aufgedrängt werden. In Anknüpfung an § 15 wird daher klargestellt, dass kein EBR kraft Gesetzes zu errichten ist, wenn das BVG durch Beschluss auf eine grenzübergreifende Unterrichtung und Anhörung **verzichtet** hat. Anders als in der RL vorgesehen, endet die Amtszeit des BVG mit dem Beschluss (vgl *Weiss* AuR 195, 438, 441). Vorbehaltlich einer abw Vereinbarung ist eine Initiative auf Errichtung einer gemeinschaftsweiten AN-Beteiligung (§ 9) innerhalb der nächsten 2 Jahre nicht möglich (§ 15 II). 6

§ 22 Zusammensetzung des Europäischen Betriebsrats
(1) ¹Der Europäische Betriebsrat setzt sich aus Arbeitnehmern des gemeinschaftsweit tätigen Unternehmens oder der gemeinschaftsweit tätigen Unternehmensgruppe zusammen. ²Es können Ersatzmitglieder bestellt werden.
(2) Für jeden Anteil der in einem Mitgliedstaat beschäftigten Arbeitnehmer, der 10 Prozent der Gesamtzahl der in allen Mitgliedstaaten beschäftigten Arbeitnehmer der gemeinschaftsweit tätigen Unternehmen oder Unternehmensgruppen oder einen Bruchteil davon beträgt, wird ein Mitglied aus diesem Mitgliedstaat in den Europäischen Betriebsrat entsandt.

Übersicht	Rdn.		Rdn.
A. Mitglieder........................	1	B. Zusammensetzung (II)...............	2

A. Mitglieder. Die Mitglieder des EBR kraft Gesetzes müssen **AN** des gemeinschaftsweit tätigen Unternehmens bzw der Unternehmensgruppe sein (I 1). AN, die in Drittstaaten angestellt sind, kommen nicht in Betracht (*Müller* Rn 2). Anders als bei der Zusammensetzung des BVG muss es sich nicht um AN-Vertreter handeln. Der AN-Begriff richtet sich nach den nationalen Vorschriften, für Deutschland vgl § 4 Rdn 1. **Leitende Angestellte** können mangels einer ausdrücklichen Regelung wie in § 11 IV nicht Mitglieder sein (*Müller* Rn 1; *Blanke* § 22 Rn 2; aA DKK/*Bachner* § 22 Rn 1; *Sandemann* WiB 1997, 393, 396; krit *Ramme* DB 1995, 2066, 2067). Ein Gaststatus ist gem § 23 VI indes möglich (ausf § 23 Rdn 3). Bei 31 Mitgliedstaaten iSd EBRG und max 9 nach dem Proportionalitätsgrds zusätzlich entsandten Mitgliedern, ergibt sich eine derzeitige max Mitgliederzahl von 40 Vertretern. Die Bestellung von Ersatzmitgliedern (I 2) ist zur Wahrung der Kontinuität der Arbeit möglich (vgl § 10 Rdn 4). 1

B. Zusammensetzung (II). II statuiert sowohl das **Repräsentationsprinzip**, als auch das **Proportionalitätsprinzip**. Wegen des identischen Wortlautes gilt das in § 10 Rdn 1 ff Gesagte. Maßgeblicher Zeitpunkt zur Ermittlung der 10%-Schwellenwerte ist der Zeitpunkt der Errichtung des EBR (*Blanke* § 22 Rn 5). 2

§ 23 Bestellung inländischer Arbeitnehmervertreter
(1) ¹Die nach diesem Gesetz oder dem Gesetz eines anderen Mitgliedstaates auf die im Inland beschäftigten Arbeitnehmer entfallenden Mitglieder des Europäischen Betriebsrats werden in gemeinschaftsweit tätigen Unternehmen vom Gesamtbetriebsrat (§ 47 des Betriebsverfassungsgesetzes) bestellt. ²Besteht nur ein Betriebsrat, so bestellt dieser die Mitglieder des Europäischen Betriebsrats.
(2) ¹Die in Abs. 1 Satz 1 genannten Mitglieder des Europäischen Betriebsrats werden in gemeinschaftsweit tätigen Unternehmensgruppen vom Konzernbetriebsrat (§ 54 des Betriebsverfassungsgesetzes) bestellt. ²Besteht neben dem Konzernbetriebsrat noch ein in ihm nicht vertretener Gesamtbetriebsrat oder Betriebsrat, ist der Konzernbetriebsrat um deren Vorsitzende und um deren Stellvertreter zu erweitern; die Vorsitzenden und ihre Stellvertreter gelten insoweit als Konzernbetriebsratsmitglieder.
(3) Besteht kein Konzernbetriebsrat, werden die in Abs. 1 Satz 1 genannten Mitglieder des Europäischen Betriebsrats wie folgt bestellt:
a) Bestehen mehrere Gesamtbetriebsräte, werden die Mitglieder des Europäischen Betriebsrats auf einer gemeinsamen Sitzung der Gesamtbetriebsräte bestellt, zu welcher der Gesamtbetriebsratsvorsitzende des nach der Zahl der wahlberechtigten Arbeitnehmer größten inländischen Unternehmens einzuladen hat. Besteht daneben noch mindestens ein in den Gesamtbetriebsräten nicht vertretener Betriebsrat, sind der Betriebsratsvorsitzende und dessen Stellvertreter zu dieser Sitzung einzuladen; sie gelten insoweit als Gesamtbetriebsratsmitglieder.

b) Besteht neben einem Gesamtbetriebsrat noch mindestens ein in ihm nicht vertretener Betriebsrat, ist der Gesamtbetriebsrat um den Vorsitzenden des Betriebsrats und dessen Stellvertreter zu erweitern; der Betriebsratsvorsitzende und sein Stellvertreter gelten insoweit als Gesamtbetriebsratsmitglieder. Der Gesamtbetriebsrat bestellt die Mitglieder des Europäischen Betriebsrats. Besteht nur ein Gesamtbetriebsrat, so hat dieser die Mitglieder des Europäischen Betriebsrats zu bestellen.
c) Bestehen mehrere Betriebsräte, werden die Mitglieder des Europäischen Betriebsrats auf einer gemeinsamen Sitzung bestellt, zu welcher der Betriebsratsvorsitzende des nach der Zahl der wahlberechtigten Arbeitnehmer größten inländischen Betriebs einzuladen hat. Zur Teilnahme an dieser Sitzung sind die Betriebsratsvorsitzenden und deren Stellvertreter berechtigt; § 47 Abs. 7 des Betriebsverfassungsgesetzes gilt entsprechend.
d) Besteht nur ein Betriebsrat, so hat dieser die Mitglieder des Europäischen Betriebsrats zu bestellen.
(4) Die Abs. 1 bis 3 gelten entsprechend für die Abberufung.
(5) Eine ausgewogene Vertretung der Arbeitnehmer nach ihrer Tätigkeit sollte so weit als möglich berücksichtigt werden; Frauen und Männer sollen entsprechend ihrem zahlenmäßigen Verhältnis bestellt werden.
(6) [1]Das zuständige Sprecherausschussgremium eines gemeinschaftsweit tätigen Unternehmens oder einer gemeinschaftsweit tätigen Unternehmensgruppe mit Sitz der zentralen Leitung im Inland kann einen der in § 5 Abs. 3 des Betriebsverfassungsgesetzes genannten Angestellten bestimmen, der mit Rederecht an den Sitzungen zur Unterrichtung und Anhörung des Europäischen Betriebsrats teilnimmt, sofern nach § 22 Abs. 2 bis 4 mindestens fünf inländische Vertreter entsandt werden. [2]§ 35 Abs. 2 und § 39 gelten entsprechend.

Übersicht

	Rdn.			Rdn.
A. Bestellung inländischer AN-Vertreter (I–III, V)	1		B. Abberufung inländischer AN-Vertreter (IV)	2
			C. Gaststatus leitender Angestellter (VI)	3

1 A. Bestellung inländischer AN-Vertreter (I–III, V). Die auf das Inland entfallenden Mitglieder des EBR kraft Gesetzes werden durch die betrieblichen AN-Vertretungsgremien unabhängig davon bestellt, wo sich die zentrale Leitung befindet und nach welchem nationalen Recht der EBR kraft Gesetzes ausgestaltet ist (§ 2 IV). Die Bestimmung knüpft an die innerstaatlichen Strukturen der nach dem BetrVG bestehenden AN-Vertretungen an und weist das Bestellungsrecht dem KBR, dem GBR bzw dem BR zu (*Müller* Rn 1). Die Bestellung erfolgt nach denselben Regeln wie für die Mitglieder des BVG; § 23 I–III ist insofern **inhaltsgleich mit der Parallelvorschrift in § 11** (vgl § 11 Rdn 3 ff). Im Unterschied zum BVG werden ausschließlich AN des Unternehmens oder der Unternehmensgruppe bestellt (vgl § 22 Rdn 1). Außerdem sollte bei der Entsendung in den EBR nicht nur auf ein repräsentatives Geschlechterverhältnis geachtet werden, sondern auch die ausgewogene Vertretung der Berufsgruppen sollte soweit als möglich berücksichtigt werden. Die Beschlüsse über die Bestellung inländischer AN-Vertreter in den EBR sind in entsprechender Anwendung des § 19 Abs 1 BetrVG gerichtlich überprüfbar (vgl § 11 Rdn 8). Für Streitigkeiten über die Rechtmäßigkeit der Bestellung ist das ArbG örtlich und international zuständig, in dessen Bezirk das nach der Zahl der wahlberechtigten AN größte Unternehmen, bei dem ein Gesamtbetriebsrat gebildet ist, seinen Sitz hat (BAG 18.4.2007, 7 ABR 30/06, EzA § 82 ArbGG 1979 Nr 2). Die **AN-Vertreter aus den übrigen Mitgliedstaaten** werden nach den jeweiligen nationalen Umsetzungsvorschriften bestellt.

2 B. Abberufung inländischer AN-Vertreter (IV). Die Mandatsdauer der einzelnen Mitglieder des EBR kraft Gesetzes beträgt grds 4 Jahre (vgl § 32 I 1). Sofern die Abberufung keine Diskriminierung darstellt, ist sie **jederzeit** möglich (*Müller* Rn 3). Ein Abberufungsgrund ist nicht erforderlich (JRH/*Heckelmann* Kap 32 Rn 78). Zur Abberufung muss das Bestellungsgremium wiederum zusammentreten und mit der erforderlichen Mehrheit (§ 33 I BetrVG, § 47 I BetrVG bzw § 55 III BetrVG) entscheiden. Ein Recht und eine Pflicht zur Abstimmung über eine Abberufung kann entspr § 29 III 1 BetrVG dann anzunehmen sein, wenn 1/4 der Mitglieder des Bestellungsgremiums die Abberufung beantragt (*Müller* Rn 3). Zur Parallele bei der Abberufung eines GBR-Mitglieds vgl Kommentierung zu § 47 BetrVG Rdn 5.

3 C. Gaststatus leitender Angestellter (VI). Das Sprecherausschussgremium kann jederzeit ohne Fristbindung einen leitenden Angestellten bestellen. Zuständig ist der bei der zentralen Leitung angesiedelte Konzern-, Gesamt- oder Unternehmenssprecherausschuss (vgl §§ 21, 16, 20, 1 SprAuG). Im Unterschied zu den weitreichenden Rechten im BVG (§ 11 IV) erlangt der leitende Angestellte **keine Mitgliedschaft**

im EBR kraft Gesetzes. Sein Gaststatus wird nicht auf die inländischen Mitgliederzahlen des EBR kraft Gesetzes angerechnet (*Bachner/Nielebock* AuR 1997, 129, 134). Seine Rechte sind auf Teilnahme und Rede ohne Stimmberechtigung **an allen Sitzungen** (auch den internen **Vor- und Nachbesprechungen**) beschränkt (JRH/*Heckelmann* Kap 32 Rn 79). Der partielle Ausschluss von einzelnen Sitzungen ist mit der angemessenen Beteiligung aller AN iSd RL nicht vereinbar und würde dem Schutzbedürfnis nicht gerecht werden (vgl *Hromadka* DB 1995, 1125, 1126; *Gaul* NJW 1996, 3378, 3384; aA DKK/*Bachner* § 23 Rn 2; *Blanke* § 23 Rn 7).

Die **Kosten** trägt die zentrale Leitung in entspr Anwendung des § 39; für die Pflicht zur Wahrung der **Vertraulichkeit** gilt § 35 II entspr (S 2). Wenn nach S 1 **kein leitender Angestellter** bestimmt werden kann oder der von dem zuständigen Sprecherausschussgremium bestimmte leitende Angestellte nicht an der Sitzung zur Unterrichtung und Anhörung des EBR kraft Gesetzes teilgenommen hat, sieht § 36 II eine **Berichtspflicht** des EBR kraft Gesetzes oder des Ausschusses ggü den Sprecherausschüssen vor (vgl § 36 Rdn 4). 4

§ 24 Unterrichtung über die Mitglieder des Europäischen Betriebsrats

¹Der zentralen Leitung sind unverzüglich die Namen der Mitglieder des Europäischen Betriebsrats, ihre Anschriften sowie die jeweilige Betriebszugehörigkeit mitzuteilen. ²Die zentrale Leitung hat die örtlichen Betriebs- oder Unternehmensleitungen, die dort bestehenden Arbeitnehmervertretungen sowie die in inländischen Betrieben vertretenen Gewerkschaften über diese Angaben zu unterrichten.

Die Vorschrift dient einerseits dem Schutz der EBR-Mitglieder, da nunmehr die gesetzlichen Schutzbestimmungen greifen (zB § 40). Anderseits wird dem Organisationsbedürfnis der einzelnen betroffenen Betriebe und Unternehmen Rechnung getragen. Zur Frage, wann eine Gewerkschaft in einem Betrieb vertreten ist, vgl § 2 BetrVG. 1

§ 25 Konstituierende Sitzung, Vorsitzender

(1) ¹Die zentrale Leitung lädt unverzüglich nach Benennung der Mitglieder zur konstituierenden Sitzung des Europäischen Betriebsrats ein. ²Der Europäische Betriebsrat wählt aus seiner Mitte einen Vorsitzenden und dessen Stellvertreter.
(2) ¹Der Vorsitzende des Europäischen Betriebsrat oder im Falle seiner Verhinderung der Stellvertreter vertritt den Europäischen Betriebsrat im Rahmen der von ihm gefassten Beschlüsse. ²Zur Entgegennahme von Erklärungen, die dem Europäischen Betriebsrat gegenüber abzugeben sind, ist der Vorsitzende oder im Falle seiner Verhinderung der Stellvertreter berechtigt.

Übersicht	Rdn.		Rdn.
A. Konstitutive Sitzung (I 1)	1	B. Vertretungsorgane	2

A. Konstitutive Sitzung (I 1). Dem EBR kraft Gesetzes steht **kein Selbstversammlungsrecht** zu. Kommt die zentrale Leitung der Ladungspflicht nicht nach, muss das für die Bestellung der inländischen AN-Vertreter zuständige betriebsverfassungsrechtliche Gremium den Rechtsweg beschreiten (JRH/*Heckelmann* Kap 32 Rn 80; aA *Blanke* § 25 Rn 3; DKK/*Bachner* § 25 Rn 2; vgl Kommentierung zur Parallelvorschrift § 13 Rdn 1, 4). Im Unterschied zu § 13 I 1 besteht keine Unterrichtungspflicht ggü den örtlichen Betriebs- oder Unternehmensleitung. Mit Hinblick auf die Freistellung (§ 40 iVm § 37 II BetrVG) ist die Unterrichtung jedoch sinnvoll. Die Mitglieder des EBR kraft Gesetzes gestalten die Sitzung eigenständig und bestimmen die Tagesordnung. Ein Anwesenheitsrecht der einladenden zentralen Leitung besteht nicht (*Blanke* § 25 Rn 1). Eine anschließende Sitzung mit der zentralen Leitung ist zur Erörterung der weiteren Vorgehensweise jedoch sinnvoll. 1

B. Vertretungsorgane. Der **Vorsitzende** ist weder Bevollmächtigter noch gesetzlicher Vertreter des EBR. Er vertritt den EBR **nur iR seiner gefassten Beschlüsse** (I 1). Er ist Vertreter in der Erklärung, nicht im Willen. Ferner nimmt der Vorsitzende **Erklärungen** für den EBR **entgegen** (II 2). Erklärungen und Mitteilungen gelten dem EBR kraft Gesetzes als zugegangen, wenn sie dem Vorsitzenden ggü mündlich oder schriftlich abgegeben worden sind. Ist der Vorsitzende verhindert, ist der **Stellvertreter** entspr befugt. Bei der **Wahl** des Vorsitzenden und des Stellvertreters hat jedes Mitglied eine Stimme. Eine Stimmgewichtung nach Anzahl der repräsentierten AN findet nicht statt. Die Wahl des Vorsitzenden und seines Stellvertreters findet grds in **getrennten Wahlgängen** statt (JRH/*Heckelmann* Kap 32 Rn 80). Wird auf Beschluss des 2

EBR kraft Gesetzes nur ein Wahlgang durchgeführt, ist derjenige mit den meisten Stimmen zum Vorsitzenden gewählt; derjenige mit der nächst höchsten Stimmzahl zum stellvertretenden Vorsitzenden (*Blanke* § 25 Rn 7). Lehnt das Mitglied mit den meisten Stimmen die Wahl ab, sind Neuwahlen anzusetzen. Die **Ablehnung** ist formlos möglich, ebenso die jederzeitige Amtsniederlegung. Die Mitgliedschaft im EBR wird dadurch nicht berührt. Die Abberufung des Vorsitzenden bzw. seines Stellvertreters ist jederzeit durch Mehrheitsbeschluss möglich. Endet das Amt des Vorsitzenden oder seines Stellvertreters vorzeitig, sind in den nächsten Sitzungen Neuwahlen durchzuführen.

§ 26 Ausschuss
¹Der Europäische Betriebsrat bildet aus seiner Mitte einen Ausschuss. ²Der Ausschuss besteht aus dem Vorsitzenden und mindestens zwei, höchstens vier weiteren zu wählenden Ausschussmitgliedern. ³Die weiteren Ausschussmitglieder sollen in verschiedenen Mitgliedstaaten beschäftigt sein. ⁴Der Ausschuss führt die laufenden Geschäfte des Europäischen Betriebsrats.

Übersicht	Rdn.		Rdn.
A. Errichtung des Ausschusses (I)	1	B. Aufgaben und Stellung	2

1   **A. Errichtung des Ausschusses (I).** Ein EBR kraft Gesetzes hat unabhängig von der Anzahl seiner Mitglieder aus seiner Mitte einen **3 bis 5-köpfigen Ausschuss** zu bilden (S 1, 2), um eine funktionsfähige Arbeitsweise zu gewährleisten. Ausschussvorsitzender ist der Vorsitzende des EBR (*Müller* Rn 3). Der Stellvertreter vertritt den Vorsitzenden des EBR auch hier bei dessen Verhinderung. Die Wahl erfolgt entspr § 27 I 3 BetrVG nach den Grundsätzen der Verhältniswahl, um die Dominanz des beschäftigungsstärksten Mitgliedstaats zu verhindern (*Müller* Rn 1; aA *Blanke* § 26 Rn 2). Die **Soll-Vorschrift** des S 3 entspricht dem Repräsentationsprinzip. Zu Gunsten einer effektiven Ausschussarbeit kann davon im Einzelfall abgewichen werden (JRH/*Heckelmann* Kap 32 Rn 81; *Engels/Müller* DB 1996, 981, 986). Eine Abberufung von Ausschussmitgliedern bedarf einer 3/4 Mehrheit der Stimmen der Mitglieder des EBR (§ 27 I 5 BetrVG analog). Aus Gründen der Rechtssicherheit ist die Anfechtung der Wahl nach § 19 BetrVG analog innerhalb von 2 Wochen vor dem ArbG geltend zu machen.

2   **B. Aufgaben und Stellung.** Die Aufgaben des Ausschusses bestehen darin, die laufenden Geschäfte des EBR zu führen und anstelle des EBR bei außergewöhnlichen Umständen oder Entscheidungen nach § 30 die Unterrichtung und Anhörung sicherzustellen (vgl § 30 Rdn 4). Damit kommt ihm eine **Doppelfunktion** zu. Die laufenden Geschäfte sind zumeist interne organisatorische Aufgaben, die sich regelmäßig wiederholen und keiner Beschlussfassung des EBR bedürfen (*Blanke* § 26 Rn 5), zB Vorbesprechungen mit der zentralen Leitung, die Vorbereitung von externen und internen Sitzungen (§§ 27, 29, 30), die Einholung von Auskünften sowie die Entgegennahme von Anregungen der Belegschaft (JRH/*Heckelmann* Kap 32 Rn 80).

3   Der Ausschuss ist ein **Organ des EBR kraft Gesetzes** und kann diesen nicht wirksam vertreten. Lediglich in den gesetzlich geregelten Fällen (zB § 30 II) tritt er an die Stelle des EBR kraft Gesetzes und nimmt dessen Aufgaben wahr (*Blanke* § 26 Rn 3). Der EBR kraft Gesetzes kann jederzeit Einzelmaßnahmen (nicht jedoch die Führung der Geschäfte generell) an sich ziehen und dadurch in die Geschäftsführung des Ausschusses eingreifen. Die Grundsätze über die Geschäftsführung des EBR kraft Gesetzes gelten für den Ausschuss entspr. In der Geschäftsordnung des EBR kraft Gesetzes kann die Geschäftsführung näher bestimmt werden.

§ 27 Sitzungen
(1) ¹Der Europäische Betriebsrat hat das Recht, im Zusammenhang mit der Unterrichtung durch die zentrale Leitung nach § 29 eine Sitzung durchzuführen und zu dieser einzuladen. ²Das gleiche gilt bei einer Unterrichtung über außergewöhnliche Umstände nach § 30. ³Der Zeitpunkt und der Ort der Sitzungen sind mit der zentralen Leitung abzustimmen. ⁴Mit Einverständnis der zentralen Leitung kann der Europäische Betriebsrat weitere Sitzungen durchführen. ⁵Die Sitzungen des Europäischen Betriebsrats sind nicht öffentlich.
(2) Abs. 1 gilt entsprechend für die Wahrnehmung der Mitwirkungsrechte des Europäischen Betriebsrats durch Ausschuss nach § 26.

Übersicht	Rdn.			Rdn.
A. Sitzungen im Zusammenhang mit §§ 29, 30 (I 1–3)	1	B.	Weitere Sitzungen (I 4)	3

A. Sitzungen im Zusammenhang mit §§ 29, 30 (I 1–3). Der EBR kraft Gesetzes ist befugt, **im Zusammenhang mit** der jährlichen und außergewöhnlichen Unterrichtung und Anhörung nach §§ 29, 30 eine **interne Sitzung** ohne Teilnahmerecht der zentralen Leitung durchzuführen und zu dieser einzuladen (S 1). Der Zusammenhang muss zeitlich und räumlich gegeben sein. Umfasst sind eine **Vorbereitungs- und** eine **Nachbereitungssitzung** (*Blanke* § 27 Rn 4; *Harazim* AiB 1997, 633; vgl auch § 13 Rdn 7). Auf den Sitzungen können die AN-Vertreter die in den vorerwähnten Vorschriften genannten Angelegenheiten erörtern, sich dazu beraten und Beschlüsse über das weitere Vorgehen fassen. Die Nachbereitungssitzung kann erforderlich sein, um ein Protokoll für die abgestimmte Unterrichtung der örtlichen AN-Vertreter sicherzustellen (DKK/*Bachner* § 27 Rn 1). Der EBR kraft Gesetzes tagt mit der zentralen Leitung – vorbehaltlich außergewöhnlicher Umstände nach § 30 – einmal im Jahr (vgl Anhang Nr 2 S 1 zur RL). Nach dem Grundsatz der vertrauensvollen Zusammenarbeit und der Kostenübernahmepflicht (§ 39) ist es regelmäßig geboten, dass der EBR kraft Gesetzes anstehende **Themen** der Geschäftsführung und **Wahlen** auf dieser jährlichen Sitzung abhandelt. 1

Der **Zeitpunkt und Ort der Sitzungen** ist mit der zentralen Leitung **abzustimmen** (I 3). Die vorbereitende und nachbereitende Sitzung sollte in einem unmittelbaren Zusammenhang mit der **Besprechung** mit der zentralen Leitung stehen, um zusätzliche Kosten zu vermeiden, denn die für die Sitzung nach §§ 29, 30 von der zentralen Leitung im Voraus ausgehändigten Unterlagen können Bedarf an Sachverhaltsaufklärung und Rücksprache auslösen, dem dann sogleich Genüge getan werden kann. Die **Sitzungsdauer** ergibt sich aus der Erforderlichkeit der Besprechung (vgl § 39). Die zentrale Leitung trägt alle in diesem Zusammenhang anfallenden Kosten gem § 39. 2

B. Weitere Sitzungen (I 4). Will der EBR kraft Gesetzes noch weitere interne Sitzungen durchführen, muss er hierfür das **Einverständnis** der zentralen Leitung einholen, die unter Beachtung des Grundsatzes der vertrauensvollen Zusammenarbeit (§ 34) abzuwägen hat (*Engels/Müller* DB 1996, 981, 986; *Fitting* Übersicht EBRG Rn 86). Die Ablehnung ist zulässig, wenn kein wichtiger Grund für eine außerhalb des Turnus stattfindende Sitzung gegeben ist (DKK/*Bachner* § 27 Rn 5; aA *Blanke* § 27 Rn 6;). Die zentrale Leitung ist nur dann verpflichtet, die Kosten für weitere Sitzungen zu tragen, wenn sie dieser vorher zugestimmt hat (*Blanke* § 27 Rn 6). 3

C. Nichtöffentlichkeit (I 5). Die Sitzungen des EBR kraft Gesetzes sind aufgrund der Vertraulichkeit der meisten Beratungsgegenstände nichtöffentl. Der Grundsatz der Nichtöffentlichkeit steht im Zusammenhang mit der Geheimhaltungs- und Verschwiegenheitspflicht gem § 35 II, III. Sachverständige, Dolmetscher und leitende Angestellte können unter den gesetzlichen Voraussetzungen (vgl §§ 23 VI, 39 II, 39 I) an den Sitzungen teilnehmen (JRH/*Heckelmann* Kap 32 Rn 82). Andere leitende Angestellte und Vertreter der zentrale Leitung können bei Zustimmung des EBR kraft Gesetzes zeitweise zugelassen werden (DKK/*Bachner* § 27 Rn 6). Das Gebot der Nichtöffentlichkeit steht nicht zur Disposition des EBR. Folglich können **Gewerkschaftsbeauftragte**, die nicht als Sachverständige auftreten (vgl § 39 II S 2), durch Beschluss des EBR kein Teilnahmerecht erlangen (LAG BW 23.12.2014, 11 TaBV 6/14, BeckRS 2015, 69902; JRH/*Heckelmann* aaO; *Gaul* NJW 1996, 3378, 3384; HWK/*Giesen* Rn 54; wohl auch *Müller* Rn 2; aA DKK/*Bachner* § 27 Rn 7 mwN). 4

D. Ausschusssitzungen (II). Nimmt der Ausschuss (§ 26) Aufgaben des EBR nach § 30 II wahr, **gilt I für den Ausschuss entspr.** Der Grundsatz der Nichtöffentlichkeit gilt nicht für die Mitglieder des EBR, die für die Betriebe oder Unternehmen bestellt worden sind, die unmittelbar von den außergewöhnlichen Maßnahmen betroffen sind (vgl § 30 II 3). Die Sitzungen des Ausschusses im Zusammenhang mit der Geschäftsführung (vgl § 26 Rdn 2, 3) sind nicht von dem Einverständnis der zentralen Leitung abhängig. 5

§ 28 Beschlüsse, Geschäftsordnung

¹Die Beschlüsse des Europäischen Betriebsrats werden, soweit in diesem Gesetz nichts anderes bestimmt ist, mit der Mehrheit der Stimmen der anwesenden Mitglieder gefasst. ²Sonstige Bestimmungen über die Geschäftsführung sollen in einer schriftlichen Geschäftsordnung getroffen werden, die der Europäische Betriebsrat mit der Mehrheit der Stimmen seiner Mitglieder beschließt.

§ 29 EBRG Jährliche Unterrichtung und Anhörung

Übersicht	Rdn.		Rdn.
A. Beschlussfassung (S 1)	1	B. Geschäftsordnung (S 2)	2

1 **A. Beschlussfassung (S 1).** Ein wirksamer Beschluss setzt ordnungsgemäße Ladung, Beschlussfähigkeit und erforderliche Mehrheit voraus. Die Beschlüsse des EBR kraft Gesetzes werden mit der **Mehrheit der Stimmen der anwesenden Mitglieder** (einfache Mehrheit) gefasst, es sei denn, dass das Gesetz etwas anderes bestimmt. S 1 entspricht wörtlich der Regelung in § 33 I 1 BetrVG. Als **gesetzliche Ausnahmen** setzt das EBRG für den Beschluss einer Geschäftsordnung (§ 28 S 2) und die Entscheidung über die Aufnahme von Verhandlungen (§ 33) die Mehrheit der Stimmen der Mitglieder des EBR (absolute Mehrheit) voraus. Jedes Mitglied des EBR hat eine Stimme. Stimmenthaltungen gelten der Ablehnung, Stimmengleichheit führt zur Ablehnung des Antrags. Nach dem Wortlaut (»anwesende Mitglieder«) ist das Umlaufverfahren unzulässig. **Beschlussfähigkeit** ist nur dann gegeben, wenn entspr § 33 II BetrVG mindestens die Hälfte der Mitglieder an der Beschlussfassung teilnimmt (*Müller* Rn 1). Für die Bestimmung der Mitgliederzahl ist auf die bestellten Mitglieder abzustellen (aA *Blanke* § 28 Rn 3). In der Geschäftsordnung (S 2) kann das **Abstimmungsverfahren** festgelegt werden, soweit keine ausdrückliche Regelung besteht. Demnach kann die erforderliche einfache Mehrheit nicht durch die Geschäftsordnung geändert werden. Die Beschlüsse sind in der Sitzungsniederschrift festzuhalten (*Blanke* § 28 Rn 5). **Änderungen, Ergänzungen und Aufhebungen** der Beschlüsse sind so lange möglich, wie diese nicht durchgeführt worden sind oder ihre Rechtswirkung nach außen entfaltet haben. **Streitigkeiten** über die Beschlüsse des EBR kraft Gesetzes unterliegen hins ihrer Rechtswirksamkeit des Zustandekommens und ihres Inhalts der eingeschränkten Nachprüfbarkeit. Das ArbG beurteilt nicht die Zweckmäßigkeit. Sofern es sich um Organisationsentscheidungen (zB Wahlen) handelt, ist § 19 BetrVG entspr anzuwenden.

2 **B. Geschäftsordnung (S 2).** Der Beschluss über die Geschäftsordnung bedarf der **Niederschrift** und Unterschrift des Vorsitzenden. Eine Bekanntmachung oder Veröffentlichung der Geschäftsordnung ist nicht erforderlich. **Inhalt** der Geschäftsordnung sollen Bestimmungen über die interne Ordnung der **Geschäftsführung** sein. Von den zwingenden Vorschriften des EBRG kann nicht abgewichen werden. Aus Effizienz- und Praktibilitätsgründen muss die Möglichkeit der Bildung von Entsendekreisen durch Geschäftsordnungsregelung auch für den EBR kraft Gesetzes anerkannt werden (vgl § 10 Rdn 1, § 13 Rdn 10). Die gesetzlichen Zuständigkeiten und Aufgaben des EBR können nicht erweitert werden, da die Geschäftsordnung lediglich **Verfahrensvorschriften** regelt. Eine **Änderung, Ergänzung oder Aufhebung** ist durch Beschluss (absolute Mehrheit) möglich. Abweichungen von der Geschäftsordnung bedürfen desselben Stimmquorums (*Müller* Rn 3). Die Vorschrift stimmt wörtlich mit § 36 BetrVG überein (vgl dort).

§ 29 Jährliche Unterrichtung und Anhörung
(1) Die zentrale Leitung hat den Europäischen Betriebsrat einmal im Kalenderjahr über die Entwicklung der Geschäftslage und die Perspektiven des gemeinschaftsweit tätigen Unternehmens oder der gemeinschaftsweit tätigen Unternehmensgruppe unter rechtzeitiger Vorlage der erforderlichen Unterlagen zu unterrichten und ihn anzuhören.
(2) Zu der Entwicklung der Geschäftslage und den Perspektiven im Sinne des Absatzes 1 gehören insbesondere
 1. Struktur des Unternehmens oder der Unternehmensgruppe sowie die wirtschaftliche und finanzielle Lage,
 2. die voraussichtliche Entwicklung der Geschäfts-, Produktions- und Absatzlage,
 3. die Beschäftigungslage und ihre voraussichtliche Entwicklung,
 4. Investitionen (Investitionsprogramme),
 5. grundlegende Änderungen der Organisation,
 6. die Einführung neuer Arbeits- und Fertigungsverfahren,
 7. die Verlegung von Unternehmen, Betrieben oder wesentlichen Betriebsteilen sowie Verlagerungen der Produktion,
 8. Zusammenschlüsse oder Spaltungen von Unternehmen oder Betrieben,
 9. die Einschränkung oder Stilllegung von Unternehmen, Betrieben oder wesentlichen Betriebsteilen,
 10. Massenentlassungen.

Übersicht	Rdn.		Rdn.
A. Übersicht	1	VII. Einführung neuer Arbeits- und Fertigungsverfahren (Nr 6)	12
B. Jährliche Unterrichtung und Anhörung (I)	2	VIII. Verlegung von Unternehmen, Betrieben oder wesentlichen Betriebsteilen sowie Verlagerungen der Produktion (Nr 7)	13
C. Gegenstand (II)	5		
I. Allgemein	5		
II. Struktur sowie wirtschaftliche und finanzielle Lage (Nr 1)	7	IX. Zusammenschlüsse oder Spaltungen von Unternehmen oder Betrieben (Nr 8)	14
III. Voraussichtliche Entwicklung der Geschäfts-, Produktions- und Absatzlage (Nr 2)	8	X. Einschränkungen oder Stilllegungen von Unternehmen, Betrieben oder wesentlichen Betriebsteilen (Nr 9)	15
IV. Beschäftigungslage und ihre voraussichtliche Entwicklung (Nr 3)	9	XI. Massenentlassungen (Nr 10)	16
V. Investitionen (Nr 4)	10	D. Rechtsfolge	17
VI. Grundlegende Änderungen der Organisation (Nr 5)	11		

A. Übersicht. Die Vorschrift enthält die wesentlichen **Informations- und Beteiligungsrechte** des EBR 1 kraft Gesetzes. Dabei handelt es sich um **kein wirkliches Mitbestimmungsrecht**. Das Unterrichtungs- und Anhörungsrecht beschränkt sich auf **grenzübergreifende Angelegenheiten** iSd § 1 II. Der Beispielkatalog in II hat auch Bedeutung bei **freiwilligen Vereinbarungen** iSd §§ 17 ff. Weil die Bildung des EBR kraft Gesetzes bei Scheitern der Verhandlungen zwingend ist, kommt den in §§ 29, 30 angeführten Gegenstände praktisch die Funktion von **Mindeststandards** zu (*Blanke* § 32 Rn 2). Das Beteiligungsrecht gilt für Tendenzunternehmen nur eingeschränkt (vgl § 31).

B. Jährliche Unterrichtung und Anhörung (I). Die zentrale Leitung ist **zwingend** verpflichtet, den EBR 2 kraft Gesetzes einmal in jedem Kalenderjahr über die Entwicklung der Geschäftslage und die Perspektiven des gemeinschaftsweit tätigen Unternehmens oder der gemeinschaftsweit tätigen Unternehmensgruppe unter rechtzeitiger Vorlage der erforderlichen Unterlagen zu unterrichten und ihn anzuhören. **Unterrichtung** umfasst die Übermittlung von Informationen (§ 1 Rdn 5). **Anhörung** ist der Meinungsaustausch und die Einrichtung eines Dialogs zwischen zentraler Leitung und dem EBR kraft Gesetzes (vgl § 1 Rdn 6).
Die Verpflichtung besteht **einmal im Kalenderjahr**. Aus der Entstehungsgeschichte des Anhangs Nr 2 S 1 3 der RL ergibt sich, dass der EBR kraft Gesetzes darüber hinaus keine weiteren turnusmäßigen Sitzungen verlangen kann (vgl *Müller* Rn 1). Nach dem Wortlaut geht die Initiative für die Sitzung von der zentralen Leitung aus. Die Parteien legen Zeitpunkt, Ort und Dauer der Sitzungen im Einvernehmen fest (§ 34 S 1). Die örtliche Betriebs- und Unternehmensleitung sollte von der zentralen Leitung von dem Termin unterrichtet werden. Die zentrale Leitung hat den EBR kraft Gesetzes **rechtzeitig** vor der Sitzung zu unterrichten, wie dies ähnlich für den Wirtschaftsausschuss in § 106 II BetrVG festgelegt ist. Rechtzeitig meint eine **angemessene Zeit vor der gemeinsamen Sitzung**, die dem EBR kraft Gesetzes eine Meinungsbildung durch Einarbeitung und Austausch sowie unter den Voraussetzungen des § 39 auch die Hinzuziehung eines Sachverständigen ermöglicht. Die Unterrichtung ist **verspätet**, wenn die zuständige Managementebene über die in § 29 II Nr 5–10 genannten Plansachverhalte bereits eine Entscheidung getroffen hat (HWK/*Giesen* Rn 62; vgl auch § 1 Rdn 5). Besteht vonseiten der zentralen Leitung Zeitdruck, ist die Unterrichtung und Anhörung gem § 30 durchzuführen.
Die **Unterrichtung** erfordert die **Vorlage der erforderlichen Unterlagen** (zum Umfang s.a. § 106 4 BetrVG Rdn 6). Dies umfasst einen **schriftlichen Bericht** sowie auf diesen bezogene Unterlagen. **Erforderlich** sind die Unterlagen dann, wenn sie für das Verständnis der Diskussion über die Entwicklung der Geschäftslage und die Perspektiven des Unternehmens bzw der Gruppe einschließlich der in diesem Zusammenhang geplanten Maßnahmen notwendig sind (*Blanke* § 32 Rn 7). Aus Verhältnismäßigkeitserwägungen (§ 34) ist der Umfang der erforderlichen Unterlagen umso geringer, je konkreter der Bericht der zentralen Leitung ausgestaltet ist (*Müller* Rn 3). Die Unterlagen sind in der jeweiligen **Landessprache** der EBR-Mitglieder auszuhändigen.

C. Gegenstand (II). I. Allgemein. Gegenstand der Unterrichtung sind die Entwicklung der Geschäfts- 5 lage und die Perspektiven des Unternehmens oder der Unternehmensgruppe. II enthält einen **Katalog**, der hierzu **beispielhaft** die wichtigsten Angelegenheiten aufzählt. In enger Anlehnung an die RL-Vorgaben entsprechen die Gegenstände iW den **wirtschaftlichen Angelegenheiten** iSd § 106 III BetrVG, die der Unternehmer mit dem Wirtschaftsausschuss zu erörtern hat (ergänzend vgl § 106 BetrVG Rdn 8). Die Angelegenheiten nach Nr 5–10 sind enger gefasst und entsprechen eher den sich aus § 111 S 3 BetrVG ergebenden Gegenständen einer Betriebsänderung (BT-Drs 13/4520, 26; JRH/*Heckelmann* Kap 32 Rn 87; vgl § 111 BetrVG Rdn 12 ff). Die Gegenstände müssen **grenzübergreifende Angelegenheiten** iSd § 1 II betreffen. Vergleicht man den Wortlaut mit § 106 II 1 BetrVG wird deutlich, dass nach § 29 keine »umfassende« Unterrichtung verlangt wird; der Umfang der Informationspflicht ist geringer. Aufgrund der **Informationsdichte** wird die zentrale Leitung nicht über jede wirtschaftliche Angelegenheit in allen Einzelheiten informieren können, sondern eine Auswahl ihrer wichtigsten Vorgänge nach pflichtgemäßem Ermessen treffen müssen (JRH/*Heckelmann* aaO; zutr *Ruoff* BB 1997, 2478, 2483). Nach seinem Wortlaut (»insb«) ist der **Katalog nicht abschließend**. Über weitere Vorgänge und Vorhaben, die die Interessen der AN berühren können, hat die zentrale Leitung ebenfalls zu informieren. Die zentrale Leitung kann die Unterrichtung des EBR verweigern, wenn dadurch **Betriebs- und Geschäftsgeheimnisse** des Unternehmens oder der Unternehmensgruppe gefährdet werden (vgl § 35 I).

6   Bei der Auslegung der einzelnen Gegenstände kann zwar auf die Kommentierung zu §§ 106 III, 111 S 3 BetrVG zurückgegriffen werden. Allerdings ist II eine gemeinschaftsrechtliche Vorschrift, die **autonom und einheitlich für das gesamte Gemeinschaftsrecht auszulegen** ist (vgl EuGH 19.9.2000, Rs C-287/98, Slg 2000, I-6917, ZfIR 2000, 889 Rn 43; 27.1.2005, Rs C-188/03, ZIP 2005, 230, 231).

7   **II. Struktur sowie wirtschaftliche und finanzielle Lage (Nr 1).** Als **Grundlage** für die Unterrichtung dient die Information über die Struktur des Unternehmens oder der Unternehmensgruppe sowie die wirtschaftliche und finanzielle Lage. Struktur ist der organisatorische Aufbau, die Gliederung in unterschiedliche Betriebe, Sparten und Geschäftszweige einschließlich seiner finanziellen Beteiligung an anderen Unternehmen (*Blanke* § 32 Rn 18). Zur wirtschaftlichen und finanziellen Lage vgl § 106 BetrVG Rdn 8.

8   **III. Voraussichtliche Entwicklung der Geschäfts-, Produktions- und Absatzlage (Nr 2).** Die Entwicklung der Geschäftslage meint die mittel- bis langfristige Fortschreibung der wirtschaftlichen und finanziellen Lage des Unternehmens bzw der Gruppe in der Zukunft. Zur voraussichtlichen Entwicklung der Produktions- und Absatzlage vgl § 106 BetrVG Rdn 8.

9   **IV. Beschäftigungslage und ihre voraussichtliche Entwicklung (Nr 3).** Umfasst wird die **personalwirtschaftliche** Situation und Perspektive. Erforderlich sind Aussagen zur Zahl der AN, ihrer Verteilung auf die Betriebe und Unternehmen in den einzelnen Ländern sowie entspr Prognosen für die Zukunft.

10   **V. Investitionen (Nr 4).** Investitionen meint lang- und mittelfristig zur Verfügung stehende Finanzmittel im Zusammenhang mit der Produktions-, Absatz- (Nr 2) und Personalplanung (Nr 3).

11   **VI. Grundlegende Änderungen der Organisation (Nr 5).** Die zentrale Leitung hat über grundlegende Änderungen der **Unternehmens- und Betriebsorganisation** zu informieren (vgl § 111 BetrVG Rdn 17).

12   **VII. Einführung neuer Arbeits- und Fertigungsverfahren (Nr 6).** Die Einführung neuer Arbeits- und Fertigungsverfahren steht im Zusammenhang mit den Angaben nach Nr 5 und umfasst ua die Gestaltung der Arbeitsvorgänge und den Einsatz neuer Technologien (zB konzernweite Umstellung auf SAP). Nach dem Wortlaut ist die Unterrichtung, anders als nach § 111 S 3 Nr 5 BetrVG, nicht auf »grundlegende« Neuerungen beschränkt. Im Hinblick auf die Informationsdichte wird man ein grenzübergreifendes Beteiligungsrecht jedoch dann ablehnen, wenn lediglich die für die Branche insgesamt typischen Modernisierungen und die üblichen laufenden Verbesserungen geplant sind (ebenso wohl *Müller* Rn 10; aA *Blanke* § 32 Rn 23).

13   **VIII. Verlegung von Unternehmen, Betrieben oder wesentlichen Betriebsteilen sowie Verlagerungen der Produktion (Nr 7).** Die Unterrichtung umfasst jede nicht nur geringfügige Veränderungen der örtlichen Lage eines Unternehmens, Betriebes oder von wesentlichen Betriebsteilen oder der Produktion. Der Betriebs- bzw Unternehmenszweck ändert sich dabei nicht. Ein Betriebsteil ist wesentlich, wenn er einerseits qualitativ für die Gesamtorganisation eine wesentliche Bedeutung hat und andererseits quantitativ einen erheblichen Teil der Gesamtbelegschaft (Schwellenwerte aus § 17 I KSchG) betrifft. Für die Verlagerung der Produktion ist ausreichend, wenn einzelne wesentliche Prozesse der Produktherstellung an einen anderen Standort verlegt werden.

14   **IX. Zusammenschlüsse oder Spaltungen von Unternehmen oder Betrieben (Nr 8).** Erfasst sind organisatorische Veränderungen auf der Betriebs- oder Unternehmensebene (vgl § 106 BetrVG Rdn 8).

15   **X. Einschränkungen oder Stilllegungen von Unternehmen, Betrieben oder wesentlichen Betriebsteilen (Nr 9).** Die Beteiligungspflicht umfasst auch die Einschränkungen oder Stilllegungen von Unternehmen, Betrieben oder wesentlichen Betriebsteilen (vgl § 111 BetrVG Rdn 12 f).

XI. Massenentlassungen (Nr 10). Anders als in §§ 106, 111 BetrVG spricht das EBRG ausdrücklich 16
von Massenentlassungen und meint den Personalabbau, der gemessen an der Größe des Unternehmens
oder des Betriebes eine erhebliche Zahl von AN betrifft. Dabei ist auf den Zahlenwert des § 17 I KSchG
mit der Maßgabe abzustellen, dass mindestens 5 % der AN eines Betriebes die Kdg erklärt wird (BAG
6.12.1988, 1 ABR 47/87, NZA 1989, 399; JRH/*Heckelmann* Kap 32 Rn 87).

D. Rechtsfolge. Die verspätete Unterrichtung ist eine **Ordnungswidrigkeit** (§ 45 I Nr 2). Ferner stellt die 17
Verletzung der Anhörungspflicht eine Behinderung der Tätigkeit des EBR dar und ist als Vergehen gem § 44
I Nr 2 iVm § 42 Nr 2 **strafbewehrt**. Der EBR hat kraft Gesetzes gegen die zentrale Leitung **keinen Unterlassungsanspruch** aus § 23 III BetrVG, § 1004 iVm § 823 I, II BGB analog (vgl Vorb EBRG Rdn 12).

§ 30 Unterrichtung und Anhörung

(1) ¹Über außergewöhnliche Umstände oder Entscheidungen, die erhebliche Auswirkungen auf die Interessen der Arbeitnehmer haben, hat die zentrale Leitung den Europäischen Betriebsrat rechtzeitig unter Vorlage der erforderlichen Unterlagen zu unterrichten und auf Verlangen anzuhören. ²Als außergewöhnliche Umstände gelten insbesondere
1. die Verlegung von Unternehmen, Betrieben oder wesentlichen Betriebsteilen,
2. die Stilllegung von Unternehmen, Betrieben oder wesentlichen Betriebsteilen,
3. Massenentlassungen.
(2) ¹Besteht ein Ausschuss nach § 26, so ist dieser anstelle des Europäischen Betriebsrats nach Abs. 1 Satz 1 zu beteiligen. ²§ 27 Abs. 1 Satz 2 bis 5 gilt entsprechend. ³Zu den Sitzungen des Ausschusses sind auch diejenigen Mitglieder des Europäischen Betriebsrats zu laden, die für die Betriebe oder Unternehmen bestellt worden sind, die unmittelbar von den geplanten Maßnahmen oder Entscheidungen betroffen sind; sie gelten insoweit als Ausschussmitglieder.

Übersicht	Rdn.		Rdn.
A. Außerordentliche Beteiligung (I)	1	B. Beteiligung des Ausschusses (II)	4
I. Allgemein	1	C. Rechtsfolge	5
II. Außergewöhnliche Umstände oder Entscheidungen	3		

A. Außerordentliche Beteiligung (I). I. Allgemein. Die zentrale Leitung hat den EBR unter Vorlage der 1
erforderlichen Unterlagen zu unterrichten, wenn **außergewöhnliche Umstände** eintreten oder Entscheidungen getroffen werden, die erhebliche Auswirkungen auf die AN haben. Der EBR oder der Ausschuss können sich daraufhin in internen Sitzungen beraten (vgl § 27 I 2). Im Unterschied zu § 29 trifft nach dem Wortlaut (»auf Verlangen anzuhören«) nun den EBR die **Initiativlast**, eine Sitzung mit der zentralen Leitung zu verlangen, sofern er zur geplanten Maßnahme angehört werden will (JRH/*Heckelmann* Kap 32 Rn 90). Erfahren der EBR oder der Ausschuss aus **anderen Quellen** von den außergewöhnlichen Umständen, können sie ebenfalls eine Anhörung verlangen (*Blanke* § 33 Rn 9). Für Tendenzunternehmen gilt das Beteiligungsrecht nur eingeschränkt (vgl § 31). Als **Zeitpunkt** für die Unterrichtung und Anhörung kommt nur eine Maßnahme in Betracht, die erst nach der jährlichen Sitzung das **Planungsstadium** erreicht hat und die die zentrale Leitung noch vor der nächsten Turnussitzung realisieren möchte (JRH/*Heckelmann* aaO; *Müller* Rn 1). Mit der Umsetzung der »geplanten Maßnahme« (II 3) darf noch nicht begonnen worden sein. Die Beteiligung muss so **rechtzeitig** sein, dass der EBR seine internen Beratungen (§ 27 I 2) durchführen kann und danach in einer unverzüglich einberufenen Sondersitzung Vorschläge oder Bedenken des EBR noch geäußert und berücksichtigt werden können.
Ein nach § 23 VI vom zuständigen Sprecherausschussgremium bestimmter **leitender Angestellter** kann nur 2
dann an den Sitzungen nach § 33 mit Rederecht teilnehmen, wenn kein Ausschuss (§§ 26, 30 II) besteht. Für die Sitzungen des Ausschusses steht dem leitenden Angestellten nach dem Wortlaut des Gesetzes kein Teilnahme- und Rederecht zu.

II. Außergewöhnliche Umstände oder Entscheidungen. Anders als bei § 29 müssen die geplanten wirt- 3
schaftlichen Maßnahmen **erhebliche Auswirkungen auf die Interessen der AN** haben. Die bloße Möglichkeit genügt nicht (JRH/*Heckelmann* Kap 32 Rn 89; *Blanke* § 33 Rn 4). **Außergewöhnlich** sind Umstände, die auf einer nicht erwarteten Entwicklung beruhen. Das können entspr des nunmehr geänderten Wortlauts des I S 1 auch Entscheidungen auf der Ebene des Unternehmens bzw herrschenden Unternehmens sein, die mit einer gewissen Zwangsläufigkeit Auswirkungen auf die AN haben werden. S 2 enthält eine

unwiderlegliche Vermutung für Vorliegen eines außergewöhnlichen Umstands. Hierzu zählen die Verlegung (vgl § 29 Rdn 13) oder Stilllegung (vgl § 29 Rdn 15) von Unternehmen (vgl § 2 Rdn 1), Betrieben (vgl § 1 Rdn 3) oder wesentlichen Betriebsteilen sowie die Massenentlassung (vgl § 29 Rdn 16). Die Aufzählung ist **nicht abschließend**. Die beispielhafte Konkretisierung dient als Orientierung. Wesentliche Strukturänderungen iSd § 37 sind immer auch Gegenstand der Unterrichtung und Anhörung. Die zentrale Leitung entscheidet in anderen Fällen nach pflichtgemäßem Ermessen über die Beteiligung des EBR kraft Gesetzes. Erhebliche Auswirkungen können insb auch bei den in § 29 II Nr 5–9 angeführten Sachverhalten in Betracht kommen. Schließlich muss es sich um **grenzübergreifende Angelegenheiten** handeln (vgl § 1 Rdn 3).

4   **B. Beteiligung des Ausschusses (II).**   Sofern nach § 26 I ein Ausschuss gebildet wurde, ist dieser anstelle des EBR in gleicher Weise nach I 1 zu beteiligen. Der Ausschuss tagt in einem **erweiterten Gremium** (JRH/*Heckelmann* Kap 32 Rn 90). Zu seinen Sitzungen sind zusätzlich diejenigen Mitglieder des EBR zu laden, die für die unmittelbar von den geplanten Maßnahmen betroffene Betriebe oder Unternehmen bestellt worden sind. Sie gelten insoweit als Ausschussmitglieder (S 3) mit Stimmrecht. Der Ausschuss hat das Recht, die Sitzungen intern vor- und nachzubereiten (vgl S 2).

5   **C. Rechtsfolge.**   Die Verletzung des Beteiligungsrechts ist nach § 45 I Nr 2 **bußgeldbewehrt**. Ein Unterlassungsanspruch des EBR kraft Gesetzes aus § 23 III BetrVG, § 1004 iVm § 823 I, II BGB analog besteht nicht (LAG Köln 8.9.2011 – 13 Ta 267/11, BB 2012, 197 mit Anm *Heckelmann/Wolff; Maiß/Pauken* BB 2013, 1589 vgl Vorb EBRG Rdn 12).

§ 31 Tendenzunternehmen

Auf Unternehmen und herrschende Unternehmen von Unternehmensgruppen, die unmittelbar und überwiegend den in § 118 Abs. 1 Satz 1 Nr 1 und 2 des Betriebsverfassungsgesetzes genannten Bestimmungen oder Zwecken dienen, finden nur § 29 Abs. 2 Nr 5 bis 10 und § 30 Anwendung mit der Maßgabe, dass eine Unterrichtung und Anhörung nur über den Ausgleich oder die Milderung der wirtschaftlichen Nachteile erfolgen muss, die den Arbeitnehmern infolge der Unternehmens- oder Betriebsänderungen entstehen.

§ 32 Dauer der Mitgliedschaft, Neubestellung von Mitgliedern

(1) ¹Die Dauer der Mitgliedschaft im Europäischen Betriebsrat beträgt vier Jahre, wenn sie nicht durch Abberufung oder aus anderen Gründen vorzeitig endet. ²Die Mitgliedschaft beginnt mit der Bestellung.
(2) ¹Alle zwei Jahre, vom Tage der konstituierenden Sitzung des Europäischen Betriebsrats (§ 25 Abs. 1) an gerechnet, hat die zentrale Leitung zu prüfen, ob sich die Arbeitnehmerzahlen in den einzelnen Mitgliedstaaten derart geändert haben, dass sich eine andere Zusammensetzung des Europäischen Betriebsrats nach § 22 Abs. 2 errechnet. ²Sie hat das Ergebnis dem Europäischen Betriebsrat mitzuteilen. ³Ist danach eine andere Zusammensetzung des Europäischen Betriebsrat erforderlich, veranlasst dieser bei den zuständigen Stellen, dass die Mitglieder des Europäischen Betriebsrats in den Mitgliedstaaten neu bestellt werden, in denen sich eine gegenüber dem vorhergehenden Zeitraum abweichende Anzahl der Arbeitnehmervertreter ergibt; mit der Neubestellung endet die Mitgliedschaft der bisher aus diesen Mitgliedstaaten stammenden Arbeitnehmervertreter im Europäischen Betriebsrat. ⁴Die Sätze 1 bis 3 gelten entsprechend bei Berücksichtigung eines bisher im Europäischen Betriebsrat nicht vertretenen Mitgliedstaats.

Übersicht	Rdn.		Rdn.
A. Allgemeines	1	C. Neubestellung (II)	3
B. Dauer der Mitgliedschaft (I)	2		

1   **A. Allgemeines.**   § 32 regelt die Dauer der Mitgliedschaft im EBR und die Anpassung seiner personellen Zusammensetzung insb bei Strukturänderungen unterhalb der Wesentlichkeitsschwelle iSd § 37, durch die sich die Notwendigkeit einer anderen Zusammensetzung des EBR kraft Gesetzes ergibt. Aus der Regelung folgt, dass der **EBR kraft Gesetzes** als solcher keine Amtszeit hat, sondern eine **Dauereinrichtung** wie der KBR und der GBR ist (JRH/*Heckelmann* Kap 32 Rn 94; *Hromadka* DB 1995, 1125, 1130; *Ruoff* BB 1997, 2478, 2482). Er fällt ersatzlos weg, sobald die Voraussetzungen des § 3 nicht mehr gegeben sind (*Engels/Müller* DB 1996, 981, 986; *Schmidt* NZA 1997, 180, 182). Hat der EBR nach Ablauf von 4 Jahren nach der konstituierenden Sitzung einen Beschluss zur Aufnahme von Verhandlungen mit der

zentralen Leitung gefasst und ist eine autonome Vereinbarung nach §§ 17 ff geschlossen worden, endet die Amtszeit des EBR ebenfalls (vgl § 33 Rdn 3). Die Vorschrift umfasst auch die Dauer der Mitgliedschaft von AN-Vertretern aus anderen Mitgliedstaaten. Anders als die Bestellungsvorschrift gilt § 32 nur für Unternehmen bzw Unternehmensgruppen mit (fingierter) zentraler Leitung im Inland (vgl § 2 Rdn 1 ff). Liegt die (fingierte) zentrale Leitung in einem anderen Mitgliedstaat, richtet sich die Dauer der Mitgliedschaft nach dessen Umsetzungsvorschriften.

B. Dauer der Mitgliedschaft (I). Die individuelle Mitgliedschaft im EBR ist zeitlich auf **4 Jahre** begrenzt. 2 Sie beginnt mit der Bestellung durch die nach den jeweiligen Umsetzungsbestimmungen vorgesehenen Gremien (vgl § 23 Rdn 1 f). Die Fristberechnung richtet sich nach §§ 187 I, 188 II BGB. Eine **vorzeitige Beendigung** der Mitgliedschaft ist jederzeit möglich (S 1). Dafür kommen folgende Gründe in Betracht: Abberufung (§ 23 Rdn 2), Neubestellung nach II 3, Beendigung des Arbeitsverhältnisses (vgl § 22 I 1), Tod des EBR-Mitglieds, Amtsniederlegung und Ende der Amtszeit des EBR kraft Gesetzes (§ 33 S 3, § 3). Die vorzeitige Beendigung macht eine Neubestellung erforderlich. Das Ende der Amtszeit führt automatisch zur Beendigung der Mitgliedschaft im Ausschuss nach § 26.

C. Neubestellung (II). Zur Sicherstellung der **repräsentativen und proportionalen Zusammensetzung** 3 des EBR kraft Gesetzes bei späteren Erweiterungen, Verkleinerungen oder Strukturänderungen ist die **zentrale Leitung** verpflichtet, **alle 2 Jahre** zu **prüfen**, ob sich die AN-Zahlen in den einzelnen Mitgliedstaaten in einer Weise geändert haben, dass sich aus § 22 II eine andere personelle Zusammensetzung des EBR ergibt (S 1). Die Prüfung findet erstmals 2 Jahre nach der konstitutiven Sitzung des EBR (§ 25 I) statt. Für die Fristberechnung gilt § 188 II BGB. Die Berechnung der AN-Zahlen erfolgt punktuell nach dem Status am Tag der Prüfung (ebenso *Blanke* § 36 Rn 5; aA HWK/*Giesen* Rn 69, der vom Durchschnittswert nach § 4 ausgeht). Die zentrale Leitung ist verpflichtet, dem EBR kraft Gesetzes das Ergebnis der Prüfung durch Vorlage entspr Unterlagen mitzuteilen (S 2).

Weist das Prüfungsergebnis die Erforderlichkeit einer **anderen Zusammensetzung** nach § 22 II aus, obliegt 4 es dem EBR kraft Gesetzes, dafür zu sorgen, dass die Mitglieder in denjenigen Mitgliedstaaten neu bestellt werden, für die sich eine geänderte Zahl der AN-Vertreter ergibt (JRH/*Heckelmann* Kap 32 Rn 94). In den **betroffenen Mitgliedstaaten** sind dann **alle Mitglieder** des EBR **neu zu bestellen**. Zu diesem Zweck hat sich der EBR an die nach dem jeweiligen nationalen Recht zuständigen Bestellungsgremien oder die für die Einleitung von Wahlen zuständigen Stellen zu wenden und sie zu einer entspr Neubestellung oder Neuwahl aufzufordern. Waren AN-Vertreter aus einem Mitgliedstaat bislang nicht im EBR kraft Gesetzes vertreten, so ist eine erstmalige Bestellung oder Wahl zu veranlassen (S 4). Die AN-Vertreter eines Mitgliedstaates fallen ersatzlos weg, wenn deren Bestellung nach § 22 II nicht mehr vorgesehen ist. Für die Neubestellung bzw -wahl gibt es kein Mindestquorum der Veränderung wie zB in § 13 II Nr 1 BetrVG. Mit der Neubestellung erlischt die Mitgliedschaft der zuvor aus den betroffenen Mitgliedstaaten entsandten AN-Vertreter (vgl S 3).

§ 33 Aufnahme von Verhandlungen

¹Vier Jahre nach der konstituierenden Sitzung (§ 25 Abs. 1) hat der Europäische Betriebsrat mit der Mehrheit der Stimmen seiner Mitglieder einen Beschluss darüber zu fassen, ob mit der zentralen Leitung eine Vereinbarung nach § 17 ausgehandelt werden soll. ²Beschließt der Europäische Betriebsrat die Aufnahme von Verhandlungen, hat er die Rechte und Pflichten des besonderen Verhandlungsgremiums; die §§ 8, 13; 14 und 15 Abs. 1 sowie die §§ 16 bis 19 gelten entsprechend. ³Das Amt des Europäischen Betriebsrats endet, wenn eine Vereinbarung nach § 17 geschlossen worden ist.

Übersicht	Rdn.		Rdn.
A. Beschluss über Verhandlungsaufnahme ...	1	B. Rechtsfolge der Verhandlungsbereitschaft	2

A. Beschluss über Verhandlungsaufnahme. Der EBR kraft Gesetzes ist entspr dem Anhang der RL **zwin-** 1 **gend** verpflichtet, **4 Jahre nach** seiner **konstituierenden Sitzung** (§ 25 I) einen Beschluss darüber zu fassen, ob mit der zentralen Leitung eine Vereinbarung nach § 17 ausgehandelt werden soll und damit ein Wechsel zur **Vereinbarungslösung** angestrebt wird (S 1). Bei der Fristberechnung ist nach §§ 187 I, 188 II BGB der Tag der konstituierenden Sitzung nicht mitzuzählen. **Ziel** der Vorschrift ist es, dem ggf zwischenzeitlich personell veränderten EBR kraft Gesetzes (vgl § 32 I, II 3) seine subsidiäre Funktion ggü der Vereinbarungslösung ins Gedächtnis zu rufen. Der Beschluss erfordert, abw von dem ansonsten erforderlichen

§ 35 EBRG Geheimhaltung, Vertraulichkeit

Stimmquorum, die **absolute Mehrheit** (vgl auch hins der übrigen Verfahrensvoraussetzungen § 28 Rdn 1). Bei einem **ablehnenden Beschluss** bleibt der EBR kraft Gesetzes weiter im Amt (s Rdn 3).

2 B. **Rechtsfolge der Verhandlungsbereitschaft.** Beschließt der EBR kraft Gesetzes mit der Mehrheit seiner Stimmen, mit der zentralen Leitung in Verhandlungen treten zu wollen, wird ihm die **Rechtsstellung des BVG** zuerkannt, um nach den für dieses Gremium geltenden Regeln eine entspr Vereinbarung mit der zentralen Leitung aushandeln zu können (S 2). Mit gesetzlicher Übertragung der Rechte und Pflichten des BVG übt der EBR kraft Gesetzes nunmehr eine **Doppelfunktion** aus (*Fitting* Übersicht EBRG Rn 80). Anstelle des BVG führt er die Verhandlungen mit der zentralen Leitung nach den für das BVG geltenden Regelungen (*Hromadka* DB 1995, 1125, 1130). Die Bestimmungen über die Aufgaben des BVG (§ 8), die Verfahrens- und Verhandlungsmodalitäten einschließlich der Kostentragungspflicht der zentralen Leitung (§§ 13–16) sowie die nach §§ 17–19 iR einer Vereinbarung gewährte Gestaltungsfreiheit der Parteien finden Anwendung. Dessen ungeachtet bleibt die Beteiligungspflicht nach §§ 29, 30 während der Dauer der Verhandlungen bestehen.

3 Kommt eine **Vereinbarung nach § 17** zustande, so **endet** das Amt des EBR kraft Gesetzes mit deren Wirksamwerden und an seine Stelle tritt die vereinbarte Form der grenzübergreifenden Unterrichtung und Anhörung (ebenso *Blanke* § 37 Rn 7 mwN). **Scheitern die Verhandlungen**, bleibt der EBR im Amt (*Fitting* aaO), selbst wenn er einen Beschluss nach § 15 analog fasst. Der Beschluss beendet seine Rechtsstellung als BVG. Das Amt des EBR kraft Gesetzes endet jedoch erst mit dem Wegfall der Voraussetzungen nach § 3 oder wenn nach Aufhebung des ablehnenden Beschlusses mit der absoluten Mehrheit eine Vereinbarung mit der zentralen Leitung zustande kommt (S 3). Der EBR kraft Gesetzes ist gesetzlich nicht verpflichtet, turnusmäßig zu prüfen, ob eine Verhandlungslösung zustande kommt. Die Aufhebung des Beschlusses über das Scheitern der Verhandlungen kann nach dem Grundsatz des Vorrangs der Verhandlungslösung jedoch jederzeit mit absoluter Stimmmehrheit erfolgen. Hat der EBR kraft Gesetzes in der Stellung des BVG einen Beschluss entspr § 15 gefasst, bedarf der Aufhebungsbeschluss einer 2/3-Mehrheit.

§ 34 Vertrauensvolle Zusammenarbeit
¹Zentrale Leitung und Europäischer Betriebsrat arbeiten vertrauensvoll zum Wohl der Arbeitnehmer und des Unternehmens oder der Unternehmensgruppe zusammen. ²Satz 1 gilt entsprechend für die Zusammenarbeit zwischen zentraler Leitung und Arbeitnehmervertretern im Rahmen eines Verfahrens zur Unterrichtung und Anhörung.

1 Die europäische AN-Vertretung und die zentrale Leitung arbeiten bei **allen Formen der grenzübergreifenden Unterrichtung und Anhörung** vertrauensvoll zum Wohl der AN und des Unternehmens bzw der Unternehmensgruppe zusammen. **Adressat** ist einerseits die zentrale Leitung, andererseits der EBR kraft Gesetzes (S 1; § 21), der EBR kraft Vereinbarung (§ 18) sowie eine iR autonomer Vereinbarungslösungen geschaffene AN-Vertretung (§§ 17, 19). Für das BVG ist der Grundsatz eigenständig in § 8 III 1 statuiert. Der EBR muss aber bei seiner Willensbildung nicht die Interessen des Unternehmens gleichgewichtig beachten, denn er ist in 1. Linie Interessenvertreter der AN. Vielmehr zielt das Zusammenarbeitsgebot darauf ab, trotz bestehender Interessengegensätze ein von Fairness und Ehrlichkeit geprägtes Klima zu wahren. Als **Generalklausel** wirkt die Vorschrift direkt auf Inhalt und Abgrenzung aller nach dem EBRG bestehenden Rechte und Pflichten der Beteiligten ein. So sind zB Sitzungsmodalitäten einvernehmlich festzulegen (§ 27), konstruktive Dialoge iSd § 1 zu führen (§§ 29, 30), und die zentrale Leitung hat die Auskunfts- und Unterrichtungspflichten rechtzeitig und umfassend zu erfüllen (§§ 5, 29 I, 30). Aus dem Gebot resultiert unmittelbar die Friedenspflicht. Folglich sind zwischen den Beteiligten **Arbeitskampfmaßnahmen** ausgeschlossen (JRH/*Heckelmann* Kap 32 Rn 95; *Engels/Müller* DB 1996, 981, 990; aA *Blanke* § 38 Rn 4).

§ 35 Geheimhaltung, Vertraulichkeit
(1) Die Pflicht der zentralen Leitung, über die im Rahmen der §§ 18 und 19 vereinbarten oder die sich aus den §§ 29 und 30 Abs. 1 ergebenden Angelegenheiten zu unterrichten, besteht nur, soweit dadurch nicht Betriebs- oder Geschäftsgeheimnisse des Unternehmens oder der Unternehmensgruppe gefährdet werden.
(2) ¹Die Mitglieder und Ersatzmitglieder eines Europäischen Betriebsrats sind verpflichtet, Betriebs- oder Geschäftsgeheimnisse, die ihnen wegen ihrer Zugehörigkeit zum Europäischen Betriebsrat bekannt geworden und von der zentralen Leitung ausdrücklich als geheimhaltungsbedürftig bezeichnet worden sind, nicht zu offenbaren und nicht zu verwerten. ²Dies gilt auch nach dem Ausscheiden aus dem Europäischen Betriebsrat. ³Die Verpflichtung gilt nicht gegenüber Mitgliedern eines Europäischen Betriebsrats.

⁴Sie gilt ferner nicht gegenüber den örtlichen Arbeitnehmervertretern der Betriebe oder Unternehmen, wenn diese auf Grund einer Vereinbarung nach § 18 oder nach § 36 über den Inhalt der Unterrichtungen und die Ergebnisse der Anhörungen zu unterrichten sind, den Arbeitnehmervertretern im Aufsichtsrat sowie gegenüber Dolmetschern und Sachverständigen, die zur Unterstützung herangezogen werden.
(3) Die Pflicht zur Vertraulichkeit nach Abs. 2 Satz 1 und 2 gilt entsprechend für
1. die Mitglieder und Ersatzmitglieder des besonderen Verhandlungsgremiums,
2. die Arbeitnehmervertreter im Rahmen eines Verfahrens zur Unterrichtung und Anhörung (§ 19),
3. die Sachverständigen und Dolmetscher sowie
4. die örtlichen Arbeitnehmervertreter.
(4) Die Ausnahmen von der Pflicht zur Vertraulichkeit nach Abs. 2 Satz 3 und 4 gelten entsprechend für
1. das besondere Verhandlungsgremium gegenüber Sachverständigen und Dolmetschern,
2. die Arbeitnehmervertreter im Rahmen eines Verfahrens zur Unterrichtung und Anhörung gegenüber Dolmetschern und Sachverständigen, die vereinbarungsgemäß zur Unterstützung herangezogen werden und gegenüber örtlichen Arbeitnehmervertretern, sofern diese nach der Vereinbarung (§ 19) über die Inhalte der Unterrichtungen und die Ergebnisse der Anhörungen zu unterrichten sind.

Übersicht	Rdn.		Rdn.
A. Geheimhaltungsrecht der zentralen Leitung (I)	1	B. Vertraulichkeit (II–IV)	2
		C. Durchsetzung	3

A. Geheimhaltungsrecht der zentralen Leitung (I). Der Umfang der Unterrichtungspflicht ist beschränkt 1 durch das Recht der zentralen Leitung, die Auskunftserteilung zu verweigern, soweit dadurch Betriebs- oder Geschäftsgeheimnisse des Unternehmens oder der Unternehmensgruppe **gefährdet** werden. Dies entspricht Art 8 II der RL. Die Ausgestaltung der Geheimhaltungsbefugnis orientiert sich an den betriebsverfassungsrechtlichen Vorgaben der §§ 43 II 3, 106 II BetrVG (vgl § 106 BetrVG Rdn 7). **Betriebs- und Geschäftsgeheimnisse** sind Tatsachen, die im Zusammenhang mit dem technischen Betrieb oder der wirtschaftlichen Betätigung des Unternehmens oder der Unternehmensgruppe stehen, nur einem begrenzten Personenkreis bekannt, also nicht offenkundig sind, nach dem bekundeten Willen der zentralen Leitung oder der anderen befugten Managementebene geheim gehalten werden sollen und an denen ein berechtigtes Geheimhaltungsinteresse besteht (sog **materielles Geheimnis**; *Müller* Rn 2 mwN). Betriebsgeheimnisse sind zB Herstellungsverfahren, Patente, Konstruktionszeichnungen. Geschäftsgeheimnisse umfassen die Liquidität des Unternehmens, Kundenlisten, Kalkulationsunterlagen etc. Liegt ein materielles Geheimnis vor, ist die zentrale Leitung weiter verpflichtet zu prüfen, ob trotz der Pflicht zur Verschwiegenheit nach II, III ein berechtigtes Geheimhaltungsinteresse **objektiv** begründet ist (JRH/*Heckelmann* Kap 32 Rn 96). Nur insofern entfällt in Ausnahmefällen die Informationspflicht.

B. Vertraulichkeit (II–IV). Im Unterschied dazu besteht die Verschwiegenheitspflicht, wenn ein materiel- 2 les Geheimnis den Beteiligten mit der **ausdrücklichen Erklärung** offenbart wird, dass eine bestimmte Angelegenheit als Geschäfts- oder Betriebsgeheimnis eingestuft wird und entspr **Stillschweigen zu wahren** ist (**formelles Geheimnis**). II–IV sind inhaltlich und strukturell an § 79 BetrVG orientiert. Die im Vertrauen mitgeteilten Geschäfts- oder Betriebsgeheimnisse dürfen weder offenbart (dh an unberechtigte Dritte weitergegeben) noch verwertet (dh das Ausnutzen des in dem Geheimnis verkörperten Wertes zur Erzielung persönlicher wirtschaftlicher Vorteile) werden. Der Verschwiegenheitspflicht unterfallen sämtliche Mitglieder und Ersatzmitglieder des BVG (§§ 9, 11), des EBR kraft Gesetzes (§ 21) und aufgrund Vereinbarung (§ 18) sowie AN-Vertreter iR einer Vereinbarung nach §§ 17, 19, wenn ihnen das materielle Geheimnis **aufgrund ihrer Eigenschaft als Mandatsträger** bekannt wird. Unter anderen Umständen bekannt gewordene Betriebs- oder Geschäftsgeheimnisse sind ggf nach § 17 UWG geschützt. Unter den Mitgliedern besteht **intern** keine Verschwiegenheitspflicht (II 3, IV). Um den Kommunikationsfluss zu wahren und die Ausübung der Aufgaben in angemessener Weise zu gewährleisten, sind auch die örtlichen AN-Vertreter, Sachverständige und Dolmetscher entspr zum Stillschweigen verpflichtet (III), sodass untereinander Offenheit möglich ist (II 4). Der Verschwiegenheit bedarf es auch nicht ggü AN-Vertreter im Aufsichtsrat, die vom EBR kraft Gesetzes zur Unterstützung herangezogen werden. Sie sind nach § 93 I AktG zur Vertraulichkeit verpflichtet. Das Gebot gilt über die individuelle Amtszeit bzw die Tätigkeit hinaus (vgl II 2). In der Praxis ist dringend darauf zu achten, dass der **Gegenstand** des Geschäfts- oder Betriebsgeheimnisses klar und deutlich in einer **schriftlichen Erklärung** bezeichnet und ausgehändigt wird. Zur Klarstellung sollte die Erklärung auch ein Hinweis darüber enthalten, dass die Verschwiegenheitsverpflichtung auch für alle nachgeordneten Gremien und Personen gilt (JRH/*Heckelmann* Kap 32 Rn 97).

3 **C. Durchsetzung.** Die zentrale Leitung hat einen **Unterlassungsanspruch** gegen die zur Verschwiegenheit verpflichteten Personen, wenn bereits eine Pflichtverletzung vorliegt oder eine solche ernsthaft droht (JRH/ *Heckelmann* Kap 32 Rn 98). Weiter besteht bei schuldhafter Verletzung ein **Schadensersatzanspruch** nach § 823 II BGB iVm § 35 II 1, 2 (*Müller* Rn 10). Abzulehnen ist die teilweise vertretene Ansicht (vgl GK-BetrVG/*Wiese/Oetker* § 23 BetrVG Rn 8 f), dass § 23 I BetrVG, der dem AG wegen grober Pflichtverstöße die Möglichkeit gibt, den Ausschluss eines Mitglieds aus dem BR oder dessen Auflösung zu verlangen, abschließend sei. Die **Sanktionsmöglichkeiten** in § 23 I **BetrVG** gelten im Hinblick auf die Gremien und AN-Vertreter des EBRG **analog** (JRH/*Heckelmann* aaO). Der Gesetzgeber wollte eine weitgehende Harmonisierung des BetrVG und des EBRG. So ist auch die Verletzung der Verschwiegenheitspflicht in § 44 I Nr 1 mit gleicher Strafandrohung wie in § 120 I BetrVG statuiert. Das EBRG enthält jedoch hins einer milderen Sanktionsmöglichkeit eine planwidrige Regelungslücke, die durch die entspr Anwendung des § 23 I BetrVG zu schließen ist. Anders als die Vertraulichkeitspflicht in § 109 BetrVG wird eine Streitigkeit hins § 35 von den **ArbG** im Beschlussverfahren entschieden (§§ 2a, 80 ff ArbGG).

§ 36 Unterrichtung der örtlichen Arbeitnehmervertreter

(1) Der Europäische Betriebsrat oder der Ausschuss (§ 30 Abs. 2) berichtet den örtlichen Arbeitnehmervertretern oder, wenn es diese nicht gibt, den Arbeitnehmern der Betriebe oder Unternehmen über die Unterrichtung und Anhörung.
(2) ¹Das Mitglied des Europäischen Betriebsrats oder des Ausschusses, das den örtlichen Arbeitnehmervertretungen im Inland berichtet, hat den Bericht in Betrieben und Unternehmen, in denen Sprecherausschüsse der leitenden Angestellten bestehen, auf einer gemeinsamen Sitzung im Sinne des § 2 Abs. 2 des Sprecherausschussgesetzes zu erstatten. ²Dies gilt nicht, wenn ein nach § 23 Abs. 6 bestimmter Angestellter an der Sitzung zur Unterrichtung und Anhörung des Europäischen Betriebsrats teilgenommen hat. ³Wird der Bericht nach Abs. 1 nur schriftlich erstattet, ist er auch dem zuständigen Sprecherausschuss zuzuleiten.

Übersicht	Rdn.		Rdn.
A. Unterrichtungspflicht (I)	1	B. Unterrichtung der leitenden Angestell-	
I. Allgemein	1	ten (II)	4
II. Form............................	3		

1 **A. Unterrichtungspflicht (I). I. Allgemein.** Durch die Vorschrift soll gewährleistet werden, dass die grenzübergreifende Unterrichtung und Anhörung auch die AN in den örtlichen Niederlassungen erreicht (BT-Drs 13/4520, 26). Die Berichterstattung erfolgt primär ggü der **örtlichen AN-Vertretung**. Besteht eine örtliche AN-Vertretung, hat der EBR ggü dem Arbeitgeber keinen zusätzlichen Anspruch auf unmittelbare Kommunikation mit den AN (LAG BW 2.10.2014, 11 TaBV 6/13, BeckRS 2015, 67996). Im Inland sind damit die **BR** gemeint. Es ist jedoch ausreichend, wenn nur dasjenige Gremium unterrichtet wird, als die Mitglieder des EBR bestellt sind (§ 23 Rdn 1 f; KBR, GBR; JRH/*Heckelmann* Kap 32 Rn 91). Dieses ist dann zur Weitergabe des Berichts verpflichtet. In anderen Mitgliedstaaten sind die nach den dort bestehenden Vorschriften oder Gepflogenheiten vorhandenen örtlichen AN-Vertreter zu informieren. Aus der Zielsetzung der Vorschrift folgt, dass die unterrichtete AN-Vertretung den wesentlichen Inhalt des Berichts **unter Ausschluss der vertraulichen Informationen** (§ 35 II) an die Belegschaft weitergeben muss. Dies kann auf Betriebsversammlungen, durch Veröffentlichung in der Betriebszeitung oder Aushang am Schwarzen Brett geschehen.

2 Besteht keine örtliche AN-Vertretung in den Betrieben oder Unternehmen, sind die **AN unmittelbar** zu informieren, idR **schriftlich**. Vor dem Hintergrund des hohen Organisations- und Kostenaufwandes sind eigens einberufene Belegschaftsversammlung unverhältnismäßig mit der Folge, dass eine Kostentragungspflicht für die zentrale Leitung (§ 39 I) nicht besteht (JRH/*Heckelmann* Kap 32 Rn 91; *Müller* Rn 4). Die EBR-Mitglieder haben zum Zwecke der persönlichen Unterrichtung ein Zugangsrecht (*Bachner/Nielebock* AuR 1997, 129, 136).

3 **II. Form.** Eine bestimmte Form ist grds nicht vorgeschrieben, kann also **schriftlich oder mündlich** geschehen (JRH/*Heckelmann* aaO), insbes. ergibt sich aus II S 3 kein Vorrang der mündlichen Information (LAG BW 2.10.2014, 11 TaBV 5/14, BeckRS 2015, 67995) In seiner Geschäftsordnung kann der EBR konkrete Verfahrensmodalitäten für die Unterrichtung regeln (vgl § 28 Rdn 2). Die Unterrichtung erfolgt idR **durch ein Mitglied** des EBR oder Ausschusses (vgl II 1). Es besteht keine Vorrangigkeit der Unterrichtung durch

einen bestehenden Ausschuss (LAG BW 2.10.2014, 11 TaBV 5/14, BeckRS 2015, 67995). Vor dem Hintergrund der sprachlichen Unterschiede ist es empfehlenswert, die Unterrichtung je Mitgliedstaat dem jeweils entsandten EBR-Mitglied aufzuerlegen.

B. Unterrichtung der leitenden Angestellten (II). Auch die leitenden Angestellten sind über die Unterrichtung und Anhörung mit der zentralen Leitung (§§ 29, 30) zu informieren, sofern ein **Sprecherausschuss** besteht. Dies geschieht **mündlich** auf einer **gemeinsamen Sitzung** des Sprecherausschusses und des BR (§ 2 II SprAuG) durch das Mitglied des EBR kraft Gesetzes oder des Ausschusses, das den örtlichen AN-Vertretungen im Inland berichtet (S 1). Sofern der Bericht nur **schriftlich** erstattet werden kann, ist er auch dem zuständigen Sprecherausschuss zuzuleiten (S 3). Besteht in dem Betrieb oder Unternehmen kein BR oder GBR und ist daher eine gemeinsame Sitzung nicht möglich, wird ebenfalls eine schriftliche Unterrichtung geboten sein. Die Unterrichtung entfällt, wenn ein nach § 23 VI bestimmter leitender Angestellter an der Sitzung zur Unterrichtung und Anhörung des EBR teilgenommen hat (S 2). Der Sprecherausschuss ist auch dann zu unterrichten, wenn die (fingierte) **zentrale Leitung nicht im Inland** liegt (§ 2 IV). 4

§ 37 Wesentliche Strukturänderungen

(1) ¹Ändert sich die Struktur des gemeinschaftsweit tätigen Unternehmens oder der gemeinschaftsweit tätigen Unternehmensgruppe wesentlich und bestehen hierzu keine Regelungen in geltenden Vereinbarungen oder widersprechen sich diese, nimmt die zentrale Leitung von sich aus oder auf Antrag der Arbeitnehmer oder ihrer Vertreter (§ 9 Abs. 1) die Verhandlung über eine Vereinbarung nach § 18 oder § 19 auf. ²Als wesentliche Strukturänderungen im Sinne des Satzes 1 gelten insbesondere
1. Zusammenschluss von Unternehmen oder Unternehmensgruppen,
2. Spaltung von Unternehmen oder der Unternehmensgruppe,
3. Verlegung von Unternehmen oder der Unternehmensgruppe in einen anderen Mitgliedstaat oder Drittstaat oder Stilllegung von Unternehmen oder der Unternehmensgruppe,
4. Verlegung oder Stilllegung von Betrieben, soweit sie Auswirkungen auf die Zusammensetzung des Europäischen Betriebsrats haben können.

(2) Abweichend von § 10 entsendet jeder von der Strukturänderung betroffene Europäische Betriebsrat aus seiner Mitte drei weitere Mitglieder in das besondere Verhandlungsgremium.

(3) ¹Für die Dauer der Verhandlung bleibt jeder von der Strukturänderung betroffene Europäische Betriebsrat bis zur Errichtung eines neuen Europäischen Betriebsrats im Amt (Übergangsmandat). ²Mit der zentralen Leitung kann vereinbart werden, nach welchen Bestimmungen und in welcher Zusammensetzung das Übergangsmandat wahrgenommen wird. ³Kommt es nicht zu einer Vereinbarung mit der zentralen Leitung nach Satz 2, wird das Übergangsmandat durch den jeweiligen Europäischen Betriebsrat entsprechend der für ihn im Unternehmen oder der Unternehmensgruppe geltenden Regelung wahrgenommen. ⁴Das Übergangsmandat endet auch, wenn das besondere Verhandlungsgremium einen Beschluss nach § 15 Abs. 1 fasst.

(4) Kommt es nicht zu einer Vereinbarung nach § 18 oder § 19, ist in den Fällen des § 21 Abs. 1 ein Europäischer Betriebsrat nach den §§ 22 und 23 zu errichten.

Übersicht	Rdn.		Rdn.
A. Übersicht	1	VII. Schwankungen der AN-Zahl	9
B. Wesentliche Strukturänderung (I)	2	C. Zusätzliche Voraussetzungen (I)	10
I. Allgemeines	2	I. Keine Regelung	10
II. Zusammenschluss (Nr 1)	3	II. Sich widersprechende Vereinbarungen	11
III. Spaltung (Nr 2)	5	III. Antrag	13
IV. Auslandsverlegung und Stilllegung von Unternehmen (Nr 3)	6	D. Rechtsfolgen (I-IV)	14
V. Verlegung oder Stilllegung von Betrieben (Nr 4)	7	I. Zusammensetzung der Neuverhandlungsgremiums (II)	14
VI. EU-Erweiterung	8	II. Übergangsmandat (III)	15
		III. Ende der Neuverhandlungen (IV)	16

A. Übersicht. § 37 wurde dem EBRG durch das 2. EBRG-ÄndG neu hinzugefügt. Die Vorschrift setzt Art. 13 RL um und ermöglicht die Aufnahme von Verhandlungen über die Errichtung eines neuen EBR im Fall wesentlicher Strukturänderungen des Unternehmens oder der Unternehmensgruppe. Nach I S 1 kann bei einer wesentl Strukturänderung das Antrags- oder Initiativrecht nach § 9 I ausgeübt werden, wenn für diesen Fall keine Anpassungsklausel in geltenden Vereinbarungen der betroffenen Unternehmen oder 1

Unternehmensgruppen vorgesehen ist, so zB bei einem EBR kraft Gesetzes oder wenn sich bestehende Anpassungsklauseln widersprechen (BT-Drs 17/4808 S 12).

2 **B. Wesentliche Strukturänderung (I). I. Allgemeines.** § 37 I S 1 setzt entsprechend Art. 13 I der RL zunächst das Vorliegen einer wesentl Strukturänderung voraus. Eine klare Definition der wesentl Strukturänderung enthalten weder EBRG noch RL. Der dt Gesetzgeber hat den Begriff lediglich durch die nicht abschließende Liste mit Beispielen in I S 2 umrissen, die dem Erwägungsgrund 40 der RL entnommen ist. Der Begriff der »wesentl Änderung« ist eng auszulegen. Denn derlei Änderung erfordert regelmäßig die zeit- und kostenintensive Errichtung eines BVG. Aus diesem Grunde kann auch zur Auslegung des Begriffs auf den Terminus »strukturelle Änderung« iSv § 18 III SEBG nicht ohne Weiteres zurückgegriffen werden (*Franzen*, EuZA 2010, 180, 195; eine Übertragung aus diesem Grund ganz ablehnend *Hohenstatt/Kröpelin/Bertke* NZA 2011, 1313, 1316).

3 **II. Zusammenschluss (Nr 1).** § 37 I 2 Nr 1 nennt als Beispiel für eine wesentliche Strukturänderung den Zusammenschluss von Unternehmen oder Unternehmensgruppen. Der Begriff des Unternehmenszusammenschlusses befindet sich ebenfalls in § 29 II Nr 8 und wird dort in Anlehnung an § 106 III Nr 8 BetrVG bestimmt (§ 29 Rdn 14). Demnach bezeichnet ein Unternehmenszusammenschluss alle Vorgänge der Verschmelzung oder Übernahme nach dem UmwG (HaKo-BetrVG/*Steffan* § 106 BetrVG, Rn 29). Der Begriff des Unternehmenszusammenschlusses muss iRd § 37 I 2 Nr 1 jedoch **enger** ausgelegt werden. Während § 106 BetrVG der hinreichenden Information des Wirtschaftsausschusses dient, damit der Betriebsrat seine Rechte ausüben kann, soll im Rahmen von § 37 verhindert werden, dass ein nicht mehr repräsentativer EBR tätig bleibt. Es sind daher nur solche Verschmelzungen oder Übernahmen umfasst, die **Auswirkungen auf die Zusammensetzung des EBR** nach § 22 II haben. Somit muss durch die Verschmelzung oder Übernahme entweder ein Unternehmen in einem Mitgliedstaat dazukommen, in dem die Unternehmensgruppe bisher nicht repräsentiert war, oder es müsste sich in einem Mitgliedstaat die Zahl der AN derart ändern, dass sich die 10%-Schwellenwerte des § 22 II verschieben.

4 Erforderlich ist ferner, dass durch die Strukturänderung die höchste Leitungsebene einen maßgeblichen Zuwachs an Einfluss über bisher fremde Unternehmen erlangt. Somit dürften nur Verschmelzungen und Übernahmen erfasst sein, durch die das Unternehmen/Unternehmensgruppe **Mehrheitsgesellschafter** wird (vgl MüKo-AktG/*Jacobs* zu § 18 III SEBG Rn 16; Hey/Schröder BB 2012, 3014, 3016).

5 **III. Spaltung (Nr 2).** Unternehmensspaltungen stellen nach § 37 I 2 Nr 2 ebenfalls wesentliche Strukturänderungen dar. Auch der Begriff der Spaltung wird in § 29 II Nr 8 genannt und ist dort iSd § 106 III Nr 8 zu verstehen als Aufspaltung, Abspaltung und Ausgliederung nach dem UmwG (HaKo-BetrVG/*Steffan* § 106 BetrVG Rn 29). Auch für § 37 I 1 2 Nr 2 gilt entspr des Gesetzeszwecks eine eingeschränkte Auslegung des Spaltungsbegriffs. Eine relevante Spaltung liegt nur vor, wenn sie Auswirkungen auf die Zusammensetzung des EBR nach § 22 II hat (vgl Rdn 3).

6 **IV. Auslandsverlegung und Stilllegung von Unternehmen (Nr 3).** Die in § 37 I 2 Nr 3 genannte Verlegung des Unternehmens/Unternehmensgruppe in einen anderen Mitgliedstaat oder Drittstaat und die Unternehmensstilllegung wird meist Auswirkungen auf die Zusammensetzung des EBR haben. Entscheidend ist aber auch hier, ob die Relevanzschwelle für die Zusammensetzung des EBR nach § 22 II tangiert ist. In der Praxis ist bei der Errichtung von EBRs daher darauf zu achten, dass entsprechende Flexibilitätsklauseln verhandelt werden, um gerade in dynamischen Unternehmen bzw. Unternehmensgruppen permanente Neuerrichtungen von EBR zu verhindern.

7 **V. Verlegung oder Stilllegung von Betrieben (Nr 4).** § 37 I 2 Nr 4 definiert Betriebsverlegungen und -stilllegungen als wesentliche Strukturänderungen, sofern sie so maßgeblich sind, dass sich hieraus Auswirkungen auf die Zusammensetzung des EBR ergeben können. Der Tatbestand der innerstaatlichen Betriebsverlegung kann vernachlässigt werden, da dieser keine Auswirkungen auf die Zusammensetzung des EBR hat. Nur die **transnationale Betriebsverlegung** kann die Zusammensetzung des EBR nach § 22 II verändern. Demnach müssten entweder alle Betriebe aus einem Mitgliedstaat verlegt oder stillgelegt werden oder zumindest so viele, dass sich die AN-Zahl so wesentlich verändert, dass sich die Zusammensetzung nach § 22 II ändert. Um eine Neuerrichtung des EBR in diesem Fall zu verhindern, sind Flexibilitätsklauseln ratsam, die transnationale Sachverhalte erfassen.

8 **VI. EU-Erweiterung.** Ausweislich der Gesetzesbegründung ist die Beispielliste des § 37 I 2 nicht abschließend (BT-Drs 17/4808 S 12). Auch wenn I nur von wesentl Strukturänderungen des Unternehmens spricht, müssen entsprechend des Gesetzeszwecks EU-Erweiterungen und EU-Austritte ebenfalls als wesentliche Strukturänderungen iSd § 37 I verstanden werden (vgl Vorb Rdn 6 ff).

VII. Schwankungen der AN-Zahl. **Keine wesentliche Strukturänderung** ist die bloße Änderung der 9
AN-Zahlen, auch bei Überschreitung von Schwellenwerten, durch **organisches Wachstum**. Dies ist für
§ 18 III SEBG anerkannt (MüKo-AktG/*Jacobs*, 3. Aufl 2012, § 18 III SEBG Rn 18), ergibt sich aber auch
aus § 32 II, wonach die Auswirkungen organischen Wachstums nur alle 2 Jahre Berücksichtigung finden
sollen. Sinkt die durchschnittliche AN-Zahl der letzten 2 Jahre (vgl § 4) **unter den Schwellenwert gem § 3**,
steht der zentralen Leitung ein außerordentliches Kündigungsrecht zu (*Rademacher* S 120; aA *Blanke* § 18
Rn 17). Ansonsten bleibt die Vereinbarung als freiwillige bestehen (zu Schwankungen der AN-Zahl in der
Verhandlungsphase und den Auswirkungen auf die Zusammensetzung des BVG s.o. § 10 Rn 3).

C. Zusätzliche Voraussetzungen (I). I. Keine Regelung. Die Rechtsfolge des § 37 I tritt nur ein, wenn 10
für die wesentliche Strukturänderung **keine Regelung** getroffen wurde (Alt 1) oder Unternehmen zusammengeführt werden, deren Vereinbarungen **sich widersprechen** (Alt 2). Die Regelung bezieht sich auf die
Vereinbarung nach §§ 17 ff. (aA DKK/*Bachner*, Rn 7; *Hey/Schöder*, BB 2012, 3014). Danach sollte in der
zur Errichtung eines EBR kraft Vereinbarung notwendigen Einigung auch eine Absprache darüber getroffen
werden, wie sich wesentliche Strukturänderungen auf den EBR auswirken (vgl § 18 Rdn 15). Fehlt eine
solche Absprache, tritt bei jeder wesentlichen Strukturänderung die Rechtsfolge des § 37 ein.

II. Sich widersprechende Vereinbarungen. Nach § 37 I 1 Alt 2 kann es vorkommen, dass mit dem EBR 11
kraft Vereinbarung eine Regelung darüber getroffen wurde, wie bei wesentlichen Strukturänderungen zu
verfahren ist, und trotzdem die Rechtsfolge des § 37 eintritt. Dies ist bei Unternehmenszusammenschlüssen
(vgl Rdn 3–4) immer dann der Fall, wenn eine Fusion mit einem Unternehmen erfolgt, das einen EBR kraft
Vereinbarung unterhält und mit diesem eine **anderslautende Vereinbarung** für wesentl Strukturänderungen
getroffen hat. Im Umkehrschluss daraus ergibt sich, dass in folgenden Konstellationen **keine** Neuverhandlung notwendig ist:
1. In einem Unternehmen liegt eine Regelung bzgl wesentlicher Strukturänderungen vor, das andere Unternehmen hat einen EBR kraft Gesetzes. In diesem Fall setzt sich die Kollisionsregel durch, die in dem einen Unternehmen vereinbart worden ist.
2. In einem Unternehmen liegt eine Regelung bzgl wesentlicher Strukturänderungen vor, das andere Unternehmen hat keinen EBR.
3. In einem Unternehmen liegt eine Regelung bzgl wesentlicher Strukturänderungen vor, das andere Unternehmen hat einen EBR kraft Vereinbarung, die aber keine Regelungen bzgl einer wesentl Strukturänderung trifft.
4. In beiden Unternehmen liegt eine Regelung bzgl wesentlicher Strukturänderungen vor, die identisch sind. Dies wird regelmäßig nur dann der Fall sein, wenn vor der Fusion eine Vereinbarung mit den EBR beider Unternehmen getroffen wird.

§ 37 I 1 Alt 2 erfasst nur die Fälle, in denen die fusionierenden Unternehmen jeweils eine EBR kraft Ver- 12
einbarung unterhalten und jeweils Regelungen getroffen haben, wie bei wesentlichen Strukturänderungen
zu verfahren ist, und diese Regelungen in beiden Unternehmen unterschiedlich sind. Vor Fusionen sollte
daher sorgsam geprüft werden, wie der EBR des Fusionspartners ausgestaltet ist. Es sollte dann ggf vor
der Fusion eine Vereinbarung mit beiden EBR getroffen werden, um komplette Neuverhandlungen nach
Durchführung des Zusammenschlusses zu verhindern.

III. Antrag. Gem § 37 I 1 nimmt die zentrale Leitung von sich aus oder auf **Antrag der Arbeitnehmer** 13
oder ihrer Vertreter (§ 9 I) die Verhandlung über eine Vereinbarung nach § 18 oder § 19 auf. Der Verweis
auf § 9 stellt klar, dass es, sofern es an einer Eigeninitiative der zL fehlt, für die Aufnahme von Neuverhandlungen der selben Voraussetzungen bedarf, wie zur Aufnahme von erstmaligen Verhandlungen. Nach § 9 II
bedeutet dies, dass entw 100 AN oder 2 AN-Vertreter aus unterschiedlichen Mitgliedstaaten einen schriftlichen Antrag auf Neuverhandlungen stellen müssen. Eine Frist dazu besteht nicht.

D. Rechtsfolgen (I-IV). I. Zusammensetzung des Neuverhandlungsgremiums (II). Liegt eine wesent- 14
liche Strukturänderung vor, bestehen hierzu keine oder widersprüchliche Regelungen und liegt ein Antrag
vor, muss die zL **Verhandlungen nach § 18 oder § 19 aufnehmen**. Entspr des II setzt sich das BVG wie bei
Erstverhandlungen gem § 10 zusammen und wird ergänzt durch **3 weitere Mitglieder** aus der Mitte eines
jeden von der Strukturänderung betroffenen EBR. Bestehen also nach einer Fusion zeitweise mehrere EBR
in einem Unternehmen, müssen alle EBR weitere 3 Mitglieder entsenden. Es muss also nach jeder wesentlichen Strukturänderung zunächst ermittelt werden, wie sich die AN-Zahlen nunmehr verteilen, bevor eine
Bestellung der inländischen AN-Vertreter nach § 11 erfolgen kann. Diesem neu gebildeten BVG sind dann
3 Mitglieder jedes bestehenden EBR hinzuzufügen, sofern er von der Strukturänderung betroffen ist.

15 **II. Übergangsmandat (III).**   Die betroffenen EBR bleiben bis zum Abschluss der Verhandlungen im Amt, III S 1 (sog **Übergangsmandat**). Dies bedeutet, dass bei Zusammenschlüssen die zL zukünftig ihren Anhörungs- und Unterrichtungspflichten ggü mehreren EBR nachkommen muss. Dabei gelten die jeweils bestehenden Regelungen fort, sofern nicht neue Vereinbarungen mit der zL getroffen werden. Sind mehrere EBR betroffen, kann eine solche Vereinbarung nur gemeinsam getroffen werden (BT-Drs 17/4808 S 12). Nach S 4 endet das Übergangsmandat auch, wenn das BVG einen Beschluss nach § 15 I über die Beendigungen der Verhandlungen fasst.

16 **III. Ende der Neuverhandlungen (IV).**   Im Idealfall enden die Neuverhandlungen mit eine Vereinbarung nach §§ 18, 19. Verweigert die zL die Aufnahme von Verhandlungen innerhalb von 6 Monaten nach Antragstellung, ist ein EBR kraft Gesetzes gem §§ 22, 23 zu bilden. Selbiges gilt, wenn trotz Verhandlungen innerhalb von 3 Jahren nach Antragstellung keine Vereinbarung getroffen wird oder wenn das vorzeitige Scheitern der Verhandlungen beidseitig erklärt wird.

§ 38 Fortbildung

(1) ¹Der Europäische Betriebsrat kann Mitglieder zur Teilnahme an Schulungs- und Bildungsveranstaltungen bestimmen, soweit diese Kenntnisse vermitteln, die für die Arbeit des Europäischen Betriebsrats erforderlich sind. ²Der Europäische Betriebsrat hat die Teilnahme und zeitliche Lage rechtzeitig der zentralen Leitung mitzuteilen. ³Bei der Festlegung der zeitlichen Lage sind die betrieblichen Notwendigkeiten zu berücksichtigen. ⁴Der Europäische Betriebsrat kann die Aufgaben nach diesem Absatz auf den Ausschuss nach § 26 übertragen.
(2) Für das besondere Verhandlungsgremium und dessen Mitglieder gilt Absatz 1 Satz 1 bis 3 entsprechend.

Übersicht		Rdn.			Rdn.
A.	Allgemeines	1	C.	Umfang	3
B.	Berechtigte	2	D.	Mitteilungspflicht	4

1 **A. Allgemeines.**   Mit dem § 38 hat der Gesetzgeber nunmehr einen **eigenständigen Schulungs- und Bildungsanspruch** in das EBRG aufgenommen. Demnach kann der EBR bzw der geschäftsleitende Ausschuss unter Berücksichtigung betrieblicher Notwendigkeiten und Mitteilung an die zL Mitglieder zur Teilnahme an Schulungs- und Bildungsveranstaltungen bestimmen. Die erforderlichen Kosten hierfür trägt der AG (§ 39 Rdn 3). Die Teilnahme erfolgt unter Freistellung von der Arbeit und Fortzahlung des Entgelts, § 40 I. IW dürfte § 37 V, VI BetrVG entsprechend gelten (vgl Kommentierung zu § 37 BetrVG Rdn 17).

2 **B. Berechtigte.**   Der Anspruch steht dem EBR als Kollegialorgan zu. Einen Individualanspruch erwirbt das einzelne EBR-Mitglied erst dann, wenn es vom EBR für die Schulungsteilnahme bestimmt wird (vgl § 37 BetrVG Rdn 17). Entspr des I S 4 kann die Auswahl auf den geschäftsleitenden Ausschuss übertragen werden. Der EBR (bzw der Ausschuss) kann nur Mitglieder des EBR auswählen. Für andere AN besteht der Anspruch auch dann nicht, wenn sie von der nationalen AN-Vertretung für eine künftige Arbeit im EBR vorgesehen sind oder den Status eines Ersatzmitgliedes innehaben. Anderes kann gelten, wenn noch kein EBR besteht und Schulungsinhalt das Verfahren zur Gründung eines solchen ist (*Pauken/Biester* ArbRAkt 2011, 657). Nach II besteht der Schulungs- und Bildungsanspruch für das BVG und dessen Mitglieder entsprechend.

3 **C. Umfang.**   Gem I S 1 muss es sich um Schulungs- und Bildungsveranstaltungen handeln, die Kenntnisse vermitteln, die für die Arbeit des Europäischen Betriebsrats erforderlich sind. Eine Schulungsveranstaltung ist erforderlich, wenn das Mitglied die dort vermittelten Kenntnisse unter Berücksichtigung der konkreten betrieblichen Situation benötigt, um seine derzeitigen oder demnächst anfallenden Aufgaben sachgerecht wahrzunehmen (BAG 15.1.1997, 7 ABR 14/96, EzA § 37 BetrVG 1972 Nr 133). Der EBR hat die Erforderlichkeit zum Zeitpunkt der Beschlussfassung aus der Sicht eines vernünftigen Dritten zu beurteilen, der die Interessen des Unternehmens und die des EBR und der Belegschaft gegeneinander abwägen muss (BAG aaO). Hierbei kommt ihm unter Wahrung des Grds der Verhältnismäßigkeit ein gewisser Beurteilungsspielraum zu. Als Beispiele für den Inhalt der Schulungsveranstaltungen führt der Gesetzesentwurf Sprachkurse und Veranstaltungen zu rechtlichen und wirtschaftlichen Themen an (BT-Drs 17/4808 S 12). Wegen der bereits bestehenden Kostentragungspflicht für Dolmetschertätigkeiten (§ 39 I 2) ist bei der Teilnahme an Sprachkursen Zurückhaltung geboten. Allgemeine arbeitsrechtliche Schulungen sind nur erfasst,

C. Streitigkeiten. Macht der AN-Vertreter individuelle Ansprüche **aus dem Arbeitsverhältnis** geltend, wie die Fortzahlung des Arbeitsentgelts, entscheidet das ArbG im **Urteilsverfahren**. Über sonstige Ansprüche nach dem EBRG entscheidet das ArbG im **Beschlussverfahren** (§§ 2a, 80 ff ArbGG). Antragsberechtigt sind die zentrale Leitung und das AN-Organ iSd EBRG. Der Streit über die Störung, Behinderung, Benachteiligung oder Begünstigung der Tätigkeiten des AN-Vertreters ist ebenfalls im Beschlussverfahren zu entscheiden. Die vorsätzliche Benachteiligung oder Begünstigung stellt eine **Straftat** nach §§ 44 I Nr 2 iVm § 42 Nr 3 dar.

§ 41 Fortgeltung

(1) ¹Auf die in den §§ 2 und 3 genannten Unternehmen und Unternehmensgruppen, in denen vor dem 22. September 1996 eine Vereinbarung über grenzübergreifende Unterrichtung und Anhörung besteht, sind die Bestimmungen dieses Gesetzes außer in den Fällen des § 37 nicht anwendbar, solange die Vereinbarung wirksam ist. ²Die Vereinbarung muss sich auf alle in den Mitgliedstaaten beschäftigten Arbeitnehmer erstrecken und den Arbeitnehmern aus denjenigen Mitgliedstaaten eine angemessene Beteiligung an der Unterrichtung und Anhörung ermöglichen, in denen das Unternehmen oder die Unternehmensgruppe einen Betrieb hat.
(2) ¹Der Anwendung des Abs. 1 steht nicht entgegen, dass die Vereinbarung auf Seiten der Arbeitnehmer nur von einer im Betriebsverfassungsgesetz vorgesehenen Arbeitnehmervertretung geschlossen worden ist. ²Das gleiche gilt, wenn für ein Unternehmen oder eine Unternehmensgruppe anstelle einer Vereinbarung mehrere Vereinbarungen geschlossen worden sind.
(3) Sind die Voraussetzungen des Abs. 1 deshalb nicht erfüllt, weil die an dem in Abs. 1 Satz 1 genannten Stichtag bestehende Vereinbarung nicht alle Arbeitnehmer erfasst, können die Parteien deren Einbeziehung innerhalb einer Frist von sechs Monaten nachholen.
(4) Bestehende Vereinbarungen können auch nach dem in Abs. 1 Satz 1 genannten Stichtag an Änderungen der Struktur des Unternehmens oder der Unternehmensgruppe sowie der Zahl der beschäftigten Arbeitnehmer angepasst werden, soweit es sich nicht um wesentliche Strukturänderungen im Sinne des § 37 handelt.
(5) Ist eine Vereinbarung befristet geschlossen worden, können die Parteien ihre Fortgeltung unter Berücksichtigung der Abs. 1, 3 und 4 beschließen.
(6) ¹Eine Vereinbarung gilt fort, wenn vor ihrer Beendigung das Antrags- oder Initiativrecht nach § 9 Abs. 1 ausgeübt worden ist. ²Das Antragsrecht kann auch ein auf Grund der Vereinbarung bestehendes Arbeitnehmervertretungsgremium ausüben. ³Die Fortgeltung endet, wenn die Vereinbarung durch eine grenzübergreifende Unterrichtung und Anhörung nach §§ 18 oder 19 ersetzt oder ein Europäischer Betriebsrat kraft Gesetzes errichtet worden ist. ⁴Die Fortgeltung endet auch dann, wenn das besondere Verhandlungsgremium einen Beschluss nach § 15 Abs. 1 fasst; § 15 Abs. 2 gilt entsprechend.
(7) ¹Auf Unternehmen und Unternehmensgruppen, die auf Grund der Berücksichtigung von im Vereinigten Königreich Großbritannien und Nordirland liegenden Betrieben und Unternehmen erstmalig die in den §§ 2 und 3 genannten Voraussetzungen erfüllen, sind die Bestimmungen dieses Gesetzes außer in den Fällen des § 37 nicht anwendbar, wenn in diesen Unternehmen und Unternehmensgruppen vor dem 15. Dezember 1999 eine Vereinbarung über grenzübergreifende Unterrichtung und Anhörung besteht. ²Die Abs. 1 bis 6 gelten entsprechend.
(8) ¹Auf die in den §§ 2 und 3 genannten Unternehmen und Unternehmensgruppen, in denen zwischen dem 5. Juni 2009 und dem 5. Juni 2011 eine Vereinbarung über die grenzübergreifende Unterrichtung und Anhörung unterzeichnet oder überarbeitet wurde, sind außer in den Fällen des § 37 die Bestimmungen dieses Gesetzes in der Fassung vom 28. Oktober 1996 (BGBl. I S. 1548, 2022), zuletzt geändert durch Artikel 30 des Gesetzes vom 21. Dezember 2000 (BGBl. I S. 1983), anzuwenden. ²Ist eine Vereinbarung nach Satz 1 befristet geschlossen worden, können die Parteien ihre Fortgeltung beschließen, solange die Vereinbarung wirksam ist; Abs. 4 gilt entsprechend.

Übersicht	Rdn.		Rdn.
A. Allgemeines	1	V. Wesentliche Strukturänderungen	7
B. Mindestanforderungen	3	VI. Form und gerichtliche Durchsetzbarkeit	8
I. Geltungsbereich	3	C. Nachbesserungsmöglichkeiten (III, IV)	9
II. Stichtage	4	D. Fortgeltung der Vereinbarung (V, VI)	13
III. Vertragsparteien	5	E. Fortgeltung alten Rechts (VIII)	15
IV. Mindestinhalt	6	F. Streitigkeiten	16

1 **A. Allgemeines.** Die Vorschrift regelt entsprechend **Art 14 RL**, unter welchen Voraussetzungen Vereinbarungen über die grenzübergreifende Unterrichtung und Anhörung der AN **bestandsgeschützt** sind und Regelungen des EBRG verdrängen oder die Möglichkeit der Anwendung des EBRG in der alten Fassung eröffnen. So können sich Vereinbarungen, die **vor dem 22.9.1996 getroffen** wurden, dem Anwendungsbereich des EBRG zT entziehen, sofern sie bestimmte Mindestvoraussetzungen erfüllen. Für Vereinbarungen, die zwischen dem **5.6.2009 und dem 5.6.2011** getroffen wurden, ist zT die Anwendbarkeit des EBRG in seiner Fassung vom 28.10.1996 garantiert. Damit wird dem **Vorrang der Vereinbarungslösung** in besonderer Weise Rechnung getragen (Subsidiaritätsprinzip; JRH/*Heckelmann* Kap 32 Rn 67). Auch hins der § 41-Vereinbarungen besteht Gestaltungsfreiheit (vgl § 17) insofern, als ein zentrales oder dezentrales Verfahren bzw eine Kombination beider Modelle vorgesehen werden konnte. Im Unterschied zu der Zuständigkeit für die Errichtung der AN-Vertretungen nach dem EBRG (§§ 17 ff, 21 f) müssen die § 41-Vereinbarungen **nicht** von einem dem **BVG** entspr Gremium **abgeschlossen** worden sein. Aufseiten der AN kann auch ein gewillkürtes Verhandlungsgremium tätig geworden sein (JRH/*Heckelmann* Kap 32 Rn 70). **Mindestinhalt** einer § 41-Vereinbarung ist eine grenzübergreifende Unterrichtung und Anhörung für alle in den Mitgliedstaaten beschäftigten AN und deren angemessene Beteiligung (I). Die Bestandssicherung der Vereinbarung wird durch die Möglichkeit der Nachbesserung (III), Anpassung (IV) und Verlängerung der Geltungsdauer (V) gewährleistet. Sofern keine wesentliche Strukturänderungen iSd § 37 vorliegt, tritt unter bestimmten Voraussetzungen Fortgeltung ein (VI). Die Einbeziehung von Betrieben und Unternehmen in Drittstaaten ist möglich. Neuere Vereinbarungen genießen insofern Bestandsschutz, als dass für sie das EBRG in alter Fassung gelten soll (VIII). Der Eintritt einer wesentl Strukturänderung führt zum Verlust der Privilegierung, sofern die Vereinbarung keine spezifischen Regelungen für diesen Fall enthält. Zur praktischen Relevanz des § 41 vgl A Review of Negotiating European Works Councils: A comparative Study of Art 6 and Art 13 Agreements, European Foundation for the Improvement of Living and Working Conditions, 2000.

2 § 41 I, VI ist eine Ausnahmevorschrift. Sie findet in Bezug auf bestehende freiwillige Vereinbarungen, die nach dem 22.9.1996 geschlossen wurden, auch dann keine entspr Anwendung, wenn die Voraussetzungen für die Bildung eines EBR erst durch den **EU-Beitritt weiterer Mitgliedstaaten** erfüllt wurden (*Franzen* BB 2004, 938, 941). Die Vereinbarung ist unabhängig davon wirksam, welche Rechtsordnung vereinbart wurde (DKK/*Däubler* § 41 Rn 10).

3 **B. Mindestanforderungen. I. Geltungsbereich.** Die gesetzesverdrängende Wirkung des § 41 tritt nur ein, wenn die Vereinbarung unter den Geltungsbereich des EBRG fällt. Dazu muss die Vereinbarung mit der (fingierten) **zentralen Leitung im Inland** (vgl § 2 Rdn 2 f) geschlossen worden sein. War die zentrale Leitung mit Sitz in einem anderen Mitgliedstaat Verhandlungspartner, so richtet sich die grenzübergreifende Unterrichtung und Anhörung nach den Umsetzungsvorschriften dieses Mitgliedstaates. Eine Vereinbarung mit der Unternehmensleitung in einem Drittstaat steht der Anwendung des EBRG und damit auch dem Antrag nach § 9 dann nicht entgegen, wenn die (fingierte) zentrale Leitung ihren Sitz in Deutschland hat.

4 **II. Stichtage.** Die freiwillige Vereinbarung muss vor dem **22.9.1996** abgeschlossen worden und bereits in Kraft getreten sein. Dieser **Stichtag** wurde gewählt, weil er den Ablauf der in der RL 94/45/EG vorgesehenen Umsetzungsfrist markiert. Für Unternehmen und Unternehmensgruppen, die durch die Einbeziehung des Vereinigten Königreichs erstmals die Voraussetzungen des §§ 2 und 3 erfüllt haben, gilt abw der 15.12.1999 als Stichtag (VII). Der Vorrang gilt auch dann nicht, wenn ein Unternehmen oder eine Unternehmensgruppe erst später den Schwellenwert nach §§ 3, 4 überschreitet (DKK/*Däubler* § 41 Rn 5). Eine analoge Anwendung mit der Maßgabe, dass der Stichtag auf den Tag des EU-Beitritts fällt, kommt nicht in Betracht (*Franzen* BB 2004, 938, 941). Für Vereinbarungen, die zwischen dem 5.6.2009 und dem 5.6.2011 getroffen wurden, gilt mit Ausnahme von § 37 bei wesentlichen Strukturänderungen das EBRG in seiner Fassung vom 21.12.2000 fort, VIII.

5 **III. Vertragsparteien.** Aufseiten des Unternehmens oder der Unternehmensgruppe war die (fingierte) **zentrale Leitung** im Inland für die Verhandlungen und den Abschluss der Vereinbarung zuständig. Die Verhandlungs- und Abschlussbefugnis auf **AN-Seite** folgt einer **weitgehend freien Vereinbarungslegitimation**. Für die gesetzesverdrängende Wirkung reicht es aus, wenn die Vereinbarung mit der nach dem BetrVG zuständigen AN-Vertretung (GBR, KBR, BR) geschlossen wurde (II 1). Befugt waren auch gewillkürten Verhandlungsgremien und Gewerkschaften (JRH/*Heckelmann* Kap 32 Rn 70; *Heinze* AG 1995, 385, 400; *Willemsen/Hohenstatt* NZA 1995, 399, 402). Die Beteiligung ausländischer AN-Vertreter ist nicht schädlich (*Hromadka* DB 1995, 1125, 1127). Personen oder Gremien, die nach dem EBRG nicht als »Vertreter der AN« qualifiziert werden, wie zB der Sprecherausschuss, sind für sich allein nicht legitimiert (*Müller* Rn 5).

Einseitige Erklärungen durch die zentrale Leitung oder die rein faktische Duldung von Gremien, die sich auf Initiative der AN gebildet haben, erfüllen die Voraussetzungen nicht (*Blanke* § 41 Rn 10).

IV. Mindestinhalt. Die Vereinbarung muss eine **grenzübergreifende Unterrichtung und Anhörung** vorsehen, die sich auf alle in den Mitgliedstaaten beschäftigen AN erstreckt, in denen das Unternehmen bzw die Unternehmensgruppe einen Betrieb hat. Dies entspricht den Mindestanforderungen einer Vereinbarung nach § 17 (vgl dort Rdn 4 f). Es muss ein gleichwertiges Verfahren wie nach den §§ 17 ff vorgesehen sein (DKK/*Däubler* § 41 Rn 6). Die Vereinbarung muss die Möglichkeit beinhalten, in einen **Meinungsaustausch und Dialog** über Gegenstände mit transnationalem Bezug treten zu können, welche die Interessen der AN betreffen (vgl § 1 Rdn 4 ff). Nicht ausreichend ist die Vereinbarung über Informationsrechte. Der Meinungsaustausch muss **rechtzeitig** erfolgen, bevor die zentrale Leitung die unternehmerische Entscheidung abschließend getroffen hat und die Gegenargumente den Entscheidungsprozess noch beeinflussen können. Eine äquivalente Vereinbarung setzt auch einen vergleichbaren Schutz für die AN-Vertreter voraus (zB Kündigungsschutz gem § 40; DKK/*Däubler* § 41 Rn 7). Es müssen alle AN erfasst werden. Keine gesetzesverdrängende Wirkung besteht, wenn sich die Vereinbarung nur auf AN in Betrieben ab einer festgelegten Beschäftigungsstärke richtet (*Hanau* FS Vieregge, 1995, 319, 327). Umgekehrt kann sich die Erstreckung auch aus verschiedenen Vereinbarungen ergeben, die in ihrer Summe alle AN umfasst (II 1). Enger gefasst als § 17 verlangt die Vorschrift nach dem Wortlaut eine **angemessene Beteiligung** der AN (aA wohl *Blanke* § 41 Rn 14 ff mwN). Die Schaffung zentraler Gremien ist danach zulässig. Weder eine proportionale noch eine unmittelbare Repräsentation ist gefordert (JRH/*Heckelmann* Kap 32 Rn 87; aA *Blanke* § 41 Rn 20). Möglich ist auch die regionale oder fachliche Zusammenfassung zu sog Entsendekreisen (BT-Drs 13/5608, 33; *Bachner/Nielebock* AuR 1997, 129, 135). Weiter kann ein rein national zusammengesetztes Gremium die Beteiligungsrechte wahrnehmen, wenn die Beteiligung der AN-Vertreter aus den übrigen Mitgliedstaaten sichergestellt ist (*Hromadka* DB 1995, 1125, 1127).

V. Wesentliche Strukturänderungen. Der neugeschaffenen § 37 sieht übereinstimmend mit Art 13 RL ein besonderes Anpassungsverfahren im Fall wesentlicher Strukturänderungen vor. Im Einklang mit Art 14 I S 1 RL wurden in § 41 Ausnahmen von der Fortgeltung bestehender Vereinbarungen eingefügt, um das Neuverhandlungsrecht bei wesentl Strukturänderungen auch auf Unternehmen zu erstrecken, die über eine bestehende Vereinbarung verfügen, die eigentlich den Anwendungsbereich des EBRG sperrt. Dies führt dazu, dass nach einer wesentlichen Strukturänderung iSd § 37 die bisherige Privilegierung der freiwilligen Vereinbarung entfällt und das EBRG in der aktuellen Fassung vollumfänglich anwendbar ist. § 41-Vereinbarungen behalten also nach wesentl Strukturänderungen nur dann ihre privilegierende Wirkung, wenn in der Vereinbarung selbst das Verfahren im Fall des Eintritts einer wesentl Strukturänderung geregelt ist. Eine nachträgliche Aufnahme einer Regelung zum Verfahren bei wesentlichen Strukturänderungen unter Erhalt der Privilegierung verstößt gegen den eindeutigen Wortlaut des § 41 IV (krit. *Hohenstatt/Kröpelin/Bertke* NZA 2011, 1313, 1318). Da eine nachträgliche Anpassung im Fall wesentl Strukturänderungen nicht möglich ist (s auch Rdn 10), wird die Anzahl der gesetzesverdrängenden § 41-Vereinbarungen stetig abnehmen.

VI. Form und gerichtliche Durchsetzbarkeit. Bes Formerfordernisse bestehen nicht, denn die Art und Weise des Zustandekommens tritt in den Hintergrund (*Hromadka* DB 1995, 1125, 1127). Ausreichend sind die auf einem **bloßen Austausch von Briefen** oder in **Protokollnotizen** festgehaltene gemeinsame Standpunkte (*Kolvenbach* NZA 1998, 582, 584). Unbeachtlich ist, ob die Mindestvoraussetzungen in einer Vereinbarung oder durch mehrere Vereinbarungen in ihrer Gesamtheit erfüllt werden (II 1). Dadurch kann bei bes Strukturen (zB Spartenorganisation, Bildung regionaler Schwerpunkte) an bereichsspezifischen Gremien oder Verfahren für eine grenzübergreifende Unterrichtung festgehalten werden (BT-Drs 13/4520). Wegen der gesetzesverdrängenden Wirkung muss die Vereinbarung Rechte und Pflichten begründen, die **gerichtlich einklagbar** sind (DKK/*Däubler* § 41 Rn 9; HWK/*Giesen* Rn 78). Ein **Gentlemen's Agreement** ist nicht ausreichend.

C. Nachbesserungsmöglichkeiten (III, IV). Waren am Stichtag (22.9.1996) **nicht alle AN** von der Vereinbarung **erfasst**, ist dieser Regelungsmangel dann unschädlich, wenn er innerhalb von 6 Monaten nach dem Stichtag behoben wurde (III). Die auf der Ebene einer Tochtergesellschaft bestehende Vereinbarung konnte in dieser Frist auch auf die gesamte Unternehmensgruppe und alle dort beschäftigten AN erweitert werden (*Müller* Rn 13).

§ 41 IV dürfte nunmehr so zu lesen sein, dass die Vereinbarung unter Erhalt der privilegierenden Wirkung nur noch angepasst werden kann, sofern es sich um Regelungen über Strukturänderungen handelt, die nicht als wesentlich iSd § 37 einzustufen sind (aA *Hohenstatt/Kröpelin/Bertke* NZA 2011, 1313, 1318). Werden **andere Änderungen** beschlossen, verliert die Vereinbarung dadurch ihre gesetzesverdrängende Wirkung.

Andere Mängel können bei **richtlinienkonformer Auslegung** des IV unabhängig von der 6-Monatsfrist geheilt werden, wie zB die angemessene Beteiligung aller AN (JRH/*Heckelmann* Kap 32 Rn 71; DKK/ *Däubler* § 41 Rn 13 mwN). Denn nach Art 14 I lit a) RL ist für eine freiwillige Vereinbarung ausreichend, wenn diese für alle AN eine länderübergreifende Unterrichtung und Anhörung vorsieht.

11 Für den Abschluss der Anpassungsvereinbarung ist das nach der Vereinbarung berufene zentrale AN-Vertretungsgremium **legitimiert**. Wurde ein dezentrales Verfahren vereinbart, ist in Anlehnung an II die in diesem Verfahren bestimmte übergeordnete AN-Vertretung (zB KBR, GBR) befugt (JRH/*Heckelmann* Kap 32 Rn 73; aA *Blanke* § 41 Rn 25).

12 Die Vereinbarung ist **unwirksam** und damit auch nicht gesetzesverdrängend, wenn sie vor dem Stichtag geschlossen wurde, nicht alle Mindestvoraussetzungen des § 41 I erfüllt und keine Nachbesserungsmöglichkeit besteht. Eine gesetzesverdrängende Wirkung ist dann nicht gegeben. Ein Antrag nach § 9 I ist jederzeit möglich. Bis zum Abschluss einer neuen Vereinbarung nach §§ 17 ff gilt die unwirksame Vereinbarung fort (*Blanke* § 41 Rn 24).

13 **D. Fortgeltung der Vereinbarung (V, VI).** Die Parteien konnten die **Verlängerung** von **befristet geschlossenen Vereinbarungen** vor dem Fristablauf vereinbaren (V). Anpassungen an die aktuellen Gegebenheiten sind nur nach III, IV zulässig. Aus dem fehlenden Verweis auf II ergibt sich, dass das aufgrund der Vereinbarung berufene AN-Vertretungsgremium für den Abschluss zuständig ist. Wurde eine Fortgeltung nicht beschlossen, endet der Vorrang der freiwilligen Vereinbarung mit Fristablauf.

14 Zur Wahrung der Kontinuität beinhaltet VI eine **Übergangsregelung** für den Fall, dass das Antrags- und Initiativrecht nach § 9 I vor Beendigung der Vereinbarung ausgeübt worden ist. Die gekündigte oder auslaufende Vereinbarung gilt dann über den Zeitpunkt der Beendigung hinaus fort (VI 1). Aus Praktikabilitäts- und Kostengründen wird auch einem aufgrund der Vereinbarung bestehenden AN-Gremium die Ausübung des Antragsrechts gestattet (VI 2). Die Fortgeltung endet, sobald diese durch eine grenzübergreifende Unterrichtung und Anhörung nach §§ 17 ff ersetzt worden ist oder das BVG einen Beschluss nach § 15 I gefasst hat, auf eine grenzübergreifende Tätigkeit zu verzichten. Bei Verzicht kann innerhalb der nächsten 2 Jahre kein Antrag nach § 9 gestellt werden (§ 15 II).

15 **E. Fortgeltung alten Rechts (VIII).** Der neu eingefügte VIII setzt Art 14 I lit b) und II der RL um. S 1 bestimmt die Fortgeltung des EBRG in seiner bis zum Inkrafttreten des 2. ÄndG geltenden Fassung für Vereinbarungen, die zwischen dem 5.6.2009 und dem 5.6.2011 unterzeichnet und überarbeitet wurden. Dies gilt nicht in den Fällen des § 37.

16 **F. Streitigkeiten.** Der EBR kraft Gesetzes kann im Beschlussverfahren klären, ob er überhaupt wirksam gebildet worden ist oder eine vermeintlich bestehende Vereinbarung nach § 41 entgegensteht. Ein **BR** allein ist hingegen im Beschlussverfahren **nicht antragsbefugt**, die Unwirksamkeit einer Vereinbarung nach § 41 feststellen zu lassen (ArbG Stuttgart 4.5.2007, 10 BV 42/05, juris). Vielmehr muss er die Bildung eines BVG nach § 9 vorantreiben und ggf gerichtlich durchsetzen. Innerhalb eines solchen Verfahrens ist dann Vorfrage, ob der Bildung eines EBR eine wirksame Vereinbarung nach § 41 entgegen steht (ArbG Stuttgart aaO). Auch Gültigkeit, Inhalt und Befolgung von Vereinbarungen nach I kann Gegenstand eines Beschlussverfahrens sein. Zur gerichtlichen Durchsetzung Vorb Rdn 11 ff.

Gesetz über die Zahlung des Arbeitsentgelts an Feiertagen und im Krankheitsfall (Entgeltfortzahlungsgesetz – EFZG)

Vom 26.5.1994 (BGBl I S 1014, 1065), zuletzt geändert durch Art 7 des Gesetzes vom 16.7.2015 (BGBl I S 1211)

§ 1 Anwendungsbereich
(1) Dieses Gesetz regelt die Zahlung des Arbeitsentgelts an gesetzlichen Feiertagen und die Fortzahlung des Arbeitsentgelts im Krankheitsfall an Arbeitnehmer sowie die wirtschaftliche Sicherung im Bereich der Heimarbeit für gesetzliche Feiertage und im Krankheitsfall.
(2) Arbeitnehmer im Sinne dieses Gesetzes sind Arbeiter und Angestellte sowie die zu ihrer Berufsbildung Beschäftigten.

Übersicht Rdn.   Rdn.
A. Sachlicher Geltungsbereich 1   C. Räumlicher Geltungsbereich 5
B. Persönlicher Geltungsbereich 2

A. Sachlicher Geltungsbereich. Nach seinem § 1 I regelt das EFZG 4 Sachgebiete: Zahlung des Arbeitsentgelts an gesetzlichen Feiertagen; Fortzahlung des Arbeitsentgelts im Krankheitsfall; wirtschaftliche Sicherung im Bereich der Heimarbeit für gesetzliche Feiertage; wirtschaftliche Sicherung im Bereich der Heimarbeit im Krankheitsfall. 1

B. Persönlicher Geltungsbereich. § 1 II bestimmt, wer als AN iSd EFZG gilt. Es sind Arbeiter, Angestellte und die zu ihrer Berufsausbildung Beschäftigten. Damit wird der Begriff »AN« aber nur scheinbar bestimmt. Denn § 1 II gibt keine Hilfestellung für die Abgrenzung zwischen (unselbstständigen) AN und selbstständig Tätigen. § 1 II setzt aber den allg Begriff des AN (hierzu § 6 GewO Rdn 21 ff) voraus (*Treber* § 1 Rn 5). (Echte) freie Mitarbeiter (hierzu § 6 GewO Rdn 22 aE) und Vertretungsorgane einer juristischen Person, die iR eines (freien) Dienstvertrages nach § 611 I BGB tätig sind (§ 6 GewO Rdn 105), können Vergütungsfortzahlung im Krankheitsfall nur gem § 616 S 1 BGB verlangen (für den Geschäftsführer einer GmbH eingehend *Haase* GmbHR 2005, 1268 ff). Ebenso wenig sind arbeitnehmerähnliche Personen (zum Begriff § 6 GewO Rdn 70 ff) nach § 3 I anspruchsberechtigt. Zur Anwendbarkeit des EFZG auf Freiw im BFD über § 13 I BFDG vgl *Tiedemann* NZA 2012, 602 ff. 2

Unter die »zu ihrer Berufsbildung Beschäftigten« iSv § 1 I fallen zunächst die Auszubildenden, mit denen ein Berufsausbildungsvertrag iSv § 10 I BBiG geschlossen ist. Zu ihrer Berufsbildung beschäftigt werden weiterhin Personen, die eingestellt werden, um berufliche Kenntnisse, Fertigkeiten oder Erfahrungen zu erwerben, ohne dass ein Berufsausbildungsvertrag nach § 10 I BBiG geschlossen wird (vgl § 26 BBiG). 3

Besatzungsmitglieder (§ 3 SeeArbG, bis 31.7.2013: §§ 4–6 SeemG) auf einem unter dt Flagge fahrenden Kauffahrteischiff (vgl § 1 SeeArbG, bis 31.7.2013: § 1 SeemG), die ihren Wohnsitz oder ständigen Aufenthalt in Deutschland haben, haben im Krankheitsfall gem § 104 I 2 SeeArbG (bis 31.7.2013: § 48 I 2 Hs 1 SeemG) nach dem Tag des Verlassens des Schiffes Anspruch auf Fortzahlung ihrer Heuer ausschließlich nach den Regeln des EFZG. Solange sie sich an Bord befinden und an dem Tag, an dem sie von Bord gehen, ergibt sich bei einer Erkrankung der Fortzahlungsanspruch zwar aus § 104 I 1 SeeArbG (bis 31.7.2013: § 48 I 1 SeemG). IÜ gilt aber auch hier gem § 104 I 2 SeeArbG (bis 31.7.2013: § 48 I 2 Hs 1 SeemG) das EFZG. Zu den Besatzungsmitgliedern zählen gem § 3 I SeeArbG seit dem 1.8.2013 auch Kapitäne (§ 5 I SeeArbG, bis 31.7.2013: § 2 I SeemG). Sie hatten aber auch schon bis zum 31.7.2013 gem § 48 I SeemG iVm § 78 I SeemG dieselben EFZ-Ansprüche im Krankheitsfall wie die Besatzungsmitglieder iSv §§ 4-6 SeemG. § 5 ist nach Maßgabe des § 104 I 3 SeeArbG (bis 31.7.2013: § 48 I 2 Hs 2 SeemG) nur eingeschränkt anwendbar. 4

C. Räumlicher Geltungsbereich. Das EFZG gilt für alle Arbeitsverhältnisse im Gebiet der BRD. Für dt AN im Ausland sind die Grundsätze des Internationalen ArbR, insb Art 3, 8, 9 Rom I-VO (vgl zum zeitlichen Geltungsbereich Vorb zu Art 3, 8, 9 Rom I-VO Rdn 4), zu beachten. Nach Art 3 I 1 Rom I-VO (früher: Art 27 I 1 EGBGB) iVm Art 8 I 1 Rom I-VO gilt freie Rechtswahl, dh die Parteien eines Arbeitsvertrages können selbst wählen, ob dt Recht oder dasjenige des Arbeitsortes Anwendung findet. Das EFZG gilt in jedem Fall, wenn die Parteien wenigstens für die EFZ an Feiertagen und im Krankheitsfall gem Art 3 I 2 Alt 1 Rom I-VO (früher: Art 27 I 2 EGBGB) dt Recht ausdrücklich vereinbart haben oder sich 5 diese Rechtswahl gem Art 3 I 2 Alt 2 Rom I-VO eindeutig aus den Bestimmungen des Vertrages oder nach Art 3 I 2 Alt 3 Rom I-VO aus den Umständen des Falles (hierzu Art 1, 3, 8, 9 Rom I-VO Rn 7) ergibt (vgl näher zu § 27 I 2 EGBGB BAG 23.8.2012, 8 AZR 394/11, EzA § 167 ZPO 2002 Nr 1; 28.5.2014, 5 AZR 422/12, EzA § 10 AÜG Nr 29; *Riesenhuber* DB 2005, 1571 ff).

6 Selbst dann, wenn die Arbeitsvertragsparteien keine Rechtswahl gem Art 3 I 1 Rom I-VO getroffen haben, kann dt Recht und demnach auch das EFZG auf im Ausland tätige AN Anwendung finden. Das ergibt sich für die AN, die aus Deutschland nur vorübergehend ins Ausland entsendet werden, ohne Weiteres aus Art 8 II 1 und 2 Rom I-VO (hierzu Art 1, 3, 8, 9 Rom I-VO Rn 10, 11; früher: Art 30 II 1 Hs 1 Nr 1, hierzu BAG 20.6.2007, 10 AZR 302/06, EzA § 4 TVG Bauindustrie Nr 135; 17.1.2008, 2 AZR 902/06, EzA § 23 KSchG Nr 31). Aber auch die für längere Zeit ins Ausland entsandten dt AN können sich auf das EFZG berufen, da idR davon auszugehen ist, dass engere Verbindungen zu Deutschland als Entsendestaat bestehen (vgl Art 8 II 1, IV Rom I-VO bzw früher Art 30 II Hs 2, hierzu allg Art 9 Rom I-VO Rn 16).

7 Haben die Arbeitsvertragsparteien ausländisches Recht vereinbart, ist zunächst Art 8 I 2 Rom I-VO (früher: Art 30 I EGBGB) zu beachten. Diese Rechtswahl darf nach der genannten Vorschrift nicht dazu führen, dass dem AN der Schutz entzogen wird, der ihm durch die zwingenden Bestimmungen des Rechts gewährt wird, das nach Art 8 I 2 Rom I-VO mangels einer Rechtswahl anzuwenden wäre (vgl näher EuGH 15.3.2011, C-29/10, EzA EG-Vertrag 1999 Verordnung 593/2008 Nr 1 u Art 1, 3, 8, 9 Rom I-VO Rn 5; vgl auch früher BAG 20.4.2004, 3 AZR 301/03, EzA § 29 ZPO 2002 Nr 2; BAG 10.4.2014, 2 AZR 741/13, EzA Art 30 EGBGB Nr 11). IÜ zählt § 3 I als Rechtsgrundlage für die EFZ im Krankheitsfall zu den (Eingriffs-) Normen iSv Art 9 I Rom I-VO (früher Art 34 EGBGB, hierzu allg BAG 12.1.2005, 5 AZR 617/01, EzA § 1a AEntG Nr 3; BAG 13.11.2007, 9 AZR 134/07, EzA Art 30 EGBGB Nr 9), wenn für die betreffenden AN dt Sozialversicherungsrecht gilt (BAG 18.4.2012, 10 AZR 200/11, EzA EG-Vertrag 1990 VO 593/2008 Nr 3; 13.5.2015, 10 AZR 495/14, EzA § 4 EFZG Nr 18). Derartige Eingriffnormen kommen unabhängig von dem für ein Arbeitsverhältnis mit Bezug zur dt Rechtsordnung (vgl BGH 19.3.1997, VIII ZR 316/96, NJW 1997, 1697, 1699) nach Art 3, 8 Rom I-VO geltenden Recht zwingend zur Anwendung.

§ 2 Entgeltzahlung an Feiertagen

(1) Für Arbeitszeit, die infolge eines gesetzlichen Feiertages ausfällt, hat der Arbeitgeber dem Arbeitnehmer das Arbeitsentgelt zu zahlen, das er ohne den Arbeitsausfall erhalten hätte.
(2) Die Arbeitszeit, die an einem gesetzlichen Feiertag gleichzeitig infolge von Kurzarbeit ausfällt und für die an anderen Tagen als an gesetzlichen Feiertagen Kurzarbeitergeld geleistet wird, gilt als infolge eines gesetzlichen Feiertages nach Absatz 1 ausgefallen.
(3) Arbeitnehmer, die am letzten Arbeitstag vor oder am ersten Arbeitstag nach Feiertagen unentschuldigt der Arbeit fernbleiben, haben keinen Anspruch auf Bezahlung für diese Feiertage.

Übersicht	Rdn.			Rdn.
A. Einleitung............................	1	D.	Kurzarbeit...........................	21
B. Anspruchsvoraussetzungen.............	2	E.	Anspruchsausschluss.................	22
I. Allgemeines......................	2	I.	Normzweck......................	22
II. Bestehen eines Arbeitsverhältnisses......	3	II.	Voraussetzungen..................	23
III. Arbeitsausfall wegen gesetzlichen Feiertags...	4		1. Letzter/erster Arbeitstag vor/nach	
IV. Alleinursächlichkeit..................	9		gesetzlichem Feiertag............	23
C. Höhe des Feiertagsentgelts.............	18		2. Fernbleiben von der Arbeit........	24
I. Einleitung........................	18		3. Unentschuldigtes Fernbleiben von	
II. Berechnungsfaktoren.................	19		der Arbeit.....................	25
1. Arbeitsentgelt..................	19	III.	Umfang...........................	26
2. Arbeitszeit.....................	20	IV.	Darlegungs- und Beweislast...........	27

1 **A. Einleitung.** Die früher in § 1 FLZG normierte Entgeltzahlung an Feiertagen ist seit dem 1.6.1994 in § 2 geregelt. Die vormals in § 2 FLZG enthaltene Feiertagsbezahlung für die in Heimarbeit Beschäftigten und ihnen Gleichgestellten ist seit dem 1.6.1994 in § 11 normiert. § 2 entspricht iW § 1 FLZG. § 2 I bis III regelt die EFZ an Feiertagen, nicht an anderen Tagen im Zusammenhang mit Feiertagen, zB Vorfesttagen (BAG 23.1.2008, 5 AZR 1036/06, EzA § 4 TVG Luftfahrt Nr 16).

2 **B. Anspruchsvoraussetzungen. I. Allgemeines.** Während es sich bei dem Anspruch auf EFZ im Krankheitsfall nach § 3 I 1 um den aufrechterhaltenen Anspruch des AN auf Arbeitsvergütung nach § 611 I BGB handelt (§ 4 Rdn 4), begründet § 2 I erst einen Anspruch auf Feiertagsvergütung (vgl BAG

18.4.2012, 10 AZR 200/11, EzA EG-Vertrag 1999 Verordnung 593/2008 Nr 3; vgl auch LAG Berl-Bbg 11.2.2014, 3 Sa 1412/13 u 1413/13). Anspruchsberechtigt nach § 2 I ist der in § 1 I genannte Personenkreis (hierzu § 1 Rdn 2–4). Eines Rückgriffs auf § 2 I bedarf es nur dann, wenn der Verdienst in einer Abrechnungsperiode von der Zahl der Arbeitsstunden abhängt. Erhält ein AN dagegen für einen bestimmten Zeitabschnitt, zB für 1 Monat, einen festen Betrag, der von der Arbeitsstundenzahl unabhängig ist, ist die Bezahlung der Feiertage hierin bereits eingeschlossen, sodass von einem Verdienstausfall durch die Feiertagsruhe keine Rede sein kann (vgl BAG 25.3.1966, 3 AZR 358/65, EzA § 1 FeiertagslohnzG Nr 3).

II. Bestehen eines Arbeitsverhältnisses. 1. Voraussetzung für den Entgeltanspruch an Feiertagen ist das **Bestehen** eines wirksam begründeten **Arbeits-** bzw **Ausbildungsverhältnisses** am Feiertag (vgl näher BAG 14.7.1967, 3 AZR 436/66, EzA § 1 FeiertagslohnzG Nr 7). Dem vertraglich wirksam begründeten Arbeitsverhältnis stehen die in § 3 Rdn 2 und 3 genannten Arbeitsverhältnisse gleich. Die Anwendbarkeit des § 2 I ist unabhängig von der zeitlichen Dauer des Arbeitsverhältnisses und dem vereinbarten Arbeitszeitvolumen. 3

III. Arbeitsausfall wegen gesetzlichen Feiertags. 2. Voraussetzung für den Anspruch nach § 2 ist, dass die **Arbeit** für den AN **infolge** eines gesetzlichen Feiertags **ausfällt**. Dies entsprach bereits der Rechtslage nach § 1 I FLZG (BAG 26.7.1979, 3 AZR 813/78, AP Nr 34 zu § 1 FeiertagslohnzG). Demnach hat auch der AN Anspruch auf Entgeltzahlung für den Feiertag, der auf einen Sonntag fällt, wenn er an diesem Tag hätte arbeiten müssen (BAG 26.7.1979, 3 AZR 813/78, AP Nr 34 zu § 1 FeiertagslohnzG). 4

Ebenso wenig wie im FLZG hat der Gesetzgeber im EFZG den Feiertagsbegriff definiert. Welche Kalendertage gesetzliche Feiertage sind, bestimmen die einzelnen Bundesländer aufgrund der ihnen in Art 70 I GG eingeräumten Gesetzgebungskompetenz (BayVerfGH 25.7.1982, Vf 2-VII/81, NJW 1982, 2656, 2657; *Treber* § 2 Rn 9). Allerdings kann sich aus dem Gesichtspunkt der »Natur der Sache« eine Gesetzgebungskompetenz des Bundes für weltliche Feiertage ergeben, was auf den »Tag der dt Einheit« am 3.10. (Kap I Art 2 II EV vom 31.8.1990 iVm Art 1 des G v 23.9.1990 BGBl II S 885, 890) zutrifft (*Treber* § 2 Rn 9). Eine bes Feiertagsregelung enthält § 2 Nr 8 SeeArbG (bis 31.7.2013: § 84 IV SeemG) für Seeleute. Danach gelten als Feiertage in Deutschland die gesetzlichen Feiertage des Liegeortes, im Ausland und auf See die Feiertage des Registerhafens. 5

Wegen der unterschiedlichen landesrechtlichen Regelungen über die gesetzlichen Feiertage stellt sich die Frage, welche Feiertage vergütungspflichtig sind, wenn der Wohnort des AN, der Betriebssitz des AG und der Arbeitsort in verschiedenen Bundesländern liegen. Maßgeblich ist in diesem Fall das Feiertagsrecht des jeweiligen Arbeitsortes (*Treber* § 2 Rn 14; vgl auch BAG 17.3.2010, 5 AZR 314/09, EzA § 4 TVG Brot- und Backwarenindustrie Nr 2; zu § 1 FLZG LAG Stuttgart 29.4.1955, II Sa 5/55, AP Interlokales Privatrecht Arbeitsrecht Nr 1). Wird der AN im **Ausland** eingesetzt und gilt für alle Arbeitsbedingungen oder wenigstens für die Entgeltzahlung an Feiertagen dt Recht (hierzu § 1 Rdn 5), können die dt Feiertagsgesetze wegen ihrer öffentl-rechtlichen Natur am Arbeitsort keine Anwendung finden (*Treber* § 2 Rn 16; allg BAG 30.4.1987, 2 AZR 192/86, EzA § 12 SchwbG Nr 15). Fällt die Arbeit wegen eines gesetzlichen Feiertages am ausländischen Arbeitsort aus, besteht kein Anspruch nach § 2, da diese Rechtsgrundlage nur für dt gesetzliche Feiertage gilt (*Schmitt* § 2 Rn 31). Die Feiertagsvergütung kann bei einem Auslandseinsatz Gegenstand einer kollektiv- oder einzelvertraglichen Abrede sein. Diese kann vorsehen, dass die Feiertage im Einsatzland als Feiertage iSd § 2 I gelten (*Schmitt* § 2 Rn 32). 6

Von einem **Arbeitsausfall** an einem **gesetzlichen Feiertag** ist aufgrund des in § 9 I ArbZG für einen solchen Tag normierten Beschäftigungsverbotes idR auszugehen. Arbeitet der AN ausnahmsweise an einem Feiertag (vgl zB BAG 15.9.2009, 9 AZR 757/08, EzA § 106 GewO Nr 4), richtet sich sein Entgeltanspruch nebst tarif- oder einzelvertraglich vereinbarter Feiertagszuschläge (vgl zB BAG BAG 20.6.2013, 6 AZR 696/11, NZA-RR 2013, 531, 533; 27.3.2014, 6 AZR 621/12, EzTöD 100 § 6 Abs 3 TVöD-AT Arbeitszeit Feiertag Nr 4; 12.2.2015, 10 AZR 72/14, EzA § 4 TVG Gebäudereinigerhandwerk Nr 9) – diese kann der AN bei Arbeit am Oster- oder am Pfingstsonntag nur beanspruchen, wenn diese Sonntage im Bundesland des Arbeitsortes (vgl hierzu Rdn 6), wie in Brandenburg und Thüringen, als gesetzliche Feiertage anerkannt sind (vgl BAG 17.3.2010, 5 AZR 317/09, EzA § 4 TVG Brot- und Backwarenindustrie Nr 2; BAG 17.8.2011, 10 AZR 347/10, ZTR 2011, 727, 728) – nicht nach § 2 I, sondern ausschließlich nach § 611 I BGB (BAG 12.12.2001, 5 AZR 294/00, EzA § 11 ArbZG Nr 1; vgl auch BAG 19.9.2012, 5 AZR 727/11, EzA § 11 ArbZG Nr 3; 20.6.2013, 6 AZR 696/11, NZA-RR 2013, 531, 533), uU mit tariflichem Sonntagszuschlag (vgl zB BAG 25.9.2013, 10 AZR 258/12, EzA § 4 TVG Metallindustrie Nr 150) . Dies gilt unabhängig davon, ob die Arbeit während des gesetzlichen Feiertages nach § 10 ArbZG zulässig (vgl hierzu zB BVerwG 19.9.2000, 1 C 17/99, NZA 2000, 1232 ff) oder unzulässig war (*Schmitt* § 2 Rn 34; vgl auch BAG 9.10.2003, 6 AZR 512/02, EzA § 611 BGB 2002 Rufbereitschaft Nr 1). Ein gesetzlicher Anspruch auf Zahlung eines Zuschlags für Feiertagsarbeit folgt nicht aus der Verweisung in § 11 II ArbZG 7

§ 2 EFZG   Entgeltzahlung an Feiertagen

auf § 6 V ArbZG (BAG 11.1.2006, 5 AZR 97/05, EzA § 11 ATG Nr 2; LAG Schl-Holst 7.11.2013, 4 Sa 254/13, LAGE § 6 ArbZG Nr 4).

8   Die dienstplanmäßige (vgl BAG 15.1.2013, 9 AZR 430/11, EzA § 3 BUrlG Nr 25; 24.10.2013, 6 AZR 286/12, Jurion RS 2013, 53224; LAG Hamm 22.5.2013, 4 Sa 1232/12, LAGE § 8 BetrVG 2001 Arbeitszeit Nr 8) bzw betriebsübliche (vgl hierzu BAG 15.5.2013, 10 AZR 325/12, EzA § 615 BGB Nr 39) Arbeitszeit an einem Wochenfeiertag (zum Begriff vgl BAG 20.6.2013, 6 AZR 696/11, NZA-RR 2013, 531, 533) kann aufgrund entspr kollektiv- oder einzelvertraglicher Vereinbarung auch durch bezahlte Freizeit ausgeglichen werden (vgl BAG 15.1.2013, 9 AZR 430/11, EzA § 3 BUrlG Nr 25; 20.6.2013, 6 AZR 696/11, NZA-RR 2013, 531, 533; 21.8.2013, 5 AZR 410/12, JurionRS 2013, 46958; LAG Nds 3.6.2014, 15 Sa 967/13, JurionRS 2014, 17922). Ansonsten ist den an einem auf einen Werktag fallenden Feiertag beschäftigten AN aus Gründen des Arbeitsschutzes (vgl § 1 ArbZG) nach näherer Maßgabe des § 11 III 2 ArbZG ein Ersatzruhetag zu gewähren (vgl auch BAG 14.1.2009, 5 AZR 89/08, EzA § 4 EFZG Nr 14; 19.9.2012, 5 AZR 727/11, EzA § 11 ArbZG Nr 3; 20.6.2013, 6 AZR 696/11, NZA-RR 2013, 531, 533), der aber nicht in einer bezahlten Freistellung an einem Beschäftigungstag bestehen muss (BAG 23.3.2006, 6 AZR 497/05, EzA § 12 ArbZG Nr 1; BAG 19.9.2012, 5 AZR 727/11, EzA § 11 ArbZG Nr 3; 15.1.2013, 9 AZR 430/11, EzA § 3 BUrlG Nr 25). Allerdings kann gem § 12 S 1 Nr 2 ArbZG durch TV der Wegfall von Ersatzruhetagen für auf Werktage fallende Feiertage vereinbart werden (vgl hierzu BAG 22.9.2005, 6 AZR 579/04, EzA § 1 TVG Auslegung Nr 42; 23.3.2006, 6 AZR 497/05, EzA § 12 ArbZG Nr 1).

9   **IV. Alleinursächlichkeit.**   Voraussetzung für den Anspruch nach § 2 I ist, wie schon gem § 1 I FLZG (BAG 23.10.1996, 1 AZR 269/96, EzA Art 9 GG Arbeitskampf Nr 126), dass der Feiertag die **alleinige Ursache** des Arbeitsausfalls ist (BAG 10.1.2007, 5 AZR 84/06, EzA § 307 BGB 2002 Nr 16; 15.5.2013, 5 AZR 139/12, EzA § 2 EFZG Nr 7; LAG Düsseldorf 14.7.2015, 3 Sa 7/15, LAGE § 307 BGB 2002 Nr 47; LAG Hamm 22.5.2013, 4 Sa 1232/12, LAGE § 87 BetrVG 2001 Arbeitszeit Nr 8; LAG Rh-Pf 15.1.2013, 1 Sa 363/12, LAGE § 2 EFZG Nr 1). Demnach kann der AN nur dann Entgeltzahlung nach § 2 I verlangen, falls er ohne den durch den Feiertag bedingten Arbeitsausfall einen Anspruch auf Zahlung seiner Arbeitsvergütung gehabt hätte. Für die Feststellung, ob ein feiertagsbedingter Arbeitsausfall vorliegt, kommt es allein darauf an, welche Arbeitszeit für den AN gegolten hätte, wenn der betreffende Tag kein Feiertag wäre (BAG 24.10.2001, 5 AZR 245/00, EzA § 2 EFZG Nr 3). Im Hinblick auf den Unabdingbarkeitsgrundsatz in § 12 kann in einem TV nicht geregelt werden, dass die am Tag vor dem Feiertag ausfallende Nachtschicht bzw die an den Sonntagen vor den Oster- und Pfingstmontagen beginnenden und in die Feiertage hineinreichenden Schichten keine Feiertagsschichten sind, wenn der Feiertag die alleinige Ursache für den Arbeitsausfall ist (BAG 15.5.2013, 5 AZR 139/12, EzA § 2 EFZG Nr 7).

10   Problematisch wird die Kausalitätsfrage, die derjenigen bei Arbeitsverhinderung wegen krankheitsbedingter Arbeitsunfähigkeit iRd § 3 I (§ 3 Rdn 17) entspricht, stets dann, wenn die Arbeit sowohl wegen eines Feiertages als auch aus einem anderen Grund ausfällt. Ein solches Zusammentreffen von 2 Ursachen für den Arbeitsausfall kommt in der Praxis speziell im Zusammenhang mit gesetzlichen Feiertagen insb in folgenden Fällen vor:

11   Fällt ein gesetzlicher Feiertag in die Zeit eines **rechtmäßigen Arbeitskampfes**, hat ein streikender oder ausgesperrter AN keinen Anspruch auf Feiertagsvergütung nach § 2 I. Insofern ist nämlich der Arbeitsausfall an diesem Feiertag durch den Arbeitskampf (zu Warnstreik vgl ArbG HH 16.10.2013, 27 Ca 184/13, JurionRS 2013, 54635) und das damit verbundene Ruhen des Arbeitsverhältnisses (§ 3 Rdn 28), nicht aber durch die Feiertagsruhe verursacht worden (BAG 11.7.1995, 1 AZR 63/95, EzA Art 9 GG Arbeitskampf Nr 121). Andererseits muss Feiertagsvergütung gezahlt werden, wenn der Arbeitskampf unmittelbar vor dem Feiertag endet oder sich unmittelbar an ihn anschließt. In beiden Fällen ist als einzige Ursache für den Arbeitsausfall der gesetzliche Feiertag anzusehen (BAG 1.3.1995, 1 AZR 786/94, EzA Art 9 GG Arbeitskampf Nr 118). Zu weiteren Einzelheiten vgl HzA/*Vossen* Gruppe 2 Rn 777–779.

12   Ist der AN an einem gesetzlichen Feiertag infolge Krankheit oder einer Organ- bzw. Gewebespende nach §§ 8 und 8a TPG oder – seit 23.7.2015 – einer Blutspende zur Separation von Blutstammzellen oder anderen Blutbestandteilen iSv § 9 TPG (vgl § 3a EFZG Rdn 3) **arbeitsunfähig**, hat er gem § 4 II idF v Art 1a Nr 2 lit b des G v 21.7.2012 (BGBl I S 1601) Anspruch auf EFZ nach § 3 I (§ 3 Rdn 24) bzw – seit dem 1.8.2012 – nach § 3a I (§ 3a Rdn 2). Die Höhe des fortzuzahlenden Entgelts bemisst sich allerdings gem § 4 II nach § 2 I (Rdn 18). Befindet sich der AG vor einem gesetzlichen Feiertag in **Annahmeverzug** (vgl §§ 293 ff. BGB), kann der AN für den gesetzlichen Feiertag zwar kein Arbeitsentgelt nach §§ 611 I, 615 S 1 BGB, aber Entgeltzahlung gem § 2 I verlangen (BAG 19.9.2012, 5 AZR 924/11, EzA § 4 TVG Ausschlussfristen Nr 202).

Fällt ein gesetzlicher Feiertag in die Zeit des bezahlten Erholungsurlaubs und herrscht an diesem Tag im 13
Betrieb Feiertagsruhe, wird er gem § 3 II BUrlG nicht auf den Urlaub angerechnet. Für diesen Tag hat der
AN deshalb Anspruch auf Entgeltzahlung nach § 2 I (vgl auch LAG Berl-Bbg 11.3.2011, 13 Sa 2707/10,
JurionRS 2011, 17599). Die Höhe der Feiertagsvergütung kann sich von der Höhe des während des Erholungsurlaubs nach § 611 I BGB iVm § 1 BUrlG fortzuzahlenden Arbeitsentgelts aufgrund der hierfür in
§ 11 BUrlG vorgesehenen Berechnungsmethode unterscheiden. Fällt dagegen in die Zeit des bezahlten
Erholungsurlaubs ein gesetzlicher Feiertag, an dem der AN ohne den Erholungsurlaub gearbeitet hätte, entfällt wegen fehlender Ursächlichkeit des Feiertages für den Arbeitsausfall ein Anspruch aus § 2 I EFZG (vgl
auch BAG 15.1.2013, 9 AZR 430/11, EzA § 3 BUrlG Nr 25). Ein solcher Tag ist, da § 3 II BUrlG nicht zur
Anwendung kommt (§ 3 BUrlG Rdn 14), auf den Urlaub anzurechnen (vgl auch BAG 15.11.2005, 8 AZR
626/04, EzA § 2 BUrlG Nr 5; 15.1.2013, 9 AZR 430/11, EzA § 3 BUrlG Nr 25; § 3 BUrlG Rdn 14).

Fällt der gesetzliche Feiertag auf einen Tag, an dem der AN aufgrund einer entspr Abrede von der Arbeit 14
unter Fortzahlung seiner **Vergütung** freigestellt ist (vgl zB BAG 13.6.2007, 5 AZR 849/06, AP Nr 78 zu
§ 242 BGB Betriebliche Übung), richtet sich sein Entgeltanspruch für den Feiertag ausschließlich nach der
Freistellungsabrede. § 2 I entfällt als Anspruchsgrundlage, da der Feiertag nicht die ausschließliche Ursache
des Arbeitsausfalls an diesem Tag ist. Dies gilt auch, falls der bezahlte Freistellungstag iRd Verkürzung der
wöchentlichen Arbeitszeit auf einen gesetzlichen Feiertag fällt (*Schmitt* § 2 Rn 47). Fehlende Alleinursächlichkeit für den Arbeitsausfall an einem gesetzlichen Feiertag schließt einen Anspruch nach § 2 I auch dann
aus, wenn der AN an einem solchen Tag aufgrund eines von etwaigen Wochenfeiertagen unabhängigen
Dienstplans keine Arbeitsleistung zu erbringen braucht (vgl BAG 15.1.2013, 9 AZR 430/11, EzA § 3
BUrlG Nr 25 m Anm *Litschen* ZTR 2013, 315 f; 24.10.2013, 6 AZR 286/12, JurionRS 2013, 53224;
27.3.2014, 6 AZR 621/12, JurionRS 2014, 14441).

Fällt der gesetzliche Feiertag auf einen Tag, an dem der AN aufgrund einer mit dem AG getroffenen Vereinbarung von der Arbeit **ohne Bezahlung freigestellt** ist, entfällt ein Anspruch nach § 2 I. Ursächlich für den 15
Arbeitsausfall ist das Ruhen des Arbeitsverhältnisses während eines unbezahlten Urlaubs (§ 3 Rdn 28). Ein
Anspruch auf Feiertagsvergütung bedürfte bes Vereinbarung (vgl *Treber* § 2 Rn 32).

Ist die Arbeit am 1. Tag nach einem gesetzlichen Feiertag aufgrund **witterungsbedingter Umstände** ausgefallen, zB der AN kann aufgrund starken Schneefalls den Betrieb am 31.12. und/oder am 2.1. nicht 16
erreichen, kommt es für den Anspruch aus § 2 I darauf an, ob der AN ohne den gesetzlichen Feiertag, zB
am 1.1., einen Vergütungsanspruch gehabt hätte. Bei derartigen objektiven, nicht in der Person des AN
liegenden Hindernissen scheidet ein Entgeltanspruch nach § 616 S 1 BGB aus (vgl BAG 8.12.1982, 4 AZR
134/80, EzA § 616 BGB Nr 23). Demnach hat der AN, falls derartige objektive Hindernisse auch am
gesetzlichen Feiertag bestehen, wegen fehlender Ursächlichkeit für den Arbeitsausfall keinen Anspruch nach
§ 2 I (vgl *Schmitt* § 2 Rn 60).

Dagegen besteht aufgrund des in § 2 I verankerten Entgeltausfallprinzips (Rdn 18) ein Entgeltanspruch 17
gem dieser Norm, falls der AN ohne den gesetzlichen Feiertag nach der sog Betriebsrisikolehre (§ 615 BGB
Rdn 81–88) Anspruch auf Vergütung für die witterungsbedingte Arbeitsverhinderung gehabt hätte (BAG
14.5.1986, 4 AZR 77/85, EzA § 1 FeiertagslohnzG Nr 31). Zu beachten ist allerdings, dass dieses Problem
tarifvertraglich bes geregelt sein kann.

C. Höhe des Feiertagsentgelts. I. Einleitung. Inhaltlich mit § 1 I 1 FLZG übereinstimmend sichert 18
§ 2 I dem AN für den gesetzlichen Feiertag »das Arbeitsentgelt, das er ohne den Arbeitsausfall erhalten
hätte«. Danach richtet sich die Höhe des Feiertagsentgelts, wie früher (BAG 1.2.1995, 5 AZR 847/93,
EzA § 1 FeiertagslohnzG Nr 46), nach dem sog **Lohn-** bzw **Entgeltausfallprinzip**. Der AG ist demnach
verpflichtet, den AN so zu stellen, wie er gestanden hätte, wenn die Arbeit nicht infolge des Feiertages ausgefallen wäre (vgl BAG 27.3.2014, 6 AZR 621/12, , JurionRS 2014, 14441; 13.5.2015, 10 AZR 495/14,
EzA § 4 EFZG Nr 18; 13.5.2015, 10 AZR 191/14, JurionRS 2015, 20265). Das gilt auch bei Anwendbarkeit eines tariflichen Mindestlohns infolge RechtsVO gem § 7 I 1 AEntG aF (vgl BAG 13.5.2015, 10 AZR
495/14, EzA § 4 EFZG Nr 18; 13.5.2015, 10 AZR 191/14, JurionRS 2015, 20265) u gem § 1 I, II MiLoG
(vgl zB *Greiner/Strippelmann* BB 2015, 949, 951; *Kocher*, AuR 2015, 173, 176; *Waltermann* AuR 2015, 166,
170; § 1 MiLoG Rdn 14; vgl auch § 4 EFZG Rdn 39). An das Entgeltausfallprinzip sind, da § 4 IV nicht
entsprechend anwendbar ist, gem § 12 auch die TVP gebunden (vgl auch BAG 13.5.2015, 10 AZR 495/14,
EzA § 4 EFZG Nr 18; 13.5.2015, 10 AZR 191/14, JurionRS 2015, 20265). Für die Höhe der Feiertagsvergütung sind, wie für die EFZ im Krankheitsfall (§ 4 Rdn 3), **2 Faktoren** bestimmend: das **Arbeitsentgelt**
und die **Arbeitszeit**. Auf deren Regelmäßigkeit kommt es mangels einer § 4 I entspr Regelung nicht an.

II. Berechnungsfaktoren. 1. Arbeitsentgelt. Es gilt, wie in § 4 I, der arbeitsrechtliche Entgeltbegriff 19
(näher § 4 Rdn 4 ff). Nur das lfd Entgelt ist gesichert (hierzu § 4 Rdn 7). Hierzu gehören **alle Arten** der

§ 2 EFZG Entgeltzahlung an Feiertagen

sog **Grundvergütung** (zum Begriff § 4 Rdn 9), aber auch **alle sonstigen** in § 4 Rdn 10 ff aufgeführten **Entgeltarten**. Leistungen mit Aufwendungscharakter sind nicht nach § 2 I zu zahlen. Für die Abgrenzung Arbeitsentgelt/Aufwendungsersatz kann auf die in § 4 Ia 1 enthaltene Wertung zurückgegriffen werden (*Treber* § 2 Rn 50).

20 **2. Arbeitszeit.** Dies ist die für die Arbeit vorgesehene oder festgelegte Zeitspanne. Dem entspricht der arbeitsschutzrechtliche Arbeitszeitbegriff in § 2 I ArbZG (BAG 16.1.2002, 5 AZR 303/00, EzA § 2 EFZG Nr 2). Für die Feststellung des Umfangs eines feiertagsbedingten Arbeitsausfalls kommt es allein auf die für den hiervon betroffenen AN geltende Arbeitszeitregelung an (BAG 16.11.2000, 6 AZR 338/99, AP Nr 44 zu § 15 BAT). Die Feststellung der individuellen Arbeitszeit bereitet keine Probleme, wenn diese aufgrund einzel- oder tarifvertraglicher Abrede feststeht und immer gleichbleibend ist. Diese Situation ist selbst dann gegeben, wenn für die Arbeitszeit ein sog **Freischichtenmodell** gilt (näher HzA/*Vossen* Gruppe 2 Rn 817). Wird bei **Gleitzeit** ein Zeitkonto geführt, darf der AG auf diesem bei feiertagsbedingtem Arbeitsausfall **keine** sog **Negativbuchung** vornehmen (vgl näher BAG 14.8.2002, 5 AZR 417/02, EzA § 2 EFZG Nr 4; vgl auch 19.3.2008, 5 AZR 328/07, NZA 2008, 1135, 1138; 11.2.2009, 5 AZR 341/08, EzA § 4 TVG Luftfahrt Nr 17; 27.3.2014, 6 AZR 621/12, JurionRS 2014, 14441). Hätte der AN ohne Feiertag **Überstunden** (zum Begriff § 4 Rdn 26) leisten müssen, zählen diese zu der für ihn nach § 2 I maßgeblichen Arbeitszeit (*Treber* § 2 Rn 54). Für den feiertagsbedingten Ausfall von Überstunden spricht, wenn unmittelbar vor oder nach dem Feiertag längere Zeit Überstunden geleistet worden sind (BAG 18.3.1992, 4 AZR 387/91, EzA § 4 TVG Druckindustrie Nr 23). Ist **Schichtarbeit** (zum Begriff vgl BAG 12.12.2012, 1 AZR 354/11, EzTöD 100 § 7 TVöD-AT Schicht-/Wechselschichtarbeit Nr 19) angeordnet und fällt eine Schicht feiertagsbedingt aus (hierzu näher BAG 24.10.2013, 6 AZR 286/12, JurionRS 2013, 53224; 27.3.2014, 6 AZR 621/12, JurionRS 2014, 14441; 24.9.2015, 6 AZR 510/14, JurionRS 2015, 29620 zu teilw freien Feiertag), besteht Anspruch gem § 2 I. Das gilt auch, wenn eine Nachtschicht, die vor 0:00 Uhr des einen Tages beginnt und im Laufe des folgenden Tages endet, deshalb ausfällt, weil ihr Beginn oder ihr Ende auf einen ges Feiertag fallen würde (vgl BAG 26.1.1962, 1 AZR 409/60, AP Nr 13 zu § 1 FeiertagslohnzahlungsG; vgl jetzt auch BAG 15.5.2013, 5 AZR 139/12, EzA § 2 EFZG Nr 7). Allerdings kann nach näherer Maßgabe des § 9 II ArbZG – die Norm lässt den Anspruch aus § 2 I unberührt (BAG 15.5.2013, 5 AZR 139/12, EzA § 2 EFZG Nr 7) – der Beginn oder das Ende der Feiertagsruhe abw vom Beginn und Ende des Kalendertages, auf den der Feiertag fällt, bestimmt werden (vgl BAG 23.1.2008, 5 AZR 1036/06, EzA § 4 TVG Luftfahrt Nr 16; vgl früher zu § 105b I 4 GewO BAG 1.12.1967, 2 AZR 90/67, EzA § 1 FeiertagslohnzG Nr 8; näher HzA/*Vossen* Gruppe 2 Rn 821 ff). Haben AG und AN sinngem § 12 I 1 und 2 TzBfG vereinbart, dass Letzterer seine Arbeitsleistung iR eines **bestimmten Zeitdeputats** zu erbringen hat (§ 12 TzBfG Rdn 3 und 4), hat ein AN mit solcher Arbeitszeitregelung nur dann Anspruch nach § 2 I, wenn er nachweisen kann, er wäre ohne die Feiertagsruhe zum Einsatz gekommen (vgl BAG 24.10.2001, 5 AZR 245/00, EzA § 2 EFZG Nr 3; LAG Hamm 25.9.2012, 14 Sa 939/12, JurionRS 2012, 39700; näher HzA/*Vossen* Gruppe 2 Rn 826, 826/1).

21 **D. Kurzarbeit.** Ist gem entspr Rechtsgrundlage (hierzu näher *Bauer/Günther* BB 2009, 662 ff; *Kleinebrink* DB 2009, 342, 344) rechtswirksam **Kurzarbeit** (zum Begriff § 611 BGB Rdn 362) eingeführt worden und fällt in diesen Zeitraum ein gesetzlicher Feiertag, hätte an sich der AN aufgrund fehlender Alleinursächlichkeit für den Arbeitsausfall keinen Anspruch auf Feiertagsvergütung nach § 2 I für die an einem solchen Tag ausgefallene Arbeitszeit. § 2 II bestimmt aber, dass die Arbeitszeit, die an einem gesetzlichen Feiertag gleichzeitig infolge von Kurzarbeit ausfällt, als infolge des Feiertags ausgefallen gilt. Nach dieser gesetzlichen Fiktion hat der AN an einem in eine Kurzarbeitsperiode fallenden gesetzlichen Feiertag für die an diesem Tag ganz oder teilweise ausgefallene Arbeitszeit Anspruch auf Entgeltzahlung nach § 2 I (vgl *Treber* § 2 Rn 62 f). Allerdings kann der AN wegen des in dieser Vorschrift normierten Entgeltausfallprinzips (Rdn 18) die Feiertagsvergütung nur in Höhe des Betrages, den er von der BA als Kurzarbeitergeld bezogen hätte, wäre kein Feiertag gewesen (vgl §§ 95 Nr 1, 96 I Nr 1 SGB III nF, bis 31.3.2012: §§ 169 Nr 1, 170 I Nr 1 SGB III aF), verlangen (*Kleinebrink* DB 2009, 342, 343; *Treber* § 2 Rn 65; früher BAG 8.5.1984, 3 AZR 194/82, EzA § 1 FeiertagslohnzG Nr 28). Zum Zusammentreffen von Arbeitsunfähigkeit, Feiertag und Kurzarbeit vgl § 4 Rdn 38.

22 **E. Anspruchsausschluss. I. Normzweck.** Durch den in § 2 III (früher § 1 III FLZG) geregelten Anspruchsausschluss soll verhindert werden, dass der AN die Feiertagsruhe eigenmächtig verlängert und vor oder nach Feiertagen bummelt (vgl BAG 6.4.1982, 3 AZR 1036/79, EzA § 1 FeiertagslohnzG Nr 22).

23 **II. Voraussetzungen. 1. Letzter/erster Arbeitstag vor/nach gesetzlichem Feiertag.** Unter einem solchen Arbeitstag ist der Tag zu verstehen, an dem im Betrieb tatsächlich – zuletzt vor bzw erstmals wieder

nach der Feiertagsruhe – gearbeitet werden musste und auch gearbeitet worden ist und an dem der anspruchstellende AN aufgrund seines Arbeitsvertrages hätte arbeiten müssen (vgl BAG 6.4.1982, 3 AZR 1036/79, EzA § 1 FeiertagslohnzG Nr 22; zu Einzelheiten HzA/*Vossen* Gruppe 2 Rn 795–797).

2. Fernbleiben von der Arbeit. Dieses liegt stets vor, wenn der AN während des gesamten letzten bzw ersten Arbeitstages vor bzw nach einem gesetzlichen Feiertag trotz Arbeitspflicht gar nicht erschienen ist oder zwar erscheint, aber rechtswidrig die Arbeit verweigert (*Treber* § 2 Rn 68). Ein Fernbleiben scheidet aus, falls der AN wenigstens die Hälfte der von ihm an diesem Tag geschuldeten Arbeitsleistung erbracht hat (*Treber* § 2 Rn 68). 24

3. Unentschuldigtes Fernbleiben von der Arbeit. Dieses liegt jedenfalls vor, wenn objektiv eine Vertragsverletzung vorliegt und diese verschuldet ist (vgl BAG 28.10.1966, 3 AZR 186/66, EzA § 1 FeiertagslohnzG Nr 6). Abzulehnen ist es, ein unentschuldigtes Fernbleiben auch dann anzunehmen, wenn der AN hierfür zwar einen anerkannten Grund hatte, diesen jedoch dem AG nicht unverzüglich mitgeteilt hat (näher HzA/ *Vossen* Gruppe 2 Rn 803 gegen BAG 14.6.1957, 1 AZR 97/56, EzA § 1 FeiertagslohnzG Nr 1). 25

III. Umfang. Der Anspruch nach § 2 I entfällt für den gesamten Feiertag unabhängig vom Umfang des Fernbleibens des AN an den in Rdn 23 genannten Arbeitstagen. Bezieht der AN ein festes Entgelt, ist dieses nicht nur um den unentschuldigten Fehltag, sondern auch um den Feiertag zu kürzen (zur Berechnung vgl zB BAG 14.8.1985, 5 AZR 384/84, EzA § 63 HGB Nr 38). 26

IV. Darlegungs- und Beweislast. Ist der AN am letzten Arbeitstag vor oder am ersten Arbeitstag nach dem Feiertag der Arbeit ferngeblieben, wofür der AG darlegungs- und beweispflichtig ist, muss der AN darlegen und beweisen, dass dies nicht unentschuldigt geschehen ist (*Treber* § 2 Rn 76). 27

§ 3 Anspruch auf Entgeltfortzahlung im Krankheitsfall

(1) ¹Wird ein Arbeitnehmer durch Arbeitsunfähigkeit infolge Krankheit an seiner Arbeitsleistung verhindert, ohne dass ihn ein Verschulden trifft, so hat er Anspruch auf Entgeltfortzahlung im Krankheitsfall durch den Arbeitgeber für die Zeit der Arbeitsunfähigkeit bis zur Dauer von sechs Wochen. ²Wird der Arbeitnehmer infolge derselben Krankheit erneut arbeitsunfähig, so verliert er wegen der erneuten Arbeitsunfähigkeit den Anspruch nach Satz 1 für einen weiteren Zeitraum von höchstens sechs Wochen nicht, wenn
1. er vor der erneuten Arbeitsunfähigkeit mindestens sechs Monate nicht infolge derselben Krankheit arbeitsunfähig war oder
2. seit Beginn der ersten Arbeitsunfähigkeit infolge derselben Krankheit eine Frist von zwölf Monaten abgelaufen ist.

(2) ¹Als unverschuldete Arbeitsunfähigkeit im Sinne des Absatzes 1 gilt auch eine Arbeitsverhinderung, die infolge einer nicht rechtswidrigen Sterilisation oder eines nicht rechtswidrigen Abbruchs der Schwangerschaft eintritt. ²Dasselbe gilt für einen Abbruch der Schwangerschaft, wenn die Schwangerschaft innerhalb von zwölf Wochen nach der Empfängnis durch einen Arzt abgebrochen wird, die schwangere Frau den Abbruch verlangt und dem Arzt durch eine Bescheinigung nachgewiesen hat, dass sie sich mindestens drei Tage vor dem Eingriff von einer anerkannten Beratungsstelle hat beraten lassen.

(3) Der Anspruch nach Absatz 1 entsteht nach vierwöchiger ununterbrochener Dauer des Arbeitsverhältnisses.

Übersicht	Rdn.			Rdn.
A.	Anspruchsvoraussetzungen.............	1	C. Beginn des EFZ-Anspruchs............	40
I.	Bestehen eines Arbeitsverhältnisses.......	1	D. Ende der EFZ......................	43
II.	Wartezeit...........................	6	I. Allgemeines.......................	43
III.	Arbeitsverhinderung durch Arbeitsunfähigkeit infolge Krankheit...............	10	II. Verschiedene Krankheiten............	44
			III. Dieselbe Erkrankung................	46
IV.	Alleinursächlichkeit...................	17	IV. 6-Monats-Zeitraum.................	49
V.	Fehlendes Verschulden	29	V. 12-Monats-Zeitraum................	50
B.	Arbeitsverhinderung durch Arbeitsunfähigkeit infolge Sterilisation oder Schwangerschaftsabbruch.............	39	E. Darlegungs- und Beweislast............	51

A. Anspruchsvoraussetzungen. I. Bestehen eines Arbeitsverhältnisses. 1. Voraussetzung für den EFZ-Anspruch im Krankheitsfall ist das Bestehen eines **wirksam begründeten Arbeitsverhältnisses** bzw 1

§ 3 EFZG   Anspruch auf Entgeltfortzahlung im Krankheitsfall

eines diesem aufgrund von § 1 II gleichgestellten Ausbildungsverhältnisses (§ 1 Rdn 3) bei Beginn der krankheitsbedingten Arbeitsunfähigkeit (vgl BAG 17.4.2002, 5 AZR 2/01, EzA § 8 EFZG Nr 3). Ob ein Arbeitsverhältnis im Einzelfall vorliegt, ist nach den allg arbeitsrechtlichen Grds (vgl näher § 6 GewO Rdn 41–67) zu klären (vgl BAG 7.2.2007, 5 AZR 270/06, ZTR 2007, 391).

2   Dem wirksam begründeten Arbeitsverhältnis steht, wie auch sonst im ArbR, ein sog **faktisches Arbeitsverhältnis** (hierzu BAG 3.11.2004, 5 AZR 592/03, EzA § 134 BGB 2002 Nr 3; 27.7.2010, 3 AZR 317/08, EzA § 4 BBiG 2005 Nr 1) bis zu dessen Beendigung gleich, sodass sich auch in einem solchen Arbeitsverhältnis ein Anspruch nach § 3 I 1 ergeben kann (BAG 15.1.1986, 5 AZR 237/84, EzA § 1 LohnFG Nr 79). Ein solcher ist aber in jedem Fall ab dem Zeitpunkt ausgeschlossen, ab dem das faktische Arbeitsverhältnis außer Funktion gesetzt worden ist (BAG 3.12.1998, 2 AZR 754/97, EzA § 123 BGB Nr 51).

3   Auch der AN, der mit dem AG iR einer Feststellungsklage nach § 4 S 1 KSchG bzw § 256 I ZPO **über den Bestand** eines **Arbeitsverhältnisses streitet**, kann einen Anspruch aus § 3 I 1 haben, falls ihn der AG unter den in § 102 V BetrVG genannten Voraussetzungen (hierzu § 102 BetrVG Rdn 37–43) oder aufgrund eines bis zur rkr Entsch über die Feststellungsklage zweckbefristeten neuen Arbeitsvertrages iSv § 3 I 2 Alt 2 TzBfG – § 14 IV TzBfG ist zu beachten – oder gem einer nach § 14 IV TzBfG iVm § 21 TzBfG nur noch schriftlich möglichen Vereinbarung (LAG Hamm 16.1.2003, 16 Sa 1126/02, LAGE § 14 TzBfG Nr 9; LAG Nds 17.2.2004, 13 Sa 566/03, NZA-RR 2004, 472) über die Fortsetzung des alten Arbeitsvertrages auflösend bedingt bis zur rkr Abweisung der Feststellungsklage weiterbeschäftigt (vgl BAG 19.1.2005, 7 AZR 113/04, EzBAT § 53 BAT Beschäftigung Nr 13; 19.9.2012, 5 AZR 627/11, EzA § 4 TVG Ausschlussfristen Nr 201; 8.4.2014, 9 AZR 856/11, JurionRS 2014, 17936).

4   Dagegen hat es das BAG bisher abgelehnt (vgl 24.9.2003, 5 AZR 500/02, EzA § 615 BGB 2002 Nr 4; vgl jetzt aber BAG 8.4.2014, 9 AZR 856/11, JurionRS 2014, 17936), wenigstens ein sog faktisches Arbeitsverhältnis anzunehmen, wenn die Weiterbeschäftigung des AN aufgrund einer entspr Verurteilung des AG und damit allein zur Abwendung der Zwangsvollstreckung erfolgt. Aus dieser Rspr folgt: Der so beschäftigte AN hat bei einer Erkrankung jedenfalls (im Nachhinein) einen EFZ-Anspruch nach § 3 I 1, wenn er mit seiner Feststellungsklage in letzter Instanz obsiegt und damit der Fortbestand des Arbeitsverhältnisses rkr feststeht. Hat der AN umgekehrt die Feststellungsklage rkr verloren und steht nun verbindlich fest, dass das Arbeitsverhältnis nicht über den zwischen den Parteien ursprünglich str Termin fortgedauert hat, kann er bei einer Erkrankung während der Weiterbeschäftigung keine EFZ verlangen (näher HzA/*Vossen* Gruppe 2 Rn 58).

5   Solange über die Feststellungsklage noch nicht rkr entschieden ist, hat der zur Vermeidung der Zwangsvollstreckung weiterbeschäftigte AN im Fall einer Erkrankung auf der Basis der zitierten Rspr des BAG keinen EFZ-Anspruch (vgl *Treber* § 3 Rn 12). Dem erkrankten AN bleibt nur der Krankengeldanspruch nach § 44 I SGB V, der mangels EFZ durch den AG nicht gem § 49 Nr 1 SGB V ruht (vgl auch MünchArbR/*Schlachter* § 73 Rn 9).

6   **II. Wartezeit.**   Nach § 3 III entsteht der **Anspruch** gem § 3 I 1 (erst) **nach 4-wöchiger ununterbrochener Dauer des neu begründeten Arbeitsverhältnisses.** Demnach muss die Wartezeit nicht (erneut) zurückgelegt werden, wenn das Arbeitsverhältnis aufgrund des § 613a I 1 BGB (BAG 19.9.2007, 4 AZR 711/06, NZA 2008, 241, 242; zu § 1 I KSchG dort Rdn 10) oder infolge vertraglicher Anrechnung einer Vordienstzeit als Fortsetzung eines früheren Arbeitsverhältnisses gilt (*Hanau* RdA 1997, 205, 207; zu § 1 I KSchG vgl dort Rdn 11). Auch müssen AN, die unmittelbar nach Abschluss ihrer Berufsausbildung vom bisherigen Ausbilder übernommen werden, die Wartezeit nach § 3 III nicht erneut erfüllen (BAG 20.8.2003, 5 AZR 436/02, EzA § 3 EFZG Nr 11). Gleiches gilt im Hinblick auf § 155 I 2 SGB V, wenn ein AN nach Schließung einer Betriebskrankenkasse (vgl § 153 SGB V) auf Grund eines befristeten Vertrages zum Zweck der Abwicklung weiterbeschäftigt wird (LAG Düsseldorf 26.4.2013, 6 Sa 1495/12, JurionRS 2013, 40903).

7   **Während** der **Wartezeit** bezieht der erkrankte AN idR von seiner Krankenkasse **Krankengeld** gem § 44 I SGB V, da er in dieser Zeit kein Arbeitsentgelt erhält und somit der Krankengeldanspruch nicht nach § 49 I Nr 1 SGB V ruht (im Erg ebenso ErfK/*Reinhard* § 3 Rn 33; *Schmitt* § 3 Rn 336 u 338; *Treber* § 3 Rn 105; vgl auch BT-Drs 13/4612, S 11; aA *Reifelsberger/Hennig* BB 2015, 1590 mit Hinw auf § 44 II Nr 3 SGB V). Die Höhe des (Brutto-)Krankengeldes (vgl BAG 5.11.2003, 5 AZR 682/02, AP Nr 1 zu § 37 BAT-O) beträgt seit dem 1.1.1997 gem § 47 I 1 SGB V nur noch 70 % des in dieser Norm definierten Regelentgelts (vgl hierzu BSG 30.5.2006, B 1 KR 19/05 R, NZS 2007, 204, 206 ff; 10.5.2012, B 1 KR 26/11 R, NZA-RR 2012, 659 f). Der während der Wartezeit aufgrund eines Arbeitsunfalls erkrankte AN hat in dieser Zeit gem § 11 V SGB V keinen Anspruch auf Krankengeld, sondern nach §§ 45, 46, 52 Nr 1 SGB VII Anspruch auf Verletztengeld. Dieses beträgt gem § 47 I 1 Nr 2 SGB VII 80 % des in § 47 I 1 Nr 1 SGB VII definierten Regelentgelts.

Für den Beginn der Wartezeit kommt es auf den **Zeitpunkt** des **rechtlichen Beginns** des **Arbeitsverhältnis-** 8 **ses** an, sodass der 1. Tag des rechtlichen Bestands des Arbeitsverhältnisses nach § 187 II 1 BGB mitzählt (vgl ErfK/ *Reinhard* § 3 Rn 33; vgl auch BAG 27.6.2002, 2 AZR 382/01, EzA §§ 187–188 BGB Nr 1; zu § 1 I KSchG dort Rdn 7). Gem § 188 II BGB endet die Wartezeit mit Ablauf des Tages der 4. Woche, der dem Tag vorhergeht, der durch seine Benennung dem Anfangstag der Frist entspricht.
Die Wartezeit des § 3 III wird nur erfüllt, wenn das Arbeitsverhältnis länger als 4 Wochen ununterbro- 9 chen dauert. **Maßgebend** für die Feststellung der ununterbrochenen 4-wöchigen Dauer des Arbeitsverhältnisses ist, wie bei anderen Wartezeitregelungen, der **rechtliche Bestand** des **Arbeitsverhältnisses** (vgl BAG 20.8.2003, 5 AZR 436/02, EzA § 3 EFZG Nr 11). Die Dauer eines früheren Arbeitsverhältnisses bei demselben AG kann auf die vierwöchige Wartezeit eines neu begründeten Arbeitsverhältnisses angerechnet werden, falls dieses mit dem früheren in einem »engen sachlichen Zusammenhang« steht (BAG 22.8.2001, 5 AZR 699/99, EzA § 3 EFZG Nr 8). Der AN hat, falls eine in der Wartezeit aufgetretene Arbeitsunfähigkeit über den 4-Wochen-Zeitraum hinaus fortbesteht, vom ersten Tag der 5. Woche an Anspruch auf EFZ nach § 3 I 1 (im Erg ebenso BAG 20.8.2003, 5 AZR 436/02, EzA § 3 EFZG Nr 11). Erkrankt der AN vor Ablauf der Wartezeit und dauert die damit verbundene Arbeitsunfähigkeit insgesamt länger als 6 Wochen, wird der in die Wartezeit fallende Krankheitszeitraum nicht auf die 6-Wochen-Frist des § 3 I 1 (Rdn 40–42) angerechnet (BAG 26.5.1999, 5 AZR 476/98, EzA § 3 EFZG Nr 7; 16.1.2002, 5 AZR 430/00, EzA § 12 EFZG Nr 1).

III. Arbeitsverhinderung durch Arbeitsunfähigkeit infolge Krankheit. Weitere Voraussetzung für den 10 EFZ-Anspruch nach § 3 I 1 ist, dass der AN durch Arbeitsunfähigkeit infolge Krankheit verhindert ist, seine Arbeitsleistung zu erbringen. Nicht erforderlich ist, dass der AN bei Eintritt seiner Arbeitsunfähigkeit seine Beschäftigung bereits aufgenommen hatte.
Eine gesetzliche Definition des Begriffs **Krankheit** gibt es nicht. Deshalb muss vom medizinischen 11 Begriff ausgegangen werden. Danach ist Krankheit jeder regelwidrige körperliche oder geistige Zustand (BAG 7.12.2005, 5 AZR 228/05, EzA § 3 EFZG Nr 15; 9.4.2014, 10 AZR 637/13, EzA § 106 GewO Nr 18; LAG Berl-Bbg 17.4.2015, 6 Sa 2098/14, LAGE § 3 EFZG Nr. 15), zB Alkoholabhängigkeit (BAG 18.3.2015, 10 AZR 99/14, EzA § 3 EFZG Nr 19 mwN). Unerheblich ist für die Entstehung des EFZ-Anspruchs nach § 3 I 1, auf welcher Ursache die Erkrankung beruht (vgl BAG 5.4.1976, 5 AZR 397/75, EzA § 1 LohnFG Nr 48) und ob eine medizinisch anerkannte Krankheit überhaupt heilbar ist (BAG 3.11.1961, 1 AZR 383/60, AP Nr 1 zu § 78 SeemG). Eine normal verlaufende Schwangerschaft ist keine Krankheit im medizinischen Sinn. Anders ist es, wenn sie anormal verläuft und außergewöhnliche, über das übliche Maß hinausgehende Beschwerden oder sonstige krankhafte Störungen auftreten (BAG 9.10.2002, 5 AZR 443/01, EzA § 11 MuSchG nF Nr 23; vgl auch LSG HH 7.2.2013, L 1 KR 31/11). Eine Krankheit im medizinischen Sinn wird arbeitsrechtlich erst bedeutsam, wenn sie den AN hindert, die von ihm vertraglich geschuldete Arbeitsleistung zu erbringen (BAG 26.7.1989, 5 AZR 301/88, EzA § 1 LohnFG Nr 112; vgl auch BAG 9.4.2014, 10 AZR 637/13, EzA § 106 GewO Nr 18).
Arbeitsunfähigkeit infolge Krankheit ist gegeben, wenn ein Krankheitsgeschehen den AN im objektiv-me- 12 dizinischen Sinn außerstande setzt, die ihm nach dem Arbeitsvertrag obliegende Arbeit zu verrichten, oder wenn er die Arbeit nur unter der Gefahr aufnehmen oder fortsetzen könnte, in absehbarer naher Zeit seinen Zustand zu verschlimmern (vgl BAG 23.1.2008, 5 AZR 393/07, EzA § 615 BGB 2002 Nr 22; 13.3.2012, 1 ABR 78/10, EzA § 84 SGB IX Nr 10; LAG Brl-Bbg 17.4.2015, 6 Sa 2098/14, LAGE § 3 EFZG Nr 15; vgl auch BAG 18.3.2014, 9 AZR 669/12, EzA § 7 BurlGBUrlG Nr 133; 9.4.2014, 10 AZR 637/13, EzA § 106 GewO Nr 18; LAG BW 14.1.2015, 13 Sa 73/14, LAGE § 19 BBiG 2005 Nr. 1). Unerheblich für die Annahme einer Arbeitsunfähigkeit ist, ob es sich bei der behandlungsbedürftigen Krankheit um einen nicht mehr behebbaren Dauerzustand handelt (LAG Hamm 29.8.2007, 18 Sa 603/07, EEK 3339). Aus einer Rentenbewilligung wegen Erwerbsminderung (§ 43 I, II SGB VI) folgt nicht ohne Weiteres die Arbeitsunfähigkeit des Empfängers (BAG 13.5.2015, 2 AZR 565/14, EzA § 1 KSchG Krankheit Nr. 61). Höchstrichterlich noch nicht geklärt ist die Frage, ob die mit einer komplikationslosen künstlichen Befruchtung verbundene Arbeitsverhinderung einer an **Sterilität** leidenden AN zur Arbeitsunfähigkeit führt (so ArbG Arnsberg 20.8.1992, 2 Ca 469/92, AiB 1993, 466, 467; ArbG Marburg 26.9.2006, 2 Ca 156/06, DB 2006, 2298 LS – offengelassen von HessLAG 14.5.2007, 18 Sa 1900/06, EEK 3323 in 2. Instanz –; HessLAG 26.11.2008, 6/18 Sa 740/08, JurionRS 2008, 54295; vgl auch *Treber* § 3 EFZG Rn 34; diff im Hinblick auf § 27a SGB V (hierzu *von der Tann* NJW 2015, 1850 ff) – vgl hierzu BSG 21.6.2005, B 8 KN 1/04 KR R, NZS 2006, 202 ff; BSG 3.3.2009, B 1 KR 12/08 R, NZS 2010, 93 ff; 17.2.2010, B 1 KR 10/09 R, NZS 2011, 20 ff – LAG Düsseldorf 13.6.2008, 10 Sa 449/08, JurionRS 2008, 26708).

§ 3 EFZG   Anspruch auf Entgeltfortzahlung im Krankheitsfall

13 Da die Arbeitsunfähigkeit die Unmöglichkeit der Arbeitsleistung durch den erkrankten AN voraussetzt (Rdn 12), kann sie nicht losgelöst von seiner Person und von der von ihm zu verrichtenden Tätigkeit beurteilt werden. Der **Bezug** zur **vertraglich geschuldeten Arbeitsleistung** ist deshalb **wesentlich** (BAG 13.6.2006, 9 AZR 229/05, EzA § 81 SGB IX Nr 13; vgl auch § 2 I 2 u V 1-3 AU-RL idF v 14.11.2013, in Kraft seit 28.1.2014 (BAnz AT 27.1.2014 B 4). Nach Auffassung des BAG bedeutet es grds keinen Unterschied, ob der AN durch seine Krankheit ganz oder teilweise arbeitsunfähig wird. Danach ist auch der vermindert Arbeitsfähige arbeitsunfähig krank iSd § 3 I 1, eben weil er seine vertraglich geschuldete Arbeitsleistung nicht voll erfüllen kann (BAG 13.6.2006, 9 AZR 229/05, EzA § 81 SGB IX Nr 13; LAG Rh-Pf 4.3.2010, 11 Sa 547/09, JurionRS 2010, 14753; LAG Schl-Holst 22.3.2012, 5 Sa 336/11, LAGE § 615 BGB 2002 Nr 16; vgl auch LAG BW 14.1.2015, 13 Sa 73/14, LAGE § 19 BBiG 2005 Nr 1). Dagegen liegt keine Arbeitsunfähigkeit vor, wenn der Arbeitnehmer seine volle Arbeitsleistung erbringen kann, jedoch gesundheitlich gehindert ist, allen arbeitsvertraglich an sich möglichen Leistungsbestimmungen des AG nachzukommen. Dies hat der AG im Rahmen des § 106 S 1 GewO nach Möglichkeit zu berücksichtigen (näher BAG 9.4.2014, 10 AZR 637/13, EzA § 106 GewO Nr 18). Während eines Wiedereingliederungsverhältnisses gem § 74 SGB V besteht weiter Arbeitsunfähigkeit (näher BAG 24.9.2014, 5 AZR 611/12, EzA § 611 BGB 2002 Kirchliche Arbeitnehmer Nr 33; LAG BW 14.1.2015, 13 Sa 73/14, LAGE § 19 BBiG 2005 Nr 1).

14 Der **bloße ambulante Arztbesuch** anlässlich einer Erkrankung, die selbst nicht unmittelbar die Fähigkeit des AN zur Erbringung der arbeitsvertraglich geschuldeten Leistung beeinträchtigt, führt nicht zur Arbeitsunfähigkeit iSv § 3 I 1 (vgl auch BAG 17.4.2002, 5 AZR 2/01, EzA § 8 EFZG Nr 3; MünchArbR/*Schlachter* § 73 Rn 15). In diesem Fall richtet sich die Bezahlung der ausgefallenen Arbeitszeit eines AN nach § 616 S 1 BGB (vgl auch BAG 12.4.2000, 5 AZR 228/98, EzA § 4 EFZG Tarifvertrag Nr 41 LS), es sei denn, diese Vorschrift wäre durch den Arbeitsvertrag (vgl zB BAG 7.2.2007, 5 AZR 270/06, ZTR 2007, 391, 393) oder durch einen auf das Arbeitsverhältnis anwendbaren TV (vgl zB BAG 4.8.1999, 5 AZR 465/98, EzA § 4 EFZG Tarifvertrag Nr 34) abbedungen bzw modifiziert worden.

15 **Gleichgültig** ist, **bei welcher Gelegenheit** der AN infolge einer Krankheit **arbeitsunfähig** geworden ist. Es macht deshalb keinen Unterschied, ob er in seiner Freizeit, in einem 2. Arbeitsverhältnis (BAG 21.4.1982, 5 AZR 1019/79, EzA § 1 LohnFG Nr 62; *Treber* § 3 Rn 19), während einer nicht genehmigten Nebentätigkeit (BAG 19.10.1983, 5 AZR 195/81, EzA § 616 BGB Nr 25; *Boecken* NZA 2001, 233, 234 f) oder bei eigener unternehmerischer Tätigkeit (*Boecken* NZA 2001, 233 f) erkrankt ist. Allerdings kann bei diesen Fallgestaltungen der Entgeltanspruch nach § 3 I 1 aufgrund verschuldeter Arbeitsunfähigkeit (Rdn 29 ff) ausgeschlossen sein.

16 Der AN muss im EFZ-Prozess nach den allg Regeln über die Verteilung der Beweislast, wonach der Gläubiger die anspruchsbegründenden Tatsachen im Bestreitensfall zu beweisen hat (vgl zB BAG 25.3.2015, 5 AZR 368/13, JurionRS 2015, 18911), den Nachweis seiner krankheitsbedingten Arbeitsunfähigkeit führen (BAG 13.7.2005, 5 AZR 389/04, EzA § 3 EFZG Nr 14; LAG Nds 7.5.2007, 6 Sa 1045/05, LAGE § 3 EFZG Nr 10; vgl auch BAG 16.5.2012, 5 AZR 347/11, EzA § 611 BGB 2002 Mehrarbeit Nr 6). Bes Bedeutung kommt dabei der von einem Arzt ausgestellten Arbeitsunfähigkeitsbescheinigung zu (§ 5 Rdn 26).

17 IV. **Alleinursächlichkeit.** Der EFZ-Anspruch nach § 3 I 1 setzt weiter voraus, dass die krankheitsbedingte Arbeitsunfähigkeit die **alleinige und ausschließliche Ursache** für den Ausfall der Arbeitsleistung und damit für den Verlust des Vergütungsanspruchs nach § 611 I BGB bildet (BAG 26.7.2005, 1 AZR 133/04, EzA Art 9 GG Arbeitskampf Nr 137; 13.12.2011, 1 AZR 495/10, EzA Art 9 GG Arbeitskampf Nr 144; LAG Berl-Bbg 27.4.2011, 4 Sa 331/11, JurionRS 2011, 23536). An der alleinigen Ursächlichkeit der krankheitsbedingten Arbeitsunfähigkeit fehlt es, wenn die Arbeit zumindest auch aus einem anderen Grund nicht geleistet worden ist (BAG 26.6.1996, 5 AZR 872/94, EzA § 1 LohnFG Nr 127; LAG Köln 22.11.2012, 6 Sa 701/12, JurionRS 2012, 37006). Dies ist anhand eines hypothetischen Kausalverlaufs zu prüfen.

18 Befindet sich der AG **mit** der **Annahme** der Dienste des arbeitsfähigen AN – hierzu gehört auch der in Rn 13 aE beschriebene AN (näher BAG 9.4.2014, 10 AZR 637/13, EzA § 106 GewO Nr 18) – nach §§ 293 ff BGB in **Verzug**, hat dieser gem §§ 611 I, 615 S 1 BGB einen Entgeltanspruch, ohne zur Nachleistung verpflichtet zu sein. Diesen Anspruch hat der arbeitsunfähig erkrankte AN nicht. Denn während seiner Arbeitsunfähigkeit ist er außerstande, die geschuldete Arbeitsleistung zu bewirken, sodass der AG nach § 297 BGB gar nicht in Annahmeverzug geraten kann (BAG 23.1.2008, 5 AZR 393/07, EzA § 615 BGB 2002 Nr 22; 27.8.2008, 5 AZR 16/08, EzA § 615 BGB 2002 Nr 26; vgl auch BAG 15.5.2013, 5 AZR 130/12, EzA § 615 BGB 2002 Nr 40; 23.9.2015, 5 AZR 146/14, EzA § 615 BGB 2002 Nr 46; LAG

Berl-Bbg 28.5.2015, 26 Sa 353/15, JurionRS 2015, 24774; *Stähler* NZA-RR 2012, 117, 118). Anders ist es bei einem krankheitsbedingt nur eingeschränkt leistungsfähigen AN, sofern der AG es unterlässt, diesem durch Ausübung des Direktionsrechts (hierzu § 106 GewO Rdn 6), leidensgerechte und vertragsgem Arbeit zuzuweisen (BAG 27.8.2008, 5 AZR 16/08, EzA § 615 BGB 2002 Nr 26; BAG 13.8.2009, 6 AZR 330/08, AP Nr 4 zu § 241 BGB; *Merkel* DB 2012, 2691; vgl aber auch BAG 19.5.2010, 5 AZR 162/09 EzA § 615 BGB 2002 Nr 33; LAG Schl-Holst 22.3.2012, 5 Sa 336/11, LAGE § 615 BGB 2002 Nr 16). Der arbeitsunfähig erkrankte AN hat einen EFZ-Anspruch gem § 3 I 1 (*Knorr/Krasney* § 3 EFZG Rn 52). Zur Beweislastverteilung in diesem Zusammenhang vgl BAG 5.11.2003, 5 AZR 562/02, EzA § 615 BGB 2002 Nr 6; 22.2.2012, 5 AZR 249/11, EzA § 615 BGB 2002 Nr 36.

Zu den ungeschriebenen Voraussetzungen des Anspruchs nach § 3 I 1 gehört die **Arbeitswilligkeit** des AN 19 (BAG 24.3.2004, 5 AZR 355/03, AP Nr 22 zu § 3 EntgeltFG; 22.2.2012, 5 AZR 249/11, EzA § 615 BGB 2002 Nr 36; vgl auch LAG Rh-Pf 20.10.2014, 2 Sa 114/14, JurionRS 2014, 31723). Diese fehlt sicherlich dann, wenn der AN vor Eintritt der Arbeitsunfähigkeit eindeutig und endgültig erklärt hat, seine vertraglich geschuldete Leistung nicht mehr erbringen zu wollen (LAG Köln 21.12.1982, 1 Sa 1005/82, EzA § 1 LohnFG Nr 64). Schwierigkeiten bereitet die Feststellung der Arbeitswilligkeit, falls der AN vor Beginn der Arbeitsunfähigkeit ohne eine derartige Erklärung unentschuldigt gefehlt hat (näher HzA/*Vossen* Gruppe 2 Rn 99).

Ist die **Arbeitszeit** rechtswirksam, dh unter Beachtung tariflicher Normen und des Mitbestimmungs- 20 rechts des BR nach § 87 I Nr 2 BetrVG, mit vollem Entgeltausgleich **verlegt** worden und wird ein AN an einem durch die Verlegung der Arbeitszeit freigestellten Tag arbeitsunfähig krank, hat er keinen Anspruch auf EFZ, da er an diesem Tag ohnehin nicht gearbeitet hätte (BAG 8.3.1989, 5 AZR 116/88, EzA § 1 LohnFG Nr 103; vgl auch LAG Berl-Bbg 27.4.2011, 4 Sa 331/11, JurionRS 2011, 23536 mwN; krit *Städler* NZA 2012, 304 ff).

Ein **kroatischer AN**, der **ohne** die nach § 284 I SGB III idF v Art 9 des G v 17.6.2013 (BGBl I S 1555) – in 21 Kraft seit 1.1.2014 (Art. 11 dieses G) – erforderliche **Arbeitsgenehmigung – seit 1.7.2015 entbehrlich** (vgl Pressemitteilung BMAS v 17.6.2015 u § 284 I SGB III idF v Art 2 Nr 2 lit a des G v 21.12.2015 [BGBl I S 2557], in Kraft seit 1.7.2015 gem Art 4 IV dieses G) –, bzw der ausländischen AN, der **ohne** die gem § 7 AufenthG idF der Bek v 25.2.2008 (BGBl I S 163), §§ 18-19 AufenthG idF v Art 1 Nr 7-9 des G v 1.6.2012 (BGBl I S 1224) notwendige **Aufenthaltserlaubnis** zum Zwecke der Erwerbstätigkeit (vgl hierzu näher *Braasch* HzA Gruppe 11 Rdn 40 ff) beschäftigt wird, hat im Fall der krankheitsbedingten Arbeitsunfähigkeit einen Anspruch nach § 3 I 1 (vgl *Treber* § 3 Rn 52). Erkrankt dagegen der AN nach Ablauf der ihm erteilten Arbeitsgenehmigung bzw. Aufenthaltserlaubnis, kommt es im Krankheitsfall für die Frage der Alleinursächlichkeit der Arbeitsunfähigkeit in § 3 I 1 auf die Umstände des Einzelfalls an (vgl näher BAG 26.6.1996, 5 AZR 872/94, EzA § 1 LohnFG Nr 127 u *Vossen* HzA Gruppe 2 Rn 102).

Eine schwangere AN, die außerhalb der Schutzfristen der §§ 3 II, 6 I 1 MuSchG einem mit konstitutiver 22 Wirkung von einem Arzt verhängten **individuellen Beschäftigungsverbot** nach § 3 I MuSchG (hierzu BAG 9.10.2002, 5 AZR 443/01, EzA § 11 MuSchG nF Nr 23) unterliegt, hat im Krankheitsfall Anspruch auf EFZ nach § 3 I 1 trotz Fehlens der an sich erforderlichen Alleinursächlichkeit (Rdn 17) der krankheitsbedingten Arbeitsunfähigkeit (BAG 13.2.2002, 5 AZR 588/00, EzA § 3 MuSchG Nr 8; 17.10.2013 8 AZR 742/12, EzA § 3 AGG Nr 8; vgl auch LSG HH 7.2.2013, L 1 KR 31/11, JurionRS 2013, 32200; aA ArbG Berl 31.8.2012, 28 Ca 10643/12, LAGE § 11 MuSchG Nr 9). Allein der behandelnde Arzt hat zu beurteilen, ob krankheitsbedingte Arbeitsunfähigkeit vorliegt oder ohne eine aktuelle Arbeitsunfähigkeit nach § 3 I MuSchG Leben oder Gesundheit von Mutter oder Kind bei Fortdauer der Beschäftigung gefährdet ist (BAG 9.10.2002, 5 AZR 443/01, EzA § 11 MuSchG nF Nr 23; 17.10.2013, 8 AZR 742/12, EzA § 3 AGG Nr 8). Dabei kommt einer schriftlichen ärztlichen Bescheinigung nach § 3 I MuSchG ein hoher Beweiswert zu (§ 3 MuSchG Rdn 6). Allerdings kann dieser gem § 3 I MuSchG durch den hierfür darlegungs- und beweispflichtigen AG erschüttert werden (BAG 9.10.2002, 5 AZR 443/01, EzA § 11 MuSchG nF Nr 23; 17.10.2013, 8 AZR 742/12, EzA § 3 AGG Nr 8; näher *Müller-Glöge* RdA 2006, 105, 108 f).

Erkrankt der AN arbeitsunfähig vor Antritt des ihm vom AG erteilten bezahlten **Erholungsurlaubs** und 23 dauert die Arbeitsunfähigkeit über den vorgesehenen Urlaubsbeginn an oder erkrankt der AN erst während des bereits angetretenen Urlaubs, wird die Erfüllung des Urlaubsanspruchs nach §§ 1, 3 BUrlG, die nach st Rspr des BAG in der Freistellung von der Arbeitspflicht besteht (vgl zB BAG 18.3.2014, 9 AZR 669/12, EzA § 7 BUrlG Nr 13; 10.2.2015, 9 AZR 455/13, EzA § 7 BUrlG Nr 36; näher § 7 BUrlG Rdn 2 ff), unmöglich (vgl BAG 21.6.2005, 9 AZR 200/04, EzA § 7 BUrlG Nr 114; 13.11.2012, 9 AZR 64/11, AP Nr 97 zu § 7 BUrlG). Alleinige Ursache für die Arbeitsverhinderung des erkrankten AN ist demnach seine Arbeitsunfähigkeit, sodass ihm ein Anspruch auf EFZ nach § 3 I 1 zusteht (vgl auch § 9 BUrlG Rdn 4).

Entspr gilt mangels bes Regelung im Fall der Erkrankung für einen dem AN gesetzlich oder tariflich zustehenden bezahlten Bildungsurlaub (vgl *Treber* § 3 EFZG Rn 59).

24 Fällt die **Arbeitsunfähigkeit** des AN **auf** einen **gesetzlichen Feiertag**, treffen 2 Ursachen für die Arbeitsversäumnis zusammen, wobei auch der Anspruch auf Feiertagsbezahlung nach § 2 I den Feiertag als alleinige Ursache für den Arbeitsausfall voraussetzt (§ 2 Rdn 9). Aus § 4 II idF v Art 1a Nr 2 lit b des G v 21.7.2012 (BGBl I S 1601) folgt, dass sich dann, wenn der AN die gesetzlichen Voraussetzungen für die EFZ im Krankheitsfall bzw bei einer Organ- oder Gewebespende gem §§ 8 und 8a TPG auch an einem gesetzlichen Feiertag erfüllt und der AG demgem dem Grunde nach gem § 3 I bzw – seit dem 1.8.2012 – gem § 3a I 1 idF v Art 1a Nr 1 des G v 21.7.2012 (BGBl I S 1601) zur EFZ verpflichtet ist, die Höhe der fortzuzahlenden Arbeitsvergütung für den Feiertag gem § 2 bemisst.

25 **Vereinbaren** die Arbeitsvertragsparteien die **Freistellung** des AN **unter Fortzahlung** seiner **Arbeitsvergütung** (vgl näher LAG Schl-Holst 22.12.2011, 5 Sa 297/11, LAGE § 615 BGB 2002 Nr 15), kann sich zu seinen Gunsten im Fall seiner Erkrankung ein EFZ-Anspruch allein aufgrund dieser Abrede ergeben. Mit der Vereinbarung einer **unwiderruflichen Freistellung** von der Arbeit unter Fortzahlung der Vergütung verpflichtet sich der AG aber, regelmäßig nur iRd in § 3 I 1 normierten Umfangs während einer Arbeitsunfähigkeitsperiode EFZ im Krankheitsfall zu leisten (vgl BAG 29.9.2004, 5 AZR 99/04, EzA § 133 BGB 2002 Nr 4; 23.1.2008, 5 AZR 393/07, EzA § 615 BGB 2002 Nr 22; vgl auch BAG 17.10.2012, 10 AZR 809/11, EzA § 61 HGB Nr 5; aA LAG Berl-Bbg 24.8.2012, 13 Sa 499/12, LAGE § 397 BGB 2002 Nr 4).

26 Ist aufgrund gesetzlicher, kollektiv- oder einzelvertraglicher Grundlage (BAG 1.8.2001, 4 AZR 810/98, EzA § 4 TVG Metallindustrie Nr 124; HessLAG 27.9.2012, 16 Sa 1741/11, JurionRS 2012, 27379) rechtswirksam **Kurzarbeit** eingeführt worden (hierzu näher *Bauer/Günther* BB 2009, 662 ff; *Kleinebrink* DB 2009, 342 ff), ist zu unterscheiden, ob an einzelnen Tagen überhaupt nicht oder nur verkürzt gearbeitet worden ist. Im 1. Fall erhält der arbeitsunfähig erkrankte AN, da nicht einmal der gesunde AN zur Arbeitsleistung verpflichtet war, keine EFZ. Im 2. Fall erhält der AN dagegen die EFZ für die verkürzte Arbeitszeit (§ 4 Rdn 37), weil er diese allein wegen seiner krankheitsbedingten Arbeitsunfähigkeit nicht erbringen konnte (vgl BAG 6.10.1976, 5 AZR 503/75, EzA § 2 LohnFG Nr 10).

27 Ein Arbeitsverhältnis **ruht**, wenn die wechselseitigen Hauptpflichten aus dem Arbeitsvertrag, die Pflicht des AN zur Arbeitsleistung und die Pflicht des AG zur Zahlung der vereinbarten Vergütung (§ 611 I BGB), suspendiert sind und somit der jeweilige Gläubiger von seinem Schuldner die Erbringung der Leistung nicht mehr verlangen und durchsetzen kann (vgl zB BAG 25.9.2013, 10 AZR 850/12, NZA 2014, 52, 53). Da somit bei einer Erkrankung des AN während des Ruhenszeitraums der Ausfall der Arbeitsleistung nicht allein in seiner Arbeitsunfähigkeit begründet ist, ist der AG während dieser Zeit nicht zur EFZ nach § 3 I 1 verpflichtet (vgl zur Berechnung der 6-Wochen-Frist in diesen Fällen Rdn 42).

28 Die fehlende **Entgelt(fort)zahlungspflicht** des AG nach § 611 I BGB bzw § 3 I 1 **wegen Ruhens** des Arbeitsverhältnisses ist ausdrücklich **anerkannt** für Zeiten des **Grundwehrdienstes** (BAG 2.3.1971, 1 AZR 284/70, AP Nr 1 zu § 1 ArbPlSchG; vgl auch 25.4.2007, 10 AZR 110/06, NZA-RR 2008, 474, 476), der **Mutterschutzfrist** vor und nach der Entbindung (BAG 25.11.1998, 10 AZR 595/97, EzA § 611 BGB Gratifikation, Prämie Nr 152; gegen ein Ruhen des Arbeitsverhältnisses ohne nähere Begründung BAG 4.12.2002, 10 AZR 138/02, EzA § 611 BGB 2002 Gratifikation, Prämie Nr 3; vgl auch LAG Saarl 22.4.2015, 2 Sa 103/14, LAGE § 611 BGB 2002 Gratifikation Nr 26), des **unbezahlten Urlaubs** (BAG 25.5.1983, 5 AZR 236/80, EzA § 9 BUrlG Nr 12) bzw **Sonderurlaubs** (BAG 6.5.2014, 9 AZR 678/12, EzA § 1 BUrlG Nr. 26; vgl auch BAG 21.3.2013, 6 AZR 401/11, EzTöD 400 Eingruppierung BAT Schreibdienst Leistungszulage Nr 1), der **Elternzeit** (BAG 29.9.2004, 5 AZR 558/03, EzA § 3 EFZG Nr 13; 22.8.2012, 5 AZR 652/11, EzA § 14 MuSchG Nr 20; 28.5.2014, 7 AZR 456/12, EzA § 620 BGB 2002 Hochschulen Nr 12), der **Pflegezeit** (BAG 7.8.2012, 9 AZR 353/10, EzA § 7 BUrlG Nr 129; 5.5.2015, 1 AZR 826/13, JurionRS 2015, 22316), des **rechtmäßigen Streiks** (BAG 13.2.2007, 9 AZR 374/06, EzA Art 9 GG Arbeitskampf Nr 138; vgl auch BAG 30.10.2012, 1 AZR 794/11, ZTR 2013, 333, 334; zu Warnstreik ArbG HH 16.10.2013, 27 Ca 184/13, JurionRS 2013, 54635) und der **rechtmäßigen Aussperrung** (BAG 7.6.1988, 1 AZR 597/86, EzA Art 9 GG Arbeitskampf Nr 79).

28.1 Im Übrigen kann **von** dem in § 3 I 1 geregelten **Grundsatz**, dass für den Anspruch auf Entgeltfortzahlung die Arbeit allein auf Grund der krankheitsbedingten Arbeitsunfähigkeit ausgefallen sein muss, **durch Einzelvertrag** (zB durch eine entsprechende Freistellungsvereinbarung, vgl hierzu BAG 23.1.2008, 5 AZR 393/07, EzA § 615 BGB 2002 Nr 22) oder **Tarifvertrag** abgewichen werden. Deshalb ist eine tarifliche Regelung zulässig, nach der Entgeltfortzahlung »für jeden Krankheitstag« geleistet wird (BAG 9.10.2002, 5 AZR 356/01, EzA § 4 EFZG Nr 10).

V. **Fehlendes Verschulden.** Der Anspruch des AN auf Fortzahlung seines Arbeitsentgelts während einer 29 arbeitsunfähigen Erkrankung besteht nach § 3 I 1 nur dann, wenn ihn **kein Verschulden** trifft. Nach st Rspr des BAG handelt der AN schuldhaft, der in erheblichem Maße gegen die von einem verständigen Menschen im eigenen Interesse zu erwartende Verhaltensweise verstößt (BAG 27.5.1992, 5 AZR 297/91 EzA § 1 LohnFG Nr 123; 18.3.2015, 10 AZR 99/14, EzA § 3 EFZG Nr 19; ebenso LAG Hamm 7.3.2007, 18 Sa 1839/06, EEK 3312; HessLAG 23.7.2013, 4 Sa 617/13, JurionRS 2013, 53719). Verlangt wird demnach ein unverständliches, leichtfertiges Verhalten. Ob dem AN iRd § 3 I 1 »ein Verschulden gegen sich selbst« vorzuwerfen ist, kann nur unter Berücksichtigung der gesamten Umstände des Einzelfalls festgestellt werden. Hierzu hat sich eine umfangreiche Rspr entwickelt.

Kein Selbstverschulden wird angenommen, wenn der AN eine seine **Kräfte übersteigende Arbeit** über- 30 nimmt und deshalb arbeitsunfähig erkrankt (LAG Düsseldorf 14.2.1962, 3 Sa 16/62, BB 1962, 410, 411). Ein Selbstverschulden liegt immer vor, wenn der AN in bes leichtsinniger Weise Vorkehrungen unterlässt, durch die eine Arbeitsunfähigkeit vermieden werden könnte.

Beruht die Arbeitsunfähigkeit auf einer Verletzung, die sich der AN bei einer **Schlägerei** zugezogen hat, ist in 31 aller Regel Selbstverschulden anzunehmen. Das gilt insb dann, wenn der AN ein provozierendes Verhalten an den Tag legt und dadurch die tätliche Auseinandersetzung ausgelöst hat (LAG Hamm 24.9.2003, 18 Sa 785/03, LAGE § 3 EFZG Nr 6).

Seit dem 28.2.1979 (5 AZR 611/77, EzA § 1 LohnFG Nr 55) vertritt das BAG die Ansicht, die Krankheits- 32 folgen eines **Selbstmordversuchs** könnten nicht anders behandelt werden als andere Krankheiten, bei denen es auch nicht auf die Ursache der Erkrankung ankomme. Ein Verschulden des AN iSv § 1 I 1 LohnFG (jetzt § 3 I 1) scheitere bei einer auf einem Selbstmordversuch beruhenden Arbeitsunfähigkeit erfahrungsgem am Ausschluss oder an der zumindest erheblich verminderten Zurechnungsfähigkeit des Selbstmörders.

Wird ein AN wg einer Alkoholabhängigkeit arbeitsunfähig krank, kann nach dem derzeitigen Stand der 33 medizinischen Erkenntnisse nicht von einem Verschulden iSv § 3 I 1 ausgegangen werden (BAG 18.3.2015, 10 AZR 99/14, EzA § 3 EFZG Nr 19). Das gilt idR – Widerlegung durch Sachverständigengutachten oder Vernehmung eines sachverständigen Zeugen möglich – auch, wenn der AN nach einer erfolgreich durchgeführten Therapie rückfällig geworden ist (näher BAG 18.3.2015, 10 AZR 99/14, EzA § 3 EFZG Nr 19; anders früher zB BAG 27.5.1992, 5 AZR 297/91, EzA § 1 LohnFG Nr 123).

Beruht die Arbeitsunfähigkeit auf einem Unfall, ist es für die Frage des Selbstverschuldens iSv § 3 I 1 34 **ohne Bedeutung**, ob sich der **Unfall** in der **Freizeit** oder bei der **Arbeit** ereignet hat. Grds ist ein den EFZ-Anspruch beseitigendes Verschulden des AN zu bejahen, wenn der Unfall durch Alkoholmissbrauch herbeigeführt worden ist, ohne dass eine andere Ursache dabei mitgewirkt hat (vgl BAG 11.3.1987, 5 AZR 739/85, EzA § 1 LohnFG Nr 86). Bei **Arbeitsunfällen** (§ 8 I SGB VII) liegt ein Verschulden iSv § 3 I 1 jedenfalls dann vor, wenn der AN zumindest grob fahrlässig gegen die berufsgenossenschaftlichen Unfallverhütungsvorschriften verstößt (LAG Hamm 7.3.2007, 18 Sa 1839/06, EEK 3312) bzw in grober Weise seiner Sicherheit dienende Anordnungen des AG missachtet (LAG Köln 19.4.2013, 7 Sa 1204/11).

Bei **Sportunfällen** gilt: Schuldhaft handelt der AN, der sich in einer seine Kräfte und Fähigkei- 35 ten deutlich übersteigenden Weise sportlich betätigt und dadurch gesundheitlichen Schaden erleidet (vgl BAG 7.10.1981, 5 AZR 338/79, EzA § 1 LohnFG Nr 60; LAG Saarl 2.7.2003, 2 Sa 147/02, NZA-RR 2003, 568 f). Hierfür genügt noch nicht unregelmäßiges Training (BAG 21.1.1976, 5 AZR 593/74, EzA § 1 LohnFG Nr 47). Andererseits soll die 5-malige gleiche Verletzung innerhalb von 2 Jahren ausreichen, um eine erhebliche Überbeanspruchung des AN zu bejahen (ArbG Hagen 2.9.1970, 3 Ca 838/70, DB 1970, 1840). Weiterhin wird eine solche Sportverletzung als verschuldet angesehen, die sich der AN bei der Teilnahme an einer sog gefährlichen Sportart zugezogen hat (BAG 7.10.1981, 5 AZR 338/79, EzA § 1 LohnFG Nr 60), wobei allerdings bisher keine von den bekannten Sportarten hierzu gerechnet wird (näher HzA/*Vossen* Gruppe 2 Rn 154). Ein Verschulden kommt auch dann in Betracht, wenn der AN in bes grober Weise und leichtsinnig gegen anerkannte Regeln der jeweiligen Sportart verstoßen hat (BAG 7.10.1981, 5 AZR 338/79, EzA § 1 LohnFG Nr 60; LAG Saarl 2.7.2003, 2 Sa 147/02, NZA-RR 2003, 568 f).

Bei **Verkehrsunfällen** ging das BAG zu § 1 I 1 LohnFG von einem Verschulden aus, wenn der AN die 36 Verkehrsvorschriften grob fahrlässig verletzt und dadurch sein Leben und seine Gesundheit leichtfertig aufs Spiel gesetzt hatte (vgl BAG 23.11.1971, 1 AZR 388/70, EzA § 1 LohnFG Nr 10). Allerdings musste sich gerade dieser Vorwurf auf die unfallbedingten Verletzungen ausgewirkt haben (BAG 7.10.1981, 5 AZR 113/79, EzA § 1 LohnFG Nr 61). Für § 3 I 1 kann nichts anderes gelten (vgl zu Unfall infolge Alkoholisierung BAG 15.11.2012, 8 AZR 705/11, EzA § 611 BGB 2002 Arbeitnehmerhaftung Nr 4).

Das Verschulden des AN kann auch darin liegen, dass durch **unsachgem Verhalten** während der Krankheit 37 sich diese verschlimmert oder eine Verzögerung ihrer Heilung eintritt. Der arbeitsunfähig erkrankte AN ist deshalb verpflichtet, sich so zu verhalten, dass er möglichst bald wieder gesund wird, und alles zu unterlassen, was seine Genesung verzögern könnte (BAG 2.3.2006, 2 AZR 53/05, EzA § 626 BGB 2002 Nr 18; vgl auch LAG Köln 19.4.2013, 7 Sa 1399/11, LAGE § 626 BGB 2002 Nr 41).

38 Nach st Rspr des BAG (vgl zB 18.3.2015, 10 AZR 99/14, EzA § 3 EFZG Nr 19; früher BAG 27.5.1992, 5 AZR 297/91, EzA § 1 LohnFG Nr 123) und hM in der Lit (zB *Treber* § 3 EFZG Rn 93) trifft den AG die Darlegungs- und Beweislast für die Verschuldensfrage im EFZ-Prozess. Der AG kann sich bei einigen Fallgestaltungen zur Erleichterung seiner Darlegungs- und Beweislast auf die Grds über den Anscheinsbeweis berufen (*Treber* § 3 EFZG Rn 93).

39 **B. Arbeitsverhinderung durch Arbeitsunfähigkeit infolge Sterilisation oder Schwangerschaftsabbruch.** Nach § 3 II 1 gilt als unverschuldete Arbeitsunfähigkeit auch eine Arbeitsverhinderung, die infolge einer nicht rechtswidrigen Sterilisation (näher HzA/*Vossen* Gruppe 2 Rn 166) oder eines nicht rechtswidrigen Abbruchs der Schwangerschaft (näher HzA/*Vossen* Gruppe 2 Rn 167 ff) eingetreten ist. Das bedeutet, dass anstelle des Begriffs »Krankheit« in § 3 I 1 der der »Sterilisation« bzw des »Schwangerschaftsabbruchs« tritt, iÜ aber sämtliche Tatbestandsmerkmale dieser Vorschrift für einen begründeten EFZ-Anspruch vorliegen müssen. Nur bei der Prüfung, ob die Arbeitsunfähigkeit unverschuldet ist, ist die bes Regelung des § 3 II 1 zu beachten. Die Fiktion des Unverschuldens gilt gem § 3 II 2 auch bei einem Schwangerschaftsabbruch, wenn die Schwangerschaft innerhalb von 12 Wochen nach der Empfängnis durch den Arzt abgebrochen wird, die schwangere Frau den Abbruch verlangt und dem Arzt durch eine Bescheinigung nachgewiesen hat, dass sie sich mind 3 Tage vor dem Eingriff von einer anerkannten Beratungsstelle hat beraten lassen.

40 **C. Beginn des EFZ-Anspruchs.** Die gesetzliche Höchstdauer der EFZ nach § 3 I 1 beträgt 6 Wochen. Das gilt selbst dann, wenn die Arbeitsunfähigkeit schon vor Ablauf der 4-wöchigen Wartezeit nach § 3 III beginnt (Rdn 9). Da § 12 Abweichungen vom EFZG nur zulasten des AN verbietet, kann der 6-Wochen-Zeitraum tarif- oder einzelvertraglich verlängert werden (BAG 19.12.2007, 5 AZR 196/07, ZTR 2008, 379, 380; vgl auch 8.12.2010, 5 AZR 697/09, AP Nr 40 zu § 157 BGB; 17.8.2011, 5 AZR 227/10, JurionRS 2011, 25335). Nach dem Ende des 6-Wochen-Zeitraums zahlt die Krankenkasse dem erkrankten AN gem § 48 I SGB V längstens für 78 Wochen Krankengeld, wenn die Arbeitsunfähigkeit infolge derselben Krankheit andauert (vgl auch BAG 23.1.2008, 5 AZR 393/07, EzA § 615 BGB 2002 Nr 22).

41 Der Anspruch des AN auf Fortzahlung seines Arbeitsentgelts setzt, sofern nur die 4-wöchige Wartezeit des § 3 III abgelaufen ist (Rdn 9), sofort mit der Arbeitsunfähigkeit ein. Die 6-Wochen-Frist des § 3 I 1 beginnt nach abgelaufener Wartezeit dagegen erst am Tag nach Eintritt der Arbeitsunfähigkeit, selbst wenn dieser arbeitsfrei (zB Samstag) wäre, da gem § 187 I BGB der Tag, in den das Ereignis der Arbeitsverhinderung infolge Arbeitsunfähigkeit fällt, nicht mitgerechnet wird (BAG 22.2.1973, 5 AZR 461/72, EzA § 1 LohnFG Nr 32). Anders ist es allerdings, wenn eine Arbeitsunfähigkeit bereits den Antritt der Arbeitsschicht verhindert. Dann wird der 1. Fehltag des AN bei der Berechnung des EFZ-Zeitraums mitgerechnet (BAG 17.4.2002, 5 AZR 2/01, EzA § 8 EFZG Nr 3).

42 Der Beginn der 6-Wochen-Frist verschiebt sich, abgesehen von der Wartezeitregelung in § 3 III (Rdn 9), wenn die Arbeitsunfähigkeit während des Ruhens des Arbeitsverhältnisses (Rdn 27) eintritt (zum umgekehrten Fall vgl Rdn 43). Eine derartige Verschiebung des Beginns der 6-Wochen-Frist hat die Rspr ausdrücklich anerkannt bei Eintritt der Arbeitsunfähigkeit während der Dauer des Grundwehrdienstes oder einer Wehrübung, § 1 I 1 ArbPlSchG (BAG 2.3.1971, 1 AZR 284/70, AP Nr 1 zu § 1 ArbPlSchG), der Schutzfrist nach §§ 3 II, 6 I MuSchG (BAG 26.8.1960, 1 AZR 202/59, AP Nr 20 zu § 63 HGB), der Elternzeit (BAG 29.9.2004, 5 AZR 558/03, EzA § 3 EFZG Nr 13), eines unbezahlten Sonderurlaubs (BAG 6.9.1989, 5 AZR 621/88, EzA § 63 HGB Nr 42) und der Abstellung eines Bauarbeiters durch den AG zu einer Arbeitsgemeinschaft bezogen auf das Stammarbeitsverhältnis (zu § 2 Nr 1.4 BRTV-Bau idF vom 31.3.1965 = § 9 Nr 2.1 1 BRTV-Bau vom 4.7.2002 idF vom 10.12.2014, vgl BAG 23.12.1971, 1 AZR 126/71, EzA § 1 LohnFG Nr 13). Dagegen hat das BAG die Verschiebung des Beginns der 6-Wochen-Frist für den Fall abgelehnt, dass die Arbeitsunfähigkeit während eines rechtmäßigen Arbeitskampfes eintritt (BAG 8.3.1973, 5 AZR 491/72, EzA § 1 LohnFG Nr 33). Verschiebt sich der Beginn der 6-Wochen-Frist, weil die Arbeitsunfähigkeit während des Ruhens des Arbeitsverhältnisses eintritt, läuft diese Frist erst ab dem Tag, an dem das Arbeitsverhältnis mit den beiderseitigen Hauptpflichten des § 611 I BGB wieder auflebt, das Arbeitsverhältnis also nicht mehr ruht, vorausgesetzt, zu diesem Zeitpunkt besteht noch Arbeitsunfähigkeit infolge Krankheit bzw Sterilisation oder Schwangerschaftsabbruch (vgl BAG 29.9.2004, 5 AZR 558/03, EzA § 3 EFZG Nr 13).

43 **D. Ende der EFZ. I. Allgemeines.** Der EFZ-Anspruch nach § 3 I 1 endet in dem Augenblick, in dem der AN nicht mehr arbeitsunfähig ist, spätestens jedoch mit dem Ablauf der 6-Wochen-Frist (zu einer tariflichen

Krankenzulage ab Beginn der 7. Woche mit Arbeitsunfähigkeit vgl BAG 10.11.2010, 5 AZR 783/09, FA 2011, 128 LS; 17.8.2011, 5 AZR 227/10, JurionRS 2011, 25335; vgl auch BAG 26.9.2012, 10 AZR 330/11, EzTöD 600 § 16 TV-V Nr 3; zu einem einzelvertraglichen Krankengeldzuschuss vgl LAG Hamm 30.1.2013, 2 Sa 830/12, JurionRS 2013, 38166). Gem § 188 II BGB endet diese Frist mit Ablauf des Tages der 6. Woche, der durch seine Benennung dem Tag entspricht, an dem die Arbeitsunfähigkeit eingetreten ist. Kommt es während der Arbeitsunfähigkeit des AN zum Ruhen des Arbeitsverhältnisses, wird der Ablauf der 6-Wochen-Frist gehemmt, sodass sie sich um die Tage des Ruhens »verlängert«, falls der AN beim Wiederaufleben der beiderseitigen Hauptpflichten des Arbeitsverhältnisses weiterhin arbeitsunfähig ist (vgl BAG 22.8.2001, 5 AZR 699/99, EzA § 3 EFZG Nr 8; vgl auch 29.9.2004, 5 AZR 558/03, EzA § 3 EFZG Nr 13). Die EFZ endet unabhängig vom Ablauf der 6-Wochen-Frist trotz fortbestehender Arbeitsunfähigkeit dann, wenn auch der gesunde AN keinen Anspruch mehr auf Vergütung nach § 611 I BGB hat, zB bei Ruhen des Arbeitsverhältnisses (näher BAG 26.8.1960, 1 AZR 202/59, AP Nr 20 zu § 63 HGB). IÜ endet die EFZ, sieht man einmal vom Ausnahmefall des § 8 I ab (§ 8 Rdn 2), in jedem Fall mit der Beendigung des Arbeitsverhältnisses (BAG 17.4.2002, 5 AZR 2/01, EzA § 8 EFZG Nr 3).

II. Verschiedene Krankheiten. Unproblematisch sind die Fälle, in denen bei einem AN **zeitlich hintereinander** mehrere Krankheiten – mit der Folge jew erneuter Arbeitsunfähigkeit iSv § 3 I 1 – auftreten, die medizinisch völlig unabhängig von einer Vorerkrankung sind. Unter diesen Umständen behält der AN für jede neue Erkrankung seinen Vergütungsanspruch gem § 611 I BGB für die Dauer von maximal 6 Wochen (vgl auch BAG 13.7.2005, 5 AZR 389/04, EzA § 3 EFZG Nr 14; 10.9.2014, 10 AZR 651/12, EzA § 3 EFZG Nr 18). Zeitlich hintereinander auftretende Krankheiten lösen auch dann einen selbstständigen EFZ-Anspruch bis zu jew 6 Wochen aus, wenn es sich um dieselbe Krankheitsart, zB Erkältung oder Grippe, handelt oder dasselbe Organ betroffen ist, wobei allerdings die Vorerkrankung zum Zeitpunkt des Auftretens der erneuten Erkrankung medizinisch vollständig ausgeheilt gewesen sein muss (BAG 18.5.1957, 2 AZR 600/56, AP Nr 3 zu § 63 HGB). 44

Der Anspruch auf EFZ im Krankheitsfall ist nach § 3 I 1 auf die Dauer von insgesamt 6 Wochen seit Beginn der Arbeitsunfähigkeit begrenzt, wenn **während bestehender Arbeitsunfähigkeit** eine **neue**, von der 1. **verschiedene Krankheit** auftritt, die ebenfalls zur Arbeitsunfähigkeit führt (**Grds der Einheit des Verhinderungsfalls**, vgl BAG 13.7.2005, 5 AZR 389/04, EzA § 3 EFZG Nr 14; 10.9.2014, 10 AZR 651/12, EzA § 3 EFZG Nr 18; LAG Berl-Bbg 17.4.2015, 6 Sa 2098/14, LAGE § 3 EFZG Nr 15; LAG Hamm 26.3.2015, 16 Sa 1711/14, LAGE § 3 EFZG Nr 14; LAG Köln 9.2.2015, 5 Sa 831/14, JurionRS 2015, 16019; LAG Rh-Pf 4.3.2010, 11 Sa 547/09, JurionRS 2010, 14753; ArbG HH 10.12.2014, 27 Ca 300/14). Die Bestimmung des Zeitpunkts, in dem eine Arbeitsunfähigkeit endet, der damit verbundene Verhinderungsfall mithin abgeschlossen ist, ist in erster Linie Aufgabe des behandelnden Arztes (BAG 10.9.2014, 10 AZR 651/12, Rn. 17 EzA § 3 EFZG Nr 18; LAG BW 29.2.2012, 13 Sa 117/11, JurionRS 2012, 24416; HessLAG 24.10.2012, 2 Sa 70/10, JurionRS 2012, 37028; LAG Köln 9.2.2015, 5 Sa 831/14, JurionRS 2015, 16019). Bei der voraussichtlichen Dauer der Arbeitsunfähigkeit handelt es sich um eine Prognose des Arztes (BAG 2.12.1981, 5 AZR 89/80, EzA § 1 LohnFG Nr 59). Stellt der Arzt bei einer Abschlussuntersuchung fest, dass der AN entgegen seiner zunächst prognostizierten Arbeitsunfähigkeitsdauer ab sofort (noch während der betriebsüblichen Arbeitszeit) wieder arbeitsfähig ist, endet der erste Verhinderungsfall schon in diesem Zeitpunkt (BAG 14.9.1983, 5 AZR 70/81, EzA § 1 LohnFG Nr 68). 45

III. Dieselbe Erkrankung. Um **dieselbe Krankheit** im entgeltfortzahlungsrechtlichen Sinn handelt es sich, wenn die Krankheit, auf der die frühere Arbeitsunfähigkeit beruhte, in der Zeit zwischen dem Ende der vorausgegangenen und dem Beginn der neuen Arbeitsunfähigkeit medizinisch nicht vollständig ausgeheilt war, sondern als Grundleiden latent weiter bestanden hat, sodass die neue Erkrankung nur eine Fortsetzung der früheren Erkrankung (**sog Fortsetzungskrankheit**) bedeutet (BAG 13.7.2005, 5 AZR 389/04, EzA § 3 EFZG Nr 14; LAG Berl-Bbg 17.4.2015, 6 Sa 2098/14, LAGE § 3EFZG Nr 15; HessLAG 20.2.2008, 6 Sa 859/06, JurionRS 2008, 54223; LAG Nds 13.4.2007, 3 Sa 1620/06, EEK 3346). Eine Fortsetzungserkrankung liegt auch dann vor, wenn es sich zwar um verschiedene Krankheitserscheinungen handelt, die jedoch sämtlich auf demselben Grundleiden beruhen (vgl auch LAG Köln 2.8.2002, 11 Sa 1097/01, MDR 2003, 462, 463; LAG Nds 13.4.2007, 3 Sa 1620/06, EEK 3346). Arbeitsunfähigkeit infolge derselben Krankheit liegt gem § 3 I 2 iVm § 9 I auch vor, wenn eine Maßnahme der medizinischen Rehabilitation zur endgültigen Ausheilung der vorausgegangenen Krankheit durchgeführt wird (vgl näher § 9 Rdn 15). 46

Die einzelnen Zeiten der Fortsetzungskrankheit (zum Begriff Rdn 46) werden zusammengerechnet, bis die Anspruchszeit von 6 Wochen verbraucht ist (BAG 22.2.1973, 5 AZR 461/72, EzA § 1 LohnFG Nr 32). Eine auf demselben Grundleiden beruhende frühere oder spätere Erkrankung innerhalb des in § 3 I 2 Nr 1 normierten 6-Monats-Zeitraums (Rdn 49) kann mangels eines Fortsetzungszusammenhangs nicht 47 zusammengerechnet werden, wenn die Vorerkrankung lediglich zu einer bereits bestehenden, ihrerseits zur Arbeitsunfähigkeit führenden Krankheit hinzugetreten ist, beide Erkrankungen zeitgleich enden und die Vorerkrankung deshalb für den AG wegen des Grds der Einheit des Verhinderungsfalls (Rdn 45) nicht zu einer EFZ-Pflicht geführt hat, sie also kostenneutral war (BAG 19.6.1991, 5 AZR 304/90, EzA § 1 LohnFG Nr 119; vgl auch LAG Berl-Bbg 17.4.2015, 6 Sa 2098/14, LAGE § 3EFZG Nr 15). Anders ist die Rechtslage jedoch zu beurteilen, wenn eine Fortsetzungserkrankung zu einer bereits bestehenden Krankheit hinzutritt und über deren Ende andauert. Hier schuldet der AG die EFZ bis zum Ablauf der 6-Wochen-Frist (BAG 2.2.1994, 5 AZR 345/93, EzA § 1 LohnFG Nr 125; vgl auch LAG Berl-Bbg 17.4.2015, 6 Sa 2098/14, LAGE § 3EFZG Nr 15).

48 Aufgrund des in Rdn 47 erwähnten Gesichtspunktes der Kostenneutralität, dieses Mal der Folgeerkrankung, fehlt es an einem Fortsetzungszusammenhang und damit an der Möglichkeit, 2 auf demselben Grundleiden beruhende Krankheitsperioden zusammenzurechnen, wenn zwar die frühere Erkrankung einen selbstständigen Verhinderungsfall (Rdn 44) darstellte, die innerhalb des 6-Monats-Zeitraums auftretende 2. Erkrankung aber lediglich zu einer bereits die EFZ-Pflicht des AG auslösenden Krankheit hinzugetreten ist und deshalb wegen des Grds der Einheit des Verhinderungsfalles (Rdn 45) selbst keine EFZ-Pflicht auslösen konnte (BAG 26.2.1992, 5 AZR 120/91, EEK I/1071).

49 **IV. 6-Monats-Zeitraum.** Eine Zusammenrechnung zweier Krankheitsperioden mit demselben Grundleiden bis zur Erfüllung der Anspruchszeit von 6 Wochen scheidet nach § 3 I 2 Nr 1 in jedem Fall aus, wenn der AN vor der erneuten Arbeitsunfähigkeit mind 6 Monate nicht infolge desselben Grundleidens arbeitsunfähig war (vgl BAG 18.1.1995, 5 AZR 818/93, EzA § 7 LohnFG Nr 5. Für die Entstehung eines neuen EFZ-Anspruchs bei einer Fortsetzungserkrankung kommt es allein darauf an, ob zwischen alter und neuer Krankheit eine Frist von mind 6 Monaten liegt (BAG 22.8.1984, EzA § 1 LohnFG Nr 73). Auf die Berechnung der 6-Monats-Frist werden die §§ 187 I, 188 II BGB angewandt, wobei die unter Rdn 41 wiedergegebenen Besonderheiten zu berücksichtigen sind. Wegen der in § 3 gewählten Vergangenheitsform ist die Frist ab dem Beginn der neuen Arbeitsunfähigkeitsperiode infolge derselben Krankheit zurückzurechnen (zu § 1 I LohnFG vgl BAG 30.8.1973, 5 AZR 202/73, EzA § 1 LohnFG Nr 37).

50 **V. 12-Monats-Zeitraum.** Die bisher erwähnten Begrenzungen eines EFZ-Anspruchs bei einer Fortsetzungserkrankung (Zusammenrechnen der einzelnen Krankheitsperioden innerhalb des 6-Monats-Zeitraums; neuer 6-wöchiger EFZ-Anspruch erst nach Ablauf von 6 Monaten) gelten jew nur innerhalb eines Zeitraums von 12 Monaten (§ 3 I 2 Nr 2). Bei **erneuter Erkrankung** an demselben Grundleiden nach Ablauf des 12-Monats-Zeitraums entsteht in jedem Fall wieder ein neuer 6-wöchiger EFZ-Anspruch (näher BAG 14.3.2007, 5 AZR 514/06, EzA § 3 EFZG Nr 16). Nach dem ausdrücklichen Wortlaut des § 3 I 2 Nr 2 wird die 12-Monats-Frist vom Eintritt der ersten krankheitsbedingten Arbeitsunfähigkeit an gerechnet (zur Berechnung dieser Frist näher HzA/*Vossen* Gruppe 2 Rn 219 ff).

51 **E. Darlegungs- und Beweislast.** Ist der AN innerhalb der Zeiträume des § 3 I 2 Nr 1 und 2 länger als 6 Wochen arbeitsunfähig, muss er darlegen, dass keine Fortsetzungserkrankung vorliegt. Hierzu kann er eine ärztliche Bescheinigung vorlegen (BAG 13.7.2005, 5 AZR 389/04, EzA § 3 EFZG Nr 14; LAG Köln 9.2.2015, 5 Sa 831/14, JurionRS 2015, 16019). Bestreitet der AG das Vorliegen einer neuen Krankheit, hat der AN die Tatsachen darzulegen, die den Schluss gestatten, es habe keine Fortsetzungserkrankung vorgelegen. Dabei muss der AN den Arzt von seiner Schweigepflicht entbinden. Die Folgen der Nichterweislichkeit einer Fortsetzungserkrankung hat allerdings der AG zu tragen. Denn nach der sprachlichen Fassung des § 3 I 2 Nr 1 und 2 trifft den AG die objektive Beweislast (BAG 13.7.2005, 5 AZR 389/04, EzA § 3 EFZG Nr 14; LAG Berl-Bbg 17.4.2015, 6 Sa 2098/14, LAGE § 3 EFZG Nr 15; LAG Nds 13.4.2007, 3 Sa 1620/06, EEK 3346; LAG München 23.7.2009, 4 Sa 1049/08, NZA-RR 2010, 19, 23; *Müller-Glöge* RdA 2006, 105, 116; *Treber* § 3 Rn 148). Das gilt im Hinblick auf die in § 3 I 1 iVm § 9 I normierte Gleichsetzung der beiden dort genannten Verhinderungsfälle (näher § 9 Rdn 15) auch, wenn eine Maßnahme der medizinischen Vorsorge und Rehabilitation der Zeiträume des § 3 I 2 Nr 1 u 2 zusammentreffen (BAG 10.9.2014, 10 AZR 651/12, EzA § 3 EFZG Nr 18).

§ 3a Anspruch auf Entgeltfortzahlung bei Spenden von Organen, Geweben oder Blut zur Separation von Blutstammzellen oder anderen Blutbestandteilen

(1) ¹Ist ein Arbeitnehmer durch Arbeitsunfähigkeit infolge der Spende von Organen oder Geweben, die nach den §§ 8 und 8a des Transplantationsgesetzes erfolgt, oder einer Blutspende zur Separation von Blutstammzellen oder anderen Blutbestandteilen im Sinne von § 9 des Transfusionsgesetzes an seiner

Arbeitsleistung verhindert, hat er Anspruch auf Entgeltfortzahlung durch den Arbeitgeber für die Zeit der Arbeitsunfähigkeit bis zur Dauer von sechs Wochen. ²§ 3 Absatz 1 Satz 2 gilt entsprechend.
(2) ¹Dem Arbeitgeber sind von der gesetzlichen Krankenkasse des Empfängers von Organen, Geweben oder Blut zur Separation von Blutstammzellen oder anderen Blutbestandteilen das an den Arbeitnehmer nach Absatz 1 fortgezahlte Arbeitsentgelt sowie die hierauf entfallenden vom Arbeitgeber zu tragenden Beiträge zur Sozialversicherung und zur betrieblichen Alters- und Hinterbliebenenversorgung auf Antrag zu erstatten. ²Ist der Empfänger von Organen, Geweben oder Blut zur Separation von Blutstammzellen oder anderen Blutbestandteilen gemäß § 193 Absatz 3 des Versicherungsvertragsgesetzes bei einem privaten Krankenversicherungsunternehmen versichert, erstattet dieses dem Arbeitgeber auf Antrag die Kosten nach Satz 1 in Höhe des tariflichen Erstattungssatzes. ³Ist der Empfänger von Organen, Geweben oder Blut zur Separation von Blutstammzellen oder anderen Blutbestandteilen bei einem Beihilfeträger des Bundes beihilfeberechtigt oder berücksichtigungsfähiger Angehöriger, erstattet der zuständige Beihilfeträger dem Arbeitgeber auf Antrag die Kosten nach Satz 1 zum jeweiligen Bemessungssatz des Empfängers von Organen, Geweben oder Blut zur Separation von Blutstammzellen oder anderen Blutbestandteilen; dies gilt entsprechend für sonstige öffentlich-rechtliche Träger von Kosten in Krankheitsfällen auf Bundesebene. ⁴Unterliegt der Empfänger von Organen, Geweben oder Blut zur Separation von Blutstammzellen oder anderen Blutbestandteilen der Heilfürsorge im Bereich des Bundes oder der truppenärztlichen Versorgung, erstatten die zuständigen Träger auf Antrag die Kosten nach Satz 1. ⁵Mehrere Erstattungspflichtige haben die Kosten nach Satz 1 anteilig zu tragen. ⁶Der Arbeitnehmer hat dem Arbeitgeber unverzüglich die zur Geltendmachung des Erstattungsanspruches erforderlichen Angaben zu machen.

Durch Art 1a Nr 1 des »Gesetz zur Änderung des Transplantationsgesetzes« v 21.7.2012 (BGBl I S 1601), in Kraft seit dem 1.8.2012 (vgl Art. 3 dieses G), ist § 3a in das EFZG eingefügt worden. Zugleich sind § 4 I und II sowie § 8 II der neuen Rechtslage angepasst worden (vgl Art 1a Nr 2 bzw Nr 3 dieses G). Zu allem vgl auch Gemeinsames Rdschr des GKV-Spitzenverbandes u der Verbände der Krankenkassen auf Bundesebene v 19.4.2013. Durch Art 7 Nr 2 u Nr 3 des »GKV-Versorgungsstärkungsgesetz« v 16.7.2015 (BGBl I S 1211), in Kraft seit 23.7.2015 (vgl Art 20 I dieses G), gilt § 3a **auch für Spender von Blut zur Separation von Blutstammzellen oder anderen Blutbestandteilen** (vgl auch Gemeinsames Rdschr des GKV-Spitzenverbandes v 28.7.2015, S 2 f). 1

Nach § 3a I 1 nF hat ein AN, der in Folge der Spende von Organen oder Geweben gem §§ 8 und 8a TPG (hierzu *Greiner* NZS 2013, 241, 242 f) oder einer Blutspende zur Separation von Blutstammzellen oder anderen Blutbestandteilen iSv § 9 TPG an der Erbringung seiner Arbeitsleistung gehindert ist, Anspruch auf EFZ ggü seinem AG für die Zeit der Arbeitsunfähigkeit (vgl hierzu *Greiner* NZS 2013, 241, 243 f; § 3 Rdn 12) bis zur Dauer von 6 Wochen (vgl näher ErfK/ *Reinhard* § 3a Rn 2-4; *Knorr* NZA 2012, 1132, 1134 f). Bleibt der AN darüber hinaus arbeitsunfähig, hat er nach § 44a S 1 SGB V idF v Art 2 Nr 3 des G v 21.7.2012 (BGBl I S 1601) – jetzt idF v Art 1 Nr 14 des G v 16.7.2015 (BGBl I S 1211) – Anspruch auf Krankengeld (hierzu ausf *Greiner* NZS 2013, 241, 245 ff; *Knorr/Krasney* § 44a SGB V Rn 5 ff). Zur Feststellung der Arbeitsunfähigkeit vgl § 2 VIII AU-RL idF v 17.12.2015, in Kraft seit 17.3.2016 (BAnz AT 16.3.2016 B2). 2

§ 3a I 1 dient der Verbesserung der Absicherung des Lebendspenders von Organen und Geweben (BT-Drucks 17/9773, S 46) u -und – seit **23.7.2015** – auch der **Spender von Blut zur Separation von Blutstammzellen oder anderen Blutbestandteilen** iSv § 9 TPG (vgl BT-Drucks 18/4095, S 149 f). Nach früherer Rspr des BAG hatte ein Organspender jdf bei komplikationslosem Verlauf der Transplantation keinen EFZ-Anspruch (BAG 6.8.1986, 5 AZR 607/85, EzA § 1 LohnFG Nr 81; krit dazu zB *Schmitt* § 3 Rn 77, 78). Die Höhe des fortzuzahlenden Arbeitsentgelts richtet sich nach § 4 I nF. Tritt infolge derselben Spende erneute Arbeitsunfähigkeit ein, gilt gem § 3a I 2 die Regelung in § 3 I 2 (vgl hierzu § 3 Rdn 46 ff) entsprechend (zu § 3 I bzw § 3a I 1 bei einer Erkrankung des AN infolge seiner Spende vgl *Greiner* NZS 2013, 241, 244). 3

Nach § 3a II 1 – seit 23.7.2015 idF von Art 7 Nr 3 des G v 16.7.2015 (BGBl I S 1211) – wird dem AG von der gesetzlichen Krankenkasse des Empfängers der in I 1 genannten Spenden das an den spendenden AN fortgezahlte Arbeitsentgelt sowie die hierauf entfallenden, vom AG zu tragenden Beiträge zur Sozialversicherung sowie zur betrieblichen Alters- und Hinterbliebenenversorgung **auf Antrag** erstattet. Die Fälle, in denen der Spendenempfänger nicht bei einer gesetzlichen Krankenkasse versichert ist, wie Privatversicherte oder Beihilfeberechtigte, sind in II 2 und 3 entsprechend geregelt (vgl hierzu *Greiner* NZS 2013, 241, 244). Über die Erstattung der Kosten nach II 1, wenn der Spendenempfänger von Organen oder Geweben der Heilfürsorge im Bereich des Bundes oder der truppenärztlichen Versorgung unterliegt, verhält sich II 4. 4

Die Regelung in II 5 betrifft Fälle, in denen die Kosten von mehreren Stellen anteilig erstattet werden. Schließlich regelt II 6 einen Auskunftsanspruch des AG ggü dem spendenden AN (vgl hierzu *Greiner* NZS 2013, 241, 244 f).

§ 4 Höhe des fortzuzahlenden Arbeitsentgelts

(1) Für den in § 3 Abs. 1 oder in § 3a Abs. 1 bezeichneten Zeitraum ist dem Arbeitnehmer das ihm bei der für ihn maßgebenden regelmäßigen Arbeitszeit zustehende Arbeitsentgelt fortzuzahlen.
(1a) ¹Zum Arbeitsentgelt nach Absatz 1 gehören nicht das zusätzlich für Überstunden gezahlte Arbeitsentgelt und Leistungen für Aufwendungen des Arbeitnehmers, soweit der Anspruch auf sie im Falle der Arbeitsunfähigkeit davon abhängig ist, dass dem Arbeitnehmer entsprechende Aufwendungen tatsächlich entstanden sind, und dem Arbeitnehmer solche Aufwendungen während der Arbeitsunfähigkeit nicht entstehen. ²Erhält der Arbeitnehmer eine auf das Ergebnis der Arbeit abgestellte Vergütung, so ist der von dem Arbeitnehmer in der für ihn maßgebenden regelmäßigen Arbeitszeit erzielbare Durchschnittsverdienst der Berechnung zugrunde zu legen.
(2) Ist der Arbeitgeber für Arbeitszeit, die gleichzeitig infolge eines gesetzlichen Feiertages ausgefallen ist, zur Fortzahlung des Arbeitsentgelts nach § 3 oder nach § 3a verpflichtet, bemisst sich die Höhe des fortzuzahlenden Arbeitsentgelts für diesen Feiertag nach § 2.
(3) ¹Wird in dem Betrieb verkürzt gearbeitet und würde deshalb das Arbeitsentgelt des Arbeitnehmers im Falle seiner Arbeitsfähigkeit gemindert, so ist die verkürzte Arbeitszeit für ihre Dauer als die für den Arbeitnehmer maßgebende regelmäßige Arbeitszeit im Sinne des Absatzes 1 anzusehen. ²Das gilt nicht im Falle des § 2 Abs. 2.
(4) ¹Durch Tarifvertrag kann eine von den Absätzen 1, 1a und 3 abweichende Bemessungsgrundlage des fortzuzahlenden Arbeitsentgelts festgelegt werden. ²Im Geltungsbereich eines solchen Tarifvertrages kann zwischen nichttarifgebundenen Arbeitgebern und Arbeitnehmern die Anwendung der tarifvertraglichen Regelung über die Fortzahlung des Arbeitsentgelts im Krankheitsfall vereinbart werden.

Übersicht

	Rdn.			Rdn.
A. Einleitung	1	C.	Berechnung im konkreten Krankheitsfall	39
B. Berechnungsfaktoren	2	I.	Zeitvergütung	40
I. Allgemeines	2	II.	Erfolgsvergütung	42
II. Arbeitsentgelt	4	D.	Abweichung vom Entgeltausfallprinzip	46
1. Laufendes Entgelt	7	I.	Anderweitige Bemessungsgrundlage	47
2. Einzelne Entgeltarten	9	II.	Bestimmung des Entgeltbegriffs	49
3. Abgrenzung zum Aufwendungsersatz	16	III.	Bezugnahme auf den TV	51
III. Arbeitszeit	21			

1 **A. Einleitung.** Bis zum 30.9.1996 ging der Gesetzgeber des EFZG, da er, wie früher nach § 1 I 1 LohnFG, nunmehr in § 3 I 1 aF (HzA/*Vossen* Gruppe 2 Rn 598) bestimmte, dass der AN während einer unverschuldeten Krankheit bis zur Dauer von 6 Wochen seinen Entgeltanspruch nicht verlor, vom **uneingeschränkt** geltenden **sog Lohnausfallprinzip** (hierzu BAG 3.3.1993, 5 AZR 132/92, EzA § 2 LohnFG Nr 23) aus. Danach sollte der erkrankte AN die Arbeitsvergütung erhalten, die er als gesunder AN, hätte er gearbeitet, erzielt hätte (BAG 15.2.1990, 6 AZR 381/88, EzA § 611 BGB Anwesenheitsprämie Nr 9). **Mit Wirkung vom 1.10.1996** wurde das **Lohnausfallprinzip** – seit Inkrafttreten des EFZG auch als »**Entgeltausfallprinzip**« bezeichnet (vgl zB BAG 26.2.2003, 5 AZR 162/02, EzA § 4 EFZG Nr 11) – **eingeschränkt**. § 4 I 1 in der vom 1.10.1996 bis zum 31.12.1998 geltenden Fassung – aF – bestimmte, dass die Höhe der EFZ im Krankheitsfall für den in § 3 I genannten Zeitraum nur noch 80 % des dem AN bei der für ihn maßgebenden regelmäßigen Arbeitszeit zustehenden Arbeitsentgelts betrug. Allerdings konnte der AN diese Absenkung nach näherer Maßgabe des § 4 I 1 aF vermeiden (zu Einzelheiten KasselerHB/*Vossen* 1. Aufl 1997, 2.2 Rn 333 bis 337). **Seit** dem **1.1.1999** hat der arbeitsunfähig erkrankte AN, wie schon bis zum 30.9.1996, nach § 4 I in der seitdem geltenden Fassung innerhalb der 6-Wochen-Zeiträums des § 3 I 1 wieder Anspruch auf **ungekürzte EFZ**. Folgerichtig ist die in § 4a aF enthaltene Bestimmung zur Vermeidung der Absenkung des EFZ-Anspruchs entfallen. Das Lohn- bzw Entgeltausfallprinzip gilt nunmehr wieder uneingeschränkt (vgl auch BAG 20.1.2010, 5 AZR 53/09, EzA § 4 EFZG Nr 15; 24.3.2010, 10 AZR 58/09, NZA 2010, 958, 960; 1.9.2010, 5 AZR 557/09, EzA § 4 EFZG Nr 16). § 4 I und II idF v Art 1a Nr 2 lit a und b des G v 21.7.2012 (BGBl I S 1601) enthalten mit Wirkung vom 1.8.2012 Folgeänderungen zu dem seitdem geltenden § 3a. Das Entgeltausfallprinzip gilt auch bei Festsetzung eines tariflichen

Mindestlohns durch RechtsVO gem § 7 I 1 AEntG (vgl BAG 13.5.2015, 10 AZR 495/14, EzA § 4 EFZG Nr 18; 13.5.2015, 10 AZR 191/14, JurionRS 2015, 20265) bzw eines Mindestlohns durch RechtsVO gem § 11 I AEntG (BAG 18.11.2015, 5 AZR 761/13, EzA § 611 BGB 2002 Pflegebranche Nr 3) oder nach § 1 II MiLoG (vgl auch Rdn 39 u § 1 MiLoG Rdn 14).

B. Berechnungsfaktoren. I. Allgemeines. Eine nähere Ausgestaltung des Entgeltausfallprinzips hat der Gesetzgeber in § 4 I, Ia und III vorgenommen. Die dort enthaltene Modifizierung dieses Prinzips (näher BAG 16.7.2014, 10 AZR 242/13, EzA § 4 EFZG Nr 18; 13.5.2015, 10 AZR 495/14, EzA § 4 EFZG Nr 18; vgl auch Rdn 23) entspricht, sieht man einmal von der Herausnahme der Überstundenvergütung durch § 4 Ia 1 (Rdn 25) ab, inhaltlich derjenigen in § 2 I und II LohnFG bzw in § 4 I und 3 in der vom 1.5.1994 bis zum 30.9.1996 geltenden Fassung. Von ihr kann nach § 4 IV 1 nur durch TV abgewichen werden (Rdn 46 ff). 2

Nach dem Grds des § 4 I ist dem AN während des in § 3 I 1 bzw – seit dem 1.8.2012 – des in § 3a I 1 bezeichneten Zeitraums das ihm »bei der für ihn maßgebenden regelmäßigen Arbeitszeit zustehende Arbeitsentgelt« fortzuzahlen. Allerdings bedarf es für die Berechnung der Krankenvergütung eines Rückgriffs auf den vorgenannten Grds nur, wenn das Arbeitsentgelt und/oder die Arbeitszeit des erkrankten AN schwankt. Bei feststehender Arbeitsvergütung und Arbeitszeit ergibt sich die Höhe des EFZ-Anspruchs im Krankheitsfall schon aus dem in § 3 I 1 normierten Entgeltausfallprinzip (vgl auch ErfK/*Reinhard* § 4 Rn 4). Für die Berechnung der Krankenvergütung eines AN sind demnach **2 Faktoren** bestimmend: das **Arbeitsentgelt** und die regelmäßige **Arbeitszeit**. 3

II. Arbeitsentgelt. Der Begriff des nach § 4 I 1 fortzuzahlenden »Arbeitsentgelts« ist im arbeitsrechtlichen Sinn zu verstehen. Das folgt schon daraus, dass es sich bei dem Anspruch auf EFZ im Krankheitsfall dem Grunde nach um den aufrechterhaltenen Entgeltanspruch des AN handelt (HzA/*Vossen* Gruppe 2 Rn 599). Zum Arbeitsentgelt zählt deshalb nach § 611 I BGB alles, was dem AN aufgrund seines Arbeitsvertrags als Gegenleistung von seinem AG für seine Arbeit zufließt (BAG 11.1.1978, 5 AZR 829/76, EzA § 2 LohnFG Nr 1). 4

Der AG schuldet **grds** ein **Bruttoentgelt** (vgl BAG 9.7.2008, 5 AZR 518/07, EzA § 249 ZPO 2002 Nr 1 u § 611 BGB Rdn 229). Soll die vereinbarte Vergütung »netto« ausgezahlt werden (zur Fiktion in § 14 II 2 SGB IV vgl BAG 17.3.2010, 5 AZR 301/09, EzA § 611 BGB 2002 Nettolohn, Lohnsteuer Nr 5; 21.9.2011, 5 AZR 629/10, EzA § 612a BGB 2002 Nr 11; BSG 9.11.2011, B 12 R 18/09 R, NZA-RR 2012, 539, 540 f), muss dies ausdrücklich und eindeutig vereinbart werden (BAG 21.7.2009, 1 AZR 167/08, EzA § 611 BGB 2002 Nettolohn, Lohnsteuer Nr 4; vgl auch BAG 24.1.2013, 8 AZR 965/11, EzA § 305c BGB 2002 Nr 20; 13.11.2014, 8 AZR 817/13, EzA § 241 BGB 2002 Nr. 3; näher § 611 BGB Rdn 229). Somit ist idR das vom AG während der Arbeitsunfähigkeit fortzuzahlende Arbeitsentgelt als Bruttoentgelt zu leisten (BAG 31.5.1978, 5 AZR 116/77, EzA § 2 LohnFG Nr 13; *Treber* § 4 Rn 32) einschl der AG-Anteile zur Renten-, Kranken-, Pflege- und Arbeitslosenversicherung (vgl auch BGH 23.6.1965, III ZR 185/62, AP Nr 4 zu § 249 BGB). 5

Lohnbestandteile, die, wie nach § 3b I 1 EStG Zuschläge für tatsächlich geleistete Sonntags-, Feiertags- oder Nachtarbeit, bis zu einem bestimmten Prozentsatz steuerfrei sind (vgl näher BFH 17.6.2010, VI R 50/09, DB 2010, 1974, 1975 f; 16.12.2010, VI R 27/10, NZA-RR 2011, 203; 8.12.2011, VI R 18/11, NZA-RR 2012, 197) und dem AN gem § 4 I für die Dauer der Erkrankung weiterzuzahlen sind (vgl BAG 14.1.2009, 5 AZR 89/08, EzA § 4 EFZG Nr 14), unterliegen in vollem Umfang der Steuerpflicht (zu § 11 I 1 MuSchG vgl BFH 27.5.2009, VI B 69/08, BStBl II 2009, 730, 731). Der AG ist aufgrund des Entgeltausfallprinzips (Rdn 1) nicht verpflichtet, dem AN während der Dauer seiner Krankheit zum Ausgleich für diese steuerrechtliche Behandlung ein höheres Bruttoentgelt zu zahlen, um den Nettoverdienst nicht zu schmälern (BAG 19.10.2000, 8 AZR 20/00, EzA § 286 BGB Nr 1). 6

1. Laufendes Entgelt. Bereits die aus § 3 I 1 folgende zeitlich beschränkte Verpflichtung des AG, den AN nur 6 Wochen so zu stellen, als hätte er gearbeitet, zeigt, dass durch das G lediglich der laufende, als Gegenleistung für geleistete Arbeit während bestimmter Zeitabschnitte gedachte Bruttoverdienst (vgl BAG 26.9.2001, 5 AZR 539/00, EzA § 4 EFZG Tarifvertrag Nr 50) gesichert wird und nicht die außerhalb des 6-Wochen-Zeitraums entstehenden und deshalb erst später fällig werdenden einmaligen Zuwendungen – hierzu § 4a Rdn 2 und 3 – (vgl BAG 7.8.2002, 10 AZR 709/01, EzA § 4a EFZG Nr 3; 14.1.2009, 5 AZR 89/08, EzA § 4 EFZG Nr 14). Dagegen ist eine rein »arbeitsleistungsbezogene« Sondervergütung (hierzu BAG 21.3.2001, 10 AZR 28/00, EzA § 611 BGB Gratifikation, Prämie Nr 163; vgl auch 13.11.2013, 10 AZR 848/12, EzA § 611 BGB 2002 Gratifikation, Prämie Nr 37; 21.1.2014, 9 AZR 134/12, JurionRS 2014, 12031) in Höhe ihres auf den 6-wöchigen EFZ-Zeitraum fallenden Teils im 7

Krankheitsfall nach § 3 I 1 gesichert (BAG 21.3.2001, 10 AZR 28/00, EzA § 611 BGB Gratifikation, Prämie Nr 163; vgl auch LAG Hamm 22.5.2013, 4 Sa 1232/12, LAGE § 87 BetrVG 2001 Arbeitszeit Nr 8). Zu einer derartigen Sondervergütung zählt auch die Tantieme, die eine Erfolgsvergütung ist. Mit ihr wird die bes Leistung des AN, vor allem eines leitenden Angestellten, für das Geschäftsergebnis, also den wirtschaftlichen Ertrag des AG, honoriert (BAG 8.9.1998, 9 AZR 273/97, EzA § 611 BGB Tantieme Nr 2; vgl auch 18.1.2012, 10 AZR 670/10, EzA § 307 BGB 2002 Nr 56; 14.11.2012, 10 AZR 783/11, EzA § 611 BGB 2002 Gratifikation, Prämie Nr 34).

8 Einmalige Zuwendungen, die unabhängig von der auf einen bestimmten Zeitabschnitt entfallenden Arbeitsleistung und deshalb bei Fälligkeit auch während der Arbeitsunfähigkeitsperiode gezahlt werden (BAG 21.9.1971, 1 AZR 88/71, EzA § 2 LohnFG Nr 2; vgl auch BAG 30.9.2008, 1 AZR 684/07, EzA § 112 BetrVG 2001 Nr 29), sind danach nicht in die Berechnung des fortzuzahlenden Arbeitsentgelts aufzunehmen (BAG 7.8.2002, 10 AZR 709/01, EzA § 4a EFZG Nr 3; vgl auch BAG 30.9.2008, 1 AZR 684/07, EzA § 112 BetrVG 2001 Nr 29). Sie können allerdings aufgrund entspr Abrede nach § 4a S 1 um die in den EFZ-Zeitraum des § 3 I 1 fallenden krankheitsbedingten Fehlzeiten gekürzt werden (näher § 4a Rdn 5).

9 **2. Einzelne Entgeltarten.** Zum fortzuzahlenden Arbeitsentgelt iSv § 4 I gehören an 1. Stelle alle Arten der sog **Grundvergütung**. Diese kann sowohl für eine in einem bestimmten Zeitabschnitt, zB Woche oder Monat, erbrachte Arbeitsleistung (Zeitvergütung) als auch für ein bestimmtes Arbeitsergebnis (Leistungsvergütung) gewährt werden. Keine Rolle spielt, ob die Grundvergütung in einer Geld- oder einer Naturalleistung (hierzu Rdn 15) besteht.

10 Soll mit **Zulagen** oder **Zuschlägen**, die zusammen mit der Grundvergütung aus den unterschiedlichsten Gründen gewährt werden, allein eine bes Arbeitsleistung des AN vergütet werden, die ansonsten bei einer ausschließlich an der Arbeitszeit orientierten Entlohnung nicht angemessen honoriert würde (zB Erschwernis-, Gefahren-, Sonn-, Feiertags- und Nachtzulage), gehören diese Entgelte zur Krankenvergütung (vgl BAG 1.12.2004, 5 AZR 68/04, EzA § 4 EFZG Tarifvertrag Nr 52; 14.1.2009, 5 AZR 89/08, EzA § 4 EFZG Nr 14; LAG Köln 12.3.2009, 7 Sa 1258/08, ArbuR 2010, 132 LS; HessLAG 24.10.2007, 6 Sa 175/07, EEK 3305; ArbG Cottbus 4.4.2013, 3 Ca 1851/12, LAGE § 4 EFZG Tarifvertrag Nr 46). Gleiches gilt auch für eine Notdienstpauschale (BAG 20.10.1993, 5 AZR 674/92, EzA § 2 LohnFG Nr 24). Auch Auswärtszulagen (= Auslösungen) und Schmutzzulagen können unter bestimmten Voraussetzungen von der EFZ im Krankheitsfall erfasst werden (Rdn 18, 19), ebenso Sozialzulagen (*Knorr/Krasney* § 4 Rn 42; früher BAG 12.9.1959, 2 AZR 50/59, AP Nr 9 zu § 2 ArbKrankhG) und Funktionszulagen (vgl BAG 17.4.1996, 10 AZR 617/95, NZA 1997, 324, 325). Zu Zuschlägen für Überstunden vgl Rdn 25.

11 Wird eine **Prämie für** einen bestimmten vom AN beeinflussbaren **Erfolg** gewährt, ist sie im Krankheitsfall fortzuzahlen (BAG 11.1.1978, 5 AZR 829/76, EzA § 2 LohnFG Nr 11). Das gilt zB für eine sog **Inkassoprämie**, die eine Belohnung dafür darstellen soll, dass ein Auslieferungsfahrer sich nicht nur auf die Warenzustellung beschränkt, sondern zugleich auf sofortige Bezahlung besteht (BAG 11.1.1978, 5 AZR 829/76, EzA § 2 LohnFG Nr 11). Gleiches gilt für laufend gezahlte **Erfolgsbeteiligungen** wie Umsatz-, Nutzungs-, Ersparnis- oder Terminprämien, durch die der AN an einem von ihm miterzielten Betriebsergebnis teilhaben soll (vgl *Feichtinger/Malkmus* § 4 Rn 163). Auch die regelmäßig gezahlte sog **Anwesenheitsprämie**, die die pünktliche und ständige Anwesenheit des AN am Arbeitsplatz sicherstellen soll (BAG 4.10.1978, 5 AZR 886/77, EzA § 63 HGB Nr 30; vgl auch BAG 25.7.2001, 10 AZR 502/00, EzA § 4a EFZG Nr 2; LAG Hamm 1.2.2013, 8 Sa 1588/12), ist fortzuzahlen, anders eine einmal im Jahr oder in mehrmonatigen Abständen gezahlte Anwesenheitsprämie (BAG 21.12.1994 EzA § 611 BGB Anwesenheitsprämie Nr 11; vgl auch 25.7.2001, 10 AZR 502/00, EzA § 4a EFZG Nr 2; LAG Hamm 21.2.2013, 8 Sa 1588/12, JurionRS 2013, 33917). Zur Antrittsgebühr im grafischen Gewerbe HzA/ *Vossen* Gruppe 2 Rn 538 mit Rn 596; vgl zu ihrem Zweck BAG 18.3.2009, 5 AZR 186/08, EzA § 4 TVG Druckindustrie Nr 34; 11.12.2013, 10 AZR 1018/12, EzA § 4 TVG Druckindustrie Nr 35.

12 **Prämien** für den **Einsatz in Meisterschaftsspielen** – die sog Jahresleistungsprämie (BAG 22.8.1984, 5 AZR 539/81, EzA § 616 BGB Nr 28) fällt als einmalige Zuwendung (hierzu Rdn 8) nicht unter § 3 I 1 (*Knorr/Krasney* § 4 Rn 53) – bzw für die von der Mannschaft erzielten Meisterschaftspunkte gehören nur dann zur Krankenvergütung eines Berufsfußballers, wenn mit hinreichender Sicherheit festgestellt werden kann, dass allein seine Arbeitsunfähigkeit aufgrund einer Erkrankung oder Verletzung – beide Begriffe müssen nicht gleichbedeutend sein (BAG 19.1.2000, 5 AZR 637/98, EzA § 4 EFZG Nr 3) – ursächlich für seinen Nichteinsatz war (BAG 19.1.2000, 5 AZR 637/98, EzA § 4 EFZG Nr 3).

13 Sofern Geldleistungen des AG nach § 2 des 5. VermBG idF v Art 5 des G v 18.12.2013 (BGBl I S 4318) laufend als Zuschuss zum Arbeitsentgelt gewährt werden, sind sie Bestandteil der Arbeitsvergütung (vgl

BAG 19.9.2012, 5 AZR 924/11, EzA § 4 TVG Ausschlussfristen Nr 202) und gehören deshalb zum »fortzuzahlenden Arbeitsentgelt« (*Schmitt* § 4 Rn 119; *Treber* § 4 Rn 54). Die vermögenswirksam angelegten Teile des Nettoverdienstes (vgl § 11 II 5. VermBG) sind trotz dieser Anlage arbeitsrechtlich Bestand des Entgelts (vgl § 2 VII 1 5. VermBG) und sind daher mit diesem während der Erkrankung des AN weiter zu gewähren.

Nach der Legaldefinition in § 107 III 2 GewO handelt es sich bei dem von einem Kunden oder Gast des AG an sein Bedienungspersonal gezahlten **Trinkgeld** (vgl zu § 3 Nr 51 EStG BFH 10.3.2015, VI R 6/11, DB 2015, 1572 f; 18.6.2015, VI R 37/14, DStR 2015, 2226) um kein von ihm im Krankheitsfall nach § 3 I 1 fortzuzahlendes Arbeitsentgelt (LAG Rh-Pf 9.12.2010, 10 Sa 483/10, LAGE § 107 GewO 2003 Nr 1; *Schmitt* § 4 Rn 115; vgl früher schon BAG 28.6.1995, 7 AZR 1001/94, EzA § 11 BUrlG Nr 38). Anders soll es sein, wenn zB ein Kellner im Hinblick auf die weitgehend sicher zu realisierende Chance auf Trinkgeld nur einen niedrigen Festlohn erhält (vgl *Treber* § 4 Rn 42; vgl auch BAG 28.6.1995, 7 AZR 1001/94, EzA § 611 BUrlG Nr 38). Dagegen gehört Trinkgeld in jedem Fall zur Krankenvergütung, wenn es, zB bei Spielbanken, in einen sog Tronc fließt und der AG hieraus das Arbeitsentgelt entnimmt (BAG 6.11.2002, 5 AZR 487/01, AP Nr 300 zu Art 3 GG; aA *Düwell* ZTR 2002, 461, 463). Zum fortzuzahlenden Arbeitsentgelt im Krankheitsfall rechnet jedenfalls das **Bedienungsgeld**, das zB im Gaststättengewerbe dem Bedienungspersonal zusätzlich zum Garantielohn gezahlt wird und sich aus einem prozentual festgelegten Aufschlag auf die dem Gast erteilte Rechnung ergibt (LAG Rh-Pf 9.12.2010, 10 Sa 483/10, LAGE § 107 GewO 2003 Nr 1). 14

Besteht das Arbeitsentgelt ganz oder teilweise aus einer **Naturalleistung** (näher § 107 II 1 GewO), wie Verpflegung, Unterbringung, Deputat etc, und kommt diese dem AN laufend zu, ist sie im Krankheitsfall nach § 3 I 1 während des EFZ-Zeitraums weiter zu gewähren. Das gilt, da sie Vergütungscharakter hat (BAG 14.12.2010, 9 AZR 631/09, EzA § 3 EFZG Nr 17; 21.3.2012, 5 AZR 651/10, EzA § 308 BGB 2002 Nr 13; LAG HH 14.1.2015, 5 Sa 42/14, JurionRS 2015, 13461; LAG Rh-Pf 12.3.2015, 5 Sa 565/14, JurionRS 2015, 14417), auch für die dem AN vom AG eingeräumte **Privatnutzung** eines **Firmenfahrzeugs** (BAG 14.12.2010, 9 AZR 631/09, EzA § 3 EFZG Nr 17; LAG Berl-Bbg 10.1.2013, 10 Sa 1809/12, LAGE § 985 BGB 2002 Nr 1; Sächs LAG 13.1.1999, 2 Sa 742/98, LAGE § 4 EFZG Nr 4; *Höser* BB 2012, 573 ff; vgl auch BAG 13.10.2015, 1 AZR 135/14, JurionRS 2015, 37023). Das Recht zur Privatnutzung endet – vorbehaltlich einer abw Parteivereinbarung (vgl zu einem Widerrufsvorbehalt BAG 21.3.2012, 5 AZR 651/10, EzA § 308 BGB 2002 Nr 13) – mit dem Ende des EFZ-Zeitraums (BAG 14.12.2010, 9 AZR 631/09, EzA § 3 EFZG Nr 17; LAG Köln 29.10.2009, 7 Sa 788/09, ZTR 2010, 600 LS; LAG Berl-Bbg 10.1.2013, 10 Sa 1809/12, LAGE § 985 BGB 2002 Nr 1; vgl auch BAG 17.8.2011, 5 AZR 251/10, EzA § 615 BGB 2002 Nr 34; aA LAG Berl-Bbg 19.2.2007, 10 Sa 2171/06, EEK 3308). Kann die Naturalleistung vom AN aufgrund seiner Erkrankung (zB während eines Krankenhausaufenthalts) nicht in Anspruch genommen werden, ist sie auch ohne entspr Vereinbarung in bar abzugelten (BAG 22.9.1960, 2 AZR 507/59, AP Nr 27 zu § 616 BGB; *Treber* § 4 Rn 44; vgl auch BAG 7.9.2004, 9 AZR 631/03, EzA § 611 BGB 2002 Personalrabatt Nr 1, zu II 2 b). Die Höhe einer Barabgeltung bemisst sich in Anlehnung an Spezialregelungen, wie § 4 III 2 ArbPlSchG, § 11 I 4 BUrlG, nach dem Betrag, der angemessen erscheint (*Marschner* AR-Blattei SD 1380 Rn 28a). Als Anhaltspunkt für den angemessenen Geldwert kann, wie ausdrücklich in §§ 17 II, 19 II BBiG geregelt, die aufgrund § 17 I 1 Nr 4 SGB IV jährlich neu erlassene Sachversicherungsentgeltverordnung – SvEv – dienen (*Schmitt* § 4 Rn 100). 15

3. Abgrenzung zum Aufwendungsersatz. Leistungen des AG, die den Charakter eines reinen Aufwendungsersatzes haben, gehören an sich aufgrund ihrer Rechtsnatur nicht zum »fortzuzahlenden Arbeitsentgelt« nach § 4 I. Denn sie stellen keine Gegenleistung für eine vom AN erbrachte Arbeit (vgl § 611 I BGB), sondern einen Ausgleich für ihm entstandene Vermögensopfer dar (vgl Erman/*Edenfeld* § 611 BGB Rn 410; vgl auch BAG 13.3.2013, 5 AZR 294/12, EzA § 10 AÜG Nr 19; 19.2.2014, 5 AZR 1046/12, JurionRS 2014, 14890; 18.11.2015, 5 AZR 761/13, EzA § 611 BGB 2002 Pflegebranche Nr 3). Allerdings kann die Abgrenzung von echtem Aufwendungsersatz zu solchen AG-Leistungen, die dem reinen Arbeitsentgelt nahe kommen und damit zu einer Verbesserung des Lebensstandards des AN führen (BAG 2.10.1974, 5 AZR 555/73, EzA § 2 LohnFG Nr 6; vgl auch 5.4.2000, 7 AZR 213/99, EzA § 37 BetrVG 1972 Nr 141), in der Praxis Schwierigkeiten bereiten. Um diese möglichst zu vermeiden, nimmt § 4 Ia 1 Leistungen für Aufwendungen von der EFZ nach § 4 I aus. Nur wenn beide in § 4 Ia 1 genannten Voraussetzungen kumulativ vorliegen, stellt eine AG-Leistung einen echten, nach dieser Norm nicht entgeltfortzahlungspflichtigen Aufwendungsersatz dar (vgl zu Zeitaufwendungen LAG Rh-Pf 13.1.2015, 6 Sa 446/14, JurionRS 2015, 18198). 16

Eine **pauschale Aufwandsentschädigung** zählt nicht zum fortzuzahlenden Arbeitsentgelt nach § 4 I, wenn der Sinn der Pauschalierung darin besteht, vom Nachweis des tatsächlichen Entstehens von Aufwand, 17 der mit bestimmten Arbeiten verbunden ist, im Einzelfall abzusehen und statt dessen die Gewährung der Pauschalleistung an leicht feststellbare, objektive Umstände zu knüpfen, bei deren Vorliegen nach der Lebenserfahrung eine hohe Wahrscheinlichkeit für das Entstehen bes Aufwendungen gegeben ist (BAG 5.4.2000, 7 AZR 213/99, EzA § 37 BetrVG 1972 Nr 141; vgl auch HessLAG 24.10.2007, 6 Sa 175/07, EEK 3305). Ein so verstandener pauschalierter Aufwendungsersatz wird im Fall der Arbeitsunfähigkeit aufgrund der in § 4 Ia 1 getroffenen Regelung nur dann gem § 4 I in die EFZ einbezogen, wenn dem erkrankten AN trotz unterbliebener Arbeitsleistung Mehraufwendungen entstehen (zB ein Bauarbeiter bleibt während seiner Erkrankung am auswärtigen Einsatzort).

18 Die **Auslösung** ist ein bes Ausgleich für die Mehraufwendungen, die dem AN dadurch entstehen, dass er ständig oder vorübergehend auf einer außerhalb des Betriebssitzes gelegenen Arbeitsstelle beschäftigt ist. Bei der Auslösung, die auf TV (vgl zB BAG 21.2.2012, 9 AZR 461/10, EzA § 4 TVG Bauindustrie Nr 140; 12.12.2012, 5 AZR 355/12, EzA § 611 BGB 2002 Nr 3) oder Arbeitsvertrag beruhen kann, handelt es sich, soweit sie nur einen tatsächlichen Mehraufwand infolge auswärtiger Beschäftigung ausgleichen soll, um einen reinen Aufwendungsersatz (Rdn 16). TV können aufgrund der in § 4 IV getroffenen Regelung (vgl Rdn 49) abw von § 4 I 2 bestimmen, ob eine Auslösung als fortzahlungspflichtiges Arbeitsentgelt nach § 4 I 1 anzusehen ist oder nicht (näher HzA/*Vossen* Gruppe 2 Rn 554).

19 Sollen mit einer **Schmutzzulage** bloß die Aufwendungen ersetzt werden, die durch den mit der Arbeitsleistung verbundenen Schmutz, zB an der Kleidung des AN, entstehen, ist sie nach der klarstellenden Regelung in § 4 Ia 1 im Krankheitsfall nicht weiter zu zahlen. Soll allerdings mit einer Schmutzzulage die mit außergewöhnlicher Beschmutzung von Körper und eigener Arbeitskleidung verbundene Arbeitsleistung zusätzlich belohnt werden, stellt sie also eine bes Form der Erschwerniszulage dar, ist sie wie diese (Rdn 10) zum fortzuzahlenden Arbeitsentgelt iSd § 4 I zu rechnen.

20 Als »ähnliche Leistungen« iSd § 2 I 2 LohnFG kamen Reisekostenvergütungen, wie Fahrkostenerstattungen, Tage- und Übernachtungsgelder (*Knorr/Krasney* § 4 Rn 78), Verpflegungskostenzuschüsse (LAG Düsseldorf 28.7.1971, 6 Sa 526/71, EEK I/250), Spesen (LAG Hamm 2.6.1970, 3 Sa 241/70, EEK I/145) und Wege- und Fahrgelder für die Strecke zwischen Wohnung und Arbeitsstätte (BAG 11.2.1976, 5 AZR 615/74, EzA § 2 LohnFG Nr 8) in Betracht. Die genannten AG-Leistungen zählen nach der in § 4 Ia 1 getroffenen Wertung (Rdn 16) zum »fortzuzahlenden Arbeitsentgelt«, wenn und soweit sie einem gesunden AN unabhängig von notwendigen Aufwendungen gezahlt werden (vgl für Wege- und Fahrgelder BAG 11.2.1976, 5 AZR 615/74, EzA § 2 LohnFG Nr 8). Sollen sie dagegen einem gesunden AN die ihm tatsächlich entstehenden Aufwendungen ersetzen, sind sie gem § 4 Ia 1 Hs 2 fortzuzahlen, falls die Aufwendungen ihm auch während seiner Arbeitsunfähigkeit entstehen.

21 **III. Arbeitszeit.** Zitat Anfang Dem AN ist, wie früher nach § 4 I 1 LohnFG, für die Dauer seines Anspruchs gem § 3 I 1 das ihm bei der »für ihn maßgebenden regelmäßigen Arbeitszeit« zustehende Arbeitsentgelt fortzuzahlen. Unter **Arbeitszeit** iSv § 4 I 1 ist dabei **die für** die **Arbeit** (zum Begriff BAG 20.4.2011, 5 AZR 200/10, EzA § 611 BGB 2002 Mehrarbeit Nr 3; 19.9.2012, 5 AZR 678/11, EzA § 611 BGB 2002 Nr 2) **vorgesehene oder festgelegte Zeitspanne** zu verstehen (so zu § 2 I BAG 16.1.2002, 5 AZR 303/00, EzA § 2 EFZG Nr 2; vgl auch BAG 16.7.2014, 10 AZR 242/13, EzA § 4 EFZG Nr 17). Keine Arbeit wird von dem AN für den AG durch den Weg von seiner Wohnung bis zu der Stelle, an der die Arbeit beginnt, erbracht (BAG 19.9.2012, 5 AZR 678/41, EzA § 611 BGB 2002 Nr 2; 20.8.2014, 10 AZR 937/13, AP Nr 70 zu § 1 TVG Tarifverträge: Arzt; vgl jetzt aber EuGH 10.9.2015, Rs C-266/14, EzA Richtlinie 2003/88 EG-Vertrag 1999 Nr 16 für Fahrten vom Wohnort zu verschiedenen Kundenstandorten bei fehlendem festen oder gewöhnlichen Arbeitsort), jedoch während vom AG angeordneter Fahrten vom Betrieb zu einer auswärtigen Arbeitsstelle (BAG 12.12.2012, 5 AZR 355/12, EzA § 611 BGB 2002 Nr 3; vgl auch LAG Düsseldorf 9.4.2014, 7 Sa 1158/13, JurionRS 2014, 16057; 22.1.2016, 6 Sa 1054/15, JurionRS 2016, 13074). Zur Umkleidezeit vgl BAG 19.9.2012, 5 AZR 678/11, EzA § 611 BGB 2002 Nr 2; 17.11.2015, 1 ABR 76/13, EzA § 87 BetrVG 2001 Arbeitszeit Nr 23; HessLAG 23.11.2015, 16 Sa 494/15, LAGE § 611 BGB 2002 Arbeitszeit Nr 2; *Franzen* NZA 2016, 136 ff; § 611 BGB Rdn 357.

22 Aus dem Merkmal der »für ihn« maßgebenden Arbeitszeit folgt, dass es nicht auf die allg im Betrieb geltende Arbeitszeit, sondern **allein** auf die **individuelle Arbeitszeit** gerade des erkrankten AN ankommt. Diese richtet sich in 1. Linie nach dem Arbeitsvertrag, kann sich aber auch aus einer ausdrücklichen (zur Arbeit »in Vollzeit« vgl BAG 25.3.2015, 5 AZR 602/13, EzA § 612 BGB 2002 Nr 16) oder konkludenten Vereinbarung oder betrieblichen Übung ergeben (BAG 24.3.2004, 5 AZR 346/03, EzA § 4 EFZG Nr 12; LAG Hamm 5.9.2007, 18 Sa 372/07, EEK 3341) und damit durchaus von der tariflichen oder betriebsüblichen (vgl hierzu BAG 15.5.2013, 10 AZR 325/12, EzA § 615 BGB 2002 Nr 39; 25.2.2015, 5 AZR 481/13, EzA § 3 TVG Bezugnahme auf Tarifvertrag Nr 60) Arbeitszeit abweichen. Wird regelmäßig

eine bestimmte, erhöhte Arbeitszeit abgerufen und geleistet, ist dies Ausdruck der vertraglich geschuldeten Leistung (vgl aber auch BAG 26.9.2012, 10 AZR 336/11, EzA § 106 GewO Nr 13). Es kommt darauf an, in welchem Umfang der AG gearbeitet hätte, wenn er arbeitsfähig gewesen wäre. Etwaige gesetzliche oder tarifliche Höchstarbeitszeiten dienen dem Schutz des AG. Sie bewahren den AN nicht vor der Verpflichtung, die darüber hinausgehende Arbeitszeit zu vergüten (BAG 26.6.2002, 5 AZR 5/01, EzA § 4 EFZG Tarifvertrag Nr 51; 9.7.2003, 5 AZR 610/01, EEK 3121).

Der Umstand, dass es für die Berechnung des im Krankheitsfall fortzuzahlenden Entgelts nach § 4 I auf 23 die Ermittlung der für den erkrankten AN maßgeblichen »regelmäßigen Arbeitszeit« ankommt, bedeutet eine Einschränkung des Entgeltausfallprinzips aus praktischen Gründen (BAG 15.2.1978, 5 AZR 739/76, EzA § 2 LohnFG Nr 12; vgl auch 21.11.2001, 5 AZR 296/00, EzA § 4 EFZG Nr 4). Durch dieses sog **modifizierte Entgeltausfallprinzip** (BAG 24.3.2004, 5 AZR 3346/03, EzA § 4 EFZG Nr 12; 16.7.2014, 10 AZR 242/13, EzA § 4 EFZG Nr 17; 13.5.2015, 10 AZR 495/14, EzA § 4 EFZG Nr 18) soll eine vergangenheitsbezogene Beurteilung ermöglicht werden, um die bei schwankender Arbeitszeit schwierige Feststellung, welche Arbeitszeit tatsächlich für den AN während seiner Arbeitsunfähigkeit ausgefallen ist, zu erleichtern (BAG 26.6.2002, 5 AZR 5/01, EzA § 4 EFZG Tarifvertrag Nr 51; vgl auch 24.3.2004, 5 AZR 346/03, EzA § 4 EFZG Nr 12). Der Begriff der Regelmäßigkeit setzt eine gewisse Stetigkeit und Dauer voraus (BAG 30.8.2000, 5 AZR 658/99, EzA § 4 EFZG Tarifvertrag Nr 44 LS). Um diese festzustellen, bedarf es dann, wenn die Arbeitszeit und damit die Entgelthöhe vereinbarungsgem unregelmäßigen Schwankungen unterliegt und deshalb der Umfang der ausgefallenen Arbeit nicht exakt bestimmt werden kann, der Festlegung eines Referenzzeitraums, dessen durchschnittliche Arbeitsmenge maßgebend ist (BAG 26.6.2002, 5 AZR 5/01, EzA § 4 EFZG Tarifvertrag Nr 51; LAG Hamm 5.9.2007, 18 Sa 372/07, EEK 3341).

Keine Probleme bereitet die Feststellung der für den erkrankten AN maßgebenden Arbeitszeit, wenn 24 diese aufgrund individual- oder kollektivrechtlicher Abrede feststeht und immer gleich bleibend ist (BAG 24.3.2004, 5 AZR 346/03, EzA § 4 EFZG Nr 12). Erkrankt der AN an einem Tag, an dem er ohne die Krankheit hätte arbeiten müssen, sind ihm nach § 4 I die Arbeitsstunden zu vergüten, die entspr der »für ihn« geltenden Arbeitszeit ausgefallen sind (näher HzA/*Vossen* Gruppe 2 Rn 563 u Rn 564).

Nach § 4 I idF bis zum 31.12.1998 zählten **Überstunden** (allg zum Begriff vgl BAG 25.4.2013, 6 AZR 25 800/11, ZTR 2013, 437) zu der für den erkrankten AN maßgeblichen »regelmäßigen« Arbeitszeit, sofern die allg Kriterien der Regelmäßigkeit (Rdn 23) erfüllt waren (hierzu näher KasselerHB/*Vossen* 1. Aufl 1997, 2.2 Rn 371, 372). Seit dem 1.1.1999 gehören Überstunden gem § 4 Ia 1 nicht mehr zu der für den erkrankten AN maßgeblichen »regelmäßigen« Arbeitszeit, selbst wenn die allg Kriterien der Regelmäßigkeit vorliegen würden. Von dieser Neuregelung betroffen sind sowohl die Grundvergütung für Überstunden als auch Überstundenzuschläge (BAG 24.3.2004, 5 AZR 346/03, EzA § 4 EFZG Nr 12). Nicht erfasst von § 4 Ia 1 ist eine Überstundenpauschale, die deshalb vom AG gezahlt wird, weil die individuelle regelmäßige Arbeitszeit (hierzu Rdn 23) Schwankungen (vgl hierzu auch Rdn 29) ausgesetzt ist (vgl BAG 28.9.2005, 5 AZR 52/05, EzA § 307 BGB 2002 Nr 8). Diese Überstundenpauschale kann der AN auch im EFZ-Zeitraum nach §§ 3 I, 4 I 1 beanspruchen (vgl LAG Schl-Holst, 5.11.2002, 5 Sa 147c/02, LAG Report 2003, 93).

Der Begriff »Überstunde« in § 4 Ia umfasst nicht die Mehrarbeit, die über die regelmäßige Arbeitszeit nach 26 dem im Betrieb angewendeten TV oder nach der sonst im Betrieb gehandhabten Regelung hinausgeht (so aber *Kaiser/Dunkl/Hold/Kleinsorge* § 4 Rn 33), sondern die Mehrarbeit, die gerade die für den erkrankten AN maßgebliche regelmäßige Arbeitszeit (Rdn 23) überschreitet (BAG 24.3.2004, 5 AZR 346/03, EzA § 4 EFZG Nr 12). Von »**Überstunden**« iSv § 4 Ia 1 wird dann gesprochen, wenn diese **im Einzelfall** oder **unter bestimmten bes Umständen**, zB wegen termingebundener Auftragserfordernissen, **vorübergehend anfallen** (vgl BAG 21.11.2001, 5 AZR 247/00, EEK 3058; 24.3.2004, 5 AZR 346/03, EzA § 4 EFZG Nr 12; Sächs LAG 31.7.2014, 8 Sa 137/14, JurionRS 2014, 24065). Von Überstunden iSv § 4 Ia 1 kann demnach dann nicht mehr die Rede sein, wenn der AN ständig eine bestimmte Arbeitszeit erbringt, die mit der tariflichen oder betriebsüblichen Arbeitszeit nicht übereinstimmt (vgl Nachw in Rdn 22) Arbeitszeit nicht übereinstimmt (BAG 9.7.2003, 5 AZR 610/01, EEK 3121; Sächs LAG 31.7.2014, 8 Sa 137/14, JurionRS 2014, 24065; vgl auch 25.4.2007, 5 AZR 504/06, EzA § 615 BGB 2002 Nr 20).

Arbeitet der AN mit einer gewissen Stetigkeit über die tarifliche oder betriebsübliche Arbeitszeit hinaus, 27 ist jedoch eine ausdrückliche oder konkludente Vereinbarung einer bestimmten ständigen Arbeitszeit in diesem Umfang nicht ohne Weiteres festzustellen, gilt für die Abgrenzung der individuellen Arbeitszeit von den bei der EFZ nicht zu berücksichtigenden Überstunden nach dem Urt des BAG v 21.11.2001 (5 AZR 296/00, EzA § 4 EFZG Nr 4; ebenso 9.7.2003, 5 AZR 610/01, EEK 3121) Folgendes:

28 Eine ständig erbrachte Mindestarbeitsleistung (Arbeitszeitsockel) kann als konkludent vereinbart angesehen werden, wenn der AG die entspr Arbeitsleistung vom AN erwartet und entgegennimmt (vgl allg BAG 26.9.2012, 10 AZR 336/11, EzA § 106 GewO Nr 13). Sie ist Grundlage für einen Mindestumfang der EFZ.

29 Beruhen Schwankungen der Arbeitszeit darauf, dass der AN vertragsgem bestimmte (wiederkehrende) Arbeitsleistungen erbringt, die je nach den Arbeitsumständen oder dem Arbeitsanfall kürzer oder länger dauern (zB bei einem Müllwerker oder einem Auslieferungsfahrer), geht die individuelle regelmäßige Arbeitszeit über den Arbeitszeitsockel hinaus. Als geschuldete Arbeitszeit muss ein durchschnittlicher Wert angenommen werden. Das entspricht auch der gesetzlichen Wertung des § 4 Ia 2 für ergebnisabhängige Vergütungen (Rdn 42). Der Durchschnittswert der Arbeitszeit lässt sich nur nach einem zurückliegenden Zeitraum bestimmen. In Anlehnung an die frühere Rspr zu § 2 ArbKrankhG (BAG 5.11.1964, 2 AZR 494/63, EzA § 2 ArbKrankhG Nr 3) und zu § 1 III Nr 2 LohnFG (BAG 7.11.1984, 5 AZR 378/82, EzA § 1 LohnFG Nr 72) ist grds ein **Vergleichszeitraum** von **12 Monaten** vor Beginn der Arbeitsunfähigkeit heranzuziehen (BAG 26.6.2002, 5 AZR 592/00, EzA § 4 EFZG Nr 7; ebenso LAG Nds 14.11.2006, 12 Sa 773/06, LAGE § 4 EFZG Tarifvertrag Nr 44; Sächs LAG 31.7.2014, 8 Sa 137/14, JurionRS 2014, 24065; ThürLAG 16.12.2010, 5 Sa 143/10, LAGE § 4 EFZG Tarifvertrag Nr 45). Hat das Arbeitsverhältnis bei Beginn der Arbeitsunfähigkeit weniger als 1 Jahr gedauert, ist dessen gesamter Zeitraum maßgebend (ebenso LAG Hamm 30.10.2002, 18 Sa 564/02, NZA-RR 2003, 461, 462).

30 Der AN genügt seiner Darlegungslast zu der für ihn maßgebenden regelmäßigen Arbeitszeit gem § 4 I im Normalfall dadurch, dass er den Arbeitszeitdurchschnitt der vergangenen 12 Monate bzw der bisherigen Dauer des Arbeitsverhältnisses (vgl Rdn 29) darlegt. Der AG, der eine aus Überstunden resultierende Minderung der zu berücksichtigenden durchschnittlichen Arbeitszeit geltend macht, trägt hierfür die Darlegungs- und Beweislast (BAG 9.7.2003, 5 AZR 610/01, EEK 3121).

31 Eine in AGB des AG enthaltene **Klausel**, etwa notwendig werdende **Mehrarbeit** sei **mit der Bruttomonatsvergütung abgegolten**, verstößt gegen das Transparenzgebot des § 307 I 2 BGB und ist deshalb nach § 307 I 1 BGB unwirksam, wenn sich aus dem Arbeitsvertrag nicht ergibt, welche Arbeitsleistungen in welchem zeitlichen Umfang von ihr erfasst werden sollen (zB BAG 18.11.2015, 5 AZR 751/13, EzA § 138 BGB 2002 Nr 14; vgl auch § 611 BGB Rdn 145). Zwar verpflichtet § 612 I BGB den AG in diesem Fall, geleistete Überstunden zusätzlich zu vergüten, wenn diese den Umständen nach nur gegen eine Vergütung zu erwarten sind (näher BAG 16.5.2012, 5 AZR 347/11, EzA § 611 BGB 2002 Mehrarbeit Nr 6; 27.6.2012, 5 AZR 530/11, EzA § 612 BGB 2002 Nr 14; vgl auch BAG 25.3.2015, 5 AZR 602/13, EzA § 612 BGB 2002 Nr 16). Im Hinblick auf die Regelung in § 4 Ia S 1 dürften diese Überstunden von der EFZ nach § 4 I aber nur erfasst werden, wenn es sich um ständig zu erbringende Überstunden handeln würde (näher Rdn 26).

32 Eine **Klausel** in AGB des AG, nach der eine **bestimmte Anzahl** von **Überstunden** mit der vereinbarten **Monatsvergütung abgegolten** ist, genügt dagegen dem Transparenzgebot des § 307 I 2 BGB und ist deshalb wirksam (vgl näher BAG 16.5.2012, 5 AZR 331/11, EzA § 611 BGB 2002 Mehrarbeit Nr 5; LAG Hamm 22.5.2012, 19 Sa 1720/11, LAGE § 611 BGB 2002 Überarbeit Nr 14). Bis zu der von der Monatsvergütung erfassten Anzahl sind selbst die Überstunden, die der AN, wäre er nicht krank geworden, wegen termingebundener Auftragserfüllung hätte leisten müssen (vgl Rdn 26), in die EFZ nach § 4 I 1 einzubeziehen. Eine Herausrechnung dieser Überstunden scheidet aus (vgl auch ErfK/*Reinhard* § 4 Rn 7). Diese Überstunden sind nämlich bereits im Bruttomonatsentgelt enthalten und somit nicht - wie von § 4 Ia 1 verlangt - »zusätzlich« zu vergüten (vgl hierzu BAG 16.5.2012, 5 AZR 331/11, EzA § 611 BGB 2002 Mehrarbeit Nr 5; LAG Hamm 22.5.2012, 19 Sa 1720/11, LAGE § 611 BGB 2002 Überarbeit Nr 14).

33 Leistet ein AN **Schichtarbeit** (zum Begriff vgl BAG 12.12.2012, 10 AZR 354/11, EzTöD 100 § 7 TVöD-AT Schicht-/Wechselschichtarbeit Nr 19; vgl auch BAG 16.10.2013, 10 AZR 1053/12, NZA-RR 2014, 361, 365), bestimmt sich seine regelmäßige Arbeitszeit zumeist nach einem Schichtplan, der häufig einen Zeitraum von 2 oder 3 Wochen umfasst, und nach seiner Einteilung in diesem Schichtplan (BAG 25.2.2004, 5 AZR 179/03, EzA § 3 EFZG Nr 12). Ein Arbeitszeitkonto (hierzu Rdn 35) wird in diesem Fall entspr den Einsätzen, die der AN zu leisten gehabt hätte, fortgeführt (LAG Köln 22.11.2012, 6 Sa 701/12, JurionRS 2012, 37006). Gibt es keinen Schichtplan oder kann man nicht anhand des Schichtplans, zB der AN arbeitet in Wechselschicht mit täglich unterschiedlichen Arbeitszeiten, ermitteln, in welchem Umfang der erkrankte AN, wäre er gesund geblieben, gearbeitet hätte, bleibt nur der Rückgriff auf einen Referenzzeitraum. Das BAG nimmt im Anschluss an seine Rspr zur Ermittlung der regelmäßigen Arbeitszeit iSv § 4 I aus Anlass wiederholt angefallener Überstunden (Rdn 29) einen Referenzzeitraum von 12 Monaten an (vgl 26.6.2002, 5 AZR 5/01, EzA § 4 EFZG Tarifvertrag Nr 51).

In Betrieben, die regelmäßig für eine im Voraus bestimmte Zeit **Arbeitsmehranfall** haben, besteht arbeitsvertraglich eine unterschiedliche Arbeitszeit für die »Saison« und für die übrige Jahreszeit (*Knorr/Krasney* § 4 Rn 28; vgl auch BAG 26.6.2002, 5 AZR 5/01, EzA § 4 EFZG Tarifvertrag Nr 51). Tritt die Arbeitsunfähigkeit während der »Saison« ein, ist von der erhöhten Arbeitszeit als »regelmäßiger Arbeitszeit« auszugehen, während außerhalb der »Saison« die Normalarbeitszeit als »regelmäßige Arbeitszeit« anzusehen ist. Tritt die Saisonarbeitszeit während der Arbeitsunfähigkeit ein, ist vom Beginn der Saisonarbeit diese erhöhte Arbeitszeit für die Berechnung der EFZ zugrunde zu legen. Umgekehrt ist, wenn die Saison während der Arbeitsunfähigkeit endet, von ihrem Ende an die sich aus dem Arbeitsverhältnis ergebende geringere regelmäßige Arbeitszeit anzusetzen (*Schmitt* § 4 Rn 59). 34

Ist flexible **Arbeitszeit mit Arbeitszeitkonto** vereinbart (näher BAG 26.6.2013, 5 AZR 428/12, EzA § 611 BGB 2002 Arbeitszeitkonto Nr 10; 31.7.2014, 6 AZR 759/12, JurionRS 2014, 26275; BAG 23.9.2015, 5 AZR 767/13, EzA § 611 BGB 2002 Arbeitszeitkonto Nr 11), erhält der gesunde AN iR eines solchen Arbeitszeitmodells idR sein Arbeitsentgelt nach § 611 I BGB in gleich bleibender Höhe auf der Basis der festgelegten Durchschnittsarbeitszeit. Nichts anderes gilt nach § 3 I iVm § 4 I für den arbeitsunfähig erkrankten AN (*Feichtinger/Malkmus* § 4 Rn 72; vgl auch BAG 24.5.2007, 6 AZR 706/06, NZA 2007, 1175, 1178). Dem Arbeitszeitkonto wird deshalb im Regelfall gem dem Entgeltausfallprinzip des § 4 I für jeden entgeltfortzahlungspflichtigen Arbeitsunfähigkeitstag die Stundenzahl gutgeschrieben, die der arbeitstäglichen Durchschnittsarbeitszeit im festgelegten Zeitraum entspricht (vgl BAG 23.1.2008, 5 AZR 1036/06, EzA § 4 TVG Luftfahrt Nr 16; 11.2.2009, 5 AZR 341/08 EzA § 4 TVG Luftfahrt Nr 17; LAG Köln 22.11.2012, 6 Sa 701/12, JurionRS 2012, 37006). Steht allerdings fest, dass der AN, wäre er gesund gewesen, abw hiervon kürzer oder länger gearbeitet hätte, wird im Arbeitszeitkonto für die Arbeitsunfähigkeitstage die tatsächlich ausgefallene Arbeitszeit dokumentiert (BAG 13.2.2002, 5 AZR 470/00, EzA § 4 EFZG Nr 5; LAG Köln 22.11.2012, 6 Sa 701/12, JurionRS 2012, 37006; vgl auch BAG 7.5.2003, 5 AZR 256/02, EzA § 4 TVG Deutsche Bahn Nr 7). 35

Haben AG und AN nach § 12 I 1 TzBfG vereinbart, dass Letzterer seine Arbeitsleistung iR eines **bestimmten Zeitdeputats** entspr dem Arbeitsanfall zu erbringen hat, bereitet die für den erkrankten AN maßgebliche Arbeitszeit keine Schwierigkeiten, wenn er für den Tag seiner Erkrankung bereits zur Arbeit eingeteilt war (vgl *Knorr/Krasney* § 4 Rn 20; *Schmitt* § 4 Rn 39; zu § 2 I vgl BAG 24.10.2001, 5 AZR 245/00, EzA § 2 EFZG Nr 3). Steht sicher fest, wann und in welchem Umfang der AG Arbeit abgerufen hätte, falls der AN nicht erkrankt wäre, wird die für den AN vor dem Eintritt seiner Arbeitsfähigkeit innerhalb eines Bezugszeitraums, der im Regelfall mit 13 Wochen oder 3 Monaten zu bemessen sein wird (vgl früher zu Überstunden KassArbR/*Vossen*, 1. Aufl 1997, 2.2 Rn 371), angefallene durchschnittliche Arbeitszeit zugrunde zu legen sein (vgl auch *Schmitt* § 4 Rn 37). 36

Solange im Betrieb wirksam verkürzt gearbeitet wird (§ 3 Rdn 26), ist gem § 4 III 1, wie schon nach dem wortgleichen § 2 II 1 LohnFG, die verkürzte Arbeitszeit die für den AN maßgebende regelmäßige Arbeitszeit. Ob die Kurzarbeit schon vor, mit oder erst nach Eintritt der Arbeitsunfähigkeit eingeführt worden ist, ist unerheblich (BAG 15.2.1978, 5 AZR 739/76, EzA § 2 LohnFG Nr 12; *Schmitt* § 4 Rn 175; *Treber* § 4 Rn 63). An Krankheitstagen mit Kurzarbeit erhält der arbeitsunfähige AN für die infolge Kurzarbeit ausgefallenen Stunden von seiner Krankenkasse Krankengeld nach §§ 44 I 1, 47 I 1 SGB V iVm § 47b III–V SGB V. 37

Nach § 4 III 2 muss der AG, wenn die Arbeitsunfähigkeit des AN während einer Kurzarbeitsperiode auf einen gesetzlichen Feiertag fällt, gem § 2 II die Vergütung nach der Entgeltzahlung an Feiertagen (§ 2 I, früher § 1 I 2 FLZG) leisten. Das bedeutet für den an dem gesetzlichen Feiertag arbeitsfähigen AN, dass sich sein nach § 2 I zu zahlendes Entgelt aus dem Betrag für die ausgefallene (verkürzte) Arbeitszeit und dem Betrag, den er von der BA als Kurzarbeitergeld bezogen hätte, wäre kein Feiertag gewesen (vgl §§ 95 Nr 1, 96 I Nr 1 SGB III nF, bis 31.3.2012: §§ 169 Nr 1, 170 I Nr 1 SGB III aF), zusammensetzt (vgl früher BAG 8.5.1984, 3 AZR 194/82, EzA § 1 FeiertagslohnzG Nr 28). Für den arbeitsunfähig erkrankten AN kann, nicht zuletzt im Hinblick auf § 4 II, nichts anderes gelten (iErg ebenso *Schmitt* § 4 Rn 183; *Treber* § 4 Rn 65). 38

C. Berechnung im konkreten Krankheitsfall. Bei der Berechnung des im konkreten Krankheitsfall fortzuzahlenden Arbeitsentgelts nach § 4 I sind die beiden Faktoren Arbeitsentgelt und Arbeitszeit zueinander in Beziehung zu setzen. Danach ist die Krankenvergütung unter Beachtung der für den erkrankten AN maßgebenden Arbeitszeit (Rdn 22) und des für diese Arbeitszeit maßgeblichen Arbeitsentgelts zu errechnen. Das gilt auch bei Anwendbarkeit eines tariflichen Mindestlohns durch eine RechtsVO gem § 7 I 1 AEntG aF (vgl BAG 13.5.2015, 10 AZR 495/14, EzA § 4 EFZG Nr 18; 13.5.2015, 10 AZR 191/14, JurionRS 2015, 20265) bzw eines Mindestlohns durch eine RechtsVO gem § 11 I AEntG (vgl BAG 18.11.2015, 5 AZR 39

761/13, EzA § 611 BGB 2002 Pflegebranche Nr 3) auf das Arbeitsverhältnis oder eines Mindestlohns nach § 1 I, II MiLoG (vgl *Bayreuther* NZA 2015, 385, 392; *Kocher* AuR 2015, 173, 176; *Merkel/Götz* DB 2015, 1407, 1411; *Vogelsang/Wensing* NZA 2016, 141, 142; *Waltermann* AuR 2015, 166, 170; § 1 MiLoG Rdn 14; aA ErfK/*Franzen* MiLoG § 1 Rn 20; *Greiner/Strippelmann* BB 2015, 949, 950 f). Schuldet der AG nach § 611 I ein Monatsentgelt und hat der AN gem § 3 I 1 nur **anteilig** für einen Kalendermonat Anspruch auf EFZ, bevorzugt das BAG bei Fehlen einer entsprechenden kollektivrechtlichen Regelung eine **pauschalierende Berechnungsweise** auf der Grundlage von 30 Tagen pro Monat (vgl BAG 16.5.2012, 5 AZR 251/11, EzA § 615 BGB 2002 Nr 37; 13.2.2013, 5 AZR 5/12, EzA § 305c BGB 2002 Nr 22) ggü einer konkreten Berechnungsweise, die auf die Zahl der Arbeitstage einschl der gesetzlichen Feiertage im jeweiligen Monat abstellt (so noch BAG 14.8.1985, 5 AZR 384/84, EzA § 63 HGB Nr 85).

40 I. **Zeitvergütung.** Ist die für den erkrankten AN maßgebliche Arbeitszeit immer konstant und das Arbeitsentgelt immer gleich bleibend, ist für die Zeit der krankheitsbedingten Arbeitsunfähigkeit das Arbeitsentgelt bereits nach § 3 I 1 einfach so weiterzuzahlen, als wenn der AN gesund geblieben wäre (vgl Rdn 3). Danach ist bei einer Stundenvergütung die Zahl der durch die Arbeitsunfähigkeit ausfallenden Arbeitsstunden (Zeitfaktor) mit dem hierfür jew geschuldeten Arbeitsentgelt (Geldfaktor) zu multiplizieren (BAG 26.4.2002 EzA § 4 EFZG Tarifvertrag Nr 51). Ist ein festes Monatsentgelt vereinbart, ist dieses bei gewerblichen AN ebenso wie bei Angestellten bis zur Dauer von 6 Wochen weiter zu zahlen (BAG 26.6.2002, 5 AZR 592/00, EzA § 4 EFZG Nr 7; 26.6.2002, 5 AZR 153/01, EzA § 4 EZFG Nr 8). Sollen allerdings mit dem festen Monatsentgelt eine bestimmte Anzahl von Überstunden (zum Begriff Rdn 26) abgegolten werden, sind diese nach zwei früheren Urteilen des BAG wegen § 4 Ia 1 aus dem Monatsentgelt herauszunehmen (vgl näher BAG 26.6.2002, 5 AZR 592/00, EzA § 4 EFZG Nr 7; 26.6.2002, 5 AZR 153/01, EzA § 4 EFZG Nr 8; ebenso LAG Nds 16.1.2006, 5 Sa 765/05, LAGE § 4 EFZG Nr 6). Dem kann jedenfalls nach Inkrafttreten der §§ 305 ff BGB, sofern die in Rede stehende Vereinbarung der AGB-Kontrolle unterliegt (vgl § 310 III, IV 2 BGB) nicht mehr gefolgt werden (näher Rdn 32).

41 Das fortzuzahlende Entgelt ist konkret zu berechnen, wenn die Arbeitszeit und damit die Entgelthöhe vereinbarungsgem unregelmäßigen Schwankungen unterliegt (BAG 26.6.2002, 5 AZR 5/01, EzA § 4 EFZG Tarifvertrag Nr 51; vgl auch Rdn 29) oder wenn die Entlohnung des AN schwankend ist, weil bestimmte Bezüge, wie zB Zulagen oder Zuschläge, nicht ständig, sondern nur an einzelnen Tagen verdient werden oder wenn sich gerade während des EFZ-Zeitraums die Arbeitszeit oder die Höhe des Arbeitsentgelts für die Zukunft ändert (MünchArbR/*Schlachter* § 74 Rn 16; vgl früher BAG 8.5.1972, 5 AZR 428/71, EzA § 2 LohnFG Nr 3).

42 II. **Erfolgsvergütung.** § 4 Ia 2 liegt ebenso wie § 4 I das Entgeltausfallprinzip zugrunde (BAG 26.2.2003, 5 AZR 162/02, EzA § 4 EFZG Nr 11). Auch dem gegen eine Leistungsvergütung Arbeitenden muss daher grds das Entgelt weitergezahlt werden, das er erzielt hätte, wenn er nicht krank geworden wäre. Bei der Ermittlung des »erzielbaren Durchschnittsverdienstes« ist deshalb die Berechnungsmethode zu wählen, die dem Entgeltausfallprinzip am besten gerecht wird (BAG 26.2.2003, 5 AZR 162/02, EzA § 4 EFZG Nr 11; LAG Nds 16.1.2006, 5 Sa 765/05, LAGE § 4 EFZG Nr 6). Für die in der Praxis wichtigsten leistungsbezogenen Arbeitsentgelte gilt:

43 Beim **Einzelakkord** kommt es für die Berechnung des »erzielbaren Durchschnittsverdienstes« allein darauf an, welchen Verdienst der erkrankte AN vermutlich erzielt hätte, wäre er gesund geblieben. Der Entgeltausfall ist durch eine Schätzung entspr § 287 II ZPO zu ermitteln (*Schmitt* § 4 Rn 162), indem man vom Durchschnittsverdienst in einem bestimmten, bereits abgerechneten Bezugszeitraum ausgeht, der so zu wählen ist, dass ein sachgerechtes Ergebnis erzielt wird (BAG 29.9.1972, 3 AZR 164/71, EzA § 1 FeiertagslohnzG Nr 14). Einen festen Bezugszeitraum gibt es nicht. Das BAG hat einmal einen Zeitraum von 4 Wochen als ausreichend angesehen (29.9.1972, 3 AZR 164/71, EzA § 1 FeiertagslohnzG Nr 14; vgl auch HzA/*Vossen* Gruppe 2 Rn 581).

44 Bei Arbeiten im **Gruppenakkord** ist zur Berechnung des »erzielbaren Durchschnittsverdienstes« in 1. Linie der Vergleich mit den gesund gebliebenen Gruppenmitgliedern sachgerecht. Aus ihrem Verdienst lässt sich meist mit der erforderlichen Sicherheit schließen, was das erkrankte Gruppenmitglied verdient hätte, wenn es nicht krank geworden wäre (BAG 26.2.2003, 5 AZR 162/02, EzA § 4 EFZG Nr 11). Das gilt im Regelfall auch bei einer aus 2 Personen bestehenden Akkordgruppe, wenn der verbleibende AN allein im Akkord weiterarbeitet (BAG 26.2.2003, 5 AZR 162/02, EzA § 4 EFZG Nr 11). Die vorstehende Berechnungsmethode scheidet aber aus, falls mehrere Gruppenmitglieder erkranken und dafür Ersatzkräfte einspringen (hierzu näher HzA/*Vossen* Gruppe 2 Rn 582/1).

45 Die **Provision** ist ein ergebnisabhängiges Arbeitsentgelt (näher § 611 BGB Rdn 132, 133). § 4 Ia 2 hat zB Bedeutung für die Berechnung der als Ausgleich für die infolge der Arbeitsunfähigkeit ausgefallenen

Neuabschlüsse an einen angestellten Versicherungsvertreter zu zahlende Provision. Die Festlegung des für die Ermittlung des »erzielbaren Durchschnittsverdienstes« maßgeblichen Bezugszeitraums muss gem § 287 I ZPO »unter Würdigung aller Umstände« geschehen (BAG 5.6.1985, 5 AZR 459/83, EzA § 63 HGB Nr 37). Je stärker die monatlichen Provisionseinkünfte des Angestellten schwanken, desto größer muss zur Vermeidung unbilliger Zufallsergebnisse der Bezugszeitraum sein, uU sogar 12 Monate (vgl BAG 5.6.1985, 5 AZR 459/83, EzA § 63 HGB Nr 37).

D. Abweichung vom Entgeltausfallprinzip. Die in § 4 I, Ia und III getroffenen Regelungen über die 46 Berechnung der Höhe des Krankenentgelts sind gem § 4 IV 1 tarifdispositiv, dh, von ihnen kann **durch** eine im TV enthaltene **anderweitige Bemessungsgrundlage** des fortzuzahlenden Arbeitsentgelts – eine klare Regelung ist erforderlich (BAG 20.1.2010, 5 AZR 53/09, EzA § 4 EFZG Nr 15; SächsLAG 31.7.2014, 8 Sa 137/14, JurionRS 2014, 24065; vgl auch 24.3.2010, 10 AZR 58/09, NZA 2010, 958, 960) – entgegen dem an sich in § 12 normierten Unabdingbarkeitsgrds (§ 12 Rdn 1) auch zuungunsten tarifgebundener AN iSv § 1 II abgewichen werden. Zur Bemessungsgrundlage gehören sowohl die **Berechnungsmethode** (Ausfall- oder Referenzprinzip) als auch die **Berechnungsgrundlage** (BAG 10.12.2013, 9 AZR 279/12; 16.7.2014, 10 AZR 242/13, EzA § 4 EFZG Nr 17; 20.8.2014, 10 AZR 583/13, EzA § 4 TVG Bewachungsgewerbe Nr 5).

I. Anderweitige Bemessungsgrundlage. Die den TVP in § 4 IV 1 eingeräumte Möglichkeit, an Stelle 47 des Entgeltausfallprinzips eine andere **Berechnungsgrundlage** für die Krankenvergütung zu vereinbaren, kann sich auf beide für das nach § 3 I 1 fortzuzahlende Arbeitsentgelt maßgeblichen Faktoren des § 4 I 1, nämlich **Arbeitsentgelt** und **Arbeitszeit**, beziehen (BAG 24.3.2004, 5 AZR 346/03, EzA § 4 EFZG Nr 12; 18.11.2009, 5 AZR 975/08, AP Nr 70 zu § 4 EntgeltFG; 10.12.2013, 9 AZR 279/12; vgl auch BAG 16.7.2014, 10 AZR 242/13, EzA § 4 EFZG Nr 17). Dabei können die TVP hins des Zeitfaktors regeln, ob abw von § 4 IV an Stelle der individuellen Arbeitszeit (hierzu Rdn 22) zB die betriebsübliche Arbeitszeit (BAG 24.3.2004, 5 AZR 346/03, EzA § 4 EFZG Nr 12; LAG Berl-Bbg 17.10.2013, 25 Sa 157/13, LAGE § 4 EFZG Tarifvertrag Nr 47) oder die tarifliche Regelarbeitszeit (BAG 18.11.2009, 5 AZR 975/08, AP Nr 70 zu § 4 EntgeltFG; 10.12.2013, 9 AZR 279/12; 16.7.2014, 10 AZR 242/13, EzA § 4 EFZG Nr 17; HessLAG 1.8.2013, 5 Sa 238/13, JurionRS 2013, 57206) entgeltfortzahlungspflichtig sein soll. Sie können auch vereinbaren, dass die gesetzlich oder vertraglich zu bezahlenden Tage, an denen keine Arbeitsleistung zu erbringen ist (zB Urlaub, Feiertage, Krankheit mit EFZ), der Entgeltabrechnung unabhängig von der tatsächlich im Betrieb geleisteten Zeit mit sieben Stunden zugrunde gelegt und auf die Wochenarbeitszeit angerechnet werden (BAG 17.10.2012, 5 AZR 473/11, JurionRS 2012, 31400). Des Weiteren können TVP die näheren Modalitäten von Zeitgutschriften auf einem Arbeitszeitkonto regeln, wenn dieses für den Entgeltanspruch maßgeblich ist (BAG 13.2.2002, 5 AZR 470/00, EzA § 4 EFZG Nr 5; 16.7.2014, 10 AZR 242/13, EzA § 4 EFZG Nr 17; LAG Berl-Bbg 17.10.2013, 25 Sa 157/13, LAGE § 4 EFZG Tarifvertrag Nr 47). Sie können als EFZ – in Abweichung des in § 3 I 1 geregelten Grds der Alleinursächlichkeit der Arbeitsunfähigkeit für den Arbeitsausfall (vgl näher § 3 Rdn 17) – für jeden Krankheitstag (= Kalendertag) 1/364 des Bruttoarbeitsentgelts der letzten 12 Abrechnungsmonate festlegen (BAG 9.10.2002, 5 AZR 356/01, EzA § 4 EFZG Nr 10). Soweit die TVP den Zeitfaktor modifizieren, muss aber im Hinblick auf die Regelung in § 12 (§ 12 Rdn 1) in jedem Fall der Grds der vollen 6-wöchigen EFZ für den gesamten Zeitraum der krankheitsbedingten Arbeitsunfähigkeit gem § 3 I 1 gewahrt bleiben (BAG 24.3.2004, 5 AZR 346/03, EzA § 4 EFZG Nr 12; 18.11.2009, 5 AZR 975/08, AP Nr 70 zu § 4 EntgeltFG; LAG Berl-Bbg 17.10.2013, 25 Sa 157/13, LAGE § 4 EFZG Tarifvertrag Nr 47; LAG Schl-Holst 8.12.2012, 6 Sa 37/11, JurionRS 2012, 16254; vgl. auch BAG 16.7.2014, 10 AZR 242/13, EzA § 4 EFZG Nr 17; 20.8.2014, 10 AZR 583/13, EzA § 4 TVG Bewachungsgewerbe Nr 5).

In der Praxis hat iRd den TVP durch § 4 IV gegebenen Möglichkeit, durch eine andere Berechnungsme- 48 thode und den Geldfaktor zur Errechnung der Höhe des im Krankheitsfall fortzuzahlenden Arbeitsentgelts abweichend von § 4 I, Ia und III zu bestimmen, das sog **Referenzprinzip** (= Vorverdienstprinzip) die größte Bedeutung erlangt (vgl BAG 10.4.2013, 5 AZR 97/12, EzTöD 200 § 21 TV-L Nr 1; LAG BW 24.4.2013, 13 Sa 6/13, JurionRS 2013, 36596; 20.8.2014, 10 AZR 583/13, EzA § 4 TVG Bewachungsgewerbe Nr 5). Nach diesem Prinzip (vgl auch § 11 I 1 BUrlG) bemisst sich das gem § 3 I 1 fortzuzahlende Entgelt danach, welchen Durchschnittsverdienst der erkrankte AN in einer der Arbeitsunfähigkeit vorausgegangenen Vergütungsperiode (Berechnungszeitraum) erzielt hat (BAG 1.12.2004, 5 AZR 68/04, EzA § 4 EFZG Tarifvertrag Nr 52; 16.11.2011, 4 AZR 856/09, AP Nr 60 zu § 1 TVG; LAG Köln 9.1.2012, 2 Sa 933/11, JurionRS 2012, 11556). Was die Berechnung der für jeden Tag der Arbeitsunfähigkeit zugrunde zu legenden Arbeitszeit betrifft, hat das Referenzprinzip auch iR eines tarifvertraglichen Freischichtenmodells (HzA/*Vossen* Gruppe 2 Rn 562) Bedeutung erlangt (näher HzA/*Vossen* Gruppe 2 Rn 592 u

Rn 593). Zur Kombination zw Entgeltausfall- und Referenzprinzip vgl BAG 24.3.2010, 10 AZR 58/09, NZA 2010, 958, 960; 16.5.2013, 6 AZR 680/11, EzTöD 160 § 46 Nr 9 TVöD-BT-V.

49 **II. Bestimmung des Entgeltbegriffs.** Im Zusammenhang mit der den TVP in § 4 IV 1 eingeräumten Befugnis, die der Berechnung zugrunde zu legende Zusammensetzung des fortzuzahlenden Arbeitsentgelts abw von § 4 I festzulegen (Rdn 47), stellt sich die Frage, welche Vergütungsbestandteile die TVP nach § 4 IV 1 aus der EFZ im Krankheitsfall herausnehmen dürfen. Zu § 2 III 1 LohnFG vertrat das BAG in st Rspr die Auffassung, dass auch die TVP an den in § 1 I 1 LohnFG normierten Grds der vollen Lohnfortzahlung (100 %) im Krankheitsfall gebunden seien (zB BAG 5.8.1992, 5 AZR 407/91, EzA § 2 LohnFG Nr 22). Für § 4 IV 1 kann nichts anderes gelten (vgl BAG 10.12.2013, 9 AZR 279/12, JurionRS 2013, 56238; 16.7.2014, 10 AZR 242/13, EzA § 4 EFZG Nr 17; 20.8.2014, 10 AZR 583/13, EzA § 4 TVG Bewachungsgewerbe Nr 5). Deshalb ist es auch den TVP verboten, die regelmäßig anfallende Grundvergütung von der EFZ-Pflicht des AG nach § 3 I 1 auszunehmen (BAG 13.3.2002, 5 AZR 648/00, EzA § 4 EFZG Nr 6).

50 Zulässig erscheint es demnach aber, alle tariflichen Zuschläge, zumal sie ihrer Art, Zahl, Grund und Höhe der Beurteilung der TVP unterliegen (vgl BAG 19.2.2014, 10 AZR 293/13, JurionRS 2014, 13806) und sie im Arbeitsverhältnis gewöhnlich nicht in ihrer Gesamtheit kumulativ anfallen, als nicht den Lebensstandard des AN prägendes Arbeitsentgelt tarifvertraglich von der Fortzahlungspflicht des § 3 I 1 auszunehmen, und zwar unabhängig davon, ob sie nur gelegentlich oder regelmäßig anfallen (BAG 13.3.2002, 5 AZR 648/00, EzA § 4 EFZG Nr 6; vgl auch 24.3.2010, 10 AZR 58/09, NZA 2010, 958, 960). Deshalb können Zuschläge für Nachtarbeit (BAG 13.3.2002, 5 AZR 648/00, EzA § 4 EFZG Nr 6) und Sonntagsarbeit (LAG Berl-Bbg 15.7.2015, 15 Sa 802/15, juris), Überstundenzuschläge (vgl BAG 19.9.2012, 5 AZR 727/11, EzA § 11 ArbZG Nr 3) und Feiertagszuschläge, die grds an die gesetzlichen Feiertage (hierzu § 2 Rdn 5) am Beschäftigungsort anknüpfen (BAG 13.4.2005, 5 AZR 475/04, NZA 2005, 882, 883), gem § 4 IV 1 aus der EFZ ausgeklammert werden (BAG 1.12.2004, 5 AZR 68/04, EzA § 4 EFZG Tarifvertrag Nr 52). Zur Herausnahme der sog Antrittsgebühr im grafischen Gewerbe (vgl hierzu BAG 18.3.2009, 5 AZR 186/08, EzA § 4 TVG Druckindustrie Nr 34; 11.12.2013, 10 AZR 1018/12, EzA § 4 TVG Druckindustrie Nr 35) aus der EFZ vgl HzA/*Vossen* Gruppe 2 Rn 596.

51 **III. Bezugnahme auf den TV.** Hat der TV die Höhe des fortzuzahlenden Arbeitsentgelts abweichend von § 4 I, Ia bzw III geregelt, kann gem § 4 IV 2, wie früher nach § 2 III 2 LohnFG, im Geltungsbereich eines solchen TV zwischen tarifgebundenen AG und nicht tarifgebundenen AN die Anwendung der **gesamten** (*Schmitt* § 4 Rn 202) tarifvertraglichen Regelung über die Fortzahlung des Arbeitsentgelts im Krankheitsfall vereinbart werden.

§ 4a Kürzung von Sondervergütungen

¹Eine Vereinbarung über die Kürzung von Leistungen, die der Arbeitgeber zusätzlich zum laufenden Arbeitsentgelt erbringt (Sondervergütungen), ist auch für Zeiten der Arbeitsunfähigkeit infolge Krankheit zulässig. ²Die Kürzung darf für jeden Tag der Arbeitsunfähigkeit infolge Krankheit ein Viertel des Arbeitsentgelts, das im Jahresdurchschnitt auf einen Arbeitstag entfällt, nicht überschreiten.

Übersicht	Rdn.		Rdn.
A. Einleitung	1	C. Kürzungsvereinbarung	4
B. Kürzungsgegenstand	2	D. Kürzungsumfang	5

1 **A. Einleitung.** Die Vorschrift regelt dem Grunde (S 1) und der Höhe (S 2) nach die Zulässigkeit von Vereinbarungen über die Kürzung von Sondervergütungen ausschließlich für Fehltage wegen krankheitsbedingter Arbeitsunfähigkeit. Mit ihrer Vorgängerregelung (§ 4b EFZG aF), die vom 1.10.1996 bis zum 31.12.1998 galt und mit der sie wörtlich übereinstimmt, hat der Gesetzgeber eine rechtliche Grundlage für diesen Kürzungstatbestand schaffen und zugleich die bis zum 30.9.1996 mehrfach geänderte Rspr des BAG (vgl hierzu 15.2.1990, 6 AZR 381/88, EzA § 611 BGB Anwesenheitsprämie Nr 9; 26.10.1994, 10 AZR 482/93, EzA § 611 BGB Anwesenheitsprämie Nr 10) klarstellen wollen (BAG 25.7.2001, 10 AZR 502/00, EzA § 4a EFZG Nr 2; vgl auch LAG Düsseldorf 10.5.2010, 16 Sa 235/10, JurionRS 2010, 20705). § 4a gilt auch iRd § 9 I 1.

2 **B. Kürzungsgegenstand.** § 4a S 1 betrifft nur die Kürzung von Sondervergütungen. Das sind nach der in dieser Norm enthaltenen Definition die Leistungen, die der AG zusätzlich zum laufenden Arbeitsentgelt erbringt. Damit hat der Gesetzgeber nur klargestellt, dass die versprochene Vergütung für bestimmte Zeitabschnitte oder die Vergütung für eine bestimmte Leistung innerhalb einer genau bemessenen Zeit

von § 4a nicht berührt wird (BAG 25.7.2001, 10 AZR 502/00, EzA § 4a EFZG Nr 2; 26.9.2001, 5 AZR 539/00, EzA § 4 EFZG Tarifvertrag Nr 50; LAG Hamm 7.3.2007, 18 Sa 1663/06, NZA-RR 2007, 629; LAG München 11.8.2009, 8 Sa 131/09, LAGE § 4a EFZG Nr 2). Offen bleibt, welche »zusätzlichen« Leistungen von § 4a S 1 erfasst werden und ob hierzu nur einmalig oder auch wiederholt gewährte Leistungen zählen (näher *Treber* § 4a Rn 6, 7).

Zu den Sondervergütungen rechnen vor allem **Anwesenheitsprämien** (BAG 21.1.2009, 10 AZR 216/08, AP Nr 283 zu § 611 BGB Gratifikation; LAG Düsseldorf 10.5.2010, 16 Sa 235/10, ArbuR 2010, 444 LS; LAG Hamm 13.1.2011, 16 Sa 1521/09, NZA-RR 2011, 289; 21.2.2013, 8 Sa 1588/12, JurionRS 2013, 33917; LAG München 11.8.2009, 8 Sa 131/09, LAGE § 4a EFZG Nr 2; SächsLAG 31.7.2014, 8 Sa 137/14, JurionRS 2014, 24065; LAG Schl-Holst 7.1.2004, 3 Sa 426/03; zum Begriff *Treber* § 4a Rn 8) – soweit sie nicht monatlich als laufendes Arbeitsentgelt gezahlt werden (hierzu LAG München 11.8.2009, 8 Sa 131/09, LAGE § 4a EFZG Nr 2 – und **Jahressondervergütungen**, die **Arbeitsleistung und Betriebstreue im Bezugsjahr belohnen** – hierzu näher § 611 BGB Rdn 158 – (vgl BAG 7.8.2002, 10 AZR 709/01, EzA § 4a EFZG Nr 3; 14.3.2012, 10 AZR 112/11, AP Nr 239 zu § 611 BGB Gratifikation; LAG Rh-Pf 26.3.2010, 6 Sa 723/09, BB 2010, 3020 LS; *Reinartz* NZA 2015, 83), nicht dagegen ein 13. Monatsgehalt, das als »arbeitsleistungsbezogene« Jahressondervergütung vereinbart wird (vgl BAG 21.3.2001, 10 AZR 28/00, EzA § 611 BGB Gratifikation, Prämie Nr 163; vgl auch BAG 14.3.2012, 10 AZR 112/11, AP Nr 239 zu § 611 BGB Gratifikation; LAG Hamm 22.5.2013, 4 Sa 1232/12, LAGE § 87 BetrVG 2001 Arbeitszeit Nr 8; LAG München 11.8.2009, 8 Sa 131/09, LAGE § 4a EFZG Nr 2; § 4 EFZG Rn 7). Sie kann ohne bes Vereinbarung anteilig um die Tage ohne EFZ gem § 3 I 1 gekürzt werden (vgl BAG 21.3.2001, 10 AZR 28/00, EzA § 611 BGB Gratifikation, Prämie Nr 163; LAG Hamm 22.5.2013, 4 Sa 1232/12, LAGE § 87 BetrVG 2001 Arbeitszeit Nr 8). Keine Rolle spielt, auf welcher Rechtsgrundlage (hierzu § 611 BGB Rdn 156) die Sondervergütung iSv 1 1 beruht. Auch eine ohne Rechtspflicht und ohne Rechtsbindung gezahlte »freiwillige« Sondervergütung fällt unter § 4a S 1 (vgl BAG 7.8.2002, 10 AZR 709/01, EzA § 4a EFZG Nr 3; LAG München 12.3.2003, 9 Sa 980/02, JurionRS 2003, 10636).

C. Kürzungsvereinbarung. Unter den Begriff »Vereinbarung« fallen individual- und kollektivrechtliche Abreden (LAG Hamm 22.5.2013, 4 Sa 1232/12, LAGE § 87 BetrVG 2001 Arbeitszeit Nr 8; zu einer Gesamtzusage – hierzu § 611 BGB Rdn 43 – vgl LAG Hamm 13.1.2011, 16 Sa 1521/09, NZA-RR 2011, 289; zur Abänderung einer betrieblichen Übung vgl LAG Rh-Pf 26.3.2010, 6 Sa 723/09, BB 2010, 3020 LS). Bei einer »freiwilligen« Sondervergütung (vgl hierzu § 611 BGB Rdn 160) ist eine »Vereinbarung« iSv § 4a S 1 für die beabsichtigte Kürzung wegen krankheitsbedingter Fehlzeiten entbehrlich, weil auch die Sonderleistung nicht vereinbart ist (BAG 7.8.2002, 10 AZR 709/01, EzA § 4a EFZG Nr 3). Die Kürzung kann für alle krankheitsbedingten Fehltage vereinbart werden, selbst wenn sie unter § 3 I 1 fallen (*Treber* § 4a Rn 16). Die Ursache für die mit Arbeitsunfähigkeit verbundenen Fehltage ist unerheblich, sodass selbst ein Arbeitsunfall anspruchsmindernd wirken kann (BAG 15.12.1999, 10 AZR 626/98, EzA § 611 BGB Gratifikation, Prämie Nr 157). § 4a schließt eine Transparenzkontrolle gem § 307 I 2 BGB (hierzu § 307 BGB Rdn 19) nicht aus (LAG Düsseldorf 10.5.2010, 16 Sa 235/10, ArbuR 2010, 444 LS; vgl auch LAG Hamm 7.3.2007, 18 Sa 1663/06, NZA-RR 2007, 629, 630; 13.1.2011, 16 Sa 1521/09, NZA-RR 2011, 289, 290).

D. Kürzungsumfang. § 4a S 2 legt die Obergrenze für eine Kürzungsvereinbarung fest. Danach darf die Kürzung für jeden mit krankheitsbedingter Arbeitsunfähigkeit bzw mit der Teilnahme an einer Maßnahme iSv § 9 I 1 verbundenen Fehltag nicht mehr als 25 % des im Jahresdurchschnitt arbeitstäglich zu erzielenden Arbeitsentgelts betragen. § 4a S 2 lässt offen, welcher **Jahreszeitraum** für die Ermittlung des Tagesdurchschnittsverdienstes maßgeblich ist. Es empfiehlt sich, die letzten 12 Monate vor dem Fälligkeitsmonat der Sondervergütung in der Kürzungsabrede zugrunde zu legen (vgl *Treber* § 4a Rn 29). Dies gilt insb für Sondervergütungen, die in kürzeren Zeiträumen als 1 Jahr gewährt werden (*Treber* § 4a Rn 19). § 4a S 2 bestimmt nicht ausdrücklich, welches Arbeitsentgelt bei der Ermittlung des durchschnittlichen Jahresverdienstes zu berücksichtigen ist. Die hM (zB *Treber* § 4a Rn 20 mwN) legt den Arbeitsentgeltbegriff des § 4 I zugrunde, sodass die zu kürzende Sondervergütung selbst nicht in die Berechnung einzubeziehen ist (vgl zB LAG Hamm 21.2.2013, 8 Sa 1588/12, JurionRS 2013, 33917; *Reinartz* NZA 2015, 83; dazu neigend auch *Treber* § 4a Rn 20; aA ErfK/*Reinhard* § 4a Rn 13; offengelassen von BAG 15.12.1999, 10 AZR 626/98, EzA § 611 BGB Gratifikation, Prämie Nr 157).

Das ermittelte Jahresarbeitsentgelt ist umzurechnen auf den **Verdienst** für einen **Arbeitstag** im 12-Monats-Zeitraum. Als Arbeitstag zählt dabei jeder Tag, den der von der Kürzung betroffene AN vertraglich arbeiten musste bzw an dem er mit EFZ-Verpflichtung des AG, zB wegen Erholungsurlaubs (§ 1 BUrlG), gefehlt hat (*Treber* § 4a Rn 20; vgl auch *Reinartz* NZA 2015, 83, 84). Das errechnete Jahresarbeitsentgelt ist dann durch die Anzahl der so ermittelten Arbeitstage zu dividieren (vgl hierzu LAG Hamm 21.2.2013, 8 Sa 1588/12, JurionRS 2013, 33917). Bis zu 25 % des sich so ergebenden Tagesverdienstes darf die Sondervergütung je krankheitsbedingtem Arbeitsunfähigkeitstag gemindert werden. Eine darüber hinausgehende Kürzungsvereinbarung ist gem § 12 iVm § 134 BGB nichtig (vgl auch LAG Hamm 21.2.2013, 8 Sa 1588/12, JurionRS 2013, 33917). Bei mehreren Sondervergütungen ist die Obergrenze des § 4 S 2 insgesamt zu beachten (*Treber* § 4a Rn 22).

§ 5 Anzeige- und Nachweispflichten

(1) ¹Der Arbeitnehmer ist verpflichtet, dem Arbeitgeber die Arbeitsunfähigkeit und deren voraussichtliche Dauer unverzüglich mitzuteilen. ²Dauert die Arbeitsunfähigkeit länger als drei Kalendertage, hat der Arbeitnehmer eine ärztliche Bescheinigung über das Bestehen der Arbeitsunfähigkeit sowie deren voraussichtliche Dauer spätestens an dem darauf folgenden Arbeitstag vorzulegen. ³Der Arbeitgeber ist berechtigt, die Vorlage der ärztlichen Bescheinigung früher zu verlangen. ⁴Dauert die Arbeitsunfähigkeit länger als in der Bescheinigung angegeben, ist der Arbeitnehmer verpflichtet, eine neue ärztliche Bescheinigung vorzulegen. ⁵Ist der Arbeitnehmer Mitglied einer gesetzlichen Krankenkasse, muss die ärztliche Bescheinigung einen Vermerk des behandelnden Arztes darüber enthalten, dass der Krankenkasse unverzüglich eine Bescheinigung über die Arbeitsunfähigkeit mit Angaben über den Befund und die voraussichtliche Dauer der Arbeitsunfähigkeit übersandt wird.
(2) ¹Hält sich der Arbeitnehmer bei Beginn der Arbeitsunfähigkeit im Ausland auf, so ist er verpflichtet, dem Arbeitgeber die Arbeitsunfähigkeit, deren voraussichtliche Dauer und die Adresse am Aufenthaltsort in der schnellstmöglichen Art der Übermittlung mitzuteilen. ²Die durch die Mitteilung entstehenden Kosten hat der Arbeitgeber zu tragen. ³Darüber hinaus ist der Arbeitnehmer, wenn er Mitglied einer gesetzlichen Krankenkasse ist, verpflichtet, auch dieser die Arbeitsunfähigkeit und deren voraussichtliche Dauer unverzüglich anzuzeigen. ⁴Dauert die Arbeitsunfähigkeit länger als angezeigt, so ist der Arbeitnehmer verpflichtet, der gesetzlichen Krankenkasse die voraussichtliche Fortdauer der Arbeitsunfähigkeit mitzuteilen. ⁵Die gesetzlichen Krankenkassen können festlegen, dass der Arbeitnehmer Anzeige- und Mitteilungspflichten nach den Sätzen 3 und 4 auch gegenüber einem ausländischen Sozialversicherungsträger erfüllen kann. ⁶Abs. 1 Satz 5 gilt nicht. ⁷Kehrt ein arbeitsunfähig erkrankter Arbeitnehmer in das Inland zurück, so ist er verpflichtet, dem Arbeitgeber und der Krankenkasse seine Rückkehr unverzüglich anzuzeigen.

Übersicht	Rdn.			Rdn.
A. Einleitung	1	II.	Nachweispflicht	22
B. Abdingbarkeit	4		1. Ggü dem AG	22
C. Inlandserkrankung	5		2. Ggü der Krankenkasse	23
I. Anzeigepflicht	5	III.	Vereinfachtes Verfahren	24
II. Nachweispflicht	9	E.	**Beweis der Arbeitsunfähigkeit im**	
1. Erstbescheinigung	9		**EFZ-Prozess**	26
a) Spätester Vorlagetag	**10**	I.	Einleitung	26
b) Vorlageverlangen des AG	**12**	II.	Inlandsbescheinigung	27
c) Form und Inhalt der Bescheinigung	16	III.	Auslandsbescheinigung	29
2. Folgebescheinigung	17		1. EU- bzw EWR-Staaten	29
III. Abweichende Vereinbarung	18		2. Sonstige Staaten	31
IV. Begutachtung durch den MDK	19	IV.	Fehlen einer Arbeitsunfähigkeitsbescheinigung	32
D. Auslandserkrankung	20			
I. Anzeigepflicht	20			

1 **A. Einleitung.** Die nach § 5 I 2–4 vorzulegende Arbeitsunfähigkeitsbescheinigung dient allein dem außerprozessualen (Rdn 9 ff) und prozessualen (Rdn 26–31) Nachweis der Arbeitsunfähigkeit und hat keine anspruchsbegründende Bedeutung (BAG 19.2.1997, 5 AZR 83/96, EzA § 3 EFZG Nr 2). Die in § 5 geregelten **Anzeige-** und **Nachweispflichten** enthalten aber **arbeitsvertragliche Nebenpflichten** (für Anzeigepflicht BAG 26.3.2015, 2 AZR 517/14, EzA § 626 BGB 2002 Nr 49; LAG Düsseldorf 10.11.2010, 7 Sa 1052/09, JurionRS 2010, 31821; HessLAG 18.1.2011, 12 Sa 522/10, EzTöD 100, § 34 Abs. 1 TVöD-AT Verhaltensbedingte Kündigung Nr 8; für Nachweispflicht LAG Rh-Pf 3.2.2014, 3 Sa 423/13, JurionRS 2014, 14949; früher BAG 15.1.1986, 7 AZR 128/83, EzA § 626 BGB nF Nr 100), die nicht einklagbar sind (LAG Hamm 23.3.1971, 3 Sa 104/70, DB 1971, 872, 873; *Feichtinger/Malkmus* § 5 Rn 1). Sie bezwecken, dem AG eine möglichst frühzeitige (Anzeigepflicht) und zuverlässige (Nachweispflicht) Information über Tatsache und Dauer der Arbeitsunfähigkeit des erkrankten AN zu geben, damit er die durch dessen

Fehlen bedingten arbeitsorganisatorischen Maßnahmen treffen kann (BAG 15.1.1986, 7 AZR 128/83, EzA § 626 BGB nF Nr 100). Aus der genannten Zweckbestimmung des § 5 folgt, dass die Anzeige- und Nachweispflichten für alle AN unabhängig davon gelten, ob ihnen im konkreten Krankheitsfall ein EFZ-Anspruch gegen den AG zusteht (LAG Hamm 23.3.1971, 3 Sa 104/70, DB 1971, 872; *Schmitt* § 5 Rn 10, 11; *Treber* § 5 Rn 4; vgl auch BAG 11.7.2013, 2 AZR 241/12, EzA § 9 KSchG nF Nr 64). Die in § 5 I genannten Anzeige- und Nachweispflichten braucht der AN nach Ablauf der Kündigungsfrist nicht mehr zu erfüllen, auch wenn er gegen die Kdg Klage nach § 4 S 1 KSchG erhoben hat (vgl BAG 24.11.1994, 2 AZR 179/94, EzA § 615 BGB Nr 83; vgl auch BAG 24.9.2014, 5 AZR 593/12, EzA § 4 TVG Ausschlussfristen Nr 209).

Der AG ist nach § 7 I Nr 1 zur Verweigerung der EFZ berechtigt, solange der AN seiner Nachweispflicht 2 nach § 5 I 2–4 bzw seiner zusätzlichen Mitteilungs- und Anzeigepflicht gem § 5 II bei einer im Ausland aufgetretenen Arbeitsunfähigkeit nicht nachgekommen ist (§ 7 Rdn 2–3). Darüber hinaus kann die schuldhafte Verletzung der in § 5 normierten vertraglichen Nebenpflichten zu einem Schadensersatzanspruch des AG nach § 280 I BGB führen (vgl *Hanau/Kramer* DB 1995, 94 und 95; vgl zu § 3 LohnFG BAG 27.8.1971, 1 AZR 107/71, EzA § 5 LohnFG Nr 2).

Außerdem ist die Missachtung der Anzeige- und Nachweispflicht des § 5 nach vorheriger Abmahnung 3 (vgl hierzu BAG 16.9.2004, 2 AZR 406/03, EzA § 1 KSchG Verhaltensbedingte Kündigung Nr 64; 13.12.2007, 2 AZR 196/06, JurionRS 2007, 48134; HessLAG 18.1.2011, 12 Sa 522/10, EzTöD 100 § 34 Abs 1 TVöD-AT Verhaltensbedingte Kündigung Nr 8) geeignet, eine ordentliche Kdg aus verhaltensbedingten Gründen gem § 1 II 1 KSchG sozial zu rechtfertigen (vgl zB BAG 3.11.2011, 2 AZR 748/10, EzA § 1 KSchG Verhaltensbedingte Kündigung Nr 79; näher § 1 KSchG Rdn 52). Bei einer beharrlichen Nichtbeachtung der genannten Pflichten ist sogar eine außerordentliche Kdg gem § 626 I BGB denkbar (vgl LAG Köln 9.2.2009, 5 Sa 926/08, LAGE § 626 BGB 2002 Nr 19; LAG Rh-Pf 19.1.2012, 10 Sa 593/11, ArbuR 2012, 177 LS; 3.2.2014, 3 Sa 423/13, JurionRS 2014, 14949; vgl zu § 3 LohnFG BAG 15.1.1986, 7 AZR 128/83, EzA § 626 BGB nF Nr 100).

B. Abdingbarkeit. Die Anzeige- und/oder Nachweispflichten des § 5 können, da § 12 lediglich Abreden 4 zulasten der AN verbietet (§ 12 Rdn 1), durch TV, BV oder einzelvertragliche Absprache zugunsten der AN abbedungen werden (vgl BAG 14.11.2012, 5 AZR 886/11, EzA § 5 EFZG Nr 8). Im Hinblick auf den Unabdingbarkeitsgrds des § 12 (§ 12 Rdn 1) dürfen die Anzeige- und Nachweispflichten keinesfalls über § 5 hinaus durch TV, BV oder Einzelvertrag so zulasten des AN erweitert werden, dass hiervon der EFZ-Anspruch abhängig ist (vgl früher BAG 7.11.1984, 5 AZR 379/82, EzA § 63 HGB Nr 36). § 5 ist zur Durchsetzung dieses Anspruchs auch dann zu beachten, wenn die Arbeitsunfähigkeit während des bezahlten Erholungsurlaubs des AN im In- oder Ausland auftritt.

C. Inlandserkrankung. I. Anzeigepflicht. Die in § 5 I 1 normierte Anzeigepflicht betrifft nicht nur 5 die **Ersterkrankung**, sondern, weil der AG weiterhin rechtzeitig disponieren muss, **auch** den Fall des **Fortbestehens** der **Erkrankung** über die mitgeteilte voraussichtliche Dauer hinaus (vgl BAG 3.11.2011, 2 AZR 748/10, EzA § 1 KSchG Verhaltensbedingte Kündigung Nr 79; HessLAG 1.12.2006, 12 Sa 737/06, EEK 3289; 18.1.2011, 12 Sa 522/10, EzTöD 100 § 34 Abs. 1 TVöD-AT Verhaltensbedingte Kündigung Nr 8; LAG Köln 9.2.2009, 5 Sa 926/08, LAGE § 626 BGB 2002 Nr 19; LAG Rh-Pf 19.1.2012, 10 Sa 593/11, ArbuR 2012, 177 LS; ArbG Berl 8.6.2012, 28 Ca 6569/12, DB 2012, 1752 LS; *Treber* § 5 Rn 7).

Gem der Legaldefinition in § 121 I 1 BGB ist der Begriff »**unverzüglich**« iSd allg Rechtsverständnisses 6 als »**ohne schuldhaftes Zögern**« zu verstehen (BAG 31.8.1989, 2 AZR 13/89, EzA § 1 KSchG Verhaltensbedingte Kündigung Nr 27). Der AG ist innerhalb einer angemessenen, die Umstände des Einzelfalls berücksichtigenden Frist (vgl BAG 20.5.1988, 2 AZR 739/87, EzA § 9 MuSchG nF Nr 27; HessLAG 1.12.2006, 12 Sa 737/06, EEK 3289) zu informieren (vgl *Treber* § 5 Rn 11; vgl auch LAG Köln 2.2.1983, 5 Sa 1122/82, DB 1983, 1771, 1772). Dies hat iA in den **ersten Arbeitsstunden** zu erfolgen (*Knorr/Krasney* § 5 Rn 8).

Die Vereinbarung starrer Fristen für die Anzeige der Arbeitsunfähigkeit in einem TV, einer BV oder im 7 Arbeitsvertrag mit der Folge, dass das ArbG gehindert wäre, die Frage einer schuldhaften Überschreitung dieser Frist zu überprüfen, ist ausgeschlossen (näher HzA/*Vossen* Gruppe 2 Rn 248). Bes Vorschriften über Form und Inhalt der Anzeige bestehen nicht. Sie kann mündlich, telefonisch oder schriftlich erstattet werden. Die Unterrichtung kann durch den AN selbst, aber auch in seinem Auftrag durch jede beliebige Hilfsperson als Bote erfolgen (vgl *Treber* § 5 Rn 16).

Anzuzeigen sind die Arbeitsunfähigkeit wegen Krankheit (bzw Sterilisation oder Schwangerschaftsabbruch, 8 § 3 II) sowie die voraussichtliche Dauer der Arbeitsunfähigkeit. Für beide Mitteilungen ist ein vorheriger Arztbesuch nicht notwendig. Mit der »Mitteilung« verlangt § 5 I 1 vom AN nur eine **Selbstdiagnose** (*Treber*

§ 5 Rn 13; vgl zu § 3 I LohnFG BAG 31.8.1989, 2 AZR 13/89, EzA § 1 KSchG Verhaltensbedingte Kündigung Nr 27). Ist er hierzu vor dem Arztbesuch nicht in der Lage, hat er seine Mitteilung zunächst auf die Tatsache der Arbeitsunfähigkeit zu beschränken und nach der ärztlichen Untersuchung unverzüglich deren voraussichtliche Dauer dem AG anzuzeigen. Nur wenn der AN an einer ansteckenden Krankheit leidet und deshalb Maßnahmen im Betrieb zum Schutz der Mitarbeiter erforderlich werden, muss er nach § 241 II BGB die Art der Erkrankung angeben (LAG Düsseldorf 30.3.2012, 6 Sa 1358/11, JurionRS 2012, 38116; vgl. auch LAG Berl 27.11.1989, 4 Sa 82/89, DB 1990, 1621, 1622; *Treber* § 5 Rn 14). Auch kann der AN im Fall der Haftung eines Dritten nach § 6 II (§ 6 Rdn 11) verpflichtet sein, die Art seiner Erkrankung dem AG mitzuteilen (*Treber* § 5 Rn 14).

9   **II. Nachweispflicht. 1. Erstbescheinigung.** Nach § 5 I 2 ist im **Regelfall**, dh sofern der AG nach § 5 I 3 nichts anderes angeordnet hat (Rdn 12), eine **ärztliche Bescheinigung** über die Arbeitsunfähigkeit sowie deren voraussichtliche Dauer **erst**, und zwar spätestens an dem darauf folgenden Arbeitstag, vorzulegen, wenn die **Arbeitsunfähigkeit länger als 3 Kalendertage** dauert. Daraus folgt, dass bei kürzeren, den dort genannten Zeitrahmen nicht überschreitenden Erkrankungen von vornherein keine Nachweispflicht besteht (ebenso *Treber* § 5 Rn 21; vgl. auch BAG 25.1.2000, 1 ABR 3/99, EzA § 87 BetrVG 1972 Betriebliche Ordnung Nr 26).

10 **a) Spätester Vorlagetag.** Dauert die Arbeitsunfähigkeit länger als 3 Kalendertage, ist nach § 5 I 2 die ärztliche Bescheinigung am darauf folgenden Arbeitstag vorzulegen. Die Feststellung, an welchem Tag nach dieser Regelung der AN äußerstenfalls die Arbeitsunfähigkeit vorlegen muss, hat in 3 Schritten zu erfolgen: Zunächst ist anhand der §§ 187–193 BGB zu klären, wann eine Arbeitsunfähigkeit »3 Kalendertage dauert«. Für den **Beginn** des **3-Tage-Zeitraums** kommt es allein auf den Zustand der Arbeitsunfähigkeit an. Somit ist für den Beginn des Zeitraums § 187 II 1 BGB maßgeblich (*Treber* § 5 Rn 24; vgl allg BGH 6.7.1972, GmS-OGB 2/71, NJW 1972, 2035). Demnach ist der 1. Kalendertag mit Arbeitsunfähigkeit derjenige, an dem sie, unabhängig von der Tageszeit, eintritt (i Erg ebenso *Treber* § 5 Rn 24). Der 3-Tage-Zeitraum endet nach § 188 I BGB mit dem Ablauf des 3. (Kalender-)Tages der Arbeitsunfähigkeit. Dabei spielt es keine Rolle, ob dieser Tag auf einen Sonn- oder Feiertag oder sonstigen arbeitsfreien Tag fällt. Die Arbeitsunfähigkeit dauert »länger« als 3 Kalendertage, wenn der AN auch noch am Folgetag, also am 4. Kalendertag, arbeitsunfähig ist und es sich bei diesem Tag um einen solchen handelt, an dem im Betrieb überhaupt gearbeitet wird (*Treber* § 5 Rn 27), unabhängig davon, ob auch der AN, wäre er arbeitsfähig geblieben, hätte arbeiten müssen (aA ErfK/*Reinhard* § 5 Rn 11).

11 Die Erfüllung der Nachweispflicht gem § 5 I 2 bereitet keine Schwierigkeiten, wenn der AN bereits einen Arzt am 1. Tag der Erkrankung aufgesucht und dieser aufgrund des Krankheitsbildes festgestellt hat, dass die Arbeitsunfähigkeit länger als 3 Kalendertage dauert. Hat dagegen der AN in der falschen Annahme, die Arbeitsunfähigkeit werde innerhalb der ersten 3 Kalendertage seit ihrem Beginn behoben, zunächst keinen Arzt aufgesucht und dies erst am 3. oder 4. Kalendertag seit Ausbruch der Krankheit nachgeholt, ist eine Rückdatierung des Beginns der Arbeitsunfähigkeit auf einen vor dem Behandlungsbeginn liegenden Tag nach § 5 III 2 AU-RL idF v 17.12.2015 – in Kraft seit 17.3.2016 (BAnz AT 16.3.2016 B2) – iVm § 31 S 2 BMV-Ä idF v 1.1.2016 nur ausnahmsweise und nur nach gewissenhafter Prüfung und idR nur bis zu 2 Tagen zulässig (hierzu LAG Rh-Pf 13.1.2015, 8 Sa 373/14, JurionRS 2015, 23048). Da die ärztliche Bescheinigung »vorzulegen« ist, ist für die **Einhaltung** der **Frist** des § 5 I 2 der **Tag des Zugangs der Bescheinigung** beim AG maßgebend (vgl auch LAG Köln 18.11.2011, 4 Sa 711/11, ArbuR 2012, 176 LS). Stellt sich am 3. Kalendertag bzw vor Beginn der Arbeit am 4. Kalendertag nach Eintritt der Arbeitsunfähigkeit heraus, dass es sich um eine nach § 5 I 2 vorlagepflichtige Erkrankung handelt (Rdn 9), hat der AN, soweit ihm dies nur postalisch möglich und zumutbar ist, den verspäteten Zugang der Arbeitsunfähigkeitsbescheinigung beim AG nicht zu vertreten, sodass gem § 7 II ein Leistungsverweigerungsrecht nach § 7 I Nr 1 (§ 7 Rdn 2) ausscheidet.

12 **b) Vorlageverlangen des AG.** Abw von der Grundregel des § 5 I 2 ist der AG gem § 5 I 3 berechtigt, die Vorlage der ärztlichen Bescheinigung »früher« zu verlangen. Das betrifft sowohl den Zeitpunkt der Vorlage der Arbeitsunfähigkeitsbescheinigung (BAG 1.10.1997, 5 AZR 726/96, EzA § 5 EFZG Nr 5), als auch den Nachweis der Arbeitsunfähigkeit für Zeiten, die nicht länger als 3 Tage andauern (BAG 25.1.2000, 1 ABR 3/99, EzA § 87 BetrVG 1972 Betriebliche Ordnung Nr 26; BAG 14.11.2012, 5 AZR 886/11, EzA § 5 EFZG Nr 8). Damit ist dem AG die Möglichkeit eingeräumt, auf der Vorlage der Bescheinigung bereits für den 1. Tag der Arbeitsunfähigkeit zu bestehen (BAG 26.2.2003, 5 AZR 112/02, EzA § 5 EFZG Nr 7; 14.11.2012, 5 AZR 886/11, EzA § 5 EFZG Nr 8).

Der AG kann im konkreten Krankheitsfall nach Beginn der Arbeitsunfähigkeit die vorzeitige Vorlage einer 13
ärztlichen Bescheinigung verlangen, aber sein Verlangen nach § 5 I 3 auch generell bereits im Hinblick auf
zukünftige Erkrankungen, zB durch Anordnung ggü einem bestimmten AN (BAG 14.11.2012, 5 AZR
886/11, EzA § 5 EFZG Nr 8), Aufnahme in den Arbeitsvertrag oder Aushang am Schwarzen Brett, äußern
(BAG 26.2.2003, 5 AZR 112/02, EzA § 5 EFZG Nr 7). Das Vorlageverlangen ist weder vom AG zu
begründen noch setzt es einen sachlichen Grund voraus (BAG 14.11.2012, 5 AZR 886/11, EzA § 5 EFZG
Nr 8; LAG Rh-Pf 19.1.2012, 10 Sa 593/11, ArbuR 2012, 177 LS). Es unterliegt auch keiner Billigkeitskontrolle nach § 106 I GewO (bis 31.12.2002: § 315 I BGB), darf aber nicht schikanös oder willkürlich
sein (vgl BAG 14.11.2012, 5 AZR 886/11, EzA § 5 EFZG Nr 8). Der AG, der die vorzeitige Vorlage
einer Arbeitsunfähigkeitsbescheinigung nach § 5 I 3 generell für alle oder für eine bestimmte Gruppe – zB
gekennzeichnet durch eine bestimmte Häufigkeit nicht attestierter Erkrankungen bis zu 3 Kalendertagen
(vgl hierzu LAG Berl-Bbg 19.6.2012, 3 TaBV 2149/11,RDV 2012, 254, 256) – von AN fordern will, hat
das Mitbestimmungsrecht des BR nach § 87 I Nr 1 BetrVG (BAG 25.1.2000, 1 ABR 3/99, EzA § 87
BetrVG 1972 Betriebliche Ordnung Nr 26; LAG HH 21.5.2008, 3 TaBV 1/08, LAGE § 87 BetrVG 2001
Gesundheitsschutz Nr 3; LAG Düsseldorf 25.3.2014, 8 TaBV 129/13, JurionRS 2014, 19706; LAG Köln
21.8.2013, 11 Ta 87/13, JurionRS 2013, 48476) bzw nach einem PersVG (vgl zu § 85 I 1 Nr 6 Berl-
PersVG OVG Berl-Bbg 17.3.2011, 60 PV 3/10, NZA-RR 2012, 55; vgl auch VG Bremen 26.1.2015, 7 K
279/14) zu beachten (zum Tarifvorbehalt nach § 87 I Einls BetrVG vgl BAG 25.1.2000, 1 ABR 3/99, EzA
§ 87 BetrVG 1972 Betriebliche Ordnung Nr 26; LAG Brem 29.11.2012, 3 TaBV 11/12). Die Anordnung
der vorzeitigen Vorlage der Arbeitsunfähigkeitsbescheinigung nach § 5 I 3 kann auch durch TV erfolgen
(BAG 25.1.2000, 1 ABR 3/99, EzA § 87 BetrVG 1972 Betriebliche Ordnung Nr 26; 26.2.2003, 5 AZR
112/02, EzA § 5 EFZG Nr 7).

Verlangt der AG nicht von sämtlichen AN seines Betriebes, sondern nur von bestimmten einzelnen AN 14
oder einer Gruppe von ihnen, zB einer einzigen Abteilung, generell im Hinblick auf künftige Erkrankungen
bzw immer wieder aus Anlass eines konkreten Krankheitsfalls die vorzeitige Vorlage einer Arbeitsunfähigkeitsbescheinigung nach § 5 I 3, ist er an den arbeitsrechtlichen Gleichbehandlungsgrds gebunden (BAG
1.10.1997, 5 AZR 726/96, EzA § 5 EFZG Nr 5; 14. 11. 2012, 5 AZR 886/11, EzA § 5 EFZG Nr 8; dazu
allg § 611 BGB Rdn 285 ff).

Die Bescheinigung nach § 5 I 2 kann nur von einem **approbierten Arzt** ausgestellt werden. In der Wahl des 15
Arztes ist der AN frei. Nimmt der einer gesetzlichen Krankenversicherung angehörende AN einen ihrer Ver-
tragsärzte bzw ermächtigten Ärzte in Anspruch, regeln sich dessen Pflichten nach den §§ 72 ff SGB V. Zur
kassenärztlichen Versorgung gehört nach § 73 II Nr 9 SGB V ua die Ausstellung von Bescheinigungen, die
die Krankenkassen oder der MDK (§ 275 SGB V) zur Durchführung ihrer gesetzlichen Aufgaben oder die
die Versicherten für die Durchsetzung des Anspruchs auf Fortzahlung des Arbeitsentgelts benötigen. Hierbei ist der Vertragsarzt (oder ermächtigte Arzt) ggü der Krankenkasse nach Maßgabe des § 81 III Nr 2 SGB
V verpflichtet, die aufgrund von § 92 I Nr 7 SGB V am 1.12.2003 vom Bundesausschuss der Ärzte und
Krankenkassen (seit 1.1.2004: Gemeinsamer Bundesausschuss) beschlossenen und seit dem 1.1.2004 geltenden AU-RL (BAnz 2004 Nr 61 S 6501) – nunmehr idF v 17.12.2015 (vgl Rdn 11) – zu beachten. Auf
deren Einhaltung kommt es aber für die Wirksamkeit einer ärztlichen Arbeitsunfähigkeitsbescheinigung
nicht an (LSG Berl-Bbg 2.10.2013, L 1 KR 346/11, JurionRS 2013, 48740; vgl auch BSG 10.5.2012, B
1 KR 20/11 R, NZS 2012, 745, 746).

c) **Form und Inhalt der Bescheinigung.** Nach § 5 I 2 muss aus der schriftlichen (§ 126 I BGB) Besche- 16
nigung der Name (Vor- und Nachname) des AN, die Bestätigung der Arbeitsunfähigkeit – ohne Angaben
über Art und Ursache der Krankheit (BAG 19.3.1986, 5 AZR 86/85, EzA § 4 TVG Ausschlussfristen
Nr 68; vgl auch LAG Köln 14.8.2013, 7 Ta 243/13, LAGE § 106 GewO 2003 Nr 13) – sowie, gestützt auf
eine ärztliche Prognose (BAG 2.12.1981, 5 AZR 89/80, EzA § 1 LohnFG Nr 59), deren voraussichtliche
Dauer hervorgehen. Außerdem muss die Arbeitsunfähigkeitsbescheinigung gem § 5 I 5 einen Vermerk des
behandelnden Arztes darüber enthalten, dass der Krankenkasse unverzüglich eine Bescheinigung über die
Arbeitsunfähigkeit mit Angaben über den Befund und die voraussichtliche Dauer der Arbeitsunfähigkeit
übersandt wird (hierzu SG Saarl 23.10.2015, 15 KR 509/15, juris; LSG BW 21.10.2015, L 5 KR 5457/13,
JurionRS 2015, 31473). Die von einem an der kassenärztlichen Versorgung teilnehmenden Arzt (Rdn 15)
zur Vorlage beim AG und bei der Krankenkasse ausgestellten Bescheinigungen erfolgen nach § 5 I AU-RL
idF v 17.12.2015 (vgl auch Rdn 11, 15) idR jew auf einem Mustervordruck (Muster1), der zwischen der
Kassenärztlichen Bundesvereinigung und den Spitzenverbänden der Krankenkassen (seit 1.7.2008: Spitzenverband Bund der Krankenkassen = GKV-Spitzenverband) in der sog Vordruckvereinbarung gem § 34 I
1 BMV-Ä vereinbart worden und nach § 1 III BMV-Ä als Anlage 2 Bestandteil des BMV-Ä ist. Das Muster

1 ist mit Wirkung v 1.1.2016 durch die 37. Änderung der Vereinbarung über Vordrucke für die vertragsärztliche Versorgung v 1.4.1995 am 6.5.2015 neu gefasst worden (hierzu näher *Kleinebrink* ArbRB 2016, 47 ff u Rdn 17).

17 **2. Folgebescheinigung.** Stellt sich im Nachhinein heraus, dass die Arbeitsunfähigkeit auch noch über den zunächst als Endtermin angegebenen Tag hinaus fortbesteht, hat der AN nach § 5 I 4 eine neue ärztliche Bescheinigung (sog Folgebescheinigung) mit der nun prognostizierten Dauer der Arbeitsunfähigkeit vorzulegen. Das gilt auch für die Zeit nach Ablauf der 6-Wochen-Frist (LAG Hamm 22.2.2013, 10 Sa 960/12, JurionRS 2013, 34567; LAG Sa-Anh 24.4.1996, 3 Sa 449/95, LAGE § 626 BGB Nr 99; LAG Schl-Holst 17.12.2003, 3 Sa 415/03, NZA-RR 2004, 241; vgl auch BAG 11.7.2013, 2 AZR 241/12, EzA § 9 KSchG nF Nr 64). Inhalt und Form der Folgebescheinigung decken sich mit der Erstbescheinigung (vgl auch § 5 II 1 AU-RL idF v 17.12.2015, vgl Rdn 11). Seit 1.1.2016 befindet sich allerdings aE des Musters 1 (s Rdn 16) ein neues Kästchen (»ab 7. AU Woche oder sonstiger Krankheitsfall«). Dieses ist vom behandelnden Arzt anzukreuzen, sobald die Arbeitsunfähigkeit durchgängig mehr als 6 Wochen beträgt (vgl Art 1 Nr 10 der Erl zur sog Vordrucksvereinbarung – Stand: April 2016 – u *Kleinebrink* ArbRB 2016, 47, 48). Eine Frist für die Vorlage der Folgebescheinigung sieht § 5 I 4 nicht vor. Zu § 3 I 2 LohnFG entschied sich das BAG aus Gründen der Praktikabilität und der Rechtssicherheit für eine neue 3-Tage-Frist (29.8.1980, 5 AZR 1051/79, EzA § 6 LohnFG Nr 13). Hiervon kann auch für § 5 I 4 ausgegangen werden. Allerdings gilt im Hinblick auf die Regelung in § 5 I 3 die Verpflichtung des AN, die Folgebescheinigung spätestens am 1. Arbeitstag nach dem 3. Kalendertag der auf die vorhergehende Arbeitsunfähigkeitsperiode folgenden Periode vorzulegen, nur als Grundregel (vgl auch *Treber* § 5 Rn 39).

18 **III. Abweichende Vereinbarung.** Kollektiv- oder einzelvertragliche Regelungen, die den Wortlaut von § 5 I 2 und 3 wiedergeben, sind, soweit sie lediglich deklaratorischen Charakter haben (vgl hierzu näher BAG 5.11.2002, 9 AZR 658/00, EzA § 11 BUrlG Nr 53; 29.9.2011, 2 AZR 177/10, EzA § 4 TVG Gaststättengewerbe Nr 4), rechtlich unbedenklich. Das Gleiche gilt wegen § 12 für Regelungen, die den AN über § 5 I 2 hinaus, also länger als 4 Krankheitstage (vgl Rdn 10), von der Vorlagepflicht befreien und deshalb günstiger als die genannte Vorschrift sind. Im Einklang mit § 12 stehen Abreden, die das dem AG durch § 5 I 3 eingeräumte vorzeitige Vorlageverlangen ganz ausschließen oder zumindest beschränken, zB Vorlage erst am 2. Krankheitstag oder nur »im begründeten Einzelfall« (vgl hierzu LAG Berl-Bbg 14.8.2012, 7 TaBV 468/12, LAGE § 87 BetrVG 2001 Betriebliche Ordnung Nr 10), und auch Vereinb, die für den AN verbindlich in jedem Krankheitsfall eine vorzeitige Attestvorlage vorsehen (BAG 26.2.2003, 5 AZR 112/02, EzA § 5 EFZG Nr 7; HessLAG 27.8.2012, 16 Sa 265/12).

19 **IV. Begutachtung durch den MDK.** Der AG kann bei Zweifeln über die vom Arzt attestierte Arbeitsunfähigkeit des AN von sich aus keine zusätzliche Untersuchung durch einen bestimmten Arzt veranlassen (LAG Berl 30.4.1979, 9 Sa 58/78, EzA § 626 BGB nF Nr 67; LAG Hamm 16.2.1977, 2 Sa 772/76, DB 1977, 828; 30.10.1984, 7 Sa 1045/84, ARSt 1986, 94 Nr 1097 LS). Nach § 275 Ia 3 SGB V hat der AG allerdings ggü der Krankenkasse des AN einen vor dem SG einklagbaren (*Feichtinger/Malkmus* § 5 Rn 112) Anspruch auf Einholung einer gutachtlichen Stellungnahme des MDK (zur Begutachtungsorganisation vgl die als RL gem § 282 II 3 SGB V vom GKV-Spitzenverband am 12.12.2011 beschlossene Begutachtungsanleitung »Arbeitsunfähigkeit«). Dieser Anspruch ist jedoch durch § 275 Ia 4 SGB V eingeschränkt. Zu Einzelheiten der Kontrolle durch den MDK vgl *Kühn* NZA 2012, 1249, 1252 ff.; HzA/*Vossen* Gruppe 2 Rn 301 ff.

20 **D. Auslandserkrankung. I. Anzeigepflicht.** Hält sich der AN zu Beginn der Arbeitsunfähigkeit im Ausland, dh außerhalb des räumlichen Geltungsbereich des EFZG (§ 1 Rdn 5) auf, ist er nach § 5 II 1 verpflichtet, dem AG die Arbeitsunfähigkeit, deren voraussichtliche Dauer und die Adresse am Aufenthaltsort in der schnellstmöglichen Art der Übermittlung mitzuteilen. Das muss wegen des Sinns und Zwecks der Anzeigepflicht (Rdn 5) auch bei Fortdauer der Arbeitsunfähigkeit über das zunächst prognostizierte Ende gelten (ebenso *Treber* § 5 Rn 72 mit Rn 39). Die Mitteilungspflicht in § 5 II 1 hat – ebenso wie die nach § 5 I 2–4 vorzulegende Arbeitsunfähigkeitsbescheinigung (Rdn 26) – beweisrechtliche Bedeutung (BAG 19.2.1997, 5 AZR 83/96, EzA § 3 EFZG Nr 2; vgl auch LAG Düsseldorf 30.3.2012, 6 Sa 1358/11, JurionRS 2012, 38116).

21 Unter »**Adresse am Aufenthaltsort**« iSv § 5 II 1 ist die Anschrift zu verstehen, unter der der AN während seiner Arbeitsunfähigkeit möglichst rasch erreicht werden kann. Mitzuteilen sind Land, Ort, Straße, Hausnummer, Name des Hotels oder Vermieters, auch die Telefonnummer (str, zum Meinungsstand vgl *Treber* § 5 Rn 67). Dies hat nach § 5 II 1 in der »**schnellstmöglichen Art der Übermittlung**« zu geschehen. Welches Kommunikationsmittel dies im konkreten Fall ist, hängt von den Gegebenheiten am Aufenthaltsort des

AN ab (vgl auch LAG Köln 12.5.2000, 4 Sa 310/00, NZA-RR 2001, 22, 23). In 1. Linie kommen Telefon, Telegramm, Fax oder E-Mail in Betracht (*Treber* § 5 Rn 68). Die durch die Mitteilung entstehenden Kosten hat nach § 5 II 2 der AG zu tragen.

II. Nachweispflicht. 1. Ggü dem AG. Ebensowenig wie früher § 3 LohnFG enthält § 5 die ausdrück- 22 liche Verpflichtung für den AN, bei einer krankheitsbedingten Arbeitsunfähigkeit im Ausland einen Nachweis hierüber durch Vorlage einer ärztlichen Bescheinigung zu erbringen. Dennoch ging man hiervon aufgrund des Inhalts und des Aufbaus des § 3 LohnFG, der in I allg die Pflichten des arbeitsunfähig erkrankten Arbeiters und in II nur den bes Fall der Auslandserkrankung regelte, aus (BAG 18.9.1985, 5 AZR 240/84, EzA § 3 LohnFG Nr 11). Für die I und II des § 5 gilt nichts anderes (vgl *Marienhagen/Künzl* § 5 Rn 19; *Treber* § 5 Rn 75, 76). Auch ohne ausdrückliche Regelung hat der AN, wenn die Arbeitsunfähigkeit im Ausland beginnt und länger als 3 Kalendertage dauert, nach § 5 I 2 spätestens am darauf folgenden Arbeitstag eine ärztliche Bescheinigung – nicht unbedingt in dt Sprache (LAG Rh-Pf 24.6.2010, 11 Sa 178/10, JurionRS 2010, 19887) – vorzulegen, falls der AG sie nicht gem § 5 I 3 früher verlangt hat (*Vogelsang* Rn 348; früher schon BAG 18.9.1985, 5 AZR 240/84, EzA § 3 LohnFG Nr 11). Die ärztliche Bescheinigung braucht nicht den in § 5 I 3 verlangten Vermerk des behandelnden Arztes zu enthalten. Grund hierfür ist die in § 5 II 3 normierte Anzeigepflicht ggü der Krankenkasse.

2. Ggü der Krankenkasse. Ist der AN Mitglied einer gesetzlichen Krankenkasse, ist er, wenn er sich bei 23 Beginn der Arbeitsunfähigkeit im Ausland aufhält, nach § 5 II 3 verpflichtet, auch dieser die Arbeitsunfähigkeit und deren voraussichtliche Dauer unverzüglich, dh »ohne schuldhaftes Zögern« (vgl § 121 I 1 BGB), anzuzeigen. Dauert die Arbeitsunfähigkeit länger als angezeigt, ist er gem § 5 II 4 verpflichtet, seiner Krankenkasse die voraussichtliche Dauer der Arbeitsunfähigkeit mitzuteilen. Die Fortdaueranzeige nach § 5 II 4 entfällt, wenn der weiter arbeitsunfähig erkrankte AN in den Geltungsbereich des EFZG zurückkehrt. In diesem Fall muss er nach § 5 II 7 der Krankenkasse die Rückkehr unverzüglich anzeigen, um dieser Gelegenheit zu geben (vgl § 275 I Nr 3 lit b SGB V), den AN nach seiner Rückkehr noch durch den MDK begutachten zu lassen (vgl *Treber* § 5 Rn 73).

III. Vereinfachtes Verfahren. Die gesetzlichen Krankenkassen können gem § 5 II 5 festlegen, dass die bei 24 ihnen versicherten AN, die im Ausland erkranken, die in § 5 II 3 und 4 normierten Anzeigpflichten auch ggü dem dort ansässigen Sozialversicherungsträger erfüllen können (näher HzA/*Vossen* Gruppe 2 Rn 326). Die Erfüllung der gesetzlichen Anzeigepflichten ggü einem ausländischen Sozialversicherungsträger anstatt ggü der gesetzlichen Krankenkasse (sog vereinfachtes Verfahren) ist entweder in einem zwischenstaatlichen Sozialversicherungsabkommen oder in der VO EWG Nr 1408/71 (ABl EG L 149 S 2) – vgl seit 1.5.2010 auch VO EG Nr 883/2004 (ABl EU Nr L 166 S 1) idF der VO (EU) Nr 1372/2013 v 19.12.2013 (ABl EU Nr L 346 S 27, zuletzt geändert durch VO[EU] Nr 1368/2014 v 17.12.2014 [ABl EU Nr L 366 S 15]) – und in der VO EWG Nr 574/72 (ABl EG L 74 S 1) – vgl seit 1.5.2010 auch VO EG Nr 987/2009 (ABl EU Nr L 284 S 1) idF der VO (EU) Nr 1372/2013 v 19.12.2013 (ABl EU Nr L 346, S 27, zuletzt geändert durch VO[EU] Nr 1368/2014 v 17.12.2014 [ABl EU Nr L 366 S 15]) – geregelt (zu Einzelheiten HzA/*Vossen* Gruppe 2 Rn 325; vgl auch LAG Düsseldorf 30.3.2012, 6 Sa 1358/11, JurionRS 2012, 38116). Außerdem gelten diese Vorschriften seit dem 1.4.2012 nach Art 1 II des Anhangs II (Koordinierung der Systeme der sozialen Sicherheit) des Personenfreizügigkeitsabkommens zwischen der EG und ihren Mitgliedsstaaten einerseits und der Schweizerischen Eidgenossenschaft andererseits über die Freizügigkeit vom 31.3.2012 (ABl. EU Nr L 103, S. 52) auch für die Schweiz (näher HzA/*Vossen* Gruppe 2 Rn 325/1). Seit dem 1.6.2012 (Inkrafttreten der Änderung von Anhang VI - Soziale Sicherheit - und v Prot 37 zum EWR-Abkommen, ABl L 262, S 36) werden auch die Staatsangehörigen von Island, Lichtenstein und Norwegen vom persönlichen Geltungsbereich der VO (EG) Nr 883/2004 und der VO Nr 987/2009 erfasst (vgl näher HzA/*Vossen* Gruppe 2 Rn 325/2).

Dem im Ausland erkrankten AN ist es aber trotz eines bestehenden zwischenstaatlichen Abkommens, wie 25 aus § 5 II 5 (»auch«) folgt, nicht verwehrt, die Anzeigpflichten nach § 5 II 3 und 4 einzuhalten (vgl früher BAG 18.9.1985, 5 AZR 240/84, EzA § 3 LohnFG Nr 11). Ggü dem AG sind vom AN in jedem Fall die Nachweispflichten bei einer Auslandserkrankung nach § 5 I 2 bis 4 uneingeschränkt zu beachten (vgl näher HzA/*Vossen* Gruppe 2 Rn 328, 328/1).

E. Beweis der Arbeitsunfähigkeit im EFZ-Prozess. I. Einleitung. Der AN muss im EFZ-Prozess nach 26 den allg Regeln über die Verteilung der Beweislast, wonach der Gläubiger die anspruchsbegründenden Tatsachen im Bestreitensfall zu beweisen hat (vgl zB BAG 17.4.2013, 10 AZR 185/12, EzA § 1 AEntG Nr 14; 25.3.2015, 5 AZR 368/13, EzA § 10 AÜG Nr 30), die von ihm behauptete Arbeitsunfähigkeit infolge Krankheit nachweisen (BAG 13.7.2005, 5 AZR 389/04, EzA § 3 EFZG Nr 14). Der AN kann sich zum Nachweis seiner Arbeitsunfähigkeit aller im Zivilprozess zulässigen Beweismittel bedienen (vgl BAG 1.10.1997, 5 AZR 726/96, EzA § 5 EFZG Nr 5; LAG Rh-Pf 24.6.2010, 11 Sa 178/10, JurionRS 2010, 19887). Naturgem kommt als Zeuge (vgl § 414 ZPO) in 1. Linie der den AN behandelnde Arzt in Betracht (näher *Kühn* NZA 2012, 1249, 1251 f). IdR reicht jedoch für den Nachweis der Arbeitsunfähigkeit die Vorlage der nach § 5 I 2–4 erteilten ärztlichen Arbeitsunfähigkeitsbescheinigung aus. Denn einer ordnungsgem ausgestellten ärztlichen Arbeitsunfähigkeitsbescheinigung kommt iRd EFZ-Prozess ein **hoher Beweiswert** zu (BAG 26.2.2003, 5 AZR 112/02, EzA § 5 EFZG Nr 7; 19.2.2015, 8 AZR 1007/13, EzA § 611 BGB 2002 Persönlichkeitsrecht Nr 18; LAG Nds 7.5.2007, 6 Sa 1045/05, LAGE § 3 EFZG Nr 10; LAG Rh-Pf 26.11.2014, 4 Sa 398/14, JurionRS 2014, 34253; vgl auch LAG Hamm 11.7.2013, 11 Sa 312/13, JurionRS 2013, 51073; HessLAG 1.12.2012, 7 Sa 186/12, JurionRS 2012, 35034; LAG Nürnberg 27.11.2013, 8 Sa 89/13, LAGE § 102 BetrVG 2001 Nr 18; zum Beweiswert des Musters 1 der Arbeitsunfähigkeitsbescheinigung idF seit 1.1.2016 – vgl Rdn 16 – *Kleinebrink* ArbRB 2016, 93 ff). Das gilt im Grds auch für eine von einem ausländischen Arzt im Ausland ausgestellte (vgl Rdn 22) Bescheinigung (LAG Rh-Pf 24.6.2010, 11 Sa 178/10, JurionRS 2010, 19887; vgl auch LAG Hamm 15.2.2006, 18 Sa 1398/05, EEK 3235).

27 **II. Inlandsbescheinigung.** Der hohe Beweiswert einer im Inland ausgestellten Arbeitsunfähigkeitsbescheinigung wird aus der Lebenserfahrung hergeleitet (BAG 26.2.2003, 5 AZR 112/02, EzA § 5 EFZG Nr 7; LAG Nds 7.5.2007, 6 Sa 1045/05, LAGE § 3 EFZG Nr 10), womit letztlich auf die Grds des Anscheinsbeweises (allg zB BAG 18.1.1995, 5 AZR 817/93, EzA § 818 BGB Nr 8) zurückgegriffen wird. Nach diesen Grds hat der AG, der eine Arbeitsunfähigkeitsbescheinigung nicht gegen sich gelten lassen will, Umstände darzulegen und im Bestreitensfall auch zu beweisen, die zu ernsthaften Zweifeln an der behaupteten Arbeitsunfähigkeit des AN Anlass geben (BAG 17.6.2003, 2 AZR 123/02, EzA § 626 BGB 2002 Nr 4; LAG Köln 2.11.2011, 9 Sa 1581/10, JurionRS 2011, 34691; LAG Nds 7.5.2007, 6 Sa 1045/05, LAGE § 3 EFZG Nr 10; LAG MV 30.5.2008, 3 Sa 195/07, LAGE § 1 KSchG Verhaltensbedingte Kündigung Nr 101; LAG Rh-Pf 8.10.2013, 6 Sa 188/13, NZA-RR 2014, 127, 129; 11.11.2015, 7 Sa 672/14, JurionRS 2015, 34214; ArbG Berl 30.8.2013, 28 Ca 1658/13, JurionRS 2014, 20126; *Kühn* NZA 2012, 1249, 1250 f; vgl auch BAG 11.10.2006, 5 AZR 755/05, DB 2007, 1313, 1315; 12.3.2009, 2 AZR 251/07, EzA § 626 BGB 2002 Nr 26; LAG Hamm 11.7.2013, 11 Sa 312/13, JurionRS 2013, 51073; LAG Nürnberg 27.11.2013, 8 Sa 89/13, LAGE § 102 BetrVG 2001 Nr 18). Diese können sich aus den Umständen ihres Zustandekommens oder aus ihrem Inhalt, aus dem Verhalten des AN, das vor dem Tag liegt, der vom Arzt als Beginn der Arbeitsunfähigkeit bescheinigt worden ist, sowie aus dem Verhalten des AN während der ihm attestierten Arbeitsunfähigkeit (vgl BAG 19.2.2015, 8 AZR 1007/13, EzA § 611 BGB 2002 Persönlichkeitsrecht Nr 18, auch zur Detektivüberwachung mit heimlichen Videoaufnahmen; LAG Rh-Pf 26.11.2014, 4 Sa 398/14, JurionRS 2014, 34253; zum Anspruch des AG nach § 280 I BGB auf Erstattung von Detektivkosten in diesem Zusammenhang vgl BAG 26.9.2013, 8 AZR 1026/12, EzA § 280 BGB 2002 Nr 6) ergeben (zu Einzelheiten *Plocher* DB 2015, 1597, 1601; *Treber* § 5 Rn 59 ff; HzA/*Vossen* Gruppe 2 Rn 336 ff).

28 Durch die in § 275 Ia 1 lit a und b SGB V genannten Regelbsp (hierzu HzA/*Vossen* Gruppe 2 Rn 305–307) hat der Gesetzgeber deutlich gemacht, unter welchen Voraussetzungen der Beweiswert einer von einem an der kassenärztlichen Versorgung teilnehmenden Arzt ausgestellten Arbeitsunfähigkeitsbescheinigung erschüttert wird. Allein die Weigerung des AN, einer Anordnung der Krankenkasse – ggf auf Verlangen des AG, § 275 I a 3 SGB (hierzu *Plocher* DB 2015, 1597, 1604) –, sich vom MDK nach § 275 I Nr 3 lit b SGB V bzw nach § 276 V 1 SGB V untersuchen zu lassen (näher *Kühn* NZA 2012, 1249, 1252 f), Folge zu leisten, reicht nicht aus, um den Beweiswert der Arbeitsunfähigkeitsbescheinigung zu entkräften (LAG Hamm 26.6.1984, 7 Sa 228/84, BB 1985, 273; vgl auch BAG 3.10.1972, 5 AZR 215/72, EzA § 1 LohnFG Nr 26; *Treber* § 5 Rn 61; aA LAG Hamm 29.1.2003, 18 Sa 1137/02, EEK 3129; vgl auch LAG Hamm 11.7.2013, 11 Sa 312/13, JurionRS 2013, 51073). Allerdings kann diese Weigerung bei einem Streit über die Arbeitsunfähigkeit des AN im EFZprozess iRd freien Beweiswürdigung nach § 286 I 1 ZPO berücksichtigt werden (vgl BAG 11.8.1976, 5 AZR 422/75, EzA § 3 LohnFG Nr 3: *Kühn* NZA 2012, 1249, 1253). Widerlegt ist dagegen die Arbeitsunfähigkeitsbescheinigung, wenn der AN ohne gesetzlich anerkannten Grund (vgl näher § 65 SGB I) die Vorladung der Krankenkasse zur Untersuchung missachtet hat und diese gerade deshalb angeordnet worden war, um Zweifel an der Arbeitsunfähigkeit des AN auszuräumen (*Schmitt* § 5 Rn 119 u Rn 202). Hat der AG den hohen Beweiswert der vom AN vorgelegten ärztlichen Bescheinigung beseitigen können, muss dieser versuchen, mit den ihm auch sonst nach der ZPO zur Verfügung stehenden Beweismitteln (vgl auch Rdn 26) den Beweis seiner Arbeitsunfähigkeit zu führen (BAG 1.10.1997, 5 AZR 726/96, EzA § 5 EFZG Nr 5).

III. Auslandsbescheinigung. 1. EU- bzw EWR-Staaten. Der EuGH (Fall »Paletta I«) entschied 29
am 3.6.1992 (Rs C-45/90, EzA § 3 LohnFG Nr 16), die in seiner Vorabentsch v 12.3.1987 (Rs 22/86,
BB 1987, 1254 ff) nur für die dt Krankenkassen angenommene Bindungswirkung der in einem EU-Mitgliedstaat von einem Arzt der dortigen Krankenversicherungsträger ausgestellten Arbeitsunfähigkeitsbescheinigung erstrecke sich aufgrund der Regelung in Art 18 I bis IV der VO Nr 574/72 der EG (vgl hierzu auch Rdn 24) auch auf den dt AG. Am 2.5.1996 (Rs C-206/94, EzA § 5 EFZG Nr 1) entschied der EuGH (Fall »Paletta II«), die am 3.6.1992 vorgenommene Auslegung von Art 18 I–IV und V der VO Nr 574/72 der EG verwehre es dem AG nicht, Nachweise zu erbringen, anhand derer die ArbG ggf feststellen können, dass der AN missbräuchlich oder betrügerisch eine gem Art 18 der VO Nr 574/72 festgestellte Arbeitsunfähigkeit gemeldet habe, ohne krank gewesen zu sein. Das BAG hat am 19.2.1997 (5 AZR 747/93, EzA § 5 EFZG Nr 3) im Ausgangsverfahren »Paletta« zu Recht aus der Vorabentsch des EuGH v 2.5.1996 gefolgert, der AG trage die Beweislast dafür, dass der AN nicht arbeitsunfähig krank gewesen sei (ebenso LAG BW 9.5.2000, 10 Sa 85/97, LAGE § 1 LohnFG Nr 34). Allerdings könne der AG den Beweis für die fehlende Arbeitsunfähigkeit entspr den allg Beweisregeln auch mittels eines Indizienbeweises führen (ebenso LAG BW 9.5.2000, 10 Sa 85/97, LAGE § 1 LohnFG Nr 34; LAG Köln 1.6.2012, 4 Sa 115/12, JurionRS 2012, 22250; vgl auch BAG 17.6.2003, 2 AZR 123/02, EzA § 626 BGB 2002 Nr 4; LAG Düsseldorf 30.3.2012, 6 Sa 1358/11, JurionRS 2012, 38116).

Seit dem 1.5.2010 bestimmt Art 27 VIII der VO (EG) Nr 987/2009 (ABl EU Nr L 284 S 1) idF der 30
VO (EU) Nr 1372/2013 v 19.12.2013 (ABl EU Nr L 346, S 27), dass die auf dem ärztlichen Befund des untersuchenden Arztes oder Trägers beruhenden Angaben in einer in einem anderen Mitgliedstaat der EU (hierzu Rdn 24 u HzA/*Vossen* Gruppe 2 Rn 325-325/2) ausgestellten Bescheinigung über die AU eines Versicherten die gleiche Rechtsgültigkeit wie eine im zuständigen Mitgliedstaat ausgestellte Bescheinigung besitzen. Somit sind die deutschen Krankenkassen grundsätzlich an die Feststellung des Arztes oder Trägers in einem anderen Mitgliedstaat gebunden (*Kampmann/Christl*, Handbuch soziale Sicherheit International, Stand: April 2014, Art 21 VO (EG) Nr 883/2004, Anm 21.4). Die Formulierung in Art 27 VIII der VO (EG) Nr 987/2009 schließt aber – wie bereits in Anwendung der alten VOen (vgl Rdn 24) – nicht aus, dass in Einzelfällen Zweifel an einer ausländischen AU-Bescheinigung angebracht sein können (vgl näher Rdschr 263/2010 S 1 des GKV-Spitzenverbandes, DVKA). Die in Art 27 VIII der VO (EG) Nr 987/2009 (ABl EU Nr L 284 S 1) geregelte Bindungswirkung der deutschen Krankenkassen an die in einem EU-Mitgliedstaat (Rdn 24 u HzA/*Vossen* Gruppe 2 Rn 325-325/2) von einem Arzt des dortigen Krankenversicherungsträgers ausgestellte AU-Bescheinigung gilt unter Berücksichtigung der in Rdn 29 dargestellten Rechtsprechung des EuGH und des BAG auch für den dt AG. Dieser ist allerdings weiterhin nicht gehindert, Nachweise zu erbringen, die den Beweiswert einer solchen AU-Bescheinigung erschüttern (vgl hierzu Rdn 29 u HzA/*Vossen* Gruppe 2 Rn 359 mit Rn 335-346).

2. Sonstige Staaten. Einer in einem Staat außerhalb des EU- bzw EWR-Bereichs ausgestellten Bescheini- 31
gung eines ausländischen Arztes über die Arbeitsunfähigkeit des AN kommt iA der gleiche Beweiswert wie einer im Geltungsbereich des EFZG ausgestellten Bescheinigung (Rdn 27) zu. Das muss jedenfalls dann gelten, wenn die Bescheinigung erkennen lässt, dass der ausländische Arzt zwischen bloßer Erkrankung und krankheitsbedingter Arbeitsunfähigkeit unterschieden und damit eine den Begriffen des dt Arbeits- und Sozialversicherungsrechts entspr Beurteilung vorgenommen hat (BAG 17.6.2003, 2 AZR 123/02, EzA § 626 BGB 2002 Nr 4; LAG Hamm 15.2.2006, 18 Sa 1398/05, EEK 3235; LAG Rh-Pf 24.6.2010, 11 Sa 178/10, JurionRS 2010, 19887).

IV. Fehlen einer Arbeitsunfähigkeitsbescheinigung. Fraglich ist, welche Auswirkungen die in § 5 I 2 32
normierte Befreiung von der Vorlagepflicht bei einer nicht länger als 3 Kalendertage dauernden Arbeitsunfähigkeit (Rdn 9) auf eine EFZ-Klage des AN hat. Der AG ist nämlich, sofern ihm nicht ein widersprüchliches Verhalten (§ 242 BGB) vorgeworfen werden kann, selbst dann nicht gehindert, die Arbeitsunfähigkeit zu bestreiten, wenn er von seinem Recht aus § 5 I 3 keinen Gebrauch gemacht hat (BAG 26.2.2003, 5 AZR 112/02, EzA § 5 EFZG Nr 7). Damit sich diese gesetzliche Vergünstigung nicht in ihr Gegenteil verkehrt, genügt der AN bei derartigen Kurzerkrankungen seiner Darlegungslast, wenn er schlicht behauptet, krank gewesen zu sein. Erst wenn der AG Umstände darlegt und auch beweisen kann, die Anlass zu ernsthaften Zweifeln an der Arbeitsunfähigkeit geben würden, muss der AN versuchen, die von ihm behauptete Arbeitsunfähigkeit mit den von der ZPO anerkannten Mitteln (Rdn 26) zu beweisen (vgl LAG Nürnberg 18.6.1997, 4 Sa 139/95, LAGE § 5 EFZG Nr 2; aA wohl *Müller-Glöge* RdA 2006, 105, 114).

§ 6 Forderungsübergang bei Dritthaftung

(1) Kann der Arbeitnehmer auf Grund gesetzlicher Vorschriften von einem Dritten Schadensersatz wegen des Verdienstausfalls beanspruchen, der ihm durch die Arbeitsunfähigkeit entstanden ist, so geht dieser Anspruch insoweit auf den Arbeitgeber über, als dieser dem Arbeitnehmer nach diesem Gesetz Arbeitsentgelt fortgezahlt und darauf entfallende vom Arbeitgeber zu tragende Beiträge zur Bundesagentur für Arbeit, Arbeitgeberanteile an Beiträgen zur Sozialversicherung und zur Pflegeversicherung sowie zu Einrichtungen der zusätzlichen Alters- und Hinterbliebenenversorgung abgeführt hat.
(2) Der Arbeitnehmer hat dem Arbeitgeber unverzüglich die zur Geltendmachung des Schadensersatzanspruchs erforderlichen Angaben zu machen.
(3) Der Forderungsübergang nach Absatz 1 kann nicht zum Nachteil des Arbeitnehmers geltend gemacht werden.

Übersicht

		Rdn.			Rdn.
A.	Einleitung	1	C.	Umfang des Forderungsübergangs	8
B.	Voraussetzungen des Forderungsübergangs	2	I.	Allgemein	8
I.	Gesetzlicher Schadensersatzanspruch	2	II.	AG-Beiträge	9
II.	Bestehen des Schadensersatzanspruchs	3	III.	Höhe des Forderungsübergangs	10
III.	Ersatz des Verdienstausfalls	4	D.	Auskunftspflicht	11
IV.	Dritter iSd § 6 I	5	E.	Nachteilsschutz zugunsten des AN	12
V.	EFZ nach dem EFZG	7	F.	Konkurrenzprobleme zu § 116 SGB X	13

1 **A. Einleitung.** Wird die Arbeitsunfähigkeit eines AN durch die Handlung eines Dritten verursacht, kann es zu einem Dreiecksverhältnis zwischen Schädiger, AN und AG kommen. Einerseits steht dem AN nach § 3 I 1 der EFZ-Anspruch gegen den AG zu. Andererseits kann er je nach Lage gegen den Dritten einen Schadensersatzanspruch aus unerlaubter Handlung gem §§ 823 ff BGB, nach den Grds der Gefährdungshaftung, zB §§ 7 ff StVG, oder auch aufgrund Vertrages haben. Denn der vom Dritten zu ersetzende Schaden umfasst auch den Verdienstausfall (vgl §§ 252, 842 BGB, § 11 S 1 StVG), wobei unerheblich ist, dass der AN aufgrund der EFZ tatsächlich gar keinen Verdienstausfall erleidet. Um zu vermeiden, dass der verletzte AN 2 Gläubiger in Anspruch nehmen kann, bestimmt § 6 I 1, dass, wenn der AN von einem Dritten Schadensersatz wegen des Verdienstausfalls infolge Arbeitsunfähigkeit verlangen kann, der Schadensersatzanspruch insoweit auf den AG übergeht, als dieser dem AN nach dem EFZG Arbeitsentgelt fortgezahlt hat.

2 **B. Voraussetzungen des Forderungsübergangs. I. Gesetzlicher Schadensersatzanspruch.** Indem § 6 I den Forderungsübergang ua von einem Schadensersatzanspruch aufgrund gesetzlicher Vorschriften abhängig macht, scheidet er aus, wenn der AN seinen Ersatzanspruch ausschließlich auf eine vertragliche Grundlage, zB einen Versicherungsvertrag, stützen kann (*Schmitt* § 6 Rn 19; *Treber* § 6 Rn 7). Als gesetzliche Schadensersatzansprüche kommen Ansprüche wegen unerlaubter Handlungen nach §§ 823 ff BGB, einschl solcher nach § 839 I 1 BGB, Art 34 S 1 GG (vgl BGH 20.6.1974, III ZR 27/73, AP Nr 1 zu § 4 LohnFG; *Schmitt* § 6 Rn 14, 15), Ansprüche wegen Gefährdungshaftung, zB § 7 I, 18 I 1 StVG (LAG BW 27.7.2011, 13 Sa 15/11, JurionRS 2011, 21798), § 833 BGB, sowie Ansprüche wegen Vertragsverletzung nach § 280 I BGB, ggf iVm § 311 II BGB (vgl *Schmitt* § 6 Rn 17; *Treber* § 6 Rn 8, 9), in Betracht.

3 **II. Bestehen des Schadensersatzanspruchs.** Ein Übergang des Schadensersatzanspruchs des AN gegen den Dritten bedingt naturgem, dass ein derartiger Anspruch aufgrund der jew in Betracht kommenden gesetzlichen Vorschriften überhaupt besteht. Ist das der Fall, oder steht dem Schadensersatzanspruch die Einrede der Verjährung gem § 214 I BGB entgegen, findet zwar ein Forderungsübergang nach § 6 I statt. Der AG kann jedoch den Schadensersatzanspruch ggü dem Dritten nicht durchsetzen, weil dieser nach § 404 BGB iVm § 412 BGB dem AG die Einwendungen entgegensetzen kann, die im Zeitpunkt des Forderungsübergangs gegen den AN begründet waren (zur Verjährung vgl BGH 20.4.1982, VI ZR 197/80, EEK I/732).

4 **III. Ersatz des Verdienstausfalls.** Nach § 6 I geht der Schadensersatzanspruch des AN gegen den Dritten nur insoweit auf den AG über, als er den Verdienstausfall betrifft, der dem AN durch seine Arbeitsunfähigkeit entstanden ist. Dazu gehört kein Verdienst, der nur unter Verstoß gegen das ArbZG hätte erzielt werden können (vgl früher zur AZO BGH 28.1.1986, VI ZR 151/84, NJW 1986, 1486, 847).

5 **IV. Dritter iSd § 6 I.** Damit ein Schadensersatzanspruch von dem gesetzlichen Forderungsübergang des § 6 I erfasst wird, muss sich dieser gegen einen Dritten richten. Hierzu zählt grds jede natürliche

oder juristische Person. Allerdings können vom Forderungsübergang Schadensersatzansprüche gegen in häuslicher Gemeinschaft lebende Familienangehörige, zu denen seit dem 1.8.2001 nach § 11 I LPartG auch der Lebenspartner des anderen Lebenspartners einer gleichgeschlechtlichen Lebenspartnerschaft (vgl § 1 I 1 LPartG) gehört, in Anlehnung an § 116 VI 1 SGB X und § 86 III Hs 1 VGG (früher § 67 II Hs 1 VVG aF, vgl hierzu BGH 4.3.1976, VI ZR 60/75, EzA § 4 LohnFG Nr 2; OLG Dresden 8.9.1999, 8 U 2048/99, EEK I/256) und gegen Arbeitskollegen wegen des Haftungsprivilegs in § 105 I 1 SGB VII ausgeschlossen sein. Das dürfte jetzt auch für Schadensersatzansprüche gegen Partner einer nichtehelichen Lebensgemeinschaft gelten (bisher dafür *Treber* § 6 EFZG Rn 17 mwN; dagegen *Schmitt* § 6 EFZG Rn 31), nachdem der BGH unter Aufgabe seiner früheren Rspr (BGH 1.12.1987, VersR 1988, 253 ff.) am 5.2.2013 (VI ZR 274/12, VersR 2013, 520 ff) entschieden hat, § 116 VI 1 SGB X analog auch auf Partner einer nichtehelichen Lebensgemeinschaft anzuwenden (im Anschl an BGH 22.4.2009, IV ZR 160/07, VersR 2009, 813 ff zur analogen Anwendung von § 67 II VVG aF auf diesen Personenkreis und im Hinblick auf § 86 III VVG nF – seit 1.1.2008 –, der – anders als noch § 67 II VVG aF – die Familienzugehörigkeit nicht mehr verlangt).

Hat außer dem nach § 104 I 1 SGB VII von der Haftung freigestellten AG (vgl hierzu zB BAG 19.8.2004, 8 AZR 349/03, EzA § 104 SGB VII Nr 2; LAG Rh-Pf 2.10.2012, 3 Sa 272/12, JurionRS 2012, 28935; 15.5.2014, 5 Sa 72/14, JurionRS 2014, 17742; LAG Schl-Holst 2.6.2009, 5 Sa 41/09, LAGE § 104 SGB VII Nr 1; vgl auch BAG 20.6.2013, 8 AZR 471/12, EzA § 636 RVO Nr 15) oder dem gem § 105 I 1 SGB VII haftungsprivilegierten Arbeitskollegen (vgl hierzu zB BAG 22.4.2004, 8 AZR 159/03, EzA § 105 SGB VII Nr 4; 19.2.2009, 8 AZR 188/08, EzA § 105 SGB VII Nr 5; 19.3.2015, 8 AZR 67/14, EzA § 105 SGB VII Nr 6; LAG BW 27.7.2011, 13 Sa 15/11, JurionRS 2011, 21798; *Schlünder* NZA 2012, 1126, 1127 f) ein weiterer Schädiger, der sich nicht auf die genannten Haftungsausschlüsse berufen kann, die Arbeitsunfähigkeit mitverursacht, geht der Schadensersatzanspruch des AN gegen den 2. Schädiger gem § 6 I 1 auf den AG über. Dieser kann den Zweitschädiger aber nur insoweit in Anspruch nehmen, als dieser im internen Verhältnis der Gesamtschuldner zueinander (vgl § 426 I 1 BGB iVm § 254 BGB) ohne Berücksichtigung der Haftungsfreistellung für den Schaden aufkommen müsste (*Knorr/Krasney* § 6 Rn 32; vgl auch BGH 11.11.2003, VI ZR 13/03, NJW 2004, 951, 952; *Waltermann* NJW 2004, 901, 905 f).

V. EFZ nach dem EFZG. Der Forderungsübergang nach § 6 I 1 setzt schließlich voraus, dass der AG »nach diesem Gesetz« Arbeitsentgelt fortgezahlt hat. Entscheidend hierfür ist die objektive Rechtslage. Demnach entfällt ein Forderungsübergang, falls der AG dem AN im Krankheitsfall EFZ aufgrund Arbeitsvertrages, BV oder TV über die in §§ 3, 4 normierte Verpflichtung hinaus gewährt hat (*Schlünder* NZA 2012, 1126, 1130; *Treber* § 6 Rn 22; vgl auch BGH 16.10.2001, VI ZR 408/00, NJW 2002, 128; LAG BW 27.7.2011, 13 Sa 15/11, JurionRS 2011, 21798). Bei übergesetzlicher EFZ kommt nur eine Forderungsabtretung gem § 398 S 1 BGB in Betracht (*Schmitt* § 6 Rn 43; vgl auch *Treber* § 6 Rn 22).

C. Umfang des Forderungsübergangs. I. Allgemein. Nach § 6 I geht der gesetzliche Schadensersatzanspruch des AN zunächst insoweit auf den AG über, als dieser dem AN nach dem EFZG das Arbeitsentgelt fortgezahlt hat. Der Begriff des Arbeitsentgelts in § 6 I entspricht dem des § 4 I (LAG BW 27.7.2011, 13 Sa 15/11, JurionRS 2011, 21798; ErfK/*Reinhard* § 6 Rn 10; *Schlünder* NZA 2012, 1126, 1130 mwN; zum Entgeltbegriff näher § 4 Rdn 4–20). Den Forderungsübergang gem § 6 I löst deshalb zB auch die Zahlung des Teils einer »arbeitsleistungsbezogenen« Sondervergütung aus, der auf die Zeit der vom Drittschädiger verursachten Arbeitsunfähigkeit fällt (§ 4 Rdn 7). Wegen fehlender EFZ-Pflicht nach § 3 I 1 gilt dies nicht entspr für die in § 4 Rdn 8 genannten Einmalzahlungen (ebenso LAG BW 27.7.2011, 13 Sa 15/11, JurionRS 2011, 21798; *Treber* § 6 Rn 25; aA BAG 12.12.1989, 8 AZR 195/88, JurionRS 1989, 17135; BGH 7.5.1996, VI ZR 102/95, NZA 1996, 972, 973). Da die Verpflichtung des AG zur Zahlung von Urlaubsentgelt aus § 611 I BGB iVm §§ 1, 11 BUrlG folgt (vgl § 1 BUrlG Rdn 4), kann entgegen der Auffassung des BGH (zuletzt wieder 13.8.2013, VI ZR 389/12, NZA 2014, 91, 93; ebenso OLG München 27.5.2015, 3 U 545/15, JurionRS 2015, 16459) vom Forderungsübergang nicht der auf den Zeitraum der unfallbedingten AU entfallende Anteil des Urlaubsentgelts erfasst werden (vgl auch LAG BW 27.7.2011, 13 Sa 15/11, JurionRS 2011, 21798; *Schlünder* NZA 2012, 1126, 1131 f; *Schmitt* § 6 Rn 55; *Treber* § 6 Rn 25).

II. AG-Beiträge. Da die Beitragsanteile des AG zur Arbeitslosen-, Kranken-, Renten- und Pflegeversicherung nicht zum Bruttoarbeitsentgelt des AN gehören (§ 4 Rdn 5), bestimmt § 6 I ausdrücklich, dass der gesetzliche Schadensersatzanspruch des AN auch insoweit auf den AG übergeht, als dieser die auf das fortzuzahlende Arbeitsentgelt entfallenden und von ihm zu tragenden Beiträge zur Bundesanstalt für Arbeit (§ 340 SGB III), zur Sozialversicherung (§ 249 I SGB V bzw § 168 I Nr 1 SGB VI) und zur Pflegeversicherung (§ 59

I SGB XI) abgeführt hat. Entspr gilt nach § 6 I noch für die vom AG zu tragenden Beiträge zu Einrichtungen der zusätzlichen Alters- und Hinterbliebenenversorgung (sog betriebliche Altersversorgung). Diese müssen aber auf das gezahlte Arbeitsentgelt entfallen (BGH 28.1.1986, VI ZR 30/85, EzA § 4 LohnFG Nr 3; *Schmitt* § 6 Rn 52). Wegen fehlender Erwähnung in § 6 I fallen die Beiträge, die von einem AG zu den Sozialkassen des Baugewerbes (Urlaubs- und Lohnausgleichskasse) gezahlt werden, nicht unter den in dieser Norm geregelten Forderungsübergang (*Treber* § 6 Rn 27; vgl auch OLG Hamburg 25.2.1986, 7 U 23/85, EEK I/852). Dies gilt auch für die von den AG der Bauwirtschaft gem §§ 354 ff SGB III iVm der WinterbeschV v 26.4.2006 (BGBl I S 1086) idF der V v 24.6.2013 (BGBl I S 1681), zu zahlende Winterbeschäftigungs-Umlage (*Treber* § 6 Rn 27; vgl früher BGH 28.1.1986, VI ZR 30/85, EzA § 4 LohnFG Nr 3; *Schmitt* § 6 Rn 47). Obwohl die gesetzliche **Unfallversicherung** Teil der Sozialversicherung ist, wird der gem § 150 I 1 SGB VII vom AG allein zu tragende Beitrag zu dieser Versicherung nicht von dem in § 6 I normierten Forderungsübergang erfasst (zB *Treber* § 6 Rn 27; ebenso schon zu § 4 I LohnFG BGH 11.11.1975, VI ZR 128/74, NJW 1976, 326, 327; aA AG Kerpen 2.3.2012, 104 C 257/11, NZS 2012, 628 LS).

10 **III. Höhe des Forderungsübergangs.** Der Forderungsübergang nach § 6 I ist in dem in Rdn 8 angegebenen Umfang auf die Höhe des dem AN zustehenden Schadensersatzanspruchs gegen den Dritten begrenzt. Hat bei der Entstehung des Schadens ein Mitverschulden des AN mitgewirkt, namentlich bei Unfällen im Straßenverkehr, verringert dieses gem § 254 I BGB seinen Ersatzanspruch gegen den Dritten. In entspr geminderter Höhe geht der Schadensersatzanspruch gem § 6 I auf den AG über (*Feichtinger/Malkmus* § 6 Rn 40). Der Forderungsübergang nach § 6 I tritt erst ein, wenn und soweit der AG das fortzuzahlende Arbeitsentgelt an den AN tatsächlich geleistet und die hierauf entfallenden und von ihm zu tragenden Beiträge zur BA, zur Sozialversicherung, zur Pflegeversicherung sowie zu Einrichtungen der zusätzlichen Alters- und Hinterbliebenenversorgung abgeführt hat (vgl BGH 4.4.1978, VI ZR 252/76, EEK I/599).

11 **D. Auskunftspflicht.** Gem § 6 II hat der AN dem AG unverzüglich die zur Geltendmachung des Schadensersatzanspruchs erforderlichen Angaben zu machen. Die Auskunftspflicht **entsteht** im **Zeitpunkt** des **Schadensereignisses**, nicht erst im Moment des Forderungsübergangs (*Treber* § 6 Rn 31). Es reicht aus, wenn hins des die Arbeitsunfähigkeit begründenden Ereignisses die Schadensersatzpflicht eines Dritten möglich erscheint (*Schmitt* § 6 Rn 63). Anzugeben hat der AN dem AG insb das Schadensereignis, die Schadensursache, den Namen und die Anschrift des Schädigers einschl etwaiger Zeugen, evtl Ermittlungsergebnisse und – vgl auch § 402 BGB – etwaige Beweisurkunden (*Treber* § 6 Rn 32). Die Auskunftspflicht des AN beschränkt sich iA auf die erforderlichen Angaben, die er aus eigenem Wissen machen kann. Je nach den Umständen des Einzelfalls können ihm jedoch Maßnahmen der Beweissicherung und bes Erkundigungen zugemutet werden (vgl LAG Düsseldorf 24.4.1974, 6 Sa 1299/73, DB 1974, 1392; näher HzA/*Vossen* Gruppe 2 Rn 673). Der AN hat die Auskünfte **unverzüglich**, dh nach § 121 I 1 BGB ohne schuldhaftes Zögern, aus eigenem Antrieb zu machen. Erfährt er nach der Mitteilung an den AG weitere, zur Geltendmachung des Schadensersatzanspruch erforderliche Tatsachen, hat er auch diese unverzüglich weiterzugeben (*Schmitt* § 6 Rn 66). Solange der AN der ihm aus § 6 II obliegenden Verpflichtung schuldhaft nicht nachkommt, hat der AG ein Leistungsverweigerungsrecht nach § 7 I Nr 2 (§ 7 Rdn 6).

12 **E. Nachteilsschutz zugunsten des AN.** Nach § 6 III kann der Forderungsübergang nicht zum Nachteil des AN geltend gemacht werden. Damit soll zum einen verhindert werden, dass der AG, der den Anspruch gegen den Dritten nicht in vollem Umfang realisieren kann, zB weil diesem die finanziellen Mittel fehlen, sich seinerseits wegen des Restes wieder an den AN hält (*Feichtinger/Malkmus* § 6 Rn 30). Darüber hinaus soll der AG mit dem auf ihn übergegangenen Schadensersatzanspruch zurücktreten, solange nicht alle übrigen Schadensersatzansprüche des AN, zB Sachschäden, Schmerzensgeld usw, befriedigt sind (*Schmitt* § 6 Rn 74). Reichen die Mittel des Schädigers dazu nicht aus oder sind die Deckungssummen einer Haftpflichtversicherung erschöpft, erhält der AG nichts. Die in § 6 III getroffene Regelung schließt selbst eine anteilmäßige Befriedigung der Ansprüche des AN und des AG durch den Dritten aus. Dem AN steht damit stets der Vorrang zu.

13 **F. Konkurrenzprobleme zu § 116 SGB X.** Führt die infolge eines Schadensereignisses eingetretene Arbeitsunfähigkeit zu einem Anspruch des AN auf EFZ gegen seinen AG gem § 3 I 1 und zu einem Anspruch auf Zahlung von Krankengeld gegen die Krankenkasse nach § 44 I SGB V, zB wenn die Arbeitsunfähigkeit länger als 6 Wochen dauert oder das Arbeitsverhältnis vor Ablauf von 6 Wochen endet, geht der Schadensersatzanspruch des AN gegen den Dritten hins des Verdienstausfalls, soweit er durch den AG durch EFZ ausgeglichen worden ist, gem § 6 I auf den AG und iÜ hins der Krankengeldzahlung auf die Krankenkasse nach § 116 I SGB X über. Zu einer **Anspruchskonkurrenz** zwischen den Neugläubigern kann es in diesem Fall wegen fehlender zeitlicher und sachlicher Deckung nicht kommen (*Feichtinger/Malkmus* § 6 Rn 57; *Treber* § 6 Rn 41). Anders ist es, wenn der AN aufgrund des Schadensereignisses

stationär behandelt werden muss und die Krankenkasse iRd von ihr nach § 27 I 2 Nr 5 SGB V zu tragenden Krankenhausbehandlung gem § 39 I 3 SGB V die Verpflegungskosten übernimmt (näher HzA/*Vossen* Gruppe 2 Rn 676 u 677).

Eine **Gläubigerkonkurrenz** kann entstehen, wenn die Schadensersatzforderung des AN durch G der Höhe 14 nach begrenzt ist – zB nach § 12 StVG, § 37 LuftVG – mit der Folge, dass der AN seinen Schaden nur zu einem Teil ausgleichen kann (näher HzA/*Vossen* Gruppe 2 Rn 678–680). § 116 II SGB X bestimmt, dass der Schadensersatzanspruch auf den Sozialversicherungsträger nur übergeht, soweit er nicht zum Ausgleich des Schadens des Geschädigten oder seiner Hinterbliebenen erforderlich ist. Dasselbe Quotenrecht hat der AN im Verhältnis zum AG wegen der Regelung in § 6 III.

§ 7 Leistungsverweigerungsrecht des Arbeitgebers

(1) Der Arbeitgeber ist berechtigt, die Fortzahlung des Arbeitsentgelts zu verweigern,
1. solange der Arbeitnehmer die von ihm nach § 5 Abs. 1 vorzulegende ärztliche Bescheinigung nicht vorlegt oder den ihm nach § 5 Abs. 2 obliegenden Verpflichtungen nicht nachkommt;
2. wenn der Arbeitnehmer den Übergang eines Schadensersatzanspruchs gegen einen Dritten auf den Arbeitgeber (§ 6) verhindert.

(2) Abs. 1 gilt nicht, wenn der Arbeitnehmer die Verletzung dieser ihm obliegenden Verpflichtungen nicht zu vertreten hat.

Übersicht	Rdn.		Rdn.
A. Einleitung..........................	1	C. Tatbestand des § 7 I Nr 2.............	6
B. Tatbestand des § 7 I Nr 1.............	2	D. Verschulden......................	8
I. Voraussetzungen....................	2	E. Rückforderungsanspruch.............	9
II. Dauer..........................	3		

A. Einleitung. Rechtsfolgen bei Verletzung der in § 5 normierten Anzeige- und Nachweispflichten sind 1 für alle AN iSv § 1 II in § 7 I Nr 1 enthalten. Danach ist der AG berechtigt, die EFZ so lange zu verweigern, bis der AN die von ihm nach § 5 I 2–4 vorzulegende ärztliche Bescheinigung über die Arbeitsunfähigkeit beibringt (1. Alt) oder den in § 5 II normierten Verpflichtungen zur Benachrichtigung seines AG oder seiner Krankenkasse (vgl LAG Nds 14.5.1996, 7 Sa 2214/95, LAGE § 7 EFZG Nr 1) bei einer Erkrankung im Ausland nachkommt (2. Alt). Allerdings gilt dies gem § 7 II nur dann, wenn der AN die vorgenannten Pflichten schuldhaft (Rdn 8) nicht erfüllt. Das in § 7 I Nr 1 geregelte Leistungsverweigerungsrecht entfällt von vornherein, wenn der AN aufgrund bes Abrede (vgl § 5 Rdn 18) überhaupt nicht die in diesen Vorschriften erwähnten Nachweis- und Benachrichtigungspflichten erfüllen muss. Von diesem Leistungsverweigerungsrecht zu unterscheiden ist das Recht des AG, die EFZ zu verweigern, weil eine der anspruchsbegründenden Voraussetzungen des § 3 I 1 bzw des § 3 II nicht vorliegt (vgl auch BAG 26.2.2003, 5 AZR 112/02, EzA § 5 EFZG Nr 7). § 7 I Nr 2 räumt dem AG ein Leistungsverweigerungsrecht im Fall der Verhinderung des Anspruchsübergangs nach § 6 I (hierzu Rdn 6, 7) ein. Macht der AG im EFZ-Prozess von seinem Leistungsverweigerungsrecht nach § 7 I Nr 1 oder Nr 2 Gebrauch, obliegt ihm die **Darlegungs-** und **Beweislast** hins der in dieser Norm angesprochenen Pflichtverletzungen (*Schmitt* § 7 Rn 59).

B. Tatbestand des § 7 I Nr 1. I. Voraussetzungen. § 7 I Nr 1 Alt 1 ist einschlägig, wenn der AN 2 **schuldhaft** die ärztliche Arbeitsunfähigkeitsbescheinigung entgegen § 5 I 2–4 nicht rechtzeitig vorgelegt hat. Dabei ist es wegen § 5 I 4 unerheblich, ob der AN eine Erst- oder Folgebescheinigung verspätet eingereicht hat. Des Weiteren kann sich der AG auf § 7 I Nr 1 Alt 1 berufen, falls die ärztliche Bescheinigung zwar rechtzeitig vorgelegt worden ist, jedoch nicht den in § 5 I 5 festgelegten Anforderungen genügt (LAG Köln 21.11.2003, 4 Sa 588/03, NZA-RR 2004, 572 f). Der AG kann dem im Ausland erkrankten AN das Leistungsverweigerungsrecht des § 7 I Nr 1 Alt 2 entgegenhalten, wenn dieser seiner Mitteilungspflicht ihm ggü nach § 5 II 1 und/oder seinen Anzeige- und Mitteilungspflichten ggü der Krankenkasse gem § 5 II 3, 4 nicht nachkommt (LAG Nds 14.5.1996, 7 Sa 214/95, LAGE § 7 EFZG Nr 1; *Treber* § 7 Rn 11). Erkrankt der AN in einem Land, in dem diese Pflichten auch ggü einem dort ansässigen Sozialversicherungsträger erfüllt werden können (§ 5 Rdn 24), müssen die dann geltenden Pflichten (§ 5 Rdn 24 f) verletzt worden sein, um das Leistungsverweigerungsrecht des AG auszulösen (*Schmitt* § 7 Rn 27).

II. Dauer. Das Leistungsverweigerungsrecht besteht nur **zeitweilig**, nämlich »solange« der AN seine 3 Verpflichtungen aus § 5 I 2 bis 4, II schuldhaft nicht erfüllt (BAG 26.2.2003, 5 AZR 112/02, EzA § 5 EFZG Nr 7; LAG Köln 1.6.2012, 4 Sa 115/12, JurionRS 2012, 22250; LAG Rh-Pf 4.8.2011, 10 Sa

156/11, JurionRS 2011, 25606). Erfüllt der AN seine gesetzlichen Verpflichtungen, erlischt das Leistungsverweigerungsrecht, und zwar rückwirkend mit dem Zeitpunkt des Beginns der Arbeitsunfähigkeit (BAG 19.2.1997, 5 AZR 83/96, EzA § 3 EFZG Nr 2; *Schmitt* § 7 Rn 29). Das Leistungsverweigerungsrecht des AG nach § 7 I Nr 1 Alt 1 endet auch dann, wenn der AN seine Arbeitsunfähigkeit anders als durch eine ärztliche Bescheinigung mit den ihm sonst zur Verfügung stehenden Beweismitteln belegt (BAG 1.10.1997, 5 AZR 726/96, EzA § 5 EFZG Nr 5; vgl auch LAG Hamm 15.2.2006, 18 Sa 1398/05, EEK 3235; LAG Rh-Pf 24.6.2010, 11 Sa 178/10, JurionRS 2010, 19887).

4 Unmöglich wird die Erfüllung der in § 5 II 1 vorgeschriebenen Mitteilungs- bzw Anzeigepflichten (§ 5 Rdn 20–25), wenn der AN bei einer Auslandserkrankung dem AG die dort vorgeschriebenen Informationen nicht »in der schnellstmöglichen Art der Übermittlung« (§ 5 Rdn 21) hat zukommen lassen. Dem AG kann jedoch bei Nichterfüllung dieser Pflicht kein endgültiges Leistungsverweigerungsrecht zugebilligt werden (vgl LAG Hamm 15.2.2006, 18 Sa 1398/05, EEK 3235; LAG Köln 1.6.2012, 4 Sa 115/12, JurionRS 2012, 22250). Weiterhin unmöglich wird zB die Erfüllung der Anzeigepflichten nach § 5 II 3 und 4 dem AN, der sich nach Beginn seiner Arbeitsunfähigkeit im Ausland nicht an den für seinen Aufenthaltsort zuständigen Sozialversicherungsträger gewendet hat, auch nicht selbst seiner Krankenkasse in der BR Deutschland seine Arbeitsunfähigkeit mitgeteilt hat und inzwischen in den Geltungsbereich des EFZG zurückgekehrt ist (LAG Nds 14.5.1996, 7 Sa 2214/95, LAGE § 7 EFZG Nr 1). Deshalb verwandelt sich jedoch das zeitweilige Leistungsverweigerungsrecht nach § 7 I Nr 1 Alt 2 nicht in ein endgültiges (*Kaiser/Dunkl/Hold/Kleinsorge* § 7 Rn 19; vgl auch LAG Köln 1.6.2012, 4 Sa 115/12, JurionRS 2012, 22250; aA LAG Nds 14.5.1996, 7 Sa 2214/95, LAGE § 7 EFZG Nr 1), da die in § 5 II 3 und 4 normierten Unterrichtungspflichten keine von § 3 I 1 geforderten Anspruchsvoraussetzungen enthalten.

5 Die Verletzung der Mitteilungspflichten des § 5 II 1 – für die übrigen in § 5 II genannten Mitteilungspflichten kann wegen ihrer beweisrechtlichen Bedeutung (vgl § 5 Rdn 23) nichts anderes gelten – kann aber nach Auffassung des BAG je nach den Umständen des Einzelfalles als Beweisvereitelung (hierzu allg BGH 26.9.1996, III ZR 56/96, NJW-RR 1996, 1534) angesehen werden und damit dazu führen, dass das ArbG im EFZ-Prozess den vom AN zu erbringenden Beweis für das Vorliegen der krankheitsbedingten Arbeitsunfähigkeit (§ 5 Rdn 26) als nicht erbracht ansieht (BAG 19.2.1997, 5 AZR 83/96, EzA § 3 EFZG Nr 2; vgl auch LAG Köln 1.6.2012, 4 Sa 115/12, JurionRS 2012, 22250).

6 **C. Tatbestand des § 7 I Nr 2.** Diese Norm räumt dem AG ein **endgültiges Leistungsverweigerungsrecht** ein, wenn der AN den Übergang des Schadensersatzanspruchs wegen Verdienstausfalls nach § 6 I verhindert. Das früher in § 5 S 1 Nr 1 Alt 3 LohnFG enthaltene vorläufige Leistungsverweigerungsrecht für den Fall, dass der AN dem AG entgegen § 4 II LohnFG nicht unverzüglich die zur Durchsetzung eines Schadensersatzanspruchs erforderlichen Angaben gemacht hat, ist im EFZG nicht mehr geregelt. Dennoch hat eine Verletzung der nunmehr in § 6 II normierten Auskunftspflicht (§ 6 Rdn 11) ein Leistungsverweigerungsrecht zur Folge (aA *Kunz/Wedde* § 7 Rn 27). Wird der AG nur zeitweilig, zB durch nicht unverzügliche Weitergabe der notwendigen Angaben (vgl § 6 II), an der Geltendmachung des Schadensersatzanspruchs gehindert, steht ihm lediglich infolge einschränkender Auslegung des § 7 I Nr 2 (dagegen *Boecken* NZA 1999, 673, 682) ein vorläufiges Leistungsverweigerungsrecht zu (ebenso *Treber* § 7 Rn 18).

7 Der AN kann den **Forderungsübergang** nach § 6 I **rechtlich verhindern**, solange der AG noch keine EFZ nach § 3 I 1 geleistet hat. Da erst zu diesem Zeitpunkt der gesetzliche Forderungsübergang eintritt (§ 6 Rdn 8), behält der AN bis zu diesem Zeitpunkt seine Gläubigerstellung und kann somit über die Schadensersatzforderung wegen Verdienstausfalls wirksam verfügen (hierzu näher HzA/*Vossen* Gruppe 2 Rn 683). Der AN kann den Übergang des Schadensersatzanspruchs auf den AG dadurch rechtlich verhindern, dass er mit dem Schädiger oder dessen Haftpflichtversicherung (vgl zB § 10 V AKB) einen Abfindungsvergleich nach § 779 BGB schließt (vgl BAG 7.12.1988, 5 AZR 757/87, EzA § 5 LohnFG Nr 3; LAG Schl-Holst 18.7.2006, 2 Sa 155/06, NZA-RR 2006, 568, 570), auf seine Forderung ggü dem Schädiger gem § 397 BGB verzichtet oder seine Forderung gegen den Schädiger an einen anderen abtritt (§ 398 S 1 BGB).

8 **D. Verschulden.** Das vorläufige (Rdn 3) und das endgültige (Rdn 6) Leistungsverweigerungsrecht des AG setzen nach § 7 II voraus, dass der AN schuldhaft den Übergang des Schadensersatzanspruchs gegen den Dritten auf den AG verhindert hat. Der Verschuldensmaßstab richtet sich nach § 276 I 1 BGB (BAG 7.12.1988 EzA § 5 LohnFG Nr 3; *Schmitt* § 7 Rn 53; *Treber* § 7 Rn 22). Ist str, ob der AN die Verhinderung des Forderungsübergangs zu vertreten hat, ist er grds darlegungs- und beweispflichtig dafür, dass er alles ihm Zumutbare hiergegen unternommen hat (vgl auch *Schmitt* § 7 Rn 59; *Treber* § 7 Rn 24).

9 **E. Rückforderungsanspruch.** Hat der AG EFZ gewährt, obwohl ihm gem § 7 I Nr 2 ein dauerndes Leistungsverweigerungsrecht zustand, kann er die Rückzahlung des Arbeitsentgelts gem § 813 I 1 BGB

verlangen (BAG 7.12.1988, 5 AZR 757/87, EzA § 5 LohnFG Nr 3). Ein Fall des § 814 BGB läge nur dann vor, wenn der Leistende positive Kenntnis vom Fehlen der Leistungsverpflichtung gehabt hätte (BAG 7.12.1988, 5 AZR 757/87, EzA § 5 LohnFG Nr 3; *Treber* § 7 Rn 25; allg BAG 13.10.2010, 5 AZR 648/09, EzA § 4 TVG Ausschlussfristen Nr 199; 20.3.2014, 8 AZR 560/13, EzA § 717 ZPO 2002 Nr 3).

§ 8 Beendigung des Arbeitsverhältnisses

(1) ¹Der Anspruch auf Fortzahlung des Arbeitsentgelts wird nicht dadurch berührt, dass der Arbeitgeber das Arbeitsverhältnis aus Anlass der Arbeitsunfähigkeit kündigt. ²Das Gleiche gilt, wenn der Arbeitnehmer das Arbeitsverhältnis aus einem vom Arbeitgeber zu vertretenden Grunde kündigt, der den Arbeitnehmer zur Kündigung aus wichtigem Grund ohne Einhaltung einer Kündigungsfrist berechtigt.
(2) Endet das Arbeitsverhältnis vor Ablauf der in § 3 Abs. 1 oder in § 3a Abs 1 bezeichneten Zeit nach dem Beginn der Arbeitsunfähigkeit, ohne dass es einer Kündigung bedarf, oder infolge einer Kündigung aus anderen als den in Abs. 1 bezeichneten Gründen, so endet der Anspruch mit dem Ende des Arbeitsverhältnisses.

Übersicht	Rdn.		Rdn.
A. Grundsatz	1	D. Darlegungs- und Beweislast	10
B. Anlasskündigung	3	E. Aufhebungsvertrag aus Anlass der Arbeitsunfähigkeit	11
I. Objektiver Tatbestand	3		
II. Subjektiver Tatbestand	6	F. Kdg des AN aus wichtigem Grund	12
C. Anspruchsdauer	9		

A. Grundsatz. Infolge der von § 3 I 1 verlangten Kausalität zwischen Arbeitsunfähigkeit und Verdienstausfall (§ 3 Rdn 17) endet der EFZ-Anspruch unabhängig vom Ablauf der 6-Wochen-Frist trotz fortbestehender Arbeitsunfähigkeit dann, wenn auch der gesunde AN keinen Anspruch mehr auf Vergütung nach § 611 I BGB hat. Dies ist ua nach Beendigung des Arbeitsverhältnisses der Fall, zB aufgrund einer nach § 14 TzBfG wirksamen Befristungsabrede. Bestätigt wird diese Feststellung durch § 8 II Alt 1 idF v Art 1a Nr 3 des G v 21.7.2012 (BGBl I S 1601; vgl zu § 8 II Alt 1 aF BAG 17.4.2002, 5 AZR 2/01, EzA § 8 EFZG Nr 3). § 8 II nF stellt sicher, dass Spender von Organen und Geweben nach §§ 8 und 8a TPG u -und – seit 23.7.2015 – auch der Spender von Blut zur Separation von Blutstammzellen oder anderen Blutbestandteilen iSv § 9 TPG (vgl § 3a Rdn 1) hins ihres EFZ-Anspruchs (vgl § 3a I 1) dem Anspruch eines erkrankten AN (vgl § 3 I 1) bei der Beendigung des Arbeitsverhältnisses gleichgestellt werden (BT-Drucks 17/9773, S 47). 1

Nach § 8 I 1 besteht der EFZ-Anspruch des § 3 I 1 trotz **Kdg des AG aus Anlass** der Arbeitsunfähigkeit fort. Dabei muss es sich um eine wirksame AG-Kündigung – eine Änderungskündigung (§ 2 S 1 KSchG) kann uU reichen (vgl näher *Müller-Glöge* RdA 2006, 105, 111; aA ErfK/*Reinhard* § 8 Rn 3) – handeln, da anderenfalls die in § 8 I 1 getroffene Regelung überflüssig wäre. § 8 I 1 will verhindern, dass sich der AG durch die Beendigung des Arbeitsverhältnisses aus Anlass der Arbeitsunfähigkeit seiner Verpflichtung zur EFZ im Krankheitsfall zulasten der Krankenversicherung entzieht (BAG 17.4.2002, 5 AZR 2/01, EzA § 8 EFZG Nr 3). Dieser Gesetzeszweck ist auch bei einer Beendigung des Arbeitsverhältnisses innerhalb der 4-wöchigen Wartefrist des § 3 III zu beachten (vgl BAG 26.5.1999, 5 AZR 476/98, EzA § 3 EFZG Nr 7). 2

B. Anlasskündigung. I. Objektiver Tatbestand. Aus Anlass der Arbeitsunfähigkeit ist die Kdg erfolgt, wenn die Arbeitsunfähigkeit einen objektiven Geschehensablauf in Gang setzt, der schließlich den Entschluss des AG zur Kdg auslöst (BAG 5.2.1998, 2 AR 270/97, EzA § 8 EFZG Nr 1). Die Arbeitsunfähigkeit muss also die objektive Ursache für die Kdg sein. Auf ihr Motiv kommt es nicht an (BAG 17.4.2002, 5 AZR 2/01, EzA § 8 EFZG Nr 3). Dem Ursachenzusammenhang zwischen Arbeitsunfähigkeit und Kdg schadet es nicht, wenn hinzutretende Umstände den Kündigungsentschluss des AG beeinflussen oder gar erst hervorrufen, solange sich nur die **Arbeitsunfähigkeit** als eine die Kdg wesentlich mitbestimmende Bedingung darstellt (BAG 28.5.1998, 6 AZR 349/96, EzA § 4 TVG Bühnen Nr 5; LAG Schl-Holst 6.2.2014, 5 Sa 324/13, LAGE § 8 EFZG Nr 3). Sie muss also den **entscheidenden Anstoß** für den Entschluss des AG **zum Ausspruch der Kdg** gegeben haben (BAG 17.4.2002, 5 AZR 2/01, EzA § 8 EFZG Nr 3; LAG Schl-Holst 6.2.2014, 5 Sa 324/13, LAGE § 8 EFZG Nr 3; vgl auch LAG Rh-Pf 20.5.2015, 7 Sa 694/14, JurionRS 2015, 19190). Daraus folgt zweierlei: 3

Für die Annahme einer Anlasskündigung ist es unschädlich, wenn der AG eine Kdg auf einen anderen Grund als den der Arbeitsunfähigkeit stützt, diese jedoch letztlich ausschlaggebend für die Kdg gerade des erkrankten AN ist. Deshalb kündigt auch der AG aus Anlass der Arbeitsunfähigkeit seines AN, der hierfür 4

§ 8 EFZG   Beendigung des Arbeitsverhältnisses

(zu Recht) betriebsbedingte Gründe anführt, sich jedoch ohne Rücksicht auf eine soziale Auswahl (vgl § 1 III 1 KSchG) gerade für den arbeitsunfähigen AN entschieden hat (BAG 28.11.1979, 5 AZR 725/77, EzA § 6 LohnFG Nr 10). Auch reicht es für das Vorliegen einer Anlasskündigung aus, wenn die Kdg mit Rücksicht auf die Folgen ausgesprochen wird, die sich aus einer Arbeitsunfähigkeit für den AN selbst (vgl. näher BAG 22.12.1971, 1 AZR 180/71, EzA § 1 LohnFG Nr 11; BAG 26.4.1978, 5 AZR 7/77, EzA § 6 LohnFG Nr 8) oder aber für den Betrieb des AG ergeben.

5   Maßgebend für die Beantwortung der Frage, welche objektiven Umstände den Kündigungsentschluss des AG bestimmt haben, ist der Zeitpunkt, in dem die Kdg ausgesprochen wird, dh den Machtbereich des AG verlässt (BAG 20.8.1980, 5 AZR 227/79, EzA § 6 LohnFG Nr 15; vgl auch BAG 2.3.1989, 2 AZR 280/88, EzA § 626 BGB nF Nr 118). Daraus folgt allerdings nicht, dass eine Anlasskündigung in jedem Fall eine im Zeitpunkt des Kündigungsausspruchs objektiv bestehende Arbeitsunfähigkeit des AN voraussetzt. Auch eine erst im Zeitpunkt des Zugangs der Kdg eingetretene Arbeitsunfähigkeit kann Grundlage für eine Anlasskündigung sein, sofern nur hinreichend sichere Anhaltspunkte für eine bevorstehende Arbeitsunfähigkeit vorliegen (BAG 17.4.2002, 5 AZR 2/01, EzA § 8 EFZG Nr 3).

6   **II. Subjektiver Tatbestand.**   Jedes Handeln »aus Anlass« eines bestimmten Tatbestandes setzt dem Sprachsinn nach Kenntnis von diesem Tatbestand voraus. Deshalb muss der **AG** die **Arbeitsunfähigkeit** des AN **kennen**, soll diese ihn seinen Kündigungsentschluss beeinflussende Bedingung darstellen (BAG 17.4.2002, 5 AZR 2/01, EzA § 8 EFZG Nr 3; vgl auch LAG Rh-Pf 20.5.2015, 7 Sa 694/14, JurionRS 2015, 19190). Der Kenntnis steht es gleich, wenn der AG kündigt, weil er mit der bevorstehenden Erkrankung und Arbeitsunfähigkeit des AN sicher rechnen muss (BAG 17.4.2002, 5 AZR 2/01, EzA § 8 EFZG Nr 3). Maßgeblich ist die Kenntnis derjenigen Person, die die Kdg ausspricht (LAG Berl 25.8.1976, 1 Sa 8/75, BB 1977, 295).

7   **Von** dem **Grundsatz** der **Kenntnis** des AG von der Arbeitsunfähigkeit des AN ist eine **Ausnahme** zu machen, wenn der AG nach Eintritt der Arbeitsunfähigkeit, aber vor Ablauf des vom Gesetzgeber in § 5 I 2 vorgesehenen spätesten (§ 5 Rdn 10) bzw vor dem vom AG nach § 5 I 3 bestimmten (spätesten) Termin für die Vorlage der Arbeitsunfähigkeitsbescheinigung (§ 5 Rdn 12) bzw vor Ablauf des für eine Folgebescheinigung gem § 5 I 4 maßgebenden Termins (§ 5 Rdn 17) kündigt (LAG Rh-Pf 20.5.2015, 7 Sa 694/14, JurionRS 2015, 19190; *Schmitt* § 8 Rn 38; ebenso früher zu § 3 I 1 LohnFG BAG 26.4.1978, 5 AZR 5/77, EzA § 6 LohnFG Nr 7; krit *Müller-Glöge* RdA 2006, 105, 111). Die vom AG einzuhaltende Wartefrist beginnt mit dem Fehlen des AN, nicht erst mit dem Beginn der Arbeitsunfähigkeit (BAG 20.8.1980, 5 AZR 1086/78, EzA § 6 LohnFG Nr 18), bei der Folgebescheinigung mit dem Ende der zunächst bescheinigten Arbeitsunfähigkeit (BAG 29.8.1980, 5 AZR 1051/79, EzA § 6 LohnFG Nr 13).

8   Nur ausnahmsweise kann der AG, der in Kenntnis der Arbeitsunfähigkeit eines AN oder vor Ablauf der mindestens 3-tägigen Wartefrist im Fall des § 5 I 2 (§ 5 Rdn 10) bzw des vom AG nach § 5 I 3 bzw vor Ablauf des für eine Folgebescheinigung gem § 5 I 1 maßgebenden Termins (§ 5 Rdn 17) kündigt, doch mit dem Einwand gehört werden, dies sei nicht aus Anlass der Arbeitsunfähigkeit geschehen. Das ist der Fall, wenn der AG dem AN die umgehende Mitteilung seiner Arbeitsunfähigkeit, zB im Arbeitsvertrag oder in einer Betriebsvereinb, bes zur Pflicht gemacht hat, und wenn die Verletzung dieser Pflicht unter Berücksichtigung aller Umstände ein solches Gewicht hat, dass sie einem vernünftigen AG Anlass für eine Kdg geben kann (vgl BAG 20.8.1980, 5 AZR 1192/79, EzA § 6 LohnFG Nr 19; LAG Köln 14.1.1993, 5 Sa 853/92, LAGE § 6 LohnFG Nr 2).

9   **C. Anspruchsdauer.**   Aus Sinn und Zweck des § 8 I 1 ergibt sich zugleich die Dauer des EFZ-Anspruchs. Aus dem Grundsatz der Einheit des Verhinderungsfalls (§ 3 Rdn 45) folgt, dass die EFZ-Pflicht nach § 8 I 1 mit Ablauf des Verhinderungsfalls (nicht der Krankheit), der Anlass der Kdg war, endet. Ein neuer Verhinderungsfall ist ein neues Risiko für den AN. Für dieses braucht der bisherige AG nicht mehr einzustehen (BAG 2.12.1981, 5 AZR 953/79, EzA § 6 LohnFG Nr 20).

10   **D. Darlegungs- und Beweislast.**   Da die Frage, ob der AG aus Anlass der Arbeitsunfähigkeit seines AN gekündigt hat, eine den Anspruch nach § 8 I 1 begründende Tatsache betrifft, obliegt dem **AN** iR einer EFZ-Klage die **Darlegungs- und Beweislast** für das **Vorliegen** einer **Anlasskündigung**. Kündigt der AG in zeitlichem Zusammenhang mit dem Eintritt der Arbeitsunfähigkeit seines AN, mit dessen Krankmeldung oder dessen Anzeige, dass eine bekannte Arbeitsunfähigkeit fortdauert, kommen dem AN die Grundsätze des Anscheinsbeweises (vgl hierzu § 5 Rdn 27) dafür zugute, dass die Arbeitsunfähigkeit oder deren Fortdauer Anlass der Kdg war. Diesen Beweis kann der AG nur dadurch erschüttern, dass er Tatsachen vorträgt und erforderlichenfalls beweist, aus denen sich ergibt, andere Gründe hätten seinen Kündigungsentschluss bestimmt (BAG 5.2.1998, 2 AZR 270/97, EzA § 8 EFZG Nr 1; LAG Köln 14.1.1993, 5 Sa

853/92, LAGE § 6 LohnFG Nr 3; LAG Rh-Pf 20.5.2015, 7 Sa 694/14, JurionRS 2015, 19190; LAG Schl-Holst 6.2.2014, 5 Sa 324/13, LAGE § 8 EFZG Nr 3; *Treber* § 8 EFZG Rn 26; vgl auch ArbG München 12.6.2013, 24 Ca 1619/11).

E. Aufhebungsvertrag aus Anlass der Arbeitsunfähigkeit. Eine EFZ scheidet nach § 8 II Alt 1 nF (hierzu 11 § 8 Rdn 1) trotz fortbestehender Arbeitsunfähigkeit aus, wenn das Arbeitsverhältnis auf andere Weise als durch eine AG-Kündigung endet. Hiervon ist in analoger Anwendung von § 8 I 1 eine Ausnahme zu machen, falls der AG die Arbeitsunfähigkeit des AN zum Anlass nimmt, mit diesem die einvernehmliche Beendigung des Arbeitsverhältnisses zu vereinbaren. Dabei spielt es keine Rolle, ob dem Aufhebungsvertrag eine Anlasskündigung iSv § 8 I 1 vorausgegangen ist (früher zu § 6 I 1 LohnFG BAG 20.8.1980, 5 AZR 1086/78, EzA § 6 LohnFG Nr 18) oder nicht (BAG 20.8.1980, 5 AZR 589/79, EzA § 6 LohnFG Nr 16).

F. Kdg des AN aus wichtigem Grund. Der EFZ-Anspruch nach § 3 I 1 bzw – seit dem 1.8.2012 – nach 12 § 3a I 1 bleibt dem AN bei fortdauernder Arbeitsunfähigkeit über die Beendigung des Arbeitsverhältnisses hinaus gem § 8 I 2 auch dann erhalten, wenn er das Arbeitsverhältnis aus einem vom AG zu vertretenden Grund kündigt, der ihn zur Kdg aus wichtigem Grund ohne Einhaltung einer Kündigungsfrist (vgl § 626 I BGB) berechtigt. Da es in § 8 I 2 lediglich um die »Berechtigung« zur Kdg aus wichtigem Grund ohne Einhaltung einer Kündigungsfrist geht, bleibt der EFZ-Anspruch über das Ende des Arbeitsverhältnisses hinaus, sofern die 6-Wochen-Frist noch nicht abgelaufen ist, auch bei einer ordentlichen Kdg erhalten. Voraussetzung in diesem Fall ist nur, dass dem AN ein wichtiger Grund iSv § 626 I BGB zur sofortigen Kdg zur Verfügung stand (vgl auch BAG 17.4.2002, 5 AZR 2/01, EzA § 8 EFZG Nr 3).

§ 9 Maßnahmen der medizinischen Vorsorge und Rehabilitation

(1) ¹Die Vorschriften der §§ 3 bis 4a und 6 bis 8 gelten entsprechend für die Arbeitsverhinderung infolge einer Maßnahme der medizinischen Vorsorge oder Rehabilitation, die ein Träger der gesetzlichen Renten-, Kranken- oder Unfallversicherung, eine Verwaltungsbehörde der Kriegsopferversorgung oder ein sonstiger Sozialleistungsträger bewilligt hat und die in einer Einrichtung der medizinischen Vorsorge oder Rehabilitation durchgeführt wird. ²Ist der Arbeitnehmer nicht Mitglied einer gesetzlichen Krankenkasse oder nicht in der gesetzlichen Rentenversicherung versichert, gelten die §§ 3 bis 4a und 6 bis 8 entsprechend, wenn eine Maßnahme der medizinischen Vorsorge oder Rehabilitation ärztlich verordnet worden ist und in einer Einrichtung der medizinischen Vorsorge oder Rehabilitation oder einer vergleichbaren Einrichtung durchgeführt wird.
(2) Der Arbeitnehmer ist verpflichtet, dem Arbeitgeber den Zeitpunkt des Antritts der Maßnahme, die voraussichtliche Dauer und die Verlängerung der Maßnahme im Sinne des Abs. 1 unverzüglich mitzuteilen und ihm
a) eine Bescheinigung über die Bewilligung der Maßnahme durch einen Sozialleistungsträger nach Abs. 1 Satz 1 oder
b) eine ärztliche Bescheinigung über die Erforderlichkeit der Maßnahme im Sinne des Abs. 1 Satz 2 unverzüglich vorzulegen.

Übersicht	Rdn.		Rdn.
A. Einleitung.............................	1	V. Sozialleistungsträger	8
B. Anspruchsvoraussetzungen.............	2	VI. Bewilligung.......................	9
I. Anspruchsberechtigte	2	VII. Sonstige Voraussetzungen	10
II. Medizinische Vorsorgemaßnahme........	3	C. Anspruchsdauer	14
III. Medizinische Rehabilitationsmaßnahmen..	6	D. Anzeige- und Nachweispflicht	16
IV. Medizinische Notwendigkeit............	7	E. Leistungsverweigerungsrecht	20

A. Einleitung. In § 9 I sind mit Wirkung vom 1.6.1994 die Begriffe »Vorbeugungs-, Heil- oder Gene- 1 sungskur« aus § 7 I LohnFG (bis 31.5.1994) in formaler Anpassung an die sozialversicherungsrechtlichen Regelungen (vgl zB §§ 23, 24, 40, 41 SGB V, §§ 9 ff, 15 SGB VI) durch die Begriffe »Maßnahmen der medizinischen Versorgung oder Rehabilitation« ersetzt worden. Eine materiell-rechtliche Änderung des »Kur«-Begriffs ist damit nicht verbunden (BT-Drs 12/5263 S 15). Maßnahmen der beruflichen Rehabilitation (vgl § 16 SGB VI) sind von dieser Regelung nicht erfasst (BT-Drs 12/5263 S 15). Besteht während einer Maßnahme nach § 9 I Arbeitsunfähigkeit und sind an sich die Voraussetzungen für einen EFZ-Anspruch sowohl nach § 3 I 1 als auch nach § 9 I gegeben, geht letztere Norm als speziellere vor (*Knorr/Krasney* § 9 Rn 29; *Treber* § 9 Rn 1).

2 **B. Anspruchsvoraussetzungen. I. Anspruchsberechtigte.** Anspruchsberechtigt nach § 9 I 1 sind die Mitglieder einer gesetzlichen Krankenkasse und/oder die in der gesetzlichen Rentenversicherung versicherten AN (Versicherte). Gem § 9 I 2 sind die AN anspruchsberechtigt, die eine derartige Mitgliedschaft nicht besitzen (vgl zB § 6 I Nr 1 SGB V und § 7 I 1 Hs 1 SGB V iVm § 8 I und II SGB IV) und auch nicht in der gesetzlichen Rentenversicherung versichert (vgl zB § 5 II 1 Nr 1 SGB VI iVm § 8 I und 2 SGB IV) sind (Nichtversicherte). Versicherte haben wegen der in § 9 I 1 angeordneten entspr Anwendung des § 3 I 1 Anspruch auf EFZ bis zu 6 Wochen, wenn sie infolge einer Maßnahme der medizinischen Vorsorge oder Rehabilitation, die vorher ein Sozialleistungsträger bewilligt hat, an der Arbeit verhindert sind. Ein derartiger EFZ-Anspruch besteht für Nichtversicherte gem § 3 I 1 iVm § 9 I 2, wenn eine ärztlich verordnete Maßnahme der medizinischen Vorsorge oder Rehabilitation in einer Einrichtung der medizinischen Vorsorge oder Rehabilitation oder einer vergleichbaren Einrichtung – seit dem 1.7.2001 nicht mehr unbedingt stationär (Rdn 7) – durchgeführt wird. Erstmalig entsteht der Anspruch aus § 9 I 1 bzw 2 aufgrund der in diesen Bestimmungen enthaltenen Verweisung nach Ablauf der in § 3 III geregelten 4-wöchigen Wartezeit (§ 3 Rdn 9).

3 **II. Medizinische Vorsorgemaßnahme.** Im Bereich der gesetzlichen **Krankenversicherung** liegt ua nach § 23 I Nr 1 SGB V eine medizinische Vorsorgemaßnahme vor, wenn sie notwendig ist, um eine Schwächung der Gesundheit, die in absehbarer Zeit voraussichtlich zu einer Krankheit führen würde, zu beseitigen. Reicht hierfür eine ambulante Behandlung nach § 23 II 1 SGB V nicht aus, kann die Krankenkasse gem § 23 IV 1 SGB V Behandlung mit Unterkunft und Verpflegung in einer Vorsorgeeinrichtung iSv § 107 II SGB V erbringen, mit der ein Vertrag nach § 111 SGB V besteht. Eine stationäre medizinische Vorsorgemaßnahme der Krankenversicherung kann auch die sog Vorsorgekur für Mütter und Väter nach § 24 I 1 und 2 SGB V darstellen.

4 Als Maßnahmen der medizinischen Vorsorge der **Rentenversicherung** kommen **stationäre** medizinische Leistungen zur Sicherung der Erwerbsfähigkeit für Versicherte in Betracht, die eine bes gesundheitsgefährdende, ihre Erwerbsfähigkeit ungünstig beeinflussende Beschäftigung ausüben. Sie gelten nach § 31 I Nr 2 SGB VI als sonstige Leistungen der Rehabilitation.

5 Schließlich kommt als medizinische Vorsorgemaßnahme der **Kriegsopferversorgung** nach § 11 II 1 BVG die Behandlung in einer Kureinrichtung (Badekur) in Betracht, »wenn sie notwendig ist, (...) um einer in absehbarer Zeit zu erwartenden Verschlechterung des Gesundheitszustandes, einer Pflegebedürftigkeit oder einer Arbeitsunfähigkeit vorzubeugen«. Der Begriff »Badekur« ist in diesem Zusammenhang irreführend. Es handelt sich um eine medizinische Vorsorgemaßnahme derselben Art wie nach § 23 IV 1 SGB V.

6 **III. Medizinische Rehabilitationsmaßnahmen.** Als medizinische Rehabilitationsmaßnahme der Krankenversicherung kommt nach § 40 I 1 SGB V eine aus medizinischen Gründen erforderliche ambulante – die stationäre ist in § 40 II SGB V geregelt – Rehabilitationskur in Betracht, um eine Krankheit zu erkennen, zu heilen, ihre Verschlimmerung zu verhüten oder Pflegebedürftigkeit zu vermeiden oder zu mindern (§ 11 II SGB V). Eine medizinische Rehabilitationsmaßnahme kann auch eine Rehabilitationsleistung in einer Einrichtung des Müttergenesungswerks oder einer gleichartigen Einrichtung nach § 41 I 1 SGB V darstellen. Weitere medizinische Rehabilitationsmaßnahmen erbringen die Rentenversicherungen nach §§ 9 ff, 15 SGB VI, die Unfallversicherungsträger (§ 33 SGB VII) sowie die Versorgungsämter nach § 10 I 1 BVG. Als medizinische Rehabilitationsmaßnahmen sind auch eine Entziehungskur für Alkohol- oder Drogenabhängige (*Knorr/Krasney* § 9 Rn 16; vgl auch *Treber* § 9 Rn 12; früher BAG 27.5.1992, 5 AZR 297/91, EzA § 1 LohnFG Nr 123) und auch eine Kur, die durchgeführt wird, um die Folgen einer Sterilisation oder eines Schwangerschaftsabbruchs auszuheilen (*Treber* § 9 Rn 13), anzusehen.

7 **IV. Medizinische Notwendigkeit.** Wie der Rückgriff auf die entspr sozialversicherungsrechtlichen Regelungen gezeigt hat, müssen die in § 9 I 1 angesprochenen Maßnahmen medizinisch notwendig sein. Ist dies nicht der Fall, wie zB bei sog Erholungskuren, die allein der Vorbeugung gegen allg Abnutzungserscheinungen oder der bloßen Aufbesserung des Allgemeinbefindens dienen (*Schmitt* § 9 Rn 26; vgl auch LAG Nds 27.3.2015, 10 Sa 1005/14, LAGE § 9 EFZG Nr 1), scheidet ein EFZ-Anspruch aus. IdR steht, sofern eine Vorsorge- oder Rehabilitationsmaßnahme von einer der hierfür in Betracht kommenden Stellen (Rdn 8) bewilligt worden ist (Rdn 9), gleichzeitig ihre medizinische Notwendigkeit fest (vgl BAG 10.5.1978, 5 AZR 15/77, EzA § 7 LohnFG Nr 3; 31.1.1991, 8 AZR 462/89, EEK I/1058). Hiervon ist nur dann eine Ausnahme zu machen, wenn »handgreifliche Zweifel« an der medizinischen Notwendigkeit dieser Maßnahme bestehen (vgl BAG 10.5.1978, 5 AZR 15/77, EzA § 7 LohnFG Nr 3; LAG Hamm 9.9.1987, 1 Sa 992/87, LAGE § 7 LohnFG Nr 1; vgl auch *Treber* § 9 Rn 7). Seit dem 1.7.2001 genügt für den EFZ-Anspruch nach § 3 I 1 iVm § 9 I 1 oder 2 auch eine teilstationäre oder ambulante medizinische Vorsorge- oder

Rehabilitationsmaßnahme (*Vogelsang* Rn 745). Deshalb hat nunmehr auch der AN einen solchen Anspruch, der während des Kuraufenthalts in einem Hotel wohnt und dort auch verpflegt wird, wobei die medizinischen Anwendungen jedoch in einer bes Einrichtung erbracht werden (anders noch zu § 9 I 1 aF BAG 19.1.2000, 5 AZR 685/98, EzA § 9 EFZG Nr 1).

V. Sozialleistungsträger. Der Anspruch auf EFZ infolge Arbeitsverhinderung wegen einer medizinischen 8 Vorsorge- oder Rehabilitationsmaßnahme setzt weiterhin nach § 9 I 1 voraus, dass diese ein Träger der gesetzlichen Renten- (vgl § 23 II SGB I), Kranken- (vgl § 21 II SGB I, § 4 II SGB V) oder Unfallversicherung (vgl § 22 II SGB I, § 114 I SGB VII), eine Verwaltungsbehörde der Kriegsopferversorgung (vgl § 24 II 1 SGB I) oder ein sonstiger Sozialleistungsträger bewilligt hat. Sonstige Sozialleistungsträger sind alle übrigen öffentl-rechtlichen Einrichtungen, die eine medizinische Vorsorge- oder Rehabilitationsmaßnahme bewilligen können. Hierzu zählen vor allem die in § 28 II SGB I, § 3 SGB XII genannten Träger der Sozialhilfe.

VI. Bewilligung. Nach § 9 I 1 muss der öffentl-rechtliche Sozialleistungsträger die medizinische Vor- 9 sorge- oder Rehabilitationsmaßnahme vor Beginn der Maßnahme bewilligt haben (vgl auch § 9 II lit a). Eine nachträgliche Bewilligung der bereits vom AN angetretenen Vorsorge- oder Rehabilitationsmaßnahme lässt danach den EFZ-Anspruch nach § 3 I 1 iVm § 9 I 1 nicht mehr entstehen (ArbG Berl 10.7.2002, 30 Ca 6881/02, ZTR 2003, 149 LS; *Treber* § 9 Rn 19).

VII. Sonstige Voraussetzungen. Neben den genannten bes Voraussetzungen müssen wegen der in § 9 I 10 1 geregelten entspr Anwendung des § 3 sämtliche sonstigen Voraussetzungen des § 3 I 1 mit Ausnahme der Arbeitsunfähigkeit vorliegen, damit der AN die EFZ während einer medizinischen Vorsorge- oder Rehabilitationsmaßnahme verlangen kann. Es genügt nach § 9 I 1, dass der AN infolge einer der dort angesprochenen Maßnahmen an der Arbeitsleistung verhindert ist. Der Gesundheitszustand, der ursächlich für die Durchführung der Maßnahme der medizinischen Vorsorge oder Rehabilitation ist, darf gem § 3 I 1 iVm § 9 I 1 nicht vom AN verschuldet worden sein (§ 3 Rdn 29–38).

Keine Voraussetzung für den EFZ-Anspruch während einer medizinischen Vorsorge- oder Rehabilitations- 11 maßnahme ist, dass der AG den AN vor ihrem Antritt von der Arbeit freigestellt hat. Der AN hat bei der zeitlichen Festlegung einer von einem der in § 9 I 1 genannten Sozialleistungsträger bewilligten Maßnahme grds keine eigene Dispositionsbefugnis. IRd ihm obliegenden Rücksichtnahmepflicht nach § 241 II BGB kann der AN aber gehalten sein, den Zeitpunkt des Antritts der Maßnahme, soweit er hierauf Einfluss hat und sein Gesundheitszustand dies zulässt, so zu legen, dass dringende betriebliche Interessen nicht beeinträchtigt werden (vgl früher zu § 7 I 1 LohnFG LAG Düsseldorf 9.5.1990, 8 Sa 275/90, nv).

Für die **nicht versicherten** AN besteht nach § 3 I 1 iVm § 9 I 2 Anspruch auf EFZ durch den AG, wenn 12 eine ärztlich verordnete Maßnahme der medizinischen Vorsorge oder Rehabilitation in einer Einrichtung der medizinischen Vorsorge oder Rehabilitation oder einer vergleichbaren Einrichtung durchgeführt wird. Sofern die Maßnahme der medizinischen Vorsorge oder Rehabilitation nicht stationär in einer Einrichtung eines Sozialleistungsträgers oder einer Einrichtung, mit der ein Versorgungsvertrag nach § 111 II SGB V besteht, sondern in einer »vergleichbaren Einrichtung« iSv § 9 I 2 durchgeführt wird, müssen an diese Einrichtung die gleichen Anforderungen gestellt werden, wie sie hins der ärztlichen Verantwortung, der Mitwirkung von bes geschultem Personal und der angebotenen Behandlungsmaßnahmen für die Einrichtungen der Krankenkassen oder der Rentenversicherungsträger gem § 107 II SGB V und § 15 II SGB VI vorgeschrieben sind (*Knorr/Krasney* § 9 Rn 55).

Anstelle der Bewilligung einer Maßnahme der medizinischen Vorsorge oder Rehabilitation durch einen 13 Sozialleistungsträger nach § 9 I 1 tritt in § 9 I 2 die ärztliche Verordnung der Maßnahme. Verordnen kann jeder Arzt (*Vogelsang* Rn 749), wobei die Durchführung einer medizinischen Maßnahme der Vorsorge oder Rehabilitation notwendig sein muss (*Kunz/Wedde* § 9 Rn 65).

C. Anspruchsdauer. Nach § 9 I 1 bzw 2 besteht der EFZ-Anspruch während einer der dort genannten 14 Maßnahmen wegen der Verweisung ua auf § 3 I 1 bis zur **Höchstdauer** von **6 Wochen**. Ist diese Frist bei Beendigung des Arbeitsverhältnisses noch nicht abgelaufen, kann der AN in den Fällen des § 8 I, der bei solchen Maßnahmen nach § 9 I 1 bzw 2 entspr Anwendung findet, seine Vergütung über den genannten Zeitpunkt hinaus verlangen (§ 8 Rdn 2). Zwar fehlt in § 9 I im Unterschied zu § 7 I 2 LohnFG die dort enthaltene Gleichstellung. Dennoch folgt ua aus der uneingeschränkten Verweisung auf § 3, dass sich an der Gleichsetzung von Arbeitsunfähigkeit und Arbeitsverhinderung wegen einer stationären medizinischen Vorsorge- oder Rehabilitationsmaßnahme nichts geändert hat (ebenso *Marienhagen/Künzl* § 9 Rn 6; *Treber* § 9 Rn 29; aA *Kunz/Wedde* § 9 Rn 79). Allerdings findet der zu § 3 I 1 entwickelte Grds der Einheit des Verhinderungsfalls (hierzu § 3 Rdn 45) auf das Verhältnis zwischen einer krankheitsbedingten

Arbeitsunfähigkeit u einer Arbeitsverhinderung infolge einer Maßnahme gem § 9 I 1 keine Anwendung (BAG 10.9.2014, 10 AZR 651/12, EzA § 3 EFZG Nr 18).

15 Bei einer wiederholten, auf demselben Grundleiden beruhenden Arbeitsverhinderung wegen Arbeitsunfähigkeit bzw einer medizinischen Vorsorge- oder Rehabilitationsmaßnahme unterliegt der EFZ-Anspruch nach § 3 I 1 iVm § 9 I aufgrund der Gleichsetzung beider Verhinderungsfälle (Rdn 14) den in § 3 I 2 (hierzu § 3 Rdn 46 ff) genannten Beschränkungen (vgl BAG 13.7.2005, 5 AZR 389/04, EzA § 3 EFZG Nr 14; 10.9.2014, 10 AZR 651/12, EzA § 3 EFZG Nr 18; LAG Nds 13.4.2007, 3 Sa 1620/06, EEK 3346). Bei der Frage, welche von mehreren behandlungsbedürftigen Krankheiten einer Maßnahme iSv § 9 I zugrunde liegt und damit ggf. anspruchsbeschränkend zu berücksichtigen ist, muss auf das Hauptleiden abgestellt werden, das den Anlass für die Bewilligung der Maßnahme durch den Sozialleistungsträger bzw für die ärztliche Verordnung gebildet hat (BAG 26.2.1992, 5 AZR 120/91, EEK I/1071; vgl auch BAG 10.9.2014, 10 AZR 651/12, EzA § 3 EFZG Nr 18). Für die Berechnung des 12-Monats-Zeitraums nach §§ 3 I 2 Nr 2, 9 I ist nicht etwa der Tag der Bewilligung der Maßnahme durch den Sozialleistungsträger bzw der ärztlichen Verordnung, sondern der Tag ihres Antritts maßgeblich (*Treber* § 9 Rn 31). Der Sozialversicherungsträger, der eine Maßnahme iSv § 9 I 1 bewilligt, ist nicht verpflichtet, dafür zu sorgen, dass diese innerhalb von 6 Monaten nach der vorangegangenen Erkrankung des AN durchgeführt wird und damit kein EFZ-Anspruch des AN für die Dauer der Maßnahme gem §§ 3 I 2 Nr 1, 9 I 1 entsteht (BAG 18.1.1995, 5 AZR 818/93, EzA § 7 LohnFG Nr 5).

16 **D. Anzeige- und Nachweispflicht.** Durch die in § 9 II geregelten arbeitsvertraglichen Nebenpflichten soll dem AG eine möglichst frühzeitige (Anzeigepflicht) und zuverlässige (Nachweispflicht) Information über Tatsache und Dauer der in § 9 genannten Maßnahmen gegeben werden, damit er die durch das Fehlen des AN bedingten arbeitsorganisatorischen Vorkehrungen treffen kann (zur früheren Anzeigepflicht nach § 7 II 1 LohnFG BAG 5.5.1972, 5 AZR 447/71, EzA § 7 LohnFG Nr 1). Beide Pflichten brauchen nicht zum gleichen Zeitpunkt erfüllt zu werden (BAG 5.5.1972, 5 AZR 447/71, EzA § 7 LohnFG Nr 1).

17 Nach § 9 II hat der AN seinem AG die dort genannten Tatsachen unverzüglich, dh ohne schuldhaftes Zögern (§ 121 I 1 BGB), mitzuteilen. Daraus folgt, dass der AN seinem AG die erforderlichen Informationen zukommen lassen muss, sobald er den Termin für den Antritt der in § 9 I genannten Maßnahme bzw ihre Verlängerung erfährt (*Knorr/Krasney* § 9 Rn 38). Die Anzeige kann mündlich, telefonisch oder schriftlich erstattet werden (vgl BAG 5.5.1972, 5 AZR 447/71, EzA § 7 LohnFG Nr 1), wobei der Zugang der Mitteilung beim AG entscheidend ist (vgl auch § 5 Rdn 11).

18 Die von § 9 II lit a geforderte Bescheinigung des Sozialleistungsträgers muss im Hinblick auf die Überprüfbarkeit der Berechtigung des EFZ-Anspruchs nach § 9 I 1 durch den AG in jedem Fall den Namen des betroffenen AN, die Art der Maßnahme, die Tatsache ihrer Bewilligung und die Durchführung in einer der in § 9 I 1 genannten Einrichtungen sowie den Sozialleistungsträger, der die Maßnahme bewilligt hat, angeben (vgl *Knorr/Krasney* § 9 Rn 40; *Treber* § 9 Rn 40). Anders als die Arbeitsunfähigkeitsbescheinigung nach § 5 I 2 braucht die ärztliche Bescheinigung gem § 9 II lit a keinen Hinweis darüber zu enthalten, dass die Krankenkasse unterrichtet ist. Aus der nach § 9 II lit b vorzulegenden ärztlichen Bescheinigung hat neben der dort ausdrücklich genannten Erforderlichkeit der Maßnahme iSv § 9 I 2 hervorzugehen: der Name des betroffenen AN, die Art der Maßnahme, die Tatsache ihrer Verordnung und der Durchführung in einer der in § 9 I 2 genannten Einrichtungen sowie der Name des verordnenden Arztes.

19 Wird die Maßnahme über die in der Bescheinigung angegebene Dauer hinaus verlängert, ist der AN auch ohne ausdrückliche Anordnung, wie sie noch in § 7 II 3 LohnFG vorgesehen war, verpflichtet, eine weitere entspr Bescheinigung vorzulegen (*Schmitt* § 9 Rn 103; *Treber* § 9 Rn 39). Die Folgebescheinigung hat dieselben Mindestangaben wie die Erstbescheinigung (Rdn 18) zu enthalten. Ebenso wie die Erstbescheinigung muss die Folgebescheinigung nach § 9 II lit a und b »unverzüglich« vorgelegt werden.

20 **E. Leistungsverweigerungsrecht.** Da § 7 gem § 9 I 1 bzw 2 entspr bei einer Arbeitsverhinderung wegen einer der dort genannten Maßnahmen gilt, hat der AG ein zeitweiliges Leistungsverweigerungsrecht (§ 7 Rdn 3) nach § 7 I Nr 1. Demnach kann der AG die EFZ verweigern, solange der AN die in § 9 II lit a und b genannten Bescheinigungen nicht vorlegt oder eine wegen Fehlens einer unbedingt notwendigen Mindestangabe unvollständige Bescheinigung einreicht, falls er hierfür verantwortlich ist (§ 7 II iVm § 9 I 1 bzw 2). Erfüllt der AN seine zuvor genannten Pflichten aus § 9 II lit a bzw b, erlischt das Leistungsverweigerungsrecht, und zwar rückwirkend mit dem Zeitpunkt des Beginns der Maßnahme. Das gilt selbst dann, wenn die Bescheinigung nach § 9 II lit a bzw b erst nach Ablauf der Maßnahme vorgelegt wird (vgl BAG 5.5.1972, 5 AZR 447/71, EzA § 7 LohnFG Nr 1). Die Verletzung der in § 9 II normierten Anzeigepflicht berechtigt den AG nicht, die EFZ zeitweilig zu verweigern.

§ 10 Wirtschaftliche Sicherung für den Krankheitsfall im Bereich der Heimarbeit

(1) ¹In Heimarbeit Beschäftigte (§ 1 Abs. 1 des Heimarbeitsgesetz) und ihnen nach § 1 Abs. 2 Buchstabe a bis c des Heimarbeitsgesetzes Gleichgestellte haben gegen ihren Auftraggeber oder, falls sie von einem Zwischenmeister beschäftigt werden, gegen diesen Anspruch auf Zahlung eines Zuschlags zum Arbeitsentgelt. ²Der Zuschlag beträgt
1. für Heimarbeiter, für Hausgewerbetreibende ohne fremde Hilfskräfte und die nach § 1 Abs. 2 Buchstabe a des Heimarbeitsgesetzes Gleichgestellten 3,4 vom Hundert,
2. für Hausgewerbetreibende mit nicht mehr als zwei fremden Hilfskräften und die nach § 1 Abs. 2 Buchstabe b und c des Heimarbeitsgesetzes Gleichgestellten 6,4 vom Hundert

des Arbeitsentgelts vor Abzug der Steuern, des Beitrags zur Bundesagentur für Arbeit und der Sozialversicherungsbeiträge ohne Unkostenzuschlag und ohne die für den Lohnausfall an gesetzlichen Feiertagen, den Urlaub und den Arbeitsausfall infolge Krankheit zu leistenden Zahlungen. ³Der Zuschlag für die unter Nr. 2 aufgeführten Personen dient zugleich zur Sicherung der Ansprüche der von ihnen Beschäftigten.
(2) Zwischenmeister, die den in Heimarbeit Beschäftigten nach § 1 Abs. 2 Buchstabe d des Heimarbeitsgesetzes gleichgestellt sind, haben gegen ihren Auftraggeber Anspruch auf Vergütung der von ihnen nach Absatz 1 nachweislich zu zahlenden Zuschläge.
(3) Die nach den Absätzen 1 und 2 in Betracht kommenden Zuschläge sind gesondert in den Entgeltbeleg einzutragen.
(4) ¹Für Heimarbeiter (§ 1 Abs. 1 Buchstabe a des Heimarbeitsgesetzes) kann durch Tarifvertrag bestimmt werden, dass sie statt der in Absatz 1 Satz 2 Nr. 1 bezeichneten Leistungen die den Arbeitnehmern im Falle ihrer Arbeitsunfähigkeit nach diesem Gesetz zustehenden Leistungen erhalten. ²Bei der Bemessung des Anspruchs auf Arbeitsentgelt bleibt der Unkostenzuschlag außer Betracht.
(5) ¹Auf die in den Absätzen 1 und 2 vorgesehenen Zuschläge sind die §§ 23 bis 25, 27 und 28 des Heimarbeitsgesetzes, auf die in Abs. 1 dem Zwischenmeister gegenüber vorgesehenen Zuschläge außerdem § 21 Abs. 2 des Heimarbeitsgesetzes entsprechend anzuwenden. ²Auf die Ansprüche der fremden Hilfskräfte der in Absatz 1 unter Nr. 2 genannten Personen auf Entgeltfortzahlung im Krankheitsfall ist § 26 des Heimarbeitsgesetzes entsprechend anzuwenden.

Übersicht

		Rdn.			Rdn.
A.	Einleitung.	1	D.	Anspruchsverpflichtete Personen	6
B.	Anspruchsberechtigte Personen	4	E.	Zuschlag zum Arbeitsentgelt	7
C.	Fehlende Anspruchsberechtigung.	5			

A. Einleitung. Die in Heimarbeit Beschäftigten, dh Heimarbeiter und Hausgewerbetreibende (Rdn 4), 1
und die ihnen Gleichgestellten (Rdn 4) haben im Krankheitsfall, vorbehaltlich einer hiervon abweichenden tariflichen Regelung (vgl Rdn 11), keinen Anspruch auf Fortzahlung des Arbeitsentgelts nach § 3 I 1 (BAG 11.7.2006, 9 AZR 516/05, EzA § 29 HAG Nr 2). Diese Personen sind nämlich, da sie von ihrem Auftraggeber nicht persönlich, sondern nur wirtschaftlich abhängig sind, keine AN (Angestellte oder Arbeiter), sondern zählen nach hM (zB HzA/*Linck* Gruppe 17 Rn 2) zu den sog arbeitnehmerähnlichen Personen (hierzu allg § 6 GewO Rdn 70–75).

Wegen der fehlenden AN-Eigenschaft der in Heimarbeit Beschäftigten und der ihnen Gleichgestellten 2
bedurfte es bereits einer bes Regelung durch den Gesetzgeber des LohnFG, dem genannten Personenkreis krankheitsbedingte Ausfälle finanziell auszugleichen. Der Gesetzgeber des LohnFG hatte sich in § 8 I 1 zu einer pauschalen Zuschlagszahlung zum Arbeitsentgelt entschlossen, dh der in Heimarbeit Beschäftigte oder ihm Gleichgestellte erhielt einen bestimmten Zuschlag zum Arbeitsentgelt unabhängig davon, ob er gerade arbeitsunfähig war. Diese Regelung hat der Gesetzgeber des EFZG in § 10 I 1 beibehalten.

Neben dem in § 10 I 1 geregelten Zuschlag haben die in dieser Vorschrift genannten Personen im Krank- 3
heitsfall, sofern sie Mitglied einer gesetzlichen Krankenversicherung sind, Anspruch auf Krankengeld. Anders als Heimarbeiter nach § 5 I Nr 1 SGB V iVm § 12 II Hs 2 SGB IV (hierzu näher HzA/*Linck* Gruppe 17 Rn 92 f) unterliegen Hausgewerbetreibende nach § 5 V 1 SGB V als selbstständig Tätige iSv § 12 I SGB IV nicht der gesetzlichen Krankenversicherungspflicht (vgl auch HzA/*Linck* Gruppe 17 Rn 103).

B. Anspruchsberechtigte Personen. Anspruch auf einen Zuschlag zum Arbeitsentgelt haben nach § 10 I 4
1 zunächst die in Heimarbeit Beschäftigten iSv § 1 I HAG, also Heimarbeiter, wie in § 2 I HAG definiert, und die Hausgewerbetreibenden, wie in § 2 II HAG bestimmt. Den in Heimarbeit Beschäftigten können durch den Heimarbeitsausschuss (vgl § 1 IV 1 HAG) oder bei Fehlen eines solchen durch die zuständige

Arbeitsbehörde (vgl § 1 V 1 HAG) bestimmte Einzelpersonen oder Personengruppen (vgl zB LAG Köln 4.9.2012, 12 Sa 1482/10 u 690/11, JurionRS 2012, 30025 u JurionRS 2012, 30014) gleichgestellt werden (zum Verfahren näher HzA/*Linck* Gruppe 17 Rn 67 ff), wenn dies wegen ihrer Schutzbedürftigkeit gerechtfertigt erscheint (vgl § 1 II 1 HAG). Die in § 10 II 1 genannten Gleichgestellten iSd § 1 II 1 lit a–c HAG (hierzu näher HzA/*Linck* Gruppe 17 Rn 39–45) haben, wie die in Heimarbeit Beschäftigten, einen Anspruch auf Zuschlag zum Arbeitsentgelt. Hierzu zählen mangels Bezugnahme in § 10 I 1 auf § 1 II 1 lit d HAG nicht die gleichgestellten Zwischenmeister iSv § 2 III HAG (hierzu HzA/*Linck* Gruppe 17 Rn 46–50).

5 **C. Fehlende Anspruchsberechtigung.** Keinen Anspruch auf einen Zuschlag zum Arbeitsentgelt nach § 10 I 1 haben, da sie nicht zu den in dieser Vorschrift genannten Anspruchsberechtigten gehören, Gleichgestellte nach § 1 II 1 lit d HAG (Rdn 4). Außenarbeitnehmer (hierzu *Schmitt* § 10 Rn 24), fremde Hilfskräfte iSd § 2 VI HAG (hierzu HzA/*Linck* Gruppe 17 Rn 62), Familienangehörige iSv § 2 V HAG eines in Heimarbeit Beschäftigten oder Gleichgestellten.

6 **D. Anspruchsverpflichtete Personen.** Der Anspruch nach § 10 I 1 richtet sich zum einen gegen den Auftraggeber, der die Heimarbeit vergibt und das Arbeitsergebnis wirtschaftlich verwertet. Auch Hausgewerbetreibende und Gleichgestellte können Auftraggeber sein, soweit sie ihrerseits Heimarbeiter beschäftigen. Sie haben dann eine Doppelfunktion inne (*Knorr/Krasney* § 10 Rn 20). Zum anderen kann, falls die in Heimarbeit Beschäftigten oder ihnen nach § 1 II lit a–c HAG Gleichgestellten von einem Zwischenmeister iSv § 2 III HAG beschäftigt werden, dieser anspruchsverpflichtet sein. Nur wenn es sich um einen nach § 1 II lit d HAG gleichgestellten Zwischenmeister handelt, kann er von seinem Auftraggeber gem § 10 II die Erstattung der Zuschläge verlangen, die er nachweislich seinen Heimarbeitern und Hausgewerbetreibenden zu zahlen hat (*Knorr/Krasney* § 10 Rn 21, 34; *Treber* § 10 Rn 26).

7 **E. Zuschlag zum Arbeitsentgelt.** Der Zuschlag zum Arbeitsentgelt nach § 10 I 1 ist Teil des (Heim-)Arbeitsentgelts. Er unterliegt deshalb in voller Höhe der Einkommen- bzw Lohnsteuer. Allerdings ist der Zuschlag nach § 10 I 1 sozialversicherungsrechtlich beitragsfrei. Er ist nämlich gem § 1 I Nr 5 SvEV vom 21.12.2006 (BGBl I S 3385, zuletzt geändert durch Art 13 Nr 1 des G v 15.4.2015 [BGBl I S 583]), iVm §§ 14 I, 17 I 1 SGB IV, nicht dem Arbeitsentgelt im sozialversicherungsrechtlichen Sinn zuzurechnen. Als Teil des Arbeitsentgelts wird der Zuschlag nach § 10 I 1 mit diesem fällig. Auf den Zuschlag gem § 10 V 1 finden die §§ 23 bis 25, 27 und 28 HAG Anwendung (hierzu näher HzA/*Vossen* Gruppe 2 Rn 698).

8 Der Zuschlag beträgt für Heimarbeiter, für Hausgewerbetreibende ohne fremde Hilfskräfte iSv § 2 VI HAG und die nach § 1 II lit a HAG Gleichgestellten gem § 10 I 2 Nr 1 3,4 % sowie für Hausgewerbetreibende mit nicht mehr als 2 fremden Hilfskräften und die nach § 1 II lit b und c HAG Gleichgestellten gem § 10 I 2 Nr 2 6,4 % des Arbeitsentgelts. Nach § 10 I 2 ist der Zuschlag zum Entgelt vom Bruttoarbeitsentgelt, also vor Abzug von Steuern, der Beiträge zur BA oder der Sozialversicherungsbeiträge zu berechnen, wobei aber der Unkostenzuschlag (zB für Beschaffung von Roh- und Hilfsstoffen, Miete, Heizung, Beleuchtung), die Zahlungen für Feiertage (vgl § 11), Urlaub (vgl § 12 BUrlG) und Krankheit (vgl § 10 I 1) außer Ansatz bleiben.

9 Die nach § 10 I an Heimarbeiter, Hausgewerbetreibende und ihnen nach § 1 II lit a–c HAG Gleichgestellte zu zahlenden Zuschläge sind ebenso wie die von den nach § 1 II lit d HAG gleichgestellten Zwischenmeistern an ihre Heimarbeiter und Hausgewerbetreibenden zu zahlenden Zuschläge gem § 10 III gesondert in den Entgeltbeleg, das nach § 9 I 1 HAG in der Heimarbeit erforderliche Entgeltbuch (hierzu näher HzA/*Linck* Gruppe 17 Rn 143 ff), einzutragen. Geschieht dies nicht, trägt der Auftraggeber im Streitfall die Darlegungs- und Beweislast dafür, dass sie im gezahlten Entgelt enthalten sind (BAG 21.1.1965, 5 AZR 228/64, AP Nr 1 zu § 1 HAG).

10 Im Unterschied zum EFZ-Anspruch nach § 3 I 1 verbietet der Unabdingbarkeitsgrundsatz des § 12 sogar einen Verzicht auf den Zuschlag gem § 10 I 1 nach Beendigung des Heimarbeitsverhältnisses (*Schmitt* § 10 Rn 30; *Treber* § 10 Rn 32; vgl früher BAG 28.7.1966, 5 AZR 63/66, AP Nr 2 zu § 25 HAG). Dieses im Unterschied zum EFZ-Recht strengere Verzichtsverbot lässt sich damit rechtfertigen, dass der Bezieherkreis des Zuschlags nach § 10 I 1 hins seiner Entgeltforderungen einer bes Drucksituation ausgesetzt ist, die ua zu der gesetzlichen Prozessstandschaft der Länder nach § 25 HAG geführt hat (*Knorr/Krasney* § 12 Rn 32). Allerdings dürfte in entspr Anwendung von § 19 III 3 HAG, wonach ein Verzicht auf Rechte, die aufgrund bindender Festsetzung einem Beschäftigten entstanden sind, durch Abschluss eines von der obersten Arbeitsbehörde des Landes oder der von ihr bestimmten Stelle gebilligten Vergleichs zulässig ist, ein Verzichtsvergleich über einen Anspruch nach § 10 I 1 mit staatlicher Billigung wirksam sein (*Knorr/Krasney* § 12 Rn 33).

Durch TV kann nach § 10 IV 1 für Heimarbeiter (§ 1 I lit a HAG) anstelle des Zuschlags gem § 10 I 1 EFZ   11
im Krankheitsfall EFZ gem §§ 3 ff vereinbart werden. Nach dem insoweit eindeutigen Wortlaut des § 10
IV 1 besteht diese Möglichkeit nur für Heimarbeiter iSd § 1 I lit a HAG. Gem § 17 I HAG gilt als TV
auch eine schriftliche Vereinbarung zwischen einer Gewerkschaft einerseits und einem Auftraggeber oder
dessen Vereinigung andererseits über Inhalt, Abschluss oder Beendigung von Vertragsverhältnissen der in
Heimarbeit Beschäftigten mit ihren Auftraggebern (näher HzA/*Linck* Gruppe 17 Rn 163, 164).

Für **nicht tarifgebundene Heimarbeiter** gilt ein TV, der die Heimarbeiter den EFZ-Regelungen der §§ 3 ff   12
unterstellt, nur dann, wenn dieser TV nach § 5 I TVG für allgemein verbindlich erklärt ist. Fehlt eine
Allgemeinverbindlicherklärung, kann die tarifliche Regelung, soweit sie ungünstiger ist als die gesetzliche
Regelung nach § 10 I, im Hinblick auf den Unabdingbarkeitsgrundsatz des § 12 mit nicht tarifgebundenen
Heimarbeitern auch nicht durch einzelvertragliche Bezugnahme vereinbart werden (*Schmitt* § 10 Rn 50).

Richtet sich aufgrund eines TV die Fortzahlung des Entgelts an Heimarbeiter im Krankheitsfall nach   13
§§ 3 ff, bleibt gem § 10 IV 2 bei der Bemessung des EFZ-Anspruchs der Unkostenzuschlag (Rdn 8) außer
Betracht. Gegen seine Berücksichtigung bei der Berechnung des fortzuzahlenden Arbeitsentgelts kraft ausdrücklicher tarifvertraglicher Vereinbarung bestehen allerdings im Hinblick auf § 12 keine Bedenken, da es
sich insoweit um eine ggü dem G günstigere Regelung handelt (*Feichtinger/Malkmus* § 10 Rn 46).

§ 11 Feiertagsbezahlung der in Heimarbeit Beschäftigten

(1) ¹Die in Heimarbeit Beschäftigten (§ 1 Abs. 1 des Heimarbeitsgesetzes) haben gegen den Auftraggeber
oder Zwischenmeister Anspruch auf Feiertagsbezahlung nach Maßgabe der Absätze 2 bis 5. ²Den gleichen Anspruch haben die in § 1 Abs. 2 Buchstabe a bis d des Heimarbeitsgesetzes bezeichneten Personen,
wenn sie hinsichtlich der Feiertagsbezahlung gleichgestellt werden; die Vorschriften des § 1 Abs. 3 Satz 3
und Abs. 4 und 5 des Heimarbeitsgesetzes finden Anwendung. ³Eine Gleichstellung, die sich auf die
Entgeltregelung erstreckt, gilt auch für die Feiertagsbezahlung, wenn diese nicht ausdrücklich von der
Gleichstellung ausgenommen ist.

(2) ¹Das Feiertagsgeld beträgt für jeden Feiertag im Sinne des § 2 Abs. 1 0,72 vom Hundert des in
einem Zeitraum von sechs Monaten ausgezahlten reinen Arbeitsentgelts ohne Unkostenzuschläge. ²Bei
der Berechnung des Feiertagsgeldes ist für die Feiertage, die in den Zeitraum vom 1. Mai bis 31. Oktober
fallen, der vorhergehende Zeitraum vom 1. November bis 30. April und für die Feiertage, die in den Zeitraum vom 1. November bis 30. April fallen, der vorhergehende Zeitraum vom 1. Mai bis 31. Oktober
zugrunde zu legen. ³Der Anspruch auf Feiertagsgeld ist unabhängig davon, ob im laufenden Halbjahreszeitraum noch eine Beschäftigung in Heimarbeit für den Auftraggeber stattfindet.

(3) ¹Das Feiertagsgeld ist jeweils bei der Entgeltzahlung vor dem Feiertag zu zahlen. ²Ist die Beschäftigung vor dem Feiertag unterbrochen worden, so ist das Feiertagsgeld spätestens drei Tage vor dem
Feiertag auszuzahlen. ³Besteht bei der Einstellung der Ausgabe von Heimarbeit zwischen den Beteiligten
Einvernehmen, das Heimarbeitsverhältnis nicht wieder fortzusetzen, so ist dem Berechtigten bei der letzten Entgeltzahlung das Feiertagsgeld für die noch übrigen Feiertage des laufenden sowie für die Feiertage
des folgenden Halbjahreszeitraumes zu zahlen. ⁴Das Feiertagsgeld ist jeweils bei der Auszahlung in die
Entgeltbelege (§ 9 des Heimarbeitsgesetzes) einzutragen.

(4) ¹Übersteigt das Feiertagsgeld, das der nach Absatz 1 anspruchsberechtigte Hausgewerbetreibende
oder im Lohnauftrag arbeitende Gewerbetreibende (Anspruchsberechtigte) für einen Feiertag auf Grund
des § 2 seinen fremden Hilfskräften (§ 2 Abs. 6 des Heimarbeitsgesetzes) gezahlt hat, den Betrag, den
er auf Grund der Absätze 2 und 3 für diesen Feiertag erhalten hat, so haben ihm auf Verlangen seine
Auftraggeber oder Zwischenmeister den Mehrbetrag anteilig zu erstatten. ²Ist der Anspruchsberechtigte
gleichzeitig Zwischenmeister, so bleibt hierbei das für die Heimarbeiter oder Hausgewerbetreibenden
empfangene und weiter gezahlte Feiertagsgeld außer Ansatz. ³Nimmt ein Anspruchsberechtigter eine
Erstattung nach Satz 1 in Anspruch, so können ihm bei Einstellung der Ausgabe von Heimarbeit die
erstatteten Beträge auf das Feiertagsgeld angerechnet werden, das ihm auf Grund des Abs. 2 und des
Abs. 3 Satz 3 für die dann noch übrigen Feiertage des laufenden sowie für die Feiertage des folgenden
Halbjahreszeitraumes zu zahlen ist.

(5) Das Feiertagsgeld gilt als Entgelt im Sinne der Vorschriften des Heimarbeitsgesetzes über Mithaftung
des Auftraggebers (§ 21 Abs. 2), über Entgeltschutz (§§ 23 bis 27) und über Auskunftspflicht über Entgelte (§ 28); hierbei finden die §§ 24 bis 26 des Heimarbeitsgesetzes Anwendung, wenn ein Feiertagsgeld
gezahlt ist, das niedriger ist als das in diesem Gesetz festgesetzte.

§ 11 EFZG Feiertagsbezahlung der in Heimarbeit Beschäftigten

Übersicht	Rdn.			Rdn.
A. Einleitung	1	I.	Höhe	7
B. Anspruchsberechtigte Personen	2	II.	Fälligkeit	11
C. Anspruchsverpflichtete Personen	4	III.	Sonstiges	12
D. Feiertage	6	F.	Pauschalierung des Feiertagsgeldes	14
E. Feiertagsgeld	7			

1 **A. Einleitung.** Da die in Heimarbeit Beschäftigten, dh Heimarbeiter und Hausgewerbetreibende (§ 10 Rdn 4), und die ihnen Gleichgestellten (§ 10 Rdn 4) keine AN sind, sondern zu den sog arbeitnehmerähnlichen Personen zählen (§ 10 Rdn 1), haben sie keinen Anspruch auf Entgeltzahlung an Feiertagen gem § 2 I. Deshalb bedurfte es hins der Feiertagsbezahlung für diesen Personenkreis der in § 11 geschaffenen Sonderregelung. Sie sieht, entspr der wirtschaftlichen Sicherung im Krankheitsfall nach § 10 (§ 10 Rdn 2), einen bes Zuschlag in pauschalierter Form, nämlich ein Feiertagsgeld, vor. § 11 ist an die Stelle des am 31.5.1994 gem Art 62 PflegeVG außer Kraft getretenen § 2 FLZG getreten. Mit diesem stimmt er fast wörtlich überein. Allerdings ist das Feiertagsgeld von zwei Drittel vom Hundert (§ 2 II 1 FLZG) auf 0,72 % (§ 11 II 1) erhöht worden.

2 **B. Anspruchsberechtigte Personen.** Anspruch auf Feiertagsgeld haben nach § 11 I 1 zunächst in Heimarbeit Beschäftigte iSv § 1 I HAG, also Heimarbeiter (§ 10 Rdn 4) und die Hausgewerbetreibenden (§ 10 Rdn 4). Voraussetzung für den Anspruch der den in Heimarbeit Beschäftigten Gleichgestellten (hierzu § 10 Rdn 4) auf Feiertagsgeld ist gem § 11 I 2 Hs 1, dass sie gerade hins der Feiertagsbezahlung gleichgestellt sind. Umfasst die Gleichstellung die Entgeltregelung nach §§ 17 ff HAG, gilt sie auch für die Feiertagsbezahlung, es sei denn, diese wäre ausdrücklich von der Gleichstellung ausgenommen (§ 11 I 3). Da die Erstreckung der Gleichstellung auf die Entgeltregelung übliche Praxis ist, steht regelmäßig den Gleichgestellten mit einem Anspruch auf Zuschlag zum Arbeitsentgelt nach § 10 I 1 automatisch auch das Feiertagsgeld zu (*Treber* § 11 Rn 3 mit Rn 2). Allerdings zählen zu den nach § 11 I 2 Hs 1 anspruchsberechtigten Personen im Unterschied zu § 10 I 1, in dem sie nicht erwähnt sind, auch die nach § 1 II lit d HAG gleichgestellten sog Zwischenmeister iSv § 2 III HAG.

3 Keinen Anspruch auf Feiertagsgeld nach § 11 I 1 und 2 haben, da sie nicht zu den in dieser Vorschrift genannten Anspruchsberechtigten gehören, Außenarbeitnehmer und fremde Hilfskräfte iSd § 2 VI HAG (zur Abgrenzung HzA/*Linck* Gruppe 17 Rn 62), Familienangehörige (vgl § 2 V HAG) eines in Heimarbeit Beschäftigten oder Gleichgestellten (näher HzA/*Linck* Gruppe 17 Rn 39 ff), es sei denn, sie wären selbst Heimarbeiter iSd § 2 I 1 HAG sowie Gleichgestellte, deren Gleichstellung sich entgegen § 1 III 1 HAG ausnahmsweise nicht auf die Entgeltregelung erstreckt oder bei denen die Feiertagsbezahlung ausdrücklich von der Gleichstellung ausgenommen ist (§ 11 I 3).

4 **C. Anspruchsverpflichtete Personen.** Der Anspruch auf Feiertagsgeld richtet sich nach § 11 I 1 gegen den Auftraggeber oder Zwischenmeister. Handelt es sich um einen nach § 1 II lit d HAG gleichgestellten Zwischenmeister, ist dieser auf der einen Seite im Verhältnis zu den von ihm Beschäftigten Schuldner, auf der anderen Seite im Verhältnis zu seinem Auftraggeber Gläubiger des Feiertagsgeldanspruchs (*Schmitt* § 11 Rn 30).

5 Selbst wenn viele Heimarbeiter an Sonn- und Feiertagen arbeiten sollten und es sich daher schwer feststellen lässt, ob »infolge des Feiertages« Arbeit ausgefallen ist (so *Schmitt* § 11 Rn 37), muss an dem in § 2 geregelten Entgeltausfallprinzip auch im Anwendungsbereich des § 11 I 1 festgehalten werden (vgl ErfK/*Reinhard* § 11 Rn 4; *Schmitt* § 11 Rn 35, 37; aA *Knorr/Krasney* § 11 Rn 11, 14; *Treber* § 11 Rn 9). Denn anderenfalls würden Heimarbeiter und ihnen Gleichgestellte bei der Feiertagsbezahlung ohne erkennbaren Grund ggü AN, worauf das BAG (26.7.1979, 3 AZR 813/78, AP Nr 34 zu § 1 FeiertagslohnzG) zu Recht hingewiesen hat, bevorzugt.

6 **D. Feiertage.** Die Verweisung in § 11 II 1 auf § 2 I bedeutet, dass nur für gesetzliche Feiertage ein Feiertagsgeld zu zahlen ist. Welche Tage das sind, richtet sich – bis auf den »Tag der deutschen Einheit« am 3.10. – nach den Feiertagsgesetzen der einzelnen Länder (§ 2 Rdn 5). Maßgeblich für die Berechnung des Feiertagsgeldes sind die Feiertage am Arbeitsort (Wohnsitz, Ort der Betriebsstätte) des in Heimarbeit Beschäftigten oder Gleichgestellten (*Knorr/Krasney* § 11 Rn 10).

7 **E. Feiertagsgeld. I. Höhe.** Das Feiertagsgeld ist Bestandteil des Arbeitsentgelts eines in Heimarbeit Beschäftigten bzw ihm Gleichgestellten. Es unterliegt daher in voller Höhe der Einkommen- bzw Lohnsteuer. Anders als der Zuschlag nach § 10 I 1 (§ 10 Rdn 7) zählt es auch zum sozialversicherungspflichtigen Arbeitsentgelt (*Knorr/Krasney* § 11 Rn 31). Das Feiertagsgeld beträgt gem § 11 II 1 für jeden Feiertag

0,72 % des in einem Zeitraum von 6 Monaten ausgezahlten »reinen Arbeitsentgelts ohne Unkostenzuschläge«. Der Begriff des »reinen Arbeitsentgelts« ist so zu verstehen, dass es sich um das Bruttoarbeitsentgelt, dh um das Arbeitsentgelt vor Abzug der Steuern und Sozialversicherungsbeiträge handelt, vermindert um die Unkostenzuschläge, zB für die Beschaffung der zur Auftragserledigung erforderlichen Rohstoffe (§ 10 Rdn 8). Obwohl sie anders als in § 10 I 2 in § 11 nicht genannt sind, sind auch die Zuschläge für Urlaub und Krankheitsvorsorge abzuziehen (*Knorr/Krasney* § 11 Rn 17).

Durch die Berechnung des Feiertagsgeldes auf der Grundlage der in § 11 II 2 genannten 2 Berechnungszeiträume soll sichergestellt werden, dass die Feiertagsvergütung des in Heimarbeit Beschäftigten bzw ihm Gleichgestellten aus einem längeren Zeitabschnitt berechnet wird, da seine Vergütung infolge unterschiedlicher Arbeitszuweisung Schwankungen unterliegen kann und er nicht nach Stunden, Tagen oder sonstigen Zeitabschnitten bezahlt wird (BAG 26.7.1979, 3 AZR 813/78, AP Nr 34 zu § 1 FeiertagslohnzG; vgl auch BAG 11.7.2006, 9 AZR 516/05, EzA § 29 HAG Nr 2). Nach § 11 II 3 erhält der in Heimarbeit Beschäftigte oder Gleichgestellte das Feiertagsgeld auch dann, wenn im laufenden Halbjahreszeitraum keine Beschäftigung in Heimarbeit stattfindet. Damit soll der Nachteil ausgeglichen werden, der dadurch entsteht, dass der in Heimarbeit Beschäftigte oder Gleichgestellte während des ersten Halbjahreszeitraums seiner Tätigkeit kein Feiertagsgeld erhält, da ein vorher liegender Beschäftigungszeitraum als Berechnungsbasis fehlt (*Schmitt* § 11 Rn 45; vgl auch *Treber* § 11 Rn 13). 8

Bei einvernehmlicher endgültiger Einstellung der Ausgabe von Heimarbeit – gemeint ist die Beendigung des Heimarbeitsverhältnisses (BAG 11.7.2006, 9 AZR 516/05, EzA § 29 HAG Nr 2) – ist dem in Heimarbeit Beschäftigten bzw Gleichgestellten nach § 11 III 3 bei der letzten Entgeltzahlung nicht nur das Feiertagsgeld bis zum Tag des Ausscheidens, sondern darüber hinaus auch das Feiertagsgeld für die noch übrigen Feiertage des laufenden sowie für die Feiertage des folgenden Halbjahreszeitraums zu zahlen. Auch diese Regelung dient dem Ausgleich für die in der ersten Periode nach Aufnahme der Tätigkeit liegenden Feiertage, die in Ermangelung eines davor liegenden Berechnungszeitraums nicht vergütet werden (*Knorr/Krasney* § 11 Rn 20). 9

§ 11 IV 1 enthält für Hausgewerbetreibende (§§ 1 II 1 lit b, 2 II HAG) und Lohngewerbetreibende (§ 1 II 1 lit c HAG), die gem § 11 I 2 einen Anspruch auf Feiertagsgeld haben, eine Sonderregelung. Müssen diese an die bei ihnen beschäftigten fremden Hilfskräfte (§ 2 VI HAG) nach § 2 I Feiertagsentgelt bezahlen und reicht hierfür das von ihrem Auftraggeber bzw Zwischenmeister (§ 2 III HAG) nach § 11 II und III gezahlte Feiertagsgeld nicht aus, können sie gem § 11 IV 1 den fehlenden Betrag (Mehrbetrag) anteilig verlangen. Hierbei bleibt, sofern der Haus- und Lohngewerbetreibende gleichzeitig Zwischenmeister sein sollte, das für seine Heimarbeiter oder Hausgewerbetreibende empfangene und weitergezahlte Feiertagsgeld außer Ansatz (§ 11 IV 2). Wird einem anspruchsberechtigten Haus- oder Lohngewerbetreibenden Erstattung nach § 11 IV 1 gewährt, können ihm bei Einstellung der Ausgabe von Heimarbeit die erstatteten Beträge auf das ihm noch aufgrund des § 11 II 3, III 3 für die noch übrigen Feiertage des laufenden sowie für die Feiertage des folgenden Halbjahreszeitraums auszuzahlende Feiertagsgeld angerechnet werden (§ 11 IV 3). 10

II. Fälligkeit. Das Feiertagsgeld ist nach § 11 III 1 jeweils bei der letzten Entgeltzahlung vor dem Feiertag zu zahlen. Es ist gem § 11 III 2 spätestens 3 Tage vor dem Feiertag auszuzahlen, wenn die Beschäftigung vor dem Feiertag unterbrochen worden ist. Für den Fall der einvernehmlichen endgültigen Beendigung der Heimarbeit bestimmt § 11 III 3, dass das Feiertagsgeld bei der letzten Entgeltzahlung zu gewähren ist (Rdn 9). 11

III. Sonstiges. Das Feiertagsgeld ist vom Auftraggeber bzw Zwischenmeister in den Entgeltbeleg, das nach § 9 I HAG in der Heimarbeit erforderliche Entgeltbuch (näher HzA/*Linck* Gruppe 17 Rn 143 ff), einzutragen. Auch wenn dies in § 11 III 4 im Unterschied zu § 10 III bezüglich des Zuschlags zum Arbeitsentgelt nach § 10 I 1 erwähnt ist, bedarf es der gesonderten Eintragung in den Entgeltbeleg, da nur so die ordnungsgemäße Zahlung überprüft werden kann (*Kaiser/Dunkl/Hold/Kleinsorge* § 11 Rn 25; vgl auch *Treber* § 11 Rn 17 mit § 10 Rn 28 u 29). 12

Auf das Feiertagsgeld finden gem § 11 V die §§ 23–25, 27 und 28 HAG Anwendung. Es unterliegt damit wie der Zuschlag zum Arbeitsentgelt nach § 10 I 1 dem staatlichen Entgeltschutz (vgl auch § 10 Rdn 7 aE). 13

F. Pauschalierung des Feiertagsgeldes. Wegen der schwierigen Berechnung des Feiertagsgeldes wird dieses in der Praxis häufig pauschaliert. Gezahlt wird bei jeder Auszahlung von Arbeitsentgelt ein bestimmter Zuschlag. Zulässig ist eine pauschale Abgeltung des Feiertagsgeldes allerdings nur unter folgenden Voraussetzungen: 14

Sie darf nicht gegen den Unabdingbarkeitsgrundsatz des § 12 verstoßen, dh, sie muss günstiger als die gesetzliche Regelung sein (näher HzA/*Vossen* Gruppe 2 Rn 869). Die Pauschalierung muss vorab zwischen den Parteien des Heimarbeitsverhältnisses vereinbart worden und so gestaltet sein, dass der zum Lohn gewährte Zuschlag erkennbar und eindeutig geeignet ist, den gesetzlichen Anspruch zu erfüllen (vgl auch 15

BAG 22.10.1973, 3 AZR 83/73, EzA § 1 FeiertagslohnzG Nr 17). Um Beanstandungen bei späteren Entgeltkontrollen (vgl § 23 HAG) zu vermeiden, empfiehlt es sich, vor der Vereinbarung einer Pauschale mit der nach § 23 I und 3 HAG jeweils zuständigen Entgeltüberwachungsstelle Kontakt aufzunehmen (*Knorr/ Krasney* § 11 Rn 30). Auch der pauschalierte Prozentsatz ist in den Entgeltbeleg (Rdn 12) einzutragen (*Knorr/Krasney* § 11 Rn 30).

§ 12 Unabdingbarkeit
Abgesehen von § 4 Abs. 4 kann von den Vorschriften dieses Gesetzes nicht zuungunsten des Arbeitnehmers oder der nach § 10 berechtigten Personen abgewichen werden.

Übersicht

		Rdn.			Rdn.
A.	Grundsatz	1	II.	Bei bestehendem Arbeitsverhältnis	5
B.	Günstigkeits- bzw Ungünstigkeitsvergleich	3	III.	Bei und nach Beendigung des Arbeitsverhältnisses	6
C.	Verzicht	4	IV.	Verzichtsverbot des § 4 IV 1 TVG	7
I.	Allgemein	4			

1 **A. Grundsatz.** Nach § 12 kann von den Vorschriften des EFZG nicht zuungunsten der AN iSv § 1 II oder der nach § 10 berechtigten Personen (§ 10 Rdn 4) abgewichen werden. Von diesem Unabdingbarkeitsgrundsatz werden insbes die in § 2 u §§ 3 bis 9 normierten EFZ-Regelungen erfasst. Verboten sind nach § 12 zB Regelungen, die von dem in § 2 I normierten Ursachenzusammenhang zwischen Arbeitsausfall und Feiertag (§ 2 Rdn 9) zu Lasten des AN abweichen (BAG 15.5.2013, 5 AZR 139/12 EzA § 2 EFZG Nr 7 u § 2 Rdn 9) oder den 6-wöchigen EFZ-Zeitraum des § 3 I 1 (§ 3 Rdn 40) unterschreiten (vgl BAG 24.3.2004, 5 AZR 346/03, EzA § 4 EFZG Nr 12), oder solche, die die EFZ von 100 % (§ 4 Rdn 1) nicht erreichen (vgl auch BAG 24.3.2004, 5 AZR 346/03, EzA § 4 EFZG Nr 5; LAG Berl-Bbg 17.10.2013, 25 Sa 157/13, LAGE § 4 EFZG Tarifvertrag Nr 47; LAG Hamm 12.12.2007, 18 Sa 1071/07, JurionRS 2007, 47510; SächsLAG 31.7.2014, 8 Sa 137/14, JurionRS 2014, 24065). Hierunter fällt auch eine Vereinbarung, die dem AG das Recht einräumt, je Krankheitstag den AN 1,5 Stunden nacharbeiten zu lassen bzw, sofern ein Arbeitszeitkonto vorhanden ist (§ 4 Rdn 35), von diesem Zeitkonto 1,5 Stunden in Abzug zu bringen (BAG 26.9.2001, 5 AZR 539/00, EzA § 4 EFZG Tarifvertrag Nr 50) oder nach der die EFZ erst dann einsetzen soll, wenn ein vorhandenes Zeitguthaben abgebaut ist (LAG BW 28.2.2000, 15 Sa 112/99, LAGE § 4 EFZG Tarifvertrag Nr 39). Auch verstößt eine betriebliche Regelung zur flexiblen Verteilung der Arbeitszeit, nach der die sich in der Phase der verkürzten Arbeitszeit ergebende Zeitschuld nur durch tatsächliche Arbeitsleistung, nicht aber bei krankheitsbedingter Arbeitsunfähigkeit in der Phase der verlängerten Arbeitszeit ausgeglichen wird, gegen das Entgeltausfallprinzip des § 4 I (BAG 13.2.2002, 5 AZR 470/00, EzA § 4 EFZG Nr 5; zu Verstoß gegen § 2 I bei einer Dienstplanerstellung vgl LAG Hamm 22.5.2013, 4 Sa 1232/12, LAGE § 87 BetrVG 2001 Arbeitszeit Nr 8).

2 Ausgenommen von dem Unabdingbarkeitsgrundsatz bleibt § 4 IV, wonach durch TV (§ 4 Rdn 46) oder durch einzelvertragliche Bezugnahme auf einen entspr TV (§ 4 Rdn 51) von den in § 4 I, Ia und III enthaltenen Regelungen auch zuungunsten der AN abgewichen werden kann (BAG 24.3.2004, 5 AZR 346/03, EzA § 4 EFZG Nr 12). Ansonsten sind in TV, BV, sofern nicht § 77 III BetrVG entgegensteht (vgl zB BAG 15.11.2000, 5 AZR 310/99, EzA § 77 BetrVG 1972 Ablösung Nr 2), und Arbeitsvertrag nur günstigere Regelungen zulässig, wie zB der Verzicht auf die Wartezeit nach § 3 III (§ 3 Rdn 6) oder auf die Alleinursächlichkeit gem § 3 I 1 (§ 3 Rdn 17) oder auch die Verlängerung des 6-wöchigen EFZ-Zeitraums (§ 3 Rdn 40). Auch kann die in § 5 I 2 normierte Nachweispflicht zugunsten des AN dadurch abbedungen werden, dass er davon befreit wird, die ärztliche Bescheinigung schon am 1. Arbeitstag nach Ablauf der 3-tägigen Wartezeit (§ 5 Rdn 9 ff) vorlegen zu müssen.

3 **B. Günstigkeits- bzw Ungünstigkeitsvergleich.** Zur Feststellung, ob eine in einem Kollektiv- oder Einzelvertrag enthaltene Vereinbarung günstiger oder ungünstiger als die gesetzliche Regelung ist, ist speziell diese konkrete Regelung mit der entspr gesetzlichen Bestimmung zu vergleichen (BAG 22.8.2001, 5 AZR 699/99, EzA § 3 EFZG Nr 8; ErfK/*Reinhard* § 12 Rn 7; *Schmitt* § 12 Rn 30; *Treber* § 12 Rn 18). Ergibt dieser Einzelvergleich, dass die kollektiv- oder einzelvertragliche Regelung ungünstiger als die gesetzliche ist, ist sie nach § 134 BGB nichtig, und die einschlägige Gesetzesnorm tritt an ihre Stelle. Diese Rechtsfolge gilt ohne Weiteres für die ungünstigeren Teile einer kollektiv- oder einzelvertraglichen Vereinb, die für den AN verglichen mit der gesetzlichen Regelung (EFZG) auch günstigere Absprachen enthält. Ob die günstigeren tatsächlich zur Anwendung kommen, muss, soweit es sich um eine einzelvertragliche Vereinbarung handelt,

nach § 139 BGB beurteilt werden (*Vogelsang* Rn 873). Danach ist idR von der Nichtigkeit der gesamten Vereinbarung auszugehen, es sei denn, der mutmaßliche Wille der Vertragspartner würde ergeben, sie hätten die günstigeren Abreden auch bei Kenntnis der Nichtigkeit der ungünstigeren getroffen (*Feichtinger/ Malkmus* § 12 Rn 52; *Schmitt* § 12 Rn 41). Sind teils günstigeren, teils ungünstigeren Abreden über die EFZ in einem TV oder in einer BV enthalten, richtet sich die Weitergeltung der günstigeren Absprachen danach, ob der wirksame Teil des TV bzw der BV auch ohne die unwirksamen Bestimmungen eine sinnvolle und in sich geschlossene Regelung enthält (vgl für TV zB BAG 16.11.2011, 4 AZR 856/09, AP Nr 60 zu § 1 TVG; vgl für BV zB BAG 18.9.2012, 3 AZR 431/10, NZA-RR 2013, 651).

C. Verzicht. I. Allgemein. Ein Verzicht bedarf eines gegenseitigen Vertrages zwischen Gläubiger und   4
Schuldner des in Rede stehenden Anspruchs (vgl BAG 25.10.2001, 6 AZR 551/00, AP Nr 22 zu § 19 BAT-O). Voraussetzung für jeden rechtswirksamen Verzicht seitens des AN ist, dass er seinen Verzichtswillen ausdrücklich erklärt hat oder dieser zumindest doch eindeutig aus den Umständen zu entnehmen ist (vgl näher BAG 28.7.2004, 10 AZR 661/03, EzA § 611 BGB 2002 Aufhebungsvertrag Nr 4; 7.11.2007, 5 AZR 880/06, EzA § 397 BGB 2002 Nr 2; 20.4.2010, 3 AZR 225/08, NZA 2010, 883, 887; zu Prozessvergleich vgl BAG 27.5.2015, 5 AZR 137/14, EzA § 10 AÜG Nr 31). In der arbeitsrechtlichen Praxis ist ein Verzicht von Ansprüchen häufig in einer sog Ausgleichsquittung (hierzu § 611 BGB Rdn 252) enthalten. An die **Feststellung** eines **Verzichtswillens** sind **hohe Anforderungen** zu stellen (BAG 7.11.2007, 5 AZR 880/06, EzA § 397 BGB 2002 Nr 2). Formularmäßige Verzichtserklärungen unterliegen der Kontrolle nach § 307 I BGB (hierzu § 611 BGB Rdn 255).

II. Bei bestehendem Arbeitsverhältnis. Während des bestehenden Arbeitsverhältnisses kann nicht von   5
vornherein auf künftig erst entstehende EFZ-Ansprüche im Krankheitsfall verzichtet werden. Ein solcher Verzicht stände nicht in Einklang mit Sinn und Zweck des in § 12 normierten Unabdingbarkeitsgrundsatzes (Rdn 1) und wäre deshalb nichtig gem § 134 BGB nichtig (vgl *Treber* § 12 Rn 24; vgl auch LAG Berl 17.2.1997, 9 Sa 124/96, LAGE § 138 BGB Nr 9; vgl früher BAG 28.11.1979, 5 AZR 955/77, EzA § 6 LohnFG Nr 12). Ist der EFZ-Anspruch dagegen bereits entstanden und fällig, kann auf ihn, da er nichts anderes ist als der aufrechterhaltene Entgeltanspruch (vgl BAG 16.1.2002, 5 AZR 430/00, EzA § 12 EFZG Nr 1) und deshalb in jeder Hinsicht dessen rechtliches Schicksal teilt (vgl BAG 16.1.2002, 5 AZR 430/00, EzA § 12 EFZG Nr 1), iR eines bestehenden Arbeitsverhältnisses wirksam verzichtet werden (ebenso ErfK/*Reinhard* § 12 Rn 5; *Schmitt* § 12 Rn 23; aA *Treber* § 12 Rn 14). Eine Einschränkung hiervon ist im Hinblick auf § 4 IV 1 TVG allerdings zu machen, wenn sich der Entgeltanspruch nach § 611 I BGB aus einem TV herleiten lässt, der auf das Arbeitsverhältnis kraft Tarifbindung gem § 4 I 1 TVG oder § 5 IV TVG Anwendung findet (vgl Rdn 7). In **Einklang mit § 12** steht dagegen in jedem Fall ein Vergleich über die tatsächlichen Voraussetzungen des EFZ-Anspruchs (*Treber* § 12 Rn 17; vgl auch BAG 21.12.1972, 5 AZR 319/72, EzA § 9 LohnFG Nr 12). Durch einen solchen **Tatsachenvergleich** soll eine bestehende Unsicherheit über die tatsächlichen Voraussetzungen eines Anspruchs ausgeräumt werden (vgl BAG 12.2.2014, 4 AZR 317/12, EzA § 4 TVG Verzicht Nr 5).

III. Bei und nach Beendigung des Arbeitsverhältnisses. Auch **im Zeitpunkt** der **Beendigung** des Arbeits-   6
verhältnisses und für die Zeit danach gilt der Grundsatz, dass wegen der in § 12 normierten Unabdingbarkeitsregel nicht auf einen noch nicht fälligen EFZ-Anspruch verzichtet werden kann (Rdn 5). Eine Ausnahme will das BAG allerdings dann machen, wenn es nach Beendigung des Arbeitsverhältnisses vor dem normalen Vergütungszahlungstermin zu einer Schlussabrechnung kommt (vgl früher BAG 20.8.1980, 5 AZR 218/78, EzA § 6 LohnFG Nr 14; ebenso *Schmitt* § 12 Rn 25; aA *Kunz/Wedde* § 12 Rn 26 mit Rn 28 und 29). Ein **nach Beendigung** des Arbeitsverhältnisses abgeschlossener Verzichtsvertrag, der einen fälligen EFZ-Anspruch betrifft, steht immer in Einklang mit § 12 (BAG 16.1.2002, 5 AZR 430/00, EzA § 12 EFZG Nr 1; ErfK/*Reinhard* § 12 Rn 5).

IV. Verzichtsverbot des § 4 IV 1 TVG. Der EFZ-Anspruch im Krankheitsfall ist kraft Tarifbindung nach   7
§ 4 I 1 TVG oder § 5 IV TVG ein tariflicher Anspruch, sofern der Entgeltanspruch selbst ein tariflicher Anspruch ist (BAG 20.8.1980, 5 AZR 955/78, EzA § 9 LohnFG Nr 6). Bei dieser Sachlage ist auch die Krankenvergütung tariflich gesichert, sodass auf sie nach § 4 IV 1 TVG nur in einem von den TV-Parteien gebilligten Vergleich wirksam verzichtet werden kann (*Knorr/Krasney* § 12 Rn 37 mwN; aA *Feichtinger/Malkmus* § 12 Rn 23; offengelassen v BAG 20.8.1980, 5 AZR 955/78, EzA § 9 LohnFG Nr 6). Ein während des bestehenden Arbeitsverhältnisses oder nach einer Beendigung geschlossener Tatsachenvergleich, der die Ungewissheit über die tatsächlichen Voraussetzungen des tariflichen EFZ-Anspruchs ausräumen soll (Rdn 5), fällt nicht unter das Verzichtsverbot des § 4 IV 1 TVG (BAG 20.8.1980, 5 AZR 455/78, EzA § 9 LohnFG Nr 6; allg BAG 18.11.1999, 2 AZR 147/99, EzA § 4 TVG Verzicht Nr 4; BAG 9.12.2009, 10 AZR 850/08, AP Nr 318 zu § 1 TVG Tarifverträge: Bau; LAG Hamm 29.5.2009, 7 Sa 188/09, JurionRS 2009, 26030).

Einigungsvertrag (EinigungsV)

Anlage I Kapitel XIX Sachgebiet A Abschnitt III Nr 1 EinigungsV
Bundesrecht tritt in dem in Art 3 des Vertrages genannten Gebiet mit folgenden Maßgaben in Kraft:
1. Rechtsverhältnisse der Arbeitnehmer im öffentlichen Dienst
...
(5) Ein wichtiger Grund für eine außerordentliche Kündigung ist insbesondere dann gegeben, wenn der Arbeitnehmer
1. gegen die Grundsätze der Menschlichkeit oder Rechtsstaatlichkeit verstoßen hat, insbesondere die im Internationalen Pakt über bürgerliche und politische Rechte vom 19. Dezember 1966 gewährleisteten Menschenrechte oder die in der Allgemeinen Erklärung der Menschenrechte vom 10. Dezember 1948 enthaltenen Grundsätze verletzt hat oder
2. für das frühere Ministerium für Staatssicherheit/Amt für nationale Sicherheit tätig war

und deshalb ein Festhalten am Arbeitsverhältnis unzumutbar erscheint. ...

Übersicht	Rdn.			Rdn.
A. Personell-sachlicher Geltungsbereich	1	D.	Tatbestandsvoraussetzungen	4
B. Verhältnis zu § 626 BGB	2	E.	Unzumutbarkeit	8
C. Verhältnis zum Mitwirkungsrecht des PersR und zum bes Kündigungsschutz nach MuSchG und SGB IX	3	F.	Prozessuales	14

1 **A. Personell-sachlicher Geltungsbereich.** Durch **außerordentliche Kdg** nach dieser Vorschrift können nicht nur die durch Vertrag, sondern auch die durch Berufung nach § 61 AGB-DDR begründeten Arbeitsverhältnisse aufgelöst werden (BAG 23.9.1993, 8 AZR 484/92, EzA Art 20 EinigungsV Nr 26). Der Begriff »öffentl Dienst« ist **umfassend** zu verstehen. Er erfasst nicht nur Angehörige der öffentl Verwaltung, sondern auch solche AN, die in Einrichtungen beschäftigt sind, deren Rechtsträger die öffentl Verwaltung ist (zB die Beschäftigten eines Landestheaters, BAG 18.3.1993, 8 AZR 331/92, EzA Art 20 EinigungsV Nr 21). Auch den am 1.1.1995 in die Arbeitsverhältnisse der früheren Unternehmen der Dt Bundespost eingetretenen Aktiengesellschaften steht das Sonderkündigungsrecht weiterhin zu (BAG 10.12.1998, 8 AZR 9/98, EzA Art 20 EinigungsV Nr 63). In der **Privatwirtschaft** kommt eine außerordentliche Kdg wegen Tätigkeit für das MfS, allerdings nur gem § 626 BGB, insb dann in Betracht, wenn der AN Aufgaben wahrnimmt, die der öffentl Verwaltung zuzuordnen oder mit solchen Aufgaben eng verbunden sind (zB Flugplanung bzw Flugsicherung, s BAG 25.10.2001, 2 AZR 559/00, EzA § 626 BGB nF Nr 191 mwN). Auf nach dem Beitritt **neu begründete Arbeitsverhältnisse** (im Gegensatz zur bloßen Unterzeichnung eines neuen schriftlichen Arbeitsvertrages) findet die Sonderregelung dagegen keine Anwendung (BAG 20.1.1994, 8 AZR 502/92, EzA Art 20 EinigungsV Nr 30).

2 **B. Verhältnis zu § 626 BGB.** Die auf Nr 1 V gestützte außerordentliche Kdg ist die Ausübung eines **Sonderkündigungsrechts**; § 626 BGB ist weder unmittelbar noch entspr anzuwenden. Das gilt auch für die **Ausschlussfrist** des § 626 II BGB (s aber Rdn 12). Durch den Hinweis »insb« wird nur klar gestellt, dass Nr 1 V eine auf § 626 BGB oder andere Normen gestützte außerordentliche Kdg nicht ausschließt. Ist das Arbeitsverhältnis erst nach dem 3.10.1990 begründet worden, so kann es gem § 626 BGB außerordentlich gekündigt werden, wenn der AN die Voraussetzungen der Nr 1 V erfüllt; der AG muss dann allerdings die Ausschlussfrist nach § 626 II BGB einhalten (LAG Sa-Anh 20.3.1996, 5 Sa 1575/94, LAGE § 626 BGB Nr 101).

3 **C. Verhältnis zum Mitwirkungsrecht des PersR und zum bes Kündigungsschutz nach MuSchG und SGB IX.** §§ 79 IV, 108 II BPersVG sind keine der Maßgabe in Nr 1 V entgegenstehende Regelungen, sodass es auch bei einer außerordentlichen Kdg, die auf Nr 1 V gestützt wird, der **Beteiligung des PersR** bedarf (BAG 23.9.1993, 8 AZR 262/92, EzA Art 20 EinigungsV Nr 25). Nicht mitgeteilt werden müssen Familienstand und Unterhaltspflichten des AN, weil diese Sozialdaten im Zusammenhang mit Nr 1 V irrelevant sind (BAG 18.3.1993, 8 AZR 479/92, insoweit nv). Auf Kdg nach Nr 1 V finden auch die **Kündigungsbeschränkungen** von § 15 II KSchG, § 47 I BPersVG Anwendung (BAG 28.4.1994, 8 AZR 209/93, EzA Art 20 EinigungsV Nr 36; BVerwG 28.1.1998, 6 P 2/97, ZfPR 1998, 113), ebenso die Vorschriften des bes Kündigungsschutzes in § 9 MuSchG und §§ 85 ff SGB IX (s BAG 16.3.1994, 8 AZR 688/92, EzA Art 20 EinigungsV Nr 34).

D. Tatbestandsvoraussetzungen. Nr 1 V Ziff 1 hat keine praktische Bedeutung erlangt. Der in Nr 1 V 4 Ziff 2 erfasste Sachverhalt knüpft an eine im formalen Sinne zu verstehende **Tätigkeit für das Ministerium für Staatssicherheit (MfS)** oder die Nachfolgeeinrichtung, das **Amt für Nationale Sicherheit (AfNS)**, an. Eine Tätigkeit für andere Behörden oder Einrichtungen genügt nicht. Der Tatbestand setzt kein Dienst- oder Arbeitsverhältnis mit dem MfS/AfNS voraus, sondern stellt auf den einer extensiveren Auslegung zugänglichen Begriff der »Tätigkeit« ab. Er bezieht sich nicht nur auf **hauptamtliche Tätigkeiten** für die genannten Einrichtungen, sondern erfasst auch **andere Tätigkeiten**, insb als **inoffizieller Mitarbeiter (IM)** der Staatssicherheit (BAG 25.2.1993, 8 AZR 274/92, EzA Art 20 EinigungsV Nr 22). Auch Gesellschaftliche Mitarbeiter für Sicherheit (GMS) gehörten zu dem von der Norm erfassten Personenkreis (LAG Berl 30.10.1995, 9 Sa 72/95, LAGE Art 20 EinigungsV Nr 32). Selbst **kurzfristige Tätigkeiten** können genügen. Ob eine **Vergütung** gezahlt wurde, ist unerheblich.

Kündigungsvoraussetzung ist eine Tätigkeit des AN für das MfS/AfNS, wobei die Verwendung der 5 Präposition »für« bedeutet, dass nur eine **bewusste, finale Mitarbeit** die Kdg rechtfertigen kann (BAG 11.6.1992, 8 AZR 474/91, EzA Art 20 EinigungsV Nr 16; 28.1.1993, 8 AZR 415/92, RzK I 8m dd Nr 36); **bedingter Vorsatz** reicht allerdings aus (BAG 13.6.1996, 8 AZR 351/93, nv). Eine Tätigkeit für das MfS/AfNS ist also nur anzunehmen, wenn das Verhalten über eine **passive** und **erzwungene Information** hinausgeht und zu einer nicht notwendig rechtlich verfestigten, aber doch aktiven, von **eigener Initiative** getragenen Mitarbeit geworden ist. Dagegen reicht es grds nicht aus, wenn ein bei einer **anderen Einrichtung** beschäftigter AN aufgrund seiner **vertraglichen Pflichten** das MfS/AfNS informieren musste, selbst wenn er in den Akten des MfS als IM geführt wurde (LAG Berl 7.11.1995, 12 Sa 68/95, ZTR 1996, 215). Das setzt allerdings voraus, dass die Einrichtung nicht primär oder im Sinn einer gleichgewichtigen ständigen Aufgabe den Zweck hatte, dem MfS zuzuarbeiten. Demnach kann eine Tätigkeit beim **Arbeitsgebiet I der Kriminalpolizei (sog K I)**, je nach Aufgabenstellung, eine Kdg wegen einer Tätigkeit für das MfS/AfNS begründen (BAG 13.6.1996, 8 AZR 351/93, nv). Auch darf der AN bei Erfüllung seiner Informationspflichten keinen **überobligatorischen Diensteifer** gezeigt haben. Das gilt auch für die Berichtspflichten der sog **Reisekader**. Die bloße Unterzeichnung einer **Verpflichtungserklärung** durch den AN stellt noch keine Tätigkeit für das MfS dar (BAG 26.8.1993, 8 AZR 561/92, EzA Art 20 EinigungsV Nr 24).

Der Tatbestand der Tätigkeit für das MfS/AfNS beruht auf einer kollektiven Erfassung der für diese Einrichtungen tätig gewordenen AN und ist deswegen rein formal zu interpretieren, sodass es für die Subsumtion auf die von dem einzelnen AN **ausgeübte Tätigkeit** insoweit zunächst nicht ankommt (BAG 11.6.1992, 8 AZR 474/91, EzA Art 20 EinigungsV Nr 16; 28.1.1993, 8 AZR 415/92, RzK I 8m dd Nr 36). Es ist deswegen für das Tatbestandsmerkmal »Tätigkeit« **unerheblich**, ob der AN sich nach seiner konkreten Arbeitsaufgabe nicht an rechtsstaatswidrigen Betätigungen dieser Einrichtung beteiligt hat oder ob er sich des Unrechtscharakters der Einrichtung bewusst war.

Den AG trifft hins der Tätigkeit für das MfS/AfNS die volle Darlegungs- und **Beweislast** (BAG 7 23.9.1993, 8 AZR 484/92, EzA Art 20 EinigungsV Nr 26), wobei allerdings bei den Anforderungen an den Umfang der Darlegungen im Hinblick auf die konspirative Vorgehensweise des MfS die begrenzten Erkenntnismöglichkeiten des AG in Rechnung zu stellen sind (BAG 16.10.1997, 8 AZR 212/96, RzK I 8m ee Nr 52; 27.3.2003, 2 AZR 699/01, EzBAT § 53 BAT Einigungsvertrag Nr 42). Es ist ein konkreter Nachweis der Tätigkeit erforderlich (LAG Berl 30.10.1992, 6 Sa 44/92, RzK I 8m ee Nr 25). Ein dringender Tatverdacht kann nicht das Sonderkündigungsrecht gem Nr 1 V begründen, sondern nur die Grundlage für eine nach § 626 BGB zu beurteilende **Verdachtskündigung** bilden (hM, s KR/*Fischermeier* § 626 BGB Rn 510 mwN; **aA** offenbar BVerfG 8.7.1997, 1 BvR 2111/94, 195 und 2189/95, EzA Art 20 EinigungsV Nr 57, unter C.II.2.c)cc) der Gründe) oder ggf eine Auflösung des Arbeitsverhältnisses gem § 9 KSchG begründen (LAG Nds 16.6.2006, 3 Sa 1534/05). Dazu, dass bloße Unterlagen aus den sog Rosenholz-Dateien idR noch keinen solch dringenden Verdacht begründen, s LAG Berl-Bbg 1.2.2008, 8 Sa 1625/07, EzA-SD 2008 Nr 8 S 6.

E. Unzumutbarkeit. Nr 1 V leitet die **Unzumutbarkeit** aus der **früheren Tätigkeit** des AN her. Ihret- 8 wegen (»deshalb«) muss ein Festhalten am Arbeitsverhältnis unzumutbar erscheinen. Damit knüpft das Gesetz an in der Vergangenheit liegende Vorgänge an. Allerdings hat das BAG bereits im Urteil vom 28.1.1993 (8 AZR 415/92, RzK I 8m dd Nr 36) auch auf das **jetzige »Erscheinungsbild«** der Verwaltung abgestellt. Ausschließlich vergangenheitsbezogen ist die Zumutbarkeitsprüfung insoweit, als das »**Maß der Verstrickung**« aufgrund der früheren Tätigkeit für das MfS/AfNS unter Berücksichtigung der konkreten Umstände des Einzelfalles zu bestimmen ist. Der Grad der Belastung wird durch die **Stellung** des AN sowie die **Dauer** und **Intensität** seiner Tätigkeit bestimmt. Berücksichtigungsfähig sind weiterhin der Zeitpunkt und der **Grund der Aufnahme** und **der Beendigung** dieser Tätigkeit für das MfS/AfNS (BAG

Anlage I Kapitel XIX Sachgebiet A Abschnitt III Nr 1 EinigungsV

11.6.1992, 8 AZR 474/91, EzA Art 20 EinigungsV Nr 16; 13.6.1996, 8 AZR 595/94, RzK I 8m ee Nr 43; 17.9.1998, 8 AZR 91/97, nv [Ausmusterung eines IM wegen Dekonspiration]; zur grds milderen Beurteilung einer Tätigkeit von **Jugendlichen** und **Heranwachsenden** bzw während des **Wehrdienstes** für das MfS s BAG 19.3.1998, 8 AZR 560/96, nv; 16.9.1999, 2 AZR 902/98, RzK I 5i Nr 157, und BVerwG 28.1.1998, 6 P 2/97, ZfPR 1998, 113). Es ist durchaus von Bedeutung, ob ein AN »nur« in der internen Verwaltung einschl der technischen Dienste bzw in einer Kantine oder im einfachen Schreibdienst gearbeitet hat, oder ob er in einer Abteilung konkret an der zielgerichteten Ausspähung der Privatsphäre oder der konspirativen Unterwanderung und Zersetzung gesellschaftlicher Organisationen, kirchlicher Einrichtungen oder oppositioneller Gruppierungen mitgewirkt hat. Es ist deshalb zu pauschal, wenn das BAG (28.1.1993, 8 AZR 415/92) annimmt, bes **Einzelakte** oder **Auswüchse** der Tätigkeit des Beschäftigten sowie etwaige **Begünstigungen** einzelner **Verfolgter** der Staatssicherheit fielen (überhaupt) nicht ins Gewicht. Damit schränkt das BAG seinen eigenen zutr Ausgangspunkt, entscheidend sei das individuelle Maß der Verstrickung, ohne einleuchtenden Grund wieder ein (s auch BAG 11.6.1992, 8 AZR 474/91, EzA Art 20 EinigungsV Nr 16, wonach **Entlastungstatsachen** dann zu berücksichtigen sind, wenn sie sich in gleicher Weise wie die frühere belastende Tätigkeit **manifestiert** haben).

9   Mit dem Merkmal »erscheint« hebt das Gesetz nicht auf eine intern ermittelbare Lage, sondern auf die »**vordergründige Erscheinung**« der Verwaltung mit diesem Mitarbeiter ab (BAG 11.6.1992, 8 AZR 474/91, EzA Art 20 EinigungsV Nr 16 und 28.1.1993, 8 AZR 415/92). Maßgebend ist nicht, ob die Tätigkeit für das MfS schon außerhalb der Verwaltung bekannt geworden ist, sondern ob das Vertrauen der Bürger in die Gesetzmäßigkeit der Verwaltung bei Bekanntwerden in einer Weise beeinträchtigt würde, die das Festhalten am Arbeitsverhältnis unzumutbar macht (BAG 11.9.1997, 8 AZR 14/96, RzK I 8m ee Nr 50). Dabei kommt es auch auf die Art der **jetzigen Tätigkeit** an (BVerfG 8.7.1997, 1 BvR 1934/93, EzA Art 20 EinigungsV Nr 55; 13.9.1995, 2 AZR 862/94, EzA Art 20 EinigungsV Nr 46 mwN; BVerwG 28.1.1998, 6 P 2/97, ZfPR 1998, 113).

10 Im Anschluss an die bisherige Rspr des BAG hat das LAG Bbg (25.11.1992, 2 (4) Sa 269/92, LAGE Art 20 EinigungsV Nr 12) zutr eine **zweistufige Zumutbarkeitsprüfung** vorgenommen. Vorrangig seien die in der Vergangenheit liegenden Vorgänge zu beurteilen und dann sei in 2. Linie zu prüfen, ob der AN den Anforderungen, die in einem Rechtsstaat an den öffentl Dienst zu stellen seien, genüge. Dabei dürfe nicht außer Acht gelassen werden, welche Position der AN bei der Beschäftigungsbehörde bekleide. Wenn er im untergeordneten technischen Dienst eingesetzt sei, könne er schwerlich als Repräsentant des öffentl Dienstes angesehen werden. Die erforderliche Einzelfallprüfung fällt auch nach objektiven Kriterien bei diesem Sachverhalt anders aus als bei der außerordentlichen Kdg eines ehemaligen Passkontrolleurs (in den Diensten des MfS), der vom Bundesgrenzschutz an der dt/polnischen Grenze weiterbeschäftigt wurde (BAG 22.4.1993, 8 AZR 655/92, RzK I 8m ee Nr 31). Es kommt also nicht zuletzt auf die Relevanz der Aufgaben der Dienststelle und der konkreten Tätigkeit des AN für die Grundrechte der Bürger an.

11 Die in Nr 1 V genannten Verstöße und Tätigkeiten **verjähren nicht** analog §§ 78, 79 StGB, § 46 BZRG. Die Frage, ob eine **lang zurückliegende IM-Tätigkeit** noch eine Kdg nach dem Einigungsvertrag begründet, kann nicht anhand starrer Fristen entschieden werden, sondern hängt allein von den **Umständen des Einzelfalles** ab (LAG Sa-Anh 17.5.1995, 3 Sa 627/94, LAGE Art 20 EinigungsV Nr 30; s.a. BVerfG 8.7.1997, 1 BvR 2111/97, 195 und 2189/95, EzA Art 20 EinigungsV Nr 57; BAG 13.9.1995, 2 AZR 862/94, EzA Art 20 EinigungsV Nr 46). Danach kann die Kdg auf eine fast 30 Jahre zurückliegende, wenn auch intensive Tätigkeit für das MfS nicht gestützt werden, wenn der AN die Tätigkeit aus eigenem Antrieb beendet und durch seinen weiteren Werdegang dokumentiert hat, dass sein früheres Verhalten aus heutiger Sicht keine Belastung mehr für die künftige Tätigkeit der öffentl Verwaltung darstellt (LAG Sa-Anh 17.5.1995, 3 Sa 627/94, LAGE Art 20 EinigungsV Nr 30). Das »Erscheinungsbild der Verwaltung« wird auch von der Zeitdauer einer beanstandungsfreien Tätigkeit nach der Wiedervereinigung mitgeprägt. Ein solch beanstandungsfreies Verhalten liegt freilich dann nicht vor, wenn der AN auf Fragen des AG nach einer früheren MfS-Tätigkeit in wesentlicher Beziehung unrichtige Angaben gemacht hat (BVerwG 28.1.1998, 6 P 2/97, ZfPR 1998, 113; BAG 3.9.1998, 8 AZR 449/97; vgl auch BAG 27.3.2003, 2 AZR 699/01, EzBAT § 53 BAT Einigungsvertrag Nr 42). Zur Anfechtung des Arbeitsvertrages s § 626 BGB Rdn 26.

12 Obwohl die **Ausschlussfrist** des § 626 II BGB **nicht anzuwenden** ist, kann der AG mit dem Ausspruch der Kdg **nicht beliebig lange** zuwarten. Dies ist bei Kdg der vorliegenden Art schon verfassungsrechtlich geboten (BVerfG 21.4.1994, 1 BvR 14/93, EzA Art 20 EinigungsV Nr 32). Der Frage der **Unzumutbarkeit** wohnt auch ein **zeitliches Element** inne. Es bedarf ggf einer Prüfung, aus welchen Gründen nicht innerhalb der Zweiwochenfrist gekündigt wurde, sowie einer Abwägung des Zeitablaufs mit dem Gewicht der Kündigungsgründe. Dagegen müssen nicht über den **reinen Zeitablauf** hinaus weitere Umstände hinzutreten, die bei dem Gekündigten das berechtigte Vertrauen wecken konnten, der Kündigungsberechtigte wolle

und werde trotz Kenntnis von den Kündigungstatsachen sein Kündigungsrecht nicht mehr ausüben (BAG 28.4.1994, 8 AZR 157/93, EzA Art 20 EinigungsV Nr 38). Nach vollständiger Kenntnis des AG von den Umständen der früheren Tätigkeit für das MfS infolge des Zugangs des Berichts der Bundesbeauftragten für die personenbezogenen Unterlagen des früheren Staatssicherheitsdienstes der DDR (»**Gauck-Behörde**«) kann aber ein Zuwarten mit der Kdg von mehr als 8 Wochen schon zu lang sein (Thür LAG 10.6.1996, 8/6 Sa 198/95, LAGE Art 20 EinigungsV Nr 36). Andererseits sind selbst mehrmonatige Verzögerungen unschädlich, soweit sie auf der vorgesehenen Beteiligung sachverständiger Gremien beruhen (zB des Vertrauensrates in Sa-Anh, s BAG 18.2.1999, 8 AZR 550/97, nv); auch stellt sich bei neuen Erkenntnissen die Frage der Kdg neu (BAG 11.9.1997, 8 AZR 14/96, RzK I 8m ee Nr 50; BVerwG 3.5.1999, 6 P 2.98, RzK I 8m ee Nr 57), wobei nicht generell entgegensteht, dass der AG die Ermittlungen nicht oder zu langsam betrieben hat (BAG 4.6.1998, 8 AZR 696/96, nv); insb muss der AG nicht auf eine bes beschleunigte Antwort der Gauck-Behörde dringen (BAG 3.9.1998, 8 AZR 26/97, RzK I 8m ee Nr 55).

Auch bei einer außerordentlichen Kdg nach Nr 1 V steht es dem Kündigenden frei, eine **Auslauffrist** zu gewähren, wenn dies in seinem Interesse liegt (BAG 25.2.1993, 8 AZR 274/92, EzA Art 20 EinigungsV Nr 22). Erklärt der AG trotz Vorliegens der Voraussetzungen der Nr 1 V nur eine ordentliche Kdg gem § 1 KSchG, so ist diese nicht etwa ohne Weiteres sozial gerechtfertigt, denn § 1 KSchG ist stärker **zukunftsbezogen** und erfordert eine umfassende Interessenabwägung (BAG 13.3.1997, 2 AZR 506/96, NJ 1997, 606; 27.3.2003 2 AZR 699/01, EzBAT § 53 BAT Einigungsvertrag Nr 42). 13

F. **Prozessuales.** Die **Klagefrist** der §§ 13, 4 KSchG ist auch bei einer Kdg nach Nr 1 V **zu beachten** (BAG 11.6.1992, 8 AZR 474/91, EzA Art 20 EinigungsV Nr 16). Im Verfahren über die Wirksamkeit einer auf Nr 1 V gestützten Kdg gilt ebenso wie für andere Kündigungsschutzprozesse der zivilprozessuale Verhandlungs- und **Beibringungsgrundsatz** (BAG 25.2.1993, 8 AZR 274/92, EzA Art 20 EinigungsV Nr 22). Danach hat das Gericht nur von dem von den Parteien vorgetragenen Tatsachenstoff auszugehen. Aufgrund des Beibringungsgrundsatzes entscheiden die Parteien darüber, welche Tatsachen sie dem Gericht unterbreiten wollen. Der ebenfalls zu beachtende Grundsatz der Mündlichkeit bedeutet, dass erhebliches Parteivorbringen immer auch zum Gegenstand der mündlichen Verhandlung gemacht werden muss. Es ist folglich unzulässig, dass ein Tatsachengericht vom beklagten AG vorgelegte Unterlagen verwertet, ohne dem AN zuvor Gelegenheit zu geben, Einsicht und Stellung zu nehmen. Der Richter kann auch nicht aus Unterlagen, die einer Partei nicht bekannt sind, für sie nur »günstige Umstände« heraussuchen (BAG 25.2.1993, 8 AZR 274/92, EzA Art 20 EinigungsV Nr 22). Der Kündigungsgrund der Nr 1 V ist vom kündigenden AG darzulegen und ggf zu beweisen (s.o. Rdn 7). Werden von einer Partei **Unterlagen der Bundesbeauftragten** (»Gauck-Behörde«) vorgelegt, so hat die Partei vorzutragen, welche substantiierten Behauptungen mit welcher Urkunde konkretisiert bzw bewiesen werden sollen (BAG 25.2.1993, 8 AZR 274/92, EzA Art 20 EinigungsV Nr 22). Beweiserleichterungen wie bspw den Anscheinsbeweis gibt es bei den in Rede stehenden Sachverhalten nicht (BAG 26.8.1993, 8 AZR 561/92, EzA Art 20 EinigungsV Nr 24; 23.9.1993, 8 AZR 484/92, EzA Art 20 EinigungsV Nr 26). Insb spricht nicht die **bloße Unterzeichnung** einer MfS-**Verpflichtungserklärung** dafür, dass der AN in der Folgezeit auch für das MfS tätig war (BAG 26.8.1993, 8 AZR 561/92, EzA Art 20 EinigungsV Nr 24). Andererseits bedarf es nicht in jedem Fall des Vortrags von Einzelhandlungen (BAG 23.9.1993, 8 AZR 484/92, EzA Art 20 EinigungsV Nr 26). Die Stellungnahme der Bundesbeauftragten beweist aber nicht die Richtigkeit des Inhalts vorhandener personenbezogener Unterlagen, sondern nur deren Existenz und Inhalt. Soweit es sich um von den Ausstellern unterschriebene Erklärungen handelt, begründen sie vollen Beweis allenfalls dafür, dass die Erklärungen von den Ausstellern abgegeben sind (§ 416 ZPO). Weder geben sie Auskunft über die Richtigkeit der Erklärung noch beweisen sie, dass die als Aussteller genannte Person selbst unterzeichnet hat. Die Beweiskraft öffentl Urkunden kommt konspirativ oder/und zum Zwecke der Konspiration gewonnenen Unterlagen schon aus Gründen des Rechtsstaatsprinzips nicht zu. Die Heimlichkeit der Gewinnung steht hingegen in Fällen eines überwiegenden Interesses der Allgemeinheit – wie hier – nicht einer Verwertung als Privaturkunde (vgl BVerfG 31.1.1973, 2 BvR 454/71, BVerfGE 34, 238) oder der Vernehmung der Aussteller (zB eines Führungsoffiziers oder des Informellen Mitarbeiters) als **Zeugen** oder Partei entgegen. Entspr gilt für die Vernehmung eines Dritten (zB des Führungsoffiziers) als Zeuge der beurkundeten Erklärung oder als Zeuge von deren Beurkundung selbst. 14

Fischermeier

Einkommensteuergesetz (EStG)

In der Fassung der Bekanntmachung vom 8. Oktober 2009 (BGBl. I S. 3366, 3862), zuletzt geändert durch Art. 2 des Gesetzes vom 21. Dezember 2015 (BGBl. I S.2553)

– Auszug –

§ 19 Einkünfte aus nicht selbständiger Arbeit

(1) ¹Zu den Einkünften aus nichtselbständiger Arbeit gehören
1. Gehälter, Löhne, Gratifikationen, Tantiemen und andere Bezüge und Vorteile für eine Beschäftigung im öffentlichen oder privaten Dienst;[….]
2. Wartegelder, Ruhegelder, Witwen- und Waisengelder und andere Bezüge und Vorteile aus früheren Dienstleistungen, auch soweit sie von Arbeitgebern ausgleichpflichtiger Personen an ausgleichsberechtigte Personen infolge einer nach § 10 oder § 14 des Versorgungsausgleichgesetzes durchgeführten Teilung geleistet werden;
3. […]

Übersicht

		Rdn.			Rdn.
A.	Normzweck	1	D.	Steuerrecht >-< Arbeitsrecht	14
B.	Definitionen	2	I.	Begriffsbestimmung/Abgrenzung	14
I.	Nichtselbstständige Arbeit	2	E.	Zuflussprinzip	15
II.	Einkünfte	3	F.	Nebenleistungen	22
C.	Merkmale	9	G.	Leistung durch Dritte	23
I.	Dienstverhältnis	9	I.	Unechte Lohnzahlung durch Dritte	23
II.	AN	10	II.	Echte Lohnleistung durch Dritte	24
III.	AG	12	H.	Lohnsteuer im Insolvenzfall	25

1 **A. Normzweck.** § 19 bestimmt, welche Einnahmen zu den Einkünften aus nichtselbstständiger Arbeit gehören. Die auf die Einkünfte aus nichtselbstständiger Arbeit entfallende Steuer ist durch Lohnsteuerabzug gem §§ 38ff zu erheben. Selbst wenn der Steuerpflichtige Einnahmen aus einem Dienstverhältnis bezieht, so können diese Einnahmen dennoch zu einer anderen Einkunftsart gehören (als Bsp kann auf den AN-Kommanditisten oder auf den AN als Stiller Gesellschafter verwiesen werden; *Kirchhof/Eisgruber* § 19 Rn 1).

2 **B. Definitionen. I. Nichtselbstständige Arbeit.** Der Begriff der nichtselbstständigen Arbeit wird in § 19 nicht definiert (Littmann/*Barein* § 19 Rn 36). Hingegen werden die Begriffe »Arbeitgeber (»AG«)« »Arbeitnehmer (»AN«)« und »Arbeitslohn« in § 1 II LStDV und § 1 I LStDV definiert. Daraus lässt sich ableiten, dass das Dienstverhältnis als Einnahmequelle dient und somit den Begriff der nichtselbstständigen Arbeit prägt (Lademann/*Claßen* § 19 Rn 11).

3 **II. Einkünfte.** Einkünfte aus nichtselbstständiger Arbeit iSd § 19 sind anzunehmen, wenn
– mit der Leistung ein vermögenswerter Vorteil eingeräumt wird und
– ein objektiver Zusammenhang zwischen der Einnahme und dem Dienstverhältnis besteht, indem sich die individuelle Arbeitskraft des AN als Leistung zur Gegenleistung erweist, also
– die Leistung zugeflossen ist (BFH 1.2.2007, VI R 72/05).

4 Nach st Rspr ist Arbeitslohn alles, was dem AN mit Rücksicht auf das Arbeitsverhältnis als Gegenleistung vom AG oder von einem Dritten gewährt wird für die Verfügungsstellung seiner Arbeitskraft (RFH, RStBl 1936, 1158; 1937, 1186). Gem § 8 I sind Einnahmen alle Güter, die in Geld oder geldwerten Leistungen oder Vorteilen bestehen.

5 Hierbei ist objektiv zu bewerten, dh nach der allg Verkehrsauffassung, nicht aus Sicht des AN, ob ihm ein vermögenswerter Vorteil nach § 19 I 1 iVm § 8 I zugeflossen ist (Littmann/*Barein* § 19 Rn 139). Zu den **steuerpflichtigen Einkünften** zählen neben Gehältern und Löhnen (§ 19 I 1 Nr 1) alle diejenigen Bezüge und Vorzüge, die für eine Beschäftigung im öffentl oder privaten Dienst gewährt werden. Falls der AG die Aufwendung im überwiegend eigenbetrieblichen Interesse tätigt, liegt keine objektive Bereicherung vor (bspw die Bereitstellung berufstypischer Berufskleidung oder auch die betriebliche Weiterbildung, Schmidt/*Drenseck* § 19 Rn 50). Gleiches gilt, wenn dem AN ein Vorteil aufgedrängt wird und er sich diesem nicht entziehen kann, obwohl er einen Nachteil in Kauf nehmen müsste. Dies gilt bspw bei Vorsorgeuntersuchungen (BFH 17.9.1982, VI R 75/79).

Wird eine Gehaltsforderung des AN dadurch erfüllt, dass dieser mit seinem AG einen Kaufvertrag über 6
eine Eigentumswohnung abschließt und der Kaufpreis mit der fälligen Gehaltsforderung verrechnet wird
und stellt sich dann jedoch heraus, dass der Kaufvertrag zivilrechtlich mangels Eintragung des AN im
Grundbuch nicht erfüllt wurde, kann die Veräußerung der Eigentumswohnung durch den AG im Wege der
Zwangsversteigerung nicht als Arbeitslohnrückzahlung angesehen werden (BFH 10.8.2010, VI R 1/08).
Aufgrund der Veranlassung durch das Arbeitsverhältnis **stellen auch Abfindungen steuerbare Einnahmen** 7
aus nichtselbstständiger Tätigkeit dar (BFH 15.3.1974, VI R 371/70, BStBl II 1974, 512; 10.7.1996, I R
83/95, BStBl II 1997, 341).
Abfindungen werden in manchen Fällen von § 24 erfasst. Sie bleiben damit aber Einkünfte iSd § 19, für die
nur ergänzend § 24 gilt (BFH 12.6.1996, XI R 43/94 BStBl II 1996, 516).
Sollte ein AN zum Zeitpunkt des Zuflusses der Abfindung wegen der Auflösung eines Dienstverhältnisses 8
nicht in Deutschland, sondern in einem ausländischen Staat ansässig sein, so steht das Besteuerungsrecht
idR dem ausländischen Wohnsitzstaat für die Abfindung zu (BFH 2.9.2009, I R 111/08, IStR 2009, 814;
I R 90/08, IStR 2009, 817).

C. Merkmale. I. Dienstverhältnis. Nach § 1 II LStDV liegt ein **Dienstverhältnis** vor, wenn der Ange- 9
stellte (Beschäftigte) dem AG seine Arbeitskraft schuldet, die tätige Person im geschäftlichen Organismus
des AG dessen Weisungen zu folgen verpflichtet ist.

II. AN. AN kann nur eine natürliche Person sein. Es kommt auf die Geschäftsfähigkeit nicht an. Gem 10
§ 1 II LStDV ist AN derjenige, der iR eines Dienstverhältnisses seine Arbeitskraft schuldet. Die Rspr untersucht, ob die fragliche Person in der Betätigung ihres geschäftlichen Willens unter der Leitung des AG steht
oder in den geschäftlichen Abläufen des AG dessen Weisungen unterliegt. (BFH 24.7.1992 VI R 126/88)
Derjenige, der arbeitsrechtlich AN ist, ist auch regelmäßig steuerrechtlich AN (Schmidt/*Drenseck* § 19
Rn 4). Die AN-Eigenschaft ist aufgrund einer **Gesamtwürdigung der Verhältnisse** zu beurteilen (HWK/
Fischer §§ 19, 38 Rn 37). Die von den Parteien gewählte Bezeichnung (zB freier Mitarbeiter) hat dabei
allenfalls in Grenzfällen indiziellen Charakter (BFH 20.2.1979, VIII␣R␣52/77, BStBl II 1979, 414 mwN;
24.7.1992, XI R 126/88, BStBl II 1993, 155). Generell geht es um die Abgrenzung zwischen nichtselbständiger und selbständiger bzw unternehmerischer Tätigkeit. Für eine AN-Eigenschaft sprechen dabei
die folgenden Kriterien, die denen des ArbR insgesamt sehr ähneln: persönliche Abhängigkeit, Weisungsgebundenheit hins Ort, Zeit und Inhalt der Tätigkeit, feste Arbeitszeiten, feste Bezüge, Urlaubsanspruch,
Anspruch auf sonstige Sozialleistungen, Entgeltfortzahlung im Krankheitsfall, kein Unternehmerrisiko bzw
-initiative (BFH 30.5.1996, V R 2/95, BStBl II 1996, 493), kein Kapitaleinsatz, keine Pflicht zur Beschaffung von Arbeitsmitteln, zeitlicher Umfang der Dienstleistungen, Notwendigkeit der engen Zusammenarbeit mit anderen Mitgliedern, Eingliederung in den Betrieb, Schulden der Arbeitskraft und nicht eines
Arbeitserfolges (BFH 22.11.1996, XI R 49/96, BStBl II 1997, 254), Ausführung von einfachen Tätigkeiten,
bei denen eine Weisungsabhängigkeit die Regel ist (BFH 14.6.1985, VI R 150-152/82, BStBl II 1985, 661).
Der Geschäftsführer einer GmbH bekleidet eine Doppelstellung: Er ist einerseits Organ der Gesellschaft, 11
die durch ihn handelt, andererseits schuldet er aufgrund seines Dienstvertrages Leistungen als AN, die dem
Lohnsteuerabzug unterliegen. Für Geschäftsleiter einer GmbH gilt ferner die Besonderheit nach § 49 I Nr 4
lit c, sodass auch Arbeitslohn, der im Ausland für Dienstleistungen als GmbH Geschäftsführer gezahlt wird,
in Deutschland der Steuer unterliegen kann. Folglich ist bei einem im Ausland ansässigen GmbH Geschäftsführer darauf zu achten, dass dessen im Ausland gezahlter Arbeitslohn klar zurechenbar ist, entweder einer
weiteren im Ausland geschuldeten Tätigkeit oder eben der für die GmbH geschuldeten Tätigkeit, sodass
hinsichtlich des letzteren Bestandteiles der Lohnsteuereinbehalt in Deutschland durchgeführt werden kann.

III. AG. Der Begriff des AG wird im Einkommensteuerrecht ebenfalls nicht definiert. Mittels eines 12
Umkehrschlusses ist hierunter aber der Vertragspartner des AN zu verstehen (BFH 21.2.1986, VI R 9/80,
BStBl II 1986, 768), also die Person, in deren Betrieb der AN eingegliedert ist.
Dem AG wird die Arbeitsleistung durch den AN geschuldet. Der AN steht unter der Leitung und Wei- 13
sungsbefugnis des AG. AG kann eine natürliche oder juristische Person der privaten oder des öffentl Rechts
sein. Die natürliche oder die juristische Person ist Gläubiger der Arbeitsleistung des AN, während die Lei-
tungs- und Weisungsbefugnis bei den Geschäftsführern der juristischen Person liegt. Unerheblich für den
AG-Begriff ist, von wem der Lohn gezahlt wird (Schmidt/*Drenseck* § 19 Rn 12).

D. Steuerrecht >-< Arbeitsrecht. I. Begriffsbestimmung/Abgrenzung. Die Begriffe Dienstverhältnis, 14
AN, AG und Arbeitslohn sind jew eigenständig. Ihre jeweilige Bedeutung ist nach den für das Steuerrecht
maßgebenden Grds auszulegen. Folglich kann nach Steuerrecht ein Dienstverhältnis vorliegen, selbst wenn
dies nach Arbeits- und Sozialversicherungsrecht nicht der Fall ist. Gleiches gilt je nach Rechtsgebiet für

den Inhalt des Begriffs AN und die jeweiligen Rechte und Pflichten (*Blümich/Thürmer* § 19 Rn 50). Die ggf unterschiedlichen Klassifizierungen für ArbR, Sozialversicherungsrecht und Steuerrecht erklären sich daraus, dass die einzelnen Rechtsgebiete jew unterschiedliche Zielsetzungen verfolgen (BFH 19.1.2004, V B 140/03). Dennoch sollte die Klassifizierung iSd Einheitlichkeit der Rechtsordnung nicht abweichen, sofern nicht die Besonderheiten der jeweiligen Rechtsgebiete Ausnahmen erzwingen (*Blümich/Thürmer* § 19 Rn 50–51).

15 **E. Zuflussprinzip.** Von Arbeitslohn kann nur gesprochen werden, wenn dem AN ein Geldwert zugeflossen ist. Arbeitslohn setzt also begriffsnotwendig einen Zufluss voraus. Der Zeitpunkt des Zuflusses spielt eine Rolle für die Frage, wann eine Lohnversteuerung vorzunehmen ist und welchem Kalenderjahr der Arbeitslohn zuzurechnen ist. Zufluss bedeutet grds, dass der AN die tatsächliche Verfügungsmacht erlangt haben muss. Der Vorteil muss ihm endgültig zugewandt sein und dies ist nur dann der Fall, wenn er frei über den Arbeitslohn verfügen kann (Lademann/*Altehoefer* § 19 Rn 127). Besteuert wird nur die Ist-Leistungsfähigkeit, nicht die Soll-Leistungsfähigkeit. Ersparte Aufwendungen oder nicht erzielte Einnahmen sind daher keine Einnahmen iSd § 19 I (*Michel/Hernler* BB 2009, 193 ff). Voraussetzung für den Zufluss ist, dass eine Vermögensverschiebung von außen in die Einflusssphäre des AN stattfindet. Eine bloße Wertsteigerung im vorhandenen Vermögen des AN erfüllt den Tatbestand der Einnahme aus nichtselbstständiger Arbeit nicht (*Herrman/Birk/Kister* § 8 Rn 36).

16 Die Rspr geht bei Sachbezügen davon aus, dass sie dem AN in dem Augenblick zugeflossen sind, in dem er sie in Anspruch nimmt und nicht erst, wenn er den Vorteil in Geld umsetzen kann (BFH 2.10.1990, VI R 48/87). Der Zufluss von Arbeitslohn liegt auch bei Vorschuss- und Abschlagszahlungen vor (Lademann/*Altehoefer* § 18 Rn 130). Wird ein Recht eingeräumt, so fallen der Zeitpunkt des Zuflusses und der Zeitpunkt der Erfüllung des Anspruchs zeitlich zusammen (BFH 29.11.2000, I R 102/99).

17 Überlassung von Vermögensbeteiligungen:(BMF 8.12.2009 – S2347/09/10002/DOK 2009/0810442). Es muss sich um Beteiligungen am Unternehmen des AG handeln. Unternehmen, die demselben Konzern iSv § 18 AktG angehören, gelten als AG in diesem Sinne (§ 3 Nr 39).

18 Nach § 3 Nr 39 S 2 lit b ist Voraussetzung für den Steuerfreibetrag iHv € 360, dass die Beteiligung mind allen AN offen steht, die im Zeitpunkt der Bekanntgabe des Angebots 1 Jahr oder länger ununterbrochen in einem gegenwärtigen Dienstverhältnis zum Unternehmen des AG stehen (§ 2 LStDV). Einzubeziehen sind demnach auch geringfügig Beschäftigte, Teilzeitkräfte, Auszubildende und weiterbeschäftigte Rentner. AN, die kürzer als 1 Jahr in einem Dienstverhältnis zum Unternehmen stehen, können miteinbezogen werden. Bei einem Konzernunternehmen müssen die AN der anderen Konzernunternehmen nicht einbezogen werden. Falls ins Ausland entsandte AN nicht einbezogen werden, wird dies nicht beanstandet. Geht ein AG begründet davon aus, dass ein bestimmter AN oder eine bestimmte Gruppe von AN nicht einzubeziehen ist und stellt sich im Nachhinein etwas anderes heraus, so bleibt die Steuerfreiheit der übrigen AN unberührt.

19 Nicht zu einem Zufluss von geldwerten Vermögensvorteilen kommt es bei bloßen Versprechen des AG, dem AN zu einem späteren Zeitpunkt einen Gegenstand zuzuwenden. Erst wenn der AG das Versprechen erfüllt, konkretisieren sich solche Ansprüche zu greifbaren Vermögensvorteilen. Dies gilt auch, wenn der AG dem AN verspricht, ihm später Aktien zu verschaffen (BT-Drs 30/09) Im Fall der Gewährung einer Option auf Erwerb von Aktien fließt dem AN zum Zeitpunkt dieser Optionsgewährung noch kein steuerbarer Vermögensvorteil zu (BeckRS 2004, 26016745, FG Köln 11.5.2004, 1K 5497/03). Dies ist erst bei Optionsausübung der Fall. Im Fall der Gewährung von »restricted stock units (RSU)« ist davon auszugehen, dass dem AN bei Einräumung ebenfalls noch kein steuerbarer Vermögensvorteil zufließt, sondern erst dann, wenn dem AN entweder bei Fälligkeit ein Vermögenswert zufließt oder der AN sein Ausübungswahlrecht wahrnimmt. Während die Optionsausübung nach dem Mitarbeiterbeteiligungsgesetz bei Erfüllen der gesetzlichen Voraussetzungen (Gleichbehandlung aller AN und Freiwilligkeit der Zuwendung) für die dort eingeräumten Vorteile qualifiziert, ist dies bei der Einräumung und Ausübung einer RSU auf Barauszahlung nicht der Fall, da in diesem Fall keine Vermögensbeteiligung zugewandt wird, sondern ein nach Art einer Aktienoption berechneter Barauszahlungsanspruch. Selbst wenn der AG **handelbare Optionsrechte** einräumt, so gelangt der Vorteil, der für den Zufluss von Arbeitslohn maßgeblich ist, in Gestalt eines Preisnachlasses auf gewährte Aktien erst aufgrund der Verwertung der Option in das wirtschaftliche Eigentum des AN (BFH 20.11.2008, VI R 25/05).

20 **Negative Einnahmen bzw Werbungskosten** liegen vor, wenn ein fehlgeschlagenes Mitarbeiteraktienprogramm rückgängig gemacht wird, indem zuvor vergünstigt erworbene Aktien an den AG zurückgegeben werden (BFH 17.9.2009, VI R 17/08). Hierbei bemisst sich die Höhe des Erwerbsaufwands nach dem ursprünglich gewährten geldwerten Vorteil. Wertveränderungen der Aktie, die zwischenzeitlich eingetreten sind, bleiben unbeachtlich (BFH 17.9.2009, VI R 17/08).

Im Fall der Gewährung von Vermögensbeteiligungen, deren Qualifizierungszeitraum teilw **durch Arbeit im** 21
Ausland bei einem ausländischen AG und teilw im Inland erfüllt wird, ist der bei Optionsausübung entstehende Vermögensvorteil für Besteuerungszwecke zeitlich proportional für die in Deutschland verbrachte Qualifikationszeit der Steuer in Deutschland zu unterwerfen (BMF 14.9.2006, VI B 6-S 1300–367/06, Rn 129 ff).

F. Nebenleistungen. Geldwerte Nebenleistungen stellen ebenfalls Arbeitslohn dar. Ggf greifen Bewer- 22
tungsvereinfachungen, wie zB Kantinenessen. Altersversorgungszusagen lösen erst dann eine Steuerpflicht aus, wenn die Altersversorgung fließt. Lebensversicherungen, deren Prämie vom AG als Aufwand geltend gemacht wurde (und nicht dem AN belastet wurden) lösen bei Zufluss Lohnsteuer aus. Bei anderen Versicherungsleistungen kommt es darauf an, ob der AG durch die Versicherung eine eigene Ersatzleistung ablöst – in diesem Fall entsteht vor dem Schadensersatzhintergrund keine Lohnsteuerpflicht bei dem AN.

G. Leistung durch Dritte. I. Unechte Lohnzahlung durch Dritte. Dient der Dritte lediglich als Zah- 23
lungsvermittler des AG, der die Lohnzuwendung als Zahlstelle vornimmt, liegt eine unechte Lohnzahlung durch Dritte vor. Die Zahlung wird in diesem Fall dem AG zugerechnet, der zum Lohnsteuerabzug verpflichtet ist (*Blümich/Thürmer* § 38 Rn 92).

II. Echte Lohnleistung durch Dritte. Erfolgt die Lohnzahlung iR des Dienstverhältnisses für eine Arbeits- 24
leistung üblicherweise von einem Dritten, wird von einer echten Lohnzahlung durch Dritte gesprochen (Lademann/*Wermelskirchen* § 38 Rn 31b). Der AG ist gem § 38 I 3 und IV 3 für den iR des Dienstverhältnisses von einem Dritten gewährten Arbeitslohn zum Lohnsteuerabzug verpflichtet, wenn er positive Kenntnis hat oder erkennen kann, dass derartige Lohnzuwendungen erbracht werden. Sind AG und Dritter konzernverbundene Unternehmen, so wird unterstellt, dass der AG Kenntnis (zB von der Gewährung von Optionen) hat und folglich zum Lohnsteuerabzug verpflichtet ist. Besteht eine Verschwiegenheitspflicht des AN ggü jedermann, ist diese Annahme ggfls außer Kraft gesetzt (Schmidt/*Drenseck* § 38 Rn 11).

H. Lohnsteuer im Insolvenzfall. Eine für den Geschäftsleiter risikoreiche Situation entsteht bei Insol- 25
venzreife des Unternehmens. In diesem Fall ist das Unternehmen als AG verpflichtet, die bei Lohnauszahlung entstehende Lohnsteuerpflicht zu beachten. Reichen die vorhandenen Mittel nicht aus, um sowohl die Barauszahlung und die resultierende Lohnsteuer (ebenfalls die Sozialversicherungsabgaben) zu begleichen, dann darf nicht etwa nur der Barlohn ausgezahlt werden, sondern der Barlohn ist insoweit zu kürzen, dass neben dem gekürzten Barlohn auch die darauf entfallende Lohnsteuer und Sozialversicherungspflicht erfüllt werden kann. Wird dieses Erfordernis nicht erfüllt, dann entsteht für den Geschäftsleiter eine persönliche Haftung für die nicht ordnungsgem abgeführte Lohnsteuer und Sozialversicherungsbeiträge.

§ 24 Gemeinsame Vorschriften

Zu den Einkünften im Sinne des § 2 Abs. 1 gehören auch
1. Entschädigungen, die gewährt worden sind
   a) als Ersatz für entgangene oder entgehende Einnahmen oder
   b) für die Aufgabe oder Nichtausübung einer Tätigkeit, für die Aufgabe einer Gewinnbeteiligung oder einer Anwartschaft auf eine solche;

[...]

Übersicht	Rdn.		Rdn.
A. Normzweck	1	2. Schadensersatzleistungen............	11
B. Begriff der Entschädigung	2	3. Beendigung der Tätigkeit...........	16
C. Bes Voraussetzungen des § 24 Nr 1a	5	II. Auflösung auf Druck des AG	28
I. Modifikation des Entschädigungsbegriffs ...	5	D. Bes Voraussetzungen des § 24 Nr 1b	37
1. Ersatz für Einnahmen	5		

A. Normzweck. § 24 Nr 1 gilt allg als »Vorschaltbestimmung« zu § 34. Durch § 24 wird die Steuerpflicht 1
der dort genannten Einnahmen positiv festgestellt, aber ohne dass diese nunmehr eine eigene Einkunftsart nach § 24 darstellen. § 24 bestimmt, zu welcher der in § 2 I genannten Einkunftsarten die Einnahmen im Zweifel gehören. Die Ersatzeinnahmen fallen dabei grds unter diejenige Einkunftsart, zu der die ersetzten Einnahmen gehören würden. Bei nicht möglicher Bestimmung einer bestimmten Einkunftsart sind die Einkünfte § 22 Nr 3 zuzuordnen (BFH 12.6.1996, XI R 43/94, BStBl II 1996, 516). Ersatzzahlungen für nicht steuerbare Einnahmen fallen daher auch nicht unter § 24. Entschädigungen iRd Beendigung eines

Dienstvertrags sind damit grds wie die laufenden Einnahmen aus dem Dienstvertrag Einkünfte iSv §§ 2 I 1 Nr 4, 19 (BFH 17.12.1959, IV 228/58, BStBl III 1960, 72).

2 **B. Begriff der Entschädigung.** Der Begriff der Entschädigung in § 24 Nr 1 setzt für alle Fallgruppen voraus, dass der Steuerpflichtige infolge einer Beeinträchtigung seiner Rechtsgüter einen finanziellen Schaden erlitten hat und die Zahlung unmittelbar dazu bestimmt ist, diesen Schaden auszugleichen (BFH 8.8.1986, VI R 28/84, BStBl II 1987, 106; 13.2.1987, VI R 230/83, BStBl II 1987, 386; 12.6.1996, XI R 43/94, BStBl II 1996, 516; 11.1.2005, IX R 66/03, BStBl II 2005, 480).

3 Zwischen Entschädigung und Einnahmeverlust muss darüber hinaus eine kausale Verknüpfung bestehen (BFH 1.8.1990, VIII R 17/86, BStBl II 1991, 76; 11.1.2005, IX R 66/03, BStBl II 2005, 480).

4 Daneben werden für die einzelnen Buchstaben zusätzliche Erfordernisse aufgestellt.

C. Bes Voraussetzungen des § 24 Nr 1a. I. Modifikation des Entschädigungsbegriffs. 1. Ersatz
5 **für Einnahmen.** Eine Entschädigung setzt voraus, dass es sich um Ersatz für Einnahmen handelt, die entweder bereits **entgangen sind oder noch entgehen werden**, mit denen der AN rechnen durfte (BFH 26.2.1988, III R 241/88, BStBl II 1988, 615 für bes Notwendigkeit des Ersatzcharakters; 11.1.2005, IX R 67/02, BFH/NV 2005, 1044). Das ist nicht der Fall, wenn bereits erdiente Ansprüche als Gegenleistung iR eines erfolgten Leistungsaustausches abgegolten werden (BFH 27.7.1978, IV R 149/77, BStBl II 1979, 66; 10.10.2001, XI R 54/00, BStBl II 2002, 181; 1.7.2004, IV R 23/02, BStBl II 2004, 876; 24.10.2007, XI R 33/06, BFH/NV 2008, 361. Zahlt der AG dem AN eine Abfindung, weil dieser seine Wochenarbeitszeit aufgrund eines Vertrages zur Änderung des Arbeitsvertrags unbefristet reduziert, so kann darin eine begünstigt zu besteuernde Entschädigung liegen (BFH 25.8.2009, IX R 3/09).

6 Wird eine **einheitliche Abfindung** gezahlt, die sowohl aus Gehalts- als auch Entschädigungsbestandteilen besteht, ist diese **im Schätzungswege** in einen normal steuerpflichtigen Gehalts- und einen steuergeminderten Entschädigungsanteil aufzuteilen (BFH 12.1.2000, XI B 99/98, BFH/NV 2000, 712; 15.10.2003, XI R 17/02, BStBl II 2004, 264; 24.10.2007, XI R 33/06, BFH/NV 2008, 361).

7 Bei mehreren unterschiedlichen Entschädigungszahlungen ist eine **einheitliche Betrachtungsweise** anzustellen (BFH 21.3.1996, XI R 51/95, BStBl II 1996, 416; 4.2.1998, XI B 108/97, BFH/NV 1998, 1082; 16.6.2004, XI R 55/03, BStBl II 2004, 1055; 28.6.2006, XI R 85/05, DStRE 2006, 1271).

8 Eine Entschädigungszahlung in diesem Sinne ist daher auch **zu bejahen** bei der Abgeltung **noch verfallbarer** Anwartschaften aus der betrieblichen Altersversorgung (BFH 20.3.1974, I R 198/72, BStBl II 1974, 486; 6.5.1977, VI R 161/76, BStBl II 1977, 718; 20.7.1978, IV R 43/74, BStBl II 1979, 9; 16.4.1980, VI R 86/77, BStBl II 1980, 393; 24.4.1991, XI R 9/87, BStBl II 1991, 723; 6.3.2002, XI R 51/00, BStBl II 2002, 516). Mit der Beendigung des Dienstvertrages ist der Rechtsgrund für die Gewährung der Altersversorgung entfallen, weshalb die dafür gewährte Entschädigung von § 24 Nr 1a erfasst wird. Ähnlich sind wohl Aktienoptionen zu behandeln (HWK/*Fischer* 2. Aufl, § 3 Nr 9 Rn 61).

9 Auch das **Übergangsgeld nach § 62 BAG** ist nicht als Entschädigung anzusehen (BFH 18.9.1991, XI R 8/90, BStBl II 1992, 34). Auch **Aufstockungszahlungen zum Kurzarbeitergeld** nicht, ebenso wie Karenzentschädigungen iSv § 74 HGB (BFH 25.7.1990, X R 163/88, BFH/NV 1991, 293). Diese Einnahmen stellen schon keine Einkünfte aus § 19 dar (BFH 12.6.1996, XI R 43/94, BStBl II 1996, 516, allerdings solche aus § 22 Nr 3).

10 **Vorruhestandsleistungen** werden als Entschädigungen iSd § 24 Nr 1a angesehen, wenn der Vorruhestand auf Veranlassung des AG angetreten wurde (so zu § 3 Nr 9 BFH 11.1.1980, VI R 165/77, BStBl II 1980, 205; 16.6.2004, XI R 55/03, BStBl II 2004, 1055).

11 **2. Schadensersatzleistungen.** Schadensersatzleistungen werden grds **nicht** von Nr 1a erfasst (BFH 13.2.1987, VI R 230/83, BStBl II 1987, 386f). Die bloße Wiederherstellung eines ursprünglich bestehenden Zustandes führt nicht zu einer steuerbaren Einnahme, auch wenn sie vom AG erbracht wird (*Bauer/Günther* NJW 2007, 113 [113]).

12 Problematisch sind in diesem Zusammenhang gezahlte **Entschädigungen nach dem AGG**. Hier ist die Abgrenzung zwischen steuerfreier und nach § 24 Nr 1a steuerpflichtiger Entschädigung bes sorgfältig vorzunehmen (dazu *Bauer/Günther* NJW 2007, 113 ff).

13 Das wesentliche Unterscheidungsmerkmal ist, ob die Entschädigung als Ersatz für immaterielle Schäden (ähnlich § 253 I BGB, *Bauer/Günther* NJW 2007, 113 [113]) oder für materielle Schäden, insb entgangene Einnahmen gewährt wird. Nur die letztere Entschädigung fällt unter § 24 Nr 1a, während die erstere grds steuerfrei ist. Abzugrenzen sind beide nach der Zwecksetzung des zahlenden AG sowie der Erfüllung des Tatbestands des § 15 II AGG.

Hinzukommen muss zur Entschädigung für entgehende Einnahmen (bspw aus § 15 I AGG wegen benach- 14
teiligender Entlassung) aber auch die **Beendigung des Arbeitsverhältnisses**. Dies ergibt sich aus den allg
Tatbestandmerkmalen des § 24 Nr 1a (aA aber *Bauer/Günther* NJW 2007, 113 [115] mit Verweis auf
FG Köln, 7 K 2621/88, EFG 1989, 640 rkr).
Grds unschädlich ist es in diesem Zusammenhang, wenn die Entschädigungszahlung ihre Rechtsgrundlage 15
in einem gesetzlichen Tatbestand hat (§§ 9, 10 KStG; § 15 I AGG; s dazu Schmidt/*Seeger* § 24 Rn 6). Die
ratio legis des G muss aber der Ersatz entgehender Einnahmen sein (*Bauer/Günther* NJW 2007, 113 [113]).

3. Beendigung der Tätigkeit. § 24 Nr 1a setzt voraus, dass es zu einer Beendigung der bisherigen **nichts-** 16
elbstständigen Tätigkeit kommt (BFH 21.4.1993, XI R 62/92, BFH/NV 1993, 721; 25.8.1993, XI R
7/93, BStBl II 1994, 185; 12.4.2000, XI R 1/99, BFH/NV 2000, 1195; 23.1.2001, XI R 7/00, BStBl
II 2001, 541; 10.10.2001, XI R 54/00, BStBl II 2002, 181). Das Dienstverhältnis muss **tatsächlich auf-**
gelöst worden sein, worunter die bürgerlich-rechtlich (arbeitsrechtlich) wirksame Auflösung zu verstehen
ist (BFH 13.10.1978, VI R 91/77, BStBl II 1979, 155; 10.4.2003, XI R 50/01, BFH/NV 2003, 1310).
Auf die Rechtsform der Auflösung kommt es nicht an. Der Ablauf einer Befristung stellt keine Beendigung
iSd § 24 Nr 1a dar (BFH 10.9.2003, XI R 9/02, BStBl II 2004, 349; 28.11.2007, XI B 172/06, BFH/
NV 2008, 372).
Nicht erfasst ist daher eine Reduzierung der bisherigen Tätigkeit bei grds Weitergelten der vertraglichen 17
Grundlage (bspw bei einer **Änderungskdg**, s.u. § 24 Rdn 23 oder **Kurzarbeit**, BFH 21.5.2007, XI B 169/06,
BFH/NV 2007, 1648). Die davon abw Entsch des BFH 29.10.1998, XI R 63/97, BStBl II 1999, 588
blieb ein Einzelfall. Ebenfalls nicht ausreichend ist die Modifikation oder Beendigung arbeitsvertraglich
geschuldeter Nebenleistungen (BFH 25.8.1993, XI R 7/93, BStBl II 1994, 185; bspw die Herabsetzung
einer Pensionszusage, BFH 6.3.2002, XI R 36/01, BFH/NV 2002, 1144; 28.2.2005, XI B 182/03, BFH/
NV 2005, 1283).
Bei **Versetzung im Betrieb oder Unternehmen** ist grds ebenso wenig eine Auflösung des Arbeitsverhältnisses 18
anzunehmen wie bei einer Veränderung der Modalitäten des Arbeitsverhältnisses (so für den Fall eines Sozialplans KR/*Vogt* §§ 3, 24, 34, 52 Rn 48). Ein **Betriebsübergang nach § 613a BGB** ohne gesonderte Auflösung des Arbeitsverhältnisses ist nicht als Auflösung des bestehenden Arbeitsverhältnisses anzusehen (BFH
16.7.1997, XI R 85/96, BStBl II 1997, 666; 12.4.2000, XI R 1/99, BFH/NV 2000, 1195; 10.10.2001, XI
R 54/00, BStBl II 2002, 181; 10.10.2006, XI B 118/05, BFH/NV 2007, 415), da dieses nur einen anderen
Vertragspartner erhält, aber in seinen sonstigen rechtlichen Bestandteilen bestehen bleibt. Auch bei einer
Verschmelzung nach § 20 I Nr 1 UmwG wird dies angenommen (BFH 12.12.2007, XI B 23/07, BFH/NV,
2008, 367). Diese Grds gelten dabei auch für solche Konstellationen, in denen alter und neuer AG schon
seit Langem über »bewährte Geschäftsbeziehungen« verfügen und der neue AG das interne Büro des alten
AG übernimmt (BFH 30.1.2008, IX B 245/07, BFH/NV 2008, 944).
Bei einer **Weiterbeschäftigung im Unternehmen nach der Kdg** ist zu unterscheiden: Eine Änderungs- 19
kdg, also die Weiterbeschäftigung unter anderen Bedingungen, führt grds nicht zur Auflösung des
Arbeitsverhältnisses (BFH 21.6.1990, X R 48/86, BStBl II 1990, 1021; 10.10.1986, VI R 178/83, BStBl
II 1987, 186; 23.1.2001, XI R 7/00, BStBl II 2001, 541; 10.10.2001, XI R 54/00, BStBl II 2002, 181; KR/
Vogt §§ 3, 24, 34 Rn 44; bestritten in der Lit, s Kirchhof/Söhn/*Geserich* § 24 Rn B 37). Nur dann, wenn
die Änderungskdg zur Auflösung des Arbeitsverhältnisses führt, ist diese Bedingung erfüllt (R 9 II 3 LStR
2005). Anders ist die Situation zu behandeln, wenn eine **unbedingte Kdg** erfolgt, und dem AN **keine**
Änderungsbedingungen für den bestehenden, **sondern gesondert neue Bedingungen** für den Abschluss
eines neuen Arbeitsvertrages nach der Kdg mitgeteilt werden, das Arbeitsverhältnis also zwischenzeitlich
tatsächlich geendet hat (BFH 10.10.1986 VI R 178/83, BStBl II 1987, 186; 21.6.1990, X R 48/86, BStBl
II 1990, 1021; 28.11.1991, XI R 7/90, BFH/NV 1992, 305; 16.7.1997, XI R 85/86, BStBl II 1997, 666;
krit KR/*Vogt* §§ 3, 24, 34 Rn 46).
Eine Auflösung wurde bejaht bei Beginn eines **anschließenden freien Mitarbeiter**- oder im Vergleich zum 20
vorherigen anders gestalteten Arbeitsverhältnisses (BFH 10.10.1986, VI R 178/83, BStBl II 1987, 186;
21.6.1990, X R 48/86, BStBl II 1990, 1021). Es ist hierbei unschädlich, wenn bei dem neuen Arbeitsvertrag das Gehalt rückwirkend bis zum Zeitpunkt der Auflösung des alten Arbeitsverhältnisses gezahlt wird
(BFH 10.10.1986, VI R 178/83, BStBl II 1987, 186). Die **Grenze des § 42 AO** muss aber jew beachtet
werden.
Bei einer **Umsetzung im Konzern** ist grds dann keine Auflösung anzunehmen, wenn sich das neue Ver- 21
tragsverhältnis nach der Gestaltung der Vertragsparteien als eine Fortsetzung des bisherigen darstellt (BFH
16.7.1997, XI R 85/96, BStBl II 1997, 666; 21.6.1990, X R 48/86, BStBl II 1990, 1021; 12.4.2004,
XI R 1/99, BFH/NV 2000, 1195). Es ist keine formale, sondern eine wirtschaftliche Betrachtungsweise

anzuwenden. Die Entschädigung ist danach auch dann steuerpflichtig, wenn sie zum Ausgleich geringerer betrieblicher Leistungen der neuen AG-Gesellschaft gezahlt wird (KR/*Vogt* §§ 3, 24, 34 Rn 17). Für ein solches einheitliches Vertragsverhältnis spricht bspw eine Anrechnung von Dienstzeiten, ein jederzeitiges Rückkehrrecht oder die Weitergabe der Pensionsordnung des alten AG (weitere Indizien KR/*Vogt* §§ 3, 24, 34 Rn 49).

22 Str ist, ob eine Auflösung des Beschäftigungsverhältnisses bei **Transfersozialplan** und **Wechsel in eine Beschäftigungs- und Qualifizierungsgesellschaft** gegeben ist (dazu insb zu § 3 Nr 9 *Pröpper* DB 2001, 2170; *Pitterle* DB 2002, 762). *Pröpper* sieht hier keine Probleme hins der Auflösung, wenn iR eines Transfersozialplans eine Aufhebung des Arbeitsvertrags vereinbart wird und daneben eine Abfindung gezahlt wird.

23 Ebenfalls von einer Auflösung geht er aus bei einer **externen Beschäftigungs- und Qualifizierungsgesellschaft** (BQG), die eine vom alten AG unabhängige juristische Person darstellt. Lediglich bei konzerneigenen BQG in Form einer eigenen juristischen Person oder bei der Führung einer BQG als unselbstständige Abteilung des bisherigen AG sieht er Probleme. *Pitterle* weist hingegen auf die gegenteilige Auffassung der OFD Stuttgart hin (in Übereinstimmung mit dem Erg der Erörterung der obersten Finanzbehörden des Bundes und der Länder), nach der eine Auflösung in diesem Sinne auch bei externen BQG nicht eintrete. Es werde vielmehr auch bei der Auflösung des alten und der Begr eines neuen Arbeitsverhältnisses mit der abwickelnden BQG das alte Arbeitsverhältnis weitergeführt. Die steuerliche Behandlung von Entschädigungen beim gleichzeitigen Übergang des Arbeitsverhältnisses auf eine BQG ist daher unsicher.

24 Es muss an die Stelle der bisher geschuldeten Leistung eine andere treten, die auf einem **neuen, eigenständigen Rechtsgrund** beruht, also der **bisherige Rechtsgrund weggefallen sein**, aufgrund dessen der AN mit den Einnahmen rechnen durfte (BFH 17.3.1978, VI R 63/75, BStBl II 1978, 375; 20.10.1978, VI R 107/77, BStBl II 1979, 176; 22.1.1988, VI R 135/84, BStBl II 1988, 525; 16.3.1993, XI R 52/88, BStBl II 1993, 507; 11.1.2005, IX R 67/02, BFH/NV 2005, 1044; 6.7.2005, XI R 46/04, BStBl II 2006, 55). In den meisten Fällen wird dies die Auflösung des Dienstvertrages sein. Der neue Rechtsgrund kann neben der Vereinbarung zur Auflösung auch bereits bei Abschluss des Dienstvertrages oder im Laufe des Dienstverhältnisses vereinbart sein (BFH 10.9.2003, XI R 9/02, BStBl II 2004, 349; 16.6.2004, IX R 55/03, BStBl II 2004, 1055; 13.12.2005, XI R 55/04, BFH/NV 2006, 2042). Auch eine Vereinbarung der späteren Entschädigung im Arbeitsvertrag selbst wird bei einer tatsächlichen Kdg als neuer Rechtsgrund angesehen (BFH 6.2.1987, VI R 229/83, BFH/NV 1987, 572; 10.7.1991, X R 79/90, DB 1991, 2368; 10.9.2003, XI R 9/02, BStBl II 2004, 349; 13.12.2005, XI R 55/04, HFR 2006, 987).

25 Regelmäßig nach Auflösung des Dienstverhältnisses erbrachte Zusatzleistungen des AG (zB Weiterbenutzung eines Dienstwagens, oder eines Firmentelefons) können nur dann Entschädigungen darstellen, wenn sie nicht auch in anderen Fällen des Ausscheidens, zB bei altersbedingtem Ausscheiden, weitergeleitet werden (dann § 24 Nr 2). Insb lebenslängliche Leistungen sind nicht unter § 24 Nr 1, sondern Nr 2 zu fassen.

26 Vom AG bei Frühverrentung weitergezahlte Rentenversicherungsbeiträge nach § 187a SGB VI hingegen stellen einen Teil einer Entschädigung nach § 24 Nr 1 dar, wenn sie im Zusammenhang mit der Auflösung des Dienstverhältnisses gezahlt werden (BMF-Schreiben v 24.5.2004 Rn 12, BStBl I 2004, 505 [510]).

27 Bei periodisch weiter geleisteten Entschädigungen iSv § 24 Nr 1 sind zudem Probleme bei der Zusammenballung zu beachten, s.u. § 34 Rdn 8 ff.

28 **II. Auflösung auf Druck des AG.** Voraussetzung für die Annahme einer Entschädigung nach dieser Norm ist es, dass der AN bei Beendigung oder Reduktion der Tätigkeit unfreiwillig, also unter einem **nicht unerheblichen tatsächlichen, rechtlichen oder wirtschaftlichen Druck** gehandelt hat (BFH 20.7.1978, IV R 43/74, BStBl II 1979, 9; 16.4.1980, VI R 86/77, BStBl II 1980, 393; 22. 1.1988, VI R 135/84, NJW 1989, 126; 9.7.1992, XI R 5/91, BStBl II 1993, 27; 21.4.1993, XI R 62/92, BFH/NV 1993, 721), sich also in einer Zwangslage befand (BFH 13.8.2003, XI R 18/02, BStBl II 2004, 106; 11.1.2005, IX R 67/02, BFH/NV 2005, 1044). Auf die hypothetische Frage, ob das Dienstverhältnis auch ohne eine solche Auflösung zB wegen Erwerbsunfähigkeit des AN beendet worden wäre, ist jedoch nicht abzustellen (FG Köln 21.3.2007, 7 K 2013/04, DStRE 2007, 1148).

29 Dies liegt daran, dass die Steuerermäßigung des § 34 nur in solchen Fällen gerechtfertigt ist, in denen sich der AN dem Zufluss der zusammengeballten Einkünfte nicht entziehen kann (BFH 12.12.2001, XI R 38/00, BFH/NV 2002, 638; 3.12.2003, XI R 31/02, DStRE 2004, 812; 10.4.2003, XI R 4/02, BStBl I 2003, 748).

30 Neben der **Kdg durch den AG** (BFH 20.10.1978, VI R 107/77, BStBl II 1979, 176) kann grds auch eine **einvernehmliche Aufhebung auf Initiative des AG (Aufhebungsvertrag)** oder eine Auflösung aufgrund kollektivrechtlicher Regelungen eine Auflösung auf Druck des AG darstellen. Teilw wird sogar eine AN-seitige Kdg als unschädlich erachtet, nämlich dann, wenn der AG den AN durch vertragswidriges Verhalten

(zB wiederholter Zahlungsverzug, Missachtung von Unfallverhütungsvorschriften) dazu veranlasst oder dem AN nahe legt, von sich aus zu kündigen (KR/*Vogt* §§ 3, 24, 34 Rn 39). Es kommt also nicht darauf an, welche Partei die Kdg ausgesprochen hat, sondern es ist nach den zugrunde liegenden Ursachen zu forschen. Von einer Veranlassung durch den AN wird allg dann ausgegangen, wenn dieser in seiner Sphäre freiwillig eine Ursachenkette in Gang gesetzt hat, die ihm später keine Entsch mehr beließ (BFH 28.7.1993, XI R 4/93, BFH/NV 1994, 165; 7.3.1995, XI R 54/94, BFH/NV 1995, 961; 6.3.2002, XI R 51/00, BStBl II 2002, 516).

Allg muss die Ursache für die Beendigung in die Sphäre des AG fallen. So kann auch eine AN-seitige Kdg in der **Insolvenz des AG** eine vom AG veranlasste Kdg darstellen (BFH 13.10.1978, VI R 91/77, BStBl II 79, 155). Gleiches gilt für den Abschluss eines Aufhebungsvertrages im selben Fall, auch nach vorangegangener Kdg durch den Insolvenzverwalter. Die Veranlassung der Kdg durch den AG liegt hier rechtstechnisch in der Veranlassung der Insolvenz (KR/*Vogt* §§ 3, 24, 34 Rn 37). 31

In unklaren Grenzfällen ist die Zahlung einer Entschädigung seitens des AG eine **widerlegbare Vermutung** dafür, dass dieser die Veranlassung für die Auflösung gegeben hat, denn sonst würde er keine Entschädigung zahlen (BFH 6.3.2002, XI R 51/00, BStBl II 2002, 516; 10.11.2004, XI R 64/03, BStBl II 2005, 181; 2.4.2008, IX R 82/07, BFH/NV 2008, 1325). Vertreten wird auch eine Beweislastumkehr, sodass der AN ein Verschulden des AG zu beweisen hat, wenn der AN kurz vor dem Eintritt in den Ruhestand steht, bei Gesellschafter-Geschäftsführern oder wenn verwandtschaftliche Beziehungen zum AG bestehen (FG Nds 14.10.1999, 5 K 43/99, EFG 2000, 917; Kirchhof/Söhn/*v Beckrath* § 3 Rn B 9/55). 32

Bei einer **Kdg durch den AG** ist zunächst einmal zu vermuten, dass die Auflösung auf den AG zurückgeht. Es ist aber nicht zwingend auf die arbeitsrechtliche Beurteilung der Auflösung abzustellen. 33

Ob auch eine AG-seitige Kdg, der ein vertragswidriges Verhalten des AN vorangeht (also insb die verhaltensbedingte Kdg) auf Druck des AG iSv § 24 Nr 1a darstellt, ist umstr. Teile der Lit sowie ältere Rspr des BFH versagen für diesen Fall die Anwendbarkeit (BFH 17.5.1977, VI R 150/76, BStBl II 1977, 735; dazu BMF-Schreiben v 3.10.1977 BStBl I 1977, 488; KR/*Vogt* §§ 3, 24, 34 Rn 34; Schmidt/*Heinicke* § 3, ABC »Abfindungen«). Nach einer jüngeren Entsch des BFH allerdings ist bei einer Kdg durch den AG die Auflösung stets durch diesen veranlasst, der Kdg-Grund ist irrelevant (BFH 10.11.2004, XI R 64/03, BStBl II 2005, 181; ebenso die FinVerw R 9 II 2 LStR 2005). Es komme vielmehr darauf an, wer die Auflösung gewollt habe (BFH 10.11.2004, XI R 63/04, BStBl II 2005, 181; KR/*Vogt* §§ 3, 24, 34 Rn 35, allerdings nicht bei bewusster Provokation durch den AN). Es besteht aber hierdurch ein Widerspruch zu der Annahme, dass auch eine Kdg durch den AN durch eine Pflichtverletzung des AG veranlasst sein kann (s.u. § 24 Rdn 41). Ob diese Rspr des BFH allerdings einen Ausreißer darstellt oder die Einleitung einer neuen st Rspr, bleibt abzuwarten. 34

Bei einem **Aufhebungsvertrag** liegt eine Veranlassung durch den AG grsd dann vor, wenn der **AG die Auflösung betrieben** hat (BFH 10.11.2004, XI R 51/03, BStBl II 2005, 441; 2.4.2008, IX R 82/07, BFH/NV 2008, 1325). Dies wird bspw **bejaht** für den Fall, dass der AG seine Betriebsstätte verlegt und der AN nicht bereit ist, dorthin umzuziehen (BFH 6.5.1977, VI R 161/76, BStBl II 1977, 718; KR/*Vogt* §§ 3, 24, 34 Rn 36). In diesem Fall kommt der einvernehmlichen Aufhebung in Erwartung der sicheren AG-seitigen Kdg nur formale Bedeutung zu, von der Seite des AN erfolgte die Auflösung unfreiwillig, die Mitwirkung des AN an der Auflösung des Arbeitsverhältnisses ist also unschädlich. Gleiches gilt allg, wenn der Aufhebungsvertrag dazu dient, einer Kdg durch den AG zuvorzukommen (BFH 11.1.1980, VI R 165/77, BStBl II 1980, 205; 10.11.2004, XI R 14/04, BFH/NV 2005, 1247). Ebenfalls von AG-seitiger Initiative ist auszugehen, wenn die Veranlassung der Auflösung eine geplante Frühpensionierung des AN ist (BFH 11.1.1980, VI R 165/77, BStBl II 1980, 205). 35

Nicht als Veranlassung durch den AG galt es, wenn der AG dem Begehren des AN, das Arbeitsverhältnis als Teilzeitverhältnis fortzusetzen, nicht entsprochen hat (BFH 28.11.1991, XI R 7/90, BFH/NV 1992, 305). Hier habe der AN die Ursache für die Beendigung gesetzt. Es sei nicht auf die Weigerung des AG abzustellen, da diese nur die Reaktion auf das Änderungsverlangen des AN darstelle (so auch KR/*Vogt* §§ 3, 24, 34 Rn 41; Schmidt/*Heinicke* § 3, ABC »Abfindungen«). Ob diese Rspr angesichts des aufgrund des TzBfG bestehenden Anspruchs auf Teilzeitarbeit in bestimmten Fällen aufrechterhalten werden kann, erscheint zweifelhaft. Denn hiernach stellt die Weigerung des AG, außer in gewissen Fällen, die die Entstehung des Anspruchs verhindern, nicht die legitime Reaktion auf das Verlangen des AN dar, sondern ein pflichtwidriges Verhalten. Eine Verursachung durch den AG muss also unter diesen Prämissen bei erfolgloser Forderung eines Teilzeitarbeitsverhältnisses abw von der Rspr dann angenommen werden, wenn der AN einen entspr Anspruch aus dem TzBfG hat. 36

37 **D. Bes Voraussetzungen des § 24 Nr 1b.** Der wesentliche Unterschied zu Nr 1a besteht darin, dass die Entschädigung nicht der Abgeltung von Interessen aus dem bisherigen Rechtsverhältnis dient, sondern für eine (zukünftige) Aufgabe oder Nichtausübung der Tätigkeit gezahlt wird (BFH 8.8.1986, VI R 28/84, BStBl II 1987, 106; 16.3.1993, XI R 10/92, BStBl II 1993, 497). Auch eine aus Sicht des AN freiwillige Aufgabe der Tätigkeit kann die entspr Entschädigung nach § 34 II, I steuergemindert stellen. Allerdings wird, wenn der AG die Entschädigung »wegen« der Aufgabe der Tätigkeit zahlt, regelmäßig auch ein Interesse des AG vorhanden sein (BFH 8.8.1986, VI R 28/84, BStBl II 1987, 106). Es handelt sich gleichsam um einvernehmliche Trennungen. Anders als in Nr 1a muss für die Entschädigung auch kein gesonderter, neuer Rechtsgrund vorhanden sein (BFH 8.8.1986, VI R 28/84, BStBl II 1987, 106; 13.2.1987, VI R 230/83, BStBl II 1987, 386).

38 Da die Entschädigung »für« die Aufgabe oder Unterlassung der Tätigkeit gezahlt wird, müssen Entschädigung und Einkünfteverzicht sowohl kausal als auch final verknüpft sein (BFH 13.2.1987, VI R 230/83, BStBl II 1987, 386; 10.8.1994, X R 45/91, BFH/NV 1995, 387; 12.6.1996, XI R 43/94, BStBl II 1996, 516). Unter Aufgabe ist dabei die endgültige, unter Unterlassung die zeitweilige Nichtausübung der Tätigkeit zu verstehen. Der Steuerpflichtige muss aber die betreffende Tätigkeit nicht zwingend zuvor ausgeübt haben (Kirchhof/Söhn/*Gesserich* § 24 Rn B 70). Es ist auch nicht erforderlich, dass der AN seinen Beruf (zeitweise) ganz aufgibt (BFH 11.3.2003, IX R 76/99, BFH/NV 2003, 1161; 8.8.1986, VI R 28/84, BStBl II 1987, 106). Die bloße Reduzierung einer Tätigkeit bei gleichem Rechtsgrund und Inhalt ist aber nicht ausreichend. Es muss bei Fortführung der Tätigkeit diese einen anderen Inhalt angenommen haben (dazu auch Kirchhof/Söhn/*Gesserich* § 24 Rn B 72).

39 Es darf sich bei der Entschädigungszahlung nicht um bereits entstandene Einnahmen aus dem Arbeitsverhältnis handeln, des Weiteren hat die Norm nur außergewöhnliche Vorfälle im Auge (BFH 25.3.1975, VIII R 183/73, BStBl II 1975, 634; 8.8.1986, VI R 28/84, BStBl II 1987, 106).

40 Eine hiervon erfasste Entschädigung ist bspw die Karenzentschädigung (BFH 13.2.1987, VI R 168/83, BFH/NV 1987, 574; 12.6.1996, XI R 43/94 BStBl II 1996, 516), unabhängig vom Zeitpunkt ihrer Vereinbarung, oder Zahlungen für die Ausübung einer Ausscheidensoption (BFH 8.8.1986, VI R 28/84, BStBl II 1987, 106).

41 Nicht erfasst werden hier Zahlungen eines neuen AG (BFH 16.12.1992, XI R 33/91, BStBl II 1993, 447).

42 Auch eine Entschädigung nach § 24 Nr 1b setzt voraus, dass diese einer der Einkünfte des § 2 I zugeordnet werden kann. Hierbei wird darauf abgestellt, welcher Einkunftsart die Einkünfte im Fall der Ausübung der Tätigkeit zuzuordnen wären.

§ 34 Außerordentliche Einkünfte

(1) ¹Sind in dem zu versteuernden Einkommen außerordentliche Einkünfte enthalten, so ist die auf alle im Veranlagungszeitraum bezogenen außerordentlichen Einkünfte entfallende Einkommensteuer nach den Sätzen 2 bis 4 zu berechnen. ²Die für die außerordentlichen Einkünfte anzusetzende Einkommensteuer beträgt das Fünffache des Unterschiedsbetrags zwischen der Einkommensteuer für das um diese Einkünfte verminderte zu versteuernde Einkommen (verbleibendes zu versteuerndes Einkommen) und der Einkommensteuer für das verbleibende zu versteuernde Einkommen zuzüglich eines Fünftels dieser Einkünfte. ³Ist das verbleibende zu versteuernde Einkommen negativ und das zu versteuernde Einkommen positiv, so beträgt die Einkommensteuer das Fünffache der auf ein Fünftel des zu versteuernden Einkommens entfallenden Einkommensteuer. [...]

(2) Als außerordentliche Einkünfte kommen nur in Betracht:
1. [...]
2. Entschädigungen im Sinne des § 24 Nr.1;
3. [...]
4. Vergütungen für mehrjährige Tätigkeiten; [...]
5. [...]
(3) [...]

Übersicht	Rdn.		Rdn.
A. Normzweck	1	III. Unschädlicher Zufluss	9
B. Tatbestände des II, Nr 2 und 4	2	1. Auszahlungsfehler	10
C. Zusammenballung	4	2. Zusatzleistungen sozialer Fürsorge	11
I. Verteilung auf mehrere Jahre	4	D. Berechnung der verringerten Steuerlast	12
II. Ermittlung der Zusammenballung	6	I. Maßgeblichkeit der Einkünfte	12

II.	»Fünftelverfahren«.................... 13	E.	Berücksichtigung im Lohnsteuerabzugsverfahren...................... 16
III.	Rückzahlung von empfangenen Entschädigungen in einem späteren Veranlagungszeitraum..................... 14	F.	Zusammentreffen von außerordentlichen Einkünften und dem Progressionsvorbehalt unterliegenden Einkünften... 17

A. Normzweck. Zweck des § 34 ist es, Einkünfte iSd § 24 Nr 1 einer niedrigeren Besteuerung zuzuführen, um die Progression bei einem Zufluss der in mehreren Veranlagungszeiträumen »erarbeiteten« Zahlung in einem Veranlagungszeitraum zu glätten und damit Unbilligkeiten zu verhindern. Bei regulärer Besteuerung würde nämlich dieser höhere Einmalbetrag einem höheren Steuersatz unterworfen als über die Jahre verteilte, regelmäßige Zahlungen, und damit höher besteuert. Das BMF hat sich mit Schreiben v 1.11.2013 (IV C 4 - S 2290/13/10002) ausführlich mit »Zweifelsfragen im Zusammenhang mit der ertragsteuerlichen Behandlung von Entlassungsentschädigungen (§ 34 EStG)« befasst und die Sichtweise der Finanzverwaltung dargelegt. Mit Schreiben v 4.3.2016 (IV C 4 S 2290/13/10002 wurde Rz 8 des Schreibens v 1.11.2013 neu gefasst. Der Steuerpflichtige und die Gerichte sind an diese Ausführungen nicht gebunden, wohl aber die Finanzämter. 1

B. Tatbestände des II, Nr 2 und 4. § 34 II Nr 2 nimmt ausdrücklich Bezug auf § 24 Nr 1 und unterstellt daher nur von diesen Normen erfasste Entschädigungen der Steuerbegünstigung des I. 2

Nr 4 hingegen kann mit »Vergütungen für mehrjährige Tätigkeiten« auch solche Zahlungen erfassen, die nicht anlässlich einer Beendigung oder Reduktion einer Tätigkeit gezahlt werden, sondern noch während der Tätigkeit, wie bspw Stock Options. Begrifflich erfasst er zwar auch Entschädigungen iSd Nr 2, die für ein mehrjähriges Arbeitsverhältnis gezahlt werden. Nr 2 ist allerdings als lex specialis vorrangig. 3

C. Zusammenballung. I. Verteilung auf mehrere Jahre. Entschädigungen iSv Nr 1 sind nur nach § 34 II, I steuerbegünstigt, wenn sie Zahlungen darstellen, die innerhalb 1 Kalenderjahrs (Veranlagungszeitraums) für mehrere vorangegangene Zeiträume gewährt werden, sich also bei normalem Verlauf auf mind 2 Kalenderjahre verteilt hätten (**Zusammenballung von Einkünften**). Denn nur dann kann sich für den Steuerpflichtigen ein steuerlicher Nachteil dadurch ergeben, dass in 1 Jahr Einkünfte für mehrere Jahre zufließen, die betragsmäßig höher sind, und über eine höhere Progression vergleichsweise mehr Steuern auslösen, als wäre derselbe Betrag auf mehrere Veranlagungszeiträume verteilt zugeflossen. 4

Eine **tatsächliche Progressionsverschärfung** muss zwar nicht eingetreten sein (BFH 17.12.1982, III R 136/79, BStBl II 1983, 221; 21.3.1996, XI R 51/95, BStBl II 1996, 416; 4.3.1998, XI R 46/97, BStBl II 1998, 787; 15.10.2003, XI R 17/02, BStBl II 2004, 264; 21.6.2006, XI R 29/05, BFH/NV 2006, 1833). Auf die Zusammenballung kann aber dennoch nicht verzichtet werden. 5

II. Ermittlung der Zusammenballung. Für die **Annahme der Zusammenballung** gibt es grds 2 Kriterien: Zunächst muss es sich um Einkünfte handeln, die nur in einem Veranlagungszeitraum zusammengeballt zugeflossen sind. Daher ist der Zufluss der Entschädigung in mehreren Veranlagungszeiträumen grds schädlich (BFH 21.3.1996, XI R 51/95, BStBl II 1996, 416; 3.7.2002, XI R 80/00, BStBl II 2004, 447; 21.6.2006, XI R 29/05, BFH/NV 2006, 1833). Unschädlich ist aber eine Ratenzahlung in einem Veranlagungszeitraum. Dass es sich um eine Zahlung handelt, die sich bei normalem Verlauf auf 2 Veranlagungszeiträume verteilt hätte, soll jedoch grds unbeachtlich sein (BFH 24.10.2007, XI R 33/06, BFH/NV 2008, 361). 6

Weiterhin ist auch dann eine Zusammenballung gegeben, wenn die gezahlte Entschädigung (ggf zusammen mit anderen Einkünften) höher ist als derjenige Teil der Einkünfte, der aus der beendeten Tätigkeit im Laufe des Jahres noch geflossen wäre, also entgangen ist (BFH 16.7.1997, XI R 13/97, BStBl II 1997, 753; 4.3.1998, XI R 46/97, BStBl II 1998, 787; vgl dazu die Rechenbsp in BMF-Schreiben v 24.5.2004 Rn 12, BStBl I 2004, S 505 [507 f], geändert durch BMF-Schreiben v 17.1.2011, DStR 2011, 125). 7

Der **Errechnung der Zusammenballung** liegt folgendes Vorgehen zugrunde: Zunächst wird festgestellt, welche Gesamteinkünfte aus nichtselbständiger Tätigkeit (ggf abzgl AN-Pauschbetrag, vgl BMF-Schreiben v 24.5.2004 Rn 12, BStBl I 2004, S 505 [507 f]) der AN in den vorangegangenen Jahren durchschnittlich hatte. Dies dient dazu, die normalerweise im Jahr der Entschädigungszahlung erzielten Einnahmen zu bestimmen (BFH 4.3.1998, XI R 46/97, BStBl II 1998, 787; 24.10.2007, XI R 33/06, BFH/NV 2008, 361; BMF-Schreiben v 24.5.2004 Rn 12, BStBl I 2004, S 505 [507]; krit FG Münster 14.6.2007, 3 K 3466/07 E, BeckRS 2007 26023580 für den Fall einer Änderungskdg im Veranlagungszeitraum, bestätigt durch BFH IX R 85/07). Auf die Verhältnisse des Vorjahres ist nicht abzustellen, wenn die Einnahmesituation durch außergewöhnliche Ereignisse geprägt ist und sich daraus keine Vorhersagen 8 für den (unterstellten) normalen Verlauf bei Fortsetzung des Arbeitsverhältnisses ableiten lassen. Bilden die Verhältnisse des (letzten) Vorjahres nicht den »Normalfall« – dh die normale Gehaltsentwicklung – ab, ist auch auf die (weiteren) Vorjahre zurückzugreifen (BFH 27.1.2010, IX R 31/09). Anschließend werden die Einnahmen im Jahr der Entschädigungszahlung errechnet. Hier sind einzubeziehen der vor Auflösung oder Änderung des Dienstverhältnisses gezahlte Arbeitslohn des Steuerpflichtigen, sowie weitere nach der Auflösung des Arbeitsverhältnisses empfangene Beträge wie bspw Gehaltszahlungen aus einem neuen Arbeitsverhältnis, oder auch Alg. Sind diese Einnahmen höher als die voraussichtlichen, die dem AN nun entgehen (berechnet auf der Basis der Vorjahreseinnahmen), so ist von einer Zusammenballung auszugehen. Ebenso kann die **Zahlung zweier Abfindungen in einem Veranlagungszeitraum** zu einer Zusammenballung führen, wenn diese als eine einheitliche anzusehen sind (BFH 21.3.1996, XI R 51/95, BStBl II 1996, 416). Mögliche höhere Einnahmen aus einem neuen Dienstverhältnis können also mit einer nur geringen Entschädigung ebenso zu einer Zusammenballung von Einkünften, und damit zu der progressionsgemilderten Besteuerung nach § 34 I führen wie das bloß geringfügige Überschreiten des Vorjahresgehalts durch die Zahlung einer Entschädigung. Wirtschaftlich wird eine Zusammenballung also auch dann ausgelöst, wenn die Entschädigung nur die Einnahmen 1 Jahres ausgleichen soll, aber mit weiteren, nach Entschädigungszahlung erzielten Einnahmen zusammenfällt (BFH 16.3.1993, XI R 10/92, BStBl II 1993, 497; 16.7.1997, XI R 13/97, BStBl II 1997, 753; 4.3.1998, XI R 46/97, BStBl II 1998, 787).

9 III. **Unschädlicher Zufluss.** Unschädlich kann ein **Zufluss in einem weiteren Veranlagungszeitraum** aber in 2 Fällen sein: einmal bei einer Nachzahlung aufgrund einer versehentlichen Falschzahlung, da im ersten Veranlagungszeitraum zu wenig ausgezahlt wurde, und einmal, wenn in folgenden Veranlagungszeiträumen noch periodische Zusatzleistungen des AG aus sozialer Fürsorge gezahlt werden.

10 1. **Auszahlungsfehler.** Eine **nicht-planmäßige Auszahlung in 2 verschiedenen Veranlagungszeiträumen** liegt dabei nach dem BMF-Schreiben v 24.5.2004 Rn 19, 20, BStBl I 2004, S 505 [509 f] zum einen vor, wenn die ausgezahlte Entschädigung versehentlich zu niedrig ausgerechnet wurde (Rechtsfehler allerdings zählen nicht dazu!) (BFH 21.1.2004, XI R 22/03, BFH/NV 2004, 1226, dort allerdings als Zusatzleistung der sozialen Vorsorge bezeichnet, und insofern eigentlich zu der Fallgruppe der Rechtsfehler zu zählen, dennoch vom BMF als Auszahlungsfehler betrachtet), oder der AG erst nach einem Rechtsstreit den seiner Ansicht nach ungerechtfertigten und daher zunächst zurückbehaltenen Teil auszahlt.

11 2. **Zusatzleistungen sozialer Fürsorge.** Grds **unschädliche**, nach Beendigung des Dienstvertrages ausgezahlte **Zusatzleistungen sozialer Fürsorge** (dazu BFH 14.8.2001, XI R 22/00, BStBl II 2002, 180; 24.1.2002, XI R 43/99, BStBl II 2004, 442; 3.7.2002, XI R 80/00, BStBl II 2004, 447; 14.5.2003, XI R 23/02, BStBl II 2004, 451; 21.1.2004, XI R 33/02, BStBl II 2004, 715; 28.6.2006, XI R 85/05, DStRE 2006, 1271) sind bspw solche, die der frühere AG dem AN zur Erleichterung des Arbeitsplatz- oder Berufswechsels oder als Anpassung an eine dauerhafte Berufsaufgabe und Arbeitslosigkeit erbringt

12 D. **Berechnung der verringerten Steuerlast. I. Maßgeblichkeit der Einkünfte.** Erfasst von §§ 24 Nr 1, 34 II, I, werden **nicht die Einnahmen, sondern die Einkünfte.** Im Zusammenhang mit den Entschädigungen entstandene Werbungskosten sind daher vor der Anwendung des verringerten Steuertarifs von den außerordentlichen Einkünften abzuziehen. Eine Regelung der Werbungskosten enthalten §§ 24, 34 aber nicht. Es gelten daher die allg Grds (dazu BFH 9.4.1970, IV R 262/69, BStBl II 1970, 421; 26.8.2004, IV R 5/03, BStBl II 2005, 215).

13 II. **»Fünftelverfahren«.** Nach § 34 I 2 beträgt die für die Entschädigung iSv § 24 Nr 1 zu zahlende Steuer das 5-fache des Unterschiedsbetrags zwischen der ESt für das um diese Einkünfte verminderte zu versteuernde Einkommen (verbleibendes zu versteuerndes Einkommen) und der ESt für das verbleibende zu versteuernde Einkommen zzgl **ein Fünftel** der begünstigten Einkünfte. Im Erg wird damit die gesamte Entschädigung mit demjenigen Steuersatz besteuert, der auf die zusätzliche Zahlung nur eines Fünftels der Entschädigung anzuwenden wäre. Das G geht von der gedanklichen Prämisse aus, dass die gezahlte Entschädigung in 5 Veranlagungszeiträumen »erarbeitet« wurde (s zur Steuerberechnung näher KR/*Vogt* §§ 3, 24, 34 Rn 94f).

14 III. **Rückzahlung von empfangenen Entschädigungen in einem späteren Veranlagungszeitraum.** Stellt sich in einem späteren Veranlagungszeitraum heraus, dass der AN einen Teil der empfangenen Entschädigung an den früheren AG zurückzahlen muss, so ist die **Behandlung nicht ganz eindeutig.** Nach der Ansicht des BMF ist die Rückzahlung als Korrektur der Einmalabfindung zu behandeln. Die Steuerfestsetzung in dem Jahr, in dem die Entschädigungszahlung steuermindernd berücksichtigt wurde, ist daher zu ändern, bei Bestandskraft ggf nach § 175 I 1 Nr 2 AO (BMF-Schreiben v 24.5.2004 Rn 15, BStBl I 2004, 505 [509]).

Nach einem jüngeren Urt des BFH (4.5.2006, VI R 33/03, BStBl II 2006, 911) ist die Rückzahlung aber in 15 dem Jahr des Abflusses steuermindernd zu berücksichtigen, auch wenn sich dadurch für den Steuerpflichtigen möglicherweise ein ungewollter Steuervorteil ergibt.

E. Berücksichtigung im Lohnsteuerabzugsverfahren. Grds muss der AG die Fünftelregelung des § 34 I 16 auch im Lohnsteuerabzugsverfahren berücksichtigen, § 39b III 10. Da allerdings die Tatbestandserfüllung des § 34 I mit der Zusammenballung auch davon abhängt, welche weiteren Einkünfte der AN im weiteren Kalenderjahr haben wird, um den Vergleich zum vorangegangenen Kalenderjahr zu ziehen, wird der AG bei der Zahlung der Entschädigung regelmäßig keine Kenntnis über die weiteren Einkünfte des AN haben, und daher nicht bestimmen können, ob § 34 I überhaupt anzuwenden ist. In diesem Fall kann der AG vom Lohnsteuereinbehalt nach § 39b III 10 absehen, und die Fünftelregelung ist erst bei der Veranlagung des AN durchzuführen (BMF-Schreiben v 24.5.2004 Rn 13, BStBl I 2004, 505 [508]).

F. Zusammentreffen von außerordentlichen Einkünften und dem Progressionsvorbehalt unterliegenden 17 **Einkünften.** Hat der Steuerpflichtige neben außerordentlichen Einkünften iSv § 34 II EStG auch steuerfreie Einnahmen iSv § 32 EStG bezogen, so sind diese in der Weise in die Berechnung nach § 34 I EStG einzubeziehen, dass sie in voller Höhe dem verbleibenden zu versteuernden Einkommen hinzugerechnet werden (BFH 22.9.2009, IX R 93/07).

Familienpflegezeitgesetz (FPfZG)

vom 6.12.2011 (BGBl I S 2564), geändert durch Art 1 des Gesetzes zur besseren Vereinbarkeit von Familie, Pflege und Beruf vom 23.12.2014 (BGBl I S 2462)

§ 1 Ziel des Gesetzes
Durch die Einführung der Familienpflegezeit werden die Möglichkeiten zur Vereinbarkeit von Beruf und familiärer Pflege verbessert.

1 Das FPfZG will ebenso wie das PflegeZG die **Vereinbarkeit von Beruf und familiärer Pflege** verbessern. Zum 1.1.2015 wurde das erst 3 Jahre vorher in Kraft getretene G tiefgreifend reformiert (vgl *Stüben/v. Schwanenflügel* NJW 2015, 577; *Herion* ZTR 2015, 193). Durch die **Schaffung eines Rechtsanspruchs** auf Familienpflegezeit (§ 2 I) wurde die Position der Beschäftigten gestärkt. Nunmehr kann auch die **teilw Freistellung** zur Betreuung eines minderjährigen pflegebedürftigen nahen Angehörigen gem § 2 V beansprucht werden. Die finanzielle Förderung wurde durch ein zinsloses **Darlehen** des Bundes wesentlich vereinfacht (§ 3). Die bisherige Gewährung eines Darlehens an den AG in Abhängigkeit von der Aufstockung des Arbeitsentgelts und dem Abschluss einer Familienpflegezeitversicherung verursachte einen hohen bürokratischen Aufwand. Dieser entfällt bei der seit dem 1.1.2015 möglichen Gewährung eines Direktdarlehens an den Beschäftigten (BR-Drs 463/14, S 25). Hins der Altfälle vgl die Übergangsvorschrift des § 15.
2 Familienpflegezeiten, in denen die Arbeitszeit gemindert war, bleiben bei der für die Höhe des **Alg** maßgeblichen Ermittlung des Bemessungszeitraums nach§ 150 II 1 4 SGB III außer Betracht.

§ 2 Familienpflegezeit
(1) ¹Beschäftigte sind von der Arbeitsleistung für längstens 24 Monate (Höchstdauer) teilweise freizustellen, wenn sie einen pflegebedürftigen nahen Angehörigen in häuslicher Umgebung pflegen (Familienpflegezeit). ²Während der Familienpflegezeit muss die verringerte Arbeitszeit wöchentlich mindestens 15 Stunden betragen. ³Bei unterschiedlichen wöchentlichen Arbeitszeiten oder einer unterschiedlichen Verteilung der wöchentlichen Arbeitszeit darf die wöchentliche Arbeitszeit im Durchschnitt eines Zeitraums von bis zu einem Jahr 15 Stunden nicht unterschreiten (Mindestarbeitszeit). ⁴Der Anspruch nach Satz 1 besteht nicht gegenüber Arbeitgebern mit in der Regel 25 oder weniger Beschäftigten ausschließlich der zu ihrer Berufsbildung Beschäftigten.
(2) Pflegezeit und Familienpflegezeit dürfen gemeinsam 24 Monate je pflegebedürftigem nahen Angehörigen nicht überschreiten (Gesamtdauer).
(3) Die §§ 5 bis 8 des Pflegezeitgesetzes gelten entsprechend.
(4) Die Familienpflegezeit wird auf Berufsbildungszeiten nicht angerechnet.
(5) ¹Beschäftigte sind von der Arbeitsleistung für längstens 24 Monate (Höchstdauer) teilweise freizustellen, wenn sie einen minderjährigen pflegebedürftigen nahen Angehörigen in häuslicher oder außerhäuslicher Umgebung betreuen. ²Die Inanspruchnahme dieser Freistellung ist jederzeit im Wechsel mit der Freistellung nach Absatz 1 im Rahmen der Gesamtdauer nach Absatz 2 möglich. Absatz 1 Satz 2 bis 4 und die Absätze 2 bis 4 gelten entsprechend. ³Beschäftigte können diesen Anspruch wahlweise statt des Anspruchs auf Familienpflegezeit nach Absatz 1 geltend machen.

Übersicht	Rdn.		Rdn.
A. Rechtsanspruch auf Familienpflegezeit (I)	1	F. Kündigungsschutz, befristete Verträge zur Vertretung, Begriffsbestimmungen,	
B. Voraussetzungen (I 1 und 4)	2	Unabdingbarkeit (III)	8
C. Umfang der Arbeitszeit (I 2 und 3)	5	G. Berufsbildungszeiten (IV)	9
D. Höchstdauer (I 1)	6	H. Teilweise Freistellung zur Betreuung Minderjähriger (V)	10
E. Gesamtdauer (II)	7		

1 **A. Rechtsanspruch auf Familienpflegezeit (I).** Seit dem 1.1.2015 haben Beschäftigte nach I 1 einen **Rechtsanspruch** auf Familienpflegezeit. I 1 enthält zugleich deren **Legaldefinition**. Es handelt sich um eine bis zur Höchstdauer von 24 Monaten befristete teilw Freistellung, wobei die verringerte Arbeitszeit (im Durchschnitt) wöchentlich mindestens noch 15 Stunden betragen muss (I 2 und 3). Anders als bei § 3 I 1 PflegeZG kann daher keine vollständige Arbeitsbefreiung verlangt werden. Die Inanspruchnahme wird in

§ 2a geregelt. Der Anspruch ist auf den Abschluss einer Vereinbarung nach § 2a II gerichtet, mit der Umfang und Verteilung der Arbeitszeit festgelegt werden (KR/ *Treber* FPfZG Rn 7).

B. Voraussetzungen (I 1 und 4). Nach I 1 besteht der Anspruch auf Familienpflegezeit, wenn der Beschäf- 2
tigte einen pflegebedürftigen nahen Angehörigen in häuslicher Umgebung pflegt. Hins der Begriffsbestimmungen verweist III auf § 7 PflegeZG. Das Erfordernis der **Pflege in häuslicher Umgebung** entspricht dem in § 3 I PflegeZG. Auf die dortige Kommentierung wird verwiesen.

Der Anspruch besteht ab dem ersten Tag des Beschäftigungsverhältnisses. Eine Wartezeit ist nicht vorge- 3
sehen.

Der unternehmensbezogene **Schwellenwert** des I 4 muss überschritten sein, dh die teilw Freistellung kann 4
nicht gegenüber AG mit idR 25 oder weniger Beschäftigten ausschließlich der zu ihrer Berufsbildung Beschäftigten beansprucht werden. Damit weicht I 4 hinsichtlich der Höhe des Schwellenwertes und der Außerachtlassung der zu ihrer Berufsbildung Beschäftigten von § 3 I 2 PflegeZG ab. Es gilt aber dieselbe abgestufte **Darlegungs- und Beweislast** (aA *Müller* BB 2014, 3125, 3126: Beweislast beim Arbeitgeber).

C. Umfang der Arbeitszeit (I 2 und 3). Die verringerte Arbeitszeit muss **wöchentlich mind 15 Stunden** 5
betragen. Hierdurch soll ua erreicht werden, dass die Sozialversicherungspflicht bestehen bleibt (vgl *Schiefer/ Worzalla* DB 2012, 516, 518). Bei unterschiedlichen wöchentlichen Arbeitszeiten oder einer unterschiedlichen Verteilung der wöchentlichen Arbeitszeit darf die wöchentliche Arbeitszeit nach I 3 im Durchschnitt eines Zeitraums von bis zu 1 Jahr die 15-Stunden-Grenze nicht unterschreiten (**Mindestarbeitszeit**).

D. Höchstdauer (I 1). Die **Beschränkung** der Arbeitszeitverringerung **auf 24 Monate** orientiert sich am 6
typischen Bedarf bei häuslicher Pflege. Untersuchungen haben gezeigt, dass für den überwiegenden Teil der Pflegebedürftigen die Lebenserwartung ab dem ersten Leistungsbezug aus der Pflegeversicherung unter 24 Monaten liegt (BT-Drs 17/6000, S 13; *Göttling/Neumann* NZA 2012, 119, 120). Die Höchstdauer von 24 Monaten berechnet sich gem §§ 187, 188 BGB taggenau (BecKOK-ArbR/*Joussen* FPfZG § 2 Stand 1.12.2015 Rn 3; *Schiefer/Worzalla* DB 2012, 516, 518).

E. Gesamtdauer (II). Die Gesamtdauer von Pflegezeit und Familienpflegezeit darf 24 Monate je pflegebe- 7
dürftigem nahen **Angehörigen** nicht überschreiten (ebenso § 4 I 4 PflegeZG). Zur möglichen Aneinanderreihung beider Pflegezeiten vgl § 2a I 4 bis 6 sowie § 3 III 4 bis 6 PflegeZG.

F. Kündigungsschutz, befristete Verträge zur Vertretung, Begriffsbestimmungen, Unabdingbarkeit (III) 8
Nach III gelten die §§ 5 bis 8 PflegeZG entsprechend. Auf die dortige Kommentierung darf verwiesen werden.

G. Berufsbildungszeiten (IV). Die Familienpflegezeit wird auf diese nicht angerechnet. 9

H. Teilweise Freistellung zur Betreuung Minderjähriger (V). Zur Betreuung eines minderjährigen pfle- 10
gebedürftigen nahen Angehörigen kann nach V 1 und 3 bei Vorliegen der Voraussetzungen des I 2 bis 4 eine **teilw Freistellung** beansprucht werden, auf welche II bis IV entsprechend Anwendung finden. Es ist aber unerheblich, ob die Betreuung in häuslicher oder außerhäuslicher Umgebung erfolgt. V stellt das Pendant zu § 3 V PflegeZG dar (vgl deshalb die Erl zu § 3 PflegeZG Rn 16).

Daraus ergeben sich bis zu einer Dauer von 24 Monaten verschiedene Möglichkeiten. Die **Minderjähri-** 11
genbetreuung nach V kann statt der Familienpflegezeit nach I beansprucht werden (V 4). Sie kann aber auch im Wechsel mit ihr erfolgen (V 2). Zulässig ist außerdem nach § 2a VI, I 4 und 6 eine Aneinanderreihung von Minderjährigenbetreuung nach V und nach § 3 V PflegeZG. Dies kann von Bedeutung sein, da § 3 V PflegeZG eine vollständige Freistellung ermöglicht und im Falle einer teilweisen Freistellung keine wöchentliche Mindestarbeitszeit vorgibt (*Müller* BB 2014, 3125, 3132). Die Höchstdauer der Betreuung nach § 3 V PflegeZG liegt allerdings gem § 4 III 1, I 1 PflegeZG bei 6 Monaten.

Für die **Inanspruchnahme** der Freistellung nach V gelten iÜ gem § 2a VI die Abs I bis V des § 2a entspr. 12

§ 2a Inanspruchnahme der Familienpflegezeit

(1) ¹Wer Familienpflegezeit nach § 2 beanspruchen will, muss dies dem Arbeitgeber spätestens acht Wochen vor dem gewünschten Beginn schriftlich ankündigen und gleichzeitig erklären, für welchen Zeitraum und in welchem Umfang innerhalb der Gesamtdauer nach § 2 Absatz 2 die Freistellung von der Arbeitsleistung in Anspruch genommen werden soll. ²Dabei ist auch die gewünschte Verteilung der Arbeitszeit anzugeben. ³Enthält die Ankündigung keine eindeutige Festlegung, ob die oder der Beschäftigte Pflegezeit nach § 3 des Pflegezeitgesetzes oder Familienpflegezeit in Anspruch nehmen will, und

liegen die Voraussetzungen beider Freistellungsansprüche vor, gilt die Erklärung als Ankündigung von Pflegezeit. ⁴Wird die Familienpflegezeit nach einer Freistellung nach § 3 Absatz 1 oder Absatz 5 des Pflegezeitgesetzes zur Pflege oder Betreuung desselben pflegebedürftigen Angehörigen in Anspruch genommen, muss sich die Familienpflegezeit unmittelbar an die Freistellung nach § 3 Absatz 1 oder Absatz 5 des Pflegezeitgesetzes anschließen. ⁵In diesem Fall soll die oder der Beschäftigte möglichst frühzeitig erklären, ob sie oder er Familienpflegezeit in Anspruch nehmen wird; abweichend von Satz 1 muss die Ankündigung spätestens drei Monate vor Beginn der Familienpflegezeit erfolgen. ⁶Wird eine Freistellung nach § 3 Absatz 1 oder Absatz 5 des Pflegezeitgesetzes nach einer Familienpflegezeit in Anspruch genommen, ist die Freistellung nach § 3 Absatz 1 oder Absatz 5 des Pflegezeitgesetzes in unmittelbarem Anschluss an die Familienpflegezeit zu beanspruchen und dem Arbeitgeber spätestens acht Wochen vor Beginn der Freistellung nach § 3 Absatz 1 oder Absatz 5 des Pflegezeitgesetzes schriftlich anzukündigen.
(2) ¹Arbeitgeber und Beschäftigte haben über die Verringerung und Verteilung der Arbeitszeit eine schriftliche Vereinbarung zu treffen. ²Hierbei hat der Arbeitgeber den Wünschen der Beschäftigten zu entsprechen, es sei denn, dass dringende betriebliche Gründe entgegenstehen.
(3) Für einen kürzeren Zeitraum in Anspruch genommene Familienpflegezeit kann bis zur Gesamtdauer nach § 2 Absatz 2 verlängert werden, wenn der Arbeitgeber zustimmt. Eine Verlängerung bis zur Gesamtdauer kann verlangt werden, wenn ein vorgesehener Wechsel in der Person der oder des Pflegenden aus einem wichtigen Grund nicht erfolgen kann.
(4) ¹Die Beschäftigten haben die Pflegebedürftigkeit der oder des nahen Angehörigen durch Vorlage einer Bescheinigung der Pflegekasse oder des Medizinischen Dienstes der Krankenversicherung nachzuweisen. ²Bei in der privaten Pflege-Pflichtversicherung versicherten Pflegebedürftigen ist ein entsprechender Nachweis zu erbringen.
(5) ¹Ist die oder der nahe Angehörige nicht mehr pflegebedürftig oder die häusliche Pflege der oder des nahen Angehörigen unmöglich oder unzumutbar, endet die Familienpflegezeit vier Wochen nach Eintritt der veränderten Umstände. Der Arbeitgeber ist hierüber unverzüglich zu unterrichten. ²Im Übrigen kann die Familienpflegezeit nur vorzeitig beendet werden, wenn der Arbeitgeber zustimmt.
(6) Die Absätze 1 bis 5 gelten entsprechend für die Freistellung von der Arbeitsleistung nach § 2 Absatz 5.

1 **A. Ankündigung und Verhältnis zur Pflegezeit (I).** Der Anspruch auf Familienpflegezeit oder Freistellung nach § 2 V muss spätestens **8 Wochen vor** dem gewünschten **Beginn schriftlich** geltend gemacht werden (I 1, VI). Die Fristberechnung erfolgt gem §§ 187, 188 BGB. Eine frühere Ankündigung bleibt unbenommen. Es ist mitzuteilen, für welchen Zeitraum und in welchem Umfang innerhalb der Gesamtdauer die Freistellung beansprucht wird. Dabei ist auch die gewünschte Verteilung der Arbeitszeit anzugeben (I 2). Genügt die Ankündigung diesen Anforderungen nicht, treten die Rechtsfolgen des geltend gemachten Anspruchs regelmäßig nicht ein (vgl BeckOK-ArbR/*Joussen* FPfZG § 2a Stand 1.12.2015 Rn 1).

2 Bei Vorliegen der jeweiligen Voraussetzungen hat der Beschäftigte die **Wahl zwischen Familienpflegezeit und Pflegezeit**. Enthält die Ankündigung diesbezüglich keine eindeutige Festlegung, gilt die Erklärung nach der Auslegungsregel des I 3 als Ankündigung von Pflegezeit. I 3 entspricht § 3 III 3 PflegeZG.

3 Familienpflegezeit und Pflegezeit können unmittelbar **nacheinander** genommen werden. Dabei sind die Vorgaben der S 4 bis 6 des I zu beachten. Diese entsprechen inhaltlich § 3 III 4 bis 6 PflegeZG. Auf die dortige Kommentierung wird deshalb verwiesen. Es handelt sich letztlich um ein Regelungssystem, auch wenn sich der Gesetzgeber für zwei Kodifikationen entschieden hat.

4 **B. Vereinbarung über Verringerung und Verteilung (II).** II ist inhaltlich deckungsgleich mit § 3 IV PflegeZG.

5 **C. Verlängerung (III).** Begrenzt auf die Gesamtdauer nach § 2 II kann eine **Verlängerung** nach III erfolgen. Vgl die Kommentierung zu § 4 I 2, 3 PflegeZG.

6 **D. Nachweis der Pflegebedürftigkeit (IV).** Die Vorschrift deckt sich mit § 3 II PflegeZG.

7 **E. Vorzeitige Beendigung (V).** Abgesehen von geringen redaktionellen Abweichungen besteht Übereinstimmung mit § 4 II PflegeZG. Die dortigen Erl gelten auch bzgl V.

8 **F. Betreuung Minderjähriger (VI).** Die Regelungen der I bis V gelten entspr für den Freistellungsanspruch nach § 2 V.

§ 3 Förderung der pflegebedingten Freistellung von der Arbeitsleistung

(1) Für die Dauer der Freistellungen nach § 2 dieses Gesetzes oder nach § 3 des Pflegezeitgesetzes gewährt das Bundesamt für Familie und zivilgesellschaftliche Aufgaben Beschäftigten auf Antrag ein in monatlichen Raten zu zahlendes zinsloses Darlehen nach Maßgabe der Absätze 2 bis 5. Der Anspruch gilt auch für alle Vereinbarungen über Freistellungen von der Arbeitsleistung, die die Voraussetzungen von § 2 Absatz 1 Satz 1 bis 3 dieses Gesetzes oder des § 3 Absatz 1 Satz 1, Absatz 5 Satz 1 oder Absatz 6 Satz 1 des Pflegezeitgesetzes erfüllen.

(2) Die monatlichen Darlehensraten werden in Höhe der Hälfte der Differenz zwischen den pauschalierten monatlichen Nettoentgelten vor und während der Freistellung nach Absatz 1 gewährt.

(3) Das pauschalierte monatliche Nettoentgelt vor der Freistellung nach Absatz 1 ist das nach der im jeweiligen Kalenderjahr geltenden Verordnung über die pauschalierten Nettoentgelte für das Kurzarbeitergeld maßgebliche Entgelt, bezogen auf das auf den nächsten durch zwanzig teilbaren Eurobetrag gerundete regelmäßige durchschnittliche monatliche Bruttoarbeitsentgelt ausschließlich der Sachbezüge der letzten zwölf Kalendermonate vor Beginn der Freistellung. Das pauschalierte monatliche Nettoentgelt während der Freistellung ist das nach der im jeweiligen Kalenderjahr geltenden Verordnung über die pauschalierten Nettoentgelte für das Kurzarbeitergeld maßgebliche Entgelt, bezogen auf das auf den nächsten durch zwanzig teilbaren Eurobetrag gerundete Produkt aus der vereinbarten durchschnittlichen monatlichen Stundenzahl während der Freistellung und dem durchschnittlichen Entgelt je Arbeitsstunde. Durchschnittliches Entgelt je Arbeitsstunde ist das Verhältnis des regelmäßigen gesamten Bruttoarbeitsentgelts ausschließlich der Sachbezüge der letzten zwölf Kalendermonate vor Beginn der Freistellung zur arbeitsvertraglichen Gesamtstundenzahl der letzten zwölf Kalendermonate vor Beginn der Freistellung. Bei einem weniger als zwölf Monate vor Beginn der Freistellung bestehenden Beschäftigungsverhältnis verkürzt sich der der Berechnung zugrunde zu legende Zeitraum entsprechend. Für die Berechnung des durchschnittlichen Entgelts je Arbeitsstunde bleiben Mutterschutzfristen, kurzzeitige Arbeitsverhinderungen nach § 2 des Pflegezeitgesetzes und Freistellungen nach § 3 des Pflegezeitgesetzes sowie die Einbringung von Arbeitsentgelt in und die Entnahme von Arbeitsentgelt aus Wertguthaben nach § 7b des Vierten Buches Sozialgesetzbuch außer Betracht.

(4) In den Fällen der Freistellung nach § 3 des Pflegezeitgesetzes ist die monatliche Darlehensrate auf den Betrag begrenzt, der bei einer durchschnittlichen Arbeitszeit während der Familienpflegezeit von 15 Wochenstunden zu gewähren ist.

(5) Abweichend von Absatz 2 können Beschäftigte auch einen geringeren Darlehensbetrag in Anspruch nehmen, wobei die monatliche Darlehensrate mindestens 50 Euro betragen muss.

(6) Das Darlehen ist in der in Absatz 2 genannten Höhe, in den Fällen der Pflegezeit in der in Absatz 4 genannten Höhe, vorrangig vor dem Bezug von bedürftigkeitsabhängigen Sozialleistungen in Anspruch zu nehmen und von den Beschäftigten zu beantragen; Absatz 5 ist insoweit nicht anzuwenden. Bei der Berechnung von Sozialleistungen nach Satz 1 sind die Zuflüsse aus dem Darlehen als Einkommen zu berücksichtigen.

Zum 1.1.2015 wurde die Förderung der Familienpflegezeit und der in I angeführten sonstigen Freistellungen grundlegend reformiert. Die bisherige Aufstockung des Bruttoarbeitsentgelts durch den AG, welcher diesbzgl ein zinsloses Darlehen beantragen konnte (vgl Vorauﬂ), wurde durch die Möglichkeit der Gewährung eines nettolohnbezogenen **Bundesdarlehens an den Beschäftigten** ersetzt (zu den Altfällen vgl § 15). Das Darlehen ist beim zuständigen Bundesamt für Familie und zivilgesellschaftliche Aufgaben (BAFzA) nach § 8 zu beantragen. Das Amt entscheidet auch über die Modalitäten der Rückzahlung (§ 8 I iVm § 6) und ggf über die Anwendung der Härtefallregelung (§ 10 iVm § 7). Diese kann die Stundung (§ 7 I), einen Teildarlehenserlass (§ 7 II) oder das Erlöschen der Darlehensschuld (§7 III) bewirken. Die Homepage www.wege-zur-pflege.de enthält weitere Informationen sowie ein Muster für die Beantragung des Darlehens. 1

Die **Höhe des Darlehens** bestimmt sich nach II bis V. Nach II werden die monatlichen Darlehensraten in Höhe der Hälfte der Differenz zwischen den pauschalierten monatlichen Nettoentgelten vor und während der Freistellung nach I gewährt. Wegen der progressiven Wirkung des Steuertarifs sind 3 Berechnungsschritte notwendig (BT-Drs 18/3124, S 35): 2

Im 1. Schritt wird nach III 1 das pauschalierte monatliche **Nettoentgelt im Durchschnitt der letzten 12 Monate** vor Beginn der Freistellung ermittelt. Hierzu wird aus Vereinfachungsgründen das dem durchschnittlichen regelmäßigen Bruttomonatsarbeitsentgelt der letzten 12 Monate entspr pauschalierte Nettoentgelt unter Zugrundelegung der Tabellenwerte der für das jeweilige Kalenderjahr geltenden Verordnung über die pauschalierten Nettoentgelte für das Kurzarbeitergeld ermittelt. Da die Tabelle das 3

§ 5 FPfZG   Ende der Förderfähigkeit

Bruttoarbeitsentgelt in Schritten von jew 20 Euro abbildet, werden die Bruttoarbeitsentgelte entspr der Rundungsregelung in § 106 I 3 SGB III auf den nächsten durch 20 teilbaren Euro-Betrag aufgerundet.

4 Im 2. Schritt wird nach III 2 das zu erwartende pauschalierte monatliche **Nettoentgelt während der Freistellung** berechnet. Hierzu wird die für diese Zeit vereinbarte Zahl an durchschnittlichen monatlichen Arbeitsstunden mit dem durchschnittlichen Bruttoarbeitsentgelt pro Stunde der letzten 12 Monate (III 3) multipliziert. Dem so ermittelten Bruttomonatsarbeitsentgelt während der Freistellungsphase wird mit Hilfe der Tabelle zur Verordnung über die pauschalierten Nettoentgelte für das Kurzarbeitergeld das zutreffende pauschalierte Nettoentgelt zugeordnet.

5 Im 3. Schritt wird schließlich zur Ermittlung der monatlichen Darlehensrate die **Differenz** zwischen den beiden pauschalierten Nettoentgelten gebildet und **durch 2 geteilt**. III 4 und 5 wurden aus dem bisherigen § 3 I Nr 1 b cc 2. Hs und ee übernommen. Die Tabelle zur Verordnung über die pauschalierten Nettoentgelte für das Kurzarbeitergeld erfasst Bruttoarbeitsentgelte nur bis zur Beitragsbemessungsgrenze. Oberhalb dieser Grenze steigt das pauschalierte Nettoentgelt nicht mehr. Damit markiert die **Beitragsbemessungsgrenze** eine **Obergrenze** für die monatlichen Darlehensraten. Die maximale monatliche Darlehensrate betrug demnach in der günstigsten Steuerklasse III für das Jahr 2014 980 Euro, die maximale Gesamtdarlehenssumme 23.530 Euro (BT-Drs 18/3124, S 35).

6 Bei der Ermittlung des Bruttomonatsarbeitsentgelts sind alle regelmäßig anfallenden Zahlungen einschließlich Jahressonderzahlungen, Zulagen und Prämien zu berücksichtigen (vgl Rancke/*Klerks* FPfZG § 3 Rn 10 mwN).

7 Als finanziell problematisch kann sich bei **vollständiger Freistellung nach dem PflegeZG** der Umstand erweisen, dass die höchstmögliche Darlehensrate dennoch auf Grundlage von mindestens 15 verbleibenden Wochenstunden berechnet wird (IV). Der Beschäftigte wird damit hinsichtlich der Darlehenshöhe so behandelt, als ob er in diesem Umfang gearbeitet und entsprechend verdient hätte (krit *Karb* ZTR 2015, 427, 435).

8 Das Darlehen ist vorrangig vor dem Bezug von bedürftigkeitsabhängigen Sozialleistungen in Anspruch zu nehmen und von den Beschäftigten zu beantragen (VI).

§ 4 Mitwirkungspflicht des Arbeitgebers

Der Arbeitgeber hat dem Bundesamt für Familie und zivilgesellschaftliche Aufgaben für bei ihm Beschäftigte den Arbeitsumfang sowie das Arbeitsentgelt vor der Freistellung nach § 3 Absatz 1 zu bescheinigen, soweit dies zum Nachweis des Einkommens aus Erwerbstätigkeit oder der wöchentlichen Arbeitszeit der die Förderung beantragenden Beschäftigten erforderlich ist. Für die in Heimarbeit Beschäftigten und die ihnen Gleichgestellten tritt an die Stelle des Arbeitgebers der Auftraggeber oder Zwischenmeister.

§ 5 Ende der Förderfähigkeit

(1) Die Förderfähigkeit endet mit dem Ende der Freistellung nach § 3 Absatz 1. Die Förderfähigkeit endet auch dann, wenn die oder der Beschäftigte während der Freistellung nach § 2 den Mindestumfang der wöchentlichen Arbeitszeit aufgrund gesetzlicher oder kollektivvertraglicher Bestimmungen oder aufgrund von Bestimmungen, die in Arbeitsrechtsregelungen der Kirchen enthalten sind, unterschreitet. Die Unterschreitung der Mindestarbeitszeit aufgrund von Kurzarbeit oder eines Beschäftigungsverbotes lässt die Förderfähigkeit unberührt.

(2) Die Darlehensnehmerin oder der Darlehensnehmer hat dem Bundesamt für Familie und zivilgesellschaftliche Aufgaben unverzüglich jede Änderung in den Verhältnissen, die für den Anspruch nach § 3 Absatz 1 erheblich sind, mitzuteilen, insbesondere die Beendigung der häuslichen Pflege der oder des nahen Angehörigen, die Beendigung der Betreuung nach § 2 Absatz 5 dieses Gesetzes oder § 3 Absatz 5 des Pflegezeitgesetzes, die Beendigung der Freistellung nach § 3 Absatz 6 des Pflegezeitgesetzes, die vorzeitige Beendigung der Freistellung nach § 3 Absatz 1 sowie die Unterschreitung des Mindestumfangs der wöchentlichen Arbeitszeit während der Freistellung nach § 2 aus anderen als den in Absatz 1 Satz 2 genannten Gründen.

Übersicht	Rdn.		Rdn.
A. Ende der Förderfähigkeit (I)	1	B. Mitteilungspflicht (II)	

1 **A. Ende der Förderfähigkeit (I).** Die Förderfähigkeit endet mit dem **Ende einer in § 3 I angeführten Freistellung.** Dies gilt auch, wenn die Voraussetzungen für die Förderfähigkeit **vorzeitig** entfallen (Rancke/

Klerks FPfZG § 5 Rn 3; zur vorzeitigen Beendigung s die Erl zu § 2a V u § 4 II PflegeZG). Ausdrücklich geregelt ist das Ende der Förderfähigkeit, wenn Beschäftigte während der Freistellung nach § 2 den **Mindestumfang** der wöchentlichen Arbeitszeit aufgrund gesetzlicher, kollektivvertraglicher oder kirchlicher Bestimmungen **unterschreiten**, es sei denn, die Unterschreitung ist auf Kurzarbeit oder ein Beschäftigungsverbot zurückzuführen (I 2, 3).

B. Mitteilungspflicht (II). Die Mitteilungspflicht soll eine unberechtigte Auszahlung des Darlehens verhindern. Die Beschäftigten können allerdings im Einzelfall manchmal nicht sicher beurteilen, ob eine erhebliche Änderung der Verhältnisse eingetreten ist. Die Auflistung der mitzuteilenden Änderungen in II ist nicht abschließend (»insbesondere«). Da die Verletzung der Mitteilungspflicht gem § 12 I Nr 2 eine Ordnungswidrigkeit darstellt, sollten die Beschäftigten als Darlehensnehmer im Zweifel jede Veränderung, die für den Anspruch nach § 3 I erheblich sein könnte, mitteilen. Die Mitteilung hat unverzüglich, dh ohne schuldhaftes Zögern (§ 121 I 1 BGB), zu erfolgen.

§ 6 Rückzahlung des Darlehens

(1) Im Anschluss an die Freistellung nach § 3 Absatz 1 ist die Darlehensnehmerin oder der Darlehensnehmer verpflichtet, das Darlehen innerhalb von 48 Monaten nach Beginn der Freistellung nach § 3 Absatz 1 zurückzuzahlen. Die Rückzahlung erfolgt in möglichst gleichbleibenden monatlichen Raten in Höhe des im Bescheid nach § 9 festgesetzten monatlichen Betrags jeweils spätestens zum letzten Bankarbeitstag des laufenden Monats. Für die Rückzahlung gelten alle nach § 3 an die Darlehensnehmerin oder den Darlehensnehmer geleisteten Darlehensbeträge als ein Darlehen.

(2) Die Rückzahlung beginnt in dem Monat, der auf das Ende der Förderung der Freistellung nach § 3 Absatz 1 folgt. Das Bundesamt für Familie und zivilgesellschaftliche Aufgaben kann auf Antrag der Darlehensnehmerin oder des Darlehensnehmers den Beginn der Rückzahlung auf einen späteren Zeitpunkt, spätestens jedoch auf den 25. Monat nach Beginn der Förderung festsetzen, wenn die übrigen Voraussetzungen für den Anspruch nach den §§ 2 und 3 weiterhin vorliegen. Befindet sich die Darlehensnehmerin oder der Darlehensnehmer während des Rückzahlungszeitraums in einer Freistellung nach § 3 Absatz 1, setzt das Bundesamt für Familie und zivilgesellschaftliche Aufgaben auf Antrag der oder des Beschäftigten die monatlichen Rückzahlungsraten bis zur Beendigung der Freistellung von der Arbeitsleistung aus. 4Der Rückzahlungszeitraum verlängert sich um den Zeitraum der Aussetzung.

§ 7 Härtefallregelung

(1) Zur Vermeidung einer besonderen Härte stundet das Bundesamt für Familie und zivilgesellschaftliche Aufgaben der Darlehensnehmerin oder dem Darlehensnehmer auf Antrag die Rückzahlung des Darlehens, ohne dass hierfür Zinsen anfallen. Als besondere Härte gelten insbesondere der Bezug von Entgeltersatzleistungen nach dem Dritten und dem Fünften Buch Sozialgesetzbuch, Leistungen zur Sicherung des Lebensunterhalts nach dem Zweiten Buch Sozialgesetzbuch und Leistungen nach dem Dritten und Vierten Kapitel des Zwölften Buches Sozialgesetzbuch oder eine mehr als 180 Tage ununterbrochene Arbeitsunfähigkeit. Eine besondere Härte liegt auch vor, wenn sich die Darlehensnehmerin oder der Darlehensnehmer wegen unverschuldeter finanzieller Belastungen vorübergehend in ernsthaften Zahlungsschwierigkeiten befindet oder zu erwarten ist, dass sie oder er durch die Rückzahlung des Darlehens in der vorgesehenen Form in solche Schwierigkeiten gerät.

(2) Für den über die Gesamtdauer der Freistellungen nach § 2 dieses Gesetzes oder nach § 3 Absatz 1 oder 5 des Pflegezeitgesetzes hinausgehenden Zeitraum, in dem die Pflegebedürftigkeit desselben nahen Angehörigen fortbesteht, die Pflege durch die oder den Beschäftigten in häuslicher Umgebung andauert und die Freistellung von der Arbeitsleistung fortgeführt wird, sind auf Antrag die fälligen Rückzahlungsraten zu einem Viertel zu erlassen (Teildarlehenserlass) und die restliche Darlehensschuld für diesen Zeitraum bis zur Beendigung der häuslichen Pflege auf Antrag zu stunden, ohne dass hierfür Zinsen anfallen, sofern eine besondere Härte im Sinne von Absatz 1 Satz 3 vorliegt.

(3) Die Darlehensschuld erlischt, soweit sie noch nicht fällig ist, wenn die Darlehensnehmerin oder der Darlehensnehmer

1. Leistungen nach dem Dritten und Vierten Kapitel des Zwölften Buches Sozialgesetzbuch oder Leistungen zur Sicherung des Lebensunterhalts nach dem Zweiten Buch Sozialgesetzbuch ununterbrochen seit mindestens zwei Jahren nach dem Ende der Freistellung bezieht oder
2. verstirbt.

(4) Der Abschluss von Vergleichen sowie die Stundung, Niederschlagung und der Erlass von Ansprüchen richten sich, sofern in diesem Gesetz nicht abweichende Regelungen getroffen werden, nach den §§ 58 und 59 der Bundeshaushaltsordnung.

§ 8 Antrag auf Förderung

(1) Das Bundesamt für Familie und zivilgesellschaftliche Aufgaben entscheidet auf schriftlichen Antrag über das Darlehen nach § 3 und dessen Rückzahlung nach § 6.
(2) Der Antrag wirkt vom Zeitpunkt des Vorliegens der Anspruchsvoraussetzungen, wenn er innerhalb von drei Monaten nach deren Vorliegen gestellt wird, andernfalls wirkt er vom Beginn des Monats der Antragstellung.
(3) Der Antrag muss enthalten:
1. Name und Anschrift der oder des das Darlehen beantragenden Beschäftigten,
2. Name, Anschrift und Angehörigenstatus der gepflegten Person,
3. Bescheinigung über die Pflegebedürftigkeit oder im Fall des § 3 Absatz 6 des Pflegezeitgesetzes das dort genannte ärztliche Zeugnis über die Erkrankung des oder der nahen Angehörigen,
4. Dauer der Freistellung nach § 3 Absatz 1 sowie Mitteilung, ob zuvor eine Freistellung nach § 3 Absatz 1 in Anspruch genommen wurde, sowie
5. Höhe, Dauer und Angabe der Zeitabschnitte des beantragten Darlehens.
(4) Dem Antrag sind beizufügen:
1. Entgeltbescheinigungen mit Angabe der arbeitsvertraglichen Wochenstunden der letzten zwölf Monate vor Beginn der Freistellung nach § 3 Absatz 1,
2. in den Fällen der vollständigen Freistellung nach § 3 des Pflegezeitgesetzes eine Bescheinigung des Arbeitgebers über die Freistellung und in den Fällen der teilweisen Freistellung die hierüber getroffene schriftliche Vereinbarung zwischen dem Arbeitgeber und der oder dem Beschäftigten.

§ 9 Darlehensbescheid und Zahlweise

(1) In dem Bescheid nach § 8 Absatz 1 sind anzugeben:
1. Höhe des Darlehens,
2. Höhe der monatlichen Darlehensraten sowie Dauer der Leistung der Darlehensraten,
3. Höhe und Dauer der Rückzahlungsraten und
4. Fälligkeit der ersten Rückzahlungsrate.
Wurde dem Antragsteller für eine vor dem Antrag liegende Freistellung nach § 3 Absatz 1 ein Darlehen gewährt, sind für die Ermittlung der Beträge nach Satz 1 Nummer 3 und 4 das zurückliegende und das aktuell gewährte Darlehen wie ein Darlehen zu behandeln. 3Der das erste Darlehen betreffende Bescheid nach Satz 1 wird hinsichtlich Höhe, Dauer und Fälligkeit der Rückzahlungsraten geändert.
(2) Die Höhe der Darlehensraten wird zu Beginn der Leistungsgewährung in monatlichen Festbeträgen für die gesamte Förderdauer festgelegt.
(3) Die Darlehensraten werden unbar zu Beginn jeweils für den Kalendermonat ausgezahlt, in dem die Anspruchsvoraussetzungen vorliegen. Monatliche Förderungsbeträge, die nicht volle Euro ergeben, sind bei Restbeträgen bis zu 0,49 Euro abzurunden und von 0,50 Euro an aufzurunden.

§ 10 Antrag und Nachweis in weiteren Fällen

(1) Das Bundesamt für Familie und zivilgesellschaftliche Aufgaben entscheidet auch in den Fällen des § 7 auf schriftlichen Antrag, der Name und Anschrift der Darlehensnehmerin oder des Darlehensnehmers enthalten muss.
(2) Die Voraussetzungen des § 7 sind nachzuweisen
1. in den Fällen des Absatzes 1 durch Glaubhaftmachung der dort genannten Voraussetzungen, insbesondere durch Darlegung der persönlichen wirtschaftlichen Verhältnisse oder bei Arbeitsunfähigkeit durch Vorlage einer Arbeitsunfähigkeitsbescheinigung der Darlehensnehmerin oder des Darlehensnehmers,
2. in den Fällen des Absatzes 2 durch Vorlage einer Bescheinigung über die fortbestehende Pflegebedürftigkeit der oder des nahen Angehörigen und die Fortdauer der Freistellung von der Arbeitsleistung sowie Glaubhaftmachung der dort genannten Voraussetzungen, insbesondere durch Darlegung der persönlichen wirtschaftlichen Verhältnisse,

3. in den Fällen des Absatzes 3 durch Vorlage der entsprechenden Leistungsbescheide der Darlehensnehmerin oder des Darlehensnehmers oder durch Vorlage einer Sterbeurkunde durch die Rechtsnachfolger.

(3) Anträge auf Teildarlehenserlass nach § 7 Absatz 2 sind bis spätestens 48 Monate nach Beginn der Freistellungen nach § 2 dieses Gesetzes oder nach § 3 Absatz 1 oder 5 des Pflegezeitgesetzes zu stellen.

§ 11 Allgemeine Verwaltungsvorschriften
Zur Durchführung des Verfahrens nach den §§ 8 und 10 kann das Bundesministerium für Familie, Senioren, Frauen und Jugend allgemeine Verwaltungsvorschriften erlassen.

§ 12 Bußgeldvorschriften
(1) Ordnungswidrig handelt, wer vorsätzlich oder fahrlässig
1. entgegen § 4 Satz 1 eine dort genannte Bescheinigung nicht, nicht richtig, nicht vollständig oder nicht rechtzeitig erstellt,
2. entgegen § 5 Absatz 2 eine Mitteilung nicht, nicht richtig, nicht vollständig oder nicht rechtzeitig macht oder
3. entgegen § 8 Absatz 3 Nummer 4 eine Mitteilung nicht, nicht richtig, nicht vollständig oder nicht rechtzeitig macht.

(2) Verwaltungsbehörde im Sinne des § 36 Absatz 1 Nummer 1 des Gesetzes über Ordnungswidrigkeiten ist das Bundesamt für Familie und zivilgesellschaftliche Aufgaben.

(3) Die Ordnungswidrigkeit kann in den Fällen des Absatzes 1 Nummer 1 mit einer Geldbuße bis zu fünftausend Euro und in den Fällen des Absatzes 1 Nummer 2 mit einer Geldbuße bis zu tausend Euro geahndet werden.

(4) Die Geldbußen fließen in die Kasse des Bundesamtes für Familie und zivilgesellschaftliche Aufgaben. Diese trägt abweichend von § 105 Absatz 2 des Gesetzes über Ordnungswidrigkeiten die notwendigen Auslagen. Sie ist auch ersatzpflichtig im Sinne des § 110 Absatz 4 des Gesetzes über Ordnungswidrigkeiten.

§ 13 Aufbringung der Mittel
Die für die Ausführung dieses Gesetzes erforderlichen Mittel trägt der Bund.

§ 14 Beirat
(1) Das Bundesministerium für Familie, Senioren, Frauen und Jugend setzt einen unabhängigen Beirat für die Vereinbarkeit von Pflege und Beruf ein.

(2) Der Beirat befasst sich mit Fragen zur Vereinbarkeit von Pflege und Beruf, er begleitet die Umsetzung der einschlägigen gesetzlichen Regelungen und berät über deren Auswirkungen. Das Bundesministerium für Familie, Senioren, Frauen und Jugend kann dem Beirat Themenstellungen zur Beratung vorgeben.

(3) Der Beirat legt dem Bundesministerium für Familie, Senioren, Frauen und Jugend alle vier Jahre, erstmals zum 1. Juni 2019, einen Bericht vor und kann hierin Handlungsempfehlungen aussprechen.

(4) Der Beirat besteht aus einundzwanzig Mitgliedern, die vom Bundesministerium für Familie, Senioren, Frauen und Jugend im Einvernehmen mit dem Bundesministerium für Arbeit und Soziales und dem Bundesministerium für Gesundheit berufen werden. Stellvertretung ist zulässig. Die oder der Vorsitzende und die oder der stellvertretende Vorsitzende werden vom Bundesministerium für Familie, Senioren, Frauen und Jugend ernannt. Der Beirat setzt sich zusammen aus sechs Vertreterinnen oder Vertretern von fachlich betroffenen Interessenverbänden, je zwei Vertreterinnen oder Vertretern der Gewerkschaften, der Arbeitgeber, der Wohlfahrtsverbände und der Seniorenorganisationen sowie aus je einer Vertreterin oder einem Vertreter der sozialen und der privaten Pflege-Pflichtversicherung. Des Weiteren gehören dem Beirat zwei Wissenschaftlerinnen oder Wissenschaftler mit Schwerpunkt in der Forschung der Vereinbarkeit von Pflege und Beruf sowie je eine Vertreterin oder ein Vertreter der Konferenz der Ministerinnen und Minister, Senatorinnen und Senatoren für Jugend und Familie, der Konferenz der Ministerinnen und Minister, Senatorinnen und Senatoren für Arbeit und Soziales sowie der kommunalen Spitzenverbände an. Die Besetzung des Beirats muss geschlechterparitätisch erfolgen.

(5) Die Amtszeit der Mitglieder des Beirats und ihrer Stellvertreterinnen oder Stellvertreter beträgt fünf Jahre und kann einmalig um fünf Jahre verlängert werden. Scheidet ein Mitglied oder dessen

Stellvertreterin oder Stellvertreter vorzeitig aus, wird für den Rest der Amtszeit eine Nachfolgerin oder ein Nachfolger berufen.
(6) Die Mitglieder des Beirats sind ehrenamtlich tätig. Sie haben Anspruch auf Erstattung ihrer notwendigen Auslagen.
(7) Der Beirat arbeitet auf der Grundlage einer durch das Bundesministerium für Familie, Senioren, Frauen und Jugend zu erlassenden Geschäftsordnung.

§ 15 Übergangsvorschrift
Die Vorschriften des Familienpflegezeitgesetzes in der Fassung vom 6. Dezember 2011 gelten in den Fällen fort, in denen die Voraussetzungen für die Gewährung eines Darlehens nach § 3 Absatz 1 in Verbindung mit § 12 Absatz 1 Satz 1 bis einschließlich 31. Dezember 2014 vorlagen.

Gesetz über genetische Untersuchungen bei Menschen (Gendiagnostikgesetz – GenDG)

In der Fassung der Bekanntmachung vom 31.7.2009 (BGBl I S 2529, 3672), zuletzt geändert durch Art 2 Absatz 31 des Gesetzes vom 7.8.2013 (BGBl I S 3154)

– Auszug –

§ 1 Zweck des Gesetzes
Zweck dieses Gesetzes ist es, die Voraussetzungen für genetische Untersuchungen und im Rahmen genetischer Untersuchungen durchgeführte genetische Analysen sowie die Verwendung genetischer Proben und Daten zu bestimmen und eine Benachteiligung auf Grund genetischer Eigenschaften zu verhindern, um insbesondere die staatliche Verpflichtung zur Achtung und zum Schutz der Würde des Menschen und des Rechts auf informationelle Selbstbestimmung zu wahren.

Das GenDG regelt die Voraussetzungen für genetische Untersuchungen bei Menschen und iR genetischer Untersuchungen durchgeführte genetische Analysen zu medizinischen Zwecken, zur Klärung der Abstammung, im Versicherungsbereich sowie im Arbeitsleben und die Verwendung genetischer Proben und Daten. Es soll Benachteiligungen aufgrund genetischer Eigenschaften verhindern (BT-Drs 16/10532 S 1, 16). Der Staat kommt damit seiner staatlichen Schutzpflicht in Bezug auf den Schutz der Würde des Menschen, der informationellen Selbstbestimmung und der Wahrung des Gleichheitssatzes nach (BT-Drs 16/10532 S 19). Das GenDG ist (im Wesentlichen) am 1.2.2010 in Kraft getreten (ausf zur Entstehungsgeschichte Kern/Hahn § 1 Rn 3 ff; *Eberbach* MedR 2010, 155, 156).

§ 2 Anwendungsbereich
(1) Dieses Gesetz gilt für genetische Untersuchungen und im Rahmen genetischer Untersuchungen durchgeführte genetische Analysen bei geborenen Menschen [...] und den Umgang mit dabei gewonnenen genetischen Proben und genetischen Daten bei genetischen Untersuchungen [...] im Arbeitsleben.
(2) Dieses Gesetz gilt nicht für genetische Untersuchungen und Analysen und den Umgang mit genetischen Proben und Daten
1. zu Forschungszwecken,
2. auf Grund von Vorschriften
    a) über das Strafverfahren, über die internationale Rechtshilfe in Strafsachen, des Bundeskriminalamtgesetzes und der Polizeigesetze der Länder,
    b) des Infektionsschutzgesetzes und der auf Grund des Infektionsschutzgesetzes erlassenen Rechtsverordnungen.

§ 2 regelt die Reichweite des GenDG abschließend (BT-Drs 16/10532 S 20; *Genenger* NJW 2010, 113, 114). Für den Umgang mit genetischen Daten einer betroffenen lebenden Person stellt das GenDG eine **bereichsspezifische Regelung** dar (ausf zum Beginn des menschlichen Lebens vgl Schillhorn/Heidemann § 2 Rn 3 f). Untersuchungen an Verstorbenen werden nicht vom GenDG erfasst (BT-Drs 16/10532 S 20; Kern/*Kern* § 2 Rn 7). Soweit das GenDG keine oder keine abschließende Regelung trifft, finden erg das BDSG (§ 1 III BDSG) oder andere Datenschutzregelungen (zB LDSG oder bereichsspezifische Datenschutzvorschriften in Krankenhausgesetzen) Anwendung. Neben den Vorschriften des GenDG bleiben daher zB allg Datenschutzbestimmungen über die Meldepflichten, Bestellung eines Datenschutzbeauftragten, Schadensersatz-, Auskunfts- und Berichtigungsansprüche anwendbar (BT-Drs 16/10532 S 16). Dies gilt grds auch in Fragen des grenzüberschreitenden Datenverkehrs (vgl dazu § 1 BDSG Rdn 4).
In § 2 II werden einzelne Rechtsgebiete aufgeführt, die vom Anwendungsbereich des GenDG nicht erfasst sind.

§ 3 Begriffsbestimmungen

Im Sinne dieses Gesetzes
1. ist genetische Untersuchung eine auf den Untersuchungszweck gerichtete
   a) genetische Analyse zur Feststellung genetischer Eigenschaften [...] einschließlich der Beurteilung der jeweiligen Ergebnisse,
2. ist genetische Analyse eine auf die Feststellung genetischer Eigenschaften gerichtete Analyse
   a) der Zahl und der Struktur der Chromosomen (zytogenetische Analyse),
   b) der molekularen Struktur der Desoxyribonukleinsäuren oder der Ribonukleinsäure (molekulargenetische Analyse) oder
   c) der Produkte der Nukleinsäuren (Genproduktanalyse),
3. [...],
4. sind genetische Eigenschaften ererbte oder [...] bis zur Geburt erworbene, vom Menschen stammende Erbinformationen,
5. [...],
6. [...],
7. ist eine diagnostische genetische Untersuchung eine genetische Untersuchung mit dem Ziel
   a) der Abklärung einer bereits bestehenden Erkrankung oder gesundheitlichen Störung,
   b) der Abklärung, ob genetische Eigenschaften vorliegen, die zusammen mit der Einwirkung bestimmter äußerer Faktoren oder Fremdstoffe eine Erkrankung oder gesundheitliche Störung auslösen können,
   c) [...],
   d) der Abklärung, ob genetische Eigenschaften vorliegen, die den Eintritt einer möglichen Erkrankung oder gesundheitlichen Störung ganz oder teilweise verhindern können,
8. ist prädiktive genetische Untersuchung eine genetische Untersuchung mit dem Ziel der Abklärung
   a) einer erst zukünftig auftretenden Erkrankung oder gesundheitlichen Störung oder [...]
9. [...],
10. [...],
11. sind genetische Daten die durch eine genetische Untersuchung oder die im Rahmen einer genetischen Untersuchung durchgeführte genetische Analyse gewonnenen Daten über genetische Eigenschaften,
12. sind Beschäftigte
    a) Arbeitnehmerinnen und Arbeitnehmer,
    b) die zu ihrer Berufsbildung Beschäftigten,
    c) Teilnehmer an Leistungen zur Teilhabe am Arbeitsleben sowie an Abklärungen der beruflichen Eignung oder Arbeitserprobung (Rehabilitanden),
    d) die in anerkannten Werkstätten für behinderte Menschen Beschäftigten,
    e) Personen, die nach dem Jugendfreiwilligendienstegesetz beschäftigt werden,
    f) Personen, die wegen ihrer wirtschaftlichen Unselbstständigkeit als arbeitnehmerähnliche Personen anzusehen sind; zu diesen gehören auch die in Heimarbeit Beschäftigten und die ihnen Gleichgestellten,
    g) Bewerberinnen und Bewerber für ein Beschäftigungsverhältnis sowie Personen, deren Beschäftigungsverhältnis beendet ist,
13. sind Arbeitgeber (Arbeitgeberinnen und Arbeitgeber) natürliche oder juristische Personen oder rechtsfähige Personengesellschaften, die Personen nach Nr. 12 beschäftigen, bei in Heimarbeit Beschäftigten und den ihnen Gleichgestellten die Auftraggeber oder Zwischenmeister oder bei Beschäftigten, die einem Dritten zur Arbeitsleistung überlassen werden, auch die Dritten.

Übersicht	Rdn.		Rdn.
A. Allgemein	1	D. Genetische Eigenschaften (Ziff 4)	4
B. Genetische Untersuchung (Ziff 1)	2	E. Beschäftigte (Ziff 12)	5
C. Genetische Analyse (Ziff 2)	3	F. AG (Ziff 13)	6

1 **A. Allgemein.** § 3 beinhaltet eine Liste von **Legaldefinitionen** der im GenDG verwendeten Begrifflichkeiten.

2 **B. Genetische Untersuchung (Ziff 1).** Der Begriff der genetischen Untersuchung ist der Oberbegriff und umfasst neben der genetischen Analyse auch deren Auswertung (Kern/*Schwarz* § 19 Rn 22; *Wiese* BB 2009, 2198, 2199; *Genenger* AuR 2009, 285, 286; *Schillhorn/Heidemann* § 3 Rn 3, 7).

C. **Genetische Analyse (Ziff 2).** Genetische Analysen sind labortechnische Untersuchungen mit deren 3
Hilfe genetische Eigenschaften iSd GenDG festgestellt werden (BT-Drs 16/10532 S 20). Die Untersuchungsmethoden sind in lit a bis c aufgelistet und definiert. Davon zu unterscheiden sind herkömmliche Untersuchungen, dh Analysen auf Phänotypebene, die sich durch die Beurteilung des äußeren Erscheinungsbildes des Menschen (Körpergröße, Haarfarbe, usw) durch optische Wahrnehmung auszeichnen auch wenn dabei bestimmte Technik (zB Ultraschall, Röntgenaufnahmen) zum Einsatz kommt (*Wiese* BB 2009, 2198, 2199; Kern/*Schwarz* § 19 Rn 25; vgl auch *Schillhorn/Heidemann* § 3 Rn 8).

D. **Genetische Eigenschaften (Ziff 4).** Genetische Eigenschaften sind Erbinformationen, die vom Men- 4
schen stammen und ererbt oder während der Befruchtung oder bis zur Geburt erworben wurden. **Nicht erfasst** sind genetische Veränderungen, die im Laufe des Lebens erworben werden oder somatisch genetische Veränderungen, dh Veränderungen, die nur in einem Teil der Körperzellen und in der Regel nicht in den Keimzellen vorkommen (von Bedeutung im Zusammenhang mit dem **Arbeitsplatzmonitoring**, vgl *Fischinger* NZA 2010, 65, 66). Ebenfalls nicht erfasst sind Erbinformationen, die nicht menschlichen Ursprungs sind, sondern infolge von Infektion und Übertragung von Retroviren in die DNA des Infizierten eingeschleust werden (zB HIV) (BT-Drs 16/10532 S 21; Kern/*Hahn/Schwarz* § 3 Rn 25; Spickhoff/*Fenger* § 3 Rn 4). Für den Schutz dieser medizinischen Daten gelten die allg datenschutzrechtlichen Vorschriften sowie § 203 StGB.

E. **Beschäftigte (Ziff 12).** Der **Beschäftigtenbegriff** stimmt inhaltlich mit der Definition des Beschäf- 5
tigtenbegriffes im BDSG (§ 3 XI BDSG) überein (vgl Kern/*Hahn/Schwarz* § 3 Rn 55; ausf zum Beschäftigtenbegriff vgl ErfK/*Franzen* § 19 Rn 2), wobei er allerdings anders als der Beschäftigtenbegriff des BDSG Beamte und Richter des Bundes, Soldaten und Zivildienstleistende nicht mit umfasst (vgl aber § 22; kritisch zur Herausnahme von Landesbeamten *Fischinger* NZA 2010, 65, 66).

F. **AG (Ziff 13).** AG ist wer mind eine der in Ziff 12 bezeichneten Personen beschäftigt (s § 611 BGB 6
Rdn 23; ErfK/*Franzen* § 19 Rn 3). Im Fall der **AN-Überlassung** ist sowohl der Entleihende als auch der die Beschäftigten überlassende AG iSd GenDG (BT-Drs 16/10532 S 23; ErfK/*Franzen* § 19 Rn 3).

§ 4 Benachteiligungsverbot

(1) Niemand darf wegen seiner oder der genetischen Eigenschaften einer genetisch verwandten Person, wegen der Vornahme oder Nichtvornahme einer genetischen Untersuchung oder Analyse bei sich oder einer genetisch verwandten Person oder wegen des Ergebnisses einer solchen Untersuchung oder Analyse benachteiligt werden.
(2) ¹Die Geltung von Benachteiligungsverboten oder Geboten der Gleichbehandlung nach anderen Vorschriften und Grundsätzen wird durch dieses Gesetz nicht berührt. ²Dies gilt auch für öffentlich-rechtliche Vorschriften, die dem Schutz bestimmter Personengruppen dienen.

Die Vorschrift enthält ein allg **Benachteiligungsverbot**, das jede Benachteiligung einer betroffenen Person 1
wegen ihrer genetischen Eigenschaften (und derjenigen ihrer genetischen Verwandten), wegen der (Nicht-)Vornahme genetischer Untersuchungen und Analysen oder wegen des Ergebnisses einer solchen Untersuchung oder Analyse untersagt. Das allg Benachteiligungsverbot in § 4 I verstärkt das auf int Ebene ua in Art 14 EMRK sowie in Art 11 des Übereinkommens des Europarates über Menschenrechte und Biomedizin normierte Diskriminierungsverbot. Das GenDG will verhindern, dass die betroffene Person im Hinblick auf ihre gesundheitliche Situation auf ein bloßes genetisches Substrat reduziert wird. Insb im Fall von prädiktiven genetischen Untersuchungen, dh voraussagenden Tests, mit denen genetische Abweichungen erkannt werden sollen, die später zum Ausbruch einer Krankheit führen können (*Neuhaus* ZfS 2013, 64), basieren Aussagen über die betroffene Person im Erg wesentlich auf Wahrscheinlichkeiten und hängen oft von einer Vielzahl individueller Faktoren endogener und exogener Art ab (BT-Drs 16/10532 S 23). Sie bieten daher grds keine sichere Basis für eine sachgerechte Einschätzung der Gesundheit einer betroffenen Person. Ein weiterer Grund für die Normierung des Benachteiligungsverbotes im GenDG ist die Tatsache, dass Informationen über genetische Eigenschaften einer Person häufig auch Rückschlüsse auf die genetischen Eigenschaften von Verwandten zulassen (BT-Drs 16/10532 S 23; Kern/*Reuter* § 4 Rn 12; Spickhoff/*Fenger* § 4 Rn 2). Des Weiteren will das GenDG verhindern, dass die Entsch darüber, ob eine genetische Untersuchung vorgenommen wird oder nicht, für die betroffenen Personen mit negativen Konsequenzen verbunden ist (BT-Drs 16/10532 S 23).

§ 4 I Var. 1 untersagt eine Benachteiligung wegen **genetischer Eigenschaften** (§ 3 Nr. 4). Nach der Geset- 2
zesbegründung ist der Anwendungsbereich des Benachteiligungsverbotes auf genetische Untersuchungen,

Analysen und den Umgang der hierbei gewonnenen Informationen beschränkt (BT-Drs 16/10532 S 17). Eigenschaften, die nicht durch eine genetische Untersuchungsmethode, sondern zB durch eine Phänotypuntersuchung gewonnen wurden, unterfallen somit nicht § 4 GenDG (Spickhoff/*Fenger* § 2 Rn 1; aA Kern/*Reuter* § 4 Rn 26 ff: Gerade im Arbeitsleben würden Familienanamnesen und Phänotypuntersuchungen zur Benachteiligung wegen genetischer Eigenschaften verleiten).

3 § 4 I Var. 2 verbietet eine Benachteiligung wegen der **Vornahme oder Nichtvornahme** einer genetischen Untersuchung oder Analyse. Das Benachteiligungsverbot wegen der Nichtvornahme einer genetischen Untersuchung bzw. Analyse schützt das Recht auf Nichtwissen, das Benachteiligungsverbot wegen der Vornahme einer genetischen Untersuchung bzw Analyse soll eine Benachteiligung aufgrund der bloßen Vornahme einer genetischen Untersuchung bzw Analyse und der damit ggf verbundenen Vermutung einer genetischen Belastung vermeiden (Kern/*Reuter* § 4 Rn 41).

4 § 4 I Var. 3 untersagt eine Benachteiligung wegen des **Ergebnisses** einer genetischen Untersuchung oder Analyse.

5 Der Begriff der **Benachteiligung** erfasst sowohl die Schlechterstellung als auch die Versagung einer Besserstellung bzw die Bevorzugung eines anderen als Spiegelbild der Benachteiligung (Kern/*Reuter* § 4 Rn 45 ff), denn laut Gesetzesbegründung soll jede Form der Benachteiligung wegen des Vorliegens oder Nichtvorliegens genetischer Eigenschaften verhindert werden (BT-Drs 16/10532 S 23). Eine Benachteiligung kann durch aktives Tun oder durch Unterlassen erfolgen. Eine Benachteiligung ist durch ein rechtsgeschäftliches, rechtsgeschäftsähnliches oder tatsächliches Handeln möglich (Kern/*Reuter* § 4 Rn 49 f). Ob das GenDG nur unmittelbare Benachteiligungen oder auch mittelbare Benachteiligungen erfasst, ist unklar (ausf hierzu Kern/*Reuter* § 4 Rn 56 ff). Es spricht einiges dafür, dass beide Benachteiligungen von § 4 umfasst sind, zB deshalb, weil der Begriff der Benachteiligung nicht differenziert. Allerdings verlangt § 4 eine Verbindung zwischen der genetischen Eigenschaft bzw den anderen Varianten des § 4 I und der Benachteiligung (»wegen« vgl Kern/*Reuter* § 4 Rn 74).

6 Nicht jede unterschiedliche Behandlung stellt allerdings eine Benachteiligung iSd GenDG dar. Eine unterschiedliche Behandlung aus **sachlichen Gründen** kann gerechtfertigt sein (BT-Drs 16/10532 S 23). In der Literatur wird neben dem Vorliegen eines sachlichen Grundes auch noch eine Verhältnismäßigkeitsprüfung verlangt (Kern/*Reuter* § 4 Rn 91 ff).

7 **Normadressat** sind sowohl staatliche Organe als auch Private (BT-Drs 16/10532 S 23). Zum geschützten Personenkreis gehört grds jedermann (Kern/*Reuter* § 4 Rn 22). Das GenDG stellt bei genetisch verwandten Personen nicht auf die rechtliche Verwandtschaft (§ 1589 BGB), sondern auf die **leibliche Abstammung** ab (BT-Drs 16/10532 S 23).

8 Der Verstoß gegen § 4 I führt mangels Erwähnung nicht zu den im siebenten Abschnitt geregelten **Rechtsfolgen**. Ein Verstoß gegen das Benachteiligungsverbot kann zur Nichtigkeit des Vertrages gem § 134 BGB führen (BT-Drs 16/10532 S 23; Kern/*Reuter* § 4 Rn 182). Darüber hinaus kommen bei vertraglichen Verbindungen Ansprüche aus §§ 280 I, 241 II BGB in Betracht (Kern/*Reuter* § 4 Rn 184). Ob eine genetische Benachteiligung auch einen Eingriff in das allgemeine Persönlichkeitsrecht darstellen kann und somit ein Anspruch aus § 823 I BGB in Betracht kommt, hängt vom Einzelfall ab (vgl hierzu Kern/*Reuter* § 4 Rn 185; Palandt/*Sprau* § 823 Rn 85). Außerdem wird vertreten, dass es sich bei § 4 I um ein Schutzgesetz iSv § 823 II BGB handelt (vgl Kern/*Reuter* § 4 Rn 186). Die **Darlegungs- und Beweislast** hinsichtlich des Vorliegens einer Benachteiligung aufgrund der in § 4 I genannten Kriterien trifft den Anspruchsteller, hinsichtlich des Vorliegens eines rechtfertigenden sachlichen Grundes den Benachteiligenden (Kern/*Reuter* § 4 Rn 199 ff).

9 Das allg Benachteiligungsverbot wird durch nachfolgende speziellere Regelungen im GenDG konkretisiert, zB durch das besondere Benachteiligungsverbot in § 21 I für den Bereich des Arbeitslebens. Ob die **arbeitsrechtlichen Regelungen in §§ 19-22 GenDG** abschließend sind und einen Rückgriff auf § 4 verbieten oder eine Ergänzung darstellen, die einen Rückgriff auf das allg Benachteiligungsverbot erlauben, ist unklar (Kern/*Reuter* § 4 Rn 128 ff). Laut Gesetzesbegründung stellt § 21 eine Ergänzung des § 4 für das Arbeitsleben dar, so dass § 4 als Auffangtatbestand in Betracht kommt (BT-Drs 16/10532 S 39; vgl auch Kern/*Reuter*/*Schwarz* § 21 Rn 5).

10 § 4 II stellt klar, dass **andere Benachteiligungsverbote** (zB § 81 II 1 SGB IX, § 7 AGG oder der allg arbeitsrechtliche Gleichbehandlungsgrundsatz) unberührt bleiben. Ebenso bleiben andere öffentl-rechtliche Schutzvorschriften für bestimmte Personengruppen unberührt, wie zB die Mutterschutzvorschriften im MuSchG (BT-Drs 16/10532 S 24).

§ 8 Einwilligung

(1) ¹Eine genetische Untersuchung oder Analyse darf nur vorgenommen und eine dafür erforderliche genetische Probe nur gewonnen werden, wenn die betroffene Person in die Untersuchung und die Gewinnung der dafür erforderlichen genetischen Probe ausdrücklich und schriftlich gegenüber der verantwortlichen ärztlichen Person eingewilligt hat. ²Die Einwilligung nach Satz 1 umfasst sowohl die Entscheidung über den Umfang der genetischen Untersuchung als auch die Entscheidung, ob und inwieweit das Untersuchungsergebnis zur Kenntnis zu geben oder zu vernichten ist. […]
(2) ¹Die betroffene Person kann ihre Einwilligung jederzeit mit Wirkung für die Zukunft schriftlich oder mündlich gegenüber der verantwortlichen ärztlichen Person widerrufen. ²Erfolgt der Widerruf mündlich, ist dieser unverzüglich zu dokumentieren. […]

§ 8 dient der Wahrung des informationellen Selbstbestimmungsrechts (Kern/*Kern* § 8 Rn 1; Schillhorn/ Heidemann § 8 Rn 2). Ist eine genetische Untersuchung oder Analyse im Beschäftigungsverhältnis im Einzelfall zulässig (nur iR arbeitsmedizinischer Vorsorgeuntersuchungen, s § 20 II u III), so darf sie nur mit der **ausdrücklichen und schriftlichen Einwilligung** der betroffenen Person von der verantwortlichen ärztlichen Person durchgeführt werden. Das Erfordernis der Schriftform soll den Betroffenen vor übereilten Entscheidungen und die verantwortliche ärztliche Person vor Beweisschwierigkeiten schützen (BT-Drs 16/10532 S 26; Spickhoff/*Fenger* § 8 Rn 1; Kern/*Kern* § 8 Rn 1). Die verantwortliche ärztliche Person ist nicht zwangsläufig identisch mit der verantwortlichen Stelle iSd § 3 VII BDSG, denn wer die genetische Untersuchung vornimmt und nicht nach der hierarchischen Struktur der Klinik (Spickhoff/*Fenger* § 3 Rn 5). Verantwortliche Stelle iSd BDSG ist zB die juristische Person, der die Daten-speichernde Organisationseinheit angehört (s § 3 BDSG Rdn 2; Gola/ Schomerus § 3 Rn 48). 1

Wie auch im Datenschutzrecht kommt es für die Erteilung der Einwilligungserklärung nicht auf die Geschäftsfähigkeit, sondern auf die Einwilligungsfähigkeit an (so auch OLG Koblenz 31.7.2013, 5 U 1427/12, JurionRS 2013, 43510; Kern/*Kern* § 8 Rn 6; vgl auch § 4a BDSG Rdn 1; *Gola/Schomerus* § 4a Rn 25). Die Rspr stellt an die Einwilligungsfähigkeit allerdings strenge Anforderungen. Zwar könne die Einwilligungsfähigkeit vor dem Eintritt der Volljährigkeit gegeben sein. Bei Minderjährigen sei aber grundsätzlich davon auszugehen, dass sie aufgrund der Komplexität der mit den Ergebnissen einer genetischen Untersuchung verbundenen Folgen und Abwägungsprozesse nicht einwilligungsfähig sind (vgl OLG Koblenz 31.7.2013, 5 U 1427/12, JurionRS 2013, 43510; aA *Kern*, der bei älteren Kindern die Einwilligungsfähigkeit problemlos für gegeben hält, vgl *Kern* GesR 2012, 352). 2

Die Einwilligung umfasst die Entsch über den Umfang der genetischen Untersuchung sowie die Entsch ob und inwieweit das Untersuchungsergebnis mitgeteilt werden darf oder zu vernichten ist (BT-Drs 16/10532 S 26). § 9 schreibt vor, dass die betroffene Person vor der Einholung der Einwilligung über Wesen, Bedeutung und Tragweite der genetischen Untersuchung aufzuklären ist. Wie konkret die Einwilligungserklärung zu formulieren ist, schreibt das Gesetz nicht vor. Die Bezeichnung der zu untersuchenden konkreten Erkrankung sollte ausreichend sein; das bestimmte Gen muss nicht benannt werden (vgl Spickhoff/*Fenger* § 8 Rn 1; Kern/*Kern* § 8 Rn 7). Wie im Datenschutzrecht ist davon auszugehen, dass eine Einwilligung, die diesen Anforderungen nicht genügt, **nicht wirksam** ist (vgl Simitis/*Simitis* § 4a BDSG Rn 76). Dies schließt nicht aus, dass die betroffene Person, die nicht aufgeklärt werden will, im Einzelfall einen teilw oder vollständigen **Aufklärungsverzicht** erklären kann, ohne dass hierdurch die Einwilligung unwirksam wird (vgl BT-Drs 16/10532 S 27). Der betroffenen Person ist grds eine **angemessene Bedenkzeit** zur Entsch darüber zu gewähren, ob sie ihre Einwilligung geben will, § 9 I 2. Das GenDG schweigt darüber, ob die betroffene Person auch hierauf verzichten kann (*Genenger* NJW 2010, 113, 115). Darüber hinaus sind gem §§ 7 bis 16 weitere Schutzmaßnahmen zu beachten: § 7 enthält zB einen Arztvorbehalt für die Durchführung der genetischen Untersuchung und § 10 schreibt vor, dass nach dem Vorliegen des Untersuchungsergebnisses eine ärztliche Beratung zu gewähren bzw anzubieten ist. 3

Ein **Widerruf der Einwilligung** durch die betroffene Person ist im Rahmen des § 8 II 1 jederzeit mit Wirkung für die Zukunft möglich. Der Widerruf kann schriftlich oder mündlich erfolgen. Wird der Wiederruf mündlich erteilt, ist er unverzüglich zu dokumentieren (§ 8 II 2). Eine noch nicht begonnene Untersuchung muss dann unterbleiben, eine begonnene Untersuchung ist unverzüglich abzubrechen (BT-Drs 16/10532 S 27; Spickhoff/*Fenger* § 8 Rn 1). Ebenso muss eine Mitteilung der Ergebnisse einer bereits durchgeführten Untersuchung unterbleiben (Schillhorn/Heidemann § 8 Rn 17). Einmal mitgeteilte Untersuchungsergebnisse bleiben im Hinblick auf das Arzt-Patienten-Verhältnis existent (BT-Drs 16/10532 S 26). Der Anspruch auf **Vernichtung des Untersuchungsergebnisses** (§ 8 I S 2) und die 4

Erklärung des Widerrufs (§ 8 II S 1) sind daher nur möglich, bis die betroffene Person das Untersuchungsergebnis zur Kenntnis genommen hat (*Genenger* AuR 2009, 285, 289; *ders.* NJW 2010, 113, 114; Kern/*Kern* § 8 Rn 13; *Schillhorn/Heidemann* § 8 Rn 21; *Braun* JR 2012, 363, 364). Die Entsch ob und inwieweit das Untersuchungsergebnis Dritten **zur Kenntnis gegeben** wird, steht der betroffenen Person auch nach Kenntnisnahme des Untersuchungsergebnisses nach § 11 zu.

§ 11 Mitteilung der Ergebnisse genetischer Untersuchungen und Analysen

(1) Das Ergebnis einer genetischen Untersuchung darf vorbehaltlich der Absätze 2 und 3 nur der betroffenen Person und nur durch die verantwortliche ärztliche Person oder die Ärztin oder den Arzt, die oder der die genetische Beratung durchgeführt hat, mitgeteilt werden.
(2) [...]
(3) Die verantwortliche ärztliche Person darf das Ergebnis der genetischen Untersuchung oder Analyse anderen nur mit ausdrücklicher und schriftlicher Einwilligung der betroffenen Person mitteilen.
(4) Das Ergebnis der genetischen Untersuchung darf der betroffenen Person nicht mitgeteilt werden, soweit diese Person nach § 8 Abs. 1 S. 2 in Verbindung mit S. 2 entschieden hat, dass das Ergebnis der genetischen Untersuchung zu vernichten ist oder diese Person nach § 8 Abs. 2 ihre Einwilligung widerrufen hat.

1 Die Mitteilung des Ergebnisses der Untersuchung erfolgt nur ggü der betroffenen Person und nur mit deren Einwilligung. Hat die betroffene Person entschieden, dass das Ergebnis zu vernichten ist, oder hat die betroffene Person ihre Einwilligung widerrufen, so darf ihr das Ergebnis der genetischen Untersuchung nicht mitgeteilt werden (§ 11 IV). Aus dem Recht, umfassend auf die Kenntnis zu verzichten, folgt, dass die betroffene Person auch berechtigt ist, die Mitteilung des Ergebnisses auf bestimmte Zielfragen zu beschränken (Spickhoff/*Fenger* § 11 Rn 2; Kern/*Kern* § 11 Rn 10). Soll das Erg der Untersuchung nach dem Willen der betroffenen Person ohne Bekanntgabe vernichtet werden, so soll dies einer **Verwertung** des Ergebnisses für statistische und epidemologische Zwecke nicht entg stehen (*Däubler* Rn 237). Die vom untersuchenden Arzt erhobenen Befunde sowie die gestellten Diagnosen sind entspr den Grundsätzen der ärztlichen Schweigepflicht nach § 203 StGB geschützt (BT-Drs 16/10532 S 38). Um den Abläufen im klinischen Alltag gerecht zu werden, hat die gemäß § 23 eingerichtete Gendiagnostik-Kommission entgegen dem Wortlaut des § 11 I, wonach das Untersuchungsergebnis nur durch die verantwortliche ärztliche Person mitgeteilt werden darf, festgelegt, dass der betroffenen Person das Untersuchungsergebnis auch durch eine gleich kompetente ärztliche Person mitgeteilt werden kann, wenn andernfalls eine Verzögerung bei der Ergebnismitteilung eintreten würde, die für die betroffene Person unzumutbar oder mit medizinischen Nachteilen verbunden wäre (vgl 5. Mitteilung vom 1.6.2011 zur Vertretungsregelung bei der Ergebnismitteilung; vgl hierzu auch *Cramer* MedR 2013, 763, 766 f.).

2 **Anderen Personen** (wie insb dem AG im Rahmen von § 20) darf das Erg nur mit ausdrücklicher schriftlicher Einwilligung der betroffenen Person mitgeteilt werden. Zur Problematik der Wahrung des Selbstbestimmungsrechts Angehöriger (zB Recht auf Nichtwissen), wenn das Untersuchungsergebnis einem Angehörigen mitgeteilt werden soll und dieses aber aufgrund möglicher Rückschlüsse auf das eigene Krankheitsrisiko gleichzeitig auch Bedeutung für den Angehörigen (Verwandten) haben kann, vgl *Cramer* MedR 2013, 763, 766; *Kern* GesR 2012, 352, 353; OLG Koblenz 31.7.2013, 5 U 1427/12, JurionRS 2013, 43510; BGH 20.05.2014, VI ZR 381/13, NJW 2014, 2190 ff/JurionRS 2014, 16037. Der BGH stellte klar, dass das GenDG keine Bestimmung enthalte, wonach das Ergebnis einer diagnostischen genetischen Untersuchung trotz ausdrücklicher schriftlicher Einwilligung des von der Untersuchung Betroffenen solchen Personen nicht bekannt werden dürfte, die mit dem Betroffenen genetisch nicht verwandt sind (BGH 20.05.2014, VI ZR 381/13, NJW 2014, 2190 ff/JurionRS 2014, 16037; s hierzu *Schneider* NJW 2014, 3133 ff; so zB wenn das Ergebnis einer diagnostisch genetischen Untersuchung des geschiedenen Ehemannes der Ehefrau mitgeteilt wird, die Ehefrau aber mangels genetischer Verwandtschaft mit ihrem geschiedenen Ehemann nicht unmittelbar von der festgestellten Erkrankung betroffen sein kann, wohl aber die gemeinsamen Kinder). Ein Verstoß gegen das Offenbarungsverbot ggü Dritten ist nach dem GenDG weder bußgeld- noch strafbewehrt (§§ 25, 26).

§ 19 Genetische Untersuchungen und Analysen vor und nach Begründung des Beschäftigungsverhältnisses

Der Arbeitgeber darf von Beschäftigten weder vor noch nach Begründung des Beschäftigungsverhältnisses
1. die Vornahme genetischer Untersuchungen oder Analysen verlangen oder
2. die Mitteilung von Ergebnissen bereits vorgenommener genetischer Untersuchungen oder Analysen verlangen, solche Ergebnisse entgegennehmen oder verwenden.

AG haben ein Interesse daran, Kenntnis über den Gesundheitszustand ihrer (zukünftigen) AN zu erhalten, um die Entstehung von Fehlzeiten und Entgeltfortzahlung im Krankheitsfall zu vermeiden (vgl *Genenger* NJW 2010, 113, 116). Auf der anderen Seite stehen jedoch die Interessen der Beschäftigten, ihre genetische Konstitution nicht preisgeben zu müssen (ausf zu den Chancen und Risiken genetischer Untersuchungen im Arbeitsleben *Genenger* AuR 2009, 285, 286 f). § 19 beinhaltet ein Verbot genetischer Untersuchungen, Analysen und der Verwertung von Erg genetischer Untersuchungen oder Analysen in Verbindung mit Beschäftigungsverhältnissen. Es handelt sich um ein **absolutes Verbot** ohne Erlaubnisvorbehalt (ErfK/*Franzen* § 19 Rn 4; Kern/*Schwarz* Vor §§ 19-22 Rn 9). Es schließt aus, dass Beschäftigte wegen festgestellter genetischer Eigenschaften oder Veranlagungen nicht eingestellt oder versetzt werden (BT-Drs 16/10532 S 37). Das Verbot rechtfertigt sich aus der Überzeugung, dass Ergebnisse genetischer Untersuchungen oder Analysen grds keine Basis für sachgerechte Personalentscheidungen im Beschäftigungsverhältnis darstellen. Denn diese liefern keine verbindliche Prognose, ob, wann und unter welchen Umständen sich eine festgestellte Disposition für eine Erkrankung oder gesundheitliche Störung auswirken wird (BT-Drs 16/10532 S 37). 1

§ 19 Nr 1 enthält das an den AG adressierte Verbot, von Beschäftigten weder vor der Begründung des **Beschäftigtenverhältnisses**, dh im Anbahnungsverhältnis, noch während des laufenden Beschäftigungsverhältnisses genetische Untersuchungen oder genetische Analysen zu verlangen (zum Begriff der genetischen Untersuchung s § 3 Rn 2; zum Begriff der genetischen Analyse s § 3 Rn 3). Der Begriff des Verlangens bezeichnet hierbei das aktive Einfordern (Kern/*Schwarz*, § 19 Rn 37). 2

Mit der weiten Formulierung in § 19 Nr 2 will der Gesetzgeber eine **Umgehung** dieses Verbotes verhindern (ErfK/*Franzen* § 19 Rn 4; Kern/*Schwarz* § 19 Rn 40; *Genenger* AuR 2009, 285, 288). Der AG darf Ergebnisse genetischer Untersuchungen oder Analysen daher selbst dann weder verlangen noch entgegennehmen oder für Personalentscheidungen verwenden, wenn die betroffene Person Informationen über die genetische Veranlagung freiwillig zur Verfügung stellt oder wenn sie in die Nutzung bereits vorhandener Daten einwilligt (BT-Drs 16/10532 S 37; ErfK/*Franzen* § 19 Rn 4; Spickhoff/*Fenger* § 22 Rn 2; *Fischinger* NZA 2010, 65, 68; Kern/*Schwarz* § 19 Rn 49; *Genenger* AuR 2009, 285, 288). Dies gilt auch für Daten, die aus der Zeit vor dem Erlass des GenDG stammen (ErfK/*Franzen* § 19 Rn 4; ausf zur Zulässigkeit der Genomanalyse vor dem Inkrafttreten des GenDG *Forst* RDV 2010, 8, 12 f). Die höchstpersönliche Entsch, ob eine genetische Untersuchung vorgenommen wird oder nicht, soll für die betroffene Person weder mit negativen Konsequenzen verbunden sein (BT-Drs 16/10532 S 23), noch sollen sich die Arbeitsmarktchancen von Beschäftigten durch Bekanntwerden ihrer genetischen Eigenschaften verringern (BT-Drs 16/10532 S 37). Ein Entgegennehmen setzt über das bloße Ansichnehmen eine bewusste Entscheidung voraus, die Informationen arbeitsplatzspezifisch auszuwerten (vgl Kern/*Schwarz* § 19 Rn 43 ff). Ein Verwenden ist jedenfalls dann gegeben, wenn der AG die Daten einer arbeitsrechtlich relevanten Entscheidung zugrunde legt (Kern/*Schwarz* § 19 Rn 46 ff; ausf zum Begriff der Verwendung vgl *Fischinger* NZA 2010, 65, 67 f). Fraglich ist, ob Nr 2 auch die Entgegennahme früherer Testergebnisse des Beschäftigten von Dritten verbietet (hierzu *Fischinger* NZA 2010, 65, 67; Kern/*Schwarz* § 19 Rn 45). Aus dem Wortlaut ist dies nicht ersichtlich. 3

Ärztliche Untersuchungen, die bis zum Inkrafttreten des GenDG nach den allg Voraussetzungen zulässig waren, sollen auch weiterhin zulässig bleiben (BT-Drs 16/10532 S 37; ErfK/*Franzen* § 19 Rn 4; Spickhoff/*Fenger* § 22 Rn 3; *Fischinger* NZA 2010, 65, 68; *Fuhlrott/Hoppe* ArbRAktuell 2010, 183). Denn es ist anerkannt, dass der AG ein objektiv berechtigtes und schutzwürdiges Interesse an der Überprüfung der Eignung des AN hat. Der AG kann daher von Beschäftigten eine **ärztliche Untersuchung** verlangen, wenn dies zur Beurteilung der gesundheitlichen Eignung für die vorgesehene Tätigkeit erforderlich ist, und diese Untersuchung mit ausdrücklicher Einwilligung des Beschäftigten durch einen fachkundigen Arzt nach Aufklärung über Art und Umfang durchgeführt wird (BT-Drs 16/10532 S 37; vgl *Eberbach* MedR 2010, 155, 159; vgl Art 2 GG Rdn 34). Dazu gehören Untersuchungen auf Phänotypebene, zB zur Feststellung der Rot-Grün-Farbblindheit (BT-Drs 16/10532 S 37; *Wiese* BB 2009, 2198, 2200; *Golücke* 4

AuA 2010, 82, 83), deren Ergebnisse jedoch typischerweise auf die gegenwärtige gesundheitliche Eignung beschränkt sind (*Genenger* NJW 2010, 113, 116; *Eberbach* MedR 2010, 155, 159).

5 **Rechtsfolgen** eines Verstoßes gegen § 19 ergeben sich lediglich in Verbindung mit anderen Vorschriften. Nach §§ 25, 26 ist ein Verstoß gegen § 19 **straf- und bußgeldbewehrt** (ausf zu den Straf- und Bußgeldtatbeständen des GenDG *Braun* JR 2012, 363 ff). Ein Rechtsgeschäft, das gegen § 19 verstößt, ist gem § 134 BGB **nichtig** (vgl ErfK/*Franzen* § 19 Rn 7; *Genenger* NJW 2010, 113, 117; Kern/*Schwarz* § 19 Rn 52). Der Beschäftigte kann die **Löschung** seiner Daten nach § 35 II Nr 1, 2 BDSG verlangen (vgl BT-Drs 16/10532 S 16; so auch Kern/*Schwarz* § 19 Rn 52). Weiterhin kann der Beschäftigte im Fall eines Verstoßes gegen § 19 **Schadensersatz** nach § 823 II BGB iVm § 19 verlangen, da § 19 ein Schutzgesetz iSv § 823 II BGB ist (so auch Kern/*Schwarz* § 19 Rn 53). Daneben kommt ein Anspruch aus § 823 I BGB in Betracht (Kern/*Schwarz* § 19 Rn 53). Erfolgt die Erhebung oder Verarbeitung der Daten ohne eine wirksame Einwilligung des Beschäftigten, kann er Schadensersatz nach § 7 BDSG verlangen (BT-Drs 16/10532 S 16). Benachteiligt der AG wegen offenbarter genetischer Eigenschaften oder wegen der Verweigerung der Offenbarung genetischer Eigenschaften einen Beschäftigten, so findet § 21 Anwendung (vgl dazu § 21 Rn 1).

6 Soweit der Anwendungsbereich eröffnet ist, stellen die §§ 19 ff **bereichsspezifische Sonderregeln** zu § 32 bzw § 28 VI-VIII BDSG dar (vgl Simitis/*Seifert* § 32 Rn 18; Kern/*Schwarz* Vor §§ 19-22 Rn 47). Die allg datenschutzrechtlichen Vorschriften kommen jedoch für die Bereiche zur Anwendung, die durch das GenDG nicht oder nicht abschließend geregelt sind (Kern/*Schwarz* § 19 Rn 56; allg zum Schutz von Gesundheitsdaten der Beschäftigten vgl *Wedde* PersR 2012, 344 ff).

§ 20 Genetische Untersuchungen und Analysen zum Arbeitsschutz

(1) Im Rahmen arbeitsmedizinischer Vorsorgeuntersuchungen dürfen weder
1. genetische Untersuchungen oder Analysen vorgenommen werden noch
2. die Mitteilung von Ergebnissen bereits vorgenommener genetischer Untersuchungen oder Analysen verlangt, solche Ergebnisse entgegengenommen oder verwendet werden.

(2) ¹Abweichend von Abs. 1 sind im Rahmen arbeitsmedizinischer Vorsorgeuntersuchungen diagnostische genetische Untersuchungen durch Genproduktanalyse zulässig, soweit sie zur Feststellung genetischer Eigenschaften erforderlich sind, die für schwerwiegende Erkrankungen oder schwerwiegende gesundheitliche Störungen, die bei einer Beschäftigung an einem bestimmten Arbeitsplatz oder mit einer bestimmten Tätigkeit entstehen können, ursächlich oder mitursächlich sind. ²Als Bestandteil arbeitsmedizinischer Vorsorgeuntersuchungen sind genetische Untersuchungen nachrangig zu anderen Maßnahmen des Arbeitsschutzes.

(3) ¹Die Bundesregierung kann durch Rechtsverordnung mit Zustimmung des Bundesrates regeln, dass abweichend von den Abs. 1 und 2 im Rahmen arbeitsmedizinischer Vorsorgeuntersuchungen diagnostische genetische Untersuchungen durch zytogenetische und molekulargenetische Analysen bei bestimmten gesundheitsgefährdenden Tätigkeiten von Beschäftigten vorgenommen werden dürfen, soweit nach dem allgemein anerkannten Stand der Wissenschaft und Technik
1. dadurch genetische Eigenschaften festgestellt werden können, die für bestimmte, in der Rechtsverordnung zu bezeichnende schwerwiegende Erkrankungen oder schwerwiegende gesundheitliche Störungen, die bei einer Beschäftigung an einem bestimmten Arbeitsplatz oder mit einer bestimmten Tätigkeit entstehen können, ursächlich oder mitursächlich sind,
2. die Wahrscheinlichkeit, dass die Erkrankung oder gesundheitliche Störung bei der Beschäftigung an dem bestimmten Arbeitsplatz oder mit der bestimmten Tätigkeit entsteht, hoch ist und
3. die jeweilige genetische Untersuchung eine geeignete und die für die Beschäftigte oder den Beschäftigten schonendste Untersuchungsmethode ist, um die genetischen Eigenschaften festzustellen.

²Abs. 2 Satz 2 gilt entsprechend.

(4) Die §§ 7 bis 16 gelten entsprechend.

1 Das allg Verbot genetischer Untersuchungen und Analysen im Beschäftigungsverhältnis und die Verwendung der daraus resultierenden Ergebnisse in § 19 wird durch § 20 I für den Bereich der arbeitsmedizinischen Vorsorgeuntersuchungen durch ein spezielles **Verbot mit Erlaubnisvorbehalt** verdrängt (vgl ErfK/*Franzen* § 19 Rn 5; Kern/*Schwarz* § 20 Rn 58). Zum Arbeitsschutz sind diagnostisch genetische Untersuchungen bei Beschäftigten unter strengen Voraussetzungen zulässig (*Wiese* BB 2011, 313, 314; *Aligbe* BPUVZ 2013, 311, 312 f).

2 Gemäß § 20 I dürfen bei arbeitsmedizinischen Vorsorgeuntersuchungen weder genetische Untersuchungen oder Analysen vorgenommen werden noch die Mitteilung von Ergebnissen bereits vorgenommener

genetischer Untersuchungen oder Analysen verlangt, solche Ergebnisse entgegengenommen oder verwendet werden. Auch wenn § 20 den persönlichen Anwendungsbereich nicht ausdrücklich bestimmt, so gilt § 20 für AG und Beschäftigte (vgl Kern/*Schwarz* § 20 Rn 6).

Arbeitsmedizinische Vorsorgeuntersuchungen sind ein notwendiges Instrument zur Früherkennung 3 arbeitsbedingter Erkrankungen und dienen der Verbesserung des Gesundheitsschutzes am Arbeitsplatz. Sie zielen hauptsächlich auf die Aufklärung und Beratung von Beschäftigten über gesundheitliche Risiken bei der Ausübung bestimmter Tätigkeiten und sind weder auf Selektion und Ausgrenzung einzelner Gruppen gerichtet noch ersetzen sie technische und organisatorische Arbeitsschutzmaßnahmen (BT-Drs 16/10532 S 37 f). Grds können genetische Untersuchungen auch dazu dienen, Beschäftigte vor arbeitsbedingten Erkrankungen zu schützen (BT-Drs 16/10532 S 37; *Fischinger* NZA 2010, 65, 68; Kern/*Schwarz* § 20 Rn 2).

§ 20 II 1 enthält eine **Erlaubnis**, im Rahmen arbeitsmedizinischer Vorsorgeuntersuchungen diagnostisch 4 genetische Untersuchungen durch Genproduktanalyse entg dem in § 20 I enthaltenen Verbot durchzuführen (ausf zu den Interessen an dieser Ausnahme *Eberbach* MedR 2010, 155, 160). Der Begriff **diagnostische genetische Untersuchung** ist in § 3 Nr 7 bestimmt und erfasst insbesondere die Klärung, ob best genetische Eigenschaften vorliegen. Der Begriff **Genproduktanalyse** ist in § 3 Nr 2 (c) legaldefiniert. Zu den diagnostisch genetischen Untersuchungen durch Genproduktanalyse gehören die bereits heute in der Arbeitsmedizin etablierten traditionellen Diagnoseverfahren der Genproduktanalyse zur Aufdeckung arbeitsplatzrelevanter genetisch bedingter Wechselwirkung zwischen Mensch und Arbeit. Erläuternd führt die Gesetzesbegründung zB die Wechselwirkung zwischen einer Exposition mit aromatischen Aminen in der chemischen Industrie bei Beschäftigten mit einem unterdurchschnittlichen Status an Acetyltransferase-2 (»langsame Acetylierer«) und dem erhöhten Risiko einer Harnblasenkrebserkrankung an sowie den Zusammenhang zwischen einem genetisch bedingten Mangel an Alpha-1-Antitrypsin und einem signifikant erhöhten Risiko einer Lungenerkrankung bei Staubexposition (BT-Drs 16/10532 S 38). Unzulässig bleiben prädiktive genetische Untersuchungen (§ 3 Nr 8).

Die in § 20 II normierte Erlaubnis zum Schutz des Beschäftigten (BT-Drs 16/10532 S 38; *Fischinger* 5 NZA 2010, 65, 68; Kern/*Schwarz* § 20 Rn 3) wahrt den Grundsatz der **Verhältnismäßigkeit** (*Wiese* BB 2009, 2198, 2205). Allg sind genetische Untersuchungen mit dem Risiko behaftet, dass sie zweckfremdet insb dazu genutzt werden könnten, Beschäftigte zu selektieren oder eine Umsetzung vorrangiger notwendiger technischer Maßnahmen zur Reduzierung bestehender Arbeitsplatzbelastungen zu umgehen, indem bes »resistente« AN an dem betroffenen Arbeitsplatz beschäftigt werden (BT-Drs 16/10532 S 37 f; *Fischinger* NZA 2010, 65, 68). Der Gesetzgeber lässt daher genetische Untersuchungen durch Genproduktanalyse nur zu, soweit es im Hinblick auf schwerwiegende Erkrankungen oder schwerwiegende gesundheitliche Störungen erforderlich ist, um festzustellen, ob genetische Eigenschaften ursächlich oder mitursächlich für den Eintritt derartiger Erkrankungen sind (ausf zu den Begriffen schwerwiegende Erkrankung/schwerwiegende gesundheitliche Störung Kern/*Schwarz* § 20 Rn 16 ff). Der Gesetzgeber geht in jedem Fall von einer **Subsidiarität** der genetischen Untersuchung bei arbeitsmedizinischen Vorsorgeuntersuchungen zu anderen Maßnahmen des Arbeitsschutzes aus (§ 20 II 2), sodass sich die genetische Untersuchung durch Genproduktanalyse als »ultima ratio« darstellt (*Genenger* NJW 2010, 113, 117; vgl auch *Wiese* BB 2011, 313). Es bleibt abzuwarten, wie diese Vorgaben von der Rspr ausgefüllt werden. § 20 II regelt nur die grds ausnahmsweise Zulässigkeit der diagnostisch genetischen Untersuchungen. Welche Voraussetzungen dabei einzuhalten sind und welche Rechtsfolgen damit verbunden sind, bleibt den Arbeitsschutzvorschriften überlassen (BT-Drs 16/10532 S 38; *Fischinger* NZA 2010, 65, 69; *Wiese* BB 2009, 2198, 2205; Kern/*Schwarz* § 20 Rn 11; *Aligbe* BPUVZ 2013, 311, 313; zB dem ArbSchG).

Nach § 20 III kann die BReg durch **Rechtsverordnung** regeln, dass im Rahmen arbeitsmedizinischer Vor- 6 sorgeuntersuchungen diagnostisch genetische Untersuchungen durch zytogenetische und molekulargenetische Analysen bei bestimmten gesundheitsgefährdenden Tätigkeiten von Beschäftigten vorgenommen werden dürfen. Eine entspr Rechtsverordnung liegt noch nicht vor. Die gem § 23 eingerichtete Gendiagnostik-Kommission teilte mit, dass derzeit keine genetischen Eigenschaften bekannt seien, »die durch zytogenetische und molekulargenetische Analysen feststellbar wären, die ursächlich oder mitursächlich für eine schwerwiegende Erkrankung oder schwerwiegende gesundheitliche Störung sind, die bei einer Beschäftigung an einem bestimmten Arbeitsplatz oder mit einer bestimmten Tätigkeit entstehen kann, und bei denen zugleich die Wahrscheinlichkeit hoch ist, dass die Erkrankung oder gesundheitliche Störung bei der Beschäftigung an dem bestimmten Arbeitsplatz oder mit der bestimmten Tätigkeit entsteht« (vgl 7. Mitteilung vom 17.7.2013 zu diagnostischen genetischen Untersuchungen im Rahmen arbeitsmedizinischer Vorsorgeuntersuchungen gemäß § 20 III GenDG). Es lassen sich bisher also noch keine konkreten

Anwendungsbereiche ausfindig machen (vgl auch *Aligbe* BPUVZ 2013, 311, 313). Die Begriffe zytogenetische und molekulargenetische Analysen sind in § 3 Nr 2 (a, b) legaldefiniert.

7 § 20 IV erklärt die §§ 7 bis 16 für entspr anwendbar. Damit hat sich der Gesetzgeber ua gegen die verbindliche Durchführung von genetischen Untersuchungen entschieden, sodass auch für nach § 20 II und III ausnahmsweise zulässige Untersuchungen die ausdrückliche und schriftliche Einwilligung des Beschäftigten nach § 8 eingeholt werden muss (BT-Drs 16/10532 S 38; ErfK/*Franzen* § 20 Rn 5; Spickhoff/*Fenger* § 22 Rn 4; *Wiese* BB 2009, 2198, 2204 f; *Fischinger* NZA 2010, 65, 68; Kern/*Schwarz* § 20 Rn 12, 42; *Genenger* AuR 2009, 285, 288; *Wiese* BB 2011, 313, 314). Darüber hinaus gelten ua der Arztvorbehalt (§ 7), das Aufklärungs- und Beratungserfordernis (§§ 8, 9) sowie die Regelung, dass eine Mitteilung des Untersuchungsergebnisses an andere als an den Betroffenen nur mit dessen ausdrücklicher und schriftlicher Einwilligung erlaubt ist (§ 11 III). Zu den »anderen Personen« gehört ua der AG (*Wiese* BB 2011, 313, 315). Die iRv arbeitsmedizinischen Vorsorgeuntersuchung ermittelten Befunde und Diagnosen unterliegen im Verhältnis zwischen Arzt und untersuchter Person den Grundsätzen der ärztlichen Schweigepflicht (BT-Drs 16/10532 S 38; Spickhoff/*Fenger* § 22 Rn 4). Die durch das Einwilligungserfordernis abgesicherte Entscheidungsfreiheit des Beschäftigten, von dem Instrument der genetischen Untersuchung iRv arbeitsmedizinischen Vorsorgeuntersuchungen Gebrauch zu machen, wird darüber hinaus durch das Maßregelungsverbot in § 21 I 2 geschützt (*Fischinger* NZA 2010, 65, 68).

8 Sind die Voraussetzungen des § 20 II und III nicht gegeben, führt der Verstoß gegen das in § 20 I normierte Verbot zu den in §§ 25, 26 geregelten **Rechtsfolgen**, dh ein Verstoß kann ggf eine Straftat und/oder Ordnungswidrigkeit darstellen (vgl hierzu ausf *Braun* JR 2012, 363, 366 und 369; bzgl der zivilrechtlichen Konsequenzen vgl § 19 Rn 5). Die Rechtsfolgen der Missachtung der nach § 20 IV geltenden allg Vorschriften ergeben sich ebenfalls aus §§ 25, 26. Die Folgen einer zulässigen diagnostischen Untersuchung sind in § 20 nicht geregelt (vgl hierzu ausf Kern/*Schwarz* § 20 Rn 46 ff). Erhält der AG nach der Durchführung einer zulässigen genetischen Untersuchung davon Kenntnis, dass der Beschäftigte eine Konstitution aufweist, die bei unveränderter Weiterbeschäftigung zu einer gesundheitlichen Gefährdung des Beschäftigten führt, hat er die notwendigen Schutzmaßnahmen zu ergreifen. Insoweit liegt ein rechtfertigender sachlicher Grund vor, so dass § 21 nicht gilt (Kern/*Schwarz* § 20 Rn 48 aA wohl *Genenger* AuR 2009, 285, 288; s hierzu auch § 21 Rn 4).

§ 21 Arbeitsrechtliches Benachteiligungsverbot

(1) ¹Der Arbeitgeber darf Beschäftigte bei einer Vereinbarung oder Maßnahme, insbesondere bei der Begründung des Beschäftigungsverhältnisses, beim beruflichen Aufstieg, bei einer Weisung oder der Beendigung des Beschäftigungsverhältnisses nicht wegen ihrer oder der genetischen Eigenschaften einer genetisch verwandten Person benachteiligen. ²Dies gilt auch, wenn sich Beschäftigte weigern, genetische Untersuchungen oder Analysen bei sich vornehmen zu lassen oder die Ergebnisse bereits vorgenommener genetischer Untersuchungen oder Analysen zu offenbaren.
(2) Die §§ 15 und 22 des Allgemeinen Gleichbehandlungsgesetzes gelten entsprechend.

1 § 21 konkretisiert das **allg Benachteiligungsverbot** aus § 4 für den Bereich der Beschäftigungsverhältnisse (BT-Drs 16/10532 S 23; *Genenger* NJW 2010, 113, 117). AG dürfen Beschäftigte wegen ihrer genetischen Eigenschaften oder wegen der genetischen Eigenschaften einer genetisch verwandten Person bei Vereinbarungen oder Maßnahmen im Beschäftigungsverhältnis, insbesondere bei der Einstellung oder der Beförderung, nicht benachteiligen (§ 21 I 1). Das arbeitsrechtliche Benachteiligungsverbot schützt die Beschäftigten darüber hinaus, wenn sie es ablehnen, an einer genetischen Untersuchung oder Analyse teilzunehmen oder wenn sie sich weigern, das Ergebnis einer bereits durchgeführten Untersuchung zu offenbaren (§ 21 I 2). Zur Frage, ob S 2 nur für Untersuchungen beim Beschäftigen selbst und nicht bei genetisch verwandten Personen gilt, vgl *Fischinger* NZA 2010, 65, 69 f; Spickhoff/*Fenger* § 22 Rn 4. Unter Vereinbarungen (individual- und kollektivrechtliche Rechtsgeschäfte) und Maßnahmen (zB Weisungen) fällt das »gesamte Arbeitgeberverhalten« (ErfK/*Franzen* § 21 Rn 1; *Golücke* AuA 2010, 82, 83).

2 Ob § 21 auch dann gilt, wenn **genetischen Eigenschaften** nicht aufgrund von genetischen Untersuchungen oder Analysen, sondern aufgrund von Phänotyp-Untersuchungen offenbart werden, ist unklar (vgl hierzu Kern/*Reuter/Schwarz* § 21 Rn 14 ff; *Bayreuther* NZA 2010, 679, 681). Der Wortlaut enthält keine Einschränkung. Die Systematik des § 21 innerhalb der arbeitsrechtlichen Vorschriften der §§ 19, 20, die Phänotyp-Untersuchungen gerade nicht erfassen, sowie der in § 2 geregelte Anwendungsbereich, sprechen gegen eine Ausdehnung des Schutzbereiches des § 21 auf Informationen, die durch andere Methoden erlangt wurden (so auch *Bayreuther* NZA 2010, 679, 681; aA Kern/*Reuter/Schwarz* § 21 Rn 16 f).

Ob für die Benachteiligung **wegen** genetischer Eigenschaften eine Mitursächlichkeit ausreichend ist, die   3
genetischen Eigenschaften die alleinige Ursache oder nur das überwiegende Motiv sein müssen, ist unklar
(vgl hierzu ErfK/*Franzen* § 21 Rn 3; nach Ansicht von *Fischinger* NZA 2010, 65, 70 genügt Mitursächlichkeit).

§ 21 gilt unabhängig davon, ob dem AG die genetischen Eigenschaften mit Einwilligung der Beschäftigten   4
bekannt geworden sind (vgl BT-Drs 16/10532 S 39; *Wiese* BB 2009, 2198, 2207; Kern/*Reuter/Schwarz*,
§ 21 Rn 30). Aus **sachlichen Gründen** kann eine unterschiedliche Behandlung aber gerechtfertigt sein
(BT-Drs 16/10532 S 23; Kern/*Reuter/Schwarz* § 21 Rn 26; wohl auch ErfK/*Franzen* § 21 Rn 1; *Fischinger*
NZA 2010, 65, 70; s auch § 4 Rn 6). Keine Benachteiligung iSv § 21 stellen zB vom AG ergriffene rechtmäßige arbeitsschutzrechtliche Maßnahmen nach zulässigen genetischen Untersuchungen gem § 20 II und
III dar (Kern/*Reuter/Schwarz*, § 21 Rn 10; aA *Geneger* AuR 2009, 285, 288). Zur Frage, ob der Schutz
Dritter als sachliche Rechtfertigung in Betracht kommt, vgl Kern/*Reuter/Schwarz* § 21 Rn 28 f.

Bei **Verstößen** gegen das arbeitsrechtliche Benachteiligungsverbot finden nach § 21 II die Vorschriften der   5
§§ 15 und 22 AGG über Schadensersatz, Entschädigung und Beweislast entspr Anwendung. Wird der
Beschäftigte durch die vom AG getroffene Vereinbarung oder Maßnahme benachteiligt und führt dies zu
einem materiellen Schaden, so kann er Schadensersatz gemäß §§ 21 II iVm 15 I AGG geltend machen.
Dies gilt nicht, wenn der AG die Pflichtverletzung nicht zu vertreten hat (Spickhoff/*Fenger* § 22 Rn 5;
Fischinger NZA 2010, 65, 70; Kern/*Reuter/Schwarz* § 21 Rn 37). Des Weiteren hat der Beschäftigte ggf
einen Anspruch auf Ersatz des immateriellen Schadens nach §§ 21 II iVm 15 II, III AGG (mangels unionsrechtlichem Hintergrund soll dieser Anspruch anders als § 15 II AGG es vorsieht, verschuldensabhängig
sein, vgl *Fischinger* NZA 2010, 65, 70; ErfK/*Franzen* § 21 Rn 6; aA Kern/*Reuter/Schwarz* § 21 Rn 38). Über
§ 21 II gilt außerdem die Beweiserleichterung des § 22 AGG, nach der es ausreichend ist, wenn der Beschäftigte Indizien vorträgt, die eine Benachteiligung vermuten lassen (ErfK/*Franzen* § 21 Rn 7; Kern/*Reuter/
Schwarz* § 21 Rn 37; *Golücke* AuA 2010, 82, 84). Nach überwiegender Auffassung kann sich aus § 21 I
ein eigenständiges Kündigungsverbot ergeben (ErfK/*Franzen* § 21 Rn 1; *Fischinger* NZA 2010, 65, 70;
Kern/*Reuter/Schwarz*, § 21 Rn 40). Des Weiteren hat ein Verstoß gegen § 21 die Unwirksamkeit der Vereinbarung oder Maßnahme gem § 134 BGB zur Folge (*Fischinger* NZA 2010, 65, 70; Kern/*Reuter/Schwarz*
§ 21 Rn 40). Andererseits steht dem Beschäftigten **kein Recht auf Einstellung oder Beförderung** zu (§ 21
II iVm § 15 VI AGG). Mangels Verweis auf §§ 25, 26 hat ein Verstoß gegen § 21 keine bußgeld- oder
strafrechtlichen Konsequenzen.

Ob es sich bei § 21 um eine abschließende lex-specialis-Regelung zu § 4 handelt, ist unklar. Da die Gesetzesbegründung von einer Ergänzung spricht, kommt § 4 als Auffangtatbestand in Betracht (BT-Drs   6
16/10532 S 39; vgl hierzu auch § 4 Rn 9).

§ 22 Öffentlich-rechtliche Dienstverhältnisse

Es gelten entsprechend
1. für Beamtinnen, Beamte, Richterinnen und Richter des Bundes, Soldatinnen und Soldaten sowie Zivildienstleistende die für Beschäftigte geltenden Vorschriften,
2. für Bewerberinnen und Bewerber für ein öffentlich-rechtliches Dienstverhältnis oder Personen, deren öffentlich-rechtliches Dienstverhältnis beendet ist, die für Bewerberinnen und Bewerber für ein Beschäftigungsverhältnis oder Personen, deren Beschäftigungsverhältnis beendet ist, geltenden Vorschriften und
3. für den Bund und sonstige bundesunmittelbare Körperschaften, Anstalten und Stiftungen des öffentlichen Rechts, die Dienstherrnfähigkeit besitzen, die für Arbeitgeber geltenden Vorschriften.

§ 25 Strafvorschriften

(1) Mit Freiheitsstrafe bis zu einem Jahr oder mit Geldstrafe wird bestraft, wer
1. [...],
2. [...],
3. [...],
4. [...],
5. entgegen § 18 Abs. 1 Satz 1 Nr. 2, § 19 Nr. 2 oder § 20 Abs. 1 Nr. 2 dort genannte Daten oder ein dort genanntes Ergebnis verwendet.

(2) Mit Freiheitsstrafe bis zu zwei Jahren oder mit Geldstrafe wird bestraft, wer eine in Abs. 1 bezeichnete Handlung gegen Entgelt oder in der Absicht begeht, sich oder einen Anderen zu bereichern oder einen Anderen zu schädigen.
(3) ¹Die Tat wird nur auf Antrag verfolgt. ²[...]

§ 26 Bußgeldvorschriften
(1) Ordnungswidrig handelt, wer
1. [...],
[...]
8. entgegen § 18 Abs. 1 Satz 1, § 19 oder § 20 Abs. 1 Nr 2 die Vornahme einer genetischen Untersuchung oder Analyse oder die Mitteilung dort genannter Daten oder eines dort genannten Ergebnisses verlangt,
9. entgegen § 18 Abs. 1 Satz 1 Nr. 2, § 19 Nr. 2 oder § 20 Abs. 1 Nr. 2 dort genannte Daten oder ein dort genanntes Ergebnis entgegennimmt oder
10. [...]
(2) Die Ordnungswidrigkeit kann in den Fällen des Absatzes 1 Nr. 3, 6 und 9 mit einer Geldbuße bis zu dreihunderttausend Euro, in den Fällen des Abs. 1 Nr 7 Buchstabe a und b mit einer Geldbuße bis zu fünftausend Euro und in den übrigen Fällen mit einer Geldbuße bis zu fünfzigtausend Euro geahndet werden.
(3) [...]

§ 27 Inkrafttreten
(1) Dieses Gesetz tritt am 1. Februar 2010 in Kraft, soweit in den folgenden Absätzen nichts Abweichendes bestimmt ist.
(2) Die §§ 6, 20 Abs. 3, die §§ 23 und 24 treten am Tag nach der Verkündung [Verkündet am 4.8.2009] in Kraft.
(3) § 5 tritt am 1. Februar 2011 in Kraft.
(4) § 7 Abs. 3 tritt am 1. Februar 2012 in Kraft.

Gewerbeordnung (GewO)

In der Fassung der Bekanntmachung vom 22.2.1999 (BGBl I S 202), zuletzt geändert durch Art 10 des Gesetzes zur Umsetzung der Wohnimmobilienkreditrichtlinie und zur Änderung handelsrechtlicher Vorschriften vom 11.3.2016 (BGBl I S 396)

– Auszug –

§ 6 Anwendungsbereich

(1) ¹Dieses Gesetz findet keine Anwendung auf die Fischerei, die Errichtung und Verlegung von Apotheken, die Erziehung von Kindern gegen Entgelt, das Unterrichtswesen, auf die Tätigkeit der Rechtsanwälte und Notare, der Rechtsbeistände, der Wirtschaftsprüfer und Wirtschaftsprüfungsgesellschaften, der vereidigten Buchprüfer und Buchprüfungsgesellschaften, der Steuerberater und Steuerberatungsgesellschaften sowie der Steuerbevollmächtigten, auf den Gewerbebetrieb der Auswandererberater und das Seelotswesen. ²Auf das Bergwesen findet dieses Gesetz nur insoweit Anwendung, als es ausdrückliche Bestimmungen enthält; das Gleiche gilt für den Gewerbebetrieb der Versicherungsunternehmen, die Ausübung der ärztlichen und anderen Heilberufe, den Verkauf von Arzneimitteln, den Vertrieb von Lotterielosen und die Viehzucht. ³Ferner findet dieses Gesetz mit Ausnahme des Titels XI auf Beförderungen mit Krankenkraftwagen im Sinne des § 1 Abs. 2 Nr. 2 in Verbindung mit Abs. 1 des Personenbeförderungsgesetzes keine Anwendung.

(1a) § 6c findet auf alle Gewerbetreibenden und sonstigen Dienstleistungserbringer im Sinne des Artikels 4 Nummer 2 der Richtlinie 2006/123/EG Anwendung, deren Dienstleistungen unter den Anwendungsbereich der Richtlinie fallen.

(2) Die Bestimmungen des Abschnitts I des Titels VII finden auf alle Arbeitnehmer Anwendung.

Übersicht	Rdn.		Rdn.
A. **Arbeitnehmerbegriff: Bedeutung in einzelnen Rechtsgebieten**	1	II. Arbeitsleistung aufgrund eines privatrechtlichen Vertrages	22
I. Arbeitnehmerbegriff als »Schlüssel« zum Arbeitsrecht	1	III. Verpflichtung zur Arbeitsleistung, nicht zum Arbeitserfolg	41
II. Europarechtlicher Arbeitnehmerbegriff	4	IV. Entscheidend: persönliche Abhängigkeit . . .	42
III. (Sozialversicherungsrechtlicher) Beschäftigtenbegriff	8	V. Neubestimmung des Arbeitnehmerbegriffes	68
IV. Abgrenzung zwischen Arbeitnehmer und Selbstständigem im Steuerrecht	14	VI. Arbeitnehmerähnliche Personen	70
V. Arbeitnehmer und Arbeitsvertrag im allgemeinen Zivilrecht	15	VII. Gerichtliche Feststellung von Arbeitnehmereigenschaft und Arbeitnehmerähnlichkeit	76
VI. Arbeitgeber- und Arbeitnehmerbegriff im Strafrecht	19	VIII. Einzelfälle zur Abgrenzung von Arbeitnehmer, arbeitnehmerähnlicher Person, Selbstständigem	89
B. **Arbeitnehmerbegriff im Arbeitsrecht**	21		
I. Einheitlicher Arbeitnehmerbegriff als Anknüpfungspunkt	21	C. **Arbeitnehmerbegriff als Oberbegriff und Sonderregelungen für bestimmte Arbeitnehmer**	116

A. Arbeitnehmerbegriff: Bedeutung in einzelnen Rechtsgebieten. I. Arbeitnehmerbegriff als »Schlüssel« zum Arbeitsrecht. Die in den §§ 105–110 geregelten »Allg arbeitsrechtlichen Grundsätze« gelten gem § 6 II für alle AN. Wer AN ist, lässt die GewO als »Neues GG des ArbR« (*Düwell* FA 2003, 2) und »Kern eines Arbeitsvertragsgesetzes« (*Bauer/Opolony* BB 2002, 1590, 1594) aber ebenso offen wie andere arbeitsrechtliche Vorschriften. Eine allgemeingültige Legaldefinition des AN fehlt weiterhin, vorhandene spezialgesetzliche Regelungen (etwa § 5 BetrVG, § 5 ArbGG) setzen den AN-Begriff letztlich voraus. Zwar gibt es immer wieder Bestrebungen, den grundlegenden Begriff des AN zu definieren (zur Definition in §§ 1 II, 2 I des Entwurfs eines Arbeitsvertragsgesetzes von *Henssler* und *Preis* NZA Beilage 1/2007, 6 ff: AN seien verpflichtet zu »Diensten nach Weisungen des Ags«). Solche Vorarbeiten finden auf politischer Ebene indes keine Mehrheit. Mithin bleibt es bei der schlichten Feststellung: Der AN-Begriff als zentraler Anknüpfungspunkt für den Anwendungs- und Regelungsbereich des ArbR wird auch weiterhin vorausgesetzt.

§ 6 GewO   Anwendungsbereich

2   Bedeutung hat der AN-Begriff auch im **Kollektivarbeitsrecht**, insb im Tarifrecht oder im Mitbestimmungsrecht. Geht es für die betriebliche Mitbestimmung insb um die Anwendbarkeit und die personelle Reichweite des BetrVG und der Mitbestimmungskompetenzen der betrieblichen Interessenvertretung (zur betriebsverfassungsrechtlichen AN-Eigenschaft § 5 BetrVG Rdn 1 ff), stellt sich die Frage nach der AN-Eigenschaft mit Blick auf das Tarifrecht auch verfassungsrechtlich: Die Koalitionsfreiheit und damit die Tarifautonomie des Art 9 III GG sind zwar jedermann und für alle Berufe garantiert; sie setzten aber nach hM als Arbeitsmarkt-GR (*Rieble* ZfA 1998, 327, 330) voraus, dass der Zusammenschluss zur Ordnung abhängiger Arbeit erfolgt (ganz hM MünchArbR/*Löwisch/Rieble* § 155 Rn 28). Nur für diesen Bereich befreit die Koalitionsfreiheit als Kartellgarantie auch vom Kartellverbot des EGV und des GWB (*Rieble* ZfA 1998, 327, 331).

3   Die AN-Eigenschaft erschließt zudem den **arbeitsgerichtlichen Rechtsschutz**: Nach §§ 2 I Nr 3, 5 S 1 ArbGG sind die Gerichte für Arbeitssachen ausschließlich zuständig für bürgerliche Rechtsstreitigkeiten zwischen AN und AG (zu Einzelheiten § 2 ArbGG Rdn 7 ff). Die nur für das ArbGG geltende Legaldefinition des § 5 ArbGG (dort Rdn 2 ff) nimmt in der Sache auf einen außergesetzlichen AN-Begriff Bezug (bereits Rdn 1).

4   **II. Europarechtlicher Arbeitnehmerbegriff.** Wie weit der Einfluss des Europarechts auf das dt ArbR reicht, ist auch eine Frage des AN-Begriffes: Der EuGH (19.3.1964, Rs 75/63, Slg 1964, 379) geht grds von einem eigenständigen, **unionsrechtlichen und vom nationalen Recht unabhängigen AN-Begriff** aus. Wäre die Bestimmung des AN-Begriffes dem Recht des jeweiligen Mitgliedstaates überlassen, wäre dieser Staat in der Lage, bestimmten Personengruppen nach Belieben den europarechtlichen Schutz zu entziehen oder zu gewähren. Die mit den Art 45 ff AEUV verfolgten Ziele wären ernsthaft gefährdet (hierzu und zu den personellen Grenzen des europäischen Arbeitsrechts *Wank* EuZA 2008, 172 ff).

5   Insofern verhält es sich nicht anders als beim Verhältnis von Verfassungsrecht zu einfachem Recht bzw zwischen einem verfassungsrechtlichen und einem einfachrechtlichen AN-Begriff: Das einfache Recht kann nicht den Schutzbereich eines vorbehaltlos gewährten GR bestimmen (MünchArbR/*Löwisch/Rieble* § 155 Rn 29). Mit Blick auf das **europäische Primärrecht** (Art 45 AEUV) geht der EuGH sogar noch einen Schritt weiter, wenn er betont, dass der unionsrechtliche Begriff des AN weit auszulegen ist (vgl etwa EuGH 19.6.2014, C-507/12 »Saint Prix«, NZA 2014, 765: »AN-Eigenschaft« bleibt – unabhängig vom Bestehen eines Arbeitsverhältnisses – zunächst unberührt, wenn eine Frau ihre Erwerbstätigkeit schwangerschaftsbedingt aufgibt). Dieses weite Verständnis hat nicht nur Bedeutung für Beamte, die nach hM unter den **unionsrechtlichen AN-Begriff** zu fassen sind (vgl für den Präsidenten einer italienischen Hafenbehörde EuGH 10.9.2014, C-270/13 »Haralambidis«, EuZW 2014, 946), während sie nach dt Recht keine AN sind (Rdn 28). Nach st Rspr des EuGH ist jede Person AN, die eine tatsächliche und echte Tätigkeit ausübt, wobei Tätigkeiten außer Betracht bleiben, die einen so geringen Umfang haben, dass sie sich als völlig untergeordnet und unwesentlich darstellen. Das wesentliche Merkmal des Arbeitsverhältnisses besteht nach dieser Rspr darin, dass jemand während einer bestimmten Zeit für einen anderen nach dessen Weisung Leistungen erbringt, für die er als Gegenleistung eine Vergütung erhält (etwa EuGH 3.5.2012, C-337/10 »Neidel«, NVwZ 2012, 688). Danach hindern zwar geringe Vergütung (die auch aus öffentlichen Mitteln finanziert werden kann, EuGH 9.7.2015, C-229/14 »Balkaya«, NZA 2015, 861) und Produktivität nicht die Qualifikation als AN (EuGH 21.2.2013, C-46/12, DÖV 2013, 356 [LS]), es muss sich aber gleichwohl um eine Erwerbstätigkeit handeln (LSG NRW 10.10.2013, L 19 AS 129/13, AuR 2013, 447: Verkauf von Straßenzeitungen als primär caritative Tätigkeit). Das erforderliche Hierarchieverhältnis (qua Weisungsrecht) kann fehlen, wenn der »AN« bspw als Geschäftsführer erheblichen Einfluss auf das »weisungsberechtigte« Organ nehmen kann (EuGH 10.9.2015, C-47/14 »Holterman Ferho Exploitatie«, BeckRS 2015, 81118). Demggü sind »Scheinselbstständige« (auch, vgl Rdn 23 ff) im Unionsrecht selbst dann als AN zu behandeln, wenn das einzelstaatliche Recht sie als Selbstständige anerkennt (EuGH 13.1.2004, C-256/01 »Allonby«, EuZW 2004, 210). Es ist Sache des vorlegenden Gerichts, die entspr tatsächlichen Fragen zu klären (etwa EuGH 17.7.2008, C-94/07 »Raccanelli«, EuZW 2008, 529 ff).

6   Dasselbe gilt prinzipiell auch für das **Sekundärrecht** der EG (insb RL). Den Anwendungsbereich einer RL bestimmt nicht das nationale Recht (über den jeweiligen AN-Begriff), sondern originär das Unionsrecht (EuGH 11.11.2010, C-232/09 »Danosa«, NZA 2011, 143: Geschäftsführerin als AN iSd Unionsrechts; mit Blick auf Geschäftsführer und Praktikanten EuGH 9.7.2015, C-229/14 »Balkaya«, NZA 2015, 861). Allerdings verweisen die RL des europäischen ArbR typischerweise ausdrücklich auf die nationalrechtlichen AN-Definitionen, bspw die Betriebsübergangs-RL: »Der Begriff >AN< iSd RL 77/188/EWG [heute RL 2001/23/EG] ist so zu verstehen, dass er alle Personen erfasst, die in dem betreffenden Mitgliedstaat als AN aufgrund der nationalen arbeitsrechtlichen Vorschriften geschützt sind. Es ist Sache des nationalen Gerichts

festzustellen, ob dies im konkreten Fall zutrifft« (EuGH 11.7.1985, C-105/84, Slg 1985, 2639). Auch soweit der unionsrechtliche ArbR-Schutz Sachverhalte erfaßt, die nach deutschem Recht nicht als Arbeitsverhältnis einzustufen sind, zwingt das nicht dazu, das nationale Recht entsprechend anzupassen (BAG 27.9.2012, 2 AZR 838/11, EzA § 611 BGB 2002 Arbeitnehmerbegriff Nr 23 Rn 17).

Dass arbeitsrechtliche Unionsrechtsakte gerade für den AN-Begriff auf nationales Recht Bezug nehmen, bedingt zunächst Rechtsrisiken: Bsp ist das AN-Beteiligungsverfahren bei SE-Gründung, das eine Unterrichtung sämtlicher beteiligten »AN« entlang aller mitgliedstaatlichen Arbeitsrechte voraussetzt. Stellt man Unbestimmtheit und Komplexität nicht nur des deutschrechtlichen AN-Begriffs in Rechnung, werden Unterrichtungsfehler kaum zu vermeiden sein (näher *Rieble* in: Rieble/Junker, Vereinbarte Mitbestimmung in der SE, ZAAR Schriftenreihe Bd 12 [2008], § 3 Rn 49 ff). Zudem gefährden entspr Verweisungen eine europaweit einheitliche Anwendung der RL. Vor diesem Hintergrund hat die EU-Kommission in dem am 22.11.2006 vorgelegten »**Grünbuch für ein moderneres Arbeitsrecht**« über die Kodifikation eines einheitlichen europäischen AN-Begriffes nachgedacht. Angesichts der mit Blick auf das ArbR begrenzten Kompetenzgrundlagen im AEUV sind diese Bestrebungen kritisch zu sehen. Das Ziel freilich lässt sich weithin erreichen, indem man in der jeweiligen RL deren persönlichen Anwendungsbereich näher festlegt (zutr und weiterführend *Bayreuther* NZA 2007, 371, 372 ff; für eine eigenständige unionsrechtliche Definition, die für einzelne RL erweitert oder eingeschränkt werden könnte, *Wank* EuZA 2008, 172 ff). 7

III. (Sozialversicherungsrechtlicher) Beschäftigtenbegriff. Das Sozialversicherungsrecht knüpft die Versicherungspflicht grds an die Beschäftigung iSd § 7 SGB IV, definiert als nichtselbstständige Arbeit, insb in einem Arbeitsverhältnis. Anhaltspunkte für eine Beschäftigung nach § 7 I 2 SGB IV sind va eine Tätigkeit nach Weisungen und eine Eingliederung in die Arbeitsorganisation des Weisungsgebers. Der sozialversicherungsrechtliche Beschäftigungsbegriff stellt nach ganz herrschender Auffassung einen **eigenen Rechtsbegriff** dar, welcher insb nicht mit dem AN-Begriff des ArbR gleichgesetzt werden kann (BSG 17.10.1990, 11 BAr 39/90, Die Beiträge 1991, 11). Dennoch besteht Einigkeit darüber, dass sich der sozialversicherungsrechtliche Begriff des **Beschäftigungsverhältnisses** mit dem arbeitsrechtlichen Begriff des **Arbeitsverhältnisses** weithin deckt, wenn auch **nicht kongruent** ist (zum Beschäftigtenbegriff im Sozialversicherungsrecht mN zur Rspr und den Schwierigkeiten der tatsächlichen Feststellung der Beschäftigung *Giesen* SGb 2012, 305). 8

Der sozialversicherungsrechtliche **Beschäftigtenbegriff** ist insofern **enger**, als er grds eine **tatsächliche Arbeitsleistung gegen Entgelt** voraussetzt. Nur unter bestimmten Voraussetzungen kommt eine versicherungspflichtige Beschäftigung iSd § 7 SGB IV auch bei (länger als einen Monat) fehlender Arbeitsleistung in Betracht, etwa wenn sich der AG im Annahmeverzug befindet oder wenn der AN iRv Altersteilzeit-Modellen freigestellt ist, vgl § 7 Ia SGB IV. 9

Andererseits ist der Beschäftigtenbegriff insofern **weiter**, als er auch Beschäftigungsverhältnisse (also die tatsächliche Arbeitsleistung gegen Arbeitsentgelt) erfasst, die arbeitsrechtlich nicht als Arbeitsverhältnis zu qualifizieren sind (etwa bei der Frage nach der Sozialversicherungspflicht des Fremd-Geschäftsführers [Rdn 106], der Weiterbeschäftigung während eines Kdg-Schutzprozesses gem § 102 V BetrVG oder nach dem nichtrechtlichen Weiterbeschäftigungsanspruch; *Waltermann* Rn 128). Das meint auch das BAG, wenn es sagt, dass die sozial- und steuerrechtliche Behandlung des Mitarbeiters arbeitsrechtlich ohne Belang ist, weil für die Abgrenzung eines freien Mitarbeiterverhältnisses zu einem Arbeitsverhältnis primär auf die Umstände abzustellen ist, unter denen die Dienstleistung zu erbringen ist, und eben nicht auf die Modalitäten der Bezahlung (14.3.2007, 5 AZR 499/06, EzA § 611 BGB 2002 Arbeitnehmerbegriff Nr 10). 10

Grds gilt: Für die sozialversicherungsrechtliche Beurteilung sind die entspr sozialversicherungsrechtlichen Vorschriften des allg Teils (SGB IV) sowie der einzelnen Versicherungszweige (SGB V, SGB VI, SGB VII, SGB XI und SGB III) maßgebend. Wegen der weitgehenden Deckungsgleichheit werden aber vielfach die Abgrenzungsmerkmale der arbeitsrechtlichen Rspr und Lit entspr für die Sozialversicherungspflicht einer Beschäftigung herangezogen (vgl etwa BSG 4.6.1998, B 12 KR 5/97 R, SGb 1998, 407). Aber: Wieviel ein AN verdient, ist aus arbeitsrechtlicher Sicht weithin ohne Belang. Sozialversicherungsrechtlich verliert der »Geringverdiener« zwar nicht seinen Beschäftigtenstatus iSd § 7 I SGB IV, wird aber von der Sozialversicherungspflicht teilw befreit. So sind etwa Beschäftigte mit einem Jahreseinkommen, das die sog **Jahresarbeitsentgeltgrenze** übersteigt, in der Krankenversicherung versicherungsfrei, § 6 I Nr 1 SGB V. 11

Auch der Umfang der Tätigkeit ist für den arbeitsrechtlichen AN-Begriff weithin ohne Bedeutung, während etwa für sog **geringfügig Beschäftigte** iSd § 8 SGB IV (zur geringfügigen Beschäftigung *Rolfs* NZA 2003, 65) grds die Versicherungspflicht in der Kranken- (§ 7 I 1 SGB V), Pflege- (§ 1 II 1 SGB XI iVm § 7 I 1 SGB V) und Arbeitslosenversicherung (§ 27 II 1 SGB III) entfällt. In der Rentenversicherung gilt die Versicherungsfreiheit (§ 5 II 1 Nr 1 SGB VI) nicht (mehr) für alle geringfügig Beschäftigten: Die sog entgelt-geringfügig Beschäftigten iSd § 8 I Nr 1 SGB IV (nicht mehr als 450 € pro Monat) sind rentenversicherungspflichtig. 12

13 Der Beschäftigtenbegriff findet sich nicht nur im Sozialversicherungsrecht. Auch im »arbeitsrechtlichen Kontext« kennt das Gesetz **Beschäftigte**: Unter den »Beschäftigten im öffentlichen Dienst« fasst etwa § 4 BPersVG Beamte und AN zusammen. Auch jüngere Gesetze verwenden den Beschäftigten als Oberbegriff für AN und verschiedene Gruppen von Nicht-AN. Dabei geht es in der Sache darum, bestimmte arbeitsrechtliche Schutznormen auch außerhalb des ArbR anzuwenden (näher *Richardi* NZA 2010, 1101). Bsp sind § 6 I 1 AGG und § 7 I PflegeZG, die jeweils Auszubildende und AN-ähnliche Personen (zu den AN-ähnlichen Rdn 70 ff) einbeziehen, § 2 II ArbSchG nennt noch Beamte, Richter und Soldaten. § 6 I 2 AGG, § 3 Nr 12 lit g GenDG und § 3 XI Nr 7 BDSG dehnen den Schutzbereich der jeweiligen Gesetze auch auf Stellenbewerber aus. Die Beschäftigtenbegriffe decken sich dabei untereinander nicht vollständig; noch weniger fallen sie mit dem sozialversicherungsrechtlichen Beschäftigtenbegriff zusammen, auch wenn sich praktisch eine erhebliche Schnittmenge ergibt. Angesichts solcher Konturlosigkeit taugt der »Beschäftigte« nicht als Oberbegriff für alle nichtselbstständigen Berufspositionen (aA *Brammsen* RdA 2010, 267, 270).

14 **IV. Abgrenzung zwischen Arbeitnehmer und Selbstständigem im Steuerrecht.** Steuerrechtlich hat die Abgrenzung zwischen AN und Selbstständigen insb Bedeutung bei der Besteuerung von Einkünften. Auch hier ist der AN-Begriff nicht mit dem arbeitsrechtlichen AN-Begriff gleichzusetzen (BFH 23.4.2009, VI R 81/06, DB 2009, 1571). Parallelwertung zwischen Arbeits- und Sozialversicherungsrecht sowie Steuerrecht ist nicht geboten (BFH 17.2.2006, V B 103/05, BFH/NV 2006, 1361). Dem Arbeits- und Sozialversicherungsrecht liegt der Gedanke der sozialen Schutzbedürftigkeit zugrunde – ein Regelungszweck, der dem Steuerrecht fremd ist (BFH 23.4.2009, VI R 81/06, DB 2009, 1571, 1572). Dass ein AN entspr seinen Vermögens- und Einkommensverhältnissen einkommensteuerpflichtig ist und diese Steuer als Quellensteuer im Lohnsteuerverfahren durch den AG abgeführt wird, hat mit dem arbeitsrechtlichen AN-Schutz nichts zu tun, sondern setzt lediglich die Zugriffsmöglichkeiten des AG voraus (*Rieble* ZfA 1998, 327, 334). Steuerrechtliche Bedeutung hat die Abgrenzung zwischen AN und Selbstständigem etwa für die Möglichkeit des Selbstständigen, Umsatzsteuer zu vereinnahmen und diese mit von ihm bezahlter, betrieblich veranlasster Umsatzsteuer zu verrechnen. Dem AN steht diese Möglichkeit indes nicht zu. Umgekehrt: Wer als Selbstständiger ein eigenständiges Gewerbe betreibt, kann gewerbesteuerpflichtig sein. Diese Last trifft den AN von vornherein nicht. Die Methode der Abgrenzung ähnelt indes derjenigen, die auch für den arbeitsrechtlichen AN-Begriff angewandt wird: Nach st Rspr des BFH lässt sich der AN-Begriff nicht anhand feststehender Merkmale abschließend bestimmen. Das Gesetz bedient sich nicht eines tatbestandlich scharf umrissenen Begriffs, sondern verwendet einen offenen Typusbegriff, der nur durch eine größere und unbestimmte Zahl von Merkmalen beschrieben werden kann. Die Frage, ob jemand eine Tätigkeit selbstständig oder nichtselbstständig ausübt, ist deshalb anhand einer Vielzahl in Betracht kommender Merkmale nach dem Gesamtbild der Verhältnisse zu beurteilen (BFH 18.6.2015, VI R 77/12, DStR 2015, 2123; zu den Kriterien des BFH nur BFH 14.6.1985, VI R 150-152/82, DB 1985, 2489). Diese Merkmale sind im konkreten Einzelfall gegeneinander zu gewichten. Zur arbeitsrechtlichen Abgrenzung des BAG Rdn 44 ff.

15 **V. Arbeitnehmer und Arbeitsvertrag im allgemeinen Zivilrecht.** Das Arbeitsverhältnis ist nach herrschender Auffassung als **Unterfall des Dienstverhältnisses** iSd § 611 BGB ein schuldrechtliches Austauschverhältnis, dessen Hauptleistungspflichten im Synallagma stehen (zur Abgrenzung von anderen Vertragstypen § 611 BGB Rdn 3 ff). Der grundlegende Unterschied zum Dienstverhältnis besteht darin, dass sich der AN zur Leistung abhängiger bzw unselbstständiger Arbeit verpflichtet (ErfK/*Preis* § 611 BGB Rn 4). Wie andere im BGB geregelte Dauerschuldverhältnisse begründet auch das Arbeitsverhältnis Nebenpflichten zwischen den Arbeitsvertragsparteien, die sich im Grds schuldrechtlich erklären lassen. Weil die persönliche Arbeitsleistung als »Ware« unlösbar mit der Person des AN verknüpft ist, müssen diese Nebenpflichten dem personalen Gehalt des Arbeitsverhältnisses (zu ihm *Wiese* ZfA 1996, 439) Rechnung tragen. Das Arbeitsverhältnis mutiert hierdurch aber nicht zum personenrechtlichen Gemeinschaftsverhältnis, sondern muss schuld(vertrags)rechtlich begriffen werden: Sowenig die Betriebsverfassung eine verbandsrechtliche Deutung rechtfertigt, sowenig nötigen die Nebenpflichten (insb des AG) zu einer statusrechtlichen.

16 Die Zuordnung des Arbeitsverhältnisses zum BGB belegt bereits der Gesetzeswortlaut von § 621 BGB: »Bei einem Dienstverhältnis, das kein Arbeitsverhältnis […] ist […].« Für (und nicht gegen) ein **zivilrechtliches Verständnis des Arbeitsverhältnisses** spricht letztlich auch die »Weiterentwicklung« des ArbR in zahlreichen Einzelgesetzen außerhalb des BGB, wie etwa des Urlaubsrechts nach dem BUrlG, des Kdg-Schutzrechts nach dem KSchG oder der EFZ an Feiertagen und im Krankheitsfall nach dem EFZG. Alle diese Bestimmungen lassen sich zivilrechtlich erklären, ausgehend vom Arbeitsverhältnis als Vertrags-, Schuld- und Austauschverhältnis iSd BGB: Sie treffen der Besonderheiten des ArbR wegen abw Anordnungen vom allg Zivilrecht. Das leuchtet etwa für die EFZ im Krankheitsfalle unmittelbar ein: Das EFZG geht von dem allg

zivilrechtlichen Grds des § 326 BGB »ohne Arbeit kein Lohn« aus, schreibt aber für den Fall der Verhinderung der Arbeitsleistung wegen Krankheit eine zugunsten des AN abw Rechtsfolge vor.
So verstanden ist das ArbR »**Sonderprivatrecht**«, zielt wie das Handelsrecht oder das Verbraucherschutzrecht 17 auf das Verhältnis zwischen bestimmten Personengruppen des Privatrechtsverkehrs, namentlich auf das Verhältnis zwischen AG und AN. Dass dieses Verhältnis von öffentl-rechtlichen Schutzvorschriften zugunsten des AN überlagert wird, ändert an der privatrechtlichen Einordnung und Erklärung des Arbeitsvertrages ebenso wenig wie die (typische) »strukturelle Unterlegenheit« des AN als Vertragspartei.
Bestätigung findet diese zivilrechtliche Betrachtung endlich durch die Schuldrechtsreform 2001, bei der 18 der Gesetzgeber Besonderheiten der Leistungsstörungen im Arbeitsverhältnis nunmehr an mehreren Stellen berücksichtigt hat, zB in § 619a BGB, § 615 S 3 BGB oder § 275 III BGB. Aber: Auf die Frage, wer AN ist, gibt das BGB ebenso wenig eine eindeutige Antwort wie auf die durch das Schuldrechtsmodernisierungsgesetz aufgeworfene Frage, ob der **AN als Verbraucher** iSd § 13 BGB anzusehen ist. Praktisch bedeutsam ist Letzteres nicht nur mit Blick auf die AGB-Kontrolle arbeitsrechtlicher Verträge (insb die Anwendbarkeit des § 310 III BGB) und das Widerrufsrecht für AN nach § 312 BGB (insb beim Abschluss von Änderungs-, Aufhebungs- und Abwicklungsverträgen), sondern auch mit Blick auf die Höhe von Verzugszinsen im Arbeitsverhältnis, § 288 BGB (zu Einzelheiten vgl die jeweiligen Kommentierungen der Vorschriften).

VI. Arbeitgeber- und Arbeitnehmerbegriff im Strafrecht. Zunehmende Bedeutung gewinnt die **Straf-** 19 **barkeit des AG nach § 266a StGB** und damit auch die Frage, wer AG (oder eine ihm nach § 266a V StGB gleichgestellte Person) und mithin tauglicher Täter des Sonderdelikts ist: Einen eigenständigen strafrechtlichen AG-Begriff gibt es nicht. Der Begriff des AG richtet sich, da das Strafrecht an seine sozialversicherungsrechtlichen Pflichten anknüpft, nach den im Sozialrecht geltenden Grds. Dh: AG ist – spiegelbildlich zum AN-Begriff –, »derjenige, dem gegenüber der AN zur Erbringung von Arbeitsleistungen verpflichtet ist und zu dem er in einem persönlichen Abhängigkeitsverhältnis steht, das sich vor allem durch die Eingliederung des AN in den Betrieb des AGs ausdrückt« (BGH 4.9.2013, 1 StR 94/13, StRR 2013, 403 [LS]). Diese Sozialrechtsakzessorietät bedingt eine erhebliche Unbestimmtheit (*Giesen* SGb 2012, 305, 306 f); indes erstreckt sich das bes Bestimmtheitsgebot des Art 103 II GG nicht auf »außerstrafrechtliche« Vorschriften, die ein Straftatbestand aufgreift (BVerfG 18.5.1988, 2 BvR 579/84, BVerfGE 78, 205).
Wie für das (Arbeits- und) Sozialrecht kommt es auch für das Strafrecht auf die **tatsächlichen Umstände** an, 20 wenn die Beteiligten durch rechtliche Gestaltung (arbeits- oder) sozialrechtliche Pflichten umgehen wollen (BGH 4.9.2013, 1 StR 94/13, StRR 2013, 403 [LS]). Ist der arbeitsrechtliche AG eine juristische Person, kommt deren Strafbarkeit nicht in Betracht. Vielmehr »überwälzt« § 14 I Nr 1 StGB die AG-Eigenschaft als »besondere persönliche Eigenschaft« auf den/die organschaftlichen Vertreter. Damit können sich insb die Organe von Kapitalgesellschaften nach § 266a I StGB strafbar machen (zur strafrechtlichen Verantwortlichkeit des GmbH-Geschäftsführers *Plagemann* NZS 2000, 8 ff mwN).

B. Arbeitnehmerbegriff im Arbeitsrecht. I. Einheitlicher Arbeitnehmerbegriff als Anknüpfungs- 21 **punkt.** Einen allen Rechtsbereichen zugrundeliegenden einheitlichen AN-Begriff kann es schon deshalb nicht geben, weil die jeweiligen Rechtsbereiche unterschiedliche Regelungsziele verfolgen. Das gilt zwar auch mit Blick auf die verschiedenen Gesetze des ArbR (zutr HWK/ *Thüsing* Vor § 611 BGB Rn 21; rechtsvergleichend *ders* NZA 1999, 636). Die hM geht aber gleichwohl von einem **einheitlichen AN-Begriff** aus. Rspr (etwa BAG 11.8.2015, 9 AZR 98/14, EzA § 611 BGB 2002 Arbeitnehmerbegriff Nr 28 Rn 16) und hL legen die Definition von *A. Hueck* zugrunde: AN ist, »**wer aufgrund eines privatrechtlichen Vertrages zur Arbeit im Dienste eines anderen verpflichtet ist**« (*Hueck/Nipperdey* I § 9 S 35).

II. Arbeitsleistung aufgrund eines privatrechtlichen Vertrages. Anknüpfungspunkt für das ArbR ist 22 zunächst die privatrechtliche **Vereinbarung zwischen den Vertragsparteien**. Sie muss auf eine entgeltliche Arbeitspflicht gerichtet sein: Eine »Rahmenvereinbarung, welche nur die Bedingungen der erst noch abzuschließenden Arbeitsverträge wiedergibt, selbst aber noch keine Verpflichtung zur Arbeitsleistung begründet, [ist] kein Arbeitsvertrag« (BAG 15.2.2012, 10 AZR 111/11, EzA § 611 BGB 2002 Arbeitnehmerbegriff Nr 20 mwN). Andererseits ist der Begriff »Arbeit« in diesem Zusammenhang weit zu verstehen; AN kann auch sein, wer – etwa bei »Transferkurzarbeit Null« – (vorübergehend) nicht zur Arbeitsleistung verpflichtet ist, sondern (nur) zur Teilnahme an Weiterbildungs- und Qualifizierungsmaßnahmen (BAG 24.1.2013, 2 AZR 453/11, EzA-SD 2013, Nr 13, 3-4).
Ob der Vertrag rechtswirksam ist, hat für die Anerkennung des Dienstverpflichteten als AN grds keine Bedeu- 23 tung – es muss aber zumindest ein (wenn auch unwirksamer) Vertrag geschlossen worden sein, die bloße Ankündigung eines Vertragsangebots reicht nicht (BAG 9.4.2014, 10 AZR 590/13, JurionRS 2014, 17937). Wie die Vertragsparteien den Vertrag bezeichnen und/oder formal ausgestalten, ist grds ebenfalls irrelevant.

§ 6 GewO Anwendungsbereich

Entscheidend ist vielmehr die **tatsächliche Vertragsdurchführung** (zB BAG 12.12.2001, 5 AZR 253/00, EzA § 611 BGB Arbeitnehmerbegriff Nr 87), und zwar die typische, prägende Handhabung, ohne Rücksicht auf vereinzelte Sondervorfälle (BAG 11.8.2015, 9 AZR 98/14, EzA § 611 BGB 2002 Arbeitnehmerbegriff Nr 28). Dh: Wird etwa ein als freier Mitarbeitervertrag bezeichnetes Vertragsverhältnis in der Praxis wie ein Arbeitsverhältnis durchgeführt, ist es rechtlich Arbeitsverhältnis (BAG 12.9.1996, 5 AZR 104/95, EzA § 611 BGB Arbeitnehmerbegriff Nr 60). Erst die praktische Handhabung soll Rückschlüsse darauf zulassen, von welchen Rechten und Pflichten die Parteien ausgegangen sind; in Zweifelsfällen, in denen nach dem objektiven Vertragsinhalt sowohl ein Arbeitsverhältnis als auch ein Vertragsverhältnis als freier Mitarbeiter in Betracht kommt, kann es freilich auf den Parteiwillen ankommen (BAG 11.8.2015, 9 AZR 98/14, EzA § 611 BGB 2002 Arbeitnehmerbegriff Nr 28). Für das Sozialrecht geht das BSG (30.4.2013, B 12 KR 19/11, HSP § 20 SGB XI Nr 2.12 mwN) zwar im Ansatz parallel von einem Vorrang der tatsächlichen Handhabung aus, verlangt aber einschränkend auch eine entsprechende Rechtsmacht des Dienstberechtigten; diese setze voraus, dass die formelle Vereinbarung formlos abbedungen werden kann (und durch die Vertragsdurchführung konkludent geändert wurde).

24 Ob der Dienstverpflichtete als AN durch das ArbR geschützt wird, steht insoweit **nicht zur Disposition der Vertragsparteien**, als durch Parteivereinbarung der AN-Status nicht abbedungen und der Geltungsanspruch des AN-Schutzrechts nicht eingeschränkt werden kann. Insb können die zwingenden gesetzlichen Regelungen für Arbeitsverhältnisse nicht umgangen werden, indem die Parteien ihr Arbeitsverhältnis anders bezeichnen (BAG 20.5.2009, 5 AZR 31/08, EzA § 611 BGB 2002 Arbeitnehmerbegriff Nr 15). Vertragsfreiheit garantiert zwar, beliebige gegenseitige Rechte und Pflichten begründen zu können, erlaubt aber nicht, die autonom begründeten Rechtsbeziehungen beliebig einem bestimmten gesetzlich vorgegebenen Vertragstypus zuzuordnen (BAG 15.12.1999, 5 AZR 169/99, EzA § 611 BGB Arbeitnehmerbegriff Nr 82). Ist str, ob zwischen dem zur Dienstleistung Verpflichteten und dem Berechtigten ein Arbeitsverhältnis oder ein »freies« Dienstverhältnis besteht und sprechen nach den objektiven Gegebenheiten ebenso viele Gründe für die eine wie für die andere Vertragsform, müssen sich die Parteien aber grds an dem »gewählten«, genauer: im Vertrag benannten, Vertragstypus festhalten lassen (Rdn 23).

25 Dass der wirkliche Geschäftsinhalt eines Beschäftigungsverhältnisses der praktischen Durchführung des Vertrags zu entnehmen ist, gilt freilich nur, wenn die Vertragsparteien ihr Rechtsverhältnis gerade nicht als Arbeitsverhältnis bezeichnet haben. Umgekehrt erlaubt die Vertragsfreiheit, zum strengen Schutz des ArbR zu »optieren«. Dh: Die tatsächliche Durchführung des Vertragsverhältnisses ist nur maßgebend, wenn die Parteien ein Vertragsverhältnis nicht als Arbeitsverhältnis, sondern zB als freies Dienstverhältnis bezeichnen, der Beschäftigte jedoch tatsächlich weisungsgebundene Tätigkeiten verrichtet. Wurde dagegen **ausdrücklich ein Arbeitsverhältnis vereinbart**, ist dies grds anzuerkennen (BAG 18.3.2014, 9 AZR 694/12, JurionRS 2014, 16455; 9 AZR 740/13, JurionRS 2014, 16456). Dass ein Arbeitsverhältnis nicht »gelebt« wird, insb dass der AG sein Weisungsrecht (zu diesem § 106 GewO Rdn 1 ff) nicht ausübt, spielt keine Rolle (BAG 25.1.2007, 5 AZB 49/06, EzA § 233 ZPO 2002 Nr 6). Ob dies ausnahmsweise anders zu beurteilen sein kann, wenn die Dienstleistung nicht iR einer fremdbestimmten Arbeitsorganisation erfolgt, konnte das BAG bislang offen lassen (idS LAG BW 28.1.2010, 3 Sa 47/09, nv; aA ErfK/*Preis* § 611 BGB Rn 36).

26 Wollen die Parteien eines Arbeitsverhältnisses ihre Rechtsbeziehungen künftig als freies Dienstverhältnis fortsetzen, müssen sie das hinreichend klar (und wegen § 623 BGB schriftlich) vereinbaren (BAG 25.1.2007, 5 AZB 49/06, EzA § 233 ZPO 2002 Nr 6); insb reicht es nicht aus, dass der AG sein Weisungsrecht ab einem bestimmten Zeitpunkt nicht mehr ausübt (soeben Rdn 25). Umgekehrt gilt aber: Einen Vertrag, der objektiv freier Mitarbeitervertrag ist, können die Vertragsparteien (formlos) übereinstimmend als Arbeitsvertrag qualifizieren und damit dem ArbR unterstellen (BAG 12.9.1996, 5 AZR 1066/94, EzA § 611 BGB Arbeitnehmerbegriff Nr 58). Eine gerichtliche Kontrolle bzw Korrektur, ob das Vertragsverhältnis nicht auch als freier Dienstvertrag hätte ausgestaltet werden können, findet nicht statt (*Stoffels* NZA 2000, 690, 695), weil eine Umgehung des AN-Schutzrechts gerade nicht zu besorgen ist; Grenzen sind allenfalls in Missbrauchsfällen zu ziehen (*Tillmanns* RdA 2015, 285, 287). Dabei kann die Umwandlung eines freien Dienstverhältnisses in ein Arbeitsverhältnis auch durch eine anderweitige faktische Handhabung erfolgen. Die einvernehmliche konkludente Vertragsänderung erfordert aber dabei, dass der AN eine vom AG vorgegebenen Neuorganisation nicht nur hinnimmt. Es muss aus dem Verhalten des AN vielmehr eindeutig geschlossen werden können, dass er mit der Änderung einverstanden ist (ArbG Nürnberg 28.11.2008, 8 Ca 2519/08, ZMGR 2009, 100 mit Verweis auf BAG 9.7.2003, 10 AZR 564/02, BAGReport 2004, 307).

27 Ist jemand als AN anzusehen, so kann ihm der arbeitsrechtliche Schutz **durch TV nicht vollständig** genommen werden. Dh aber nur: Durch TV kann keine Abgrenzung zwischen freiem Dienstverhältnis und Arbeitsverhältnis erfolgen. Einzelne Schutznormen kann der TV zulasten des AN abbedingen, wenn das

Gesetz dies vorsieht (tarifdispositives Gesetzesrecht, Bsp § 13 I BUrlG). Ob der AN den Schutz und die Vorteile des TV genießt, ist eine Frage der Tarifgeltung, insb der Tarifbindung und des persönlichen Geltungsbereichs des jeweiligen TV. Aus der verfassungsrechtlich geschützten Koalitionsfreiheit des Art 9 III GG folgt, dass die TVP iR ihrer gemeinsamen Tarifzuständigkeit darüber entscheiden, ob und für wen sie tarifliche Regelungen treffen wollen. Insoweit sind sie auch in der Bestimmung des Geltungsbereiches ihrer TV frei (nur BAG 24.4.1985, 4 AZR 457/83, EzA Art 9 GG Nr 39), können die Geltung eines TV an bestimmte Voraussetzungen knüpfen und auch bestimmte AN von dem Geltungsbereich eines TV ausschließen (näher hierzu *Klebeck* SAE 2008, 271 ff).

Da der AN seine Arbeitsleistung aufgrund und in Erfüllung eines **privatrechtlichen** Vertrages erbringen muss, fallen bestimmte Gruppen von Dienstverpflichteten nicht unter den AN-Begriff und somit aus dem Anwendungsbereich des ArbR: Dies gilt zunächst für **Beamte, Richter, Soldaten und Bundesfreiwilligendienst-Leistende**, die nicht aufgrund eines privatrechtlichen Vertrages, sondern ob eines **öffentl-rechtlichen Dienstverhältnisses** tätig werden, das jeweils durch Sondergesetze (BBG, BRRG, Beamtengesetze der Länder, DRiG, SoldatenG, BFDG) geregelt wird (zum öffentl-rechtlichen Dienstverhältnis eigener Art BAG 18.7.2007, 5 AZR 854/06, EzA § 611 BGB 2002 Arbeitnehmerbegriff Nr 11). Der Beamte steht etwa nach Art 33 IV GG in »einem öffentl-rechtlichen Dienst- und Treueverhältnis«, welches der Staat als Dienstherr nicht durch Vertrag, sondern durch zustimmungsbedürftigen VA (Ernennung) begründet. Mit Blick auf dieses Dienstverhältnis fehlt dem Beamten die AN-Eigenschaft. Übt er darüber hinaus auf privatvertraglicher Grundlage eine Nebentätigkeit aus, kann er mit Blick auf diese Tätigkeit (auch) als AN anzusehen sein. Ob die Nebentätigkeit den Pflichten aus dem Beamtenverhältnis widerspricht oder nicht, kann für diese Frage richtigerweise nicht von Bedeutung sein (unklar BAG 27.7.1994, 4 AZR 534/93, EzBAT §§ 22, 23 BAT M Nr 16). AG kann dabei auch der Dienstherr aus dem Beamtenverhältnis sein. Anderes gilt dagegen auf der Ebene des EU-Rechts: Sofern der abhängig Beschäftigte keine Hoheitsfunktionen wahrnimmt, wird nicht zum Beamten abgegrenzt (Rdn 5); der Beschäftigte ist AN iSd Unionsrechts (hierzu *Wank* EuZA 2008, 172, 182). Ausnahmsweise (und mit Wirkung nur für das Mitbestimmungsrecht) bestimmt § 5 I 3 BetrVG, dass Beamte, Soldaten und AN des öffentl Dienstes, die in Betrieben privatrechtlich organisierter Unternehmen tätig sind, als AN iSd BetrVG gelten (dazu § 5 BetrVG Rdn 3 ff).

Das Dienstverhältnis der **Angestellten des öffentl Dienstes** (AN des öffentl Dienstes) beruht auf einem privatrechtlichen Vertrag, sodass zu ihren Gunsten auch das individuelle und kollektive ArbR greift, wenn auch mit einigen Besonderheiten (etwa Geltung des PersVR des Bundes und der Länder anstelle des BetrVG). In einem öffentl-rechtlichen Dienstverhältnis bes Art stehen nach der Rspr die Lehrbeauftragten an Hochschulen – jedenfalls dann, wenn die Hochschule den Lehrauftrag einseitig kraft VA erteilt. Entschließt sich eine Körperschaft des öffentl Rechts, ein Dienstverhältnis öffentl-rechtlich und nicht privatrechtlich zu begründen, bleibt es auch bei Wirksamkeitsmängeln öffentl-rechtlicher Natur (BAG 18.7.2007, 5 AZR 854/06, EzA § 611 BGB 2002 Arbeitnehmerbegriff Nr 11). So entsteht bei rückwirkender Rücknahme einer Beamtenernennung ein faktisches öffentl-rechtliches Dienstverhältnis, in dem alle für die Beamten geltenden Regelungen unmittelbar oder entspr Anwendung finden. Ein nichtiges Beamtenverhältnis kann jedenfalls nicht nach § 140 BGB in ein Arbeitsverhältnis umgedeutet werden (BAG 13.7.2005, 5 AZR 435/04, EzA § 611 BGB 2002 Arbeitnehmerbegriff Nr 5). Auch Strafgefangene sind nicht als AN anzusehen (BAG 3.10.1978, 6 ABR 46/76, EzA § 5 BetrVG 1972 Nr 33). Strebt der Strafgefangene ein sog freies Beschäftigungsverhältnis iSv § 39 StVollzG oder einer entspr landesrechtlichen Vorschrift, die § 39 StVollzG nach Art 125a 2 GG ersetzt hat (Bsp Art 42 BayStVollzG), mit freien Trägern an, ist die Gestattung dieser Maßnahme ebenfalls ein Fall der Zuweisung von Arbeit iSd §§ 37 ff StVollzG, respektive des entsprechenden Landesrechts (LAG Berl-Bbg 3.6.2009, 13 Ta 1102/09, JurionRS 2009, 16590).

Differenziert zu betrachten sind die staatlich geförderten Beschäftigungen: Die seit dem 1.4.2012 weggefallenen (BGBl I 2011, 2854) **Arbeitsbeschaffungsmaßnahmen** nach §§ 260 ff SGB III aF führten zu mit öffentl Mitteln bezuschussten Arbeitsverhältnissen (sog »**zweiter Arbeitsmarkt**«). Heute gilt das noch für Leistungen zur Eingliederung in Arbeit iSv § 16 I SGB II iVm § 35 SGB III und für nach § 16e SGB II bezuschusste Arbeitsverhältnisse. Die Tätigkeit in der Werkstätte für behinderte Menschen iSd §§ 136 ff SGB IX kann nach § 138 I SGB IX ausnahmsweise in einem Arbeitsverhältnis erfolgen, wenn eine von Fördermaßnahmen begleitete wirtschaftlich verwertbare Leistung des behinderten Menschen im Vordergrund steht. Regelmäßig geht es zentral um die Rehabilitation des behinderten Menschen, die in einem arbeitnehmerähnlichen Verhältnis erfolgt (LAG BW 26.1.2009, 9 Sa 60/08, JurionRS 2009, 26649). Demggü begründen nach § 16d SGB II zugewiesene **Gelegenheiten für im öffentl Interesse liegende, zusätzliche Arbeiten** (sog »**Ein-Euro-Jobs**«) weder ein Arbeits- noch ein sozialversicherungsrechtliches Beschäftigungsverhältnis, § 16d VII 2 SGB II.

31 Solche **Arbeitsgelegenheiten mit Mehraufwandsentschädigung** (vgl § 16d VII 1 SGB II) begründen ein von Rechtssätzen des öffentl Rechts geprägtes Rechtsverhältnis und kein Arbeitsverhältnis (noch zu § 16 III SGB II aF BAG 20.2.2008, 5 AZR 290/07, EzA § 611 BGB 2002 Arbeitnehmerbegriff Nr 13 mwN). Regelmäßig wird der erwerbsfähige Leistungsberechtigte durch den Abschluss einer Eingliederungsvereinbarung nach § 15 SGB II zu der Arbeitsgelegenheit mit Mehraufwandsentschädigung herangezogen. Gem § 15 I 2 Nr 1 SGB II bestimmt diese Vereinbarung ua die Eingliederungsleistungen, zu denen auch die Zuweisung einer Arbeitsgelegenheit rechnet. Die Eingliederungsvereinbarung begründet schon deshalb ein öffentl-rechtliches Rechtsverhältnis, weil sie nach § 15 I 6 SGB II durch VA ersetzt werden kann. Die Rechte und Pflichten des Leistungsberechtigten ergeben sich aus sozialrechtlichen Regeln, wie sie die Eingliederungsvereinbarung bestimmt (BAG 26.9.2007, 5 AZR 857/06, EzA § 611 BGB 2002 Arbeitnehmerbegriff Nr 12). Ein privatrechtliches Rechtsverhältnis entsteht auch dann nicht, wenn bei der Verschaffung der Arbeitsgelegenheit die gesetzlichen Zulässigkeitsschranken nach § 16d I 1 SGB II für Arbeitsgelegenheiten mit Mehraufwandsentschädigung nicht eingehalten werden (so schon BAG 8.11.2006, 5 AZB 36/06, EzA ArbGG 1979 § 2 Nr 65; bestätigt durch BAG 26.9.2007, 5 AZR 857/06, EzA § 611 BGB 2002 Arbeitnehmerbegriff Nr 12 – jeweils noch zu § 16 III SGB II aF). Bei der Bewilligung einer betrieblichen Praxiserprobung gelten nach Ansicht des BAG die gleichen Grds (BAG 19.3.2008, 5 AZR 435/07, EzA § 16 SGB II Nr 3). Wird die **Arbeitsgelegenheit von Dritten (§ 17 SGB II)** vorgehalten oder die Verpflichtung, Arbeitsgelegenheiten beim Leistungsträger selbst aufzunehmen, vertraglich begründet, wäre ein privatrechtliches Beschäftigungsverhältnis eigener Art zwischen dem Dritten/Leistungsträger und dem erwerbsfähigen Leistungsberechtigten zumindest denkbar (gegen eine entspr Qualifikation BAG 26.9.2007, 5 AZR 857/06, EzA § 611 BGB 2002 Arbeitnehmerbegriff Nr 12). Ein Arbeitsverhältnis aber ist nach § 16d VII 2 SGB II ausgeschlossen.

32 **Ehegatten, Lebenspartner und sonstige Familienangehörige**, die Arbeiten lediglich aufgrund familiärer oder partnerschaftlicher Verbundenheit oder aufgrund gesetzlicher Unterhaltsverpflichtungen (»im Dienste der Familie«) erbringen, sind grds keine AN; es fehlt insoweit an dem konstitutiven Merkmal des privatrechtlichen Vertrags. Gesetzliche Verpflichtungen können sich bei Ehegatten aus der ehelichen Beistandspflicht ergeben, § 1353 I 2 BGB (für Lebenspartner aus § 2 LPartG), wobei sich diese Mitarbeitspflicht nach hM auf Ausnahmefälle beschränken soll (Palandt/*Brudermüller* § 1356 BGB Rn 7). Kinder sind nach § 1619 BGB, solange sie dem elterlichen Hausstand angehören und von den Eltern erzogen oder unterhalten werden, verpflichtet, den Eltern in ihrem Geschäft Dienst zu leisten (Palandt/*Diederichsen* § 1619 BGB Rn 2 f). Ungeachtet dieser gesetzlichen Verpflichtungen bleibt es Familienangehörigen unbenommen, **ausdrücklich** ein **Arbeitsverhältnis** zu vereinbaren (näher zum Ehegattenarbeitsverhältnis *Schulz* NZA 2010, 75 ff), das unter bestimmten Voraussetzungen auch einkommensteuerrechtlich anzuerkennen ist. Derjenige, der ein Scheingeschäft behauptet, trägt hierfür die Beweislast (vgl BAG 9.2.1995, 2 AZR 389/94, EzA § 1 KSchG Personenbedingte Kündigung Nr 12). Schwierig ist die Abgrenzung, wenn eine überobligationsmäßige Arbeit erbracht wird: Denkbar ist nicht nur, dass die Arbeitsleistung aufgrund eines **konkludent** geschlossenen Arbeitsvertrages, sondern auch auf gesellschaftsrechtlicher Grundlage (etwa: »Ehegatten-Innengesellschaft«) oder lediglich aufgrund familiärer Verbundenheit (Gefälligkeitsverhältnis) erbracht wird (*Menken* DB 1993, 161; *Hergenröder* AR-Blattei SD 615.1 und 700. 1). Auch wenn der Ehegatte als AN anzusehen ist, greifen nicht unbedingt sämtliche arbeitsrechtlichen Vorschriften, wie etwa § 5 II Nr 5 BetrVG belegt (hierzu und zur analogen Anwendung der Vorschrift LAG Nds 5.3.2009, 5 TaBVGa 19/09, AE 2009, 203 [LS]).

33 Bedeutung hat die Abgrenzung vor allem im **Sozialversicherungsrecht**: Ist Grundlage der Familienmitarbeit ein Arbeitsverhältnis, liegt regelmäßig auch ein sozialversicherungspflichtiges Beschäftigungsverhältnis iSd § 7 SGB IV vor, sofern die Schwelle einer geringfügigen Beschäftigung nach §§ 8, 8a SGB IV überschritten ist. Den AG treffen insb die sozialversicherungsrechtlichen Melde- und Beitragspflichten, §§ 28a ff SGB IV. Ergibt sich aus der Meldung des AG nach § 28a SGB IV, dass ein Beschäftigter Angehöriger des AG ist, muss die zuständige Krankenkasse (Einzugsstelle) gem § 7a I 2 SGB IV das Statusverfahren (Entsch über Vorliegen einer versicherungspflichtigen Beschäftigung durch die Dt Rentenversicherung Bund) beantragen. Ein sozialversicherungspflichtiges Beschäftigungsverhältnis liegt nach hM vor, wenn der Angehörige in den Betrieb des AG nicht anders als eine fremde Arbeitskraft eingegliedert ist und die Beschäftigung tatsächlich ausübt, der Angehörige dem Weisungsrecht des AG – zumindest in abgeschwächter Form – unterliegt, der Angehörige anstelle einer fremden Arbeitskraft beschäftigt wird, ein der Arbeitsleistung angemessenes Entgelt vereinbart ist, von dem Arbeitsentgelt Lohnsteuer entrichtet wird und das Arbeitsentgelt als Betriebsausgabe gebucht wird (eingehend *Marschner* AR-Blattei SD 615.2 Rn 23 ff). Keine abhängige Beschäftigung liegt vor, wenn der nominell als Arbeitnehmer geführte Angehörige rechtlich oder zumindest faktisch einen (mit)beherrschenden Einfluss auf die Unterleitung ausüben kann; dass jemand für ein

Familienmitglied tätig ist, schließt abhängige Beschäftigung aber nicht a priori aus (BSG 30.4.2013, B 12 KR 19/11, HSP § 20 SGB XI Nr 2.12).

Privatrechtliche Grundlage einer Arbeitspflicht kann auch eine **Vereinsmitgliedschaft** oder eine **Gesellschaft-** 34 **erstellung** sein: Die vereinsmitgliedschaftliche Beitragspflicht nach § 58 Nr 2 BGB kann auch durch entspr Arbeitsleistung erfüllt werden (BAG 26.9.2002, 5 AZB 19/01, EzA § 2 ArbGG 1979 Nr 57). Es gibt keinen Rechtssatz des Inhalts, dass Dienste in persönlicher Abhängigkeit nur aufgrund eines Arbeitsverhältnisses und nicht aufgrund vereinsrechtlicher Mitgliedschaft erbracht werden können (BAG 6.7.1995, 5 AZB 9/93, EzA § 5 ArbGG 1979 Nr 11). Umgekehrt schließt aber die Gesellschafterstellung oder die Vereinsmitgliedschaft nicht aus, als AN für die Gesellschaft bzw für den Verein tätig zu werden (BAG 9.1.1990, 3 AZR 617/88, EzA § 117 BGB Nr 2). Die Begründung vereinsrechtlicher Arbeitspflichten führt nicht von vornherein zur Umgehung zwingender arbeitsrechtlicher Schutzbestimmungen. Ein Verein kann durch seine Grds und Ziele gehalten sein, Personal zu beschäftigen, das über eine »schlichte Arbeitnehmermentalität« hinausgehend mit dem Verein und seinen Zielen in besonderem Maße verbunden ist. Verzichtet ein solcher Verein zugunsten einer Mitgliedschaft darauf, AN einzustellen, ist das weder ein Rechtsmissbrauch noch eine objektiv funktionswidrige Verwendung des Rechtsinstituts der Vereinsmitgliedschaft (LAG Düsseldorf 30.10.2008, 15 TaBV 245/08, EzAÜG BetrVG Nr 107).

Dass das **Vereinsmitglied** im Verhältnis zum **Verein** bereits deswegen kein AN sein kann, weil »neben der 35 alle maßgeblichen Rechte und Pflichten umfassenden Mitgliedschaft (...) ein bes Arbeitsverhältnis schon denkgesetzlich nicht bestehen« könne (BAG 3.6.1975, 1 ABR 98/74, EzA § 5 BetrVG 1972 Nr 19; offengelassen BAG 20.2.1986, 6 ABR 5/85, EzA § 5 BetrVG Nr 45; 6.7.1995, 5 AZB 9/93, EzA § 5 ArbGG 1979 Nr 11), ist missverständlich: Schließen das Vereinsmitglied und sein Verein ausdrücklich einen Arbeitsvertrag, kann neben das vereinsrechtliche Mitgliedschaftsverhältnis auch ein Arbeitsverhältnis treten und das Mitglied insoweit als AN anzusehen sein. Endlich kann zwar ein Verein kraft seiner Vereins- und Satzungsautonomie in seiner Satzung die Leistung von Diensten in persönlicher Abhängigkeit als Mitgliedsbeitrag vorsehen, solche vereinsrechtlichen Arbeitspflichten dürfen aber nicht zwingende Schutzbestimmungen des ArbR umgehen (BAG 26.9.2002, 5 AZB 19/01, EzA § 2 ArbGG 1979 Nr 57); ein entsprechendes Umgehungsverbot gilt für ehrenamtliche Tätigkeiten auf Basis eines Auftrags (BAG 29.8.2012, 10 AZR 499/11, EzA § 611 BGB 2002 Arbeitnehmerbegriff Nr 22).

Ob der Verein einen karitativen/religiösen oder einen wirtschaftlichen Zweck verfolgt, spielt nach dem 36 BAG keine Rolle für die Frage nach einer Umgehung des ArbR (BAG 26.9.2002, 5 AZB 19/01, EzA § 2 ArbGG 1979 Nr 57 hält eine Entsch über den Zweck von »Scientology« für überflüssig; vgl aber BAG 6.7.1995, 5 AZB 9/93, EzA § 5 ArbGG 1979 Nr 11 für die Rot-Kreuz-Schwesternschaft, deren karitativer Zweck offenbar gegen eine Umgehung sprechen soll; krit ErfK/*Preis* § 611 BGB Rn 143, der bei wirtschaftlichen Vereinen eine vereinsrechtliche Arbeitspflicht grds ablehnt). Statt dessen hat das Gericht mit Blick auf die Umgehung auf (fehlende) **vereinsrechtliche Einflussnahmemöglichkeiten** des Mitglieds abgehoben, aber auch auf das Fehlen eines Anspruches auf angemessene Vergütung, zusätzliches Ruhegeld, jährlichen Urlaub und Krankenbezüge (BAG 6.7.1995, 5 AZB 9/93, EzA § 5 ArbGG 1979 Nr 11). Letzteres erzeugt einen Wertungswiderspruch zur Abgrenzung des AN vom freien Dienstnehmer: Vertragliche Sozialschutzregeln lassen den AN nicht zum Selbstständigen mutieren. Es kommt auf die persönliche Abhängigkeit (Rdn 42 ff) an. Sie fehlt bei Vereinsmitgliedern nur, wenn ihr vereinsrechtlicher Einfluss für das »unternehmerische« Verhalten des Vereins maßgeblich ist. Demnach spricht mehr dafür, Rot-Kreuz-Schwestern generell als AN einzustufen (richtig *Mestwerdt* NZA 2014, 281). Mit Blick auf den insoweit typischen drittbezogenen Einsatz stellt sich auch die Frage nach einer unionsrechtlich zwingenden Einordnung der Schwestern als Leiharbeitnehmer iSd RL 2008/104/EG (dazu BAG 17.3.2015, 1 ABR 62/12 [A], ZTR 2015, 400); insoweit spricht für den AN-Status, dass der EuGH die Weisungsbindung (auch) anhand des (internen) Einflusses auf Arbeitgeberentsch ermittelt (Rdn 5).

Wird das Vereinsmitglied bei einem **Dritten** tätig, schließt das vereinsrechtliche Verhältnis zwischen Ver- 37 ein und Mitglied arbeitsrechtliche Beziehungen zwischen Mitglied und Drittem nicht aus: Denkbar ist zum einen ein mittelbares Arbeitsverhältnis (allg hierzu *Konzen* ZfA 1982, 259) in der Form und mit der Besonderheit, dass zwischen Dienstverschaffendem (zB Rot-Kreuz-Schwesternschaft) und Dienstverpflichtetem (zB Rot-Kreuz-Schwester) kein Arbeitsverhältnis besteht (Staudinger/*Richardi/Fischinger* § 611 BGB Rn 188; zur Mitbestimmung nach § 99 BetrVG im Einsatzbetrieb BAG 23.6.2010, 7 ABR 1/09, EzA § 99 BetrVG 2001 Einstellung Nr 13). Zum anderen kommt auch der Abschluss eines Arbeitsvertrages zwischen dem Dritten und dem bei ihm tätigen Vereinsmitglied in Betracht (offengelassen BAG 20.2.1986, 6 ABR 5/85, EzA § 5 BetrVG 1972 Nr 45). Dafür bedarf es aber weitergehender Anhaltspunkte jenseits der bloßen Arbeitsleistung (HWK/*Thüsing* Vor § 611 BGB Rn 35).

38 Nichts anderes gilt im Verhältnis zwischen **Gesellschaftern** und **Gesellschaft**. Nach hM können Gesellschafterbeiträge auch in Dienstleistungen bestehen. Das ist für die GbR in § 706 III BGB ausdrücklich klargestellt, gilt über §§ 105 III, § 161 II HGB aber auch für die OHG und die KG. In der GmbH können Dienste als Gesellschafterbeitrag geleistet werden: als sog Nebenleistungen iSd § 3 II GmbHG. Damit stellt sich auch hier die Frage, ob der Gesellschafter ausschließlich aufgrund der sich aus dem Gesellschaftsvertrag ergebenden Verpflichtungen tätig wird, oder ob zwischen Gesellschaft und Gesellschafter daneben ein Arbeitsverhältnis begründet worden ist (zur Abgrenzung von Dienstleistungen auf gesellschafts- und/oder arbeitsvertraglicher Grundlage HWK/*Thüsing* Vor § 611 BGB Rn 12 ff). Unbenommen bleibt auch hier, dass ein Gesellschafter mit der Gesellschaft ausdrücklich einen Arbeitsvertrag abschließt. Freilich muss die Arbeitspflicht in persönlicher Abhängigkeit inkl Weisungsbindung wirklich gewollt sein. Bei maßgebendem Einfluss des Gesellschafters auf die Geschäftsführung liegt der Verdacht eines Scheingeschäfts iSd § 117 I BGB nahe (etwa um den Insolvenzschutz der bAV iSd § 7 V BetrAVG zu missbrauchen; vgl *Blomeyer/Rolfs/Otto* § 17 Rn 28). Tritt im Einzelfall ein Arbeitsverhältnis neben die gesellschaftsrechtliche Mitgliedschaft, unterliegen Leistungen der Gesellschaft an den AN/Gesellschafter nicht zwingend dem ArbR, sondern sind dem maßgeblichen Rechtsverhältnis zuzuordnen (BAG 19.1.2009, 3 AZR 409/09, AP Nr 62 zu § 1 BetrAVG [LS] für eine Versorgungszusage). Gleiches gilt für Arbeitsleistungen im Verhältnis von Genossenschaftsmitgliedern zur Genossenschaft (HWK/*Thüsing* Vor § 611 BGB Rn 37). Eine allg Grenze der Satzungsautonomie bilden auch hier arbeitsrechtliche Schutzbestimmungen, die nicht umgegangen werden dürfen. Ob im Einzelfall eine solche Umgehung arbeitsrechtlicher Vorschriften vorliegt, ist nach den in Rdn 36 entwickelten Kriterien zu beurteilen: Insoweit kommt es auf den gesellschaftsrechtlichen Einfluss des AN-Gesellschafters auf das »unternehmerische« Verhalten der Gesellschaft an (ähnlich *Staab* NZA 1995, 608, 614; *Diller* 317 ff, der daneben die Beteiligung am Unternehmenserfolg und -risiko berücksichtigen will). Wer das Unternehmerverhalten maßgeblich steuern kann, kann nicht AN sein (für Mehrheitsgesellschafter einer GmbH BAG 17.9.2014, 10 AZB 43/14, EzA § 611 BGB 2002 Arbeitnehmerbegriff Nr 27).

39 In der **AG** sind Dienste als Beiträge gem § 27 II Hs 2 und § 55 I AktG (nur »wiederkehrende« und nicht »dauernde« Leistungen) grds ausgeschlossen; Arbeitspflichten mitarbeitender Aktionäre können demnach auch nicht auf Grundlage der Satzung begründet werden. Erbringen sie Arbeitsleistungen für die Gesellschaft aufgrund eines privatrechtlichen Vertrages, stellt sich mithin die Frage, ob dies auf der Grundlage eines Arbeits-, Dienst- oder etwa eines Werkvertrages erfolgt. Gleiches gilt für die KGaA, da § 278 III AktG für die Rechtsverhältnisse der Kommanditaktionäre untereinander und zur Gesellschaft ua auf die §§ 27, 55 AktG verweist.

40 Zur AN-Eigenschaft von Organmitgliedern juristischer Personen Rdn 104 ff.

41 **III. Verpflichtung zur Arbeitsleistung, nicht zum Arbeitserfolg.** Der AN muss nach der von der hM zugrunde gelegten Definition aufgrund des privatrechtlichen Vertrages zur **Arbeit** im Dienste eines anderen **verpflichtet** sein: Geschuldet ist die Arbeitsleistung, nicht der Arbeitserfolg. Dieses Merkmal grenzt den Arbeitsvertrag als Sonderfall des allg Dienstvertrages (§ 611 BGB) von Werk- und Werklieferungsverträgen ab. Der Werkunternehmer als solcher ist kein AN im arbeitsrechtlichen Sinne (BAG 23.4.1980, 5 AZR 426/79, EzA § 611 BGB Arbeitnehmerbegriff Nr 21); freilich kann eine nominell als Werkvertrag geführte Abrede rechtlich Arbeitsvertrag (und der angebliche Werkunternehmer AN) sein (*Dieckmann* NZS 2013, 647), wenn sich die tatsächliche Handhabung gegen den Vertragswortlaut durchsetzt (Rdn 23). Die Vereinbarung einer leistungsbezogenen Vergütung als Gegenleistung der erbrachten Arbeitsleistung (etwa Akkordlohn oder andere Formen einer erfolgsabhängigen Vergütung, wie etwa Bonuszahlungen) schließt den Status eines Beschäftigten als AN nicht aus, macht den Arbeitsvertrag also nicht zum Werkvertrag (Staudinger/*Richardi/Fischinger* Vor §§ 611–613 BGB Rn 41; *Maschmann* S 126 ff). Bedeutung hat die **geschuldete Gegenleistung** (Entgelt) indes für die Abgrenzung von der unentgeltlichen Geschäftsbesorgung (Auftrag, § 662 BGB). Aber: Ein Arbeitsvertrag kann auch geschlossen werden, ohne dass (ausdrücklich) eine Vergütung vereinbart worden wäre, § 612 BGB.

42 **IV. Entscheidend: persönliche Abhängigkeit.** Im Dienste eines anderen muss die Arbeitsleistung erbracht werden. Die bloße Verpflichtung zur Dienstleistung soll hierfür aber nicht ausreichen. Arbeitsvertrag und AN-Eigenschaft eines Beschäftigten setzen voraus, dass dieser sich zu einer Dienstleistung verpflichtet, die ihn vom Dienstherrn **persönlich abhängig** werden lässt. Eine **wirtschaftliche Abhängigkeit** ist weder erforderlich noch ausreichend (BAG 30.9.1998, 5 AZR 563/97, EzA § 611 BGB Arbeitnehmerbegriff Nr 74). Erst wenn feststeht, dass mangels persönlicher Abhängigkeit kein Arbeitsverhältnis vorliegt, kommt der wirtschaftlichen Abhängigkeit Bedeutung zu: für die Abgrenzung zwischen Selbstständigen und **AN-ähnlichen Personen** (BAG 11.4.1997, 5 AZB 33/96, EzA § 5 ArbGG 1979 Nr 20; zu den AN-ähnlichen Rdn 70 ff).

Wann von einer (hinreichenden) persönlichen Abhängigkeit auszugehen ist, ist nicht abschließend geklärt 43
und im Detail str. **Funktional** legt der AN-Begriff fest, ob und wie viel arbeitsrechtlicher Schutz im konkreten Fall nötig ist. Insofern wäre es konsequent, die Definition des AN am Schutzzweck des ArbR auszurichten. Indes ist unklar, wie dieser General-Schutzzweck formuliert werden sollte. Die Auffassung, das ArbR schütze den AN als (wirtschaftlich) strukturell unterlegene Vertragspartei, ist so nicht haltbar: Das ArbR schützt den AN nicht nur wenn (und nicht nur soweit) er wirtschaftlich unterlegen ist, sondern beschränkt paternalistisch den eigenverantwortlichen Freiheitsgebrauch selbst des wirtschaftlich überlegenen AN (eingehend *Schwarze* ZfA 2005, 81, 84 ff). Das spricht gegen »neuere« Lehren, die den AN-Begriff insofern teleologisch definieren wollen (»Sinnzusammenhang zwischen dem arbeitsvertraglichen Tatbestand und der Rechtsfolge Anwendbarkeit des ArbR«), als sie die Schutzbedürftigkeit des AN unabhängig von der persönlichen Abhängigkeit durch Weisungsbindung (Rdn 46) bestimmen (*Wank* DB 1992, 90 stellt auf selbstständiges Auftreten des Dienstleistungserbringers am Markt mit allen Chancen und Risiken ab, *Maschmann* S 44 ff auf die Verfügbarkeit des Mitarbeiters über seine Arbeitskraft; noch Rdn 68 f).

Sicher und für die Praxis maßgebend ist, dass das BAG nicht idS auf Gesetzeszwecke, sondern auf eine **typo-** 44
logische Betrachtungsweise abstellt (zB BAG 23.4.1980, 5 AZR 426/79, EzA § 611 BGB Arbeitnehmerbegriff Nr 21): Entscheidend ist dabei eine Gesamtschau **verschiedener Kriterien** nach Maßgabe der Verkehrsauffassung und des Einzelfalls. Der AN-Begriff soll ausgehend vom Normalfall als Typus beschrieben werden, nicht aber anhand bestimmter, jeweils unverzichtbarer Tatbestandsmerkmale definiert. Der Typus »AN« bestimmt sich also nach einer Vielzahl von »Anzeichen« oder »Indizien«, die im Einzelfall in sehr unterschiedlicher Intensität vorliegen können, aber nicht unbedingt müssen. Insb gibt es kein Merkmal, das zwingend erfüllt sein müsste, um die persönliche Abhängigkeit und damit die AN-Eigenschaft bejahen zu können. Entscheidend ist vielmehr, ob (zumindest) einige der typischen Kriterien so intensiv ausgeprägt sind, dass nach der Gesamtschau der Typus »AN« vorliegt. Bei der entspr Wertung kommt der Tatsacheninstanz ein nur eingeschränkt revisibler Beurteilungsspielraum zu (BAG 11.8.2015, 9 AZR 98/14, EzA § 611 BGB 2002 Arbeitnehmerbegriff Nr 28).

Den Vorwurf der **Unbestimmtheit** und der damit einhergehenden **Rechtsunsicherheit** (Kritik an der typo- 45
logischen Methode übt *Maschmann* S 62 ff mwN) hat das BVerfG (20.5.1996, 1 BvR 21/96, AP Nr 82 zu § 611 BGB Abhängigkeit) mit Blick auf die vergleichbare Frage nach dem sozialversicherungsrechtlichen Beschäftigtenbegriff (§ 7 SGB IV) zurückgewiesen: »Gewisse Unsicherheiten und auch eine dem jeweiligen Rechtsgebiet spezifische unterschiedliche Auslegung bestimmter Vorschriften durch die Gerichte verschiedener Instanzen und verschiedener Gerichtszweige ist jeder Auslegung von Rechtsvorschriften immanent.« Als Rechtsfigur erlaube der Typus, flexibel auf geänderte soziale Strukturen zu reagieren und insb eine Umgehung zum Nachteil abhängig Beschäftigter zu verhindern, die zB durch der Realität nicht entspr, einseitig bestimmte Vertragsgestaltungen drohe.

Wichtigstes »Anzeichen« einer persönlichen Abhängigkeit ist für die Rspr die **Weisungsgebundenheit** des 46
Beschäftigten (nur BAG 30.11.1994, 5 AZR 704/93, EzA § 611 BGB Arbeitnehmerbegriff Nr 55). Das BAG hebt insoweit angelehnt an § 84 I 2 HGB (zB BAG 29.5.2002, 5 AZR 161/01, EzA § 611 BGB Arbeitnehmerbegriff Nr 88) auf die **Fremdbestimmtheit von Zeit, Ort und Inhalt der Arbeitsleistung** ab (BAG 24.3.2004, 5 AZR 233/03, EzA § 134 BGB 2002 Nr 2). Je stärker diese Fremdbestimmtheit ausgeprägt ist, desto eher ist ein Arbeitsverhältnis anzunehmen. Fremdbestimmung idS meint einseitige Verfügungsmacht des AG über die Arbeitskraft; die vertragliche Selbstbindung bedingt keine vergleichbare Unterordnung und deutet mithin nicht auf ein Arbeitsverhältnis hin (BAG 24.6.1992, 5 AZR 384/91, EzA § 611 BGB Arbeitnehmerbegriff Nr 46; 11.8.2015, 9 AZR 98/14, NZA Nr 41/2015).

Demggü ist die **Arbeit als solche kein tragfähiges Abgrenzungskriterium**, weil jede Dienst- oder Arbeits- 47
leistung auch in einem freien Dienstverhältnis erbracht werden kann. Wenn das BAG meint, bestimmte Tätigkeiten für andere könnten typischerweise nur im Arbeitsverhältnis geleistet werden (Orchestermusiker, Lehrkraft an allgemeinbildenden Schulen, Hilfspfleger im Krankenhaus; BAG 20.7.1994, 5 AZR 627/93, EzA § 611 BGB Arbeitnehmerbegriff Nr 54; zurückhaltender BAG 12.6.1996, 5 AZR 960/94, EzA § 611 BGB Arbeitnehmerbegriff Nr 60), ist das missverständlich: Bestimmte Tätigkeiten bedingen idR eine Organisation durch den Dienstberechtigten. Diese Organisation, nicht die Arbeit als solche, erlaubt dann Rückschlüsse auf Umfang und Bedeutung des Weisungsrechts. Deshalb ist es bei entsprechender Gestaltung durchaus möglich, auch »klassische AN-Tätigkeiten« von Nicht-AN ausführen zu lassen: Voraussetzung ist freilich, dass hinreichend viele geeignete Kräfte eine funktional abgegrenzte Aufgabe in Eigenregie übernehmen (für den Zusammenschluß von Bauarbeitern in einer GmbH, in der alle Gesellschafter »gleich berechtigt und gleich verpflichtet« sein sollten, BAG 10.4.1991, 4 AZR 467/90, EzA § 611 BGB Arbeitnehmerbegriff Nr 39).

48 Da sich die Rspr weitgehend an § 84 I 2 HGB orientiert, kommt zunächst der **zeitlichen Weisungsgebundenheit** zentrale Bedeutung zu (nur BAG 22.8.2001, 5 AZR 502/99, EzA § 611 BGB Arbeitnehmerbegriff Nr 86): Wenn der Beschäftigte sich die Zeit der Tätigkeit, also **Dauer und Lage der Arbeitszeit**, frei einteilen kann, so spricht dies für eine selbstständige Tätigkeit und gegen die AN-Eigenschaft (BAG 28.2.1962, 4 AZR 141/61, AP BGB § 611 Abhängigkeit Nr 1; 15.12.1999, 5 AZR 770/98, EzA § 611 BGB Arbeitnehmerbegriff Nr 79). Gegen eine zeitliche Weisungsgebundenheit im arbeitsrechtlichen Sinne spricht ferner, dass der Beschäftigte die Übernahme der vereinbarten Tätigkeit jederzeit und ohne Grund verweigern darf, oder dass für die Erledigung der Aufgaben zwar Fristen gesetzt sind, diese aber so bemessen sind, dass die Arbeitszeit innerhalb des Zeitrahmens wiederum frei eingeteilt werden kann (BAG 22.8.2001, 5 AZR 502/99, EzA § 611 BGB Arbeitnehmerbegriff Nr 86; ebenso *Boemke* ZfA 1998, 285, 309).

49 Eine st **Dienstbereitschaft oder Anwesenheitspflicht** spricht demggü ebenso für persönliche Abhängigkeit wie der Umstand, dass der Dienstberechtigte Dienst- und oder Stundenpläne einseitig aufstellt (BAG 19.11.1997, 5 AZR 21/97, EzA § 611 BGB Arbeitnehmerbegriff Nr 62), den Mitarbeiter in Dienstpläne ohne Absprache einteilt (BAG 14.3.2007, 5 AZR 499/06, EzA § 611 BGB 2002 Arbeitnehmerbegriff Nr 10) oder sonst innerhalb eines zeitlichen Rahmens über die Arbeitsleistung verfügen kann (BAG 30.11.1994, 5 AZR 704/93, EzA § 611 BGB Arbeitnehmerbegriff Nr 55). Für ein Arbeitsverhältnis spricht ferner, dass sich der Beschäftigte Urlaub genehmigen lassen (BAG 9.6.1993, 5 AZR 123/92, EzA § 611 BGB Arbeitnehmerbegriff Nr 51) oder sich an die betrieblich vorgegebene Arbeitszeit halten muss (BAG 3.10.1975, 5 AZR 445/74, EzA § 611 BGB Arbeitnehmerbegriff Nr 3): Wer im Dienstplan eingetragen wird, ist idR AN. Dass sich der AN selbst in den Dienstplan eintragen kann, soll unbeachtlich sein, wenn der AG kraft des Arbeitsvertrages zur einseitigen Zuweisung befugt ist (BAG 14.3.2007, 5 AZR 499/06, EzA § 611 BGB 2002 Arbeitnehmerbegriff Nr 10). Für ein Arbeitsverhältnis untypisch ist hingegen, dass ein AN bei jeder Dienstplanerstellung ins Einzelne gehende Vorgaben dazu machen kann, wann er (nicht) eingesetzt werden will, und dass diese Vorgaben für die Planung maßgebend sind und lediglich aufgrund von Einzelgesprächen außer Kraft gesetzt werden können (BAG 26.8.2009, 5 AZN 503/09, AP Nr 65 zu 72a ArbGG 1979 [LS]). Andererseits können, wenn der Dienstverpflichtete sich jeweils selbst um Dienste »bewirbt« und seine Zusage auch kurzfristig wieder stornieren darf, auch jeweils kurze, auf einen konkreten Arbeitseinsatz beschränkte Arbeitsverhältnisse vereinbart werden, die dann freilich jeweils am TzBfG zu messen sind (BAG 16.5.2012, 5 AZR 268/11, EzA § 138 BGB 2002 Nr 7).

50 Folgt die zeitliche Bindung des Beschäftigten schon aus der Eigenart der Tätigkeit, ist er nicht allein deshalb AN (BAG 9.3.1977, 5 AZR 110/76, EzA § 611 BGB Arbeitnehmerbegriff Nr 9 für einen Rundfunkmitarbeiter). Auch das Versprechen, eine Leistung zu einem bestimmten Zeitpunkt oder in einem bestimmten Zeitrahmen (mit Blick auf die Öffnungszeiten eines medizinischen Servicezentrums BAG 21.7.2015, 9 AZR 484/14, ZMV 2016, 49) zu erbringen, macht den Leistungserbringer nicht zwingend zum AN. Bei Dienst- oder Werkverträgen können Termine für die Erledigung der Arbeit bestimmt werden, ohne dass daraus eine zeitliche Weisungsabhängigkeit folgt (BAG 14.32007, 5 AZR 499/06, EzA § 611 BGB 2002 Arbeitnehmerbegriff Nr 10); jede vertragliche Bindung schränkt die persönliche Freiheit ein. Zur für das Arbeitsverhältnis typischen zeitlichen Weisungsbindung gerinnt diese Freiheitseinbuße nach dem BAG indes erst, wenn sie (insb in räumlicher und zeitlicher Hinsicht) eine Dichte erreicht, die sich nicht allein aus der Natur der zu leistenden Tätigkeit, sondern gerade aus der vertraglich dem AG zugestandenen Verfügungsmacht über die Arbeitsleistung ergibt. Steht dem Mitarbeiter ein Zeitkorridor von 24 Stunden zur Verfügung, um die Leistung zu erbringen, soll die Zeitsouveränität des Mitarbeiters jedenfalls nicht so weit aufgehoben sein, dass von einer zeitlichen Weisungsgebundenheit und damit von einem Arbeitsverhältnis auszugehen wäre (BAG 13.3.2008, 2 AZR 1037/06, EzA § 1 KSchG Betriebsbedingte Kündigung Nr 159).

51 Eine zeitliche Bindung und damit ein Indiz für den Status des Beschäftigten als AN besteht indes bei allen Formen von **Arbeitsbereitschaft**, der Rufbereitschaft, des Bereitschaftsdienstes und der Arbeit auf Abruf (BAG 12.6.1996, 5 AZR 960/94, EzA § 2 BeschFG 1985 Nr 49). Weisungsabhängigkeit in zeitlicher Hinsicht ist etwa zu bejahen, wenn ständige Dienstbereitschaft erwartet wird oder wenn der Mitarbeiter in nicht unerheblichem Umfang auch ohne entsprechende Vereinbarung herangezogen wird, ihm also die Arbeitszeiten letztlich »zugewiesen« werden (BAG 15.2.2012, 10 AZR 301/10, EzA § 611 BGB 2002 Arbeitnehmerbegriff Nr 21). Dabei kann sich die ständige Dienstbereitschaft sowohl aus der ausdrücklichen Vereinbarung der Parteien als auch aus der praktischen Durchführung des Vertrags ergeben.

52 Wird im Betrieb in **Gleitzeit** gearbeitet oder bestehen Arbeitszeitkonten, die der Beschäftigte selbstständig auffüllen oder leeren kann, ist die zeitliche Weisungsgebundenheit zwar weithin »gelockert«. AN bleiben die Beschäftigten indes – selbst bei nahezu vollständig freier Zeiteinteilung – gleichwohl, wenn eine Weisungsbindung mit Blick auf Inhalt und Durchführung der Tätigkeit besteht (BAG 27.4.1991, 5 AZR 194/90, EzA § 611 BGB Arbeitnehmerbegriff Nr 38; 6.5.1998, 5 AZR 347/97, EzA § 611 BGB Arbeitnehmerbegriff

Nr 66). Aber: Mit zunehmender Zeitsouveränität im Zuge von flexiblen Arbeitszeiten wird auch die überkommene Definition des AN zunehmend zweifelhafter (*Maschmann* S 44 ff mwN).

Zwar hat das BAG vereinzelt auch auf die Dauer der Arbeitszeit abgestellt (zB BAG 2.6.1976, 5 AZR 131/75, EzA § 611 BGB Arbeitnehmerbegriff Nr 6; 17.5.1978, 5 AZR 580/77, EzA § 611 BGB Arbeitnehmerbegriff Nr 18). Indes muss diese Rspr heute als überholt angesehen werden, wenn ein Dozent nicht schon deshalb AN sein soll, weil er sich in einem zeitlich erheblichen Umfang zu Sprachunterricht verpflichtet hat (BAG 25.8.1982, 5 AZR 7/81, EzA § 611 BGB Arbeitnehmerbegriff Nr 25; ebenso *Maschmann* S 45 ff mwN). Richtigerweise kann der Umfang der Arbeitszeit für sich genommen nie ausschlaggebend sein: Ob die geschuldete Arbeitsleistung in **Voll- oder Teilzeit** und ob sie in einem (projektbezogenen oder sonst) befristeten oder auf Dauer angelegten Beschäftigungsverhältnis erbracht wird, ist unbeachtlich. Ebenso wenig kann es eine Rolle spielen, ob eine **geringfügige Beschäftigung** (BAG 16.7.1997, 5 AZR 312/96, EzA § 611 BGB Arbeitnehmerbegriff Nr 61 für Zeitungszusteller), oder ob **haupt- oder nebenberufliche Tätigkeit** vorliegt (zB BAG 30.11.1994, 5 AZR 704/93, EzA § 611 BGB Arbeitnehmerbegriff Nr 55 mwN). Unbeachtlich ist auch, ob eine »lückenlose« Beschäftigung vorliegt oder zwischen den einzelnen Arbeitseinsätzen größere Zeiträume liegen (BAG 13.1.1983, 5 AZR 149/82, EzA § 611 BGB Arbeitnehmerbegriff Nr 26).

Örtliche Weisungsgebundenheit meint, dass der Beschäftigte verpflichtet ist, die Dienste an einem vom AG bestimmten bzw zugewiesenen Ort zu erbringen. Dem steht ein Rest-Entscheidungsspielraum des Beschäftigten nicht entgegen, wenn etwa der AG das Einsatzgebiet bestimmt, dem AN aber das Recht eingeräumt ist, den Tätigkeitsort innerhalb dieses Gebiets nach bestimmten Vorgaben frei zu wählen (*Boemke* ZfA 1998, 285, 310). Ohnehin spricht fehlende örtliche Weisungsgebundenheit nicht zwingend gegen ein Arbeitsverhältnis (HWK/*Thüsing* Vor § 611 BGB Rn 47). Ist etwa der Arbeitsort vertraglich festgelegt oder ergibt sich dieser sachlogisch zwingend aus der ausgeübten Tätigkeit, kann der Beschäftigte gleichwohl AN sein. Örtliche Weisungsgebundenheit ist nicht mit der **arbeitsorganisatorischen Eingliederung** des Dienstverpflichteten (Rdn 59 ff) gleichzusetzen. Der Unterschied zeigt sich insb bei Außendienstmitarbeitern (etwa Monteuren, Kundenberater), die zwar nicht »von Apparat und Team abhängig« sind, aber strikten Vorgaben des AG auch mit Blick auf den Einsatzort unterliegen können (BAG 6.5.1998, 5 AZR 247/97, EzA § 611 BGB Arbeitnehmerbegriff Nr 73).

Unterliegt der Beschäftigte mit Blick auf den Inhalt und die Durchführung der geschuldeten Arbeit Weisungen und kann der AG auf Art und Weise der Leistungserbringung Einfluss nehmen (**fachliche Weisungsgebundenheit**), so spricht dies nach hM für den Status des Beschäftigten als AN (BAG 20.7.1994, 5 AZR 627/93, EzA § 611 BGB Arbeitnehmerbegriff Nr 54). Indes unterliegt auch der Selbständige gewissen Weisungen seines Auftraggebers, für den er seine Dienstleistung erbringt. Man denke nur an den GmbH-Geschäftsführer, der gem § 37 GmbHG den Weisungen der Gesellschafterversammlung Folge leisten muss, arbeitsrechtlich aber gleichwohl nicht als AN anzusehen ist (Rdn 104 f). Insoweit kommt es für die Indizwirkung der fachlichen Weisungsgebundenheit auf die **Weisungsintensität** an (BAG 9.7.2003, 5 AZR 595/02, EzA § 256 ZPO 2002 Nr 3 für eine Lehrkraft an einer privaten Berufsschule: »Entscheidend ist, wie intensiv die Lehrkraft in den Unterrichtsbetrieb eingebunden ist und in welchem Umfang sie den Unterrichtsinhalt, die Art und Weise seiner Erteilung, ihre Arbeitszeit und die sonstigen Umstände der Dienstleistung mitgestalten kann.«).

Umgekehrt kann AN selbst derjenige sein, der in fachlicher Hinsicht weisungsfrei gestellt ist. Nicht anders als bei der örtlichen Weisungsgebundenheit hängt der Grad der fachlichen Weisungsbindung entscheidend von der Eigenart der Tätigkeit ab. Insb ist »fachliche Weisungsgebundenheit für Dienste höherer Art nicht hohes immer typisch [...]. Die Art der Tätigkeit kann es mit sich bringen, dass dem Dienstverpflichteten ein hohes Maß an Gestaltungsfreiheit, Eigeninitiative und fachlicher Selbständigkeit verbleibt« (BAG 20.7.1994, 5 AZR 627/93, EzA § 611 BGB Arbeitnehmerbegriff Nr 54; 13.11.1991, 7 AZR 31/91, EzA § 611 BGB Arbeitnehmerbegriff Nr 45). Dh: Die fachliche Weisungsgebundenheit indiziert die AN-Eigenschaft, das Fehlen einer Weisungsbindung schließt die AN-Eigenschaft aber nicht aus (*Küchenhoff* Anm zu BAG 23.4.1980, 5 AZR 426/79, AP BGB § 611 Abhängigkeit Nr 34).

In der Konsequenz kann der **Chefarzt** AN sein, obschon der Krankenhausträger als AG vielfach gar nicht in der Lage ist, Anweisungen bezogen auf die Art und Weise der Leistungserbringung zu erteilen. Die persönliche Abhängigkeit kann sich aber daraus ergeben, dass der Chefarzt iÜ weisungsgebunden und einem Disziplinarvorgesetzten unterstellt ist (BAG 10.11.1955, 2 AZR 591/64, EzA § 611 BGB Nr 1; 24.10.1963, 2 AZR 396/62, AP BGB § 611 Ärzte Nr 26, Gehaltsansprüche). Erst dann stellt sich die Folgefrage, ob der Chefarzt als ltd Ang (insb iSv § 5 BetrVG sowie § 14 KSchG) anzusehen ist (zu der insoweit erforderlichen Einzelprüfung BAG 5.5.2010, 7 ABR 97/08, NZA 2010, 955).

58 Die fehlende fachliche Weisungsbindung spricht auch bei **anderen qualifizierten Fachkräften** (BAG 30.10.1991, 7 ABR 19/91, EzA § 611 BGB Arbeitnehmerbegriff Nr 44; 12.9.1996, 5 AZR 104/95, EzA § 611 BGB Arbeitnehmerbegriff Nr 60), Wissenschaftlern (BAG 8.2.1962, 2 AZR 252/60, AP BGB § 611 Erfinder Nr 1), Künstlern (etwa Schauspieler, Musiker), Mitarbeitern in Rundfunk und Fernsehen oder auch bei Kapitänen auf hoher See nicht zwingend gegen ein Arbeitsverhältnis. Das Recht, Weisungen zur Art und Weise, etwa zur Reihenfolge der Arbeitserledigung, aber auch zur Lage der Arbeitszeit, zum Arbeitsort oder zum Verhalten bei der Arbeit zu geben, soll jedenfalls ausreichen (*Hromadka* NZA 1997, 569, 576). Ob der AG von diesem Recht Gebrauch macht oder – sei es mangels ausreichender Fachkenntnisse oder aus anderen Gründen – nicht, ist ohne Belang (BAG 12.9.1996, 5 AZR 104/95, EzA § 611 BGB Arbeitnehmerbegriff Nr 60). Gibt er aber fachliche Vorgaben hins der Art und Weise der Arbeitsleistung, indiziert das nach hM die persönliche Abhängigkeit eines AN (BAG 23.4.1980, 5 AZR 426/79, EzA § 611 BGB Arbeitnehmerbegriff Nr 21; 12.9.1996, 5 AZR 1066/94, EzA § 611 BGB Arbeitnehmerbegriff Nr 44).

59 Neben der Weisungsbindung kommt es für die persönliche Abhängigkeit vor allem auf die **arbeitsorganisatorische Eingliederung** des Beschäftigten an: »AN ist derjenige Mitarbeiter, der seine Dienstleistung iR einer von Dritten bestimmten Arbeitsorganisation erbringt. Wer in eine fremde Arbeitsorganisation eingegliedert ist, ist – anders als der selbstständige Unternehmer – typischerweise auf die Anwendung arbeitsrechtlicher Vorschriften angewiesen« (BAG 12.9.1996, 5 AZR 1066/94, EzA § 611 BGB Arbeitnehmerbegriff Nr 44). AN arbeiten typischerweise **mit anderen AN** des AG in **einer** Arbeitsorganisation und sind dabei auf die **Nutzung** von **Betriebsmitteln** des AG angewiesen (BAG 23.4.1980, 5 AZR 426/79, EzA § 611 BGB Arbeitnehmerbegriff Nr 21). Sie sind (dann) personell und sachlich von einer fremdbestimmten Arbeitsorganisation abhängig.

60 Soweit darüber hinaus unter die arbeitsorganisatorische Eingliederung auch eine räumliche, zeitliche oder inhaltliche Einbindung des Beschäftigten gefasst werden soll, kommt diesem Merkmal keine eigenständige Abgrenzungskraft zu (*Boemke* ZfA 1998, 285, 311). Insoweit meint die »Eingliederung in eine fremde Arbeitsorganisation« nur, dass der Mitarbeiter einem umfassenden Weisungsrecht des AG unterliegt (BAG 20.9.2000, 5 AZR 61/99, EzA § 611 BGB Arbeitnehmerbegriff Nr 84).

61 Begreift man die organisatorische Abhängigkeit iS einer personellen (Zusammenarbeit mit anderen Mitarbeitern) oder sachlichen (Nutzung von Betriebsmitteln) **Abhängigkeit von einer fremdbestimmten Arbeitsorganisation**, spricht ein solches Abhängigkeitsverhältnis zwar für die AN-Eigenschaft. Das Fehlen jener Abhängigkeit schließt den AN-Status aber nicht aus; Beleg sind wiederum die Außendienstmitarbeiter. Umgekehrt lässt sich die AN-Eigenschaft aber auch nicht allein damit begründen, dass der Mitarbeiter von »Apparat und Team« abhängig ist (für Mitarbeiter von Rundfunk- und Fernsehanstalten BAG 30.11.1994, 5 AZR 704/93, EzA § 611 BGB Arbeitnehmerbegriff Nr 55 unter Aufgabe seiner früheren Rspr: BAG 15.3.1978, 5 AZR 819/76, EzA § 611 BGB Arbeitnehmerbegriff Nr 17). Das zeigen neue betriebliche Organisationsstrukturen, bei denen AN und Selbstständige in einer Arbeitsorganisation zusammenarbeiten und äußerlich identische Tätigkeiten ausüben (zu **Honorarärzten** *Uffmann* ZfA 2012, 1 ff). Der Selbstständige kann (sogar auf Dauer) die für die Erfüllung des Betriebszwecks notwendige Arbeit – alleine oder zusammen mit anderen Beschäftigten – in einer Betriebsstätte leisten, ohne AN zu sein (BAG 9.7.1991, 1 ABR 45/90, EzA § 99 BetrVG 1972 Nr 102). Das gilt für den freien Mitarbeiter wie für den Werkunternehmer und dessen Erfüllungsgehilfen (zur Abgrenzung von Werkvertrag und Arbeitnehmerüberlassung Rdn 125).

62 Welche Bedeutung die **Höchstpersönlichkeit** wie auch die Fremdnützigkeit der Arbeitsleistung für die Abgrenzung zwischen AN und freiem Mitarbeiter haben, ist nicht abschließend geklärt: Zwar hat der AN typischerweise die Leistung (höchst-)persönlich zu erbringen, jedoch gilt die Zweifelsregelung des § 613 BGB, wonach der zur Dienstleistung Verpflichtete die Dienste im Zweifel in Person zu leisten hat, auch für freie Dienstverträge (BAG 26.5.1999, 5 AZR 469/98, EzA § 611 BGB Arbeitnehmerbegriff Nr 75). Umgekehrt scheidet ein Arbeitsverhältnis nicht allein deshalb aus, weil der Dienstverpflichtete seine vertraglich geschuldete Leistung durch Dritte erbringen lassen darf (BAG 19.11.1997, 5 AZR 653/96, EzA § 611 BGB Arbeitnehmerbegriff Nr 63).

63 Aber: Ist der zur Arbeitsleistung Verpflichtete berechtigt, die Leistung durch Dritte erbringen zu lassen, so steht ihm regelmäßig ein eigener Gestaltungsspielraum zu, der iRd Gesamtwürdigung der zu berücksichtigenden Indizien gegen ein Weisungsrecht des Dienstberechtigten und damit gegen ein Arbeitsverhältnis streitet (BAG 19.11.1997, 5 AZR 653/96, EzA § 611 BGB Arbeitnehmerbegriff Nr 63). Nicht AN ist etwa ein Dirigent, der musikalische Veranstaltungen in eigener Verantwortung durchführt und dazu Musiker als eigene AN beschäftigt (BAG 20.1.2010, 5 AZR 99/09, EzA § 611 BGB 2002 Arbeitnehmerbegriff Nr 16). Anderes gilt aber im Fall eines sog mittelbaren Arbeitsverhältnisses, wenn also der AN eines Dritten im eigenen Namen Hilfskräfte einstellt, die mit Wissen und auf Weisung des Dritten unmittelbar für

diesen Arbeitsleistungen erbringen (BAG 12.12.2001, 5 AZR 253/00, EzA § 611 BGB Arbeitnehmerbegriff Nr 87; zu den arbeitsrechtlichen Beziehungen bei einem mittelbaren Arbeitsverhältnis eingehend *Konzen* ZfA 1982, 259 ff).

Zur Abgrenzung von AN und freien Mitarbeitern bei Rundfunk- und Fernsehanstalten hat das BAG zusätz- 64 lich auf die **Fremdnützigkeit der Arbeitsleistung** abgestellt: AN können ihre »Arbeitskraft nicht nach selbstgesetzten Zielen und den Bedürfnissen des Marktes in eigener Verantwortung« verwerten, sondern sind darauf angewiesen, »fremdnützig ihre Arbeitsleistung der Anstalt zur Verwertung nach deren Programmplanung« zur Verfügung zu stellen (BAG 23.4.1980, 5 AZR 426/79, EzA § 611 BGB Arbeitnehmerbegriff Nr 21). Freilich: Fremdnützig und zur Verwertung nach den Vorstellungen des Auftraggebers überlässt auch der Selbstständige seine Dienstleistung (*Maschmann* S 53; HWK/*Thüsing* Vor § 611 BGB Rn 49). Auch kann die Möglichkeit anderweitiger beruflicher und gewerblicher Aktivität am Markt nicht die Selbstständigkeit indizieren (BAG 22.8.2001, 5 AZR 502/99, EzA § 611 BGB Arbeitnehmerbegriff Nr 86; aA 12.12.2001, 5 AZR 253/00, EzA § 611 BGB Arbeitnehmerbegriff Nr 87), wenn und weil Dauer und Umfang der Verpflichtung, für einen anderen tätig zu werden, für die Abgrenzung zwischen AN und Selbstständigem keine Rolle spielen sollen (Rdn 53).

Das **unternehmerische Risiko** mag iR der typologischen Gesamtwürdigung ergänzend herangezogen wer- 65 den können, kann aber per se nicht über den AN-Status entscheiden: Die »neue Selbstständigkeit« oder »**Scheinselbstständigkeit**« ist nicht nur ein sozialversicherungsrechtliches Problem. Auch aus dem ArbR versuchen Unternehmer zu »fliehen«, indem sie Aufgaben, die bislang von AN ausgeführt worden sind, organisatorisch eng an das Unternehmen gebundenen »Subunternehmern« zuordnen. Nicht selten werden dazu die bisherigen AN in die Selbstständigkeit entlassen, und sollen dieselben Arbeitsaufgaben künftig als formal eigenständige Unternehmer ausführen. Bsp liefert insb das Dienstleistungsgewerbe, wenn statt des angestellten Lkw-Fahrers eine »Ein-Mann-Spedition« beschäftigt wird (BAG 19.11.1997, 5 AZR 653/96, EzA § 611 BGB Arbeitnehmerbegriff Nr 63; 30.9.1998, 5 AZR 563/97, EzA § 611 BGB Arbeitnehmerbegriff Nr 74), oder wenn statt des angestellten Verkäufers im eigenen Vertriebsnetz selbstständige Händler, Handelsvertreter oder Franchisenehmer (dazu BAG 16.7.1997, 5 AZB 29/96, EzA § 5 ArbGG 1979 Nr 24) tätig werden sollen. Rechtlich können solche Gestaltungen keine Rolle spielen: Ist ein Vertrag nach seinem Inhalt und seiner Durchführung Arbeitsvertrag (Rdn 22 f), dann ist der Dienstverpflichtete seiner persönlichen Abhängigkeit wegen AN, auch wenn er zum Schein als Selbstständiger geführt wird. Nicht hierher gehören demggü Versuche, eigene AN zunächst zu entlassen und sodann dieselben Personen als Leih-AN oder auf Werkvertragsbasis für dieselben Aufgaben einzusetzen. Zwar steht auch insoweit eine partielle Umgehung des ArbR in Rede (vgl § 3 AÜG Rdn 38), der AN-Status der Betroffenen ist indes nicht zweifelhaft.

Unbeachtlich sind weiter die Form der Vergütung (Einzelhonorar oder Monatsentgelt), Abführung von 66 Steuern und Sozialversicherungsabgaben, Gewährung von Urlaub sowie das Führen von Personalunterlagen (zusammenfassend BAG 30.10.1991, 7 ABR 19/91, EzA § 611 BGB Arbeitnehmerbegriff Nr 44 unter Verweis auf die gegenläufige Entsch BAG 8.6.1967, 5 AZR 461/66, AP BGB § 611 Abhängigkeit Nr 6). Dabei handelt es sich letztlich um formelle Merkmale, die aus dem Bestand eines Arbeitsverhältnisses folgen, denen aber keine konstitutive Bedeutung zukommen soll (*Maschmann* S 55). Die Bezeichnung, welche die Parteien für ihr Rechtsverhältnis gewählt haben (etwa die Vertragsüberschrift), ist grds unbeachtlich (Rdn 23).

Auf den **AG** kommt es ebenfalls nicht an. Einen vom AN-Begriff unabhängigen AG-Begriff gibt es nicht. 67 AG ist, wer (mind) 1 AN beschäftigt und damit die wirtschaftliche und organisatorische Dispositionsbefugnis über die Arbeitsleistung und den Nutzen aus ihr hat; der Entgeltanspruch des AN muss sich nicht zwingend gegen den AG richten (zu einer Transfergesellschaft BAG 19.3.2014, 5 AZR 299/13 [F], DB 2014, 1494). Kommen insoweit mehrere als AG in Betracht, entscheidet der Parteiwille im Einzelfall (BAG 27.9.2012, 2 AZR 838/11, EzA § 611 BGB 2002 Arbeitnehmerbegriff Nr 23). AG können natürliche Personen, Personengemeinschaften (BAG 27.9.2012, 2 AZR 838/11, EzA § 611 BGB Arbeitnehmerbegriff Nr 23: Wohnungseigentümergemeinschaft) oder juristische Personen sein – und zwar jeweils allein oder als Gesamtschuldner und -gläubiger in einem einheitlichen Arbeitsverhältnis (etwa BAG 27.3.1981, 7 AZR 523/78, EzA § 611 BGB Nr 25). Bei der juristischen Person stellt sich das zusätzliche Problem, inwiefern **Organmitglieder** (insb der GmbH-Geschäftsführer) ausnahmsweise AN sein können, obwohl sie kraft ihres Anstellungsdienstvertrags AG-Funktion ausüben (dazu Rdn 104 ff). Es spielt auch keine Rolle, ob der AG – Bund, Land oder Kommune – juristische Person des öffentl Rechts ist. Auch der **öffentl Dienst** (ohne Beamte) unterfällt dem ArbR. Arbeitsrechtliche Probleme auf AG-Seite gibt es nur, wenn die AG-Funktion zwischen 2 Unternehmen aufgespalten ist. Diese Aufspaltung ändert zwar nichts an der Qualifikation des AN, es ist aber zu prüfen, inwiefern die Rechtsverhältnisse zu dem einen wie dem anderen AG dem ArbR unterfallen. Praktisch wird das vor allem bei der **AN-Überlassung**, daneben beim mittelbaren Arbeitsverhältnis und auch für die Hafenarbeiter nach dem Gesamthafenbetriebsgesetz (umfassend zur arbeitsrechtlichen Drittbeziehungen *Konzen* ZfA 1982, 259).

68 **V. Neubestimmung des Arbeitnehmerbegriffes.** Vor allem *Wank* (Arbeitnehmer und Selbstständige; *ders* DB 1992, 90; aus europarechtlicher Sicht *ders* EuZA 2008, 172) will den AN-Begriff dahin korrigieren, **dass anstelle der persönlichen die wirtschaftliche Abhängigkeit maßgebend** sein soll. Dh: Stehen den wirtschaftlichen Risiken des Betroffenen keine unternehmerischen Chancen ggü, sei dieser abhängig und benötige den Schutz des ArbR. Als Kriterien für eine AN-Eigenschaft sollen dienen: auf Dauer angelegte Arbeit nur für einen Auftraggeber in eigener Person, ohne Mitarbeiter und iW ohne eigene Betriebsmittel sowie ohne unternehmerische Organisationsfreiheit. Typische Merkmale des Selbstständigen seien dagegen: die eigene Unternehmensorganisation und eigenes Kapital, das Auftreten am Markt sowie die Ausgewogenheit von unternehmerischen Chancen und unternehmerischem Risiko. Im Zweifel soll es darauf ankommen, ob der Beschäftige sich freiwillig entschieden hat, das Unternehmerrisiko eines Selbstständigen zu übernehmen (*Wank* Arbeitnehmer und Selbstständige, S 131).

69 Der Vorschlag *Wank*s, den AN-Begriff teleologisch von den Rechtsfolgen her zu bestimmen, mag im Ansatz schlüssig sein (HWK/*Thüsing* Vor § 611 BGB Rn 59 f); die Abgrenzung nach unternehmerischen Risiken überzeugt hingegen nicht: Im Gegenteil entspricht es der paternalistischen Ausrichtung des ArbR, an der Fremdbestimmung durch persönliche Weisungsbindung anzusetzen (Rdn 43). Zudem greift das ArbR mit der **Figur der AN-ähnlichen Person** bereits die wirtschaftliche Abhängigkeit auf, gewährt den AN-ähnlichen aber nur partiell Schutz, ohne sie umfassend als AN zu qualifizieren. Die Gegenauffassung hebt das **3-geteilte System** auf, in dem die AN-ähnlichen Personen zwischen Selbstständigen und AN stehen. Auch als rechtspolitisches Planspiel ist ein **duales Modell der Erwerbstätigkeit** (Selbstständige oder AN) angreifbar, wenn und weil der AN anhand der wirtschaftlichen Abhängigkeit vom Selbstständigen abgegrenzt werden soll. Der **Schutz vor wirtschaftlicher Abhängigkeit** ist in 1. Linie Aufgabe des Kartellrechts, bislang aber nicht des ArbR (*Rieble* ZfA 1998, 327). Für die Praxis ist entscheidend, dass es **keine Anzeichen des BAG gibt, seine bisherige Rspr aufzugeben.**

70 **VI. Arbeitnehmerähnliche Personen.** Zwischen dem AN und dem Selbstständigen stehen nach geltendem Recht die sog **AN-ähnlichen Personen.** Diese sind keine AN, werden aber unter ähnlichen wirtschaftlichen Bedingungen wie AN tätig (zur rechtsgeschichtlichen Entwicklung *Hromadka* NZA 1997, 1249; zum rechtspolitischen Versuch einer Präzisierung im ArbVG-E [*Henssler/Preis*] *Willemsen/Müntefering* NZA 2008, 193, 194 ff; *Preis* AuR 2009, 109, 112). Ob es dabei um eine Zwischenform zwischen AN und Selbstständigen geht, die einen gleitenden Übergang zwischen den beiden Formen ermöglicht und in Zweifelsfällen herangezogen werden kann, oder lediglich um eine Untergruppe der Selbstständigen, ist allenfalls von dogmatischem Interesse. Praktisch wird AN-Ähnlichkeit insb bei Heimarbeitern und Handelsvertretern, die nur für einen Auftraggeber tätig sind (ErfK/*Preis* § 611 BGB Rn 114).

71 Der Tatbestand der AN-ähnlichen Person enthält Merkmale sowohl des Selbstständigen wie auch des AN. Mit dem Selbstständigen hat er die fehlende persönliche Abhängigkeit gemein, mit dem AN teilt er die vergleichbare soziale Schutzbedürftigkeit sowie die (auch für AN typische, nach hM aber für den AN-Begriff nicht konstitutive) wirtschaftliche Abhängigkeit. Dies entspricht der Definition in § 12a TVG, die aber für die Anwendbarkeit des TVG noch weitere Voraussetzungen (Tätigkeit aufgrund eines Dienst- oder Werkvertrages, persönliche Leistungserbringung iW ohne Mitarbeit von AN, überwiegende Tätigkeit für eine Person oder durchschnittlich mehr als die Hälfte des Einkommens aus der Erwerbstätigkeit bei einer Person) aufstellt (näher *Löwisch/Rieble* TVG, § 12a Rn 5 ff). § 5 I 2 **ArbGG** und § 2 S 2 **BUrlG** bezeichnen sie als »Personen, die wegen ihrer wirtschaftlichen Unselbstständigkeit als AN-ähnliche Personen anzusehen sind«. **Eine allg gesetzliche Regelung fehlt** für die Gruppe der AN-ähnlichen Personen ebenso wie eine **allgemeingültige Definition.**

72 AN-ähnliche müssen sowohl gegen die Selbstständigen wie gegen die AN abgegrenzt werden. Die **Rspr** lehnt sich dabei auch außerhalb des Tarifrechts an die Legaldefinition des § 12a TVG an (BAG 16.7.1997, 5 AZB 29/96, EzA § 5 ArbGG 1979 Nr 24; gegen eine unmittelbare Anwendung ausdrücklich BAG 17.1.2006, 9 AZR 61/05, EzA § 2 BurlG Nr 6). Die **wirtschaftliche Unselbstständigkeit,** die an die Stelle der persönlichen Abhängigkeit und Weisungsgebundenheit des AN treten soll, ist danach alleine nicht ausreichend; vielmehr muss der wirtschaftlich Abhängige seiner gesamten sozialen Stellung nach einem AN vergleichbar schutzbedürftig sein (BAG 11.4.1997, 5 AZB 33/96, EzA § 5 ArbGG 1979 Nr 20). Dh: AN-ähnliche Personen sind Selbstständige, die in bes Weise wirtschaftlich abhängig sind, weil der Betroffene auf die Verwertung seiner Arbeitskraft und die Einkünfte aus der Dienstleistung zur Sicherung seiner Existenzgrundlage angewiesen ist. Insoweit kommt es darauf an, in welcher Höhe der Betreffende weitere Einkünfte (neben denen aus der Tätigkeit, von der seine wirtschaftliche Existenz womöglich abhängt)

erzielt, wobei nicht die Umsätze aus selbstständiger Tätigkeit maßgeblich sind, sondern nur die (um alle Kosten bereinigten) Gewinne vor Steuern und privaten Versicherungen (BAG 21.6.2011, 9 AZR 820/09, EzA § 4 TVG Rundfunk Nr 29; BGH 4.11.1998, VIII ZB 12/98, EzA § 5 ArbGG 1979 Nr 29). AN-Ähnlichkeit kann auch bei Tätigkeit für mehrere Auftraggeber gegeben sein, wenn die Beschäftigung für einen Auftraggeber derart überwiegt, dass die entsprechende Vergütung die entscheidende Existenzgrundlage ausmacht (BAG 21.12.2010, 10 AZB 14/10, NZA 2011, 309); daran fehlt es etwa bei der internetgestützten Fremdvergabe von Aufgaben an eine unbestimmte Personenmehrheit (»crowdsourcing«), weil der einzelne »crowdworker« typischerweise nicht auf die Vergütung aus einem einzigen Projekt angewiesen ist (*Klebe/Neugebauer* AuR 2014, 4, 5). Die **kumulativ erforderliche soziale Schutzbedürftigkeit** (vergleichbar einem AN) ist gegeben, wenn die Abhängigkeit eine Intensität erreicht, die iA nur in einem Arbeitsverhältnis vorkommt, und die geleisteten Dienste nach ihrer »soziologischen« Typik mit denen eines AN vergleichbar sind. Maßgebend ist eine Gesamtwürdigung aller Umstände des Einzelfalls (BAG 17.1.2006, 9 AZR 61/05, EzA § 2 BUrlG Nr 6).

Vom AN wird die AN-ähnliche Person mithilfe des allg AN-Begriffs abgegrenzt: Die Gruppe der AN-ähnlichen Personen »unterscheidet sich von den AN durch den Grad der persönlichen Abhängigkeit, wobei vor allem die Eigenart der jeweiligen Tätigkeit zu berücksichtigen ist. [...] AN-ähnliche Personen [sind] wegen einer fehlenden Eingliederung in eine betriebliche Organisation und iW freier Zeitbestimmung nicht persönlich abhängig wie AN [...]. Wann dies der Fall ist, kann unter Berücksichtigung der Verkehrsanschauung nur den gesamten Umständen des Einzelfalles entnommen werden.« (BAG 11.4.1997, 5 AZB 33/96, EzA § 5 ArbGG 1979 Nr 20; 15.4.1993, 2 AZB 32/92, EzA § 5 ArbGG 1979 Nr 8).

Auf die AN-ähnliche Person finden **nur bestimmte Schutzvorschriften des ArbR** Anwendung. Die Rspr hat es bislang grds als unbedenklich angesehen, dass alle anderen AN-Schutzvorschriften für AN-ähnliche Personen nicht greifen. § 12a TVG räumt ihnen – mit Ausnahme der Handelsvertreter (§ 12a IV TVG) – das Recht ein, TV abzuschließen. § 5 I 2 ArbGG gewährt ihnen den des prozessualen Schutz des Arbeitsgerichtsverfahrens (insb: reduziertes Kostenrisiko sowie grds Schiedsgerichtsverbot nach § 4 ArbGG). § 2 S 2 BUrlG spricht Personen, die wegen ihrer wirtschaftlichen Unselbständigkeit als AN-ähnliche Personen anzusehen sind, ebenso wie AN einen Anspruch auf einen gesetzlichen Mindesturlaub nach dem BUrlG zu. § 6 I Nr 3 AGG gewährt ihnen gleichen Schutz vor Diskriminierungen wie AN. Der (Jugend-)Arbeitsschutz greift nach § 1 I Nr 3 JArbSchG, § 2 II Nr 3 ArbSchG. Daneben unterwirft § 17 I 2 BetrAVG Versorgungszusagen an AN-ähnliche den Regeln des BetrAVG, und gelten die auch für selbständige Dienstnehmer anwendbaren Vorschriften der §§ 615 f, 618, 629 f BGB. Teilw beschränkt das Gesetz seinen persönlichen Anwendungsbereich auf bestimmte Gruppen von AN-ähnlichen: Bsp ist § 5 III 1 ArbGG, der sog Einfirmen-Handelsvertretern (§ 92a HGB) nur dann die Vorteile des ArbGG zubilligt, wenn ihr Durchschnittsverdienst in den letzten 6 Monaten unterhalb einer bestimmten Vergütungsgrenze liegt (§ 5 ArbGG Rdn 10).

Aus dieser punktuellen Erstreckung folgt, dass das sonstige ArbR nicht unmittelbar auf die AN-ähnlichen Personen anzuwenden ist. Einer **analogen Anwendung sonstiger AN-schützender Vorschriften** steht die Rspr zurückhaltend ggü: Das BAG hat die (analoge) Anwendung des KSchG ebenso verneint (BAG 20.1.2004, 9 AZR 291/02, EzA § 4 TVG Rundfunk Nr 25; 19.5.1960, 2 AZR 197/58, AP ArbGG 1953 § 5 Nr 7; aA *Pfarr* FS Kehrmann [1997] S 75, 92; *Appell/Frantzioch* AuR 1998, 93, 97) wie die des § 613a BGB (§ 613a BGB Rdn 39; abl für Heimarbeitsverhältnisse BAG 24.3.1998, 9 AZR 218/97, EzA § 613a BGB Nr 165). Weiter soll § 612a BGB nur für AN gelten, nicht jedoch für AN-ähnliche Personen (BAG 15.2.2005, 9 AZR 116/04, EzA § 612a BGB 2002 Nr 2). Weder der allg Gleichheitssatz des Art. 3 I GG noch Art. 12 I GG gebieten eine analoge Anwendung von § 622 I, II BGB, § 29 III, IV HAG auf die Kdg von Beschäftigungsverhältnissen AN-ähnlicher Personen (BAG 8.5.2007, 9 AZR 777/06, AP Nr 15 zu § 611 BGB Arbeitnehmerähnlichkeit). Es ist ein Gebot der Konsequenz, den AN-ähnlichen vor diesem Hintergrund auch das **AN-schützende Richterrecht** vorzuenthalten, etwa die Haftungsbeschränkung für AN oder den Schutz vor Rückzahlungsklauseln.

VII. Gerichtliche Feststellung von Arbeitnehmereigenschaft und Arbeitnehmerähnlichkeit. Bei einem Streit über die Abgrenzung von AN, AN-ähnlichen Personen oder Selbstständigen kann die betreffende Person die Frage nach st Rspr durch **Status-Feststellungsklage** gerichtlich klären lassen (BAG 20.7.1994, 5 AZR 627/93, EzA § 611 BGB Arbeitnehmerbegriff Nr 54; 20.7.1994, 5 AZR 169/93, EzA § 256 ZPO Nr 43; 22.6.1977, 5 AZR 753/75, EzA § 611 BGB Arbeitnehmerbegriff Nr 14).

Die arbeitsgerichtliche **Rechtswegzuständigkeit** nach § 2 ArbGG setzt grds voraus, dass die Tatsachen, aus denen sich das Bestehen eines Arbeitsverhältnisses ergibt, unstr oder bewiesen sind. Die Rspr lässt aber in sog **sic-non-Fällen** schlüssigen Tatsachenvortrag des Klägers oder die bloße Rechtsbehauptung der

AN-Eigenschaft ausreichen: Hat die Klage nur dann Erfolg, wenn der Kläger AN ist, soll für die arbeitsgerichtliche Zuständigkeit die (doppelrelevante) Tatsachen- sowie die Rechts**behauptung** ausreichen, der Betreffende sei AN. Fehlt die AN-Eigenschaft, wird die Klage als unbegründet abgewiesen (BAG 24.4.1996, 5 AZB 25/95, EzA § 2 ArbGG 1979 Nr 31; weiter *Reinecke* NZA 1999, 729, 730 f). Das ist prozessökonomisch sinnvoll, weil der Kläger nach einer Verweisung keine nennenswerten Erfolgsaussichten hätte, begegnet aber Bedenken mit Blick auf Art 101 I GG. In den übrigen (et-et oder aut-aut) Fällen wird an die ordentlichen Gerichte verwiesen, sofern der erforderliche Nachweis der AN-Eigenschaft nicht geführt wird. Die Abgrenzung zwischen AN und AN-ähnlicher Person ist für den Rechtsweg nicht entscheidend; nach st Rspr ist eine Wahlfeststellung möglich (»zumindest AN-ähnliche Person«; BGH 4.11.1998, VIII ZB 12/98, EzA § 5 ArbGG 1979 Nr 29).

78 Eine AN-Statusklage ist nach st Rspr nicht nur als gegenwartsbezogene Feststellungsklage, sondern grds auch als ausschließlich vergangenheitsbezogene Feststellungsklage ohne zeitliche Begrenzung (BAG 22.4.1998, 5 AZR 342/97, EzA § 611 BGB Arbeitnehmerbegriff Nr 67; aA insb *Hochrathner* NZA 2000, 1083; ders NZA 1999, 1016) oder in Kumulation möglich. Dh: Der Beschäftigte darf grds die Feststellung begehren, dass seit 20 Jahren zwischen den Parteien ein Arbeitsverhältnis besteht (*Niepalla/Dütemeyer* NZA 2002, 712, 713; einschränkend *Reinecke* RdA 2001, 357, 359 f). Zur Rechtskraftwirkung des Urt im Kdg-Schutzprozess mit Blick auf den AN-Status Rdn 87.

79 Der Antrag einer **gegenwartsbezogenen** Feststellungsklage geht regelmäßig dahin, festzustellen, dass zwischen den Parteien ein Arbeitsverhältnis **besteht**. Das für diese Statusfeststellungsklage notwendige **Feststellungsinteresse** ist nicht bereits deshalb zu verneinen, weil sich der Antrag auf diese Statusfrage beschränkt und str Einzelfragen aus dem Arbeitsverhältnis ungeklärt bleiben (BAG 20.7.1994, 5 AZR 169/93, EzA § 256 ZPO Nr 43). Im bestehenden Vertragsverhältnis hat der Beschäftigte jederzeit ein rechtliches Interesse daran, dass seine Rechtsstellung als AN alsbald festgestellt wird, weil dann auf das Rechtsverhältnis der Parteien ab sofort die zwingenden gesetzlichen Vorschriften anzuwenden sind, die ein Arbeitsverhältnis regeln (BAG 15.12.1999, 5 AZR 3/99, EzA § 611 BGB Arbeitnehmerbegriff Nr 80). Die Rechtskraft einer entspr Status-Feststellung wirkt allenfalls auf den Zeitpunkt der Rechtshängigkeit zurück (*Niepalla/Dütemeyer* NZA 2002, 712). Grds kann auch der BR den AN-Status Betriebsangehöriger im Beschlussverfahren klären lassen; ein Feststellungsinteresse besteht aber nur, wenn die begehrte Feststellung eine einheitliche Anwendung der in Rede stehenden betriebsverfassungsrechtlichen Normen erlaubt und damit künftige Auseinandersetzungen in demselben Fragenkomplex ausschließt (BAG 18.3.2015, 7 ABR 42/12, BB 2015, 2228 [LS]).

80 Für die **ausschließlich vergangenheitsbezogenen** Feststellungsklagen besteht nur dann ein ausreichendes Feststellungsinteresse, wenn sich aus der Feststellung Folgen für die Gegenwart und Zukunft ergeben (BAG 3.3.1999, 5 AZR 275/98, EzA § 256 ZPO Nr 50). Zu denken ist etwa an den Fall, dass dem Kl (wenn und weil er AN war) Ansprüche auf eine betriebliche Altersversorgung zustehen. Demggü fehlt das Feststellungsinteresse, wenn gegen entspr Ansprüche auch bei unterstellter AN-Eigenschaft erhebliche materiell-rechtliche Zweifel bestehen (BAG 3.3.1999, 5 AZR 275/98, EzA § 256 ZPO Nr 50): In einem solchen Fall lässt die Feststellung keinen Rechtsfrieden erwarten. Erklärt ein Sozialversicherungsträger, er werde eine arbeitsgerichtliche Feststellung bei der Prüfung der Sozialversicherungspflicht übernehmen, begründet dieser rechtswidrige Vorab-Verzicht auf eigene Ermittlung und Entsch kein Feststellungsinteresse (BAG 21.6.2000, 5 AZR 782/98, EzA § 256 ZPO Nr 53).

81 Damit ist die Frage aufgeworfen, nach welchen Regeln das Feststellungsinteresse für den (praktisch häufigen) **vergangenheits- wie auch gegenwartsbezogenen Feststellungsantrag** (zur Fassung des Klageantrags *Selzer* NZA-Beilage 4/2011, 164) zu ermitteln ist. Theoretisch könnte der formal einheitliche Antrag (etwa auf Feststellung, dass seit dem ... zwischen den Parteien ein Arbeitsverhältnis besteht) qua Auslegung in ein vergangenheitsbezogenes und ein gegenwartsbezogenes Feststellungsbegehren aufgespalten werden (in diese Richtung *Hochrathner* NZA 2000, 1083, 1084); insoweit müsste dann jeweils das notwendige Feststellungsinteresse vorliegen. Das BAG entscheidet anders: Jedenfalls wenn sich die tatsächlichen Umstände seit Vertragsbeginn nicht geändert hätten, bedürfe es keines gesonderten Feststellungsinteresses für einen auch in die Vergangenheit zurückreichenden Klageantrag (BAG 15.12.199, 5 AZR 3/99, EzA § 611 BGB Arbeitnehmerbegriff Nr 80; ebenso *Reinecke* RdA 2001, 357, 361).

82 Will der Kläger mit Blick auf mögliche Ansprüche seinen **AN-Status (zumindest auch) rückwirkend feststellen** lassen, hat aber in der Vergangenheit Honorarzahlungen erhalten, die deutlich über eine AN-Vergütung hinausgingen, kann sich der AG materiell-rechtlich mit dem Einwand der unzulässigen Rechtsausübung verteidigen (*Reinecke* RdA 2001, 357, 361; allg zur unzulässigen Ausübung des Rechts, sich auf den AN-Status zu berufen, HWK/*Thüsing* Vor § 611 BGB Rn 54). Wenn der Dienstverpflichtete idS »sowohl die Vorteile des AN als auch die des freien Mitarbeiters für sich beansprucht«, fehlt seiner

vergangenheitsbezogenen Feststellungsklage das Feststellungsinteresse (BAG 3.3.1999, 5 AZR 275/98, EzA § 256 ZPO Nr 50), weil eine spätere Leistungsklage auch bei rkr festgestellter AN-Eigenschaft scheitern muss und diese Feststellung also keinen Rechtsfrieden erwarten lässt. Ausgeschlossen ist damit freilich nur ein »Rosinenpicken«. Dass sich der Beschäftigte auf seinen AN-Status beruft, ist per se selbst dann nicht rechtsmissbräuchlich, wenn im Vertrag niedergelegt ist, dass der Dienstverpflichtete ausdrücklich eine freie Mitarbeit wünscht. Das Verbot widersprüchlichen Verhaltens iSd § 242 BGB greift erst, wenn der AG den Abschluss eines Arbeitsvertrags angeboten hatte, den der vermeintliche freie Mitarbeiter aber abgelehnt hat (BAG 8.11.2006, 5 AZR 706/05, EzA § 611 BGB 2002 Arbeitnehmerbegriff Nr 8).

Dh: Wird nachträglich ein Arbeitsverhältnis festgestellt, muss sich der AG nicht zugleich an der Vergütungs- 83
vereinbarung für eine freie Mitarbeit festhalten lassen (BAG 21.1.1998, 5 AZR 50/97, EzA § 612 BGB Nr 21; 21.11.2001, 5 AZR 87/00, EzA § 612 BGB Nr 23; 12.12.2001, 5 AZR 257/00, EzA § 612 BGB Nr 24; 29.5.2002, 5 AZR 680/00, EzA § 4 TVG Ausschlussfristen Nr 155). Dass jahrelang eine Vergütung (Honorar) für freie Mitarbeit gezahlt wurde, bedeutet nicht zwingend, dass die Vertragsparteien für ein Arbeitsverhältnis eine entspr Entgeltabrede getroffen hätten. Führt die Vertragsauslegung insoweit zu keinem Ergebnis, kann nur ein Anspruch auf die »übliche Vergütung« gem § 612 II BGB als AN bestehen, die auch geringer als die Vergütung eines freien Mitarbeiters sein kann (BAG 29.5.2002, 5 AZR 680/00, EzA § 4 TVG Ausschlussfristen Nr 155; 21.1.1998, 5 AZR 50/97, EzA § 612 BGB Nr 21).

In einem solchen Falle kann der AG von seinem AN die **Rückerstattung** der Differenz zwischen der gezahl- 84
ten »überhöhten« Vergütung (Honorar als freier Mitarbeiter) und dem richtigerweise zu zahlenden, niedrigeren Arbeitsentgelt (§ 612 II BGB: »übliche Vergütung« als AN) **nach § 812 I 1 Alt 1 BGB** herausverlangen (BAG 9.2.2005, 5 AZR 175/04, EzA § 818 BGB 2002 Nr 1; 14.3.2001, 4 AZR 152/00, EzA § 4 TVG Ausschlussfristen Nr 143). Dem AN hilft insoweit nur der Einwand der Entreicherung nach § 818 III BGB mit den richterrechtlichen Beweiserleichterungen zugunsten des AN (hierzu § 818 BGB Rdn 4). § 814 BGB, wonach das zum Zwecke der Erfüllung einer Verbindlichkeit Geleistete nicht zurückgefordert werden kann, wenn der Leistende gewusst hat, dass er zur Leistung nicht verpflichtet ist, schützt den AN idR nicht: Erforderlich ist die positive Kenntnis der Rechtslage im Zeitpunkt der Leistung (BGH 7.5.1997, IV ZR 35/96, NJW 1997, 2381).

Will der **AG** diesen Konditionsanspruch durch **eigene Status-Feststellungsklage** herbeiführen, billigt das 85
BAG dem AN den **Einwand des Rechtsmissbrauchs** zu: Durch die Vereinbarung und Behandlung des Rechtsverhältnisses als freie Mitarbeit werde beim Mitarbeiter ein entspr Vertrauenstatbestand geschaffen. Erweist sich die Zusammenarbeit tatsächlich als Arbeitsverhältnis, sei dieses Vertrauen des AN grds schützenswert. Diesen Schutz verliert der Mitarbeiter indes, wenn er selbst (für einen bestimmten Zeitraum) ein Arbeitsverhältnis geltend macht und entspr Vorteile beanspruchen will; dabei kommt es nicht darauf an, ob der potenzielle AN-Status eine Statusklage erhebt (BAG 8.11.2006, 5 AZR 706/05, EzA § 611 BGB 2002 Arbeitnehmerbegriff Nr 8).

Ungeachtet der Verjährung des Rückforderungsanspruches kommen als Grenze **tarifvertragliche Ausschluss-** 86
fristen in Betracht, sofern solche Fristen auf das rückwirkend festgestellte Arbeitsverhältnis Anwendung finden. Bei dem Rückerstattungsanspruch nach § 812 BGB soll es sich um einen Anspruch aus dem Arbeitsverhältnis handeln (BAG 14.3.2001, 4 AZR 152/00; EzA § 4 TVG Ausschlussfristen Nr 143; *Reinecke* RdA 2001, 357, 364). Die tarifliche Ausschlussfrist beginnt aber erst mit dem Zeitpunkt zu laufen, zu dem feststeht, dass das Rechtsverhältnis kein freier Dienstvertrag, sondern ein Arbeitsverhältnis ist. Erst ab diesem Zeitpunkt der rechtsbeständigen gerichtlichen oder außergerichtlichen Klärung kann erwartet werden, dass der AG seine Ansprüche wegen Überzahlung geltend macht (BAG 9.2.2005, 5 AZR 175/04, EzA § 818 BGB 2002 Nr 1; aA *Reinecke* RdA 2001, 357, 364).

Inwieweit der Beschäftigte seinen Status als AN, AN-ähnliche Person oder Selbstständiger inzidenter mit 87
einer Kdg-Schutz- oder Leistungsklage klären kann, ist nicht abschließend geklärt (*Niepalla/Dütemeyer* NZA 2002, 712, 715 mwN). Das BAG (22.11.2012, 2 AZR 732/11, NZA 2013, 665 Rn 19 f mwN) geht zwar vom punktuellen Streitgegenstand der Kdg-Schutzklage aus, zieht aber grds sowohl das **Bestehen eines Arbeitsverhältnisses im Zeitpunkt der Kdg-Erklärung**, als auch **im Zeitpunkt des Ablaufs der Kdg-Frist** zum Streitgegenstand (sog erweiterter punktueller Streitgegenstandsbegriff bei der stattgebenden Entsch; BAG 18.12.2014, 2 AZR 163/14, EzA § 4 nF KSchG Nr 96). Eine Einschränkung dahin, dass alle Beendigungsgründe jenseits der streitgegenständlichen Kdg »ausgeklammert« werden sollen, bedürfe »deutlicher Anhaltspunkte, die sich aus der Entscheidung selbst ergeben« müssten. Mit Blick auf die in der ZPO angelegte Engführung der Rechtskraft begegnen solche Weiterungen erheblichen Bedenken, auch wenn über den Bestand des Arbeitsverhältnisses inzidenter (mit-)entschieden werden muss. Dem **AG** bleibt es iR eines Bestandsschutz- oder Leistungsprozesses unbenommen, – im Wege der (**Hilfs-)Widerklage** – für denselben oder sogar für einen darüber hinausgehenden Zeitraum die Rückzahlung einer überzahlten Vergütung zu

beantragen. Das ist weder iSd § 242 BGB widersprüchlich noch eine nach § 612a BGB verbotene Maßregelung (aA *Reinecke* RdA 2001, 357, 367), sondern schlicht konsequent.

88 Die Statusfrage hat idR auch **sozialversicherungsrechtliche Folgen**: Anders als für den freien Mitarbeiter besteht für den AN eine vollumfängliche Sozialversicherungspflicht, soweit Letzterer (wie idR) Beschäftigter iSd Sozialversicherungsrechts ist (Rdn 8). Über die Versicherungspflicht wird freilich nicht in der Feststellungsklage vor den ArbG entschieden, sondern (entweder vor den Sozialgerichten oder) im bes **Anfrageverfahren nach § 7a SGB IV**, in dem die DRV Bund die Versicherungspflicht in allen Zweigen der Sozialversicherung klärt. Daneben erlaubt das BSG (28.9.2011, B 12 KR 15/10, Kurzwiedergabe SGb 2011, 633) einen Antrag an die Krankenkasse, die nach § 28h II 1 SGB IV über die Versicherungspflicht entscheidet. Wird die Sozialversicherungspflicht nachträglich festgestellt, muss idR der AG den Gesamtsozialversicherungsbeitrag (§ 28d SGB IV) gem § 28e I 1 Alt 1 SGB IV an die nach § 28i SGB IV zuständige Einzugsstelle (Krankenkasse nach § 28h I 1 SGB IV) abführen. Dass der AG vom Beschäftigten den von diesem zu tragenden Teil des Gesamtsozialversicherungsbeitrags gem § 28g S 1 SGB IV beanspruchen kann, besagt wenig: Ein unterbliebener Abzug darf gem § 28g S 3 Hs 1 SGB IV grds nur bei den nächsten 3 Lohnzahlungen (gerechnet von der Zahlung, bei der der Abzug unterblieben ist) nachgeholt werden. Ein zeitlich unbegrenzter Abzug (§ 28g S 3 Hs 2 SGB IV) wird idR ausscheiden, weil der Rechtsirrtum über die Beitragspflicht grds verschuldet ist (Kasseler Kommentar/*Werhahn* § 28g SGB IV Rn 12). Daher drohen zusätzlich Säumniszuschläge gem § 24 SGB IV. Eine Strafbarkeit des AG (vor allem nach § 266a StGB) scheitert hingegen uU am fehlenden Vorsatz mit Blick auf ein beitragspflichtiges Beschäftigungsverhältnis (vgl Schönke/Schröder/*Perron* § 266a StGB Rn 17).

89 **VIII. Einzelfälle zur Abgrenzung von Arbeitnehmer, arbeitnehmerähnlicher Person, Selbstständigem.** **Außendienstmitarbeiter** (etwa Monteure, Kundenbetreuer) sind regelmäßig AN, auch wenn vielfach die örtliche Weisungsgebundenheit fehlt. Die persönliche Abhängigkeit ergibt sich jedoch aufgrund anderweitiger Weisungsbindung (fachlich, zeitlich oder organisatorisch). So spricht etwa die Einbindung in das Kundenbetreuungskonzept durch Dienstpläne (zeitliche Weisungsbindung) für den Status als AN (BAG 6.5.1998, 5 AZR 247/97, EzA § 611 BGB Arbeitnehmerbegriff Nr 73). Umgekehrt ist derjenige, den seinen Auftraggeber ggü keine Berichtspflichten oder sonstige Anzeigepflichten treffen, der in der Zeitplanung weithin frei ist und anderweitigen Beschäftigungen nachgehen kann, typischerweise freier Mitarbeiter (BAG 9.5.1996, 2 AZR 438/95, EzA § 1 KSchG Betriebsbedingte Kündigung Nr 85).

90 Für **Dozenten und Lehrer** kommt es entscheidend darauf an, »wie intensiv die Lehrkraft in den Unterrichtsbetrieb eingebunden ist, in welchem Umfang sie den Unterrichtsinhalt, die Art und Weise der Unterrichtserteilung, ihre Arbeitszeit und die sonstigen Umstände der Dienstleistung mitgestalten kann und inwieweit sie zu Nebenarbeiten herangezogen werden kann« (BAG 9.3.2005, 5 AZR 493/04, EzA § 611 BGB 2002 Arbeitnehmerbegriff Nr 3). Danach sind an **allgemeinbildenden Schulen** Lehrer und Dozenten AN, auch wenn sie nebenberuflich unterrichten (BAG 9.7.2003, 5 AZR 595/02, EzA § 256 ZPO 2002 Nr 3). **Volkshochschuldozenten** sind AN, wenn sie wie eine Lehrkraft an allgemeinbildenden Schulen in den Schulbetrieb eingegliedert sind (BAG 29.5.2002, 5 AZR 161/01, EzA § 611 BGB Arbeitnehmerbegriff Nr 88). Unterrichten sie außerhalb schulischer Lehrgänge, können sie auch als freie Mitarbeiter beschäftigt werden; das gilt auch für **Lehrkräfte**, die nur Zusatzunterricht erteilen (BAG 20.1.2010, 5 AZR 106/09, EzA § 611 BGB 2002 Arbeitnehmerbegriff Nr 17). Dass es sich bei ihrem Unterricht um aufeinander abgestimmte Kurse mit vorher festgelegtem Programm handelt, ist insoweit ohne Belang (BAG 24.6.1992, 5 AZR 384/91, EzA § 611 BGB Arbeitnehmerbegriff Nr 46). Die unterschiedliche Behandlung rechtfertige sich daraus, dass der stärkeren Einbindung von Schülern in ein Schul- oder Ausbildungssystem auch eine stärkere persönliche Abhängigkeit der Lehrkräfte vom Unterrichtsträger entspreche (BAG 9.7.2003, 5 AZR 595/02, EzA § 256 ZPO 2002 Nr 3; dagegen ErfK/*Preis* § 611 BGB Rn 88). Dozenten sind stets AN, wenn dies ausdrücklich vereinbart wurde oder im Einzelfall Umstände vorliegen, aus denen sich die persönliche Abhängigkeit ergibt – etwa die einseitige Einteilung in Stundenpläne oder die Befugnis des AG, das Rechtsverhältnis umfassend durch einseitig erlassene Dienstanweisung zu regeln (BAG 24.6.1992, 5 AZR 384/91, EzA § 611 BGB Arbeitnehmerbegriff Nr 46). IdS ist ein **Lehrbeauftragter** an einer Berufsakademie AN, wenn er fachlich (mit Blick auf die Unterrichtsgestaltung) und zeitlich weisungsgebunden ist (LAG BW 4.7.1996, 14 Sa 112/95, BB 1997, 684). Nichts anderes gilt für einen Lehrer an einem **Abendgymnasium** (HWK/*Thüsing* Vor § 611 BGB Rn 70).

90.1 Aufgaben in der **akademischen (Selbst-)Verwaltung** werden auf öffentlichrechtlicher Basis wahrgenommen. Einen flankierenden Arbeitsvertrag abzuschließen, ist zwar ohne Weiteres möglich, aber keinesfalls zwingend. Insbes ist der bloßen Zuweisung und Wahrnehmung von Befugnissen noch kein entsprechender Erklärungswert zu entnehmen (für einen studentischen Prorektor BAG 9.4.2014, 10 AZR 590/13, EzA § 611 BGB 2002 Arbeitnehmerbegriff Nr 26).

Freie Berufe (insb Rechtsanwälte, Steuerberater, Ärzte, Musiker) bedingen nach der Eigenart der ausge- 91
übten Tätigkeit idR, dass die fachliche Weisungsbindung fehlt. Gleichwohl können Freiberufler als AN
beschäftigt werden, wenn sie etwa fest an Dienstzeiten gebunden sind oder ständig abrufbereit stehen müssen. Für den AN-Status des **Rechtsanwalts** spricht etwa, dass er Mandate zugewiesen erhält, verpflichtet ist,
nur für eine Kanzlei zu arbeiten, oder nicht an Gewinn und Verlust der Kanzlei beteiligt ist, sondern ein
festes Entgelt erhält (LAG BW 23.7.2002, 16 Sa 162/02, NZA-RR 2002, 567; LAG Thür 28.3.1996, 3 Ta
75/95, LAGE § 611 BGB Arbeitnehmerbegriff Nr 31; ErfK/*Preis* § 611 BGB Rn 83). Ist der Anwalt
gesellschaftsvertraglich an der Sozietät beteiligt und dementspr tätig, ist er idR weder AN noch AN-ähnlich,
selbst wenn er von der Sozietät wirtschaftlich abhängig ist und seine gesamte Arbeitskraft in den Dienst der
Kanzlei stellen muss (BAG 15.4.1993, 2 AZB 32/92, EzA § 5 ArbGG 1979 Nr 8). Der Rechtsreferendar
unterliegt zwar vielfach den Weisungen der Kanzlei, in der er mitarbeitet, kann sich aber umgekehrt häufig
die Zeit frei einteilen oder/und ist kaum in den Kanzleibetrieb eingebunden. In Nebentätigkeit wird er
zumindest bei intensiver organisatorischer Einbindung AN sein (HWK/*Thüsing* Vor § 611 BGB Rn 72;
skeptisch ErfK/*Preis* § 611 BGB Rn 83), in der Ausbildungsstation fehlt es schon am privatrechtlichen
Vertrag als Grundlage der Arbeitspflicht (ausführlich *Serr/Vielmeier* BayVBl 2013, 421 ff). Sozialversicherungsrechtlich steht der Referendar in der Ausbildungsstation grds auch dann nur in einem einheitlichen
Beschäftigungsverhältnis zu dem jeweiligen Bundesland, wenn er von einer mit-ausbildenden Kanzlei eine
zusätzliche Vergütung in erheblicher Höhe bezieht (BSG 31.3.2015, B 12 R 1/13 R, SGb 2015, 326;
Serr/Vielmeier BayVBl 2013, 421, 425 ff). Der **Steuerberater**, der Steuererklärungen und Jahresabschlüsse
an frei gewählten Tagen zu Hause und außerhalb der Kanzlei bearbeitet, ist regelmäßig freier Mitarbeiter
(LAG Köln 23.3.1988, 7 Sa 1378/87, LAGE § 611 BGB Arbeitnehmerbegriff Nr 7).

Die AN-Eigenschaft eines **Orchestermusikers** hängt entscheidend davon ab, ob er trotz des übernommenen 92
Engagements die Arbeitszeit noch iW frei gestalten kann oder (insoweit) einem umfassenden Weisungsrecht der Orchesterleitung unterliegt (BAG 7.5.1980, 5 AZR 593/78, AP BGB § 611 Abhängigkeit Nr 36;
3.10.1975, 5 AZR 427/74, EzA § 611 BGB Arbeitnehmerbegriff Nr 2). Wird der Musiker nur für einzelne
Aufführungen engagiert, kann eine bloße Rahmenvereinbarung vorliegen, die noch keine Verpflichtung zur
Arbeitsleistung begründet (BAG 9.10.2002, 5 AZR 405/01, EzA § 611 BGB 2002 Arbeitnehmerbegriff
Nr 1). Freier Mitarbeiter ist der frei agierende Theaterintendant (BAG 16.8.1977, 5 AZR 290/76, EzA
§ 611 BGB Arbeitnehmerbegriff Nr 13); ebenso der **Chorleiter** (BAG 6.12.1974, 5 AZR 418/74, EzA
§ 611 BGB Nr 18) oder **Sänger** (gemeint ist der Solist im Verhältnis zum Tournee-Veranstalter; BGH
13.3.1984, VI ZR 204/82, NJW 1985, 2133).

Franchisenehmer galten früher als selbstständige Unternehmer (BAG 30.5.1978, 2 AZR 630/76, EzA 93
§ 626 nF BGB Nr 66; 24.4.1980, 3 AZR 911/77, EzAÜG § 1 AÜG Gewerbsmäßige Arbeitnehmerüberlassung Nr 12; 21.2.1990, 5 AZR 162/89, EzA § 611 BGB Arbeitnehmerbegriff Nr 32). Die mitunter enge
Bindung des Franchisenehmers an die Vorgaben des Franchise-Systems soll dieser Einordnung nicht entgegenstehen, da sich auch ein selbstständiger Kaufmann mit Blick auf die Vertragsfreiheit weitgehend binden
kann (kritisch *Matthießen* ZIP 1988, 1089, 1092). In seiner neueren Rspr differenziert das BAG: Dass der
Franchisenehmer den für das Franchise-System typischen Bindungen unterliegt, schließe ein Arbeitsverhältnis nicht aus. Ob jemand, der in einem solchen System tätig werde, AN oder Selbstständiger sei, richte
sich allein danach, ob er weisungsgebunden und abhängig sei oder seine Chancen am Markt selbstständig
wahrnehmen könne (16.7.1997, 5 AZB 29/96, EzA § 5 ArbGG 1979 Nr 24). Ist der Franchisenehmer kein
AN, kann er wegen wirtschaftlicher Abhängigkeit AN-ähnlich sein (vgl BGH 4.11.1998, VIII ZB 12/98,
EzA § 5 ArbGG 1979 Nr 29). Die Abgrenzung erfolgt nach einer Gesamtwürdigung des Einzelfalls.

Frachtführer (sowie Verkaufsfahrer), die ausschließlich für einen Auftraggeber tätig werden, lassen sich nicht 94
immer eindeutig zuordnen: Zwar gehen §§ 407 ff HGB einerseits von der Beteiligung zweier selbstständiger Unternehmer (Frachtführer und Absender bzw Spediteur) und andererseits von einem weitgehenden Weisungsrecht des Absenders wie auch des Empfängers aus. Der Frachtführer kann aber AN sein,
wenn die Weisungs- und Kontrollrechte im Einzelfall über die gesetzlich eingeräumten und aufgrund versicherungsrechtlicher Obliegenheiten des Spediteurs notwendigen Weisungsbefugnisse hinausgehen (BAG
19.11.1997, 5 AZR 653/96, EzA § 611 BGB Arbeitnehmerbegriff Nr 63). IdS hat der BGH hat die AN-Eigenschaft eines Frachtführers verneint (BGH 21.10.1998, VIII ZB 54/97, EzA § 5 ArbGG 1979 Nr 30),
weil sich die Weisungsgebundenheit des Frachtführers lediglich auf das Fahrzeug und den jeweiligen Fahrer
bezog: Kommt dem Frachtführer ein Gestaltungsspielraum zu, weil er etwa einen Dritten als Fahrer einsetzen darf, fehle die persönliche Abhängigkeit. Das BAG hat die AN-Eigenschaft eines Frachtführers verneint,
weil nach den tatsächlichen Umständen weder Dauer noch Beginn und Ende der Arbeitszeit vorgeschrieben
waren (BAG 30.9.1998, 5 AZR 563/97, EzA § 611 BGB Arbeitnehmerbegriff Nr 74; 27.6.2001, 5 AZR
561/99, EzA § 611 BGB Arbeitnehmerbegriff Nr 85).

§ 6 GewO Anwendungsbereich

95 **Handelsvertreter** ist nach § 84 I 1 HGB, wer als selbstständiger Gewerbetreibender ständig damit betraut ist, für einen anderen Unternehmer Geschäfte zu vermitteln oder in dessen Namen abzuschließen. Ob er selbstständig oder unselbstständig ist, richtet sich nach § 84 I 2 und II HGB. Maßgeblich sind grds die freie Gestaltung der Tätigkeit und Einteilung der Arbeitszeit. Zwar hat sich das Gesetz bei der Abgrenzung des selbstständigen vom unselbstständigen Angestellten im Bereich der Vermittlung von Geschäften und Versicherungen für Dritte auf diese beiden Kriterien beschränkt. Jedoch sind auch hier alle Umstände des Falles in ihrer Gesamtheit zu würdigen (BAG 20.8.2003, 5 AZR 610/02, NZA 2004, 39; 15.12.1999, 5 AZR 566/98, EzA § 611 BGB Arbeitnehmerbegriff Nr 78).

96 Dabei macht die handelsrechtliche Weisungsbindung den Handelsvertreter noch nicht zum AN: Die allg Verpflichtung in einer Vertragsklausel, sich an Weisungen des Prinzipals zu halten, begründet nach Ansicht der Rspr nicht zwingend die persönliche Abhängigkeit (BAG 15.12.1999, 5 AZR 566/98, EzA § 611 BGB Arbeitnehmerbegriff Nr 78). Der Handelsvertreter, der für einen anderen Unternehmer Geschäfte vermittelt und in dessen Namen Geschäfte abschließt, muss wie der Franchisenehmer Vorgaben des Unternehmers hins der Produkte beachten. Letztlich resultiert die Folgepflicht des Handelsvertreters aus seiner **Interessenwahrnehmungspflicht** nach § 86 I Hs 2 HGB (BAG 15.12.1999, 5 AZR 566/98, EzA § 611 BGB Arbeitnehmerbegriff Nr 78; *Oberthür/Lohr* NZA 2001, 126, 131), für den Versicherungs- und Bausparkassenvertreter gilt dasselbe nach §§ 92 II iVm 86 HGB. Gehen die Weisungen über die Rechte nach § 86 I HGB hinaus, kann dies für die AN-Eigenschaft sprechen (BAG 20.8.2003, 5 AZR 610/02, NZA 2004, 39). Überschritten ist die Grenze der Interessenwahrnehmungspflicht etwa, wenn der Betroffene verpflichtet ist, in einem Umfang Bericht zu erstatten, der eine umfassende Kontrolle ermöglicht (HWK/*Thüsing* Vor § 611 BGB Rn 77), oder zu bestimmten Zeiten anwesend/erreichbar sein muss (OLG München 20.3.2014, 7 W 315/14, NJW-RR 2014, 887). Noch von § 86 I HGB gedeckt ist die Verpflichtung zu einem Mindestsoll an Kundenbesuchen, solange dem Vertreter noch hinreichender Spielraum bleibt, und die Anwesenheitspflicht an einem wöchentlichen Besprechungstermin sowie einer Qualifikationsmaßnahme (BAG 9.6.2010, 5 AZR 332/09, EzA § 611 BGB 2002 Arbeitnehmerbegriff Nr 18).

97 Die **Zuweisung eines Verkaufsgebiets** sieht § 87 II HGB vor, sodass auch diese Einschränkung die Selbstständigkeit des Handelsvertreters nicht infrage stellt. Die Zuweisung eines bestimmten Arbeitsgebiets ist von Gesetzes wegen mit dem Status eines selbstständigen Versicherungsvertreters vereinbar (BAG 9.6.2010, 5 AZR 332/09, EzA § 611 BGB 2002 Arbeitnehmerbegriff Nr 18). Eine örtliche und zeitliche Weisungsgebundenheit (und damit Indizien für eine persönliche Abhängigkeit) liegen indes dann vor, wenn der Unternehmer dem Handelsvertreter einen festen Plan vorgibt, welche Kunden er zu welcher Zeit aufsuchen muss (*Oberthür/Lohr* NZA 2001, 126, 132). Das bloße Überlassen einer Kundenliste begründet keine Abhängigkeit, sondern folgt aus der Pflicht des Unternehmers nach § 86a HGB, die zur Ausübung seiner Tätigkeit erforderlichen Unterlagen zur Verfügung zu stellen (BAG 30.8.1994, 1 ABR 3/94, EzA § 99 BetrVG 1972 Nr 125).

98 Ist der Handelsvertreter verpflichtet, sich **Urlaub** genehmigen zu lassen oder im **Krankheitsfall** seine Erkrankung nachzuweisen, spricht dies für eine persönliche Abhängigkeit. Demggü soll die Verpflichtung, während des Arbeitsausfalls die Aufrechterhaltung des Geschäftsbetriebs zu sichern, für eine Selbstständigkeit sprechen (BAG 15.12.1999, 5 AZR 566/98, EzA § 611 BGB Arbeitnehmerbegriff Nr 78). Dass der Handelsvertreter nur für ein Unternehmen tätig wird, entspricht der Soll-Vorstellung des Gesetzgebers (§ 92a HGB), und taugt mithin nicht als Abgrenzungskriterium (BAG 20.9.2000, 5 AZR 271/99, EzA § 611 BGB Arbeitnehmerbegriff Nr 83; ErfK/*Preis* § 611 BGB Rn 97). Gegen die AN-Eigenschaft spricht schließlich, wenn es dem Vertreter nach dem Vertrag frei steht, eigene AN in die Leistungserbringung einzuschalten, oder wenn er über eigene Geschäftsräume und Buchführung verfügt oder unter eigener Firma auftritt (BAG 24.4.1980, 3 AZR 911/77, EzAÜG § 1 AÜG Gewerbsmäßige Arbeitnehmerüberlassung Nr 12; HWK/*Thüsing* Vor § 611 BGB Rn 83). Schließen sich mehrere Versicherungsvertreter in einer Agentur zusammen, begründet die in dem Gesellschaftsvertrag vereinbarte wechselseitige Verpflichtung der Partner, ihre volle Arbeitskraft einzubringen, regelmäßig keine entspr Verpflichtung im Verhältnis zu dem Versicherungsunternehmen, mit dem alle Partner individuelle Agenturverträge geschlossen haben (BAG 20.9.2000, 5 AZR 271/99, EzA § 611 BGB Arbeitnehmerbegriff Nr 83).

98.1 Den **AN-Status** kann der Dienstverpflichtete ohne Rücksicht auf § 5 III 1 ArbGG **vor den ArbG** geltend machen: Die Fiktion betrifft nur Personen, die richtigerweise als selbstständige Handelsvertreter einzustufen sind, und trotzdem vor den ArbG klagen dürfen (LAG Hamm 18.3.2015, 2 Ta 662/14, FA 2015, 199). Für (behauptete, vgl Rdn 77) AN hat sie keine Bedeutung.

99 **Medienmitarbeiter** (Rundfunk- und Fernsehanstalt) werden in der Praxis üblicherweise als »freie Mitarbeiter« beschäftigt. Das BAG hat solche Mitarbeiter indes mitunter als AN qualifiziert: Ihre persönliche Abhängigkeit zeige sich darin, dass sie in ihrer Arbeit auf den Apparat der Anstalt und das Mitarbeiter-Team angewiesen

seien (BAG 15.3.1978, 5 AZR 818/76, EzA § 611 BGB Arbeitnehmerbegriff Nr 16; 23.4.1980, 5 AZR 426/79, EzA § 611 BGB Arbeitnehmerbegriff Nr 21). Dem ist das BVerfG (13.1.1982, 1 BvR 848/77 ua, BVerfGE 59, 231) insoweit entgegengetreten, als Rundfunkanstalten wegen der anzubietenden Programmvielfalt auf einen großen Mitarbeiterkreis angewiesen sind sowie darauf, diese Vielzahl an Mitarbeitern nicht länger zu beschäftigen als sie benötigt werden. Art 5 I und II GG verbieten freilich nicht, in Funk und Fernsehen AN anzuerkennen. Der Rundfunkfreiheit können die ArbG auch gerecht werden, indem einzelne Schutznormen (etwa des TzBfG) verfassungskonform ausgelegt oder reduziert werden. Einen generellen Vorrang der Rundfunkfreiheit vor dem Interesse des AN an einer Dauerbeschäftigung gibt es nicht; ist der Schutzbereich der Rundfunkfreiheit berührt, sind die Belange der Rundfunkanstalten und des betroffenen AN im Einzelfall abzuwägen (BAG 26.7.2006, 7 AZR 495/05, EzA § 14 TzBfG Nr 31).

IdS sind Beschäftigte in Rundfunk- und Fernsehanstalten AN, wenn der AG ständige Dienstbereitschaft **100** erwartet und Arbeiten in nicht unerheblichem Umfang auch ohne entspr Vereinbarung zuweist (BAG 9.6.1993, 5 AZR 123/92, EzA § 611 BGB Arbeitnehmerbegriff Nr 51; 22.4.1998, 5 AZR 191/97, EzA § 611 BGB Arbeitnehmerbegriff Nr 69; 19.1.2000, 5 AZR 644/98; EzA § 611 BGB Arbeitnehmerbegriff Nr 81). Für ein Arbeitsverhältnis spricht insb, wenn ein Mitarbeiter in Dienstplänen aufgeführt wird, ohne dass die einzelnen Einsätze im Voraus abgesprochen werden (BAG 19.1.2000, 5 AZR 644/98; EzA § 611 BGB Arbeitnehmerbegriff Nr 81). Dass die Mitarbeiter regelmäßig von Apparat und Team abhängig sind, führt nicht ohne Weiteres zur AN-Eigenschaft (BAG 30.11.1994, 5 AZR 704/93, EzA § 611 BGB Arbeitnehmerbegriff Nr 55; bereits Rdn 59 ff). Die erforderliche Flexibilität im Einsatz programmgestaltender Mitarbeiter kann auch durch eine (schon mit Blick auf Art 5 I GG zulässige) Befristung des Arbeitsverhältnisses gewährleistet werden (BVerfG 18.2.2000, 1 BvR 491/93, 1 BvR 562/93, 1 BvR 624/98, EzA Art 5 GG Nr 25).

Entspr den Vorgaben des BVerfG unterscheidet das BAG zwischen programmgestaltenden und nicht- **101** programmgestaltenden Mitarbeitern (BAG 26.7.2006, 7 AZR 495/05, EzA § 14 TzBfG Nr 31; 20.5.2009, 5 AZR 31/08, EzA § 611 BGB 2002 Arbeitnehmerbegriff Nr 15): **Programmgestaltende Mitarbeiter** wirken inhaltlich bei der Sendung mit, indem sie ihre eigene Auffassungen zu politischen, wirtschaftlichen, künstlerischen oder anderen Sachfragen, ihre Fachkenntnisse und Informationen, ihre individuelle künstlerische Befähigung und Aussagekraft in die Sendung einbringen. Zu den **nicht-programmgestaltenden Mitarbeitern** rechnet nicht nur das betriebstechnische und das Verwaltungspersonal. Hierher zählen auch solche Mitarbeiter, deren Tätigkeit zwar im Zusammenhang mit der Verwirklichung des Programms steht, sich aber in dessen technischer Verwirklichung erschöpft und ohne inhaltlichen Einfluss bleibt (*Hochrathner* NZA-RR 2001, 561, 562 f). **Bsp für** eine **programmgestaltende Mitarbeit** sind: die Fernsehreporterin (BAG 21.9.1977, 5 AZR 373/76, EzA § 611 BGB Arbeitnehmerbegriff Nr 15; dagegen aber BAG 27.2.1991, 5 AZR 107/90, EzA § 611 BGB Arbeitnehmerbegriff Nr 43), der Filmkritiker mit eigener Sendung (BAG 19.1.2000, 5 AZR 644/98, EzA § 611 BGB Arbeitnehmerbegriff Nr 81), der Fotoreporter (BAG 16.6.1998, 5 AZN 154/98, EzA § 611 BGB Arbeitnehmerbegriff Nr 65), der Redakteur/Reporter (BAG 20.9.2000, 5 AZR 61/99, EzA § 611 BGB Arbeitnehmerbegriff Nr 84), der Sportredakteur (BAG 14.3.2007, 5 AZR 499/06, EzA § 611 BGB 2002 Arbeitnehmerbegriff Nr 10), der nebenberufliche Sportreporter (BAG 22.4.1998, 5 AZR 191/97, EzA § 611 BGB Arbeitnehmerbegriff Nr 69) oder der Regisseur (BAG 9.6.1993, 5 AZR 123/92, EzA § 611 BGB Arbeitnehmerbegriff Nr 51) sowie der Regieassistent (LAG Berl 23.8.1982, 9 Sa 27/82, EzA § 611 BGB Arbeitnehmerbegriff Nr 23). **Bsp nicht-programmgestaltender Tätigkeit** sind: der Nachrichtensprecher oder -übersetzer (BAG 11.3.1998, 5 AZR 522/96, EzA § 611 BGB Arbeitnehmerbegriff Nr 64; 16.2.1994, 5 AZR 402/93, EzA § 611 BGB Arbeitnehmerbegriff Nr 52), das betriebstechnische Personal sowie das Verwaltungspersonal (BAG 30.11.1994, 5 AZR 704/93, EzA § 611 BGB Arbeitnehmerbegriff Nr 55), Bühnentechniker, Kostümschneiderin (HWK/*Thüsing* Vor § 611 BGB Rn 68), Cutterin (BAG 17.4.2013, 10 AZR 272/12, EzA § 611 BGB 2002 Arbeitnehmerbegriff Nr 24) oder der Kameraassistent (BAG 22.4.1998, 5 AZR 2/97, EzA § 611 BGB Arbeitnehmerbegriff Nr 71).

Bei programmgestaltenden Mitarbeitern kann das Beschäftigungsverhältnis sowohl als freier Mitarbeiterver- **102** trag als auch als befristetes oder unbefristetes Arbeitsverhältnis ausgestaltet sein. Demggü ist das Beschäftigungsverhältnis von nicht-programmgestaltenden Mitarbeitern in der Praxis oft Arbeitsverhältnis; das ist nach dem BAG (17.4.2013, 10 AZR 272/12, EzA § 611 BGB 2002 Arbeitnehmerbegriff Nr 24) aber kein Rechtssatz, der eine individuelle Prüfung entbehrlich machte, sondern nur ein Erfahrungswert. Nach der Rspr des BAG wirken die Einbindung in ein festes Programmschema und die Vorgabe eines Programmverlaufs bei programmgestaltenden Mitarbeitern nicht statusbegründend (BAG 14.3.2007, 5 AZR 499/06, EzA BGB 2002 § 611 Arbeitnehmerbegriff Nr 10). Zeitliche Verpflichtungen und ein ggf kleinteiliger zeitlicher Takt ergeben sich idR aus der Notwendigkeit der Zusammenarbeit und aus der feststehenden Sendezeit.

103 Ungeachtet der Frage nach dem verfassungsrechtlichen Schutz der Rundfunkfreiheit ist auch bei programmgestaltenden Mitarbeitern von den allg Grds auszugehen, die das BAG zur Abgrenzung eines Arbeitsverhältnisses von dem Rechtsverhältnis eines freien Mitarbeiters aufgestellt hat. Auch bei Rundfunk- und Fernsehmitarbeitern können die zwingenden gesetzlichen Regelungen für Arbeitsverhältnisse nicht dadurch abbedungen werden, dass die Parteien ihrem Arbeitsverhältnis eine andere Bezeichnung geben (BAG 14.3.2007, 5 AZR 499/06, EzA § 611 BGB 2002 Arbeitnehmerbegriff Nr 10). Der objektive Geschäftsinhalt ist den ausdrücklich getroffenen Vereinbarungen und der praktischen Durchführung des Vertrags zu entnehmen. Widersprechen sich Vereinbarung und tatsächliche Durchführung, ist Letztere maßgebend (anders nur, wenn ein Arbeitsverhältnis vereinbart, aber nicht gelebt wird; Rdn 25). Bei programmgestaltenden Mitarbeitern kann entgegen der ausdrücklich getroffenen Vereinbarung ein Arbeitsverhältnis vorliegen, wenn sie weitgehenden inhaltlichen Weisungen unterliegen, ihnen also nur ein geringes Maß an Gestaltungsfreiheit, Eigeninitiative und Selbstständigkeit verbleibt und der Sender innerhalb eines zeitlichen Rahmens über ihre Arbeitsleistung verfügen kann (BAG 14.3.2007, 5 AZR 499/06, EzA § 611 BGB 2002 Arbeitnehmerbegriff Nr 10).

104 **Organmitglieder** einer juristischen Person stehen grds nicht in einem Arbeitsverhältnis zu dieser juristischen Person; das Organ, dem das einzelne Mitglied angehört, repräsentiert die juristische Person als AG. Dies gilt nach hM (aA etwa *Brammsen* RdA 2010, 267, 272 f mwN) für den **GmbH-Geschäftsführer**, grds ungeachtet, ob er Fremdgeschäftsführer oder Gesellschafter-Geschäftsführer ist (BAG 26.5.1999, 5 AZR 664/98, EzA § 611 BGB Arbeitnehmerbegriff Nr 76; *Kamanabrou* DB 2002, 146). Mit Blick auf die »Danosa«-Entsch des EuGH (11.11.2010, C-232/09, NZA 2011, 143) sind indes GmbH-Geschäftsführerinnen häufig (genauer: bei Weisungsbindung oder Aufsicht und Möglichkeit jederzeitiger Abberufung) im Wege richtlinienkonformer Auslegung als AN iSd MuSchG einzustufen und sind Geschäftsführer in den Diskriminierungsschutz für AN einzubeziehen (*Schubert* ZESAR 2013, 5, 11 ff); nach der »Balkaya«-Entscheidung (EuGH 9.7.2015, C-229/14, NZA 2015, 861) gilt dasselbe mit Blick auf den Massenentlassungsschutz der §§ 17 ff KSchG (zu Recht skeptisch *Lunk* NZA 2015, 917 ff).

105 Strikt zu trennen ist zwischen der **Organstellung** des Geschäftsführers, aufgrund derer er auch einem Weisungsrecht der Gesellschafter gem § 37 GmbHG unterliegt, und dem **Anstellungsvertrag**. Dieser Vertrag ist regelmäßig freier Dienstvertrag; mit Blick auf den Vertragsschluss ordnet das BAG den Geschäftsführer als Verbraucher iSd § 13 BGB ein (BAG 19.5.2010, 5 AZR 253/09, NZA 2010, 939) – mit Konsequenzen für die AGB-Kontrolle, § 310 III BGB. Der Anstellungsvertrag kann fortbestehen, wenn die Bestellung zum Geschäftsführer widerrufen worden ist, etwa weil die Gesellschafterversammlung zunächst über den sofortigen Widerruf der Bestellung entscheidet, das Schicksal des Anstellungsverhältnisses aber noch offen lässt (näher *Bauer/Arnold* DB 2008, 350 ff). Zur Frage nach einem arbeitsrechtlichen Schutz des ehemaligen Organmitglieds in solchen Fällen Rdn 113.

106 Notwendig für die Annahme eines Arbeitsverhältnisses ist das **arbeitsrechtliche Weisungsrecht**, das nicht mit dem gesellschaftsrechtlichen Weisungsrecht gleichgesetzt werden darf. Kann die Gesellschaft über die gesellschaftsrechtliche Weisungsbefugnis hinaus typische arbeitsrechtliche Weisungen mit Blick auf die Leistungserbringung (Zeit, Ort, Art und Weise der Ausführungen) erteilen und ist der Fremdgeschäftsführer insoweit in den Betrieb eingegliedert, kann das Anstellungsverhältnis nach Ansicht des BAG als Arbeitsverhältnis eingeordnet werden (BAG 26.5.1999, 5 AZR 664/98, EzA § 611 BGB Arbeitnehmerbegriff Nr 76; vgl auch BAG 31.7.2014, 2 AZR 422/13, EzA § 1 KSchG Betriebsbedingte Kündigung Nr 181; für idR abhängige Beschäftigung im Sozialrecht etwa BSG 6.3.2003, B 11 AL 25/02 R, GmbHR 2004, 494). Der BGH lehnt dies in st Rspr insb mit dem Argument ab, dass eine AN-Eigenschaft mit der Organstellung nicht vereinbar sei (BGH 9.2.1978, II ZR 189/76, NJW 1978, 1435; 29.1.1981, II ZR 92/80, BGHZ 79, 291). Zu einer analogen Anwendung arbeitsrechtlicher Vorschriften HWK/*Thüsing* Vor § 611 BGB Rn 97 ff.

107 Wenn ein AN zum Geschäftsführer einer konzernabhängigen Gesellschaft bestellt wird, dann beruht die Organstellung auf einem Vertrag mit einem Dritten, der durchaus Arbeitsvertrag sein kann (BAG 25.10.2007, 6 AZR 1045/06, EzA § 14 KSchG Nr 8; ErfK/*Preis* § 611 BGB Rn 139). Jedenfalls soll nach Ansicht des BAG das Arbeitsverhältnis eines Beschäftigten mit der Obergesellschaft nicht allein dadurch aufgehoben werden, dass der AN zum Geschäftsführer einer konzernabhängigen Gesellschaft bestellt wird (BAG 20.10.1995, 5 AZB 5/95, EzA § 5 ArbGG 1979 Nr 13). Das hat aber nichts mit der Frage zu tun, ob die Anstellung neben der gesellschaftsrechtlichen Bestellung ein Arbeitsverhältnis zwischen Geschäftsführer und (Tochter-)Gesellschaft begründet (zu den verschiedenen Konstellationen *Freckmann* DStR 2008, 52 ff).

108 **Vorstandsmitglieder** der AG (§§ 76 ff AktG) sind grds **keine AN** (Staudinger/*Richardi/Fischinger* Vor §§ 611–613 BGB Rn 352), selbst wenn ein Vorsitzender des Vorstandes gem § 84 II AktG bestellt ist. Aufgrund der eigenverantwortlichen Leitungsbefugnis des Vorstandes, die eine Weisungsbindung ausschließt,

ist die Rspr zur AN-Eigenschaft des GmbH-Geschäftsführers von vornherein nicht übertragbar. Dass Organmitglieder konzernabhängiger AG AN sein könnten, ist mit der wohl hM abzulehnen: Auch hier fehlt es an der persönlichen Abhängigkeit im arbeitsrechtlichen Sinne (mwN auch zur Gegenmeinung HWK/ *Thüsing* Vor § 611 BGB Rn 96).

Aufsichtsratsmitglieder können demggü ohne weiteres zugleich AN der Gesellschaft sein. Nach den Mitbestimmungsgesetzen müssen bestimmte Gesellschaften ihren Aufsichtsrat anteilig gerade mit AN besetzen. Die für Vorstände und Geschäftsführer interessante Frage nach der rechtlichen Qualifikation des neben dem Organverhältnis bestehenden Anstellungsverhältnisses stellt sich aber auch für Eignervertreter nicht: Sie werden ausschließlich auf korporationsrechtlicher Grundlage tätig, ein separates Anstellungsverhältnis existiert nicht (MüKo-AktG/*Habersack* § 101 Rn 67). 109

Fraglich ist das **Schicksal des Arbeitsverhältnisses** eines AN, der **zum Geschäftsführer bestellt** oder in den Vorstand berufen wird (zur Entwicklung der Rspr *Müller-Glöge* FS Hromadka [2008] S 255 ff): Früher ging die Rspr davon aus, dass im Zweifel das bisherige Arbeitsverhältnis nur ruhe, wenn sich die Vertragsbedingungen nicht geändert haben. Wird das Organmitglied abberufen, lebe das suspendierte Arbeitsverhältnis wieder auf (BAG 9.5.1985, 2 AZR 330/84, EzA § 5 ArbGG 1979 Nr 3). Das BAG hat sich inzwischen von der Regelvorstellung des ruhenden Arbeitsverhältnisses verabschiedet: Mit Abschluss des Geschäftsführer-Anstellungsvertrags werde das Arbeitsverhältnis des neuen Organmitglieds (ggf konkludent) beendet (BAG 14.6.2006, 5 AZR 592/05, EzA § 5 ArbGG 1979 Nr 40). Im Zweifel erfolgt eine konkludente Aufhebung des bisherigen Arbeitsverhältnisses, da nach dem Willen der vertragschließenden Parteien regelmäßig neben dem Dienstverhältnis nicht noch ein Arbeitsverhältnis ruhend fortbestehen soll. Dem AN muss klar sein, dass er, wenn nicht anderes vereinbart wird, mit dem Abschluss eines Geschäftsführer-Dienstvertrags seinen Status als AN aufgibt (BAG 3.2.2009, 5 AZB 100/08, EzA § 5 ArbGG 1979 Nr. 43). 110

Zum Problem wird der **Schriftformzwang des § 623 BGB**: Eine Aufhebung des Arbeitsvertrages durch einen nachfolgenden Geschäftsführer-Dienstvertrag kann nur angenommen werden, wenn eine schriftliche Aufhebungsvereinbarung getroffen worden ist. Auch wenn die Auflösung des Arbeitsverhältnisses nicht ausdrücklich vereinbart ist, kann sie sich aus der Auslegung einer (schriftlichen!) Vereinbarung ergeben. Entscheidend kommt es darauf an, ob der Wille, das Arbeitsverhältnis einvernehmlich zu beenden, in der schriftlichen Vereinbarung zum Ausdruck gekommen ist. Außerhalb der Urkunde liegende Umstände dürfen berücksichtigt werden, wenn der rechtsgeschäftliche Wille der Parteien in der formgerechten Urkunde zumindest angedeutet ist. Dieser Wille der Vertragsparteien, das bestehende Arbeitsverhältnis zu beenden, kommt in einem schriftlichen Geschäftsführer-Dienstvertrag hinreichend deutlich zum Ausdruck (BAG 19.7.2007, 6 AZR 774/06, EzA § 623 BGB 2002 Nr 7). Schließt ein AN mit dem AG einen schriftlichen Dienstvertrag, der Grundlage der Bestellung zum Geschäftsführer ist, vermutet das BAG, dass damit zugleich das zuvor begründete Arbeitsverhältnis aufgelöst werden soll, sofern nicht klar und eindeutig etwas anderes vertraglich vereinbart wird (BAG 5.6.2008, 2 AZR 754/06, NZA 2008, 1002; hierzu auch *Freckmann* DStR 2008, 52, 54 ff; *Bauer/Arnold* DB 2008, 350, 353 f). Ein ruhendes Arbeitsverhältnis besteht zwischen dem »beförderten« Geschäftsführer und der Gesellschaft also nur, wenn dies ausdrücklich vereinbart oder wenn der Geschäftsführer-Dienstvertrag nicht schriftlich fixiert wurde. In diesen Fällen kann der Geschäftsführer trotz § 5 I 3 ArbGG vor den ArbG klagen, sofern er Rechte aus dem ruhenden Arbeitsverhältnis (und nicht aus dem Anstellungsvertrag) geltend macht (BAG 15.3.2011, 10 AZB 32/10, EzA § 5 ArbGG 1979 Nr 44). Ist die Grundlage der Organbeziehung demggü nur das fortbestehende Arbeitsverhältnis (dh: haben die Parteien keinen neuen Dienstvertrag geschlossen), zwingt § 5 I 3 ArbGG zur Klage vor den ordentlichen Gerichten (BAG 26.10.2012, 10 AZB 55/12, GmbHR 2013, 253). Eingehend zur Rechtswegfrage *Reinecke* ZIP 2014, 1057. 111

Wird ein Arbeitsverhältnis idS inzidenter aufgehoben, indem der AN schriftlich zum Geschäftsführer oder Vorstand »befördert« wird, ist die **ordnungsgem Vertretung der Gesellschaft bei Vertragsschluss** (dazu *Müller-Glöge* FS Hromadka [2008] S 255, 270 ff) fraglich: Nach Ansicht der Rspr soll einer rechtswirksamen Beendigung des Arbeitsverhältnisses durch den Geschäftsführer-Dienstvertrag nicht entgegenstehen, dass Letzterer durch den Vorsitzenden des Aufsichtsrats und nicht durch den Geschäftsführer abgeschlossen wird. Zwar verfügen der Aufsichtsrat bzw. die Gesellschafter einer GmbH nicht über organschaftliche Vertretungsmacht, wie sie grds für den Abschluss eines Aufhebungsvertrags mit einem AN erforderlich ist. Indes sind der Aufsichtsrat gemäß § 84 AktG bzw die Gesellschafter gem § 46 Nr 5 GmbHG zuständig für die Bestellung und Abberufung von Vorständen bzw Geschäftsführern. Diese Zuständigkeitsverteilung erlaubt aber nicht den Schluss auf die Unwirksamkeit des vom BAG angenommenen (ggf konkludenten) Aufhebungsvertrags (aA *Fischer* NJW 2003, 2417, 2419; *Hümmerich/Schmidt-Westphal* DB 2007, 222, 223 f). Richtig ist vielmehr, mit dem BAG für diesen Ausnahmefall eine Annexkompetenz der Gesellschafter bzw des Aufsichtsrates wegen der bes Sachnähe zur Bestellungskompetenz gem § 46 Nr 5 GmbHG anzunehmen. 112

Wird ein AN der Gesellschaft als Organmitglied bestellt, sind jene Organe mithin ausnahmsweise dazu berufen, die Gesellschaft bei der Aufhebung des Arbeitsverhältnisses zu vertreten (*Bauer/Baeck/Lösler* ZIP 2003, 1821, 1823 ff; *Langner* DStR 2007, 535, 537; *Sassel Schnitger* BB 2007, 154, 155).

113 Umgekehrt führt der **Verlust der Organstellung** (Abberufung) nicht unmittelbar zur Umwandlung des freien Dienstverhältnisses in ein Arbeitsverhältnis (BAG 18.12.1996, 5 AZB 25/96, EzA § 2 ArbGG 1979 Nr 25; 25.6.1997, 5 AZB 41/96, EzA § 2 ArbGG 1979 Nr 37; BGH 10.1.2000, II ZR 251/98, AP BGB § 611 Organvertreter Nr 15). Ein wirksam aufgehobenes früheres Arbeitsverhältnis lebt durch die Abberufung als Geschäftsführer ebenfalls nicht (ohne Weiteres) wieder auf. Ebenso wenig entsteht ohne entspr Einigung ein neues Arbeitsverhältnis (BAG 25.6.1997, 5 AZB 41/96, EzA ArbGG 1979 § 2 Nr 37). Vereinbaren lässt sich ein »nachlaufendes« Arbeitsverhältnis zwar unproblematisch. Eine entspr Abrede liegt aber nicht derart nahe, dass sie als Regelfall unterstellt werden könnte (BAG 19.7.2007, 6 AZR 774/06, EzA § 623 BGB 2002 Nr 7): »Ohne bes, vom gekündigten Geschäftsführer darzulegende Umstände ist bei verständiger Auslegung der rechtsgeschäftlichen Erklärungen (§§ 133, 157 BGB) kein Grund dafür ersichtlich, dass der alte Vertrag fortgelten soll.« Für ein anderes Auslegungsergebnis müssten also bes Umstände hinzutreten, aus denen sich ergibt, dass entweder ein ruhender, aber nach wie vor bestehender Arbeitsvertrag wieder aufleben soll, oder dass nach der Abberufung ein Arbeitsverhältnis neu begründet werden soll (BAG 5.6.2008, 2 AZR 754/06, NZA 2008, 1002). Erst nach dem Ende des Organverhältnisses (vgl § 5 I 3 ArbGG) kann ein vermeintliches Arbeitsverhältnis vor den ArbG geltend gemacht werden (BAG 15.11.2013, 10 AZB 28/13, GmbHR 2014, 137). Für die Rechtswegzuständigkeit kommt es nach dem BAG (3.12.2014, 10 AZB 98/14, EzA § 5 ArbGG 1979 Nr 50) nicht (mehr) auf den Zeitpunkt der Klageerhebung an; vielmehr reicht aus, dass das Organverhältnis noch vor einer rkr Entscheidung über die Rechtswegzuständigkeit endet (näher zu den Konsequenzen der geänderten Rspr *Stagat* NZA 2015, 193 ff). Besonderheiten können sich jedoch aus gesetzlichen Vorgaben ergeben, etwa aus der zeitlichen Beschränkung des § 84 I AktG: Sieht der Anstellungsvertrag des Vorstands einer AG für den Fall der Beendigung der Organstellung die unveränderte Weiterführung des Anstellungsverhältnisses als Arbeitsverhältnis über die Fristen des § 84 I AktG hinaus vor, soll nach Ansicht des BAG eine Gesetzesumgehung vorliegen. In der Folge scheitert ein Arbeitsverhältnis an § 134 BGB (BAG 26.8.2009, 5 AZR 522/08, EzA § 84 AktG Nr. 1).

114 Ein GmbH-Geschäftsführer mutiert **nach Insolvenzeröffnung** nicht zum AN des Insolvenzverwalters, wenn er seine Arbeitskraft bei einer Betriebsfortführung zur Verfügung stellt. Nach §§ 97 II, 101 I 1 InsO haben der Schuldner oder seine organschaftlichen Vertreter den Insolvenzverwalter bei der Erfüllung von dessen Aufgaben zu »unterstützen« (näher *Uhlenbruck* InsO, 13. Aufl, § 97 Rn 16 ff). Den Schuldner treffen Mitwirkungspflichten, die ua bei der Betriebsfortführung von Bedeutung sind. § 97 II InsO ist bewusst weit formuliert. Dem Schuldner wird zugemutet, seine Arbeitskraft iR der Insolvenzabwicklung zur Verfügung zu stellen. Weitet sich die vom Insolvenzverwalter geforderte Mitwirkungspflicht zu einer echten Mitarbeitspflicht aus, so ist aus der Insolvenzmasse eine angemessene Vergütung zu entrichten (LAG Rh-Pf 25.9.2008, 10 Sa 162/08, NZG 2009, 195).

115 **Sportler** (und Trainer im Sportbereich, LAG MV 7.7.2014, 3 Ta 21/14, NZA-RR 2014, 492) sind AN, wenn sie nach der jeweiligen Vertragsgestaltung und -durchführung ihre Leistung in der für das Arbeitsverhältnis typischen persönlichen Abhängigkeit erbringen, die insb über eine durch Vereinsmitgliedschaft begründete Weisungsgebundenheit hinausgehen muss (BAG 10.5.1990, 2 AZR 607/89, EzA § 611 BGB Arbeitnehmerbegriff Nr 36). Dies gilt nicht nur für Vertragsspieler iSd § 8 Nr 2 der Spielordnung DFB, sondern auch für Berufsfußballer (Lizenzspieler iSd § 8 Nr 3 Spielordnung DFB), weil auch diese von ihrem AG persönlich abhängig sein können (BAG 24.2.1972, 5 AZR 414/71, EzA § 11 BUrlG Nr 9; 24.11.1992, 9 AZR 564/91, EzA § 11 BUrlG Nr 33; 23.4.1996, 9 AZR 856/94, EzA § 11 BUrlG Nr 39; auch *ErfK/Preis* § 611 BGB Rn 95). Motorrad-Rennfahrer hat die Rspr als AN-ähnliche Personen qualifiziert (BAG 17.6.1999, 5 AZB 23/98, EzA § 5 ArbGG 1979 Nr 34), aber auch als AN: Die Eingliederung einer Rennfahrerin in die Rennsportabteilung des Betriebs folge daraus, dass der AG mit dem Zur-Verfügung-Stellen einer tauglichen Rennmaschine, der Sicherstellung ihrer Einsatzfähigkeit durch einen Mechaniker und der Organisation der Rennen und Trainingsläufe erst die Voraussetzungen dafür schaffen müsse, dass die Beschäftigte im Zusammenwirken mit der Organisationsstruktur ihre Arbeitsleistung erbringen kann. Die persönliche Abhängigkeit ergab sich nach Ansicht der Rspr aus der engen zeitlichen Einbindung in den terminlich festgelegten Rennsportbetrieb. Da der AG die vertragliche Möglichkeit hatte, die Rennfahrerin ohne deren Zustimmung für weitere nationale und int Rennen einzuplanen, konnte von einer iW freien Zeitbestimmung des Einsatzes keine Rede sein (BAG 7.3.2002, 2 AZR 173/01, EzA § 626 nF BGB Nr 196). Gleiches gilt für einen Tennisspieler, der vertraglich verpflichtet ist, für den Verein Vorbereitungs- und Meisterschaftsspiele zu bestreiten, und für die Leistungen geldwerte Gegenleistungen erhält (ArbG Bielefeld 12.7.1989, 2 Ca 2132/88, NZA 1989, 966).

Auch **Artisten** können als AN beschäftigt werden. Indes spricht mehr für eine selbstständige Tätigkeit, wenn der Auftraggeber konkrete Darbietungen »als Paket einkauft«. In solchen Fällen ist insb die umfassende vertragliche Leistungsbeschreibung typisch, die für ein arbeitsrechtliches Weisungsrecht keinen Raum mehr lässt. An der Gesamtbewertung ändert sich auch dann nichts, wenn die Artisten vertraglich verpflichtet sind, ihre Darbietung im Rahmen v Veranstaltungen des Auftraggebers aufzuführen u zusätzlich in sonstiger (und untergeordneter) Weise an diesen Veranstaltungen mitwirken (BAG 11.8.2015, 9 AZR 98/14, EzA § 611 BGB 2002 Arbeitnehmerbegriff Nr 28). 115.1

IdR nicht als AN tätig werden sog **Crowdworker**, die typischerweise – oft kleinstteilige – Einzelaufgaben in eigener Verantwortung wahrnehmen (näher *Däubler/Klebe* NZA 2015, 1032 ff). Aufträge werden per Internet vermittelt, häufig über zentrale Plattformen (sog Crowdsourcing). Ein Weisungsrecht des Auftraggebers oder der Plattform ist dabei angesichts detaillierter Vorgaben zum Arbeitsergebnis regelmäßig nicht vorgesehen und wäre mangels direkten Kontakts bzw mangels Einblicks in die einzelnen Aufträge auch nicht praktikabel. Damit sind solche Crowdworker aus der Perspektive des Arbeitsrechts (Solo-)Selbstständige. AN-Ähnlichkeit (Rdn 70 ff) wird vielfach ebenfalls nicht in Betracht kommen, weil es an der wirtschaftlichen Abhängigkeit von einem einzelnen Auftraggeber fehlt. Vor diesem Hintergrund lassen sich Crowdworker auch selten als Heimarbeiter einstufen. An diesen Vorgaben ändert sich grds nichts, wenn der AG die Plattform, über die Aufträge vermittelt werden, selbst betreibt, und (nur) für seine AN öffnet (sog internes Crowdsourcing). Im Arbeitsverhältnis bewegt sich das Crowdworking (auch dann) nur, wenn der AG seine AN anweist, statt ihrer bisherigen Tätigkeit (teilweise) über die Plattform vermittelte Aufträge zu bearbeiten. 115.2

C. Arbeitnehmerbegriff als Oberbegriff und Sonderregelungen für bestimmte Arbeitnehmer. Der AN-Begriff ist **Oberbegriff** für **Arbeiter** und **Angestellte**. Allerdings hat diese historisch bedingte Unterscheidung zwischen überwiegend körperlicher Tätigkeit (Arbeiter) und überwiegend geistiger (Angestellte) nicht nur ihre praktische Bedeutung verloren, sondern ist auch verfassungsrechtlich angreifbar. Jede unterschiedliche Behandlung wäre an Art 3 GG zu messen und kaum zu rechtfertigen. Für die Geltung unterschiedlicher Kdg-Fristen in § 622 BGB aF hat das BVerfG einen Verstoß gegen Art 3 GG anerkannt (BVerfG 30.5.1990, 1 BvL 2/83, EzA § 622 nF BGB Nr 27). Der Gesetzgeber hat die Unterscheidung von Arbeitern und Angestellten im Zuge der BetrVG-Reform aufgegeben. Die Tarifparteien des öffentl Dienstes haben die überkommene Trennung zwischen Angestellten (BAT) und Arbeitern (BMT-G bzw MTArb) im TVöD aufgegeben, § 1 I TVöD-AT. Indes können zu ehrenamtlichen Richtern nach § 22 II Nr 3 ArbGG sowie § 16 IV Nr 3 SGG aus Kreisen der AG beim Bund, bei den Ländern und Kommunen nur Beamte und Angestellte berufen werden. Praktisch wird die Unterscheidung im ArbR noch beim allg arbeitsrechtlichen Gleichbehandlungsgrds. 116

Sozialversicherungsrechtlich hat die Unterscheidung keine Bedeutung mehr: In der gesetzlichen **Rentenversicherung** ist nach der bereits durch das SGB VI zum 1.1.1992 eingeführten Vereinheitlichung des rentenrechtlichen Leistungsrechts an die Stelle der überholten Unterscheidung zwischen Arbeiter und Angestellten ein **einheitlicher Versichertenbegriff** eingeführt worden. Zuständiger Rentenversicherungsträger für Arbeiter und Angestellte sind die Deutsche Rentenversicherung Bund bzw die entspr Regionalträger. Auch die Unterscheidung zwischen Arbeitern und Angestellten in der gesetzlichen **Krankenversicherung** (§ 5 I Nr 1 SGB V) hat praktisch keine Bedeutung mehr, seit die Jahresarbeitsentgeltgrenzen in § 6 SGB V einheitlich geregelt sind. 117

Zu unterscheiden ist aber der **leitende Angestellte** vom »normalen AN« (umfassend *D. Kaiser* AR-Blattei SD 70.2. Rn 6 ff). Ein einheitlicher Begriff fehlt auch hier. Die in einzelnen arbeitsrechtlichen Vorschriften enthaltenen **Sonderregelungen** für leitende Angestellte legen jeweils einen eigenen Begriff zugrunde (§ 5 III und IV BetrVG, § 14 II KSchG, § 16 IV Nr 4 SGG). § 3 I 1 MitbestG sowie § 18 I Nr 1 ArbZG verweisen indes auf den Begriff des leitenden Angestellten iSd § 5 III BetrVG. Die Abgrenzung muss mithin bei den jeweiligen Vorschriften erfolgen (zum Begriff des leitenden Angestellten im Betriebsverfassungsrecht § 5 BetrVG Rdn 13 ff; zum Leitenden im kündigungsschutzrechtlichen Sinne § 14 KSchG Rdn 8 ff). 118

Der Unterschied zwischen dem AN und dem sog **AT-Angestellten** ist: Letzterer ist »außertariflich« beschäftigt, weil er nicht unter den persönlichen Geltungsbereich der sonst anwendbaren TV fällt. Dass die Tätigkeit des AN oberhalb der höchsten Tarifgruppe eingruppiert ist, begründet die AT-Stellung nur mit Blick auf die tariflichen Entgeltregelungen (vgl MüKo-BGB/*Müller-Glöge* § 611 Rn 238). Das Rechtsverhältnis des AT-Angestellten wird durch Individualvertrag und nicht durch Tarifnormen bestimmt. Umgekehrt nimmt aber bereits der Begriff »außertariflich« zugleich auf Tarifregelungen Bezug und TV enthalten oftmals Regelungen, die tarifliche von außertariflichen AN abgrenzen. Letztere werden vielfach durch eine Negativabgrenzung (etwa: »Abstandsklauseln«) aus dem persönlichen Geltungsbereich der TV ausgenommen. Aber: 119

AT-Angestellte sind nicht zwangsläufig leitende Angestellte iSd § 5 III BetrVG, können also unter den Geltungsbereich des BetrVG und damit die Zuständigkeit des BR fallen.

120 **Sonderregelungen** für **bestimmte AN** können sich zum einen aus der bes Gestaltung des Arbeitsverhältnisses (Arbeitseinsatz etwa bei einem anderen AG, an einem anderen Ort oder Umfang der Arbeitszeit [Vollzeit/Teilzeit]) ergeben, aber auch aus der bes »Branche« (etwa Tätigkeit in der Landwirtschaft, auf einem Schiff, im öffentl Dienst, in einer Kirche oder einer Gewerkschaft). Erstere sind der gesetzgeberischen Vorstellung des Prototyps des Arbeitsverhältnisses geschuldet, genauer: des auf unbestimmte Zeit vereinbarten »Normalarbeitsverhältnisses« des vollzeitbeschäftigten AN ohne bes Zweckbindung mit fester Arbeitszeit und festem Arbeitsort. Letztere sind vielfach historisch oder verfassungsrechtlich bedingt.

121 **AN im kirchlichen Dienst** sind insb mit Blick auf die Verfassungsgarantie der kirchlichen Selbstverwaltung (Art 140 GG, Art 137 WRV) an Sondervorschriften gebunden. Wenn aber die Kirchen (oder der Staat als AG im öffentl Dienst) die Privatautonomie zur Begr von Arbeitsverhältnissen nutzen (zu den kirchenrechtlichen Beziehungen von Klerikern und Kirchenbeamten, die ihre Tätigkeit grds nicht aufgrund eines Arbeitsvertrages erbringen, HWK/*Thüsing* Vor § 611 BGB Rn 38), gilt grds auch das **staatliche ArbR**. Das ist schlicht Folge einer Rechtswahl (BAG 17.4.1996, 10 AZR 558/95, EzA § 611 BGB Gratifikation, Prämie Nr 140 mit Verweis auf BVerfG 4.6.1985, 2 BvR 1703/83, 2 BvR 1718/83, 2 BvR 856/84, EzA § 611 BGB Kirchliche Arbeitnehmer Nr 24). Indes müssen arbeitsrechtliche Vorschriften mit Blick auf das kirchliche ArbR ausgelegt werden, was etwa zu einer weiter gehenden Bindung an Loyalitätspflichten ggü der Kirche als AG führt, aber auch die strikten Vorgaben des Kdg-Schutzrechts »lockern« soll (näher § 626 BGB Rdn 79 ff). Im kollektiven ArbR ist nach § 118 II BetrVG die betriebliche Mitbestimmung weithin ausgeschlossen und an die Stelle von normativ geltenden TV treten Arbeitsvertrags- oder Anstellungsordnungen und Arbeitsvertrags-RL, die (nur) durch entspr Individualvereinbarung Bestandteil des Arbeitsverhältnisses werden (BAG 16.2.2012, 6 AZR 573/10, EzA § 611 BGB 2002 Kirchliche Arbeitnehmer Nr 22; zum kircheneigenen Regelungsverfahren [»**Dritter Weg**«] eingehend *Richardi* Arbeitsrecht in der Kirche § 14). Diese RL unterliegen zwar grds der AGB-Kontrolle, indes fährt das BAG die Rechtskontrolle auf das an TV angelegte Maß zurück, wenn die kirchlichen Regelungen (nach kirchlichem Verfahrensrecht formell ordnungsgemäß) paritätisch ausgehandelt wurden (BAG 22.7.2010, 6 AZR 847/07, EzA § 611 BGB 2002 Kirchliche Arbeitnehmer Nr 15; 22.7.2010, 6 AZR 170/08, BB 2011, 186): Geprüft wird nur ein Verstoß gegen das GG, anderes höherrangiges Recht sowie § 138 I BGB (BAG 17.11.2005, 6 AZR 160/05, EzA § 611 BGB 2002 Kirchliche Arbeitnehmer Nr 7). Ob tarifvertragliche Regelungen ganz oder teilweise übernommen werden, ist insoweit nicht mehr entscheidend (anders noch BAG 6.11.1996, 5 AZR 334/95, EzA § 611 BGB Ausbildungsbeihilfe Nr 16).

122 Für die **Beschäftigten des öffentl Dienstes** gilt das staatliche ArbR grds uneingeschränkt. Besonderheiten ergeben sich zum einen daraus, dass an die Stelle des BetrVG (§ 130 BetrVG) das PersVR des Bundes wie auch der Länder tritt. Zum anderen ergeben sich Besonderheiten im Tarif- und Arbeitskampfrecht, weil AG der Bund, die Länder oder die Kommunen sind. Die öffentl Hand ist kein GR-Träger, kann also nicht die Koalitionsfreiheit nach Art 9 III GG in Anspruch nehmen, wohl aber kraft Gesetzes öffentl-rechtliche Rechtsträger für tariffähig erklären. Das gilt selbst für diejenigen juristischen Personen des öffentl Rechts, die sich ausnahmsweise selbst auf (bestimmte) GR berufen dürfen (Rundfunk, Universitäten, etc). Diesen bes GR-Trägern steht jew nur ein speziell zu ihrer (grundrechtsgeschützten Lebensbereichen) dienenden Funktion passendes GR zu; die Koalitionsfreiheit können sie nicht in Anspruch nehmen (für die Rundfunkanstalten BVerfG 13.1.1982, 1 BvR 848/77 ua, BVerfGE 59, 231). Sonderfall sind insoweit die weithin grundrechtsberechtigten Kirchen. Für TV, die die öffentl Hand als AG abschließt, sind staatsorganisationsrechtliche Grenzen zu beachten: So dürfen TV im öffentl Dienst nicht in die **kommunale Selbstverwaltung** eingreifen. Auch das **Demokratieprinzip** setzt öffentl AG Grenzen (BVerfG 24.5.1995, 2 BvF 1/92, BVerfGE 93, 37): Das **Prinzip parlamentarischer Verantwortlichkeit und exekutiver Eigenverantwortung** darf durch TV weder aufgehoben noch eingeschränkt werden. Auch die Mitbestimmung der Personalräte muss angesichts des demokratischen Legitimationsgebots zurückstehen (BVerfG 24.5.1995, 2 BvF 1/92, NVwZ 1996, 574), vgl § 104 S 3 BPersVG.

123 Für **Schiffsbesatzungen** von Kauffahrtschiffen unter dt Flagge gelten nicht nur das SeemG, sondern auch bes Regeln in der Betriebsverfassung (§§ 114–116 BetrVG). Für AN in der **Land- und Forstwirtschaft** greift weithin das »normale ArbR«, es gibt aber auch in einigen arbeitsrechtlichen Vorschriften Sonderregelungen, so etwa in §§ 7 II Nr 2, 10 I Nr 12 ArbZG. Für **kaufmännische AN** (»Handlungsgehilfen«), also alle AN, die in einem Handelsgewerbe iSd §§ 1 ff HGB angestellt sind, um kaufmännische Dienste zu leisten (§ 59 S 1 HGB), bestehen in §§ 59 ff HGB Sondervorschriften, insb über die Gehaltszahlungen, das Wettbewerbsverbot oder Vertragsstrafen. Arbeitsrechtliche Besonderheiten (insb die Festsetzung von Mindestarbeitsbedingungen durch Tariferstreckung kraft RechtsVO nach § 7 AEntG) gelten letztlich auch

für **Arbeitsverhältnisse in den in das AEntG einbezogenen Branchen** (zu den verfassungs- und europarechtlichen Fragen ErfK/*Schlachter* § 1 AEntG Rn 14, 3 ff).

Die Sonderregeln für **AN-Überlassung (Leiharbeit oder Zeitarbeit)** greifen die bes Gestaltung des Leiharbeitsverhältnisses auf: Der AG (Verleiher) stellt seinen AN (Leih-AN) »vorübergehend« (zu § 1 I 2 AÜG dort Rdn 38 f) einem Dritten (Entleiher) zur Verfügung. Dabei wird die Arbeitgeberstellung zwischen dem Verleiher als Vertrags-AG und dem weisungsberechtigten Entleiher aufgespalten. Das AÜG soll insb eine Schlechterstellung der Leih-AN im Einsatzbetrieb verhindern; zentral ist insoweit das tarifdispositive Gleichbehandlungsgebot bei den wesentlichen Arbeitsbedingungen einschließlich des Entgelts (verfassungsrechtliche Bedenken bei *Klebeck* Gleichstellung der Leih-AN als Verfassungsverstoß [2004]; aA BVerfG 29.12.2004, 1 BvR 2283/03, 1 BvR 2504/03, 1 BvR 2582/03, EzAÜG § 3 AÜG Nr 1). 124

Nicht jeder **drittbezogene Arbeitseinsatz** ist AN-Überlassung iSd AÜG. Von der AN-Überlassung ist neben der AN-Entsendung die Tätigkeit eines AN bei einem Dritten aufgrund eines **Werk- oder Dienstvertrags** zu unterscheiden (BAG 6.8.2003, 7 AZR 180/03, EzA § 1 AÜG Nr 13). Insoweit kommt es nicht (nur) auf die Vertragsgestaltung zwischen den Unternehmern an, sondern va darauf, wer (tatsächlich) das arbeitsrechtliche Weisungsrecht ausübt (vgl BAG 25.9.2013, 10 AZR 282/12, EzA § 611 BGB 2002 Arbeitnehmerbegriff Nr 25; noch § 106 Rdn 2); dh: steht der Werkvertrag nur auf dem Papier – weil etwa der angebliche Werkunternehmer schon keine eigene Arbeitsorganisation vorhält, über die er den Einsatz »seiner« AN durch Weisungen steuern könnte – geht es in der Sache um (ggf illegale) AN-Überlassung. Abzugrenzen ist die Leiharbeit auch von der bloßen **unternehmerischen Zusammenarbeit**: AN-Überlassung iSd AÜG setzt voraus, dass sich der drittbezogene Personaleinsatz aufseiten des Vertrags-AG darauf beschränkt, einem Dritten den AN zur Förderung von dessen Betriebszwecken zur Verfügung zu stellen. Keine AN-Überlassung liegt daher vor, wenn die beteiligten AG iR einer unternehmerischen Zusammenarbeit mit dem Einsatz ihrer AN jeweils ihre eigenen Betriebszwecke verfolgen, insb im gemeinsamen Betrieb mehrerer Unternehmen (zur Abgrenzung BAG 25.10.2000, 7 AZR 487/99, EzA § 10 AÜG Nr 10; 16.4.2008, 7 ABR 4/07, EzA § 1 BetrVG 2001 Nr 7). 125

Die Besonderheit beim sog **mittelbaren Arbeitsverhältnis** besteht darin, dass der vom AG Beschäftigte seinerseits AN als Gehilfen zur Erfüllung seiner Arbeitspflichten ggü dem AG beschäftigt und einsetzt. Eine gesetzliche Regelung besteht nur für den »Zwischenmeister« nach § 2 III HAG. Dabei stellt sich zum einen die Frage nach der AN-Stellung des Zwischenmannes. Zum anderen kommt AN-Schutz des vom Zwischenmann Beschäftigten ggü dem Haupt-AG im Wege des Vertragsdurchgriffes in Betracht, weil der mittelbare AG gewisse AG-Funktionen ggü dem Unter-AN wahrnimmt (eingehend *Konzen* ZfA 1982, 285). 126

Zu den Mehrpersonenverhältnissen im ArbR gehört schließlich die **Gruppenarbeit**. Erbringen AN ihre Arbeitsleistung als »teilautonome Arbeitsgruppe«, die ihre Arbeit selbst organisiert, ist zu unterscheiden: Zum einen können sich die AN zu einer autonomen Arbeitsgruppe zusammenschließen und gemeinschaftlich mit dem AG verhandeln (sog **Eigengruppe**). Ihre Gruppe ist idR als BGB-Gesellschaft organisiert. Sie kann als Gruppe ein Rechtsverhältnis zum AG/Auftraggeber eingehen (Hausmeisterehepaar, Musikgruppe). Zum anderen gibt es die **Betriebsgruppe**: Die Zusammenfassung der Gruppe erfolgt durch den AG in dessen Betrieb (Montagekolonnen, Bauarbeiterkolonnen). Die AN haben zueinander nur eine faktische, aber keine rechtliche Beziehung über die »übliche« kollektive Verbundenheit qua Betriebsverfassung und Gleichbehandlungssatz hinaus. Die Arbeitsverhältnisse der Gruppenmitglieder zum AG sind voneinander unabhängig. Betriebsverfassungsrechtlich ist insb die Mitbestimmung des BR nach § 87 I Nr 13 BetrVG zu beachten. 127

Das **Berufsausbildungsverhältnis** (Berufsausbildung und berufliche Fortbildung) ist ein Arbeitsverhältnis, unterscheidet sich aber vom »normalen Arbeitsverhältnis« insoweit, als der Ausbildungszweck den Austausch von Arbeitsleistung und Entgelt weithin überlagert. Es gelten die Sonderregeln des BBiG. Das **Probearbeitsverhältnis** ist ein Arbeitsverhältnis, in dem der AG einen Mitarbeiter erproben will. Sonderregelungen bestehen bei einem **unbefristeten Probearbeitsverhältnis** mit Blick auf die Kündigungsfrist nach § 622 III BGB (§ 622 BGB Rdn 6). Die Erprobung eines Mitarbeiters ist auch Sachgrund für eine Befristung des Arbeitsverhältnisses nach § 14 I Nr 5 TzBfG (sog **befristetes Probearbeitsverhältnis**). 128

Praktikanten und Volontäre stehen vielfach nicht in einem Arbeitsverhältnis. Freilich kommt es insoweit auf die konkreten Vereinbarungen im Einzelfall an: Berufsvorbereitende Praktika im Rahmen einer Gesamtausbildung, bei denen der Ausbildungszweck ggü der Arbeitspflicht überwiegt, sind – soweit sie auf einer vertraglichen Vereinbarung zwischen dem Praktikanten und dem Ausbilder beruhen – als »andere Vertragsverhältnisse« in § 26 BBiG besonders geregelt (§ 26 BBiG Rdn 1). Praktikanten iSd § 26 BBiG sind (mit begrenzten Ausnahmen) mit Blick auf den allgemeinen gesetzlichen Mindestlohn des MiLoG Arbeitnehmern gleichgestellt (§ 22 MiLoG Rdn 5). Nicht unter § 26 BBiG fallen Praktika, in denen fertig ausgebildete Personen wie Arbeitnehmer beschäftigt und an den Arbeitsmarkt herangeführt werden (»Generation 129

Praktikum«; dazu ErfK/*Schlachter* § 26 BBiG Rn 4). Hier geht es, entgegen der vertraglichen Bezeichnung als Praktikum, rechtlich um Arbeitsverhältnisse (vgl Rdn 23); das gilt idR selbst dann, wenn eine unentgeltliche Tätigkeit vereinbart wird, weil diese Entgeltabrede bei nicht nur unerheblicher Arbeitspflicht nach § 138 BGB unwirksam ist, sodass § 612 BGB greift (BAG 18.3.2014, 9 AZR 694/12, JurionRS 2014, 16455).

130 Das TzBfG erlaubt nicht nur, das Arbeitsverhältnis befristet (kalendermäßig befristeter oder zweckbefristeter Arbeitsvertrag, § 3 I TzBfG) oder auflösend bedingt abzuschließen, sondern regelt auch das **Teilzeitarbeitsverhältnis**. Ein Teilzeitarbeitsverhältnis liegt nach § 2 I TzBfG vor, wenn die regelmäßige Wochenarbeitszeit kürzer ist als diejenige vergleichbarer vollzeitbeschäftigter AN. Neben dem Verbot der Diskriminierung von Teilzeitbeschäftigten nach § 4 TzBfG und dem Anspruch des AN »auf Teilzeit« nach § 8 TzBfG sind insb die bes Formen der Teilzeitarbeit von Bedeutung, also die **Arbeit auf Abruf** nach § 12 TzBfG und die Arbeitsplatzteilung (sog **Job-Sharing**) nach § 13 TzBfG.

131 Sonderregelungen bestehen endlich für sog **Heimarbeitsverhältnisse** insb nach dem HAG sowie etwa in §§ 10 f EFZG.

§ 105 Freie Gestaltung des Arbeitsvertrages

¹Arbeitgeber und Arbeitnehmer können Abschluss, Inhalt und Form des Arbeitsvertrages frei vereinbaren, soweit nicht zwingende gesetzliche Vorschriften, Bestimmungen eines anwendbaren Tarifvertrages oder einer Betriebsvereinbarung entgegenstehen. ²Soweit die Vertragsbedingungen wesentlich sind, richtet sich ihr Nachweis nach den Bestimmungen des Nachweisgesetzes.

Übersicht	Rdn.		Rdn.
A. Grundlagen	1	II. Vertragsinhaltfreiheit	16
B. Grundsatz der Vertragsfreiheit und Beschränkungen (S 1)	4	III. Vertragsformfreiheit	23
		C. Nachweis der wesentlichen Arbeitsbedingungen (S 2)	27
I. Vertragsabschlussfreiheit	5		

1 **A. Grundlagen.** Rechtshistorisch kann die Normierung des **Grds der Vertragsfreiheit** in § 105 nicht überschätzt werden, war sie doch bereits in der GewO v 21.7.1869 (für den norddeutschen Bund) festgeschrieben: »Die Festsetzung der Verhältnisse zwischen den selbstständigen Gewerbetreibenden und ihren Gesellen, Gehülfen und Lehrlingen ist Gegenstand freier Uebereinkunft«. Zugleich stellte der durch die Novelle der GewO v 17.6.1878 eingeführte Gesetzesvorbehalt klar, dass Beschränkungen der Vertragsfreiheit nur noch gelten sollten, soweit sie gesetzlich geregelt waren: »Die Festsetzung der Verhältnisse zwischen den selbstständigen Gewerbetreibenden und den gewerblichen Arbeitern ist, vorbehaltlich der durch Reichsgesetz begründeten Beschränkungen, Gegenstand freier Uebereinkunft«. Jüngere Neufassungen der GewO brachten in der Sache keine Veränderungen.

2 **Rechtspraktisch** bedeutet insb der Hinweis auf TV und BV keine Neuerung: Die als Grenze ausdrücklich festgeschriebenen Kollektivvereinbarungen gelten ohnehin unmittelbar und zwingend (TV nach § 4 I TVG, BV nach § 77 IV BetrVG), und damit wie Gesetze. Das bestätigt auch die Begr des Entwurfes eines Dritten Gesetzes zur Änderung der Gewerbeordnung und sonstiger gewerberechtlicher Vorschriften: »Die Vorschrift regelt wie die bisherige Vorschrift des § 105 den Grds der Vertragsfreiheit im ArbR. Der Grds der Vertragsfreiheit ist ein elementares Prinzip des Privatrechts, das bereits verfassungsrechtlich abgesichert ist (Art 2 I GG) sowie zivilrechtlich (§§ 241, 305 BGB) verankert ist. Dennoch ist die Beibehaltung der ausdrücklichen Regelung für das Arbeitsvertragsrecht aus Gründen der Rechtsklarheit sinnvoll und wichtig. Gleichzeitig wird verdeutlicht, aus welchen Vorschriften sich Einschränkungen ergeben können« (BR-Drs 112/02). § 105 S 1 hat lediglich klarstellende Bedeutung.

3 Nichts anderes gilt für den **Verweis** auf die Vorschriften des NachwG **in § 105 S 2 GewO**: Die Vorschrift soll die für die Praxis, insb für kleine und mittlere Unternehmen, notwendige Klarstellung enthalten, dass sich auch bei grds Formfreiheit des Arbeitsvertrages eine Verpflichtung des AG zur Niederschrift der wesentlichen Bedingungen des Arbeitsvertrages aus dem NachwG ergibt (BR-Drs 112/02).

4 **B. Grundsatz der Vertragsfreiheit und Beschränkungen (S 1).** Der in § 105 S 1 festgeschriebene **Grds der Vertragsfreiheit** umfasst die **Abschlussfreiheit, Inhaltsfreiheit** sowie die **Formfreiheit**. Gemeint ist zunächst – wie im allg Zivilrecht – die Freiheit des AG wie auch des AN, überhaupt ein Arbeitsverhältnis einzugehen. Beiden Vertragsparteien steht es grds frei, mit wem sie einen Arbeitsvertrag abschließen. Überdies können sie nicht nur den Inhalt des Arbeitsvertrages, sondern auch darüber frei bestimmen, ob der Abschluss, die Änderung oder die Beendigung des Vertrages der Form bedürfen bzw welche Anforderungen an die Form zu stellen sind. Grenzen für diese Freiheit können sich jeweils aus (ggü dem Individualvertrag

zwingenden gesetzlichen Vorschriften, Bestimmungen eines anwendbaren TV oder einer BV ergeben.

I. Vertragsabschlussfreiheit. Bei der **Abschlussfreiheit**, also der Freiheit, ob und mit wem jemand einen 5 Arbeitsvertrag abschließt, ist entspr zu differenzieren: Mit Blick auf das »Ob« des Vertragsschlusses kann dem Abschluss des Arbeitsvertrages ein **Abschlussverbot** entgegenstehen, was insb von den »bloßen« Beschäftigungsverboten abzugrenzen ist. Während Abschlussverbote sich gegen den Abschluss des Vertrages als solchen richten, untersagen Beschäftigungsverbote lediglich die tatsächliche Beschäftigung, lassen aber die Wirksamkeit des Arbeitsvertrages unberührt.

Ob ein Abschlussverbot oder ein Beschäftigungsverbot vorliegt, ist nach hM (etwa MünchArbR/*Buchner* 6 § 30 Rn 49 ff) durch Auslegung des jeweiligen Gesetzes zu ermitteln. Ein gesetzliches Abschlussverbot wird etwa für den Abschluss eines Arbeitsvertrages mit Kindern (unter 15 Jahre, § 2 I JArbSchG) angenommen, wenngleich der Wortlaut des § 5 I JArbSchG vom Verbot der Beschäftigung spricht. Beschäftigungsverbote bestehen bspw für Ausländer ohne Arbeitsgenehmigung nach § 284 SGB III bzw ohne Aufenthaltstitel zur Ausübung einer Beschäftigung iSd § 4 III AufenthG, für werdende Mütter nach dem MuSchG oder wenn eine nach § 99 BetrVG erforderliche Zustimmung des BR fehlt (dort Rdn 5 f für die Einstellung).

Faktisch ist die Vertragsfreiheit auch durch Beschäftigungsverbote berührt, sofern diese die Beschäftigung 7 nicht nur in den Modalitäten begrenzen, sondern insgesamt untersagen: Wenn der Vertrag wegen des Beschäftigungsverbotes nicht erfüllt werden kann, kann das Arbeitsverhältnis nicht nach den Vorstellungen der Arbeitsvertragsparteien gestaltet werden (MünchArbR/*Buchner* § 30 Rn 51).

Unwirksam sind nach § 9 Nr 1 AÜG Verträge zwischen Verleihern und Leih-AN, wenn dem Verleiher die 8 nach § 1 AÜG erforderlich Erlaubnis fehlt. Rechtsfolge der Unwirksamkeit ist nach § 10 I AÜG die gesetzliche Fiktion eines Arbeitsverhältnisses zwischen Entleiher und Leih-AN. Das ist mehr als die Anordnung eines »bloßen« gesetzlichen Kontrahierungszwangs. § 10 I AÜG greift nicht nur **in die Abschlussfreiheit sowohl des AG wie auch des AN** ein, sondern **schreibt auch noch den Inhalt des Arbeitsverhältnisses vor** (zu Einzelheiten § 10 AÜG Rdn 2 ff).

Weniger die Abschlussfreiheit des Erwerbers (neuer AG) als vielmehr die Abschlussfreiheit der AN betrifft 9 die gesetzliche Anordnung des Übergangs der Arbeitsverhältnisse iR eines Betriebsübergangs nach § 613a BGB. Freilich bietet das Widerspruchsrecht des § 613a VI BGB (§ 613a BGB Rdn 139 ff) ein Korrektiv. Als einen in die Abschlussfreiheit des AG eingreifenden Kontrahierungszwang kann man die gesetzlichen Weiterbeschäftigungsansprüche nach §§ 78a II und 102 V BetrVG, den allg Weiterbeschäftigungsanspruch, die Wiedereinstellungsansprüche des AN (etwa nach § 91 VI SGB IX; zum Wiedereinstellungsanspruch bei Entfall des Kdg-Grundes innerhalb der Kdg-Frist § 1 KSchG Rdn 23) sowie die unbefristete Fortsetzung des Arbeitsverhältnisses nach § 24 BBiG oder §§ 15 V, 16 TzBfG begreifen.

Abschlussverbote und -gebote können auch die TV-Parteien iR ihrer Tarifmacht vereinbaren, der TV hin- 10 dert dann den Abschluss eines Arbeitsvertrags mit normativer Kraft. Aber: Als Individualnormen iSd § 1 TVG können **tarifvertragliche Abschlussverbote** nur zum Schutz der Arbeitsvertragsparteien abgeschlossen werden (*Löwisch/Rieble* TVG, § 1 Rn 80). Dagegen können andere AN vor Gefahren, die etwa aus der Beschäftigung eines unterqualifizierten AN drohen, nur mit Betriebsnormen geschützt werden. Überbetriebliche Zwecke dürfen die TVP auch qua Betriebsnorm nicht durchsetzen; gleichwohl erlaubt das BAG eine Arbeitsplatzverteilung durch sog tarifvertragliche Besetzungsregeln (BAG 22.1.1991, 1 ABR 19/90, EzA § 4 TVG Druckindustrie Nr 22; dagegen insb *Löwisch/Rieble* TVG, § 1 Rn 804 ff).

Tarifvertragliche Abschlussgebote können dem AN einen Arbeitsplatz verschaffen oder durch einen Wie- 11 dereinstellungsanspruch erhalten: Ist dem AN gekündigt worden, und fällt der Kdg-Grund nachträglich weg, kann ihm der TV einen Wiedereinstellungsanspruch zuwenden (dazu BAG 22.2.1961, 4 AZR 44/59, AP TVG § 1 Auslegung Nr 106) und dabei über den richterrechtlich anerkannten Wiedereinstellungsanspruch (etwa BAG 28.6.2000, 7 AZR 904/98, EzA § 1 KSchG Wiedereinstellungsanspruch Nr 5; noch § 1 KSchG Rdn 23) hinausgehen: Insb kann der Wiedereinstellungsanspruch auf den nachträglichen Wegfall eines Befristungsgrundes ausgedehnt oder der Zeitraum verlängert werden, innerhalb dessen der Wiedereinstellungsanspruch wegen Wegfalls des Kdg-Grundes geltend gemacht werden kann (*Löwisch/Rieble* TVG, § 1 Rn 87 ff).

Ob und inwieweit auch **BV** ein Abschlussverbot und -gebot vorsehen können, hängt zunächst entscheidend 12 davon ab, ob die Tarifsperre des § 77 III BetrVG greift (zu ihr § 77 BetrVG Rdn 27 ff). Jedenfalls kann der BR über Auswahl-RL iSd § 95 BetrVG Einfluss auf die Einstellungspolitik nehmen. § 95 BetrVG erlaubt keine kollektivrechtlichen Vorgaben für den Arbeitsvertrag und kein (absolutes) Abschlussverbot (HWK/ *Thüsing* § 611 BGB Rn 57 allg für die BV; aA ErfK/*Preis* § 611 BGB Rn 330). Mittelbar kann sich ein betriebsverfassungsrechtliches Beschäftigungsverbot ergeben, wenn der AG gegen eine Auswahl-RL verstößt und der BR deshalb nach § 99 II Nr 2 BetrVG die Zustimmung zu der betreffenden Einzelmaßnahme verweigert.

13 Ein gesetzlicher **Kontrahierungszwang** im ArbR kann wegen Art 12 II, III GG jedenfalls nicht gegen den AN wirken. Umgekehrt erwächst AN aus Art 12 I GG kein Recht auf Arbeit iS eines Anspruchs auf Abschluss eines Arbeitsvertrags gegen einen beliebigen AG (Staudinger/*Richardi*/*Fischinger* § 611 BGB Rn 415). Ein entspr Anspruch kann im TV nicht begründet werden (*Löwisch*/*Rieble* TVG, § 1 Rn 94), wohl aber gesetzlich: Bsp ist § 78a II BetrVG, der rechtstechnisch freilich mit einer Fiktion arbeitet (§ 78a BetrVG Rdn 4). Im bestehenden Arbeitsverhältnis kann der AN in bestimmten Fällen den Abschluss eines Änderungsvertrags erzwingen, etwa nach § 8 TzBfG oder nach dem Gleichbehandlungsgrundsatz (etwa *Horcher* RdA 2014, 93, 96 ff).

14 »Mit wem« der AG einen freien Arbeitsplatz besetzen will, steht grds in seinem Belieben. Umgekehrt steht dem AN frei, mit welchem AG er einen Arbeitsvertrag abschließen will. Dass diese Entsch durch die Marktlage determiniert werden (können), ist für die rechtlich garantierte **Vertragspartnerwahlfreiheit** ohne Belang. IdS können etwa Vorgaben für die Vergabe öffentl Aufträge oder die Mitbestimmung des BR zwar faktisch (auch) die Einstellungspolitik des AG beeinflussen, sind aber kein Eingriff in dessen Vertragsabschlussfreiheit.

15 Rechtliche Grenzen sind der Vertragspartnerwahlfreiheit des AG aber durch **Diskriminierungsverbote** gesetzt: Dem AG wird untersagt, seine Auswahlentsch an bestimmten Differenzierungskriterien auszurichten. Rechtsfolge verbotener Diskriminierung ist freilich »nur« ein Anspruch des abgelehnten Bewerbers auf Schadensersatz oder Entschädigung; Diskriminierungsopfer können nicht verlangen, doch noch eingestellt oder befördert zu werden. Dies gilt insb für das **Allgemeine Gleichbehandlungsgesetz (AGG)**, vgl § 15 VI AGG. Weitere Bsp für Diskriminierungsverbote sind (mit Blick auf die Schwerbehinderung) § 81 II SGB IX, (mit Blick auf die Gewerkschaftszugehörigkeit) Art 9 III 2 GG sowie (mit Blick auf die Betätigung in einer Arbeitnehmervertretung) § 78 S 2 BetrVG.

16 **II. Vertragsinhaltfreiheit.** Der **Grds der Vertragsinhaltsfreiheit** besagt, dass die Arbeitsvertragsparteien den Inhalt des Arbeitsverhältnisses frei ausgestalten dürfen. Schranken ziehen nahezu alle **Schutzgesetze des ArbR**, die regelmäßig einseitig zwingende Vorschriften zugunsten des AN enthalten. Bsp sind BUrlG, ArbZG und EFZG. Obwohl idR nur dem AN ungünstigere Regelungen gesetzlich verboten sind, bleibt die (einseitig) zwingende Wirkung rechtfertigungsbedürftiger Eingriff in die grundrechtlich geschützte Vertragsfreiheit beider Vertragspartner. Das gilt ebenso für jede Form staatlich verantworteter Mindestarbeitsbedingungen, sei es in Form der Tariferstreckung kraft RechtsVO nach § 7 AEntG oder der mittelbaren Allgemeinverbindlicherklärung von TV durch den Gleichstellungszwang zugunsten von Leih-AN nach §§ 3 I Nr 3, 9 Nr 2 AÜG (*Klebeck* Gleichstellung der Leiharbeitnehmer als Verfassungsverstoß [2004] S 155 ff).

17 Gleichwohl können AG und AN die Arbeitsbedingungen grds nach »oben« wie nach »unten« frei aushandeln. Insb stand der Entgelthöhe (bislang) im Belieben der Vertragsparteien, den allg gesetzlichen Mindestlohn des MiLoG kennt das dt ArbR erst seit 2014. Eine weitere, diesmal relative, Grenze zieht die **Sittenwidrigkeit nach § 138 BGB**: Das BAG sieht Entgeltvereinbarungen als sittenwidrig an, wenn die Vergütung deutlich unter dem allg Entgeltniveau des betreffenden Wirtschaftsgebietes für eine bestimmte Tätigkeit liegt. Grenze ist die Unterschreitung des üblichen Tariflohnes um mehr als ein 1/3. Unter bes Umständen (zB bes einfache Tätigkeiten, auf die der TV keine Rücksicht nimmt) sind Ausnahmen nach unten erlaubt. Außer Betracht bleibt indes, dass TV häufig entgeltwirksame Zusatzleistungen vorsehen (BAG 22.4.2009, 5 AZR 436/08, EzA § 138 BGB 2002 Nr 5). Freilich will das BAG den Tariflohn nicht als »objektiven« Vergleichsmaßstab heranziehen. Maßgeblich sei vielmehr das allg Entgeltniveau des jeweiligen Wirtschaftszweiges, das nur dann das Tarifniveau sein kann, wenn sich die Tarifentgelte am Markt als üblich durchgesetzt haben (BAG 22.4.2009, 5 AZR 436/08, EzA § 138 BGB 2002 Nr 5; 24.3.2004, 5 AZR 303/03, EzA § 138 BGB 2002 Nr 2).

18 Eine originär hoheitliche Festsetzung von (Mindest-)Arbeitsbedingungen für AN ist ua mit dem **MiLoG** 2014 (BGBl I, S 1348) erfolgt. Für Beamte sind hoheitlich festgesetzte Arbeitsbedingungen selbstverständlich, für Heimarbeiter gängige Praxis. Das alte Gesetz über die Festsetzung von Mindestarbeitsbedingungen (MiArbG) wurde durch das MiLoG abgelöst. Der allg gesetzliche Mindestlohn wird durch das 2009 neu gefasste (BGBl I, S 799) AEntG flankiert, das für enumerativ bestimmte Branchen einen tarifgestützten (also strukturell vergleichbar der Allgemeinverbindlicherklärung nach § 5 TVG; zu ihr § 5 TVG Rdn 1 ff) staatlichen Mindestlohn erlaubt: Das MiLoG schließt die »Lücken«, die das branchenbezogene AEntG konzeptionsbedingt offen lassen muss. Damit verbunden ist eine deutliche Einschränkung der Inhaltsfreiheit im Arbeitsvertrag, der die zwingend vorgegebenen Entgelte zwar über-, aber nicht mehr unterschreiten darf.

Im Konkurrenzfall verdrängen der gesetzliche Mindestlohn und das AEntG (§ 8 II AEntG; Näheres § 8 **19** AEntG Rdn 3) nicht nur arbeitsvertragliche Abreden, sondern auch »schlechtere« mitgliedschaftlich legitimierte TV. Die zeitlich beschränkte Ausnahmeregelung in § 24 I MiLoG gilt nur für nach dem AEntG allgemeinverbindliche TV sowie die Lohnuntergrenze des § 3a AÜG. Eingeschränkt wird eine zentrale Wertung der dt Arbeitsrechtsordnung: Der von Art 9 III GG verfassungsrechtlich gebotene **Vorrang der kollektiven Selbsthilfe**, insb durch tarifvertragliche Festsetzung der Arbeitsbedingungen, vor jedweder Staatsintervention (*Rieble* ZfA 2005, 245, 266 f). Das gilt gerade für den gesetzlichen Mindestlohn nach dem »Tarifautonomiestärkungsgesetz«, der mit dem arbeitsvertraglichen Synallagma den zentralen Bereich der Tarifautonomie berührt, und letztlich nur vor dem Hintergrund eines (partiellen) Versagens der TVP gerechtfertigt werden kann (*C. Picker* RdA 2014, 25, 27 ff; vgl a § 1 MiLoG Rdn 4).

Dass die herrschende und richtige Auffassung den TV kollektiv-privatautonom erklärt (eingehend *Rieble* **20** ZfA 2000, 5), ändert nichts daran, dass der **TV selbst** die **Freiheit der Arbeitsvertragsparteien beschränken kann** (*Löwisch/Rieble* TVG, § 1 Rn 247 ff). Hauptgegenstand von TV sind die Bedingungen des Individualarbeitsvertrages, sog Inhaltsnormen iSd § 1 TVG (§ 1 TVG Rdn 32). Die TVP können grds alle Rechte und Pflichten von Arbeitsvertragsparteien regeln. Dabei geht es primär um die beiderseitigen **Hauptleistungspflichten**, also um das Austauschverhältnis. Meist regeln die Tarifparteien die Arbeitsbedingungen selbst und zwar **positiv**. Sie können aber vorbehaltlich des Günstigkeitsvergleichs mit **negativen Inhaltsnormen** den Arbeitsvertragsparteien bestimmte vertragliche Regelungen verbieten, etwa ein Wettbewerbsverbot ausschließen. Grenze der tarifvertraglichen Regelungsmacht mit Blick auf die Arbeitsvertragsfreiheit ist das **Günstigkeitsprinzip** des § 4 III TVG. Das Günstigkeitsprinzip hindert die TVP daran, (nicht nur Mindest-, sondern auch) **Höchstarbeitsbedingungen** zu normieren. Ausnahme und damit Grenze des Günstigkeitsschutzes sind Betriebsnormen (§ 1 TVG Rdn 35 ff), die ein abschließendes Regelungssystem bezwecken, insb im Interesse des Kollektivschutzes der Belegschaft (zB tarifliches Rauchverbot; näher *Löwisch/Rieble* TVG, § 4 Rn 277 ff).

Im BetrVG ist das Günstigkeitsprinzip – anders als im TVG – nicht geregelt. Dennoch geht die **ganz** **21** **hM** von der grds Geltung des Günstigkeitsprinzips auch im Verhältnis BV – Arbeitsvertrag aus (nur BAG GS 16.9.1986, GS 1/82, EzA § 77 BetrVG 1972 Nr 17). **Einzuschränken** ist das betriebsverfassungsrechtliche Günstigkeitsprinzip, soweit eine BV kollektive Verteilungsfragen ordnet, die sich aus dem interdependenten Nebeneinander der Arbeitsverhältnisse im Betrieb ergeben. In solchen Fällen, in denen ein individueller Vorteil nur zulasten der Interessen anderer AN realisiert werden könnte, muss der Günstigkeitsschutz zurückstehen; das betrifft insb **die Ausgleichsfunktion** der betrieblichen Mitbestimmung (dazu § 77 BetrVG Rdn 34: klassisches Bsp ist das betriebliche Rauchverbot). Ob und wie weit die BV auf den Kern des Arbeitsverhältnisses, also Arbeitszeit und Entgelt, zugreifen kann, ist str (dazu *Franzen* NZA-Beilage 3/2006, 107).

Die mit der Schuldrechtsreform 2001 ausdrücklich angeordnete **AGB-Kontrolle** von vorformulierten **22** Arbeitsverträgen kann man auch als Beschränkung der Arbeitsvertragsgestaltungsfreiheit des AG begreifen. AGB unterliegen nicht nur der Inhaltskontrolle nach §§ 307 ff BGB, sondern auch der Transparenzkontrolle nach § 307 I 2 BGB sowie der Unklarheitenregelung des § 305c II BGB. Damit ist streng genommen nur das vom BAG seit langem judizierte Richterrecht gesetzlich fixiert worden. Gleichwohl hat die Rspr die Kontrollanforderungen seit der Schuldrechtsmodernisierung mehrfach verschärft. Pars pro toto steht die Änderung der Rspr zu arbeitsvertraglichen Bezugnahmeklauseln auf TV (BAG 18.4.2007, 4 AZR 652/05, EzA § 3 TVG Bezugnahme auf Tarifvertrag Nr 35): Fehlt im Text der Klausel ein Hinweis auf den Gleichstellungszweck, wird die dynamische Bezugnahme auf einen bestimmten TV nicht länger als Gleichstellungsabrede ausgelegt, sondern wörtlich genommen (§ 3 TVG Rdn 46 f).

III. Vertragsformfreiheit. Der Abschluss des Arbeitsvertrages ist **grds formfrei**. Dh: Zu seiner Wirksamkeit **23** müssen die Arbeitsvertragsparteien keine Form beachten, können den Arbeitsvertrag also auch mündlich vereinbaren (zum Formzwang im ArbR *Richardi* NZA 2001, 57). Das NachwG hat daran nichts geändert, sondern verpflichtet den AG, spätestens 1 Monat nach dem vereinbarten Beginn des Arbeitsverhältnisses die wesentlichen Vertragsbedingungen schriftlich niederzulegen, die Niederschrift zu unterzeichnen und dem AN auszuhändigen. Rechtsfolge eines Verstoßes gegen das NachwG ist nicht die (im AN-Schutzinteresse kontraproduktive) Unwirksamkeit des Arbeitsvertrags. Vielmehr kann der Verstoß zu Schadensersatzansprüchen führen, wie dies das BAG etwa für den fehlenden Nachweis tarifvertraglicher Ausschlussfristen angenommen hat (BAG 17.4.2002, 5 AZR 89/01, EzA § 2 NachwG Nr 5).

In zahlreichen Standardarbeitsverträgen finden sich **doppelte oder qualifizierte Schriftformklauseln**, nach **24** denen Änderungen, Ergänzungen und die Aufhebung des Schriftformerfordernisses selbst der Schriftform bedürfen. Sofern es sich bei der Schriftformklausel um AGB handelt, muss die Klausel der AGB-Kontrolle standhalten. Nach strenger Lesart (*Hromadka* DB 2004, 1261, 1264) sind doppelte Schriftformklauseln stets unwirksam, weil die Klauseln von dem gesetzlichen Grundgedanken (§ 307 II 2 Nr 1 BGB iVm § 305b BGB) abweichen, dass ein Formzwang formfrei aufgehoben werden kann. Das BAG macht die Wirksamkeit von Schriftformklauseln von der Ausgestaltung und dem Anwendungsbereich der konkreten Klausel abhängig: Das Prinzip des Vorrangs individueller Vertragsabreden nach § 305b BGB setzt sich auch ggü wirksamen konstitutiven, auch doppelten Schriftformklauseln durch (BAG 25.4.2007, 5 AZR 504/06, EzA § 615 BGB 2002 Nr 20). Ob die Parteien eine Änderung der AGB beabsichtigt haben oder sich der Kollision mit den AGB bewusst geworden sind, spielt keine Rolle (BGH 21.9.2005, XII ZR 312/02, BGHZ 164, 133). Das BAG wertet Schriftformklauseln gleichwohl als unwirksam, wenn sie dazu dienen, nach Vertragsschluss getroffene Individualvereinbarungen zu unterlaufen, indem sie beim anderen Vertragsteil den Eindruck erwecken, eine mündliche Abrede sei entgegen § 305b BGB unwirksam. Weil diese »Irreführung« den AN davon abhalten kann, sich auf Rechte zu berufen, die ihm aufgrund einer wirksamen mündlichen Vereinbarung zustehen, benachteilige ihn die Klausel unangemessen iSv § 307 I BGB. Zulässig ist die doppelte Schriftformklausel damit praktisch nur noch mit dem Zweck, eine nachvertragliche betriebliche Übung zu verhindern (BAG 20.5.2008, 9 AZR 382/07, EzA § 307 BGB 2002 Nr 37). Wenn das BAG insoweit entscheidend darauf abhebt, dass es bei der (einseitig vom AG »gestellten«) betrieblichen Übung an einer ausgehandelten Individualabrede fehlt, muss dasselbe auch für die (gleichfalls vom AG »gestellte«) Gesamtzusage gelten – der AG darf sich mit der doppelten Schriftformklausel mithin selbst an der Gesamtzusage hindern. Nur wenn die Klausel diesen Zweck erkennen lässt, kann sie der AGB-Kontrolle standhalten (ErfK/*Preis* §§ 305–310 BGB Rn 96).

25 Zentrale gesetzliche Ausnahme ist die **Formvorschrift des § 623 BGB**, wonach die Beendigung von Arbeitsverhältnissen zu ihrer Wirksamkeit der Schriftform bedarf (§ 623 BGB Rdn 2 ff). Der **Schriftform** bedarf nach **§§ 14 IV, 21 TzBfG** überdies der Abschluss befristeter oder auflösend bedingter Arbeitsverträge. Als Rechtsfolge bei einem Verstoß gegen § 14 IV TzBfG gilt der befristete Arbeitsvertrag gem § 16 S 1 Hs 1 TzBfG als auf unbestimmte Zeit geschlossen. Hat der AN seine Tätigkeit aufgenommen, bevor die Befristung schriftlich fixiert wurde, besteht nach dem BAG ein unbefristetes Arbeitsverhältnis: Eine nachfolgende schriftliche Befristung führt weder dazu, dass die zunächst formnichtige Befristung rückwirkend gem § 141 BGB wirksam wird, noch wandeln die Arbeitsvertragsparteien das unbefristete Arbeitsverhältnis nachträglich in ein befristetes Arbeitsverhältnis um (BAG 1.12.2004, 7 AZR 198/04, EzA § 623 BGB 2002 Nr 3; hierzu *Preis* NZA 2005, 714, 716 ff; *Klebeck* SAE 2006, 20).

26 **Tarifnormen** können für alle Rechtsgeschäfte, die im Zusammenhang mit dem Arbeitsverhältnis stehen, Formvorschriften vorsehen. Sie können positiv bestimmen, dass diese Rechtsgeschäfte einer bestimmten Form entsprechen müssen (**Formgebote**) oder negativ, dass die AG und AN keine Formanforderungen vereinbaren können (**Formverbote**). In 1. Linie betrifft das den Arbeitsvertrag und Nebenabreden, deren Form der TV mit Abschlussnormen regeln kann (*Löwisch/Rieble* TVG, § 1 Rn 841). Für Kdg und Aufhebungsverträge gilt aber § 623 BGB, von dem durch TV nicht abgewichen werden kann (dort Rdn 1). **Welchen Inhalt** ein tarifvertragliches Formgebot hat, bestimmt der TV selbst. Oft wird schlicht **Schriftform** verlangt. Dann müssen wegen des Rechtsnormcharakters der Tarifnormen die Voraussetzungen der gesetzlichen Schriftform (§ 126 BGB, aber auch § 126 III iVm § 126a BGB) erfüllt sein und nicht etwa nur die der gewillkürten Schriftform nach § 127 BGB (BAG 6.9.1972, 4 AZR 422/71, AP Nr 2 zu § 4 BAT). **Welche Folgen** der Formverstoß hat, regelt ebenfalls der TV. Fehlt eine ausdrückliche Regelung, kann nicht einfach von Nichtigkeit nach § 125 S 1 BGB ausgegangen werden. Vielmehr ist durch Auslegung der Tarifnorm zu ermitteln, ob sie ein konstitutives Schriftformerfordernis anordnet, dessen Missachtung die Nichtigkeit des Rechtsgeschäfts zur Folge hat (BAG 24.6.1981, 7 AZR 198/79, AP TVG § 4 Formvorschriften Nr 2).

27 **C. Nachweis der wesentlichen Arbeitsbedingungen (S 2).** Mehr als einen deklaratorischen Verweis auf das NachwG enthält § 105 S 2 nicht, sodass hier auf die Kommentierung des NachwG verwiesen werden kann. Soweit bes Vorschriften (bspw § 11 AÜG, § 11 BBiG) weiter gehende Nachweispflichten regeln, werden diese durch § 105 S 2 nicht verdrängt.

§ 106 Weisungsrecht des Arbeitgebers

¹Der Arbeitgeber kann Inhalt, Ort und Zeit der Arbeitsleistung nach billigem Ermessen näher bestimmen, soweit diese Arbeitsbedingungen nicht durch den Arbeitsvertrag, Bestimmungen einer Betriebsvereinbarung, eines anwendbaren Tarifvertrages oder gesetzliche Vorschriften festgelegt sind. ²Dies gilt auch hinsichtlich der Ordnung und des Verhaltens der Arbeitnehmer im Betrieb. ³Bei der Ausübung des Ermessens hat der Arbeitgeber auch auf Behinderungen des Arbeitnehmers Rücksicht zu nehmen.

Übersicht

		Rdn.			Rdn.
A.	Grundlagen	1	II.	Bestimmungen einer Betriebsvereinbarung	43
B.	Gegenstand des Weisungsrechts	13	III.	Bestimmungen eines anwendbaren Tarifvertrages	45
I.	Inhalt der Arbeitsleistung	13			
II.	Ort der Arbeitsleistung	20			
III.	Arbeitszeit	27	IV.	Gesetzliche Vorschriften	47
IV.	Ordnung und Verhalten der Arbeitnehmer im Betrieb	35	D.	Billigkeitskontrolle der Weisungsrechtsausübung	50
C.	Grenzen des Weisungsrechts	38	E.	Rechtsfolgen und -streitigkeiten	62
I.	Arbeitsvertrag, betriebliche Übung, Konkretisierung und Selbstbindung des Arbeitgebers	38			

A. Grundlagen. § 106 normiert Inhalt und Grenzen des **Weisungsrechts des AG** für **alle Arbeitsverhältnisse**. Die Gehorsamspflicht für Gesellen und Gehilfen nach § 121 aF wurde gestrichen. In der Rspr des BAG war bereits vor Inkrafttreten der GewO-Novelle (und damit der gesetzlichen Regelung des Weisungsrechts in § 106) anerkannt, dass das Direktionsrecht als Wesensmerkmal des Arbeitsverhältnisses dem AG erlaubt, die im Arbeitsvertrag nur rahmenmäßig umschriebene Leistungspflicht iE nach Zeit, Art und Ort zu bestimmen, und dass dieses Recht nur nach billigem Ermessen iSv § 315 III BGB ausgeübt werden darf (BAG 11.4.2006, 9 AZR 557/05, EzA § 308 BGB 2002 Nr 5; 23.9.2004, 6 AZR 567/03, EzA § 106 GewO Nr 1; 7.12.2000, 6 AZR 444/99, EzA § 611 BGB Direktionsrecht Nr 23). Dass der AG ein Weisungsrecht hins Inhalt, Ort und Zeit der Arbeitsleistung hat, kennzeichnet das Arbeitsverhältnis, da dieses Leistungsbestimmungsrecht den AN als Person trifft, und damit seine Abhängigkeit auslöst (Staudinger/*Rieble* § 315 BGB Rn 183). So gesehen verspricht der AN mit dem Arbeitsvertrag auch und va die (wirksamen) Weisungen des AG zu befolgen; weil er diese Weisungen dazu zunächst verstehen muss, übernimmt er mit dem Arbeitsvertrag eine »Verstehensschuld« (*Latzel* RdA 2013, 73, 74).

1

Demggü trifft das Leistungsbestimmungsrecht beim Dienst- oder Werkvertrag nur (sach- und ergebnisbezogen) die Schuld, aber nicht (ablauf- und verfahrensbezogen) die Person. Dh konkret etwa, dass der Werkunternehmer für einen wirtschaftlichen Erfolg selbst verantwortlich ist und der Besteller nur die Ausführung dieses Werks durch Weisungen (§ 645 I 1 BGB) steuern kann. Ist als Erfolg die Erledigung einer Aufgabe im Rahmen einer fremden Arbeitsorganisation geschuldet, muss es um eine funktional abgrenzbare Arbeitsaufgabe gehen (zB Reinigung von Maschinen), für die der Werkunternehmer die Verantwortung übernimmt und deren Erfüllung er nach eigenen betrieblichen Voraussetzungen organisiert. Muss der »Besteller« demggü die Arbeitsaufgabe erst durch Weisungen bestimmen und/oder den »Werkunternehmer« derart in die eigene Arbeitsorganisation eingliedern, dass diesem für eine eigenverantwortliche Gestaltung seiner Tätigkeit faktisch kein Raum mehr bleibt, liegt rechtlich ein Arbeitsverhältnis vor (BAG 25.9.2013, 10 AZR 282/12, EzA § 611 BGB 2002 Arbeitnehmerbegriff Nr 25). Scheiden fachliche Weisungen schon aufgrund der Eigenart der ausgeübten Tätigkeit aus (vgl § 6 Rdn 56 f), kommt es für die Abgrenzung auf die Eingliederung in eine fremdbestimmte Arbeitsorganisation an (LAG Berl-Bdg 5.3.2013, 12 Sa 1624/12, LAGE § 1 KSchG Betriebsbedingte Kündigung Nr 95).

2

Mithin regelt § 106 **kein gesetzliches Leistungsbestimmungsrecht** des AG (richtig Staudinger/*Rieble* § 315 BGB Rn 186; aA freilich das BAG, etwa BAG 16.3.2010, 3 AZR 31/09, NZA 2010, 1028), sondern stellt nur klar, dass mit dem Arbeitsvertrag notwendigerweise ein Weisungsrecht vereinbart wird. Nicht anders als § 315 BGB betrifft auch § 106 nur die **Kontrolle der Ausübung** eines nach dem Arbeitsvertrag bestehenden Weisungsrechts. Die Unterwerfungsvereinbarung unter die AG-Leistungsbestimmung findet ihre Grenze in zwingendem Gesetzesrecht (§ 315 BGB Rdn 2); zu denken ist insb an §§ 138, 242 BGB sowie die AGB-Kontrolle. Nach § 315 BGB ist die Leistungsbestimmung lediglich »im Zweifel« nach billigem Ermessen vorzunehmen, sodass einer Partei auch die freie Entsch über die Leistungsbestimmung eingeräumt werden kann (§ 315 BGB Rdn 3). Demggü schreibt § 106 das billige Ermessen unabdingbar vor. Der eigenständige Regelungsgehalt des § 106 erschöpft sich mithin im Verbot, einen anderen Entscheidungs- und Kontrollmaßstab als billiges Ermessen zu vereinbaren (Staudinger/*Rieble* § 315 BGB Rn 188).

3

§ 106 S 1 gibt (deklaratorisch) die Selbstverständlichkeit wieder, dass das Weisungsrecht nur soweit reicht, wie ihm die arbeitsvertraglichen, kollektivrechtlichen und gesetzlichen Regelungen über Inhalt, Ort und Zeit der Arbeitsleistung Raum lassen. Ist bereits eine (vertragliche) Regelung getroffen, scheidet eine einseitige Leistungsbestimmung des AG aus. Dass sich nach § 106 S 2 das Weisungsrecht des AG auf Fragen erstreckt, welche die Ordnung des Betriebs und das Verhalten der AN betreffen, war schon vor Inkrafttreten des § 106 anerkannt. Gleiches lässt sich für die in § 106 S 3 normierte Pflicht sagen, auf eine etwaige

4

§ 106 GewO Weisungsrecht des Arbeitgebers

Behinderung des AN Rücksicht zu nehmen: Sie folgt bereits aus der Bindung der Entsch nach billigem Ermessen an die beiderseitigen Interessen und aus den vertraglichen Rücksichtnahmepflichten nach § 241 II BGB.

5 Letztlich hat dies auch der Gesetzgeber anerkannt: »Obwohl das Weisungsrecht des AG heute in Rspr und Lit als wesentlicher Bestandteil des Arbeitsvertrages allg anerkannt ist, ist eine ausdrückliche Regelung von Inhalt und Grenzen des Weisungsrechts im Interesse von Rechtsklarheit und Rechtssicherheit im Arbeitsverhältnis geboten« (BT-Drs 14/8796 S 24). Weil § 106 das durch die Rspr geprägte Weisungsrecht mithin nicht modifizieren sollte, kann weiter auf die **ältere Rspr zum Weisungsrecht** des AG zurückgegriffen werden (HWK/*Lembke* § 106 GewO Rn 2).

6 Das Weisungsrecht nach § 106 ist als Leistungsbestimmungsrecht iSd § 315 BGB Gestaltungsrecht, und wird demzufolge durch **Gestaltungserklärung** ausgeübt. Diese **einseitige empfangsbedürftige Willenserklärung** ist unwiderruflich und bedingungsfeindlich (arg § 388 S 2 BGB), begründet werden muss sie nicht (ArbG Berl 1.7.2014, 16 Ga 8789/14, BB 2014, 1844). Sie kann zusammen mit der eigentlichen Leistungsbestimmung einem Dritten überlassen werden (§ 317 BGB), was insb bei der AN-Überlassung praktisch wird. Atypisch ist das Weisungsrecht als Leistungsbestimmungsrecht insofern, als es durch einmalige Ausübung nicht vollständig verbraucht wird; vielmehr ist der AG berechtigt, die Leistungspflicht des Arbeitnehmers ständig von neuem zu konkretisieren, darf also einmal erteilte Weisungen durch erneute Ausübung des Direktionsrechts egalisieren (dazu *Hromadka* FS v Hoyningen-Huene [2014] S. 145, 151 f).

7 Richtigerweise ist jede noch so **untergeordnete Weisung** (»Hau Ruck!«) als Leistungsbestimmung zu begreifen, weil erst die Weisung die Arbeitspflicht konkretisiert. Auch »Bagatell-Weisungen« können also nicht als schlichte Realakte qualifiziert werden (Staudinger/*Rieble* § 315 BGB Rn 189 mwN). Die damit eröffnete Billigkeitskontrolle wird indes nicht praktisch, da die Interessen des AN allenfalls minimal betroffen sind. Dass das BAG in der Zuweisung von Arbeitsmaterial (Adressliste an den Abonnement-Werber eines Call-Centers) eine Leistungsbestimmung sieht (BAG 7.8.2002, 10 AZR 282/01, EzA § 315 BGB Nr 51), überzeugt freilich nur, wenn man die Zuweisung richtigerweise zugleich als konkludente rechtsgeschäftliche Anweisung begreift, in entspr Umfang zu arbeiten (auch dazu Staudinger/*Rieble* § 315 BGB Rn 190).

8 Dass das Weisungsrecht dem AG nur in den Grenzen der vertraglich eingeräumten Leistungsbestimmung zusteht, hat Konsequenzen zunächst für die Vertragskontrolle: Zwar kann auch der Umfang einer im Gegenseitigkeitsverhältnis stehenden Hauptleistungspflicht der Leistungsbestimmung unterstellt werden (hM; BAG 16.10.2007, 9 AZR 239/07, EzA § 8 TzBfG Nr 19). Nicht in Betracht kommt indes eine einseitige Änderung **wesentlicher Elemente des Arbeitsvertrages**. Das BAG verbietet richtig, diesen »Kernbereich des Arbeitsverhältnisses« der Leistungsbestimmung des AG zu unterstellen, weil damit der Vertragsinhaltsschutz des KSchG unterlaufen würde (näher und mN zur Rspr Staudinger/*Rieble* § 315 BGB Rn 143 ff). Damit darf bspw max 1/4 des arbeitsvertraglich geschuldeten Entgelts zur einseitigen Disposition des AG (etwa: Widerrufsvorbehalt) stehen (etwa BAG 13.5.1987, 5 AZR 125/86, EzA § 315 BGB Nr 34); diese quantitative Definition des Entgelt-Kernbereichs überzeugt grds, indes ist für Spitzenverdiener mit hohem Grundeinkommen ein breiterer Flexibilitätskorridor zuzulassen. In vorformulierten Arbeitsverträgen bietet die AGB-Kontrolle nach §§ 305 ff BGB dem AN zusätzlichen Schutz gegen allzu weitreichende vertragliche Bestimmungsrechte des AG (zur AGB-Kontrolle von Unterwerfungsvereinbarungen § 315 BGB Rdn 2). Keinesfalls verlangt das Transparenzgebot des § 307 I 2 BGB vom AG-Verwender, alle möglichen Konkretisierungen der Arbeitspflicht und des Weisungsrechts ausdrücklich zu regeln. Eine solche Klausel wäre ihrerseits schon durch ihren Umfang intransparent. Das in § 106 GewO angesprochene vertragliche (Rdn 3) Weisungsrecht ist Ausfluss und Folge der vertraglichen Festlegung der Arbeitspflicht (BAG 13.6.2007, 5 AZR 564/06, EzA § 106 GewO Nr 2), muss also im Vertrag nicht näher konkretisiert werden.

9 Zum anderen ist das **Weisungsrecht von der Änderungs-Kdg abzugrenzen**: Die Änderungs-Kdg zielt nicht auf die Konkretisierung der Bedingungen des Arbeitsverhältnisses, sondern auf dessen Beendigung – verbunden mit einem Vertragsangebot zu geänderten Bedingungen. Die Änderung des Arbeitsverhältnisses wird dann durch Vertrag bewirkt, nicht durch einseitige Gestaltung. Dass Arbeitsbedingungen in gewissem Rahmen auch ohne Vertragsänderung durch Weisung geändert werden können, ist keine Umgehung des KSchG. Ggü der einseitigen Leistungsbestimmung ist der Vertragsinhaltsschutz dadurch ausreichend gewahrt, dass die Gestaltung nur nach billigem Ermessen erfolgen kann. Dabei müssen die Maßstäbe des billigen Ermessens nicht notwendig denen der sozialen Rechtfertigung iSd § 1 KSchG entsprechen (*Löwisch* NZA 1988, 633, 641 mwN).

10 Eine sog **überflüssige Änderungs-Kdg** soll **unwirksam** sein, wenn und weil die vom AG angestrebte (Um-)Gestaltung des Arbeitsverhältnisses durch einseitige Weisung herbeigeführt werden kann (BAG 6.9.2007, 2 AZR 368/06, EzA § 2 KSchG Nr 68; weiter § 2 KSchG Rdn 4): Der AG gefährde den Bestand des Arbeitsverhältnisses unverhältnismäßig, wenn er den AN mit der unnötigen Änderungs-Kdg unter

Druck setzt, obschon er sein Ziel auch (und schonender) kraft seines Direktionsrechts erreichen könnte (BAG 28.4.2004, 7 AZR 1139/79, EzA § 2 KSchG Nr 4). Indes weist das BAG Klagen nach § 4 S 2 KSchG (dh: Änderungsschutzklagen, nachdem der AN die »Vertragsänderung« unter Vorbehalt »angenommen« hat) gegen »überflüssige« Änderungs-Kdg ab, weil in der Sache keine Änderung der Arbeitsvertragsbedingungen in Streit steht (BAG 26.1.2012, 19.7.2012, 2 AZR 25/11, NZA 2012, 1038; krit *Reuter/Sagan/Witschen* NZA 2013, 935 ff; weiter § 626 BGB Rdn 132); eine Ausnahme kommt in Betracht, wenn die Kdg schon unabhängig von der Frage der »Überflüssigkeit« unwirksam war (BAG 22.10.2015, 2 AZR 124/14, NZA 2016, 225).

IdR werden die »angebotenen« Arbeitsbedingungen kraft vorangegangener und wirksamer Weisung ohnehin gelten; der AG erklärt die Änderungs-Kdg meist nur »vorsorglich« oder »hilfsweise«, unter der Rechtsbedingung der Unwirksamkeit der Weisung. Für den AN führt dann kein Weg zurück zu den alten (und idR günstigeren) Bedingungen, auch nicht über die Änderungsschutzklage des § 4 S 2 KSchG (BAG 29.9.2011, 2 AZR 523/10, EzA § 2 KSchG Nr 83; 19.7.2012, 2 AZR 25/11, NZA 2012, 1038). Erklärt der AG sogleich die (unbedingte) Änderungs-Kdg, wird zT eine Umdeutung der überflüssigen Änderungs-Kdg in eine Weisung für möglich gehalten (§ 2 KSchG Rdn 4; offen gelassen von BAG 28.5.2009, 2 AZR 844/07, EzA § 1 KSchG Interessenausgleich Nr 19). Für die Änderungsschutzklage kommt es darauf nicht an: Sie ist nach dem BAG bereits dann unbegründet, wenn der AG rechtlich in der Lage ist, die im »Änderungsangebot« genannten Beschäftigungsbedingungen mit einseitiger Weisung durchzusetzen (BAG 19.7.2012, 2 AZR 25/11, NZA 2012, 1038; abl *Preis* NZA 2015, 1, 8 f). 11

Wie weit das vertragliche Weisungsrecht des AG im Einzelfall reicht, ist eine Frage der **Vertragsgestaltung**: Je konkreter die Tätigkeit des AN nach Inhalt, Ort und Zeit vertraglich festgeschrieben wird, desto stärker ist das Weisungsrecht des AG eingeschränkt. Der AN »bezahlt« diese Sicherheit mit enger begrenzter Austauschbarkeit iRd Sozialauswahl nach § 1 III KSchG (dazu Staudinger/*Rieble* § 315 BGB Rn 200; weiter Rdn 23). Umgekehrt kann der Arbeitsvertrag dem AG durch eine weit gefasste Beschreibung der Tätigkeit einen flexiblen Personaleinsatz gestatten, erweitert dann aber zugleich den Kreis der für die Sozialauswahl vergleichbaren AN (BAG 17.2.2000, 2 AZR 142/99, EzA § 1 KSchG Soziale Auswahl Nr 43). Mit anderen Worten: Die Reichweite des Direktionsrechts bestimmt die Reichweite des Kdg-Schutzes. 12

B. Gegenstand des Weisungsrechts. I. Inhalt der Arbeitsleistung. Der AG darf vom AN nur solche Arbeitsleistungen verlangen, die nach dem durch wirksame Weisung konkretisierten Inhalt des Arbeitsverhältnisses geschuldet sind. Zuweisen darf der AG nur Tätigkeiten, die sich in den individual- und kollektivvertraglich sowie gesetzlich vorgegebenen Grenzen halten. Haben die Vertragsparteien die zu erbringende Arbeitsleistung nur **allg festgelegt**, so kann der AG kraft seines Direktionsrechts **jede Art von Tätigkeit** verlangen, die innerhalb des Betriebes von der bezeichneten AN-Gruppe zu leisten ist (BAG 27.3.1980, 2 AZR 506/78, EzA § 611 BGB Direktionsrecht Nr 2; 30.4.2008, 5 AZR 502/07, EzTöD 200 § 44 Nr 2 TV-L Nr 7). Innerhalb welcher Bandbreite sich die Tätigkeit bewegen darf, hängt von der Auslegung des Arbeitsvertrags im Einzelfall ab: So kann dem »kaufmännischen Angestellten« in der Beratungsstelle einer Bausparkasse auch die Tätigkeit als Kreditsachbearbeiter zugewiesen werden (BAG 27.3.1980, 2 AZR 506/78, EzA § 611 BGB Direktionsrecht Nr 2), der »Solo-Trompeter« muss uU ans Flügelhorn (BAG 18.1.2012, 10 AZR 779/10, NZA 2012, 1320 [LS]; weitere Bsp aus der Praxis bei *Reinecke* NZA-RR 2013, 393). Legt der Arbeitsvertrag für die Leistungspflicht des AN nur einen Rahmen fest, innerhalb dessen sich der AG mit seinem Direktionsrecht bewegen kann, kann innerhalb dieses Rahmens auch ein **Wechsel der Art der Beschäftigung** oder eine **Verkleinerung des Arbeitsbereichs** bestimmt werden (BAG 23.6.1993, 5 AZR 337/92, EzA § 611 BGB Direktionsrecht Nr 13). Mit Blick auf die Modalitäten der Leistungserbringung darf der AG den AN kraft Direktionsrechts etwa anweisen, die von ihm erbrachten Arbeitsleistungen zu dokumentieren (BAG 19.4.2007, 2 AZR 78/06, ZTR 2007, 564), und darf die Teilnahme an (Fort-)Bildungsmaßnahmen (und entspr Leistungskontrollen) anordnen, wenn die vermittelten Kenntnisse für die vertraglich geschuldete Tätigkeit förderlich sind (LAG Rh-Pf 23.1.2013, 8 Sa 355/12, JurionRS 2013, 36169). 13

Im **öffentl Dienst** wird der AN regelmäßig nicht für eine bestimmte Tätigkeit eingestellt, sondern für einen allg umschriebenen Aufgabenbereich, der lediglich durch die Angabe der Entgeltgruppe bezeichnet ist. Das Direktionsrecht des AG im öffentl Dienst erstreckt sich bei dieser Vertragsgestaltung nach st Rspr auf alle Tätigkeiten, die die Merkmale der bezeichneten Entgeltgruppe erfüllen. Dh: Dem AN können neue, auch andersartige Tätigkeiten zugewiesen werden, soweit sie den Merkmalen dieser Entgeltgruppe entsprechen (st Rspr, etwa BAG 17.8.2011, 10 AZR 322/10, EzA § 106 GewO Nr 8). 14

Das Weisungsrecht soll den AG aber grds **nicht** dazu **berechtigen**, dem AN Tätigkeiten einer **niedrigeren Entgeltgruppe** zu übertragen. Auch die Art der Beschäftigung kann durch das allg Direktionsrecht 15

§ 106 GewO Weisungsrecht des Arbeitgebers

nicht unbegrenzt abgeändert werden. Zwar soll bei entspr Fassung des Arbeitsvertrages die Übertragung unterschiedlicher Tätigkeiten kraft Weisung zulässig sein. Voraussetzung ist aber, dass diese als gleichwertig anzusehen sind. Die Gleichwertigkeit bestimmt sich mangels anderer Anhaltspunkte grds aus der auf den Betrieb abgestellten Verkehrsauffassung und dem sich daraus ergebenden Sozialbild. Bei Anwendung eines tariflichen Vergütungsgruppensystems soll sie sich zwar idR an diesem System orientieren, sie wird aber nicht allein durch die Vergütung hergestellt. Der AG könne dem AN nicht einmal dann eine niedriger zu bewertende Tätigkeit zuweisen, wenn er die höhere Vergütung zahlt, die der bisherigen Tätigkeit entspricht (BAG 17.8.2011, 10 AZR 322/10, EzA § 106 GewO Nr 8). Eine **vertragliche Erweiterung des Weisungsrechts**, die dem AG erlaubt, dem AN auch geringer bewertete Tätigkeiten zuzuweisen, scheitert idR an **§ 307 II Nr 1 BGB** (BAG 25.8.2010, 10 AZR 275/09, EzA § 307 BGB 2002 Nr 49).

16 Ist die Arbeitsleistung bzw der Tätigkeitsbereich inhaltlich genau beschrieben, setzt jede Zuweisung einer anderen Tätigkeit die Änderung des Arbeitsvertrags voraus. Eine einseitige Weisung des AG scheidet insoweit aus; gelingt keine einvernehmliche Lösung, bleibt ihm nur die Änderungs-Kdg iSv § 2 KSchG. Bei Zweifeln über die Enge oder Weite einer vertraglichen Tätigkeitsbeschreibung kann sich der AG mit der hilfsweisen Änderungs-Kdg in Kombination mit der einseitigen Leistungsbestimmung behelfen (Rdn 11).

17 Im »**Notfall**« und »**zur Abwendung eines Schadens beim AG**« sind AN auch jenseits ihrer vertraglichen Tätigkeitsbeschreibung zu vom AG zugewiesenen Rettungsarbeiten verpflichtet: in der Not muss jeder mit anpacken (etwa BAG 25.9.2013, 10 AZR 270/12, EzA § 106 GewO Nr 16). Freilich wertet die hM (etwa HWK/*Lembke* § 106 Rn 21) nur solche Umstände als »Notfall«, die unabhängig vom Willen der Betroffenen eintreten, deren Folgen nicht auf andere Weise zu beseitigen sind und die zu erheblichen Schäden beim AG führen können, zB Naturkatastrophen. Die Mitbestimmungsrechte des BR nach § 87 BetrVG (etwa Nr 3 wegen kurzfristiger Verlängerung der betriebsüblichen Arbeitszeit oder Nr 7 mit Blick auf den Gesundheitsschutz bei den Notarbeiten) treten in solchen Notfällen zurück (§ 87 BetrVG Rdn 10). Theoretisch kommt ein Zustimmungsvorbehalt nach § 99 BetrVG in Betracht, weil auch die kurzfristige Zuweisung eines anderen Arbeitsbereichs Versetzung sein kann, wenn sie den AN ungewohnt starken Umwelteinflüssen aussetzt (§ 99 BetrVG Rdn 32). In solchen Extremfällen – zu denken wäre etwa an Büropersonal, das im Notfall den Kühlraum ausräumen muss, um verderbliche Lebensmittel zu retten – kann der AG nach § 100 BetrVG vorgehen; weitergehende Einschränkungen der Mitbestimmung bei personellen Einzelmaßnahmen anerkennt das BAG (19.1.2010, 1 ABR 55/08, EzA § 23 BetrVG 2001 Nr 4) nicht.

18 Zur Zuweisung einer **Ersatztätigkeit** bei mutterschutzrechtlichem Beschäftigungsverbot, die an und für sich genommen nicht vom Arbeitsvertrag und daher auch nicht vom Weisungsrecht des AG gedeckt ist, vgl §§ 3, 4, 8 MuSchG.

19 **Sozialversicherungsrechtliche Bedeutung** hat das arbeitsvertragliche Weisungsrecht des AG mit Blick auf den Inhalt der Arbeitsleistung beim **Krankengeld** nach §§ **44 ff SGB V**: Krankheitsbedingt arbeitsunfähige Versicherte haben Anspruch auf Krankengeld. Arbeitsunfähigkeit liegt nach st Rspr des BSG vor, wenn der Versicherte seine zuletzt ausgeübte Erwerbstätigkeit oder eine **ähnlich geartete Tätigkeit** nicht mehr oder nur auf die Gefahr hin verrichten kann, seinen Zustand zu verschlimmern (BSG 15.11.1984, 3 RK 21/83, BSGE 57, 227). Die Verweisung auf eine andere ähnlich gelagerte Tätigkeit setzt stets voraus, dass der AG die Versetzung konkret anbietet und diese kraft Direktionsrechts angeordnet werden kann (BSG 7.8.1991, 1/3 RK 28/89, BSGE 69, 180; 7.12.2004, B 1 KR 5/03 R, BSGE 94, 19). **Arbeitsrechtlich** entfällt mit der Arbeitsunfähigkeit die Leistungspflicht des AN. Dabei ist bereits von Arbeitsunfähigkeit auszugehen, wenn der AN seine Vertragspflichten auch nur teilweise nicht erbringen kann. Das ist nicht der Fall, wenn der AN zwar nicht jede Weisung ausführen, bei entspr Leistungsbestimmung des AG aber voll erfüllen kann (BAG 9.4.2014, 10 AZR 637/13, EzA § 106 GewO Nr 18: Krankenschwester kann aus gesundheitlichen Gründen nur noch in der Tagschicht arbeiten); in diesem Fall muss der AG eine »leidensgerechte« Tätigkeit zuweisen (Rdn 59).

20 **II. Ort der Arbeitsleistung.** Den Ort der Arbeitsleistung bestimmt idR der Arbeitsvertrag, der den Einsatzbereich räumlich etwa auf einen bestimmten Betrieb des AG, aber auch auf einen konkreten Arbeitsplatz beschränken kann. Dann bedarf umgekehrt die Versetzung auf einen anderen Arbeitsplatz einer einvernehmlichen Vertragsänderung. Möglich ist aber auch, als Einsatzort vertraglich sämtliche Betriebe eines AG oder wechselnde, im Voraus nicht näher bestimmte Arbeitsstätten zu bestimmen. Letzteres wird vor allem bei Außendienstmitarbeitern oder Montagearbeitern praktisch. Zu den Anforderungen an den Nachweis vgl § 2 I 2 Nr 4 NachwG (dort Rdn 14).

21 Mit dem tatsächlichen Einsatzort kann der AG ggf auch die rechtliche Zuordnung des AN zu Betrieben oder Betriebsteilen steuern. Bedeutung hat das va für den (Teil-)Betriebsübergang, bei dem die Zuordnung der AN zum Problem werden kann (näher § 613a BGB Rdn 42) ; hat der AG den AN wirksam dem

abgegebenen Betrieb zugewiesen, kann der AN nach einem Widerspruch nicht verlangen, einem anderen Betrieb zugewiesen zu werden (BAG 21.2.2013, 8 AZR 877/11, EzA § 613a BGB 2002 Nr 143).

Mit Blick auf die AGB-Kontrolle nach §§ 305 ff BGB stellt sich insb die Frage nach der Wirksamkeit sog **Umsetzungs- oder Versetzungsklauseln** in vorformulierten Arbeitsverträgen. Nach Ansicht des BAG ist § 308 Nr 4 BGB auf **arbeitsvertragliche Versetzungsvorbehalte** nicht anzuwenden; die Vorschrift erfasst nur einseitige Bestimmungsrechte hinsichtlich der Leistung des Verwenders. Versetzungsklauseln in Arbeitsverträgen betreffen demggü die Arbeitsleistung als die dem Verwender geschuldete Gegenleistung. Zudem kontrolliert das BAG formularmäßige Versetzungsklauseln, die materiell der Regelung in § 106 S 1 nachgebildet sind, wegen § 307 III 1 BGB nicht auf benachteiligende Wirkung zulasten des AN (etwa BAG 13.4.2010, 9 AZR 36/09, EzA § 307 BGB 2002 Nr 47), solange die betreffende Klausel die »Beschränkung auf den materiellen Gehalt des § 106 GewO [...] aus sich heraus« erkennen lässt (BAG 25.8.2010, 10 AZR 275/09, EzA § 307 BGB 2002 Nr 49). Solche Klauseln verstoßen nicht allein deshalb gegen das Transparenzgebot des § 307 I 2 BGB, weil Grenzen und Voraussetzungen der Versetzung (zB konkrete Versetzungsgründe) nicht näher spezifiziert sind (BAG 13.4.2010, 9 AZR 36/09, EzA § 307 BGB 2002 Nr 47). Eine nach dem Vorbild des § 106 S 1 gefasste Vertragsklausel bedeutet in der Sache (nur), dass die Vertragsparteien den Arbeitsort nicht vertraglich festgelegt haben: »Es macht keinen Unterschied, ob im Arbeitsvertrag auf eine Festlegung des Orts der Arbeitsleistung verzichtet [...] oder ob der Ort der Arbeitsleistung bestimmt, aber die Möglichkeit der Zuweisung eines anderen Orts vereinbart wird« (BAG 19.1.2011, 10 AZR 738/09, EzA § 106 GewO Nr 7; 28.8.2013, 10 AZR 569/12, EzA § 106 GewO Nr 15). Das gilt erst recht, wenn der Einsatzort im Arbeitsvertrag nur »grundsätzlich« festgelegt ist und sich der AG die dauerhafte Versetzung vorbehalten hat (BAG 13.6.2012, 10 AZR 296/11, EzA § 106 GewO Nr 11).

Versetzungsklauseln tragen dem im Arbeitsrecht bestehenden spezifischen Anpassungs- und Flexibilisierungsbedürfnis Rechnung. Als Dauerschuldverhältnis mit stark ausgeprägter Dynamik bedarf der Arbeitsvertrag einer ständigen Anpassung, die bei Vertragsschluss nicht vorweggenommen werden kann. Der AN erhält für die ihm abverlangte Flexibilität eine entspr stärkere Sicherung seines Arbeitsverhältnisses im Fall betriebsbedingter Kdg. Durch eine weite Versetzungsklausel vergrößert sich der Kreis der vergleichbaren AN in der Sozialauswahl: Die Vergleichbarkeit richtet sich danach, auf welchen Arbeitsplätzen der »an sich« betroffene AN qua Direktionsrecht eingesetzt werden könnte (§ 1 KSchG Rdn 174 ff). Diese Kompensation ist eine Besonderheit des Arbeitsrechts, die einer weiter gehenden AGB-Kontrolle entgegensteht (BAG 11.4.2006, 9 AZR 557/05, EzA § 308 BGB 2002 Nr 5). Ausgeschlossen ist es demggü, dass sich der AG mit einer ansonsten § 106 S 1 nachgebildeten Klausel der Ausübungskontrolle (Rdn 50 ff) entledigt (BAG 13.6.2012, 10 AZR 296/11, EzA § 106 GewO Nr 11), etwa indem er sich die Befugnis einräumen lässt, alternierende Telearbeit einseitig und voraussetzungslos zu beenden (LAG Düsseldorf 10.9.2014, 12 Sa 505/14, LAGE § 307 BGB 2002 Nr 44).

Nach hM erlaubt das Direktionsrecht zunächst die »Umsetzung« im (vertraglich und ggf konkludent festgelegten) Einsatzbetrieb. Das BAG gestattet grds auch die Versetzung in einen anderen Betrieb des Unternehmens qua Direktionsrecht – auch dann, wenn dieser Betrieb in einer anderen politischen Gemeinde liegt (BAG 18.10.2012, 6 AZR 86/11, AP Nr 23 zu § 106 GewO mwN lässt aber offen, ob bei einer Veränderung des Arbeitsortes an dieser Rspr festgehalten werden soll). Demggü setzen eine Versetzung ins Ausland (ArbG Heilbronn 11.7.2013, 8 Ca 7/13, LAGE § 106 GewO 2003 Nr 14) und die dauerhafte Zuordnung zu einem anderen Unternehmen mit AG-Wechsel eine entspr Vereinbarung voraus, die auch in der Form getroffen werden kann, dass das Weisungsrecht des AG erweitert wird (*Hromadka* NZA 2012, 233, 238). Mit Blick auf die AGB-Kontrolle steht vor allem die »**Konzernversetzungsklausel**« in der Diskussion: Die Inhaltskontrolle soll nicht anhand des bes Klauselverbot iSd § 309 Nr 10 BGB erfolgen, sondern anhand der §§ 305c I, 307 BGB (nur ErfK/*Preis* §§ 305–310 BGB Rn 86). Für die damit entscheidende Frage nach einer unangemessenen Benachteiligung des AN ist insb das Bestandsschutzinteresse des AN in Rechnung zu stellen, der in der Sache seinen »alten« Arbeitsvertrag verliert (näher *Maschmann* RdA 1996, 24, 35 ff). Zulässig (weil in der Sache deklaratorisch) ist eine Klausel, die den AG-Wechsel von der aktualisierten Zustimmung des AN abhängig macht (*Hromadka* NZA 2012, 233, 238).

Enthält der Arbeitsvertrag **keine ausdrückliche Regelung**, ist unter Berücksichtigung der näheren Umstände bei Vertragsschluss darauf abzustellen, von welchen Vorstellungen die Vertragsparteien ausgegangen sind (§§ 133, 157 BGB). Mithin sind alle Begleitumstände zu würdigen, die erkennen lassen, welchen Willen der Erklärende bei seiner Erklärung gehabt hat und wie der Empfänger diese Erklärung verstanden hat oder verstehen musste (BAG 29.10.1997, 5 AZR 573/96, EzA § 611 BGB Direktionsrecht Nr 19). Das ist nichts anderes als die Bestimmung des Leistungsortes nach § 269 BGB (dazu §§ 269, 270 BGB Rdn 1 ff): Ergibt sich auch aus der »Natur des Schuldverhältnisses« kein bestimmter Ort, ist für die Leistungen des AN Erfüllungsort der Ort, an dem er seine **Arbeitsleistung** zu erbringen hat (BAG 3.12.1985, 4 AZR 325/84,

EzA § 269 BGB Nr 1). Regelmäßig ist das der Sitz des Betriebes, in dem der AN beschäftigt ist. Das gilt auch dann, wenn der AN von dort aus auswärts tätig wird, etwa als Kraftfahrer oder Monteur. Ist ein reisender AN von seinem Wohnsitz aus tätig, ist dieser Erfüllungsort (BAG 12.6.1986, 2 AZR 398/85, EzA § 269 BGB Nr 2). Mangels vertraglicher Vorgaben muss der AN auf Anordnung des AG die Arbeitsstelle aufsuchen, an der die jeweils vertraglich geschuldete Leistung zu erbringen ist (*Lakies* BB 2003, 364, 365). Wie bei der konkludenten Einigung auf die betriebsübliche Arbeitszeit (Rdn 33) führt die stillschweigende Verständigung über die Arbeit am Sitz des Betriebs nicht dazu, dass dieser Arbeitsort statisch festgeschrieben wäre.

26 Das Weisungsrecht schließt – weder mit Blick auf den Inhalt der Arbeitsleistung, noch mit Blick auf den Arbeitsort – ohne bes Vereinbarung **keine** Befugnis des AG ein, den AN zur **Arbeitsleistung bei einem Dritten** zu verpflichten (BAG 14.7.2010, 10 AZR 182/09, EzTöD 100 § 4 Abs 3 TVöD-AT Personalgestellung Nr 4; 18.4.2012, 10 AZR 134/11, EzA § 106 GewO Nr 10), vgl § 613 S 2 BGB. Insb die – unabhängig von der ör Überlassungserlaubnis erforderliche – Berechtigung, den AN nach dem (aber auch außerhalb des) AÜG an einen Entleiher zu überlassen, muss sich der AG vertraglich einräumen lassen (ErfK/*Preis* § 613 BGB Rn 9).

27 **III. Arbeitszeit.** Innerhalb der einzel- und kollektivvertraglichen sowie insb der gesetzlichen Grenzen (ArbZG) betrifft das Weisungsrecht des AG auch die Lage der Arbeitszeit. Demggü fällt der Umfang der Arbeitsleistung, also die **Dauer der Arbeitszeit**, grds nicht unter § 106. Ein solches Weisungsrecht würde ohnehin kaum praktisch, da die Arbeitszeitdauer meist vertraglich festgelegt ist (Staudinger/*Rieble* § 315 BGB Rn 195). Fehlt eine solche Regelung, darf der AG also nicht kraft Direktionsrechts den Umfang der geschuldeten Arbeitsleistung bestimmen. Hängt die Vergütung von der geleisteten Arbeitszeit ab, könnte er sonst den Umfang der beiderseitigen Hauptleistungspflichten (Vergütungs- und Arbeitspflicht) einseitig definieren (BAG 12.12.1984, 7 AZR 509/83, EzA § 315 BGB Nr 29) und damit den AN ohne Rücksicht auf das KSchG oder Kdg-Fristen auf »Kurzarbeit Null« reduzieren (vgl Staudinger/*Rieble* § 315 BGB Rn 143 ff zu Leistungsbestimmungsrechten des AG). Stattdessen ist der Arbeitsvertrag idR so auslegen, dass die betriebsübliche Arbeitszeit vergleichbarer AN geschuldet ist (vgl § 611 BGB Rdn 356).

28 Die AG-seitige Leistungsbestimmung über die Dauer der Arbeitszeit ist (nur) dann möglich, wenn sich die Vertragsparteien (wenigstens konkludent) auf ein solches Gestaltungsrecht geeinigt haben. Indes zieht das BAG richtig auch dem ausdrücklich vereinbarten Leistungsbestimmungsrecht des AG mit Blick auf die Arbeitszeitdauer Grenzen: Vor Inkrafttreten des Schuldrechtsmodernisierungsgesetzes (zum 1.1.2002) wertete das Gericht eine arbeitsvertragliche Vereinbarung, die bei arbeitszeitabhängiger Vergütung den AG berechtige, die festgelegte Arbeitszeit später einseitig nach Bedarf zu reduzieren, als Umgehung des zwingenden Kdg-Schutzrechts (BAG 12.12.1984, 7 AZR 509/83, EzA § 315 BGB Nr 29). Nach der Schuldrechtsreform müssen einseitige Leistungsbestimmungsrechte des AG – genauer: die in den Arbeitsvertrag integrierten Unterwerfungsvereinbarungen – vor allem der Inhaltskontrolle nach den §§ 305 ff BGB standhalten, und dabei insb das Benachteiligungsverbot des § 307 BGB beachten (BAG 7.12.2005, 5 AZR 535/04, EzA § 12 TzBfG Nr 2). Zulässig sind demnach individuell ausgehandelte Vereinbarungen jedenfalls außerhalb des Geltungsbereichs des KSchG und unter Wahrung von Ankündigungsfristen, die den Kdg-Fristen des § 622 entsprechen (§ 315 BGB Rdn 4). Überdies erlaubt das BAG die Leistungsbestimmung über den Umfang einer im Gegenseitigkeitsverhältnis stehenden Hauptleistungspflicht zwar grds, aber nur in einem »**Flexibilitätskorridor« von bis zu 25 % der geschuldeten Arbeitsleistung**. Weitergehende Leistungsbestimmungsrechte des AG können mit Rücksicht auf den arbeitsrechtlichen Vertragsinhaltsschutz grds nicht vereinbart werden (Rdn 8; zu Ausnahmen Rdn 30).

29 Umgekehrt darf der AN mit seinem Anspruch auf Teilzeit nach § 8 TzBfG letztlich einseitig auf den Kernbereich des Arbeitsverhältnisses zugreifen (BAG 18.2.2003, 9 AZR 164/02, EzA § 8 TzBfG Nr 3; kritisch *Klebeck* SAE 2004, 98). Dagegen ist nichts zu erinnern: Zunächst ist der Teilzeitanspruch gesetzlich angeordnet, auf die Vertragskontrolle kommt es nicht an. Weiter steht der Konflikt mit dem Vertragsinhaltsschutz unter anderen Vorzeichen – das KSchG schützt nur den AN, der (schwache) Bestandsschutz des AG beschränkt sich auf die Fristen des § 622 BGB.

30 Ohne ausdrückliche individual- oder kollektivvertragliche Erlaubnis kann der AG nicht kraft seines Weisungsrechts den AN zur (Ab-)Leistung von **Überstunden (Mehrarbeit)** verpflichten. Abgesehen von Notfällen (Rdn 17) bedarf es für die Mehrarbeit einer vertraglichen Regelung, die in vorformulierten Arbeitsverträgen der AGB-Kontrolle nach §§ 305 ff BGB unterliegt (dazu ausf BAG 14.8.2007, 9 AZR 18/07, EzA § 6 ATG Nr 2). Eine Erweiterung des Direktionsrechts – in der Sache eine über die dem Arbeitsverhältnis immanente Unterwerfung (Rdn 3) hinausreichende Unterwerfungsvereinbarung – im Hinblick auf die Dauer der Arbeitszeit ist weder nach § 308 Nr 4 BGB unwirksam noch benachteiligt die vorformulierte

Erweiterung den AN ausnahmslos unangemessen iSv § 307 I BGB: § 308 Nr 4 BGB ist nicht anwendbar, da diese Vorschrift nur einseitige Bestimmungsrechte für die Leistung des AG-Verwenders erfasst. Ob die Erweiterung als unangemessene Benachteiligung des AN eingestuft werden muss, ist Einzelfallfrage. Im Grds steht das BAG auf dem Standpunkt, die vom AG abrufbare, über die vereinbarte Mindestarbeitszeit hinausgehende Arbeitsleistung dürfe nicht mehr als 25 % der vereinbarten wöchentlichen Mindestarbeitszeit betragen (BAG 7.12.2005, 5 AZR 535/04, EzA § 12 TzBfG Nr 2). Jedoch werden in der AGB-Kontrolle nicht nur rechtliche, sondern auch tatsächliche Aspekte des Einzelfalles berücksichtigt, die zu den »im Arbeitsrecht geltenden Besonderheiten« iSv § 310 IV 2 BGB gezogen werden können (BAG 14.8.2007, 9 AZR 18/07, EzA § 6 ATG Nr 2).

Endlich ist auch nicht mit Blick auf § 307 I 2 BGB notwendig, die Gründe für eine vorübergehende 31 Verlängerung der Arbeitszeit zu präzisieren (BAG 14.8.2007, 9 AZR 18/07, EzA § 6 ATG Nr 2). Eine Konkretisierungspflicht würde dem Bedürfnis des AG nicht gerecht, auf im Zeitpunkt des Vertragsschlusses nicht vorhersehbare Veränderungen reagieren zu können. Überdies dürfte eine Zusammenfassung aller in Zukunft denkbaren Gründe für eine Arbeitszeitverlängerung kaum möglich sein und müsste zu einer ihrerseits intransparenten Leer- oder Mammutklausel führen. Dem AN ist damit nicht geholfen.

Für die **Anordnung von Kurzarbeit**, also die vorübergehende Verkürzung der individuellen Arbeitszeit des 32 AN, gilt nichts anderes als für Überstunden (Rdn 30). Fehlt eine ausdrückliche Regelung im Individualoder Kollektivvertrag, scheidet die Einführung von Kurzarbeit kraft einseitigen Weisungsrechts aus: »Der AG kann Kurzarbeit mit entspr Lohnminderung nur aufgrund gesetzlicher, kollektivvertraglicher oder einzelvertraglicher Grundlage einführen. Andernfalls bedarf es zur Arbeitszeitverkürzung einer Änderungskündigung« (BAG 15.12.1961, 1 AZR 207/59, AP BGB § 615 Kurzarbeit Nr 1; 14.2.1991, 2 AZR 415/90, EzA § 87 BetrVG 1972 Kurzarbeit Nr 1). »Das Direktionsrecht des AG reicht als Rechtsgrundlage für die Einführung von Kurzarbeit nicht aus« (BAG 27.1.1994, 6 AZR 541/93, EzA § 615 BGB Kurzarbeit Nr 1). Zu beachten ist mit Blick auf die Einführung von Kurzarbeit wie auch für die von Mehrarbeit, dass die hM AG und BR nach § 87 BetrVG (dort Rdn 25 zur Doppelnatur als Mitbestimmungstatbestand und Eingriffsermächtigung) ermächtigen will, die Arbeitszeit auch ohne arbeitsvertragliche Grundlage zu verkürzen und damit in den Individualvertrag einzugreifen.

Die **Lage der Arbeitszeit** bestimmt sich idR nach den betrieblichen Erfordernissen, die der AG durch 33 Weisung konkretisieren kann. Dabei gibt es keinen allgemeinen Grundsatz, demzufolge AN von Montag bis Freitag zu beschäftigen wären; lässt der Arbeitsvertrag dem AG insoweit Raum, kann er eine andere Verteilung anordnen (BAG 16.4.2014, 5 AZR 483/12, EzA § 615 BGB 2002 Nr 43). Allerdings sind Beginn und Ende der Arbeitszeit sowie die Lage der Pausen klassische Betätigungsfelder des BR nach § 87 I Nr 2 BetrVG (dort Rdn 20 ff). Die Arbeitsvertragsparteien verzichten idR auf eine individuelle, ausdrückliche Festlegung der Lage der Arbeitszeit. Freilich ist dem Arbeitsvertrag regelmäßig die **konkludente Abrede** zu entnehmen, dass zur **betriebsüblichen Arbeitszeit** gearbeitet werden muss (BAG 15.9.2009, 9 AZR 757/08, EzA § 106 GewO Nr 4) – und zwar zur **jeweiligen** betriebsüblichen Arbeitszeit, sodass der AG (ggf mit dem BR, § 87 I Nr 2 BetrVG) die Arbeitszeitlage dynamisch anpassen kann (BAG 23.6.1992, 1 AZR 57/92, EzA § 611 BGB Direktionsrecht Nr 12), solange sich der AN sich die gewünschte Arbeitszeitverteilung nicht individualvertraglich gesichert hat (*Preis/Ulber* NZA 2010, 729, 731). Auch darf der AG (freilich nur auf der Basis einer vertraglichen Ermächtigungsgrundlage) in Ausübung seines Weisungsrechts etwa Rufbereitschaft, Bereitschaftsdienst oder Überstunden anordnen, oder die in einem Dienstplan getroffene Anordnung ändern (dazu und zur Abgrenzung von Bereitschaftsdienst, Rufbereitschaft und Überstunden BAG 25.4.2007, 6 AZR 799/06, EzA § 611 BGB 2002 Arbeitsbereitschaft Nr 4). Er kann während des Bereitschaftsdienstes einseitig »Ruhepausen« vorschreiben (zu einer solchen Pausenregelung BAG 16.12.2009, 5 AZR 157/09, EzA § 4 ArbZG Nr 3), dh: Unterbrechungen des Bereitschaftsdienstes, in denen der AN weder arbeiten, noch sich bereithalten muss. Auch einen nur dem Grunde nach feststehenden Freizeitausgleich, etwa nach § 37 III BetrVG, gestaltet der AG durch Weisung aus (BAG 19.3.2014, 7 AZR 480/12, EzA § 37 BetrVG 2001 Nr 16).

Dass die Entsch des AG an Gesetz, Kollektiv- und Einzelarbeitsvertrag gebunden ist, hat insb für betriebs- 34 ratslose Betriebe Bedeutung, in denen der AG einseitig und ohne Rücksicht auf § 87 I Nr 2 BetrVG etwa Gleitzeit oder Schichtarbeit einführen kann (weitere Bsp bei *Hunold* NZA-RR 2001, 337, 344 f). Um die Bindung an den Individualvertrag geht es auch, wenn die Arbeitsvertragsparteien den zunächst offenen Arbeitsvertrag (auch konkludent) nachträglich geändert und dabei eine bestimmte Lage der Arbeitszeit vereinbart haben. Eine solche Vertragsänderung darf nicht allein deshalb unterstellt werden, weil der AN längere Zeit in derselben Weise eingesetzt worden ist (vgl Rdn 38 ff zur konkludenten Vertragsänderung). Vielmehr müssen bes Umstände hinzutreten, die erkennen lassen, dass der AN nur noch verpflichtet sein soll, seine Arbeit wie bisher zu erbringen, zB in Nachtschichten (BAG 11.2.1998, 5 AZR 472/97, EzA

§ 315 BGB Nr 48 mwN). Gesetzliche Grenze der Arbeitszeitgestaltung ist vor allem das ArbZG. Indes ist das Direktionsrecht des AG nicht allein deshalb eingeschränkt, weil das ArbZG für bestimmte Gestaltungen eine behördliche Erlaubnis voraussetzt. Vielmehr kann der AG auch die erst nach Vertragsschluss beantragte und erteilte Erlaubnis kraft Direktionsrechts nutzen (für Sonntagsarbeit BAG 15.9.2009, 9 AZR 757/08, EzA § 106 GewO Nr 4; aA *Preis/Ulber* NZA 2010, 729, 731 ff).

35 **IV. Ordnung und Verhalten der Arbeitnehmer im Betrieb.** Der AG darf nach § 106 S 2 vorbehaltlich des Arbeitsvertrages, Bestimmungen einer BV, eines anwendbaren TV oder gesetzlicher Vorschriften auch **die Ordnung und das Verhalten der AN im Betrieb** mithilfe seines Weisungsrechts näher bestimmen. Bereits vor Inkrafttreten des § 106 nF war in Rspr und Lit anerkannt, dass sich das Weisungsrecht des AG nicht darauf beschränkt, Art, Ort und Umfang der Tätigkeit des AN iE zu bestimmen. Er durfte (und darf) auch diejenigen Anordnungen treffen, die zur Aufrechterhaltung der Ordnung im Betrieb erforderlich sind (BAG 14.12.1961, 5 AZR 180/61, AP BGB § 611 Direktionsrecht Nr 17). Da die AN ihre vertraglich geschuldete Leistung innerhalb einer vom AG vorgegebenen Arbeitsorganisation erbringen, soll dies den AG auch dazu berechtigen, Regelungen vorzugeben, die das Verhalten der Belegschaft im Betrieb beeinflussen und koordinieren (BAG 28.5.2002, 1 ABR 32/01, EzA § 87 BetrVG 1972 Betriebliche Ordnung Nr 29). § 106 S 2 erlaubt einseitige Verhaltensregeln zur Sicherung des ungestörten Arbeitsablaufs und des reibungslosen Zusammenwirkens der AN im Betrieb, aber auch die Anordnung von Kontrollmaßnahmen, mit denen die Regeleinhaltung überwacht wird (HWK/*Lembke* § 106 Rn 45 ff).

36 Als Bsp solcher »betriebsbezogener« Weisungen nennt die Begr des Gesetzentwurfes die Erteilung von Rauchverboten, die Durchführung von Eingangskontrollen oder die Weisung, Schutzkleidung zu tragen (BT-Drs 14/8796, S 24). Da § 106 S 2 denselben Regelungsgegenstand wie § 87 I Nr 1 BetrVG (mitbestimmtes Ordnungsverhalten) hat, kann mit Blick auf den Umfang des betriebsbezogenen Weisungsrechts auf die hierzu ergangene Rspr verwiesen werde (Nachweise bei § 87 BetrVG Rdn 17 ff). Dass sich das Weisungsrecht des AG nicht auf **außerdienstliches Verhalten** der AN bezieht, ist im Wortlaut des § 106 S 2 insofern angedeutet, als dieser ausdrücklich auf das Verhalten der AN **im Betrieb** abstellt. Die hM folgert hieraus zu Recht eine räumliche Grenze des Weisungsrechts (*Hromadka* DB 1995, 2601, 2606): § 106 S 2 meint das Verhalten in der Arbeitsstätte, nicht das betriebsbezogene (Auswirkungen auf den ungestörten Arbeitsablauf und das reibungslose Zusammenwirken der AN) Verhalten der AN wo auch immer. Weisungen im außerdienstlichen Bereich sind unwirksam und ergo für den AN unverbindlich (Rdn 63). Nach dem BAG kann selbst die Teilnahme an einem Personalgespräch über die (einvernehmliche Herabsetzung der) Vergütung des AN nicht durch Weisung zur Arbeitspflicht erhoben werden: Weil bei der Vergütung der Bezug zur Arbeitspflicht, leistungssichernden Nebenpflichten oder der betrieblichen Ordnung fehle, sei eine Weisung iSd § 106 ausgeschlossen (BAG 23.6.2009, 2 AZR 606/08, EzA § 106 GewO Nr 3). Demggü kann der AG durch Weisung untersagen, dass der AN »private Probleme in den Betrieb hineinträgt« (LAG Düsseldorf 24.3.2014, 9 Sa 1207/13, LAGE § 106 GewO 2003 Nr 18: der vom AN ins Büro mitgebrachte Hund stört den Betriebsablauf, weil sich Kollegen [nachvollziehbar] vor dem Tier ängstigen).

37 Bedeutung hat die Abgrenzung des dienstlichen Bereichs iSd § 106 vom außerdienstlichen weiter für die Einführung von sog **Ethik-RL** kraft Direktionsrechts (*Junker* BB 2005, 602). Diese sehen vielfach auch Regelungen betreffend das außerdienstliche bzw private Verhalten der AN vor, etwa Nebentätigkeitsverbote, Regelungen zum privaten Umgang mit Kunden oder Arbeitskollegen und insb beschränkende Vorgaben zum privaten Handel mit Wertpapieren von Unternehmen, mit denen ein Mitarbeiter beruflich zu tun hat (vgl BAG 28.5.2002, 1 ABR 32/01, EzA § 87 BetrVG 1972 Betriebliche Ordnung Nr 29). Solche Regelungen sind vom Direktionsrecht nicht erfasst und bedürfen stets der individualvertraglichen Umsetzung. Das BAG hat dies etwa für die in einer Ethik-RL vorgesehene Pflicht klargestellt, private Vermögensverhältnisse offenzulegen (BAG 28.5.2002, 1 ABR 32/01, EzA § 87 BetrVG 1972 Betriebliche Ordnung Nr 29). Ob dem AG in Ausnahmefällen, in denen er ein erhebliches Interesse auch am außerdienstlichen Verhalten des AN hat (etwa bei Tendenzunternehmen), ein entspr erweitertes Weisungsrecht zusteht, ist noch nicht abschließend geklärt (dafür Tettinger/*Wank*/Ennuschat § 106 Rn 39).

38 **C. Grenzen des Weisungsrechts. I. Arbeitsvertrag, betriebliche Übung, Konkretisierung und Selbstbindung des Arbeitgebers.** In § 106 ist neben Kollektivvereinbarungen und Gesetz der Arbeitsvertrag als Grenze des Weisungsrechts genannt; bei der durch (oder zur Abwehr der) Zwangsvollstreckung erzwungenen Weiterbeschäftigung kommt es stattdessen auf den Vollstreckungstitel an (BAG 15.4.2009, 3 AZB 93/08, EzA § 253 ZPO 2002 Nr 2; näher *Lingemann/Otte* ArbR 2014, 404 ff). Die arbeitsvertraglichen Grenzen des Weisungsrechtes können sich nicht nur aus den konkreten Regelungen des ursprünglichen Vertrages, sondern auch durch eine spätere **Konkretisierung** ergeben (zu Bsp aus der Rspr *Hunold* NZA-RR 2001, 337, 339 ff; allg zur Konkretisierung *Hennige* NZA 1999, 281, 285 ff). Dh: Das dem

Arbeitsverhältnis immanente Weisungsrecht des AG hat sich durch mehrjährige praktische Übung und (kumulativ [!], der bloße Zeitablauf reicht nicht: BAG 17.8.2011, 10 AZR 202/10, EzA § 106 GewO Nr 9: Einsatz an demselben Arbeitsort für 15 Jahre; näher Rdn 40) zusätzliche Umstände auf bestimmte Inhalte verengt. Eine solchermaßen bindende Konkretisierung ist in der Sache eine konkludente Vertragsänderung. Indes müsste der AN die Verlässlichkeit einer vertraglichen und damit vom AG nicht mehr einseitig änderbaren Regelung durch Nachteile bei der Sozialauswahl »erkaufen« (hierzu Staudinger/*Rieble* § 315 BGB Rn 200), weil sich der Kreis der iSd § 1 III KSchG vergleichbaren AN nach der wechselseitigen Austauschbarkeit qua Direktionsrecht bestimmt.

Das BAG (17.8.2011, 10 AZR 202/10, EzA § 106 GewO Nr 9 mwN) stellt daher zu Recht **strenge Anforderungen an eine konkludente Vertragsänderung:** Weil die »Konkretisierung der Arbeitspflicht [...], wie gerade § 106 GewO, § 315 I BGB zeigen, zu Gunsten des AN wirken« soll, und eine zur Einschränkung der Sozialauswahl führende Konkretisierung »auch den in § 242 BGB verankerten Vertrauensschutzgrundsätzen zuwider laufen« würde, dürfe aus der jahrelangen Handhabung allein nicht auf eine konkludente Änderungsvereinbarung geschlossen werden (BAG 3.6.2004, 2 AZR 577/03, EzA § 1 KSchG Soziale Auswahl Nr 55). »Konkretisierung« heißt dann nur, dass der AN darauf vertrauen darf, er könne bei Fortbestand des bisherigen Arbeitsplatzes seine Tätigkeit auch künftig zu gleichbleibenden Bedingungen ausüben (aA Staudinger/*Rieble* § 315 BGB Rn 200: »Es gibt kein berechtigtes Vertrauen darauf, dass alles bleibt, wie es ist.«). Dieses **Vertrauen** ist iRd Entsch nach billigem Ermessen iSd § 106 GewO bzw § 315 BGB zu berücksichtigen, führt aber nicht zu einer beiderseits bindenden Vertragsänderung. Im Ergebnis hat diese »weiche« Lösung geringe praktische Bedeutung: Will der AG nach langjähriger Praxis die Modalitäten des Arbeitsverhältnisses ändern, hat er dafür entweder gute betriebliche Gründe, die dann auch den vom AN aufgebauten »Vertrauensbestand« überwinden – oder er entscheidet willkürlich, und damit ohnehin unbillig.

Richtig ist jedenfalls, dass der **bloße Zeitablauf alleine nicht ausreicht**, eine nachträgliche Vertragsänderung zu begründen, auch wenn eine längere Zeit vergangen ist. So kann etwa ein Bus-Kontrolleur, der bisher stets an der seiner Wohnung am nächsten gelegenen Haltestelle seine Arbeit aufnahm, nach 14 Jahren noch angewiesen werden, nunmehr seine Arbeit im Betriebshof zu beginnen (BAG 7.12.2000, 6 AZR 444/99, EzA § 611 BGB Direktionsrecht Nr 22). Bleibt der AG über einen längeren Zeitraum bei einer betrieblichen Regelung hins Ort und Zeit der Arbeitsleistung, kann ein AN nach Treu und Glauben allein daraus noch nicht auf den Willen des AG schließen, diese Regelung auch künftig unverändert beizubehalten (BAG 19.7.2012, 2 AZR 25/11, NZA 2012, 1038). Dass ein AN vom AG – auch längere Zeit – zu bestimmten Bedingungen, etwa unter Überschreitung der vertraglich vorgesehenen Arbeitszeit oder nur an bestimmten Wochentagen, eingesetzt wird, ergibt für sich genommen noch keine Vertragsänderung (BAG 26.9.2012, 10 AZR 336/11, EzA § 106 GewO Nr 13). Hierzu müssten neben das jahrelang nicht oder in eine bestimmte Richtung ausgeübte Direktionsrecht **weitere Umstände** treten, die zum einen den Schluss rechtfertigen, dass der AG den AN zukünftig nur noch zu bestimmten Arbeiten (etwa: an einem bestimmten Ort) heranziehen will (BAG 13.6.2012, 10 AZR 296/11, EzA § 106 GewO Nr 11). Jene Umstände müssen auch darauf schließen lassen, dass der AN die Konkretisierung (etwa: Beschränkung des Einsatzortes) auch mit Blick auf die damit verbundene Einschränkung bei einer künftigen Sozialauswahl akzeptiert (BAG 25.4.2007, 5 AZR 504/06, EzA § 615 BGB 2002 Nr 20; 3.6.2004, 2 AZR 577/03, EzA § 1 KSchG Soziale Auswahl Nr 55). Insoweit kann ua von Bedeutung sein, um welche Art von Arbeit es sich handelt, wie sie in die betrieblichen Abläufe integriert ist und in welcher Weise die Arbeitszeit hinsichtlich Dauer und Lage geregelt bzw ausgedehnt wird (ebenso mit Blick auf den Arbeitsort BAG 13.3.2007, 9 AZR 433/06, AP Nr 26 zu § 307 BGB). Ob es ausreicht, dass die einmal angewiesene und über Jahre verrichtete Tätigkeit »erkennbar höher qualifiziert ist« (LAG Rh-Pf 13.10.1987, 3 Sa 457/87, NZA 1988, 471), ist mit Rücksicht auf die ambivalente Wirkung der Vertragsänderung zweifelhaft.

Nach der Rspr kann das Weisungsrecht auch aufgrund einer **betrieblichen Übung** eingeschränkt werden. Entscheidend kommt es darauf an, ob die von einer bestimmten und längeren Zeit wiederholten Verhaltensweise des AG betroffenen AN nach Treu und Glauben annehmen können, ihnen sei eine Leistung oder Vergünstigung auf Dauer eingeräumt worden (BAG 11.2.1998, 5 AZR 472/97, EzA § 315 BGB Nr 48). Problematisch ist dabei weniger die Abgrenzung zur konkludenten nachträglichen Vertragsänderung und zur Konkretisierung durch bloße praktische Handhabung (Rdn 38 f); wie für die Unterscheidung zwischen der betrieblichen Übung und der Individualübung (dazu MünchArbR/*Richardi* § 8 Rn 3) muss es insoweit darauf ankommen, ob die kraft Direktionsrechts angeordnete Maßnahme des AG kollektiven Charakter aufweist. Indes führt die betriebliche Übung zu einer – wenigstens nach der Rspr – vertraglichen Bindung (zum Rechtsgrund der Bindung an die betriebliche Übung § 611 BGB Rdn 44), von der sich der AG nicht ohne Weiteres lösen kann. Die »direktionsrechtsbeschränkende« betriebliche Übung ist aus Sicht des AN mithin ebenso ambivalent wie der nachträgliche Individual-Änderungsvertrag (Rdn 38 ff). In der

Konsequenz ist ggü der Annahme einer betrieblichen Übung durch wiederholte oder dauerhafte Betätigung des Weisungsrechts eben dieselbe Zurückhaltung geboten, die die Rspr gegenüber der konkludenten Vertragsänderung durch Zeitablauf an den Tag legt (Rdn 39). Anders als bei der Annahme »freiwilliger Leistungen« jenseits des arbeitsvertraglich zugesagten Entgelts versteht sich eben nicht von selbst, dass der AN mit einer rechtsgeschäftlichen Bindung an die gelebte Praxis einverstanden ist, weil er diese Sicherheit ggf mit dem Arbeitsplatz »bezahlen« müsste.

42 Endlich kann sich der AG bei der Ausübung des Direktionsrechts durch Erklärung ggü dem AN **selbst binden** und insoweit die Ausübung auf bestimmte Fälle beschränken. Bsp ist die vorläufige Zuweisung und Übertragung höherwertiger Aufgaben, die der AG lediglich davon abhängig macht, dass sich der AN fachlich bewährt. Gelingt dies, kann der AG dem AN die höherwertige Aufgabe nicht aus anderen Gründen entziehen (BAG 17.12.1997, 5 AZR 332/96, EzA § 611 BGB Direktionsrecht Nr 20). Auch wenn sich der AG ggü dem AN idS gebunden hat, den AN iSd § 95 III BetrVG zu versetzen, kann dieser nicht ohne Weiteres verlangen, dass der AG ein Zustimmungsersetzungsverfahren nach § 99 IV BetrVG einleitet (BAG 16.3.2010, 3 AZR 31/09, EzA § 106 GewO Nr 5). Entscheidender Unterschied zwischen Selbstbindung und konkludenter Vertragsänderung ist, dass es bei Ersterer, wie bei der »weichen« Konkretisierung (Rdn 39), um eine Frage des »Wie«, also der Ausübung(skontrolle) des Weisungsrechts geht (HWK/*Lembke* § 106 Rn 69).

43 **II. Bestimmungen einer Betriebsvereinbarung.** Einschränkungen des Weisungsrechts können sich auch aus **BV** ergeben, die gem § 77 IV BetrVG unmittelbar und zwingend auf die Arbeitsverhältnisse in ihrem Geltungsbereich wirken. In BV können Inhalt, Ort und Zeit der Arbeitsleistung, aber auch die Ordnung und das Verhalten der AN im Betrieb geregelt werden (§ 87 I Nr 1 BetrVG). Äußerste Grenze ist die Regelungskompetenz des BR. Dh: Eine BV kann nur über solche Angelegenheiten abgeschlossen werden, die nach dem BetrVG der Zuständigkeit des BR unterliegen (*Richardi* § 77 BetrVG Rn 50), und nur insoweit kann auch das Direktionsrecht des AG durch Bestimmungen einer BV beschränkt werden. Freilich wird diese Schranke der betrieblichen Regelungskompetenz kaum praktisch: Die hM erlaubt – mit Blick auf § 88 BetrVG systematisch unstimmig – die freiwillige BV auch jenseits der sozialen Angelegenheiten (dagegen § 88 BetrVG Rdn 2), und räumt den Betriebspartnern im Gegenschluss aus § 77 III 1 BetrVG das Recht ein, **alle formellen und materiellen Arbeitsbedingungen** qua BV zu regeln (BAG GS 7.11.1989, GS 3/85, EzA § 77 BetrVG 1972 Nr 34 spricht von einer »**umfassenden Regelungskompetenz der Betriebsparteien**«; näher § 77 BetrVG Rdn 7), sofern sie nicht (wenigstens üblicherweise) in einem nach seinem Geltungsbereich anwendbaren TV geregelt sind.

44 Der Sache nach können auch die sog **Regelungsabreden** das Weisungsrecht beschränken, mit denen der BR anstelle einer BV seine Mitbestimmungsrechte ausüben kann. Zwar wirken Regelungsabreden bloß schuldrechtlich zwischen AG und BR. Nach der immer noch herrschenden **Theorie der Wirksamkeitsvoraussetzung** sind mitbestimmungswidrige Maßnahmen aber individualarbeitsrechtlich unwirksam (§ 87 BetrVG Rdn 13 ff). Ist die betroffene Maßnahme einseitige Leistungsbestimmung, lässt sich diese, von der hM freilich auch auf Verträge angewandte, Theorie civilrechtlich aus der Billigkeitskontrolle der Weisungsrechtsausübung (§ 315 III BGB, § 106) erklären: Dem Mitbestimmungszweck, die AN durch ein kollektives Regelungsverfahren vor Unbilligkeiten zu schützen (also: Billigkeitskontrolle durch Verfahren), entspricht die Unwirksamkeit kraft Unbilligkeit bei Verfahrensfehlern. Insoweit leuchtet auch ein, dass ein Mitbestimmungsverstoß sich nicht zulasten der AN auswirken darf (Staudinger/*Rieble* § 315 BGB Rn 210, der richtig auf die halbseitige Unwirksamkeitsfolge des § 315 III 1 BGB verweist).

45 **III. Bestimmungen eines anwendbaren Tarifvertrages.** Unmittelbar und zwingend wirken Bestimmungen eines TV grds nur bei Tarifbindung beider Arbeitsvertragsparteien; Ausnahme ist insb die Allgemeinverbindlicherklärung nach § 5 TVG. Anwendbar sind die Bestimmungen eines TV auch im Fall der Bezugnahme. Da die Tarifbestimmungen dann aber nur schuldrechtlich auf der Ebene des Arbeitsvertrages einwirken, ist Grenze des Weisungsrechts dann nicht der TV, sondern der Arbeitsvertrag. Soweit die Regelungsbefugnis der TVP reicht, können sie das Weisungsrecht einschränken. Das betrifft nicht nur die sog Inhaltsnormen zu Inhalt, Ort und Zeit der Arbeitsleistung, sondern auch die sog Betriebsnormen (§ 1 TVG Rdn 35), die Ordnung und das Verhalten der AN im Betrieb regeln. Zu denken ist dabei insb an **Arbeitsschutzregelungen** und Fragen der **Ordnung des Betriebs** (Torkontrollen, Rauchverbote, Kleiderordnungen, etc).

46 Umgekehrt können die TVP insb dem AG Leistungsbestimmungsrechte einräumen bzw sein Weisungsrecht erweitern (LAG Düsseldorf 23.9.2009, 12 Sa 357/09, ZTR 2010, 134). Sie sind nicht verpflichtet, die tariflichen Arbeitsbedingungen selbst abschließend zu regeln, sondern können die Konkretisierung (qua Leistungsbestimmungsrecht) in fremde Hände geben. Moderne TV wie das ERA der Metallindustrie arbeiten mitunter gezielt mit der AG-Leistungsbestimmung: Der TV ordnet die AN nicht abschließenden Vergütungsgruppen zu, sondern »Entgeltbändern«, innerhalb derer der AG die Vergütung nach diversen

Parametern konkretisieren kann (dazu *Rieble* FS Birk [2008], S 755 ff). In solchen Tarifbestimmungen liegt keine unzulässige Delegation der Tarifmacht, weil der Bestimmungsberechtigte keine Tarifnormen setzt. Auch das Gebot der Tarifnormenklarheit verlangt nicht, dass die TVP alles selbst regeln. So kann etwa der AG durch TV ermächtigt werden, dem AN einseitig eine andere (ggf nach einer niedrigeren Entgeltgruppe zu vergütende) Tätigkeit zuzuweisen (BAG 22.5.1985, 4 AZR 88/84 und 427/83, AP Nr 6 und 7 zu § 1 TVG Tarifverträge: Bundesbahn), für AN mit erschwerten Arbeitsbedingungen die tariflich festgelegte Arbeitszeit zu verkürzen (BAG 28.11.1984, 5 AZR 123/83, AP Nr 1 zu § 4 TVG Bestimmungsrecht; 28.11.1984, 5 AZR 195/83, EzA § 4 TVG Rundfunk Nr 12) oder die Arbeitszeit bei Auslandseinsätzen entspr den Gegebenheiten des Einsatzlandes einseitig und abw vom TV festzulegen (BAG 12.12.1990, 4 AZR 238/90, EzA § 15 AZO Nr 14). Weist der TV keine ausdrückliche Bestimmung über die Ausübung des Leistungsrechts auf, nimmt er stillschweigend auf die §§ 315 ff BGB, § 106 Bezug; der AG muss also nach billigem Ermessen entscheiden (BAG 28.11.1984, 5 AZR 195/83, AP Nr 2 zu § 4 TVG Bestimmungsrecht; 7.6.2000, 10 AZR 254/99, AP Nr 82 zu §§ 22, 23 BAT Lehrer). Zu den Grenzen tarifvertraglicher Leistungsbestimmungsrechte *Löwisch/Rieble* TVG, § 1 Rn 585.

IV. Gesetzliche Vorschriften. Gesetzliche Vorschriften, die das Weisungsrecht beschränken, sind zuvorderst Verbotsnormen etwa mit Blick auf den Inhalt der Arbeitsleistung (§§ 3, 4, 6, 8 MuSchG oder §§ 22 ff JArbSchG) oder auf die Zeit der Arbeitsleistung (insb ArbZG) sowie die bestehenden Diskriminierungsverbote nach § 4 TzBfG, Art 9 III 2 GG und auch nach § 7 AGG (iVm § 81 II SGB IX), weil die Ausübung des AG-Direktionsrechts zu den »Beschäftigungs- und Arbeitsbedingungen« iSd § 2 I Nr 2 AGG rechnet (ErfK/*Schlachter* § 2 AGG Rn 8). Das AGG fordert insoweit, dass konkrete Arbeiten kraft Direktionsrechts diskriminierungsfrei zugewiesen werden müssen. Der AG darf also weder die AN mit Diskriminierungsmerkmalen von der Zuweisung höherwertiger Tätigkeiten ausnehmen, noch ihnen gezielt bes belastende oder anspruchslose Tätigkeiten zuweisen. Neu ist dies nicht, da auch schon vor Inkrafttreten des AGG über das billige Ermessen zur Kontrolle des Direktionsrechtes der Grds der Gleichbehandlung aktiviert werden konnte (näher Staudinger/*Rieble* § 315 BGB Rn 208, 335 ff). 47

Gesetzliche Grenze des Weisungsrechts ist weiter das KSchG. Das BAG verbietet richtig Leistungsbestimmungsrechte, die den Kdg-Schutz als Vertragsinhaltsschutz (§ 2 KSchG) ausschalten würden. Verboten ist die Vereinbarung eines Leistungsbestimmungsrechts des AG aber nur im »**Kernbereich des Arbeitsverhältnisses**«. Innerhalb dieses Kernbereichs darf die Veränderung der Arbeitsbedingungen nur durch einvernehmlichen Änderungsvertrag oder Änderungs-Kdg erfolgen (sowie durch Kollektivvertrag). In diesem Bereich gilt also ein »**Vorbehalt des Arbeitsvertrages**« ggü der einseitigen Leistungsbestimmung (Rdn 8; mit Blick auf die Dauer der Arbeitszeit noch § 315 BGB Rdn 4). 48

Zweck der betrieblichen Mitbestimmung ist die Teilhabe der AN an der betrieblichen Ordnung und an Entsch des AG. Dazu beschränkt das BetrVG die ohne Mitbestimmung bestehenden individual-rechtlichen Gestaltungsmöglichkeiten des AG (GK-BetrVG/*Wiese* Einleitung Rn 79 ff); die Mitbestimmungsrechte des BR wirken als gesetzliche Grenze des Weisungsrechts. Insb § 87 BetrVG unterwirft Entsch-Spielräume des AG einer kollektivrechtlichen Beschränkung, auch und gerade soweit § 106 dem AG solche Spielräume belässt. 49

D. Billigkeitskontrolle der Weisungsrechtsausübung. Der AG hat seine Weisung nach billigem Ermessen zu treffen. In die Billigkeitskontrolle nach § 315 III BGB müssen **alle Umstände** einbezogen werden, welche mit Blick auf die **Interessen** von **AG** und **AN relevant** sind, die mit dem Arbeitsverhältnis in Zusammenhang stehen. »Eine Leistungsbestimmung entspricht billigem Ermessen, wenn die wesentlichen Umstände des Falles abgewogen und die beiderseitigen Interessen angemessen berücksichtigt worden sind [...]. Bei der vorzunehmenden Abwägung ist auf die Interessenlage der Parteien im Zeitpunkt der Ausübung des Direktionsrechts abzustellen« (BAG 23.9.2004, 6 AZR 567/03, EzA § 106 GewO Nr 1; weiter BAG 7.12.2000, 6 AZR 444/99, EzA § 611 BGB Direktionsrecht Nr 23). Berücksichtigen kann (und muss) der AG etwa die Vorteile einer Regelung, die Risikoverteilung zwischen den Vertragsparteien, die beiderseitigen Bedürfnisse, außervertragliche Vor- und Nachteile, Vermögens- und Einkommensverhältnisse sowie soziale Lebensverhältnisse, etwa familiäre Pflichten und Unterhaltsverpflichtungen (BAG 10.12.2014, 10 AZR 63/14, EzA § 106 GewO Nr 19). Welchen Aspekten dabei welches Gewicht beizumessen ist, hängt vom Einzelfall und insb von der Art der Weisung ab: So sind zB bei der Versetzung andere Interessen berührt als bei der Festsetzung der Höhe einer variablen Vergütung (BAG 10.7.2013, 10 AZR 915/12, EzA § 106 GewO Nr 14). In die Billigkeitskontrolle einfließen muss ggf auch eine höhere finanzielle Belastung des AN (zB Reisekosten zum neuen Arbeitsort). Dh umgekehrt, dass das Direktionsrecht auch Weisungen mit Folgekosten für den AN deckt; dass dem AN von seinem Entgelt damit »weniger übrig bleibt«, zwingt per se nicht zur Änderungs-Kdg (BAG 28.8.2013, 10 AZR 569/12, EzA § 106 GewO Nr 15). 50

§ 106 GewO   Weisungsrecht des Arbeitgebers

51 **Maßgeblicher Zeitpunkt** für die (Entsch des AG und in der Folge die) Billigkeitskontrolle ist der Zugang der Weisung an den AN (allg zur Leistungsbestimmung Staudinger/*Rieble* § 315 Rn 378; zum Direktionsrecht BAG 23.9.2004, 6 AZR 567/03, EzA § 106 GewO Nr 1). Dh insb, dass spätere Entwicklungen, die bei Ausübung des Weisungsrechts noch nicht erkennbar waren, in der Abwägung nicht berücksichtigt werden (können und) müssen (§ 315 BGB Rdn 7) und also nicht die Unwirksamkeit der Weisung bedingen können. Der AG kann aber angesichts nachträglich eingetretener Umstände gehalten sein, sein Weisungsrecht erneut und anders auszuüben (etwa BAG 8.5.2003, 6 AZR 43/02, EzBAT § 40 BAT Nr 23). Eine entspr Pflicht ergibt sich insb aus dem Beschäftigungsanspruch des AN (zu diesem § 611 BGB Rdn 278 ff), wenn der AN eine unzumutbare Weisung nach § 275 III BGB verweigert (Rdn 60). Soll die Weisung erst zu einem späteren Zeitpunkt greifen (zB bei Versetzung mit Ankündigungsfrist), muss bei Zugang der Weisung die Prognose gerechtfertigt sein, dass die getroffene Bestimmung dann der Billigkeit entspricht (vgl BAG 26.9.2012, 10 AZR 311/11, AP Nr 21 zu § 106 GewO; 10.7.2013, 10 AZR 915/12, EzA § 106 GewO Nr 14).

52 Bei **vorübergehender Übertragung höherwertiger Tätigkeiten** ist das Interesse des AN an der dauerhaften Beförderung gegen die Interessen des AG zu gewichten (BAG 7.10.2015, 7 AZR 945/13, NJW 2016, 826), dem grds an einem flexiblen Personaleinsatz gelegen ist. Das BAG will die Entsch des AG dabei separat mit Blick auf die Tätigkeitsübertragung »an sich« sowie auf die »Nicht-Dauerhaftigkeit« der Übertragung überprüfen (»**doppelte Billigkeitskontrolle**«; BAG 4.7.2012, 4 AZR 759/10, ZTR 2013, 24). Indes bestehen erhebliche Bedenken, die einheitliche Entsch des AG idS zu »zergliedern«. Entgegen dem im ArbR maßgeblichen Rechtsfolgensystem des § 315 BGB (zum Ausschluss der richterlichen Ersatzweisung Rdn 66) droht eine Maßnahme des AG nicht nur kassiert zu werden, sondern kann gegen den Willen des AG in ein aliud umdefiniert werden (Übertragung + Kassation der »Nicht-Dauerhaftigkeit« = dauerhafte Übertragung; dazu etwa BAG 18.4.2012, 10 AZR 134/11, EzA § 106 GewO Nr 10; BAG 4.7.2012 4 AZR 759/10, ZTR 2013, 24 – jeweils unter Berufung auf § 315 III 2 BGB). Richtigerweise lehnt es das BAG (30.9.1993, 2 AZR 283/93, EzA § 99 BetrVG 1972 Nr 118) idS ab, eine Versetzung in den Entzug der bisherigen Tätigkeit und die Zuweisung einer neuen aufzuspalten.

53 Die Berücksichtigung schutzwürdiger (etwa: familiärer) Belange des AN bei der Ausübung des Direktionsrechts kann eine personelle Auswahlentsch des AG gegen den Willen und die (weniger schutzwürdigen) Interessen eines anderen AN erfordern (BAG 21.7.2009, 9 AZR 404/08, EzA § 4 TVG Luftfahrt Nr 18). Dass damit letztlich Drittinteressen in die Abwägung miteinbezogen werden, will das BAG dadurch umgehen, dass es das anzuerkennende Eigeninteresse des AG in der Sicherung des Betriebsfriedens sieht. So soll der AG bei seiner Entsch über die Verteilung der Arbeitszeit auch ohne Einverständnis des Betroffenen einen Arbeitsplatztausch anordnen dürfen, ohne dabei an die Grds der sozialen Auswahl nach § 1 III KSchG gebunden zu sein (BAG 23.9.2004, 6 AZR 567/03, EzA § 106 GewO Nr 1; 10.7.2013, 10 AZR 915/12, EzA § 106 GewO Nr 14; tendenziell anders für die Konkurrenz um zu wenige Weiterbeschäftigungsmöglichkeiten iSd § 1 II 2 Nr 1 lit b KSchG BAG 22.9.2005, 2 AZR 544/04, EzA § 1 KSchG Betriebsbedingte Kündigung Nr 141). Damit ist das Problem der **Reflexwirkung** von Leistungsbestimmungen **auf Dritte** angesprochen (zu Verteilungskonflikten bei der Arbeitszeit von Teilzeitern BAG 16.12.2008, 9 AZR 893/07, EzA § 8 TzBfG Nr 23). Die Leistungsbestimmung muss dabei im Interesse der Billigkeit für **Verteilungsgerechtigkeit** sorgen (Staudinger/*Rieble* § 315 BGB Rn 130 ff), prozedural abgesichert durch die Mitbestimmung des BR. Wo aber ein BR fehlt oder keine Mitbestimmungsrechte hat, muss der AG individual-rechtlich Verteilungsgerechtigkeit gewähren, insb indem er die **Gleichbehandlung** der AN in die **Billigkeitsabwägung** einstellt. Das heißt insb, dass bei Auswahlentscheidungen bereits die (Vor-)Entsch des AG über den Kreis der in die Auswahl einzubeziehenden AN der Billigkeitskontrolle unterliegt (BAG 10.7.2013, 10 AZR 915/12, EzA § 106 GewO Nr 14).

54 Im Arbeitsverhältnis wirken die **GR** zwar **nicht unmittelbar**, aber die damit verbundenen Interessen müssen Berücksichtigung finden. So hat der AG Rücksicht auf die religiösen Einstellung des AN zu nehmen und darf uU eine muslimische Verkäuferin nicht anweisen, ihr Kopftuch abzunehmen (BAG 10.10.2002, 2 AZR 472/01, EzA § 1 KSchG Verhaltensbedingte Kündigung Nr 58; gebilligt von BVerfG 30.7.2003, 1 BvR 792/03, EzA § 1 KSchG Verhaltensbedingte Kündigung Nr 58a), muss die Gewissensfreiheit eines Druckers bei der Anweisung des Druckens eines gewaltverherrlichenden Flugblatts respektieren (BAG 20.12.1984, 2 AZR 436/83, EzA § 1 KSchG Verhaltensbedingte Kündigung Nr 16) oder Gesundheitsgefahren für bes gefährdete AN berücksichtigen (BAG 9.4.2014, 10 AZR 637/13, EzA § 106 GewO Nr 18 zur »Versetzung« in die Tagschicht). Kollidiert ein grundrechtlich geschütztes Interesse des AN mit der (gleichfalls verfassungsrechtlich geschützten) freien Unternehmerentscheidung des AG, entscheidet das BAG nach wertender Abwägung aller Umstände des Einzelfalles (BAG 24.5.1989, 2 AZR 285/88, EzA § 611 BGB Direktionsrecht Nr 3). Von Bedeutung sind dabei insb die aktuellen betrieblichen Erfordernisse.

Ob der AN schon bei Vertragsschluss damit rechnen musste, dass ihm eine derartige Tätigkeit zugewiesen wird, ist nicht zwingend ausschlaggebend, weil die inneren Überzeugungen des AN auch dann geschützt sind, wenn sie sich nach Vertragsschluss ändern (BAG 24.2.2011, 2 AZR 636/09, EzA § 1 KSchG Personenbedingte Kündigung Nr 28).
Diese Rspr überzeugt nur für den Fall, dass der AG den inneren Konflikt des AN bei seiner Weisung bereits kennt. IdR ist der Konflikt aus Sicht des AG indes nicht erkennbar und deshalb nicht in die Ermessensentscheidung einzustellen (Rdn 51). Legt der AN seine Überzeugungen nachträglich offen, kann das jedenfalls nicht zur Unwirksamkeit der Weisung führen (*Richardi* SAE 2012, 7, 9). Ermessensleitend wirken die grundrechtlich geschützten Interessen des AN zunächst also nur in dem praktisch seltenen Fall, dass der AG vorab um die Unzumutbarkeit einer Tätigkeit für den AN wußte. In jedem Fall greift der Ansatz des BAG indes für die zweite, korrigierende Weisung, die der AG mit Blick auf den Beschäftigungsanspruch des AN erteilen muss (Rdn 51). Für die Zwischenphase bis zu einer neuen Weisung bleibt die alte wirksam; der AN kann (und muss) uU die Arbeit verweigern (Rdn 60).   55

Zunehmende Bedeutung gewinnt die Vereinbarkeit von Familie und Beruf bei der Interessenabwägung: Bei der Bewertung entgegenstehender betrieblicher Erfordernisse ist zu berücksichtigen, dass dem AN aufgrund der Pflege des Kindes eine durch Art 6 GG geschützte Position zusteht, die der AG insbesondere bei der Festlegung der Arbeitszeit mit den betrieblichen Belangen und den Belangen anderer AN – genauer: mit dem Gebot der Verteilungsgerechtigkeit qua Gleichbehandlung (Rdn 53) – in Ausgleich zu bringen hat (BAG 23.9.2004, 6 AZR 567/03, EzA § 106 GewO Nr 1). Demggü erzwingt Art 9 III GG keine Arbeitszeit(um)verteilung, die dem AN erlaubt, an Ortsvorstandssitzungen seiner Gewerkschaft teilzunehmen (BAG 13.8.2010, 1 AZR 173/09, EzA Art 9 GG Nr 100), und kann sich der AN nicht unter Berufung auf sein Grundrecht auf informationelle Selbstbestimmung weigern, eine für den Arbeitsablauf erforderliche elektronische Signaturkarte zu verwenden (BAG 25.9.2013, 10 AZR 270/12, EzA § 106 GewO Nr 16).   56

Umgekehrt gewinnen die betrieblichen Interessen des AG an Gewicht, wenn die Weisung zur Umsetzung einer unternehmerischen Entscheidung dient und insofern die grundrechtlich geschützte Unternehmerfreiheit realisieren soll (BAG 10.12.2014, 10 AZR 63/14, EzA § 106 GewO Nr 19). Freilich können sich die Interessen des AN auch gegen solche Organisationsentscheidungen durchsetzen; die Billigkeitskontrolle ist nicht etwa auf den durch die Unternehmerentscheidung vorgegebenen Rahmen beschränkt (BAG 28.8.2013, 10 AZR 569/12, EzA § 106 GewO Nr 15).   57

Das billige Ermessen legt den AG nicht auf die einzig richtige Entsch fest, sondern lässt ihm **Spielraum**, innerhalb dessen mehrere Entsch-Möglichkeiten zur Verfügung stehen (BAG 16.10.2007, 9 AZR 144/07, EzTöD 200 § 44 Nr 2 TV-L Nr 5; eingehend Staudinger/*Rieble* § 315 BGB Rn 318 ff). Ob sich die Entsch des AG – und sei es aus Gründen, die der AG zu Unrecht nicht berücksichtigt hat – iR dieser Bandbreite hält, unterliegt nach Ansicht mancher BAG-Senate der **uneingeschränkten revisionsrechtlichen Kontrolle** (etwa BAG 11.10.1995, 5 AZR 1009/94, EzA § 611 BGB Direktionsrecht Nr 16). Zulässig ist diese Erweiterung der revisionsrechtlichen Kontrolldichte nur unter den Voraussetzungen des § 563 III ZPO; insb muss die Sache »entscheidungsreif« sein. Daneben geht es bei der Billigkeitskontrolle um eine tatrichterliche Einzelfallentscheidung (in diese Richtung auch BAG 25.9.2013, 10 AZR 270/12, EzA § 106 GewO Nr 16: »vorrangig den Tatsachengerichten vorbehalten«), die in der Revisionsinstanz nur noch eingeschränkt überprüft werden kann (mwN GMP/*Müller-Glöge* § 73 Rn 10). Verschiedentlich hat die Rspr eine Ermessensreduzierung auf Null angenommen und jedenfalls mit Blick auf die Arbeitsanfangs- und Arbeitsendezeiten einen echten Anspruch des AN auf die von ihm begehrte Arbeitszeitverteilung bejaht; selbst in diesem Fall kann der AN aber nicht verlangen, dass die Arbeitszeitlage idS vertraglich festgeschrieben wird (BAG 16.12.2014, 9 AZR 915/13, EzA § 106 GewO Nr 20). Das BAG hat einen Anspruch auf familienfreundliche Arbeitszeitverteilung hins der während der Elternzeit zu verteilenden Teilzeit anerkannt (BAG 9.5.2006, 9 AZR 278/05, EzTöD 100 § 11 TVöD-AT Elternzeit Nr 1). Die Instanzgerichte gehen teils noch weiter und nehmen einen Anspruch auf familienfreundliche Arbeitszeit-Verteilung aus § 106 (LAG MV 26.11.2008, 2 Sa 217/08, Streit 2009, 21) oder § 241 II BGB (LAG RH-Pf 18.12.2004, 5 Sa 378/14, ArbR 2015, 158) an, auch jenseits spezialgesetzlicher Regelungen wie der Elternzeit.   58

Aus dem Arbeitsvertrag ergeben sich gegenseitige **Rücksichtnahmepflichten**, § 241 II BGB. Ein Verstoß gegen diese Pflichten kann nach § 280 I BGB Schadensersatzansprüche auslösen, und soll auch eine Weisung des AG determinieren können: So soll sich aus § 241 II BGB die Verpflichtung ergeben, nach angemessener Zeit zu überprüfen, ob dem AN (nunmehr) eine weniger belastende Arbeitsaufgabe zugewiesen werden kann (LAG Köln 22.6.1994, 2 Sa 1087/93, LAGE § 611 BGB Direktionsrecht Nr 19). Praktisch wird das etwa mit Blick auf die **Zuweisung eines leidensgerechten Arbeitsplatzes**: Ist es dem AG möglich (ua nach den Vorgaben des Arbeitsvertrags; auch ggü schwerbehinderten AN besteht kein »erweitertes« Weisungsrecht, das dem AG erlauben würde, auch nicht vertragsgemäße, leidensgerechte Tätigkeiten   59 anzuordnen; LAG Hamm 21.8.2014, 8 Sa 1697/13, RP-Reha 2015, 20 [LS]) und zumutbar (zu den Grenzen der Zumutbarkeit *Mückl/Hiebert* NZA 2010, 1259 ff), dem krankheitsbedingt nur eingeschränkt leistungsfähigen AN leidensgerechte Arbeiten zuzuweisen, ist die Zuweisung anderer (dh: nicht leidensgerechter) Arbeiten unbillig, ohne dass es hierfür auf § 241 II BGB ankäme (BAG 9.4.2014, 10 AZR 637/13, EzA § 106 GewO Nr 18). Damit ist dem AN indes nicht geholfen. Zwar muss er die rechtswidrig zugewiesene Tätigkeit nicht ausüben, kann aber den AG nicht durch das Angebot leidensgerechter Arbeit in Annahmeverzug setzen, solange der eine solche Tätigkeit nicht angeordnet hat (BAG 19.5.2010, 5 AZR 162/09, EzA § 615 BGB 2002 Nr 33; 27.5.2015, 5 AZR 88/14, NZA 2015, 1053); Ausnahmen erkennt das BAG für schwerbehinderte AN an (BAG 4.10.2005, 9 AZR 632/04, EzA § 81 SGB IX Nr 9), sowie dann, wenn der AN die einzig zulässige, hindernisgerechte Gestaltung anbietet (BAG 9.4.2014, 10 AZR 637/13, EzA § 106 GewO Nr 18). Erst die vertragliche Rücksichtnahmepflicht iSd § 241 II BGB soll den AG positiv dazu anhalten, iR des Möglichen und Zumutbaren einen leidensgerechten Arbeitsplatz zuzuweisen; nach dem BAG (27.5.2015, 5 AZR 88/14, NZA 2015, 1053 mwN) setzt das voraus, dass »der Arbeitnehmer die Umsetzung auf einen seinem Leistungsvermögen entsprechenden Arbeitsplatz verlangt und dem Arbeitgeber mitgeteilt hat, wie er sich seine weitere, die aufgetretenen Leistungshindernisse ausräumende Beschäftigung vorstellt«. Kommt der AG einem konkreten, zumutbaren und rechtlich möglichen Verlangen des AN schuldhaft nicht nach (insoweit steht der AN in der Beweislast, BAG 27.5.2015, 5 AZR 88/14, EzA § 106 GewO Nr 18), könne der AN Schadensersatz verlangen, müsse sich aber ein Mitverschulden iSd § 254 BGB entgegenhalten lassen, wenn er für die Einschränkung der Leistungsfähigkeit selbst verantwortlich ist (BAG 19.5.2010, 5 AZR 162/09, EzA § 615 BGB 2002 Nr 33).

59.1 Diese Konstruktion, die dazu dient, dem AN über §§ 280 I, 241 II BGB seine Vergütung im Wege des Schadensersatzes zu erhalten, überzeugt nicht (*D. Kaiser* RdA 2015, 76 ff). Richtigerweise kann der AN die vertraglichen Rücksichtnahmepflichten des AG selbst durchsetzen, indem er die Arbeitsleistung (etwa nach § 273 BGB oder § 275 III BGB) verweigert. Leidens- oder allgemeiner hindernisgerechte Arbeit zuweisen muss der AG dann nicht aufgrund von Rücksichtnahmepflichten, sondern mit Blick auf den Beschäftigungsanspruch des AN (Rdn 51). Verletzt der AG diese **Nebenleistungspflicht**, kann sich ein Schadensersatzanspruch des AN nur unter den Voraussetzungen der §§ 280 I, II, 286 BGB ergeben: Dabei liegt (zwar nicht in der Leistungsverweigerung, aber) in dem Angebot leidensgerechter Arbeit eine Mahnung des AN. Freilich zieht das BAG (24.6.2015, 5 AZR 462/14, 225/14, EzA § 615 BGB 2002 Nr 44) aus der auf Persönlichkeitsschutz gestützten Begründung des Beschäftigungsanspruchs den Schluss, ein Verdienstausfall-Schaden wegen Verletzung der Beschäftigungspflicht sei ausgeschlossen. Daneben (und verschuldensunabhängig) kann der AN Annahmeverzugsentgelt verlangen, wenn er leidensgerechte Tätigkeit anbietet und man in dem Angebot (auch) eine Aufforderung an den AG sieht, sein Weisungsrecht erneut auszuüben und damit seiner Mitwirkungsobliegenheit iSd § 295 S 2 BGB nachzukommen (eingehend *D. Kaiser* RdA 2015, 76, 83 ff).

60 Prinzipiell könnte der AG dem AN kraft Direktionsrechts Arbeiten zuweisen, welche der AN unter Berufung auf ein **Leistungsverweigerungsrecht nach § 275 III BGB** wegen persönlicher Unzumutbarkeit (dazu § 275 BGB Rdn 7 f) verweigern dürfte. Jedenfalls bei persönlicher Leistungsverhinderung des AN aus Gewissensgründen will das BAG indes nicht nach allg Leistungsstörungsrecht (Leistungsverweigerung nach § 275 III BGB mit der Folge des Untergangs des Entgeltanspruches nach § 326 I BGB) vorgehen, sondern verlangt vom AG, den Gewissenskonflikt und die damit einhergehende persönliche Unzumutbarkeit der Arbeitsleistung schon iRd Leistungsbestimmung zu beachten (BAG 24.5.1989, 2 AZR 285/88, EzA § 611 BGB Direktionsrecht Nr 3). Die hLit (Tettinger/*Wank*/Ennuschat § 106 Rn 32 mwN) argumentiert dagegen, dass sich die Echtheit der Gewissensnot gerade und erst in der Bereitschaft dokumentiert, die Konsequenzen der Gewissensentsch zu tragen. Richtigerweise ist danach zu differenzieren, ob der AG den inneren Konflikt des AN im Zeitpunkt der Weisung kennt (Rdn 55).

61 § 106 S 3 verpflichtet den AG ausdrücklich, bei der Ausübung des Ermessens auf **Behinderungen** (iSd § 2 SGB IX) des AN Rücksicht zu nehmen. Ein weiter gehendes Privileg für Behinderte, etwa iS eines generellen Vorrangs Behinderter bei Verteilungsentsch, lässt sich § 106 S 3 nicht entnehmen (aA *Schöne* NZA 2002, 829, 831; *Düwell* FA 2003, 2, 4): Notwendig ist nur die **Gleichbehandlung** auch der behinderten AN. Der AG ist »nur« verpflichtet, Diskriminierungsmerkmale wie die Behinderung bei seiner Ermessensentsch außer Acht zu lassen. Ein **Optimierungsgebot** zugunsten des Behinderten lässt sich § 106 S 3 nur insoweit entnehmen, als die Rspr des BAG zum leidensgerechten Arbeitsplatz auf einen behindertengerechten Arbeitsplatz (Rdn 59) übertragen werden kann und soll: Ist es dem AG möglich und zumutbar, dem nur eingeschränkt leistungsfähigen AN Arbeiten zuzuweisen, die seiner verbleibenden Leistungsfähigkeit entsprechen, ist die Zuweisung anderer Arbeiten unbillig (BAG 4.10.2005, 9 AZR 632/04, EzA § 81 SGB IX Nr 9 mit Verweis auf BAG 24.9.2003, 5 AZR 282/02, EzA § 615 BGB 2002 Nr 3). Ein entspr Anspruch besteht freilich bereits nach § 81 IV 1 SGB IX.

E. **Rechtsfolgen und -streitigkeiten.** Die **rechtmäßige Weisung** des AG konkretisiert den Inhalt der Leistungspflicht des AN ex nunc. Dh: Der AG hat mit dem Zugang der Gestaltungserklärung Anspruch auf Arbeitsleistung entspr seiner Weisung. Der AG kommt nicht in Annahmeverzug, wenn der AN diese Arbeit ablehnt und stattdessen eine andere, ebenfalls vertragsgemäße Arbeit anbietet (BAG 30.4.2008, 5 AZR 502/07, EzTöD 200 § 44 Nr 2 TV-L Nr 7). Kommt der AN seiner konkretisierten Arbeitspflicht nicht nach, verliert er nicht nur seinen Anspruch auf Entgelt (§ 326 I BGB), sondern kann sich auch schadensersatzpflichtig machen, § 280 I BGB (zum Schadensersatzanspruch des AG § 280–283 BGB Rdn 1 ff). Überdies kann der AG dem **Leistungsverweigerer**, die vorherige Abmahnung grds vorausgesetzt, ordentlich und in Ausnahmefällen sogar außerordentlich **kündigen** (BAG 20.12.1984, 2 AZR 436/83, EzA § 1 KSchG Verhaltensbedingte Kündigung Nr 16; *Hunold* NZA-RR 2001, 337, 345 f). Verbietet ein erheblicher Gewissenskonflikt des AN, ihm iRd billigen Ermessens eine bestimmte Arbeit zuzuweisen, so kann dies auch eine personenbedingte Kdg rechtfertigen, wenn keine andere Beschäftigungsmöglichkeit für den AN besteht (BAG 24.5.1989, 2 AZR 285/88, EzA§ 611 BGB Direktionsrecht Nr 3).

62

Einer **unrechtmäßigen (unbilligen) Weisung** muss der AN nicht nachkommen (BAG 24.2.2011, 2 AZR 636/09, EzA § 1 KSchG Personenbedingte Kündigung Nr 28): Das Weisungsrecht ist nicht wirksam ausgeübt worden, sodass es an einer entspr Konkretisierung der Leistungspflicht fehlt. Die gegenläufige Ansicht des **5. BAG-Senats** (22.2.2012, 5 AZR 249/11, EzA § 615 BGB 2002 Nr 36; in der Sache auch *Hromadka* FS v Hoyningen-Huene [2014] S. 145, 153, der § 315 BGB auf die Weisung des AG nicht anwenden will, und § 315 BGB Rdn 10), nach der eine unbillige (und nicht aus anderen Gründen unwirksame) Weisung bis zum rkr Abschluss eines Gerichtsverfahrens **vorläufig verbindlich** sein soll, etabliert praeter legem eine Verteidigungslast des Bestimmungsunterworfenen, widerspricht damit dem Rechtsfolgensystem der §§ 315 ff BGB (Staudinger/*Rieble* § 315 Rn 418 ff), und lässt die Weisung zum Quasi-Verwaltungsakt mutieren, mit dem der AG auch rechtswidrige Anordnungen vorerst durchsetzen kann (zu Recht abl auch *Preis* NZA 2015, 1 ff; *Kühn* NZA 2015, 10 ff). Weil durch die unwirksame Weisung mithin kein Anspruch des AG auf entspr Arbeitsleistung entsteht, muss sich der AN nicht auf Leistungsverweigerungsrechte berufen (so aber Tettinger/*Wank*/Ennuschat § 106 Rn 33). Die Arbeitsverweigerung des AN ist dann keine Vertragspflichtverletzung und kann auch keine Kdg rechtfertigen. Vielmehr kann der AN Beschäftigung zu den bislang geltenden, nicht wirksam geänderten Bedingungen verlangen (BAG 25.8.2010, 10 AZR 275/09, EzA § 307 BGB 2002 Nr 49). Die Unwirksamkeit einer erst angekündigten Weisung kann der AN ggf (vorab) gerichtlich feststellen lassen (LAG Schl-Holst 10.1.2012, 1 Sa 183 b/11, nv).

63

Der AN muss die geforderte Leistung ggf sogar verweigern: »Handeln auf Weisung« ist **kein Rechtfertigungsgrund**; im Außenverhältnis zum Staat oder zu Dritten darf der AN keine Pflichten verletzen, weil er vom AG dazu angewiesen wurde (näher *Kolbe* NZA 2009, 228 für Korruptionsfälle). Damit wird dem AN im Einzelfall viel abverlangt. Das BAG (25.1.2001, 8 AZR 465/00, EzA § 611 BGB Arbeitgeberhaftung Nr 9) erkennt daher die wenig konturierte Ausnahme an, es könne dem AN »im Einzelfall unzumutbar« sein, sich einer Weisung zu widersetzen. Grds aber muss zB der Kraftfahrer selbst dafür Sorge tragen, dass er die erlaubten Lenkzeiten nicht überschreitet (LAG Rh-Pf 10.4.2008, 10 Sa 892/06, AE 2009, 42 [LS]) und sich einer entspr Weisung des AG widersetzen. Kommt der »ungehorsame« AN dann seinen Pflichten im Außenverhältnis nach, schützt ihn das ArbR (insb Maßregelungsverbot gem § 612a BGB und das KSchG) vor Sanktionen des AG.

64

Das **Irrtumsrisiko**, dass sich die Weisung im Nachhinein als rechtmäßig erweist, trägt der AN (vgl BAG 28.9.2013, 2 AZR 273/12, EzA § 626 BGB 2002 Nr 44): Ein weithin risikoloses Recht zur Selbstbeurlaubung ist dem ArbR fremd. Die notwendige, uU ausgesprochen schwierige, rechtliche Wertung kann den AN zwar überfordern. Dem ist indes nicht durch Überwälzung des Risikos auf den AG Rechnung zu tragen, sondern iR der denkbaren Sanktionen: Das KSchG erlaubt, den Irrtum des AN in der Interessenabwägung bei verhaltensbedingter Kdg zu dessen Gunsten zu berücksichtigen. Schadensersatz muss der AN nur nach den richterrechtlichen Regeln zum AN-Haftungsprivileg leisten (zu ihnen § 611 BGB Rdn 418 ff); dabei beseitigt der Rechtsirrtum nach der zivilrechtlichen Vorsatztheorie den Vorsatzvorwurf und kann zur Gewichtung der Fahrlässigkeit herangezogen werden.

65

Für die **gerichtliche Geltendmachung der Unbilligkeit** (zum Streitwert will LAG HH 21.5.2014, 6 Ta 13/14, NZA-RR 2014, 611 auf die zur Änderungsschutzklage entwickelten Grundsätze zurückgreifen) gilt zunächst nichts anderes als bei § 315 BGB (dort Rdn 9 f); **beweisbelastet** »für die Billigkeit« – genauer: für die Tatsachenbasis, auf deren Grundlage der AG entschieden hat – ist der AG (BAG 4.7.2012, 4 AZR 759/10, ZTR 2013, 24 mwN). Indes sind 2 Besonderheiten zu beachten: Bei der rechtswidrigen Weisung ist das ArbG richtigerweise auf Kassation beschränkt. Eine **richterliche Ersatzleistungsbestimmung kommt nicht in Betracht** (*Hromadka* FS v Hoyningen-Huene [2014] S. 145, 154; Staudinger/*Rieble* § 315 BGB Rn 187), weil Arbeitsrichter (als Richter) den Betrieb mit Blick auf die grundrechtlich geschützte

66

Unternehmerfreiheit nicht leiten dürfen. Die richterliche Ersatzweisung wäre nicht Vertragshilfe, sondern Planwirtschaft. Sie hat zu unterbleiben. Ausnahmen sind die Entsch über die Lage der Teilzeit, weil der AN hier nach § 8 TzBfG vorbehaltlich betrieblicher Hinderungsgründe selbst entscheiden darf, und das Zeugnisrecht (§ 109 Rdn 43 ff). Weiter ist an die st Rspr des BAG zu erinnern, nach der **die revisionsrechtliche Kontroll- und Entscheidungskompetenz weit** verstanden wird: Die tatrichterliche Kontrolle der Billigkeit setzt eine eigene Abwägungsentsch voraus, die das BAG nicht nur eingeschränkt auf den Verstoß gegen Rechtsnormen und Denkgesetze überprüft, sondern vollständig an sich zieht (Rdn 58).

§ 107 Berechnung und Zahlung des Arbeitsentgelts

(1) Das Arbeitsentgelt ist in Euro zu berechnen und auszuzahlen.
(2) ¹Arbeitgeber und Arbeitnehmer können Sachbezüge als Teil des Arbeitsentgelts vereinbaren, wenn dies dem Interesse des Arbeitnehmers oder der Eigenart des Arbeitsverhältnisses entspricht. ²Der Arbeitgeber darf dem Arbeitnehmer keine Waren auf Kredit überlassen. ³Er darf ihm nach Vereinbarung Waren in Anrechnung auf das Arbeitsentgelt überlassen, wenn die Anrechnung zu den durchschnittlichen Selbstkosten erfolgt. ⁴Die geleisteten Gegenstände müssen mittlerer Art und Güte sein, soweit nicht ausdrücklich eine andere Vereinbarung getroffen worden ist. ⁵Der Wert der vereinbarten Sachbezüge oder die Anrechnung der überlassenen Waren auf das Arbeitsentgelt darf die Höhe des pfändbaren Teils des Arbeitsentgelts nicht übersteigen.
(3) ¹Die Zahlung eines regelmäßigen Arbeitsentgelts kann nicht für die Fälle ausgeschlossen werden, in denen der Arbeitnehmer für seine Tätigkeit von Dritten ein Trinkgeld erhält. ²Trinkgeld ist ein Geldbetrag, den ein Dritter ohne rechtliche Verpflichtung dem Arbeitnehmer zusätzlich zu einer dem Arbeitgeber geschuldeten Leistung zahlt.

Übersicht	Rdn.		Rdn.
A. Grundlagen und Geltungsbereich	1	E. Anrechnung von Waren auf das Arbeitsentgelt, § 107 II 3	29
B. Berechnung und Auszahlung des Arbeitsentgelts in €, § 107 I	10	F. Beschaffenheit der geleisteten Gegenstände, § 107 II 4	34
C. Sachbezüge als Teil des Arbeitsentgelts, § 107 II 1	15	G. Höchstgrenzen, § 107 II 5	39
D. Kreditierungsverbot, § 107 II 2	24	H. Trinkgeld, § 107 III	41

1 **A. Grundlagen und Geltungsbereich.** § 107 entspricht inhaltlich weithin dem (nach § 117 I aF unabdingbaren) Verbot des § 115 aF, anstelle der Lohnzahlung Leistungen an Erfüllungs statt zu vereinbaren. Überdies enthielt § 115 I aF als Entgeltsicherungsvorschrift das Gebot der Berechnung in dt Währung oder in € sowie das Gebot der Auszahlung des Entgelts in Dt Mark (eingehend *Minnameier* S 69 ff). Diese Regelung übernimmt § 107 I, wonach der AG das **Arbeitsentgelt in € zu berechnen und auszuzahlen** hat.

2 § 107 II 1 regelt die Gewährung von Sachbezügen als Arbeitsentgelt und knüpft diese an bes Voraussetzungen. Das früher in § 115 II 1 aF aufgestellte Kreditierungsverbot regelt nunmehr § 107 II 2. Es flankiert das **Truckverbot**, also das Verbot, dem AN anstelle des Entgelts hergestellte Waren des AG zuzuwenden (Surrogate an Zahlungs statt). Allerdings dürfen Waren in Anrechnung auf das Arbeitsentgelt überlassen werden, wenn die Anrechnung zu den durchschnittlichen Selbstkosten erfolgt, § 107 II 3. Aber: Nach § 107 II 4 müssen die geleisteten Gegenstände grds mittlerer Art und Güte sein. Auch darf der Wert der Sachbezüge bzw die Anrechnung gem § 107 II 5 nicht die Höhe des pfändbaren Teils des Arbeitsentgelts übersteigen. Für Tätigkeiten, bei denen Trinkgelder iSd § 107 III 2 eingenommen werden, verbietet § 107 III 1, anstelle eines regelmäßigen Arbeitsentgelts bloß die Überlassung der Trinkgelder als Vergütung zu vereinbaren.

3 **Zentraler Zweck** des § 107 ist zum einen die **Entgeltsicherung** und zum anderen der Schutz des AN vor zu starker **Abhängigkeit vom AG** insb durch Verschuldung: Dem AN soll grds das volle Entgelt in bar zur Lebensführung zur Verfügung stehen. Damit soll eine weitere Abhängigkeit vom AG über Warenkreditierungen ebenso vermieden werden wie der Zwang, die erhaltenen Waren möglicherweise zu ungünstigeren Preisen selbst am Markt zu veräußern (BAG 23.9.1992, 5 AZR 569/91, EzA § 117 GewO Nr 1).

4 Den Einwand, dass der mit dem Truckverbot des § 107 verfolgte Gesetzeszweck mit Blick auf die veränderte Verkehrsanschauung und die Einführung moderner Vergütungssysteme seine **Geltungsberechtigung** verloren hat, hat das BVerfG (24.2.1992, 1 BvR 980/88, EzA § 115 GewO Nr 6 unter Bezugnahme auf BAG 6.12.1978, 5 AZR 436/77, EzA § 115 GewO Nr 5) bzgl der Vorgängerregelung ausdrücklich zurückgewiesen: »Trotz des Wandels der historischen Ausgangslage ist die Verfolgung des Gesetzeszweckes nicht überflüssig geworden, mag sie auch heute weniger vordringlich erscheinen.«

Der **persönliche Geltungsbereich** des § 107 erstreckt sich nunmehr auf alle AN, § 6 II. Die Einschränkung 5 des Anwendungsbereiches des Truck- und Kreditierungsverbots nach § 154 aF für Gehilfen und Lehrlinge in Apotheken sowie Handlungsgehilfen und Handlungslehrlinge ist entfallen. Ob mit Entfall der §§ 119 ff (also der Erweiterung des Adressatenkreises insb auf Heimarbeiter und Hausgewerbetreibende) § 107 auf diese Arbeitsverhältnisse nicht mehr anwendbar ist, ist ebenso fraglich, wie die Anwendung insb des § 107 auf AN-ähnliche Personen oder sogar freie Mitarbeiter (zur alten Rechtslage und analogen Anwendung *Minnameier* S 105 f). Mag der Schutzzweck des § 107 sowie die Schutzbedürftigkeit insb von AN-ähnlichen Personen (wirtschaftliche Abhängigkeit) für eine Anwendung dieser Vorschrift sprechen, streiten die Aufhebung der §§ 119 ff und der Wortlaut des §§ 6 II, 107 gegen eine entspr Anwendung (gegen eine Anwendung auf AN-ähnliche Landmann/Rohmer/*Gotthardt* § 107 Rn 13).

Da die Entgeltsicherungsvorschrift des § 107 auf alle AN (§ 6 II) Anwendung findet, ist nicht nur die im 6 Einzelfall schwierige Differenzierung zwischen gewerblichen und kaufmännischen AN, sondern auch die damit einhergehende und mit Blick auf Art 3 I GG zu rechtfertigende Ungleichbehandlung beseitigt (die Ungleichbehandlung nach altem Recht billigt BVerfG 24.2.1992, 1 BvR 980/88, EzA § 115 GewO Nr 6; dagegen *Minnameier* S 107 ff).

Der **sachliche Geltungsbereich** des § 107 hängt von der Definition des Begriffes »Arbeitsentgelt« ab. Die 7 Entgeltsicherungsvorschriften der §§ 115 ff aF, an deren Stelle inhaltlich nunmehr § 107 tritt, umfassten nach hM nur solche Entgeltbestandteile, welche als Gegenleistung für die erbrachte Arbeitsleistung gewährt wurden (*Minnameier* S 113 ff mwN). Nichts anderes gilt für § 107 (HWK/*Lembke* § 107 Rn 7 f mwN).

Nicht erfasst wird mithin das Arbeitsentgelt iwS: Gewährt der AG **freiwillige, zusätzliche Leistungen**, auf 8 die der AN keinen Anspruch hat, passt der Schutzzweck des § 107 nicht. Deshalb hat das es das BAG (23.9.1992, 5 AZR 569/91, EzA § 117 GewO Nr 1) richtig abgelehnt, § 107 auf Jubiläumszulagen anzuwenden. Für freiwillige Gratifikationen (zur AGB-Kontrolle vertraglicher Freiwilligkeitsvorbehalte beim Entgelt § 308 BGB Rdn 5 f), Versorgungszusagen oder sonstige Sonderzuwendungen kann nichts anderes gelten. In der Sache geht es stets darum, dem AG keine Vorschriften über den Inhalt seiner freiwilligen Leistungen zu machen.

Ob die in »modernen« Entgeltsystemen vielfach vorgesehenen Aktienoptionen unter die Entgeltsicherungs- 9 vorschrift des § 107 fallen, hängt auch (noch Rdn 19) davon ab, ob es sich dabei um eine Gegenleistung für die erbrachte Arbeitsleistung handelt, oder die Aktienoptionen als freiwillige Zusatzleistung ausgestaltet sind (*Swoboda/Kinner* BB 2003, 418 f; zur Mitbestimmung des BR bei Aktienoptionsplänen *Otto/Mückl* DB 2009, 1594). Danach zu differenzieren, ob der AN einen maßgeblichen Einfluss auf das Erreichen des jeweiligen Ziels hat oder nicht, überzeugt nicht. Seinem Schutzzweck nach muss § 107 auch dann greifen, wenn etwa unternehmenserfolgsbezogene Entgelte in das arbeitsvertragliche Synallagma integriert werden.

B. Berechnung und Auszahlung des Arbeitsentgelts in €, § 107 I. § 107 I will sicherstellen, dass der AN 10 seine als Gegenleistung vorgesehene Vergütung auch **tatsächlich in Geld** erhält und **darüber verfügen** kann. Insb soll er nicht mit einer Gutschrift vergütet werden, auf die dann andere Leistungen des AG angerechnet werden. Die Tilgung des Geldzahlungsanspruches durch die Annahme an Erfüllungs statt (§ 364 I BGB) soll ausgeschlossen sein. Der AG kann seiner Zahlungspflicht nicht durch Gewährung von Sachbezügen oder durch Überlassung von Waren in Anrechnung auf das Arbeitsentgelt nachkommen.

Zulässig ist indes, dass der AG seine Verpflichtung nicht durch **Barzahlung**, sondern durch **bargeldlose** 11 **Überweisung** auf das Konto des AN erfüllt (HWK/*Lembke* § 107 Rn 12), wenngleich die Überweisung richtigerweise als Leistung an Erfüllungs statt iSd § 364 I BGB zu sehen ist (Staudinger/*Olzen* Vor §§ 362 ff BGB Rn 22 f): Statt Geld erhält der Zahlungsempfänger einen Anspruch nach § 675t BGB gegen seinen Zahlungsdienstleister. Entscheidend ist aber, dass die noch in § 115 I aF enthaltene Verpflichtung, den Lohn in bar auszuzahlen, nicht in § 107 I übernommen worden ist. Damit ist nach hM auch die Hingabe eines Schecks zulässig (Landmann/Rohmer/*Gotthardt* § 107 Rn 15). Allerdings dürfen dem AN durch die unbare Zahlung keine finanziellen Nachteile entstehen, weder durch Währungsumtauschgebühren (vgl HWK/*Lembke* § 107 Rn 11), noch dadurch, dass ihm für die Einlösung des Schecks Gebühren aufgebürdet werden.

Dass § 107 dem AN sein Entgelt sichern will, macht weder eine **Aufrechnung**, noch eine **Aufrechnungs-** 12 oder **Anrechnungsvereinbarung** oder einen **Erlassvertrag** unzulässig. Zivilrechtliche Fragen können sich dabei insb mit Blick auf § 394 BGB ergeben; mit § 107 I hat dies nichts zu tun.

Ob es sich bei § 107 I um eine **zwingende Gesetzesvorschrift** handelt, ist **nicht abschließend geklärt**. Die 13 Frage wird insb bei Beschäftigungen mit Auslandsbezug praktisch, etwa wenn ein AN bei einem ausländischen AG beschäftigt ist, gem den IPR-Vorschriften aber die GewO greift. Zu denken ist auch an den Fall, dass ein AN bei einem deutschen AG beschäftigt ist, seine Arbeitsleistung aber außerhalb der BRD erbringt;

hier setzt § 2 II Nr 2 NachwG die Möglichkeit voraus, eine andere Währung zu vereinbaren. § 107 I will den AN davor schützen, dass die Realisierung des Entgeltanspruches erschwert wird. Bei einer Beschäftigung des AN außerhalb der Euro-Zone kann dieser Zweck gerade dafür sprechen, dem AN finanzielle Verluste durch einen Umtausch seines in € ausgezahlten Entgelts in die Fremdwährung zu ersparen (ErfK/Preis § 107 Rn 2).

14 § 107 regelt weder **Zeitpunkt** noch **Ort** der Entgeltzahlung. Insoweit gelten die allg Vorschriften des BGB (s Kommentierung zu §§ 269 ff BGB); ggf greift die Mitbestimmung nach § 87 I Nr 4 BetrVG. Die GewO schränkt weder die Stundung des fälligen Entgeltanspruches noch die Gewährung von Barvorschüssen und ihre Rückzahlung durch eine spätere Anrechnung auf das Entgelt ein. Ob das Arbeitsentgelt statt an den AN selbst zulässigerweise an einen Dritten ausgezahlt werden kann, beantwortet § 107 I ebenfalls nicht.

15 **C. Sachbezüge als Teil des Arbeitsentgelts, § 107 II 1.** Nach § 107 II 1 hängt die Zulässigkeit der **Vereinbarung** von **Sachbezügen** als **Teil des Arbeitsentgelts** (nicht aber anstelle des gesamten Arbeitsentgelts) vom Interesse des AN oder von der Eigenart des Arbeitsverhältnisses ab. Auch bei dieser bedingten Ausnahme vom Geldzahlungsgebot des § 107 I geht es um die Sicherung des Arbeitsentgelts zugunsten des AN und um seinen Schutz vor dem sog Trucksystem (HWK/*Lembke* § 107 Rn 22): Von dem Verbot des Tausches »Ware statt Lohn« (BVerfG 24.2.1992, 1 BvR 980/88, EzA GewO § 115 Nr 6) darf nur nach Maßgabe von § 107 II 1 abgewichen werden. Die Bewertung der Sachbezüge mit Blick auf das sozialversicherungsrechtliche Einkommen regelt die SozialversicherungsentgeltVO.

16 § 107 II 1 schließt nach der Gesetzesbegr Regelungen über die Gewährung von Sachbezügen in **TV** oder **BV** nicht aus (BT-Drs 14/8796 S 25). Auch § 17 II BBiG bleibt unberührt, wonach Sachleistungen in Höhe der nach § 17 I 1 Nr 4 SGB IV festgesetzten Sachbezugswerte angerechnet werden können, jedoch nicht über 75 % der Bruttovergütung hinaus. Angesichts des eigentlich stärkeren ArbR-Schutzes der Auszubildenden ggü den »gewöhnlichen« AN ist dies ein Wertungswiderspruch (*Bauer/Opolony* BB 2002, 1590, 1593). **Zusätzlich** zum **Arbeitsentgelt** gewährte Sachbezüge werden durch die Regelung **nicht erfasst** (BAG 14.11.2012, 5 AZR 815/11, DB 2013, 406 für einen Warengutschein).

17 **Sachbezüge** sind Leistungen des AG, die dem AN als Gegenleistung für die geleisteten Dienste in anderer Form als in Geld erbracht werden. Sachleistung und Arbeitsleistung müssen im unmittelbaren Gegenseitigkeitsverhältnis stehen (BAG 17.2.2009, 9 AZR 676/07, EzA § 394 BGB 2002 Nr 2). Über den Wortlaut der Vorschrift hinaus kann der »Sachbezug« auch in einer Dienstleistung des AG bestehen, was etwa für Qualifikationsleistungen praktisch wird. In keinem Fall darf nach § 107 II 5 der Wert der vereinbarten Sachbezüge die Höhe des pfändbaren Teils des Arbeitsentgelts übersteigen, dh der AN muss Arbeitsentgelt mind in Höhe des Pfändungsfreibetrags nach § 850c ZPO in Geld erhalten (BT-Drs 14/8796 S 25; BAG 24.3.2009, 9 AZR 733/07, EzA § 107 GewO Nr 1). Bsp sind der Haus- oder Freitrunk im Brauereigewerbe, die Überlassung von Kfz zur privaten Nutzung, Freiflüge oder Warengutscheine (zu diesen als Sachbezug BAG 14.11.2012, 5 AZR 815/11, DB 2013, 406). Entscheidend ist, ob die Sachbezüge **zusätzlich zum Entgelt oder (zT) anstelle des Entgelts** (vgl Rdn 16) gewährt werden. Insoweit kommt es auf die Auslegung des Arbeitsvertrags an: Für eine Teilsubstitution von Entgelt spricht die nicht untergeordnete wirtschaftliche Bedeutung der Naturalleistung. Fehlt eine entspr Abrede, hat der AG das vertraglich vereinbarte Entgelt in Euro auszuzahlen und muss die Sachleistung zusätzlich gewähren. Die Anrechnungsvereinbarung ist nach § 2 I 2 Nr 6 NachwG (Näheres dort Rdn 17 ff) schriftlich zu fixieren; fehlt es hieran, ist eine mündliche Regelung gleichwohl wirksam (Landmann/Rohmer/*Gotthardt* § 107 Rn 34).

18 Bei der **Überlassung von Wohnungen** ist zwischen der Werkdienstwohnung und Werkmietwohnung zu unterscheiden. Erstere werden dem AN ohne Abschluss eines separaten Mietvertrags im Arbeitsvertrag zugewiesen und sind damit von § 107 II angesprochener Sachbezug. Letztere werden auf Basis eines gesonderten Mietvertrags, typischerweise bevorzugt an AN, vergeben und fallen nicht unter § 107 II (HWK/*Lembke* § 107 Rn 26). Das gilt selbst dann, wenn der AG dem AN im Mietvertrag über bes Konditionen einen Sondervorteil zuwendet. Andernfalls sicherte § 107 nicht nur den Geldleistungsanspruch des AN, sondern mutierte zu einem teleologisch überschießenden Verbot, ausgezahlte Entgelte in bestimmter Weise zu verwenden.

19 Ob auch **aktienkursorientierte Vergütungsformen**, etwa Aktien oder Aktienoptionen (verschiedene Mitarbeiterbeteiligungsmodelle skizzieren *John/Stachel* BB-Beilage 1/2009, 17), als Teil des Arbeitsentgelts unter § 107 II fallen, hängt zunächst davon ab, ob es sich dabei um Sachbezüge iSd Vorschrift handelt. Richtigerweise sind »Sachbezüge« alle geldwerten Zuwendungen des AG an den AN, die nicht in Geld erbracht werden. Damit sind sowohl Aktien als auch Optionen unter § 107 II zu fassen (ebenso HWK/*Lembke* § 107 Rn 26; tendenziell abl *Bauer/Opolony* BB 2002, 1590, 1592 mit Verweis auf den »gewöhnlichen Sprachgebrauch«). Dafür spricht auch der Gesetzeszweck, den AN vor intensivierter Abhängigkeit vom AG durch

bes Vergütungsformen zu schützen. Freilich droht solche Abhängigkeit nur, wenn die aktienkursorientierte Vergütung als synallagmatisches Entgelt gewährt wird – und nicht als freiwillige Zusatzleistung (Rdn 9).
Von vornherein **nicht** unter § 107 II 1 fallen solche Sach- und Dienstleistungen, die der AG **überwiegend im eigenen (betrieblichen) Interesse** gewährt, wie etwa die Überlassung von Arbeitskleidung. Die Überlassung der Berufskleidung sowie ihre Pflege und Ersatzbeschaffung ist kein Sachbezug. Die Leistung des AG kann zwar aufgrund des Arbeitsverhältnisses erfolgen und kann daher als Entgelt iwS verstanden werden. Es fehlt aber am synallagmatischen Zusammenhang: Die während der Arbeit zu tragenden Kleidungsstücke werden dem AN nicht als Gegenleistung für seine Arbeit zur Verfügung gestellt, sondern dienen typischerweise der ordnungsgemäßen Diensterfüllung (BAG 17.2.2009, 9 AZR 676/07, EzA § 394 BGB 2002 Nr 2). Wird dem AN respektive seinen Angehörigen Zugang zu betrieblichen Sozialeinrichtungen gewährt, etwa Kindergärten oder Sportanlagen, so ist der darin liegende geldwerte Vorteil – trotz »Entgeltcharakters« – typischerweise keine Gegenleistung für die Arbeitsleistung und damit kein Sachbezug (Schaub/*Linck* § 68 Rn 5). Mithin handelt es sich nicht um einen Teil des Arbeitsentgelts iSd § 107 II. 20

Sind Sachleistungen Teil des Arbeitsentgelts, kommt es auf die **Zulässigkeitsvoraussetzungen für eine Sachbezugsvereinbarung** nach § 107 II 1 an: Dabei bestimmt die hM das **Interesse des AN** an einer solchen Vereinbarung nicht subjektiv, sondern objektiv aus Sicht eines durchschnittlichen AN in vergleichbarer Situation (HWK/*Lembke* § 107 Rn 29). Hat der AN die Sachleistung vertraglich vereinbart und ist diese für ihn von Nutzen, wie etwa bei Überlassung eines Kfz, Handys oder Laptops zu privaten Zwecken, ist das Interesse des AN regelmäßig zu bejahen. Gleiches gilt für das Interesse des AN an einem etwaigen Gewinn bei einer aktienkursorientierten Vergütung. Dass mit einer solchen Vergütungsform bei entspr Kursverlauf auch finanzielle Nachteile einhergehen können, rechtfertigt kein grds Verbot solcher Vergütungsformen. Das Verlustrisiko hält § 107 II schon dadurch in Grenzen, dass die aktienkursorientierte Vergütung nur einen Teil des Arbeitsentgelts ausmachen darf (ErfK/*Preis* § 107 Rn 4). 21

Die **Eigenart** des **Arbeitsverhältnisses** zielt insb auf bestimmte Branchen (etwa Gastronomie, Brauerei- und Tabakgewerbe), in denen die Abgabe von Deputaten weithin üblich ist. In diesen Fällen muss die Sachbezugsvereinbarung nicht im Interesse des AN liegen, sondern kann bereits mit der Eigenart des Arbeitsverhältnisses begründet werden, soweit die Vertragsparteien diese Deputate als anrechenbares Arbeitsentgelt bewerten (BT-Drs 14/8796 S 25). Tun sie das im Arbeitsvertrag, spielt es keine Rolle mehr, dass der AN im Nachhinein doch das Bargeld bevorzugt oder das Deputat ihm nichts nutzt, ja sogar schaden kann: Man denke nur an den Haustrunk für den Alkoholiker. 22

Welche **Rechtsfolgen** eintreten, wenn die Vereinbarung nicht dem wohlverstandenen Interesse des AN oder der Eigenart des Arbeitsverhältnisses entspricht, lässt das Gesetz offen. Richtigerweise ist eine entspr Abrede iSd § 134 BGB nichtig (HWK/*Lembke* § 107 Rn 33). Dh: Der AN hat einen Geldanspruch gem § 107 I. Hat der AG bereits entspr Sachbezüge gewährt, tritt keine Erfüllung gem § 362 BGB ein. Da der AG nicht das geleistet hat, was er schuldete, kann er das Geleistete nach Bereicherungsrecht kondizieren. Freilich wird die Rückforderung meist an § 818 III BGB iVm der Rspr zum Anscheinsbeweis der Entreicherung des AN bei Entgeltüberzahlung (zu ihr § 818 BGB Rdn 4) scheitern. 23

D. Kreditierungsverbot, § 107 II 2. Der AG darf dem AN **keine Waren auf Kredit** überlassen. Der AN soll nicht durch Verschuldung in Abhängigkeit ggü seinem AG geraten (BT-Drs 14/8796 S 25). Dabei handelt es sich insofern nicht um eine arbeitsrechtliche Vorschrift ieS, als sie weder in den Arbeitsvertrag noch dessen Erfüllung eingreift. § 107 II 2 zielt auf die Freiheit der Arbeitsvertragsparteien, neben ihrem Arbeitsvertrag einen Kreditvertrag zu schließen. Jedoch steht diese Vorschrift in engem Zusammenhang mit dem Truckverbot, da dieses Verbot durch den Verkauf von Waren auf Kredit leicht umgangen werden könnte (Landmann/Rohmer/*Gotthardt* § 107 Rn 41): Dem AG soll es grds untersagt sein, Waren auf Kredit zu überlassen, um die hieraus erlangten Forderungen sodann gegen den Entgeltanspruch zu verrechnen. 24

Waren iSd § 107 II 2 sind nach hM bewegliche Gegenstände des Handelsverkehrs jeglicher Art, wie etwa Strom, Gas, Wasser, Fernwärme (HWK/*Lembke* § 107 Rn 50) oder auch Kfz. Bereits zu § 115 II aF war es einhellige Auffassung, dass die Kreditierung von anderen Gegenständen, etwa Grundstücken oder Gesellschaftsanteilen ebenso möglich ist wie die Kreditierung von Dienstleistungen. Mithin kann der AG etwa Reparaturen oder sonstige Arbeiten durch sein Personal zugunsten des AN durchführen lassen und diese Dienstleistungen kreditieren. Auch kann er dem AN ein Grundstück verkaufen und den Kaufpreis stunden. Nichts anderes gilt für Aktien oder Aktienoptionspläne, die in der Sache auf eine Stundung des Aktienkaufpreises hinauslaufen (Tettinger/*Wank*/Ennuschat § 107 Rn 9). 25

Auf Kredit wird die Ware **überlassen**, wenn der AG die Zahlung des Kauf- bzw des Mietpreises auch nur teilw stundet oder etwa Gutscheine als Entgeltvorschuss ausgibt, die bei Warenausgabe dann an Zahlungs statt angenommen und bei der Entgeltauszahlung angerechnet werden (Landmann/Rohmer/*Gotthardt* 26

§ 107 Rn 43). Als Warenüberlassung auf Kredit sind auch verbundene Rechtsgeschäfte zu behandeln, bei denen die Arbeitsvertragsparteien zwar einen selbstständigen Kreditvertrag schließen, mit diesem jedoch eine Warenlieferung verknüpfen, §§ 488 ff, 358 ff BGB. Zulässig ist der Kauf von Waren auf Kredit, wenn der Kaufpreis nicht durch den AG, sondern durch einen Dritten – typischerweise ein Kreditinstitut, das in dauernder Geschäfts- oder auch Konzernverbindung mit dem AG steht – kreditiert wird (BGH 12.5.1975, III ZR 39/73, AP GewO § 115 Nr 3; Tettinger/*Wank*/Ennuschat § 107 Rn 10). Insoweit kann es schon deshalb keinen Umgehungsschutz geben, weil das Umgehungsverbot nach § 119 aF gerade gestrichen wurde (HWK/*Lembke* § 107 Rn 53).

27 Abzugrenzen ist die Kreditierung vom bloßen **Barverkauf**, der vom Kreditierungsverbot des § 107 II 2 nicht erfasst wird. Das belegen der Wortlaut des § 107 II 2 sowie der Zweck des § 107: geschützt werden soll gerade die Entsch des AN, wie er sein Entgelt verwendet. Dass er das ausbezahlte Entgelt nutzen kann, um beim AG einzukaufen, widerspricht diesem Normzweck nicht. Werden Waren überlassen und der Wert vom Arbeitsentgelt einbehalten, gelten indes die Vorgaben des § 107 II 3 (Rdn 29 ff).

28 **Rechtsfolge** eines Verstoßes gegen § 107 II 2 ist zunächst die Nichtigkeit der Kreditierungsvereinbarung (Darlehensvertrag oder Stundungsabrede) nach § 134 BGB. Regelmäßig schlägt dies aber auch auf den Kaufvertrag durch, wenn und weil die Vertragsparteien den Warenkauf auf Kredit als einheitliches Rechtsgeschäft ansehen, sodass der Rechtsgedanke des § 139 BGB greift (HWK/*Lembke* § 107 Rn 55). Für die Rückgewähr bereits geleisteter Waren des AG gilt das Bereicherungsrecht.

29 **E. Anrechnung von Waren auf das Arbeitsentgelt, § 107 II 3.** Das Kreditierungsverbot des § 107 II 2 ist von der unter den Voraussetzungen des § 107 II 3 zulässigen **Überlassung von Waren in Anrechnung auf das Arbeitsentgelt** zu unterscheiden. Der AG darf dem AN Waren zum durchschnittlichen Selbstkostenpreis veräußern oder zur Nutzung überlassen und den Kauf- bzw Mietpreis beim Arbeitsentgelt einbehalten. Typisches Bsp ist der Werksverkauf (BT-Drs 14/8796 S 25). War nach § 115 II aF eine solche Anrechnung nur für bestimmte Gegenstände zulässig (*Minnameier* S 134 ff), sieht § 107 II 3 eine solche Warenbeschränkung nicht mehr vor. In der Sache geht es um eine weitere Ausnahme vom Geldzahlungsgebot nach § 107 I.

30 **Überlassung** meint nicht nur den Verkauf (§§ 433 ff BGB), sondern auch die zeitweilige Gebrauchsüberlassung, etwa in Form von Miete (§§ 535 ff BGB). **Waren** sind (wie bei § 107 II 2; Rdn 25) alle beweglichen Gegenstände des Handelsverkehrs. Wird die Ware aufgrund eines vorformulierten Kauf- oder Mietvertrages überlassen, greift für diesen Vertrag die AGB-Kontrolle der §§ 305 ff BGB. Bei solchen Konsumgeschäften zwischen AN und AG ist die **Verbrauchereigenschaft** des AN iSd §§ 13, 310 III BGB zu bejahen (vgl BAG 25.5.2005, 5 AZR 572/04, EzA § 307 BGB 2002 Nr 3). § 310 IV 2 BGB gilt nicht, weil nicht die AGB-Kontrolle des Arbeitsvertrages in Rede steht, sondern die des Kauf- oder Mietvertrages. Ob aber dem AN alle Verbraucherrechte des BGB (insb Widerrufsrechte, etwa nach § 312 BGB) zustehen, ist zweifelhaft, weil das Konsumgeschäft gerade mit Rücksicht auf das Arbeitsverhältnis abgeschlossen wird (*Rieble* Arbeitsmarkt und Wettbewerb Rn 548). Zwar belegen insb §§ 107 II 4 und 5, dass das ArbR auch die Verbraucherfreiheit des AN schützt, soweit das betreffende Geschäft in rechtlichem Zusammenhang mit dem Arbeitsverhältnis steht. Indes geht es der GewO nicht um den Schutz des Verbrauchers bei Abschluss eines Konsumgeschäfts, sondern um die Entgeltsicherung des AN. Richtigerweise ist das Schutzinstrumentarium der GewO daher nicht abschließend zu verstehen. Ob dem AN die Verbraucherrechte auch mit Blick auf solche Konsumgeschäfte zustehen, die mit dem Arbeitsverhältnis zusammenhängen, ist mit dem BAG (27.11.2003, 2 AZR 135/03, EzA § 312 BGB 2002 Nr 1 m Anm *Krause*) vom Schutzzweck der jeweiligen Verbraucherschutznorm abhängig zu machen – und wird regelmäßig zu bejahen sein.

31 Notwendig ist eine **Vereinbarung** über die **Anrechnung auf das Arbeitsentgelt**: Anrechnung meint, dass der AG berechtigt ist, vom Entgeltanspruch des AN den Kaufpreisanspruch als unselbstständigen Rechnungsposten abzuziehen, ohne dass die Voraussetzungen der Aufrechnung nach §§ 387 ff BGB vorliegen müssen (zur Abgrenzung zwischen Auf- und Anrechnung Staudinger/*Gursky* Vor §§ 387 ff BGB Rn 97). Da § 107 II 3 ausdrücklich eine Vereinbarung zwischen AG und AN verlangt, ist eine einseitige Anrechnungsbefugnis des AG ausgeschlossen (*Bauer/Opolony* BB 2002, 1590, 1593).

32 Zulässig sind eine solche Anrechnungsvereinbarung und damit die vereinbarte Anrechnung auf das Arbeitsentgelt nur, wenn die Anrechnung zu den **durchschnittlichen Selbstkosten** erfolgt. Das ist doppelt unklar: Gemeint ist nicht, dass die Anrechnung zu Selbstkosten des AG erfolgen müsste, sondern dass der Preis der überlassenen Ware die durchschnittlichen Selbstkosten des AG für eben diese Ware nicht übersteigen darf und nur insoweit als Rechnungsposten beim Entgeltanspruch abgezogen werden darf. Was die durchschnittlichen Selbstkosten sind, lassen Gesetz wie Begr offen. Nach hM ist damit nicht der Einkaufs- oder Herstellungswert der Ware gemeint, sondern der Preis, zu dem der AG die Ware veräußern kann, ohne

Gewinn oder Verlust zu machen (*Bauer/Opolony* BB 2002, 1590, 1593). Einzukalkulieren sind also Kosten für Transport, Lagerung und Anschaffung der Ware sowie sonstige Unterhaltungskosten (HWK/*Lembke* § 107 Rn 63). Besteht Streit über die richtige Höhe der durchschnittlichen Selbstkosten, trägt der AG die Darlegungs- und Beweislast.

Zieht der AG einen die Selbstkosten übersteigenden Betrag vom Entgeltanspruch ab, stellt sich die Frage 33 nach den **Rechtsfolgen**: Die getroffene Anrechnungsvereinbarung ist nach § 134 BGB wegen Verstoßes gegen § 107 II 3 nichtig. Nach hM führt dies nicht zur Totalnichtigkeit, sondern beschränkt sich auf den die Selbstkosten übersteigenden Betrag (HWK/*Lembke* § 107 Rn 66). Ob der Verstoß gegen § 107 II 3 auch auf die Kaufpreisvereinbarung durchschlägt, ist str, mit Blick auf den Schutzzweck des § 107 aber zu verneinen: Der AN soll über sein verdientes Entgelt auch tatsächlich verfügen können. Das kann nicht bedeuten, dass er bei einem Konsumgeschäft mit dem AG von Gesetzes wegen nur den Selbstkostenpreis bezahlen müsste (so aber wohl HWK/*Lembke* § 107 Rn 66). Ein solches »AN-Einkaufs-Privileg« hat mit der Sicherung des Einkommens nichts zu tun, wäre vielmehr ein nicht zu rechtfertigender »Wettbewerbsvorteil« der AN ggü anderen Verbrauchern. Dh: Unwirksam ist lediglich die überhöhte Anrechnung. Den ausstehenden und die Selbstkosten übersteigenden Kaufpreis mag der AG anderweitig durchsetzen; freilich scheidet eine Aufrechnung aus, weil sie eben zu dem von § 107 II 3 untersagten Ergebnis führte. Dass die Anrechnungsvereinbarung auch zu einem die Selbstkosten übersteigenden Betrag bis zur Pfändungsfreigrenze wirksam sein soll (*Bauer/Opolony* BB 2002, 1590, 1593), ist mit Blick auf den Wortlaut des § 107 II 3 abzulehnen (HWK/*Lembke* § 107 Rn 67).

F. Beschaffenheit der geleisteten Gegenstände, § 107 II 4. Die geleisteten Gegenstände, die Teil des 34 Arbeitsentgelts sind (§ 107 II 1) oder in Anrechnung auf das Arbeitsentgelt überlassen werden (§ 107 II 3), müssen mind **mittlerer Art und Güte** sein, soweit nicht ausdrücklich anderes vereinbart wurde. Dem AN sollen keine Nachteile dadurch entstehen, dass er die Ware nicht anderweitig erwirbt. Da er jedoch durchaus ein Interesse an minderwertigen und daher billigeren Gegenständen (2. Wahl, B-Sortierung) haben kann, ist die Leistung minderwertiger Waren (als Teil des Arbeitsentgelts oder in Anrechnung auf das Arbeitsentgelt) ebenfalls zulässig – aber nur wenn die Parteien des Arbeitsvertrages dies ausdrücklich vereinbart haben (BT-Drs 14/8796 S 25).

Ob die geleisteten Gegenstände mittlerer Art und Güte sind, richtet sich nach hM nach **§ 243 I BGB** 35 (BT-Drs 14/8796 S 25; Tettinger/*Wank*/Ennuschat § 107 Rn 14). Das überzeugt jedenfalls für den praktisch wichtigsten Fall des Personaleinkaufs in Form des Gattungskaufs (zu Stückkäufen Rdn 37; zur Mitbestimmung beim Personalverkauf BAG 8.11.2011, 1 ABR 37/10, EzA § 87 BetrVG 2001 Sozialeinrichtung Nr 2). Dh: Der AG als Verkäufer kann mit einem beliebigen Gegenstand aus der entspr Gattung erfüllen, der dann aber von mittlerer Art und Güte sein muss. Beim Personaleinkauf geht es idR um eine Vorratsschuld (zu ihr etwa Staudinger/*Schiemann* § 243 BGB Rn 10 f); der mittlere Standard knüpft dann nicht an die gesamte Gattung an, sondern nur an die Qualität des konkreten Vorrats.

§ 107 II 4 räumt den Vertragsparteien die Möglichkeit ein, eine **abw Vereinbarung** zu treffen. Abweichun- 36 gen **nach oben** (Spitzenqualität) wie auch **nach unten** (niedrigere Qualität als dem Standard entspr) sind möglich. Praktisch wird vor allem, dass Gegenstände von minderwertiger Qualität an AN verbilligt abgegeben werden. Begreift man den Personaleinkauf als Verbrauchsgüterkauf nach §§ 474 ff BGB, steht § 475 BGB einer entspr Vereinbarung nicht entgegen. Die Vereinbarung muss aber **ausdrücklich** erfolgen. Soweit der AG/Verkäufer bei Vereinbarung eines minderen Standards einen Gegenstand besserer Qualität geleistet hat, gilt nichts anderes als bei § 243 I BGB: Er kann die bessere Ware weder zurückfordern, um eine der Vereinbarung entspr schlechtere Ware zu liefern, noch hat der AN ein Ablehnungsrecht. Dies gilt freilich nicht, wenn die bessere Ware teurer als die Durchschnitts- oder schlechtere Ware ist oder wenn der AN ein anerkennenswertes Interesse an der Leistung der schlechteren bzw der Durchschnittsware hat (MüKo-BGB/*Emmerich* § 243 BGB Rn 21). Der AN soll nur keine Nachteile dadurch erleiden, dass er die Ware vom AG als Teil des oder in Anrechnung auf das Arbeitsentgelt(s) erhält.

Eine ausdrückliche Abweichung iSd Rdn 36 vereinbaren die Parteien stets, wenn sie sich auf einen Perso- 37 naleinkauf in Form des **Stückkaufs** einigen. Wird ein (nicht nur der Gattung nach) bestimmter Gegenstand verkauft, gibt es von vornherein keine Qualitätsbandbreite, aus welcher der AG dann auswählen könnte. Qualitätsmängel können aber Gewährleistungsansprüche des AN auslösen.

Bei den **Rechtsfolgen** eines Verstoßes gegen § 107 II 4 ist zu differenzieren: Geht es um die Anrechnung 38 auf das Arbeitsentgelt iSd § 107 II 3, schließen die Parteien neben der Anrechnungsvereinbarung auch einen entspr Kauf- oder Mietvertrag. Auf diesen findet das Sachmängelgewährleistungsrecht entweder der §§ 433 ff BGB bzw §§ 536 ff BGB Anwendung. Schuldet der AG Gegenstände mittlerer Art und Güte und weisen die von ihm ausgewählten Gegenstände Mängel auf, fehlt es insoweit idR auch an der nach § 107

II 4 angeordneten Durchschnittsqualität. Dh (am Bsp des Kaufvertrags): Es fehlt bereits an der Konkretisierung und der AG kann mit diesen Gegenständen seine Vertragspflichten grds nicht erfüllen. Der AN kann demnach die mangelhaften Waren zurückweisen und Erfüllung verlangen, §§ 320, 433 BGB (MüKo-BGB/ *Emmerich* § 243 Rn 20). Nimmt er indes die Sachen an, ohne den Mangel zu kennen (hypothetischer Gefahrübergang), kann er nunmehr Gewährleistungsansprüche geltend machen. Dass die Anwendbarkeit des § 437 BGB nicht vom Eintritt der Konkretisierung abhängt, belegt der Anspruch auf Nacherfüllung durch Neulieferung nach § 439 I Alt 2 BGB, der ersichtlich auf den Gattungskauf zugeschnitten ist. Tritt der AN vom Kaufvertrag zurück, ist auch die Anrechnung des Kaufpreises auf das Arbeitsentgelt hinfällig, sodass der AN wiederum Anspruch auf Zahlung des zunächst angerechneten Teils seines Arbeitsentgelts hat. Nichts anderes gilt für die Vereinbarung von Sachbezügen als Teil des Arbeitsentgelts: Insoweit kann man auch auf § 365 BGB zurückgreifen, wenn man die Annahme der Sachbezüge (als Teil des Arbeitsentgelts iSd § 107 II 1) als Annahme an Erfüllungs statt begreift.

39 **G. Höchstgrenzen, § 107 II 5.** § 107 II 5 ist eine **Rückausnahme** zu § 107 II 1 und 3; die Vorschrift beschränkt den Umfang einer Substitution der Geldzahlung durch Sachleistung: Der AG muss das Arbeitsentgelt sowohl bei Vereinbarung eines Sachbezugs als auch bei der Überlassung von Waren in Anrechnung auf das Arbeitsentgelt mind in Höhe des **Pfändungsfreibetrags** (§ 850c ZPO) in Geld leisten. Die Arbeitsvertragsparteien können demnach nicht vereinbaren, dass Sachbezüge in Höhe des gesamten Arbeitsentgelts erbracht werden. Der AN soll nicht gezwungen werden, die Gegenstände, die er als Naturallohn erhalten hat, erst wieder verkaufen zu müssen, um an Geld zu kommen (BT-Drs 14/8796, S 25). Sofern das in Geld geleistete Arbeitsentgelt von vornherein unterhalb der Pfändungsfreigrenze des § 850c ZPO liegt, ist weder eine Sachbezugsvereinbarung nach § 107 II 1 noch eine Anrechnungsvereinbarung nach § 107 II 3 möglich; auf die Zusammenrechnung von Geld- und Sachbezügen nach § 850e Nr 3 ZPO kommt es nur an, wenn Geld- und Sachleistung in der Summe den Freibetrag nach § 850c ZPO übersteigen (vgl BAG 24.3.2009, 9 AZR 733/07, EzA § 107 GewO Nr 1). Die Pfändungsgrenze für einen Vergütungsanspruch, der nach dem Arbeitsvertrag monatlich fällig wird, bestimmt sich auch dann nach dem monatlichen Nettoeinkommen, wenn der AN in dem betreffenden Monat nicht die ganze Zeit gearbeitet hat. Entscheidend ist dann der regelmäßige, also monatliche Auszahlungszeitraum. Auf die Pfändungsgrenzen für Arbeitsentgelt, das wöchentlich oder täglich geschuldet wird, kommt es bei monatlicher Zahlung nicht an (BAG 24.3.2009 EzA § 107 GewO Nr 1).

40 Wird die Pfändungsfreigrenze bei Vereinbarungen nach § 107 II 1 und 3 unterschritten und liegt somit ein Verstoß gegen § 107 II 5 vor, ist die entspr Vereinbarung nichtig. Soweit die Sachleistung teilbar ist, reicht die Unwirksamkeit die Sachbezugs- oder Anrechnungsvereinbarung aber nur soweit, dass ein Geldanspruch in Höhe der Freigrenze verbleibt (HWK/*Lembke* § 107 Rn 44). Demggü kommt bei Unteilbarkeit der Sachleistung nur umfassende Nichtigkeit der entspr Vereinbarung in Betracht. Der AN kann Auszahlung des Arbeitsentgelts in Geld nach § 107 I verlangen. Fehlt eine vertragliche Vereinbarung über die Höhe des insoweit ausstehenden Entgelts, greift § 612 BGB.

40.1 Das MiLoG zieht Sachbezugsabreden keine zusätzlichen Grenzen: Soweit Sachbezüge (wirksam) als Teil des Arbeitsentgelts vereinbart sind, sind entspr Leistungen des AG auf den Mindestlohn anzurechnen (ErfK/ *Franzen* § 1 MiLoG Rn 6).

41 **H. Trinkgeld, § 107 III.** Trinkgeld ist nach § 107 III 2 ein Geldbetrag, den ein Dritter ohne rechtliche Verpflichtung (gemeint ist eine remuneratorische Schenkung iSd §§ 516 ff BGB; MüKo-BGB/*Koch* § 534 Rn 4) dem AN zusätzlich zu einer dem AG geschuldeten Leistung zahlt. Die Zahlung eines regelmäßigen Arbeitsentgelts darf nicht deshalb ausgeschlossen werden, weil der AN für seine Arbeitsleistung von Dritten regelmäßig einen solchen Geldbetrag erhält. Hinter dieser Regelung steht zunächst der AN-Schutzgedanke, dass dem AN kein »Unternehmerrisiko« aufgebürdet werden darf (HWK/*Lembke* § 107 Rn 72), indem er vollumfänglich auf den eigenen Trinkgelderfolg verwiesen wird. Da Trinkgelder nach § 3 Nr 51 EStG steuerfrei sind, liegt eine trinkgeldunabhängige Vergütung von AN zudem im Steuerinteresse des Fiskus (zum steuerrechtlichen Trinkgeldbegriff BFH 10.3.2015, VI R 6/14, DStR 2015, 1494).

42 Soweit der AN Anspruch auf ein **regelmäßiges Grundentgelt** hat, kann ihm vertraglich das von Dritten gewährte **Trinkgeld als Aufstockungsbetrag** zugewiesen werden. Das gilt grds auch dann, wenn das regelmäßige Entgelt mit Blick auf die erwarteten Trinkgelder geringer ausfällt (Landmann/Rohmer/*Gotthardt* § 107 Rn 54). Zulässig ist ebenfalls, Trinkgelder auf einen garantierten Festbetrag anzurechnen, sodass das Arbeitsentgelt ggf vollständig aus Trinkgeldern finanziert wird (HWK/*Lembke* § 107 Rn 77). In jedem Fall muss das Grundentgelt die Grenzen des § 138 BGB und des MiLoG einhalten (ErfK/*Preis* § 107 Rn 8).

43 Von Dritten freiwillig gewährte Trinkgelder sind grds weder als Sachbezüge Teil des Arbeitsentgelts, noch ist die Möglichkeit des Erhalts von Trinkgeldern als Naturalvergütung anzusehen. Naturalbezug eines AN

kann jedoch die Verschaffung einer Möglichkeit sein, Trinkgelder in Empfang zu nehmen. Dann wird die Entgeltzahlungspflicht des AG (ausnahms- und auch nur) teilw durch die Pflicht ersetzt, Einnahmen aus Trinkgeldern zu ermöglichen. Dies setzt aber eine entspr Vereinbarung der Arbeitsvertragsparteien voraus, die auch konkludent abgeschlossen werden kann. Indiziert ist eine konkludente Abrede, wenn das Festgehalt so gering angesetzt wird, dass der AN ein »marktübliches« Vergütungsniveau von vornherein nur über Trinkgelder erreichen kann (BAG 28.6.1995, 7 AZR 1001/94, EzA § 11 BUrlG Nr 38). Für einen solchen Natural- bzw Sachbezug, der auf den Mindestlohn nach dem MiLoG anzurechnen ist (näher *Dommermuth/ Heup* NZA 2015, 406 ff), gelten dann wiederum die Grenzen des § 107 II 1.

Das einem AN gewährte Trinkgeld steht ihm grds »unmittelbar« zu, darf vom AG also nicht einseitig herausverlangt (und etwa unter allen AN verteilt) werden (LAG Rh-Pf 9.12.2010, 10 Sa 483/10, DB 2011, 881). Demggü sollen arbeitsvertragliche Abreden über die Trinkgeldverwendung zulässig sein, nach denen der AN bspw Trinkgelder beim AG abliefern muss, der dann für eine Beteiligung auch der Kollegen ohne Kundenkontakt sorgt (Landmann/Rohmer/*Gotthardt* § 107 Rn 54). Solche »Tronc-Systeme« sind insbes in Spielbanken üblich und dort gesetzlich (und kollektivvertraglich) geregelt. Gegen eine entspr Gestaltung bei weniger sensiblen Dienstleistungen spricht, dass hier die greifbare »Bestechungsgefahr« fehlt, die es rechtfertigen könnte, persönliche Geschenke an AN umzuverteilen. Anders lässt sich das allenfalls sehen, wenn das Trinkgeld erkennbar »dem ganzen Team« zugute kommen soll; auch dann unzulässig ist eine Vereinbarung, nach der von AN zunächst vereinnahmte Trinkgelder beim AG abzuliefern sind und diesem (wirtschaftlich) verbleiben (ArbG Gelsenkirchen 21.1.2014, 1 Ca 1603/13, LAGE § 107 GewO 2003 Nr 1: Trinkgelder für eine »Toiletten-Sitzerin« im Einkaufszentrum). Vielmehr hat der AG die Trinkgelder vollständig den AN zuzuführen; um entspr Ansprüche durchzusetzen, kann der AN vom AG Auskunft über die Höhe des Gesamtaufkommens an Trinkgeldern verlangen. Der Verteilungsschlüssel kann kollektivvertraglich geregelt werden (eingehend *Salje* DB 1989, 321 ff). 44

§ 108 Abrechnung des Arbeitsentgelts

(1) ¹Dem Arbeitnehmer ist bei Zahlung des Arbeitsentgelts eine Abrechnung in Textform zu erteilen. ²Die Abrechnung muss mindestens Angaben über Abrechnungszeitraum und Zusammensetzung des Arbeitsentgelts enthalten. ³Hinsichtlich der Zusammensetzung sind insbesondere Angaben über Art und Höhe der Zuschläge, Zulagen, sonstige Vergütungen, Art und Höhe der Abzüge, Abschlagszahlungen sowie Vorschüsse erforderlich.
(2) Die Verpflichtung zur Abrechnung entfällt, wenn sich die Angaben gegenüber der letzten ordnungsgemäßen Abrechnung nicht geändert haben.
(3) ¹Das Bundesministerium für Arbeit und Soziales wird ermächtigt, das Nähere zum Inhalt und Verfahren einer Entgeltbescheinigung, die zu Zwecken nach dem Sozialgesetzbuch [ab 1.1.2016: sowie zur Vorlage bei den Sozial- und Familiengerichten] verwendet werden kann, durch Rechtsverordnung zu bestimmen. ²Der Arbeitnehmer kann vom Arbeitgeber zu anderen Zwecken eine weitere Entgeltbescheinigung verlangen, die sich auf die Angaben nach Absatz 1 beschränkt.

§ 108 verpflichtet den AG, dem AN bei Zahlung des Arbeitsentgelts eine Entgeltabrechnung in Textform zu erteilen. Zweck der Vorschrift ist eine **transparente Entgeltabrechnung**: Der AN soll die Berechnung des Entgeltanspruches nachvollziehen und überprüfen können. Inhaltlich entspricht § 108 weithin der Bestimmung des § 134 II aF. **Ergänzt** wird § 108 I durch **§ 82 II 1 BetrVG** (§ 82 BetrVG Rdn 2), der einen betriebsverfassungsrechtlichen Individualanspruch des AN auf Erläuterung der Berechnung und Zusammensetzung vorsieht: Der AN kann die Entgeltabrechnung nach § 108 I zum Anlass nehmen, nach § 82 II BetrVG zu verlangen, dass ihm die Berechnung und Zusammensetzung seines Arbeitsentgelts näher erläutert wird. Zu dieser Erläuterung kann der AN ein Mitglied des BR hinzuziehen, § 82 II 2 BetrVG. 1

Nach BAG und hM enthält eine Entgeltabrechnung grds **kein Schuldanerkenntnis** iSd §§ 781 ff BGB. Der AG teilt dem AN in der Abrechnung nur die Höhe des Entgelts und sonstiger Ansprüche mit; darin liegt eine bloße Wissenserklärung (*Kremer/Schmidt* CR 2014, 228). Die Abrechnung hat nicht den Zweck, Ansprüche verbindlich festzulegen. Dh: Bei einem Irrtum kann grds keine Seite die andere am Inhalt der Mitteilung festhalten. Der Entgeltabrechnung kann idR nicht entnommen werden, dass der AG die in der Abrechnung angegebenen Vergütungen auch dann gewähren will, wenn er diese Vergütungen nicht schuldet. Erst recht ergibt sich aus ihr nicht, dass der AG auf etwaige künftige Einwendungen verzichten will. Dass der AG mit der Abrechnung eine derartige Erklärung abgeben will, darf nur angesichts bes Anhaltspunkte unterstellt werden (BAG 10.3.1987, 8 AZR 610/84, EzA § 7 BUrlG Nr 55). 2

§ 108 GewO Abrechnung des Arbeitsentgelts

3 Insb regelt § 108 GewO »**keinen selbstständigen Abrechnungsanspruch zur Vorbereitung eines Zahlungsanspruchs**« (BAG 10.1.2007, 5 AZR 665/06, EzA § 179 BGB 2002 Nr 2). Das Transparenzziel erfordert nicht, dass dem AN eine Abrechnung darüber erteilt wird, wie sein Arbeitsentgelt richtigerweise zu berechnen wäre. Mitzuteilen ist nur, wie es der AG tatsächlich berechnet hat und insb, welche Abzüge er aus welchen Gründen tatsächlich vorgenommen und welche Beträge er abgeführt hat. Dies sind Kenntnisse aus dem Bereich des AG, hinsichtlich derer allein er eine ordnungsgem Abrechnung erteilen kann (BAG 7.9.2009, 3 AZB 19/09, EzA § 888 ZPO 2002 Nr 1).

4 Nach § 108 I 2 muss die Abrechnung Angaben über den **Abrechnungszeitraum** enthalten: Die Dauer des Abrechnungszeitraums richtet sich nach der vereinbarten Fälligkeit der Vergütung, § 614 BGB. Regelfall ist 1 Monat (BT-Drs 14/8796 S 25). Ist anderes vereinbart, etwa wöchentliche oder vierteljährliche Vergütung, verkürzt oder verlängert sich der Abrechnungszeitraum. Den damit einhergehenden bürokratischen Aufwand des AG dämmt insb bei kürzeren Abrechnungszeiträumen § 108 II (noch Rdn 8) ein.

5 § 108 I 3 konkretisiert die erforderlichen Mindestangaben zur **Zusammensetzung des Arbeitsentgelts**: Anzugeben sind zunächst **Art und Höhe des Arbeitsentgelts ieS**, also diejenigen Entgeltbestandteile, die als Gegenleistung für die erbrachte Arbeitsleistung gewährt wurden. Darüber hinaus muss der AG Angaben zu **allen weiteren Vergütungen (Geld- und Sachzuwendungen)** machen, die er mit Rücksicht auf das Arbeitsverhältnis gewährt. Nach der nicht abschließenden Aufzählung des § 108 I 3 sind dies insb **Art und Höhe der Zuschläge** (zB Nachtzuschläge oder Zuschläge für Feiertagsarbeit), **Zulagen** (zB Gefahren- oder Schmutzzulage) und **sonstige Vergütungen** (Weihnachtsgeld, Urlaubsgeld, sonstige Gratifikationen) sowie **Sachzuwendungen**, für deren Bemessung bei fehlender Vereinbarung auf die Werte der SozialversicherungsentgeltVO zurückgegriffen werden kann (HWK/*Lembke* § 108 Rn 21). Weitere Vorgaben zum Inhalt der Bescheinigung regelt § 1 der Entgeltbescheinigungsverordnung, die das BMAS nach § 108 III 1 erlassen hat.

6 Soll der AN die Berechnung des Entgeltanspruches nachvollziehen und überprüfen können, muss nicht nur der Bruttobetrag des Arbeitsentgelts sowie der um die Lohnsteuer und den Gesamtsozialversicherungsbeitrag gekürzte Nettobetrag angegeben werden. Der AG muss auch **Art und Höhe der Abzüge** aufzeigen. Dh: Bei den Sozialabgaben sind Art und Höhe der jeweiligen Sozialversicherungsbeiträge (Kranken-, Pflege-, Renten- und Arbeitslosenversicherung) jeweils iE darzulegen. Mit Blick auf die steuerlichen Abzüge muss die Entgeltabrechnung nicht nur die Lohnsteuer, sondern auch eine etwaige Kirchensteuer und den Solidaritätszuschlag ausweisen. Unter Abzüge fallen ferner Beiträge zur betrieblichen Altersversorgung iRd Entgeltumwandlung oder sonstige vermögenswirksame Leistungen (HWK/*Lembke* § 108 Rn 24). Etwaige **Vorschüsse**, also Vorauszahlungen des AG auf noch nicht fällige Entgeltansprüche des AN, sind ebenso anzugeben wie geleistete **Abschlagszahlungen**.

7 Die Entgeltabrechnung nach § 108 I 1 muss nicht in Schriftform erfolgen, sondern in **Textform (§ 126b BGB)**. Notwendig, aber auch ausreichend ist, dass der AG die Abrechnung auf einem dauerhaften Datenträger abgibt und dabei die Person des Erklärenden (der AG) nennt. Das kann bspw durch eine E-Mail an ein betriebliches Konto des AN geschehen, wenn dieser die Möglichkeit hat, die Nachricht zu speichern oder auszudrucken (*Kremer/Schmidt* CR 2014, 228 ff auch zu den dabei aufgeworfenen datenschutzrechtlichen Fragen).

7.1 **Fällig** ist der **Anspruch** auf Entgeltabrechnung in Textform bei der Auszahlung des Arbeitsentgelts. Bei Barzahlung ist dies der Zeitpunkt der Übereignung des Geldes, bei bargeldloser Zahlung der Zeitpunkt des Eingangs auf dem Konto des AN (Tettinger/*Wank*/Ennuschat § 108 Rn 3). Ein **Anspruch** auf **Neuerstellung** einer Abrechnung kommt nach dem BAG nur dann in Betracht, wenn die vorgelegte Abrechnung des AG völlig unbrauchbar ist (BAG 9.11.1999, 9 AZR 771/98, EzA § 11 BUrlG Nr 44). Einen dem Zeugnisrecht (§ 109 Rdn 35) vergleichbaren Berichtigungsanspruch anerkennt das BAG (9.6.2010, 5 AZR 122/09, KRS 10.041) nicht.

8 Der Anspruch entsteht grds bei jeder weiteren Auszahlung neu. Sofern sich aber ggü der letzten ordnungsgem Abrechnung nichts geändert hat, entfällt die Verpflichtung zur Abrechnung gem **§ 108 II. Ordnungsgem** idS kann eine Abrechnung auch dann sein, wenn sie nicht das dem AN rechtlich zustehende Arbeitsentgelt ausweist. § 108 I soll eine Kontrolle des tatsächlichen Auszahlungsverhaltens des AG ermöglichen; es geht nicht um zuverlässige (und kostenfreie) Rechtsberatung für den AN, etwa zur Vorbereitung einer Leistungsklage (bereits Rdn 3). Deshalb muss der AG auch **nicht vor Zahlung** bekannt geben, wie sich das Arbeitsentgelt seiner Ansicht nach richtigerweise zusammensetzt (BAG 12.7.2006, 5 AZR 646/05, EzA § 108 GewO Nr 1; 10.1.2007, 5 AZR 665/06, EzA § 179 BGB 2002 Nr 2), sondern nur bei Zahlung angeben, wie er das ausbezahlte Arbeitsentgelt tatsächlich zusammengesetzt hat.

9 Kommt der AG seiner Pflicht aus § 108 I nicht nach, steht dem AN ein klagbarer Erfüllungsanspruch zu. Die Zwangsvollstreckung richtet sich nach **§ 888 ZPO**; die Abrechnung ist unvertretbare Handlung, weil auch ein sachkundiger Dritter (Steuerberater, etc) die Abrechnung nicht ohne Mitwirkung des AG erstellen

könnte (BAG 7.9.2009, 3 AZB 19/09, EzA § 888 ZPO 2002 Nr 1; die in der Instanzrspr bislang überwiegend vertretene aA, etwa LAG Köln 19.5.2008, 11 Ta 119/08, LAGE § 109 GewO 2003 Nr 6, ist überholt). In der Konsequenz drohen dem renitenten AG Zwangsgeld oder Ersatzzwangshaft (näher *Tiedemann* ArbRB 2010, 96, 98). In der (Verbraucher-)Insolvenz des AN unterliegen Abrechnungsansprüche mangels Vermögenswertes nicht dem Insolvenzbeschlag, das Informationsinteresse des Treuhänders sichern §§ 304 I 1, 97 I 1 InsO (LAG Berl-Bdg 10.1.2014, 21 Ta 1794/13, NZI 2014, 463).
Ein Zurückbehaltungsrecht des AN nach § 273 BGB wird regelmäßig an der Geringfügigkeit iSd § 320 II 10 BGB scheitern. Zwar gilt jene Bestimmung nur für den synallagmatischen Bereich gegenseitiger Verträge, ihr Rechtsgedanke ist aber (über § 242 BGB) auf § 273 BGB zu übertragen (Staudinger/*Bittner* § 273 BGB Rn 101). Denkbar ist indes ein Schadensersatzanspruch nach § 280 I BGB, wenn der AG seiner Abrechnungspflicht nicht nachkommt und der AN hierdurch eine Vermögenseinbuße erleidet (HWK/*Lembke* § 108 Rn 29 denkt an den Fall, dass der AN ein zinsgünstiges Bankdarlehen nicht erhält, weil er die Abrechnung nicht vorlegen kann).

§ 109 Zeugnis

(1) ¹Der Arbeitnehmer hat bei Beendigung eines Arbeitsverhältnisses Anspruch auf ein schriftliches Zeugnis. ²Das Zeugnis muss mindestens Angaben zu Art und Dauer der Tätigkeit (einfaches Zeugnis) enthalten. ³Der Arbeitnehmer kann verlangen, dass sich die Angaben darüber hinaus auf Leistung und Verhalten im Arbeitsverhältnis (qualifiziertes Zeugnis) erstrecken.
(2) ¹Das Zeugnis muss klar und verständlich formuliert sein. ²Es darf keine Merkmale oder Formulierungen enthalten, die den Zweck haben, eine andere als aus der äußeren Form oder aus dem Wortlaut ersichtliche Aussage über den Arbeitnehmer zu treffen.
(3) Die Erteilung des Zeugnisses in elektronischer Form ist ausgeschlossen.

Übersicht	Rdn.			Rdn.
A. Grundlagen des Zeugnisanspruches	1	II.	Allgemeine Grundsätze des Zeugnisrechts	23
I. Anwendungsbereich	1			
II. Schuldner	3	III.	Zeugnisarten – einfaches und qualifiziertes Zeugnis	29
III. Entstehen und Fälligkeit	9			
IV. Erlöschen, Verjährung, Verwirkung, Verzicht und Ausschlussfristen	14	C.	Berichtigung und Widerruf des Zeugnisses	35
B. Form und Inhalt des Zeugnisses	18	D.	Haftung	40
I. Allgemeine Form des Zeugnisses	18	E.	Rechtsstreitigkeiten	43

A. Grundlagen des Zeugnisanspruches. I. Anwendungsbereich. Der Anspruch eines AN auf ein 1 Arbeitszeugnis war vor Inkrafttreten des § 109 in verschiedenen Vorschriften normiert (insb § 630 BGB, § 73 HGB, § 8 BBiG [jetzt: § 16 BBiG] und § 113). Rspr und Lit gingen bereits damals davon aus, dass sich alle Vorschriften inhaltlich weitgehend decken (Nachweise bei Landmann/Rohmer/*Neumann* § 109 Rn 1). **§ 109 gilt nunmehr für alle AN (§ 6 II) einheitlich** und beschränkt den Zeugnisanspruch – anders als § 630 BGB – **nicht** auf ein »dauerndes Dienstverhältnis«. Dh: Der Anspruch auf ein Zeugnis entsteht bei Beendigung eines jeden Arbeitsverhältnisses unabhängig davon, ob es sich um eine **Voll-** oder um eine **Teilzeitbeschäftigung** handelt oder ob der Beschäftigung im **Haupt-** oder **Nebenberuf** nachgegangen worden ist. Ebenso steht dem lediglich in einem **Probearbeitsverhältnis** Beschäftigten ein Anspruch auf ein Zeugnis zu (*Schleßmann* Rn 122), Gleiches gilt für den im fehlerhaften Arbeitsverhältnis (dazu § 611 BGB Rdn 108 f) Beschäftigten (ErfK/*Müller-Glöge* § 109 Rn 2a; aA ArbG Osnabrück 11.3.2015, 2 Ca 431/14, AuR 2015, 203). § 109 gilt auch für Beschäftigte des **öffentl Dienstes** (BAG 4.10.2005, 9 AZR 507/04, EzA § 109 GewO Nr 5).
Als Folgeänderung zu § 109 sind § 73 HGB und § 113 aufgehoben worden. § 630 BGB wurde um S 4 2 ergänzt und gilt damit nur noch für (freie) Dienstverträge; dazu kann auch ein selbstständiger Qualifizierungsvertrag zählen, der Fortbildungsmaßnahmen außerhalb eines Arbeitsverhältnisses zum Gegenstand hat (BAG 12.2.2013, 3 AZR 120/11, EzA § 1 BBiG 2005 Nr 1). **AN-ähnliche Personen** einschließlich der in Heimarbeit Beschäftigten haben einen Zeugnisanspruch aus § 630 BGB. Dasselbe gilt für GmbH-Geschäftsführer, wenn sie abhängig beschäftigt werden (*Schleßmann* Rn 77 ff).

II. Schuldner. **Schuldner** des **Zeugnisanspruches** ist der **AG**; ist dieser eine juristische Person, ist das 3 Zeugnis von den gesetzlichen Vertretungsorganen zu erteilen. Die Anforderungen an die unterzeichnende Person ergeben sich aus dem **Zweck des Zeugnisses:** Es soll zum einen dem AN Aufschluss über seine

§ 109 GewO   Zeugnis

Beurteilung durch den AG geben. Zum anderen dient es der Unterrichtung künftiger AG über die Befähigung des AN und soll dem AN die Suche nach einer neuen Beschäftigung erleichtern. Hierfür ist die Person des Unterzeichnenden von erheblicher Bedeutung. Mit seiner Unterschrift übernimmt der Unterzeichnende als Aussteller des Zeugnisses die Verantwortung für dessen inhaltliche Richtigkeit. Der Dritte, dem das Zeugnis bestimmungsgem als Bewerbungsunterlage vorgelegt wird, soll und muss sich darauf verlassen können, dass die Aussagen über Leistung und Verhalten des AN richtig sind (BAG 4.10.2005, 9 AZR 507/04, EzA § 109 GewO Nr 5).

4   Dieser Zweck erfordert aber nicht, dass das Zeugnis vom bisherigen AG selbst oder seinem gesetzlichen Vertretungsorgan gefertigt und unterzeichnet wird. Der AG kann einen **unternehmensangehörigen Vertreter** als Erfüllungsgehilfen beauftragen, das Zeugnis in seinem Namen zu erstellen. In einem solchen Fall sind jedoch das Vertretungsverhältnis und die Funktion des Unterzeichnenden anzugeben. Fachliche Zuständigkeit und Rang in der Hierarchie geben Aufschluss über die Kompetenz des Ausstellers und ermöglichen dem Zeugnisleser eine Einschätzung der Richtigkeit der im Zeugnis zur Beurteilung des AN getroffenen Aussagen (BAG 21.9.1999, 9 AZR 893/98, EzA § 630 BGB Nr 22). Eines (angestellten) Vertreters kann sich der AG demnach nur dann bedienen, wenn jener ranghöher als der Zeugnisempfänger ist. Das setzt regelmäßig voraus, dass der Aussteller ggü dem AN weisungsbefugt war (BAG 16.11.1995, 8 AZR 983/94, EzA § 630 BGB Nr 20). Die Stellung als Vorgesetzter des AN muss sich ohne weitere Nachforschungen aus dem Zeugnis ergeben (BAG 26.6.2001, 9 AZR 392/00, EzA § 630 BGB Nr 24).

5   Den Zeugnisanspruch kann der AN in der **Insolvenz des AG** außerhalb des Insolvenzverfahrens durchsetzen. Mangels vermögensrechtlicher Natur wird der Zeugnisanspruch nicht nach § 45 InsO kapitalisiert, sondern ist (ggf zulasten der Masse) zu erfüllen, ohne dass es auf die insolvenzrechtliche Qualifikation ankäme (BAG 23.6.2004, 10 AZR 495/03, EzA § 109 GewO Nr 2). Problem ist die Frage nach dem Schuldner des Anspruchs: Mit Insolvenzeröffnung (genauer: mit Eintritt der insolvenzrechtlichen Wirkungen des Eröffnungsbeschl iSv § 27 InsO) verliert der Schuldner die Verwaltungs- und Verfügungsbefugnis hinsichtlich des massezugehörigen Vermögens. An seine Stelle tritt nach § 80 I InsO der Insolvenzverwalter, der damit insb allein berechtigt und verpflichtet ist, die AG-Befugnisse des Schuldners auszuüben (noch zur KO BAG GS 13.12.1978, GS 1/77, EzA § 112 BetrVG 1972 Nr 15; insoweit nicht beanstandet von BVerfG 19.10.1983, 2 BvR 485 und 486/80, EzA § 112 BetrVG 1972 Nr 27 [»Sozialplan«]). Mithin muss der Insolvenzverwalter auch Arbeitszeugnisse ausstellen, wenn das Arbeitsverhältnis nach dem Übergang der Verwaltungs- und Verfügungsbefugnis endet. Dass ihm typischerweise eigene Kenntnisse über die Leistung und Entwicklung des AN fehlen, ändert nichts. Um den Zeugnisanspruch zu erfüllen, kann und muss der Verwalter auf den nach § 97 InsO zur Mitarbeit verpflichteten Schuldner (respektive dessen Organpersonen, § 101 InsO) zugreifen (BAG 23.6.2004, 10 AZR 495/03, EzA § 109 GewO Nr 2). Er muss für die Beurteilung des AN Informationen aus Personalakten und Gesprächen mit den Vorgesetzten oder dem Insolvenzschuldner einholen. Sollte sich dies aus den übrigen Daten des Zeugnisses nicht ohnehin ergeben, muss der Verwalter bei der Fassung des Zeugnisses darauf hinweisen, dass er die Beurteilung nicht aus eigener Sachkunde abgibt, sondern sich hins des Zeitraums vor Insolvenzeröffnung auf Angaben des Schuldners stützt (noch zur KO BAG 30.1.1991, 5 AZR 32/90, EzA § 630 BGB Nr 13).

6   Endet das Arbeitsverhältnis vor dem Übergang der Verfügungsbefugnis, bleibt der Schuldner verpflichtet, das Zeugnis auszustellen. Der AN kann ihn außerhalb des Insolvenzverfahrens verklagen und einen erstrittenen Titel nach § 888 ZPO (Rdn 46) ohne Rücksicht auf § 89 InsO vollstrecken (LAG Köln 19.5.2008, 11 Ta 119/08, LAGE § 109 GewO 2003 Nr 6). Entspr gilt, wenn der AN ein Zwischenzeugnis (Rdn 12) zu einem vor dem Übergang der Verfügungsbefugnis liegenden Stichtag verlangen kann. An ein vom Schuldner erteiltes Zwischenzeugnis ist der Insolvenzverwalter gebunden (Rdn 13), darf also nur eine abweichende Bewertung abgeben, wenn gerade spätere Umstände diese rechtfertigen. Weil der Nachweis nur schwer gelingen dürfte (und die Aufmerksamkeit des Verwalters anderweitig gebunden ist), können sich AN weitestgehend risikolos um ein Gefälligkeitszeugnis des Schuldners bemühen, sobald der Insolvenzantrag absehbar ist (*Berkowsky* NZI 2008, 224, 225).

7   Der Schuldner verliert die Verwaltungs- und Verfügungsbefugnis schon vor einer Entsch über den Insolvenzantrag, wenn das Insolvenzgericht im Eröffnungsverfahren vorläufige Insolvenzverwaltung anordnet und ein begleitendes Verfügungsverbot erlässt. §§ 22 I, 24 InsO verlagern dann wesentliche Wirkungen des späteren Insolvenzverfahrens zeitlich nach vorn. In der Konsequenz ist der »**starke**« **vorläufige Verwalter** mit begleitendem Verfügungsverbot wie der endgültige allein berechtigt und verpflichtet, die AG-Befugnisse des Schuldners auszuüben. Es gilt das Rdn 5 Gesagte, wobei sich der maßgebliche Zeitpunkt nicht nach dem Eröffnungsbeschl richtet, sondern nach dem Anordnungsbeschl iSd § 21 InsO. Entspr zu behandeln ist ein nach § 22 II InsO »in Bezug auf Arbeitsverhältnisse« bes verfügungsermächtigter Verwalter (BAG 23.6.2004, 10 AZR 495/03, EzA § 109 GewO Nr 2), sofern die Ermächtigung dieses »halbstarken«

Verwalters hinreichend bestimmt und damit rechtlich wirksam ist. Bestellt das Insolvenzgericht demggü nur einen »**schwachen**« **vorläufigen Verwalter** mit bloßem Zustimmungsrecht, bleibt der Schuldner verpflichtet, ein Zeugnis zu erteilen.

In der (Verbraucher-)Insolvenz des AN selbst unterliegt sein Zeugnisanspruch mangels Vermögenswerts nicht dem Insolvenzbeschlag und kann unabhängig vom Insolvenzverfahren durchgesetzt werden (LAG Berl-Bdg 10.1.2014, 21 Ta 1794/13, NZI 2014, 463). 7.1

Bei **Tod des AG** besteht die Verpflichtung auf Zeugniserteilung als Nachlassverbindlichkeit: Der Erbe muss sich aus den verfügbaren Quellen (Unterlagen usw) entspr Kenntnis über den AN verschaffen. Nur wenn der Erbe die für die Zeugniserteilung maßgebenden Tatsachen weder kennt noch sie durch Einholung entspr Auskünfte beibringen kann, entfällt der Zeugnisanspruch (BAG 30.1.1991, 5 AZR 32/90, EzA § 630 BGB Nr 13). 8

III. **Entstehen und Fälligkeit.** Der AN hat nach § 109 I 1 »bei« (und nicht erst »nach«) **Beendigung** des Arbeitsverhältnisses Anspruch auf ein schriftliches Zeugnis (BAG 27.2.1987, 5 AZR 710/85, EzA § 630 BGB Nr 11). Gemeint ist nicht der Zeitpunkt der tatsächlichen Beendigung, sondern der Zeitpunkt, zu dem die Beendigung des Arbeitsverhältnisses (aus welchem Grund auch immer; vgl LAG Hamm 12.7.1994, 4 Sa 192/94, LAGE § 630 BGB Nr 27 [LS]: Zeugnis für Rentner) absehbar ist. Der Anspruch auf ein Zeugnis entsteht insb bereits im Kdg-Zugang mit oder im Abschluss eines Aufhebungsvertrages. Er entsteht bei befristeten Arbeitsverhältnissen vor Befristungsende; richtigerweise ist von diesem Zeitpunkt eine fiktive Kdg-Frist zurückzurechnen (ErfK/*Müller-Glöge* § 109 Rn 9), um Wertungsgleichlauf mit der Beendigung des Arbeitsverhältnisses durch Kdg herzustellen. Die nach § 629 BGB vom AG zu gewährende Zeit zur Stellensuche wäre verschwendet, wenn der AN seinen Bewerbungsunterlagen kein aktuelles Zeugnis beilegen kann (hM, etwa HWK/*Gäntgen* § 109 Rn 16). Auch muss sich der AN nicht auf ein Zwischenzeugnis verweisen lassen, bis ein Kdg-Schutzprozess rkr abgeschlossen ist; der AG kann zwar zunächst nur ein **vorläufiges (End-, nicht Zwischen-)Zeugnis** ausstellen, muss dann aber ein neues Zeugnis als endgültiges Zeugnis anfertigen. 9

Der Anspruch auf ein schriftliches Zeugnis wird zwar mit Entstehung **fällig**, kann aber nicht erfüllt werden, ehe der AN die **Wahl zwischen einem einfachen und qualifizierten Zeugnis** (Rdn 29 ff) getroffen hat (Staudinger/*Preis* § 630 BGB Rn 11; ErfK/*Müller-Glöge* § 109 Rn 7). Weil in der Praxis entgegen dem in § 109 I 3 angedeuteten Regel-Ausnahme-Verhältnis das qualifizierte Zeugnis dominiert, wird der AG das unspezifische Verlangen nach einem Zeugnis nach §§ 133, 157 BGB idR als Verlangen nach einem qualifizierten Zeugnis verstehen müssen (MüKo-BGB/*Henssler* § 630 Rn 31). 10

Das Zeugnis muss sich der AN grds beim AG abholen: Der Zeugnisanspruch ist nach § 269 BGB **Holschuld** (BAG 8.3.1995, 5 AZR 848/93, EzA § 630 BGB Nr 19); klagt der AN den Zeugnisanspruch ohne vorherigen Abholversuch ein, fehlt für diese Klage das Rechtsschutzbedürfnis (LAG Berl-Bbg 6.2.2013, 10 Ta 31/13, LAGE § 109 GewO 2003 Nr 10). Eine ausnahmsweise Schickschuld kommt bei erheblicher räumlicher Entfernung und damit verbundenem Abhol-Aufwand für den AN in Betracht. Dass der (Alt-)AG das Zeugnis ohne nennenswerten Aufwand schicken könnte, ändert am Holschuldcharakter demggü nichts. 11

Das sog **Zwischenzeugnis** spricht § 109 nicht an. Ein entspr Anspruch des AN kann sich aufgrund tarif- oder arbeitsvertraglicher Vereinbarung ergeben. Auch ohne ausdrückliche Vereinbarung kann der AG aufgrund arbeitsvertraglicher Nebenpflicht gehalten sein, ein Zwischenzeugnis auszustellen. Voraussetzung ist ein **berechtigtes Interesse** des AN, das insb bei rechtlichen oder tatsächlichen Veränderungen des Arbeitsverhältnisses anzunehmen ist, etwa bei Versetzungen, Zuweisungen einer neuen Tätigkeit oder bei einem längeren Ruhen des Arbeitsverhältnisses (ErfK/*Müller-Glöge* § 109 Rn 50). Auch kann sich das berechtigte Interesse aus dem Wechsel des Vorgesetzten ergeben, da der neue Vorgesetzte ein späteres Zeugnis nur eingeschränkt auf Basis eigener Erfahrungen erstellen könnte. Eine langjährige Zusammenarbeit kann am besten von den mitwirkenden Personen dargestellt und gewürdigt werden (BAG 1.10.1998, 6 AZR 176/97, EzA § 630 BGB Nr 21 zu § 61 BAT). Demgem lässt sich auch bei einem Betriebsübergang nach § 613a BGB ein berechtigtes Interesse anerkennen. Durch den gesetzlich angeordneten Vertragspartnerwechsel wird der Erwerber auch Schuldner des Zeugnisanspruchs. Die Verpflichtung zur Erteilung eines Endzeugnisses bei Beendigung des Arbeitsverhältnisses besteht unabhängig davon, wie lange das Arbeitsverhältnis nach dem Betriebsübergang fortgesetzt wird. Fehlen dem Erwerber die persönlichen Kenntnisse über den AN, muss er sich diese beim Alt-AG verschaffen: Dass § 613a BGB keinen spezialgesetzlichen Auskunftsanspruch des Erwerbers gegen den Veräußerer vorsieht, steht dem nicht entgegen (BAG 16.10.2007, 9 AZR 248/07, EzA § 109 GewO Nr 6). 12

Dabei ist der Erwerber wegen seines Eintritts in die Rechtsstellung des früheren AG an den Inhalt des von dem Veräußerer erteilten Zwischenzeugnisses **gebunden**, was die Tätigkeitsbeschreibung, die Leistungs- und die Verhaltensbeurteilung angeht. Diese Bindung folgt aus § 242 BGB sowie daraus, dass das Zeugnis 13

Wissenserklärungen des AG zu Leistung oder Verhalten des AN enthält, von denen er nur abrücken darf, wenn ihm nachträglich Umstände bekannt werden, die eine abweichende Beurteilung rechtfertigen. Dh: Der AG ist nicht nur an erteilte Endzeugnisse gebunden (eingehend zur Bindung an Arbeitszeugnisse *Höser* NZA-RR 2012, 281, 283 ff). Auch ein Zwischenzeugnis dient wie ein Endzeugnis regelmäßig dazu, Dritte über die Tätigkeit des AN zu unterrichten. Um dem gerecht zu werden, ist der AG für den Zeitraum, den das Zwischenzeugnis erfasst, grds auch hins des Inhalts des Endzeugnisses gebunden. Er kann vom Zwischenzeugnis nur abweichen, wenn die späteren Leistungen und das spätere Verhalten des AN das rechtfertigen (BAG 16.10.2007, 9 AZR 248/07, EzA § 109 GewO Nr 6).

14 **IV. Erlöschen, Verjährung, Verwirkung, Verzicht und Ausschlussfristen.** Der Zeugnisanspruch erlischt nach § 362 I BGB mit **Erfüllung**. Erfüllt ist, wenn der AG dem AN ein Zeugnis erteilt, das nach Inhalt und Form dem vom AN beantragten Zeugnis entspricht (BAG 12.8.2008, 9 AZR 632/07, EzA § 109 GewO Nr 7). Auch wenn dem AN zunächst (wunschgem) ein einfaches Zeugnis erteilt worden ist, soll er später noch ein qualifiziertes Zeugnis verlangen können (Tettinger/*Wank*/Ennuschat § 107 Rn 15). Mit § 109 hat das nichts zu tun: Der Zeugnisanspruch ist durch Erfüllung erloschen und lebt durch ein entspr Verlangen nicht wieder auf; auch bei **Verlust oder Beschädigung des (Original-)Zeugnisses**, oder genauer: der Zeugnisurkunde, hat der AN keinen (erneuten) Anspruch aus § 109. Allenfalls lässt sich aus den nachwirkenden Vertragspflichten des AG ein Anspruch des AN herleiten, iRd Zumutbaren und Möglichen (und auf Kosten des AN) ein neues Zeugnis auszustellen; ob der AN den Untergang der Originalurkunde zu vertreten hat, spielt keine Rolle (Hess LAG 7.2.2011, 16 Sa 1195/10, LAGE § 109 GewO 2003 Nr 8).

15 Der Zeugnisanspruch unterliegt gem § 195 BGB einer **Verjährungsfrist von 3 Jahren**. Die Frist beginnt nach § 199 I Nr 1 BGB mit Ablauf des Jahres der Entstehung des Anspruchs (Rdn 9). Daneben besteht auch die Möglichkeit der **Verwirkung**: Macht der AN seinen Anspruch auf Zeugniserteilung über längere Zeit nicht geltend, wobei ein Zeitmoment von 10 Monaten schon ausreichen kann (BAG 17.2.1988, 5 AZR 638/86, EzA § 630 BGB Nr 12), liegen weitere Umstände vor, die beim AG die Überzeugung hervorgerufen haben, er müsse kein Zeugnis mehr ausstellen, und ist dem AG nunmehr die Zeugniserteilung unzumutbar, hat der AN seinen Anspruch verwirkt (BAG 16.10.2007, 9 AZR 248/07, EzA § 109 GewO Nr 6).

16 Da § 109 eine zwingende Vorschrift ist, kann der AN vor Beendigung des Arbeitsverhältnisses nicht rechtswirksam auf seinen Zeugnisanspruch verzichten. Ob ein **Verzicht** nach Beendigung des Arbeitsverhältnisses möglich ist, weil der AN jedenfalls dann die Bedeutung einer Verzichtserklärung für sein berufliches Fortkommen beurteilen kann, ist nicht abschließend beantwortet (offengelassen von BAG 16.9.1974, 5 AZR 255/74, EzA § 630 BGB Nr 5; dafür ErfK/*Müller-Glöge* § 109 Rn 52). Eine allg gehaltene **Ausgleichsquittung**, die der AN bei Beendigung des Arbeitsverhältnisses unterzeichnet, wie auch eine allg Ausgleichsklausel in einem Aufhebungsvertrag oder Prozessvergleich können nicht ohne Weiteres dahin ausgelegt werden, dass sie auch einen Verzicht auf das (qualifizierte) Zeugnis enthalten (BAG 16.9.1974, 5 AZR 255/74, EzA § 630 BGB Nr 5; aA LAG Berl-Bbg 6.12.2011, 3 Sa 1300/11, BB 2012, 380). Notwendig ist vielmehr, dass der Verzichtswille hinreichend klar zum Ausdruck kommt (LAG Köln, 17.6.1994, 4 Sa 185/94, LAGE § 630 BGB Nr 22).

17 Der Zeugnisanspruch unterliegt als Anspruch aus dem Arbeitsverhältnis nach Ansicht des BAG **tariflichen Ausschlussfristen**, auch wenn er erst mit Beendigung des Arbeitsverhältnisses entsteht (BAG 4.10.2005, 9 AZR 507/04, EzA § 109 GewO Nr 5; 23.2.1983, 5 AZR 515/80, EzA § 70 BAT Nr 15; aA *Krause* RdA 2004, 36, 44). So soll der AN, wenn der AG bei Beendigung des Arbeitsverhältnisses innerhalb der laufenden Ausschlussfrist ein Zeugnis erteilt, das der AN nicht als Erfüllung gelten lassen will, innerhalb der Ausschlussfrist tätig werden und den AG schriftlich zur Erfüllung des Anspruchs auffordern müssen. Aber: Da der Anspruch aus § 109 sich auf die Erteilung eines insgesamt richtigen Zeugnisses richtet, genügt zur Wahrung der Ausschlussfrist die Beanstandung des erhaltenen Zeugnisses und die Forderung der Neuausstellung. Der Zeugnisempfänger braucht keine dem Gesetz fremde Beseitigung einzelner Mängel vergleichbar einer Sachmängelgewährleistung geltend zu machen (BAG 4.10.2005, 9 AZR 507/04, EzA § 109 GewO Nr 5).

18 **B. Form und Inhalt des Zeugnisses. I. Allgemeine Form des Zeugnisses.** Das Zeugnis ist **schriftlich** abzufassen, § 109 III schließt die elektronische Form aus. Wird es nicht iSd § 126 BGB unterzeichnet, erlischt der Zeugnisanspruch des AN nicht (durch Erfüllung iSd § 362 I BGB). Der AN kann vom AG verlangen, dass dieser das Zeugnis erneut erstellt, mit einer ordnungsgem Unterschrift versieht und ihm aushändigt (BAG 26.6.2001, 9 AZR 392/00, EzA § 630 BGB Nr 24). Mangels gesetzlicher Grundlage besteht keine gesetzliche Pflicht des AG, das Arbeitszeugnis mit Formulierungen abzuschließen, mit denen er dem AN für die gute Zusammenarbeit dankt und ihm für die Zukunft alles Gute wünscht (Rdn 34).

Weiter muss ein Arbeitszeugnis in **formeller Hinsicht** die im Geschäftsleben üblichen Mindestanforde- 19
rungen erfüllen. Dazu zählt jedenfalls, dass es mit einem ordnungsgem Briefkopf ausgestaltet ist, aus dem
Name und **Anschrift** des Ausstellers erkennbar sind. Der **Briefkopf** kann mit Schreibmaschine oder PC
selbst gestaltet werden. Wenn in einem Berufszweig im geschäftlichen Verkehr üblicherweise Firmenbögen
verwandt werden und der AG solche besitzt und benutzt, genügt ein Zeugnis nicht den Anforderungen an
die äußere Form, wenn es nur mit einem der Unterschrift beigefügten Firmenstempel versehen ist (BAG
3.3.1993, 5 AZR 182/92, EzA § 630 BGB Nr 17). Demgegenüber soll es – formal unzulässig (vgl Rdn 46
mit Blick auf gerichtliche Auseinandersetzungen) – auf einen Streit um das Zeugnis hindeuten, wenn der
AG ein auf dem Briefbogen vorgesehenes Adressfeld ausfüllt (Hess LAG 21.10.2014, 12 Ta 375/14, nv).

Überdies ist **haltbares Papier** von guter Qualität zu benutzen; das Zeugnis muss zudem sauber und ordent- 20
lich geschrieben sein und darf **keine Flecken, Radierungen, Verbesserungen, Durchstreichungen** oÄ enthalten (*Schleßmann* Rn 435 f). Aber: Faltet der AG das Zeugnis zweimal, um den Zeugnisbogen in einen
Geschäftsumschlag üblicher Größe unterzubringen, entspricht das Originalzeugnis der gebotenen Form,
wenn es kopierfähig ist und die Knicke im Zeugnisbogen sich nicht (zB durch Schwärzungen) auf den
Kopien abzeichnen (BAG 21.9.1999, 9 AZR 893/98, EzA § 630 BGB Nr 22). Auch (gehäufte) Silben-
trennung bedingt keinen formalen Mangel des Zeugnisses (LAG BW 27.11.2014, 3 Sa 21/14, ZTR 2015,
408); generell kann der AN keine bes ästhetische Gestaltung verlangen (ErfK/*Müller-Glöge* § 109 Rn 15).

Offengelassen hat das BAG mit Blick auf das **Ausstellungsdatum** bislang, ob ein AN, der ein Zeugnis erst 21
einige Zeit nach seinem Ausscheiden verlangt, Rückdatierung auf den Tag der Beendigung des Arbeitsverhältnisses verlangen kann (BAG 9.9.1992, 5 AZR 509/91, EzA § 630 BGB Nr 15). Instanzgerichte und
Lit lehnen ein Recht auf Rückdatierung mehrheitlich ab (Nachweise bei ErfK/*Müller-Glöge* § 109 Rn 12).
Wird dagegen ein bereits erteiltes Zeugnis vom AG inhaltlich geändert oder berichtigt, so muss das berichtigte Zeugnis das Datum des ursprünglich erteilten Zeugnisses tragen, unabhängig davon, ob der AG die
Berichtigung von sich aus vornimmt, gerichtlich dazu verurteilt oder durch Prozessvergleich dazu angehal-
ten wurde (BAG 9.9.1992, 5 AZR 509/91, EzA § 630 BGB Nr 15).

Dass das Zeugnis nach § 109 II 1 klar und verständlich formuliert sein muss, meint zunächst, dass die 22
vom AG gewählten Formulierungen aus sich heraus verständlich sein müssen und einen verständigen Dritten nicht zu unberechtigten Schlüssen führen dürfen (*Schleßmann* Rn 655 ff). Soweit die Vertragsparteien
nichts anderes vereinbart haben, ist die **Zeugnissprache Deutsch**; ein Anspruch auf ein fremdsprachiges
Zeugnis ist aber anzuerkennen, wenn der AN hierauf bes angewiesen ist und dem AG keine zusätzlichen
Kosten entstehen (*Schleßmann* Rn 455), oder wenn die Fremdsprache das Arbeitsverhältnis bes geprägt hat
(*Kursawe* ArbR 2010, 643, 644 ff). **Fehler** in **Rechtschreibung, Grammatik** und Satzbau sollen unerheblich
sein, wenn sie keinen größeren Umfang erreichen, den Sinngehalt des Zeugnisses nicht berühren und keine
negativen Auswirkungen auf die Bewerbungschancen des AN zu erwarten sind (ErfK/*Müller-Glöge* § 109
Rn 15; aA Hess LAG 21.10.2014, 12 Ta 375/14, nv: im Zeitalter der Autokorrektur nötigten Rechtschreib-
fehler zu der Vermutung, der AG distanziere sich vom Zeugnisinhalt).

II. Allgemeine Grundsätze des Zeugnisrechts. Der gesetzlich geschuldete **Inhalt** des **Zeugnisses** bestimmt 23
sich entscheidend nach den mit ihm **verfolgten Zwecken** (BAG 9.9.2011, 3 AZB 35/11, EzA § 109 GewO
Nr 8): Dem AN dient das Zeugnis regelmäßig als Bewerbungsunterlage und ist für sein berufliches Fortkommen von großer Bedeutung. Dritten, insb möglichen künftigen AG, dient es als Grundlage für ihre
Personalauswahl (st Rspr, etwa BAG 15.11.2011, 9 AZR 386/10, EzA § 109 GewO Nr 9), sodass ein
schutzwürdiges Interesse der einstellenden AG an einer möglichst wahrheitsgemäßen Unterrichtung über
die fachlichen und persönlichen Qualifikationen des Bewerbers besteht. Dem AN gibt es zugleich Aufschluss, wie der AG seine Leistung beurteilt (BAG 9.9.2011, 3 AZB 35/11, EzA § 109 GewO Nr 8). Daraus
ergeben sich nicht nur die Verpflichtung zur sorgfältigen Abfassung des schriftlichen Zeugnisses, sondern
auch die **inhaltlichen Grundanforderungen** an jedes Arbeitszeugnis: das **Gebot** der **Zeugniswahrheit** und
das **Gebot** der **Zeugnisklarheit** (BAG 15.11.2011, 9 AZR 386/10, EzA § 109 GewO Nr 9).

Der AG ist in der **Wahl** seiner **Formulierungen** grds **frei** und entscheidet selbst, »welche positiven oder 24
negativen Leistungen er […] mehr hervorheben will als andere« (BAG 9.9.2011, 3 AZB 35/11, EzA § 109
GewO Nr 8). Jedoch müssen die Formulierungen klar und verständlich sein (Rdn 22). Überdies dürfen ob
des Gebots der **Zeugniswahrheit** weder Wortwahl noch Auslassungen dazu führen, dass bei Lesern des Zeugnisses der Wahrheit nicht entspr Vorstellungen entstehen können (BAG 21.6.2005, 9 AZR 352/04, EzA
§ 109 GewO Nr 4). Maßgeblich ist nicht, welche Vorstellungen der Zeugnisverfasser mit seiner Wortwahl
verbindet, sondern allein der objektive Empfängerhorizont des Zeugnislesers (BAG 15.11.2011, 9 AZR
386/10, EzA § 109 GewO Nr 9). Der Grds der Zeugniswahrheit erstreckt sich auf alle wesentlichen Tatsachen, die für die Gesamtbeurteilung des AN von Bedeutung sind und an deren Kenntnis ein künftiger AG

ein berechtigtes Interesse hat. Die Tätigkeiten des AN sind so vollständig und genau zu beschreiben, dass sich ein künftiger AG ein klares Bild machen kann (BAG 9.9.2011, 3 AZB 35/11, EzA § 109 GewO Nr 8).

25 AG und AN können die **Formulierungshoheit** einvernehmlich **auf den AN übertragen**; in diesem Fall hat der AN die Grds der Zeugniswahrheit und -klarheit in seinem Entwurf zu beachten (zu einem entspr Prozessvergleich BAG 9.9.2011, 3 AZB 35/11, EzA § 109 GewO Nr 8). Dh insb, dass sich der AG nicht (wirksam) verpflichten kann, den Entwurf ungeprüft zu übernehmen: Ein Zwangsvollstreckungsverfahren kann nicht dazu führen, dass der AG ein Zeugnis erteilen muss, das gegen den Grds der Zeugniswahrheit verstößt (BAG 9.9.2011, 3 AZB 35/11, EzA § 109 GewO Nr 8). IdR wird die Vereinbarung über die Bindung des AG an den Entwurf zudem dahin auszulegen sein, dass der AG orthografische Mängel beheben darf.

26 Das Zeugnis darf nichts Falsches enthalten (BAG 29.7.1971, 2 AZR 250/70, EzA § 630 BGB Nr 1). »**Falsch**« ist ein Zeugnis auch dann, wenn es Merkmale enthält, die den Zweck haben, den AN in einer aus dem Wortlaut des Zeugnisses nicht ersichtlichen Weise zu kennzeichnen, und denen entnommen werden muss, der AG distanziere sich vom buchstäblichen Wortlaut seiner Erklärungen, und der AN werde in Wahrheit anders beurteilt, nämlich ungünstiger als im Zeugnis bescheinigt (BAG 15.11.2011, 9 AZR 386/10, EzA § 109 GewO Nr 9). Dass eine bestimmte Formulierung idS als verschleierte Abwertung (»Geheimcode«) in der Zeugnissprache etabliert ist, soll der AN substanziiert darlegen müssen (BAG 15.11.2011, EzA § 109 GewO Nr 9 verneint einen entspr Zeugnisbrauch mit Blick auf die Formulierung »kennen gelernt«); einen noch nicht allg anerkannten Zeugnisbrauch nachzuweisen, wird ihm freilich kaum gelingen. Ein nach § 109 II 2 unzulässiges **Geheimzeichen** kann auch das Auslassen eines an sich erwarteten Zeugnisinhalts sein. Dh: Das Zeugnis darf dort keine Auslassungen enthalten, wo der Leser eine positive Hervorhebung erwartet (BAG 12.8.2008, 9 AZR 632/07, EzA § 109 GewO Nr 7): Bsp ist der (im Rechtsverkehr erwartete) ausdrückliche Hinweis auf die Ehrlichkeit von AN, die mit Geld umgehen (BAG 29.7.1971, 2 AZR 250/70, EzA § 630 BGB Nr 1: Kassierer). Zu praktischen Formulierungstechniken (»Zeugnissprache«) eingehend *Schleßmann* Rn 631 ff.

27 Aus dem **Gebot** der **Zeugnisklarheit** folgt, dass der Zeugnisleser nicht im Unklaren darüber gelassen werden darf, wie der AG die Leistung des AN einschätzt. Benutzt der AG dabei ein im Arbeitsleben übliches Beurteilungssystem, so ist das Zeugnis auch so zu lesen, wie es dieser Üblichkeit entspricht (BAG 15.11.2011, 9 AZR 386/10, EzA § 109 GewO Nr 9). Dies gilt auch für eine zusammenfassende Endbeurteilung, die für das weitere berufliche Fortkommen des AN von erheblicher Bedeutung ist. Deren Formulierung kann insb den Ausschlag geben, ob der Bewerber zum Vorstellungsgespräch gebeten wird und sich damit seine Chancen auf eine Einstellung erhöhen. Aus der Zeugnisklarheit folgt insoweit, dass die dem AN erteilte Schlussnote mit der Beurteilung der einzelnen Leistungen vereinbar sein muss (BAG 14.10.2003, 9 AZR 12/03, EzA § 109 GewO Nr 1). Aber: Ein Anspruch auf eine bestimmte Endnote ergibt sich daraus nur, wenn die Einzelbeurteilungen zwingend den Schluss auf die vom AN verlangte bessere Endbeurteilung zulassen (BAG 23.9.1992, 5 AZR 573/91, EzA § 630 BGB Nr 16).

28 Im Interesse des beruflichen Fortkommens des AN ist das Zeugnis **wohlwollend** zu fassen (grundlegend BAG 23.6.1960, 5 AZR 560/58, AP HGB § 73 Nr 1); Grenze ist die Wahrheit: ein Zeugnis kann (besser: darf) nur iR der Wahrheit wohlwollend sein (etwa BAG 9.9.1992, 5 AZR 509/91, EzA § 630 BGB Nr 15). Im Zeugnis zu bewerten ist das Verhalten, das für den AN kennzeichnend ist. Einmalige Vorfälle oder Umstände, die für den AN, seine Führung (dh: sein Verhalten) und Leistung nicht charakteristisch sind, gehören nicht in das Zeugnis. Dem AN kann mithin auch bei kleineren Auffälligkeiten oder einem einmaligen Fehlverhalten zu bescheinigen sein, dass sein Verhalten einwandfrei gewesen sei (BAG 21.6.2005, 9 AZR 352/04, EzA § 109 GewO Nr 4). Umgekehrt muss sich das positive Verhalten des AN, wenn es keinerlei Anlass zu Beanstandungen gab, auch im Zeugnistext niederschlagen. Der AN hat freilich keinen Anspruch auf eine bestimmte Formulierung oder einen bestimmten Wortlaut (ErfK/*Müller-Glöge* § 109 Rn 27).

29 **III. Zeugnisarten – einfaches und qualifiziertes Zeugnis.** Das **einfache Zeugnis** muss Angaben über Art und Dauer der Tätigkeit des AN enthalten, § 109 I 2. Erforderlich ist neben den Angaben zur Person und dem Ausstellungsdatum eine möglichst genaue und **vollständige Beschreibung** der **Art der bisherigen Tätigkeit** und des **Aufgabenbereichs** des Beschäftigten (BT-Drs 14/8796 S 25). Künftige AG sollen sich ein klares Bild über die bisherige Tätigkeit machen können (BAG 12.8.1976, 3 AZR 720/75, EzA § 630 BGB Nr 7): »Ob die einzelnen Tätigkeiten nach Umfang und Art bes bedeutungsvoll waren, ist nicht ausschlaggebend. Es kommt nur darauf an, ob ihr Umfang und ihre Bedeutung ausreichen, um sie im Falle einer Bewerbung des AN für einen künftigen AG interessant erscheinen zu lassen. Unwesentliches darf verschwiegen werden, nicht aber Aufgaben und Tätigkeiten, die ein Urt über die Kenntnisse und die Leistungsfähigkeit des AN erlauben.« Insoweit wird der Grds der Zeugniswahrheit ergänzt durch das Verbot, das weitere

Fortkommen des AN ungerechtfertigt zu erschweren (BAG 10.5.2005, 9 AZR 261/04, EzA § 109 GewO Nr 3). Bei der reinen Tätigkeitsbeschreibung hat der AG einen **weit geringeren Beurteilungsspielraum** als bei der Leistungsbewertung (Rdn 31). Dass das Zeugnis ein abgerundetes Bild vermittelt, reicht nicht aus. Vielmehr muss die Beschreibung den Tatsachen entsprechen (BAG 12.8.1976, 3 AZR 720/75, EzA § 630 BGB Nr 7). Damit ist auch gesagt, dass der AG einem langfristig vertragswidrig eingesetzten AN nicht bescheinigen darf, die vertraglich vorgesehene Aufgabe wahrgenommen zu haben (problematisch insoweit ArbG Berl 29.8.2014, 28 Ca 6704/14, BB 2015, 51 [LS]).

Die **Dauer** der **Tätigkeit** meint die rechtliche Dauer des zwischen AN und AG bestehenden Arbeitsverhältnisses, grds ohne Rücksicht auf die Zeit der tatsächlichen Beschäftigung. Eine Ausnahme ist anzuerkennen, wenn der AN während eines Kündigungsschutzverfahrens seine Weiterbeschäftigung erzwingt. Hier rechtfertigt schon das Gebot der Zeugniswahrheit, eine langfristige Weiterbeschäftigungsphase nicht auszublenden (iE auch Staudinger/*Preis* § 630 BGB Rn 33); anders ist zu verfahren, wenn ohnehin nicht über das Ende der Kündigungsfrist hinaus gearbeitet wurde (Hess LAG 17.11.2014, 17 Sa 406/14, nv). Ob und wie etwaige Ausfallzeiten des AN erwähnt werden dürfen oder müssen, hängt vom Einzelfall ab: ZB darf im Arbeitszeugnis idR nicht erwähnt werden, dass der AN ein mitbestimmungsrechtliches Ehrenamt ausgeübt hat, selbst wenn damit (zB wegen Freistellung) erhebliche Arbeitsausfälle verbunden waren (BAG 19.8.1992, 7 AZR 262/91, EzA § 630 BGB Nr 14). Andernfalls drohten dem AN berufliche Nachteile, weil potenzielle Neu-AG ggf davon ausgehen könnten, dass der Beurteilte für die Erledigung dienstlicher Aufgaben nicht uneingeschränkt zur Verfügung stehen wird, oder schlicht keinen engagierten AN-Vertreter einstellen wollen. Erst recht darf die Tätigkeit als gewerkschaftlicher Vertrauensmann im Betrieb nicht angegeben werden. Erwähnt werden müssen Ausfallzeiten indes, wenn wegen ihres Ausmaßes eine die Gesamtdauer des Beurteilungszeitraums umfassende Beurteilung unmöglich ist (BAG 10.5.2005, 9 AZR 261/04, EzA § 109 GewO Nr 3 für die Elternzeit). Das muss auch für die Amtstätigkeit im BR gelten (ErfK/*Müller-Glöge* § 109 Rn 21), etwa für den über mehrere Amtsperioden voll freigestellten BR-Vorsitzenden.

Verlangt der AN ein **qualifiziertes Zeugnis**, muss der AG darin auch **Leistung und Verhalten** des AN beurteilen. Die Beschreibung der Leistung soll dabei Angaben über Fähigkeiten, Kenntnisse, Fertigkeiten, Geschicklichkeit und Sorgfalt sowie Einsatzfreude und Einstellung zur Arbeit enthalten. Bei den Angaben über das Verhalten von Beschäftigten ist insb das Verhältnis zu Mitarbeitern und Vorgesetzten zu beurteilen, sowie die Frage, wie sie sich in den betrieblichen Arbeitsablauf eingefügt haben (BT-Drs 14/8796 S 25). Auch dabei gilt: Dem AG ist gesetzlich nicht vorgegeben, welche Formulierungen er verwenden darf. Es steht ihm frei, welches Beurteilungssystem er heranzieht. Der Zeugnisleser darf nur nicht im Unklaren gelassen werden, wie der AG die Leistung des AN einschätzt (BAG 14.10.2003, 9 AZR 12/03, EzA § 109 GewO Nr 1). Der AG hat insoweit einen (weiten) **Beurteilungsspielraum**, den er jedenfalls dann **überschreitet**, wenn er von unrichtigen Tatsachen ausgeht, allg Bewertungsmaßstäbe verletzt oder sich von sachfremden Erwägungen leiten lässt (HWK/*Gäntgen* § 109 Rn 29).

Nach der **Bewertung** der **einzelnen Leistungsmerkmale** ist eine zusammenfassende Leistungsbeurteilung üblich, wobei idR auf die sog Zufriedenheitsskala zurückgegriffen wird: Ausgehend von den dem AN übertragenen Tätigkeiten und dem sich daraus ergebenden Anforderungsprofil wird die Leistung des AN daran gemessen, wie der AG mit der Aufgabenerfüllung »zufrieden« war. Der Begriff »zufrieden« bezeichnet abw vom üblichen Sprachgebrauch nicht die subjektive Befindlichkeit des AG. Er enthält vielmehr eine auf die Arbeitsaufgabe abgestellte Beurteilung, die sich an den objektiven Anforderungen orientiert, die üblicherweise an einen AN mit vergleichbarer Aufgabe gestellt werden. Verstärkende oder abschwächende Zusätze führen zu einer Schul- oder Prüfungsnoten vergleichbaren Skala, die von »sehr gut«, über »gut« und »befriedigend« bis hin zu »ausreichend« und »mangelhaft« reicht (BAG 14.10.2003, 9 AZR 12/03, EzA § 109 GewO Nr 1; Einzelheiten und Formulierungshilfen bei *Schleßmann* Rn 712 ff). Freilich kommen unterdurchschnittliche Bewertungen heute kaum noch vor, (sehr) gute Bewertungen sind die Regel (*Düwell/Dahl* NZA 2011, 958, 959).

Bei der **Beurteilung** des **Verhaltens** des AN geht es um das **dienstliche Verhalten**; § 109 I 3 spricht vom »Verhalten im Arbeitsverhältnis«. **Außerdienstliches Verhalten** darf nur dann Eingang in das Arbeitszeugnis finden, wenn es Einfluss auf das Verhalten des AN im Dienst hatte (BAG 29.1.1986, 4 AZR 479/84, AP TVAL II § 48 Nr 2). Ansonsten darf das Zeugnis über außerdienstliches Verhalten keine Aussagen treffen (eingehend ErfK/*Müller-Glöge* § 109 Rn 43 ff), insb keine Formulierungen aufweisen wie: »Über das außerdienstliche Verhalten des Mitarbeiters ist uns nichts Nachteiliges bekannt.«

Der AG ist gesetzlich nicht verpflichtet, das einfache oder qualifizierte Arbeitszeugnis mit einer **Schlussformel** abzuschließen, in der er dem AN für die gute Zusammenarbeit dankt und ihm für die Zukunft alles Gute wünscht (BAG 11.12.2012, 9 AZR 227/11, EzA § 109 GewO Nr 10). Schlusssätze werden in der Praxis vielfach verwendet und als »üblicher« Zeugnisinhalt angesehen. Solche Formulierungen können das

Zeugnis abschließen und eröffnen die Gelegenheit, auf die Person des AN und seine Leistung abgestimmte Akzente zu setzen, mithin das im Zeugnis gezeichnete Bild abzurunden. Indes ist zu erinnern, dass abschließende Formulierungen geeignet sind, die objektiven Zeugnisaussagen zu Führung und Leistung des AN und die Angaben zum Grund der Beendigung des Arbeitsverhältnisses zu bestätigen oder zu relativieren. Soweit der AG entspr Redewendungen verwendet, müssen sie daher mit dem übrigen Zeugnisinhalt in Einklang stehen. Im Falle eines Widerspruchs (und auch sonst) kann der AN keine ihm genehme Schlussformel verlangen, sondern nur ein auf den gesetzlichen Pflichtinhalt reduziertes Zeugnis ohne Schlusssatz (BAG 11.12.2012 9 AZR 227/11, EzA § 109 GewO Nr 10). Anders ist das allenfalls, wenn sich der AG rechtsgeschäftlich besonders verpflichtet hat, dem AN ein Zeugnis zu erteilen, das »dem beruflichen Fortkommen förderlich« ist (LAG Rh-Pf 11.9.2014, 3 Sa 127/14, JurionRS 2014, 31573).

35 **C. Berichtigung und Widerruf des Zeugnisses.** Entspricht das Zeugnis mit Blick auf Form und Inhalt nicht den gesetzlichen Anforderungen des § 109, hat der AN einen sog **Zeugnisberichtigungsanspruch**. Richtigerweise wird mit dem Anspruch auf Berichtigung des Zeugnisses die Erfüllung des ursprünglichen Zeugnisanspruches geltend gemacht, da mit dem »fehlerhaften« Zeugnis die Pflicht, ein formgerechtes, wahrheitsgem wie auch wohlwollendes Zeugnis zu erteilen, nicht erfüllt wird (BAG 12.8.2008, 9 AZR 632/07, EzA § 109 GewO Nr 7; aA ErfK/*Müller-Glöge* § 109 Rn 64 f, der zwischen formellen Mängeln des Zeugnisses [dann erfüllungsuntauglich] und inhaltlichen »Bewertungsmängeln« [dann Berichtigungsanspruch des AN aus den §§ 280 ff BGB] unterscheidet). Durch den untauglichen Erfüllungsversuch hat der AG indes den Anspruch iSd § 212 I Nr 1 BGB »in anderer Weise« anerkannt, sodass die Verjährung erneut beginnt. Tarifvertragliche Ausschlussfristen erfassen den »Berichtigungsanspruch« nicht, wenn und weil der AN seinen Zeugnisanspruch bereits vor dem Erfüllungsversuch hinreichend geltend gemacht hat. Indes verwirkt der Anspruch in verhältnismäßig kurzer Zeit, wenn der AN bereits ein unzureichendes Zeugnis erhalten hat (Staudinger/*Preis* § 630 BGB Rn 66). Solange er dieses Zeugnis nicht rügt, setzt sein Schweigen ein gewichtiges »Umstandsmoment«, angesichts dessen ein entspr reduziertes »Zeitmoment« (vgl § 242 BGB Rdn 5 zu den Voraussetzungen der Verwirkung) ausreichen muss (BAG 17.10.1972, 1 AZR 86/72, EzA § 630 BGB Nr 4: 5 Monate [mit Blick auf Schadensersatzansprüche]; 17.2.1988, 5 AZR 638/86, EzA § 630 BGB Nr 12: 10 Monate).

36 **Zeugnisberichtigung** meint nicht die Korrektur der zunächst erstellten Urkunde, sondern Ausstellung eines neuen (und erstmalig ordnungsgem) Zeugnisses, bei dem bestimmte Formulierungen im Verhältnis zum bisherigen Zeugnis hinzugefügt oder weggelassen werden. An den nicht gerügten Zeugnisinhalt ist der AG dabei grds gebunden; er darf die Berichtigung nur dann zur reformatio in peius nutzen, wenn gerade neue Umstände eine schlechtere Bewertung rechtfertigen (BAG 21.6.2005, 9 AZR 352/04, EzA § 109 GewO Nr 4; 8.2.1972). Der AN muss die Berichtigung nicht Zug-um-Zug gegen Rückgabe des alten Zeugnisses verlangen; auch wenn der AG das »unrichtige« Zeugnis kondizieren könnte, steht ihm kein Zurückbehaltungsrecht an dem »richtigen« zu (HWK/*Gäntgen* § 109 Rn 50). Dass nur eine Beurteilung des AN existieren dürfe (LAG Hamm 17.12.1998, 4 Sa 1337/98, NZA-RR 1999, 455), ist kein Argument: Der AN wird ein schlechteres Zeugnis schon aus eigenem Antrieb unter Verschluss halten, und der AG dürfte eben deshalb kein bes Interesse an der Rückgabe haben.

37 Die **Darlegungs- und Beweislast** für die Richtigkeit der Tatsachen, aus denen sich die Beurteilung ergibt, weist die Rspr dem **AG als Schuldner** des Zeugnisanspruchs zu (grundlegend BAG 23.6.1960, 5 AZR 560/58, AP HGB § 73 Nr 1). Nur das entspricht den allg Regeln der Beweislastverteilung: Verlangt der AN Berichtigung und damit die Erfüllung des Zeugnisanspruchs (Rdn 35), kann es nur dem AG obliegen, Tatsachen darzutun, aus denen sich ergibt, dass der Zeugnisanspruch erfüllt ist. Insoweit müsste der AG darlegen und ggf beweisen, dass er ein den gesetzlichen Anforderungen entspr Zeugnis mit dem allg erforderlichen Inhalt erstellt hat. Für die **Wertungsfrage der Beurteilung** des AN passen diese Grds nicht: Zwar wäre es verfahrensrechtlich konsequent, dem AG auch insoweit die Beweislast zuzuweisen. Folge wäre indes ein nicht zu rechtfertigender »Anspruch auf die Bestnote« bei Beweisfälligkeit. Das ist ebenso abseitig wie eine Beweislastumkehr mit der Folge der schlechtesten Benotung im Fall des non liquet. BAG (14.10.2003, 9 AZR 12/03, EzA § 109 GewO Nr 1) und hM (nur ErfK/*Müller-Glöge* § 109 Rn 85 ff) ordnen die Beweislast daher nach der Zeugnisnote.

38 Konkret heißt das: **Im Zweifel** wird der AN **durchschnittlich** bewertet (»Note 3«). Der AG muss Umstände nachweisen, die eine schlechtere Bewertung rechtfertigen; in der Praxis sind unterdurchschnittliche Bewertungen freilich sehr selten. Will der AN eine überdurchschnittliche Beurteilung, muss er als derjenige, der einen Anspruch auf eine konkrete Zeugnisformulierung geltend macht, Tatsachen nachweisen, die jene Formulierung rechtfertigen. Mithin soll § 109 »im Zweifel« keinen Anspruch auf ein leistungsgerechtes Zeugnis begründen, sondern auf ein durchschnittliches. Mit Blick auf die inflationäre Häufung (sehr) guter

Bewertungen in der Praxis bedeutet die »Durchschnittsnote« freilich de facto eine schlechte Bewertung; akzeptiert man die Beweislastverteilungsregel des BAG, muss die Zweifelsnote angehoben werden (*Düwell/ Dahl* NZA 2011, 958, 959 f). Das BAG (18.11.2014, 9 AZR 584/13, EzA § 109 GewO Nr 11) ist entsprechenden Forderungen freilich entgegengetreten und hält an seiner Linie fest. In jedem Fall ist zu berücksichtigen, dass jede Beurteilung von einer Vielzahl von Faktoren abhängig ist. Sie wird zwangsläufig von den Erfahrungen des AG geprägt, die er mit der Leistung einzelner AN gewonnen hat. Der entspr Beurteilungsspielraum des AG kann gerichtlich nur eingeschränkt kontrolliert werden (BAG 14.10.2003, 9 AZR 12/03, EzA § 109 GewO Nr 1).

Eine verfahrensrechtlich plausible Begründung der Beweislastverteilung im Berichtigungsprozess muss an der materiellrechtlichen Ähnlichkeit des Zeugnisanspruchs zur Leistungsbestimmung des § 315 BGB ansetzen (eingehend *Kolbe* NZA 2015, 582 ff): Das Zeugnis als Leistungsgegenstand muss vom AG als Schuldner erst konkretisiert werden, dabei steht ihm ein nur eingeschränkt justitiabler Beurteilungsspielraum zu. In dieser Situation kann es um Beweislast ohnehin nur für die Tatsachengrundlage der Leistungsbewertung gehen; insoweit steht der AG als Schuldner in der Nachweispflicht für eine ordnungsgemäße Erfüllung. Die Bewertung selbst ist keinem Beweis zugänglich, hier stellt sich allein die Rechtsfrage, ob sich der AG im Rahmen seines Beurteilungsspielraums gehalten hat. Ist seine Entsch angesichts der (festgestellten) Tatsachenbasis unvertretbar, ist – nach dem Modell des § 315 III BGB – auf dieser Grundlage eine **richterliche** »**Ersatzbewertung**« zu treffen. Insoweit stellt sich zwar nicht die Frage nach der Beweislast, mittelbar ist aber jede Seite gehalten, die für ihre Position sprechenden Tatsachen vorzutragen. Fehlt eine belastbare Tatsachenbasis, spricht nichts dagegen, die richterliche Ersatzbewertung im mittleren Bereich zu halten – und zwar im mittleren Bereich der Notenskala, weil nur diese, und nicht die Zeugnispraxis, den auszufüllenden Beurteilungsspielraum definiert.

38.1

Kann die Tatsachengrundlage für die Bewertung nicht belastbar nachgewiesen werden, soll der AG die bessere Bewertung vergleichsweise zusagen dürfen (LAG Nds 27.3.2014, 5 Sa 1099/13, LAGE § 307 BGB 2002 Nr 42). Mit Blick auf den Grundsatz der Zeugniswahrheit kann das aber nicht gelten, wenn jedenfalls die zugesagte Note nach dem Ergebnis der Beweisaufnahme nicht in Betracht kommt.

38.2

Da es sich bei der Zeugniserteilung nicht um eine Willens-, sondern um eine Wissenserklärung handelt, scheidet eine Anfechtung nach §§ 119 ff BGB von vornherein aus. Möglich ist nach ganz hM aber ein **Widerruf des erteilten Zeugnisses**, wenn der AG sich bei dessen Ausstellung im Irrtum befand, also insb das Zeugnis »unrichtige« Tatsachen oder Beurteilungen enthält, die auf unrichtigen Tatsachen beruhen. Dh: Der AG kann Herausgabe des alten Zeugnisses Zug um Zug gegen Erteilung eines neuen Zeugnisses verlangen (nur ErfK/*Müller-Glöge* § 109 Rn 56). Voraussetzung ist aber, dass sich der Irrtum auf wesentliche Grundlagen bezieht oder wesentliche Unrichtigkeiten des Zeugnisses bedingt (BGH 15.5.1979, VI ZR 230/76, EzA § 630 BGB Nr 10). Praktisch bedeutsam ist der Widerruf nicht nur, um Schadensersatzansprüche Dritter abzuwehren, sondern auch, wenn man eine weiter gehende rechtliche Bindung des AG an den Inhalt des Zeugnisses im Verhältnis zum AN annimmt (BAG 21.6.2005, 9 AZR 352/04, EzA § 109 GewO Nr 4; 8.2.1972, 1 AZR 189/71, EzA § 630 BGB Nr 3).

39

D. Haftung. Hat der AG das Zeugnis **schuldhaft nicht rechtzeitig** ausgestellt, kommt ein **Schadensersatzanspruch des AN** unter den Voraussetzungen des Verzugs (§§ 280 I, III iVm 286 BGB) in Betracht. Daneben anerkennt das BAG grds einen Ersatzanspruch wegen »Schlechtleistung« (§ 280 I BGB), wenn der AG das Zeugnis **schuldhaft** »**nicht gehörig**« ausstellt (BAG 16.11.1995, 8 AZR 983/94, EzA § 630 BGB Nr 20).

40

Der **Schaden** des AN besteht idR darin, dass der AN keine oder jedenfalls keine seinem bisherigen Arbeitsplatz entspr Stellung findet und einen **Verdienstausfall** erleidet. Für einen Ersatzanspruch muss er darlegen und ggf beweisen, dass ein bestimmter AG ihn nur wegen des fehlenden Zeugnisses nicht eingestellt hat (BAG 25.10.1967, 3 AZR 456/66, EzA § 73 HGB Nr 1; 26.2.1976, 3 AZR 215/75, EzA § 630 BGB Nr 6). Insoweit gibt es keinen Erfahrungssatz, dass bei ltd Ang das Fehlen des Zeugnisses die Ursache für den Misserfolg von Bewerbungen um einen anderen Arbeitsplatz gewesen sei (BAG 16.11.1995, 8 AZR 983/94, EzA § 630 BGB Nr 20). Zwar wird der positive Beweis, dass das fehlende Zeugnis ursächlich für den Schaden war, regelmäßig nicht zu führen sein. Das BAG hilft dem AN aber mit den Beweiserleichterungen nach § 252 S 2 BGB und § 287 ZPO (BAG 16.11.1995, 8 AZR, 983/94, EzA § 630 BGB Nr 20). Darlegungs- und beweisbelastet bleibt der AN indes hins der tatsächlichen Grundlagen für die »Würdigung« von haftungsausfüllender Kausalität und Schadenshöhe nach »freier Überzeugung«. Mit Blick auf die Kausalitätsfrage will das BAG »unter Umständen« den Vortrag des AN ausreichen lassen, ein bestimmter AG sei »ernsthaft interessiert« gewesen und die »Zeugnisfrage sei zur Sprache gebracht worden« (BAG 26.2.1976, 3 AZR 215/75, EzA § 630 BGB Nr 6).

41

42 Zentrale Anspruchsgrundlage für den **Schadensersatzanspruch eines Dritten** (neuer AG) gegen den (Alt-) AG, der ein unrichtiges Zeugnis ausgestellt hat, ist § 826 BGB. Voraussetzung ist, dass der (Alt-)AG im Zeugnis wissentlich unwahre Angaben gemacht hat und sich dabei der Möglichkeit schädlicher Folgen bewusst war (BGH 26.11.1963, VI ZR 221/62, AP BGB § 826 Nr 10; 15.5.1979, VI ZR 230/76, EzA § 630 BGB Nr 10). Überdies soll der Aussteller eines Zeugnisses, der nachträglich erkannt hat, dass dieses grob unrichtig ist und ein bestimmter Dritter durch Vertrauen auf das Zeugnis Schaden zu nehmen droht, für den durch die Unterlassung einer Warnung entstandenen Schaden vertraglich oder quasi-vertraglich (§ 311 II, III BGB) haften (BGH 15.5.1979, VI ZR 230/76, EzA § 630 BGB Nr 10; gegen eine Haftung außerhalb von Vertragsbeziehungen zwischen Aussteller und neuem AG ErfK/*Müller-Glöge* § 109 Rn 72 mwN).

43 **E. Rechtsstreitigkeiten. Zuständig** für Leistungsklagen auf Zeugniserteilung sind nach § 2 I Nr 3 ArbGG die ArbG. Mit Blick auf den **Klageantrag** und dessen notwendige Bestimmtheit (§ 253 II ZPO) kann der AN entspr der gesetzlichen Formulierung des § 109 I 2 oder 3 ein einfaches oder qualifiziertes Zeugnis verlangen. Auf einen bestimmten Zeugnisinhalt kann der AN bei unterbliebener Zeugniserteilung nicht klagen, da es dem AG obliegt, das Zeugnis zu formulieren (BAG 29.7.1971, 2 AZR 250/70, EzA § 630 BGB Nr 1). Für Klage auf »Zeugnisberichtigung« (Rdn 35) gilt das nicht: Verlangt der AN einen bestimmten Zeugnisinhalt, dann muss er im Klageantrag genau bezeichnen, was das Zeugnis in welcher Form enthalten soll, ggf ist der gewünschte Wortlaut in den Antrag aufzunehmen (BAG 14.3.2000, 9 AZR 246/99, FA 2000, 286). Damit ist sichergestellt, dass der Streit über den Zeugniswortlaut nicht in das Zwangsvollstreckungsverfahren gezogen wird. Hat der AG gar kein oder ein ersichtlich untaugliches Zeugnis erteilt, kann Zeugniserteilung bzw -berichtigung auch im einstweiligen Verfahren durchgesetzt werden (Hess LAG 17.2.2014, 16 SaGa 61/14, LAGE § 109 GewO 2003 Nr 12).

44 Das grundlegende Problem bleibt, dass der AG (ggf durch Zwangshaft; Rdn 46) gezwungen wird, gegen seinen Willen eine wertende Erklärung abzugeben. Rechtfertigen soll diesen **Eingriff in die Meinungsfreiheit** die Berufsfreiheit des AN. Dieser sei ohne »passendes« Zeugnis nicht in der Lage, eine neue Anstellung zu finden. Wenn das ArbG nur unbestimmt zur Erteilung eines »ordnungsgemäßen« Zeugnisses verurteilen könnte, könnte der AG die Durchsetzung des Zeugnisanspruchs »durch immer neue, nicht den gesetzlichen Anforderungen entsprechende Formulierungen beliebig [...] verzögern« (LAG HH 6.12.2007, 8 Sa 51/07, nv). Diese Argumentation ist angreifbar, schließlich muss auch die Verurteilung zu einem »bestimmten« Zeugnis nach § 888 ZPO vollstreckt werden. Ein hinreichend renitenter AG kann das Vollstreckungsverfahren also durchaus noch in die Länge ziehen.

45 **Streitwert** der Klage auf Zeugniserteilung ist ein Bruttomonatsentgelt des AN; bei der Klage auf Berichtigung ist dann ein Abschlag angezeigt, wenn das Zeugnis nur in Nebenpunkten angegriffen wird (vgl HWK/*Gäntgen* § 109 Rn 53 zu den rechtlich unverbindlichen Vorschlägen der Streitwertkommission).

46 Die **Zwangsvollstreckung** eines Titels auf Zeugniserteilung oder -berichtigung richtet sich nach **§ 888 ZPO**, erfolgt also durch Zwangsgeld und -haft gegen den AG (zu Einzelproblemen der Vollstreckung *Howald* FA 2012, 197, 198 ff). Die Erteilung eines Zeugnisses ist unvertretbare Handlung (BAG 23.6.2004, 10 AZR 495/03, EzA § 109 GewO Nr 2); nur der AG kann das Zeugnis ausstellen, berichtigen und unterschreiben. § 894 ZPO ist unanwendbar, weil der AN eine Wissenserklärung verlangt, für die dem AG ein erheblicher Beurteilungsspielraum zusteht, nicht aber die Abgabe einer Willenserklärung. Materiell-rechtliche Einwendungen (zB Erfüllung oder Stundung der Zeugnispflicht) kann der AG mit der Vollstreckungsabwehrklage nach § 767 ZPO geltend machen. Das qua Zwangsvollstreckung erwirkte Zeugnis darf nicht erkennen lassen, dass es erst aufgrund eines Rechtsstreits ausgestellt worden ist (BAG 9.9.1992, 5 AZR 509/91, EzA § 630 BGB Nr 15), und muss schon deshalb rückdatiert werden.

§ 110 Wettbewerbsverbot

[1]Arbeitgeber und Arbeitnehmer können die berufliche Tätigkeit des Arbeitnehmers für die Zeit nach Beendigung des Arbeitsverhältnisses durch Vereinbarung beschränken (Wettbewerbsverbot). [2]Die §§ 74 bis 75f des Handelsgesetzbuches sind entsprechend anzuwenden.

1 Die Vorschrift ersetzt die bisherige Regelung über das nachvertragliche Wettbewerbsverbot für technische Angestellte nach § 133f aF. Da das BAG die §§ 74 ff HGB in st Rspr auf alle AN anwendet, war § 133f aF in der Praxis ohnehin gegenstandslos (BT-Drs 14/87/96, S 26). Insofern haben die Neufassung des nachvertraglichen Wettbewerbsverbots in § 110 und die Geltungserstreckung des arbeitsrechtlichen Teils der GewO auf alle AN nach § 6 II eine richterrechtliche Rechtsfortbildung in Gesetzesrecht überführt (*Düwell* FA 2003, 2, 5). Die Norm verweist mit Blick auf nachvertragliche Wettbewerbsverbote für alle AN auf die §§ 74 bis 75f HGB (Näheres in der Kommentierung zu §§ 74 ff HGB).

Grundgesetz für die Bundesrepublik Deutschland (GG)

In der Fassung der Bekanntmachung vom 23.5.1949 (BGBl I S 1), zuletzt geändert durch Art 1 des Gesetzes vom 23. Dezember 2014 (BGBl I S 2438)

– Auszug –

Art. 1 Menschenwürde – Menschenrechte – Grundrechtsbindung

(1) ¹Die Würde des Menschen ist unantastbar. ²Sie zu achten und zu schützen ist Verpflichtung aller staatlichen Gewalt.
(2) Das Deutsche Volk bekennt sich darum zu unverletzlichen und unveräußerlichen Menschenrechten als Grundlage jeder menschlichen Gemeinschaft, des Friedens und der Gerechtigkeit in der Welt.
(3) Die nachfolgenden Grundrechte binden Gesetzgebung, vollziehende Gewalt und Rechtsprechung als unmittelbar geltendes Recht.

Übersicht	Rdn.		Rdn.
A. Inhaltliche Grundlagen und allg Bedeutung	1	1. Prozessuale Ausprägung der Menschenwürdegarantie	15
I. Entstehung und Entwicklung des Grundrechts	2	2. Gesetzlich zwingend angeordnete Überleitung von Arbeitsverhältnissen	17
II. Menschenwürdegarantie und Menschenbild der Verfassung	4	3. Meinungsäußerung als Angriff auf die Menschenwürde	18
III. Schutzgehalt der Menschenwürdegarantie	7	4. Existenzminimum	19
1. Grundlagen	7	5. Mindestlöhne, Ein-Euro-Jobs	23
2. Inhalt	8	6. Arbeitsvermittlung in Prostitution	27
3. Grundrechtsberechtigte	10	II. Bekenntnis zu den Menschenrechten (II)	28
B. Einzelfragen	11	III. Bindungswirkung der Grundrechte (III)	29
I. Die Menschenwürde (I)	11	C. Grundrechtskonkurrenzen	39

A. Inhaltliche Grundlagen und allg Bedeutung. Art 1 enthält zum einen **grundlegende verfassungs-** 1
rechtliche Prinzipien, die für die gesamte staatlich verfasste Ordnung tragend sind: die Unantastbarkeit der Menschenwürde einschließlich der Verpflichtung aller staatlichen Gewalt, sie zu achten und zu schützen, das Bekenntnis zu den Menschenrechten und die Bindung von Gesetzgebung, Rspr und vollziehender Gewalt an die Grundrechte als unmittelbar geltendes Recht. Er enthält zum anderen mit der **Menschenwürdegarantie** auch ein **subjektives Grundrecht** (Schmidt-Bleibtreu/Klein/*Hofmann* Art 1 Rn 8; Sachs/ *Höfling* Art 1 Rn 5 ff; Stern/Becker/*Enders* Art 1 Rn 34 ff).

I. Entstehung und Entwicklung des Grundrechts. Die Paulskirchenverfassung von 1848 sah, ähnlich wie 2
Art 1 III, in § 130 vor, dass die Grundrechte eine rechtlich verbindliche feste Grundlage der deutschen Einheit sein sollten (Isensee/Kirchhof/*Pauly* Hdb StR I § 3 Rn 29). Die Weimarer Verfassung von 1919 kannte keinen normierten obersten Wert wie Art 1 I; sie war insoweit wertneutral. Art 151 WRV bestimmt lediglich, dass ein Ziel der Ordnung des Wirtschaftslebens die Gewährleistung eines menschenwürdigen Daseins zu sein hatte. Erst die Menschenverachtung durch den nationalsozialistischen Diktatur führte zur Übernahme dieser Grundnorm in die Verfassung (zu diesem geschichtlichen Hintergrund und seinen Auswirkungen auf Art 5 u 9 s BVerfG 4.11.2009, 1 BvR 2150/08, NJW 2010, 47; BVerwG 19.12.2012, 6 A 6/11, NVwZ 2013, 870). Die **Würde ist dem Menschen angeboren und unverlierbar** (zum geistesgeschichtlichen Hintergrund Maunz/Dürig/*Herdegen* Art 1 Rn 7 ff). Art 1 I schützt den Menschen schlechthin (Stern/ Becker/*Enders* Art 1 Rn 22). Zwar ist der **überpositive Gehalt** der Menschenwürde mit einem Bezug zu ihren **naturrechtlichen Grundlagen** im Parlamentarischen Rat diskutiert, aber nicht beschlossen worden. Gleichwohl wird der Menschenwürdegarantie eine dem Staat vorgeordnete Rolle iS eines **vorpositiven sittlichen Wertes**, der in das positive Recht hineinwirkt, zuerkannt (Sachs/*Höfling* Art 1 Rn 2; v Mangoldt/ Klein/*Starck* Art 1 Rn 3 ff). Für die rechtliche Betrachtung sind jedoch allein die Verankerung im GG und die Exegese der Menschenwürde als Begriff des positiven Rechts maßgeblich (Maunz/Dürig/*Herdegen* Art 1 Rn 17). Eine Änderung des Art 1 ist gem Art 79 III nicht zulässig (»**änderungsfestes Minimum**«).

Die Charta der Grundrechte der EU enthält mit der Eingangsformel des Art 1 (»Die Würde des Men- 3
schen ist unantastbar. Sie ist zu achten und zu schützen«) fast wortgleich den Text des Art 1 I. Der **Vertrag von Lissabon** hat keinen eigenen Grundrechtsteil, bestimmt aber in **Art 6**, dass die Union die Rechte,

Freiheiten und Grundsätze anerkennt, die in der **Charta der Grundrechte der** EU niedergelegt sind, und dass die Grundrechte, wie sie in der **Europäischen Konvention zum Schutz der Menschenrechte und Grundfreiheiten** gewährleistet sind und wie sie sich aus den **gemeinsamen Verfassungsüberlieferungen der Mitgliedstaaten** ergeben, als allgemeine Grundsätze Teil des Unionsrechts sind (dazu *Hanau* NZA 2010, 1; *Willemsen/Sagan* NZA 2011, 258; *Wißmann* JbArbR 48 (2011), 73).

4 **II. Menschenwürdegarantie und Menschenbild der Verfassung.** Das Menschenbild des GG ist nicht das eines isolierten souveränen Individuums. Das GG hat die **Spannung zwischen Individuum und Gemeinschaft** iSd Gemeinschaftsbezogenheit und Gemeinschaftsgebundenheit der Person entschieden, ohne dabei deren Eigenwert infrage zu stellen (BVerfG 20.7.1954, 1 BvR 459/52, BVerfGE 4, 15 ff). Als **gemeinschaftsbezogener und gemeinschaftsgebundener Bürger** muss jedermann grds staatliche Maßnahmen hinnehmen, die im überwiegenden Interesse der Allgemeinheit unter strikter Wahrung des Verhältnismäßigkeitsgebotes erfolgen, soweit sie nicht den unantastbaren Bereich privater Lebensgestaltung beeinträchtigen (BVerfG 15.1.1970, 1 BvR 13/68, BVerfGE 27, 344 ff).

5 Für den **politisch-sozialen Bereich** bedeutet die Menschenwürdegarantie, dass es nicht genügt, wenn eine Obrigkeit sich bemüht, noch so gut für das Wohl von »Untertanen« zu sorgen; der Einzelne soll vielmehr auch verantwortlich an den Entsch für die Gesamtheit mitwirken können. Der Anspruch auf freie und gleiche Teilhabe an der öffentlichen Gewalt ist in der Würde des Menschen verankert (BVerfG 30.6.2009, 2 BvE 2/08, NJW 2009, 2267 ff; krit Stern/Becker/*Enders* Art 1 Rn 28). Der Staat muss ihm den **Weg zu einem menschenwürdigen Dasein öffnen**; das geschieht auch dadurch, dass der geistige Kampf, die Auseinandersetzung der Ideen, frei ist, also **geistige Freiheit** gewährleistet wird.

6 Die Menschenwürdegarantie ist nicht nur selbst ein Grundrecht, sondern auch der **äußere Rechts(geltungs)grund der** anderen **Grundrechte**, denn sie sind um der Würde des Menschen willen normiert. Die Menschenwürde ist ferner **inneres Fundament** der subjektiven Rechte, die die Grundrechte gewähren, denn der Mensch ist Grundrechtsträger kraft seiner Würde als Person. Schließlich **verleiht sie den Grundrechten** ihren **Schutzzweck**, denn der Mensch ist um seiner selbst willen mit Grundrechten ausgestattet, die dem Schutz seiner Würde dienen (Stern/Becker/*Enders* Art 1 Rn 9). Dieses **durch die Menschenwürde geprägte konstitutionelle Menschenbild** beinhaltet sowohl die Respektierung der individuellen Selbstverwirklichung, das Prinzip der Gleichwertigkeit aller Menschen als auch einen Anspruch auf staatlichen Schutz für ein menschenwürdiges Leben und die Möglichkeit der Mitgestaltung des Gemeinwesens.

7 **III. Schutzgehalt der Menschenwürdegarantie. 1. Grundlagen.** Das Bekenntnis zur unantastbaren Würde jedes Menschen und das Gebot an alle staatliche Gewalt, sie zu achten und zu schützen, beherrschen alle Bestimmungen des GG und bilden die **Grundlage des grundrechtlichen Wertesystems** (BVerfG 16.1.1957, 1 BvR 253/56, BVerfGE 6, 36 ff). Nach dem BVerfG (20.10.1992, 1 BvR 698/89, BVerfGE 87, 209 ff) ist die Menschenwürde **tragendes Konstitutionsprinzip im System der Grundrechte**. Mit ihr ist der soziale Wert- und Achtungsanspruch des Menschen verbunden, der es verbietet, den Menschen zum bloßen Objekt des Staates zu machen oder ihn einer Behandlung auszusetzen, die seine Subjektqualität prinzipiell infrage stellt. Jeder besitzt sie, ohne Rücksicht auf seine Eigenschaften, seine Leistungen und seinen sozialen Status. Sie ist auch dem eigen, der aufgrund seines körperlichen oder geistigen Zustands nicht sinnhaft handeln kann. Selbst durch »unwürdiges« Verhalten kann sie nicht verloren gehen. Sie kann keinem Menschen genommen werden. Verletzbar ist aber der **Achtungsanspruch**, der sich aus ihr ergibt (Epping/*Hillgruber* Art 1 Rn 3; zum Begriff Achtung NK-GA/*Groeger*, Art 140 Rn 60; zur Achtung des AN NK-GA/*Groeger* Art 140 Rn 128).

8 **2. Inhalt.** Die Menschenwürdegarantie aus Art 1 I konkretisiert sich in der Rechtspraxis vor allem als eine **staatliche Schutzpflicht**. Sie beinhaltet aber auch einen **Anspruch auf Unterlassung von Verletzungen** der Menschenwürde (allg zu Funktionen der Grundrechte Stern/Becker/*Stern* Einl Rn 32 ff). Zugleich enthält (nur) Art 1 I nach hM eine **Grundrechtsgarantie** (BVerfG 13.6.1952, 1 BvR 137/52, BVerfGE 1, 332 ff; Schmidt-Bleibtreu/Klein/*Hofmann* Art 1 Rn 8; Sachs/*Höfling* Art 1 Rn 6; aA Dreier/*Dreier* Art 1 Rn 69 ff); dieses Grundrecht findet sich durch die ihm nachfolgenden speziellen Grundrechte konkretisiert (BVerfG 3.4.1979, 1 BvR 994/76, BVerfGE 51, 97, 105; Jarass/Pieroth/*Jarass* Art 1 Rn 2, 3). Die staatliche Schutzpflicht aus der Menschenwürde ergänzt die Herleitung von Schutzpflichten aus anderen Grundrechten, ersetzt sie aber nicht.

9 Da die Menschenwürde und die Freiheit jedem Menschen zukommen, die Menschen insoweit gleich sind, ist das Prinzip der Gleichbehandlung aller für die freiheitliche Demokratie ein selbstverständliches Postulat. Der Wert- und Achtungsanspruch wirkt über den Tod des Rechtsträgers hinaus fort (BVerfG 24.2.1971, 1 BvR 435/68, BVerfGE 30, 173 ff). Der sittliche Anspruch auf Achtung der Menschenwürde

ist damit einmal als **ggü politischen und rechtlichen Eingriffen des Staates eigenständig** anerkannt, gleichzeitig aber auch im bisherigen individual- und sozialethischen Bereich verrechtlicht worden (Maunz/Dürig/ *Dürig* Art 1 Rn 3; zT mit anderem Ansatz die Neukommentierung Maunz/Dürig/*Herdegen* Art 1 Rn 5). Die einzigartige Stellung des Menschen beruht auf seinem ethischen Streben, auf seiner Fähigkeit zur Freiheit sittlicher Entsch vermöge »seiner Fühlung mit dem Wertreich, seiner Aktivität, Providenz, Entschlussfähigkeit und Zweckmäßigkeit« (*Nipperdey* Die Würde des Menschen, 1). Ein Verstoß gegen diesen Anspruch scheidet aus, wenn der Bereich der sittlichen Persönlichkeit des Menschen nicht berührt ist, wenn der Mensch nicht verächtlich behandelt wird (BVerfG 15.12.1970, 2 BvF 1/69, 2 BvR 629/68, 2 BvR 308/69, BVerfGE 30, 1, 26 ff).

3. Grundrechtsberechtigte. Grundrechtsträger des Art 1 I ist **jeder Mensch**. Damit verbunden ist eine klare Absage an Differenzierungen, etwa nach Alter oder geistiger oder körperlicher Reife. Wo menschliches Leben existiert, kommt ihm Würde zu (BVerfG 25.2.1975, 1 BvF 1/74, BVerfGE 39, 1 ff). Berechtigt sind **alle natürlichen Personen**, nicht jedoch juristische Personen oder Personenvereinigungen (Sachs/*Höfling* Art 1 Rn 64). Durch Angriffe auf bestimmte Gruppen können aber deren Mitglieder in ihrer Menschenwürde verletzt sein. 10

B. Einzelfragen. I. Die Menschenwürde (I). Mit dem Verfassungsrechtssatz, den selbst der Verfassungsgesetzgeber weder materiell ändern noch einschränken kann (Art 79 III), wird ein absolutes Recht auf Unterlassung jeden Eingriffs in die dem Menschen um seiner selbst willen zukommende Würde und auf Schutz gegen Eingriffe Dritter gewährt (BVerfG 20.3.1952, 1 BvL 12/51, 1 BvL 15/51, 1 BvL 16/51, 1 BvL 24/51, 1 BvL 28/51, BVerfGE 1, 104 ff). Rechtstechnisch ist die Menschenwürde das **tertium comparationis**, hins dessen die Menschen rechtlich verglichen werden sollen (*Dürig* Gleichheit, Staatslexikon, Bd 3, Sp 986). Sie ist der Wertmaßstab der rechtl Gleichbewertung. So bestimmt sich die Reichweite des Anspruchs **transsexueller Personen** auf geschlechtsangleichende Behandlung auf der Basis der allg und bes Voraussetzungen des Krankenbehandlungsanspruchs nach medizinischen Kriterien (BSG 11.9.2012, B 1 KR 11/12 R). 11

Wenn Art 1 I sagt, »die Würde des Menschen ist unantastbar«, so will er sie nur negativ gegen Angriffe abschirmen. Der 2. Satz, »Sie zu achten und zu schützen ist Verpflichtung aller staatlichen Gewalt«, verpflichtet den Staat zu positiven Schutzmaßnahmen. Nach der auf *Dürig* zurückgehenden **Objektformel** ist die Menschenwürde beeinträchtigt, wenn der Mensch zum Objekt, zum bloßen Mittel oder einer vertretbaren Größe herabgewürdigt wird (Sachs/*Höfling* Art 1 Rn 15). 12

Verpflichtet ist die gesamte **staatliche Gewalt**. Damit ist die Gesetzgebung, die vollziehende Gewalt und die Rspr iSv Abs 3 gemeint. Str ist, ob auch **Privatpersonen** unmittelbar an Art 1 I gebunden sind (Jarass/ Pieroth/*Jarass* Art 1 Rn 4). Das **BAG** hat eine **Tarifnorm**, die Ärzten ein die allgemeine **menschliche Leistungsfähigkeit überschreitendes Arbeitspensum** abverlangt hatte, wegen Verstoßes gegen Art 1 I für unwirksam erklärt (BAG 24.2.1982, 4 AZR 223/80, BAGE 38, 69). 13

Wenn der **Gesetzgeber** sich im grundrechtsgeschützten Raum bewegt, muss er die Bedeutung des Grundrechts in der sozialen Ordnung zum **Ausgangspunkt** seiner Regelung nehmen. Nicht er bestimmt den Inhalt des Grundrechts, sondern umgekehrt kann sich aus dem Gehalt des Grundrechts eine **inhaltliche Begrenzung seines gesetzgeberischen Spielraums** ergeben (BVerfG 11.6.1958, 1 BvR 596/56, BVerfGE 7, 377 ff). Die **vollziehende Gewalt** hat bei allen Maßnahmen die Würde der menschlichen Persönlichkeit gem Art 1 zu achten und zu schützen. Hierauf hat jedermann ein subjektives Recht. Bei der Verletzung dieses Rechts ist der **Rechtsweg** gegeben (Art 19 IV, 93 I Nr 4a). Art 1 I schützt vor Ehrverletzungen; die Bestimmung verpflichtet den Staat zum Schutz der Ehre seiner Bürger. Auch die **Diffamierung eines Berufsstandes** durch diskriminierende G ist verboten (BVerfG 20.4.1966, 1 BvR 20/62, 1 BvR 27/64, BVerfGE 20, 31 ff). 14

1. Prozessuale Ausprägung der Menschenwürdegarantie. Es gehört zu den elementaren Anforderungen des Rechtsstaats, die insb im Gebot der **Gewährung rechtl Gehörs vor Gericht** (Art 103 I) Ausprägung gefunden haben, dass niemand zum bloßen Gegenstand eines ihn betreffenden staatlichen Verfahrens gemacht werden darf; aber auch die **Menschenwürde** des Einzelnen (Art 1 I) wäre durch ein solches staatliches Handeln verletzt. Der wesentliche Kern dieser Gewährleistungen gehört sowohl zum **unverzichtbaren** Bestand des deutschen Verfassungsrechts (Art 79 III) als auch zum völkerrechtlichen Mindeststandard (BVerfG 9.3.1983, 2 BvR 315/83, BVerfGE 63, 332). Die Würde der Person fordert, dass der Einzelne auch vor Gericht **nicht nur Objekt** der richterlichen Entsch sein, sondern vor einer Entsch, die seine Rechte betrifft, **zu Wort kommen** soll, um **Einfluss auf das Verfahren und sein Ergebnis nehmen** zu können (BVerfG 30.4.2003, 1 PBvU 1/02, EzA Art 103 GG Nr 4; BGH 4.6.1992, IX ZR 149/91, BGHZ 118, 312). Der 15

Art. 1 GG Menschenwürde – Menschenrechte – Grundrechtsbindung

Grundsatz des rechtl Gehörs vor Gericht dient damit nicht nur der Abklärung der tatsächlichen Grundlage der Entsch, sondern auch der Achtung der Würde des Menschen, der in einer so schwerwiegenden Lage, wie ein Prozess sie für gewöhnlich darstellt, die Möglichkeit haben muss, sich mit tatsächlichen und rechtl Argumenten zu behaupten (BVerfG 9.7.1980, 2 BvR 701/80, BVerfGE 55, 1). Davon kann dann keine Rede sein, wenn ein Gericht eine Partei zum Vergleich »prügelt« (BAG 12.5.2010, 2 AZR 544/08, NZA 2010, 1250).

16 Die Gerichte müssen das **Vorbringen** der Verfahrensbeteiligten **zur Kenntnis nehmen** und bei der Entscheidungsfindung **in Erwägung ziehen** (näher Art 103 Rdn 10 ff).

17 **2. Gesetzlich zwingend angeordnete Überleitung von Arbeitsverhältnissen.** Wenn ein G den Übergang eines Arbeitsverhältnisses auf einen anderen AG zwingend, ohne dass dem AN ein Widerspruchsrecht zustünde, anordnet, liegt darin nach Ansicht des **BAG** keine Beeinträchtigung von Art 1 I. Das dem AN zustehende (außer)ordentliche Kündigungsrecht schließe aus, dass ihm gegen seinen Willen ein anderer AG aufgezwungen werden kann. Auch dass er dann seinen Arbeitsplatz verliert, **verletze nicht die Menschenwürde** (BAG 28.9.2006, 8 AZR 124/05, EzA § 613a BGB 2002 Nr 48). Es sei daher zweifelhaft, ob das einfachrechtlich in § 613a Abs 6 BGB geregelte Widerspruchsrecht des AN verfassungsrechtlich geboten ist (BAG 25.1.2001, 8 AZR 336/00, EzA § 613a Nr 194). Jedenfalls zur Wahrung von AN-Rechten bei einem gesetzlich vollzogenen AG-Wechsel von einem öffentl AG zu einem anderen öffentl AG bei einer geplanten Privatisierung (eines Universitätsklinikums) hat das **BVerfG** (25.1.2011, 1 BvR 1741/09, BGBl I 2011, 362) eine derartige Vorschrift für verfassungswidrig erklärt, weil damit das Grundrecht aus Art 12 I verletzt wird. Jedenfalls dann, wenn der Wechsel des AG unmittelbar kraft G aus der Beschäftigung bei einem öffentl AG zu einem privaten AG führt oder wenn es sich um einen Zwischenschritt zu einer beabsichtigten Privatisierung handelt, muss der Gesetzgeber das Grundrecht des AN auf freie Wahl des Arbeitsplatzes schützen.

18 **3. Meinungsäußerung als Angriff auf die Menschenwürde.** Das BAG hat auch die Menschenwürde (Art 1 I) und das Persönlichkeitsrecht (Art 2 I) eines AG (Bankgesellschaft) als verfassungsrechtl geschützte Positionen in Erwägung gezogen. Es ging um kritische Darstellungen eines AN im Internet über bestimmte Vorgaben des AG für Trennungsgespräche. Die Darstellung des AN war durch das Recht des AN auf freie Meinungsäußerung (näher Art 5 Rdn 32 ff) gedeckt (BAG 24.11.2005, 2 AZR 584/04, EzA § 626 BGB 2002 Nr 13).

19 **4. Existenzminimum.** Die sich aus Art 1 I iVm dem Sozialstaatsprinzip ergebende Pflicht des Staates erfordert von Verfassungs wegen zwingend nur eine Fürsorge für Hilfsbedürftige, die die **Mindestvoraussetzungen eines menschenwürdigen Daseins** sicherstellt. Dieses Existenzminimum muss der Staat dem mittellosen Bürger erforderlichenfalls durch Sozialleistungen zusichern. Auch darf er dem Bürger das selbst erzielte Einkommen bis zu diesem Betrag nicht entziehen (BVerfG 29.5.1990, 1 BvL 20/84 ua, BVerfGE 82, 60). Nach der Aufgabe der Sozialhilfe, dem Empfänger der Hilfe die Führung eines Lebens zu ermöglichen, das der Würde des Menschen entspricht, umfasst der notwendige Lebensunterhalt nicht nur das **physiologisch Notwendige**, sondern den **gesamten** zu einem menschenwürdigen Leben erforderlichen **Bedarf**. Soll die Sozialhilfe dem Hilfeempfänger die Führung eines menschenwürdigen Lebens ermöglichen, muss sie der sozialen Ausgrenzung des Hilfebedürftigen begegnen und ihm ermöglichen, in der Umgebung von Nichthilfeempfängern ähnlich wie diese zu leben (BVerwG 1.10.1998, 5 C 19/97, BVerwGE 104, 237). Dieses Grundrecht steht als Menschenrecht auch **Ausländern**, die sich in der Bundesrepublik Deutschland aufhalten, zu. Die Menschenwürde ist **migrationspolitisch nicht relativierbar** (BVerfG 18.7.2012, 1 BvL 10/10 u.a., BGBl I 2012, S 1715; dazu *Mahler*, AnwBl 2013, 245). Das Grundrecht auf die Gewährleistung eines menschenwürdigen Existenzminimums ist **dem Grunde nach unverfügbar** (BAG 29.1.2014, 6 AZR 345/12, ZIP 2014, 628). Ein Gebot, soziale Leistungen in einem bestimmten Umfang zu gewähren, folgt daraus jedoch nicht. Die **Höhe des Existenzminimums** einzuschätzen, ist **Aufgabe des Gesetzgebers**, der dabei nicht nur die Wertordnung des GG, sondern auch die jeweiligen gesamtwirtschaftlichen Rahmenbedingungen zu berücksichtigen hat. Starre Grenzziehungen verbieten sich deshalb. Der Gesetzgeber verfügt zudem über unterschiedliche Spielräume, je nachdem, welche Sicherungszwecke er verfolgt, wenn er Einzelnen Sozialleistungen zur Führung ihres Lebens einräumt. Je näher sich der Gesetzgeber den denkbar untersten verfassungsrechtlichen Grenzen nähert, desto geringer wird sein Spielraum. Er muss jedenfalls das zur physischen Existenz Unerlässliche gewähren. Zu diesem das »nackte Überleben« sichernden »**physischen Existenzminimum**« gehören jedenfalls ausreichende Nahrung, Kleidung und Obdach sowie auch ausreichende medizinische Versorgung. Jenseits der Bestimmung des »physischen Existenzminimums« steht es im **Gestaltungsermessen** des Gesetzgebers, in welchem Umfang soziale Hilfe unter Berücksichtigung

der vorhandenen Mittel und anderer gleichrangiger Staatsaufgaben gewährt werden kann und soll (zu den vertretenen Auffassungen ausführlich BSG 22.4.2008, B 1 KR 10/07 R, SozR 4-2500 § 62 Nr 6, Rn 33 ff; 27.1.2009, B 14/11b AS 9/07 R und B 14 AS 5/08/R). Das Grundrecht auf Gewährleistung eines menschenwürdigen Existenzminimums erfordert eine **Kontrolle der Grundlagen und der Methode der Leistungsbemessung im Hinblick auf das Ziel des Grundrechts**. Der Grundrechtsschutz erstreckt sich auch deshalb auf das **Verfahren zur Ermittlung des Existenzminimums**. Damit der Umfang der gesetzlichen Hilfeleistungen nachvollzogen sowie gerichtlich kontrolliert werden kann, müssen die Festsetzungen der Leistungen auf der Grundlage verlässlicher Zahlen und schlüssiger Berechnungsverfahren tragfähig zu rechtfertigen sein. Das BVerfG prüft deshalb, ob der Gesetzgeber das vom Grundrecht verfolgte Ziel in angemessener Weise erfasst und umschrieben hat, ob er ein grundsätzlich geeignetes Berechnungsverfahren gewählt hat, ob er die erforderlichen Tatsachen im Wesentlichen vollständig und zutreffend ermittelt und schließlich, ob er sich in allen Berechnungsschritten im Rahmen des Vertretbaren bewegt hat. Dazu hat der Gesetzgeber die zur Bestimmung des Existenzminimums eingesetzten Methoden und Berechnungsschritte nachvollziehbar offenzulegen (BVerfG 9.2.2010, 1 BvL 1/09 ua, NJW 2010, 505; BVerfG 23.7.2014, 1 BvL 10/12 ua, NJW 2014, 3425; ausf *Mayen* Das Grundrecht auf Gewährleistung eines menschenwürdigen Existenzminimums in: FS Klaus Stern, 2012, 1451 ff; krit *Schnath* NZS 2010, 297).

Steuerpflichtigen muss nach Erfüllung ihrer Einkommensteuerschuld von ihrem Erworbenen so viel verbleiben, als sie zur Bestreitung ihres notwendigen Lebensunterhalts und – unter Berücksichtigung von Art 6 I – desjenigen ihrer Familie bedürfen (Existenzminimum). Die Höhe des steuerlich zu verschonenden Existenzminimums hängt von den allg wirtschaftlichen Verhältnissen und dem in der Rechtsgemeinschaft anerkannten Mindestbedarf ab. Der Steuergesetzgeber muss dem Einkommensbezieher von seinen Erwerbsbezügen zumindest das belassen, was er dem Bedürftigen zur Befriedigung seines **existenznotwendigen Bedarfs aus öffentl Mitteln zur Verfügung** stellt (BVerfG 25.9.1992, 2 BvL 5/91, 2 BvL 8/91, 2 BvL 14/91, BVerfGE 87, 153 ff zum **Grundfreibetrag im Einkommensteuerrecht**). Die Besteuerung hat dem Menschenbild des GG zu dienen. 20

Auch die zu einer **Substanzbesteuerung führende Kumulation verschiedener Steuern** kann die Grenze der nach Art 1 zulässigen Besteuerung überschreiten. Der Fall ist gegeben, wenn die zum Leben notwendigen Mittel durch die Steuern entzogen werden, also eine Substanzbesteuerung zu einem völligen Substanzverzehr führt. Art 1 I garantiert die unterschiedslos gleiche rechtliche Möglichkeit zur Verwirklichung eines menschenwürdigen Daseins im wirtschaftlichen Bereich. Nach dem sog **Halbteilungsgrundsatz** des BVerfG (22.6.1995, 2 BvL 37/91, BVerfGE 93, 121 ff) darf die gesamte Steuerbelastung aus direkten Steuern, also Einkommen-, Körperschaft-, Gewerbe- und Vermögensteuer, nur so hoch sein, dass dem Steuerpflichtigen etwa die Hälfte der Einkünfte verbleibt. 21

Auch im **Gläubiger-Schuldner-Verhältnis** darf der Staat seinen Zwangsapparat grundsätzlich nicht zur Verfügung stellen, um einem Einzelnen den Teil des Einkommens zu entziehen, der zur Sicherung des Existenzminimums erforderlich ist. Im Bereich der zivilrechtlichen Zwangsvollstreckung wird durch **Pfändungsfreigrenzen** das Existenzminimum gesichert. Im Insolvenzrecht gehören unpfändbare Forderungen nicht zur Insolvenzmasse, sie sind dem Insolvenzverwalter nicht zur Verwaltung übertragen (BAG 28.8.2013, 10 AZR 323/12, NJW 2013, 3532). Jedoch lassen die **Anfechtungsbestimmungen** in §§ 129 ff. InsO den rückwirkenden Zugriff des Insolvenzverwalters auf das Existenzminimum für den von der Anfechtung erfassten Zeitraum uneingeschränkt zu. Dem Arbeitnehmer wird dadurch nachträglich der zur Absicherung des Existenzminimums erforderliche, durch eigene Arbeitsleistung verdiente Betrag wieder entzogen. Zur Erfüllung des auf das Existenzminimum entfallenden Teils der Rückzahlungspflicht muss er auf Rücklagen zurückgreifen, neue Schulden machen oder sein aktuelles Gehalt einsetzen, ohne dies rückwirkend durch Leistungen des Staates, die das Existenzminimum sichern sollen, ausreichend kompensieren zu können. Unter Umständen ist er gezwungen, Privatinsolvenz zu beantragen. Es erscheint **zweifelhaft**, ob diese Bestimmungen den verfassungsrechtlich gebotenen Schutz des Existenzminimums bei kongruenten Deckungen hinreichend gewährleisten (BAG 29.1.2014, 6 AZR 345/12, ZIP 2014, 628). 22

5. Mindestlöhne, Ein-Euro-Jobs. Zwar verpflichtet die Menschenwürdegarantie des Art 1 I den Staat zur Schaffung der Mindestvoraussetzungen für ein menschenwürdiges Dasein und damit in wirtschaftlicher Hinsicht zur Sicherung eines Existenzminimums. Insoweit kann der Staat in Wahrnehmung seines Schutzauftrags jedoch gesetzlich nur die Sicherung menschenwürdiger **Minimallöhne**, also einer existenzsichernden Untergrenze bestimmen (*Sodan/Zimmermann* NJW 2009, 2001; *Fischer* ZRP 2007, 20). Ein Mindestlohn bestimmt lediglich das Minimum der Vergütung, berücksichtigt aber nicht die übliche Vergütung dieser Arbeit, worauf die Prüfung der Sittenwidrigkeit abzielt (BAG 18.11.2015, 5 AZR 814/14). Auf Strafgefangene und Sicherungsverwahrte findet das MiLoG keine Anwendung (OLG HH 15.7.2015, 3 Ws 23

59/15 u 18.9.2015, 3 Ws 79/15). Der Gesetzgeber muss für Gefangenenarbeit keine Entlohnung vorsehen, die den außerhalb des Strafvollzugs gezahlten Löhnen und Gehältern entspricht (VerfGH Rh-Pf 8.6.2015, VGH B 41/14 u VGH B 50/14, NStZ-RR 2015, 262).

24 Arbeitsgelegenheiten mit Mehraufwandsentschädigung, wie sie in § 16 III 2 SGB II geregelt sind (sog Ein-Euro-Jobs), begründen ein öffentl-rechtl geprägtes Rechtsverhältnis und kein Arbeitsverhältnis. Die Einbeziehung eines (privaten) Dritten, eines Maßnahmeträgers, wie sie nach § 17 I 1 SGB II bei der Erbringung von Leistungen zur **Eingliederung in Arbeit** die Regel sein soll, führt nicht dazu, dass das Rechtsverhältnis zwischen dem Hilfebedürftigen und dem Dritten privatrechtlich gestaltet ist (BAG 26.9.2007, 5 AZR 857/06, EzA § 611 BGB 2002 Arbeitnehmerbegriff Nr 12). Insoweit stellt sich nicht die Frage, ob die Mehraufwandsentschädigung eine gegen die Menschenwürde verstoßende Vergütung ist (*v Koppenfels-Spieß* NZS 2010, 2).

25 Ein der sozialrechtlichen Obhut unterliegendes, nach § 19 II 1 1. Alt BSHG begründetes Arbeitsverhältnis unterscheidet sich von den mit der Stammbelegschaft geschlossenen Arbeitsverhältnissen in seiner Begründung, seinem Inhalt und seiner Zweckrichtung. In diesem werden keine regulären, für den AG jetzt unbedingt erforderlichen Arbeiten geleistet; es werden – regelmäßig vorübergehend – Beschäftigungen geboten, die der **Eingliederung** des Hilfesuchenden **in das künftige Arbeitsleben** dienen. Der AG, der Sozialhilfeträger oder ein Dritter erfüllt eine sozialhilferechtliche Aufgabe in der Form des Arbeitsverhältnisses. Diese Umstände rechtfertigen die Bezahlung mit einer anderen Vergütung als der nach dem für die anderen Beschäftigten geltenden Tarifvertrag (BAG 11.10.2006, 4 AZR 354/05, EzA § 242 BGB 2002 Nr 11; BVerfG 27.4.1999, 1 BvR 2203/93 ua., BVerfGE 100, 271; *Höfling* JZ 2000, 44; unter diesem Aspekt bedenklich LAG Berl-Bbg 7.11.2014, 6 Sa 1149/14).

26 Vereinbart ein AN im Rahmen eines dreiseitigen Vertrages ein befristetes Rechtsverhältnis mit einem Vertragspartner, der innerhalb seines Betriebes eine betriebsorganisatorisch eigenständige Einheit iSd § 216b SGB III einrichtet, deren Zweck darin besteht, **Transferkurzarbeit und Qualifizierungsmaßnahmen** für von Kündigung betroffene AN durchzuführen, handelt es sich bei dem Rechtsverhältnis um ein Arbeitsverhältnis, jedoch mit Besonderheiten (BAG 24.1.2013, 2 AZR 453/11, NZA 2013, 959).

27 **6. Arbeitsvermittlung in Prostitution.** Die Bundesagentur für Arbeit ist als Träger öffentlicher Gewalt nach Art 1 III und Art 20 III an G und Recht und insb an die Wertordnung des GG unmittelbar gebunden. Ihre Aufgabe hat sie nicht in einem wertfreien Raum zu erfüllen. Eine im Bereich der Prostitution unterbleibende Vermittlungstätigkeit der BA berührt zwar die Berufsfreiheit der Prostituierten und der Bordellbetreiber. Die aktive Förderung des Zustandekommens von Arbeits- bzw Beschäftigungsverhältnissen im Bereich der Prostitution wäre jedoch weder mit den Zielsetzungen des SGB III noch mit der Menschenwürde zu vereinbaren (BSG 6.5.2009, B 11 AL 11/08 R, ArbuR 2009, 227).

28 **II. Bekenntnis zu den Menschenrechten (II).** In dem Bekenntnis zu den Menschenrechten in Art 1 II liegt gleichzeitig eine Anerkennung von unverletzlichen und unveräußerlichen Menschenrechten überhaupt. Für den Staat besteht die Verpflichtung, zur Verwirklichung der Menschenrechte weltweit beizutragen. Durch diese Anerkennung ist jedoch nicht die europäische **Konvention zum Schutze der Menschenrechte** vom 4.11.1950 (ratifiziert durch G v 7.8.1952 – BGBl II S 685) zum Verfassungsrecht geworden (Maunz/Dürig/*Dürig* Art 1 II Rn 58, 73); auch die **Erklärung der Menschenrechte der Vereinten Nationen** kann keinen Verfassungsrang einnehmen. Sie können allenfalls als **Argumentationshilfen bei der Auslegung** der nach Art 1 folgenden Grundrechte herangezogen werden, so wie das Menschenrechtsbekenntnis des Art 1 II insgesamt als Vorgabe und Motivationsbeschreibung für den Grundrechtskatalog und weniger als normative Bindung zu interpretieren ist (etwas der normativen Kraft zuneigend BVerfG 23.4.1991, 1 BvR 1170/90, 1 BvR 1174/90, 1 BvR 1175/90, BVerfGE 84, 90 ff). Das BVerfG hat ua festgestellt, dass das Grundrecht auf freie Entfaltung der Persönlichkeit (Art 2 I) ein allg Menschenrecht enthält (BVerfG 18.7.1973, 1 BvR 23/73, 1 BvR 155/73, BVerfGE 35, 382 ff).

29 **III. Bindungswirkung der Grundrechte (III).** Durch Art 1 III wird positiv festgestellt, dass die Grundrechte alle Staatsgewalt binden, die die in ihnen verbrieften Rechte zu achten und bei allen Maßnahmen zu beachten hat. Sie stehen nicht zur Disposition des Gesetzgebers, aber auch nicht zur Disposition der Rspr. Sie sind nach der positiven Entsch des Verfassungsgebers Leitsätze für alles staatliche Handeln, deren Beachtung der einzelne, unabhängig von dem in **Art 93 I Nr 4a** gewährten Rechtsbehelf, gem Art 19 IV erzwingen kann. Art 79 III untersagt sogar Verfassungsänderungen, durch welche die in Art 1 u 20 niedergelegten Grundsätze berührt werden. Dazu gehört nicht nur der in Art 1 I verankerte Grundsatz der Menschenwürde. Auch das in Art 1 II enthaltene Bekenntnis zu unverletzlichen und **unveräußerlichen Menschenrechten als Grundlage der menschlichen Gemeinschaft, des Friedens und der Gerechtigkeit**

erlangt insoweit Bedeutung, als in Verbindung mit der in Art 1 III enthaltenen Verweisung auf die nachfolgenden Grundrechte deren Verbürgungen insoweit einer Einschränkung grds entzogen sind, als sie zur Aufrechterhaltung einer dem Art 1 I u II entspr Ordnung unverzichtbar sind (BVerfG 23.4.1991, 1 BvR 1170/90, 1 BvR 1174/90, 1 BvR 1175/90, BVerfGE 84, 90 ff). Ebenso wie der originäre Verfassungsgeber darf auch der verfassungsändernde Gesetzgeber grundlegende Gerechtigkeitspostulate nicht außer Acht lassen. Dazu gehören der Grundsatz der Rechtsgleichheit und das Willkürverbot (BVerfG 30.4.1952, 1 BvR 14/52, 1 BvR 25/52, 1 BvR 167/52, BVerfGE 1, 208 ff). Ebenso sind grundlegende Elemente des Rechtsund des **Sozialstaatsprinzips**, die in Art 20 II u III zum Ausdruck kommen, zu achten. Bei alledem verlangt Art 79 III allerdings nur, dass die genannten Grundsätze nicht berührt werden. Er hindert den verfassungsändernden Gesetzgeber dagegen nicht, die positiv-rechtl Ausprägung dieser Grundsätze aus sachgerechten Gründen zu modifizieren (BVerfG 23.4.1991, 1 BvR 1170/90, 1 BvR 1174/90, 1 BvR 1175/90, BVerfGE, 84, 90 ff).

Der ursprünglich verwandte Begriff der »Verwaltung« wurde 1956 durch den der »vollziehenden Gewalt« 30 ersetzt. Trotz der Eindeutigkeit des Art 1 III wirft er Fragen über die Grundrechtsgebundenheit der vollziehenden Gewalt auf (Stern/Becker/*Stern* Einl Rn 104). Die Grundrechte gelten unmittelbar immer dann, wenn **öffentl-rechtl Einrichtungen**, also Gebietskörperschaften (Bund, Länder, Gemeinden) sowie andere Körperschaften, Anstalten und Stiftungen des öffentl Rechts ihre Aufgaben in öffentl-rechtl Formen wahrnehmen (Stern/Becker/*Enders* Art 1 Rn 106). Nach hM gelten sie auch dann unmittelbar, wenn diese ihre Aufgaben in privatrechtlichen Formen wahrnehmen, sog **Verwaltungsprivatrecht** (Jarass/Pieroth/*Jarass* Art 1 Rn 38; Sachs/*Höfling* Art 1 Rn 102).

Für **fiskalische Hilfsgeschäfte** öffentl Einrichtungen hat der **BGH** eine unmittelbare Grundrechtsbindung 31 abgelehnt (BGH 26.10.1961, KZR 1/61, BGHZ 36, 91) Die **hL** bejaht auch insoweit die unmittelbare Geltung (Jarass/Pieroth/*Jarass* Art 1 Rn 38; Sachs/*Höfling* Art 1 Rn 103), Auch im Verwaltungsrecht (Stelkens/Bonk/Sachs/*Schmitz* VwVfG, § 1 Rn 112) und im Strafrecht (MüKoStGB/*Radtke* § 11 Rn 42 ff) nimmt man insoweit eine Verwaltungstätigkeit an. Zu den fiskalischen Hilfsgeschäften wird man auch den Abschluss von **Arbeitsverträgen** zählen können; es spricht daher vieles dafür, dass staatliche Verwaltungen insoweit nicht nur an Art 33 II GG, sondern auch an andere Grundrechte gebunden sind.

Nicht nur **privatrechtliche Unternehmen**, die im **Alleinbesitz des Staates** erwerbswirtschaftlicher Tätig- 32 keit nachgehen, unterliegen der Grundrechtsbindung (BGH 2.12.2003, XI ZR 397/02, NJW 2004, 1031 (Postbank); zweifelnd Stern/Becker/*Enders* Art 1 Rn 113 f), sondern auch ein **privatrechtliches Unternehmen**, an dem **öffentl Träger mehrheitlich beteiligt** sind, ist unmittelbar Grundrechtsadressat (BVerfG 22.2.2011, 1 BvR 699/06, BVerfGE 128, 226 (Fraport); Dreier/*Dreier* Art 1 III Rn 72; Epping/*Hillgruber* Art 1 Rn 71). Das BVerwG ist demgegenüber von der Grundrechtsfähigkeit der Telekom wegen ihrer ausschließlich privatwirtschaftlichen Tätigkeit und Aufgabenstellung (Art 87f II) ausgegangen und hat es als unerheblich bezeichnet, dass sie aus dem öffentl-rechtl Sondervermögen Deutsche Bundespost hervorgegangen ist und bis heute mehrheitlich im Eigentum des Bundes steht (BVerwG 25.4.2001, 6 C 6/00, BVerwGE 114, 160; iE ebenso BVerfG 14.3.2006, 1 BvR 2087/03, BVerfGE 115, 205, das darauf abstellt, dass ein beherrschender Einfluss des Bundes auf die Unternehmensführung der Telekom nicht gegeben sei; s jedoch auch BVerfG 16.5.1989, 1 BvR 705/88, NJW 1990, 1783 (HEW); 18.5.2009, 1 BvR 1731/05, NVwZ 2009, 1282; im Ganzen Stern/Becker/*Brüning* Art 19 Rn 76 ff; zum Schutz der Unternehmerfreiheit öffentl Unternehmen auch *Löwisch* FS Säcker, 2011, S 261 ff).

Auch **Beliehene** unterliegen, soweit sie ihre durch Beleihung übertragenen öffentl Aufgaben wahrnehmen, 33 unmittelbar den Grundrechten (Stern/Becker/*Enders* Art 1 Rn 106; Jarass/Pieroth/*Jarass* Art 1 Rn 41).

Religionsgemeinschaften bleiben trotz öffentl-rechtl Rechtsform (Art 140 GG iVm Art 137 V WRV) vom 34 Staat und seiner Sphäre eigenständig und unabhängig und sind daher in gleichem Maße Grundrechtsträger wie privatrechtlich organisierte Religionsgemeinschaften (BVerfG 19.12.2000, 2 BvR 1500/97, BVerfGE 102, 370; BAG 20.11.2012, 1 AZR 179/11, NZA 2013, 448). Als Grundrechtsadressat gem Art 1 III an die Grundrechte gebunden sind sie nur, soweit sie staatlich verliehene Hoheitsaufgaben wahrnehmen (BAG 12.10.2010, 9 AZR 554/09; Stern/Becker/*Kästner* Art 4 Rn 157 f; v Mangoldt/Klein/*Starck* Art 1 Rn 251; *v Campenhausen/de Wall* Staatskirchenrecht, 4. Aufl, S 114; *de Wall/Muckel* Kirchenrecht, 2. Aufl, § 25 Rn 6).

Umstr ist die unmittelbare Bindung der **Tarifvertragsparteien** an die Grundrechte (Sachs/*Höfling* 35 Art 1 Rn 95 f; näher Art 9 Rdn 61).

Eine unmittelbare Drittwirkung der Grundrechte im **Privatrechtsverkehr** besteht ansonsten grds 36 nicht (st Rspr seit BVerfG 15.1.1958, 1 BvR 400/51, BVerfGE 7, 198; aA BAG 10.5.1957, 1 AZR 249/56, BAGE 4, 274). Nach ganz hM entfalten die Grundrechte als Ausdruck einer Wertordnung in ihren objektiven Gehalten nur eine abgeschwächte, »mittelbare« Einwirkung auf Rechtsbeziehungen zwischen Privaten (»**mittelbare Drittwirkung**«). Vor allem die **Generalklauseln des Bürgerlichen Rechts** (§§ 138, 242, 826 BGB) wirken als »Einbruchstellen« für die Grundrechte als Auslegungsdirektiven (Maunz/Dürig/*Herdegen* Art 1 III Rn 65; krit *Stern* FS Wiedemann, 133 ff; Palandt/*Heinrichs* § 242 BGB Rn 7 ff). Bei der Beantwortung der Frage, was Treu und Glauben im Einzelfall gebieten, sind die grundrechtlichen Wertungen, insb die Gewährleistung der Privatautonomie, das Recht auf Achtung der Menschenwürde und das allg Persönlichkeitsrecht, zu berücksichtigen (BAG 16.9.2004, 2 AZR 447/03, EzA § 242 BGB 2002 Nr 5; 23.6.1994, 2 AZR 617/93, EzA § 242 BGB Nr 39; 27.2.1985, GS 1/84, EzA § 611 BGB Beschäftigungspflicht Nr 9). Auch im Rahmen billigen Ermessens sind Grundrechte zu berücksichtigen (BAG 18.2.2014, 3 AZR 770/12, AP § 1 BetrAVG Nr 70). Durch diese Auslegung des einfachen Gesetzesrechts im Lichte der Grundrechte entfalten sich grundrechtliche Schutzpflichten.

37 Durch die allg Vorschrift des Art 1 III kann nicht allein über die Geltungskraft der Grundrechte entschieden werden. Weitere Voraussetzung ist, dass der **Wortlaut jeder einzelnen Grundrechtsbestimmung** so gefasst ist, dass er als aktueller Rechtssatz unmittelbare Rechtswirkung entfalten kann (*Thoma* Gutachten für den Parlamentarischen Rat, Drs 244, S 3). Der Richter hat kraft Verfassungsgebotes zu prüfen, ob die von ihm anzuwendenden materiellen zivilrechtlichen Vorschriften durch grundrechtliche Wertmaßstäbe beeinflusst sind; trifft das zu, dann hat er bei Auslegung und Anwendung dieser Vorschriften die sich hieraus ergebende Modifikation des Privatrechts zu beachten. Dies ist der Sinn der Bindung auch des Zivilrichters an die Grundrechte (Art 1 III). Verfehlt er diese Maßstäbe und beruht sein Urt auf der Außerachtlassung dieses verfassungsrechtlichen Einflusses auf die zivilrechtlichen Normen, so verstößt er nicht nur gegen objektives Verfassungsrecht, indem er den Gehalt der Grundrechtsnorm (als objektiver Norm) verkennt; er verletzt vielmehr als **Träger öffentl Gewalt** durch sein Urt das Grundrecht, auf dessen Beachtung auch durch die rechtsprechende Gewalt der Bürger einen verfassungsrechtlichen Anspruch hat (BVerfG 14.2.1973, 1 BvR 112/65, BVerfGE 34, 269 ff). Gegen ein solches Urt kann – unbeschadet der Bekämpfung des Rechtsfehlers – das BVerfG im Wege der **Verfassungsbeschwerde** angerufen werden.

38 Art 1 III bezeichnet nicht nur grds die Bestimmungen des Grundrechtsteils als unmittelbar geltendes Recht, sondern bringt zugleich den **Willen des Verfassungsgebers zum Ausdruck**, dass der Einzelne sich der öffentl Gewalt ggü auf diese Normen als Grundrechte soll berufen können. Die Vorschrift erklärt die Grundrechte und die grundrechtsähnlichen Rechte (BVerfG 10.2.1960, 1 BvR 526/53, 1 BvR 29/58, BVerfGE 10, 302 ff) für Gesetzgebung, vollziehende Gewalt und Rspr für unmittelbar verbindlich und erzeugt damit eine umfassende Bindung der staatlichen Gewalt (MüArbR/*Richardi* § 12 Rn 6).

39 **C. Grundrechtskonkurrenzen.** Durch die Grundrechtsbindung aus Art 1 III besteht die **Grundkorrelation zwischen der Menschenwürde** als oberstem Wert der Verfassung **und allen folgenden Grundrechten** darin, dass alle Grundrechte und sogar die gesamte Verfassung der Zielvorgabe des Art 1 folgen sollen. Die Grundrechtsgarantie des Art 1 III dominiert und determiniert daher die übrigen Grundrechte insofern, als Art 1 durch keine andere grundrechtliche Vorschrift eingeschränkt werden kann (Unantastbarkeit). Ein ausgesprochenes Spezialitätsverhältnis zwischen Art 1 II und den übrigen Grundrechten liegt durch seinen Rang als oberste Wertnorm zwar nicht vor, aber die Prüfung einer Grundrechtsverletzung hat bei der konkreteren Norm zu beginnen und ist nur im Fall eines negativen Ergebnisses bei **Art 1 I als Auffangrecht** fortzuführen (Sachs/*Höfling* Art 1 Rn 57). Ist bereits der Verstoß gegen ein anderes Grundrecht festgestellt, so kann daneben, aber nicht im Verhältnis der Subsidiarität, ebenfalls Art 1 II verletzt sein, ohne dass dies aber automatisch der Fall sein muss (v Münch/Kunig/*Kunig* Art 1 Rn 69). Umgekehrt ist aber davon auszugehen, dass ein Verstoß gegen die Menschenwürdegarantie zugleich auch sicher die Verletzung eines anderen, konkreteren Grundrechts darstellt; Art 1 I bildet in diesem Sinn eine Schranken-Schranke oder immanente Schranke eines jeden – auch schrankenlos gewährten – Grundrechts (Jarass/Pieroth/*Jarass* Art 1 Rn 3). Das **weder von klarer Subsidiarität noch von klarer Spezialität** gekennzeichnete Verhältnis des Art 1 I zu anderen Grundrechten ist durch die strukturbedingte Sonderrolle im Grundrechtskanon bestimmt und als partielle Spezialität und Subsidiarität zu definieren (Schmidt-Bleibtreu/Klein/*Hopfauf* Art 1 Rn 77). Insb das Verhältnis zum allg Persönlichkeitsrecht ist allerdings diffus und in seiner Kombinationsstruktur kaum praktikabel (v Mangoldt/Klein/*Starck* Art 1 Rn 108 ff.; zum Verhältnis des verfassungsrechtlichen zum zivilrechtlichen Persönlichkeitsschutz BAG 23.4.2009, 6 AZR 189/08, NZA 2009, 974; unklar BAG 2.6.1982, 2 AZR 1237/79, EzA Art 2 GG Nr 2). Dies darf jedenfalls nicht zu einer Schwächung des grundrechtlichen Menschenwürdeschutzes führen; dh eine Persönlichkeitsrechtsverletzung nach Art 2 I kann nicht dazu führen, dass eine zugleich eingetretene Menschenrechtsverletzung in irgendeiner Weise eingeschränkt wird.

Art. 2 Freie Entfaltung der Persönlichkeit, Recht auf Leben, körperliche Unversehrtheit, Freiheit der Person

(1) Jeder hat das Recht auf die freie Entfaltung seiner Persönlichkeit, soweit er nicht die Rechte anderer verletzt und nicht gegen die verfassungsmäßige Ordnung oder das Sittengesetz verstößt.
(2) ¹Jeder hat das Recht auf Leben und körperliche Unversehrtheit. ²Die Freiheit der Person ist unverletzlich. ³In diese Rechte darf nur auf Grund eines Gesetzes eingegriffen werden.

Übersicht

	Rdn.
A. Grundlagen	1
B. Grundrechtsträger	2
C. Schutzbereich	
I. Die allg Handlungsfreiheit	3
1. Allgemeines	3
2. Insb: Vertrags – und Wirtschaftsfreiheit	4
II. Allg Persönlichkeitsrecht	7
1. Grundlagen	7
2. Fallgruppen	8
III. Leben, körperliche Unversehrtheit, Freiheit der Person	9
1. Recht auf Leben	9
2. Recht auf körperliche Unversehrtheit	11
3. Freiheit der Person	12
D. Beeinträchtigungen	13
E. Verfassungsrechtliche Rechtfertigung von Grundrechtseingriffen	14
I. Eingriffe in Art 2 I	14
1. Rechte anderer	15
2. Verfassungsmäßige Ordnung	16
3. Sittengesetz	18
4. Verhältnismäßigkeit	19
5. Rechfertigung von Eingriffen in das allg Persönlichkeitsrecht	20
II. Eingriffe in Art 2 II	21
F. Einzelne arbeitsrechtliche Gesichtspunkte	22
I. Art 2 I	22
1. Auskünfte über AN	23
2. Beschäftigungsanspruch	24
3. Außerdienstliches Verhalten und Erscheinungsbild des AN	25
4. Datenschutz	26
5. Ehre des AN	27
6. Fragerecht des AG	28
7. Maßnahmen der Überwachung	29
8. Auskunftspflichten des AN	30
9. Personalakte	33
10. Untersuchungen und Gutachten	34
II. Art 2 II GG	35

A. Grundlagen. Nach den in der Rspr des BVerfG entwickelten Grundsätzen gewährleistet Art 2 I die **1** **allg Handlungsfreiheit im umfassenden Sinne**. Geschützt ist damit nicht nur ein begrenzter Bereich der Persönlichkeitsentfaltung, sondern jede Form menschlichen Handelns ohne Rücksicht darauf, welches Gewicht der Betätigung für die Persönlichkeitsentfaltung zukommt (Jarass/Pieroth/*Jarass* Art 2 Rn 3). Abgesehen von einem **absolut geschützten Kernbereich privater Lebensgestaltung**, welcher der Einwirkung der öffentl Gewalt entzogen ist, steht die allg Handlungsfreiheit allerdings unter dem Vorbehalt der verfassungsmäßigen (Rechts) Ordnung (BVerfG 6.6.1989, 1 BvR 921/85, NJW 1989, 2525). Im Spannungsverhältnis zwischen dem Schutz der Freiheit und den Anforderungen einer sozialstaatlichen Ordnung hat der Gesetzgeber eine weite Gestaltungsfreiheit (BVerfG 23.5.1980, 2 BvR 854/79, BVerfGE 54, 143 ff).

B. Grundrechtsträger. Art 2 gewährleistet allen **natürlichen Personen** – auch Kindern und Minderjährigen – umfassenden Schutz; nicht aber dem Nasciturus. Toten steht das Recht aus Art 2 nicht zu, da es die Existenz einer wenigstens potenziellen oder zukünftigen Person als unabdingbar voraussetzt. Als allg Menschenrecht bzw Jedermann-Grundrecht schützt Art 2 auch **Ausländer** (BVerfG 18.7.1973, 1 BvR 23/73, 1 BvR 155/73, BVerfGE 35, 399 ff). Da Art 2 I ein personales Auffanggrundrecht ist (BVerfG 16.1.1957, 1 BvR 253/56, BVerfGE 6, 32 ff), hat dies zur Folge, dass die Deutschen-Grundrechte der Art 8, 9, 11, 12 jedenfalls in ihrem menschenrechtlichen Gehalt (Kernbereich) sich auch auf Ausländer erstrecken (v Mangoldt/Klein/*Starck* Art 2 Rn 46; näher Art 19 Rdn 4). Während die allg Handlungsfreiheit auf **juristische Personen und Vereinigungen des privaten Rechts** grds Anwendung findet (BVerfG 25.10.1966, 2 BvR 506/63, BVerfGE 20, 323 ff), genießen **ausländische Vereinigungen und juristische Personen des öffentl Rechts** grds nicht den Schutz des Art 2 I (näher Art 19 Rdn 5–7; zum Schutz der Unternehmerfreiheit öffentl Unternehmen *Löwisch* FS Säcker, 2011, S 261 ff).

C. Schutzbereich. I. Die allg Handlungsfreiheit. 1. Allgemeines. Das GG meint mit der freien Entfaltung der Persönlichkeit **nicht nur** die Entfaltung innerhalb eines **Kernbereichs** der Persönlichkeit, der das **Wesen des Menschen als geistig-sittliche Person** ausmacht; vielmehr schützt Art 2 I die allg Handlungsfreiheit in einem umfassenden Sinn (BVerfG 1.8.1978, 2 BvR 123/76, BVerfGE 49, 23 ff) ohne Beschränkung auf individuell wertbetonte Handlungen des Einzelnen, sondern **völlig wertneutral als allg Handlungsfreiheit** (BVerwG 22.9.1972, VII C 27/71, BVerwGE 40, 347 ff; enger v Mangoldt/Klein/

Art. 2 GG Allgemeines Freiheitsrecht, Recht auf Leben und andere Rechte

Starck Art 2 Rn 13). Dieser weite, grds undefinierte Schutzbereich des Art 2 I bedingt, dass seine einzelnen Gewährleistungen zahlreich sind.

4   **2. Insb: Vertrags – und Wirtschaftsfreiheit.** Art 2 I schützt auch die Freiheit im wirtschaftlichen Verkehr und die **Vertragsfreiheit**, soweit sie nicht durch bes Grundrechte gewährleistet sind (BVerfG 14.7.1959, 1 BvL 28/57, BVerfGE 10, 55 ff), die Wettbewerbsfreiheit (BVerwG 30.8.1968, VII C 122.66, BVerwGE 30, 198 ff), darüber hinaus das Recht auf entgeltliche Verwertung der eigenen Arbeitskraft (BVerwG 25.5.1970, II C 12.66, MDR 1970, 867 f). Allerdings findet die **Arbeitsvertragsfreiheit ihre Grundlage in Art 12 GG**, der insoweit als **lex specialis** anzusehen ist (BVerfG 6.10.1987, 1 BvR 1086/82 ua, BVerfGE 77, 84 ff), sofern die Voraussetzungen einer Beeinträchtigung der Berufsfreiheit gegeben sind.

5   Die **Vertragsautonomie** wird nur in den **Grenzen der durch Gesetze ausgestalteten verfassungsmäßigen Ordnung** gewährleistet. Dies beinhaltet keine Befugnis des Gesetzgebers, die Voraussetzungen und Grenzen der Privatautonomie beliebig zu gestalten. Vielmehr ist er verpflichtet, der **Selbstbestimmung des Einzelnen** im Rechtsverkehr einen **angemessenen Rahmen** zur Verfügung zu stellen, der die Entfaltungsmöglichkeiten nicht übermäßig beschränken darf (BVerfG 19.10.1993, 1 BvR 567/89 ua, BVerfGE 89, 214 ff). Zum einen soll der Staat iRd **Privatautonomie möglichst Zurückhaltung** üben; zum anderen ist es Aufgabe des Staates, Sorge dafür zu tragen, dass **keine strukturell ungleiche Verhandlungsstärke** zwischen den Vertragsparteien besteht (BVerfG 7.2.1990, 1 BvR 26/84, BVerfGE 81, 242 ff; ErfK/*Schmidt* Art 2 GG Rn 28).

6   Da auch die Fachgerichte gem Art 1 III unmittelbar an die Grundrechte gebunden sind, kommt ihnen die Aufgabe zu, bei der Anwendung anerkannter Auslegungsmethoden im Rahmen des einfachen Rechts der in den jeweils einschlägigen Grundrechten wurzelnden Wertentscheidung zur Durchsetzung zu verhelfen. Dies gilt insb dann, wenn **Gesetze bestimmte Lücken aufweisen** (dazu *Rüthers/Fischer* Rechtstheorie § 23) oder es um die **Konkretisierung von Generalklauseln** geht. Auch kommt der verfassungskonformen Auslegung in diesem Zusammenhang eine bes Bedeutung zu. So haben die Gerichte bei der Auslegung von Generalklauseln darauf zu achten, dass Verträge nicht allein als Mittel der Fremdbestimmung dienen (BVerfG 26.6.1991, 1 BvR 779/85, BVerfGE 84, 212 ff).

7   **II. Allg Persönlichkeitsrecht. 1. Grundlagen.** Ein Teilbereich des Art 2 I erfährt als allg Persönlichkeitsrecht einen bes Schutz und hat sich zu einem **selbstständigen Schutzrecht** entwickelt. Funktional soll damit die **engere persönliche Lebenssphäre und die Erhaltung ihrer Grundbedingungen** gewährleistet werden (BVerfG 13.5.1986, 1 BvL 55/83, BVerfGE 72, 155 ff). Das allg Persönlichkeitsrecht schützt vor allem gegen Eingriffe, die geeignet sind, die engere Persönlichkeitssphäre zu beeinträchtigen und hebt sich von dem aktiven Element dieser Entfaltung ab (BVerfG 23.5.1980, 2 BvR 854/79, BVerfGE 54, 148 ff; Jarass/Pieroth/*Jarass* Art 2 Rn 38).

8   **2. Fallgruppen.** Der Einzelne soll grds selbst darüber befinden dürfen, wie er sich ggü Dritten **in der Öffentlichkeit darstellen will**, was seinen **sozialen Geltungsanspruch** ausmachen soll (BVerfG 8.2.1983, 1 BvL 28/79, BVerfGE 63, 131 ff). Insoweit wird der Einzelne etwa vor verfälschenden oder entstellenden Darstellungen seiner Person in der Öffentlichkeit geschützt, die von nicht ganz unerheblicher Bedeutung für die Persönlichkeitsentfaltung sind (BVerfG 10.11.1998, 1 BvR 1531/96, BVerfGE 99, 185 ff). Auch der **Schutz der Ehre** gehört zum allg Persönlichkeitsrecht (BVerfG 3.6.1980, 1 BvR 797/78, BVerfGE 54, 208 ff). Schließlich gewährleistet das Recht auf **informationelle Selbstbestimmung** dem Einzelnen die Befugnis, selbst über die Preisgabe und Verwendung persönlicher Daten zu entscheiden (Einzelheiten s Rdn 26). **Geschäfts- und Betriebsgeheimnisse** werden hiervon regelmäßig **nicht erfasst**. Sie fallen unter Art 12. Weiter wird die **Privatsphäre** geschützt (BVerfG 26.4.1994, 1 BvR 1689/88, BVerfGE 90, 255 ff). Sie umfasst zum einen **Angelegenheiten**, die wegen ihres **Informationsgehaltes typischerweise als privat** einzustufen sind, zum anderen einen räumlichen Bereich, in dem der Einzelne zu sich kommen, entspannen oder auch sich gehen lassen kann (BVerfG 15.12.1999, 1 BvR 653/96, BVerfGE 101, 361 ff).

9   **III. Leben, körperliche Unversehrtheit, Freiheit der Person. 1. Recht auf Leben.** Das menschliche Leben stellt innerhalb der grundgesetzlichen Ordnung einen Höchstwert dar; es ist die vitale Basis der Menschenwürde und die Voraussetzung aller anderen Grundrechte (BVerfG 16.10.1977, 1 BvQ 5/77, BVerfGE 46, 160 ff). Art 2 II enthält eine umfassende Pflicht zum Schutz dieses Lebens. Er **verbietet** nicht nur **unmittelbare staatliche Eingriffe** in das – auch sich noch entwickelnde – Leben, sondern **gebietet dem Staat auch, sich schützend und fördernd vor dieses Leben zu stellen, es insb vor rechtswidrigen Eingriffen vonseiten anderer zu bewahren** (BVerfG 16.10.1977, 1 BvQ 5/77, BVerfGE 46, 160 ff).

10 Zum Recht auf Gewährung des Existenzminimums s Art 1 Rdn 19.

2. Recht auf körperliche Unversehrtheit. Art 2 II 1 enthält eine **objektive Wertentscheidung**, die für 11
alle Bereiche des Rechts gilt (BVerfG 17.1.1957, 1 BvL 4/54, BVerfGE 6, 55 ff). Parallel zum Recht auf
Leben leitet die Rspr aus der Garantie der körperlichen Unversehrtheit über die **Abwehrfunktion** hinaus eine **Schutzverpflichtung** des Staates ab; bspw das Drogenverbot (BVerfG 9.3.1994, 2 BvL 43/92,
BVerfGE 90, 145 ff) oder die Verpflichtung zur Verhängung eines Rauchverbots in Vorlesungsräumen
(OVG Berlin 18.4.1975, V S 1375, NJW 1975, 2261 ff). AN haben nach § 618 I BGB **einen Anspruch
auf einen tabakrauchfreien Arbeitsplatz**, wenn das für sie **aus gesundheitlichen Gründen geboten** ist (BAG
17.2.1998, 9 AZR 84/97, BAGE 88, 63 ff). Die Betriebspartner sind befugt, durch **BV** ein betriebliches
Rauchverbot zu erlassen, um Nichtraucher vor den Gesundheitsgefahren und Belästigungen des Passivrauchens zu schützen; jedoch müssen sie dabei gem § 75 II BetrVG iVm Art 2 I den Verhältnismäßigkeitsgrundsatz beachten, weil ihre Regelung die allg Handlungsfreiheit der Raucher beeinträchtigt (BAG
19.1.1999, 1 AZR 499/98, BAGE 90, 316). Das Recht auf körperliche Unversehrtheit nach Art 2 II 1
verpflichtet den Gesetzgeber auch dazu, den Schutz der AN vor den gesundheitsschädlichen Folgen der
Nachtarbeit zu regeln (BVerfG 17.11.1992, 1 BvR 168/89 ua, BVerfGE 87, 363 ff; zur Angemessenheit
des Ausgleichs bei Dauernachtarbeit BAG 9.12.2015, 10 AZR 423/14). Zum Rauchverbot in Gaststätten s
BVerfG 30.7.2008, 1 BVR 3262/97, NJW 2008, 2409.

3. Freiheit der Person. Die Freiheit einer Person ist ein so hohes Rechtsgut, dass sie nur aus bes gewich- 12
tigen Gründen eingeschränkt werden darf. Sie hat auch eine verfahrensrechtliche Wirkungsdimension
(BVerfG 3.6.1992, 2 BvR 1041/88, 2 BvR 78/89, BVerfGE 86, 288 ff). Daher bedarf insb der lebenslange Entzug dieser Freiheit einer bes strengen Prüfung am Maßstab des Verhältnismäßigkeitsgrundsatzes
(BVerfG 21.6.1977, 1 BvL 14/76, BVerfGE 45, 223 ff).

D. Beeinträchtigungen. Die denkbaren Beeinträchtigungen der nach Art 2 I u II geschützten Rechte sind 13
vielfältig. Eine Beeinträchtigung kann durch jede generelle oder individuelle Regelung der öffentl Gewalt
erfolgen, die das jeweils geschützte Verhalten regelt, sei es durch positive oder negative Pflichten in der Sache
oder auch durch bestimmte Genehmigungsvorbehalte (Jarass/Pieroth/*Jarass* Art 2 Rn 13). Auch lässt sich
aus Art 2 in bestimmten Fällen ein Schutzanspruch auf Abwehr bestimmter Beeinträchtigungen sowie unter
engeren Voraussetzungen auch ein Anspruch auf Teilhabe an bestimmten staatlichen Leistungen ableiten
(BVerfG 23.7.1963, 1 BvL 1/61, 1 BvL 4/61, BVerfGE 16, 286 ff).

E. Verfassungsrechtliche Rechtfertigung von Grundrechtseingriffen. I. Eingriffe in Art 2 I. Die allg 14
Handlungsfreiheit wird durch die **Schrankentrias** – die Rechte anderer, die verfassungsmäßige Ordnung
und das Sittengesetz – beschränkt.

1. Rechte anderer. Von den Rechten anderer ist **nicht jedes beliebige Interesse** anderer erfasst. Vielmehr 15
sind nur die nach der Gesamtentscheidung des GG schutzwürdigen Interessen als Rechte anderer anzuerkennen oder zu solchen auszugestalten. Der Einzelne muss sich insb diejenigen Schranken seiner Handlungsfreiheit gefallen lassen, die der Gesetzgeber zur Pflege des sozialen Zusammenlebens in den Grenzen
des bei dem gegebenen Sachverhalt allg Zumutbaren zieht, sofern dabei die Eigenständigkeit der Person
gewahrt bleibt (Schmidt-Bleibtreu/Klein/*Hofmann* Art 2 Rn 11).

2. Verfassungsmäßige Ordnung. Verfassungsmäßige Ordnung ist die **allg Rechtsordnung**, die die mate- 16
riellen und formellen Normen der Verfassung zu beachten hat, also eine verfassungsmäßige Rechtsordnung
sein muss (BVerfG 16.1.1957, 1 BvR 253/56, BVerfGE 6, 32 ff). Der Bürger wird in seiner allg Handlungsfreiheit nicht nur durch die Verfassung, sondern durch **jede formell und materiell verfassungsmäßige
Rechtsnorm** eingeschränkt (BVerfG 16.1.1957, 1 BvR 253/56, BVerfGE 6, 32 ff; 15.1.1975, 2 BvR 65/74,
BVerfGE 38, 319 ff). Zur verfassungsmäßigen Ordnung gehören nicht nur Bundes- und Landesgesetze,
sondern auch **formell und materiell mit der Verfassung vereinbare Vorschriften des Ortsrechts** (BVerfG
23.5.1980, 2 BvR 854/79, BVerfGE 54, 143 ff). Zur verfassungsmäßigen Ordnung iSv Art 2 I gehören
nicht nur die vom Normgeber gesetzten verfassungsmäßigen Vorschriften, sondern auch deren **Auslegung
durch die Gerichte** einschl der **im Wege zulässiger richterlicher Rechtsfortbildung getroffenen Entsch**
(BVerfG 14.1.1987, 1 BvR 1052/79, BVerfGE 74, 129 ff). Ein gegen das verfassungsrechtliche Prinzip der
Verhältnismäßigkeit verstoßendes Strafgesetz kann nicht Bestandteil der verfassungsmäßigen Ordnung sein
(BVerfG 21.6.1977, 1 BvL 14/76, BVerfGE 45, 187 ff).

Das Rechtsstaatsprinzip verlangt im Zusammenspiel mit Art 2 I, dass der Einzelne vor unnötigen Eingriffen 17
der öffentl Gewalt bewahrt bleibt. Eine Rechtsnorm, die eine belastende Rückwirkung vorsieht und den speziellen, aus dem Rechtsstaatsprinzip abgeleiteten Anforderungen nicht genügt (BVerfG 15.5.1985, 2 BvL
24/82, BVerfGE 70, 92 ff), gehört nicht zur verfassungsmäßigen Ordnung.

18 **3. Sittengesetz.** Das Sittengesetz bildet formal eine selbstständige Schranke ggü dem Einzelnen bei der freien Entfaltung seiner Persönlichkeit (BVerfG 10.5.1957, 1 BvR 550/72, BVerfGE 6, 434 ff). Das nach Art 2 I maßgebliche Sittengesetz umfasst auch die **Wahrung der Sittlichkeit iS herrschender Moralvorstellungen**, vor allem auf geschlechtlichem Gebiet (BVerfG 10.5.1957, 1 BvR 550/72, BVerfGE 6, 434 ff).

19 **4. Verhältnismäßigkeit.** Regelungen, die die allg Handlungsfreiheit einschränken, müssen dem Grundsatz der Verhältnismäßigkeit Rechnung tragen; sie müssen **geeignet, erforderlich und auch angemessen** sein. Dies erfordert eine Prüfung, ob der Eingriff durch den Sozialbezug der betroffenen Handlungsweise überhaupt gerechtfertigt ist, also die Prüfung, ob der betroffene Bürger durch sein Verhalten auf andere einwirkt und dadurch die persönliche Sphäre von Mitmenschen oder Belange des Gemeinschaftslebens berührt (BVerfG 5.6.1973, 1 BvR 536/72, BVerfGE 35, 203 ff).

20 **5. Rechfertigung von Eingriffen in das allg Persönlichkeitsrecht.** Hins der verfassungsrechtlichen Rechtfertigung von Eingriffen in das allg Persönlichkeitsrecht gelten die Schranken des Art 2 I (BVerfG 31.1.1989, 1 BvL 17/87, BVerfGE 79, 256 ff). In **materieller Hinsicht** brauchen nur Eingriffe hingenommen zu werden, die **verhältnismäßig** und insb **zum Schutz öffentl Interessen unerlässlich sind** (BVerfG 27.6.1991, 2 BvR 1493/89, BVerfGE 84, 239 ff). Dabei ist eine strikte Prüfung der Verhältnismäßigkeit geboten (BVerfG 19.7.1972, 2 BvL 7/71, BVerfGE 33, 367 ff). Für die Abwägung der widerstreitenden Interessen ist vor allem das Gewicht des Persönlichkeitseingriffs von Bedeutung (BVerfG 15.12.1983, 1 BvR 209/83, BVerfGE 65, 1 ff). Im Hinblick auf Grundrechte Dritter kann der Einzelne auch nicht verlangen, dass er in der Öffentlichkeit nur so dargestellt werden darf, wie er sich selber sieht (BVerfG 24.3.1998, 1 BvR 131/96, BVerfGE 97, 391 ff). Der **Schutz persönlicher Daten verstärkt sich**, wenn sie aus der **Privatsphäre** des Einzelnen stammen (BVerfG 15.12.1999, 1 BvR 653/96, BVerfGE 101, 361 ff). Weiter geht der Schutz im Bereich der **Intimsphäre**. Hierbei handelt es sich um einen Kernbereich bzw letztlich unantastbaren Bereich privater Lebensgestaltung (BVerfG 14.9.1989, 2 BvR 1062/87, BVerfGE 80, 367 ff). Dieser Bereich zeichnet sich durch seinen **höchstpersönlichen Charakter** sowie den Umstand aus, dass ein bestimmter **Sozialbezug fehlt**. In diesem Bereich sind staatliche Eingriffe generell verboten (BVerfG 10.5.1957, 1 BvR 550/52, BVerfGE 6, 389 ff); eine Abwägung nach Maßgabe des Verhältnismäßigkeitsgrundsatzes findet nicht statt (BVerfG 31.1.1973, 2 BvR 454/71, BVerfGE 34, 238 ff). Dies gilt ebenfalls für den **Kernbereich der Ehre** (BVerfG 3.6.1987, 1 BvR 313/85, BVerfGE 75, 369 ff).

21 **II. Eingriffe in Art 2 II.** Alle Grundrechtsverbürgungen des Art 2 II 1 u 2 sind durch den **einfachen Gesetzesvorbehalt** des S 3 beschränkbar (Sachs/*Murswiek* Art 2 Rn 164). Die Formel des »**aufgrund eines Gesetzes**« eröffnet auch die Beschränkung mittels Delegation auf untergesetzliche Normtypen, sodass die Grundrechtsbeschränkung nach Ermächtigung durch ein förmliches Parlamentsgesetz auch in Form von Rechtsverordnungen, Verwaltungsvorschriften oder Verwaltungsakten erfolgen kann (BVerfG 18.7.1967, 2 BvF 3/62, 2 BvF 4/62, 2 BvF 5/62, BVerfGE 22, 180 ff). Das Art 2 II einschränkende Gesetz muss seinerseits im Lichte des Grundrechts gesehen werden (BVerfG 19.6.1979, 2 BvR 1060/78, BVerfGE 51, 324 ff). Der Grundrechtseingriff muss auch insoweit geeignet, erforderlich und auch verhältnismäßig ieS sein. Dabei ist eine strenge Prüfung geboten (BVerfG 7.10.1981, 2 BvR 1194/80, BVerfGE 58, 208 ff). Dies gilt insb hins der Tötung eines Menschen, da das Leben einen Höchstwert bildet (BVerfG 25.2.1975, 1 BvF 2/74 ua, BVerfGE 39, 1 ff).

22 **F. Einzelne arbeitsrechtliche Gesichtspunkte. I. Art 2 I.** Beeinträchtigungen der allg Handlungsfreiheit iSd Art 2 I – sowohl der des **AG** als auch der des **AN** – können im ArbR durch zahlreiche Maßnahmen in Betracht kommen. So wird der AN dadurch, dass er aufgrund des Arbeitsvertrages zur Leistung der versprochenen Arbeit verpflichtet ist, während der Arbeitszeit in seiner allg Handlungsfreiheit beschränkt; diese Beschränkung beruht jedoch auf dem durch Art 12 I geschützten freiwilligen Abschluss des Arbeitsvertrages. Dass der AN während der Arbeitszeit gem § 106 S 1 u 2 GewO dem Weisungsrecht des AG unterliegt, stellt eine dem Verhältnismäßigkeitsgrundsatz entsprechende Einschränkung der allg Handlungsfreiheit des AN dar. Dass der AG gem § 106 S 3 GewO von diesem Recht nur im Rahmen billigen Ermessens Gebrauch machen darf, beschränkt diesen in seiner allg Handlungsfreiheit (BAG 24.2.2011, 2 AZR 6363/09, EzA § 1 KSchG Personenbedingte Kündigung Nr 28).

23 **1. Auskünfte über AN.** Holt der AG bei Dritten Auskünfte über den AN ein, kann sowohl durch die **Erteilung** (BAG 18.12.1984, 3 AZR 389/83, AP BGB § 611 Persönlichkeitsrecht Nr 8) als auch durch die **Verweigerung** von Auskünften durch einen früheren AG das allg Persönlichkeitsrecht des AN beeinträchtigt werden, sofern der neue AG daraus nachteilige Schlussfolgerungen ziehen muss (BAG 25.10.1957, 1 AZR 434/55, NJW 1958, 1061). Sowohl die **Berechtigung** als auch die **Verpflichtung** des AG, **Auskünfte über**

(ehemalige) **AN zu erteilen,** hängt primär davon ab, ob der AN darin eingewilligt bzw den AG dazu ausdrücklich aufgefordert hat (analog dem Wahlrecht nach § 109 I 3 GewO s ErfK/*Müller-Glöge* § 109 GewO Rn 7). Liegt eine ausdrückliche oder konkludente Einwilligung nicht vor, kann ein Eingriff in das allg Persönlichkeitsrecht nach den Grundsätzen der GoA (§ 677 BGB) gerechtfertigt sein. Ein der Erteilung der Auskunft entgegenstehender Wille des AN ist analog § 679 BGB nur dann unbeachtlich, wenn der AG mit der Auskunft eine Pflicht des AN, deren Erfüllung im öffentl Interesse liegt, erfüllt (weitergehend wohl Tschöpe/*Wisskirchen/Bissels* Teil 1 C Rn 143).

2. Beschäftigungsanspruch. Nach Ansicht des BAG widerspräche es dem Persönlichkeitsrecht des AN, 24 wenn der AG seinem AN zwar ein Arbeitsentgelt zahlen, ihn aber nicht **vertragsgemäß beschäftigen** und ihm keine **angemessene Tätigkeit zuweisen** müsste. Denn anders als das Dienstverhältnis betrifft das Arbeitsverhältnis die ganze Person des AN (BAG 10.11.1955, 2 AZR 591/54, AP BGB § 611 Beschäftigungspflicht Nr 2). Einfachrechtlicher Anknüpfungspunkt, aus dem der Beschäftigungsanspruch abgeleitet werden kann, ist § 242 BGB (BAG 19.8.1976, 3 AZR 512/75; 26.5.1977, 2 AZR 632/76; 27.2.1985, GS 1/84, AP BGB § 611 Beschäftigungspflicht Nr 4, 5, 14). Da die Beschäftigungspflicht jedoch nicht den unantastbaren Bereich des Persönlichkeitsrechts des AN betrifft, ist der AG nicht verpflichtet, die Interessen des AN ohne Rücksicht auf seine eigenen Interessen zu fördern (§ 241 II BGB). **Überwiegen schützenswerte Interessen** des AG, **wird der Beschäftigungsanspruch zurücktreten** (s § 611 BGB Rdn 281 ff). Bedenklich ist daher die Ansicht des 5. Senats des BAG, dass ein AN an eine Weisung des AG, die nicht aus sonstigen Gründen unwirksam ist, so lange vorläufig gebunden sei, bis durch ein rechtskräftiges Urteil gem. § 315 III Satz 2 BGB die Unverbindlichkeit der Leistungsbestimmung festgestellt wird (BAG 22.2.2012, 5 AZR 249/11, EzA § 615 BGB 2002 Nr 36; krit *Boemke* NZA 2013, 6). Diese auf den Persönlichkeitsschutz tragend abstellende Ableitung des Beschäftigungsanspruchs schließt nach Ansicht des 5. Senats des BAG bei Nichterfüllung einen Schaden in Form entgangenen Verdienstes aus. Schutzzweck des Beschäftigungsanspruchs sei ausschließlich das über § 242 BGB zu achtende Persönlichkeitsrecht des AN u dessen Interesse an tatsächlicher Beschäftigung. Für die finanzielle Absicherung bei Nichtbeschäftigung soll dagegen § 615 S 1 BGB sorgen (BAG 24.6.2015, 5 AZR 462/14, EzA § 615 BGB 2002 Nr 44).

3. Außerdienstliches Verhalten und Erscheinungsbild des AN. Das **Privatleben** des AN hat **keine unmit-** 25 **telbaren Auswirkungen** auf das Arbeitsverhältnis. Insb muss der AN sein Privatleben nicht nach den moralisch-ethischen Vorstellungen des AG ausrichten. Das außerdienstliche Verhalten kann aber Bedeutung für das Arbeitsverhältnis haben, insb wenn es unmittelbaren Einfluss auf die Arbeitspflicht nehmen kann. Dies gilt etwa hins kirchlicher Arbeitsverhältnisse (EGMR 23.9.2010, 1620/03, EuGRZ 2010, 560 u 425/03, EuGRZ 2010, 571; jetzt auch BAG 8.9.2011, 2 AZR 543/10, NJW 2012, 690) oder aber hins der Arbeitsverhältnisse mit sog Tendenzträgern. Mit Blick darauf, dass das **Sexualleben** zur unantastbaren Intimsphäre des AN gehört, ist die **sexuelle Orientierung** des AN für den AG grds **ebenfalls nicht von Bedeutung und berechtigt insb nicht zur Kdg.** Werden jedoch bestimmte sexuelle Handlungen im Arbeitsleben vorgenommen und kommt es daher zu betrieblichen Störungen, **können Einschränkungen in Betracht kommen.** Dies ist etwa in Fällen sexueller Belästigung der Fall (ErfK/*Schmidt* Art 2 GG Rn 81; zu Ethikrichtlinien s § 106 GewO Rdn 37). Die Anknüpfung und Pflege zwischenmenschlicher Beziehungen (auch) am Arbeitsplatz bleibt grds »Privatsache« der Beteiligten, solange deren Erscheinungsformen oder Krisenszenarien auf die von den Akteuren geschuldete Arbeitserbringung nicht nachteilig durchschlägt oder gesetzliche Schutzpflichten des Arbeitgebers aktualisiert (ArbG Berl 27.2.2015, 28 Ca 16939/14, BB 2015, 1136). Die **Homosexualität** hat ebenso wie die **Geschlechtsumwandlung keinen Bezug zum Arbeitsverhältnis** mit der Folge, dass der AG keine arbeitsrechtlichen Sanktionen durchsetzen kann, wenn er diese privaten Lebensumstände missbilligt (*Däubler* Arbeitsrecht 2 Rn 66). Die innerhalb der Probezeit ausgesprochene Kdg wegen Homosexualität ist daher eine unwirksam (BAG 23.6.1994, 2 AZR 617/93, NZA 1994, 1080). Auch geschlechtsspezifische Benachteiligungen, für die es keine sachlichen Gründe gibt, verstoßen nicht nur gegen Art 3 II u III, sondern sind auch mit dem Persönlichkeitsrecht des AN nicht zu vereinbaren und begründen unter den Voraussetzungen des § 15 AGG einen Entschädigungsanspruch. Bedeutung entfaltet das Persönlichkeitsrecht auch hins des **Erscheinungsbildes** des AN. Zwar steht es dem AN **grds** frei, wie er **sein Äußeres gestaltet** und im **Berufsleben** in Erscheinung tritt. Allerdings sind dem Persönlichkeitsrecht insoweit Grenzen gesetzt, als bestimmte Tätigkeiten Einschränkungen des Persönlichkeitsrechtes erfordern. Maßgeblich dafür, ob das Persönlichkeitsrecht im Einzelfall gewissen Einschränkungen unterliegt, ist, ob ein bestimmtes äußeres Erscheinungsbild (zB Haartracht, Körperpflege, Schutzkleidung, Uniformen, Abzeichen usw) aus Sicherheitsgründen oder im Interesse des Unternehmens geboten erscheint. Daher ist es bspw zulässig, wenn dem AN **das Tragen einer bestimmten Arbeitskleidung** vorgeschrieben wird. Auch bestehen im Lichte des allg Persönlichkeitsrechts keine Bedenken dagegen, dass ein AG das äußere Erscheinungsbild seines Unternehmens dadurch fördern will, dass er eine einheitliche Kleidung mit Firmenemblem einführt (BAG 1.12.1992, 1 AZR 260/92, NZA 1993, 711).

26   4. **Datenschutz.** Das Recht auf **informationelle Selbstbestimmung** (v Mangoldt/Klein/*Starck* Art 2 Rn 114 ff) hat insoweit Auswirkungen auf das Arbeitsvertragsrecht, als es dem **AN Schutz vor dem Sammeln und Verwerten persönlicher Daten, deren Aufbewahrung und Weitergabe gewährt** (BAG 17.5.1983, 1 AZR 1249/79, NJW 1984, 824). § 32 **BDSG** regelt die Datenerhebung, -verarbeitung und -nutzung für Zwecke des Beschäftigungsverhältnisses. Er gilt nicht nur für die automatisierte Datenverarbeitung, sondern nach Abs 2 auch in nicht automatisierten Verfahren.

27   5. **Ehre des AN.** Die Ehre des AN genießt ebenfalls bes verfassungsrechtlichen Schutz nach Art 2 I. Der AN hat Anspruch, dass sein **sozialer Geltungsanspruch** im Arbeitsleben nicht verletzt wird. Behandlungen, die **nicht aus bes Gründen** veranlasst sind, sind ebenso wie die Überwachung eines einzelnen AN **ehrenrührig und damit nicht zulässig**. Aus § 242 BGB kann unter Umständen ein **Anspruch auf Eingreifen des AG** abgeleitet werden, wenn der AN durch Vorgesetzte oder Kollegen schikaniert wird. Dies kann auch im Fall des sog »**Mobbing**« der Fall sein (ErfK/*Schmidt* Art 2 Rn 84).

28   6. **Fragerecht des AG.** Das allg Persönlichkeitsrecht begrenzt das Fragerecht des AG. Fragen, die über ein berechtigtes Informationsinteresse des AG hinausgehen und damit nicht erforderlich sind, braucht der AN nicht zu beantworten. Auch wenn der AN damit grds ein **Recht zum Schweigen** hat, besteht die Gefahr, dass der AG aus dem Schweigen nachteilige Rückschlüsse zulasten des AN zieht. Daher steht dem AN im Ergebnis bei unzulässigen Fragen in der Phase vor Beginn des Arbeitsverhältnisses (zB in Fragebogen) ein »**Recht auf Lüge**« zu. Die Falschbeantwortung **unzulässiger** Fragen hat keine nachteiligen rechtlichen Folgen – zB durch Kdg oder Anfechtung des Arbeitsverhältnisses wg arglistiger Täuschung (BAG 6.2.2003, 2 AZR 621/01, EzA § 123 BGB 2002 Nr 2). Für Fragen, die der AG nach Beginn des Arbeitsverhältnisses stellt, gelten diese Grundsätze gleichermaßen (BAG 13.6.2002, 2 AZR 234/01, EzA § 1 KSchG Verhaltensbedingte Kündigung Nr 57; 7.9.1995, 8 AZR 828/93, EzA § 242 BGB Auskunftspflicht Nr 4). Die Frage des AG nach der Schwerbehinderung bzw einem diesbezüglich gestellten Antrag ist im **bestehenden Arbeitsverhältnis** jedenfalls nach 6 Monaten, dh ggf nach Erwerb des Behindertenschutzes gem §§ 85 ff SGB IX, zulässig. Das gilt insbesondere zur Vorbereitung von beabsichtigten Kdg (BAG 16.2.2012, 6 AZR 553/10, EzA § 3 AGG Nr 7).

29   7. **Maßnahmen der Überwachung.** An dem auch für den Gesetzgeber geltenden Maßstab der Verhältnismäßigkeit ist zu messen, ob durch eine **Videoüberwachung** in das Recht der AN am eigenen Bild und ihr informationelles Selbstbestimmungsrecht unzulässig eingegriffen wird. Der Grundsatz der **Verhältnismäßigkeit** verlangt, dass die Maßnahme geeignet, erforderlich und unter Berücksichtigung der gewährleisteten Freiheitsrechte angemessen ist, um den erstrebten Zweck zu erreichen. Für die Angemessenheit bedarf es einer Gesamtabwägung der Intensität des Eingriffs und des Gewichts der ihn rechtfertigenden Gründe (vgl auch BVerfG 11.3.2008, 1 BvR 2074/05, BVerfGE 120, 378). Diese Abwägung kann nicht abstrakt vorgenommen werden. Maßgeblich sind die Gesamtumstände. Für die Schwere des Eingriffs ist insb von Bedeutung, wie viele Personen wie intensiv den Beeinträchtigungen ausgesetzt sind. Das Gewicht der Beeinträchtigung hängt ua davon ab, ob die Betroffenen als Personen anonym bleiben, welche Umstände und Inhalte der Kommunikation erfasst werden und welche Nachteile den Grundrechtsträgern aus der Überwachungsmaßnahme drohen oder von ihnen nicht ohne Grund befürchtet werden. Die Intensität der Beeinträchtigung hängt ferner maßgeblich von der Dauer und Art der Überwachungsmaßnahme ab. Von erheblicher Bedeutung ist, ob der Betroffene einen ihm zurechenbaren Anlass für die Datenerhebung geschaffen hat – etwa durch eine Rechtsverletzung – oder ob diese anlasslos erfolgt. Auch die »**Persönlichkeitsrelevanz**« der erfassten Informationen ist zu berücksichtigen. Die Heimlichkeit einer in Grundrechte eingreifenden Ermittlungsmaßnahme erhöht das Gewicht der Freiheitsbeeinträchtigung (BAG 26.8.2008, 1 ABR 16/07, EzA § 87 BetrVG 2001 Überwachung Nr 2). Die Überwachung von AN kann danach **nur ausnahmsweise gerechtfertigt** sein. Dies kann etwa bei der Überwachung von Bankangestellten am Bankschalter erforderlich sein oder aber in Warenhäusern (BAG 7.10.1987, 5 AZR 116/86, AP BGB § 611 Persönlichkeitsrecht Nr 15). Die Überwachung durch einen **Privatdetektiv** kann unverhältnismäßig sein (BAG 19.2.2015, 8 AZR 1007/13, NZA 2015, 994). Das allg Persönlichkeitsrecht verbietet grds das heimliche **Mithören von Telefongesprächen** und die **Verwendung von Telefonerfassungsanlagen**. Durfte der Betroffene auf die Vertraulichkeit des gesprochenen Wortes vertrauen, ist das unbefugte Abhören oder Mithören oder Mithörenlassen eines Telefongesprächs unzulässig. Wer jemanden mithören lassen will, hat seinen Gesprächspartner vorher darüber zu informieren. Dieser ist nicht gehalten, sich seinerseits vorsorglich zu vergewissern, dass niemand mithört (BAG 29.10.1997, 5 AZR 508/96, EzA § 611 BGB Persönlichkeitsrecht Nr 12).

Wenn jemand einen Dritten **durch aktives Handeln zielgerichtet** veranlasst, das Telefongespräch heimlich mitzuhören, folgt aus der rechtswidrigen Erlangung des Beweismittels ein **Beweisverwertungsverbot**: Der Dritte darf nicht als Zeuge zum Inhalt der Äußerungen des Gesprächspartners vernommen werden, der von dem Mithören keine Kenntnis hat. Konnte ein Dritter jedoch **zufällig**, ohne dass der Beweispflichtige etwas dazu beigetragen hat, den Inhalt des Telefongesprächs mithören, liegt keine rechtswidrige Verletzung des zivilrechtlichen allg Persönlichkeitsrechts des Gesprächspartners vor. In diesem Fall besteht deshalb auch **kein Beweisverwertungsverbot** (BAG 23.4.2009, 6 AZR 189/08, NZA 2009, 974). Erfolgt das Mithören eines Telefongesprächs iRd Ausbildung, kann dies zulässig sein, wenn es der Ausbildung förderlich ist (BAG 30.8.1995, 1 ABR 4/95, EzA § 87 BetrVG 1972 Kontrolleinrichtung Nr 21). Die Gerichte sind befugt, Erkenntnisse zu verwerten, die sich eine Prozesspartei durch Eingriffe in das allgemeine Persönlichkeitsrecht verschafft hat, wenn eine Abwägung der beteiligten Belange ergibt, dass das Interesse an einer Verwertung der Beweise trotz der damit einhergehenden Rechtsverletzung das Interesse am Schutz der Daten überwiegt. Das allgemeine Interesse an einer funktionstüchtigen Rechtspflege und das Interesse, sich ein Beweismittel für zivilrechtliche Ansprüche zu sichern, reichen dabei für sich betrachtet nicht aus, dem Verwertungsinteresse den Vorzug zu geben (BAG 20.6.2013, 2 AZR 546/12, NZA 2014, 246).

8. Auskunftspflichten des AN. Das BVerfG hat als Teil des allgemeinen Persönlichkeitsrechts aus Art 2 I iVm Art 1 I den Grundsatz anerkannt, dass kein Mensch gezwungen werden darf, durch eine eigene Aussage die Voraussetzung für seine strafgerichtliche Verurteilung zu liefern (**Nemo-Tenetur-Grundsatz**, s BVerfG 13.1.1981, 1 BvR 116/77, 26.2.1997, BVerfGE 56, 37; 1 BvR 2172/96, BVerfGE 95, 220). Durch rechtlich vorgeschriebene Auskunftspflichten kann die Auskunftsperson in die Konfliktsituation geraten, sich entweder selbst einer strafbaren Handlung zu bezichtigen oder durch eine Falschaussage gegebenenfalls ein neues Delikt zu begehen oder aber wegen ihres Schweigens Zwangsmitteln ausgesetzt zu werden. Wegen dieser Folgen ist die erzwingbare Auskunftspflicht als Eingriff in die Handlungsfreiheit sowie als Beeinträchtigung des Persönlichkeitsrechts des Art 2 I zu beurteilen. 30

IRd Verpflichtung aus **§ 241 II BGB**, Rücksicht auf die Rechte, Rechtsgüter und Interessen des AG zu nehmen, treffen AN Auskunfts- und Anzeigepflichten ggü dem AG. Deren Reichweite ist im Einzelfall probl, und zwar sowohl soweit es um den eigenen (*Diller* DB 2004, 313) als auch soweit es um Arbeitsbereiche anderer AN geht (»whistle blowing«, *Berndt/Hoppler* BB 2005, 2623; zu Auskunftspflichten des AN auch § 666 BGB Rdn 1; ErfK/*Preis* § 611 BGB Rn 742 mwN). Der verfassungsrechtlich gebotene Schutz vor einer Zwangslage schließt die Rechtmäßigkeit von gesetzlichen Auskunftspflichten nicht grds aus, auch wenn damit der Zwang zur Offenbarung strafbarer Handlungen verbunden ist. Die Zumutbarkeit einer solchen uneingeschränkten Auskunftspflicht rechtfertigt es aber nicht, dass der Auskunftspflichtige zugleich zu seiner strafrechtlichen Verurteilung beitragen muss. Das verfassungsrechtlich gebotene Schweigerecht im Strafverfahren wäre illusorisch, wenn eine außerhalb des Strafverfahrens erzwungene Selbstbezichtigung gegen seinen Willen strafrechtlich gegen ihn verwendet werden dürfte. Eine zwangsweise herbeigeführte Selbstbezichtigung ist daher verfassungsrechtlich nur dann zulässig, wenn sie mit einem **strafrechtlichen Verwertungsverbot** einhergeht (BVerfG 31.3.2008, 2 BvR 467/08, WM 2008, 989).

Einerseits hat das BVerfG entschieden, dass das GG nicht garantiere, dass ein Tatverdächtiger sich einerseits der Gefahr einer Bestrafung entziehen, andererseits aber auch zugleich private Rechte voll durchsetzen kann. Daher bestünde auch dann, wenn bspw ein Versicherungsnehmer möglicherweise wegen Nichterfüllung seiner Auskunftspflicht seinen Versicherungsschutz aufs Spiel setzt, kein Verwertungsverbot für selbstbelastende Angaben in der an den Haftpflichtversicherer gerichteten Schadensanzeige (BVerfG 7.7.1995, 2 BvR 1778/94, NStZ 1995, 599). **Andererseits** hat die 1. Kammer des 1. Senats des BVerfG entschieden, dass dann, wenn ersichtlich ist, dass in einem Vertragsverhältnis ein Partner ein solches Gewicht hat, dass er den Vertragsinhalt faktisch einseitig bestimmen kann, es Aufgabe des Rechts sei, auf die Wahrung der Grundrechtspositionen beider Vertragspartner hinzuwirken, um zu verhindern, dass sich für einen Vertragsteil die Selbstbestimmung in eine Fremdbestimmung verkehrt. Eine solche einseitige Bestimmungsmacht eines Vertragspartners könne sich daraus ergeben, dass die von dem überlegenen Vertragspartner angebotene Leistung für den anderen Partner zur Sicherung seiner persönlichen Lebensverhältnisse von so erheblicher Bedeutung ist, dass die denkbare Alternative, zur Vermeidung einer zu weitgehenden Preisgabe persönlicher Informationen von einem Vertragsschluss ganz abzusehen, für ihn unzumutbar ist. Sind in einem solchen Fall die Vertragsbedingungen in dem Punkt, der für die Gewährleistung informationellen Selbstschutzes von Bedeutung ist, zugleich praktisch nicht verhandelbar, so verlange die aus dem allgemeinen Persönlichkeitsrecht folgende Schutzpflicht eine gerichtliche Überprüfung, ob das Geheimhaltungsinteresse des unterlegenen Teils dem Offenbarungsinteresse des überlegenen Teils angemessen zugeordnet wird. Dazu sind die gegenläufigen Belange einander im Rahmen einer umfassenden Abwägung gegenüberzustellen 31

(BVerfG 23.10.2006, 1 BvR 2027/02, JZ 2007, 576). Zur Wahrheitspflicht des AN im Schadensersatzprozess wegen Betruges zulasten des AG s BAG 20.11.2003, 8 AZR 580/02, NZA 2004, 489.

32 Sagt ein AN im Rahmen eines staatsanwaltlichen Ermittlungsverfahrens gegen seinen AG aus und übergibt er auf Aufforderung der Staatsanwaltschaft Unterlagen, so ist dieses Verhalten grds nicht geeignet, eine fristlose Kündigung zu rechtfertigen. Denn es ist mit dem Rechtsstaatsprinzip unvereinbar, wenn derjenige, der die ihm auferlegten staatsbürgerlichen Pflichten erfüllt und nicht wissentlich unwahre oder leichtfertig falsche Angaben macht, dadurch zivilrechtliche Nachteile erleidet (BVerfG 2.7.2001, 1 BvR 249/00, EzA § 626 BGB nF Nr 188; s.a. BVerwG 4.9.2003, 5 C 48/02, NJW 2004, 1543; BFH 7.12.2006, V B 163/05, NJW 2007, 1311).

33 **9. Personalakte.** Der AG hat den Inhalt der Personalakte vertraulich zu behandeln mit der Folge, dass nur einem begrenzten Kreis von AN Einblick in die Personalakte gewährt werden darf und die Akte sorgfältig aufzubewahren ist (BAG 15.7.1987, 5 AZR 215/86, AP BGB § 611 Persönlichkeitsrecht Nr 21). Der AN hat Anspruch auf Einsichtnahme in seine Personalakte. Soweit sensible Gesundheitsdaten in die Personalakte aufgenommen werden dürfen, hat der AN Anspruch darauf, dass dies unter Berücksichtigung seiner Interessen geschieht. Der AG ist verpflichtet, die Daten in bes Weise aufzubewahren und vor unbefugter zufälliger Kenntnisnahme durch (weitere) Einschränkung des Kreises der Informationsberechtigten zu schützen (BAG 12.9.2006, 9 AZR 271/06, EzA § 611 BGB 2002 Persönlichkeitsrecht Nr 4). Aus dem Persönlichkeitsrecht des AN folgt, dass er einen **Anspruch auf Entfernung von Abmahnungen oder dienstlichen Beurteilungen** aus der Personalakte hat, wenn diese **rechtswidrig** sind. Vertraglicher Anknüpfungspunkt für diesen Anspruch ist § 242 BGB (ErfK/*Schmidt* Art 2 Rn 101). Nachdem das BAG vom Aufbau eines Vertrauenskapitals bei einem langjährig bestehenden, ungestört verlaufenen Arbeitsverhältnis ausgeht (BAG 10.6.2010, 2 AZR 541/09, EzA § 626 BGB 2002 Nr 32), setzt ein Anspruch auf Entfernung einer **zu Recht** erteilten Abmahnung nicht nur voraus, dass die Abmahnung ihre Warnfunktion verloren hat, sond dass sie für die Durchführung des Arbeitsverhältnisses unter keinem rechtlichen Aspekt mehr eine Rolle spielen kann. Das durch die Abmahnung gerügte Verhalten muss für das Arbeitsverhältnis **in jeder Hinsicht rechtlich bedeutungslos** geworden sein (BAG 19.7.2012, 2 AZR 782/11, NJW 2013, 808). AN haben gem § 241 II BGB iVm Art 2 I, I 1 auch nach Beendigung des Arbeitsverhältnisses Anspruch auf Einsicht in ihre vom ehemaligen AG weiter aufbewahrte Personalakte. Der AN kann seine über das Ende des Arbeitsverhältnisses hinaus fortbestehenden Rechte auf Beseitigung oder Korrektur unrichtiger Daten in seiner Personalakte nur geltend machen, wenn er von deren Inhalt Kenntnis hat. Schon das begründet ein Einsichtsrecht (BAG 16.11.2010, 9 AZR 573/09, EzA § 241 BGB 2002 Nr 2). Nach Art 8 GRCh dürfen personenbezogene Daten nur für bestimmte Zwecke und mit Einwilligung des Betroffenen verarbeitet werden oder aufgrund einer gesetzlichen Grundlage. Dabei ist die Überwachung der Einhaltung datenschutzrechtlicher Vorgaben durch unabhängige Datenschutzkontrollstellen integraler Bestandteil dieses Rechts.

34 **10. Untersuchungen und Gutachten.** Die Erhebung und die Weitergabe von ärztlichen Befunden über die Gesundheit eines Menschen beeinträchtigen dessen Rechte aus Art 2 I erheblich. Je stärker diese Daten die Intimsphäre des AN betreffen, desto wirksamerer Schutz ist angezeigt (BVerfG 24.6.1993, 1 BvR 689/92, BVerfGE 89, 69 ff). Aus diesem Grund dürfen **Untersuchungen nur mit ausdrücklicher Einwilligung des Betroffenen** vorgenommen werden, auch wenn sie nicht unmittelbar in die körperliche Unversehrtheit eingreifen. Auch Untersuchungen durch einen Werksarzt oder einen Vertrauensarzt des Betriebes muss der AN nur dulden, sofern er diesen Untersuchungen seine Zustimmung erteilt hat oder eine sonstige Rechtsgrundlage hierfür besteht (*Sponer/Steinherr* TVöD § 3 Rn 145 ff). Besteht kein berechtigtes Interesse des AG an der Durchführung dieser Untersuchungen, kann der AN die Untersuchung ohne Weiteres verweigern (*Deutsch* NZA 1989, 657 ff). Das BAG hat offengelassen, ob es mit dem verfassungsrechtl zu gewährleistenden Mindestbestandsschutz des Art 12 I zu vereinbaren ist, dass ein Arbeitsverhältnis nach § 33 II TV-L/TVöD enden kann, obwohl der AN durch die Regelung in § 33 IV TV-L/TVöD faktisch angehalten wird, einen Rentenantrag zu stellen (BAG 10.12.2014, 7 AZR 1002/12, ZTR 2015, 329). Dem Verhältnismäßigkeitsgrundsatz ieS entspricht es idR nur, wenn dem AG nicht die erhobenen Befunde, sondern lediglich das Ergebnis einer physischen oder psychischen Untersuchung mitgeteilt wird (§ 611 BGB Rdn 76; Tschöpe/*Wisskirchen/Bissels* Teil 1 C Rn 134b, 135; *Sponer/Steinherr* TVöD § 3 Rn 185; weitergehend BAG 26.7.2012, 6 AZR 52/11, NZA-RR 2013, 217). **Genetische Analysen** kommen allenfalls **aus Gründen des Gesundheitsschutzes** in Betracht. Die grafologische Begutachtung der Schrift des AN bedarf ebenfalls der Einwilligung des jeweiligen Stelleninhabers (BAG 16.9.1982, 2 AZR 266/80, AP BGB § 123 Nr 24). Gleiches gilt für psychologische Tests (BAG 13.2.1964, 2 AZR 286/63, AP GG Art 1 Nr 1). Zur Rechtmäßigkeit der Einschränkung der freien Arztwahl bei einer Flugtauglichkeitsuntersuchung s BAG 14.11.1989, 1 ABR 82/88.

II. Art 2 II GG. Um dem objektiven Gehalt des Grundrechts auf Leben und körperliche Unversehrtheit 35
Genüge zu tun, besteht eine **Schutzpflicht** des Staates. Dem Gesetzgeber kommt bei der Erfüllung dieser
Schutzpflicht jedoch ein weiter **Einschätzungs-, Wertungs- und Gestaltungsfreiraum** zu, der auch Raum
für die Berücksichtigung konkurrierender öffentl und privater Interessen lässt (BVerfG 28.1.1992, 1 BvR
1025/82 ua, EzA § 19 AZO Nr 5). Dem Gesetzgeber steht es frei, bestimmte Schutzinstrumente öffentl-
rechtl auszugestalten und dabei spezielle Sachverhalte entweder selbst abschließend zu regeln oder sich auf
bestimmte Rahmenvorschriften zu beschränken (**Arbeitsschutz ieS**). Allerdings ist der Gesetzgeber auch
berechtigt, die Verordnung von Unfallverhütungsvorschriften den **Unfallversicherungsträgern** zu überlassen, ohne damit seine Schutzpflicht zu vernachlässigen (näher § 618 BGB Rdn 4 ff). Er ferner berücksichtigen, dass zahlreiche TV Regelungen zum Arbeitsschutz enthalten sind und auch den Betriebsparteien
der Arbeitsschutz vor allem gem §§ 87 I Nr 7, 89 BetrVG überantwortet ist.

Nach § 618 BGB ist der AG verpflichtet, **bestimmte Maßnahmen zum Schutz des AN zu ergreifen**. 36
IÜ findet die in § 241 II BGB normierte **Pflicht zur Rücksichtnahme** Anwendung. Aus diesem Grund
kommt etwa die Anordnung von **betrieblichen Rauchverboten** zum Schutz der AN in Betracht (BAG
19.5.2009, 9 AZR 241/08, EzTöD 100 § 3 TVöD-AT Arbeitsschutz Nr 1), obgleich dadurch in erheblichem Umfang in die Rechte der rauchenden AN aus Art 2 I eingegriffen wird (ausführlich zu dieser
Problematik ErfK/*Wank* § 618 BGB Rn 15 ff; zur Einbettung des Gesundheitsschutzes in den technischen
Arbeitsschutz s MünchArbR/*Kohte* § 296 Rn 52).

Bei der **Anordnung von betrieblichen Alkoholverboten** ist vor allem die Kontrolle der Einhaltung mit Blick 37
auf den damit verbundenen Eingriff in die körperliche Unversehrtheit des AN problematisch. Erfordert
ein alkoholsensibler Arbeitsbereich im Interesse der Allgemeinheit häufige Kontrollen, reicht ausnahmsweise eine generelle **vorherige Zustimmung** des AN aus (*Willemsen/Brune* DB 1988, 2304 ff). Andernfalls
scheidet eine Verpflichtung des AN zur Teilnahme an Alkoholtests aus. Verweigert der AN die Teilnahme
an einem Alkoholtest, obgleich **objektive Anhaltspunkte für eine alkoholbedingte Leistungsbeeinträch-
tigung** bestehen, **sind entspr Rückschlüsse und Konsequenzen durchaus zulässig**. Der AN muss – etwa
durch die Teilnahme an einem Alkoholtest – die Möglichkeit haben, diesen Verdacht zu entkräften (BAG
26.1.1995, 2 AZR 649/94, BAGE 79, 176).

Art. 3 Gleichheit vor dem Gesetz

(1) Alle Menschen sind vor dem Gesetz gleich.
(2) ¹Männer und Frauen sind gleichberechtigt. ²Der Staat fördert die tatsächliche Durchsetzung der
Gleichberechtigung von Frauen und Männern und wirkt auf die Beseitigung bestehender Nachteile hin.
(3) ¹Niemand darf wegen seines Geschlechtes, seiner Abstammung, seiner Rasse, seiner Sprache, seiner
Heimat und Herkunft, seines Glaubens, seiner religiösen oder politischen Anschauungen benachteiligt
oder bevorzugt werden. ²Niemand darf wegen seiner Behinderung benachteiligt werden.

Übersicht	Rdn.		Rdn.
A. Der allgemeine Gleichheitssatz (Art 3 I) ...	1	3. Bindung der Betriebsparteien an den Gleichheitssatz.	25
I. Allgemeines ...	1	4. Gleichheitssatz und Arbeitsvertrag ...	26
1. Normzweck ...	1	5. Öffentliche AG ...	28
2. Struktur, Formeln ...	3	IV. Der Gleichheitssatz im Arbeitsrecht ...	30
II. Der Gleichheitssatz als Grundrecht ...	6	1. Gleichheitskontrolle von TV ...	30
1. Abwehrrecht ...	6	2. Gleichheitsanforderungen an BV ...	39
2. Ansprüche auf Teilhabe und Leistung ...	7	3. Arbeitsvertragliche Gleichbehandlung ...	41
3. Chancengleichheit ...	8	V. Darlegungs- und Beweislast ...	44
4. Objektiv-rechtliche Schutzfunktionen ...	9	VI. Rechtsfolgen des Gleichheitsverstoßes ...	48
5. Konkurrenzen ...	11	B. Die besonderen Gleichheitssätze (Art 3 II und III) ...	51
III. Adressaten des Gleichheitssatzes ...	14	I. Allgemeines ...	51
1. Allgemeines, öffentliche Gewalt ...	14	1. Überblick ...	51
a) Gesetzgeber ...	15	2. Gemeinsamkeiten mit Art 3 I ...	52
b) Vollziehende Gewalt ...	17	3. Begründungszusammenhang ...	55
c) Rechtsprechung ...	18	4. Unmittelbare und mittelbare Diskriminierung ...	57
2. Bindung der TV-Parteien an den Gleichheitssatz ...	22		

Art. 3 GG Gleichheit vor dem Gesetz

II. Die Diskriminierungsmerkmale
    des Art 3 III 1. 58
    1. Geschlecht. 58
    2. Abstammung, Heimat, Herkunft,
       Sprache. 59
    3. Merkmal Rasse. 62
    4. Glaube, religiöse oder politische
       Anschauungen. 63
C. **Die Gleichberechtigung der Frauen
    (Art 3 II und III 1)**. 65
I. Bedeutung und Systematik. 65
II. Benachteiligung wegen des Geschlechts. . . . 67
    1. Unmittelbare Frauendiskriminierung. . . 68

    2. Mittelbare Frauendiskriminierung. 69
    3. Rechtmäßigkeitsanforderungen an
       Ungleichbehandlungen. 71
III. Frauenförderung. 72
    1. Frauenförder- und
       Gleichstellungsgesetze. 73
    2. Die Quotenregelung des BGleiG. 75
D. **Benachteiligung wegen Behinderung
    (Art 3 III 2)**. 77
I. Grundrechte behinderter Menschen. 77
    1. Schutzbereich 77
    2. Begriff der Behinderung. 80
II. Rechtfertigung von Benachteiligungen. 81

1 **A. Der allgemeine Gleichheitssatz (Art 3 I). I. Allgemeines. 1. Normzweck.** Der Wortlaut des Art 3 I enthält das Prinzip formeller Rechtsgleichheit iS ausnahmsloser Verwirklichung des bestehenden Rechts ohne Ansehen der Person (Gesetzanwendungsgleichheit). Zu diesem normativen Gehalt tritt nach klassischer Formulierung (BVerfG 30.9.1987, 2 BvR 933/82, BVerfGE 76, 256, 329) die aus Art 3 I iVm dem Rechtsstaatsprinzip abgeleitete allg Weisung an den Gesetzgeber, bei steter Orientierung am Gerechtigkeitsgedanken »Gleiches gleich, Ungleiches seiner Eigenart entspr verschieden« zu behandeln. Der allg Gleichheitssatz stellt so besehen die Aufgabe, dem Kontext angemessene, »gerechte« Vergleichsmaßstäbe zu finden (Sachs/*Osterloh* Art 3 Rn 3).

2 Der allg Gleichheitssatz gilt als Strukturprinzip jeglicher rechtsstaatlich verfassten Ordnung. Dem entspricht die Anerkennung und Herleitung eines **allg gemeinschaftsrechtlichen Gleichheitssatzes** aus verschiedenen völkerrechtlichen Verträgen und den gemeinsamen Verfassungstraditionen der Mitgliedsstaaten (s Art 6 II EU, Art 220 EG; grundlegend EuGH 19.10.1977, verb Rs 117/26 und 16/77, Slg 1977, 1753; 22.11.2005, Rs C-144/04, Rn 75, 76, EzA § 14 TzBfG Nr 21 – Mangold). Der allg gemeinschaftsrechtliche Gleichheitssatz entspricht inhaltlich den Regelungen des Art 3 I. Er wird (wie die speziellen Diskriminierungsverbote der Art 12 I, 13, 34 II 2 GG, Art 157 AEUV) in der neueren Rspr des EuGH dem primären Gemeinschaftsrecht zugeordnet, was die methodisch fragwürdige (*Reich* Anm zu EuGH 22.11.2005, Rs C-144/04, Rn 75, 76, EzA § 14 TzBfG Nr 21 – Mangold, EuZW 2006, 21 f) unmittelbare horizontale Drittwirkung europäischer Antidiskriminierung-RL zur Folge hätte (aufgegriffen von *Winter* jurisPR-ArbR 45/2007 Anm 2 zu EuGH 21.6.2007, C-231/06, EzA Richtlinie 79/7 EG-Vertrag 1999 Nr 1 – Jonkmann; Entwarnung geben *Bauer/Arnold* NJW 2008, 3377, Besprechung von EuGH 23.9.2008, C 427/06 – Bartsch; vgl Vorb zu Art 45, 157, 267 AEUV Rdn 16 und AGG Einl Rdn 10).

3 **2. Struktur, Formeln.** Sachverhalte oder Lebensverhältnisse bestehen aus vielen Einzelmerkmalen, die Identität oder Verschiedenheit definieren. Aussagen über die Ungleichheit von Sachverhalten oder Personengruppen sind Folge der Entsch, ob und welche der übereinstimmenden oder verschiedenen Einzelmerkmale den Ausschlag geben sollen. Bereits hier handelt es sich um ein Werturteil, und zwar die Festlegung des Aspektes, unter dem der Vergleich der Sachverhalte – bei personenbezogenen Differenzierungen ist der Begriff Vergleichsgruppenbildung gebräuchlich – gestellt wird (**Differenzierungskriterium**). Dann muss anhand des Regelungszwecks das mit der Gleich- oder Ungleichbehandlung verfolgte **Differenzierungsziel** herausgearbeitet werden. Erst auf der Grundlage dieser Feststellungen ist das Verhältnis von Differenzierungsmerkmal und -ziel nach Art 3 I zu bewerten. Eine Verletzung des allg Gleichheitssatzes liegt immer dann vor, wenn dieses Verhältnis nach einer objektiven Gesamtbetrachtung aller Umstände als nicht sachgerecht (oder »willkürlich«) erscheint (nach v Münch/*Gubelt* Art 3 Rn 16a mwN).

4 Der von der Rspr angewendete Prüfungsmaßstab verhältnismäßiger Gleichheitsüberprüfung unterliegt, nicht zuletzt bedingt durch europäische Einflüsse, stetem Wandel. Bis in die 80er Jahre galt die Willkürformel. Die Gestaltungsbefugnis des Gesetzgebers wurde ausschließlich durch das Willkürverbot begrenzt und endete danach dort, wo sich ein aus der Natur der Sache folgender oder sonst wie einleuchtender Grund für eine gesetzliche Bestimmung nicht finden ließ. Ob der Gesetzgeber die gerechteste und zweckmäßigste Regelung traf, hat das BVerfG nicht nachgeprüft und sich lediglich befugt gesehen, die Überschreitung jener äußersten Grenze zu beanstanden (BVerfG 6.11.1984, 2 BvL 16/83, BVerfGE 68, 237).

5 Der heutige Prüfungsmaßstab, die sog »**Neue Formel**« (Sachs/*Osterloh* Art 3 Rn 13) bezieht mit unterschiedlicher Intensität Verhältnismäßigkeitsgesichtspunkte ein: Je nach Regelungsgegenstand und Differenzierungsmerkmal ergeben sich unterschiedliche Grenzen für den Gesetzgeber, die vom bloßen Willkürverbot

bis zu einer strengen Bindung an Verhältnismäßigkeitserfordernisse reichen (BVerfG 16.3.2005, 2 BvL 7/00, NJW 2005, 2448 mN). Die »Neue Formel« soll die Interpretation des Gleichheitssatzes als Willkürverbot nicht ersetzen, sondern ergänzen, was für den Rechtsanwender die Vorfrage aufwirft, in welchen Fällen jeweils nur eine Willkürkontrolle oder aber die strengere Verhältnismäßigkeitsprüfung zu erwarten ist. Das BVerfG zieht die Grenzen anhand anderer Verfassungsnormen. So hat der Gesetzgeber zB weniger Gestaltungsspielraum, wenn durch eine Ungleichbehandlung von Personen oder Sachverhalten erheblich in den Schutzbereich eines speziellen Freiheitsrechts eingegriffen wird (BVerfG 6.7.2004, 1 BvL 4/97, NVwZ 2005, 319, 320). Auch sind die Anforderungen umso strenger, je mehr sich die personenbezogenen Merkmale den in Art 3 III genannten nähern (bspw sexuelle Orientierung, BVerfG 7.7.2009, 1 BvR 1164/07, DB 2009, 2441). Bei einer an Sachverhalten orientierten Ungleichbehandlung kommt es entscheidend darauf an, inwieweit die Betroffenen in der Lage sind, durch ihr Verhalten die Verwirklichung der Differenzierungsmerkmale zu beeinflussen (BVerfG 27.1.1998, 1 BvL 15/87, AP KSchG 1969 § 23 Nr 7). Insb der 2. Senat des BVerfG stellt fest, dass nähere Maßstäbe und Kriterien nicht abstrakt und allg, sondern nur bezogen auf die jeweils betroffenen unterschiedlichen Sach- und Regelungsbereiche präzisiert werden könnten (st Rspr, zB BVerfG 9.12.2008, 2 BvL 1/07, Rn 56 f mN zur Pendlerpauschale): Das Differenzierungskriterium muss sach(bereichs)bezogen ausgewählt und ein sachgerechter Zusammenhang mit dem Differenzierungsziel bzw den Differenzierungsfolgen festzustellen sein (Legitimationszusammenhang, Folgerichtigkeit, Systemgerechtigkeit).

II. Der Gleichheitssatz als Grundrecht. 1. Abwehrrecht. Art 3 I vermittelt in seiner Abwehrfunktion 6 ein subjektiv-öffentliches Recht auf Gleichbehandlung, ein gerichtlich durchsetzbares Abwehrrecht dagegen, durch eine hoheitliche Gewalt (näher Rdn 14 f) im Verhältnis zu anderen Grundrechtsträgern gleichheitswidrig behandelt zu werden. Geschützt sind alle Menschen in ihren rechtlich, sozial und wirtschaftlich differenzierten Relationen zueinander (Sachs/*Osterloh* Art 3 Rn 40, str). Gleichheitsrechtlicher Abwehrschutz richtet sich gegen die unangemessene Einwirkung auf diese Relationen durch hoheitliche Rechtssetzung und Rechtsanwendung. Art 3 I ist dabei für sich genommen ergebnisoffen, sagt also nichts darüber aus, ob Relationen schutzwürdig sind. Der materielle Schutzbereich ergibt sich inhaltlich erst mit Blick auf andere Verfassungsnormen, insb die Freiheitsrechte und das Sozialstaatsprinzip.

2. Ansprüche auf Teilhabe und Leistung. Unmittelbar aus Art 3 I ergeben sich »**derivative**« Teilhabe- 7 oder Leistungsrechte (Sachs/*Osterloh* Art 3 Rn 53 mN), wie etwa der Anspruch auf gleichen Zugang zu öffentl Einrichtungen. Da der Gleichheitssatz in die Gestaltungsfreiheit des Gesetzgebers zur Leistungsausgestaltung und -begrenzung nicht eingreift, kann sich der Zugangsanspruch konkret lediglich in »innerkapazitären Grenzen« realisieren. Originäre verfassungsunmittelbare Leistungsansprüche lassen sich aus Art 3 I allein (anders ggf iVm konkreten Verfassungsaufträgen wie etwa Art 3 III 2) nicht ableiten; leistungsstaatliche Prioritäten setzt der Gesetzgeber.

3. Chancengleichheit. Art 3 I ist iVm speziellen Gewährleistungen zur Begründung verschiedener 8 Ansprüche auf Chancengleichheit herangezogen worden: der aus Art 3 I, 12 I, 19 IV abgeleitete Grundsatz der Chancengleichheit im Prüfungsrecht, die aus Art 33 II abgeleitete Chancengleichheit im Beurteilungs- und Beförderungsverfahren von Beamten, die Chancengleichheit der politischen Parteien (Art 3 I, 21) und die wahlrechtliche Chancengleichheit (formale Wahlgleichheit, Art 3 I, 38, s § 15 BetrVG Rdn 2).

4. Objektiv-rechtliche Schutzfunktionen. Als Grundentscheidung der grundgesetzlichen Ordnung 9 fordert Art 3 iVm den Freiheitsgrundrechten und Art 20 den verteilungsgerechten Sozialstaat und enthält die Pflicht zu staatlichem Handeln mit dem Ziel, dass Menschenwürde und gleiche Freiheit in der Gesellschaft tatsächlich verwirklicht werden können. Die objektiv-rechtliche Schutzfunktion markiert Entscheidungsräume staatspolitischer Willensbildung, begründet jedoch keine verfassungsunmittelbaren Individualansprüche.
Inwieweit aus der objektiv-rechtlichen Schutzfunktion des Gleichheitssatzes insb im Zivil- und ArbR 10 konkrete Schutzpflichten für den Gesetzgeber oder die Rspr (vgl Rdn 18) ableiten lassen, ist umstr. Die Frage steht im Zusammenhang mit der mittelbaren Privatrechtswirkung des Gleichheitssatzes. Die im ArbR teilw verselbstständigten Gleichbehandlungsgrundsätze (s § 611 BGB Rdn 285) dürften neue methodische Grundlagen finden, wenn von der primärrechtlichen Geltung des allg europarechtlichen Gleichheitssatzes auszugehen sein sollte (vgl Rdn 2).

5. Konkurrenzen. Im Verhältnis zu speziellen Gleichheitssätzen, wie etwa Art 3 II oder Art 3 III, Art 6 V, 11 12 II, 21, 33 I–III, 38 I 1, 28 I 2 tritt Art 3 I bezogen auf die dort geregelten Differenzierungskriterien zurück, soweit diese das aufgeworfene Gleichheitsproblem abschließend regeln. Der allg Gleichheitssatz kann aber zusätzlich auf denselben Sachverhalt Anwendung finden, soweit Differenzierungsmerkmale betroffen sind, die die spezielleren Gleichheitssätze nicht erfassen (Auslegung nach Sachbereich, BVerfG 16.7.1998, 2 BvR 1953/95, NJW 1999, 43, 44).

12 Für den **Zugang zu Ämtern im öffentl Dienst** gelten Art 33 II und III als speziellere grundrechtsgleiche (BVerfG 19.9.1989, 2 BvR 1576/88, NJW 1990, 501) Garantien. Sie gewährleisten iRd vorrangigen haushalts- oder beschäftigungspolitischen Entscheidungen über die Einrichtung oder Besetzung von Dienstposten für dt Staatsangehörige und nach Maßgabe des Art 45 AEUV (früher Art 39 EGV) auch für EU-Angehörige den chancengleichen (II) und diskriminierungsfreien (III) Zugang zu Ämtern im öffentl Dienst. Die Chancengleichheit gewährt im Regelfall lediglich den Anspruch auf ermessensfehlerfreie, insb benachteiligungsfreie Besetzungsentscheidung (Sachs/*Battis* Art 33 Rn 21; weitergehend ggf Art 3 II und III 1, s Rdn 73 f; Art 3 III 2, s Rdn 79).

13 Freiheits- und Gleichheitsrechte schließen sich nicht aus. Hat zu dem zu prüfenden Sachverhalt keines der Grundrechte einen stärkeren Bezug, sind sowohl Art 3 I als auch das Freiheitsrecht zu untersuchen (Idealkonkurrenz, v Münch/*Gubelt* Art 3 Rn 105). Eingriffe in Freiheitsrechte müssen dem Gleichheitssatz genügen. Andererseits ist die Schutzdimension der Freiheitsrechte bei der Ausfüllung des wertungsoffenen Gleichheitssatzes zu berücksichtigen, namentlich bei der Gewichtung tatsächlicher Unterschiede und der zur Rechtfertigung einer Ungleichbehandlung herangezogenen Differenzierungsziele (s Rdn 5).

14 **III. Adressaten des Gleichheitssatzes. 1. Allgemeines, öffentliche Gewalt.** Nach Art 1 III binden die Grundrechte »Gesetzgebung, vollziehende Gewalt und Rspr als unmittelbar geltendes Recht«. Das GG fasst die 3 Staatsgewalten in Art 93 I Nr 4a zum Begriff »öffentl Gewalt« zusammen. Gemeint sind damit iS lückenloser Bindung aller Staatsgewalt die formell-institutionelle (oder auch »organschaftliche«) und die materiell-funktionell verstandene Seite des Begriffs (Sachs/*Höfling* Art 1 Rn 76; s Art 1 Rdn 29).

15 **a) Gesetzgeber.** Grundrechtsgebunden als Gesetzgeber sind nicht nur die Parlamente als Privatrechtsgesetzgeber, sondern auch dem Staat zuzurechnende Rechtsträger (Gemeinden, Universitäten, Rundfunkanstalten, berufsständische Kammern, Versorgungswerke) bspw beim Erlass von Satzungen. Diese Gesetzgeber haben iR ihres sachlichen und räumlichen Kompetenzbereiches bezogen auf die Tatsachengrundlagen einen Beurteilungs- und Prognosespielraum sowie inhaltlich erhebliche Gestaltungsfreiheit (vgl BVerfG 16.3.2004, 1 BvR 1778/01, BVerfGE 110, 141).

16 Art 1 III umfasst grds nur solche Rechtssätze, die aus staatlicher Macht abgeleitet werden können (Sachs/*Höfling* Art 1 Rn 88), mithin also bspw den normativen Teil (§ 5 IV TVG) allgemein verbindlicher TV oder Regelungen nach dem AEntG. Der Staat übernimmt in diesem Fall mittels eines Rechtsetzungsaktes (*Löwisch/Rieble* TVG § 5 Rn 60 f) die Normgeltungsverantwortung ggü Nichtorganisierten (statt aller *Löwisch/Rieble* TVG § 1 Rn 224 mN). Private Normgeber, wie Gewerkschaften und AG-Verbände beim Abschluss regulärer TV, zählen nicht zur öffentl Gewalt iSv Art 1 III, wenngleich die tariflichen Arbeitsbedingungen durch die §§ 1 I und 4 I TVG in den Rang von Rechtsnormen erhoben worden sind (näher Rdn 22 f). Die geplanten Ausnahmen beim Mindestlohn für Auszubildende, Schüler und Rentner dürften mit dem Gleichheitssatz vereinbar sein (*Grzeszick* ZRP 2014, 66).

17 **b) Vollziehende Gewalt.** Die vollziehende Gewalt ist im Zuge öffentl-rechtlichen Verwaltungshandelns schon aus dem Grundsatz der Gesetzmäßigkeit (Art 20 III) selbstverständlich an die GR gebunden, was im öffentl Recht praktische Auswirkungen vor allem bei der Auslegung unbestimmter Rechtsbegriffe und bei der Ermessensausübung entfaltet. Schwierigkeiten bereitet nach wie vor die Frage der Grundrechtsbindung bei privatrechtlichem Verwaltungshandeln (s Art 1 Rdn 38), insb in Bezug auf Geschäfte zur Bedarfsdeckung und iR erwerbswirtschaftlicher Tätigkeit des Staates (»Fiskalgeltung der Grundrechte«, s nur *Hesse* Rn 346 f; v Münch/*v Münch* Vorb Art 1–19 Rn 34 f); zu öffentl AG s Rdn 28.

18 **c) Rechtsprechung.** Die Rspr ist den GR »bipolar« (nach Sachs/*Höfling* Art 1 Rn 97) verpflichtet. Sie muss in ihren eigenen Verfahren die GR beachten (vgl Rdn 20) und sie hat die Aufgabe, durch den Inhalt ihrer Entscheidungen die Einhaltung der GR durch Gesetzgeber und vollziehende Gewalt bzw verfassungskonforme Rechtsanwendung sicherzustellen. Das sind im Kern unbestrittene Standards verfassungsrechtlicher Aufgabenzuordnung (s Art 1 Rdn 37), die freilich bezogen auf die **arbeitsrechtliche Rspr** zur Reichweite von Art 3 eigene Ausformungen erfahren haben. Der Gesetzgeber muss nach Ansicht des BAG verhindern, dass im Zivil- und ArbR Normen gebildet und angewandt werden, die zu sachwidrigen Differenzierungen führen. Erfüllt der Gesetzgeber diese Verpflichtung nicht hinreichend, hat die Rspr die verfassungsrechtliche Aufgabe, dies festzustellen und die Benachteiligten zu schützen. So sollen bei Auslegung und Anwendung arbeitsrechtlicher Normen die Gerichte nicht nur iR etwaiger Rechtsfortbildung, sondern auch im Zuge amtswegiger (§ 293 ZPO) Inzidentkontrolle der Entscheidungsgrundlagen den allg Gleichheitssatz durchzusetzen haben (ErfK/*Schmidt* GG Einl Rn 41; ErfK/*Schmidt* Art 3 Rn 20).

Die politische Verantwortung des Gesetzgebers und die Kompetenzverteilung des GG setzen die Grenzen verfassungskonformer Rechtsfortbildung (ErfK/*Schmidt* Einl Rn 19), die ggf zur Vorlage an das BVerfG (Art 100) zwingen. Solcherlei Beschränkungen wäre die arbeitsrechtliche Rspr nach europäischen Maßstäben nicht mehr ausgesetzt, wenn der **EuGH** (19.1.2010, C-555/07, NZA 2010, 85 – Kücükdeveci) mit Blick auf den gemeinschaftsrechtlichen Gleichheitssatz feststellt: »Es obliegt dem nationalen Gericht ... iR seiner Zuständigkeiten den rechtlichen Schutz, der sich für den Einzelnen aus dem Gemeinschaftsrecht ergibt, zu gewährleisten und die volle Wirksamkeit des Gemeinschaftsrechts zu garantieren, indem es jede möglicherweise entgegenstehende Bestimmung des nationalen Rechts unangewendet lässt.« Näher Vorb zu Art 45, 157, 267 AEUV Rdn 16. 19

Missachtet ein Gericht bei seiner Tätigkeit die GR, so ist seine Entsch mit der Verfassungsbeschwerde nach Art 93 IVa angreifbar, was sich in komplexen Abgrenzungsfragen zwischen **Fachgerichten und BVerfG** niederschlägt. Das BVerfG ist für die »Verletzung spezifischen Verfassungsrechts« zuständig, die ua bei Verstößen gegen ein unmittelbar rechtsstaatlich (Art 20 III, 19 IV) begründetes objektives Willkürverbot angenommen wird (zB Grundsatz der prozessualen Waffengleichheit; Rechtsschutzgleichheit im Prozesskostenhilfeverfahren, BVerfG 29.12.2009, 1 BvR 1781/09). Die »Willkür-Rspr« des BVerfG führt oft zur Korrektur von Urteilen der Fachgerichte (BVerfG 20.3.2007, 2 BvR 2470/06, NZA 2007, 607, Stellenbesetzung LAG-Präsident). Zur Abgrenzung von Anhörungsrüge, Nichtzulassungsbeschwerde und Verfassungsbeschwerde im ArbR s *Zwanziger* NJW 2008, 3377 f. 20

Aus dem Recht auf Rechtsanwendungsgleichheit kann allerdings kein Anspruch auf Fortführung einer als nicht mehr richtig erkannten Rspr abgeleitet werden. Eine solche Änderung der Rspr ist nicht willkürlich, wenn sie hinreichend und auf den konkreten Fall bezogen begründet ist, selbst wenn eine wesentliche Änderung der Verhältnisse oder der allg Anschauungen nicht eingetreten ist (BVerfG 4.8.2004, 1 BvR 1557/01, NVwZ 2005, 81). 21

2. Bindung der TV-Parteien an den Gleichheitssatz. Die Grundrechtsbindung der TV-Parteien gehört nach wie vor zu einem der umstrittensten Themen des ArbR (s nur ErfK/*Schmidt* Einl GG Rn 20 f, 46 f; *Löwisch/Rieble* TVG § 1 Rn 218 f, jeweils mwN; § 1 TVG Rdn 12, sa Art 9 Rdn 65 f). Den Schwerpunkt des Diskurses dürfte die Frage nach dem richtigen richterrechtlichen Schutzkonzept für **Freiheitsgrundrechte** (Streik um Standortsicherungs-TV, BAG 24.4.2007, 1 AZR 252/06, EzA Art 9 GG Arbeitskampf Nr 139, dazu auch *Kappenhagen/Lambrich* BB 2007, 2238, oder Streik gegen Dritt-AG, *Rieble* BB 2008, 1506 ff einerseits und ErfK/*Schmidt* Einl GG Rn 49 f andererseits) bilden. Was den Gleichheitssatz anbelangt, hat sich der Theorienstreit in der **gerichtlichen Prüfungspraxis** nie wirklich niedergeschlagen, sodass das BAG dazu überging, die Frage im jeweiligen Fall unentschieden zu lassen (exemplarisch zur Entwicklung BAG 4.4.2000, 3 AZR 729/98, NZA 2002, 917; 12.10.2004, 3 AZR 571/03, NZA 2005, 595; Zusammenfassung in BAG 27.5.2004, 6 AZR 129/03, EzA Art 3 GG Nr 101). 22

Das BAG (insbes *Dieterich* zust Anm zu BAG 27.5.2004, 6 AZR 129/03, RdA 2005, 177) folgerte aus der Schutzfunktion der GR lange Zeit die Verpflichtung der TV-Parteien, den einzelnen Grundrechtsträger vor einer unverhältnismäßigen Beschränkung seiner Freiheitsrechte und einer gleichheitswidrigen Regelbildung zu bewahren. Es handele sich um eine ungeschriebene Grenze der Tarifautonomie, die von der Rspr im Wege praktischer Konkordanz der Art 3 und 9 III entwickelt worden sei (ErfK/*Dieterich*, 7. Aufl, Art 3 Rn 26). Die Schutzfunktion der GR (Rdn 9) verpflichte die Rspr dazu, solchen Regelungen die Durchsetzung zu verweigern, die zu gleichheitswidrigen Differenzierungen führen oder eine unangemessene Beschränkung eines grundrechtlichen Freiheitsrechts zur Folge haben. 23

Die Gegenansicht (grundlegend *Löwisch* SAE 2001 295, 297 f; ErfK/*Schmidt* Einl Rn 20 f, 46 f) geht von den Geltungsbefehlen der §§ 1, 4 I TVG aus. Indem das TVG die Rechtsnormen des TV umfassend wie Normen des objektiven Rechts behandele, wolle dies auch eine Grundrechtskontrolle wie bei sonstigem objektivem Recht sicherstellen (einfachrechtlich angeordnete, »quasi-unmittelbare« Grundrechtsbindung, s *Löwisch/Rieble* TVG § 1 Rn 582 ff). Es gibt für die Annahme einfachrechtlich angeordneter unmittelbarer Grundrechtsbindung der TV-Parteien gute Gründe (*Gamillscheg* AuR 2001, 226, 227 f; *Söllner* NZA 2000, Beilage zu Heft 24, 33, 40; vgl § 18 AGG). Vor allem erscheint es als systemwidrig, die TV-Parteien zwar an Gleichheitssätze, nicht jedoch an Freiheitsgrundrechte binden zu wollen und für gängige Verbands-TV andere und strengere Prüfungsmaßstäbe anzulegen als für allgemein verbindliche TV oder Rechtsverordnungen nach dem AEntG, die aufgrund der AVE als staatlichem Akt an die Grundrechte gebunden sind. 24

3. Bindung der Betriebsparteien an den Gleichheitssatz. Betriebsparteien sind keine unmittelbaren Grundrechtsadressaten. Ihre BV sind nach heute ganz hM (Nachw bei ErfK/*Schmidt* GG Einl Rn 24, Rn 60 f; vom BVerfG betr Art 3 I offengelassen, BVerfG 1.9.1997, 1 BvR 1929/95, BB 1997, 2330) privatrechtlicher Natur. Die BV werden somit lediglich durch die Ausstrahlungswirkung der Grundrechte beeinflusst. Zudem gilt § 75 I 1 BetrVG, wonach die Betriebsparteien bei BV die Grundsätze von Recht 25

Art. 3 GG Gleichheit vor dem Gesetz

und Billigkeit zu beachten haben. Dazu gehört insb der betriebsverfassungsrechtliche Gleichbehandlungsgrundsatz (BAG 19.2.2008, 1 AZR 1004/06, EzA § 112 BetrVG 2001 Nr 26; s § 75 BetrVG Rdn 5), dem wiederum der allg Gleichheitssatz des Art 3 I zugrunde liegt.

26 **4. Gleichheitssatz und Arbeitsvertrag.** Die GR bilden vornehmlich Abwehrrechte des Einzelnen gegen die Träger öffentl Gewalt (Art 1 III). Eine unmittelbare horizontale Wirkung für das Verhältnis zwischen Privaten entfalten die GR nach heute hM (mit Ausnahme von Art 9 III 2, s Art 9 Rdn 5 ff) nicht; die Arbeitsvertragsparteien sind Grundrechtsträger, nicht Grundrechtsadressaten (vgl Art 1 Rdn 10).

27 Die Lehre von der unmittelbaren Drittwirkung einzelner GR prägte die Anfänge selbstständiger ArbR-Wissenschaft (vgl MünchArbR/*Richardi* § 1 Rn 18 ff mwN) und blieb bis 1985 in der Rspr des BAG gegenwärtig. Die dahinter stehende Konzeption der faktischen Gefährdung grundrechtlich geschützter Freiheiten durch private soziale Kräfte (vgl *Gamillscheg* Die Grundrechte im Arbeitsrecht, 1989, 25 f und 75 f) wirkt inhaltlich insb in der arbeitsrechtlichen Rspr zur Gleichbehandlung fort (zB allg arbeitsrechtlicher Gleichbehandlungsgrundsatz, s § 611 BGB Rdn 285 ff). Zudem scheint über europäisches ArbR eine Renaissance unmittelbarer Drittwirkung des Gleichheitssatzes bevorzustehen (vgl Rdn 2).

28 **5. Öffentliche AG.** Für Arbeitsverträge öffentl AG stellt sich die Frage unmittelbarer Bindung an Gleichheitssätze in spezieller Ausprägung: Deutsche und Unionsbürger (s Art 45 AEUV Rdn 4, Ausnahme 45 IV AEUV) haben das grundrechtsgleiche Recht auf chancengleichen und diskriminierungsfreien Zugang zu Ämtern des öffentl Dienstes (Art 33 II und III). Art 3 I gilt für öffentl AG (Rdn 29) und deren privatrechtl Zusatzversorgungskassen **unmittelbar**. Das folgt für den Gleichheitssatz (zur Fiskalgeltung der Grundrechte, vgl Rdn 17) aus der Gemeinwohlbindung allen Staatshandelns (BVerfG 13.6.2006, 1 BvR 1160/03, 64, NJW 2006, 3701 ff; BVerfG 7.7.2009, 1 BvR 1164/07, DB 2009, 2441). Europarechtlich fallen öffentl AG unter die vertikale Drittwirkung von hinreichend präzisen, verspätet oder nicht vollständig umgesetzten Richtlinien (*Hanau/Steinmeyer/Wank* § 10 Rn 80; s Vorb zu Art 45, 157, 267 AEUV Rdn 16), sodass die primärrechtliche Geltung des gemeinschaftsrechtlichen Gleichheitssatzes (s Rdn 2) für öffentl AG nicht mehr ernsthaft bestritten werden kann.

29 Zum Staat gehören alle Untergliederungen (Bund, Länder, Gemeinden), alle Einrichtungen in staatlicher oder kommunaler Trägerschaft (sog Eigenbetriebe wie Universitätsklinika, Landeskrankenhäuser, kommunale Feuerwehren) und alle öffentl-rechtlichen Körperschaften (öffentl-rechtliche Anstalten und ebensolche Stiftungen). Fraglich ist, ob dies bspw auch für privatrechtlich organisierte Krankenhäuser (»Städtische Krankenhaus GmbH«) oder Versorgungsunternehmen gilt, deren sämtliche oder doch überwiegende Geschäftsanteile vom »Staat« gehalten werden. Insoweit kommt es nicht allein auf die gesellschaftsrechtliche Gestaltungsform der Trägerschaft an, sondern darauf, ob die Einrichtung kraft staatlichen Rechtsaktes unter staatlicher Aufsicht eine Dienstleistung im öffentl Interesse zu erbringen hat (vgl EuGH 22.5.2003, C-462/99, Slg 2003 I-05197, Telekommunikationsunternehmen oder privatrechtliche Zusatzversorgungskassen des öffentlichen Dienstes, BVerfG 7.7.2009, 1 BvR 1164/07, DB 2009, 2441). Zur Grundrechtsbindung kirchlicher AG *Mohr/von Fürstenberg* BB 2008, 2122 ff.

30 **IV. Der Gleichheitssatz im Arbeitsrecht. 1. Gleichheitskontrolle von TV.** Innerhalb der Tarifwerke derselben Tarifparteien (EuGH 17.9.2002, C-320/00, NZA 2002, 1144; BAG 27.2.2002, 9 AZR 38/01, EzA § 4 TVG Luftfahrt Nr 5) ist der TV auf die Gleichbehandlung aller AN verpflichtet. Die Gleichheitskontrolle von TV orientiert sich letztlich (vgl Rdn 23) am Kontrollmaßstab und Prüfungsprogramm des BVerfG für die Gleichheitskontrolle von Gesetzen (s Rdn 5). Den TV-Parteien kommt wegen Art 9 III ein weiter Gestaltungsspielraum und die Einschätzungsprärogative hins der sachlichen Gegebenheiten zu. Daraus folgt entspr der Gleichheitskontrolle von Gesetzen allerdings nicht, dass die Rspr eine bloße Willkürkontrolle durchführen dürfte (zu weitgehend BAG 30.8.2000, 4 AZR 563/99, EzA Art 9 GG Nr 74).

31 Die in der arbeitsrechtlichen Rspr verwendeten Formeln des BVerfG (etwa BAG 27.5.2004, 6 AZR 129/03, EzA Art 3 GG Nr 101; 18.10.2000, 10 AZR 503/99, EzA § 611 BGB Gratifikation, Prämie Nr 161) setzen in der Praxis allenfalls Orientierungsmarken. Eine Verletzung des Art 3 I liegt danach vor, wenn eine Gruppe von Normadressaten anders behandelt wird als eine andere, obwohl zwischen den Gruppen keine Unterschiede von solchem Gewicht bestehen, dass sie eine Ungleichbehandlung rechtfertigen könnten. Wesentliche Gesichtspunkte sind Systemgerechtigkeit, Folgerichtigkeit und Legitimationszusammenhang (vgl Sachs/*Osterloh* Art 3 Rn 98), die der Eigenart des jeweiligen Sachgebietes, den bestehenden tatsächlichen Verhältnissen und ihrer rechtlichen Gestaltung sowie Sinn und Zweck der Normierung Rechnung tragen. Bei der gebotenen Bewertung hat auch das Ausmaß der Differenzierungsfolgen entscheidende Bedeutung. Die regelungsbedingten Nachteile sind zu gewichten und bezogen auf das Regelungsziel als Mittel zum Zweck zu würdigen. Außerdem ist zu prüfen, inwieweit vorteilhafte Regelungen, die in sachlichem Zusammenhang

mit der Benachteiligung stehen, der benachteiligten Personengruppe zugutekommen und kompensierend wirken (BAG 17.10.1995, 3 AZR 882/94, EzA Art 9 GG Nr 59). Das BAG steht vor der Schwierigkeit, eine Wertungs- und Begründungsrationalität festzustellen, die sich wegen der Eigenart von Tarifverhandlungen nachträglich oft nur rudimentär ermitteln lässt (Bsp BAG 6.8.2002, 1 ABR 49/01, BB 2003, 316).

Einzelfragen

Betriebsrenten: Tarifliche Eingriffe in laufende Betriebsrenten sind für die Zukunft zulässig, soweit die 32 Grundsätze des Vertrauensschutzes und der Verhältnismäßigkeit gewahrt sind (BAG 27.2.2007, 3 AZR 735/05, EzA Art 9 GG Nr 90), s näher § 16 BetrAVG Rdn 17 ff. Die Ungleichbehandlung von Ehe und eingetragener Lebenspartnerschaft im Bereich der betrieblichen Hinterbliebenenversorgung für AN des öffentlichen Dienstes, die bei der Versorgungsanstalt des Bundes und der Länder zusatzversichert sind, ist mit Art 3 I unvereinbar (BVerfG 7.7.2009, 1 BvR 1164/07, DB 2009, 2441). Hingegen dürfen die Tarifparteien vorsehen, dass Zeiten des Erziehungsurlaubs nicht anwartschaftssteigernd gewertet werden (BAG 20.4.2010, 3 AZR 370/08, BB 2010, 3032).

Differenzierungsklauseln: Sehr umstr ist der Tarifbonus für Gewerkschaftsmitglieder (s BAG 15.4.2015, 33 4 AZR 796/13 (Stichtagsregelung); 21.5.2014, 4 AZR 50/13; ArbG München 29.5.2013, 1 Ca 9865/12; LAG Hessen 9.11.2012, 17 Sa 285/12; *Gamillscheg* NZA 2005, 146 ff; *Franzen* RdA 2008, 193 ff), näher § 1 TVG Rdn 52, Art 9 GG Rdn 19.

Geltungsbereich (BAG 27.5.2004, 6 AZR 132/03, EzA Art 3 GG Nr 101): Die Entsch über den per- 34 sönlichen Geltungsbereich eines TV betrifft die Abschlussfreiheit der TV-Parteien. Sie müssen in eigener Verantwortung darüber befinden können, für welchen Beschäftigtenkreis das von ihnen gefundene Verhandlungsergebnis sachgerecht ist. Beziehen sie eine bestimmte AN-Gruppe nicht in den Geltungsbereich ein, verzichten sie insoweit auf eine ihnen mögliche Normsetzung. Eine solche Nicht-Regelung beruht auf der von Art 9 III gedeckten Einschätzungsprärogative der TV-Parteien, nach der diese Tarifregelung insgesamt oder in Teilen für die betroffene AN-Gruppe nicht sachgerecht ist. Der bloße Verzicht auf eine Normsetzung und eine darauf beruhende Ungleichbehandlung verfolgt für sich gesehen aber kein eigenständiges Regelungsziel, das strukturell einer Verhältnismäßigkeitsprüfung iS einer Zweck-Mittel-Relation zugänglich ist. In einem solchen Fall wird den Anforderungen des allg Gleichheitssatzes genügt, wenn bei typisierender Betrachtung der jeweiligen Gruppen sachbezogene Gruppenunterschiede erkennbar sind und deshalb eine Nichteinbeziehung der betreffenden AN-Gruppe in den persönlichen Geltungsbereich eines TV gerechtfertigt ist. Entspr für Einschränkungsklauseln der AVE: BAG 20.6.2007, 10 AZR 302/06, EzA § 4 TVG Bauindustrie Nr 135.

Kündigungsfristen Arbeiter/Angestellte (BAG 18.1.2001, 2 AZR 619/99, EzA § 622 BGB nF Nr 62): 35 Beruht die tarifliche Schlechterstellung der Arbeiter nur auf einer pauschalen Differenzierung zwischen den Gruppen der Angestellten und der Arbeiter, fehlt es an einem sachlichen Grund für eine unterschiedliche Kündigungsfristenregelung (Bsp für Verstoß LAG Rh-Pf 27.3.2008, 10 Sa 669/07, LAGE § 1 KSchG Krankheit Nr 4). Sachlich gerechtfertigt sind dagegen hinreichend gruppenspezifisch ausgestaltete unterschiedliche Regelungen, die zB nur eine verhältnismäßig kleine Gruppe nicht intensiv benachteiligen oder bevorzugen, oder funktions-, branchen- oder betriebsspezifischen Interessen im Geltungsbereich eines TV mithilfe verkürzter Kündigungsfristen für Arbeiter entsprechen, wobei andere sachliche Differenzierungsgründe nicht ausgeschlossen sind. Zulässig sind für Kleinbetriebe einheitliche Kündigungsfristen und Kündigungstermine ohne Staffelung nach Betriebszugehörigkeit und Alter, § 622 IV BGB (BAG 23.4.2008, 2 AZR 21/07, NZA 2008, 960). Die Frage nach dem Mindestalter für die Kündigungsfristverlängerung (vgl § 10 AGG Rdn 8) stellt sich im Rahmen grundgesetzlicher Gleichheitskontrolle nicht (BVerfG 18.11.2008, 1 BvL 4/08, EzA § 622 BGB 2002 Nr 6).

Rückzahlungsklauseln, Gratifikation Arbeiter/Angestellte (BAG 18.10.2000, 10 AZR 503/99, EzA § 611 36 BGB Gratifikation, Prämie Nr 161): Es liegt im Gestaltungsspielraum der TV-Parteien, mit dieser unterschiedlichen Regelung dem Interesse der AG, Eigenkündigungen von Arbeitern vor dem Stichtag entgegenzuwirken, mehr Bedeutung beizumessen als bei Angestellten. An diese sachlich begründete Einschätzungsprärogative sind die ArbGerichte gebunden.

Stichtagsregelungen (BAG 21.4.2005, 6 AZR 440/04; zur Stichtagsregelung des § 23 I KSchG: BAG 37 27.11.2008, 2 AZR 790/07, EzA KSchG § 23 Nr 34; zu Stichtagsregelungen in Sozialplänen: BAG 22.9.2009, 1 AZR 316/08, EzA BetrVG 2001 § 112 Nr 34): Stichtagsregelungen sind Typisierungen in der Zeit. Auch bei solchen Typisierungen unterliegt der Normgeber Bindungen, wenn sich die Regelung auf die Ausübung eines Grundrechts auswirken kann. Nach der st Rspr des BAG sind Stichtagsregelungen Ausdruck einer pauschalierten Betrachtung. Sie sind aus Gründen der Praktikabilität ungeachtet der damit verbundenen Härten zur Abgrenzung des begünstigten Personenkreises gerechtfertigt, wenn sich die Wahl der Stichtagsregelung am gegebenen Sachverhalt orientiert und vertretbar ist.

Art. 3 GG Gleichheit vor dem Gesetz

38 **Vergütungssysteme** (BAG 5.4.1995, 4 AZR 154/94, EzA Art 3 GG Nr 45; BAG 19.12.2007, 5 AZR 196/07, EzTöD 320 § 13 TVÜ-VKA Nr 2; BAG 12.12.2007, 10 AZR 24/07, EzA § 242 BGB 2002 Gleichbehandlung Nr 16; BAG 4.5.2010, 9 AZR 181/09, BeckRS 2010, 72933; zur Berücksichtigung von Beschäftigungszeiten: BAG 13.8.2009, 6 AZR 177/08, NZA-RR 2010, 108; BAG 23.9.2010, 6 AZR 180/09, BeckRS 2010, 75027; BAG 12.12.2012, 10 AZR 718/11, NZA 2103, 577): Die Grenze zur Willkür wird durch eine Regelung nicht schon dann überschritten, wenn die gefundene Lösung nicht die zweckmäßigste, vernünftigste oder gerechteste ist, sondern erst dann, wenn sich ein sachgerechter Grund für die Regelung nicht finden lässt. Der Gleichheitssatz wird durch die TV-Parteien bei der Setzung von Tarifnormen deshalb nur dann verletzt, wenn sie es versäumen, tatsächliche Gleichheiten oder Ungleichheiten der zu ordnenden Lebensverhältnisse zu berücksichtigen, die so bedeutsam sind, das sie bei einer am Gerechtigkeitsgedanken orientierten Betrachtungsweise beachtet werden müssen. Die Gerichte können deshalb nicht prüfen, ob die TV-Parteien jeweils die gerechteste und zweckmäßigste Regelung getroffen haben; vielmehr haben sie lediglich zu untersuchen, ob die getroffene Regelung die Grenzen der Tarifautonomie überschreitet. Das ist dann anzunehmen, wenn Differenzierungen vorgenommen wurden, für die sachlich einleuchtende Gründe nicht vorhanden sind (Plausibilitätskontrolle). Zu Differenzierungskriterien im Zshg mit Art 3 II, III GG s Rdn 51 f u § 8 AGG Rdn 13.

39 **2. Gleichheitsanforderungen an BV.** Die Betriebsparteien haben bei BV gem § 75 I 1 BetrVG (s § 75 BetrVG Rdn 4 ff) die Grundsätze von Recht und Billigkeit zu beachten. Dazu gehört der **betriebsverfassungsrechtliche Gleichbehandlungsgrundsatz**, der darauf abzielt, eine Gleichbehandlung von Personen in vergleichbaren Sachverhalten sicherzustellen und eine gleichheitswidrige Regelbildung auszuschließen (Nachw s BAG 22.3.2005, 1 AZR 49/04, EzA § 75 BetrVG Nr 2; LAG München 7.6.2011, 8 Sa 1407/10). Er kommt insb zur Anwendung, wenn die Betriebsparteien bei einer Regelung unterschiedliche Gruppen bilden.

40 Eine Gruppenbildung erfolgt nicht nur dadurch, dass für verschiedene AN-Gruppen unterschiedliche Rechtsfolgen vorgesehen werden oder eine bestimmte Gruppe von einer Regelung ausdrücklich ausgenommen wird. Vielmehr werden unterschiedliche Gruppen auch dann gebildet, wenn eine Regelung nur für eine AN-Gruppe getroffen wird und für eine andere unterbleibt. Die Rspr befasst sich in diesem Zusammenhang häufig mit der Verteilungsgerechtigkeit in Sozialplänen (BAG 19.2.2008, 1 AZR 1004/06, EzA § 112 BetrVG 2001 Nr 26), s *Löwisch* FS Müller [1981], 301 f; s §§ 112, 112a BetrVG Rdn 17 f. Ein Sozialplan darf vorsehen, dass ältere AN bei der Wiedereinstellung bevorzugt werden, weil diese ungünstigere Chancen auf dem Arbeitsmarkt haben (LAG Köln 11.5.2012, 5 Sa 1009/10, FDARbR 2012, 337103). Zulässig ist es auch, in einem Sozialplan einen Kinderzuschlag von der Eintragung der Kinderfreibeträge auf der Lohnsteuerkarte abhängig zu machen (BAG 12.3.1997, 10 AZR 648/96; LAG BW 21.2.2013, 11 SA 130/12; aA LAG Düsseldorf 2.9.2015, 12 Sa 543/15). Dagegen dürfen die Betriebsparteien befristet beschäftigte AN, deren Arbeitsverhältnis bei einer Betriebsänderung nicht vorzeitig gekündigt wird, nicht von einer Treueprämienregelung ausnehmen (BAG 9.12.2014, 1 AZR 406/13, NZA 2015, 557).

41 **3. Arbeitsvertragliche Gleichbehandlung.** Der richterrechtliche **allg arbeitsrechtliche Gleichbehandlungsgrundsatz** (s § 611 BGB Rdn 285) ist eine Ausformung der mittelbaren Drittwirkung des Gleichheitssatzes (vgl Rdn 26 f) im Arbeitsvertragsrecht. Zudem sind die Arbeitsbedingungen öffentl AG (Rdn 29) wegen der unmittelbaren Geltung von Art 3 I strengeren Gleichbehandlungsmaßstäben zu unterziehen (Bsp zu Beurteilungsrichtlinien BAG 18.8.2009, 9 AZR 617/08, NZA 2010, 115).

42 Der Gleichbehandlungsgrundsatz ist im ArbR mittlerweile vielfach gesetzlich verankert (zB § 4 I TzBfG für Teilzeitbeschäftigte, § 4 II TzBfG für befristet beschäftigte AN sowie § 7 I AGG hins der Benachteiligung wegen der Merkmale des § 1 AGG), die allesamt nicht abdingbare und vorrangige Spezialregelungen zum allg arbeitsrechtlichen Gleichbehandlungsgrundsatz darstellen.

43 In der Praxis wird der allg arbeitsrechtliche Gleichbehandlungsgrundsatz hauptsächlich in Fragen der Vergütung herangezogen und konkurriert hier mit der Vertragsfreiheit bzw der AGB-Kontrolle (*Reinecke* BB 2008, 554 f). Die Rspr gibt der Vertragsfreiheit grds den Vorrang, die allerdings in den Fällen zurücktritt, in denen der AG die Leistung nach einem allg Prinzip gewährt, indem er bestimmte Voraussetzungen oder Zwecke festlegt. Dann muss der AG seine AN oder Gruppen von AN, die sich in vergleichbarer Lage befinden, bei der Anwendung seiner selbst gegebenen Regel auch gleichbehandeln. Er darf nicht willkürlich einzelne AN schlechter behandeln oder nach sachfremden (willkürlichen) Maßstäben Gruppen bilden (Bsp BAG 5.8.2009, 10 AZR 634/08, DB 2009, 2495). Enthält ein Angebot des AG zur Vertragsänderung eine Entgelterhöhung, so haben AN, die die Vertragsänderung ablehnen, keinen Anspruch auf diese Entgelterhöhung (BAG 14.12.2011, 5 AZR 675/10, NZA 2012, 618).

44 **V. Darlegungs- und Beweislast.** Die Verfassungswidrigkeit von Gesetzen ist im konkreten und abstrakten Normenkontrollverfahren (Art 93 I Nr 2 und Art 100) oder in der Folge einer Verfassungsbeschwerde

(§§ 90 ff BVerfGG) durch das BVerfG (keine subjektive Beweisführungslast, s § 26 I 1 BVerfGG) zu prüfen (anders uU bei europarechtlichen Gleichheitsverstößen, s Rdn 19).

Will ein AN im ArbR-Prozess gleichheitswidrige Bestimmungen in TV zu Fall bringen, muss er zunächst die Differenzierung aufzeigen, also konkret darlegen und beweisen, dass und welche AN-Gruppen ungleich behandelt werden, obwohl diese Gruppen (etwa nach Tätigkeitsmerkmalen) vergleichbar sind. Der für die sachliche Rechtfertigung einer Differenzierung maßgebliche Zweck ist vom Gericht durch Auslegung unter Berücksichtigung des Regelungsinhaltes, des systematischen Zusammenhanges und der Entstehungsgeschichte (zB verworfener Normalternativen, Begründungen, Protokollnotizen) zu ermitteln. Nachträgliche Erläuterungen und Auskünfte der TV-Parteien sind für die Zweckermittlung nur beachtlich, soweit sie nach dem erkennbaren Regelungsgehalt (Wortlaut, Systematik) im TV-Text einen Niederschlag gefunden haben. 45

Die Grundlagen der durch Auslegung ermittelten Zwecke und Differenzierungsziele des TV sind in entspr Anwendung von § 293 ZPO von Amts wegen aufzuklären (BAG 29.10.1998, 2 AZR 683/97, EzA-SD 1999 Nr 2). Dabei gilt eine relative Sachlichkeitsvermutung, die sich unter Berücksichtigung der Einschätzungsprärogative und des Prognosespielraumes (s Rdn 30) aus Kompetenzgründen idR zugunsten des Normgebers auswirkt. Verselbständigte Begründungs- oder Transparenzpflichten, wonach der Differenzierungszweck ausdrücklich festgelegt oder auf Rückfrage erläutert werden müsste, gibt es nicht (aber rechtspolitisch wünschenswert, *Wiedemann* NZA 2007, 952). 46

Zur Darlegungs- und Beweislast im Zuge der Gleichheitskontrolle von BV s § 75 BetrVG Rdn 19; zur Darlegungs- und Beweislast bei Verstößen gegen den allg arbeitsrechtlichen Gleichbehandlungsgrundsatz s § 611 BGB Rdn 310. 47

VI. Rechtsfolgen des Gleichheitsverstoßes. Die Unvereinbarkeit eines Gesetzes mit Art 3 I stellt das BVerfG regelmäßig lediglich fest, das Gesetz gilt jedoch vorläufig weiter. Selten, dann bes begründet, wird auf Nichtigkeit (§§ 78 S 1, 82 I, 95 III BVerfGG) entschieden (Bsp BVerfG 9.12.2008, 2 BvL 1/07, Rn 89). Die Gestaltungsfreiheit des Gesetzgebers erfordert, von einer Nichtigkeitserklärung vor allem dann abzusehen, wenn mehrere Möglichkeiten zur Beseitigung der Verfassungswidrigkeit eines gleichheitswidrigen Gesetzes verbleiben. Der Gesetzgeber ist in diesen Fällen verpflichtet, rückwirkend, grds bezogen auf den in der Unvereinbarkeitsfeststellung genannten Zeitpunkt, die Rechtslage umzugestalten. Gerichte und Verwaltung dürfen das Gesetz nicht anwenden, laufende Verfahren sind auszusetzen (Sachs/*Osterloh* Art 3 Rn 132). 48

Gleichheitswidrige tarifvertragliche Bestimmungen sind nach st Rspr des BAG nach § 134 BGB nichtig, der TV gilt iÜ weiter. Es entsteht eine Regelungslücke, die durch erg Auslegung des TV geschlossen werden soll. Generell kann auf gesetzliche Wertungen und arbeitsrechtliche Systematik zurückgegriffen werden. Schwierigkeiten bereiten eigenständige TV-Normen, insb wenn diese Leistungen gewähren. IdR wird die Lücke durch eine Anpassung »nach oben« (*Wiedemann* NZA 2007, 950, 951 mN) geschlossen, indem den gleichheitswidrig nicht berücksichtigten AN ein Leistungsanspruch zuerkannt wird (statt vieler BAG 17.3.1995, 3 AZR 282/94, BB 1995, 2068; 11.12.2003, 6 AZR 64/03, EzA § 4 TzBfG Nr 8: der Anspruch besteht so lange, bis die TV-Parteien eine neue und diskriminierungsfreie Regelung in Kraft gesetzt haben; BAG 10.11.2011, 6 AZR 148/09, NZA 2012, 161). Das Gericht hat dabei diejenige Lösung zu wählen, die dem Regelungssystem des umstr TV am nächsten kommt und keine weiteren Zweck ändernden rechtspolitischen Entscheidungen notwendig macht. Letztlich parallel mit europarechtlichen Entwicklungen (Durchsetzung der Gleichberechtigung im Betriebsrentenrecht, vgl dazu die Übersicht von *Steinmeyer* Anm zu BAG 7.9.2004, 3 AZR 550/03, AP BetrAVG § 1 Nr 15) wird zur Begründung stets angegeben, eine andere Möglichkeit zur Beseitigung der Ungleichbehandlung gebe es nicht (*Wiedemann* NZA 2007, 950, 951: ... »Signum des Diskriminierungsschutzes, dass die Verletzung des Persönlichkeitsrechts durch einen Gleichstellungsanspruch ausgeglichen werden muss«). Das scheint für die Vergangenheit und beschränkt auf anhängige Fälle idR nicht zu finanziellen Überforderungen einzelner Unternehmen zu führen. Für die Zukunft kann die Ausweitung von Leistungsansprüchen im Wege der Tarifergänzung nach dem hypothetischen Willen der TV-Parteien (insb bei nachhaltiger Erweiterung des Dotierungs- und Kostenrahmens) in die Koalitionsfreiheit eingreifen. Abhilfe sollen ausnahmsweise die befristete Aussetzung mit Nachbesserungsgelegenheit (str, dafür Wiedemann/*Wiedemann* Einl Rn 248; abl ErfK/*Schmidt* Art 3 Rn 56), Zurückhaltungsappelle an die Lücken füllende Rspr-Praxis und der Verweis auf Überlastungsschutz bringen (ErfK/*Schmidt* Art 3 Rn 58, 59). 49

Das überzeugt nicht durchgehend. Nachvollziehbar sind diese Konzepte allenfalls mit Blick auf verfassungs- und europarechtliche Verpflichtungen der Rspr, für effektive Wiedergutmachung von Verstößen gegen das **Entgeltgleichheitsgebot zur Frauen- und Behinderten**gleichstellung (Art 157 AEUV, Art 5 RL 2000/78 EG; Art 3 II 2 und Art 3 III 2 GG) zu sorgen. Die Rechtsfolgen der wegen anderer Merkmale (s Art 3 III 1 GG oder § 1 AGG) benachteiligenden Kollektivvereinbarung sind weder verfassungsrechtlich 50

Art. 3 GG Gleichheit vor dem Gesetz

noch einfachgesetzlich (auch nicht im AGG: *Wiedemann* NZA 2007, 950, 953; näher § 7 AGG Rdn 13) vorgegeben. Mit Blick auf die Grenzen der Rechtsfortbildung und den Verteilungscharakter von TV plädiert *Wiedemann* (Einl Rn 245 f; ebenso *Rieble/Zedler* ZfA 2006, 273, 291 ff für altersdiskriminierende Regelungen) dafür, die Rechtsfolgen gleichheitswidriger TV stärker an die Rspr des BVerfG zu den Rechtsfolgen gleichheitswidriger Gesetze anzugleichen. Es ist Aufgabe der TV-Parteien selbst, Normsetzungsfehlgriffe zu korrigieren und darüber zu entscheiden, wie der Gleichheitsverstoß für die Vergangenheit und in Zukunft ausgeglichen werden soll. Die Rspr ist außerhalb der Art 157 AEUV, Art 5 RL 2000/78 EG nur im seltenen Ausnahmefall (wenn nur eine einzige Lösungsmöglichkeit zur Beseitigung des Gleichheitsverstoßes denkbar ist und alle anderen Lösungen ermessensfehlerhaft wären) ermächtigt, verbindliche Lösungen vorzugeben. In allen anderen Fällen sind anhängige Verfahren bis zur Neuregelung durch die TV-Parteien auszusetzen.

51 **B. Die besonderen Gleichheitssätze (Art 3 II und III).** **I. Allgemeines.** **1. Überblick.** Aus dem Normaufbau lassen sich 3 verschiedene Regelungskomplexe der Art 3 II und III ableiten: 1. das Gebot der **Gleichberechtigung von Männern und Frauen** einschl des Fördergebots nach Art 3 II 2 und des Diskriminierungsverbots des Art 3 III 1 (Rdn 65 ff), 2. die allg Diskriminierungsverbote bzw **bes Gleichheitssätze** des Art 3 III 1 (Rdn 58 ff) und 3. das Benachteiligungsverbot wegen einer **Behinderung** des Art 3 III 2 (Rdn 77 f). Übergreifend stellt sich bezogen auf alle 3 Regelungsbereiche zunächst die Frage nach den Gemeinsamkeiten mit Art 3 I (Rdn 52 f). Vor die Klammer gezogen sind zudem der Begründungszusammenhang (richtige Auslegung des Wortes »wegen«, s Rdn 55) sowie schließlich die mittelbare Diskriminierung (s Rdn 57) zu beachten.

52 **2. Gemeinsamkeiten mit Art 3 I.** Die bes Gleichheitssätze enthalten subjektive Abwehrrechte gegen den Staat und objektive Wertentscheidungen mit Ausstrahlungswirkung auf die gesamte Rechtsordnung. Die objektiv-rechtliche Schutzfunktion (vgl Rdn 9) der Art 3 II und III findet bes Akzentuierung im Gemeinschaftsrecht. Diskriminierungsschutz gehört zu den fundamentalen Strukturprinzipien des primären Gemeinschaftsrechts (Art 12 I, Art 13, Art 34 II 2, Art 157 AEUV – früher Art 141 EGV) sowie zur Einleitungsprogrammatik der Antidiskriminierungsrichtlinien 2000/43/EG, 2000/78/EG, 2002/73/EG und 2004/43/EG (s Einl AGG Rdn 1). Es können sich wie aus Art 3 I derivative Teilhabe- oder Leistungsansprüche ergeben (s Rdn 7); subjektive Ansprüche auf kompensatorische Maßnahmen des Staates zum Schutz vor Benachteiligung gibt es wegen Art 3 II 2 derzeit lediglich zur Frauenförderung (s Rdn 72 ff).

53 Zum Ausmaß des Grundrechtsschutzes gelten die Grundsätze mittelbarer Drittwirkung (s Rdn 26 f). Allerdings ist das Drittwirkungsthema in Bezug auf die Art 3 II und III im ArbR eine eher akademische Frage der Grundrechtsdogmatik. Speziell in diesem Bereich ist faktisch, vermittelt durch die Antidiskriminierungsgesetzgebung, längst unmittelbare horizontale Drittwirkung, zwar nicht der Art 3 II und III GG, aber inhaltsgleicher europäischer Rechtsetzungsakte, festzustellen (vgl Einleitung AGG Rdn 10 f).

54 Die Grundrechtsadressaten der Art 3 II und III unterscheiden sich nicht von Art 3 I (Rdn 14 ff); zu Konkurrenzen Rdn 11.

55 **3. Begründungszusammenhang.** Das BVerfG versteht die im Begriff »wegen« zum Ausdruck kommende Kausalität weit. Es ist unerheblich, ob eine Regelung auf eine in Art 3 III 1 verbotene Ungleichbehandlung angelegt ist, oder ob in erster Linie andere Ziele verfolgt werden. Es reicht aus, dass eines der Merkmale in einem Motivbündel, das die Regelung beeinflusst hat, enthalten ist (BVerfG 28.1.1992, 1 BvR 1025/82, EzA § 19 AZO Nr 5, Nachtarbeitsverbot für Arbeiterinnen; BVerfG 16.11.1993, 1 BvR 258/86, NJW 1994, 647, zu ex-§ 611a BGB).

56 Damit enthält Art 3 III 1 **absolute Diskriminierungsverbote** und entspricht insoweit anderen vorbehaltlos gewährleisteten Grundrechten. Daraus folgt, dass das abwehrrechtlich geschützte Anknüpfungsverbot allenfalls nach Maßgabe verfassungsimmanenter Grenzen iR einer strengen Verhältnismäßigkeitsprüfung zu konkretisieren ist (Sachs/*Osterloh* Art 3 Rn 254). Schlagwortartig treffender mögen verfassungsimmanent relative Diskriminierungsverbote angenommen werden. Dieser vom absoluten Diskriminierungsverbot ausgehende, grundrechtsdogmatisch modifizierte Ansatz ermöglicht einerseits effektiven Diskriminierungsschutz und gibt andererseits Raum für sach- und regelungsbereichsspezifische Abwägung unter Berücksichtigung des Schutzbereichs der Diskriminierungsverbote.

57 **4. Unmittelbare und mittelbare Diskriminierung.** Art 3 II 1 und III 1, 2 schützen gleichermaßen vor unmittelbarer wie mittelbarer Diskriminierung (BVerfG 27.11.1997, 1 BvL 12/91, EzA Art 3 GG Nr 73, Ausschluss unterhälftig Beschäftigter aus der betrieblichen Altersversorgung; BVerfG 18.6.2008, 2 BvL 6/07, BGBl I 2008, 1330, kein doppelter Versorgungsabschlag für Teilzeitbeschäftigungszeiten nach § 85 IV 2 BeamtVG). Damit gilt grundrechtlicher (absoluter) Diskriminierungsschutz auch dann, wenn eine Regelung oder Maßnahme nicht direkt an die verpönten Merkmale anknüpft, jedoch überwiegend bzw

typischerweise zu einer unterschiedlichen Behandlung der in Art 3 II, III genannten Merkmalsträger führt. Das BVerfG meidet allerdings den Rückgriff auf europarechtliche Herleitungssysteme und prägt den Begriff **faktischer Benachteiligung** (BVerfG, 18.6.2008, 2 BvL 6/07, BGBl I 2008, 1330 Rn 49), die nur durch verfassungsimmanente Grenzen gerechtfertigt sein kann (BVerfG 7.11.2008, 2 BvR 1870/07, LS 2a, 2c).

II. Die Diskriminierungsmerkmale des Art 3 III 1. 1. Geschlecht. Zum Merkmal Geschlecht s § 1 AGG Rdn 5; zum Benachteiligungsverbot näher Rdn 67 f. Der Begriff ist abzugrenzen von der sexuellen Identität, die sich auf die Präferenz bei der sexuellen »Objektwahl« bezieht (»sexuelle Ausrichtung« iSd RL 2000/78/EG, s BVerfG 27.5.2008, 1 BvL 10/05, NJW 2008, 3117). Diskriminierung wegen der sexuellen Identität überprüft das BVerfG anhand von Art 3 I (BVerfG 7.7.2009, 1 BvR 1164/07, DB 2009, 2441; BAG 18.3.2010, 6 AZR 156/09, NZA 2010, 824; BAG 18.3.2010, 6 AZR 434/07, NZA-RR 2010, 664).

58

2. Abstammung, Heimat, Herkunft, Sprache. Abstammung bedeutet nach gängiger Definition die »natürlichen biologischen Beziehungen eines Menschen zu seinen Vorfahren« (BVerfG 22.1.1959, 1 BvR 154/55, BVerfGE 9, 124). Nun gibt es viele Rechtsbeziehungen, die ihrem Wesen nach auf Abstammung beruhen (Waisenrente, Erbrecht, Befangenheitsregeln, Zeugnisverweigerungsrechte), sodass das Merkmal im Zuge einschränkender teleologischer Auslegung (Sachs/*Osterloh* Art 3 Rn 291) wenig praktische Bedeutung erlangen konnte. Mit **Herkunft** ist die von den Vorfahren abgeleitete sozial-ökonomische oder ständische Verwurzelung (BVerfG 30.5.1978, 1 BvL 26/76, BVerfGE 48, 281) gemeint, die wegen der sozialen Durchlässigkeit als Differenzierungsmerkmal ausgeschlossen ist (vgl zur ethnischen Herkunft § 1 AGG Rdn 4). Demggü ist Heimat örtlich definiert und steht im Zusammenhang mit der persönlichkeitsprägenden Bedeutung der örtlichen Umgebung während der Kindheit und Jugend (Geburtsort und landsmannschaftliche Zugehörigkeit, BVerfG 30.5.1978, 1 BvL 26/76, BVerfGE 48, 281). Es geht um Flüchtlinge und Vertriebene, aktuell etwa Um- und Übersiedler, deren herkunfts- und heimatbedingte Besonderheiten sich in diskriminierungsgefährdeter »Fremdheit« äußern können. Inländerprivilegien sind unzulässig (BVerwG 22.10.1982, 7 C 31/79, NVwZ 1983, 223). Die Begriffe Heimat und Herkunft sind nicht identisch mit dem Wohnsitz oder dem Aufenthaltsort, sodass Leistungstatbestände danach differenzieren können (BVerwG 22.10.1982, 7 C 31/79, NVwZ 1983, 223).

59

Die **Staatsangehörigkeit** wird als Gruppenmerkmal nicht generell ausgeschlossen, sondern vom Grundgesetz selbst vorausgesetzt (Art 116) und praktiziert (»Deutschengrundrechte«). Die Begründung arbeitsrechtlicher Beziehungen erfordert vielfach Aufenthalts- und Arbeitserlaubnisse (s § 105 GewO Rdn 5 ff); gemeinschaftsrechtlich gelten Art 45 AEUV, RL 2004/38/EG (s Art 45 AEUV Rdn 4). Im bestehenden Arbeitsverhältnis wird regelmäßig der sachliche Grund in Gestalt konkreter Tätigkeitserfordernisse fehlen, der die Benachteiligung ausländischer AN rechtfertigen könnte (s § 8 AGG Rdn 11).

60

Typischerweise mit Heimat und Herkunft zusammenhängend gehört die **Sprache** zu den maßgeblichen identitätsbildenden Merkmalen. Dies gilt sowohl für den Gebrauch der Muttersprache als auch den Erhalt kultureller Einrichtungen. Die Festlegung der dt Sprache als Gerichts-, Amts- oder Schulsprache ergibt sich aus dem Territorial- oder Sprachgebietsprinzip; die Sprache wird insoweit nicht als Anknüpfungspunkt für rechtliche Differenzierungen verwendet (*Mäder* JuS 2000, 1150, 1152 mwN). Art 3 III verpflichtet den Staat nicht zum Ausgleich sprachbedingter Erschwernisse für Ausländer (BVerfG 17.5.1983, 2 BvR 731/80, JZ 1983, 659); Die Forderung nach ausreichenden Sprachkenntnissen kann arbeitsrechtlich eine zulässige unterschiedliche Behandlung wegen beruflicher Anforderungen sein (s § 8 AGG; vgl iÜ auch Art 33 II).

61

3. Merkmal Rasse. Hier kann auf § 1 AGG Rdn 3 verwiesen werden.

62

4. Glaube, religiöse oder politische Anschauungen. Diese Merkmale überschneiden sich mit speziellen gleichheits- und freiheitsrechtlichen Schutznormen des GG, insb Art 4 (s Art 4 Rdn 3 ff), Art 5 (s Art 5 Rdn 2 ff), Art 33 III GG, Art 140 iVm Art 136 ff WRV. Der durch Art 3 III gewährleistete Diskriminierungsschutz dürfte im Schutzbereich der genannten Artikel mit enthalten sein.

63

Die Rspr-Entwicklung ist bspw den sog Kopftuchurteilen des BAG (10.10.2002, 2 AZR 472/01, EzA § 1 KSchG Verhaltensbedingte Kündigung Nr 58; 20.8.2009, 2 AZR 499/08, BB 2009, 1917) und des BVerfG (24.9.2003, 2 BvR 1436/02, NJW 2003, 3111) zu entnehmen (s iE Art 4 Rdn 8). Zur Rechtfertigung der Anknüpfung an diese Merkmale s § 8 AGG Rdn 10 und § 9 AGG.

64

C. Die Gleichberechtigung der Frauen (Art 3 II und III 1). I. Bedeutung und Systematik. Rechtsdogmatisch war die spezielle Bedeutung von Art 3 II neben Art 3 III lange Zeit unklar. Das BVerfG betrachtete beide Gleichheitsgebote bis 1991 als identisch. Beide seien (relative) Differenzierungsverbote, deren Umgehung nicht mehr als eine bes Rechtfertigung verlange. Erstmals in der Entsch zum Nachtarbeitsverbot (BVerfG 28.1.1992, 1 BvR 1025/82, EzA § 19 AZO Nr 5) wurde der Unterschied betont: Art 3 II weise einen »über das Diskriminierungsverbot des Art 3 III hinaus reichende[n] Regelungsgehalt« auf, der darin

65

Art. 3 GG Gleichheit vor dem Gesetz

bestehe, dass er ein Gleichberechtigungsgebot aufstelle und dieses auch auf die gesellschaftliche Wirklichkeit erstrecke. »Der Satz »Männer und Frauen sind gleichberechtigt« will nicht nur Rechtsnormen beseitigen, die Vor- oder Nachteile an Geschlechtsmerkmale anknüpfen, sondern für die Zukunft die Gleichberechtigung der Geschlechter durchsetzen. Er zielt auf Angleichung der Lebensverhältnisse ... Überkommene Rollenverteilungen ... dürfen durch staatliche Maßnahmen nicht verfestigt werden. Faktische Nachteile, die typischerweise Frauen treffen, dürfen ... durch begünstigende Regelungen ausgeglichen werden«. Dieser Regelungsgehalt wird durch die Verfassungsänderung von 1994 und die Anfügung des von Art 3 II 2 noch unterstrichen (BVerfG 24.1.1995, 1 BvL 18/93, NJW 1995, 1733). Begründet ist damit ein Staatsziel, eine bes grundrechtliche Schutzpflicht zugunsten der Frauen. Das führt insofern zu einer Kollision mit Art 3 III 1, als die Verfassung selbst gegen das Differenzierungsverbot zu verstoßen scheint. Das BVerfG löst dies auf, indem es Art 3 II 2 als Rechtfertigungstatbestand interpretiert, der ausnahmsweise Regelungen zulässt, die Frauen begünstigen (iE Sachs/*Osterloh* Art 3 Rn 264 f; *Horstkötter* PersR 2009, 242).

66 Art 3 II 2 betont die objektivrechtliche Schutzfunktion des Gleichberechtigungsgebotes und gewährt keine subjektiv-öffentl Rechte, insb keine originären Teilhabe- oder Leistungsansprüche gegen den Staat. Es bleibt grds bei der mittelbaren Drittwirkung (s Rdn 26 f). Allerdings gilt in der Folge europarechtlicher Einwirkungen, wie etwa primärrechtlich Art 157 AEUV (s Art 157 AEUV Rdn 2) und sekundärrechtlicher Umsetzungen (s insb § 7 AGG, § 8 II AGG, § 11 AGG, entspr ex-§§ 611a, 611b und 612 III BGB) im Ergebnis das Gleichberechtigungsgebot in weiten Teilen des ArbR einfachrechtlich »unmittelbar«.

67 **II. Benachteiligung wegen des Geschlechts.** Das Verbot der Ungleichbehandlung wegen des Geschlechts hat die Anwendung einer gesetzten Regel auf die sachwidrig ausgeschlossene Gruppe zum Ziel, ist mithin auf die Neutralität des Rechts gerichtet. Ein Gesetz bzw Regelungssystem soll keine Anknüpfungsmerkmale enthalten, die direkt oder indirekt vor allem die Angehörigen eines Geschlechts treffen. Das Recht soll nicht durch scheinbar geschlechtsneutrale Regelungen bestehende Unterschiede zwischen den Geschlechtern noch erweitern.

68 **1. Unmittelbare Frauendiskriminierung.** Unmittelbare Frauendiskriminierung liegt nach der europarechtlichen Begriffsbestimmung (s dort Rdn 2 f) vor, wenn eine Frau aufgrund ihres Geschlechts eine weniger günstige Behandlung erfährt, erfahren hat oder erfahren würde als ein Mann. Dabei können für eine unmittelbare Benachteiligung iSd Art 3 III 1 funktionale biologische Unterschiede nicht mehr (anders noch BVerfG 20.3.1963, 1 BvR 50/59, DB 1969, 1822) herangezogen werden. Abw gilt iR einer strengen Verhältnismäßigkeitsprüfung allenfalls dann, wenn weitere verfassungsrechtliche Wertungen (bspw der Schutz des ungeborenen Lebens) zu berücksichtigen sind (nach Sachs/*Osterloh* Art 3 Rn 274 f). Unmittelbare Frauendiskriminierung scheint mittlerweile im Bereich staatlichen Handelns kaum mehr eine Rolle zu spielen. Auch geschlechtsspezifische Auswahlentscheidungen (dazu ErfK/*Schmidt* Art 3 Rn 87) öffentl AG (vgl Rdn 28) dürften eher selten vorkommen.

69 **2. Mittelbare Frauendiskriminierung.** Das BVerfG hat die europarechtliche Definition (s § 3 AGG Rdn 5) hier nicht aufgegriffen. BVerfG 18.6.2008, 2 BvL 6/07, BGBl I 2008, 1330, Rn 49: »Wenn der Gesetzgeber eine Gruppe nach sachlichen Merkmalen bestimmt, die nicht in Art 3 III GG genannt sind, so ist diese Regelung an Art 3 I GG zu messen. Etwas anderes gilt, wenn der vom Gesetzgeber gewählte, durch Art 3 III GG nicht verbotene sachliche Anknüpfungspunkt in der gesellschaftlichen Wirklichkeit weitgehend nur für eine Gruppe zutrifft, oder die differenzierende Regelung sich weitgehend nur auf eine Gruppe iS einer faktischen Benachteiligung auswirkt, deren Ungleichbehandlung nach Art 3 III GG verboten ist (mittelbare Diskriminierung). Eine Anknüpfung an das Geschlecht kann deshalb auch dann vorliegen, wenn eine geschlechtsneutral formulierte Regelung überwiegend Frauen trifft und dies auf natürliche oder gesellschaftliche Unterschiede zwischen den Geschlechtern zurückzuführen ist (vgl BVerfGE 97, 35, 43 mwN; 104, 373, 393)« Zur Rechtfertigung s Rdn 57, 71.

70 Die unterschiedliche Begriffsbildung ist für den Praktiker misslich. Als zu weitgehend erscheinen bspw Erwägungen des BVerfG, allein aus finanzieller Sonderbelastung des AG mit Mutterschaftsleistungen (§ 14 MuSchG aF) könne mittelbare Diskriminierung von Frauen abgeleitet werden (BVerfG 18.11.2003, 1 BvR 302/96, EzBAT § 8 BAT Zuschuss zum Mutterschaftsgeld Nr 22, dazu *Aubel* RdA 2004, 141). Gesetzgeberische Bemühungen zur Entlastung der AG von Mutterschaftsleistungen sind über Abwägung der Art 12, 14 und Art 6 IV zu begründen.

71 **3. Rechtmäßigkeitsanforderungen an Ungleichbehandlungen.** Neben den Wertungen aus anderen Verfassungsnormen (insb Art 6 I, IV und V) gibt auch die Schutzpflicht aus Art 3 II 2 Leitlinien zur Beurteilung möglicher Rechtfertigungsgründe. Der Prüfungsmaßstab bei unmittelbarer Ungleichbehandlung ist streng (»zwingend erforderlich«, BVerfG 7.11.2007, 2 BvR 1870/07, LS 2a). Die Rechtfertigung mittelbarer Ungleichbehandlung ähnlichen Maßstäben zu unterwerfen, führt zu befremdlichen Ergebnissen (BVerfG,

7.11.2007, 2 BvR 1870/07, LS 4b): »Im Hinblick auf Art 3 III 1 GG nicht zu rechtfertigende, pauschal nach Geschlechtszugehörigkeit unterscheidende und weibliche Strafgefangene bevorzugende Handhabung bei der Gestattung zweckgebundener Nutzung von Eigengeld für Kosmetika«.

III. Frauenförderung. Frauenförderung bzw -gleichstellung ist über Diskriminierungsverbote hinausgehend die tatsächliche Durchsetzung der Gleichberechtigung von Mann und Frau in der Gesellschaft durch Beseitigung bestehender Nachteile (kompensatorische Maßnahmen). Der Verfassungsauftrag des Art 3 II 2 kann sich wegen des notwendigen Ausgleichs aller Freiheitsgrundrechte verfassungssystematisch allein auf das Ziel der Herstellung von Chancengleichheit (*Huster* AöR 118 [1993], 109, 117) beziehen, nicht auf die uU weiter gehende Forderung nach Angleichung der Lebensverhältnisse oder sog faktische Gleichheit. 72

1. Frauenförder- und Gleichstellungsgesetze. Gesetzliche Frauenförder- oder Gleichstellungsverpflichtungen gibt es im dt ArbR für den öffentl Dienst und nach der gesetzlichen Neuregelung zur Geschlechterquote in Aufsichtsräten auch für börsennotierte und zugleich paritätisch mitbestimmte Unternehmen, also nur AG, KGaA und SE. Diese müssen seit 1.1.2016 eine Frauenquote von 30 % aufweisen (*Röder/ Arnold* NZA 2015, 279; *Bayer/Hoffmann* GmbHR 2015, 909; zur Frauenquote in Aufsichtsräten *EU-Kommission* BB 2011, 322; zur Geschlechterquote bei der BR-Wahl s *Kamanabrou* RdA 2006, 186 ff und § 15 BetrVG Rdn 2 f). Für die Länderverwaltungen regeln dies verschiedene Frauenförder-, Gleichstellungs- und Gleichberechtigungsgesetze der Länder (Zusammenstellung und Kommentierung s *Schiek/Dieball/ Horstkötter/Seidel/Viethen/Wankel; Horstkötter* PersR 2009, 242) für die Bundesbehörden das BGleiG (vom 30.11.2001, BGBl I S 3234). 73

Die Gesetze haben zum Ziel, auf allen Hierarchieebenen einen gleichmäßigen Anteil der Geschlechter unter den Beschäftigten zu erreichen (»Beseitigung bestehender Unterrepräsentanzen«). Dementspr konzentrieren sich die Aufgaben der Frauen- oder Gleichstellungsbeauftragten auf die Beteiligung an Personalentscheidungen und Entscheidungen über die Arbeitsbedingungen (insb zur Vereinbarkeit von Beruf und Familie) sowie allg auf die Bekämpfung von Diskriminierung. Zusätzlich gelten Regelungen, nach denen Frauen bei Personalentscheidungen unter bestimmten Voraussetzungen zu bevorzugen sind (qualifikationsabhängige Entscheidungsquoten). Das sog »**Gender Mainstreaming**« (dazu bspw *Horstkötter* PersR 2005, 396) scheint weitergehende Ansätze zur Frauenförderung bereitzuhalten. 74

2. Die Quotenregelung des BGleiG. Nach § 8 BGleiG sind Frauen in Bereichen, in denen sie unterrepräsentiert sind (vgl § 4 VI BGleiG), bei gleicher Eignung, Befähigung und fachlicher Leistung (Qualifikation, Art 33 II GG) bevorzugt zu berücksichtigen, sofern nicht in der Person eines Mitbewerbers liegende Gründe überwiegen. Diese einzelfallbezogene Quotenregelung (zu den unterschiedlichen Quotenformen *Schiek/ Dieball/Horstkötter/Seidel/Viethen/Wankel/Schiek* Rn 237) gilt bei der Vergabe von Ausbildungsplätzen, Einstellung, Anstellung und Beförderung. Sie orientiert sich an der Rspr des EuGH zur Frauenförderung im öffentl Dienst (EuGH 17.10.1995, C-450/93, EzA Art 3 GG Nr 47; 11.11.1997, C-409/95, EzA Art 3 GG Nr 69; 28.3.2000, C-158/97, NJW 2000, 473; 6.7.2000, C-407/98, NZA 2000, 935). 75

Nach der Begründung zu § 8 BGleiG überwiegen schützenswerte Belange eines gleich qualifizierten Bewerbers nur dann, wenn bei der vergleichenden Bewertung deutliche (zum höheren Dienstalter des männlichen Bewerbers BAG 21.1.2003, 9 AZR 72/02, EzA Art 33 GG Nr 25) Unterschiede zugunsten dieses Bewerbers bestehen oder ein Härtefall (zB Behinderung, alleinerziehender Vater oder Langzeitarbeitsloser) vorliegt. 76

D. Benachteiligung wegen Behinderung (Art 3 III 2). I. Grundrechte behinderter Menschen. 77
1. Schutzbereich. Die Verfassungsergänzung vom 15.11.1994 hat ein Grundrecht für Behinderte geschaffen (*Jürgens* NVwZ 1995, 452). Entspr allg Grundrechtsdogmatik werden ein subjektives grundrechtliches Abwehrrecht (s Rdn 6), derivative Leistungs- und Teilhaberechte (s Rdn 7), das Recht auf Chancengleichheit (s Rdn 8) sowie objektiv-rechtliche Schutzfunktionen (s Rdn 9) begründet.

Nach der Leitentscheidung des BVerfG (8.10.1997, 1 BvR 9/97, NJW 1998, 131) sollen Art 3 III 1 und 2 den Schutz des allg Gleichheitssatzes für bestimmte Personengruppen dahin gehend verstärken, dass der staatlichen Gewalt insoweit engere Grenzen vorgegeben werden. Eine Benachteiligung iSd Benachteiligungsverbots aus Art 3 III 2 liegt in der Folge nicht nur bei Regelungen und Maßnahmen vor, die die Situation des Behinderten wegen seiner Behinderung verschlechtern. Vielmehr kann eine Benachteiligung auch bei einem Ausschluss von Entfaltungs- und Betätigungsmöglichkeiten durch die öffentl Gewalt gegeben sein, wenn dieser Ausschluss nicht durch eine behinderungsbezogene Förderungsmaßnahme kompensiert wird. Wann eine solche Kompensation vorliegt, wird regelmäßig von Wertungen, wissenschaftlichen Erkenntnissen und prognostischen Einschätzungen abhängen. Das BVerfG deutet Überlegungen entspr Art 5 RL 2000/78/EG (s § 3 AGG Rdn 2) an. Verfassungsrechtlich können sich aus der Zusammenschau mit anderen Verfassungsnormen und dem Sozialstaatsprinzip bes Leistungsverpflichtungen des Staates ergeben (vgl *Bieback* ZESAR 2006, 143 ff). 78

79 Individuelle Leistungsansprüche gegen Sozialleistungsträger (umfangreiche Beispiele aus der Rspr der Sozialgerichte) oder öffentl Unternehmen (bspw barrierefreie Bahnhöfe) lassen sich aus Art 3 III 2 allein nicht herleiten (jedoch ggf im Zusammenwirken mit dem AGG!). Auch ein individuell einklagbarer Anspruch von behinderten Lehrern auf Verbeamtung soll sich aus Art 3 III 2 nicht ergeben (VG Mainz 22.9.2004, 7 K 623/04, NVwZ-RR 2005, 347) ergeben. Allerdings kann der öffentliche AG wegen Art 3 III 2 eine Beförderung nicht mit der Begründung verweigern, der Eintritt in eine neue Laufbahn setze volle Eignung für alle Aufgaben der Laufbahn voraus (BVerfG 10.12.2008, 2 BvR 2571/07, NVwZ 2009, 389). Die Erklärung, in der neuen Laufbahn gebe es keine geeigneten Arbeitsplätze, ist nur beachtlich, wenn der Dienstherr alle zumutbaren Möglichkeiten genutzt hat, einen geeigneten Arbeitsplatz zur Verfügung zu stellen (§ 81 Abs 4 SGB IX) und durch ein betriebliches Eingliederungsmanagement den Nachweis der Nichtverwendbarkeit erbracht hat (§ 84 Abs. 2 SGB IX).

80 **2. Begriff der Behinderung.** Der Begriff der Behinderung ist nicht näher bestimmt. Abzustellen ist auf das zum Zeitpunkt der Verfassungsänderung geltende Begriffsverständnis (v Münch/*Gubelt* Art 3 Rn 104c). Nach dem damals geltenden § 3 I 1 SchwbG ist Behinderung »die Auswirkung einer nicht nur vorübergehenden Funktionsbeeinträchtigung, die auf einem regelwidrigen körperlichen, geistigen oder seelischen Zustand beruht«. Es spricht heute viel für das weite Begriffsverständnis des § 2 I SGB IX (vgl § 69 SGB IX Rdn 3 f), sodass nicht nur Schwerbehinderte oder Gleichgestellte iSd § 2 II und III SGB IX vom bes grundrechtlichen Schutz erfasst sind (s § 1 AGG Rdn 8). Der Grund der Behinderung ist unerheblich, abzustellen ist auf die soziale Beeinträchtigung (s *Neumann* NVwZ 2003, 897 f). Nach EuGH (11.4.2013, C-335/11 und 337/11, NZA 2013, 553) kann auch eine chronische Erkrankung einer Behinderung gleichzustellen sein, wenn sie »physische, geistige oder psychische Einschränkungen« mit sich bringt, was den Begriff stark ausweitet.

81 **II. Rechtfertigung von Benachteiligungen.** Im Einklang mit Wortlaut und systematischer Stellung des Benachteiligungsverbotes fordert die hL analog zu den speziellen Diskriminierungsverboten des Art 3 III 1 (s Rdn 56) zwingende Gründe für die Rechtfertigung eines Nachteils wegen einer Behinderung. Das bedeutet, dass der konkrete Inhalt des Benachteiligungsverbotes iR einer strengen Verhältnismäßigkeitsprüfung nach Maßgabe verfassungsimmanenter Grenzen zu bestimmen sind (nach Sachs/*Osterloh* Art 3 Rn 314 mwN; vgl Rdn 68).

82 Im Bereich der Diskriminierung durch Verweigerung angemessener Vorkehrungen wird man im Anschluss an das BVerfG (8.10.1997, 1 BvR 9/97, EzFamR GG Art 6 Nr 30) weitergehend Rechtmäßigkeit der Nichtberücksichtigung spezifischer Behinderteninteressen bereits dann annehmen können, wenn dem Normgeber ein sachgerechtes Entscheidungsverfahren und die sachgerechte Abwägungsbegründung gelingen. Die RL 2000/78/EG spricht in Art 5 von »unverhältnismäßiger Belastung«, was darauf hindeutet, dass europarechtlich ökonomische Grenzen berücksichtigungsfähig sind.

Art. 4 Glaubens- und Gewissensfreiheit

(1) Die Freiheit des Glaubens, des Gewissens und die Freiheit des religiösen und weltanschaulichen Bekenntnisses sind unverletzlich.
(2) Die ungestörte Religionsausübung wird gewährleistet.
(3) ...

Übersicht	Rdn.		Rdn.
A. **Inhaltliche Grundlagen**	1	D. **Grundrechtsschranken**	12
I. Allgemeine Bedeutung	1	I. Keine »geschriebenen« Grundrechtsschranken	12
II. Entstehung und Entwicklung des GR	2	II. Immanente Schranken	13
B. **Träger des Grundrechts und Körperschaftsstatus**	3	III. Weitere »natürliche« Beschränkungen	14
I. Grundlagen	3	E. **Einzelne arbeitsrechtliche Aspekte**	15
II. Religiöse Gemeinschaften mit kirchlichem Auftrag	4	I. Grundlagen	15
III. Korporierte Religionsgemeinschaften	5	II. Arbeitsrechtliche Rechte und Pflichten	16
1. Grundlagen	5	III. Kirchliche Arbeitgeber	21
2. Voraussetzungen	6	IV. Kollektives Arbeitsrecht	24
C. **Schutzbereich und Umfang des Grundrechts**	8	1. Ausgangslage	24
I. Glaubensfreiheit	8	2. Besonderheiten des kirchlichen »Tarifrechts«	25
II. Gewissensfreiheit	9	3. Kirchliches Mitbestimmungsrecht	26
III. Bekenntnisfreiheit	10	4. Kirchliche und staatliche Gerichtsbarkeit	28
IV. Gewährleistung der Religionsausübung	11	F. **Verhältnis zu anderen Grundrechten**	29

A. Inhaltliche Grundlagen. I. Allgemeine Bedeutung. Die in Art 4 I angesprochene Freiheit des Glau- 1
bens und des religiösen und weltanschaulichen Bekenntnisses sowie das in Art 4 II normierte Recht der
ungestörten Religionsausübung bilden ein einheitliches GR (BVerfG 16.10.1968, 1 BvR 241/66, BVerfGE
24, 236 ff). Durch diese Grundrechte wird zugleich die religiöse und **weltanschauliche Neutralität des
Staates** garantiert (BVerfG 16.5.1995, 1 BvR 1087/91, BVerfGE 93, 1 ff); gleichwohl darf die Neutralität
des Staates in Bezug auf die Religionsfreiheit **kein staatliches Desinteresse an Religion und Kirchen** bewirken (*Starck* JZ 2000, 1 ff). Neben der umfassenden Gewährleistung der Religionsfreiheit wird das Religionsverfassungsrecht durch das **Neutralitätsprinzip** geprägt (Schmidt-Bleibtreu/*Hofmann* Art 4 Rn 2). Die
Rechtspraxis ist durch eine **weitreichende Kooperation zwischen dem Staat und den christlichen Kirchen**
sowie eine bes Begünstigung dieser Religionsgemeinschaften gekennzeichnet. Umstr ist, ob dem GG ein
Trennungs- oder ein **Kooperationsmodell** zugrunde liegt (Sachs/*Kokott* Art 4 Rn 6, 44 f; *dies* Der Staat 44
(2005), 343; Schmidt-Bleibtreu/*Hofmann* Art 4 Rn 4; ausf *v Campenhausen/de Wall* Staatskirchenrecht § 39
II u III).

II. Entstehung und Entwicklung des GR. Die ehemals enge Verklammerung von Staat und Kirche hat 2
aufgrund vielfältiger Entwicklungen für die **Neuzeit einen säkular bestimmten Staat** einerseits und christlichen Glauben in der Gestalt verschiedener konfessioneller Kirchengebilde andererseits hervorgebracht
(Zur Entwicklungsgeschichte v Mangoldt/Klein/*Starck* Art 4 Rn 1 ff; *Heckel* Vom Religionskonflikt zur
Ausgleichsordnung, 2007, passim). Art 4 knüpft unmittelbar an die Glaubens- und Gewissensfreiheit an,
wie sie in den **Art 136–141 WRV** niedergelegt ist. Durch die Verweisung des **Art 140 GG** bleiben die
staatskirchenrechtlichen Fundamentalnormen der Art 136–141 WRV inkorporierter Bestandteil des GG.

B. Träger des Grundrechts und Körperschaftsstatus. I. Grundlagen. Grundrechtsträger sind **alle** 3
natürlichen Personen, auch Kinder (Sachs/*Kokott* Art 4 Rn 8). Ferner sind **juristische Personen und sonstige Vereinigungen**, deren Tätigkeit auf die Pflege der Religion, der Weltanschauung und des Glaubens ihrer
Mitglieder ausgerichtet ist, ungeachtet ihrer Rechtsform Grundrechtsträger iSd kollektiven Glaubensfreiheit
(BVerfG 4.6.1985, 2 BvR 1703/83, 2 BvR 1718/83, 2 BvR 856/84, BVerfGE 70, 138 ff). Auch die Kirchen
und sonstigen **Religionsgesellschaften, die juristische Personen des öffentl Rechts** sind, sind Träger des
Grundrechts aus Art 4 (BVerfG 4.10.1965, 1 BvR 498/02, BVerfGE 19, 129 ff), denn sie sind nicht vom
Staat geschaffen, sondern wurzeln im außerstaatlichen Bereich und nehmen in ihrem Eigenbereich weder
staatliche Aufgaben wahr noch üben sie staatliche Gewalt aus (Sachs/*Kokott* Art 4 Rn 10; v Mangoldt/Klein/
Starck Art 4 Rn 78).

II. Religiöse Gemeinschaften mit kirchlichem Auftrag. Für die Anerkennung als religiöse Gemeinschaft 4
iSv Art 4 spielt die Rechtsform, insb ob es sich um eine öffentl-rechtl oder privatrechtliche Organisation
handelt (Art 140 iVm Art 137 V WRV), keine Rolle (v Mangoldt/Klein/*Starck* Art 4 Rn 75). Dies hat
zur Folge, dass auch nichtrechtsfähige Vereine (BVerfG 16.10.1968, 1 BvR 241/66, BVerfGE 24, 236 ff),
konfessionelle Krankenhäuser (BVerfG 25.3.1980, 2 BvR 208/76, BVerfGE 53, 366 ff) und Erziehungseinrichtungen Träger der kollektiven Rechte aus Art 4 sein können. Es kommt auch nicht darauf an, ob
sich diese Vereinigungen die **allseitige** Pflege des religiösen oder weltanschaulichen Lebens ihrer Mitglieder zum Ziel gesetzt haben. Grundrechtsschutz genießen auch solche Vereinigungen, die nach kirchlichem Verständnis nur **einen Teil** des kirchlichen Auftrages erfüllen und entspr eine Zielübereinstimmung
sowie eine institutionelle Verbindung besteht (BVerfG 17.2.1981, 2 BvR 384/78, BVerfGE 57, 220 ff; v
Mangoldt/Klein/*Starck* Art 4 Rn 79). Allein die **Behauptung einer Organisation**, eine religiöse Gemeinschaft zu sein, kann jedoch nicht ausreichen (BVerfG 5.2.1991, 2 BvR 263/86, BVerfGE 83, 341 ff); ebenso
wenig sind Organisationen anzuerkennen, die zwar religiöse Formen oder eine entspr Bezeichnung benutzen (»Kirche«), aber tatsächlich in Gewinnerzielungsabsicht agieren (v Münch/Kunig/*Mager* Art 4 Rn 44;
zu Handels- oder Kapitalgesellschaften BVerfG 5.2.1991, 2 BvR 263/86, BVerfGE 83, 341 ff). Dies ist bes
umstr bei der Zubilligung der Grundrechtträgerschaft zu Art 4 bzgl der **Scientology-Organisation** (BVerfG
9.3.1994, 1 BvR 682/88, 1 BvR 712/88, BVerfGE 90, 112 ff; zur Rspr in anderen Ländern *Thüsing* Europäisches Arbeitsrecht, 2. Aufl § 3 Rn 75).

III. Korporierte Religionsgemeinschaften. 1. Grundlagen. Korporierte Religionsgemeinschaften 5
unterscheiden sich im religiös-weltanschaulich neutralen Staat des GG, der keine Staatskirche (Art 137 I
WRV) oder Staatsreligion kennt, grundlegend von den Körperschaften des öffentl Rechts im verwaltungs-
und staatsorganisationsrechtlichen Verständnis. Sie nehmen **keine Staatsaufgaben** wahr, sind nicht in die
Staatsorganisation eingebunden und unterliegen keiner staatlichen Aufsicht (BVerfG 19.12.2000, 2 BvR
1500/97, BVerfGE 102, 370 ff). Soweit Religionsgemeinschaften die Merkmale einer Körperschaft des
öffentl Rechts erfüllen, können sie zur Bewältigung ihrer Aufgaben **Beamtenverhältnisse** begründen und

Art. 4 GG Glaubens- und Gewissensfreiheit

dafür Kirchengesetze erlassen (vgl §§ 121, 135 S 2 BRRG). Die Dienstverhältnisse werden dann durch Hoheitsakt begründet. Sie unterliegen **nicht den Normen des ArbR, sondern der kirchlichen Ordnung** (MünchArbR/*Richardi* § 192 Rn 15 f; zweifelnd OVG NW 18.9.2012, 5 A 1941/10, DVBl 2012, 1585). Insofern unterliegen die Religionsgemeinschaften auch nicht der weltlichen Gerichtsbarkeit (BVerfG 9.12.2008, 2 BvR 717/08, NJW 2009, 51; Schmidt-Bleibtreu/*Hofmann* Art 140 Rn 22). Ob insoweit die Grundsätze der Verteilung der Darlegungslast bei Streitigkeiten mit dem Personal ausländischer Vertretungen herangezogen werden können (LAG Köln, 19.1.2016, 12 Sa 319/15), ist fraglich. Zur Geltung der Grundrechte im Verhältnis evang Pfarrer zu ihrer Kirche s *Laubinger* in: FS für Klaus Stern, 2012, S 445 ff.

6 **2. Voraussetzungen.** Eine Religionsgemeinschaft, die Körperschaft des öffentl Rechts nach Art 140 iVm Art 137 V 2 WRV werden will, muss **rechtstreu** sein; sie muss die Gewähr dafür bieten, dass sie das geltende Recht beachtet, insb die ihr übertragene Hoheitsgewalt nur in Einklang mit den verfassungsrechtlichen und sonstigen gesetzlichen Bindungen ausüben wird. Sie muss außerdem die Gewähr dafür bieten, dass ihr künftiges Verhalten die in Art 79 III umschriebenen fundamentalen Verfassungsprinzipien, die dem staatlichen Schutz anvertrauten Grundrechte Dritter sowie die Grundprinzipien des freiheitlichen Religions- und Staatskirchenrechts des GG nicht gefährdet. Eine darüber hinausgehende Loyalität zum Staat verlangt das GG nicht (BVerfG 19.12.2000, 2 BvR 1500/97, BVerfGE 102, 370 ff; *Poscher* NJ 2001, 364 f). In welcher Weise eine Religions- und Weltanschauungsgemeinschaft ihre **Finanzverhältnisse** gestaltet, hat sie kraft ihrer verfassungsrechtlich gewährleisteten Autonomie selbst zu entscheiden. Sie kann, wenn sie als Körperschaft des öffentl Rechts anerkannt ist, Steuern erheben. Jede Religions- bzw Weltanschauungsgemeinschaft ist befugt, Mitgliedsbeiträge sowie Entgelte für Güter und Dienstleistungen mit unmittelbar religiösem oder weltanschaulichem Bezug zu verlangen (BAG 22.3.1995, 5 AZB 21/94, AP ArbGG § 5 Nr 21). Der Status einer Körperschaft des öffentl Rechts vermittelt der Religionsgemeinschaft bestimmte öffentlich-rechtl Befugnisse, zu denen die Organisationsgewalt gehört. Dies gilt sowohl für die organisierte Kirche als auch für deren rechtl selbstständige Teile (BAG 12.10.2010, 9 AZR 554/09, EzA Art 33 GG Nr 40).

7 Die **Katholische und die Evangelische Kirche** werden bereits durch die Verfassung (Art 140 iVm Art 137 V WRV) vor einem Verbot geschützt, weil sie **altkorporierte Religionsgemeinschaften** sind, denen der Körperschaftsstatus durch die Verfassung zugesprochen ist (BT-Drs 14/7026 S 6). Eine Religionsgemeinschaft, die dem demokratisch verfassten Staat nicht die für eine dauerhafte Zusammenarbeit unerlässliche Loyalität entgegenbringt, hat keinen Anspruch auf Anerkennung als Körperschaft des öffentl Rechts. Ein solcher die Anerkennung ausschließender Loyalitätsmangel bestand nach Auffassung des BVerwG, wenn die Religionsgemeinschaft ihren **Mitgliedern die Teilnahme an den staatlichen Wahlen verbietet** (BVerwG 26.6.1997, 7 C 11/96, NJW 1997, 2396 ff – Zeugen Jehovas; *Thüsing* DÖV 1998, 25; dazu aber BVerfG 19.12.2000, 2 BvR 1500/97, BVerfGE 102, 370 ff; OVG Berlin 24.3.2005, OVG 5 B 12.01, NVwZ 2005, 1450; Sachs/*Kokott* Art 4 Rn 5 [FN 13]). Der öffentl-rechtl Status der »verfassten Kirchen« kann aber eine Besserstellung ggü privatrechtlichen Vereinigungen rechtfertigen (vgl BVerfG 4.10.1965, 1 BvR 498/62, BVerfGE 19, 129 ff).

8 **C. Schutzbereich und Umfang des Grundrechts. I. Glaubensfreiheit.** Der Glauben stellt die innere Überzeugung des Menschen vor Gott und dem Jenseits dar. Das Grundrecht der Glaubensfreiheit ist **umfassend**; es erlaubt daher, für seinen Glauben zu werben und sein gesamtes Verhalten an den Lehren seines Glaubens und seiner inneren Glaubensüberzeugung auszurichten (BVerfG 19.10.1971, 1 BvR 387/65, BVerfGE 32, 98 ff). Das kirchliche Selbstbestimmungsrecht aus Art 4 I und II iVm Art 140 GG und Art 137 III erfüllt die Anforderungen eines **absoluten Rechts iSd § 823 I BGB**. Es ist Religionsgesellschaften und allen ihnen in bestimmter Weise zugeordneten Einrichtungen zugewiesen, die sich hierauf auch gegenüber **Dritten** berufen können (BAG 20.11.2012, 1 AZR 179/11, NZA 2013, 448). Glaubensfreiheit betrifft nicht nur Religionen, sondern auch Weltanschauungen, wie zB Atheismus, Materialismus, Monismus und Pantheismus. Art 4 I garantiert die **positive und negative Glaubensfreiheit** (sa **Art 136 WRV**). Überall dort, wo **Spannungsverhältnisse zwischen negativer und positiver Religionsfreiheit** auftreten, bes im Schulwesen, muss der Staat auf der Grundlage des Neutralitätsgebots (v Mangoldt/Klein/*Starck* Art 4 Rn 22) unter Berücksichtigung des Toleranzgebots einen Ausgleich finden. Dies gilt etwa bei **Schulgebeten** (BVerfG 19.10.1979, 1 BvR 647/70, 1 BvR 7/74, BVerfGE 52, 223 ff; v Mangoldt/Klein/*Starck* Art 4 Rn 26 f), dem Anbringen von **Kreuzen im Klassenzimmer** (BVerfG 16.5.1995, 1 BvR 1087/91, BVerfGE 93, 1 ff; v Mangoldt/Klein/*Starck* Art 4 Rn 28 f) und auch bei dem **Tragen eines Kopftuches bzw religiöser Kleidung** während des Unterrichts (BVerfG 24.9.2003, 2 BvR 1436/02, BVerfGE 108, 282; 27.1.2015, 1 BvR 471/10 ua, EzA Art 4 GG Nr 3; BVerwG 8.3.1988, 2 B 92/87, NVwZ 1988, 938 ff). Die **negative Religionsfreiheit dominiert keineswegs die positiven Äußerungen der Religionsfreiheit** insofern, als im Fall des Zusammentreffens die positive Religionsfreiheit verdrängt wird. Das Recht der

Religionsfreiheit ist kein Recht zur Verhinderung von Religionen; vielmehr muss ein notwendiger Ausgleich zwischen beiden Erscheinungsformen der Religionsfreiheit durch Toleranz erreicht werden (ausführlich Sachs/*Kokott* Art 4 Rn 28 ff).

II. Gewissensfreiheit. Unter **Gewissen** versteht man das Bewusstsein des Menschen vor der Existenz 9 des Sittengesetzes und seiner verpflichtenden Kraft. Das Grundrecht der Gewissensfreiheit gewährt nicht nur subjektive Rechte, sondern ist Grundsatznorm höchsten verfassungsrechtlichen Ranges (BVerfG 5.3.1968, 1 BvR 579/67, BVerfGE 23, 127 ff). Als eine Gewissensentscheidung ist jede ernste sittliche, dh an den Kategorien von »Gut« und »Böse« orientierte Entsch anzusehen, die der Einzelne in einer bestimmten Lage als für sich bindend und unbedingt verpflichtend innerlich erfährt, sodass er gegen sie nicht ohne ernste Gewissensnot handeln könnte (BVerfG 20.12.1960, 1 BvL 21/60, BVerfGE 12, 54 ff).

III. Bekenntnisfreiheit. Unter **Bekenntnis** versteht man die Kundgabe seines Glaubens oder Gewissens 10 sowie die Kundgabe von einzelnen Entsch, die aufgrund des Glaubens oder Gewissens getroffen worden sind. Jeder darf über sein Bekenntnis und seine Zugehörigkeit zu einer Kirche selbst und frei von staatlichem Zwang entscheiden (BVerfG 30.3.1971, 1 BvR 744/67, BVerfGE 30, 415 ff). Das Bekenntnis ist begrifflich die in den **verschiedenartigsten Formen mögliche Manifestation des Glaubens**, der weltanschaulichen Überzeugung oder der Gewissensentscheidung.

IV. Gewährleistung der Religionsausübung. Die Ausübung der Religion gem Art 4 II umfasst die Kul- 11 tushandlungen sowohl im privaten, häuslichen oder sonst geschlossenen Bereich wie auch in der Öffentlichkeit (*Maunz* DStR § 24 II 1). Das Recht auf Religionsausübung ist extensiv auszulegen (BVerfG 16.10.1968, 1 BvR 241/66, BVerfGE 24, 236 ff). Freiheit des religiösen Bekenntnisses ist nicht nur die Freiheit des Einzelnen zum privaten und öffentl Bekenntnis, sondern auch die Freiheit des organisatorischen Zusammenschlusses zum gemeinsamen öffentl Bekenntnis. Art 4 II regelt nur das Verhältnis der Grundrechtsinhaber zum Staat, nicht das Verhältnis des Einzelnen zu seiner religiösen Gemeinschaft.

D. Grundrechtsschranken. I. Keine »geschriebenen« Grundrechtsschranken. Die konkrete Tragweite 12 der Glaubens-, Gewissens- und Bekenntnisfreiheit erschließt sich erst aus dem Zusammenhang des Art 4 I mit denjenigen Bestimmungen, die diese Freiheit begrenzen. Da Art 4 I, anders als Art 135 WRV, **keinen Gesetzesvorbehalt** enthält, ist eine (konstitutive) Begrenzung durch Gesetz oder aufgrund eines Gesetzes unzulässig (Sachs/*Kokott* Art 4 Rn 128).

II. Immanente Schranken. Mangels Gesetzesvorbehaltes können den in Art 4 I u II garantierten Freiheits- 13 rechten nur durch **andere Bestimmungen des GG Grenzen** gezogen werden (BVerfG 19.10.1971, 1 BvR 387/65, BVerfGE 32, 98 ff). Danach wird die Glaubens- und Gewissensfreiheit vor allem durch **kollidierendes Verfassungsrecht** beschränkt mit der Folge, dass die einzelnen Freiheitsrechte zwar vorbehaltlos, aber nicht schrankenlos gewährleistet werden. Staatliche Normen und darauf basierende staatliche Maßnahmen, mit denen die Freiheiten des Art 4 eingeschränkt werden, haben nur dann vor dem GG Bestand, wenn sie der Ausgestaltung von Grundrechtsnormen in verfassungsgemäßer Weise dienen (»**praktische Konkordanz**«). Das GG muss also die Begrenzung selbst legitimieren.

III. Weitere »natürliche« Beschränkungen. Auf die Grundrechte des Art 4 I u II kann sich nicht berufen, 14 wer die **Schranken übertritt, die die allg Wertordnung** des GG errichtet hat; die Glaubensfreiheit ist dem Toleranzgebot zugeordnet und insb auf die Menschenwürde bezogen (BVerfG 19.10.1971, 1 BvR 387/65, BVerfGE 32, 98 ff). Das GG hat nicht irgendeine wie auch immer geartete freie Betätigung schützen wollen, sondern nur diejenige, die sich bei den heutigen Kulturvölkern auf dem Boden gewisser **übereinstimmender sittlicher Grundanschauungen** im Laufe der geschichtlichen Entwicklung herausgebildet hat. Kann und darf der weltanschaulich neutrale Staat den Inhalt dieser Freiheiten nicht näher bestimmen, weil er den Glauben oder den Unglauben seiner Bürger nicht bewerten darf, so soll jedenfalls der Missbrauch dieser Freiheit verhindert werden. Der Staat darf keine bestimmten Bekenntnisse privilegieren (BVerfG 14.12.1965, 1 BvR 413/60, 1 BvR 416/60, BVerfGE 19, 206 ff). Dem Gesetzgeber kommt bei der Aufstellung und normativen Umsetzung des staatlichen Schutzkonzepts ein **weiter Gestaltungsspielraum** zu. Die bei widerstreitenden Grundrechten gebotene Abwägung ist in erster Linie Aufgabe der zust staatlichen Organe und kann durch das BVerfG nur begrenzt nachgeprüft werden (BVerfG 6.5.1997, 1 BvR 409/90, BVerfGE 96, 56 ff).

E. Einzelne arbeitsrechtliche Aspekte. I. Grundlagen. Art 4 begründet Schutzpflichten des Staates, 15 die sich im Privatrecht auswirken, indem die grundrechtlich geschützte Glaubens- und Bekenntnisfreiheit bei **Auslegung und Anwendung des Zivil- und ArbR** zu beachten ist. Grundrechtsadressat ist primär der

Gesetzgeber, aber auch die Rspr. Über die **zivilrechtlichen Generalklauseln** als Einfallstor der Grundrechte im Wege der mittelbaren Drittwirkung wirken die einzelnen Gewährleistungen des Art 4 auch auf das Arbeitsverhältnis ein und legen folglich sowohl dem AG als auch dem AN bestimmte Rechte und Pflichten auf. Hier ergeben sich in einer pluralistischen Gesellschaft viele Konflikte etwa bei statischer Handhabung religiöser oder weltanschaulicher Regeln; die Lösung ist durch **Auslegung des allg Vertragsrechts und des konkreten Arbeitsvertrages im Lichte des Art 4** zu finden. Dazu sind folgende Fälle beispielhaft zu nennen: Das **Weisungsrecht** des AG nach § 315 BGB (billiges Ermessen) wird inhaltlich durch das Grundrecht der Gewissensfreiheit aus Art 4 I bestimmt (Pharmaforschung bei Nuklearkriegsfolgen, BAG 24.5.1989, 2 AZR 285/88, BAGE 62, 59; *Rupp* NVwZ 1991, 1033 ff). Die Feststellung der Zuverlässigkeit als Zugangsvoraussetzung zur **Arbeitsvermittlung** erfordert die Würdigung der Gesamtpersönlichkeit des Bewerbers – einschließlich seiner durch ein religiöses oder weltanschauliches Bekenntnis belegten grds Haltung zum geltenden Recht – und die an objektive wie subjektive Tatsachen anknüpfende Prognose, er werde die für die Arbeitsvermittlung und sonstige im Allgemeininteresse erlassenen Vorschriften beachten. Allein die Mitgliedschaft in einer Organisation, die der Beobachtung durch den Verfassungsschutz und deren Zielsetzung und Vorgehensweise rechtlichen Bedenken unterliegt, reicht nicht aus, die **Zuverlässigkeit** für die Arbeitsvermittlung zu verneinen (BSG 14.12.2000, B 11/7 AL 30/99 R, BSGE 87, 208). **Religiöse Überzeugung und Gebote einer Glaubensgemeinschaft**, die zur **Ablehnung eines Arbeitsangebotes** führen, dürfen **nicht den Verlust der Arbeitslosenunterstützung** bewirken (§ 119 I Nr 2 AFG, Sabbat-Arbeit für Angehörige jüdischen Glaubens: BSG 10.12.1980, 7 RAr 93/79, BSGE 51, 70; problematisch: Tätigkeit in Rüstungsindustrie, BSG 23.6.1982, 7 RAr 89/81, BSGE 54, 7; zur Abgrenzung zwischen religiösem Bekenntnis und Mitgliedschaft in einer Religionsgemeinschaft BVerwG 23.9.2010, 7 C 22/09, NVwZ-RR 2011, 90).

16 II. **Arbeitsrechtliche Rechte und Pflichten.** Durch den Arbeitsvertrag entsteht zwischen den Vertragsparteien als Nebenleistungspflicht auch die **Pflicht zu gegenseitiger Rücksichtnahme (§ 241 II BGB)**. Bei der Bestimmung der unter diesem Oberbegriff zusammengefassten Einzelpflichten ist iRd Drittwirkung der Grundrechte auch der Inhalt des Art 4 zu berücksichtigen. Insb muss dem verfassungsrechtlichen **Leitgedanken religiöser und weltanschaulicher Toleranz** weitestgehend Geltung verschafft werden. Dabei können weder der AG noch der AN für ihren Glauben oder ihr Bekenntnis in dem Sinn Vorrang beanspruchen, dass die eigene positive oder negative Glaubens- bzw Bekenntnisfreiheit höher zu bewerten ist. Positive und negative Glaubens- bzw Bekenntnisfreiheit stehen ihren Trägern im Privatrechtsverkehr zur Verfügung. Da aber der Kern der Freiheitsrechte unverzichtbar ist, kann von keinem der beiden Vertragsparteien verlangt werden, dass er sich mit dem Arbeitsvertrag verpflichtet, gegen schwerwiegende, die Substanz seines Glaubens betreffende Grundsätze zu verstoßen. Darüber hinaus besteht die wechselseitige Rücksichtnahmepflicht, Glauben und Weltanschauung des Vertragspartners, wie auch dessen Berufsfreiheit, soweit als möglich zu respektieren. Zugunsten des AN ist zu berücksichtigen, dass er regelmäßig kaum Einfluss auf die Vertragsgestaltung hat (*Adam* NZA 2003, 1375).

17 Nach **§ 138 BGB** sind **Vereinbarungen** sittenwidrig, die die Einstellung eines AN von der Mitgliedschaft bzw dem Austritt aus einer Glaubensgemeinschaft oder dem Verzicht auf religiöse Betätigung abhängig machen. Deshalb **verbieten sich grds Fragen nach der Religionszugehörigkeit iRv Vorstellungsgesprächen**. Die Bekenntnisfreiheit ist zumindest beeinträchtigt, wenn der AN sich vertraglich verpflichten muss, die Zurschaustellung religiöser Bekenntnisse durch Kleidung, Haartracht oder Ansteckymbole zu unterlassen. Ob eine derartige Verpflichtung einer **richterlichen Inhaltskontrolle** Stand hält, ist im Einzelfall vor dem Hintergrund der geschuldeten Tätigkeit abzuwägen. IR einer arbeitsvertraglichen Tätigkeit darf keine **missbräuchliche Werbung** für eine Religion oder Weltanschauung betrieben werden, auch wenn die entspr Tätigkeit keine Neutralität erfordert. Zu beachten ist, dass bei einer intensiven Ausübung der in Art 4 I garantierten Freiheitsrechte anerkannte Schutz- bzw Rücksichtnahmepflichten verletzt werden können bzw der Arbeitsablauf oder Betriebsfrieden unzulässig gestört werden kann (BVerfG 8.11.1960, 1 BvR 59/56, BVerfGE 12, 1 ff).

18 Die Glaubens- und Bekenntnisfreiheit begrenzt mittelbar auch die Ausübung des arbeitsrechtlichen **Weisungs- bzw Direktionsrechts (§ 106 GewO)**, indem der AG seine AN bei der Zuweisung von Arbeiten analog § 315 BGB nicht in vermeidbare Gewissenskonflikte bringen darf (BAG 20.12.1984, 2 AZR 436/83, AP BGB § 611 Direktionsrecht Nr 27). Stehen dem AG weniger belastende Alternativen problemlos zur Verfügung, ist es geboten, diese zu nutzen und dem AN andere Arbeiten zuzuweisen (*Sachs/Kokott* Art 4 Rn 72). Die Erfüllung religiöser Pflichten kann daher zu einem subjektiven **Leistungshindernis** iSd § 616 BGB führen (zur kirchlichen Eheschließung s BAG 27.4.1983, 4 AZR 506/80, AP BGB § 616 Nr 61; zur Gebetspause der Moslems s LAG Hamm 26.2.2002, 5 Sa 1582/01, AuR 2003, 72). Ob ein AN im Einzelfall unter Berufung auf seinen Glauben oder seine Weltanschauung die Erfüllung arbeitsvertraglicher

Pflichten verweigern kann, ist unter Einbeziehung der Umstände des Vertrages sowie des unverzichtbaren Schutzminimums der Glaubens- und Bekenntnisfreiheit festzustellen. Als Mittellösung kommt uU die Arbeitsbefreiung ohne **Lohnanspruch** in Betracht, zB bei hohen religiösen Feiertagen (ErfK/*Schmidt* Art 4 GG Rn 25; LAG Düsseldorf 14.2.1963, 7 Sa 581/62, JZ 1964, 258; *Canaris* AcP 184, 201, 239). Konnte der AN bei Abschluss des Arbeitsvertrages voraussehen, dass er mit Aufgaben betraut werden würde, die ihn in Konflikte mit seinem Glauben bringen, ist im Zweifel von einer **vertraglichen Selbstbeschränkung** auszugehen. Das Interesse des AG an der Einhaltung des Vertrages hat dann zunächst Vorrang (Sachs/*Kokott* Art 4 Rn 65, 72). Die bloß abstrakte Möglichkeit genügt dafür aber nicht. Vielfach ergeben sich die Gewissenskonflikte erst in der aktuellen Arbeitssituation. Hier hilft iRd Zumutbaren die **vertragliche Rücksichtnahmepflicht** (§ 241 II BGB) bei fundamentalen und unüberwindbaren Glaubenshindernissen. Sie können ein Leistungsverweigerungsrecht begründen, rechtfertigen dann aber möglicherweise eine **personenbedingte Kdg**. War hingegen für den AG bei Abschluss des Arbeitsvertrages offensichtlich, dass der AN bestimmte Verhaltensweisen wegen seiner religiösen Überzeugung als schlechthin unerträglich empfinden muss, oder hat der AN dies sogar von sich aus offenbart, darf der AG später nicht verlangen, dass sich der AN über seine Glaubensgrundsätze hinwegsetzt. Die religiös begründete Begrenzung des Weisungsrechts des AG schränkt den auf wirksam ausgeübter Vertragsfreiheit (Art 12 I) beruhenden Inhalt des Arbeitsvertrags als solchen nicht ein. Der vertraglich vereinbarte Tätigkeitsumfang reduziert sich wegen des Glaubenskonflikts nicht etwa von vornherein auf den konfliktfreien Bereich. Vielmehr ist der AN aus persönlichen Gründen außerstande, einen Teil der vertraglich (weiterhin) versprochenen Leistungen zu erbringen. Aufgrund dieses Umstands kann eine Kündigung des Arbeitsverhältnisses durch einen in seiner Person liegenden Grund nach § 1 II KSchG gerechtfertigt sein. Beruft sich ein AN darauf, dass es ihm aus Glaubensgründen nicht möglich sei, die vertraglich geschuldete Tätigkeit auszuführen, hat er auf Nachfrage des AG aufzuzeigen, worin die religiösen Bedenken bestehen und welche vom Arbeitsvertrag umfassten Tätigkeiten ihm seine religiöse Überzeugung verbietet, um verbleibende Einsatzmöglichkeiten prüfen zu können. Dieser materiell-rechtlichen Obliegenheit des AN folgt die Darlegungslast im Prozess. Es ist Sache des sich auf einen Glaubenskonflikt berufenden AN, zumindest in Grundzügen aufzuzeigen, wie er sich eine mit seinen Glaubensüberzeugungen in Einklang stehende Beschäftigung im Rahmen der vom AG vorgegebenen Betriebsorganisation vorstellt (BAG 24.2.2011, 2 AZR 636/09, EzA § 1 KSchG Personenbedingte Kündigung Nr 28). Die Anordnung von **Sonntagsarbeit** ist arbeitsvertragsrechtlich dennoch grds zulässig (BAG 15.9.2009, 9 AZR 757/08, EzA § 106 GewO Nr 4), auch wenn verfassungsrechtlich der **arbeitsfreie Sonntag** der Regelfall ist (BVerfG 1.12.2009, 1 BvR 2857/07, BVerfGE 125, 39; dazu *Preis/Ulber* NZA 2010, 729). Die Arbeits- und Sozialminister der Bundesländer haben sich auf ihrer letzten Konferenz 2012 für eine Festigung des verfassungsrechtlichen Sonn- und Feiertagsschutzes ausgesprochen und den Länderausschuss für Arbeitsschutz und Sicherheitstechnik (LASI) gebeten, einen Kriterienkatalog für die Genehmigung von Sonntagsarbeit zu erstellen.
Dieser soll auf der nächsten Konferenz der Arbeits- und Sozialminister (ASMK) beschlossen werden. Das geht aus einer Antwort auf eine Kleine Anfrage der SPD-Fraktion hervor (BT Drs 17/14469).

Das Tragen eines – islamischen – **Kopftuchs** allein rechtfertigt regelmäßig noch nicht die ordentliche Kdg 19
einer Verkäuferin in einem Kaufhaus aus personen- oder verhaltensbedingten Gründen nach § 1 II KSchG (BAG 10.10.2002, 2 AZR 472/01, AP KSchG § 1 Nr 44; bestätigt durch BVerfG 30.7.2003, 1 BvR 792/03, NZA 2003, 959 ff; *Hoevels* NZA 2003, 701; sa Rn 8).

In diesem Zusammenhang kommt dem **AGG** gewisse Bedeutung zu. Ziel dieses Gesetzes ist es jedoch 20
nur, **Benachteiligungen** aus Gründen der Rasse oder wegen ethnischer Herkunft, des Geschlechts, der Religion, der Weltanschauung, einer Behinderung, des Alters, der sexuellen Identität **zu verhindern oder zu beseitigen.** Nach **§ 2 Nr 1 AGG** sind derartige Benachteiligungen ua unzulässig im Hinblick auf die Bedingungen einschließlich Auswahlkriterien und Einstellungsbedingungen, für den Zugang zu selbstständiger und unselbstständiger Erwerbstätigkeit, unabhängig vom Tätigkeitsfeld und beruflichen Positionen sowie für den beruflichen Aufstieg. **Nach Nr 2** sind derartige Benachteiligungen auch unzulässig in Bezug auf die Beschäftigungs- und Arbeitsbedingungen einschließlich Arbeitsentgelt und Entlassungsbedingungen. Das AGG verfolgt damit das Prinzip der Gleichheit iS einer **Abwehr von Ungleichbehandlungen,** schützt jedoch nicht die Religions(ausübungs)freiheit iS eines Freiheitsrechts.

III. Kirchliche Arbeitgeber. Die jedermann zustehende (auch negative) **individuelle Glaubens- und** 21
Bekenntnisfreiheit des AN trifft bei »kirchlichen« Arbeitsverhältnissen auf die **kollektive Glaubensfreiheit des AG.** Durch Art 140 iVm Art 137 III WRV ist den Religionsgemeinschaften **nicht nur ein Tendenzschutz, sondern das Recht, ihre Angelegenheiten selbst zu ordnen und zu verwalten** eingeräumt (*Schliemann* NZA 2003, 407; Epping/Hillgruber/*Germann* BeckOK Art 140 GG Rn 52; *Thüsing* RdA 2003, 210;

Däubler RdA 2003, 204). Die Verfassungsgarantie des Selbstbestimmungsrechts sichert die Freiheit der Religionsgemeinschaft innerhalb der staatlich geordneten Arbeits- und Sozialverfassung und erschöpft sich keineswegs in einer Ausübungsgarantie des Grundrechts der Religionsfreiheit (Groeger/*Richardi* Teil 14 Rn 5). Es kommt dabei weder auf die Rechtsform noch darauf an, ob die der Religionsgemeinschaft zugeordnete Einrichtung die **allseitige** oder die **partielle** Pflege des religiösen Lebens zum Zweck haben. Nach der Rspr des BVerfG umfasst es insgesamt »**alle der Kirche** in bestimmter Weise **zugeordneten Einrichtungen ohne Rücksicht auf ihre Rechtsform**, bei deren Ordnung und Verwaltung die Kirche grundsätzlich frei ist, wenn die Einrichtungen **nach kirchlichem Selbstverständnis** ihrem Zweck oder ihrer Aufgabe entsprechend berufen sind, **ein Stück des Auftrags der Kirche in dieser Welt wahrzunehmen und zu erfüllen**« (Maunz/Dürig/*Korioth* GG, Art 137 WRV Rn 19 mwN). Schließen Religionsgemeinschaften **Arbeitsverträge** ab, nehmen sie die allg Vertragsfreiheit für sich in Anspruch und machen zugleich von ihrem verfassungsrechtlichen Selbstbestimmungsrecht Gebrauch (MünchArbR/*Richardi* § 327 Rn 29). Die Anwendbarkeit des staatlichen ArbR ist dabei eine Folge dieser **Rechtswahl** (BVerfG 4.6.1985, 2 BvR 1703/83, 2 BvR 1718/83, 2 BvR 856/84, AP GG Art 140 Nr 24). **Arbeitsvertragliche Streitigkeiten kirchlicher Bediensteter** unterliegen nach § 2 I Nr 3 ArbGG der **Arbeitsgerichtsbarkeit** (BAG 23.3.1984, 7 AZR 249/81, AP GG Art 140 Nr 37). **Bedienen sich die Kirchen der Privatautonomie, so unterwerfen sie sich** damit zwar grds **der** für alle geltenden **Privatrechtsordnung**. Dennoch ist bei der Auslegung und Anwendung zivil- und arbeitsrechtlicher Vorschriften deren verfassungsrechtlich garantierte Selbstbestimmung zu beachten (BVerfG 7.3.2002, 1 BvR 1962/01, NZA 2002, 609; BAG 23.3.1984, 7 AZR 249/81, AP GG Art 140 Nr 16). Denn die Einbeziehung der kirchlichen Arbeitsverhältnisse in das staatliche Arbeitsrecht hebt deren Zugehörigkeit zu den eigenen Angelegenheiten der Kirche nicht auf (BVerfG 4.6.1985, 2 BvR 1703/83 ua, BVerfGE 70, 138, 165; 22.10.2014, 2 BvR 661/12, NZA 2014, 1387; BAG 8.9.2011, 2 AZR 543/10, NJW 2012, 1099; Groeger/*Richardi* Teil 14 Rn 35 ff). Die **Diskussion** über das Verhältnis des kirchlichen Rechts zum weltlichen Arbeitsrecht dürfte auch damit **nicht abgeschlossen** sein. Sie ist ähnlich offen wie das Verhältnis von Beamten- und Arbeitsrecht: für Dienstordnungsangestellte geht die Rspr des BAG davon aus, dass es sich um einen Personenkreis handelt, auf den »gesetzesgleich« das »System des Beamtenrechts« einwirkt und er aus diesem System »herausgerissen« würde, wenn man »systemfremde Elemente des Arbeitsrechts« implementieren würde, die zu einer unzulässigen Besserstellung der Dienstordnungsangestellten führen würde (BAG 24.5.2012, 6 AZR 679/10, NZA 2012, 1158). Andererseits hat das BAG ausgeführt, dass das dem Beamtenrecht entnommene Gestaltungsrecht der Versetzung in den einstweiligen Ruhestand »dem Arbeitsrecht fremd« sei und einer außerordentlichen Änderungskündigung ohne Vorliegen eines wichtigen Grundes gleich käme. Dies sei eine unzulässige Umgehung zwingenden Kündigungsschutzrechts (BAG 5.2.2009, 6 AZR 151/08, BAGE 129, 265). Insofern entscheidet auch in arbeitsrechtlichen Konflikten im kirchlichen Bereich wohl letztlich der **Ausgangspunkt** in der Argumentation im Wesentlichen auch über das **Ergebnis** (ausf NK-GA/*Groeger*, Art 140 GG Rdn 1 ff).

22 **Welche** kirchlichen **Grundverpflichtungen** als Gegenstand des Arbeitsverhältnisses bedeutsam sein können, richtet sich jedenfalls nach den von der verfassten Kirche anerkannten Maßstäben. Dagegen kommt es weder auf die Auffassung der einzelnen betroffenen kirchlichen Einrichtungen noch auf diejenige breiter Kreise unter den Kirchengliedern oder etwa gar einzelner bestimmten Tendenzen verbundener Mitarbeiter an (BVerfG 4.6.1985, 2 BvR 1703/83 ua, BVerfGE 70, 138, 165). Auch **was die Glaubwürdigkeit der Kirche und ihrer Verkündigung erfordert**, was spezifisch kirchliche Aufgaben sind, was Nähe zu ihnen bedeutet, welches die wesentlichen Grundsätze der Glaubens- und Sittenlehre sind und was als – gegebenenfalls schwerer – Verstoß gegen diese anzusehen ist, obliegt der verfassten Kirche zu regeln und zu ordnen. Schließlich ist auch die Entsch darüber, ob und wie innerhalb der im kirchlichen Dienst tätigen Mitarbeiter eine **Abstufung der Loyalitätspflichten** eingreifen soll, grds eine dem kirchlichen Selbstbestimmungsrecht unterliegende Angelegenheit (BVerfG 4.6.1985, 2 BvR 1703/83 ua, BVerfGE 70, 138, 165). Im sog »St. Elisabeth-Urteil« hatte das BVerfG über 2 ähnlich gelagerte Sachverhalte zu entscheiden. Zum einen war einem Arzt an einem katholischen Krankenhaus gekündigt worden, weil er sich in der Öffentlichkeit befürwortend ggü Abtreibungen geäußert hatte. Zum anderen hatte eine katholische Ordensgemeinschaft einem Buchhalter gekündigt, der aus der Kirche ausgetreten war. In beiden Fällen hatte das BAG (BAG 21.10.1982, 2 AZR 628/80; 23.3.1984, 7 AZR 249/81, AP GG Art 140 Nr 14 und 16) die Kdg für unzulässig erklärt. Das BVerfG hat diese Urt aufgehoben und in diesem Zusammenhang umfassend zur Frage der Loyalitätsobliegenheiten kirchlicher AN im dargestellten Sinn Stellung genommen. Die Möglichkeit, den kirchlichen AN bes Loyalitätspflichten aufzuerlegen, richtet sich **nicht** nach den staatlichen Vorschriften über den sog »Tendenzschutz« bestimmter Betriebe (s dazu § 118 I BetrVG). Je nach der Rolle der einzelnen AN kann ggf unterschieden werden zwischen Tendenzträgern und anderen

AN. Die **Loyalitätspflichten kirchlicher AN** sind demgegenüber **nicht auf den Schutz vor Diskreditierung des AG in der Öffentlichkeit beschränkt**. Welche Loyalitätsanforderungen iE an kirchliche AN zu stellen sind, ist eine eigene Angelegenheit der Kirchen (Groeger/*Richardi* Teil 14 Rn 53 ff, 61 ff). Die staatlichen Gerichte haben die entspr kirchlichen Festlegungen anzuerkennen und anzuwenden (Groeger/*Richardi* Teil 14 Rn 218). Nur dann, wenn sich die Gerichte dadurch in **Widerspruch zu Grundprinzipien der Rechtsordnung**, wie sie im allgemeinen Willkürverbot (Art 3 I) sowie in dem Begriff der »guten Sitten« (§ 138 I BGB) und des ordre public (Art 8 Rom I-VO, ehemals Art 30 EGBGB) ihren Niederschlag gefunden haben, begäben, besteht keine Bindung. Loyalitätspflichten richten sich an alle Mitarbeiter, können aber abgestuft sein. Diese Stufungen festzulegen, ist eine eigene Angelegenheit der Kirche (s exemplarisch etwa die »Grundordnung des kirchlichen Dienstes im Rahmen kirchlicher Arbeitsverhältnisse« der katholischen Kirche (GrO) v 27.4.2015). Ein bestimmtes Verhalten (zB das Unterlassen des Tragens eines Kopftuches) kann eine arbeitsleistungsbezogene Nebenpflicht und – bei entsprechender Tätigkeitsbeschreibung im Arbeitsvertrag – Teil der arbeitsvertraglichen Hauptleistungspflicht sein (BAG 24.9.2014, 5 AZR 611/12, NZA 2014, 1407, 1411). Kirchlichen AG kann nicht entgegengehalten werden, dass sie sich mit der Entscheidung, auch nichtchristliche AN einzustellen und die Loyalitätserwartungen abgestuft zu definieren, für eine gewisse Form von **religiösem Pluralismus** geöffnet hätten. Auch in diesem – praktisch in vielen Bereichen bedeutsamen – Fall obliegt es allein der Kirche, zu definieren, welche Loyalitätserwartungen gegenüber welchen AN bestehen und wie schwer ein Verstoß gegen die Obliegenheit oder Pflicht, den Loyalitätserwartungen zu entsprechen, wiegt. Dies gehört zu der für den Pluralismus in einer demokratischen Gesellschaft unverzichtbaren Autonomie der Religionsgesellschaften. Diesen Prüfungsmaßstab hat der 2. Senat des BAG verkannt (BVerfG 22.10.2014, 2 BvR 661/12, NZA 2014, 1387, 1395, 1397 f.). Art. 5 Abs. 2 der GrO v. 27.4.2015 differenziert insoweit zwischen schwerwiegenden Verstößen gegen Loyalitätsanforderungen, die gegenüber allen Mitarbeitern gelten und solchen, die nur von katholischen Mitarbeitern begangen werden können (Zu Loyalitätspflichten im öffentl Dienst Beiträge von *Kugele* u *Groeger* in: Aktuelle Fragen der Beschäftigung im öffentlichen Dienst, Brinktriene/Kerwer/Weber (Hg.), 2016, S. 55, 72). Nach der Judikatur des BVerfG sind etwa folgende Maßnahmen als **Loyalitätspflichtverletzungen** zu werten, die der gerichtlichen Kontrolle entzogen sind: der Kirchenaustritt (BVerfG 4.6.1985, 2 BvR 1703/83, 2 BvR 1718/83, 2 BvR 856/84, BVerfGE 70, 138 ff; BAG 25.4.2013, 2 AZR 579/12, EzA § 611 BGB 2002 Kirchliche Arbeitnehmer Nr 26), Verstöße gegen das kirchliche Eherecht jedenfalls insoweit, als der AN durch seine vertragliche Arbeitsleistung bes Funktionen in der Kirche wahrnimmt, an der Erfüllung des Verkündungsauftrags mitwirkt und somit eine bes **Garantenposition** einnimmt. Dies soll etwa bei dem Ehebruch einer Kindergartenleiterin (BAG 25.4.1978, 1 AZR 70/76, AP GG Art 140 Nr 2 u 3), eines Lehrers an einer Schule mit kirchlicher Trägerschaft (BAG 31.10.1984, 7 AZR 232/83, BAGE 47, 144 ff) einer Caritas-Angestellten (BAG 14.10.1980, 1 AZR 1274/79, AP GG Art 140 Nr 7) sowie dem Ehebruch eines Mormonen-Priesters (BAG 24.4.1997, 2 AZR 268/96) der Fall sein. Das BAG hat auch eine im außerdienstlichen Bereich ausgeübte homosexuelle Praxis eines Psychologen des Diakonischen Werks als Vertragsverletzung gewertet (BAG 30.6.1983, 2 AZR 524/81, AP GG Art 140 Nr 15). Zum Schutz der Privatsphäre durch die EMRK s aber auch Art 2 GG Rdn 25.

Das **Staatskirchenrecht** der Bundesrepublik Deutschland, also die verfassungsrechtlichen Normen, die das Verhältnis des Staates zur Kirche regeln (*Weber* NJW 1983, 2541), steht nicht zur Disposition des Europäischen Gesetzgebers (Groeger/*Richardi* Teil 14 Rn 7). Die allg als rechtlich unverbindlich angesehene politische Absichtserklärung in der 11. Erklärung zur Schlussakte im Vertrag von Amsterdam v 2.10.1997 (Groeger/*Richardi* Teil 14 Rn 8; *Thüsing* Kirchliches Arbeitsrecht S 221 f) ist mit dem Inkrafttreten des **Vertrages von Lissabon** am 1.12.2009 (dazu BVerfG 30.6.2009, 2 BvE 2/08 ua, NJW 2009, 2267; zum Urt s ua *Bergmann/Karpenstein* ZEuS 2009, 529; *v Bogdandy* NJW 2010, 1) nicht nur rechtlich verbindlich, sondern auch in den Rang des Primärrechts erhoben worden. **Art 17 I AEUV** bestimmt wortgleich, dass die Union den Status achtet, den Kirchen und religiöse Vereinigungen oder Gemeinschaften in den Mitgliedstaaten nach deren Rechtsvorschriften genießen und ihn nicht beeinträchtigt. Danach muss die Union bei ihrer Rechtsetzung anerkennen, wie in der Bundesrepublik Deutschland Inhalt und Reichweite des den Kirchen verfassungsrechtlich garantierten Selbstbestimmungsrechts interpretiert werden (Groeger/*Richardi* Teil 14 Rn 10). In diesem Licht sind **§ 9 AGG** sowie **Art 4 II der RL 2000/78/EG** v 27.11.2000 auszulegen (*Thüsing* Kirchliches Arbeitsrecht S 236 ff). Da Art 4, 140 vorbehaltlos gewährleistet sind, stehen sie nicht zur Disposition des einfachen Gesetzgebers. Der Bereich der Glaubensfreiheit, der Menschenwürdegehalt hat (*Thüsing* Kirchliches Arbeitsrecht S 218 f), ist nach Art 79 III auch einer Verfassungsänderung entzogen. Inwieweit dieser Schutz des Staatskirchenrechts Auswirkungen auf die Frage hat, ob überhaupt und ggf inwieweit das Recht der Union Auswirkungen auf das **kirchliche Arbeitsrecht** hat, wird unterschiedlich

Art. 4 GG   Glaubens- und Gewissensfreiheit

beurteilt (*Thüsing* Kirchliches Arbeitsrecht S 223 ff; MünchArbR/*Richardi* § 327 Rn 17). Solange Art 17 I AEUV unverändert besteht und die Europäische Union nicht ein dem dt Staatskirchenrecht widersprechendes Staatskirchenrecht schafft, dürfte diese Frage praktisch nicht relevant werden (NK-GA/*Groeger*, Art 140 GG Rdn 51 ff).

24   **IV. Kollektives Arbeitsrecht.   1. Ausgangslage.**   Während die öffentl-rechtl Dienstverhältnisse in der Kirche nur einen recht begrenzten Personenkreis betreffen (Geistliche und Kirchenbeamte), bestehen privatrechtliche Arbeitsverhältnisse mit einem sehr großen Personenkreis, vor allem im Bereich von Caritas und Diakonie. Die beiden großen Kirchen in Deutschland mit ihren Einrichtungen sind mit schätzungsweise 1,4 Mio. Beschäftigten nach dem öffentl Dienst in ihrer Gesamtheit der zweitgrößte Arbeitgeber in Deutschland. Für diese Arbeitsverhältnisse, für die **im Prinzip das staatliche ArbR gilt**, geht gleichwohl unter Berücksichtigung des Selbstbestimmungsrechts gem Art 137 III WRV das kirchlich gesetzte Recht vor.

25   **2. Besonderheiten des kirchlichen »Tarifrechts«.**   Aus dem Selbstbestimmungsrecht folgt, dass die Kirchen der Gestaltung des kirchlichen Dienstes auch dann, wenn sie ihn auf der Grundlage von Arbeitsverträgen regeln, das **besondere Leitbild einer christlichen Dienstgemeinschaft aller ihrer Mitarbeiter** zu Grunde legen können (BVerfG 4.6.1985, 2 BvR 1703/83 ua, BVerfGE 70, 138, 165). Bei diesem Leitbild geht es darum, dass der Auftrag Jesu, ihm im Dienst der Versöhnung zu folgen, sich nicht auf die **dienende Nachfolge des Einzelnen** beschränkt, sondern auch ein **Zusammenstehen Vieler in einer Gemeinschaft des Dienstes** erfordert (MünchArbR/*Richardi* § 327 Rn 51). Die Anerkennung der **Existenz von Interessenkonflikten** wird hierdurch nicht ausgeschlossen (MünchArbR/*Richardi* § 327 Rn 54). Das kollektive kirchliche ArbR wird idR nicht auf der Grundlage von TV unter Einsatz der üblichen Mittel des Arbeitskampfes geordnet, sondern überwiegend in Form des von den Kirchen praktizierten »**Dritten Weges**«. Hierbei handelt es sich um Kollektivvereinbarungen bes Art, die es gestatten, bestimmte Interessenkonflikte in einer Form zu lösen, die Arbeitskämpfe entbehrlich machen. Dies erfolgt regelmäßig dadurch, dass **allg Bedingungen für die Vertragsverhältnisse** (»Dienstvertragsordnungen«) durch paritätisch zusammengesetzte Kommissionen festgelegt werden. Die **Evangelische Kirche in Deutschland (EKD)** hat ihre »Tarifvertragsrechte« durch die RL der EKD v 1.7.2005 (ABl EKD S. 413; vgl dazu MünchArbR/*Richardi* § 327 Rn 63 ff) sowie auf der 11. Synode am 9.11.2011 durch das Kirchengesetz über die Grundsätze zur Regelung der Arbeitsverhältnisse der Mitarbeiterinnen und Mitarbeiter in der Diakonie (Arbeitsrechtsregelungsgrundsätzegesetz der EKD) geschaffen. Das »Tarifvertragsrecht« der **Katholischen Kirche** geht auf die von der Dt Bischofskonferenz 1993 verabschiedete und zum 1.1.1994 in Kraft getretene »Grundordnung des kirchlichen Dienstes iR kirchlicher Arbeitsverhältnisse« (abgedruckt in NZA 1994, 112 ff) zurück, novelliert am 20.6.2011. Der Dritte Weg erweist sich aus Sicht der Kirchen deshalb als praktikabel, weil der sog zweite Weg – der Abschluss eigener kirchlicher TV – in den Reihen der Evangelischen Kirche – nur die Nordelbische Kirche und die Kirche von Berlin-Brandenburg haben derartige TV abgeschlossen (ErfK/*Schmidt* Art 4 GG Rn 51) – krit beurteilt wird (MünchArbR/*Richardi* § 329 Rn 14) und die Katholische Kirche den Abschluss von TV grds ablehnt (ErfK/*Schmidt* Art 4 GG Rn 51). Die Notwendigkeit, den Kirchen einen »Dritten Weg« zur Regelung der zwischen ihnen und ihren Mitarbeitern bestehenden vertraglichen Beziehungen einzuräumen, beruht letztlich auf dem Selbstverständnis der Kirchen, die **das Mittel des Arbeitskampfes – auch der Aussperrung – als nicht mit ihrem kirchlichen Selbstverständnis** vereinbar halten, weil es als Ausdruck eines antagonistischen Interessenkonfliktes dem Leitbild der kirchlichen Dienstgemeinschaft widerspricht (zust *Richardi* Arbeitsrecht in der Kirche § 10 Rn 7 ff; krit *Gamillscheg* Kollektives Arbeitsrecht Bd I S 140 ff; *Däubler* RdA 2003, 204 ff). Ob der »Dritte Weg« als solches ausreicht, um das **Streikrecht** der Gewerkschaften aus Art 9 III im kirchlichen Bereich vollständig zu verdrängen, war bislang nicht abschließend gerichtlich entschieden (ErfK/*Schmidt* Art 4 GG Rn 55; ausführlich *Thüsing* Kirchliches Arbeitsrecht S 139 ff; Groeger/*Richardi* Teil 14 Rn 83 ff). Ein Ausschluss von Arbeitskampfmaßnahmen kollidiert mit der durch Art 9 III gewährleisteten Koalitionsfreiheit einer Gewerkschaft, mit dem AG die Arbeitsbedingungen ihrer Mitglieder kollektiv im Wege von Tarifverträgen auszuhandeln und hierfür Arbeitskämpfe zu führen. Während die Kirche sich eines am Leitbild der Dienstgemeinschaft ausgerichteten **kooperativen Verfahrens** bedient, setzen Gewerkschaften auf das Regelungsmodell des staatlichen Tarifrechts, in dem erst durch **Druck und Gegendruck** angemessene Verhandlungsergebnisse erreicht werden. Das Gebot **praktischer Konkordanz** verlangt einen Vergleich dieser beiden Regelungskonzepte und deren schonendste Annäherung. Ein Regelungsmodell, das den Arbeitskampf ausschließt, muss die Funktionsbedingung eines **angemessenen und sachlich richtigen Interessenausgleichs** durch entsprechende **Verfahrensgestaltung** gewährleisten. Dazu muss es darauf angelegt sein, die **strukturelle Verhandlungsschwäche der Dienstnehmer auszugleichen.** Dazu gehören **paritätische Besetzungsregeln**, die Verlagerung der Konfliktlösung auf eine andere Ebene (Schiedskommissionen), die uneingeschränkte Offenstehung der

Anrufung der Schiedskommission und die Überleitung des Verfahrens in dieses Gremium durch die Dienstnehmerseite, die Unabhängigkeit und Neutralität des Vorsitzenden der Schiedskommission. Ferner haben die Kirchen eine **organisatorische Einbindung von Gewerkschaften in das Verfahren des Dritten Wegs** zu regeln. Sie dürfen diesen nicht dazu nutzen, Gewerkschaften durch Besetzungsregeln für Arbeitsrechtliche Kommissionen und Schiedskommissionen von einer frei gewählten Mitwirkung am Dritten Weg auszuschließen. Das würde die durch Art 9 III gewährleistete Freiheit koalitionsspezifischer Betätigung über Gebühr beschneiden. Schließlich darf der Dienstgeberseite nicht die Möglichkeit eröffnet werden, zwischen mehreren auf einem Dritten Weg zustande gekommenen Regelungen wählen zu können. Ein solches **Wahlrecht** würde faktisch die Festlegung von Arbeitsbedingungen auf die jeweilige Einrichtungsebene verlagern. Nicht eine im Voraus feststehende Arbeitsrechtliche Kommission, in der die Repräsentanten der Einrichtung mitwirken, würde über die Arbeitsbedingungen der Dienstnehmer bestimmen, sondern der dortige Dienstgeber. Das wäre mit den Strukturprinzipien des Dritten Wegs ebenso unvereinbar wie kirchen- oder satzungsrechtlich geregelte **einseitige Abweichungsbefugnisse** für Einrichtungen (BAG 20.11.2012, 1 AZR 179/11, NZA 2013, 448 (Verfassungsbeschwerde zurückgewiesen BVerfG 15.7.2015, 2 BvR 2292/13, NZA 2015, 1117; dazu *Groeger*, KuR 2015, 179). Ob das für Pflegebetriebe in §§ 10 ff AEntG besonders geregelte Rechtssetzungsverfahren verfassungsrechtl geboten ist oder dem Gesetzgeber andere Regelungsmöglichkeiten zur Verfügung stehen, ist offen (*Thüsing* AEntG Vor § 10 Rn 6).

3. Kirchliches Mitbestimmungsrecht. Nach § 130 BetrVG finden die Regelungen des **BetrVG** ua **auf Körperschaften des öffentl Rechts** – und damit auch im Bereich der öffentl-rechtl verfassten Kirchen – **keine Anwendung**. Ebenso ist das BetrVG auf **Religionsgemeinschaften** und ihre karitativen und erzieherischen Einrichtungen **nicht anzuwenden**. Diese Ausnahmetatbestände tragen der Verfassungsgarantie kirchlicher Selbstbestimmung Rechnung (BVerfG 11.10.1977, 2 BvR 209/76, BVerfGE 46, 73 ff). Weitere Folge des kirchlichen Selbstbestimmungsrechts ist, dass auch die Regelungen über die Personalvertretung (§ 112 BPersVG) und die Mitbestimmung in Genossenschaften und Kapitalgesellschaften für Religionsgemeinschaften nicht gelten. Die Verfassungsgarantie des Selbstbestimmungsrechts erstreckt sich auf die rechtl verselbstständigten karitativen und erzieherischen Einrichtungen unabhängig von deren Rechtsform (BVerfG 11.10.1977, 2 BvR 209/76, BVerfGE 46, 73 ff). Der Anwendung des § 118 II BetrVG steht nicht entgegen, dass eine Gesellschaft zur Förderung der Krankenpflege in kommunaler und diakonischer Tradition steht und kommunale und kirchliche Gesellschafter hat (LAG Schleswig-Holstein 23.4.3013, 5 TaBV 8/12). Diese Einrichtungen sind, wie § 118 I und II BetrVG zeigt, nicht lediglich Tendenzunternehmen; ihre Behandlung als Tendenzunternehmen würde verfassungsrechtlich mit dem Selbstbestimmungsrecht nicht zu vereinbaren sein. Die unterschiedliche Behandlung in § 118 BetrVG ist somit Ausdruck der besonderen verfassungsrechtlichen Stellung der Religionsgemeinschaften (MünchArbR/*Richardi* § 331 Rn 5). Weitgehend ungeklärt sind die Rechtsstellung ökumenischer Rechtsträger oder Einrichtungen mehrerer konfessionell gebundener Rechtsträger.

Mit Blick auf das ihnen kraft Verfassungsrecht zugebilligte **Selbstverwaltungsrecht** sind die Religionsgemeinschaften zur eigenen Rechtsetzung befugt. Ob sie dazu auch verpflichtet sind, ist fraglich (so *Thüsing* Kirchliches Arbeitsrecht S 5 f »Keine Freiheit zur Beliebigkeit«). Die Befugnis umfasst auch **das Recht zur Schaffung von Regelungen über die Vertretung von AN**. So hat bspw die EKD ein Kirchengesetz über Mitarbeitervertretungen in der EKD (**MVG.EKD**) geschaffen, das von den meisten Gliedkirchen übernommen worden ist (näher MünchArbR/Richardi § 331 Rn 21 ff). In der Katholischen Kirche gilt die Rahmenordnung für eine Mitarbeitervertretungsordnung (**MAVO**), die in der jeweils vom Bischof erlassenen Fassung gilt. Kirchliche Dienstvereinbarungen gelten wie BV iSv § 77 BetrVG unmittelbar und zwingend (BAG 19.6.2007, 1 AZR 340/06, EzA § 1a KSchG Nr. 2; *Groeger* KuR 2014, 196; unzutreffend BAG 24.6.2014, 1 AZR 1044/12, PflR 2015, 453).

4. Kirchliche und staatliche Gerichtsbarkeit. Das den Religionsgemeinschaften zustehende, verfassungsrechtlich geschützte Selbstverwaltungsrecht umfasst auch die **Befugnis zur Errichtung eigener Gerichte für innere Angelegenheiten**, die zur Kontrolle des geschaffenen internen Rechts berufen sind (zum Aufbau und Verfahren der Kirchengerichtsbarkeit s ausf MünchArbR/*Richardi* § 332). Auf der anderen Seite besteht die verfassungsrechtlich begründete Justizgewährleistungspflicht des Staates. Daraus ergibt sich das Problem der **Abgrenzung zwischen staatlicher und kirchlicher Jurisdiktionsbefugnis**. Unproblematisch ist diese Abgrenzung dort, wo kircheneigene Regelungen bestimmen, dass für bestimmte Streitigkeiten eine Zuständigkeit der kirchlichen Gerichte nicht gegeben ist (MünchArbR/*Richardi* § 332 Rn 1). Im Ausgangspunkt ist aber auch zu berücksichtigen, dass der Ausschluss der nationalen Gerichtsbarkeit weder nach dt Verfassungsrecht (vgl BVerfG 3.7.2006, 2 BvR 1458/03) noch nach der Europäischen Menschenrechtskonvention (EGMR 18.2.1999 – 26083/94, NJW 1999, 1173) grds zu beanstanden ist (sa §§ 101 II, 110 I ArbGG). Die

Art. 4 GG Glaubens- und Gewissensfreiheit

Abgrenzung zwischen dem Zuständigkeitsbereich kirchlicher und staatlicher Gerichtsbarkeit ist jedoch, soweit weder das kirchliche noch das staatliche Recht die Entscheidungskompetenz für »ihre« Gerichtsbarkeit selbst zurücknehmen, **schwierig** und sowohl in der Lehre als auch innerhalb der staatlichen Gerichtsbarkeit **umstr** (ausf dazu Schmidt-Bleibtreu/Klein/*Hopfauf* Vorb v Art 92 Rn 120 ff; *v Campenhausen/de Wall* Staatskirchenrecht § 37). Sie im Einzelfall vorzunehmen, ist Aufgabe des jeweils angerufenen (kirchlichen und/oder staatlichen) Gerichts. Ob die Selbstbestimmungsrecht bei rein innerkirchlichen Maßnahmen bereits den Zugang zu staatlichen Gerichten ausschließt (a-limine Abweisung, so BVerfG 9.12.2008, 2 BvR 717/08, NJW 2009, 1195; wohl auch BAG 10.4.2014, 2 AZR 812/12, NZA 2014, 653, 656) oder nur Umfang und Intensität der Prüfung des Aktes der Religionsgemeinschaft durch das staatliche Gericht bestimmt (so BVerwG 27.2.2014, 2 C 19/12, ArbuR 2014, 165; BGH 28.3.2003, V ZR 261/02, NJW 2003, 2097, 2099; offen BVerfG 27.1.2004, 2 BvR 496/01, NJW 2004, 3099 [abw. Votum *Lübbe-Wolf]*; *Weber* NJW 2009, 1179), ist umstritten. Hält man sie aufgrund des aus dem Rechtsstaatsprinzip folgenden Justizgewährleistungsanspruchs zur Prüfung für verpflichtet, so sind sie wegen des Selbstbestimmungsrechts der Religionsgemeinschaft auf die Prüfung beschränkt, ob die Maßnahme der Religionsgemeinschaft jemanden in einer subjektiven Rechtsposition verletzt, die ihm das staatliche Recht verleiht. Dies ist der Fall, wenn kirchliches Recht oder dessen fallbezogene Anwendung gegen eine staatliche Rechtsposition verstößt, die auch von der Religionsgemeinschaft zu beachten ist (BVerwG 27.2.2014, 2 C 19/12, ArbuR 2014, 165). Sie dürfen nicht in Widerspruch zu Grundprinzipien der Rechtsordnung treten, wie sie im allgemeinen Willkürverbot (Art. 3 I GG), den guten Sitten (§ 138 BGB) oder dem ordre public ihren Niederschlag gefunden haben (BAG 10.4.2014, 2 AZR 812/12, NZA 2014, 653, 656; ähnlich *Thüsing*, Kirchliches Arbeitsrecht, S. 19 f.). Soweit staatliche Gerichte für Entsch, für die auch kirchliches Recht einschlägig ist, zuständig sind, ist jedenfalls der Regelungs- und Ordnungsbefugnis der Kirchen durch eine **Abstufung bei der Prüfungsdichte kirchenrechtlicher Vorfragen** Rechnung zu tragen (Schmidt-Bleibtreu/Klein/*Hopfauf* Vorb v Art 92 Rn 127). Dabei ist zu bedenken, was das BVerfG im Beschl v 9.12.2008 (2 BvR 717/08, NJW 2009, 1195) hervorgehoben hat: staatliche Gerichte bestimmen stets, wenn sie in der Sache über kirchliche Angelegenheiten zu entscheiden haben, in diesen Angelegenheiten mit, und zwar selbst dann, wenn sie sich bemühen, dem kirchlichen Selbstbestimmungsrecht und der Eigenständigkeit der kirchlichen Regelungs- und Ordnungsbefugnis bei der materiellen Entsch gerecht zu werden. Die konkrete Betrachtung der konfligierenden Interessen und Rechte im Einzelfall könne erfahrungsgemäß zu einer **allmählichen Steigerung der richterlichen Kontrolldichte** führen und berge so die Gefahr, dass die **religiöse Legitimation** kirchenrechtlicher Normen verkannt und damit gegen den Grundsatz der **Neutralität des Staates** in religiösen Dingen verstoßen werde. Dieser Gefahr kann nur durch eine **weitgehende Anerkennung einer dem dt staatlichen Recht fremden Rechtsordnung** durch dt Gerichte entgegengewirkt werden. Ist eine kirchenrechtliche Vorfrage durch ein Gericht der Kirche oder Religionsgemeinschaft bereits entschieden, ist umstritten, ob die staatlichen Gerichte daran grundsätzlich gebunden sind (bejahend: BGH 11.2.2000, V ZR 271/99, NJW 2000, 1555; verneinend BAG 13.9.2006, 4 AZR 1/06; im Erg ebenfalls keine Bindung annehmend BAG 20.1.2016, 6 AZR 742/14 gegen KGH.EKD 10.11.2008, II-0124/N69-07). Gegen eine Bindung bestehen unter rechtsstaatlichen Gesichtspunkten keine Bedenken (vgl BAG 26.10.2006, 6 AZR 307/06, EzA § 611 BGB Kirchliche Arbeitnehmer Nr 9; s auch BAG 16.12.2010, 6 AZR 487/09, BAGE 136, 340 zur Überprüfung bühnenschiedsgerichtl Entsch). So hat das BAG entscheiden, dass das Reorganisationsverfahren nach Chapter 11 des US Bankruptcy Code (BC) zwar mit dem Leitbild eines Insolvenzverfahrens, das der Verordnung (EG) Nr 1346/2000 v 29.5.2007 zugrunde liegt, nur »sehr schwer zu vereinbaren« sei, gleichwohl aber zu einer Unterbrechung eines vor einem dt Gericht anhängigen Rechtsstreits führt (BAG 27.2.2007, 3 AZR 618/06, EzA § 240 ZPO 2002 Nr 3). § 343 I 2 Nr 2 InsO, wonach ein ausländisches Insolvenzverfahren nur insoweit nicht anerkannt wird, als es zu einem Ergebnis führt, das mit »wesentlichen Grundsätzen des dt Rechts offensichtlich unvereinbar ist«, bringt damit ein Höchstmaß an Offenheit des dt internationalen Insolvenzrechts zum Ausdruck und könnte Leitbild für die Haltung dt (Arbeits)gerichte gegenüber der kircheneigenen Regelungs- und Verwaltungsbefugnis sein (vgl auch BAG 25.4.2013, 6 AZR 49/12). Gleichwohl besteht grds die **Gefahr divergierender Entscheid von staatlichen und kirchlichen Gerichten in derselben Rechtsfrage**. Denn weder der Kirchengerichtshof der EKD noch der Kirchliche Arbeitsgerichtshof der Bistümer im Bereich der Dt Bischofskonferenz sind im Gesetz zur Wahrung der Einheitlichkeit der Rspr der obersten Gerichtshöfe des Bundes (v 19.6.1968, BGBl. I 661) erwähnt. Auch besteht de lege lata nicht die Möglichkeit staatlicher Gerichte, ein oberstes Kirchengericht »anzurufen«, um eine entscheidungsrelevante Frage des Kirchenrechts klären zu lassen (Groeger/*Richardi* Teil 14 Rn 218; anders als bei verfassungsrechtlichen Normkontrollverfahren nach Art 100 I oder europarechtlichen Vorlageverfahren nach Art 267 AEUV). Schließlich können staatliche Gerichte unter Berücksichtigung der grundrechtlich gesicherten

Rechtsschutzgarantie ein Verfahren auch nicht in entsprechender Anwendung v § 97 V ArbGG aussetzen, bis die Gerichte der Kirchengerichtsbarkeit über dieselbe (Vor)frage entschieden haben. Allerdings ergibt sich eine Modifikation aus dem **Beschl des BVerfG v 4.6.1985** (BVerfGE 70, 138, 168), wonach die staatlichen Arbeitsgerichte verpflichtet sind, in den Angelegenheiten, die unter das Selbstbestimmungsrecht fallen, die von der verfassten Kirche anerkannten Maßstäbe heranzuziehen. Dabei ist »in Zweifelsfällen durch entsprechende **gerichtliche Rückfragen bei den zuständigen Kirchenbehörden** aufzuklären«, welche kirchlichen Maßstäbe für die Bewertung vertraglicher Loyalitätspflichten zugrunde zu legen sind (Groeger/ *Richardi* Teil 14 Rn 219). Die Verpflichtung staatlicher Gerichte, der Aufklärungspflicht durch Rückfragen bei den zuständigen Kirchenbehörden zu entsprechen, kann aber auf diese Vorfrage nicht beschränkt sein, sondern muss sich auch auf andere Vorfragen, zB die der Zuordnung einer Einrichtung zur Kirche iSv § 118 II BetrVG erstrecken. Auch die Frage, ob in einem Beschlussverfahren, in dem die Anwendbarkeit des BetrVG in einer Einrichtung, die dem Diakonischen Werk mittelbar angehört, geklärt werden soll, neben dem Mitgliedsunternehmen auch das Diakonische Werk selbst beteiligt ist, ist vor diesem Hintergrund zu sehen (abl BAG 5.12.2007, 7 ABR 72/06 EzA § 118 BetrVG 2001 Nr 8; dazu *Reichold* NZA 2009, 1377; ausführl NK-GA/*Groeger*, Art 140 GG Rdn 392 ff).

F. **Verhältnis zu anderen Grundrechten.** Das Verhältnis des Art 4 zu den übrigen Grundrechten ist dadurch 29 geprägt, dass er auf einer universellen, verfassungsrechtlichen Werteordnung und staatskirchenrechtlichen Zuordnung basiert und insofern imstande ist, einen Wertekonsens auch zwischen widerstreitenden Grundrechtspositionen herzustellen. Zunächst besteht für alle Freiheiten des Art 4 kein Konkurrenzverhältnis zu Art 1 und seiner Menschenwürdegarantie (BVerfG 20.12.1960, 1 BvL 21/60, BVerfGE 12, 45 ff); zu Art 5 I (Meinungsfreiheit) und Art 8 u 9 (Versammlungs- und Vereinigungsfreiheit) ist Art 4 hins seiner religiös-weltanschaulichen Aspekten lex specialis (BVerfG 19.10.1971, 1 BvR 387/65, BVerfGE 32, 98 ff). Eine gewisse Konkurrenz des religiös-weltanschaulichen Bekenntnisses zur Meinungsäußerungsfreiheit besteht bei meinungs-subjektiv wertender Betrachtung von Tatsachen, Verhaltensweisen oder Verhältnissen; in diesen Fällen ist Art 4 lex specialis und die Schranken des Art 5 II sind nicht auf das stärkere Grundrecht der Gewissensfreiheit zu übertragen (BVerfG 19.10.1971, 1 BvR 387/65, BVerfGE 32, 98 ff). Das religiös-weltanschauliche Erziehungsrecht des Art 6 II erhält bes Konkretisierung durch die Glaubens- und Bekenntnisfreiheit; wenn die Erziehung Ausdruck der Glaubensüberzeugung der Erziehungsberechtigten ist, sind daher beide Grundrechte parallel anzuwenden (v Münch/Kunig/*Mager* Art 4 Rn 89). Die Diskriminierungsverbote nach Art 3 III, 33 III bzw in Art 136 II WRV sind additiv und ergänzend mit Art 4 anzuwenden (BVerfG 25.10.1988, 2 BvR 745/88, BVerfGE 79, 69 ff; Jarass/Pieroth/*Jarass* Art 4 Rn 5), da es sich grds um jeweilige Klarstellungen handelt. Die religiöse Vereinigungsfreiheit ergibt sich aus Art 4 I u II iVm Art 140 u Art 137 II WRV (BVerfG 5.2.1991, 2 BvR 263/86, BVerfGE 83, 341 ff), der dem Art 9 I vorgeht; die Schrankenwirkung des Art 9 II gilt nach der Aufhebung des Religionsprivilegs für die Religionsgemeinschaften außer der evangelischen und katholischen Kirche bzgl der Verbotstatbestände im VereinsG (BVerwG 23.3.1971, I C 54.66, BVerwGE 37, 344 ff). Für die beiden Kirchen, die als altkorporierte Religionsgemeinschaften nicht dem Vereinsverbot unterfallen (BT-Drs 14/7026, S 6) gilt aber, dass sie als Rechtsträger in Staat und Gesellschaft an die gesetzlich statuierte Rechts- und Verfassungsordnung gebunden und ansonsten nach Art 9 II als verfassungswidrige religiöse Vereinigungen verboten sind. Wenn die Berufswahl oder Berufsausübung gleichzeitig auch Bekenntnis- oder Religionsausübung bildet, ist Art 4 die Spezialvorschrift (v Münch/Kunig/*Mager* Art 4 Rn 90). Durch die Figur der sog Schutzbereichsverstärkung wird eine Auswirkung des Schutzbereichs von Art 2 I mithilfe der Religionsfreiheit aus Art 4 I und II vorgenommen. Damit wird das Verhältnis zwischen diesen 3 Grundrechtsbereichen aus Art 2 I, 4 I u II sowie 12 I in kaum noch abgrenzbarer Weise verschleiert. Das Eigentum von Religionsgemeinschaften zur religiösen Aufgabenerfüllung wird durch Art 138 II WRV gewährleistet und konkretisiert damit Art 14 (BVerfG 28.2.1992, 2 BvR 1088/88, 2 BvR 1/89, NJW 1992, 2812 ff).

Art. 5 Recht der freien Meinungsäußerung

(1) ¹Jeder hat das Recht, seine Meinung in Wort, Schrift und Bild frei zu äußern und zu verbreiten und sich aus allgemein zugänglichen Quellen ungehindert zu unterrichten. ²Die Pressefreiheit und die Freiheit der Berichterstattung durch Rundfunk und Film werden gewährleistet. ³Eine Zensur findet nicht statt.
(2) Diese Rechte finden ihre Schranken in den Vorschriften der allgemeinen Gesetze, den gesetzlichen Bestimmungen zum Schutze der Jugend und in dem Recht der persönlichen Ehre.

(3) ¹Kunst und Wissenschaft, Forschung und Lehre sind frei. ²Die Freiheit der Lehre entbindet nicht von der Treue zur Verfassung.

Übersicht

	Rdn.		Rdn.
A. Allgemeine Grundlagen	1	I. Die allgemeinen Gesetze	26
B. Einzelne Gewährleistungen der Kommunikationsfreiheiten des Art 5 I		II. Jugendschutz	28
		III. Ehrenschutz	29
I. Freie Meinungsäußerung	2	IV. Zensurverbot	30
1. Genereller Schutzbereich	2	D. Einzelne arbeitsrechtliche Aspekte	
2. Einzelne Gewährleistungen	4	I. Meinungsfreiheit	32
3. Grundrechtsträger	7	1. Bedeutung	32
4. Abwehrrecht	8	2. Gesetzliche Schranken	33
II. Informationsfreiheit	9	3. Vertragliche Schranken	37
1. Umfang des Grundrechtsschutzes	9	4. Betriebsrat	38
2. Abwehrrecht	11	II. Pressefreiheit	39
III. Pressefreiheit	12	1. Grundlagen	39
1. Schutzbereich	12	2. Arbeitsvertragsrecht	40
2. Einzelne Gewährleistungen	13	3. Betriebsverfassungsrecht	42
3. Grundrechtsträger	15	4. Arbeitskampf	43
4. Rechte und Pflichten der Presse	16	III. Rundfunkfreiheit	44
IV. Rundfunkfreiheit	18	1. Bedeutung	44
1. Schutzbereich und Umfang des Grundrechtsschutzes	18	2. Arbeitsvertragsrecht	45
		3. Kollektives ArbR	46
2. Grundrechtsträger	20	IV. Freiheit der Wissenschaft, Forschung und Lehre	47
V. Filmfreiheit	21	1. Arbeitsvertragsrecht	47
VI. Freiheit der Wissenschaft, Forschung und Lehre	22	2. Organisationsrecht	51
C. Verfassungsrechtl Rechtfertigung von Eingriffen in die Kommunikationsfreiheiten des Art 5 I	26	E. Verhältnis zu sonstigen Grundrechten	54

1 **A. Allgemeine Grundlagen.** Die Meinungsäußerungs- und Meinungsverbreitungsfreiheit, die Informationsfreiheit, die Pressefreiheit, die Freiheit der Berichterstattung durch Rundfunk und Film, sowie die Freiheit der Kunst, Wissenschaft, Forschung und Lehre sind selbstständig nebeneinanderstehende Grundrechte (Jarass/Pieroth/*Jarass* Art 5 Rn 1). Art 5 ist somit sehr umfassend (BVerfG 28.2.1961, 2 BvG 1/60, BVerfGE 12, 205 ff); die verschiedenen Gewährleistungen sind die Grundlage jeder Freiheit überhaupt (vgl BVerfG 3.2.1985, 1 BvL 15/84, BVerfGE 71, 206 ff und st Rspr). Neben dem **Abwehrrecht** enthält das Grundrecht ein **objektives Prinzip** (BVerfG 16.6.1981, 1 BvL 89/78, BVerfGE 57, 295 ff).

B. Einzelne Gewährleistungen der Kommunikationsfreiheiten des Art 5 I. I. Freie Meinungsäuße-
2 **rung. 1. Genereller Schutzbereich.** Der verfassungsrechtl **Meinungsbegriff** ist weit zu verstehen (BVerfG 22.6.1982, 1 BvR 1376/79, BVerfGE 61, 1 ff). Darunter fallen Ansichten, Auffassungen, Einschätzungen, Stellungnahmen, Urt und wertende Überzeugungen. **Tatsachenbehauptungen** sind dadurch gekennzeichnet, dass sie der Überprüfung mit Mitteln des Beweises zugänglich sind (BVerfG 13.4.1994, 1 BvR 23/94, BVerfGE 90, 241 ff). Während für Werturteile die **subjektive Beziehung der sich äußernden Person zum Inhalt ihrer Aussage** kennzeichnend ist, werden Tatsachenbehauptungen durch eine **objektive Beziehung zwischen der Äußerung und der Wirklichkeit** charakterisiert; gerade unabhängig von den subjektiven Auffassungen des sich Äußernden soll etwas als objektiv gegeben hingestellt werden. Diese theoretisch mögliche **Abgrenzung zwischen Werturteilen und Tatsachenbehauptung** kann in der Praxis im Einzelfall schwierig sein, da beide Äußerungsformen oft miteinander verknüpft werden (vgl BVerfG 13.2.1996, 1 BvR 262/91, BVerfGE 94, 1 ff).
3 **Tatsachenbehauptungen** fallen jedenfalls dann in den Schutzbereich des Art 5 I 1, soweit sie Voraussetzung der Bildung von Meinungen sind (BVerfG 13.2.1996, 1 BvR 262/91, BVerfGE 94, 1 ff). Sofern Tatsachenmitteilungen keine Relevanz für die Meinungsbildung zukommt und sie nicht untrennbar mit Werturteilen verbunden sind, klammert das **BVerfG** sie aus dem Schutzbereich des Art 5 I aus (BVerfG 3.6.1980, 1 BvR 797/78, BVerfGE 54, 208 ff). Bewusst **unwahre Tatsachenbehauptungen, falsche Information oder unrichtige Zitate** sind unter dem Blickwinkel der Meinungsfreiheit **kein schützenswertes Gut** (BVerfG 13.2.1996, 1 BvR 262/91, BVerfGE 61, 1 ff). Nach hM fallen grds auch Tatsachenbehauptungen in den Schutzbereich des Art 5 I (v Mangoldt/Klein/*Starck* Art 5 Rn 26; Jarass/Pieroth/*Jarass*, Art 5 Rn 4 f).

Nach dem **BVerfG** muss der Tatsachenkern, der uU mit einer Meinungsäußerung untrennbar verbunden ist, auf seine Wahrheit überprüft werden, weil dies für die Abwägung relevant ist (BVerfG 7.12.2011, 1 BvR 2678/10, NJW 2012, 1643).

2. Einzelne Gewährleistungen. Die Meinungsfreiheit schützt das **Äußern, Verbreiten, den Inhalt und die Art und Weise der Äußerung** (BVerfG 24.3.1998, 1 BvR 131/96, BVerfGE 97, 391 ff). Hierunter fallen zB auch **Gesten** und das **Tragen von Symbolen** (BVerwG 24.10.1985, 7 C 55/84, BVerwGE 72, 183 ff), **Plaketten** (BAG 9.12.1982, 2 AZR 620/80, AP BGB § 626 BGB Nr 73; BVerfG 23.10.1985, 1 BvR 1053/82, BVerfGE 71, 108) sowie **Unterschriftensammlungen** (BVerfG 2.3.1977, 2 BvR 1319/76, BVerfGE 44, 197 ff). Das Grundrecht gewährt **nur** Spielraum für Auseinandersetzungen mit Worten, also den **geistigen Meinungskampf** (BVerfG 26.2.1969, 1 BvR 619/63, BVerfGE 25, 256 ff). Der Schutz der Meinungsfreiheit entfällt nicht deshalb, weil die Meinungsäußerung zu wirtschaftlichen Nachteilen führt (BVerfG 26.2.1969, 1 BvR 619/63, BVerfGE 25, 256 ff: zum Boykottaufruf). Es umfasst auch das Recht, seine Meinung nicht zu äußern (**negative Meinungsfreiheit**; vgl BVerfG 15.12.1983, 1 BvR 209/83 ua, BVerfGE 65, 1 ff). Nicht nur das Äußern einer Meinung ist grds geschützt, sondern auch die darin liegende und damit bezweckte **Wirkung auf andere**, denn der Sinn der Meinungsäußerung ist es gerade, geistige Wirkung auf die Umwelt ausgehen zu lassen, meinungsbildend und überzeugend auf die Gesamtheit zu wirken (vgl BVerfG 22.6.1982, 1 BvR 1376/79, BVerfGE 61, 1 ff). Den Schutz des Grundrechts genießt jede Meinungsäußerung, ohne dass es darauf ankommt, ob die Äußerung begründet oder grundlos, emotional oder rational ist, als wertvoll oder wertlos, gefährlich oder harmlos eingeschätzt wird. Die Bürger sind rechtl insb nicht gehalten, die der Verfassung zugrunde liegenden Wertsetzungen persönlich zu teilen. Das GG baut zwar auf der **Erwartung** auf, dass die Bürger die allg Werte der Verfassung akzeptieren und verwirklichen, erzwingt die Werteloyalität aber nicht (BVerfG 15.9.2008, 1 BvR 1565/05, NJW 2009, 908).

Nicht geschützt wird rein **kommerzielle Werbung** (BVerfG 10.12.1975, 1 BvR 118/71, BVerfGE 40, 371 ff), es sei denn, sie hat einen wertenden meinungsbildenden Inhalt (BVerfG 19.11.1985, 1 BvR 934/82, BVerfGE 71, 162 ff; v Mangoldt/Klein/*Starck* Art 5 Rn 25; zur AN Eigenschaft einer Produzentin von Werbespots s LAG Rh Pf 13.6.2002, 4 Sa 138/02, AfP 2003, 278).

Nach der Rspr des BVerfG tritt die Meinungsfreiheit regelmäßig hinter den grundrechtsgeschützten Achtungsanspruch des Einzelnen zurück, wenn es sich bei der Äußerung um **Schmähkritik** handelt (vgl BVerfG 9.5.1972, 1 BvR 40/86, BVerfGE 82, 43 ff). Dabei ist eine Meinungsäußerung dann als Schmähung anzusehen, wenn sie jenseits von – auch polemischer (s dazu BVerfG 22.6.1982, 1 BvR 1376/79, BVerfGE 61, 1 ff) und überspitzter – Kritik in der Herabsetzung der Person besteht (BVerfG 26.6.1990, 1 BvR 1165/89, BVerfGE 82, 272 ff). Im Interesse der Meinungsfreiheit darf der Begriff der Schmähkritik allerdings nicht zu weit ausgelegt werden. Eine Meinung wird nicht schon wegen ihrer herabsetzenden Wirkung für Dritte zur Schmähkritik, solange nicht die Diffamierung der Person, sondern die Auseinandersetzung in der Sache im Vordergrund steht (BVerfG 26.6.1990, 1 BvR 1165/89, BVerfGE 82, 272 ff). Erklärungen **in laufenden Gerichtsverfahren** können durch ein berechtigtes Interesse gedeckt sein. Mit Blick auf die prozessuale Auseinandersetzung ist zu berücksichtigen, dass Parteien zur Verteidigung von Rechten schon im Hinblick auf das rechtl Gehör (Art 103) alles vortragen dürfen, was als rechts-, einwendungs- oder einredebegründender Umstand prozesserheblich sein kann (BVerfG 11.4.1991, 2 BvR 963/90, NJW 1991, 2074). Ein Verfahrensbeteiligter darf auch starke, eindringliche Ausdrücke und sinnfällige Schlagworte benutzen, um seine Rechtsposition zu unterstreichen, selbst wenn er seinen Standpunkt vorsichtiger hätte formulieren können. Das gilt allerdings nur in den Grenzen der Wahrheitspflicht. Auch dürfen die Parteien nicht leichtfertig Tatsachenbehauptungen aufstellen, deren Unhaltbarkeit ohne Weiteres auf der Hand liegt (BAG 24.3.2011, 2 AZR 674/09, EzA § 9 KSchG nF Nr 62).

3. Grundrechtsträger. Art 5 I gewährleistet die Meinungsäußerungs-, Meinungsverbreitungs- und Informationsfreiheit als **Menschenrechte** (vgl auch Art 10 EMRK und Art 11 GRCh). Die »große Meinungsfreiheit«, dh der politische Mitbestimmung (Art 20 I, 21 I 1), wird man dagegen nur als ein Deutschen zustehendes Grundrecht bezeichnen können. Art 5 I gilt gem Art 19 III auch für inländische **juristische Personen**, nicht jedoch für ausländische (Jarass/Pieroth/*Jarass* Art 5 Rn 8). Staatliche Organe oder juristische Personen des öffentl Rechts sind keine Grundrechtsträger und können sich in Wahrnehmung amtlicher Aufgaben nicht auf Art 5 I berufen. Im Rahmen der ihnen zugewiesenen Kompetenzen können sie jedoch nicht nur informierend, sondern auch meinungsbildend tätig werden (vgl BVerwG 18.4.1997, 8 C 5/96, BVerwGE 104, 323, ff; v Mangoldt/Klein/*Starck* Art 5 I, II Rn 184).

4. Abwehrrecht. Die Gewährleistung, seine Meinung frei zu äußern und zu verbreiten, bedeutet vor allem die Freiheit von staatlicher Lenkung, Behinderung und sonstiger Beeinträchtigung. Das Grundrecht der freien Meinungsäußerung gewährt dem Bürger hingegen keinen Anspruch darauf, dass ihm der Staat oder eine dem Staat eingegliederte öffentl-rechtl Körperschaft die Gelegenheit schafft, seine Meinung in Antwort auf eine amtliche Befragung zu äußern und sie in dieser Weise dem Parlament unterbreiten zu können (BVerfG 23.6.1958, 2 BvQ 3/58, BVerfGE 8, 42 ff). Art 5 räumt niemandem ein Recht ein, von anderen auch beachtet und insb angehört zu werden.

9 **II. Informationsfreiheit. 1. Umfang des Grundrechtsschutzes.** Da es im Wesen jeder Demokratie liegt, dass die vom Volke ausgehende Staatsgewalt in Wahlen und Abstimmungen ausgeübt wird (BVerfG 9.9.1951, 2 BvQ 1/51, BVerfGE 1, 2 ff), muss der Einzelne verantwortlich an den Entsch für die Gesamtheit mitwirken können. Dies setzt voraus, dass jeder Einzelne sich aus allg zugänglichen Quellen ungehindert unterrichten kann, um Gründe und Gegengründe abzuwägen und hiernach seine staatsbürgerlichen Entschlüsse zu treffen. Die Informationsfreiheit dient damit als Voraussetzung für individuelle Entfaltung, Meinungsfreiheit und Demokratie (BVerfG 3.10.1969, 1 BvR 46/65, BVerfGE 27, 71 ff).

10 **Allg zugänglich** ist eine Informationsquelle, wenn sie technisch geeignet und bestimmt ist, der Allgemeinheit, dh einem individuell nicht bestimmbaren Personenkreis, Informationen zu beschaffen (BVerfG 3.10.1969, 1 BvR 46/65, BVerfGE 27, 71 ff); dazu zählen nicht private und betriebliche Aufzeichnungen, die nicht zur Veröffentlichung bestimmt sind (BVerfG 25.1.1984, 1 BvR 272/81, BVerfGE 66, 116 ff) oder staatliche Informationen, die von Behörden verwaltet werden (BVerfG 14.2.1978, 2 BvR 406/77, BVerfGE 47, 247 ff). Mit den **Informationsfreiheitsgesetzen** des **Bundes** und vieler **Länder** soll jedoch die Transparenz in der Demokratie gefördert werden. Das nach Maßgabe der einzelnen G gewährte Individualrecht auf Zugang zu Behördeninformationen stärkt die Stellung des Bürgers gegenüber den staatlichen Stellen des Bundes (Jarass/Pieroth/*Jarass* Art 5 Rn 20). Jeder ist frei in der Auswahl der Quellen, unabhängig von Inhalt und Träger der Information (BVerfG 9.2.1994, 1 BvR 1687/92, BVerfGE 90, 27 ff: auch Quellen aus dem Ausland). Auch das **Internet ist eine geschützte Quelle**. Eine Beschränkung auf bestimmte Arten der Informationen gibt es dabei nicht (BVerfG 9.2.1994, 1 BvR 1687/92, BVerfGE 90, 27 ff).

11 **2. Abwehrrecht.** Die Informationsfreiheit ist ein Abwehrrecht. Den Staat trifft keine Verpflichtung zur Verschaffung von Information oder zur Einrichtung allg zugänglicher Quellen (BVerfG 2.3.1977, 2 BvR 424/75, BVerfGE 44, 125 ff). Der Staat hat zu den Informationsquellen den Weg zu öffnen; das geschieht in erster Linie dadurch, dass der geistige Kampf, die Auseinandersetzung der Ideen frei ist; mit anderen Worten geistige Freiheit gewährleistet wird (BVerfG 17.8.1956, 1 BvB 2/51, BVerfGE 5, 85, 205 ff). Ein Recht auf unentgeltliche Information besteht nicht (BVerwG 15.3.1968, V II C 189.66, BVerwGE 29, 214 ff). Der Staat darf die Entstehung von Informationsquellen nicht verhindern (BVerfG 4.4.1967, 1 BvR 126/65, BVerfGE 21, 245 ff).

12 **III. Pressefreiheit. 1. Schutzbereich.** Zu dem die freiheitlich-demokratische Staatsordnung konstituierenden **Prozess der freien Meinungsbildung** (BVerfG 15.1.1958, 1 BvR 400/51, BVerfGE 7, 198 ff) trägt die Presse entscheidend bei (BVerfG 6.10.1959, 1 BvL 118/53, BVerfGE 10, 118 ff). Sie ist als **Massenkommunikationsmittel** (BVerfG 28.2.1961, 2 BvG 1/60, BVerfGE 12, 205 ff) neben Rundfunk und Fernsehen ein **wichtiger Faktor für die Bildung der öffentl Meinung** (BVerfG 25.1.1961, 1 BvR 9/57, BVerfGE 12, 113 ff), die ihrerseits als das Ergebnis einer in freier geistiger Auseinandersetzung geführten öffentl Diskussion über Gegenstände von allg Interesse und staatspolitischer Bedeutung in der modernen Demokratie eine entscheidende Rolle spielt (BVerfG 28.11.1973, 2 BvL 42/71, BVerfGE 36, 193 ff). Durch die in der öffentl Meinung zum Ausdruck kommenden Tendenzen und Stellungnahmen wird die politische Willensbildung des Staates vorgeformt (BVerfG 30.7.1958, 1 BvF 3/58 ua, BVerfGE 8, 104 ff). Die Presse vermittelt dem Bürger durch ihre Teilnahme an diesem Prozess Informationen, die es ihm ermöglichen, die Meinungen anderer kennenzulernen und zu überprüfen, seinen eigenen Standpunkt zu finden, sich an der öffentl Diskussion zu beteiligen und politische Entsch zu treffen. Eine freie, nicht von der öffentl Gewalt gelenkte, keiner Zensur unterworfene, regelmäßig erscheinende politische Presse ist **wesentliche Voraussetzung für eine freie politische Willensbildung des Volkes** (vgl BVerfG 2.3.1977, 2 BvR 424/75, BVerfGE 44, 125 ff) und damit **unentbehrlich für die moderne Demokratie** (BVerfG 5.8.1966, 1 BvR 568/62 ua, BVerfGE 20, 162 ff). Das GG erkennt diese staatspolitische Bedeutung der Presse an, indem es in Art 5 I 2 die Pressefreiheit im Interesse einer freiheitlichen Demokratie aus dem jedem zustehenden Grundrecht der freien Meinungsäußerung heraushebt und der Presse als Trägerin und Verbreiterin der öffentl Meinung ihre institutionelle Eigenständigkeit gewährleistet (BVerfG 6.10.1959, 1 BvL 118/53, BVerfGE 10, 118 ff). Art 5 I 2 kommt insoweit, als er über das jedem zustehende Grundrecht der freien Meinungsäußerung hinausreicht, »**verfassungsstrukturelle Bedeutung**« zu (BVerfG 6.10.1959, 1 BvL 118/53, BVerfGE 10, 118 ff). Der Verfassungsgarantie der Pressefreiheit widerspräche es, die Presse oder einen

Teil von ihr unmittelbar von Staats wegen zu reglementieren oder zu steuern (BVerfG 28.2.1961, 1 BvG 1/60 ua, BVerfGE 12, 205 ff), wobei der sog Grundsatz der »publizistischen Gewaltenteilung« keinen Verfassungsrang hat (BVerfG 5.2.1991, 1 BvF 1/85 ua, BVerfGE 83, 238 ff). Dem Staat sind insoweit nicht nur unmittelbare Eingriffe, vor allem in der Gestalt eigener Einflussnahme auf die Tendenz von Zeitungen verwehrt. Er darf auch nicht durch rechtliche Regelungen die Presse fremden – nicht staatlichen – Einflüssen unterwerfen oder öffnen, die mit dem durch Art 5 I 2 gewährleisteten Schutz der Freiheit der Presse unvereinbar wären (BVerfG 6.11.1979, 1 BvR 81/76, BVerfGE 52, 283 ff). Die Meinungsvielfalt im Pressebereich wird vor allem durch wirtschaftliche Selbstständigkeit und den Wettbewerb von Presseunternehmen gewährleistet.

2. Einzelne Gewährleistungen. Die Pressefreiheit umfasst das **gesamte Leben und die gesamte Arbeit** 13 **des Presseunternehmens und alle wesensmäßig mit dem Pressewesen zusammenhängenden Tätigkeiten** (Maunz/Dürig/*Herzog* Art 5 Rn 136). Sie ist betroffen, wenn es um die im Pressewesen tätigen Personen in Ausübung ihrer Funktion, um ein Presseerzeugnis selbst oder um seine institutionell-organisatorischen Voraussetzungen und Rahmenbedingungen geht (BVerfG 9.10.1991, 1 BvR 1555/88, BVerfGE 85, 1 ff). Hingegen ist die Meinungsfreiheit einschlägig, wenn es um die Zulässigkeit einer bestimmten Äußerung geht (BVerfG 9.10.1991, 1 BvR 1555/88, BVerfGE 85, 1 ff).
Geschützt sind die **freie Gründung von Presseunternehmen** (BVerfG 5.8.1966, 1 BvR 586/62 ua, BVerfGE 14 20, 162 ff: zum Verbot der Einführung eines allg staatlichen Zulassungsverfahrens; ferner BVerfG 6.11.1979, 1 BvR 81/76, BVerfGE 52, 283 ff), der freie Zugang zu Presseberufen, **die Einführung und Gestaltung von Presseprodukten** (BVerfG 14.1.1998, 1 BvR 1861/93 ua, BVerfGE 97, 125 ff), sowie **der gesamte Bereich publizistischer Vorbereitungstätigkeit, zu der insb die Beschaffung von Informationen gehört** (BVerfG 28.11.1973, 2 BvL 42/71, BVerfGE 36, 193 ff). Zur Pressefreiheit gehört auch ein gewisser **Schutz des Vertrauensverhältnisses zwischen Presse und privaten Informanten.** Er ist unentbehrlich, da die Presse auf private Mitteilungen nicht verzichten kann, diese Informationsquelle aber nur dann ergiebig fließt, wenn sich der Informant grds darauf verlassen kann, dass das »Redaktionsgeheimnis« gewahrt bleibt (BVerfG 5.8.1966, 1 BvR 586/62, BVerfGE 20, 162 ff; 10.12.2010, 1 BvR 1739/04, NJW 2011, 1859: zu verschärften Anforderungen bei der Durchsuchung von Presseunternehmen; BVerfG 10.5.1983, 1 BvR 385/82, BVerfGE 64, 108 ff; BGH 4.12.2012, VI ZB 2/12, MDR 2013, 298: zum Zeugnisverweigerungsrecht; BVerfG 25.1.1984, 1 BvR 272/81, BVerfGE 66, 116 ff; 27.5.2013, 7 B 30/12: zu den Grenzen des Redaktionsgeheimnisses).

3. Grundrechtsträger. Träger des Grundrechts sind **alle juristischen und natürlichen Personen, die Pres-** 15 **setätigkeiten ausüben.** Dies muss nicht notwendig hauptberuflich erfolgen (BVerfG 8.10.1996, 1 BvR 1183/90, BVerfGE 95, 28 ff). Es steht neben den Redakteuren, Herausgebern und Buchhändlern auch den Verlegern zu (BVerfG 13.1.1988, 1 BvR 1548/92, BVerfGE 77, 346 ff). Verfassungsrechtl Gründe gebieten es aber nicht, den einem Tendenzunternehmen im Konzern gewährten Tendenzschutz auf ein nicht tendenzgeschütztes abhängiges Unternehmen zu erstrecken, das die Tendenzverwirklichung nicht beeinflusst (BVerfG 29.4.2003, 1 BvR 62/99, EzA § 118 BetrVG 2001 Nr 2).

4. Rechte und Pflichten der Presse. Art 5 I 2 gewährleistet der Presse zunächst, wie alle Freiheitsgrund- 16 rechte, eine Freiheitssphäre, ein **Abwehrrecht gegen den Staat** (BVerfG 15.1.1958, 1 BvR 400/51, BVerfGE 7, 198 ff). Dieses Grundrecht erschöpft sich nicht in der bereits in Art 5 I 1 enthaltenen Garantie der freien Meinungsäußerung und -verbreitung mittels der Presse, sondern garantiert darüber hinaus die **institutionelle Eigenständigkeit der Presse** bzw weist einen **objektiven Gehalt** auf (BVerfG 6.6.1989, 1 BvR 727/84, BVerfGE 80, 124 ff). Dies kann den Staat zur Ausgestaltung der Pressefreiheit berechtigen und verpflichten (BVerfG 5.8.1966, 1 BvR 586/62 ua, BVerfGE 20, 162 ff). Erst der prinzipiell ungehinderte Zugang zu Informationen versetzt die Presse in den Stand, die ihr in der freiheitlichen Demokratie eröffnete Rolle wirksam wahrzunehmen, sodass dem Schutz der Informationsquelle bes Bedeutung zukommt. Ob unmittelbar aus dem GG eine **Auskunftspflicht der Behörden** ggü der Presse folgt, (s BVerfG 5.8.1966, 1 BvR 586/62 ua, BVerfGE 20, 162 ff), lässt sich nicht einheitlich beantworten. Art 5 I umfasst ein gegen den Staat gerichtetes Recht auf Zugang nur, wenn eine im staatlichen Verantwortungsbereich liegende Informationsquelle aufgrund rechtl Vorgaben zur öffentl Zugänglichkeit bestimmt ist, der Staat den Zugang aber verweigert. Über die Zugänglichkeit einer Informationsquelle und die Modalitäten des Zugangs entscheidet, wer über ein entsprechendes Bestimmungsrecht verfügt. Erst nach Eröffnung der allg Zugänglichkeit kann der Schutzbereich der Informationsfreiheit durch einen Grundrechtseingriff betroffen sein (BVerfG 24.1.2001, 1 BvR 2623/95 ua, BVerfGE 103, 44; vgl auch BVerwG 13.12.1984, 7 C 139/81, NJW 1985, 1655; v Mangoldt/Klein/*Starck* Art 5 Rn 77 ff). Allerdings sehen die **Pressegesetze** der Länder

Auskunftspflichten öffentl Stellen gegenüber der Presse vor. Der Auskunftspflicht nach § 4 I NdsPresseG (bzw den entsprechenden Bestimmungen in den Pressegesetzen der anderen Bundesländer) unterliegen auch Betriebe der kommunalen Daseinsvorsorge, die in privatrechtl Form geführt werden, aber unter beherrschendem Einfluss der öffentlichen Hand stehen (BGH 10.2.2005, III ZR 294/04, NJW 2005, 1720; *Köhler* NJW 2005, 2337).

17 Mit der Pressefreiheit gehen **Pflichten** einher, die umso ernster genommen werden müssen, je höher man das Grundrecht der Pressefreiheit einschätzt. Die **Presse darf weder leichtfertig unwahre Nachrichten weitergeben, noch die Wahrheit bewusst entstellen** (BVerfG 25.1.1961, 1 BvR 9/57, BVerfGE 12, 113 ff). Die Anforderungen an die Wahrheitspflicht dürfen nicht so bemessen werden, dass darunter die Funktion der Meinungsfreiheit leiden kann. Der Kernpunkt ist stets, dass eine Äußerung geschützt ist, soweit sie durch die Elemente der Stellungnahme, des Dafürhaltens oder Meinens geprägt ist. Die Presse muss ihrerseits die im GG niedergelegte freiheitliche demokratische Grundordnung achten (BVerfG 25.1.1961, 1 BvR 9/57, BVerfGE 12, 113 ff). Sie findet ihre Grenze dort, wo sie auf andere gewichtige Interessen des freiheitlichen demokratischen Staates stößt (BVerfG 11.3.1969, 1 BvR 665/62 ua, BVerfGE 25, 296 ff: zur Menschenwürde als Schranke der Pressefreiheit). Die Pflichten der Presse sind zunächst nichts anderes als das Spiegelbild einer richtig verstandenen Pressefreiheit. Das zeigt sich am deutlichsten am Zensurverbot, wobei Art 5 I 3 nur die Vorzensur verbietet (BVerfG 20.10.1992, 1 BvR 698/81 ua, BVerfGE 87, 209 ff). Es liegt in der Verantwortung der Presse selbst, was sie veröffentlicht. Ihr ist es nicht verwehrt, nach sorgfältiger Recherche auch über Vorgänge zu berichten, deren Wahrheit zum Zeitpunkt der Veröffentlichung nicht mit Sicherheit feststeht (BVerfG 14.1.1998, 1 BvR 1861/93, NJW 1998, 1381 ff).

18 **IV. Rundfunkfreiheit. 1. Schutzbereich und Umfang des Grundrechtsschutzes.** Die Freiheit der Berichterstattung durch den Rundfunk ist für das gesamte öffentl, politische und verfassungsrechtl Leben in der Bundesrepublik von grundlegender Bedeutung (BVerfG 5.6.1973, 1 BvR 536/72, BVerfGE 35, 202 ff), denn auch sie dient der Gewährleistung freier individueller und öffentl Meinungsbildung (BVerfG 24.3.1987, 1 BvR 147/86 ua, BVerfGE 74, 297 ff). Neben einem **Abwehrrecht** enthält Art 5 I 2 ein **objektives Prinzip** (BVerfG 27.2.1971, 2 BvF 1/68 ua, BVerfGE 31, 314 ff). Zentral ist die Garantie der Programmfreiheit (BVerfG 22.2.1994, 1 BvL 30/88, BVerfGE 90, 60 ff).

19 Neben herkömmlichem Rundfunk und Fernsehen (BVerfG 27.7.1971, 2 BvF 1/68 ua, BVerfGE 31, 314 ff) umfasst der Begriff des Rundfunks **auch alle modernen Dienste wie Pay-TV oder Videotext** (BVerfG 24.3.1987, 1 BvR 147/86 ua, BVerfGE 74, 297 ff; auch **Internetdienste**). Entscheidend ist **die Adressierung an die Allgemeinheit bzw an einen unbestimmten Personenkreis**; erfasst ist zB auch ein **Betriebsrundfunk**. Von der Rundfunkfreiheit sind **alle damit zusammenhängenden Tätigkeiten von der Beschaffung der Information, Produktion der Sendung bis hin zur Verbreitung geschützt** (BVerfG 1.10.1987, 2 BvR 1434/86, BVerfGE 77, 65 ff). Sie garantiert die Freiheit, über Auswahl, Inhalt und Ausgestaltung des Programms ohne staatliche Einflussnahme zu entscheiden (BVerfG 6.10.1992, 1 BvR 1586/89 ua, BVerfGE 87, 181 ff). Sie schützt nicht nur die Berichterstattung im eigentlichen Sinn (BVerfG 5.6.1973, 1 BvR 536/72, BVerfGE 35, 202 ff), sondern jede **Vermittlung von Information und Meinung** (BVerfG 16.6.1981, 1 BvR 661/94, BVerfGE 57, 295 ff). Irrelevant ist die Programmart oder welchem Zweck die Sendung dient, zB der Unterhaltung, Bildung oder Information. Auch die **Aufnahme von Werbesendungen** wird über die Rundfunkfreiheit geschützt (Maunz/Dürig/*Herzog* Art 5 Rn 202; vgl LAG Rh-Pf 13.6.2002, 4 Sa 138/02, AfP 2003, 278). In den Schutzbereich der Rundfunkfreiheit fällt die **Organisation und Finanzierung**, soweit sie mit der Programmtätigkeit im Zusammenhang steht (BVerfG 22.2.1994, 1 BvL 30/88, BVerfGE 90, 60 ff). Dies umfasst auch die Auswahl der Rundfunkmitarbeiter, sofern diese an der inhaltlichen Gestaltung der Sendungen mitwirken (BVerfG 13.1.1992, 1 BvR 848/77 ua, BVerfGE 59, 231 ff).

20 **2. Grundrechtsträger.** Auf die Rundfunkfreiheit können sich alle **natürlichen und juristischen Personen und Personenvereinigungen** berufen, die Rundfunk eigenverantwortlich veranstalten und verbreiten (BVerfG 20.2.1998, 1 BvR 661/94, BVerfGE 97, 298 ff), also auch private Veranstalter und ausländische juristische Personen (BVerfG 4.11.1986, 1 BvF 1/84, BVerfGE 73, 118 ff). Nach Ansicht des 7. Senats des BAG (Urt. v. 4.12.2013 – 7 AZR 457/12, EzA § 14 TzBfG Nr 101) kann sich die **Deutsche Welle** als **öffentlich-rechtliche Auslandsrundfunkanstalt** auf die Rundfunkfreiheit berufen und rechtfertigt die programmgestaltende Tätigkeit eines Redakteurs die Befristung von dessen Arbeitsvertrag. Die Zusammensetzung des Rundfunk- und des Verwaltungsrats sind nach Ansicht des BAG hinreichende Gewähr für die Staatsferne der Deutschen Welle. Das **Gebot der Staatsferne** verlangt eine Ausgestaltung des öffentlich-rechtlichen Rundfunks, die – orientiert an dem Ziel der Vielfaltsicherung und zugleich zur Verhinderung der politischen Instrumentalisierung des Rundfunks – staatsfernen Mitgliedern in den Aufsichtsgremien einen

bestimmenden Einfluss einräumt und die eventuelle Mitwirkung staatlicher und staatsnaher Mitglieder begrenzt. Es bedarf sorgfältiger Prüfung im Einzelfall, ob eine konkrete öffentlich-rechtliche Rundfunkanstalt diesem Gebot bereits entspricht oder ob die einschlägigen Rechtsgrundlagen an die Rspr des BVerfG angepasst werden müssen (BVerfG 25.3.2014, 1 BvF 1/11 und 1 BvF 4/11, BVerfGE 136, 9).

V. Filmfreiheit. Neben dem Abwehrrecht ggü staatlichen Eingriffen weist die Filmfreiheit ebenfalls eine 21 institutionelle Garantie auf (BVerwG 10.12.1971, VII C 45.69, BVerwGE 39, 159 ff). Der **Grundrechtsschutz erstreckt sich neben dem klassischen Film auch auf sonstige Bild-Ton-Träger wie Videobänder und Bildplatten, bei denen das visuelle Erscheinungsbild dominiert** (Maunz/Dürig/*Herzog* Art 5 Rn 198), sofern sie in der Öffentlichkeit vorgeführt oder an einen unbestimmten Personenkreis adressiert sind. **Geschützt ist die Herstellung, Verbreitung von Informationen, das Erstellen von Aufnahmen, der Filmverleih sowie Abspielen** von Filmen. Bei der Frage, unter welchen Voraussetzungen die Gewährleistung der Filmfreiheit eingreift, ist zu unterscheiden, ob es sich um einen Bericht erstattenden Film oder um einen Spielfilm handelt. Die erstgenannte Art der Filme fällt unter den Schutz des Art 5 I 2. Spielfilme sind nach Art 5 I 1 unter dem Gesichtspunkt der Meinungsäußerungsfreiheit geschützt, wenn sie zu den dargestellten Vorgängen selbst Stellung nehmen; iÜ können sie als Erzeugnisse der Kunst in den Schutzbereich des Art 5 III fallen (BVerwG 21.12.1954, I C 14.53, BVerwGE 1, 303 ff).

VI. Freiheit der Wissenschaft, Forschung und Lehre. Das Grundrecht erklärt Wissenschaft, Forschung 22 und Lehre für frei. Als **Abwehrrecht** sichert es jedem, der sich wissenschaftlich betätigt, **Freiheit von staatl Beschränkung** zu. Gegenstand dieser Freiheit sind vor allem die **auf wissenschaftlicher Eigengesetzlichkeit beruhenden Prozesse, Verhaltensweisen und Entsch bei der Suche nach Erkenntnissen, ihrer Deutung und Weitergabe** (BVerfG 17.2.2000, 1 BvR 484/99, NStZ 2000, 363). **Jeder**, der wissenschaftlich tätig ist, genießt daher Schutz vor staatl Einwirkungen auf den Prozess der Gewinnung und Vermittlung wissenschaftlicher Erkenntnisse.

Der Schutz des Grundrechts hängt weder von der Richtigkeit der Methoden und Ergebnisse ab noch von 23 der Stichhaltigkeit der Argumentation und Beweisführung oder der Vollständigkeit der Gesichtspunkte und Belege, die einem wissenschaftlichen Werk zugrunde liegen. Über gute und schlechte **Wissenschaft**, Wahrheit oder Unwahrheit von Ergebnissen kann nur wissenschaftlich geurteilt werden; Auffassungen, die sich in der wissenschaftlichen Diskussion durchgesetzt haben, bleiben der Revision und dem Wandel unterworfen. Die Wissenschaftsfreiheit schützt daher auch Mindermeinungen sowie Forschungsansätze und -ergebnisse, die sich als **irrig oder fehlerhaft** erweisen. Ebenso genießt **unorthodoxes oder intuitives Vorgehen** den Schutz des Grundrechts. Unter Wissenschaft fällt **alles, was nach Inhalt und Form als ernsthafter Versuch zur Ermittlung von Wahrheit anzusehen ist**. Aus dieser **Offenheit und Wandelbarkeit von Wissenschaft** folgt aber nicht, dass eine Veröffentlichung schon deshalb als wissenschaftlich zu gelten hat, weil ihr Autor sie als wissenschaftlich ansieht oder bezeichnet. Die Einordnung unter die Wissenschaftsfreiheit kann nicht allein von der Beurteilung desjenigen abhängen, der das Grundrecht für sich in Anspruch nimmt. Einem Werk kann allerdings nicht schon deshalb die Wissenschaftlichkeit abgesprochen werden, weil es Einseitigkeiten und Lücken aufweist oder gegenteilige Auffassungen unzureichend berücksichtigt. All das mag ein Werk als fehlerhaft iSd Selbstdefinition wissenschaftlicher Standards durch die Wissenschaft ausweisen. Dem Bereich der Wissenschaft ist es erst dann entzogen, **wenn es den Anspruch von Wissenschaftlichkeit nicht nur im Einzelnen oder nach der Definition bestimmter Schulen, sondern systematisch verfehlt**. Das ist insb dann der Fall, wenn es nicht auf Wahrheitserkenntnis gerichtet ist, sondern vorgefassten Meinungen oder Ergebnissen lediglich den Anschein wissenschaftlicher Gewinnung oder Nachweisbarkeit verleiht. Dafür kann die systematische Ausblendung von Fakten, Quellen, Ansichten und Ergebnissen, die die Auffassung des Autors infrage stellen, ein Indiz sein. Dagegen genügt es nicht, dass einem Werk in innerwissenschaftlichen Kontroversen zwischen verschiedenen inhaltlichen oder methodischen Richtungen die Wissenschaftlichkeit bestritten wird (BVerfG 11.1.1994, 1 BvR 434/87, NJW 1994, 1781). Unter den Wissenschaftsbegriff fallen auch die **Theologie** und die **Jurisprudenz.** Denn planmäßiges Erkenntnisstreben ist auch auf der Grundlage und in den Grenzen des vorgegebenen Rechts oder Heiliger Schriften möglich (v Mangoldt/Klein/*Starck* Art 5 Rn 354).

Im Schrifttum wird bejaht, dass auch **juristische Personen** Träger der Wissenschaftsfreiheit sein können 24 (Jarass/Pieroth/*Jarass* Art 5 Rn 125); das BVerfG hat eine klare Stellungnahme hierzu bislang vermieden (v Mangoldt/Klein/*Starck* Art 5 Rn 408). Es ist offen, ob sich eine Universität bei **universitären Binnenkonflikten** um Fragen der Wissenschaftlichkeit auf das Grundrecht der Wissenschaftsfreiheit berufen kann (BVerfG 8.8.2000, 1 BvR 653/97, NJW 2000, 3635). **Fachhochschullehrer**, denen die eigenständige Vertretung eines wissenschaftlichen Faches in Forschung und Lehre übertragen worden ist, können sich auf Art 5 III berufen (BVerfG 13.4.2010, 1 BvR 216/07, ZTR 2010, 493).

25 Art 5 III enthält zugleich eine das Verhältnis der Wissenschaft zum Staat regelnde **wertentscheidende Grundsatznorm.** Danach hat der Staat im Bereich des mit öffentl Mitteln eingerichteten und unterhaltenen Wissenschaftsbetriebs durch geeignete **organisatorische Maßnahmen** dafür zu sorgen, dass das Grundrecht der freien wissenschaftlichen Betätigung so weit unangetastet bleibt, wie dies unter Berücksichtigung der anderen legitimen Aufgaben der Wissenschaftseinrichtungen und der Grundrechte der verschiedenen Beteiligten möglich ist (näher v Mangoldt/Klein/*Starck* Art 5 Rn 380 ff, zur Organisation privater und kirchlicher Wissenschaftseinrichtungen Rn 403 f).

C. Verfassungsrechtl Rechtfertigung von Eingriffen in die Kommunikationsfreiheiten des Art 5 I. **I. Die**
26 **allgemeinen Gesetze.** Die Schranke der allg G in Art 5 II bezieht sich auf alle in I normierten Grundrechte (BVerfG 3.10.1969, 1 BvR 46/65, BVerfGE 27, 71 ff) und umfasst alle Vorschriften, welche die Information oder das Pressewesen betreffen und die »nicht eine Meinung als solche verbieten« (...) sondern »dem Schutze eines schlechthin, ohne Rücksicht auf bestimmte Meinungen, zu schützenden Rechtsguts dienen, das Vorrang ggü der Meinungsfreiheit hat« (BVerfG 26.5.1970, 1 BvR 657/68, BVerfGE 28, 282 ff).
27 Die allg G müssen ihrerseits in ihrer das Grundrecht beschränkenden Wirkung im Lichte und in der Bedeutung der Grundrechte gesehen und so interpretiert werden, dass der bes Wertgehalt dieser Rechte für jeden Fall gewahrt bleibt (BVerfG 15.1.1958, 1 BvR 400/51, BVerfGE 7, 198 ff). Die gegenseitige Beziehung zwischen Grundrecht und allg G ist also nicht als einseitige Beschränkung der Geltungskraft des Grundrechts durch die allg G aufzufassen; es findet vielmehr eine Wechselwirkung in dem Sinne statt, dass die allg G zwar dem Wortlaut nach dem Grundrecht Schranken setzen, ihrerseits aber aus der Erkenntnis der wertsetzenden Bedeutung der Grundrechte im freiheitlich-demokratischen Staat ausgelegt und so in ihrer die Grundrechte begrenzenden Wirkung selbst wieder eingeschränkt werden müssen (**Wechselwirkungstheorie**, BVerfG 3.12.1985, 1 BvL 15/84, BVerfGE 71, 206 ff). Bei der Beurteilung von Kritik an öffentl Stellen müssen insbesondere Strafgerichte berücksichtigen, dass das Recht, Maßnahmen der öffentl Gewalt ohne Furcht vor staatlichen Sanktionen auch scharf kritisieren zu können, zum Kernbereich der Meinungsfreiheit gehört und bei der Abwägung besonders zu berücksichtigen ist (BVerfG 24.7.2013, 1 BvR 444/13 u 527/13).
28 **II. Jugendschutz.** Ebenso wie im Bereich der allg G ist auch bei Grundrechtseinschränkungen zum Schutz der Jugend eine **Güterabwägung** vorzunehmen. Derartige gesetzliche Bestimmungen müssen die grundlegende Bedeutung der in I garantierten Rechte wahren und dem Grundsatz der Verhältnismäßigkeit genügen (BVerfG 23.3.1971, 1 BvL 25/61 ua, BVerfGE 30, 336 ff). Zu beachten ist dabei allerdings, dass der **Jugendschutz selbst als Rechtsgut Verfassungsrang genießt** (BVerfG 27.11.1990, 1 BvR 402/87, BVerfGE 83, 130 ff).
29 **III. Ehrenschutz.** Die G zum Schutz der persönlichen Ehre im Straf- und Zivilrecht stellen zugleich allg G dar. Ehrenschutz als Bestandteil des Schutzes der Persönlichkeit hat indes zugleich Verfassungsrang (Sachs/ *Bethge* Art 5 Rn 163). Ob das BVerfG dem darauf folgenden hohen Stellenwert des Ehrenschutzes im Konflikt mit den Kommunikationsgrundrechten immer gerecht wird (exemplarisch BVerfG 25.3.1992, 1 BvR 514/90, BVerfGE 86, 1, 9 ff: Bezeichnung eines querschnittgelähmten Reserveoffiziers als »geb Mörder«) ist umstr (vgl einerseits *Soehring* NJW 1994, 2926 ff und andererseits *Sendler* ZRP 1994, 343 ff). Das BVerfG räumt der Meinungsfreiheit bes hohes Gewicht ein, wenn der Ehrenschutz auf staatliche Einrichtungen bezogen ist (BVerfG 10.10.1995, 1 BvR 1476/91 ua, BVerfGE 93, 266 ff: »Soldaten sind Mörder«). Ausprägung des Ehrenschutzes ist nicht zuletzt die Pflicht zur Gegendarstellung (vgl BVerfG 8.2.1983, 1 BvL 20/81, BVerfGE 63, 131 ff). Das Persönlichkeitsrecht rechtfertigt weitreichende Einschränkungen im Bereich der Gegendarstellung (BVerfG 14.1.1998, 1 BvR 1861/93 ua, BVerfGE 97, 125 ff). Die Titelseite braucht für Gegendarstellungen nicht freigehalten zu werden (BVerfG 14.1.1998, 1 BvR 1861/93 ua, NJW 1998, 1381).
30 **IV. Zensurverbot.** Zensur iSd Art 5 I 3 ist nur die sog **Vor- oder Präventivzensur** (BVerfG 25.4.1972, 1 BvL 13/67, BVerfGE 33, 52 ff). Das **Zensurverbot stellt »eine absolute Eingriffsschranke« dar, von der es keine Ausnahme gibt, insb nicht durch »allg G«** nach Art 5 II (BVerfG 25.4.1972, 1 BvL 13/67, BVerfGE 33, 52 ff). Es enthält aber kein eigenständiges Grundrecht (Maunz/Dürig/*Herzog* Art 5 Rn 296), sondern ist vielmehr eine Schranke für Eingriffe. Der Natur der Sache nach schützt das Zensurverbot nur Akte der Meinungsäußerung und möglicherweise auch der Meinungsverbreitung, mithin den Hersteller und uU auch den Verbreiter eines Geisteswerkes, nicht aber den Leser oder Bezieher (BVerfG 14.10.1969, 1 BvR 30/66, BVerfGE 27, 88 ff). Unter Vorzensur ist die präventive Vorschaltung eines behördlichen Verfahrens zu verstehen, die die Abfassung, Herstellung oder Verbreitung eines Werkes von behördlicher Vorprüfung

oder Genehmigung seines Inhalts abhängig macht (BVerfG 25.4.1972, 1 BvL 13/67, BVerfGE 33, 52 ff). Nachzensur kann hingegen über die Schranke des II gerechtfertigt sein.

Von dem Erfordernis der Allgemeinheit meinungsbeschränkender G gem Art 5 II ist eine **Ausnahme** anzuerkennen **für Vorschriften, die auf die Verhinderung einer propagandistischen Affirmation der nationalsozialistischen Gewalt- und Willkürherrschaft** zielen. Das menschenverachtende Regime von 1933 bis 1945, das über Europa und die Welt in unermesslichem Ausmaß Leid, Tod und Unterdrückung gebracht hat, hat für die verfassungsrechtl Ordnung der Bundesrepublik Deutschland eine **gegenbildlich identitätsprägende Bedeutung**, die einzigartig ist und allein auf der Grundlage allg gesetzlicher Bestimmungen nicht eingefangen werden kann Die Offenheit des Art 5 I und II für Sonderbestimmungen wie § 130 IV StGB ist aber nicht Ausdruck eines allg antinationalsozialistischen Grundprinzips, das dem GG nicht immanent ist (BVerfG 4.11.2009, 1 BvR 2150/08, BVerfGE 124, 100). Die Äußerung, D. Bonhoeffer sei »zweifelsfrei ein Landesverräter« gewesen, dessen Verurteilung zum Tode »rein juristisch gerechtfertigt« gewesen sei, ist nicht von der Meinungsfreiheit gedeckt (OLG Köln 22.1.2014, 1 RVs 272/13). 31

D. Einzelne arbeitsrechtliche Aspekte. I. Meinungsfreiheit. 1. Bedeutung. Das Grundrecht der Meinungsfreiheit entfaltet seinen **Schutzauftrag** bspw dann, wenn ggü einem AN eine Kdg wegen bestimmter Äußerungen ausgesprochen werden soll, die an sich durch Art 5 I gedeckt und damit gerechtfertigt sind. Mehrdeutige Äußerungen dürfen wegen eines möglichen Inhalts nicht zu nachteiligen Folgen führen, ohne dass eine Deutung, die zu einem von der Meinungsfreiheit gedeckten Ergebnis führen würde, mit schlüssigen, überzeugenden Gründen ausgeschlossen worden ist. Gilt für Meinungsäußerungen eine Vermutung zu Gunsten der freien Rede, gilt dies für Tatsachenbehauptungen nicht in gleicher Weise. Ob eine Äußerung ihrem Schwerpunkt nach als Meinungsäußerung oder Tatsachenbehauptung anzusehen ist, beurteilt sich nach dem Gesamtkontext (BAG 18.12.2014, 2 AZR 265/14, NZA 2015, 797). 32

2. Gesetzliche Schranken. Die Meinungsfreiheit ist nicht erst dann berührt, wenn das grundrechtl geschützte Verhalten selber eingeschränkt oder untersagt wird. Es genügt, dass nachteilige Rechtsfolgen daran geknüpft werden. Das ist zB dann der Fall, wenn ein ausbildendes Unternehmen einen **Auszubildenden** nach erfolgreichem Abschluss seiner Berufsausbildung allein wegen einer **Meinungsäußerung in einer Schülerzeitschrift** nicht einstellt. Es sind dann von Verfassungs wegen Grundrechte des AG, insb dessen durch Art 2 I geschützte Privatautonomie, zu beachten. Die Gerichte haben jedoch auch der Bedeutung des Art 5 bei der Auslegung und Anwendung der Vorschriften des Privatrechts Rechnung zu tragen (BVerfG 19.5.1992, 1 BvR 126/85, BVerfGE 86, 122). Die Ausübung des von Art 5 I geschützten Grundrechts auf freie Meinungsäußerung wird von § 612a BGB geschützt. Bietet ein AG einem **befristet beschäftigten** AN deswegen keinen **Folgevertrag** an, weil der AN seine Meinung geäußert hat, liegt darin eine von § 612a BGB verbotene Maßregelung (BAG 21.9.2011, 7 AZR 150/10, NZA 2012, 317). Auch eine arbeitsgerichtliche Entsch, die einem **AG** die Wiedergabe von anonymen Zuschriften aus dem Beschäftigtenkreis in einer **Werkszeitung** untersagt, sofern diese sich bewertend auf die Tätigkeit des Betriebsrats beziehen, verletzt die Pressefreiheit jedenfalls dann, wenn das Gericht den grundrechtlichen Einfluss aus Art 5 überhaupt nicht berücksichtigt oder unzutreffend eingeschätzt hat und die Entsch auf der Verkennung des Grundrechtseinflusses beruht (BVerfG 8.10.1996, 1 BvR 1183/90, BVerfGE 95, 28). Wo die Grenze zwischen im Einzelfall zulässiger und nicht mehr verfassungsrechtlich gerechtfertigter Meinungsäußerung verläuft, kann im Arbeitsleben nicht immer eindeutig bestimmt werden. Nach Ansicht des BAG handelt es sich bei den von ihm »entwickelten« Grundregeln des ArbR um allg G iSd Art 5 II. Eine Grundregel des ArbR sei das »Pflichtgebot, sich so zu verhalten, dass der Betriebsfrieden nicht ernstlich und schwerlich gefährdet wird und die Zusammenarbeit im Betrieb mit den übrigen AN, aber auch mit AG, für diese zumutbar bleibt« (BAG 3.12.1954, 1 AZR 150/54, AP KSchG § 13 Rn 2). Hierbei handelt es sich nach Ansicht des BAG um eine gesetzliche Einschränkung der Meinungsfreiheit im ArbR. Nachdem das BAG diese Formel dahin gehend weiterentwickelt hat, dass der AN den Interessen des AG zuwiderhandeln oder diese beeinträchtigen darf (BAG 28.9.1972, 2 AZR 469/71, AP BGB § 134 Nr 2), stellt es nunmehr zutreffend auf die Wechselwirkungstheorie ab, um festzulegen, wann die Grenze der freien Meinungsäußerung im ArbR überschritten ist. **Rechtl Anknüpfungspunkt** dafür ist zum einen die sich aus § 241 II BGB ergebende Pflicht, Rücksicht auf die Rechte, Rechtsgüter und Interessen des anderen Vertragspartners zu nehmen. Zum anderen ist zu berücksichtigen, dass sich das Direktionsrecht des AG nach § 106 S 2 GewO auch auf die Ordnung und das Verhalten der AN im Betrieb erstreckt. Insoweit steht dem BR bei kollektiven Fragen nach § 87 I Nr 1 BetrVG ein Mitbestimmungsrecht zu. Auch ein **außerdienstliches Verhalten eines ehrenamtlichen Richters** der Arbeitsgerichtsbarkeit (Mitwirkung bei einer Rockband, die eine Zuordnung zur rechtsextremistischen Skinhead-Szene erkennen lässt) kann als grobe Amtspflichtverletzung angesehen werden, die dessen **Amtsenthebung** nach § 27 I ArbGG rechtfertigt (BVerfG 6.5.2008, 2 BvR 337/08, NZA 2008, 962). 33

34 Mit Blick darauf, dass der AN die betrieblichen und unternehmerischen Belange des AG zu berücksichtigen verpflichtet ist, und der AG seinerseits die unterschiedlichen und widerstreitenden Meinungen seiner AN zu respektieren hat, können allg **verbindliche Leitlinien**, wann eine zulässige Meinungsäußerung nicht mehr gegeben ist, nicht aufgestellt werden. Von einer zulässigen Meinungsäußerung wird man zumindest dann nicht mehr ausgehen können, wenn der **Betriebsfrieden gestört** ist oder der soziale Geltungsanspruch – der Ruf des Unternehmens – Schaden zu nehmen droht. Dies kann etwa bei rassistischen oder ausländerfeindlichen Äußerungen der Fall sein (BAG 1.7.1999, 2 AZR 676/98, AP § 15 BBiG Nr 11). Im Einzelfall bedarf es zu der Feststellung, ob der Betriebsfrieden tatsächlich nachhaltig gestört ist, der Abwägung der widerstreitenden Interessen.

35 Das **Tragen von Plaketten, Aufklebern oder das Verteilen von Flugblättern** durch den AN im Betrieb ist eine Äußerungsform der Meinungsfreiheit. Auch diese Tätigkeiten sind solange und soweit zulässig, als der Betriebsfrieden nicht nachhaltig gestört wird und andere AN und der AG nicht ihrerseits unzumutbar in ihrer negativen Meinungsfreiheit beeinträchtigt werden. Das Tragen einer auffälligen Plakette im Betrieb während der Arbeitszeit, durch die eine parteipolitische Meinung **bewusst und herausfordernd** zum Ausdruck gebracht wird (»Anti-Strauß-Plakette«), kann ähnlich wie eine **ständige verbale Agitation** eine **provozierende parteipolitische Betätigung** darstellen, die einen wichtigen Grund zur außerordentlichen Kdg abgeben kann, wenn durch das Verhalten des AN der **Betriebsfrieden oder der Betriebsablauf konkret gestört** oder die **Erfüllung der Arbeitspflicht beeinträchtigt** wird (BAG 9.12.1982, 2 AZR 620/80, BAGE 41, 150). Der Begriff des Betriebsfriedens ist abhängig und wird bestimmt von der Summe aller derjenigen Faktoren, die – unter Einschluss des Betriebsinhabers (AG) – das Zusammenleben und Zusammenwirken der in einem Betrieb tätigen Betriebsangehörigen ermöglichen, erleichtern oder auch nur erträglich machen. Der Betriebsfrieden als ein die Gemeinschaft aller Betriebsangehörigen umschließender Zustand ist daher immer dann gestört, wenn das störende Ereignis einen kollektiven Bezug aufweist. Einschränkungen der Meinungsfreiheit des AN ergeben sich dann, wenn er in Kontakt nach außen zu Kunden oder anderen Unternehmen tritt. Diesbezüglich kann der AG ein loyales Verhalten umso mehr verlangen, als geschäfts- oder rufschädigende Meinungsäußerungen zur Diskussion stehen.

36 **Kritik am AN und am AG** wird grds ebenfalls durch die Meinungsfreiheit des Art 5 I geschützt. Dies gilt vor allem bei politischen Fragen, die AG und AN naturgem unterschiedlich beurteilen (BVerfG 8.10.1996, 1 BvR 1183/90, BVerfGE 95, 28 ff). Allerdings ist der AN zunächst verpflichtet, seine Kritik am AG innerbetrieblich zu äußern und ihr mit arbeitsrechtlichen Instrumenten Abhilfe zu schaffen (BAG 3.7.2003, 2 AZR 235/02, NZA 2004, 427). Eine **allg »Tendenzförderungspflicht« besteht nicht** mit der Folge, dass die Meinungsfreiheit von AN, die in Tendenzbetrieben beschäftigt sind, nicht etwa bes Einschränkungen unterliegt. Daher ist es durchaus zulässig, dass ein Bankangestellter für die Verschärfung der Bankenaufsicht eintritt.

37 **3. Vertragliche Schranken.** Einschränkungen der Meinungsfreiheit können sich aufgrund **vertraglicher Vereinbarungen** ergeben. Bei **Tendenzunternehmen** und bei den **Kirchen** sind derartige Einschränkungen, die dem AN eine gewisse Zurückhaltung bei seiner Meinungsäußerung auferlegen, **unmittelbar aus dem Arbeitsvertrag** abzuleiten. Gleiches gilt für Berufe, die bes berufsrechtl Bindungen unterliegen (ErfK/*Schmidt* Art 5 GG Rn 38). Eine bes Loyalitätspflicht von AN ggü AG dürfte schließlich auch weiter im **öffentl Dienst** bestehen, auch wenn der TVöD insoweit keine explizite Regelung mehr enthält. Zwar besteht nach der Neuregelung des Tarifrechts für die Beschäftigten des öffentl Dienstes nicht mehr die bes Pflicht, ihr gesamtes privates Verhalten so einzurichten, dass das Ansehen des öffentl AG nicht beeinträchtigt wird. § 241 II BGB gilt aber auch für die Beschäftigten des öffentl Dienstes. Sie sind auch außerhalb der Arbeitszeit verpflichtet, auf die berechtigten Interessen des AG Rücksicht zu nehmen (BAG 28.10.2010, 2 AZR 293/09, NZA 2011, 112; 6.9.2012, 2 AZR 372/11, NZA 2013, 1448; *Groeger* in: Aktuelle Fragen der Beschäftigung im öffentlichen Dienst, Brinktriene/Kerwer/Weber (Hg.), 2016, S 72 ff). Daneben können der Ausübung der Meinungsfreiheit auch durch **kollektivvertragliche Regelungen** bestimmte Grenzen gesetzt werden.

38 **4. Betriebsrat.** Der BR kann sich **in Ausübung seiner Tätigkeit ebenfalls auf das Grundrecht der freien Meinungsäußerung** berufen (zur Grundrechtsfähigkeit des BR: *Richardi* BetrVG Einl Rn 112 f). Er kann eigenverantwortlich darüber entscheiden, zu welchem Zeitpunkt und in welchem Umfang öffentl Stellungnahmen angebracht sind. Mit Blick darauf, dass dieses Recht dem AG in gleicher Weise zusteht, geht es insoweit um ein »Informationsgleichgewicht« zwischen den beteiligten Stellen. Der AG ist nur verpflichtet, diejenigen Kosten zu tragen, die für die Öffentlichkeitsarbeit des BR erforderlich sind, sodass der Meinungsfreiheit des BR insoweit bereits faktisch Schranken gesetzt sind. Auch hat der BR solche Aktivitäten

zu unterlassen, die den Betriebsfrieden und die negative Meinungsfreiheit der im Betrieb beschäftigten AN in unzumutbarer Weise beeinträchtigen.

II. Pressefreiheit. 1. Grundlagen. Träger des Grundrechts sind sowohl Verleger als auch Redakteure (Schmidt-Bleibtreu/Klein/*Odendahl* Art 5 Rn 21). Im Verhältnis zwischen dem Verleger und den Redakteuren eines Presseunternehmens findet Art 5 I 2 keine unmittelbare Anwendung (Jarass/Pieroth/*Jarass* Art 5 Rn 85). Aufgabe des ArbR im Bereich der Presse ist es, die widerstreitenden Interessen der im Pressewesen tätigen Personen – Journalisten, Redakteure, etc – im Verhältnis zur Pressefreiheit ihrer AG zum Ausgleich zu bringen. Da die von der Pressefreiheit des Art 5 I gewährleistete freie individuelle und öffentl Meinungsbildung nicht nur von allg zugänglichen, sondern auch von gruppeninternen Publikationen ermöglicht wird, gehören auch Werkszeitungen, die nur unternehmensintern verteilt werden, zur Presse iSv Art 5 I 2. Entscheidend ist insoweit allein das Kommunikationsmedium, nicht der Vertriebsweg oder der Empfängerkreis (BVerfG 8.10.1996, 1 BvR 1183/90, BVerfGE 95, 28 ff). 39

2. Arbeitsvertragsrecht. Konflikte können bereits bei der Einstellung von Redakteuren auftreten. Geht es um die Einstellung bei Tendenzunternehmen, rechtfertigt der Tendenzbezug weiter gehende Fragen als dies ansonsten bei der Anbahnung eines Arbeitsverhältnisses zulässig ist. Dies hat zur Folge, dass der AN auf tendenzbezogene Fragen – allerdings nur im Lichte des Verhältnismäßigkeitsprinzips – zu antworten verpflichtet ist. So ist die an einen Wirtschaftsredakteur gerichtete Frage nach seinem Aktienbesitz, die auf die Sicherstellung der Unabhängigkeit der Berichterstattung abzielt, in den Grenzen des Verhältnismäßigkeitsgrundsatzes durchaus gerechtfertigt. Schließlich ist die Arbeit der Redakteure in wesentlichen Umfang durch deren **Tendenzloyalität** geprägt. Dies erfolgt regelmäßig durch die Festlegung redaktioneller Richtlinien oder von Redaktionsstatuten (ErfK/*Schmidt* Art 5 GG Rn 75). Durch diese Regelungen und nicht zuletzt durch den Arbeitsvertrag wird der Redakteur einem Gebot zur Tendenzloyalität unterworfen. Auch der **außerdienstliche Bereich** kann von der Pflicht zur Tendenzloyalität erfasst sein. Kritisch zu beurteilen sein können ua tendenzwidrige Nebentätigkeiten oder aber auch die private oder öffentl Lebensführung, die sich in Ausnahmefällen als vertragswidrig erweisen kann. 40

Zur Sicherung der Freiheit der Journalisten und Redakteure werden Formen der **inneren Pressefreiheit** diskutiert. Insoweit kann es sich aber nicht um ein zu sicherndes Freiheitsrecht der Redakteure gegenüber dem Verleger handeln (v Mangoldt/Klein/*Starck* Art 5 Rn 90 ff). 41

3. Betriebsverfassungsrecht. Aus dem Tendenzschutz ergeben sich auch in betriebsverfassungsrechtl Hinsicht zahlreiche Probleme. Schließlich ermöglicht die Mitbestimmung dem BR, maßgeblich Einfluss auf die Führung und Ausrichtung eines Presseunternehmens zu nehmen. Daher finden die Vorschriften des BetrVG jedenfalls insoweit keine Anwendung auf Presseunternehmen, als deren Eigenart dies erfordert – »**Eigenartsklausel**« (BVerfG 6.11.1979, 1 BvR 81/76, BVerfGE 52, 283 ff). Soweit häufig **freiwillige Redaktionsstatute** abgeschlossen werden, handelt es sich hierbei um arbeitsvertragliche Einheitsregelungen zwischen Verlegern und Redakteuren, die aus Gründen der Praktikabilität und Zweckmäßigkeit als unproblematisch beurteilt werden (BAG 19.6.2001, 1 AZR 463/00, AP BetrVG 1972 § 3 Nr 3). 42

4. Arbeitskampf. Die im Pressewesen tätigen Unternehmen sind nicht etwa vom Streikrecht ausgenommen. Auch wenn bei einem Streik im Pressewesen das Medienangebot vorübergehend eingeschränkt werden müsste, gibt es zwar **kein Gebot**, das besagt, dass Presseunternehmen »**streikfrei**« **zu halten sind** (BVerfG 26.6.1991, 1 BvR 779/85, BVerfGE 84, 212 ff; *Brox/Rüthers* Arbeitskampfrecht Rn 96; v Mangoldt/Klein/ *Starck* Art 5 Rn 73). Allerdings ist eine **totale Ausschaltung sämtlicher Presseerzeugnisse** nach überwiegender Auffassung **nicht zulässig**. Gleiches gilt für die gezielte Ausschaltung bestimmter publizistischer Tendenzen (*Brox/Rüthers* Arbeitskampfrecht Rn 96; MünchArbR/*Otto* § 285 Rn 227). Demggü müssen arbeitskampfspezifische Beschneidungen des Meinungsspektrums und Einschränkungen des Informationsangebotes durchaus hingenommen werden, weil es sich insoweit nicht um lebenswichtige Betriebe handelt (MünchArbR/*Otto* § 285 Rn 227; ErfK/*Schmidt* Art 5 GG Rn 85). Soweit der Arbeitskampf durch eine **Aussperrung** abgewehrt werden soll, ist dies ebenfalls nur innerhalb der **Grenzen des Art 5 I 2** zulässig mit der Folge, dass sie nicht zum Totalausfall führen darf. 43

III. Rundfunkfreiheit. 1. Bedeutung. Der Rundfunk ist in Deutschland sowohl **öffentl-rechtl** als auch **privatrechtl** organisiert. Träger des Grundrechts sind alle natürlichen und juristischen Personen sowie Personenvereinigungen, die eigenverantwortlich Rundfunk veranstalten und verbreiten. Dazu gehören auch die öffentl-rechtl Rundfunkanstalten (Jarass/Pieroth/*Jarass* Art 5 Rn 41; v Mangoldt/Klein/*Starck* Art 5 Rn 125). 44

45 **2. Arbeitsvertragsrecht.** Der Schutz von Art 5 I 2 umfasst auch das Recht der Rundfunkanstalten, frei von fremdem, insb staatlichem Einfluss über die Auswahl, Einstellung und Beschäftigung derjenigen Mitarbeiter zu bestimmen, die an Hörfunk- und Fernsehsendungen inhaltlich gestaltend mitwirken. Um der gebotenen Programmvielfalt gerecht werden zu können, müssen die Rundfunkanstalten auf einen breit gestreuten Kreis unterschiedlich geeigneter Mitarbeiter zurückgreifen können. Dies kann seinerseits voraussetzen, dass unterschiedliche Vertragsgestaltungen einsetzbar sind und dass die Mitarbeiter nicht auf Dauer, sondern nur für die Zeit beschäftigt werden, in der sie benötigt werden. Insofern umfasst der Schutz der Rundfunkfreiheit neben der Auswahl der Mitarbeiter auch die **Befugnis**, bei der Begründung von Mitarbeiterverhältnissen **den jeweils geeigneten Vertragstyp zu wählen**. Von Verfassungs wegen ist dabei nicht ausgeschlossen, von den für das ArbR allg entwickelten Merkmalen für die Abgrenzung abhängiger Arbeit vom freien Dienstvertrag auszugehen (BVerfG 18.2.2000, 1 BvR 491/93 ua, EzA Art 5 GG Nr 25). Die Berücksichtigung der Rundfunkfreiheit schon bei der Zuordnung zum AN-Begriff käme nur insoweit in Betracht, als bereits mit der Einordnung des Beschäftigungsverhältnisses als Arbeitsverhältnis der Schutz aus Art 5 I 2 versperrt würde. Denkbar wäre dies, wenn die verfügbaren Vertragsgestaltungen – wie Teilzeitbeschäftigungs- oder Befristungsabreden – zur Sicherung der Aktualität und Flexibilität der Berichterstattung in tatsächlicher oder rechtl Hinsicht nicht in gleicher Weise geeignet sind wie die Beschäftigung in freier Mitarbeit (BVerfG 22.8.2000, 1 BvR 2121/94, NZA 2000, 1097). Ist die **Befristung des Arbeitsvertrags eines Programm gestaltenden Mitarbeiters** mit einer Rundfunkanstalt auf ihre Wirksamkeit zu überprüfen, ist eine einzelfallbezogene Abwägung zwischen dem Bestandsschutz des AN und den bei Bejahung des Bestandsschutzes zu erwartenden Auswirkungen auf die Rundfunkfreiheit vorzunehmen. Dabei sind die Belange der Rundfunkanstalt und des AN im Einzelfall abzuwägen, wobei den Rundfunkanstalten die zur Erfüllung ihres Programmauftrags notwendige Freiheit und Flexibilität nicht genommen werden darf. Bei dieser Abwägung ist vor allem zu berücksichtigen, mit welcher Intensität der betroffene Mitarbeiter auf das Programm der Rundfunk- und Fernsehanstalt Einfluss nehmen kann und wie groß die Gefahr bei Bejahung eines unbefristeten Arbeitsverhältnisses ist, dass die Rundfunkanstalt nicht mehr den Erfordernissen eines vielfältigen Programms und den sich künftig ändernden Informationsbedürfnissen und Publikumsinteressen gerecht werden kann (BAG 26.7.2006, 7 AZR 495/05, EzA § 14 TzBfG Nr 31; 4.12.2013, 7 AZR 457/12, EzA § 14 TzBfG Nr 101). Soweit jedoch das BAG verschiedentlich ausgeführt hat, dass sich nicht programmgestaltende Tätigkeit in Rundfunkanstalten regelmäßig nur in Arbeitsverhältnissen ausführen lasse, hat es klargestellt, dass darin keine Aufstellung einer verbindlichen rechtlichen Regel, sondern lediglich ein Hinweis auf einen Erfahrungswert liegt, wonach nicht programmgestaltende Mitarbeiter häufiger die Kriterien eines AN erfüllen, als es bei programmgestaltenden Mitarbeitern zu erwarten ist. Die Unterscheidung zwischen programmgestaltender u nicht programmgestaltender Tätigkeit behält jedoch darüber hinaus Bedeutung, weil bestimmte Gegebenheiten je nachdem, ob es sich um programmgestaltende Mitarbeiter handelt oder nicht, unterschiedlichen Aussagewert im Hinblick auf den AN-Status haben können (BAG 17.4.2013, 10 AZR 272/12, EzA § 611 BGB 2002 Arbeitnehmerbegriff Nr 24).

46 **3. Kollektives ArbR.** Aus der Rundfunkfreiheit ergeben sich auch **Einschränkungen für die Mitbestimmung**. Dies folgt für **private Rundfunkveranstalter** aus § 118 I Nr 2 BetrVG, der im Lichte der Verfassung entspr auszulegen ist (BAG 11.2.1992 u 27.7.1993, 1 ABR 8/93, AP BetrVG § 118 Rn 15). Soweit für die **öffentl-rechtl Rundfunkanstalten** im Schwerpunkt die Länder zuständig sind und diese das Personalvertretungsrecht teilw in Staatsverträgen geregelt haben, entbindet sie dies nicht von der Beachtung des Art 5 I 2. Ob und inwieweit auch die Tarifautonomie durch die Rundfunkfreiheit eingeschränkt wird, ist demggü jedenfalls bislang weitgehend ungeklärt (ErfK/*Schmidt* Art 5 GG Rn 106).

47 **IV. Freiheit der Wissenschaft, Forschung und Lehre. 1. Arbeitsvertragsrecht.** Art 5 III enthält eine obj Wertentscheidung, die den Staat dazu verpflichtet, die Pflege der freien Wissenschaft und ihre **Vermittlung an die nachfolgende Generation** durch Bereitstellung von personellen, finanziellen und organisatorischen Mitteln zu ermöglichen und zu fördern. Zur sachgerechten Förderung des akademischen Nachwuchses, einer aus Art 5 III folgenden Aufgabe, ist die generelle **Befristung der Beschäftigungsverhältnisse von wissenschaftlichen Mitarbeitern** geeignet und auch erforderlich. Arbeitsverhältnisse, die Gelegenheit zur wissenschaftlichen Weiterbildung nach Beendigung eines Studiums geben, sind dazu unentbehrlich (zu staatl Einrichtungen der Ressortforschung s § 5 WissZeitVG Rn 1). Professionelle wissenschaftliche Arbeitsweisen können schwerlich anders als in täglicher Berufsarbeit erlernt und eingeübt werden. Entsprechende Beschäftigungsverhältnisse gewähren zugleich eine gewisse Alimentierung während einer Phase beruflicher Qualifikation, die auf eine vollwertige wissenschaftliche Arbeit vorbereiten soll. Dieser Sinn verflüchtigt sich, wenn das Arbeitsverhältnis über einen gewissen Zeitraum hinaus andauert. Der Einübungseffekt nutzt sich

ab. Jede vorberufliche Lernphase muss einmal zu Ende gehen. **Kontinuierliche Nachwuchsförderung** in Arbeitsverhältnissen kann nur betrieben werden, wenn die **beschränkt vorhandenen Stellen immer wieder frei werden**. Ein milderes Mittel als die Befristung der Arbeitsverhältnisse ist dazu nicht ersichtlich (BVerfG 24.4.1996, 1 BvR 712/86, EzA Art 9 GG Nr 61). Die Verfolgung dieses Ziels rechtfertigt auch zwingende, nicht tarifdispositive gesetzliche Regelungen der Befristung von Beschäftigungsverhältnissen mit wissenschaftlichen Mitarbeitern und damit eine Einschränkung der Tarifautonomie nach Art 9 III.

Die erleichterte Befristungsmöglichkeiten bei Drittmittelfinanzierungen nach § 57b II Nr 4 HRG aF setzte 48 voraus, dass die Tätigkeit des **wissenschaftlichen Mitarbeiters** nach dem Vertragsinhalt im Rahmen eines durch eine bestimmte Fragestellung beschriebenen Forschungsprojekts erfolgen soll. Es kommt danach lediglich darauf an, dass es sich bei dem **Projekt** um Forschung handelt, und nicht darauf, ob der wissenschaftliche Mitarbeiter innerhalb des Forschungsvorhabens selbst überwiegend »Forschung« betreibt. Die Art der Tätigkeit des im Rahmen der Drittmittelbefristung beschäftigten wissenschaftlichen Mitarbeiters wird nur insoweit vorgegeben, als es sich um Dienstleistungen in Forschung und Lehre handeln muss, für die in der Regel ein abgeschlossenes Hochschulstudium erforderlich ist (BAG 13.8.2008, 7 AZR 295/07, ArbRB 2009, 66). Ist ein **Lektor** ausschließlich mit der Vermittlung von Fremdsprachenkenntnisse befasst, liegen die Voraussetzungen der §§ 57a bis e HRG idF v. 17.12.2004 nicht vor, da der Lektor nicht zu dem in § 57a I S 1 HRG nF genannten wissenschaftlichen und künstlerischen Personal zählt (BAG 16.4.2008, 7 AZR 85/07, NJW 2009, 795).

Wenn es um die Beendigung von Arbeitsverhältnissen wissenschaftlich tätiger Personen geht, ist nach 49 Ansicht des BAG Art 12 GG das sachnähere Grundrecht, bei dessen Anwendung auch Art. 5 III GG zu berücksichtigen sei (BAG 11.9.2013, 7 AZR 843/11, NZA 2013, 2053). Der Landesgesetzgeber ist berechtigt, Voraussetzungen der Wirksamkeit der Befristung von Arbeitsverhältnissen angestellter Hochschulprofessoren zu regeln (BAG 11.9.2013, 7 AZR 843/11, EzA § 620 BGB 2002 Hochschulen Nr 11).

An Hochschulen können neben **Beamtenverhältnissen** und **Arbeitsverhältnissen** auch **öffentl-rechtl** 50 **Dienstverhältnisse eigener Art** begründet werden. Art 33 IV steht öffentl-rechtl Dienstverhältnissen eigener Art nicht entgegen (BAG 18.7.2007, 5 AZR 854/06, EzA § 611 BGB 2002 Arbeitnehmerbegriff Nr 11). Offen gelassen hat das BAG, ob bei der Nichtigkeit der Begründung eines öffentl-rechtl Dienstverhältnisses eigener Art, das iÜ nach den Regeln eines Arbeitsverhältnisses durchgeführt wurde, eine **Umdeutung in ein Arbeitsverhältnis** in Betracht kommt. Dies erscheine dann denkbar, wenn die Ausgestaltung des Rechtsverhältnisses dazu geeignet ist, sich zwingenden arbeitsrechtl Bestimmungen zu entziehen (BAG 14.9.2011, 10 AZR 466/10, EzA § 611 BGB 2002 Arbeitnehmerbegriff Nr 19). Die Privatautonomie ermöglicht es jedoch, dass Arbeit nicht nur im Rahmen eines Arbeitsverhältnisses, sondern auch aufgrund von anderen privat- oder öffentl-rechtlichen Rechtsverhältnissen erbracht werden kann (*Groeger*, ZTR 2014, 379; NK-GA/*Groeger*, Art 140 GG Rdn 46 ff).

2. Organisationsrecht. Art 5 III gewährt wissenschaftlichen Einrichtungen als solchen keinen Schutz vor 51 **Auflösung oder Zusammenlegung** mit anderen Einrichtungen. Auch der einzelne Forscher ist nicht vor einer Auflösung der öffentl Einrichtung, in der er arbeitet, geschützt (BVerfG 10.3.1992, 1 BvR 454/91 ua, EzA Art 38 Einigungsvertrag Nr 3; BVerfG 12.5.2015, 1 BvR 1501/13 ua, NVwZ 2015, 1370).

Im Bereich des mit öffentl Mitteln eingerichteten und unterhaltenen Wissenschaftsbetriebs hat der Staat 52 durch geeignete organisatorische Maßnahmen dafür zu sorgen, dass das Grundrecht der freien wissenschaftlichen Betätigung so weit unangetastet bleibt, wie das unter Berücksichtigung der anderen legitimen Aufgaben der Wissenschaftseinrichtungen und der Grundrechte der verschiedenen Beteiligten möglich ist. Eine bestimmte **Organisation** ist damit aber nicht vorgegeben, vielmehr hat der Gesetzgeber einen erheblichen Gestaltungsspielraum (näher v Mangoldt/Klein/*Starck* Art 5 Rn 382 ff). Zu den weiteren verfassungsrechtl Fragen bei der Organisation **außeruniversitärer staatlicher Forschungseinrichtungen**, der Einrichtung von **Stiftungsuniversitäten** sowie der Organisation **privat oder kirchlich getragener Wissenschaftseinrichtungen** (v Mangoldt/Klein/*Starck* Art 5 Rn 401 f, 395 ff u 403 f.). Die mit Art 5 I garantierte Mitwirkung erstreckt sich auf **alle wissenschaftsrelevanten Entscheidungen**, einschl der Organisationsstruktur, den Haushalt und die Krankenversorgung (BVerfG 24.6.2014, 1 BvR 3217/07, NJW 2014, 2856).

So ist die **Übertragung von Universitätskliniken** auf eine Anstalt des öffentl Rechts mit anschließender 53 Umwandlung in eine GmbH und Beteiligung eines privaten Rechtsträgers an dieser GmbH mit 95 % verfassungsrechtl nicht zu beanstanden (BAG 18.12.2008, 8 AZR 660/07, EzTöD 100 § 2 TVöD-AT Betriebsübergang Nr 15; zum Erfordernis der Wahrung von AN-Rechten beim gesetzlich vollzogenen AG-Wechsel bei der Privatisierung s jedoch BVerfG 25.1.2011, 1 BvR 1741/09, BGBl I 2011, 362; BVerwG 26.11.2009, 2 C 15/08, BVerwGE 135, 286, Verf Beschwerde nicht angenommen). Viele Rechtsfragen, die aus der Organisationsreform der Universitätskliniken in verschiedenen Ländern resultieren, sind

Art. 6 GG Ehe, Familie, nichteheliche Kinder

jedoch verfassungsrechtl noch nicht geklärt (BVerfG 11.11.2002, 1 BvR 2145/01 ua, NVwZ 2003, 600). Mit der **Verselbstständigung der Universitätskliniken** wird im Hinblick auf das Grundrecht der an ihnen tätigen medizinischen Hochschullehrer aus Art 5 III 1 die Unterscheidung zwischen dem Bereich universitärer Forschung und Lehre einerseits und dem Bereich der Krankenversorgung andererseits auch in der Organisationsstruktur sichtbar. Das BVerfG hat dabei betont, dass vor allem ein **Einvernehmenserfordernis** ggü dem verselbstständigten Universitätsklinikum die Wissenschaftsfreiheit organisatorisch sichert und damit gewährleistet, dass die Professorinnen und Professoren des Fachbereichs Medizin über den Fachbereichsrat auch auf wissenschaftsrelevante Entscheid des Universitätsklinikums Einfluss ausüben können (BVerfG 27.11.2007, 1 BvR 1736/07, NVwZ-RR 2008, 217). Es hat damit der Verfassungsbeschwerde eines Medizinprofessors stattgegeben, der sich gegen die Beeinträchtigung seiner Forschungsfreiheit durch Schließung einer Bettenstation gewandt hatte, weil die Leitung des Universitätsklinikums mit dem zuständigen Organ der medizinischen Fakultät kein Einvernehmen erzielt hatte (nachfolgend BVerfG 2.7.2008, 1 BvR 1165/08, BVerfGK 14, 72; 1.2.2010, 1 BvR 1165/08; 22.12.2014, 1 BvR 1553/14).

54 E. **Verhältnis zu sonstigen Grundrechten.** Ggü Art 2 I ist Art 5 I lex specialis. Art 5 I 1 und Art 8 stehen selbstständig nebeneinander und sind nebeneinander anwendbar (BVerfG 26.6.1990, 1 BvR 776/84, BVerfGE 82, 236 ff). Die kommunikativen Inhalte und Ausdrucksformen von Versammlungen sind dabei nach Art 5 zu beurteilen. Sofern die Versammlung einen künstlerischen Charakter hat, ist Art 5 II einschlägig. Art 4 ist ggü der Meinungsfreiheit spezieller (vgl BVerfG 19.10.1971, 1 BvR 387/65, BVerfGE 32, 98 ff). Sofern allg Meinungsäußerungen auch Themen des Art 4 beinhalten, ist Art 5 anwendbar (v Münch/Kunig/*Wendt* Art 5 Rn 115 ff).

Art. 6 Ehe, Familie, nichteheliche Kinder

(1) Ehe und Familie stehen unter dem besonderen Schutze der staatlichen Ordnung.
(2) ¹Pflege und Erziehung der Kinder sind das natürliche Recht der Eltern und die zuvörderst ihnen obliegende Pflicht. ²Über ihre Betätigung wacht die staatliche Gemeinschaft.
(3) Gegen den Willen der Erziehungsberechtigten dürfen Kinder nur auf Grund eines Gesetzes von der Familie getrennt werden, wenn die Erziehungsberechtigten versagen oder wenn die Kinder aus anderen Gründen zu verwahrlosen drohen.
(4) Jede Mutter hat Anspruch auf den Schutz und die Fürsorge der Gemeinschaft.
(5) Den nichtehelichen Kindern sind durch die Gesetzgebung die gleichen Bedingungen für ihre leibliche und seelische Entwicklung und ihre Stellung in der Gesellschaft zu schaffen wie den ehelichen Kindern.

Übersicht		Rdn.			Rdn.
A.	Grundlagen	1	E.	Grundrechtsschranken	10
B.	Begriffsbestimmungen	3	F.	Bedeutung im ArbR	11
I.	Ehe	3	G.	Elternrecht (Art 6 II)	17
II.	Familie	4	H.	Verfassungsrechtliche Wertentscheidung zum Mutterschutz (Art 6 IV)	18
C.	Grundrechtsträger	5			
D.	Inhalt und Umfang des staatlichen Schutzauftrages (Art 6 I)	6	I.	Grundlagen und Schutzauftrag	18
			II.	Bedeutung im ArbR	19
I.	Grundlagen	6	I.	Schutz nichtehelicher Kinder (Art 6 V)	20
II.	Grenzen der Schutzpflicht	7	J.	Verhältnis zu anderen Grundrechten	21
III.	Nichteheliche Lebensgemeinschaften	8			
IV.	Gleichgeschlechtliche Lebenspartnerschaften	9			

1 **A. Grundlagen.** Art 6 I stellt Ehe und Familie als die **Keimzelle jeder menschlichen Gemeinschaft**, deren Bedeutung mit keiner anderen Gemeinschaft verglichen werden kann, unter den bes Schutz der staatlichen Ordnung. Sie unterscheidet sich von den anderen Grundrechten im Wesentlichen durch ihre bes Schutzfunktion. Art 6 enthält zum einen eine **Institutsgarantie** (BVerfG 12.5.1987, 2 BvR 1226/86 ua, BVerfGE 76, 1 ff), die eine gesetzliche Ausgestaltung von Ehe und Familie verlangt, welche die überkommenen Strukturprinzipien als Ordnungskern bewahrt, ohne sich gesellschaftlichen Entwicklungen zu verschließen (BVerfG 17.7.2002, 1 BvF 1/01 ua, BVerfGE 105, 313 ff). In dieser Eigenschaft sichert Art 6 I Ehe und Familie lediglich in ihrer wesentlichen Struktur (BVerfG 17.1.1957, 1 BvL 4/54, BVerfGE 6, 55 ff). Als **Grundrecht schützt Art 6 vor störenden Eingriffen des Staates** und statuiert zudem **eine wertentscheidende Grundsatznorm für das gesamte Ehe und Familie betreffende Recht** (BVerfG

24.4.1968, 1 BvR 384/67, BVerfGE 24, 135 ff). Der Einzelne kann aus Art 6 I ein Abwehrrecht gegen schädigende und störende Eingriffe des Staates in seine Ehe und Familie herleiten (BVerfG 7.5.1957, 1 BvR 289/56, BVerfGE 6, 388 ff). Gesetzgeber, Gericht und Verwaltung sind wie bei sonstigen Abwehrrechten auch nach Art 1 III an Art 6 I gebunden (BVerfG 21.2.1961, 1 BvL 29/57, BVerfGE 12, 151 ff). Trotz der ggü Art 119 WRV kürzeren Formulierung in Art 6 I spricht nichts dafür, dass der Grundgesetzgeber den Wirkungsbereich der Schutznorm im Gegensatz zu der WRV auf die das Institut formenden Normen des Ehe- und Familienrechts beschränken wollte (BVerfG 24.4.1968, 1 BvR 384/67, BVerfGE 24, 104 ff). Art 6 I ist demnach bei der Auslegung und Anwendung des einfachen Rechts, insb bei der Anwendung von Generalklauseln, zu beachten (BVerfG 7.6.1967, 1 BvR 76/62, BVerfGE 22, 98 ff).

2 Art 6 I enthält nicht nur ein Bekenntnis und wirkt als Institutsgarantie, sondern stellt darüber hinaus eine Grundsatznorm iS einer **verbindlichen Wertentscheidung** für den gesamten Bereich des Ehe und Familie betreffenden privaten und öffentl Rechts dar (BVerfG 24.7.1968, 1 BvR 394/67, BVerfGE 24, 104).

B. Begriffsbestimmungen. **I. Ehe.** Ehe iSd GG ist die Vereinigung eines Mannes und einer Frau zur grds unauflöslichen Lebensgemeinschaft (BVerfG 11.10.1978, 1 BvR 16/72, BVerfGE 49, 300 ff); die Gestaltung dieser Gemeinschaft entspricht ihren Vorstellungen ist Aufgabe der Ehepartner. Gleichwohl gehören die Einehe, die Verschiedengeschlechtlichkeit der Partner, die auf Lebenszeit angelegte Dauerhaftigkeit, die Lebensgemeinschaft der Partner und die rechtliche Fixierung dieser Beziehungen zu den konstituierenden Merkmalen des verfassungsrechtl Schutzguts (v Mangoldt/Klein/Starck/*Robbers* Art 6 Rn 38).

II. Familie. Familie ist die **umfassende Gemeinschaft von Eltern und Kindern**, in der den Eltern vor allem Rechte und Pflichten zur Pflege und Erziehung der Kinder erwachsen (Familie iSd Norm ist auch die aus dem sorgeberechtigten Elternteil bestehende Restfamilie). Familie muss **nicht unbedingt durch ein Ehepaar** iSd bürgerlichen Rechts begründet sein. Wie die weiteren Regelungen des Art 6 zeigen, will die Verfassung vor allem den Beziehungen der Eltern oder eines Elternteils zu ihrem Kind oder zu ihren Kindern in bes Schutzversprechen zuwenden, ohne Rücksicht auf die Art der familienrechtl Beziehungen (BVerfG 8.6.1977, 1 BvR 265/75, BVerfGE 45, 104 ff). Art 6 I umfasst **nicht den Schutz der Generationen-Großfamilie**; Familie bedeutet hier **engere Familie**. Das sind die Eltern und ihre Kinder (BVerfG 31.5.1978, 1 BvR 683/77, BVerfGE 48, 339 ff). Nicht geschützt wird das Verhältnis zwischen Großeltern zu Enkeln, wohl aber bei längerer Dauer die **Pflegefamilie** (BVerfG 12.10.1988, 1 BvR 818/88, BVerfGE 79, 51 ff zur Großelternzeit s § 15 1a BEEG). Zur Familie gehören auch **Stief-, Adoptiv- und Pflegekinder**. Der Schutzbereich des Art 6 I umfasst auch das Verhältnis zwischen Eltern und ihren volljährigen Kindern (BVerfG 5.2.1981, 2 BvR 646/80, BVerfGE 57, 170 ff).

C. Grundrechtsträger. Art 6 I ist seinem Wesen nach nur auf natürliche Personen anwendbar (BVerfG 24.1.1962, 1 BvL 32/57, BVerfGE 13, 290 ff). Als Menschenrecht findet Art 6 auf Deutsche, Ausländer und Staatenlose Anwendung; auf Ausländer auch in dem Fall, dass nur ein Ehegatte oder ein Familienangehöriger im Geltungsbereich des GG lebt. Die **Mehrfachehe unterfällt nicht dem Schutzbereich des Art 6**, da dieser auch in seiner historischen und kulturellen Prägung vom Bild der monogamen Ehe ausgeht (aA v Münch/Kunig/*v Münch* Art 6 Rn 4a; zurückhaltend BVerfG 12.5.1984, 2 BvR 1226/83, BVerfGE 76, 1, 41 ff).

D. Inhalt und Umfang des staatlichen Schutzauftrages (Art 6 I). **I. Grundlagen.** Sowohl als Institutsgarantie als auch Grundrecht und **wertentscheidende Grundsatznorm** versteht Art 6 I Ehe und Familie als einen geschlossenen eigenständigen Lebensbereich; die Verfassung verpflichtet den Staat, diese Einheit und Selbstverantwortlichkeit zu respektieren und zu fördern (BVerfG 6.12.1972, 1 BvR 230/70 ua, BVerfGE 34, 135 ff). Der in Art 6 I statuierte Schutz ist nicht nur vor Beeinträchtigung durch andere Kräfte zu bewahren, sondern auch durch **geeignete Maßnahmen zu fördern**, negativ das **Verbot für den Staat** selbst, **Ehe und Familie zu schädigen oder sonst zu beeinträchtigen** (BVerfG 24.4.1968, 1 BvR 394/67, BVerfGE 24, 104). Die Betreuung und Erziehung von Kindern muss bei der Bemessung von Beiträgen zur Pflegeversicherung Berücksichtigung finden. Es ist deshalb nicht mit Art 6 I vereinbar, diesen Personenkreis mit einem gleich hohen Pflegeversicherungsbeitrag wie Personen ohne Kinder zu belasten. Es verstößt aber nicht gegen Art 6 I, wenn Personen, die Kinder betreuen und erziehen, der Beitragspflicht in der gesetzlichen Sozialversicherung unterworfen werden. Auch müssen Versicherte mit Kindern keine höheren Leistungen aus der Pflegeversicherung erhalten als Personen ohne Kinder (BVerfG 3.4.2001, 1 BvR 1629/94, BVerfGE 103, 242). Zum Wesen der Ehe und Scheidung gehört die **gleiche Berechtigung beider Partner**, die auch nach der Trennung und Scheidung auf ihre

Beziehungen hins Unterhalt und Versorgung sowie die Aufteilung des früher ihnen gemeinsam zustehenden Vermögens wirkt (BVerfG 21.12.1977, 1 BvR 820/76, BVerfGE 47, 100 ff).

7 **II. Grenzen der Schutzpflicht.** Aus der Wertentscheidung des Art 6 I iVm dem Sozialstaatsprinzip lässt sich zwar die allg Pflicht des Staates zu einem **Familienleistungsausgleich** entnehmen, nicht aber eine Entsch darüber, wie ein solcher sozialer Ausgleich vorzunehmen ist. Auch diese Entsch liegt vielmehr grds in der **Gestaltungsfreiheit des Gesetzgebers**. Die grds bestehende Pflicht des Staates zur Förderung der Familie **geht nicht so weit**, dass er gehalten wäre, **jegliche die Familie betreffende finanzielle Last auszugleichen** (BVerfG 7.5.1968, 1 BvL 12/65, BVerfGE 23, 258 ff) oder jeden Unterhaltspflichtigen zu entlasten (BVerfG 23.11.1976, 1 BvR 150/75, BVerfGE 43, 121 ff). Das Gebot zum Schutz von Ehe und Familie enthält aber für den Staat ein Gebot positiver Förderung (BVerfG 6.5.1975, 1 BvR 332/72, BVerfGE 39, 326 ff), wobei sich aus dem Förderungsgebot schon wegen der dem Gesetzgeber zustehenden Gestaltungsfreiheit **konkrete Ansprüche** auf bestimmte staatliche Leistungen **nicht herleiten lassen** (BVerfG 7.7.1992, 1 BvL 51/86 ua, BVerfGE 87, 1 ff). Es widerspricht dem Gebot des Ehe- und Familienschutzes nicht, wenn der Staat dort, wo er lediglich fördert und hilft, die normalerweise vorauszusetzende Lebens- und Interessengemeinschaft der Ehegatten in der Weise berücksichtigt, dass er das Ausmaß seiner finanziellen Zuwendungen ihrer bes wirtschaftlichen Situation und der dadurch gemindenten Förderungsbedürftigkeit spezieller wirtschaftlicher Rechtsfolgen sein (BVerfG 7.7.1992, 1 BvL 51/86 ua, BVerfGE 87, 1 ff). Zu einem Vergleich der Behandlung verschiedener Ehepaare und Familien bietet Art 6 I keinen Maßstab (BVerfG 8.6.1977, 1 BvR 265/75, BVerfGE 45, 126 ff).

8 **III. Nichteheliche Lebensgemeinschaften.** Aus der grundrechtlichen Pflicht zum Schutz von Ehe und Familie folgt nicht etwa, dass nichteheliche Lebensgemeinschaften zwingend schlechter gestellt werden müssten (Sachs/*Sachs* Art 6 Rn 32; *Kingreen* S 136 ff). Art 6 I ist **kein Abstandsgebot** hins sonstiger Formen des Zusammenlebens zu entnehmen. Vielmehr ist dem Gesetzgeber durch Art 6 I nur verwehrt, Ehe und Familie schlechter zu stellen als andere Lebensgemeinschaften. Unter dem Begriff **eheähnliche Gemeinschaft** ist eine Verantwortungs- und Einstehungsgemeinschaft zu verstehen (BVerfG 17.11.1992, 1 BvL 8/87, BVerfGE 87, 234 ff). Zunehmenden Veränderungen ist die Bedeutung der eheähnlichen Lebensgemeinschaft für die Sozialversicherung, insb für die gesetzliche Unfallversicherung, unterworfen. Aus der Schutzgarantie des Art 6 I lässt sich im Umkehrschluss keine Pflicht entnehmen, nichtehelichen Lebensgemeinschaften jedwede rechtliche Anerkennung zu versagen und mit allen Mitteln darauf hinzuwirken, dass ihnen die zu ihrer Führung erforderlichen finanziellen und sonstigen Mittel entzogen werden (BVerfG 7.5.1991, 1 BvL 32/88, BVerfGE 84, 168 ff).

9 **IV. Gleichgeschlechtliche Lebenspartnerschaften.** Gleiches gilt für gleichgeschlechtliche Lebenspartnerschaften, die **keine Ehe iSv Art 6 I** sind, sondern gleichgeschlechtlichen Paaren lediglich bestimmte Rechte zuerkennen. Art 6 I kann **kein Verbot** entnommen werden, gleichgeschlechtlichen Partnern die Möglichkeit einer rechtlich ähnlich ausgestalteten Partnerschaft zu eröffnen. Mit der Einführung der eingetragenen Lebenspartnerschaft wird demnach auch **nicht gegen das Gebot verstoßen, die Ehe und Familie als Lebensform zu fördern**. Dem Gesetzgeber ist es generell nicht verwehrt, auch verschiedengeschlechtlichen Paaren oder Einstandsgemeinschaften neue Möglichkeiten zu eröffnen, ihre Beziehung in eine Rechtsform zu bringen, die eine Austauschbarkeit mit der Ehe vermeidet. Ein verfassungsrechtliches Bedenken gegen die im LPartG getroffenen Regelungen zur Gleichstellung anderer Lebensgemeinschaften außerhalb der Ehe. Dies gilt auch für das im LPartG vorgesehene Sorge- (»kleines Sorgerecht«) und Erbrecht von Lebenspartnern sowie hins des Unterhaltsrechts (BVerfG 17.12.2001, 1 BvF 1/01 ua, BVerfGE 105, 313 ff; dazu *Roellecke* NJW 2002, 2539 ff; *Sachs* JuS 2001, 1114 ff; *Schoch* Jura 2001, 833 ff; v Mangoldt/Klein/Starck/*Robbers* Art 6 Rn 48).

10 **E. Grundrechtsschranken.** Das umfassende, an den Staat gerichtete **Schutzgebot des Art 6 I ist weder durch einen Gesetzesvorbehalt noch auf andere Weise beschränkt** (BVerfG 5.4.1971, 1 BvR 636/68, BVerfGE 31, 69 ff). Aus der Funktion des Art 6 I als einer wertentscheidenden Grundsatznorm ergeben sich die rechtlichen Grenzen für die Freiheit des gesetzgeberischen Ermessens. Jedenfalls verbietet dieser Grundsatz mit Bestimmtheit – negativ – eine Beeinträchtigung von Ehe und Familie durch störende Eingriffe des Staates selbst (BVerfG 8.2.1961, 1 BvL 10/60, BVerfGE 12, 163 ff). Das BVerfG geht von der Schrankenlosigkeit des Schutzbereiches aus und sieht für Art 2 I und 19 II hier keine Anwendungsmöglichkeit. Es gelten jedoch die verfassungsimmanenten Schranken mit der Folge, dass die Gewährleistungen des Art 6 durch

Besteht die Vertragsurkunde aus **mehreren Blättern**, muss ihre Zusammengehörigkeit zweifelsfrei sein. Möglich ist eine körperliche Verbindung zB durch Heftklammer. Die Zusammengehörigkeit kann sich aber zB auch aus der fortlaufenden Nummerierung der einzelnen Bestimmungen, dem Zusammenhang des Textes, der fortlaufenden Paginierung oÄ ergeben (BAG 7.5.1998, 2 AZR 55/98, EzA § 1 KSchG Interessenausgleich Nr 6). Wird auf **Anlagen** verwiesen, müssen diese mit der eigentlichen Vertragsurkunde körperlich verbunden oder von beiden Parteien gesondert unterzeichnet werden (s BAG 7.5.1998 aaO). Das Formerfordernis betrifft den gesamten Vertrag, also auch **Nebenabreden** zB über die Erledigung von Ansprüchen oder über Abfindungszahlungen. Wird für solche Nebenabreden die Form nicht gewahrt, gilt § 139. Auch nachträgliche **Änderungen** des Vertrages bedürfen der Schriftform, nicht dagegen seine einvernehmliche **Aufhebung**.

8   D. **Rechtsfolgen der Nichteinhaltung der Schriftform.** Es gilt § 125 S 1. Bei Kdg ist eine Heilung über § 7 KSchG nicht möglich, doch kann uU Verwirkung des Klagerechts eintreten (s BAG 2.12.1999, 8 AZR 890/98, EzA § 242 BGB Prozessverwirkung Nr 3). Bei Auflösungsverträgen sind etwa erbrachte Leistungen nach **Bereicherungsrecht** (§§ 812 ff) rückabzuwickeln. Der Berufung auf die **Nichtigkeit** kann uU der Grundsatz von **Treu und Glauben** (§ 242) entgegengehalten werden, zB im Fall einer trotz Vorhaltungen der Gegenseite formlos ausgesprochenen und mehrfach bekräftigten ernsthaften Kdg (BAG 4.12.1997, 2 AZR 799/96, EzA § 242 BGB Rechtsmissbrauch Nr 3). Das muss aber auf seltene Ausnahmefälle beschränkt bleiben, um den Formzwang nicht auszuhöhlen; dass der Warnfunktion und der Klarstellungs- und Beweisfunktion auf andere Weise Genüge getan ist, genügt nicht (BAG 16.9.2004, 2 AZR 659/03, EzA § 623 BGB 2002 Nr 1).

9   E. **Schriftformerfordernis und Umdeutung.** Hat eine aus anderen Gründen unwirksame außerordentliche Kdg die Schriftform gewahrt, so steht § 623 der Umdeutung in eine ordentliche Kdg nicht entgegen (BAG 24.6.2004, 2 AZR 656/02, EzA § 626 BGB 2002 Unkündbarkeit Nr 7; s ferner § 626 Rdn 235 f). Dagegen führt die Umdeutung einer unwirksamen Kdg in das Angebot zum Abschluss eines Aufhebungsvertrags nicht weiter, weil dieser Vertrag als Ganzes der Schriftform genügen muss. UU kommt die Umdeutung einer formunwirksamen außerordentlichen Kdg in eine (formfrei mögliche) Anfechtung der Vertragserklärung in Betracht (s § 626 Rdn 26).

10 F. **Beweislast.** Die Einhaltung der Schriftform hat die Partei zu beweisen, die sich auf die Wirksamkeit des Rechtsgeschäfts beruft. Bei Vertragsurkunden gilt die Vermutung der Richtigkeit und Vollständigkeit, die widerlegen muss, wer anderes behauptet (BGH 5.7.2002, V ZR 143/01, MDR 2002, 1361).

§ 624 Kündigungsfrist bei Verträgen über mehr als fünf Jahre
¹Ist das Dienstverhältnis für die Lebenszeit einer Person oder für längere Zeit als fünf Jahre eingegangen, so kann es von dem Verpflichteten nach dem Ablauf von fünf Jahren gekündigt werden. ²Die Kündigungsfrist beträgt sechs Monate.

1   Die grds zwingende Vorschrift betrifft nur noch **freie Dienstverhältnisse** und ist uU auf dienstvertragsähnliche Rechtsverhältnisse entspr anzuwenden. Zur Abgrenzung von Arbeitsverhältnissen s § 6 GewO Rdn 21 ff, 45 ff. **Für Arbeitsverhältnisse** gilt die spezielle, aber gleichlautende Regelung in § 15 IV TzBfG (s § 15 TzBfG Rdn 18 ff).

§ 625 Stillschweigende Verlängerung
Wird das Dienstverhältnis nach dem Ablauf der Dienstzeit von dem Verpflichteten mit Wissen des anderen Teiles fortgesetzt, so gilt es als auf unbestimmte Zeit verlängert, sofern nicht der andere Teil unverzüglich widerspricht.

Übersicht	Rdn.		Rdn.
A. Anwendungsbereich	1	III. Fortsetzung mit Wissen des Dienstberechtigten	18
B. Regelungsgehalt	3	IV. Fehlender Widerspruch des Dienstberechtigten	20
I. Gesetzliche Fiktion	3		
II. Abw Vereinbarungen	8		
C. Voraussetzungen der Anwendung	13	D. Rechtsfolgen	29
I. Ablauf der Dienstzeit	13	E. Beweislast	31
II. Fortsetzung des Dienstverhältnisses	16		

kollidierendes Verfassungsrecht, also Grundrechte Dritter und Güter mit Verfassungsrang, eingeschränkt sein können (Sachs/*Schmitt-Kammler* Art 6 Rn 21).

F. Bedeutung im ArbR. Mit Blick darauf, dass Art 6 I eine verbindliche Wertentscheidung für den gesamten Bereich des Ehe und Familie betreffenden privaten und öffentl Rechts enthält, hat das BAG schon 1957 angenommen, dass die Vereinbarung einer **Zölibatsklausel** nicht nur in TV, sondern auch in **Arbeitsverträgen** gegen grundlegende Normen des dt Verfassungsrechts verstößt. Die Zulässigkeit einer Zölibatsklausel kann auch nicht unter Bezugnahme auf die Vertragsfreiheit gerechtfertigt werden (BAG 10.5.1957, 1 AZR 479/55, EzA Art 6 GG Nr 1). Diese Rspr beruht auf der vom BAG jedenfalls bis in die jüngere Vergangenheit vertretenen Annahme einer unmittelbaren Grundrechtsbindung der Tarifvertragsparteien bei der tariflichen Normsetzung (seit BAG 15.1.1955, 1 AZR 305/54, AP Art 3 GG Nr 4; zweifelnd BAG 30.8.2000, 4 AZR 563/99, AP § 4 TVG Geltungsbereich Nr 25). Jedenfalls dürfen die ArbG aufgrund der Schutzpflichtfunktion der Grundrechte, die auch die Gerichte als Teil der staatlichen Gewalt bindet (st Rspr, vgl BVerfG 15.1.1958, 1 BvR 400/51, BVerfGE 7, 198, 206), weder einzelvertragliche Regelungen noch Tarifnormen, die zu diskriminierenden Gruppenbildungen führen, anwenden. Die Rspr muss vielmehr solchen Normen die Durchsetzung verwehren, die zu einer Gruppenbildung führen, die die durch Art 6 GG geschützten Belange von Ehe und Familie gleichheits- und sachwidrig außer Betracht lässt (ausf BAG 18.12.2008, 6 AZR 287/07, EzTöD 320 § 11 Abs 1 TVÜ-VKA Nr 13, zur gerichtlichen Kontrolle von tariflichen Normen allg s Art 9 Rdn 65 f). Das neue Entgeltsystem des **TVöD** stellt durch den **Stufenaufstieg** innerhalb der Entgeltgruppe auf die Berufserfahrung und die darin zum Ausdruck kommende Leistungsfähigkeit ab. Diese Entgeltkomponente hat keinerlei Bezug zu den Gewährleistungen des Art 6. Die Tarifvertragsparteien durften typisierend annehmen, dass während der Elternzeit kein Zuwachs an Erfahrungswissen erfolgt und durften darum vorsehen, dass diese Zeit nicht auf die Stufenlaufzeit anzurechnen ist. Nach ihrer typisierenden Betrachtung unterscheidet sich die Arbeitsleistung durchgehend aktiv Beschäftigter und der Beschäftigten, die nach einer Elternzeit die Beschäftigung wieder aufnehmen. Nach Sinn und Zweck der Entgeltsteigerung durch den Aufstieg in den Stufen war es daher nicht geboten, die Elternzeit auf die Stufenlaufzeit anzurechnen. Im Gegenteil würde es dem Sinn und Zweck des Stufenaufstiegs widersprechen, wenn Zeiten ohne tatsächliche Arbeitsleistung, die über die in § 17 III 1 TVöD-AT aufgezählten hinausgehen, berücksichtigt würden (BAG 27.1.2011, 6 AZR 526/09, EzA § 3 AGG Nr 3). Dies führt zu keiner mittelbaren Geschlechtsdiskriminierung (BAG 21.11.2013, 6 AZR 89/12, NZA 2014, 672). Die Annahme, dass in einer gemeinsamen Wohnung lebende **Ehegatten** grds **Empfangsboten** sind, verstößt nicht gegen Art 6 I (BAG 9.6.2011, 6 AZR 687/09, EzA § 130 BGB 2002 Nr 6). Ein alleinerziehendes Betriebsratsmitglied kann vom AG gem § 40 I BetrVG in angemessener Höhe die Erstattung der Kosten verlangen, die ihm durch die erforderliche Fremdbetreuung seines minderjährigen Kindes während einer mehrtägigen auswärtigen Betriebsratstätigkeit entstehen (BAG 23.6.2010, 7 ABR 103/08, EzA § 40 BetrVG 2001 Nr 20). Art. 6 I steht jedoch der Anwendung der pauschalierenden Bestimmungen des Reisekostenrechts nach § 15 I BRKG, § 3 bis § 5 TGV nicht entgegen (BAG 27.7.2011, 7 AZR 412/10, ZTR 2012, 129). Durch die Verpflichtung des AN, seine steuerlich relevanten Daten an die vom AG ausgesuchte Steuerberatungsgesellschaft zu übermitteln, wird bei steuerlich gemeinsamer Veranlagung von Ehepaaren das Recht des Ehegatten auf seine informationelle Selbstbestimmung verletzt oder, bei Verzicht auf gemeinsame Veranlagung, die vom Gesetzgeber vorgenommene steuerrechtliche Förderung von Ehe und Familie aus Art 6 I beeinträchtigt (BAG 23.8.2012, 8 AZR 804/11, DB 2013, 700).

Weiter kommt dem Schutz von Ehe und Familie Bedeutung im Bereich der **betrieblichen Altersvorsorge** zu, die ebenfalls in den Schutzbereich des Art 6 I fällt (BVerfG 11.3.1981, 2 BvR 441/77, BVerfGE 56, 362). Macht eine Versorgungszusage die Zahlung einer Witwenrente von der Voraussetzung abhängig, dass die Ehepartner vor dem Tod des AN nicht dauernd getrennt gelebt haben (**Getrenntlebensklausel**), ist dies mit Art 6 I vereinbar. Der Schutz von Ehe und Familie verlangt nicht, eine Ehe, in der die Partner die eheliche Gemeinschaft auf Dauer aufgegeben haben, ebenso zu behandeln, wie eine dem überkommenen Bild der Ehe entsprechende Lebensgemeinschaft (BAG 28.3.1995, 3 AZR 343/94, AP § 1 BetrAVG Hinterbliebenenversorgung Nr 14; vgl auch BVerfG 29.2.1980, 1 BvR 1231/79). Eine Klausel in einer Versorgungszusage, nach der die Ehe mindestens 10 Jahre bestanden haben muss, wenn sie nach Vollendung des 50. Lebensjahres des verstorbenen Ehegatten geschlossen worden ist (**Späteheklausel**), verletzt Art 6 I nicht. Den Ehepartnern entsteht durch die Versorgungsregelung kein Nachteil, den sie ohne die Heirat nicht gehabt hätten. Der AG ist nicht verpflichtet, eine Eheschließung durch Einräumung von Ansprüchen zu fördern (BAG 28.7.2005, 3 AZR 457/04, AP § 1 BetrAVG Hinterbliebenenversorgung Nr 25; 15.10.2013, 3 AZR 294/11, § 1 BetrAVG Auslegung Nr 3; aA BAG 4.8.2015, 3 AZR 137/13). Zur Vereinbarkeit solcher Klauseln mit Unionsrecht s EuGH 23.9.2008, C-427/06, NZA 2008, 1119. Eine Versorgungszusage darf die Witwenversorgung nach einer Wiederverheiratung der Witwe endgültig ausschließen (**Wiederverheiratungsklausel**). Das gilt auch dann, wenn die Rente selbst nach Auflösung der 2. Ehe nicht wieder aufleben soll. Das Wiederaufleben der gesetzlichen Witwenrente nach Auflösung der neuen Ehe hat familienpolitische Gründe. Die AG sind verfassungsrechtl nicht verpflichtet, familienpolitische Maßnahmen des Staates durch betriebliche Leistungen zu ergänzen (BAG 16.4.1997, 3 AZR 28/96, AP § 1 BetrAVG Hinterbliebenenversorgung Nr 16).

13 Eingetragene Lebenspartner sind in der **betrieblichen Altersversorgung** hinsichtlich der Hinterbliebenenversorgung Ehegatten gleichzustellen, soweit am 1.1.2005 zwischen dem Versorgungsberechtigten und dem Versorgungsschuldner noch ein Rechtsverhältnis bestand (BAG 14.1.2009, 3 AZR 20/07, EzA § 2 AGG Nr 3). Demggü hatte der BGH keinen Verstoß gegen höherrangiges Recht festgestellt, dass nach der Satzung der Versorgungsanstalt des Bundes und der Länder (VBL) eingetragenen Lebenspartnern (anders als Verheirateten) eine Hinterbliebenenrente nicht zusteht (BGH 14.2.2007, IV ZR 267/04, EzTöD 100 § 25 TVöD-AT Nr 6). Das BVerfG hat dieses Urt jedoch aufgehoben. Grds ist es dem Gesetzgeber wegen des verfassungsrechtl Schutzes der Ehe zwar nicht verwehrt, sie ggü anderen Lebensformen zu begünstigen. Ist mit der **Privilegierung der Ehe** jedoch eine **Benachteiligung anderer Lebensformen** verbunden, obgleich diese mit der Ehe **vergleichbar** sind, **was den geregelten Lebenssachverhalt und die mit der Normierung verfolgten Ziele betrifft**, so rechtfertigt der bloße Verweis auf Art 6 I eine solche Differenzierung nicht. Aus dem bes Schutz der Ehe kann kein Gebot abgeleitet werden, dass andere Lebensgemeinschaften im Abstand zur Ehe auszugestalten und mit geringeren Rechten zu versehen sind (BVerfG 7.7.2009, 1 BvR 1164/07, DVBl 2009, 1510; BAG 11.12.2012, 3 AZR 684/10, DB 2013, 1063).

14 Die Beschränkung des **Verheiratetenzuschlags** auf verheiratete **Beamte** ist verfassungsrechtl nicht zu beanstanden. An der verfassungsrechtl Beurteilung hat sich nichts durch das Urt des EuGH v 1.4.2008 (C-267/06, FamRZ 2008, 957) zur Auslegung der RL 78/2000/EG geändert. Die unterschiedliche Behandlung von verheirateten Beamten und Beamten in eingetragener Lebenspartnerschaft bei der Regelung des Familienzuschlags ist keine unmittelbare Diskriminierung iSv Art 2 II Buchst a der RL. Denn Lebenspartner befinden sich jedenfalls nicht in einer Situation, die in Bezug auf den Familienzuschlag von Lebenspartnern von Ehegatten vergleichbar wäre (BVerfG 6.5.2008, 2 BvR 1830/06, EzA Richtlinie 2000/78 EG-Vertrag 1999 Nr 5). Das familienstandsbezogene Stufensystem des **Ortszuschlags** nach § 29 BAT berücksichtigt den Familienstand der eingetragenen Lebenspartnerschaft nicht. Die tarifliche Regelung ist mit der für die Tarifvertragsparteien nicht absehbaren Einführung dieses familienrechtlichen Instituts für gleichgeschlechtliche Paare nachträglich lückenhaft geworden. Aus dem Regelungskonzept und der **familienbezogenen Ausgleichsfunktion des Ortszuschlags** ergeben sich ausreichende Anhaltspunkte für den mutmaßlichen Willen der Tarifvertragsparteien, den lückenhaften Tarifvertrag durch die für verheiratete Angestellte geltende Regelung zu schließen (BAG 29.4.2004, 6 AZR 101/03, EzA § 1 TVG Auslegung Nr 37). Enthält jedoch eine **kirchliche Vergütungsregelung** (BAT-KF) hinsichtlich eines an den Familienstand anknüpfenden Vergütungsbestandteils (Ortszuschlag) für Partner einer eingetragenen Lebenspartnerschaft eine **Regelungslücke**, kann diese von den staatlichen ArbG nicht durch Gleichstellung der Lebenspartner mit Verheirateten geschlossen werden, solange nicht feststeht, dass ein solcher Lückenschluss mit dem **Selbstverständnis der beteiligten Kirchen im Einklang** steht (BAG 26.10.2006, 6 AZR 307/06, EzA § 611 BGB 2002 Kirchliche Arbeitnehmer Nr 9, sa Art 4 Rdn 25).

15 Der seit dem 1.10.2005 für die Beschäftigten des Bundes und der kommunalen Arbeitgeber geltende TV für den öffentl Dienst (**TVöD**) und der seit dem 1.11.2006 geltende TV der Länder (**TV-L**), die den BAT abgelöst haben, sehen keine familienstandsbezogenen Entgeltleistungen mehr vor. Der früher nach § 29 BAT gezahlte **höhere Ortszuschlag für Verheiratete** ist deshalb entfallen. Nach den tariflichen Überleitungsvorschriften ist er jedoch in das Vergleichsentgelt bei der Berechnung des nach dem TVöD bzw TV-L zu zahlenden Entgelts eingeflossen.

16 Auch im **Betriebsverfassungsrecht** kommt Art 6 I jedenfalls **mittelbare Bedeutung** zu, weil die Betriebsparteien die in Art 6 enthaltenen Wertungen nach § 75 I BetrVG zu beachten haben. Sie dürfen deshalb in **Sozialplänen** keine Regelungen treffen, die geeignet sind, Ehe und Familie zu diskriminieren und AN wegen ihrer ehelichen Lebensgemeinschaft oder der Wahrnehmung von Rechten und Pflichten ggü Kindern zu benachteiligen (BAG 22.9.2009, 1 AZR 316/08, DB 2009, 2664). Deshalb darf ein Sozialplan Zeiten des **Erziehungsurlaubs** (jetzt: Elternzeit) bei der Berechnung von Abfindungen nicht ausschließen (BAG 21.10.2003, 1 AZR 407/02, EzA § 112 BetrVG 2001 Nr 9; 12.11.2002, 1 AZR 58/02, EzA § 112 BetrVG 2001 Nr 3). Andererseits darf eine tarifvertragliche Regelung für ein zusätzliches Entgelt, mit dem der Zuwachs an Erfahrungswissen honoriert werden soll, Zeiten des Erziehungsurlaubs unberücksichtigt lassen (BAG 21.5.2008, 5 AZR 187/07, EzA § 611 BGB Inhaltskontrolle Nr 3). Aus Art 6 ergibt sich für die Betriebsparteien aber keine Verpflichtung, verheiratete AN oder solche, die mit ihren Kindern in

häuslicher Gemeinschaft leben, ggü unverheirateten, kinderlosen AN zu bevorzugen. Sie müssen von einer Reduzierung der Abfindung deshalb nicht diejenigen AN ausnehmen, die eine ihnen angebotene Weiterbeschäftigung wegen familiärer Bindungen ablehnen (BAG 6.11.2007, 1 AZR 960/06, EzA § 112 BetrVG 2001 Nr 25).

G. Elternrecht (Art 6 II). Nach Art 6 II sind Pflege und Erziehung der Kinder das natürliche Recht der Eltern und die ihnen zuvörderst obliegende Pflicht. Zum Elternrecht gehört auch die Befugnis zu entscheiden, ob ein Kind durch einen oder beide Elternteile oder (auch) durch Dritte betreut werden soll. Der Staat ist gem Art 6 I verpflichtet, die Kinderbetreuung in der jeweils von den Eltern gewählten Form zu fördern. Er muss deshalb dafür Sorge tragen, dass es den Eltern möglich ist, Familien- und Erwerbstätigkeit miteinander zu verbinden oder auch auf eine eigene Erwerbstätigkeit zugunsten der Betreuung der Kinder zu verzichten. Insoweit muss er die Rahmenbedingungen dafür schaffen, dass die Eltern das Wahlrecht zwischen diesen Betreuungsmöglichkeiten auch tatsächlich ausüben können (vgl BVerfG 10.11.1998, 2 BvR 1057/91 ua, BVerfGE 99, 216, 231, 234). In Erfüllung dieser Verpflichtung hat der Gesetzgeber das gesetzliche Institut der Elternzeit geschaffen. Die **Elternzeit** soll die Vereinbarung von Familie und Beruf erleichtern. Eine tarifliche Regelung, die solchen Arbeitnehmern eine Besitzstandszulage für kinderbezogene Entgeltbestandteile versagt, die am Stichtag Elternzeit genommen hatten, ist deshalb unwirksam (BAG 18.12.2008, 6 AZR 287/07, NZA 2009, 391). Seiner Schutzpflicht und dem Förderungsgebot kommt der Staat in ausreichender Weise durch die Gewährung und Sicherung der mit der Inanspruchnahme von Elternzeit (§§ 15 ff BEEG) verbundenen Rechte, insb dem bes Kündigungsschutz nach § 18 BEEG nach. Es ist mit dem GG vereinbar, dass ein Elternteil allein nur dann Anspruch auf Elterngeld für mehr als 12 Lebensmonate des Kindes haben kann, wenn der andere Elternteil aus tatsächlichen und/oder rechtl Gründen für eine Betreuung des Kindes nicht zur Verfügung steht (BSG 26.5.2011, B 10 EG 3/10 R). Hat ein AN, der sich in Elternzeit befindet, durch die abgekürzte **Kündigungsfrist des § 113 S 2 InsO** sozialversicherungsrechtliche Nachteile, ist er lediglich auf den Schadenersatzanspruch des § 113 S 3 InsO zu verweisen (BAG 27.2.2014, 6 AZR 301/12, EzA § 113 InsO Nr 21).

H. Verfassungsrechtliche Wertentscheidung zum Mutterschutz (Art 6 IV). I. Grundlagen und Schutzauftrag. Art 6 IV gibt den Müttern ein echtes Grundrecht (BVerfG 7.7.1992, 1 BvL 51/86 ua, BVerfGE 87, 1 ff). Er ist Ausdruck einer verfassungsrechtl Wertentscheidung, die für den gesamten Bereich des privaten und öffentl Rechts verbindlich ist, und enthält einen **bindenden Auftrag an den Gesetzgeber**, dessen Erfüllung nicht in seinem freien Belieben steht (BVerfG 25.1.1972, 1 BvL 3/70, BVerfGE 32, 277 ff). Der verfassungsrechtl Auftrag zum Schutz der Mutter **konkretisiert das Sozialstaatsprinzip**. Für Sachverhalte, die nicht allein Mütter betreffen, können aus Art 6 IV jedoch keine bes Rechte hergeleitet werden (BVerfG 7.7.1992, 1 BvL 51/86 ua, BVerfGE 87, 1 ff). Art 6 IV gilt für eheliche, uneheliche und werdende Mütter allg, unabhängig davon, ob sie in einem Arbeitsverhältnis stehen oder nicht (BVerwG 26.8.1970, V C 1.68, NJW 1971, 1328 ff). Der nach Art 6 IV gebotene Schutz der Mutter beginnt mit dem Zeitpunkt der Schwangerschaft. Ob er auch über die ersten Monate nach der Geburt hinausreicht, hat das BVerfG offengelassen (BVerfG 12.3.1996, 1 BvR 609/90, BVerfGE 94, 241 ff). Der Schutz gilt auch für sog Ersatz- oder Leihmütter iR einer künstlichen Befruchtung (v Münch/Kunig/*Coester-Waltjen* Art 6 Rn 104). Demggü werden Adoptiv- und Pflegemütter nicht durch Art 6 IV geschützt (Sachs/*Schmitt-Kammler* Art 6 Rn 84). Der Schutz wirkt **ohne Rücksicht auf Familienstand und Alter der Mutter**; er umfasst also auch unverheiratete minderjährige Schwangere (BVerwG 26.8.1970, V C 1.68, NJW 1971, 1328 ff). Der Schutzauftrag des Art 6 IV gebietet auch den Schutz der Schwangeren vor Druck und Bedrängung aus ihrem sozialen Umfeld oder seitens des Kindesvaters. Art 6 IV gewährt Schwangeren und Müttern nach der Entbindung einen Anspruch auf den Schutz und die Fürsorge der Gemeinschaft.

II. Bedeutung im ArbR. Der Schutzauftrag des Art 6 IV verpflichtet den Gesetzgeber dazu, bestimmte Vorkehrungen dafür zu schaffen, dass **werdenden Müttern keine Nachteile in der modernen Arbeitswelt** entstehen. Davon ausgehend muss der Gesetzgeber Arbeitsplatzrisiken und wirtschaftliche Nachteile für die Schwangere abmildern, sodass die Schwangerschaft **nicht zum Verlust des Arbeitsplatzes führt oder die Neueinstellung hindert**. Diesbzgl fordert Art 6 IV **die Abwehr und den Abbau direkter und indirekter Nachteile**. Unmittelbar gewährleistet Art 6 IV **den Arbeitsplatz einer schwangeren AN** (BAG 19.10.1960, 1 AZR 373/58, NJW 1961, 478). Durch das **Mutterschaftsgeld** (§ 13 MuSchG) wird der gebotene Schutz der Mutter in finanzieller Hinsicht ergänzt (BVerfG 23.4.1974, 1 BvL 19/73, BVerfGE 37, 121). Aus Art 6 IV ergibt sich allerdings nicht, dass die Kosten des Mutterschutzes ausschließlich vom Staat allein zu tragen sind. Der Gesetzgeber kann sich bei seiner Aufgabe, Mütter und Kinder zu schützen, auch Dritter bedienen. Eine Aufteilung der Kosten des Mutterschutzes zwischen Bund, Krankenkassen und AG ist daher im Hinblick auf Art 6 IV grds nicht zu beanstanden. Art 6 IV regelt dabei nicht, wer als Kostenträger in Betracht kommt und in welchem Umfang die einzelnen Kostenträger an den Kosten des Mutterschutzes zu beteiligen sind (BVerfG 18.11.2003, 1 BvR 302/96, BVerfGE 109, 64). Das BVerfG hat jedoch die Regelung des **Zuschusses zum Mutterschaftsgeld** in § 14 MuSchG idF der Bekanntmachung v 18.4.1968 (BGBl I S 315) als unwirksam angesehen, weil diese Regelung, die den Arbeitgebern die Zahlung des Differenzbetrages zwischen Unterschiedsbetrages zwischen 13 € und dem Nettoentgelt der Mutter auferlegte, dem Schutzauftrag des Art 3 II widersprach, denn sie stellte ein **mittelbares Einstellungshindernis für Frauen** dar (BVerfG 18.11.2003, 1 BvR 302/96, BVerfGE 109, 64). Daraufhin ist der Erstattungsanspruch, den AG gegen Krankenkassen haben, auf den Zuschuss zum Mutterschaftsgeld ausgeweitet worden (§ 1 II Nr 1d Gesetz über den Ausgleich der Arbeitgeberaufwendungen für Entgeltfortzahlung v 22.12.2005). Dafür wird eine Umlage nach § 7 dieses Gesetzes erhoben. Art 6 IV gebietet auch dann die Einbeziehung von werdenden Müttern in den bes Kündigungsschutz des § 9 MuSchG, wenn sie die **2-Wochenfrist für die Anzeige** der Schwangerschaft an den AG **unverschuldet versäumt** haben, sie diese Mitteilung aber unverzüglich nachholen (BVerfG 13.11.1979, 1 BvL 24/77 ua, BVerfGE 52, 357). Dem hat der Gesetzgeber nunmehr durch § 9 I 1 2. Halbs Rechnung getragen. Darüber hinaus ist Art 6 ein **spezielles Diskriminierungsverbot** zu entnehmen (BVerfG 4.10.1983, 1 BvL 2/81, BVerfGE 65, 104; Sachs/*Schmitt-Kammler* Art 6 Rn 82).

20 **I. Schutz nichtehelicher Kinder (Art 6 V).** Die Vorschrift des Art 6 V ist eine Ausprägung des Sozialstaatsprinzips und enthält einen **bindenden Auftrag an den Gesetzgeber** (BVerfG 29.1.1969, 1 BvR 26/66, BVerfGE 25, 167 ff). Sie ist ferner **Ausdruck einer verfassungsrechtl Wertentscheidung**, die Gerichte und Verwaltung iRd geltenden Gesetze bei der Ausübung des Ermessens bindet (BVerfG 23.10.1958, 1 BvL 45/56, BVerfGE 8, 217 ff). Diese Verfassungsvorschrift besitzt einen hinreichend klaren positiven Rechtsgehalt, um ohne unerträgliche Gefährdung der Rechtssicherheit als **unmittelbar anwendbare Generalklausel** zu fungieren (BVerfG 29.1.1969, 1 BvR 26/66, BVerfGE 25, 167 ff). Art 6 V verpflichtet den Gesetzgeber jedoch nicht, eine schematische rechtl Gleichstellung von unehelichen Kindern herbeizuführen; starr ist der Verfassungsauftrag lediglich im Hinblick auf das Ziel. Aber gerade um dieses Zieles willen gibt der Gesetzgeber einen gewissen Spielraum bei der Auswahl der Mittel. Das Ziel, die rechtl Lage der unehelichen Kinder, soweit sie für ihre leibliche und seelische Entwicklung und ihre Stellung in der Gesellschaft wesentlich ist, der Lage der ehelichen Kinder möglichst anzugleichen (BVerfG 23.10.1958, 1 BvL 45/56, BVerfGE 8, 215 ff), kann den Gesetzgeber gerade dazu veranlassen, Sachverhalte ungleich zu regeln, die auf den 1. Blick gleich erscheinen. Der gesetzgeberische Spielraum endet erst dort, wo für eine abw Regelung zugunsten des unehelichen Kindes ein – am Verfassungsauftrag gemessen – einleuchtender Grund fehlt. Dabei muss die gesamte Rechtsstellung des unehelichen Kindes in die Betrachtung einbezogen werden. Nicht jede dem Recht des ehelichen Kindes gleiche Vorschrift gewährt dem unehelichen Kind die gleichen Lebensbedingungen im Ganzen (BVerfG 12.2.1964, 1 BvL 12/62, BVerfGE 17, 284 ff). Gleichwertig muss das jeweilige Ziel sein, das mit einer bestimmten Maßnahme verfolgt wird (Maunz/Dürig/*Maunz* Art 6 Rn 4). Der Gesetzgeber muss auch das ihm Mögliche tun, um das Aufwachsen des Kindes in einer »**Ersatzfamilie**« zu fördern. Daher ist es nicht mit diesem Verfassungsgebot vereinbar, wenn der Gesetzgeber bei der Kindergeldregelung bestimmten Ersatzfamilien die gebotene Entlastung ohne Ausgleich versagt und damit mittelbar die Eingliederung des Kindes in diese Familie und seine harmonische Entwicklung erschwert (BVerfG 20.6.1967, 1 BvL 29/66, BVerfGE 22, 173 ff).

21 **J. Verhältnis zu anderen Grundrechten.** Art 2 I tritt ggü Art 6 II zurück (BVerfG 29.7.1968, 1 BvL 20/63 ua, BVerfGE 24, 119 ff). Das Verhältnis zwischen Art 3 II u III ist dahin zu bestimmen, dass diese Verfassungsentscheidungen in die Ordnung der elterlichen Gewalt hineinwirken (BVerfG 19.7.1959, 1 BvR 205/58, BVerfGE 10, 59 ff). Zu bes Komplikationen kann das Verhältnis des Elternrechts zu dem staatlichen Erziehungsauftrag in der Schule führen, von dem Art 7 I ausgeht. Mit generellen Verboten darf der Gesetzgeber in das elterliche Erziehungsrecht im Hinblick auf die in Art 6 II zum Ausdruck gekommene Wertentscheidung des Verfassungsgebers nur eingreifen, wenn individuelle Maßnahmen nicht ausreichen, generelle Maßnahmen also das gebotene und adäquate Mittel sind, um die Gefährdung abzuwenden (BVerfG 10.3.1958, 1 BvL 42/56, BVerfGE 7, 323 ff). Art 4 I und II stehen den Schranken der in Art 6 I u II enthaltenen verfassungsrechtl Garantien ggü, denen im Konfliktfall der Vorrang gebührt (BVerfG 2.8.2001, 1 BvR 618/93, NJW 2002, 206 ff; *Ohler/Weiß* NJW 2002, 194 ff).

Art. 9 Vereinigungsfreiheit

(1) Alle Deutschen haben das Recht, Vereine und Gesellschaften zu bilden.
(2) Vereinigungen, deren Zwecke oder deren Tätigkeit den Strafgesetzen zuwiderlaufen oder die sich gegen die verfassungsmäßige Ordnung oder gegen den Gedanken der Völkerverständigung richten, sind verboten.
(3) ¹Das Recht, zur Wahrung und Förderung der Arbeits- und Wirtschaftsbedingungen Vereinigungen zu bilden, ist für jedermann und für alle Berufe gewährleistet. ²Abreden, die dieses Recht einschränken oder zu behindern suchen, sind nichtig, hierauf gerichtete Maßnahmen sind rechtswidrig. ³Maßnahmen nach den Art. 12a, 35 Abs. 2 und 3, Art. 87a Abs. 4 und Art. 91 dürfen sich nicht gegen Arbeitskämpfe richten, die zur Wahrung und Förderung der Arbeits- und Wirtschaftsbedingungen von Vereinigungen im Sinne des Satzes 1 geführt werden.

Übersicht	Rdn.		Rdn.
A. Einleitung	1	d) Verfassungskonformität von Mindestlohnregelungen	55
B. Vereinigungsfreiheit (Art 9 I)	2	4. Gerichtliche Kontrolle von Tarifnormen	65
C. Koalitionsfreiheit (Art 9 III)	5	a) Keine unmittelbare Grundrechtsbindung der Tarifvertragsparteien	65
I. Grundlagen	5	b) Rechtsfolgen von Gleichheitsverstößen der Tarifvertragsparteien	69
II. Grundrechtsträger	6		
III. Adressat der Koalitionsfreiheit	9	VIII. Arbeitskampfrecht	
IV. Merkmale einer Vereinigung iSd Art 9 III (Koalition)	10	1. Verfassungsrechtliche Herleitung und Grundsätze	70
1. Allgemeines	10	a) Schutzbereich	70
2. Merkmale	11	b) Streikrecht für Beamte	72
V. Inhalt und Grenzen der Koalitionsfreiheit		c) Schranken	74
1. Schutzbereich	15	2. Rechtmäßigkeit und Grenzen des Einsatzes von Arbeitskampfmitteln	75
a) Positive Koalitionsfreiheit des Einzelnen	15	a) Unterstützungsstreik (Sympathiestreik, Partizipationsstreik)	76
b) Negative Koalitionsfreiheit des Einzelnen	16	b) Politischer Streik	88
c) Im Besonderen: Differenzierungsklauseln	19	c) Streik um Firmentarifvertrag	90
d) Koalitionsfreiheit der Koalition	27	d) Streik um Sozialtarifvertrag (Tarifsozialplan)	91
2. Einzelne Aspekte koalitionsmäßiger Betätigung	33	e) Warnstreik	105
3. Insb: Mitgliederwerbung	35	f) Streiks von Spartengewerkschaften	106
VI. Schranken des Art 9 III	38	g) Flashmob	115
VII. Tarifautonomie	44	h) Streikrecht bei kirchlichen Einrichtungen	117
1. Gewährleistungsinhalt	44	i) Aussperrung	121
2. Tariffähigkeit	46	j) Erlass einstweiliger Verfügungen	123
3. Staatlicher Schutz und Einschränkung der Tarifautonomie	50	3. Schadenersatz bei rechtswidrigen Streiks	124
a) Ausgestaltung	50		
b) Eingriff	51		
c) Rechtfertigung von Eingriffen/Abgrenzung von Ausgestaltung und Eingriff	52		

A. Einleitung. Art 9 I gewährleistet das Recht natürlicher und juristischer Personen, privatrechtliche Zusammenschlüsse zu bilden. Art 9 III bezieht die Bildung von Vereinigungen zum Zweck der Wahrung und Förderung der Arbeits- und Wirtschaftsbedingungen in den GR-Schutz ein. Die Bildung solcher Vereinigungen ist in der Vergangenheit von der Staatsgewalt bes bekämpft worden. Deshalb enthält für den Spezialfall der **Koalitionsfreiheit** Art 9 III bes, über Art 9 I hinausgehende Gewährleistungen (BVerfG 26.6.1991, 1 BvR 779/85, BVerfGE 84, 212, 224). Die Koalitionsfreiheit regelt die Betätigung von Koalitionen und deren Betätigungsbereich abschließend und verdrängt insoweit Art 2 I (BVerfG 20.10.1981, 1 BvR 404/78, BVerfGE 58, 233, 256). Sie ist auch lex specialis ggü Art 5 (26.5.1970, 2 BvR 664/65, BVerfGE 28, 295, 310). Ist eine Koalition tariffähig, genießen die von ihr geschlossenen TV den Schutz der **Tarifautonomie**.

1

2   **B. Vereinigungsfreiheit (Art 9 I).** Die Vereinigungsfreiheit schützt freiwillige privatrechtliche Zusammenschlüsse, die für längere Zeit zur Verfolgung eines gemeinsamen Zwecks erfolgen und ihre Mitglieder einer einheitlichen Willensbildung unterwerfen (Jarass/Pieroth/*Jarass* 9. Aufl, Art 9 Rn 3). Ihr liegt das Prinzip der freien sozialen Gruppenbildung zugrunde. Eine Anwendung des GR auf öffentl-rechtliche **Zwangszusammenschlüsse** scheidet deshalb aus (BVerfG 7.12.2001, 1 BvR 1806/98, DB 2002, 527). Der Schutzbereich des Art 9 I umfasst als **negative Vereinigungsfreiheit** auch das Recht, einer Vereinigung fernzubleiben. Der Schutz der negativen Vereinigungsfreiheit ist jedoch nicht weiter als der Schutzbereich der positiven Gewährleistung. Art 9 I schützt deshalb nicht vor einer gesetzlich angeordneten **Zwangsmitgliedschaft** in einer öffentl-rechtlichen Körperschaft (BVerfG seit 29.7.1959, 1 BvR 394/58, BVerfGE 10, 89, 102; 7.12.2001, 1 BvR 1806/98, DB 2002, 527 für die Zwangsmitgliedschaft in der IHK). Zwangsverbände sind allerdings nach Art 2 I nur zulässig, wenn sie legitimen öffentl Aufgaben dienen und ihre Errichtung, gemessen an diesen Aufgaben, verhältnismäßig ist (BVerfG 7.12.2001, 1 BvR 1806/98, DB 2002, 527). Diese Voraussetzungen sind bei **AN-Kammern** als Körperschaft des öffentl Rechts mit Pflichtzugehörigkeit aller AN vom BVerfG bejaht worden (BVerfG 18.12.1974, 1 BvR 430/65, 1 BvR 259/66, BVerfGE 38, 281).

3   **GR-Träger** sind neben allen Deutschen iS des Art 116 alle freiwilligen Zusammenschlüsse einer Mehrheit (mind 2) natürlicher oder juristischer Personen oder Personenvereinigungen auf Dauer zu einem gemeinsamen Zweck, die sich einer organisierten Willensbildung unterwerfen (Jarass/Pieroth/*Jarass* Art 9 Rn 3).

4   Die Vereinigungsfreiheit unterliegt nicht nur dem Verbotsvorbehalt des Art 9 II, sondern kann wie jedes GR durch kollidierende GR Dritter oder sonstige Rechtsgüter, sofern diese gleichfalls mit Verfassungsrang ausgestattet sind, **beschränkt** werden (vgl BVerfG 26.5.1970, 1 BvR 83/69 ua, BVerfGE 28, 243, 261).

5   **C. Koalitionsfreiheit (Art 9 III). I. Grundlagen.** Die Koalitionsfreiheit ist sowohl ein **Individual- als auch ein Kollektiv-GR** und deshalb ein Doppel-GR. Sie gewährleistet zum einen die Freiheit von AN und AG, sich zu Vereinigungen zur Wahrung und Förderung der Arbeits- und Wirtschaftsbedingungen zusammen zu schließen (BVerfG 1.3.1979, 1 BvR 532/77 ua, BVerfGE 50, 290, 367). Sie schützt zum anderen aber auch die Koalitionen selbst in ihrem Bestand, in ihrer organisatorischen Ausgestaltung und ihren Betätigungen, sofern diese der Förderung der Arbeits- und Wirtschaftsbedingungen dienen. Dieser Schutz umfasst insb auch die Funktionsfähigkeit der **Tarifautonomie**, die im Zentrum der den Koalitionen eingeräumten Möglichkeiten zur Verfolgung ihrer Zwecke steht (BVerfG 3.4.2001, 1 BvL 32/97, BVerfGE 103, 293; BAG 4.6.2008, 4 AZR 419/07, EzA Art 9 GG Nr 95). Eine Garantie des Bestandes des Tarif- und Arbeitskampfsystems in seiner konkreten gegenwärtigen Gestalt besteht allerdings nicht (BVerfG 1.3.1979, 1 BvR 532/77 ua, BVerfGE 50, 290, 367).

6   **II. Grundrechtsträger.** Das GR des Art 9 III schützt für jedermann und alle Berufe, also – begrenzt allerdings durch die allg Grds des Berufsbeamtentums – auch für Beamte (BVerfG 30.11.1965, 2 BvR 54/62, BVerfGE 19, 303) das Recht, sich **zu Koalitionen zusammenzuschließen**. Art 33 IV steht dem nicht entgegen (BVerfG 2.3.1993, 1 BvR 1213/85, BVerfGE 88, 103). Es gilt für **AN und AG** gleichermaßen (BVerfG 26.6.1991, 1 BvR 779/85, BVerfGE 84, 212, 224). Es erfasst auch **AN-ähnliche Personen** und wird nicht erst durch § 12a TVG auf diese Personen erstreckt. Die TVP sind deshalb befugt, den Geltungsbereich von TV für AN-ähnliche Personen selbst zu bestimmen, solange sie sich am Leitbild des § 12a TVG orientieren (BAG 15.2.2005, 9 AZR 51/04, EzA § 12a TVG Nr 3 mit zust Anm *Schubert*; zur Koalitionsfähigkeit »selbständig Beschäftigter« ausf *Kretschmar* Die Rolle der Koalitionsfreiheit für Beschäftigungsverhältnisse jenseits des ANbegriffs, 2003). Auch **Auszubildende** können einer Gewerkschaft beitreten. Sie können deshalb jedenfalls an Warnstreiks teilnehmen, wenn Gegenstand der TV-Verhandlungen die Verbesserung der Arbeitsbedingungen für Auszubildende ist (BAG 12.9.1984, 1 AZR 342/83, EzA Art 9 GG Arbeitskampf Nr 54, B III dGr mwN zum Streitstand; s.a. *H. Seiter* Anm EzA Art 9 GG Arbeitskampf Nr 54, B III dGr).

7   Auf AG-Seite können einzelne natürliche Personen, Personengesellschaften oder auch juristische Personen des privaten Rechts GR-Träger sein, sofern deren Bildung und Betätigung Ausdruck der freien Entfaltung der in ihnen organisierten privaten natürlichen Personen ist (Art 19 III). Zur GR-Trägereigenschaft von **juristischen Personen des öffentl Rechts** s Art 19 Rdn 7, zur GR-Fähigkeit und -Bindung öffentl AG s Rdn 67. Soweit öffentl AG AN beschäftigen, sind sie jedenfalls gem § 2 I TVG **tariffähig** (BAG 2.12.1992, 4 AZR 277/92, EzA § 3 TVG Nr 6, B I 2b dGr; Wiedemann/*Oetker* TVG, 7. Aufl, § 2 Rn 131). Sie handeln als Privatrechtssubjekte. Sie können deshalb selbst (Haus)TV schließen oder sich zu tariffähigen Koalitionen zusammenschließen. Die von diesen Koalitionen geschlossenen TV unterliegen demselben Kontrollmaßstab wie die von Koalitionen von Privatrechtssubjekten geschlossenen TV (ausf zur Kontrolle tariflicher Regelungen s Rdn 65 f).

8   Schließlich ist auch die Koalition selbst GR-Träger (Einzelheiten Rdn 27 ff).

III. Adressat der Koalitionsfreiheit. Art 9 III ist **zunächst als Abwehrrecht** gegen staatliches Handeln ausgestaltet. Adressat sind damit Gesetzgebung, vollziehende Gewalt und Rspr. Daneben entfaltet Art 9 III aufgrund der ausdrücklichen Anordnung in Art 9 III 2, wonach Absprachen und Maßnahmen, die die Koalitionsfreiheit behindern oder einschränken, unwirksam bzw rechtswidrig sind, als einziges GR **unmittelbare Drittwirkung** (BVerfG 17.2.1981, 2 BvR 384/78, BVerfGE 57, 220, 245). Deshalb sind TV (BAG 10.12.2002, 1 AZR 96/02, EzA Art 9 GG Arbeitskampf Nr 134) und schuldrechtliche Vereinbarungen sowie BV, die die Koalitionsfreiheit einschränken, nichtig (BAG 19.9.2006, 1 ABR 2/06, EzA Art 9 GG Nr 88). Insofern ist Art 9 III 2 ein VerbotsG iS des § 134 BGB (BAG 4.6.2008, 4 AZR 419/07, EzA Art 9 GG Nr 95). Die Koalitionen und ihre Mitglieder sind deshalb nicht nur vor Eingriffen des Staates, sondern auch vor Eingriffen durch Private, vor allem durch den sozialen Gegenspieler, unmittelbar geschützt (BAG 24.4.2007, 1 AZR 252/06, EzA Art 9 GG Arbeitskampf Nr 139). Die unmittelbare Drittwirkung entfaltet sich auch gegenüber privatrechtlich, sei es als Verein oder als GmbH oder in sonstiger Weise, organisierten kirchlichen Einrichtungen (BAG 20.11.2012, 1 AZR 179/11, NZA 2013, 448).

IV. Merkmale einer Vereinigung iSd Art 9 III (Koalition). 1. Allgemeines. Eine Vereinigung iSd Art 9 III liegt nur vor, wenn sie **die Wahrung und Förderung der Arbeits- und Wirtschaftsbedingungen** bezweckt. Darunter ist die Gesamtheit der Bedingungen zu verstehen, unter denen abhängige Arbeit geleistet und eine sinnvolle Ordnung des Arbeitslebens ermöglicht wird (ErfK/*Dieterich* Art 9 GG Rn 23). Dazu gehört auch das Vertreten arbeits- oder wirtschaftspolitischer Forderungen ggü Regierung oder Gesetzgeber (BAG 25.1.2005, 1 AZR 657/03, EzA Art 9 GG Nr 81).

2. Merkmale. Eine Koalition iSv Art 9 III muss zunächst die in Rdn 2 genannten Voraussetzungen erfüllen, also ein freiwilliger Zusammenschluss zur gemeinsamen Zweckverfolgung von gewisser Dauer sein. Ihr Zweck muss in der Wahrung und Förderung von Arbeitsbedingungen bestehen. Schließlich muss die Koalition gegnerfrei und gegnerunabhängig organisiert sein. **Gegnerfreiheit** verlangt, dass der Vereinigung keine Mitglieder angehören, die zugleich Funktionen des sozialen Gegenspielers wahrnehmen. Einer Gewerkschaft können also keine Personen angehören, die zugleich AG-Funktionen wahrnehmen (BAG 14.12.2004, 1 ABR 51/03, EzA § 2 TVG Nr 27, B III 2c dGr). Das Merkmal der **Gegnerunabhängigkeit** ist nicht formal, sondern im materiellen Sinn zu verstehen, wobei es auf die Umstände des Einzelfalls ankommt. Es liegt vor, wenn die Koalition dem sozialen Gegenspieler ggü so unabhängig ist, dass sie die Interessen ihrer Mitglieder wirksam und nachhaltig vertreten kann. Das setzt voraus, dass sie über ihre Organisation und ihre Willensbildung selbst entscheidet. Die Gegnerunabhängigkeit fehlt dagegen dann, wenn die Koalition strukturell vom sozialen Gegenspieler abhängig ist, wenn also finanzielle Abhängigkeit von Zuwendungen des Gegners und/oder personelle bzw. organisatorische Verflechtungen mit dem Gegner eine unabhängige Wahrnehmung der Interessen der Mitglieder der Koalition ernsthaft gefährden. Die Vergütung eines einzelnen Mitarbeiters durch den Gegner führt auch dann noch nicht zur Verneinung der Gegnerunabhängigkeit, wenn es sich dabei um den Leiter des Tarifressorts handelt (vgl BAG 14.12.2004, 1 ABR 51/03, EzA § 2 TVG Nr 27, B III 2d dGr). Das LAG Köln hat die Gegnerunabhängigkeit der Gewerkschaft der Neuen Brief- und Zustelldienste (**GNBZ**) verneint und ihr darum die Tariffähigkeit versagt. Neben personellen Verflechtungen waren dafür vor allem erhebliche finanzielle Zuwendungen des sozialen Gegners zur Sachmittelausstattung und zur Vergütung des Vorstands der GNBZ, die das Beitragsaufkommen deutlich überstiegen, sowie die organisatorische Unterstützung durch die AG-Seite ausschlaggebend (LAG Köln 20.5.2009, 9 TaBV 105/08). Die dagegen eingelegte Rechtsbeschwerde ist zurückgenommen worden. Damit steht aufgrund der Entscheidungen der Vorinstanzen **rkr** fest, dass die **GNBZ keine tariffähige Gewerkschaft ist** und bei Abschluss des »TV« zur Regelung von Mindestarbeitsbedingungen für Mehrwertbriefdienstleistungen mit dem AGV-NBZ und des »TV« Mindestlohn mit dem Bundesverband der Kurier-, Express- und Postdienste eV im Dezember 2007 auch keine tariffähige Gewerkschaft war. Das BVerwG hat unabhängig von der Gewerkschaftseigenschaft der GNBZ die Rechts-VO des Bundesministeriums für Arbeit und Soziales v 28.12.2007 über zwingende Arbeitsbedingungen für die Branche Briefdienstleistungen (Postmindestlohn-VO – BAnz 29.12.2007 Nr 242 S 8410) für nichtig erklärt. Mit dieser VO sind tarifliche Löhne aus einem zwischen ver.di und dem AGV Postdienste eV geschlossenen TV als Mindestlöhne für die Branche Briefdienstleistungen für allgemeinverbindlich erklärt worden. Die Postmindestlohnverordnung verletzt die Rechte der im Bundesverband der Kurier-Express-Post-Dienste eV (BdKEP) zusammengeschlossenen AG und dieses Verbandes selbst, weil beim Erlass der Mindestlohn-VO das gesetzlich in § 1 IIIa 2 AEG aF vorgeschriebene Beteiligungsverfahren nicht eingehalten worden ist. Den in den Geltungsbereich der VO fallenden AG, AN und TVP war nicht in dem gesetzlich vorgeschriebenen Ausmaß Gelegenheit zur Stellungnahme gegeben worden (BVerwG 28.1.2010, 8 C 19.09, EzA § 1 AEntG Nr 13, Vorinstanz OVG Berl-Bbg 18.12.2008, 1 B 13.08, ZTR 2009, 207 mit zust Anm *Klebeck/Weininger*

SAE 2009, 159). Ein **Verband von Gewerkschaftsbeschäftigten**, der die Interessen der in ihm Organisierten ggü der Gewerkschaft vertritt, dessen AN seine Mitglieder sind, ist gegnerunabhängig, auch wenn er nur Mitglieder hat, die zugleich der Gewerkschaft, bei der sie beschäftigt sind, angehören. Art 9 III verbietet nicht die gleichzeitige Mitgliedschaft in 2 Koalitionen (BAG 17.3.1998, 1 AZR 364/97, EzA Art 9 GG Nr 63). Allerdings kann eine Gewerkschaft in ihrer Satzung die Mitgliedschaft in einer anderen Gewerkschaft ausschließen (BAG 14.12.2004, 1 ABR 51/03, EzA § 2 TVG Nr 27, B III 2g aa dGr).

12 Eine Koalition liegt auch vor, wenn sie die zum Abschluss von TV erforderliche **Durchsetzungsfähigkeit** (noch) nicht besitzt. Den Schutz der Koalitionsfreiheit genießen Vereinigungen bereits in einem Stadium, in dem sie die Durchsetzungsfähigkeit erst anstreben (BAG 17.2.1998, 1 AZR 364/97, EzA Art 9 GG Nr 63; 28.3.2006, 1 ABR 58/04, EzA § 2 TVG Nr 28; ausf zur Tariffähigkeit s Rdn 46–49).

13 Dass in einem Verband neben (sonstigen) außertariflichen auch **leitende Angestellte** iSd BetrVG organisiert sind, reicht nicht aus, ihn als nicht gegnerfrei anzusehen. Gegnerfrei ist eine solche Koalition allerdings dann nicht mehr, wenn die zu ihr gehörenden leitenden Angestellten Aufgaben in Unternehmer- und AG-Organisationen wahrzunehmen haben, die auf die arbeitsrechtliche und wirtschaftliche Situation der Mitglieder der von dem Verband erfassten Angestellten einwirken können (BAG 15.3.1977, 1 ABR 16/75, EzA § 2 TVG Nr 12).

14 Ebenso wie nach Art 9 I geschützten Vereinigungen müssen Koalitionen nicht auf Dauer angelegt sein, weshalb auch ein **ad-hoc-Bündnis**, zu dem sich AN zur Erreichung eines gemeinsamen Ziels zusammenschließen, vom Schutzbereich des Art 9 III erfasst wird, sofern das **gemeinsame Ziel** sich **nicht bereits in der gemeinsamen Kundgabe** erschöpft, zB bei einer einmaligen Protestaktion, sondern weiter verfolgt wird (BAG 28.4.1966, 2 AZR 176/65, EzA § 124a GewO Nr 5; aA v Münch/Kunig/*Löwer* Art 9 Rn 71).

15 **V. Inhalt und Grenzen der Koalitionsfreiheit. 1. Schutzbereich. a) Positive Koalitionsfreiheit des Einzelnen.** Art 9 III gewährleistet als individuelles Freiheitsrecht zum einen das Recht des Einzelnen, eine **Koalition zu gründen, einer Koalition beizutreten** und **an koalitionsmäßigen Tätigkeiten teilzunehmen (positive Koalitionsfreiheit)**. Elemente der Gewährleistung der Koalitionsfreiheit sind demnach **insb die Gründungs- und Beitrittsfreiheit** (BVerfG 1.3.1979, 1 BvR 532/77 ua, BVerfGE 50, 290, 354). Zur ureigensten Betätigung eines Koalitionsmitgliedes gehört das **Bekenntnis zu seiner Koalition**. Deshalb ist das **Verbreiten eines Streikaufrufs** durch ein Gewerkschaftsmitglied im Intranet über den namensbezogenen E-Mail-Account, den ihm sein AG zu dienstlichen Zwecken zur Verfügung gestellt hat, vom Schutzbereich des III erfasst (BAG 15.10.2013, 1 ABR 31/12). Zur individuellen Koalitionsfreiheit gehört auch das Recht eines Mitgliedes, sich für seine Koalition einzusetzen. Die koalitionsmäßigen Mitwirkungsrechte eines Koalitionsmitgliedes reichen jedoch nicht weiter als die seiner Koalition. Eine Koalitionsbetätigung **auf eigene Faust ist daher nicht zulässig**. Aus diesem Grund genießt bspw eine Flugblattaktion, an der nur gewerkschaftlich organisierte Mitglieder gegen Willen und Zielsetzungen ihrer Koalition teilnehmen und die sich damit im Widerspruch zu ihrer Koalition verhalten, nicht den Schutz des Art 9 III.

16 **b) Negative Koalitionsfreiheit des Einzelnen.** Die Koalitionsfreiheit als individuelles Freiheitsrecht umfasst auch das Recht des Einzelnen, einer Koalition fernzubleiben (**negative Koalitionsfreiheit**; Nachweise zur Gegenmeinung, die die negative Koalitionsfreiheit Art 2 entnimmt, s BAG 18.3.2009, 4 AZR 64/08, EzA Art 9 GG Nr 98). Werden Organisierte anders behandelt als Nichtorganisierte, verletzt dies die negative Koalitionsfreiheit noch nicht (BVerfG 20.7.1971, 1 BvR 13/69, BVerfGE 31, 297, 302). Das GR aus Art 9 III schützt lediglich davor, dass ein Zwang oder ein Druck auf den Nichtorganisierten ausgeübt wird, einer Organisation beizutreten. Ein von einer Regelung oder Maßnahme ausgehender bloßer Anreiz zum Beitritt erfüllt diese Voraussetzungen nicht (BVerfG 11.7.2006, 1 BvL 4/00, BVerfGE 116, 202, 218; BAG 15.4.2015, 4 AZR 796/13, EzA Art 9 GG Nr 109). Daher schützt die negative Koalitionsfreiheit den Einzelnen **nicht davor, dass er sich als Außenseiter selbst dem Willen der Koalition unterwirft, insb indem in seinem Arbeitsvertrag Bezug auf die jeweilige Fassung des TV genommen wird**, wie es etwa im öffentl Dienst verbreitete Praxis ist (BAG 10.11.2010, 5 AZR 633/09, ZTR 2011, 150). Allein dadurch, dass jemand den Vereinbarungen fremder TVP unterworfen wird, ist noch kein koalitionsrechtlicher Aspekt betroffen (BVerfG 14.6.1983, 2 BvR 488/80, BVerfGE 64, 208, 213). Der Außenseiter wird weder zum Eintritt in die tarifschließende Gewerkschaft gezwungen noch wird es ihm unmöglich gemacht, sich an einer anderen Koalition zu beteiligen (vgl BVerfG 20.7.1971, 1 BvR 13/69, BVerfGE 31, 297, 302). Selbst dann, wenn nach einem Betriebs(teil)übergang der Erwerber aufgrund der dynamischen Bezugnahmeklausel gezwungen ist, TV anzuwenden, an die weder er noch der AN gebunden sind, ist seine negative Koalitionsfreiheit nicht verletzt (BAG 23.9.2009, 4 AZR 331/08, EzA § 3 TVG Bezugnahme auf Tarifvertrag Nr 45). Die negative Koalitionsfreiheit schützt den Betriebs(teil)erwerber auch nicht davor, betriebsverfassungsrechtlich bis auf Weiteres an die im Betrieb geltende – sei es auch tarifliche – Vergütungsordnung gebunden zu sein (BAG

14.8.2013, 7 ABR 56/11, DB 2014, 308). Das gilt selbst dann, wenn auch bei beiderseitiger Tarifbindung der TV nicht normativ wirken würde (BAG 21.10.2009, 4 AZR 396/08, NZA-RR 2010, 361). Diskutiert werden könnte allenfalls, ob eine Bezugnahmeklausel die Attraktivität der Mitgliedschaft in der TV-schließenden Gewerkschaft schmälert und damit **deren kollektive Koalitionsfreiheit** verletzt (vgl *Wiedemann/ Oetker* 7. Aufl, § 3 TVG Rn 287). Die negative Koalitionsfreiheit wird allerdings verletzt, wenn ein TV AN, die nicht in der den TV abschließenden Gewerkschaft organisiert sind, normativ erfassen soll (BAG 12.12.2007, 4 AZR 996/06, NZA 2008, 892).

Die neg Koalitionsfreiheit beinhaltet auch das Recht, aus einer Koalition **auszutreten** (BVerfG 14.6.1983, 2 BvR 488/80, BVerfGE 64, 208, 213). Deshalb sind Regelungen in Satzungen, die die Möglichkeit des Austritts durch die **Länge der Kündigungsfrist** unangemessen erschweren, unwirksam. Der BGH hat eine Kündigungsfrist von mehr als 6 Monaten für den Austritt aus einer Gewerkschaft als unangemessene Erschwerung des Koalitionswechsels angesehen (BGH 22.9.1980, II ZR 34/80, AP Nr 33 zu Art 9 GG). Die Verpflichtung des AG in einem Firmen-TV, seine weitere Mitgliedschaft in einem bestimmten AG-Verband zu garantieren, verstößt ebenso gegen die negative Koalitionsfreiheit wie der dauerhafte Ausschluss der Möglichkeit, aus einer Koalition auszutreten (BAG 19.9.2006, 1 ABR 2/06, EzA Art 9 GG Nr 88). Die neg Koalitionsfreiheit wird nicht dadurch verletzt, dass der gewerkschaftlich organisierte AN **keine PKH** erhält, wenn er **gewerkschaftlichen Rechtsschutz** beanspruchen kann. **Tritt der AN** während des laufenden Prozesses aus Gründen, die mit deren Prozessführung im Zusammenhang stehen, **aus der Gewerkschaft aus**, wird dadurch III nicht verletzt, wenn er keine nachvollziehbaren Gründe für seinen Austritt darlegt. Ihm ist dann PKH zu verweigern (BVerfG 11.2.2004, 1 BvR 2314/02, BVerfGK 1, 314; BAG 18.11.2013, 10 AZB 38/13, NZA 2014, 107).

Weder die negative Koalitionsfreiheit noch die kollektive Koalitionsfreiheit werden durch die **AVE** eines TV (§ 5 TVG) verletzt (BVerfG 24.5.1977, 2 BvL 11/74, BVerfGE 44, 322, 352). Das gilt auch für die **Nachwirkung** nach § 4 TVG (BVerfG 3.7.2000, 1 BvR 945/00, EzA § 4 TVG Nachwirkung Nr 29). Machen Vergabegesetze den Erhalt öffentl Aufträge davon abhängig, dass der Auftragnehmer seine AN tariflich entlohnt und dies auch von seinen Nachunternehmern verlangt (sog **Tariftreueerklärung**), wird der Schutzbereich des Art 9 III nicht berührt. Die Tariftreueverpflichtung schränkt das durch Art 9 III geschützte Recht der am Vergabeverfahren beteiligten Unternehmer, der TV-schließenden Koalition fernzubleiben, nicht ein. Die negative Koalitionsfreiheit schützt davor, dass der Gesetzgeber mit gesetzlichen Regelungen an die Ergebnisse von Tarifverhandlungen anknüpft. Gegen eine gleichheitswidrige oder unverhältnismäßige Auferlegung der Ergebnisse fremder Koalitionsvereinbarungen schützen Art 3 I und Art 12 I (BVerfG 11.7.2006, 1 BvL 4/00, BVerfGE 116, 202). Zur fehlenden Vereinbarkeit der Tariftreueerklärung mit der **EntsendeRL** s EuGH 3.4.2008, C-346/06, NZA 2008, 537 – Rüffert. Die Erstreckung des **Mindestlohn-TV im Baugewerbe** auf nicht tarifgebundene AG und AN durch die VO über zwingende Arbeitsbedingungen im Baugewerbe v 25.8.1999 – BauArbbV (BGBl I S 1894) verletzt die Bauarbeitgeber nicht in ihrer negativen Koalitionsfreiheit. Das BVerfG sieht darin lediglich die Erstreckung eines TV auf Außenseiter, die mit der AVE vergleichbar ist. Es hält daher aus denselben Gründen wie bei der Allgemeinverbindlichkeit die negative Koalitionsfreiheit für gewahrt (BVerfG 17.7.2000, 1 BvR 948/00, EzA Art 9 GG Nr 69). Das durch die AÜG-Reform v 23.12.2002 eingefügte Gebot der **Gleichbehandlung von Leih-AN** mit vergleichbaren AN, die im Entleihunternehmen beschäftigt sind (§ 3 I Nr 3, § 9 Nr 2 und 10 AÜG idF v 23.12.2002, BGBl I, 4607), verletzt weder die negative Koalitionsfreiheit betroffener Verleiher (BVerfG 29.12.2004, 1 BvR 2283/03 ua, EzAÜG GG Nr 7) noch die der Leih-AN (BAG 13.3.2013, 5 AZR 954/11, NZA 2013, 680). Auch die Koalitionsfreiheit der AN-Vereinigungen ist nicht verletzt. Der Schutzbereich des Art 9 III ist nicht berühr, weil die Tariföffnungsklausel eine koalitionsmäßige Betätigung ermöglicht (BAG 13.3.2013, 5 AZR 954/11, NZA 2013, 680).

c) Im Besonderen: Differenzierungsklauseln. Die Wirksamkeit tariflicher **Differenzierungsklauseln**, die ausschließlich Mitgliedern einer bestimmten Gewerkschaft bestimmte Vorteile gewähren, ist – auch gewerkschaftspolitisch – äußerst umstr. **Qualifizierte Differenzierungsklauseln** verpflichten den AG, die Vorteile, die er organisierten AN gewährt, Nichtgewerkschaftsmitgliedern nicht zukommen zu lassen. **Spannen- oder Abstandsklauseln** verpflichten den AG, eine Entgeltspanne zwischen Außenseitern und Gewerkschaftsmitgliedern aufrechtzuerhalten. **Tarifausschlussklauseln** verbieten ihm, bestimmte Leistungen auch Außenseitern zukommen zu lassen (zur Terminologie s *Wiedemann* TVG 7. Aufl, Einl Rn 274; *Franzen* RdA 2006, 1, 2 f). **Einfache Differenzierungsklauseln** machen dagegen die Gewerkschaftszugehörigkeit des AN zwar zur Voraussetzung für einen bestimmten materiellen Anspruch, stellen aber keine rechtlichen Schranken dafür auf, dass der AG auf individualvertraglicher Ebene die tariflich vorgesehene Ungleichbehandlung beseitigt, indem er nicht tarifgebundenen AN die Leistung doch gewährt. Der GS des BAG hat solche Klauseln allgemein als unwirksam angesehen, weil sie die positive Koalitionsfreiheit der anders organisierten AN und die negative Koalitionsfreiheit der nicht organisierten AN verletze (BAG 29.11.1967, GS 1/67, EzA Art 9 GG Nr 3, Teil IV dGr). Bei der Prüfung solcher Klauseln, die letztlich gewerkschaftliche Werbeinteressen verfolgen, ist zu beachten, dass der Wettbewerb der Gewerkschaften untereinander im Kampf gegen den beträchtlichen Mitgliederschwund härter geworden ist. Spricht man auch kleinen Gewerkschaften die Tariffähigkeit zu (dazu Rdn 46 ff) und fördert so indirekt den Wettbewerb der Gewerkschaften untereinander, muss man ihnen grds auch das Recht zubilligen, sich zB durch Differenzierungsklauseln oder durch Abwerbemaßnahmen (dazu Rdn 37) in diesem Wettbewerb zu behaupten.

20 Eine Regelung, die bestimmte Leistungen nur solchen Gewerkschaftsmitgliedern zukommen lässt, die bereits an einem in der **Vergangenheit** liegenden **Stichtag** Mitglied der Koalition waren, und die Leistung bei Gewerkschaftsaustritt entfallen lässt, ist unwirksam. Eine solche Klausel, die nur in der Vergangenheit liegende Eintritte in die Gewerkschaft belohnt, entfaltet zwar gerade keine Anreizwirkung zum Eintritt in die Gewerkschaft. Der erst nach Bekanntwerden der Klausel mögliche Eintritt führt in einem solchen Fall auch nicht zu höheren finanziellen Leistungen des AG. Die Anordnung, dass bei einem Austritt der tarifliche Anspruch sofort entfällt, steht aber in Widerspruch zu Art 3 III TVG, wonach die Tarifgebundenheit bis zum Ende des TV bestehen bleibt. Sie greift zudem in die negative Koalitionsfreiheit des austretenden AN ein (BAG 9.5.2007, 4 AZR 275/06, EzA Art 9 GG Nr 91). Dagegen ist eine Regelung, die Leistungen aus einem TV mit sozialplanähnlichem Inhalt nur **Gewerkschaftsmitgliedern** gewährt, die bis zu einem Stichtag der Gewerkschaft beigetreten sind, wirksam. Diese **Binnendifferenzierung** hat keine Wirkung für Außenseiter und schränkt weder die Handlungs- und Vertragsfreiheit des Arbeitgebers noch die der Außenseiter ein (BAG 15.4.2015, 4 AZR 796/13, EzA Art 9 GG Nr 109; krit Greiner NZA 2016, 10).

21 Eine **einfache Differenzierungsklausel**, die Gewerkschaftsmitgliedern in einem Sanierungs-TV als Ausgleich für die Streichung der tariflichen Sonderzuwendung eine jährliche Zahlung von rund 500 € gewährt, ist wirksam (BAG 18.3.2009, 4 AZR 64/08, EzA Art 9 GG Nr 98; bestätigt durch BAG 22.9.2010, 4 AZR 117/09 und 23.3.2011, 4 AZR 366/09, EzA Art 9 GG Nr 104). Die negative Koalitionsfreiheit von Außenseitern wird dadurch nicht verletzt. Solche Normen können nach Auffassung des BAG bereits deshalb keinen unzulässigen Druck auf Außenseiter ausüben, weil die TVP für Außenseiter keine normative Regelungsbefugnis haben (s Rdn 45). Dem lässt sich allerdings entgegenhalten, dass sie mit einer solchen Klausel gerade Normsetzungsmacht auch in Bezug auf die Außenseiter für sich in Anspruch nehmen, denn Zweck einer solchen Regelung ist die Bevorzugung der Gewerkschaftsmitglieder gegenüber den Außenseitern. Die TVP beanspruchen jedoch bei solchen Klauseln nicht das Recht, die Vertragsfreiheit des AG, Tarifnormen auf Außenseiter anzuwenden, zu beschränken. Sie nehmen also im Ergebnis keine abschließende Regelungskompetenz für sich in Anspruch und überschreiten deshalb ihre Normsetzungsmacht nicht. Der von einer solchen Klausel ausgehende Druck auf den Außenseiter ist nicht größer als der jeder anderen Tarifnorm. Außerdem hat das BAG angenommen, dass solche Klauseln zwar einen mittelbaren Beitrittsdruck auf die Außenseiter ausüben. Dies verletzt jedoch die negative Koalitionsfreiheit des Außenseiters jedenfalls bei vergütungsrechtlichen Vorteilen in der Größenordnung der »Erholungsbeihilfe« nicht. Die negative Koalitionsfreiheit untersagt nicht jede Differenzierung zwischen Organisierten und Nichtorganisierten (BVerfG 20.7.1971, 1 BvR 13/69, BVerfGE 31, 297, 302). Solche Regeln üben lediglich einen mit der negativen Koalitionsfreiheit zu vereinbarenden Anreiz zum Beitritt, nicht aber einen faktischen Beitrittszwang (vgl dazu BVerfG 11.7.2006, 1 BvL 4/00, BVerfGE 116, 202, 218) aus, weil der Vergütungsvorteil jedenfalls zu einem erheblichen Teil vom Gewerkschaftsbeitrag aufgezehrt wird. Auch die Vertragsfreiheit des AG wird dadurch nicht unzulässig eingeschränkt. Bei einem Haus-TV ergibt sich dies schon daraus, dass der AG selbst in dem Haus-TV auf seine Vertragsfreiheit verzichtet hat. Bei einem (ggf firmenbezogenen) Verbands-TV hat er sich durch seinen Beitritt der Normsetzungskompetenz Dritter, nämlich des Verbandes und der Gewerkschaft, unterworfen und sich insoweit ebenfalls seiner Vertragsfreiheit begeben.

22 Das BAG hat in seiner Entsch vom 18.3.2009 (4 AZR 64/08, EzA Art 9 GG Nr 98) offengelassen, ob die Normsetzungsbefugnis der TVP dadurch eingeschränkt ist, dass ihre **umfassende Regelungsaufgabe und sozialpolitische Aufgabenstellung** sie verpflichtet, die **Interessen der Außenseiter angemessen zu berücksichtigen**. Auch die sich daraus ergebenden Grenzen hatte die dem BAG vorliegende Klausel nicht überschritten. Sie griff nicht in das Austauschverhältnis ein, sondern betraf nur eng begrenzte Sonderleistungen. Sie war deshalb weder ihrer Art noch ihrer Höhe nach geeignet, einen unverhältnismäßigen, einem Zwang nahe kommenden Druck zum Eintritt auszuüben. Folgt man dem in dieser Entscheidung angedachten gänzlich neuen Ansatz, dass ein TV wegen seiner allg Ordnungsfunktion **grds geeignet sein muss, alle Arbeitsverhältnisse in seinem Geltungsbereich zu regeln und** angemessene und ausgewogene Regelungen enthalten muss, die geeignet sind, **an die Stelle einer staatlichen Regelung** über die betreffenden Arbeitsbedingungen **zu treten**, hat dies weitreichende Folgen. Konsequent zu Ende gedacht, folgt

daraus die Verpflichtung der TVP, bei jeglicher Normsetzung die wirtschaftlichen Folgen auch für Außenseiter mit zu bedenken. Jedenfalls wären dann der Regelungsbefugnis der TVP insb in den Rechtsgebieten, in denen **Tariföffnungsklauseln** bestehen, die bei Inbezugnahme von TV deren Geltung auch auf nicht tarifgebundene Arbeitsverhältnisse erstrecken, nicht nur bei Differenzierungsklauseln enge Grenzen gesetzt. Die Vereinbarung zB von längeren Kündigungsfristen für Gewerkschaftsmitglieder wäre dann nicht mehr von ihrer Regelungsbefugnis umfasst, weil der Gesetzgeber mit der Tariföffnungsklausel in § 622 IV BGB einen Teil seiner Regelungsmacht an die TVP delegiert hat und die TVP deshalb gezwungen sind, nicht nur die Interessen ihrer Mitglieder, sondern die aller AN in ihrem Zuständigkeitsbereich angemessen zu berücksichtigen. Damit greift das BAG letztlich auf den Grundgedanken der **Delegationstheorie** zurück, wonach die TVP Recht kraft staatlicher Ermächtigung setzen (BAG 15.1.1955, 1 AZR 305/54 und 23.3.1957, 1 AZR 326/56, AP Nr 4 und Nr 16 zu Art 3 GG; Zusammenfassung der Kritik im Schrifttum BAG 27.5.2004, 6 AZR 129/03, EzA Art 9 GG Nr 101) und deshalb in ihrer Normsetzungsmacht inhaltlich an die auch für den Gesetzgeber geltenden Grenzen gebunden sind. Die vom BAG den TVP zugesprochene Rolle eines »**sozialen Wächters**« kommt aber nicht diesen, sondern allein dem Staat zu. TVP sind kein Ersatzgesetzgeber. Sie dürfen lediglich Außenseiter nicht gleichheitswidrig benachteiligen (zur Bindung der TVP an Art 3 GG s Rdn 66). Das ist bei Vorteilen, die sie den Mitgliedern einer der kontrahierenden Koalitionen gewähren, erst der Fall, wenn bei typisierender Betrachtung diese Vorteile die mit der Gewerkschaftsmitgliedschaft verbundenen Kosten deutlich übersteigen. Das BAG hat diesen die Entsch vom 18.3.2009 (4 AZR 64/08) nicht selbständig tragenden Ansatz darum zwischenzeitlich aufgegeben (BAG 15.4.2015, 4 AZR 796/13, EzA Art 9 GG Nr 109).

Einer **Spannenklausel** hat das BAG dagegen die Wirksamkeit versagt (BAG 23.3.2011, 4 AZR 366/09, EzA Art 9 GG Nr 104). Dabei ging es um eine tarifliche **Erholungsbeihilfe** von 260 € brutto jährlich als besondere Form des Urlaubsgeldes, die nach einem Haus-TV der Hamburger Hafen und Logistik AG nur Gewerkschaftsmitgliedern gewährt werden sollte. Gewährte der AG nicht tarifgebundenen AN der Erholungsbeihilfe entsprechende oder sogar höhere Leistungen, sah der TV die Verpflichtung des AG vor, die Erholungsbeihilfe entsprechend zu erhöhen. Das BAG hat den TVP die Befugnis abgesprochen, dem AG die arbeitsvertragliche Gestaltungsmöglichkeit zu nehmen, die nicht oder anders organisierten AN den Gewerkschaftsmitgliedern gleichzustellen. Insoweit hat es die **Tarifmacht** der Koalitionen als **überschritten** angesehen. Dadurch wird es dem AG unmöglich gemacht, Außenseiter und Gewerkschaftsmitglieder gleichzubehandeln, und so unzulässig in die Vertragsfreiheit eingegriffen. Die negative Koalitionsfreiheit wird dagegen auch durch solche Klauseln nicht verletzt. Die negative Koalitionsfreiheit untersagt nicht jede Differenzierung zwischen Organisierten und Nichtorganisierten (BVerfG 20.7.1971, 1 BvR 13/69, BVerfGE 31, 297, 302). Solche Regeln üben lediglich einen mit der negativen Koalitionsfreiheit zu vereinbarenden Anreiz zum Beitritt, nicht aber einen faktischen Beitrittszwang (vgl dazu BVerfG 11.7.2006, 1 BvL 4/00, BVerfGE 116, 202, 218) aus, weil der Vergütungsvorteil jedenfalls zu einem erheblichen Teil vom Gewerkschaftsbeitrag aufgezehrt wird (so schon LAG Nds 11.12.2007, 5 Sa 914/07, DB 2008, 1977; *Kocher* NZA 2009, 113, 121 f; *Gamillscheg* NZA 2005, 146, 147). 23

Ob ein TV, der eine jährliche Sonderzahlung in Abhängigkeit vom Konzernergebnis vorsieht, den Mitgliedern der tarifschließenden Gewerkschaft einen höheren Mindestfaktor garantieren darf als den übrigen AN, hat das BAG offengelassen. Der AG war mangels wirksamer Vertretung nicht Partei dieses TV geworden (BAG 18.11.2009, 4 AZR 491/08). 24

Ein **Sonderkündigungsschutz für Gewerkschaftsmitglieder**, wie er etwa in § 2 der 2005 geschlossenen Anwendungsvereinbarung für die Inkraftsetzung des Sparten-TV Nahverkehr zwischen ver.di und der Berliner Verkehrsbetriebe (BVG) vereinbart worden ist, wonach Mitglieder von ver.di 15 Jahre nicht betriebsbedingt gekündigt werden dürfen, **verletzt** dagegen die **negative Koalitionsfreiheit** der Nicht- oder Andersorganisierten. Dadurch wird ein so starker Beitrittsdruck ausgeübt, dass die Schwelle vom bloßen zulässigen Anreiz zum unzulässigen faktischen Beitrittszwang (s Rdn 16 und 23) überschritten wird (*Boss* BB 2009, 1238, 1240; *Gamillscheg* NZA 2005, 146, 150; zu den allg verfassungsrechtlichen Bedenken gegen den tariflichen Ausschluss der ordentlichen Kündigung bereits BAG 5.6.2008, 2 AZR 907/06, EzA § 1 KSchG Soziale Auswahl Nr 81; APS/*Kiel* 3. Aufl, § 1 KSchG Rn 703 ff). Sieht eine Tarifnorm einen solchen Sonderkündigungsschutz vor, ist sie nichtig. Der TV bleibt iÜ bestehen, soweit er noch eine in sich geschlossene, sinnvolle Regelung darstellt (zu den Folgen der **Teilnichtigkeit** von Tarifnormen BAG 12.12.2007, 4 AZR 996/06, NZA 2008, 892). In einem Kündigungsschutzprozess wäre auf entspr Vortrag der Parteien die Wirksamkeit des Sonderkündigungsschutzes inzident zu überprüfen. 25

Bestimmungen des TV, die den AG verpflichten sollen, ausschließlich Mitglieder einer bestimmten AN-Organisation zu beschäftigen (**closed-shop**), verletzen die negative Koalitionsfreiheit des AN (BAG 18.3.2009, 4 AZR 64/08, EzA Art 9 GG Nr 98, Rn 38); Klauseln, durch die sich der AN verpflichtet, während 26 der Dauer des Arbeitsverhältnisses nicht in eine Gewerkschaft einzutreten (**yellow-dog-contract**), beeinträchtigen ihn in seiner positiven Koalitionsfreiheit (Wiedemann/*Wiedemann* TVG 7. Aufl, Einl Rn 276).

27 **d) Koalitionsfreiheit der Koalition.** Geschützt ist auch die Koalition selbst in ihrem Bestand, ihrer organisatorischen Ausgestaltung und ihren koalitionsspezifischen Betätigungen (**Kollektive Koalitionsfreiheit**, BVerfG 26.6.1991, 1 BvR 779/85, BVerfGE 84, 212, 224; Einzelheiten s Rdn 33 ff). Dazu gehört uU auch der Schutz vor Fragen nach der Gewerkschaftszugehörigkeit (s Rdn 44). Soweit grundrechtlich die Existenz einer Koalition gewährleistet wird, bedeutet dies allerdings nicht automatisch, dass auch ihr Erfolg garantiert ist. Die Koalitionsfreiheit umfasst damit auch das **Risiko des Scheiterns** einer Koalition.

28 Daneben wird die autonome Regelung der Verbandsorganisation (**Organisationsautonomie**) geschützt. Hierzu gehören etwa das Recht zur autonomen Festlegung des Verbandzwecks und das Recht zur Wahl der **Organisationsform**, der **Bestimmung ihrer Organe sowie der inneren Organisationsstrukturen**. Auch wird hiervon das **Recht zur horizontalen und vertikalen Gliederung** der Koalitionen in unterschiedliche Organisationseinheiten erfasst. Eine Koalition kann deshalb ihre **Tarifzuständigkeit** in ihrer Satzung räumlich, betrieblich, branchen- oder berufsbezogen, regional- oder personellbezogen festlegen. Der Organisationsbereich muss allerdings hinreichend bestimmt sein. Auch kann die Tarifzuständigkeit nur für die AN konkret bezeichneter Unternehmen beansprucht werden. Die **Grenzen** des Organisationsbereichs sind nach den Grundsätzen der Gesetzesauslegung anhand der **Satzung** zu ermitteln. Durch ein bloßes Tätigwerden außerhalb des so ermittelten satzungsgemäßen Organisationsbereichs kann eine nach der Satzung fehlende Tarifzuständigkeit nicht begründet werden (BAG 17.4.2012, 1 ABR 5/11, EzA TVG § 2 Tarifzuständigkeit Nr 13).

29 Eine Beschränkung auf die »jeweiligen Verbandsmitglieder« ist zwar nicht möglich, die Satzung von AG-Verbänden kann aber eine Mitgliedschaft ohne Tarifbindung (**OT-Mitgliedschaft**) vorsehen (BAG 18.7.2006, 1 ABR 36/05, EzA § 2 TVG Tarifzuständigkeit Nr 10). Dagegen dürfen Handwerksinnungen keine OT-Mitgliedschaft einführen. Dies widerspräche dem gesetzlichen Zweck, in dem durch kleine Betriebe geprägten Bereich des Handwerks für Tarifbindung zu sorgen (BVerwG 23.3.2016, 10 C. 23.14). Durch eine solche Form der Mitgliedschaft wird das für eine funktionierende Tarifautonomie erforderliche Kräftegleichgewicht der TVP nicht generell gestört. Erforderlich ist allerdings, dass die Befugnisse von Mitgliedern mit und ohne Tarifbindung klar getrennt sind. OT-Mitglieder dürfen daher nicht in Tarifkommissionen entsandt werden, den Verband im Außenverhältnis nicht tarifpolitisch vertreten und nicht in Aufsichtsorganen mitwirken, die einen Arbeitskampffonds verwalten. Zudem sind sie von Abstimmungen auszuschließen, in denen tarifpolitische Ziele festgelegt oder Ergebnisse von Tarifverhandlungen angenommen werden (BAG 22.4.2009, 4 AZR 111/08, EzA TVG § 3 Nr 30). Diese Anforderungen verletzen das OT-Mitglied weder in seinem Recht aus Art 12 I GG noch in seiner Koalitionsfreiheit. Die Einflussnahme nicht tarifgebundener Mitglieder auf Tarifverhandlungen könnte das Verhandlungsgleichgewicht der Tarifpartner stören und damit die Funktionsfähigkeit der Tarifautonomie und so einen Belang von Verfassungsrang strukturell beeinträchtigen. Passt der AG-Verband seine Satzung den Anforderungen der Rspr an, steht einer OT-Mitgliedschaft nichts entgegen, sodass die Anforderungen der Rspr die potenziellen OT-Mitglieder auch nicht unzumutbar belasten (BVerfG 1.12.2010, 1 BvR 2593/09, EzA Art 9 GG Nr 102). Sieht die Satzung die Möglichkeit eines »**Blitz-Austritts**« aus der Vollmitgliedschaft unter Wechsel in die OT-Mitgliedschaft vor, muss ein tatsächlich erfolgender Statuswechsel in den Tarifverhandlungen ggü der beteiligten Gewerkschaft transparent gemacht werden, um dieser die Entscheidung zu ermöglichen, ob sie unter diesen geänderten Bedingungen gleichwohl den TV schließen will. Erfolgt diese Offenlegung nicht, wird dadurch die Funktionsfähigkeit der Tarifautonomie gestört. Dann ist der Wechsel des AG in die OT-Mitgliedschaft nichtig, sodass er an die während des Statuswechsels abgeschlossenen TV weiterhin gebunden ist (BAG 4.6.2008, 4 AZR 419/07, EzA Art 9 GG Nr 95). Hieran hat das BAG trotz der daran geäußerten Kritik (Willemsen/*Mehrens* NJW 2009, 1916, 1918; Bauer/*Haußmann* RdA 2009, 99, 104 ff; *Hensche* NZA 2009, 815, 819) festgehalten. Eine etwaige in der weiteren Bindung des AG liegende mittelbare Beeinträchtigung der negativen Koalitionsfreiheit scheidet aus, weil es der AG selbst in der Hand hat, die Gewerkschaft rechtzeitig über die kurzfristige Beendigung seiner Verbandsvollmitgliedschaft zu informieren, und so eine Tarifbindung vermeiden kann (BAG 23.9.2009, 4 AZR 346/08, AP Nr 29 zu § 3 TVG Verbandszugehörigkeit).

30 Koalitionen können auch ihren satzungsmäßigen **Zuständigkeitsbereich ändern**, und zwar auch dann, wenn dadurch für einen Betrieb **Tarifkonkurrenzen** entstehen. Ein solcher Konflikt ist nach der Rspr des BAG nach den Grds der Tarifpluralität und -konkurrenz zu lösen (Einzelheiten s Rdn 106). Verstößt eine Gewerkschaft mit ihrer Zuständigkeitsänderung gegen einen internen Vorbehalt der Zustimmung einer anderen Gewerkschaft, macht dies die Änderung im Außenverhältnis nicht notwendig unwirksam (BAG 27.9.2005, 1 ABR 41/04, EzA § 2 TVG Tarifzuständigkeit Nr 9). Die Satzungsänderung vom 12.3.2007,

durch die der »**DHV** − Deutscher Handels- und Industrieangestellten-Verband« sich in »DHV − Die Berufsgewerkschaft« umbenannte und seine Zuständigkeit »insbondere« auf AN kaufmännischer und verwaltender Berufe erstreckte, hat das BAG entgegen dem eigenen Satzungsverständnis der DHV dahin ausgelegt, dass der Organisationsbereich der DHV auf kaufmännische und verwaltende Berufe beschränkt geblieben ist. Anderenfalls wäre der Organisationsbereich der DHV nicht hinreichend bestimmt. Zudem widerspreche eine Auslegung der Satzung iSd von der DHV gewünschten Allzuständigkeit deren objektivem Interesse. Dann sei nämlich ihre Tariffähigkeit in Gefahr, weil ihr die hinreichende Mächtigkeit fehle (BAG 10.2.2009, 1 ABR 36/08, EzA § 2 TVG Tarifzuständigkeit Nr 12). Auch nach einer Satzungsänderung zum 12.6.2009 ist die DHV nicht für **Privatkliniken** zuständig geworden (BAG 17.4.2012, 1 ABR 5/11, EzA TVG § 2 Tarifzuständigkeit Nr 13). Nach einer abermaligen Satzungsänderung ist die DHV seit dem 9.1.2013 nicht mehr nur für AN in kaufmännischen und verwaltenden Berufen zuständig. Sie kann ua auch AN des DRK und der dem DRK mitgliedschaftlich verbundenen Rechtsträger vertreten, die nicht solche Berufe ausüben, und ist deshalb für diese AG tarifzuständig (BAG 11.6.2013, 1 ABR 32/12 JurionRS 2013, 46797). Für die Unzulässigkeit einer korrigierenden oder ergänzenden Satzungsauslegung durch die Gerichte *Rieble* FS Buchner, S 756, 771; zur Auslegung der Satzung des **AWO-Bundesverbands** auf seine Tariffähigkeit s LAG Köln 20.4.2004, 9 TaBV 73/03; die dagegen eingelegte Beschwerde 1 ABR 36/04 ist für erledigt erklärt worden.

Schließlich gewährleistet Art 9 III das Recht, durch spezifisch koalitionsmäßige Betätigung die darin genannten Zwecke zu verfolgen, sofern diese der Förderung der Arbeits- und Wirtschaftsbedingungen dient (**Betätigungsgarantie**; zuletzt BVerfG 11.7.2006, 1 BvL 4/00, BVerfGE 116, 202). Daraus erwächst zugleich der Auftrag an den Gesetzgeber, den Koalitionen ein geeignetes Regelungssystem zur Verfügung zu stellen, in dem sie sich betätigen können (*Wiedemann* BB 2013, 1397, 1398). 31

Eine gesetzliche **Regelung, die** wie § 21 IV 2 Flaggenrechtsgesetz (FlRG) **bestimmt, dass** für TV, die von ausländischen Gewerkschaften für Schiffe, die die dt Flagge führen und im Internationalen Seeschifffahrtsregister eingetragen sind, **das dt Tarifrecht nur bei einer ausdrücklichen Vereinbarung zwischen den TVP gilt**, stellt es im Ergebnis den AG frei, ob Kollektivvereinbarungen mit ausländischen AN-Organisationen dt Tarifrecht unterfallen oder nicht. Solche Vertragsgestaltungen erschweren die koalitionsmäßige Betätigung der dt Gewerkschaften erheblich. Das gilt insb, wenn das ausländische Tarifrecht **closed-shop-Klauseln**, durch die der AG verpflichtet wird, ausschließlich Mitglieder einer bestimmten AN-Organisation zu beschäftigen, ermöglicht. Den dt Gewerkschaften wird damit praktisch die Chance genommen, unter den ausländischen AN Mitglieder zu gewinnen und sich für eine Verbesserung ihrer Arbeitsbedingungen wirksam einzusetzen. Eine solche gesetzliche Regelung beeinträchtigt die dt Gewerkschaften in ihrer koalitionsmäßigen Betätigung. Sie ist jedoch gleichwohl wirksam, wenn der dt Gesetzgeber vor der Alternative steht, den dt GR-Standard entweder ungeschmälert zu erhalten, ihm damit aber für eine bestimmte Branche praktisch das Anwendungsfeld zu entziehen oder ihm ein Anwendungsfeld unter gleichzeitiger Inkaufnahme eines geminderten GR-Standards zu erhalten. Er kann dann Positionen von Koalitionen, die sich in der int Rechtswirklichkeit ohnehin nicht behaupten lassen, jedenfalls dann aufgeben, wenn gleichzeitig hinreichende Anreize für AG geschaffen werden, das dt ArbR so weit als möglich weiterhin anzuwenden. Diese Argumentation des BVerfG, die auf alle Wirtschaftssachverhalte mit int Bezug übertragbar ist, ermöglicht dem Gesetzgeber die **Minderung des Schutzes der Koalitionen zur Sicherung der int Wettbewerbsfähigkeit der dt Wirtschaft** (vgl BVerfG 10.1.1995, 1 BvF 1/90 ua, BVerfGE 92, 26 für das Internationale Seeschiffsregister; kritisch dazu *Wimmer* NZA 1995, 250). 32

2. Einzelne Aspekte koalitionsmäßiger Betätigung. Art 9 III schützt auch die Koalition selbst (Rdn 27). Dieser Schutz ist **nicht** von vornherein auf einen **Kernbereich** koalitionsmäßiger Betätigungen **beschränkt**, der für die Sicherung des Bestands der Koalitionen unerlässlich ist. Er erstreckt sich vielmehr auf **alle koalitionsspezifischen Verhaltensweisen**. Ob eine koalitionsspezifische Betätigung für die Wahrnehmung der Koalitionsfreiheit unerlässlich ist, kann erst bei Einschränkungen dieser Freiheit Bedeutung erlangen. Die Grenzen zulässiger Beeinträchtigungen sind dabei überschritten, soweit einschränkende Regelungen nicht zum Schutz anderer Rechtsgüter von der Sache her geboten sind (BVerfG st Rspr seit 14.11.1995, 1 BvR 601/92, BVerfGE 93, 352; zu den Schranken iE Rdn 38 ff). In den **Schutzbereich** des Art 9 III sind also alle Betätigungen einbezogen, die dem Zweck der Koalition dienen, die Arbeits- und Wirtschaftsbedingungen zu wahren und zu fördern. Dabei bleibt die **Wahl der Mittel**, die die Koalitionen zur Erfüllung ihrer Aufgaben für geeignet halten, grds ihnen überlassen (BVerfG 4.7.1995, 1 BvF 2/86 ua, BVerfGE 92, 365, 393; zu den Auswirkungen dieser Grds bei der Wahl der Arbeitskampfmittel s Rdn 84). Dazu gehören in 1. Linie der **Abschluss von TV als Kernelement** der Tarifautonomie und **Arbeitskampfmaßnahmen**, wie **Streik** und die **Aussperrung als Reaktion des AG**, wobei die einzelnen Tätigkeiten nicht darauf beschränkt sind 33

(BVerfG 26.6.1991, 1 BvR 779/85, BVerfGE 84, 212). Die kollektive Koalitionsfreiheit wird bereits dann beeinträchtigt, wenn Abreden oder Maßnahmen darauf zielen, die Wirkungen von TV zu vereiteln oder leerlaufen zu lassen. Bei BV, die § 77 III BetrVG verletzen, besteht deshalb ein Unterlassungsanspruch der Gewerkschaft gegen den AG (BAG 17.5.2011, 1 AZR 473/09, EzA Art 9 GG Nr 105).

34 Des Weiteren werden **alle Tätigkeiten** geschützt, die für die **Erhaltung und Sicherung der Koalition notwendig** sind (BVerfG 12.2.1981, 2 BvR 384/78, BVerfGE 57, 220). Dazu zählt auch der **Ausschluss von Mitgliedern**, die gegen den Koalitionszweck verstoßen (BVerfG 24.2.1999, 1 BvR 123/93, BVerfGE 100, 214: der Ausschluss eines Mitglieds, das auf einer von der Gewerkschaft nicht unterstützten BR-Liste kandidiert, ist zulässig). Ebenso ist die **freie Darstellung organisierter Gruppeninteressen** ggü Staat und Parteien Bestandteil der Betätigungsfreiheit (BVerfG 26.5.1970, 2 BvR 664/65, BVerfGE 28, 295), nicht dagegen eine allgemeinpolitische Betätigung ohne Bezug zu den Arbeits- und Wirtschaftsbedingungen (BVerfG 6.2.2007, 1 BvR 978/05, NZA 2007, 394). Deshalb unterfällt auch eine **Unterschriftenaktion** einer Polizeigewerkschaft, mit der diese in den Diensträumen der Polizei ihrer **Forderung nach mehr Stellen** im Polizeidienst Nachdruck verleiht, dem Schutzbereich des Art 9 III (BAG 25.1.2005, 1 AZR 657/03, EzA Art 9 GG Nr 81 mit krit Anm *Höfling/Burkiczak*: soll die Aktion die innere Sicherheit fördern, so ist sie Teil der allg Willensbildung und als allgemeinpolitische Aktion nicht von Art 9 III erfasst). Die gegen die Entscheidung des BAG v 25.1.2005 eingelegte Verf-Beschwerde blieb ohne Erfolg. Auch das BVerfG hat einen hinreichenden Bezug der Unterschriftenaktion zur Wahrung und Förderung der Arbeits- und Wirtschaftsbedingungen angenommen (BVerfG 6.2.2007, 1 BvR 978/05, NZA 2007, 394). Geschützt ist schließlich auch die **außergerichtliche Beratung** von Mitgliedern und deren **Vertretung in gerichtlichen Verfahren** (BVerfG 26.1.1995, 1 BvR 2071/94, EzA Art 9 GG Nr 56).

35 **3. Insb: Mitgliederwerbung.** Mit Blick auf die stetig sinkende Anzahl gewerkschaftlich organisierter AN gewinnt die **Werbung neuer Mitglieder** zunehmend an Bedeutung. Diese Werbung ist von der Betätigungsgarantie des Art 9 III erfasst (BVerfG 14.11.1995, 1 BvR 601/92, BVerfGE 93, 352). Für eine effektive Werbung ist die Möglichkeit des Zugangs auch **betriebsfremder Beauftragter** in den Betrieb von bes Bedeutung. Unter Berücksichtigung der berechtigten betrieblichen Belange des AG steht den Gewerkschaften deshalb grds ein **Zutrittsrecht** zum Betrieb zu. Der Anspruch ist gegenüber dem Arbeitgeber und nicht dem BR zu verfolgen (BAG 22.5.2012, 1 ABR 11/11, EzA Art 9 GG Nr 106). Ob und zu welchen Bedingungen dieses Recht konkret besteht, hängt von den Umständen des Einzelfalls ab. Zu berücksichtigen sind das Interesse des AG am störungsfreien Betriebsablauf und der Wahrung des Betriebsfriedens, seine Geheimhaltungs- und Sicherheitsinteressen sowie schließlich sein Haus- und Eigentumsrecht (BAG 28.2.2006, 1 AZR 460/04, EzA Art 9 GG Nr 87; kritisch *Richardi* Anm AP Art 9 GG Nr 127 insb zur entgegenstehenden Bindungswirkung von BVerfG 17.2.1981, 2 BvR 384/78, BVerfGE 57, 220; zust *Dieterich* RdA 2007, 110). In Anknüpfung an § 43 IV BetrVG hat das BAG angenommen, die Durchführung von Werbemaßnahmen in Pausenzeiten einmal im Kalenderhalbjahr bei Einhaltung einer einwöchigen Ankündigungsfrist entspreche idR dem Gebot praktischer Konkordanz. Verlange die Gewerkschaft häufiger Zutritt, müsse sie dies bes begründen (BAG 22.6.2010, 1 AZR 179/09, EzA Art 9 GG Nr 101). In der Praxis liegt die Schwierigkeit darin, **Anträge** zu formulieren, die nur Fallgestaltungen erfassen, in denen der geltend gemachte Anspruch besteht. Ausreichend ist es, wenn das Zutrittsbegehren nach Personenkreis, Zweck, zeitlichem Rhythmus und Zutrittszeit und -spanne konkretisierbar ist und typisierend beschrieben wird, auch wenn nicht absehbare Entwicklungen im Antrag nicht berücksichtigt sind (ausf BAG 22.6.2010, 1 AZR 179/09, EzA Art 9 GG Nr 101). Ein **Zutrittsrecht** betriebsfremder Gewerkschaftsbeauftragter zu Werbezwecken zu **kirchlichen Einrichtungen** hat das LAG BW verneint (8.9.2010, 2 Sa 24/10). Es hat angenommen, es sei an die Entscheidung des BVerfG v 17.2.1981 (2 BvR 384/78, BVerfGE 57, 220) auch nach Aufgabe der Kernbereichstheorie (dazu Rdn 77) gebunden. Es hat aber in einem obiter dictum zu erkennen gegeben, dass es bei Abwägung der wechselseitigen Belange ein Zutrittsrecht zu einem diakonischen Krankenhaus zur Aufstellung eines Schwarzen Bretts mit Werbematerial bejahen würde. Kurz vor der Entsch des BAG über die gegen diese Entscheidung eingelegte Revision (1 AZR 552/10) hat das bekl Klinikum die Anträge anerkannt, die darauf zielten, der Gewerkschaft ein Schwarzes Brett zur Verfügung zu stellen und es zu dulden, dass die Gewerkschaft daran mindestens 2 Mal je Woche durch namentlich benannte Betriebsfremde Informationen anbringt oder entfernt.

36 Das **Versenden von E-Mails** an betriebliche E-Mail-Adressen **zu Werbezwecken** durch die zuständige Gewerkschaft ist auch ohne die Einwilligung des AG und ohne Aufforderung durch die AN von Art 9 III geschützt und deshalb **nicht generell untersagt**. Wie beim Zutrittsrecht kommt es dafür, ob solche Werbemaßnahmen unzulässig sind, auf den **Einzelfall** an. Maßgeblich dafür sind Häufigkeit, Umfang und Inhalt der E-Mails, Störung der Betriebsabläufe oder des Betriebsfriedens. Treten durch die Übermittlungsform

höhere Lohnkosten für die Lektüre als bei papiergebundenem Werbematerial auf, ist auch das zu berücksichtigen. Das **Recht auf informationelle Selbstbestimmung** wird durch die Verwendung betrieblicher E-Mail-Adressen von Gewerkschaftsmitgliedern auch ohne deren Einwilligung nicht verletzt. Ob eine Übersendung von E-Mails über betriebliche Adressen an **Nichtmitglieder** deren Selbstbestimmungsrecht und damit Gemeinwohlbelange verletzt und eine Übermittlung deshalb unterbleiben muss, hat das BAG offengelassen (BAG 20.1.2009, 1 AZR 515/08, EzA Art 9 GG Nr 96; krit *Arnold/Wiese* NZA 2009, 716, die eine derartige Ausgestaltung von Art 9 III nur bei der Arbeitskampffreiheit, nicht aber bei der Festlegung der Reichweite der gewerkschaftlichen Betätigung für zulässig halten; krit auch *Ulrici*, Anm zu AP Art 9 GG Nr 137, der ohne die Zustimmung des AG die Nutzung betrieblicher E-Mail-Adressen nicht zulassen will). Eine **gezielte Sperrung** des betrieblichen E-Mail-Systems für Mails der Gewerkschaft dürfte mit Art 9 III unvereinbar sein (*Arnold/Wiese* NZA 2009, 716, 720; aA wohl *Dzida* NJW 2009, 1997). Offengeblieben ist, inwieweit der **Datenschutz** der E-Mail-Werbung entgegensteht (angerissen bei *Lelley* EWiR 2009, 475, 476). Zur Anwendbarkeit dieser Rspr auf den kirchlichen Bereich *Schwarz-Seeberger* ZMV 2009, 281.

Die Betätigungsfreiheit umfasst auch die Möglichkeit der **Abwerbung von Mitgliedern anderer Gewerkschaften**. Unzulässig sind allerdings wahrheitswidrige oder täuschende sowie beleidigende, unsachliche oder hetzerische Abwerbemaßnahmen. Auch darf die Abwerbung nicht auf die Vernichtung einer anderen Koalition zielen. Danach ist eine »**Schnuppermitgliedschaft**« mit einem Mitgliedsbeitrag von 1 Euro im 1. Jahr für alle Neumitglieder keine unlautere Werbung, wohl aber die Einräumung von Sonderkonditionen nur für abgeworbene Mitglieder einer bestimmten konkurrierenden Koalition (BAG 31.5.2005, 1 AZR 141/04, EzA Art 9 GG Nr 84). 37

VI. Schranken des Art 9 III. Die Koalitionsfreiheit ist nach dem Wortlaut des Art 9 III vorbehaltlos gewährleistet. Nach st Rspr des BVerfG können Einschränkungen jedoch durch **GR Dritter** und andere mit **Verfassungsrang ausgestattete Rechte** gerechtfertigt sein (BVerfG 24.4.1996, 1 BvR 712/86, BVerfGE 94, 268, 284). Kollidiert die Ausübung der Koalitionsfreiheit mit anderen grundgesetzlich geschützten Rechtspositionen, müssen die kollidierenden Rechte unter Abwägung aller Umstände des Einzelfalls so weit als möglich zum Ausgleich gebracht werden. Ist dies nicht möglich, ist nach der falltypischen Gestaltung und den Umständen des Einzelfalls zu entscheiden, welches GR zurücktreten muss (**Prinzip des schonendsten Ausgleichs**, vgl BVerfG 25.2.1975, 1 BvF 1/74, BVerfGE 39, 1, 43). Verfassungsrechtlich noch nicht abschließend geklärt ist das Problem, wie **Kollisionen** der unterschiedlichen **Teilgewährleistungen** der Koalitionsfreiheit aufzulösen sind. Dies spielt insb bei der Frage, ob in einem Betrieb nur ein TV gelten kann und wenn ja, welcher TV gelten soll, eine Rolle. *Hanau* will auf das insoweit bestehende Spannungsverhältnis zwischen Ordnung und Vielfalt des Koalitionswesens ebenfalls das Prinzip des schonendsten Ausgleichs anwenden (*Hanau/Will* RdA 2008, 98; Einzelheiten s Rdn 107). 38

Auch **objektive Wertentscheidungen des GG** können Eingriffe in die Koalitionsfreiheit rechtfertigen. Dazu gehört auch der Grds der **Gesetzmäßigkeit der Verwaltung**, der dem Rechtsstaatsprinzip des Art 20 III entnommen ist (BAG 25.1.2005, 1 AZR 657/03, EzA Art 9 GG Nr 81). Das **Gebot der politischen Neutralität des Staates** (vgl BVerfG 2.3.1977, 2 BvE 1/76, BVerfGE 44, 125) verbietet es dem Staat, sich einseitig zugunsten einer Seite in den Prozess der Willensbildung innerhalb einer Koalition oder in die Auseinandersetzung zwischen den Koalitionen einzuschalten. Es kann deshalb erforderlich sein, einer Koalition bestimmte Tätigkeiten zu untersagen, die den Anschein erwecken, das staatliche Neutralitätsgebot werde verletzt. Deshalb ist es gerechtfertigt, einer Gewerkschaft eine **Unterschriftenaktion** in Behörden zu versagen, um den Eindruck zu vermeiden, dass der Staat oder seine Untergliederungen als Institutionen die Forderung der Gewerkschaft zu ihrer eigenen machen. Andernfalls könnte das Vertrauen der Öffentlichkeit in die Objektivität der staatlichen Aufgabenerfüllung beeinträchtigt werden (BAG 25.1.2005, 1 AZR 657/03, EzA Art 9 GG Nr 81; die dagegen eingelegte Verf-Beschwerde blieb ohne Erfolg: BVerfG 6.2.2007, 1 BvR 978/05, NZA 2007, 394). 39

Bei Gesetzen, die mit Entgeltvorgaben bei Arbeitsbeschaffungsmaßnahmen (Lohnabstandsklauseln; BVerfG 27.4.1999, 1 BvR 2203/93 ua, BVerfGE 100, 271) oder mit der Anrechnung von Kuren auf den den gesetzlichen Mindestanspruch übersteigenden Erholungsurlaub gem § 10 I 1 BUrlG in der vom 1.10.1996 bis 31.12.1999 geltenden Fassung (BVerfG 3.4.2001, 1 BvL 32/97, BVerfGE 103, 293) **arbeitsmarktpolitische Ziele** verfolgten, hat das BVerfG dem Ziel der Bekämpfung der Massenarbeitslosigkeit aufgrund des **Sozialstaatsprinzips** (Art 20 I GG), das dem Gesetzgeber einen Gestaltungsauftrag erteilt, Verfassungsrang beigemessen und dieses Ziel auch von Art 1 I und Art 2 I 1 für gedeckt gehalten. Es hat deshalb Gesetze, mit denen der Gesetzgeber einen Beitrag zur Bekämpfung der Arbeitslosigkeit leisten wollte, für vereinbar mit der Koalitionsfreiheit gehalten. Voraussetzung dafür ist lediglich, dass die Gesetze geeignet sind, die 40

Arbeitslosigkeit zu bekämpfen, der Gesetzgeber seinen Einschätzungsspielraum nicht überschritten hat und die Auswirkungen des Gesetzes der betroffenen Koalition zumutbar sind. Bei der **Anrechnung von Kuren auf den Erholungsurlaub** hat es diese Voraussetzungen bejaht. Zwar werde dadurch das von den Gewerkschaften erstrittene Verhandlungsergebnis zulasten der Gewerkschaften abgeändert, die praktischen Auswirkungen seien aber gering und ggü anderen dem Gesetzgeber möglichen Maßnahmen wie zB Einführung von Karenztagen für Kuren das mildere Mittel gewesen.

41 Das BVerfG hat die Auswirkungen von **Lohnabstandsklauseln** bei ABM für die betroffenen Gewerkschaften als zumutbar angesehen, obwohl sie deren Verhandlungsspielraum bei Lohnverhandlungen dadurch entscheidend einschränkten, dass der volle Zuschuss zur Finanzierung des Arbeitsentgelts schwer vermittelbarer Arbeitsloser nur geleistet wurde, wenn das vereinbarte Arbeitsentgelt max 80 % des Tariflohns für vergleichbare Tätigkeiten betrug. Es hat entscheidend darauf abgestellt, dass der AG ohne den Zuschuss AN gar nicht oder erst zu einem späteren Zeitpunkt einstelle und deshalb kein effektiver Verhandlungsdruck auf ihn ausgeübt werden könne. Es fehle an einer prinzipiell gleichwertigen Interessenwahrnehmung, was die Intensität des Eingriffs in die Koalitionsfreiheit relativiere (BVerfG 27.4.1999, 1 BvR 2203/93 ua, BVerfGE 100, 271, 284 f). Insoweit hat das BVerfG auf seine Argumentationslinie aus der Entscheidung zum Internationalen Seeschifffahrtsregister zurückgegriffen (BVerfG 10.1.1995, 1 BvF 1/90 ua, BVerfGE 92, 26; krit dazu *Wimmer* NZA 1995, 250; Einzelheiten dazu Rdn 32): Hat die Koalition in dem wirtschaftlichen Umfeld, in dem sie sich bewegt, ohnehin keine Möglichkeit, die Interessen ihrer Mitglieder wirksam zu vertreten, steht dem Gesetzgeber ein größerer Handlungsspielraum bei Eingriffen in die Koalitionsfreiheit zu. Diese Argumentation **relativiert den GR-Schutz** je nach den **Rahmenbedingungen**, unter denen die Koalition ihre Tätigkeit entfaltet. Letztlich gibt sie ihn der sozialen und wirtschaftlichen Lebenswirklichkeit preis.

42 Das BAG sieht auch den **Betriebsfrieden** und den **ungestörten Arbeitsgang** als Rechtsgüter an, die geeignet sein sollen, der gewerkschaftlichen Betätigungsfreiheit Grenzen zu ziehen (BAG 25.1.2005, 1 AZR 657/03, EzA Art 9 GG Nr 81, II 1a dGr; zum Recht auf den eingerichteten und ausgerichteten Gewerbebetrieb s Art 14 Rdn 6, 25). Es kann sich insoweit auf eine gleichlautende Formulierung des BVerfG stützen (BVerfG 17.2.1981, 2 BvR 384/78, BVerfGE 57, 220, 246). In jüngeren Entscheidungen hat das BVerfG jedoch stets **offengelassen**, ob der Gesetzgeber weiter genuine oder **Regelungsbefugnisse zum Schutz sonstiger Rechtsgüter** hat (ausdrücklich BVerfG 24.4.1996, 1 BvR 712/86, BVerfGE 94, 268, 284). Es hat dies durch die Einschränkung zum Ausdruck gebracht, die Koalitionsfreiheit könne »jedenfalls« zum Schutz von Gemeinwohlbelangen eingeschränkt werden, soweit sie verfassungsrechtlichen Rang hätten (vgl nur BVerfG 27.4.1999, 1 BvR 2203/93 ua, BVerfGE 100, 271, 283). Die vom BAG aufgegriffene Formulierung ist vielmehr vor dem Hintergrund der jahrzehntelangen, zumindest »missverständlich« (so BVerfG 14.11.1995, 1 BvR 601/92, BVerfGE 93, 352, B 3c dGr) formulierten Rspr des BVerfG zum Schutzbereich des Art 9 III zu lesen. Danach sollte Art 9 III die Betätigung der Koalitionen nur in einem **Kernbereich** schützen. Mit der vom BAG aufgegriffenen Formulierung wollte das BVerfG nur den Schutzbereich des Art 9 III umschreiben. Nachdem es seit der Entscheidung v 14.11.1995 (1 BvR 601/92, BVerfGE 93, 352) klargestellt hat, dass die Koalitionsfreiheit nicht nur in ihrem Kernbereich grundrechtlich geschützt ist, sondern alle koalitionsspezifischen Verhaltensweisen erfasst, ist kein Grund ersichtlich, eine Einschränkung des Art 9 III anders als allen anderen vorbehaltlos gewährleisteten GR durch Verfrang ohne Verfrang zuzulassen (iE ebenso *Höfling/Burkiczak* Anm zu BAG 25.1.2005, 1 AZR 657/03, AP GG Art 9 Nr 123).

43 Eingriffe in die Koalitionsfreiheit, die sich auf Rechtsgüter iS Rdn 38–40 stützen können, bedürfen nicht stets einer **gesetzlichen Grundlage**. Eine Pflicht des Gesetzgebers, eine solche Grundlage zu schaffen, besteht zwar grds, wenn miteinander konkurrierende, vorbehaltlos gewährleistete grundrechtliche Freiheitsrechte aufeinandertreffen und deren jeweilige Grenzen fließend und nur schwer auszumachen sind (vgl BVerfG 24.9.2003, 2 BvR 1436/02, BVerfGE 108, 282, 311). Fehlen jedoch wie im Bereich des Art 9 III, in dem sich der Gesetzgeber fast gänzlich zurückgenommen hat, gesetzliche Regelungen, so muss die Rspr sachgerechte Lösungen zum Ausgleich der Interessen **gleichgeordneter GR-Träger** entwickeln (ausf zu den dabei im Bereich des Arbeitskampfrechts einzuhaltenden Regeln und Grenzen Rdn 74 ff). Macht daher der öffentl-rechtlich organisierte AG von seinem Hausrecht Gebrauch und untersagt eine **gewerkschaftliche Unterschriftenaktion** in seinen Räumlichkeiten, so können die Gerichte die kollidierenden GR bzw grundrechtsgleichen Rechte zum Ausgleich bringen (Rdn 39; BAG 25.1.2005, 1 AZR 657/03, EzA Art 9 GG Nr 81; die gegen die Entscheidung des BAG v 25.1.2005 eingelegte Verfbeschwerde blieb ohne Erfolg: BVerfG, 6.2.2007, 1 BvR 978/05, NZA 2007, 394; krit, aber iE zust *Höfling/Burkiczak* Anm zu BAG 25.1.2005, 1 AZR 657/03, AP GG Art 9 Nr 123, die annehmen, das Hausrecht genüge aufgrund seiner gewohnheitsrechtlichen Ableitung dem Gesetzesvorbehalt). Ist dagegen das **Verhältnis von Staat und Privatrechtssubjekten** betroffen, ist eine gesetzliche Regelung unentbehrlich (BVerfG 2.3.1993, 1 BvR

1213/85, BVerfGE 88, 103). Ordnen also eine bestreikte öffentl-rechtliche Körperschaft oder ein in öffentl-rechtlicher Trägerschaft stehender AG den **Einsatz von Beamten auf bestreikten Arbeitsplätzen** an, so setzen sie als Hoheitsträger ein besonderes Kampfmittel ein. Die Befugnis des Staates dazu muss in einem offenen Gesetzgebungsverfahren geregelt werden. Fehlt es daran, ist mangels Rechtsgrundlage der Einsatz von Beamten auf bestreikten Arbeitsplätzen rechtswidrig (BVerfGE 88, 103). Die **Nutzung** seiner **Kommunikationstechnik** zu Zwecken des Arbeitkampfes muss der AG nicht dulden. Das gilt auch dann, wenn ein Gewerkschaftsmitglied das Intranet des AG zur Weiterleitung eines Streikaufrufs seiner Gewerkschaft nutzt. Zwar unterfällt die Betätigung des AN dem Schutzbereich des III (s Rdn 15). Insoweit ist aber Konkordanz mit dem Recht des AG aus Art. 14 GG herzustellen. Ist der AN zur Wahrnehmung seines Rechts aus III nicht auf das Intranet des AG angewiesen, sondern kann seine Koalitionsfreiheit anders wahrnehmen, tritt sein Recht zurück (BAG 15.10.2013, 1 ABR 31/12 JurionRS 2013, 53984).

VII. Tarifautonomie. 1. Gewährleistungsinhalt. Art 9 III gewährleistet eine **Ordnung des Arbeits- und Wirtschaftslebens**, bei der der Staat seine Zuständigkeit zur Rechtsetzung weit zurückgenommen und die Bestimmung über die regelungsbedürftigen Einzelheiten des Arbeitsvertrags grds den Koalitionen überlassen hat. Die Tarifautonomie steht **im Zentrum der den Koalitionen eingeräumten Möglichkeiten** zur Verfolgung ihrer Zwecke (BAG 18.11.2014, 1 AZR 257/13, EzA Art 9 GG Nr 108). Sie ist selbst ein Rechtsgut von Verfassungsrang (*Höfling* in: Sachs GG 5. Aufl, Art 9 Rn 84). Sie ist darauf ausgerichtet, die strukturelle Unterlegenheit der einzelnen AN beim Abschluss von Arbeitsverträgen durch **kollektives Handeln** auszugleichen und ein **möglichst gleichgewichtiges Aushandeln der Löhne und Arbeitsbedingungen** zu ermöglichen. Kerninstrument der Tarifautonomie ist das **Aushandeln und der Abschluss von TV** (BVerfG 26.6.1991, 1 BvR 779/85, BVerfGE 84, 212, 224, 229). Den **frei gebildeten Koalitionen** ist durch Art 9 III die im **öffentl Interesse liegende Aufgabe** zugewiesen, insb Löhne und sonstige materielle **Arbeitsbedingungen** (wie **Arbeitszeit, Urlaub** oder **Arbeitsschutz**) in einem vom staatlichen Rechtsetzung weitgehend frei gelassenen Raum in eigener Verantwortung und iW ohne staatliche Einflussnahme sinnvoll zu ordnen (vgl BVerfG 27.4.1999, 1 BvR 2203/93 ua, BVerfGE 100, 271). Die Wirkkraft des durch III gewährleisteten Schutzes nimmt in dem Maße zu, in dem eine Materie aus Sachgründen am besten von den TVP geregelt werden kann, weil sie nach den Vorstellungen des Verfassungsgebers die gegenseitigen Interessen angemessener zum Ausgleich bringen als der Staat (BVerfG 27.4.1999, 1 BvR 2203/93 ua, BVerfGE 100, 271). Das gilt vor allem für die Festsetzung der Löhne und anderer materieller Arbeitsbedingungen. In diesem zentralen Bereich der Tarifautonomie kommt den TVP darum der größte Spielraum zu. Das schließt auch die Befugnis zu Entgeltregelungen ein, die Betroffenen ungerecht und Außenstehenden nicht zwingend sachgerecht erscheinen. Insoweit sind der Möglichkeit der staatlichen Gerichte, den TVP in diesem Bereich Vorgaben zu machen, enge Grenzen gezogen (BAG 8.12.2011, 6 AZR 319/09, EzA Richtlinie 2000/78 EG-Vertrag 1999 Nr 26). Eine rechtliche Pflicht einer Koalition, mit einer anderen Koalition TVverhandlungen zu führen, besteht allerdings nicht. Die TVP können frei entscheiden, mit wem sie welche TV schließen wollen (BAG 25.9.2013, 4 AZR 173/12, EzA § 1 TVG Nr 53). Die Tarifautonomie schützt die Koalition auch darin, der anderen Seite in einer Tarifverhandlungssituation Informationen über ihren Organisationsgrad vorzuenthalten. Die Unkenntnis über die tatsächliche Durchsetzungskraft des Gegenspielers ist grundlegend für die Förderung der Verhandlungsbereitschaft und das Erzielen eines angemessenen Ineressenausgleichs. Die **Frage nach der Gewerkschaftszugehörigkeit** während laufender Tarifverhandlungen verletzt darum III (BAG 18.11.2014, 1 AZR 257/13, EzA Art 9 GG Nr 108).

Die **Regelungsbefugnis** der TVP beschränkt sich auf ihre Mitglieder. Sie können deshalb die Arbeitsverhältnisse der **Außenseiter** nicht normativ regeln (BVerfG 24.5.1977, 2 BvL 11/74, BVerfGE 44, 322, 347 f; BAG 15.4.2015, 4 AZR 796/13, EzA Art 9 GG Nr 109; zu den Auswirkungen auf Differenzierungsklauseln s Rdn 19 ff). Im Umfang ihrer Regelungsbefugnis ist diese nicht auf aktive Arbeitsverhältnisse beschränkt, sondern erfasst auch die Rechtsverhältnisse der **Betriebsrentner**. Die TVP können deshalb auch die betriebliche Altersversorgung regeln (BAG 27.2.2007, 3 AZR 734/05, EzA Art 9 GG Nr 90; 17.6.2008, 3 AZR 409/06, NZA 2008, 1244).

2. Tariffähigkeit. Nicht jede Koalition ist zugleich tariffähig (vgl schon BVerfG 18.11.1954, 1 BvR 629/52, BVerfGE 4, 96; allg zu den Anforderungen an eine Koalition, insb zur **Gegnerunabhängigkeit** s Rdn 11 ff; zur Tariffähigkeit s.a. § 2 TVG Rdn 5 ff). Das GG hat es dem Gesetzgeber überlassen, die **Voraussetzungen der Tariffähigkeit iE zu normieren und der jeweiligen gesellschaftlichen Wirklichkeit so anzupassen, dass die Koalitionen ihre Aufgabe erfüllen können** (BVerfG 19.10.1966, 1 BvL 24/65, BVerfGE 20, 312). Dabei darf einer Koalition nicht allein wegen **fehlender Kampf- oder Streikwilligkeit** die Tariffähigkeit versagt werden (BVerfG 6.5.1964, 1 BvR 79/62, BVerfGE 18, 18 für einen Verband katholischer Hausgehilfinnen). Das BAG verlangt in st Rspr (zuletzt BAG 5.10.2010, 1 ABR 88/09, EzA

§ 2 TVG Nr 30; 28.3.2006, 1 ABR 58/04, EzA § 2 TVG Nr 28), dass eine **ANvereinigung** eine solche **Durchsetzungskraft** besitzt, dass der soziale Gegenspieler ihre Verhandlungsangebote nicht übergehen kann, sondern sich veranlasst sieht, mit der AN-Vereinigung zu verhandeln. Erforderlich ist allerdings nicht, dass die AN-Koalition die Chance des vollständigen Obsiegens hat. Es reicht aus, wenn sie vom Gegner überhaupt ernst genommen wird, sodass die Regelung der Arbeitsbedingungen nicht einem Diktat der einen Seite entspringt. Das Erfordernis einer ausreichenden Durchsetzungskraft rechtfertigt sich insb aus der dem TV vom BAG in st Rspr zugebilligten materiellen **Angemessenheitsvermutung**. Das BAG nimmt an, dass TV aufgrund eines Verhandlungsgleichgewichts der Verhandlungspartner den Interessen beider Seiten gerecht werden und keiner Seite ein unzumutbares Übergewicht vermitteln (BAG 21.45.2014, 4 AZR 50/13, EzA Art 9 GG Nr 107; 24.9.2008, 6 AZR 76/07, EzA § 305c BGB 2002 Nr 15). Dies setzt voraus, dass eine AN-Vereinigung eine gewisse Durchsetzungskraft hat. Ob dies der Fall ist, muss aufgrund aller Umstände im Einzelfall festgestellt werden. Maßgebliche Kriterien sind der organisatorische Aufbau und die **Mitgliederzahl**. Letzere kann umso geringer sein, je mehr Spezialisten in Schlüsselstellung in der Vereinigung organisiert sind, die im Fall eines Arbeitskampfes nicht oder nur schwer ersetzt werden können. Einen Organisationsgrad von 32 % hat das BAG bei einer Gewerkschaft von Flugbegleitern deshalb als ausreichend angesehen. Eine **Doppelmitgliedschaft** der Mitglieder der AN-Vereinigung in anderen Gewerkschaften schließt die Tariffähigkeit nicht aus. Kommt es zum Abschluss kollidierender TV, führt dies nicht dazu, dass eine der beiden konkurrierenden Gewerkschaften ihren Status als Gewerkschaft verliert. Die infolge von Doppelmitgliedschaft eintretende Kollision ist vielmehr nach den Grds der **Tarifkonkurrenz** (zu den Auswirkungen von Tarifkonkurrenz auf das Recht, TV zu erstreiken s Rdn 106; zur Tarifkonkurrenz sa § 4 TVG Rdn 47 ff) aufzulösen. Eine demokratische Binnenstruktur ist ebenfalls kein Wesensmerkmal einer tariffähigen Gewerkschaft. Hat eine AN-Vereinigung die erforderliche Durchsetzungskraft und org Leistungsfähigkeit für einen nicht unerheblichen Teil des beanspruchten Zuständigkeitsbereichs, so ist sie insgesamt tariffähig. Die AN-Vereinigung muss bei Zweifeln an ihrer sozialen Mächtigkeit die Mitglieder weder namentlich benennen noch den Mitgliederbestand regional aufschlüsseln. Sie muss allerdings darlegen, dass sie flächendeckend TV aushandeln kann, die den Interessen beider Seiten gerecht werden (BAG 5.10.2010, 1 ABR 88/09, EzA § 2 TVG Nr 30).

47 Verbleiben nach den Kriterien Mitgliederstärke und organisatorischer Aufbau noch **Zweifel** an der sozialen Mächtigkeit, können Tarifabschlüsse, die die AN-Koalition abgeschlossen hat, **Indizwirkung** entfalten, wobei auch **Anschluss-TV** ausreichen können, es sei denn, es handelt sich um **Schein- oder Gefälligkeits-TV**. Von einem kollusiven Zusammenwirken zwischen AG-Seite und AN-Vereinigung kann nur im Ausnahmefall ausgegangen werden, ebenso davon, der TV beruhe auf einem Diktat der AG-Seite. Dafür reicht es nicht aus, dass eine »kleine« AN-Vereinigung stärkere Zugeständnisse bei den TV-Verhandlungen macht als eine bereits etablierte. Hat eine AN-Vereinigung **noch keinen TV abgeschlossen**, kann ihre Durchsetzungskraft nur **prognostisch** beurteilt werden (BAG 28.3.2006, 1 ABR 58/04, EzA § 2 TVG Nr 28). Insoweit hat das BAG seine Rspr präzisiert (5.10.2010, 1 ABR 88/09, EzA § 2 TVG Nr 30): Schließt eine AN-Koalition kurz nach ihrer Gründung TV ab, kann dies allein ohne Angaben zur Zahl ihrer Mitglieder und ihrer organisatorischen Leistungsfähigkeit ihre Tariffähigkeit nicht belegen. Sie muss darlegen, dass die **AG-Seite sie** bereits beim ersten Aushandeln von TV **nicht hat ignorieren können**. Zu prüfen ist, ob nicht nur von nicht tariffähigen Vorgängern abgeschlossenen Vereinbarungen übernommen worden sind. TV, die in Tarifgemeinschaft mit tariffähigen Gewerkschaften abgeschlossen sind, entfalten keine Indizwirkung. Eine **partielle Tariffähigkeit** gibt es nicht (zum Ganzen ausf BAG 14.12.2004, 1 ABR 51/03, EzA § 2 TVG Nr 27; 28.3.2006, 1 ABR 58/04, EzA § 2 TVG Nr 28). Diese Rspr ist vom BVerfG wiederholt als verfassungskonform bestätigt worden (BVerfG 20.10.1981, 1 BvR 404/78, BVerfGE 58, 233, 248; 24.2.1999, 1 BvR 123/93, BVerfGE 100, 214; zuletzt 31.7.2007, 2 BvR 1831/06, EzA Art 9 GG Nr 93). Sie ist auch europarechtskonform (BAG 28.3.2006, 1 ABR 58/04, EzA § 2 TVG Nr 28).

48 Nach diesen Grds hat das BAG einer **Spartengewerkschaft**, die **Flugbegleiter** vertritt (UFO), die Tariffähigkeit zuerkannt (BAG 14.12.2004, 1 ABR 51/03, EzA § 2 TVG Nr 27). Auch die Christliche Gewerkschaft Metall (**CGM**) hat es als tariffähig angesehen. Es hat dabei zum einen auf die von der CGM abgeschlossenen rund 3.000 Anschluss-TV abgestellt, aber auch die 550 von der CGM vor allem im Bereich des Handwerks abgeschlossenen originären TV herangezogen. Unerheblich sei dabei, ob die Initiative zum Abschluss dieser TV von der AG-Seite ausgegangen sei. Unerheblich sei auch, ob diese TV tatsächlich das Arbeitsleben beeinflussen. Das Vorliegen von Schein- und Gefälligkeits-TV hat es insb deshalb verneint, weil die vereinbarten Arbeitsbedingungen nicht unter den gesetzlichen Mindestbedingungen lägen und es keine Anhaltspunkte dafür gebe, dass die TV in einem größeren Umfang zu dem Zweck geschlossen worden seien, die mit der IG Metall geschlossenen Flächen-TV zu verdrängen (BAG 28.3.2006, 1 ABR 58/04, EzA § 2 TVG Nr 28). Das LAG Rh-PF hat die Tariffähigkeit der Gewerkschaft der Flugsicherung

eV – **GdF** – verneint (22.6.2004, 11 Sa 2096/03, AP GG Art 9 Arbeitskampf Nr 169), das Hess LAG hat sie bejaht (22.7.2004, 9 SaGa 593/04, AP GG Art 9 Arbeitskampf Nr 168). Da beide Entscheidungen im einstweiligen Verfügungsverfahren ergangen sind, war kein weiteres Rechtsmittel gegen sie möglich. Die Gewerkschaft der Neuen Brief- und Zustelldienste (**GNBZ**) ist nicht tariffähig. Die Entsch des LAG Köln 20.5.2009, 9 TaBV 105/08) ist in Rechtskraft erwachsen. Die Tarifgemeinschaft Christlicher Gewerkschaften für Zeitarbeit und Personalserviceagenturen (**CGZP**) ist keine Spitzenorganisation, die in eigenem Namen TV abschließen kann. Sie erfüllt die hierfür erforderlichen tarifrechtlichen Voraussetzungen nicht. Ihre Mitgliedsgewerkschaften (CGB, DHV und GÖD) haben sich nicht im Umfang ihrer Tariffähigkeit zusammengeschlossen. Außerdem geht der in der Satzung der CGZP festgelegte Organisationsbereich für die gewerbliche AN-Überlassung über den ihrer Mitgliedsgewerkschaften hinaus (BAG 14.12.2010, 1 ABR 19/10, NZA 2011, 289). Auf ihre soziale Mächtigkeit kommt es damit nicht mehr an (s dazu *Schüren* AuR 2008, 239; *ders* NZA 2008, 453; zweifelnd auch *Ulber* NZA 2008, 438). Zu den entgelt-, steuer- und sozialrechtlichen Folgen der Entscheidung *Müntefering/Mehrens* BB 2009, 1479 und *Schüren/Wilde* NZS 2009, 303). Die Polizei- und Wachdienst Gewerkschaft (**PWG**) ist keine Gewerkschaft im personalvertretungsrechtlichen Sinn und kann deshalb nicht an PersR-Wahlen teilnehmen (BVerwG 25.7.2006, 6 P 17.05, NZA 2006, 512; die dagegen eingelegte Verf-Beschwerde blieb erfolglos, BVerfG 31.7.2007, 2 BvR 1831/06, EzA Art 9 GG Nr 93). Die Gewerkschaft für Kunststoffgewerbe und Holzverarbeitung im Christlichen Gewerkschaftsbund – **GKH** – ist nicht tariffähig. Bei einem Organisationsgrad von unter 1% fehlt ihr im Tischlerhandwerk die erforderliche Durchsetzungskraft. Zudem verfügt sie nicht über einen hinreichenden organisatorischen Aufbau. Die in Tarifgemeinschaft mit dem DHV vereinbarten TV entfalten für die Tariffähigkeit der GKH keine Indizwirkung (LAG Hamm 23.9.2011, 10 TaBV 14/11, NZA-RR 2012, 25 im Nachgang zu BAG 5.10.2010, 1 ABR 88/09, EzA § 2 TVG Nr 30). Die Entscheidung des LAG Hamburg vom 21.3.2012 (3 TaBV 7/11), dass die 2008 gegründete Gewerkschaft **medsonet**, die zunächst AN in allen Bereichen des Gesundheitswesens und der sozialen Dienste organisiert hat und seit einer Satzungsänderung vom 11.2.2012 AN in Einrichtungen in privater und gemeinnütziger Trägerschaft organisiert und die seitdem einen Organisationsgrad von unter 1% hat, nie tariffähig war, ist durch Rücknahme der Rechtsbeschwerde von medsonet rechtskräftig geworden. Damit steht fest, dass medsonet nie tariffähig war (BAG 11.6.2013, 1 ABR 33/12, JurionRS 2013, 46798).

Der **Gesetzgeber ist nicht etwa darauf beschränkt**, die Tariffähigkeit jedenfalls auf der Seite der AG **nur echten arbeitsrechtlichen Vereinigungen** zuzuerkennen. Dies ergibt sich schon daraus, dass dem einzelnen AG, der selbst keine Koalition sein kann, von jeher die Tariffähigkeit zusteht. Durch eine **solche Ausdehnung der Tariffähigkeit** auf der AG-Seite wird den Koalitionen der AN erleichtert, einen Tarifpartner zu finden und mit ihm durch den Abschluss eines TV die Arbeitsbedingungen zu regeln. Diese Ausdehnung begünstigt also unmittelbar den Abschluss von TV und damit mittelbar auch die Realisierung der Koalitionsfreiheit (BVerfG 19.10.1966, 1 BvL 24/65, BVerfGE 20, 312). **Der Befugnis des Gesetzgebers, anderen Zusammenschlüssen als »Koalitionen« die Tariffähigkeit zu verleihen, sind allerdings gewisse Grenzen** gesetzt. Die Koalitionsfreiheit kann sich nur dann entfalten, wenn die Rechtsordnung den Koalitionen auch den zur Erreichung ihres in Art 9 III bezeichneten Zweckes, nämlich die Arbeits- und Wirtschaftsbedingungen ihrer Mitglieder zu wahren und zu fördern, erforderlichen Rahmen gewährleistet und die Möglichkeit gibt, diesen Zweck durch spezifische koalitionsmäßige Betätigung, also durch TV, zu verwirklichen (BVerfG 6.5.1964, 1 BvR 79/62, BVerfGE 18, 18). Daher ist es dem Gesetzgeber verwehrt, die Tariffähigkeit der Koalitionen dadurch auszuhöhlen, dass er die ihnen vom GG zugesprochenen Aufgaben andersartigen Zusammenschlüssen zuweist (BVerfG 19.10.1966, 1 BvL 24/65, BVerfGE 20, 312). 49

3. Staatlicher Schutz und Einschränkung der Tarifautonomie. a) **Ausgestaltung.** Beide TVP genießen den Schutz des Art 9 III in gleicher Weise, stehen bei seiner Ausübung aber in Gegnerschaft zueinander. Das GR der Koalitionsfreiheit bedarf deshalb der **Ausgestaltung** durch die Rechtsordnung, soweit es die Beziehungen zwischen den TVP als Träger widerstreitender Interessen zum Gegenstand hat (BVerfG 26.6.1991, 1 BvR 779/85, BVerfGE 84, 212, 228). Der Staat muss ein Regelungssystem schaffen, das den TVP **Raum für eine effektive Entfaltung** der Tarifautonomie bietet (vgl *Wiedemann* BB 2013, 1397, 1398). 50

b) **Eingriff.** Der Staat muss tätig werden, wenn es zu Kollisionen der Tarifautonomie mit **GR Dritter** und anderen mit **Verfassungsrang ausgestatteten Rechten** kommt. Insoweit muss er in den Schutzbereich der Tarifautonomie **eingreifen**, um die kollidierenden Rechtsgüter zum Ausgleich zu bringen (Einzelheiten Rdn 38 ff). 51

c) **Rechtfertigung von Eingriffen/Abgrenzung von Ausgestaltung und Eingriff.** Bei **ausgestaltenden Regelungen** hat der Gesetzgeber einen wesentlich größeren Handlungsspielraum als bei Eingriffen. Er 52 muss lediglich auf die Koalitionen und ihre Mitglieder Rücksicht nehmen (BVerfG 14.11.1995, 1 BvR 601/92, BVerfGE 93, 352), seine Maßnahmen am objektiven Gehalt des Art 9 III orientieren (*I. Schmidt* FS Richardi, S 765, 768) und darf die **Funktionsfähigkeit** der **Tarifautonomie nicht gefährden.** Funktionsfähig ist die Tarifautonomie nur, solange zwischen den TVP ein zumindest ungefähres Kampfgleichgewicht besteht. Bei der Beurteilung, ob eine gesetzliche Maßnahme zu einer Störung der Kampfparität führt, gewährt das BVerfG dem **Gesetzgeber** einen **Einschätzungsvorrang.** Es billigt ihm das Recht zu, komplexe Sachverhalte in seiner politischen Verantwortung für die Wahrung des Gemeinwohls einzuschätzen. **Die Grenze der Verfassungswidrigkeit** wird bei einer Ausgestaltung der Tarifautonomie deshalb **erst überschritten,** wenn deutlich erkennbar ist, dass der Gesetzgeber eine **Fehleinschätzung** getroffen hat **oder** die Maßnahme von vornherein darauf hinauslief, ein vorhandenes **Gleichgewicht** der Kräfte **zu stören** oder ein bestehendes **Ungleichgewicht zu verstärken** (BVerfG 4.7.1995, 1 BvF 2/86 ua, BVerfGE 92, 365, 396). Unterhalb dieser Schwelle kann sich der Gesetzgeber zur Rechtfertigung der ausgestaltenden Maßnahmen bei belastenden Auswirkungen auf jegliche Rechtsgüter und Allgemeininteressen stützen (vgl *Thüsing* Anm zu BVerfG 14.11.1995, 1 BvR 601/92, EzA GG Art Nr 60 S 13 f). Soweit der Gesetzgeber seiner Verfpflicht zur Ausgestaltung nicht nachkommt, müssen die **Gerichte** die erforderlichen Regeln setzen, die den Ausgleich der widerstrebenden Interessen der TVP ermöglichen. Dies ist insb beim gesetzlich weitgehend ungeregelt gebliebenen Arbeitskampfrecht praxisrelevant (s dazu Rdn 70 ff).

53 **Eingriffe** in den Schutzbereich der Tarifautonomie unterliegen einem stärkeren Rechtfertigungsbedürfnis als ihre bloße Ausgestaltung. Die Tarifautonomie genießt **besonderen GR-Schutz**, weil die Löhne und die anderen materiellen Arbeitsbedingungen am besten von den TVP geregelt werden können. Sie bringen nach der Art 9 III zugrunde liegenden Vorstellung des Verfgebers die gegenseitigen Interessen angemessener zum Ausgleich als der Staat. Dabei genießen **bereits bestehende tarifvertragliche Regelungen** nochmals einen **stärkeren Schutz** als die Tarifautonomie in solchen Bereichen, die die Koalitionen (bisher) ungeregelt gelassen haben. Je gewichtiger der Schutz ist, den Art 9 III insofern verleiht, desto schwerwiegender müssen deshalb die Gründe sein, die einen Eingriff rechtfertigen sollen (BVerfG 24.4.1996, 1 BvR 712/86, BVerfGE 94, 268, 284 f). Eingriffe bedürfen einer Rechtfertigung durch kollidierende GR Dritter oder durch Rechtsgüter von Verfrang. Auch hier kommt dem Gesetzgeber jedoch eine **Einschätzungsprärogative** zu, die insb bei der Beurteilung beschäftigungspolitischer Wirkungen der Beurteilung durch die TVP vorgeht (vgl BVerfG 3.4.2001, 1 BvL 32/97, BVerfGE 103, 293; krit ErfK/*Dieterich* Art 9 Rn 89; Einzelheiten dazu Rdn 60).

54 Angesichts der Unterschiede im Gestaltungsspielraum ist die **Abgrenzung zwischen Eingriff und Ausgestaltung** von erheblicher Bedeutung, aber wegen des fließenden Übergangs zwischen beiden Formen der Einwirkung des Staates auf die Tarifautonomie schwierig. Für die **Abgrenzung** ist darauf abzustellen, ob sich der Gesetzgeber bzw die Rspr darauf beschränken, die Grenzen der grundrechtlich verbürgten Tarifautonomie zu **konkretisieren oder zu erweitern oder die Tarifautonomie mit entgegenstehenden Interessen Dritter zu koordinieren.** Dann liegt eine bloße Ausgestaltung auch dann vor, wenn dabei Freiheitsräume einer Koalition beschränkt werden (*I. Schmidt* FS Richardi, S 765, 768; vgl auch BVerfG 10.1.1995, 1 BvF 1/90 ua, BVerfGE 92, 26). **Werden** dagegen tradierte Befugnisse und Kompetenzen der GR-Träger nicht unerheblich beschnitten und damit der **Schutzbereich eingeschränkt**, handelt es sich um einen **Eingriff** (vgl BVerfG 27.4.1999, 1 BvR 2203/93 ua, BVerfGE 100, 271, 283: das BVerfG sieht den Eingriff in der Beeinträchtigung der Verhandlungsposition der Gewerkschaft; vgl auch *Schwarze* JuS 1994, 653, 658; *Wiedemann* BB 2013, 1397, 1399). Ein Eingriff liegt insb vor, wenn der Gesetzgeber selbst zwingende Entgeltbestimmungen erlässt und damit praktisch in Konkurrenz zu den TVP tritt (*Wiedemann* BB 2013, 1397, 1399; s dazu auch Rdn 56).Das BAG hat offengelassen, ob eine nach Auflösung von Landesbehörden gesetzlich angeordnete **Personalgestellung** an andere Landesbehörden einen Eingriff in die Tarifautonomie darstellt. Interessant ist dies, wenn dadurch bestehende tarifliche Regeln zur Personalgestellung unangewendet bleiben und so die Bedeutung der für das Land kraft Tarifbindung verbindlichen Tarifnormen geschmälert wird. Das kann uU die Verhandlungsposition der Gewerkschaften bei zukünftigen Tarifverhandlungen schwächen. Es hat einen etwaigen Eingriff als gerechtfertigt angesehen, weil durch die Personalgestellung ein reibungsloser Aufgabenübergang und damit eine zeitnahe und sachgerechte Entscheidung über die durch das Sozialstaatsprinzip des Art 20 I GG geschützten Ansprüche der Bürger sichergestellt werde und auf einen einmaligen Sachverhalt beschränkt sei (BAG 14.7.2010, 10 AZR 182/09, ZTR 2010, 650).

55 **d) Verfassungskonformität von Mindestlohnregelungen.** aa) Das BVerfG hat Entgeltvorgaben bei Arbeitsbeschaffungsmaßnahmen (**Lohnabstandsklauseln**) als wirksam angesehen. Die Rechtfertigung für den Eingriff in die Tarifautonomie hat es den durch das Sozialstaatsprinzip begründeten beschäftigungspolitischen Zielen des Gesetzes entnommen (BVerfG 27.4.1999, 1 BvR 2203/93 ua, BVerfGE 100, 271; Einzelheiten s Rdn 40 f). Das durch die AÜG-Reform vom 23.12.2002 eingefügte Gebot der **Gleichbehandlung**

von **Leih-AN** mit vergleichbaren AN, die im Entleihunternehmen beschäftigt sind, und die gleichzeitig geschaffene Möglichkeit, von diesem Gleichbehandlungsgebot **durch Branchen-TV abzuweichen**, wobei die Anwendung der Tarifregelungen auch zwischen nicht tarifgebundenen Arbeitsvertragsparteien vereinbart werden konnte (§ 3 I Nr 3, § 9 Nr 2 und 10 AÜG idF vom 23.12.2002, BGBl I 4607), verletzten die Tarifautonomie nicht. Das BVerfG konnte dabei offenlassen, ob mit diesen Regelungen überhaupt in den Schutzbereich von Art 9 III eingegriffen wird. Selbst wenn sie die Tarifautonomie beeinträchtigten, wären diese verfassungsgemäß. Dem **Gesetzgeber** kommt bei der Umsetzung von sozialstaatlich motivierten, dem Schutz abhängig Beschäftigter oder dem Abbau der Massenarbeitslosigkeit dienenden Programmen ein bes großer **Gestaltungsspielraum** zu. Ob diese Programme tatsächlich geeignet sind, die gewünschten Ziele zu erreichen, überprüft das BVerfG nur äußerst eingeschränkt, weil dem Gesetzgeber insoweit ein **Einschätzungs- und Prognosevorrang** zugebilligt wird. Die Tarifautonomie wurde durch das AÜG wegen des Vorliegens einer **Tariföffnungsklausel** nicht unzumutbar beeinträchtigt (BVerfG 29.12.2004, 1 BvR 2582/03 ua, EzAÜG GG Nr 7, zur Vereinbarkeit mit der negativen Koalitionsfreiheit der Verleiher s Rdn 18).

bb) Das Vorschreiben eines **staatlichen Mindestlohns** begegnet im Hinblick auf die damit verbundene Einschränkung der Tarifautonomie insb der AG-Verbände, aber auch der Gewerkschaften verfrechtlichen Bedenken. Zwar wird dadurch die negative Koalitionsfreiheit nicht verletzt. Diese schützt nicht davor, dass der Gesetzgeber mit gesetzlichen Regelungen an die Ergebnisse von Tarifverhandlungen anknüpft (BVerfG 11.7.2006, 1 BvL 4/00, BVerfGE 116, 202). In die **Tarifautonomie** wird aber dann **eingegriffen**, wenn gesetzliche Regelungen staatliche Behörden ermächtigen, den TVP vor Abschluss eines TV ausdrücklich oder indirekt **Vorgaben zur Höhe des zu vereinbarenden Entgelts** zu machen (vgl BVerfG, 27.4.1999, 1 BvR 2203/93 ua, BVerfGE 100, 271 für Lohnabstandsklauseln; aA *Engels* JZ 2008, 490, 493). Ein Eingriff in die Tarifautonomie liegt auch vor, wenn Mindestlohn-TV für allgemein verbindlich erklärt werden und einen **anderen TV**, der schlechtere Arbeitsbedingungen vorsieht, **verdrängen**. Dadurch wird zum einen **mittelbarer Verhandlungsdruck** auf die TVP ausgeübt, das Entgeltniveau staatlich festgesetzter Mindestlöhne nicht zu unterschreiten, weil anderenfalls ihr Tarifwerk insoweit ohne praktische Bedeutung ist. Zum anderen wird gleichwohl abgeschlossenen TV, die staatlich festgesetzte Mindestlöhne unterschreiten, die Wirksamkeit verwehrt und den TVP insoweit eine effektive Betätigung in dem ihnen vom GG zugewiesenen Wirkbereich versagt (BVerwG 28.1.2010, 8 C 19.09, EzA § 1 AEntG Nr 13; *Moll* RdA 2010, 321, 325; aA *Engels* JZ 2008, 490, 492).

Das zum 1.1.2015 in Kraft getretene **MiLoG** macht alle Tarifentgelte unterhalb des staatlich festgesetzten Mindestlohns unwirksam. Damit verhindert es im Erg Tarifierungen v Stundenlöhnen unterhalb des Mindestlohns u **greift** damit nach allg Ansicht **in die Tarifautonomie ein** (Riechert/Nimmerjahn MiLoG Einführung Rn 85 f mwN; Düwell/Schubert MiLoG Einführung Rn 44). Die Rechtfertigung dieses Eingriffs wird **kontrovers** gesehen. ZT wird der Eingriff als **verfassungskonform** angesehen, weil nur eine geringe Eingriffsintensität vorliege (Düwell/Schubert MiLoG Einführung 45 f) und der Schutz der Arbeitsvertragsfreiheit der AN, der seinerseits dem Schutz v Art 2 I GG unterliege, sowie die v Gesetzgeber angestrebten Ziele, die Stabilität der sozialen Sicherungssysteme und die Funktionsfähigkeit der Tarifautonomie zu sichern, den Eingriff rechtfertige (ausf Riechert/Nimmerjahn MiLoG Einführung Rn 87 ff; Düwell/Schubert MiLoG Einführung Rn 46 ff; Hilgenstock MiLoG Rn 5 ff; Barczak RdA 2014, 289 - auch zur Vereinbarkeit mit dem kirchlichen Selbstbestimmungsrecht). ZT wird die Eignung u Erforderlichkeit des Mindestlohns zur Erreichung dieser Ziele jedenfalls insoweit in Abrede gestellt, als in bereits bestehende TV eingegriffen wird u das MiLoG als **verfassungswidrig** angesehen (Zeising/Weigert NZA 2015, 15; Henssler RdA 2015, 43).

Zu Bedenken gegen den Eingriff in die Tarifautonomie durch das G über die **Mindestarbeitsbedingungen** (MiArbG) v 22.4.2009 (BGBl I 818) u das **AN-Entsendegesetz** (AEntG) v 20.4.2009 (BGBl I 799) s die Vorauflagen unter Rn 57 ff sowie *Moll* RdA 2010, 321, 325 ff; *Sodann/Zimmermann* NJW 2009, 2001; *Preis/Greiner* ZfA 2009, 825; weitere Nachweise bei *Bayreuther* NJW 2009, 2006.

Der **Eingriff** in die Tarifautonomie ist **geeignet** u **erforderlich**. Das BVerfG hat in jüngeren Entsch dem Gesetzgeber auch bei der Prüfung der Rechtfertigung v Eingriffen in die Tarifautonomie einen bes **großen Gestaltungsspielraum** u eine im Erg nahezu unbeschränkte **Einschätzungsprärogative** (zutreffend *I. Schmidt* FS Richardi, S 765, 768) zugebilligt, wenn der Eingriff die Umsetzung **sozialstaatlich motivierter**, dem Schutz abhängig Beschäftigter oder dem **Abbau der Massenarbeitslosigkeit** dienender Programme bezweckte (BVerfG 29.12.2004, 1 BvR 2582/03 ua, EzAÜG GG Nr 7; BVerfG 3.4.2001, 1 BvL 32/97, BVerfGE 103, 293, 307). Damit hat es letztlich dem Gesetzgeber eine Eingriffsbefugnis in den v der staatlichen Rechtsordnung eigentlich freigelassenen Raum zugebilligt, sofern dies unter Berufung auf das **Gemeinwohl** geschieht (*Wiedemann* BB 2013 1397, 1398). Zwar ist zweifelhaft, ob die Festsetzung staatlicher Mindestlöhne nicht sogar negative beschäftigungspolitische Auswirkungen nach sich zieht (vgl die Nachweise bei *Engels* JZ 2008, 490, 494 zu Fn 64; Sodann/Zimmermann NJW 2009, 2001, 2004;

belastbare Statistiken liegen seit der Einführung des MiLoG noch nicht vor; zu den Auswirkungen des Mindestlohns im Jahr 2015 IAB 1/2016). Die Einführung eines Mindestlohns dient aber unbestritten **sozialpolitischen Zielen**, insb dem **Schutz** abhängig Beschäftigter **vor Dumpinglöhnen** (BT-Drs 18/1558, S 28). Aufgrund des dem Gesetzgeber zukommenden besonders großen Gestaltungsspielraums u seiner Einschätzungsprärogative lassen sich derartige gesetzgeberischen Maßnahmen als **geeignet** u **erforderlich** zur Rechtfertigung des Eingriffs in die Tarifautonomie ansehen. Aufgrund der ihm zukommenden, weiten Einschätzungsprärogative ist es verf-rechtlich nicht zu beanstanden, dass der Gesetzgeber ausweislich der in BT-Drs 18/1558, S 28 dokumentierten Erwägungen davon ausgegangen ist, die Einführung des Mindestlohns habe keine signifikanten nachteiligen Beschäftigungseffekte (Riechert/Nimmerjahn MiLoG Einführung Rn 107 f). Nur wenn feststellbar wäre, dass Zuschussregelungen, mit denen Löhne, die den gewünschten Mindeststandard unterschreiten, aufgestockt werden, oder andere Maßnahmen die gleiche Wirksamkeit wie staatlich festgelegte Mindestlöhne bei der Erreichung der Ziele des Gesetzgebers entfaltet hätten, hätte der Gesetzgeber keine Regelung zur Festsetzung staatlicher Mindestlöhne treffen dürfen (vgl BVerfG 20.3.2007, 1 BvR 1047/05, NZA 2007, 609, Rn 45). Dafür dürfte es ebenfalls keine belastbaren Daten geben.

60 Fraglich erscheint dagegen die **Angemessenheit** u damit die **Verhältnismäßigkeit im engeren Sinne**. Immerhin schließt das MiLoG eine freie Lohnfindung von TVP auf dem **1. Arbeitsmarkt** unterhalb des Niveaus des jeweils festgesetzten Mindestlohns bzw für allgemein verbindlich erklärten Entgeltniveaus aus, soweit nicht die Vertrauensschutzregelung des § 8 II MiArbG greift. Das BVerfG hat zwar die Wirksamkeit von Lohnabstandsklauseln für den **2. Arbeitsmarkt** bestätigt, aber ausdrücklich darauf hingewiesen, dass der Eingriff in die Tarifautonomie anders zu beurteilen sein könnte, wenn die gesetzliche Vorgabe der Lohnhöhe nennenswerte Folgen für das Tarifgeschehen auf dem 1. Arbeitsmarkt hätte (BVerfG, 27.4.1999, 1 BvR 2203/93 ua, BVerfGE 100, 271, B I 1c ee dGr). Die gesetzliche Regelung greift in das Kräftegleichgewicht der TVP ein und könnte so - genau entgegengesetzt zum Ziel, die Tarifautonomie zu stärken - deren **Funktionsfähigkeit** gerade gefährden (im Erg Zeising/Weigert NZA 2015, 15, 16). Diese Sichtweise greift jedoch zu kurz.

61 Der Eingriff in die Tarifautonomie ist ungeachtet dieser Bedenken auch **angemessen.** Er ist zum Ausgleich der GR-Positionen von AN u Koalitionen unabdingbar (vgl BVerfG 4.7.1995, 1 BvF 2/86 ua, BVerfGE 92, 365, 394 f zu den Grenzen der gesetzgeberischen Gestaltungsbefugnis). Der Gesetzgeber hat auch im Geltungsbereich von Art 9 III eine **subsidiäre Regelungszuständigkeit**, wenn die Koalitionen die ihnen übertragene Aufgabe, das Arbeitsleben durch TV sinnvoll zu ordnen, im Einzelfall nicht allein erfüllen können und die **soziale Schutzbedürftigkeit** einzelner AN oder AN-Gruppen oder ein sonstiges öffentl Interesse **ein Eingreifen des Staates erforderlich** macht (BVerfG 24.5.1977, 2 BvL 11/74, BVerfGE 44, 322, B II 1b bb dGr – Allgemeinverbindlichkeit von TV; *Picker* RdA 2014, 25, 28). Der Gesetzgeber hat im Bereich der einfachen Dienstleistungen ein solches staatliches Eingreifen als erforderlich angesehen, weil angesichts des dort vorliegenden niedrigen Organisationsgrades die TV nicht einmal existenzsichernde Löhne sichern könnten (BT-Drs 18/1558, S 27 f). Er ist also von einem **strukturellen Funktionsdefizit** in diesem Sektor ausgegangen (Riechert/Nimmerjahn MiLoG Einführung Rn 112 f). Ob die bestehenden TV das mit der Gewährleistung der Tarifautonomie vom Gesetzgeber verfolgte **Ziel, die wechselseitigen Interessen angemessen zum Ausgleich zu bringen, tatsächlich verfehlen, die Tarifautonomie also wirklich versagt hat** (dies annehmen *Picker* RdA 2014, S 25, 27; im Ansatz *Nothelle-Wildfeuer* und *Bispinck/Schulten* in der Anhörung v 3.11.1999 vor dem Ausschuss für Arbeit und Soziales, BTDrs 16/11669, S 17 f), ist schwer festzustellen. Dafür spricht, dass nach aktuellen Erhebungen 2012 nur noch 60% der AN in den alten Bundesländern und 48% der AN im Beitrittsgebiet in tarifgebundenen Betrieben arbeiteten und nur noch 20% der AN Gewerkschaftsmitglieder waren (*Picker* RdA 2014, 25, 27). Der Gesetzgeber hat seiner Entsch für einen Mindestlohn die Annahme einer auf 58% gesunkenenen Tarifbindung zugrunde gelegt (BT-Drs 18/1558 S 1, 6, 28; Riechert/Nimmerjahn MiLoG Einführung Rn 110). Das BVerfG hat dem Gesetzgeber bei der Überprüfung der Gewichtung der betroffenen Rechte und Interessen und damit der Verhältnismäßigkeit im engeren Sinn aber einen »relativ großen« **Entscheidungsspielraum** zugestanden, wenn er **Maßnahmen zur Sicherung sozialer Mindeststandards trifft** (BVerfG 20.3.2007, 1 BvR 1047/05, NZA 2007, 609; Riechert/Nimmerjahn aaO Rn 113). Es hat ihm insoweit einen, weitgehend gerichtlicher Kontrolle entzogenen, Einschätzungsspielraum zugebilligt. Deshalb dürften die staatlichen Mindestlöhne jedenfalls insoweit mit der Tarifautonomie vereinbar sein, als dadurch **existenzsichernde Entgelte** gesichert werden und im Geltungsbereich des MiArbG bestehende Tarifregelungen Bestandsschutz genießen (aA *Moll* RdA 2010, 321, 327 und *Sodann/Zimmermann* NJW 2009, 2001, 2004 f, die auch insoweit der Richtigkeitsgewähr von TV Vorrang einräumen). Löhne, die nicht einmal das durch Art 1 I, 20 I gewährleistete **Recht auf ein menschenwürdiges Existenzminimum** sicherstellen, es also den AN nicht ermöglichen, ihre

physische Existenz zu sichern und ein Mindestmaß an Teilhabe am sozialen Leben zu entfalten (BVerfG 9.2.2010, 1 BvL 1/09 ua, NJW 2010, 505, Rn 133 ff); Einzelheiten zum Recht auf ein Existenzminimum Art 1 Rdn 19 ff), muss der Staat nicht durch das Aufstocken derartiger Löhne auf das Niveau von Sozialhilfe oder Hartz IV hinnehmen. Er kann dem unmittelbaren verfassungsrechtlichen Leistungsanspruch auf die gesetzlich abgesicherte Gewährleistung des Existenzminimums (BVerfG 9.2.2010, 1 BvL 1/09 ua, aaO, Rn 135 f) auch auf andere Weise genügen, etwa indem er sicherstellt, dass Tariflöhne **ledigen AN** dieses **Minimum bei Vollzeittätigkeit** gewährleisten. Insoweit darf er sich an den Regelsätzen des BSHG orientieren und diese pauschal wegen der mit einer Erwerbstätigkeit verbundenen Aufwendungen angemessen erhöhen. Die nach § 22 SGB II zu ersetzenden Kosten der Unterkunft darf er ebenfalls pauschaliert in die Ermittlung des über Tariflöhne zu sichernden Existenzminimums einbeziehen. **Mindeststundenlöhne** wie der gesetzlich aktuell auf **8,50 € brutto** festgesetzte Mindestlohn dürften dieses Existenzminimum abdecken, aber nicht überschreiten. Auch bei Steuerklasse 3 führt ein solcher Mindestlohn bei Vollzeittätigkeit von 40 Wochenstunden zu einem Monatsnettoeinkommen von etwas mehr als 1.000 €, bei ledigen AN von rund 1.000 €. Der Gesetzgeber darf den derzeitigen Regelsatz von 404 € monatlich für einen Alleinstehenden zugrunde legen, die durchschnittlichen Unterkunftskosten inklusive Nebenkosten mit etwa 500 € annehmen und auf den Erwerbstätigenfreibetrag nach § 115 I 3 Nr 1b ZPO von 213 € zurückgreifen. Dann läge die so berechnete Existenzminimum bei etwas mehr als 1.000 € netto. Damit ist der dem Gesetzgeber einzuräumende **Beurteilungsspielraum nicht überschritten**. Es handelt sich noch um einen existenzsichernden Mindestschutz (ähnlich Riechert/Nimmerjahn MiLoG Einführung Rn 130). Führen derartige Mindestlöhne dazu, dass vereinzelt Arbeitsplätze verloren gehen, weil sie ihre Kosten nicht erwirtschaften, ist das hinzunehmen. Insoweit hat der vom Staat zu gewährleistende Anspruch auf das Existenzminimum Vorrang vor der Tarifautonomie (ebenso *Bayreuther* NJW 2000, 2006, 2010; *Picker* RdA 2014, 25, 27 f; *Lakies* BeckOnline ArbRAktuell 2014, 353845; aA Zeising/Weigert NZA 2015, 15, 16, die nur bei einem Nettostundenlohn von höchstens 4,20 € noch von der Sicherung des Existenzminimums ausgehen). Zu den Zweifeln, ob auch der Eingriff in bestehende TV gerechtfertigt ist vgl Zeising/Weigert aaO S 18 f; Düwell/Schubert MiLoG § 24 Rn 7.

Ob es dem Gesetzgeber freistünde, einen darüber hinausgehenden »**minimalgerechten Lohn**« (zu diesem Begriff Bayreuther NJW 2009, 2006, 2009) vorzugeben, kann angesichts des derzeitig tatsächlich gesetzlich festgesetzten Stundenlohns dahinstehen (ablehnend Zeising/Weigert NZA 2015, 15, 16). 62

Allerdings ist der **Gesetzgeber verpflichtet**, die **Regelungen** über den gesetzlichen Mindestlohn **zu ändern**, wenn sich abzeichnet, dass er bei Erlass des Gesetzes einer **Fehleinschätzung** unterlegen ist, weil das MiArbG und das AEntG nachteilige Wirkungen auf die Tarifautonomie entfalten, die der Gesetzgeber nicht vorhergesehen hat. Das ist insb dann zu bejahen, wenn die Tarifautonomie stärker oder in anderen Bereichen beeinträchtigt wird, als der Gesetzgeber bei Erlass der Gesetze prognostiziert hat, wenn also die Tarifautonomie nachhaltiger als erwartet beeinträchtigt wird (vgl BVerfG 4.7.1995, 1 BvF 2/86 ua, BVerfGE 92, 365, C I 1d und e dGr). Der Gesetzgeber wird, um das nachträgliche Eintreten der Verfassungswidrigkeit der Regelungen über einen staatlichen Mindestlohn zu vermeiden, aber auch dann das AEntG und das MiArbG korrigieren müssen, wenn deutlich erkennbar wird, dass die Ziele dieser Gesetze verfehlt worden sind, also Dumpinglöhne sich trotz dieser gesetzlichen Regelungen nicht vermeiden lassen. 63

[unbelegt] 64

4. Gerichtliche Kontrolle von Tarifnormen. a) **Keine unmittelbare Grundrechtsbindung der Tarifvertragsparteien.** TV sind von den Gerichten auf ihre Vereinbarkeit mit **zwingendem Gesetzesrecht**, worunter auch Landesgesetze und Rechts-VO von Bund und Ländern fallen (BAG 25.4.1979, 4 AZR 791/77, AP § 611 BGB Dienstordnungs-Angestellte Nr 49), oder gesetzesvertretendem **Richterrecht** zu überprüfen, ferner auch darauf, ob sie **elementaren Gerechtigkeitsanforderungen** widersprechen (BAG 28.3.2006, 1 ABR 58/04, EzA § 2 TVG Nr 28 Rn 47 mwN). Zur Kontrolle von Entgeltregelungen s Art 12 Rdn 31. 65

In der Rspr des BAG und des BVerfG ist nach wie vor nicht geklärt, ob TVP bei der tariflichen Normsetzung unmittelbar an die GR gebunden sind (so BAG 15.1.1955, 1 AZR 305/54, AP GG Art 3 Nr 4) oder ob sie wegen der ihnen zustehenden Koalitionsfreiheit bis zur Grenze der Willkür vorgehen können (vgl BAG 30.8.2000, 4 AZR 563/99, EzA Art 9 GG Nr 74; s auch den Überblick bei Gornik NZA 2012, 1399). Nach richtiger Auffassung sind die TVP **nicht unmittelbar grundrechtsgebunden**. Sie sind keine Staatsgewalt iSd Art 1 III, der lediglich Gesetzgebung, Rspr und vollziehende Gewalt bindet. Dazu zählen TVP als Zusammenschlüsse von AG und AN nicht. Als eigenständige GR-Träger sind sie **nur mittelbar an die GR gebunden**, nicht aber GR-Adressaten (BAG 27.5.2004, 6 AZR 129/03, EzA Art 3 GG Nr 101). 66

Art. 9 GG Vereinigungsfreiheit

67 Ob **AG des öffentl Dienstes** unmittelbar grundrechtsgebunden sind, ist in der Rspr des BAG bisher nicht ausdrücklich erörtert worden (in diesem Sinne *Kappenhagen/Kramer* Art 3 Rn 28 f; *Stein* Anm zu BAG 18.12.2008, 6 AZR 287/07, AP § 11 TVÜ Nr 2). Das BVerfG hat angenommen, dass der Staat unmittelbar grundrechtsgebunden ist, sobald er eine Aufgabe an sich zieht, ohne dass es auf die Rechtsform ankommt, in der er handelt. Daher sind auch gemischtwirtschaftliche Unternehmen, die von öffentl Anteilseignern beherrscht werden, unmittelbar grundrechtsgebunden (BVerfG 22.2.2011, 1 BvR 699/06, BVerfGE 128, 226). Eine Flucht aus der GR-Bindung in das Privatrecht hat das BVerfG dem Staat damit verwehrt. Darauf folgt jedoch keine unmittelbare GR-Bindung der TVP, die **TV für den öffentl Dienst** schließen. Tritt die öffentl Hand in Tarifverhandlungen ein, zieht der Staat keine Aufgabe an sich, sondern schließt im Rahmen seiner Tariffähigkeit (s dazu Rdn 7) TV. Die öffentl AG greifen nicht zur Flucht aus ihrer GR-Bindung auf TV als Gestaltungsmittel des Zivilrechts zurück, sondern betätigen sich als **Privatrechtssubjekte**, soweit sie AN auf arbeitsrechtlicher Grundlage beschäftigen (vgl BVerfG 2.3.1993, 1 BvR 1213/85, BVerfGE 88, 103). In diesem Rahmen sind sie GR-Träger des Art 9 III. Die Gegenmeinung blendet aus, dass TV auch im öffentl Dienst nicht einseitig von den AG festgesetzt, sondern mit den AN-Koalitionen als weiteren GR-Trägern frei ausgehandelt werden, wobei die AN-Koalitionen durchsetzungs- und kampfstark sind. Die von den TVP des öffentl Dienstes gefundenen Ergebnisse genießen darum wie jeder andere TV uneingeschränkt den Schutz des Art 9 III.

68 Letzten Endes kommt es auf diesen Meinungsstreit, zu dem das BVerfG bisher mangels geeigneter Fälle noch keine Stellung hat nehmen können (BVerfG 18.4.2008, 1 BvR 759/05, ZTR 2008, 374), jedoch für den von den ArbG bei der Kontrolle von Tarifnormen anzulegenden Prüfungsmaßstab in der Praxis regelmäßig nicht an. Tarifnormen sind idR nur darauf zu überprüfen, ob die TVP diskriminierende Gruppenbildungen vorgenommen haben. Insoweit ist nicht nur Art 3 heranzuziehen, sondern auch das Verbot der Benachteiligung von Ehe und Familie in Art 6 als bes Gleichheitssatz. Die Gerichte sind verpflichtet, diese Normen bei der Auslegung und Anwendung von TV zu beachten. Dies folgt aus der Schutzfunktion der GR, die auch die Gerichte als Teil der staatlichen Gewalt bindet (vgl BVerfG 15.1.1958, 1 BvR 400/51, BVerfGE 7, 198, 206, st Rspr). Bei der Ordnung von Massenerscheinungen dürfen die TVP typisieren und pauschalieren. Als GR-Träger der Tarifautonomie sind sie nicht dazu verpflichtet, die jeweils zweckmäßigste, vernünftigste oder gerechteste Lösung zu wählen, vielmehr **genügt** es, wenn sich für die getroffene Regelung ein **sachlich vertretbarer Grund** ergibt (ausf BAG 27.5.2004, 6 AZR 129/03, EzA Art 3 GG Nr 101; 18.12.2008, 6 AZR 287/07, EzTöD 320 § 11 Abs 1 TVÜ-VKA Nr 13). Insoweit kommt ihnen derselbe Gestaltungsspielraum zu wie dem Gesetzgeber (dazu BVerfG 17.12.1953, 1 BvR 323/51 ua, BVerfGE 3, 162, 182; 8.10.1991, 1 BvL 50/86, BVerfGE 84, 348, 359).

69 **b) Rechtsfolgen von Gleichheitsverstößen der Tarifvertragsparteien.** Gleichheitswidrige Tarifnormen sind im Umfang des Gleichheitsverstoßes nichtig, § 134 BGB. Die Verwerfungskompetenz kommt den ArbG zu, die allerdings, anders als das BVerfG bei Gesetzen, nicht die Möglichkeit einer Unvereinbarkeitserklärung haben (BAG 10.11.2011, 6 AZR 481/09, ZTR 2012, 38). **Bei der Frage, wie der Gleichheitsverstoß zu beheben** ist, haben die TVP den von der Tarifautonomie geschützten Regelungsspielraum zu beachten. Eine Ausdehnung der gleichheitswidrigen Norm auf die diskriminierten Personen ist deshalb nicht ohne weiteres möglich. Vielmehr ist zu differenzieren zwischen der Behebung des Verstoßes für die Vergangenheit und für die Zukunft: für die **Vergangenheit** kann nur durch eine Einbeziehung des diskriminierten Personenkreises in den Anwendungsbereich der Norm dem Gleichheitssatz Rechnung getragen werden. Es muss also eine »**Anpassung nach oben**« erfolgen. Zwar ist eine solche Anpassung nicht die einzig mögliche Beseitigung einer Diskriminierung. Auch die bloße Nichtanwendung einer unwirksamen Regelung kann dafür uU genügen (BAG 14.5.2013, 1 AZR 44/12, EzA § 75 BetrVG 2001 Nr 8). Dann führt der Entzug der Regelung für den bisher begünstigten Personenkreis im Erg zu einer »**Anpassung nach unten**«. Einer rückwirkenden Änderung des TV iS einer Absenkung steht aber idR der Vertrauensschutz der bisher begünstigten AN entgegen (BAG 18.2.2016, 6 AZR 700/14; 22.4.2010, 6 AZR 966/08, ZTR 2010, 466; EuGH 22.6.2011, C-399/09 – Landtová –).). Bei **den zukunftsbezogenen Ansprüchen** wird diskutiert, ob die ArbG den Rechtsstreit **auszusetzen** haben, um den TVP Gelegenheit zu einer verfassungskonformen Neuregelung zu geben (zum Meinungsstand *ErfK/Schmidt* Art 3 Rn 59; offengelassen BAG 4.5.2010, 9 AZR 181/09, EzA Art 3 GG Nr 110). Bisher hat das BAG nur bei Kündigungsfristen, die wegen einer Differenzierung zwischen Arbeitern und Angestellten nichtig waren, den (vergangenheitsbezogenen) Rechtsstreit ausgesetzt, wenn keine Anhaltspunkte vorlagen, welche Regelung die TVP bei Kenntnis der Nichtigkeit einer an die gesetzlichen Fristen angelehnten tariflichen Frist getroffen hätten (BAG 21.3.1991, 2 AZR 323/84 (A), EzA § 622 nF BGB Nr 33). Es hat die Regelungslücke selbst geschlossen, nachdem die TVP auch nach der gesetzlichen Neuregelung der Kündigungsfristen nicht tätig geworden waren (BAG 10.3.1994, 2 AZR

323/84 (C), EzA § 622 nF BGB Nr 48). Ist die Tarifnorm wegen einer auch durch das **AGG** verbotenen **Diskriminierung** nichtig, steht eine Aussetzung mit der Bindung der Mitgliedstaaten an das Unionsrecht u ihrer Verpflichtung zu dessen effektiver Umsetzung im Widerspruch (BAG 18.2.2016, 6 AZR 700/14; vgl *JKOS/Krause* 2. Aufl § 1 Rn 105). Bei einer **Ermessensreduzierung auf Null**, wegen der die TVP dem Gleichheitssatz nur in einer ganz bestimmten Weise Rechnung tragen können, kommt eine Aussetzung ebenfalls nicht in Betracht (BAG 18.3.2010, 6 AZR 434/07, FamRZ 2010, 1333, ZTR 2010, 367 für einen an die Beamtenvorschriften geknüpften Zuschlag, der eingetragenen Lebenspartnern nicht gewährt wurde). Bei sonstigen Verstößen der TVP gegen Art 3 I, also **außerhalb von Diskriminierungen iSd AGG**, dürfte eine Aussetzung des Rechtsstreits ebenfalls ausscheiden (aA *JKOS/Krause* § 1 Rn 106). Es reicht hier zur Wahrung der Tarifautonomie aus, dass es den TVP unbenommen ist, in den Grenzen des Vertrauensschutzes bestehende Entgeltregelungen auch **rückwirkend zu ändern**. Spätestens mit Bekanntwerden einer höchstrichterl Entsch, die eine Tarifnorm für gleichheitswidrig erklärt, ist das Vertrauen in den Fortbestand dieser Norm entfallen. Die Normunterworfenen müssen mit einer Änderung der unwirksamen Regelung rechnen (vgl zur Befugnis, TV rückwirkend zu ändern, BAG 24.3.2011, 6 AZR 796/09, NZA 2011, 698). Die TVP können die Norm auf diesen Zeitpunkt rückwirkend beseitigen. Durch eine diskriminierungsfreie Neuregelung wird ein zukunftsgerichteter Feststellungsausspruch obsolet (BAG 18.2.2016, 7 AZR 700/14).

VIII. Arbeitskampfrecht. 1. Verfassungsrechtliche Herleitung und Grundsätze. a) Schutzbereich. 70
Das Arbeitskampfrecht ist gesetzlich weitgehend ungeregelt geblieben. Der Bundesgesetzgeber hat lediglich punktuelle Regelungen, etwa in § 25 KSchG und § 91 VI SGB IX über die kündigungsrechtlichen Folgen von Arbeitskämpfen, getroffen. Gegenstand heftiger politischer und rechtlicher Auseinandersetzungen war Mitte der 80iger Jahre der durch das Gesetz zur Änderung der Neutralität der BA bei Arbeitskämpfen v 15.5.1986 (BGBl I S 740) neu gefasste § 116 AFG, der die Folgen von »**kalten Aussperrungen**«, dh von mittelbaren Auswirkungen von Arbeitskämpfen, zulasten der Gewerkschaften regelte. Danach erhielten AN, die selber nicht unmittelbar an Arbeitskampfnahmen beteiligt waren, kein Kurzarbeitergeld, wenn sie mittelbar von den Ergebnissen des Arbeitskampfes profitierten, weil sie entweder dem fachlichen und räumlichen Geltungsbereich des angestrebten TV unterfielen oder jedenfalls in ihrem Tarifgebiet eine wesensgleiche Forderung erhoben und anzunehmen war, dass der erstreikte TV in ihrem Tarifgebiet iW übernommen werde. Das BVerfG hat diese Regelung in seinem Urt v 4.7.1995 (1 BvF 2/86 ua, BVerfGE 92, 365) noch als verfassungsgemäß angesehen. Seit dem 1.1.1998 regeln § 146 und § 174 **SGB III** weitgehend inhaltsgleich zum früheren § 116 AFG die Auswirkungen von Arbeitskämpfen auf die Ansprüche mittelbar betroffener AN auf Zahlung von Arbeitslosen- und Kurzarbeitergeld. Gegenstand gerichtlicher Streitigkeiten waren diese Regelungen nicht mehr (zur Gesetzgebungshistorie des § 116 AFG und seiner Nachfolgeregelungen sowie vergeblichen Bestrebungen zu deren Änderung *Karasch* AuR 2007, 257). Schließlich gibt **§ 11 V AÜG** Leih-AN ein Leistungsverweigerungsrecht, um zu verhindern, dass sie gegen ihren Willen als Streikbrecher eingesetzt werden (Einzelheiten § 11 AÜG Rdn 20).

Bis auf diese rudimentären gesetzlichen Regelungen ist das Arbeitskampfrecht **Richterrecht**. Das BVerfG 71 hat in 3 Entscheidungen zur **Aussperrung** (BVerfG 26.6.1991, 1 BvR 779/85, BVerfGE 84, 212), zum **Beamteneinsatz bei Streiks** (BVerfG 2.3.1993, 1 BvR 1213/85, BVerfGE 88, 103) und zur Verfassungskonformität des **§ 116 AFG** (BVerfG 4.7.1995, 1 BvF 2/86 ua, BVerfGE 92, 365) die verfrechtlichen Grundlagen des Arbeitskampfrechts entwickelt. Es entnimmt Art 9 III auch den **Schutz von Arbeitskampfmaßnahmen** als bes Form der koalitionsmäßigen Betätigung. Dies begründet es damit, dass durch die Tarifautonomie den Koalitionen ein Freiraum eingeräumt ist, in dem sie ihre Interessengegensätze frei austragen können, um so nach Überzeugung des Grundgesetzgebers eher sachgerechte Ergebnisse als bei einer staatlichen Zwangsschlichtung zu erzielen. Die Wahl der dazu geeigneten Mittel überlasst das GG den Koalitionen selbst (BVerfG 26.6.1991, 1 BvR 779/85, BVerfGE 84, 212, 224; 4.7.1995, 1 BvF 2/86 ua, BVerfGE 92, 365, 393). Deshalb sind die TVP grds auch dann vor staatlicher Einflussnahme geschützt, wenn sie ihre Interessengegensätze unter Einsatz von Kampfmitteln mit erheblichen Auswirkungen auf den Gegner und die Allgemeinheit austragen (BVerfG 2.3.1993, 1 BvR 1213/85, BVerfGE 88, 103, 114 f). Aus dieser Herleitung ergibt sich aber zugleich, dass der **Schutzbereich der Arbeitskampffreiheit enger** ist als der der Koalitionsfreiheit iA (s dazu Rdn 27, 33). Der Arbeitskampf ist funktional auf die Tarifautonomie bezogen und (nur) insoweit als GR geschützt. Ein von dieser funktionalen Beziehung zur Tarifautonomie unabhängiges GR auf Streik gewährleistet Art 9 III nicht (BAG 20.11.2012, 1 AZR 179/11, NZA 2013 448). Der Schutz **beschränkt** sich darum auf Maßnahmen, die **auf den Abschluss von TV** gerichtet sind (zum politischen Streik s Rdn 88) u von tariffähigen Gewerkschaften getragen sind (BAG 25.8.2015, 1 AZR 754/13, EzA Art 9 GG Arbeitskampf Nr 153). Diese werden jedenfalls dann von Art 9 III geschützt, wenn sie erforderlich zur Sicherstellung einer funktionierenden Tarifautonomie sind (vgl BVerfG

26.6.1991, 1 BvR 779/85, BVerfGE 84, 212, 225). Dazu zählt das BVerfG ausdrücklich auch den **Streik** (BVerfG 4.7.1995, 1 BvF 2/86 ua, BVerfGE 92, 365, 394) und die **suspendierende Abwehraussperrung** (BVerfG 26.6.1991, 1 BvR 779/85, BVerfGE 84, 212, 225). Rechtmäßige Arbeitskämpfe können also nur zur Durchsetzung **tarifvertraglich regelbarer Ziele** geführt werden. Das BAG hat zuletzt offengelassen, ob diese sich aus Art 9 III ergebende Beschränkung mit den völkerrechtlichen Verpflichtungen Deutschlands, insbondere aus Art 6 Nr 4 der Europäischen Sozialcharta, vereinbar ist (BAG 24.4.2007, 1 AZR 252/06, EzA Art 9 GG Nr 139; zu Art 6 Nr 4 ESC s Rdn 87). Tariflich regelbar sind unstreitig solche Ziele, die der Normsetzungskompetenz der TVP nach § 1 I TVG unterfallen (dazu ausf *Wiedemann/Thüsing* TVG, § 1 Rn 334 ff). Ob auch der **schuldrechtliche Inhalt** eines TV, also die Rechte und Pflichten der TVP selbst gegeneinander (zu deren Inhalt iE *Wiedemann/Thüsing* TVG, § 1 Rn 856 ff), erkämpft werden kann, ist heftig umstr (Nachweise bei *Greiner* NZA 2008, 1274, 1277). Dieser Meinungsstreit wird bei der Erstreikbarkeit von TV mit sozialplanähnlichen Inhalten relevant (dazu Rdn 94).

72 **b) Streikrecht für Beamte.** Beamte unterliegen nach bisherigem **deutschem Verfassungsverständnis** einem generellen statusbezogenen Streikverbot, das als hergebrachter Grundsatz iSd Art. 33 V GG Verfassungsrang genießt. Dieses Streikverbot erfasst auch Beamte außerhalb der Hoheitsverwaltung, im Bes auch **Lehrer.** Demgegenüber entnimmt der **EGMR** Art. 11 I EMRK ein Recht der Staatsbediensteten auf Tarifverhandlungen über die Arbeitsbedingungen und ein daran anknüpfendes Streikrecht. Nur für Angehörige der Streitkräfte, der Polizei und der hoheitlichen Staatsverwaltung kann ein solches Streikrecht generell ausgeschlossen werden (EGMR 21.4. 2009 - 68959/01, NZA 2010, 1423). Das **BVerwG** hat diesen inhaltlichen Widerspruch zwischen dem deutschen Verfassungsrecht und dem supranationalem Recht, dem sich die Bundesrepublik Deutschland unterworfen hat, nicht aufgelöst, sondern für die **Übergangszeit** bis zu einer Auflösung dieser Kollisionslage durch den dazu allein berufenen Gesetzgeber weiterhin ein **verfassungsunmittelbares Streikverbot** angenommen. Es hat dabei erkennen lassen, dass es für den Bereich der **genuin hoheitlichen Verwaltung** Einschränkungen des Streikrechts gem Art 11 II 2 EMRK für rechtmäßig hielte. Außerhalb dieses Bereichs müsse der Gesetzgeber nach dem Grundsatz der praktischen Konkordanz einen Ausgleich der Rechtspositionen herbeiführen. Zugleich hat es angenommen, dass die Besoldungsgesetzgeber **verfassungsrechtlich gehindert** seien, die **Beamtenbesoldung** an Parameter zu knüpfen, die die Tarifabschlüsse für den öffentlichen Dienst nicht mehr in den Blick nähmen. Darum könne die Beamtenbesoldung in die Tarifverhandlungen für den öffentlichen Dienst einbezogen werden (BVerwG 27.2.2014, 2 C 1.13, JurionRS 2014, 13944 = NZA 2014, 616; krit *Kutscha* AuR 2014, 408, 410 [für eine **konventionskonforme Auslegung** des Art. 33 V GG]). Ob der einfache Gesetzgeber den Spagat zwischen überkommenem Verständnis des Berufsbeamtentums und der EGMRK auflösen kann, erscheint zweifelhaft (*Kutscha* AuR 2014, 408, 411; *Schaks* NVwZ 2014, 743, 74).

73 Sollte die gegen dieses Urt eingelegte Verf-Beschwerde erfolglos bleiben, sind die Auswirkungen auf die Beamtenbesoldung schwer zu überblicken. Im Ergebnis dürfte das Alimentationsprinzip aufgegeben sein. Es erscheint schwer vorstellbar, für Beamte und Richter im Bereich der engeren Hoheitsverwaltung an der bisherigen Besoldung festzuhalten, für Beamte außerhalb dieses Bereichs aber ein Streikrecht und im Gegenzug ein anderes Entgeltsystem zu gewähren. Zu den praktischen Problemen eines partiellen Beamtenstreikrechts *v. Steinau-Steinrück/Sura* NZA 2014, 580. Da nicht zu erwarten ist, dass der Gesetzgeber auf die Entsch des BVerwG tätig werden wird, wird der maßgebliche Anstoß für eine gesetzliche Regelung letztlich nur durch das BVerfG oder den EGMR kommen können (*Kutscha* AuR 2014, 408, 411).

74 **c) Schranken.** Allerdings muss es **rechtliche Rahmenbedingungen** geben, die sicherstellen, dass und wie die wechselseitig durch Art 9 III gewährleisteten GR-Positionen beider TVP nebeneinander bestehen können. Zum Austarieren dieser Gegensätze bedarf es also **koordinierender Regelungen** (BVerfG 2.3.1993, 1 BvR 1213/85, BVerfGE 88, 103, 115; zur Erforderlichkeit der **Ausgestaltung** der Koalitionsfreiheit iA s Rdn 50 ff). Soweit und solange der Gesetzgeber keine gesetzlichen Regelungen getroffen hat, muss diese Ausgestaltung von den ArbG im Wege der **richterlichen Rechtsfortbildung** vorgenommen werden (BVerfG 26.6.1991, 1 BvR 779/85, BVerfGE 84, 212, 226 f; BAG str Rspr 22.9.2009, 1 AZR 972/08, BB 2010, 379). Insoweit gilt eine **Ausnahme vom Wesentlichkeitsgrds**, wonach der Gesetzgeber insb im Bereich der GR-Ausübung alle wesentlichen Entscheidungen selbst treffen muss (BVerfG 27.1.1976, 1 BvR 2325/73, BVerfGE 41, 251, 260). Die ArbG haben zu entscheiden, ob bestimmte Arbeitskampfmaßnahmen rechtmäßig waren oder nicht (BVerfG 2.3.1993, 1 BvR 1213/85, BVerfGE 88, 103, 115). Bei der Setzung dieser Regeln unterliegen sie denselben **Grenzen** wie der Gesetzgeber. Das TVsystem ist darauf angelegt, die **strukturelle Unterlegenheit der einzelnen AN** beim Abschluss von Arbeitsverträgen durch kollektives Handeln **auszugleichen** und damit ein annähernd gleichgewichtiges Aushandeln der Löhne und Arbeitsbedingungen zu ermöglichen. Solange zwischen den TVP ein ungefähres Kräftegleichgewicht – **Parität** – besteht,

ist die Tarifautonomie funktionsfähig. Ein Eingreifen der Gerichte ist dann nicht erforderlich. Darüber hinaus dürfen die vom Gesetzgeber oder den Gerichten gefundenen Regeln des Arbeitskampfes die Verhandlungsfähigkeit einer Seite und/oder deren Fähigkeit, einen wirksamen Arbeitskampf zu führen, auch nicht beeinträchtigen, eine noch bestehende **Parität** also **nicht aufheben.** Führen Änderungen im wirtschaftlichen Umfeld dazu, dass bei Anwendung der bisherigen Regeln ein Ungleichgewicht der TVP eintritt, also die Funktionsfähigkeit der Tarifautonomie beeinträchtigt ist, muss die Rspr die **Parität** durch Änderung der von ihr gesetzten Arbeitskampfregeln **wieder herstellen** (vgl BVerfG 4.7.1995, 1 BvF 2/86 ua, BVerfGE 92, 365, 396 f). Einen historisch gewachsenen, abschließenden, auf ewig unantastbaren numerus clausus von anerkannten und zulässigen oder umgekehrt unzulässigen Arbeitskampfmitteln gibt es nicht. Die Koalitionen müssen und dürfen vielmehr ihre Kampfmittel den sich wandelnden Umständen anpassen (vgl BAG, 22.9.2009, 1 AZR 972/08, BB 2010, 379). Die Rspr darf aber die koalitionsmäßige Betätigung einer Seite nur so weit einschränken, wie es der Schutz des kollidierenden GR der anderen Seite aus Art 9 III erfordert (BVerfG 26.6.1991, 1 BvR 779/85, BVerfGE 84, 212, 228 f; BVerfG 4.7.1995 1 BvF 2/86 ua, BVerfGE 92, 365, 394 f). Das **Gleichgewicht der TVP am Verhandlungstisch** ist also der von der Rspr anzulegende **Maßstab** für die Beurteilung der Rechtmäßigkeit von Arbeitskämpfen. Allerdings müssen die Koalitionen **vorhersehen** können, ob bestimmte von ihnen eingesetzte Kampfmittel rechtmäßig sind. Deswegen darf sich die Rspr bei der Rechtmäßigkeitskontrolle auf wenige Kriterien und damit auf eine **typisierende Betrachtung** beschränken (BVerfG 26.6.1991, 1 BvR 779/85, BVerfGE 84, 212, 230). Das BAG beurteilt das Vorliegen der Parität dementspr nach **abstrakt-typisierenden Kriterien** (BAG 10.6.1980, 1 AZR 168/79, EzA Art 9 GG Arbeitskampf Nr 37, A IV dGr). Nach dem **normativen Paritätsverständnis** von Teilen der Lit (Nachweise bei *Fischinger* Anm zu BAG 24.4.2007, 1 AZR 252/06, AP § 1 TVG-Sozialplan Nr 2, VI 3) dürfen die Gerichte dagegen erst korrigierend eingreifen, wenn das Vertrauen des GG auf eine sich von selbst ergebende materielle Kampfparität evident enttäuscht worden ist. Nach beiden vertretenen Ansichten muss die Rspr allerdings genauso wenig wie der Gesetzgeber Verhandlungsungleichgewichte ausgleichen, die auf inneren Schwächen der Koalition beruhen. Anders ausgedrückt: Die Rspr muss **nicht** dafür sorgen, dass schwache Verbände überhaupt **erst durchsetzungsfähig werden** (vgl für den Gesetzgeber BVerfG 4.7.1995 1 BvF 2/86 ua, BVerfGE 92, 365, 396). Dem GG lassen sich jedoch keine konkreten Maßstäbe zur Beurteilung des Kräftegleichgewichts der TVP entnehmen. Inhaltlich hat sich das BAG bei der Prüfung der Rechtmäßigkeit von Arbeitskampfmaßnahmen vom Paritätsgrundsatz verabschiedet und misst Arbeitskampfmittel in jüngerer Zeit letztlich nur noch am Grundsatz der **Verhältnismäßigkeit im weiteren Sinn** – auch als Übermaßverbot bezeichnet. Dieser Prüfungsmaßstab steht mit Art 9 III in Einklang (BVerfG 4.7.1995, 1 BvF 2/86 ua, BVerfGE 92, 365). In der **Praxis** verlagert sich die Prüfung also darauf, ob ein bestimmtes **Kampfmittel verhältnismäßig** ist (so ausdrücklich jetzt BAG 22.9.2009, 1 AZR 972/08, EzA Art 9 GG Arbeitskampf Nr 143; *Treber* SR 2013, 140, 143).

2. Rechtmäßigkeit und Grenzen des Einsatzes von Arbeitskampfmitteln. Bei Anwendung dieser Grds ergibt sich für Rechtmäßigkeit und Grenzen der aktuell in der Diskussion stehenden Kampfmittel aus der **verfassungsrechtlichen Perspektive** Folgendes (zum Arbeitskampfrecht aus tarifrechtlicher Sicht und zu den entgeltrechtlichen Folgen für streikende und am Arbeitskampf unbeteiligte AN s *Krebber* Anhang zum TVG: Arbeitskampfrecht): 75

a) **Unterstützungsstreik (Sympathiestreik, Partizipationsstreik).** Diese Streikform richtet sich gegen einen Außenseiter-AG, der keinem AG-Verband angehört, aber auch nicht lediglich faktisch am Ergebnis eines Verbandsarbeitskampfes teilhat, sondern bei dem die Übernahme des umkämpften Verbands-TV **rechtlich gesichert** ist. Das ist der Fall, wenn ein Firmen-TV dynamisch auf den umkämpften Verbands-TV verweist, wenn der Außenseiter die Geltung des Verbands-TV generell in seinen Arbeitsverträgen vereinbart oder die Übernahme des Verh-Ergebnisses der Tarifpraxis des Außenseiters entspricht. In diesen Fällen liegt ein sog. **Kampfbündnis** vor (BAG 19.6.2012, 1 AZR 775/10, EzA GG Art 9 Arbeitskampf Nr 146). Bei solchen Streiks sind also auf Gewerkschaftsseite und/oder auf AG-Seite andere Parteien als beim Hauptarbeitskampf beteiligt. 76

aa) **Schutzbereich**: Das BAG hat bei Vorliegen der in Rdn 76 genannten Voraussetzungen den Unterstützungsstreik uneingeschränkt in den Schutzbereich des Art 9 III einbezogen (BAG 19.6.2007, 1 AZR 396/06, EzA Art 9 GG Arbeitskampf Nr 140). Damit hat es seine Rspr aus den 80iger Jahren (BAG 5.3.1985, 1 AZR 468/83, EzA Art 9 GG Arbeitskampf Nr 57; 12.1.1988, 1 AZR 219/86, EzA Art 9 GG Arbeitskampf Nr 73) aufgegeben. Seine früheren Entsch beruhten auf der damals allg in Auslegung der Rspr des BVerfG vertretenen **Kernbereichstheorie**. Danach schützte Art 9 III die Betätigungsfreiheit der Gewerkschaften nur in einem Kernbereich. Diese Auslegung entsprach jedoch, wie das BVerfG in seiner Entsch v 14.11.1995 (1 BvR 601/92, BVerfGE 93, 352, 358) klargestellt und daran in der Folgezeit festgehalten hat, 77 nicht dem von ihm entwickelten Verständnis der Koalitionsfreiheit. **Geschützt** von Art 9 III sind vielmehr **alle koalitionsspezifischen Verhaltensweisen** und damit alle Betätigungen, die dem Zweck der Koalitionen dienen, die Arbeits- und Wirtschaftsbedingungen zu wahren und zu fördern (BVerfG 6.2.2007, 1 BvR 978/05, NZA 2007, 394; sa Rdn 27, 33). Arbeitskampfmaßnahmen als bes Form der Betätigung der Koalitionen sind deshalb von Art 9 III geschützt, wenn sie auf den Abschluss von TV gerichtet sind (Rdn 71). In diesen so definierten Schutzbereich fallen auch Unterstützungsstreiks, **wenn und soweit sie den Abschluss eines TV im Interesse der zum Unterstützungsstreik aufrufenden Gewerkschaft beeinflussen** sollen (vgl BVerfG 26.6.1991, 1 BvR 779/85, BVerfGE 84, 212, 225 für die eine Verbandsaussperrung unterstützende Aussperrung durch einen Außenseiter, aA *Kissel*, Arbeitskampfrecht, § 24 Rn 26, der eine unmittelbar auf den Abschluss des TV mit dem Gegner gerichtete Zielrichtung des Streiks verlangt). Das ist der Fall, wenn eine Gewerkschaft **ihre Mitglieder** zur Unterstützung des **von ihr** in einem anderen räumlichen oder fachlichen Bereich oder ggü einem anderen AG **geführten Hauptarbeitskampfs** aufruft. Ob eine Koalition ein solches grds von Art 9 III geschütztes Kampfmittel im konkreten Fall tatsächlich einsetzen darf, ob ein solcher Streik also rechtmäßig ist, ist dann eine Frage der Ausgestaltung durch die Rechtsordnung (dazu s Rdn 50, 79 ff). Schon deshalb, weil durch die Reduzierung der DGB-Gewerkschaften auf nur noch 8 die verbleibenden Gewerkschaften sehr unterschiedliche Branchen organisieren, wird man bereits für die Bejahung des Schutzbereichs eine **gewisse Nähe von Unterstützungs- und Hauptarbeitskampf** verlangen müssen. Riefe etwa die GdL die bei ihr organisierten Lokführer der DB zur Unterstützung eines von ihr gegen regionale Verkehrsbetriebe geführten Streiks mit dem Ziel auf, auch bei diesen TV zu schließen, deren Niveau dem der bei der DB geltenden entspricht, würde man diese Nähe bejahen können. Forderte dagegen ver.di in einer Tarifauseinandersetzung im Friseurgewerbe in einem ostdeutschen Bundesland wegen der dort fehlenden Durchsetzungskraft die in den Kommunen dieses Bundeslands beschäftigten Müllwerker zu einem Unterstützungsstreik auf, fehlte es an der erforderlichen Nähe, sodass bereits der Schutzbereich der Arbeitskampffreiheit nicht berührt wäre.

78 Im konkreten vom BAG entschiedenen Fall (19.6.2007, 1 AZR 396/06, EzA Art 9 GG Arbeitskampf Nr 140) war damit der Unterstützungsstreik vom Schutzbereich des Art 9 III erfasst. Das BAG hat jedoch in einem obiter dictum grds auch solche Unterstützungsstreiks noch in den Schutzbereich des Art 9 III einbezogen, bei denen die den Hauptarbeitskampf führende und die zum Unterstützungsstreik aufrufende Gewerkschaft **nicht identisch** sind, weil auch dieser Streik noch die Gestaltung der Arbeitsbedingungen im Tarifbereich der anderen Gewerkschaft bezwecke. Es erscheint jedoch **zweifelhaft**, ob die **Unterstützung von Streikzielen** einer **anderen Gewerkschaft** noch in den **Schutzbereich** der Arbeitskampffreiheit fällt. Das BVerfG unterstellt Arbeitskämpfe dem Schutz des Art 9 III, weil die Koalitionen damit letztlich ihr Kernziel verfolgen, TV abzuschließen. Das impliziert aber, dass Streiks zumindest **mittelbar** auf den Abschluss von TV zielen müssen, denen **eigene Tarifforderungen** der zum Streik aufrufenden Gewerkschaft zugrunde liegen. Um dem Schutzbereich der Arbeitskampffreiheit zu unterfallen, muss ein Unterstützungsstreik also letztlich um die **Durchsetzung eigener tarifpolitischer Ziele** geführt werden, sei es auch in einem anderen fachlichen oder räumlichen Tarifbereich. Die Unterstützung fremder Tarifziele reicht nicht aus. Ein bloßes **allg gewerkschaftspolitisches Ziel**, andere Gewerkschaften in ihrem Kampf um gänzlich andere Tarifziele, als sie die zum Unterstützungsstreik aufrufende Gewerkschaft verfolgt oder verfolgen will, zu unterstützen, ist von der durch Art 9 III gewährleisteten Arbeitskampffreiheit deshalb nicht geschützt. Riefe also in dem in Rdn 77 gebildeten Beispiel die IG Metall ihre Mitglieder zur Unterstützung des von ver.di organisierten Streiks der Friseurinnen auf, wäre dieser Streik vom Schutzbereich der Arbeitskampffreiheit nicht mehr erfasst. Dies kann ausnahmsweise dann anders sein, wenn die zum Unterstützungsstreik aufrufende Gewerkschaft **Tarifforderungen** aufgestellt hat, die mit den im Hauptarbeitskampf verfolgten **übereinstimmen**, wie es etwa bei der Unterstützung des auf die 35-Stunden-Woche gerichteten Streiks der IG Metall durch die ÖTV in dem der Entsch des BAG v 12.1.1988 (1 AZR 219/86, EzA Art 9 GG Arbeitskampf Nr 73) zugrunde liegenden Streik der Fall war. Dann liegt die Unterstützung des Hauptstreiks auch im **eigenen** mittelbar **tarifbezogenen Interesse** der zu diesem Streik aufrufenden Gewerkschaft. S dazu auch Rdn 81.

79 bb) **Rechtmäßigkeit**: Die Rechtmäßigkeit von Unterstützungsstreiks, die nach den in Rdn 77 f dargestellten Grds schon nicht dem Schutzbereich der Arbeitskampffreiheit unterfallen, kann nicht aus der Koalitionsfreiheit abgeleitet werden (zur Würdigung solcher Streiks aus Sicht des TVG s *Krebber* Anhang zum TVG: Arbeitskampfrecht Rdn 15; zur Rechtfertigung durch Art 6 Nr 4 ESC s Rdn 87).

80 Ein Unterstützungsstreik, mit dem **mittelbar eigene Tarifziele** der zum Streik aufrufenden Gewerkschaft verfolgt werden und der deshalb dem Schutzbereich der Arbeitskampffreiheit unterfällt, ist nicht darum generell unzulässig, weil sich der mit einem Unterstützungsstreik überzogene AG diesem Streik **nicht durch Nachgeben entziehen** kann (aA *Wank* RdA 2009, 1, 3; *Konzen* SAE 2008, 1, 3). Ist der Schutzbereich

des Art 9 III für diese Form des Streiks eröffnet, muss es dafür zulässige Anwendungsfälle geben. Ziel des Unterstützungsstreiks ist es in dieser Konstellation gerade **mittelbaren Druck** auf den AG auszuüben, der den begehrten TV abschließen kann. Solche Streiks sind deshalb zulässig, wenn sie die Grenzen einhalten, die die TVP sich selbst für etwaige Arbeitskämpfe gesetzt haben, also insb nicht gegen die **Friedenspflicht** verstoßen (s dazu § 1 TVG Rdn 72 ff), und wenn sie **verhältnismäßig** sind (zu diesem Prüfungsmaßstab s grds Rdn 74).

Danach ist ein **Unterstützungsstreik rechtmäßig,** wenn er zur Unterstützung des Hauptarbeitskampfes **geeignet, erforderlich und unter Berücksichtigung schützenswerter Interessen der betroffenen Dritten angemessen** ist. Das hat das BAG bei einem Unterstützungsstreik, an dem 20 Drucker für eine Schicht teilgenommen hatten, wodurch ein Schaden von 2.500 € für das bestreikte Druckereiunternehmen, das demselben Konzernverbund wie die im Hauptarbeitskampf bestreikte Verlagsgesellschaft angehörte, entstanden war, bejaht (BAG 19.6.2007, 1 AZR 396/06, EzA Art 9 GG Arbeitskampf Nr 140). Weitere Voraussetzung ist nach der neueren Rspr des BAG die **rechtlich gesicherte Übernahme des umkämpften** TV (BAG 19.6.2012, 1 AZR 775/10, EzA GG Art 9 Arbeitskampf Nr 146). Ob das BAG vor diesem Hintergrund an dem in Rdn 78 dargelegten obiter dictum noch festhält, erscheint zweifelhaft. 81

cc) Diese Entscheidung ist auf **Kritik** (vgl nur *Konzen* SAE 2008, 1; *Wank* RdA 2009, 1; s auch *Krebber* TVG, Anhang TVG Arbeitskampfrecht, Rdn 15; *Otto* RdA 2010, 135), aber auch auf **Zustimmung** (ErfK/*Dieterich* Art 9 Rn 130a; *Hayen/Ebert* ArbuR 2008, 19) gestoßen. Das LAG BW (31.3.2009, 2 SaGa 1/09, NZA 2009, 631) hat sich ihr angeschlossen und danach einen **Streik der Fluglotsen** zur Unterstützung eines Arbeitskampfes der Vorfeldlotsen, der ebenfalls von der GdF organisiert war, für rechtmäßig gehalten. 82

Die Entsch des BAG v 19.6.2007 (1 AZR 396/06, EzA Art 9 GG Arbeitskampf Nr 140) weicht – wie auch die Kritik nicht verkennt (*Konzen* SAE 2008, 1, 9) – **im Ergebnis** nicht von den früheren Entscheidungen des BAG zur Rechtmäßigkeit von Unterstützungsstreiks ab. Danach war nämlich ein Unterstützungsstreik ausnahmsweise rechtmäßig, wenn der bestreikte AG zuvor seine Neutralität verletzt hatte, etwa durch Übernahme der Produktion für den im Hauptarbeitskampf bestreikten AG, oder wenn eine enge wirtschaftliche Verflechtung zwischen den im Haupt- und Unterstützungsarbeitskampf bestreikten AG bestand (BAG 5.3.1985, 1 AZR 468/83, EzA Art 9 GG Arbeitskampf Nr 57; 12.1.1988, 1 AZR 219/86, EzA Art 9 GG Arbeitskampf Nr 73). Das BAG hat in seiner Entsch v 19.6.2007 jedoch den **Spielraum für die Gewerkschaften** bei der **Beurteilung**, ob der Unterstützungsstreik **verhältnismäßig** ist, deutlich **ausgeweitet**. Es hat ihnen bei der Frage der **Geeignetheit** und **Erforderlichkeit** des Unterstützungsstreiks eine **Einschätzungsprärogative** zugebilligt. Eine Rechtmäßigkeitskontrolle findet also iW erst und nur bei der Beurteilung statt, ob das Kampfmittel auch angemessen (**proportional**) und damit verhältnismäßig ieS ist. 83

Die Einschätzungsprärogative leitet das BAG aus der durch Art 9 III gewährleisteten **Freiheit der Wahl der Kampfmittel** ab. Diese Wahlfreiheit zieht das BVerfG jedoch lediglich heran, um Streik und Aussperrung als zulässige Mittel zum Erreichen von Tarifabschlüssen überhaupt in den **Schutzbereich** der Arbeitskampffreiheit einzubeziehen (BVerfG 26.6.1991, 1 BvR 779/85, BVerfGE 84, 212, 224; 4.7.1995 1 BvF 2/86 ua, BVerfGE 92, 365, 393). Unter welchen Voraussetzungen und in welchem Umfang eine Koalition die verfmäßig geschützten Kampfmittel tatsächlich einsetzen darf, ist dagegen eine Frage der **Ausgestaltung** der Arbeitskampffreiheit durch die Rechtsordnung, dh in der gegenwärtigen Rechtslage durch die Gerichte (vgl BVerfG 26.6.1991, 1 BvR 779/85, BVerfGE 84, 212, 225). Hier verlangt das BVerfG von den Gerichten, dass sie eingreifen, wenn der Einsatz der von den Koalitionen gewählten Kampfmitteln unverhältnismäßig ist (vgl BVerfG 26.6.1991, 1 BvR 779/85, BVerfGE 84, 212, 229). Die Koalitionen sind zwar frei, die von ihnen eingesetzten Kampfmittel geänderten Umständen anzupassen (BVerfG 4.7.1995, 1 BvF 2/86 ua, BVerfGE 92, 365, 394). Setzen sie aber Kampfmittel ein, die den herkömmlichen Formen nicht entsprechen, so sind diese von den ArbG auf ihre Rechtmäßigkeit zu überprüfen. Die Entscheidung über die Rechtmäßigkeit eines Kampfmittels und seines Einsatzes im konkreten Fall obliegt also nicht den Koalitionen selbst, sondern dem Gesetzgeber bzw den Gerichten. Bei der Rechtmäßigkeitskontrolle von Kampfmaßnahmen als Teil der erforderlichen Ausgestaltung ist deshalb die Freiheit der Wahl der Kampfmittel kein beachtliches Kriterium mehr. Die **Freiheit zur Wahl der Kampfmittel** kann also **nicht zur Rechtfertigung** einer bei der Ausgestaltung der Koalitionsfreiheit einer TVP einzuräumenden **Einschätzungsprärogative** fruchtbar gemacht werden. Etwas anderes folgt auch nicht aus der Entscheidung der 2. Kammer des 1. Senats des BVerfG v 10.9.2004 (1 BvR 1191/03, EzA Art 9 GG Arbeitskampf Nr 136). Das BVerfG hat darin Entsch des BAG zur Rechtmäßigkeit von Streikmaßnahmen gegen einen Außenseiter-AG (18.2.2003, 1 AZR 142/02 ua, EzA Art 9 GG Arbeitskampf Nr 135) als vereinbar mit Art 9 III angesehen. Es hat diese Entscheidungen dabei an dem von ihm in st Rspr angewandten Prüfungsmaßstab für einfaches Recht gemessen. Danach ist die Auslegung und Anwendung einfachen Rechts der Nachprüfung durch das BVerfG entzogen, solange nicht Auslegungsfehler sichtbar werden, die auf einer grds 84 unrichtigen Anschauung von der Bedeutung eines GR, insb vom Umfang seines Schutzbereichs, beruhen und auch in ihrer materiellen Bedeutung für den konkreten Rechtsfall von einigem Gewicht sind. Erst bei Überschreitung dieser Grenzen sind durch richterliche Subsumtionsvorgänge GR verletzt (BVerfG st Rspr seit 10.6.1964, 1 BvR 37/63, BVerfGE 18, 85). Wenn das BVerfG in der Kammerentsch v 10.9.2004 (EzA Art 9 GG Arbeitskampf Nr 136) deshalb darauf abgestellt hat, dass eine Bewertung von Arbeitskampfmaßnahmen durch die Fachgerichte als rechtswidrig grds nur in Betracht komme, wenn eine Arbeitskampfmaßnahme »**offensichtlich ungeeignet oder unverhältnismäßig**« sei, so beruht diese Formulierung auf dem eingeschränkten Prüfungsmaßstab des BVerfG. Eine Einschätzungsprärogative für die Gewerkschaften ergibt sich daraus nicht. Eine solche kann schließlich **auch nicht aus dem Verbot** der gerichtlichen Kontrolle der Tarifziele als Form **der Tarifzensur** (vgl dazu BVerfG 26.6.1991, 1 BvR 779/85, BVerfGE 84, 212, 230) hergeleitet werden. Die **Kontrolle** des Unterstützungsstreiks betrifft nicht die Ziele des Hauptstreiks, sondern die Zulässigkeit **der Mittel**, mit denen diese durch Einbeziehung unbeteiligter Dritter durchgesetzt werden sollen.

85 dd) Bei der Entscheidung, ob der Unterstützungsstreik **geeignet** und **erforderlich** ist, kommt der Gewerkschaft also **keine Einschätzungsprärogative** zu. Allerdings **genügt** es, wenn die zum Unterstützungsstreik aufrufende Gewerkschaft ihre Einschätzung, dass und warum der Unterstützungsstreik die Durchsetzung der mit dem Hauptstreik verfolgten Ziele fördern kann und mildere Mittel nicht zur Verfügung stehen, offen legt und **plausibel macht**. Bei einer größeren Kontrolldichte wäre die Rechtmäßigkeitskontrolle durch die ArbG nicht mehr praktikabel und für die TVP nicht mehr kalkulierbar. Die Gewerkschaft wird also jedenfalls für die Bejahung der Geeignetheit des Unterstützungsstreiks **offen legen** müssen, wieso sie annimmt, dass der **bestreikte AG den AG des Hauptarbeitskampfes** in ihrem Sinn **beeinflussen kann und wird**. Will man die Erforderlichkeit nicht völlig leerlaufen lassen, genügt es nicht, wenn die Gewerkschaft darauf verweist, sie habe die Ausweitung des Arbeitskampfes durch einen Unterstützungsstreik für erforderlich angesehen. Es wird zumindest von ihr zu verlangen sein, dass sie ihre Prognose näher begründet, durch den Unterstützungsstreik könne **jedenfalls eine Beschleunigung des gewünschten Tarifabschlusses** erreicht werden. Bei der Verhältnismäßigkeit ieS (**Proportionalität**) sind die vom BAG entwickelten Kriterien zugrunde zu legen. Es kommt also darauf an, **wie nah bzw fern der Unterstützungsstreik dem Hauptstreik** ist, ob und wie der durch den Unterstützungsstreik bestreikte AG mit dem Adressaten des Hauptstreiks **wirtschaftlich verflochten** ist und ob sich der bestreikte **AG in den Hauptarbeitskampf eingeschaltet** hat. Maßgeblich ist schließlich auch die **Dauer und der Umfang** des Unterstützungsstreiks. Unangemessen kann ein Unterstützungsstreik sein, der **selbst zum Schwerpunkt des Arbeitskampfs** wird (BAG 19.6.2007, 1 AZR 396/06, EzA Art 9 GG Arbeitskampf Nr 140). Kann der durch einen Unterstützungsstreik bestreikte AG den AG des Hauptarbeitskampfes beeinflussen, ist der Unterstützungsstreik **geeignet**. Hat die Gewerkschaft im Hauptarbeitskampf jedenfalls erhebliche Schwierigkeiten, den angestrebten Tarifabschluss zu erreichen, und legt sie dar, dass der Abschluss nach ihrer Prognose durch den Unterstützungsstreik beschleunigt werden kann, ist dieser auch **erforderlich**. Je nach den Umständen des Einzelfalls ist ein solcher Streik dann ggf auch **verhältnismäßig ieS**. Bei enger wirtschaftlicher und rechtlicher Verflechtung zwischen den beiden bestreikten AG, insb in einem Konzernverbund, wird ein kurzer, nicht zu unverhältnismäßig hohen Schäden bei dem bestreikten Dritten führender Unterstützungsstreik, zu dem eine Gewerkschaft ihre Mitglieder aufruft, im Regelfall verhältnismäßig ieS sein. Unterstützt die IG Metall einen von ihr geführten Hauptarbeitskampf bei einem **Verleihunternehmen**, indem sie die AN des Entleihunternehmens, an das die überwiegende Mehrzahl der AN des bestreikten Verleihers ausgeliehen ist, zum Streik aufruft, erscheint dagegen bereits zweifelhaft, ob auf die in dieser Konstellation vorliegende faktische Verbundenheit abgestellt werden kann (anders bei einer konzerneigenen Überlassungsgesellschaft, vgl die Konstellation im Fall des BAG 21.7.2009, 1 ABR 35/08, EzA § 99 BetrVG 2001 Einstellung Nr 12). Zwar steht außer Zweifel, dass der **Entleiher** erheblichen Druck auf den Verleiher ausüben kann. Angesichts des geringen Organisationsgrades in der Verleiherbranche und der oft fehlenden Verbundenheit der Leih-AN untereinander wird ein solcher Unterstützungsstreik jedoch idR deshalb rechtswidrig sein, weil es an einem ernsthaft geführten Hauptarbeitskampf fehlt und selbst bei nur kurzen Arbeitsniederlegungen im Entleihbetrieb der Arbeitskampf in Wirklichkeit gegenüber dem Entleiher geführt wird (dieses Problem sehen auch Hayen/*Ebert* ArbuR 2008, 19, 21). Praktische Bedeutung dürften auch Streiks erlangen, die in Unternehmen der **Automobilbranche** zur Unterstützung von Streiks bei ihren **Zulieferbetrieben** geführt werden (vgl *Hayen/Ebert* ArbuR 2008, 19, 30). Streiks zur Unterstützung des Hauptstreiks einer **anderen** Gewerkschaft sind dagegen bereits nicht vom Schutzbereich der Arbeitskampffreiheit erfasst. Ihre Rechtmäßigkeit kann deshalb nicht aus Art 9 III hergeleitet werden (s Rdn 78).

86 ee) Bisher weitgehend unbeachtet geblieben sind die Auswirkungen **mittelbarer Streikfolgen** von Unterstützungsstreiks auf das **Verhandlungsgleichgewicht** der Koalitionen. Nach den Grds des **Arbeitskampfrisikos**

entfällt der Lohnanspruch für von der Fernwirkung eines Streiks mittelbar kampfbetroffene AN, wenn die für den mittelbar betroffenen Betrieb zuständigen Verbände identisch oder jedenfalls organisatorisch eng miteinander verbunden sind (BAG 22.12.1980, 1 ABR 2/79 und 1 ABR 76/79, EzA § 615 BGB Betriebsrisiko Nr 7 und 8; Einzelheiten s *Krebber* TVG, Anhang TVG Arbeitskampfrecht, Rdn 40 ff). Profitieren die mittelbar betroffen AN aller Voraussicht nach von dem Kampfergebnis, **ruhen nach §§ 146 III und 174 SGB III** auch ihre Ansprüche auf **Alg und KUG** (Einzelheiten s *Lauterbach* § 146 SGB III Rn 4 ff). Das BVerfG hat gerade die **Partizipation** als einleuchtendes Kriterium für die Verlagerung des Lohnausfallrisikos auf die AN und damit die Verfassungskonformität des § 116 AFG als Vorgängerregelung der §§ 146, 174 SGB III angesehen (BVerfG 4.7.1995, 1 BvF 2/86 ua, BVerfGE 92, 365, 397). Bei Unterstützungsstreiks werden aber weitaus öfter als bei »normalen« Streiks diese Voraussetzungen fehlen. Ruft etwa die IG Metall ihre bei BMW beschäftigten Mitglieder zu einem Streik auf, um den im Metall verarbeitenden Handwerk bei Zulieferern von BMW geführten Hauptarbeitskampf zu unterstützen, und kommt es dabei zu Produktionsstörungen sowohl in anderen Betrieben des Metall verarbeitenden Handwerks (Hauptarbeitskampf) als auch der Metallindustrie (Unterstützungsstreik), so ist dem mittelbar betroffenen AN der Metallindustrie entweder das Entgelt fortzuzahlen oder jedenfalls Alg/KUG zu gewähren, weil sie am Tarifergebnis des Hauptarbeitskampfes nicht partizipieren. **Dies potenziert das Drohpotenzial der AN-Koalition** (vgl *Konzen* SAE 2008, 1, 8). Eine **Auslegung** der Ruhenstatbestände des SGB III dahin, dass sie **auch bei mittelbaren Fernwirkungen** von Unterstützungsstreiks **in Betrieben mit anderem fachlichen Geltungsbereich zum Ruhen des Alg-Anspruchs führen**, wie sie das BSG für die Altfassung des § 116 AFG für möglich gehalten hat (BSG 9.9.1975, 7 RAr 5/73, AP Nr 1 zu § 116 AFG, Bl. 687/R; vgl für den umgekehrten Fall der mittelbaren Folgen von Abwehraussperrungen BVerfG 4.7.1995, 1 BvF 2/86 ua, BVerfGE 92, 365, 401 f), dürfte angesichts des eindeutigen Wortlauts und des gesetzgeberischen Willens **nicht in Betracht** kommen. Der Gesetzgeber bezweckt mit den Ruhenstatbeständen des SGB III ausdrücklich die Neutralität der BA nur in den Fällen, in denen der Arbeitskampf stellvertretend auch für die Änderung der Arbeitsbedingungen der mittelbar betroffenen AN geführt wird. Das nimmt er nur an, wenn eine der Hauptforderungen nach Art und Umfang annähernd gleich ist. Der bloße allgemeine Einfluss von Zahlungen der BA auf den Arbeitskampf reicht nach dem ausdrücklichen Willen des Gesetzgebers nicht aus, um den Versicherungsanspruch zu versagen (BT-Drs 10/4989, S 7). Die Rspr wird **zu prüfen** haben, ob und unter welchen Voraussetzungen sie von Fernwirkungen eines Unterstützungsstreiks betroffenen AN jedenfalls **Arbeitsentgeltansprüche versagt**, um zumindest den für den betroffenen AG bestehenden Binnendruck zu mindern.

ff) Aus **Art 6 Nr 4 der Europäischen Sozialcharta** (ESC) v 18.10.1961 ergibt sich keine weiter gehende Rechtfertigung von Unterstützungsstreiks. Diese Bestimmung verpflichtet die BRD als Vertragspartner, das Recht der AN und AG auf kollektive Maßnahmen einschließlich des Streikrechts vorbehaltlich etwaiger Verpflichtungen in geltenden Gesamtarbeitsverträgen anzuerkennen, um die wirksame Ausübung des Rechts auf Kollektivverhandlungen zu gewährleisten. Die ESC idF von 1961 ist von der BRD 1965 ratifiziert worden. Die revidierte Fassung der ESC (RESC) vom 3.5.1996, durch die Art 6 Nr 4 inhaltlich nicht geändert worden ist, ist bisher von der BRD am 29.6.2007 lediglich unterzeichnet, bisher aber noch nicht ratifiziert worden. Hier ist nicht der Raum, den Streit um die rechtlichen Wirkungen der ESC im Allgemeinen und ihres Art 6 im Besonderen auf die Arbeitskampfordnung zu erörtern (ausf dazu *Kissel* Arbeitskampfrecht, 2. Aufl, § 20 Rn 12 ff). Das BAG sieht in der ESC eine **völkerrechtliche Verpflichtung** der BRD, **deren Regeln die Gerichte beachten müssen**, wenn sie gesetzesvertretend die bezüglich der Ordnung des Arbeitskampfes bestehenden Gesetzeslücken anhand der Wertentscheidungen des Art 9 III ausfüllen. Wenn die Gerichte das in Art 6 Nr 4 ESC anerkannte Streikrecht einschränken, muss dies mit **Art 31 I ESC** vereinbar sein. Danach sind Einschränkungen oder Begrenzungen im hier interessierenden Zusammenhang zulässig, wenn diese gesetzlich vorgeschrieben und in einer demokratischen Gesellschaft zum Schutz der Rechte und Freiheiten anderer oder zum Schutz der öffentl Sicherheit und Ordnung notwendig sind (BAG 19.6.2007, 1 AZR 396/06, EzA Art 9 GG Arbeitskampf Nr 140). Die Beschränkung des Streikrechts durch die **Friedenspflicht** und das **Verbot, einen TV mit rechtswidrigem Inhalt** zu erzwingen (BAG 10.12.2002, 1 AZR 96/02, EzA Art 9 GG Arbeitskampf Nr 134), sowie den **Verhältnismäßigkeitsgrds** ist deshalb zulässig (BAG EzA Art 9 GG Arbeitskampf Nr 140). Soweit Unterstützungsstreiks nach den oben (Rdn 79 ff) dargelegten Grds also unverhältnismäßig und damit nicht von Art 9 III gedeckt sind, kann ihre Rechtmäßigkeit auch nicht aus Art 6 Nr 4 ESC hergeleitet werden. Auch Streiks, die nach der hier vertretenen Auffassung (Rdn 78) schon nicht in den Schutzbereich der Arbeitskampffreiheit fallen, weil sie den Streik einer anderen Gewerkschaft unterstützen sollen, können nicht durch Art 6 Nr 4 ESC gerechtfertigt werden. Das Streikrecht ist nach Art 6 Nr 4 ESC nur »zur Ausübung des Rechts auf **Kollektivverhandlungen**« anzuerkennen. Selbst die ESC-Spruchorgane legen den Begriff der Kollektivverhandlungen nur dahin aus, dass davon jede Verhandlung zwischen AG und einem Zusammenschluss von AN umfasst ist, die darauf abzielt, ein Problem von **gemeinsamem** Interesse zu lösen (*Hayen/Ebert* ArbuR 2008, 19, 23). Auch die ESC gewährleistet damit den Arbeitskampf nur zum Ausgleich tariflicher Interessenkonflikte und setzt dabei die Verfolgung **eigener Tarifziele** voraus (vgl BAG 5.3.1985, 1 AZR 468/83, EzA Art 9 GG Arbeitskampf Nr 57; aA *Hayen/Ebert* ArbuR 2008, 19, 23 mwN, die es ausreichen lassen, wenn ein Streik in irgendeinem Zusammenhang mit Kollektivverhandlungen steht). Die im Bericht des Regierungsausschusses an das Ministerkomitee des Europarats (AuR 1998, 154 f) geäußerten Bedenken hinsichtlich des Verbots von Streiks, die nicht auf den Abschluss eines TV gerichtet sind, und die darauf ergangene Empfehlung des Ministerkomitees vom 3.2.1998 an die deutsche Regierung, Abhilfe zu schaffen (ArbuR 1998, 156), **erfassen also Unterstützungsstreiks zur Unterstützung von Arbeitskämpfen anderer Gewerkschaften nicht.**

88 **b) Politischer Streik.** Die Diskussion über die Zulässigkeit politischer Streiks hat durch eine Satzungsänderung der IG Bau neuen Auftrieb gewonnen. Nach § 3 Zf 5 der Berliner Satzung 2009 setzt sich die IG Bau »für ein umfassendes Streikrecht gem Art 6 IV ESC, den Übereinkommen 87 (Vereinigungsfreiheit) und 98 (Versammlungsfreiheit) der Internationalen Arbeitsorganisation (ILO) ein«. Laut Antragsbegr sind damit Demonstrations-, aber auch Erzwingungsstreiks angestrebt. Ein **politischer Erzwingungsstreik** ist gegen staatliche Organe gerichtet und soll ein bestimmtes hoheitliches Handeln erzwingen (*Kissel* Arbeitskampfrecht, 2. Aufl, § 24 Rn 51; *Zielke* BB 2003, 1785). Ein solcher Streik unterfällt bereits deshalb **nicht** dem **Schutzbereich** der Arbeitskampffreiheit, weil er nicht auf den Abschluss von TV zielt (Rdn 71, 77 f). Nach allg Auffassung ist er **rechtswidrig** und verletzt Art 20 GG (ErfK/*Dieterich* Rn 119; weitere Nachweise *Zielke* BB 2003, 1785, 1786). Daran ändert die Zulässigkeit von Unterstützungsstreiks in den hier gezogenen Grenzen (Rdn 85 f), aber auch in den weiteren Grenzen nach der Entsch des BAG v 19.6.2007 (1 AZR 396/06, EzA Art 9 GG Arbeitskampf Nr 140), nichts (*Peukert* ZTR 2008, 130, 137). Auch aus Art 6 Nr 4 ESC kann die Rechtmäßigkeit politischer Streiks nicht hergeleitet werden (Bericht des Regierungsausschusses an das Ministerkomitee des Europarats AuR 1998, 154, 155; zu Art 6 Nr 4 ESC s Rdn 87). Jedenfalls aktuell gehört der Bezug zum tarifvertraglich regelbaren Ziel noch zum Konzept der deutschen Tarifautonomie (*Waltermann* EuZA 2015, 15, 28).

89 **Politische Demonstrationsstreiks** sollen Protest oder Sympathie für oder gegen Entsch des Gesetzgebers zum Ausdruck bringen, ohne das angestrebte Ziel zu erzwingen. Das BAG hat die Zulässigkeit solcher Streiks zuletzt offengelassen (BAG 19.6.2007, 1 AZR 396/06, EzA Art 9 GG Arbeitskampf Nr 140 Rn 14). Nach der hier vertretenen Auffassung unterfallen auch solche Streiks nicht der Arbeitskampffreiheit, weil sie **nicht auf den Abschluss von TV** zielen (Rdn 71). Selbst wenn mit dem Demonstrationsstreik Ziele verfolgt werden, die vom allg Schutzbereich des Art 9 III (s Rdn 27, 33) erfasst werden, weil sie der Wahrung und Förderung der Arbeits- und Wirtschaftsbedingungen dienen, rechtfertigen derartige Ziele nur Koalitionsbetätigungen **unterhalb der Ebene des Streiks**, zB Unterschriftaktionen (s Rdn 34, 43). Auch die durch Art 5 I gewährleistete **Meinungsäußerungsfreiheit** und die **Versammlungsfreiheit** des Art 8 schützen derartige Streiks nicht. Dabei kann dahinstehen, ob Art 9 III lex specialis für die Betätigung der Koalitionen und ihrer Mitglieder ist und deshalb auch dann, wenn der Schutzbereich des Art 9 III nicht eröffnet ist, andere GR verdrängt (bejahend BVerfG 26.5.1970, 2 BvR 664/65, BVerfGE 28, 295, 310; *Zielke* BB 2003, 1785, 1790 f; ablehnend BVerfG 28.4.1976, 1 BvR 71/73, BVerfGE 42, 133, 139). **Art 5** greift jedenfalls deshalb nicht ein, weil derartige Streiks sich wegen der beabsichtigten Zwangswirkung nicht ausschließlich auf den geistigen Meinungskampf beschränken. Die **Ausübung wirtschaftlichen Drucks** ist durch Art 5 I nicht geschützt (BVerfG 26.2.1969, 1 BvR 619/63, BVerfGE 25, 256, 264 f, 266 f). Zwar unterfallen politische Demonstrationsstreiks als örtliche Zusammenkünfte mehrerer Personen zur gemeinschaftlichen, auf die Teilhabe an der öffentlichen Meinungsbildung gerichteten Erörterung oder Kundgebung dem Schutzbereich des **Art 8** (vgl BVerfG 24.10.2001, 1 BvR 1190/90 ua, BVerfGE 104, 92, 104). Im Unterschied zu »normalen« Versammlungen treffen hier jedoch nicht Gleichgesinnte in ihrer Freizeit zusammen, um für oder gegen etwas zu demonstrieren, wobei Behinderungen Dritter und Zwangswirkungen lediglich als sozial-adäquate Nebenfolgen eintreten (vgl BVerfGE 104, 92, 106). Während eines Demonstrationsstreiks werden vielmehr gezielt Arbeitsverträge gebrochen und der Betrieb unbeteiligter AG, die allenfalls mittelbar über ihre Verbände auf den Gesetzgeber hinsichtlich der politischen Ziele der Streikenden und der sie organisierenden Gewerkschaft Einfluss nehmen können, gestört, um so eine größere Aufmerksamkeit für die verfolgten politischen Ziele zu erreichen. Derartige **gezielte Instrumentalisierungen Dritter** sind von Art 8 nicht mehr gedeckt. Zudem haben die **Arbeitsgerichte keine** sie **legitimierende Rechtsgrundlage**, um darüber zu befinden, in welchem Umfang wegen politischer Zielsetzungen arbeitsvertragliche Pflichten verletzt und Dritte geschädigt werden dürfen (ErfK/*Dieterich* Rn 119).

c) **Streik um Firmentarifvertrag.** TV können auch als **Firmen-TV** zwischen einer Gewerkschaft und einem einzelnen, tariffähigen AG geschlossen werden. Die Mitgliedschaft des AG in einem Verband steht dem nicht entgegen (Einzelheiten *Krebber* § 2 TVG Rdn 15 ff; *Wiedemann/Oetker* § 2 TVG Rn 164 ff). Auch TV, die von den Koalitionen geschlossen, aber auf ein oder mehrere verbandsangehörige Unternehmen beschränkt werden (**firmenbezogene Verbands-TV**), sind von der Regelungsbefugnis der TVP gedeckt. Diese sind bei der Bestimmung des Geltungsbereichs der von ihnen geschlossenen TV innerhalb ihrer Zuständigkeit frei. Grenzen werden ihrer Ausübung der Tarifautonomie nur durch Art 3 gesetzt (BAG 24.4.2007, 1 AZR 252/06, EzA Art 9 GG Nr 139; Einzelheiten *Wiedemann/Oetker* TVG, § 2 Rn 184 ff). Streiks, die einen solchen TV erzwingen sollen, werden vom Schutzbereich der Arbeitskampffreiheit erfasst. Ihre Zulässigkeit ist deshalb nach den allg Grundsätzen des Arbeitskampfrechts zu beurteilen (s Rdn 74). Dies gilt auch dann, wenn der **AG in einem Verband Mitglied** ist, dessen Satzung den Abschluss von Firmen-TV untersagt. Ein solcher Streik verletzt die (positive und negative) **Koalitionsfreiheit des bestreikten AG** nicht, solange der Streik nicht gerade dessen Verbandsaustritt oder -eintritt bezweckt und ihn auch nicht vom Verbandseintritt abhalten soll (BAG 10.12.2002, 1 AZR 96/02, EzA Art 9 GG Arbeitskampf Nr 134). Dies ist beim Streik um einen Firmen-TV idR nicht der Fall. Er soll lediglich den AN bestimmter Betriebe besondere, vom Flächen-TV abweichende Arbeitsbedingungen sichern. Solange die durch die Verbandsmitgliedschaft vermittelte tarifliche Ordnung, insb die Friedenspflicht, nicht berührt wird, schützt die Koalitionsfreiheit den AG nicht vor Konflikten mit dem sozialen Gegenspieler (*Wiedemann/Oetker* TVG, § 2 Rn 175; aA *Wank* RdA 2009, 1, 5). Auch die **kollektive Koalitionsfreiheit des AG-Verbands** wird erst dann verletzt, wenn der Streik das Ziel hat, den Verband durch Massenaustritt oder Austritt ihrer maßgeblichen Mitglieder zumindest wesentlich zu schwächen. Bezweckt er dagegen die Vereinbarung von Arbeitsbedingungen, die im Flächen-TV weder geregelt sind noch demnächst geregelt werden sollen, stellt der erstreikte Firmen-TV die spezifisch koalitionsmäßige Betätigung des AG-Verbands nicht infrage (BAG EzA Art 9 GG Arbeitskampf Nr 134; ausf zur negativen Koalitionsfreiheit Rdn 16 ff). Art 9 III verlangt nicht, dass die Gewerkschaft nur TV erstreiken darf, die für alle Verbandsmitglieder ihres Gegners gelten (BAG 24.4.2007, 1 AZR 252/06, EzA Art 9 GG Nr 139). Die **Kampfparität** ist auch bei einem gegen einen verbandsangehörigen AG gerichteten Streik um einen Firmen-TV nicht typischerweise verletzt. Der einzelne AG ist nach § 2 Abs. 1 TVG tariffähig, ein mit ihm abzuschließender TV kann daher grds durch Streik erzwungen werden. Die Verteidigungsfähigkeit des verbandsangehörigen AG ist jedenfalls nicht geringer als die eines nichtorganisierten AG. Im Gegenteil kann er die Unterstützung seines Verbands in Anspruch nehmen (BAG EzA Art 9 GG Arbeitskampf Nr 134). Der Streik um einen Firmen-TV ist **rechtswidrig**, wenn er die **Friedenspflicht** verletzt oder **rechtswidrige Ziele** verfolgt. Letzteres ist etwa dann der Fall, wenn der AG gezwungen werden soll, seine künftige Mitgliedschaft in einem Verband zu garantieren (BAG EzA Art 9 GG Arbeitskampf Nr 134).

d) **Streik um Sozialtarifvertrag (Tarifsozialplan).** aa) Neuerdings verlangen Gewerkschaften von einzelnen AG oder von einem AG-Verband für eines seiner Mitgliedsunternehmen den Abschluss eines Sozialplans durch TV, mit dem Nachteile aus Betriebsänderungen ausgeglichen oder gemildert werden sollen (**Tarifsozialplan**), betätigen sich also auf einem Gebiet, das bisher der Regelung auf der betrieblichen Ebene vorbehalten war. Zu solchen Streiks ist es bisher vor allem im Zusammenhang mit geplanten **Standortverlagerungen** gekommen. Sie kommen aber auch bei **Betriebsübergängen** in Betracht, obwohl diese nur dann eine Betriebsänderung darstellen, wenn sie sich nicht allein in dem Wechsel des Betriebsinhabers erschöpfen, sondern wenn gleichzeitig Maßnahmen getroffen werden, die einen oder mehrere der Tatbestände des § 111 BetrVG erfüllen (BAG 31.1.2008, 8 AZR 1116/06, EzA § 613a BGB 2002 Nr 85). Deshalb wird hier die Bezeichnung **Sozial-TV** verwendet (ebenso *Greiner* NZA 2008, 1274).

Das BAG hat einen auf den Abschluss eines firmenbezogenen Verbands-TV mit Sozialplaninhalten gerichteten Streik für rechtmäßig gehalten (BAG 24.4.2007, 1 AZR 252/06, EzA Art 9 GG Nr 139). Ein solcher Streik unterfällt aus denselben Gründen wie ein Firmen-TV dem **Schutzbereich** des Art 9 III und ist mit der **kollektiven Koalitionsfreiheit** des AG-Verbands vereinbar (s Rdn 90). Dadurch, dass parallel über gekündigte Bestimmungen des Flächen-TV verhandelt wird, ist weder die **Friedenspflicht** noch der **Verhältnismäßigkeitsgrds** oder das Gebot der **Kampfparität** verletzt. Soweit die Gewerkschaft mit dem Sozial-TV **tariflich regelbare Ziele** wie den Abschluss von Abfindungsregelungen, die Vereinbarung längerer Kündigungsfristen oder die Durchführung von Qualifizierungsmaßnahmen anstrebt, ist ein dafür geführter Streik nicht rechtswidrig. Er verletzt nicht den Grds der Kampfparität, weil die Möglichkeit des BR, parallel einen betrieblichen Sozialplan zu erzwingen, das Verhandlungsgleichgewicht nicht strukturell zulasten des AG-Verbands verschiebt. Die Gewerkschaft muss auch nicht das Ende der betrieblichen Verhandlungen über einen Interessenausgleich abwarten. An einer **inhaltlichen Überprüfung des Umfangs** der **Tarifforderungen**, der im der Entscheidung zugrunde liegenden Fall nach der Behauptung des AG-Verbands 200 Millionen € betrug, sah sich das BAG durch das **Verbot der Tarifzensur**, das einer Übermaßkontrolle entgegenstehe, grds gehindert. Erst eine Streikforderung, die auf die wirtschaftliche Existenzvernichtung des Gegners ziele und die deshalb nicht mehr vom Schutzbereich der Arbeitskampffreiheit umfasst sei, sei rechtswidrig. Ob die zum Gegenstand der Verhandlungen um den Sozial-TV gemachten Forderungen in ihrer Gesamtheit wegen ihrer Höhe faktisch geeignet waren, die geplante **Standortverlagerung** zu verhindern oder wirtschaftlich unsinnig zu machen, hat das BAG wegen des Verbots der Tarifzensur nicht geprüft.

93 Von den vor und nach dieser Entsch geäußerten rechtlichen Bedenken gegen die Erstreikbarkeit von Sozial-TV (zum Streitstand *Fitting* BetrVG, §§ 112, 112a Rn 184 ff) soll hier nur auf den Kernpunkt, nämlich die Frage, ob die Gewerkschaften durch überzogene Tarifforderungen nicht letztlich die **unternehmerische Entscheidung torpedieren** können, eingegangen werden. IÜ sollen die **praktischen Folgen** dieser Entscheidung dargestellt werden.

94 bb) Nach hM ist eine Streikforderung, die sich explizit auf den **Verzicht auf die geplante Standortschließung, -verlagerung** oder den geplanten **Betriebsübergang** richtet, unzulässig (LAG Hamm 31.5.2000, 18 Sa 858/00, AP Nr 158 zu Art 9 GG Arbeitskampf; s.a. die Nachweise bei *Fitting* BetrVG, §§ 112, 112a Rn 191; aA *Brecht-Heitzmann* NJW 2007, 3617, 3619; differenzierend *Krause* Standortsicherung und Arbeitsrecht S 96 ff, der nur Streiks als unzulässig ansieht, die sich gegen die Entscheidung einer natürlichen Person richten, sich als Unternehmer aus dem Berufsleben zurückzuziehen, oder die Modernisierungsprozesse blockieren sollen, aber Streiks für zulässig hält, die sich gegen die Standortverlagerung zur Nutzung eines Lohnkostengefälles zum Zweck der Gewinnmaximierung richten). Eine solche Forderung und ein zu ihrer Durchsetzung geführter **Streik** greifen nach hM **rechtswidrig** in die durch Art 12 gewährleistete Freiheit der unternehmerischen Entscheidung ein. Der Kernbestand an unternehmerischen Organisationsentscheidungen muss partizipationsfrei bleiben, ein angemessener Spielraum zur Entfaltung der Unternehmerinitiative ist unantastbar (vgl BVerfG 14.10.1970, 1 BvR 306/68, BVerfGE 29, 260, 267). Ob es dieser Auffassung folgt, hat das BAG in seiner Entsch v 24.4.2007 (1 AZR 252/06, EzA Art 9 GG Nr 139) offengelassen, weil eine solche Forderung im entschiedenen Fall nicht aufgestellt war. In einem früheren Urt hat es allerdings dem AG zwar das Recht zugebilligt, autonom zu entscheiden, welche Investitionen er wann für welche Zwecke tätige und ob und welche Produkte er wo herstelle. Diese TV-freie **Unternehmensautonomie** gehe aber nicht so weit, dass die Gewerkschaften darauf beschränkt seien, nur soziale Folgewirkungen unternehmerischer Entscheidungen zu regeln. Vielmehr beziehe sich der **Regelungsauftrag des Art 9 III** immer dann, wenn sich die wirtschaftliche und soziale Seite einer unternehmerischen Maßnahme nicht trennen ließen, zwangsläufig auch auf die **Steuerung der unternehmerischen Sachentscheidung**. Forderungen der Gewerkschaft zur Milderung der sozialen Folgewirkungen solcher Maßnahmen seien danach Arbeitsbedingungen iS des Art 9 III und tariflich regelbare Ziele (BAG 3.4.1990, 1 AZR 123/89, EzA Art 9 GG Nr 49). Folgt man diesem sehr weitgehenden Ansatz und auch der Ansicht, dass auch schuldrechtliche Inhalte von TV erstreikt werden können (Nachweise bei *Greiner* NZA 2008, 1274, 1277; sa Rdn 71), wären sogar **unmittelbar gegen beabsichtigte Standortverlagerungen** gerichtete Streiks grds zulässig. Ihre Rechtmäßigkeit im konkreten Fall richtete sich dann wie bei allen Arbeitskampfmaßnahmen nach dem Grds der Verhältnismäßigkeit. IE wären dann die kollidierenden Rechte der Arbeitskampfparteien aus Art 9 III zum Ausgleich zu bringen (vgl *Fitting* BetrVG, §§ 112, 112a Rn 191, wonach allerdings auch noch die Berufsfreiheit des AG nach Art 12 GG einzubeziehen ist).

95 cc) Tarifforderungen, die Standortverlagerung zu unterlassen, werden vor dem Hintergrund der hM von den Gewerkschaften in der Praxis jedoch nicht gestellt. Regelmäßig werden vielmehr Forderungen erhoben, die die **wirtschaftlichen Folgen der unternehmerischen Entscheidung mildern** sollen, tariflich regelbar sind und deshalb an sich ein zulässiges Streikziel darstellen. Wenn diese Forderungen in ihrer Gesamtschau dazu führen, dass die unternehmerische Entscheidung **wirtschaftlich nicht realisierbar** ist, soll nach Auffassung eines Teils der Rspr und der Lit die unternehmerische Freiheit durch diese **mittelbare Folge** zulässiger Tarifforderungen unzulässig beeinträchtigt sein. Wahres Streikziel sei in diesen Fällen die Verhinderung der Umsetzung der unternehmerischen Entscheidung. Ein zur Durchsetzung dieses Ziels geführter Arbeitskampf sei deshalb nicht zulässig (*Wank* RdA 2009, 1, 7; *Fischinger* Anm zu BAG 24.4.2007, 1 AZR 252/06, AP § 1 TVG-Sozialplan Nr 2, VIII).

96 Diese Ansicht schenkt jedoch dem Ansatzpunkt der Ausübung der gerichtlichen Rechtmäßigkeitskontrolle von Arbeitskampfmaßnahmen nicht genügend Beachtung. Maßstab für die Beurteilung des Arbeitskampfgeschehens ist das **Gleichgewicht der TVP am Verhandlungstisch** (BVerfG 26.6.1991, 1 BvR 779/85, BVerfGE 84, 212, 230; Einzelheiten s Rdn 74). Das Verhandlungsgleichgewicht wird jedoch **nicht** schon durch das **bloße Stellen einer Forderung** gestört. Es ist gerade das Wesen der Tarifautonomie, deren Funktionsfähigkeit die Gewährleistung der Arbeitskampffreiheit dient (s Rdn 71), wechselseitig Forderungen zu stellen

und diese im **freien Spiel der Kräfte** durchzusetzen oder abzuwehren (*Greiner* NZA 2008, 1274, 1277 f). Gewerkschaften stellen regelmäßig zum Verhandlungsauftakt überhöhte Forderungen, um den Rahmen abzustecken, innerhalb dessen die Verhandlungen stattfinden sollen (**Auftaktfunktion**), und um zugleich ihre Mitglieder zu mobilisieren (**Mobilisierungsfunktion**). Das ritualisierte Wechselspiel zwischen Aufstellen von Forderungen, die die Gegenseite empört als überhöht und in Betracht der aktuellen Wirtschaftslage völlig unangemessen zurückweist, und einer Annäherung der Positionen am Verhandlungstisch ist eine Eigengesetzlichkeit der funktionierenden Tarifautonomie (*Krause* Standortsicherung und Arbeitsrecht S 113). Ob die Höhe einer Tarifforderung geeignet ist, eine unternehmerische Entscheidung rückgängig zu machen, und die Forderung genau deshalb gestellt worden ist, unterliegt deshalb nicht der gerichtlichen Überprüfung (*Kissel* Arbeitskampfrecht 2. Aufl, § 29 Rn 34). Eine derartige **Tarifzensur** würde den Wesensgehalt der Tarifautonomie beeinträchtigen.

Eine gerichtliche Kontrolle von Tarifforderungen darauf, ob sie überhöht und ob sie gezielt gestellt worden sind, um zumindest mittelbar die unternehmerische Entscheidungsfreiheit zu beeinträchtigen, ist zudem **nicht praktikabel** (*Bayreuther* NZA 2007, 1017, 1018). Auf die Maßstäbe des § 112 V BetrVG oder § 113 BetrVG, § 10 KSchG kann nicht zurückgegriffen werden. Das BetrVG beschränkt die Rechte der Tarifpartner nicht, sondern gewährt den von ihnen gefundenen Regelungen Vorrang vor den auf betrieblicher Ebene zu treffenden Regeln (§ 77 III, § 87 I BetrVG). Wird darauf abgestellt, wie hoch die **Kosten der Tarifforderung** insgesamt sind und ob sie die **Einsparungen**, die das bestreikte Unternehmen anstrebt, **aufzehren** (*Fischinger* Anm zu BAG 24.4.2007, 1 AZR 252/06 AP § 1 TVG-Sozialplan Nr 2, VIII 4), kann dies ein ArbG nicht ohne umfangreiche betriebswirtschaftliche und bilanzrechtliche Gutachten feststellen. Typischerweise ist über die Rechtmäßigkeit eines Streiks im einstweiligen Verfügungsverfahren zu entscheiden, in dem angesichts der Eilbedürftigkeit solcher Verfahren derartige Gutachten nicht eingeholt werden können. Aus denselben Gründen kann auch nicht maßgeblich sein, ob die Forderungen die Betriebsänderung wirtschaftlich von vornherein unmöglich machen (so aber *Kaiser* FS Buchner, S 385, 396). Schließlich lassen sich die Umstände, aus denen auf den wirklichen Willen der für die Aufstellung der Forderung zuständigen Gremien geschlossen werden kann, nur sehr schwer feststellen. Auf Äußerungen sonstiger Mitglieder der Gewerkschaft im Streikumfeld kann nicht abgestellt werden (vgl BVerfG 4.7.1995, 1 BvF 2/86 ua, BVerfGE 92, 365, 403 f). Der **Streik um einen Sozial-TV** ist damit **grds zulässig**. Im konkreten Fall ist er allerdings wie jeder Streik am **Gebot der Verhältnismäßigkeit zu messen** (dazu zuletzt ausf BAG 19.6.2007, 1 AZR 396/06, EzA Art 9 GG Arbeitskampf Nr 140).

dd) Aus der grds Zulässigkeit des Streiks um einen Sozial-TV ergeben sich für die Praxis folgende **praktischen Konsequenzen**: Entscheidend für die Rechtmäßigkeit eines solchen Streiks ist die **Reichweite der Friedenspflicht** aus bestehenden Verbands- oder Firmen-TV (zur Friedenspflicht allg vgl *Krebber* § 1 TVG Rdn 71 ff). Was bereits in einem anderen einschlägigen TV geregelt ist, kann nicht Gegenstand eines Streiks um einen Sozial-TV sein, Kampfmaßnahmen sind insoweit »gesperrt«. Ob die Friedenspflicht dem Arbeitskampf entgegensteht, hängt von der konkreten tariflichen Ausgangslage und von der konkreten Formulierung der gestellten Forderungen ab. Dabei wird gefordert, die Friedenspflicht im Zusammenhang mit Streiks um einen Sozial-TV **weit auszulegen**, sodass Forderungen schon gesperrt sein sollen, wenn sie nur in einem Zusammenhang mit dem im Verbands-TV geregelten Bereich stehen, den **tariflich bereits geregelten Inhalten** also **wirtschaftlich betrachtet ähnlich** sind. Ob selbst bei einer solchen weiten Auslegung jede Kündigungsschutzbestimmung im Verbands-TV Forderungen nach einer weiter gehenden Sonderkündigungsschutz unzulässig macht und jede Rationalisierungsschutzbestimmung Forderungen nach einem Sozial-TV ganz ausschließt (*Bayreuther* NZA 2007, 1017, 1019 f), erscheint aber zweifelhaft. Zweifelhaft ist auch, ob die Friedenspflicht aus bestehenden Entgelt-TV Kompensationsforderungen mit anderen Inhalten entgegensteht, wenn die unternehmerische Maßnahme keine Nachteile für die Belegschaft hat und deshalb offensichtlich kein Kompensationsbedarf besteht (so *Greiner* NZA 2008, 1274, 1280). Solche Konstellationen dürften eher selten auftreten. Zudem dürfte es den Gewerkschaften in einem solchen Fall schwerfallen, ihre Mitglieder für einen Arbeitskampf zu mobilisieren. Ob ausgleichsbedürftige Nachteile bestehen, haben jedenfalls allein die Tarifpartner zu entscheiden. Forderungen, in einem Sozial-TV auf betriebsbedingte Beendigungskdgen zu verzichten, ein tarifliches Vorruhestandsabkommen mit unbedingtem individuellen Rechtsanspruch abzuschließen, unbedingte Rechtsansprüche auf Altersteilzeit einzuräumen, Arbeitszeitverkürzungen auf 30 Stunden pro Woche bei vollem Lohnausgleich sowie Jahresurlaub von 35 Tagen zuzugestehen und Mehrarbeit nur in Form von Freizeit auszugleichen, verletzen die Friedenspflicht, solange der MTV sowie einschlägige Rationalisierungsschutz- und Altersteilzeitabkommen in Kraft sind. Warnstreiks zur Durchsetzung dieser Forderungen sind daher unzulässig (LAG Berl-Bbg 28.9.2007, 8 Sa 916/07, DB 2008, 415 für das **private Versicherungsgewerbe**; zur **Sperrwirkung** von **Rationalisierungsschutzabkommen** allgemein BAG 10.12.2002, 1 AZR 96/02, EzA Art 9 GG Arbeitskampf

Nr 134; *Lindemann/Dannhorn* BB 2008, 1226; zur Sperrwirkung bestehender TV **anderer Gewerkschaften** *Gaul* RdA 2008, 13).

99 TVP müssen bei ihren Tarifverhandlungen die betriebsverfassungsrechtlichen Grenzen der §§ 111 ff BetrVG nicht einhalten. Insb sind sie an die **Schranken des § 112 V und des § 112a II BetrVG nicht gebunden** (Rdn 97; aA *Bauer/Krieger* NZA 2004, 1019, 1024).

100 Zur Wahrung der Kampfparität müssen die **Beteiligungsrechte des BR** während des Arbeitskampfes **eingeschränkt** werden. Die Verhandlungsposition des im Rahmen des Kampfes um einen **Firmen-Sozial-TV** bestreikten AG wird deutlich verschlechtert, wenn er gleichzeitig sowohl mit der Gewerkschaft als auch dem BR verhandeln muss, die unterschiedliche Ziele verfolgen können, ohne dass er den Ablauf der Verhandlungen koordinieren kann. Aber auch bei einem auf einen **firmenbezogenen Verbands-Sozial-TV** gerichteten Streik wird die Kampffähigkeit des Verbands, die ohnehin beeinträchtigt ist, weil das Kampfziel die Interessen seiner übrigen Mitglieder nur mittelbar berührt (vgl BAG 24.4.2007, 1 AZR 252/06, EzA Art 9 GG Nr 139), weiter geschwächt. Der Druck des bestreikten Mitglieds auf den Verband, den Forderungen doch nachzugeben, wird typischerweise größer werden, wenn er nicht nur den Arbeitskampf aushalten, sondern parallel auch noch mit dem BR über einen Sozialplan und Interessenausgleich verhandeln muss. Bisher hat das BAG Mitbestimmungsrechte des BR nur bei Maßnahmen des AG zur Abwehr von Folgen eines Arbeitskampfes eingeschränkt (BAG 10.12.2002, 1 ABR 7/02, EzA § 80 BetrVG 2001 Nr 1 mwN zur älteren Rspr). Es hat in dieser Entscheidung aber uneingeschränkt darauf abgestellt, dass die Tarifautonomie Vorrang gegenüber Mitbestimmungsrechten des BR hat, die die Tarifautonomie behindern. Es hat angenommen, dass **Mitbestimmungsrechte**, die geeignet sind, die **Kampffähigkeit des AG zu beeinflussen**, also ihn an der Durchführung einer beabsichtigten kampfbedingten Maßnahme zumindest vorübergehend hindern und so zusätzlichen Druck auf ihn ausüben, **weichen** müssen. Mit Unterrichtungsansprüchen des BR sind solche Beeinträchtigungen nicht verbunden (BAG EzA § 80 BetrVG 2001 Nr 1). Dagegen ist das **Est-Verfahren** nach § 112 IV BetrVG bis zum Abschluss der Verhandlungen über den Sozial-TV **suspendiert** (*Wank* RdA 2009, 1, 6; *Willemsen/Stamer* NZA 2007, 413, 416 f; aA *Fitting* BetrVG, §§ 112, 112a Rn 190). Interessenausgleich nach §§ 112, 113 BetrVG und Streik um einen Sozial-TV richten sich auf unterschiedliche Ziele, deshalb sind die **Interessenausgleichsverhandlungen** durch den Arbeitskampf um einen Sozial-TV grds nicht suspendiert. **Verzögert** der BR aber die Verhandlungen über den **Interessenausgleich** über Gebühr, darf der bestreikte AG das Beteiligungsverfahren **abbrechen** und die Betriebsänderung durchführen (*Kaiser* FS Buchner, S 385, 399; weiter gehend *Willemsen/Stamer* NZA 2007, 413, 417, die keine Verzögerung des Verfahrens für erforderlich halten, um es abzubrechen).

101 Ungeklärt ist, ob **Ansprüche aus einem Sozial**-TV und einem später geschlossenen **Sozialplan kumulativ** zu gewähren sind. Ob auch ohne ausdrückliche Anrechnungsregelungen eine solche Anrechnung den Vereinbarungen konkludent entnommen werden kann (so *Bauer/Krieger* NZA 2004, 1019, 1023), erscheint zweifelhaft. Ob im **Verhältnis zwischen TV und BV** das **Günstigkeitsprinzip** Anwendung findet, ist umstritten. Sieht man darin ein allg Prinzip, das auch außerhalb des § 4 III TVG und unabhängig von der Art der Rechtsquelle gilt (BAG 16.9.1986, GS 1/82, EzA § 77 BetrVG 1972 Nr 17), sieht man außerdem den TV grds als höherrangig gegenüber einer BV an (s dazu Rdn 100), kommt auch im Verhältnis zwischen TV und BV das Günstigkeitsprinzip zur Anwendung (*Richardi/Annuß* BetrVG, § 112 Rn 181; aA *Wiedemann/Wank* TVG, § 4 Rn 558; vgl für das Verhältnis eines tariflichen Rationalisierungsschutzabkommens und Sozialplan BAG 6.12.2006, 4 AZR 798/05, EzA § 112 BetrVG 2001 Nr 21). Dann ist nur die jeweils günstigste Leistung aus dem Sozialplan und dem TV zu gewähren (*Bayreuther* NZA 2007, 1017, 1021). Für die Frage, welche Ansprüche miteinander zu vergleichen sind und wie die Günstigkeit zu ermitteln ist, gelten die allg Grundsätze (dazu *Krebber* § 4 TVG Rdn 19 ff). Kommt man danach zu dem Ergebnis, dass einzelne Tarifansprüche in keinem inneren sachlichen Zusammenhang stehen und deshalb nicht als Einheit mit den Regeln des Sozialplans zu vergleichen sind, erfolgt keine Anrechnung der Sozialplanleistungen.

102 Wenig Beachtung haben bisher die Folgen eines Sozial-TV für **Außenseiter** erfahren. Wird der Sozial-TV **nicht** als **3-seitige Vereinbarung** und damit zugleich als Sozialplan abgeschlossen, stellt sich die Frage, ob er auch auf Außenseiter Anwendung findet. Das wird bei einer **Bezugnahmeklausel** auf die einschlägigen Verbands-TV im Arbeitsvertrag, den ein tarifgebundener AG geschlossen hat, nach Abschluss eines firmenbezogenen Verbands-Sozial-TV zu bejahen sein. Auch bei Abschluss des Sozial-TV als Firmen-TV wird die Auslegung jedenfalls einer vor dem 1.1.2002 vereinbarten Bezugnahmeklausel oft ergeben, dass dadurch die fachlich und betrieblich einschlägigen TV und damit auch ein Firmen-TV zur Geltung gebracht werden sollen (vgl BAG 23.3.2005, 4 AZR 203/04, EzA § 4 TVG Tarifkonkurrenz Nr 18). Etwas anderes dürfte dann gelten, wenn im Arbeitsverhältnis mit einem nicht tarifgebundenen AG auf einen branchenfremden Verbands-TV Bezug genommen worden ist (BAG 7.7.2010, 4 AZR 120/09). Findet der Firmen-Sozial-TV nicht kraft Bezugnahme Anwendung, stellt sich die Frage, ob die Tarifpartner verpflichtet sind, den TV so

zu gestalten, dass noch **ausreichende Finanzmittel für einen Sozialplan** verbleiben und so der Anspruch des BR auf Aufstellung eines **Sozialplans nicht faktisch ausgehöhlt** wird, weil es für die Einigungsstelle unter Beachtung des § 112 V BetrVG kein verteilfähiges Volumen mehr gibt. Im Extremfall könnte etwa ein Sozial-TV, der nur für die 5 % tarifgebundenen AN eines Betriebes gilt, 90 % der zur Verfügung stehenden Mittel abschöpfen. In einem solchen Extremfall sollen die Gerichte zu einer Evidenzkontrolle verpflichtet sein, mit der sie krasse Missverhältnisse ausschließen sollen (*Fischinger* Arbeitskämpfe bei Standortverlagerung und -schließung, S 192). Abgesehen davon, dass die Grenze solcher krassen Missverhältnisse nicht judiziabel zu bestimmen wäre, führt diese Ansicht zu einer mittelbaren gerichtlichen Kontrolle der Höhe der Tarifforderung, die aus den genannten Gründen (Rdn 96) abzulehnen ist. Darüber hinaus können §§ 111 ff BetrVG die Regelungsbefugnis der TVP nicht einschränken (Rdn 97). Schließlich würde eine Verpflichtung, bei Abschluss des Sozial-TV der noch ausreichenden Ausstattung des betrieblichen Sozialplans Rechnung zu tragen, im Ergebnis einer Verpflichtung, den Sozial-TV mit Wirkung auch für Außenseiter abzuschließen, gleichkommen. Eine solche Verpflichtung verstößt aber gegen die Koalitionsfreiheit der Gewerkschaft (*Bayreuther* NZA 2007, 1017, 1022) und überschreitet zudem die Normsetzungskompetenz der Koalitionspartner, die sich gerade nicht auf Außenseiter erstreckt (BAG 18.3.2009, 4 AZR 64/08, EzA Art 9 GG Nr 98; sa Rdn 44).

Hat ein **Betriebsübergang** negative wirtschaftliche Folgen für die Belegschaft, sind diese nach denselben Grundsätzen wie eine Betriebsänderung durch einen Sozial-TV regelbar, der auch durch Arbeitskampfmaßnahmen erzwungen werden kann. Etwas anderes soll für die nachteiligen Folgen eines bloßen **Rechtsträgerwechsels** gelten. Dafür soll § 613a BGB als gesetzliche Ausgestaltung der Tarifautonomie abschließend geltend. Ein niedrigeres Tarifniveau durch einen Wechsel des Rechtsträgers sei Ausdruck unterschiedlich betätigter Tarifautonomie. Die Gewerkschaften dürften nicht ihre eigene Tarifpolitik während der Laufzeit eines TV durch den Kampf um einen Sozial-TV, der das Niveau ihres eigenen TV verbessern solle, korrigieren (*Greiner* NZA 2007, 1274, 1280 f). 103

Die Möglichkeit der Gewerkschaften, mit einem Streik um einen Sozial-TV den gewünschten **Druck** zu überzeugen, wird oft **überschätzt**. Die Streikdrohung bzw der Streik selbst sind nur dann wirksame Mittel zur Durchsetzung der Forderungen, wenn der AG an einer einschränkungslosen Fortsetzung des Betriebes bis zur geplanten unternehmerischen Maßnahme interessiert ist. Das ist insb bei termingebundenen Aufträgen der Fall. Will er dagegen den Betrieb ohnehin stilllegen und hat nicht genügend Aufträge bis zum geplanten Zeitpunkt der Stilllegung oder hat er präventiv die Möglichkeit zu **Vorrats- und/oder Ausweichproduktion** an anderer Stelle geschaffen (dazu *Lipinski/Ferme* DB 2007, 1250), **verpufft die Streikdrohung**. Darum wird bereits diskutiert, ob und unter welchen Voraussetzungen die **Kombination von Unterstützungsstreik mit einem Streik um einen Sozial-TV** zulässig ist. Dafür wären die in zum Unterstützungsstreik entwickelten Maßstäbe anzulegen (s Rdn 76 ff). Der **Unterstützungsstreik** wäre dann selbst der **Schwerpunkt des Arbeitskampfes** und deshalb **unzulässig**, wenn der Streik um den Sozial-TV durch Gegenmaßnahmen des AG weitgehend wirkungslos bliebe (*Lipinski/Reinhardt* BB 2008, 2234 unter Nennung von Indizien für die Verlagerung des Schwerpunkts auf den Unterstützungsstreik und mögliche Gegenmaßnahmen des vom Unterstützungsstreik betroffenen AG). Angesichts der eng auf den Ausgleich sozialer Folgen einer bestimmten unternehmerischen Maßnahme zugeschnittenen Hauptforderung dürfte zudem in vielen Fällen der Unterstützungsstreik auch inhaltlich soweit vom Hauptarbeitsstreik entfernt sein, dass die Zulässigkeit des Unterstützungsstreiks unter diesem Gesichtspunkt zu hinterfragen ist. 104

e) **Warnstreik.** Streiks, die während laufender Tarifverhandlungen Druck auf die AG-Seite ausüben sollen (**Warnstreiks**), unterscheiden sich, insb wenn sie als Nadelstichtaktik in der Form der »**Neuen Beweglichkeit**« geführt werden, nicht von Erzwingungsstreiks. Deshalb sind sie keine privilegierte Kampfform, sondern unterliegen wie jeder Arbeitskampf dem ultima-ratio-Prinzip (BAG 21.6.1988, 1 AZR 651/86, EzA Art 9 GG Arbeitskampf Nr 75 unter Aufgabe von 12.9.1984, 1 AZR 342/83, EzA Art 9 GG Arbeitskampf Nr 54). Auch Warnstreiks dürfen also erst nach Ausschöpfung aller Verständigungsmöglichkeiten geführt werden (zum **ultima-ratio-Prinzip** grds BAG 21.4.1971, GS 1/68, EzA Art 9 GG Nr 6). Allerdings ist **nicht erforderlich**, dass die **Verhandlungen förmlich für gescheitert erklärt** werden (vgl BAG 22.9.2009, 1 AZR 972/08, BB 2010, 379 für den »flash-mob«). Bereits in der Einleitung von Arbeitskampfmaßnahmen liegt die freie und nicht nachprüfbare Entscheidung der Gewerkschaft, dass die Verständigungsmöglichkeiten ausgeschöpft sind (BAG 21.6.1988, EzA Art 9 GG Arbeitskampf Nr 75; krit *Konzen* Anm zu EzA Art 9 GG Arbeitskampf Nr 75 S 40, der in Anlehnung an BAG 31.10.1958, 1 AZR 632/57, AP Nr 2 zu § 1 TVG Friedenspflicht, III 4 dGr eine zwar nicht ausdrückliche, aber doch eindeutige und der anderen Seite zugehende Erklärung des Scheiterns verlangt; allerdings beruht die Formulierung des BAG auf einer Auslegung einer Schlichtungsvereinbarung, die die Erklärung des Scheiterns der anderen Seite gegenüber 105 ausdrücklich verlangte). In der Praxis werden die Verhandlungen heute über die Medien für gescheitert erklärt, wie es etwa bei den Streiks im Sozial- und Erziehungsdienst Anfang 2009 mit einer Pressemitteilung der GEW vom 30.4.2009 geschehen ist. Auch **Auszubildende** können an Warnstreiks teilnehmen, wenn Gegenstand der TV-Verhandlungen die Verbesserung der Arbeitsbedingungen für Auszubildende ist (BAG 12.9.1984, 1 AZR 342/83, EzA Art 9 GG Arbeitskampf Nr 54, B III dGr mwN zum Streitstand; s.a. *H. Seiter* Anm EzA Art 9 GG Arbeitskampf Nr 54, B III dGr). Wechselt ein Unternehmen während laufender TV-Verh in eine **OT-Mitgliedschaft**, darf die Gewerkschaft ab Kenntnis des Statuswechsels nicht mehr zu einem Warnstreik aufrufen. Ein gleichwohl durchgeführter Streik ist rechtswidrig (BAG 19.6.2012, 1 AZR 775/10, EzA GG Art 9 Arbeitskampf Nr 146).

106 f) **Streiks von Spartengewerkschaften.** Mit der Bejahung der Tariffähigkeit kleinerer Gewerkschaften, insb auch von Spartengewerkschaften, die eigenständige TV für Angehörige bestimmte Berufsgruppen anstreben (s dazu Rdn 11, 46 ff), ist der seit Jahrzehnten schwelende Streit, ob mehrere TV in einem Betrieb nebeneinander gelten können und ob Streiks, mit denen für bestimmte AN TV erzwungen werden sollen, zulässig sind, neu entflammt. Plastisch kann man von der Gefahr der **Balkanisierung der Tariflandschaft** sprechen (*Gamillscheg* Kollektives ArbeitsR 1997, S 752 f).

107 aa) Ausgangspunkt war die Frage nach **Tarifeinheit** oder **Tarifpluralität**. Gelten in einem Betrieb mehrere TV normativ nebeneinander (Tarifpluralität, Einzelheiten s *Krebber* § 4 TVG Rdn 56 f), hatte das BAG in seit Jahrzehnten gefestigter Rspr diese Kollision nach dem Grds der Tarifeinheit aufgelöst (BAG 20.3.1991, 4 AZR 455/90, EzA § 4 TVG Tarifkonkurrenz Nr 7). Danach kommt nur der TV zur Anwendung, der dem Betrieb fachlich, räumlich, betrieblich und persönlich am nächsten steht (**Spezialitätsgrds**). Plakativ gilt danach der Grds »**ein Betrieb – ein TV**«. Auch für die in einer Spartengewerkschaft organisierten Teile der Belegschaft gilt nach diesem Grds dann nicht der allein diese Sparte erfassende TV als der speziellere, sondern der die Masse der AN erfassende als der für den gesamten Betrieb sachnähere. Nach dem Grds der Tarifeinheit würden etwa die von der GdL abgeschlossenen TV für die Lokführer von den von der Transnet und GdBA geschlossenen TV, die auch die in der GdL organisierten Lokführer erfassen, verdrängt (offengelassen für die Streikphase von LAG Sachsen 2.11.2007, 7 SaGa 19/07, NZA 2008, 59). Gelangt aber ein TV nicht zur Anwendung, kann er auch nicht erstreikt werden. Streiks von Spartengewerkschaften wären dann wegen Verstoßes gegen das Verhältnismäßigkeitsgebot unzulässig (LAG Rh-Pf 22.6.2004, 11 Sa 2096/03, AP Nr 169 zu Art 9 GG Arbeitskampf; *Kamanabrou* ZfA 2008, 241, 256; *Giesen* NZA 2009, 11, 12; aA *Jacobs* NZA 2008, 325, 331). Der Grundsatz der Tarifeinheit **verletzte** nach hM jedoch sowohl die **kollektive Koalitionsfreiheit** der Gewerkschaft (dazu s Rdn 27 ff), deren TV verdrängt wird, als auch die **positive Koalitionsfreiheit** der in der Minderheitsgewerkschaft organisierten AN, deren Mitgliedschaft in einer Koalition wegen der Verdrängung »ihres« TV nicht zum Tragen kommt (*Kamanabrou* ZfA 2008, 241, 258; *Jacobs* NZA 2008, 325, 326, 328 f jeweils mwN auch zur Gegenmeinung). Die Theorie von der Tarifeinheit machte den davon betroffenen Gewerkschaften und ihren Mitgliedern im Ergebnis eine effektive Betätigung ihrer Koalitionsfreiheit unmöglich und verwehrte ihnen damit die Ausübung ihres Gs aus Art 9 III. Ein massiverer Eingriff in die Rechte aus Art 9 III war schwer vorstellbar. Das BAG hat darum seine bisherige Rspr zur Tarifeinheit aufgegeben (BAG 7.7.2010, 4 AZR 549/08, NZA 2010, 1068) Der Ausgleich der kollidierenden GR muss nach der neuen Rspr nunmehr auf andere, die Rechte der Minderheitsgewerkschaft und ihrer Mitglieder weniger beeinträchtigende Weise getroffen werden (dazu Rdn 108 ff).

108 bb) Gewährt man Spartengewerkschaften das Recht, TV zu schließen (zur Tariffähigkeit solcher Gewerkschaften s Rdn 46 f), kann man ihnen auch das **Recht**, solche **TV zu erstreiken**, nicht verwehren. Anderenfalls läuft das Recht zum Tarifabschluss weitgehend leer (LAG Sachsen 2.11.2007, 7 SaGa 19/07, NZA 2008, 59; LAG Rh-Pf 14.6.2007, 11 Sa 208/07, DB 2007, 2432; Hess LAG 2.5.2003, 9 SaGa 637/03; *Jacobs* NZA 2008, 325, 330). Die AG-Seite wird durch diese Entwicklung, in deren Folge sie sich Gewerkschaften ggü sieht, die nicht nur gegen die AG, sondern uU auch gegeneinander kämpfen, in ihrer **Kampfparität beeinträchtigt**. Sie sieht sich der Gefahr eines Dauerarbeitskampfes und einer **kollektiven Erpressung** mit sich wechselseitig hochschaukelnden Forderungen der konkurrierenden Gewerkschaften ggü (*Bayreuther* NZA 2008, 12, 15; *Kamanabrou* ZfA 2008, 241, 263 f). Deshalb muss die Rspr – solange der Gesetzgeber nicht tätig wird – gesetzesvertretend Regeln finden, die die Parität wieder herstellen (zu dieser Verpflichtung s Rdn 74; zur Verpflichtung der Gerichte, auf unzumutbare Belastung der AG durch Kampfmaßnahmen konkurrierender Gewerkschaften mit Anpassung der arbeitskampfrechtlichen Grundsätze zu reagieren, bereits BAG 25.9.1996, 1 ABR 4/96, EzA § 2 TVG Tarifzuständigkeit Nr 5, B III 4 dGr). Uneinigkeit besteht jedoch noch darüber, wie diese Regeln auszusehen haben. Dabei ist zu beachten, dass nach hM eine allg **Gemeinwohlbindung** der TVP nicht besteht (*Wiedemann* BB 2013, 1397, 1401 f). Eine befriedigende, alle Interessen und Ansprüche ausgleichende Lösung ist noch nicht gefunden.

Die **Friedenspflicht** aus einem anderen bestehenden TV auf Konkurrenzgewerkschaften **auszudehnen** 109
(*Meyer* DB 2006, 1271, 1272) oder das Streikrecht zu versagen, solange im Betrieb eine an sich funktionsfähige Tarifordnung vorhanden ist (*Bayreuther* BB 2005, 2633, 2641), dürfte mit Art 9 III nicht vereinbar sein, weil damit jeder Streik einer erstmals in einem Betrieb agierenden Spartengewerkschaft ausgeschlossen ist, wenn bereits eine ältere Gewerkschaft TV geschlossen hat und diese TV noch nicht gekündigt sind (*Jakobs* FS Buchner, S 344, 351). Selbst wenn man dieser Ansicht folgte, wäre damit ein Streik spätestens mit Auslaufen der anderen TV zulässig, sodass das Problem des AG, gleichzeitig Tarifverhandlungen an mehreren Fronten führen zu müssen, zum einen nur zeitlich verschoben wäre und zum anderen nach Auslaufen der bisher geltenden TV geballt aufträte.

Die **Erweiterung** des Rechts zur **Aussperrung auf un- und anders organisierte AN** auch dann, wenn diese 110 vom Ergebnis des angestrebten Sparten-TV nicht profitieren (*Franzen* RdA 2008, 193, 202 f), oder das Recht zur **lösenden Aussperrung** streikender AN (*Greiner* NZA 2007, 1023, 1027), führen nicht zur Wiederherstellung der Parität, wenn der AG durch die Häufung von Streiks bereits in seiner Betriebsführung beeinträchtigt ist und sich auf dem Arbeitsmarkt für die spezialisierten AN, die typischerweise in Spartengewerkschaften organisiert sind, nicht kurzfristig Ersatz beschaffen kann (*Bayreuther* NZA 2008, 12, 16). Auch ist fraglich, ob auf streikende Mitglieder einer Spartengewerkschaft überhaupt durch Aussperrung nicht oder anders organisierter AN, mit denen sie sich nicht notwendig solidarisch fühlen, Druck ausgeübt werden kann (*Giesen* NZA 2009, 11, 14). Zudem ist in Betrieben der Daseinsvorsorge iwS, also etwa Logistikunternehmen, Flugunternehmen oder Krankenhäusern, in denen besonders häufig Spartengewerkschaften agieren, auch eine suspendierende Aussperrung nichtstreikender AN wegen der Folgewirkungen für die Allgemeinheit faktisch unmöglich (*Buchner* BB 2008, 106, 109; *Jakobs* NZA 2008, 325, 331; zur Aussperrung allg s Rdn 116 f).

Die regulierenden Regeln müssen deshalb auf der **Ebene der Verhältnismäßigkeit** des Streiks ansetzen. Ver- 111 schiedentlich wird eine **Verpflichtung** der konkurrierenden Gewerkschaften vorgeschlagen, Auslaufen ihrer TV und Verhandlungen sowie evtl Streiks zeitlich **zu koordinieren**, verbunden mit der Verpflichtung der Spartengewerkschaft, nach Einigung der AG-Seite mit der Branchengewerkschaft zunächst ein **verbindliches Schlichtungsverfahren** zu durchlaufen, bevor sie weiter streiken darf (am ausdifferenziertesten *Kamanabrou* ZfA 2008, 241, 270 ff; ähnlich *Richardi* FS Buchner, S 731, 741 f; *Franzen* RdA 2008, 193, 203 f). Im Ergebnis kommt dieser Ansatz einer **Erstreckung der Friedenspflicht auf nicht am Tarifabschluss beteiligte Koalitionen** gleich (so ausdrücklich *Kamanabrou* ZfA 241, 273, Fn 119) und begegnet deshalb den in Rdn 109 dargestellten Bedenken. Letztlich kann bei einem derartigen Verfahren eine der konkurrierenden Gewerkschaften das Streikverhalten und die Streikmacht der anderen Gewerkschaft maßgeblich beeinflussen und **dominieren**. Ob dies mit Art 9 III vereinbar ist, erscheint fraglich (ebenso *Jakobs* FS Buchner, S 342, 352 f).

Der Vorschlag, auch ohne entsprechende Vereinbarung der TVP vor jedem Streik die Durchführung eines 112 **Schlichtungsverfahrens**, nicht aber eine Zwangsschlichtung, zu verlangen (*Buchner* DB 2007, 2520, 2521), dürfte dagegen von Art 9 III gedeckt sein. Dies knüpft an die Ausführungen des BAG (21.4.1971, GS 1/68, EzA Art 9 GG Nr 3, A 3 dGr) an, wonach TVP Schlichtungsverfahren vereinbaren müssen und die Gerichte, solange derartige Regelungen nicht getroffen sind, prüfen müssen, ob ein Arbeitskampf gleichwohl verhältnismäßig ist. Diese Entsch bezog sich zwar nicht auf die Rechtmäßigkeit von Arbeitskämpfen konkurrierender Gewerkschaften, sondern auf die klassische Auseinandersetzung zwischen AG- und AN-Koalition, lässt sich aber auf die durch das Auftreten konkurrierender Gewerkschaften entstandene Verschiebung der Kampfparität übertragen. Auch wird man jedenfalls bei Streiks, die im bes Ausmaß unbeteiligte Dritte treffen, wie es bei den Streiks der GdL der Fall war, eine **Vorankündigung** der Streiks verlangen müssen (*Bayreuther* NZA 2008, 12, 17). Da nicht zu erwarten ist, das der Gesetzgeber seiner Regelungspflicht im Bereich des Arbeitskampfrechts nachkommt, können solche Regeln im Wege der gesetzesvertretenden Ausgestaltung des Arbeitskampfrechts durch den Grds der Verhältnismäßigkeit (BAG 19.6.2007, 1 AZR 396/06, EzA Art 9 GG Arbeitskampf Nr 140) von den ArbG gefunden werden (*Jakobs* FS Buchner, S 342, 357). **Streiks verhindern** können diese Regeln jedoch nicht (*Bayreuther* NZA 2008, 12, 17).

Letztlich wird die Rspr der Tarifautonomie **situations- und einzelfallbezogen** unter Abwägung der konkret 113 betroffenen Belange, in die auch die Gemeinwohlbelange einzubeziehen sind, **Grenzen ziehen** müssen (ähnlich *Wiedemann* BB 2013, 1397, 1402). Zu erwägen ist dabei, ob ein Streik zunächst zahlenmäßig, zeitlich und räumlich eng begrenzt, also auf »**kleiner Flamme**«, beginnen muss und **nur schrittweise ausgeweitet** werden darf (*Jakobs* NZA 2008, 325, 331). Dem kann nicht entgegengehalten werden, dass die **Wahl der Kampfmittel** allein den Koalitionen obliegt. Bei der Rechtmäßigkeitskontrolle von Kampfmaßnahmen ist die Freiheit der Wahl der Kampfmittel schon bei der Frage, ob ein Kampfmittel geeignet und erforderlich ist, kein beachtliches Kriterium mehr. Eine Einschätzungsprärogative kommt den Koalitionen deshalb insoweit nicht zu (s Rdn 84, aA BAG 19.6.2007, 1 AZR 396/06, EzA Art 9 GG Arbeitskampf Nr 140). Schematische Festlegungen dahin, wie umfangreich die einzelnen Kampfabschnitte sein dürfen, sind nicht möglich. Die damit verbundene **Rechtsunsicherheit** ist hinzunehmen. Jedenfalls dürfte – folgt man diesem Ansatz – ein Streik wie der von der Vereinigung Cockpit (VC) im Februar 2010 ausgerufene, der den Flugverkehr der Lufthansa für 4 aufeinanderfolgende Tage weitgehend unmöglich gemacht und wegen der Folgewirkungen den Flugverkehr in weiten Teilen Europas erheblich beeinträchtigt hätte, unverhältnismäßig gewesen sein, weil die VC sofort die höchste Eskalationsstufe gewählt hat.

114 Dem AG wird auch das Recht einzuräumen sein, von ihm bestimmte AN zu **Notstands- und Erhaltungsarbeiten** heranzuziehen (zur Definition dieser Begriffe BAG 30.3.1982, 1 AZR 265/80, EzA Art 9 GG Arbeitskampf Nr 46), wenn solche Vereinbarungen zwischen den TVP nicht freiwillig getroffen werden (ArbG Frankfurt 9.11.2007, 12/11 Ga 218/07; offengelassen von BAG 14.12.1993, 1 AZR 550/93, EzA Art 9 GG Arbeitskampf Nr 113). Dies wird nicht nur im Bereich der **Daseinsvorsorge** (*Bayreuther* NZA 2008, 12, 17; vgl allg zur Notwendigkeit, dort einen Notdienst aufrechtzuerhalten LAG Sachsen 2.11.2007, 7 SaGa 19/07, NZA 2008, 59), sondern überall dort in Betracht kommen, wo für Dritte **zwingend notwendige Güter** herzustellen (Grundlebensmittel, Wasser und Energieversorgung) oder **Dienstleistungen** zu erbringen sind (zB Lebensmitteleinzelhandel, Krankenversorgung, Müllabfuhr) bzw **Gefahren** von Betriebsanlagen ausgehen können, es sei denn, Drittbetroffene haben **zumutbare Ausweichmöglichkeiten** (*v Steinau-Steinrück/Glanz* NZA 2009, 113, 115). Letzteres wäre etwa anzunehmen, wenn ohne erhebliche Mehrkosten und Zeitverluste auf ein anderes Verkehrsmittel ausgewichen werden kann. Angesichts der heutigen Verkehrsverhältnisse wird allerdings ein Wechsel von der geplanten Zugfahrt auf den PKW nicht ohne Weiteres zumutbar sein. Schließlich wird es von der weiteren Entwicklung der Rechtsprechung zur Haftung der für die Gewerkschaften Handelnden auf **Schadenersatz** (s dazu Rdn 124) abhängen, ob von dieser Rspr eine abschreckende Wirkung ausgeht, die unbeteiligte Dritte besonders belastende Streiks verhindert oder beschränkt.

114.1 cc) Der Gesetzgeber hat in diesen Konflikt durch das **Gesetz zur Tarifeinheit** vom 3.7.2015 (BGBl I S 1130) eingegriffen (vgl 4 TVG Rdn 52 ff). Das BVerfG hat zwar angenommen, dass nicht offensichtlich sei, dass eine Verletzung der Koalitionsfreiheit durch dieses Gesetz auszuschließen wäre (Nachweise zum **Streitstand** BVerfG 6.10.2015, 1 BvR 1571/15, 1582/15, 1588/15, NZA 2015, 1271, Rn 14), es hat aber auch angenommen, dass weder absehbar sei, dass den Minderheitsgewerkschaften durch den vorübergehenden Fortbestand des Gesetzes das Aushandeln von TV längerfristig unmöglich würde, noch festzustellen sei, dass sich das Gesetz bereits so auf ihren Mitgliederbestand auswirke, dass ihre Tariffähigkeit in Frage stünde. Es hat darum **keine einstweilige Anordnung** gegen das Gesetz erlassen, sich aber den Erlass einer einstweiligen Anordnung vAw vorbehalten (BVerfG 6.10.2015, 1 BvR 1571/15, 1582/15, 1588/15, NZA 2015, 1271). Eine Entsch in der Hauptsache ist bis Ende 2016 angekündigt. Rückschlüsse auf die Erfolgsaussicht der Verf-Beschwerden in der Hauptsache lassen die nur auf die verf-rechtliche Folgenabschätzung bezogenen Ausführungen des BVerfG nicht zu.

115 g) **Flashmob.** Die Gewerkschaften setzen in letzter Zeit vor allem im Einzelhandel das neuartige Kampfmittel der »**Flashmob**«**-Aktion** ein. Damit reagiert ver.di darauf, dass herkömmliche Streikmittel im Einzelhandel angesichts des geringen Organisationsgrades und des Einsatzes von Zeit-AN nur noch wenig Wirkung entfalten. Bei dieser Kampfform ruft ver.di Kunden, die weder AN des bestreikten Unternehmens sind noch sich notwendig vorher kennen, dazu auf, den **Betrieb öffentl zugänglicher Ladengeschäfte systematisch zu stören**. Sie sollen etwa Einkaufswagen befüllen und im Geschäft stehen lassen oder gleichgeschaltet Pfennigartikel kaufen, was zu langen Schlangen an den Kassen führt; ohne Kaufabsicht mit Verkäufern langwierige Beratungsgespräche führen oder Anproben vornehmen (vgl *Rieble* NZA 2008, 796). Eine einstündige Flashmob-Aktion, bei der ca 40 Personen überraschend eine Einzelhandelsfiliale aufsucht und dort mit Waren vollgepackte Einkaufswagen zurückgelassen sowie durch den koordinierten Kauf von »Pfennig-Artikeln« Warteschlangen an den Kassen verursacht hatten, war Anlass für ein Verfahren vor dem BAG. Das **BAG hatte** allerdings **nicht die Rechtmäßigkeit** dieser konkreten Aktion **zu überprüfen**. Der klagende Einzelhandelsverband hatte nur einen allg Antrag gestellt, der beklagten Gewerkschaft aufzugeben, künftig den Aufruf zu Flashmob-Aktionen im näher umschriebenen Umfang zu unterlassen. Der Antrag hatte vor dem BAG keinen Erfolg, weil nach Auffassung des BAG nicht jede »Flashmob-Aktion« generell rechtswidrig ist (BAG, 22.9.2009, 1 AZR 972/08, EzA Art 9 GG Arbeitskampf Nr 143, BB 2010, 379, die dagegen eingelegte Verf-Beschwerde ist zurückgewiesen worden: BVerfG 26.3.2014, 1 BvR 3185/09, EzA Art 9 GG Arbeitskampf Nr 152). Auch wenn sich an ihm betriebsfremde **Dritte** beteiligten, unterfalle ein solcher Streik dem **Schutzbereich** des Art 9 III. Maßgeblich sei das gewerkschaftliche Ziel und nicht die individuelle Motivation einzelner Teilnehmer. Das BAG hat angenommen, der mit einer solchen

Aktion verbundene Eingriff in den eingerichteten und ausgeübten Gewerbebetrieb des AG sei **nicht generell unverhältnismäßig**. Könne der AG die Art des Kampfmittels und die dafür verantwortliche Gewerkschaft erkennen, handele es sich also erkennbar nicht um eine »wilde« Aktion unbeteiligter Dritter, könne sich der AG durch die Ausübung seines Hausrechts oder eine kurzfristige **Betriebsschließung** zur Wehr setzen. Die Grenzen zu einer **Betriebsblockade** seien bei streikbegleitenden »Flashmob-Aktionen« nicht überschritten (ob eine solche Blockade ein zulässiges Arbeitskampfmittel ist, wenn infolge der Entwicklung der Arbeitswelt **Streiks leerlaufen**, hat das BAG bisher offengelassen, s BAG 8.11.1988, 1 AZR 417/86, EzA Art 9 GG Arbeitskampf Nr 91; *Konzen* gem Anm zu BAG EzA Art 9 GG Arbeitskampf Nr 75, 76, 91, Bl 42 ff, hält sehr weitgehend die Zugangssperre für unternehmensfremde Arbeitswillige als Gegenmittel zur Einstellung von Ersatzarbeitskräften von Art 9 III für gedeckt; zu straf- und vertragsrechtlichen Grenzen eines solchen Arbeitskampfmittels *Bertke* NJW 2014, 1852).

Das BAG hat also erneut entscheidend auf die Freiheit der Wahl der Arbeitskampfmittel abgestellt. Fraglich ist jedoch, ob hier überhaupt der **Schutzbereich** des Art 9 III eröffnet ist. Die Freiheit der Wahl der Kampfmittel erstreckt sich nur auf solche Mittel, die erforderlich zur Sicherstellung einer funktionierenden Tarifautonomie sind (s Rdn 71). Selbst wenn man annimmt, dass die Einzelhandelsgewerkschaften nicht mehr durchsetzungsfähig sind, muss die Rspr Verhandlungsungleichgewichte nicht ausgleichen, die durch innere Schwächen einer Koalition entstehen (s Rdn 74). Vor diesem Hintergrund muss dem Umstand, dass bei einer »Flashmob-Aktion« die Gewerkschaften betriebsfremde **Dritte zu rechtswidrigem Handeln aufrufen**, bes Augenmerk geschenkt werden (dazu *Rieth* SAE 2010, 37, 39 ff). Bei der **Rechtmäßigkeitskontrolle** von Kampfmaßnahmen ist die Freiheit der Wahl der Kampfmittel ohnehin kein beachtliches Kriterium mehr. Entscheidend ist, ob der »Flashmob« **verhältnismäßig** ist (ausf Rdn 84 f). Auch hier wird bei der **Geeignetheit** und **Erforderlichkeit** zu prüfen sein, ob es wirklich keine Alternativen zu dem »Flashmob« gegeben hat und ob Aktionen, die zum Rechtsbruch aufrufen, erforderlich sein können oder als rechtsmissbräuchlich anzusehen sind. Ob der »Flashmob« im konkreten Fall **verhältnismäßig ieS ist**, hängt von den Umständen des Einzelfalls, insb der Dauer und dem Umfang der Aktion, ab. Entscheidend dürfte auf die bereits vom BAG angesprochenen Besonderheiten, die einen »Flashmob« von einem »normalen« Streik unterscheiden, abzustellen sein: Betriebliche Abläufe werden von Betriebsfremden aktiv und gezielt gestört, die anders als streikende AN keinen wirtschaftlichen Nachteil zu befürchten haben. Zudem ist eine solche Aktion typischerweise von der Gewerkschaft weniger beherrschbar als ein Streik. Die Gerichte müssen daher die Angemessenheitskontrolle »eng fahren«: Die Gewerkschaft muss nachweisen, dass **sie Vorkehrungen zur Kontrolle** der betriebsfremden Teilnehmer **getroffen** hat und die Aktion nicht nur gezielt starten, sondern auch gezielt wieder beenden und Eskalationen vermeiden kann. Sie muss darlegen, wie sie sicherstellen will, dass von ihr vorgegebene Verhaltensmaßregeln – etwa keine Frischwaren aus den Regalen zu räumen – auch tatsächlich eingehalten werden. Bei Anlegen solcher Anforderungen dürften »Flashmob-Aktionen« in den meisten Fällen unverhältnismäßig sein. Soweit das BAG den AG, der sich gegen eine »Flashmob«-Aktion wehren will, darauf verweist, seinen Betrieb zu schließen bzw die an der Aktion teilnehmenden Kunden aus dem Ladenlokal zu verweisen, knüpft es an den Grundgedanken der Aussperrung an. Konsequenterweise hat es deshalb darauf hingewiesen, dass die von einer Schließung betroffenen **arbeitswilligen AN ihren Lohnanspruch verlieren**. Damit sind »Flashmob-Aktionen« auch für die dazu aufrufenden Gewerkschaften mit erheblichen Risiken behaftet. Gleichwohl werden die Ausführungen des BAG, dass eine solche suspendierende Betriebsstilllegung zwar zu dem Ergebnis führe, dass die Gewerkschaft mit dem erfolglosen Streik zu versuchen erreicht habe, dass der AG aber trotzdem den »Flashmob« durch eine Betriebsschließung tatsächlich beenden könne, als realitätsfern kritisiert (*Schmitt-Rolfes* AuA 2009, 631).

h) Streikrecht bei kirchlichen Einrichtungen. Die Mehrzahl der Gliederungen der beiden großen christlichen Kirchen in Deutschland haben sich für den **3. Weg** entschieden. Sie schließen keine TV, sondern vereinbaren in paritätisch besetzten Gremien allg Arbeitsvertragsregelungen (AVR), die ihre Wirkung durch arbeitsvertragliche Inbezugnahme entfalten. Nur wenige ev Gliedkirchen haben sich für den **2. Weg**, also den Abschluss eigener TV, entschieden, namentlich die Nordelbische Landeskirche und die Landeskirche Berl-Bbg. Allerdings besteht insoweit eine »**absolute Friedenspflicht**« (vgl den Grundlagen-TV v 5.11.1979 für die Nordelbische Kirche). Nach der am 27.5.2012 erfolgten Fusion der Nordelbischen Kirche mit der Landeskirche Mecklenburgs und der Pommerschen Landeskirche, die dem 3. Weg folgen, zur **Nordkirche** wird nach I.3.2 des Fusionsvertrags vorerst jeweils der gewählte Weg beibehalten. Nach 6 Jahren soll über die Form der angestrebten einheitlichen Arbeitsrechtssetzung entschieden werden. Die Kirchen sehen unabhängig davon, ob sie dem 2. oder dem 3. Weg folgen, einen Arbeitskampf als unvereinbar mit ihrem kirchlichen Selbstverständnis an. Er widerspreche als Ausdruck eines antagonistischen Interessenkonflikts dem Leitbild der kirchlichen Dienstgemeinschaft (zum Für und Wider eines Streikrechts in kirchlichen

116

117

Art. 9 GG Vereinigungsfreiheit

Einrichtungen *Mehrens/Willemsen* NZA 2011, 1205; *Robbers* ZMV 2009, 287; *Hengsbach* ZMV 2009, 286; den Streitstand zusammenfassend *Joussen* ZMV 2012, 2 und *Merlot de Beauregard* NZA-RR 2012, 225).

118 In 2 Entsch der LAG Hamm und HH ist ein Streikrecht bejaht worden. Das LAG **Hamm** (13.1.2011, 8 Sa 788/10) hat für den 3. Weg die Unterlassungsanträge verschiedener diakonischer Einrichtungen und der Ev Kirchen Westfalen sowie Hannover gegen Streikaufrufe in ihren Einrichtungen zurückgewiesen. Es hat angenommen, das verfrechtlich verbürgte Selbstbestimmungsrecht der Kirchen rechtfertige jedenfalls nicht den vollständigen Ausschluss von Arbeitskampfmaßnahmen im Bereich kirchlicher Einrichtungen. Zu unterscheiden sei zwischen Kern- und Randbereichen kirchlicher Tätigkeit (abl zu einem solchen »**geteilten**« **Streikrecht** *Joussen* ZMV 2012, 2 und *Merlot de Beauregard* NZA-RR 2012, 225 unter Hinweis auf BVerfG 4.6.1985, 2 BvR 1703/83 ua, BVerfGE 70, 138; differenzierend nach der »Art der Stellung der Betroffenen« auch der EGMR 23.9.2010, 1620/03, NZA 2011, 2979 in der Sache Schüth). Das **BAG** hat auch die Entsch für den **3. Weg** vom kirchlichen Selbstbestimmungsrecht als umfasst angesehen. Diese Entsch schließt den Arbeitskampf durch TV aus. Dies kollidiert allerdings mit der durch Art 9 III gewährleisteten Koalitionsfreiheit. Diese Kollision ist durch Güterabwägung im Wege der **praktischen Konkordanz** aufzulösen. Die Güterabwägung ist auf den Ausgleich der konkreten Kollision beschränkt. Art 9 III verlangt Rücksicht auf das Konzept der Tarifautonomie. Das kirchl Regelungsmodell verdrängt deshalb die Tarifautonomie nur soweit, wie es für die Wahrung des kirchl Leitbildes von der Dienstgemeinschaft erforderlich ist und das angestrebte Ziel eines fairen, sachgerechten und verbindlichen Interessenausgleichs tatsächlich und kohärent erreicht. »**Kollektives Betteln**« der Dienstnehmerseite muss ausgeschlossen sein. Deshalb muss der Dienstnehmerseite die Anrufung der Schiedskommission und die Überleitung ins Schiedsverfahren uneingeschränkt offenstehen. Die Neutralität des Vorsitzenden der Schlichtungskommission muss - auch durch das Bestellungsverfahren - gewährleistet sein. **Einseitige Bestimmungsrechte** sind mit der Konzeption des 3. Weges unvereinbar und bedürfen keines Schutzes. In einem solchen Fall fehlt es an einem schutzwürdigen Bedürfnis der Kirche, die koalitionsmäßige Betätigung der Gewerkschaften einschließlich des Streikrechts zurückweichen zu lassen. Sind die auf dem 3. Weg zustande gekommenen Regelungen nicht verbindlich und sind die Gewerkschaften in das zugrunde liegende Verfahren nicht organisatorisch eingebunden, führt ein Arbeitskampf in einer diakonischen Einrichtung nicht zu einer rechtswidrigen Beeinträchtigung des Selbstbestimmungsrechts der Kirche (BAG 20.11.2012, 1 AZR 179/11, NZA 2013 448).

119 Das LAG HH (23.3.2011, 2 Sa 83/10) hat für den Bereich der Nordelbischen Kirche, die sich für den 2. Weg entschieden hat (s Rdn 117) ebenfalls ein generelles Streikverbot verneint. Das Streikrecht könne einer Gewerkschaft jedenfalls dann nicht unter Berufung auf das Selbstbestimmungsrecht der Kirche genommen werden, wenn diese sich bewusst für den Abschluss von kirchlichen TV entschieden habe. Der Verzicht der Kirche auf ihr Recht zur Aussperrung führe nicht zum Abbedingen der GR der AN aus III (zum Streikrecht in Fällen des 2. Wegs s auch *Schubert* RdA 2011, 270). Das BAG hat die auf dem **2. Weg** zustande gekommenen TV ungeachtet des Umstands, dass sich darin die Gewerkschaft einer Schlichtung unterwirft und auf Arbeitskampfmaßnahmen verzichtet, als **echte TV iSd. staatlichen Tarifrechts** angesehen. Zwar ist eine staatlich angeordnete Zwangsschlichtung zur Vermeidung von Arbeitskämpfen mit Art 9 III unvereinbar. Die Koalitionsfreiheit steht jedoch einer Verständigung der TVP, dass im Konfliktfall an die Stelle einer Einigung ein Schlichtungsspruch tritt, nicht entgegen. Erforderlich ist jedoch, dass die vereinbarte Schlichtung ein Verhandlungsgleichgewicht herstellen kann. Auch insoweit muss - wie für den 3. Weg, s. dazu Rdn 118 - der Dienstnehmerseite die Anrufung der Schlichtungskommission und die Überleitung ins Schlichtungsverfahren uneingeschränkt offenstehen. Die Neutralität des Vorsitzenden der Schlichtungskommission muss - auch durch das Bestellungsverfahren - gewährleistet sein. Außerdem muss sichergestellt sein, dass die Dienstgeberseite die Aufnahme von TV-Verhandlungen nicht verweigert, wenn die Gewerkschaft in eine obligatorische Schlichtung nach den genannten Grundsätzen eingewilligt hat (BAG 20.11.2012 - 1 AZR 611/11, NZA 2013, 437).

120 **Politische Bestrebungen** zur Abschaffung des 3. Weges und zur gesetzlichen Regelung des Streikrechts (Anfrage der Fraktion BÜNDNIS 90/DIE GRÜNEN vom 24.2.2011, BT-Drs 17/4928 sowie die Antwort BReg vom 25.3.2011; Antrag der Fraktion DIE LINKE vom 12.4.2011, BT-Drs 17/5523 und 1. Lesung dieses Antrags am 12.5.2011 sowie diverse Anfragen an die Europäische Kommission zum Sonderweg der Kirchen, dazu die Antworten vom 24.1.2011, E-010451/2010 und vom 7.4.2011, E-001603/2011) haben bisher kein Ergebnis gezeigt.

121 **i) Aussperrung.** Die Aussperrung ist das der AG-Koalition zur Verfügung stehende Arbeitskampfmittel. Dabei wird das Angebot der AN zur Erbringung ihrer Arbeitsleistung zurückgewiesen, Entgeltzahlungen erfolgen nicht. Zu unterscheiden sind die **lösende** Aussperrung, bei der das Arbeitsverhältnis beendet wird, und die **suspendierende** Aussperrung, bei der es lediglich für die Dauer des Arbeitskampfes ruht.

Ob eine **Angriffsaussperrung** zulässig ist, hat das BAG seit der Entsch des GS v 28.1.1955 (GS 1/54, AP Nr 1 zu Art 9 GG Arbeitskampf) nicht mehr problematisiert. Es hat in den 70iger und 80iger Jahren komplizierte, ausdifferenzierte Regeln für verhältnismäßige und damit rechtmäßige **suspendierende Abwehraussperrungen** entwickelt (BAG 10.6.1980, 1 AZR 822/79, EzA Art 9 GG Arbeitskampf Nr 37). Auf die Wiedergabe dieser »**Aussperrungs-Arithmetik**« wird hier verzichtet (Zusammenfassung bei ErfK/ *Dieterich* Rn 241). Ob das BAG daran aktuell noch festhalten würde, erscheint zweifelhaft. In den letzten Jahren haben Aussperrungen allerdings keine Rolle mehr gespielt. Lediglich eine **Abwehraussperrung nur der Streikteilnehmer eines Warnstreiks** ist für rechtmäßig erklärt worden, ohne dass die zugelassene Revision eingelegt worden ist (LAG Hamm 14.11.2001, 18 Sa 530/01, LAGE Art 9 GG Arbeitskampf Nr 72). Es erscheint auch zweifelhaft, ob angesichts der globalisierten Weltmärkte mit dem daraus folgenden weltweiten Konkurrenzkampf AG-Koalitionen heute überhaupt noch die Kraft zu kollektivem Gegendruck in Form einer Abwehraussperrung aufbringen können. Im Zusammenhang mit dem Streik von **Spartengewerkschaften** wird die Möglichkeit von auch lösenden Abwehraussperrungen in der Lit wieder vermehrt diskutiert (*v Steinau-Steinrück/Glanz* NZA 2009, 113; *Franzen* RdA 2008, 193, 202 f; *Greiner* NZA 2007, 1023, 1027). Praktisch sind gerade in den davon betroffenen Branchen, bei denen es regelmäßig um Daseinsvorsorge geht, und deshalb ein politischer und faktischer Druck auf Aufrechterhaltung eines Notbetriebes besteht, **Aussperrungen** aber **nicht durchsetzbar**. Deshalb muss bereits **auf der Ebene der Rechtmäßigkeit** des Streiks als Angriffskampfmittel die notwendige **Grenzziehung** erfolgen (*Buchner* BB 2008, 106, 109; Einzelheiten s Rdn 106, 111). 122

j) Erlass einstweiliger Verfügungen. In der Praxis haben die ArbG über die Rechtmäßigkeit von Streiks im einstw Verfügungsverfahren zu entscheiden. Sie müssen dabei in höchster Zeitnot im Spannungsfeld von Tarifautonomie und Rechtsgüterschutz von den TVP akzeptierte Entscheidungen treffen. Ist der Streik in diesem Verfahren zu Unrecht untersagt oder zugelassen worden, ist der Eingriff in die Tarifautonomie idR unumkehrbar. Durch das summarische Verfahren darf die **Arbeitskampffreiheit nicht ausgehöhlt** werden. Die Rspr ist gehalten, einen **tauglichen Rechtsrahmen** zur Entfaltung der Tarifautonomie zu schaffen, der es den TVP ermöglicht, ihr Arbeitskampfverhalten darauf einzurichten. Im einstw Verfügungsverfahren können Streiks deshalb nur dann untersagt werden, wenn sich die Rechtswidrigkeit des Streiks aus bereits gefestigter Rspr ergibt, nicht dagegen, wenn der konkrete Arbeitskampf erst nach rechtsfortbildenden Überlegungen rechtswidrig wäre. Auch die Abweichung von gefestigter, gesetzesvertretender Rechtsprechung verletzt die Tarifautonomie. Schwerpunkt der Entscheidungskompetenz der ArbG im summarischen Verfahren ist damit die **Subsumtion** unter die gefestigte Rspr mit **einzelfallbezogener Abwägung** der Zulässigkeit einzelner Kampfmittel, insbes der Wahrung der Grenzen der Friedenspflicht und der tariflichen Regelbarkeit der aufgestellten Forderung. Dagegen wird die Feststellung der Durchsetzungsfähigkeit oder Tarifzuständigkeit einer »neuen« Gewerkschaft oder die Rechtmäßigkeit der Forderung nach einem Standortsicherungstarifvertrag idR dem Hauptsacheverfahren zu überlassen sein (zum Ganzen ausf *Treber* SR 2013 140; *Krause* JbArbR 45 (2008) 23). In die Abwägung sind bei einem Streik in der Daseinsvorsorge auch **Notdienstvereinbarungen** einzubeziehen (LAG Berl-Bbg 24.6.2015, 26 SaGa 1059/15). Zu prüfen ist nicht nur, ob es sich um tariflich regelbare Ziele handelt, sondern auch, ob diese auf die **tarifvertragsfreie Unternehmensautonomie** zielen (verneinend bei einem angestrebten Überlassungsschutz durch quantitative Besetzungsregeln in einem Krankenhaus LAG Berl-Bbg 24.6.2015, 26 SaGa 1059/15, bejahend für die Verhinderung der Gründung einer Fluggesellschaft im Ausland LAG Hess 9.9.2015, 9 SaGa 1082/15, NZA 2015, 1337). Bei diesen schwierigen Abwägungsfragen dürfen sich die ArbG nicht zeitlich unter Druck setzen lassen, sondern haben das Recht und die Pflicht zu einer dem konkreten Streik **angemessenen Prüfungsdauer**. Eine Entsch auch des LAG noch am Tag des Eingangs eines Antrags auf einstw Verfügung erscheint deshalb nur im absoluten Ausnahmefall vertretbar. Nehmen die TVP die staatlichen Gerichte für die Schlichtung ihrer ureigenen Konflikte in Anspruch, müssen sie einkalkulieren, dass das Gericht die für diese Aufgabe erforderliche Zeit auch in Anspruch nimmt. 123

3. Schadenersatz bei rechtswidrigen Streiks. Die vertretungsberechtigten Gremien von Gewerkschaften, die rechtswidrige Streikaufrufe zu verantworten haben, haften dafür zivilrechtlich auf Schadensersatz. Das dafür erforderliche Verschulden ist wegen Art 9 III nicht bereits bei jedem rechtswidrigen Verhalten zu bejahen. Dadurch entstünden unzumutbare Haftungsrisiken, die die Wahrnehmung der Koalitionsfreiheit gefährdeten. **Verschulden** ist daher zu **verneinen**, wenn die Gewerkschaft ihre Streikziele sorgfältig geprüft hat und bei Zweifeln über deren Rechtmäßigkeit von ihrem Streikrecht nur in maßvollem Rahmen und nur dann Gebrauch macht, wenn für die Zulässigkeit sehr beachtliche Gründe sprechen und eine endgültige Klärung nicht anders zu erreichen ist. Bei einem Warnstreik, dem die grds Ablehnung der Zulässigkeit eines Wechsels in die OT-Mitgliedschaft zugrundelag, die mit bereits vorliegender Rspr des BAG nicht im 124

Einklang stand, hat das BAG Verschulden bejaht (BAG 19.6.2012, 1 AZR 775/10, EzA GG Art 9 Arbeitskampf Nr 146). Für das von einem Streikaufruf nur mittelbar betroffene Unternehmen hat es bereits den Eingriff in den eingerichteten u ausgeübten Gewerbebetrieb verneint (BAG 25.8.2015, 1 AZR 754/13, EzA Art 9 GG Arbeitskampf Nr 153).

Art. 12 Berufsfreiheit

(1) ¹Alle Deutschen haben das Recht, Beruf, Arbeitsplatz und Ausbildungsstätte frei zu wählen. ²Die Berufsausübung kann durch Gesetz oder auf Grund eines Gesetzes geregelt werden.
(2) Niemand darf zu einer bestimmten Arbeit gezwungen werden, außer im Rahmen einer herkömmlichen allgemeinen, für alle gleichen öffentlichen Dienstleistungspflicht.
(3) Zwangsarbeit ist nur bei einer gerichtlich angeordneten Freiheitsentziehung zulässig.

Übersicht	Rdn.		Rdn.
A. Grundlagen	1	I. 3-Stufen-Theorie	13
B. Grundrechtsträger	2	II. Regelung der Berufsausübung	14
I. Natürliche Personen	2	III. Regelung der Berufswahl	15
II. Juristische Personen	4	IV. Einzelfälle	17
C. Schutzbereich	5	F. Einzelne arbeitsrechtliche Aspekte	19
I. Beruf	5	I. Individualarbeitsrecht	20
II. Berufswahl und -ausübung	6	1. Vertragsabschluss	20
III. Ausbildungsstätte	7	2. Bestehendes Arbeitsverhältnis	21
IV. Wahl des Arbeitsplatzes	8	3. Kündigungsschutz	23
V. Verbot des Arbeitszwanges und bedingte Zulässigkeit von Zwangsarbeit	9	4. Einstellung	27
		5. AGB-Kontrolle	28
D. Eingriffe in die Berufsfreiheit	10	6. Wahrung des Existenzminimums bei der Insolvenzanfechtung	29
I. Regelungsbefugnis des Gesetzgebers	10		
II. Maßnahmen mit unmittelbarem Berufsbezug	11	II. Kollektives Arbeitsrecht	30
		1. Mitbestimmungsrecht	30
E. Rechtfertigung von Eingriffen in die Berufsfreiheit	13	2. Tarifvertragsrecht	31
		G. Verhältnis zu sonstigen Grundrechten	33

1 **A. Grundlagen.** Art 12 enthält ein **einheitliches GR der Berufswahl und der Berufsausübung** (BVerfG 11.6.1958, 1 BvR 596/56, BVerfGE 7, 377). Geschichtlicher Vorläufer des GRs der Berufsfreiheit ist Art 111 WRV. Das in Abs 3 normierte **Verbot der Zwangsarbeit** richtet sich gegen jede Form der Arbeitsversklavung, etwa der Sklaverei, der Leibeigenschaft oder der Zwangsarbeit in Lagern ua (vgl hierzu Art 4 MRK). Die früheren Regelungen in Art 12 II und III über den Ersatzdienst und die Stellung der Frau im Verteidigungsfall sind nunmehr in Art 12a enthalten.

2 **B. Grundrechtsträger. I. Natürliche Personen.** Art 12 I 1 gewährleistet **allen Deutschen,** auch Minderjährigen, das Recht, Beruf, Arbeitsplatz und Ausbildungsstätte frei zu wählen. Diese Beschränkung auf dt Staatsbürger dürfte bei Anwendung der Grds der »Cassina-«Entsch des BVerfG (19.7.2011, 1 BvR 1916/09, NJW 2011, 3428) bei **Unionsbürgern** mit dem europarechtlichen Verbot der Diskriminierung wegen der Staatsangehörigkeit (Art 12 I EG) und mit dem Grds der Freizügigkeit (Art 39 EGV) kollidieren. Auf **Unionsbürger** ist daher **Art 12 I 1 uneingeschränkt anzuwenden** (ausf Art 19 Rdn 4, 6). **Ausländern** aus Staaten außerhalb der EU gewährt Art 2 I Schutz vor unverhältnismäßigen Eingriffen in den Berufsbereich nur außerhalb des speziellen Regelungsbereichs des Art 12 I. Ausländer genießen also im Berufsbereich nur einen eingeschränkten Schutz (BVerfG 10.5.1988, 1 BvR 482/84, BVerfGE 78, 179, 196 f; Einzelheiten s Art 19 Rdn 4).

3 III nimmt **Strafgefangene** und **Sicherheitsverwahrte** aus dem Schutzbereich des I und II aus. Die danach zulässige Zwangsarbeit beschränkt sich auf Einrichtungen oder Verrichtungen, bei denen die Vollzugsbehörden die öffentl-rechtliche Verantwortung für die ihnen anvertrauten Gefangenen behalten. Die Arbeitspflicht nach § 41 StVollzG steht damit im Einklang (BVerfG 1.7.1998, 2 BvR 441/90, BVerfGE 98, 169).

4 **II. Juristische Personen.** Inländische juristische Personen können sich auf die Berufsfreiheit berufen, wenn ihr Geschäftszweck eine Tätigkeit ist, die ihrem Wesen und ihrer Art nach in gleicher Weise von einer juristischen wie von einer natürlichen Person ausgeübt werden kann. Ob dies auch für inländische juristische Personen gilt, deren **Gesellschafter** ausnahmslos **Ausländer** sind, hat das BVerfG offengelassen (BVerfG 18.1.2002, 1 BvR 2284/95, NJW 2002, 1485; Nachw zum Streitstand bei Jarass/Pieroth/*Jarass* Rn 10a).

Ausländische juristische Personen und **juristische Personen des öffentl Rechts** genießen keinen Schutz durch Art 12 (s Art 19 Rdn 6 f).

C. Schutzbereich. I. Beruf. **Beruf** ist jede auf Erwerb gerichtete Tätigkeit, die auf Dauer angelegt ist 5 und der Schaffung und Aufrechterhaltung einer Lebensgrundlage dient. Darunter fallen auch Tätigkeiten, deren gewerbliche Ausübung verboten ist (BVerfG 28.3.2006, 1 BvR 1054/01, BVerfGE 115, 276 für Wettveranstalter).

II. Berufswahl und -ausübung. Art 12 I gewährleistet dem Einzelnen das Recht, jede Arbeit, für die er 6 sich geeignet glaubt, als »Beruf« zu ergreifen, dh zur Grundlage seiner Lebensführung zu machen (BVerfG 1.3.1979, 1 BvR 532/77, BVerfGE 50, 362). Zur **Berufswahlfreiheit** gehört auch die Freiheit, überhaupt keinen Beruf zu ergreifen und auszuüben (BVerfG 21.10.1981, 1 BvR 52/81, BVerfGE 58, 358). Geschützt ist auch das Recht, mehrere Berufe zu wählen und nebeneinander auszuüben (BVerfG 4.11.1992, 1 BvR 79/85 ua, BVerfGE 87, 287), ferner der Berufswechsel und der Übergang von der unselbstständigen zur selbstständigen Tätigkeit (BVerfG 20.3.2001, 1 BvR 491/96, BVerfGE 103, 172) sowie die Beendigung der Berufstätigkeit (BGH 23.7.2007, NotZ 42/07, BGHZ 173, 297). Daneben wird die **Ausübung eines Berufes**, dh die wirtschaftliche Tätigkeit, geschützt, insb aber Form, Mittel und Umfang sowie Ausgestaltung der Betätigung (Jarass/Pieroth/*Jarass* Rn 8). Dazu zählen etwa Gründung und Führung von Unternehmen (BVerfG 1.3.1979 ua, 1 BvR 532/77, BVerfGE 50, 293), die berufliche Außendarstellung insb von Trägern freier Berufe (BVerfG 24.3.2009, 1 BvR 144/09, NJW 2009, 2587), die berufliche Werbung von Angehörigen freier Berufe (BVerfG 18.2.2002, 1 BvR 1644/01, NJW 2002, 3091 mit Überblick zur Rspr des BVerfG zum Werberecht der freien Berufe) sowie die Freiheit, Entgelt für berufliche Leistungen frei mit den Interessenten auszuhandeln (BVerfG 15.6.2009, 1 BvR 1342/07, AnwBl 2009, 650 mwN). Art 12 I gewährt aber **keinen Anspruch auf Erfolg im Wettbewerb** und auf Sicherung künftiger Erwerbsmöglichkeiten (BVerfG 26.6.2002, 1 BvR 558/91, BVerfGE 105, 252).

III. Ausbildungsstätte. Art 12 schützt über seinen Wortlaut hinaus die gesamte Freiheit der **berufsbezogenen Ausbildung**. Setzt die Aufnahme eines Berufes eine bestimmte Ausbildung voraus, sind Beschränkungen im freien Zugang zu der vorgeschriebenen Ausbildung ähnlich streng zu beurteilen wie Zulassungsvoraussetzungen für den Beruf selbst. Außerdem gewährleistet Art 12 iVm Art 3 und dem Sozialstaatsgebot das Recht des die subjektiven Zulassungsvoraussetzungen erfüllenden Staatsbürgers auf Zulassung zum Hochschulstudium seiner Wahl (BVerfG 18.7.1972, 1 BvL 32/70, BVerfGE 33, 303). **Zulassungsbeschränkungen** sind nur unter strengen formellen und materiellen Voraussetzungen statthaft. Sie bedürfen einer gesetzlichen Grundlage zum Schutz eines überragend wichtigen Gemeinschaftsgutes und dürfen nur in den Grenzen des unbedingt Erforderlichen unter erschöpfender Nutzung der vorhandenen, von öffentl Mitteln geschaffenen Ausbildungskapazitäten angeordnet werden (BVerfG 22.10.1991, 1 BvR 393/85, BVerfGE 85, 36). Geschützt werden allerdings nur **berufsbezogene Einrichtungen**, wozu alle Einrichtungen zählen, die der Ausbildung für bestimmte Berufe dienen und dabei **über das Angebot allg Bildung hinausgehen** (Dreier/*Wieland* Rn 161).

IV. Wahl des Arbeitsplatzes. Art 12 I garantiert auch die freie Wahl des Arbeitsplatzes. Der Einzelne wird 8 in seinem Entschluss, eine konkrete Beschäftigungsmöglichkeit in dem gewählten Beruf zu ergreifen oder ein bestehendes Arbeitsverhältnis beizubehalten oder aufzugeben (BAG 12.4.2011, 1 AZR 412/09, EzA § 88 BetrVG 2001 Nr 2), vor staatlichen Maßnahmen geschützt, die ihn an der Übernahme eines zur Verfügung stehenden Arbeitsplatzes hindern oder zur Annahme, Beibehaltung oder Aufgabe eines bestimmten Arbeitsplatzes zwingen. Mit der Berufswahlfreiheit ist aber **weder ein Anspruch auf Bereitstellung eines Arbeitsplatzes** eigener Wahl **noch** eine **Bestandsgarantie** für den einmal gewählten Arbeitsplatz verbunden. Ebenso wenig gewährt Art 12 I einen unmittelbaren Schutz gegen den Verlust des Arbeitsplatzes aufgrund privater Disposition. Art 12 I schützt wie jedes Grundrecht mit Ausnahme des Art 9 III (s. dazu Art 9 Rdn 9) nicht vor Handlungen Privater. Eine **unmittelbare Drittwirkung** entfaltet auch Art 12 I **nicht**. Allerdings obliegt dem Staat eine aus Art 12 I folgende **Schutzpflicht**, der die geltenden Kündigungsvorschriften hinreichend Rechnung tragen (BVerfG 27.1.1998, 1 BvL 15/87, BVerfGE 97, 169, 175; BAG 22.11.2012, 2 AZR 673/11, NZA 2013, 730). Auch wenn die Zahl der Arbeitsplätze im öffentl Dienst der Organisationsgewalt des Staates unterliegt, erfasst die Arbeitsplatzfreiheit auch den öffentl Dienst, weil sie die Organisationsgewalt der öffentl AG nicht einschränkt (BVerfG 24.4.1991, 1 BvR 1341/90, BVerfGE 84, 133). Regelungen zum **Übergang eines Arbeitsverhältnisses auf einen anderen AG** betreffen den Schutzbereich der durch Art 12 I geschützten Arbeitsplatzfreiheit. Art 12 I schützt auch das Interesse des AN an der **Beibehaltung des gewählten Vertragspartners** (BVerfG 15.5.2012, 1 BvR 1786/09). Bei einem rechtsgeschäftlichen Betriebsübergang nach § 613a BGB sind die AN durch das ihnen eingeräumte

Art. 12 GG Berufsfreiheit

Widerspruchsrecht davor geschützt, einen anderen als den gewählten AG aufgezwungen zu bekommen. Die **zwingende Überleitung von Arbeitsverhältnissen durch Landes-G** von einer öffentl-rechtlichen Körperschaft auf eine Anstalt des öffentl Rechts mit dem Ziel, später die Trägerschaft auf einen privaten Betreiber zu übertragen, greift deshalb in die Freiheit der Wahl des Arbeitsplatzes ein. Dieser Eingriff kann – anders als das BAG angenommen hat (BAG 18.12.2008, 8 AZR 660/07, EzTöD 100 § 2 TVöD-AT Betriebsübergang Nr 15) – nicht damit gerechtfertigt werden, dass beim bisherigen AG Beschäftigungsmöglichkeiten entfallen und eine betriebsbedingte Kündigung wahrscheinlich ist. Es ist allein dem AN überlassen, dieses Risiko abzuwägen. Diese **Beschneidung der Privatautonomie** macht die Regelung unzumutbar (BVerfG 25.1.2011, 1 BvR 1741/09, BVerfGE 128, 157). Damit hat es das BVerfG dem Staat untersagt, sich bei Privatisierungen Vorteile gegenüber privaten AG zu verschaffen. Er muss bei seinen selbst gesetzten Regelungen für einen angemessenen GRschutz sorgen. Dies kann nicht nur durch ein Widerspruchsrecht geschehen. Er muss aber eine Möglichkeit bieten, den Fortbestand des Arbeitsverhältnisses zum öff Dienst geltend machen zu können. S auch Rdn 22. Einzelheiten zum grundrechtlich gebotenen Mindestmaß an Kündigungsschutz Rdn 23.

9   **V. Verbot des Arbeitszwanges und bedingte Zulässigkeit von Zwangsarbeit.** Art 12 II untersagt die zwangsweise Einzelheranziehung zu bestimmten Arbeiten. Ein Arbeitszwang kann nur ausgeübt werden iR einer herkömmlichen und für alle gleichen Dienstleistungspflicht. Die Verpflichtung zur Dienstleistung des Staatsbürgers für Verteidigungszwecke wird in Art 12a geregelt.

10 **D. Eingriffe in die Berufsfreiheit. I. Regelungsbefugnis des Gesetzgebers.** Art 12 I 2 erlaubt Eingriffe in die Berufsfreiheit nur auf der Grundlage einer gesetzlichen Regelung, die Umfang und Grenzen des Eingriffs deutlich erkennen lässt. Dabei muss der Gesetzgeber selbst alle wesentlichen Entsch treffen, soweit sie gesetzlicher Regelung zugänglich sind. Dies bedeutet nicht, dass sich die erforderlichen Vorgaben ohne Weiteres aus dem Wortlaut des G ergeben müssten; es genügt, dass sie sich mithilfe allg Auslegungsgrds erschließen lassen, insb aus dem Zweck, dem Sinnzusammenhang und der Vorgeschichte der Regelung (BVerfG 12.6.1990, 1 BvR 355/86, BVerfGE 82, 209). Nach Art 12 I 2 kann die Berufsausübung durch G oder aufgrund eines G geregelt werden. Die Berufsfreiheit kann auch durch **vorkonstitutionelles Gewohnheitsrecht** beschränkt werden. **Nachkonstitutionelles Gewohnheitsrecht** reicht dagegen nicht aus, um Eingriffe in die Berufsfreiheit zu rechtfertigen (BVerfG 28.6.1967, 2 BvR 143/61, BVerfGE 22, 114, 121). Schließlich sind Beschränkungen auch durch und in Gestalt von **Satzungen** zulässig, die von einer autonomen Körperschaft erlassen werden, soweit sie lediglich die **Freiheit der Berufsausübung** betreffen. Regelungen, die die **Freiheit der Berufswahl** oder schutzwürdige Interessen von Nichtmitgliedern, insb Berufsanwärtern, berühren, müssen dagegen vom Gesetzgeber selbst getroffen werden (BVerfG 9.5.1972, 1 BvR 518/62 ua, BVerfGE 33, 125). Das BVerfG hat unter Berufung auf vorkonstitutionelles Gewohnheitsrecht den **Ausschluss eines Rechtsanwalts von der Sitzung** nach § 176 GVG **wegen der Weigerung, eine Robe zu tragen**, als **Berufsausübungsregelung** für vereinbar mit Art 12 gehalten (BVerfG 18.2.1970, 1 BvR 226/69, BVerfGE 28, 21). Das **LAG Nds** hat dagegen den **Ausschluss** eines Rechtsanwalts von der Sitzung, der das Tragen einer Robe ablehnt, als **unverhältnismäßig** angesehen (LAG Nds 29.9.2008, 16 Ta 333/08, AuR 2009, 55). § 20 der Berufsordnung für Rechtsanwälte idF v 7.11.2005 (BRAK-Mitt 2006 Nr 2 S 79 **BORA**), der aufgrund der Satzungsermächtigung in § 59b II Nr 6 lit c BRAO erlassen ist, sieht vor, dass außer vor den AG vor Gericht eine Robe zu tragen ist, wenn dies üblich ist. Damit sind Fragen der Amtstracht der Rechtsanwälte allein den berufsrechtlichen Regelungen der Anwaltschaft überantwortet, die anderslautende landesrechtliche Regelungen verdrängt. Ob das **Tragen einer Robe üblich** ist, bestimmt sich nach den konkreten Verhältnissen vor Ort. Jedenfalls für die ArbG wird sich vielfach keine Üblichkeit eines Tragens einer Robe mehr feststellen lassen. **Sitzungspolizeiliche Maßnahmen** nach § 176 GVG scheiden dann bei der Weigerung eines Rechtsanwalts, eine Robe zu tragen, bereits mangels Verpflichtung zum Tragen einer Robe aus (vgl *Fischer* Anm zu LAG Nds 29.9.2008, 16 Ta 333/08, jurisPR-ArbR 47/2008 Anm 6).

11 **II. Maßnahmen mit unmittelbarem Berufsbezug.** Art 12 schützt nur vor solchen Beeinträchtigungen, die gerade auf die berufliche Beeinträchtigung bezogen sind. Der Schutzbereich ist daher nicht schon dann eröffnet, wenn eine Rechtsnorm, ihre Anwendung oder andere hoheitliche Maßnahmen lediglich Rückwirkung auf die Berufsfreiheit entfalten. Die Berufsfreiheit ist aber dann berührt, wenn sich die Maßnahmen zwar nicht auf die Berufstätigkeit selbst beziehen, aber die Rahmenbedingungen der Berufsausübung verändern und infolge ihrer Gestaltung in einem so engen Zusammenhang mit der Ausübung des Berufs stehen, dass sie **objektiv** eine **berufsregelnde Tendenz** haben. Dies kann auch bei faktischen oder mittelbaren Beeinträchtigungen der Fall sein, wenn diese in der Zielsetzung und in ihren Wirkungen Eingriffen gleichkommen, nicht aber dann, wenn mittelbare Folgen ein bloßer **Reflex** einer nicht entspr ausgerichteten

gesetzlichen Regelung sind (BVerfG 31.8.2009, 1 BvR 3275/07, DVBl 2009, 1440 mwN). Ein Eingriff in die Berufsfreiheit liegt auch vor, wenn die grundrechtlich geschützte Tätigkeit aufgrund einer staatlichen Maßnahme nicht mehr in der gewünschten Weise ausgeübt werden kann. Es ist nicht erforderlich, dass sie ganz oder teilweise unterbunden wird (BVerfG 12.6.1990, 1 BvR 355/86, BVerfGE 82, 209). Fehlt es an einem Berufsbezug in diesem Sinne, liegt nur ein Eingriff in die allg Handlungsfreiheit des Art 2 vor. Die **Pflichtzugehörigkeit zu berufsständischen Kammern** (IHK, Handwerkskammer, etc) berührt nach diesen Maßstäben Art 12 I nicht und kann nur an Art 2 I gemessen werden (BVerfG 19.12.1962, 1 BvR 541/57, BVerfGE 15, 235). Die **Pflichtversicherung in der gesetzlichen Rentenversicherung** ist auch bei paralleler freiwilliger Versicherung in einem berufsständischen Versorgungswerk jedenfalls dann mit Art 12 vereinbar, wenn auch im berufsständischen Versorgungswerk mit zumutbaren Aufwendungen Versorgungsanwartschaften erworben werden können (BVerfG 31.8.2004, 1 BvR 1776/97, BVerfGK 4, 46). 12

E. Rechtfertigung von Eingriffen in die Berufsfreiheit. I. 3-Stufen-Theorie. Das BVerfG hat im »Apothekenurt« (11.6.1958, 1 BVR 596/56, BVerfGE 7, 377) die grundlegenden Maßstäbe für Eingriffe in die Berufsfreiheit entwickelt: Die Freiheit der **Berufsausübung** kann beschränkt werden, soweit vernünftige Erwägungen des Gemeinwohls es zweckmäßig erscheinen lassen. Die Freiheit der **Berufswahl** darf dagegen nur eingeschränkt werden, soweit der Schutz überragender Güter des Gemeinwohls dies zwingend erfordert. Das ist der Fall, wenn der Schutz von Gütern infrage steht, denen bei Abwägung der Vorrang vor dem Freiheitsanspruch des Einzelnen eingeräumt werden muss. Erforderlich ist weiter, dass dieser Schutz nicht auf andere Weise, nämlich mit Mitteln, die die Berufswahl nicht oder weniger einschränken, gesichert werden kann. Der Gesetzgeber muss Regelungen nach Art 12 I 2 jeweils auf der »Stufe« vornehmen, die den geringsten Eingriff in die Freiheit der Berufswahl bewirkt, und darf die nächste »Stufe« erst dann betreten, wenn mit hoher Wahrscheinlichkeit dargetan werden kann, dass die befürchteten Gefahren mit verfassungsmäßigen Mitteln der vorausgehenden »Stufe« nicht wirksam bekämpft werden können. 13

II. Regelung der Berufsausübung. Am freiesten ist der Gesetzgeber, wenn er eine **reine Ausübungsregelung** trifft, die auf die Freiheit der Berufswahl nicht zurückwirkt, die also nur die **Art und Weise der Berufstätigkeit** regelt. Hierbei kann er Zweckmäßigkeitsgesichtspunkte heranziehen oder auf berufsfördernde Gesichtspunkte abstellen. Solche Beschränkungen müssen zur Erreichung des Eingriffsziels geeignet sein und dürfen nicht weiter gehen, als es die Gemeinwohlbelange erfordern (Erforderlichkeit). Ferner müssen Eingriffszweck und Eingriffsintensität in einem angemessenen Verhältnis stehen (BVerfG 12.12.2006, 1 BvR 2576/04, BVerfGE 117, 163). 14

III. Regelung der Berufswahl. Bei Regelungen, die schon die Aufnahme der Berufstätigkeit von der Erfüllung bestimmter Voraussetzungen abhängig machen und die damit die Freiheit der **Berufswahl** berühren, ist zwischen subjektiven und objektiven Beschränkungen zu differenzieren. **Objektive Bedingungen der Zulassung**, die mit der persönlichen Qualifikation des Berufsanwärters nichts zu tun haben und auf die er keinen Einfluss nehmen kann, etwa Quotenregelungen oder staatliche Bedarfsfestsetzungen, schließen insb bei qualifizierten Ausbildungen die Absolventen vom gewählten Beruf effektiv aus, obwohl sie durch Erfüllung aller geforderten Voraussetzungen die Wahl des Berufes bereits real vollzogen haben. Bei solchen Regelungen liegt die Vermutung nahe, die Beschränkung des Zugangs zum Beruf solle dem **Konkurrenzschutz** der bereits im Beruf Tätigen dienen. Sie sind daher nur zulässig, wenn sie der **Abwehr nachweisbarer oder höchstwahrscheinlicher schwerer Gefahren für ein überragend wichtiges Gemeinschaftsgut** dienen. 15

Subjektive Voraussetzungen der Berufswahl, also insb Vorschriften über die Vor- und Ausbildung, sind dagegen Teil der rechtlichen Ordnung eines Berufsbildes. Eine solche Beschränkung legitimiert sich aus der Sache heraus. Deshalb ist lediglich erforderlich, dass die vorgeschriebenen subjektiven Voraussetzungen zu dem angestrebten Zweck der ordnungsmäßigen Erfüllung der Berufstätigkeit **nicht außer Verhältnis stehen und keine übermäßigen unzumutbaren Belastungen enthalten**. 16

IV. Einzelfälle. Höchstaltersgrenzen sind subjektive Zulassungsbeschränkungen. Das BVerfG hat sowohl gesetzliche Altersgrenzen von 65 Jahren (BVerfG 26.1.2007, 2 BvR 2408/06, EuGRZ 2007, 231) als auch tarifliche Altersbeschränkungen von 60 Jahren (BVerfG 25.11.2004, 1 BvR 2459/04, AP Nr 25 zu § 620 BGB Altersgrenze, ebenso vorgehend BAG 21.7.2004, 7 AZR 589/03, EzA § 620 BGB 2002 Altersgrenze Nr 5) für **Piloten** gebilligt (der EuGH hat eine Altersgrenze von 60 Jahren für Piloten für altersdiskriminierend befunden: 13.9.2011, C-447/09 – Prigge – EzA Richtlinie 2000/78 EG-Vertrag 1999 Nr 22). **Tarifliche Befristungen** des Arbeitsverhältnisses auf den Zeitpunkt des Erreichens des Regelrentenalters sind wirksam (BAG 18.6.2008, 7 AZR 116/07, EzA § 14 TzBfG Nr 49), ebenso die **einzelvertragliche Abrede**, dass das Arbeitsverhältnis mit Erreichen des gesetzl Rentenalters endet (BAG 27.7.2005, 7 AZR 443/04, EzA § 620 BGB 2002 Altersgrenze Nr 6). Tarifliche Altersgrenzen von 55 bzw 60 Jahren für das 17

Kabinenpersonal sind dagegen unwirksam (BAG 31.7.2002, 7 AZR 140/01, EzA Art 9 GG Nr 78; BAG 16.10.2008, 7 AZR 253/07 (A), EzA § 14 TzBfG Nr 54). **Höchstaltersgrenzen für die Einstellung** von AN sind ebenfalls subjektive Zulassungsbeschränkungen. Der darin liegende Eingriff in die Berufswahlfreiheit einer tarifvertraglichen Betriebsnorm, die für **Piloten** das Höchstalter für die Einstellung auf 32 Jahre und 364 Tage festlegt, wenn sie in anderen Luftfahrtunternehmen ausgebildet sind, ist unverhältnismäßig (BAG 8.12.2010, 7 ABR 98/09, EzA § 1 TVG Betriebsnorm Nr 5). Die **nachträgl Befristung** der früheren **Fahrerlaubnis der Klasse 2** im Rahmen der Umstellung auf die Fahrerlaubnis der Klasse CE auf das 50. Lebensjahr gem § 76 Nr 9 Satz 10 FeV entfaltet zwar für Berufskraftfahrer eine berufsregelnde Tendenz. Dieser Eingriff ist jedoch durch die Sicherstellung der Verkehrssicherheit als bes wichtigem Gemeinschaftsgut gerechtfertigt (OVG HH 27.11.2006, 3 Bf 232/03.Z, DAR 2007, 106; *Weibrecht* NZV 2000, 270).

18 Auch das Erfordernis des Nachweises von **Sachkunde** ist eine subjektive Zulassungsvoraussetzung (BVerfG 14.12.1965, 1 BvL 14/60, BVerfGE 19, 330; BVerfG 11.10.1972, 1 BvL 2/71, BVerfGE 34, 71 – Unwirksamkeit eines Sachkundenachweises im Einzelhandel). Ein **staatliches Wettmonopol** kann durch legitime Gemeinwohlziele gerechtfertigt sein. Ist es allerdings wie das bayerische Staatslotteriegesetz nicht konsequent an dem Ziel der Begrenzung der Wettleidenschaft und Bekämpfung der Wettsucht ausgerichtet, greift es unverhältnismäßig in die Berufsfreiheit ein (BVerfG 28.3.2006, 1 BvR 1054/01, BVerfGE 115, 276). Die **Vereinbarkeit zweitberuflicher Tätigkeiten mit dem Anwaltsberuf** ist gesetzlich in § 7 Nr 8 und Nr 10, § 14 II Nr 5 und Nr 8 und § 47 BRAO geregelt. Es widerspricht Art 12 nicht, wenn danach der Zweitberuf ausreichenden Handlungsspielraum für eine Anwaltstätigkeit lassen muss oder die Anwaltszulassung versagt wird, wenn eine Tätigkeit im öffentl Dienst im Einzelfall mit dem Anwaltsberuf unvereinbar ist oder die parallele Ausübung beider Berufe das Entstehen von Interessenkollisionen befürchten lässt (BVerfG 4.11.1992, 1 BvR 79/85 ua, BVerfGE 87, 287). Der Anwaltsberuf ist danach mit einer Tätigkeit als **Hochschullehrer** (Juniorprofessor) auch im Fall einer Verbeamtung auf Zeit unvereinbar (BVerfG 30.6.2009, 1 BvR 893/09, BRAK-Mitt 2009, 235). **Übergangsregelungen** können im Zusammenhang von Neuregelungen aus Art 12 I iVm dem Grds der Verhältnismäßigkeit geboten sein (BVerfG 29.11.2000, 1 BvR 422/94, NJW-RR 2001, 750).

19 **F. Einzelne arbeitsrechtliche Aspekte.** Die Bedeutung des Art 12 für das ArbR nimmt stetig ab. Seit Inkrafttreten des AGG erfolgt die Prüfung von Tarifnormen zumindest im ersten Zugriff am Maßstab der vom Unionsrecht geprägten Diskriminierungsverbote des AGG und nicht mehr am Maßstab der Berufsfreiheit. So werden zB die Altersgrenzen von Piloten nicht mehr vorrangig als Einschränkung der Berufsfreiheit gewürdigt, sondern auf eine Verletzung des Verbots der Altersdiskriminierung geprüft. Auch das nunmehr im ArbR geltende AGB-Recht hat zu einer Verlagerung der Inhaltskontrolle vom Verfassungs- auf das einfache Recht geführt. Bedeutung hat Art. 12 damit vor allem noch im Zusammenhang mit **Beschränkungen der Kündigungsfreiheit des AN** (s Rdn 21 ff).

20 **I. Individualarbeitsrecht. 1. Vertragsabschluss.** Der Eingriff in die Berufsausübungsfreiheit der AG durch die Verpflichtung des § 8 TzBfG, dem Wunsch des AN zur Verringerung der Arbeitszeit zuzustimmen, ist durch hinreichende Gründe des Gemeinwohls gerechtfertigt (BAG 18.2.2003, 9 AZR 164/02, EzA § 8 TzBfG Nr 3). Das Verbot der Altersdiskriminierung schließt es nicht aus, bei einem Personalabbau, der durch freiwillige Aufhebungsverträge gegen Zahlung von Abfindungen erfolgen soll, über 55jährige AN generell aus dem Personenkreis auszunehmen, mit dem der AG solche Aufhebungsverträge schließen will. Das BAG konnte daher offenlassen, ob ein aus dem Altersdiskriminierungsverbot folgender Kontrahierungszwang mit Art 12 I zu vereinbaren wäre (BAG 25.2.2010, 6 AZR 611/08; zum Einklang von Normen, die die Abschlussfreiheit des AG einschränken, insb Normen, die Diskriminierungen verhindern sollen, mit Art 12 iA s *v Hoyningen-Huene* FS Birk S 217, 222 ff sowie *ErfK/Schmidt* Rn 31).

21 **2. Bestehendes Arbeitsverhältnis.** Praxisrelevant sind hier vor allem Regelungen, die die **Kündigungsfreiheit des AN beeinträchtigen. Rückzahlungsklauseln**, die das Kündigen eines Arbeitsvertrages erheblich erschweren (BAG 5.12.2002, 6 AZR 539/01, AP BGB § 611 Ausbildungsbeihilfe Nr 32), erweisen sich im Lichte des Art 12 als unzulässig. Seit der Schuldrechtsreform ist die Wirksamkeit von Rückzahlungsklauseln allerdings vorrangig am Maßstab der §§ 305 ff BGB zu messen (vgl BAG 11.4.2006, 9 AZR 610/05, AP BGB § 307 Nr 16). **Stichtagsregelungen**, die eine variable Erfolgsvergütung an den Verbleib des AN im Arbeitsverhältnis bis zu einem nach dem Ende des Geschäftsjahres liegenden Zeitpunkt knüpfen, stellen einen unverhältnismäßigen Eingriff in die Berufsfreiheit dar. Die Arbeitsvergütung ist in diesen Fällen bereits verdient und wird vorenthalten, um einen Anreiz zu schaffen, länger im Arbeitsverhältnis zu bleiben. Dies ist stets ein unangemessenes Mittel, die selbst bestimmte Arbeitsplatzaufgabe zu verzögern oder zu verhindern (BAG 5.7.2011, 1 AZR 94/10; 12.4.2011, 1 AZR 412/09, EzA § 88 BetrVG 2001 Nr 2). Auch

Sonderzahlungen mit Mischcharakter, die vom ungekündigten Bestand des Arbeitsverhältnisses an einem Stichtag abhängig gemacht werden, erschweren die Kdg unzulässig (BAG 18.1.2012, 10 AZR 612/10, NZA 2012, 561). Die qua G vollzogene **Zuweisung eines anderen AG** im Rahmen von Privatisierungen ohne Einräumung einer Widerspruchsmöglichkeit verletzt das Recht auf freie Wahl des Arbeitsplatzes (BVerfG 25. 1.2011,1 BvR 1741/09, EzA Art 12 GG Nr 48). Daraus folgt aber keine Verpflichtung des Gesetzgebers, die Rechtswirkungen eines Rückkehrrechts in allen Belangen denen eines Widerspruchsr entspr § 613a VI BGB anzugleichen (BAG 19.10.2011, 5 AZR 161/11). Ob **Nebentätigkeiten** in den Schutzbereich des Art 12 fallen oder ob sie – da sie nicht der Schaffung einer Lebensgrundlage dienen – nur von Art 2 I erfasst werden, hat das BVerfG offengelassen. Die **Verpflichtung** für Beamte und Richter, schriftstellerische, wissenschaftliche, künstlerische oder **Vortragstätigkeiten anzuzeigen**, steht jedenfalls als bloße Berufsausübungsregelung im Einklang mit Art 12 (BVerfG 1.9.2008, 2 BvR 1872/07, ZBR 2009, 123; vorgehend BVerwG 21.6.2007, 2 C 3/06, NJW 2007, 3450). Die Regelung im Hess RichterG, wonach Richtern die **Nebentätigkeitsgenehmigung zu versagen** ist, wenn bestimmte **Vergütungsgrenzen** überschritten sind, ist jedenfalls in Kombination mit einer Härte- oder Billigkeitsregelung mit Art 2 I und Art 12 I vereinbar (BVerwG 24.11.2005, 2 C 32/04, NJW 2006, 1538). Der AN hat einen Anspruch auf Erteilung einer Nebentätigkeitsgenehmigung, sofern die Nebentätigkeit betriebliche Interessen nicht beeinträchtigt (BAG 13.5.2015, 2 ABR 38/14, EzA § 626 BGB 2002 Nr 51). Ein vertragliches **Nebentätigkeitsverbot** ist **wirksam**, wenn der AG ein berechtigtes Interesse an ihm hat. Ein solches ist in der Regel gegeben, wenn die Nebentätigkeit mit der geschuldeten Arbeitsleistung zeitlich zusammenfallen würde, oder wenn das **Arbeitsverhältnis** sonst durch die Nebentätigkeit **beeinträchtigt** würde, zB durch Wettbewerb des AN; ein **umfassendes Verbot** der Nebentätigkeit ist im Hinblick auf das GR des AN aus Art 12 dahin **auszulegen**, dass solche Nebentätigkeiten erlaubt sind, bei denen eine Beeinträchtigung der Interessen des AG nicht zu erwarten ist. Der AG kann deshalb nicht verlangen, dass der AN auf eine **geringfügige Tätigkeit** bei einem anderen AG verzichtet, wenn diese mit der ihm geschuldeten Arbeitsleistung zeitlich nicht kollidiert und auch sonst mit den Pflichten aus dem Arbeitsverhältnis nicht unvereinbar ist (BAG 18.11.1988, 8 AZR 12/86, AP BGB § 611 Doppelarbeitsverhältnis Nr 3).

Werden AN gegen ihren Willen und ohne Einräumung eines Widerspruchsrechts durch G verpflichtet, ihre Arbeitsleistung zukünftig zwar nach wie vor demselben Bundesland als AG, aber im Wege der **Personalgestellung** einer anderen Dienststelle zur Verfügung zu stellen, liegt ein Eingriff in ihre Berufsausübungsfreiheit vor. Ist dies Folge der Auflösung von Landesbehörden, ist der Eingriff gerechtfertigt, wenn die rechtlichen, insb tariflichen Bedingungen der Erbringung der Arbeitsleistung unverändert bleiben und bei der konkreten Zuordnungsentsch noch ausreichender Rechtsschutz besteht (BAG 14.7.2010, 10 AZR 182/09, ZTR 2010, 650 für die Auflösung der Versorgungsämter in NRW). Die **gesetzliche Überleitung** von Arbeitsverhältnissen auf einen anderen Arbeitgeber stellt eine unverhältnismäßige Beschränkung des durch Art. 12 I 1 geschützten Interesses des AN an der Beibehaltung des gewählten Vertragspartners dar, soweit die gesetzliche Übergangsregelung keine Möglichkeit bietet, den Fortbestand des Arbeitsverhältnisses zum Land geltend machen zu können (BVerfG 25.1.2011, 1 BvR 1741/09, BVerfGE 128, 157; 15.5.2012, 1 BvR 1786/09; s auch Rdn 8). Unzulässig sind bestimmte **Transferregelungen** im Berufseishockey (BAG 20.11.1996, 5 AZR 518/95, EzA § 611 BGB Berufssport Nr 9) und im Fußballbereich. So beeinträchtigt eine **Optionsklausel**, mit der sich ein Regionalliga-Verein einseitig die Verlängerung eines Arbeitsvertrages mit einem Vertragsspieler iSd § 8 Ziff 2 der Spielordnung des DFB vorbehält, den Spieler in seiner Berufsfreiheit aus Art 12 I 1, weil ein aufnahmebereiter AG eine Freigabe des Spielers durch den bisherigen AG nur gegen Zahlung einer Transfentschädigung erhalten wird (ArbG Ulm 14.11.2008, 3 Ca 244/08, NZA-RR 2009, 298 mit im Ergebnis zust Anm *Klose* jurisPR-ArbR 50/2008 Anm 4 und *Rein* NZA-RR 2009, 462). Eine in einem **Vergleich** vereinbarte Entschädigung für die vorzeitige Aufhebung des Vertrages eines Berufsfußballers ist dagegen mit I vereinbar, wenn sie kein unzulässiger Ausgleich für entstandene Ausbildungskosten, sondern die Gegenleistung für die vorzeitige Vertragsaufhebung ist (BAG 25.4.2013, 8 AZR 453/12, NZA 2013, 1206). Das durch § 33 II 6 TVöD/TV-L angeordnete Ruhen des Arbeitsverhältnisses bei Bezug einer Rente wegen voller oder teilweiser Erwerbsminderung auf Zeit ist bei verf-konformer Auslegung der Tarifbestimmung verf-konform (BAG 17.32016, 6 AZR 221/15).

3. Kündigungsschutz. Das geltende Kündigungsschutzrecht berücksichtigt ausreichend den Gehalt des Art 12 (s Rdn 8). Die gem § 5 III 2 KSchG auf 6 Monate befristete Möglichkeit einer nachträglichen Klagezulassung verletzt den AN nicht in seinem Recht aus Art 12 (BAG 28.1.2010, 2 AZR 985/08, EzA § 5 KSchG Nr 38). Bei Kdg außerhalb des Geltungsbereichs des KSchG, also bei Kdg im **Kleinbetrieb** und innerhalb der **Wartezeit** des § 1 KSchG, sind die AN durch die zivilrechtlichen Generalklauseln vor einer sitten- oder treuwidrigen Ausübung des Kündigungsrechts des AG geschützt (§§ 242, 138 BGB). Im

Art. 12 GG Berufsfreiheit

Rahmen dieser Generalklauseln ist bei Deutschen iSd Art 116 auch der objektive Gehalt des Art 12 I zu beachten (bei EU-Bürgern ist die Berufsfreiheit als Grundfreiheit zu beachten, bei Ausländern außerhalb der EU ist Art 2 heranzuziehen, Einzelheiten s Art 19 Rdn 4). Allerdings darf der durch § 242 BGB iVm Art 12 vermittelte Schutz nicht so weit reichen, dass dem Kleinunternehmer praktisch die im KSchG vorgesehenen Maßstäbe der Sozialwidrigkeit auferlegt werden (BVerfG 27.1.1998, 1 BvL 15/87, BVerfGE 97, 169, B I 3b cc dGr). Das verfassungsrechtlich geforderte Mindestmaß an Kündigungsschutz bietet also keine Handhabe, im Kleinbetrieb die Grds des § 1 III KSchG entspr anzuwenden (BAG 21.2.2001, 2 AZR 15/00, AP BGB § 242 Kdg Nr 12, B II 4c aa dGr). Diese Grds gelten auch für Kdg innerhalb der Wartezeit des § 1 I KSchG (BVerfG 21.6.2006, 1 BvR 1659/04, NZA 2006, 913). Dabei ist auch zu beachten, dass dem grundrechtlich geschützten Interesse des AN am Erhalt seines Arbeitsplatzes das ebenfalls durch Art 12 I geschützte Interesse des AG gegenübersteht, in seinem Unternehmen nur Mitarbeiter zu beschäftigen, die seinen Vorstellungen entsprechen, und ihre Zahl auf das von ihm bestimmte Maß zu beschränken (vgl BVerfG 27.1.1998, 1 BvL 15/87, BVerfGE 97, 169). Die **kollidierenden GR-Positionen** sind in ihrer Wechselwirkung zu erfassen und so zu begrenzen, dass sie für alle Beteiligten möglichst weitgehend wirksam werden (vgl BVerfG 19.10.1993, 1 BvR 567/89, 1 BvR 1044/89, BVerfGE 89, 214, 232). Es bedarf deshalb einer Abwägung der wechselseitig geschützten GR-Positionen der Vertragspartner in jedem Einzelfall, deren Ergebnis durch die Verf selbst nicht abschließend vorgegeben ist. Das GG verlangt vom AG im Kleinbetrieb vielmehr nur ein **Mindestmaß an sozialer Rücksichtnahme**. Dabei wirkt der durch die zivilrechtlichen Generalklauseln vermittelte GR-Schutz umso schwächer, je stärker die mit der Kleinbetriebsklausel geschützten Positionen (etwa: Abhängigkeit des Geschäftserfolges von jedem einzelnen AN, Vertrauensverhältnis zum mitarbeitenden Inhaber, mangelnde Finanzausstattung, die es unmöglich macht, weniger leistungsfähige, weniger benötigte oder auch nur weniger genehme AN mitzutragen) betroffen sind. IE geht es darum, AN vor **willkürlichen** oder aus **sachfremden Gründen** erfolgenden Kdg zu schützen (BVerfG 27.1.1998, 1 BvL 15/87, BVerfGE 97, 169, B I 3b cc dGr). Der Willkürvorwurf scheidet aus, wenn ein **irgendwie einleuchtender Grund** für die Rechtsausübung vorliegt (BAG 25.4.2001, 5 AZR 360/99, EzA § 242 BGB Kündigung Nr 4). In der Wartezeit erfolgt nur eine Missbrauchskontrolle. Ist bei betriebsbedingten Kdg eine **Auswahl** unter mehreren AN vorzunehmen, muss die Auswahlentsch des AG nach vernünftigen, sachlichen, billiges Ermessen wahrenden Gesichtspunkten getroffen werden. Das ist erst dann nicht mehr der Fall, wenn der gekündigte AN aufgrund seiner Sozialdaten **evident** erheblich sozial schutzwürdiger ist als ein vergleichbarer, weiterbeschäftigter AN und keine sachlichen, vom AG vorzutragenden Gründe diese Auswahl rechtfertigen (BAG 21.2.2001, 2 AZR 15/00, EzA § 242 BGB Kündigung Nr 1). Ein Verstoß gegen § 242 BGB kann nicht allein deshalb angenommen werden, weil eine Kdg **ohne Angabe von Gründen** ausgesprochen wird. Der AG muss im Kleinbetrieb eine Kdg nicht begründen (BAG 16.1.2003, 2 AZR 609/01, EzA § 23 KSchG Nr 25). Stützt der AG die Kdg darauf, das für eine dauerhafte Zusammenarbeit erforderliche **Vertrauensverhältnis** zu einem AN, der in gehobener Position beschäftigt wird, **habe nicht aufgebaut** werden können, liegt keine willkürliche Kdg vor. Den **Nachweis**, worauf der als Kündigungsgrund herangezogene Vertrauensmangel basiert, **muss der AG nicht führen**. Das gilt auch im Rahmen der **BR-Anhörung**. Stützt der AG die Kündigungsentsch auf ein subjektives, nicht durch objektivierbare Tatsachen begründbares **Werturt**, ist er auch bei der Anhörung des BR nicht verpflichtet, dieses gegenüber dem BR zu substanziieren oder zu begründen (BAG 22.4.2010, 6 AZR 828/08, ZTR 2010, 430). Die Darlegungs- und Beweislast für das Vorliegen derjenigen Tatsachen, aus denen sich die Treuwidrigkeit ergibt, liegt beim AN. Der verfassungsrechtlich gebotene Schutz des AN wird durch eine **abgestufte Darlegungs- und Beweislast** gewährleistet. In einem 1. Schritt muss der AN, soweit er die Überlegungen des AG, die zu seiner Kdg geführt haben, nicht kennt, lediglich einen Sachverhalt vortragen, der die Treuwidrigkeit der Kdg nach § 242 BGB indiziert. Der AG muss sich sodann nach § 138 II ZPO iE auf diesen Vortrag einlassen, um ihn zu entkräften. Kommt der AG dem nicht nach, gilt der schlüssige Sachvortrag des AN gem § 138 III ZPO als zugestanden (BAG 24.1.2008, 6 AZR 96/07, EzA § 242 BGB 2002 Kündigung Nr 7).

24 Zwar trägt der AN die Darlegungs- und Beweislast für die **Anwendbarkeit des KSchG**. Auch dabei sind jedoch die verfassungsrechtlich gebotenen Erleichterungen der Beweislast zu beachten. Der AN genügt deshalb regelmäßig seiner Darlegungslast, wenn er entspr seiner Kenntnismöglichkeiten die für die nach § 23 KSchG erforderliche Anzahl sprechenden Tatsachen und die ihm bekannten äußeren Umstände schlüssig darlegt. Der AG muss dann nach § 138 II ZPO iE erklären, welche rechtserheblichen Umstände gegen die Darlegungen des ANs sprechen. Auch hier gilt also eine **abgestufte Darlegungs- und Beweislast** (BAG 23.10.2008, 2 AZR 131/07, EzA § 23 KSchG Nr 33).

Zur **Verdachtskündigung** s. § 626 BGB Rdn 140 ff. Eine den Maßstäben der Rspr des BAG genügende 25
Verdachtskündigung ist nicht unverhältnismäßig und **verletzt den betroffenen AN nicht in seinem GR aus
Art 12 I** (BVerfG 15.12.2008, 1 BvR 347/08, BVerfGK 14, 507).

Art 12 steht der betriebsbedingten Kündigung von ordentlich unkündbaren ANn nicht von vornherein ent- 26
gegen. Art 12 I verlangt den Ausschluss der Möglichkeit zur ordentlichen Kdg nicht. Wird er tariflich vereinbart, ergeben sich die Rechtsfolgen eines solchen Ausschlusses nicht aus Art 12 I. Der AG muss deshalb
auch dann nicht von der Fremdvergabe absehen, wenn das dazu führt, dass einer großen Anzahl ordentl
nicht mehr kündbarer Arbeitsverhältnisse die Grundlage entzogen wird (BAG 22.11.2012, 2 AZR 673/11).

4. Einstellung. Der AG kann aufgrund der durch Art 12 I geschützten unternehmerischen Freiheit sowohl 27
den Unternehmensgegenstand als solchen festlegen als auch bestimmen, welche Arbeiten auf dem zu besetzenden Arbeitsplatz zu erbringen sind. Das ist bei der Prüfung nach § 8 I iVm § 1 AGG, ob ein Bewerber
wegen seines **Geschlechts benachteiligt** worden ist, zu beachten. Wird ein männlicher Bewerber um eine
Betreuerstelle in einem Mädcheninternat nicht eingestellt, weil damit auch Nachtdienste verbunden sind
und deshalb die Stelle mit einer Frau besetzt werden soll, ist dies deshalb keine Geschlechtsdiskriminierung
(BAG 28.5.2009, 8 AZR 536/08, EzA § 8 AGG Nr 1, Einzelheiten zur geschlechtsbezogenen Diskriminierung s § 8 AGG Rdn 4 und Art 3 Rdn 67 ff).

5. AGB-Kontrolle. Die AGB-Kontrolle kompensiert die mangelnde Verhandlungsmacht des Vertragspart- 28
ners des Verwenders. Deshalb ist sie als solche auch dann verfassungsrechtlich nicht zu beanstanden, wenn
der Verwender sich auf die durch Art 12 I geschützte Berufsfreiheit berufen kann (BVerfG 7.9.2010, 1 BvR
2160/09 ua, WM 2010, 2044).

6. Wahrung des Existenzminimums bei der Insolvenzanfechtung. Das GR auf die Gewährleistung eines 29
menschenwürdigen **Existenzminimums** (s. dazu Art. 1 Rdn 19) verbietet es in Wechselwirkung mit dem
durch I und Art. 14 I GG gewährleisteten Recht auf persönliche Entfaltung im vermögensrechtlichen und
beruflichen Bereich dem Staat auch, auf den Kernbestand des selbst erzielten Einkommens des GRträgers
zuzugreifen. Deshalb bildet der existenznotwendige Bedarf von Verf wegen die Untergrenze für den Zugriff
durch die Einkommensteuer. Der Staat darf dem Bürger das selbst erzielte Einkommen bis zur Höhe des
Existenzminimums nicht entziehen (BVerfG 20.81997, 1 BvR 1300/89; 25.9.1992, 2 BvL 5/91 ua BVerfGE
87, 153, 169 f; 29.5.1990, 1 BvL 20/84 ua, BVerfGE 82, 60, 85). Die Anfechtungsbestimmungen in
§§ 129 ff InsO lassen den rückwirkenden Zugriff des Insolvenzverwalters auf das Existenzminium für den
von der Anfechtung erfassten Zeitraum uneingeschränkt zu. Der AN kann für diesen Zeitraum in der Regel
keine staatliche Leistung erhalten, die den Teil des zurückzuzahlenden Betrages ausgleicht, der das Existenzminimum abdeckte. Der AN hat jedenfalls dann, wenn der spätere Schuldner das Entgelt (weitgehend)
pünktlich zahlt, auch keine adäquaten arbeits- oder sozialrechtlichen Handlungsmöglichkeiten, dem Risiko
einer Insolvenzanfechtung vorzubeugen. Das BAG hat daher erwogen, in Fällen kongruenter Deckung
durch eine verfassungskonforme Auslegung der §§ 129 ff InsO das im Entgelt enthaltene Existenzminimum anfechtungsfrei zu stellen, hat dies aber im entschiedenen Fall offengelassen (BAG 29.1.2014, 6 AZR
345/12 JurionRS 2014, 11943).

II. Kollektives Arbeitsrecht. 1. Mitbestimmungsrecht. Die Einschränkung der Berufsausübungsfreiheit 30
des Unternehmers durch die gesetzlichen Regelungen der Mitbestimmung. etwa hins der innerbetrieblichen
Organisation, der Führung des Unternehmers oder der Entsch, welches Personal eingestellt und entlassen
werden soll, steht im Einklang mit Art 12 (BVerfG 1.3.1979, 1 BvR 532/77 ua, BVerfGE 50, 290, 365).
Auch ist das bloße Bestehen eines BR kein Nachteil im Rechtssinn (BVerfG 21.3.1994, 1 BvR 1485/93, EzA
§ 2 BetrVG 1972 Nr 14a). Allerdings kann die betriebliche Mitbestimmung auch zentrale unternehmerische Entsch und damit die Unternehmerfreiheit selbst berühren. Wenn etwa das BAG einen ESt-Spruch für
wirksam hält, der die Lage der Arbeitszeit so verteilt, dass der AG das von ihm betriebene Kaufhaus nicht wie
geplant öffnen und die gesetzlichen **Ladenöffnungszeiten nicht ausschöpfen kann** (BAG 31.8.1982, 1 ABR
27/80, EzA § 87 BetrVG 1972 Arbeitszeit Nr 13 – die dagegen eingelegte Verf-Beschwerde blieb erfolglos:
BVerfG 18.12.1985, 1 BvR 143/83, AP Nr 15 zu § 87 BetrVG 1972 Arbeitszeit; BAG 13.10.1987, 1 ABR
10/86, EzA § 87 BetrVG 1972 Arbeitszeit Nr 25), beeinträchtigt dies die **unternehmerische Entscheidungsfreiheit** und macht dem AG eine Teilnahme am Marktgeschehen partiell **unmöglich.** ESt und Gerichte, die
Sprüche der ESt überprüfen, müssen zwar auch die ebenfalls grundrechtlich geschützten Interessen der
AN und den sozialen Arbeitsschutz beachten, müssen aber darauf achten, dass im Einzelfall die Grenzen
eines verhältnismäßigen Eingriffs in die Unternehmerfreiheit nicht überschritten werden und dem AG ein

angemessener Spielraum unternehmerischer Entsch verbleibt. Die Grenzziehung ist dabei äußerst schwierig und kann nur im Einzelfall erfolgen (vgl ErfK/*Schmidt* Rn 41 f; kritisch auch *v Hoyningen-Huene* FS Birk S 217, 235).

31 **2. Tarifvertragsrecht.** Ob und vor allem welche Grenzen der Tarifautonomie durch Art 12 gezogen sind, ist nach wie vor nicht abschließend geklärt. Dabei ist zu beachten, dass die TV-Parteien nur **mittelbar** an die GR gebunden und selbst GR-Träger sind (BAG 27.5.2004, 6 AZR 129/03, EzA Art 3 GG Nr 101, ausf Art 9 Rdn 66). Eine unmittelbare Kontrolle der tariflichen Normen am Maßstab des Art 12 findet deshalb nicht statt. Allerdings verpflichtet die **Schutzpflichtfunktion** der GR die Gerichte dazu, die einzelnen GR-Träger vor einer unverhältnismäßigen Beschränkung ihrer Freiheitsrechte auch durch TV zu bewahren. Die Gerichte müssen deshalb tariflichen Normen, die das Mindestmaß an GR-Schutz aus Art 12 unterschreiten, die Wirksamkeit versagen. Das ist erst der Fall, wenn das von den TV-Parteien gefundene **Entgelt elementaren Gerechtigkeitsforderungen**, wie sie aus Art 2 I, Art 20 I abzuleiten sind, nicht mehr genügt (BAG 28.5.2009, 6 AZR 144/08, DB 2009, 1769; BAG 24.3.2004, 5 AZR 303/03, EzA § 138 BGB 2002 Nr 2). Im Ergebnis findet also lediglich eine **Willkürkontrolle** statt. Jede weiter gehende Prüfung würde mit der durch Art 9 III gewährleisteten Koalitionsfreiheit kollidieren. Ureigenste Aufgabe der TV-Parteien ist es, autonom die Entgelthöhe für die jeweilige Branche unter den aktuellen Gegebenheiten auszuhandeln. Das schließt auch die Befugnis zu Entgeltregelungen ein, die Betroffenen ungerecht und Außenstehenden nicht zwingend sachgerecht erscheinen (BAG 8.12.2011, 6 AZR 319/09, NZA 2012, 275; ausf s Art 9 Rdn 44). Außerdem ist es den Tarifpartnern unbenommen, auch koalitionsspezifische Interessen zum Ausdruck zu bringen, also bestimmte Gruppen aus ihrem Koalitionsinteresse heraus bevorzugt »zu bedienen«, solange sie dabei die Grenzen der Gleichheitsrechte wahren. In diese autonome Lohnfindung kann der Staat und können damit auch die staatlichen Gerichte nicht unter dem Deckmantel des Schutzes der Freiheitsrechte der Tarifnormunterworfenen eingreifen. Das würde zur **Tarifzensur** führen. Schließlich kollidierte jede weiter gehende Kontrolldichte auch mit der Zurückhaltung der staatlichen Gerichte bei der Prüfung auf Verletzung der Gleichheitsrechte (vgl BAG 27.5.2004, 6 AZR 129/03, EzA Art 3 GG Nr 101). Es ist nicht begründbar, warum die staatlichen Gerichte bei einer Kontrolle tariflicher Normen am Maßstab der Art 3 und Art 6 als spezielles Gleichheitsrecht ausdrücklich nicht die gerechteste oder zweckmäßigste Lösung verlangen, sondern den TV-Parteien einen **weiten Gestaltungsspielraum** einräumen, aber bei einer Kontrolle am Maßstab des Art 12 die Löhne als Kern der Rechtsetzungsbefugnis der Koalitionen einer engmaschigen Prüfung auf Wahrung der Verhältnismäßigkeit unterziehen sollten. Eine **tarifliche Absenkung der Arbeitszeit auf** 77 % bei entspr Entgeltkürzung ist daher mit Art 12 vereinbar (BAG 28.5.2009, 6 AZR 144/08, DB 2009, 1769).

32 Ob und unter welchen Voraussetzungen die **Tarifautonomie zum Schutz der Unternehmerfreiheit** beschränkt werden muss, ist umstr (MünchArbR/*Löwisch/Rieble* § 259 Rn 56 ff; *Säcker/Oetker* Grundlagen und Grenzen der Tarifautonomie, S 285 ff; *Beuthin* ZfA 1984, 1 ff). Tarifliche Regelungen, die mit der Unternehmerfreiheit kollidieren, können erst dann unwirksam sein, wenn sie diese Freiheit dem Unternehmer im Ergebnis völlig oder weitgehend nehmen (ähnlich *Kania/Kramer* RdA 1997, 91; *Papier* RdA 1989, 137 ff). Das wäre etwa dann der Fall, wenn die Mitbestimmung durch tarifliche Regelung soweit ausgedehnt würde, dass dem Unternehmer kein angemessener Spielraum unternehmerischer Entsch mehr verbliebe (*Säcker/Oetker* Grundlagen und Grenzen der Tarifautonomie, S 318 ff; *Wiedemann* RdA 1986, 231 ff; *ErfK/Dieterich* Rn 45; vgl auch Rdn 30). Zu den allg verfassungsrechtlichen Bedenken gegen den tariflichen Ausschluss der ordentlichen Kdg s BAG 5.6.2008, 2 AZR 907/06, EzA § 1 KSchG Soziale Auswahl Nr 81; APS/*Kiel* § 1 KSchG Rn 703 ff).

33 **G. Verhältnis zu sonstigen Grundrechten.** Art 12 ist lex specialis zu **Art 2 I** (BVerfG 25.1.2011, 1 BvR 1741/09, BVerfGE 128, 157). Art 2 findet jedoch dort Anwendung, wo Art 12 einen Lebensbereich nicht erfasst, insb soweit Art 12 Ausländer, die nicht Staatsangehöriger eines Mitglieds der EU sind, ausnimmt (Einzelheiten s Art 19 Rdn 4).

34 Nach hM ist Art 12 für die Verweigerung der beruflichen Niederlassung an einem bestimmten Ort lex specialis zu **Art 11** (Maunz/Dürig/*Scholz* Rn 191). Durch Art 11 wird die Berufsfreiheit jedoch insoweit ergänzt, als dass Wohnsitz oder Aufenthalt im Bundesgebiet frei gewählt werden können. Grundlage für die freie Arbeitsplatzwahl ist also die durch Art 11 garantierte Freizügigkeit. Art 12 I ist aber auch dann alleiniger Prüfungsmaßstab, wenn es aufgrund einer beruflichen Tätigkeit zu Einschränkungen der Wohnsitzwahl kommt (v Mangoldt/Klein/Starck/*Manssen* Rn 280). Art 12a ist Spezialnorm ggü Art 12, die Pflicht zu Wehr- und Ersatzdienst und anderen Dienstpflichten im Verteidigungsfall berühren nicht den Schutzbereich von Art 12 II und III (v Münch/Kunig/*Gubelt* Rn 97). Der Schutz des Art 12 I umfasst nach überwiegender Auffassung in Lehre und Rspr auch Arbeits-, Betriebs- und Geschäftsräume, sodass Art 12 I

als subsidiär zurücktritt, soweit ein Eingriff in die Unverletzlichkeit der Wohnung vorliegt (v Mangoldt/Klein/Starck/*Manssen* Rn 281).

Art 14 schützt das bereits Erworbene, dh das Ergebnis der Betätigung, die Berufsfreiheit hingegen den 35
Erwerb, dh die Betätigung selbst, wozu ggf auch bloße Umsatz- und Gewinnchancen, Hoffnungen, Erwartungen und Aussichten gehören können (BVerfG 16.12.2003, 1 BvR 2312/97, BVerfGK 2, 179 mwN). Wird durch einen Eingriff in die Berufsfreiheit gleichzeitig in die Vermögenssphäre eingegriffen, gelangen beide GR parallel zur Anwendung (Idealkonkurrenz, BVerfG 1.3.1979, 1 BvR 532/77 ua, BVerfGE 50, 290).

Art. 14 Eigentum, Erbrecht und Enteignung

(1) ¹Das Eigentum und das Erbrecht werden gewährleistet. ²Inhalt und Schranken werden durch die Gesetze bestimmt.
(2) ¹Eigentum verpflichtet. ²Sein Gebrauch soll zugleich dem Wohle der Allgemeinheit dienen.
(3) ¹Eine Enteignung ist nur zum Wohle der Allgemeinheit zulässig. ²Sie darf nur durch Gesetz oder auf Grund eines Gesetzes erfolgen, das Art und Ausmaß der Entschädigung regelt. ³Die Entschädigung ist unter gerechter Abwägung der Interessen der Allgemeinheit und der Beteiligten zu bestimmen. ⁴Wegen der Höhe der Entschädigung steht im Streitfalle der Rechtsweg vor den ordentlichen Gerichten offen.

Übersicht	Rdn.			Rdn.
A. Grundlagen	1	II.	Enteignung	18
B. Grundrechtsträger	2		1. Definition	18
C. Geschützte Eigentumspositionen	4		2. Rechtfertigung	19
I. Verfassungsrechtl Eigentum	4	III.	Nutzungsbeschränkungen des Eigentums	20
II. Einzelne schutzfähige Positionen	6	IV.	Sonstige Eigentumsbeeinträchtigungen	21
III. Öffentliche Vermögensrechte	8	E.	Enteignungsgleicher Eingriff und Enteignung	22
D. Beeinträchtigungen des Eigentums und deren Rechtfertigung	14	F.	Rechtswegfragen	23
I. Inhalts- und Schrankenbestimmung	15	G.	Einzelne arbeitsrechtliche Aspekte	24
1. Definition	15		I. Grundlagen	24
2. Rechtfertigung	16		II. Bedeutung für den AG	25
3. Ausgleichspflichtige Inhalts- und Schrankenbestimmung	17		III. Bedeutung für den AN	26
		H.	Verhältnis zu anderen Grundrechten	27

A. Grundlagen. Die **Eigentumsgarantie** des Art 14 ist nach der Rspr des BVerfG eine »elementare Wertentscheidung von besonderer Bedeutung« (BVerfG 7.8.1962, 1 BvL 16/60, BVerfGE 14, 263 ff). Ziel der Eigentumsgarantie ist es, dem Grundrechtsträger einen Freiheitsraum im vermögensrechtlichen Sinn zu sichern und ihm somit eine eigenverantwortliche Gestaltung seines Lebens zu ermöglichen (BVerfG 31.10.1984, 1 BvR 35/82 ua, BVerfGE 68, 193 ff). **Eigentum ist Grundlage der Freiheit** (v Mangoldt/Klein/*Depenheuer* Art 14 Rn 1). Von anderen Freiheitsgrundrechten unterscheidet sich Art 14 insoweit, als der Schutzgegenstand – das **verfassungsrechtl** geschützte Eigentum – auf **einfach-gesetzl Ebene definiert** werden muss. Die Eigentumsgarantie bedarf des **einfach-gesetzl definierten Eigentums** als einer **Zurechnungsbeziehung zwischen Rechtsträgern und Gegenständen** (v Mangoldt/Klein/*Depenheuer* Art 14 Rn 29 f). Gleichzeitig schützt es diese Zurechnungsbeziehung nicht nur als Rechtsinstitut, sondern auch im Einzelfall. Art 14 ist nach überwiegender Auffassung eine **Institutsgarantie** für das private Eigentum (BVerfG 15.7.1981, 1 BvL 77/78, BVerfGE 58, 300 ff; Jarass/Pieroth/*Jarass* Art 14 Rn 4). Das einfache Gesetzesrecht, das nach Art 14 I 2 Inhalt und Schranken bestimmt, muss seinerseits verfassungskonform sein. Ferner unterscheidet sich die Eigentumsgarantie dadurch von anderen Grundrechten, dass die Sozialbindung des Eigentums ausdrücklich in Art 14 II hervorgehoben wird. Jedenfalls in seiner **Wirkung** ist die Eigentumsgarantie **drittgerichtet**, da die Zurechnungsbeziehung zwischen Rechtsträgern und Gegenständen zugleich eine Abgrenzung gegenüber anderen (privaten) Rechtsträgern beinhaltet.

B. Grundrechtsträger. Träger des Grundrechts auf Eigentum können sowohl **natürliche** als auch **juristische Personen** sein (BVerfG 20.7.1954, 1 BvR 459/52, BVerfGE 4, 7 ff). Da Art 14 I kein »Deutschengrundrecht« ist, kommen auch Ausländer in den Genuss des Eigentumsschutzes. Ausländische juristische Personen unterliegen gem Art 19 III allerdings nicht dem Schutz des Art 14 (BVerfG 1.3.1967, 1 BvR 56/66, BVerfGE 21, 207 ff; Sachs/*Wendt* Art 14 Rn 16).

Juristische Personen des öffentl Rechts können zwar privatrechtl Eigentum erwerben. Da die grundrechtl 3
Verbürgungen ihrer Natur nach Rechte des Einzelnen gegen die öffentl Gewalt darstellen, können sie sich

jedoch nicht auf Art 14 berufen. Dies gilt auch dann, wenn sie keine öffentl Aufgaben wahrnehmen. Art. 14 schützt nicht das Privateigentum, sondern das Eigentum Privater (BVerfG 8.7.1982, 2 BvR 1187/80, BVerfGE 61, 82, 108 f). Aus den gleichen Erwägungen sollen auch juristische Personen des Privatrechts, deren **Anteile** ganz oder mehrheitlich **von der öffentl Hand gehalten** werden, nicht den Schutz von Art 14 I genießen (v Mangoldt/Klein/*Depenheuer* Art 14 Rn 191). Auch Gemeinden, Rundfunkanstalten, Sparkassen oder Rentenversicherungsträger können sich nicht auf den Schutz des Art 14 I berufen (BVerfG 23.3.1988, 1 BvR 686/86, BVerfGE 78, 101 ff; Schmidt-Bleibtreu/*Hofmann* Art 14 Rn 3; zum Schutz der Unternehmerfreiheit und Koalitionsfreiheit öffentl Unternehmen s *Löwisch* FS Säcker, 2011, S 261 ff). Demggü ist das kirchliche Eigentum durch Art 14 I geschützt mit der Folge, dass der Eigentumsschutz auch **Religionsgemeinschaften** zugutekommt (Sachs/*Wendt* Art 14 Rn 19).

4   **C. Geschützte Eigentumspositionen. I. Verfassungsrechtl Eigentum.** Die Verfassung selbst garantiert zwar in Art 14 I 1 das Eigentum, ohne aber nähere Konkretisierungen darüber zu treffen, welche Positionen überhaupt eigentumsfähig sind. Entscheidendes Gewicht für die Bestimmung schutzwürdiger verfassungsrechtl Eigentumspositionen kommt zunächst dem Umstand zu, dass der verfassungsrechtl Eigentumsbegriff **nicht** mit dem Eigentum im bürgerlichrechtl Sinne **gleichgesetzt** werden kann (BVerfG 15.7.1981, 1 BvL 77/78, BVerfGE 58, 300 ff). Art 14 I 1 schützt das Eigentum daher **nicht nur** so, wie es das bürgerliche Recht und die gesellschaftlichen Anschauungen geformt haben (BVerfG 19.10.1983, 2 BvR 298/81, BVerfGE 65, 196 ff).

5   Auch wenn der **grundgesetzliche Eigentumsbegriff** durch die Verfassung selbst bestimmt werden muss, ergeben sich diejenigen Befugnisse, welche dem Eigentümer zu einem konkreten Zeitpunkt zustehen, erst aus der **Gesamtheit der verfassungsgem G**, die dann den Inhalt und die Schranken des Eigentums konstituieren (BVerfG 15.7.1981, 1 BvL 77/78, BVerfGE 58, 300 ff; *Nüßgens/Boujong* Eigentum, Sozialbindung und Enteignung, 1987 Rn 14). Aus der dem Gesetzgeber nach Art 14 I 2 eingeräumten Regelungsbefugnis zur Bestimmung von Inhalt und Schranken des Eigentums folgt, dass als **eigentumsfähige Rechtsposition** jedes vom Gesetzgeber gewährte konkrete vermögenswerte Recht anzusehen ist (Schmidt-Bleibtreu/ *Hofmann* Art 14 Rn 14 f; Jarass/Pieroth/*Jarass*, Art 14 Rn 7 ff; 21 ff). Eigentum im verfassungsrechtl Sinn umfasst also alles, was das einfache Recht zu einem bestimmten Zeitpunkt als Eigentum definiert (BVerfG 15.7.1981, 1 BvL 77/78, BVerfGE 58, 300 ff). Aus der Funktion des Eigentums resultiert wiederum, dass unter seinen Schutz alle vermögensrechtl Rechte fallen, die dem Berechtigten von der Rechtsordnung in einer Weise zugeordnet sind, dass er die damit verbundenen Befugnisse nach eigenverantwortlicher Entsch zu seinem privaten Nutzen aufheben darf. Demggü lehnt es das BVerfG in st Rspr ab, auch das **Vermögen** als solches dem verfassungsrechtl Schutz des Art 14 I 1 zu unterstellen (BVerfG 12.11.1997, 1 BvR 479/92 ua, BVerfGE 96, 375; Schmidt-Bleibtreu/*Hofmann* Art 14 Rn 13). Da Art 14 I 1 nur Rechtspositionen gewährleistet, die einem **Rechtssubjekt bereits zustehen** (BVerfG 18.5.1988, 2 BvR 579/88, BVerfGE 78, 205 ff) und allein der **konkrete Bestand** des vermögenswerten Rechts geschützt ist (BVerfG 20.4.1966, 1 BvR 20/62 ua, BVerfGE 20, 31 ff), werden **bloße Gewinnchancen, Zukunftshoffnungen, Erwartungen und bloße Verdienstmöglichkeiten** nicht durch Art 14 I garantiert. Geschützt wird der Bestand der jeweiligen Eigentumsposition in der Hand des jeweiligen Eigentümers und die Nutzung der Position (BVerfG 12.6.1975, 1 BvL 19/76, BVerfGE 52, 1 ff) sowie deren Veräußerung bzw die Verfügung über sie (BVerfG 15.5.1995, 2 BvL 19/91 ua, BVerfGE 92, 322 ff).

6   **II. Einzelne schutzfähige Positionen.** Nach überwiegender, aber str diskutierter Auffassung wird auch das **Recht am eingerichteten und ausgeübten Gewerbebetrieb** durch Art 14 geschützt (ausdrücklich jedoch offengelassen von BVerfG 25.1.1984, 1 BvR 272/81, BVerfGE 66, 116 ff; Jarass/Pieroth/*Jarass* Art 14 Rn 10; Schmidt-Bleibtreu/*Hofmann* Art 14 Rn 16). Der Eigentumsschutz des eingerichteten und ausgeübten Gewerbebetriebes hindert den Gesetzgeber jedoch nicht, die sachlichen, personellen und finanziellen Mittel privatwirtschaftlicher Unternehmen in bestimmtem Umfange in den Dienst einer auf andere Weise nicht oder mit unverhältnismäßigen Schwierigkeiten zu bewältigenden öffentl Aufgabe zu stellen (BVerfG 29.11.1967, 1 BvR 175/66, BVerfGE 22, 380 ff).

7   Auch werden alle vermögenswerten Befugnisse des **geistigen Eigentümers** (BVerfG 23.3.1988, 1 BvR 686/66, BVerfGE 78, 101 ff), wie das Patent- und Warenzeichenrecht sowie das Urheberrecht, durch Art 14 geschützt (BVerfG 7.7.1961, 1 BvR 765/60, BVerfGE 31, 229 ff; 4.11.1987, 1 BvR 1611/84 ua, BVerfGE 77, 263 ff). So widerspricht es der Eigentumsgarantie des Art 14 I, dass der Urheber sein Werk für öffentl Veranstaltungen (bzw Gottesdienst) regelmäßig vergütungsfrei zur Verfügung stellen muss. Das dem **Urheberrecht** verwandte Schutzrecht des ausübenden Künstlers (§§ 73 ff UrhG) ist ebenfalls Eigentum iSd Art 14 I (BVerfG 23.1.1990, 1 BvR 306/86, BVerfGE 81, 208 ff).

III. Öffentliche Vermögensrechte. Vermögenswerte **subjektive Rechte des öffentl Rechts** fallen nach der Rspr des BVerfG jedoch nur dann unter den verfassungsrechtl Eigentumsbegriff des Art 14, wenn hierdurch eine Rechtsposition geschaffen worden ist, die derjenigen des Eigentümers so nahe kommt, dass Art 14 Anwendung finden muss (BVerfG 16.7.1978, 2 BvR 71/76, BVerfGE 69, 272 ff; *Thiele* DVBl 1981, 253 ff). Bedeutsam für eine solche Bewertung ist nach der Rspr des BVerfG, ob die Rechtsstellung auf eine **eigene** Leistung zurückzuführen ist oder ausschließlich auf staatlicher Gewährung beruht (Sachs/*Wendt* Art 14 Rn 28). Der verfassungsrechtl Eigentumsschutz entfällt jedenfalls bei solchen öffentlrechtl Ansprüchen, bei denen zu der einseitigen Gewährung des Staates keine den Eigentumsschutz rechtfertigende Leistung des Einzelnen hinzutritt (vgl BVerfG 20.6.1978, 2 BvR 71/76, BVerfGE 18, 397 ff). 8

Ansprüche auf **Sozialleistungen in Erfüllung von Fürsorgepflichten des Staates** unterliegen nicht Art 14 (BVerfG 28.2.1980, 1 BvL 17/77, BVerfGE 69, 302 ff). Die bloße Erwartung oder Hoffnung, bei der Einführung neuartiger (Sozial-)Leistungen oder der Regelung rentenrechtl Tatbestände begünstigt zu werden, wird durch Art 14 I nicht geschützt (BVerfG 12.3.1996, 1 BvR 609/94 ua, BVerfGE 94, 241 ff zur rentenrechtl Bewertung von Kindererziehungszeiten). Die Vermögensposition muss die konstitutiven Merkmale des Eigentumsbegriffs tragen, wobei entscheidend ist, inwieweit das infrage stehende Recht sich als Äquivalent eigener Leistungen – etwa durch Arbeits- und Kapitaleinsatz (BVerfG 28.6.1977, 1 BvR 499/74, BVerfGE 45, 170 ff) – erweist oder ausschließlich auf staatlicher Gewährung beruht (BVerfG 25.5.1993, 1 BvR 150/91, BVerfGE 88, 384 ff). Die **Arbeitslosenhilfe** als eine aus Steuermitteln finanzierte Entgeltersatzleistung bei Arbeitslosigkeit fiel nicht unter Art 14 I (BVerfG 7.12.2010, 1 BvR 2628/07). 9

Ob der **Anspruch auf Sozialversicherung** dem Schutz des Art 14 unterliegt, ist in der Grundsatzentscheidung zum Scheidungsrecht des Ersten EheRG dahin geklärt worden, dass **Versichertenrenten** und **Rentenanwartschaften** aus den gesetzlichen Rentenversicherungen dem Grundrechtsschutz des Art 14 unterliegen (BVerfG 12.11.1996, 1 BvL 4/80, BVerfGE 95, 143 ff). Auch **Rentenanwartschaften** genießen Schutz nach Art 14 (BVerfG 16.11.1992, 1 BvL 17/88, BVerfGE 87, 348 ff). Jedoch ist es von Verfassungs wegen geboten, dass der Gesetzgeber die Bestimmungen über die Übertragung und Begründung von Rentenanwartschaften in der gesetzlichen Rentenversicherung durch Regelungen ergänzt, die es ermöglichen, nachträglich eintretenden grundrechtswidrigen Auswirkungen des Versorgungsausgleichs zu begegnen (einschränkend BVerfG 14.7.1981, 1 BvL 28/78 ua, BVerfGE 57, 361 ff). Nach BVerfG 16.7.1985 (1 BvL 5/80 ua, BVerfGE 69, 272 ff) ist davon auszugehen, dass eine **sozialversicherungsrechtl Position** nur dann unter Eigentumsschutz steht, wenn sie nach Art eines Ausschließlichkeitsrechts dem Rechtsträger als **privatnützig** zugeordnet ist, auf **nicht unerheblichen Eigenleistungen** des Versicherten beruht und zudem **der Sicherung seiner Existenz** dient. Demnach wird der Anspruch auf **Arbeitslosengeld** durch die Eigentumsgarantie geschützt (BVerfG 10.2.1987, 1 BvL 15/83, BVerfGE 74, 203 ff; aber weiter Gestaltungsraum bei der Bemessung BVerfGE 90, 226 ff; Anm *Gagel* NZS 2000, 591 ff). Auch **Anwartschaften** werden vom Schutz des Art 14 erfasst, während bloße Erwartungen nicht darunter fallen. Die Regelungen des Haushaltsbegleitgesetzes 1984, welche die Anspruchsvoraussetzungen für den Bezug der **Berufs- und Erwerbsunfähigkeitsrente** erschweren, waren mit Art 14 I u Art 14 III 1 vereinbar, soweit danach Versicherte, die vor dem 1.1.1984 eine Versicherungszeit von 60 Kalendermonaten zurückgelegt hatten, ihre Anwartschaften nur durch Weiterzahlung von Beiträgen aufrechterhalten können (BVerfG 23.3.1984, 1 BvL 8/85, BVerfGE 75, 78 ff). 10

Nach st Rspr des BVerfG ist die Anwartschaft auf eine **Rente** aus eigener Versicherung **in der gesetzlichen Rentenversicherung** von Art 14 I geschützt. Dem Gesetzgeber kommt bei der Ausgestaltung der Inhalts- und Schrankenbestimmung des Eigentums, aus der sich die Reichweite der Eigentumsgarantie für Rentenanwartschaften ergibt, grds ein weiter Gestaltungsspielraum zu. Bei **Eingriffen in bestehende Rentenanwartschaften** ist zu berücksichtigen, dass in ihnen von vornherein die Möglichkeit von Änderungen angelegt ist. Denn das Rentenversicherungsverhältnis beruht im Unterschied zu einem privaten Versicherungsverhältnis nicht allein auf dem Versicherungsprinzip, sondern auch auf dem **Gedanken der Verantwortung und des sozialen Ausgleichs**. Solche Eingriffe müssen aber einem Gemeinwohlzweck dienen und verhältnismäßig sein. Es stellt eine Zielsetzung des öffentlichen Interesses dar, die **Finanzierung** der gesetzlichen Rentenversicherung zu **sichern** und die **Funktions- und Leistungsfähigkeit** des Systems der gesetzlichen Rentenversicherung zu **erhalten**, zu **verbessern** und den veränderten wirtschaftlichen Bedingungen **anzupassen** (BVerfG 5.2.2009, 1 BvR 1631/04, NZS 2009, 621; Dreier/*Heun* Art 3 Rn 83; Dreier/*Wieland*, Art 14 Rn 45). 11

Das BVerfG hat in seinen Entsch v 28.4.1999 (1 BvL 22/99 ua, BVerfGE 100, 1 ff; 28.4.1999, 1 BvR 1926/96, 485/97, BVerfGE 100, 104 ff; vgl auch *Heine* VSSR 2004, 317 ff) die Verfassungsmäßigkeit der **Überführung von Ansprüchen und Anwartschaften aus Zusatz- und Sonderversorgungssystemen der »DDR«** in die gesetzliche Rentenversicherung des wiedervereinigten Deutschlands ausgesprochen 12

(»Ostrenten-Entscheidung«). Nach dieser Entsch unterfallen die in der »DDR« erworbenen und im Einigungsvertrag nach dessen Maßgaben als Rechtsposition anerkannten Ansprüche und Anwartschaften aus Zusatz- und Sonderversorgungssystemen dem Schutz des Art 14 I 1. Die in der »DDR« erworbenen Rechtspositionen weisen die wesentlichen Merkmale des Eigentums iSv Art 14 auf. Sie waren dem Berechtigten privatnützig zugeordnet und dienten der Sicherung seiner Existenz.

13 **Versorgungsrechtl Ansprüche** der Beamten und Versorgungsempfänger mit Ausnahme der vermögensrechtl Ansprüche der Berufssoldaten (BVerfG 6.10.1980, 2 BvL 22/80, BVerfGE 65, 141 ff: angemessene Alimentation) unterliegen im Hinblick auf die Sonderregelung des Art 33 V **nicht der Eigentumsgarantie des Art 14** (BVerfG 17.1.1979, 2 BvR 513/73 ua, BVerfGE 52, 303 ff mit Anm *Schwaiger* EuGRZ 1980, 171 ff). Der Kernbestand dieser Ansprüche ist allerdings in der gleichen Weise wie bei Anwendung des Art 14 gesichert (BVerfG 30.3.1977, 2 BvR 1039/75 ua, BVerfGE 44, 281 ff; *Ruland* JuS 1979, 707). Bei Versorgungsansprüchen der Berufssoldaten der früheren Wehrmacht gilt Art 14 nach Maßgabe der Maßstäbe des Art 33 V (BVerfG 30.9.1987, 2 BvR 933/82, BVerfGE 76, 256 ff), wobei Pensionen bei Doppelversorgung uU gekürzt werden dürfen (§ 55 BeamtVG). Art 14 u 140 sind nicht verletzt, wenn Pfarr-Zusatzgehälter infolge einer Kirchensteuerreform entbehrlich werden und wegfallen (BVerwG 26.4.1968, VII C 91.65, DÖV 1968, 769 ff).

14 **D. Beeinträchtigungen des Eigentums und deren Rechtfertigung.** Beeinträchtigungen des Eigentums können entweder durch **Inhalts- und Schrankenbestimmungen**, die Entziehung einer als Eigentum geschützten Rechtsposition (**Enteignung**) oder in Gestalt **sonstiger Beeinträchtigungen** erfolgen, die jeweils verfassungsrechtlich gerechtfertigt sein müssen.

15 **I. Inhalts- und Schrankenbestimmung. 1. Definition.** Seit dem Nassauskiesungsbeschluss (BVerfG 15.7.1981, 1 BvL 77/78, BVerfGE 58, 300 ff) erhebt das BVerfG die Forderung nach einer strikten Trennung der Inhalts- und Schrankenbestimmung nach Art 14 I 2 von der Enteignung nach Art 14 III als jeweils **selbstständige Garantiebereiche** des Art 14. Die Bestimmung von Inhalt und Schranken des Eigentums besteht in der **generellen und abstrakten Festlegung von Rechten und Pflichten** durch den Gesetzgeber in Ansehung solcher Rechtspositionen, die als Eigentum geschützt sind (BVerfG 15.7.1981, 1 BvL 77/78, BVerfGE 58, 300 ff; 2.3.1999, 1 BvL 7/91, BVerfGE 100, 226 ff). Ziel der Inhalts- und Schrankenbestimmung ist die Normierung **objektiv-rechtl Vorschriften**, die den Inhalt des Eigentums vom Inkrafttreten eines G an für die Zukunft bestimmen. Gleichwohl können Inhalts- und Schrankenbestimmungen auch zu Verkürzungen schon bestehender Eigentumspositionen führen (*Sachs* Grundrechte B 14 Rn 9). Mithin konkretisiert die Inhalts- und Schrankenbestimmung die Sozialbindung des Eigentums und bringt diese mit den Interessen des Eigentümers zu einem angemessenen Ausgleich. Der Gesetzgeber kann mit der Bestimmung von Inhalt und Schranken des Eigentums unterschiedliche Zielrichtungen verfolgen. Regelungen iSv Art 4 I 2 können die **Eigentumsfreiheit** einerseits entweder erweitern oder **verkürzen**; sie können anderenfalls aber auch die Eigentümerbefugnisse **vermehren oder vermindern**. Verkürzen diese Regelungen die Eigentumsfreiheit, dann stellen sie, auch wenn dadurch das Eigentum für die Zukunft neu definiert wird, **Eingriffe in das Eigentum** dar. In Einzelfällen kann zwar auch die abstrakt-generelle Neuregelung von Eigentumsrechten zu einem konkreten sowie individuellen Verlust eines Eigentumsrechts führen (*Hösch* Eigentum und Freiheit, 2000, S 213). Der bundesverfassungsgerichtlichen Judikatur zufolge kann sich dies zwar wie eine Enteignung auswirken, ist aber keine Enteignung (BVerfG 9.1.1991, 1 BvR 929/89, BVerfGE 83, 201 ff).

16 **2. Rechtfertigung.** Inhalt und Schranken des Eigentums bestimmende Regelungen müssen dem Grundsatz der **Verhältnismäßigkeit** hinreichende Beachtung schenken (BVerfG 15.7.1987, 1 BvR 488/86, BVerfGE 76, 220 ff; Jarass/Pieroth/*Jarass* Art 14 Rn 38). Sie müssen im Hinblick auf das zu verwirklichende Ziel **geeignet** sein, dürfen den betroffenen Eigentümer **nicht mehr beeinträchtigen**, als es der gesetzgeberische Zweck erfordert; es darf also **keine mildere Alternative** zur Verfügung stehen (BVerfG 12.1.1967, 1 BvR 169/63, BVerfGE 21, 73 ff; AK/*Rittstieg* Art 14 Rn 167). Zu beachten ist dabei, dass ein milderes Mittel nicht in der Zuerkennung einer Entschädigung liegt, da die Inhalts- und Schrankenbestimmung gerade **ohne die Gewährung einer Entschädigung** auskommen muss (Maunz/Dürig/*Papier* Art 14 Rn 338). IRd Abwägungsprozesses stehen sowohl die Bestandsgarantie des Eigentums als auch die Sozialpflichtigkeit des Eigentums in einem untrennbaren Zusammenhang. Keiner dieser Faktoren darf über Gebühr verkürzt werden. Bes Bedeutung kommt der **Privatnützigkeit** des Eigentums zu. Sie verlangt, dass der Gesetzgeber den Kernbereich der Eigentumsgarantie nicht aushöhlen darf (BVerfG 2.3.1999, 1 BvL 7/91, BVerfGE 100, 226 ff; *Papier* DVBl 2000, 1398 ff). Dem Eigentümer müssen auch nach der Ausgestaltung von Eigentumsrechten noch originäre eigentümerspezifische Verfügungsrechte als **Eigentumskernbereich** verbleiben (v Münch/Kunig/*Bryde* Art 14 Rn 61). Das Eigentum muss also demjenigen Rechtsträger, dem es zugeordnet ist,

ungeachtet der dem Gesetzgeber zustehenden Gestaltungsbefugnisse als Grundlage privater Initiative von Nutzen sein können (BVerfG 2.3.1999, 1 BvL 7/91, BVerfGE 100, 226 ff). Von Bedeutung ist auch, ob und inwieweit die inhaltlich neu zu gestaltende Position auf einer **eigenen Leistung** beruht. Hins **öffentlrechtl Ansprüche** ist anerkannt, dass der verfassungsrechtl Schutz umso höher ist, desto mehr die jeweilige Position auf einer eigenen Leistung beruht (BVerfG 4.12.1979, 2 BvR 64/78 ua, BVerfGE 53, 25 ff). Bei privatrechtl Ansprüchen können Einschränkungen leichter verwirklicht werden, wenn sie auf staatlicher und nicht auf eigener Leistung beruhen (BVerfG 22.11.1994, 1 BvR 351/91, BVerfGE 91, 294 ff; Jarass/Pieroth/*Jarass* Art 14 Rn 44). Zulässige Inhalts- und Schrankenbestimmungen sind bspw Regelungen zur Sperrzeit, zur erweiterten Mitbestimmung (BVerfG 1.3.1979, 1 BvR 532/77 ua, BVerfGE 50, 290) und zum Kündigungsschutz (BAG 3.12.1985, 4 ABR 7/85, BAGE 50, 290 ff). Unzulässig sind dagegen etwa die Beeinträchtigung der ärztlichen Zulassung (BGH 4.6.1981, III ZR 31/80, BGHZ 81, 21 ff), Vermarktungsverbote ohne Übergangsregelungen (BVerwG 8.12.1988, 3 C 6/87, BVerwGE 81, 49 ff) und das ausnahmslose Verbot von Werbefahrten (BGH 10.7.1980, III ZR 160/78, BGHZ 78, 41 ff).

3. Ausgleichspflichtige Inhalts- und Schrankenbestimmung. In der Pflichtexemplarentscheidung (BVerfG 14.7.1981, 1 BvL 24/78, BVerfGE 58, 137 ff) hat das BVerfG erstmals ausgeführt, dass Inhalts- und Schrankenbestimmungen wegen unverhältnismäßiger Einschränkung der privatnützigen Verwendbarkeit sowie Verfügbarkeit des Eigentums als verfassungswidrig erachtet werden müssen. Sie können dem Verdikt der Verfassungswidrigkeit jedoch ausnahmsweise dadurch entgehen, dass der Gesetzgeber jenen Zugriff auf das Eigentum durch einen entspr Ausgleich abfedert – **ausgleichspflichtige Inhalts- und Schrankenbestimmungen** – (BVerfG 14.7.1981, 1 BvL 24/78, BVerfGE 58, 137 ff; *Papier* DVBl 2000, 1398). Der Gesetzgeber ist im Bereich der Inhalts- und Schrankenbestimmungen zunächst gehalten, unzumutbare Belastungen durch Übergangs- oder Ausnahmeregelungen sowie sonstige administrative oder technische Vorkehrungen zu vermeiden (BVerfG 2.3.1999, 1 BvL 7/91, BVerfGE 100, 226 ff; Dreier/*Wieland* Art 14 Rn 126). Nur wenn ein solcher Real- oder Naturalausgleich im Einzelfall nicht oder nur mit einem unverhältnismäßigem Aufwand möglich ist, kann ein finanzieller Ausgleich in Betracht kommen (BVerfG 2.3.1999, 1 BvL 7/91, BVerfGE 100, 226 ff; *Papier* DVBl 2000, 1398). 17

II. Enteignung. 1. Definition. Unter Geltung des GG sind ursprünglich sowohl die Auslegung des Enteignungsbegriffs als auch die Eigentumsdogmatik insgesamt maßgeblich durch die Rspr des BGH und dessen Sonderopfertheorie beeinflusst und beherrscht worden (BGH 30.9.1970, III ZR 148/67, BGHZ 54, 293 ff; *Boujong* UPR 1984, 137). Danach sollte eine Enteignung in jedem **unmittelbaren hoheitlichen Eingriff** in eine als Eigentum geschützte Rechtsposition zu sehen sein, sofern die Grenze der zulässigen Inhaltsbestimmung überschritten und dem Einzelnen damit im Vergleich zur Allgemeinheit ein **Sonderopfer** auferlegt wird. Dem ist das BVerfG im Nassauskiesungsbeschluss entgegengetreten und hat die Enteignung formalisiert (BVerfG 15.7.1981, 1 BvL 77/78, BVerfGE 58, 300 ff). Danach ist die Enteignung als ein **finaler hoheitlicher Rechtsakt** zu klassifizieren, der auf die vollständige oder teilw **Entziehung einer als Eigentum geschützten Rechtsposition** gerichtet sein muss. Wesentlich für die Enteignung ist allein der **Rechtsentzug** (BVerfG 2.3.1999, 1 BvL 7/91, BVerfGE 100, 226 ff; *Papier* DVBl 2000, 1398 ff). Ferner muss die Enteignung auf die Erfüllung bestimmter **öffentl Aufgaben** gerichtet sein (BVerfG 17.11.1992, 1 BvL 8/82, BVerfGE 74, 264 ff; *Papier* DVBl 2000, 1398 ff). 18

2. Rechtfertigung. Die Enteignung stellt einen bes schwerwiegenden Eigentumseingriff dar und ist daher nur unter strengen Voraussetzungen zulässig. Das Gesetzmäßigkeitsprinzip des Art 14 III 2 normiert ausdrücklich, dass Enteignungen nur durch G (**Legalenteignung**) oder auf der Grundlage eines G (**Administrativenteignung**) zulässig sind. Gesetzlich nicht geregelte Fälle der Enteignung kennt das GG demnach nicht (*Ossenbühl* Staatshaftungsrecht S 203). Die Enteignung unmittelbar durch G kommt nur unter ganz bestimmten Umständen in Betracht. Die mangelnde erstinstanzliche Überprüfungsmöglichkeit von formellen G, die eine Legalenteignung vornehmen, hätte nämlich ansonsten eine Verkürzung der Rechtsweggarantie des Art 19 IV zur Folge (Sachs/*Wendt* Art 14 Rn 159). Die Enteignung ist nur zum **Wohl der Allgemeinheit** zulässig. Es muss mit der Enteignung ein bestimmter Zweck verfolgt werden, der in dem jeweiligen Enteignungsgesetz näher festzulegen ist (Jarass/Pieroth/*Jarass* Art 14 Rn 80). Das Wohl der Allgemeinheit ist eine bes Zulässigkeitsschranke der Enteignung. Sie wird nur dann vom Wohl der Allgemeinheit getragen, wenn sie zur Erfüllung öffentl Aufgaben unumgänglich ist (BVerfG 17.11.1992, 1 BvL 8/87, BVerfGE 87, 241 ff; v Münch/Kunig/*Bryde* Art 14 Rn 83). Fiskalische Interessen allein reichen nicht (BVerfG 12.11.1974, 1 BvR 32/68, BVerfGE 38, 175 ff). Eine Enteignung zur Verwirklichung eines rechtswidrigen Vorhabens dient nie dem Wohl der Allgemeinheit (BVerwG 6.3.1987, 4 C 11/83, BVerwGE 77, 86 ff). Wenn jedoch in bestimmten Fällen die öffentl Interessen ein derartiges Gewicht erreicht haben 19 und ggü den Belangen des Eigentümers überwiegen, dann sind auch Enteignungen zugunsten Privater möglich (*Nüßgens/Boujong* Eigentum, Sozialbindung und Enteignung, 1987 Rn 356). Soll zugunsten eines Privaten enteignet werden, muss gewährleistet sein, dass dem **privaten Enteignungsbegünstigten** durch G oder auf der Grundlage eines G eine dem Allgemeinwohl dienende Aufgabe zugewiesen und zudem sichergestellt ist, dass der im Allgemeininteresse der Maßnahme liegende Zweck nicht nur erreicht wird, sondern auch dauerhaft durch den Privaten gesichert werden kann (BVerfG 24.3.1987, 1 BvR 1046/85, BVerfGE 74, 264 ff; Maunz/Dürig/*Papier* Art 14 Rn 593). Dazu ist eine effektive Bindung des begünstigten Privaten an das Gemeinwohlziel notwendig. Ferner muss auch die Enteignung **verhältnismäßig** sein. Sie muss zum Wohl der Allgemeinheit erforderlich, dh unumgänglich sein (BVerfG 12.11.1974, 1 BvR 32/68, BVerfGE 38, 175 ff). Es darf kein milderes Mittel zur Erreichung des mit der Enteignung verfolgten Zwecks geben (BVerfG 10.5.1977, 1 BvR 514/68 ua, BVerfGE 45, 297 ff). Kann der entspr Zweck bspw durch eine dingliche Belastung erreicht werden, scheidet der Vollentzug des Eigentums aus (v Münch/Kunig/ *Bryde* Art 14 Rn 85). Der Entzug des Eigentums muss schließlich in einem **angemessenen Verhältnis** zu dem mit der Enteignung verfolgten Zweck stehen (Maunz/Dürig/*Papier* Art 14 Rn 597). Die **Junktimklausel** des Art 14 III 2 besagt, dass das G, das die Enteignung vornimmt oder Grundlage für eine Administrativenteignung ist, Art und Ausmaß der Entschädigung regeln muss. Ein Enteignungsgesetz, das ganz oder teilw gegen diese Pflicht verstößt, ist nichtig (BVerfG 15.7.1981, 1 BvL 77/78, BVerfGE 58, 300 ff). Ziel der Junktimklausel ist es, den Gesetzgeber zu zwingen, darüber Rechenschaft zu geben, »ob der zu regelnde Sachverhalt einen Enteignungstatbestand iSd Art 14 III darstellt, und dass in diesem Falle eine Entschädigung geleistet werden muss, welche die öffentl Haushalte belastet« (BVerfG 25.10.1977, 1 BvR 323/75, BVerfGE 46, 268 ff). Diesen Anforderungen werden **salvatorische Entschädigungsklauseln**, die nicht klarstellen, wann im Einzelfall eine Entschädigung verlangt werden kann, schwerlich gerecht (BVerwG 15.2.1990, 4 C 47/89, BVerwGE 84, 361 ff; Maunz/Dürig/*Papier* Art 14 Rn 573). Die Junktimklausel greift ausschließlich im Fall der Enteignung ein (BGH 9.10.1986, III ZR 2/85, BGHZ 99, 24 ff). Nach Art 14 III 2 ist der Gesetzgeber verpflichtet, Art und Ausmaß der **Entschädigung** zu regeln. Durch die Gewährung einer Entschädigung soll der Betroffene in die Lage versetzt werden, eine Sache gleicher Art und Güte, also ein gleichwertiges Objekt wiederbeschaffen zu können (BGH 12.3.1964, III ZR 209/60, BHGZ 41, 354 ff). Die Höhe der Entschädigung ist nach Art 14 III 3 unter gerechter Abwägung der Interessen der Allgemeinheit und der Beteiligten festzulegen. Als Art der Entschädigung kommt neben Geld bspw auch Ersatzland in Betracht (Sachs/*Wendt* Art 14 Rn 169). Sie muss nicht zwingend zum Verkehrswert erfolgen, sodass der Gesetzgeber nicht an der Festlegung einer geringeren Entschädigung gehindert ist, wenn dies einer sachgerechten Interessenabwägung entspricht (BVerfG 13.1.1976, 1 BvR 931/69, BVerfGE 41, 126 ff).

20 **III. Nutzungsbeschränkungen des Eigentums.** Nach wie vor **unsicher ist die Einordnung von nutzungsbeschränkenden Regelungen des Eigentums**. Während das BVerfG neuerdings offenbar dahin gehend tendieren zu scheint, eine Enteignung nur bei einer **Übertragung der entzogenen Rechtsposition** auf einen neuen Rechtsträger und damit allein im Fall eines **Güterbeschaffungsvorgangs** zulassen zu wollen (BVerfG 2.3.1999, 1 BvL 7/91, BVerfGE 100, 226 ff; v Münch/Kunig/*Bryde* Art 14 Rn 58; v Mangoldt/Klein/ *Starck* Art 14 Rn 215; *Deutsch* DVBl 1995, 546 ff), soll nach anderer Ansicht eine Enteignung auch bei Nutzungsbeschränkungen des Eigentums in Betracht kommen, wenn die **entzogene bzw beschränkte Vermögensposition vom Enteignungsbegünstigten wie von einem Eigentümer genutzt werden kann** (Jarass/ Pieroth/*Jarass* Art 14 Rn 54; ähnlich Dreier/*Wieland* Art 71 Rn 14).

21 **IV. Sonstige Eigentumsbeeinträchtigungen.** Hierunter fallen zunächst einmal alle Verwaltungsakte, die keine Enteignung sind (Sachs/*Wendt* Art 14 Rn 121). Als Inhalts- und Schrankenbestimmungen können sie schon deshalb nicht klassifiziert werden, weil es sich hierbei nicht um abstrakt-generelle Regelungen handelt. Daneben können auch eigentumsbelastende Realakte sonstige Eigentumsbeeinträchtigungen darstellen (*Jarass* NJW 2000, 2841 ff).

22 **E. Enteignungsgleicher Eingriff und Enteignung.** Da Art 14 III nur für die Enteignung gilt, finden die beiden Institute des enteignungsgleichen und enteignenden Eingriffs, die ebenfalls an eine Beeinträchtigung von als Eigentum geschützten Rechtspositionen anknüpfen, ihre Rechtsgrundlage jedenfalls nicht in Art 14 III. Ein Anspruch **aus enteignungsgleichem Eingriff** setzt voraus, dass eine als Eigentum geschützte Rechtsposition durch eine hoheitliche Maßnahme beeinträchtigt wird. Diese Beeinträchtigung muss ferner rechtswidrig sein und darf nicht durch andere Maßnahmen und auch nicht durch Rechtsmittel abgewehrt werden können (*Badura* Handbuch des Verfassungsrechts § 10 Rn 73; Dreier/*Wieland* Art 14 Rn 140; Jarass/Pieroth/*Jarass* Art 14 Rn 53 ff). Ein Anspruch aus **enteignendem Eingriff** besteht dann, wenn der

Eingriff in eine als Eigentum geschützte Rechtsposition atypische, also eine nicht vorhergesehene Nebenfolge einer rechtmäßigen hoheitlichen Maßnahme ist, die gerade nicht auf eine Eigentumsbeeinträchtigung abzielt. Zudem muss dem Betroffenen im Vergleich zur Allgemeinheit ein Sonderopfer auferlegt werden (BGH 17.3.1995, V ZR 100/93, BGHZ 129, 124 ff; Jarass/Pieroth/*Jarass* Art 14 Rn 52).

F. Rechtswegfragen. Bei **ausgleichspflichtigen Inhalts- und Schrankenbestimmungen** haben die Verwaltungsgerichte im Streitfall nach § 40 II 1 Hs 2 VwGO über Art und Ausmaß des zu leistenden Ausgleichs zu entscheiden. Für Rechtsstreitigkeiten über die Höhe der **Enteignungsentschädigung** sind nach Art 14 III 4 die ordentlichen Gerichte zuständig. Besteht hingegen Streit über die Zulässigkeit der Enteignung als solcher (»Ob«) oder über die Zulässigkeit von Inhalt- und Schranken des Eigentums regelnden Maßnahmen, sind die Verwaltungsgerichte ausschließlich zuständig. 23

G. Einzelne arbeitsrechtliche Aspekte. I. Grundlagen. Das ArbR hat nicht primär die Aufgabe, vermögenswerte und damit eigentumsrechtl geschützte Rechtspositionen auszugestalten. Nach Auffassung des BVerfG gewährt Art 14 **keinen übergreifenden Schutz ökonomisch sinnvoller und rentabler Eigentumsnutzung und unternehmerischer Dispositionsbefugnis** (BVerfG 6.10.1987, 1 BvR 1086/82 ua, BVerfGE 77, 84 ff; *Söllner* NZA 1992, 721 ff). Demgegenüber wird in der Lit vereinzelt die Auffassung vertreten, Art 14 schütze auch die Unternehmerfreiheit (Maunz/Dürig/*Scholz* Art 12 Rn 123). 24

II. Bedeutung für den AG. Die Eigentumsgarantie ist neben Art 12 das wichtigste Grundrecht für den AG. Da Art 14 auch das **Recht am eingerichteten und ausgeübten Gewerbebetrieb** schützt (s Rdn 5), werden die einzelnen Bestandteile und Erscheinungsformen des Betriebs ebenfalls vom Schutzbereich des Art 14 I erfasst. Die Eigentumsgarantie gewährleistet die **Privatnützigkeit an Produktionsmitteln.** Dazu zählen etwa gesellschaftliche Anteile an Unternehmen oder aber einzelne Betriebsmittel, die zu einer organisatorischen Einheit zusammengefasst sind (BVerfG 1.3.1979, 1 BvR 532/78 ua, BVerfGE 50, 290 ff). Die Rechte des Anteilseigners werden durch das Sozialordnungsrecht sowie das Gesellschaftsrecht bestimmt und begrenzt. § 1 I Nr 1 S 2 DrittelbG tangiert die in der Aktienbeteiligung verkörperte mitgliedschaftsrechtliche Herrschaftskomponente, indem sie dessen Möglichkeit zur unmittelbaren Einflussnahme auf die Zusammensetzung des Aufsichtsrats jedenfalls teilweise einschränkt. § 1 I Nr 1 S 2 DrittelbG genügt den verfassungsrechtlichen Anforderungen an eine Inhalts- und Schrankenbestimmung des Eigentums (BVerfG 9.1.2014, 1 BvR 2344/11, ZIP 2014, 464). Nach Ansicht des LAG Rh-Pf übernimmt ein AG, der mit seinen AN die Geltung eines Regelwerks vereinbart, das die ordentliche Unkündbarkeit eintreten lässt, freiwillig ein erhöhtes Betriebsrisiko, von dem er sich nicht bereits aus dringenden betrieblichen Erfordernissen lösen kann. Er ist verpflichtet, **zumutbare Umorganisationen** vorzunehmen, um eine Weiterbeschäftigung von ordentlich unkündbaren AN zu ermöglichen oder eine Umorganisation zu unterlassen, die gerade zum Wegfall der Beschäftigungsmöglichkeit führt. Der Hinweis, die benötigten Dienstleistungen seien von externen Dienstleistern mit zu 50 % günstigeren Konditionen erhältlich, sei unzureichend. Wenn die Betriebsstruktur so gestaltet ist, dass 45 % der AN ordentlich unkündbar sind, müsse vom AG verlangt werden, von einer Fremdvergabe Abstand zu nehmen, oder zumindest zuvor alle anderweitigen rechtlichen Möglichkeiten auszuschöpfen. Es bedürfe dann zwingender Gründe, um eine außerordentliche Kdg ordentlich unkündbarer AN zu rechtfertigen (LAG Rh-Pf 28.3.2011, 5 Sa 373/10). Das BAG hat das Urt jedoch aufgehoben. Die Gestaltung des Betriebs, die Frage, ob und in welcher Weise sich der AG wirtschaftlich betätigen will, ist Bestandteil der durch Art 12, 14 u 2 I geschützten unternehmerischen Freiheit. Zu dieser gehört ua das Recht, festzulegen, ob bestimmte Arbeiten weiter im eigenen Betrieb ausgeführt oder an Drittunternehmen vergeben werden sollen (BAG 22.11.2012, 2 AZR 673/11, EzA § 626 BGB 2002 Unkündbarkeit Nr 18). Überschneidungen zwischen den verfassungsrechtl geschützten Eigentumsrechten des Unternehmers und den Belangen der AN bestehen auch im **Arbeitskampfrecht.** Hier muss nämlich der Eigentumsschutz mit den **Rechten der AN aus Art 9 III** in Einklang gebracht werden (Art 9 Rdn 70 ff; zum Schutz der Unternehmerfreiheit und Koalitionsfreiheit öffentl Unternehmen s *Löwisch* FS Säcker, 2011, S 261 ff). Nach überwiegender Auffassung stellt die gezielte Sachbeschädigung ein unzulässiges Arbeitskampfmittel dar (*Däubler* Arbeitskampfrecht Rn 1483 ff; *Seiter* Streikrecht und Aussperrungsrecht S 143). Dies hat zur Folge, dass Erhaltungsarbeiten auch während eines Arbeitskampfes geboten sind (*Kissel* Arbeitskampfrecht § 43 Rn 16 ff; ErfK/*Schmidt* Art 14 Rn 20). Bei sog »Flash-Mob-Aktionen« war geltend gemacht worden, dass sie kein zulässiges Arbeitskampfmittel sind, weil sie das Eigentum des AG unzulässig beeinträchtigen. Das BVerfG hat die Verfassungsbeschwerde gegen das Urt des BAG v 22.9.2009 (1 AZR 972/08) (Art 9 Rdn 115 f) jedoch nicht angenommen (BVerfG 26.3.2014, 1 BvR 3185/09, JurionRS 2014, 13190). Auch bei **gewerkschaftlichen Werbemaßnahmen** kann im Lichte des Art 9 III ein Spannungsverhältnis mit dem Eigentumsrecht des Unternehmers bestehen. Erst wenn eigene Verwertungsinteressen gemindert 25 oder aber der Betriebsablauf erheblich gestört wird, ist der AG nicht mehr zur Duldung dieser Maßnahmen verpflichtet (ErfK/*Schmidt* Art 14 GG Rn 22). Zwar ist der AG verpflichtet, zu dulden, dass eine tarifzuständige Gewerkschaft E-Mails zu Werbezwecken auch ohne Aufforderung durch die AN an die betrieblichen E-Mail-Adressen der AN versendet (BAG 20.1.2009, 1 AZR 515/08, EzA Art 9 GG Nr 96). Jedoch ist er nicht verpflichtet, die Nutzung eines für dienstliche Zwecke eingerichteten E-Mail-Accounts durch die bei ihm beschäftigten AN zu Zwecken des Arbeitskampfs zu dulden. Die Mobilisierung von AN zur Streikteilnahme ist Aufgabe der jeweiligen Koalition und ihrer Mitglieder. Vom AG kann nicht verlangt werden, hieran durch Bereitstellung eigener Betriebsmittel mitzuwirken (BAG 15.10.2013, 1 ABR 31/12, NZA 2014, 319). Auch wenn das ArbR die Sozialbindung des Eigentums konkretisiert, so **gewährt es dem AN kein Nutzungsrecht am AG-Eigentum.** Die koalitionsrechtliche Betätigungsfreiheit im Betrieb gestattet keine Inanspruchnahme fremden Eigentums (MünchArbR/*Richardi* Bd 1 III § 10 Rn 64). Dies hat zur Folge, dass der AG die Entfernung von Gewerkschaftsemblemen auf den von ihm zur Verfügung gestellten Schutzhelmen verlangen kann (BAG 23.2.1979, 1 AZR 172/78, BAGE 31, 318 ff). Im Bereich der betrieblichen Altersversorgung besteht seit der Streichung des Sicherungsfalls der wirtschaftlichen Notlage (1.1.1999 das von der Rspr aus den Grundsätzen über den Wegfall der Geschäftsgrundlage entwickelte Recht zum Widerruf insolvenzgeschützter betrieblicher Versorgungsrechte wegen wirtschaftlicher Notlage nicht mehr (s § 7 BetrAVG Rdn 18). Der Gesetzgeber hat dabei die Anforderungen beachtet, die sich im Hinblick auf den Eigentumsschutz nach Art 14 I im Lichte von Art 1 des 1. Zusatzprotokolls zur Europäischen Menschenrechtskonvention für Betriebsrenten und unverfallbare Anwartschaften ergeben, beachtet (BVerfG 29.2.2012, 1 BvR 2378/10). Grundsätzlich ist der AG frei in seiner Entscheidung, gegenüber einem AN ein **Hausverbot** auszusprechen. Wenn der AG als Inhaber des Hausrechts jedoch zur Gestattung des Aufenthalts (arbeits)vertraglich verpflichtet ist, führt diese zivilrechtliche Bindung dazu, dass Art 12, 14 bei der gebotenen Abwägung hinter das Persönlichkeitsrecht des vom Hausverbot betroffenen AN sowie das Diskriminierungsverbot zurücktreten. Die Abwägung führt dazu, dass ein den Vertrag vereitelndes Hausverbot der Rechtfertigung durch **besonders gewichtige Sachgründe** bedarf (ArbG Stuttgart 9.7.2014, 11 Ca 1767/14, LAGE § 903 BGB 2002 Nr 1).

26 **III. Bedeutung für den AN.** Insb für Lohn- und betriebliche Versorgungsansprüche kommt dem Eigentumsgrundrecht eine wichtige Bedeutung zu. Neben den bereits entstandenen Ansprüchen werden **auch rechtl gesicherte Anwartschaften** vom Schutz des Art 14 I erfasst (BAG 28.5.2002, 3 AZR 422/01, BAGE 101, 186 ff). **Sozialleistungen,** die ausschließlich in Hinblick auf den Bestand des Arbeitsverhältnisses erbracht werden und nicht von der persönlichen Arbeitsleistung der begünstigten Arbeitnehmer abhängen (z.B. Beihilfen), fallen **nicht** unter den Schutz des Art 14 I (BAG 17.7.2012, 1 AZR 476/11, EzA § 75 BetrVG 2001 Nr 7). Der **Arbeitsplatz** als solcher stellt **kein vermögenswertes Recht** dar, vielmehr wird die Erwerbstätigkeit allein durch Art 12 geschützt (BVerfG 24.4.1991, 1 BvR 1341/90, BVerfGE 84, 133 ff). Das BAG hat offen gelassen, ob ein **Recht am Arbeitsplatz** im Sinne eines räumlich-gegenständlichen Bereichs oder ein **Recht am Arbeitsverhältnis** im Sinne eines alleinigen Verfügungsrechts des AN als absolutes Recht iSv § 823 I BGB anzuerkennen ist (BAG 20.3.2014, 8 AZR 45/13, EzA § 311 BGB 2002 Nr 3). Daher besteht kein genereller Anspruch auf Zahlung einer Abfindung im Kündigungsfall. Bei **zukünftigen Verdienstmöglichkeiten** und **in der Zukunft liegenden Berufschancen** handelt es sich ebenfalls **nicht um verfassungsrechtl geschützte Eigentumspositionen.** Die Eigentumsgarantie hindert daher die Tarifvertragsparteien auch dann nicht, ein **tarifliches Vergütungssystem** durch ein anderes zu ersetzen, wenn dies zu einer verminderten Vergütung führt. Art 14 I gewährleistet grds nur Rechtspositionen, die einem Rechtssubjekt bereits zustehen und schützt nicht bloße Vergütungserwartungen (BAG 9.6.2011, 6 AZR 867/09, ZTR 2011, 736). Die Sanktionsfolge des **§ 144 VI SGB III** (Sperrzeit von 1 Woche) als Folge eines eintägigen Meldeversäumnisses verstößt nicht gegen Art 14 (BSG 25.8.2011, B 11 AL 30/10 R, NZA-RR 2012, 216).

Gleiches gilt für eine bestehende **Geschäftsbeziehung** oder einem einmal erworbenen **Kundenstamm** (BVerfG 6.10.1987, 1 BvR 1086/82 ua, BVerfGE 77, 84 ff; BSG 26.5.1990, BSGE 67, 67 ff). Zwar garantiert Art 14 **keinen Insolvenzschutz für Versorgungsanwartschaften.** Jedoch ist der Bestandsschutz angemessen zu berücksichtigen, soweit der Gesetzgeber bestimmte Obergrenzen und Anrechnungsverbote festlegt (*Gamillscheg* Die Grundrechte im Arbeitsrecht S 70). Der in § 22 IV 4 TVöD vorgesehene Übergang v Ansprüchen auf Erwerbsminderungsrente ist nicht wirksam, weil sie als Sozialleistung nur durch öffentl-rechtlichen Vertrag u unter den weiteren Voraussetzungen des § 53 SGB I übertragen werden können. Das Sozialrechtsverhältnis zwischen Rentenversicherungsträger u Versichertem ist ein gesetzliches Schuldverhältnis u nicht Bestandteil des Arbeitsverhältnisses, sondern entsteht kraft Gesetzes u existiert unabhängig vom Arbeitsverhältnis (BSG 29.1.2014, B 5 R 36/12 R, ZTR 2015, 337).

H. **Verhältnis zu anderen Grundrechten.** Art 14 ist grds lex specialis zu Art 1 und 2 (BVerfG 27
14.2.1989, 1 BvR 308/88, BVerfGE 79, 292 ff); persönlichkeitsrechtliche und vermögensrechtliche Überschneidungen sind aber bei den Immaterialgüterrechten vorhanden, sodass hier ein Konkurrenzverhältnis besteht (BVerfG 7.7.1971, 1 BvR 765/66, BVerfGE 31, 229 ff). Beim Urheberrecht, Patentrecht, Warenzeichenrecht, Gebrauchs- und Geschmacksmusterrecht sowie anderen Bereichen, wo subjektive Rechte an einem unkörperlichen Gut infrage stehen gilt der Grundsatz, dass in vermögensrechtlichen Aspekten Art 14 eingreift (BVerfG 25.10.1978, 1 BvR 352/71, BVerfGE 49, 382 ff; Maunz/Dürig/*Papier* Art 14 Rn 195), während iÜ Art 1 und 2 einschlägig sind.

Art. 19 Grundrechts- und Rechtsschutzgarantie

(1) ¹Soweit nach diesem Grundgesetz ein Grundrecht durch Gesetz oder auf Grund eines Gesetzes eingeschränkt werden kann, muss das Gesetz allgemein und nicht nur für den Einzelfall gelten. ²Außerdem muss das Gesetz das Grundrecht unter Angabe des Artikels nennen.
(2) In keinem Falle darf ein Grundrecht in seinem Wesensgehalt angetastet werden.
(3) Die Grundrechte gelten auch für inländische juristische Personen, soweit sie ihrem Wesen nach auf diese anwendbar sind.
(4) ¹Wird jemand durch die öffentliche Gewalt in seinen Rechten verletzt, so steht ihm der Rechtsweg offen. ²Soweit eine andere Zuständigkeit nicht begründet ist, ist der ordentliche Rechtsweg gegeben. ³Art. 10 Abs. 2 Satz 2 bleibt unberührt.

Übersicht	Rdn.		Rdn.
A. Grundrechtseinschränkung (I, II)	2	I. Grundsätze	9
B. Grundrechtsträger (III)	4	II. Anwendung im Arbeitsgerichtsverfahren	12
C. Rechtsschutzgarantie (IV)	9		

Art 19 GG ist kein selbstständiges materielles GR, sondern dient dem **Schutz der GR** (BVerfG 1
30.4.1952, 1 BvR 14/52, BVerfGE 1, 264, 280).

A. Grundrechtseinschränkung (I, II). I 1 verbietet GReinschränkende G, die nur für den Einzelfall gelten. Ein **EinzelfallG** liegt noch nicht dann vor, wenn der Gesetzgeber konkrete Fälle zum Anlass der Regelung nimmt (**AnlassG**), sondern erst dann, wenn nur ein einmaliger Eintritt der vorgesehen Rechtsfolgen möglich ist, also in Wirklichkeit eine rein einzelfallbezogene Regelung durch eine scheinbar abstrakt-generelle Regelung verschleiert wird (BAG 25.4.2013, 6 AZR 49/12). Werden GR, die unter Gesetzesvorbehalt stehen, durch ein förmliches G eingeschränkt, muss dieses das GR benennen, das durch dieses G oder aufgrund dieses G eingeschränkt wird. Das gilt auch bei bloßen Gesetzesänderungen, wenn es dadurch zu neuen GR-Beschränkungen kommt. Dass bereits im Ursprungsgesetz dem Zitiergebot genügt war, ändert daran nichts. Der Verstoß gegen dieses in I 2 geregelte **Zitiergebot** führt zur Verfassungswidrigkeit des G (BVerfG 27.7.2005, 1 BvR 668/04, BVerfGE 113, 348, 366).
Die **Wesengehaltsgarantie** des II bindet nur den einfachen, nicht aber den Verf-Gesetzgeber und gilt deshalb nicht für Verf-Änderungen (BVerfG 3.3.2004, 1 BvR 2378/98 ua, BVerfGE 109, 279, 310 f). Halten die in GR oder grundrechtsgleiche Rechte eingreifenden G die sonstigen für GR-Beschränkungen geltenden Voraussetzungen, insb das Gebot der Verhältnismäßigkeit, ein, ist die Wesengehaltsgarantie regelmäßig nicht verletzt (BVerfG 15.7.1981, 1 BvL 77/78, BVerfGE 58, 300, 348). Die Wesensgehaltsgarantie entfaltet daher in der Rechtswirklichkeit keine wesentliche Bedeutung (Jarass/Pieroth/*Jarass* Rn 9).

B. Grundrechtsträger (III). GR-Träger sind zunächst alle **natürlichen Personen**. Soweit das GG nur 4
Deutschen iSd Art 116 GG die GR-Fähigkeit zuspricht (insb Art 9 I und Art 12 I), kollidiert dies für **Unionsbürger** mit dem Verbot der **Diskriminierung** wegen der Staatsangehörigkeit (Art 12 I EG) sowie mit dem Grds der Freizügigkeit, der jede unterschiedliche Behandlung von Unionsbürgern bei Beschäftigung und Arbeitsbedingungen wegen ihrer Staatsangehörigkeit verbietet (Art 39 EGV). Deshalb wird gefordert, auch die sog »**Deutschen-GR**« uneingeschränkt auf Unionsbürger anzuwenden (Jarass/Pieroth/*Jarass* Rn 12) bzw Art 2 I extensiv auszulegen und so den Unionsbürgern einen gleichwertigen GR-Schutz zukommen zu lassen (Nachw bei Maunz/Dürig/*Di Fabio* Art 2 Rn 35). Einer derartigen »grundrechtlichen Brücke« (Maunz/Dürig/*Di Fabio* aaO) bedurfte es jedoch unter Zugrundelegung der bisherigen Rspr des BVerfG zur Angleichung des Schutzniveaus nicht. Diese hatte allein auf der Ebene des Unionsrechts und nicht der des Verfrechts zu erfolgen. Der nationale Gesetzgeber wurde danach durch die Deutschen-GR nicht verpflichtet, Ausländer zu benachteiligen. Etwaige Benachteiligungen von Ausländern

oder diskriminierende Begünstigungen von Inländern würden allein durch das einfache Recht gesetzt. Stellten die nationalen Gerichte Diskriminierungen von Unionsbürgern fest, müssten sie diese einfachrechtlichen Normen gemeinschaftsrechtskonform handhaben, sie also entweder gemeinschaftsrechtskonform auslegen oder unangewendet lassen. Diskriminierungen von Unionsbürgern waren allein über das Gemeinschaftsrecht zu verhindern. Nach dieser Ansicht bestand kein Kollisions-, sondern **lediglich ein Konkurrenzverhältnis** zwischen dem nationalen GR-Schutz und dem Schutz durch Gemeinschafts-GR und -freiheiten (Maunz/Dürig/*Di Fabio* aaO; ausf *Störmer* AöR 123 (1998) 541). Ausländer, die **nicht Unionsbürger** sind, könnten sich nur auf das subsidiäre allg Freiheitsrecht des **Art 2 I** berufen. Allerdings wäre Art 2 I **nicht** so weit auszulegen, dass Nichtdeutsche daraus **denselben Schutz wie Deutsche** aus Art 12 I beanspruchen könnten. Art 2 I würde deshalb nicht allein dadurch verletzt, dass Ausländern der Zugang zu einem Beruf verwehrt wird. Dieser Ausschluss sei in Art 12 I ausdrücklich geregelt und gehöre damit zur verfassungsmäßigen Ordnung, die Art 2 I Schranken setzt. Schutz bietet Art 2 I nach dieser Rspr nur vor Eingriffen, die von seinen Schranken nicht mehr gedeckt sind und nicht vom speziellen Regelungsbereich des Art 12 I erfasst werden. Das wäre etwa zu bejahen, wenn der Vorbehalt des G missachtet wird (BVerfG 10.5.1988, 1 BvR 482/84 ua, BVerfGE 78, 179, 196 f). Ob das BVerfG an dieser Rspr im Hinblick auf seine »Cassina«-Entsch (19.7.2011, 1 BvR 1916/09, NJW 2011, 3428, s Rdn 6) noch festhalten wird, erscheint mehr als zweifelhaft. Unabhängig von einer Klärung durch das BVerfG sind die Grds der »Cassina«-Entsch auf die »Deutschen-GR« zu übertragen. Auf **Unionsbürger** sind deshalb auch die »**Deutschen-GR« uneingeschränkt anzuwenden** (vgl Art 12 Rdn 2).

5 GR-Träger sind nach III auch **inländische juristische Personen des Privatrechts**, soweit ein GR seinem Wesen nach auf diese anwendbar ist. Das ist zu verneinen, wenn ein GR an Eigenschaften, Äußerungsformen oder Beziehungen anknüpft, die nur natürlichen Personen wesenseigen sind, dagegen zu bejahen, wenn ein GR auch korporativ ausgeübt werden kann (BVerfG 13.6.2007, 1 BvR 1550/03, BVerfGE 118, 168, 203). Auch eine juristische Person des Privatrechts kann sich auf das durch Art 2 geschützte **Recht am gesprochenen Wort** berufen (BAG 23.4.2009, 6 AZR 189/08, NZA 2009, 974). Sind inländische juristische Personen nicht GR-fähig, können sie allerdings Verfahrens-GR, etwa Art 101 und Art 103, geltend machen.

6 **Ausländische juristische Personen** sind nach dem ausdrücklichen Wortlaut des III keine GR-Träger. Sie konnten deshalb nach der Rspr des BVerfG nur die Verfahrens-GR, insb Art 103 (BVerfG 18.8.2010, 1 BvR 3268/07, ZOV 2010, 216), geltend machen. Soweit sie ihren **Sitz im Unions-Ausland** haben, hat das BVerfG in seiner »Cassina«-Entsch zwar eine unionsrechtskonforme Auslegung wegen des eindeutigen Wortlauts als nicht möglich angesehen. Es hat jedoch aufgrund des **Anwendungsvorrangs** der Grundfreiheiten und des allgemeinen Diskriminierungsverbots wegen der Staatsangehörigkeit im **Unionsrecht** den Schutz des III auch auf ausländische juristische Personen erweitert. Die richtige Auslegung der unionsrechtlichen Diskriminierungsverbote hat es als so offenkundig angesehen, dass es einen acte clair angenommen und eine Vorlage an den EuGH deshalb als entbehrlich angesehen hat (BVerfG 19.7.2011, 1 BvR 1916/09, NJW 2011, 3428).

7 **Juristische Personen des öffentl Rechts** sind nur dann GR-Träger, wenn ihre Bildung und Betätigung Ausdruck der freien Entfaltung der natürlichen Personen ist. Soweit sie öffentl Aufgaben wahrnehmen, sind sie Adressaten von GR und nicht deren Träger und deshalb grds **nicht GR-fähig**. Das gilt auch für juristische Personen des Privatrechts, die sich mehrheitlich im Eigentum der öffentl Hand befinden, soweit sie bestimmungsgemäß öffentl Aufgaben wahrnehmen und in dieser Funktion von dem angegriffenen Hoheitsakt betroffen sind (BVerfG 18.5.2009, 1 BvR 1731/05, NVwZ 2009, 1282; 7.9.2010, 1 BvR 2160/09, NJW 2011, 1339; vgl auch BVerfG 22.2.2011, 1 BvR 699/06, NJW 2011, 1201). Diese juristischen Personen können lediglich die Verfahrens-GR geltend machen. Dienen juristische Personen des öffentl Rechts jedoch als eigenständige, vom Staat unabhängige oder jedenfalls distanzierte Einrichtungen zugleich der Verwirklichung der individuellen GR von Bürgern, sind sie **GR-fähig**. Dies trifft für **Universitäten und Fakultäten, Rundfunkanstalten und Kirchen** zu (vgl BVerfG 31.10.1994, 1 BvR 35/82, BVerfGE 68, 193). Auch öffentl-rechtlich organisierte Religions- und Weltanschauungsgemeinschaften und die ihnen zugeordneten Einrichtungen sind GR-Träger (BVerfG 25.3.1980, 2 BvR 208/76, BVerfGE 53, 366, 387, 391).

8 Die Vereinigung kommunaler AG (VKA) und die Tarifgemeinschaft der Länder (TdL) als Tarifgemeinschaften öffentl AG können danach eine Verletzung ihrer Rechte aus Art 9 III nicht mit einer Verf-Beschwerde verfolgen, weil ihnen hins der Koalitionsfreiheit keine beschwerdefähige GR-Position zusteht. Sie sind keine GR-Subjekte. Sie können insoweit lediglich die Verfahrens-GR wie etwa Art 101 und Art 103 geltend machen (*Berlit* ZTR 1994, 143; *Sachs/Höfling* 5. Aufl, Art 9 Rn 114; aA *Depenheuer* ZTR 1993, 364). Sie sind jedoch tariffähig und können sich im Rahmen der von ihnen abgeschlossenen TV auf Art 9 III berufen (s Art 9 Rdn 7 und 67).

C. Rechtsschutzgarantie (IV). I. Grundsätze. Art 19 IV garantiert umfassend wirkungsvollen Rechts- 9
schutz vor den Gerichten, aber keinen unbegrenzten Rechtsweg. Garantiert sind lediglich der **Zugang** zu
den Gerichten, die **Prüfung** des Begehrens in einem förmlichen Verfahren und schließlich eine verbindliche
gerichtliche **Entsch.** Dabei reicht die einmalige Möglichkeit zur Einholung einer gerichtlichen Entsch.
Ein **Instanzenzug** ist demnach **nicht** grundrechtlich **garantiert** (BVerfG 4.7.1995, 1 BvF 2/86 ua, BVerfGE
92, 365).

Abs IV enthält ein GR auf effektiven und möglichst lückenlosen richterlichen Rechtsschutz gegen Akte 10
der **öffentl Gewalt.** Darunter wird vor dem Hintergrund des Willens des Grundgesetzgebers einengend
lediglich die vollziehende öffentl Gewalt, nicht aber die Legislative und Judikative verstanden. Dies wird
plakativ auf die Formel gebracht »Art 19 IV garantiert den **Schutz durch den Richter, nicht aber gegen
ihn«.** Allerdings legt das BVerfG den Begriff der »**vollziehenden öffentl Gewalt«** weit aus. Dazu gehören
auch Akte von Gerichten und Gerichtsorganen, die **außerhalb der spruchrichterlichen Tätigkeit** erfolgen,
also etwa Entsch von Rechtspflegern und Kostenbeamten, aber auch Anordnungen der Staatsanwaltschaft
als Strafverfolgungsbehörde und Handlungen des Richters aufgrund normierter Richtervorbehalte wie etwa
der Erlass von Haftbefehlen oder Durchsuchungsanordnungen. Eröffnet das Prozessrecht eine weitere Instanz, so gewährleistet IV die **Effektivität des Rechtsschutzes,** dh eine wirksame gerichtliche Kontrolle der
erstinstanzlichen Entsch. Das Rechtsmittelgericht darf also ein von der jeweiligen Prozessordnung eröffnetes Rechtsmittel nicht »leerlaufen« lassen (BVerfG 26.10.2011, 2 BvR 1539/09, StraFo 2012, 80).

Diese einengende Auslegung des Abs IV führt zu einem Rechtsschutzdefizit, das durch den allg **Justizge-** 11
währungsanspruch behoben wird. Dieser Anspruch ist Bestandteil des durch Art 20 III gewährleisteten
Rechtsstaatsprinzips iVm Art 2 I. Er gewährt Rechtsschutz nicht nur in **privatrechtlichen Streitigkeiten,**
sondern auch hins der **Verfahrensgestaltung durch die Gerichte,** insb gegen die Verletzung der Verfahrensgrundrechte wie Art 101 I und 103 I. Insb der Schutz rechtlichen Gehörs steht in **funktionalem Zusammenhang** mit der Rechtsschutzgarantie, die sich auf die Formel bringen lässt: Wer bei Gericht formell
ankommt, soll auch wirklich mit seinem Begehren gehört werden. Wegen dieses funktionalen Zusammenhangs mit Art 103 stellt die Verletzung einer Verfahrensbestimmung zugleich eine Verletzung des
Anspruchs auf **rechtliches Gehör** dar, wenn bei der Auslegung und Anwendung solcher Bestimmungen die
Bedeutung oder Tragweite des rechtlichen Gehörs verkannt werden (BVerfG 23.10. 2007, 1 BvR 782/07,
BVerfGE 119, 292. Der Justizgewährleistungsanspruch sichert den Anspruch auf Gewährung rechtlichen
Gehörs in jeder Instanz. Erfolgt eine entscheidungserhebliche Verletzung eines Verfahrensgrundrechts also
erst in der letzten in der Prozessordnung vorgesehenen Instanz, muss die Verfahrensordnung auch dort noch
eine eigenständige gerichtliche Abhilfemöglichkeit vorsehen. Allerdings genügt eine einmalige gerichtliche
Kontrolle, ein Rechtsweg ist auch insoweit nicht erforderlich. Diesem Gebot ist für die Arbeitsgerichtsbarkeit mit § 78a ArbGG genügt (ausf zur Rechtsschutzgarantie BVerfG 30.4.2003, 1 PBvU 1/02, BVerfGE
107, 395 = EzA Art 103 GG Nr 4).

II. Anwendung im Arbeitsgerichtsverfahren. Der Justizgewährleistungsanspruch gebietet, im Verfahren 12
des **vorläufigen Rechtsschutzes** so weit wie möglich der Schaffung solcher Tatsachen zuvorzukommen, die,
wenn sich eine Maßnahme bei (endgültiger) richterlicher Prüfung als rechtswidrig erweist, nicht mehr rückgängig gemacht werden können (BVerfG 16.5.1995, 1 BvR 1087/91, BVerfGE 93, 1, 14). Daher muss
bei **Konkurrentenklagen** der abgelehnte Bewerber vorläufigen Rechtsschutz vor der endgültigen Besetzung
der Stelle in Anspruch nehmen können. Die Gerichte müssen in diesem Prozess das Verfahrensrecht in
einer Weise auslegen und anwenden, die dem Gebot effektiven Rechtsschutzes Rechnung trägt. Vereitelt
der öffentl AG den einstweiligen Rechtsschutz durch eine vorzeitige Einstellung oder Beförderung des
Konkurrenten, kann der unterlegene Bewerber im Rahmen eines **Wiederherstellungsanspruchs** verlangen, so gestellt zu werden, als sei das Bewerbungsverfahren noch nicht beendet (BAG 24.3.2009, 9 AZR
277/08, NZA 2009, 901 mit Darlegung des vom öffentl AG einzuhaltenden Verfahrens). Nach der Rspr
des BVerwG kann der unterlegene Bewerber in solchen Fällen sogar gegen die Ernennung selbst klagen. In
Fällen dieser Art müsse der Grds der **Ämterstabilität,** nach dem die Vergabe eines Amtes rechtsbeständig ist,
zurückstehen (BVerwG 4.11.2010, 2 C 16.09, ZTR 2011, 256).

Die Gerichte dürfen bei der Anwendung und Auslegung der für die **Wiedereinsetzung** maßgeblichen 13
prozessrechtlichen Vorschriften die Anforderungen daran, was der Betroffene veranlasst haben muss, um
Wiedereinsetzung zu erlangen, nicht überspannen. Insb dürfen sie Wiedereinsetzung nicht aufgrund von
Anforderungen an die Sorgfaltspflichten des Anwalts versagen, die nach höchstrichterlicher Rspr nicht
verlangt werden und mit denen er auch unter Berücksichtigung der Entscheidungspraxis des angerufenen
Spruchkörpers nicht rechnen musste (BVerfG 28.2.1989, 1 BvR 649/88, BVerfGE 79, 372). Eine fristgebundene Klage oder ein Rechtsmittel sind deshalb auch dann noch als fristgerecht zu behandeln, wenn sie

Spelge

per **Fax** übermittelt worden sind, die **Signale** noch vor Ablauf des letzten Tages der Frist vom Telefaxgerät des Gerichts vollständig **empfangen** (gespeichert) wurden, aber erst nach Fristablauf ausgedruckt worden sind. Dabei kommt es nicht darauf an, ob der Ausdruck durch technische Störungen oder Bedienungsfehler verzögert worden ist (BAG 13.12.2012, 6 AZR 303/12, EzA § 66 ArbGG 1979 Nr 45; 19.1.1999, 9 AZR 679/97, EzA § 615 BGB Nr 93; BGH 25.4.2006, IV ZB 20/05, BGHZ 167, 214). Der Eingangszeitpunkt bestimmt sich nach dem Uhrzeitaufdruck des Telefaxgeräts des Gerichts (BAG 14.07.2010, 10 AZR 781/08). Beruht die Fristversäumung auf einer **unzutreffenden Rechtsmittelbelehrung**, liegt idR fehlendes Verschulden des Prozessbevollmächtigten an der Fristversäumung vor. Nur wenn die Belehrung offensichtlich nicht geeignet ist, den Anschein der Richtigkeit zu erwecken, ist die Fristversäumnis als schuldhaft anzusehen (BAG 10.06.2010, 5 AZB 3/10, EzA § 2 ArbGG 1979 Nr 76). Grds braucht derjenige, der eine ständige Wohnung hat und diese nur vorübergehend nicht benutzt, für die Zeit seiner Abwesenheit keine besonderen **Vorkehrungen** hins **möglicher Zustellungen** zu treffen. Dies gilt auch für den Geschäftsführer eines Kleinbetriebs ohne eigenes Geschäftslokal. Eine Prozesspartei muss jedoch dann Zustellvorkehrungen treffen, um mögliche Rechtsbehelfs- oder Rechtsmittelfristen zu wahren, wenn sie im Rahmen eines gerichtlichen Verfahrens nach dessen fortgeschrittenem Stand während ihrer Abwesenheit mit Zustellungen, die prozessuale Fristen in Lauf setzen, rechnen muss (BAG 26.9.2001, 5 AZB 40/00, EzA § 233 ZPO Nr 51, mit krit Anm *Hirtz* EWiR 2002, 315). Durch die Frist des § 5 III 2 KSchG wird der gerichtliche Rechtsschutz nicht unzumutbar eingeschränkt. Die Bestimmung des § 5 III 2 KSchG ist daher verfassungsgemäß. Eine Wiedereinsetzung in die Frist des § 5 III 2 KSchG ist ausgeschlossen (BAG 28.1.2010, 2 AZR 985/08, EzA § 5 KSchG Nr 38). In der Gesamtschau mit den neben der Hinweispflicht des § 6 S 2 KSchG bestehenden Hinweis- und Fragepflichten des ArbG gem § 139 ZPO und dem von den Gerichten zu beachtenden Grds »iura novit curia« genügt § 6 S 1 KSchG den verfassungsrechtlichen Anforderungen an eine Präklusion (BAG 18.1.2012, 6 AZR 407/10, EzA-SD 2012 Nr 7 S 3).

14 Im Hinblick auf das **Gebot zur Gewährung effektiven Rechtsschutzes** dürfen die ArbG Ausschlussfristen nicht so auslegen, dass sie durch das dem AN dadurch auferlegte Kostenrisiko faktisch die Möglichkeit des Zugangs zu Gericht vereiteln (BVerfG 1.12.2010, 1 BvR 1682/07, EzA § 4 TVG Ausschlussfristen Nr 197). Aufgrund dieser Entsch hat das BAG seine Rspr, dass zur Wahrung der 2. Stufe einer Ausschlussfrist rgm eine bezifferte Klage erforderlich sei, aufgegeben. Tarifvertragliche Ausschlussfristen sind verfassungskonform dahin auszulegen, dass die vom Erfolg einer Bestandsschutzstreitigkeit abhängigen Ansprüche mit der Erhebung der Kündigungsschutzklage gerichtlich geltend gemacht sind (BAG 19.9.2012, 5 AZR 627/11, NZA 2013, 101).

15 Geht ein **Schriftsatz** so zeitig bei einem **unzuständigen Gericht** ein, dass er im ordentlichen Geschäftsgang noch fristgerecht an das zuständige weiter geleitet werden kann, kann die Partei darauf vertrauen, dass die **Weiterleitung** erfolgt. Das gilt auch für Rechtsmittelschriften und -begr. Kann die **Unterschrift** unter einem fristgerecht eingegangenen, nicht unterzeichneten Schriftsatz auf entspr Hinweis noch innerhalb der laufenden Frist **nachgeholt** werden, muss das Gericht die Partei auf diesen leicht erkennbaren Formmangel im ordentlichen Geschäftsgang – also per Brief u nicht per Fax (BGH 6.11.2008, IX ZB 208/06, NJW-RR 2009, 408) – hinweisen u ihr Gelegenheit geben, den Fehler fristgerecht zu beheben. Es darf nicht »sehenden Auges« abwarten, bis die Frist versäumt ist (BGH 15.6.2004, VI ZB 9/04, NJW-RR 2004, 1364). Durfte der Anwalt darauf vertrauen, dass dem Gericht die offenkundige Mangel im ordentlichen Geschäftsgang so frühzeitig auffallen würde, dass er nach Hinweis den Mangel noch beheben kann, ist ihm **Wiedereinsetzung** zu bewilligen. Das ist bei einem Zeitabstand von 10 Tagen zwischen Eingang und Fristablauf der Fall (BVerfG 22.10.2004, 1 BvR 894/04, NJW 2005, 814; BGH 14.10.2008, VI ZB 37/08, NJW-RR 2009, 564). Bei einem Eingang am vorletzten Tag des Fristablaufs soll es dagegen an einem schutzwürdigen Vertrauen fehlen (BGH 25.6.2009, III ZB 990/08). Das ist mit dem aktuellen Stand der Technik u den sich daraus ergebenden Bearbeitungsabläufen in den Gerichten nicht mehr vereinbar. Eilbedürftige Beschlüsse, zB über Terminsaufhebungen, werden den Parteien idR per Fax übermittelt. Darum ist der Anwalt auch bei einem am letzten Tag der Frist eingehenden bestimmenden Schritsatz auf die fehlende Unterschrift durch einen per Fax übermittelten Hinweis zu informieren, sofern der Hinweis nach dem ordentlichen Gerichtsgang vom Vorsitzenden bzw seinem Vertreter erteilt u noch per Fax übersandt werden kann. Darauf darf er vertrauen. Nach denselben Grundsätzen ist auch darauf hinzuweisen, wenn ein nach § 66 I 5, 74 I 3, 72a III 1 ArbGG nicht statthafter Antrag auf eine **zweite Verlängerung der Berufungsbzw Revisionsbegrfrist** oder **Verlängerung** der Frist **zur Begr der Nichtzulassungsbeschwerde** gestellt wird.

16 Der **Zugang zu den Gerichten** darf nicht in einer aus Sachgründen zu rechtfertigenden Weise erschwert werden. Die **Parteibezeichnung** ist deshalb rechtsschutzgewährend auszulegen. Die Vorschriften des Verfahrensrechts sind kein Selbstzweck (BAG 25.4.2013, 6 AZR 49/12, EzTöD 100 § 34 Abs 1 TVöD-AT Beteiligung Arbeitnehmervertretung Nr 5). IV verlangt von den Fachgerichten unabhängig von der juristischen

Vorbildung des Antragstellers oder seines Vertreters das erkennbare, **wahre Rechtsschutzziel** zur Grundlage ihrer Sachprüfung zu machen. Der Antrag ist dann entspr **auszulegen**. Bestehen hins des Rechtsschutzziels **Zweifel**, fordert IV jedenfalls dann einen gerichtlichen **Hinweis**, wenn die Rechtslage nicht eindeutig ist. Das gilt auch dann, wenn der Antragsteller anwaltlich vertreten ist (BVerfG 23.10.2007, 2 BvR 542/07, NVwZ 2008, 417).

Aus dem Justizgewährleistungsanspruch folgt auch das Recht auf einen **wirkungsvollen Rechtsschutz** in bürgerlich-rechtlichen Streitigkeiten. Gerichtsverfahren müssen **in angemessener Zeit** beendet sein. Insoweit bietet IV auch einen Schutz vor **überlanger Verfahrensdauer**. Ob ein Verfahren übermäßig lange dauert, hängt von den Umständen des **Einzelfalls** ab. Dazu zählen etwa die Schwierigkeit der Sachmaterie, die Verursachung von Verzögerungen durch die Parteien selbst oder Sachverständige und die Bedeutung des Verfahrens für die Parteien. Je länger ein Verfahren dauert, umso mehr muss sich das Gericht um die Beschleunigung bemühen. Es darf dann den Rechtsstreit nicht mehr wie einen gewöhnlichen behandeln, sondern muss sämtliche ihm zur Verfügung stehenden Möglichkeiten zur **Beschleunigung** nutzen. Dazu kann es auch erforderlich sein, sich gerichtsintern um Entlastung zu bemühen (BVerfG 30.7.2009, 1 BvR 2662/06, DVBl 2009, 1164; 24.8.2010, 1 BvR 331/10, NZS 2011, 384; 5.8.2013, 1 BvR 2965/10, NZA 2013, 1229). Diese Rspr ist durch die unter dem Druck der Rspr des EGMR (8.6.2006, 75529/01, NJW 2006, 2389) zustande gekommene gesetzliche Regelung in §§ 198–201 **GVG**, die seit dem 3.12.2011 gilt (BGBl I 2302), weitgehend überholt. Gem § 9 II 2 ArbGG gelten die §§ 198–201 GVG im arbeitsgerichtlichen Verfahren entsprechend. Zuständig sind danach die LAG, sofern die Klage auf Entschädigung sich gegen ein Bundesland richtet, bei Klagen gegen den Bund das BAG. 17

Sehen TV wie § 53 NV Bühne vor Durchführung des Gerichtsverfahrens zwingend die Vorschaltung eines **Schiedsverfahrens** vor, muss nach dessen Abschluss der Weg zu einer Streitentsch durch die staatlichen Gerichte eröffnet bleiben (vgl BVerfG 14.2.2007, 1 BvR 1351/01, BVerfGK 10, 275). Der Justizgewährleistungsanspruch lässt Raum dafür, auf tariflicher Grundlage Schiedsgerichte einzusetzen, solange und soweit diese unter staatlicher Kontrolle stehen. Dies ist über die durch § 110 ArbGG eröffnete Rechtskontrolle der Schiedssprüche grds gewährleistet. Ist der Instanzenzug der Schiedsgerichtsbarkeit durchlaufen, sind ausschließlich die staatlichen Gerichte zur Entsch des Rechtsstreits berufen, die **Schiedsvereinbarung ist verbraucht** (BAG st Rspr 12.1.2000, 7 AZR 935/98, EzA TVG § 4 Bühnen Nr 8). Das gilt auch bei tariflichen Schiedsabreden und ständig eingerichteten Schiedsgerichten. Gäben die staatlichen Gerichte den Streit für weitere Tatsachenfeststellungen an die Schiedsgerichte zurück, stünde dies auch bei reinen Zahlungsklagen mit dem durch den Justizgewährungsanspruch gewährleisteten Anspruch auf effektiven Rechtsschutz nicht mehr im Einklang. Einer gesonderten gesetzlichen Regelung bedarf es dafür nicht (aA GMP/*Germelmann* ArbGG 7. Aufl, § 110 Rn 26 f). Vielmehr wäre umgekehrt für die fehlende Entscheidungskompetenz der staatlichen Gerichte eine gesetzliche Anordnung erforderlich. Die §§ 101 ff ArbGG sind insoweit abschließend. Eine eingeschränkte Entscheidungskompetenz der staatlichen Gerichte bei nach Abschluss des Schiedsverfahrens erforderlichen Tatsachenfeststellungen ergibt sich daraus gerade nicht. Zu beachten ist lediglich der bloß revisionsrechtliche Prüfungsmaßstab bereits der Instanzgerichte. 18

Dem Schutz des IV unterliegt auch die **Übermittlung von Daten aus Gerichtsakten** an eine nicht verfahrensbeteiligte Behörde (BVerfG 2.12.2014, 1 BvR 3106/09, NJW 2015, 610). Es handelt sich dabei nicht um eine spruchrichterliche Tätigkeit, für die nur der Justizgewährungsanspruch gilt (s Rdn 11). 19

Art. 20 Verfassungsrechtliche Grundprinzipien

(1) **Die Bundesrepublik Deutschland ist ein demokratischer und sozialer Bundesstaat.**
(2) ¹**Alle Staatsgewalt geht vom Volke aus.** ²**Sie wird vom Volke in Wahlen und Abstimmungen und durch besondere Organe der Gesetzgebung, der vollziehenden Gewalt und der Rechtsprechung ausgeübt.**
(3) **Die Gesetzgebung ist an die verfassungsmäßige Ordnung, die vollziehende Gewalt und die Rechtsprechung sind an Gesetz und Recht gebunden.**
(4) **Gegen jeden, der es unternimmt, diese Ordnung zu beseitigen, haben alle Deutschen das Recht zum Widerstand, wenn andere Abhilfe nicht möglich ist.**

Übersicht	Rdn.		Rdn.
A. **Rechtsstaatsprinzip**	1	IV. Prozesskostenhilfe	11
I. Vorrang von Verfassung und Gesetz	2	V. Vertrauensschutz/Rückwirkungsverbot	13
II. Förmlichkeit und Erkennbarkeit von Rechtsvorschriften	6	VI. Verhältnismäßigkeitsgrundsatz	18
		B. **Sozialstaatsprinzip**	20
III. Justizgewährungsanspruch	10		

A. Rechtsstaatsprinzip.

1 Das Rechtsstaatsprinzip ist ein **Verf-Grds**, der der **Konkretisierung** bedarf. Es enthält **formale** Forderungen (etwa Rechtssicherheit), hat aber auch **materielle** Komponenten (etwa Verhältnismäßigkeit und Vertrauensschutz), die auf **materielle Gerechtigkeit** im staatlichen und staatlich beeinflussbaren Bereich und damit auch im Zivilprozess gerichtet sind (BVerfG 25.7.1979, 2 BvR 878/74, BVerfGE 52, 131, 144 f). In Art 20 III sind wesentliche Teilelemente dieses Prinzips verankert. Es kann vom Bürger nur über GR, vor allem Art 2 I, geltend gemacht werden, ist aber von der Staatsgewalt ohnehin als **objektives Recht** vAw zu beachten (Jarass/Pieroth/*Jarass* Rn 29).

2 **I. Vorrang von Verfassung und Gesetz.** III 1. HS stellt den **Vorrang des GG gegenüber G** fest. Verfassungswidrige G sind nichtig. Allerdings kann bei nachkonstitutionellen G nur das BVerfG im Verfahren der konkreten Normenkontrolle nach Art 100 die Verfassungswidrigkeit feststellen. Die Gerichte sind jedoch verpflichtet, eine Norm so weit als möglich **verfassungskonform auszulegen**. Dadurch darf aber der normative Gehalt einer Regelung nicht neu bestimmt und kein Ergebnis gewonnen werden, das mit dem Willen des Gesetzgebers nicht mehr im Einklang steht. Die **Grenzen** verfassungskonformer Auslegung ergeben sich damit aus dem ordnungsgemäßen Gebrauch der anerkannten Auslegungsmethoden (BVerfG 19.9.2007, 2 BvF 3/02, BVerfGE 119, 247, 274). Dabei ist der **Wortlaut** nicht stets die Grenze der Auslegung, wenn andere Indizien deutlich belegen, dass der Sinn der Norm im Text unzureichend Ausdruck gefunden hat (BVerfG 27.1.1998, 1 BvL 22/93, BVerfGE 97, 186, 196; ausf zur **Wortsinn übersteigenden Gesetzesauslegung** durch Analogie BAG 29.9.2004, 1 ABR 39/03, EzA § 99 BetrVG 2001 Nr 4).

3 III 2. HS bindet **vollziehende Gewalt und Rspr**, dh alle staatlichen Aktivitäten außerhalb der förmlichen Gesetzgebung (Jarass/Pieroth/*Jarass* Rn 37), an G und Recht. Die Bindung beschränkt sich nicht auf förmliche G, sondern erstreckt sich auf alle **Rechtsvorschriften** sowie das **Gewohnheitsrecht** (BVerfG 31.5.1988, 1 BvR 520/83, BVerfGE 78, 214, 227), das **unmittelbar anwendbare EU-Recht** (Jarass/Pieroth/*Jarass* Rn 38), nicht aber auf Richterrecht, auch wenn es sich um höchstrichterliche Rspr handelt (BVerfG 26.6.1991, 1 BvR 779/85, BVerfGE 84, 212, 227), und Verwaltungsvorschriften (BVerfGE 78, 214, 227).

4 Normen, die **gegen** von III erfasstes **höherrangiges Recht verstoßen**, sind grds **unwirksam**. Auch **Tarifnormen** sind deshalb insoweit unwirksam, als sie gegen zwingendes staatliches Recht verstoßen, worunter auch Landes-G und Rechts-VO von Bund und Ländern fallen (BAG 25.4.1979, 4 AZR 791/77, AP § 611 BGB Dienstordnungs-Angestellte Nr 49); zur **gerichtlichen Kontrolle von Tarifnormen**, insb am Maßstab der GR, s ausf Art 9 Rdn 65 ff). Die Nichtigkeit rechtswidriger Vorschriften ist aber verfassungsrechtlich nicht geboten (BVerfG 7.5.2001, 2 BvK 1/00, BVerfGE 103, 332, 390). Das ist insb bei der Unwirksamkeit von Tarifnormen zu beachten. Verletzt eine Tarifnorm den Gleichheitssatz, haben unzulässig ausgeklammerte Personen Anspruch auf die tariflich vorgesehene Vergünstigung, wenn der Normgeber nur auf diesem Weg dem Gleichheitssatz Rechnung tragen kann oder anzunehmen ist, dass der Normgeber bei Beachtung des Gleichheitssatzes alle zu berücksichtigenden Personen in die Vergünstigung einbezogen hätte (BAG 18.12.2008, 6 AZR 287/07, EzTöD 320 § 11 Abs 1 TVÜ-VKA Nr 13). Die Ungleichbehandlung jüngerer AN durch das lebensaltersstufenbezogene Vergütungssystem des BAT konnte nur durch eine Anpassung »nach oben« beseitigt werden (BAG 10.11.2011, 6 AZR 148/09, EzA Richtlinie 2000/78 EG-Vertrag 1999 Nr 25). Bleibt den TV-Parteien dagegen bei der Beseitigung der gleichheitswidrigen Norm ein **Normsetzungsspielraum**, ist dieser von den Gerichten zu beachten: ggf ist der Rechtsstreit bis zu einer tariflichen oder gesetzlichen Neuregelung auszusetzen (BAG 21.3.1991, 2 AZR 323/84 (A), EzA § 622 nF BGB Nr 33). Auch gesetzes- oder verfassungswidrige **Satzungen** sind weiter anzuwenden, wenn anderenfalls ein Zustand einträte, der von der gesetzes- und verfassungsmäßigen Ordnung noch weiter entfernt ist als der bisherige, etwa bei haushaltswirtschaftlich bedeutsamen Normen. Dann ist dem Satzungsgeber Gelegenheit zur Anpassung der Norm zu geben (BVerfG 5.4.2005, 1 BvR 774/02, BVerfGE 113, 1, 25 f; BSG 7.12.2004, B 2 U 43/03 R, BSGE 94, 38).

5 Aus der Bindung der Rspr an die G folgt auch, dass sich die Gerichte nicht in die Rolle der normsetzenden Instanz begeben dürfen, sondern sich auf die **Normanwendung beschränken** müssen. Sind Wertvorstellungen der verfassungsmäßigen Rechtsordnung immanent, aber im G nicht oder nur unvollkommen zum Ausdruck gelangt, müssen diese von den Gerichten im Wege der **Rechtsfortbildung** ans Licht gebracht werden. Das gilt insb bei zunehmendem **zeitlichen Abstand** zwischen G-Erlass und richterlicher Entsch (BVerfG 14.2.1973, 1 BvR 112/65, BVerfGE 34, 269, 288 f). **Mittel** der Rechtsfortbildung sind insb die **Analogie** und die **teleologische Reduktion**. Eine Rechtsfortbildung ist **ausgeschlossen**, wenn der Gesetzgeber eine nach Wortlaut, Systematik und Sinn **abschließende Regelung** getroffen hat. Es ist den Gerichten verwehrt, ohne Vorliegen einer Regelungslücke allein unter Berufung auf allgemeine Rechtsprinzipien oder aus rechtspolitischen Erwägungen neue Regeln oder Rechtsinstitute schaffen (BVerfG, 19.10.1983, 2 BvR 485/80 ua, BVerfGE 65, 182; BVerfG, 22.12.1988, 2 BvR 206/88). Darum können die ArbG keine

Anspruchsgrundlage für einen Wiedereinstellungsanspruch nach einer vom EGMR festgestellten Konventionsverletzung durch ein klageabweisendes Urt im Kündigungsschutzprozess schaffen (BAG 20.10.2015, 9 AZR 743/14, EzA-SD 2016, Nr 2, 8).

II. Förmlichkeit und Erkennbarkeit von Rechtsvorschriften. Das Gebot der **Rechtssicherheit** als eine Ausprägung des Rechtsstaatsgebots fordert, dass das Handeln normausführender Organe und Personen für die Normunterworfenen voraussehbar und nachvollziehbar ist. Staatliches Handeln muss daher in grundlegenden Bereichen durch ein förmliches G legitimiert sein (Vorbehalt des G). Außerdem müssen Rechtsvorschriften hinreichend bestimmt, klar und widerspruchsfrei sowie zugänglich sein. 6

Der **Vorbehalt des G** verpflichtet den Gesetzgeber, im grundlegenden normativen Bereich und insb im Bereich der GR-Ausübung – soweit dieser staatlicher Regelung überhaupt zugänglich ist – alle wesentlichen Entsch selbst zu treffen. Eine Pflicht dazu besteht insb dann, wenn miteinander **konkurrierende grundrechtliche Freiheitsrechte aufeinandertreffen** und deren jeweilige Grenzen fließend und nur schwer auszumachen sind. Deshalb hat das BVerfG für die Anordnung eines **Kopftuchverbots für Lehrer** an staatlichen Schulen eine gesetzliche Grundlage verlangt (BVerfG 24.9.2003, 2 BvR 1436/02, BVerfGE 108, 292). Dagegen ist für Änderungen der **Zusatzversorgung der öffentl Dienstes**, die auf Tarifrecht zurückgeht, kein G erforderlich. Die Tarifautonomie umfasst auch den tarifrechtlich verankerten Regelungsmechanismus, tarifvertragliche Regelungen durch Satzungsänderungen der ZVK umzusetzen und zu ergänzen (BAG 27.3.2007, 3 AZR 299/06, EzTöD 711 § 8 ATV-K Nr 1). Im **Arbeitskampfrecht** gilt eine Ausnahme vom Wesentlichkeitsgrds, weil der Gesetzgeber insoweit seinem Regelungsauftrag nicht genügt hat. Insoweit müssen die erforderlichen Regelungen von den Gerichten geschaffen werden (ausf Art 9 Rdn 74). 7

Nach dem **Bestimmtheitsgebot** sind Rechtsvorschriften so genau zu fassen, wie dies nach Eigenart des zu ordnenden Lebenssachverhalts und Normzweck möglich ist (BVerfG 7.5.2001, 2 BvK 1/00, BVerfGE 103, 332, 384). Die Verwendung **unbestimmter, auslegungsbedürftiger Rechtsbegriffe** ist dabei jedoch zulässig (BVerfG 4.4.1967, 1 BvR 126/65, BVerfGE 21, 245, 260 f). Das BAG sieht deshalb die **Eingruppierungsnormen des BAT** als noch hinreichend bestimmt und judiziabel an, weil die tariflichen Tätigkeitsmerkmale jedenfalls **bestimmbar** sind (BAG 29.1.1986, 4 AZR 465/84, AP §§ 22, 23 BAT 1975 Nr 115). Auch der Verweis in einem TV auf die **für Beamte geltenden Bestimmungen** genügt dem Bestimmtheitsgebot (BAG 22.7.1998, 4 AZR 662/97, EzBAT §§ 22, 23 BAT C4 VergGr VIb Nr 1; vgl BAG 3.4.2007, 9 AZR 867/06, EzA § 307 BGB 2002 Nr 22, wonach ein solcher Verweis auch nicht unklar iSv § 307 I 2 BGB ist). Das BVerfG hatte beim Satzungswerk der Zusatzversorgung des öffentl Dienstes (**VBL**) die Grenzen des verfassungsrechtlich Zulässigen als erreicht angesehen (BVerfG 22.3.2000, 1 BvR 1136/96, EzA Art 3 GG Nr 83). Inzwischen ist die Versorgung grundlegend umgestellt. 8

Schließlich verlangt das Rechtsstaatsprinzip, Rechtsnormen der Öffentlichkeit so **zugänglich** zu machen, dass sich Betroffene verlässlich Kenntnis von ihrem Inhalt verschaffen können (BVerwG 11.10.2006, 10 CN 2/05, BVerwGE 126, 388). Das Bekanntgabesystem nach § 8 TVG genügt dem auch bei **allgemein verbindlichen TV** (BVerfG 24.5.1977, 2 BvL 11/74, BVerfG 44, 322). Seiner Pflicht aus § 8 TVG, die im Betrieb geltenden TV auszulegen, genügt der AG allerdings nur, wenn er die AN deutlich darauf hinweist, wo zu den betriebsüblichen Arbeitszeiten die TV eingesehen werden können, und die AN in diesem Zeitraum ungehindert Zugang zu den genannten Räumlichkeiten haben. Auch für Schicht-AN muss die Zugänglichkeit gesichert sein (LAG Nds 7.12.2000, 10 Sa 1505/00, NZA-RR 2001, 145). Zur Verfassungskonformität der **Sanktionslosigkeit** dieser Norm s ausf BAG 23.1.2002, 4 AZR 56/01, EzA § 2 NachwG Nr 3. 9

III. Justizgewährungsanspruch. Art 20 III garantiert iVm Art 19 IV umfassenden Rechtsschutz gegen Akte der öffentl Gewalt und auf dem Gebiet des Privatrechts. Die insoweit geltenden Grds sind unter Art 19 Rdn 9 ff dargestellt. 10

IV. Prozesskostenhilfe. Das Prinzip der Rechtsschutzgleichheit (Art 3 I iVm Art 20 III) verlangt, dass die Situation Bemittelter und Unbemittelter bei der Verwirklichung des Rechtsschutzes weitgehend angelichen wird. Dabei muss der Unbemittelte nur einem solchen Bemittelten gleich gestellt werden, der seine Prozessaussichten vernünftig abwägt und dabei auch das Kostenrisiko berücksichtigt (BVerfG 11.3.2010, 1 BvR 3031/08, NJW 2010, 1658). Werden daher **mehrere Ansprüche** nicht in einem Prozess, ggf durch Klageerweiterung, sondern in mehreren **getrennten Prozessen** verfolgt, ist dies **mutwillig**, wenn dies zu höheren Kosten für die Staatskasse führt und **keine nachvollziehbaren**, vom Antragsteller darzulegenden **Gründe** für die gewählte Art der Prozessführung vorliegen. Die Verfolgung von Ansprüchen in mehreren Prozessen führt iA schon wegen des degressiven Anstiegs der Anwalts- und Gerichtsgebühren zu einer höheren Kostenbelastung der Staatskasse als bei der Verfolgung in einem Prozess. Zudem können bei Geltendmachung 11 in verschiedenen Prozessen die jeweiligen Streitwerte in der Summe höher sein als bei einer Geltendmachung innerhalb einer Klage, zB bei mehreren Kdg (vgl BAG 19.10.2010, 2 AZN 194/10 (A), EzA § 42 GKG 2004 Nr 1). Der Verstoß gegen die Verpflichtung zur kostengünstigsten Rechtsverfolgung ist **nicht erst im Kostenfestsetzungsverfahren** zu berücksichtigen (BAG 17.2.2011, 6 AZB 3/11, EzA § 114 ZPO 2002 Nr 1; vgl auch BAG 8.9.2011, 3 AZB 46/10, EzA § 114 ZPO 2002 Nr 2; zu den anders gelagerten Anforderungen an die **offensichtliche Mutwilligkeit** iSd § 11a II ArbGG s *Ahrendt* jurisPR-ArbR 22/2011 Anm 6).

12 Ein **Rechtsanwalt** ist gem § 121 II ZPO **beizuordnen**, wenn ein Bemittelter in der Lage des Unbemittelten vernünftigerweise einen Rechtsanwalt mit der Wahrnehmung seiner Interessen beauftragt hätte. Davon ist regelmäßig dann auszugehen, wenn im Kenntnisstand und in den Fähigkeiten der Prozessparteien ein deutliches Ungleichgewicht besteht. **Bewertungsmaßstab** für die Frage der Beiordnung eines Rechtsanwalts ist also vornehmlich, ob der **Grds der Waffengleichheit** zwischen den Parteien verletzt ist (BVerfG 24.3.2011, 1 BvR 2493/10, NZS 2011, 775). Für die Prüfung der Erforderlichkeit kommt es damit in erster Linie nicht auf das Verhältnis von Streitwert und Kostenrisiko an, sondern sie ist nach Umfang und Schwierigkeit der Sache sowie der Fähigkeit des Antragstellers, sich mündlich und schriftlich auszudrücken, zu beurteilen. Auch ist zu berücksichtigen, ob er die Hilfe der Rechtsantragsstelle in Anspruch nehmen kann. Das **schließt allg Regeln**, wonach der mittellosen Partei für bestimmte Verfahren immer oder grds ein Rechtsanwalt beizuordnen ist, **aus**. Es kommt vielmehr stets auf die konkreten Umstände des **Einzelfalls** an. Eine **Beiordnung ist regelmäßig dann erforderlich**, wenn in Kenntnisstand und Fähigkeiten der Prozessparteien ein deutliches Ungleichgewicht besteht, wenn der Antragsteller nicht in der Lage ist, die Hilfe der Rechtsantragsstelle in Anspruch zu nehmen, oder wenn bereits im Gütetermin mit einer Würdigung rechtlicher und tatsächlicher Umstände zu rechnen ist und deshalb auch eine begüterte Partei an ihr nicht ohne Anwalt teilnehmen würde. Allein die Möglichkeit, dass der Klagegegner Einwendungen erhebt, reicht dafür dagegen nicht aus (BVerfG 18.12.2001, 1 BvR 391/01, FamRZ 2002, 531; BAG 18.5.2010, 3 AZB 9/10, NJW 2010. 2748).

13 **V. Vertrauensschutz/Rückwirkungsverbot.** Änderungen von Rechtsnormen greifen vielfach in Dispositionen ein, die Normunterworfene im Vertrauen auf den Fortbestand der Regelung getroffen haben. Das GG gewährt dabei keinen Schutz vor jeder nachteiligen Veränderung der geltenden Rechtslage. Das Vertrauen in die voraussichtliche Einschlägigkeit bestimmter Vorschriften in der Zukunft ist nicht schützenswert (BVerfG 7.12.2010, 1 BvR 2628/07, NJW 2011, 1058). III setzt der **Rückwirkung** von Normen nur im Rahmen **schutzwürdigen Vertrauens** Grenzen.

14 »**Echte**« **Rückwirkung** liegt vor, wenn die Rechtsfolge einer Norm mit belastender Wirkung schon vor dem Zeitpunkt ihrer Verkündung für bereits abgeschlossene Tatbestände gelten soll (»Rückbewirkung von Rechtsfolgen«. Das ist grds verfassungsrechtlich **unzulässig**, es sei denn, es liegen zwingende Belange des Gemeinwohls vor oder ein Vertrauen in den Fortbestand der bisher geltenden Rechtslage ist ausnahmsweise nicht gerechtfertigt (zu **Fallgruppen** fehlenden schutzwürdigen Vertrauens vgl BVerfG 19.12.1961, 2 BvL 6/59, BVerfGE 13, 261, 271 f). Soweit belastende Rechtsfolgen einer Norm erst nach ihrer Verkündung eintreten, tatbestandlich aber von einem bereits ins Werk gesetzten Sachverhalt ausgelöst werden, liegt eine »**unechte**« **Rückwirkung** vor (tatbestandliche Rückanknüpfung). Eine solche eine zunächst begründete Rechtsposition nachträglich entwertende Rückwirkung ist **wirksam**, wenn das Vertrauen des Betroffenen nicht schutzwürdiger ist als das mit dem Gesetz verfolgte Anliegen (BVerfG 17.12.2012, 1 BvR 488/10 ua). Die Rückwirkung ist deshalb zulässig, wenn die Rückwirkung zur Förderung des Gesetzeszwecks geeignet und erforderlich ist und wenn bei einer Gesamtabwägung zwischen dem Gewicht des enttäuschten Vertrauens und dem Gewicht und der Dringlichkeit der die Rechtsänderung rechtfertigenden Gründe die Grenze der Zumutbarkeit gewahrt bleibt. Die belastenden Wirkungen einer Enttäuschung schutzwürdigen Vertrauens bedürfen also einer hinreichenden Begr nach den Maßstäben der Verhältnismäßigkeit. Das BVerfG billigt dem Normgeber eine **Einschätzungsprärogative** zu, die nur überschritten ist, wenn seine Erwägungen nicht schlüssig sind und deswegen offensichtl keine Grundlage für seine Entsch bieten können (BVerfG 17.12.2012, 1 BvR 488/10 ua.). Deshalb ist in der weit überwiegenden Zahl denkbarer Fälle eine unzulässige unechte Rückwirkung verneint worden (vgl für § 39 I Nr 5 InsO BAG 27.3.2014, 6 AZR 204/12, NZI 2014, 619). An diesen Grds hat das BVerfG trotz Kritik festgehalten (BVerfG 7.7.2010, 2 BvL 14/02 ua, DB 2010, 1858). Enthalten Regelungen einen **Änderungsvorbehalt**, von dem in der Vergangenheit auch Gebrauch gemacht worden ist, ist eine Enttäuschung schutzwürdigen Vertrauens häufig zu verneinen. Das gilt umso mehr, wenn lediglich **Anwartschaften** betroffen sind (BVerfG 20.7.2011, 1 BvR 2624/05, ZTR 2011, 609 zum **Sterbegeldwegfall** in der VBL).

Diese Grds gelten auch bei **rückwirkenden Tarifänderungen** (BAG 23.11.1994, 4 AZR 879/93, EzA § 1   15
TVG Rückwirkung Nr 3). Bei **Tarifänderungen** liegt also echte Rückwirkung vor, wenn im Zeitpunkt der
Tarifänderung der Anspruch bereits entstanden war, dh alle Tatbestandsvoraussetzungen für die endgültige
Entstehung des tariflichen Anspruchs erfüllt waren (BAG 17.7.2007, 9 AZR 1089/06, EzTöD 600 § 14
TV-V Zusatzurlaub Schicht-/Wechselschichtarbeit Nr 1).

Tarifänderungen, die ausschließlich **zukunftsbezogene Wirkung** haben, entfalten dagegen auch dann   16
weder echte noch unechte Rückwirkung, wenn sie für die AN nachteilig in das Entgeltgefüge eingreifen
(BAG 24.9.2008, 6 AZR 76/07, EzA § 305c BGB 2002 Nr 15). Aus der Tarifautonomie erwächst die
Befugnis zu einer umfassenden **Neugestaltung tariflicher Normenkomplexe**, die sich auch für die AN
nachteilig auswirken kann. Dabei muss bloßen nach dem bisherigen Tarifsystem bestehenden Vergütungserwartungen, zB auf einen Bewährungsaufstieg, keine Rechnung getragen werden (BAG 17.9.2009, 6 AZR
177/08, NZA-RR 2010, 108). Ebenso wenig wie bei G (BVerfG 31.10.1984, 1 BvR 35/82 ua, BVerfGE
68, 193, 221 f) besteht ein schutzwürdiges Vertrauen darauf, dass die geltenden Vorschriften unverändert
fortbestehen. Schaffen die TV-Parteien eine **Härtefallregelung**, muss diese allerdings wie jede andere Tarifnorm Art 3 I beachten (Einzelheiten zur Bindung der TV-Parteien an Art 3 s Art 9 Rdn 66).

Die **Änderung** einer **ständigen höchstrichterlichen Rspr** ist auch unter dem Gesichtspunkt des Ver-   17
trauensschutzes grds unbedenklich, wenn sie hinreichend begründet ist und sich im Rahmen einer vorhersehbaren Entwicklung hält. Höchstrichterliche Rspr ist kein Gesetzesrecht und erzeugt keine damit
vergleichbare Rechtsbindung. Eine Änderung der Rspr ist daher nicht an wesentliche Änderungen der Verhältnisse oder der allgemeinen Anschauungen gebunden. Soweit durch gefestigte Rspr ein **Vertrauenstatbestand** begründet wurde, kann diesem erforderlichenfalls durch Bestimmungen zur zeitlichen Anwendbarkeit oder Billigkeitserwägungen im Einzelfall Rechnung getragen werden (BVerfG 15.1.2009, 2 BvR
2044/07, NJW 2009, 1469). Das BAG hat Vertrauensschutz **gewährt** hins seiner Rspr zu § 17 KSchG
(BAG 22.3.2007, 6 AZR 499/05, EzA § 17 KSchG Nr 19 mwN) und zur **einzelvertraglichen Bezugnahme auf TV** für Klauseln, die vor dem 1. Januar 2002 vereinbart worden sind (BAG 22.10.2008, 4 AZR
793/07, EzA § 3 TVG Bezugnahme auf Tarifvertrag Nr 40), ihn dagegen für die Zeit nach Bekanntwerden
des Vorabentscheidungsersuchens des LAG Düsseldorf v 2.8.2006, 12 Sa 486/06, NZA-RR 2006, 628
(BAG 24.3.2009, 9 AZR 983/07, EzA § 7 BUrlG Abgeltung Nr 15) bzw für die Zeit seit Ablauf der
Umsetzungsfrist für die Arbeitszeitrichtlinie 93/104/EG am 23.11.1996 **versagt** hins des **Verfalls von
Urlaubsansprüchen** bei bis zum Ende des Übertragungszeitraums fortdauernder Arbeitsunfähigkeit (BAG
23.3.2010, 9 AZR 128/09, EzA § 7 BUrlG Abgeltung Nr 16). Es hat auch ein etwaiges Vertrauen von
Verleihunternehmen in die **Tariffähigkeit der CGZP** als nicht schutzwürdig angesehen, weil insoweit keine
Rechtsprechungsänderung vorliege (BAG 13.3.2013, 5 AZR 954/11, NZA 2013, 680). Im Anwendungs-
bereich des Unionsrechts ist die Gewährung von Vertrauensschutz auch eine Frage des Unionsrechts. Das
BVerfG nimmt darum an, dass das BAG insoweit keinen Vetrauensschutz gewähren kann, ohne zuvor den
EuGH angerufen zu haben (BVerfG 10.12.2014, 2 BvR 1549/07, EzA § 17 KSchG Nr 32). Es hat darum
eine Entsch des BAG, die Vertrauensschutz zur Auslegung des Entlassungsbegriffs in § 17 KSchG gewährt
hatte, aufgehoben. Zur Problematik der Gewährung von Vertrauensschutz auf der nationalen Ebene im
Bereich des **Sekundärrechts** der Europäischen Union s auch *Spelge* FA 2011, 34.

VI. Verhältnismäßigkeitsgrundsatz. Der für die GR-Auslegung und -anwendung zentrale Grds der Ver-   18
hältnismäßigkeit wird aus dem Rechtsstaatsprinzip abgeleitet. Er ist die **Grenze** jeder **Beschränkung von
GR** durch den Gesetzgeber oder bei der von den Gerichten vorzunehmenden Abwägung kollidierender
GR. Jeder Eingriff in ein GR muss danach geeignet, erforderlich und angemessen sein. **Geeignet** ist ein
Eingriff, der den gewünschten Erfolg zumindest fördern kann. **Erforderlich** ist der Eingriff, wenn das angestrebte Ziel nicht durch ein milderes, gleich wirksames Mittel erreicht werden kann, das auch Dritte und
die Allgemeinheit nicht stärker belastet und nicht zu einer höheren finanziellen Belastung des Normgebers
führt. Das Gebot der **Verhältnismäßigkeit im engeren Sinn (Übermaßverbot)** verlangt, dass der Eingriff bei
einer Gesamtabwägung nicht außer Verhältnis zu dem Gewicht der ihn rechtfertigenden Gründe steht (ausf
Jarass/Pieroth/*Jarass* Rn 84–86a). Eine zentrale Rolle spielt der Verhältnismäßigkeitsgrds im Anwendungsbereich des **Art 9**), insb bei der Beurteilung der Wirksamkeit von **Arbeitskämpfen** (ausf s Art 9 Rdn 80 ff).

Das GG verlangt vom Staat auch, die Gefahr von GR-Verletzungen durch andere GR-Träger vorbeugend   19
abzuwehren. Insoweit trifft ihn eine **Schutzpflicht**, Vorkehrungen zu treffen, die für einen angemessenen
und wirksamen Schutz des GR ausreichen und zudem auf sorgfältigen Tatsachenermittlungen und vertretbaren Einschätzungen beruhen (**Untermaßverbot**, vgl BVerfG 28.5.1993, 2 BvF 2/90 ua, BVerfGE
88, 203, 254). Ob diesen Anforderungen genügt ist, lässt sich nicht abstrakt, sondern nur konkret
bezogen auf einzelne GR und die jeweilige Konstellation feststellen (ausf ErfK/*Dieterich*/*Schmidt* GG

Einl Rn 38, 42 ff). Das BAG hat das Untermaßverbot wiederholt im Rahmen der **Befristungskontrolle** fruchtbar gemacht, etwa bei der Kontrolle am Maßstab des Art 12 bei einer **einzelvertraglich vereinbarten Altersgrenze** (BAG 27.7.2005, 7 AZR 443/04, EzA § 620 BGB 2002 Altersgrenze Nr 6), bei einer auf befristet bewilligte **Haushaltsmittel** der BA gestützten Befristung (BAG 9.3.2011, 7 AZR 728/09, EzA § 14 TzBfG Nr 76), bei der Prüfung der Vereinbarkeit einer tariflichen Kündigungsfrist mit Art 3 (BAG 23.4.2008, 2 AZR 21/07, EzA § 622 BGB 2002 Nr 5) oder bei der zeitlichen Beschränkung des Vorbeschäftigungsverbots in § 14 II 2 TzBfG (BAG 21.9.2011, 7 AZR 375/10, DB 2012, 462). Das Untermaßverbot hat das BAG auch bei einer **tarifvertraglich vereinbarten Altersgrenze** selbst dann als gewahrt angesehen, wenn der AN seinen Lebensunterhalt aus der gesetzlichen Altersrente allein nicht bestreiten kann (BAG 18.6.2008, 7 AZR 116/07, EzA § 14 TzBfG Nr 49 mit krit Anm *Temming*). Die Schutzpflichtfunktion der GR und damit das Untermaßverbot trifft jedoch nicht die TV-Parteien (vgl BAG 30.10.2008, 6 AZR 712/07, EzTöD 320 § 11 Abs 1 TVÜ-VKA Nr 12 für Art 6), sondern nur den Staat. Insoweit sind allerdings die Gerichte verpflichtet, das einfache Recht, zu dem auch die Tarifnormen gehören, so auszulegen und anzuwenden, dass dem Untermaßverbot genügt ist.

20 **B. Sozialstaatsprinzip.** Das Sozialstaatsprinzip des Art 20 I ist zwar unmittelbar geltendes Recht, das alle drei Gewalten bindet und im Privatrecht Ausstrahlungswirkung entfaltet. Die Gerichte müssen es bei der Auslegung und Anwendung des einfachen Rechts berücksichtigen (BVerfG 19.12.1951, 1 BvR 220/51, BVerfGE 1, 97, 105). Wegen seiner **Unbestimmtheit** hat es bisher aber nur geringe praktische Relevanz erlangt. Es verpflichtet zwar den Staat, für eine gerechte Sozialordnung zu sorgen, aus ihm folgt aber **kein Gebot, soziale Leistungen in einem bestimmten (Mindest)Umfang** zu gewähren. Zwingend ist lediglich, dass der Staat die **Mindestvoraussetzungen für ein menschenwürdiges Dasein** seiner Bürger schafft (BVerfG 8.6.2004, 2 BvL 5/00, BVerfGE 110, 412, 445; zu dieser Pflicht ausf Art 1 Rdn 19 ff und im Zusammenhang mit dem Anspruch auf Gewährleistung eines Mindestlohns Art 9 Rdn 61). Dem Sozialstaatsprinzip lässt sich der Auftrag zur **Schaffung sozialer Sicherungssysteme** entnehmen. In ihm verankert sind daher Renten-, Kranken-, Pflege- und Unfallversicherung (Jarass/Pieroth/*Jarass* Rn 115 mwN). Dabei können wegen des ebenfalls im Sozialstaatsprinzip wurzelnden **Solidarprinzips** insb bei berufsständischen Versorgungswerken die **Beiträge** nach der **Leistungsfähigkeit** der Mitglieder bemessen werden (BGH 25.4.1994, NotZ 8/93, BGHZ 126, 16, 33; weitere Nachweise zur Rechtfertigung **sozialbedingter Ungleichbehandlungen** durch das Sozialstaatsprinzip Jarass/Pieroth/*Jarass* Rn 123). Eine Garantie bestehender Versicherungssysteme folgt aus I jedoch nicht, sodass auch dem **Abbau von Sozialleistungen** mit ihm vereinbar ist, sofern das Existenzminimum nicht unterschritten wird (BVerfG 9.4.1975, 2 BvR 879/73, BVerfGE 39, 302, 314; BSG 22.1.1986, 10 RKg 20/84, SozR 5870 § 10 Nr 8). I enthält ferner einen Auftrag an den Gesetzgeber zur Bekämpfung der **Massenarbeitslosigkeit** (BVerfG 3.4.2001, 1 BvL 32/97, BVerfGE 103, 297, 307), sodass die Mitfinanzierung von Lohnkosten gerechtfertigt sein kann (BVerfG 27.4.1999, 1 BvR 2203/93 ua, BVerfGE 100, 271, 284). Zu der Frage der Mindestanforderungen für den **Schutz des AN vor dem Verlust des Arbeitsplatzes** lässt sich diesem Prinzip allerdings nichts Näheres entnehmen. Vielmehr setzt insofern Art 12 I den konkreteren Maßstab (BAG 11.7.2007, 7 AZR 322/06, s. dazu Art 12 Rdn 23 f). Gesetzliche Vorschriften, die wie §§ 305 ff BGB einem **sozialen und wirtschaftlichen Ungleichgewicht der Vertragsparteien** entgegenwirken, verwirklichen das Sozialstaatsprinzip (BVerfG 7.2.1990, 1 BvR 26/84, BVerfGE 81, 242, 255).

Art. 33 Staatsbürgerliche Rechte

(1) ...
(2) Jeder Deutsche hat nach seiner Eignung, Befähigung und fachlichen Leistung gleichen Zugang zu jedem öffentlichen Amte.
(3)–(5) ...

Übersicht	Rdn.		Rdn.
A. Allgemeine Bedeutung und inhaltliche Grundlagen 1		B. Schutzgehalt und gerichtliche Kontrolle 6	

1 **A. Allgemeine Bedeutung und inhaltliche Grundlagen.** Art 33 II enthält sowohl ein **grundrechtsgleiches subjektives Recht**, dessen Verletzung mit der Verfassungsbeschwerde gerügt werden kann (Art 93 I Nr 4 a), als auch **objektives Recht**, weil er im **öffentl Interesse** der Funktionstüchtigkeit von Verwaltung und Rspr das Prinzip der Bestenauslese als Personalrekrutierungsmaßstab vorschreibt (v Mangoldt/Klein/*Jachmann* Art 33 Rn 12).

Der **Begriff des öffent Amtes** ist weit auszulegen, sodass er grds den gesamten öffentl Dienst einschließt. 2
Öffentl Ämter sind auch solche Stellen, die von **AN** besetzt werden können (v Mangoldt/Klein/*Jachmann*
Art 33 Rn 15; BK/*Höfling* Art 33 Rn 80). Ob es sich um eine haupt- oder nebenberuflich oder ehrenamtlich
ausgeübte Tätigkeit handelt, ist unerheblich (Schmidt-Bleibtreu/Klein/*Pieper* Art 33 Rn 25). Fraglich ist,
ob echte **freie Mitarbeiter** ein öffentl Amt bekleiden. Dies wird, soweit sie **organisch** in den öffentl Dienst
eingeordnet sind, allg bejaht (v Mangoldt/Klein/*Jachmann* Art 33 Rn 15; BK/*Höfling* Art 33 Rn 86).

Zum **öffentl Dienst** gehören, einem institutionellen Verständnis folgend, zunächst alle Stellen bei staat- 3
lichen Hoheitsträgern (Groeger/*Weber* Teil 1 Rn 27 ff). Art 33 II erfasst aber auch Stellen bei nicht-
staatlichen Körperschaften, Anstalten und Stiftungen des öffentl Rechts (Schmidt-Bleibtreu/Klein/
Pieper Art 33 Rn 24). Ausgenommen sind nach hL **kirchliche Ämter** (Schmidt-Bleibtreu/Klein/*Pieper*
Art 33 Rn 34). Auch die außerhalb der verfassten Kirche als jurist Personen des öffentl Rechts organisierten
Träger (zB kath Orden und Stiftung Kath Universität Eichstätt, vgl Groeger/*Richardi* Teil 16 Rn 18 ff)
sind nicht an Art 33 II gebunden (offengelassen für eine staatlich anerkannte Körperschaft des öffentl
Rechts in kirchlich-evangelischer Trägerschaft BAG 12.10.2010, 9 AZR 554/09, ZTR 2010, 568). Eine
öffentl Hochschule darf bei der Auswahl der Bewerber um einen **Konkordatslehrstuhl** die Konkordatsbin-
dung des Lehrstuhls und damit den katholisch-kirchlichen Standpunkt der Bewerber nicht berücksichtigen
(BayVGH 23.2.2012, 7 ZB 11.2606, NVwZ-RR 2012, 723). Umstr ist, ob die **privatrechtl organisierte
Verwaltung** an Art 33 II gebunden ist (Dreier/*Masing* Art 33 Rn 42; Stern/Becker/*Grigoleit* Art 33 Rn 25 f;
BK/*Höfling* Art 33 Rn 107 f.). Diese Frage ist bspw relevant bei von öffentl Institutionen ins Leben gerufe-
nen Stiftungen des privaten Rechts.

Für öffentl Ämter, die durch einen **Wahlakt** gesteuert werden, hat Art 33 II eingeschränkte Bedeutung. Bei 4
unmittelbarer demokratischer Legitimation tritt diese an die Stelle der Legitimation durch den gerichtlich
kontrollierbaren Rechtsgrundsatz der Bestenauslese (Stern/Becker/*Grigoleit* Art 33 Rn 24). Bei **mittelbarer** demokratischer Legitimation, wie zB der Wahl von Richtern durch den Richterwahlausschuss, bleibt
Art 33 II grds anwendbar. Das Berufungsverfahren hat keine Schwächung des Prinzips der Bestenauslese zur
Folge, sondern soll den gewählten Kandidaten eine **bes, auch demokratische** Legitimation verleihen (BK/
Höfling Art 33 Rn 83; v Mangoldt/Klein/*Voßkuhle* Art 95 Rn 38; Dreier/*Masing* Art 33 Rn 43). Bedeu-
tung hat dies insb bei der Besetzung von Führungspositionen durch mittelbar demokratisch legitimierte
Aufsichtsgremien (zB Vorstände von Sparkassen oder Universitätskliniken, Werkleiter kommunaler Eigen-
betriebe).

Während Art 33 II nur für **Deutsche** gilt, gewährt **Art 45 I AEUV** die Freizügigkeit für AN auch hins des 5
Zugangs zu öffentl Ämtern. Zwar gilt dies gem Art 45 IV AEUV nicht für die Beschäftigung in der **öffentl
Verwaltung**, jedoch ist dieser Begriff nach der Rspr des EuGH **eng auszulegen**. Darunter fallen nur Tätig-
keiten, die die Ausübung hoheitlicher Befugnisse und die Wahrung allg Belange des Staates (kumulativ)
erfordern (v Mangoldt/Klein/*Jachmann* Art 33 Rn 14). Daher soll der Begriff des Deutschen im Anwen-
dungsbereich des Art 45 AEUV so auszulegen sein, dass er auch auf Bürger anderer Mitgliedstaaten der
Union Anwendung findet (Dreier/*Masing* Art 33 Rn 40). Jedenfalls besagt Art 33 II nicht, dass alle öffentl
Ämter Deutschen vorbehalten wären (BK/*Höfling* Art 33 Rn 272).

B. Schutzgehalt und gerichtliche Kontrolle. Umstr ist, ob Art 33 II eine **Ausschreibung** zu beset- 6
zender Stellen gebietet. Das BVerfG hat diese Frage offengelassen (BVerfG 1.8.2006, 2 BvR 2364/03,
NVwZ 2006, 1401), das BVerwG hat sie für Beförderungsstellen verneint (BVerwG 16.10.1975, II C
43/73, BVerwGE 49, 232). Die hL leitet jedoch unmittelbar aus Art 33 II eine Ausschreibungsverpflich-
tung her (Groeger/*Hauck-Scholz* Teil 2 Rn 3 ff; BK/*Höfling* Art 33 Rn 245 ff; Voßkuhle in: Grundlagen
des Verwaltungsrechts Band III, Hoffmann-Riem, Schmidt-Aßmann, Voßkuhle (Hg.), 2. Auflage 2013,
§ 43 Rn 59) und bejaht überwiegend eine Verpflichtung zur **öffentl Ausschreibung** (v Mangoldt/Klein/
Jachmann Art 33 Rn 16; Stern/Becker/*Grigoleit* Art 33 Rn 40; s auch § 4 BundeslaufbahnVO). Das Hess
LAG hält sogar eine Ausschreibung für erforderlich, wenn ein Dienstposten nicht neu geschaffen wird,
sondern vorhanden ist, aber infolge zusätzlicher Tätigkeiten höher bewertet wird (Urt 28.6.2012, 9
Sa 1456/11). Diskutiert wird ein **Bewerbungsanspruch** (*Lindner* ZBR 2012, 181).

Nach st Rspr des **BVerwG** steht es im organisatorischen Ermessen des Dienstherrn, ob er eine Stelle im 7
Wege der Beförderung oder der Versetzung vergeben will. Interessenten für einen Dienstposten, auf den
sie **ohne Statusveränderung** umgesetzt oder versetzt werden wollen, haben grds keinen Bewerbungsverfahrensanspruch gem Art 33 II (BVerwG 25.11.2004, 2 C 17/03, BVerwGE 122, 237; ohne ausdr
Aufgabe früherer Rspr ebenso BAG 23.1.2007, 9 AZR 492/06, EzA Art 33 GG Nr. 30). Entschließt
sich der Dienstherr jedoch bei der konkreten Stellenbesetzung für eine **Gleichbehandlung** von **Verset-
zungs- und Beförderungsbewerbern** und schreibt er die Stelle entsprechend aus, so legt er sich durch diese

Organisationsgrundentscheidung auf ein an den Maßstäben des Art 33 II ausgerichtetes Auswahlverfahren fest, sodass auch Versetzungsbewerber am Leistungsgrundsatz zu messen sind (BVerfG 28.2.2007, 2 BvR 2494/06, ZTR 2007, 586; BVerwG 26.1.2012, 2 A 7/09, BVerwGE 141, 361).

8 Da die Bestenauslese mit Bezug auf ein konkretes, zu besetzendes öffentl Amt zu erfolgen hat (BVerfG 7.3.2013, 2 BvR 2582/12, NVwZ 2013, 1603), muss für dieses nach der Rspr d **BAG** ein **Anforderungsprofil** vorliegen. Es stellt die Verbindung zwischen dem vom öffentl AG zu bestimmenden Charakter der Stelle und den von den Bewerbern zu erbringenden Voraussetzungen her u soll eindeutig ungeeignete Bewerber schon im Vorfeld der eigentlichen Auswahlentscheidung aus dem Kreis der in das engere Auswahlverfahren einzubeziehenden Bewerber ausschließen (BAG 15.1.2013, 9 AZR 358/11, ZTR 2013, 338). Das Anforderungsprofil muss vor der Auswahlentscheidung, nicht unbedingt jedoch zum Zeitpunkt der Ausschreibung, **dokumentiert** sein (BAG 21.1.2003, 9 AZR 72/02, EzA Art 33 GG Nr 25; ausf Groeger/*Hauck-Scholz* Teil 2 Rn 56 ff). Die Ausschreibung bleibt für das Auswahlverfahren verbindlich. Eine nachträgliche **Ergänzung** oder Verschärfung sind ebenso unzulässig wie der spätere **Verzicht** auf einzelne Merkmale (BAG 7.4.2011, 8 AZR 679/09, EzA § 15 AGG Nr 13; BVerwG 20.6.2013, 2 VR 1/13, ZTR 2013, 587). Demgegenüber bezieht sich die Auswahlentscheidung im **BeamtenR** auf das Amt im statusrechtlichen Sinn und darf daher grds **nicht** anhand der Anforderungen eines konkreten Dienstpostens erfolgen (BVerwG 20.6.2013, 2 VR 1/13, ZTR 2013, 587; 19.12.2014, 2 VR 1/14, Buchholz 11 Art. 33 Abs. 2 GG Nr 65; aA für Arbeitnehmer BAG 6.5.2014, 9 AZR 724/12, NZA 2015, 446). Bei der in vielen Verwaltungen praktizierten sog **Topfwirtschaft** wird auf die konkrete Zuordnung eines Dienstpostens zu einer bestimmten Planstelle grundsätzlich verzichtet. Vielmehr besteht ein Überhang von höher bewerteten Dienstposten gegenüber vorhandenen Planstellen der entsprechenden Wertigkeit. **Beförderungen** erfolgen in einem **zweistufigen Verfahren**, bei dem zunächst Beförderungsdienstposten ausgeschrieben und besetzt werden und sodann unter den aufgrund des Überhangs in der Regel über einen langen Zeitraum auf Beförderungsdienstposten bewährten Beschäftigten Statusämter vergeben werden. Die so ausgewählten Bewerber üben sodann regelmäßig nach der Ernennung im (ohne dazugehörigen Dienstposten vergebenen) höheren Statusamt ihre bereits zuvor ausübten Funktionen weiter aus. Diese Praxis führt im Tarifbereich wegen des Grundsatzes des Tarifautomatismus zu Problemen, nicht aber im außertariflichen Bereich. Jedoch dürften wegen der Anforderungen des Art 33 II solche Verfahren nunmehr **fraglich** sein (BVerfG 7.3.2013, 2 BvR 2582/12, NVwZ 2013, 1603). Das BVerfG unterscheidet zwischen der **haushaltsrechtlichen Topfwirtschaft**, bei der der Dienstherr unter Verzicht auf eine feste Zuordnung zu bestimmten Dienstposten die v Haushaltsgesetzgeber im Stellenplan für eine Behörde zur Verfügung gestellten Planstellen in einem »Topf« belässt u nur v Fall zu Fall auf sie zugreift, soweit er Beförderungen vornehmen will, u der **Topfwirtschaft im dienstrechtlichen Sinne**, die die Zuordnung eines Dienstpostens zu mehreren Statusämtern u Besoldungsgruppen, also eine Dienstpostenbündelung bzw eine gebündelte Dienstpostenbewertung meint (BVerfG 16.12.2015, 2 BvR 1958/13, ZTR 2016, 170).

9 Über die Einrichtung und nähere Ausgestaltung von Dienstposten entscheidet der Dienstherr nach organisatorischen Bedürfnissen und Möglichkeiten. Es obliegt daher auch seinem **organisatorischen Ermessen**, wie er einen Dienstposten zuschneiden will und welche Anforderungen demgem bei der Bewerberauswahl zugrunde zu legen sind. Nach st Rspr der Verwaltungsgerichte, die verfassungsrechtl nicht zu beanstanden ist, ist die öffentl Verwaltung im Rahmen der ihr zustehenden Personal- und Organisationshoheit nicht gehindert, den Kreis der nach Eignung, Befähigung und fachlicher Leistung zu vergleichenden Bewerber um ein öffentl Amt aufgrund sachlicher Erwägungen einzuengen (BVerfG 28.2.2007, 2 BvR 2494/06, ZTR 2007, 586). Bei der Bestimmung des Anforderungsprofils ist die öffentl Verwaltung aber an die **gesetzlichen Vorgaben** gebunden; eine Einengung des Kreises der nach Eignung, Befähigung und fachlicher Leistung zu vergleichenden Bewerber um ein öffentl Amt kann deshalb nur aufgrund **sachlicher Erwägungen** erfolgen. Wenn aus sachlich vertretbaren Gründen eine Stelle nur befristet besetzt werden soll und ein Bewerber nicht berücksichtigt wird, der in seiner Person nicht die Möglichkeit bietet, mit ihm eine wirksame **Befristung des Arbeitsvertrages** zu vereinbaren, verstößt dies nicht gegen Art 33 II (LAG Berl-Bbg 16.1.2013, 15 SaGa 1738/12, ZTR 2013, 210). Die Beschränkung des Bewerberkreises auf Arbeitslose oder v Arbeitslosigkeit Bedrohte u damit nach § 3 I Nr 2a AltersteilzeitG Förderbare ist nach dem Sozialstaatsprinzip auch für Stellenausschreibungen im öffentl Dienst zulässig u verstößt nicht gegen Art. 33 II (LAG Schl-Holst 18.3.2015, 3 Sa 371/14, LAGE § 15 AGG Nr 25). Auch die **Organisationsgewalt** ist dem Dienstherrn somit **nicht schrankenlos** zugesprochen. Die Einhaltung dieser Maßstäbe unterliegt auch der gerichtlichen Kontrolle, weil mit der Festlegung des Anforderungsprofils ein wesentlicher Teil der Auswahlentscheidung vorweggenommen wird (BVerfG 8.10.2007, 2 BvR 1846/07 ua, NVwZ 2008, 69; BAG 12.9.2006, 9 AZR 807/05, EzA § 81 SGB IX Nr 14; jedoch auch LAG M-V 19.2.2013, 5 SaGa 5/12).

Die **Kriterientrias** Eignung, Befähigung und fachliche Leistung wird zwar je für sich getrennt definiert; es 10 besteht aber weitgehend Einigkeit, dass eine trennscharfe Abgrenzung weder möglich noch erforderlich ist, weil sie **komplementär** und auf dasselbe Ziel gerichtet sind (v Mangoldt/Klein/*Jachmann* Art 33 Rn 17; Stern/Becker/*Grigoleit* Art 33 Rn 29). Zur **Befähigung** zählen alle durch Ausbildung, berufliche oder sonstige Erfahrungen erworbenen fachlichen Kenntnisse und Fähigkeiten. Die **fachliche Leistung** stellt demggü auf die bislang tatsächlich erbrachten Arbeitsleistungen, also auf die Bewährung des Bewerbers in der beruflichen Praxis, ab. Zur **Eignung** gehören vor allem körperliche und seelische Belastbarkeit sowie charakterliche Eigenschaften wie Einsatzbereitschaft, Verlässlichkeit, Ehrlichkeit, Teamfähigkeit, Durchsetzungsfähigkeit und soziale Kompetenz (Dreier/*Masing* Art 33 Rn 45; Schmidt-Bleibtreu/Klein/*Pieper* Art 33 Rn 54 ff). Zwar können familiäre Beziehungen Bedenken gegen eine unparteiische Amtsführung aufkommen lassen, jedoch stellt dies nicht von vornherein die Eignung desjenigen in Frage, der Aufgaben wahrnimmt, die sich auf Familienmitglieder auswirken (BVerfG 23.6.2015, 2 BvR 161/15). Solange der Gesetzgeber keinen kürzeren Prognosezeitraum bestimmt, kann der Dienstherr die **gesundheitliche Eignung** aktuell dienstfähiger Bewerber nur verneinen, wenn tatsächliche Anhaltspunkte die Annahme rechtfertigen, dass mit überwiegender Wahrscheinlichkeit vor Erreichen der gesetzlichen Altersgrenze Dienstunfähigkeit eintreten wird. Damit hat das BVerwG seine bisherige Rechtsprechung aufgegeben, wonach für die Bejahung der gesundheitlichen Eignung der Eintritt der Dienstunfähigkeit vor Erreichen der gesetzlichen Altersgrenze mit an Sicherheit grenzender Wahrscheinlichkeit ausgeschlossen sein musste (BVerwG 25.7.2013, 2 C 12/11, JurionRS 2013, 47269). Unterlässt es der öffentliche AG entgegen § 82 S 2 SGB IX, einen **schwerbehinderten Bewerber** zu einem Vorstellungsgespräch einzuladen, so ist dies eine geeignete Hilfstatsache nach § 22 AGG, die für das Vorliegen einer diskriminierenden Benachteiligung spricht (BAG 24.1.2013, 8 AZR 188/12, EzA § 22 AGG Nr 7). Auch aus einer Verletzung der aus § 81 I 9 SGB IX abzuleitenden Pflicht, die getroffene Besetzungsentscheidung unverzüglich mit allen Beteiligten zu erörtern, kann grundsätzlich eine Indizwirkung, dass der AG den Bewerber wegen seiner Schwerbehinderung nicht berücksichtigt habe, abgeleitet werden. Wenn der AG jedoch die Beschäftigungsquote nach § 71 I SGB IX erfüllt, ist er nicht verpflichtet, die Beteiligten unverzüglich iSd § 81 I 9 SGB IX über die Gründe seiner Auswahlentscheidung bei Bewerbungen zu unterrichten (BAG 21.2.2013, 8 AZR 180/12, EzA § 81 SGB IX Nr 22). Die Indizwirkung gem § 22 AGG wird jedoch nur ausgelöst, wenn dem AG die Behinderung bekannt ist. Soweit die Schwerbehinderteneigenschaft dem AG nicht nachweislich schon bekannt ist oder - etwa bei einem Vorstellungsgespräch - eine körperliche Behinderung offensichtlich wird, muss der Bewerber den AG über seine Schwerbehinderteneigenschaft informieren. Dies hat regelmäßig im Bewerbungsschreiben selbst unter Angabe des GdB, gegebenenfalls einer Gleichstellung zu geschehen, da der AG jedenfalls gehalten ist, bei jeder Bewerbung das eigentliche Bewerbungsschreiben zur Kenntnis zu nehmen. Wird die Information im Lebenslauf gegeben, so hat dies an hervorgehobener Stelle und deutlich, etwa durch eine besondere Überschrift hervorgehoben, zu geschehen. »Eingestreute« oder unauffällige Informationen, indirekte Hinweise in beigefügten amtlichen Dokumenten, eine in den weiteren Bewerbungsunterlagen befindliche Kopie des Schwerbehindertenausweises etc. sind keine ordnungsgemäße Information des angestrebten Vertragspartners (BAG 26.9.2013, 8 AZR 650/12, NZA 2014, 258).

In welcher Form der AG den Leistungsvergleich unter den Bewerbern vornimmt, bleibt seiner Gestaltung 11 überlassen, soweit nicht gesetzliche Vorschriften ein bestimmtes Verfahren vorschreiben. Die Erstellung förmlicher Beurteilungen ist in der Praxis zwar die Regel, jedoch nicht zwingend erforderlich. Die Bestenauslese und Chancengleichheit sämtlicher Bewerber verlangen ein Mindestmaß an verfahrensrechtl Vorkehrungen. Dazu gehören für die Bewertung der Leistungen ein **einheitlicher Bewertungsmaßstab** sowie ein möglichst **gemeinsamer Stichtag** für die Durchführung der Bewertung. Ferner muss der Leistungsvergleich **zeitnah zur Auswahlentscheidung** erfolgen, sodass noch eine sachgerechte Prognoseentscheidung, wer von den Bewerbern für die künftigen Aufgaben am besten geeignet sein wird, getroffen werden kann (BAG 21.1.2003, 9 AZR 72/02, EzA Art 33 GG Nr 25). Die Bewertung der Bewerber kann danach durch dienstl Beurteilungen, **Zeugnisse** oder **aktuelle Leistungsberichte** vorgenommen werden. **Dienstl Beurteilungen**, bei denen der größte Teil der Beurteilten mit der **Bestnote** bewertet werden, reichen allerdings als Qualifikationsmaßstab nicht aus (Dreier/*Masing* Art 33 Rn 52; v Mangoldt/Klein/*Jachmann* Art 33 Rn 20; Stern/Becker/*Grigoleit* Art 33 Rn 38).

Zum Recht, das Auswahlverfahren auszugestalten, gehört auch das Recht zur **Vorauswahl**. Da hierdurch der 12 Teilnehmerkreis für die **Endauswahl** begrenzt wird, dürfen auch für die Vorauswahl nur eignungsbezogene Kriterien zugrunde gelegt werden (BAG 14.8.2007, 9 AZR 1086/06, EzA Art 33 GG Nr 32).

Bei gleicher Eignung konkurrierender Bewerber kann der Dienstherr die Auswahlentscheidung unter 13 Zuhilfenahme weiterer Kriterien (**Hilfskriterien**) treffen. Das Ermessen insoweit ist jedoch teilw gesetzlich begrenzt. So bestimmt § 8 S 1 BGleiG, dass in unterrepräsentierten Bereichen Frauen bei der Einstellung,

Anstellung und beim beruflichen Aufstieg bei Vorliegen von gleicher Eignung, Befähigung und fachlicher Leistung bevorzugt zu berücksichtigen sind, sofern nicht in der Person eines Mitbewerbers liegende Gründe überwiegen (ausf Groeger/*Hauck-Scholz* Teil 2 Rn 28 ff). Der Dienstherr darf auch mit einer **tariflichen Altersgrenzenregelung** zulässigerweise verfolgte **sozialpolitische Ziele** zu Lasten eines aus Altersgründen ausgeschiedenen Bewerbers berücksichtigen und jüngeren Beschäftigten Aufstiegschancen geben (LAG Köln 27.6.2012, 9 Sa 20/12, NZA-RR 2013, 50).

14 Die Entsch zum **Abbruch des Auswahlverfahrens** ist zwar actus contrarius zur Stellenausschreibung, nach Ansicht des BAG jedoch keine rein organisations- und verwaltungspolitische Entsch mehr, sondern nur aus **sachlichem Grund** zulässig (BAG 24.3.2009, 9 AZR 277/08, EzA Art 33 GG Nr 36; BVerfG 28.11.2011, 2 BvR 1181/11, NVwZ 2012, 366). Unsachlich sind Gründe, wenn sie nicht aus Art 33 II abgeleitet werden können. Der Abbruch eines Auswahlverfahrens kann nur dann rechtmäßig sein, wenn neben dem Vorliegen eines sachlichen Grundes sichergestellt ist, dass die von dem Verfahren Betroffenen von dem Abbruch rechtzeitig und in geeigneter Form Kenntnis erlangen (BVerwG 26.1.2012, 2 A 7/09, BVerwGE 141, 361; 29.11.2012, 2 C 6/11, ZTR 2013, 345). Die Schaffung von sachlichen Gründen für einen Abbruch, um eine nach der Bestenauslese unabweisbare Entsch zugunsten eines bestimmten Bewerbers zu verhindern, ist unzulässig. Ein Verfahrensabbruch ist in diesem Fall rechtswidrig. Die gerichtliche Beanstandung einer Auswahlentscheidung stellt grds einen sachlichen Grund für den Abbruch des Auswahlverfahrens dar, sofern die Ausführungen des Gerichts dem Dienstherrn berechtigten Anlass geben, seine Entscheidungsfindung zu überdenken. In einem solchen Fall muss auch nicht der Rechtsweg ausgeschöpft werden. Der Bewerberverfahrensanspruch verdichtet sich nur dann zu einem Besetzungsanspruch, wenn das Auswahlverfahren ordnungsgem abgeschlossen wurde und die Auswahl nach den Kriterien des Art 33 II GG zugunsten des Anspruchstellers ausgefallen war oder hätte ausfallen müssen (BAG 17.8.2010, 9 AZR 347/09, NJW 2010, 3595). Ist der für den Abbruch maßgebliche Grund nicht evident, muss er schriftlich dokumentiert werden. Argumente, die erst im anhängigen Verfahren vorgetragen werden, sind nicht zu berücksichtigen (BVerfG 28.11.2011, 2 BvR 1181/11, NVwZ 2012, 366).

15 Die AG des öffentl Dienstes sind verpflichtet, die Leistungsbewertungen und die wesentlichen Auswahlerwägungen schriftlich niederzulegen. Diese Pflicht folgt aus Art 33 II iVm Art 19 IV. Das Auswahlverfahren muss so ausgestaltet sein, dass es den gerichtlichen Rechtsschutz weder vereitelt noch unzumutbar erschwert. Das wäre aber dann der Fall, wenn der unterlegene Bewerber keine oder nur eine lückenhafte Kenntnis über die Entscheidungsgrundlagen hätte. Er könnte nicht sachgerecht darüber entscheiden, ob er die Auswahlentscheidung hinnehmen oder gerichtlichen Rechtsschutz in Anspruch nehmen soll. Das **Dokumentationsgebot** ist somit für die Transparenz der Auswahlentscheidung unverzichtbar (BAG 21.1.2003, 9 AZR 72/02, EzA Art 33 GG Nr 25). Verstößt ein öffentl AG gegen das Dokumentationsgebot, soll das dazu führen, dass er für die nicht dokumentierten Umstände des Auswahlverfahrens die **sekundäre Darlegungslast** trägt (Hess LAG 23.4.2010, 19/3 Sa 47/09). UU ist er mit nicht dokumentierten Auswahlerwägungen jedoch auch ganz ausgeschlossen, wenn derselbe Maßstab wie für die Abbruchgründe gilt. Für die Anwendung der Qualifikationsmerkmale wird dem Dienstherrn jedoch ein **Beurteilungsspielraum** zugestanden. Danach sind die **Gerichte** darauf **beschränkt**, zu prüfen, ob die Verwaltung den anzuwendenden Begriff und den gesetzlichen Rahmen, in dem sie sich frei betätigen kann, verkannt hat, ob sie von einem unrichtigen Tatbestand ausgegangen ist, allg gültige Wertmaßstäbe nicht beachtet oder sachwidrige Erwägungen angestellt hat (Dreier/*Masing* Art 33 Rn 49; BAG 19.2.2008, 9 AZR 70/07, EzA Art 33 GG Nr 35).

16 Das grundrechtsgleiche Recht auf gleichen Zugang zu jedem öffentl Amt nach Art 33 II lässt sich nur **vor Besetzung der Stelle** mit dem ausgewählten Konkurrenten verwirklichen. Es bedarf deshalb der Sicherung durch eine **einstweilige Verfügung** nach **§§ 935 ff ZPO**. Aus dieser Verfahrensabhängigkeit der Grundrechtsdurchsetzung folgt das Gebot effektiven Rechtsschutzes. Diesem Anspruch ist grds genügt, wenn dem abgelehnten Bewerber die Möglichkeit gewährt wird, vorläufigen Rechtsschutz vor der Besetzung des Amts in Anspruch zu nehmen (zur Antragstellung Groeger/*Hauck-Scholz*, Teil 2 Rn 163 ff).

17 In der Rspr des BVerfG ist geklärt, dass aus Art 19 IV iVm Art 33 II eine Verpflichtung des Dienstherrn folgt, vor der endgültigen Besetzung eines öffentl Amtes, insb vor der Aushändigung der Ernennungsurkunde, einen ausreichenden Zeitraum abzuwarten, um den unterlegenen Mitbewerbern die Möglichkeit zu geben, einen Antrag auf Erlass einer einstweiligen Verfügung zu stellen, ein Rechtsmittel gegen eine Entsch in einem solchen Verfahren einzulegen oder Verfassungsbeschwerde zu erheben, nur wenn und nur so die Möglichkeit der Gewährung effektiven Rechtsschutzes besteht. Daher verletzt die Aushändigung einer Ernennungsurkunde unmittelbar nach Zustellung einer zweitinstanzlichen Entsch in einem

Eilverfahren trotz der bereits angekündigten Absicht des unterlegenen Mitbewerbers, das BVerfG anzurufen, den Bewerber in seinen Rechten aus Art 33 II iVm Art 19 IV (BVerfG 24.9.2007, 2 BvR 1586/07, NVwZ 2008, 70). In der Praxis hat sich eingebürgert, dass 2 Wochen abgewartet wird. Ob dies ausreichend ist, ist zweifelhaft geworden. Die 3. Kammer des 2. Senats des BVerfG (Beschl 9.7.2009, 2 BvR 706/09, NVwZ 2009, 1430) hat »zur Vermeidung von Missverständnissen« darauf hingewiesen, dass für die Einlegung der Verfassungsbeschwerde die Monatsfrist des § 93 I 1 BVerfGG gilt, die der Beschwerdeführer zur Substantiierung seines Vortrags bzw ggf zur Nachreichung von Unterlagen ausschöpfen könne (so auch v Mangoldt/Klein/*Jachmann* Art 33 Rn 23). Dies sei bei der Einhaltung der im Einzelfall maßgeblichen Frist zu berücksichtigen. Danach kommt es maßgeblich auf die Umstände des Einzelfalls an und entzieht sich die Bestimmung der Länge der Wartefrist einer schematischen Beurteilung. Im Fall dringender dienstlicher Bedürfnisse könnten Ausnahmen von der grds anzuerkennenden Wartefrist gegeben sein. Man könnte somit erwägen, dass gerade bei Beginn eines Konkurrentenrechtsstreits die Vorbereitungszeit für den unterlegenen Bewerber länger bemessen werden muss als bei einem bereits laufenden Rechtsstreit. Häufig sind während des Rechtsstreits die Probleme bereits aufgearbeitet worden und ist der betreffende Mitbewerber bereits anwaltlich vertreten. Die Situation ist insoweit anders bei einem Mitbewerber, der eine Absage erhält und nun entscheiden muss, ob er einstweiligen Rechtsschutz in Anspruch nimmt und ob er sich hierbei anwaltlich vertreten lässt. Dies spricht dafür, dass die Frist mit (mind.) 1 Monat zu bemessen ist (so für den Fall, dass der unterlegene Bewerber rechtzeitig, nämlich vor oder spätestens 2 Wochen nach der Bekanntgabe mitgeteilt hat, er werde das BVerfG anrufen, BVerwG 8.12.2011, 2 B 106/11). Andererseits gelten im ArbR teilw kürzere Fristen, insb die Klagefristen bei einer Kdg und gegen die Befristung eines Arbeitsvertrages sind lediglich mit 3 Wochen bemessen. Dies könnte dafür sprechen, sich an diese Fristen anzulehnen. Außerdem wird eine Ausdehnung der Frist auf einen Monat teilw als kritisch angesehen (Groeger/*Hauck-Scholz* Teil 2 Rn 63).

Werden mit der endgültigen Besetzung des Dienstpostens die Rechte des Bewerbers nach Art 33 II iVm Art 19 IV verletzt, tritt der Grundsatz der **Ämterstabilität** zurück und kann er verlangen, verfahrens- und materiellrechtl so gestellt zu werden, als wäre der Rechtsschutz nicht vereitelt worden (BAG 24.3.2009, 9 AZR 277/08, EzA Art 33 GG Nr 36; BVerwG 4.11.2010, 2 C 16/09, NJW 2011, 695; dazu *Hermann* NJW 2011, 653; Dreier/*Masing* Art 33 Rn 55; krit BK/*Höfling* Art 33 Rn 372 ff; s.a. Groeger/ *Hauck-Scholz* Teil 2 Rn 48 ff). Ein Schadensersatzanspruch eines unterlegenen Bewerbers wegen einer Verletzung des Art 33 II vor dem Urteil des BVerwG v 4.11.2010 setzt in Fällen der Rechtsschutzverhinderung nicht voraus, dass der Bewerber die Ernennung des Konkurrenten angefochten hat (BVerwG 30.10.2013, 2 C 23/12, ZBR 2014, 126). Die Annahme des BVerwG, wonach der Schadensersatzanspruch nicht besteht, wenn das Bewerbungsverfahren aufgrund der Rechtswidrigkeit der Auswahlentscheidung abgebrochen wird, gestaltet die richterrechtlichen Voraussetzungen des Schadensersatzanspruchs in verfassungsrechtlich unbedenklicher Weise näher aus und konkretisiert sie; der Bewerbungsverfahrensanspruch wird hierdurch nicht in unzulässiger Weise entwertet (BVerfG 3.7.2013, 2 BvR 1541/11). 18

Art. 72
(1) Im Bereich der konkurrierenden Gesetzgebung haben die Länder die Befugnis zur Gesetzgebung, solange und soweit der Bund von seiner Gesetzgebungszuständigkeit nicht durch Gesetz Gebrauch gemacht hat.
(2) Auf den Gebieten des Artikels 74 Abs. 1 Nr. 4, 7, 11, 13, 15, 19a, 20, 22, 25 und 26 hat der Bund das Gesetzgebungsrecht, wenn und soweit die Herstellung gleichwertiger Lebensverhältnisse im Bundesgebiet oder die Wahrung der Rechts- oder Wirtschaftseinheit im gesamtstaatlichen Interesse eine bundesgesetzliche Regelung erforderlich macht.
(3) ¹Hat der Bund von seiner Gesetzgebungszuständigkeit Gebrauch gemacht, können die Länder durch Gesetz hiervon abweichende Regelungen treffen über:
(…)
6. die Hochschulzulassung und die Hochschulabschlüsse.
²Bundesgesetze auf diesen Gebieten treten frühestens sechs Monate nach ihrer Verkündung in Kraft, soweit nicht mit Zustimmung des Bundesrates anderes bestimmt ist. ³Auf den Gebieten des Satzes 1 geht im Verhältnis von Bundes- und Landesrecht das jeweils spätere Gesetz vor.
(4) Durch Bundesgesetz kann bestimmt werden, dass eine bundesgesetzliche Regelung, für die eine Erforderlichkeit im Sinne des Absatzes 2 nicht mehr besteht, durch Landesrecht ersetzt werden kann.

Art. 73 Ausschließliche Gesetzgebung des Bundes
(1) Der Bund hat die ausschließliche Gesetzgebung über:
(...)
8. die Rechtsverhältnisse der im Dienste des Bundes und der bundesunmittelbaren Körperschaften des öffentlichen Rechtes stehenden Personen;
(...)

Art. 74 Gegenstände der konkurrierenden Gesetzgebung
(1) Die konkurrierende Gesetzgebung erstreckt sich auf folgende Gebiete:
(...)
12. das Arbeitsrecht einschließlich der Betriebsverfassung, des Arbeitsschutzes und der Arbeitsvermittlung sowie die Sozialversicherung einschließlich der Arbeitslosenversicherung
(...)
27. die Statusrechte und -pflichten der Beamten der Länder, Gemeinden und anderen Körperschaften des öffentlichen Rechts sowie der Richter in den Ländern mit Ausnahme der Laufbahnen, Besoldung und Versorgung;
(...)
33. die Hochschulzulassung und die Hochschulabschlüsse.
(2) Gesetze nach Abs. 1 Nr. 25 und 27 bedürfen der Zustimmung des Bundesrates.

Übersicht

	Rdn.		Rdn.
A. Konkurrierende Gesetzgebung	1	1. Definition des ArbR	8
I. Grundlagen	1	2. Einzelfälle	10
1. Sperrwirkung des Art 72 I	2	3. Betriebsverfassungsrecht	11
2. Folge der Sperrwirkung	4	4. Arbeitsschutz und Arbeitsvermittlung	12
3. Voraussetzungen für die Ausübung konkurrierender Gesetzgebung durch den Bund	5	5. Verhältnis Gesetzgebungskompetenz und Tarifautonomie	13
II. Auswirkungen für das ArbR	6	II. Sozialversicherung einschl der Arbeitslosenversicherung	14
B. Reichweite der Gesetzgebungskompetenz des Art 74 I Nr 12	7	1. Definition der Sozialversicherung	14
I. ArbR einschl der Betriebsverfassung, des Arbeitsschutzes und der Arbeitsvermittlung	8	2. Einzelfälle	16

1 **A. Konkurrierende Gesetzgebung. I. Grundlagen.** Das ArbR und die mit ihm eng verbundenen Rechtsgebiete gehören nach Art 74 I Nr 12 seit Inkrafttreten des GG zum Gegenstand der konkurrierenden Gesetzgebung, die jedoch zuletzt durch die zum 1.9.2006 in Kraft getretene sog »**Föderalismusreform**« (BGBl I S 2034) grundlegend geändert worden ist (Übergangsregelungen in Art 125a bis c). Die konkurrierende Gesetzgebung ist – im Unterschied zur früheren Rahmengesetzgebungskompetenz des Bundes – eine **Vollkompetenz**.

2 **1. Sperrwirkung des Art 72 I.** Nach Art 72 I haben die **Länder** im Bereich der konkurrierenden Gesetzgebung das **Gesetzgebungsrecht, solange und soweit der Bund** von seiner Gesetzgebungszuständigkeit nach Maßgabe des Art 74 I Nr 12 keinen Gebrauch gemacht hat. Art 72 I entfaltet damit eine **Sperrwirkung** zulasten der Länder und zugunsten des Bundes (Jarass/Pieroth/*Pieroth* Art 72 Rn 11).

3 Ein Gebrauchmachen iSd Kompetenzvorschrift liegt vor, wenn ein **Bundesgesetz** eine Frage **ausdrücklich**, auch negativ (BVerfG 22.4.1953, 1 BvL 54/52, BVerfGE 2, 232 ff) – insb durch **absichtsvollen Regelungsverzicht** (BVerfG 27.10.1998, 1 BvR 2306/96 ua, BVerfGE 98, 265 ff) oder durch beredetes Schweigen (BVerwG 25.8.1999, 8 C 12/98, BVerwGE 109, 272 ff), **geregelt hat** oder wenn dem G durch »Gesamtwürdigung des betroffenen Normenbereichs« zu entnehmen ist, dass es eine **erschöpfende Regelung einer bestimmten Materie darstellt** (ausf zum Ganzen: Jarass/Pieroth/*Pieroth* Art 72 Rn 6 ff). Keinen Gebrauch von seiner Gesetzgebungskompetenz hat der Bund gemacht, wenn er in Bezug auf eine bestimmte Materie **überhaupt nicht tätig geworden ist** und wenn ein Bundesgesetz bspw lediglich bestimmte Zielvorstellungen und Vorgaben enthält (BVerfG 12.10.1978, 2 BvR 154/74, BVerfGE 49, 343 ff).

4 **2. Folge der Sperrwirkung.** Hat der **Bund** von der konkurrierenden Gesetzgebung hins der in Art 74 I abschließend aufgezählten Materien **Gebrauch gemacht**, können **Landesgesetze nicht mehr erlassen**

werden; sie sind unzulässig und – sollten sie dennoch erlassen werden – **nichtig**. Diese Rechtsfolge tritt unabhängig davon ein, ob zwischen Bundes- und Landesrecht ein entspr Widerspruch besteht (BVerfG 15.3.2000, 1 BvL 16/96 ua, BVerfGE 102, 68 ff).

3. Voraussetzungen für die Ausübung konkurrierender Gesetzgebung durch den Bund. Das GG unterscheidet zwischen der Vorrangkompetenz und der **Erforderlichkeitskompetenz**. Die Gegenstände der Erforderlichkeitskompetenz sind in **Art 72 II** aufgeführt; in diesen Bereichen kann der Bund nicht ohne Weiteres von seiner Gesetzgebungskompetenz Gebrauch machen, sondern nur wenn, und soweit die Herstellung gleichwertiger Lebensverhältnisse im Bundesgebiet oder die Wahrung der Rechts- oder Wirtschaftseinheit im gesamtstaatlichen Interesse eine bundesgesetzliche Regelung erforderlich macht. Die **Vorrangkompetenz**, zu der auch **Art 74 I Nr 12** gehört, gewährt demggü eine **unkonditionierte Gesetzgebungskompetenz**. Des Weiteren eröffnet Art 72 III den Ländern für die dort abschließend aufgezählten Materien die Möglichkeit der Abweichung (»**Öffnungsklausel**«). Hat der Bund von seiner Gesetzgebungskompetenz Gebrauch gemacht, können die Länder auf den in Art 72 III genannten Gebieten dennoch hiervon abweichen und eigene G erlassen, durch die das Bundesrecht verdrängt wird. Art 72 III 3 statuiert insoweit einen **Anwendungsvorrang** für das jeweils jüngere Recht (Jarass/Pieroth/*Pieroth* Art 72 Rn 32).

II. Auswirkungen für das ArbR. Für das ArbR und die ihm verwandten Materien iSd Art 74 I Nr 12 greift **weder die Zulässigkeitsschranke des Art 72 II noch die Öffnungsklausel des Art 72 III**. Dies bedeutet, dass der **Bund** – macht er von seiner Gesetzgebungskompetenz auf dem Gebiet des Arbeits- und Sozialversicherungsrecht Gebrauch – **keinen Zulässigkeitsschranken unterliegt**. Auch können die **Länder von Bundesgesetzen iSd Art 74 I Nr 12 nicht abweichen**. Jedoch ist im Einzelfall zu prüfen, ob der Bund von seiner Gesetzgebungskompetenz für eine bestimmte Materie **erschöpfend** Gebrauch gemacht hat mit der Folge einer **Sperrwirkung** für die Länder (verneint für ArbZ Regelungen für Samstage in Verkaufsstellen BVerfG 14.1.2015, 1 BvR 931/12, NVwZ 2015, 582, 585 f.).

B. Reichweite der Gesetzgebungskompetenz des Art 74 I Nr 12. Von der konkurrierenden Gesetzgebung erfasst werden das ArbR einschl der Betriebsverfassung, des Arbeitsschutzes und der Arbeitsvermittlung sowie die Sozialversicherung einschl der Arbeitslosenversicherung.

I. ArbR einschl der Betriebsverfassung, des Arbeitsschutzes und der Arbeitsvermittlung. 1. Definition des ArbR. Unter ArbR iSd Verfassungsvorschrift ist das **Sonderrecht der unselbstständigen AN**, und zwar das **individuelle und kollektive, private und öffentl ArbR** zu verstehen (BVerfG 18.12.1974, 1 BvR 430/65, BVerfGE 38, 281 ff). ArbR ist insb das **Arbeitsvertragsrecht einschl der Kündigungsschutzbestimmungen** (BVerfG 27.3.1979, 2 BvL 2/77, BVerfGE 51, 43 ff), **der gesetzlichen Vorgaben für den Arbeitslohn** (BVerfG 10.5.1960, 1 BvR 190/58, BVerfGE 11, 105 ff) und des **Urlaubsrechts** (BVerfG 22.4.1958, 2 BvL 32/56 ua, BVerfGE 7, 342 ff), **Fragen der AN-Weiterbildung und des Bildungsurlaubes** (BVerfG 15.12.1987, 1 BvR 563/85, BVerfGE 77, 308 ff), des **Arbeitskampfrechts** (Sachs/*Degenhart* Art 74 Rn 48) sowie der **betrieblichen Altersversorgung** und der damit zusammenhängenden Leistungspflichten des AG (BVerfG 18.12.1974, 1 BvR 430/65 ua, BVerfGE 38, 281 ff).

Hins des ArbR für die **Beschäftigten des öffentl Dienstes** geht Art 73 Nr 8 als lex specialis der Regelung des Art 74 Nr 12 vor. Erfasst werden aber nur Regelungen der Rechtsverhältnisse der im Dienste des **Bundes und der bundesunmittelbaren Körperschaften des öffentl Rechts** stehenden Personen. Für Bedienstete **anderer öffentl AG** hat der Bund, soweit es sich nicht um allg arbeitsrechtl G geht, die auch für AN privater AG gelten, und somit unter Art 74 I Nr 12 fallen, keine Gesetzgebungskompetenz. Das ergibt sich daraus, dass der Bund die ihm bis zum 31.8.2006 gem Art 75 I Nr 1 zustehende Kompetenz, Rahmenvorschriften für die Gesetzgebung der Länder über die Rechtsverhältnisse der im öffentl Dienst der Länder, Gemeinden und sonstigen Körperschaften des öffentl Rechts stehenden Personen zu erlassen, verloren hat. Ihm steht seit dem 1.9.2006 nach Art 74 I Nr 27 nur noch das Recht zu, die Statusrechte und -pflichten (dazu *Voßkuhle* in: Grundlagen des Verwaltungsrechts Band III, Hoffmann-Riem, Schmidt-Aßmann, Voßkuhle (Hg.), 2. Auflage 2013, § 43 Rn 77) der Beamten der Länder, Gemeinden und anderen Körperschaften des öffentl Rechts sowie der Richter in den Ländern zu regeln. Schon nach der früheren Kompetenzverteilung konnten die Länder arbeitsrechtl Gesetze schaffen (BAG 18.12.2008, 8 AZR 660/07, EzTöD 100 § 2 TVöD-AT Betriebsübergang Nr 15; 23.11.2004, 9 AZR 639/03, EzA § 75 BetrVG 2001 Nr 1; 8.5.2001, 9 AZR 95/00, EzA § 613a BGB Nr 198). Nachdem der Bund seine Rahmengesetzgebungskompetenz nicht nur für das öffentl Dienstrecht der Länder, sondern auch für das **Hochschulrecht** eingebüßt hat und die Länder auch insoweit eine ausschließliche Gesetzgebungskompetenz haben, als das GG dem Bund nicht punktuell Gesetzgebungszuständigkeiten verleiht (Art 74 I Nr 27 u 33), sind durch das **WissZeitVG** die Befristungsregelungen aus dem HRG herausgelöst und in diesem Bundesgesetz verankert worden. Dass dem

Bund hierfür die Gesetzgebungskompetenz nach Art 74 I Nr 12 GG zusteht, wird überwiegend, zumeist jedoch ohne nähere Begründung, bejaht; dagegen bestehen jedoch Bedenken (vgl BK/*Degenhart* Art 74 Abs 1 Nr 27 Rn 17; Jarass/Pieroth/*Pieroth* Art 74 Rn 28; krit auch *Löwisch* NZA 2004, 1065 ff; *ders* § 1 WissZeitVG Rdn 1; bejahend BAG 21.6.2006, 7 AZR 234/05, AP § 57a HRG Nr 5 für das vor Inkrafttreten der Föderalismusreform ergangene G zur Änderung dienst- und arbeitsrechtl Vorschriften im Hochschulbereich (HdaVÄndG) v 27.12.2004; BAG 30.3.1994, 7 AZR 229/93, AP § 57a HRG Nr 1 für das Hochschulrahmengesetz v 14.6.1985; *Schüren* § 23 TzBfG Rn 10). Durch das VersÄmtEinglG NW 2007 sind die bei den aufgelösten Versorgungsämtern in Nordrhein-Westfalen tariflich Beschäftigten kraft G auf die Kreise und kreisfreien Städte, die Landschaftsverbände, die Bezirksregierungen oder das Landesamt für Personaleinsatzmanagement übergegangen bzw im Wege der Personalgestellung zur Verfügung gestellt worden. Diese Regelungen beruhen auf der Landesgesetzgebungskompetenz und verstoßen nicht gegen höherrangiges Recht (BAG 23.3.2011, 10 AZR 374/09, ZTR 2011, 352).

10   **2. Einzelfälle.** Vom ArbR iSd Art 74 I Nr 12 werden bspw Folgende das Arbeitsleben betreffende Regelungen erfasst (umfassende Übersicht bei Schmidt-Bleibtreu/Hofmann/Hopfauf/*Sannwald* Art 74 Rn 146): die **Bildung von AN-Kammern** (BVerfG 27.3.1979, 2 BvL 2/77, BVerfGE, 38, 281 ff); die **AN-Weiterbildung** (BVerfG 15.12.1987, 1 BvR 563/85 ua, BVerfGE 77, 308 ff); das **Arbeitskampfrecht** (Jarass/Pieroth/*Pieroth* Art. 74 Rn 29); einzelne **arbeitsvertragliche Regelungen im Berufsausbildungsrecht**, soweit nicht Art 74 I Nr 11 vorgeht (BVerfG 24.10.2002, 1 BvF 1/01, BVerfGE 106, 62 ff); **Regelungen über Beschäftigungsverbote an Sonn- und Feiertagen im Handelsgewerbe** (BVerfG 17.12.1985, 1 C 1/85, NJW 1986, 2003); Regelungen über die **betriebliche Altersvorsorge** einschl des **Insolvenzsicherheitsabgabe**; die Festsetzung **sozialpolitisch motivierter Feiertage** (AK GG/*Schmidt-Preuß* Art 140 Rn 69); Regelungen über den **Kündigungsschutz** (BVerfG 27.3.1979, 2 BvL 2/77, BVerfGE 51, 43 ff); **Kinderzuschläge zum Arbeitslohn** (BVerfG 10.5.1960, 1 BvR 190/58, BVerfGE 11, 105 ff); das **Tarifvertragsrecht** (v Mangoldt/Klein/*Pestalozza* Art 74 Rn 808), G über die Gewährung von **Urlaub** (BVerfG 22.4.1958, 2 BvL 32/56 ua, BVerfGE 7, 342 ff) und die Regelungen über den **Erziehungsurlaub** (Jarass/Pieroth/*Pieroth* Art 74 Rn 29).

11   **3. Betriebsverfassungsrecht.** Von der Kompetenzvorschrift des Art 74 I Nr 12 wird ausdrücklich auch die Betriebsverfassung als die durch Organe institutionalisierte Zusammenarbeit zwischen AG und AN im Betrieb erfasst (v Münch/*Kunig* Art 74 Rn 64; zur Abgrenzung ggü dem Personalvertretungsrecht BVerfG 3.10.1957, 2 BvL 7/56, BVerfGE 7, 120).

12   **4. Arbeitsschutz und Arbeitsvermittlung.** Mit Arbeitsschutz iSd Art 74 Nr 12 sind **alle öffentl-rechtl Regelungen** gemeint, die den **AN vor Gefahren der Arbeit, einschl der Arbeitszeit** (BVerfG 20.5.1952, 1 BvL 3/51 ua, BVerfGE 1, 283 ff) schützen. Arbeitsvermittlung ist diejenige Tätigkeit, die darauf gerichtet ist, Arbeitsuchende mit AG zur Begründung von Arbeitsverhältnissen zusammenzuführen, einschl der Arbeitsüberlassung (BVerfG 4.4.1967, 1 BvR 84/65 ua, BVerfGE 21, 261 ff).

13   **5. Verhältnis Gesetzgebungskompetenz und Tarifautonomie.** Mit jeder bundes- oder landesgesetzlichen Regelung auf dem Gebiet des ArbR wird der Gesetzgeber auf einem Gebiet tätig, das nach Art 9 III durch die Betätigungsfreiheit der Koalitionen geschützt ist. Es stellt sich daher das grds Problem der Abgrenzung der Regelungsbefugnisse des Gesetzgebers auf der einen Seite und der Koalitionen auf der anderen Seite. Den Koalitionen steht kein Rechtsetzungsmonopol oder eine unbegrenzte Rechtsetzungsprärogative zu (BVerfG 27.4.1999, 1 BvR 2203/93 ua, NJW 1999, 3033); auf der anderen Seite hat der Gesetzgeber das Grundrecht der Koalitionen aus Art 9 III bei seiner Rechtsetzung zu achten. Die Bindung des Gesetzgebers ist stärker, wenn bestimmte Fragen tarifvertraglich bereits geregelt sind; wird der Gesetzgeber in einem Bereich tätig, der tariflich nicht geregelt ist, hat er eine größere Gestaltungsfreiheit (s Art 9 GG Rdn 50 ff). Offen ist die Frage, inwieweit der Gesetzgeber bei der Umsetzung von RL der EU mit Blick auf etwaige vorrangige Bemühungen der Sozialpartner (Tarifvertragsparteien) zuwarten darf bzw ob allein tarifvertragliche Regelungen für eine ordnungsgem Umsetzung einer RL der EU ausreichen.

14   **II. Sozialversicherung einschl der Arbeitslosenversicherung. 1. Definition der Sozialversicherung.** Der Begriff der Sozialversicherung iSd Art 74 I Nr 12 ist weit zu verstehen (BVerfG 8.4.1987, 2 BvR 909/82 ua, BVerfGE 75, 108 ff). Auch wenn dieser Kompetenztitel nicht auf die traditionellen Bereiche der Versicherung gegen Krankheit, Alter, Individualität, Unfall und Arbeitslosigkeit beschränkt ist, umfasst er jedoch nicht schlechthin die soziale Sicherung (BVerfG 10.5.1960, 1 BvR 190/58, BVerfGE 11, 105 ff). Kennzeichnend für die Sozialversicherung ist das soziale Bedürfnis nach Ausgleich bes Lasten, die Aufbringung der erforderlichen Mittel durch Beiträge der Beteiligten oder der Betroffenen (BVerfG 7.7.1992, 1 BvL 51/86 ua, BVerfGE 87, 1 ff) sowie die organisatorische Durchführung durch

selbstständige Anstalten oder Körperschaften des öffentl Rechts (BVerfG 10.5.1960, 1 BvR 190/58 ua, BVerfGE 11, 105 ff; 12.1.1983, 2 BvL 23/81, BVerfGE 63, 1 ff).

Von der Kompetenz des Art 74 I Nr 12 für die Sozialversicherung werden ebenso Regelungen über die Erstattung und den Ausgleich erbrachter Sozialversicherungsleistungen erfasst (BVerfG 23.1.1990, 1 BvL 44/86, BVerfGE 81, 156 ff). Prägende Elemente der Sozialversicherung sind jedenfalls die gemeinsame Deckung eines möglichen, in seiner Gesamtheit schätzbaren Bedarfs durch Verteilung auf eine organisierte Vielzahl (BVerfG 8.4.1987, 2 BvR 909/82 ua, BVerfGE 75, 108 ff), Aufbringung der Mittel durch Beiträge – und damit eine enge Verknüpfung von Beiträgen und Leistungen und auch deren grds Beitragsadäquanz (Sachs/*Degenhart* Art 74 Rn 52) und die Durchführung durch selbstständige Anstalten und Körperschaften des öffentl Rechts in öffentl-rechtl Form (BVerfG 8.4.1987, 2 BvR 909/82 ua, BVerfGE 75, 108 ff). Bes Hilfsbedürftigkeit ist nicht erforderlich, damit einzelne Regelungen auf Art 74 I Nr 12 gestützt werden können (BVerfG 8.4.1987, 2 BvR 909/82 ua, BVerfGE 75, 108 ff). Mit Blick darauf, dass auch Beitrags- und Leistungsaspekte von diesem Kompetenztitel erfasst werden, deckt er auch Regelungen der Finanzierbarkeit der in ihm angelegten Aufgaben ab. Daher bedarf bspw die Erhebung von Abgaben zur Sozialversicherung keiner so verfassungsrechtl Rechtfertigung wie sie für Sonderabgaben gefordert werden; sie dürfen jedoch nur zur Deckung der mit der Sozialversicherung in Zusammenhang stehenden Aufgaben und nicht auch zur Finanzierung allg Staatsaufgaben erhoben werden (BVerfG 8.4.1987, 2 BvR 909/82 ua, BVerfGE 75, 108 ff). Die Arbeitslosenversicherung ist begrifflich Teil der Sozialversicherung (Sachs/*Degenhart* Art 74 Rn 54). 15

2. Einzelfälle. Von Art 74 I Nr 12 werden bspw folgende Regelungen erfasst: **Kindererziehungszeiten in der Rentenversicherung** (BVerfG 7.7.1992, 1 BvL 51/86, BVerfGE 87, 1 ff), die **Künstlersozialabgabe** (BVerfG 8.4.1987, 2 BvR 909/82 ua, BVerfGE 75, 108 ff); die **Rechtsanwaltsversorgung** (BVerwG 21.2.1994, 1 B 19/93, NJW 1994, 1888 ff); die »**versicherungsfremden Leistungen**« in der Rentenversicherung (BSG 29.1.1998, B 12 KR 35/95 R, BSGE 81, 276 ff); das **Vertragsarztrecht** (BVerfG 17.6.1999, 1 BvR 2507/97, NJW 1999, 2731 ff); der **Datenschutz in der Sozialversicherung** (Jarass/Pieroth/*Pieroth* Art 74 Rn 32). 16

Nicht erfasst werden bspw die **beamtenrechtl Krankenfürsorge** (BVerfG 8.12.1982, 2 BvL 12/79, BVerfGE 62, 354 ff) und die **gesetzliche Unfallversicherung** (Jarass/Pieroth/*Pieroth* Art 74 Rn 32). 17

Art. 103 Rechtliches Gehör – Gesetzlichkeit der Strafe – Doppelbestrafungsverbot
(1) Vor Gericht hat jedermann Anspruch auf rechtliches Gehör.
...

Übersicht	Rdn.		Rdn.
A. Grundlagen	1	B. Ausgestaltung, Beeinträchtigung, Rechtfertigung	5

A. Grundlagen. Art 103 I dient nicht nur der Abklärung der rechtl Grundlage gerichtlicher Entsch und damit dem **Rechtsstaatsprinzip**, sondern auch der Achtung der **Würde des Menschen**, der in einer so schwierigen Lage, wie ein Prozess sie für gewöhnlich darstellt, die Möglichkeit haben muss, in seiner tatsächlichen und rechtl Argumenten zu behaupten (Art 1 Rdn 15). Das rechtl Gehör ist damit sowohl ein **prozessuales Ur-Recht** des Menschen als auch ein **objektivrechtl Verfahrensprinzip**, das für ein gerichtliches Verfahren iSd GG konstitutiv und grds unabdingbar ist (BVerfG 9.7.1980, 2 BvR 701/80, BVerfGE 55, 1, 6; Maunz/Dürig/*Schmidt-Aßmann* Art 103 Rn 4). 1

Art 103 I steht zu den **Justizgewährungsansprüchen** in einem **funktionalen Verhältnis**. Diese sichern den **Zugang** zum Verfahren, während Art 103 I auf den **Verfahrensablauf** ausgerichtet ist: Wer bei Gericht **formell** ankommt, soll auch **substanziell** ankommen, also wirklich gehört werden (BVerfG 30.4.2003, 1 PBvU 1/02, BVerfGE 107, 395, 409). Ggü den verfahrensrechtl Ausstrahlungswirkungen einzelner materieller Grundrechte sowie einer allg verfahrensrechtl Schicht der Grundrechte, die nach hM als Gebot fairen Verfahrens dogmatisch in Art 2 I iVm dem Rechtsstaatsprinzip (Art 20 III) angesiedelt wird, ist Art 103 I lex specialis (Maunz/Dürig/*Schmidt-Aßmann* Art 103 Rn 9). Eine **Verletzung** des Art 103 I kann nicht nur im Wege einer **Verfassungsbeschwerde** an das BVerfG nach Art 93 I Nr. 4a, sondern auch im Wege der **Anhörungsrüge** nach § 78a ArbGG sowohl im Urteils- als auch im Beschlussverfahren (§ 78a VIII ArbGG) geltend gemacht werden. Eine Verfassungsbeschwerde wegen der Verletzung von Art 103 I ist jedoch mangels vorheriger Erhebung der Anhörungsrüge unzulässig (BVerfG 27.6.2007, 1 BvR 1470/07, 2

NJW 2007, 3054; zu den verfassungsprozessualen Problemen der Anhörungsrüge *Allgayer* NJW 2013, 3484; *Jost* in: Linien der Rechtsprechung des BVerfG, Rensen/Rink (Hg.), 2009, S. 60 ff.). Wird jedoch die Rüge einer Gehörsverletzung weder ausdrücklich noch der Sache nach zum Gegenstand der Verfassungsbeschwerde gemacht oder wird die zunächst wirksam im Verfassungsbeschwerdeverfahren erhobene Rüge einer Gehörsverletzung wieder zurückgenommen, hängt die Zulässigkeit der Verfassungsbeschwerde unter dem Gesichtspunkt des Gebots der Rechtswegerschöpfung nicht von der vorherigen Durchführung eines fachgerichtlichen Anhörungsrügeverfahrens ab. Aus Gründen der Subsidiarität müssen Beschwerdeführer allerdings zur Vermeidung der Unzulässigkeit einer Verfassungsbeschwerde, bei der sie sich nicht auf eine Verletzung des Art 103 I berufen, eine Anhörungsrüge oder den sonst gegen eine Gehörsverletzung gegebenen Rechtsbehelf ergreifen, wenn den Umständen nach ein Gehörsverstoß durch die Fachgerichte nahe liegt und zu erwarten wäre, dass vernünftige Verfahrensbeteiligte mit Rücksicht auf die geltend gemachte Beschwer bereits im gerichtlichen Verfahren einen entsprechenden Rechtsbehelf ergreifen würden (BVerfG 16.7.2013, 1 BvR 3057/11).

3 Das Verhältnis von Art 103 I zu dem aus Art 3 I abgeleiteten **allg Willkürverbot**, mit dem eine grob fehlerhafte Anwendung einfachen Rechts verfassungsrechtl korrigiert werden soll (Jarass/Pieroth/*Jarass* Art 3 I Rn 37 ff), ist nicht eindeutig zu bestimmen. Grds kann nicht nur die fehlerhafte Anwendung materiellen Rechts, sondern auch eine solche des **Verfahrensrechts** Art 3 I GG verletzen. Geht es um die unzureichende Erfüllung gerichtlicher **Hinweis- und Aufklärungspflichten** gem § 139 ZPO, ist dies der Fall, wenn sich für eine bei der Auslegung und Anwendung der einfach-rechtl Norm getroffene Abwägung des Gerichts sachlich zureichende, plausible Gründe nicht mehr finden lassen. Die verfassungsgerichtliche Feststellung der Willkür ist dabei nicht als subjektiver Schuldvorwurf, sondern objektiv zu verstehen, dh als »tatsächliche und eindeutige Unangemessenheit einer Maßnahme im Verhältnis zu der tatsächlichen Situation, deren sie Herr werden soll« (BVerfG 24.3.1976, 2 BvR 804/75, BVerfGE 42, 64, 73). Die hM folgt hingegen dem nur in der Begr abw Votum von *Geiger* (BVerGE 42, 64, 79 ff), wonach auch insoweit Art 103 I lex specialis sein soll (Maunz/Dürig/*Schmidt-Aßmann* Art 103 Rn 11). Für die Praxis hat dieser dogmatische Streit im Hinblick auf § 78a ArbGG Bedeutung.

4 **Träger des Grundrechts** ist jede als Partei oder in ähnlicher Stellung von einem gerichtlichen Verfahren **unmittelbar rechtl** betroffene **natürliche** oder **juristische** Person. Auch ausländische juristische Personen sowie juristische Personen des öffentl Rechts werden durch Art 103 I geschützt (Maunz/Dürig/*Schmidt-Aßmann* Art 103 Rn 28 ff). Die unmittelbare Betroffenheit richtet sich nach materiellem Recht. Von einer materiellen Betroffenheit kann allerdings nicht schon dann gesprochen werden, wenn sich das Verfahrensergebnis in dieser oder jener Weise auf jemanden »auswirkt« (näher Maunz/Dürig/*Schmidt-Aßmann* Art 103 Rn 39 ff).

5 **B. Ausgestaltung, Beeinträchtigung, Rechtfertigung.** Art 103 I enthält keinen ausdrücklichen Gesetzesvorbehalt. Dem Wortlaut nach gilt er unbeschränkt und unbeschränkbar. Sowohl die »normgeprägte« Gewährleistung als auch kollidierende Grundrechte Dritter und andere mit Verfassungsrang ausgestattete Rechtswerte können jedoch das uneinschränkbare Grundrecht in einzelnen Beziehungen begrenzen (Maunz/Dürig/*Schmidt-Aßmann* Art 103 Rn 15 f).

6 Vor allem können materielle **Rechte Dritter** einen zügigen Abschluss gerichtlicher Verfahren gebieten, weil ihre tatsächliche Verwirklichung von einer gerichtlichen Entsch abhängt. Das Beschleunigungsgebot (§ 9 ArbGG Rdn 2) steht jedenfalls einer **exzessiven Praxis** der Gehörgewährung entgegen (Maunz/Dürig/*Schmidt-Aßmann* Art 103 Rn 17). Unkenntnis oder Missachtung von formalen Anforderungen an die Berufung kann nicht durch die Bitte um einen Hinweis ersetzt werden. Allg darf sich das Gericht mit einem Hinweis auch nicht über das Prozessrecht hinwegsetzen und sich bspw zum Berater eines Beteiligten machen und diesem zulasten anderer Beteiligter bei seiner Prozessführung helfen. Eine solche Verfahrensweise wäre mit der gebotenen **Neutralität und Äquidistanz des Gerichts** ggü den Verfahrensbeteiligten nicht vereinbar (BAG 10.10.2010, 6 AZR 118/10).

7 Art 103 I gibt den an einem gerichtlichen Verfahren Beteiligten ein **Recht** darauf, dass sie Gelegenheit erhalten, im Verfahren zu Wort zu kommen, namentlich sich zu dem einer gerichtlichen Entsch zugrunde liegenden **Sachverhalt** und zur **Rechtslage** zu äußern, Anträge zu stellen und Ausführungen zu machen. Dem entspricht die grds **Pflicht** des Gerichts, die Ausführungen der Beteiligten zur Kenntnis zu nehmen und in Erwägung zu ziehen. Darüber hinaus versieht Art 103 I auch das Vorfeld dieser grundrechtlich geschützten Position mit Sicherungen, die es dem Staat verbieten, diese Position in ihrer Wirksamkeit zu unterlaufen oder entscheidend einzuengen und damit das Recht der Beteiligten, sich zu äußern, zur **inhaltsleeren Form** werden zu lassen. Das Gericht darf nur solche Tatsachen und Beweisergebnisse verwerten, zu denen die Beteiligten Stellung nehmen konnten. Sofern die Wahrnehmung dieser Gelegenheit – dem

Staat zurechenbar – ansonsten verhindert oder unzumutbar erschwert würde, können auch gerichtliche Hinweise oder Mitteilungen – etwa über den Eingang von Schriftsätzen, die Beiziehung von Akten oder die Durchführung einer Beweisaufnahme – von Art 103 I gefordert sein (BVerfG 17.5.1983, 2 BvR 731/80, BVerfGE 64, 135, 143 f).

Die Beteiligung im Beschlussverfahren nach § 2a ArbGG richtet sich nach materiellem Recht. Wird ein materiell Beteiligter zu Unrecht am Verfahren nicht beteiligt, ist er von der Rechtskraft des Beschlusses nicht betroffen, da er nicht formell am Verfahren beteiligt war (GK-ArbGG/*Dörner* § 84 Rn 26). Nicht unproblematisch erscheint, dass das BAG einen auf die betriebsverfassungsrechtliche AN-Eigenschaft zielenden Antrag einerseits als zulässig erachtet (BAG 7.11.2013, 7 ABR 76/11), andererseits der Ansicht ist, dass, wenn in einem Beschlussverfahren der arbeitsrechtliche Status einer nach abstrakten Merkmalen abgegrenzten Personengruppe generell geklärt werden soll, die einzelnen zu dieser Gruppe gehörenden Personen nicht beteiligt werden müssten (BAG 27.6.2001, 7 ABR 50/99, EzA § 24 SchwbG 1986 Nr 1; aA bei ltd Ang BAG 29.6.2011, 7 ABR 5/10, EzA § 5 BetrVG 2001 Nr 7). Das BVerfG hat die unterbliebene Beteiligung von AG, die mit der CGZP Firmen-TVe abgeschlossen hatten, am ersten Verfahren nach § 97 II ArbGG über die Tariffähigkeit der CGZP (BAG 14.12.2010, 1 ABR 19/10, EzA § 2 TVG Nr 31) verfassungsrechtlich nicht beanstandet, weil sie nicht dargelegt hatten, noch nach der Satzungsänderung der CGZP vom 8.10.2009 mit dieser TVe abgeschlossen zu haben (BVerfG 10.3.2014, 1 BvR 1104/11, JurionRS 2014, 14927). 8

Schmidt-Aßmann (in Maunz/Dürig Art 103 Rn 66) sieht es als »das große Thema« des Art 103 I an, das Zusammenwirken von Gericht und Beteiligten phasenspezifisch immer wieder zu organisieren. Denn das einschlägige Normgefüge und der entscheidungserhebliche Sachverhalt konkretisieren sich erst im Laufe des Prozesses. Die Verfahrensbeteiligten müssen sich folglich auf die sich ausbildenden richterlichen Entscheidungsvorstellungen mit ihrem Vorbringen fortgesetzt einstellen. In diesem Zusammenspiel von sich Äußern und Gehörtwerden verwirklicht sich die für ein rechtsstaatliches Verfahren zentrale Befugnis, die Art 103 I gewährleistet (BVerfG 17.5.1983, 2 BvR 731/80, BVerfGE 64, 135, 143 f). 9

Die Gerichte müssen das **Vorbringen** der Verfahrensbeteiligten **zur Kenntnis nehmen** und bei der Entscheidungsfindung **in Erwägung ziehen**. Die Nichtberücksichtigung verletzt den Anspruch der betroffenen Partei auf rechtl Gehör, wenn sie im Prozessrecht keine Stütze mehr findet (BAG 10.2.2009, 3 AZN 1003/08). Behauptet ein Beteiligter **Tatsachen**, über die er **keine genauen Kenntnisse** hat, die er nach Lage der Dinge aber **für wahrscheinlich hält**, hat das Gericht sie zu berücksichtigen. Prozessual unbeachtlich ist die Behauptung erst dann, wenn sie ohne greifbare Anhaltspunkte für das Vorliegen eines bestimmten Sachverhalts willkürlich aufs Geratewohl, gleichsam »ins Blaue hinein« aufgestellt worden ist; bei der Annahme eines solch rechtsmissbräuchlichen Verhaltens ist allerdings Zurückhaltung geboten (BGH 2.4.2009, V ZR 177/08, NJW-RR 2009, 1236). Die **Angabe von Einzelheiten** zum Zeitpunkt und Ablauf bestimmter Ereignisse ist nicht erforderlich, wenn diese für die Rechtsfolgen ohne Bedeutung sind. Misst ihnen das Gericht für die Zuverlässigkeit oder die Wahrscheinlichkeit der Behauptung Bedeutung zu, sind sie durch entsprechende Nachfrage bei der Beweisaufnahme zu klären (BGH 12.6.2008, V ZR 223/07; 8.11.2012, VII ZR 199/11). Legt ein Gericht seiner Entsch nur den **äußeren Wortlaut**, nicht aber den **Sinn** (Kerngehalt) **des Vortrags** einer Partei zugrunde, liegt auch darin ein Verstoß gegen Art 103 I (BGH 9.2.2009, II ZR 77/08, NJW 2009, 2137; BVerfG 14.3.2013, 1 BvR 1457/12). 10

Ist erst wenige Tage vor der mündlichen Verhandlung ein **neuer Gesichtspunkt** in ein Verfahren eingeführt worden, in dem die Beteiligten bislang über andere Punkte gestritten haben, kann das Gericht von einem Beteiligten keine umfassende sofortige Äußerung auf diesen neuen Gesichtspunkt erwarten. Dann muss das Gericht die mündliche Verhandlung entweder vertagen, ins schriftliche Verfahren übergehen oder dem Beteiligten eine Frist setzen, innerhalb der er schriftsätzlich hierzu Stellung nehmen kann. Unterlässt das Gericht die derart gebotenen prozessualen Reaktionen und verkennt es dabei, dass der Beteiligte sich offensichtlich in der mündlichen Verhandlung nicht ausreichend hat erklären können, so verletzt es dessen Anspruch aus Art 103 I (BGH 18.12.2008, VII ZR 200/06, BauR 2009, 681). 11

Das Gericht muss generell **Hinweise auf** die seiner Meinung nach **entscheidungserhebliche Umstände** geben, die der betreffende Beteiligte erkennbar für unerheblich gehalten hat. Diese Hinweise sind grds **frühzeitig vor der mündlichen Verhandlung** zu geben. Wird der richterliche Hinweis erst in der mündlichen Verhandlung erteilt, muss dem betreffenden Beteiligten Gelegenheit zur Reaktion gegeben werden, wobei ggf die mündliche Verhandlung nicht ohne Weiteres geschlossen werden darf, sondern entweder vertagt, ins schriftliche Verfahren übergegangen oder dem Beteiligten eine Frist gesetzt werden muss, innerhalb der er schriftsätzlich hierzu Stellung nehmen kann (BGH 13.3.2008, VII ZR 204/06, NJW-RR 2008, 973). Ein **in erster Instanz siegreicher Beteiligter** darf darauf vertrauen, dass das **Berufungsgericht** ihm rechtzeitig einen **Hinweis** nach §§ 139, 278 III ZPO gibt, wenn es der Beurteilung der Vorinstanz nicht folgen will 12 und insb aufgrund seiner abweichenden Ansicht eine Ergänzung des Vorbringens oder einen Beweisantritt für erforderlich hält (BGH 27.11.2008, VII ZR 202/07, ZfBR 2009, 241). Dabei muss der Hinweis so rechtzeitig erfolgen, dass darauf noch **vor dem Termin zur mündlichen Verhandlung** reagiert werden kann (BVerfG 12.6.2003, 1 BvR 2285/02, NJW 2003, 2524; BGH 26.6.2008, V ZR 225/07).

13 Ein Gericht muss in einem **Hinweisbeschluss** deutlich machen, von welchen Umständen die Beweiserhebung abhängen soll, insb ob die Durchführung einer Beweisaufnahme von tatsächlichen Umständen oder von rechtl Erwägungen abhängt (s Rdn 9); anderenfalls verfehlt der Hinweis den Zweck des § 139 II ZPO, den Beteiligten durch **unmissverständliche Hinweise** die Möglichkeit zu eröffnen, ihren Vortrag sachdienlich zu ergänzen und verletzt Art 103 I (BAG 26.6.2008, 6 AZN 1026/07, NZA 2008, 1206). Erteilt das Gericht in der mündlichen Verhandlung einen Hinweis zur Schlüssigkeit der Klage, aufgrund dessen die antragstellende Partei einen **neuen Lebenssachverhalt** zur Anspruchsbegründung vorträgt, so entspricht es nicht dem Gebot eines fairen Verfahrens, ohne Gelegenheit zur Substantiierung zu geben, in der Sache auch über die geänderte Klage zu entscheiden (BAG 11.4.2006, 9 AZN 892/05, EzA § 72a ArbGG 1979 Nr 108).

14 Hat ein Gespräch allein zwischen den Parteien stattgefunden oder allein zwischen einer Partei und einem Zeugen, der sich zum Zeitpunkt des Gesprächs in der Parteistellung befand, kann die für den Inhalt des Gesprächs **beweisbelastete Partei** Beweis antreten, indem sie ihre **eigene Anhörung oder Vernehmung** beantragt (BAG 19.11.2008, 10 AZR 671/07, EzA § 448 ZPO 2002 Nr 2; 22.5.2007, 3 AZN 1155/06, EzA Art 103 GG Nr 8).

15 Ein Gericht verstößt gegen den Anspruch auf Gewährung rechtl Gehörs auch dann, wenn es ohne vorherigen Hinweis auf **rechtl Gesichtspunkte** abstellt, mit denen auch ein gewissenhafter und kundiger Prozessbeteiligter nach dem bisherigen Prozessverlauf nicht zu rechnen brauchte (BAG 20.3.2008, 8 AZN 1062/07, EzA § 72 ArbGG 1979 Nr 38). Dabei ist jedoch zu berücksichtigen, dass **§ 139 ZPO** nicht nach dem Verschuldensprinzip konzipiert ist (MüKo-ZPO/*Wagner* § 139 Rn 6), auch im Anwaltsprozess gilt (Thomas/Putzo/*Reichold* § 139 Rn 12) und nicht im Ermessen des Gerichts steht (MüKo-ZPO/*Wagner* § 139 Rn 3). Dass die Hinweispflicht im Anwaltsprozess nicht zurückgenommen ist, ergibt sich zum einen aus der Stellung des § 139 ZPO in den Allg Vorschriften des 1. Buchs der ZPO, die auch für das im 1. Abschnitt des 2. Buchs geregelte Verfahren vor den LAG gelten, vor denen Anwaltszwang herrscht, und zum anderen aus § 525 ZPO, der für das Berufungsverfahren auf diese Vorschriften uneingeschränkt verweist. Dass die Anwendung des § 139 ZPO nicht im Ermessen des Gerichts steht, ergibt sich aus § 495a ZPO, wonach lediglich das AG in Fällen mit geringem Streitwert das Verfahren nach billigem Ermessen bestimmen kann; dabei kann offen bleiben, ob dies auch die »Magna Charta« des Zivilprozesses betrifft, die dazu dient, »dem Recht zum Sieg zu verhelfen« (BVerfG 30.04.2003, 1 PBvU 1/02, BVerfGE 107, 395 ff.; dazu GMP/*Prütting* § 78a Rn 2). Das Gericht muss auch die **wesentlichen Rechtsausführungen der Parteien** zur Kenntnis nehmen, insb wenn sich eine Partei auf eine obergerichtliche Rechtsprechung beruft und das entscheidende Gericht im Falle der Abweichung dem Obergericht hätte vorlegen müssen (BVerfG 17.7.2013, 1 BvR 2540/12, EzA § 72 ArbGG 1979 Nr 46).

16 Ein Gericht darf über die Richtigkeit bestrittener Tatsachenbehauptungen nicht ohne hinreichende Prüfung entscheiden. Es darf auch nicht einen **Grad des Bestreitens** erfordern, der es einer Partei unmöglich machen würde, unter zumutbaren Voraussetzungen einen Sachverhalt, für den sie nicht die Beweislast trägt, zum Gegenstand einer Beweisaufnahme zu machen. Es ist deshalb zwar verfassungsrechtl nicht zu beanstanden, wenn § 138 II u IV ZPO von einer Partei verlangt, sich über die vom Gegner behaupteten Tatsachen zu erklären und eine Erklärung mit Nichtwissen nur über Tatsachen zulässig ist, die weder eigene Handlungen der Partei betreffen noch Gegenstand ihrer eigenen Wahrnehmung gewesen sind. Aus verfassungsrechtl Gründen ist es aber erforderlich, dass es für die Beurteilung, ob ein **Bestreiten mit Nichtwissen** zulässig ist, grds auf den Zeitpunkt ankommt, in dem sich eine Partei im Prozess zu erklären hat. Auch von Verfassungs wegen ist deshalb gefordert, einer Partei nur aufzuerlegen, sich darüber zu erklären, was sie zum Zeitpunkt der notwendigen Erklärung tatsächlich weiß oder unter zumutbaren Voraussetzungen durch Erkundigungen feststellen kann (BAG 13.11.2007, 3 AZN 449/07, EzA § 72 ArbGG 1979 Nr 36). Zu den für einen fairen Prozess u einen wirkungsvollen Rechtsschutz in bürgerlichen Rechtsstreitigkeiten unerlässlichen Verfahrensregeln gehört, dass das Gericht über die Richtigkeit bestrittener Tatsachenbehauptungen nicht ohne hinreichende Prüfung entscheidet. Ohne eine solche Prüfung fehlt es an einer dem Rechtsstaatsprinzip genügenden Entschgrundlage. So verletzt es den Anspruch eines Betriebsrentners auf rechtliches Gehör, wenn ein Gericht das Zahlenwerk einer als Privatgutachten zu wertenden gutachtlichen Stellungnahme, das der Betriebsrentner zulässigerweise mit Nichtwissen bestritten hatte, seiner Entsch ohne weiteres zugrunde legt (BAG 10.3.2015, 3 AZR 56/14, EzA § 1 BetrAVG Ablösung Nr 52).

Es verstößt auch gegen den Anspruch auf rechtl Gehör, wenn ein Gericht Handlungen oder Unterlassungen eines Beteiligten im Gerichtssaal zu entscheidungserheblichen Tatsachenfragen deutet, ohne diese umfassend und hins aller naheliegenden Wertungsgesichtspunkte zu würdigen (BAG 12.12.2006, 3 AZN 625/06, EzA § 72 ArbGG 1979 Nr 35). Aus Art 103 I erwachsen auch Schutz- bzw Handlungspflichten des Gerichts, zB damit eine (**prozessunfähige**) **Person** sich Gehör verschaffen kann (BAG 28.5.2009, 6 AZN 17/09, NJW 2009, 3051) oder bei einem **nachgereichten Schriftsatz** die ehrenamtlichen Richter bei der Entsch darüber hinzuzuziehen, ob die mündliche Verhandlung wieder zu eröffnen ist (einerseits BAG 18.12.2008, 6 AZN 646/08, EzA § 72a ArbGG Nr 120; andererseits BAG 14.12.2010, 6 AZN 986/10; 25.1.2012, 4 AZR 185/10). **17**

Die Frage, ob eine gesetzliche Regelung verfassungswidrig ist, kann nach den Voraussetzungen, die üblicherweise für eine Rechtsfrage von grds Bedeutung verlangt werden, unter § 72 II Nr 1 ArbGG subsumiert werden. Es ist ohne Weiteres vorstellbar, dass eine solche Frage entscheidungserheblich, klärungsbedürftig und von allg Bedeutung für die Rechtsordnung ist. Gegen die Zulassung der Revision nach § 72a III 2 Nr 1 ArbGG spricht unter dem Gesichtspunkt der Klärungsfähigkeit nicht, dass dem BAG dann, wenn es von der **Verfassungswidrigkeit einer Rechtsnorm** ausgeht, die endgültige Entsch über die Verfassungswidrigkeit selbst nicht möglich ist, sondern dass dann eine Vorlage nach Art 100 I erfolgen muss. Die fehlende Verwerfungsbefugnis des BAG ändert nichts daran, dass die Frage der Verfassungsmäßigkeit eines entscheidungserheblichen Gesetzes zur Prüfungsbefugnis im Revisionsverfahren gehört. In der Rspr des BVerfG wird – jedenfalls unter bestimmten Umständen – gerade verlangt, dass vor Erhebung einer Verfassungsbeschwerde die Verfassungswidrigkeit einer Norm im Ausgangsverfahren mit allen dort dafür zur Verfügung stehenden prozessualen Mitteln geltend gemacht wird, soweit der Ausgang des Verfahrens von der Verfassungsmäßigkeit der Norm abhängt. Als eine solche prozessuale Möglichkeit wird auch die Nichtzulassungsbeschwerde wegen grds Bedeutung angesehen (BVerfG 27.2.2009, 1 BvR 3505/08, NZA 2009, 509). Nachdem der EuGH (Urt 19.1.2010, C-555/07, NZA 2010, 85) entschieden hat, dass es dem nationalen Gericht obliegt, in einem Rechtsstreit zwischen Privaten die Beachtung des Ver- oder Gebots von RL ua dadurch sicherzustellen, dass es erforderlichenfalls entgegenstehende Vorschriften des innerstaatlichen Rechts unangewendet lässt (differenzierend EuGH 24.1.2012, C-282/10, NJW 2012, 509), unabhängig davon, ob es von seiner Befugnis Gebrauch macht, in den Fällen des Art 267 II AEUV den Gerichtshof der Europäischen Union im Wege der Vorabentscheidung um Auslegung dieses Verbots zu ersuchen, wird man die **Übereinstimmung** einer solchen Entsch mit europäischem Recht ebenfalls als eine **Frage von rechtsgrundsätzlicher Bedeutung** iSv § 72a III 2 Nr 1 ArbGG anzusehen haben. Zur verfassungsrechtl Kontrolldichte der Vorlagepflicht letztinstanzlicher Gerichte *Bäcker* NJW 2011, 270. **18**

Gerichtsverfassungsgesetz (GVG)

In der Fassung der Bekanntmachung vom 9.5.1975 (BGBl S 1077), zuletzt geändert durch Art 131 der Verordnung vom 31.8.2015 (BGBl I S 1474)

– Auszug –

§ 17 Zulässigkeit des Rechtsweges
(1) ¹Die Zulässigkeit des beschrittenen Rechtsweges wird durch eine nach Rechtshängigkeit eintretende Veränderung der sie begründenden Umstände nicht berührt. ²Während der Rechtshängigkeit kann die Sache von keiner Partei anderweitig anhängig gemacht werden.
(2) ¹Das Gericht des zulässigen Rechtsweges entscheidet den Rechtsstreit unter allen in Betracht kommenden rechtlichen Gesichtspunkten. ²Art. 14 Abs. 3 Satz 4 und Art. 34 Satz 3 GG bleiben unberührt.

§ 17a Entscheidung über den Rechtsweg
(1) Hat ein Gericht den zu ihm beschrittenen Rechtsweg rechtskräftig für zulässig erklärt, sind andere Gerichte an diese Entscheidung gebunden.
(2) ¹Ist der beschrittene Rechtsweg unzulässig, spricht das Gericht dies nach Anhörung der Parteien von Amts wegen aus und verweist den Rechtsstreit zugleich an das zuständige Gericht des zulässigen Rechtsweges. ²Sind mehrere Gerichte zuständig, wird an das vom Kläger oder Antragsteller auszuwählende Gericht verwiesen oder, wenn die Wahl unterbleibt, an das vom Gericht bestimmte. ³Der Beschluss ist für das Gericht, an das der Rechtsstreit verwiesen worden ist, hinsichtlich des Rechtsweges bindend.
(3) ¹Ist der beschrittene Rechtsweg zulässig, kann das Gericht dies vorab aussprechen. ²Es hat vorab zu entscheiden, wenn eine Partei die Zulässigkeit des Rechtsweges rügt.
(4) ¹Der Beschluss nach den Abs. 2 und 3 kann ohne mündliche Verhandlung ergehen. ²Er ist zu begründen. ³Gegen den Beschluss ist die sofortige Beschwerde nach den Vorschriften der jeweils anzuwendenden Verfahrensordnung gegeben. ⁴Den Beteiligten steht die Beschwerde gegen einen Beschluss des oberen Landesgerichts an den obersten Gerichtshof des Bundes nur zu, wenn sie in dem Beschluss zugelassen worden ist. ⁵Die Beschwerde ist zuzulassen, wenn die Rechtsfrage grundsätzliche Bedeutung hat oder wenn das Gericht von der Entscheidung eines obersten Gerichtshofes des Bundes oder des Gemeinsamen Senats der obersten Gerichtshöfe des Bundes abweicht. ⁶Der oberste Gerichtshof des Bundes ist an die Zulassung der Beschwerde gebunden.
(5) Das Gericht, das über ein Rechtsmittel gegen eine Entscheidung in der Hauptsache entscheidet, prüft nicht, ob der beschrittene Rechtsweg zulässig ist.
(6) Die Abs. 1 bis 5 gelten für die in bürgerlichen Rechtsstreitigkeiten, Familiensachen und Angelegenheiten der freiwilligen Gerichtsbarkeit zuständigen Spruchkörper in ihrem Verhältnis zueinander entsprechend.

§ 17b Wirkung der Verweisung, Kosten
(1) ¹Nach Eintritt der Rechtskraft des Verweisungsbeschlusses wird der Rechtsstreit mit Eingang der Akten bei dem im Beschluss bezeichneten Gericht anhängig. ²Die Wirkungen der Rechtshängigkeit bleiben bestehen.
(2) ¹Wird ein Rechtsstreit an ein anderes Gericht verwiesen, so werden die Kosten im Verfahren vor dem angegangenen Gericht als Teil der Kosten behandelt, die bei dem Gericht erwachsen, an das der Rechtsstreit verwiesen wurde. ²Dem Kläger sind die entstandenen Mehrkosten auch dann aufzuerlegen, wenn er in der Hauptsache obsiegt.
(3) Abs. 2 Satz 2 gilt nicht in Familiensachen und in Angelegenheiten der freiwilligen Gerichtsbarkeit.

Übersicht

	Rdn.		Rdn.
A. Regelungszweck und Systematik	1	II. Unzulässiger Rechtsweg	5
B. Allgemeine Vorgaben (§ 17)	2	III. Die Vorabentscheidung	6
I. Fortdauernde Zulässigkeit	2	IV. Rechtsmittel im Vorabverfahren	7
II. Umfassende Entscheidungsbefugnis	3	V. Bindung für Rechtsmittelgericht (V)	9
C. Entscheidung über den Rechtsweg (§ 17a)	4	VI. Erweiterter Geltungsbereich (VI)	10
I. Bindungswirkung bei zulässigem Rechtsweg	4	D. Wirkung der Verweisung (§ 17b)	11

A. Regelungszweck und Systematik. Die im Zusammenhang zu kommentierenden §§ 17–17b GVG regeln grdl die Bestimmung des zulässigen Rechtswegs als Sachurteilsvoraussetzung. Sie gelten für die ordentliche Gerichtsbarkeit und über entspr Verweisungen auch für den Rechtsweg in den Fachgerichtsbarkeiten (vgl § 48 ArbGG Rdn 1) und sind für alle Verfahren des jeweiligen Rechtswegs anzuwenden (str für PKH-Verfahren, vgl GK-ArbGG/*Bader* § 48 ArbGG Rn 41 mwN). Daraus ist aber auch dokumentiert, dass für die ArbG ein eigenständiger Rechtsweg gilt (BAG 24.4.1996, 5 AZB 25/95, EzA § 2 ArbGG 1979 Nr 31). Mit diesen Vorschriften soll erreicht werden, zeitnah und bindend die Rechtswegzuständigkeit des angerufenen oder des durch die Verweisung bestimmten Gerichts festzulegen. Dazu dienen insb das Vorabverfahren (§ 17a), die dafür eröffneten Rechtsmittel und die Bindungswirkung. Im § 17b sind schließlich die Wirkung der Verweisung und der Kostenproblematik geregelt.

B. Allgemeine Vorgaben (§ 17). I. Fortdauernde Zulässigkeit. Jede nach Rechtshängigkeit (§§ 261 I, 253 I ZPO) eingetretene Änderung der tatsächlichen Umstände, der Rechtsvorschriften oder der Anträge bleibt für die Rechtswegzuständigkeit ohne Bedeutung (sog perpetuatio fori). In gleicher Weise tritt ab Rechtshängigkeit eine Rechtswegsperre ein, dh dieselbe Sache (iS Streitgegenstand) kann nicht anderweitig anhängig gemacht werden (I 2). Die später erhobene Klage ist als unzulässig abzuweisen.

II. Umfassende Entscheidungsbefugnis. Das Gericht des zulässigen Rechtswegs (ggf nach einer bindenden Rechtswegentsch) hat den Rechtsstreit umfassend unter **allen rechtlichen Gesichtspunkten** (Anspruchsgrundlagen) zu entscheiden. Dies bezieht sich auch auf Vorfragen unabhängig vom jeweiligen Rechtsgebiet, Rechtsweg oder Verfahrensart (BAG 9.9.2015, 7 ABR 69/13, ZTR 2016, 56). Die Entscheidungsbefugnis gilt aber nur für den konkreten prozessualen Anspruch als Streitgegenstand (vgl BGH 27.11.2013, III ZB 59/13, MDR 2014,294). Verbundene Ansprüche (§ 260 ZPO) und die Widerklage sind getrennt zu betrachten (Thomas/Putzo/*Hüßtege*, § 17 Rn 8). Bei Haupt- u Hilfsbegr ist der Rechtsweg der Hauptbegr maßgeblich (Zöller/*Lückemann*, § 17 Rn 7). Die **Aufrechnung** mit einer (rechtswegfremden) Gegenforderung stellt einen eigenständigen prozessualen Anspruch dar und wird deshalb von II, 1 nicht erfasst (BAG 28.11.2007, 5 AZB 44/07, NJW 2008,1020; 23.8.2001, 5 AZB 3/01, EzA § 17 GVG Nr 1; vgl iE § 2 ArbGG Rdn 28). Für die Enteignungsentschädigung (Art. 14 III GG) und Amtshaftungsansprüche (Art 34 S 3 GG) verbleibt es in jedem Fall beim Vorrang des ordentlichen Rechtswegs (II, 2); wird aber in diesem Fall eine weitere (nicht amtshaftungsrechtliche) Anspruchsgrundlage geltend gemacht, soll eine Rechtswegspaltung zulässig sein (LAG Sachs 25.7.2012, 4 Ta 352/11(5)).

C. Entscheidung über den Rechtsweg (§ 17a). I. Bindungswirkung bei zulässigem Rechtsweg. Jedes andere Gericht des Rechtszuges oder eines anderen Rechtsweges ist an die (positive) Entsch zum Rechtsweg gebunden. Dies soll auch für ein dem Eilverfahren nachfolgendes Hauptsacheverfahren zwischen denselben Parteien gelten (OLG Dresden 11.11.2011, 4 W 1075/11, NZA-RR 2012, 210, str). Diese **Bindungswirkung** tritt aber nur ein, wenn eine formell rkr Entsch vorliegt, in der das Gericht den Rechtsweg entweder durch Vorabentsch für zulässig erklärt hat oder dies in den Gründen des Endurt ausgesprochen ist. Die Bindungswirkung wird aber verfehlt, wenn das Verfahren nach § 17a III 2 nicht beachtet wurde, also trotz Rüge kein Vorabverfahren durchgeführt wurde, sondern die Zulässigkeit des Rechtswegs nur in den Urtgründen bejaht wurde (BGH 18.9.2008, V ZB 40/08, NJW 2008, 3572). Ansonsten lassen nur offensichtlich unhaltbare Rechtswegentscheidungen die Bindungswirkung entfallen (BGH 8.7.2003, X ARZ 138/03, NJW 2003, 2990). Bei Haupt- und Hilfsanspruch entsteht die Bindungswirkung nur für den Hauptanspruch (Zöller/*Lückemann* § 17a Rn 13a).

II. Unzulässiger Rechtsweg. Die Unzulässigkeit des Rechtswegs hat sich aus den jeweiligen Verfahrensordnungen zu ergeben, für die ordentliche Gerichtsbarkeit aus § 13 GVG, für die Arbeitsgerichtsbarkeit aus §§ 2, 2a und 3 ArbGG. Die Prüfung zum Rechtsweg erfolgt vAw. Bestehen Bedenken zur Zulässigkeit des beanspruchten Rechtswegs ist rechtliches Gehör zu gewähren. Eine mündliche Verhandlung ist nicht erforderlich (IV 1). Die Klagepartei hat die den Rechtsweg **begründenden Tatsachen** schlüssig darzulegen. Ggf ist Beweis zu erheben (BGH 27.10.2009, VIII ZB 42/08, MDR 2010, 228; str vgl Thomas/Putzo/*Hüßtege* § 17a Rn 8a und § 2 ArbGG Rdn 31). Zu den Besonderheiten des arbeitsgerichtlichen Verfahrens bei sog doppelrelevanten Tatsachen vgl ebenfalls § 2 ArbGG Rdn 31.

6 **III. Die Vorabentscheidung.** Sie ergeht bei **unzulässigem Rechtsweg** vAw durch (zu begründenden) Beschl. Dieser spricht die Unzulässigkeit des Rechtswegs aus und verweist an das zuständige Gericht im zulässigen Rechtsweg. Gibt es mehrere örtliche Gerichtsstände, ist die Wahl der Klagepartei maßgeblich (II 2). Der Beschl ist zu begründen und förmlich zuzustellen (§ 329 III ZPO); eine Kostenentsch ergeht nicht (§ 17b II). Eine mündliche Verhandlung ist nicht erforderlich. Für das arbeitsgerichtliche Verfahren ist die funktionelle Zuständigkeit der Kammer zu beachten (§ 48 I Nr 2 ArbGG). Mit der formellen Rechtskraft des Beschl tritt gem II 3 die **Bindung** ein (BGH 29.4.2014, X AZR 172/14, NJW 2014, 2125), aber nur zum Rechtsweg. Dies bedeutet, dass in dem verwiesenen Rechtsweg eine Weiterverweisung wegen der örtlichen (Un-)Zuständigkeit möglich ist (BAG 14.1.1994, 5 AS 22/93, EzA § 36 ZPO Nr 19). Für dieses durch die Weiterverweisung bestimmte Gericht tritt dann auch zur örtlichen Zuständigkeit Bindung ein. Nur bei **offensichtlich rechtswidrigen** Verweisungen (»extreme Verstöße«) entfällt die Bindungswirkung zum Rechtsweg (BGH 18.5.2011, X ARZ 95/11, MDR 2011, 1134; vgl auch § 48 ArbGG Rdn 11). Die gänzlich fehlende Begr des Beschl soll – als krasse Rechtsverletzung – die Bindungswirkung entfallen lassen (BAG 16.6.2015, 10 AS 2/15, NJW 2015, 2523; teilw noch anders BAG 31.8.2010, 3 ABR 139/09, NZA 2011, 995). Bejaht das angerufene Gericht die **Zulässigkeit des Rechtswegs**, steht die Vorabentsch in seinem pflichtgem Ermessen. Bei einer Rüge einer Partei (Prozesshandlung) ist zwingend vorab durch Beschl zu entscheiden (III 2). Mit der Hauptsacheentsch ist dann bis zur Unanfechtbarkeit des Rechtswegbeschl zuzuwarten (Zöller/*Lückemann* § 17a Rn 8).

7 **IV. Rechtsmittel im Vorabverfahren.** Gegen den **Beschl** zur (positiven oder negativen) Zulässigkeit des Rechtswegs ist die **sofortige Beschwerde** eröffnet (IV 3) eröffnet. Es gilt die jeweils einschlägige Verfahrensordnung, in der Zivil- u Arbeitsgerichtsbarkeit also §§ 567 ff ZPO iVm § 78 ArbGG; zu den Einzelheiten vgl § 48 ArbGG Rdn 7. Bei erfolglosem Rechtsmittel ist über die Kosten nach § 97 I ZPO zu entscheiden. Gegen die Entsch des OLG/LAG ist die **Rechtsbeschwerde** statthaft, wenn sie im Beschl des Beschwerdegerichts zugelassen wurde (IV 4). Es gelten die bes Zulassungsgründe nach IV 5, nicht die allg Regeln der jeweiligen Verfahrensordnung (Zöller/*Lückemann*, § 17a Rn 16). Die Zulassung ist auch iR eines Eilverfahrens möglich (BGH 29.7.2004, III ZB 2/04, NJW-RR 2005, 142). Der oberste Gerichtshof ist an die Zulassung gebunden (IV 6). Die Nichtzulassungsbeschwerde ist hingegen nicht statthaft (BAG 19.12.2002, 5 AZB 54/02, EzA § 17a GVG Nr. 15).

8 Ist die Klage durch **Urt** als unzulässig abgewiesen worden, anstatt in den zulässigen Rechtsweg zu verweisen, findet die Berufung statt. Übergeht das Erstgericht eine Rüge zum Rechtsweg und entscheidet entgegen III 2 durch Urteil, sind wahlweise Berufung oder sofortige Beschwerde möglich (BAG 28.2.1995, 5 AZB 24/94, EzA § 4 nF KSchG Nr 51). Das Rechtsmittelgericht kann das Ersturt aufheben und durch Beschl entspr II 1 in den zulässigen Rechtsweg verweisen (OLG Frankfurt 17.6.1997, 22 U 207/95, NJW-RR 1997, 1564). Es kann aber auch, wenn die Zulässigkeit des Rechtswegs bejaht und keine Rechtsbeschwerde zugelassen wird, zur Hauptsache entscheiden (BAG 26.3.1992, 2 AZR 443/91, EzA § 48 ArbGG 1979 Nr 5).

9 **V. Bindung für Rechtsmittelgericht (V).** Dem Rechtsmittelgericht, das über die Hauptsache entscheidet, ist die (erneute) Prüfung des Rechtswegs verwehrt. Eine Hauptsacheentsch liegt immer dann vor, wenn über den Rechtsweg hinaus über eine weitere Sachfrage entschieden wird (Thomas/Putzo/*Hüßtege*, § 17a Rn 23). Die erneute Prüfung des Rechtswegs hat auch dann zu unterbleiben, wenn das Erstgericht den Rechtsweg – bei fehlender Rüge – nur konkludent bejaht hat (BGH 18.9.2008, V ZB 40/08, NJW 2008, 3572; BAG 9.7.1996, 5 AZB 6/96, EzA § 65 ArbGG 1979 Nr 3). Die Bindungswirkung für die Hauptsacheentsch entfällt jedoch, wenn das Erstgericht eine Rüge zum Rechtsweg entgegen III 2 übergangen hat (s Rdn 8). Dies gilt im Revisionsverfahren auch für das BAG gegenüber einer vom LAG übergangenen Rechtswegrüge (BAG 16.12.2009, 5 AZR 125/09, EzA § 48 ArbGG 1979 Nr. 6).

10 **VI. Erweiterter Geltungsbereich (VI).** Durch das FGG-RG v 17.12.2008 (BGBl I S 2586) ist mit Wirkung v 1.9.2009 diese Bestimmung angefügt worden. Für die hier aufgeführten Zivilsachen ist damit bestimmt, dass die Regeln bezüglich der Entsch über die Rechtswegzuständigkeit entspr anzuwenden sind. Sie gelten also auch für die interne (funktionelle) Abgrenzung zwischen dem Streitgericht, Familiengericht oder dem Gericht der freiwilligen Gerichtsbarkeit. Für den Spruchkörper, an den in dieser Weise verwiesen wurde, tritt Bindungswirkung ein (OLG Hamm 18.5.2010, 2 Sdb (FamS) Zust 14/10, NJW 2010, 2740).

D. Wirkung der Verweisung (§ 17b). Die **Anhängigkeit** bei dem durch die Verweisung bestimmten 11
Gericht setzt die formelle Rechtskraft des Verweisungsbeschl und den Eingang der Akten voraus. Die Wirkungen der Rechtshängigkeit bleiben sowohl prozessual (§ 261 ZPO) wie auch materiell-rechtlich (§ 262 ZPO) erhalten. Dies schließt auch eine Vorwirkung nach § 167 ZPO ein. Es gilt die Bindungswirkung für den Rechtsweg (s Rdn 6).

Der Verweisungsbeschl enthält **keine Kostenentsch**. Es gilt der Grds der Kosteneinheit (II 1). Zu den 12
Kosten bei der Beschwerdeentsch s Rdn 7. Die **Mehrkosten**, also die Kosten, die durch die ursprüngliche Anrufung des Gerichts des unzulässigen Rechtswegs zusätzlich entstanden sind, sind auch bei erfolgreicher Hauptsacheklage der Klagepartei aufzuerlegen (II 2). In Sachen nach dem FamFG ist die Mehrkostenregelung nicht anzuwenden (III nF ab 1.9.2009). Zur Sonderregelung des arbeitsgerichtlichen Verfahrens für die Erstattungsfähigkeit von durch die Anrufung des Gerichts des unzulässigen Rechtswegs entstandenen Kosten vgl § 12a ArbGG Rdn 6.

Handelsgesetzbuch (HGB)

Vom 10.5.1897 (RGBl S 219), zuletzt geändert durch Art 3 des Gesetzes vom 22.12.2015 (BGBl I S 2565)

– Auszug –

§ 48 Erteilung der Prokura
(1) Die Prokura kann nur von dem Inhaber des Handelsgeschäfts oder seinem gesetzlichen Vertreter und nur mittels ausdrücklicher Erklärung erteilt werden.
(2) Die Erteilung kann an mehrere Personen gemeinschaftlich erfolgen (Gesamtprokura).

Übersicht	Rdn.		Rdn.
A. Erteilung der Prokura...............	1	C. Widerruf der Prokura...............	6
B. Umfang der Prokura.................	5		

1 **A. Erteilung der Prokura.** Prokura kann nur derjenige erteilen, der **Inhaber eines Handelsgeschäfts** ist. Dies können sein: Kfm (§ 1 I, § 2), OHG, KG, KGaA, AG, GmbH, eingetragene Genossenschaft (eG; § 42 GenG). Auch eine Erbengemeinschaft, Insolvenzverwalter, Liquidatoren, Nachlasspfleger und Nachlassverwalter können grds Prokura erteilen (MüKo-HGB/*Krebs* § 48 Rn 17, 21 ff). Die Prokura kann nur v dem Inhaber des Handelsgeschäfts oder dem gesetzlichen Vertreter erteilt werden.

2 Prokura kann **jeder natürlichen Person**, aber auch mehreren Personen gemeinschaftlich als **Gesamtprokura** (II) erteilt werden. Der Prokurist braucht kein AN sein; auch iR eines Dienstvertrags ist die Erteilung einer Prokura möglich. Auch Kommanditisten oder ein v der Vertretung gem § 125 ausgeschlossener Gesellschafter können zum Prokuristen ihrer Gesellschaft bestellt werden (Baumbach/Hopt/*Hopt* § 48 Rn 2). Gesamtprokuristen können nur gemeinschaftlich handeln. Willensmängel, Kenntnis und Kennenmüssen eines Gesamtprokuristen wirken gegen alle. Ist ggü dem Inhaber des Handelsgeschäfts, der die Gesamtprokura erteilt hat, eine Willenserklärung abzugeben, so genügt die Abgabe ggü einem der Gesamtprokuristen (vgl § 125 III).

3 Die Prokura kann nur durch **ausdrückliche Erklärung** erteilt werden; deshalb gibt es keine Duldungs- oder Anscheinsprokura. Bei der Erteilung ist es nicht erforderlich, dass der Begriff Prokura benutzt wird; so genügt eine »Bevollmächtigung iSv § 48 HGB« oder eine »Ermächtigung zur Zeichnung ppa« (MüKo-HGB/*Krebs* § 48 Rn 46). Schriftform ist nicht erforderlich.

4 Die Prokura ist wirksam erteilt, sobald sie ihrem bzw ihren Adressaten zugegangen ist (§ 130 I BGB, Innenvollmacht). Die Erteilung der Prokura ist zur **Eintragung in das HReg** anzumelden (§ 53 I). Die Eintragung ins HReg ist kein Wirksamkeitserfordernis für die Prokura; andererseits kann die Erteilung im Wege der Anmeldung zum HReg erfolgen (Außenvollmacht, MüKo-HGB/*Krebs* § 48 Rn 45, 47).

5 **B. Umfang der Prokura.** Der Umfang der Prokura ist in § 49 geregelt. Danach ermächtigt die Prokura zu **allen Arten v** gerichtlichen und außergerichtlichen **Geschäften** und Rechtshandlungen, die der Betrieb eines Handelsgewerbes mit sich bringt. Insb ist davon die Einstellung und Entlassung v Personal erfasst (BAG 11.7.1991, 2 AZR 107/91, EzA § 174 BGB Nr 9). Besonderheiten gelten für die Veräußerung und Belastung v Grundstücken.

6 **C. Widerruf der Prokura.** Der Widerruf der Prokura erfolgt **in gleicher Weise wie die Erteilung** (§§ 168 S 3, 167 I, 171 I BGB). Ihr Erlöschen ist in das HReg einzutragen (§ 53 II), andernfalls gilt negative Publizität nach § 15 I. Der Widerruf ist wirksam, auch wenn seine Ausübung dem Verpflichtungen aus dem Grundverh (zB Arbeitsvertrag) widerspricht (ErfK/*Oetker* § 48 Rn 4). Wird der Betrieb veräußert, geht das Arbeitsverhältnis eines Prokuristen auf den Betriebserwerber über, falls der Prokurist dem Betriebsübergang nicht widerspricht (§ 613a BGB); die Prokura erlischt jedoch, da sie an die Person des Betriebsveräußerers gebunden ist.

§ 54 Handlungsvollmacht
(1) Ist jemand ohne Erteilung der Prokura zum Betrieb eines Handelsgewerbes oder zur Vornahme einer bestimmten zu einem Handelsgewerbe gehörigen Art von Geschäften oder zur Vornahme einzelner zu

einem Handelsgewerbe gehöriger Geschäfte ermächtigt, so erstreckt sich die Vollmacht (Handlungsvollmacht) auf alle Geschäfte und Rechtshandlungen, die der Betrieb eines derartigen Handelsgewerbes oder die Vornahme derartiger Geschäfte gewöhnlich mit sich bringt.
(2) Zur Veräußerung oder Belastung von Grundstücken, zur Eingehung von Wechselverbindlichkeiten, zur Aufnahme von Darlehen und zur Prozessführung ist der Handlungsbevollmächtigte nur ermächtigt, wenn ihm eine solche Befugnis besonders erteilt ist.
(3) Sonstige Beschränkungen der Handlungsvollmacht braucht ein Dritter nur dann gegen sich gelten zu lassen, wenn er sie kannte oder kennen musste.

Übersicht	Rdn.		Rdn.
A. Erteilung der Handlungsvollmacht	1	C. Erlöschen der Vollmacht	8
B. Umfang der Handlungsvollmacht	5		

A. Erteilung der Handlungsvollmacht. Handlungsvollmacht kann nur derjenige erteilen, der ein **Handelsgewerbe** betreibt. Es ist der gleiche Personenkreis, der auch Prokura erteilen kann (s § 48 Rdn 1). Bei der Erteilung ist hier jedoch Vertretung zulässig; auch ein Prokurist kann wirksam Handlungsvollmacht erteilen. 1

Handlungsvollmacht kann **jeder natürlichen und juristischen** (str) **Person** erteilt werden. Die Erteilung einer **Gesamthandlungsvollmacht** an mehrere Personen ist zulässig, auch in der Form einer halbseitigen Gesamtvertretung mit einem Prokuristen. In letzterem Fall kann der Prokurist alleine, der Gesamthandlungsbevollmächtigte nur gemeinsam mit dem Prokuristen für den Inhaber des Handelsgeschäfts handeln. Der Handlungsbevollmächtigte ist idR AN; notwendig ist dies aber nicht. 2

Die Handlungsvollmacht braucht nicht schriftlich oder durch ausdrückliche Erklärung erteilt zu werden; auch eine **stillschweigende** (konkludente) **Bevollmächtigung** ist zulässig. Anscheinsvollmacht und Duldungsvollmacht sind möglich. 3

Die Handlungsvollmacht ist wirksam erteilt, sobald sie ihrem bzw ihren Adressaten zugegangen ist (§ 130 I BGB). Eine Eintragung in das HReg ist nicht zulässig. 4

B. Umfang der Handlungsvollmacht. Man unterscheidet die Generalhandlungsvollmacht, Arthandlungsvollmacht und Spezialhandlungsvollmacht. Die **Generalhandlungsvollmacht** erstreckt sich auf den Betrieb eines gesamten Handelsgewerbes (§ 54 I Alt 1), die **Arthandlungsvollmacht** auf eine oder mehrere bestimmte Arten v Handelsgeschäften (§ 54 I Alt 2), die **Spezialhandlungsvollmacht** auf einzelne zum Handelsgewerbe gehörige Geschäfte (§ 54 I Alt 3). 5

Die Handlungsvollmacht allein erstreckt sich nicht auf die Veräußerung oder Belastung v Grundstücken, sie berechtigt nicht zur Eingehung v Wechselverbindlichkeiten, zur Aufnahme v Darlehen und zur Prozessführung. Hierzu ist der Handlungsbevollmächtigte nur ermächtigt, wenn ihm eine solche Befugnis bes erteilt ist (II). Schriftform ist insoweit nicht erforderlich. 6

Weitergehende Beschränkungen als in Rdn 5 f aufgeführt sind möglich, zB Zustimmungserfordernisse, Wertgrenzen für Geschäfte. Solche Beschränkungen der Handlungsvollmacht braucht ein Dritter nur dann gegen sich gelten zu lassen, wenn er sie kannte oder kennen musste (III). 7

C. Erlöschen der Vollmacht. Die Handlungsvollmacht erlischt mit der Beendigung des ihr zugrunde liegenden Rechtsverhältnisses (§ 168 S 1 BGB). Sie erlischt ferner durch **Widerruf**, wenn dieser nicht vertraglich ausgeschlossen war (§ 168 S 2 BGB). Ist ein Widerruf vertraglich ausgeschlossen, ist ein gleichwohl erklärter Widerruf unwirksam. 8

§ 59 Handlungsgehilfe
¹Wer in einem Handelsgewerbe zur Leistung kaufmännischer Dienste gegen Entgelt angestellt ist (Handlungsgehilfe), hat, soweit nicht besondere Vereinbarungen über die Art und den Umfang seiner Dienstleistungen oder über die ihm zukommende Vergütung getroffen sind, die dem Ortsgebrauch entsprechenden Dienste zu leisten sowie die dem Ortsgebrauch entsprechende Vergütung zu beanspruchen. ²In Ermangelung eines Ortsgebrauchs gelten die den Umständen nach angemessenen Leistungen als vereinbart.

Übersicht	Rdn.		Rdn.
A. Begriff des Handlungsgehilfen	1	C. Vergütung	4
B. Dienstleistung	3		

§ 60 HGB   Gesetzliches Wettbewerbsverbot

1 A. Begriff des Handlungsgehilfen. Der Handlungsgehilfe muss **in einem Handelsgewerbe angestellt** sein. Das setzt den Abschluss eines Arbeitsvertrages voraus (vgl zur Abgrenzung zum freien Dienstvertrag zB zuletzt BAG 21.7.2015, 9 AZR 484/14, ZMV 2016, 49; 15.2.2012, 10 AZR 301/10, EzA § 611 BGB 2002 Arbeitnehmerbegriff Nr 21; zum Werkvertrag BAG 25.9.2013, 10 AZR 282/12, NJW 2013, 3672). Parteien des Arbeitsvertrages sind der Unternehmer, den das HGB Prinzipal nennt (vgl §§ 60 ff, §§ 74 ff), und der Handlungsgehilfe. Da der Handlungsgehilfe in einem Handelsgewerbe angestellt sein muss, das Betreiben eines Handelsgewerbes aber zum Kfm macht (vgl § 1 I), muss der vertragsschließende Unternehmer Kfm sein. Unerheblich ist, ob der Unternehmer Muss-Kfm (§ 1 HGB) oder Kann-Kfm (§§ 2, 3 HGB) oder **Schein-Kfm** (§ 5) ist. In den letztgenannten Fällen erlangt der AN die Handlungsgehilfeneigenschaft erst dann, wenn sein AG die Kfm-Eigenschaft durch Eintragung in das HReg erwirbt.

2 Handlungsgehilfe ist nur, wer zur Leistung kfm Dienste angestellt ist. Als **kfm Dienste** sind in 1. Linie alle Tätigkeiten anzusehen, die sich auf den Warenumsatz beziehen, nicht nur mechanischer und technischer Art sind und gewisse kfm Fähigkeiten erfordern. Es ist nicht notwendig, dass sich die Tätigkeit des Angestellten unmittelbar mit dem Warenumsatz befasst, sondern es genügt, wenn es sich um eine Tätigkeit mit kfm Charakter handelt, die notwendig und üblich ist, um den Warenumsatz erfolgreich und sachgerecht zu gestalten (BAG 6.12.1972, 4 AZR 56/72, AP HGB § 59 Nr 23). Die praktische Bedeutung der Abgrenzung zwischen kfm und gewerblichen AN schwindet; dementspr auch die Relevanz des § 59 (MüKo-HGB/*v Hoyningen-Huene* § 59 Rn 7).

3 B. Dienstleistung. Der Handlungsgehilfe hat die **dem Ortsgebrauch entspr Dienste** zu leisten. In Ermangelung eines Ortsgebrauchs gelten die den Umständen nach angemessenen Leistungen als vereinbart (vgl § 106 GewO). Die Parteien können aber über Art und Umfang der Dienstleistungen bes Vereinbarungen treffen. Wenn nichts anderes zwischen den Parteien vereinbart ist, können dem Handlungsgehilfen alle Arbeiten zugewiesen werden, die üblicherweise v einem kfm Angestellten verrichtet werden.

4 C. Vergütung. Die Parteien können die Vergütung frei vereinbaren, soweit keine Tarifgebundenheit besteht (vgl § 105 S 1 GewO). Haben sie keine Vergütungsvereinbarung getroffen, hat der Handlungsgehilfe Anspruch auf die **ortsübliche Vergütung**. Die ortsübliche Vergütung entspricht der üblichen Vergütung nach § 612 BGB.

§ 60 Gesetzliches Wettbewerbsverbot

(1) Der Handlungsgehilfe darf ohne Einwilligung des Prinzipals weder ein Handelsgewerbe betreiben noch in dem Handelszweige des Prinzipals für eigene oder fremde Rechnung Geschäfte machen.
(2) Die Einwilligung zum Betrieb eines Handelsgewerbes gilt als erteilt, wenn dem Prinzipal bei der Anstellung des Gehilfen bekannt ist, dass er das Gewerbe betreibt, und der Prinzipal die Aufgabe des Betriebs nicht ausdrücklich vereinbart.

Übersicht	Rdn.		Rdn.
A. Persönlicher Anwendungsbereich	1	C. Einwilligung des AG	7
B. Inhalt des Wettbewerbsverbots	2	D. Dauer des Wettbewerbsverbots	9
I. Betreiben eines Handelsgewerbes	2	E. Rechtsfolgen bei Verletzung des Wettbewerbsverbots	11
II. Geschäftemachen im Handelszweig des AG	5		

1 A. Persönlicher Anwendungsbereich. Das in § 60 geregelte Wettbewerbsverbot gilt nicht nur für Handlungsgehilfen, sondern entspr **für alle AN** einschl der Auszubildenden, ohne dass dies ausdrücklich vertraglich geregelt werden müsste (BAG 23.10.2014, 2 AZR 644/13, EzA § 626 BGB 2002 Nr 48; 20.9.2006, 10 AZR 439/05, EzA § 10 BBiG Nr 12). Es gilt auch für die in sog **freien Berufen** tätigen AN (Rechtsanwälte, Notare, Wirtschaftsprüfer, Steuerberater etc; BAG 26.9.2007, 10 AZR 511/06, EzA § 61 HGB Nr 4). Das Wettbewerbsverbot außerhalb des Anwendungsbereichs des § 60 wurde aus der sog Treuepflicht des AN abgeleitet. Nunmehr ist diese Verhaltenspflicht zur Rücksichtnahme auf Rechte, Rechtsgüter und Interessen des Vtgspartners ausdrücklich in § 241 II BGB normiert (BAG 24.3.2010, 10 AZR 66/09, EzA § 611 BGB 2002 Nebentätigkeit Nr 1).

2 B. Inhalt des Wettbewerbsverbots. I. Betreiben eines Handelsgewerbes. I HS 1 verbietet nach seinem Wortlaut dem Handlungsgehilfen das Betreiben eines jeden Handelsgewerbes, auch wenn es kein Konkurrenzunternehmen für den AG ist. Dies ist mit dem GR der Berufsfreiheit (Art 12 I 1 GG) unvereinbar. I HS 1 ist deshalb verfassungskonform dahin auszulegen, dass dem Handlungsgehilfen das Betreiben eines

Handelsgewerbes nur dann verboten ist, wenn dies den AG schädigen kann, dh wenn der Handlungsgehilfe ein Handelsgewerbe **im Handelszweig des AG** betreibt (BAG 25.5.1970, 3 AZR 384/69, EzA § 60 HGB Nr 4) und der Angestellte und der AG hierbei als Wettbewerber auftreten.

Das Wettbewerbsverbot **verbietet** dem AN für die Dauer des Arbeitsverhältnisses **jede Tätigkeit, die für seinen AG Konkurrenz bedeutet** (BAG 23.10.2014, 2 AZR 644/13, EzA § 626 BGB 2002 Nr 48). Konkurrenztätigkeit liegt bereits dann vor, wenn der AN im Marktbereich des AG Dritten Leistungen erbringt oder auch nur anbietet, wobei es nicht darauf ankommt, ob der AG diese Leistungen auch erbringt oder anbietet (BAG 16.1.2013, 10 AZR 560/11, EzA § 60 HGB Nr 20; Hess LAG 28.4.1998, 9 Sa 2007/97, LAGE § 1 KSchG Verhaltensbedingte Kündigung Nr 65). Unter das Verbot fällt ferner die Beteiligung als persönlich haftender Gesellschafter an einer OHG oder KG im Handelszweig des AG. Auch die Tätigkeit als leitendes Organ einer juristischen Person (Vorstandsmitglied einer AG, Geschäftsführer einer GmbH) steht dem Betreiben eines Handelsgewerbes gleich (BAG 15.2.1962, 5 AZR 79/61, AP HGB § 61 Nr 1). Bloße Hilfstätigkeiten ohne Wettbewerbsbezug fallen darunter aber noch nicht (BAG 24.3.2010, 10 AZR 66/09, EzA § 611 BGB 2002 Nebentätigkeit Nr 1). 3

Kein Betreiben eines Handelsgewerbes sind bloße **Vorbereitungshandlungen** für ein künftiges eigenes Handelsgewerbe (BAG 26.6.2008, 2 AZR 190/07, EzA § 626 BGB 2002 Nr 21), dh Maßnahmen, die nur auf die Schaffung der formalen und organisatorischen Voraussetzungen für das geplante eigene Unternehmen gerichtet sind (BAG 11.11.1980, 6 AZR 292/78, nv), zB Geschäftsräume anmieten, Einrichtungsgegenstände und Arbeitsgeräte kaufen, Gesellschaftsverträge und Arbeitsverträge mit künftig tätig werdenden AN abschließen (BAG 22.2.1980, 7 AZR 236/78, nv), die Firma zur Eintragung zum HReg anmelden (MüKo-HGB/*v Hoyningen-Huene* § 60 Rn 38), Registrierung einer Internet-Domäne für künftige Internetauftritte eines noch zu gründenden Konkurrenzunternehmens (LAG Köln 12.4.2005, 9 Sa 1518/04, BB 2005, 2644), Informationen (Waren- und Preislisten) bei Lieferanten einholen (BAG 30.1.1963, 2 AZR 319/62, AP HGB § 60 Nr 3). Die Grenze der bloßen Vorbereitungshandlungen zum Betreiben eines Handelsgewerbes wird aber dann überschritten, wenn der AN eine Tätigkeit entfaltet, die unmittelbar in die Interessen des AG eingreift (BAG 16.1.2013, 10 AZR 560/11, EzA § 60 HGB Nr 20; 16.6.2008, 2 AZR 190/07, EzA BGB 2002 § 626 Nr 21), dh geeignet ist, die Geschäftsverbindungen des AG zu beeinträchtigen, zB Anbieten v Leistungen im Marktbereich des AG, Werbemaßnahmen jeglicher Art, insb bei Kunden des AG, wobei ein »Vorfühlen« bei potenziellen Kunden auch dann genügt, wenn sich der AN darauf beschränkt, Kontakte herzustellen, und noch davon absieht, bereits Geschäfte abzuschließen (BAG 26.1.1995, 2 AZR 355/94, EzA § 626 BGB nF Nr 155). 4

II. Geschäftemachen im Handelszweig des AG. Unter Geschäftemachen ist jede **spekulative, auf Gewinn gerichtete Teilnahme am Geschäftsverkehr** zu verstehen (BAG 24.4.1970, 3 AZR 324/69, AP HGB § 60 Nr 5). Voraussetzung ist hierbei, dass der Handlungsgehilfe als Wettbewerber seines AG auftritt (BAG 11.8.1987, 8 AZR 609/84, EzA § 611 BGB Arbeitnehmerhaftung Nr 43). 5

Zum Geschäftemachen iSv § 60 gehört die Ausführung eines der in §§ 1–3 aufgeführten Geschäfte sowie der Abschluss eines Vertrages, der auf die Ausführung eines solchen Geschäftes gerichtet ist. Das bloße Vorbereiten der Vermittlung und des Abschlusses v solcherlei Geschäften ist dann ein Geschäftemachen, wenn der AN hierbei **in den Kunden-, Lieferanten- oder AN-Kreis des AG eindringt**, zB Werbung bei Kunden oder potenziellen Kunden des AG (BAG 16.1.2013, 10 AZR 560/11, EzA § 60 HGB Nr 20; 28.1.2010, 2 AZR 1008/08, EzA BGB 2002 § 626 2002 Nr 30). Als Geschäftemachen iSv § 60 kann auch die Unterstützung eines Konkurrenzunternehmens durch **Kredithingabe oder finanzielle Beteiligung** (zB als stiller Gesellschafter) gelten (BAG 15.2.1972, 5 AZR 79/61, AP HGB § 61 Nr 1). Bloße Hilfstätigkeiten für ein Konkurrenzunternehmen ohne Wettbewerbsbezug, zB Schreib- oder Verpackungsarbeiten, werden hingegen v dem Wettbewerbsverbot nicht erfasst (vgl Schaub/*Vogelsang* § 54 Rn 12; dazu neigt auch das BAG 24.3.2010, 10 AZR 66/09, EzA § 611 BGB 2002 Nebentätigkeit Nr 1). 6

C. Einwilligung des AG. Das Betreiben eines Handelsgewerbes und das Geschäftemachen im Handelszweig des AG ist dem AN dann nicht verboten, wenn der AG seine Einwilligung hierzu erteilt hat. Der AG kann die Einwilligung ausdrücklich oder stillschweigend erklären, **auf einzelne Konkurrenzgeschäfte beschränken oder auf jegliche Konkurrenztätigkeit erstrecken**. Keine stillschweigende Einwilligung zu Konkurrenztätigkeit liegt in der Freistellung des AN v der Arbeit während des Laufs der Kdg-Frist (BezG Rostock 12.7.1991, 2 Sa 75/91, LAGE § 56 AGB-DDR 1977 Nr 1). Die Darlegungs- und Beweislast für die Einwilligung trägt der AN (BAG 16.1.2013, 10 AZR 560/11, EzA § 60 HGB Nr 20). 7

Betreibt der AN bereits bei seiner Einstellung ein Handelsgewerbe im Handelszweig des AG und ist dies dem AG bekannt, **gilt dessen Einwilligung als erteilt**, wenn nicht die Aufgabe des Betriebes durch den AN zwischen diesem und dem AG ausdrücklich vereinbart wird (II). Der bloße Widerspruch des AG genügt nicht. 8

9 **D. Dauer des Wettbewerbsverbots.** Das Wettbewerbsverbot besteht **nur während der Dauer des Arbeitsverhältnisses**. Es endet mit der rechtlichen, nicht mit der tatsächlichen Beendigung des Arbeitsverhältnisses (Schaub/ *Vogelsang* § 54 Rn 5). Wird der AN bis zur Beendigung des Arbeitsverhältnisses unter Fortzahlung seiner Bezüge v der Arbeit freigestellt, bleibt das Wettbewerbsverbot bis zur Beendigung des Arbeitsverhältnisses bestehen (BAG 17.10.2012, 10 AZR 809/11, EzA § 61 HGB Nr 5). Dies gilt grds auch bei einem Verzicht auf die Anrechnung anderweitigen Verdiensts (BAG 6.9.2006, 5 AZR 703/05, EzA § 615 BGB 2002 Nr 16). Dasselbe gilt, wenn der AN das Arbeitsverhältnis unberechtigt fristlos kündigt und nicht mehr zur Arbeit erscheint; dann endet das Arbeitsverhältnis rechtlich erst mit Ablauf der KdgFrist (BAG 17.10.1969, 3 AZR 442/68, AP BGB § 611 Treuepflicht Nr 7). Spricht der AG unberechtigt eine fristlose Kdg aus, deren Wirksamkeit der AN bestreitet und gerichtlich angreift, bleibt der AN an das Wettbewerbsverbot gebunden (BAG 23.10.2014, 2 AZR 644/13, EzA § 626 BGB 2002 Nr 48; 28.1.2010, 2 AZR 1008/08, EzA § 626 BGB 2002 Nr 30). Das BAG hat allerdings offengelassen, ob das Wettbewerbsverbot im gekündigten Arbeitsverhältnis in jeder Hinsicht gleich weit reicht wie in einem ungekündigten Arbeitsverhältnis. Verboten ist in jedem Fall die Vermittlung v Konkurrenzgeschäften oder das aktive Abwerben v Kunden (BAG 28.1.2010, 2 AZR 1008/08, EzA § 626 BGB 2002 Nr 30). Im Rahmen der Prüfung, ob in einer solchen Phase Wettbewerb durch den AN eine Kdg rechtfertigen kann, ist bei der Interessenabwägung allerdings zu berücksichtigen, dass sich auch der AG objektiv vertragswidrig verhalten hat (BAG 23.10.2014, 2 AZR 644/13, EzA § 626 BGB 2002 Nr 48). **Kündigt der AG berechtigt fristlos**, enden damit sofort das Arbeitsverhältnis und das Wettbewerbsverbot für den AN nach § 60. Der AN haftet jedoch gem § 628 II BGB dem AG für die Vermögenseinbußen, die dieser wegen des Wegfalls des Wettbewerbsverbots während der Dauer der Kdg-Frist erleidet.

10 **Nach der rechtlichen Beendigung des Arbeitsverhältnisses** ist der AN nur dann zur Wettbewerbsenthaltung verpflichtet, wenn zwischen AG und AN ein nachvertragliches Wettbewerbsverbot vereinbart ist (§§ 74 ff, § 110 GewO).

11 **E. Rechtsfolgen bei Verletzung des Wettbewerbsverbots.** Die Verletzung des Wettbewerbsverbots berechtigt den AG, den AN auf **Unterlassung** der Wettbewerbstätigkeit zu verklagen (BAG 17.10.1969, 3 AZR 442/68, AP BGB § 611 Treuepflicht Nr 7); zur Sicherung des Unterlassungsanspruchs ist auch der Erlass einer einstweiligen Verfügung gem § 935 ZPO zulässig. Besteht der begründete Verdacht, dass der AN für einen anderen AG Konkurrenztätigkeit ausübt, kann er zur Auskunft über dessen Name und Anschrift durch einstweilige Verfügung verpflichtet werden (LAG Nürnberg 23.4.1996, 6 Sa 287/96, LAGE § 60 HGB Nr 6). Bei Wettbewerbsverstößen ist der AG ferner – je nach den Umständen – zur ordentlichen oder außerordentlichen **Kdg** des Arbeitsverhältnisses berechtigt (BAG 23.10.2014, 2 AZR 644/13, EzA § 626 BGB 2002 Nr 48; 28.1.2010, 2 AZR 1008/08, EzA § 626 BGB 2002 Nr 30). Zu Schadensersatzansprüchen und dem sog Eintrittsrecht des AG s § 61.

§ 61 Verletzung des Verbots

(1) Verletzt der Handlungsgehilfe die ihm nach § 60 obliegende Verpflichtung, so kann der Prinzipal Schadensersatz fordern; er kann statt dessen verlangen, dass der Handlungsgehilfe die für eigene Rechnung gemachten Geschäfte als für Rechnung des Prinzipals eingegangen gelten lasse und die aus Geschäften für fremde Rechnung bezogene Vergütung herausgebe oder seinen Anspruch auf die Vergütung abtrete.
(2) Die Ansprüche verjähren in drei Monaten von dem Zeitpunkt an, in welchem der Prinzipal Kenntnis von dem Abschluss des Geschäfts erlangt oder ohne grobe Fahrlässigkeit erlangen müsste; sie verjähren ohne Rücksicht auf diese Kenntnis oder grob fahrlässige Unkenntnis in fünf Jahren von dem Abschluss des Geschäfts an.

Übersicht	Rdn.		Rdn.
A. Persönlicher Geltungsbereich	1	D. Eintrittsrecht	5
B. Wahlrecht des AG	2	E. Verjährung	9
C. Schadensersatzanspruch	3		

1 **A. Persönlicher Geltungsbereich.** § 61 gilt über seinen Wortlaut hinaus für alle Arbeitsverhältnisse, da auch das Wettbewerbsverbot des § 60 alle Arbeitsverhältnisse erfasst (BAG 17.10.2012, 10 AZR 809/11, EzA § 61 HGB Nr 5; s.a. § 60 Rdn 1).

2 **B. Wahlrecht des AG.** I räumt dem AG ein Wahlrecht ein, ob er Schadensersatz oder Selbsteintritt verlangen will. Das Wahlrecht wird durch **formlose Erklärung** ggü dem Handlungsgehilfen ausgeübt und

ist unwiderruflich (MüKo-HGB/*v Hoyningen-Huene* § 61 Rn 2). Solange der AG das Eintrittsrecht nicht geltend gemacht hat, kann er nur Schadensersatz verlangen.

C. Schadensersatzanspruch. Der Schadensersatzanspruch richtet sich gegen den Handlungsgehilfen und umfasst nicht nur den Ersatz des dem AG durch die Wettbewerbstätigkeit des Handlungsgehilfen tatsächlich entstandenen Schadens (zB Aufwendungen zur Aufdeckung der Wettbewerbsverstöße), sondern auch die Erstattung des **entgangenen Gewinns** (§§ 249, 252 BGB; BAG 16.1.2013, 10 AZR 560/11, EzA § 60 HGB Nr 20). Entgangen ist der Gewinn, den der AG erzielt hätte, wenn er das v dem Handlungsgehilfen ausgeführte Geschäft selbst gemacht hätte, nicht der v dem Handlungsgehilfen erzielte Mehrgewinn (ErfK/*Oetker* § 61 Rn 4). Der AG muss den ihm entstandenen **Schaden nachweisen**. Die Beweisführung ist ihm dabei nach § 252 S 2 BGB erleichtert (vgl dazu und zur Schätzung nach § 287 ZPO: BAG 26.9.2012, 10 AZR 370/10, EzA § 287 ZPO 2002 Nr 1). 3

Schadensersatzansprüche **gegen den Vertragspartner des Handlungsgehilfen** kommen nur unter den Voraussetzungen des § 826 BGB oder nach den Vorschriften des UWG in Betracht, etwa bei einem auf sittenwidrige Schädigung des AG gerichteten bewussten Zusammenwirken zwischen dem Handlungsgehilfen und seinem Vertragspartner (MüKo-HGB/*v Hoyningen-Huene* § 61 Rn 9; vgl auch BAG 26.9.2012, 10 AZR 370/10, EzA § 287 ZPO 2002 Nr 1). 4

D. Eintrittsrecht. Der Selbsteintritt des AG nach § 61 I HS 2 bedeutet nicht, dass der AG anstelle des Handlungsgehilfen in den Vertrag mit dem Dritten eintritt. Der Vertrag zwischen dem Handlungsgehilfen und dem Dritten bleibt unberührt, der Selbsteintritt des AG betrifft nur das **Innenverhältnis** mit dem Handlungsgehilfen (MüKo-HGB/*v Hoyningen-Huene* § 61 Rn 14). 5

Wenn der Handlungsgehilfe aufgrund des Selbsteintritts des AG Geschäfte, die er für eigene Rechnung gemacht hat, als für Rechnung des AG eingegangen gelten lassen muss, wird er praktisch einem **Beauftragten gleichgestellt** (vgl ErfK/*Oetker* § 61 Rn 5). Das bedeutet: Er muss dem AG Auskunft über den Abschluss, den Inhalt, die Durchführung und den Stand des Geschäftes erteilen (§ 666 BGB). Ein eingeleitetes, aber noch nicht abgewickeltes Geschäft hat er durchzuführen. Nach Durchführung des Geschäfts hat er dem AG Rechnung zu legen sowie den Gewinn herauszugeben, den er nach Abzug seiner Aufwendungen gemacht hat (BAG 20.3.1984, 3 AZR 32/82, nv). Betreibt der Handlungsgehilfe ein Handelsgewerbe im Handelszweig und als Wettbewerber des AG, kann der AG auch **in die innerhalb dieses Handelsgewerbes abgeschlossenen Geschäfte** eintreten. Für mehrere zusammenhängende Geschäfte kann dies allerdings nur einheitlich geschehen (BAG 15.2.1962, 5 AZR 79/61, AP HGB § 61 Nr 1). 6

Ein Eintrittsrecht des AG **entfällt**, wenn es nicht ohne völlige Umstellung des Inhalts des v dem Handlungsgehilfen geschlossenen Geschäfts oder des v ihm betriebenen Handelsgewerbes erfolgen könnte (vgl BAG 15.2.1962, 5 AZR 79/61, AP HGB § 61 Nr 1), zB kann der AG v dem Handlungsgehilfen, der als Gesellschafter in eine GmbH eintritt, nicht die Übertragung seiner Gesellschaftsrechte oder die Herausgabe seines Gewinnanteils verlangen (BAG 15.2.1962, 5 AZR 79/61, AP HGB § 61 Nr 1). In diesen Fällen ist der AG auf Schadensersatzansprüche gegen den Handlungsgehilfen beschränkt. 7

Bei Geschäften für fremde Rechnung hat der Handlungsgehilfe die bezogene **Vergütung herauszugeben**; falls die Vergütung noch nicht gezahlt ist, kann der AG v dem Handlungsgehilfen die Abtretung seines Vergütungsanspruchs verlangen. Auch hier ist der Handlungsgehilfe zur Auskunftserteilung und Rechnungslegung verpflichtet. Nicht als Geschäft für fremde Rechnung ist ein an den AN vom Wettbewerber gezahltes Festgehalt anzusehen (BAG 17.10.2012, 10 AZR 809/11, EzA § 61 HGB Nr 5). 8

E. Verjährung. Schadensersatz- und Eintrittsrecht des AG verjähren in **3 Monaten** v dem Zeitpunkt an, in dem der AG Kenntnis v dem Abschluss des Geschäfts bzw dem Betreiben des Handelsgewerbes erlangt oder ohne grobe Fahrlässigkeit erlangen müsste. Der Kenntnis des AG steht die Kenntnis seiner gesetzlichen Vertreter und derjenigen Personen gleich, die zur Geltendmachung der Schadensersatz- und Eintrittsrechte ggü dem Handlungsgehilfen befugt sind. Für den Fristbeginn genügt die Kenntnis oder grob fahrlässige Unkenntnis v der Vornahme des verbotenen Geschäfts; eine nähere Kenntnis v dem Inhalt des Geschäfts ist nicht erforderlich. 9

Unabhängig v der Kenntnis des AG verjähren seine Schadensersatz- und Eintrittsrechte **5 Jahre** nach dem jeweiligen Geschäftsabschluss des Handlungsgehilfen. Besteht das verbotswidrige Verhalten des Handlungsgehilfen im Betreiben eines Handelsgewerbes, beginnt die 5-jährige Verjährungsfrist in dem Zeitpunkt, in dem der Handlungsgehilfe sein Handelsgewerbe aufnimmt; nach Ablauf v 5 Jahren sind dann sämtliche Schadensersatz- und Eintrittsrechte des AG auch hins solcher Geschäfte verjährt, die erst in den letzten 5 Jahren abgeschlossen wurden, da die Ansprüche des AG hier nicht an den einzelnen Geschäftsabschluss, 10 sondern an das verbotswidrige »Betreiben eines Handelsgewerbes« anknüpfen (MüKo-HGB/*v Hoyningen-Huene* § 61 Rn 34).

11 Die Verjährungsfristen des § 61 II gelten **für alle Ansprüche des AG**, die dieser aus Wettbewerbsverstößen des Handlungsgehilfen oder eines anderen AN (BAG 26.9.2007, 10 AZR 511/06, EzA § 61 HGB Nr 4) herleitet, auch soweit diese Ansprüche auf andere Rechtsgrundlagen (zB § 280 BGB, §§ 823, 826 BGB, § 1 UWG, § 687 BGB) gestützt werden oder sich auf Auskunftserteilung oder Unterlassung v Wettbewerbstätigkeiten richten (BAG 11.4.2000, 9 AZR 131/99, EzA § 61 HGB Nr 3).

12 Die Verjährungsfrist kann durch die Erhebung einer **Stufenklage**, die zunächst auf Auskunftserteilung gerichtet ist, gehemmt werden (vgl § 204 I 1 BGB). Diese Verjährungshemmung endet, wenn der AN die geforderte Auskunft erteilt und eidesstattlich versichert. Ob die erteilte Auskunft unzureichend ist, ist unerheblich (BAG 28.1.1986, 3 AZR 449/84, EzA § 61 HGB Nr 2).

§ 62 Fürsorgepflicht des Prinzipals

(1) Der Prinzipal ist verpflichtet, die Geschäftsräume und die für den Geschäftsbetrieb bestimmten Vorrichtungen und Gerätschaften so einzurichten und zu unterhalten, auch den Geschäftsbetrieb und die Arbeitszeit so zu regeln, dass der Handlungsgehilfe gegen eine Gefährdung seiner Gesundheit, soweit die Natur des Betriebs es gestattet, geschützt und die Aufrechterhaltung der guten Sitten und des Anstandes gesichert ist.
(2) Ist der Handlungsgehilfe in die häusliche Gemeinschaft aufgenommen, so hat der Prinzipal in Ansehung des Wohn- und Schlafraums, der Verpflegung sowie der Arbeits- und Erholungszeit diejenigen Einrichtungen und Anordnungen zu treffen, welche mit Rücksicht auf die Gesundheit, die Sittlichkeit und die Religion des Handlungsgehilfen erforderlich sind.
(3) Erfüllt der Prinzipal die ihm in Ansehung des Lebens und der Gesundheit des Handlungsgehilfen obliegenden Verpflichtungen nicht, so finden auf seine Verpflichtung zum Schadensersatze die für unerlaubte Handlungen geltenden Vorschriften der §§ 842 bis 846 BGB entsprechende Anwendung.
(4) Die dem Prinzipal hiernach obliegenden Verpflichtungen können nicht im Voraus durch Vertrag aufgehoben oder beschränkt werden.

Übersicht	Rdn.		Rdn.
A. Persönlicher Geltungsbereich	1	C. Sicherung der guten Sitten und des Anstandes	7
B. Gesundheitsschutz	2	D. Erhöhte Pflichten bei häuslicher Gemeinschaft	8
I. Einrichtung und Unterhaltung der Geschäftsräume	3	E. Ansprüche bei Pflichtverletzungen des AG	9
II. Einrichtung und Unterhaltung der für den Geschäftsbetrieb bestimmten Vorrichtungen und Gerätschaften	4	F. Unabdingbarkeit der Fürsorgepflicht	13
III. Regelung des Geschäftsbetriebs	5		
IV. Regelung der Arbeitszeit	6		

1 **A. Persönlicher Geltungsbereich.** Der Anwendungsbereich des § 62 ist **auf Handlungsgehilfen beschränkt**. II–IV sind **in den neuen Bundesländern nicht anwendbar** (Anl I Kap VIII Sachgeb A Abschn III Nr 2 EV); stattdessen gilt hier auch für Handlungsgehilfen die allg Regelung des § 618 BGB.

2 **B. Gesundheitsschutz.** Der AG hat die Gesundheit des Handlungsgehilfen, soweit die Natur des Betriebes es gestattet, zu schützen; er muss hierbei insb auf ihm bekannte körperliche Leiden des Handlungsgehilfen Rücksicht nehmen. Der Gesundheitsschutz ist iE bei folgenden Maßnahmen zu beachten:

3 **I. Einrichtung und Unterhaltung der Geschäftsräume.** Zu den Geschäftsräumen gehören alle betriebszugehörigen Räume, die dem Handlungsgehilfen dienstlich zugänglich sind, also nicht nur sein Arbeitsraum, sondern auch andere Betriebsbüros, Böden, Keller, ferner Lager-, Maschinen- und Nebenräume, Sanitär-, Pausen- und Bereitschaftsräume, Unterkünfte etc (vgl § 2 IV ArbStättVO). Dies betrifft auch die dortige Beschaffenheit der Atemluft (zu § 618 BGB: BAG 19.5.2009, 9 AZR 241/08, EzA § 618 BGB 2002 Nr 4).

4 **II. Einrichtung und Unterhaltung der für den Geschäftsbetrieb bestimmten Vorrichtungen und Gerätschaften.** auch soweit sie nicht im Eigentum des AG stehen. Hiermit ist die gesamte Geschäftseinrichtung gemeint, zB Büromobiliar, Arbeitsgeräte, Maschinen, Aufzüge, Kraftwagen, Fahrräder, Schutzkleidung,

Heizungs-, Lüftungs- und Beleuchtungsanlagen etc gemeint, mit der der Handlungsgehilfe bei der Arbeitsleistung berechtigterweise in Berührung kommt (MüKo-HGB/*v Hoyningen-Huene* § 62 Rn 13).

III. Regelung des Geschäftsbetriebs. Sie betrifft die Organisation des Arbeitsablaufs, insb der Umstände, unter denen die Arbeit zu leisten ist, zB Arbeitseinteilung, Arbeitsplatzzuweisung, Ausstattung der Geschäftsräume mit technischen Mitteln, Verteilung der Arbeitsgeräte, Bereitstellung v Sitzgelegenheiten für Verkaufspersonal. 5

IV. Regelung der Arbeitszeit. Die Dauer der wöchentlichen Arbeitszeit und die Lage der Arbeitszeit können die Parteien grds frei vereinbaren. Hierbei haben sie aber die Vorschriften des ArbZG (vgl insoweit zu § 618 BGB: BAG 6.5.2014, 9 AZR 575/12, EzA Verordnung 561/2006 EG-Vertrag 1999 Nr 2; 13.10.2009, 9 AZR 139/08, EzA § 4 ArbZG Nr 2), der Landesgesetze über den Ladenschluss, des JArbSchG, des MuSchG sowie TV und BV zu beachten. 6

C. Sicherung der guten Sitten und des Anstandes. Der AG hat die Aufrechterhaltung der guten Sitten und des Anstands bei allen Maßnahmen zu sichern, bei denen er den AN auch gegen eine Gefährdung seiner Gesundheit zu schützen hat (s Rdn 3 ff). 7

D. Erhöhte Pflichten bei häuslicher Gemeinschaft. In die häusliche Gemeinschaft aufgenommen ist der Handlungsgehilfe, wenn der AG ihm **Wohnung und Verpflegung** in einem vom AG bewohnten Hause gewährt. Bei den in die häusliche Gemeinschaft aufgenommenen Handlungsgehilfen erstreckt sich die Fürsorgepflicht des AG auch auf die Wohn- und Schlafräume sowie auf die Verpflegung und die Erholungszeit. 8

E. Ansprüche bei Pflichtverletzungen des AG. Da es sich bei den Verpflichtungen des AG nach § 62 um Vertragspflichten handelt, kann der Handlungsgehilfe auf ihre Erfüllung klagen (zu § 618 BGB: BAG 19.5.2009, 9 AZR 241/08, EzA § 618 BGB 2002 Nr 4). Solange der AG seinen Verpflichtungen aus § 62 nicht nachkommt, kann der AN ferner die Ausführung solcher Arbeiten ablehnen, die unter Bedingungen zu leisten sind, die nicht mit § 62 vereinbar sind. Insoweit besteht ein Zurückbehaltungsrecht (BAG 8.5.1996, 5 AZR 315/95, EzA § 273 BGB Nr 5 [auch zur Darlegungs- und Beweislast]). Nach Abmahnung kommt bei schwerwiegenden Verstößen eine ao Kdg des AN in Betracht, die Schadensersatzansprüche nach § 628 II BGB auslösen kann. 9

Ein Schadensersatzanspruch des Handlungsgehilfen besteht, wenn der AG eine der ihm nach I–II obliegenden Verpflichtungen schuldhaft nicht erfüllt und dies zu einer Gesundheitsschädigung des Handlungsgehilfen führt. Bei Arbeitsunfällen oder Berufskrankheiten ist allerdings die Haftungsbeschränkung nach § 104 SGB VII zu beachten (vgl Rdn 12). Der Handlungsgehilfe hat einen nach § 62 **ordnungswidrigen Zustand und dessen Ursächlichkeit für seine Gesundheitsschädigung zu beweisen**, wobei ihm Beweiserleichterungen zu Gute kommen (BAG 8.5.1996, 5 AZR 315/95, EzA § 273 BGB Nr 5). Der Schadensersatz besteht zunächst in dem **Ersatz der Aufwendungen**, die der Handlungsgehilfe für die Wiederherstellung seiner Gesundheit erbringen muss (§ 249 BGB), zB Arzt-, Krankenhaus- und Pflegekosten. Darüber hinaus finden die Vorschriften der §§ 842–846 BGB entspr Anwendung (III). Das bedeutet: a) Der Handlungsgehilfe kann **Ersatz der Nachteile**, die aus dem schädigenden Ereignis für seinen Erwerb oder sein Fortkommen entstehen, verlangen (§ 842 BGB). b) Bei verminderter Erwerbsfähigkeit oder bei durch die Gesundheitsschädigung verursachten erhöhten Bedürfnissen kann er eine **Geldrente** und bei wichtigem Grund stattdessen eine **Kapitalabfindung** verlangen (§ 843 BGB). Unterhaltsansprüche gegen Dritte mindern diesen Anspruch nicht (§ 843 IV BGB). Bei der Tötung des Handlungsgehilfen können diejenigen, die die Beerdigungskosten zu tragen haben (idR die Erben; vgl § 1968 BGB), v dem AG die **Erstattung der Beerdigungskosten** verlangen. War der Getötete kraft Gesetzes **unterhaltspflichtig**, hat der AG diesen Personen Schadensersatz in Form einer **Geldrente** zu gewähren, soweit der Handlungsgehilfe während der mutmaßlichen Dauer seines Lebens zur Gewährung des Unterhalts verpflichtet gewesen wäre. Ersatzberechtigt ist auch das erzeugte, aber noch ungeborene Kind (§ 844 BGB). Dritte, denen der Handlungsgehilfe kraft Gesetzes dienstverpflichtet war, können **für die ihnen entgehenden Dienste Ersatz durch** Entrichtung einer **Geldrente**, bei wichtigem Grund auch eine Kapitalabfindung verlangen (§ 845 BGB). Evtl **mitwirkendes Verschulden** des Verletzten – hier: des Handlungsgehilfen – ist zu berücksichtigen (§§ 846, 254 BGB). 10

Schmerzensgeld wegen immateriellen Schadens kann der Handlungsgehilfe im Rahmen des § 253 II BGB verlangen, soweit nicht § 104 SGB VII einschlägig ist. Für die **Höhe des Schmerzensgeldes** sind maßgebend die Schwere und Dauer der nicht vermögensrechtlichen Schädigungen, der Grad des Verschuldens des AG (BAG 20.10.1963, 1 AZR 463/62, AP BGB § 611 Haftung des Arbeitnehmers Nr 30), die Vermögensverhältnisse v AG und Handlungsgehilfen sowie sonstige bes Umstände des Einzelfalles. 11

12 Bei **Arbeitsunfällen** oder Berufskrankheiten ist die Haftung des AG nach § 104 SGB VII (für Unfallgeschehen vor dem 1.1.1997: §§ 636 ff RVO) begrenzt. § 62 III wird insoweit regelmäßig verdrängt (vgl dazu zB BAG 28.4.2011, 8 AZR 769/09, EzA § 636 RVO Nr 14).

13 **F. Unabdingbarkeit der Fürsorgepflicht.** Die dem AG nach § 62 obliegenden Fürsorgepflichten können **nicht durch Vertrag** – auch nicht durch TV – **im Voraus aufgehoben oder beschränkt** werden (IV). Unzulässig sind auch die vertragliche Beschränkung oder der vertragliche Ausschluss v Schadensersatzansprüchen wegen Verletzung dieser Fürsorgepflichten (MüKo-HGB/*v Hoyningen-Huene* § 62 Rn 52). **Nach Schadenseintritt** kann der Handlungsgehilfe auf den Schadensersatzanspruch ganz oder zT **verzichten**.

§ 64 Gehaltszahlung

¹Die Zahlung des dem Handlungsgehilfen zukommenden Gehalts hat am Schlusse jedes Monats zu erfolgen. ²Eine Vereinbarung, nach der die Zahlung des Gehalts später erfolgen soll, ist nichtig.

Übersicht		Rdn.			Rdn.
A.	Persönlicher Geltungsbereich	1	D.	Zahlung des Gehalts	4
B.	Gehalt	2	E.	Rechtsfolgen bei Verstößen gegen § 64	5
C.	Monatsschluss	3			

1 **A. Persönlicher Geltungsbereich.** Die Vorschrift betrifft **nur Handlungsgehilfen**; für die übrigen AN gilt § 614 BGB. § 64 ist **in den neuen Bundesländern nicht anwendbar** (Anl I Kap VIII Sachgeb A Abschn III Nr 2 EV); stattdessen gilt hier auch für Handlungsgehilfen die allg Regelung des § 614 BGB.

2 **B. Gehalt.** Unter Gehalt iSv § 64 sind die **festen laufenden Geldbezüge** des Handlungsgehilfen zu verstehen. Nicht zum Gehalt iSv § 64 gehören Provisionen, Gratifikationen, Treueprämien, Jahrestantiemen, Spesen, aber auch Sachbezüge.

3 **C. Monatsschluss.** Dies ist nicht notwendig der Schluss des Kalendermonats, sondern der Tag, an dem ein **Monat seit Dienstantritt** oder Zahlung des letzten Gehalts verstrichen ist (Baumbach/Hopt/*Roth* § 64 Rn 1). Beginnt das Arbeitsverhältnis nicht am 1. eines Kalendermonats, erhält der Handlungsgehilfe üblicherweise am Schluss dieses Kalendermonats ein entspr anteiliges Gehalt und die folgenden Gehälter jeweils am Schluss des Kalendermonats; diese Praxis ist mit § 64 vereinbar. Fällt der Monatsschluss auf einen **Sonn- oder Feiertag** oder auf einen Sonnabend, tritt an seine Stelle der nächste Werktag (§ 193 BGB).

4 **D. Zahlung des Gehalts.** Das Gehalt ist am Monatsschluss zu zahlen. Ist (ausnahmsweise) **Barzahlung** vereinbart, hat der Handlungsgehilfe diese grds **im Betrieb des AG abzuholen** (Schaub/*Linck* § 70 Rn 5). Bei **bargeldloser Lohnzahlung** muss der AG das Gehalt auf seine Gefahr und Kosten auf ein Konto des Handlungsgehilfen überweisen (vgl § 270 I BGB). Hierbei ist die Zahlung nur dann noch pünktlich am Monatsschluss erfolgt, wenn der Geldbetrag an diesem Tag dem Konto des Handlungsgehilfen gutgeschrieben wird (vgl Palandt/*Grüneberg* § 270 Rn 5). Eine Vereinbarung, nach der die Zahlung des Gehalts später als am Monatsschluss erfolgen soll, ist unzulässig und nichtig (§ 64 S 2). Günstigere Vereinbarungen für den Handlungsgehilfen sind zulässig.

5 **E. Rechtsfolgen bei Verstößen gegen § 64.** Zahlt der AG nicht pünktlich, kommt er ohne Weiteres in **Schuldnerverzug** (§ 286 II 1 BGB) und muss dem Handlungsgehilfen den Verzugsschaden ersetzen (§ 280 BGB) und Verzugszinsen zahlen (§ 288 BGB). Bei höheren Beträgen kann der Handlungsgehilfe ferner unter Hinweis auf die ausgebliebene Gehaltszahlung die Fortsetzung seiner Arbeitsleistung ablehnen, bis das Gehalt gezahlt ist (§ 273 BGB; BAG 8.5.2014, 6 AZR 246/12, EzA § 209 InsO Nr 9); in diesem Fall kommt der AG auch in **Annahmeverzug** (§ 298 BGB; BAG 26.9.2007, 5 AZR 870/06, EzA § 615 BGB 2002 Nr 21) und muss an den Handlungsgehilfen gem § 615 BGB das Gehalt fortzahlen, ohne eine Nachleistung fordern zu können. Zahlt der AG trotz Abmahnung nicht oder wiederholt unpünktlich, kann der Handlungsgehilfe zur außerordentlichen Kdg des Arbeitsverhältnisses berechtigt sein.

§ 65 Provision

Ist bedungen, dass der Handlungsgehilfe für Geschäfte, die von ihm geschlossen oder vermittelt werden, Provision erhalten solle, so sind die für die Handelsvertreter geltenden Vorschriften des § 87 Abs. 1 und 3 sowie der §§ 87a bis 87c anzuwenden.

Übersicht	Rdn.		Rdn.
A. Persönlicher Geltungsbereich	1	C. Provisionsausschluss nach Vertragsende	3
B. Bedeutung der Vorschrift	2		

A. Persönlicher Geltungsbereich. Die Vorschrift betrifft **Handlungsgehilfen**, die für vermittelte oder v 1 ihnen abgeschlossene Geschäfte Provisionen erhalten sollen. Für **andere AN** besteht keine entspr Vorschrift. Vereinbart der AG aber mit anderen AN eine Provision für vermittelte oder abgeschlossene Geschäfte, ist § 65 entspr anwendbar (BAG 21.1.2015, 10 AZR 84/14, NJW 2015, 2364; Schaub/*Vogelsang* § 75 Rn 9).

B. Bedeutung der Vorschrift. Durch die Verweisung auf § 87 I und III, §§ 87a–c finden **fast alle** 2 **für Handelsvertreter geltenden Provisionsvorschriften** Anwendung; erfasst wird trotz der fehlenden Erwähnung auch § 92 (Redaktionsversehen, BAG 21.1.2015, 10 AZR 84/14, EzA § 87a HGB Nr 4; 25.10.1967, EzA § 87a HGB Nr 2). Unanwendbar bleiben die Vorschriften über die Delkredereprovision (§ 86b), die Bezirksprovision (§ 87 II), die Inkassoprovision (§ 87 IV) und den Ausgleichsanspruch (§ 89b). Das schließt aber nicht aus, dass AG und Handlungsgehilfe iRd Vertragsfreiheit ua Bezirksprovision, eine Inkassoprovision oder einen Ausgleichsanspruch vereinbaren können. Bei der Anwendung der § 87 I und III, §§ 87a–c auf Handlungsgehilfen sind die Unterschiede in der rechtlichen und wirtschaftlichen Stellung des Handelsvertreters einerseits und des AN andererseits zu beachten (BAG 4.7.1972, 3 AZR 477/71, AP HGB § 65 Nr 6; zur Reichweite der Verweisung auch BAG 21.1.2015, 10 AZR 84/14, EzA § 87a HGB Nr 4). Das führt ua dazu, dass die **Vertragsfreiheit** bei der Vereinbarung v Provisionsbedingungen für Handlungsgehilfen **eingeschränkt** ist. Nach bisheriger Rspr soll auch die alleinige Zusage einer Provision ohne Fixum möglich sein, wenn der Handlungsgehilfe durch vollen Einsatz seiner Arbeitszeit ein ausreichendes Einkommen erzielen kann (BAG 16.2.2012, 8 AZR 242/11, NZA 2012, 1307). Daran kann nach Inkrafttreten des MiLoG nicht ohne Weiteres festgehalten werden. Die Lohnuntergrenze nach § 1 MiLoG darf nicht unterschritten werden; abweichende Vereinbarungen sind insoweit unwirksam (§ 3 S 1 MiLoG). IÜ kann auf die Erläuterungen zu §§ 87–87c, 92 verwiesen werden.

C. Provisionsausschluss nach Vertragsende. Provisionsansprüche stehen dem Handlungsgehilfen grds 3 **für alle Geschäfte** zu, die er **während des Vertragsverhältnisses** abgeschlossen hat. Der Anspruch auf Überhangprovision nach § 87 III für Geschäfte, die nach Vertragsende zustande kommen, kann - anders als bei einem Handelsvertreter - nicht vertraglich ausgeschlossen werden (BAG 20.8.1996, 9 AZR 471/95, EzA § 87 HGB BGB Nr 11). Nach bisheriger Rspr ist dagegen ein Ausschluss der **Überhangprovision** nach § 87 I 1 zulässig, wenn dies durch einen sachlichen Grund gerechtfertigt ist (BAG, 20.8.1996, 9 AZR 471/95, EzA § 87 HGB BGB Nr 11; nunmehr zweifelnd BAG 20.2.2008, 10 AZR 125/07, EzA § 307 BGB 2002 Nr 31, wonach viel dafür spricht, dass der Anspruch eines AN auf Überhangprovision unabdingbar ist). Ein solcher sachlicher Grund kann zB darin liegen, dass dem Handlungsgehilfen zu Beginn des Arbeitsverhältnisses Provisionen aus Geschäften gezahlt werden, die sein Vorgänger zustande gebracht hatte, oder dass ihm eine Provisionsgarantie zugesagt war, die in etwa den zu Beginn der Tätigkeit verzögerten Provisionsfluss ausglich, oder dass der Nachfolger des Handlungsgehilfen noch Nacharbeiten zu leisten hat, für die er eine bes Vergütung erhält; hingegen kann eine Rationalisierung der Abrechnungsverfahren für sich allein den Ausschluss der Provision nicht rechtfertigen (BAG 20.7.1983 AP HGB § 65 Nr 7). Der AG ist für den sachlichen Grund darlegungs- und beweispflichtig (BAG 20.2.2008, 10 AZR 125/07, EzA § 307 BGB 2002 Nr 31).

§ 74 Vertragliches Wettbewerbsverbot

(1) Eine Vereinbarung zwischen dem Prinzipal und dem Handlungsgehilfen, die den Gehilfen für die Zeit nach Beendigung des Dienstverhältnisses in seiner gewerblichen Tätigkeit beschränkt (Wettbewerbsverbot), bedarf der Schriftform und der Aushändigung einer vom Prinzipal unterzeichneten, die vereinbarten Bestimmungen enthaltenden Urkunde an den Gehilfen.
(2) Das Wettbewerbsverbot ist nur verbindlich, wenn sich der Prinzipal verpflichtet, für die Dauer des Verbots eine Entschädigung zu zahlen, die für jedes Jahr des Verbots mindestens die Hälfte der von dem Handlungsgehilfen zuletzt bezogenen vertragsmäßigen Leistungen erreicht.

§ 74a Unverbindliches Verbot

(1) ¹Das Wettbewerbsverbot ist insoweit unverbindlich, als es nicht zum Schutze eines berechtigten geschäftlichen Interesses des Prinzipals dient. ²Es ist ferner unverbindlich, soweit es unter Berücksichtigung der gewährten Entschädigung nach Ort, Zeit oder Gegenstand eine unbillige Erschwerung des Fortkommens des Gehilfen enthält. ³Das Verbot kann nicht auf einen Zeitraum von mehr als zwei Jahren von der Beendigung des Dienstverhältnisses an erstreckt werden.

(2) ¹Das Verbot ist nichtig, wenn der Gehilfe zur Zeit des Abschlusses minderjährig ist oder wenn sich der Prinzipal die Erfüllung auf Ehrenwort oder unter ähnlichen Versicherungen versprechen lässt. ²Nichtig ist auch die Vereinbarung, durch die ein Dritter an Stelle des Gehilfen die Verpflichtung übernimmt, dass sich der Gehilfe nach der Beendigung des Dienstverhältnisses in seiner gewerblichen Tätigkeit beschränken werde.

(3) Unberührt bleiben die Vorschriften des § 138 des Bürgerlichen Gesetzbuchs über die Nichtigkeit von Rechtsgeschäften, die gegen die guten Sitten verstoßen.

Übersicht

		Rdn.			Rdn.
A.	Persönlicher und sachlicher Geltungsbereich	1	VII.	Beachtung der guten Sitten	19
B.	Begriff des Wettbewerbsverbots und der Mandantenschutzklausel	5	VIII.	Rechtsfolgen bei fehlenden Wirksamkeitsvoraussetzungen	20
C.	Auslegung eines Wettbewerbsverbots	7	F.	**Weitere Voraussetzungen für die Verbindlichkeit eines Wettbewerbsverbots**	21
D.	Nichtigkeit und Unverbindlichkeit von Wettbewerbsverboten	10	I.	Höhe der Karenzentschädigung	21
E.	Wirksamkeitsvoraussetzungen für eine Wettbewerbsvereinbarung	12	II.	Berechtigtes geschäftliches Interesse	23
I.	Schriftform	12	III.	Keine unbillige Erschwerung des Fortkommens des AN	26
II.	Arbeitsverhältnis, Berufsausbildungsverhältnis	14	IV.	Begrenzte Dauer des Wettbewerbsverbots	27
III.	Volljährigkeit des AN	15	V.	Unbedingtheit des Wettbewerbsverbots	28
IV.	Bestimmtheit der Konkurrenzklausel	16	G.	Inkrafttreten eines Wettbewerbsverbots	29
V.	Zusage einer Karenzentschädigung	17	H.	**Außerkrafttreten eines Wettbewerbsverbots**	30
VI.	Keine Verpflichtung eines Dritten	18	I.	**Rechtsfolgen bei Verletzung eines verbindlichen Wettbewerbsverbots**	31

1 **A. Persönlicher und sachlicher Geltungsbereich.** Die §§ 74 ff gelten nur für Wettbewerbsverbote für die Zeit nach Beendigung des Arbeitsverhältnisses. **Während der Dauer des Arbeitsverhältnisses gilt das Wettbewerbsverbot des § 60** (s dort).

2 Die Vorschriften der §§ 74–75 f gelten zwar unmittelbar nur für Handlungsgehilfen, sind aber auf **alle anderen Arbeitsverhältnisse** entspr anzuwenden (§ 110 GewO). Darüber hinaus gelten sie wegen ihres Schutzzweckes entspr für Heimarbeitsverhältnisse und AN-ähnliche Rechtsverhältnisse, also auch für wirtschaftlich abhängige freie Mitarbeiter (BAG 21.1.1997, 9 AZR 778/95, EzA § 74 HGB Nr 59). Ferner fallen sog allg **Mandantenschutzklauseln** unter die Vorschriften der §§ 74 ff (BAG 11.12.2013, 10 AZR 286/13, EzA § 74 HGB Nr 73; 7.8.2002, 10 AZR 586/01, EzA § 74 HGB Nr 62). Die Vorschriften der §§ 74–75d sind auch auf **Verträge** zum Abschluss einer Wettbewerbsvereinbarung – etwa für den Fall, dass das Arbeitsverhältnis über einen bestimmten Zeitpunkt hinaus besteht – anzuwenden, weil andernfalls die gesetzlichen Vorschriften umgangen werden könnten (vgl BAG 18.4.1969, 3 AZR 154/68, AP GewO § 133 f Nr 22). Vorverträge, durch den sich der AN zum Abschluss eines nachvertraglichen Wettbewerbsverbots auf Verlangen des AG verpflichtet, sind jedenfalls dann unzulässig, wenn die dem AG eingeräumte Option nicht auf den Zeitpunkt bis zum Ausspruch einer Kündigung oder bis zum Abschluss eines Aufhebungsvertrags beschränkt wird. Dem hiernach unzulässigen Vorvertrag kommen die Wirkungen eines unverbindlichen Wettbewerbsverbots zu (s Rdn 11), dh der AN kann zwischen Wettbewerbsfreiheit ohne Karenzentschädigung und Wettbewerbsenthaltung zu den Bedingungen des Vorvertrags wählen (BAG 14.7.2010, 10 AZR 291/09, EzA § 74 HGB Nr 72).

3 Ein vereinbartes Wettbewerbsverbot gilt grds für jeden Fall der Beendigung des Arbeitsverhältnisses, auch in der **Probezeit**. Eine Wettbewerbsvereinbarung, die keine Klausel über ihr Inkrafttreten enthält, wird daher – die sonstigen Wirksamkeitsvoraussetzungen unterstellt – für beide Parteien ohne Weiteres verbindlich, wenn das Arbeitsverhältnis in der Probezeit endet (BAG 28.6.2006, 10 AZR 407/05, EzA § 74 HGB Nr 68). Das gilt selbst dann, wenn das Arbeitsverhältnis nur wenige Tage dauert (BAG 13.12.1983, 3 AZR 300/82, nv). Kommt es hingegen nicht zur Tätigkeitsaufnahme, kündigt also der AG den Arbeitsvertrag bereits **vor dem vereinbarten Vertragsbeginn** unter Verzicht auf jegliche Arbeitsleistung des AN für die Dauer der Kündigungsfrist oder nimmt der AN vertragsbrüchig seine Tätigkeit nicht auf, kann eine ergänzende Vertragsauslegung ergeben, dass das Wettbewerbsverbot nicht in Kraft tritt, da der AN überhaupt keine Gelegenheit erhielt, betriebliche Abläufe und Geschäftsverbindungen des AG kennenzulernen, die er für eine Konkurrenztätigkeit ausnützen könnte (vgl BAG 26.5.1992, 9 AZR 27/91, EzA § 74 HGB Nr 54; 19.5.1983, 2 AZR 171/81, EzA § 123 BGB Nr 23). Beim Vorliegen v AGB ist allerdings die Auslegungsregel des § 305c II BGB zu beachten.

Auf Wettbewerbsverbote, die **nach Beendigung des Arbeitsverhältnisses** abgeschlossen werden, sind hingegen wegen fehlenden Schutzbedürfnisses für den AN die Vorschriften der §§ 74 ff nicht anwendbar; ein solches Wettbewerbsverbot kann deshalb insb ohne Zusage einer Karenzentschädigung wirksam abgeschlossen werden (BAG 11.3.1968, 3 AZR 37/67, AP HGB § 74 Nr 23; vgl zur Abgrenzung BAG 3.5.1994, 9 AZR 606/92, EzA § 74 HGB Nr 56). 4

B. Begriff des Wettbewerbsverbots und der Mandantenschutzklausel. Unter den Begriff Wettbewerbs- 5 verbot iSv §§ 74 ff fällt nach der Legaldefinition in I jede Vereinbarung zwischen AG und AN, die den AN für die Zeit nach Beendigung des Arbeitsverhältnisses in seiner gewerblichen Tätigkeit beschränkt. Das Wettbewerbsverbot kann sich auf jede Art v Tätigkeit (zB als Unternehmer, Handelsvertreter, AN, Gesellschafter einer Personengesellschaft) für ein anderes Unternehmen erstrecken. Es kann sich aber auch auf bestimmte Unternehmen (Konkurrenzunternehmen), auf die Ausführung bestimmter einzelner Geschäfte oder Geschäftsarten beschränken oder in zeitlicher oder räumlicher Hinsicht begrenzt sein. Nicht unter den Begriff des Wettbewerbsverbots iSv §§ 74 ff fallen solche Vereinbarungen, durch die dem AN bestimmte Maßnahmen untersagt werden, die er ohnehin **kraft Gesetzes** unterlassen muss, zB Verrat v **Betriebs- und Geschäftsgeheimnissen** (BAG 15.12.1987, 3 AZR 474/86, EzA § 611 BGB Betriebsgeheimnis Nr 1).

V Wettbewerbsverboten iSv §§ 74 ff werden traditionell die sog **Mandantenschutzklauseln** unterschieden. 6 Bei diesen handelt es sich um Vereinbarungen zwischen den Angehörigen sog **freier Berufe** (zB Rechtsanwälte, Wirtschaftsprüfer, Steuerberater) und ihren Angestellten, wonach diese nach ihrem Ausscheiden keinen Wettbewerb betreiben dürfen. **Beschränkte** Mandantenschutzklauseln verbieten dem Angestellten, sich aktiv um Mandanten seines bisherigen AG zu bemühen, diese an sich zu ziehen und sie zu umwerben, wenn er sich selbstständig machen will. Solche Abwerbungsverbote sollen nach älterer Rspr wegen entspr standesrechtlicher Regelungen entschädigungslos zulässig sein (BAG 16.7.1971, 3 AZR 384/70, EzA § 138 BGB Nr 7; kritisch *Bauer/Diller* Rn 111). **Allg** Mandantenschutzklauseln verbieten hingegen einem AN, nach Beendigung seines Arbeitsverhältnisses als Angestellter in einem anderen Arbeitsverhältnis oder als Selbstständiger Mandanten seines früheren AG zu übernehmen und zu betreuen. Solche allg Mandantenschutzklauseln sind lediglich im Rahmen entspr Anwendung der §§ 74 ff nur verbindlich, wenn dem AN die Mindestkarenzentschädigung iSv II zugesagt wird (BAG 27.9.1988, 3 AZR 59/87, EzA § 611 BGB Konkurrenzklausel Nr 1). Auch **Mandantenübernahmeklauseln** können die Wirkung eines Wettbewerbsverbots haben (BAG 11.12.2013, 10 AZR 286/13, EzA § 74 HGB Nr 73; 7.8.2002, 10 AZR 586/01, EzA § 74 HGB Nr 62), wobei das BAG zuletzt ausdrückl offen gelassen hat, ob eine entschädigungslose Honorarabführungspflicht in AGB nicht grundsätzlich eine unangemessene Benachteiligung des AN darstellt.

C. Auslegung eines Wettbewerbsverbots. Wettbewerbsverbote sind gem §§ 133, 157 BGB nach Treu 7 und Glauben unter Berücksichtigung der Verkehrssitte und des wirklichen Willens der Parteien auszulegen. Einseitig vom AG gestellte Wettbewerbsvereinbarungen sind **im Zweifel eng**, dh gem § 305c II BGB zulasten des AG auszulegen (Baumbach/Hopt/*Roth* § 74 Rn 7). Je nach den Umständen des Einzelfalles, wozu insb gehört, an welcher Stelle eines vorformulierten Arbeitsvertrages die Wettbewerbsvereinbarung platziert ist, kann es sich bei der Wettbewerbsvereinbarung um eine Überraschungsklausel iSv § 305c I BGB handeln, die dann nicht Vertragsbestandteil wird (vgl LAG Hamm 10.9.2004, 7 Sa 918/04, LAGE § 305c BGB 2002 Nr 2).

Man unterscheidet unternehmensbezogene und tätigkeitsbezogene Wettbewerbsverbote (vgl BAG 8 30.1.1970, 3 AZR 348/69, AP GewO § 133 f Nr 24). **Unternehmensbezogene Wettbewerbsverbote** sind Verbote, die jede Tätigkeit in einem Konkurrenzunternehmen verbieten, während **tätigkeitsbezogene Wettbewerbsverbote** nur bestimmte Tätigkeiten in einem Konkurrenzunternehmen verbieten, sonstige Betätigungen des AN in dem Konkurrenzunternehmen aber nicht untersagen.

Verbietet die Wettbewerbsklausel **nur ein Arbeitsverhältnis in einem Konkurrenzunternehmen**, schließt 9 dies im Zweifel nicht das Verbot einer freiberuflichen Tätigkeit ein (Baumbach/Hopt/*Roth* § 74 Rn 7). Ist dem AN nur schlicht verboten, dem AG »**Konkurrenz zu machen**«, ist damit im Zweifel eine selbstständige Betätigung im Geschäftszweig des AG gemeint, sei es als Unternehmer, Handelsvertreter, persönlich haftender Gesellschafter einer OHG oder KG oder als Mitglied des Vertretungsorgans einer juristischen Person, nicht hingegen die Tätigkeit als AN in einem Konkurrenzunternehmen (ebenso: *Staub/Konzen/ Weber* § 74 Rn 11; vgl auch BAG 11.12.2013, 10 AZR 286/13, EzA § 74 HGB Nr 73 zur Auslegung einer Mandantenübernahmeklausel).

10 **D. Nichtigkeit und Unverbindlichkeit von Wettbewerbsverboten.** Das Gesetz unterscheidet in §§ 74 ff zwischen Nichtigkeit und Unverbindlichkeit von Wettbewerbsverboten. Demgemäß ist zu unterscheiden zwischen Wirksamkeitsvoraussetzungen für eine Wettbewerbsvereinbarung, bei deren Fehlen Nichtigkeit eintritt und weiteren Voraussetzungen für die Verbindlichkeit einer Wettbewerbsvereinbarung, bei deren Fehlen das Wettbewerbsverbot (nur) unverbindlich ist.

11 Im Fall der **Nichtigkeit** kann **keine** der Parteien irgendwelche **Ansprüche** aus der Wettbewerbsvereinbarung herleiten. **Bei unverbindlichen Wettbewerbsverboten** hingegen kann sich nur der AG nicht auf die Vereinbarung berufen; der AN seinerseits kann **wählen**, ob er sich v dem Wettbewerbsverbot lösen und damit auf Karenzentschädigung verzichten will oder ob er sich an das Verbot halten und dann Karenzansprüche daraus herleiten will (st Rspr; BAG 15.1.2014, 10 AZR 243/13 mwN, EzA § 74 HGB Nr 74). Grds muss der AN das ihm zustehende Wahlrecht **bei Beginn der Karenzzeit** ausüben (BAG 14.7.2010, 10 AZR 291/09, EzA § 74 HGB Nr 72). Ausnahmsweise kann der AN die endgültige Ausübung seines Wahlrechts **hinausschieben** und das Wettbewerbsverbot zunächst einhalten, wenn und solange über die Wirksamkeit der Beendigung des Arbeitsverhältnisses und/oder über die Wirksamkeit des Wettbewerbsverbots ein Rechtsstreit geführt wird (BAG 16.12.1986, 3 AZR 73/86, EzA § 74 HGB Nr 49). Spätestens nach Eintritt der Rechtskraft der Entsch muss er dann aber unverzüglich sein Wahlrecht ausüben. Die einmal getroffene Entsch des AN, sich an das Wettbewerbsverbot zu halten oder sich v ihm zu lösen, ist **unwiderruflich** und bindet ihn für die gesamte Karenzzeit (BAG 14.7.2010, 10 AZR 291/09, EzA § 74 HGB Nr 72; 19.1.1978, 3 AZR 573/77, EzA § 74 HGB Nr 36).

12 **E. Wirksamkeitsvoraussetzungen für eine Wettbewerbsvereinbarung. I. Schriftform.** Die Wettbewerbsabrede muss **schriftlich** vereinbart werden (§ 74 I). Dies bedeutet, dass sich der wesentliche Inhalt der Abrede aus der Urkunde ergeben muss (BAG 15.1.2014, 10 AZR 243/13, EzA § 74 HGB Nr 74). Gleiches gilt für den auf Abschluss eines Wettbewerbsverbots gerichteten Vorvertrag (BAG 14.7.2010, 10 AZR 291/09, EzA § 74 HGB Nr 72). Beide Parteien müssen die Urkunde oder eine für die jeweils andere Partei bestimmte Urkunde, in der die Wettbewerbsvereinbarung niedergelegt ist, grds eigenhändig unterzeichnen (§ 126 BGB). Die Unterzeichnung durch einen Prokuristen als Vertreter des AG genügt dem Schriftformerfordernis nur, wenn der Prokurist gem § 51 der Firma seinen Namen mit einem die Prokura andeutenden Zusatz (»ppa«) beifügt (LAG Hamm 10.1.2005, 7 Sa 1480/04, NZA-RR 2005, 428). Darüber hinaus muss der AG ein v ihm unterzeichnetes Schriftstück, das die vereinbarten Bedingungen der Wettbewerbsabrede enthält, **dem AN aushändigen** (§ 74 I). Die fehlende Aushändigung der Wettbewerbsvereinbarung führt nicht zur Formunwirksamkeit der Vereinbarung, sondern nur dazu, dass sich der AG nicht auf die Wirksamkeit des Wettbewerbsverbots berufen kann, wohl aber der AN (BAG 23.11.2004, 9 AZR 595/03, EzA § 74 HGB Nr 65).

13 Der AG darf sich bei Abschluss der Wettbewerbsvereinbarung die Erfüllung des Wettbewerbsverbots **nicht auf Ehrenwort** oder unter ähnlichen Versicherungen (zB an Eides statt) versprechen lassen (§ 74a II 1).

14 **II. Arbeitsverhältnis, Berufsausbildungsverhältnis.** Zwischen den Parteien muss grds ein **wirksames Arbeitsverhältnis** oder gleichgestelltes Rechtsverhältnis (s.o. Rdn 2) bestehen, wobei auch ein befristeter Vertrag ausreicht; ein bloß faktisches Arbeitsverhältnis, wie es zB bei nichtigen oder erfolgreich angefochtenen Arbeitsverträgen besteht, genügt dann, wenn es bereits in Vollzug gesetzt war, der AN also Gelegenheit hatte, betriebliche Interna und Geschäftsgeheimnisse kennenzulernen (LAG München 19.12.2007, 11 Sa 294/07, LAGE § 74 HGB Nr 22). Wettbewerbsvereinbarungen mit **Auszubildenden** sind nur innerhalb der letzten 6 Monate des Berufsausbildungsverhältnisses zulässig, wenn sich der Ausbildende innerhalb dieses Zeitraums dazu verpflichtet, mit dem Auszubildenden nach Beendigung des Ausbildungsverhältnisses ein Arbeitsverhältnis einzugehen (§ 12 I BBiG).

15 **III. Volljährigkeit des AN.** Der AN muss bei Abschluss der Wettbewerbsvereinbarung volljährig sein (§ 74a II 1), dh das **18. Lebensjahr** vollendet haben (§ 2 BGB). Die Vereinbarung eines Wettbewerbsverbots mit einem minderjährigen AN ist auch dann unzulässig, wenn der gesetzliche Vertreter zustimmt (BAG 20.4.1964, 5 AZR 278/63, AP HGB § 90a Nr 1).

16 **IV. Bestimmtheit der Konkurrenzklausel.** Wettbewerbsvereinbarungen sollten in Verträgen **deutlich gekennzeichnet** sein (§ 305c I BGB!) und die Tätigkeiten, die dem AN untersagt sind, möglichst **genau**

bezeichnen. Unklar gefasste Konkurrenzklauseln führen zwar nicht zur Unwirksamkeit einer Wettbewerbsabrede, sind aber in vorformulierten Verträgen zulasten des AG (§ 305c II BGB) und bei individuell ausgehandelten Verträgen gem §§ 133, 157 BGB nach Treu und Glauben unter Berücksichtigung des wirklichen oder mutmaßlichen Parteiwillens eng auszulegen (MüKo-HGB/*v Hoyningen-Huene* § 74 Rn 27).

V. Zusage einer Karenzentschädigung. Die **Wirksamkeit** eines Wettbewerbsverbots ist v der Zusage einer Karenzentschädigung abhängig; ein Wettbewerbsverbot ohne Karenzentschädigung ist nichtig (st Rspr; BAG 15.1.2014, 10 AZR 243/13, EzA § 74 HGB Nr 74). Die Vereinbarung muss so eindeutig formuliert sein, dass aus der Sicht des AN kein vernünftiger Zweifel über den Anspruch auf Karenzentschädigung bestehen kann (BAG 5.9.1995, 9 AZR 718/93, EzA § 74 HGB Nr 57). **Verweist eine Wettbewerbsklausel**, durch die dem AN bestimmte Konkurrenztätigkeiten verboten werden, für alle weiteren Einzelheiten der vereinbarten Regelung **auf die maßgebenden Vorschriften des HGB**, insb auf die §§ 74 und 74c, liegt darin im Zweifel die Zusage einer Karenzentschädigung, und zwar in der gesetzlich (§ 74 II) für die Verbindlichkeit der Wettbewerbsabrede vorgeschriebenen Mindesthöhe (BAG 28.6.2006, 10 AZR 407/05, EzA § 74 HGB Nr 68). Ebenso genügt die Zusage einer in das Ermessen des AG gestellten Entschädigung; auch diese gewährt dem AN einen Entschädigungsanspruch (BAG 15.1.2014, 10 AZR 243/13, EzA § 74 HGB Nr 74; zur Unverbindlichkeit einer solchen Vereinb vgl Rdn 21). Die Karenzentschädigung muss **in der Wettbewerbsabrede** zugesagt werden. Eine nachträgliche schriftliche Zusage macht die Wettbewerbsvereinbarung nicht gültig.

17

VI. Keine Verpflichtung eines Dritten. Wenn der AG nicht mit dem AN, sondern mit einem Dritten eine Vereinbarung trifft, durch die der Dritte die Verpflichtung übernimmt, dass sich der AN nach Beendigung des Arbeitsverhältnisses in seiner gewerblichen Tätigkeit beschränken werde, so liegt darin die Verpflichtung des Dritten, auf den AN entspr einzuwirken; eine solche Vereinbarung zwischen dem AG und dem Dritten ist **nichtig** (§ 74a II 2). Zulässig ist hingegen eine Vereinbarung zwischen AG und Drittem, dass der Dritte für die Erfüllung eines zwischen AG und AN wirksam vereinbarten Wettbewerbsverbots einsteht (*Bauer/Diller* Rn 288).

18

VII. Beachtung der guten Sitten. Das Wettbewerbsverbot darf nicht gegen die guten Sitten iSv § 138 BGB verstoßen (§ 74a III). Die Sittenwidrigkeit einer Wettbewerbsvereinbarung kommt aber nicht hins solcher Sachverhalte in Betracht, an die der Gesetzgeber in § 74a I–II gedacht hat, da § **74a I–II eine Konkretisierung des § 138 BGB** für den Fall der Wettbewerbsvereinbarung darstellt (BAG 2.2.1968, AP HGB § 74 Nr 22).

19

VIII. Rechtsfolgen bei fehlenden Wirksamkeitsvoraussetzungen. Fehlt eine der unter Rdn 12 ff angeführten Voraussetzungen für die Wirksamkeit eines Wettbewerbsverbots, ist das Wettbewerbsverbot nichtig: Keine der Parteien kann aus der Wettbewerbsvereinbarung Rechte herleiten. Eine nichtige Wettbewerbsvereinbarung lässt die **Wirksamkeit des Arbeitsvertrages** iÜ unberührt (ErfK/*Oetker* § 74a Rn 7).

20

F. Weitere Voraussetzungen für die Verbindlichkeit eines Wettbewerbsverbots. I. Höhe der Karenzentschädigung. Der AG muss für die Dauer des Wettbewerbsverbots eine Karenzentschädigung zusagen, deren Höhe sowohl beim Abschluss der Wettbewerbsvereinbarung als auch im Zeitpunkt ihres Inkrafttretens (BAG 28.1.1966, 3 AZR 374/65, AP HGB § 74 Nr 18) **mind die Hälfte der** v dem AN **zuletzt bezogenen vertragsmäßigen Leistungen** beträgt (§ 74 II). Bleibt die Entschädigung dahinter zurück, ist das Wettbewerbsverbot unverbindlich: Der AN hat ein Wahlrecht, ob er sich an das Verbot gegen Zahlung der geringeren Entschädigung hält (BAG 18.1.2000, 9 AZR 929/98) oder Wettbewerb macht. Gleiches gilt, wenn aus dem Wettbewerbsverbot selbst unklar bleibt, ob die gesetzliche Entschädigungshöhe erreicht wird (BAG 15.1.2014, 10 AZR 243/13, EzA § 74 HGB Nr 74 [Entschädigung nach Ermessen des AG; zur Entschädigungshöhe vgl § 74b Rdn 2]). Es ist zweckmäßig und in der Praxis weithin üblich, wenn die Parteien einen bestimmten Prozentsatz (zB 50 %, 60 %, 70 %) der letzten vertraglichen Bezüge als Karenzentschädigung vereinbaren. Ist eine solche Vereinbarung getroffen, richtet sich die Höhe der Karenzentschädigung auch dann nach der letzten vor Beendigung des Arbeitsverhältnisses bezogenen vertragsmäßigen Vergütung, wenn der AN Elternteilzeit gem § 15 BEEG in Anspruch genommen hat und das Arbeitsverhältnis während der Elternzeit endet (BAG 22.10.2008, 10 AZR 360/08, EzA § 74 HGB Nr 71). Zu den »vertragsgemäßen Leistungen« iSv § 74 II gehören grds **alle AG-Leistungen, die** aufgrund des Arbeitsvertrages **als Vergütung für die geleistete oder noch zu leistende Arbeit** gezahlt werden (BAG 16.11.1973, 3 AZR 61/73, EzA § 74c HGB Nr 10), zB Gehälter, Löhne, Provisionen, Prämien, Zulagen aller Art, auch wenn sie als »freiwillige, jederzeit widerrufliche außertarifliche Zulage« gewährt werden (BAG 5.8.1966, 3 AZR 154/66, EzA § 74 HGB Nr 1). Jahresvergütungen, Gratifikationen, zusätzliche

21

Urlaubsgelder, Tantiemen (Gewinnbeteiligungen) und ähnliche Sonderzuwendungen zählen ebenfalls hierzu (Hess LAG 10.2.1997, 10 SaGa 2269/96, LAGE § 74a HGB Nr 1), selbst wenn sie der AG »unter Ausschluss eines Rechtsanspruchs« als freiwillige Leistung gewährt (BAG 9.1.1990, 3 AZR 110/88, EzA § 74 HGB Nr 52). Auch **Sachbezüge**, die steuerrechtlich als geldwerter Vorteil angesehen werden, sind mit ihrem entspr Wert zu berücksichtigen (BAG 15.1.2014, 10 AZR 243/13, EzA § 74 HGB Nr 74; 17.6.1997, 9 AZR 801/95, EzA § 74 HGB Nr 60).

22 Hins der letzten »vertragsmäßigen Leistungen« ist das letzte Monatsgehalt vor dem Ausscheiden maßgebend. Bei schwankenden Bezügen (zB Provisionen, Akkordvergütungen) und auch bei sog (meist jährlichen) Einmalzahlungen, dh bei Gratifikationen, 13. Monatsgehältern, Tantiemen und ähnlichen Sonderzuwendungen, ist für die Berechnung gem § 74b II 1 maßgebend, in welchem Umfang der AN für die letzten 3 Jahre vor Beendigung des Arbeitsverhältnisses solche Zuwendungen erhalten hat (BAG 18.10.1976, 3 AZR 376/75, EzA § 74 HGB Nr 1). Wenn die infrage kommenden **Bezüge nicht in den letzten 3 Jahren, sondern in einem kürzeren Zeitraum** vor dem Ausscheiden des AN erstmals gewährt wurden, ist die Summe der Zahlungen durch die Zahl der Monate zu teilen, für die sie insgesamt geleistet wurden. Wenn die **Rechtsgrundlage**, auf der die infrage kommenden Bezüge beruhen, **sich in den letzten 3 Jahren geändert hat** (zB Erhöhung der Gewinnbeteiligung v 0,1 % auf 0,2 % des Umsatzes), sind nur die durchschnittlichen Bezüge für den Zeitraum zu berücksichtigen, für den die bei der letzten Zahlung maßgebende Bestimmung in Kraft war.

23 **II. Berechtigtes geschäftliches Interesse.** Das Wettbewerbsverbot muss dem Schutz eines berechtigten geschäftlichen Interesses des AG dienen (§ 74a I 1). Ein solches Interesse ist anzuerkennen, wenn das Wettbewerbsverbot entweder **dem Schutz v Betriebsgeheimnissen dient oder den Einbruch in den Kunden- oder Lieferantenkreis verhindern soll** (BAG 21.4.2010, 10 AZR 288/09, EzA § 74a HGB Nr 14), dh einerseits der AN bei dem AG Gelegenheit erhält, Kenntnisse oder Erfahrungen oder geschäftliche Beziehungen herzustellen oder zu festigen, die für die Konkurrenz v Interesse sind (zB Produktionsverfahren, Bezugsquellen, Kundenlisten), und andererseits durch das Verbot die Weitergabe geschäftlicher Geheimnisse und (oder) der Einbruch in den Kunden- und Lieferantenkreis des AG verhindert werden soll (vgl BAG 16.1.1970, 3 AZR 429/68, EzA § 75c HGB Nr 1). Es muss eine **Beziehung zwischen Inhalt und Umfang des Verbots und der bisherigen Funktion oder Tätigkeit des AN** bestehen (BAG 7.7.2015, 10 AZR 260/14, EzA § 74a HGB Nr 15; 1.8.1995, 9 AZR 884/93, EzA § 74a HGB Nr 1). Dafür genügt nicht lediglich die Möglichkeit, dass der AN irgendwie zur Stärkung der Konkurrenz beitragen könnte (BAG 24.6.1966, 3 AZR 501/65, EzA § 74a HGB Nr 1). Im Einzelfall kann aber ein berechtigtes geschäftliches Interesse darin bestehen, dass sich der ausgeschiedene AN nicht in erheblichem wirtschaftlichen Umfang an einem Konkurrenzunternehmen beteiligt (BAG 7.7.2015, 10 AZR 260/14, EzA § 74a HGB Nr 15 [Belassen eines Darlehens, das den Konkurrenten »am Leben hält«]). Maßgeblich für die Beurteilung ist der Zeitpunkt, in dem die Wettbewerbsenthaltung des AN eintreten soll und der AG in Anspruch genommen wird (BAG 21.4.2010, 10 AZR 288/09, EzA § 74a HGB Nr 14). Darlegungs- und beweisbelastet für die Tatsachen, die die rechtsvernichtende Einwendung des § 74a I 1 begründen sollen, ist der AN (BAG 7.7.2015, 10 AZR 260/14, EzA § 74a HGB Nr 15).

24 Das berechtigte geschäftliche Interesse des AG kann **nachträglich entfallen**; dann ist das Wettbewerbsverbot v diesem Zeitpunkt an unverbindlich, zB wenn der AG sein Unternehmen, etwa durch Veräußerung, aufgibt und das Arbeitsverhältnis (einschl des vereinbarten Wettbewerbsverbots) – etwa aufgrund eines Widerspruchs des AN (vgl BAG 22.4.1993, 2 AZR 313/92, EzA § 613a BGB Nr 112) – nicht auf den Betriebserwerber übergeht (vgl BAG 28.1.1966, 3 AZR 374/65, AP HGB § 74 Nr 18).

25 Besteht ein berechtigtes geschäftliches Interesse des AG zwar nicht für das gesamte Wettbewerbsverbot, wohl aber für einen bestimmten (und bestimmbaren) begrenzten Umfang des Wettbewerbsverbots, etwa nur hins des konkreten Geschäftszweiges des AG oder hins eines bestimmten Produktionszweiges des Unternehmens, ist das Wettbewerbsverbot in diesem **begrenzten Umfang verbindlich**, iÜ unverbindlich. Hält der AN das Wettbewerbsverbot ein, soweit es verbindlich ist, hat er Anspruch auf Karenzentschädigung; die Einhaltung des Wettbewerbsverbots auch in seinem unverbindlichen Teil ist nicht erforderlich (BAG 21.4.2010, 10 AZR 288/09, EzA § 74a HGB Nr 14).

26 **III. Keine unbillige Erschwerung des Fortkommens des AN.** Das Wettbewerbsverbot darf im Zeitpunkt des Abschlusses und im Zeitpunkt seines Inkrafttretens unter Berücksichtigung der gewährten Entschädigung nach Ort, Zeit oder Gegenstand keine unbillige Erschwerung des Fortkommens des AN enthalten (§ 74a I 2). Eine solche unbillige Erschwerung ist iA anzunehmen, wenn das Wettbewerbsverbot praktisch zu einer völligen Beschneidung der beruflichen Möglichkeiten des AN führt, ohne dass dies durch eine **entspr hohe Karenzentschädigung** ausgeglichen wird (BAG 21.4.2010, 10 AZR 288/09, EzA § 74a HGB

Nr 14). Enthält das Wettbewerbsverbot eine unbillige Fortkommenserschwerung für den AN, ist es insoweit unverbindlich (BAG 21.4.2010, 10 AZR 288/09, EzA § 74a HGB Nr 14).

IV. Begrenzte Dauer des Wettbewerbsverbots. Das Wettbewerbsverbot darf sich **nicht auf einen länge- 27 ren Zeitraum als 2 Jahre** nach Beendigung des Arbeitsverhältnisses erstrecken (§ 74a I 3). Wird es für einen längeren Zeitraum vereinbart, ist es insoweit unverbindlich, dh spätestens 2 Jahre nach Ablauf des Arbeitsverhältnisses wird das Wettbewerbsverbot unverbindlich.

V. Unbedingtheit des Wettbewerbsverbots. Unverbindlich ist ein Wettbewerbsverbot, dessen entschä- 28 digungspflichtige Geltung v Bedingungen abhängig gemacht wird, die vom Willen des AG oder vom Verhalten des AN abhängen (BAG 22.5.1990, 3 AZR 647/88, EzA § 74 HGB Nr 53). Dies gilt zB wenn das Inkrafttreten eines Wettbewerbsverbots nach Beendigung des Arbeitsverhältnisses davon abhängig gemacht wird, dass **der AG es in Anspruch nimmt** (BAG 13.5.1986, 3 AZR 85/85, EzA § 74 HGB Nr 48), wenn der AG sich vorbehält, bei Ausscheiden des AN diesem ein Wettbewerbsverbot aufzuerlegen (BAG 3.8.1993, 3 AZR 647/88, EzA § 74 HGB Nr 53) oder das Wettbewerbsverbot nachträglich sachlich und örtlich zu beschränken. Zur Unverbindlichkeit führen auch der Vorbehalt der Freigabe der Beschäftigung bei einem bestimmten AG (BAG 2.8.1971, 3 AZR 12/71, EzA § 74 HGB Nr 14), des Verzichts auf ein vereinbartes Wettbewerbsverbot ohne Zahlung einer Karenzentschädigung (vgl BAG 2.8.1971, 3 AZR 12/71, EzA § 74 HGB Nr 14) oder der Abhängigkeit einer Wettbewerbstätigkeit des AN – mit Wegfall des Anspruchs auf Karenzentschädigung – v der vorherigen schriftlichen Zustimmung des AG (BAG 4.6.1985, 3 AZR 265/83, AP HGB § 74 Nr 50).

G. Inkrafttreten eines Wettbewerbsverbots. Ein für die Zeit nach Beendigung des Arbeitsverhältnis- 29 ses vereinbartes Wettbewerbsverbot tritt grds **mit der rechtlichen Beendigung des Arbeitsverhältnisses** in Kraft, gleichgültig ob das Arbeitsverhältnis durch Kdg, Ablauf einer Befristung, Aufhebungsvertrag oder gerichtliches Urteil (§ 9 KSchG) beendet wird. Die Parteien können auch eine aufschiebende Bedingung für das Inkrafttreten eines nachvertraglichen Wettbewerbsverbots vereinbaren (BAG 13.7.2005, 10 AZR 532/04, AP HGB § 74 Nr 78), insb, dass das Wettbewerbsverbot erst in Kraft treten soll, wenn das Arbeitsverhältnis über einen bestimmten Zeitpunkt, zB **Beendigung der Probezeit** oder 2 Jahre nach Vertragsbeginn, hinaus bestanden hat. Eine solche Vereinbarung ist auch in vorformulierten Verträgen zulässig (BAG 13.7.2005, 10 AZR 532/04, AP HGB § 74 Nr 78). Ohne eine solche Einschränkung gilt das Wettbewerbsverbot auch bei einer Beendigung des Arbeitsverhältnisses innerhalb einer vereinbarten Probezeit (BAG 28.6.2006, 10 AZR 407/05, EzA § 74 HGB Nr 68).

H. Außerkrafttreten eines Wettbewerbsverbots. Das Wettbewerbsverbot endet automatisch – **ohne bes** 30 **Willenserklärung** einer Partei – mit dem Ablauf der vereinbarten Dauer. Ein Wettbewerbsverbot kann ferner jederzeit – vor oder nach Beendigung des Arbeitsverhältnisses – durch **formlose Vereinbarung** zwischen AG und AN aufgehoben werden (BAG 10.1.1989, 3 AZR 460/87, EzA § 74 HGB Nr 51). Eine solche Vereinbarung kann auch durch eine **allg Ausgleichsklausel** (zB »alle beiderseitigen Ansprüche aus dem Arbeitsverhältnis abgegolten«) in einem Aufhebungsvertrag oder in einem gerichtlichen oder außergerichtlichen Vergleich getroffen werden (BAG 22.10.2008, 10 AZR 617/07, EzA § 74 HGB Nr 70); hierbei sind Abgeltungsklauseln in Abwicklungs- und Aufhebungsverträgen grundsätzlich weit auszulegen (BAG 19.11.2008, 10 AZR 671/07, EzA § 448 ZPO 2002 Nr 2; vgl auch 24.6.2009, 10 AZR 707/08 (F), AP HGB § 74 Nr 81). Einer Vereinbarung, die auch schon bei Abschluss der Wettbewerbsvereinbarung getroffen werden kann, bedarf es auch, wenn das Wettbewerbsverbot mit dem **Ruhestand des AN** außer Kraft treten soll (vgl BAG 30.10.1984, 3 AZR 213/82, AP HGB § 74 Nr 46). Bei einem **Betriebsübergang** gehen mit den Arbeitsverhältnissen auch die Wettbewerbsvereinbarungen automatisch auf den Betriebserwerber über. Im Zeitpunkt des Betriebsübergangs bereits ausgeschiedene AN schulden dem Betriebserwerber keine Wettbewerbsenthaltung, da § 613a BGB auf beendete Arbeitsverhältnisse weder unmittelbar noch entspr anzuwenden ist (MüKo-HGB/*v Hoyningen-Huene* § 74 Rn 77, str). Zum Unwirksamwerden des Wettbewerbsverbots bei Kdg des Arbeitsverhältnisses s § 75. Zum Verzicht des AG auf das Wettbewerbsverbot s § 75a.

I. Rechtsfolgen bei Verletzung eines verbindlichen Wettbewerbsverbots. Der AG kann gegen den AN 31 auf Unterlassung der konkreten, gegen das Wettbewerbsverbot verstoßenden Tätigkeit, ggf auch auf Schließung eines gegen das Wettbewerbsverbot verstoßenden Handelsgeschäfts, **klagen** und in dringenden Fällen gem §§ 935, 940 ZPO gegen den AN eine **einstweilige Verfügung** erwirken. Der AG kann gem § 320 BGB für die Monate, in denen der AN das Wettbewerbsverbot verletzt hat, die Zahlung einer **Karenzentschädigung verweigern** (BAG 7.7.2015, 10 AZR 260/14, EzA § 74a HGB Nr 15) und eine bereits gezahlte

Karenzentschädigung zurückfordern (BAG 5.8.1968, 3 AZR 128/67, EzA § 74 HGB Nr 7). Beweispflichtig für die Wettbewerbstätigkeit des AN ist der AG. Darüber hinaus kann der AG gegen den AN auch **Schadensersatzansprüche** geltend machen (§ 280 I BGB), zB wegen entgangenen Gewinns. Hierbei kann er **nach seiner Wahl** für bestimmte Monate die Zahlung der Karenzentschädigung verweigern, für andere Monate Schadensersatzansprüche geltend machen (BAG 5.8.1968, 3 AZR 128/67, EzA § 74 HGB Nr 7). Bei Verletzung einer **Mandantenschutzklausel** soll der AG von seinem früheren AN Auskunft über die Namen der Mandanten verlangen können, die dieser unter Verletzung der Mandantenschutzklausel betreut (LAG München 19.8.1986, 4 Sa 298/85, DB 1987, 1444; bestr wg § 43a II BRAO, offen gelassen in BAG 11.12.2013, 10 AZR 286/13, EzA § 74 HGB Nr 73). Kein Auskunftsanspruch des AG besteht, wenn er nur die Zahlung einer Karenzentschädigung verweigert (BAG 5.8.1968, 3 AZR 128/67, EzA § 74 HGB Nr 7).

32 Der AG kann auch nach erfolgloser Fristsetzung gem § 323 I, V BGB v der Wettbewerbsvereinbarung zurücktreten. Mit dem Rücktritt **verliert der AN weitere Ansprüche auf Zahlung einer Karenzentschädigung**; andererseits kann der AG v dem AN dann auch nicht mehr die Unterlassung v Wettbewerb fordern.

33 Zur Vertragsstrafe bei Wettbewerbsverstößen s § 75c.

§ 74b Zahlung der Entschädigung

(1) Die nach § 74 Abs. 2 dem Handlungsgehilfen zu gewährende Entschädigung ist am Schluss jedes Monats zu zahlen.
(2) ¹Soweit die dem Gehilfen zustehenden vertragsmäßigen Leistungen in einer Provision oder in anderen wechselnden Bezügen bestehen, sind sie bei der Berechnung der Entschädigung nach dem Durchschnitt der letzten drei Jahre in Ansatz zu bringen. ²Hat die für die Bezüge bei der Beendigung des Dienstverhältnisses maßgebende Vertragsbestimmung noch nicht drei Jahre bestanden, so erfolgt der Ansatz nach dem Durchschnitt des Zeitraums, für den die Bestimmung in Kraft war.
(3) Soweit Bezüge zum Ersatz besonderer Auslagen dienen sollen, die infolge der Dienstleistung entstehen, bleiben sie außer Ansatz.

Übersicht	Rdn.		Rdn.
A. Anspruch auf Karenzentschädigung	1	C. Fälligkeit der Karenzentschädigung	3
B. Höhe der Karenzentschädigung	2	D. Verjährung und Verfall	4

1 **A. Anspruch auf Karenzentschädigung.** Der AN kann v dem AG die vereinbarte Karenzentschädigung aufgrund eines wirksamen oder auch nur unverbindlichen Wettbewerbsverbots verlangen, **sofern er selbst das Wettbewerbsverbot einhält**, soweit es verbindlich ist. Die Einhaltung des Wettbewerbsverbotes auch in seinem unverbindlichen Teil ist nicht erforderlich (BAG 21.4.2010, 10 AZR 288/09, EzA § 74a HGB Nr 14). Der AG wird v der Pflicht zur Zahlung der Karenzentschädigung nicht deshalb befreit, weil er kein berechtigtes geschäftliches Interesse mehr an ihm hat (BAG 2.12.1968, 3 AZR 402/67, EzA § 74a HGB Nr 2) oder weil der AN nicht bereit oder in der Lage ist, in der verbotenen Weise zu konkurrieren (st Rspr; vgl BAG 9.8.1974, 3 AZR 350/73, EzA § 74c HGB Nr 14), etwa weil er nach Beendigung seines Arbeitsverhältnisses ein Studium aufnimmt (BAG 13.2.1996, 9 AZR 931/94, EzA § 74 HGB Nr 58), sich aus Alters- oder Gesundheitsgründen ganz vom Arbeitsleben zurückzieht (BAG 3.7.1990, 3 AZR 96/89, EzA § 74c HGB Nr 29) oder in der Karenzzeit arbeitsunfähig erkrankt (BAG 23.11.2004, 9 AZR 595/03, EzA § 74 HGB Nr 65). Nur für die Dauer der **Verbüßung einer Freiheitsstrafe** verliert der AN seinen Anspruch auf Karenzentschädigung (§ 74c I 3).

2 **B. Höhe der Karenzentschädigung.** Die Höhe der Karenzentschädigung richtet sich stets nach den v den Parteien getroffenen Vereinbarungen, auch wenn sie unter der gesetzlichen Höhe iSv § 74 II liegt und das Wettbewerbsverbot deshalb unverbindlich ist (BAG 18.1.2000, 9 AZR 929/98). Wird die Entschädigungshöhe in das Ermessen des AG gestellt, muss die Ermessensentscheidung mindestens die Vorgabe des § 74 II erreichen (BAG 15.1.2014, 10 AZR 243/13, EzA § 74 HGB Nr 74). Sehr häufig wird in der Praxis »die Hälfte der zuletzt bezogenen vertragsgemäßen Leistungen« als Karenzentschädigung vereinbart. Zur Berechnung dieser Leistungen s §§ 74, 74a Rdn 21 f.

3 **C. Fälligkeit der Karenzentschädigung.** Die Karenzentschädigung ist **in Monatsraten** am Schlusse jeden Monats zu zahlen. Der Monat ist hier vom Ende des Arbeitsverhältnisses an zu berechnen (zB vom 15. zum 15.). Eine Vorverlegung der Fälligkeit – auch durch Einmalzahlung der gesamten Karenzentschädigung – ist zulässig, weil es sich insoweit um eine zugunsten des AN vom Gesetz abw Regelung handelt (vgl § 75b). Bei **Verzug des AG**, der ohne Mahnung eintritt (§ 286 II 1 BGB), kann der AN ggf nach § 323 I, V

BGB v der Wettbewerbsvereinbarung zurücktreten, er darf jedoch nicht unter Berufung auf die Einrede des nicht erfüllten Vertrages (§ 320 BGB) dem AG Konkurrenz machen (vgl zum früheren Recht: BAG 5.10.1982, 3 AZR 451/80, EzA § 74 HGB Nr 42). Ebenso wenig lebt im Fall des Verzugs des AG bei einem bedingten Wettbewerbsverbot das Wahlrecht des AN wieder auf, sodass er sich nunmehr nicht gegen die Einhaltung des Wettbewerbsverbots entscheiden kann (s §§ 74, 74a Rdn 11).

D. Verjährung und Verfall. Der Anspruch auf die monatliche Karenzentschädigung **verjährt** gem § 195 BGB nach 3 Jahren, vom Schlusse des Kalenderjahres an gerechnet, in dem der Anspruch entstanden ist (§ 199 I 1 BGB). Der Gesamtanspruch (»Stammrecht«) auf Karenzentschädigung unterliegt grds keiner Verjährung (*Bauer/Diller* NJW 2002, 1609, 1610). 4

Ansprüche auf Karenzentschädigung können von **tariflichen Ausschlussklauseln** erfasst werden. Hierbei erfassen Ausschlussfristen für »gegenseitige Ansprüche aus dem Arbeitsverhältnis« auch Ansprüche auf Karenzentschädigung (LAG Nürnberg 21.2.2007, 6 Sa 576/04, NZA-RR 2007, 428). Die Ausschlussfristen können aber erst frühestens mit der jeweiligen Fälligkeit der monatlichen Ansprüche beginnen (BAG 18.1.1969, 3 AZR 451/67, AP TVG § 4 Ausschlussfristen Nr 41). 5

Ebenso können wirksam vereinbarte **vertragliche Ausschlussfristen** den Anspruch auf Karenzentschädigung erfassen (vgl BAG 17.6.1997, 9 AZR 801/95, EzA § 74 HGB Nr 60; vgl auch 24.4.1970, 3 AZR 328/69, EzA § 74 HGB Nr 11). 6

§ 74c Anrechnung anderweitigen Erwerbs

(1) ¹Der Handlungsgehilfe muss sich auf die fällige Entschädigung anrechnen lassen, was er während des Zeitraums, für den die Entschädigung gezahlt wird, durch anderweite Verwertung seiner Arbeitskraft erwirbt oder zu erwerben böswillig unterlässt, soweit die Entschädigung unter Hinzurechnung dieses Betrags den Betrag der zuletzt von ihm bezogenen vertragsmäßigen Leistungen um mehr als ein Zehntel übersteigen würde. ²Ist der Gehilfe durch das Wettbewerbsverbot gezwungen worden, seinen Wohnsitz zu verlegen, so tritt an die Stelle des Betrags von einem Zehntel der Betrag von einem Viertel. ³Für die Dauer der Verbüßung einer Freiheitsstrafe kann der Gehilfe eine Entschädigung nicht verlangen.
(2) Der Gehilfe ist verpflichtet, dem Prinzipal auf Erfordern über die Höhe seines Erwerbes Auskunft zu erteilen.

Übersicht	Rdn.		Rdn.
A. Anrechnung neuen Arbeitseinkommens	1	C. Auskunftspflichten des AN	6
B. Böswilliges Unterlassen anderweitiger Erwerbstätigkeit	5		

A. Anrechnung neuen Arbeitseinkommens. Auf die monatliche Karenzentschädigung wird das v dem AN für denselben Monat erzielte Arbeitseinkommen insoweit angerechnet, als neues Arbeitseinkommen und Karenzentschädigung die letzten vertragsmäßigen Bezüge des AN (s. §§ 74, 74a Rdn 21 f) **um mehr als 1/10** übersteigen. Es ist also eine **monatliche Berechnung** vorzunehmen, ein Gesamtvergleich für den Zeitraum des Wettbewerbsverbots findet nicht statt (BAG 16.11.2005, 10 AZR 152/05, EzA § 74c HGB Nr 35). War der AN wegen des Wettbewerbsverbots gezwungen, seinen Wohnsitz zu verlegen, so wird das neue Arbeitseinkommen nur insoweit angerechnet, als dieses Einkommen und die Karenzentschädigung die letzten vertragsmäßigen Bezüge des AN **um mehr als 1/4** übersteigen. Ein Zwang zur Wohnsitzverlegung in diesem Sinne liegt nur vor, wenn das Wettbewerbsverbot für den Wohnsitzwechsel des AN ursächlich ist. Dies setzt voraus, dass sich am bisherigen Wohnsitz des AN einschl seines Einzugsbereichs überhaupt ein Wettbewerber befindet, der eine für den AN geeignete Arbeitsstelle vorhält (BAG 23.2.1999, 9 AZR 739/97, EzA § 74c HGB Nr 34) oder der AN sich ohne das Wettbewerbsverbot am Ort seiner bisherigen Tätigkeit als Selbstständiger niedergelassen hätte, was er mit nachvollziehbarer Begründung darzulegen hat (LAG Köln 29.10.1997, 2 Sa 794/97, LAGE § 74c HGB Nr 6). 1

Das anderweitige Arbeitseinkommen ist nach § 74c auf die Karenzentschädigung auch dann anzurechnen, wenn in der Wettbewerbsvereinbarung nicht ausdrücklich auf die Vorschriften des HGB über Wettbewerbsverbote verwiesen ist (BAG 21.3.1974, 3 AZR 259/73, EzA § 74c HGB Nr 13). Zu dem anderweitigen Arbeitseinkommen gehören **dieselben Vergütungsarten wie bei den letzten »vertragsgemäßen Leistungen«** (BAG 16.11.1973, 3 AZR 61/73, EzA § 74c HGB Nr 10), auch Einnahmen aus einer selbstständigen hauptberuflichen Tätigkeit (BAG 13.11.1975, 3 AZR 38/75, EzA § 74c HGB Nr 16). Ferner muss sich der AN während der Karenzzeit zB einen v der BA geleisteten **Gründungszuschuss** (BAG 16.11.2005, 10 AZR 2

§ 75 HGB Unwirksamwerden des Verbots

152/05, EzA § 74c HGB Nr 35) **oder vergleichbare Leistungen** und **Krankengeld** seitens der Krankenkasse wie Arbeitsentgelt auf die Karenzentschädigung anrechnen lassen, da diese Leistungen an die Stelle v Arbeitseinkommen treten bzw einen Zuschuss zum Arbeitseinkommen darstellen. Ob **Alg** auf die Karenzentschädigung angerechnet werden kann, wird v BAG stark bezweifelt, aber letztlich offen gelassen. Allenfalls kommt eine Anrechnung des tatsächlichen Zahlbetrags in Betrag; eine Hochrechnung auf einen fiktiven Bruttobetrag findet nicht statt (BAG 14.9.2011, 10 AZR 198/10, EzA § 74c HGB Nr 36).

3 **Nicht zum anrechenbaren anderweitigen Arbeitseinkommen** zählen Einnahmen des AN, die nicht auf der Verwertung seiner Arbeitskraft beruhen (zB Kapitaleinkünfte), Einnahmen aus wissenschaftlichen **Nebentätigkeiten** (BAG 16.5.1969, 3 AZR 137/68, EzA § 74c HGB Nr 4), sonstigen Nebentätigkeiten oder aus einem 2. Arbeitsverhältnis, das der AN auch neben seinem früheren Arbeitsverhältnis hätte eingehen können sowie Einkünfte aus selbständiger Tätigkeit, die dem AN im früheren Arbeitsverhältnis gestattet waren (LAG Nürnberg 9.4.1987, 5 Sa 104/84, LAGE § 74c HGB Nr 2). Auch **Abfindungen** bei einer Auflösung des Anschlussarbeitsverhältnisses werden nicht angerechnet, weil diese nicht für Arbeitsleistungen, sondern für den Verlust des Arbeitsplatzes gezahlt werden.

4 Für die **Höhe der anzurechnenden Vergütung** ist nur die Dauer der Arbeitszeit zu berücksichtigen, die der AN seinem früheren AG zur Verfügung zu stellen hatte, nicht darüber hinaus geleistete Arbeiten. **Laufende Bezüge** des anrechenbaren Arbeitseinkommens dürfen nur auf die Entschädigung für denjenigen Monat angerechnet werden, in dem sie erzielt werden (LAG Köln 15.9.1994, 5 (2) Sa 856/94, LAGE § 74c HGB Nr 5). Sog **Einmalzahlungen** (Gratifikationen und ähnliche Sonderzuwendungen) sind für die Zeiten anzurechnen, für die sie gezahlt werden. Es gelten insoweit die gleichen Grds wie für die Berechnung der Karenzentschädigung nach den zuletzt bezogenen vertragsgemäßen Leistungen iSv § 74 II (s §§ 74, 74a Rdn 21 f). **Einnahmen aus selbstständiger Tätigkeit** sind grds **jährlich** zu ermitteln und mit der Jahreskarenzentschädigung zu verrechnen. Hierauf kann der AN **monatliche Abschlagszahlungen** verlangen (vgl § 74b I). **Ersparte Aufwendungen** sind dem anzurechnenden Arbeitseinkommen hinzuzuzählen, wenn sie in unmittelbarem Zusammenhang mit dem früheren Arbeitsverhältnis stehen und jetzt nicht mehr anfallen, zB Fahrtkosten zur Arbeitsstelle, Kosten für Arbeitskleidung.

5 **B. Böswilliges Unterlassen anderweitiger Erwerbstätigkeit.** Dem anrechenbaren anderweitigen Arbeitseinkommen ist gleichgestellt das Arbeitseinkommen, das der AN während der Karenzzeit zu erwerben böswillig unterlässt. Ein böswilliges Unterlassen anderweitigen Erwerbs liegt dann vor, wenn der AN **in Kenntnis der objektiven Umstände**, nämlich Arbeitsmöglichkeit, Zumutbarkeit der Arbeit und Nachteilsfolge für den AG, **vorsätzlich untätig bleibt** oder gegen eine zu geringe Vergütung arbeitet (BAG 23.1.1967, 3 AZR 253/66, EzA § 74c HGB Nr 1). Bei der Frage der Zumutbarkeit kommt im Hinblick auf das GR der Berufsfreiheit (Art 12 I GG) den Interessen des AN an einem künftigen verbesserten Fortkommen ein erhebliches Gewicht zu, auch ggü den Interessen des AG an einem Wegfall der Karenzentschädigung (BAG 8.2.1974, 3 AZR 519/73, EzA § 74c HGB Nr 12). So ist es dem AN unbenommen, eine **selbstständige Tätigkeit** aufzunehmen, auch wenn er hierbei zunächst nur geringe Einkünfte erzielt. Ebenso liegt grds keine Böswilligkeit vor, wenn der AN in der Karenzzeit ein **Studium** aufnimmt (BAG 13.2.1996, 9 AZR 931/94, EzA § 74 HGB Nr 58) oder wenn er sich nach Beendigung des Arbeitsverhältnisses aus Altersgründen aus dem Arbeitsleben zurückzieht (BAG 3.7.1990, 3 AZR 96/89, EzA § 74c HGB Nr 29). Für das böswillige Unterlassen anderweitiger Erwerbstätigkeit, die ebenfalls für jeden Monat gesondert zu beurteilen ist, ist der **AG darlegungs- und beweispflichtig** (BAG 13.2.1996, 9 AZR 931/94, EzA § 74 HGB Nr 58).

6 **C. Auskunftspflichten des AN.** Der AN muss auf Verlangen des AG diesem Auskunft über die **Höhe** oder voraussichtliche Höhe **seines anderweitigen Arbeitseinkommens** geben (II). Solange der AN dem Auskunftsersuchen des AG nicht nachkommt, kann der AG die Zahlung der Karenzentschädigung verweigern; der AN ist insoweit vorleistungspflichtig (BAG 15.1.2014, 10 AZR 243/13, EzA § 74 HGB Nr 74; 23.11.2004, 9 AZR 595/03, EzA § 74 HGB Nr 65). Er hat seine Angaben auf Anforderung des AG zu belegen. Der Auskunftsanspruch ist selbstständig einklagbar und nach § 888 I ZPO vollstreckbar.

§ 75 Unwirksamwerden des Verbots

(1) Löst der Gehilfe das Dienstverhältnis gemäß den Vorschriften der §§ 70 und 71 wegen vertragswidrigen Verhaltens des Prinzipals auf, so wird das Wettbewerbsverbot unwirksam, wenn der Gehilfe vor Ablauf eines Monats nach der Kündigung schriftlich erklärt, dass er sich an die Vereinbarung nicht gebunden erachte.
(2) ¹In gleicher Weise wird das Wettbewerbsverbot unwirksam, wenn der Prinzipal das Dienstverhältnis kündigt, es sei denn, dass für die Kündigung ein erheblicher Anlass in der Person des Gehilfen vorliegt

oder dass sich der Prinzipal bei der Kündigung bereit erklärt, während der Dauer der Beschränkung dem Gehilfen die vollen zuletzt von ihm bezogenen vertragsmäßigen Leistungen zu gewähren. ²Im letzteren Falle finden die Vorschriften des § 74b entsprechende Anwendung.
(3) Löst der Prinzipal das Dienstverhältnis gemäß den Vorschriften der §§ 70 und 72 wegen vertragswidrigen Verhaltens des Gehilfen auf, so hat der Gehilfe keinen Anspruch auf die Entschädigung.

Übersicht	Rdn.		Rdn.
A. Beendigung des Arbeitsverhältnisses auf Veranlassung des AN	1	B. Beendigung des Arbeitsverhältnisses auf Veranlassung des AG	2

A. Beendigung des Arbeitsverhältnisses auf Veranlassung des AN. Kündigt der AN das Arbeitsverhältnis **aus wichtigem Grund** wegen vertragswidrigen Verhaltens des AG (§ 626 BGB), kann er sich nach § 75 I von dem Wettbewerbsverbot lossagen. Es ist nicht erforderlich, dass der AN fristlos kündigt. Stets muss aber ein zur fristlosen Kdg berechtigendes vertragswidriges Verhalten des AG gegeben sein, das der AN im Streitfall darlegen und beweisen muss. Sind diese Voraussetzungen gegeben, kann der AN **innerhalb 1 Monats nach der Kdg** oder einvernehmlichen Auflösung des Arbeitsverhältnisses schriftlich erklären, dass er sich an das Wettbewerbsverbot nicht gebunden betrachte. Hatte der AN zunächst gekündigt und kommt es erst später zu einer einvernehmlichen Beendigung des Arbeitsverhältnisses, beginnt die Monatsfrist gleichwohl mit der Kündigung (BAG 26.1.1973, 3 AZR 233/72, EzA § 75 HGB Nr 8). Innerhalb der Monatsfrist muss die schriftliche Erklärung dem AG zugegangen sein (§ 130 BGB). Eine mündliche Erklärung genügt nicht. Mit Zugang der ordnungsgemäßen und fristgerechten Erklärung wird das Wettbewerbsverbot unwirksam. 1

B. Beendigung des Arbeitsverhältnisses auf Veranlassung des AG. Kündigt der AG das Arbeitsverhältnis **aus wichtigem Grund** wegen vertragswidrigen Verhaltens des AN oder wird aus gleichem Grund das Arbeitsverhältnis einvernehmlich aufgelöst, steht dem AG in entspr Anwendung des § 75 I unter denselben Voraussetzungen und mit denselben Rechtsfolgen ein **Lossagungsrecht** v Wettbewerbsverbot zu wie dem AN im umgekehrten Fall: Der AG kann sich v einer nachvertraglichen Wettbewerbsvereinbarung binnen 1 Monats nach der Kdg durch eine schriftliche Erklärung lösen (BAG 7.7.2015, 10 AZR 260/14, EzA § 74a HGB Nr 15; 19.5.1998, 9 AZR 327/96, EzA § 75 HGB Nr 15). Die weitergehende Vorschrift des § 75 III, die dem AN unter Aufrechterhaltung des Wettbewerbsverbots den Anspruch auf Karenzentschädigung entzog, ist wegen Verfassungswidrigkeit unwirksam (BAG 7.7.2015, 10 AZR 260/14, EzA § 74a HGB Nr 15; 23.2.1977, 3 AZR 620/75, EzA § 75 HGB Nr 10). In den neuen Bundesländern ist § 75 III ohnehin nicht anwendbar (Anl 1 Kap VIII Sachgeb A Abschn III Nr 2 EV). Ob eine erfolgreiche Anfechtung nach § 123 BGB ebenfalls zur Lossagung berechtigt (so LAG München 19.12.2007, 11 Sa 294/07), hat das BAG offengelassen (BAG 15.1.2014, 10 AZR 243/13, EzA § 74 HGB Nr 74 [auch zu den Anforderungen an die Lossagungserklärung]). 2

Kündigt der AG das Arbeitsverhältnis **nicht aus wichtigem Grund** wegen vertragswidrigen Verhaltens des AN oder wird nach einer Kdg das Arbeitsverhältnis auf Antrag des AG gem § 9 KSchG gerichtlich aufgelöst, hat er selbst kein Lossagungsrecht v dem Wettbewerbsverbot. Der AN kann sich hingegen in diesem Fall grds auf dieselbe Weise und in derselben Form und Frist v dem Wettbewerbsverbot lösen wie bei einer eigenen Kdg aus wichtigem Grund wegen vertragswidrigen Verhaltens des AG (s Rdn 2). 3

Kein Lossagungsrecht steht dem AN zu, wenn für die Kdg ein **erheblicher Anlass in seiner Person** vorliegt. Dies ist anzunehmen, wenn Gründe vorliegen, die den AG zu einer personen- und verhaltensbedingten Kdg iSv § 1 II 1 KSchG berechtigen. Der Kdg des AG steht die einvernehmliche Auflösung des Arbeitsverhältnisses gleich, wenn sie v AG wegen eines erheblichen Anlasses in der Person des AN betrieben wurde. Darlegungs- und beweispflichtig dafür, dass ein erheblicher Anlass zur Kdg in der Person des AN vorlag, ist im Streitfall der AG. 4

Kein Lossagungsrecht des AN besteht ferner, wenn der AG sich bei der Kdg bereit erklärt, dem AN während der Karenzzeit **die vollen zuletzt v ihm bezogenen »vertragsmäßigen Leistungen«** (s §§ 74, 74a Rdn 21 f) zu gewähren. Die Erklärung kann formlos abgegeben werden, ist unwiderruflich und muss dem AN spätestens mit Zugang der Kdg zugehen (MüKo-HGB/*v Hoyningen-Huene* § 75 Rn 16). 5

§ 75a Verzicht des Prinzipals
Der Prinzipal kann vor der Beendigung des Dienstverhältnisses durch schriftliche Erklärung auf das Wettbewerbsverbot mit der Wirkung verzichten, dass er mit dem Ablauf eines Jahres seit der Erklärung von der Verpflichtung zur Zahlung der Entschädigung frei wird.

§ 75c HGB Vertragsstrafe

Übersicht

	Rdn.		Rdn.
A. Verzichtserklärung	1	C. Abdingbarkeit	3
B. Wirkung des Verzichts	2		

1 A. Verzichtserklärung. Bis zur rechtlichen Beendigung des Arbeitsverhältnisses kann der AG jederzeit durch einseitige schriftliche Erklärung auf das Wettbewerbsverbot – auch soweit es sich um ein unverbindliches Wettbewerbsverbot handelt – verzichten (vgl zB BAG 31.7.2002, 10 AZR 558/01, EzA § 74 HGB Nr 64). Mündliche Erklärung genügt nicht. Die schriftliche Erklärung muss dem AN vor Beendigung des Arbeitsverhältnisses zugehen, da sie erst mit Zugang wirksam wird (§ 130 BGB). In der Erklärung muss der AG klar zum Ausdruck bringen, dass er nicht nur selbst keine Karenzentschädigung zahlen, sondern auch den AN mit sofortiger Wirkung v dessen Pflichten aus dem Wettbewerbsverbot entbinden will. Der Verzicht des AG kann sich **nur auf das ganze Wettbewerbsverbot** erstrecken. Ein nur teilweiser Verzicht, zB nach Zeit, Ort oder Gegenstand, kann keine Rechtswirkung nach § 75a entfalten (ErfK/*Oetker* § 75a Rn 2). Der Verzicht kann auch nicht an einen Vorbehalt oder eine Bedingung geknüpft werden.

2 B. Wirkung des Verzichts. Der Verzicht des AG bewirkt, dass der AN **mit sofortiger Wirkung** v den Verpflichtungen aus dem nachvertraglichen Wettbewerbsverbot befreit wird (BAG 17.2.1987, 3 AZR 59/86, EzA § 75 HGB Nr 14). Der AG seinerseits wird erst **mit Ablauf 1 Jahres** seit der Erklärung v der Verpflichtung zur Zahlung der Karenzentschädigung frei, unabhängig davon, wann das Arbeitsverhältnis endet. Der Anspruch auf Karenzentschädigung besteht erst nach dem Ende des Arbeitsverhältnisses, unabhängig davon, ob der AN eine Konkurrenztätigkeit ausübt (BAG 25.10.2007, 6 AZR 662/06, EzA § 12 KSchG Nr 3). **Kündigt der AG** im Anschluss an einen solchen Verzicht **berechtigt außerordentlich**, verliert der AN den Anspruch auf Karenzentschädigung, ohne dass der AG eine weitere Erklärung zum Wettbewerbsverbot abzugeben braucht (BAG 17.2.1987, 3 AZR 59/86, EzA § 75 HGB Nr 14; s.a. § 75 Rdn 2).

3 C. Abdingbarkeit. Abweichende Regelungen zulasten der AN sind unwirksam (§ 75d). Für den AN günstigere Bestimmungen (zB ein ausdrücklicher oder konkludenter Verzicht des AG auf sein Recht aus § 75a) sind hingegen unbeschränkt wirksam (*Bauer/Diller* Rn 599).

§ 75c Vertragsstrafe

(1) ¹Hat der Handlungsgehilfe für den Fall, dass er die in der Vereinbarung übernommene Verpflichtung nicht erfüllt, eine Strafe versprochen, so kann der Prinzipal Ansprüche nur nach Maßgabe der Vorschriften des § 340 des Bürgerlichen Gesetzbuchs geltend machen. ²Die Vorschriften des Bürgerlichen Gesetzbuchs über die Herabsetzung einer unverhältnismäßig hohen Vertragsstrafe bleiben unberührt.
(2) Ist die Verbindlichkeit der Vereinbarung nicht davon abhängig, dass sich der Prinzipal zur Zahlung einer Entschädigung an den Gehilfen verpflichtet, so kann der Prinzipal, wenn sich der Gehilfe einer Vertragsstrafe der in Abs. 1 bezeichneten Art unterworfen hat, nur die verwirkte Strafe verlangen; der Anspruch auf Erfüllung oder auf Ersatz eines weiteren Schadens ist ausgeschlossen.

Übersicht

	Rdn.		Rdn.
A. Vereinbarung der Vertragsstrafe	1	D. Freistellung von Vertragsstrafe	
B. Rechtsfolgen bei verbotenem Wettbewerb	3	durch Dritte	6
C. Herabsetzung der Vertragsstrafe	5	E. Unanwendbarkeit des II	7

1 A. Vereinbarung der Vertragsstrafe. Die Vereinbarung einer Vertragsstrafe für den Fall v Wettbewerbsverstößen des AN ist zulässig, bedarf aber als weiterer Bestandteil des Wettbewerbsverbots zu ihrer Wirksamkeit – ebenso wie die Wettbewerbsvereinbarung selbst (§ 74 I) – der **Schriftform** und der Aushändigung einer entspr v AG unterzeichneten Urkunde an den AN. Auch vorformulierte Vertragsstrafenabreden sind wegen der arbeitsrechtlichen Besonderheiten (§ 310 IV 2 BGB) zulässig (BAG 4.3.2004, 8 AZR 196/03, EzA § 309 BGB 2002 Nr 1); iÜ ist § 75c insoweit lex specialis gegenüber § 309 Nr 6 BGB (ErfK/*Oetker* § 75c Rn 1). Die Vertragsstrafenabrede wird zweckmäßigerweise in die Wettbewerbsvereinbarung aufgenommen, kann aber auch noch nachträglich getroffen werden. Sie ist gegenstandslos, wenn die Wettbewerbsabrede unwirksam oder unverbindlich ist, sofern sich der AN nicht für die Einhaltung des Wettbewerbsverbotes entscheidet. Die Höhe der Vertragsstrafe können die Parteien selbst festsetzen oder in das Ermessen eines Dritten stellen (§ 317 I BGB; *Bauer/Diller* Rn 936; kritisch bei AGB: Schaub/*Vogelsang* § 55 Rn 111). Die in einem vorformulierten Vertrag vereinbarte Höhe der Vertragsstrafe darf jedoch den AN nicht unangemessen benachteiligen (§ 307 I 1 BGB), etwa wenn für jeden Einzelfall eines Wettbewerbsverstoßes eine

Vertragsstrafe in Höhe v 1–3 Monatsgehältern vorgesehen ist (BAG 18.8.2005, 8 AZR 65/05, EzA § 307 BGB 2002 Nr 6). In diesem Fall ist die Vertragsstrafenvereinbarung unwirksam.

Auch das Transparenzgebot des § 307 I 2 BGB ist in vorformulierten Verträgen zu beachten. So ist eine Strafabrede wegen Verstoßes gegen das Transparenzgebot unwirksam, wenn sie für jeden Fall der Zuwiderhandlung des AN gegen ein Wettbewerbsverbot eine Vertragsstrafe in Höhe v 2 durchschnittlichen Bruttomonatseinkommen vorsieht und gleichzeitig bestimmt, dass im Fall einer dauerhaften Verletzung des Wettbewerbsverbots jeder angebrochene Monat als eine erneute Verletzungshandlung gilt (BAG 14.8.2007, 8 AZR 973/06, EzA § 307 BGB 2002 Nr 28); insoweit ist unklar, wann eine »dauerhafte Verletzung« des Wettbewerbsverbots vorliegen soll. 2

B. Rechtsfolgen bei verbotenem Wettbewerb. Hat der AN für den Fall einer verbotenen Wettbewerbstätigkeit eine Vertragsstrafe (wirksam) versprochen, kann der AG bei einem Wettbewerbsverstoß des AN entweder die verwirkte **Vertragsstrafe oder die Unterlassung der Wettbewerbstätigkeit** verlangen (I 1 iVm § 340 I BGB), nicht hingegen beides nebeneinander (vgl aber Rdn 4). Die verwirkte Vertragsstrafe kann der AG auch als Mindestbetrag eines Schadensersatzanspruchs wegen Nichterfüllung fordern; dann steht ihm die Geltendmachung eines weiteren Schadensersatzanspruchs frei (I 1 iVm § 340 II BGB). 3

Die Vertragsstrafenabrede kann vorsehen, dass die Vertragsstrafe **für jeden Fall der Zuwiderhandlung** oder – ohne nähere Konkretisierung – bei **Wettbewerbsverstößen** verwirkt sein soll. Verwirkt der AN bei jedem Fall der Zuwiderhandlung gegen ein Wettbewerbsverbot die Vertragsstrafe, hat der AG bei jedem neuen Verstoß die **Wahl**, ob er die Vertragsstrafe oder die Unterlassung v Wettbewerb v AN verlangen will (BAG 29.1.1981, 3 AZR 235/78, nv). 4

C. Herabsetzung der Vertragsstrafe. Ist eine verwirkte Vertragsstrafe unangemessen hoch, kann sie auf Antrag des AN durch Urt auf den angemessenen Betrag **herabgesetzt** werden (I 2 iVm § 343 I 1 BGB). Die angemessene Höhe der Vertragsstrafe ist stets nach den bes Umständen des Einzelfalles zu bestimmen. Eine Herabsetzung iS einer geltungserhaltenden Reduktion scheidet hingegen bei Vertragsstrafenvereinbarungen in AGB aus; eine überhöhte Strafe führt dort zur vollständigen Unwirksamkeit der Regelung (BAG 4.3.2004, 8 AZR 196/03, EzA § 309 BGB 2002 Nr 1). 5

D. Freistellung von Vertragsstrafe durch Dritte. Vereinbarungen eines Dritten, insb des neuen AG, mit dem AN, diesen bei Wettbewerbsverstößen v verwirkten Vertragsstrafen freizustellen, sind wegen **Verstoßes gegen die guten Sitten (§ 138 BGB)** unwirksam, weil sie den AN zum Vertragsbruch verleiten (BAG 22.4.1981, 5 AZR 3/79, nv). Daher kann der AN aus einer solchen Vereinbarung keine Freistellungsansprüche gegen den Dritten geltend machen. 6

E. Unanwendbarkeit des II. II, der für die Fälle, in denen ein **Wettbewerbsverbot auch ohne Zusage einer Karenzentschädigung** verbindlich vereinbart werden kann, eine Sonderregelung bei Vertragsstrafenvereinbarungen trifft, ist gegenstandslos geworden. Nachdem § 75b aufgehoben worden ist, sind Wettbewerbsvereinbarungen mit AN ausnahmslos nur dann verbindlich, wenn eine Karenzentschädigung in der gesetzlichen Mindesthöhe zugesagt ist (§ 74 II). 7

§ 75d Unabdingbarkeit

¹Auf eine Vereinbarung, durch die von den Vorschriften der §§ 74 bis 75c zum Nachteil des Handlungsgehilfen abgewichen wird, kann sich der Prinzipal nicht berufen. ²Das gilt auch von Vereinbarungen, die bezwecken, die gesetzlichen Vorschriften über das Mindestmaß der Entschädigung durch Verrechnungen oder auf sonstige Weise zu umgehen.

Übersicht	Rdn.		Rdn.
A. Abweichende Vereinbarungen zuungunsten des AN	1	B. Abweichende Vereinbarungen zugunsten des AN	2

A. Abweichende Vereinbarungen zuungunsten des AN. § 75d ist zugunsten des AN zwingend. Auf Vereinbarungen, durch die v den Vorschriften der §§ 74–75c zuungunsten des AN abgewichen wird, insb auch auf Vereinbarungen zur Umgehung der Entschädigungspflicht nach § 74 II kann sich der **AG nicht berufen** (BAG 11.12.2013, 10 AZR 286/13, EzA § 74 HGB Nr 73 [zu einer Mandantenübernahmeklausel]; 21.4.2010, 10 AZR 288/09, EzA § 74a HGB Nr 14), zB Abreden über eine anderweitige Berechnung der 1 letzten vertragsmäßigen Leistungen, als sie nach § 74 II geboten ist; Abreden über eine spätere Fälligkeit der Karenzentschädigung (vgl § 74 II); Einschränkungen des Lossagungsrechts des AN oder Erweiterung bzw Erleichterung des Lossagungsrechts des AG v dem Wettbewerbsverbot ggü den Regelungen der §§ 75, 75a; ferner Ausschluss der Geltung des Wettbewerbsverbots für den Fall einer ordentlichen Kdg durch den AG (BAG 14.7.1981, 3 AZR 515/78, EzA § 75 HGB Nr 12). Das führt aber nicht zur Unverbindlichkeit der gesamten Wettbewerbsvereinbarung. Vielmehr treten an die Stelle der für den AN unverbindlichen Abreden die gesetzlichen Regelungen. Mit diesem Inhalt ist die Wettbewerbsvereinbarung für AG und AN verbindlich. Soweit v den Vorschriften der §§ 74–75c zuungunsten des AN abw Vereinbarungen für diesen unverbindlich sind, gilt dies **auch für Regelungen in TV und BV**.

2 **B. Abweichende Vereinbarungen zugunsten des AN.** Vereinbarungen, die v den Vorschriften der §§ 74–75c zugunsten des AN abweichen, sind jederzeit zulässig und für AG und AN verbindlich, müssen aber **mit hinreichender Deutlichkeit** getroffen werden (vgl BAG 12.1.1978, 3 AZR 57/76, EzA § 74c HGB Nr 19), zB Abreden über den Wegfall der Anrechnungsvorschrift des § 74c.

§ 75f Geheimes Wettbewerbsverbot
¹Im Falle einer Vereinbarung, durch die sich ein Prinzipal einem anderen Prinzipal gegenüber verpflichtet, einen Handlungsgehilfen, der bei diesem im Dienst ist oder gewesen ist, nicht oder nur unter bestimmten Voraussetzungen anzustellen, steht beiden Teilen der Rücktritt frei. ²Aus der Vereinbarung findet weder Klage noch Einrede statt.

Übersicht	Rdn.		Rdn.
A. Persönlicher Geltungsbereich	1	C. Gerichtliche Durchsetzbarkeit	3
B. Wirksamkeit der Vereinbarung	2	D. Ansprüche der betroffenen AN	4

1 **A. Persönlicher Geltungsbereich.** Die Vorschrift bedeutet für die betroffenen AN eine Erweiterung der Arbeitsplatzmöglichkeiten und dient damit im weitesten Sinne der freien Wahl des Arbeitsplatzes durch den AN (Art 12 I GG). § 75f ist gem § 110 S 2 GewO auf alle AG und alle Arbeitsverhältnisse anwendbar. § 75f gilt auch für Absprachen (Sperrabreden), durch die sich ein Dritter dem AG ggü verpflichtet, dessen Angestellte nach ihrem Ausscheiden nicht als selbstständige Unternehmer zu beschäftigen (BGH 27.9.1983, VI ZR 294/81, AP HGB § 75f Nr 2).

2 **B. Wirksamkeit der Vereinbarung.** Eine Vereinbarung, durch die sich ein AG ggü einem anderen AG verpflichtet, bei diesem tätige oder tätig gewesene AN nicht oder nur unter bestimmten Voraussetzungen (zB mit Zustimmung des ersten AG) einzustellen, ist – unbeschadet ihrer gerichtlichen Undurchsetzbarkeit (Rdn 3) – **grds zulässig**, kann aber nach den allg Regeln des BGB (zB Sittenwidrigkeit) unwirksam sein. V der Vereinbarung kann jeder der beteiligten AG jederzeit **ohne Angabe v Gründen** zurücktreten und damit die Vereinbarung hinfällig machen. Ein vertraglicher Ausschluss des Rücktrittsrechts ist unzulässig (MüKo-HGB/*v Hoyningen-Huene* § 75f Rn 6).

3 **C. Gerichtliche Durchsetzbarkeit.** Eine **wirksame Vereinbarung** kann der verpflichtete AG **erfüllen**, ohne sich deshalb Schadensersatzansprüchen des betroffenen AN ausgesetzt zu sehen. Der berechtigte AG kann jedoch gegen den verpflichteten AG weder auf Einhaltung der Vereinbarung oder Schadensersatz wegen Nichterfüllung klagen noch Ansprüche aus der Vereinbarung einredeweise geltend machen. Das gilt auch für eine in diesem Zusammenhang vereinbarte Vertragsstrafe (BGH 13.10.1972, I ZR 88/71, AP HGB § 75f Nr 1). Hat allerdings der aus der Vereinbarung verpflichtete AG AN des berechtigten AG in rechtswidriger Weise (zB Verleitung zum Vertragsbruch durch Ausscheiden ohne Kdg-Fristen) abgeworben, kann sich der berechtigte AG gem § 826 BGB durch **Unterlassungs- und Schadensersatzklage** gegen den verpflichteten AG zur Wehr setzen (vgl MüKo-HGB/*v Hoyningen-Huene* § 75f Rn 9).

4 **D. Ansprüche der betroffenen AN.** Ist die Vereinbarung sittenwidrig, können dem betroffenen AN gegen die beteiligten AG **Schadensersatzansprüche nach § 826 BGB** zustehen. Darüber hinaus kommen Schadensersatzansprüche des AN aus § 280 BGB oder aus § 826 BGB gegen den berechtigten AG in Betracht, wenn dieser auf einen verpflichteten AG unzulässigen Druck ausübt. IÜ kann der AN keine Schadensersatzansprüche gegen AG, die sich an die Vereinbarung nach § 75f halten, geltend machen.

§ 82a Volontäre
Auf Wettbewerbsverbote gegenüber Personen, die, ohne als Lehrlinge angenommen zu sein, zum Zwecke ihrer Ausbildung unentgeltlich mit kaufmännischen Diensten beschäftigt werden (Volontäre), finden die für Handlungsgehilfen geltenden Vorschriften insoweit Anwendung, als sie nicht auf das dem Gehilfen zustehende Entgelt Bezug nehmen.

Die Vorschrift hat keine Bedeutung mehr, da **Volontäre iSd § 82a unter § 26 BBiG fallen**. Es handelt sich um Personen, die außerhalb eines Arbeitsverhältnisses »eingestellt werden, um berufliche Kenntnisse, Fertigkeiten oder Erfahrungen zu erwerben, ohne dass es sich um eine Berufsausbildung iSd BBiG« handelt. Diesen Personen ist gem § 17 I BBiG eine angemessene Vergütung zu gewähren. **Nachvertragliche Wettbewerbsverbote** mit Volontären sind grds **unzulässig** (§ 26 iVm § 12 I BBiG); eine Anwendung der §§ 74 ff auf Wettbewerbsvereinbarungen mit Volontären, wie dies § 82a vorsieht, ist damit ausgeschlossen. 1

§ 83 Gewerbegehilfen
Hinsichtlich der Personen, welche in dem Betrieb eines Handelsgewerbes andere als kaufmännische Dienste leisten, bewendet es bei den für das Arbeitsverhältnis dieser Personen geltenden Vorschriften.

Die Vorschriften der §§ 59–82a gelten nach ihrem Wortlaut nur für Handlungsgehilfen und Volontäre (§ 82a), finden aber teilw auch auf andere Arbeitsverhältnisse Anwendung, wie sich aus den Erläuterungen zu den einzelnen Vorschriften (»Persönlicher Geltungsbereich«) ergibt. IÜ gelten sowohl für Handlungsgehilfen als auch die sonstigen AN im Betrieb eines Kfm (Arbeiter, technische Angestellte und sonstige Angestellte) **die allg arbeitsrechtlichen Grundsätze**. § 83 ist **in den neuen Bundesländern nicht anwendbar** (Anl I Kap VIII Sachgeb Abschn III Nr 2 EV); dies ist aber bedeutungslos, da für die AN im Betrieb eines Kfm, die keine Handlungsgehilfen sind, ohnehin die allg und speziellen arbeitsrechtlichen Regelungen außerhalb des HGB gelten. 1

§ 84 Begriff des Handelsvertreters
(1) ¹Handelsvertreter ist, wer als selbständiger Gewerbetreibender ständig damit betraut ist, für einen anderen Unternehmer (Unternehmer) Geschäfte zu vermitteln oder in dessen Namen abzuschließen. ²Selbständig ist, wer im Wesentlichen frei seine Tätigkeit gestalten und seine Arbeitszeit bestimmen kann.
(2) Wer, ohne selbständig im Sinne des Abs. 1 zu sein, ständig damit betraut ist, für einen Unternehmer Geschäfte zu vermitteln oder in dessen Namen abzuschließen, gilt als Angestellter.
(3) Der Unternehmer kann auch ein Handelsvertreter sein.
(4) Die Vorschriften dieses Abschnittes finden auch Anwendung, wenn das Unternehmen des Handelsvertreters nach Art oder Umfang einen in kaufmännischer Weise eingerichteten Geschäftsbetrieb nicht erfordert.

Übersicht	Rdn.		Rdn.
A. Selbstständigkeit...........	1	B. Aufgaben................	2

A. Selbstständigkeit. Handelsvertreter kann sowohl eine natürliche als auch juristische Person (zB AG, GmbH) sein, ebenso eine Gesamthandgesellschaft (OHG, KG). Der Handelsvertreter ist selbständiger Gewerbetreibender, der aufgrund eines privatrechtlichen Vertrages für einen anderen Unternehmer Geschäfte vermittelt oder abschließt. Er ist ebenso wie der v ihm vertretene Unternehmer selbst auch Unternehmer. Selbstständig ist, wer **im Wesentlichen frei seine Tätigkeit gestalten und seine Arbeitszeit bestimmen** kann (I 2; vgl zur Abgrenzung zum AN zB BAG 9.6.2010, 5 AZR 332/09, EzA § 611 BGB 2002 Arbeitnehmerbegriff Nr 18). Entscheidend hierfür sind der Vertragsinhalt u seine Durchführung in der Praxis. Wirtschaftliche Abhängigkeit schließt persönliche Selbstständigkeit nicht aus. 1

B. Aufgaben. Der Handelsvertreter muss ständig damit betraut sein, für den v ihm vertretenen Unternehmer Geschäfte zu vermitteln (sog Vermittlungsvertreter) oder in dessen Namen abzuschließen (sog Abschlussvertreter). Erforderlich ist eine auf Dauer bestimmte beiderseitige Bindung, die zeitlich begrenzt sein kann, zB für eine Saison. Es genügt nicht, wenn es jemand durch Vereinbarung mit einem anderen übernimmt, für diesen öfters, wenn es ihm möglich ist, Geschäfte zu vermitteln (zur Abgrenzung zB BGH 12.3.2015, VII ZR 336/13, NJW 2015, 1754). 2

3 Der **Vermittlungsvertreter** hat den Abschluss v Verträgen zwischen seinem vertretenen Unternehmer und Dritten als Kunden in die Wege zu leiten. Der bloße Nachweis v Geschäftsmöglichkeiten genügt nicht. Der **Abschlussvertreter** hat Abschlussvollmacht, die ihn in die Lage versetzt, die Kundenofferten im Namen des vertretenen Unternehmers anzunehmen und den Vertrag sofort abzuschließen.

4 Wer Vermittlungsvollmacht oder Abschlussvollmacht besitzt, ohne selbstständig zu sein (s Rdn 1) gilt als Angestellter (II). Er ist dann Handlungsgehilfe nach § 59 oder, sofern der Unternehmer kein Kfm ist, sonstiger AN.

§ 85 Vertragsurkunde
¹Jeder Teil kann verlangen, dass der Inhalt des Vertrages sowie spätere Vereinbarungen zu dem Vertrag in eine vom anderen Teil unterzeichnete Urkunde aufgenommen werden. ²Dieser Anspruch kann nicht ausgeschlossen werden.

§ 86 Pflichten des Handelsvertreters
(1) Der Handelsvertreter hat sich um die Vermittlung oder den Abschluss von Geschäften zu bemühen; er hat hierbei das Interesse des Unternehmens wahrzunehmen.
(2) Er hat dem Unternehmer die erforderlichen Nachrichten zu geben, namentlich ihm von jeder Geschäftsvermittlung und von jedem Geschäftsabschluss unverzüglich Mitteilung zu machen.
(3) Er hat seine Pflichten mit der Sorgfalt eines ordentlichen Kaufmanns wahrzunehmen.
(4) Von den Abs. 1 und 2 abweichende Vereinbarungen sind unwirksam.

1 Dem Unternehmer steht hins der dem Handelsvertreter obliegenden Interessenwahrnehmung ein gewisses **Weisungsrecht** zu. Die Weisungen können sich auf die Geschäfts- und Lieferbedingungen, auf den Kundenkreis und die Kundenbehandlung ua erstrecken (BGH 27.2.1981, I ZR 39/79, DB 1981, 1772), dürfen aber die persönliche Selbstständigkeit des Handelsvertreters in ihrem Kerngehalt nicht beeinflussen.

§ 86a Pflichten des Unternehmers
(1) Der Unternehmer hat dem Handelsvertreter die zur Ausübung seiner Tätigkeit erforderlichen Unterlagen, wie Muster, Zeichnungen, Preislisten, Werbedrucksachen, Geschäftsbedingungen, zur Verfügung zu stellen.
(2) ¹Der Unternehmer hat dem Handelsvertreter die erforderlichen Nachrichten zu geben. ²Er hat ihm unverzüglich die Annahme oder Ablehnung eines vom Handelsvertreter vermittelten oder ohne Vertretungsmacht abgeschlossenen Geschäfts und die Nichtausführung eines von ihm vermittelten oder abgeschlossenen Geschäfts mitzuteilen. ³Er hat ihn unverzüglich zu unterrichten, wenn er Geschäfte voraussichtlich nur in erheblich geringerem Umfange abschließen kann oder will, als der Handelsvertreter unter gewöhnlichen Umständen erwarten konnte.
(3) Von den Abs. 1 und 2 abweichende Vereinbarungen sind unwirksam.

§ 86b Delkredereprovision
(1) ¹Verpflichtet sich ein Handelsvertreter, für die Erfüllung der Verbindlichkeit aus einem Geschäft einzustehen, so kann er eine besondere Vergütung (Delkredereprovision) beanspruchen; der Anspruch kann im Voraus nicht ausgeschlossen werden. ²Die Verpflichtung kann nur für ein bestimmtes Geschäft oder für solche Geschäfte mit bestimmten Dritten übernommen werden, die der Handelsvertreter vermittelt oder abschließt. Die Übernahme bedarf der Schriftform.
(2) Der Anspruch auf die Delkredereprovision entsteht mit dem Abschluss des Geschäfts.
(3) ¹Abs. 1 gilt nicht, wenn der Unternehmer oder der Dritte seine Niederlassung oder beim Fehlen einer solchen seinen Wohnsitz im Ausland hat. ²Er gilt ferner nicht für Geschäfte, zu deren Abschluss und Ausführung der Handelsvertreter unbeschränkt bevollmächtigt ist.

§ 87 Provisionspflichtige Geschäfte
(1) ¹Der Handelsvertreter hat Anspruch auf Provision für alle während des Vertragsverhältnisses abgeschlossenen Geschäfte, die auf seine Tätigkeit zurückzuführen sind oder mit Dritten abgeschlossen werden, die er als Kunden für Geschäfte der gleichen Art geworben hat. ²Ein Anspruch auf Provision besteht für ihn nicht, wenn und soweit die Provision nach Abs. 3 dem ausgeschiedenen Handelsvertreter zusteht.

(2) ¹Ist dem Handelsvertreter ein bestimmter Bezirk oder ein bestimmter Kundenkreis zugewiesen, so hat er Anspruch auf Provision auch für die Geschäfte, die ohne seine Mitwirkung mit Personen seines Bezirkes oder seines Kundenkreises während des Vertragsverhältnisses abgeschlossen sind. ²Dies gilt nicht, wenn und soweit die Provision nach Abs. 3 dem ausgeschiedenen Handelsvertreter zusteht.

(3) ¹Für ein Geschäft, das erst nach Beendigung des Vertragsverhältnisses abgeschlossen ist, hat der Handelsvertreter Anspruch auf Provision nur, wenn
1. er das Geschäft vermittelt hat oder es eingeleitet und so vorbereitet hat, dass der Abschluss überwiegend auf seine Tätigkeit zurückzuführen ist, und das Geschäft innerhalb einer angemessenen Frist nach Beendigung des Vertragsverhältnisses abgeschlossen worden ist oder
2. vor Beendigung des Vertragsverhältnisses das Angebot des Dritten zum Abschluss eines Geschäfts, für das der Handelsvertreter nach Abs. 1 Satz 1 oder Abs. 2 Satz 1 Anspruch auf Provision hat, dem Handelsvertreter oder dem Unternehmer zugegangen ist

²Der Anspruch auf Provision nach Satz 1 steht dem nachfolgenden Handelsvertreter anteilig zu, wenn wegen besonderer Umstände eine Teilung der Provision der Billigkeit entspricht.

(4) Neben dem Anspruch auf Provision für abgeschlossene Geschäfte hat der Handelsvertreter Anspruch auf Inkassoprovision für die von ihm auftragsgemäß eingezogenen Beträge.

Übersicht	Rdn.		Rdn.
A. Anwendungsbereich	1	III. Bezirksprovision (II)	4
B. Voraussetzungen des Provisionsanspruchs	2	IV. Provision nach Beendigung des Handelsvertreterverhältnisses (III)	5
I. Allgemeines	2		
II. Einzelgeschäfte (I)	3	C. Abdingbarkeit	8

A. Anwendungsbereich. § 87 gilt für Handelsvertreter, die mit einem anderen Unternehmer einen Handelsvertretungsvertrag abgeschlossen haben. § 87 I und III gilt ferner für Handlungsgehilfen, mit denen vereinbart wurde, dass sie Geschäfte, die v ihnen geschlossen oder vermittelt werden, Provision erhalten sollen (§ 65). Mit dem Handlungsgehilfen kann auch die Anwendung des § 87 II vereinbart werden (s § 65 Rdn 2). 1

B. Voraussetzungen des Provisionsanspruchs. I. Allgemeines. Provision steht dem Handelsvertreter zu, wenn er während des Bestehens des Handelsvertreterverhältnisses Tätigkeiten entfaltet, die grds auch noch während des Vertragsverhältnisses zum Abschluss v Geschäften zwischen dem vertretenen Unternehmer und Kunden führen, oder wenn ein Geschäftsabschluss mit Dritten vorgenommen wird, die der Handelsvertreter als Kunde für Geschäfte der gleichen Art geworben hat (I). Ferner steht dem Handelsvertreter **Bezirksprovision** zu, wenn ihm ein bestimmter Bezirk oder bestimmter Kundenkreis zugewiesen ist (II). Ausnahmsweise kann ihm auch noch für Geschäfte, die erst nach Beendigung des Handelsvertreterverhältnisses abgeschlossen werden, Provision zustehen (III); in diesem Fall entfällt für seinen Nachfolger der Provisionsanspruch ganz oder teilweise (I 2). Mit Abschluss der Geschäfte entstehen die Provisionsansprüche unter der aufschiebenden Bedingung der Ausführung der Geschäfte (s § 87a Rdn 1). Für auftragsgemäß eingezogene Beträge steht dem Handelsvertreter außerdem Inkassoprovision zu (IV). 2

II. Einzelgeschäfte (I). Der Geschäftsabschluss muss **ursächlich** auf die Tätigkeit des Handelsvertreters zurückzuführen sein. Eine solche Kausalität liegt vor, wenn die Geschäfte ohne die Tätigkeit des Handelsvertreters nicht abgeschlossen worden wären. Das trifft auch dann zu, wenn der Kunde sich nach erfolgter Bearbeitung durch den Handelsvertreter unmittelbar an den vertretenen Unternehmer wendet. Es genügt, dass die Tätigkeit des Handelsvertreters den Geschäftsabschluss mit verursacht hat. Unerheblich ist, ob die Provision erst nach Beendigung des Vertragsverhältnisses fällig wird (sog Überhangprovision). 3

III. Bezirksprovision (II). Die Zuweisung eines bestimmten Bezirks- bzw Kundenkreises bedeutet, dass der Handelsvertreter den ihm übertragenen Bezirk bzw Kundenkreis während der Dauer seiner Tätigkeit **umfassend bearbeiten** soll. Deshalb steht ihm dann auch Provision zu für Geschäfte, die ohne seine Mitwirkung mit Personen seines Bezirks oder Kundenkreises abgeschlossen werden. Personen des Bezirks bzw Kundenkreises sind grds solche, die ihre geschäftliche Niederlassung im Bezirk haben. Es kommt daher nicht auf den Ort des Geschäftsabschlusses oder den Ort der Lieferung an. Bezirksprovision steht dem Handelsvertreter danach auch dann zu, wenn die Lieferung nicht in den Bezirk, sondern außerhalb desselben erfolgt, dagegen nicht bei Geschäften mit nicht bezirksansässigen Kunden, auch wenn diese in den Bezirk weiterverkaufen (BGH 11.7.1960, VII ZR 225/59, BB 1960, 956). 4

5 **IV. Provision nach Beendigung des Handelsvertreterverhältnisses (III).** Ein Geschäft, das erst nach Beendigung des Vertragsverhältnisses abgeschlossen wird, ist provisionspflichtig, wenn die Tätigkeit des Handelsvertreters für das Zustandekommen **überwiegend kausal** ist, dieser es also vermittelt oder eingeleitet oder so vorbereitet hat, dass der Abschluss überwiegend auf seine Tätigkeit zurückzuführen ist. Das Geschäft muss allerdings innerhalb einer angemessenen Frist nach Beendigung des Handelsvertreterverhältnisses abgeschlossen werden. Was angemessen ist, bestimmen Handelsbrauch, Ortsüblichkeit und Charakter des Geschäfts. So wird bei Saisongeschäften die Frist iA vor Saisonende ablaufen.

6 Ist dem Handelsvertreter oder dem v ihm vertretenen Unternehmer vor Beendigung des Handelsvertreterverhältnisses das Angebot eines Dritten zum Abschluss eines Geschäfts zugegangen, für das dem Handelsvertreter nach I 1 (Rdn 3) oder II 1 (Rdn 4) Provision zustünde, behält er den Provisionsanspruch, auch wenn das Geschäft erst nach Beendigung des Vertragsverhältnisses abgeschlossen wird. Durch diese Regelung soll vermieden werden, dass der Unternehmer das Kundenangebot erst nach Beendigung des Vertragsverhältnisses annimmt, um Provisionsansprüchen zu entgehen.

7 Auch wenn die Voraussetzungen für einen Provisionsanspruch des ausgeschiedenen Handelsvertreters vorliegen, steht ihm die Provision **nur anteilig** zu, falls wegen bes Umstände eine Teilung der Provision mit dem nachfolgenden Handelsvertreter der Billigkeit entspricht (III 2), zB dieser auch an dem Zustandekommen des Geschäfts mitgewirkt hat.

8 **C. Abdingbarkeit.** § 87 ist abdingbar. Es können daher **andere Bedingungen** für das Entstehen v Provisionsansprüchen einzelvertraglich vereinbart werden (BGH 22.1.2015, VII ZR 87/14, NJW 2015, 1107), zB auch, dass dem Handelsvertreter Provisionsansprüche nur für solche Geschäfte zustehen, die noch vor Vertragsbeendigung abgeschlossen werden. Auch können Überhangprovisionen (s Rdn 3) zumindest individualvertraglich wirksam ausgeschlossen werden (BGH 21.10.2009, VIII ZR 286/07, NJW 2010, 298). Gleiches gilt für Bezirksprovisionen (BGH 24.4.2014, VII ZR 163/13, NJW 2014, 1735). Zur Situation bei Handlungsgehilfen vgl § 65.

§ 87a Fälligkeit der Provision

(1) ¹Der Handelsvertreter hat Anspruch auf Provision, sobald und soweit der Unternehmer das Geschäft ausgeführt hat. ²Eine abweichende Vereinbarung kann getroffen werden, jedoch hat der Handelsvertreter mit der Ausführung des Geschäfts durch den Unternehmer Anspruch auf einen angemessenen Vorschuss, der spätestens am letzten Tag des folgenden Monats fällig ist. ³Unabhängig von einer Vereinbarung hat jedoch der Handelsvertreter Anspruch auf Provision, sobald und soweit der Dritte das Geschäft ausgeführt hat.
(2) Steht fest, dass der Dritte nicht leistet, so entfällt der Anspruch auf Provision; bereits empfangene Beträge sind zurückzugewähren.
(3) ¹Der Handelsvertreter hat auch dann einen Anspruch auf Provision, wenn feststeht, dass der Unternehmer das Geschäft ganz oder teilweise nicht oder nicht so ausführt, wie es abgeschlossen worden ist. ²Der Anspruch entfällt im Falle der Nichtausführung, wenn und soweit diese auf Umständen beruht, die vom Unternehmer nicht zu vertreten sind.
(4) Der Anspruch auf Provision wird am letzten Tag des Monats fällig, in dem nach § 87c Abs. 1 über den Anspruch abzurechnen ist.
(5) Von Abs. 2 erster Halbsatz, Abs. 3 und 4 abweichende, für den Handelsvertreter nachteilige Vereinbarungen sind unwirksam.

Übersicht	Rdn.			Rdn.
A. Entstehung des unbedingten Provisionsanspruchs	1	B. Fälligkeit des Provisionsanspruchs		6
		C. Unabdingbarkeit		7

1 **A. Entstehung des unbedingten Provisionsanspruchs.** Mit dem Abschluss der jeweiligen Geschäfte erwirbt der Handelsvertreter gem § 87 einen aufschiebend bedingten Provisionsanspruch. § 87a regelt, wann der Provisionsanspruch unbedingt wird.

2 Der Provisionsanspruch entsteht als unbedingter Anspruch, sobald und soweit der Unternehmer **das Geschäft ausführt**, zB ausgeliefert hat (I 1). Dies gilt auch für Ansprüche des Untervertreters (BGH 5.3.2008, VIII ZR 31/07, WM 2008, 923; 20.6.1984, I ZR 62/82, NJW 1984, 2881). Für Versicherungs- und Bausparkassenvertreter gilt die Sonderregelung des § 92 IV (dort Rdn 2; dazu BAG 21.1.2015, 10 AZR 84/14, NJW 2015, 2364).

Die Parteien können eine v I 1 **abw Regelung** über die (unbedingte) Entstehung des Provisionsanspruchs vereinbaren, zB dass die Provision erst bei Zahlung des Kaufpreises durch den Kunden verdient ist. In diesem Fall hat jedoch der Handelsvertreter mit der Ausführung des Geschäfts durch den v ihm vertretenen Unternehmer Anspruch auf einen angemessenen Vorschuss, der spätestens am letzten Tag des der Geschäftsausführung folgenden Monats fällig wird (I 2). Unabhängig v einer solchen Vereinbarung erwirbt der Handelsvertreter den Provisionsanspruch als unabdingbaren Anspruch, sobald und soweit der Dritte das Geschäft ausgeführt hat (I 3; dazu BGH 12.3.2015, VII ZR 336/13, NJW 2015, 1754). 3

Der Provisionsanspruch **entfällt**, wenn feststeht, dass **der Dritte nicht leistet** (II). Es ist hierbei unerheblich, ob der Unternehmer seinerseits das Geschäft schon ausgeführt hat oder nicht. Die Feststellung, dass der Dritte nicht leistet, kann getroffen werden, wenn er das Geschäft rechtswirksam angefochten hat und dieses nichtig ist oder wenn er v einem eingeräumten Rücktrittsrecht Gebrauch gemacht hat (BGH 17.11.1983, I ZR 201/83, NJW 1984, 1455). IÜ muss der Unternehmer alle zumutbaren Maßnahmen ergreifen, um zu erreichen, dass der Dritte die Leistungen erbringt (zB BAG 21.1.2015, 10 AZR 84/14, EzA § 87a HGB Nr 4 BGH 28.6.2012, VII ZR 130/11, NJW 2012, 3305); er muss die Leistung des Dritten ggf einklagen. Dem Unternehmer ist aber ein Vorgehen gegen den Dritten dann nicht zumutbar, wenn dieser auf unabsehbare Zeit zahlungsunfähig ist oder wenn er seine Leistungspflicht bestreitet und dem Unternehmer wegen bestehender Beweisschwierigkeiten nicht zugemutet werden kann, gegen den Dritten vorzugehen (ErfK/*Oetker* Rn 8). Entfällt der Provisionsanspruch, weil feststeht, dass der Dritte nicht leistet, hat der Handelsvertreter bereits empfangene Provisionsbeträge zurückzugewähren. 4

Führt der Unternehmer das Geschäft ganz oder teilweise **nicht** oder nicht so **aus**, wie es abgeschlossen worden ist, gilt grds die Bedingung der Geschäftsausführung als eingetreten (vgl III 1), sodass der Provisionsanspruch des Handelsvertreters endgültig entstanden ist (vgl I 1). Bei einer verspäteten Leistung des Unternehmers erwirbt der Handelsvertreter den Provisionsanspruch zu dem Zeitpunkt, zu dem der Unternehmer hätte leisten müssen (BGH 11.7.1960, VII ZR 225/59, NJW 1960, 1996). Der Provisionsanspruch entfällt jedoch, wenn und soweit die Nichtausführung des Geschäfts durch den Unternehmer auf Umständen beruht, die v Unternehmer nicht zu vertreten sind (III 2). Hierbei kommt es nicht darauf an, ob die Verpflichtung zur Leistung ursprünglich oder nachträglich unmöglich geworden ist. Umstände, die in seiner Risikosphäre liegen, hat der Unternehmer zu vertreten, zB Schwierigkeiten im eigenen Betrieb, fehlerhafte Kalkulation. Nicht zu vertreten ist die Nichtausführung des Geschäfts, wenn seine Ausführung unzumutbar ist. Dies ist nur dann der Fall, wenn nach Abschluss des Geschäfts Umstände auftreten oder bekannt werden, die den Unternehmer davon abgehalten hätten, das Geschäft abzuschließen (ErfK/*Oetker* Rn 15). 5

B. Fälligkeit des Provisionsanspruchs. Der Provisionsanspruch ist fällig **am letzten Tag des Monats**, in dem nach § 87c I über den Anspruch abzurechnen ist (IV). Nach § 87c I hat der Unternehmer die Provision grds monatlich abzurechnen, wobei die Abrechnung spätestens bis zum Ende des nächsten Monats zu erfolgen hat. Der Abrechnungszeitraum kann aber auf höchstens 3 Monate erstreckt werden. Der Handelsvertreter kann die Zahlung der Provision somit spätestens am Ende des 4. Monats nach Ausführung des Geschäfts durch den vertretenen Unternehmer verlangen. 6

C. Unabdingbarkeit. Die Vorschriften über den Provisionsanspruch des Handelsvertreters bei Nichtausführung des Geschäfts durch den Unternehmer (III; Rdn 5) und die Fälligkeit der Provision (IV) sind zuungunsten des Handelsvertreters unabdingbar; abw, für den Handelsvertreter nachteilige **Vereinbarungen sind unwirksam** (V; BGH 12.3.2015, VII ZR 336/13, NJW 2015, 1754). Dasselbe gilt für den Wegfall der Provision, wenn feststeht, dass der Dritte nicht leistet (vgl II HS 1). Über II HS 1 hinausgehende Vereinbarungen, dass der Provisionsanspruch bei Nichtleistung des Dritten wegfallen soll, sind unwirksam. Vereinbarungen, die den Handelsvertreter besser stellen als die gesetzliche Regelung, sind unbeschränkt zulässig. 7

§ 87b Höhe der Provision

(1) Ist die Höhe der Provision nicht bestimmt, so ist der übliche Satz als vereinbart anzusehen.
(2) ¹Die Provision ist von dem Entgelt zu berechnen, das der Dritte oder der Unternehmer zu leisten hat. ²Nachlässe bei Barzahlung sind nicht abzuziehen; dasselbe gilt für Nebenkosten, namentlich für Fracht, Verpackung, Zoll, Steuern, es sei denn, dass die Nebenkosten dem Dritten besonders in Rechnung gestellt sind. ³Die Umsatzsteuer, die lediglich auf Grund der steuerrechtlichen Vorschriften in der Rechnung gesondert ausgewiesen ist, gilt nicht als besonders in Rechnung gestellt.
(3) ¹Bei Gebrauchsüberlassungs- und Nutzungsverträgen von bestimmter Dauer ist die Provision vom Entgelt für die Vertragsdauer zu berechnen. ²Bei unbestimmter Dauer ist die Provision vom Entgelt bis

§ 87c HGB Abrechnung über die Provision

zu dem Zeitpunkt zu berechnen, zu dem erstmals von dem Dritten gekündigt werden kann; der Handelsvertreter hat Anspruch auf weitere entsprechend berechnete Provisionen, wenn der Vertrag fortbesteht.

Übersicht	Rdn.		Rdn.
A. Höhe der Provision	1	C. Berechnung bei Gebrauchsüberlassungs- und Nutzungsverträgen	4
B. Berechnung der Provision	2	D. Abdingbarkeit	5

1 **A. Höhe der Provision.** Die Höhe der Provision kann **frei vereinbart** werden. Fehlt eine solche Vereinbarung, gilt der übliche Satz als vereinbart (I). Maßgebend ist die Üblichkeit im betreffenden Geschäftszweig und Arbeitsort des Handelsvertreters (vgl BGH 2.3.1961, VII ZR 15/60, BB 1961, 424). Fehlt es an einem üblichen Satz, ist die Höhe nach § 315 BGB festzulegen (BGH 19.1.2005, VIII ZR 139/04, NJW-RR 2005, 762).

2 **B. Berechnung der Provision.** Haben die vertretenen Unternehmer und der Handelsvertreter nichts anderes vereinbart, ist die Provision von dem Entgelt zu berechnen, das der Kunde zu leisten hat (I 2). Das bezieht sich auch auf Sachleistungen, wobei die Sachleistungen nach den üblichen und angemessenen Preisen in Geld umzurechnen sind.

3 Vom provisionspflichtigen Entgelt sind **Nachlässe** bei einer Barzahlung nicht abzuziehen (II 1). Wird dem Kunden bei Vertragsabschluss aus anderen Gründen ein Rabatt gewährt, ist die Provision nach dem tatsächlich v dem Kunden bezahlten Betrag zu berechnen (vgl OLG München 13.10.1993, 7 und 3361/93, DB 1993, 2379). **Nebenkosten**, zB – vom Gesetz ausdrücklich genannt – für Fracht, Verpackung, Zoll, Steuern, die in der Rechnung für den Kunden nicht bes ausgewiesen sind, dürfen v provisionspflichtigen Entgelt (= Entgelt, das der Kunde zu leisten hat) nicht abgezogen werden. Werden sie dem Kunden bes in Rechnung gestellt, dürfen sie abgezogen werden (II 2). Die Umsatzsteuer, die lediglich aufgrund steuerrechtlicher Vorschriften in der Rechnung gesondert ausgewiesen ist, darf hingegen v provisionspflichtigen Entgelt nicht abgezogen werden.

4 **C. Berechnung bei Gebrauchsüberlassungs- und Nutzungsverträgen.** Hat der Handelsvertreter Gebrauchsüberlassungs- und Nutzungsverträge (zB Miet- und Pachtverträge) vermittelt oder für den v ihm vertretenen Unternehmer abgeschlossen, ist auch hier die Provision des Handelsvertreters nach dem v Kunden gezahlten Entgelt zu berechnen. Hierbei ist bei **Verträgen v bestimmter Dauer** das Entgelt für die Vertragsdauer maßgebend (III 1). Bei **Verträgen v unbestimmter Dauer** hat der Handelsvertreter Anspruch auf eine Erstprovision, die nach dem v Kunden zu zahlenden Entgelt bis zu dem Zeitpunkt zu berechnen ist, zu dem erstmals v dem Kunden gekündigt werden kann (III 2). Wird der Vertrag über diesen Zeitpunkt hinaus fortgesetzt, hat der Handelsvertreter Anspruch auf Folgeprovisionen. Diese errechnet sich jeweils nach dem Entgelt bis zum nächsten Kdg-Termin, solange der Vertrag fortbesteht. Mit Vertragsende entfallen Provisionsansprüche.

5 **D. Abdingbarkeit.** Die Bestimmungen des § 87b sind durch ausdrückliche oder stillschweigende Abreden der Parteien abdingbar. Sie können Höhe und Berechnung der Provisionen grds **frei vereinbaren**, Regelungen in Allgemeinen Geschäftsbedingungen müssen allerdings einer Kontrolle nach den §§ 305 ff BGB standhalten (vgl zB BAG, 21.1.2015, 10 AZR 84/14, EzA § 87a HGB Nr 4; BGH 12.05.2004, VIII ZR 159/03, NJW-RR 2004, 1206).

§ 87c Abrechnung über die Provision

(1) ¹Der Unternehmer hat über die Provision, auf die der Handelsvertreter Anspruch hat, monatlich abzurechnen; der Abrechnungszeitraum kann auf höchstens drei Monate erstreckt werden. ²Die Abrechnung hat unverzüglich, spätestens bis zum Ende des nächsten Monats, zu erfolgen.
(2) Der Handelsvertreter kann bei der Abrechnung einen Buchauszug über alle Geschäfte verlangen, für die ihm nach § 87 Provision gebührt.
(3) Der Handelsvertreter kann außerdem Mitteilung über alle Umstände verlangen, die für den Provisionsanspruch, seine Fälligkeit und seine Berechnung wesentlich sind.
(4) Wird der Buchauszug verweigert oder bestehen begründete Zweifel an der Richtigkeit oder Vollständigkeit der Abrechnung oder des Buchauszuges, so kann der Handelsvertreter verlangen, dass nach Wahl des Unternehmens entweder ihm oder einem von ihm zu bestimmenden Wirtschaftsprüfer oder vereidigten Buchsachverständigen Einsicht in die Geschäftsbücher oder die sonstigen Urkunden so weit gewährt

wird, wie dies zur Feststellung der Richtigkeit oder Vollständigkeit der Abrechnung oder des Buchauszuges erforderlich ist.
(5) Diese Rechte des Handelsvertreters können nicht ausgeschlossen oder beschränkt werden.

Übersicht	Rdn.			Rdn.
A. Anspruch des Handelsvertreters	1	II.	Weitere Mitteilungspflichten des Unternehmers (III)	5
B. Abrechnungszeitraum	2			
C. Inhalt der Abrechnung	3	III.	Einsicht in Geschäftsbücher (IV)	6
D. Nachprüfung der Abrechnung	4	E.	Unabdingbarkeit der Ansprüche	9
I. Buchauszug (II)	4			

A. Anspruch des Handelsvertreters. Der vertretene Unternehmer ist zur **Provisionsabrechnung** verpflichtet. Abrechnung ist die geschlossene Zusammenfassung aller im Abrechnungszeitraum v vertretenen Unternehmer ausgeführten provisionspflichtigen Geschäfte zu einem rechnerischen Ergebnis. 1

B. Abrechnungszeitraum. Der Abrechnungszeitraum beträgt **1 Monat** und kann auf höchstens 3 Monate verlängert werden. Die Abrechnung ist unverzüglich, dh ohne schuldhaftes Zögern, nach Beendigung des Abrechnungszeitraums zu erstellen. Der späteste Abrechnungszeitpunkt ist das Ende des nächsten Monats. Bei Beendigung des Handelsvertretungsverhältnisses hat der Unternehmer unverzüglich abzurechnen (vgl BGH 11.7.1980, I ZR 192/78, NJW 1981, 457). 2

C. Inhalt der Abrechnung. Die Provisionsabrechnung muss enthalten: (1) die **einzelnen Geschäfte**, die provisionspflichtig sind – bei Bezirksvertretungen alle direkten und indirekten Geschäfte; (2) die **Beträge auf den Kundenrechnungen**, auf die Provisionen zu zahlen sind; (3) die **Beträge der Provisionen** selbst. In die Abrechnung sind auch die nach § 87 nur bedingt entstandenen Provisionsansprüche für abgeschlossene, aber noch nicht ausgeführte Geschäfte mit aufzunehmen (vgl BGH 11.7.1980, I ZR 192/78, NJW 1981, 457). Hat der Handelsvertreter eine erteilte Abrechnung als zutreffend anerkannt, stellt sie ein Schuldanerkenntnis des vertretenen Unternehmers dar, das nicht der Schriftform bedarf (§§ 781, 782 BGB). Die bloße Untätigkeit genügt regelmäßig nicht, um von einem solchen Anerkenntnis auszugehen (BGH 29.11.1995, VIII ZR 293/94, AP § 87c HGB Nr 19; vgl auch BGH 20.9.2006, VIII ZR 100/05, NJW-RR 2007, 131). 3

D. Nachprüfung der Abrechnung. I. Buchauszug (II). Der Handelsvertreter kann v vertretenen Unternehmer einen Buchauszug über alle provisionspflichtigen Geschäfte verlangen. Dieser soll den Handelsvertreter Klarheit über die Höhe seiner Provisionsansprüche verschaffen und ihm eine Nachprüfung der Abrechnung ermöglichen (BGH 20.1.2011, I ZB 67/09, NJW-RR 2011, 470). Dieser muss daher enthalten Namen und Anschrift des Bestellers, Datum der Aufträge, Art, Menge und Preis der verkauften Ware, Rechnungsdatum, Rückgaben und Nichtausführung v Geschäften sowie deren Gründe (BGH 20.1.2011, I ZB 67/09, NJW-RR 2011, 470; 21.3.2001, VIII ZR 149/99, NJW 2001, 2333). Der Anspruch auf Buchauszug kann solange geltend gemacht werden, als sich Unternehmer und Handelsvertreter noch nicht über die Abrechnung geeinigt haben (BGH 11.7.1980, I ZR 192/78, NJW 1981, 457). 4

II. Weitere Mitteilungspflichten des Unternehmers (III). Der Handelsvertreter hat Anspruch auf die Mitteilung aller weiteren Umstände, die für den Provisionsanspruch, seine Fälligkeit und seine Berechnung wesentlich sind und sich nicht schon aus der Abrechnung und dem Buchauszug ergeben. Die Umstände, die mitgeteilt werden sollen, zB Preisnachlässe, Zahlungsbedingungen, hat der Handelsvertreter konkret zu bezeichnen (OLG München 14.2.1964, 8 und 1864/63, BB 1964, 698). 5

III. Einsicht in Geschäftsbücher (IV). Verweigert der Unternehmer den Buchauszug oder bestehen begründete Zweifel an der Richtigkeit oder Vollständigkeit der Abrechnung oder des Buchauszuges, kann der Handelsvertreter Einsicht in die Geschäftsbücher und sonstigen Urkunden verlangen, **soweit dies zur Feststellung der Richtigkeit** oder Vollständigkeit der Abrechnung oder des Buchauszuges **erforderlich ist.** Der Unternehmer kann die Einsicht nach seiner Wahl entweder dem Handelsvertreter selbst oder einem v diesem benannten Wirtschaftsprüfer oder vereidigten Buchsachverständigen gewähren. 6

Die **Kosten** der Bucheinsicht hat der Handelsvertreter zu tragen. Er kann diese Kosten jedoch gegen den Unternehmer als Schadensersatzanspruch aus § 280 BGB geltend machen, wenn sich bei der Einsichtnahme herausstellt, dass der Unternehmer zulasten des Handelsvertreters falsch abgerechnet hat (BAG 13.12.1965, 3 AZR 446/64, AP HGB § 65 Nr 3). 7

Eine eidesstattliche Versicherung des Unternehmers kann der Handelsvertreter erst nach erfolgloser Einsichtnahme oder bei fehlenden Büchern verlangen (BGH 16.5.1960, VII ZR 206/59, NJW 1960, 1662). 8

Reinfelder 1823

9 **E. Unabdingbarkeit der Ansprüche.** Die in § 87c geregelten Ansprüche des Handelsvertreters, nämlich auf Abrechnung der Provision, auf Erteilung des Buchauszugs sowie auf weitere Mitteilungen und Einsichtnahme, sind unabdingbar. Sie können vertraglich nicht eingeschränkt, wohl aber **zugunsten des Handelsvertreters erweitert** werden. Die Ansprüche unterliegen der 3-jährigen Verjährungsfrist des § 195 BGB und auch tariflichen Ausschlussfristen (BAG 6.5.2009, 10 AZR 390/08, EzA § 310 BGB 2002 Nr 8; 23.3.1982, 3 AZR 637/79, EzA § 87c HGB Nr 4).

§ 89a Fristlose Kündigung
(1) ¹Das Vertragsverhältnis kann von jedem Teil aus wichtigem Grunde ohne Einhaltung einer Kündigungsfrist gekündigt werden. ²Dieses Recht kann nicht ausgeschlossen oder beschränkt werden.
(2) Wird die Kündigung durch ein Verhalten veranlasst, das der andere Teil zu vertreten hat, so ist dieser zum Ersatz des durch die Aufhebung des Vertragsverhältnisses entstehenden Schadens verpflichtet.

Übersicht	Rdn.		Rdn.
A. Außerordentliche Kdg	1	B. Schadensersatzansprüche	4

1 **A. Außerordentliche Kdg.** Das Handelsvertretungsverhältnis kann v jedem Teil **aus wichtigem Grunde** ohne Einhaltung einer Kdg-Frist gekündigt werden (I 1). Diese Regelung entspricht der Vorschrift des § 626 I BGB, sodass auf die Kommentierung hierzu verwiesen werden kann.

2 Anders als die außerordentliche Kdg nach § 626 BGB muss die Kdg nach § 89a **nicht innerhalb einer 2-Wochen-Frist** nach Kenntniserlangung der Kdg-Gründe durch den Kdg-Berechtigten erklärt werden. § 626 II BGB ist nicht entspr anwendbar. Allerdings steht dem Unternehmer nur eine angemessene Überlegungsfrist, die regelmäßig kürzer als 2 Monate ist, vor Ausspruch der Kdg zu (BGH 29.6.2011, VIII ZR 212/08, NJW 2011, 3361).

3 Das Recht zur außerordentlichen Kdg nach § 89a ist **unabdingbar**, kann also durch vertragliche Vereinbarungen weder ausgeschlossen noch beschränkt werden. Anders als bei der außerordentlichen Kdg eines Arbeitsverhältnisses (s hierzu § 626 BGB Rdn 45) können bei der außerordentlichen Kdg nach § 89a **bestimmte Tatbestände** als »wichtiger Grund« zur Kdg vertraglich festgelegt werden. Die Ausübung eines solchen Kdg-Rechts unterliegt jedoch den Grds v Treu und Glauben (BGH 7.7.1988, I ZR 78/87, BB 1988, 1771). Wird zB in einem Handelsvertretervertrag der Verstoß gegen ein vertraglich vereinbartes Wettbewerbsverbot als wichtiger Grund für eine fristlose Kdg benannt, berechtigt ein Wettbewerbsverstoß, der so geringfügig ist, dass durch ihn das Vertrauensverhältnis zwischen Unternehmer und Handelsvertreter bei verständiger Würdigung nicht grundlegend beschädigt wird, nicht – zumindest nicht ohne vorherige Abmahnung – zur fristlosen Kdg (vgl BGH 10.11.2010, VIII ZR 327/09, BB 2011, 528).

4 **B. Schadensersatzansprüche.** Die Vorschrift des § 89a II ist dem § 628 II BGB nachgebildet, sodass auf diese Kommentierung verwiesen werden kann (vgl iÜ BGH 3.3.1993, VIII ZR 101/92, EzA § 89a HGB Nr 1).

§ 92 Versicherungs- und Bausparkassenvertreter
(1) Versicherungsvertreter ist, wer als Handelsvertreter damit betraut ist, Versicherungsverträge zu vermitteln oder abzuschließen.
(2) Für das Vertragsverhältnis zwischen dem Versicherungsvertreter und dem Versicherer gelten die Vorschriften für das Vertragsverhältnis zwischen dem Handelsvertreter und dem Unternehmer vorbehaltlich der Abs. 3 und 4.
(3) ¹In Abweichung von § 87 Abs. 1 Satz 1 hat ein Versicherungsvertreter Anspruch auf Provision nur für Geschäfte, die auf seine Tätigkeit zurückzuführen sind. ²§ 87 Abs. 2 gilt nicht für Versicherungsvertreter.
(4) Der Versicherungsvertreter hat Anspruch auf Provision (§ 87a Abs. 1), sobald der Versicherungsnehmer die Prämie gezahlt hat, aus der sich die Provision nach dem Vertragsverhältnis berechnet.
(5) Die Vorschriften der Abs. 1 bis 4 gelten sinngemäß für Bausparkassenvertreter.

Übersicht	Rdn.		Rdn.
A. Begriff des Versicherungsvertreters und Bausparkassenvertreters	1	B. Vertragsverhältnis	2

A. Begriff des Versicherungsvertreters und Bausparkassenvertreters. Regelungen über Versicherungsverträge und deren Vermittlung sind im VVG und VAG, über Bausparverträge im BauspG zu finden. Versicherungsvertreter und Bausparkassenvertreter sind iA damit betraut, langfristige Verträge zu vermitteln und abzuschließen. 1

B. Vertragsverhältnis. Für das Vertragsverhältnis zwischen Versicherungsvertreter und Versicherer bzw Bausparkassenvertreter und Bausparkasse gilt grds das Handelsvertreterrecht (vgl bsplw BGH 28.6.2012, VII ZR 130/11, NJW 2012, 3305). Der Versicherungsvertreter bzw Bausparkassenvertreter hat allerdings nur Anspruch auf Provision für solche Geschäfte, die unmittelbar auf seine Tätigkeit zurückzuführen sind (III 1), nicht jedoch für Folgeaufträge und für Geschäfte, die ohne seine Mitwirkung mit Personen seines Bezirks oder seines Kundenkreises während des Vertragsverhältnisses abgeschlossen sind (III 2 iVm § 87 II). Der Provisionsanspruch entsteht, sobald der Versicherungsnehmer die vereinbarte Prämie gezahlt hat, aus der sich die Provision berechnet (IV; dazu BAG 21.1.2015, 10 AZR 84/14, EzA § 87a HGB Nr 4). Daneben finden auch § 87a II und III Anwendung (zur Reichweite der Verweisung BAG 21.1.2015, 10 AZR 84/14, NJW 2015, 2364; s § 87a Rdn 4, 5). V den Bestimmungen des § 92 kann – unter Beachtung der Grenzen des § 87a V – grds abgewichen werden (MüKo-HGB/*v Hoyningen-Huene* § 92 Rn 2). 2

§ 92a Mindestarbeitsbedingungen

(1) ¹Für das Vertragsverhältnis eines Handelsvertreters, der vertraglich nicht für weitere Unternehmer tätig werden darf oder dem dies nach Art und Umfang der von ihm verlangten Tätigkeit nicht möglich ist, kann das Bundesministerium der Justiz und für Verbraucherschutz im Einvernehmen mit dem Bundesministerium für Wirtschaft und Energie nach Anhörung von Verbänden der Handelsvertreter und der Unternehmer durch Rechtsverordnung, die nicht der Zustimmung des Bundesrates bedarf, die untere Grenze der vertraglichen Leistungen des Unternehmers festsetzen, um die notwendigen sozialen und wirtschaftlichen Bedürfnisse dieser Handelsvertreter oder einer bestimmten Gruppe von ihnen sicherzustellen. ²Die festgesetzten Leistungen können vertraglich nicht ausgeschlossen oder beschränkt werden.
(2) ¹Abs. 1 gilt auch für das Vertragsverhältnis eines Versicherungsvertreters, der auf Grund eines Vertrages oder mehrerer Verträge damit betraut ist, Geschäfte für mehrere Versicherer zu vermitteln oder abzuschließen, die zu einem Versicherungskonzern oder zu einer zwischen ihnen bestehenden Organisationsgemeinschaft gehören, sofern die Beendigung des Vertragsverhältnisses mit einem dieser Versicherer im Zweifel auch die Beendigung des Vertragsverhältnisses mit den anderen Versicherern zur Folge haben würde. ²In diesem Falle kann durch Rechtsverordnung, die nicht der Zustimmung des Bundesrates bedarf, außerdem bestimmt werden, ob die festgesetzten Leistungen von allen Versicherern als Gesamtschuldnern oder anteilig oder nur von einem der Versicherer geschuldet werden und wie der Ausgleich unter ihnen zu erfolgen hat.

Übersicht	Rdn.		Rdn.
A. Einfirmenvertreter................	1	B. Versicherungsvertreter................	2

A. Einfirmenvertreter. Sog Einfirmenvertreter sind Handelsvertreter, die vertraglich gehalten sind, nicht für weitere Unternehmer tätig zu werden, oder denen dies nach Art und Umfang der v ihnen verlangten Tätigkeit unmöglich ist. Für diese Einfirmenvertreter kann das BMJV nach Maßgabe des § 92a I durch RechtsVO **Mindestarbeitsbedingungen** festsetzen. V dieser Möglichkeit ist bisher noch kein Gebrauch gemacht worden. Bedeutung hat die Norm für die Rechtswegzuständigkeit der Arbeitsgerichtsbarkeit nach § 5 III ArbGG für Handelsvertreter mit geringen Einkünften (vgl zB BAG 15.2.2005, 5 AZB 13/04, EzA § 5 ArbGG 1979 Nr 39; BGH 4.2.2015, VII ZB 36/14, EzA § 5 ArbGG 1979 Nr 51; 16.10.2014, VII ZB 16/14, NZA-RR 2015, 156; 18.7.2013, VII ZB 27/12, EzA § 5 ArbGG 1979 Nr 48). 1

B. Versicherungsvertreter. Auch Versicherungsvertreter sind als Einfirmenvertreter iS des § 92a I anzusehen, wenn ihnen untersagt ist, ohne Einwilligung des Versicherers für andere Unternehmen tätig zu werden; es liegt dann ein Fall des I vor (Baumbach/Hopt/*Hopt* § 92a Rn 5). Das gilt darüber hinaus auch für Versicherungsvertreter, die aufgrund eines oder mehrerer Verträge Geschäfte für mehrere Versicherer eines Versicherungskonzerns oder einer zwischen ihnen bestehenden Organisationsgemeinschaft zu vermitteln und abzuschließen haben, wenn die Beendigung des Vertragsverhältnisses mit einem Versicherer im Zweifel auch die Beendigung des Vertragsverhältnisses mit dem anderen Versicherer nach sich zieht (§ 92a II). Auch für diesen Personenkreis können durch RechtsVO Mindestarbeitsbedingungen gem I festgesetzt werden und darüber hinaus bestimmt werden, ob die festgesetzten Leistungen v allen Versicherern als Gesamtschuldnern 2 oder anteilig oder nur von einem der Versicherer geschuldet werden und wie der Ausgleich unter ihnen zu erfolgen hat (II 2). Eine solche RechtsVO ist bisher nicht ergangen.

§ 92b Handelsvertreter im Nebenberuf

(1) ¹Auf einen Handelsvertreter im Nebenberuf sind §§ 89 und 89b nicht anzuwenden. ²Ist das Vertragsverhältnis auf unbestimmte Zeit eingegangen, so kann es mit einer Frist von einem Monat für den Schluss eines Kalendermonats gekündigt werden; wird eine andere Kündigungsfrist vereinbart, so muss sie für beide Teile gleich sein. ³Der Anspruch auf einen angemessenen Vorschuss nach § 87a Abs. 1 Satz 2 kann ausgeschlossen werden.
(2) Auf Abs. 1 kann sich nur der Unternehmer berufen, der den Handelsvertreter ausdrücklich als Handelsvertreter im Nebenberuf mit der Vermittlung oder dem Abschluss von Geschäften betraut hat.
(3) Ob ein Handelsvertreter nur als Handelsvertreter im Nebenberuf tätig ist, bestimmt sich nach der Verkehrsauffassung.
(4) Die Vorschriften der Abs. 1 bis 3 gelten sinngemäß für Versicherungsvertreter und für Bausparkassenvertreter.

Übersicht Rdn. Rdn.
A. Begriff des Handelsvertreters im Nebenberuf.................... 1
B. Besonderheiten..................... 2
C. Versicherungsvertreter und Bausparkassenvertreter.................... 3

1 **A. Begriff des Handelsvertreters im Nebenberuf.** Das Gesetz enthält keine Begriffsbestimmung des Handelsvertreters im Nebenberuf, sondern verweist auf die Verkehrsauffassung (III). Danach liegt Hauptberuflichkeit vor, wenn der Handelsvertreter durch seine Tätigkeit überwiegend in Anspruch genommen wird und aus ihr auch sein überwiegendes Arbeitseinkommen bezieht. Um eine nebenberufliche Tätigkeit handelt es sich dann, wenn nur eine der beiden Voraussetzungen vorliegt und der Handelsvertreter darüber hinaus einen Hauptberuf ausübt, der sich v der Handelsvertretungstätigkeit deutlich abgrenzen lässt und zu ihr in einem Gegensatz steht (vgl zur Abgrenzung zB BGH 18.4.2007, VIII ZR 117/06, NJW-RR 2007, 1286; 4.11.1998, VIII ZR 248/97, DB 1999, 429).

2 **B. Besonderheiten.** Für Handelsvertreter im Nebenberuf gelten nicht die Kdg-Fristen des § 89. Vielmehr kann das Vertragsverhältnis, wenn es auf unbestimmte Zeit eingegangen ist, v jeder Vertragspartei mit einer Frist von 1 Monat für den Schluss eines Kalendermonats gekündigt werden. Andere Kdg-Fristen können vereinbart werden, müssen dann aber für beide Seiten gleich sein (I 1, 2; zu den Grenzen: BGH 21.3.2013, VII ZR 224/12, NJW 2013, 2111). Dem Handelsvertreter im Nebenberuf steht kein gesetzlicher Ausgleichsanspruch nach § 89b zu (I 1), ein solcher Anspruch kann aber vereinbart werden. Auf diese Besonderheiten kann sich ein Unternehmer nur berufen, wenn er den Handelsvertreter ausdrücklich als Handelsvertreter im Nebenberuf mit der Vermittlung oder dem Abschluss v Geschäften betraut hat (II).

3 **C. Versicherungsvertreter und Bausparkassenvertreter.** Für diesen Personenkreis (s § 92 Rdn 1) gelten die Vorschriften zum Handelsvertreter im Nebenberuf entsprechend (IV).

Insolvenzordnung (InsO)

Vom 5.10.1994 (BGBl I S 2866), zuletzt geändert durch Artikel 16 des Gesetzes vom 20.11.2015 (BGBl. I S. 2010)

– Auszug –

§ 113 Kündigung eines Dienstverhältnisses

¹Ein Dienstverhältnis, bei dem der Schuldner der Dienstberechtigte ist, kann vom Insolvenzverwalter und vom anderen Teil ohne Rücksicht auf eine vereinbarte Vertragsdauer oder einen vereinbarten Ausschluss des Rechts zur ordentlichen Kündigung gekündigt werden. ²Die Kündigungsfrist beträgt drei Monate zum Monatsende, wenn nicht eine kürzere Frist maßgeblich ist. ³Kündigt der Verwalter, so kann der andere Teil wegen der vorzeitigen Beendigung des Dienstverhältnisses als Insolvenzgläubiger Schadenersatz verlangen.

Übersicht	Rdn.		Rdn.
A. Allgemeines	1	C. Kündigungsfrist	6
B. Gesetzliches Kündigungsrecht	2	D. Schadensersatz	7

A. Allgemeines. Nach § 108 bleibt ein Arbeitsverhältnis auch bei Eröffnung eines Insolvenzverfahrens bestehen. Die Vorschrift des § 113 ermöglicht daher den beschleunigten Personalabbau bei der Sanierung oder Liquidation eines insolventen Unternehmens (zur Anwendbarkeit auf Insolvenzverfahren nach ausländischem Recht LAG Hessen 5.3.2014, 12 Sa 265/13, ZInsO 2015, 404). Wesentliches Regelungsziel der Norm ist ein Ausgleich zwischen den Interessen der Insolvenzgläubiger an der Erhaltung der Masse und den Belangen der Dienstverpflichteten (BT-Drs 12/7302, S 169). Hins der Kdg gelten grds die allg Regeln. Insb sind das KSchG (BAG 5.12.2002, 2 AZR 571/01, AP KSchG 1969 § 1 Betriebsbedingte Kdg Nr 125; 26.7.2007, 8 AZR 769/06, NZA 2008, 112), die Formvorschrift des § 623 BGB und die BR-Anhörung nach § 102 BetrVG zu beachten (BAG 28.8.2003, 2 AZR 377/02, AP BetrVG 1972 § 102 Nr 134). § 113 lässt das Recht zur außerordentlichen Kdg aus wichtigem Grund unberührt. Auch die Eröffnung des Insolvenzverfahrens stellt als solche keinen wichtigen Grund für eine Kdg dar (BAG 25.10.1968, 2 AZR 23/68, AP KO § 22 Nr 1). Die Vorschrift des § 113 ist zwingendes Recht. § 4 KSchG findet Anwendung. 1

B. Gesetzliches Kündigungsrecht. Der Begriff der Kdg ist weit auszulegen, sodass auch die Änderungs-Kdg erfasst ist. Die Vorschrift gilt für **alle Dienstverhältnisse iSd § 611 BGB** und ist nicht etwa auf das Vorliegen eines Arbeitsverhältnisses beschränkt. Die Norm ist daher auch auf AN-ähnliche Personen wie Heimarbeiter, Heimgewerbetreibende und Einfirmenvertreter gem § 92a HGB anzuwenden. Bei den Mitgliedern von Organen juristischer Personen ist zwischen der Organstellung und dem Dienstverhältnis zu unterscheiden. Letzteres kann nach § 113 gekündigt werden, wobei unerheblich ist, ob es sich um einen Allein-Gesellschafter-Geschäftsführer oder um eine Einmann-Gesellschaft handelt (BGH 25.6.1979, II ZR 219/78, ZIP 1980, 46; OLG Hamm 2.6.1986, 2 U 298/85, ZIP 1987, 121; 27.1.1992, 8 U 200/91, ZIP 1992, 418). Umstr ist die Anwendung des § 113 auf Ausbildungsverhältnisse. Wendet man § 113 auf Ausbildungsverhältnisse an, so werden diese ordentlich kündbar (Andres/Leithaus/*Andres* § 113 Rn 4). Dem steht jedoch entgegen, dass § 22 II BBiG als vorrangige Vorschrift nach Ablauf der Probefrist die ordentliche Kdg ausschließt. Eine Kdg ist daher nur außerordentlich möglich, zB bei Wegfall der tatsächlichen Ausbildungsmöglichkeiten infolge einer Betriebsstilllegung. Die außerordentliche Kdg eines Ausbildungsverhältnisses in der Insolvenz ist mit der gesetzlichen Frist des § 113 als Auslauffrist zu erklären (ErfK/*Müller-Glöge* § 113 Rn 3). Schließlich ist § 113 nach hM auch auf ein noch nicht angetretenes Dienstverhältnis anwendbar: In solchen Fällen beginnt die Kdg-Frist mit Zugang der Kdg-Erklärung zu laufen (ErfK/*Müller-Glöge* § 113 Rn 7; zur eingeschränkten Anwendbarkeit des § 113 bei einem erst vom InsV begründeten ArbVerh. *Kraft/Lambrecht* NZI 2015, 639). 2

Die Norm begründet in S 1 ein gesetzliches Kdg-Recht ungeachtet der vereinbarten Vertragsdauer oder des vereinbarten Ausschlusses des ordentlichen Kdg-Rechts. Da allein »vereinbarte« Tatbestände erfasst werden, werden die **gesetzlichen Ausschlüsse der ordentlichen Kdg** insb in § 9 MuSchG, § 18 BEEG und § 85 SGB IX von § 113 **nicht verdrängt**. § 113 überwindet hingegen einzelvertragliche Ausschlüsse ordentlicher Kdg (BAG 19.1.2000, 4 AZR 70/99, ZIP 2000, 985; 6.7.2000, 2 AZR 695/99, ZIP 2000, 1941) sowie solche, die auf BV oder § 323 UmwG (BAG 22.9.2005, 6 AZR 526/04, EzA § 113 InsO Nr 18) oder auf TV 3 beruhen (BAG 19.1.2000, 4 AZR 70/99, EzA § 113 InsO Nr 10, zur Verdrängung einer Ausschlussklausel in einem SanierungsTV: LAG Düsseldorf 18.11.2015, 4 Sa 478/15, JurionRS 2015, 37244). Verfassungsrechtliche Bedenken bestehen insofern nicht (BAG 19.1.2000, 4 AZR 70/99, JurionRS 2000, 10220).

4 Das Kdg-Recht besteht sowohl zugunsten des Insolvenzverwalters wie auch zugunsten des Dienstverpflichteten. Es beginnt wegen seiner systematischen Stellung im 3. Teil der InsO erst mit der Eröffnung des Insolvenzverfahrens. Ein gem §§ 22, 23 mit umfassenden Rechten ausgestatteter starker **vorläufiger Insolvenzverwalter** kann daher allenfalls nach den allg Vorschriften, nicht jedoch nach § 113 kündigen (BAG 20.1.2005, 2 AZR 134/04, BB 2005, 1685; zu § 1 V KSchG BAG 28.6.2012, 6 AZR 780/10, EzA § 17 KSchG Nr. 26).

5 Bei **Altersteilzeitarbeitsverhältnissen** ist beim Blockmodell in der Arbeitsphase eine sozial gerechtfertigte Kdg möglich (BAG 16.6.2005, 6 AZR 476/04, ZIP 2005, 1842). In der Freistellungsphase ist eine Kdg hingegen auch bei vollständiger Betriebseinstellung nicht möglich, da keine dringenden betrieblichen Erfordernisse nach § 1 II KSchG der Weiterbeschäftigung entgegenstehen (BAG 5.12.2002, 2 AZR 571/01, EzA § 1 KSchG Betriebsbedingte Kündigung Nr 125). Auch der bes gesetzliche Kdg-Schutz von **BR-Mitgliedern** nach § 15 KschG bleibt im Insolvenzverfahren bestehen, sodass sie nicht in die Sozialauswahl einzubeziehen sind (BAG 17.11.2005, 6 AZR 118/05, NZA 2006, 370, 371). Die Eröffnung des Insolvenzverfahrens stellt keinen wichtigen Grund dar, einem BR-Mitglied außerordentlich zu kündigen (BAG 29.3.1977, 1 AZR 46/75, AP BetrVG 1972 § 102 Nr 11).

6 **C. Kündigungsfrist.** Die 3-Monatsfrist aus S 2 verdrängt als lex specialis die gesetzlichen Fristen des § 622 BGB sowie etwaige tarif- und einzelvertragliche Fristen, soweit diese eine längere Kdg-Frist vorsehen. Das schließt auch eine bereits vor Insolvenzeröffnung mit längerer Frist ausgesprochene Kdg ein; der Verwalter kann mit kürzerer Frist nachkündigen (zuletzt BAG 22.4.2010, 6 AZR 948/08, EzA § 17 KSchG Nr. 22). Kürzere Fristen bleiben stets anwendbar (BAG 27.2.2014, 6 AZR 301/12, JurionRS 2014, 13074). Liegt die vereinbarte Frist zwischen der gesetzlichen Mindestfrist und der 3-Monatsfrist des § 113, so ist die vereinbarte Frist maßgeblich (BAG 3.12.1998, 2 AZR 425/98, AP InsO § 113 Nr 3). § 113 S 2 untersagt es dem InsV nicht mit längerer Frist zu kündigen, ohne Anspruch darauf aus Art. 6 GG (BAG 27.2.2014, 6 AZR 301/12, JurionRS 2014, 13074). Beim vollständigem Ausschluss der ordentlichen Kdg gilt grds die 3-Monatsfrist aus § 113 S 2 (BAG 19.1.2000, 4 AZR 70/99, EzA § 113 InsO Nr 10; 6.7.2000, 2 AZR 695/99, EzA § 113 InsO Nr 11). Die Höchstfrist des § 113 S 2 gilt auch für eine Kdg durch den Dienstverpflichteten. Eine eingeschränkte Anwendbarkeit nach mehrmaliger unwirksamer Kündigung ist abzulehnen (LAG Rheinland-Pfalz 16.6.2014, 2 Sa 23/14, JurionRS 2014, 23456).

7 **D. Schadensersatz.** Im Fall einer Kdg durch den Insolvenzverwalter entsteht gem S 3 ein Schadensersatzanspruch des Dienstverpflichteten. Der sog **Verfrühungsschaden** kann allerdings nur als Insolvenzforderung gem § 38 ersetzt verlangt werden. Der verschuldensunabhängige Schadensersatzanspruch entsteht nicht, wenn das Dienstverhältnis auch ohne § 113 zum fraglichen Zeitpunkt hätte gekündigt werden dürfen. Er ist ebenso ausgeschlossen, wenn das Arbeitsverhältnis durch Prozessvergleich beendet wird (BAG 19.11.2015, 6 AZR 558/14, NZI 2016, 181). Gegenstand des Ersatzanspruchs ist die Fortzahlung des Arbeitsentgelts für die Zeitspanne, um die sich das Arbeitsverhältnis infolge der vorzeitigen Kdg durch den Insolvenzverwalter verkürzt hat. Im Fall einer vorzeitigen Auflösung eines ordentlich unkündbaren Dienstverhältnisses ist der Schadensersatzanspruch auf die ohne die vereinbarte Unkündbarkeit maßgebliche längste ordentliche Kdg-Frist beschränkt (zuletzt BAG 16.12.2010, 6 AZN 1113/10 nv). Die §§ 9, 10 KSchG finden hier im Gegensatz zu § 628 II BGB keine entspr Anwendung. (BAG 16.5.2007, 8 AZR 772/06, ZIP 2007, 1829; ErfK/*Müller-Glöge* § 113 Rn 14; aA 1. Aufl). Ein anderweitig erzielter oder erzielbarer Verdienst – insb Alg und Altersruhegeld – ist nach § 615 S 2 BGB anzurechnen (Andres/Leithaus/*Andres* § 113 Rn 25). Die Eigen-Kdg des AN sowie der Abschluss einer Aufhebungsvereinbarung schließen den Schadensersatzanspruch nach S 3 jedoch aus (BAG 25.4.2007, 6 AZR 622/06, 1875, AP § 113 InsO Nr 23; aA KR/*Weigand* §§ 113, 120-124 InsO, Rn 94, der jedoch ein schuldhaftes Verhalten des AG voraussetzt). Die Vereinbarung einer Ausschlussfrist im Insolvenzplan ist zulässig (LAG Düsseldorf 3.7.2014, 4 Sa 225/14, ZInsO 2014, 2378).

§ 120 Kündigung von Betriebsvereinbarungen

(1) ¹Sind in Betriebsvereinbarungen Leistungen vorgesehen, welche die Insolvenzmasse belasten, so sollen Insolvenzverwalter und Betriebsrat über eine einvernehmliche Herabsetzung der Leistungen beraten. ²Diese Betriebsvereinbarungen können auch dann mit einer Frist von drei Monaten gekündigt werden, wenn eine längere Frist vereinbart ist.

(2) Unberührt bleibt das Recht, eine Betriebsvereinbarung aus wichtigem Grund ohne Einhaltung einer Kündigungsfrist zu kündigen.

Übersicht	Rdn.		Rdn.
A. Allgemeines	1	C. Beratungsgebot	5
B. BV	3	D. Kdg	6

A. Allgemeines. Die Vorschrift dient der Entlastung der Insolvenzmasse von Personalkosten, die im 1 insolventen Unternehmen nicht mehr gerechtfertigt erscheinen (BT-Drs 12/2443, S 153; krit. *Mückl/Krings* ZIP 2015, 1714). Für die vorzeitige Kdg kommt es nicht darauf an, ob das Unternehmen oder der betreffende Betrieb fortgeführt, veräußert oder stillgelegt wird. § 120 vereinfacht jedoch die Betriebsveräußerung insofern, als ein Erwerber nach § 613a I 2 BGB an bestehende BV gebunden wäre.

Anders als § 113 räumt die Vorschrift ihrem Wortlaut nach kein Kdg-Recht ein, sondern trifft lediglich eine 2 Fristbestimmung. Da die Vorschrift aber darauf abzielt, über das gesetzliche Maß hinausgehende Bindungen an BV zu vermeiden, ist sie **auch auf Fälle anzuwenden, in denen die Betriebsparteien die ordentliche Kdg der BV ganz ausgeschlossen haben**. Gleiches gilt, wenn an sich vereinbarte inhaltliche Anforderungen für eine Kdg nicht vorliegen. Die Vorschrift ist unabdingbar. Die Feststellung in II, dass das Recht zur außerordentlichen Kdg unberührt bleibt, ist rein deklaratorisch. Denn auch in der Insolvenz gelten die allg Grds für eine außerordentliche Kdg oder auch für den Wegfall der Geschäftsgrundlage (BT-Drs 12/2443, S 153).

B. BV. § 120 I erfasst einfache BV, Gesamt-BV und Konzern-BV iSd § 77 BetrVG unabhängig davon, ob 3 sie Fragen der freiwilligen (§ 88 BetrVG) oder erzwingbaren (§ 87 BetrVG) Mitbestimmung regeln. Unter den Tatbestand des § 120 fallen ferner Sozialpläne, solange sie nicht weniger als 3 Monate vor Verfahrenseröffnung vereinbart wurden und deshalb § 124 einschlägig ist. Auch Regelungsabreden sind nach § 120 kündbar.

Die für eine Kdg notwendige **Belastung** der Insolvenzmasse durch die BV liegt immer dann vor, wenn 4 die BV unmittelbare Leistungspflichten des AG begründet. Nach zutreffender Ansicht liegt nur bei einer negativen Vermögensbeeinträchtigung im Zeitpunkt der Verfahrenseröffnung eine belastende Wirkung vor. Eine negative Vermögensbeeinträchtigung ist nicht nur bei Entgeltzusagen, sondern bspw auch bei Verpflichtungen des AG zum Unterhalt einer Betriebskantine, eines Betriebskindergartens oder sonstiger sozialer Einrichtungen gegeben. Es gibt daher kein Kdg-Recht für BV mit bloß organisatorischem Regelungsinhalt, solange sich keine Annexwirkungen auf Leistungspflichten des AG ergeben, wie dies zB bei Arbeitszeitregelungen der Fall sein kann, die zu Entgelterhöhungen oder Zuschlägen führen (Kübler/Prütting/*Moll* § 120 Rn 19a; MüKo-InsO/*Löwisch/Caspers* § 120 Rn 10). Grds kündbar sind auch BV über die betriebliche Altersvorsorge (BAG 11.5.1999, 3 AZR 21/98, EzA § 1 BetrAVG Betriebsvereinbarung Nr 1). Allerdings werden unverfallbare Anwartschaften und Versorgungsansprüche nach §§ 7 ff BetrAVG gesichert.

C. Beratungsgebot. Die Aufforderung zu Verhandlungen richtet sich an beide Betriebsparteien und 5 schließt den Fall ein, dass über einen völligen Wegfall der Leistung beraten wird. **Umstr** ist, ob eine ordentliche Kdg nach § 120 I 2 erst zulässig ist, nachdem der kündigende Teil einen Verhandlungsversuch unternommen hat. Wegen der Soll-Formulierung haben jedoch weder der BR noch der Insolvenzverwalter einen Anspruch darauf, dass es überhaupt zu Verh kommt. Ein Verstoß gegen das Verhandlungsgebot bleibt daher folgenlos (Andres/Leithaus/*Andres* § 120 Rn 5; Kübler/Prütting/*Moll* § 120 Rn 31 f; aA MüKo-InsO/*Löwisch/Caspers* § 120 Rn 21).

D. Kdg. Die **Höchstkündigungsfrist** des § 120 I entspricht der ebenfalls 3-monatigen gesetzlichen Frist 6 aus § 77 V BetrVG. Wenn die Betriebsparteien eine längere Kdg-Frist als die in § 77 V BetrVG vorgesehene vereinbart haben, so wird diese durch § 120 I 2 verdrängt. Auch bei einem gänzlichen Ausschluss der ordentlichen Kdg in der BV gilt die 3-Monatsfrist des § 120 I 2. Ist hingegen eine kürzere Frist vereinbart, so bleibt diese erhalten. An den Ausspruch der Kdg werden keine bes Voraussetzungen geknüpft, es gelten insofern die allg betriebsverfassungsrechtlichen Grds, wonach die Kdg einer BV keines rechtfertigenden sachlichen Grundes bedarf (BAG 9.2.1989, 8 AZR 310/87, AP BetrVG 1972 § 77 Nr 40; 10.2.1992, 3 ABR 54/91, AP BetrAVG § 1 Betriebsvereinbarung Nr 5).

Da § 120 I die Rechtsfolgen der Kdg nicht gesondert regelt, sind diese nach den allg Vorschriften zu bestim- 7 men. Mitbestimmungspflichtige und damit erzwingbare BV gelten wegen der **Nachwirkung** aus § 77 VI BetrVG fort, bis eine neue Regelung sie ersetzt. Die Nachwirkung gilt auch im Fall des § 120 sowie bei einer außerordentlichen Kdg (BAG 10.8.1994, 10 ABR 61/93, ZIP 1995, 1037, 1041). Die Nachwirkung tritt jedoch dann nicht ein, wenn sie nicht auf G, sondern lediglich auf einer Vereinbarung der Betriebsparteien in der BV beruht (Kübler/Prütting/*Moll* § 120 Rn 41 ff; MüKo-InsO/*Löwisch/Caspers* § 120 Rn 34). Arbeitsvertragliche Regelungen, die wegen des Günstigkeitsprinzips suspendiert waren, leben mit dem Wegfall der BV wieder auf (Andres/Leithaus/*Andres* § 120 Rn 14).

§ 121 Betriebsänderungen und Vermittlungsverfahren
Im Insolvenzverfahren über das Vermögen des Unternehmers gilt § 112 Abs. 2 Satz 1 des Betriebsverfassungsgesetzes mit der Maßgabe, dass dem Verfahren vor der Einigungsstelle nur dann ein Vermittlungsversuch vorangeht, wenn der Insolvenzverwalter und der Betriebsrat gemeinsam um eine solche Vermittlung ersuchen.

§ 122 Gerichtliche Zustimmung zur Durchführung einer Betriebsänderung
(1) ¹Ist eine Betriebsänderung geplant und kommt zwischen Insolvenzverwalter und Betriebsrat der Interessenausgleich nach § 112 des Betriebsverfassungsgesetzes nicht innerhalb von drei Wochen nach Verhandlungsbeginn oder schriftlicher Aufforderung zur Aufnahme von Verhandlungen zustande, obwohl der Verwalter den Betriebsrat rechtzeitig und umfassend unterrichtet hat, so kann der Verwalter die Zustimmung des Arbeitsgerichts dazu beantragen, dass die Betriebsänderung durchgeführt wird, ohne dass das Verfahren nach § 112 Abs. 2 des Betriebsverfassungsgesetzes vorangegangen ist. ²§ 113 Abs. 3 des Betriebsverfassungsgesetzes ist insoweit nicht anzuwenden. ³Unberührt bleibt das Recht des Verwalters, einen Interessenausgleich nach § 125 zustande zu bringen oder einen Feststellungsantrag nach § 126 zu stellen.
(2) ¹Das Gericht erteilt die Zustimmung, wenn die wirtschaftliche Lage des Unternehmens auch unter Berücksichtigung der sozialen Belange der Arbeitnehmer erfordert, dass die Betriebsänderung ohne vorheriges Verfahren nach § 112 Abs. 2 des Betriebsverfassungsgesetzes durchgeführt wird. ²Die Vorschriften des Arbeitsgerichtsgesetzes über das Beschlussverfahren gelten entsprechend; Beteiligte sind der Insolvenzverwalter und der Betriebsrat. ³Der Antrag ist nach Maßgabe des § 61a Abs. 3 bis 6 des Arbeitsgerichtsgesetzes vorrangig zu erledigen.
(3) ¹Gegen den Beschluss des Gerichts findet die Beschwerde an das Landesarbeitsgericht nicht statt. ²Die Rechtsbeschwerde an das Bundesarbeitsgericht findet statt, wenn sie in dem Beschluss des Arbeitsgerichts zugelassen wird; § 72 Abs. 2 und 3 des Arbeitsgerichtsgesetzes gilt entsprechend. ³Die Rechtsbeschwerde ist innerhalb eines Monats nach Zustellung der in vollständiger Form abgefassten Entscheidung des Arbeitsgerichts beim Bundesarbeitsgericht einzulegen und zu begründen.

Übersicht	Rdn.		Rdn.
A. Allgemeines	1	C. Arbeitsgerichtliche Zustimmung nach § 122	4
B. Entbehrlichkeit des Vermittlungsverfahrens nach § 121	3		

1 **A. Allgemeines.** Eine Insolvenz hat meist Betriebsänderungen, regelmäßig in der Form von Stilllegungen und Entlassungen, zur Folge. Die Vorschriften der §§ 111–113 BetrVG, welche die Mitwirkung und Mitbestimmung des BR bei Betriebsänderungen regeln, bleiben auch im Insolvenzverfahren grds anwendbar. §§ 121–124 passen deshalb die Rechte des BR bei einer Betriebsänderung an die Erfordernisse des Insolvenzverfahrens an. Durch die Vorschriften sollen die **Interessenausgleichsverh abgekürzt und Nachteilausgleichsansprüche nach § 113 BetrVG vermieden** werden (BAG 22.7.2003, 1 AZR 541/02, ZIP 2003, 2216). Das Interessenausgleichsverfahren nach § 125 und das Beschlussverfahren nach § 126 bleiben gem § 122 I 3 von der Durchführung des Zustimmungsverfahrens unberührt.

2 Gem § 111 BetrVG ist eine **Betriebsänderung** dann gegeben, wenn ein Betrieb mit mehr als 20 wahlberechtigten Mitarbeitern und einem BR oder ein wesentlicher Betriebsteil eingeschränkt, stillgelegt oder verlegt werden, der Betrieb mit einem anderen zusammengelegt oder gespalten wird oder wesentliche innerbetriebliche Änderungen vorgenommen werden. Das Wort »geplant« im Tatbestand des § 111 BetrVG wie auch des § 122 stellt sicher, dass der BR in einem möglichst frühen Stadium an der Planung beteiligt wird. Es besagt dagegen nicht, dass die dem BR eingeräumten Mitwirkungs- und Mitbestimmungsrechte dann fortfallen, wenn eine Betriebsänderung ohne vorausschauende Planung ad hoc durchgeführt wird oder werden muss (BAG 17.9.1974, 1 AZR 16/74, AP BetrVG 1972 § 113 Nr 1). In der Praxis kommt

eine Betriebsänderung häufig auch dann vor, wenn der Geschäftsbetrieb oder ein Teil davon kurz nach der Verfahrenseröffnung eingestellt wird und nur noch eine »Ausproduktion« vorgenommen wird (Andres/Leithaus/*Andres* § 122 Rn 2). Verstößt der Insolvenzverwalter gegen die Beteiligungsrechte des BR bei einer Betriebsänderung, so läuft er Gefahr, dass gem § 113 III BetrVG Nachteilsausgleichsansprüche gegen ihn entstehen, die im Rang von »echten« Masseverbindlichkeiten iSd § 55 I 1 Nr 1 stehen und für die er nach § 60 persönlich einstandspflichtig sein kann (HWK/*Annuß* § 122 Rn 1).

B. Entbehrlichkeit des Vermittlungsverfahrens nach § 121. Die Vorschrift des § 112 II BetrVG wird durch § 121 dahin gehend modifiziert, dass der mit Zeitaufwand verbundene Vermittlungsversuch des Vorstands der BA dann nicht stattfindet, wenn eine Seite dies nicht will. Der dadurch entstehende Zeitgewinn ist jedoch praktisch kaum relevant (Kübler/Prütting/*Moll* § 121 Rn 5). Andererseits kann die Durchführung des Vermittlungsverfahrens dann sinnvoll sein, wenn Zuschüsse der BA zu Sozialplanmaßnahmen in Rede stehen (MüKo-InsO/*Löwisch/Caspers* §§ 121, 122 Rn 29). An die einmal getroffene Absprache, das Vermittlungsverfahren nach § 112 II BetrVG durchzuführen, sind die Betriebsparteien gebunden (HK-InsO/*Linck* § 121 Rn 5). 3

C. Arbeitsgerichtliche Zustimmung nach § 122. Das Verfahren nach § 122 I auf Erteilung der arbeitsgerichtlichen Zustimmung zur Durchführung der Betriebsänderung ist erst dann zulässig, wenn für die Dauer von mind 3 Wochen erfolglos Verh über einen Interessenausgleich geführt bzw versucht wurden. Die **Frist** läuft ab der Aufnahme eines Einigungsverfahrens oder ab Zugang der schriftlichen Aufforderung des BR, mit den Verh zu beginnen. Die Aufforderung zur Aufnahme der Verh muss wegen § 126 BGB vom Insolvenzverwalter eigenhändig unterschrieben sein, eine Übermittlung durch Telefax genügt nicht (HK-InsO/*Linck* § 122 Rn 10). Die 3-Wochenfrist wird nur in Gang gesetzt, wenn der Insolvenzverwalter nach einem objektiven Maßstab seinen **Informationspflichten aus § 111 S 1 BetrVG** umfassend und rechtzeitig nachgekommen ist. Dies ist der Fall, wenn die Information für einen noch möglichen Interessenausgleich verwendet werden kann und wenn über Inhalt, Gründe und Auswirkungen der Betriebsänderung informiert wird. Informations- oder Erklärungsdefizite kann der Insolvenzverwalter aber noch in den Verh oder im Beschlussverfahren ausräumen. Teilt der BR dem Insolvenzverwalter entgegen der Pflicht zur vertrauensvollen Zusammenarbeit gem § 2 I BetrVG nicht unverzüglich mit, dass die Informationen aus seiner Sicht ungenügend waren, so verwirkt er das Recht, sich hierauf zu berufen (ArbG Lingen 9.7.1999, 2 BV 4/99, ZIP 1999, 1892). Nach überwiegender Ansicht kann der Fristbeginn auch schon vor der Eröffnung des Insolvenzverfahrens liegen, wenn schon der spätere Insolvenzschuldner oder der vorläufige Insolvenzverwalter umfassend und rechtzeitig über die geplante Betriebsänderung informiert und zu Verh aufgefordert hat bzw solche begonnen haben (HWK/*Annuß* § 122 Rn 4; Kübler/Prütting/*Moll* § 122 Rn 27). 4

Die **Zustimmung zur Betriebsänderung** wird durch das Gericht erteilt, wenn sie aufgrund der wirtschaftlichen Lage des Unternehmens unter Berücksichtigung der sozialen Belange des AN **ohne Durchlaufen des vollständigen Interessenausgleichsverfahrens geboten ist**. Dabei wägt das Gericht die wirtschaftliche Lage des Unternehmens gegen die sozialen Belange der Beschäftigten ab (Andres/Leithaus/*Andres* § 122 Rn 8). Unter dem Begriff der **wirtschaftlichen Lage des Unternehmens** sind dabei die auf den Erhalt der Insolvenzmasse gerichteten Interessen der Gläubiger zu berücksichtigen. Eine Betriebsänderung ist insofern wirtschaftlich geboten, wenn sie dazu dient, die Entstehung von weiteren, im Verhältnis zur Gesamtmasse nicht unerheblichen Verlusten zu vermeiden oder zu minimieren. Hierbei kommt es insb auf die Eilbedürftigkeit der Umsetzung der vom Insolvenzverwalter geplanten Maßnahmen an (ArbG Lingen 9.7.1999, 2 BV 4/99, ZIP 1999, 1892). Ein Anhaltspunkt für fehlende Eilbedürftigkeit und damit für ein weiteres Zuwarten ist die Deckung der laufenden Kosten inklusive Personalkosten durch die laufenden Einnahmen. Eilbedürftigkeit besteht hingegen insb, wenn die Gefahr einer Masseunzulänglichkeit oder der Einstellung des Verfahrens mangels kostendeckender Masse auftritt (Kübler/Prütting/*Moll* § 122 Rn 45). 5

Hält das Gericht die Durchführung der Betriebsänderung aufgrund der wirtschaftlichen Unternehmenslage für geboten, so hat es in einem 2. Schritt zu prüfen, ob die **sozialen Belange der AN** die Durchführung des allg Verfahrens dennoch gebieten. Es kommt darauf an, ob soziale Belange vorliegen, die **gerade für die Durchführung des Einigungsverfahrens sprechen**. Unerheblich ist hingegen, dass die Durchführung des Einigungsstellenverfahrens ein Hinausschieben der Kdg-Termine bedingt (ArbG Lingen 9.7.1999, 2 BV 4/99, ZIP 1999, 1892; Uhlenbruck/*Berscheid/Ries* §§ 121, 122 Rn 73; Kübler/Prütting/*Moll* § 122 Rn 47; Nerlich/Römermann/*Hamacher* § 122 Rn 59). 6

Der Insolvenzverwalter trägt die **Darlegungs- und Beweislast** für die bes Dringlichkeit der Betriebsänderung. Der BR muss hingegen durch Aufzeigen von Alternativkonzepten darlegen, dass durch Vermittlung der Einigungsstelle im Interessenausgleichsverfahren oder durch Verh sozialverträglichere Lösungen 7 gefunden werden können (ArbG Lingen 9.7.1999, 2 BV 4/99, ZIP 1999, 1892; Kübler/Prütting/*Moll* § 122 Rn 48).

8 **Folge der arbeitsgerichtlichen Zustimmung** ist, dass der Insolvenzverwalter die Betriebsänderung ohne ein Einigungsstellenverfahren umsetzen kann. Die Nachteilsausgleichsansprüche der AN aus § 113 III BetrVG sowie ein etwaiger Anspruch des BR auf Unterlassung (dazu sogleich) der Betriebsänderung entfallen. Diese Folgen treten allerdings erst mit Rechtskraft ein. Da eine nachträgliche Zustimmung des ArbG unmöglich ist, entstehen bei fehlender Zustimmung Nachteilsansprüche nach § 113 III BetrVG, die als Masseverbindlichkeiten zu berücksichtigen sind. Diesbezüglich ist umstr, ob auf sie die Grenze des § 123 II anzuwenden ist (so Andres/Leithaus/*Andres* §§ 121, 122 Rn 11; aA BAG 22.7.2003, 1 AZR 541/02, ZIP 2003, 2216).

9 Ob man während der 3-Wochenfrist eine **einstweilige Verfügung** des BR gegen eine vorzeitige **Betriebsänderung** für zulässig hält, hängt davon ab, ob man dem BR bei Verletzung seiner Rechte aus §§ 111, 112 BetrVG auch in der Insolvenz des Unternehmens einen **Unterlassungsanspruch** gewährt. Dies ist deshalb zu bejahen, weil der Nachteilsausgleichsanspruch als individual-rechtliche Maßnahme keine wirksame kollektivrechtliche Sanktion für einen Verstoß gegen die Verhandlungspflicht darstellt (ArbG Hannover 4.2.1997, 10 BV Ga 1/97, ZIP 1997, 474; Andres/Leithaus/*Andres* §§ 121, 122 Rn 12; Uhlenbruck/*Berscheid/Ries* §§ 121, 122 Rn 95 ff; aA LAG Nds 27.3.1997, 16 TaBV 18/97, ZIP 1997, 1201; Kübler/Prütting/*Moll* § 122 Rn 53). Hins der **arbeitsgerichtlichen Zustimmung** zur Betriebsänderung ist ein **einstweiliges Verfügungsverfahren** hingegen wegen des Verweises in § 122 II 2 auf § 85 II ArbGG eindeutig zulässig. Umstr ist insofern lediglich, ob eine einstweilige Verfügung generell (Uhlenbruck/*Berscheid/Ries* §§ 121, 122 Rn 92) oder lediglich in Ausnahmefällen – etwa bei sonst eintretender Sanierungsvereitelung oder sonst drohender Einstellung des Insolvenzverfahrens nach § 207 I – zulässig ist (Kübler/Prütting/ *Moll* § 122 Rn 62; MüKo-InsO/*Löwisch/Caspers* §§ 121, 122 Rn 57 f).

10 Einziges zulässiges **Rechtsmittel** gegen den Beschl ist die **Rechtsbeschwerde an das BAG**, die vom ArbG zugelassen werden kann, wenn entweder eine Sache von grds Bedeutung oder ein Divergenzfall vorliegt (§ 122 II 2 iVm § 72 II ArbGG). Sie ist innerhalb 1 Monats nach Zustellung des vollständigen Urt beim BAG einzulegen und zu begründen. Eine Nichtzulassungsbeschwerde ist mangels Verweises auf § 92a ArbGG nicht statthaft (Kübler/Prütting/*Moll* § 122 Rn 60).

§ 123 Umfang des Sozialplans

(1) In einem Sozialplan, der nach der Eröffnung des Insolvenzverfahrens aufgestellt wird, kann für den Ausgleich oder die Milderung der wirtschaftlichen Nachteile, die den Arbeitnehmern infolge der geplanten Betriebsänderung entstehen, ein Gesamtbetrag von bis zu zweieinhalb Monatsverdiensten (§ 10 Abs. 3 des Kündigungsschutzgesetzes) der von einer Entlassung betroffenen Arbeitnehmer vorgesehen werden.

(2) [1]Die Verbindlichkeiten aus einem solchen Sozialplan sind Masseverbindlichkeiten. [2]Jedoch darf, wenn nicht ein Insolvenzplan zustande kommt, für die Berichtigung von Sozialplanforderungen nicht mehr als ein Drittel der Masse verwendet werden, die ohne einen Sozialplan für die Verteilung an die Insolvenzgläubiger zur Verfügung stünde. [3]Übersteigt der Gesamtbetrag aller Sozialplanforderungen diese Grenze, so sind die einzelnen Forderungen anteilig zu kürzen.

(3) [1]Sooft hinreichende Barmittel in der Masse vorhanden sind, soll der Insolvenzverwalter mit Zustimmung des Insolvenzgerichts Abschlagszahlungen auf die Sozialplanforderungen leisten. [2]Eine Zwangsvollstreckung in die Masse wegen einer Sozialplanforderung ist unzulässig.

§ 124 Sozialplan vor Verfahrenseröffnung

(1) Ein Sozialplan, der vor der Eröffnung des Insolvenzverfahrens, jedoch nicht früher als drei Monate vor dem Eröffnungsantrag aufgestellt worden ist, kann sowohl vom Insolvenzverwalter als auch vom Betriebsrat widerrufen werden.

(2) Wird der Sozialplan widerrufen, so können die Arbeitnehmer, denen Forderungen aus dem Sozialplan zustanden, bei der Aufstellung eines Sozialplans im Insolvenzverfahren berücksichtigt werden.

(3) [1]Leistungen, die ein Arbeitnehmer vor der Eröffnung des Verfahrens auf seine Forderung aus dem widerrufenen Sozialplan erhalten hat, können nicht wegen des Widerrufs zurückgefordert werden. [2]Bei der Aufstellung eines neuen Sozialplans sind derartige Leistungen an einen von einer Entlassung betroffenen Arbeitnehmer bei der Berechnung des Gesamtbetrags der Sozialplanforderungen nach § 123 Abs. 1 bis zur Höhe von zweieinhalb Monatsverdiensten abzusetzen.

Übersicht

	Rdn.		Rdn.
A. Allgemeines	1	C. Sozialplan innerhalb der Rückgriffszeit nach § 124	11
B. Sozialplan innerhalb des Insolvenzverfahrens nach § 123	4		

A. Allgemeines. Die Vorschriften des BetrVG bleiben auch im Insolvenzverfahren anwendbar, »um der Schutzbedürftigkeit der AN in der Insolvenz ihres AG« gerecht zu werden (BT-Drs 12/2443, S 97; vgl auch BAG 17.9.1974, 1 AZR 16/74, AP BetrVG 1972 § 113 Nr 1). Deshalb muss bei Betriebsänderungen nach §§ 112, 112a BetrVG ein Sozialplan aufgestellt werden, der im Insolvenzverfahren aber bes Anforderungen hins der Begrenzung des Volumens und der erfassten AN unterliegt (Andres/Leithaus/*Andres* §§ 123, 124 Rn 1). Der **Sozialplan** ist gem § 112 I 2 BetrVG die **Einigung** zwischen AG/Insolvenzverwalter und dem BR **über den Ausgleich oder die Milderung der wirtschaftlichen Nachteile**, die den AN infolge der geplanten Betriebsänderung entstehen.

Die §§ 123, 124 führen zu einer **Dreiteilung** der Regelungen von Sozialplänen im Zusammenhang mit Insolvenzverfahren: Je nachdem, ob der Sozialplan nach Eröffnung des Insolvenzverfahrens, innerhalb von 3 Monaten vor Eröffnung des Insolvenzverfahrens oder aber mehr als 3 Monate vor Eröffnung des Insolvenzverfahrens aufgestellt wurde, kommt es zu unterschiedlichen Regelungen (Kübler/Prütting/*Moll* §§ 123, 124 Rn 22). Hins des für den **Fristbeginn** maßgeblichen Zeitpunkts der Aufstellung des Sozialplans kommt es darauf an, wann der Plan entweder durch Einigung zwischen AG/Insolvenzverwalter und BR (§ 112 I 2, III 2 BetrVG) oder durch Spruch der Einigungsstelle **zustande gekommen** ist (§ 112 IV 2 BetrVG). Die für den **Fristablauf** ausschlaggebende Eröffnung des Insolvenzverfahrens richtet sich nach dem **Eröffnungsbeschl** gem §§ 27 ff.

Die Vorschriften der §§ 123, 124 erfassen nur solche Sozialpläne, die **entlassene AN zum Gegenstand** haben (Kübler/Prütting/*Moll* §§ 123, 124 Rn 31; aA Nerlich/Römermann/*Hamacher* § 123 Rn 13). Soweit ein Sozialplan zugleich Leistungen an entlassene und weiterbeschäftigte AN enthält, kommen die Vorschriften nur in Bezug auf den entlassenen Teil der AN zur Anwendung, während dem Sozialplan iÜ – vom Wegfall der Geschäftsgrundlage und sonstigen Kdg-Möglichkeiten abgesehen – rechtlicher Bestand zukommt. Sowohl **erzwingbare wie auch freiwillige Sozialpläne** werden erfasst (BAG 1.4.1998, 10 ABR 17/97, ZIP 1998, 1199). Allerdings macht sich der Insolvenzverwalter den Insolvenzgläubigern ggü schadensersatzpflichtig, wenn er einen nicht nach § 112a BetrVG erzwingbaren Sozialplan abschließt, da er damit Masseverbindlichkeiten nach § 55 I Nr 1 begründet. Er wird daher in Anbetracht des für ihn bestehenden Risikos einen freiwilligen Abschluss nur sehr zurückhaltend in Betracht ziehen (Kübler/Prütting/*Moll* § 123, 124 Rn 40).

B. Sozialplan innerhalb des Insolvenzverfahrens nach § 123. Das **zulässige Volumen** eines Sozialplans, der innerhalb des Insolvenzverfahrens abgeschlossen wird, ist **doppelt begrenzt**. Zum einen darf es den 2,5-fachen Gesamtbetrag der Summe der Monatsgehälter der zu entlassenden AN nicht übersteigen. Zum anderen darf das Volumen des Sozialplans den Betrag von einem Drittel der Masse nicht überschreiten.

Hins der **Begrenzung auf den 2,5-fachen Gesamtbetrag der Monatsgehälter** der zu entlassenden AN kommt es auf den **betriebsverfassungsrechtlichen AN-Begriff** nach § 5 BetrVG an: Die Einbeziehung leitender Angestellter in Sozialplanregelungen erhöht die für die Berechnung des Gesamtvolumens relevante AN-Zahl mitsamt deren Monatsverdiensten nicht (Kübler/Prütting/*Moll* §§ 123, 124 Rn 53). Eingerechnet werden neben den zu entlassenden AN auch diejenigen, die **auf Veranlassung des AG** von sich aus kündigen, einen Aufhebungsvertrag schließen oder auf der Basis einer dreiseitigen Vereinbarung in eine Transfergesellschaft übergehen (HK-InsO/*Linck* § 123 Rn 14). Für eine Veranlassung eines Aufhebungsvertrages durch den AG reicht es jedoch nicht aus, wenn der AG unter Hinweis auf die schwierige wirtschaftliche Lage anregt, sich um einen neuen Arbeitsplatz zu bemühen (BAG 20.4.1994, 10 AZR 323/93, ZIP 1994, 1548; 19.7.1995, 10 AZR 885/94, ZIP 1995, 1915). Eine Anfechtung, Befristung oder Kdg aus personen- oder verhaltensbedingten Gründen stellt keine Entlassung aufgrund der Betriebsänderung dar.

Für die Bestimmung des **Monatsverdienstes** kommt es nicht auf den Durchschnittverdienst der im Betrieb beschäftigten AN an. Vielmehr ist der Monatsverdienst für jeden einzelnen von einer Entlassung betroffenen AN zu berechnen (Kübler/Prütting/*Moll* §§ 123, 124 Rn 59). Die Berechnung richtet sich nach § 10 III KSchG, maßgeblicher Zeitpunkt ist der Monat der Aufstellung des Insolvenzplans. Eingeschlossen sind zB das 13. Gehalt, Jahresabschlussvergütungen sowie das Urlaubs- und Weihnachtsgeld, die jew anteilig auf einen Monat umzurechnen sind. Nicht erfasst werden hingegen Überstunden, solange sie nicht über einen längeren Zeitraum erbracht werden (Nerlich/Römermann/*Hamacher* § 123 Rn 19; HK-InsO/*Linck* § 123 Rn 15).

§§ 123–124 InsO   Sozialplan

7   Die **absolute Höchstgrenze** von 2,5-Monatsverdiensten **kann** von der Dotierung des Sozialplans erreicht werden, **muss es aber nicht**. Wenn es die Rücksicht auf Dritte gebietet, können Sozialplanabfindungen nämlich auch gar nicht oder nur in einem geringen Umfang gerechtfertigt sein (BAG 13.12.1978, GS 1/77, AP BetrVG 1972 § 112 Nr 6). Die absolute Höchstgrenze gilt auch im Fall eines Insolvenzplans (Kübler/Prütting/*Moll* §§ 123, 124 Rn 88 f). Wird sie **überschritten**, so ist der Sozialplan wegen § 134 BGB absolut unwirksam. Nach einer Ansicht ist sodann ein neuer Sozialplan zu vereinbaren bzw die Einigungsstelle anzurufen (HK-InsO/*Linck* § 123 Rn 18). Ferner wird vertreten, den Sozialplan im rechtlich zulässigen Umfang aufrechtzuerhalten (Kübler/Prütting/*Moll* §§ 123, 124 Rn 93; MüKo-InsO/*Löwisch/Caspers* § 123 Rn 65) bzw ihn bei eindeutiger Erkennbarkeit der Verteilungsmaßstäbe anteilig zu kürzen (Uhlenbruck/*Berscheid/Ries* §§ 123, 124 Rn 18; Nerlich/Römermann/*Hamacher* § 123 Rn 24; HK-InsO/*Linck* § 123 Rn 19 bei Vorliegen einer entspr Nachbesserungsklausel).

8   Die neben der absoluten Höchstgrenze von 2,5 Monatsgehältern existierende sog **relative Begrenzung** des Volumens des Insolvenzplans auf ein Drittel der Gesamtmasse gilt nicht für den Fall eines Insolvenzplans (MüKo-InsO/*Löwisch/Caspers* § 123 Rn 73). Bei der **Berechnung** der relativen Obergrenze ist nach dem Abzug der Kosten des Insolvenzverfahrens gem § 54 und der sonstigen Masseverbindlichkeiten gem § 55 eine fiktive Teilmasse zu bilden, von der bis zu einem Drittel zur Berichtigung der Sozialplanforderung verwendet werden kann (MüKo-InsO/*Löwisch/Caspers* § 123 Rn 67).

9   Bei einem **Verstoß gegen die relative Begrenzung** sind nach § 123 II 3 die aufgrund des Sozialplans zu zahlenden Beträge anteilig zu kürzen. Obwohl eine Unwirksamkeit des Sozialplans grds ausscheidet, kann in Einzelfällen eine Anpassung nach den Grds des Wegfalls der Geschäftsgrundlage erfolgen (Nerlich/Römermann/*Hamacher* § 123 Rn 35; Andres/Leithaus/*Andres* §§ 123, 124 Rn 14; aA Kübler/Prütting/*Moll* §§ 123, 124 Rn 114). Die aufgrund der Kürzung entfallenen Beträge können zusätzlich als Insolvenzforderung geltend gemacht werden (Andres/Leithaus/*Andres* §§ 123, 124 Rn 14; Uhlenbruck/*Berscheid/Ries* §§ 123, 124 Rn 21; HK-InsO/*Linck* § 123 Rn 25).

10 Folgende **Rechtsfolgen** ergeben sich aus einem **gültigen Sozialplan**: Die dadurch begründeten Forderungen sind **letztrangige Masseforderungen** (Kübler/Prütting/*Moll* §§ 123, 124 Rn 102 f). Ferner sind nach § 123 III 1 mit Zustimmung des Insolvenzgerichts **Abschlagszahlungen** zu leisten, sofern die in der Masse befindlichen Barmittel dies zulassen. Obwohl sowohl der Insolvenzverwalter wie auch die AN die Abschlagszahlungen beim Insolvenzgericht beantragen können, besteht kein Anspruch auf sie (Andres/Leithaus/*Andres* §§ 123, 124 Rn 11; Nerlich/Römermann/*Hamacher* § 123 Rn 41; aA Kübler/Prütting/*Moll* §§ 123, 124 Rn 117; LAG Hamm 14.5.2014, 2 Sa 1652/13, NZI 2015, 139; zur Verjährung: *Pott* NZI 2015, 539). Schließlich ist gem § 123 III 2 eine Zwangsvollstreckung wegen der Sozialplanforderung in die Masse unzulässig; dies kann vom Insolvenzverwalter mit der Erinnerung nach § 766 ZPO geltend gemacht werden.

11 **C. Sozialplan innerhalb der Rückgriffszeit nach § 124.** Für das Widerrufsrecht, das dem Insolvenzverwalter genau wie dem BR für Sozialpläne zusteht, die innerhalb von 3 Monaten vor Verfahrenseröffnung aufgestellt wurden, ist kein Widerrufsgrund erforderlich. Es besteht auch dann, wenn der Sozialplan vom vorläufigen starken Insolvenzverwalter abgeschlossen wurde (Andres/Leithaus/*Andres* §§ 123, 124 Rn 15; MüKo-InsO/*Löwisch/Caspers* § 124 Rn 9). § 124 ergänzt § 120 und § 123 (HK-InsO/*Linck* § 124 Rn 1). Der Widerruf ist weder formbedürftig noch fristgebunden (Kübler/Prütting/*Moll* §§ 123, 124 Rn 131 ff). Ausgeschlossen ist der Widerruf allenfalls dann, wenn der Betrieb inzwischen betriebsratslos geworden ist und es deshalb zur Aufstellung eines Sozialplans in der Insolvenz nicht mehr kommen kann (MüKo-InsO/*Löwisch/Caspers* § 124 Rn 13).

12 Sofern nicht widerrufen wird, bleiben die **Forderungen aus dem alten Sozialplan als Insolvenzforderungen bestehen** (BAG 31.7.2002, 10 AZR 275/01, AP InsO § 38 Nr 1; Kübler/Prütting/*Moll* §§ 123, 124 Rn 146 f; Uhlenbruck/*Berscheid/Ries* §§ 123, 124 Rn 33). Gleiches gilt für Ansprüche aus vor der 3-monatigen Rückgriffszeit aufgestellten Sozialplänen selbst dann, wenn der Anspruch selbst erst nach der Verfahrenseröffnung entsteht (BAG 27.10.1998, 1 AZR 94/98, NZI 1999, 334 f). Derartige Forderungen sind nur dann Masseverbindlichkeit, wenn der Sozialplan von einem vorläufigen Insolvenzverwalter mit Masseschuldbegründungskompetenz abgeschlossen wurde (BAG 31.7.2002, 10 AZR 275/01, EzA § 55 InsO Nr 3; LAG Köln 2.3.2001, 12 Sa 1467/00, LAGE § 124 InsO Nr 1; Andres/Leithaus/*Andres* §§ 123, 124 Rn 17; MüKo-InsO/*Löwisch/Caspers* § 124 Rn 17).

13 **Wird widerrufen**, so sind AN, denen Forderungen aus dem widerrufenen Sozialplan zustehen, gem § 124 II bei der Aufstellung eines Sozialplans im Insolvenzverfahren grds zu berücksichtigen. Eine Ungleichbehandlung ohne bes Rechtfertigung verbietet sich schon aus dem allg Grds der Gleichbehandlung nach § 75 BetrVG (Nerlich/Römermann/*Hamacher* § 124 Rn 15). Für den neuen Sozialplan gelten die allg Kriterien

des § 123. Die AN werden zwar dadurch geschützt, dass grds eine **Rückforderung** der bereits an sie gezahlten Beträge **ausgeschlossen** ist. Dies gilt jedoch nicht im Fall einer Anfechtung des Sozialplans durch den Insolvenzverwalter gem §§ 129 ff, da die AN im Fall einer Insolvenzanfechtung keinen Vertrauensschutz genießen. Um die an die Insolvenzgläubiger auszahlbare Masse nicht zu schmälern, sind Beträge, die bereits aufgrund des widerrufenen Sozialplans gezahlt wurden, bei der Aufstellung eines neuen Sozialplans von dessen Volumen abzuziehen. Bereits geleistete Zahlungen werden auf Leistungen aus dem neuen Sozialplan angerechnet (Andres/Leithaus/*Andres* §§ 123, 124 Rn 20).

Der Insolvenzverwalter kann sich nach § 60 **schadensersatzpflichtig** machen, wenn er einen insolvenznahen Sozialplan nicht widerruft, der für die Insolvenzmasse ungünstig ist. Dies ist insb der Fall, wenn die absolute Grenze des § 123 I durch die Leistungen aus dem Plan überschritten wird (Nerlich/Römermann/*Hamacher* § 124 Rn 10). Sind hingegen nur unerhebliche Überschreitungen der Grenzen gegeben, die in keinerlei Verhältnis zum Aufwand eines Einigungsverfahrens stehen, so empfiehlt es sich für den Insolvenzverwalter meist, von einem Widerruf abzusehen. Der Insolvenzverwalter sollte auch dann nicht widerrufen, wenn die Forderungen aus einem früheren Sozialplan schon voll erfüllt sind. 14

Der **BR wird zumeist dann widerrufen**, wenn die Ansprüche aus dem früheren Sozialplan gering waren, etwa weil eine angestrebte Sanierung nicht gefährdet werden sollte. Auch bei einem noch nicht erfüllten Sozialplan kommt es zum Widerruf durch den BR, wenn die zu erwartende Insolvenzquote unter der Sozialplanforderung gering ist. Praktische Bedeutung kommt der Widerrufsmöglichkeit durch den BR aber vor allem im Fall des schon vollständig erfüllten Insolvenzplans zu, da in den übrigen Fällen auch regelmäßig der Insolvenzverwalter im Interesse der Insolvenzgläubiger widerrufen wird (MüKo-InsO/*Löwisch/Caspers* § 124 Rn 10). 15

§ 125 Interessenausgleich und Kündigungsschutz

(1) ¹Ist eine Betriebsänderung (§ 111 des Betriebsverfassungsgesetzes) geplant und kommt zwischen Insolvenzverwalter und Betriebsrat ein Interessenausgleich zustande, in dem die Arbeitnehmer, denen gekündigt werden soll, namentlich bezeichnet sind, so ist § 1 des Kündigungsschutzgesetzes mit folgenden Maßgaben anzuwenden:
1. es wird vermutet, dass die Kündigung der Arbeitsverhältnisse der bezeichneten Arbeitnehmer durch dringende betriebliche Erfordernisse, die einer Weiterbeschäftigung in diesem Betrieb oder einer Weiterbeschäftigung zu unveränderten Arbeitsbedingungen entgegenstehen, bedingt ist;
2. die soziale Auswahl der Arbeitnehmer kann nur im Hinblick auf die Dauer der Betriebszugehörigkeit, das Lebensalter und die Unterhaltspflichten und auch insoweit nur auf grobe Fehlerhaftigkeit nachgeprüft werden; sie ist nicht als grob fehlerhaft anzusehen, wenn eine ausgewogene Personalstruktur erhalten oder geschaffen wird.

²Satz 1 gilt nicht, soweit sich die Sachlage nach Zustandekommen des Interessenausgleichs wesentlich geändert hat.
(2) Der Interessenausgleich nach Absatz 1 ersetzt die Stellungnahme des Betriebsrats nach § 17 Abs. 3 Satz 2 des Kündigungsschutzgesetzes.

Übersicht	Rdn.			Rdn.
A. Allgemeines	1	D.	Änderung der Sach- und Rechtslage	12
B. Voraussetzungen	3	E.	Anzeigepflichtige Massenentlassungen	13
C. Rechtsfolgen	6			

A. Allgemeines. Die Vorschrift des § 125 dient im Zusammenspiel mit §§ 126, 127 der zügigen Durchführung von Rationalisierungsmaßnahmen (BT-Drs 12/2443, S 149). Im Kdg-Schutzprozess werden **Kdg** deshalb nur **eingeschränkt überprüft**. Dies erscheint freilich nur dann als gerechtfertigt, wenn die Interessen der AN im Interessenausgleich berücksichtigt werden. Insofern kommt es dann nicht zu einer Vereinfachung der Kdg, wenn der Interessenausgleich wegen der Änderung der Umstände hinfällig ist (Andres/Leithaus/*Andres* § 125 Rn 1). § 125 ist **lex specialis** zu §§ 1 und 2 KSchG (HK-InsO/*Linck* § 125 Rn 1). Da bei einer vollständigen Betriebsstilllegung eine Sozialauswahl entfällt, werden in der Praxis überwiegend Fälle erfasst, bei denen nur ein Teil des Betriebs stillgelegt wird (ErfK/*Gallner* § 125 Rn 9; aA Kübler/Prütting/*Moll* § 125 Rn 27). Der vorläufige Insolvenzverwalter kann sich nicht auf § 125 berufen, da die Vorschrift ein eröffnetes Verfahren voraussetzt (LAG Hamm 22.5.2002, 2 Sa 1560/01, NZA-RR 2003, 378). Er hat vielmehr die Regelung über die Sozialauswahl in § 1 III 1 KSchG zu beachten (vgl BAG 16.9.1982, 2 AZR 271/80, NJW 1983, 1341). 1

2 Da § 102 BetrVG von der Aufstellung eines Interessenausgleichs mit Namensliste unberührt bleibt, muss der Insolvenzverwalter den BR **vor Ausspruch der Kdg anhören** (BAG 28.8.2003, 2 AZR 377/02, EzA § 102 BetrVG 2001 Nr 4; ErfK/*Gallner* § 125 Rn 19; Kübler/Prütting/*Moll* § 125 Rn 80). Allerdings können die Verh über den Interessenausgleich mit der Anhörung verbunden werden (BAG 20.5.1999, 2 AZR 532/98, AP KSchG 1969 § 1 Namensliste Nr 1).

3 **B. Voraussetzungen.** Zunächst setzt die Vereinfachung der Kdg eine geplante **Betriebsänderung** nach § 111 BetrVG voraus (s. §§ 121, 122 Rdn 2). 2. Tatbestandsmerkmal ist, dass zwischen dem BR und dem Insolvenzverwalter ein **Interessenausgleich iSd § 112 I BetrVG** mit namentlicher Bezeichnung der zu kündigenden AN wirksam zustande gekommen ist (Kübler/Prütting/*Moll* § 125 Rn 19). Die Vorschrift kann hingegen nicht auf einen freiwilligen Interessenausgleich, der für den Betrieb eines Unternehmens mit nicht mehr als 20 AN vereinbart wird, angewendet werden (MüKo-InsO/*Löwisch*/*Caspers* § 125 Rn 6). Die **namentliche Bezeichnung** der zu kündigenden AN führt nur dann die Vermutung einer betriebsbedingten Kdg herbei, wenn der für die Kdg vorgesehene AN in ihr mind durch die Angabe seines Vor- und Nachnamens hinreichend **individualisiert wird**. Weil eine »namentliche« Bezeichnung erforderlich ist, genügt eine sog »Negativliste« der nicht zu kündigenden AN den Anforderungen grds nicht. Die namentliche Bezeichnung erübrigt sich nur für den Fall der Stilllegung des gesamten Betriebs (Kübler/Prütting/*Moll* § 125 Rn 27; aA MüKo-InsO/*Löwisch*/*Caspers* § 125 Rn 73). Die bloße Nennung der Personalnummern oder die Bezeichnung der Abteilung reicht ebenfalls nicht aus. Ferner ist anzugeben, ob eine Beendigungs- oder eine Änderungs-Kdg vorliegt (Andres/Leithaus/*Andres* § 125 Rn 6).

4 Es ist erforderlich, dass Namensliste und Interessenausgleich eine **einheitliche Urkunde** bilden (BAG 7.5.1998, 2 AZR 55/98, ZIP 1998, 1885; 16.6.1999, 4 AZR 662/98, ZInsO 2000, 351; 26.4.2007, 8 AZR 695/05, NJOZ 2008, 108). Dies ist auch im Fall der Verbindung durch eine Heftmaschine zu bejahen (BAG 6.12.2001, 2 AZR 422/00, NZA 2002, 999; BAG 7.5.1998, 2 AZR 55/98, ZIP 1998, 1885), wobei eine Heftung nach Unterzeichnung bei durchgehender Paraphierung ausreicht (LAG Hamm 25.2.2000, 10 Sa 1843/99, ZInsO 2000, 467). Unzureichend ist hingegen eine Namensliste, die erst nach Ausspruch der Kdg aufgestellt, nachgereicht oder unterschrieben wird (LAG Düsseldorf 25.2.1998, 17 (4) Sa 1788/97, LAGE § 1 KSchG Interessenausgleich Nr 9). Ausreichen kann aber eine Namensliste, die nach dem Abschluss des Interessenausgleich, jedoch vor Zugang der Kdg, »zeitnah« erstellt wird (BAG 26.3.2009, 2 AZR 296/07, NZA 2009, 1151; aA wohl LAG Hamm 4.6.2002, 4 Sa 81/02, ZInsO 2003, 47).

5 Weiteres Tatbestandsmerkmal des § 125 ist der **sachliche und zeitliche Zusammenhang**, in dem Betriebsänderung, Interessenausgleich mit Namensliste und die Kdg zueinander stehen müssen: Die betriebsbedingte Kdg muss aufgrund der Betriebsänderung erfolgen. Dies wird vermutet, wenn nur eine Betriebsänderung Gegenstand des Interessenausgleichs war (ArbG Jena 25.2.2002, 4 Ca 24/01, ZInsO 2002, 644). Der Interessenausgleich muss der Kdg vorausgehen (LAG Düsseldorf 25.2.1998, 17 (4) Sa 1788/97, LAGE § 1 KSchG Interessenausgleich Nr 9; Kübler/Prütting/*Moll* § 125 Rn 34). Zuständig für den Abschluss kann auch der GBR sein (BAG 20.9.2012, 6 AZR 483/11, EzA § 125 InsO Nr. 9).

6 **C. Rechtsfolgen.** Kommt der Interessenausgleich zustande, wird iR eines Kdg-Schutzprozesses nach § 1 KSchG **gesetzlich vermutet** (§ 292 S 1 ZPO), dass die Kdg des namentlich bezeichneten AN **durch dringende betriebliche Erfordernisse bedingt** ist, die einer Weiterbeschäftigung in dem Betrieb oder einer Weiterbeschäftigung zu unveränderten Arbeitsbedingungen entgegenstehen (ErfK/*Gallner* § 125 Rn 7; Kübler/Prütting/*Moll* § 125 Rn 36; vgl zur Vermutungswirkung auch § 1 KSchG Rdn 233 ff). Die Vermutungswirkung erstreckt sich auch auf eine fehlende anderweitige Beschäftigungsmöglichkeit (BT-Drs 13/4612, S 9; HK-InsO/*Linck* § 125 Rn 20), nicht jedoch auf eine etwaige Stilllegungsabsicht des Insolvenzverwalters (LAG Köln 15.4.2010, 13 Sa 983/09).

7 Die Vermutung stellt eine **Rechts- und Tatsachenvermutung** dar (Uhlenbruck/*Berscheid* § 125 Rn 32a; Kübler/Prütting/*Moll* § 125 Rn 36) und bezieht sich nicht nur auf das Fehlen von Beschäftigungsmöglichkeiten im Betrieb, sondern auf das ganze Unternehmen (BAG 7.5.1998, 2 AZR 536/97, AP KSchG 1969 § 1 Betriebsbedingte Kdg Nr 94; zu § 1 V 1 KSchG BAG 27.9.2012, 2 AZR 516/11, EzA § 1 KSchG Interessenausgleich Nr. 25). Der Insolvenzverwalter hat lediglich die Voraussetzungen des § 125 I 1, insb den Interessenausgleich und die Namensliste vorzutragen und ggf zu beweisen (Andres/Leithaus/*Andres* § 125 Rn 11). Der AN hat sodann die Vermutung der Betriebsbedingtheit durch substanziierten Tatsachenvortrag zu entkräften sowie im Streitfalle zu beweisen, dass keine dringenden betrieblichen Erfordernisse für die Kdg vorliegen (BAG 7.5.1998, 2 AZR 536/97, JurionRS 1998, 10111; 26.4.2007, 8 AZR 695/06, NJOZ 2008, 108). Die bloße Erschütterung der gesetzlichen Vermutung durch den Beweis ihrer möglichen Unrichtigkeit reicht hingegen nicht aus (ArbG Siegburg 17.7.1997, 1 Ca 3510/96, MDR 1997, 1038). Im Fall des Bestreitens hat der AN konkret darzutun, wie er sich eine anderweitige Beschäftigung vorstellt und

welcher freie Arbeitsplatz zu gleichen oder zu geänderten, schlechteren Bedingungen vorhanden ist (BAG 10.1.1994, 2 AZR 489/93, AP KSchG 1969 § 1 Konzern Nr 8).

Neben der Vermutungswirkung bedingt der Interessenausgleich auch eine **Einschränkung der Überprüfung der Sozialauswahl**: Im Individualprozess wird die Auswahl der AN nur im Hinblick auf die Dauer der Betriebszugehörigkeit, das Lebensalter und die Unterhaltspflichten nachgeprüft. Hierbei ist es zulässig, den Schwerpunkt auf die Unterhaltspflichten der betroffenen AN zu legen (BAG 2.12.1999, 2 AZR 757/98, ZIP 2000, 676), nicht jedoch auf eine psychische Erkrankung (LAG Düsseldorf 5.10.2011, 7 Sa 1677/10). Bei den Unterhaltspflichten ist auf die Höhe der konkreten Belastung des AN durch gesetzliche Unterhaltsverpflichtungen abzustellen (BAG 8.8.1985, 2 AZR 464/84, NZA 1986, 679). Ein Doppelverdienst des Ehegatten ist nicht zum Nachteil des AN zu berücksichtigen (BAG 5.12.2002, 2 AZR 549/01, NZA 2003, 791). Diese Beschränkung des Prüfungsumfangs bedeutet allerdings nicht, dass der Insolvenzverwalter an der Berücksichtigung anderer als der 3 genannten Kriterien gehindert ist. Eine weitere Berücksichtigung erscheint insb im Hinblick auf die Schwerbehinderteneigenschaft und den damit zusammenhängenden Sonderkündigungsschutz nach §§ 85 ff SGB IX angezeigt (Kübler/Prütting/*Moll* § 125 Rn 50), auch wenn das Fehlen dieses Sozialkriteriums in § 125 I 1 Nr. 2 nach BAG (28.6.2012, 6 AZR 780/10, EzA § 17 KSchG Nr. 26) verf. gemäß ist. Eine Kündigung ist trotz der Vermutungswirkung des § 125 I 1 sozial ungerechtfertigt, wenn sich weder die Betriebsänderung noch die von den Betriebsparteien vorgenommene Sozialauswahl aus dem prozessualen Vorbringen des Kündigenden oder dem Interessenausgleich selbst ergibt und der gekündigte Arbeitnehmer deshalb die Vermutungswirkung nicht widerlegen und die große Fehlerhaftigkeit der Sozialauswahl nicht darlegen kann (ArbG Mönchengladbach 23.7.2015, 4 Ca 993/15, JurionRS 2015, 22391).

Insolvenzverwalter und BR können, statt nach § 125 vorzugehen, in einer **Auswahl-RL nach § 95 BetrVG** eine Absprache über die Art und Weise der Sozialauswahl treffen, die zur Folge hat, dass die Überprüfung der Sozialauswahl nach § 1 IV KSchG erfolgt (Andres/Leithaus/*Andres* § 125 Rn 14). Praktisch empfiehlt sich die Verwendung von **Punktetabellen** zur Bewertung der 3 Auswahlkriterien des § 125 I 1 Nr 2. Die Auswahl-RL ist BV und als solche schriftlich niederzulegen und von beiden Seiten zu unterschreiben.

Der durch § 125 I 1 statuierte und § 1 IV KSchG entspr Maßstab der **groben Fehlerhaftigkeit** stellt eine weitere Reduzierung der Überprüfungsmöglichkeit von Sozialauswahlfehlern dar. Es geht hierbei darum festzustellen, ob ein ins Auge springender, schwerer Fehler vorliegt, ob die Gewichtung der Kriterien jegliche Ausgewogenheit vermissen lässt oder ob ein offenkundiger Verstoß vorliegt (BAG 2.12.1999, 2 AZR 757/98, ZIP 2000, 676). Die Bildung des auswahlrelevanten Personenkreises ist im Fall des § 125 (nicht dagegen im Fall des § 1 IV KSchG) vom Prüfungsmaßstab der groben Fehlerhaftigkeit mit erfasst (LAG Nds 12.4.2002, 3 Sa 1638/01, LAGE § 125 InsO Nr 2; BAG 21.1.1999, 2 AZR 624/98, NZA 1999, 866; aA Nerlich/Römermann/*Hamacher* § 125 Rn 50). Die Einschränkung des Prüfungsmaßstabes bezieht sich auf den gesamten Sozialauswahlprozess (BAG 28.8.2003, 2 AZR 368/02, AP InsO § 125 Nr 1). Die soziale Rechtfertigung der betriebsbedingten Kdg ist nur noch in Ausnahmefällen infrage zu stellen, da Sinn und Zweck der gesetzlichen Regelung eine weite Anwendung des eingeschränkten Prüfungsmaßstabes bei der Sozialauswahl gebieten (BAG 28.8.2003, 2 AZR 368/02, AP InsO § 125 Nr 1; ArbG Madgeburg 11.11.2014, 9 Ca 596/14, BeckRS 2015, 67213). Ist das Ergebnis nicht grob fehlerhaft, kann ein mangelhaftes Auswahlverfahren dennoch irrelevant sein (BAG 10.6.2010, 2 AZR 420/09, EzA § 1 KSchG Interessenausgleich Nr. 22). Die Auskunftspflicht des Insolvenzverwalters nach § 1 III 1 KSchG gilt allerdings analog (BAG 20.9.2006, 6 AZR 249/05, EzA § 613a BGB 2002 Nr 62).

Die **Erhaltung und Schaffung einer ausgewogenen Personalstruktur** wird vom G ausdrücklich als berechtigtes betriebliches Erfordernis genannt. Wird diesem Gesichtspunkt Rechnung getragen, so kann die Personalauswahl nicht als grob fehlerhaft angesehen werden (Kübler/Prütting/*Moll* § 125 Rn 57). Im Insolvenzfall können daher Versäumnisse einer insoweit verfehlten Personalpolitik korrigiert werden (ErfK/*Gallner* § 125 Rn 14). Bei der Bestimmung der Zielstruktur hat der Insolvenzverwalter einen weiten Beurteilungsspielraum (vgl HK-InsO/*Linck* § 125 Rn 31). Der Prüfungsmaßstab ist diesbezüglich allerdings nicht auf grobe Fehlerhaftigkeit beschränkt, sodass der Insolvenzverwalter darzulegen hat, wie die Personalstruktur beschaffen ist und welche Struktur erreicht werden soll (LAG Schl-Holst 9.11.2004, 2 Sa 349/04, NZA-RR 2005, 545 = NZI 2005, 643). Der Begriff der Personalstruktur ist nicht mit dem der Altersstruktur gleichzusetzen (BAG 20.9.2006, 6 AZR 249/05, EzA § 613a BGB 2002 Nr 62). Vielmehr kann er sich auch auf Ausbildung, Qualifikation, Leistungsstärke, Schwerbehindertenquote und Teilzeitbeschäftigungsanteil beziehen (BAG 24.9.2003, 10 AZR 640/02, ZIP 2004, 124; Kübler/Prütting/*Moll* § 125 Rn 59). Die durch § 125 I 1 Nr. 2 InsO im Insolvenzverfahren eröffnete Möglichkeit der Schaffung einer ausgewogenen Personalstruktur durch Bildung von Altersgruppen verletzt das unionsrechtliche Verbot der Altersdiskriminierung nicht. Sie ist durch das legitime Ziel der Sanierung eines insolventen Unternehmens gerechtfertigt. Die Arbeitsgerichte haben aber zu prüfen, ob die Altersgruppenbildung im konkreten Interessenausgleich gemäß § 10 AGG gerechtfertigt ist. Der kündigende Insolvenzverwalter ist darlegungs- und beweispflichtig für die sanierungsbedingte Erforderlichkeit der Altersgruppenbildung (BAG 19.12.2013, 6 AZR 790/12, NZA-RR 2014, 185).

12 **D. Änderung der Sach- und Rechtslage.** Fallen die Voraussetzungen der Betriebsänderung zwischen Abschluss des Interessenausgleichs und dem Zugang der Kdg weg, so hat dies zur Folge, dass die Modifikation des § 125 I 1 nicht gilt. Allerdings muss es sich um eine gewichtige, gravierende Veränderung handeln, die ihrer Konstellation nach mit dem Wegfall der Geschäftsgrundlage vergleichbar ist (LAG Köln 1.8.1997, 11 Sa 355/97, DB 1997, 2181; Kübler/Prütting/*Moll* § 125 Rn 68). Bsp hierfür sind die Veräußerung des Betriebs oder die wesentlich geringere Durchführung einer Betriebsstilllegung als ursprünglich geplant (HK-InsO/*Linck* § 125 Rn 41; BAG 28.6.2012, 6 AZR 780/10, EzA § 17 KSchG Nr. 26). Bei einer Änderung der Sach- und Rechtslage zwischen Zugang der Kdg und Ablauf der Kdg-Frist kann der AN allerdings unabhängig von der Wirksamkeit der Kdg einen Wiedereinstellungsanspruch haben, sofern eine Beschäftigungsmöglichkeit besteht (BAG 27.2.1997, 2 AZR 160/96, AP KSchG 1969 § 1 Wiedereinstellung Nr 1; Kübler/Prütting/*Moll* § 125 Rn 77). Nach Ablauf der Kdg-Frist einer insolvenzbedingten Kdg ist ein Wiedereinstellungsanspruch grds nicht gegeben (BAG 13.5.2004, 8 AZR 198/03, AP BGB § 613a Nr 264; 28.10.2004, 8 AZR 199/04, NZA 2005, 405).

13 **E. Anzeigepflichtige Massenentlassungen.** Nach § 125 II ersetzt der Insolvenz-Interessenausgleich die Stellungnahme des BR nach § 17 III 2 KSchG. Ersetzt wird hierbei nur die Stellungnahme des BR, nicht jedoch die Massenentlassungsanzeige nach § 17 I KSchG als solche. Auch die Pflicht zur schriftlichen Unterrichtung des BR nach § 17 II 1 KSchG bleibt bestehen, damit der BR bei seiner Zustimmung zum Interessenausgleich entspr informiert ist (BAG 18.1.2012, 6 AZR 407/10; Andres/Leithaus/*Andres* § 125 Rn 22; s.a. § 17 KSchG Rn 19 ff); auch für einen Sozialplan durch Spruch der Einigungsstelle gilt § 125 II nicht (BAG 13.12.2012, 6 AZR 752/11 u. 6 AZR 772/11) Im Fall einer betriebsübergreifenden Betriebsänderung genügt es, wenn der Insolvenzverwalter mit dem GBR einen Interessenausgleich mit Namensliste abgeschlossen hat und diese der Massenentlassungsanzeige beigefügt hat. Einer Stellungnahme der örtlichen BR bedarf es dann nicht (BAG 7.7.2011, 6 AZR 248/10, NJW 2011, 3180).

§ 126 Beschlussverfahren zum Kündigungsschutz

(1) ¹Hat der Betrieb keinen Betriebsrat oder kommt aus anderen Gründen innerhalb von drei Wochen nach Verhandlungsbeginn oder schriftlicher Aufforderung zur Aufnahme von Verhandlungen ein Interessenausgleich nach § 125 Abs. 1 nicht zustande, obwohl der Verwalter den Betriebsrat rechtzeitig und umfassend unterrichtet hat, so kann der Insolvenzverwalter beim Arbeitsgericht beantragen festzustellen, dass die Kündigung der Arbeitsverhältnisse bestimmter, im Antrag bezeichneter Arbeitnehmer durch dringende betriebliche Erfordernisse bedingt und sozial gerechtfertigt ist. ²Die soziale Auswahl der Arbeitnehmer kann nur im Hinblick auf die Dauer der Betriebszugehörigkeit, das Lebensalter und die Unterhaltspflichten nachgeprüft werden.
(2) ¹Die Vorschriften des Arbeitsgerichtsgesetzes über das Beschlussverfahren gelten entsprechend; Beteiligte sind der Insolvenzverwalter, der Betriebsrat und die bezeichneten Arbeitnehmer, soweit sie nicht mit der Beendigung der Arbeitsverhältnisse oder mit den geänderten Arbeitsbedingungen einverstanden sind. ²§ 122 Abs. 2 Satz 3, Abs. 3 gilt entsprechend.
(3) ¹Für die Kosten, die den Beteiligten im Verfahren des ersten Rechtszugs entstehen, gilt § 12a Abs. 1 Satz 1 und 2 des Arbeitsgerichtsgesetzes entsprechend. ²Im Verfahren vor dem Bundesarbeitsgericht gelten die Vorschriften der Zivilprozessordnung über die Erstattung der Kosten des Rechtsstreits entsprechend.

§ 127 Klage des Arbeitnehmers

(1) ¹Kündigt der Insolvenzverwalter einem Arbeitnehmer, der in dem Antrag nach § 126 Abs. 1 bezeichnet ist, und erhebt der Arbeitnehmer Klage auf Feststellung, dass das Arbeitsverhältnis durch die Kündigung nicht aufgelöst oder die Änderung der Arbeitsbedingungen sozial ungerechtfertigt ist, so ist die rechtskräftige Entscheidung im Verfahren nach § 126 für die Parteien bindend. ²Dies gilt nicht, soweit sich die Sachlage nach dem Schluss der letzten mündlichen Verhandlung wesentlich geändert hat.
(2) Hat der Arbeitnehmer schon vor der Rechtskraft der Entscheidung im Verfahren nach § 126 Klage erhoben, so ist die Verhandlung über die Klage auf Antrag des Verwalters bis zu diesem Zeitpunkt auszusetzen.

Übersicht

	Rdn.		Rdn.
A. Allgemeines	1	C. Beschlussverfahren	4
B. Antragsvoraussetzungen	2	D. Bindungswirkung der Entscheidung für den Kündigungsschutzprozess nach § 127.	8

A. Allgemeines. § 126 ermöglicht es dem Insolvenzverwalter in Ergänzung des § 125, die Wirkungen eines Interessenausgleichs mit Namensliste auch dann herzustellen, wenn gar kein Interessenaugleich zustande kommt. Hierzu kann der Insolvenzverwalter die Rechtmäßigkeit betriebsbedingter Kdg bindend überprüfen lassen. Auch § 126 dient damit der Bündelung, Vereinfachung und Beschleunigung in der Insolvenz notwendig werdender Kdg-Verfahren (MüKo-InsO/*Löwisch*/*Caspers* § 126 Rn 1). Die praktische Bedeutung der Vorschriften ist allerdings gering, da das Verfahren zu langwierig ist, um ein wirksames Sanierungsmittel darzustellen (Andres/Leithaus/*Andres* §§ 126, 127 Rn 1; aA MüKo-InsO/*Löwisch*/*Caspers* § 126 Rn 2; im Erg auch *Rieble* NZA 2007, 1393). 1

B. Antragsvoraussetzungen. Es müssen mind 2 Kdg str sein (LAG München 2.1.2003, 4 Ta 292/02, ZInsO 2003, 339). Weitere Voraussetzung ist, dass im Betrieb entweder **kein BR besteht** oder dass es – in Anlehnung an § 122 – innerhalb der **3-Wochenfrist** ab Beginn von Verh oder schriftlicher Aufforderung dazu nicht zum Abschluss eines Interessenausgleichs nach § 125 I kommt, obwohl der Verwalter den BR rechtzeitig und umfassend informiert hat (vgl §§ 121, 122 Rdn 4). Verfahrensvoraussetzung ist damit in jedem Fall eine geplante Betriebsänderung (vgl §§ 121, 122 Rdn 2; aA *Rieble* NZA 2007, 1393, 1396). Nach hM kommt die Norm in Betrieben mit nur bis zu 20 wahlberechtigten AN, in denen kein BR besteht, nicht zur Anwendung (Kübler/Prütting/*Moll* § 126 Rn 11; HK-InsO/*Linck* § 126 Rn 5; Nerlich/Römermann/*Hamacher* § 126 Rn 6; Uhlenbruck/*Berscheid* §§ 126, 127 Rn 8; aA MüKo-InsO/*Löwisch*/*Caspers* § 126 Rn 6). Solange nicht ausdrücklich nur ein Teilinteressenausgleich vorliegt, stehen § 125 und § 126 zueinander im Verhältnis der Alternativität (BAG 20.1.2000, 2 ABR 30/99, EzA § 126 InsO Nr 1). Haben die Betriebspartner bereits einen Interessenausgleich abgeschlossen, so ist ein späteres Beschlussverfahren gem § 126 gleichwohl zulässig, wenn wegen einer weiteren Betriebsänderung ein Interessenausgleich nicht zustande kommt (BAG 20.1.2000, 2 ABR 30/99, EzA § 126 InsO Nr 1). Die Gründe für das Fehlen eines Interessenausgleichs sind bedeutungslos. In der Mehrzahl der Fälle wird ein Interessenausgleich in Betrieben mit einem BR jedoch an der Namensliste scheitern. Bei Vorliegen eines Interessenausgleichs mit Namensliste kann der Insolvenzverwalter allerdings keine weiteren Kdg über § 126 »nachschieben« (HK-InsO/*Linck* § 126 Rn 4 mwN). 2

Der Antrag kann sofort und jederzeit unabhängig von **Fristfragen** gestellt werden, wenn kein BR existiert. Ist ein BR vorhanden, so hat der Insolvenzverwalter die Unterrichtungs- und Verhandlungserfordernisse zu beachten. Der Fristablauf braucht allerdings noch nicht bei der Antragstellung eingetreten zu sein. Ausreichend ist vielmehr der Zeitpunkt der mündlichen Verh bzw Anhörung (Nerlich/Römermann/*Hamacher* § 126 Rn 15; Kübler/Prütting/*Moll* § 126 Rn 18; Andres/Leithaus/*Leithaus* §§ 126, 127 Rn 2). 3

C. Beschlussverfahren. Das ArbG behandelt den Antrag nach § 126 II HS 1 iVm §§ 80 ff ArbGG im Beschlussverfahren. Er ist auf die **Feststellung (§ 256 ZPO)** zu richten, dass die Kdg der im Antrag aufgeführten AN durch betriebliche Erfordernisse bedingt und sozial gerechtfertigt ist (BAG 20.1.2000, 2 ABR 30/99, EzA § 126 InsO Nr 1). Wegen der Verweisung in § 126 II 2 ist das Verfahren nach § 61a III–VI ArbGG vorrangig zu erledigen. **Beteiligte** sind nach § 126 II 1 HS 2 der Insolvenzverwalter, der BR und die im Antrag bezeichneten AN. Die AN nehmen allerdings dann nicht am Verfahren teil, wenn sie mit der Kdg einverstanden sind (BAG 29.6.2000, 8 ABR 44/99, ZIP 2000, 1588). 4

Die Sachverhaltsermittlung unterliegt dabei nach § 83 I 1 ArbGG dem Untersuchungsgrds. Entspr seiner Mitwirkungspflicht nach § 83 I 2 ArbGG hat jeder Beteiligte jedoch diejenigen Tatsachen darzutun, auf die er seinen Antrag stützt (BAG 26.5.1988, 1 ABR 11/87, AP BetrVG 1972 § 76 Nr 26). Dies bedeutet, dass der Insolvenzverwalter die Antragsvoraussetzungen darlegen und beweisen muss. **Es gelten insofern die allg Regeln des § 1 KSchG** (Andres/Leithaus/*Leithaus* §§ 126, 127 Rn 7; Uhlenbruck/*Berscheid* §§ 126, 127 Rn 21; Kübler/Prütting/*Moll* § 126 Rn 27). Insb gibt es keine Beweislasterleichterung zugunsten des Insolvenzverwalters, sondern das **ArbG prüft uneingeschränkt**, ob die Kdg der bezeichneten AN durch dringende betriebliche Erfordernisse bedingt ist (ErfK/*Gallner* § 126 Rn 4). 5

Die **soziale Auswahl** der AN kann wie bei § 125 nur im Hinblick auf die Dauer der **Betriebszugehörigkeit, das Lebensalter und die Unterhaltspflicht** nachgeprüft werden. Die Überprüfung der Sozialauswahl ist allerdings weder auf grobe Fehlerhaftigkeit beschränkt, noch kann die Erhaltung oder Schaffung einer ausgewogenen Personalstruktur als Rechtfertigung herangezogen werden. Zwar ist eine solche Strukturbildung grds zulässig, sie entfaltet aber iRd Beschlussverfahrens nach § 126 keine Fiktionswirkung wie bei § 125 6

(ErfK/*Gallner* § 126 Rn 5). Hins der Sozialauswahl gilt die von der Rspr entwickelte abgestufte Darlegungs- und Beweislast: der Verwalter braucht zunächst nicht von sich aus zur sozialen Auswahl Stellung zu nehmen (BAG 21.7.1988, 2 AZR 75/88, AP KSchG 1969 § 1 Soziale Auswahl Nr 17; MüKo-InsO/*Löwisch*/*Caspers* § 126 Rn 36; aA HK-InsO/*Linck* § 126 Rn 13). Kommt der Verwalter nach einem Bestreiten durch die AN seiner Darlegungspflicht gem § 1 III 1 HS 2 KSchG nach, so geht die Beweislast wiederum auf die AN über.

7 Als **Rechtsmittel** kommt wegen der Verweisung in § 126 II 2 auf § 122 III nur die Beschwerde an das BAG in Betracht, die vom ArbG zugelassen werden muss (vgl §§ 121, 122 Rdn 10). Eine Nichtzulassungsbeschwerde findet auch im Verfahren nach § 126 nicht statt (BAG 14.8.2001, 2 ABN 20/01, AP ArbGG 1979 § 72a Divergenz Nr 44). Jeder am Verfahren beteiligte AN kann selbstständig Beschwerde einlegen. Unterlässt er das, erlangt der Beschl ihm ggü Rechtskraft (BAG 29.6.2000, 8 ABR 44/99, AP InsO § 126 Nr 2). Wegen § 126 III 1 iVm § 12a I 1 und 2 ArbGG findet eine **Kostenerstattung** nicht statt, **Gerichtskosten** werden im Beschlussverfahren nicht erhoben. Im Verfahren vor dem BAG gelten die Regelungen der ZPO entspr (vgl nur BAG 2.10.2007, 1 ABR 59/06, NZA 2008, 372 mwN).

8 **D. Bindungswirkung der Entscheidung für den Kündigungsschutzprozess nach § 127.** Eine im Verfahren nach § 126 ergangene **rkr Entsch** entfaltet Bindungswirkung für den Individualkündigungsschutzprozess. Umgekehrt beeinflusst eine Entsch nach § 126, die einer Entsch im Kdg-Schutzprozess nachfolgt, diese aber nicht mehr (Kübler/Prütting/*Moll* § 127 Rn 26). Erfasst werden nur Beendigungs- bzw Änderungs-Kdg (Andres/Leithaus/*Andres* §§ 126, 127 Rn 10). Die Bindungswirkung betrifft nur die im Antrag namentlich bezeichneten AN (vgl hierzu § 125 Rdn 3). § 127 I 1 geht von dem Regelfall aus, dass der Insolvenzverwalter die Kdg erst nach Rechtskraft der Entsch im Verfahren nach § 126 erklärt.

9 Das Beschlussverfahren zum Kdg-Schutz gem § 126 ist jedoch auch dann zulässig, wenn die Kdg der im Antrag bezeichneten AN schon vor Einleitung des Verfahrens erfolgt ist (BAG 29.6.2000, 8 ABR 44/99, EzA § 126 InsO Nr 2; HK-InsO/*Linck* § 127 Rn 6). Praktisch bedeutsam wird die Bindungswirkung nur, wenn der AN innerhalb der 3-Wochenfrist des § 4 KSchG Kdg-Schutzklage erhoben hat (Andres/Leithaus/*Andres* §§ 126, 127 Rn 10). Der Insolvenzverwalter kann insofern **abwarten**, welcher AN überhaupt gegen die Kdg-Erklärung Klage erhebt, **bevor er das Beschlussverfahren nach § 126 einleitet**. Dies hat den Vorteil, dass bei Wirksamkeit der Kdg die Insolvenzmasse früher von Masseverbindlichkeiten entlastet wird (vgl Kübler/Prütting/*Moll* § 127 Rn 7).

10 Die Bindungswirkung des § 127 tritt auch **zugunsten der AN im Fall einer Abweisung** des Antrags des Insolvenzverwalters ein. Es steht dann fest, dass die von der Antragsabweisung erfassten Kdg sozialwidrig sind (MüKo-InsO/*Löwisch*/*Caspers* § 127 Rn 10; ErfK/*Gallner* § 127 Rn 2; Uhlenbruck/*Berscheid* §§ 126, 127 Rn 42; aA Kübler/Prütting/*Moll* § 127 Rn 21 f). Der Insolvenzverwalter kann sich aber iR eines Kdg-Schutzprozesses noch auf andere, insb verhaltens- und personenbedingte Kdg-Gründe stützen, da die Bindungswirkung **allein die Fragen Betriebsbedingtheit und der sozialen Rechtfertigung betrifft** (MüKo-InsO/*Löwisch*/*Caspers* § 127 Rn 11; Kübler/Prütting/*Moll* § 127 Rn 15).

11 Wenn im Verfahren nach § 126 nach der letzten mündlichen Verh eine **wesentliche Änderung der Sachlage** eintritt, entfällt die Bindungswirkung. Wird allerdings die Kdg vor Einleitung des Beschlussverfahrens oder während dessen Anhängigkeit ausgesprochen, so bleibt der Zeitpunkt des Zugangs der Kdg-Erklärung der maßgebliche Beurteilungszeitpunkt, auch wenn sich die Sachlage nach Schluss der mündlichen Verh im Beschlussverfahren ändert. Dem AN kann zwischen Ausspruch der Kdg und dem Ablauf der Kdg-Frist allenfalls ein Wiedereinstellungsanspruch zustehen (MüKo-Inso/*Löwisch*/*Caspers* § 127 Rn 16; Nerlich/Römermann/*Hamacher* § 127 Rn 11; s.a. § 125 Rdn 12).

12 § 127 II bestimmt, dass der Kdg-Schutzprozess auf Antrag des Insolvenzverwalters **auszusetzen** ist, bis über den Antrag nach § 126 entschieden ist, um widersprüchliche Entscheidungen zu vermeiden. Einem solchen Antrag hat das Gericht stattzugeben, ein Ermessen besteht nicht. Die AN besitzen hingegen kein eigenes Antragsrecht, obwohl auch sie Interesse an einer raschen Entsch im Bestandsstreit haben können. Allerdings kann das Gericht nach § 148 ZPO den Kdg-Schutzprozess auch ohne Antrag des Insolvenzverwalters bis zur Entsch im Beschlussverfahren aussetzen.

§ 128 Betriebsveräußerung

(1) ¹**Die Anwendung der §§ 125 bis 127 wird nicht dadurch ausgeschlossen, dass die Betriebsänderung, die dem Interessenausgleich oder dem Feststellungsantrag zugrunde liegt, erst nach einer Betriebsveräußerung durchgeführt werden soll.** ²**An dem Verfahren nach § 126 ist der Erwerber des Betriebs beteiligt.**

(2) Im Falle eines Betriebsübergangs erstreckt sich die Vermutung nach § 125 Abs. 1 Satz 1 Nr 1 oder die gerichtliche Feststellung nach § 126 Abs. 1 Satz 1 auch darauf, dass die Kündigung der Arbeitsverhältnisse nicht wegen des Betriebsübergangs erfolgt.

Übersicht	Rdn.		Rdn.
A. Allgemeines	1	C. Anwendung der §§ 125–127	6
B. Insolvenzrechtliche Besonderheiten des Betriebsübergangs	4	D. Vermutungswirkung und Feststellungswirkung	8

A. Allgemeines. Die Vorschrift ermöglicht Rationalisierungsmaßnahmen im Vorgriff auf eine Betriebsveräußerung iR einer übertragenden Sanierung. Obwohl § 613a BGB hierbei oft ein gravierendes Hindernis darstellt, ist die Vorschrift nach der Rspr auch in der Insolvenz grds anwendbar (BAG 17.1.1980, 3 AZR 160/79, AP BGB § 613a Nr 18). Das Kdg-Verbot des § 613a IV BGB wird somit durch die InsO nicht außer Kraft gesetzt. § 128 soll daher durch eine **Modifikation des § 613a BGB** bewirken, dass praktische Schwierigkeiten, die mit der Vorschrift verbunden sind, überwunden oder zumindest verringert werden (BT-Drs 12/2443, S 150; MüKo-InsO/*Löwisch/Caspers* § 128 Rn 1). Der grds Übergang der Rechte und Pflichten nach § 613a BGB bleibt allerdings unberührt (Andres/Leithaus/*Andres* § 128 Rn 1; MüKo-InsO/*Löwisch/Caspers* § 128 Rn 3). 1

Voraussetzung der Anwendung des § 128 ist entweder das Zustandekommen eines Interessenausgleichs nach § 125 oder die Feststellung der sozialen Rechtfertigung der Kdg nach § 126. Damit setzt die Vorschrift jedenfalls voraus, dass eine Betriebsänderung iSd § 111 BetrVG vorliegt (Kübler/Prütting/*Moll* § 128 Rn 71; aA MüKo-InsO/*Löwisch/Caspers* § 128 Rn 4; s.a. §§ 126, 127 Rdn 2). Erfasst sind sowohl Beendigungs- wie auch Änderungs-Kdg. 2

Wegen der Voraussetzungen des Betriebsübergangs vgl § 613a BGB Rdn 3 ff. 3

B. Insolvenzrechtliche Besonderheiten des Betriebsübergangs. **Lohnansprüche**, die zum Zeitpunkt der Eröffnung des Insolvenzverfahrens bereits entstanden sind, gehen nicht wie sonst auf den Erwerber über, sondern gelten als Insolvenzforderung (BAG 17.1.1980, 3 AZR 160/79, AP BGB § 613a Nr 18; MüKo-InsO/*Löwisch/Caspers* § 128 Rn 17). Der Erwerber haftet nicht für rückständige Lohnansprüche und auch für Gewinnbeteiligungen, Weihnachtsgratifikationen und ähnliche Leistungen sowie für den Urlaubsanspruch nur insoweit, als diese anteilig auf die Zeit nach der Insolvenzeröffnung entfallen (MüKo-Inso/*Löwisch/Capers* § 128 Rn 19). Insb hat er auch nicht für denjenigen Teil von **Versorgungsansprüchen** einzustehen, den der AN bereits vor der Betriebsübernahme erdient hat (BAG 11.2.1992, 3 AZR 117/91, AP BetrAVG § 1 Betriebsveräußerung Nr 13). Der Erwerber haftet aber für Ansprüche, die in der Zeit zwischen Verfahrenseröffnung und Betriebsübergang entstehen und die deshalb als Masseverbindlichkeit gem § 55 I Nr 2 zu berichtigen sind. Die Haftung der Insolvenzmasse wird insoweit zur Mithaftung nach § 613a II BGB (BAG 11.10.1995, 10 AZR 984/94, AP BGB § 613a Nr 132; aA MüKo-InsO/*Löwisch/Caspers* § 128 Rn 20). 4

Das anwendbare **Kdg-Verbot des § 613a IV BGB** greift ein, wenn der Betriebsübergang der tragende Grund für die Kdg ist (BAG 18.3.1999, 8 AZR 306/98, AP KSchG § 4 Nr 44). Daran fehlt es, wenn die Kdg erfolgt, bevor ein Betriebsübergang überhaupt erwogen wird (BAG 31.1.1985, 2 AZR 530/83, AP BGB § 613a Nr 40). Der Insolvenzverwalter kann auch kündigen, wenn er den Betrieb rationalisieren oder verkleinern will, um ihn verkaufsfähig zu machen (BAG 20.9.2006, 6 AZR 249/05, EzA § 613a BGB 2002 Nr 62). Dies gilt aber nur, wenn der Betrieb anderenfalls stillgelegt werden müsste (BAG 18.7.1996, 8 AZR 127/94, AP BGB § 613a Nr 147; aA Kübler/Prütting/*Moll* § 128 Rn 29). Die Kdg erfolgt schließlich auch dann nicht wegen eines Betriebsübergangs, wenn sie auf Grundlage eines Erwerberkonzepts erfolgt und dieses bereits greifbare Formen erlangt hat (BAG 20.3.2003, 8 AZR 97/02, NZI 2003, 674; 26.5.1983, 2 AZR 477/81, AP BGB § 613a Nr 34; Kübler/Prütting/*Moll* § 128 Rn 26). In diesem Fall kommt es nicht darauf an, ob das Konzept noch durch den Betriebsveräußerer oder erst durch den Betriebserwerber umgesetzt wird (Andres/Leithaus/*Andres* § 128 Rn 6; Kübler/Prütting/*Moll* § 128 Rn 27; HK-InsO/*Linck* § 128 Rn 1). Der Erwerber kann kündigen, wenn sein Arbeitskräftebedarf nicht so groß ist, dass er sowohl die schon bisher bei ihm tätigen wie die hinzugekommenen AN beschäftigen kann. Bei einer betriebsbedingten Kdg hat er aber übernommene und bisherige AN nach den gleichen Kriterien zu behandeln (MüKo-InsO/*Löwisch/Caspers* § 128 Rn 30). 5

C. Anwendung der §§ 125–127. Die Tatsache, dass der Erwerber eine geplante Betriebsänderung erst nach einer Betriebsveräußerung durchführen möchte, lässt die **Verfahren nach §§ 125, 126 und ihre Wirkungen unberührt.** 6

Das bedeutet, dass die zur Sanierung des Betriebs erforderlichen Eingriffe auch erst vom Erwerber vorgenommen werden können. Die Rechtsfolgen der §§ 125–127 gelten somit auch dann, wenn unmittelbar nach der Vereinbarung des Interessenausgleichs durch Verwalter und BR oder nach der gerichtlichen Feststellung durch das ArbG der Betriebsübergang erfolgt und erst danach der Erwerber die Kdg ausspricht. Praktisch wird dies allerdings selten der Fall sein, weil idR bereits der Insolvenzverwalter zum frühestmöglichen Zeitpunkt kündigen wird, um die Kdg-Fristen in Gang zu setzten (MüKo-InsO/*Löwisch*/*Caspers* § 128 Rn 33).

7 Hins § 126 gilt die Besonderheit, dass der **Betriebserwerber am Feststellungsverfahren zu beteiligen** ist. Insofern ist umstr, ob dies auch für einen **Interessenten** gilt. Nach zutreffender Ansicht reichen eine feste Kaufabsicht (*Müller* NZA 1998, 1315) oder bloße Verh (aA Kübler/Prütting/*Moll* § 128 Rn 79) hierfür nicht aus. Es muss vielmehr eine rechtlich konkretisierte Bindung in Form eines Vorvertrages vorliegen (Nerlich/Römermann/*Hamacher* § 128 Rn 66, 72; Andres/Leithaus/*Andres* § 128 Rn 7).

8 **D. Vermutungswirkung und Feststellungswirkung.** Beim Betriebsübergang bei einem Interessenausgleich mit Namensliste besteht die **widerlegliche gesetzliche Vermutung**, dass zum einen die Kdg durch dringende betriebliche Erfordernisse bedingt ist und dass zum anderen die Kdg nicht wegen des Betriebsübergangs erfolgt ist. IRd § 126 ist ein Antrag entspr zu fassen (*Müller* NZA 1998, 1315). Die **Darlegungs- und Beweislast** liegt wie bei § 125 I 1 Nr 1 beim AN, der beweisen muss, dass seine Kdg gerade wegen des Betriebsübergangs erfolgt ist oder nicht durch dringende betriebliche Erfordernisse bedingt ist und insofern also gerade nicht auf Grundlage eines Sanierungskonzepts erfolgte (Andres/Leithaus/*Andres* § 128 Rn 8; vgl § 125 Rn 7).

9 Die **gerichtliche Feststellung** nach § 126 I 1 erstreckt sich wegen § 128 II auch darauf, dass die Kdg der Arbeitsverhältnisse **nicht wegen des Betriebsübergangs erfolgt**. In einem Kdg-Schutzverfahren ist dies gem § 127 I 1 bindend (vgl §§ 126, 127 Rdn 8 ff).

Gesetz zum Schutze der arbeitenden Jugend (Jugendarbeitsschutzgesetz – JArbSchG)

Vom 12.4.1976 (BGBl I S 965), zuletzt geändert durch Artikel 2 des Gesetzes vom 03. März 2016 (BGBl I S. 369).

– Auszug –

§ 1 Geltungsbereich
(1) Dieses Gesetz gilt in der Bundesrepublik Deutschland und in der ausschließlichen Wirtschaftszone für die Beschäftigung von Personen, die noch nicht 18 Jahre alt sind,
1. in der Berufsausbildung,
2. als Arbeitnehmer oder Heimarbeiter,
3. mit sonstigen Dienstleistungen, die der Arbeitsleistung von Arbeitnehmern oder Heimarbeitern ähnlich sind,
4. in einem der Berufsausbildung ähnlichen Ausbildungsverhältnis.

(2) Dieses Gesetz gilt nicht
1. für geringfügige Hilfeleistungen, soweit sie gelegentlich
   a) aus Gefälligkeit,
   b) auf Grund familienrechtlicher Vorschriften,
   c) in Einrichtungen der Jugendhilfe,
   d) in Einrichtungen zur Eingliederung Behinderterwerden,
2. für die Beschäftigung durch die Personensorgeberechtigten im Familienhaushalt.

Das Gesetz bezweckt den Schutz von Kindern und Jugendlichen vor Überforderung und gesundheitlicher Beeinträchtigung. Es regelt die Beschäftigung von Personen unter 18 Jahren, also von Kindern und Jugendlichen. Ausdrücklich werden die Formen der Beschäftigung in I genannt, darunter die Berufsausbildung. Es reicht Beschäftigung in einer beliebigen Tätigkeit aus, die in Abhängigkeit vom AG oder Ausbildenden erfolgt. 1

Mit Nr 4 werden auch Lernprozesse mit Jugendlichen außerhalb eines Berufsausbildungsverhältnisses erfasst, zB Praktikanten. Bei rein schulischen Maßnahmen, zB schulischer Berufsvorbereitung, findet das Gesetz keine Anwendung, bei Mischformen ist entscheidend, inwieweit praktische Ausbildung außerhalb der Schule erfolgt. 2

Ausgenommen sind geringfügige, gelegentliche Hilfeleistungen aus Gefälligkeit, iRv Familien- und Nachbarschaftshilfe sowie bei Einrichtungen der Jugendhilfe und Behinderteneinrichtungen. Geringfügig bedeutet zeitlich nicht bes ins Gewicht fallend. Gelegentlich bedeutet die Erbringung aus einem bes Anlass. Ausgeklammert sind auch Beschäftigungen, die von Sorgeberechtigungen im Familienhaushalt veranlasst werden. Unter Familienhaushalt ist der private Lebensbereich einer Familie ohne Erwerbscharakter zu verstehen. Ein gewerblicher Familienbetrieb, zB Gaststätte oder Bäckerei, fällt nicht unter die Ausnahme. 3

Entgegen der Geltungsfestlegung gilt § 9 I Nr 1 auch für Personen über 18 Jahren. 4

Außerhalb dieses Gesetzes enthält die Kinderarbeitsschutzverordnung Regelungen für die Beschäftigung von Kindern ab 13 Jahren. 5

§ 2 Kind, Jugendlicher
(1) Kind im Sinne dieses Gesetzes ist, wer noch nicht 15 Jahre alt ist.
(2) Jugendlicher im Sinne dieses Gesetzes ist, wer 15, aber noch nicht 18 Jahre alt ist.
(3) Auf Jugendliche, die der Vollzeitschulpflicht unterliegen, finden die für Kinder geltenden Vorschriften Anwendung.

Die Bestimmung enthält die für das Gesetz wichtigen Legaldefinitionen von Kindern und Jugendlichen. Der Tag der Geburt wird bei der Altersberechnung mitgezählt, das 15. Lebensjahr wird also vollendet am Tag vor dem 15. Geburtstag. 1

2   III enthält eine Ausweitung der Vorschriften für Kinder für solche Jugendliche, die noch der Vollzeitschulpflicht unterliegen. Die Regelungen zur allg Vollzeitschulpflicht obliegen den Ländern und finden sich in den entspr Schulgesetzen.

§ 3 Arbeitgeber
Arbeitgeber im Sinne dieses Gesetzes ist, wer ein Kind oder einen Jugendlichen gemäß § 1 beschäftigt.

1   Die Definition des AG ist weit gefasst, um den Schutz umfassend zu gewährleisten. AG kann sowohl eine natürliche wie auch eine juristische Person sein. Entscheidend ist die Beschäftigung nach § 1 mit dem dort gewählten weiten Begriff der tatsächlichen Beschäftigung eines Kindes oder Jugendlichen. Dieses Merkmal kann auch durch vertretungsberechtigte Organe oder Hilfskräfte des AG erfüllt werden, zB Geschäftsführer, oder Ausbilder. Es gilt ein funktionaler AG-Begriff.

§ 4 Arbeitszeit
(1) Tägliche Arbeitszeit ist die Zeit vom Beginn bis zum Ende der täglichen Beschäftigung ohne die Ruhepausen (§ 11).
(2) Schichtzeit ist die tägliche Arbeitszeit unter Hinzurechnung der Ruhepausen (§ 11).
(3) ¹Im Bergbau unter Tage gilt die Schichtzeit als Arbeitszeit. ²Sie wird gerechnet vom Betreten des Förderkorbs bei der Einfahrt bis zum Verlassen des Förderkorbs bei der Ausfahrt oder vom Eintritt des einzelnen Beschäftigten in das Stollenmundloch bis zu seinem Wiederaustritt.
(4) ¹Für die Berechnung der wöchentlichen Arbeitszeit ist als Woche die Zeit von Montag bis einschließlich Sonntag zugrunde zu legen. ²Die Arbeitszeit, die an einem Werktag infolge eines gesetzlichen Feiertags ausfällt, wird auf die wöchentliche Arbeitszeit angerechnet.
(5) Wird ein Kind oder ein Jugendlicher von mehreren Arbeitgebern beschäftigt, so werden die Arbeits- und Schichtzeiten sowie die Arbeitstage zusammengerechnet.

1   Mit der Definition der täglichen Arbeitszeit werden alle Beschäftigungen zwischen Beginn und Ende erfasst, also auch auswärtige Ausbildungsmaßnahmen, Wartezeiten, Bereitschaftsdienste und Rufbereitschaft innerhalb dieser Zeit.
2   Die gesetzlichen Feiertage iSv IV werden von den Ländern in den Landesfeiertagsgesetzen festgelegt. Wenn durch einen Feiertag ein Berufsschultag ausfällt, gilt § 9 II.

§ 5 Verbot der Beschäftigung von Kindern
(1) Die Beschäftigung von Kindern (§ 2 Abs. 1) ist verboten.
(2) ¹Das Verbot des Abs. 1 gilt nicht für die Beschäftigung von Kindern
1. zum Zwecke der Beschäftigungs- und Arbeitstherapie,
2. im Rahmen des Betriebspraktikums während der Vollzeitschulpflicht,
3. in Erfüllung einer richterlichen Weisung.
²Auf die Beschäftigung finden § 7 Satz 1 Nr 2 und die §§ 9 bis 46 entsprechende Anwendung.
(3) ¹Das Verbot des Abs. 1 gilt ferner nicht für die Beschäftigung von Kindern über 13 Jahre mit Einwilligung des Personensorgeberechtigten, soweit die Beschäftigung leicht und für Kinder geeignet ist. ²Die Beschäftigung ist leicht, wenn sie auf Grund ihrer Beschaffenheit und der besonderen Bedingungen, unter denen sie ausgeführt wird,
1. die Sicherheit, Gesundheit und Entwicklung der Kinder,
2. ihren Schulbesuch, ihre Beteiligung an Maßnahmen zur Berufswahlvorbereitung oder Berufsausbildung, die von der zuständigen Stelle anerkannt sind, und
3. ihre Fähigkeit, dem Unterricht mit Nutzen zu folgen,
nicht nachteilig beeinflusst. ³Die Kinder dürfen nicht mehr als zwei Stunden täglich, in landwirtschaftlichen Familienbetrieben nicht mehr als drei Stunden täglich, nicht zwischen 18 und 8 Uhr, nicht vor dem Schulunterricht und nicht während des Schulunterrichts beschäftigt werden. ⁴Auf die Beschäftigung finden die §§ 15 bis 31 entsprechende Anwendung.
(4) ¹Das Verbot des Abs. 1 gilt ferner nicht für die Beschäftigung von Jugendlichen (§ 2 Abs. 3) während der Schulferien für höchstens vier Wochen im Kalenderjahr. ²Auf die Beschäftigung finden die §§ 8 bis 31 entsprechende Anwendung.
(4a) Die Bundesregierung hat durch Rechtsverordnung mit Zustimmung des Bundesrates die Beschäftigung nach Abs. 3 näher zu bestimmen.

(4b) Der Arbeitgeber unterrichtet die Personensorgeberechtigten der von ihm beschäftigten Kinder über mögliche Gefahren sowie über alle zu ihrer Sicherheit und ihrem Gesundheitsschutz getroffenen Maßnahmen.
(5) Für Veranstaltungen kann die Aufsichtsbehörde Ausnahmen gemäß § 6 bewilligen.

I enthält das grds Verbot von Kinderarbeit. Davon sind in engen Grenzen Ausnahmen möglich, die in den weiteren Absätzen näher definiert werden. 1

Eine bedeutsame Ausnahme ist die des Betriebspraktikums iRd Vollzeitschulpflicht nach II Nr 2. Hier erfolgt idR eine Vor- und Nachbereitung sowie Begleitung und Auswertung durch die Lehrer. Regelungen dazu bestehen von den Kultusministerien der Länder. Nicht hierunter fallen sonstige Praktika, die von Betrieben zur Berufserkundung angeboten werden. 2

Auch für die nicht auf Erwerbstätigkeiten beruhenden Ausnahmen nach II gelten die Einschränkungen, dass die Beschäftigung außerhalb eines Berufsausbildungsverhältnisses nur leichte und geeignete Tätigkeiten bis zu 7 Stunden täglich und 35 Stunden wöchentlich umfassen darf und die Einhaltung der weiteren Schutzbestimmungen nach §§ 9–46 gewährleistet werden muss. 3

Für Kinder über 13 Jahre gilt das Verbot nach III nicht bei leichten und kindergerechten Beschäftigungen. Auf keinen Fall darf die Tätigkeit die Sicherheit, Gesundheit und Entwicklung sowie die Teilnahme an Schul- und Qualifizierungsmaßnahmen beeinträchtigen. Dafür sind zeitliche Vorgaben von 2 Stunden täglich, in landwirtschaftlichen Familienbetrieben 3 Stunden täglich und geschützte Zeitkorridore vorgesehen. Die BReg hat aufgrund der Ermächtigung nach IVa die Kinderarbeitsschutzverordnung (BGBl 1998 I S 1508) erlassen und dabei die zulässigen Arbeiten konkretisiert und auch Negativbeispiele aufgeführt. Die dort enthaltende Aufzählung in I ist abschließend. 4

Zu beachten ist, dass nach IV die Ferienbeschäftigung von Jugendlichen für bis zu 4 Wochen während der Schulferien möglich ist. Die Zeit kann auch aufgeteilt werden. Die Schutzbestimmungen nach §§ 8–31 sind zu beachten. Es gilt zB auch die 5-Tage-Woche (vgl § 15). 5

Der AG ist verpflichtet, die Personensorgeberechtigten der beschäftigten Kinder über mögliche Gefahren und die getroffenen Vorsorgemaßnahmen zu unterrichten. 6

Verstöße sind Ordnungswidrigkeiten oder Straftaten (vgl §§ 58 f). 7

§ 6 Behördliche Ausnahmen für Veranstaltungen

(1) ¹Die Aufsichtsbehörde kann auf Antrag bewilligen, dass
1. bei Theatervorstellungen Kinder über sechs Jahre bis zu vier Stunden täglich in der Zeit von 10 bis 23 Uhr,
2. bei Musikaufführungen und anderen Aufführungen, bei Werbeveranstaltungen sowie bei Aufnahmen im Rundfunk (Hörfunk und Fernsehen), auf Ton- und Bildträger sowie bei Film- und Fotoaufnahmen
   a) Kinder über drei bis sechs Jahre bis zu zwei Stunden täglich in der Zeit von 8 bis 17 Uhr,
   b) Kinder über sechs Jahre bis zu drei Stunden täglich in der Zeit von 8 bis 22 Uhr

gestaltend mitwirken und an den erforderlichen Proben teilnehmen.
²Eine Ausnahme darf nicht bewilligt werden für die Mitwirkung in Kabaretts, Tanzlokalen und ähnlichen Betrieben sowie auf Vergnügungsparks, Kirmessen, Jahrmärkten und bei ähnlichen Veranstaltungen, Schaustellungen oder Darbietungen.

(2) Die Aufsichtsbehörde darf nach Anhörung des zuständigen Jugendamts die Beschäftigung nur bewilligen, wenn
1. die Personensorgeberechtigten in die Beschäftigung schriftlich eingewilligt haben,
2. der Aufsichtsbehörde eine nicht länger als vor drei Monaten ausgestellte ärztliche Bescheinigung vorgelegt wird, nach der gesundheitliche Bedenken gegen die Beschäftigung nicht bestehen,
3. die erforderlichen Vorkehrungen und Maßnahmen zum Schutz des Kindes gegen Gefahren für Leben und Gesundheit sowie zur Vermeidung einer Beeinträchtigung der körperlichen oder seelisch-geistigen Entwicklung getroffen sind,
4. Betreuung und Beaufsichtigung des Kindes bei der Beschäftigung sichergestellt sind,
5. nach Beendigung der Beschäftigung eine ununterbrochene Freizeit von mindestens 14 Stunden eingehalten wird,
6. das Fortkommen in der Schule nicht beeinträchtigt wird.

§ 9 JArbSchG   Berufsschule

(3) Die Aufsichtsbehörde bestimmt,
1. wie lange, zu welcher Zeit und an welchem Tag das Kind beschäftigt werden darf,
2. Dauer und Lage der Ruhepausen,
3. die Höchstdauer des täglichen Aufenthalts an der Beschäftigungsstätte.
(4) ¹Die Entscheidung der Aufsichtsbehörde ist dem Arbeitgeber schriftlich bekanntzugeben. ²Er darf das Kind erst nach Empfang des Bewilligungsbescheids beschäftigen.

1 Zweck der Bestimmung ist es, solche Veranstaltungen zu ermöglichen, an denen Kinder üblicherweise mitwirken. Voraussetzung ist ein Antrag an die zuständige Aufsichtsbehörde. Dies ist meist das Gewerbeaufsichtsamt im Bezirk des Beschäftigungsortes bzw in einigen Ländern am Wohnsitz des Kindes.
2 Es handelt sich um eine Ermessensentscheidung, die als Verwaltungsakt mit Widerspruch angefochten werden kann.

§ 7 Beschäftigung von nicht vollzeitschulpflichtigen Kindern
¹Kinder, die der Vollzeitschulpflicht nicht mehr unterliegen, dürfen
1. im Berufsausbildungsverhältnis,
2. außerhalb eines Berufsausbildungsverhältnisses nur mit leichten und für sie geeigneten Tätigkeiten bis zu sieben Stunden täglich und 35 Stunden wöchentlich

beschäftigt werden. ²Auf die Beschäftigung finden die §§ 8 bis 46 entsprechende Anwendung.

1 Die praktische Bedeutung der Norm ist gering, da § 5 als speziellere Vorschrift vorgeht.
2 Das Vorliegen eines Berufsausbildungsverhältnisses nach Nr 1 setzt den Abschluss eines Berufsausbildungsvertrages nach § 10 BBiG voraus.

§ 8 Dauer der Arbeitszeit
(1) Jugendliche dürfen nicht mehr als acht Stunden täglich und nicht mehr als 40 Stunden wöchentlich beschäftigt werden.
(2) ¹Wenn in Verbindung mit Feiertagen an Werktagen nicht gearbeitet wird, damit die Beschäftigten eine längere zusammenhängende Freizeit haben, so darf die ausfallende Arbeitszeit auf die Werktage von fünf zusammenhängenden, die Ausfalltage einschließenden Wochen nur dergestalt verteilt werden, dass die Wochenarbeitszeit im Durchschnitt dieser fünf Wochen 40 Stunden nicht überschreitet. ²Die tägliche Arbeitszeit darf hierbei achteinhalb Stunden nicht überschreiten.
(2a) Wenn an einzelnen Werktagen die Arbeitszeit auf weniger als acht Stunden verkürzt ist, können Jugendliche an den übrigen Werktagen derselben Woche achteinhalb Stunden beschäftigt werden.
(3) In der Landwirtschaft dürfen Jugendliche über 16 Jahre während der Erntezeit nicht mehr als neun Stunden täglich und nicht mehr als 85 Stunden in der Doppelwoche beschäftigt werden.

1 Für Jugendliche gilt als grds Obergrenze der 8-Stunden-Tag und die 40-Stunden-Woche. Bei der Berechnung werden Ruhepausen nicht mitgezählt (vgl § 4 I).
2 Eine Ausnahme ist nach II möglich, wenn iVm Feiertagen an Werktagen nicht gearbeitet wird, um eine längere zusammenhängende Freizeit zu erreichen. Dann kann die ausgefallene Arbeitszeit auf andere Werktage innerhalb 5 zusammenhängender Wochen verteilt werden. Dabei darf die Wochenarbeitszeit im Durchschnitt 40 Stunden und die tägliche Arbeitszeit 8,5 Stunden nicht überschreiten. Eine Erweiterung für gleitende Arbeitszeit ist durch TV möglich (vgl § 21a I Nr 1).
3 Als weitere Ausnahme ermöglicht IIa bei Verkürzung der Arbeitszeit an einzelnen Werktagen die Verlängerung an den übrigen Werktagen der Woche auf bis zu 8,5 Stunden. Damit lassen sich zB kürzere Freitagsarbeitszeiten realisieren.

§ 9 Berufsschule
(1) ¹Der Arbeitgeber hat den Jugendlichen für die Teilnahme am Berufsschulunterricht freizustellen. ²Er darf den Jugendlichen nicht beschäftigen
1. vor einem vor 9 Uhr beginnenden Unterricht; dies gilt auch für Personen, die über 18 Jahre alt und noch berufsschulpflichtig sind,
2. an einem Berufsschultag mit mehr als fünf Unterrichtsstunden von mindestens je 45 Minuten, einmal in der Woche,

3. in Berufsschulwochen mit einem planmäßigen Blockunterricht von mindestens 25 Stunden an mindestens fünf Tagen; zusätzliche betriebliche Ausbildungsveranstaltungen bis zu zwei Stunden wöchentlich sind zulässig.
(2) Auf die Arbeitszeit werden angerechnet
1. Berufsschultage nach Abs. 1 Nr. 2 mit acht Stunden,
2. Berufsschulwochen nach Abs. 1 Nr. 3 mit 40 Stunden,
3. im Übrigen die Unterrichtszeit einschließlich der Pausen.
(3) Ein Entgeltausfall darf durch den Besuch der Berufsschule nicht eintreten.

Die Bestimmung regelt die Freistellung für die Teilnahme am Berufsschulunterricht, einschließlich bestimmter damit zusammenhängender Beschäftigungsverbote, und die verbundene Anrechnung dieser Zeiten auf die betriebliche Arbeitszeit. Sie gilt auch für nicht in einem Ausbildungsverhältnis stehende Jugendliche, soweit nach der Hauptschule kein weiterführender Schulbesuch erfolgt (sog Jungarbeiter). Die Freistellungspflicht umfasst den tatsächlichen Unterricht einschließlich der Pausen sowie Schulveranstaltungen iRd Unterrichts. Bei Überschneidung von Berufsschulbesuch und betrieblicher Ausbildung hat Berufsschule Vorrang. 1

Das Beschäftigungsverbot nach I Nr 1 gilt auch für volljährige Auszubildende, wenn sie noch berufsschulpflichtig sind. Berufsschulpflicht besteht bis zum 18. Lebensjahr, für Auszubildende bestehen unterschiedliche Länderregelungen. Meist endet sie mit dem Ende des Ausbildungsverhältnisses oder mit dem 21. Lebensjahr. Das Beschäftigungsverbot gilt aber nur, wenn der Unterricht vor 9 Uhr beginnt. Beginnt er um oder nach 9 Uhr, kann der AG also die Ausbildung im Betrieb vorher verlangen. Allerdings sind die übrigen Schutzbestimmungen zu beachten, zB Nachtruhe (§ 14). 2

Weiter darf nach I Nr 2 keine Beschäftigung an einem Berufsschultag mit bestimmten Anforderungen erfolgen. Der Berufsschultag muss dafür mehr als 5 Unterrichtsstunden von mind je 45 Minuten betragen. Es reichen also nicht 5 Unterrichtsstunden, sondern mindestens 6 sind erforderlich. Außerdem gilt das Beschäftigungsverbot für solche Berufsschultage nur einmal je Woche. An dem 2. Tag wäre eine Rückkehr in den Betrieb erforderlich. Das Bestimmungsrecht für den Tag liegt beim AG. 3

Für Blockunterrichtswochen bestimmt I Nr 3 ein Beschäftigungsverbot bei planmäßigem Unterricht von mindestens 25 Stunden an mind 5 Tagen. Da hier nicht Unterrichtsstunden genannt werden, handelt es sich wie im ArbR üblich um Zeitstunden. Entscheidend ist der planmäßige Blockunterricht. Fällt eine einzelne Stunde aus, kommt keine Beschäftigung in Betracht, wohl aber wenn der Unterricht für einen ganzen Tag oder länger ausfällt. Für solche Blockunterrichtswochen ist jedoch eine zusätzliche betriebliche Ausbildungsveranstaltung von bis zu 2 Stunden zulässig. Nicht zulässig ist eine bloße betriebliche Ausbildung am Arbeitsplatz. 4

Auch wenn die Berufsschulzeit keine Arbeitszeit darstellt, erfolgt die Anrechnung auf die tägliche und wöchentliche Höchstarbeitszeit wie bei Arbeitszeit. Das gilt für die Berufsschultage nach I Nr 2 mit 8 Stunden, Berufsschulwochen nach I Nr 3 mit 40 Stunden und bzgl der übrigen Unterrichtszeit einschließlich Pausen. Bei Letzterem sind der tatsächlich erteilte Unterricht und die tatsächliche Zeit der gewährten Pausen entscheidend, nicht etwa der Unterrichtsplan. Der Schulweg ist nicht auf die Arbeitszeit anzurechnen. Anders ist es nur, wenn der Jugendliche nach der Berufsschule in den Betrieb zurückkehrt. Dann ist diese Zeit anzurechnen. 5

Bei der Anrechnung auf die Arbeitszeit nach II ist nicht auf die tarifliche Arbeitszeit, sondern auf die gesetzliche Höchstarbeitszeit von 40 Stunden abzustellen. Etwas anderes gilt nur, wenn im TV oder Berufsausbildungsvertrag etwas anderes eindeutig bestimmt wird oder nur auf die Bestimmungen dieses Gesetzes verwiesen wird (BAG 27.5.1992, 5 AZR 252/91, EzB JArbSchG § 9 Nr 19). Mangels anderweitiger Vereinbarung ist für Jugendliche die Anrechnung auf die max Arbeitszeit von 40 Stunden (vgl § 8 I), für Volljährige von 48 Stunden (vgl § 3 ArbZG) zu beziehen. Verbleibt nach der Anrechnung noch Arbeitszeit, kann diese innerhalb der betrieblichen Arbeitszeit für die betriebliche Ausbildung genutzt werden. 6

Da durch den Besuch der Berufsschule kein Entgeltausfall eintreten darf, ist die Ausbildungsvergütung fortzuzahlen. Es darf keine Verschlechterung ggü Zeiten des Betriebsbesuchs eintreten. 7

§ 10 Prüfungen und außerbetriebliche Ausbildungsmaßnahmen
(1) Der Arbeitgeber hat den Jugendlichen
1. für die Teilnahme an Prüfungen und Ausbildungsmaßnahmen, die auf Grund öffentlich-rechtlicher oder vertraglicher Bestimmungen außerhalb der Ausbildungsstätte durchzuführen sind,
2. an dem Arbeitstag, der der schriftlichen Abschlussprüfung unmittelbar vorangeht,
freizustellen.

§ 13 JArbSchG Tägliche Freizeit

(2) ¹Auf die Arbeitszeit werden angerechnet
1. die Freistellung nach Abs. 1 Nr. 1 mit der Zeit der Teilnahme einschließlich der Pausen,
2. die Freistellung nach Abs. 1 Nr. 2 mit acht Stunden.
²Ein Entgeltausfall darf nicht eintreten.

1   Die Freistellung nach I betrifft Zwischenprüfungen, Abschlussprüfungen, auch im Wiederholungsfall, ferner öffentl-rechtlich oder vertraglich bestimmte Ausbildungsmaßnahmen, zB überbetriebliche Unterweisung im Handwerksbereich. Sie umfasst die Zeit der Teilnahme einschließlich der Pausen, nicht jedoch die Wegezeiten. Für die Abschlussprüfung gilt darüber hinaus eine Freistellung an dem der schriftlichen Prüfung unmittelbar vorausgehenden Tag. Die Bestimmung gilt nicht für Zwischenprüfungen, wohl aber für Wiederholungstermine bei Abschlussprüfungen.
2   Bei Stufenausbildung findet am Ende jeder Stufe eine Abschlussprüfung statt. Die Vorschrift gilt nur, wenn der unmittelbar vorhergehende Tag ein Arbeitstag ist. Ist der dem Prüfungstag vorausgehende Tag ein Feiertag oder Berufsschultag, besteht der Anspruch nicht. Beginnt zB die Prüfung am Montag, ist keine Freistellung am Freitag geboten (LAG Hamm 12.1.1978, 12 (9) Sa 1409/77, EzB JArbSchG § 10 Nr 1). Die Freistellung bezieht sich auf einen Tag, auch wenn die schriftliche Prüfung an mehreren Tagen durchgeführt wird.
3   II regelt die Anrechnung der Zeiten nach I auf die Arbeitszeit und bestimmt die Entgeltfortzahlung wie für den Berufsschulbesuch (vgl § 9).

§ 11 Ruhepausen, Aufenthaltsräume

(1) ¹Jugendlichen müssen im Voraus feststehende Ruhepausen von angemessener Dauer gewährt werden. ²Die Ruhepausen müssen mindestens betragen
1. 30 Minuten bei einer Arbeitszeit von mehr als viereinhalb bis zu sechs Stunden,
2. 60 Minuten bei einer Arbeitszeit von mehr als sechs Stunden.
³Als Ruhepause gilt nur eine Arbeitsunterbrechung von mindestens 15 Minuten.
(2) ¹Die Ruhepausen müssen in angemessener zeitlicher Lage gewährt werden, frühestens eine Stunde nach Beginn und spätestens eine Stunde vor Ende der Arbeitszeit. ²Länger als viereinhalb Stunden hintereinander dürfen Jugendliche nicht ohne Ruhepause beschäftigt werden.
(3) Der Aufenthalt während der Ruhepausen in Arbeitsräumen darf den Jugendlichen nur gestattet werden, wenn die Arbeit in diesen Räumen während dieser Zeit eingestellt ist und auch sonst die notwendige Erholung nicht beeinträchtigt wird.
(4) Absatz 3 gilt nicht für den Bergbau unter Tage.

1   Jugendliche haben Anspruch auf im Voraus festgelegte Pausen von angemessener Dauer. Die Pausen müssen im Voraus feststehen, dh zu Beginn der täglichen Arbeitszeit bekannt sein (vgl § 48). Es sind Mindestzeiten festgesetzt. Dabei muss eine Pause mind 15 Minuten betragen, um dem Anspruch zu genügen.
2   Für die Angemessenheit der zeitlichen Lage ist bestimmt, dass der Abstand mind 1 Stunde zum Arbeitsbeginn und Arbeitsende betragen muss. Außerdem sind Beschäftigungsphasen über 4,5 Stunden ohne Ruhepause unzulässig.
3   Für die Ruhepausen bestehen idR Aufenthaltsräume, Arbeitsräume sind nur dann erlaubt, wenn die Arbeit dort eingestellt ist und die Erholung nicht beeinträchtigt wird. Nähere Bestimmungen über Pausenräume enthält § 29 ArbStättV.
4   Für den Untertagebergbau gilt wegen der technischen Bedingungen eine Ausnahme.

§ 12 Schichtzeit

Bei der Beschäftigung Jugendlicher darf die Schichtzeit (§ 4 Abs. 2) 10 Stunden, im Bergbau unter Tage 8 Stunden, im Gaststättengewerbe, in der Landwirtschaft, in der Tierhaltung, auf Bau- und Montagestellen 11 Stunden nicht überschreiten.

1   Die Schichtzeit ist die tägliche Arbeitszeit unter Einschluss der Ruhepausen (§ 4 II) ohne die Wegezeiten von der Wohnung zur Betriebsstätte und umgekehrt.

§ 13 Tägliche Freizeit

Nach Beendigung der täglichen Arbeitszeit dürfen Jugendliche nicht vor Ablauf einer ununterbrochenen Freizeit von mindestens 12 Stunden beschäftigt werden.

Die Freizeit muss zusammenhängend sein. Die Regelung betrifft alle Beschäftigungsverhältnisse nach § 1. Auch Arbeitsbereitschaft, Rufbereitschaft oder Bereitschaftsdienst sind verboten. Auch Heranziehung zu freiwilliger Beschäftigung ist verboten. Ausnahmen bestehen nur in bestimmten Notfällen (vgl § 21). Die Lage der Freizeit ergibt sich aus § 14.

§ 14 Nachtruhe
(1) Jugendliche dürfen nur in der Zeit von 6 bis 20 Uhr beschäftigt werden.
(2) Jugendliche über 16 Jahre dürfen
1. im Gaststätten- und Schaustellergewerbe bis 22 Uhr,
2. in mehrschichtigen Betrieben bis 23 Uhr,
3. in der Landwirtschaft ab 5 Uhr oder bis 21 Uhr,
4. in Bäckereien und Konditoreien ab 5 Uhr
beschäftigt werden.
(3) Jugendliche über 17 Jahre dürfen in Bäckereien ab 4 Uhr beschäftigt werden.
(4) An dem einem Berufsschultag unmittelbar vorangehenden Tag dürfen Jugendliche auch nach Abs. 2 Nr. 1 bis 3 nicht nach 20 Uhr beschäftigt werden, wenn der Berufsschulunterricht am Berufsschultag vor 9 Uhr beginnt.
(5) ¹Nach vorheriger Anzeige an die Aufsichtsbehörde dürfen in Betrieben, in denen die übliche Arbeitszeit aus verkehrstechnischen Gründen nach 20 Uhr endet, Jugendliche bis 21 Uhr beschäftigt werden, soweit sie hierdurch unnötige Wartezeiten vermeiden können. ²Nach vorheriger Anzeige an die Aufsichtsbehörde dürfen ferner in mehrschichtigen Betrieben Jugendliche über 16 Jahre ab 5.30 Uhr oder bis 23.30 Uhr beschäftigt werden, soweit sie hierdurch unnötige Wartezeiten vermeiden können.
(6) ¹Jugendliche dürfen in Betrieben, in denen die Beschäftigten in außergewöhnlichem Grade der Einwirkung von Hitze ausgesetzt sind, in der warmen Jahreszeit ab 5 Uhr beschäftigt werden. ²Die Jugendlichen sind berechtigt, sich vor Beginn der Beschäftigung und danach in regelmäßigen Zeitabständen arbeitsmedizinisch untersuchen zu lassen. ³Die Kosten der Untersuchungen hat der Arbeitgeber zu tragen, sofern er diese nicht kostenlos durch einen Betriebsarzt oder einen überbetrieblichen Dienst von Betriebsärzten anbietet.
(7) ¹Jugendliche dürfen bei Musikaufführungen, Theatervorstellungen und anderen Aufführungen, bei Aufnahmen im Rundfunk (Hörfunk und Fernsehen), auf Ton- und Bildträger sowie bei Film- und Fotoaufnahmen bis 23 Uhr gestaltend mitwirken. ²Eine Mitwirkung ist nicht zulässig bei Veranstaltungen, Schaustellungen oder Darbietungen, bei denen die Anwesenheit Jugendlicher nach den Vorschriften des Jugendschutzgesetzes verboten ist. ³Nach Beendigung der Tätigkeit dürfen Jugendliche nicht vor Ablauf einer ununterbrochenen Freizeit von mindestens 14 Stunden beschäftigt werden.

Die Beschäftigung von Jugendlichen ist außerhalb des Zeitkorridors von 6 bis 20 Uhr grds verboten. Zu dem in I bestimmten Beschäftigungsverbot gehören auch Bereitschaftsdienste und Rufbereitschaften. Wegezeiten gehören nicht zur Beschäftigung und bleiben daher unberücksichtigt.

Das Beschäftigungsverbot nach IV bezieht sich nur auf den dem Berufsschultag unmittelbar vorangehenden Tag und setzt zudem voraus, dass der Berufsschulunterricht vor 9 Uhr beginnt. Beginnt er um 9 Uhr, greift die Regelung nicht.

V bezweckt insb bei Betrieben mit größerem Einzugsbereich die Anpassung der Arbeitszeiten an die Fahrpläne öffentl Verkehrsmittel, um Wartezeiten zu ersparen. Da keine konkreten Angaben bestehen, ab wann Wartezeiten unnötig sind, ist es praktikabel, auf die Verkehrsbedingungen im Einzelfall abzustellen. Vorherige Anzeige ist erforderlich, bewirkt jedoch keine Genehmigungspflicht, aber die Möglichkeit zum Einschreiten, wenn Verlegung offenkundig missbräuchlich ist und nicht zur Vermeidung von Wartezeiten dient.

§ 15 Fünf-Tage-Woche
¹Jugendliche dürfen nur an fünf Tagen in der Woche beschäftigt werden. ²Die beiden wöchentlichen Ruhetage sollen nach Möglichkeit aufeinander folgen.

Für den Grds der 5-Tage-Woche Jugendlicher wird die Woche von Montag bis Sonntag gerechnet (vgl § 4 IV). Da aber in §§ 16–18 weitere Beschränkungen vorgesehen sind, kommt die Beschäftigung idR nur von Montag bis Freitag in Betracht.

§ 17 JArbSchG   Sonntagsruhe

2   Die Regelung gilt auch, wenn die Beschäftigung bei mehreren AG erfolgt (vgl § 4 V). Der Jugendliche hat die Pflicht zur Information seiner AG über Dauer und Lage der Arbeitszeiten, damit diese die Einhaltung der Bestimmungen gewährleisten können.
3   Zeiten des Berufsschulunterrichts sind keine Arbeitszeit, werden lediglich auf diese angerechnet. Insofern werden Berufsschultage (nach § 9 I Nr 2) bei der Berechnung der 5-Tage-Woche nicht mitgezählt. 5 Arbeitstage können aber dann nur erreicht werden, wenn Samstags- oder Sonntagsarbeit zulässig sind.
4   Das Beschäftigungsverbot für mehr als 5 Tage richtet sich nur an den AG. Daraus folgt, dass Prüfungen auch nach 5 Tagen zB am Samstag zulässig sind. Für die Anrechnung der Zeiten gilt § 10 II Nr 1.
5   Die Sollvorschrift nach S 2 stellt keine generelle Pflicht des AG dar. Er muss aber auch bei erlaubter Wochenendbeschäftigung versuchen, nach Möglichkeit 2 zusammenhängende Tage freizugeben. Ein Abweichen ist nur bei zwingenden betrieblichen Bedürfnissen erlaubt.

§ 16 Samstagsruhe

(1) An Samstagen dürfen Jugendliche nicht beschäftigt werden.
(2) ¹Zulässig ist die Beschäftigung Jugendlicher an Samstagen nur
  1. in Krankenanstalten sowie in Alten-, Pflege- und Kinderheimen,
  2. in offenen Verkaufsstellen, in Betrieben mit offenen Verkaufsstellen, in Bäckereien und Konditoreien, im Friseurhandwerk und im Marktverkehr,
  3. im Verkehrswesen,
  4. in der Landwirtschaft und Tierhaltung,
  5. im Familienhaushalt,
  6. im Gaststätten- und Schaustellergewerbe,
  7. bei Musikaufführungen, Theatervorstellungen und anderen Aufführungen, bei Aufnahmen im Rundfunk (Hörfunk und Fernsehen), auf Ton- und Bildträger sowie bei Film- und Fotoaufnahmen,
  8. bei außerbetrieblichen Ausbildungsmaßnahmen,
  9. beim Sport,
  10. im ärztlichen Notdienst,
  11. in Reparaturwerkstätten für Kraftfahrzeuge.
²Mindestens zwei Samstage im Monat sollen beschäftigungsfrei bleiben.
(3) ¹Werden Jugendliche am Samstag beschäftigt, ist ihnen die Fünf-Tage-Woche (§ 15) durch Freistellung an einem anderen berufsschulfreien Arbeitstag derselben Woche sicherzustellen. ²In Betrieben mit einem Betriebsruhetag in der Woche kann die Freistellung auch an diesem Tag erfolgen, wenn die Jugendlichen an diesem Tag keinen Berufsschulunterricht haben.
(4) Können Jugendliche in den Fällen des Abs. 2 Nr. 2 am Samstag nicht acht Stunden beschäftigt werden, kann der Unterschied zwischen der tatsächlichen und der nach § 8 Abs. 1 höchstzulässigen Arbeitszeit an dem Tag bis 13 Uhr ausgeglichen werden, an dem die Jugendlichen nach Abs. 3 Satz 1 freizustellen sind.

1   I beinhaltet den Grds, wonach Jugendliche an Samstagen nicht beschäftigt werden dürfen. Erfasst werden alle Beschäftigungen nach § 1. Ausnahmen gelten nach II für bestimmte Bereiche, die abschließend aufgeführt sind. Für eine ausdehnende Auslegung ist wegen des Ausnahmecharakters kein Raum. Von der Regelung ist nur die Lage der Beschäftigung betroffen, die Höchstdauer (§ 8) bleibt davon unberührt.
2   Die Ausnahmen betreffen alle anfallenden Tätigkeiten und sind nicht auf die Ausbildung beschränkt. Allerdings ist bei Auszubildenden die Einschränkung des § 14 II BBiG zu beachten, wonach die Beschäftigung dem Ausbildungszweck dienen und den körperlichen Kräften angemessen sein muss.
3   Auch bei Samstagsbeschäftigung sollen 2 Samstage im Monat frei bleiben. Eine öffentl-rechtlich erzwingbare Verpflichtung besteht damit nicht. Wenn eine Samstagsbeschäftigung erfolgt, muss die 5-Tage-Woche durch die Freistellung an einem anderen Arbeitstag der Woche ohne Berufsschulbesuch gewährt werden. Dazu kann ein Betriebsruhetag genutzt werden, wenn der berufsschulfrei ist.

§ 17 Sonntagsruhe

(1) An Sonntagen dürfen Jugendliche nicht beschäftigt werden.
(2) ¹Zulässig ist die Beschäftigung Jugendlicher an Sonntagen nur
  1. in Krankenanstalten sowie in Alten-, Pflege- und Kinderheimen,
  2. in der Landwirtschaft und Tierhaltung mit Arbeiten, die auch an Sonn- und Feiertagen naturnotwendig vorgenommen werden müssen,
  3. im Familienhaushalt, wenn der Jugendliche in die häusliche Gemeinschaft aufgenommen ist,

4. im Schaustellergewerbe,
5. bei Musikaufführungen, Theatervorstellungen und anderen Aufführungen sowie bei Direktsendungen im Rundfunk (Hörfunk und Fernsehen),
6. beim Sport,
7. im ärztlichen Notdienst,
8. im Gaststättengewerbe.

²Jeder zweite Sonntag soll, mindestens zwei Sonntage im Monat müssen beschäftigungsfrei bleiben.
(3) ¹Werden Jugendliche am Sonntag beschäftigt, ist ihnen die Fünf-Tage-Woche (§ 15) durch Freistellung an einem anderen berufsschulfreien Arbeitstag derselben Woche sicherzustellen. ²In Betrieben mit einem Betriebsruhetag in der Woche kann die Freistellung auch an diesem Tag erfolgen, wenn die Jugendlichen an diesem Tag keinen Berufsschulunterricht haben.

Der Grds des Beschäftigungsverbots für Jugendliche an Sonntagen unterliegt im Katalog der Ausnahmen strengeren Kriterien als bei § 16. Zum Ausgleich bei Sonntagsbeschäftigung (III) gelten die Regelungen wie bei § 16.   1

§ 18 Feiertagsruhe

(1) Am 24. und 31. Dezember nach 14 Uhr und an gesetzlichen Feiertagen dürfen Jugendliche nicht beschäftigt werden.
(2) Zulässig ist die Beschäftigung Jugendlicher an gesetzlichen Feiertagen in den Fällen des § 17 Abs. 2, ausgenommen am 25. Dezember, am 1. Januar, am ersten Osterfeiertag und am 1. Mai.
(3) ¹Für die Beschäftigung an einem gesetzlichen Feiertag, der auf einem Werktag fällt, ist der Jugendliche an einem anderen berufsschulfreien Arbeitstag derselben oder der folgenden Woche freizustellen. ²In Betrieben mit einem Betriebsruhetag in der Woche kann die Freistellung auch an diesem Tag erfolgen, wenn die Jugendlichen an diesem Tag keinen Berufsschulunterricht haben.

Grds besteht Beschäftigungsverbot für Jugendliche an gesetzlichen Feiertagen. Unter gesetzlichen Feiertagen sind nur Feiertage aufgrund Bundes- oder Landesrecht zu verstehen, also nicht kirchliche Feiertage. Unter den Voraussetzungen der Sonntagsarbeit (§ 17 II) sind Ausnahmen möglich, nicht jedoch an den ausdrücklich genannten Feiertagen. Für den Ausgleich ist der Zeitraum auf dieselbe oder folgende Woche erweitert (ggü §§ 17 und 18).   1

§ 19 Urlaub

(1) Der Arbeitgeber hat Jugendlichen für jedes Kalenderjahr einen bezahlten Erholungsurlaub zu gewähren.
(2) ¹Der Urlaub beträgt jährlich
1. mindestens 30 Werktage, wenn der Jugendliche zu Beginn des Kalenderjahrs noch nicht 16 Jahre alt ist,
2. mindestens 27 Werktage, wenn der Jugendliche zu Beginn des Kalenderjahrs noch nicht 17 Jahre alt ist,
3. mindestens 25 Werktage, wenn der Jugendliche zu Beginn des Kalenderjahrs noch nicht 18 Jahre alt ist.

²Jugendliche, die im Bergbau unter Tage beschäftigt werden, erhalten in jeder Altersgruppe einen zusätzlichen Urlaub von drei Werktagen.
(3) ¹Der Urlaub soll Berufsschülern in der Zeit der Berufsschulferien gegeben werden. ²Soweit er nicht in den Berufsschulferien gegeben wird, ist für jeden Berufsschultag, an dem die Berufsschule während des Urlaubs besucht wird, ein weiterer Urlaubstag zu gewähren.
(4) ¹Im Übrigen gelten für den Urlaub der Jugendlichen § 3 Abs. 2, §§ 4 bis 12 und § 13 Abs. 3 des Bundesurlaubsgesetzes. ²Der Auftraggeber oder Zwischenmeister hat jedoch abweichend von § 12 Nr. 1 des Bundesurlaubsgesetzes den jugendlichen Heimarbeitern für jedes Kalenderjahr einen bezahlten Erholungsurlaub entsprechend Absatz 2 zu gewähren; das Urlaubsentgelt der jugendlichen Heimarbeiter beträgt bei einem Urlaub von 30 Werktagen 11,6 vom Hundert, bei einem Urlaub von 27 Werktagen 10,3 vom Hundert und bei einem Urlaub von 25 Werktagen 9,5 vom Hundert.

Die Urlaubsgewährung nach I ist zwingend, ein Verzicht ist nicht möglich. Die Bezahlung beinhaltet die Fortzahlung der Arbeitsvergütung während der urlaubsbedingten Freistellung von der Arbeitspflicht. Bei der Urlaubsberechnung ist auf das Alter abzustellen, das der Beschäftigte zu Beginn des Kalenderjahres hat.   1

Als Folge ergibt sich eine Ausdehnung des Geltungsbereiches nach II Nr 3 für 19-jährige Beschäftigte. Nur wer zu Beginn des Kalenderjahres schon 18 Jahre alt ist, erhält den Erwachsenenurlaub von 24 Werktagen (vgl § 3 I BUrlG). Sowohl im JArbSchG wie auch im BUrlG wird der Mindesturlaub in Werktagen angegeben; dies sind alle Kalendertage mit Ausnahme von Sonn- und gesetzlichen Feiertagen (vgl § 3 II BUrlG). Samstage sind danach Werktage, auch wenn sie keine Arbeitstage sind.

2 Für noch nicht volljährige Berufsschüler soll der Urlaub in die Berufsschulferien gelegt werden. Die Vorschrift ist nicht zwingend, schränkt aber das Ermessen des AG bei der Lage des Urlaubs ein. Wenn gleichwohl Urlaub außerhalb der Berufsschulferien liegt, ist nach III 2 für jeden Tag des Berufsschulbesuches ein Zusatzurlaubstag zu gewähren.

3 Bei Erkrankung vor oder bei Urlaubsbeginn ist Verschiebung oder Neufestsetzung des Urlaubs erforderlich. Bei Krankheit während des Urlaubs werden durch ärztliches Attest nachgewiesene Krankheitstage nicht angerechnet (vgl § 9 BUrlG); sie sind durch Neufestsetzung nachzugewähren. Urlaub ist grds abgeltungsfeindlich (vgl § 7 IV BUrlG). Abgeltung kommt nur in Betracht, wenn der Urlaub wegen Beendigung des Arbeitsverhältnisses nicht mehr gewährt werden kann. Kommt im Anschluss an ein Ausbildungsverhältnis mit demselben AG ein Arbeitsverhältnis zustande, ist die Abgeltung ausgeschlossen, der Urlaubsanspruch ist dann im Arbeitsverhältnis zu erfüllen (BAG 29.11.1984, 6 AZR 238/82, EzB BUrlG § 13 Nr 1).

§ 21 Ausnahmen in besonderen Fällen
(1) Die §§ 8 und 11 bis 18 finden keine Anwendung auf die Beschäftigung Jugendlicher mit vorübergehenden und unaufschiebbaren Arbeiten in Notfällen, soweit erwachsene Beschäftigte nicht zur Verfügung stehen.
(2) Wird in den Fällen des Abs. 1 über die Arbeitszeit des § 8 hinaus Mehrarbeit geleistet, so ist sie durch entsprechende Verkürzung der Arbeitszeit innerhalb der folgenden drei Wochen auszugleichen.
(3) (aufgehoben)

1 Es handelt sich um eine Bestimmung mit Ausnahmecharakter. Die Voraussetzungen müssen kumulativ vorliegen. Der Notfall ist nicht definiert, aber aus dem Arbeitsschutzrecht bekannt (vgl § 14 I ArbZG). Er liegt bei unvorhergesehenen, vom Willen des Betroffenen unabhängigen, plötzlich eintretenden Ereignissen, die Gefahr eines unverhältnismäßigen Schadens für den Betrieb oder die Allgemeinheit mitbringen und zu unaufschiebbaren Maßnahmen zwingen. Bsp sind Fälle höherer Gewalt wie Brände, Explosionen, Wasserbruch, Überschwemmung.

2 Die Arbeit muss unaufschiebbar sein, also die sofortige Durchführung der Maßnahmen notwendig machen, um die Gefahren abzuwenden oder die Schäden zu beseitigen oder in Grenzen zu halten.

§ 21a Abweichende Regelungen
(1) In einem Tarifvertrag oder auf Grund eines Tarifvertrages in einer Betriebsvereinbarung kann zugelassen werden
1. abweichend von den §§ 8, 15, 16 Abs. 3 und 4, § 17 Abs. 3 und § 18 Abs. 3 die Arbeitszeit bis zu neun Stunden täglich, 44 Stunden wöchentlich und bis zu fünfeinhalb Tagen in der Woche anders zu verteilen, jedoch nur unter Einhaltung einer durchschnittlichen Wochenarbeitszeit von 40 Stunden in einem Ausgleichszeitraum von zwei Monaten,
2. abweichend von § 11 Abs. 1 Satz 2 Nr. 2 und Abs. 2 die Ruhepausen bis zu 15 Minuten zu kürzen und die Lage der Pausen anders zu bestimmen,
3. abweichend von § 12 die Schichtzeit mit Ausnahme des Bergbaus unter Tage bis zu einer Stunde täglich zu verlängern,
4. abweichend von § 16 Abs. 1 und 2 Jugendliche an 26 Samstagen im Jahr oder an jedem Samstag zu beschäftigen, wenn stattdessen der Jugendliche an einem anderen Werktag derselben Woche von der Beschäftigung freigestellt wird,
5. abweichend von den §§ 15, 16 Abs. 3 und 4, § 17 Abs. 3 und § 18 Abs. 3 Jugendliche bei einer Beschäftigung an einem Samstag oder an einem Sonn- oder Feiertag unter vier Stunden an einem anderen Arbeitstag derselben oder der folgenden Woche vor- oder nachmittags von der Beschäftigung freizustellen,
6. abweichend von § 17 Abs. 2 Satz 2 Jugendliche im Gaststätten- und Schaustellergewerbe sowie in der Landwirtschaft während der Saison oder der Erntezeit an drei Sonntagen im Monat zu beschäftigen.
(2) Im Geltungsbereich eines Tarifvertrages nach Abs. 1 kann die abweichende tarifvertragliche Regelung im Betrieb eines nicht tarifgebundenen Arbeitgebers durch Betriebsvereinbarung oder, wenn ein

Betriebsrat nicht besteht, durch schriftliche Vereinbarung zwischen dem Arbeitgeber und dem Jugendlichen übernommen werden.
(3) Die Kirchen und die öffentlich-rechtlichen Religionsgesellschaften können die in Abs. 1 genannten Abweichungen in ihren Regelungen vorsehen.

Die Vorschrift enthält tarifdispositives Recht, wovon durch TV abgewichen werden kann. II enthält die Möglichkeit der Übernahme einer tarifvertraglichen Regelung durch Vereinbarung bei einem nicht tarifgebundenen AG. 1

§ 22 Gefährliche Arbeiten
(1) Jugendliche dürfen nicht beschäftigt werden
1. mit Arbeiten, die ihre physische oder psychische Leistungsfähigkeit übersteigen,
2. mit Arbeiten, bei denen sie sittlichen Gefahren ausgesetzt sind,
3. mit Arbeiten, die mit Unfallgefahren verbunden sind, von denen anzunehmen ist, dass Jugendliche sie wegen mangelnden Sicherheitsbewusstseins oder mangelnder Erfahrung nicht erkennen oder nicht abwenden können,
4. mit Arbeiten, bei denen ihre Gesundheit durch außergewöhnliche Hitze oder Kälte oder starke Nässe gefährdet wird,
5. mit Arbeiten, bei denen sie schädlichen Einwirkungen von Lärm, Erschütterungen oder Strahlen ausgesetzt sind,
6. mit Arbeiten, bei denen sie schädlichen Einwirkungen von Gefahrstoffen im Sinne der Gefahrstoffverordnung ausgesetzt sind,
7. mit Arbeiten, bei denen sie schädlichen Einwirkungen von biologischen Arbeitsstoffen im Sinne der Biostoffverordnung ausgesetzt sind.
(2) ^{1}Abs. 1 Nr. 3 bis 7 gilt nicht für die Beschäftigung Jugendlicher, soweit
1. dies zur Erreichung ihres Ausbildungszieles erforderlich ist,
2. ihr Schutz durch die Aufsicht eines Fachkundigen gewährleistet ist und
3. der Luftgrenzwert bei gefährlichen Stoffen (Abs. 1 Nr. 6) unterschritten wird.
^{2}Satz 1 findet keine Anwendung auf gezielte Tätigkeiten mit biologischen Arbeitsstoffen der Risikogruppen 3 und 4 im Sinne der Biostoffverordnung sowie auf nicht gezielte Tätigkeiten, die nach der Biostoffverordnung der Schutzstufe 3 oder 4 zuzuordnen sind.
(3) Werden Jugendliche in einem Betrieb beschäftigt, für den ein Betriebsarzt oder eine Fachkraft für Arbeitssicherheit verpflichtet ist, muss ihre betriebsärztliche oder sicherheitstechnische Betreuung sichergestellt sein.

Bei den Beschäftigungsverboten handelt es sich um gesetzliche Verbote iSv § 134 BGB. Die Aufzählung in I ist nicht abschließend (vgl § 26). Weitere Verbote können zB aus §§ 27 ff folgen, aus §§ 3, 4 und 6 MuSchG, ArbStättV, ArbSchG sowie Unfallverhütungsvorschriften der Berufsgenossenschaften. 1

§ 23 Akkordarbeit, tempoabhängige Arbeiten
(1) Jugendliche dürfen nicht beschäftigt werden
1. mit Akkordarbeit und sonstigen Arbeiten, bei denen durch ein gesteigertes Arbeitstempo ein höheres Entgelt erzielt werden kann,
2. in einer Arbeitsgruppe mit erwachsenen Arbeitnehmern, die mit Arbeiten nach Nummer 1 beschäftigt werden,
3. mit Arbeiten, bei denen ihr Arbeitstempo nicht nur gelegentlich vorgeschrieben, vorgegeben oder auf andere Weise erzwungen wird.
(2) Abs. 1 Nr. 2 gilt nicht für die Beschäftigung Jugendlicher,
1. soweit dies zur Erreichung ihres Ausbildungsziels erforderlich ist
oder
2. wenn sie eine Berufsausbildung für diese Beschäftigung abgeschlossen haben
und ihr Schutz durch die Aufsicht eines Fachkundigen gewährleistet ist.

Verboten sind alle Arbeiten, bei denen durch gesteigertes Arbeitstempo ein höheres Entgelt erzielt werden kann, unabhängig von der Ursache der Tempostreigerung. Darunter fallen auch Formen des Gruppenakkordes, bei dem sich die Bezahlung nach dem Arbeitsergebnis mehrerer Arbeiter richtet. Nicht erfasst werden dadurch Zulagen, die zur Belohnung qualitativer Faktoren führen, zB Sauberkeit, Sorgfalt, Materialersparnis etc. 1

§ 25 Verbot der Beschäftigung durch bestimmte Personen

(1) ¹Personen, die
1. wegen eines Verbrechens zu einer Freiheitsstrafe von mindestens zwei Jahren,
2. wegen einer vorsätzlichen Straftat, die sie unter Verletzung der ihnen als Arbeitgeber, Ausbildender oder Ausbilder obliegenden Pflichten zum Nachteil von Kindern oder Jugendlichen begangen haben, zu einer Freiheitsstrafe von mehr als drei Monaten,
3. wegen einer Straftat nach den §§ 109h, 171, 174 bis 184h, 225, 232 bis 233a des Strafgesetzbuches,
4. wegen einer Straftat nach dem Betäubungsmittelgesetz oder
5. wegen einer Straftat nach dem Jugendschutzgesetz oder nach dem Gesetz über die Verbreitung jugendgefährdender Schriften wenigstens zweimal

rechtskräftig verurteilt worden sind, dürfen Jugendliche nicht beschäftigen sowie im Rahmen eines Rechtsverhältnisses im Sinne des § 1 nicht beaufsichtigen, nicht anweisen, nicht ausbilden und nicht mit der Beaufsichtigung, Anweisung oder Ausbildung von Jugendlichen beauftragt werden. ²Eine Verurteilung bleibt außer Betracht, wenn seit dem Tag ihrer Rechtskraft fünf Jahre verstrichen sind. ³Die Zeit, in welcher der Täter auf behördliche Anordnung in einer Anstalt verwahrt worden ist, wird nicht eingerechnet.

(2) ¹Das Verbot des Abs. 1 Satz 1 gilt auch für Personen, gegen die wegen einer Ordnungswidrigkeit nach § 58 Abs. 1 bis 4 wenigstens dreimal eine Geldbuße rechtskräftig festgesetzt worden ist. ²Eine Geldbuße bleibt außer Betracht, wenn seit dem Tag ihrer rechtskräftigen Festsetzung fünf Jahre verstrichen sind.

(3) Das Verbot des Abs. 1 und 2 gilt nicht für die Beschäftigung durch die Personensorgeberechtigten.

1 Die Aufzählung in I ist abschließend und setzt jeweils eine rkr Verurteilung voraus. Das Verbot betrifft nicht nur die Beschäftigung, sondern auch für jegliche Form der Unterstellung, um ungünstige Einflüsse von Jugendlichen fernzuhalten. Das Verbot ist zeitlich begrenzt und nicht mehr begründet, wenn seit dem Tag der Rechtskraft 5 Jahre verstrichen sind.

§ 26 Ermächtigungen

Das Bundesministerium für Arbeit und Soziales kann zum Schutz der Jugendlichen gegen Gefahren für Leben und Gesundheit sowie zur Vermeidung einer Beeinträchtigung der körperlichen oder seelisch-geistigen Entwicklung durch Rechtsverordnung mit Zustimmung des Bundesrates
1. die für Kinder, die der Vollzeitschulpflicht nicht mehr unterliegen, geeigneten und leichten Tätigkeiten nach § 7 Satz 1 Nr. 2 und die Arbeiten nach § 22 Abs. 1 und den §§ 23 und 24 näher bestimmen,
2. über die Beschäftigungsverbote in den §§ 22 bis 25 hinaus die Beschäftigung Jugendlicher in bestimmten Betriebsarten oder mit bestimmten Arbeiten verbieten oder beschränken, wenn sie bei diesen Arbeiten infolge ihres Entwicklungsstands in besonderem Maß Gefahren ausgesetzt sind oder wenn das Verbot oder die Beschränkung der Beschäftigung infolge der technischen Entwicklung oder neuer arbeitsmedizinischer oder sicherheitstechnischer Erkenntnisse notwendig ist.

§ 27 Behördliche Anordnungen und Ausnahmen

(1) ¹Die Aufsichtsbehörde kann in Einzelfällen feststellen, ob eine Arbeit unter die Beschäftigungsverbote oder -beschränkungen der §§ 22 bis 24 oder einer Rechtsverordnung nach § 26 fällt. ²Sie kann in Einzelfällen die Beschäftigung Jugendlicher mit bestimmten Arbeiten über die Beschäftigungsverbote und -beschränkungen der §§ 22 bis 24 und einer Rechtsverordnung nach § 26 hinaus verbieten oder beschränken, wenn diese Arbeiten mit Gefahren für Leben, Gesundheit oder für die körperliche oder seelisch-geistige Entwicklung der Jugendlichen verbunden sind.

(2) Die zuständige Behörde kann
1. den Personen, die die Pflichten, die ihnen kraft Gesetzes zugunsten der von ihnen beschäftigten, beaufsichtigten, angewiesenen oder auszubildenden Kinder und Jugendlichen obliegen, wiederholt oder gröblich verletzt haben,
2. den Personen, gegen die Tatsachen vorliegen, die sie in sittlicher Beziehung zur Beschäftigung, Beaufsichtigung, Anweisung oder Ausbildung von Kindern und Jugendlichen ungeeignet erscheinen lassen,

verbieten, Kinder und Jugendliche zu beschäftigen oder im Rahmen eines Rechtsverhältnisses im Sinne des § 1 zu beaufsichtigen, anzuweisen oder auszubilden.

(3) Die Aufsichtsbehörde kann auf Antrag Ausnahmen von § 23 Abs. 1 Nr. 2 und 3 für Jugendliche über 16 Jahre bewilligen,

1. wenn die Art der Arbeit oder das Arbeitstempo eine Beeinträchtigung der Gesundheit oder der körperlichen oder seelisch-geistigen Entwicklung des Jugendlichen nicht befürchten lassen und
2. wenn eine nicht länger als vor drei Monaten ausgestellte ärztliche Bescheinigung vorgelegt wird, nach der gesundheitliche Bedenken gegen die Beschäftigung nicht bestehen.

Die Aufsichtsbehörde kann Zweifelsfälle und Auslegungsfragen klären und Feststellungen treffen. Die Einschaltung ist vAw möglich, aber auch auf Antrag. Betroffene können ihrerseits auch eine Entscheidung der Behörde im Einzelfall anregen. Einschränkende Anordnungen sind VA. 1

§ 28 Menschengerechte Gestaltung der Arbeit

(1) ¹Der Arbeitgeber hat bei der Einrichtung und der Unterhaltung der Arbeitsstätte einschließlich der Maschinen, Werkzeuge und Geräte und bei der Regelung der Beschäftigung die Vorkehrungen und Maßnahmen zu treffen, die zum Schutz der Jugendlichen gegen Gefahren für Leben und Gesundheit sowie zur Vermeidung einer Beeinträchtigung der körperlichen oder seelisch-geistigen Entwicklung der Jugendlichen erforderlich sind. ²Hierbei sind das mangelnde Sicherheitsbewusstsein, die mangelnde Erfahrung und der Entwicklungsstand der Jugendlichen zu berücksichtigen und die allgemein anerkannten sicherheitstechnischen und arbeitsmedizinischen Regeln sowie die sonstigen gesicherten arbeitswissenschaftlichen Erkenntnisse zu beachten.
(2) Das Bundesministerium für Arbeit und Soziales kann durch Rechtsverordnung mit Zustimmung des Bundesrates bestimmen, welche Vorkehrungen und Maßnahmen der Arbeitgeber zur Erfüllung der sich aus Abs. 1 ergebenden Pflichten zu treffen hat.
(3) Die Aufsichtsbehörde kann in Einzelfällen anordnen, welche Vorkehrungen und Maßnahmen zur Durchführung des Abs. 1 oder einer vom Bundesministerium für Arbeit und Soziales gemäß Abs. 2 erlassenen Verordnung zu treffen sind.

I normiert Fürsorgepflichten des AG für die Erhaltung der Gesundheit und der Arbeitskraft jugendlicher Beschäftigter. Dabei ist neben anerkannten sicherheitstechnischen und arbeitsmedizinischen Regeln insb mangelndes Sicherheitsbewusstsein und Erfahrung Jugendlicher zu beachten. Abzustellen ist dabei auf die jeweiligen Bedürfnisse des einzelnen Jugendlichen. IRd Fürsorgepflichten sind neben den allg anerkannten arbeitstechnischen und -medizinischen auch sonstige gesicherte arbeitswissenschaftliche Erkenntnisse zu beachten, die in ArbStättV, UVV der Berufsgenossenschaften niedergelegt sind. 1

§ 28a Beurteilung der Arbeitsbedingungen

¹Vor Beginn der Beschäftigung Jugendlicher und bei wesentlicher Änderung der Arbeitsbedingungen hat der Arbeitgeber die mit der Beschäftigung verbundenen Gefährdungen Jugendlicher zu beurteilen. ²Im Übrigen gelten die Vorschriften des Arbeitsschutzgesetzes.

Die Vorschrift schreibt eine Gefährdungsbeurteilung vor, die vor Arbeitsbeginn erfolgen muss. Die Beurteilung muss erfassen, ob Gefährdungen bestehen und wie schwer die Auswirkungen sind. Außerdem muss sie bei jeder wesentlichen Änderung der Arbeitsbedingungen erneut erfolgen. Umfang und Gegenstand der Beurteilung ergeben sich aus dem ArbSchG und der ArbStättV. 1
Delegation ist möglich zB auf Betriebsärzte oder Fachkräfte für Arbeitssicherheit. 2
Die Erfüllung der Pflicht zur Gefährdungsbeurteilung ist Voraussetzung für die nach § 29 vorgeschriebene Unterweisung. 3

§ 29 Unterweisung über Gefahren

(1) ¹Der Arbeitgeber hat die Jugendlichen vor Beginn der Beschäftigung und bei wesentlicher Änderung der Arbeitsbedingungen über die Unfall- und Gesundheitsgefahren, denen sie bei der Beschäftigung ausgesetzt sind, sowie über die Einrichtungen und Maßnahmen zur Abwendung dieser Gefahren zu unterweisen. ²Er hat die Jugendlichen vor der erstmaligen Beschäftigung an Maschinen oder gefährlichen Arbeitsstellen oder mit Arbeiten, bei denen sie mit gesundheitsgefährdenden Stoffen in Berührung kommen, über die besonderen Gefahren dieser Arbeiten sowie über das bei ihrer Verrichtung erforderliche Verhalten zu unterweisen.
(2) Die Unterweisungen sind in angemessenen Zeitabständen, mindestens aber halbjährlich, zu wiederholen.

(3) Der Arbeitgeber beteiligt die Betriebsärzte und die Fachkräfte für Arbeitssicherheit an der Planung, Durchführung und Überwachung der für die Sicherheit und den Gesundheitsschutz bei der Beschäftigung Jugendlicher geltenden Vorschriften.

1 Die Unterweisung dient der Entwicklung des Sicherheitsbewusstseins und dem Erfahrungsgewinn Jugendlicher bzgl drohender Unfall- und Gesundheitsgefahren in der Arbeitswelt.
2 Bedient sich der AG zur Erfüllung der Pflicht beauftragter Personen, handeln sie als Erfüllungsgehilfen.
3 Die Unterweisungen müssen in angemessenen Zeitabständen wiederholt werden, mind aber halbjährlich. Vorgeschrieben ist nach III die Einbeziehung der Betriebsärzte und Fachkräfte für Arbeitssicherheit. Fehlende oder unzureichende Unterweisung kann ein Leistungsverweigerungsrecht und einen Schadensersatzanspruch begründen.

§ 30 Häusliche Gemeinschaft
(1) Hat der Arbeitgeber einen Jugendlichen in die häusliche Gemeinschaft aufgenommen, so muss er
1. ihm eine Unterkunft zur Verfügung stellen und dafür sorgen, dass sie so beschaffen, ausgestattet und belegt ist und so benutzt wird, dass die Gesundheit des Jugendlichen nicht beeinträchtigt wird, und
2. ihm bei einer Erkrankung, jedoch nicht über die Beendigung der Beschäftigung hinaus, die erforderliche Pflege und ärztliche Behandlung zuteil werden lassen, soweit diese nicht von einem Sozialversicherungsträger geleistet wird.
(2) Die Aufsichtsbehörde kann im Einzelfall anordnen, welchen Anforderungen die Unterkunft (Abs. 1 Nr. 1) und die Pflege bei Erkrankungen (Abs. 1 Nr. 2) genügen müssen.

1 Aus der Aufnahme eines Jugendlichen in die häusliche Gemeinschaft folgen Verpflichtungen hins der Anforderungen an die Unterkunft sowie für die Krankenfürsorge in Krankheitsfällen.
2 Die Vorschrift gilt auch bei Lehrlingsheimen oder ähnlichen Einrichtungen, wenn sie vom AG den Beschäftigten zur Verfügung gestellt werden.

§ 31 Züchtigungsverbot, Verbot der Abgabe von Alkohol und Tabak
(1) Wer Jugendliche beschäftigt oder im Rahmen eines Rechtsverhältnisses im Sinne des § 1 beaufsichtigt, anweist oder ausbildet, darf sie nicht körperlich züchtigen.
(2) ¹Wer Jugendliche beschäftigt, muss sie vor körperlicher Züchtigung und Misshandlung und vor sittlicher Gefährdung durch andere bei ihm Beschäftigte und durch Mitglieder seines Haushalts an der Arbeitsstätte und in seinem Haus schützen. ²Er darf Jugendlichen keine Tabakwaren, Jugendlichen unter 16 Jahren keine alkoholischen Getränke und Jugendlichen über 16 Jahre keinen Branntwein geben.

1 Jegliche Form körperlicher Züchtigung ist verboten, Verstöße sind idR strafbare Körperverletzungen. Daran ändert der Charakter der Ausbildung als Erziehungsverhältnis nichts. Verbale Zurechtweisungen sind dagegen zulässig. Außerdem müssen nach II Jugendliche auch vor Züchtigung, Misshandlung oder Gefährdung durch Beschäftigte und Haushaltsmitglieder geschützt werden.
2 Verboten ist ausdrücklich die Abgabe von Tabakwaren an Jugendliche, von alkoholischen Getränken an unter 16-jährige sowie Branntwein an über 16-jährige Jugendliche. Die Bestimmung findet eine Ergänzung durch §§ 9f JSchG mit Einschränkungen für die Abgabe von Alkohol und Tabakwaren.

§ 32 Erstuntersuchung
(1) Ein Jugendlicher, der in das Berufsleben eintritt, darf nur beschäftigt werden, wenn
1. er innerhalb der letzten vierzehn Monate von einem Arzt untersucht worden ist (Erstuntersuchung) und
2. dem Arbeitgeber eine von diesem Arzt ausgestellte Bescheinigung vorliegt.
(2) Abs. 1 gilt nicht für eine nur geringfügige oder eine nicht länger als zwei Monate dauernde Beschäftigung mit leichten Arbeiten, von denen keine gesundheitlichen Nachteile für den Jugendlichen zu befürchten sind.

1 Die Regelung bezweckt vorbeugenden Gesundheitsschutz. §§ 32–45 sind weder durch TV noch durch Einzelvereinbarung abdingbar. Die Erstuntersuchung ist Voraussetzung für die Zulässigkeit der erstmaligen Beschäftigung eines Jugendlichen. Bei Wechsel des AG ist keine Wiederholung geboten. Die Untersuchung muss vor der Beschäftigung erfolgen und darf nicht länger als 14 Monate zurückliegen. Maßgeblich für die Frist ist der Tag der letzten ärztlichen Untersuchung und der Tag der tatsächlichen Arbeitsaufnahme, nicht

des Vertragsabschlusses. Bei der Fristberechnung gelten allg Regelungen (vgl §§ 187 f BGB). Es gilt freie Arztwahl für den Jugendlichen.
Wenn die Bescheinigung nicht vorliegt, darf der AG den Jugendlichen nicht beschäftigen. Eine ohne Vorlage der Bescheinigung erfolgte Beschäftigung ist ein Gesetzesverstoß (vgl §§ 58 und 59), der Vertrag ist aber nicht nichtig, sondern schwebend unwirksam, wenn die spätere Vorlage der Bescheinigung vorgesehen ist (vgl §§ 308 f BGB). Wirksamkeit tritt auch ein, wenn der Jugendliche volljährig wird (BAG 22.2.1972, 2 AZR 205/71, EzB BBiG 1969 § 15 III Nr 1). 2
Bei der Berufsausbildung wird der Ausbildungsvertrag mit einem Jugendlichen erst nach Vorlage der Bescheinigung eingetragen (vgl § 35 I Nr 3 BBiG). 3
II sieht Ausnahmen für geringfügige oder nicht länger als 2 Monate dauernde Beschäftigungen vor. Bei Geringfügigkeit sind zB Handreichungen im Sport, Theatermitwirkung gemeint, bei Kurzbeschäftigung Ferienarbeit von Schülern erfasst. 4

§ 33 Erste Nachuntersuchung
(1) ¹Ein Jahr nach Aufnahme der ersten Beschäftigung hat sich der Arbeitgeber die Bescheinigung eines Arztes darüber vorlegen zu lassen, dass der Jugendliche nachuntersucht worden ist (erste Nachuntersuchung). ²Die Nachuntersuchung darf nicht länger als drei Monate zurückliegen. ³Der Arbeitgeber soll den Jugendlichen neun Monate nach Aufnahme der ersten Beschäftigung nachdrücklich auf den Zeitpunkt, bis zu dem der Jugendliche ihm die ärztliche Bescheinigung nach Satz 1 vorzulegen hat, hinweisen und ihn auffordern, die Nachuntersuchung bis dahin durchführen zu lassen.
(2) ¹Legt der Jugendliche die Bescheinigung nicht nach Ablauf eines Jahres vor, hat ihn der Arbeitgeber innerhalb eines Monats unter Hinweis auf das Beschäftigungsverbot nach Absatz 3 schriftlich aufzufordern, ihm die Bescheinigung vorzulegen. ²Je eine Durchschrift des Aufforderungsschreibens hat der Arbeitgeber dem Personensorgeberechtigten und dem Betriebs- oder Personalrat zuzusenden.
(3) Der Jugendliche darf nach Ablauf von 14 Monaten nach Aufnahme der ersten Beschäftigung nicht weiterbeschäftigt werden, solange er die Bescheinigung nicht vorgelegt hat.

Die 1. Nachuntersuchung von Jugendlichen soll die Auswirkungen der Beschäftigung im 1. Beschäftigungsjahr auf Entwicklung und Gesundheit ermitteln. Dazu muss sich der AG ein Jahr nach der Beschäftigungsaufnahme die 1. Nachuntersuchung vorlegen lassen und den Jugendlichen rechtzeitig darauf hinweisen und zur Durchführung auffordern. 1
Legt der Jugendliche die Bescheinigung nach Jahresablauf nicht vor, hat der AG ihn schriftlich aufzufordern. Nach Ablauf von 14 Monaten darf die Weiterbeschäftigung nicht erfolgen, solange die Bescheinigung nicht vorgelegt wird. 2

§ 34 Weitere Nachuntersuchungen
¹Nach Ablauf jedes weiteren Jahres nach der ersten Nachuntersuchung kann sich der Jugendliche erneut nachuntersuchen lassen (weitere Nachuntersuchungen). ²Der Arbeitgeber soll ihn auf diese Möglichkeit rechtzeitig hinweisen und darauf hinwirken, dass der Jugendliche ihm die Bescheinigung über die weitere Nachuntersuchung vorlegt.

Es handelt sich um freiwillige Nachuntersuchungen. Der AG soll auf diese Möglichkeit hinweisen. Auch für diese Nachuntersuchungen gilt das Erfordernis der Freistellung und der Entgeltfortzahlung (§ 43). 1

§ 35 Außerordentliche Nachuntersuchung
(1) Der Arzt soll eine außerordentliche Nachuntersuchung anordnen, wenn eine Untersuchung ergibt, dass
1. ein Jugendlicher hinter dem seinem Alter entsprechenden Entwicklungsstand zurückgeblieben ist,
2. gesundheitliche Schwächen oder Schäden vorhanden sind,
3. die Auswirkungen der Beschäftigung auf die Gesundheit oder Entwicklung des Jugendlichen noch nicht zu übersehen sind.
(2) Die in § 33 Abs. 1 festgelegten Fristen werden durch die Anordnung einer außerordentlichen Nachuntersuchung nicht berührt.

1 Bei Vorliegen bes Merkmale soll vom Arzt eine Nachuntersuchung angeordnet werden. Die Beurteilung der Notwendigkeit einer außerordentlichen Nachordnung obliegt dem pflichtgemäßen Ermessen des Arztes.

§ 47 Bekanntgabe des Gesetzes und der Aufsichtsbehörde
Arbeitgeber, die regelmäßig mindestens einen Jugendlichen beschäftigen, haben einen Abdruck dieses Gesetzes und die Anschrift der zuständigen Aufsichtsbehörde an geeigneter Stelle im Betrieb zur Einsicht auszulegen oder auszuhängen.

1 Die Auslage oder der Aushang des Gesetzestextes und der zuständigen Behördenanschrift an geeigneter Stelle setzt voraus, dass sich der Jugendliche während der Arbeitszeit ohne Schwierigkeit an leicht zugänglicher Stelle informieren kann, zB am Schwarzen Brett oder im Büro des BR/PersR. Einsichtnahmemöglichkeit im Büro des Vorgesetzten ist nicht ausreichend. Es muss sich um eine gut lesbare Fassung im vollen Wortlaut handeln.

§ 48 Aushang über Arbeitszeit und Pausen
Arbeitgeber, die regelmäßig mindestens drei Jugendliche beschäftigen, haben einen Aushang über Beginn und Ende der regelmäßigen täglichen Arbeitszeit und der Pausen der Jugendlichen an geeigneter Stelle im Betrieb anzubringen.

1 Voraussetzung ist bei regelmäßiger Beschäftigung von mind 3 Jugendlichen die Festlegung der regelmäßigen täglichen Arbeitszeit sowie der Pausen (vgl § 11), die dann an geeigneter Stelle auszuhängen ist.

§ 49 Verzeichnisse der Jugendlichen
Arbeitgeber haben Verzeichnisse der bei ihnen beschäftigten Jugendlichen unter Angabe des Vor- und Familiennamens, des Geburtsdatums und der Wohnanschrift zu führen, in denen das Datum des Beginns der Beschäftigung bei ihnen, bei einer Beschäftigung unter Tage auch das Datum des Beginns dieser Beschäftigung, enthalten ist.

1 Die Führung des Verzeichnisses aller beschäftigten Jugendlichen dient der Verbesserung der Kontrollmöglichkeit der Aufsichtsbehörde.
2 Der BR/PersR hat Anspruch auf Einsicht in das Verzeichnis (§ 80 BetrVG, § 68 BPersVG).

§ 50 Auskunft, Vorlage der Verzeichnisse
(1) Der Arbeitgeber ist verpflichtet, der Aufsichtsbehörde auf Verlangen
1. die zur Erfüllung ihrer Aufgaben erforderlichen Angaben wahrheitsgemäß und vollständig zu machen,
2. die Verzeichnisse gemäß § 49, die Unterlagen, aus denen Name, Beschäftigungsart und -zeiten der Jugendlichen sowie Lohn- und Gehaltszahlungen ersichtlich sind, und alle sonstigen Unterlagen, die sich auf die nach Nr. 1 zu machenden Angaben beziehen, zur Einsicht vorzulegen oder einzusenden.
(2) Die Verzeichnisse und Unterlagen sind mindestens bis zum Ablauf von zwei Jahren nach der letzten Eintragung aufzubewahren.

1 Die Vorschrift dient der Kontrollmöglichkeit der Aufsichtsbehörde zur Einhaltung des Gesetzes. Dazu müssen die Verzeichnisse jederzeit verfügbar sein. Es besteht eine Auskunftsverpflichtung, in den das Gesetz betreffenden Fragen wahrheitsgemäße Angaben zu machen. Ein Auskunftsverweigerungsrecht besteht nicht.
2 Die 2-jährige Aufbewahrungsfrist endet mit Ablauf von 2 Jahren nach der letzten Eintragung.

§ 51 Aufsichtsbehörde, Besichtigungsrechte und Berichtspflicht
(1) ¹Die Aufsicht über die Ausführung dieses Gesetzes und der auf Grund dieses Gesetzes erlassenen Rechtsverordnungen obliegt der nach Landesrecht zuständigen Behörde (Aufsichtsbehörde). ²Die Landesregierung kann durch Rechtsverordnung die Aufsicht über die Ausführung dieser Vorschriften in Familienhaushalten auf gelegentliche Prüfungen beschränken.
(2) ¹Die Beauftragten der Aufsichtsbehörde sind berechtigt, die Arbeitsstätten während der üblichen Betriebs- und Arbeitszeit zu betreten und zu besichtigen; außerhalb dieser Zeit oder wenn sich die Arbeitsstätten in einer Wohnung befinden, dürfen sie nur zur Verhütung von dringenden Gefahren für

die öffentliche Sicherheit und Ordnung betreten und besichtigt werden. ²Der Arbeitgeber hat das Betreten und Besichtigen der Arbeitsstätten zu gestatten. ³Das Grundrecht der Unverletzlichkeit der Wohnung (Artikel 13 des Grundgesetzes) wird insoweit eingeschränkt.
(3) Die Aufsichtsbehörden haben im Rahmen der Jahresberichte nach § 139b Abs. 3 der Gewerbeordnung über ihre Aufsichtstätigkeit gemäß Abs. 1 zu berichten.

Die Aufsichtsbehörde führt die öffentl-rechtliche Aufsicht über die Einhaltung der Vorschriften. Dazu gehören Beratung, Anregung und Ermahnungen.   1

Zur Erfüllung ihres Auftrages besteht auch ein Besichtigungsrecht, das vom AG zu dulden ist. Eine vorherige Anmeldung ist nicht erforderlich.   2

§ 58 Bußgeld- und Strafvorschriften

(1) Ordnungswidrig handelt, wer als Arbeitgeber vorsätzlich oder fahrlässig
1. entgegen § 5 Abs. 1, auch in Verbindung mit § 2 Abs. 3, ein Kind oder einen Jugendlichen, der der Vollzeitschulpflicht unterliegt, beschäftigt,
2. entgegen § 5 Abs. 3 Satz 1 oder Satz 3, jeweils auch in Verbindung mit § 2 Abs. 3, ein Kind über 13 Jahre oder einen Jugendlichen, der der Vollzeitschulpflicht unterliegt, in anderer als der zugelassenen Weise beschäftigt,
3. (weggefallen)
4. entgegen § 7 Satz 1 Nr. 2, auch in Verbindung mit einer Rechtsverordnung nach § 26 Nr. 1, ein Kind, das der Vollzeitschulpflicht nicht mehr unterliegt, in anderer als der zugelassenen Weise beschäftigt,
5. entgegen § 8 einen Jugendlichen über die zulässige Dauer der Arbeitszeit hinaus beschäftigt,
6. entgegen § 9 Abs. 1 oder 4 in Verbindung mit Abs. 1 eine dort bezeichnete Person an Berufsschultagen oder in Berufsschulwochen nicht freistellt,
7. entgegen § 10 Abs. 1 einen Jugendlichen für die Teilnahme an Prüfungen oder Ausbildungsmaßnahmen oder an dem Arbeitstag, der der schriftlichen Abschlussprüfung unmittelbar vorangeht, nicht freistellt,
8. entgegen § 11 Abs. 1 oder 2 Ruhepausen nicht, nicht mit der vorgeschriebenen Mindestdauer oder nicht in der vorgeschriebenen zeitlichen Lage gewährt,
9. entgegen § 12 einen Jugendlichen über die zulässige Schichtzeit hinaus beschäftigt,
10. entgegen § 13 die Mindestfreizeit nicht gewährt,
11. entgegen § 14 Abs. 1 einen Jugendlichen außerhalb der Zeit von 6 bis 20 Uhr oder entgegen § 14 Abs. 7 Satz 3 vor Ablauf der Mindestfreizeit beschäftigt,
12. entgegen § 15 einen Jugendlichen an mehr als fünf Tagen in der Woche beschäftigt,
13. entgegen § 16 Abs. 1 einen Jugendlichen an Samstagen beschäftigt oder entgegen § 16 Abs. 3 Satz 1 den Jugendlichen nicht freistellt,
14. entgegen § 17 Abs. 1 einen Jugendlichen an Sonntagen beschäftigt oder entgegen § 17 Abs. 2 Satz 2 Halbsatz 2 oder Abs. 3 Satz 1 den Jugendlichen nicht freistellt,
15. entgegen § 18 Abs. 1 einen Jugendlichen am 24. oder 31. Dezember nach 14 Uhr oder an gesetzlichen Feiertagen beschäftigt oder entgegen § 18 Abs. 3 nicht freistellt,
16. entgegen § 19 Abs. 1, auch in Verbindung mit Abs. 2 Satz 1 oder 2, oder entgegen § 19 Abs. 3 Satz 2 oder Abs. 4 Satz 2 Urlaub nicht oder nicht mit der vorgeschriebenen Dauer gewährt,
17. entgegen § 21 Abs. 2 die geleistete Mehrarbeit durch Verkürzung der Arbeitszeit nicht ausgleicht,
18. entgegen § 22 Abs. 1, auch in Verbindung mit einer Rechtsverordnung nach § 26 Nr. 1, einen Jugendlichen mit den dort genannten Arbeiten beschäftigt,
19. entgegen § 23 Abs. 1, auch in Verbindung mit einer Rechtsverordnung nach § 26 Nr. 1, einen Jugendlichen mit Arbeiten mit Lohnanreiz, in einer Arbeitsgruppe mit Erwachsenen, deren Entgelt vom Ergebnis ihrer Arbeit abhängt, oder mit tempoabhängigen Arbeiten beschäftigt,
20. entgegen § 24 Abs. 1, auch in Verbindung mit einer Rechtsverordnung nach § 26 Nr. 1, einen Jugendlichen mit Arbeiten unter Tage beschäftigt,
21. entgegen § 31 Abs. 2 Satz 2 einem Jugendlichen für seine Altersstufe nicht zulässige Getränke oder Tabakwaren gibt,
22. entgegen § 32 Abs. 1 einen Jugendlichen ohne ärztliche Bescheinigung über die Erstuntersuchung beschäftigt,
23. entgegen § 33 Abs. 3 einen Jugendlichen ohne ärztliche Bescheinigung über die erste Nachuntersuchung weiterbeschäftigt,

24. entgegen § 36 einen Jugendlichen ohne Vorlage der erforderlichen ärztlichen Bescheinigungen beschäftigt,
25. entgegen § 40 Abs. 1 einen Jugendlichen mit Arbeiten beschäftigt, durch deren Ausführung der Arzt nach der von ihm erteilten Bescheinigung die Gesundheit oder die Entwicklung des Jugendlichen für gefährdet hält,
26. einer Rechtsverordnung nach
    a) § 26 Nr. 2 oder
    b) § 28 Abs. 2, soweit sie für einen bestimmten Tatbestand auf diese Bußgeldvorschrift verweist,
27. einer vollziehbaren Anordnung der Aufsichtsbehörde nach § 6 Abs. 3, § 27 Abs. 1 Satz 2 oder Abs. 2, § 28 Abs. 3 oder § 30 Abs. 2 zuwiderhandelt,
28. einer vollziehbaren Auflage der Aufsichtsbehörde nach § 6 Abs. 1, § 14 Abs. 7, § 27 Abs. 3 oder § 40 Abs. 2, jeweils in Verbindung mit § 54 Abs. 1, zuwiderhandelt,
29. einer vollziehbaren Anordnung oder Auflage der Aufsichtsbehörde auf Grund einer Rechtsverordnung nach § 26 Nr. 2 oder § 28 Abs. 2 zuwiderhandelt, soweit die Rechtsverordnung für einen bestimmten Tatbestand auf die Bußgeldvorschrift verweist.

(2) Ordnungswidrig handelt, wer vorsätzlich oder fahrlässig entgegen § 25 Abs. 1 Satz 1 oder Abs. 2 Satz 1 einen Jugendlichen beschäftigt, beaufsichtigt, anweist oder ausbildet, obwohl ihm dies verboten ist, oder einen anderen, dem dies verboten ist, mit der Beaufsichtigung, Anweisung oder Ausbildung eines Jugendlichen beauftragt.

(3) Abs. 1 Nr. 4, 6 bis 29 und Abs. 2 gelten auch für die Beschäftigung von Kindern (§ 2 Abs. 1) oder Jugendlichen, die der Vollzeitschulpflicht unterliegen (§ 2 Abs. 3), nach § 5 Abs. 2 Abs. 1 Nr. 6 bis 29 und Abs. 2 gelten auch für die Beschäftigung von Kindern, die der Vollzeitschulpflicht nicht mehr unterliegen, nach § 7.

(4) Die Ordnungswidrigkeit kann mit einer Geldbuße bis zu fünfzehntausend Euro geahndet werden.

(5) ¹Wer vorsätzlich eine in Abs. 1, 2 oder 3 bezeichnete Handlung begeht und dadurch ein Kind, einen Jugendlichen oder im Fall des Abs. 1 Nr. 6 eine Person, die noch nicht 21 Jahre alt ist, in ihrer Gesundheit oder Arbeitskraft gefährdet, wird mit Freiheitsstrafe bis zu einem Jahr oder mit Geldstrafe bestraft. ²Ebenso wird bestraft, wer eine in Abs. 1, 2 oder 3 bezeichnete Handlung beharrlich wiederholt.

(6) Wer in den Fällen des Abs. 5 Satz 1 die Gefahr fahrlässig verursacht, wird mit Freiheitsstrafe bis zu sechs Monaten oder mit Geldstrafe bis zu einhundertachtzig Tagessätzen bestraft.

§ 59 Bußgeldvorschriften

(1) Ordnungswidrig handelt, wer als Arbeitgeber vorsätzlich oder fahrlässig
1. entgegen § 6 Abs. 4 Satz 2 ein Kind vor Erhalt des Bewilligungsbescheids beschäftigt,
2. entgegen § 11 Abs. 3 den Aufenthalt in Arbeitsräumen gestattet,
3. entgegen § 29 einen Jugendlichen über Gefahren nicht, nicht richtig oder nicht rechtzeitig unterweist,
4. entgegen § 33 Abs. 2 Satz 1 einen Jugendlichen nicht oder nicht rechtzeitig zur Vorlage einer ärztlichen Bescheinigung auffordert,
5. entgegen § 41 die ärztliche Bescheinigung nicht aufbewahrt, vorlegt, einsendet oder aushändigt,
6. entgegen § 43 Satz 1 einen Jugendlichen für ärztliche Untersuchungen nicht freistellt,
7. entgegen § 47 einen Abdruck des Gesetzes oder die Anschrift der zuständigen Aufsichtsbehörde nicht auslegt oder aushängt,
8. entgegen § 48 Arbeitszeit und Pausen nicht oder nicht in der vorgeschriebenen Weise aushängt,
9. entgegen § 49 ein Verzeichnis nicht oder nicht in der vorgeschriebenen Weise führt,
10. entgegen § 50 Abs. 1 Angaben nicht, nicht richtig oder nicht vollständig macht oder Verzeichnisse oder Unterlagen nicht vorlegt oder einsendet oder entgegen § 50 Abs. 2 Verzeichnisse oder Unterlagen nicht oder nicht vorschriftsmäßig aufbewahrt,
11. entgegen § 51 Abs. 2 Satz 2 das Betreten oder Besichtigen der Arbeitsstätten nicht gestattet,
12. entgegen § 54 Abs. 3 einen Aushang nicht anbringt.

(2) Abs. 1 Nr. 2 bis 6 gilt auch für die Beschäftigung von Kindern (§ 2 Abs. 1 und 3) nach § 5 Abs. 2 Satz 1.

(3) Die Ordnungswidrigkeit kann mit einer Geldbuße bis zu zweitausendfünfhundert Euro geahndet werden.

Kündigungsschutzgesetz (KSchG)

In der Fassung der Bekanntmachung vom 25.8.1969 (BGBl I S 1317), zuletzt geändert durch Art 3 II des Gesetzes vom 20.4.2013 (BGBl I S 868)

§ 1 Sozial ungerechtfertigte Kündigungen
(1) Die Kündigung des Arbeitsverhältnisses gegenüber einem Arbeitnehmer, dessen Arbeitsverhältnis in demselben Betrieb oder Unternehmen ohne Unterbrechung länger als sechs Monate bestanden hat, ist rechtsunwirksam, wenn sie sozial ungerechtfertigt ist.
(2) [1]Sozial ungerechtfertigt ist die Kündigung, wenn sie nicht durch Gründe, die in der Person oder in dem Verhalten des Arbeitnehmers liegen, oder durch dringende betriebliche Erfordernisse, die einer Weiterbeschäftigung des Arbeitnehmers in diesem Betrieb entgegenstehen, bedingt ist. [2]Die Kündigung ist auch sozial ungerechtfertigt, wenn
1. in Betrieben des privaten Rechts
   a) die Kündigung gegen eine Richtlinie nach § 95 des Betriebsverfassungsgesetzes verstößt,
   b) der Arbeitnehmer an einem anderen Arbeitsplatz in demselben Betrieb oder in einem anderen Betrieb des Unternehmens weiterbeschäftigt werden kann
   und der Betriebsrat oder eine andere nach dem Betriebsverfassungsgesetz insoweit zuständige Vertretung der Arbeitnehmer aus einem dieser Gründe der Kündigung innerhalb der Frist des § 102 Abs. 2 Satz 1 des Betriebsverfassungsgesetzes schriftlich widersprochen hat,
2. in Betrieben und Verwaltungen des öffentlichen Rechts
   a) die Kündigung gegen eine Richtlinie über die personelle Auswahl bei Kündigungen verstößt,
   b) der Arbeitnehmer an einem anderen Arbeitsplatz in derselben Dienststelle oder in einer anderen Dienststelle desselben Verwaltungszweiges an demselben Dienstort einschließlich seines Einzugsgebietes weiterbeschäftigt werden kann
und die zuständige Personalvertretung aus einem dieser Gründe fristgerecht gegen die Kündigung Einwendungen erhoben hat, es sei denn, dass die Stufenvertretung in der Verhandlung mit der übergeordneten Dienststelle die Einwendungen nicht aufrechterhalten hat.
[3]Satz 2 gilt entsprechend, wenn die Weiterbeschäftigung des Arbeitnehmers nach zumutbaren Umschulungs- oder Fortbildungsmaßnahmen oder eine Weiterbeschäftigung des Arbeitnehmers unter geänderten Arbeitsbedingungen möglich ist und der Arbeitnehmer sein Einverständnis hiermit erklärt hat. [4]Der Arbeitgeber hat die Tatsachen zu beweisen, die die Kündigung bedingen.
(3) [1]Ist einem Arbeitnehmer aus dringenden betrieblichen Erfordernissen im Sinne des Absatzes 2 gekündigt worden, so ist die Kündigung trotzdem sozial ungerechtfertigt, wenn der Arbeitgeber bei der Auswahl des Arbeitnehmers die Dauer der Betriebszugehörigkeit, das Lebensalter, die Unterhaltspflichten und die Schwerbehinderung des Arbeitnehmers nicht oder nicht ausreichend berücksichtigt hat; auf Verlangen des Arbeitnehmers hat der Arbeitgeber dem Arbeitnehmer die Gründe anzugeben, die zu der getroffenen sozialen Auswahl geführt haben. [2]In die soziale Auswahl nach Satz 1 sind Arbeitnehmer nicht einzubeziehen, deren Weiterbeschäftigung, insbesondere wegen ihrer Kenntnisse, Fähigkeiten und Leistungen oder zur Sicherung einer ausgewogenen Personalstruktur des Betriebes, im berechtigten betrieblichen Interesse liegt. [3]Der Arbeitnehmer hat die Tatsachen zu beweisen, die die Kündigung als sozial ungerechtfertigt im Sinne des Satzes 1 erscheinen lassen.
(4) Ist in einem Tarifvertrag, in einer Betriebsvereinbarung nach § 95 des Betriebsverfassungsgesetzes oder in einer entsprechenden Richtlinie nach den Personalvertretungsgesetzen festgelegt, wie die sozialen Gesichtspunkte nach Absatz 3 Satz 1 im Verhältnis zueinander zu bewerten sind, so kann die Bewertung nur auf grobe Fehlerhaftigkeit überprüft werden.
(5) [1]Sind bei einer Kündigung auf Grund einer Betriebsänderung nach § 111 des Betriebsverfassungsgesetzes die Arbeitnehmer, denen gekündigt werden soll, in einem Interessenausgleich zwischen Arbeitgeber und Betriebsrat namentlich bezeichnet, so wird vermutet, dass die Kündigung durch dringende betriebliche Erfordernisse im Sinne des Absatzes 2 bedingt ist. [2]Die soziale Auswahl der Arbeitnehmer kann nur auf grobe Fehlerhaftigkeit überprüft werden. [3]Die Sätze 1 und 2 gelten nicht, soweit sich die Sachlage nach Zustandekommen des Interessenausgleichs wesentlich geändert hat. [4]Der Interessenausgleich nach Satz 1 ersetzt die Stellungnahme des Betriebsrates nach § 17 Abs. 3 Satz 2.

Übersicht

		Rdn.
A.	**Zweck der Vorschrift**	1
B.	**Voraussetzungen des Kündigungsschutzes**	2
I.	AN-Eigenschaft	2
II.	6-monatiges Bestehen des Arbeitsverhältnisses (Wartezeit)	6
III.	Ordentliche Arbeitgeberkündigung	13
IV.	Beweislast	14
C.	**Grundsätze des Kündigungsschutzes**	15
I.	Materieller Kündigungsschutz	15
II.	Abschließende Aufzählung der Kündigungsgründe	18
III.	Zugang der Kündigung als maßgeblicher Zeitpunkt	20
IV.	Prognoseprinzip	22
V.	Ultima-Ratio-Grundsatz	25
VI.	Interessenabwägung	27
VII.	Treu und Glauben, § 242 BGB	29
D.	**Verhaltensbedingte Kündigung**	30
I.	Grundsätze	30
	1. Gefahr künftiger Pflichtverletzungen	30
	2. Vertretenmüssen	31
	3. Abmahnung (s.a. § 626 BGB Rdn 162 ff)	32
	a) Abmahnung als Kündigungsvoraussetzung	32
	b) Formale Abmahnungsvoraussetzungen	38
	c) Entbehrlichkeit der Abmahnung	41
	4. Versetzung vor Kündigung?	44
	5. Beweislast	45
II.	Kündigungsgründe im Einzelnen	46
	1. Nichterfüllung der Arbeitspflicht	46
	2. Schlechtleistung	50
	3. Verletzung von Nebenpflichten	51
	a) Leistungsbegleitende Nebenpflichten	51
	b) Schädigung des AG	56
	c) Störung des Betriebsfriedens	61
	d) Außerdienstliches Verhalten	66
	aa) Grundsatz: Kein Kündigungsrecht	66
	bb) Ausnahmsweise Kündigung	69
E.	**Personenbedingte Kündigung**	72
I.	Grundsätze	72
	1. Zweck: Reaktion auf Störung des Äquivalenzverhältnisses	72
	2. Kündigung als ultima ratio	74
	3. Außerordentliche Kündigung	76
II.	Kündigungsgründe im Einzelnen	77
	1. Krankheitsbedingte Kündigung	77
	a) Grundsätze	77
	b) Dauerhafte Arbeitsunfähigkeit	86
	c) Langzeiterkrankungen	90
	d) Häufige Kurzerkrankungen	93
	2. Eignungsmängel	98
	a) Schlechtleistung	98
	b) Leistungsverweigerungsrechte	101
	c) Gefährdung des Betriebs	102
	d) Außerdienstliches Verhalten	104
	3. Rechtliche Beschäftigungshindernisse	106

		Rdn.
	a) Fehlen einer ausländerrechtlichen Arbeitsberechtigung	106
	b) Fehlen einer tätigkeitsspezifischen Berechtigung	108
	4. Verdacht schweren Fehlverhaltens	110
	5. Beweislast	112
F.	**Betriebsbedingte Kündigung**	113
I.	Grundsätze	113
	1. Zweck: Reaktion auf veränderten Personalbedarf	113
	2. Weiterbeschäftigungsmöglichkeit	116
	3. Sozialauswahl	117
	4. Außerordentliche betriebsbedingte Kündigung	118
II.	Unternehmerentsch als zwingende Kündigungsvoraussetzung	119
	1. Außerbetriebliche Umstände	119
	2. Kündigung wegen innerbetrieblicher Umstände	125
	a) Unternehmensstrategie als überbetrieblicher Umstand	125
	b) Betriebsorganisatorisches Konzept als Unternehmerentsch	126
	aa) Grundsätze	126
	bb) Einzelfälle	128
	cc) Verstoß gegen Gesetz, TV, BV und Arbeitsvertrag	136
	c) Dringendes betriebliches Erfordernis (Kündigung als ultima ratio)	142
	d) Kausalität = bedingen iSd § 1 II	144
	e) Beweislast	149
III.	Weiterbeschäftigung auf freiem Arbeitsplatz im Unternehmen, § 1 II S 2 und S 3	150
	1. Abgrenzung zur Sozialauswahl nach § 1 III	150
	2. Weiterbeschäftigung im Unternehmen	151
	3. Zumutbarkeit der Weiterbeschäftigung	155
	4. Weiterbeschäftigung nur auf freiem Arbeitsplatz	161
	5. Beteiligung des BR	164
	6. Beweislast	166
IV.	Sozialauswahl, § 1 III	167
	1. Grundsätze	167
	2. Zu berücksichtigende AN	171
	a) Bezugspunkt Betrieb	171
	b) Vergleichbarkeit	174
	c) Ausgenommene AN	186
	d) Herausnahme von AN wegen berechtigten betrieblichen Interesses, § 1 III 2	191
	e) Beweislast	199
	3. Zu berücksichtigende Gesichtspunkte	201
	a) Betriebszugehörigkeit	201
	b) Lebensalter	203
	c) Unterhaltspflichten	206
	aa) Grundsätze	206

| bb) Informationserlangung....... 212
| cc) Unterhaltspflichten gegenüber Kindern................ 215
| dd) Unterhaltspflichten gegenüber Ehegatten.............. 219
| ee) Unterhaltspflichten gegenüber Eltern.................. 224
| d) Schwerbehinderung............ 226
| e) Abschließende Aufzählung........ 228
| f) Beweislast..................... 229
| 4. Kdg aufgrund Sozialauswahlrichtlinie (§ 1 IV)......................... 231
| 5. Namensliste (§ 1 V)................ 233
| a) Kündigungserleichterung......... 233
| b) Beweislast..................... 242

A. Zweck der Vorschrift. § 1 regelt Voraussetzungen und Inhalt des allg Kdg-Schutzes, allerdings nur für **1** die **ordentliche Kdg durch den AG** (zur außerordentlichen AG-Kdg § 626 BGB): Besteht das Arbeitsverhältnis 6 Monate (zu den **betrieblichen Voraussetzungen** s § 23), kann der AG einem AN nur unter der Voraussetzung kündigen, dass die Kdg iSd § 1 I sozial gerechtfertigt ist. Sozial gerechtfertigt ist die Kdg, wenn sie verhaltens-, personen- oder betriebsbedingt ist (§ 1 II 1); bei einer betriebsbedingten Kdg muss der AG bei der Auswahl des zu kündigenden AN zusätzlich soziale Gesichtspunkte ausreichend berücksichtigt haben (§ 1 III).

B. Voraussetzungen des Kündigungsschutzes. I. AN-Eigenschaft. Kdg-Schutz nach § 1 genießen nur **2** AN, also diejenigen, die aufgrund eines privatrechtl Vertrages **in einem Verhältnis persönlicher Unselbstständigkeit** Arbeitsleistungen erbringen, arg e contrario § 84 I 2 HGB (BAG 30.9.1998, 5 AZR 563/97, EzA § 611 BGB Arbeitnehmerbegriff Nr 74; 31.7.2014, 2 AZR 422/13, EzA § 1 KSchG Betriebsbedingte Kündigung Nr 181 [Rn 24 mN]; BGH 21.10.1998, VIII ZB 54/97, EzA § 5 ArbGG 1979 Nr 30; näher § 6 GewO Rdn 21 ff, 42 ff). Maßgeblich ist nicht der Inhalt des (schriftlichen) Arbeitsvertrages, sondern wie die Vertragspartner den **Vertrag tatsächlich durchführen** (BAG 20.7.1994, 5 AZR 627/93, EzA § 611 BGB Arbeitnehmerbegriff Nr 54; 31.7.2014, 2 AZR 422/13, EzA § 1 KSchG Betriebsbedingte Kündigung Nr 181; aber 25.7.2007, 5 AZB 49/06, NJW 2007, 1485): Auch wer als »freier Mitarbeiter« bezeichnet wird, ist AN, wenn er weisungsgebunden tätig wird. Voraussetzung für den Kdg-Schutz nach KSchG ist ein wirksamer Arbeitsvertrag: Ist der Arbeitsvertrag nichtig oder besteht ein Anfechtungsgrund, kann sich der AG für die Zukunft ohne Weiteres vom Vertrag lossagen, ohne an die Beschränkungen des KSchG gebunden zu sein (§ 626 BGB Rdn 25 f). Erklärt der AG neben der Kdg oder die Anfechtung, ist im Kdg-Schutzprozess vorrangig die Wirksamkeit der Anfechtung zu prüfen (BAG 12.5.2011, 2 AZR 479/09, EzA § 123 BGB 2002 Nr 10 [Rn 18 f] u 20.3.2014, 2 AZR 1071/12, EzA § 123 BGB 2002 Nr 14 [Rn 19 f, 25 ff]); diese beendet das Arbeitsverhältnis regelmäßig zeitlich früher (mit Zugang der Anfechtungserklärung oder sogar rückwirkend auf den Zeitpunkt des Außervollzugsetzens) als die ordentliche Kdg (erst mit Ablauf der Kdg-Frist).

Kdg-Schutz nach § 1 genießt **jeder AN** (zu ltd Ang § 14 Rdn 2 ff), auch die AN, die ihre Arbeitsleistung **3** (etwa Montage- und Reparaturarbeiten oder Beratungsleistungen) nicht im Betrieb ihres AG, sondern für den AG **bei Dritten** erbringen. Selbst wenn der AG die Ausübung der AG-Funktion teilweise einem Dritten überträgt, insb iRd AN-Überlassung, bleibt er kündigungsschutzrechtl AG seines Vertragspartners, des verliehenen AN (zu § 10 I AÜG s § 10 AÜG Rdn 2 ff). Zur AN-Eigenschaft Familienangehöriger § 6 GewO Rdn 32, zur AN-Eigenschaft von Gesellschaftern und Organmitgliedern juristischer Personen § 6 GewO Rdn 38 f, 104 ff.

AN sind zwar auch die von einem AG zum Zwecke der **Berufsausbildung** Beschäftigten (Umkehrschluss **4** zu § 23 I 2). § 22 f BBiG regelt die Kdg von Ausbildungsverhältnissen **aber abschließend** dahin, dass der AG nur aus wichtigem Grund kündigen kann. Das Ausbildungsverhältnis ist in die Erfüllung der Wartezeit des § 1 I einzurechnen (Rdn 9). Das BBiG gilt nach dessen § 26 auch für Personen, die der AG ohne eigentliches Berufsausbildungsverhältnis zu Ausbildungszwecken eingestellt hat, insb für Volontäre und Praktikanten. Ist die Ausbildung aber nur Nebenzweck eines Arbeitsvertrages, ist nicht das BBiG, sondern das KSchG anwendbar (vgl BAG 5.12.2002, 6 AZR 216/01, EzA § 19 BBiG Nr 4). Studenten, die während ihres (Fach-) Hochschulstudiums ein Betriebspraktikum ableisten, sind AN iSd KSchG, wenn sie nach der Studienordnung in einer privatrechtl Vertragsbeziehung zum Praktikumsgeber stehen (vgl BAG 30.10.1991, 7 ABR 11/91, EzA § 5 BetrVG 1972 Nr 50).

Keine AN sind die aufgrund eines öffentl-rechtl Rechtsverhältnisses Tätigen, insb Beamte und Solda- **5** ten (§ 6 GewO Rdn 28). Da nicht ausdrücklich genannt, genießen auch **AN-ähnliche Personen** (§ 12a TVG Rdn 1) keinen Kdg-Schutz nach dem KSchG; durch TV können für sie nach § 12a TVG aber entspr Kdg-Schutzregelungen vereinbart werden. Nicht anwendbar ist das KSchG auf Heimarbeiter, für die § 29 HAG einen bloßen Kdg-Fristenschutz anordnet. Keine AN sind Personen, die nicht aus Erwerbsgründen, sondern vorwiegend aus **karitativen und religiösen Motiven** tätig werden, wie die Schwestern oder Brüder einer geistlichen Gemeinschaft. Religiös nicht gebundene Krankenschwestern üben hingegen einen echten Erwerbsberuf aus und fallen unter das KSchG (LSW/*Löwisch* § 1 Rn 11; **aA** für die aufgrund eines Gestellungsvertrages beschäftigten Rot-Kreuz-Schwestern der DRK-Schwesternschaft BAG 6.7.1995, 5 AZB 9/93, EzA § 5 ArbGG 1979 Nr 11; für die AN-Eigenschaft der sog Gastschwestern aber BAG 14.12.1994, 7 ABR 26/94, EzA § 1 BetrVG 1972 Nr 9; ErfK/*Oetker* § 1 Rn 28). Hauptamtlich tätige, außerordentliche Mitglieder von Scientology sind AN (BAG 22.3.1995, 5 AZB 21/94, EzA Art 140 GG Nr 26). Im Anstellungsvertrag mit einem Nicht-AN kann **aber vereinbart werden, dass das KSchG zu dessen Gunsten gelten soll** (BGH 10.5.2010, II ZR 70/09, NJW 2010, 2343 für einen GmbH-Geschäftsführer).

6 **II. 6-monatiges Bestehen des Arbeitsverhältnisses (Wartezeit).** Nach § 1 I genießt Kdg-Schutz nach dem KSchG nur der AN, dessen Arbeitsverhältnis in demselben Betrieb oder Unternehmen ohne Unterbrechung länger als 6 Monate bestanden hat (zum betrieblichen Geltungsbereich § 23 Rdn 6 ff). Obwohl § 1 I seit Inkrafttreten des KSchG 1969 lediglich auf den rechtl Bestand des Arbeitsverhältnisses abstellt (Rdn 7), und nicht wie zuvor auf eine ununterbrochene Beschäftigung des AN, ist das Hinausschieben des Kdg-Schutzes durch den Zweck gerechtfertigt, dem AG Zeit zur **Erprobung** des AN zu geben (BAG 15.3.1978, 5 AZR 831/76, EzA § 620 BGB Nr 34; 23.4.2009, 6 AZR 516/08, EzA § 102 BetrVG 2001 Nr 25; 20.2.2014, 2 AZR 859/11, EzA § 1 KSchG Nr 66 [Rn 24]): Der AG soll AN einstellen können, ohne Gefahr zu laufen, sich vom Arbeitsverhältnis nur erschwert lösen zu können, wenn sie sich als untauglich zur Erfüllung ihrer Arbeitspflichten oder zur Integration in die betrieblichen Abläufe und die Belegschaft erweisen. Auch wenn der AN während der ersten 6 Monate gar nicht oder nur sporadisch arbeitet, wird sich der AG ein Bild machen und sich aufgrund dieser »Erprobung« vom AN trennen (LSW/*Löwisch* § 1 Rn 55). Hingegen erwirbt der AN nicht erst nach 6 Monaten das Recht auf eine Arbeitsstelle (so aber BAG 16.2.1995, 8 AZR 714/93, EzA § 611 BGB Arbeitnehmerstatus-DDR Nr 2 mwN; *Preis* Prinzipien [1987] S 373): Die wichtigsten Rechtsfolgen des Arbeitsverhältnisses, nämlich die Arbeitspflicht und der Beschäftigungsanspruch des AN sowie die Entgeltzahlungspflicht des AG, entstehen schon im Zeitpunkt der geplanten bzw tatsächlichen Arbeitsaufnahme, dh unabhängig von der Dauer des Arbeitsverhältnisses.

7 § 1 I setzt den **ununterbrochenen rechtl Bestand des Arbeitsverhältnisses** zu demselben AG voraus. Unerheblich ist zum einen, ob der AN tatsächlich gearbeitet hat (BAG 24.10.2013, 2 AZR 1057/12, EzA § 1 KSchG Nr 65 [Rn 29]), und zum anderen, ob der AN im selben Betrieb oder in verschiedenen Betrieben des Unternehmens tätig war (Rdn 10). Die Wartezeit beginnt mit dem Zeitpunkt der vereinbarten Arbeitsaufnahme, selbst wenn eine Arbeitsaufnahme erst nach dem rechtl Beginn des Arbeitsverhältnisses vereinbart worden ist (BAG 24.10.2013, 2 AZR 1057/12, EzA § 1 KSchG Nr 65 [Rn 30 ff]); verzögert sich die tatsächliche Beschäftigung, etwa durch Krankheit des AN, bleibt das Datum maßgeblich, an dem nach dem Arbeitsvertrag die Beschäftigung beginnen sollte. Die Wartefrist wird nach §§ 188 II, 187 II BGB berechnet (BAG 27.6.2002, 2 AZR 382/01, EzA § 188 BGB Nr 1; 24.10.2013, 2 AZR 1057/12, EzA § 1 KSchG Nr 65 [Rn 44, 46]). Maßgeblicher Endzeitpunkt ist nicht der Tag, an dem die Kdg-Frist abläuft, sondern der, an dem dem AN die Kdg-Erklärung zugeht. § 193 BGB gilt nur für die Abgabe von Willenserklärungen und ist deshalb auf die Berechnung der Wartezeit nicht anwendbar; die 6-Monatsfrist verlängert sich nicht, wenn ihr letzter Tag auf einen Sonnabend, Sonntag oder Feiertag fällt (BAG 24.10.2013, 2 AZR 1057/02, EzA § 1 KSchG Nr 65 [Rn 46 ff]).

8 Für die Berechnung der Wartezeit werden **Beschäftigungszeiten ohne Arbeitsverhältnis nicht berücksichtigt**, insb nicht Zeiten der Beschäftigung als freier Mitarbeiter (BAG 16.2.1995, 8 AZR 714/93, EzA § 611 BGB Arbeitnehmerstatus-DDR Nr 2), iR eines Praktikums (BAG 18.11.1999, 2 AZR 89/99, NZA 2000, 529) oder als Leih-AN im Betrieb des späteren AG (BAG 20.2.2014, 2 AZR 859/11, EzA § 1 KSchG Nr 66 [Rn 23 ff]). Kraft Gesetzes wird der Lauf der **Wartezeit nicht unterbrochen durch** den Wehrdienst, eine Wehrübung, eine Eignungsübung sowie bei Heranziehung zum Zivilschutz aufgrund landesrechtl Bestimmungen (§§ 6 II, 10 ArbPlSchG, § 6 EignungsübungsG, zB § 13 Landeskatastrophenschutzgesetz BW). Als nicht unterbrochen gilt das Arbeitsverhältnis nach § 10 II MuSchG, wenn eine Frau während der Schwangerschaft oder der Schutzfrist nach der Entbindung gem § 10 I MuSchG gekündigt hat und innerhalb eines Jahres nach der Entbindung wieder eingestellt wird. Während der Elternzeit nach BEEG besteht das Arbeitsverhältnis ruhend fort, sodass die Wartezeit weiterläuft.

9 Zeiten eines **früheren Arbeitsverhältnisses** und eines Berufsausbildungsverhältnisses (*Stahlhacke/Preis/Vossen* Rn 874) mit demselben AG werden auf die Betriebszugehörigkeit angerechnet, wenn beide Beschäftigungsverhältnisse in einem **engen zeitlichen und sachlichen Zusammenhang** stehen (BAG 27.6.2002, 2 AZR 270/01, EzA § 1 KSchG Nr 55; 20.6.2013, 2 AZR 790/11, EzA § 1 KSchG Nr 64 [Rn 13]; 20.2.2014, 2 AZR 859/11, EzA § 1 KSchG Nr 66 [Rn 19]) und zwar auch dann, wenn das 1. Arbeitsverhältnis einem

ausländischen Vertragsstatut unterlag (BAG 7.7.2011, 2 AZR 12/10, EzA § 1 KSchG Nr 63). Der Zweck der Wartezeit, dem AG eine Überlegungsfrist einzuräumen (Rdn 6), rechtfertigt in diesen Fällen keine neue Wartezeit. Die dazwischen liegende Unterbrechungszeit erhöht die Betriebszugehörigkeit nicht (BAG 17.6.2003, 2 AZR 257/02, EzA § 622 BGB 2002 Nr 1). Zu verneinen ist ein enger sachlicher Zusammenhang, wenn dem erneut eingestellten AN arbeitsvertraglich eine andere Arbeitsaufgabe als zuvor übertragen wird, da dem AG dann die Erprobung des AN in der neuen Position während einer neuen Wartezeit ermöglicht werden muss (BAG 20.8.1998, 2 AZR 83/98, EzA § 1 KSchG Nr 50; LSW/*Löwisch* § 1 Rn 58; aA BAG 23.9.1976, 2 AZR 309/75, EzA § 1 KSchG 1969 Nr 35; LAG Berl 8.7.1991, 9 Sa 23/91, LAGE § 1 KSchG Nr 9; *Krause* in: *v Hoyningen-Huene/Linck* § 1 Rn 129). Bei gleichartiger Tätigkeit darf der Unterbrechungszeitraum angesichts des Zwecks der Wartezeit (Rdn 6) **nicht zu lang** sein: Ein enger Zusammenhang scheidet bei einer Unterbrechung von 2 Monaten idR aus (BAG 11.11.1982, 2 AZR 552/81, EzA § 620 BGB Nr 61); bei 6 Wochen Unterbrechung können nur bes Umstände einen Zusammenhang begründen (BAG 20.8.1998, 2 AZR 83/98, EzA § 1 KSchG Nr 50; 19.6.2007, 2 AZR 94/06, EzA § 90 SGB IX Nr 2; auch 22.5.2003, 2 AZR 426/02, EzA § 242 BGB 2002 Kündigung Nr 2). Verhindern alter und neuer AG einen Betriebsübergang auf den neuen AG, indem sie veranlassen, dass der AN zunächst für eine kurze Zeit aufgrund eines Leih-Arbeitsverhältnisses beim neuen AG beschäftigt wird und erst anschließend einen Arbeitsvertrag mit diesem abschließt, um den Verlust des Kdg-Schutzes herbeizuführen, so kann der AN nach dem Rechtsgedanken des § 162 BGB so zu stellen sein, als habe er die Wartefrist beim neuen AG erfüllt (vgl BAG 20.2.2014, 2 AZR 859/11, EzA § 1 KSchG Nr 66 [Rn 19 u Rn 33, 47 »unechte Schlecker«]; HaKo-KSchR/*Mayer* § 1 Rn 63). S noch Rdn 11.

Maßgeblich ist die Dauer der **Unternehmenszugehörigkeit** (Rdn 7), nicht die Dauer der Betriebszugehörigkeit (mangels gemeinsamen Betriebs offenlassend, ob es ausreicht, wenn der AN vorher bei einem anderen Unternehmen, aber in dem mit seinem jetzigen AG betriebenen gemeinsamen Betrieb beschäftigt war, BAG 20.2.2014, 2 AZR 859/11, EzA § 1 KSchG Nr 66 [Rn 37 f]). Wechselt der Betriebs- oder Unternehmensinhaber durch Betriebsübergang oder im Wege einer Gesamtrechtsnachfolge, etwa durch Verschmelzung, Formwechsel oder Auf- oder Abspaltung nach dem UmwG, wird die Vorbeschäftigungszeit angerechnet, §§ 323 I, 324 UmwG und § 613a I 1 BGB (BAG 27.6.2002, 2 AZR 270/01, EzA § 1 KSchG Nr 55; 20.2.2014, 2 AZR 859/11, EzA § 1 KSchG Nr 66 [Rn 20]). Nicht angerechnet werden Vorbeschäftigungszeiten in einem anderen Unternehmen desselben Konzerns (LSW/*Löwisch* § 1 Rn 62; weitergehend KDZ/*Deinert* § 1 Rn 29). 10

§ 1 I KSchG ist einseitig zwingendes Recht: Zulasten des AN kann von dem für ihn zwingenden Schutz des KSchG nicht abgewichen werden, kann also die Wartezeit weder verlängert werden noch können lediglich Zeiten tatsächlicher Beschäftigung berücksichtigt werden (BAG 14.5.1987, 2 AZR 380/86, EzA § 1 KSchG Nr 44; 20.6.2013, 2 AZR 790/11, EzA § 1 KSchG Nr 64 [Rn 14]; 20.2.2014, 2 AZR 859/11, EzA § 1 KSchG Nr 66 [Rn 44]). Hingegen sollen **Abreden** zulässig sein, die den AN begünstigen: AG und AN können vereinbaren, dass die Wartezeit (bis auf Null) **verkürzt** wird (BAG 8.6.1972, 2 AZR 285/71, EzA § 1 KSchG Nr 24; 20.6.2013, 2 AZR 790/11, EzA § 1 KSchG Nr 64 [Rn 14]; 20.2.2014, 2 AZR 859/11, EzA § 1 KSchG Nr 66 [Rn 44 f]), oder dass **Vorbeschäftigungszeiten** bei demselben oder einem anderen AG **angerechnet** werden, insbes Vorbeschäftigungszeiten bei einem anderen (Konzern-)Unternehmen (BAG 20.6.2013, 2 AZR 790/11, 2 AZR 790/11 [Rn 14]; 20.2.2014, 2 AZR 859/11, EzA § 1 KSchG Nr 66 [Rn 44]). Solche Vereinbarungen sind nicht nur ausdrücklich, sondern auch konkludent möglich (BAG 20.2.2014, 2 AZR 859/11, EzA § 1 KSchG Nr 66 [Rn 44]). Wird ein AN von einem in ein anderes Konzernunternehmen versetzt, müssen für eine konkludente Anrechnungsvereinbarung besondere Anhaltspunkte bestehen; eine solche kann nicht ohne Weiteres unterstellt werden (BAG 20.2.2014, 2 AZR 859/11, EzA § 1 KSchG Nr 66 [Rn 46, 48 ff mN auf den Meinungsstand in Rn 45]). Abreden über die Verkürzung der Wartezeit oder die Anrechnung von Vorbeschäftigungszeiten können auch **durch TV** getroffen werden (BAG 28.2.1990, 2 AZR 425/89, EzA § 1 KSchG Nr 47; 20.6.2013, 2 AZR 790/11, EzA § 1 KSchG Nr 64 [Rn 14]; 20.2.2014, 2 AZR 859/11, EzA § 1 KSchG Nr 66 [Rn 44]). Schreibt ein TV vor, dass frühere Beschäftigungszeiten bei demselben AG trotz längerer Unterbrechung zusammenzurechnen sind, muss durch Auslegung ermittelt werden, ob dies auch die Wartezeit nach § 1 I KSchG erfassen soll (BAG 14.5.1987, 2 AZR 380/86, EzA § 1 KSchG Nr 44; 20.6.2013, 2 AZR 790/11, EzA § 1 KSchG Nr 64; statt aller ErfK/*Oetker* § 1 Rn 38; KR/*Griebeling/Rachor* § 1 Rn 97); dass der TV eine Zusammenrechnung nur für die Berechnung von Kdg-Fristen vorschreibt, genügt nicht (zu §§ 8, 44 TVAL II BAG 10.5.1989, 7 AZR 450/88, EzA § 1 KSchG Nr 46; APS/*Dörner/Vossen* § 1 Rn 26; aA zu § 12 Nr 1.2 S 3 BRTV-Bau wegen baubranchenspezifischer Besonderheiten BAG 20.6.2013, 2 AZR 790/11, EzA § 1 KSchG Nr 64 [Rn 17 ff]; KDZ/*Deinert* § 1 Rn 26 aE) Zum Einfluss auf die Sozialauswahl noch Rdn 201. 11

12 Für die Kdg des Arbeitsverhältnisses **innerhalb der Wartezeit** bedarf der AG **keines Grundes**. Ggü Schwerbehinderten hängt die Wirksamkeit einer Kdg in der Wartezeit nicht davon ab, dass der AG vorher ein Präventionsverfahren und/oder ein betriebliches Eingliederungsmanagement nach § 84 I und II SBG IX durchgeführt hat (BAG 28.6.2007, 6 AZR 750/06, EzA § 310 BGB 2002 Nr 5; dazu Rdn 26, 85. Sozialdaten, wie Unterhaltspflichten des AN und dessen Lebensalter, sind für die Wirksamkeit einer Wartezeitkündigung idR bedeutungslos (BAG 23.4.2009, 6 AZR 516/08, EzA § 102 BetrVG 2001 Nr 25; 24.1.2008, 6 AZR 96/07, EzA § 242 BGB 2002 Kündigung Nr 7). Unwirksam kann eine Kdg während der Wartezeit sein, wenn sie **gegen §§ 134, 138 BGB verstößt** (näher § 13 Rdn 14 ff, 23 f); dadurch wird auch dem Schutz von AN vor ungerechtfertigten Entlassungen nach Art 30 GRC genügt (BAG 8.12.2011, 6 AZN 1371/11, NZA 2012, 286). Eine Kdg innerhalb der Wartezeit, die den AN aus einem der in § 1 AGG genannten Gründe diskriminiert, ist nach § 134 BGB iVm §§ 1, 3 und 7 I AGG unwirksam (BAG 19.12.2013, 6 AZR 190/12, EzA § 1 AGG Nr 2 [Diskriminierung wegen Behinderung durch Kdg wegen HIV-Infektion]), ebenso eine Kdg in einem gem § 23 I KSchG vom Kdg-Schutz nach KSchG ausgenommenen Kleinbetrieb (BAG 26.3.2015, 2 AZR 237/14, EzA § 9 nF MuSchG Nr 42 [Geschlechtsdiskriminierung durch Kdg wegen beabsichtigter Schwangerschaft durch In-vitro-Fertilisation]; 23.7.2015, 6 AZR 457/14, JurionRS 2015, 28338 [Altersdiskriminierung bei Kdg wegen Pensionsberechtigung]): § 2 IV AGG erfasst weder eine Kdg während der Wartezeit (BAG 19.12.2013, 6 AZR 190/12, EzA § 1 AGG Nr 2 [Rn 14 ff] mN in teleologischer Reduktion des § 2 IV AGG) noch eine Kdg im Kleinbetrieb (BAG 26.3.2015, 2 AZR 237/14, EzA § 9 nF MuSchG Nr 42 [Rn 32]; 23.7.2015, 6 AZR 457/14, JurionRS 2015, 28338); s noch Rdn 17 u § 7 AGG Rdn 2. Die Kdg-Freiheit darf aber nicht auf dem Umweg über § 242 BGB eingeschränkt werden: Es genügt, dass ein irgendwie einleuchtender Grund für die Kdg besteht; dann verstößt diese nicht gegen § 242 BGB (BAG 24.1.2008, 6 AZR 96/07, EzA § 242 BGB 2002 Kündigung Nr 7 mwN; 22.4.2010, 6 AZR 828/08, EzA-SD 2010, Nr 12, 3–6; 8.12.2011, 6 AZN 1371/11, NZA 2012, 286; 12.9.2013, 6 AZR 121/12, EzA § 102 BetrVG 2001 Nr 30 [Rn 22, 24]). Will ein AN die Rechtsunwirksamkeit der Kdg in der Wartezeit geltend machen, muss er die 3-Wochen-Klagefrist des § 4 einhalten (§ 4 Rdn 4).

13 **III. Ordentliche Arbeitgeberkündigung.** Kdg-Schutz gewährt § 1 dem AN nur gegen die ordentliche Kdg durch den AG, die das Arbeitsverhältnis nicht sofort (fristlos) beendet, sondern **die gesetzlichen oder tariflichen** Kdg-Fristen **einhält** (zur außerordentlichen Kdg § 626 BGB). Nicht anwendbar sind die §§ 1 ff, wenn der Arbeitsvertrag einverständlich aufgehoben, angefochten oder seine Nichtigkeit geltend gemacht wird. Der Kdg-Schutz gilt auch für eine ordentliche Kdg, mit der der AG eine Änd der Arbeitsbedingungen erreichen will; zu den Besonderheiten s § 2. Auch ggü Kdg, die der AG auf Verlangen des BR nach § 104 S 1 BetrVG oder aufgrund einer Auflage des ArbG nach § 104 S 2 BetrVG ausspricht, genießt der AN Kdg-Schutz; § 104 schafft keinen neuen Kdg-Grund, sondern setzt einen Kdg-Grund voraus (LAG Köln 14.7.1994, 10 TaBV 24/94, JurionRS 1994, 10599; LAG BW 31.5.1995, 12 Sa 188/94, JurionRS 1995, 32693; *Löwisch/Kaiser* § 104 BetrVG Rn 2). Die im Verfahren nach § 104 getroffene Entsch, dass die Kdg des AN begründet ist, hat keine Präklusionswirkung für den nachfolgenden Individualrechtsstreit, der AN ist am Beschlussverfahren nach § 104 BetrVG auch nicht analog § 103 II S 2 BetrVG gem § 83 III ArbGG zu beteiligen (aA LAG Hess 7.9.1984, 14/4 TaBV 116/83, juris; LAG BW 24.1.2002, 4 TaBV 1/01, AuR 2002, 116 [LS]; wie hier *Rieble* AuR 1993, 39, 47; GK-BetrVG/*Raab* § 104 Rn 18; MünchArbR/ *Matthes* § 359 Rn 16; näher *Löwisch/Kaiser* § 104 BetrVG Rn 15 mwN).

14 **IV. Beweislast.** Der AN hat die Voraussetzungen des Kdg-Schutzes zu beweisen (BAG 20.6.2013, 2 AZR 790/11, EzA § 1 KSchG Nr 64 [Rn 15]; 20.2.2014, 2 AZR 859/11, EzA § 1 KSchG Nr 66 [Rn 21]), insb seine AN-Eigenschaft und die Erfüllung der Wartezeit (Rdn 2 ff u 6 ff). Ist hingegen str, ob ein tatsächlich unterbrochenes Arbeitsverhältnis auch iSd § 1 I rechtl unterbrochen war, ist der AG für die entspr Tatsachen beweispflichtig (BAG 16.3.1989, 2 AZR 407/88, EzA § 1 KSchG Nr 45); steht die Unterbrechung fest, ist hingegen der AN beweispflichtig dafür, dass zw einem vorangegangenen und einem späteren Arbeitsverhältnis ein enger sachl Zusammenhang besteht, so dass beide Arbeitsverhältnisse zusammenzurechnen sind (BAG 20.6.2013, 2 AZR 790/11 EzA § 1 KSchG Nr 64 [Rn 15]; 20.2.2014, 2 AZR 859/11, EzA § 1 KSchG Nr 66 [Rn 21]). Der AG muss beweisen, dass die Voraussetzungen der Ausnahmevorschrift des § 23 I 2 und S 3 vorliegen (§ 23 Rdn 27). Näher bei den Kdg-Gründen.

15 **C. Grundsätze des Kündigungsschutzes. I. Materieller Kündigungsschutz.** § 1 schützt den AN, indem er die Kdg des AG an bestimmte Gründe bindet, dem AG also die Möglichkeit nimmt, dem AN aus anderen als den im KSchG genannten Gründen zu kündigen (Rdn 18 f). **Für bes schutzbedürftige AN-Gruppen** besteht zusätzlich ein unterschiedlich ausgeformter **Sonderkündigungsschutz**: für BR-Mitglieder usw nach

§ 15, für Frauen während der Schwangerschaft und bis zum Ablauf von 4 Monaten nach der Entbindung nach § 9 MuSchG, für AN während der EZ nach § 18 BEEG, für AN im Wehrdienst oder in einer Wehr- und Eignungsübung nach §§ 2, 10 ArbPlSchG, § 2 EignungsübungsG, für Schwerbehinderte nach §§ 85 ff SGB IX. In Berufsausbildungsverhältnissen ist die ordentliche Kdg nach Ablauf der Probezeit gem § 22 II BBiG (Rdn 4), wegen Betriebsübergangs ist die Kdg nach § 613a IV BGB ausgeschlossen. Der Sonderkündigungsschutz besteht unabhängig vom KSchG und daher auch für AN, die die Wartezeit des § 1 I noch nicht erfüllt haben (Rdn 6 ff), und in Kleinbetrieben iSd § 23 I.

Daneben schützen andere Gesetze den AN durch **Verfahrensvorschriften**, die der AG vor oder bei Ausspruch der Kdg beachten muss: Nach § 102 BetrVG muss der AG den BR und nach § 79 BPersVG der öffentl Dienstherr den PersR anhören, bevor er eine Kdg ausspricht; hört der AG den BR oder PersR nicht oder nicht vollständig an, ist die Kdg nach § 102 I S 3 BetrVG und § 79 IV BPersVG unwirksam (näher § 102 BetrVG Rdn 34 ff). § 623 BGB schreibt für die Kdg Schriftform vor (s dort); § 622 I BGB bindet die Kdg an Fristen, die durch TV und Arbeitsvertrag verlängert werden können (§ 622 BGB Rdn 14 ff). 16

Trotz § 2 IV AGG, nach dem für Kdg ausschließlich die Bestimmungen des allg und bes Kdg-Schutzes gelten, kann eine Kdg als diskriminierend an § 7 AGG scheitern. Dass das AGG neben dem KSchG anwendbar bleibt, kann entg dem BAG (6.11.2008, 2 AZR 523/07, EzA § 1 KSchG Soziale Auswahl Nr 82; 5.11.2009, 2 AZR 676/08, EzA § 1 KSchG Interessenausgleich Nr 20; ErfK/*Schlachter* § 2 AGG Rn 17 ff mwN) § 2 IV AGG nicht durch Auslegung entnommen werden, sondern wird durch das Europarecht erzwungen: § 2 IV AGG verstößt mit seinem eindeutigen Wortlaut gegen Europarecht und kann deswegen nicht angewandt werden (etwa *Thüsing* BB 2007, 1506, 1507; *Düwell* FA 2007, 107, 109; *Däubler/ Bertzbach/Däubler* § 2 AGG Rn 260 ff;). Verstößt eine ordentliche Kdg gegen das AGG, so führt dies entg dem BAG (6.11.2008, 2 AZR 523/07, EzA § 1 KSchG Soziale Auswahl Nr 82; 5.11.2009, 2 AZR 676/08, EzA § 1 KSchG Interessenausgleich Nr 20; 20.6.2013, 2 AZR 295/12, EzA § 626 BGB 2002 Unkündbarkeit Nr 20 [Rn 36]; 17.10.2013, 8 AZR 742/12, EzA § 3 AGG Nr 8 [Rn 16]; 20.11.2014, 2 AZR 664/13, EzA § 1 KSchG Krankheit Nr 60 [Rn 52 ff]) nicht zur Sozialwidrigkeit der Kdg nach § 1, sondern macht die Kdg schon nach § 7 AGG unwirksam, noch Rdn 168; zur diskriminierenden Kdg während der Probezeit schon Rdn 12. Die Unwirksamkeit nach § 7 AGG muss der AN gem § 13 III innerhalb der 3-Wochenfrist der §§ 4, 7 klageweise geltend machen; der diskriminierungswidrig gekündigte AN hat gem § 15 II AGG Anspruch auf angemessene Entschädigung in Geld (BAG 12.12.2013, 8 AZR 838/12, EzA § 15 AGG Nr 23 [Rn 19], näher § 15 AGG Rdn 26 ff). Der Schutz vor diskriminierenden Kdg wird durch die Ausdehnung des Behinderungsbegriffs in § 1 AGG auf Krankheiten erheblich erweitert, näher Rdn 77. 17

II. Abschließende Aufzählung der Kündigungsgründe. Nach § 1 I 2 ist eine ordentliche Kdg des AG sozial ungerechtfertigt, wenn sie nicht durch Gründe in der Person oder in dem Verhalten des AN oder durch dringende betriebliche Erfordernisse bedingt ist. Die Aufzählung der Kdg-Gründe ist abschließend; aus anderen Gründen kann dem AN ordentlich nicht wirksam gekündigt werden (Rdn 15). Wird eine Kdg **kumulativ auf mehrere Sachverhalte** gestützt, ist zunächst jeder Kdg-Sachverhalt für sich zu prüfen. Rechtfertigt keiner der Sachverhalte für sich eine verhaltens-, personen- oder betriebsbedingte Kdg, kann die Kdg entg der Rspr nicht über eine Gesamtwürdigung aller Sachverhalte gerechtfertigt werden (LSW/*Löwisch* § 1 Rn 90 ff; *Stahlhacke/Preis/Vossen* Rn 898; aA BAG 22.7.1982, 2 AZR 30/81, EzA § 1 KSchG Verhaltensbedingte Kündigung Nr 10, 20.11.1997, 2 AZR 643/96, EzA § 1 KSchG Verhaltensbedingte Kündigung Nr 52 unter II 2 jeweils mwN; bei einem Sachzusammenhang auch KR/*Griebeling/Rachor* § 1 Rn 259; für eine Gesamtwürdigung bei verhaltens- und personenbedingten Gründen APS/*Dörner/Vossen* § 1 Rn 86; *Krause* in: *v Hoyningen-Huene/Linck* § 1 Rn 284 ff.). Etwa wird die Kdg eines AN, dessen krankheitsbedingte Fehlzeiten eine personenbedingte Kdg und dessen gelegentliches Zuspätkommen eine verhaltensbedingte Kdg nicht erlauben, nicht durch eine Addition beider Sachverhalte zulässig (vgl BAG 23.9.1992, 2 AZR 93/92, EzA § 1 KSchG Krankheit Nr 37; nur insoweit **abw** LSW/*Löwisch* § 1 Rn 91). Berührt ein **einheitlicher Kdg-Sachverhalt** hingegen mehrere der in § 1 II aufgezählten Kdg-Gründe (Mischtatbestand), ist die Kdg nach der Rspr grds nur nach dem Maßstab des Kdg-Grundes zu prüfen, aus dem die Störung des Arbeitsverhältnisses primär herrührt (BAG 17.5.1984, 2 AZR 109/83, EzA § 1 KSchG Betriebsbedingte Kündigung Nr 32; 21.11.1985, 2 AZR 21/85, EzA § 1 KSchG Nr 42; 20.11.1997, 2 AZR 643/96, EzA § 1 KSchG Verhaltensbedingte Kündigung Nr 52; 18.9.2008, 2 AZR 976/06, EzA § 1 KSchG Personenbedingte Kündigung Nr 23 [Rn 19]), wobei jedoch teilweise die Besonderheiten des an sich verdrängten Kdg-Grundes berücksichtigt werden (BAG 17.5.1984, 2 AZR 109/83, EzA § 1 KSchG Betriebsbedingte Kündigung Nr 32). Dies überzeugt nicht. In einem ersten Schritt ist zu prüfen, ob sich der Kdg-Sachverhalt eindeutig einem der Kdg-Gründe zuordnen lässt (*Rüthers/Henssler* ZfA 1988, 31, 37 ff.; APS/*Dörner/Vossen* § 1 Rn 83; KR/*Griebeling/Rachor* § 1 Rn 254). Nur wenn dies nicht möglich ist, sind die verschiedenen 18

Kdg-Gründe gesondert nach den jeweils für sie geltenden Maßstäben zu prüfen und ist festzustellen, ob einer die Kdg trägt (*Preis* DB 1988, 1444, 1449 f.; APS/*Dörner/Vossen* § 1 Rn 83; ErfK/*Oetker* § 1 Rn 96; KR/*Griebeling/Rachor* § 1 Rn 254; LSW/*Löwisch* § 1 Rn 92).

19 Setzen Teile der Belegschaft, der BR, ein Auftraggeber oder der Betriebserwerber den **AG unter Druck, einem missliebigen AN** zu kündigen, rechtfertigt dies allein die Kdg nicht: Der AG ist aufgrund seiner Fürsorgepflicht grds gehalten, dem Druck zu widerstehen (BAG 19.6.1986, 2 AZR 563/85, EzA § 1 KSchG Betriebsbedingte Kündigung Nr 39 u 18.7.2013, 6 AZR 420/12, EzA § 1 KSchG Betriebsbedingte Kündigung Nr 175 [Rn 39]; 4.10.1990, 2 AZR 201/90, EzA § 626 BGB Druckkündigung Nr 2) und den BR auf das Verfahren nach § 104 BetrVG zu verweisen (s dort). Die Kdg kann aber aus verhaltens- oder personenbedingten Gründen gerechtfertigt sein (»unechte Druck-Kdg«, BAG 18.7.2013, 6 AZR 420/12, EzA § 1 KSchG Betriebsbedingte Kündigung Nr. 175 [Rn 38]): Erklären etwa Kollegen, mit einem außerdienstlich straffällig gewordenen AN nicht mehr zusammenarbeiten zu können, kann der AG dem AN personenbedingt kündigen, wenn sein strafbares Verhalten dessen Eignung für die Tätigkeit und für die Zusammenarbeit mit den Kollegen entfallen lässt, zB wenn ein AN auf der Zugfahrt nach Arbeitsende einen Schwarzafrikaner mit seinem Fahrtenmesser ersticht und dies in der Belegschaft Empörung und Ängste auslöst (näher Rdn 104).Übt die Belegschaft wegen des Verhaltens eines Vorgesetzten, dem sie einen autoritären Führungsstil und mangelnde Fähigkeit zur Menschenführung vorwirft, Druck auf den AG aus, ist eine Kdg gerechtfertigt, wenn der AN seine vertraglichen Pflichten trotz Abmahnung tatsächlich verletzt (BAG 31.1.1996, 2 AZR 158/95, EzA § 626 BGB Druckkündigung Nr 3, das allerdings einer personenbedingten Kdg wegen Eignungsmängeln zuneigt); der durch das Fehlverhalten ausgelöste Unmut in der Belegschaft verstärkt das Gewicht dieser Vertragswidrigkeit. Ist der durch die Belegschaft oder Dritte ausgeübte Druck objektiv nicht gerechtfertigt, kann ausnahmsweise eine Kdg aus betriebsbedingten Gründen in Betracht kommen (»echte Druck-Kdg«, BAG 18.7.2013, 6 AZR 420/12, EzA § 1 KSchG Betriebsbedingte Kündigung Nr. 175 [Rn 39 ff] mNw auf den Meinungsstand): Verletzt der AN seine vertraglichen Pflichten nicht und kündigen gleichwohl mehrere AN, weil sie mit dem missliebigen AN nicht zusammenarbeiten wollen, und drohen dem AG dadurch schwere Schäden, kann dies eine betriebsbedingte Kdg rechtfertigen, ggf als außerordentliche Kdg (BAG 4.10.1990, 2 AZR 201/90, EzA § 626 BGB Druckkündigung Nr 2 zur Kdg von fast 50 % der Pflegekräfte einer Station nach dem vom Chefarzt unterstützten Verlangen, die Stationsleiterin zu ersetzen). Ebenso kann der insolvente AG einem AN kündigen, wenn die Sparkasse eine Verlustübernahmeerklärung von dessen Kdg abhängig macht und der AG ohne eine Verlustübernahme seinen Betrieb stilllegen müsste (BAG 18.7.2013, 6 AZR 420/12, EzA § 1 KSchG Betriebsbedingte Kündigung Nr. 175). An die Zulässigkeit einer betriebsbedingten Druck-Kdg sind strenge Anforderungen zu stellen, insb muss die Kdg das einzig in Betracht kommende Mittel sein, um die Schäden abzuwenden; eine Versetzung ist vorrangig (BAG 19.6.1986, 2 AZR 563/85, EzA § 1 KSchG Betriebsbedingte Kündigung Nr 39; 4.10.1990, 2 AZR 201/90, EzA § 626 BGB Druckkündigung Nr 2; 18.7.2013, 6 AZR 420/12, EzA § 1 KSchG Betriebsbedingte Kündigung Nr. 175 [Rn 39]). Dass der Betriebserwerber es zur Bedingung seines Erwerbs macht, den AN zu kündigen, die nicht wie von ihm gewünscht einen Vertrag mit dem Veräußerer unterzeichnen, nach dem sie demnächst aus dem Arbeitsverhältnis ausscheiden und in eine Beschäftigungs- und Qualifizierungsgesellschaft wechseln, genügt wegen des Schutzzwecks des § 613a IV BGB idR nicht für eine betriebsbedingte Kdg (LAG Köln 11.12.1990, 11 Sa 96/09). Die vorherige Anhörung des AN ist keine Wirksamkeitsvoraussetzung für eine Druck-Kdg (BAG 4.10.1990, 2 AZR 201/90, EzA § 626 BGB Druckkündigung Nr 2).

20 III. Zugang der Kündigung als maßgeblicher Zeitpunkt. Die Wirksamkeit der Kdg ist nach der Sachlage in dem Zeitpunkt zu beurteilen, in dem die Kdg dem AN zugeht (BAG 6.9.1989, 2 AZR 118/89, EzA § 1 KSchG Krankheit Nr 27; 27.2.1997, 2 AZR 160/96, EzA § 1 KSchG Wiedereinstellungsanspruch Nr 1; 10.6.2010, 2 AZR 541/09, EzA § 626 BGB 2002 Nr 32 [»Emmely«]; 9.9.2010, 2 AZR 493/09, EzA § 1 KSchG Betriebsbedingte Kündigung Nr 164; 16.2.2012, 8 AZR 693/10, NZA-RR 2012, 465): Hinge die Wirksamkeit davon ab, dass der Kdg-Grund während der Kdg-Frist fortbesteht, stünde die Kdg unter einer auflösenden Bedingung; das widerspräche dem Grundsatz, das Gestaltungsrechte bedingungsfeindlich sind, § 388 S 2 BGB. Die Bedingungsfeindlichkeit der Kdg dient vor allem zunächst dem Schutz des AN: Durch die Kdg greift der AG einseitig in den Rechtskreis des AN ein. Wäre die Kdg auflösend (oder aufschiebend) bedingt, bliebe der AN im Ungewissen über den durch die Erklärung geschaffenen Rechtszustand. Deshalb können Umstände, die nach dem Zugang der Kdg eintreten, eine zunächst ungerechtfertigte Kdg nicht nachträglich rechtfertigen. Verschlechtert sich etwa die Auftragslage des AG erst nach Ausspruch der Kdg dermaßen, dass ein betriebsbedingter Kdg-Grund entsteht, wird die schon vorher ausgesprochene betriebsbedingte Kdg nicht wirksam; der AG ist gezwungen, eine 2. Kdg auszusprechen. Ebenso wenig wird eine zum Zeitpunkt ihres Ausspruchs gerechtfertigte Kdg nachträglich wegen Veränderung der Umstände unwirksam, etwa weil der AG neue Aufträge erhält oder weil der wegen Krankheit gekündigte AN wieder gesund wird; eine solche Änd kann aber ggf einen Wiedereinstellungsanspruch des AN auslösen (Rdn 23 f). Gegen die Möglichkeit einer erneuten Kdg aus denselben Gründen, auf die der AG bei identischem Sachverhalt eine vorhergehende Kdg gestützt hatte, wenn das ArbG im Kündigungsschutzprozess zu dem Ergebnis gekomen war, dass diese Gründe die Kdg materiell nicht tragen (Verbot der Wiederholungskündigung) s § 4 Rdn 35.

Nach § 1 III 1 Hs 2 setzt die Wirksamkeit der ordentlichen Kdg (ebenso wenig wie gem § 626 II 3 BGB die der außerordentlichen Kdg) nicht die Angabe des Kdg-Grundes durch den AG voraus: Es kommt allein darauf an, ob bei Zugang der Kdg ein Kdg-Grund tatsächlich bestand. Mangels Notwendigkeit, die Kdg begründen zu müssen, besteht **kündigungsrechtl** kein Hindernis, im Kdg-Schutzprozess Kdg-Gründe **nachzuschieben**, sofern diese bei Ausspruch der Kdg schon bestanden (BAG 11.4.1985, 2 AZR 239/84, EzA § 102 BetrVG 1972 Nr 62; 4.6.1997, 2 AZR 362/96, EzA § 626 BGB nF Nr 167). In Betrieben mit BR scheitert das Nachschieben von Kdg-Gründen am **Betriebsverfassungsrecht**: Auf Gründe, die der AG dem BR nicht gem § 102 BetrVG mitgeteilt hat, kann er die Kdg im Kdg-Schutzprozess nicht stützen. Etwa kann er eine Kdg wegen einer Straftat nicht nachträglich auf den Verdacht dieser Straftat stützen; lediglich eine nachträgliche Substanziierung oder Konkretisierung der mitgeteilten Gründe ist möglich (BAG 11.4.1985, 2 AZR 239/84, EzA § 102 BetrVG 1972 Nr 62). Die Anhörung des BR kann auch nicht mit Wirkung für die bereits ausgesprochene Kdg nachgeholt werden; vielmehr muss der AG dem AN nach vollständiger Anhörung des BR erneut kündigen. Nur wenn der AG die nachgeschobenen Kdg-Gründe bei Ausspruch der Kdg nicht gekannt hat, ist eine nachträgliche Anhörung des BR zu diesen Gründen zulässig (BAG 11.4.1985, 2 AZR 239/84, EzA § 102 BetrVG 1972 Nr 62). Eine Verdachtskündigung kann der AG aber auf die erst nachträglich erwiesene Tat stützen, die im Verdacht als weniger mitenthalten ist; hat der AG den BR zur Verdachtskündigung angehört, genügt dies auch für die Tatkündigung (BAG 10.6.2010, 2 AZR 541/09, EzA § 626 BGB 2002 Nr 32 [»Emmely«]; s Rdn 110). **Prozessrechtl** findet das Nachschieben von Kdg-Gründen eine Grenze an §§ 61a V, 67 ArbGG. 21

IV. Prognoseprinzip. Die Kdg beendet das Arbeitsverhältnis für die Zukunft. Grund für die Kdg können daher nicht personen-, verhaltens- oder betriebsbedingte Gründe aus der Vergangenheit sein, sondern nur die **negative Prognose**, dass das Arbeitsverhältnis künftig nicht fortgesetzt werden kann. Für die Wirksamkeit der Kdg kommt es darauf an, ob diese Prognose zum Zeitpunkt des Zugangs der Kdg (Rdn 20) berechtigt war oder nicht (BAG 12.1.2006, 2 AZR 21/05, EzA § 1 KSchG Verhaltensbedingte Kündigung Nr 67). Etwa muss bei einer verhaltensbedingten Kdg mit künftigen Vertragsverletzungen des AN zu rechnen sein (Rdn 30 ff) oder bei einer personenbedingten Kdg die Gefahr bestehen, dass es künftig zu häufigen Kurzerkrankungen des AN und dadurch bedingten Betriebsablaufstörungen kommen wird (Rdn 93 ff). 22

Erweist sich bei einer betriebsbedingten Kdg die negative Prognose, mit Ablauf der Kdg-Frist könne der AN (zB wegen Betriebsstilllegung) nicht weiterbeschäftigt werden, während des Laufs der Kdg-Frist als falsch (zB, weil es doch zu einem Betriebsübergang kommt), so hat der AN nach hM einen **Anspruch auf Wiedereinstellung**, wenn der AG mit Rücksicht auf die Wirksamkeit der Kdg noch keine Dispositionen getroffen hat und ihm die unveränderte Fortsetzung des Arbeitsverhältnisses zumutbar ist (BAG 27.2.1997, 2 AZR 160/96, EzA § 1 KSchG Wiedereinstellungsanspruch Nr 1 u 4.12.1997, 2 AZR 140/97, EzA § 1 KSchG Wiedereinstellungsanspruch Nr 3; 16.5.2007, 7 AZR 621/06, AP § 1 KSchG 1969 Wiedereinstellung Nr 14); der Wiedereinstellungsanspruch besteht unabhängig davon, ob der AN Kdg-Schutzklage erhoben hat oder nicht. Der Wiedereinstellungsanspruch gründet nicht auf der Fürsorgepflicht des AG (so aber LSW/*Löwisch* § 1 Rn 99), da diese lediglich die Intensität der dem AN ggü bestehenden AG-Pflichten zu steigern vermag, hingegen nicht qualitativ neue Pflichten schaffen kann. Allenfalls kann der Wiedereinstellungsanspruch das notwendige Korrektiv für die dem AG eingeräumte Freiheit sein, dem AN aufgrund einer Prognose kündigen zu dürfen (BAG 4.12.1997, 2 AZR 140/97, EzA § 1 KSchG Wiedereinstellungsanspruch Nr 1; 9.11.2006, 2 AZR 509/05, EzA § 311a BGB 2002 Nr 1). Auf dem Umweg über den Wiedereinstellungsanspruch darf die Kdg aber nicht von einem das Arbeitsverhältnis beendenden Gestaltungsrecht zu einem bloßen Suspendierungsrecht werden. Seine Weiterbeschäftigung kann der AN daher allenfalls in Sonderfällen verlangen, in denen ihm ein über das jeder Kdg immanente Prognoserisiko hinausgehendes Zusatzrisiko aufgebürdet wird, wie bei der betriebsbedingten Kdg (Rdn 113 ff) und bei der Verdachtskündigung (Rdn 110 f). Hingegen ist ein Wiedereinstellungsanspruch nicht deswegen gerechtfertigt, weil ein wegen Krankheit gekündigter AN während der Kdg-Frist überraschend gesundet (Rdn 81). Anders als nach § 306 BGB aF ist die Verurteilung zur Eingehung eines rückwirkenden Arbeitsvertrags nach § 311a BGB nicht ausgeschlossen; es steht der Wirksamkeit des Vertrags nicht mehr entg, dass dem 23

AN eine Arbeitsleistung für die Vergangenheit nach § 275 I BGB unmöglich ist (BAG 9.11.2006, 2 AZR 509/05, EzA § 311a BGB 2002 Nr 1).

24 Erweist sich die negative Prognose aufgrund von Umständen als falsch, die erst **nach Ablauf der Kdg-Frist, also nach Beendigung des Arbeitsverhältnisses** eintreten, kommt ein Anspruch auf **Neubegründung** eines Arbeitsverhältnisses **nicht** in Betracht (BAG 6.8.1997, 7 AZR 557/96, EzA § 1 KSchG Wiedereinstellungsanspruch Nr 2 u 27.6.2001, 7 AZR 662/99, EzA § 1 KSchG Wiedereinstellungsanspruch Nr 6).

25 **V. Ultima-Ratio-Grundsatz.** Eine Kdg ist nur dann iSd § 1 II 1 »bedingt«, wenn sie **nicht durch mildere Maßnahmen zu vermeiden** ist; die Kdg muss also im konkreten Fall letztes Mittel (»ultima ratio«) für den AG sein (BAG 7.12.2000, 2 AZR 459/99, EzA § 1 KSchG Personenbedingte Kündigung Nr 15; 24.6.2004, 2 AZR 326/03, EzA § 1 KSchG Betriebsbedingte Kündigung Nr 132). So muss der AG auf ein vertragswidriges Verhalten des AN grds zunächst mit einer Abmahnung reagieren (Rdn 32 ff) und darf erst dann verhaltensbedingt kündigen, wenn der AN trotz Abmahnung sein vertragswidrigen Verhalten fortsetzt. Kündigen darf der AG grds auch dann nicht, wenn er den AN auf einem anderen als seinem bisherigen Arbeitsplatz weiterbeschäftigen kann (Rdn 44, 150): Wegen des ultima-ratio-Grundsatzes können die in § 1 II 2 und 3 genannten bes Kdg-Schutzgründe entg dem Wortlaut nicht auf den Fall beschränkt werden, dass der BR der Kdg widersprochen bzw der PersR Einwendungen erhoben hat, Rdn 16.

26 **§ 84 I SGB IX konkretisiert** für Kdg den Verhältnismäßigkeitsgrundsatz: Eine Kdg ist wegen Verstoßes gegen das Verhältnismäßigkeitsprinzip sozial ungerechtfertigt, wenn der AG das Präventionsverfahren nach § 84 I SGB IX nicht durchgeführt hat und bei gehöriger Durchführung Möglichkeiten bestanden hätten, die Kdg zu vermeiden (BAG 7.12.2006, 2 AZR 182/06, EzA § 84 SGB IX Nr 1; 8.11.2007, 2 AZR 425/06, EzA § 88 SGB IX Nr 1). Hingegen ist § 84 I SGB IX kein Verbotsgesetz iSd § 134 BGB und die Durchführung des Präventionsverfahrens keine Wirksamkeitsvoraussetzung für die Kdg (BAG 7.12.2006, 2 AZR 182/09 u 8.11.2007, 2 AZR 425/06). Zum Verfahren nach § 84 II SGB IX (BEM) bei krankheitsbedingten Kdg Rdn 85.

27 **VI. Interessenabwägung.** Rechtfertigt ein Kdg-Grund gem § 1 II die ordentliche Kdg »an sich«, verlangt die hM gleichwohl eine umfassende **Abwägung der Interessen** von AG und AN, um festzustellen, ob die Kdg rechtmäßig ist (st Rspr seit BAG 20.10.1954, 1 AZR 193/54, SAE 1955, 78; 20.1.2000, 2 AZR 378/99, EzA § 1 KSchG Krankheit Nr 47; 10.12.2009, 2 AZR 400/08, EzA § 1 KSchG Krankheit Nr 56; 20.3.2014, 2 AZR 565/12, EzA § 1 KSchG Krankheit Nr 58 [Rn 36 ff]; 20.11.2014, 2 AZR 664/13, EzA § 1 KSchG Krankheit Nr 60 [Rn 52 ff]; 13.5.2015, 2 AZR 565/14, EzA § 1 KSchG Krankheit Nr 61 [Rn 12] mN; 10.12.2009, 2 AZR 55/09, NZA-RR 2010, 383; 23.5.2013, 2 AZR 120/12, EzA § 1 KSchG Personenbedingte Kündigung Nr 32 [Rn 27, 39]); bei betriebsbedingten Kdg soll die Interessenabwägung aber auf seltene Ausnahmefälle beschränkt sein (BAG 30.4.1987, 2 AZR 184/86, EzA § 1 KSchG Betriebsbedingte Kündigung Nr 47 u 16.6.2005, 6 AZR 476/04, EzA § 1 KSchG Betriebsbedingte Kündigung Nr 137; 22.10.2015, 2 AZR 582/14, JurionRS 2015, 31908 [Rn 29]; **krit** *KDZ/Deinert* § 1 Rn 424 f). Kündigen darf der AG danach nur, wenn der Kdg-Grund bei verständiger Würdigung der Interessen beider Vertragsparteien die Beendigung des Arbeitsverhältnisses billigenswert und angemessen erscheinen lasse; aufseiten des AN sollen dessen früheres Verhalten, die Dauer seiner Betriebszugehörigkeit, sein Lebensalter, eine etwaige Schwerbehinderung und die Lage auf dem Arbeitsmarkt, nach BAG auch etwaige Unterhaltspflichten berücksichtigt werden (BAG 20.1.2000, 2 AZR 378/99; *Lingemann* BB 2000, 1835); in der Berücksichtigung der Betriebszugehörigkeit iS eines störungsfreien Verlaufs des Arbeitsverhältnisses liege keine mittelbare Diskriminierung wegen des Alters (BAG 7.7.2011, 2 AZR 355/10, EzA § 626 BGB 2002 Nr 38 [Rn 21 ff]). Die hM ist abzulehnen (auch LAG Düsseldorf 2.12.1983, 9 Sa 1197/83, DB 1984, 618; *Bitter/Kiel* RdA 1994, 333, 336 ff; LSW/*Löwisch* § 1 Rn 79): Eine Interessenabwägung verlangt § 626 I BGB nur für die außerordentlichen Kdg; bei der betriebsbedingten Kdg wägt das Gesetz die beiderseitigen Interessen abschließend ab (weswegen viele die Interessenabwägung auf die personen- und verhaltensbedingte Kdg beschränken: *Krause* in: *v Hoyningen-Huene/Linck* § 1 Rn 233; *Stahlhacke/ Preis/Vossen* Rn 894; APS/*Dörner/Vossen* § 1 Rn 80; ErfK/*Oetker* § 1 Rn 82; auch BAG 16.5.2005, 2 AZR 476/04, EzA § 1 KSchG Betriebsbedingte Kündigung Nr 137). In keinem Fall kann dem AG über die Interessenabwägung eine Mitverantwortung für die private Lebensführung des AN auferlegt werden. Während die Dauer der Betriebszugehörigkeit ein arbeitsvertragsbezogenes Kriterium ist, ebenso die Schwerbehinderung, da das SGB IX dem AG die Fürsorge für schwerbehinderte AN auferlegt, gehören Alter und Zahl der unterhaltspflichtigen Personen in die Privatsphäre des AN. Die Sorge für das Privatleben kann dem AG aber nur durch ausdrückliche gesetzliche Vorschriften auferlegt werden wie in § 1 III für die betriebsbedingte Kdg (deswegen berücksichtigen viele bei der Interessenabwägung jedenfalls für die verhaltensbedingte Kdg Unterhaltspflichten nicht: *Krause* in: *v Hoyningen-Huene/Linck* § 1 Rn 504; ErfK/*Oetker* § 1 Rn 203; APS/

Dörner/Vossen § 1 Rn 435 ff; bei einer außerordentlichen Kdg wegen vorsätzlichen Vermögensdelikten zum Nachteil des AG [Rdn 56 ff] BAG 2.3.1989, 2 AZR 280/88, EzA § 626 BGB nF Nr 118; ausdrücklich **abw** zu einer krankheitsbedingten Kdg [Rdn 77 ff] BAG 20.1.2000, 2 AZR 378/99; einschränkend zu einer Kdg wegen häufigen Zuspätkommens [Rdn 46] BAG 27.2.1997, 2 AZR 302/96, EzA § 1 KSchG Verhaltensbedingte Kündigung Nr 51).

Da die Kdg ultima ratio ist (Rdn 25), ist die Berücksichtigung der beiderseitigen Interessen von AG und AN schon **zwingender Bestandteil der Kdg-Prüfung selbst**, nicht aber eine von der Rechtfertigung der Kdg zu trennende Abwägung als abschließende Richtigkeitsgewähr: Es geht um die Grundfrage, ob eine persönliche Eigenschaft oder ein Verhalten des AN trotz lang währender Betriebszugehörigkeit oder angesichts bestehender Unterhaltspflichten die Beendigung des Arbeitsverhältnisses überhaupt rechtfertigen kann. Etwa muss der AG Verspätungen eines AN, der zuvor 20 Jahre beanstandungsfrei gearbeitet hat, eher hinnehmen als Verspätungen eines von Anfang an unzuverlässigen AN. Einem AN, der jahrelang zur Zufriedenheit des AG gearbeitet hat, sind kleinere Pflichtverletzungen eher nachzusehen und diese rechtfertigen die Kdg erst nach weiteren Abmahnungen. Ist die Pflichtverletzung gravierend, bestiehlt etwa der AN seinen AG, hilft ihm sein bisheriges Wohlverhalten hingegen nicht. Bei einer **personenbedingten, insb krankheitsbedingten Kdg** ist es dem AG nicht zumutbar, am Arbeitsverhältnis festzuhalten, weil der AN schon lange bei ihm beschäftigt war (so aber BAG 15.2.1984, 2 AZR 573/82, EzA § 1 KSchG Krankheit Nr 15), oder einem AN bei einer Kdg wegen häufiger Kurzerkrankungen mehr Fehltage zuzubilligen, weil er 5 Kinder hat und schwerbehindert ist (so aber BAG 20.1.2000, 2 AZR 378/99, EzA § 1 KSchG Krankheit Nr 47): Die Belastungen des AG werden nicht deswegen geringer, weil das Arbeitsverhältnis schon lange andauert oder weil der AN Familie hat. Wohl aber ist dem AG, der die Krankheit des AN mit verursacht hat (etwa eine Berufskrankheit), das Festhalten am Arbeitsverhältnis eher zuzumuten: Der Grund für die eingeschränkte Leistungsfähigkeit liegt dann nicht allein in der Person des AN, sondern ebenso in der betrieblichen Organisation des AG. 28

VII. Treu und Glauben, § 242 BGB. Der AG **verwirkt** sein Recht zur ordentlichen Kdg, wenn er in Kenntnis eines Kdg-Grundes längere Zeit untätig bleibt, dh die Kdg nicht ausspricht, obwohl ihm dies möglich und zumutbar ist (Zeitmoment), und dadurch beim AN das berechtigte Vertrauen erweckt, die Kdg werde unterbleiben, und der AN sich deshalb auf den Fortbestand des Arbeitsverhältnisses einrichtet (Umstandsmoment). Eine gleichwohl erklärte Kdg ist als unzulässige Rechtsausübung nach Treu und Glauben (§ 242 BGB) unwirksam (BAG 15.8.2002, 2 AZR 514/01, EzA § 1 KSchG Nr 56). Hat der AN bei einer Kdg wegen des Verdachts einer 1 $^1/_2$ Jahre zurückliegenden Straftat keine Kenntnis vom Kdg-Vorwurf bzw von den vom AG gegen ihn geführten Ermittlungen, kann der AG mangels schutzwürdigen Vertrauens des AN (Umstandsmoment) kündigen (BAG 15.8.2002, 2 AZR 514/01, EzA § 1 KSchG Nr 56). Die Kdg kann auch wegen **widersprüchlichen Verhaltens** des AG nach § 242 BGB unwirksam sein: Teilt etwa der AG einem AN die Absicht einer betriebsbedingten Kdg mit, lehnt aber eine vom AN angebotene Auflösung des Arbeitsverhältnisses unter Verkürzung der Kdg-Frist ab, obwohl er für den AN während der Kdg-Frist keine Verwendung hat, und verliert der AN deswegen die Möglichkeit der Beschäftigung bei einem anderen AG, scheitert die Kdg an § 242 BGB (Sächs LAG 24.5.2012, 1 Sa 661/11, PflR 2012, 791). 29

D. Verhaltensbedingte Kündigung. I. Grundsätze. 1. Gefahr künftiger Pflichtverletzungen. Die verhaltensbedingte Kdg reagiert auf eine Verletzung arbeitsvertraglicher Haupt- oder Nebenpflichten durch den AN (BAG 24.6.2004, 2 AZR 63/03, EzA § 1 KSchG Verhaltensbedingte Kündigung Nr 65; 9.6.2011, 2 AZR 284/10, EzA § 626 BGB 2002 Nr 37) und ersetzt im Arbeitsverhältnis als Dauerschuldverhältnis den Rücktritt nach § 323 BGB. § 1 I ermöglicht es dem AG, auf ein vertragswidriges Verhalten des AN schon dann zu reagieren, wenn die **Schwelle zum wichtigen Grund iSd § 626 BGB noch nicht überschritten** ist (näher zu § 626 BGB dort Rdn 52 ff – auch zur außerordentlichen Kdg, wenn die ordentliche Kdg eines AN gesetzlich, tariflich oder einzelvertraglich ausgeschlossen ist). Da die Kdg das Arbeitsverhältnis für die Zukunft beendet, zielt die verhaltensbedingte Kdg nicht darauf, ein in der Vergangenheit liegendes vertragswidriges Verhalten des AN zu sanktionieren, sondern will künftigen Störungen vorbeugen: Voraussetzung für eine verhaltensbedingte Kdg ist die Prognose, dass der AN seine arbeitsvertraglichen Pflichten auch in Zukunft verletzen wird; entscheidend ist, ob eine Wiederholungsgefahr besteht (BAG 26.1.1995, 2 AZR 649/94, EzA § 1 KSchG Verhaltensbedingte Kündigung Nr 46; 23.6.2009, 2 AZR 103/08, NZA 2009, 1198; 9.6.2011, 2 AZR 284/10, EzA § 626 BGB 2002 Nr 37). In der Vergangenheit liegende Vertragsverletzungen sind nur ein Indiz für diese Prognose. Die Befürchtung künftiger Vertragsverletzungen ist aber regelmäßig gerechtfertigt, wenn der AN trotz Abmahnung erneut gegen arbeitsvertragliche Pflichten verstößt und diese Pflichtverletzungen denjenigen entsprechen, wegen derer er abgemahnt worden ist (s Rdn 32). 30

31 **2. Vertretenmüssen.** Mit der verhaltens- und der personenbedingten Kdg reagiert der AG – wie der Gläubiger mit dem Rücktritt nach §§ 323, 324 BGB – auf eine Störung des Synallagmas. Nach hM setzt die verhaltensbedingte Kdg eine vom AN **iSd § 276 BGB** zu vertretende Pflichtverletzung voraus (BAG 21.1.1999, 2 AZR 665/98, EzA § 626 BGB nF Nr 178: eine schuldlose Pflichtverletzung genüge nur ausnahmsweise; 3.11.2011, 2 AZR 748/10, EzA § 1 KSchG Verhaltensbedingte Kündigung Nr 79; 20.12.2012, 2 AZR 32/11, EzA § 1 KSchG Personenbedingte Kündigung Nr 31 [Rn 14, 16]; 23.1.2014, 2 AZR 638/13, EzA § 108 BPersVG Nr 10 [Rn 16]; **für § 626 BGB ausnahmsweise gegen** ein Vertretenmüssen LAG Köln 17.4.2002, 6 Sa 1334/01, LAGE § 626 BGB 2002 Nr 141; LAG Schl-Holst 9.6.2011, 5 Sa 509/10, LAGE § 626 BGB 2002 Nr 34; immer für ein Vertretenmüssen LSW/*Löwisch* § 1 Rn 117, auch APS/*Dörner/Vossen* § 626 BGB Rn 75; KR/*Griebeling/Rachor* § 1 Rn 395). Das ist angesichts der Änderungen des BGB durch die Schuldrechtsreform falsch, da die §§ 323, 324 BGB nF anders als die §§ 325, 326 BGB aF für den Rücktritt vom Austauschvertrag als Pendant zur Kdg eines Dauerschuldverhältnisses (Rdn 30) kein Vertretenmüssen des Schuldners verlangen. Auch in § 1 I fehlt jeder Hinweis auf ein Vertretenmüssen des AN. Zudem widerspricht es dem Prognoseprinzip (Rdn 22), auf das Vertretenmüssen des AN für vergangene Pflichtverletzungen abzustellen. Die hM dürfte konsequenterweise nur fragen, ob vom AN künftig vorsätzliche oder fahrlässige Pflichtverletzungen zu erwarten sind; dies wird nach einer Abmahnung stets zu bejahen sein. Verhaltensbedingte und personenbedingte Kdg kommen nicht in Betracht, weil dem verhaltensbedingt gekündigten AN ein Verschuldensvorwurf für vergangenes Fehlverhalten gemacht werden kann, sondern nur dann, wenn der AN sein künftiges Verhalten steuern und damit künftige Pflichtverletzungen unterlassen kann (BAG 3.11.2011, 2 AZR 748/10, EzA § 1 KSchG Verhaltensbedingte Kündigung Nr 79). Deswegen kann der AG einem AN nicht verhaltensbedingt kündigen, wenn dieser in einer akuten depressiven Episode mit völliger Antriebsschwäche und einer massiven Tendenz zum sozialen Rückzug sowie zu Vermeidungshaltungen Nebenpflichten verletzt, indem er abredewidrig während Abwesenheitszeiten (Urlaub oder Arbeitsunfähigkeit) Schlüssel und Fahrtenbuch für sein Dienstfahrzeug nicht abgibt, Arbeitsunfähigkeitsbescheinigungen an unzuständige Mitarbeiter leitet und die Fortdauer seiner Arbeitsunfähigkeit nicht unverzüglich anzeigt (BAG 3.11.2011, 2 AZR 748/10, EzA § 1 KSchG Verhaltensbedingte Kündigung Nr 79) oder wenn er aufgrund einer psychischen Erkrankung agressiv wird und andere AN oder Vorgesetzte tätlich angreift, bedroht oder beleidigt (LAG Hamm 30.6.2011, 8 Sa 285/11, juris gegen die Kdg eines Montagearbeiters, der nach eigenmächtigem Absetzen der verordneten Medikation mit einem Vorschlaghammer Scheiben eines Meistercontainers einschlug und Reifen an einem Kollegenfahrzeug zerstach; **abw** für eine **Kdg gem § 626 BGB** bei Verletzungen eines anderen AN mit einem Teppichmesser LAG Köln 17.4.2002, 6 Sa 1334/01, LAGE § 626 BGB 2002 Nr 141; bei groben, ehrabschneidenden Beleidigungen einer Vorgesetzten LAG Schl-Holst 9.6.2011, 5 Sa 509/10, LAGE § 626 BGB 2002 Nr 34); s noch Rdn 61 und zur personenbedingten Kdg Rdn 102, zur Beweislast Rdn 45. Nur bei Pflichtverletzungen, die der AN steuern kann, muss der AG ihm mit der Abmahnung noch eine letzte Chance zur vertragsgemäßen Leistung geben, bevor er das Arbeitsverhältnis kündigen darf (ausf *Kaiser* FS Otto [2008] S 173 ff). Hält man hingegen an der hM fest und verlangt ein vorsätzliches oder fahrlässiges Fehlverhalten des AN iSd § 276 BGB, muss der AG darlegen und beweisen, dass der AN die als Indiz für künftiges Fehlverhalten dienenden Pflichtverletzungen fahrlässig oder vorsätzlich begangen hat, § 1 II 4; das zeigt auch § 619a BGB.

32 **3. Abmahnung (s.a. § 626 BGB Rdn 162 ff).** **a) Abmahnung als Kündigungsvoraussetzung.** Die verhaltensbedingte Kdg setzt eine vorherige Abmahnung voraus; eine fehlende Abmahnung sperrt die Kdg (st Rspr BAG 26.1.1995, 2 AZR 649/94, EzA § 1 KSchG Verhaltensbedingte Kündigung Nr 46). Das Abmahnungserfordernis folgt aus dem **ultima-ratio-Prinzip** (Rdn 25): Solange künftige Pflichtverletzungen des AN durch eine Abmahnung als milderes Mittel verhindert werden können, ist die Kdg als ultima ratio nicht erforderlich (BAG 12.1.2006, 2 AZR 21/05, EzA § 1 KSchG Verhaltensbedingte Kündigung Nr 67 u 12.1.2006, 2 AZR 179/05, EzA § 1 KSchG Verhaltensbedingte Kündigung Nr 68; 26.11.2009, 2 AZR 751/08, EzA § 611 BGB 2002 Abmahnung Nr 5; 10.6.2010, 2 AZR 541/09, EzA § 626 BGB 2002 Nr 32 [»Emmely«]; 9.6.2011, 2 AZR 284/10, EzA § 626 BGB 2002 Nr 37; 19.4.2012, 2 AZR 86/11, EzA § 626 BGB 2002 Nr 40; 25.10.2012, 2 AZR 495/11, EzA § 626 BGB 2002 Nr 41; 20.11.2014, 2 AZR 651/13, EzA § 626 BGB 2002 Nr 47 [Rn 21]). Die Notwendigkeit einer Abmahnung folgt zudem aus der entspr Anwendung von **§§ 323 II, 314 II 1 BGB:** Das im Erfordernis der Nachfristsetzung vor einem Rücktritt vom Vertrag in § 323 II BGB und in einer Abmahnung vor einer Kdg aus wichtigem Grund in § 314 II 1 BGB zum Ausdruck kommende Prinzip, dem Schuldner müsse eine letzte Chance eingeräumt werden, bevor der Gläubiger auf eine Pflichtverletzung mit der Beendigung des Vertrages reagieren darf, gilt auch für die ordentliche Kdg (vgl BAG 12.1.2006, 2 AZR 179/05; 9.6.2011, 2 AZR 284/10 u 20.11.2014, 2 AZR

651/13 [Rn 22]). Schließlich ist die Abmahnung Ausfluss des **Prognoseprinzips** (schon Rdn 22): Wiederholt der AN trotz Abmahnung Pflichtverletzungen, die den Pflichtverletzungen entsprechen, wegen derer er abgemahnt worden ist, rechtfertigt dies die Prognose, dass es auch in Zukunft zu einem entspr Fehlverhalten kommen wird (BAG 26.1.1995, 2 AZR 649/94, 12.1.2006, 2 AZR 179/05, 23.6.2009, 2 AZR 103/08 u 26.11.2009, 2 AZR 751/08; 31.7.2014, 2 AZR 434/13, EzA § 1 KSchG Verhaltensbedingte Kündigung Nr 84 [Rn 39]; sa Rdn 30).

Notwendiger Inhalt der Abmahnung ist aus kündigungsrechtl Sicht eine hinreichend bestimmte Beschreibung des Fehlverhaltens und die Warnung, dass im Wiederholungsfall die Kdg droht: Der AG muss das pflichtwidrige Verhalten für den AN deutlich erkennbar feststellen (**Dokumentationsfunktion**), den AN auffordern, sich künftig pflichtgem zu verhalten (**Ermahnungsfunktion**) und ihm klar machen, dass im Wiederholungsfall der Bestand des Arbeitsverhältnisses gefährdet ist (**Warnfunktion**) (BAG 18.1.1980, 7 AZR 75/78, EzA § 1 KSchG Verhaltensbedingte Kündigung Nr 7 u 26.1.1995, 2 AZR 649/94, EzA § 1 KSchG Verhaltensbedingte Kündigung Nr 46; 19.4.2012, 2 AZR 258/11, EzA § 626 BGB 2002 Nr 39; 19.7.2012, 2 AZR 782/11, EzA § 611 BGB 2002 Abmahnung Nr 7 [Rn 20]). Zwar muss der AG nicht ausdrücklich eine Kdg androhen; er muss mit seinen Beanstandungen aber deutlich - wenn auch nicht expressis verbis - den Hinweis verbinden, im Wiederholungsfall sei der Inhalt oder der Bestand des Arbeitsverhältnisses gefährdet; dafür genügt die Androhung »arbeitsrechtlicher Schritte« (BAG 19.4.2012, 2 AZR 258/11 [Rn 21 ff mNw]; KDZ/*Deinert* § 314 BGB Rn 60; auch KR/*Fischermeier* § 626 BGB Rn 287; einschränkend *Krause* in: *v Hoyningen-Huene/Linck* § 1 Rn 524). Hingegen reichen für eine Abmahnung bloße Ermahnungen oder der Ratschlag, sich einen anderen Beruf zu suchen, nicht aus. Allg Hinweise, zB die Bekanntgabe von Sicherheitsvorschriften am Schwarzen Brett oder in Rundschreiben, durch die der AG zu erkennen gibt, dass er ein Fehlverhalten nicht hinnehmen werde, reichen schon deshalb nicht aus, weil sie sich nicht auf ein konkretes Verhalten einzelner AN beziehen (LSW/*Löwisch* § 1 Rn 133; **abw** aber LAG Hamm 16.12.1982, 10 Sa 965/82, BB 1983, 1601, nach dem die Abmahnung dann entbehrlich sein soll; *Stahlhacke/Preis/Vossen* Rn 1207; KR/*Fischermeier* § 626 BGB Rn 280). Das gleiche gilt für Vorschriften in einem allg Verhaltenskodex (compliance-Vorschriften), selbst wenn dieser Klauseln enthält, die Sanktionen für genau umrissene Pflichtverletzungen vorsehen (*Mengel/Hagemeister* BB 2007, 1386, 1392 f; **aA** *Schuster/Darsow* NZA 2005, 273, 277; *Eisenbeis/Nießen* FS Leinemann [2006] S 697, 719 f; *Bissels/Lützeler* BB 2012, 189, 191). Die Abmahnung kann aber ausnahmsweise entbehrlich sein, wenn der AN sich über ein ihm bekanntes normiertes compliance-Verbot konkreter Pflichtverletzungen hinwegsetzt, näher Rdn 43. 33

Aufgrund des Prognoseprinzips kann der AG wegen eines bereits abgemahnten Verhaltens grds nicht mehr kündigen; als Kdg-Grund kommt nur eine **neue Pflichtverletzung des AN nach Abmahnung** in Betracht (vgl BAG 10.11.1988, 2 AZR 215/88, EzA § 611 BGB Abmahnung Nr 18; 13.11.2007, 6 AZR 145/07, EzA § 623 BGB 2002 Nr 9; 26.11.2009, 2 AZR 751/08, EzA § 611 BGB 2002 Abmahnung Nr 5; 12.5.2011, 2 AZR 479/09, EzA § 123 BGB 2002 Nr 10; das BAG geht insoweit aber von einem Verzicht auf die Kdg aus). Nur wenn das abgemahnte Verhalten eine (außerordentliche) Kdg ohne Abmahnung rechtfertigt oder der AN bereits vor der letzten Abmahnung hinreichend häufig abgemahnt worden ist, um auf künftige Pflichtverletzungen mit einer Kdg reagieren zu können, kann der AG dem AN trotz Abmahnung wegen des bereits abgemahnten Sachverhalts kündigen und schließt die Abmahnung die Kdg nur aus, wenn in ihr der Verzicht des AG auf die Kdg liegt. Das setzt einen Verzichtswillen des AG voraus: Aus Sicht des AN muss der AG mit der Abmahnung das Fehlverhalten abschließend sanktioniert haben wollen (BAG 6.3.2003, 2 AZR 128/02, EzA § 626 BGB 2002 Nr 3; weiter noch BAG 10.11.1988, 2 AZR 215/88). 34

Eine **Kdg** ist nur dann gerechtfertigt, wenn das Fehlverhalten, wegen dessen der AG kündigt, dem **abgemahnten Fehlverhalten entspricht** (BAG 13.12.2007, 2 AZR 818/06, EzA § 4 nF KSchG Nr 82). Etwa kann eine Abmahnung wegen häufiger Unpünktlichkeit nicht eine spätere Kdg wegen Mobbings rechtfertigen. Eine vollständige Deckungsgleichheit des abgemahnten und des zur Kdg führenden Verhaltens ist aber nicht erforderlich; es genügt, dass die jeweiligen Pflichtwidrigkeiten aus demselben Bereich stammen und somit die abgemahnten Verhaltensweisen und die Kdg-Gründe in einem inneren Zusammenhang stehen. Ist etwa ein AN wegen mehrfachen morgendlichen Zuspätkommens abgemahnt worden, kann ihm später wegen zu frühen Nachhausegehens oder wegen verspäteten Dienstantritts nach einem Urlaub gekündigt werden. Ebenso kann dem AN, der wegen nicht rechtzeitiger Vorlage von Ergebnisprotokollen über Jahresdurchsprachen bei Großkunden abgemahnt worden ist, gekündigt werden, wenn er nachfolgend lediglich in 5 von 26 Fällen Jahresdurchsprachen bei Großkunden persönlich durchführt (BAG 13.12.2007, 2 AZR 818/06; zu unrecht LAG Schl-Holst 16.6.1986, 4 [5] Sa 684/85, NZA 1987, 669, 670, wonach die Abmahnung eines Berufskraftfahrers wegen einer Entziehung der Fahrerlaubnis aufgrund Trunkenheit nicht hinreichend vor der Kdg wegen einer erneuten Entziehung aufgrund Unfallflucht warnt). 35

36 Ob **eine oder mehrere Abmahnungen** erforderlich sind, ist anhand des Gewichts der Pflichtverletzung und des bisherigen Verhaltens des AN zu entscheiden: Bei leichten Pflichtverstößen, etwa bei geringfügigen Verspätungen, muss der AG mehrfach abmahnen, bevor er eine Kdg aussprechen darf. Hat der AN viele Jahre störungsfrei gearbeitet, muss der AG idR ebenfalls häufiger abmahnen. **Zu häufige** Abmahnungen können eine Kdg aber erschweren: Mahnt der AG den AN wegen gleichartiger Pflichtverletzungen wiederholt ab, ohne dass daraus weitere Konsequenzen folgen, kann dies die Warnfunktion der Abmahnungen (Rdn 33) schwächen; der AG muss dann die letzte Abmahnung vor Ausspruch einer Kdg bes eindringlich gestalten, um dem AN klar zu machen, dass weitere entspr Pflichtverletzungen nicht lediglich weitere Abmahnungen, sondern tatsächlich eine Kdg nach sich ziehen werden (BAG 15.11.2001, 2 AZR 609/00, EzA § 1 KSchG Verhaltensbedingte Kündigung Nr 56 u 16.9.2004, 2 AZR 406/03, EzA § 1 KSchG Verhaltensbedingte Kündigung Nr 64). Angesichts der im Arbeitsleben verbreiteten Praxis, bei leichteren Vertragsverstößen mehrere – häufig 3 – Abmahnungen auszusprechen, ist die 3. Abmahnung idR nicht bereits in dem Sinn »entwertet« (BAG 16.9.2004, 2 AZR 406/03). Eine Abmahnung kann durch Zeitablauf **wirkungslos werden**; maßgeblich sind die Umstände des Einzelfalls (BAG 18.11.1986, 7 AZR 674/84, EzA § 611 BGB Abmahnung Nr 4). Die Abmahnung entfaltet auch dann keine Wirkungen mehr, wenn der AG zu erkennen gibt, dass er aus ihr keine Folgen mehr ziehen will, oder wenn für den AN aufgrund späterer Reaktionen des AG auf ähnliche Pflichtverletzungen anderer AN unklar ist, was der AG von ihm erwartet bzw wie der AG auf eine etwaige Pflichtverletzung reagieren wird (BAG 18.11.1986, 7 AZR 674/84).

37 Der AN kann vom AG **Entfernung der Abmahnung aus der Personalakte** verlangen, wenn der abgemahnte Vorwurf ungerechtfertigt ist (BAG 5.8.1992, 5 AZR 531/91, EzA § 611 BGB Abmahnung Nr 25; 20.1.2015, 9 AZR 860/13, EzA § 8 TzBfG Nr 32 [Rn 31]; 9.9.2015, 7 ABR 69/13, EzA-SD 2015, Nr 25, 15 [Rn 38 ff]). Ein Abmahnungsschreiben, das mehrere Pflichtverletzungen rügt, muss auf Verlangen des AN vollständig aus der Akte entfernt werden, auch wenn nur einige Rügen unberechtigt sind; es bleibt dem AG überlassen, ob er den AN anschließend hinsichtlich der tatsächlich vorgekommenen Pflichtverletzungen erneut abmahnen will (BAG 13.3.1991, 5 AZR 133/90, EzA § 611 BGB Abmahnung Nr 20). Der AN kann vom AG die Entfernung der Abmahnung auch dann verlangen, wenn das gerügte Verhalten für das Arbeitsverhältnis in jeder Hinsicht bedeutungslos geworden ist (BAG 19.7.2012, 2 AZR 782/11, EzA § 611 BGB 2002 Abmahnung Nr 7). Entgegen der früheren Rechtsprechung (BAG 13.4.1988, 5 AZR 537/86, EzA § 611 BGB Fürsorgepflicht Nr 47) genügt es dafür nicht, dass die Abmahnung wegen Zeitablaufs ihre Warnfunktion verloren hat. Vielmehr kann der AG die Abmahnung in der Personalakte lassen, solange er ein berechtigtes Dokumentationsinteresse hinsichtlich der gerügten Pflichtverletzung hat, etwa für künftige Beförderungsentsch oder um im Rahmen der von der Rspr geforderten Interessenabwägung (dagegen Rdn 27) bei einer späteren verhaltensbedingten Kdg darlegen zu können, dass das Arbeitsverhältnis nicht störungsfrei verlaufen ist (BAG 19.7.2012, 2 AZR 782/11 [Rn 21, 32]: kein Vertrauensvorrat [dazu Rdn 56]; deswegen **weiter gehend** sogar für den Wegfall des Entfernungsanspruchs APS/*Dörner*/*Vossen* § 1 Rn 424; KR/*Fischermeier* § 626 BGB Rn 298 jeweils mwN).

38 **b) Formale Abmahnungsvoraussetzungen.** Die Abmahnung ist wie die Mahnung und die Nachfristsetzung nach §§ 286 I, 323 II BGB eine **geschäftsähnliche Handlung**, auf die die Vorschriften über Willenserklärungen entspr anzuwenden sind (BAG 9.8.1984, 2 AZR 400/83, EzA § 1 KSchG Verhaltensbedingte Kündigung Nr 11 u 21.5.1992, 2 AZR 551/91, EzA § 1 KSchG Verhaltensbedingte Kündigung Nr 42; **aA** LSW/*Löwisch* § 1 Rn 136). Für den AG muss eine **vertretungsberechtigte Person** abmahnen. Maßgeblich ist nicht, wer befugt ist, die (angedrohte) Kdg auszusprechen, sondern, wer das Direktionsrecht hins der arbeitsvertraglich geschuldeten Leistung iSd § 106 GewO ausüben darf (BAG 18.1.1980, 7 AZR 75/78, EzA § 1 KSchG Verhaltensbedingte Kündigung Nr 7). IdR ist der unmittelbare Vorgesetzte abmahnungsbefugt; auch der bevollmächtigte Rechtsanwalt kann abmahnen (BAG 15.7.1992, 7 AZR 466/91, EzA § 611 BGB Abmahnung Nr 26). Bei einer Abmahnung durch den unmittelbaren Vorgesetzten wird die Zurückweisungsmöglichkeit nach § 174 BGB kaum praktisch (und greifen die strengen Anforderungen des BAG [14.4.2011, 6 AZR 727/09, EzA § 174 BGB 2002 Nr 6] an den Ausschluss des Zurückweisungsrechts bei Kdg nach § 174 S 2 BGB wegen anderweitiger Kenntnis, von deren Vertretungsbefugnis nicht).

39 Die Abmahnung ist **nicht formbedürftig**, mündliche Abmahnungen genügen (BAG 21.5.1992, 2 AZR 551/91, EzA § 1 KSchG Verhaltensbedingte Kündigung Nr 42). Ebenso wenig muss der AN innerhalb einer bestimmten **Frist** nach der Pflichtverletzung abgemahnt werden (BAG 15.1.1986, 5 AZR 70/84, EzA § 611 BGB Fürsorgepflicht Nr 39); der AG kann das Recht zur Abmahnung aber verwirken. Wird ein schwerbehinderter AN abgemahnt, muss nach § 95 II 1 SGB IX die Schwerbehindertenvertretung vor der Entsch über die Abmahnung angehört werden; eine ohne deren Beteiligung ausgesprochene Abmahnung ist aber wirksam. Ob die entg einem TV unterbliebene Anhörung des BR oder PersR zur Unwirksamkeit

der Abmahnung führt, ist eine Frage der Auslegung des TV (immer für die Wirksamkeit LSW/*Löwisch* § 1 Rn 137).

Das BAG hat für die Wirksamkeit der Abmahnung nicht deren **Zugang gem § 130 BGB** ausreichen lassen, sondern verlangt, dass der AN vom Inhalt der Abmahnung Kenntnis nimmt, da deren Warn- und Ankündigungsfunktion nur so erfüllt werden könne (BAG 9.8.1984, 2 AZR 400/83, EzA § 1 KSchG Verhaltensbedingte Kündigung Nr 11; auch LAG Köln 16.3.2001, 11 Sa 1479/00, NZA-RR 2001, 533; hM, s nur ErfK/*Müller-Glöge* § 626 BGB Rn 30). Treu und Glauben verwehrten es dem AN nur ausnahmsweise, sich auf die fehlende Kenntnis zu berufen, etwa wenn ihm ein Zugangshindernis zuzurechnen sei, mit dem der AG nicht zu rechnen brauchte, oder wenn ein der dt Sprache nicht hinreichend mächtiger AN sich nicht um die Übersetzung eines ihm vom Vorgesetzten übergebenen Schreibens bemühe, obwohl er damit rechnen musste, dass dieses sich auf Pflichtverletzungen bezieht (BAG 9.8.1984, 2 AZR 400/83). Diese Rspr ist abzulehnen, weil sie der Risikoverteilung widerspricht, die § 130 BGB für das Wirksamwerden von Willenserklärungen und geschäftsähnlichen Handlungen trifft (LSW/*Löwisch* § 1 Rn 136). Sie verlangt zudem für die Wirksamkeit von Abmahnungen mehr als für die Wirksamkeit von Kdg, für die das BAG den Zugang iSd § 130 BGB, also die Möglichkeit der Kenntnisnahme unter gewöhnlichen Umständen, ausreichen lässt und nicht zusätzlich die Kenntnisnahme durch den Empfänger fordert, um die Klagefrist nach § 4 in Lauf zu setzen (BAG 24.6.2004, 2 AZR 461/03, EzA § 102 BetrVG 2001 Nr 9: Zugang des an die Heimatanschrift gerichteten Kdg-Schreiben trotz urlaubsbedingter Ortsabwesenheit des AN).

c) Entbehrlichkeit der Abmahnung. Verspricht die Abmahnung von vornherein **keinen Erfolg**, ist sie entbehrlich (BAG 26.1.1995, 2 AZR 649/94, EzA § 1 KSchG Verhaltensbedingte Kündigung Nr 46; 9.6.2011, 2 AZR 284/10, EzA § 626 BGB 2002 Nr 37). Keinen Erfolg verspricht die Abmahnung, wenn dem **AN jede Einsichtsfähigkeit fehlt**, er insb erklärt hat, dass er das vertragswidrige Verhalten fortsetzen werde (BAG 18.5.1994, 2 AZR 626/93, EzA § 611 BGB Abmahnung Nr 31; 23.6.2009, 2 AZR 103/08, NZA 2009, 1198) – das entspricht § 323 II Nr 1 BGB, nach dem der Gläubiger ohne Nachfristsetzung vom Vertrag zurücktreten kann, wenn der Schuldner die Erfüllung seiner vertraglichen Pflichten endgültig und ernsthaft verweigert.

Entbehrlich ist die Abmahnung auch dann, wenn die **Pflichtverletzung so schwer wiegt**, dass es für den AG nach objektiven Maßstäben offensichtlich – für den AN erkennbar – unzumutbar und damit ausgeschlossen ist, er werde diese auch nur einmalig hinnehmen (BAG 23.6.2009, 2 AZR 103/08, NZA 2009, 1198; 10.6.2010, 2 AZR 541/09, EzA § 626 BGB 2002 Nr 32 [»Emmely«]; 9.6.2011, 2 AZR 284/10, EzA § 626 BGB 2002 Nr 37; 23.1.2014, 2 AZR 638/13, EzA § 108 BPersVG Nr 10 [Rn 16, 18 ff]; APS/*Dörner/Vossen* § 1 Rn 369; ErfK/*Müller-Glöge* § 626 BGB Rn 29c). Insb muss der AN wegen gravierender Vertragsverletzungen, die eine außerordentliche Kdg nach § 626 BGB rechtfertigen, nicht abgemahnt werden (BAG 6.10.2005, 2 AZR 280/04, 31.5.2007, 2 AZR 200/06 u 19.4.2012, 2 AZR 156/11, EzA § 1 KSchG Verhaltensbedingte Kündigung Nr 66 [zum Ohrfeigen einer Arbeitskollegin, noch Rdn 61], Nr 71 [zur exzessiven privaten Internetnutzung während der Arbeitszeit] u Nr 80 [zum Zukleben von Schülermündern mit Tesafilm zu Disziplinierungszwecken durch Grundschullehrerin]; 19.4.2012, 2 AZR 258/11, EzA § 626 BGB 2002 Nr 39 [zur Belästigung einer Leih-ANin durch 120 E-Mails, SMS und MMS und unerwünschte persönliche Kontakte]; s aber 19.4.2012, 2 AZR 86/11, EzA § 626 BGB 2002 Nr 40 [Rn 28 für Abmahnerfordernis bei exzessiver Internetnutzung am Arbeitsplatz in der Freizeit mit Herunterladen pornografischer Bilder]). Eine Abmahnung ist aber nicht schon deswegen entbehrlich, weil der AN aufgrund des AG-Verhaltens davon ausgehen muss, der AG werde ein vertragswidriges Verhalten nicht hinnehmen (aA LAG Hamm 25.6.1985, 6 Sa 287/85, LAGE § 1 KSchG Verhaltensbedingte Kündigung Nr 5); anderenfalls könnte der AG durch hartes Auftreten die Notwendigkeit der Abmahnung umgehen (LSW/*Löwisch* § 1 Rn 126).

Abzulehnen ist die Unterscheidung zwischen Pflichtverletzungen aus dem Leistungsbereich, bei denen eine vorherige Abmahnung regelmäßig erforderlich sein soll, und Nebenpflichtverletzungen, die als **Störungen des Vertrauensbereichs** eine Abmahnung idR entbehrlich machten (so früher das BAG 12.7.1984, 2 AZR 320/83, EzA § 102 BetrVG 1972 Nr 57). Dass Nebenpflichtverletzungen dem AG eine Kdg unter geringeren Voraussetzungen ermöglichen als die Verletzung der Hauptleistungspflicht zur ordnungsgem Arbeit, ist schon vom Ansatz her nicht nachvollziehbar. Ob eine Kdg erst nach einer Abmahnung ausgesprochen werden kann, hängt nicht von der Art, sondern dem Gewicht der Pflichtverletzung ab. Entspr verlangt inzwischen auch das BAG bei einer Kdg wegen Störung des Vertrauensbereichs eine vorherige Abmahnung (BAG 12.5.2010, 2 AZR 845/08, NZA 2010, 1348; 10.6.2010, 2 AZR 541/09, EzA § 626 BGB 2002 Nr 32 [»Emmely«]; 19.4.2012, 2 AZR 86/11, EzA § 626 BGB 2002 Nr 40 [Rn 22]).

44 4. Versetzung vor Kündigung? Weil die Kdg ultima ratio ist (Rdn 25), soll der AG gezwungen sein, die Beendigung des Arbeitsverhältnisses dadurch zu vermeiden, dass er den AN auf einen **anderen Arbeitsplatz** versetzt oder zu geänderten Arbeitsbedingungen **weiterbeschäftigt** (BAG 22.7.1982, 2 AZR 30/81, EzA § 1 KSchG Verhaltensbedingte Kündigung Nr 10 bei Alkoholmissbrauch; 31.3.1993, 2 AZR 492/92, EzA § 626 BGB Ausschlussfrist Nr 5 bei Tätlichkeiten gegen Arbeitskollegen; auch 4.6.1997, 2 AZR 526/96, EzA § 626 BGB nF Nr 168 bei privater Trunkenheitsfahrt eines U-Bahn-Fahrers u 20.6.2013, 2 AZR 583/12, EzA § 1 KSchG Verhaltensbedingte Kündigung Nr 82 Rn 28 für einen im Objektschutz tätigen Wachpolizisten, der in seiner Privatwohnung Partydrogen ausschließlich zum Eigengebrauch hergestellt hatte; dazu noch Rdn 68 u 104; 23.1.2014, 2 AZR 638/13, EzA § 108 BPersVG Nr 10 [Rn 23]; ErfK/ *Oetker* § 1 Rn 195). Eine Versetzung soll die Kdg aber **nur bei arbeitsplatzbezogenen, hingegen nicht bei arbeitsplatzunabhängigen Kdg-Gründen** verhindern, etwa nicht, wenn es zu nicht arbeitsplatzspezifischen Störungen des Betriebsfriedens gekommen ist oder wenn das Vertrauen des AG in den AN durch ein von diesem außerdienstlich verübtes Tötungsdelikt erschüttert ist (BAG 8.6.2000, 2 AZR 638/99, EzA § 626 BGB nF Nr 182 für ein Tötungsdelikt; für einen arbeitsplatzunabhängigen Kdg-Grund bei Straftaten gegenüber dem AG obiter BAG 26.11.2009, 2 AZR 272/08, EzA § 626 BGB Unkündbarkeit Nr 16 [Rn 36]). Beleidigungen oder Tätlichkeiten gegen Arbeitskollegen sind entg dem BAG (31.3.1993, 2 AZR 492/92 u 6.10.2005, 2 AZR 280/04, EzA § 1 KSchG Verhaltensbedingte Kündigung Nr 66) **aber nur ausnahmsweise arbeitsplatzbezogen**, etwa wenn ein AN Kollegen beleidigt oder tätlich angreift, weil er gerade mit diesen zerstritten ist und die Auseinandersetzung nicht auch für weitere AN den Betriebsfrieden stört. Ist ein AN massiv oder trotz Abmahnung wiederholt auffällig oder tätlich gegen Arbeitskollegen geworden, rechtfertigt dies **in jedem Fall** die Prognose, dass er sich auch ggü anderen Kollegen entspr verhalten wird; der AG darf dieses Risiko vermeiden und dem AN **ohne Weiteres kündigen** (auch BAG 6.10.2005, 2 AZR 280/04; **aA** obiter 22.7.1982, 2 AZR 280/04; 31.3.1993, 2 AZR 492/92). Ebenso wenig kann eine verhaltensbedingte Kdg wegen Schlechtleistung durch die Versetzung des AN auf einen anderen Arbeitsplatz verhindert werden: Anders als bei einer personenbedingten Kdg wird dem AN nicht wegen fehlender Eignung (Rdn 98 ff), sondern nach Abmahnung wegen eines ihm vorwerfbaren Zurückbleibens der tatsächlichen hinter der möglichen Arbeitsleistung gekündigt (Rdn 50); die Prognose, der AN werde auf einen anderen Arbeitsplatz williger tätig sein, ist dann nicht gerechtfertigt. Erbringt der AN die geschuldete Arbeitsleistung überhaupt nicht, verlängert er etwa eigenmächtig seinen Urlaub oder kommt er ständig zu spät, ist dies idR schon keine arbeitsplatzbezogene Pflichtverletzung (obiter auch BAG 26.11.2009, 2 AZR 272/08 [Rn 36]). Aber selbst in den Fällen, in denen ein AN wegen Konflikten mit Arbeitskollegen oder wegen der von ihm ungeliebten Tätigkeit zu spät kommt oder ganz fehlt, braucht der AG die Kdg nicht durch eine Versetzung des AN zu vermeiden: Durch sein Verhalten zeigt der AN, dass er nicht gewillt ist, bei Schwierigkeiten die Hilfe des AG zu suchen, sondern ggf seine Interessen vertragswidrig eigenmächtig durchsetzt. Dies rechtfertigt in jedem Fall die Kdg (einschränkend auch LSW/*Löwisch* § 1 Rn 145; *Stahlhacke/Preis/Vossen* Rn 1211).

45 5. Beweislast. Nach § 1 II 4 hat der AG darzulegen und zu beweisen, dass der AN seine arbeitsvertraglichen Pflichten verletzt hat und die Pflichtverletzung so gewichtig ist, dass dem AG das Festhalten am Arbeitsvertrag nicht zugemutet werden kann, ebenso, dass er den AN wirksam abgemahnt hat. Nach den Grundsätzen der abgestuften Darlegungs- und Beweislast darf sich der AG zunächst darauf beschränken, den objektiven Tatbestand einer Pflichtverletzung darzulegen und muss nicht jeden erdenklichen Rechtfertigungs- oder Entschuldigungsgrund vorbeugend ausschließen. Will der AN geltend machen, er sei aus von ihm nicht zu vertretenden Gründen gehindert gewesen, seine Pflichten ordnungsgemäß zu erfüllen (s Rdn 31), muss er diese Gründe genau angeben und substantiiert darlegen, weshalb er deshalb seine Pflichten nicht ordnungsgemäß erfüllen konnte (BAG 3.11.2011, 2 AZR 748/10, EzA § 1 KSchG Verhaltensbedingte Kündigung Nr 79; 31.7.2014, 2 AZR 505/13, EzA § 15 nF KSchG Nr 73 [Rn 68]). Zur Aufdeckung von Straftaten und anderen schweren Verfehlungen gegen den AG darf dieser eine heimliche Videoüberwachung anordnen, wenn ein konkreter Verdacht gegen einen räumlich und funktional abgrenzbaren Kreis von AN besteht, weniger einschneidende Aufklärungsmöglichkeiten ergebnislos ausgeschöpft worden sind und die Videoüberwachung nicht insgesamt unverhältnismäßig ist (BAG 21.6.2012, 2 AZR 153/11, EzA § 611 BGB 2002 Persönlichkeitsrecht Nr 13 [Rn 30]; APS/*Dörner/Vossen* § 626 BGB Rn 178e). Hingegen darf der AG ohne Einwilligung des AN nicht dessen persönlichen Spind durchsuchen; dabei gefundene Beweismittel (gestohlene Damenwäsche) dürfen für eine Kdg wegen Diebstahls(verdachts) nicht verwertet werden (BAG 20.6.2013, 2 AZR 546/12, EzA § 611 BGB 2002 Persönlichkeitsrecht Nr 14 [Rn 19 ff]), näher § 2 Rdn 29; zur Verdachts-Kdg Rdn 110 f.

46 II. Kündigungsgründe im Einzelnen.   1. Nichterfüllung der Arbeitspflicht. Nimmt ein neu eingestellter AN die Arbeit überhaupt nicht auf oder beendet er das Arbeitsverhältnis ohne Ausspruch einer Kdg oder ohne Einhaltung der für ihn geltenden Kdg-Frist, verletzt er seine Hauptleistungspflicht aus dem Arbeitsvertrag, § 611 I BGB. Ebenso pflichtwidrig verhält sich der AN, der der Arbeit über längere Zeit unentschuldigt fernbleibt (BAG 15.3.2001, 2 AZR 147/00, EzA § 626 BGB nF Nr 185) oder **eigenmächtig Urlaub** nimmt oder diesen eigenmächtig verlängert (BAG 20.1.1994, 2 AZR 521/93, EzA § 626 BGB nF Nr 153 u 16.3.2000, 2 AZR 75/99, EzA § 626 BGB nF Nr 179) oder die Arbeit nach Ablauf der Elternzeit nicht (rechtzeitig) wiederaufnimmt (Hess LAG 10.1.2012, 12 Sa 290/11, juris) oder für geleistete Mehrarbeit eigenmächtig Freizeitausgleich in Anspruch nimmt (LAG Düsseldorf 19.9.1961, 8 Sa 311/61, BB 1961, 1325 [LS]). Mit der Selbstbeurlaubung verletzt der AN auch dann seine arbeitsvertraglichen Pflichten, wenn der AG erhebliche Urlaubsansprüche hat auflaufen lassen, deren Verfall droht: Der AN muss seinen Urlaubsanspruch ggf im Wege einer einstweiligen Verfügung durchsetzen (BAG 20.1.1994, 2 AZR 521/93, EzA § 626 BGB nF Nr 153; abw LSW/*Löwisch* § 1 Rn 155). Im Regelfall ist eine Kdg wegen eigenmächtigen Urlaubsantritts nur nach Abmahnung zulässig (BAG 17.2.1994, 2 AZR 616/93, EzA § 611 BGB Abmahnung Nr 30 zur Inanspruchnahme von EZ ohne Einhaltung der Ankündigungsfrist nach § 16 I, II BErzGG [jetzt BEEG]); es sei denn, der AN gibt von vornherein zu erkennen, dass er einer Abmahnung nicht Folge leisten werde (Rdn 41). Eine verhaltensbedingte Kdg kann der AG auch dann aussprechen, wenn der AN **trotz Abmahnung wiederholt unpünktlich** zur Arbeit erscheint (BAG 27.2.1997, 2 AZR 302/96, EzA § 1 KSchG Verhaltensbedingte Kündigung Nr 51 u 15.11.2001, 2 AZR 609/00, EzA § 1 KSchG Verhaltensbedingte Kündigung Nr. 56; 31.7.2014, 2 AZR 505/13, EzA § 15 nF KSchG Nr 73 [Rn 68]), den Arbeitsplatz wiederholt kurzzeitig (etwa für Besorgungen) verlässt (vgl LAG BW 4.6.1964, 4 Sa 21/64, DB 1964, 1032), eigenmächtig seine Pausen verlängert oder die Arbeit unerlaubt vor Schichtende einstellt (BAG 7.12.2006, 2 AZR 182/06, EzA § 84 SGB IX Nr 1) oder Privatarbeiten während der Arbeitszeit erledigt. Zur Kdg nach Abmahnung ist der AG auch dann berechtigt, wenn der AN an einem unzulässigen Streik teilnimmt (BAG 14.2.1978, 1 AZR 76/76, EzA Art 9 GG Arbeitskampf Nr 22) oder am Arbeitsplatz schläft (Hess LAG 5.6.2012, 12 Sa 652/11, PflR 2013, 402).

Täuscht ein AN das Vorliegen einer **Krankheit nur vor** und bleibt deswegen der Arbeit fern, begeht er eine schwere Vertragspflichtverletzung und einen Betrug iSd § 263 StGB, da er durch Vorlage der Arbeitsunfähigkeitsbescheinigung den AG unter Vortäuschung falscher Tatsachen veranlasst, ihm unberechtigterweise das Entgelt fortzuzahlen; dies rechtfertigt idR eine fristlose Kdg (BAG 26.8.1993, 2 AZR 154/93, EzA § 626 BGB nF Nr 148; 23.6.2009, 2 AZR 532/08, EzA § 1 KSchG Verhaltensbedingte Kündigung Nr 76). Auch der dringende Verdacht, der AN habe sich eine Arbeitsunfähigkeitsbescheinigung mit unlauteren Mitteln erschlichen, ist ein Kdg-Grund iSd § 626 BGB (LAG Düsseldorf 3.6.1981, 22 Sa 203/81, EzA § 626 BGB nF Nr 78). Lässt der AG, um das Vortäuschen einer Erkrankung (Bandscheibenvorfall) aufzudecken, einen AN heimlich in dessen privatem Lebensbereich überwachen und Videos aufzeichnen, ohne dass er begründete Zweifel an der Richtigkeit der ärztlichen Arbeitsunfähigkeitsbescheinigung aufzeigen kann, so hat der AN wegen Eingriffs in sein Persönlichkeitsrecht Anspruch auf eine Geldentschädigung (BAG 19.2.2015, 8 AZR 1007/13, EzA § 611 BGB 2002 Persönlichkeitsrecht Nr 18); zum uU bestehenden Anspruch des AG auf Erstattung der Detektivkosten bei rechtmäßiger Überwachung s Rdn 56 aE. Der AG kann auch dann kündigen, wenn der AN die Wiederherstellung seiner Arbeitsfähigkeit verschweigt und nach seiner Genesung nicht wieder arbeitet (BAG 16.3.2000, 2 AZR 75/99, EzA § 626 BGB nF Nr 179; 13.3.2008, 2 AZR 88/07, EzA § 1 KSchG Verhaltensbedingte Kündigung Nr 73; zur Kdg wegen Verletzung krankheitsbegleitender Nebenpflichten Rdn 52). Als zur Kdg berechtigender Pflichtverstoß genügt es, dass der AN sein unerlaubtes Fernbleiben von der Arbeit **androht**, etwa erklärt, er werde die Durchführung bestimmter Arbeiten verweigern oder »krankfeiern«, wenn ihm kein Urlaub gewährt oder dieser nicht verlängert werde (BAG 5.11.1992, 2 AZR 147/92, EzA § 626 BGB nF Nr 143; 17.6.2003, 2 AZR 123/02, EzA § 626 BGB 2002 Nr 4; 12.3.2009, 2 AZR 251/07, EzA § 626 BGB 2002 Nr 26).

Wegen Verletzung der Hauptleistungspflicht kann der AG dem AN auch dann kündigen, wenn dieser Arbeitsaufgaben nicht erfüllt, die nur einen Teil seiner geschuldeten Tätigkeit ausmachen und nur selten anfallen, etwa wenn der Sachbearbeiter eines DRK-Kreisverbandes mehrfach die einjährig erforderliche Überprüfung von Gerätschaften des Katastrophenschutzes und Rettungsdienstes unterlässt und dem AG vortäuscht, diese Arbeiten erledigt zu haben (BAG 9.6.2011, 2 AZR 284/10, EzA § 626 BGB 2002 Nr 37). Seine Arbeitspflicht verletzt der AN auch dann, wenn er **sich offen weigert Tätigkeiten auszuführen**, zu denen er kraft TV, BV oder Arbeitsvertrag verpflichtet ist oder die ihm der AG kraft seines Direktionsrechts aus § 106 GewO berechtigterweise zuweist (BAG 21.11.1985, 2 AZR 21/85, EzA § 1 KSchG Nr 42 für die Weigerung eines Kochs, die vertraglich vorgesehene Zusatzaufgabe des stellvertretenden Kantinenleiters zu übernehmen; 23.11.1988, 7 AZR 121/88, EzA § 102 BetrVG 1972 Nr 72 für die Weigerung, kurzfristig in der Druckerei auszuhelfen; 18.5.1994, 2 AZR 626/93, EzA § 611 BGB Abmahnung Nr 31 für die unberechtigte Ablehnung einer Tätigkeit wegen »Minderwertigkeit«; 21.11.1996, 2 AZR 357/95, EzA

§ 1 KSchG Verhaltensbedingte Kündigung Nr 50 zur Weigerung einer Büroleiterin, als Sachbearbeiterin tätig zu werden; LAG Frankfurt 21.3.1986, 13 Sa 1250/85, LAGE § 626 BGB Nr 25 zur Ablehnung von Mehrarbeit; LAG Köln 29.12.2008, 9 Sa 1428/08, juris, zur Weigerung, andere AN an einer Maschine einzuarbeiten). Soll der AN Arbeitsleistungen erbringen, die infolge Streiks anderswo ausfallen, kann er dies nur verweigern, wenn die Tätigkeiten außerhalb seiner vertraglichen Arbeitspflichten liegen: IR ihres Arbeitsvertrages müssen AN sog »Streikbrecherarbeit« erbringen; Streikende kann er nur durch einen Sympathiestreik oder Sympathieboykott unterstützen (*Löwisch/Rieble* Arbeitskampf- und Schlichtungsrecht 1997 SD 170.2 Rn 332 ff; **zu weit** BAG 25.7.1957, 1 AZR 194/56, SAE 1957, 181). Zur berechtigten Arbeitsverweigerung gleich Rdn 49.

49 **Nicht vertragswidrig** und damit kein Grund für eine verhaltensbedingte Kdg ist die Nichterfüllung der Arbeitspflicht, wenn der AN berechtigterweise ein **Zurückbehaltungsrecht aus § 273 BGB** wegen offener Vergütungsansprüche geltend macht (BAG 9.5.1996, 2 AZR 387/95, EzA § 626 BGB nF Nr 161) oder seine Arbeitsleistung zurückbehält, weil der AG die Sicherheit am Arbeitsplatz nicht gewährleistet (vgl BAG 19.2.1997, 5 AZR 982/94, EzA § 273 BGB Nr 7). Hingegen begründet die fehlende Zustimmung des BR zur (Wieder-) Einstellung eines AN nur dann ein Leistungsverweigerungsrecht für den AN, wenn der BR sich auf seine Zustimmungsverweigerung beruft und die Aufhebung der Einstellung verlangt (BAG 5.4.2001, 2 AZR 580/99, NZA 2001, 893). Ein AN kann seine Arbeitsleistung auch verweigern, wenn der AG oder Vorgesetzte durch ihre Arbeitsanweisungen seine Gesundheit oder sein Persönlichkeitsrecht erheblich gefährden oder verletzen und mit weiteren Verletzungen zu rechnen ist (BAG 13.3.2008, 2 AZR 88/07, EzA § 1 KSchG Verhaltensbedingte Kündigung Nr 73). Mangels Pflichtverletzung besteht kein Grund für eine verhaltensbedingte Kdg, wenn der AN gem § 275 III BGB der Arbeit fern bleibt, um sich um sein krankes Kind zu kümmern, sofern eine Fremdbetreuung nicht möglich ist und er die Zwangslage nicht hat vermeiden können (BAG 21.5.1992, 2 AZR 10/92, EzA § 1 KSchG Verhaltensbedingte Kündigung Nr 43 – im konkreten Fall abl); ebenso, wenn ein gläubiger AN seinen Arbeitsplatz unter Berufung auf Art 4 I und II GG kurzzeitig für Gebete verlässt, sofern dies mit den betrieblichen Belangen vereinbar ist (LAG Hamm 26.2.2002, 5 Sa 1582/01, NZA 2002, 1090 zu islamischen Pflichtgebeten, aber falsch für ein Zurückbehaltungsrecht aus §§ 242, 616 BGB). Ist die vom AG verlangte Tätigkeit mit dem Gewissen des AN unvereinbar, etwa wenn ein Arzt die Erforschung eines Medikaments an Menschen aus medizinisch-ethischen Gründen ablehnt (BAG 24.5.1989, 2 AZR 285/88, EzA § 611 BGB Direktionsrecht Nr 3) oder eine Muslima nicht bereit ist, ohne Kopftuch als Verkäuferin in einem kleinstädtischen Warenhaus zu arbeiten (BAG 10.10.2002, 2 AZR 472/01, EzA § 1 KSchG Verhaltensbedingte Kündigung Nr 58), oder eine muslimische »Ladenhilfe« sich weigert, in der Getränkeabteilung alkoholische Produkte ein- und auszuräumen, weil ihm sein Glauben den Umgang mit Alkohol verbiete (BAG 24.2.2011, 2 AZR 636/09, EzA § 1 KSchG Personenbedingte Kündigung Nr 28), so verneint das BAG eine Pflichtverletzung des AN falsch nicht erst über § 275 III BGB, sondern hält schon die AG-Weisung gem § 106 S 1 GewO, § 315 III BGB für unverbindlich (dagegen mN *Kaiser* RdA 2015, 76, 80). Eine zur Kdg berechtigende Verletzung der Neutralitätspflicht aus § 57 IV 1 SchulG NRW hat das BAG aber darin gesehen, dass eine Lehrerin im Unterricht ein islamisches Kopftuch trägt und die darin liegende Einschränkung ihrer Glaubens- und Religionsausübungsfreiheit iSd Art 4 GG durch den Grundrechtsschutz zugunsten Dritter gerechtfertigt (BAG 10.12.2009, 2 AZR 55/09, NZA-RR 2010, 383 zu § 57 IV 1 SchulG NRW; auch 20.8.2009, 2 AZR 499/08, EzA § 611 BGB 2002 Abmahnung Nr 4 zur Abmahnung wegen Tragens einer Haaransatz und Ohren vollständig bedeckenden Mütze durch eine Sozialpädagogin muslimischen Glaubens; beide Urteile hat das BVerfG wegen Verstoßes gegen Art 4 I, II GG aufgehoben (BVerfG 27.1.2015, 1 BvR 471/10 u 1 BvR 1181/10, EzA Art 4 GG Nr 3). Weil er sich widersprüchlich verhielte, kann der AN aber dann nicht wegen eines Gewissenskonflikts die Arbeitsleistung verweigern, wenn dieser Gewissenskonflikt für ihn bei Abschluss des Arbeitsvertrages vorhersehbar war. Erklärt sich etwa ein als Hilfsgärtner eingestellter Sinti damit einverstanden, auch Bestattungsarbeiten auszuführen, obwohl ihm ein kulturell-religiöses Reinheitsgebot solche Tätigkeiten verbietet und ein Verstoß gegen dieses Gebot dazu führte, dass sein Familienverband den Kontakt zu ihm miede, bleibt er zu entsprechenden Tätigkeiten verpflichtet (BAG 22.5.2003, 2 AZR 426/02, EzA § 242 BGB 2002 Kündigung Nr 2; anders im Fall des als »Ladenhilfe« beschäftigten Muslims BAG 24.2.2011, 2 AZR 636/09 und des mit der Medikamentenerprobung an Menschen beschäftigten Arztes BAG 24.5.1989, 2 AZR 285/88). Wegen unvermeidbarer Pflichtenkollision dürfen ausländische AN die Arbeit verweigern, wenn sie in ihrem Heimatland Wehrdienst leisten müssen (BAG 22.12.1982, 2 AZR 282/82, EzA § 123 BGB Nr 20). Hingegen ist die 3-wöchige Urlaubsüberschreitung eines islamischen AN wegen der aus seiner Sicht unaufschiebbaren Pilgerreise nach Mekka ohne Zustimmung des AG in keinem Fall gerechtfertigt (**abw** LAG Hamm 30.5.1990, 15 (20) Sa 1800/89, LAGE § 1 KSchG Verhaltensbedingte Kündigung Nr 29 unter Berufung auf die Interessenabwägung;

hiergegen allg Rdn 27 f). In allen Fällen bleibt der AN der Arbeit zudem nur dann berechtigterweise fern, wenn er sich **auf sein Leistungsverweigerungsrecht beruft** und dem AG das Fernbleiben von der Arbeit vorher anzeigt (BAG 13.3.2008, 2 AZR 88/07; LAG Hamm 26.2.2002, 5 Sa 1582/01; LAG Köln 16.3.2001, 11 Sa 1479/00, NZA-RR 2001, 533); eine pauschale Berufung auf »Mobbing« am Arbeitsplatz genügt insoweit nicht, da sie die zur Zurückbehaltung berechtigende Pflichtverletzung des AG nicht hinreichend konkretisiert (BAG 13.3.2008, 2 AZR 88/07). Berechtigt die Nichterfüllung der Leistungspflicht aus § 611 I BGB den AG wegen eines Leistungsverweigerungsrechts des AN nicht zur verhaltensbedingten Kdg, kann er dem AN wegen fehlender Eignung für die geschuldete Tätigkeit ggf personenbedingt kündigen, Rdn 72 ff.

2. Schlechtleistung. Zu einer verhaltensbedingten Kdg berechtigt auch eine Schlechtleistung des AN – idR erst nach Abmahnung (BAG 21.5.1992, 2 AZR 551/91, EzA § 1 KSchG Verhaltensbedingte Kündigung Nr 42). Da der AN keinen Erfolg schuldet (§ 631 II BGB in Abgrenzung zum Werkvertrag), sondern nur verpflichtet ist, die ihm übertragenen Arbeiten unter Anspannung seiner Fähigkeiten ordnungsgem zu verrichten, sind Mängel der Arbeitsleistung nur ausnahmsweise auf eine Pflichtverletzung zurückzuführen, nämlich dann, wenn die Schlechtleistung auf einer mangelnden Anstrengung oder fehlenden Sorgfalt des AN beruht. Das ist etwa zu bejahen, wenn Schlechtleistungen auf wiederholten Alkoholgenuss vor und während der Arbeit trotz Abmahnung zurückzuführen sind (LAG Frankfurt 20.3.1986, 12 Sa 182/85, LAGE § 1 KSchG Verhaltensbedingte Kündigung Nr 9), noch Rdn 51, oder wenn der AN aus Ärger über Weisungen des AG seine Arbeitsleistung bewusst einschränkt oder zurückhält (vgl LAG Düsseldorf 8.4.2009, 7 Sa 1385/08, ArBR 2009, 123). Beruht die Schlechtleistung auf der fehlenden Eignung des AN für die geschuldete Tätigkeit, kann der AG nicht verhaltensbedingt, sondern muss er personenbedingt kündigen, Rdn 98 ff. Eine Schlechtleistung kann zum einem darin liegen, dass die Arbeitsleistung **quantitativ erheblich** hinter der Leistung anderer AN zurück bleibt, etwa wenn die Anzahl der Gutachten eines im versorgungsärztlichen Dienst tätigen Arztes nur ein Drittel bis zur Hälfte der Gutachten der übrigen Ärzte erreicht (BAG 21.5.1992, 2 AZR 551/91; auch 11.12.2003, 2 AZR 667/02, EzA § 1 KSchG Verhaltensbedingte Kündigung Nr 62 zum Kommissionierer eines Frischecenters, dessen Leistung 40–50 % hinter der Durchschnittsleistung zurückblieb). Die bloße Feststellung, dass ein AN »unterdurchschnittlich« schlecht gearbeitet hat, vermag eine Kdg hingegen nicht zu stützen, da einer von mehreren AN immer die »schlechteste« Arbeit erbringt (BAG 22.7.1982, 2 AZR 30/81, EzA § 1 KSchG Verhaltensbedingte Kündigung Nr 10). Eine verhaltensbedingte Kdg kann auch dann berechtigt sein, wenn der AN **qualitativ erheblich** schlechter arbeitet als durchschnittliche AN, etwa in einem Aufzug erscheint, der bei objektiver Betrachtung geeignet sein kann, Kunden von der Beratung durch diesen AN abzuhalten (vgl LAG München 15.2.1980, 4 Sa 1001/79, ARSt 1980, 179) oder wenn er deutlich mehr Ausschuss produziert, als andere AN oder erhebliche Fehler macht (BAG 12.2.1973, 2 AZR 116/72, EzA § 626 BGB nF Nr 26 zu einem Tierarzt, der bei der Fleischbeschau falsch stempelt; auch 18.10.2000, 2 AZR 131/00, EzA § 626 BGB nF Nr 183 zur Mitwirkung eines Erziehers am Cannabiskonsum eines der ihm anvertrauten Heiminsassen trotz generellen Drogenverbots). Berührt ein Lehrer eine Schülerin sexuell anzüglich, so verletzt er massiv seine arbeitsvertraglichen Pflichten und ist die Kdg idR ohne vorherige Abmahnung gerechtfertigt (BAG 23.10.2014, 2 AZR 865/13, EzA § 286 ZPO 2002 Nr. 4 [Rn 48 ff]); das Gleiche gilt für eine Grundschullehrerin, die Schülern zu Disziplinierungszwecken die Münder mit Tesafilm verklebt (BAG 19.4.2012, 2 AZR 156/11, EzA § 1 KSchG Verhaltensbedingte Kündigung Nr 80). Ein Busfahrer, der auf Vorwürfe eines zugestiegenen Kollegen die Fahrt eines Linienbusses an der nächsten Haltestelle unterbricht, um die Polizei zu rufen, erbringt nicht nur nicht die von ihm geschuldete Arbeitsleistung (Rdn 46), sondern schädigt vor allem den Ruf des AG vor den Fahrgästen; das berechtigt den AG zur (außerordentlichen) Kdg ohne vorherige Abmahnung (LAG Berl-Bdg 6.5.2011, 6 Sa 2558/10, NZA-RR 2011, 457). Die in einem innerbetrieblichen Gespräch geäußerte Meinung einer Busfahrerin, bei ihren Fahrgästen handele es sich zum größten Teil um Abschaum, rechtfertigt weder eine fristlose noch eine ordentliche Kdg, solange sich die innere Einstellung der AN nicht auf ihre Arbeitsleistung auswirkt (LAG Düsseldorf 19.12.1995, 8 Sa 1345/95, LAGE § 626 BGB Nr 91).

3. Verletzung von Nebenpflichten. a) Leistungsbegleitende Nebenpflichten. Missachtet der AN trotz Abmahnung wiederholt **Sicherheitsvorschriften**, legt er etwa Sicherheitskleidung und Körperschutzgeräte wie Sicherheitsschuhe (LAG Köln 12.12.2008, 11 Sa 777/08, LAGE § 1 KSchG Verhaltensbedingte Kündigung Nr 103), Brillen und Atemschutzmasken oder den Sicherheitsgurt in Kraftfahrzeugen nicht an oder setzt er Sicherheitsvorkehrungen an Maschinen außer Betrieb, berechtigt dies den AG zur verhaltensbedingten Kdg wegen Verletzung arbeitsvertraglicher Nebenpflichten, ebenso wenn der AN UVV und allg Sicherheitsvorschriften nicht beachtet (LAG Rh-Pf 20.3.2009, 6 Sa 725/08, BB 2009, 1581 [LS] zur mehrfachen

Überladung eines Gabelstaplers; LAG Schl-Holst 8.10.2008, 6 Sa 158/08, juris, zum Werfen einer Farbspraydose in einen für Schnittreste aus der Brennmaschine vorgesehenen Container mit der Warnaufschrift »HEISS«). Einem Chefarzt, der während laufender Operationen privat telefoniert, kann gekündigt werden; hat der AG dienstlich veranlasste Telefonate während Operationen geduldet, muss er den AN aber vorher abmahnen (BAG 25.10.2012, 2 AZR 495/11, EzA § 626 BGB 2002 Nr 41). Kündigungsrelevant sind insb Verstöße des AN gegen **Alkoholverbote**: Jeder mehr als geringfügige Alkoholgenuss während der Arbeitszeit, der nach Abmahnung fortgesetzt oder wiederholt wird, rechtfertigt eine verhaltensbedingte Kdg; ebenso der Alkoholkonsum kurz vor Arbeitsantritt, wenn die Alkoholwirkung während der Arbeitszeit fortdauert (BAG 22.7.1982, 2 AZR 30/81 u 26.1.1995, 2 AZR 649/94, EzA § 1 KSchG Verhaltensbedingte Kündigung Nr 10 u 46). Zu konkreten schädlichen Folgen muss es nicht gekommen sein (BAG 26.1.1995, 2 AZR 649/94). Bei Kraftfahrern und sonstigen AN, deren Tätigkeit unter Alkoholeinfluss andere AN oder Dritte gefährdet, genügen als Pflichtverstoß schon sehr geringe Alkoholmengen (BAG 26.1.1995, 2 AZR 649/94), in gravierenden Fällen kann eine Abmahnung entbehrlich sein und auch außerordentlich gekündigt werden (BAG 23.9.1986, 1 AZR 83/85, DB 1987, 337; LAG Nürnberg 17.12.2002, 6 Sa 480/01, LAGE § 626 BGB Nr 147). Beruht der Alkoholgenuss auf einer Alkoholabhängigkeit des AN, muss der AG eine personenbedingte Kdg wegen Krankheit aussprechen (Rdn 84 f). Der AN ist regelmäßig nicht verpflichtet, im laufenden Arbeitsverhältnis routinemäßigen Blutuntersuchungen zuzustimmen, um festzustellen zu lassen, ob er alkohol- oder drogenabhängig ist; verweigert er die Zustimmung, berechtigt dies allein den AG nicht zur Kdg (BAG 12.8.1999, 2 AZR 55/99, EzA § 1 KSchG Verhaltensbedingte Kündigung Nr 55); näher Rdn 79. Der Verstoß gegen ein aus Sicherheitsgründen erlassenes absolutes **Rauchverbot** rechtfertigt eine verhaltensbedingte Kdg (BAG 27.9.2012, 2 AZR 955/11, EzA § 626 BGB 2002 Nr 42; zum Rauchen in einem Lebensmittelbetrieb mit Rauchverbot LAG Köln 1.8.2008, 4 Sa 590/08, LAGE § 1 KSchG Verhaltensbedingte Kündigung Nr 101a).

52 Verletzt ein erkrankter AN nach Abmahnung erneut seine Nebenpflicht aus § 5 I 1 EFZG, dem AG die **Arbeitsunfähigkeit** und deren voraussichtliche Dauer **unverzüglich anzuzeigen** und eine ärztliche Arbeitsunfähigkeitsbescheinigung vorzulegen, kann dies eine verhaltensbedingte Kdg rechtfertigen (BAG 16.8.1991, 2 AZR 604/90, EzA § 1 KSchG Verhaltensbedingte Kündigung Nr. 41; 23.9.1992, 2 AZR 199/92, EzA § 1 KSchG Verhaltensbedingte Kündigung Nr 44; u 3.11.2011, 2 AZR 748/10, EzA § 1 KSchG Verhaltensbedingte Kündigung Nr 79; LAG Rh-Pf 24.8.2012, 9 Sa 80/12, DStR 2013, 159); eine außerordentliche Kdg kommt nur ganz ausnahmsweise in Betracht (BAG 15.1.1986, 7 AZR 128/83, EzA § 626 BGB nF Nr 100). Ebenso kann einem Berufskraftfahrer wegen Nebenpflichtverletzung gekündigt werden, wenn er seinen AG auf ein demnächst anstehendes Fahrverbot nicht frühzeitig hinweist (LAG M-V 16.8.2011, 5 Sa 295/10, EzTöD 100 § 34 Abs 2 TVöD-AT Personenbedingte Kündigung Nr 3 - im konkreten Fall abl). Ein erkrankter AN ist zudem verpflichtet, sich so zu verhalten, dass er möglichst bald wieder gesund wird, und **alles zu unterlassen, was die Genesung verzögern** könnte; die Verletzung dieser Nebenpflicht kann nach Abmahnung ebenfalls eine Kdg rechtfertigen (BAG 26.8.1993, 2 AZR 154/93, EzA § 626 BGB nF Nr 148; 2.3.2006, 2 AZR 53/05, EzA § 626 BGB 2002 Nr 1), aber nur dann, wenn die Nebenbeschäftigung den Heilungsprozess tatsächlich zu verzögern geeignet ist (BAG 13.11.1979, 6 AZR 934/77, EzA § 1 KSchG Verhaltensbedingte Kündigung Nr 6; LAG Thür 11.11.2008, 7 Sa 4/08, juris, abl zum [vergüteten] Orgelkonzert einer in Thüringen tätigen Kirchenkantorin in Bayern am Sonntagabend während ärztlich attestierter Arbeitsunfähigkeit; zweifelhaft), noch Rdn 53 zum Verstoß gegen Wettbewerbsverbote. Etwa kann der AG kündigen, wenn der AN während der krankheitsbedingten Arbeitsunfähigkeit schichtweise Vollzeit bei einem Dritten arbeitet (BAG 26.8.1993, 2 AZR 154/93 zu einer außerordentlichen Kdg wegen nächtlicher Vollzeitbeschäftigung unter erschwerten Arbeitsbedingungen), oder wenn er einen Skiurlaub antritt, obwohl Skifahren mit seiner Krankheit nur schwer in Einklang zu bringen ist (BAG 2.3.2006, 2 AZR 53/05 zu einem AN mit Hirnhautentzündung), oder wenn er am Abend des Krankschreibungstages mit längerer An- und Abfahrt im PKW für mehrere Stunden ein Spielkasino aufsucht (LAG Hamm 11.5.1982, 13 Sa 85/82, EzA § 1 KSchG Krankheit Nr 9), oder wenn er entg der ärztlichen Anweisung, sich ruhig zu verhalten, bei einem Fußballspiel als Linienrichter tätig wird (LAG Nds 1.9.1983, 11 Sa 20/83, BB 1984, 1233 für eine außerordentliche Kdg).

53 Verletzt der AN ein während des Arbeitsverhältnisses bestehendes **Wettbewerbsverbot**, rechtfertigt dies die verhaltensbedingte, idR die außerordentliche Kdg nach § 626 BGB (BAG 16.8.1990, 2 AZR 113/90, EzA § 4 KSchG nF Nr 38; 25.4.1991, 2 AZR 624/90, EzA § 626 BGB nF Nr 140; 23.10.2014, 2 AZR 644/13, EzA § 626 BGB 2002 Nr 48 [Rn 27 ff]). Gegen das arbeitsvertragliche Wettbewerbsverbot verstößt der AN nur dann, wenn er seinem AG mit seiner nebenberuflichen Tätigkeit Konkurrenz machen kann, seine Tätigkeit also mit den unternehmerischen Interessen des AG kollidiert; das ist auch bei unentgeltlichem Tätigwerden denkbar, bei einmaligen oder nur sporadisch ausgeübten reinen Freundschaftsdiensten aber

idR zu verneinen (LAG Schl-Holst 3.12.2002, 5 Sa 299 b/02, LAGE § 60 HGB Nr 9). Spricht der AG eine Kdg aus, deren Wirksamkeit der AN bestreitet, bleibt der AN während des Kdg-Schutzprozesses verpflichtet, wettbewerbswidrige Tätigkeiten zu unterlassen (BAG 25.4.1991, 2 AZR 624/90 u 23.10.2014, 2 AZR 644/13 [Rn 29]; für den Handelsvertreter auch BGH 12.3.2003, VIII ZR 197/02, EzA § 89a HGB Nr 2): Erweist sich die Kdg als wirksam, weswegen der AN für die Zeit des Kdg-Schutzprozesses keinen Anspruch auf Annahmeverzugsentgelt nach § 615 BGB hat, wegen der unterlassenen Wettbewerbstätigkeit aber auch nicht anderweitig Geld verdienen konnte, kann er nachträglich ab Beendigung des Arbeitsverhältnisses eine Karenzentschädigung nach §§ 74 ff HGB verlangen (zu weitgehend LAG Köln 4.7.1995, 9 Sa 484/95, LAGE § 60 HGB Nr 4, das generell die Zahlung einer Karenzentschädigung fordert). Bereitet der AN eine Konkurrenztätigkeit für die Zeit nach Ende seines Arbeitsverhältnisses lediglich vor, verletzt er damit noch keine arbeitsvertraglichen Pflichten (BAG 16.1.1975, 3 AZR 72/74, EzA § 60 HGB Nr 8 u 30.5.1978, 2 AZR 598/76, EzA § 60 HGB Nr 11; 23.10.2014, 2 AZR 644/13 [Rn 28]), er darf aber **nicht systematisch Kollegen** für seinen künftigen, eigenen Geschäftsbetrieb **abwerben** (LAG Düsseldorf 9.12.1964, 3 Sa 422/64, BB 1965, 335). Mit der gelegentlichen Frage an einen ihm unterstellten AN, ob er mit ihm den Betrieb verlassen würde, verletzt ein ltd Ang seine arbeitsvertraglichen Pflichten noch nicht (LAG BW 30.9.1970, 4 Sa 21/70, PraktArbR BGB § 626 Nr 432 [LS 1]).

Der AN, der eine **Nebentätigkeit** aufnimmt, die dem AG keine Konkurrenz macht, verletzt keine Pflichten 54 aus dem Arbeitsvertrag. Der AG kann dem AN nur kündigen, wenn die Nebentätigkeit die Arbeitskraft des AN zu sehr in Anspruch nimmt, insb zusammen mit der Haupttätigkeit die gesetzlich zulässige Höchstarbeitszeit überschreitet (BAG 26.8.1976, 2 AZR 377/75, EzA § 626 BGB nF Nr 49; zur Zusammenrechnung § 2 I 1 Hs 2 ArbZG) oder es wegen des Zweitarbeitsverhältnisses zu sonstigen Leistungsstörungen im Erstarbeitsverhältnis kommt (BAG 5.11.2009, 2 AZR 609/08, EzA § 626 BGB 2002 Nr 28). Ebenso kann der AG kündigen, wenn der AN die Nebentätigkeit während der Arbeitszeit des Hauptarbeitsverhältnisses ausübt (BAG 3.12.1970, 2 AZR 110/70, EzA § 626 BGB nF Nr 7 zum nebenberuflichen Schulunterricht eines Diplom-Ingenieurs). Ohne bes vertragliche oder tarifvertragliche Verpflichtung ist der AN auch nicht gehalten, seinem AG eine Nebentätigkeit anzuzeigen (abw LSW/*Löwisch* § 1 Rn 195, die aus der Verletzung der Anzeigepflicht eine Kdg-Grund ableiten). **Private Ehrenämter**, etwa den Vorsitz in einem Sportverein, muss der AN in seiner Freizeit ausüben; Tätigkeiten für private Ehrenämter während der Arbeitszeit berechtigen den AG zur Kdg (ArbG Passau 16.1.1992, 4 Ca 654/91, BB 1992, 567; *Stahlhacke/Preis/Vossen* Rn 653). Für die Übernahme öffentl Ehrenämter bestehen bes gesetzliche Kdg-Verbote, etwa für BT-Abgeordnete in Art 48 II 2 GG und § 2 III AbgG.

Täuscht der AN den AG, rechtfertigt diese **Verletzung von Aufklärungspflichten** eine verhaltensbedingte 55 Kdg (BAG 5.4.2001, 2 AZR 159/00, EzA § 626 BGB nF Nr 187 zur Übergabe einer falschen Jahresrechnung durch die Geschäftsführerin eines später auf den AG verschmolzenen Unternehmens im Rahmen der Fusionsverhandlungen; 9.6.2011, 2 AZR 284/10, EzA § 626 BGB 2002 Nr 37 zum wahrheitswidrigen Ausfüllen und Unterzeichnen vorgedruckter Protokolle über angebliche Überprüfungen von Gerätschaften durch einen DRK-AN [dazu schon Rdn 48]; 23.1.2014, 2 AZR 638/13, EzA § 108 BPersVG Nr 10 [Rn 17] zur Manipulation von Akten, um Pflichtverstöße zu verschleiern; zur Täuschung zum Zweck des Entgeltbetrugs noch Rdn 57). Beantwortet ein Bewerber die Frage nach einer Zusammenarbeit mit dem ehemaligen Ministerium für Staatssicherheit der DDR (Stasi) falsch, ist die Kdg nicht in jedem Fall gerechtfertigt, sondern kommt es auf Umstände des Einzelfalles an, ua darauf, wie lange die Zusammenarbeit zurückliegt und wie intensiv sie war (BAG 4.12.1997, 2 AZR 750/96 u 13.6.2002, 2 AZR 234/01, EzA § 1 KSchG Verhaltensbedingte Kündigung Nr 53 [zu einer 20 Jahre zurückliegenden, sehr kurzen und geringfügigen Berichtstätigkeit in jugendlichem Alter] u Nr 57). Täuscht der AN den AG **bei Abschluss des Arbeitsvertrages arglistig**, etwa indem er falsche Angaben macht, eine **zulässigerweise** gestellte Frage falsch beantwortet (dazu § 611 BGB Rdn 68) oder den AG nicht von sich aus über für das Arbeitsverhältnis relevante Umstände aufklärt, soll dies nicht nur die ex nunc wirkende Anfechtung durch den AG nach § 123 BGB, sondern wegen Verletzung der Aufklärungspflicht auch eine verhaltensbedingte Kdg rechtfertigen (BAG 17.8.1972, 2 AZR 415/71, EzA § 626 BGB nF Nr 22; 6.9.2012, 2 AZR 270/11, EzA § 123 BGB 2002 Nr 13).

b) **Schädigung des AG.** Schädigt der AN den AG und verletzt damit seine arbeitsvertragliche Neben- 56 pflicht zur Loyalität, rechtfertigt dies regelmäßig eine ordentliche verhaltensbedingte Kdg – je nach Schwere des Pflichtverstoßes auch eine außerordentliche Kdg (zur Abmahnung Rdn 32 ff). Eine außerordentliche Kdg ist idR bei **Straftaten gegen den AG** gerechtfertigt, etwa wenn ein Croupier einem Gast unberechtigt Jetons überlässt (BAG 15.8.2002, 2 AZR 514/01, EzA § 1 KSchG Nr 56), und insb beim **Diebstahl** von Betriebseigentum, ebenso bei Straftaten gegen einen Auftraggeber oder Kunden des AG (BAG

20.8.1997, 2 AZR 620/96, EzA § 626 BGB Verdacht stafbarer Handlung Nr 7 zum Diebstahl einer Packung Windeln durch eine Reinigungskraft einer Gebäudereinigungsfirma zum Nachteil des auftraggebenden Krankenhauses; 31.7.2014, 2 AZR 407/13, JurionRS 2014, 31221 zum Entfernen mehrerer 100 Liter Abfalldieselöl vom Betriebsgelände eines Kooperationsbetriebs der Bundeswehr, dem der AN der Bundeswehr »beigestellt« ist; LAG Köln 11.8.1998, 3 Sa 100/98, LAGE § 626 BGB Nr 121 zum Diebstahl einer Flasche Weinbrand bei einem durch den AG belieferten Getränkegroßhandel durch Auslieferungsbeifahrer; LAG Hamm 13.3.2009, 13 TaBV 94/08, juris zum Diebstahl eines Fernsehgeräts von einem unter Betreuung stehenden Bewohner eines Seniorenheims durch eine für ihn zuständige Pflegehilfskraft). Es genügt ein einmaliger Diebstahl **geringwertiger Sachen** (BAG 21.6.2012, 2 AZR 153/11, EzA § 611 BGB 2002 Persönlichkeitsrecht Nr 13 [zweimaliger Diebstahl jeweils einer Zigarettenpackung aus dem Warenbestand des AG durch Verkäuferin]; 16.12.2010, 2 AZR 485/08, EzA § 626 BGB 2002 Nr 33 [Einsatz von Rabatt-Coupons im Personaleinkauf iHv 36 € für nicht rabattierte Ware durch Kassiererin unter Täuschung des AG, s noch Rdn 69]; 10.6.2010, 2 AZR 541/09, EzA § 626 BGB 2002 Nr 32 [»Emmely« zum Einlösen von zwei Kundenpfandbons im Wert von 48 und 82 Cent durch Kassiererin im Einzelhandel]; 11.12.2003, 2 AZR 36/03, EzA § 626 BGB 2002 Nr 5 [Wegnahme von 62 als reguläre Ware nicht mehr verkäuflichen Miniflaschen Alkohol]; 17.5.1984, 2 AZR 3/83, EzA § 626 BGB nF Nr 90 [Diebstahl und Verzehr eines Bienenstichs im Wert von 1 DM durch eine Buffetkraft in der Cafeteria eines Kaufhauses]; 20.9.1984, 2 AZR 633/82, EzA § 626 BGB nF Nr 91 [Diebstahl von drei Kiwi-Früchten in einem anderen, räumlich entfernten Betrieb des AG, s noch Rdn 69]). Hat der AN aber jahrelang störungsfrei gearbeitet und so einen Vertrauensvorrat geschaffen, scheidet eine fristlose Kdg in der Regel selbst dann aus, wenn der AN Pflichten im Kernbereich seiner Tätigkeit verletzt: Der AG muss den AN zunächst abmahnen, um ihm anschließend außerordentlich oder ordentlich kündigen zu können (BAG 10.6.2010, 2 AZR 541/09 [Emmely]; LAG Schl-Holst 29.9.2010, 3 Sa 233/10, NZA-RR 2011, 126 [Verzehr einer abgerissenen Ecke eines Stücks Patientenpizza und eines Teils des in der Küche abgestellten Restes eines Patientengulaschs durch einen fast 19 Jahre beanstandungsfrei tätigen Krankenpfleger]; auch LAG Hamm 2.9.2010, 16 Sa 260/10 u 4.11.2010, 8 Sa 711/10, LAGE § 626 BGB 2002 Nr 28a [anderthalbstündiges Aufladen des Akkus eines Elektrorollers an einer Steckdose des AG im Gegenwert von 1,8 Cent durch einen fast 19 Jahre beanstandungsfrei tätigen Netzwerkadministrator] u Nr 30 [Verzehr zweier unbezahlter Frikadellen durch Hilfskraft im Mensabetrieb gegen den ausdrücklichen Protest des Vorgesetzten]; im konkreten Fall abl BAG 16.12.2010, 2 AZR 485/08 zum bestimmungswidrigen Einlösen von Rabattcoupons durch eine 13 Jahre lang beanstandungsfrei beschäftigte Kassiererin; auch LAG BaWü 30.9.2010, 21 Sa 26/10, NZA-RR 2011, 76 zum Diebstahl eines Taschenkalenders im Wert von 4,10 € durch 63-jährigen, im Wareneingang bei einem Buchgroßhändler beschäftigten AN mit 28 Jahren Betriebszugehörigkeit). Enthält eine Gesamt-BV ausdrücklich ein Barauszahlungsverbot und missbraucht der AN eine ihm über eine Personalkaufkarte eingeräumte Möglichkeit, Waren des AG zu beziehen, indem er diese ausschließlich in der Absicht kauft, sie über einen »Umtausch« sofort zu Bargeld zu machen, rechtfertigt dies unabhängig von der strafrechtl Wertung idR die außerordentliche Kdg (BAG 23.6.2009, 2 AZR 103/08, NZA 2009, 1198 – konkret für eine Abmahnung). Kosten, die dem AG zur Aufdeckung eines Fehlverhaltens entstehen, etwa **Detektivkosten**, kann er nach § 280 I BGB vom AN ersetzt verlangen (BAG 28.10.2010, 8 AZR 547/09, EzA § 280 BGB 2002 Nr 5 [Rn 24] u 26.9.2013, 8 AZR 1026/12, EzA § 280 BGB 2002 Nr 6 [Rn 21 f] bei einer Verdachtskündigung); s aber Rdn 47 zum Anspruch des AN auf Geldentschädigung wegen Eingriffs in sein Persönlichkeitsrecht bei einer nicht gerechtfertigten Überwachung.

57 Gibt ein AN einen Akkordauftrag zur Abrechnung, obwohl er ihn gar nicht ausgeführt hat, kann der AG ihm verhaltensbedingt wegen (versuchten) **Entgeltbetruges** kündigen (LAG Hamm 5.7.1988, 6 Sa 1642/87, LAGE § 1 KSchG Verhaltensbedingte Kündigung Nr 23); ebenso, wenn der AN zu seinen Gunsten vorsätzlich falsche Angaben über die tatsächlich erbrachte Arbeitszeit macht, indem er etwa seine Stechkarte durch einen Dritten stempeln lässt (zur außerordentlichen Kdg BAG 24.11.2005, 2 AZR 39/05, EzA § 626 BGB 2002 Nr 12; 21.5.2005, 2 AZR 225/04, EzA § 91 SGB IX Nr 1 mwN), für eine Raucherpause bewusst nicht »ausgestempelt« (vgl BAG 11.7.2013, 2 AZR 241/12, EzA § 9 KSchG nF Nr 64 [Rn 25]) oder (elektronische) Formulare zur Erfassung von Gleitzeit zu Lasten des AG vorsätzlich falsch ausfüllt (BAG 13.8.1987, 2 AZR 629/86, RzK I 5i Nr 31; 12.8.1999, 2 AZR 832/98, EzA § 1 KSchG Nr 53; 9.6.2011, 2 AZR 381/10, EzA § 626 BGB 2002 Nr 35). Auch der Entgeltbetrug durch bewusst unrichtige Abrechnung von Spesen (Spesenbetrug, BAG 6.9.2007, 2 AZR 264/06, EzA § 626 BGB 2002 Nr 18) oder Reisekosten (vgl BAG 11.7.2013, 2 AZR 994/12, EzA § 1 KSchG Verhaltensbedingte Kündigung Nr 83) oder Jubiläumszuwendungen rechtfertigt idR eine außerordentliche Kdg und zwar selbst dann, wenn es sich um einen einmaligen Vorfall und um einen geringen Betrag handelt (BAG 6.9.2007, 2 AZR 264/06 [Rn 23]; 11.7.2013, 2 AZR 994/12, EzA § 1 KSchG Verhaltensbedingte Kündigung Nr 83 [Rn 22]; nicht

überzeugend gegen die außerordentliche Kdg einer Zugansagerin, die für die Kollegenfeier ihres 40-jährigen Dienstjubiläums nicht die entstandenen Kosten iHv 83,90 €, sondern unter Vorlage einer Quittung den erstattungsfähigen Maximalbetrag von 250 € abrechnete LAG Berl-Bbg 16.9.2010, 2 Sa 509/10, LAGE § 626 BGB 2002 Nr 29). Zum Entgeltbetrug durch Vortäuschen einer Krankheit Rdn 47. Erhält ein AN fast 3 Jahre lang Lohnzahlungen, obwohl er nicht arbeitet (anfänglich wegen Schlechtwetter, Urlaub und Krankheit), ohne dies dem AG anzuzeigen, liegt darin keine zur Kdg berechtigende Pflichtverletzung, wenn er dem Personalleiter des AG mehrfach angeboten hat zu arbeiten (BAG 28.8.2008, 2 AZR 15/07, EzA § 626 BGB 2002 Nr 22).

Missbraucht der AN **Betriebsmittel zu privaten Zwecken**, berechtigt dies den AG nach Abmahnung zu einer verhaltensbedingten Kdg, etwa wenn der AN mit firmeneigenen Fahrzeugen Schwarzfahrten unternimmt (BAG 9.3.1961, 2 AZR 129/60, EzA § 123 GewO Nr 5) oder während der Arbeitszeit entg einem AG-Verbot privat das Internet nutzt (BAG 31.5.2007, 2 AZR 200/06, EzA § 1 KSchG Verhaltensbedingte Kündigung Nr 71; 27.4.2006, 2 AZR 386/05, EzA § 626 BGB 2002 Unkündbarkeit Nr 11; 7.7.2005, 2 AZR 581/04, EzA § 626 BGB 2002 Nr 10 u 19.4.1912, 2 AZR 86/11, EzA § 626 BGB 2002 Nr 40) oder unbefugt private Kopien macht (ArbG Berl 27.3.1980, 12 Ca 3/80, BB 1980, 1105 [LS]) oder unberechtigterweise Strom beim AG entnimmt, um private Elektrogeräte aufzuladen (LAG Hamm 2.9.2010, 16 Sa 260/10, LAGE § 626 BGB 2002 Nr 28a zum 1 $^{1}/_{2}$-stündigen Auflade eines Elektrorollers [dazu schon Rdn 56]; im konkreten Fall abl LAG Köln 20.1.2012, 3 Sa 408/11, NZA-RR 2012, 356 zum Auflade eines Rasierapparats trotz vorheriger Abmahnung wegen Aufladens eines iPods). Eine verhaltensbedingte Kdg kann der AG auch dann aussprechen, wenn der AN trotz Verbots oder über den erlaubten Umfang hinaus Privatgespräche über die Telefonanlage des AG führt oder das Diensthandy privat nutzt (BAG 4.3.2004, 2 AZR 147/03, EzA § 103 BetrVG 2001 Nr 3; LAG Nds 13.1.1998, 13 Sa 1235/97, LAGE § 1 KSchG Verhaltensbedingte Kündigung Nr 63; zu Handys LAG Rh-Pf 28.6.2007, 4 Sa 91/07, JurionRS 2007, 40; LAG Hamm 28.11.2008, 10 Sa 1921/07, LAGE § 626 BGB 2002 Nr 17a; LAG Hess 25.7.2011, 17 Sa 153/11, NZA-RR 2012, 76). Die Pflichtverletzung wiegt umso schwerer, je stärker der AN mit der privaten Nutzung des Internets oder bei Privattelefonaten seine Arbeitspflicht zeitlich und inhaltlich vernachlässigt (BAG 4.3.2004, 2 AZR 147/03). Mit der Installation von Anonymisierungssoftware verändert der AN eigenmächtig technische Arbeitsmittel des AG und verletzt seine arbeitsvertragliche Rücksichtnahmepflicht erheblich, insb wenn die Installation von privater Software ausdrücklich verboten ist (BAG 12.1.2006, 2 AZR 179/05, EzA § 1 KSchG Verhaltensbedingte Kündigung Nr 68). Speichert der AN unternehmensbezogene Daten nicht auf dem zentralen Server des Unternehmensnetzwerks, so dass der AG keinen direkten Zugriff mehr hat, sondern auf einer privaten Festplatte ohne Sicherung gegen unbefugten Zugriff und private Dateien auf dem firmeneigenen Laptop mit Sicherung lediglich durch ein einfaches Passwort, kann dies nach Abmahnung die Kdg rechtfertigen (BAG 24.3.2011, 2 AZR 282/10, EzA § 626 BGB 2002 Nr 34 gegen eine außerordentliche Kdg). Eine Nebenpflicht verletzt der AN auch dann, wenn er abredewidrig während Abwesenheitszeiten (Urlaub oder Arbeitsunfähigkeit) Schlüssel und Fahrtenbuch für sein Dienstfahrzeug nicht abgibt (BAG 3.11.2011, 2 AZR 748/10, EzA § 1 KSchG Verhaltensbedingte Kündigung Nr 79; allg zur Weigerung, im Eigentum des AG stehende Arbeitsmittel [Laptop und iPhone] herauszugeben LAG Köln 21.7.2011, 7 Sa 312/11, AuR 2012, 177 [LS]; s schon Rdn 31).

Die Entgegennahme von **Schmiergeldern** oder anderen Vorteilen von Dritten, die dazu bestimmt oder geeignet sind, den AN in seinem geschäftlichen Verhalten zugunsten Dritter und zum Nachteil des AG zu beeinflussen, ist eine schwerwiegende Verletzung der Loyalitätspflicht ggü dem AG, die regelmäßig eine außerordentliche Kdg ohne vorherige Abmahnung rechtfertigt (BAG 15.11.1995, 2 AZR 974/94, EzA § 102 BetrVG 1972 Nr 89; 21.6.2001, 2 AZR 30/00, EzA § 626 BGB Unkündbarkeit Nr 7). Ebenso verstößt der AN, der entg einem arbeitsvertraglichen Verbot Geschenke von Dritten annimmt, gegen seine arbeitsvertraglichen Pflichten (BAG 17.6.2003, 2 AZR 62/02, EzA § 1 KSchG Verhaltensbedingte Kündigung Nr 59 zur ungenehmigten Annahme einer Erbschaft durch eine Krankenschwester in der Hauspflege; 15.11.2001, 2 AZR 605/00, EzA § 626 BGB nF Nr 192 zur Annahme von Geldgeschenken durch den bauleitenden Architekten eines städtischen Hochbauamts). Entg der Auffassung des BAG (24.9.1987, 2 AZR 26/87, EzA § 1 KSchG 1969 Verhaltensbedingte Kündigung Nr 18) berechtigt auch der Loyalitätspflichtverstoß eines AN, der mit Personalsachen nicht befasst ist und gleichwohl eine »Vermittlungsprovision« für die Empfehlung eines Stellenbewerbers verlangt, den AG zur Kdg, jedenfalls zur Abmahnung (*Stahlhacke/Preis/Vossen* Rn 684). Die Vorteilsannahme vor Beginn des Arbeitsverhältnisses kann die Kdg rechtfertigen, wenn sie das Vertrauensverhältnis zum AG erheblich beeinträchtigt, insb wenn der AN dies beim Rechtsvorgänger des AG oder einem mit dem AG verbundenen Unternehmen getan hat (BAG 17.8.1972, 2 AZR 415/71, EzA § 626 BGB nF Nr 187 u 5.4.2001, 2 AZR 159/00, EzA § 626 BGB nF Nr 22 [zur Vorteilsannahme des AN einer Kommanditgesellschaft in seiner vorherigen Position als Geschäftsführer der Komplementär-GmbH]). **Umgekehrt** ist eine außerordentliche Kdg gerechtfertigt, wenn der Tischchef einen Stammgast des Spielcasinos zu Hause aufsucht und ihm aus eigenen Mitteln **Geld leiht** und sich so in eine berufliche Konfliktsituation bringt; das gilt auch dann, wenn das arbeitsvertragliche Verbot der Darlehensgewährung an Gäste möglicherweise unwirksam ist (BAG 26.3.2009, 2 AZR 953/07, EzA § 1 KSchG Verhaltensbedingte Kündigung Nr 78 [Rn 23 ff]).

60 Nimmt der AN unberechtigterweise Einsicht in Betriebs- und Geschäftsinterna oder in persönliche Daten anderer AN oder gibt er diese betriebsintern oder an Außenstehende weiter, rechtfertigt dieser Verstoß gegen die arbeitsvertragliche (oder gesetzliche) **Verschwiegenheitspflicht** eine verhaltensbedingte Kdg (vgl BAG 4.4.1974, 2 AZR 452/73, EzA § 15 KSchG Nr 1; LAG Schl-Holst 15.11.1989, 5 Sa 335/89, DB 1990, 635 [LS]). Seine Pflicht zu loyalem Verhalten verletzt der AN schon dann, wenn er den Bruch von Verschwiegenheitspflichten androht, etwa mit dem Verrat von Betriebs- oder Geschäftsgeheimnissen oder der Presseveröffentlichung von Unternehmensinterna droht (BAG 11.3.1999, 2 AZR 507/98, EzA § 626 BGB nF Nr 176; 8.5.2014, 2 AZR 249/13, EzA § 626 BGB 2002 Nr 45 [Rn 26, 32]).

61 **c) Störung des Betriebsfriedens.** Stört ein AN das friedliche Zusammenleben unter den AN oder zwischen den AN und dem AG im Betrieb, berechtigt dieses Verhalten den AG zur Kdg und zwar auch dann, wenn der AN räumlich außerhalb des Betriebs, aber im sachlichen Zusammenhang mit den betrieblichen Beziehungen stört (LAG Berl 3.3.2006, 13 Sa 1906/05, EzA-SD 2006, Nr 11, 12 [LS] zur Bedrohung einer Kollegin auf einer privaten Feier mit Betriebsbezug; zum Erfordernis der Steuerbarkeit des eigenen Verhaltens Rdn 31). **Tätlichkeiten ggü AN** braucht der AG nicht hinzunehmen und kann dem gewalttätigen AN ohne Abmahnung, idR außerordentlich, kündigen (BAG 12.7.1984, 2 AZR 320/83, EzA § 102 BetrVG 1972 Nr 57; 30.9.1993, 2 AZR 188/93, EzA § 626 BGB nF Nr 152; 6.10.2005, 2 AZR 280/04, EzA § 1 KSchG Verhaltensbedingte Kündigung Nr 66; zu weitgehend hält das LAG Nds [5.8.2002, 5 Sa 517/02, LAGE § 626 BGB Nr 142] eine Abmahnung bei Schütten heißen Tees über einen Arbeitskollegen für ausreichend). Dass der AN durch sein Verhalten zur Verschärfung eines verbalen Konflikts beigetragen hat, der in Tätlichkeiten mündete, genügt für sich nicht für eine Kdg (BAG 18.9.2008, 2 AZR 1039/06, JurionRS 2008, 30601). Die **sexuelle Belästigung** von AN und Leih-AN am Arbeitsplatz ist idR ebenfalls eine massive, die außerordentliche Kdg rechtfertigende Verletzung der arbeitsvertraglichen Pflichten, §§ 3 IV mit 7 III AGG (BAG 9.1.1986, 2 ABR 24/85, EzA § 626 BGB nF Nr 98; 25.3.2004, 2 AZR 341/03, EzA § 626 BGB 2002 Nr 6; 9.6.2011, 2 AZR 323/10, EzA § 626 BGB 2002 Nr 36; 20.11.2014, 2 AZR 651/13, EzA § 626 BGB 2002 Nr 47 [Rn 14 ff: »schöner Busen«]), ebenso wenn ein AN einer Kollegin unter bewusster Missachtung ihres entgegenstehenden Willens im Betrieb beharrlich nachstellt (BAG 19.4.2012, 2 AZR 258/11, EzA § 626 BGB 2002 Nr 39 [zur Belästigung einer Leih-ANin durch 120 E-Mails, SMS und MMS und unerwünschte persönliche Kontaktaufnahmen); das Gleiche gilt bei einem entsprechenden Fehlverhalten gegenüber Kunden des AG (LAG Rh-Pf 3.2.2009, 3 Sa 643/08, juris zur Ankündigung des AN, einer Kundin auf das Gesäß zu klatschen; im konkreten Fall mangels Abmahnung abl LAG Rh-Pf 10.11.2011, 3 Sa 329/11, RDV 2012, 154 bei Senden einer SMS an die aus der Datei des AG entnommene Handynummer einer Kundin). Ebenso kann der AG den AN wegen **Beleidigungen und Bedrohungen** von Arbeitskollegen verhaltensbedingt, idR außerordentlich kündigen (vgl nur BAG 21.1.1999, 2 AZR 665/98, EzA § 626 BGB nF Nr 178 zu Beleidigungen und ehrabschneidenden Unterstellungen ggü Vorgesetzten und Kollegen; 30.9.1993, 2 AZR 188/93, zu Tätlichkeiten und Beleidigungen ggü Werkschutzmitarbeitern nach Alkoholmissbrauch; LAG Berl 3.3.2006, 13 Sa 1906/05 zu dem ggü einer Kollegin auf einer privaten Feier mit Betriebsbezug drohend ausgesprochenen Satz »I can imagine many or a thousand ways to humiliate you«; zu groben, ehrabschneidenden Beschimpfungen einer Vorgesetzten LAG Schl-Holst 9.6.2011, 5 Sa 509/10, LAGE § 626 BGB 2002 Nr 34). Auch **ausländerfeindliche Äußerungen** berechtigen den AG zur Kdg, § 3 III AGG mit §§ 1, 7 IV AGG (BAG 1.7.1999, 2 AZR 676/98, EzA § 15 BBiG Nr 13 zum am Arbeitsplatz eines Auszubildenden angebrachten Schild »Arbeit macht frei – Türkei schönes Land«; LAG Rh-Pf 10.6.1997, 6 Sa 309/97, LAGE § 1 KSchG Verhaltensbedingte Kündigung Nr 62 zur Äußerung »Ein toter Türke – ein guter Türke«); zu ausländerfeindlichen Betätigungen außerhalb des Betriebs Rdn 67. Ebenso berechtigen **Straftaten zulasten von Kollegen**, etwa Diebstähle, den AG idR zur außerordentlichen Kdg (LAG Rh-Pf 25.1.2008, 9 Sa 662/07, AuA 2008, 433); zum Diebstahl zulasten des AG Rdn 56.

62 AN dürfen innerbetrieblich - auch unternehmensöffentl - **Kritik** am AG oder an Vorgesetzten und den betrieblichen Verhältnissen äußern, ohne eine Kdg fürchten zu müssen (zur Kdg wegen unwahrer Tatsachenbehauptungen gleich Rdn 63, zu mehrdeutigen Äußerungen Rdn 67): **Inhaltlich zutreffende kritische Äußerungen** oder (mit Tatsachenbehauptungen vermengte) **Werturteile** sollen den AG auch dann nicht zur Kdg berechtigen, wenn sie polemisch und überspitzt geäußert werden: Es spreche eine Vermutung dafür,

dass solche Äußerungen vom Grundrecht der Meinungsfreiheit gedeckt sind (BAG 12.1.2006, 2 AZR 21/05, EzA § 1 KSchG Verhaltensbedingte Kündigung Nr 67 mwN). Eine Kdg rechtfertigten solche Äußerungen nur dann, wenn bei diesen nicht die Auseinandersetzung in der Sache, sondern die Diffamierung der Person im Vordergrund steht (BAG 7.7.2011, 2 AZR 355/10, EzA § 626 BGB 2002 Nr 38; zu diesem Maßstab BVerfG 28.7.2014, 1 BvR 482/13, NJW 2014, 3357), also die Grenze zur »**Schmähkritik**« überschritten ist (BAG 18.12.2014, 2 AZR 265/14, JurionRS 2014, 34648 [Rn 21]). Richtigerweise ist der AG schon dann zur Kdg berechtigt, wenn der AN die Kritik mit erheblichen Herabwürdigungen verbindet (allg BAG 10.12.2009, 2 AZR 534/08, EzA § 626 BGB 2002 Nr 29; s. Rdn 61), etwa auf einer nur Konzernmitarbeitern zugänglichen Internetseite die »Trennungsgespräche«, die der AG wegen einer geplanten Sanierung führt, unter dem Dateinamen »Schlachtbank« anspricht, daneben einen unbewegten Sensenmann einblendet und mit einer Bilderanimation (Atompilz, »Arbeit macht frei«, Leichenberge, Guillotine usw) verbindet (**aA** BAG 24.11.2005, 2 AZR 584/04, EzA § 626 BGB 2002 Nr 13; aA auch LAG Berl-Bbg 2.10.2014, 10 TaBV 1134/14, NZA-RR 2015, 125: Unwirksamkeit der Kdg, wenn ein BR-Mitglied auf einer BR-Sitzung die Arbeitsbedingungen im Betrieb ggü der Personalleiterin mündlich mit denen im KZ vergleicht; **s aber** wie hier BAG 7.7.2011, 2 AZR 355/10: grds Kdg möglich, wenn der AN in einem Brief an den Personalleiter Aussagen des AG im Personalgespräch mit Ansichten und Verfahrensweisen im Dritten Reich gleichsetzt). Ebenso darf der AG kündigen, wenn der AN einen länger zurückliegenden Einzelfall zum Anlass nimmt, um dem AG auf einer Personalversammlung unberechtigterweise Rechtsbeugung und damit eine Straftat vorzuwerfen (BAG 6.11.2003, 2 AZR 177/02, EzA § 1 KSchG Verhaltensbedingte Kündigung Nr 60); anders ist es, wenn dies in einem geschützten Kommunikationsbereich geschieht, Rdn 64. Verarbeitet ein AN den Alltag mit Arbeitskollegen und Vorgesetzten mit plakativen und grob diffamierenden Äußerungen zu dem **Roman** »Wer die Hölle fürchtet, kennt das Büro nicht!«, ist dies durch die Kunstfreiheit des Art 5 III 1 GG gedeckt und scheidet eine Kdg aus, wenn reale Personen mit den Romanfiguren nicht ohne Weiteres identifiziert werden können (LAG Hamm 15.7.2011, 13 Sa 436/11, JurionRS 2011, 22650; s aber EGMR 12.9.2011, 28955/05, 28957/06, 28959/06, Palomo Sanches ua/ Spanien, NZA 2012, 142 für die Zulässigkeit der Kdg von AN wegen Veröffentlichung von ehrverletzenden Artikeln und Karikaturen über Vorgesetzte und Kollegen in einem gewerkschaftlichen Mitteilungsblatt). Hat der AN **jahrelang störungsfrei** gearbeitet und so einen Vertrauensvorrat geschaffen, kann eine Kdg ausnahmsweise ausscheiden (BAG 7.7.2011, 2 AZR 355/10 zur erstmaligen Verfehlung eines 29 Jahre beanstandungsfrei tätigen Rettungsassistenten; s schon Rdn 57).

Dass ein AN gegen den AG, einen Vorgesetzten oder einen anderen AN **Strafanzeige erstattet (whistleblowing)**, ist allein kein Grund zur Kdg (BAG 3.7.2003, 2 AZR 235/02, EzA § 1 KSchG Verhaltensbedingte Kündigung Nr 61 u 7.12.2006, 2 AZR 400/05, EzA § 1 KSchG Verhaltensbedingte Kündigung Nr 70; s auch EGMR 21.7.2011, 28274/08, »Heinisch« EzA § 626 BGB 2002 Anzeige gegen den AG Nr 1); erst recht nicht, dass er in einem staatsanwaltlichen Ermittlungsverfahren gegen den AG bzw dessen Geschäftsführer seine gesetzliche Pflicht erfüllt und als Zeuge aussagt (BVerfG 2.7.2001, 1 BvR 2049/00, EzA § 626 BGB nF Nr 188). Jedenfalls bei schwerwiegenden Vorwürfen braucht der AN regelmäßig keine innerbetriebliche Klärung zu versuchen, bevor er Strafanzeige gegen den AG erhebt (BAG 7.12.2006, 2 AZR 400/05); ob die Strafanzeige zu einer Verurteilung führt, ist unerheblich (BAG 7.12.2006, 2 AZR 400/05). Der AN verstößt aber gegen seine arbeitsvertragliche Pflicht zur Rücksichtnahme, wenn die Strafanzeige eine unverhältnismäßige Reaktion auf das Verhalten des AG oder seiner Repräsentanten ist (obiter BAG 27.9.2012, 2 AZR 646/11, EzA § 626 BGB 2002 Nr 43). Erst Recht ist eine Kdg berechtigt, wenn der AN eine Strafanzeige ausschließlich stellt, um den AG zu schädigen (BAG 3.7.2003, 2 AZR 235/02, EzA § 1 KSchG Verhaltensbedingte Kündigung Nr 61; 4.7.1991, 2 AZR 80/91, RzK I 6a 74). Gerechtfertigt ist eine Kdg immer dann, wenn der AN wissentlich falsche Verdächtigungen ausspricht (§ 164 StGB) und leichtfertig falsche Anzeigen macht (§ 469 StPO) (BAG 3.7.2003, 2 AZR 235/02, EzA § 1 KSchG Verhaltensbedingte Kündigung Nr 61; auch 11.7.2013, 2 AZR 994/12, EzA § 1 KSchG Verhaltensbedingte Kündigung Nr 83 [Rn 42 ff]). Verbreitet der AN **bewusst unwahre Tatsachenbehauptungen** oder Gerüchte, ist dies ein wichtiger Grund zur Kdg (im konkreten Fall abl BAG 27.9.2012, 2 AZR 646/11, EzA § 626 BGB 2002 Nr 43; 31.7.2014, 2 AZR 505/13, EzA § 15 nF KSchG Nr 73 [Rn 41]; gegen die Entfernung einer Abmahnung aus der Personalakte 11.8.1982, 5 AZR 1089/79, EzA § 611 BGB Fürsorgepflicht Nr 31), etwa wenn er Unwahrheiten über die Geschäftsentwicklung oder über die Zustände im Betrieb äußert und dadurch die berechtigten Interessen des AG erheblich beeinträchtigt (BAG 10.12.2009, 2 AZR 534/08, EzA § 626 BGB 2002 Nr 29 [Rn 16]; 18.12.2014, 2 AZR 163/14 EzA § 4 nF KSchG Nr 96 [Rn 35, 42] im konkreten Fall abl zur Beunruhigung der AN einer Kundenfirma durch die Mitteilung, die Geschäftsbeziehung würde demnächst beendet, weswegen die Arbeitsplätze bei der Kundin gefährdet seien; zu außerdienstlichen Äußerungen auch 31.7.2014, 2 AZR 505/13, EzA § 15 nF KSchG Nr 73 [Rn 41] u 63

18.12.2014, 2 AZR 265/14, JurionRS 2014, 34648 [Rn 16 f], näher Rdn 67). Ebenso berechtigen eine vorsätzlich falsche eidesstaatliche Versicherung des AN und sonstige bewusst wahrheitswidrig abgebene Erklärungen in einem mit dem AG geführten Rechtsstreit als erhebliche Verletzung der Rücksichtnahmepflicht aus § 241 II BGB grds eine Kdg (BAG 31.7.2014, 2 AZR 434/13, EzA § 1 KSchG Verhaltensbedingte Kündigung Nr 84 [Rn 20]; 23.10.2014, 2 AZR 644/13, EzA § 626 BGB 2002 Nr 48 [Rn16]).

64 Diffamierende und ehrverletzende Äußerungen über Vorgesetzte und Kollegen **in einem vertraulichen Gespräch unter Arbeitskollegen** rechtfertigen keine Kdg, wenn der Gesprächspartner den Inhalt des Gesprächs gegen den Willen des sich negativ äußernden AN weitergibt (BAG 10.10.2002, 2 AZR 418/01, EzA § 626 BGB 2002 Unkündbarkeit Nr 1; 10.12.2009, 2 AZR 534/08, EzA § 626 BGB 2002 Nr 29). In einer Vielzahl übertriebener Beschwerden mit Angriffen auf Vorgesetzte und Kollegen kann aber ein zur Kdg berechtigendes Diffamieren und »Anschwärzen« liegen (BAG 10.10.2002, 2 AZR 418/01). Das 800 Mitgliedern zugängliche, durch Passwort geschützte gewerkschaftliche Intranet ist kein geschützter Kommunikationsbereich; äußert sich ein AN kritisch und polemisch zu Personen und Vorgängen im Betrieb des AG und werden diese Artikel im Betrieb durch einen anonym initiierten Aushang am Schwarzen Brett bekannt, kann dies die Kdg des AN, jedenfalls aber eine Abmahnung rechtfertigen (aA BAG 24.6.2004, 2 AZR 63/03, EzA § 1 KSchG Verhaltensbedingte Kündigung Nr 65), Rdn 62, 67. Dem AN, der die vertraulich im Kollegenkreis geübte Kritik eines anderen dem kritisierten Vorgesetzten mitteilt, kann seinerseits verhaltensbedingt wegen Anschwärzens von Kollegen gekündigt werden (BAG 21.10.1965, 2 AZR 2/65, BB 1966, 124), sofern der AN nicht zur Weitergabe des Gehörten verpflichtet ist, etwa wenn er von einem zulasten des AG geplanten oder begangenen Diebstahl erfährt (vgl LAG Berl 9.1.1989, 9 Sa 93/88, LAGE § 1 KSchG Verhaltensbedingte Kündigung Nr 21; LAG Hamm 29.7.1994, 18 [2] Sa 2016/93, BB 1994, 2352 [LS]). Der heimliche Mitschnitt eines Personalgesprächs rechtfertigt eine (auch außerordentl) Kdg, ohne dass es auf die strafrechtl Würdigung ankommt: Der AN verstößt gegen seine Pflicht aus § 241 II BGB zur Rücksichtnahme auf die berechtigten Interessen des AG, der die Vertraulichkeit des Wortes seiner AN bei ihrer Tätigkeit schützen muss (BAG 19.7.2012, 2 AZR 989/11, EzA § 15 nF KSchG Nr 72). Zur Druckkündigung Rdn 19.

65 Die **politische Betätigung** eines AN **im Betrieb** ist wegen des Grundrechts der Meinungsfreiheit aus Art 5 I GG grds gerechtfertigt und berechtigt erst dann zur Kdg wegen vertragswidrigen Verhaltens, wenn der AN seine politische Meinung so häufig und provozierend vorträgt, dass sie den Betriebsfrieden stört oder die betrieblichen Abläufe beeinträchtigt; idR muss der AN vor Ausspruch der Kdg abgemahnt werden (BAG 9.12.1982, 2 AZR 620/80, EzA § 626 BGB nF Nr 86 zum Tragen einer 12–15 cm großen Plakette mit der durchkreuzten Karikatur des damaligen bayerischen Ministerpräsidenten und Kanzlerkandidaten der CDU/CSU: »Strauß – nein danke«). Auch die **Werbung für eine Sekte**, etwa für Scientology, kann eine Kdg begründen (LAG Rh-Pf 12.7.1995, 9 Sa 890/93, KirchE 33, 250). Bes schwer wiegt die Werbung für eine Sekte bei AN, die in der Jugendarbeit tätig sind; sie rechtfertigt regelmäßig eine außerordentliche Kdg (LAG Berl 11.6.1997, 13 Sa 19/97, LAGE § 626 BGB Nr 112 zu Einladungen einer Psychologin an von ihr betreute Jugendliche zu einem Scientology-Workshop).

66 d) **Außerdienstliches Verhalten. aa) Grundsatz: Kein Kündigungsrecht.** Zu loyalem Verhalten ggü dem AG ist der AN grds nur innerbetrieblich, hingegen **nicht iR seiner privaten Lebensführung verpflichtet**; eine arbeitsvertragliche Nebenpflicht zu einem »ordentlichen Lebenswandel« folgt aus § 241 II BGB grds nicht (zu Ausnahmen für AN in exponierter Stellung und in Tendenzunternehmen Rdn 71): Der private Lebensbereich steht außerhalb der Einflusssphäre des AG und wird durch arbeitsvertragliche Pflichten nur insoweit eingeschränkt, als sich das private Verhalten auf den betrieblichen Bereich auswirkt und dort zu Störungen führt (zur dann möglichen Kdg näher Rdn 69). Berührt das außerdienstliche Verhalten des AN dessen arbeitsvertraglichen Pflichtenkreis nicht, ist der AG nicht berechtigt, Umstände aus der Privatsphäre des AN durch den Ausspruch einer Kdg zu missbilligen. Weder ist der AG zur Kdg berechtigt, wenn eine Lehrerin 3 Jahre zuvor einen 70 km von ihrer Schule gelegenen »Swingerclub« mitbetrieben und sich dort sexuell betätigt hat (LAG Hamm 19.1.2001, 5 Sa 491/00, EzA-SD 2001, Nr 4, 8-11; zu AN im öffentl Dienst noch Rdn 70) noch, wenn sich eine AN zusammen mit ihrem Lebensgefährten nackt in einer Zeitschrift ablichten lässt (ArbG Passau 11.12.1997, 2 Ca 711/97 D, NZA 1998, 427). Dem Leiter einer Bankfiliale kann nicht allein wegen zahlreichen Spielens in einer Spielbank gekündigt werden (LAG Hamm 14.1.1998, 3 Sa 1087/97, LAGE § 626 BGB Nr 119). Ebenso wenig ist eine Kdg gerechtfertigt, wenn ein AN es zu Lohnpfändungen kommen lässt und dadurch dem AG ein gewisser Verwaltungsaufwand entsteht (BAG 4.11.1981, 7 AZR 264/79, EzA § 1 KSchG Verhaltensbedingte Kündigung Nr 9 u 15.10.1992, 2 AZR 188/92, EzA § 1 KSchG Verhaltensbedingte Kündigung Nr 45); anders ist es nur, wenn der AN sich überhaupt nicht um die Schuldentilgung kümmert und es generell seinen Gläubigern überlässt,

sich den pfändbaren Teil der Bezüge selbst zu holen, und dadurch wesentliche Störungen in der Lohnbuchhaltung oder der Rechtsabteilung verursacht (BAG 4.11.1981, 7 AZR 264/79). Auch auf Straftaten, die in keinem Zusammenhang mit dem Arbeitsverhältnis stehen, darf der AG nicht mit einer Kdg reagieren (BAG 10.9.2009, 2 AZR 257/08, EzA § 1 KSchG Verhaltensbedingte Kündigung Nr 77 gegen die Kdg eines Bauhofmitarbeiters wegen des Verdachts mehrfacher Verstöße gegen das BTMG); näher Rdn 69 f.

Durch die bloße **Zugehörigkeit zu einer radikalen, uU verfassungsfeindlichen Partei** verletzt ein AN seine arbeitsvertraglichen Pflichten **nicht** (BAG 20.7.1989, 2 AZR 114/87, EzA § 2 KSchG Nr 11 [DKP]; 28.9.1989, 2 AZR 317/86, EzA § 1 KSchG Verhaltensbedingte Kündigung Nr 28 [DKP]), ggf kann der AG deswegen aber personenbedingt kündigen (näher Rdn 102, 104); zur Kdg wegen der Täuschung über die frühere Zugehörigkeit zur Stasi Rdn 55. Insb ggü einem AN des öffentl Dienstes (näher Rdn 70) ist eine verhaltensbedingte Kdg aber dann gerechtfertigt, wenn dieser für eine verfassungsfeindliche Organisation oder Gesinnung aktiv eintritt und dadurch den Arbeitsablauf oder den Betriebsfrieden konkret stört (BAG 6.6.1984, 7 AZR 456/82, EzA § 1 KSchG Verhaltensbedingte Kündigung Nr 12 [DKP]; 20.7.1989, 2 AZR 114/87; 12.5.2011, 2 AZR 479/09, EzA § 123 BGB 2002 Nr 10 Rn 22 [NPD; 6.9.2012, 2 AZR 372/11, EzA § 1 KSchG Personenbedingte Kündigung Nr 30 [Rn 18]); das wird die Ausnahme bleiben (im Einzelfall jeweils abl BAG 6.6.1984, 20.7.1989, 2 AZR 114/87, u 12.5.2011, 2 AZR 479/09; offen gelassen von 6.9.2012, 2 AZR 372/11). Auch bei einem AN im öffentl Dienst (Rdn 70) genügt es nicht, wenn dieser für diverse Flugblätter verantwortlich ist, die Ausländer, Zigeuner und Asylanten pauschal als kriminelle Schmarotzer darstellen (**abw aber noch** zu § 8 I 1 BAT aF BAG 14.2.1996, 2 AZR 274/95, EzA § 626 BGB nF Nr 160 zum Kontenführer der Finanzkasse eines Finanzamtes). Ebenso wenig berechtigt **außerdienstliche Kritik** am AG ohne Weiteres zur Kdg (zur Kdg wegen innerbetrieblicher Kritik schon Rdn 62 und wegen politischer Betätigung im Betrieb Rdn 65): Es genügt für eine Kdg nicht, dass ein AN – auch im öffentl Dienst (Rdn 70) – im Internet die Terroranschläge des 11. September 2001 als »längst überfällige Befreiungsaktion« billigt, wenn er diese zugleich wegen der zivilen Opfer verurteilt (**aA** LAG Schl-Holst 6.8.2002, 2 Sa 150/02, NZA-RR 2004, 351 zur Kdg eines Umwelttechnikers im öffentl Dienst und § 8 I 1 BAT aF; *Krause* in: *v Hoyningen-Huene/Linck* § 1 Rn 622; wie hier gegen eine Kdg bei entspr Äußerungen eines Krankenpflegers im Aufenthaltsraum zu Kollegen LAG Nürnberg 13.1.2004, 6 Sa 128/03, LAGE § 626 BGB 2002 Nr 4 trotz § 8 Abs 1 S 1 BAT aF; APS/*Dörner/Vossen* § 626 BGB Rn 247; s noch Rdn 104). Dass ein AN angesichts ausländerdiskriminierender Äußerungen eines ltd Ang und Bedrohungen von Gewerkschaftsmitgliedern im Intranet seiner Gewerkschaft pauschal vom »braunen Mob« im Betrieb spricht, der aus den Löchern gekrochen komme, trägt eine Kdg schon deswegen nicht, weil diese Äußerung zu unspezifisch ist (im Ergebnis auch BAG 24.6.2004, 2 AZR 63/03, EzA § 1 KSchG Verhaltensbedingte Kündigung Nr 65); dazu auch Rdn 64. **Mehrdeutige Äußerungen** dürfen nur dann zum Nachteil des AN gewertet werden, wenn eine Deutung, die von der Meinungsfreiheit gedeckt ist, nicht mit überzeugenden Gründen ausgeschlossen werden kann (BAG 31.7.2014, 2 AZR 505/13, EzA § 15 nF KSchG Nr 73 [Rn 46]; 18.12.2014, 2 AZR 265/14, JurionRS 2014, 34648 [Rn 16 f]). Deswegen ist eine Kdg weder durch den allgemeinen Vorwurf eines AN in einer im Auftrag von ver.di produzierten, bei YouTube zu sehenden und über das Facebook-Account des AN verbreiteten online-TV-Sendung gerechtfertigt, es seien beim AG »keine Fachkräfte vorhanden« (BAG 31.7.2014, 2 AZR 505/13, EzA § 15 nF KSchG Nr 73 [Rn 48 ff]), noch durch den Vorwurf in einem Wahlflyer eines für das Amt des Landrats kandierenden AN des Landratsamts, der amtierende Landrat decke Betrügereien im Landkreis (BAG 18.12.2014, 2 AZR 265/14, JurionRS 2014, 34648 [Rn 21 ff]; zum öffentl Dienst Rdn 70.

Der AN ist nicht generell verpflichtet, seine Arbeitskraft zu erhalten und alle privaten Tätigkeiten zu unterlassen, die seine Gesundheit gefährden. Legt der AN auf einer Privatfahrt den Sicherheitsgurt nicht an und verunglückt, schließt dies uU nach § 3 I S 1 EFZG seinen Entgeltfortzahlungsanspruch aus (BAG 7.10.1981, 5 AZR 1113/79, EzA § 1 LohnFG Nr 61), berechtigt aber nicht zu einer Kdg (LSW/*Löwisch* § 1 Rn 212; zur krankheitsbedingten Kdg Rdn 77 ff). Der AN darf aber seine **Fähigkeit zur Arbeitsleistung nicht konkret beeinträchtigen**, etwa durch privaten Alkoholgenuss unmittelbar vor Arbeitsantritt (BAG 26.1.1995, 2 AZR 649/94, EzA § 1 KSchG Verhaltensbedingte Kündigung Nr 46); s Rdn 51. Ist der AN erkrankt, darf er den Heilungsprozess nicht durch unvernünftige Verhaltensweisen gefährden, Rdn 52. Bricht der AN nach einer erfolgreichen Entziehungskur die zunächst aufgenommenen Besuche einer Selbsthilfegruppe von Anonymen Alkoholikern ab, rechtfertigt dies die Kdg nicht, solange der AN nicht wieder anfängt zu trinken (LAG Düsseldorf 25.2.1997, 8 Sa 1673/96, LAGE § 1 KSchG Verhaltensbedingte Kündigung Nr 57); wohl aber ist die Kdg wegen Verletzung der Loyalitätspflicht gerechtfertigt, wenn der AN dem AG, der den Besuch einer Selbsthilfegruppe verlangt, die Fortsetzung der Besuche vortäuscht (**aA** LAG Düsseldorf, 8 Sa 1673/96).

69 **bb) Ausnahmsweise Kündigung.** Ein außerbetriebliches Verhalten kann die Kdg einmal dann rechtfertigen, wenn sich der AN **arbeitsvertraglich zu einer bestimmten Lebensführung ausdrücklich verpflichtet** hat, ohne dass diese Verpflichtung sittenwidrig ist. Weigert sich etwa der Feuerwehrmann eines Kernkraftwerkes trotz Abmahnung beharrlich, eine Wohnsitzvereinbarung einzuhalten, kann ihm der AG verhaltensbedingt kündigen (LAG München 9.1.1991, 5 Sa 31/90, LAGE § 1 KSchG Verhaltensbedingte Kündigung Nr 32; einschränkend zur Residenzpflicht eines Hausmeisters BAG 7.6.2006, 4 AZR 316/05, EzA Art 11 GG Nr 1). Wegen des unmittelbaren Zusammenhangs mit dem Arbeitsverhältnis darf der AG insb kündigen, wenn ein AN eine **Straftat unter Nutzung von Betriebsmitteln oder betrieblichen Einrichtungen** begeht, etwa eine Kassiererin nach Dienstschluss iR des Personaleinkaufs zweckwidrig nicht rabattierte Waren (Süßigkeiten) mit Rabatt-Coupons iHv 36 € bezahlt (BAG 16.12.2010, 2 AZR 485/08, EzA § 626 BGB 2002 Nr 33), oder wenn der AN außerhalb der Arbeitszeit in einem anderen, räumlich entfernten Betrieb des AG anlässlich eines Personaleinkaufs Obst stiehlt (BAG 20.9.1984, 2 AZR 633/82, EzA § 626 BGB nF Nr 91 [Diebstahl von 3 Kiwi-Früchten]) oder wenn ein AN aus dem unverschlossenen Tank eines an einem Feldweg abgestellten Baggers des AG 80 l Dieselkraftstoff in eigene Kanister abfüllt (BVerwG 12.7.2012, 5 C 16/11, NZA 2013, 97), dazu auch Rdn 56. Missbraucht ein Orchestermusiker minderjährige Mädchen sexuell, wird ein **kündigungsrelevanter Zusammenhang zum Arbeitsverhältnis** auch nicht dadurch hergestellt, dass es sich um Töchter eines mit ihm befreundeten Kollegen handelt: Es kommt keine verhaltensbedingte Kdg in Betracht (so aber BAG 27.1.2011, 2 AZR 825/09, EzA § 626 BGB 2002 Verdacht strafbarer Handlung Nr 10), sondern eine personenbedingte Kdg (näher Rdn 104), wenn die Straftat negative Auswirkungen auf den Betriebsfrieden hat, etwa mehrere Kollegen erklären, mit diesem AN nicht mehr zusammenarbeiten (musizieren) zu wollen (darauf und nicht auf die Gefahr künftiger, entsprechender Straftaten stellt faktisch auch das BAG 27.1.2011, 2 AZR 825/09 ab). Ebenso wenig genügt es, wenn ein städtischer Straßenbauarbeiter durch seine Äußerungen im Strafverfahren eine Verbindung zwischen seinem angeblich zu geringen Arbeitsentgelt und seinem Tatmotiv herstellt (aA BAG 28.10.2010, 2 AZR 293/09, EzA § 1 KSchG Verhaltensbedingte Kündigung Nr 78 zur Erklärung des zu einer Bewährungsstrafe verurteilten AN, wegen seines geringen Entgelts für seine Familie zusätzlich durch Zuhälterei Geld verdienen zu müssen; zust *Mitterer* NZA-RR 2011, 449; APS/*Dörner/Vossen* § 1 Rn 329; auch ErfK/*Müller-Glöge* § 626 BGB Rn 85a; wie hier abl *Wahlers* PersV 2011, 364, 367 f): Die wahrheitsgemäße Antwort auf die Frage nach dem Tatmotiv ist zum einen weder pflichtwidrig noch im Verhältnis zum AG relevant, zum anderen fehlt es an einer Prognose künftigen entsprechenden »Fehlverhaltens« (auch *Wahlers* PersV 2011, 364, 367). Dazu, dass für AN des öffentl Dienstes insoweit keine Besonderheiten mehr bestehen, gleich Rdn 70.

70 Eine Pflicht zur Rücksichtnahme auf die AG-Interessen kann zudem aus der **Art der Tätigkeit** folgen (zur Möglichkeit einer personenbedingten Kdg Rdn 104). Etwa trifft ltd Ang wegen ihrer exponierten Stellung sowie ihrer Nähe zum AG eine erheblich gesteigerte Pflicht aus § 241 II BGB, bei ihrem außerdienstlichen Verhalten auf die Belange des AG Rücksicht zu nehmen. Auch an andere AN in herausragender und sensibler Stellung, etwa an **Lehrer und Jugendbetreuer**, sind strengere Maßstäbe anzulegen: Ihr außerdienstliches Fehlverhalten kann eher als Verstoß gegen arbeitsvertragliche Nebenpflichten gewertet werden als bei anderen AN und eine verhaltensbedingte Kdg rechtfertigen (**abl** BAG 10.9.2009, 2 AZR 257/08 EzA § 1 KSchG Verhaltensbedingte Kündigung Nr 78 für einen Bauhofmitarbeiter). Etwa kann der AG kündigen, wenn ein Lehrer minderjährigen Schülern bei einem zufälligen Zusammentreffen in einer Diskothek alkoholische Getränke ausgibt und sie dadurch betrunken macht (im konkreten Fall wegen nicht hinreichenden Verdachts gegen eine Verdachtskündigung BAG 27.1.2008, 2 AZR 98/07, EzA § 1 KSchG Verdachtskündigung Nr 4), nicht aber, wenn eine Lehrerin 3 Jahre zuvor einen 70 km von ihrer Schule gelegenen »Swingerclub« mitbetrieben und sich dort sexuell betätigt hat (LAG Hamm 19.1.2001, 5 Sa 491/00, EzA-SD 2001, Nr 4, 8-11, schon Rdn 66). Hingegen sind **AN des öffentl Dienstes** anders als nach § 8 I S 1 BAT aF und § 8 I 1 MTArb aF seit der Neuregelung des Tarifrechts 2005 nicht mehr besonders verpflichtet, ihr gesamtes privates Verhalten so einzurichten, dass das Ansehen des öffentl AG nicht beeinträchtigt wird; sie trifft wie jeden AN lediglich die allgemeine Rücksichtnahmepflicht aus § 241 II BGB (BAG 10.9.2009, 2 AZR 257/08, EzA § 1 KSchG Verhaltensbedingte Kündigung Nr 77 u 28.10.2010, 2 AZR 293/09, EzA § 1 KSchG Verhaltensbedingte Kündigung Nr 78; *Wahlers* PersV 2010, 364, 365 ff). Deswegen genügt es entg der früheren Rspr für eine verhaltensbedingte Kdg nicht, dass der AN außerdienstlich eine Straftat von erheblichem Gewicht begangen hat (Nw bei BAG 28.10.2010, 2 AZR 293/09; *Wahlers* PersV 2010, 364, 367; s schon Rdn 69) oder dass durch sein außerdienstliches Verhalten Zweifel an seiner Verfassungstreue aufkommen (näher Rdn 67 u 104). Verhaltensbedingt kündigen kann der AG aber einer Bewährungshelferin, die in ihrer Freizeit mit einem bekanntermaßen flüchtigen Strafgefangenen intime Kontakte unterhält (LAG Sachs 17.12.1997, 2 Sa 648/97, LAGE § 1 KSchG Verhaltensbedingte Kündigung Nr 61).

Eine Pflicht zum loyalen außerdienstlichen Verhalten kann auch aus der **Art des AG-Unternehmens** folgen. 71
Etwa dürfen AN in **Tendenzunternehmen**, insb die die ideellen Unternehmensziele unmittelbar verwirklichenden **Tendenzträger**, durch ihr außerbetriebliches Verhalten die Verwirklichung dieser ideellen Ziele nicht infrage stellen: Ein Tendenzträger muss sich auch außerdienstlich solcher Äußerungen und Handlungen enthalten, die der Tendenz des Unternehmens nachhaltig zuwiderlaufen (BAG 23.10.2008, 2 AZR 483/07, EzA-SD 2009, Nr 8, 3–7). So darf ein im Rechtsschutz tätiger Gewerkschaftssekretär sich außerdienstlich nicht dadurch gegen die grds Zielsetzung seines AG wenden, dass er Mitglied des »Kommunistischen Bundes Westdeutschland« (KBW) wird und für dessen Programm eintritt, das ua »die Errichtung der proletarischen Diktatur« und »die Eroberung der Gewerkschaften für den Kommunismus« anstrebt; ein solches Verhalten rechtfertigt eine außerordentliche Kdg (BAG 6.12.1979, 2 AZR 1055/77, EzA § 1 KSchG Tendenzbetrieb Nr 5). Auch der Redakteur einer Tageszeitung unterliegt bei außerbetrieblichen Meinungsäußerungen Beschränkungen (im konkreten Fall ein Recht zur Kdg zutreffend verneinend LAG Berl 6.12.1982, 9 Sa 8082, EzA § 1 KSchG Tendenzbetrieb Nr 11). Die AN von **Religionsgemeinschaften und deren Einrichtungen** sind auch außerdienstlich an die grundlegenden Gebote der kirchlichen Sittenordnung gebunden, weswegen ein diesen Grundsätzen widersprechendes privates Verhalten die verhaltensbedingte Kdg rechtfertigen kann (näher § 626 BGB Rdn 77 ff).

E. Personenbedingte Kündigung. I. Grundsätze. 1. Zweck: Reaktion auf Störung des Äquivalenzverhältnisses. Personenbedingte Gründe, die eine ordentliche Kdg sozial rechtfertigen, sind solche Umstände, 72
die auf einer in den persönlichen Verhältnissen oder Eigenschaften des AN liegenden »Störquelle« beruhen (BAG 11.12.2003, 2 AZR 667/02, EzA § 1 KSchG Verhaltensbedingte Kündigung Nr 62). Mit dem Recht zur personenbedingten Kdg trägt das Gesetz dem **Austauschcharakter des Arbeitsverhältnisses** Rechnung: Ist der AN nicht in der Lage, die geschuldete Arbeitsleistung zu erbringen, weil er arbeitsunfähig ist oder seine Leistungsfähigkeit erheblich vermindert ist, kann der AG auf die Störung des Synallagmas reagieren und sich vom Arbeitsvertrag lösen (st Rspr, BAG 11.12.2003, 2 AZR 667/02). Es handelt sich zivilrechtl um Fälle der Unmöglichkeit oder Teilunmöglichkeit der Arbeitsleistung nach § 275 I BGB oder eines Leistungsverweigerungsrechts nach § 275 III BGB: Während beim Austauschvertrag automatisch mit der Unmöglichkeit der Leistung sowohl Leistungspflicht als auch Gegenleistungspflicht wegfallen, §§ 275 I, 326 I 1 Hs 1 BGB (bei § 275 III BGB nach Berufung des Schuldners auf das Leistungsverweigerungsrecht) bzw bei teilw Unmöglichkeit die Leistungspflicht teilw unter Minderung der Gegenleistungspflicht wegfällt, §§ 275 I, 326 I 1 Hs 2 BGB, und damit auch der Vertrag insoweit endet, verlangt § 1 II mit der Kdg eine schriftliche (§ 623 BGB) Gestaltungserklärung des AG, die das Arbeitsverhältnis erst nach Ablauf der Kdg-Frist des § 622 BGB beendet.

Dass dem AG eine Gestaltungslast obliegt, trägt dem Charakter des Arbeitsverhältnisses als Dauerschuld- 73
verhältnis Rechnung: Im Dauerschuldverhältnis beendet die Unmöglichkeit der Arbeitsleistung nicht den Vertrag, sondern schließt nur Leistungspflicht und Gegenleistungspflicht aus. Um den Vertrag zu beenden, muss der AG gestaltend auf das Arbeitsverhältnis einwirken (*Herschel* BB 1982, 253 f). Anders als im Austauschvertrag genügt im Dauerschuldverhältnis auch nicht jede punktuelle Nichtleistung, um das Synallagma zu zerstören: Eine Kdg ist nur berechtigt, wenn **das Ausmaß und die voraussichtliche Dauer** der Nichtleistung des AN eine (Teil-) Unmöglichkeit der Dauerleistung »Arbeit« begründen (vgl BAG 11.12.2003, 2 AZR 667/02, EzA § 1 KSchG Verhaltensbedingte Kündigung Nr 62). Zudem ist eine personenbedingte Kdg nur zulässig, wenn die eingeschränkte Leistungsfähigkeit des AN die Interessen des AG unzumutbar beeinträchtigt, also **bes betriebliche oder wirtschaftliche Beeinträchtigungen** zu erwarten sind (BAG 15.2.1984, 2 AZR 573/82, EzA § 1 KSchG Krankheit Nr 15; 20.12.2012, 2 AZR 32/11, EzA § 1 KSchG Personenbedingte Kündigung Nr 31 [Rn 22, 29 ff]). Maßgeblich ist die **Prognose**, dass es in Zukunft zu Störungen des Arbeitsverhältnisses kommen wird, die das Synallagma erheblich beeinträchtigen (allg Rdn 22 u Rdn 78 ff zur krankheitsbedingten Kdg). Verletzt der AN Nebenpflichten, ohne sein Verhalten steuern zu können, so dass eine verhaltensbedingte Kdg ausscheidet (Rdn 31), kann der AG in Anlehnung an § 324 BGB ordentlich kündigen, wenn ihm ein Festhalten am Vertrag nicht zuzumuten ist.

2. Kündigung als ultima ratio. Weil der AG kraft seines Direktionsrechts und durch die Eingliederung 74
des AN in seine betriebliche Organisation die Umstände der Arbeitsleistung und damit auch deren Möglichkeit und Unmöglichkeit maßgeblich beeinflussen kann – während der AN die personenbedingten Kdg-Gründe gerade nicht steuern kann – darf der AG erst dann kündigen, wenn er keine Maßnahmen ergreifen kann, die eine Weiterbeschäftigung des AN ermöglichen; das entspricht dem ultima-ratio-Prinzip (Rdn 25): Bevor der AG kündigen darf, muss er **arbeitsorganisatorische Maßnahmen** ergreifen, die eine Weiterbeschäftigung des AN ermöglichen, etwa den Arbeitsplatz so verändern, dass sich die eingeschränkte Leistungsfähigkeit des AN – etwa eine unfallbedingte Behinderung – nicht mehr auswirkt (BAG 12.7.1995, 2 AZR

762/94, EzA § 626 BGB nF Nr 156), ggf muss er Arbeitsabläufe ändern und Arbeitsaufgaben umverteilen (BAG 12.7.1995, 2 AZR 762/94). Ebenso muss der AG **personenbezogene Maßnahmen** ergreifen, um eine Weiterbeschäftigung des AN zu ermöglichen: Um die erforderliche Leistungsfähigkeit herzustellen, ist der AN etwa umzuschulen (näher Rdn 87 bei der krankheitsbedingten Kdg). In Betracht kommt auch die Versetzung des AN auf einen Arbeitsplatz, an dem er die erforderliche Leistung erbringen kann, etwa bei Eignungsmängeln (Rdn 100) und insb bei krankheitsbedingter Kdg die Versetzung auf einen leidensgerechten Arbeitsplatz (näher Rdn 87 u 97); nach BAG auch dann, wenn dem AN wegen außerdienstlicher Straftaten die Eignung für seine Tätigkeit fehlt (BAG 20.6.2013, 2 AZR 583/12, EzA § 1 KSchG Verhaltensbedingte Kündigung Nr 82 [Rn 19] zu einem im Objektschutz tätigen Wachpolizisten, der in seiner Privatwohnung Partydrogen ausschließlich zum Eigengebrauch hergestellt hatte [dazu Rdn 104]). Kann der AG dem AN die Erfüllung seiner Leistungspflicht aus § 611 I BGB möglich machen, indem er die Bedingungen am bisherigen Arbeitsplatz verändert oder ihm einen Schonarbeitsplatz zuweist, fehlt es schon an der Unmöglichkeit der Arbeitsleistung (Rdn 72 f). Ggf muss der AG dem AN die Weiterbeschäftigung zu geänderten Arbeitsbedingungen ermöglichen (Rdn 88 zur krankheitsbedingten Kdg). Soweit diese Änderungen nicht vom Direktionsrecht des AG aus § 106 GewO gedeckt sind, muss sich der AN mit der Änd der Arbeitsbedingungen einverstanden erklären; der AG ist verpflichtet, dem AN ein entspr Änderungsangebot zu unterbreiten, das der AN unter einem § 2 entspr Vorbehalt annehmen kann, § 2 Rdn 15 ff (vgl BAG 27.9.1984, 2 AZR 62/83, EzA § 2 KSchG Nr 5). Ist der AN mit der Weiterbeschäftigung zu geänderten Arbeitsbedingungen nicht einverstanden, kann der AG kündigen. Zur Beweislast Rdn 112.

75 Bei einer vorübergehenden Leistungsunfähigkeit des AN muss der AG bis zu deren Beendigung ggf **Überbrückungsmaßnahmen** ergreifen, bevor er kündigen darf, etwa Aushilfskräfte einstellen oder einem bereits beschäftigten AN die Aufgaben des verhinderten AN zeitweise mit übertragen, ggf unter Anordnung von Überstunden (st Rspr, BAG 12.4.2002, 2 AZR 148/01, EzA § 1 KSchG Krankheit Nr 49). Kann der AG den vorübergehenden Ausfall des AN durch Überbrückungsmaßnahmen auffangen, ist das Ausmaß der Unmöglichkeit für die Dauerleistung »Arbeit« nicht schwerwiegend genug, um die Kdg begründen zu können. Überbrückungsmaßnahmen kommen vor allem bei einem krankheitsbedingten Ausfall des AN in Betracht, näher dort Rdn 90 ff. Überbrückungsmaßnahmen obliegen dem AG aber ausnahmsweise auch dann, wenn die vom AN aus Gewissensgründen verweigerte Arbeitsleistung (Rdn 49) im Unternehmen nur vorübergehend verlangt wird, etwa die von einem Arzt abgelehnten Tests nur für wenige Wochen durchgeführt werden. Ebenso muss der AG eine Kdg durch Überbrückungsmaßnahmen abwehren, wenn absehbar ist, dass der Verdacht einer strafbaren Handlung des AN (Rdn 110) bald gerichtlich geklärt werden wird oder wenn der Wehrdienst ausländischer AN (Rdn 49) oder die Strafhaft des AN (Rdn 105) nur kurze Zeit dauert.

76 **3. Außerordentliche Kündigung.** Ein in der Person des AN liegender Grund kann ausnahmsweise auch eine außerordentliche Kdg nach § 626 BGB rechtfertigen, etwa wenn Sicherheitsbedenken ggü dem AN bestehen (Rdn 51) oder wenn dieser einer strafbaren Handlung verdächtigt wird (Rdn 110). Da schon an eine ordentliche Kdg wegen Krankheit des AN ein strenger Maßstab anzulegen ist, kommt eine außerordentliche Kdg nach § 626 I BGB insoweit nur in eng begrenzten Ausnahmefällen in Betracht (BAG 18.10.2000, 2 AZR 627/99, EzA BGB § 626 Krankheit Nr 3 u 18.1.2001, 2 AZR 616/99, EzA BGB § 626 Krankheit Nr 4; 20.3.2014, 2 AZR 825/12, EzA § 626 BGB 2002 Krankheit Nr 4 [Rn 20]; 23.1.2014, 2 AZR 582/13, EzA § 626 BGB 2002 Ausschlussfrist Nr 5 [Rn 28]; zur Trunksucht zuletzt 20.12.2012, 2 AZR 32/11, EzA § 1 KSchG Personenbedingte Kündigung Nr 31 [Rn 14 ff]), idR nur dann, wenn eine ordentliche Kdg durch TV oder Arbeitsvertrag ausgeschlossen ist (BAG 16.9.1999, 2 AZR 123/99, 18.10.2000, 2 AZR 627/99, 18.1.2001, 2 AZR 616/99, 20.3.2014, 2 AZR 825/12 [Rn 20] u 23.1.2014, 2 AZR 582/13 [Rn 26]): Dem AN ist in diesen Fällen eine der ordentlichen Kdg-Frist entspr Auslauffrist zu gewähren (BAG 18.1.2001, 2 AZR 616/99, u 20.12.2012, 2 AZR 32/11). Ist hingegen eine ordentliche Kdg möglich, so ist die Fortsetzung des Arbeitsverhältnisses bis zum Ablauf der Kdg-Frist dem AG normalerweise zumutbar, zumal er idR von seiner Entgeltfortzahlungspflicht befreit ist (BAG 18.1.2001, 2 AZR 616/99).

77 **II. Kündigungsgründe im Einzelnen. 1. Krankheitsbedingte Kündigung. a) Grundsätze.** Ist der AN krankheitsbedingt nicht in der Lage, die geschuldete Arbeitsleistung zu erbringen, darf der AG kündigen; dass er die Kdg auf (häufige) Arbeitsunfähigkeitszeiten stützt, ist regelmäßig kein hinreichendes Indiz iSd § 22 AGG für eine nach §§ 1, 7 AGG unzulässige Kdg wegen Benachteiligung auf Grund einer Behinderung (BAG 28.4.2011, 8 AZR 515/10, EzA § 22 AGG Nr 4; noch Rdn 85). Für die Rechtfertigung einer krankheitsbedingten Kdg ist nach st Rspr des BAG eine **3-Stufen-Prüfung** erforderlich: Der AG kann einem AN krankheitsbedingt kündigen, wenn auf der 1. Stufe eine negative Gesundheitsprognose gerechtfertigt

ist, also zu erwarten ist, dass die Arbeitsfähigkeit des AN bezogen auf die bisher ausgeübte Tätigkeit nicht dauerhaft wiederhergestellt werden kann, und auf der 2. Stufe zu befürchten steht, dass es wegen der zu erwartenden krankheitsbedingten Ausfälle des AN zu einer erheblichen Beeinträchtigung betrieblicher Interessen kommen wird; schließlich soll auf der 3. Stufe eine Interessenabwägung ergeben müssen, dass die betrieblichen Beeinträchtigungen zu einer billigerweise nicht mehr hinzunehmenden Belastung des AG führen (BAG 19.4.2007, 2 AZR 239/06, EzA § 1 KSchG Krankheit Nr 53; 8.11.2007, 2 AZR 292/06, EzA § 1 KSchG Krankheit Nr 54; 23.4.2008, 2 AZR 1012/06, EzA § 1 KSchG Krankheit Nr 55; 20.11.2014, 2 AZR 664/13, EzA § 1 KSchG Krankheit Nr 59 [Rn 16]; 20.11.2014, 2 AZR 755/13, EzA § 1 KSchG Krankheit Nr 60 [Rn 13]; 13.5.2015, 2 AZR 565/14, EzA § 1 KSchG Krankheit Nr 61 [Rn 12]). Dies ist bis auf die Interessenabwägung (dagegen Rdn 83) richtig. Weil das BAG den Schutz des AGG über den sog bio-psycho-sozialen Behinderungsbegriff auf chronische Krankheiten ausdehnt, auch wenn sie nicht die Leistungsfähigkeit des AN, wohl aber seine Teilhabe am gesellschaftlichen Leben einschränken (BAG 19.12.2013, 6 AZR 190/12, EzA § 1 AGG Nr 2 [Rn 58, 72 f]; auf Einschränkungen bei der Teilhabe am Berufsleben stellt ab EuGH 11.4.2013, C-335/11 ua, EzA Richtlinie 2000/78 EG-Vertrag 1999 Nr 31 [Rn 41 ff, 47] u 18.12.2014, C-354/13, EzA Richtlinie 2000/78 EG-Vertrag 1999 Nr 38 [Rn 59, 64]), führen krankheitsbedingte Kdg häufig schon als diskriminierend zur Sozialwidrigkeit (allg. Rdn 17). Behindert sind unter diesen Voraussetzungen nicht nur AN mit einer schweren Neurodermitis (BAG 3.4.2007, 9 AZR 823/06, EzA § 81 SGB IX Nr 15), sondern auch stark übergewichtige AN (EuGH 18.12.2014, C-354/13, EzA Richtlinie 2000/78 EG-Vertrag 1999 Nr 38 [Rn 42 ff], aA BVerwG 4.4.2012, 2 B 86/12, DokBer 2013, 236 [Rn 8 ff.] trotz BMI von 40), symptomlos mit HIV infizierte AN (BAG 19.12.2013, 6 AZR 190/12) sowie AN mit schlecht eingestellter Diabetes (BAG 19.12.2013, 6 AZR 190/12 [obiter Rn 68]), siehe § 1 AGG Rdn 8 f.

Hins der **negativen Gesundheitsprognose (1. Stufe)** genügt der AG seiner Darlegungslast zunächst, wenn er die bisherige Dauer der Erkrankungen sowie die ihm bekannten Krankheitsursachen darlegt. Zwar sagt die Dauer der bisherigen Arbeitsunfähigkeit allein noch nichts darüber aus, ob der AN auch in Zukunft arbeitsunfähig krank sein wird; sie hat aber Indizwirkung (BAG 25.11.1982, 2 AZR 140/81, EzA § 1 KSchG Krankheit Nr 10; 12.4.2002, 2 AZR 148/01, EzA § 1 KSchG Krankheit Nr 49 u 13.5.2015, 2 AZR 565/14, EzA § 1 KSchG Krankheit Nr 61 [Rn 14] mwN). Reagiert der AN, indem er, ggf unter Entbindung seiner Ärzte von der Schweigepflicht, konkret dartut, dass die bisherigen Krankheitszeiten keine Aussage über etwaige künftige Erkrankungen und deren Dauer erlauben oder mit einer früheren Genesung zu rechnen ist, obliegt dem AG der Beweis für die Berechtigung seiner negativen Gesundheitsprognose, den er idR durch ein medizinisches Sachverständigengutachten erbringen muss (BAG 12.4.2002, 2 AZR 148/01). Weigert sich der AN, die Ärzte von der Schweigepflicht zu entbinden oder sich einer Untersuchung zu unterziehen (Rdn 79), bleibt es bei der Indizwirkung der Vorerkrankungen; der AN kann die behandelnden Ärzte aber noch nachträglich von der Schweigepflicht entbinden und die negative Prognose noch im Prozess unter Berufung auf ein ärztliches Zeugnis bestreiten (BAG 12.4.2002, 2 AZR 148/01). Dass dem AN eine Rente wegen Erwerbsminderung bewilligt worden ist, hat keine Indizwirkung: Die arbeitsrechtl Voraussetzungen einer krankheitsbedingten Arbeitsunfähigkeit und die sozialrechtl Voraussetzungen einer Erwerbsminderung sind nicht identisch (BAG 13.5.2015, 2 AZR 565/14 [Rn 21]). 78

Durch den Arbeitsvertrag oder einen TV kann der AN verpflichtet werden, sich bei erheblichen Zweifeln über die künftigen Krankheitsverlauf auf Verlangen des AG **ärztlich untersuchen** zu lassen. Verweigert der AN diese Untersuchungen trotz Abmahnung, kann der AG verhaltensbedingt kündigen (BAG 6.11.1997, 2 AZR 801/96, EzA § 626 BGB nF Nr 171 zu § 7 II BBkAT; 7.11.2002, 2 AZR 475/01, EzA § 130 BGB 2002 Nr 1 zu §§ 7 II, 59 I BAT; 27.9.2012, 2 AZR 811/11, EzA § 1 KSchG Verhaltensbedingte Kündigung Nr 81zu § 3 IV TV-N Berlin). Ohne konkreten Anlass ist der AN nicht verpflichtet, im laufenden Arbeitsverhältnis vorbeugenden und routinemäßigen Blutuntersuchungen auf Alkohol- oder Drogenabhängigkeit zuzustimmen (BAG 12.8.1999, 2 AZR 55/99, EzA § 1 KSchG Verhaltensbedingte Kündigung Nr 55), weswegen der AG ihm aufgrund einer verweigerten Untersuchung nicht kündigen kann, Rdn 51. Zur verhaltensbedingten Kdg, wenn ein erkrankter AN dem AG die Arbeitsunfähigkeit und deren voraussichtliche Dauer nicht unverzüglich anzeigt oder wenn er sich nicht so verhält, dass er möglichst bald wieder gesund wird, Rdn 52; zur verhaltensbedingten Kdg, wenn ein AN androht, er werde »krankfeiern« oder wenn er eine Krankheit nur vortäuscht, Rdn 47. 79

Erkrankungen aufgrund betrieblicher Ursachen, insb eines Betriebsunfalls, müssen entg der Auffassung des BAG (14.1.1993, 2 AZR 343/92, EzA § 1 KSchG Krankheit Nr 39) in die Gesundheitsprognose einbezogen werden. Durch Betriebsunfälle verursachte Ausfälle muss der AG aber ggf länger hinnehmen als Fehlzeiten aus anderen Ursachen (Rdn 82). Der AG kann sich zunächst darauf beschränken, die betriebliche Tätigkeit des AN vorzutragen und den vom AN behaupteten Zusammenhang seiner Erkrankung 80 mit den betrieblichen Ursachen zu bestreiten. Der AN muss dann dartun, weshalb ein Zusammenhang besteht, und dem AG die Widerlegung durch die Entbindung von der Schweigepflicht ermöglichen (BAG 6.9.1989, 2 AZR 118/89, EzA § 1 KSchG Krankheit Nr 27).

81 Maßgeblich ist die Gesundheitsprognose im **Zeitpunkt des Zugangs der Kdg-Erklärung** (Rdn 20); erst später eintretende Umstände dürfen nicht berücksichtigt werden. Gegen die negative Gesundheitsprognose kann der AN daher nicht einwenden, er habe nach Zugang der Kdg-Erklärung eine vorher abgelehnte Therapie oder bei Trunksucht eine Entziehungskur begonnen, er habe sich operieren lassen oder er lebe seit Zugang der Kdg-Erklärung gesundheitsbewusster (BAG 9.4.1987, 2 AZR 210/86, EzA § 1 KSchG Krankheit Nr 18; 6.9.1989, 2 AZR 118/89, EzA § 1 KSchG Krankheit Nr 27 u 5.7.1990, 2 AZR 154/90, EzA § 1 KSchG Krankheit Nr 32). Daher können AG und AN zur Bekräftigung oder Entkräftung der Krankheitsprognose während des Kdg-Schutzprozesses nur solche Tatsachen nachschieben, die im Zeitpunkt des Kdg-Zugangs bereits bestanden haben bzw in Gang gesetzt worden sind; andere Kausalverläufe müssen außer Betracht bleiben (BAG 9.4.1987, 2 AZR 210/86 u 6.9.1989, 2 AZR 118/89). Ist der AN aufgrund eines neuen Kausalverlaufs genesen, kann er vom AG auch **nicht** verlangen, **wieder eingestellt zu werden** (BAG 7.11.2002, 2 AZR 599/01, EzA § 1 KSchG Krankheit Nr 50); ebenso wenig, wenn sich sein Gesundheitszustand überraschend erst nach Ablauf der Kdg-Frist grundlegend gebessert hat (BAG 27.6.2001, 7 AZR 662/99, EzA § 1 KSchG Wiedereinstellungsanspruch Nr 6). Der AN kann seine Wiedereinstellung selbst dann nicht verlangen, wenn sich die negative Gesundheitsprognose während des Laufs der Kdg-Frist als tatsächlich falsch erweist (*Stahlhacke/Preis/Vossen* Rn 1227; offengelassen von BAG 17.6.1999, 2 AZR 639/98, EzA § 1 KSchG Wiedereinstellungsanspruch Nr 4; 27.6.2001, 7 AZR 662/99 u 7.11.2002, 2 AZR 599/01; aA LSW/*Löwisch* § 1 Rn 106; APS/*Dörner/Vossen* § 1 Rn 74; *Krause* in: *v Hoyningen-Huene/Linck* § 1 Rn 267).

82 Auf der **2. Stufe** muss der AG darlegen, dass der krankheitsbedingte Ausfall des AN eine **erhebliche Beeinträchtigung der betrieblichen Interessen** bewirkt. An die Darlegung der zu erwartenden Beeinträchtigungen stellt die Rspr wegen der Sachnähe des AG strenge Anforderungen (BAG 25.11.1982, 2 AZR 140/81, EzA § 1 KSchG Krankheit Nr 10); zu den Besonderheiten bei Alkoholsucht Rdn 84, zu den Ausnahmen bei dauerhafter Arbeitsunfähigkeit und bei Langzeiterkrankungen s Rdn 86 und 90 f. Hat der AG den AN trotz einer bekannten gesundheitlichen Beeinträchtigung eingestellt, muss er längere Fehlzeiten und häufigere Ausfälle hinnehmen als bei anderen AN (BAG 10.6.1969, 2 AZR 94/68, EzA § 1 KSchG Nr 13). Auch bei Leistungsminderungen, die der AG verursacht hat, etwa einer Berufskrankheit oder einer Erkrankung des AN aufgrund eines Arbeitsunfalls (Rdn 80), muss der AG die Äquivalenzstörung länger hinnehmen: Der Grund für die eingeschränkte Leistungsfähigkeit liegt dann nicht allein in der Person des AN, sondern ebenso in der betrieblichen Organisation des AG (für eine Berücksichtigung iRd Interessenabwägung auf der 3. Stufe BAG 6.9.1989, 2 AZR 118/89 u 5.7.1990, 2 AZR 154/90, EzA § 1 KSchG Krankheit Nr 27 u Nr 32). Behauptet der AN eine betriebliche Ursache für seine Erkrankung, trägt der AG die Darlegungs- und Beweislast dafür, dass der vom AN behauptete Zusammenhang nicht besteht (BAG 6.9.1989, 2 AZR 118/89 u 5.7.1990, 2 AZR 154/90). Entg dem BAG (18.1.2001, 2 AZR 616/99, EzA § 626 BGB Krankheit Nr 4) gelten diese Einschränkungen aber nicht, wenn ein Wegeunfall Krankheitsursache ist.

83 Eine **Interessenabwägung** als **3. Stufe** (dazu BAG 20.3.2014, 2 AZR 565/12, EzA § 1 KSchG Krankheit Nr 58 [Rn 36 ff] u 20.11.2014, 2 AZR 664/13, EzA § 1 KSchG Krankheit Nr 60 [Rn 52 ff]), in der alle Umstände des Einzelfalls gegeneinander abgewogen werden und insb auch die Intensität der betrieblichen Beeinträchtigungen geprüft werden soll, ist entg der st Rspr **überflüssig**: Alle maßgeblichen Gesichtspunkte werden bereits auf den Stufen 1 und 2 geprüft. In keinem Fall sind für die Zulässigkeit einer personenbedingten Kdg das Lebensalter, die Dauer der Betriebszugehörigkeit und eine etwaige Schwerbehinderung oder die Unterhaltspflichten des AN zu berücksichtigen (**so aber** BAG 15.2.1984, 2 AZR 573/82, EzA § 1 KSchG Krankheit Nr 15 u 20.1.2000, 2 AZR 378/99, EzA § 1 KSchG Krankheit Nr 47; 20.12.2012, 2 AZR 32/11, EzA § 1 KSchG Personenbedingte Kündigung Nr 31 [Rn 36]; ErfK/*Oetker* § 1 Rn 151): Die Belastungen des AG werden nicht deswegen geringer, weil das Arbeitsverhältnis schon lange andauert oder weil der AN Familie hat, Rdn 27 f.

84 Zu den eine personenbedingte Kdg rechtfertigenden Krankheiten zählt insb auch die **Alkoholabhängigkeit (Trunksucht)** des AN (zuletzt BAG 20.12.2012, 2 AZR 32/11, EzA § 1 KSchG Personenbedingte Kündigung Nr 31 [Rn 14, 22]; 20.3.2014, 2 AZR 565/12, EzA § 1 KSchG Krankheit Nr 58 [Rn 15]). Alkoholabhängigkeit ist eine Krankheit im medizinischen Sinne, wenn der gewohnheitsmäßige, übermäßige Alkoholgenuss trotz besserer Einsicht nicht aufgegeben oder reduziert werden kann, der AN also physisch oder psychisch vom Alkohol abhängig ist: Kennzeichnend ist zum einen die Unfähigkeit zur Abstinenz (der Alkoholiker kann auf Alkohol nicht mehr verzichten), und zum anderen das unkontrollierte Trinken (der Alkoholiker kann, wenn er zu trinken beginnt, mit dem Trinken nicht mehr aufhören) (BAG

9.4.1987, 2 AZR 210/86, EzA § 1 KSchG Krankheit Nr 18). Ob der AN die Trunksucht verschuldet hat, soll iRd Interessenabwägung (Rdn 83) berücksichtigt werden (BAG 9.4.1987, 2 AZR 210/86). Für die Prognose (Rdn 22) ist entscheidend, ob der AN zum Zeitpunkt der Kdg bereit ist, eine Entziehungskur bzw. Therapie durchzuführen; lehnt er dies ab, kann erfahrungsgemäß davon ausgegangen werden, dass er in absehbarer Zeit nicht geheilt werden wird (BAG 9.4.1987, 2 AZR 210/86, und 20.3.2014, 2 AZR 565/12 [Rn 15, 21]). Ebenso ist eine negative Prognose idR dann berechtigt, wenn der AN nach abgeschlossener Therapie rückfällig geworden ist (BAG 16.9.1999, 2 AZR 123/99, EzA § 626 BGB Krankheit Nr 2; 20.3.2014, 2 AZR 565/12 [Rn 15, 20]). Erheblich beeinträchtigt werden die betrieblichen Interessen nicht nur aufgrund alkoholbedingter Fehlzeiten, sondern auch dann, wenn ein alkoholisiertes Tätigwerden des AN zu Selbst- und Fremdgefährdungen von Personen und Sachen führt (BAG 13.12.1990, 2 AZR 336/90, EzA § 1 KSchG Krankheit Nr 33 [zu einem Hafenarbeiter]; 20.3.2014, 2 AZR 565/12 [Rn 23 ff zu einem Hofarbeiter eines Schrottentsorgungsbetriebs]) oder wenn der AN seine Tätigkeit unter Alkoholeinfluss nicht ordnungsgemäß verrichten kann (BAG 20.12.2012, 2 AZR 32/11 [Rn 29 f zu einem Ergotherapeuten in einer Suchtklinik]). Eine Versetzung des AN auf einen anderen Arbeitsplatz (Rdn 74) wird bei Trunksucht idR ausscheiden (BAG 9.4.1987, 2 AZR 210/86; 13.12.1990, 2 AZR 336/90 u 20.12.2012, 2 AZR 32/11 [Rn 31]; auch 20.3.2014, 2 AZR 565/12 [Rn 30, 35]). Die gleichen Grundsätze gelten bei einer **Drogenabhängigkeit** des AN. Zu Eignungsmängeln wegen Trunksucht Rdn 99, zur verhaltensbedingten Kdg wegen Alkoholmissbrauchs Rdn 51.

85 Sind AN innerhalb eines Jahres insgesamt länger als 6 Wochen arbeitsunfähig krank, entweder ununterbrochen oder durch wiederholte, zusammenzurechnende Krankheitszeiten (BAG 24.3.2011, 2 AZR 170/10, EzA § 84 SGB IX Nr 8 [Rn 19]; 20.11.2014, 2 AZR 755/13, EzA § 1 KSchG Krankheit Nr 59 [Rn 28, 42], so muss der AG über das **betriebliche Eingliederungsmanagementverfahren (BEM)** nach § 84 II SGB IX versuchen, das Arbeitsverhältnis durch krankheitsgerechte Gestaltung aufrechtzuerhalten; das gilt grds auch zugunsten eines alkoholkranken AN (BAG 20.3.2014, 2 AZR 565/12, EzA § 1 KSchG Krankheit Nr 58 [Rn 32]; zum Alkoholismus als Krankheit Rdn 84). Das BEM ist auch dann durchzuführen, wenn im Betrieb keine Interessenvertretung iSv § 93 SGB IX (also insbes kein BR) besteht (BAG 30.9.2009, 2 AZR 88/09, EzA § 84 SGB IX Nr 7; 20.3.2014, 2 AZR 565/12 [Rn 32]; 13.5.2015, 2 AZR 565/14, EzA § 1 KSchG Krankheit Nr 61 [Rn 25]); besteht eine Interessenvertretung, ist diese hinzuzuziehen, wenn der AN damit einverstanden ist (BAG 20.11.2014, 2 AZR 755/13 [Rn 31]). Der AG muss die Initiative ergreifen, dem AN also unter Hinweis auf die Ziele sowie die Art und den Umfang der dabei erhobenen Daten ein BEM anbieten (BAG 7.2.2012, 1 ABR 46/10, EzA § 84 SGB IX Nr 9 [Rn 19, 22]; 20.11.2014, 2 AZR 755/13 [Rn 31 f]; 20.11.2014, 2 AZR 664/13, EzA § 1 KSchG Krankheit Nr 60 [Rn 38]); durchgeführt werden kann es nur dann, wenn der AN einverstanden ist (BAG 12.7.2007, 2 AZR 716/06, EzA § 84 SGB IX Nr 3 u 24.3.2011, 2 AZR 170/10, EzA § 84 SGB IX Nr 8). **Verweigert der AN** die Durchführung des BEM trotz ordnungsgemäßer Aufklärung, ist die Nichtdurchführung »kündigungsneutral« (BAG 24.3.2011, 2 AZR 170/10 [Rn 24] u 13.5.2015, 2 AZR 565/14 [Rn 26]). **Ist ein BEM** mit positivem Ergebnis **durchgeführt** worden, so ist der AG grds verpflichtet, die empfohlene Maßnahme vor Ausspruch einer krankheitsbedingten Kdg als milderes Mittel umzusetzen (BAG 10.12.2009, 2 AZR 400/08 [Rn 29]). Kündigt er, ohne sie umgesetzt zu haben, führt dies dazu, dass er vollumfänglich beweisbelastet für die Rechtfertigung der Kdg ist (BAG 10.12.2009, 2 AZR 400/08). Denkbares Ergebnis eines BEM kann es auch sein, den AN auf eine Maßnahme der medizinischen Rehabilitation iSv § 26 SGB IX zu verweisen (BAG 20.11.2014, 2 AZR 755/13 [Rn 48 ff]). Hat das BEM zu der negativen Erkenntnis geführt, die Arbeitsunfähigkeit des AN könne nicht überwunden oder künftig nicht vermieden werden, so genügt der AG seiner Darlegungslast nach § 1 II 4, wenn er auf diesen Umstand hinweist, und wird der AN darlegungspflichtig (BAG 10.12.2009, 2 AZR 400/08).

85.1 Die Durchführung des BEM ist weder eine Wirksamkeitsvoraussetzung für die Kdg noch selbst ein milderes Mittel ggü der Kdg (BAG 10.12.2009, 2 AZR 400/08, EzA § 1 KSchG Krankheit Nr 56 [Rn 18]; 20.11.2014, 2 AZR 664/13, EzA § 1 KSchG Krankheit Nr 60 [Rn 20] u 13.5.2015, 2 AZR 565/14, EzA § 1 KSchG Krankheit Nr 61 [Rn 28]); führt der AG das BEM nicht oder nicht ordnungsgemäß durch, begründet dies auch keine Vermutung nach § 22 AGG dahin, der AN werde wegen einer Behinderung benachteiligt (BAG 28.4.2011, 8 AZR 515/10, EzA § 22 AGG Nr 4; 20.11.2014, 2 AZR 664/13 [Rn 62]; auch schon Rdn 77). Als Verfahren, mit dessen Hilfe zugunsten des AN mildere Maßnahmen gegenüber der Kdg ermittelt werden sollen (zur Versetzung auf einen Schonarbeitsplatz Rdn 74, 87 u 97, zur Anpassung des bisherigen Arbeitsplatzes Rdn 88), konkretisiert § 84 II SGB IX für die krankheitsbedingte Kdg aber den Verhältnismäßigkeitsgrundsatz (Rdn 74) – und zwar für alle, nicht nur für behinderte AN (BAG 12.7.2007, 2 AZR 716/06 [Rn 41], 10.12.2009, 2 AZR 400/08 [Rn 18], 24.3.2011, 2 AZR 170/10 [Rn 20] u 13.5.2015, 2 AZR 565/14 [Rn 25, 28]; 20.11.2014, 2 AZR 755/13, EzA § 1 KSchG

Krankheit Nr 59 [Rn 23 ff, 38] BT-Drs 15/1783 S 15; auch Rdn 26): Eine Kdg ist als unverhältnismäßig sozial ungerechtfertigt, wenn der AG das **BEM nicht oder nicht ordnungsgemäß durchgeführt** hat und bei gehöriger Durchführung Möglichkeiten hätten ermittelt werden können, um die Kdg zu vermeiden (BAG 10.12.2009, 2 AZR 400/08, EzA § 1 KSchG Krankheit Nr 56). Bei Nichtdurchführung oder nicht ordnungsgemäßer Durchführung des BEM **verschiebt sich die Darlegungs- und Beweislast zulasten des AG** (allg zur Beweislast nach § 1 II 4 Rdn 112) – unabhängig davon, ob ein ordnungsgemäß durchgeführtes BEM positiv oder negativ für den AN ausginge: Hätte das BEM kein positives Ergebnis erbringen können, so muss der AG darlegen und ggf beweisen, dass ein BEM in keinem Fall dazu beigetragen hätte, das Arbeitsverhältnis aufrechtzuerhalten (BAG 24.3.2011, 2 AZR 170/10 [Rn 25], 20.11.2014, 2 AZR 755/12 [Rn 39] u 2 AZR 664/13 [Rn 21]). Wäre bei Durchführung des BEM ein positives Ergebnis möglich gewesen, so muss der AG sich regelmäßig vorhalten lassen, er habe vorschnell gekündigt (BAG 20.11.2014, 2 AZR 755/12 [Rn 40] u 2 AZR 664/13 [Rn 21], 13.5.2015, 2 AZR 565/14 [Rn 28]) und kann diesen Vorwurf nicht durch den pauschalen Vortrag entkräften, er kenne keine alternativen Einsatzmöglichkeiten für den erkrankten AN. In beiden Fällen muss der AG vielmehr umfassend und detailliert vortragen, warum weder die Weiterbeschäftigung des AN auf dem bisherigen Arbeitsplatz zu geänderten Bedingungen noch die Versetzung auf einen Schonarbeitsplatz möglich ist (Rdn 87 f; zum BEM ohne denkbares positives Ergebnis: BAG 24.3.2011, 2 AZR 170/10 [Rn 25], 20.11.2014, 2 AZR 755/12 [Rn 39] u 2 AZR 664/13 [Rn 21]; zum BEM mit möglichem positiven Ergebnis: BAG 12.7.2007, 2 AZR 16/06, 23.4.2008, 2 AZR 1012/06, 20.11.2014, 2 AZR 664/13 [Rn 22] u 13.5.2015, 2 AZR 565/14 [Rn 28]; abl *Tschöpe* NZA 2008, 398, 399 f).

86 **b) Dauerhafte Arbeitsunfähigkeit.** Ist der AN dauernd krankheitsbedingt leistungsunfähig, dessen Einsatz also dauerhaft unmöglich, ist idR von einer erheblichen Beeinträchtigung der betrieblichen Interessen auf der 2. Stufe auszugehen (Rdn 82): Die personenbedingte Kdg ist ohne Weiteres zulässig (BAG 3.12.1998, 2 AZR 773/97, EzA § 1 KSchG Krankheit Nr 45; 19.4.2007, 2 AZR 239/06, EzA § 1 KSchG Krankheit Nr 53; 20.11.2014, 2 AZR 664/13, EzA § 1 KSchG Krankheit Nr 60 [Rn 14]; 13.5.2015, 2 AZR 565/1, EzA § 1 KSchG Krankheit Nr 61 [Rn 18]; 12.7.2007, 2 AZR 716/06, EzA § 84 SGB IX Nr 3; 10.6.2010, 2 AZR 1020/08, EzA § 1 KSchG Personenbedingte Kdg Nr 25); Überbrückungsmaßnahmen (Rdn 75, 90 u 94) braucht der AG nicht zu ergreifen. **Darzulegen** hat der AG daher **nur die negative Prognose**, dass künftig nicht mit der Wiederherstellung der Leistungsfähigkeit des AN zu rechnen ist (1. Stufe, Rdn 78 ff). Ein Erfahrungssatz, dass bei lang anhaltenden Krankheiten (Rdn 90) mit einer ungewissen Fortdauer der Krankheit zu rechnen sei, besteht aber nicht (BAG 12.4.2002, 2 AZR 148/01, EzA § 1 KSchG Krankheit Nr 49). Der dauerhaften Leistungsunfähigkeit steht es gleich, wenn im Zeitpunkt der Kdg die **Wiederherstellung der Arbeitsfähigkeit völlig ungewiss** ist (BAG 21.5.1992, 2 AZR 399/91, EzA § 1 KSchG Krankheit Nr 38 u 24.11.2005, 2 AZR 514/04, EzA § 1 KSchG Krankheit Nr 51); davon geht das BAG erst dann aus, wenn für 24 Monate nicht mit der Wiederherstellung der Arbeitsfähigkeit gerechnet werden kann (BAG 29.4.1999, 2 AZR 431/98, EzA § 1 KSchG Krankheit Nr 46; 12.4.2002, 2 AZR 148/01, 12.7.2007, 2 AZR 716/06, 20.11.2014, 2 AZR 664/13 [Rn 14] u 13.5.2015, 2 AZR 565/14 [Rn 18]); näher Rdn 90 ff. Wird dem AN eine Rente wegen Erwerbsminderung bewilligt, so genügt dies nicht als Indiz für eine (dauerhafte) Arbeitsunfähigkeit (BAG 13.5.2015, 2 AZR 565/14 [Rn 15]), Rdn 76 aE. Umgekehrt ist die Kdg unabhängig davon möglich, ob der AN durch eine rentenrechtl Versorgung abgesichert ist (BAG 14.1.2015, 7 AZR 880/13, JurionRS 2015, 14546 [Rn 54]). Die Kdg wegen dauerhafter Arbeitsunfähigkeit verstößt nicht zwingend gegen das Verbot der Benachteiligung wegen einer Behinderung nach § 7 I AGG (BAG 20.11.2014, 2 AZR 664/13 [Rn 52 ff]). Fehlt der AN wegen einer bestimmten Erkrankung (etwa eines Kontaktekzems) oft krankheitsbedingt, nicht aber dauerhaft, ist nur eine Kdg wegen häufiger Kurzerkrankungen möglich (BAG 23.9.1992, 2 AZR 150/92, JurionRS 1992, 15778), Rdn 93 ff.

87 Wegen des ultima-ratio-Grundsatzes ist eine Kdg nur gerechtfertigt, wenn der AN nicht auf einen »**leidensgerechten Arbeitsplatz**« oder »**Schonarbeitsplatz**« im selben Betrieb oder in einem anderen Betrieb **versetzt** werden kann (BAG 28.2.1990, 2 AZR 401/89 u 10.6.2010, 2 AZR 1020/08, EzA § 1 KSchG Personenbedingte Kündigung Nr 5 u Nr 25 [Beschäftigung einer Wachpolizistin als Pförtnerin]; 24.11.2005, 2 AZR 514/04, EzA § 1 KSchG Krankheit Nr 51), ggf nach einer Änderungs-Kdg (BAG 20.11.2014, 2 AZR 664/13, EzA § 1 KSchG Krankheit Nr 60 [Rn 15] u 13.5.2015, 2 AZR 565/14, EzA § 1 KSchG Krankheit Nr 61 [Rn 32, 34]). Ist der AN schwerbehindert, ist diese Pflicht in § 81 IV 1 Nr 1 **SGB IX** besonders normiert (BAG 14.3.2006, 9 AZR 411/05, EzA § 81 SGB IX Nr 11 mwN); zum BEM nach § 84 II SGB IX Rdn 2. Die neue Beschäftigung muss der bisherigen Beschäftigung aber im Wert entsprechen oder geringer bewertet sein (BAG 19.4.2007, 2 AZR 239/06, EzA § 1 KSchG Krankheit Nr 53): Der AN muss auf dem anderen Arbeitsplatz nach seiner Qualifikation und trotz seiner Krankheit beschäftigt werden

können (abl BAG 7.2.1991, 2 AZR 205/90, EzA § 1 KSchG Personenbedingte Kündigung Nr 9 zu einer Laborfacharbeiterin mit Hautallergie), ggf zu geänderten Arbeitsbedingungen (BAG 28.2.1990, 2 AZR 401/89) oder nach einer Umschulung oder Fortbildung, § 1 II 3 (BAG 7.2.1991, 2 AZR 205/90, EzA § 1 KSchG Personenbedingte Kündigung Nr 9). Anders als zur Vermeidung einer betriebsbedingten Kdg ist es nicht erforderlich, dass der Schonarbeitsplatz im Zeitpunkt des Zugangs der Kdg oder in absehbarer Zeit nach deren Zugang frei ist (dazu Rdn 162): Zur Vermeidung einer krankheitsbedingten Kdg ist der AG vielmehr verpflichtet, einen besetzten Arbeitsplatz **durch Ausübung seines Direktionsrechts** und Umsetzung oder Versetzung anderer AN **freizumachen** (BAG 29.1.1997, 2 AZR 9/96, EzA § 1 KSchG Krankheit Nr 42; 18.1.2001, 2 AZR 616/99, EzA § 626 BGB Krankheit Nr 4; 20.11.2014, 2 AZR 664/13 [Rn 15, 29] u 13.5.2015, 2 AZR 565/14 [Rn 34]; so auch zur Vermeidung einer Schadensersatzpflicht wegen Nichtzuweisung eines leidensgerechten Arbeitsplatzes BAG 19.5.2010, 5 AZR 162/09, EzA § 615 BGB 2002 Nr 33). Der AG ist aber weder verpflichtet, einen besetzten Arbeitsplatz freizukündigen (so jedenfalls dann, wenn der Stelleninhaber Kdg-Schutz nach dem KSchG genießt BAG 20.11.2014, 2 AZR 664/13 [Rn 30 ff, 35]), noch dazu, für den AN einen zusätzlichen Schonarbeitsplatz zu schaffen (BAG 7.2.1991, 2 AZR 205/90, EzA § 1 KSchG Personenbedingte Kündigung Nr 9; 4.10.2005, 9 AZR 632/04, EzA § 81 SGB IX Nr 9 [Rn 23]; 27.7.2011, 7 AZR 402/10, EzA § 17 TzBfG Nr 14 [Rn 58]; 14.3.2006, 9 AZR 411/05 u 20.11.2014, 2 AZR 664/13 [Rn 25]). Hat der AG den Schonarbeitsplatz mit einem Dritten in einem Zeitpunkt besetzt, in dem absehbar war, dass der erkrankte AN nicht mehr wie bisher beschäftigt werden kann, nützt dies dem AG nach dem Rechtsgedanken des § 162 BGB nicht (BAG 24.11.2005, 2 AZR 514/04: »voreilige Neubesetzung«). Der AG muss sich um die Zustimmung des BR bemühen (BAG 20.11.2014, 2 AZR 664/13 [Rn 15]); widerspricht der BR der Versetzung, ist der AG aber grds nicht verpflichtet, das Zustimmungsersetzungsverfahren nach § 99 IV BetrVG durchzuführen, sondern ist ihm die Weiterbeschäftigung des AN idR unzumutbar (BAG 22.9.2005, 2 AZR 519/04, EzA § 81 SGB IX Nr 10). Zur Beweislast Rdn 112.

Ggf muss der AG dem erkrankten AN die Weiterbeschäftigung am **bisherigen Arbeitsplatz** unter **geänderten Arbeitsbedingungen** ermöglichen, etwa einem AN, der krankheitsbedingt nur noch in Teilzeit arbeiten kann, die Weiterbeschäftigung unter Herabsetzung der wöchentlichen Arbeitszeit (BAG 12.7.1995, 2 AZR 762/94, § 626 BGB nF Nr 156; 20.11.2014, 2 AZR 664/13, EzA § 1 KSchG Krankheit Nr 60 [Rn 15, 42 ff] u 13.5.2015, 2 AZR 565/14, EzA § 1 KSchG Krankheit Nr 61 [Rn 32]; auch EuGH 11.4.2013, C-335/11 ua, EzA Richtlinie 2008/78 EG-Vertrag 1999 Nr 31 [Rn 64]). 88

Bei einer **dauerhaften Erwerbsminderung**, bei der der AN zwar einsatzfähig bleibt, aber seine Arbeitsleistung nicht mehr vollständig erbringen kann, weil er etwa krankheitsbedingt nur noch zu mittelschweren körperlichen Tätigkeiten unter Ausschluss von Zwangshaltungen in der Lage ist, kann der AG grds personenbedingt kündigen, weil der Zahlung des vollen Arbeitsentgelts keine adäquate Arbeitsleistung gegenübersteht. Da die Beeinträchtigung der betrieblichen Interessen erheblich sein muss, genügt nicht jede Minderleistung. Ausreichend ist die Prognose, der AN werde auch künftig lediglich 2/3 der Normalleistung erbringen (BAG 26.9.1991, 2 AZR 132/91, EzA § 1 KSchG Personenbedingte Kündigung Nr 10), Rdn 98 ff. Auch insoweit muss der AG wegen des ultima-ratio-Grundsatzes eine Kdg vermeiden, indem er den AN unter geänderten krankheitsgerechten Bedingungen beschäftigt oder versetzt (Rdn 87 f). Einer AN, die aus gesundheitlichen Gründen nicht in der Lage ist, in einem rollierenden System mit Nachtschichten zu arbeiten, darf der AG nicht kündigen, wenn er sie anderweitig einsetzen kann (LAG Berl-Bbg 4.12.2008, 26 Sa 343/08, LAGE § 3 AGG Nr 1, das sich maßgeblich darauf stützt, die Zuweisung der Tätigkeit im rollierenden System diskriminiere die AN wegen Behinderung und verstoße gegen §§ 1, 3 II AGG). 89

c) **Langzeiterkrankungen.** Die »lang anhaltende Krankheit« ist von der dauerhaften Arbeitsunfähigkeit einerseits (Rdn 86) und von häufigen Kurzerkrankungen anderseits (Rdn 93) abzugrenzen. Während die dauerhafte Arbeitsunfähigkeit die Kdg des AN rechtfertigt, weil der AG ihn gar nicht mehr beschäftigen kann (Rdn 86 ff), und häufige Kurzerkrankungen die Kdg rechtfertigen, weil diese den AG mit bes Organisationsproblemen und wiederkehrenden Entgeltfortzahlungspflichten belasten (Rdn 95), fällt der AN bei lang anhaltenden Krankheiten weder dauerhaft aus noch belastet er den AG über den 6-Wochen-Zeitraum des § 3 I EFZG hinaus mit Entgeltfortzahlungskosten oder mit bes Organisationslasten. Die Kdg wegen lang anhaltender Krankheit ist daher **schwerer möglich** als die Kdg wegen dauerhafter Arbeitsunfähigkeit und wegen häufiger Kurzerkrankungen: Sie ist nur gerechtfertigt, wenn bei Zugang der Kdg objektiv nicht absehbar ist, wann der AN wieder arbeitsfähig sein wird, und gerade diese Ungewißheit zu unzumutbaren betrieblichen Belastungen führt (BAG 22.2.1980, 7 AZR 295/78 u 25.11.1982, 2 AZR 140/81, EzA § 1 KSchG Krankheit Nr 5 u Nr 10). Dafür, wann eine Krankheit in diesem Sinne lang 90 andauert, gibt es keine starren Grenzen; das BAG geht jedenfalls bei **mehrmonatigen Erkrankungen** von einer lang anhaltenden Krankheit aus (BAG 22.2.1980, 7 AZR 295/78, EzA § 1 KSchG Krankheit Nr 5 [8 Monate]; 25.11.1982, 2 AZR 140/81, EzA § 1 KSchG Krankheit Nr 10 [7 Monate] u 29.4.1999, 2 AZR 431/98, EzA § 1 KSchG Krankheit Nr 46 [8 Monate]). Je nach Einzelfall ist zu entscheiden, für welche **Dauer** dem AG **Überbrückungsmaßnahmen** zugemutet werden können, die er ergreifen muss, bevor er die Kdg als ultima ratio aussprechen darf (BAG 22.2.1980, 7 AZR 295/78; 25.11.1982, 2 AZR 140/81 u 29.4.1999, 2 AZR 431/98, EzBAT § 53 BAT Krankheit Nr 31). Für den AG sind insb die betrieblichen Auswirkungen und für den AN die Ursachen der Arbeitsunfähigkeit und die Dauer seiner Betriebszugehörigkeit zu berücksichtigen: Der AG muss bei einem langjährig beschäftigten AN für einen längeren Zeitraum Überbrückungsmaßnahmen ergreifen als bei einem nur kurzfristig tätigen AN (BAG 22.2.1980, 7 AZR 259/78, EzA § 1 KSchG Krankheit Nr 5). Maßgeblich ist auch die Stellung des erkrankten AN im Betrieb: AN in Schlüsselpositionen oder spezialisierte Fachkräfte können kaum von anderen AN vertreten werden; für diese kommt nur die Einstellung einer Ersatzkraft in Betracht (für die Berücksichtigung iR der Interessenabwägung BAG 22.2.1980, 7 AZR 259/78). Aus § 3 EFZG lässt sich folgern, dass der AG den Ausfall des AN **jedenfalls während des 6-wöchigen Entgeltfortzahlungszeitraums** überbrücken muss; eine Kdg ist frühestens nach Ablauf von 6 Wochen möglich (BAG 25.11.1982, 2 AZR 140/81). IÜ fehlen gesetzgeberische Wertungen: Aus §§ 3, 4 und 6 MuSchG und aus § 15 II BEEG lässt sich nicht schließen, dass auch längere Zeiten überbrückt werden müssen (so aber LSW/*Löwisch* § 1 Rn 229); insoweit hat der Gesetzgeber mit der Sonderregelung des § 21 BEEG zur Einstellung von Ersatzkräften dem AG lediglich zum Schutz der Familie Sonderopfer auferlegt. In jüngeren Entsch hat das BAG durchgehend danach gefragt, ob die Krankheit länger als 24 Monate dauere, weil der AG für diesen Zeitraum eine Ersatzkraft in einem nach § 14 II TzBfG befristeten Arbeitsverhältnis einstellen könne (BAG 29.4.1999, 2 AZR 431/98, EzA § 1 KSchG Krankheit Nr 46, 12.4.2002, 2 AZR 148/01, EzA § 1 KSchG Krankheit Nr 49, 20.11.2014, 2 AZR 664/13, EzA § 1 KSchG Krankheit Nr 60 [Rn 14] u 13.5.2015, 2 AZR 565/14, EzA § 1 KSchG Krankheit Nr 61 [Rn 18]; 12.7.2007, 2 AZR 716/06, EzA § 84 SGB IX Nr 3 u 30.9.2010, 2 AZR 88/09, EzA § 84 SGB IX Nr 7 [Rn 14]). Diese Rspr ist schon deswegen abzulehnen, weil sie die Kdg wegen langanhaltender Krankheit neben der Kdg wegen einer dauerhaften Leistungsunfähigkeit (Rdn 86 ff) überflüssig macht. Zudem bezweckt es § 14 II TzBfG nicht, dem AG die Überbrückung krankheitsbedingter Fehlzeiten zu ermöglichen, sondern soll dessen Bereitschaft zur Neueinstellung von AN fördern. Auf die Beschäftigung von Ersatzkräften für erkrankte AN ist **§ 14 I 2 Nr 3 TzBfG** zugeschnitten (zuletzt BAG 11.2.2015, 7 AZR 113/13, EzA § 14 TzBfG Nr 111 [Rn 15 ff]); auf Grundlage des § 14 I 2 Nr 3 TzBfG könnten dem AG Überbrückungsmaßnahmen für einen deutlich über 2 Jahre hinausgehenden Zeitraum, ggf unter Änd der bisherigen Arbeitsorganisation, zugemutet werden (BAG 21.3.1990, 7 AZR 286/89, EzA § 620 BGB Nr 106 u 21.2.2001, 7 AZR 107/00, EzA § 620 BGB Nr 176; 24.5.2006, 7 AZR 640/05, JurionRS 2006, 21689; auch 10.7.2013, 7 AZR 833/11, EzA § 14 TzBfG Nr 95 [Rn 25]), s aber Rdn 91.

91 Auf die Zulässigkeit befristeter Arbeitsverträge mit der Ersatzkraft (Rdn 92) kommt es für die Zumutbarkeit von Überbrückungsmaßnahmen nicht an. Maßgeblich ist im Verhältnis des AG zum erkrankten AN vielmehr, wie lange es dem AG zugemutet werden kann, am Arbeitsvertrag festzuhalten, obwohl er die Leistung des AN nicht erhält, wann also die punktuelle Unmöglichkeit in eine Unmöglichkeit umschlägt, die den AG berechtigt, sich von der synallagmatischen Verbundenheit mit dem AN zu lösen, Rdn 73. Dass dem AG mit genauen zeitlichen Vorgaben geholfen werden soll, wie es das BAG mit der 24-Monats-Grenze versucht (Rdn 86 u 90), ist angesichts der ansonsten bestehenden Unwägbarkeiten zu begrüßen. 24 Monate sind jedoch ein deutlich zu langer Zeitraum. Näher liegt es, dem AG die Kdg zu erlauben, wenn der krankheitsbedingte Ausfall des AN **voraussichtlich über 6 Monate** andauert (LSW/*Löwisch* § 1 Rn 243; auch ErfK/*Oetker* § 1 Rn 132): § 1 I, der dem AN Kdg-Schutz erst nach einer Wartezeit gewährt, um dem AG die Erprobung des AN zu ermöglichen (Rdn 6), bewertet den 6-Monats-Zeitraum als die Zeit, in der sich das Synallagma verfestigt. Auch das EFZG bewertet die 6-Monats-Grenze als maßgeblich: Ist dieselbe Krankheit Ursache für eine erneute Arbeitsunfähigkeit (Fortsetzungserkrankung), entsteht ein Entgeltfortzahlungsanspruch nach § 3 I 2 Nr 1 EFZG nur dann, wenn der AN vor der erneuten Erkrankung mind 6 Monate nicht infolge derselben Krankheit arbeitsunfähig war (BAG 18.1.1995, 5 AZR 818/93, EzA § 7 LohnFG Nr 5). Damit sind dem AG Überbrückungsmaßnahmen über 6 Monate hinaus idR nicht zumutbar. Eine mehrmonatige Krankheit befreit den AG aber nicht davon, eine krankheitsbedingte erhebliche Beeinträchtigung seiner betrieblichen Interessen auf der 2. Stufe darlegen zu müssen (Rdn 82; etwa BAG 29.4.1999, 2 AZR 431/98, EzA § 1 KSchG Krankheit Nr 46 für eine achtmonatige Krankheit); dies ist erst dann entbehrlich, wenn im Einzelfall nicht damit zu rechnen ist, dass der AN wieder gesund werden wird, die Langzeiterkrankung mithin in eine dauerhafte Arbeitsunfähigkeit umschlägt (Rdn 86 ff). Dass der erkrankte AN Urlaubsansprüche ansammelt, beeinträchtigt die betrieblichen Interessen des AG nicht

unzumutbar, da die Urlaubsansprüche bei fortdauernder Arbeitsunfähigkeit 15 Monate nach Ablauf des jeweiligen Urlaubsjahres erlöschen und daher nach 2 Jahren und 3 Monaten nicht weiter anwachsen (BAG 13.5.2015, 2 AZR 565/14, EzA § 1 KSchG Krankheit Nr 61[Rn 22]); dazu § 7 BUrlG Rdn 44.

Mit der **Vertretungskraft** sind wegen der sich mehrfach verlängernden Arbeitsunfähigkeit eines AN **wiederholte Befristungen des Arbeitsvertrags** zulässig; sie sind nur dann unwirksam, wenn sich erhebliche Zweifel an der Wiederbeschäftigung des erkrankten AN aufdrängen, insb wenn dieser erklärt hat, er werde nicht wieder arbeiten (BAG 21.2.2001, 7 AZR 200/00, EzA § 620 BGB Nr 174; 2.7.2003, 7 AZR 529/02, EzA § 620 BGB 2002 Nr 6; 18.4.2007, 7 AZR 293/06, NZA-RR 2008, 219 [Rn 11]). Die Laufzeit des Vertretungsarbeitsvertrags muss nicht mit der voraussichtlichen Dauer der krankheitsbedingten Verhinderung des AN übereinstimmen, sondern kann hinter dieser zurückbleiben (BAG 21.2.2001, 7 AZR 200/00; 24.5.2006, 7 AZR 640/05, JurionRS 2006, 21689). AG und Vertretungs-AN können auch eine Zweckbefristung (§§ 3 I 2 Alt 2, 15 II TzBfG) oder die auflösende Bedingung vereinbaren, dass das Arbeitsverhältnis mit der Ersatzkraft endet, sobald der erkrankte AN seine Tätigkeit wieder aufnimmt (zur Abgrenzung BAG 29.6.2011, 7 AZR 6/10, EzA § 15 TzBfG Nr 3 [Rn 15]; zur Kombination von auflösender Bedingung und Zeitbefristung ebd Rn 17 mNw u BAG 29.6.2011, 7 AZR 768/07, EzA § 15 TzBfG Nr 3 [Rn 13]; zur Kombination von Zweck- u Zeitbefristung BAG 22.4.2009, 7 AZR 768/07, juris [Rn 11]). Kann eine Ersatzkraft **nur unbefristet** gewonnen werden, muss dem AG die Kdg des erkrankten AN jedenfalls so rechtzeitig erlaubt werden, dass die Kdg-Frist abläuft, bevor die Ersatzkraft 6 Monate beschäftigt ist und Kdg-Schutz nach § 1 I genießt; anderenfalls wäre der AG mit 2 AN für einen Arbeitsplatz belastet und müsste bei Genesung des erkrankten AN eine betriebsbedingte Kdg aussprechen, die über die Sozialauswahl des § 1 III möglicherweise zur Kdg eines unbeteiligten AN führt. Für die Zumutbarkeit von Überbrückungsmaßnahmen ist **nicht** relevant, ob der AG für krankheitsbedingte Arbeitsausfälle eine **Personalreserve** vorhält, da derartige Maßnahmen nichts an der Störung des Synallagmas ändern (so auch LSW/*Löwisch* § 1 Rn 249; ErfK/*Oetker* § 1 Rn 149; auch BAG 29.7.1993, 2 AZR 155/93, EzA § 1 KSchG Krankheit Nr 40 verlangt vom AG nicht die Vorhaltung einer Personalreserve; **abw** für häufige Kurzerkrankungen BAG 6.9.1989, 2 AZR 118/89, EzA § 1 KSchG Krankheit Nr 25 u 16.2.1989, 2 AZR 299/88, EzA § 1 KSchG Krankheit Nr 27, das bei einer Personalreserve Betriebsablaufstörungen verneint). Dazu, dass die Kosten für eine Personalreserve als betriebliche Belastung des AG bei häufigen Kurzerkrankungen zu dessen Gunsten zu berücksichtigen sind, Rdn 95.

d) Häufige Kurzerkrankungen. Zur Kdg berechtigen häufige Kurzerkrankungen des AN den AG nur, wenn im Kdg-Zeitpunkt angesichts der Art der bisherigen Erkrankungen (Erkrankungen wegen desselben Grundleidens oder wegen derselben Vorschädigung oder Empfindlichkeit) und der Häufigkeit der bisherigen krankheitsbedingten Fehlzeiten auf der **1. Stufe** (Rdn 78 ff) die **negative Prognose** weiterer krankheitsbedingter Fehlzeiten gerechtfertigt ist (BAG 10.11.2005, 2 AZR 44/05, EzA § 1 KSchG Krankheit Nr 52 u 20.11.2014, 2 AZR 755/13, EzA § 1 KSchG Krankheit Nr 59 [Rn 16]). Häufige Kurzerkrankungen in der Vergangenheit haben **Indizwirkung** für entspr künftige Erkrankungen, weswegen sich der AG zunächst darauf beschränken darf, die Fehlzeiten des AN in der Vergangenheit darzulegen (BAG 6.9.1989, 2 AZR 19/89, EzA § 1 KSchG Krankheit Nr 26; 10.11.2005, 2 AZR 44/05 u 20.11.2014, 2 AZR 755/13 [Rn 17 ff]), Rdn 78. Sind in dem – als Grundlage für eine Prognose geeigneten – Zeitraum von 3 Jahren vor Zugang der Kdg die krankheitsbedingten Ausfallzeiten des AN deutlich zurückgegangen, ist hingegen nicht indiziert, dass der AN auch künftig häufig krankheitsbedingt ausfällt (BAG 23.1.2014, 2 AZR 582/13, EzA § 626 BGB 2002 Ausschlussfrist Nr 5 [Rn 32]). Auf vollständig ausgeheilte Krankheiten kann eine negative Krankheitsprognose nicht gestützt werden (BAG 10.11.2005, 2 AZR 44/05, u 20.11.2014, 2 AZR 755/13 [Rn 20]; 5.7.1990, 2 AZR 154/90, EzA § 1 KSchG Krankheit Nr 32). Auch viele einmalige, auf unterschiedlichen Ursachen beruhende Erkrankungen taugen nicht für eine negative Gesundheitsprognose (BAG 14.1.1993, 2 AZR 343/92, EzA § 1 KSchG Krankheit Nr 39). Anders ist es nur dann, wenn diese Erkrankungen auf einer allg geschwächten Konstitution und Krankheitsanfälligkeit des AN beruhen, die ständige Erkrankungen erwarten lässt (BAG 10.11.2005, 2 AZR 44/05); das gilt selbst dann, wenn einzelne Krankheiten – etwa Erkältungen – ausgeheilt sind, da dies die generelle Anfälligkeit des AN nicht infragestellt (BAG 20.11.2014, 2 AZR 755/13 [Rn 20]). Ebenso wenig rechtfertigen kurzfristige, unfallbedingte Erkrankungen eine negative Gesundheitsprognose (BAG 7.12.1989, 2 AZR 225/89, EzA § 1 KSchG Krankheit Nr 30). Führt ein Unfall hingegen zu immer wieder auftretenden Erkrankungen, müssen diese in die Gesundheitsprognose einbezogen werden – entg der Auffassung des BAG (7.12.1989, 2 AZR 225/89 u 14.1.1993, 2 AZR 343/92; auch LAG BW 15.12.1987, 14 Sa 67/87, LAGE § 1 KSchG Krankheit Nr 10) auch dann, wenn sie auf einem Betriebsunfall beruhen. Durch Betriebsunfälle verursachte Ausfälle muss der

AG aber ggf länger hinnehmen als Fehlzeiten aus anderen Ursachen, Rdn 80 (wie hier LSW/*Löwisch* § 1 Rn 245, 227).

94 Wiederholte krankheitsbedingte Fehlzeiten des AN können auf der **2. Stufe** zum einen zu schwerwiegenden **Betriebsablaufstörungen**, also zu Störungen im Produktionsprozess führen; dies kommt insb in Kleinbetrieben in Betracht. Betriebsablaufstörungen berechtigen den AG zur Kdg, wenn sie nicht durch Überbrückungsmaßnahmen vermieden werden können, etwa durch den Einsatz eines AN aus einer vom AG vorgehaltenen Personalreserve (BAG 6.9.1989, 2 AZR 118/89, EzA § 1 KSchG Krankheit Nr 25 u 16.2.1989, 2 AZR 299/88, EzA § 1 KSchG Krankheit Nr 27; näher Rdn 75 f, 90 u 95); zur Vorhaltung einer Personalreserve ist der AG aber nicht verpflichtet (BAG 29.7.1993, 2 AZR 155/93, EzA § 1 KSchG Krankheit Nr 40; LSW/*Löwisch* § 1 Rn 249; ErfK/*Oetker* § 1 Rn 149; schon Rdn 92). Ist der Arbeitsausfall durch **Überbrückungsmaßnahmen** nicht zu vermeiden, muss die Störung erheblich sein, um zur Kdg zu berechtigen (BAG 6.9.1989, 2 AZR 118/89); das kann auch dann der Fall sein, wenn die krankheitsbedingten Ausfälle 6 Wochen im Jahr nicht erreichen (ErfK/*Oetker* § 1 Rn 144; *Stahlhacke/Preis/Vossen* Rn 1257; aA LSW/*Löwisch* § 1 Rn 246). Überbrückungsmaßnahmen sind wegen der nicht vorhersehbaren häufigen kurzfristigen Erkrankungen des AN schwieriger zu organisieren als bei lang anhaltenden Erkrankungen und kommen nur bei einfachen Tätigkeiten oder dann in Betracht, wenn ein anderer, gleich qualifizierter AN die Tätigkeit des erkrankten Kollegen vorübergehend mit übernehmen kann. Zu berücksichtigen ist es auch, wenn die Zeiten zwischen den Krankheitszeiten zu betrieblichen Schwierigkeiten führten, weil die Krankheitszeiten des AN so häufig und so unvorhersehbar sind, dass der AG den AN nicht sinnvoll einplanen kann (BAG 18.1.2001, 2 AZR 616/99, EzA § 626 BGB Krankheit Nr 4) und ihm das erforderliche Erfahrungswissen im Umgang mit neu angeschafften Geräten verloren geht (BAG 18.1.2001, 2 AZR 616/99). Erheblich beeinträchtigen den AG auch Kurzerkrankungen von AN, die Tätigkeiten ausüben, bei denen die wiederholte Einarbeitung von Ersatzkräften jeweils zu lange dauert und daher zu Produktionseinbußen führt.

95 Als erhebliche betriebliche Störung genügt auch die wirtschaftliche Belastung des AG mit **Entgeltfortzahlungskosten, die jährlich jeweils für mehr als 6 Wochen** anfallen (hM BAG 7.12.1989, 2 AZR 225/89, EzA § 1 KSchG Krankheit Nr 30, 8.11.2007, 2 AZR 292/06, EzA § 1 KSchG Krankheit Nr 54 u 20.11.2014, 2 AZR 755/13, EzA § 1 KSchG Krankheit Nr 59 [Rn 16]; aA *Stahlhacke/Preis/Vossen* Rn 1255). Die Berücksichtigung der Entgeltfortzahlungskosten maßregelt den AN nicht entg § 612a BGB: Die Entgeltfortzahlungskosten sind nur Berechnungsgrößen, mit deren Hilfe festgelegt wird, wann die punktuelle Unmöglichkeit der Arbeitsleistung in eine Nichtleistung umschlägt, die den AG zur Kdg berechtigt (Rdn 73). Zudem folgt aus § 8 EFZG, dass die Entgeltfortzahlung die krankheitsbedingte Kdg nicht ausschließt (BAG 16.2.1989, 2 AZR 299/88, EzA § 1 KSchG Krankheit Nr 25; ErfK/*Oetker* § 1 Rn 142). Hinzuzurechnen sind neuerdings die Belastungen des AG mit Urlaubsabgeltungsansprüchen nach BUrlG (*Bauer/Arnold* NJW 2009, 631, 635), die nach der neueren Rspr von EuGH (20.1.2009, C-350/06 ua [Schultz-Hoff], EzA Richtlinie 2003/88 EG-Vertrag 1999 Nr 1) und BAG (24.3.2009, 9 AZR 983/07, EzA § 7 BUrlG Abgeltung Nr 15) auch dann bestehen, wenn der AN bis zum Ende des Urlaubsjahres und des Übertragungszeitraums erkrankt und deshalb arbeitsunfähig ist. Hält der AG eine Personalreserve vor, mit deren Hilfe er die Fehlzeiten auffangen kann, soll es zwar an Betriebsablaufstörungen fehlen (Rdn 90 u 92; BAG 6.9.1989, 2 AZR 118/89, EzA § 1 KSchG Krankheit Nr 27; 16.2.1989 aaO); wendet der AG für die Personalreserve aber erhebliche Mittel auf, sind auch diese finanziellen Belastungen zusätzlich zu den Entgeltfortzahlungskosten zu beachten (BAG 16.2.1989, 2 AZR 299/88; 5.7.1990, 2 AZR 154/90, EzA § 1 KSchG Krankheit Nr 32).

96 Dass der **AG länger als 6 Wochen zur Entgeltfortzahlung verpflichtet** ist, kommt wegen § 3 I EFZG in **3 Fällen** in Betracht: Ist dieselbe Krankheit Ursache für die erneute Arbeitsunfähigkeit (Fortsetzungserkrankung), besteht ein erneuter Entgeltfortzahlungsanspruch nach § 3 I 2 Nr 1 EFZG nur dann, wenn der AN vor der erneuten Arbeitsunfähigkeit mindestens 6 Monate nicht infolge derselben Krankheit, also desselben nicht behobenen Grundleidens, arbeitsunfähig war (BAG 13.7.2005, 5 AZR 389/04, EzA § 3 EFZG Nr 14), näher § 3 EFZG Rdn 46 ff. Zur Entgeltfortzahlung für mehr als 6 Monate ist der AG zum anderen dann verpflichtet, wenn die erneute Arbeitsunfähigkeit auf einer anderen Krankheitsursache beruht (BAG 13.7.2005, 5 AZR 389/04, EzA § 3 EFZG Nr 14) – allerdings muss sich in diesen Fällen die negative Gesundheitsprognose (Rdn 78) darauf beziehen, dass in Zukunft infolge aller Krankheitsursachen weitere krankheitsbedingte Fehlzeiten zu erwarten sind. Drittens kann der AG aufgrund arbeitsvertraglicher oder tarifvertraglicher Verpflichtungen zu einer über 6 Wochen hinausgehenden Entgeltfortzahlung verpflichtet sein (vgl BAG 6.9.1989, 2 AZR 224/89, EzA § 1 KSchG Krankheit Nr 28).

97 Bei häufigen Kurzerkrankungen, die auf demselben Grundleiden beruhen, kann als ein die Kdg ausschließendes milderes Mittel auch eine **Versetzung auf einen Schonarbeitsplatz** in Betracht kommen (Rdn 87).

Voraussetzung ist, dass die bisherige Arbeitsumgebung die Krankheitsanfälligkeit verstärkt, etwa die bes Staubbelastung oder die Belastung mit Chemikalien ein Bronchialleiden (BAG 29.1.1997, 2 AZR 9/96, EzA § 1 KSchG Krankheit Nr 42) oder die Neigung zu Ekzemen (BAG 23.9.1992, 2 AZR 150/92, JurionRS 1992, 15778) oder die Notwendigkeit, bei der Tätigkeit schwere Lasten zu bewegen oder mit ständigen Drehbewegungen zu sitzen, sodass die Wirbelsäule und der Bewegungsapparat (BAG 14.3.2006, 9 AZR 411/05, EzA § 81 SGB IX Nr 11) erkranken.

2. Eignungsmängel. a) Schlechtleistung. Zur personenbedingten Kdg berechtigt ist der AG auch 98 dann, wenn der AN nicht fähig ist, die geschuldete Arbeitsleistung einwandfrei zu erbringen. Anders als bei der verhaltensbedingten Kdg wegen Schlechtleistung, bei der dem AN vorgeworfen wird, seine arbeitsvertraglichen Pflichten verletzt zu haben, weil er trotz Leistungsfähigkeit mangels hinreichender Anstrengungen oder Sorgfalt nicht vertragsgem arbeitet (Rdn 50), reagiert der AG mit der personenbedingten Kdg auf ein vom AN nicht steuerbares **Nachlassen der Leistungsfähigkeit**, etwa ein Nachlassen der Körperkraft, der Geschicklichkeit, der Seh- oder Hörschärfe, der Konzentrationsfähigkeit oder des Gedächtnisses. Zur Kdg ist der AG nur berechtigt, wenn die Leistungsfähigkeit erheblich absinkt. Auf die Ursachen der physischen oder psychischen Beeinträchtigung der Leistungsfähigkeit kommt es nicht an; die Leistungsmängel brauchen keinen Krankheitswert zu erreichen: Zur Kdg berechtigen den AG sowohl Leistungsminderungen, die durch die Lebensführung (etwa die Einnahme von Drogen) verursacht worden sind, als auch krankheits-, alters- oder anlagebedingte Leistungsmängel. Das bloße **Erreichen eines bestimmten Alters** ist hingegen kein Kdg-Grund; eine Kdg wegen Alters verstieße gegen das Verbot der Altersdiskriminierung in §§ 1, 3 I und 7 AGG. Nur wenn die Arbeitsfähigkeit des AN infolge des Alters konkret und erheblich beeinträchtigt wird, kann der AG kündigen; dabei muss ein gewisses altersbedingtes Nachlassen der (insb körperlichen) Leistungsfähigkeit von vornherein in Kauf genommen werden (BAG 28.9.1961, 2 AZR 428/60, SAE 1962, 169). Der AG kann einem AN auch dann kündigen, wenn dieser **von Anfang an** nicht in der Lage ist, die vertraglich geschuldete Arbeit zu leisten. Mangels gesetzlicher Ausschlussregel (wie etwa in § 536b BGB für die Sachmängelrechte des Mieters) kann der AG auch dann kündigen, wenn er die Leistungsmängel bei Abschluss des Arbeitsvertrags kannte; dass er nicht frühzeitig gekündigt hat, ändert Vertragsinhalt und Leistungspflicht des AN nicht. Etwa kann ein IT-Unternehmen dem als Organisationsprogrammierer eingestellten Juristen kündigen, wenn dieser sich die wesentlichen Grundlagen des Programmierens nur durch eine 2-jährige Ausbildung aneignen könnte, selbst wenn er 5 Jahre lang ausschließlich mit Beratungsaufgaben beschäftigt gewesen war, dies aber wegen Auslaufens der Projekte künftig unmöglich ist (BAG 19.4.2012, 2 AZR 233/11, JurionRS 2012, 25507). Eine Abmahnung ist vor einer personenbedingten Kdg wegen Leistungsmängeln in keinem Fall erforderlich (**aA** nur LAG Schl-Holst 15.10.2008, 8 Sa 345/08, AE 2009, 335; LAG M-V 17.4.2012, 5 Sa 191/11, JurionRS 2012, 34196); idR werden Kdg wegen Schlechtleistungen aber als verhaltensbedingte, nicht als personenbedingte Kdg ausgesprochen (Rdn 50).

Eine Schlechtleistung kann zur Kdg zum einen dann berechtigen, wenn die Leistung des AN **quantitativ** 99 **erheblich** hinter der Leistung anderer AN zurück bleibt, der AN etwa nur 30–50 % der Leistung durchschnittlicher AN erbringt (vgl zur verhaltensbedingten Kdg BAG 21.5.1992, 2 AZR 551/91, EzA § 1 KSchG Verhaltensbedingte Kündigung Nr 42 u 11.12.2003, 2 AZR 667/02, EzA § 1 KSchG Verhaltensbedingte Kündigung Nr 62; LAG Schl-Holst 27.11.2008, 5 Sa 292/08, EzA-SD 2009, Nr 4, 7 [LS] zur Kdg des stellvertretenden Leiters der Abteilung Mietbuchhaltung; LAG Düsseldorf 8.4.2009, 7 Sa 1385/08, ArbR 2009, 123 zur Kdg eines »Business-Development- Executives«, der innerhalb von 1 ½ Jahren keinen einzigen Geschäftsabschluss erzielte). Die Feststellung, dass ein AN »unterdurchschnittlich« schlecht arbeitet, rechtfertigt eine Kdg hingegen nicht, da einer von mehreren AN immer die »schlechteste« Arbeit erbringt (zur verhaltensbedingten Kdg BAG 22.7.1982, 2 AZR 30/81, EzA § 1 KSchG Verhaltensbedingte Kündigung Nr 10 u 17.1.2008, 2 AZR 536/06, EzA § 1 KSchG Verhaltensbedingte Kündigung Nr 72). Eine personenbedingte Kdg kann zum anderen dann berechtigt sein, wenn der AN **qualitativ erheblich** schlechter arbeitet als durchschnittliche AN, etwa deutlich mehr Ausschuss produziert oder erhebliche Fehler macht. Etwa kann einer stellvertretenden 1. Hornistin wegen nicht behebbarer veranlagungsbedingter fachlicher Mängel (Ansatzschwierigkeiten) personenbedingt gekündigt werden (LAG Bbg 21.3.1994, 4 [5/4] Sa 369/92, LAGE § 1 KSchG Personenbedingte Kündigung Nr 12) oder einer Versandarbeiterin, die Warensendungen nach Kundenbestellungen fertigstellt, weil deren Fehlerhäufigkeit die vergleichbarer AN deutlich übersteigt (BAG 17.1.2008, 2 AZR 536/06 im konkreten Fall abl). Einem Vorgesetzten kann gekündigt werden, weil ihm die notwendigen Führungseigenschaften fehlen; insoweit kommt wegen der Möglichkeit hinzuzulernen aber idR nur eine verhaltensbedingte Kdg nach Abmahnung in Betracht (BAG 29.7.1976, 3 AZR 50/75, EzA § 1 KSchG Nr 34 zur Kdg eines Konzertmeisters; LAG Köln

23.5.2002, 7 Sa 71/02, NZA-RR 2003, 305 zur Kdg des Leiters Gebrauchtwagenmanagement). Bei einer qualitativen Minderleistung kann allein die bloße Fehlerhäufigkeit die Kdg nicht begründen, sondern kommt es auch auf die Art der Tätigkeit an, da es einerseits Tätigkeiten gibt, bei denen der AN Fehler kaum vermeiden kann, andererseits Tätigkeiten, bei denen schon ein einmaliger Fehler weitreichende Konsequenzen hat (zB bei Piloten); insofern ist eine einzelfallbezogene Betrachtungsweise unter Berücksichtigung der konkreten Arbeitsanforderungen und der konkreten Gegebenheiten des Arbeitsplatzes geboten (BAG 17.1.2008, 2 AZR 536/06). **Alkoholbedingt** eingeschränkte Wahrnehmungs- und Bewusstseinsstörungen eines alkoholkranken AN berechtigen den AG zur Kdg, wenn der AN ein erhebliches Sicherheitsrisiko für sich selbst und für Arbeitskollegen sowie für die Produktionsanlagen begründet (BAG 9.4.1987, 2 AZR 210/86, EzA § 1 KSchG Krankheit Nr 18) oder er Dritte, insb Kunden, gefährdet (BAG 16.9.1999, 2 AZR 123/99, EzA § 626 BGB Krankheit Nr 2 zu einem Heimerzieher). Dem AG helfen die Grundsätze über die **abgestufte Darlegungs- und Beweislast**: Der AG muss zu den Leistungsmängeln vortragen, was er wissen kann, etwa die objektiv messbaren Arbeitsergebnisse des AN; anschließend muss der AN diese Angaben im Einzelnen bestreiten und/oder darlegen, warum er dennoch seine persönliche Leistungsfähigkeit ausschöpft (BAG 17.1.2008, 2 AZR 536/06). Zur fehlenden fachlichen Eignung wegen Fehlens einer für die Arbeitsleistung gesetzlich vorgeschriebenen Erlaubnis Rdn 108.

100 Wegen des **ultima-ratio-Grundsatzes** muss der AG dem fachlich nicht oder nicht vollständig leistungsfähigen AN Gelegenheit geben, die Leistungsfähigkeit durch **Umschulungs- und Fortbildungsmaßnahmen** wieder herzustellen, insb wenn die Minderung der Leistungsfähigkeit auf gesteigerte oder geänderte Leistungsanforderungen des AG zurückzuführen ist (BAG 7.5.1968, 1 AZR 407/67, EzA § 1 KSchG Nr 10). Ändert der AG das Anforderungsprofil an den Arbeitsplatz, indem er die Beherrschung der dt Sprache in Wort und Schrift verlangt, damit die AN Arbeitsanweisungen und Prüfanweisungen lesen können, muss er einem ausländischen AN Gelegenheit geben, die dt Sprache zu erlernen; ist dieser dazu nicht in der Lage, kann der AG personenbedingt kündigen. Das Erfordernis dt Sprachkenntnisse diskriminiert den AN nicht mittelbar entg § 2 AGG (BAG 28.1.2010, 2 AZR 764/08, EzA § 1 KSchG Personenbedingte Kündigung Nr 24; **aA** LAG Hamm 17.7.2008, 16 Sa 544/08, LAGE § 1 KSchG Nr 14). Kann der AG den AN unter **veränderten, seiner Leistungsfähigkeit angepassten Vertragsbedingungen** weiterbeschäftigen, darf er ebenfalls nicht kündigen; Voraussetzung ist aber, dass der AG trotz der Änd der Arbeitsbedingungen eine adäquate Gegenleistung für das gezahlte Arbeitsentgelt erhält. Plant der AG Maßnahmen, aufgrund derer sich die Tätigkeiten von AN so ändern, dass ihre beruflichen Fähigkeiten und Kenntnisse zur Erfüllung ihrer Aufgaben nicht mehr ausreichen, hat der BR nach § 97 II BetrVG über die Einführung von betrieblichen Berufsbildungsmaßnahmen mitzubestimmen. § 97 II BetrVG erhebt die Mitbestimmung aber nicht zur Wirksamkeitsvoraussetzung für die Kdg: Beteiligt der AG den BR bei der Festlegung von Qualifizierungsmaßnahmen nicht, macht dies eine spätere Kdg nicht unwirksam, näher § 97 BetrVG. Zur betriebsbedingten Kdg wegen Änd des Anforderungsprofils Rdn 134.

101 **b) Leistungsverweigerungsrechte.** Die Nichterfüllung der Arbeitspflicht ist nicht vertragswidrig und rechtfertigt daher keine verhaltensbedingte Kdg, wenn ein AN gem **§ 275 III BGB** berechtigterweise die Arbeitsleistung verweigert, etwa um sich um sein krankes Kind zu kümmern, oder weil die vom AG verlangte Tätigkeit mit seinem Gewissen unvereinbar ist, näher Rdn 49. Ausnahmsweise kann der AG dem AN wegen der berechtigterweise verweigerten Leistung aber nach den zur krankheitsbedingten Kdg entwickelten Grundsätzen **personenbedingt kündigen**: Kann der AN die geschuldete Arbeitsleitung dauerhaft nicht erbringen, darf der AG kündigen, sofern er den AN nicht auf einen Arbeitsplatz versetzen kann, auf dem dieser ohne Beeinträchtigung seines Gewissens zu arbeiten imstande ist (BAG 24.2.2011, 2 AZR 636/09, EzA § 1 KSchG Personenbedingte Kündigung Nr 28 zur Kdg einer muslimischen »Ladenhilfe«, der sich durch seinen Glauben daran gehindert sah, alkoholische Produkte in der Getränkeabteilung einund auszuräumen; 24.5.1989, 2 AZR 285/88, EzA § 611 BGB Direktionsrecht Nr 3 zur Kdg eines Arztes, der die Erforschung eines Medikaments an Menschen aus medizinisch-ethischen Gründen ablehnt; 10.10.2002, 2 AZR 472/01, EzA § 1 KSchG Verhaltensbedingte Kündigung Nr 58 im konkreten Fall abl zur Kdg einer Muslima, die nicht ohne Kopftuch als Verkäuferin in einem kleinstädtischen Warenhaus zu arbeiten bereit war; auch 22.5.2003, 2 AZR 426/02, EzA § 242 BGB 2002 Kündigung Nr 2 zur Kdg eines als Hilfsgärtner eingestellten Sintis, der entg einem kulturell-religiösen Reinheitsgebot auch mit Bestattungsarbeiten betraut war; zu allem schon Rdn 49). Fällt ein AN wegen notwendiger Kinderbetreuung häufig für kürzere Zeiträume aus, kann der AG nur kündigen, wenn es aufgrund dieser Ausfälle zu erheblichen, betrieblichen Störungen kommt, die der AG durch Überbrückungsmaßnahmen nicht auffangen kann (Rdn 90); nach den Wertungen des § 45 II SGB V muss der AG kinderbetreuungsbedingte Arbeitsausfälle mindestens für 10 Tage im Jahr hinnehmen. Die Errichtung eines Betriebskindergartens obliegt dem AG

nicht (vgl Rdn 94: keine Pflicht zur Vorhaltung einer Personalreserve). Wegen § 9 MuSchG, § 15 BEEG rechtfertigen Arbeitsausfälle wegen Schwangerschaft und Mutterschaft und während der EZ in keinem Fall eine personenbedingte Kdg. Bei längerem, aber vorübergehendem Arbeitsausfall darf der AG kündigen, etwa wegen der Wehrdienstleistung ausländischer AN in ihrem Heimatland (Rdn 49), wenn deswegen betriebliche Interessen erheblich beeinträchtigt werden und sich der Arbeitsausfall nicht durch zumutbare personelle oder organisatorische Maßnahmen überbrücken lässt (BAG 24.5.1988, 2 AZR 285/88, das eine erhebliche Beeinträchtigung zu streng schon bei einem 2-monatigen Wehrdienst annimmt). EU-Ausländern kann wegen wehrdienstbedingter Nichtarbeit nicht gekündigt werden, da für diese wegen der durch Art 45 AEUV gewährleisteten Freizügigkeit nach Art 7 I VO Nr 492/2011 EU der bes Kdg-Schutz des § 2 ArbPlSchG entspr gilt (EuGH 15.10.1969, Rs 15/69, AP EWG-Vertrag Art 177 Nr 2; *Krause* in: *v Hoyningen-Huene/Linck* § 1 Rn 139).

c) Gefährdung des Betriebs. Der AG kann dem AN auch dann personenbedingt kündigen, wenn dieser für die geschuldete Tätigkeit ungeeignet ist, weil er ein **Sicherheitsrisiko** für die Betriebsanlagen oder für zentrale Betriebs- und Geschäftsgeheimnisse ist; insoweit sind aber strenge Maßstäbe anzulegen (BAG 20.7.1989, 2 AZR 114/87, EzA § 2 KSchG Nr 11 gegen die Kdg eines Fernmeldehandwerkers bei der Bundespost wegen vermuteter fehlender Verfassungstreue aufgrund DKP-Zugehörigkeit und entspr Aktivitäten; 26.10.1978, 2 AZR 24/77, EzA § 1 KSchG 1969 Nr 38 gegen die Kdg des AN der städtischen Versorgungsbetriebe wegen seiner engen persönlichen Beziehungen zu einer dem Terrorismus zuneigenden Frau; LAG Hamm 30.6.2011, 8 Sa 285/11, juris gegen die Kdg eines psychisch erkrankten Montagearbeiters, der nach eigenmächtigem Absetzen der verordneten Medikation mit einem Vorschlaghammer Scheiben eines Meistercontainers einschlug und Reifen an einem Kollegenfahrzeug zerstach; gegen die Möglichkeit einer verhaltensbedingten Kdg schon Rdn 31). Häufig verstoßen AN, die den Betrieb in diesem Sinne gefährden, gegen arbeitsvertragliche Pflichten, sodass – ggf nach Abmahnung – eine verhaltensbedingte Kdg begründet ist (Rdn 70). 102

Stört der AN den **Betriebsfrieden**, berechtigt dies den AG zur verhaltensbedingten (Rdn 61 ff), **nicht** aber zur personenbedingten Kdg. Etwa darf der AG einem männlichen transsexuellen AN, der mit der Hormonbehandlung zur Vorbereitung einer geschlechtsumwandelnden Operation begonnen hat, weswegen Körper und Gestik immer weiblicher werden, nicht personenbedingt kündigen, auch wenn dies zu erheblichen Spannungen in der rein männlichen, derben Belegschaft führt; eine solche Kdg verstieße gegen §§ 1, 3 III, 7 AGG (**aA** noch LAG Berl 21.1.1980, 9 Sa 80/79, EzA § 1 KSchG Nr 1; zust zitiert von *Stahlhacke/Preis/Vossen* Rn 1243). Kommt es aber durch außerdienstliches Fehlverhalten eines AN, etwa durch in der Freizeit begangene, schwerwiegende Straftaten, zu einer Störung des Betriebsfriedens, weil sich die Kollegen weigern, mit dem Straftäter weiterhin zusammenzuarbeiten, kann der AG ausnahmsweise personenbedingt kündigen, näher Rdn 104. 103

d) Außerdienstliches Verhalten. Sowenig die **private Lebensführung** des AN den AG idR zur verhaltensbedingten Kdg berechtigt (Rdn 66 ff), **sowenig berechtigt sie ihn idR zur personenbedingten Kdg.** Auch während der Probezeit ist daher eine Kdg wegen Homosexualität unzulässig (BAG 23.6.1994, 2 AZR 617/93, EzA § 242 BGB Nr 39). Ebenso wenig kann der AG ein Ehegattenarbeitsverhältnis wegen Zerrüttung bzw Scheiterns der Ehe kündigen, wenn sich die Probleme der Eheleute nicht auf das Arbeitsverhältnis auswirken (BAG 9.2.1995, 2 AZR 389/94, EzA § 1 KSchG Personenbedingte Kündigung Nr 12). Eine personenbedingte Kdg kann aber auf **Straftaten** gestützt werden, die der AN während seiner Freizeit begeht und die die Eignung für seine berufliche Tätigkeit ausschließen, etwa auf Vermögensdelikte eines Buchhalters oder auf die fortgesetzte private Steuerhinterziehung eines Finanzamtsangestellten (BAG 21.6.2001, 2 AZR 325/00, EzA § 626 nF BGB Nr 189). Die Kdg von AN im öffentl Dienst wegen außerdienstlicher Straftaten ist leichter möglich: Weil der Vertrauensverlust der Öffentlichkeit droht, kann etwa einem für ein Bundesland tätigen Wachpolizisten gekündigt werden, wenn er Partydrogen zum Eigengebrauch herstellt (BAG 20.6.2013, 2 AZR 583/12, EzA § 1 KSchG Verhaltensbedingte Kündigung Nr 82 [Rn 14 ff]), und einem mit der Leistungsgewährung im Bereich SGB II betrauten Sachbearbeiter der Bundesagentur für Arbeit gekündigt werden, wenn er privat Rauschmittel vertreibt (BAG 10.4.2014, 2 AZR 684/13, EzA § 1 KSchG Personenbedingte Kündigung Nr 33 [Rn 26 ff]); zur verhaltensbedingten Kdg wegen außerdienstlicher Straftaten Rdn 66, 69 ff. Bei Berufskraftfahrern lässt eine hochgradige Alkoholisierung im Privatbereich Rückschlüsse auf deren Zuverlässigkeit zu und rechtfertigt die personenbedingte Kdg idR (**abw** BAG 4.6.1997, 2 AZR 526/96, EzA § 626 BGB nF Nr 168 wegen der Einmaligkeit des Vorfalls gegen die Kdg eines U-Bahn-Fahrers bei einem durch Alkoholisierung [BAK von 2,73%] verursachten Kraftfahrzeugunfalls). Halten Betriebsärzte einen Gleisbauer wegen dessen regelmäßigen Cannabiskonsums für seine Tätigkeit mit Sicherungsaufgaben im laufenden Straßenbahnbetrieb nur für eingeschränkt tauglich 104 und melden Sicherheitsbedenken an, berechtigt dies den AG zu personenbedingten Kdg (LAG Berl-Bbg 28.8.2012, 19 Sa 306/12, AE 2013, 27 [LS]). Personenbedingt gerechtfertigt ist eine Kdg auch dann, wenn der **Betriebsfrieden** durch außerdienstliche Straftaten oder durch radikale, menschenverachtende Äußerungen eines AN gestört wird (mangels Störung des Betriebsfriedens die Kdg eines Krankenpflegers abl LAG Nürnberg 13.1.2004, 6 Sa 128/03, LAGE § 626 BGB 2002 Nr 4, der im Aufenthaltsraum ggü Kollegen die Terroranschläge des 11. Septembers 2001 gutgeheißen hat; s schon Rdn 67). Kündigen kann der AG, wenn mehrere Kollegen erklären, mit einem straffällig gewordenen AN nicht mehr zusammenarbeiten zu können, etwa weil ein Orchestermusiker minderjährige Töchter eines Kollegen sexuell missbraucht hat (vgl BAG 27.1.2011, 2 AZR 825/09, EzA § 626 BGB 2002 Verdacht strafbarer Handlung Nr 10, u schon Rdn 69) oder weil ein AN auf der Zugfahrt nach Arbeitsende einen Schwarzafrikaner mit seinem immer mitgeführten Fahrtenmesser erstochen hat und dies in der Belegschaft Empörung und Ängste auslöst (vgl BAG 8.6.2000, 2 AZR 638/99, EzA § 626 BGB nF Nr 182 wegen § 8 I 1 BAT aF aber für eine verhaltensbedingten Kdg, dazu Rdn 44). Einem AN im öffentl Dienst kann die Eignung für seine berufliche Tätigkeit in Anlehnung an Art 33 II GG schon dann fehlen, wenn seine Mitgliedschaft und ein aktives Eintreten für eine verfassungsfeindliche Organisation Zweifel an seiner **Verfassungstreue** begründen. Dabei trifft AN anders als Beamte keine generell gesteigerte politische Treuepflicht, sondern schulden AN (nur) diejenige politische Loyalität, die je nach Stellung und Aufgabenkreis für eine funktionsgerechte Amtsausübung unverzichtbar ist (BAG 12.5.2011, 2 AZR 479/09, EzA § 123 BGB 2002 Nr 10 mwN auf ältere Rspr; 6.9.2012, 2 AZR 372/11, EzA § 1 KSchG Personenbedingte Kündigung Nr 30 [Rn 17]; »Funktionstheorie«). Einen AN, dem die Steuerung und Überwachung des Druck- und Versandverfahrens in der Finanzverwaltung obliegt, ist nur in geringem Maße zur politischen Loyalität verpflichtet; dass er Mitglied der NPD ist, an deren Veranstaltungen teilnimmt und auf diese im Internet aufmerksam macht, genügt für eine Kdg nicht (BAG 12.5.2011, 2 AZR 479/09), wohl aber, dass er einen Newsletter im Internet verbreitet, der dazu aufruft, die verfassungsmäßige Ordnung der Bundesrepublik Deutschland aktiv zu bekämpfen (BAG 6.9.2012, 2 AZR 372/11 [Rn 21 ff]); zur verhaltensbedingten Kdg s Rdn 67.

105 Befindet sich ein AN wegen außer- oder innerbetrieblicher Straftaten in **Strafhaft** oder wegen des Verdachts solcher Straftaten in **Untersuchungshaft** und kann deswegen seine Arbeitsleistung nicht erbringen, berechtigt dies den AG grds zur personenbedingten Kdg (BAG 22.9.1994, 2 AZR 719/93, EzA § 1 KSchG Personenbedingte Kündigung Nr 11, 24.3.2011, 2 AZR 790/09, EzA § 1 KSchG Personenbedingte Kündigung Nr 27 u 23.5.2013, 2 AZR 120/12, EzA § 1 KSchG Personenbedingte Kündigung Nr 32). Es gelten die für die krankheitsbedingte Kdg entwickelten Grundsätze: Befindet sich der AN in U-Haft und ist nicht absehbar, ob, wann und für welche Dauer er zu einer Freiheitsstrafe verurteilt werden wird, darf der AG kündigen (BAG 22.9.1994, 2 AZR 719/93 für die Kdg nach 7 Monaten U-Haft). Ist die Dauer der Haft absehbar, hängt die Berechtigung zur Kdg davon ab, ob es dem AG zumutbar ist, den Haftzeitraum durch personelle oder organisatorische Maßnahmen zu überbrücken (gegen eine Kdg bei 3-monatiger Strafhaft BAG 15.11.1984, 2 AZR 613/83, EzA § 626 BGB nF Nr 95). Weil der AN die Arbeitsverhinderung in aller Regel zu vertreten habe, sind dem AG zur Überbrückung aber geringere Anstrengungen und Belastungen zuzumuten als bei einer Krankheit (BAG 25.11.2010, 2 AZR 984/08, EzA § 1 KSchG Personenbedingte Kündigung Nr 26 [Rn 14]; 24.3.2011, 2 AZR 790/09 [Rn 15], u 23.5.2013, 2 AZR 120/12 [Rn 27]). Wie bei Langzeiterkrankungen will das BAG eine Kdg jedenfalls dann zulassen, wenn der AN 24 Monate inhaftiert sein wird; in diesem Fall soll der AG zudem keine Betriebsablaufstörungen (Rdn 82, 86, 90 f) darlegen müssen (BAG 25.11.2010, 2 AZR 984/08 [Rn 17 ff], 24.3.2011, 2 AZR 790/09 [Rn 19 ff] u 23.5.2013, 2 AZR 120/12 [Rn 35 ff]); richtigerweise muss der AG schon ab einer 6-monatigen Strafe kündigen können (Rdn 90 f; so auch *C. Picker* RdA 2012, 40, 47). Zur Kdg wegen Straftaten Rdn 56, zur Kdg wegen des Verdachts von Straftaten Rdn 110.

106 **3. Rechtliche Beschäftigungshindernisse.** a) **Fehlen einer ausländerrechtlichen Arbeitsberechtigung.** Rechtl an der Erbringung der Arbeitsleistung gehindert ist der ausländische AN, dem der für Nicht-EU-Ausländer nach §§ **18 ff** AufenthG benötigte Aufenthaltstitel bzw dem die für Staatsangehörige der neuen EU-Mitgliedsstaaten nach § **284 SGB III** erforderliche Arbeitsgenehmigung fehlt, weil sie abgelaufen ist oder widerrufen wurde. Es gelten die **für die krankheitsbedingte Kdg entwickelten Grundsätze** (BAG 7.2.1990, 2 AZR 359/89, EzA § 1 KSchG Personenbedingte Kündigung Nr 8 zu § 19 AFG): Erscheint die erneute Erteilung der Arbeitsberechtigung im Zeitpunkt der Kdg ausgeschlossen, kann der AG personenbedingt kündigen (BAG 7.2.1990, 2 AZR 359/89); eine außerordentliche Kdg kommt nur ganz ausnahmsweise in Betracht (BAG 13.1.1977, 2 AZR 423/75, EzA § 19 AFG Nr 2). Ist die erneute Erteilung der Berechtigung möglich, muss der AG wie bei der Kdg wegen lang anhaltender Krankheit (Rdn 90 ff) 6 Monate mit Ersatzkräften oder sonstigen personellen oder organisatorischen Maßnahmen überbrücken,

bevor er dem AN kündigen darf. Verschweigt der AN, dass seine Berechtigung weggefallen ist, berechtigt dieser Verstoß gegen arbeitsvertragliche Aufklärungspflichten den AG zur verhaltensbedingten, idR außerordentlichen Kdg (LAG Nürnberg 21.9.1994, 3 Sa 1176/93, LAGE § 626 BGB Nr 81), Rdn 55. Der ausländische AN ist verpflichtet, sich um eine Tätigkeitsberechtigung zu bemühen; auch ein Verstoß gegen diese Nebenpflicht rechtfertigt die verhaltensbedingte Kdg (KR/*Griebeling/Rachor* § 1 Rn 291; auch BAG 19.1.1977, 3 AZR 66/75, EzA § 19 AFG Nr 3)

Fehlt dem ausländischen AN die Arbeitsberechtigung **schon bei Abschluss des Arbeitsvertrags**, führt das 107 regelmäßig nicht zur Nichtigkeit des Arbeitsverhältnisses nach § 134 BGB (BAG 16.12.1976, 3 AZR 716/75, EzA § 19 AFG Nr 1). Weiß der AG bei Vertragsschluss, dass die Arbeitserlaubnis fehlt, so nimmt er in Kauf, den AN vorerst nicht beschäftigen zu können; personenbedingt kündigen kann er erst dann, wenn endgültig feststeht, dass die Arbeitsberechtigung nicht erteilt wird. Verschweigt der AN das Fehlen der Arbeitsberechtigung, kann der AG seine auf den Vertragsschluss gerichtete Willenserklärung nach § 123 BGB anfechten, noch Rdn 55.

b) Fehlen einer tätigkeitsspezifischen Berechtigung. Fehlt dem AN eine für die Ausübung der geschuldeten Tätigkeit erforderliche Erlaubnis, etwa nach §§ 2, 10 BÄO (LAG Hamm 22.2.1985, 16 [11] Sa 1650/84, AuR 1986, 57; auch BAG 6.3.1974, 5 AZR 313/73, EzA § 615 BGB Nr 21 beide zur Nichtverlängerung der Berufsausübungserlaubnis eines ausländischen Arztes), die **Fahrerlaubnis** (BAG 16.8.1990, 2 AZR 182/90, RzK I 5h 18; 5.6.2008, 2 AZR 984/06, EzA § 1 KSchG Personenbedingte Kündigung Nr 22 mNw) oder die **Fluglizenz** (BAG 31.1.1996, 2 AZR 68/95, EzA § 1 KSchG Personenbedingte Kündigung Nr 13 u 7.12.2000, 2 AZR 459/99, EzA § 1 KSchG Personenbedingte Kündigung Nr 15) oder ein gesetzlich vorgeschriebener Qualifikationsnachweis (zB eine Lehramts- oder Meisterprüfung) oder ist dem AN die Arbeitsleistung ganz oder teilw untersagt (etwa bei Ausbildern nach § 33 iVm 29, 30 BBiG), ist der Arbeitsvertrag wirksam, kann aber gekündigt werden, ebenso, wenn einem AN des öffentlichen Dienstes nach SÜG die für seine sicherheitsempfindliche Tätigkeit erforderliche Zugangsermächtigung zu Verschlusssachen entzogen wird (BAG 26.11.2009, 2 AZR 272/08, EzA § 626 BGB 2002 Unkündbarkeit Nr 16 zu einem fremdsprachlichen Vorauswerter und Russischdolmetscher am Bundesamt für Verfassungsschutz). Zur Kdg berechtigt ist der AG auch dann, wenn dem AN aus anderen Gründen eine wesentliche persönliche Voraussetzung für die Beschäftigung fehlt, etwa einer Gemeindereferentin der katholischen Kirche die kanonische Beauftragung entzogen worden ist (BAG 10.4.2014, 2 AZR 812/12, EzA § 2 KSchG Nr 89 [Rn 31 ff, 44]) oder der als studentische Hilfskraft eingestellte AN exmatrikuliert worden ist (BAG 18.9.2008, 2 AZR 976/06, EzA § 1 KSchG Personenbedingte Kündigung Nr 23) oder einem Volksschullehrer, dem die für die Tätigkeit als Sonderschullehrer an einer staatlich anerkannten Ersatzschule erforderliche schulaufsichtliche Genehmigung fehlt (BAG 11.12.1987, 7 AZR 709/85, RzK I 5h Nr 4). Ganz ausnahmsweise ist der Arbeitsvertrag nach § 134 BGB nichtig, etwa wenn es mangels Heilausbildung des AN von vornherein ausgeschlossen ist, dass er die nach §§ 2, 10 BÄO erforderliche Berufsausübungserlaubnis erhält (BAG 3.11.2004, 5 AZR 592/03, EzA § 134 BGB 2002 Nr 3; abw ErfK/*Oetker* § 1 Rn 158 mit 155).

Wie beim Fehlen einer ausländerrechtl Arbeitsberechtigung (Rdn 106) sind die **Grundsätze für die krank-** 109 **heitsbedingte Kdg** anzuwenden: Erscheint die Erteilung der Arbeitsberechtigung im Zeitpunkt der Kdg ausgeschlossen, kann der AG personenbedingt kündigen (BAG 7.12.2000, 2 AZR 459/99, EzA § 1 KSchG Personenbedingte Kündigung Nr 15; LAG Hamm 22.2.1985, 16 [11] Sa 1650/84, AuR 1986, 57; *Stahlhacke/ Preis/Vossen* Rn 1236; *Krause* in: *v Hoyningen-Huene/Linck* § 1 Rn 337; ErfK/*Oetker* § 1 Rn 158 mit 155; **abw** für Nichtigkeit des Arbeitsvertrags LSW/*Löwisch* § 1 Rn 269). Ist die Erteilung der Arbeitserlaubnis wahrscheinlich, muss der AG 6 Monate mit Ersatzkräften oder sonstigen personellen oder organisatorischen Maßnahmen überbrücken, bevor er dem AN kündigen darf (Rdn 91 u 106); Maßnahmen, die zur Wiedererteilung der Erlaubnis führen, muss der AG grds abwarten (BAG 7.12.2000, 2 AZR 459/99). Ein lediglich kurzes Fahrverbot, das mit Urlaub überbrückt werden kann, berechtigt den AG nicht zur Kdg (LAG M-V 16.8.2011, 5 Sa 295/10, EzTöD 100 § 34 Abs 2 TVöD-AT Personenbedingte Kündigung Nr 3). Kann der AG den AN auf einem **anderen Arbeitsplatz** beschäftigen, für den dieser die Arbeitsberechtigung nicht benötigt, ist die Kdg ausgeschlossen (BAG 16.8.1990, 2 AZR 182/90 u 7.12.2000, 2 AZR 459/99). Ist ein Qualifikationsnachweis zwar nicht gesetzlich vorgeschrieben, aber **im Arbeitsvertrag** vereinbart worden oder wird dieser in einer Auswahlrichtlinie iSd § 95 BetrVG verlangt (etwa eine Fahrerlaubnis auch für den Beifahrer oder eine betriebliche Fahrerlaubnis, die vom AG zusätzlich zum Führerschein erteilt wird und wieder entzogen werden kann), kann der AG dem AN unter den genannten Einschränkungen ebenfalls personenbedingt kündigen (**abw** BAG 25.4.1996, 2 AZR 74/95, EzA § 1 KSchG Personenbedingte Kündigung Nr 1; 5.6.2008, 2 AZR 984/06); bei einer zusätzlichen betrieblichen Fahrerlaubnis ist der AN idR aber zunächst betrieblich nachzuschulen (BAG 25.4.1996, 2 AZR 74/95). Hat der

Wegfall der Erlaubnis ihre Ursache in der Sphäre des AN, ist sowohl bei der Prüfung von anderweitigen Beschäftigungsmöglichkeiten als auch im Rahmen der Interessenabwägung zu berücksichtigen, inwieweit den AN an der Unmöglichkeit, ihn mit seinen bisherigen Aufgaben weiterzubetrauen, ein Verschulden trifft (BAG 26.11.2009, 2 AZR 272/08, EzA § 626 BGB 2002 Unkündbarkeit Nr 16 [Rn 38] zum Entzug der Zugangsermächtigung zu Verschlusssachen gegenüber einem Russischdolmetscher des Bundesamts für Verfassungsschutz wegen privater Kontakte mit seinem Schwager, der Hauptverdächtiger für schwere Straftaten im Bereich der russischen organisierten Kriminalität war). Verletzt der AN mit seinem Verhalten, das zum Wegfall der Erlaubnis geführt hat, seine arbeitsvertraglichen Pflichten, wird etwa einem Berufskraftfahrer die Fahrerlaubnis wegen einer Trunkenheitsfahrt während der Arbeitszeit entzogen, rechtfertigt dies eine verhaltensbedingte Kdg (Rdn 51).

110 **4. Verdacht schweren Fehlverhaltens.** Der Verdacht einer gegen den AG oder gegen Arbeitskollegen gerichteten strafbaren Handlung oder einer anderen schweren Vertragsverletzung rechtfertigt die personenbedingte Kdg, wenn der Verdacht das notwendige Vertrauen in den AN zerstört oder das Arbeitsverhältnis in anderer Hinsicht unerträglich belastet (zuletzt etwa BAG 23.6.2009, 2 AZR 474/07, EzA § 626 BGB 2002 Verdacht strafbarer Handlung Nr 8 [Rn 51], 25.11.2010, 2 AZR 801/09, EzA § 626 BGB 2002 Verdacht strafbarer Handlung Nr 9 [Rn 16] u 24.5.2012, 2 AZR 206/11, EzA § 626 BGB 2002 Verdacht strafbarer Handlung Nr 11 [Rn 16]; 21.6.2012, 2 AZR 694/11, EzA § 9 nF KSchG Nr 63 [Rn 20]; 20.6.2013, 2 AZR 546/12, EzA § 611 BGB 2002 Persönlichkeitsrecht Nr 14; 21.11.2013, 2 AZR 797/11, EzA § 1 KSchG Verdachtskündigung Nr 5). Weil die Verdachtskündigung als ordentliche Kdg nach § 1 II nur unter den Voraussetzungen ausgesprochen werden kann, die auch eine **außerordentliche Kdg** rechtfertigten (BAG 21.11.2013, 2 AZR 797/11 [Rn 32 ff]), wird in der Regel **nach § 626 I BGB** gekündigt (näher zur Verdachtskündigung § 626 BGB Rdn 140 ff; zur Verdachtskündigung im Berufsausbildungsverhältnis nach § 22 I Nr 1 BBiG s Rdn 4).

111 Der Verdacht eines pflichtwidrigen Verhaltens ist zwar ein ggü dem Tatvorwurf eigenständiger Kdg-Grund; steht aber zur Überzeugung des Gerichts fest, dass der AN sich tatsächlich pflichtwidrig verhalten hat, ist für die Wirksamkeit der Kdg auf die Pflichtverletzung abzustellen, auch wenn der AG seine Kdg lediglich auf einen Verdacht gestützt hat (BAG 10.6.2010, 2 AZR 541/09, EzA § 626 BGB 2002 Nr 32 [»Emmely«]; 27.1.2011, 2 AZR 825/09, EzA § 626 BGB 2002 Verdacht strafbarer Handlung Nr 10). Die Anhörung des BR zur Verdachtskündigung schließt die Anhörung zur Tatkündigung in der Regel ein (BAG 10.6.2010, 2 AZR 541/09; schon Rdn 21). Umgekehrt kann eine Kdg wegen einer vom AG als erwiesen angesehenen Straftat oder einer anderen schwerwiegenden Vertragsverletzung regelmäßig **nicht in eine Verdachtskündigung umgedeutet** werden, da es zumeist an Anstrengungen des AG zur Aufklärung des Verdachts fehlen wird, die Voraussetzung für eine wirksame Verdachtskündigung sind. Nur wenn der AG die Kdg – zumindest hilfsweise – auf den entspr Verdacht gestützt, dürfen die ArbG die Kdg auch unter dem Gesichtspunkt der Verdachtskündigung beurteilen (BAG 8.6.2000, 2 ABR 1/00, EzA § 15 KSchG nF Nr 50).

112 **5. Beweislast.** Nach § 1 II 4 hat der AG darzulegen und zu beweisen, dass der AN aus personenbedingten Gründen die geschuldete Arbeitsleitung nicht erbringen kann; er trägt auch die Darlegungs- und Beweislast für alternative Beschäftigungsmöglichkeiten, etwa auf einem leidensgerechten Arbeitsplatz (Rdn 74, 87). Der AG kann sich aber zunächst auf die pauschale Behauptung beschränken, es bestehe keine andere Beschäftigungsmöglichkeit für den erkrankten AN. Der AN muss dann konkret darlegen, wie er sich eine Änd des bisherigen Arbeitsplatzes oder eine andere Beschäftigungsmöglichkeit – an einem anderen Arbeitsplatz – vorstellt, die er trotz seiner gesundheitlichen Beeinträchtigung oder sonstigen Eignungsmängeln ausüben kann (BAG 12.7.2007, 2 AZR 716/06, EzA § 84 SGB IX Nr 3; 20.11.2014, 2 AZR 755/13, EzA § 1 KSchG Krankheit Nr 59 [Rn 25]). Hat der AN, etwa wegen Einsatzes in einer Außenstelle des AG, keinen oder nur einen oberflächlichen Einblick in die organisatorischen Arbeitsabläufe im Betrieb, genügt er seiner Darlegungslast, wenn er auf ihm bekannte Arbeitsplätze und Arbeitsplatzgestaltungen im Betrieb hinweist und darlegt, dass er zu gleichartigen oder ähnlichen Bedingungen zur Arbeitsleistung in der Lage ist; der AG muss dann diesen Vortrag entkräften (BAG 30.9.2010, 2 AZR 88/09, EzA § 84 SGB IX Nr 7). Allg zur Darlegungs- und Beweislast bei krankheitsbedingten Kdg Rdn 77 ff und bei Schlechtleistung Rdn 99, zur Durchführung des BEM Rdn 85.

113 **F. Betriebsbedingte Kündigung. I. Grundsätze. 1. Zweck: Reaktion auf veränderten Personalbedarf.** Die betriebsbedingte Kdg ermöglicht es dem AG, im Interesse der Rentabilität des Unternehmens den **Personalbestand einem quantitativ oder qualitativ veränderten Personalbedarf anzugleichen**; dafür können auch ruhende Arbeitsverhältnisse betriebsbedingt gekündigt werden (BAG 9.9.2010, 2 AZR 493/09, EzA

§ 1 KSchG Betriebsbedingte Kündigung Nr 164). Eine betriebsbedingte Kdg kann auf außerbetriebliche Umstände (zB Mangel an kostendeckenden Aufträgen, Rohstoff- oder Energiemangel oder Finanzierungsschwierigkeiten, Rdn 119 ff) oder auf innerbetriebliche Umstände (Rationalisierungsmaßnahmen, Umstellung oder Einschränkung der Produktion, Verlagerung der Produktion ins Ausland, Änd des Betriebszwecks, Einführung neuer Produktions-, Arbeitsmethoden oder Organisationsformen, Rdn 125 ff) gestützt werden. Erforderlich ist in jedem Fall, dass der AG eine **unternehmerische Entsch** trifft, die zu einem Personalüberhang führt, also betriebsorganisatorische Vorgaben macht (Betriebseinschränkung, Leistungsverdichtung usw), aufgrund derer die Zahl der AN den Personalbedarf übersteigt (Rdn 119 ff u 126 ff). **Maßgebender Zeitpunkt** für die Beurteilung dieses betriebsorganisatorischen Konzepts ist der Zugang der Kdg (BAG 9.9.2010, 2 AZR 493/09, EzA § 1 KSchG Betriebsbedingte Kündigung Nr 164 u 23.2.2012, 2 AZR 548/10, EzA § 1 KSchG Betriebsbedingte Kündigung Nr 166; 15.12.2011, 2 AZR 42/10, EzA § 1 KSchG Soziale Auswahl Nr 84 [Rn 20]): Wirksam gekündigt werden kann schon dann, wenn im Zeitpunkt des Kdg-Zugangs die auf Tatsachen gestützte Prognose gerechtfertigt ist, dass bei Ablauf der Kdg-Frist der betriebliche Grund für den Wegfall der Arbeitsplätze bestehen wird (BAG 15.12.2011, 2 AZR 42/10; 15.12.2011, 8 AZR 692/10, EzA § 613a BGB 2002 Nr 132 [Rn 40]; 23.2.2012, 2 AZR 548/10, EzA § 1 KSchG Betriebsbedingte Kündigung Nr 166 [Rn 19, 25]; 29.8.2013, 2 AZR 809/12, EzA § 1 KSchG Betriebsbedingte Kündigung Nr 177 [Rn 13]). Die für den künftigen Wegfall der Beschäftigungsmöglichkeit maßgeblichen Entwicklungen müssen bei Zugang der Kdg schon abschließend geplant sein (BAG 31.7.2014, 2 AZR 422/13, EzA § 1 KSchG Betriebsbedingte Kündigung Nr 181 [Rn 33 f] u 20.11.2014, 2 AZR 512/13, EzA § 1 KSchG Betriebsbedingte Kündigung Nr 182 [Rn 16, 24]; 21.5.2015, 8 AZR 409/13, JurionRS 2015, 28129 [Rn 52]); die unternehmerische Entsch, zB eine Betriebsstilllegung, muss im Kdg-Zeitpunkt endgültig getroffen worden sein und greifbare Formen angenommen haben (BAG 23.2.2012, 2 AZR 548/10 [Rn 19]; 24.5.2012, 2 AZR 124/11 [Rn 23]; 20.2.2014, 2 AZR 346/12, EzA § 17 KSchG Nr 31 [Rn 17]; 21.5.2015, 8 AZR 409/13 [Rn 53] mNw). Erweist sich die Prognose nachträglich als unzutreffend, ändert dies nichts an der Wirksamkeit der Kdg und begründet allenfalls einen Wiedereinstellungsanspruch (dazu Rdn 23). Entsch, die der AG nach Zugang der Kdg trifft, können lediglich spätere Kdg rechtfertigen (zu denen nach § 102 BetrVG der BR angehört werden muss). Etwa können betriebsbedingte Kdg, die zunächst außerbetrieblich mit der notwendigen Anpassung an einen Umsatzrückgang begründet worden sind (Rdn 119 ff), nicht auf eine erst später getroffene Rationalisierungs- oder Organisationsentsch als innerbetrieblichen Umstand (Rdn 126 ff) gestützt werden.

Die betrieblichen Erfordernisse müssen eine Kdg im Interesse des Betriebs »**dringend**« notwendig machen: Dem AG darf es nicht möglich sein, der betrieblichen Lage durch andere technische, organisatorische oder wirtschaftliche Maßnahmen als durch eine Kdg zu entsprechen; die Kdg muss unvermeidbar sein (st Rspr, BAG 26.9.2002, 2 AZR 636/01, EzA § 1 KSchG Betriebsbedingte Kündigung Nr 124). Damit bezeichnet das Merkmal der Dringlichkeit das **ultima-ratio-Prinzip**, Rdn 25 (ausdrücklich BAG 9.5.1996, 2 AZR 438/95, EzA § 1 KSchG Betriebsbedingte Kündigung Nr 85; LSW/*Löwisch* § 1 Rn 332). Noch Rdn 123 u 142 f. 114

Die betrieblichen Erfordernisse müssen die betriebsbedingte Kdg des einzelnen AN »**bedingen**«, also **kausal** für die Kdg sein: Zum einen muss der AG zunächst versuchen, den zu kündigenden AN – ua nach einer zumutbaren Umschulung – auf einen freien Arbeitsplatz im Unternehmen weiterzubeschäftigen. Damit ist auch das Kriterium »bedingen« Ausfluss des **ultima-ratio-Prinzips** (Rdn 25). »Bedingen« heißt zum anderen, dass der AG das gewählte betriebsorganisatorische Konzept konsequent befolgen muss: Kein betriebsorganisatorisches Konzept kann betriebsbedingte Kdg rechtfertigen, wenn der AG sich nicht daran hält (Rdn 122 u 144 f). 115

2. Weiterbeschäftigungsmöglichkeit. Die Kdg ist nur dann durch dringende betriebliche Erfordernisse bedingt, wenn der AN nicht auf einem **anderen freien Arbeitsplatz im Betrieb** weiterbeschäftigt werden kann – unter geänderten Vertragsbedingungen oder nach einer Umschulung oder Fortbildung – oder auf einem anderen freien Arbeitsplatz **im Unternehmen** (Rdn 151 ff). Da der Kdg-Schutz betriebs- und in Grenzen auch unternehmensbezogen ist, das KSchG hingegen keinen konzernweiten Kdg-Schutz kennt, hindert die Möglichkeit einer Weiterbeschäftigung des AN auf einem freien Arbeitsplatz in einem anderen Unternehmen desselben Konzerns, also eine Weiterbeschäftigung unter AG-Wechsel, die Kdg nicht (näher Rdn 154). 116

3. Sozialauswahl. Bei einer betriebsbedingten Kdg darf der AG nicht ohne Weiteres dem AN kündigen, dessen Arbeitsplatz aufgrund der Rationalisierungsentsch wegfällt. Vielmehr sozialisiert das KSchG das Risiko, den Arbeitsplatz zu verlieren: Fällt ein Arbeitsplatz weg, muss der AG prüfen, ob der betroffene AN auf einem anderen Arbeitsplatz weiterbeschäftigt werden kann. Ist der andere Arbeitsplatz bereits besetzt, 117 muss der AG im Wege der Sozialauswahl gem § 1 III nach sozialen Kriterien – Betriebszugehörigkeit, Lebensalter, Unterhaltspflichten und Schwerbehinderung – ermitteln, welcher AN sozial stärker und damit auf den Arbeitsplatz weniger angewiesen ist; nur diesem – meist jungen, kinderlosen – AN darf er kündigen (dazu Rdn 167 ff). Die Sozialauswahl tritt an die Stelle der ansonsten vom BAG geforderten Interessenabwägung (Rdn 27).

118 **4. Außerordentliche betriebsbedingte Kündigung.** Betriebliche Gründe können eine außerordentliche Kdg **regelmäßig nicht** rechtfertigen. Ausdruck findet dieses Prinzip darin, dass selbst in der AG-Insolvenz keine außerordentliche Kdg, sondern nur eine ordentliche Kdg unter Einhaltung der Kdg-Frist ausgesprochen werden kann – unter Begrenzung der Kdg-Frist auf 3 Monate, § 113 S 2 InsO. Nach der Rspr kommt eine betriebsbedingte außerordentliche Kdg ausnahmsweise dann in Betracht, wenn die **ordentliche Kdg** (insb ab einem bestimmten Lebensalter und einer bestimmten Dauer der Betriebszugehörigkeit) durch TV oder Einzelarbeitsvertrag **ausgeschlossen** ist (BAG 22.11.2012, 2 AZR 673/11, EzA § 626 BGB 2002 Unkündbarkeit Nr 18 [Rn 14], 20.6.2013, 2 AZR 379/12, EzA § 626 BGB 2002 Unkündbarkeit Nr 19 [Rn 15 ff] u 23.1.2014, 2 AZR 372/13, EzA § 626 BGB 2002 Unkündbarkeit Nr 21 [Rn 17]; 26.3.2015, 2 AZR 783/13, EzA § 613a BGB 2002 Nr 61 [Rn 39]); die Kdg muss dann die für eine ordentliche Kdg geltende Kdg-Frist einhalten (BAG 18.3.2010, 2 AZR 337/08, EzA § 626 BGB 2002 Unkündbarkeit Nr 17; 20.6.2013, 2 AZR 379/12 [Rn 17]); zur Sozialauswahl Rdn 188. Ist der AN nach TV unkündbar, darf ihm dieser Status durch eine nachträgliche Änd des TV nicht wieder entzogen werden (BAG 16.2.1962, 1 AZR 164/61, DB 1962, 542). Lässt ein TV unter bes Voraussetzungen eine ordentliche Kdg zu, dürfen die TV-Parteien aber diese Ausnahmen modifizieren, etwa die bisher auf Betriebsstilllegungen beschränkte Kdg-Möglichkeit auf notwendige Betriebsänderungen erweitern (BAG 2.2.2006, 2 AZR 58/05, EzA § 1 KSchG TVG Rückwirkung Nr 7). Näher zur außerordentlichen betriebsbedingten Kdg § 626 BGB Rdn 105 ff.

119 **II. Unternehmerentsch als zwingende Kündigungsvoraussetzung. 1. Außerbetriebliche Umstände.** Außerbetriebliche Umstände (Rdn 113) sind nie unmittelbar ursächlich für den Wegfall von Arbeitsplätzen. Auf Absatz- oder Auftragsrückgang kann der Unternehmer auf vielerlei Weise reagieren: Durch Verbesserung seiner Produkte, durch Erweiterung seiner Produktpalette, durch Erschließen neuer Absatzmärkte oder durch Einschränkung der Produktion; der Entschluss, die Produktion einzuschränken und damit das Personal zu verringern, ist nur eine von vielen möglichen Entsch. Nicht der Umsatzrückgang ist kausal für den Wegfall der Arbeitsplätze, sondern die Entsch des Unternehmers, seine Kosten den verminderten Einnahmen anzupassen, indem er Arbeitsplätze abbaut und so seine Personalkosten reduziert. Ursache für die betriebsbedingte Kdg ist damit auch bei außerbetrieblichen Gründen eine **unternehmerische Entsch**; erst diese löst den Überhang des Personalbestandes über den Personalbedarf aus (deutlich BAG 20.3.1986, 2 AZR 294/85, EzA § 2 KSchG Nr 6; 22.5.2003, 2 AZR 326/02, EzA § 1 KSchG Betriebsbedingte Kündigung Nr 126, 18.5.2006, 2 AZR 412/05, EzA § 1 KSchG Betriebsbedingte Kündigung Nr 146 u 23.2.2012, 2 AZR 548/10, EzA § 1 KSchG Betriebsbedingte Kündigung Nr 166 [Rn 15]; 20.2.2014, 2 AZR 346/12, EzA § 17 KSchG Nr 31 [Rn 12 f]). Bei drittmittelfinanzierten Arbeitsverträgen ist nicht der Wegfall oder die Kürzung der Drittmittel der Kdg-Grund, sondern erst die Entsch des Drittmittelempfängers, den subventionierten Aufgabenbereich einzuschränken (BAG 30.10.1987, 2 AZR 138/87 u 21.6.1990, 2 AZR 641/89, RzK I 5c Nr 24 u Nr 37; 20.2.1986, 2 AZR 212/85, EzA § 1 KSchG Betriebsbedingte Kündigung Nr 37 u auch 7.11.1996, 2 AZR 811/95, EzA § 1 KSchG Betriebsbedingte Kündigung Nr 88).

120 Das BAG ist nur in 2 Entsch von einer ausschließlich auf außerbetriebliche Umstände gestützten Kdg ausgegangen: Im 1. Fall reduzierte ein Unternehmen die Zahl der Lagerarbeiter in der Versand- und Exportabteilung, weil der Umsatz eingebrochen war. Das BAG hielt fest: Die AG habe »keine gestaltende Unternehmerentsch getroffen. Sie hat ihren Betrieb nicht umorganisiert, sondern sie wollte die Anzahl der benötigten AN unmittelbar der Arbeitsmenge anpassen, die sich aus dem verringerten Umsatz ergab.« (BAG 15.6.1989, 2 AZR 600/88, EzA § 1 KSchG Betriebsbedingte Kündigung Nr 63). Tatsächlich hatte die AG aber schon im Vorfeld eine gestaltende Entsch getroffen, nämlich die Zahl der AN mit einem genauen Schlüssel an den Umsatz zu binden. Im 2. Fall hatte ein Reinigungsunternehmen wegen Wegfalls des einzigen Reinigungsauftrags allen AN gekündigt. Das BAG ist von einer Kdg aus außerbetrieblichen Gründen ohne Unternehmerentsch ausgegangen (BAG 12.4.2002, 2 AZR 256/01, EzA § 1 KSchG 1969 Betriebsbedingte Kündigung Nr 118). Auch in diesem Fall hatte das Reinigungsunternehmen aber eine Entsch getroffen, nämlich bei Auslaufen des Reinigungsauftrags seine Tätigkeit einzustellen und sich – mit Ausnahme eines Anschlussauftrags mit dem bisherigen Auftraggeber – nicht um weitere Aufträge zu bemühen (Rdn 121).

Stützt der AG betriebsbedingte Kdg auf außerbetriebliche Umstände, macht er diese Umstände zum Inhalt 121 seiner Unternehmerentsch: Er reagiert nicht mit einer Neuorganisation des Arbeitsablaufs, sondern belässt Arbeitsabläufe und betriebliche Organisation wie sie sind, weswegen der Umsatzrückgang nur durch den Abbau von Arbeitsplätzen aufgefangen werden kann: Der AG bindet die Zahl der AN an die Auftragsmenge. Das hat *Ascheid* als »belassende Unternehmerentsch« charakterisiert (DB 1987, 1144, 1148); ich halte den Begriff »**reagierende**« **Unternehmerentsch** für aussagekräftiger (*Kaiser* NZA 2005 Beilage Nr 1, 31). Weil der Unternehmer die Betriebsorganisation unverändert lässt und die Marktverhältnisse zum Inhalt seiner unternehmerischen Entsch macht, **prüfen die ArbG vollumfänglich, ob der behauptete außerbetriebliche Grund – etwa Auftragsmangel – besteht** (BAG 23.2.2012, 2 AZR 548/10, EzA § 1 KSchG Betriebsbedingte Kündigung Nr 166; 20.2.2014, 2 AZR 346/12, EzA § 17 KSchG Nr 31 [Rn 13]). Das ist vom BAG in einem Fall verneint worden, in dem ein Reinigungsunternehmen seinen AN gekündigt hatte, weil der einzige Auftraggeber den Reinigungsvertrag gekündigt hatte (Rdn 120): Es sei nicht auszuschließen, dass der AG bei der Neuausschreibung des Reinigungsauftrags zum Zuge kommen werde (BAG 12.4.2002, 2 AZR 256/01, EzA § 1 KSchG 1969 Betriebsbedingte Kündigung Nr 118; auch 13.2.2008, 2 AZR 543/06, JurionRS 2008, 39252). Bemüht sich der AG bei der Neuausschreibung seines einzigen Auftrags nicht erneut, hat der AG den innerbetrieblichen Beschluss zur Betriebsstilllegung getroffen und kann sämtlichen AN kündigen (LAG Nürnberg 1.9.2009, 6 Sa 109/08, BB 2009, 2251 [LS] zur Kdg eines Bewachungsauftrags), noch Rdn 128.

Die betrieblichen Erfordernisse müssen die betriebsbedingte Kdg des einzelnen AN »**bedingen**«, also **kau-** 122 **sal** für die Kdg sein (Rdn 115): Der AG muss nachweisen, dass der Umsatzrückgang usw kausal für den Wegfall von Beschäftigungsmöglichkeiten ist (BAG 11.9.1986, 2 AZR 564/85, EzA § 1 KSchG Betriebsbedingte Kündigung Nr 54, 18.5.2006, 2 AZR 412/05, EzA § 1 KSchG Betriebsbedingte Kündigung Nr 146 u 23.2.2012, 2 AZR 548/10, EzA § 1 KSchG Betriebsbedingte Kündigung Nr 166; 20.2.2014, 2 AZR 346/12, EzA § 17 KSchG Nr 31 [Rn 13 f]). Entspr hat das LAG Berl vom AG verlangt, eine Relation zwischen Auftragsmenge und der zur Verfügung stehenden Arbeitszeit nachzuweisen (20.5.1997, 2 Sa 1/97, LAGE § 1 KSchG Betriebsbedingte Kündigung Nr 45). Nach BAG reicht ein bloßer Hinweis auf auslaufende Aufträge und das Fehlen von Anschlussaufträgen nicht aus, um einen dauerhaften Wegfall des Beschäftigungsbedürfnisses zu begründen; der AG müsse anhand seiner Auftrags- und Personalplanung im Einzelnen nachweisen, dass es sich nicht nur um eine – kurzfristige – Auftragsschwankung, sondern um einen dauerhaften Auftragsrückgang handelt, und dafür die einschlägigen Daten aus repräsentativen Referenzperioden miteinander vergleichen (BAG 18.5.2006, 2 AZR 412/05 [Rn 18, 20], 23.2.2012, 2 AZR 548/10 [Rn 16] u 20.2.2014, 2 AZR 346/12 [Rn 14]). An diesem schwer zu erbringenden Nachweis scheitern in der Praxis regelmäßig Kdg aus außerbetrieblichen Umständen. Es ist für den AG einfacher, ein innerbetriebliches Konzept für betriebsbedingte Kdg vorzulegen (Rdn 126 ff); hier muss er lediglich beweisen, dass er das gewählte Konzept konsequent durchführt (Rdn 149).

Die die Kdg bedingenden betrieblichen Erfordernisse müssen »**dringend**« sein, also als **ultima ratio** die 123 Beendigung des Arbeitsverhältnisses erzwingen (Rdn 114, 142). Da der AG seine Unternehmerentsch an die außerbetrieblichen Umstände, etwa den Umsatzrückgang, bindet (Rdn 121), können die **ArbG vollumfänglich prüfen, ob mildere Mittel zur Verfügung stehen.** Kommt das ArbG etwa zu der Einschätzung, dass der Umsatz nur vorübergehend zurückgehen wird, kann es der betriebsbedingten Beendigungs-Kdg Kurzarbeit (Rdn 124) oder den Abbau bisher im Betrieb geleisteter Mehrarbeit als milderes Mittel gegenüberstellen; ein dauerhafter Umsatzrückgang kann durch Kurzarbeit aber nicht verhindert werden (BAG 15.6.1989, 2 AZR 600/88b, EzA § 1 KSchG Betriebsbedingte Kündigung Nr 63). Wird Kurzarbeit geleistet, so spricht dies dafür, dass der AG nur von einem vorübergehenden Arbeitsmangel und nicht von einem dauerhaft gesunkenen Beschäftigungsbedarf ausgeht, so dass eine betriebsbedingte Kdg nicht gerechtfertigt ist; dieses aus der Kurzarbeit folgende Indiz kann der AG durch konkreten Sachvortrag entkräften (BAG 23.2.2012, 2 AZR 548/10, EzA § 1 KSchG Betriebsbedingte Kündigung Nr 166 [Rn 21]). Als milderes Mittel kommt in keinem Fall in Betracht, die betriebliche Arbeitszeit auf Dauer zu verkürzen, um die noch vorhandene Arbeit gleichmäßig auf alle AN zu verteilen und so Kdg zu vermeiden (auch BAG 15.6.1989, 2 AZR 600/88b). Dem steht die unternehmerische Entsch entg, die betriebliche Organisation unverändert zu lassen und auf die außerbetrieblichen Umstände nur zu reagieren (Rdn 121). Auch insoweit unterliegen Kdg wegen außerbetrieblicher Umstände einer strengeren Prüfung: Bei der Kdg aus innerbetrieblichen Umständen zieht die betriebsorganisatorische Unternehmerentsch der Auswahl milderer Mittel enge Grenzen; hat der Unternehmer entschieden, den Betrieb oder Betriebsteile dauerhaft stillzulegen, kommt Kurzarbeit als ein die Kdg ausschließendes milderes Mittel von vornherein nicht in Betracht (Rdn 142).

124 Zur Einführung von **Kurzarbeit** (Rdn 123) ist der AG in Betrieben mit BR wegen § 87 I Nr 3 BetrVG nur mit Zustimmung des BR befugt. Widerspricht der BR, muss der AG dessen Widerstand nicht dadurch überwinden, dass er das ESt-Verfahren einleitet, sondern darf wie geplant betriebsbedingte Kdg aussprechen (s nur ErfK/*Oetker* § 1 Rn 288). Entg der Auffassung des BAG darf die Einführung von Kurzarbeit nicht davon abhängig gemacht werden, dass der BR von seinem Initiativrecht aus § 87 I Nr 3 BetrVG Gebrauch gemacht hat, sodass Kurzarbeit eine Kdg dann nicht als milderes Mittel hindern könnte, wenn der BR nicht initiativ geworden ist (BAG 4.3.1986, 1 ABR 15/84, EzA § 87 BetrVG 1972 Arbeitszeit Nr 17; 11.9.1986, 2 AZR 564/85, EzA § 1 KSchG Betriebsbedingte Kündigung Nr 54; ebenso *Stahlhacke/Preis/ Vossen* Rn 1004 f). Zum einen besteht schon kein Initiativrecht des BR: Der BR soll die AN davor schützen, dass Kurzarbeit zu einer ungerechtfertigten Minderung ihrer Entgeltansprüche führt – indem er die Einführung von Kurzarbeit verhindert oder erreicht, dass die Kürzung des Arbeitsentgelts gleichmäßig auf alle AN verteilt wird. Hingegen bezweckt das Mitbestimmungsrecht aus § 87 I Nr 3 BetrVG nach der Systematik des § 87 BetrVG und dem Gesamtzusammenhang des BetrVG keine Beschränkung oder Erweiterung des Kdg-Schutzes (*Kaiser* FS Löwisch [2007], 153, 165 f; dezidiert **aA** BAG 4.3.1986, 1 ABR 15/84). Selbst wenn ein solches Initiativrecht bestünde, könnte der Kdg-Schutz der AN nicht davon abhängen, ob der BR initiativ geworden ist: So wenig die Weiterbeschäftigung des AN auf einem freien Arbeitsplatz im Betrieb und Unternehmen – trotz des anderslautenden Wortlauts des § 1 II 2 und 3 (Rdn 150 ff) – von einem Widerspruch des BR abhängt, sowenig hängt die Einführung von Kurzarbeit von einer darauf gerichteten Initiative des BR ab.

125 **2. Kündigung wegen innerbetrieblicher Umstände. a) Unternehmensstrategie als überbetrieblicher Umstand.** Stützt der AG betriebsbedingte Kdg auf innerbetriebliche Gründe, etwa auf den Wunsch, die Produktion zu rationalisieren oder ins Ausland zu verlagern oder den Betriebszweck zu ändern, sind die Vorgaben der Unternehmenspolitik (Unternehmensstrategie) vollständig der **Kontrolle durch die ArbG entzogen** (falsch ArbG Gelsenkirchen 28.10.1997, 2 Ca 3762/96, EzA § 1 KSchG Betriebsbedingte Kündigung Nr 100 [obiter dictum]). Ob, was, wie viel und wo der Unternehmer produzieren will, darf er frei entscheiden, etwa überhaupt nicht mehr oder jedenfalls nicht mehr selbst produzieren zu wollen, bestimmte Produkte nicht mehr herstellen oder nicht mehr in Deutschland produzieren zu wollen (BAG 22.11.2012, 2 AZR 673/11, EzA § 626 BGB 2002 Unkündbarkeit Nr 18 [Rn 16] u 20.6.2013, 2 AZR 379/12, EzA § 626 BGB 2002 Unkündbarkeit Nr 19 [Rn 21]; 20.11.2014, 2 AZR 512/13, EzA Betriebsbedingte Kündigung Nr 182 [Rn 27]; auch 27.1.2011, 2 AZR 9/10, EzA-SD 2011, Nr 3, 3 [Hornist]). Auch unternehmerische Entschen, die keinen wirtschaftlichen oder unternehmensstrategischen Sinn haben, etwa die Einstellung von Tätigkeiten aus politischen oder privaten Gründen, sind der gerichtlichen Kontrolle entzogen (anders APS/*Kiel* § 1 Rn 469). Ebenso darf der Unternehmer entscheiden, rentabler zu wirtschaften: Er darf seinen Gewinn maximieren oder einen Gewinnverfall minimieren und dafür Lohnkosten senken. So wie die außerbetrieblichen Umstände von den ArbG als faktisch nicht beeinflussbar hingenommen werden müssen, müssen die Gerichte die Unternehmensstrategie als einen den betrieblichen Erfordernissen iSd § 1 II S 2 vorgegebenen **überbetrieblichen Umstand** hinnehmen (vgl auch BAG 22.11.2012, 2 AZR 673/11 [Rn 21], 20.6.2013, 2 AZR 379/12 [Rn 20, 25] u 20.11.2014, 2 AZR 512/13 [Rn 28]); sie dürfen die unternehmensstrategischen Vorgaben nicht einmal auf Zweckmäßigkeit und Unsachlichkeit überprüfen (*Kaiser* NZA 2005 Beilage Nr 1, 31, 33 f; auch *Preis* Prinzipien [1987] S 216 u *ders* NZA 1995, 241, 243; **abw** *Ascheid* DB 1987, 1144, 1146); in keinem Fall ist es geboten, die wirtschaftlichen Vorteile, die der AG durch seine Maßnahme erlangt, gegen die Nachteile der AN aufgrund des Arbeitsplatzverlusts abzuwägen (BAG 20.6.2013, 2 AZR 379/12; **so aber** *Däubler*, Die Unternehmerfreiheit im Arbeitsrecht, S. 32, 44; *Stein* AuR 2013, 243, 248); noch Rdn 142. Die unternehmerischen Vorgaben unterliegen keiner weiter reichenden gerichtlichen Kontrolle, wenn vom Arbeitsplatzabbau (auch) ordentlich unkündbare AN erfasst sind (BAG 20.6.2013, 2 AZR 379/12 [Rn 26]). Den überbetrieblichen unternehmensstrategischen Vorgaben entspricht im **öffentl Dienst** die Freiheit des Dienstherrn, iRd Gesetze zu bestimmen, welche Aufgaben in einer Dienststelle erfüllt und welche Haushaltsmittel dafür eingesetzt werden (BAG 3.5.1978, 4 AZR 698/76, EzA § 1 KSchG Betriebsbedingte Kündigung Nr 8).

126 **b) Betriebsorganisatorisches Konzept als Unternehmerentsch. aa) Grundsätze.** Erst wenn der AG die unternehmensstrategischen Vorgaben (Rdn 125) in ein betriebsorganisatorisches Konzept umsetzt, begründet er die von § 1 II verlangten **betrieblichen Erfordernisse** (BAG 17.6.1999, 2 AZR 522/98, EzA § 1 KSchG Betriebsbedingte Kündigung Nr 101; 24.4.1997, 2 AZR 352/96, EzA § 2 KSchG Nr 26; 20.6.2013, 2 AZR 379/12, EzA § 626 BGB 2002 Unkündbarkeit Nr 19 [Rn 20]): Erst diese betriebsorganisatorische Entsch ist die vom BAG sogenannte Unternehmerentsch (BAG 20.3.1986, 2 AZR 294/85, EzA § 2 KSchG Nr 6; auch LSW/*Löwisch* § 1 Rn 311; *Krause* in: *v Hoyningen-Huene/Linck* § 1 Rn 718, 723;

s aber BAG 20.6.2013, 2 AZR 379/12 [Rn 19 f.]), die BAG und Schrifttum häufig als »**gestaltende**« **Unternehmerentsch** charakterisieren (*Stahlhacke/Preis/Vossen* Rn 912 ff mwN). Erst dieses betriebsorganisatorische Konzept unterliegt der Kontrolle durch die ArbG (Rdn 127). Die Rspr hat sich insoweit aber gelegentlich missverständlich ausgedrückt und falsch formuliert, die Unternehmerentsch liege schon im »Entschluss, die Lohnkosten zu senken« (BAG 20.3.1986, 2 AZR 294/85, EzA § 2 KSchG Nr 6 u ab 26.1.1995, 2 AZR 371/94, EzA § 2 KSchG Nr 22; auch 26.9.1996, 2 AZR 200/96, EzA § 1 KSchG Betriebsbedingte Kündigung Nr 86) oder sei die Bestimmung der der »Geschäftsführung zugrunde liegenden Unternehmenspolitik« (BAG 20.2.1986, 2 AZR 212/85, EzA § 1 KSchG Betriebsbedingte Kündigung Nr 37; 24.4.1997, 2 AZR 352/96, EzA § 2 KSchG Nr 26; s auch BAG 20.6.2013, 2 AZR 379/12 [Rn 19 f.], aber mit stark eingeschränktem Prüfungsmaßstab hinsichtlich der unternehmerischen Vorgaben, dazu schon Rdn 125).

Nach st Rspr kann die unternehmerische Entsch zwar durch die ArbG überprüft werden, jedoch nur sehr eingeschränkt: Die unternehmerische Entsch wird nicht darauf überprüft, ob sie zweckmäßig ist, sondern lediglich darauf, ob sie **offenbar unsachlich, unvernünftig oder willkürlich** ist (BAG 9.5.1996, 2 AZR 438/95, EzA § 1 KSchG Betriebsbedingte Kündigung Nr 85, 23.4.2008, 2 AZR 1110/06, EzA § 1 KSchG Betriebsbedingte Kündigung Nr 160, 24.5.2012, 2 AZR 124/11, EzA § 1 KSchG Betriebsbedingte Kündigung Nr 167, 31.7.2014, 2 AZR 422/13, EzA § 1 KSchG Betriebsbedingte Kündigung Nr 181 [Rn 33] u 20.11.2014, 2 AZR 512/13, EzA § 1 KSchG Betriebsbedingte Kündigung Nr 182 [Rn 15]; 20.2.2014, 2 AZR 346/12, EzA § 17 KSchG Nr 31 [Rn 14]; zu außerordentlichen betriebsbedingten Kdg BAG 22.11.2012, 2 AZR 673/11, EzA § 626 BGB Unkündbarkeit Nr 18 [Rn 16 ff] u 20.6.2013, 2 AZR 379/12, EzA § 626 BGB Unkündbarkeit Nr 19 [Rn 20]). Zudem spricht nach st Rspr eine Vermutung dafür, dass die Unternehmerentsch auf sachliche Gründe gestützt ist, Rechtsmissbrauch also die Ausnahme ist (BAG 9.5.1996, 2 AZR 438/95, 23.4.2008, 2 AZR 1110/06, 31.7.2014, 2 AZR 422/13 u 20.11.2014, 2 AZR 512/13). Über die Willkürkontrolle werden unternehmensstrategische Vorgaben (Rdn 125) und betriebsorganisatorische Unternehmerentsch (Rdn 126) miteinander verbunden: Ein betriebsorganisatorisches Konzept ist willkürlich und rechtsmissbräuchlich, wenn es lediglich **vorgeschoben** wird, um eine dahinterstehende andersartige Entsch zu verdecken oder um Ziele zu erreichen, die im Wege betriebsbedingter Kdg nicht erreicht werden können, etwa um betriebsbedingt unliebsamen AN zu kündigen und so die Notwendigkeit personenbedingter Kdg zu umgehen (vgl BAG 30.4.1986, 2 AZR 184/86, EzA § 1 KSchG Betriebsbedingte Kündigung Nr 47 u 24.5.2012, 2 AZR 124/11, EzA § 1 KSchG Betriebsbedingte Kündigung Nr 167 [Rn 22]; 18.6.2015, 2 AZR 480/14, EzA-SD 2015, Nr 18, 3-5 [Rn 34]; 20.2.2014, 2 AZR 346/12, EzA § 17 KSchG Nr 31 [Rn 16]). Die unternehmerische Entsch, die Aufgaben nur eines einzelnen (ordentlich unkündbaren) AN an ein Drittunternehmen zu vergeben, ist nicht per se rechtsmissbräuchlich; sie wird es nicht schon dadurch, dass sie auch durch Gründe im Verhalten des AN, etwa der Unzufriedenheit mit dessen Verhalten, motiviert war (BAG 18.6.2015, 2 AZR 480/14 [Rn 36]; auch 31.7.2014, 2 AZR 422/13 [Rn 47]). Willkürlich ist es, wenn bisher im Unternehmen erbrachte Leistungen auf ein neu gegründetes Tochterunternehmen nur deswegen übertragen werden, weil es in der betreffenden Abteilung häufiger zu Auseinandersetzungen zwischen Vorgesetzten und AN gekommen ist oder eine hohe Krankheitsrate herrscht (LSW/*Löwisch* § 1 Rn 394). Mithilfe betriebsbedingter Kdg kann der AG auch nicht das Ziel verfolgen, eine jüngere, qualifiziertere oder »gesündere« Belegschaft zu schaffen; hierfür muss er personenbedingte Kdg aussprechen (LSW/*Löwisch* § 1 Rn 304; zur Berücksichtigung der Personalstruktur bei der Sozialauswahl Rdn 195 ff). Willkürlich ist auch die Einsparung von Arbeitsplätzen mit dem Ziel, einer beabsichtigten BR-Gründung zuvorzukommen (APS/*Kiel* § 1 Rn 470). Ein betriebsorganisatorisches Konzept **fehlt ganz**, wenn der AG einen Arbeitskräfteüberhang schafft, indem er zunächst einem AN unwirksam verhaltensbedingt kündigt, anschließend dessen Arbeitsplatz dauerhaft mit einem AN aus einem anderen Betrieb besetzt und dem ersten AN schließlich betriebsbedingt kündigt (**abw** stützt BAG 1.2.2007, 2 AZR 710/05, EzA § 1 KSchG Betriebsbedingte Kündigung Nr 153 die Unwirksamkeit der Kdg auf § 162 BGB). Zu fälschlich von der Rspr als willkürlich gerügten Unternehmerentsch s Rdn 130.

bb) Einzelfälle. Als eine nicht auf Sachlichkeit zu überprüfende, betriebsorganisatorische Entsch haben die ArbG akzeptiert: die **Betriebsstilllegung** (s nur BAG 7.3.2002, 2 AZR 147/01, EzA § 1 KSchG Betriebsbedingte Kündigung Nr 116 u 16.5.2005, 2 AZR 476/04, EzA § 1 KSchG Betriebsbedingte Kündigung Nr 137; 23.2.2010, 2 AZR 959/08, EzA § 59 ZPO 2002 Nr 1; 16.2.2012, 8 AZR 693/10, NZA-RR 2012, 465 [Rn 37]; 21.5.2015, 8 AZR 409/13, EzA-SD 2015, Nr 23, 5-8 [Rn 51 ff]; 24.9.2015, 2 AZR 3/14, JurionRS 2015, 30174 [Rn 13]) sowie die Stilllegung wesentlicher Betriebsteile (BAG 7.5.1998, 2 AZR 536/97, EzA § 1 KSchG Interessenausgleich Nr 5 u 7.5.1998, 2 AZR 55/98, EzA § 1 KSchG Interessenausgleich Nr 6; 6.7.2006, 2 AZR 442/05, EzA § 1 KSchG Soziale Auswahl Nr 69; 18.10.2012, 6 AZR 41/11,

§ 1 KSchG   Sozial ungerechtfertigte Kündigungen

EzA § 1 KSchG Betriebsbedingte Kündigung Nr 170 [Rn 47 f]), ebenso die Entscheidung, die unternehmerischen Aktivitäten an einem Standort zu konzentrieren und die an anderen Orten gelegenen Betriebe zu schließen (BAG 12.8.2010, 2 AZR 558/09, EzA § 2 KSchG Nr 78 zu einer Behörde). Der AG braucht für die Kdg die Stilllegung nicht abzuwarten, sondern darf schon wegen beabsichtigter Stilllegung kündigen, sofern eine vernünftige betriebswirtschaftliche Prognose ergibt, dass mit Ende der Kdg-Frist die geplante Stilllegung durchgeführt sein wird. Eine Kdg wegen geplanter Betriebsstilllegung ist aber nur dann durch dringende betriebliche Erfordernisse bedingt, wenn die Stilllegung endgültig und abschließend geplant ist; daran fehlt es, wenn der AG noch an einer Ausschreibung für einen Auftrag teilnimmt (BAG 12.4.2002, 2 AZR 256/01, EzA § 1 KSchG Betriebsbedingte Kündigung Nr 118; 13.2.2008, 2 AZR 543/06, NZA 2008, 821) oder tatsächlich keine Stilllegung des Betriebs, sondern einen Betriebsübergang iSd § 613a BGB plant (BAG 28.5.2009, 8 AZR 273/08, EzA § 17 KSchG Nr 20; 26.5.2011, 8 AZR 37/10, EzA § 613a BGB 2002 Nr 125; 16.2.2012, 8 AZR 693/10 [Rn 37 ff]; 21.5.2015, 8 AZR 409/13), etwa zum Kdg-Zeitpunkt noch über eine Veräußerung der Gesellschaftsanteile verhandelt (BAG 10.10.1996, 2 AZR 477/95 EzA § 1 KSchG Betriebsbedingte Kündigung Nr 87). Wird ein Betriebsteil mit Übergang der Arbeitsverhältnisse auf den Erwerber veräußert und der restliche Betrieb stillgelegt, rechtfertigt dies die Kdg nur von solchen AN, die im stillzulegenden Betriebsteil verbleiben (BAG 21.5.2015, 8 AZR 409/13 [Rn 33]); zur Kdg bei Widerspruch der übergehenden AN auf den Erwerber s Rdn 163. Ist im Zeitpunkt des Zugangs der Kdg die Betriebsstilllegung bereits endgültig geplant und eingeleitet, behält sich der AG aber eine Betriebsveräußerung vor, sollte sich eine Chance bieten, und gelingt eine Veräußerung später, ändert dies nichts an der Wirksamkeit der Kdg (BAG 4.5.2006, 8 AZR 299/05, EzA § 613a BGB 2002 Nr 51). Die Absicht, betriebsbedingt gekündigte AN während ihrer Kdg-Frist für die Erledigung noch vorhandener Aufträge einzusetzen, anstatt die Arbeiten sofort einzustellen, ändert an der unternehmerischen Entsch zur alsbaldigen Betriebsstilllegung nichts (BAG 7.3.2002, 2 AZR 147/01; 8.11.2007, 2 AZR 554/05, EzA § 1 KSchG Betriebsbedingte Kündigung Nr 156 [Rn 20] u 16.2.2012, 8 AZR 693/10 [Rn 37]; 21.5.2015, 8 AZR 409/13 [Rn 52]). Zur Betriebsstilllegung als Reaktion auf außerbetriebliche Umstände Rdn 121.

129 Auch die Entsch, den **Betrieb** (ins Ausland) **zu verlagern**, rechtfertigt als betriebsorganisatorische Entsch betriebsbedingte Kdg (BAG 20.4.1989, 2 AZR 431/88, EzA § 1 KSchG Betriebsbedingte Kündigung Nr 61, 18.5.2006, 2 AZR 245/05, EzA § 1 KSchG Betriebsbedingte Kündigung Nr 148 u 29.8.2013, 2 AZR 809/12, EzA § 1 KSchG Betriebsbedingte Kündigung Nr 177; – alle zur Verlagerung ins Ausland; 27.9.2001, 2 AZR 246/00, EzA § 2 KSchG Nr 4; 18.10.2006, 2 AZR 676/05, EzA § 1 KSchG Soziale Auswahl Nr 73 zur Zentralisierung an einem innerdeutschen Standort) – allerdings nur dann, wenn die AN weder arbeitsvertraglich zur Arbeitsleistung am neuen Standort verpflichtet sind noch dazu bereit sind, den Arbeitsvertrag zu ändern und am neuen Standort zu arbeiten (BAG 20.4.1989, 2 AZR 431/88). Hingegen ist die bloße Veräußerung des Betriebs kein Grund für eine betriebsbedingte Kdg, § 613a IV 1 BGB; betriebsbedingte Kdg können aber durch solche Rationalisierungs- und Umstrukturierungsmaßnahmen gerechtfertigt sein, die eine Betriebsveräußerung überhaupt erst ermöglichen sollen (§ 613a BGB Rdn 109 f).

130 Eine grds zu akzeptierende betriebsorganisatorische Entsch des AG ist es, wenn er im Betrieb durchgeführte Arbeiten an Dritte zur selbstständigen Durchführung überträgt (**Fremdvergabe** oder Outsourcing: BAG 27.6.2002, 2 AZR 489/01, EzA § 1 KSchG Betriebsbedingte Kündigung Nr 119, 23.4.2008, 2 AZR 1110/06, EzA § 1 KSchG Betriebsbedingte Kündigung Nr 160 u 20.11.2014, 2 AZR 512/13, EzA § 1 KSchG Betriebsbedingte Kündigung Nr 182 [Rn 26 ff]; 7.12.2006, 2 AZR 748/05, EzA § 1 KSchG Soziale Auswahl Nr 74; zu einer außerordentlichen betriebsbedingten Kdg BAG 22.11.2012, 2 AZR 673/11, EzA § 626 BGB 2002 Unkündbarkeit Nr 18; 18.6.2015, 2 AZR 480/14, EzA-SD 2015, Nr 18, 3-5). Bei dem Dritten kann es sich auch um ein neu gegründetes Tochterunternehmen (BAG 7.12.2000, 2 AZR 391/99 u 9.9.2010, 2 AZR 493/09, EzA § 1 KSchG Betriebsbedingte Kündigung Nr 108 [DGB-Rechtschutz] u Nr 164 [städtische Seniorenwohnanlage und Pflegeheime]) oder um **freie Mitarbeiter** handeln, die bis dahin AN des Unternehmens waren (BAG 9.5.1996, 2 AZR 438/95, EzA § 1 KSchG Betriebsbedingte Kündigung Nr 85 [Weight-Watchers] u 13.3.2008, 2 AZR 1037/06, EzA § 1 KSchG Betriebsbedingte Kündigung Nr 159 [Plakatanbringer]; **abl nur** *U Preis* NZA 1997, 1074, 1079; *B Preis* AuR 2000, 1122, 1124 f; auch BAG 27.1.2011, 2 AZR 9/10, EzA-SD 2011, Nr 3, 3 [Hornist]): Die unternehmerische Entsch, Arbeitsplätze mit einem bestimmten Anforderungsprofil wegfallen zu lassen und das bisher von AN erbrachte Dienstleistungsangebot auf selbstständige Unternehmer zu übertragen (»Partnerkonzept«), ist ein von den ArbG nur auf Willkür kontrollierbares betriebsorganisatorisches Konzept (s auch noch Rdn 132 aE). Zu prüfen ist aber, ob die Partnerverträge nur verschleierte Arbeitsverträge sind (BAG 9.5.1996, 2 AZR 438/95 u 13.3.2008, 2 AZR 1037/06) und es damit schon am betriebsorganisatorischen Konzept, also an einem dringenden betrieblichen Erfordernis für die Kdg, fehlt. Falsch für willkürlich

gehalten hat das BAG die Übertragung der bisher von eigenen AN durchgeführten Küchen- und Reinigungsarbeiten durch eine gemeinnützige Krankenhaus-GmbH auf die von ihr gegründete Tochter-GmbH (BAG 14.6.2002, 2 AZR 636/01, EzA § 1 KSchG Betriebsbedingte Kündigung Nr 124 [Rheumaklinik]): Die Organgesellschaft sei finanziell, wirtschaftlich und organisatorisch voll in die Krankenhaus-GmbH eingegliedert; es sei rechtsmissbräuchlich, wenn das unternehmerische Konzept des AG faktisch zu keiner Änd der betrieblichen Abläufe führe. Der Obersatz »Rechtsmissbrauch« passt nicht: Hat sich betriebsorganisatorisch nichts geändert, fehlt es überhaupt an einem dringenden betrieblichen Erfordernis iSd § 1 II; die Frage des Rechtsmissbrauchs stellt sich nicht. Dass die Service-GmbH als Organgesellschaft in das Mutterunternehmen »eingegliedert« ist, ist eine durch den Wunsch steuerrechtl Vorteile erzwungene Konstruktion (§ 2 II Nr 2 UStG), ändert aber nichts daran, dass die Krankenhaus-GmbH die Bereiche Küche und Reinigung stillgelegt hat und eine andere juristische Person die Küchen- und Reinigungsleistungen erbringt. Dies rechtfertigt eine betriebsbedingte Kdg, sofern Küche und Reinigung nicht als Betriebsteil gem § 613a BGB auf das Tochterunternehmen übergehen (wie hier abl *Annuß* NZA 2003, 783, 784; *v Hoyningen-Huene* FS 50 Jahre BAG [2004] S 369, 387 f).

Werden bisher von eigenen AN ausgeübte Tätigkeiten auf **Leih-AN** übertragen, behält der AG hingegen seine betriebliche Organisation bei: Anders als bei der Vergabe von bisherigen AN-Tätigkeiten an einen Unternehmer oder an freie Mitarbeiter zur selbstständigen Durchführung, ist der Beschäftigungsbedarf genauso organisiert wie vorher, bei der Umstellung von eigenen AN auf Leih-AN fällt der jeweilige Arbeitsplatz mit seinem konkreten Anforderungsprofil nicht weg. Betriebsbedingte Kdg von seinen AN sind mangels eines zum Wegfall von Arbeitsplätzen führenden betriebsorganisatorischen Konzepts als bloße **Austausch-Kdg unzulässig** (BAG 26.9.1996, 2 AZR 200/96, EzA § 1 KSchG Betriebsbedingte Kündigung Nr 86 [Crewing] u auch 16.12.2004, 2 AZR 66/04, EzA § 1 KSchG Betriebsbedingte Kündigung Nr 136; aA *Moll/Ittmann* RdA 2008, 321 ff; *Krause* in: *v Hoyningen-Huene/Linck* § 1 Rn 870 f; zur Änderungs-Kdg als unzulässige Austausch-Kdg § 2 Rdn 41). Zur Weiterbeschäftigung des AN auf einem Leih-AN-Arbeitsplatz zur Vermeidung der Kdg Rdn 161. Ebenso fehlt ein betriebsorganisatorisches Konzept, wenn der AG beamteten Lehrern in ihrer zusätzlichen nebenberuflichen AN-Tätigkeit als Teilzeitlehrer kündigt, um statt ihrer Arbeitslose in Vollzeit zu beschäftigen: Behält der AG die Lehrerarbeitsplätze als Arbeitsplätze bei und besetzt sie lediglich mit anderen AN, sind die Kdg von den bisherigen Lehrern als Austausch-Kdg unzulässig; die arbeitsmarktpolitischen Motive für die Kdg sind bloße, die Kdg nicht tragende unternehmenspolitische Motive (BAG 13.3.1987, 7 AZR 724/85, EzA § 1 KSchG Betriebsbedingte Kündigung Nr 44). Lässt ein öffentl AG die Stelle der Gleichstellungsbeauftragten hingegen wegfallen, um die Funktion künftig durch eine ehrenamtliche Kraft wahrnehmen zu lassen, fällt der Arbeitsplatz tatsächlich weg (vgl Rdn 130) und kann der AG der Gleichstellungsbeauftragten betriebsbedingt kündigen (BAG 18.9.2008, 2 AZR 560/07, EzA § 1 KSchG Betriebsbedingte Kündigung Nr 162). Ebenso fällt der Arbeitsplatz weg, wenn sich der AG entschließt, Tätigkeiten, die bisher von AN geleistet wurden, künftig auf Mitglieder seiner Vertretungsorgane zu übertragen, die keine AN sind (BAG 31.7.2014, 2 AZR 422/13, EzA § 1 KSchG Betriebsbedingte Kündigung Nr 181 [Rn 42, 47]); zur Übertragung auf freie Mitarbeiter schon Rdn 130.

Der Entschluss des AG, Personalkosten zu senken, kann als bloße unternehmensstrategische Vorgabe ohne betriebsorganisatorische Umsetzung (Rdn 125 f) keine betriebsbedingten Kdg begründen (BAG 22.5.2003, 2 AZR 326/02, EzA § 1 KSchG Betriebsbedingte Kündigung Nr 126 u 23.11.2004, 2 AZR 38/04, EzA § 1 KSchG Betriebsbedingte Kündigung Nr 134; aA *Hümmerich/Spirolke* NZA 1998, 797, 798 f); oben Rdn 126. Ebenso wenig erlaubt der Plan, »**künftig auf Dauer mit weniger Personal zu arbeiten**« ohne betriebsorganisatorisches Konzept betriebsbedingte Kdg (BAG 24.4.1997, 2 AZR 352/96, EzA § 2 KSchG Nr 26; 19.3.1998, 8 AZR 626/96, EzA Art 20 EinigungsV Nr 62; **missverständlich** BAG 17.6.1999, 2 AZR 141/99, EzA § 1 KSchG Betriebsbedingte Kündigung Nr 102 u 2.6.2005, 2 AZR 480/04, EzA § 1 KSchG Soziale Auswahl Nr 63): Betriebliche Erfordernisse bedeuten, dass der AG ein organisatorisches Konzept aufstellt, aus dem sich ergibt, welche Arbeitsmenge er mit welchen AN erledigen will und inwieweit sich durch dieses Konzept der Personalbedarf verringert (BAG 20.3.1986, 2 AZR 294/85 u 26.1.1995, 2 AZR 371/94, EzA § 2 KSchG Nr 6 u 22; 22.5.2003, 2 AZR 326/02), Rdn 126. Erforderlich ist eine **Neuordnung** des Arbeitsprozesses. Zumindest muss sich der Entschluss zur Stellenkürzung auf eine nach sachlichen Merkmalen genau bestimmte Stelle beziehen (BAG 23.11.2004, 2 AZR 38/04; 6.7.2006, 2 AZR 442/05, EzA § 1 KSchG Soziale Auswahl Nr 69).

Ein hinreichendes betriebsorganisatorisches Konzept ist eine geplante »**Leistungsverdichtung**«, etwa der Beschluss des AG, die Hilfsarbeiterstellen komplett zu streichen und deren Zubringer- und Aufräumtätigkeiten durch Fachkräfte mit erledigen zu lassen (BAG 11.9.1986, 2 AZR 564/85, EzA § 1 KSchG Betriebsbedingte Kündigung Nr 54, 26.6.1997, 2 AZR 494/96, EzA § 1 KSchG Betriebsbedingte Kündigung Nr 93 u 17.6.1999, 2 AZR 522/98, EzA § 1 KSchG Betriebsbedingte Kündigung Nr 101) oder zur Rationalisierung der Arbeitsprozesse mehrere Abteilungen zusammenzulegen (BAG 6.11.1997, 2 AZR 94/97, EzA § 1 KSchG Betriebsbedingte Kündigung Nr 96) oder die bisher von einem ltd Ang wahrgenommenen Leitungsfunktionen auf eine Mitarbeitergruppe zu übertragen (BAG 27.9.2001, 2 AZR 176/00, EzA § 14 KSchG Nr 6) oder Tätigkeiten in einem kleineren Betrieb als AG selbst zu übernehmen (LAG Köln 28.10.1986, 1 Sa 426/86, LAGE § 1 KSchG Betriebsbedingte Kündigung Nr 8 [»Betriebsassistent«] u 16.10.1986, 10 Sa 461/86, LAGE § 1 KSchG Betriebsbedingte Kündigung Nr 10 [»Verkaufsleiter«]; LAG Bremen 28.6.1991, 4 Sa 46/91, LAGE § 1 KSchG Betriebsbedingte Kündigung Nr 21 [»Bürovorsteher«]; **abl** *B Preis* AuR 2000, 1122, 1124 f). Betriebsorganisatorische Entschen sind auch die **Verringerung von Hierarchiestufen** (BAG 10.10.2002, 2 AZR 598/01, EzA § 1 KSchG Betriebsbedingte Kündigung Nr 122; **abl** *B Preis*), etwa die vollständige Streichung der Funktion »Verkaufsleiter« (BAG 17.6.2003, 2 AZR 134/02, EzA § 613a BGB 2002 Nr 15) oder der Aufsichtsposition in einer Kaufhalle (BAG 21.6.1995, 2 ABR 28/94, EzA § 15 KSchG nF Nr 43) oder der Verzicht auf die Tätigkeit des (einzigen) Malers in einer Handwerkergruppe (BAG 12.4.2002, 2 AZR 740/00, EzA § 1 KSchG Betriebsbedingte Kündigung Nr 117); das BAG stellt insoweit aber hohe Anforderungen an die Darlegungslast des AG (BAG 13.2.2008, 2 AZR 1041/06, EzA § 1 KSchG Betriebsbedingte Kündigung Nr 158, 16.12.2010, 2 AZR 770/09, EzA § 1 KSchG Betriebsbedingte Kündigung Nr 165 u 24.5.2012, 2 AZR 124/11, EzA § 1 KSchG Betriebsbedingte Kündigung Nr 167), Rdn 135: Der AG muss konkret darlegen, von wem (AN, AG oder Drittfirmen) welche wegfallenden Tätigkeiten im Einzelnen in welchem Umfang künftig übernommen werden sollen (BAG 16.12.2010, 2 AZR 770/09 u 24.5.2012, 2 AZR 124/11 [Rn 23], EzA § 1 KSchG Betriebsbedingte Kündigung Nr 167; 20.2.2014, 2 AZR 346/12, EzA § 17 KSchG Nr 31 [Rn 17]); insb wie die Arbeiten vom verbliebenen Personal ohne überobligationsmäßige Leistungen, dh iR der regelmäßigen wöchentlichen Arbeitszeit erledigt werden können (BAG 24.5.2012, 2 AZR 124/11 [Rn 23] u 20.2.2014, 2 AZR 346/12 [Rn 17, 26]). Fällt ein erheblicher Teil der vom gekündigten AN erledigten Arbeiten auch künftig an und können diese Arbeiten nicht von anderen AN oder vom AG oder von Drittfirmen übernommen werden, darf der AG nicht betriebsbedingt kündigen (BAG 10.10.2002, 2 AZR 598/01 gegen die Kdg eines Architekten wegen Wegfalls von Leitungsaufgaben, die nur 3 % seiner Tätigkeit ausmachten; 16.12.2010, 2 AZR 770/09 gegen die Kdg eines Hauswirtschaftsleiters mit einer durchschnittlichen Sollmonatsarbeitszeit von 174 Stunden und Umverteilung von Tätigkeiten nur im Umfang von 98,39 Stunden auf Geschäftsführung, Küchenleiter und Drittfirmen). Ergibt eine vom AG veranlasste Berechnung der Arbeitsbelastung, dass der Arbeitskräftebedarf zu hoch angesetzt war, kann er die Arbeitsbedingungen neu festlegen und betriebsbedingte Kdg aussprechen (BAG 26.6.1975, 2 AZR 499/74, EzA § 1 KSchG Betriebsbedingte Kündigung Nr 1).

134 Ausreichend ist es, wenn der AG das **Anforderungsprofil für Arbeitsplätze neu** festlegt, etwa bestimmte Tätigkeiten nur von AN mit bes Qualifikation ausführen lassen will, und solchen AN kündigt, die diesem Anforderungsprofil nicht genügen (BAG 10.11.1994, 2 AZR 242/94, EzA § 1 KSchG Betriebsbedingte Kündigung Nr 77, 7.11.1996, 2 AZR 811/95, EzA § 1 KSchG Betriebsbedingte Kündigung Nr 88, 7.7.2005, 2 AZR 399/04, EzA § 1 KSchG Betriebsbedingte Kündigung Nr 138 u 10.7.2008, 2 AZR 1111/06, EzA § 1 KSchG Betriebsbedingte Kündigung Nr 163; 29.11.2007, 2 AZR 388/06, EzA § 2 KSchG Nr 69; 18.3.2010, 2 AZR 337/08, EzA § 626 BGB 2002 Unkündbarkeit Nr 17 u 20.6.2013, 2 AZR 295/12, EzA § 626 BGB 2002 Unkündbarkeit Nr 20 [Rn 16 f]; 22.10.2015, 2 AZR 582/14, JurionRS 2015, 31908 [Rn 15]). Voraussetzung ist, dass dadurch die bisherigen Arbeitsplätze im Ergebnis wegfallen, bei bloßen Zusatzanforderungen an die Tätigkeit kann der AG unfähigen AN ggf personenbedingt wegen Leistungsmängeln kündigen (vgl BAG 10.7.2008, 2 AZR 1111/06), s Rdn 98 ff. Auch an die Unternehmerentsch, das Anforderungsprofil für Arbeitsplätze zu ändern (schon Rdn 133), stellt das BAG hohe Anforderungen hins der Darlegungslast (Rdn 135), insb um zu verhindern, dass der AG den Arbeitsplatz grds beibehält, aber über sachlich nicht gerechtfertigte Qualifikationsanforderungen eine unzulässige Austausch-Kdg (Rdn 131) zugunsten besser Qualifizierter erreichen will (BAG 10.7.2008, 2 AZR 1111/06; 20.6.2013, 2 AZR 295/12 [Rn 18]). Gestaltet der AG das Stellenprofil für Arbeitsplätze um, die bereits mit langjährig beschäftigten AN besetzt sind, muss er darlegen, dass es sich bei der neuen Anforderung nicht lediglich um eine »wünschenswerte Voraussetzung« für die Tätigkeit handelt, sondern um ein nachvollziehbares, arbeitsplatzbezogenes Kriterium für eine Stellenprofilierung (BAG 24.5.2012, 2 AZR 124/11, EzA § 1 KSchG Betriebsbedingte Kündigung Nr 167 [Rn 26]; 24.5.2012, 2 AZR 163/11, EzA § 1 KSchG Nr 87 [Rn 26]; 20.6.2013, 2 AZR 295/12 [Rn 18]); diese Anforderungen werden bei einer außerordentlichen betriebsbedingten Kdg noch einmal heraufgesetzt (BAG 20.6.2013, 2 AZR 295/12 [Rn 19]). Die Organisationsentsch des öffentl AG, eine Angestelltenstelle mit hoheitlichen Aufgaben in eine Beamtenstelle umzuwandeln, kann ein dringendes betriebliches Erfordernis zur Kdg des bisherigen Stelleninhabers begründen, wenn dieser die Voraussetzungen für die Übernahme in ein Beamtenverhältnis nicht erfüllt

(BAG 21.9.2000, 2 AZR 440/99, EzA § 1 KSchG Betriebsbedingte Kündigung Nr 106). Genügt der bisherige Stelleninhaber dem Anforderungsprofil der neuen Stelle, besteht kein dringendes betriebliches Erfordernis für dessen Kdg; der AG kann sich nach dem Rechtsgedanken des § 162 BGB nicht darauf berufen, dass er die Stelle mit einem externen Bewerber besetzt hat (BAG 21.9.2000, 2 AZR 440/99). Ein die betriebsbedingte Kdg rechtfertigendes betriebsorganisatorisches Konzept liegt auch in der **Änderung der Ablauforganisation** unter Wegfall von Arbeitsplätzen (BAG 24.6.2004, 2 AZR 326/03, EzA § 1 KSchG Betriebsbedingte Kündigung Nr 132) und in der **Neuregelung der Arbeitszeitstruktur**, etwa wenn der AG den Betrieb von einem Einschicht- auf ein Zweischicht-/Wechselschichtsystem umstellt (BAG 18.1.1990, 2 AZR 183/89, EzA § 1 KSchG Betriebsbedingte Kündigung Nr 65) oder ein Gleitzeitsystem einführt und durch die Neuorganisation der Beschäftigungsbedarf wegfällt.

Die **Kdg-Entsch selbst** ist **keine** die betriebsbedingte Kdg rechtfertigende Unternehmerentsch (BAG 20.2.1986, 2 AZR 212/85, EzA § 1 KSchG Betriebsbedingte Kündigung Nr 37, 17.6.1999, 2 AZR 141/99, EzA § 1 KSchG Betriebsbedingte Kündigung Nr 102 u 31.7.2014, 2 AZR 422/13, EzA § 1 KSchG Betriebsbedingte Kündigung Nr 181 [Rn 34]); die Kdg kann nur Folge eines betriebsorganisatorischen Konzepts sein, das zu einem Personalüberhang führt. Dass erst ein betriebsorganisatorisches Konzept die Kdg rechtfertigt, wird durch die **je-desto-Formel** des BAG verschleiert, die nur die Darlegungslast anspricht: »Je näher die eigentliche Organisationsmaßnahme an den Kdg-Entschluss rückt, um so stärkere Anforderungen werden an die Darlegungslast des AG gestellt, der verdeutlichen muss, dass infolge der unternehmerischen Entsch ein Beschäftigungsbedürfnis für den AN entfallen ist.« (etwa BAG 17.6.1999, 2 AZR 522/98, EzA § 1 KSchG Betriebsbedingte Kündigung Nr 10 u 22.5.2003, 2 AZR 326/02, EzA § 1 KSchG Betriebsbedingte Kündigung Nr 126, 10.7.2008, 2 AZR 1111/06, EzA § 1 KSchG Betriebsbedingte Kündigung Nr 163; auch 20.6.2013, 2 AZR 379/12, EzA § 626 BGB 2002 Unkündbarkeit Nr 19 [Rn 23]; 18.6.2015, 2 AZR 480/14, EzA-SD 2015, Nr 18, 3–5 [Rn 36]); die Vermutung, die Unternehmerentsch beruhe auf sachlichen Gründen (Rdn 127) greife dann nicht (BAG 17.6.1999, 2 AZR 522/98, EzA § 1 KSchG Betriebsbedingte Kündigung Nr 101, 2 AZR 141/99, EzA § 1 KSchG Betriebsbedingte Kündigung Nr 102, u 2 AZR 456/98, EzA § 1 KSchG Betriebsbedingte Kündigung Nr 103 sowie 7.7.2005, 2 AZR 399/04, EzA § 1 KSchG Betriebsbedingte Kündigung Nr 138 u 24.5.2012, 2 AZR 124/11, EzA § 1 KSchG Betriebsbedingte Kündigung Nr 167 [Rn 22]; 10.7.2008, 2 AZR 1111/06; 20.2.2014, 2 AZR 346/12, EzA § 17 KSchG Nr 31 [Rn 16]). Richtigerweise geht es nicht lediglich um die Darlegungslast, sondern darum, ob der AG überhaupt ein betriebsorganisatorisches Konzept aufgestellt hat und damit ein betriebliches Erfordernis für die Kdg besteht. Mit der je-desto-Formel geht das BAG – im Regelfall zutreffend – davon aus, der Kdg-Entsch des AG liege ein solches Konzept zugrunde, welches der AG lediglich nicht hinreichend dargelegt habe. Auch dass die Sachlichkeit der Unternehmerentsch nicht vermutet werden kann, heißt lediglich: Solange der AG kein betriebsorganisatorisches Konzept darlegt, gibt es keine Unternehmerentsch; mangels Unternehmerentsch kann deren Sachlichkeit nicht vermutet werden. Gesteigerte Anforderungen an die Darlegungslast des AG stellt das BAG insb bei Kdg wegen Streichung einer Hierarchieebene und wegen Änd des Anforderungsprofils für Arbeitsplätze, Rdn 133 f.

cc) **Verstoß gegen Gesetz, TV, BV und Arbeitsvertrag.** Die Unternehmerentsch muss rechtmäßig sein. Ein betriebsorganisatorisches Konzept bedingt betriebsbedingte Kdg nur dann, wenn es nicht gegen Gesetze, TV, BV oder den Arbeitsvertrag verstößt. Die Unternehmerentsch wird insoweit nicht lediglich darauf überprüft, ob sie willkürlich ist (Rdn 127), sondern einer **strikten Rechtskontrolle** unterworfen: Ist das betriebsorganisatorische Konzept rechtswidrig, fehlt es an einem betrieblichen Erfordernis (Rdn 126) für die Kdg (BAG 7.12.2000, 2 AZR 391/99, EzA § 1 KSchG Betriebsbedingte Kündigung Nr 108; schief 17.6.1999, 2 AZR 456/98, EzA § 1 KSchG Betriebsbedingte Kündigung Nr 103 u 27.1.2011, 2 AZR 9/10, EzA-SD 2011, Nr 3, 3 [Hornist]: Willkür).

Entschließt sich der AG zu einer **Leistungsverdichtung** unter Kdg der eingesparten AN (Rdn 133), dürfen die verbleibenden AN infolge der Leistungsverdichtung nicht überobligationsmäßig belastet werden, etwa nicht unter **Verstoß gegen das ArbZG oder gegen tarifliche Arbeitszeitregeln** zeitlich übermäßig in Anspruch genommen werden (BAG 17.6.1999, 2 AZR 522/98, EzA § 1 KSchG Betriebsbedingte Kündigung Nr 101). Ebenso wenig dürfen von den verbleibenden AN Tätigkeiten verlangt werden, die der **Tätigkeitsbeschreibung in Arbeitsvertrag und TV** widersprechen (BAG 17.6.1999 aaO »keine artfremden Tätigkeiten«). Steht der Übertragung neuer Tätigkeiten nur der Arbeitsvertrag entg oder gilt der TV nur kraft arbeitsvertraglicher Inbezugnahme, entfällt die Rechtswidrigkeit des betriebsorganisatorischen Konzepts aber, wenn der AN mit der Vertragsänderung einverstanden ist (LSW/*Löwisch* § 1 Rn 312; aA *Preis* NZA 1995, 241, 246 f). Verstößt das AG-Konzept zur Leistungsverdichtung gegen die Besetzungsregelung eines TV, die die verbleibenden AN vor Überforderung und Dequalifikation schützen soll, kündigt etwa ein Druckereibetrieb allen Hilfsarbeitern und werden den Facharbeitern die ihnen nach TV zustehenden Druckerhelfer genommen, macht dies das betriebsorganisatorische Konzept des AG rechtswidrig (BAG 17.6.1999, 2 AZR 456/98, EzA § 1 KSchG Betriebsbedingte Kündigung Nr 103). Entg dem BAG (17.6.1999, 2 AZR 456/98, EzA § 1 KSchG Betriebsbedingte Kündigung Nr 103) geht es nicht um eine »Reflexwirkung« der tariflichen Besetzungsregel zugunsten des gekündigten AN, sondern um die Rechtmäßigkeit des betriebsorganisatorischen Konzepts; da nur die Rechtmäßigkeit der Unternehmerentsch infrage steht, kommt es nicht darauf an, ob die Tarifnorm den gekündigten AN schützt.

138 Das betriebsorganisatorische Konzept darf auch nicht einzelne AN ggü anderen willkürlich schlechter stellen oder entg ausdrücklichen Verboten (etwa aus Art 9 III S 2 GG, § 4 I TzBfG, §§ 1, 3, 7 AGG) **diskriminieren** (auch BAG 27.1.2011, 2 AZR 9/10, EzA-SD 2011, Nr 3, 3 [Hornist]). Etwa sind Änderungs-Kdg nach § 4 I TzBfG unwirksam, mit denen der AG nur ggü **Teilzeitbeschäftigten** eine im Verhältnis zu Vollzeit-AN nachteilige Arbeitszeit erzwingen will, etwa wenn der AG nur von teilzeitbeschäftigten Verkäuferinnen verlangt, jeden Samstag zu arbeiten, während die Vollzeitkräfte nach einem rollierenden System jeden 6. Samstag frei haben (BAG 24.4.1997, 2 AZR 352/96, EzA § 2 KSchG Nr 26 zu § 2 BeschFG 1985), noch § 2 Rdn 28.

139 **Kein Verstoß** gegen das KSchG ist es, wenn bei einer juristischen Person oder Personengesellschaft ein **gesellschaftsrechtl unzuständiges Organ** die **Unternehmerentsch trifft** (BAG 11.3.1998, 2 AZR 414/97, EzA § 1 KSchG Betriebsbedingte Kündigung Nr 99, 7.12.2000, 2 AZR 391/99, EzA § 1 KSchG Betriebsbedingte Kündigung Nr 108, 5.4.2001, 2 AZR 696/99, EzA § 1 KSchG Betriebsbedingte Kündigung Nr 110, 7.7.2005, 2 AZR 399/04, EzA § 1 KSchG Betriebsbedingte Kündigung Nr 138 u 20.11.2014, 2 AZR 512/13, EzA § 1 KSchG Betriebsbedingte Kündigung Nr 181 [Rn 22]). Die Wirksamkeit unternehmensstrategischer Vorgaben entzieht sich der arbeitsgerichtlichen Kontrolle, Rdn 125. Werden unternehmensstrategische Vorgaben unter Verstoß gegen Gesellschaftsverträge oder Satzungen in ein betriebsorganisatorisches Konzept umgesetzt, hindert dies die Wirksamkeit betriebsbedingter Kdg nicht: Zum einen schreibt das KSchG für das betriebliche Erfordernis keine Form vor (BAG 11.3.1998, 2 AZR 414/97, 7.12.2000, 2 AZR 391/99, 5.4.2001, 2 AZR 696/99; 31.7.2014, 2 AZR 422/13, EzA § 1 KSchG Betriebsbedingte Kündigung Nr 181 [Rn 35]). Zum anderen bezwecken gesellschaftsrechtl Vorschriften oder Satzungsbestimmungen nicht den Kdg-Schutz. Voraussetzung für die Wirksamkeit der Kdg ist lediglich, dass die betriebsorganisatorische Entsch praktisch durchgeführt wird, und nicht daran scheitert, dass sich übergangene Gesellschaftsorgane oder Gesellschafter gegen das Konzept wehren. Beschließt etwa nur der Geschäftsführer der Komplementär-GmbH, den einzigen Betrieb des Unternehmens stillzulegen, ohne die Kommanditisten der GmbH & CO KG zu befragen, hindert dies die auf den Stilllegungsbeschluss gestützten betriebsbedingten Kdg nicht (BAG 11.3.1998, 2 AZR 414/97).

140 Beachtet der AG **Form- und Verfahrensvorschriften eines TV** nicht, die der Änd der Arbeitsorganisation entgstehen, hindert dies die Wirksamkeit betriebsbedingter Kdg ebenfalls nicht (**abw** BAG 18.12.1997, 2 AZR 709/96, EzA § 2 KSchG Nr 28 für die Unwirksamkeit einer Änderungs-Kdg, weil der Samstag als Regelarbeitstag entg den Vorgaben des TV nicht durch BV eingeführt wurde; auch APS/*Kiel* § 1 Rn 467a). Eigenständige Kdg-Hindernisse in Gesetzen und in TV, etwa das tarifvertragliche Gebot, Samstagsarbeit nur durch BV einzuführen, können ggf entspr Änderungs-Kdg verbieten und die Kdg als sonstigen Grund iSd § 13 III unwirksam machen, begründen aber nicht die Sozialwidrigkeit der Kdg.

141 Entg obergerichtlicher obiter dicta (BAG 7.12.2000, 2 AZR 391/99, EzA § 1 KSchG Betriebsbedingte Kündigung Nr 108) ist auch die **Nichtbeachtung betriebsverfassungsrechtl Mitwirkungsrechte** für die Wirksamkeit der Kdg irrelevant: Versucht der AG vor geplanten Betriebsänderungen keinen Interessenausgleich, sind einzige Sanktion Nachteilsausgleichsansprüche der gekündigten AN nach § 113 BetrVG; die Nichtbeteiligung des BR hindert aber weder die unternehmerische Entsch zur Betriebsänderung noch die Kdg einzelner AN (BAG 21.9.2000, 2 AZR 385/99, EzA § 1 KSchG Betriebsbedingte Kündigung Nr 107). Eine betriebsbedingte Kdg ist auch nicht deswegen unwirksam, weil der AG kündigt, bevor das ESt-Verfahren über Qualifizierungsmaßnahmen nach § 97 II BetrVG oder über die Einführung von Kurzarbeit nach § 87 I Nr 3 BetrVG abgeschlossen ist (**aA** KDZ/*Deinert* § 1 Rn 444), da weder § 87 I Nr 3 BetrVG noch § 97 II BetrVG die Mitbestimmung zur Wirksamkeitsvoraussetzung für eine spätere Kdg erheben und weder das betriebsorganisatorische Konzept des AG noch die Kdg, sondern nur die Einführung von Kurzarbeit und von betrieblichen Bildungsmaßnahmen der Mitbestimmung des BR unterwerfen, Rdn 100. Eine Ausnahme macht ausdrücklich nur § 102 BetrVG: Eine Kdg, die der AG ohne ordnungsgem Anhörung des BR ausspricht, ist nach § 102 I 3 BetrVG unwirksam (s § 102 BetrVG Rdn 34). Die unterlassene oder unvollständige BR-Anhörung führt aber nicht zur Sozialwidrigkeit der Kdg nach § 1 II, sondern begründet einen **eigenständigen**, durch das BetrVG selbst normierten **Unwirksamkeitsgrund**.

c) **Dringendes betriebliches Erfordernis (Kündigung als ultima ratio).** Die die Kdg rechtfertigenden 142 betrieblichen Erfordernisse müssen »dringend« sein; die Kdg darf nicht durch mildere Mittel verhindert werden können (Rdn 114); dies wird von der ArbG vollumfänglich überprüft. Schwankt der Arbeitsanfall je nach Jahreszeit erheblich und ist im Betrieb eine flexible Jahresarbeitszeitregelung gerade mit dem Ziel geschaffen worden, betriebsbedingte Kdg in Zeiten geringeren Arbeitsanfalls zu vermeiden, muss der AG die Jahresarbeitszeitregelung ausschöpfen, bevor er Kdg aussprechen darf (BAG 8.11.2007, 2 AZR 418/06, EzA § 1 KSchG Betriebsbedingte Kündigung Nr 157 [Rn 16 ff]). Haben AG und BR durch die Einführung von Kurzarbeit (dazu Rdn 124) die Arbeitszeit auf ein Niveau abgesenkt, dass den Ausspruch betriebsbedingter Kdg überflüssig macht, so kann ein dringendes betriebliches Erfordernis regelmäßig erst dann angenommen werden, wenn der AG die Möglichkeit zur Arbeitszeitreduzierung voll ausgeschöpft hat und gleichwohl noch ein Beschäftigungsüberhang besteht (BAG 23.2.2012, 2 AZR 548/10, EzA § 1 KSchG Betriebsbedingte Kündigung Nr 166 [Rn 22, 27]). Die **unternehmerische Entsch** zieht insoweit aber **mittelbar Grenzen** (BAG 18.1.1990, 2 AZR 183/89, EzA § 1 KSchG Betriebsbedingte Kündigung Nr 65; 26.1.1995, 2 AZR 371/94, EzA § 2 KSchG Nr 22 u 27.9.2001, 2 AZR 246/00, EzA § 2 KSchG Nr 41; BAG 20.6.2013, 2 AZR 379/12, EzA § 626 BGB 2002 Unkündbarkeit Nr 19 [Rn 20]; **abw** *Stein* AuR 2003, 99, 101; KDZ/*Deinert* § 1 Rn 411 ff), siehe Rdn 125: Die ArbG dürfen dem betriebsorganisatorischen Konzept des AG keine andersgearteten Betriebskonzepte entgegenhalten, etwa vorschlagen, Beendigungs-Kdg zu vermeiden, indem mit Änderungs-Kdg die Arbeitszeit aller AN herabgesetzt wird. Ebenso wenig kommt die auf einen bloß vorübergehenden Beschäftigungsmangel reagierende Kurzarbeit als milderes Mittel in Betracht, wenn das betriebsorganisatorische Konzept des AG auf einen dauerhaften Wegfall der Arbeitsplätze zielt, etwa ein Teil der Produktion auf Dauer eingestellt werden soll (BAG 26.6.1997, 2 AZR 494/96, EzA § 1 KSchG Betriebsbedingte Kündigung Nr 93; statt aller KR/*Griebeling/Rachor* § 1 Rn 531). Entschieden die ArbG anders, würden sie entg der durch das GG gebotenen »freien Unternehmerentsch« ein eigenes betriebsorganisatorisches Konzept an die Stelle des AG-Konzepts stellen und damit die unternehmerische Entsch des AG auf deren Zweckmäßigkeit überprüfen. Zur Kdg aus außerbetrieblichen Gründen Rdn 123.

Das Merkmal der Dringlichkeit in § 1 II kann entg manchen Äußerungen (ArbG Gelsenkirchen 143 28.10.1997, 2 Ca 376/96, EzA § 1 KSchG Betriebsbedingte Kündigung Nr 100; *Preis* NZA 1995, 241, 248 ff u *Stahlhacke/Preis/Vossen* Rn 925 f; KDZ/*Deinert* § 1 Rn 480, 486; APS/*Kiel* § 1 Rn 469, 561, auch 4711; auch LAG Düsseldorf 11.10.2001, 13 [14] Sa 997/01, LAGE § 2 KSchG Nr 39) **in keinem Fall** dahin verstanden werden, der Unternehmer müsse **gewichtige wirtschaftl Gründe** für seine Personalreduktion haben, ohne die etwa die Existenz des Unternehmens gefährdet wäre (BAG 20.6.2013, 2 AZR 379/12, EzA § 626 BGB 2002 Unkündbarkeit Nr 19 [Rn 20]; 20.11.2014, 2 AZR 512/13, EzA § 1 KSchG Betriebsbedingte Kündigung Nr 182 [Rn 15]). Ebenso wenig ist es erforderlich, dass die mit der Rationalisierungsmaßnahme verbundene Kostenersparnis wesentlich ist: Das BAG hat im Weight-Watchers-Fall überlegt, ob die Verlagerung der Gruppenleitung auf freie Mitarbeiter unter Kdg der bisherigen AN-Gruppenleiterinnen wegen der Kostenstruktur (Erlöse iHv 32 Mio ggü Kosten iHv 16 Mio) rechtsmissbräuchlich sei und dies abgelehnt, da die Sachlichkeit der unternehmerischen Entsch grds vermutet werden müsse und »es dem AG überlassen bleiben muss, sein Unternehmensziel möglichst kostengünstig am Markt zu verfolgen« (BAG 9.5.1996, 2 AZR 438/95, EzA § 1 KSchG Betriebsbedingte Kündigung Nr 85). Richtigerweise hätte das Gericht das Konzept »Kostenersparnis« überhaupt nicht hinterfragen dürfen: Dieses ist Teil der dem Kdg-Schutzrecht vorgelagerten Unternehmensstrategie, Rdn 125 (statt vieler LWS/*Löwisch* § 1 Rn 313, 386). Nur wenn der AG Kosten zum Inhalt seiner Unternehmerentsch macht, ist die Kostenersparnis als solche auf ihre Sachlichkeit zu überprüfen (vgl BAG 12.12.1996, 2 AZR 879/95, EzA § 2 KSchG Nr 32).

d) **Kausalität = bedingen iSd § 1 II.** Die Unternehmerentsch als betriebliches Erfordernis (Rdn 119 ff) 144 bedingt die Kdg nur, wenn sie **kausal** für die Kdg ist (Rdn 115, zur Kdg aus außerbetrieblichen Gründen Rdn 122). Insb muss der AG zunächst versuchen, den zu kündigenden AN – uU nach einer zumutbaren Umschulung – auf einem freien Arbeitsplatz im Unternehmen weiterzubeschäftigen (Rdn 150 ff). Eine Betriebsstilllegung bedingt die Kdg von solchen AN nicht, mit denen Block-Altersteilzeit vereinbart ist und die sich bereits in der Freistellungsphase befinden (BAG 5.12.2002, 2 AZR 571/01, EzA § 1 KSchG Betriebsbedingte Kündigung Nr 125), wohl aber, wenn sie sich in der Arbeitsphase befinden (BAG 16.5.2005, 2 AZR 476/04, EzA § 1 KSchG Betriebsbedingte Kündigung Nr 137).

»Bedingen« heißt zudem, dass der AG das gewählte **betriebsorganisatorische Konzept konsequent** befolgen 145 muss: Kein betriebsorganisatorisches Konzept kann betriebsbedingte Kdg rechtfertigen, wenn der AG sich nicht daran hält (BAG 16.12.2010, 2 AZR 770/09, EzA § 1 KSchG Betriebsbedingte Kündigung Nr 165 u 24.5.2012, 2 AZR 124/11, EzA § 1 KSchG Betriebsbedingte Kündigung Nr 167). Stellt der AG etwa von Einschicht- auf Wechselschicht um, und will er personell gleich bleibende Arbeitsgruppen bilden, die abwechselnd in Früh- und in Spätschicht eingesetzt werden, rechtfertigt dieses betriebsorganisatorische Konzept die Kdg von AN, die nicht in Wechselschicht arbeiten können oder wollen. Macht der AG aber selbst Ausnahmen, beschäftigt er etwa AN entweder nur in Früh- oder nur in Spätschicht, muss er auch anderen AN entspr Ausnahmen bewilligen und kann diesen nicht kündigen, weil sie nicht in Wechselschicht arbeiten wollen (BAG 18.1.1990, 2 AZR 183/89, EzA § 1 KSchG Betriebsbedingte Kündigung Nr 65). Müssen nach dem geänderten Konzept alle gewerblichen Mitarbeiter in der Lage sein, Waren selbstständig mit einem Kraftfahrzeug abzuholen und auszuliefern, setzt der AG aber Arbeitsverhältnisse mit Schwerbehinderten ohne Fahrerlaubnis fort, gibt er zu erkennen, dass eine Weiterbeschäftigung auch ohne Fahrerlaubnis möglich ist (BAG 18.3.2010, 2 AZR 337/08, EzA § 626 BGB 2002 Unkündbarkeit Nr 17).

146 **Missverständlich** ist die häufige Formulierung, das betriebsorganisatorische Konzept **brauche nicht ausgeschöpft zu werden**, da es im unternehmerischen Ermessen liege, nur einen Teil der überzähligen AN zu entlassen und die übrigen als Personalreserve zu behalten, eine Kongruenz zwischen dem Umfang des Arbeitsausfalls und der Zahl der Entlassenen sei nicht erforderlich (BAG 18.9.1997, 2 AZR 657/96, EzA § 1 KSchG Betriebsbedingte Kündigung Nr 97; 7.5.1998, 2 AZR 55/98, EzA § 1 KSchG Interessenausgleich Nr 6; LSW/*Löwisch* § 1 Rn 311; ErfK/*Oetker* § 1 Rn 285). Um betriebsbedingte Kdg zu rechtfertigen, muss das betriebsorganisatorische Konzept in jedem Fall konsequent durchgeführt werden, Abweichungen sind auch zugunsten der AN nicht möglich. Der AG kann es aber zum Teil seines Konzepts machen, eine bestimmte Anzahl von AN als »Springer« zu beschäftigen.

147 Maßgebender **Beurteilungszeitpunkt** ist auch für die Kausalität der **Zugang der Kdg** (Rdn 20, 113). Die Unternehmerentsch muss im Zeitpunkt des Zugangs der Kdg schon tatsächlich getroffen sein, der Wegfall der Beschäftigungsmöglichkeit muss bei Zugang der Kdg schon »greifbare Formen« angenommen haben: Eine vernünftige betriebswirtschaftliche Betrachtung muss die Prognose rechtfertigen, dass für den zu kündigenden AN mit Ende der Kdg-Frist keine Beschäftigungsmöglichkeit besteht (BAG 19.6.1991, 2 AZR 127/91, EzA § 1 KSchG Betriebsbedingte Kündigung Nr 70; 2.6.2005, 2 AZR 480/04, EzA § 1 KSchG Soziale Auswahl Nr 63); aus dem tatsächlichen Verlauf können Rückschlüsse auf die Plausibilität der Prognose gezogen werden (BAG 27.11.2003, 2 AZR 48/03, EzA § 1 KSchG Betriebsbedingte Kündigung Nr 128; 2.6.2005, 2 AZR 480/04). »Greifbar« ist der Wegfall der Beschäftigungsmöglichkeit, sobald der AG mit dem Vollzug seiner Unternehmerentsch beginnt, etwa bei einer geplanten Betriebsstilllegung ggü AN mit langen Kdg-Fristen betriebsbedingte Kdg ausspricht. Schon Rdn 128.

148 Erweist sich die **Prognose**, der gekündigte AN könne nicht weiterbeschäftigt werden, **vor Ablauf der Kdg-Frist** als **falsch**, hat der AN einen **Wiedereinstellungsanspruch**, wenn eine Beschäftigungsmöglichkeit besteht (BAG 4.12.1997, 2 AZR 140/97, EzA § 1 KSchG Wiedereinstellungsanspruch Nr 3 u 28.6.2000, 7 AZR 904/98, EzA § 1 KSchG Wiedereinstellungsanspruch Nr 5): Steht es dem AG frei, aus welchen Gründen er den Betrieb schließen oder einschränken will, und darf er, um die Kdg-Fristen auszunutzen und Annahmeverzugslohn zu sparen, den AN bereits vor dem Vollzug der Betriebsstilllegung oder -einschränkung kündigen (Rdn 128, 147), rechtfertigt die Kombination von Kdg-Gründen aus der Sphäre des AG und Vorverlegung des Kdg-Zeitpunktes einen Wiedereinstellungsanspruch der AN, wenn die Prognose des AG durch die tatsächliche Entwicklung überholt wird. Seine Wiedereinstellung kann ein AN etwa dann verlangen, wenn der AG wegen einer Betriebsstilllegung kündigt, sich aber noch während der Kdg-Frist entschließt, den Betrieb mit einer geringeren Anzahl von AN doch fortzuführen (BAG 4.12.1997, 2 AZR 140/97) oder wenn sich für den AN während der Kdg-Frist eine Beschäftigungsmöglichkeit auf einem unvorhergesehen frei werdenden oder neu geschaffenen Arbeitsplatz ergibt (BAG 28.6.2000, 7 AZR 904/98). Kommt es während des Laufs der Kdg-Frist zu einem Betriebsübergang iS des § 613a BGB, richtet sich der Wiedereinstellungsanspruch gegen den Betriebserwerber; ist bis zum Ende der Kdg-Frist der Betriebsübergang zwar beschlossen, aber noch nicht vollzogen, entsteht ein Anspruch des AN auf Wiedereinstellung, der ab dem Zeitpunkt des Betriebsübergangs gegen den Erwerber gerichtet ist (BAG 15.12.2011, 8 AZR 197/11, EzA § 613a BGB 2002 Nr 130 [Rn 37 mwN]). Unter mehreren wiedereinzustellenden AN muss der AG nach sozialen Kriterien iS des § 315 BGB auswählen, wenn er nicht alle wiedereinstellen kann (BAG 4.12.1997, 2 AZR 140/97 u 28.6.2000, 7 AZR 904/98; für eine Sozialauswahl entspr § 1 III etwa LSW/*Löwisch* § 1 Rn 329; unentschlossen KR/*Griebeling/Rachor* § 1 Rn 738); dabei soll die bevorzugte Berücksichtigung älterer AN keine unzulässige Altersdiskriminierung sein (LAG Köln 11.5.2012, 5 Sa 1009/10, AE 2013, 22).

149 **e) Beweislast.** Stützt der AG betriebsbedingte Kdg auf innerbetriebliche Gründe, kontrollieren die ArbG erstens, ob der AG überhaupt eine unternehmerische Entsch getroffen hat: Der AG muss darlegen, **dass**,

durch wen und wann die Rationalisierungsentsch usw getroffen wurde (BAG 9.5.1996, 2 AZR 438/95, EzA § 1 KSchG Betriebsbedingte Kündigung Nr 85 u 10.10.2002, 2 AZR 598/01, EzA § 1 KSchG Betriebsbedingte Kündigung Nr 122, 31.7.2014, 2 AZR 422/13, EzA § 1 KSchG Betriebsbedingte Kündigung Nr 181 [Rn 36 ff] u 20.11.2014, EzA § 1 KSchG Betriebsbedingte Kündigung Nr 182 [Rn 17 ff]; 6.7.2006, 2 AZR 442/05, EzA § 1 KSchG Soziale Auswahl Nr 69). Zweitens muss der AG darlegen, **welche organisatorischen oder technischen Maßnahmen** er angeordnet hat, um seine Rationalisierungsentsch umzusetzen (BAG 17.6.1999, 2 AZR 41/99, EzA § 1 KSchG Betriebsbedingte Kündigung Nr 102; 6.7.2006, 2 AZR 442/05). Drittens ist der AG beweispflichtig dafür, wie sich seine betriebsorganisatorische Entsch auf die Beschäftigung der gekündigten AN auswirkt: Er muss nachweisen, dass seine Vorgaben **kausal** für den Wegfall von Arbeitsplätzen sind (BAG 17.6.1999, 2 AZR 41/99 u 6.7.2006, 2 AZR 442/05). Weil vermutet wird, dass der Unternehmer seine Organisationsentsch aus sachlichen Gründen trifft (Rdn 127), muss der AN die Umstände darlegen und beweisen, aus denen folgt, dass die Entsch offensichtlich unsachlich, unvernünftig oder willkürlich ist (BAG 23.4.2008, 2 AZR 1110/06, EzA § 1 KSchG Betriebsbedingte Kündigung Nr 160 u 31.7.2014, 2 AZR 422/13, EzA § 1 KSchG Betriebsbedingte Kündigung Nr 181 [Rn 44]). Schon Rdn 121 ff zur Kdg aus außerbetrieblichen Gründen.

III. Weiterbeschäftigung auf freiem Arbeitsplatz im Unternehmen, § 1 II S 2 und S 3. 1. Abgrenzung zur Sozialauswahl nach § 1 III. Die Kdg ist nicht durch dringende betriebliche Erfordernisse iSd § 1 II 150 1 bedingt, wenn der AG den AN auf einem freien Arbeitsplatz weiterbeschäftigen kann; dies halten § 1 II 2 u 3 ausdrücklich fest (BAG 23.11.2004, 2 AZR 38/04, EzA § 1 KSchG Betriebsbedingte Kündigung Nr 132). Das »Bedingtsein« ist Ausdruck des Verhältnismäßigkeitgrundsatzes (dazu Rdn 25); dieser gebietet es dem AG, vor einer Beendigungs-Kdg dem AN von sich aus eine mögliche anderweitige Beschäftigung auf einem freien Arbeitsplatz anzubieten (BAG 29.8.2013, 2 AZR 809/12, EzA § 1 KSchG Betriebsbedingte Kündigung Nr 177 [Rn 22], 8.5.14, 2 AZR 1001/12, EzA § 1 KSchG Betriebsbedingte Kündigung Nr 179 [Rn 12] u 26.3.2015, EzA § 1 KSchG Betriebsbedingte Kündigung Nr 183 [Rn 26]). Hingegen entfällt bei einer fehlerhaften Sozialauswahl iSd § 1 III nicht das dringende betriebliche Erfordernis für eine Kdg, sondern die Kdg ist trotz betrieblichen Erfordernisses (»trotzdem«) wegen der nicht hinreichenden personellen Konkretisierung unzulässig (BAG 29.3.1990, 2 AZR 369/89, EzA § 1 KSchG Soziale Auswahl Nr 29), noch Rdn 167. Die Weiterbeschäftigungsmöglichkeit des § 1 II betrifft das vertikale Verhältnis von AG und AN, die Sozialauswahl regelt das horizontale Verhältnis mehrerer AN, die um die verbleibenden Beschäftigungsmöglichkeiten im Betrieb konkurrieren (BAG 29.3.1990, 2 AZR 369/89). Während die Sozialauswahl die Weiterbeschäftigung nur auf Arbeitsplätzen ermöglicht, die dem bisherigen Arbeitsplatz (weitgehend) entsprechen (Rdn 174 ff) und den Sozialvergleich auf Arbeitsplätze im selben Betrieb beschränkt (Rdn 171), erweitert § 1 II die Weiterbeschäftigungsmöglichkeit auf andersartige Tätigkeiten – nach Änd des Arbeitsvertrages und ggf nach Umschulung oder Fortbildung – und auf Tätigkeiten in anderen Betrieben desselben Unternehmens. Die Beschränkungen der Sozialauswahl sind gerechtfertigt, da sie die Möglichkeit zur Kdg mehrerer AN lediglich personell konkretisiert und dazu führt, dass ein AN einen anderen verdrängt. Demggü setzt § 1 II voraus, dass der anderweitige Arbeitsplatz frei ist (Rdn 161). Unterschiedlich ist auch die Beweislast: § 1 II 4 für die Weiterbeschäftigungspflicht (Rdn 166), § 1 III 3 für die Sozialauswahl (Rdn 229). Sind für die Weiterbeschäftigung auf einem freien, etwa iR einer Umorganisation neu geschaffenen Arbeitsplatz im selben Betrieb mehrere kündigungsbedrohte AN fachlich und persönlich geeignet, muss der AG im Wege der Sozialauswahl nach § 1 III entscheiden, welchen AN er weiterbeschäftigt; er kann den freien Arbeitsplatz nicht zunächst mit einem AN seiner Wahl besetzen und anderen – sozial schwächeren – AN mit der Begründung kündigen, eine Sozialauswahl sei wegen der Besetzung des Arbeitsplatzes nicht (mehr) möglich (BAG 10.11.1994, 2 AZR 242/94, EzA § 1 KSchG Betriebsbedingte Kündigung Nr 77 u 25.4.2002, 2 AZR 260/01, EzA § 1 KSchG Betriebsbedingte Kündigung Nr 121; 12.8.2010, 2 AZR 945/08, EzA § 2 KSchG Nr 79 [Rdn 40]).

2. Weiterbeschäftigung im Unternehmen. Nach § 1 II 2 Nr 1b ist die Kdg sozial ungerechtfertigt, wenn 151 der AN an einem anderen Arbeitsplatz in demselben Betrieb oder in einem anderen Betrieb desselben Unternehmens weiterbeschäftigt werden kann (BAG 17.5.1984, 2 AZR 109/83, EzA § 1 KSchG Betriebsbedingte Kündigung Nr 32); dies gilt nach § 1 II 2 Nr 2b entspr für den öffentl Dienst (BAG 15.12.1994, 2 AZR 320/94, EzA § 1 KSchG Betriebsbedingte Kündigung Nr 76 u 25.4.2002, 2 AZR 260/01, EzA § 1 KSchG Betriebsbedingte Kündigung Nr 121; 12.8.2010, 2 AZR 558/09, EzA § 2 KSchG Nr 78; 10.6.2010, 2 AZR 1020/08, EzA § 1 KSchG Personenbedingte Kündigung Nr 25; 20.9.2012, 6 AZR 253/11, EzA § 125 InsO Nr 8). Damit ist die Möglichkeit der Weiterbeschäftigung auf einem freien Arbeitsplatz nach § 1 II 2 anders als die Sozialauswahl nach § 1 III (Rdn 171) nicht auf den Betrieb beschränkt, sondern bezieht freie Arbeitsplätze in anderen Betrieben desselben **Unternehmens** ein (noch Rdn 153), allerdings nur in Betrieben innerhalb der Bundesrepublik Deutschland (BAG 29.8.2013, 2 AZR 809/12, EzA § 1 KSchG Betriebsbedingte Kündigung Nr 177 [Rn 20, 26 ff. mNw in Rn 30]; mN auf die Literatur 24.9.2015, 2 AZR 3/14, JurionRS 2015, 30174 [Rn 18]). Ist der AN in einem gemeinschaftlichen Betrieb mehrerer Unternehmen beschäftigt (noch Rdn 172), darf ihm nicht gekündigt werden, wenn in einem dieser Unternehmen ein Arbeitsplatz frei ist (BAG 5.5.1994, 2 AZR 917/93, EzA § 1 KSchG Betriebsbedingte Kündigung Nr 32; 15.2.2007, 8 AZR 310/06, EzA § 613a BGB 2002 Nr 66). Wird ein Unternehmen iSd UmwG aufgespalten oder teilübertragen, verschlechtert sich nach § 323 I UmwG die kündigungsrechtl Stellung der AN für die Dauer von 2 Jahren nicht, weswegen eine Kdg während dieses Zeitraums gehindert ist, soweit Arbeitsplätze in den aus der Umwandlung hervorgegangenen Unternehmen frei sind (KR/*Griebeling/Rachor* § 1 Rn 222 mwN); noch Rdn 173 zur Sozialauswahl.

152 Konkurrieren **mehrere AN** aus verschiedenen Betrieben eines Unternehmens um denselben Arbeitsplatz in einem der Betriebe, muss der AG bei seiner Besetzungsentsch die sozialen Belange der AN nach § 315 BGB berücksichtigen; eine Sozialauswahl braucht und darf er wegen der ausdrücklichen Beschränkung des § 1 III auf den Betrieb (Rdn 171) nicht durchführen (BAG 15.12.1994, 2 AZR 320/94, EzA § 1 KSchG Betriebsbedingte Kündigung Nr 77, 21.9.2000, 2 AZR 385/99, EzA § 1 KSchG Betriebsbedingte Kündigung Nr 107 u 22.9.2005, 2 AZR 544/04, EzA § 1 KSchG Betriebsbedingte Kündigung Nr 141, das aber einer Sozialauswahl nach § 1 III zuneigt; 20.9.2012, 6 AZR 253/11, EzA § 125 InsO Nr 8 [Rn 57]; **abw** für eine Sozialauswahl hingegen die wohl **hM**, statt aller KR/*Griebeling/Rachor* § 1 Rn 546; ErfK/*Oetker* § 1 Rn 253; *Krause* in: *v Hoyningen-Huene/Linck* § 1 Rn 804 ff). Zur Sozialauswahl bei der Besetzung eines freien Arbeitsplatzes im Betrieb auch Rdn 150 aE u Rdn 161 ff.

153 Der AG ist grds nicht analog § 1 II 2 Nr 1b u 2b verpflichtet, AN auf einem freien Arbeitsplatz in einem anderen zum AG-Konzern gehörenden Unternehmen zu beschäftigen; das KSchG ist **nicht konzernbezogen** (BAG 14.10.1982, 2 AZR 568/80, EzA § 1 KSchG nF Nr 29; zuletzt 24.5.2012, 2 AZR 62/11, EzA § 1 KSchG Betriebsbedingte Kündigung Nr 168 [Rn 27] u 18.10.2012, 6 AZR 41/11, EzA § 1 KSchG Betriebsbedingte Kündigung Nr 170 [Rn 48]; zu einer außerordentlichen betriebsbedingten Kdg BAG 22.11.2012, 2 AZR 673/11, EzA § 626 BGB 2002 Unkündbarkeit Nr 18 [Rn 39]): Partner des Arbeitsvertrages ist das vertragsschließende Unternehmen; eine Weiterbeschäftigung in einem anderen Unternehmen führte notwendig zu einem Wechsel des AG (BAG 8.10.2012, 6 AZR 41/11 [Rn 56 mNw]). Der AN hat **aber unter 2 Voraussetzungen** einen arbeitsvertraglichen Anspruch auf konzernweite Weiterbeschäftigung: Erstens muss der AN von vornherein für den Konzern eingestellt worden sein oder sich arbeitsvertraglich mit einer Versetzung innerhalb der Konzerngruppe einverstanden erklärt haben, oder der AG muss dem AN eine Übernahme durch ein anderes Konzernunternehmen zugesagt haben (BAG 23.11.2004, 2 AZR 24/04, 23.3.2006, 2 AZR 162/05 u 24.5.2012, 2 AZR 62/11 [Rn 27] u 18.10.2012, 6 AZR 41/11 [Rn 57]). Zweitens muss das AG-Unternehmen einen bestimmenden Einfluss auf die Beschäftigung des AN im anderen Konzernunternehmen haben; die Entsch über die Weiterbeschäftigung darf nicht dem übernehmenden Unternehmen vorbehalten bleiben (BAG 23.11.2004, 2 AZR 24/04, 23.3.2006, 2 AZR 162/05, 24.5.2012, 2 AZR 62/11 u 18.10.2012, 6 AZR 41/11). Ob die Einflussmöglichkeit rechtl (zB aufgrund eines Beherrschungsvertrags) oder nur faktisch besteht, ist irrelevant (BAG 18.9.2003, 2 AZR 79/02, EzA § 17 KSchG Nr 11; 23.3.2006, 2 AZR 162/05 u 23.4.2008, 2 AZR 1110/06). Der AG, der einen Wechsel des AN zu einem gefährdeten Tochterunternehmen veranlasst und dabei den Anschein erweckt, er werde »im Fall der Fälle« für eine Weiterbeschäftigung des AN bei sich oder bei einem anderen Tochterunternehmen sorgen, ist aus § 242 BGB (venire contra factum proprium) im Fall der Insolvenz verpflichtet, den AN wieder einzustellen (BAG 21.2.2002, 2 AZR 749/00, EzA § 1 KSchG Wiedereinstellungsanspruch Nr 7).

154 Durch eine wiederholte Beschäftigung des AN bei einem anderen Konzernunternehmen kann der Vertrag **konkludent** auf eine konzernweite Beschäftigung erweitert worden oder zumindest zugunsten des AN ein entspr Vertrauenstatbestand geschaffen worden sein (BAG 23.11.2004, 2 AZR 24/04, EzA § 1 KSchG Betriebsbedingte Kündigung Nr 135), zudem kann sich das Drittunternehmen durch die Beschäftigung des AN ggü AN und AG gebunden haben und diese Bindung die fehlende Einflussnahme des AG-Unternehmens auf die Weiterbeschäftigung ersetzen (erwogen von BAG 23.3.2006, 2 AZR 162/05, EzA § 1 KSchG Betriebsbedingte Kündigung Nr 147). Dass sich ein anderes Konzernunternehmen ausdrücklich zur Übernahme des AN bereit erklärt hat, genügt entg der st Rspr (zuletzt BAG 23.11.2004, 2 AZR 24/04, 23.3.2006, 2 AZR 162/05, EzA § 1 KSchG Betriebsbedingte Kündigung Nr 147) nicht für eine konzernweite Weiterbeschäftigungspflicht, sofern diese Zusage keinen Eingang in den Arbeitsvertrag des AN gefunden hat: Es fehlt dann an einem arbeitsvertraglichen Weiterbeschäftigungsanspruch; die Zusage kann allenfalls den fehlenden Einfluss des AG-Unternehmens auf die Weiterbeschäftigung im anderen Konzernunternehmen ausgleichen.

3. Zumutbarkeit der Weiterbeschäftigung. Die Weiterbeschäftigung auf einem anderen Arbeitsplatz muss sowohl für den AN als auch für den AG objektiv möglich und zumutbar sein (BAG 25.4.2002, 2 AZR 260/01, EzA § 1 KSchG Betriebsbedingte Kündigung Nr 121 u 23.11.2004, 2 AZR 38/04, EzA § 1 KSchG Betriebsbedingte Kündigung Nr 134). Dem AG zumutbar ist die Weiterbeschäftigung nur dann, wenn der AN die fachlichen und persönlichen Anforderungen des anderen Arbeitsplatzes erfüllt. Erfüllt er das Anforderungsprofil, bedarf es grds keiner weitergehenden Prüfung, ob dem AN die Tätigkeit zumutbar ist (BAG 29.8.2013, 2 AZR 809/12, EzA § 1 KSchG Betriebsbedingte Kündigung Nr 177 [Rn 23], 8.5.2014, 2 AZR 1001/12, EzA § 1 KSchG Betriebsbedingte Kündigung Nr 179 [Rn 13] u 26.3.2015, 2 AZR 417/14, EzA § 1 KSchG Betriebsbedingte Kündigung Nr 183 [Rn 28]). Aus dem Vergleich zu § 1 II 3 folgt, dass die Möglichkeit der Weiterbeschäftigung nach § 1 II 2 die Kdg nur dann hindert, wenn der andere Arbeitsplatz **vergleichbar (gleichwertig)** ist, der AG den AN dort also aufgrund seines Weisungsrechts ohne Änd des Arbeitsvertrages weiterbeschäftigen kann (BAG 29.3.1990, 2 AZR 369/89, EzA § 1 KSchG Soziale Auswahl Nr 29; 15.12.1994, 2 AZR 327/94, EzA § 1 KSchG Betriebsbedingte Kündigung Nr 75).

155

Die Kdg ist nach § 1 II 3 auch dann ausgeschlossen, wenn der AN unter geänderten Arbeitsbedingungen weiterbeschäftigt werden kann und er sein Einverständnis hierzu erklärt hat. Ist der vom Arbeitsplatzverlust bedrohte AN in Teilzeit beschäftigt, muss der AG grds eine freie Vollzeitstelle zeitlich teilen, um den AN weiterbeschäftigen zu können; ist ihm das aus arbeitsorganisatorischen oder personellen Gründen nicht möglich, muss er dem AN (über eine Änderungs-Kdg [Rdn 157]) eine Vollzeitbeschäftigung anbieten (BAG 26.3.2015, 2 AZR 417/14, EzA § 1 KSchG Betriebsbedingte Kündigung Nr 183 [Rn 41]). Dass der AN mit der Änd einverstanden sein muss, zeigt, dass die **Arbeitsbedingungen auf dem anderen Arbeitsplatz ungünstiger** sein können (vgl BAG 2.2.2006, 2 AZR 38/05, EzA § 1 KSchG Betriebsbedingte Kündigung Nr 144 [Rn 20]; 26.3.2015, 2 AZR 417/14 [Rn 26] mN). Auch wenn die Zuweisung der anderen Stelle eine Vertragsänderung erforderlich macht, gilt: Erfüllt der Arbeitnehmer das Anforderungsprofil des freien Arbeitsplatzes, bedarf es grds keiner weitergehenden Prüfung, ob dem AN die Tätigkeit zumutbar ist (BAG 29.8.2013, 2 AZR 809/12, EzA § 1 KSchG Betriebsbedingte Kündigung Nr 177 [Rn 23], 8.5.2014, 2 AZR 1001/12, EzA § 1 KSchG Betriebsbedingte Kündigung Nr 179 [Rn 13] u 26.3.2015, 2 AZR 417/14, EzA § 1 KSchG Betriebsbedingte Kündigung Nr 183 [Rn 28]), schon Rdn 155 u noch Rdn 157. Ungünstiger sind die Arbeitsbedingungen, wenn das Arbeitszeitvolumen hinter dem bisherigen zurückbleibt (Wechsel von Vollzeit- in Teilzeitbeschäftigung) oder die Tätigkeit auf dem anderen Arbeitsplatz schlechter bezahlt ist. Weil das Arbeitsverhältnis nur in seinem bisherigen Bestand und Inhalt geschützt wird, ist der AG **nicht verpflichtet**, den AN **auf einer freien Beförderungsstelle** weiter zu beschäftigen (BAG 29.3.1990, 2 AZR 369/89, EzA § 1 KSchG Soziale Auswahl Nr 29; 23.11.2004, 2 AZR 38/04, EzA § 1 KSchG Betriebsbedingte Kündigung Nr 134, 5.6.2008, 2 AZR 107/07, EzA § 1 KSchG Betriebsbedingte Kündigung Nr 161 u 26.3.2015, 2 AZR 417/14, EzA § 1 KSchG Betriebsbedingte Kündigung Nr 183 [Rn 41]); die bloße Erhöhung der Arbeitszeit ist noch keine Beförderung (BAG 26.3.2015, 2 AZR 417/14). Schafft der AG lediglich »unechte« Beförderungsstellen, dh bleibt die Tätigkeit grds gleich und kommen nur zusätzliche Aufgaben hinzu, die die AN aufgrund ihrer Fähigkeiten und Vorbildung ausfüllen können (auch Rdn 134), muss der AG unter mehreren AN nach § 1 III diejenigen auswählen, die auf den unechten Beförderungsstellen weiterbeschäftigt werden können (Rdn 150 u 184). Hingegen soll der AG wegen § 81 IV SGB IX weitergehend verpflichtet sein, einem schwerbehinderten AN eine höherwertige Tätigkeit zu übertragen, die der AN früher bereits ausgeübt und aus betriebsbedingten Gründen verloren hatte; diese Pflicht bestehe aber nicht, wenn der schwerbehinderte AN diese Tätigkeit erst nach einer mehr als kurzen Anlernzeit ausüben kann, weil sich die Arbeitsplatzanforderungen seit seinem früheren Einsatz wesentlich geändert haben (LAG Hamm 23.3.2009, 8 Sa 313/08, EzA-SD 2009, Nr 11, 4–5 [LS]).

156

Das BAG hält den AG für verpflichtet, **vor einer Beendigungs-Kdg eine Änderungs-Kdg auszusprechen** (BAG 21.4.2005, 2 AZR 244/04, EzA § 2 KSchG Nr 52 u 2 AZR 132/04, EzA § 2 KSchG Nr 53 sowie 21.9.2006, 2 AZR 607/05, EzA § 2 KSchG Nr 62; 29.8.2013, 2 AZR 809/12, EzA § 1 KSchG Betriebsbedingte Kündigung Nr 177 [Rn 23], 8.5.2014, 2 AZR 1001/12, EzA § 1 KSchG Betriebsbedingte Kündigung Nr 179 [Rn 13] u 26.3.2015, 2 AZR 417/14, EzA § 1 KSchG Betriebsbedingte Kündigung Nr 183 [Rn 28]): Ist dem AN die Tätigkeit auf dem freien Arbeitsplatz nicht schlechthin unzumutbar (Rdn 156), soll grds er selbst entscheiden, ob er eine Weiterbeschäftigung unter veränderten, möglicherweise erheblich schlechteren Arbeitsbedingungen akzeptiert oder nicht; eine Änderungs-Kdg darf deswegen nur in »Extremfällen« unterbleiben (BAG 21.9.2006, 2 AZR 607/05, 29.8.2013, 2 AZR 809/12, 8.5.2014, 2 AZR 1001/12 u 26.3.2015, 2 AZR 417/14). Lehnt der AN ein Angebot des AG ab, ihn zu geänderten Vertragsbedingungen weiterzubeschäftigen, soll der AG nach dem ultima-ratio-Grundsatz trotz des eindeutigen, das Einverständnis des AN mit der Weiterbeschäftigung verlangenden Wortlauts des § 1 II 3, zunächst eine Änderungs-Kdg aussprechen müssen: Eine Beendigungs-Kdg sei erst dann zulässig, wenn der

157

AN deutlich gemacht habe, dass er das Änderungsangebot nicht, auch nicht unter Vorbehalt annehmen werde (BAG 21.4.2005, 2 AZR 244/04; 10.4.2014, 2 AZR 812/12, EzA § 2 KSchG Nr 89 [Rn 48]; ErfK/Oetker § 2 Rn 4), oder in »Extremfällen«, in denen der AG bei vernünftiger Betrachtung nicht mit einer Annahme durch den AN rechnen könne (BAG 21.9.2006, 2 AZR 607/05), etwa wenn der AN sich nicht zeitnah auf eine ihm bekannte Beschäftigungsmöglichkeit berufe (BAG 26.3.2015, 2 AZR 417/14). Dass der AN unter erheblichen Vergütungseinbußen hierarchisch deutlich zurückgestuft werden soll, begründet noch keinen »Extremfall« (BAG 21.9.2006, 2 AZR 607/05). Der AG ist nicht verpflichtet, mit dem AN eine einvernehmliche Lösung zu suchen, sondern kann sofort eine Änderungs-Kdg aussprechen (BAG 21.4.2005, 2 AZR 244/04).

158 § 1 II 3 schließt betriebsbedingte Kdg auch dann aus, wenn der AN die Anforderungen eines freien Arbeitsplatzes erst nach zumutbaren Fortbildungs- oder Umschulungsmaßnahmen erfüllt. **Umschulungsmaßnahmen** vermitteln eine berufliche Grundausbildung, die überhaupt zu einer Tätigkeit in einem bestimmten Beruf qualifiziert, während **Fortbildungsmaßnahmen** an den vorhandenen Wissensgrundstock der AN anknüpfen (vgl BAG 7.2.1991, 2 AZR 205/90, EzA § 1 KSchG Personenbedingte Kündigung Nr 9). Weil § 1 II 3 die Umschulung neben der Fortbildung nennt, kann auch die Umschulung in einen anderen Beruf als milderes Mittel die Kdg ausschließen – allerdings nur in engen Grenzen: So wenig, wie der AN die Versetzung auf eine freie Beförderungsstelle verlangen kann (Rdn 157), sowenig kann er die Umschulung auf eine Beförderungsstelle erzwingen (BAG 7.2.1991, 2 AZR 205/90, das aber die 2-jährige Umschulung einer angelernten Laborassistentin zur Büroassistentin nicht für eine Beförderung hält). Diese Beschränkung gilt auch für die Fortbildung: Eine Umschulung oder Fortbildung hindert die Kdg nur dann, wenn mit hinreichender Sicherheit feststeht, dass der AN zum einen die Qualifikation für den anderen Arbeitsplatz erwerben wird und nach der Fortbildung oder Umschulung tatsächlich weiterbeschäftigt werden kann (BAG 7.2.1991, 2 AZR 205/90; 8.5.2014, 2 AZR 1001/12, EzA § 1 KSchG Betriebsbedingte Kündigung Nr 179 [Rn 21]), und der neue Arbeitsplatz dem bisherigen zum anderen vergleichbar, dh keine echte, sondern allenfalls eine »unechte« Beförderungsstelle ist (Rdn 156). Dagegen ist der AG nicht verpflichtet, den AN nur zum Zwecke der Qualifikation weiterzubeschäftigen, ohne dass ein freier geeigneter Arbeitsplatz in Aussicht steht (BAG 8.5.2014, 2 AZR 1001/12).

159 Ob Fortbildungs- oder Umschulungsmaßnahmen dem AG **zumutbar** sind, hängt einmal von den Kosten, zum anderen von der Dauer ab. Starre Grenzen lassen sich nicht ziehen. Weil im Kdg-Zeitpunkt mit an Sicherheit grenzender Wahrscheinlichkeit feststehen muss, dass für den AN ein der Qualifizierung entspr Arbeitsplatz frei sein wird, kommen aber allenfalls einige Monate dauernde Maßnahmen in Betracht (BAG 7.2.1991, 2 AZR 205/90, EzA § 1 KSchG Personenbedingte Kündigung Nr 9, das aber eine 2-jährige Umschulung wohl für zumutbar ansieht). Qualifizierungsmaßnahmen, die der AG nach §§ 92a, 97 II BetrVG mit dem BR vereinbart, erkennt er mit der Vereinbarung als gem § 1 II 3 zumutbar an. Ebenso spricht es für die Zumutbarkeit, wenn der AG anderen AN zuvor entspr Qualifizierungen ermöglicht hat.

160 Soll mehr AN gekündigt werden, als freie Stellen nach Umschulungs- oder Fortbildungsmaßnahmen frei sind, hat der BR über die Auswahl der teilnahmeberechtigten AN nach § 98 III BetrVG mitzubestimmen (aA *Fitting* § 97 BetrVG Rn 27). Diese Auswahl folgt eigenen Wertungen, die Sozialauswahlkriterien des § 1 III müssen nicht berücksichtigt werden. Der Kdg-Schutz wird dadurch aber nicht verkürzt (**abw** *Fitting* § 97 BetrVG Rn 28): Mit der Vereinbarung der Qualifizierungsmaßnahmen steht nicht nur für die Teilnehmer, sondern für alle qualifizierbaren AN fest, dass sie nach einer Qualifizierung weiterbeschäftigt werden können, Rdn 159. **Wer** weiterbeschäftigt wird und damit qualifiziert werden muss und wem gekündigt werden kann, ist nach **§ 1 III durch Sozialauswahl** zu entscheiden (*Richardi/Thüsing* § 97 Rn 13; *Kaiser* FS Löwisch [2007] S 153, 164; *Rieble* Sonderheft NZA 2001, 48, 56; **abw** *Franzen* NZA 2001, 865, 869). Der Vergleichbarkeit iRd Sozialauswahl steht es nicht entg, dass manche AN nach der Auswahl durch AG und BR bereits an Qualifizierungsmaßnahmen teilgenommen haben, andere hingegen nicht (LAG Bbg 9.6.1995, 5 Sa 205/95, LAGE § 1 KSchG 5 Nr 129).

161 **4. Weiterbeschäftigung nur auf freiem Arbeitsplatz.** Es besteht nur dann kein zur Kdg berechtigender Arbeitskräfteüberhang, wenn ein Arbeitsplatz bei Zugang der Kdg **tatsächlich frei** ist (BAG 15.12.2011, 2 AZR 42/10, EzA § 1 KSchG Soziale Auswahl Nr 84 [Rn 24]; 19.7.2012, 2 AZR 386/11, EzA § 1 KSchG Interessenausgleich Nr 24 [Rn 35]; 18.10.2012, 6 AZR 41/11, EzA § 1 KSchG Betriebsbedingte Kündigung Nr 170 [Rn 50]) oder der AG bei Ausspruch der Kdg mit hinreichender Sicherheit vorhersehen kann, dass ein Arbeitsplatz bis zum Ablauf der Kdg-Frist (BAG 29.3.1990, 2 AZR 369/89, EzA § 1 KSchG Soziale Auswahl Nr 29; 2.2.2006, 2 AZR 38/05, EzA § 1 KSchG Betriebsbedingte Kündigung Nr 144, 1.3.2007, 2 AZR 650/05, EzA § 1 KSchG Betriebsbedingte Kündigung Nr 154 [Rn 24] u 26.3.2015, 2 AZR 417/14, EzA § 1 KSchG Betriebsbedingte Kündigung Nr 183 [Rn 27]). Ebenso

genügt es, dass ein Arbeitsplatz in absehbarer Zeit nach Ablauf der Kdg-Frist frei sein wird und dem AG die Überbrückung der Zeit zwischen Ende der Kdg-Frist und Freiwerden des Arbeitsplatzes zumutbar ist; zumutbar ist jedenfalls ein Zeitraum, den ein anderer Stellenbewerber zur Einarbeitung benötigte (BAG 15.12.1994, 2 AZR 327/94, EzA § 1 KSchG Betriebsbedingte Kündigung Nr 75). Weiterzubeschäftigen ist der AN auch dann, wenn er auf der freien Stelle **eingearbeitet werden muss** (BAG 5.6.2008, 2 AZR 107/07, EzA § 1 KSchG Betriebsbedingte Kündigung Nr 161 [Rn 15] u 26.3.2015, 2 AZR 417/14, Nr 183 [Rn 34]; 19.7.2012, 2 AZR 386/11, EzA § 1 KSchG Interessenausgleich Nr 24 [Rn 35]); kann er erst im Anschluss an Qualifizierungsmaßnahmen weiterbeschäftigt werden, muss bei Zugang der Kdg mit hinreichender Sicherheit feststehen, dass ein Arbeitsplatz nach Abschluss der Fortbildung oder Umschulung frei sein wird (LSW/*Löwisch* § 1 Rn 358), Rdn 156 f. Frei ist der Arbeitsplatz auch dann, wenn er bei Ausspruch der Kdg **mit einem befristet Beschäftigten** besetzt ist, die Befristung aber mit Ablauf der Kdg-Frist oder kurz danach ausläuft (BAG 26.3.2015, 2 AZR 417/14 [Rn 31]; *Gehlhaar* DB 2008, 2831, 2832; **aA** für Auszubildende u befristet zur Probe angestellte AN *Krause* in: *v Hoyningen-Huene/Linck* § 1 Rn 787). Besteht der Beschäftigungsbedarf auf der freien Stelle nur für einen begrenzten Zeitraum, muss der AG dem vom Arbeitsplatzverlust bedrohten AN über eine Änderungs-Kdg eine befristete Weiterbeschäftigung anbieten (BAG 26.3.2015, 2 AZR 417/14 [Rn 39 f]). Das Interesse des AG, die unbefristete Stelle durch eine (Verlängerung der) Befristung nach § 14 II 1 TzBfG ohne die mit einer Kdg verbundenen Risiken weiterbesetzen zu können, ist nicht schutzwürdig und zwar auch dann nicht, wenn der vom Arbeitsplatzverlust bedrohte AN mangels Sachgrundes für die Befristung nur unbefristet auf der befristeten Stelle weiterbeschäftigt werden kann, so dass der AG dessen Arbeitsverhältnis nach Auslaufen der Stelle durch Kdg beenden muss (BAG 26.3.2015, 2 AZR 417/14 [Rn 38, 40]). Beschäftigt der AG Leih-AN, so ist der Arbeitsplatz frei, wenn der AG den Leihvertrag bis zum Ablauf der Kdg-Frist kündigen kann: So wenig der AG AN kündigen darf, um sie durch Leih-AN zu ersetzen (Rdn 131), sowenig darf er Leih-AN vorrangig beschäftigen (LAG Berl-Bbg 3.3.2009, 12 Sa 2468/08, LAGE § 1 KSchG Betriebsbedingte Kündigung Nr 85; LAG Hamm 6.3.2012, 19 Sa 1342/11, AE 2012, 233 [LS]; zu § 78a BetrVG BAG 17.6.2008, 7 ABR 13/07, EzA § 78a BetrVG 2001 Nr 4; *Düwell/Dahl* DB 2007, 1699; ErfK/*Oetker*§ 1 Rn 256; *Krause* in: *v Hoyningen-Huene/Linck* § 1 Rn 785; HWK-*Quecke* § 1 Rn 272; **aA** *Moll/Ittmann* RdA 2008, 321; LSW/*Löwisch* § 1 Rn 338; HaKo/*Gallner* § 1 Rn 661; vermittelnd: KR/*Griebeling/Rachor* § 1 Rn 219a). Hingegen ist der Arbeitsplatz eines **seit langem erkrankten AN** selbst dann nicht »frei«, wenn es wahrscheinlich ist, dass dieser nicht wieder gesund werden wird: Es ist Sache des AG – bis zur Grenze des Missbrauchs – darüber zu bestimmen, ob ggf wie lange er eine Krankheitsvakanz hinnimmt und ob und wie er sie überbrückt (BAG 2.2.2006, 2 AZR 38/05; 15.12.2011, 2 AZR 42/10, EzA § 1 KSchG Soziale Auswahl Nr 84 [Rn 28]); beschäftigt der AG eine Personalreserve – auch durch Leih-AN – zur Abdeckung dieses Personalbedarfs, fehlt es an einem freien Arbeitsplatz (BAG 15.12.2011, 2 AZR 42/10 [Rn 27 f, 29]). Hält der AG eine Personalreserve hingegen vor, um einen ständigen Vertretungsbedarf abzudecken und beschäftigt er hierfür Leih-AN, sind die Arbeitsplätze der Personalreserve frei iSd § 1 II 3 (BAG 15.12.2011, 2 AZR 42/10 [Rn 30]) – hingegen nicht, wenn Leih-AN lediglich zur Abdeckung von »Auftragsspitzen« eingesetzt werden (BAG 15.12.2011, 2 AZR 42/10 [Rn 30]).

In keinem Fall ist der AG **verpflichtet**, einen Arbeitsplatz durch Kdg eines anderen AN **frei zu machen** (vgl BAG 29.1.1997, 2 AZR 9/96, EzA § 1 KSchG Krankheit Nr 42); eine Verdrängung anderer im Betrieb beschäftigter AN ist nur über die Sozialauswahl des § 1 III möglich (Rdn 167 ff). Ebenso wenig ist der AG verpflichtet, einen **freien Arbeitsplatz erst zu schaffen** (BAG 26.3.2015, 2 AZR 417/14, EzA § 1 KSchG Betriebsbedingte Kündigung Nr 183 [Rn 40]); zur krankheitsbedingten Kdg Rdn 87. Zudem unterliegt es der freien, nur auf Willkür überprüfbaren unternehmerischen Entsch des AG, das **Anforderungsprofil** für den freien Arbeitsplatz festzulegen (BAG 5.6.2008, 2 AZR 107/07, EzA § 1 KSchG Betriebsbedingte Kündigung Nr 161 [Rn 17] u 29.8.2013, 2 AZR 721/12, EzA § 1 KSchG Betriebsbedingte Kündigung Nr 176 [Rn 18]). Insb ist die Entsch des AG zu respektieren, bestimmte Tätigkeiten nur von AN mit bes Qualifikation ausführen zu lassen (BAG 7.11.1996, 2 AZR 811/95, EzA § 1 KSchG Betriebsbedingte Kündigung Nr 88, 24.6.2004, 2 AZR 326/03, EzA § 1 KSchG Betriebsbedingte Kündigung Nr 132 u 23.11.2004, 2 AZR 38/04, EzA § 1 KSchG Betriebsbedingte Kündigung Nr 134); auch Rdn 98 ff, 134. Ist der vom Arbeitsplatzverlust bedrohte AN teilzeitbeschäftigt, muss der AG eine freie Vollzeitstelle teilen, um den AN weiterbeschäftigen zu können oder ihm im Wege der Änderungs-Kdg eine Vollzeitbeschäftigung anbieten (BAG 26.3.2015, 2 AZR 417/14, EzA § 1 KSchG Betriebsbedingte Kündigung Nr 183 [Rn 41]); s auch Rdn 156. 162

Besetzt der AG Arbeitsplätze kurz vor Ausspruch der Kdg neu, obwohl für ihn zum Zeitpunkt der Stellenbesetzung das Auslaufen der Beschäftigungsmöglichkeit für den später gekündigten AN bereits absehbar ist, kann er sich nach dem Gedanken des **§ 162 BGB** nicht darauf berufen, die Stelle sei schon besetzt (BAG 163

15.12.1994, 2 AZR 320/94, EzA § 1 KSchG Betriebsbedingte Kündigung Nr 76, 10.11.1994, 2 AZR 242/94, EzA § 1 KSchG Betriebsbedingte Kündigung Nr 77, 25.4.2002, 2 AZR 260/01, EzA § 1 KSchG Betriebsbedingte Kündigung Nr 121, 5.6.2008, 2 AZR 107/07, EzA § 1 KSchG Betriebsbedingte Kündigung Nr 161 u 26.3.2015, 2 AZR 417/14, EzA § 1 KSchG Betriebsbedingte Kündigung Nr 183 [Rn 27, 31]). Das BAG möchte dem AG die Berufung auf eine Vorabbesetzung eines Arbeitsplatzes auch dann nach § 162 BGB versagen, wenn der Arbeitsplatz des AN zunächst gar nicht wegfällt, sondern dessen Arbeitsverhältnis durch Teilbetriebsübergang nach § 613a BGB auf einen Dritten übergeht, der AN dem Betriebsübergang aber widerspricht und ihm daraufhin betriebsbedingt gekündigt wird: Der AG müsse dem AN mit der Information über den bevorstehenden Betriebsübergang die Weiterbeschäftigung auf dem freien Arbeitsplatz im bei ihm verbleibenden Betriebsteil – ggf auch zu veränderten Bedingungen – anbieten, weil er mit dem Widerspruch des AN rechnen müsse (BAG 15.8.2002, 2 AZR 195/01, EzA § 1 KSchG Betriebsbedingte Kündigung Nr 123; zust KR/*Griebeling/Rachor* § 1 Rn 576; APS/*Kiel* § 1 Rn 513, 608; unter Berufung auf §§ 280 I, 249 I BGB auch LSW/*Löwisch* § 1 Rn 341).

164 **5. Beteiligung des BR.** Als Ausfluss des ultima-ratio-Grundsatzes ist der AG trotz des gegenteiligen Wortlauts des § 1 II 2 zur Weiterbeschäftigung **unabhängig davon verpflichtet, ob im Betrieb ein BR besteht** und ob dieser der Kdg nach § 102 III BetrVG oder ob im öffentl Dienst der PersR der Kdg nach § 79 I 3 BPersVG **widerspricht** (BAG 23.11.2004, 2 AZR 38/04, EzA § 1 KSchG Betriebsbedingte Kündigung Nr 134, 29.8.2013, 2 AZR 809/12, EzA § 1 KSchG Betriebsbedingte Kündigung Nr 177 [Rn 22], 8.5.2014, 2 AZR 1001/12, EzA § 1 KSchG Betriebsbedingte Kündigung Nr 179 [Rn 12] u 26.3.2015, 2 AZR 417/14, EzA § 1 KSchG Betriebsbedingte Kündigung Nr 183 [Rn 26]; 29.3.2007, 2 AZR 31/06, EzA § 2 KSchG Nr 66): § 1 II 2 Nr 1b, 2b u S 3, die die Weiterbeschäftigung davon abhängig machen, dass der BR oder PersR der Kdg wirksam widersprochen haben, sind teleologisch zu reduzieren: Die Mitbestimmung soll den AN schützen. Machte man Kdg-Beschränkungen vom Widerspruch des BR oder PersR abhängig, hätten es diese in der Hand, den Kdg-Schutz zulasten einzelner AN zu beschränken; in Betrieben ohne BR bestünden bestimmte Kdg-Beschränkungen von vornherein nicht. Deswegen muss die mögliche Weiterbeschäftigung des AN dessen Kdg unabhängig von einem Widerspruch des BR oder PersR hindern.

165 Besteht ein Betriebsrat und ist die Beschäftigung des AN auf einem anderen Arbeitsplatz desselben Betriebs oder in einem anderen Betrieb desselben Unternehmens eine **Versetzung** iSd § 95 III BetrVG, so muss der AG die Zustimmung des BR einholen (BAG 3.12.2002, 9 AZR 481/01, EzA § 81 SGB IX Nr 1) und bei verweigerter Zustimmung das Zustimmungsersetzungsverfahren nach § 99 IV BetrVG einleiten (BAG 3.12.2002, 9 AZR 481/01 zu § 81 IV 1 Nr 1 SGB IX; **aA** LSW/*Löwisch* § 1 Rn 353; auch ErfK/*Oetker* § 1 Rn 257). Nur wenn mit hinreichender Sicherheit feststeht, dass der BR die Zustimmung zu Recht verweigert hat, ist dem AG die Weiterbeschäftigung des AN unmöglich und kann er diesem betriebsbedingt kündigen.

166 **6. Beweislast.** Anders als für die Sozialauswahl nach § 1 III 3 (Rdn 229) hat der AG nach **§ 1 II 4** darzulegen und zu beweisen, dass eine Beschäftigung des AN auf einem freien Arbeitsplatz nicht möglich oder unzumutbar ist. Bestreitet der AN nur, dass das Beschäftigungsbedürfnis weggefallen sei, genügt der allg Vortrag des AG, er könne den AN nicht weiterbeschäftigen. Es obliegt dann dem AN darzulegen, wie er sich eine anderweitige Beschäftigung vorstellt (BAG 18.10.2012, 6 AZR 41/11, EzA § 1 KSchG Betriebsbedingte Kündigung Nr 170 [Rn 50]). Dafür genügt es nicht, wenn der AN vorträgt, im Hinblick auf die seit der ersten unwirksamen Kdg verstrichene Zeit müsse es Beschäftigungsmöglichkeiten geben; er muss die Einsatzmöglichkeiten vielmehr konkret benennen (LAG Nürnberg 4.11.2008, 6 Sa 225/08, LAGE § 2 KSchG Nr 62). Nicht erforderlich ist es, dass der AN einen bestimmten Arbeitsplatz bezeichnet; vielmehr genügt er seiner Darlegungslast in der Regel schon dadurch, dass er angibt, an welchen Betrieb er denkt und welche Art der Beschäftigung er meint (BAG 24.5.2012, 2 AZR 62/11, EzA § 1 KSchG Betriebsbedingte Kündigung Nr 168 [Rn 28]; 10.4.2014, 2 AZR 812/12, EzA § 2 KSchG Nr 89 [Rn 47]). Beruft sich der AN auf eine konzernweite Beschäftigungsmöglichkeit, muss er sagen, bei welchem Unternehmen er sich seine anderweitige Beschäftigung vorstellt (BAG 24.5.2012, 2 AZR 62/11 [Rn 28]; 18.10.2012, 6 AZR 41/11 [Rn 58]). Ist der Vortrag des AN schlüssig, muss der AG darauf reagieren und eingehend erläutern, aus welchen Gründen eine Umsetzung nicht möglich ist (BAG 15.8.2002, 2 AZR 195/01, EzA § 1 KSchG Betriebsbedingte Kündigung Nr 123, 1.3.2007, 2 AZR 650/05, EzA § 1 KSchG Betriebsbedingte Kündigung Nr 154 [Rn 21] u 26.3.2015, 2 AZR 417/14, EzA § 1 KSchG Betriebsbedingte Kündigung Nr 183 [Rn 29 mN]). Trägt der AN unschlüssig vor, steht etwa der von diesem bezeichnete Arbeitsplatz gar nicht zur Verfügung, geht die Darlegungslast nicht auf den AG über (BAG 15.12.1994, 2 AZR 327/94, EzA § 1 KSchG Betriebsbedingte Kündigung Nr 75). Der AG ist auch dafür darlegungs- und beweispflichtig, dass der AN definitiv sein Angebot vor Kdg-Ausspruch abgelehnt hat, zu geänderten Bedingungen

weiterbeschäftigt zu werden, dh weder einvernehmlich noch unter Vorbehalt iSd § 2 bereit war, zu geänderten Bedingungen zu arbeiten (BAG 21.4.2005, 2 AZR 132/04, EzA § 2 KSchG Nr 539), Rdn 157.

IV. Sozialauswahl, § 1 III. 1. Grundsätze. Bei einer betriebsbedingten Kdg darf der AG nicht ohne 167 Weiteres dem AN kündigen, dessen Arbeitsplatz aufgrund der Rationalisierungsentsch wegfällt. § 1 II spricht nicht vom Wegfall des Arbeitsplatzes, sondern von »Gründen, die der Weiterbeschäftigung des AN entgstehen«. Der AG muss daher nicht belegen, dass der konkrete Arbeitsplatz des zu kündigenden AN weggefallen ist, sondern nur, dass aufgrund seiner unternehmerischen Entsch das Bedürfnis zur Weiterbeschäftigung dieses AN entfällt (BAG 19.5.1993, 2 AZR 584/92, EzA § 1 KSchG Betriebsbedingte Kündigung Nr 73 u 24.6.2004, 2 AZR 326/03, EzA § 1 KSchG Betriebsbedingte Kündigung Nr 132). Insofern **sozialisiert das KSchG das Risiko, den Arbeitsplatz zu verlieren:** Fällt ein Arbeitsplatz weg, muss der AG prüfen, ob der betroffene AN auf einem anderen Arbeitsplatz im Betrieb weiterbeschäftigt werden kann. Ist der andere Arbeitsplatz bereits besetzt, muss der AG gem § 1 III nach den dort **abschließend aufgezählten** (Rdn 228) sozialen Kriterien – Betriebszugehörigkeit, Lebensalter, Unterhaltspflichten und Schwerbehinderung – ermitteln, welcher AN sozial stärker und damit auf den Arbeitsplatz weniger angewiesen ist; nur diesem – meist jungen, kinderlosen – AN darf er kündigen. Eine Sozialauswahl kann nur dann unterbleiben, wenn bei einer Betriebsstilllegung allen AN (BAG 7.3.2002, 2 AZR 147/01, EzA § 1 KSchG Betriebsbedingte Kündigung Nr 116; 27.10.2005, 8 AZR 568/04, EzA § 613a BGB 2002 Nr 42) oder bei Umstrukturierungen oder Betriebsteilstilllegungen allen wegen ihrer Tätigkeit vergleichbaren AN gekündigt wird. Die Regelungen über die Sozialauswahl sind **nicht dispositiv** und dürfen nicht vertraglich zugunsten bestimmter AN gezielt verändert werden (BAG 2.6.2005, 2 AZR 480/04, EzA § 1 KSchG Soziale Auswahl Nr 63; 20.6.2013, 2 AZR 271/12, EzA § 1 KSchG Betriebsbedingte Kündigung Nr 173 [Rn 15]; KR/*Griebeling/Rachor* § 1 KSchG Rn 659 mwN). Die Rechtsprechung lässt es aber zu, dass die Rechtslage vergleichbarer AN durch die Gestaltung von Arbeitsbedingungen anderer AN kündigungsrechtl mittelbar verschlechtert wird, sofern die Vereinbarung nicht rechtsmissbräuchlich alleine eine Umgehung der Sozialauswahl bezweckt (BAG 2.6.2005, 2 AZR 480/04 u 20.6.2013, 2 AZR 271/12): zum vertraglich vereinbarten Sonderkündigungsschutz Rdn 188 f, zur ausnahmsweisen Herausnahme von an den Entleiher gebundenen Leih-AN aus der Sozialauswahl Rdn 190 und zur Anrechnung früherer Beschäftigungszeiten auf die Betriebszugehörigkeit Rdn 201.

Nach § 1 III 1 hat der AG die sozialen Gesichtspunkte »**ausreichend**« zu berücksichtigen: Er hat bei der 168 Gewichtung der Sozialkriterien einen Wertungsspielraum, ohne dass er an abstrakte Vorgaben gebunden ist (BAG 5.12.2002, 2 AZR 549/01, EzA § 1 KSchG Soziale Auswahl Nr 49, 2.6.2005, 2 AZR 480/04, EzA § 1 KSchG Soziale Auswahl Nr 63, 6.7.2006, 2 AZR 442/05, EzA § 1 KSchG Soziale Auswahl Nr 69 u 22.3.2012, 2 AZR 167/11, EzA § 1 KSchG Soziale Auswahl Nr 85): Die Auswahlentsch braucht nur vertretbar zu sein; sie muss nicht der Entsch entsprechen, die das Gericht getroffen hätte. Mit der ausdrückl Normierung und Beschränkung auf 4 Sozialdaten hat der Gesetzgeber diese als gleichwertig anerkannt; es besteht kein Vorrang zugunsten eines Kriteriums (BAG 5.12.2002, 2 AZR 549/01; 5.11.2009, 2 AZR 676/08, EzA § 1 KSchG Interessenausgleich Nr 20; 29.1.2015, 2 AZR 164/14, EzA § 1 KSchG Soziale Auswahl Nr 87 [Rn 11]; 21.5.2015, 8 AZR 409/13, EzA-SD 2015, Nr 23, 5-8 [Rn 61]). Der Wertungsspielraum des AG führt dazu, dass **nur deutlich schutzwürdigere AN** Fehler der Sozialauswahl mit Erfolg rügen können (BAG 25.4.1985, 2 AZR 140/84, EzA § 1 KSchG Betriebsbedingte Kündigung Nr 35 u 20.6.2013, 2 AZR 271/12, EzA § 1 KSchG Betriebsbedingte Kündigung Nr 173 [Rn 13]; 31.5.2007, 2 AZR 276/06, EzA § 1 KSchG Soziale Auswahl Nr 77 u 29.1.2015, 2 AZR 164/14, EzA § 1 KSchG Soziale Auswahl Nr 87 [Rn 11]; 21.5.2015, 8 AZR 409/13, JurionRS 2015, 28129 [Rn 61]). Der Bewertungsspielraum erstreckt sich auch auf die **Vergleichbarkeit** (näher Rdn 174 ff). Nicht ausreichend ist die Sozialauswahl, wenn AN ohne Sachgrund als nicht vergleichbar eingestuft und nicht in die Sozialauswahl einbezogen werden, wenn einzelne Sozialdaten überhaupt nicht berücksichtigt werden (BAG 18.10.1984, 2 AZR 61/83, EzA § 1 KSchG Betriebsbedingte Kündigung Nr 33 u 6.7.2006, 2 AZR 442/05, EzA § 1 KSchG Soziale Auswahl Nr 69) oder wenn Sozialdaten völlig überbewertet werden (BAG 6.7.2006, 2 AZR 442/05). Zudem muss der AG das AGG beachten: Nach BAG ist § 2 IV AGG europarechtskonform dahin auszulegen, dass die **Diskriminierungsverbote des AGG** auch im Rahmen des KSchG zu beachten sind; der Verstoß gegen die Diskriminierungsverbote macht die Kdg sozialwidrig (BAG 6.11.2008, 2 AZR 523/07, EzA § 1 KSchG Soziale Auswahl Nr 82; näher Rdn 17). Stellt der AG nicht auf soziale Gesichtspunkte, sondern ausschließlich auf betriebliche Belange ab, wird die Sozialwidrigkeit vermutet, Rdn 199. Die frühere Rspr, nach der Fehler in der Sozialauswahl die Kdg aller AN unwirksam machte, die sozial schwächer als der gekündigte AN waren (BAG 18.10.1984, 2 AZR 543/83, EzA § 1 KSchG Betriebsbedingte Kündigung Nr 34: sog Domino-Theorie), hat das BAG aufgegeben (BAG 9.11.2006, 2 AZR 812/05, EzA § 1 KSchG Soziale

Auswahl Nr 71): Kann der AG nachweisen, dass dem AN auch bei ordnungsgem Sozialauswahl hätte gekündigt werden müssen, hat der AG also **zufällig eine objektiv vertretbare Auswahl** getroffen, ist der Fehler nicht ursächlich geworden und die Sozialauswahl im Ergebnis ausreichend (BAG 9.11.2006, 2 AZR 812/05; 5.11.2009, 2 AZR 676/08, EzA § 1 KSchG Interessenausgleich Nr 20 [Rn 32]; 7.7.2011, 2 AZR 476/10, AP § 1 KSchG 1969 Wartezeit Nr 26; 28.6.2012, 6 AZR 682/10, EzA § 125 InsO Nr 7 [Rn 59]; 20.6.2013, 2 AZR 271/12 [Rn 13]; 21.5.2015, 8 AZR 409/13, EzA-SD 2015, Nr 23, 5-8 [Rn 61]). Eine Kdg ist auch dann wirksam, wenn der AG den Kreis der in die Sozialauswahl einzubeziehenden AN wegen Verkennung des Betriebsbegriffs zu eng gezogen hat, das Ergebnis der Sozialauswahl aber gleichwohl zufällig richtig ist (BAG 18.1.2007, 2 AZR 796/05, EzA § 2 KSchG Nr 64 [Rn 30]).

169 Der AG darf ein **Punkteschema** verwenden, in dem er Punkte für einzelne Sozialdaten vergibt. Schließen AG und BR keine förmliche Vereinbarung gem § 1 IV ab (Rdn 231 f), muss der AG im Anschluss an die Vorauswahl aufgrund der Punktetabelle die Besonderheiten des Einzelfalles würdigen und entscheiden, ob ein Abweichen von der Punktebewertung geboten ist, sog »**Handsteuerung**« (BAG 18.1.1990, 2 AZR 357/89, EzA § 1 KSchG Soziale Auswahl Nr 28 u 5.12.2002, 2 AZR 549/01, EzA § 1 KSchG Soziale Auswahl Nr 49; auch insoweit **abl** *Quecke* RdA 2007, 335, 338 f; APS/*Kiel* § 1 Rn 739; BeckOK/*Rolfs* § 1 Rn 491b). Dass der AG ein Punkteschema verwendet, ohne wie erforderlich den BR nach § 95 BetrVG beteiligt zu haben, macht allein die Kdg mangels einer § 102 I 3 BetrVG entspr Norm nicht unwirksam (BAG 9.11.2006, 2 AZR 812/05, EzA § 1 KSchG Soziale Auswahl Nr 71). Weicht der AG von einer mit dem BR vereinbarten Sozialauswahl-RL iSd § 95 BetrVG ab, etwa weil er diese nur teilw anwendet oder weil ihm bei der Ermittlung der Punkte ein Fehler unterläuft, ist die Kdg schon nach § 1 II 2 Nr 1a unwirksam.

170 Legt der AG seiner Kdg-Entsch eine in einem TV oder in einer BV nach § 95 BetrVG vereinbarte Punktetabelle zugrunde, wird nach **§ 1 IV** die Berücksichtigung und die Gewichtung der Sozialdaten nur auf grobe Fehlerhaftigkeit überprüft (Rdn 231). Werden die zu kündigenden AN bei einer Betriebsänderung iSd § 111 BetrVG in einem zwischen AG und BR vereinbarten Interessenausgleich namentlich bezeichnet, wird gem **§ 1 V** über § 1 IV hinausgehend der Prüfungsmaßstab für die Sozialauswahl insgesamt auf grobe Fehlerhaftigkeit reduziert: nicht nur hins der Gewichtung der Sozialauswahlkriterien zueinander, sondern auch hins der Gruppenbildung vergleichbarer AN und der Ausklammerung von »Leistungsträgern« (Rdn 233 f). Grob fehlerhaft ist die Sozialauswahl nur dann, wenn einzelne in § 1 III genannte Sozialdaten entweder überhaupt nicht berücksichtigt worden sind oder deren Gewichtung jede Ausgewogenheit vermissen lässt (Rdn 231 u 234 f), ebenso, wenn der AG die Sozialauswahl nicht betriebsbezogen, sondern abteilungsbezogen durchführt, Rdn 171 ff (zu § 125 InsO LAG Nds 17.1.2008, 7 Sa 730/06, JurionRS 2008, 46757).

171 **2. Zu berücksichtigende AN. a) Bezugspunkt Betrieb.** In die Sozialauswahl sind alle (zu Ausnahmen s Rdn 186 ff), aber auch nur die AN einzubeziehen, die **in demselben Betrieb** wie der zu kündigende AN tätig sind: Der AG darf die Sozialauswahl weder auf die in einer bestimmten Betriebsabteilung beschäftigten AN beschränken (BAG 15.6.1989, 2 AZR 580/88, EzA § 1 KSchG Soziale Auswahl Nr 27, 17.9.1998, 2 AZR 725/97, EzA § 1 KSchG Soziale Auswahl Nr 36 u 31.5.2007, 2 AZR 276/06, EzA § 1 KSchG Soziale Auswahl Nr 77; zur Namensliste noch Rdn 234), noch darf er die Sozialauswahl auf die AN anderer Betriebe desselben Unternehmens erstrecken (BAG 22.5.1986, 2 AZR 612/85, EzA § 1 KSchG Soziale Auswahl Nr 22; 31.5.2007, 2 AZR 276/06; 18.10.2012, 6 AZR 41/11, EzA § 1 KSchG Betriebsbedingte Kündigung Nr 170 [Rn 64]; **abw** bei unternehmensbezogenem Kdg-Grund nur *Stahlhacke/Preis/Vossen* Rn 1046); in einem anderen Betrieb desselben Unternehmens kann der AN nach § 1 II S 2 Nr 1b nur dann beschäftigt werden, wenn dieser Arbeitsplatz frei ist (BAG 15.12.2005, 6 AZR 199/05, EzA § 1 KSchG Soziale Auswahl Nr 66; Rn 151 ff, 161). Die Sozialauswahl ist grds auch dann auf den Betrieb beschränkt, wenn sich der AG ein betriebsübergreifendes Versetzungsrecht vorbehalten hat (BAG 15.12.2005, 6 AZR 199/05 u 31.5.2007, 2 AZR 276/06). Auch bei einer beabsichtigten Teilbetriebsstilllegung mit Teilbetriebsübergang ist die Sozialauswahl für den gesamten Betrieb einschl des übergehenden Betriebsteils durchzuführen (BAG 28.10.2004, 8 AZR 391/03, EzA § 1 KSchG Soziale Auswahl Nr 56; 5.6.2014, 2 AZR 418/13, EzA § 4 TVG Textilindustrie Nr 12 [Rn 16]; 21.5.2015, 8 AZR 409/13, JurionRS 2015, 28129 [Rn 58]). Zum Betrieb eines Verleihers gehören alle AN einschließlich der an Entleiher überlassenen Leih-AN (BAG 20.6.2013, 2 AZR 271/12, EzA § 1 KSchG Betriebsbedingte Kündigung Nr 173 [Rn 19 ff]), zu Ausnahmen Rdn 190.

172 Maßgebend ist der **allg Betriebsbegriff**, nach dem ein Betrieb die organisatorische Einheit ist, mit der der Unternehmer allein oder in Gemeinschaft mit seinen Mitarbeitern mithilfe von sachl oder immateriellen Mitteln bestimmte arbeitstechnische Zwecke fortgesetzt verfolgt (BAG 21.6.1995, 2 AZR 693/94, EzA § 23 KSchG Nr 14 u 28.10.2010, 2 AZR 392/08, EzA § 23 KSchG Nr 37 [Rn 15]; 7.7.2011, 2 AZR

476/10, AP § 1 KSchG 1969 Wartezeit Nr 26; 20.6.2013, 2 AZR 271/12, EzA § 1 KSchG Betriebsbedingte Kündigung Nr 173 [Rn19]). Voraussetzung ist ein einheitlich organisatorischer Einsatz der Sachmittel und Personalressourcen: Der Kern der AG-Funktionen in personellen und sozialen Angelegenheiten muss von derselben institutionalisierten Leitung im Wesentlichen selbstständig ausgeübt werden; entscheidend ist, wer schwerpunktmäßig über Arbeitsbedingungen und Organisationsfragen und insb über Einstellungen, Entlassungen und Versetzungen entscheidet (BAG 28.10.2010, 2 AZR 392/08 [Rn 16]; 7.7.2011, 2 AZR 476/10; 18.10.2012, 6 AZR 86/11, EzA-SD 2012, Nr 24, 17 [Rn 41]). Die Besonderheiten des **BetrVG** sollen **kündigungsschutzrechtl unbeachtlich** sein (abw noch für die Identität des Betriebsbegriffs nach BetrVG u KSchG 13.6.1985, 2 AZR 452/84, EzA § 1 KSchG Nr 41; wieder dafür, dass kein Anlass bestehe, iRd § 1 III vom Dienststellenbegriff des BayPVG abzuweichen 22.10.2015, 2 AZR 582/14, JurionRS 2015, 31908 [Rn 25]): Anders als nach § 4 I 1 Nr 1 BetrVG gehören auch räumlich entfernte, organisatorisch unselbstständige Betriebsteile zum Betrieb (BAG 21.6.1995, 2 AZR 693/94; EzA § 1 KSchG Soziale Auswahl Nr 55, 3.6.2004, 2 AZR 577/03, EzA § 1 KSchG Soziale Auswahl Nr 77 u 31.5.2007, 2 AZR 276/06, EzA § 1 KSchG Soziale Auswahl Nr 77; 28.10.2010, 2 AZR 392/08 [Rn 17]; 7.7.2011, 2 AZR 476/10; 18.10.2012, 6 AZR 86/11) und bleibt der allg Betriebsbegriff auch dann maßgebend, wenn durch TV nach § 3 I Nr 1 BetrVG mehrere selbstständige Betriebe zur Betriebsverfassung zusammengelegt worden sind (BAG 31.5.2007, 2 AZR 276/06; *Stahlhacke/Preis/Vossen* Rn 1047). Wegen des Erfordernisses der Namensliste in einem Interessenausgleich iSd § 111 BetrVG stellt das BAG für die Kdg-Erleichterungen iSd § 1 V (Rdn 233 ff) **aber** auf den **Betrieb iSd § 1 BetrVG** ab und hält für die Abgrenzung zwischen Betrieb und Betriebsteil die Leitungsmacht des AG in personellen und sozialen Angelegenheiten des BetrVG für entscheidend (BAG 31.5.2007, 2 AZR 254/06, EzA § 1 KSchG Interessenausgleich Nr 12 u 3.4.2008, 2 AZR 879/06, EzA § 1 KSchG Interessenausgleich Nr 15). Das muss wegen der Zuständigkeit des BR für den Abschluss von Sozialauswahl-RL iSd § 95 BetrVG auch für die Kdg-Erleichterungen des § 1 IV gelten (Rdn 231 f).

Bilden mehrere Unternehmen einen **Gemeinschaftsbetrieb**, so ist die Sozialauswahl bis zu dessen Auflösung auf den gesamten Betrieb zu erstrecken (BAG 13.6.1985, 2 AZR 452/84; 29.11.2007, 2 AZR 763/06, EzA § 1 KSchG Soziale Auswahl Nr 79): Es ist davon auszugehen, dass sich die Unternehmen verpflichtet haben, personelle Maßnahmen unter Berücksichtigung der Grundsätze der Sozialauswahl durchzuführen; anderenfalls fehlt es an der für den Gemeinschaftsbetrieb notwendigen einheitlichen Leitung (BAG 5.5.1994, 2 AZR 917/93, EzA § 1 KSchG Soziale Auswahl Nr 31). Ist der Gemeinschaftsbetrieb aufgelöst oder steht im Zeitpunkt der Kdg fest, dass einer der Betriebe bei Ablauf der Kdg-Frist des AN stillgelegt sein wird, beschränkt sich die Sozialauswahl auf die jeweiligen Einzelbetriebe (BAG 13.9.1995, 2 AZR 954/94, EzA § 1 KSchG Nr 48; 29.11.2007, 2 AZR 763/06; 21.5.2008, 8 AZR 84/07, NZA 2008, 753). Führen die an einer **Spaltung oder Teilübertragung nach dem UmwG** beteiligten Rechtsträger einen Betrieb gemeinsam weiter, gilt dieser gem § 322 UmwG als ein Betrieb iSd KSchG. Werden im Zuge der Spaltung oder Teilübertragung hingegen neue Betriebe gebildet, beschränkt sich die Sozialauswahl bei späteren Kdg auf die in diesen neuen Betrieben beschäftigten AN – trotz § 323 I UmwG, nach dem sich an der kündigungsrechtl Stellung des AN nichts ändert: Aus dem Umkehrschluss zu § 322 UmwG folgt, dass über § 323 I 1 UmwG nicht die Betriebsorganisation aufrechterhalten werden soll, sondern lediglich der individual-rechtl Kdg-Schutz im Vertikalverhältnis AN-AG (ErfK/*Oetker* § 1 Rn 321 mwN; aA KR/*Friedrich/Spilger* § 322–324 UmwG Rn 46, 50 mwN).

b) Vergleichbarkeit. Die Grenze für das Risiko des Arbeitsplatzverlustes (Rdn 167) zieht die Vergleichbarkeit: In die Sozialauswahl werden nur diejenigen AN einbezogen, deren Funktion auch von dem AN wahrgenommen werden kann, dessen Arbeitsplatz weggefallen ist. Der Kreis der vergleichbaren AN bestimmt sich **in 1. Linie arbeitsplatzbezogen** nach der ausgeübten Tätigkeit. Vergleichbar sind nicht nur die AN auf identischen Arbeitsplätzen, sondern es genügt, wenn der AN, dessen Arbeitsplatz wegfällt, aufgrund seiner Tätigkeit und Ausbildung eine andersartige, aber gleichwertige Tätigkeit ausführen kann. Dass der AN zunächst auf dem neuen Arbeitsplatz eingearbeitet werden muss, steht der Vergleichbarkeit nicht entg, sog »**qualifikationsmäßige Austauschbarkeit**« (BAG 2.6.2005, 2 AZR 480/04, EzA § 1 KSchG Soziale Auswahl Nr 63, 7.12.2006, 2 AZR 748/05, EzA § 1 KSchG Soziale Auswahl Nr 74, 5.6.2008, 2 AZR 907/06, EzA § 1 KSchG Soziale Auswahl Nr 81 u 15.12.2011, 2 AZR 42/10, EzA § 1 KSchG Soziale Auswahl Nr 84 [Rn 41 ff]; 10.6.2010, 2 AZR 420/09, EzA § 1 KSchG Interessenausgleich Nr 22; 19.7.2012, 2 AZR 386/11, EzA § 1 KSchG Interessenausgleich Nr 24 [Rn 44]; 18.10.2012, 6 AZR 86/11, EzA-SD 2012, Nr 24, 17 [Rn 46]; 19.12.2013, 6 AZR 790/12, EzA § 125 InsO Nr 12 [Rn 45]). Exakte Grenzen für die Dauer der **Einarbeitung** lassen sich nicht ziehen. Aus dem Zweck der Sozialauswahl, das Risiko des Arbeitsplatzverlustes zu sozialisieren (Rdn 167), folgt aber, dass dem AN allenfalls eine kurze Einarbeitung zuzugestehen ist; bei längerer Einarbeitung reagierte die Sozialauswahl nicht lediglich auf einen betriebsbedingten Wegfall der Beschäftigungsmöglichkeit, sondern führte selbst zum Wegfall der Beschäftigung für die verdrängten AN (vgl BAG 29.3.1990, 2 AZR 369/89, EzA § 1 KSchG Soziale Auswahl Nr 29). Die Notwendigkeit einer 3-monatigen Einarbeitung steht der Vergleichbarkeit entg (BAG 5.5.1994, 2 AZR 917/93, EzA § 1 KSchG Soziale Auswahl Nr 31 [Erwerb von CAD- u PC-Kenntnissen]). Die Last einer Umschulung muss der AG nur bei der Umsetzung auf einen freien Arbeitsplatz nach § 1 II 3 tragen (Rdn 158 ff), hingegen nicht bei der Sozialauswahl. Darf ein kranker AN aus arbeitsmedizinischer Sicht nicht auf dem verbleibenden gesundheitsbelastenden Arbeitsplatz beschäftigt werden, ist er in die Sozialauswahl nicht einzubeziehen (BAG 6.11.1997, 2 AZR 94/97, EzA § 1 KSchG Betriebsbedingte Kündigung Nr 96 zu lärmbelastetem Arbeitsplatz).

175 Ob AN austauschbar, also aufgrund ihrer Tätigkeit und Qualifikation in der Lage sind, die Tätigkeit von Kollegen zu verrichten, ist **aus der Sicht des AN zu beantworten, dem gekündigt werden soll**: Kann er die Tätigkeit eines Kollegen verrichten, ist er austauschbar (BAG 10.11.1994, 2 AZR 242/94 u 5.10.1995, 2 AZR 269/95, EzA § 1 KSchG Betriebsbedingte Kündigung Nr 77 u Nr 82; 15.12.2011, 2 AZR 42/10, EzA § 1 KSchG Soziale Auswahl Nr 84 [Rn 41]). Eine wechselseitige Austauschbarkeit der AN ist nicht erforderlich (KR/*Griebeling/Rachor* § 1 Rn 618).

176 Voraussetzung ist zudem, dass der AG den AN **kraft Direktionsrechts** auf den anderen Arbeitsplatz um- oder versetzen kann, sog »**arbeitsvertragliche Austauschbarkeit**« (BAG 17.9.1998, 2 AZR 725/97, EzA § 1 KSchG Soziale Auswahl Nr 36, 7.12.2006, 2 AZR 748/05, EzA § 1 KSchG Soziale Auswahl Nr 74 u 31.5.2007, 2 AZR 306/06, EzA § 1 KSchG Soziale Auswahl Nr 76; 10.6.2010, 2 AZR 420/09, EzA § 1 KSchG Interessenausgleich Nr 22 u 19.7.2012, 2 AZR 386/11, EzA § 1 KSchG Interessenausgleich Nr 24 [Rn 44]; aA LSW/*Löwisch* § 1 Rn 429 f): Die Sozialauswahl sozialisiert das Risiko, dass die Beschäftigungsmöglichkeit für den AN im Betrieb wegfällt (Rdn 167). Grenze der bisherigen und damit der geschützten Beschäftigungsmöglichkeit ist der Arbeitsvertrag. Nur soweit dem AN aufgrund seines Arbeitsvertrages Tätigkeiten übertragen werden dürfen, kann er andere AN im Wege der Sozialauswahl verdrängen. Das zeigt auch § 1 II 3, nach dem die Möglichkeit der Weiterbeschäftigung unter Änd der Vertragsbedingungen die Kdg des AN nur hindert, wenn der betreffende Arbeitsplatz im Zeitpunkt der Kdg frei ist (Rdn 161).

177 Dass nur solche AN miteinander vergleichbar sind, die kraft Direktionsrechts gegeneinander ausgetauscht werden können, gilt jedoch nicht unbeschränkt: Obwohl das Direktionsrecht des § 106 GewO Inhalt, Ort und Zeit der Arbeitsleistung erfasst, zieht es der Sozialauswahl eine Grenze **nur hins des Inhalts der Tätigkeit** (Rdn 174 ff) **und des Orts** (Rdn 180), hins der Zeit der Arbeitsleistung hingegen nur eingeschränkt (Rdn 181 ff): Kann ein AN nach dem Arbeitsvertrag nur innerhalb eines **engen Arbeitsbereichs** eingesetzt werden und fällt dieser weg, so kann die Sozialauswahl nicht auf die nach ihrer Tätigkeit grds vergleichbaren AN anderer Arbeitsbereiche erstreckt werden. Etwa ist die Layouterin eines großen Verlagshauses, die arbeitsvertraglich nur zur Tätigkeit in der Redaktion der von ihr betreuten Strickzeitschrift verpflichtet ist, nicht mit Layoutern in den Redaktionen anderer Zeitschriften des Verlages vergleichbar (BAG 17.2.2000, 2 AZR 142/99, EzA § 1 Soziale Auswahl Nr 43 [SANDRA]). Ebenso wenig ist eine Serviererin, der unter Änd ihres Arbeitsvertrags die Leitung des Gastronomiebereichs »Stübl« eines Sanatoriums übertragen wird, bei Schließung des »Stübls« mit den in Café bzw Cafeteria tätigen Servicekräften vergleichbar (BAG 17.9.1998, 2 AZR 725/97, EzA § 1 KSchG Soziale Auswahl Nr 36 – zudem fehlt es bei Servicekräften ohne Leitungsfunktionen an der horizontalen Vergleichbarkeit [Rdn 184]). Ist ein AN als »Ausbilder im Bereich Bürokaufleute« eingestellt, ist er mit Ausbildern für Groß- und Außenhandelskaufleute nicht vergleichbar, selbst wenn er nach seiner beruflichen Qualifikation auch in diesem Bereich eingesetzt werden könnte (BAG 2.6.2005, 2 AZR 480/04, EzA § 1 KSchG Soziale Auswahl Nr 63). Beschränkt der Arbeitsvertrag die Tätigkeit des AN auf eine bestimmte Abteilung, bleibt er mit AN anderer Abteilungen vergleichbar, wenn arbeitsvertraglich ausdrücklich die Versetzung in eine andere Abteilung des Betriebs möglich ist (BAG 28.8.2003, 2 AZR 368/02, EzA § 125 InsO Nr 1).

178 Zur Beurteilung der Vergleichbarkeit kann in engen Grenzen die **tarifliche Eingruppierung** herangezogen werden – vor allem bei ausgesprochenen Hilfstätigkeiten (BAG 15.6.1989, 2 AZR 580/88, EzA § 1 KSchG Soziale Auswahl Nr 27 u 5.12.2002, 2 AZR 697/01, EzA § 1 KSchG Soziale Auswahl Nr 52; 12.3.2009, 2 AZR 418/07, EzA § 1 KSchG Interessenausgleich Nr 17); die gleiche tarifliche Eingruppierung verliert aber an Aussagewert, wenn sich der AN betrieblich spezialisiert hat, etwa durch Einarbeitung in bestimmten Techniken oder durch die Bedienung komplizierter Maschinen (BAG 5.5.1994, 2 AZR 917/93, EzA § 1 Soziale Auswahl Nr 31). Da der öffentl AG (Dienstherr) einem AN iR seines Direktionsrechts nur solche Tätigkeiten zuweisen kann, die den Merkmalen seiner im Arbeitsvertrag genannten Vergütungsgruppe entsprechen, sind in die Sozialauswahl im öffentl Dienst grds nur AN derselben Vergütungsgruppe einzubeziehen (BAG 23.11.2004, 2 AZR 38/04 u 2.2.2006, 2 AZR 38/05, EzA § 1 KSchG

Betriebsbedingte Kündigung Nr 134 u Nr 144; auch 31.5.2007, 2 AZR 306/06, EzA § 1 KSchG Soziale Auswahl Nr 76).

Die Vergleichbarkeit wird **nicht dadurch gehindert**, dass sich die Tätigkeit des AN durch längere Übung auf einen bestimmten Arbeitsplatz **konkretisiert** (erwogen, aber im konkreten Fall abgelehnt von BAG 15.6.1989, 2 AZR 580/88, EzA § 1 KSchG Soziale Auswahl Nr 27): Zum einen hat die Nichtausübung des Direktionsrechts keinen Erklärungswert und schafft regelmäßig keinen Vertrauenstatbestand dahin, dass der AG sein Direktionsrecht auch künftig nicht ausüben wird. Nur bei Hinzutreten besonderer Umstände kann eine langjährige Beschäftigung mit derselben Tätigkeit ein schutzwürdiges Vertrauen des AN darauf begründen, auch in Zukunft ausschließlich mit der bisherigen Tätigkeit beschäftigt zu werden; dies wird angesichts der sich ständig ändernden Arbeitsanforderungen und der häufigen unternehmensinternen Umstrukturierungen aber die Ausnahme sein (BAG 29.9.2004, 5 AZR 559/04, EzA § 87 BetrVG 2001 Alterszeit Nr 5 gegen eine Konkretisierung auf Nachtschichtarbeit nach 10 Jahren; 19.1.1995, 8 AZR 914/23, EzA Art 20 Einigungsvertrag Nr 43 gegen eine Konkretisierung einer Grundschullehrertätigkeit auf die Unterrichtung der Klassen 5–10 nach mehreren Jahren; 17.8.2011, 10 AZR 202/10, EzA § 106 GewO Nr 9 gegen eine Konkretisierung auf einen Arbeitsort nach 15 Jahren; 18.10.2012, 6 AZR 86/11, EzA-SD 2012, Nr 24, 17 gegen eine Konkretisierung auf einen Arbeitsort nach 20 Jahren). Zum anderen ändert die Konkretisierung nach § 242 BGB nichts an der tätigkeitsbezogenen Vergleichbarkeit des AN iR seines ursprünglichen Arbeitsvertrages: Die Konkretisierung soll den AN lediglich vor einseitigen Arbeitszuweisungen des AG schützen und beschränkt nur das Direktionsrecht des AG, ändert aber nicht den Inhalt des Arbeitsvertrags (vgl BAG 28.8.2003, 2 AZR 368/02, EzA § 125 InsO Nr 1). Noch Rdn 180 aE. 179

Ist ein AN ohne Versetzungsklausel für die Tätigkeit nur an einem bestimmten **Ort** eingestellt worden, etwa in einer vom Hauptbetrieb räumlich weit entfernt liegenden Betriebsstätte, und wird diese stillgelegt, ist er wegen seiner örtlich beschränkten Arbeitspflicht nicht mit den AN des Hauptbetriebs vergleichbar (BAG 21.6.1995, 2 AZR 693/94, EzA § 23 KSchG Nr 14; auch 10.11.1994, 2 AZR 242/94, EzA § 1 KSchG Betriebsbedingte Kündigung Nr 77 u 25.4.2002, 2 AZR 260/01 EzA § 1 KSchG Betriebsbedingte Kündigung Nr 121). Im öffentl Dienst schränkt die Angabe der Arbeitsstelle im Arbeitsvertrag das Direktionsrecht des AG wegen der Um- und Versetzungsbefugnis aus § 4 TVöD-AT/TV-L (früher § 12 BAT) aber nur dann ein, wenn aufgrund eindeutiger Absprachen feststeht, dass nicht lediglich die 1. Einsatzstelle angegeben, sondern diese unter Verzicht auf das tarifliche Direktionsrecht als ausschließlicher Arbeitsort festgelegt werden soll (BAG 29.10.1997, 5 AZR 573/96, EzA BGB § 611 Direktionsrecht Nr 19; 21.1.2004, 6 AZR 583/02, NZA 2005, 61; 2.3.2006, 2 AZR 23/05, EzA § 1 KSchG Soziale Auswahl Nr 67); in einem vorformulierten Arbeitsvertrag führt die bloße Angabe der Beschäftigungsstelle zu keiner Beschränkung des Direktionsrechts (BAG 22.1.2004, 1 AZR 495/01, PersR 2005, 162). Entspr ist auch für die Privatwirtschaft durch Auslegung zu ermitteln, ob AG und AN mit der Bezeichnung des Einsatzortes die Beschäftigung des AN örtlich begrenzen wollen. Ist der AN nicht örtlich begrenzt eingestellt worden, wird dessen Arbeitspflicht nicht allein durch die langjährige Beschäftigung auf einen bestimmten Arbeitsort konkretisiert (schon Rdn 179), sofern er nicht aufgrund bes Umstände auf die ortsgebundene Beschäftigung vertrauen darf; hierfür genügt es nicht, dass der AG den AN längere Zeit nicht auf die arbeitsvertraglich vereinbarte Versetzungsmöglichkeit hingewiesen hat (BAG 13.3.2007, 9 AZR 433/06, AP § 307 BGB Nr 26). 180

Schulden die AN nach dem Arbeitsvertrag eine Arbeitsleitung in unterschiedlichem zeitlichem Umfang (**Dauer der Arbeitszeit**), etwa Vollzeit oder Teilzeittätigkeit mit unterschiedlichen Stundenzahlen, zieht der Arbeitsvertrag der Vergleichbarkeit keine starren Grenzen: Will der AG lediglich das Gesamtvolumen der geleisteten Arbeitsstunden verringern, verfolgt er mit der Streichung einer Halbtagsstelle etwa das betriebsorganisatorisches Konzept, eine Überkapazität im Umfang einer Halbtagsstelle abzubauen (Rdn 126 ff), sind sämtliche nach ihrer Tätigkeit austauschbare AN ohne Rücksicht auf ihr Arbeitszeitvolumen in die Sozialauswahl einzubeziehen (BAG 3.12.1998, 2 AZR 341/98, EzA § 1 KSchG Soziale Auswahl Nr 37, 22.4.2004, 2 AZR 244/03, EzA § 1 KSchG Soziale Auswahl Nr 53 u 7.12.2006, 2 AZR 748/05, EzA § 1 KSchG Soziale Auswahl Nr 74; 20.11.2014, 2 AZR 512/13, EzA § 1 KSchG Betriebsbedingte Kündigung Nr 182 [Rn 48]; KR/*Griebeling/Rachor* § 1 Rn 625 f). Weder das betriebsorganisatorische Konzept des AG noch die Arbeitsverträge der AN setzen der Sozialauswahl Grenzen: Für alle AN geht es um den Verlust ihres Arbeitsplatzes. Soll etwa bei 15 AN das Arbeitszeitvolumen von 350 Stunden auf 250 Stunden herabgesetzt werden, muss der AG ggü den sozial stärksten AN Beendigungs-Kdg aussprechen, bis er die 100 überzähligen Stunden abgebaut hat, unabhängig davon, ob es sich um Teilzeit- oder Vollzeitbeschäftigte handelt. Übersteigt die vertraglich vereinbarte Arbeitszeit der sozial stärksten AN zusammengezählt die Überkapazität von 100 Stunden, muss der AG dem sozial Schutzbedürftigsten unter den zu kündigenden AN die verbleibende Arbeitsmenge (etwa 10 Stunden) anbieten und dessen bisheriges Arbeitszeitvolumen 181 ggf durch Änderungs-Kdg herabsetzen (BAG 15.7.2004, 2 AZR 376/03, EzA § 1 KSchG Soziale Auswahl Nr 54). Hingegen zwingt die Sozialauswahl den AG nicht dazu, die Arbeitszeit aller AN durch Änderungs-Kdg verhältnismäßig zu verringern; eine solche Herabsetzung der Arbeitszeit ist auch kein milderes Mittel iSd § 1 II (Rdn 123 f), sondern kann allenfalls durch Interessenausgleich nach § 111 BetrVG zwischen AG und BR vereinbart werden.

182 Hat der AG die **bindende Organisationsentsch** getroffen, für bestimmte Arbeiten nur AN mit einer Mindeststundenzahl, etwa Vollzeitkräfte, einzusetzen, scheidet eine Sozialauswahl der AN mit geringerem arbeitsvertraglichem Stundenvolumen demgegenüber aus (BAG 3.12.1998, 2 AZR 341/98, EzA § 1 KSchG Soziale Auswahl Nr 37 u 7.12.2006, 2 AZR 748/05, EzA § 1 KSchG Soziale Auswahl Nr 74 mwN): Die Sozialauswahl sozialisiert das Risiko, dass betriebsbedingte Gründe der Weiterbeschäftigung im Betrieb entgstehen, lediglich iRd vom AG vorgegebenen betriebsorganisatorischen Konzepts (Rdn 126 ff). Entfällt aufgrund der bindenden Organisationsentsch des AG die Beschäftigungsmöglichkeit für Teilzeit-AN, können diese daran nichts dadurch ändern, dass sie sich mit der Heraufsetzung ihrer Arbeitszeit einverstanden erklären (**aA** LSW/*Löwisch* § 1 Rn 434): Hat ein AN aus § 1 II 3 keinen Anspruch auf Weiterbeschäftigung zu besseren Arbeitsbedingungen (Rdn 156), kann er ebenso wenig die Beschäftigung mit einer erhöhten Arbeitszeit verlangen, anderenfalls würde er unzulässigerweise andere AN im Wege der Sozialauswahl verdrängen. Dem entsprechen die Wertungen des TzBfG: Nach § 9 TzBfG muss der AG einen teilzeitbeschäftigten AN, der eine Verlängerung seiner vertraglich vereinbarten Arbeitszeit wünscht, nur bei der Besetzung eines entspr freien Arbeitsplatzes und auch dann nur bevorzugt berücksichtigen (BAG 15.8.2006, 9 AZR 8/06, EzA § 9 TzBfG Nr 1).

183 Schulden die AN nach dem Arbeitsvertrag die Arbeitsleistung zu unterschiedlichen Zeiten (**Lage der Arbeitszeit**), ist etwa ein AN nur zur Tätigkeit in der Nachtschicht oder nur vormittags oder nur an Wochenenden verpflichtet, soll nach BAG eine Vergleichbarkeit ausscheiden: Werde den Reinigungskräften der städtischen Ämter wegen Fremdvergabe gekündigt, seien die Reinigungskräfte des städtischen Theaters wegen der einzelvertraglich vereinbarten unterschiedlichen Lage der Arbeitszeit (Schicht- und Wechselbetrieb mit Sonn- und Feiertagsarbeit abhängig von den Aufführungszeiten des Theaters) nicht in die Sozialauswahl einzubeziehen (BAG 24.5.2005, 8 AZR 333/04, EzA § 613a BGB 2002 Nr 37). Dies lässt sich in dieser Absolutheit nicht aufrechterhalten: Ob AN trotz unterschiedlicher Lage der Arbeitszeit miteinander vergleichbar sind, hängt davon ab, ob die Arbeitszeiten der AN lediglich aus betriebsorganisatorischen Gründen aufeinander abgestimmt werden sollen oder ob ihre Arbeitsverträge die Arbeitspflicht auf die genannten Zeiten beschränken. Werden etwa in Dienstleistungsbetrieben (Kaufhäusern, Restaurants usw) AN zu verschiedenen Tageszeiten oder an verschiedenen Tagen eingesetzt, um eine Kundenbetreuung rund um die Uhr zu ermöglichen, und reduziert der AG die Zahl der AN, weil er die täglichen Öffnungszeiten verkürzen möchte, schließen die unterschiedlichen Arbeitszeiten eine Vergleichbarkeit der AN nicht aus. Will der AG seine Öffnungszeiten etwa auf die 2. Wochenhälfte beschränken, bleibt die Verkäuferin, die in der 1. Wochenhälfte arbeitet, mit der Verkäuferin für die 2. Wochenhälfte vergleichbar, wenn der Arbeitsvertrag nicht auf eine Tätigkeit in der 1. Wochenhälfte beschränkt ist – mit Blick auf die Interessen der AN (etwa wegen der mit dem Ehegatten geteilten Kinderbetreuung) oder die Interessen des AG (etwa wegen der geringen Belastbarkeit der AN mit Blick auf das zahlreiche Wochenendpublikum). Zudem kann das betriebsorganisatorische Konzept des AG eine Vergleichbarkeit von AN über die Grenzen ihres jeweiligen Arbeitsvertrags hinaus bedingen: Geht der AG eines Produktionsbetriebs unter Abbau von Arbeitsplätzen von Tag- und Spätschicht zur Wechselschicht über, sind trotz der bis dahin unterschiedlichen Arbeitszeiten alle AN mit austauschbaren Tätigkeiten vergleichbar, da nach dem AG-Konzept die bisherigen Arbeitszeiten nicht aufrechterhalten bleiben; das Gleiche gilt im Kaufhaus, wenn der AG unter Abbau von Arbeitsplätzen von starren Arbeitszeiten zu einem rollierenden Arbeitszeitsystem übergehen will.

184 Der **Sozialvergleich** ist **horizontal** auf dieselbe Ebene der Betriebshierarchie beschränkt (BAG 29.3.1990, 2 AZR 369/89, EzA § 1 KSchG Soziale Auswahl Nr 29 u 15.12.2005, 6 AZR 199/05, EzA § 1 KSchG Soziale Auswahl Nr 66): Nicht in die Sozialauswahl einzubeziehen sind AN, die im hierarchischen Aufbau des Betriebs eine niedriger oder höher zu bewertende Tätigkeit ausüben, da § 1 III keinen Verdrängungswettbewerb nach unten oder oben eröffnet, sondern lediglich das Risiko des Arbeitsplatzverlustes sozialisieren soll (Rdn 167). Etwa können AN mit Leitungsfunktionen nicht mit einfachen AN verglichen werden (nicht hinreichend beachtet von BAG 17.9.1998, 2 AZR 725/97, EzA § 1 KSchG Soziale Auswahl Nr 36 zu einer Serviererin mit Leitungsfunktionen) und einfache AN nicht mit AN mit Leitungsaufgaben (BAG 29.3.1990, 2 AZR 369/89 u 6.7.2006, 2 AZR 442/05, EzA § 1 KSchG Soziale Auswahl Nr 69). Das hindert den AG aber nicht daran, einzelne AN zu befördern und so aus der Sozialauswahl herauszunehmen (BAG 29.3.1990, 2 AZR 369/89). Hingegen kann der AG die Sozialauswahl nicht dadurch verhindern, dass er die Arbeitsplätze mehrerer AN unter gleichzeitigem Arbeitsplatzabbau so umgestaltet, dass sie zu

»unechten« Beförderungsstellen werden: Bleibt die Tätigkeit im Wesentlichen gleich und kommen nur zusätzliche Aufgaben hinzu, die alle oder die meisten der bisherigen Arbeitsplatzinhaber aufgrund ihrer Fähigkeiten und Vorbildung ausfüllen können, muss der AG unter diesen nach § 1 III auswählen, wer auf den unechten Beförderungsstellen weiterbeschäftigt wird (BAG 10.11.1994, 2 AZR 242/94, EzA § 1 KSchG Betriebsbedingte Kündigung Nr 77), schon Rdn 156. Eine höhere Vergütung macht aus einer »unechten« noch keine »echte« Beförderungsstelle (BAG 5.10.1995, 2 AZR 269/95, EzA § 1 KSchG Betriebsbedingte Kündigung Nr 82). AN mit und ohne Berufsabschluss sind vergleichbar, wenn der AG nach seinem Organisationskonzept AN unabhängig von deren Ausbildung einsetzt (BAG 6.7.2006, 2 AZR 442/05 zu Erzieherinnen).

Kann der AN auf dem vergleichbaren Arbeitsplatz erst aufgrund einer **Versetzung** iSd § 95 III BetrVG weiterbeschäftigt werden, muss der AG die Zustimmung des BR beantragen und ggf das Zustimmungsersetzungsverfahren nach § 99 IV BetrVG einleiten (näher Rdn 165). **185**

c) **Ausgenommene AN.** Nicht in die Sozialauswahl einbezogen werden AN, die die 6-monatige **Wartezeit** des § 1 I noch **nicht erfüllt** haben (Rdn 6 ff): Diesen AN kann ohne einen Grund iSd § 1 II 1 gekündigt werden; sie sind in jedem Fall vor allen Kdg-Schutz genießenden AN zu kündigen (BAG 25.4.1985, 2 AZR 140/84, EzA § 1 KSchG Betriebsbedingte Kündigung Nr 35). Einen AN in der Wartezeit kann der AG entspr § 1 III 2 nur dann von betriebsbedingten Kdg ausnehmen, wenn er ein berechtigtes betriebliches Interesse an dessen Weiterbeschäftigung hat (BAG 25.4.1985, 2 AZR 140/84; LSW/*Löwisch* § 1 Rn 438), Rdn 188 ff. **186**

AN, deren **ordentliche Kdg durch Gesetz ausgeschlossen** ist, sind wegen ihrer Unkündbarkeit von vornherein vom Sozialvergleich ausgenommen, wegen § 15 insb BR- und PersR-Mitglieder und Wahlbewerber (BAG 21.4.2005, 2 AZR 241/04, EzBAT § 53 BAT Betriebsbedingte Kündigung Nr 64; 17.11.2005, 6 AZR 118/05, EzA § 1 KSchG Soziale Auswahl Nr 64) und wegen §§ 2, 10 ArbPlSchG, § 2 EÜG, Wehrdienstleistende. Nach § 85 SGB IX genießen schwerbehinderte AN und nach § 9 MuSchG sowie § 18 BEEG AN im Mutterschutz oder in der EZ Sonderkündigungsschutz. Sie sind nur dann in die Sozialauswahl einzubeziehen, wenn die zuständige Behörde der Kdg ausnahmsweise zugestimmt hat; der AG ist aber nicht verpflichtet, eine entspr Zustimmung einzuholen (*Stahlhacke/Preis/Vossen* Rn 1064; KR/*Griebeling/Rachor* § 1 Rn 664 jew mwN). Genießt der AN bei Zugang der Kdg Sonderkündigungsschutz, ist er auch dann nicht in die Sozialauswahl einzubeziehen, wenn der Sonderkündigungsschutz voraussichtlich bald enden wird und sein Arbeitsverhältnis zu demselben Termin beendet werden könnte, zu dem das Arbeitsverhältnis eines konkurrierenden, sozial schwächeren AN enden soll (BAG 21.4.2005, 2 AZR 241/04). **187**

Kündigt der AG einem AN, dessen **ordentliche Kdg** (wegen eines bestimmten Lebensalter und einer bestimmten Dauer der Betriebszugehörigkeit) **durch TV ausgeschlossen** ist, nach § 626 I BGB betriebsbedingt (Rdn 118), muss er zum Schutz dieses AN eine **Sozialauswahl entspr § 1 III** durchführen (BAG 5.2.1998, 2 AZR 227/97, EzA § 626 BGB Unkündbarkeit Nr 2; 20.6.2013, 2 AZR 295/12, EzA § 626 BGB 2002 Unkündbarkeit Nr 20 [Rn 30]). Entg der **hM** (LAG Bbg 29.10.1998, 3 Sa 229/98, LAGE § 1 KSchG Soziale Auswahl Nr 29; LAG Nds 11.6.2001, 5 Sa 1832/00, LAGE § 1 KSchG Soziale Auswahl Nr 37; jeweils mwN; KR/*Griebeling/Rachor* § 1 Rn 666; KDZ/*Deinert* § 1 Rn 604 f; *Stahlhacke/Preis/Vossen* Rn 1065; APS/*Kiel* § 1 Rn 703 ff; *Krause* in: v Hoyningen-Huene/Linck § 1 Rn 952 ff; s.a. § 626 BGB Rdn 104) ist der AG generell verpflichtet, tarifvertraglich unkündbare AN in die Sozialauswahl einzubeziehen: Der AG kann nicht von außerordentlichen betriebsbedingten Kdg absehen und so die ordentlich unkündbaren AN aus der Sozialauswahl herausnehmen: § 1 III ist nicht tarifdispositiv (**richtig** ArbG Cottbus 17.5.2000, 6 Ca 38/00, EzA § 1 KSchG Soziale Auswahl Nr 44; *Rieble* NZA 2003, 1243, 1244; LSW/*Löwisch* § 1 Rn 441; ErfK/*Oetker* § 1 Rn 312; HWK/*Quecke* § 1 Rn 344 f; offengelassen von BAG 5.6.2008, 2 AZR 907/06, EzA § 1 KSchG Soziale Auswahl Nr 81); der TV enthält - spezifisch kündigungsschutzrechtl Regelungen und ist damit nicht als sonstige arbeitsvertragliche Regelung erlaubt, die in der Sozialauswahl nur mittelbar zulasten des AN wirkt, so unten allg Rdn 167. Zudem verstieße der AG, der wegen des tariflichen Sonderkündigungsschutzes von der Kdg älterer AN absieht, zulasten jüngerer AN gegen das Verbot der Altersdiskriminierung aus §§ 1, 3, 7 AGG. Demggü hält das BAG Unkündbarkeitsregelungen für nicht AGG-widrig, solange die Herausnahme der unkündbaren aus dem Kreis der vergleichbaren AN nicht zu einer grob fehlerhaften Auswahl führt (BAG 5.6.2008, 2 AZR 907/06 mwN; 20.6.2013, 2 AZR 295/12 [Rn 49 f]). Die Begünstigung älterer AN verfolge ein legitimes sozialpolitisches Ziel iS des § 10 S. 1 AGG, indem sie Ältere zum Schutz vor deren typisierend schlechteren Chancen auf dem Arbeitsmarkt durch Kündigungserschwernisse schütze (BAG 20.6.2013, 2 AZR 295/12 [Rn 46 f] mwN). Zur Anwendbarkeit des § 2 IV AGG s § 1 Rdn 17 u 168. Durch BV kann eine ordentliche Unkündbarkeit **188** mangels Regelungskompetenz des BR ebenfalls nicht vereinbart werden (*Rieble* NZA 2003, 1243, 1245 f; ErfK/*Oetker* § 1 Rn 312; aA APS/*Kiel* § 1 Rn 822; *Krause* in: *v Hoyningen-Huene/Linck* § 1 Rn 956a).

189 Auch **einzelvertraglich** vereinbarte **Kdg-Verbote** hindern die Einbeziehung der betroffenen AN in die Sozialauswahl nicht (LSW/*Löwisch* § 1 Rn 444; *Berkowsky*, Betriebsbedingte Kdg, § 7 Rn 155 ff; so für den einzelvertraglichen Ausschluss von Kdg iR betrieblicher Bündnisse LAG Berl-Bdg 15.10.2010, 9 Sa 982/10 ua, juris; *Lerch/Weinbrenner* NZA 2011, 1388, 1390 f; grds aA mit Unzulässigkeit nur bei gezielter Umgehung des KSchG LAG Sachs 10.10.2001, 2 Sa 744/00, LAGE § 1 KSchG Soziale Auswahl Nr 38; LAG Rh-Pf 18.2.2011, 9 Sa 417/10, AuA 2011, 433; ErfK/*Oetker* § 1 Rn 313; APS/*Kiel* § 1 Rn 708 ff; KDZ/*Deinert* § 1 Rn 601, 604; *Stahlhacke/Preis/Vossen* Rn 1065 f; *Krause* in: *v Hoyningen-Huene/Linck* § 1 Rn 957; ganz abl *Künzel/Fink* NZA 2011, 1385, 1387); näher eben Rdn 188 zu Kdg-Verboten in TV u allg Rdn 167. Von Bedeutung ist dies für befristete Arbeitsverhältnisse: Auch wenn die Befristung idR die ordentliche Kdg des AN ausschließt (vgl § 15 III TzBfG), ist der AN in die Sozialauswahl einzubeziehen (LSW/*Löwisch* § 1 Rn 444; aA LAG Hess 19.8.2008, 1 Sa 375/08, JurionRS 2008, 47702; *Stahlhacke/Preis/Vossen* Rn 1063; ErfK/*Oetker* § 1 Rn 310; APS/*Kiel* § 1 Rn 711; KDZ/*Deinert* § 1 Rn 601).

190 In die Sozialauswahl **in einem Verleiherbetrieb** sind auch die AN einzubeziehen, die der AG zur Arbeitsleistung an Entleiher überlassen hat, Rdn 171. Ein zur Zeit des Zugangs der Kdg verliehener AN ist nur dann nicht in die Sozialauswahl einzubeziehen, wenn der Verleiher rechtl daran gehindert ist, den AN aus dem Entleiherbetrieb abzuziehen, weil der Entleiher aufgrund einer Vereinbarung mit dem Verleiher oder aufgrund sonstiger berechtigter Belange, etwa einer langen Einarbeitszeit des Leih-AN, die Zustimmung verweigert (letztlich offen gelassen von BAG 20.6.2013, 2 AZR 271/12, EzA § 1 KSchG Betriebsbedingte Kündigung Nr 173 [Rn 20 ff]). Eine entspr Vereinbarung zwischen Verleiher und Entleiher ist als rechtsmissbräuchlich aber dann unwirksam, wenn sie maßgeblich darauf zielt, die Sozialwauswahl zu umgehen, dazu allg Rdn 167; für eine solche Vereinbarung genügt es nicht, dass die überlassenen AN im Entleihvertrag namentlich benannt sind (**so aber** *Dahl* DB 2003, 1626, 1629).

191 d) **Herausnahme von AN wegen berechtigten betrieblichen Interesses, § 1 III 2.** Nach § 1 III 2 sind in die Sozialauswahl zum einen solche AN nicht einzubeziehen, deren Weiterbeschäftigung wegen ihrer »Kenntnisse, Fähigkeiten und Leistungen« im berechtigten betrieblichen Interesse liegt (sog »Leistungsträger«, Rdn 192 ff) oder deren Nichtberücksichtigung zum anderen eine ausgewogene Personalstruktur sichert (Rdn 195 ff). § 1 III 2 ermöglicht es aber nicht, die Sozialauswahl auf die einem Betriebs(teil)übergang nach § 613a BGB widersprechenden AN zu beschränken, indem alle übrigen AN aus der Sozialauswahl herausgenommen werden (BAG 31.5.2007, 2 AZR 276/06, EzA § 1 KSchG Soziale Auswahl Nr 77 mit Ausnahmen obiter dictum).

192 Das BAG folgert aus der Einschränkung »berechtigt« und der Wertung, dass die Auswahl der zu kündigenden AN nach sozialen Gesichtspunkten gem § 1 III 1 die Regel, die Ausklammerung von **Leistungsträgern** nach § 1 III 2 hingegen die Ausnahme sei, es müsse das Interesse des sozial schwächeren AN gegen das betriebliche Interesse an der Herausnahme von Leistungsträgern **abgewogen** werden: Je stärker ein AN sozial schutzbedürftig sei, desto gewichtiger müssten die betrieblichen Gründe sein, um den Leistungsträger aus der Sozialauswahl herauszunehmen und dem sozial schwachen AN kündigen zu können (BAG 12.4.2002, 2 AZR 706/00, EzA § 1 KSchG Soziale Auswahl Nr 52, 7.12.2006, 2 AZR 748/05, EzA § 1 KSchG Soziale Auswahl Nr 74, 31.5.2007, 2 AZR 306/06, EzA § 1 KSchG Soziale Auswahl Nr 76, 22.3.2012, 2 AZR 167/11, EzA § 1 KSchG Soziale Auswahl Nr 85 u 19.7.2012, 2 AZR 352/11, EzA § 1 KSchG Soziale Auswahl Nr 86; KR/*Griebeling/Rachor* § 1 Rn 627; ErfK/*Oetker* § 1 Rn 342a; APS/*Kiel* § 1 Rn 759; KDZ/*Deinert* § 1 Rn 681). Deswegen müsse der AG die Sozialdaten für jeden AN, auch für die »Leistungsträger«, ermitteln und damit die betriebsbedingt zu kündigenden AN in 3 Schritten auswählen: In einem 1. Schritt muss er unter den vergleichbaren AN eine Rangfolge nach sozialen Gesichtspunkten herstellen, in einem 2. Schritt die AN herausnehmen, deren Weiterbeschäftigung dem berechtigten betrieblichen Interesse entspricht, und schließlich in einem 3. Schritt die sozialen gegen die betrieblichen Belange abwägen (BAG 24.3.1983, 2 AZR 21/82, EzA § 1 KSchG Betriebsbedingte Kündigung Nr 21; APS/*Kiel* § 1 Rn 761). **Richtigerweise** verlangt § 1 III 2 **keine** solche Abwägung; auch das BAG verlangt für die Sicherung einer ausgewogenen Personalstruktur als zweiten Fall des § 1 III 2 keine entspr Abwägung (Rdn 195). Vielmehr erlaubt § 1 III 2 es dem AG, einzelne AN von vornherein in die Sozialauswahl »nicht einzubeziehen« (*Stahlhacke/Preis/Vossen* Rn 1105; *Krause* in: *v Hoyningen-Huene/Linck* § 1 Rn 1000); dass die betrieblichen Interessen berechtigt sein müssen, begründet lediglich eine Erheblichkeitsschwelle.

193 Da die Sozialauswahl das Risiko, gekündigt zu werden, nur unter den AN sozialisiert, die hins ihrer Tätigkeit vergleichbar sind, werden **bes Fähigkeiten und Kenntnisse** eines AN, die seine Tätigkeit prägen, häufig schon die Vergleichbarkeit und damit die Sozialauswahl per se ausschließen (näher Rdn 174). Eine

Herausnahme vergleichbarer AN aus der Sozialauswahl wegen Sonderkenntnissen und -fähigkeiten wird daher nur ausnahmsweise praktisch. Etwa scheidet die Sozialauswahl schon mangels Vergleichbarkeit aus, wenn nur ein AN über bes Kenntnisse (etwa Fremdsprachenkenntnisse) verfügt, auch wenn sie für selten anfallende Spezialarbeiten (etwa für gelegentlich erforderliche Fremdsprachenkorrespondenz) benötigt werden (in bis zu drei Monaten [Rdn 174] kann eine 52-Jährige kaum verhandlungssicher Englisch lernen; **abw** nur für § 1 III 2 BAG 19.7.2012, 2 AZR 352/11, EzA § 1 KSchG Soziale Auswahl Nr 86; **aber:** LSW/*Löwisch* § 1 Rn 471; APS/*Kiel* § 1 Rn 750; *Krause* in: *v Hoyningen-Huene/Linck* § 1 Rn 991). Ebenso wenig ist ein Kfz-Mechaniker vergleichbar mit einem deutlich breiter qualifizierten und damit flexibler einsetzbaren Mechatroniker (**abw** BAG 22.3.2012, 2 AZR 167/11, EzA § 1 KSchG Soziale Auswahl Nr 85). Nach § 1 III 2 aus der Sozialauswahl herausgenommen werden kann ein AN wegen **bes Leistungen** etwa auch dann, wenn er bes gute Beziehungen zu Kunden und Lieferanten hat, sodass bei seinem Ausscheiden mit einem erheblichen Absatzeinbruch oder dem Verlust vorteilhafter Bezugsquellen zu rechnen ist (*Stahlhacke/Preis/Vossen* Rn 1116; LSW/*Löwisch* § 1 Rn 473; ErfK/*Oetker* § 1 Rn 346). § 1 III 2 berechtigt den AG aber nicht dazu, das bisherige Leistungsniveau seiner Belegschaft aufrechtzuerhalten: Der AG kann nicht alle leistungsstarken AN aus der Sozialauswahl herausnehmen und den Leistungsschwachen kündigen; damit würde er eine Auswahl nach sozialen Kriterien vollständig umgehen (zumindest missverständlich LSW/*Löwisch* § 1 Rn 481). Ebenso wenig genügt es für eine Herausnahme aus der Sozialauswahl, wenn ein AN für den Aufstieg in eine gehobene Position vorgesehen ist (**abw** LAG Hamm 5.2.1987, 10 Sa 1500/86, LAGE § 1 KSchG Soziale Auswahl Nr 2; LSW/*Löwisch* § 1 Rn 472; *Stahlhacke/Preis/Vossen* Rn 1116; *Krause* in: *v Hoyningen-Huene/Linck* § 1 Rn 991).

Trotz der nur beispielhaften Aufzählung der betrieblichen Interessen (»insb«) sind **kaum andere Umstände** **194** **in der Person eines AN** denkbar, die ein berechtigtes betriebliches Bedürfnis an dessen Weiterbeschäftigung begründen. Allenfalls wenn der AG darlegen kann, dass er auf einen AN angewiesen ist, weil er diesem wegen langjähriger Tätigkeit und einer engen persönlichen Beziehung bes vertraut, kann dies den Einbezug in die Sozialauswahl hindern. So genügt es für die Herausnahme aus der Sozialauswahl nicht, dass ein AN, der von seinem nachvertraglichen Konkurrenzverbot bei einer betriebsbedingten Kdg nach § 75 II HGB frei wird, nach Ende des Arbeitsverhältnisses eine für den AG nachteilige Konkurrenztätigkeit zu entfalten droht (**abw** LSW/*Löwisch* § 1 Rn 474). Ebenso wenig genügt es, dass der AG für den AN hohe, durch die Kdg vergeblche Fortbildungs- oder Umschulungskosten aufgewandt hat (*Stahlhacke/Preis/Vossen* Rn 1122; **abw** LSW/*Löwisch* § 1 Rn 474).

Nach § 1 III 2 in der zwischen 1.10.1996–31.12.1998 und seit 1.1.2004 wieder gültigen Fassung des **195** KSchG sind auch solche AN nicht in die soziale Auswahl einzubeziehen, deren Weiterbeschäftigung zur **Sicherung einer ausgewogenen Personalstruktur** im berechtigten betrieblichen Interesse liegt (vgl die Parallelregelung in § 125 I 1 Nr 2 InsO, die es sogar erlaubt, eine ausgewogene Personalstruktur erst zu schaffen). Will man das Lebensalter – entg der hier vertretenen Auffassung (Rdn 203 ff) –europarechtswidrig weiterhin in der Sozialauswahl berücksichtigen, kann dessen Gewicht über § 1 III 2 eingeschränkt werden: Da die Sozialauswahl bei Massenentlassungen über die Berücksichtigung von Lebensalter und Betriebszugehörigkeit häufig dazu führt, dass vor allem ältere AN als sozial schutzbedürftig beschäftigt bleiben, sodass die Belegschaft überaltert (Rdn 203), erlaubt § 1 III 2 es dem AG, die bisherige Altersstruktur (Personalstruktur) der Belegschaft zu erhalten. Der AG darf **Altersgruppen oder Altersbänder** bilden und innerhalb der jeweiligen Altersgruppen die zu kündigenden AN nach den Sozialkriterien des § 1 III 1 auswählen, um die andernfalls linear ansteigende Gewichtung des Lebensalters zugunsten jüngerer AN zu relativieren (grundlegend BAG 23.11.2000, 2 AZR 533/99, NZA 2001, 601; zuletzt 15.12.2011, 2 AZR 42/10, EzA § 1 KSchG Soziale Auswahl Nr 84, 22.3.2012, 2 AZR 167/11, EzA § 1 KSchG Soziale Auswahl Nr 85 u 26.3.2015, 2 AZR 478/13, EzA § 1 KSchG Soziale Auswahl Nr 88; 28.6.2012, 6 AZR 682/10, EzA § 125 InsO Nr 7 u 24.10.2013, 6 AZR 854/11, EzA § 125 InsO Nr 11 [Rn 47 ff]). Etwa liegt es in Kindergärten im Interesse der Kinder, eine »ausschließliche Betreuung durch die Großmüttergeneration« zu vermeiden (BAG 23.11.2000, 2 AZR 533/99 aaO; 6.7.2006, 2 AZR 442/05, EzA § 1 KSchG Soziale Auswahl Nr 69). Die Kdg nach Altersgruppen soll nicht gegen das primärrechtl Verbot der Altersdiskriminierung und die RL 2000/78/EG verstoßen; zudem seien diese Fragen durch den EuGH geklärt, weswegen ein Vorabentscheidungsersuchen nach Art 267 AEUV nicht erforderlich sei (BAG 15.12.2011, 2 AZR 42/10, EzA § 1 KSchG Soziale Auswahl Nr 84 [Rn 47 ff, 63] u 19.7.2012, 2 AZR 352/11, EzA § 1 KSchG Soziale Auswahl Nr 86 [Rn 25]; zu § 125 I 1 Nr 2 InsO: 28.6.2012, 6 AZR 682/10, EzA § 125 InsO Nr 7 [Rn 28 ff] u 19.12.2013, 6 AZR 790/12, EzA § 125 InsO Nr 12 [Rn 24 ff]); auch Letzteres ist sehr zweifelhaft.

Dass idR ungleich große Altersgruppen geschaffen werden, wenn diese nach **abstrakten Vorgaben** **196** **(etwa in 10-Jahresschritten)** gebildet werden, ist als systemimmanent hinzunehmen (zuletzt BAG 6.11.2008, 2 AZR 523/07, EzA § 1 KSchG Soziale Auswahl Nr 82; 12.3.2009, 2 AZR 418/07, EzA

§ 1 KSchG Interessenausgleich Nr 17); ebenso, dass überproportional die AN am »unteren« Rand einer Altersgruppe von Kdg betroffen sind, weil idR den jüngsten AN einer Altersgruppe gekündigt wird, denen der Arbeitsplatz in der nächst niedrigen Altersgruppe erhalten geblieben wäre (BAG 6.7.2006, 2 AZR 442/05, 15.12.2011, 2 AZR 42/10, EzA § 1 KSchG Soziale Auswahl Nr 84 [Rn 60]; 28.6.2012, 6 AZR 682/10, EzA § 125 InsO Nr 7 [Rn 3]). Ebenso ist es unschädlich, dass die Bildung von Altersgruppen in 5-Jahres-Schritten zu gewissen »Verzerrungen« führt (BAG 20.4.2005, 2 AZR 201/04, EzA § 1 KSchG Soziale Auswahl Nr 60). Der AG darf die Kdg in Altersgruppen auf die **betrieblichen Bereiche beschränken**, in denen die Personalstruktur gesichert werden muss; § 1 III 2 erfordert es nicht, die Altersgruppenbildung auf den gesamten Betrieb zu erstrecken (BAG 6.9.2007, 2 AZR 387/06, EzA § 1 KSchG Soziale Auswahl Nr 78; **aA** LAG BW 10.4.2008, 11 Sa 80/07, ZInsO 2008, 1280 [LS]). Neuerdings verlangt das BAG aber, dass der Altersproporz nicht nur innerhalb des Betriebs oder innerhalb des ausgewählten betrieblichen Bereichs, sondern **innerhalb der jeweiligen Vergleichsgruppe** erhalten bleiben muss: Es sei das »Wesen der Sozialauswahl«, dass sie innerhalb der Vergleichsgruppen erfolgen müsse; nur innerhalb der Vergleichsgruppen könne eine Sicherung der Altersstruktur – mit positiven Effekten für den Betrieb insgesamt – angestrebt werden (BAG 22.3.2012, 2 AZR 167/11, EzA § 1 KSchG Soziale Auswahl Nr 85 [Rn 33], 19.7.2012, 2 AZR 352/11, EzA § 1 KSchG Soziale Auswahl Nr 86 [Rn 31] u 26.3.2015, 2 AZR 478/13, EzA § 1 KSchG Soziale Auswahl Nr 88 [Rn 15]; 24.10.2013, 6 AZR 854/11, EzA § 125 InsO Nr 11 [Rn 50]); werde eine Altersgruppe überproportional herangezogen, werde die bestehende Altersstruktur nicht »gesichert«, sondern verändert (BAG 26.3.2015, 2 AZR 478/13 Rn 16]). Erforderlich sind danach 3 Schritte: Es müssen innerhalb der Vergleichsgruppe für die Sozialauswahl nach sachlichen Kriterien Altersgruppen gebildet werden(Schritt 1), dann die prozentuale Verteilung der Belegschaft auf die Altersgruppen festgestellt werden (Schritt 2) und schließlich die Gesamtzahl der auszusprechenden Kdg diesem Proporz entspr auf die einzelnen Altersgruppen verteilt werden (Schritt 3); ein Gestaltungsspielraum bestehe lediglich bei Schritt 1 (BAG 26.3.2015, 2 AZR 478/13 [Rn 15, 24]). Wird eine Altersgruppe überproportional herangezogen, sollen nicht nur die Kdg unwirksam sein, die über den eigentlich auf die Altersgruppe entfallenden Anteil hinausgehen (aA *Krieger/Reinecke* DB 2013, 1906, 1911), sondern soll die gesamte Sozialauswahl nach Altersgruppen hinfällig und die Kdg hinsichtlich aller vergleichbarer AN an § 1 III 1 (§ 1 IV, V) zu messen sein (BAG 26.3.2015, 2 AZR 478/13 [Rn 16, 26]). Eine Kdg nach Altersstufen scheide etwa aus, wenn in einer Vergleichsgruppe eine proportionale Beteiligung der 5 Altersstufen an den Kdg nicht möglich sei, weil aus den Altersstufen 1 und 5 (mit jeweils einem AN) rechnerisch 0,45 AN zu entlassen gewesen wären (BAG 22.3.2012, 2 AZR 167/11). Ebenso wenig sei eine proportionale Verteilung möglich, wenn bei 3 Altersstufen in einer Vergleichsgruppe nur 2 AN gekündigt werden solle, also eine Kdg überhaupt nur in 2 Altersstufen möglich sei; dies führe notwendig zu einer Verschiebung der Altersstruktur (BAG 19.7.2012, 2 AZR 352/11). Diese Rechtsprechung macht die Kdg nach Altersstufen praktisch unmöglich und widerspricht dem Gesetz: § 1 III 2 spricht von einer »ausgewogenen Personalstruktur des Betriebes«, nicht der Vergleichsgruppen. Zudem gibt es rechtl schon keine Vergleichs-»Gruppen«, sondern nur mit dem zu kündigenden AN vergleichbare AN: Ob AN austauschbar sind, ist lediglich aus Sicht des zu kündigenden AN zu beantworten; eine wechselseitige Austauschbarkeit ist gerade nicht erforderlich (Rdn 175).

197 **AN mit geringerer Krankheitsanfälligkeit** können weder deswegen aus der Sozialauswahl herausgenommen werden, weil eine permanente Besetzung des Arbeitsplatzes geboten ist (**so aber** ausnahmsweise BAG 31.5.2007, 2 AZR 306/06, EzA § 1 KSchG Soziale Auswahl Nr 76 [obiter dictum]; *Stahlhacke/Preis/Vossen* Rn 1113), noch mit der Begründung, der AG habe ein berechtigtes betriebliches Interesse daran, eine Belegschaft mit voraussichtlich nicht mehr krankheitsbedingten Fehlzeiten als zuvor zu erhalten (**so aber** LSW/*Löwisch* § 1 Rn 482; KR/*Griebeling/Rachor* § 1 Rn 648; eingeschränkt auch BAG 31.5.2007, 2 AZR 306/06 [obiter dictum]); erst recht können häufig erkrankte AN nicht aus der Sozialauswahl ausgeklammert werden, weil sie weniger leistungsstark sind (BAG 31.5.2007, 2 AZR 306/06 mwN;): Krankheitsbedingte Fehlzeiten berechtigen den AG nur unter den Voraussetzungen der krankheitsbedingten Kdg zur Beendigung des Arbeitsverhältnisses (auch BAG 24.3.1984, 2 AZR 21/82, EzA § 1 KSchG Betriebsbedingte Kündigung Nr 21); Rdn 77 ff.

198 Ein berechtigtes betriebliches Interesse ist insb bei Massenentlassungen die **Aufrechterhaltung eines ordnungsmäßigen Betriebsablaufs** bis zum Ende der Entlassungswelle: Die Sozialauswahl darf nicht dazu führen, dass ganze Funktionsbereiche erst lahm gelegt werden und neu wieder aufgebaut werden müssen. Der AG muss darlegen, wie viele AN der unterschiedlichen Qualifikationsstufen ausgetauscht werden können, ohne dass dadurch der Arbeitsprozess ernsthaft gefährdet wird; diejenigen AN, die weiterbeschäftigt werden, sind im Wege der Sozialauswahl auszuwählen (BAG 25.4.1985, 2 AZR 140/84, EzA § 1 KSchG Betriebsbedingte Kündigung Nr 35; 5.12.2002, 2 AZR 697/01, EzA § 1 KSchG Soziale Auswahl Nr 52).

e) Beweislast Nach § 1 III 3 muss im Prozess der **AN** begründen, warum er mit AN einer bestimmten 199
Gruppe **vergleichbar** ist (Rdn 174 ff), dh – soweit möglich – darlegen, welche Qualifikationsanforderungen
für die Tätigkeiten bestehen, für die er sich geeignet hält, welche Fertigkeiten er wann und wie erworben
hat und inwieweit sie ihn zu der angestrebten Tätigkeit befähigen. Geht der AN von einer gewissen Einarbeitungszeit aus, muss er deren Dauer angeben und begründen (BAG 5.12.2002, 2 AZR 697/01, EzA
§ 1 KSchG Soziale Auswahl Nr 52). Auch insoweit ist die **Darlegungslast abgestuft** (noch Rdn 229): Ist
der AN nicht in der Lage, die Vergleichbarkeit darzulegen, und fordert er den AG auf, die gegen die Vergleichbarkeit sprechenden Gründe mitzuteilen, muss der AG seinen Vortrag entsprechend ergänzen (BAG
18.1.2007, 2 AZR 796/05, EzA § 2 KSchG Nr 64), also konkret darlegen, warum er den Arbeitsplatz nicht
für vergleichbar hält, welche Qualifikationsanforderungen bestehen und in welcher Zeit AN die geforderte
Qualifikation erlangen können (BAG 5.12.2002, 2 AZR 697/01). Folgt aus der Einlassung des AG, dass
er die Sozialauswahl nicht auf vom AN als vergleichbar genannte AN erstreckt hat und ergänzt er seinen
Vortrag im Prozess nicht, ist die Behauptung des AN, der AG habe soziale Gesichtspunkte nicht ausreichend
berücksichtigt, als unstreitig anzusehen (BAG 15.6.1989, 2 AZR 580/88, EzA § 1 KSchG Soziale Auswahl
Nr 27 u 5.5.1994, 2 AZR 917/93, EzA § 1 KSchG Soziale Auswahl Nr 31; 18.1.2007, 2 AZR 796/05).
Hat der AG gar nicht nach sozialen Kriterien ausgewählt, spricht eine von ihm auszuräumende tatsächliche
Vermutung dafür, dass die Auswahl auch im Ergebnis sozialwidrig ist (BAG 18.10.1984, 2 AZR 61/83, EzA
§ 1 KSchG Betriebsbedingte Kündigung Nr 33; 3.4.2008, 2 AZR 879/06, EzA § 1 KSchG Interessenausgleich Nr 15). Zur Beweislast für die Gewichtung der Sozialkriterien Rdn 229 f.

Der **AG** ist iRd § 1 III 2 dafür darlegungs- und beweispflichtig, dass betriebliche Bedürfnisse die **Heraus-** 200
nahme bestimmter AN aus der Sozialauswahl rechtfertigen, Rdn 191 ff (BAG 20.4.2005, 2 AZR 201/04,
EzA § 1 KSchG Soziale Auswahl Nr 60 u 18.3.2010, 2 AZR 468/08, EzA § 1 KSchG Soziale Auswahl
Nr 83): Der AG muss darlegen, welche konkreten Nachteile entstünden, wenn er die zu kündigenden AN
allein nach Maßgabe des § 1 III 1 auswählte (BAG 20.4.2005, 2 AZR 201/04). Für die Herausnahme von
Leistungsträgern (Rdn 192 ff) muss der AG auch die vom BAG geforderte (Rdn 192) Abwägung der sozialen Interessen der AN gegen die betrieblichen Interessen darlegen (BAG 5.12.2002, 2 AZR 697/01, EzA § 1
KSchG Soziale Auswahl Nr 52). Kündigt er nach **Altersbändern** (Rdn 195) muss der AG konkret vortragen,
inwieweit die Kdg Auswirkungen auf die Altersstruktur des Betriebs haben und welche Nachteile sich daraus konkret ergeben (BAG 18.3.2010, 2 AZR 468/08, EzA § 1 KSchG Soziale Auswahl Nr 83 [Rn 23 f],
15.12.2011, 2 AZR 42/10, EzA § 1 KSchG Soziale Auswahl Nr 84 [Rn 65], 22.3.2012, 2 AZR 167/11,
EzA § 1 KSchG Soziale Auswahl Nr 85 [Rn 30] u 26.3.2015, 2 AZR 478/13, EzA § 1 KSchG Soziale Auswahl Nr 88 [Rn 14]; 24.10.2013, 6 AZR 854/11, EzA § 125 InsO Nr 11 [Rn 53] u 19.12.2013, 6 AZR
790/12, EzA § 125 InsO Nr 12 [Rn 33]). Bei Massenentlassungen, die die Zahlen- und Prozentvorgaben des § 17 I KSchG erreichen, besteht regelmäßig ein betriebliches Interesse an einer Altersgruppenbildung, weswegen der AG seiner Darlegungs- und Beweislast genügt, wenn er auf die Zahlenwerte des
§ 17 I KSchG verweist; es ist dann Sache des AN, die Vermutung berechtigter betrieblicher Interessen
zu entkräften (BAG 18.3.2010, 2 AZR 468/08, 15.12.2011, 2 AZR 42/10, 22.3.2012, 2 AZR 167/11 u
26.3.2015, 2 AZR 478/13; 24.10.2013, 6 AZR 854/11 [Rn 54]; 19.12.2013, 6 AZR 790/12 [Rn 33]). Ob
die Erleichterung der Darlegungslast auch dann greift, wenn der Schwellenwert des § 17 I 1 Nr 2 KSchG
zwar hins der insgesamt zu entlassenden AN überschritten ist, aber nicht bezogen auf die Vergleichsgruppe
der gekündigten AN (dazu Rdn 196), hat das BAG bisher offen gelassen (BAG 22.3.2012, 2 AZR 167/11
u 15.7.2012, 2 AZR 352/11, § 1 KSchG Soziale Auswahl Nr 86; 24.10.2013, 6 AZR 854/11 [Rn 56]).
Der AG ist auch beweispflichtig dafür, wie viel Prozent der potenziell zu kündigenden AN den jeweiligen
Altersgruppen angehörten und wie die Kdg auf die einzelnen Altersgruppen verteilt worden sind, damit
die bislang bestehende Altersstruktur erhalten bleibt (BAG 20.4.2005, 2 AZR 201/04). Nimmt der AG
den überwiegenden Teil der Belegschaft (etwa 70 %) aus betriebstechnischen Gründen generell von der
Austauschbarkeit aus und beschränkt die Sozialauswahl auf die Restbelegschaft, spricht eine – widerlegbare
– Vermutung für Fehler bei der Sozialauswahl (BAG 5.12.2002, 2 AZR 697/01, Rdn 198).

3. Zu berücksichtigende Gesichtspunkte. a) Betriebszugehörigkeit. In Anlehnung an § 1 I ist 201
»Betriebszugehörigkeit« das Synonym für den **ununterbrochenen rechtl Bestand des Arbeitsverhältnisses**
mit demselben AG (BAG 6.2.2003, 2 AZR 623/01, EzA § 1 KSchG Soziale Auswahl Nr 51); Einzelheiten
Rdn 6 ff. Die vertraglich vereinbarte Anrechnung an sich nicht berücksichtigungsfähiger Vordienstzeiten
(Rdn 11) erhöht die Betriebszugehörigkeit für § 1 III 1, sofern sie nicht rechtsmissbräuchlich allein eine
Umgehung der Sozialauswahl bezweckt (**hM:** BAG 2.6.2005, 2 AZR 480/04, EzA § 1 KSchG Soziale
Auswahl Nr 63; bestätigt durch 20.6.2013, 2 AZR 271/12, EzA § 1 KSchG Betriebsbedingte Kündigung

Nr 173 [Rn 15]; KR/*Griebeling/Rachor* § 1 Rn 671 f mit Rn 99 ff mwN; **abl** wegen Manipulation der Sozialauswahl LSW/*Löwisch* § 1 Rn 449), allg Rdn 167.

202 Das BAG misst der Dauer der Betriebszugehörigkeit in st Rspr **erhebliche Bedeutung** zu und hat sie in Anlehnung an § 10 lange Zeit als vorrangiges Sozialauswahlkriterium angesehen (BAG 18.10.1984, 2 AZR 543/83, EzA § 1 KSchG Betriebsbedingte Kündigung Nr 34; 18.1.1990, 2 AZR 357/89, EzA § 1 KSchG Soziale Auswahl Nr 28). Mit der Neufassung des KSchG und der Beschränkung auf 3 Sozialdaten (1996–1998), seit dem 1.1.2004 auf 4 Sozialdaten hält das BAG alle Auswahlkriterien mit dem Gesetzgeber für gleichwertig; die Dauer der Betriebszugehörigkeit sei **nicht** zwingend vorrangig zu gewichten (BAG 2.12.1999, 2 AZR 757/98, EzA § 1 KSchG Soziale Auswahl Nr 42 u 2.6.2005, 2 AZR 480/04, EzA § 1 KSchG Soziale Auswahl Nr 63). In der Praxis bleibt die Betriebszugehörigkeit das wichtigste Auswahlkriterium: Die Betriebszugehörigkeit verdrängt – etwa durch die Geringerbewertung des Lebensalters oder durch die Auswahl in Altersbändern – die Bedeutung des Lebensalters; sie hat praktisch immer ein stärkeres Gewicht als die Unterhaltspflichten der AN. Etwa sind Sozialauswahlrichtlinien häufig, in denen die Betriebszugehörigkeit bis zu 10 Jahren je Jahr mit 1 oder 1,5 Punkten, ab dem 11. Jahr je Jahr mit 2 Punkten bewertet wird (BAG 6.7.2006, 2 AZR 442/05, EzA § 1 KSchG Soziale Auswahl Nr 69). Für eine erhebliche Gewichtung der Betriebszugehörigkeit bei der Sozialauswahl spricht, dass diese anders als das Lebensalter, die Unterhaltspflichten und eine Schwerbehinderung unmittelbar an das Arbeitsverhältnis anknüpft, nämlich synonym für die Dauer des Arbeitsverhältnisses steht. Die Betriebszugehörigkeit wird von AG und AN als Maßstab für die Sozialauswahl (und für die Höhe von Abfindungen) akzeptiert und hat somit **Befriedungsfunktion**. Zudem ist sie ein praktisch einfach zu handhabendes und – abgesehen von der Anrechnung von Vordienstzeiten (Rdn 11, 201) – kaum zu manipulierendes Kriterium. Da ein Bestands- und Abfindungsschutz, der maßgeblich auf die Betriebszugehörigkeit abstellt, von allen akzeptiert wird, lassen sich Kdg für alle befriedigend abwickeln (**gegen** weitere von der hM angeführte Begründungen für die Berücksichtigung der Betriebszugehörigkeit *Kaiser* FS Konzen [2006] S 381, 394 ff).

203 **b) Lebensalter.** § 1 III KSchG schreibt vor, das Lebensalter des AN zu berücksichtigen. Die Praxis bewertet das Lebensalter linear, etwa indem Sozialauswahlrichtlinien nach § 95 BetrVG, § 1 IV KSchG einen Punkt pro Lebensjahr vergeben. Folge ist, dass jüngeren AN nur wegen ihres Alters deutlich eher betriebsbedingt gekündigt wird als älteren AN, die jüngeren also **wegen ihres Alters unmittelbar benachteiligt** werden – entg §§ 1, 3 AGG und Art 2 II RL 2000/78/EG (BAG 6.11.2008, 2 AZR 523/07, EzA § 1 KSchG Soziale Auswahl Nr 82 Rn 43; 12.3.2009, 2 AZR 418/07, EzA § 1 KSchG Interessenausgleich Nr 17 Rn 39) sowie dem gemeinschaftsrechtl Verbot der Altersdiskriminierung (EuGH 22.11.2005, C-144/04 EzA § 14 TzBfG Nr 21, Mangold: zu § 14 III TzBfG; 19.1.2010, C-555/07, EzA Richtlinie 2000/78 EG-Vertrag 1999 Nr 14, Kücükdeveci; zu § 622 II S. 2 BGB). Da mit der Betriebszugehörigkeit und der Schwerbehinderung 2 weitere der 4 Sozialauswahlkriterien mit dem Lebensalter korrelieren, werden ältere AN in der Sozialauswahl mehrfach bevorzugt und jüngere AN übermäßig benachteiligt (zu Betriebszugehörigkeit u Lebensalter BAG 29.1.2015, 2 AZR 164/14, EzA § 1 KSchG Soziale Auswahl Nr 87 [Rn 17]: »überproportional begünstigt«). Weil § 1 III wegen seines eindeutigen Wortlauts weder europarechtskonform ausgelegt noch teleologisch dahin reduziert werden kann, verbietet es das primärrechtl Verbot der Altersdiskriminierung (EuGH 22.11.2005, C-144/04, EzA § 14 TzBfG Nr 21, Mangold; 19.1.2010, C-555/07, EzA Richtlinie 2000/78 EG-Vertrag 1999 Nr 14, Kücükdeveci) wegen des Anwendungsvorrangs des Gemeinschaftsrechts, das Lebensalter in der Sozialauswahl zu berücksichtigen; ein Verdikt des BVerfG oder des EuGH muss nicht abgewartet werden (EuGH 19.1.2010, C-555/07). Richtigerweise verstoßen deswegen Sozialauswahl-RL nach § 95 BetrVG, § 1 IV und Namenslisten iS der § 112 BetrVG, § 1 V, die das Lebensalter berücksichtigen, gegen §§ 1, 7, 2 I Nr 2 AGG und sind nach § 7 II AGG unwirksam; verstößt der AG bei der Sozialauswahl gegen das Altersdiskriminierungsverbot, ist die Kdg grds sozialwidrig und unwirksam. Hiergegen aber die hM, siehe Rdn 204.

204 Diese Benachteiligung jüngerer AN ist nach **hM** (BAG 6.11.2008, 12.3.2009 aaO, 18.3.2010, 2 AZR 468/08, EzA § 1 KSchG Soziale Auswahl Nr 83 u 15.12.2011, 2 AZR 42/10, EzA § 1 KSchG Soziale Auswahl Nr 84 [Rdn 56 ff]; 20.6.2013, 2 AZR 295/12, EzA § 626 BGB 2002 Unkündbarkeit Nr 20 [Rn 46 ff]; *Stahlhacke/Preis/Vossen* Rn 1085; *Krause* in: *v Hoyningen-Huene/Linck* Rn 973 ff; ErfK/*Oetker* § 1 Rn 332 f; HWK/*Quecke* § 1 Rn 373) **nach § 10 S 1 und S 2 AGG** aber durch das Ziel **gerechtfertigt**, ältere AN vor Arbeitslosigkeit zu schützen. Richtigerweise besteht kein signifikanter Zusammenhang zwischen Lebensalter und Langzeitarbeitslosigkeit: Die Erwerbslosenzahlen der Altersgruppen haben sich einander stark angenähert, über 50-Jährige sind nicht signifikant stärker von Erwerbslosigkeit bedroht als Jüngere (näher mit genauen Daten *Kaiser/Dahm* NZA 2010, 473, 477 f). Dagegen wendet das BAG (15.12.2011, 2 AZR 42/10 [Rn 56]) ein, auf die Erwerbstätigenquote komme es nicht an, weil sie lediglich

die allgemeine Beschäftigungssituation älterer AN widerspiegele. Maßgeblich sei vielmehr, wie die Aussichten älterer AN sind, einen neuen Arbeitsplatz zu finden (*Hanau* ZIP 2011, 1, 3). Darüber hinaus bereite älteren AN ein Arbeitsplatzwechsel und seine Folgen erfahrungsgemäß mehr Schwierigkeiten als jüngeren AN (BAG 15.12.2011, 2 AZR 42/10). Diese Rechtsprechung des BAG ist **für die Praxis zugrundezulegen**; diese relativiert die Bevorzugung älterer AN in der Sozialauswahl dadurch, dass sie eine Kdg nach Altersstufen zulässt (dazu Rdn 195, 196).

Das Lebensalter kann **in keinem Fall** dadurch berücksichtigt werden, dass an **rentennahe Jahrgänge keine oder weniger Sozialpunkte** vergeben werden, soweit diese (durch höheres Alg, über ATZ oder über eine vorzeitige Altersrente) besser oder anderweitig versorgt sind (**so aber** LAG Köln 17.8.2005, 7 Sa 520/05, EzA-SD 2006, Nr 6, 12; LAG Nds 23.5.2005, 5 Sa 198/05, LAGE § 1 KSchG Soziale Auswahl Nr 50; 16.5.2008, 16 Sa 1157/07; ErfK/*Oetker* § 1 Rn 332a; *Krause* in: *v Hoyningen-Huene/Linck* § 1 Rn 976; KDZ/*Deinert* § 1 Rn 647; auch APS/*Kiel* § 1 Rn 721b). Eine solche Auslegung wäre contra legem: § 8 I Hs 2 ATZG verbietet es ausdrücklich, die Möglichkeit, Altersteilzeit in Anspruch zunehmen, in § 1 III zum Nachteil des AN zu berücksichtigen. Obwohl der Verweis auf die Sozialauswahl in § 41 IV 2 SGB VI zum 1.1.1998 gestrichen worden ist, gilt doch für die vorgezogene Altersrente: Der Gesetzgeber hielt die abschließende Aufzählung der (1998 3, heute 4) Sozialwahlkriterien für ausreichend, um eine Berücksichtigung der Rentennähe in der Sozialauswahl zu verhindern; zudem verbietet es § 41 S 1 SGB VI weiterhin allg, dass vorgezogene Altersruhegeld kündigungsrechtl zum Nachteil des AN zu berücksichtigen (auch *Stahlhacke/Preis/Vossen* Rn 1085; LSW/*Löwisch* § 1 Rn 452; KR/*Griebeling/Rachor* § 1 Rn 674; **aA** *Krause* in: *v Hoyningen-Huene/Linck* § 1 Rn 976; APS/*Kiel* § 1 Rn 721b). Zum anderen widerspricht es § 1 III, die »Rentennähe« über das Lebensalter zulasten des AN in die Sozialauswahl einzubeziehen. Wie auch § 622 BGB und §§ 9, 10 zeigen, ist ein höheres Lebensalter bei der Sozialauswahl kein Malus, sondern kann nur Bonus sein (BAG 18.1.1990, 2 AZR 357/89, EzA § 1 KSchG Soziale Auswahl Nr 28; LAG Düsseldorf 13.7.2005, 12 Sa 616/05, LAGE § 1 KSchG Soziale Auswahl Nr 51 Rn 28; auch LAG Köln 2.2.2006, 6 Sa 1287/05, LAGE § 1 KSchG Soziale Auswahl Nr 51a).

c) Unterhaltspflichten aa) Grundsätze. Die Unterhaltspflichten des AN stehen in keinem unmittelbaren Zusammenhang zum Arbeitsverhältnis; sie sind anders als das Lebensalter auch nicht untrennbar mit der Person des AN verbunden, sondern beruhen auf seiner privaten Lebensgestaltung. Die Berücksichtigung der Unterhaltspflichten in § 1 III 1 zeigt, dass das Arbeitsverhältnis auch insoweit in seinem Bestand geschützt wird, als es die **wirtschaftliche und soziale Existenz des AN** sichert. Der Gesetzgeber kommt so zudem seinem Auftrag aus Art 6 I GG nach, Ehe und Familie bes zu schützen. Der weit gefasste Beurteilungsspielraum des § 1 III 1 lässt es zu, bei der Gewichtung der Sozialkriterien ein Schwergewicht auf die Unterhaltspflichten zu legen (BAG 2.12.1999, 2 AZR 757/98, EzA § 1 KSchG Soziale Auswahl Nr 42 u 5.12.2002, 2 AZR 549/01, EzA § 1 KSchG Soziale Auswahl Nr 49): In Zeiten großer Arbeitslosigkeit sind jüngere AN mit Familie bes auf den Fortbestand des Arbeitsverhältnisses angewiesen (BAG 18.1.1990, 2 AZR 357/89, EzA § 1 KSchG Soziale Auswahl Nr 28). Während das Familienrecht die Interessen der Unterhaltsgläubiger am Fortbestand des Einkommens ihres Unterhaltsschuldners im Blick hat, schützt das KSchG nicht die Unterhaltsgläubiger, die als Dritte keinen Bezug zum Arbeitsverhältnis haben, sondern allein das Interesse des AN am Erhalt seines Arbeitsplatzes. Da der Einbezug einer Vielzahl von Unterhaltspflichten und eine starke Gewichtung der einzelnen Unterhaltspflichten in der Sozialauswahl dazu führte, dass andere AN im Sozialwettbewerb um die Weiterbeschäftigung verdrängt werden, ist es zumindest erlaubt, wenn nicht sogar geboten, Unterhaltspflichten nur insoweit zu berücksichtigen, als der **AN ein gesteigertes persönliches Interesse am Unterhalt der Personen hat**, die der Wegfall seines Arbeitseinkommens mittelbar trifft (noch Rdn 222 u 224; abl KDZ/*Deinert* § 1 Rn 654).

Die ganz **hM** berücksichtigt nur **gesetzliche Unterhaltspflichten** (vgl LAG Berl-Bbg 18.5.2011, 20 Sa 155/11, juris [Rn 15]; mwN LSW/*Löwisch* § 1 Rn 453; APS/*Kiel* § 1 Rn 722 f). Hierzu gehören neben den Unterhaltspflichten ggü Ehegatten (§§ 1360 ff, 1569 ff BGB) und eigenen Kindern (§§ 1601 ff BGB) Unterhaltspflichten ggü Eltern (§§ 1601 ff BGB) sowie ggü dem Lebenspartner in einer gleichgeschlechtlichen Lebenspartnerschaft (§§ 5, 12 u 16 LPartG). § 1 III enthält aber keine Beschränkung auf gesetzliche Unterhaltspflichten; »Pflichten« können auch durch **Vertrag** entstehen. So wie AG und AN durch Vertrag Vordienstzeiten in anderen Konzernunternehmen oder aus früheren Arbeitsverhältnissen anrechnen und so die Betriebszugehörigkeit vertraglich verlängern können (Rdn 201), kann ein AN grds auch Unterhaltspflichten vertraglich begründen, sofern dies nicht gerade aus Anlass der Sozialauswahl geschieht (zweifelnd KDZ/*Deinert* § 1 Rn 650).

Obwohl ein AN ggü **Stiefkindern** auch dann, wenn sie in seinem Haushalt leben, weder aus §§ 1360, 1360a BGB (»gemeinsame« Kinder) noch mangels Verwandtschaft aus §§ 1601 ff BGB gesetzlich zum Unterhalt verpflichtet ist, **darf** der AG Stiefkinder in der Sozialauswahl berücksichtigen (für eine untergeordnete Berücksichtigung LAG Köln 7.4.1995, 13 Sa 1258/94, LAGE § 1 KSchG Betriebsbedingte Kündigung Nr 33); er muss dies aber nicht tun. Eine Berücksichtigung ist auch **nicht zu empfehlen**: Unterhaltpflichten ggü Stiefkindern setzen voraus, dass der AN sich vertraglich zur Unterhaltsleistung verpflichtet hat. Ein solcher Unterhaltsvertrag kann durch Erweiterung der Unterhaltspflicht aus §§ 1360 I, 1360a BGB auf Stiefkinder abgeschlossen werden (NK-BGB/*Kaiser* § 1360a BGB Rn 13); dies ist idR jedoch nicht gewollt und wenn, dann idR stillschweigend durch das Fortbestehen der Haushaltgemeinschaft mit Ehegatten und Stiefkind auflösend bedingt; in jedem Fall kann der unterhaltpflichtige Stiefelternteil bei Verschlechterung seiner wirtschaftlichen Lage wegen Kdg seines Arbeitsverhältnisses nach § 313 III BGB vom Unterhaltsvertrag zurücktreten. Am Unterhalt seines Stiefkindes hat der AN daher kein gleichermaßen schützenswertes Interesse wie am Unterhalt seiner leiblichen Kinder (Rdn 206) – zumal das Stiefkind in seinen beiden leiblichen Eltern schon 2 Unterhaltsschuldner hat (oder zusätzlich Halbwaisenrente bezieht).

209 Auch ggü dem **Partner einer nichtehelichen Lebensgemeinschaft** besteht keine gesetzliche Unterhaltspflicht und werden vertragliche Unterhaltspflichten nur ausnahmsweise begründet. Hier **empfiehlt sich eine Berücksichtigung** etwaiger vertraglicher Unterhaltspflichten **noch weniger** als bei Stiefkindern (Rdn 208): Die Partner einer nichtehelichen Lebensgemeinschaft haben sich bewusst dafür entschieden, keine Ehe zu schließen und keine gesetzlichen Unterhaltsansprüche zu begründen. Um die Zahl der zu berücksichtigenden Unterhaltspflichten nicht zulasten der übrigen Sozialauswahlkriterien ausufern zu lassen, sollte das Bestehen einer eheähnlichen Gemeinschaft außer Betracht bleiben (grds abl *Stahlhacke/Preis/Vossen* Rn 1086; APS/*Kiel* § 1 Rn 722a; *Krause* in: *v Hoyningen-Huene/Linck* § 1 Rn 978; KR/*Griebeling/Rachor* § 1 Rn 676; KDZ/*Deinert* § 1 Rn 654). Eine gesetzliche Unterhaltspflicht besteht gem **§ 1615l BGB** aber für den männlichen AN **ggü der Mutter seines nichtehelichen Kindes**; diese Unterhaltspflicht dient dem Kindeswohl (BVerfG 28.2.2007, 1 BvL 9/04, NJW 2007, 1735; RegE BT-Drs 16/1830 S 23 re Sp) und damit mittelbar einer Person, an deren Unterhalt der AN ein persönliches Interesse hat (Rdn 206); wegen des Kindeswohls steht der Unterhaltsanspruch der Mutter nach § 1609 Nr 2 BGB in Mangelfällen (Rdn 216) im 2. Rang. § 1615l II 3 BGB befristet den Anspruch auf Betreuungsunterhalt – wie § 1570 I 1 BGB den Unterhaltsanspruch der geschiedenen Mutter (Rdn 222) – grds auf die ersten 3 Lebensjahre des Kindes; dem entsprechen die Wertungen der § 10 I Nr 3 SGB II und § 11 IV 2–4 SGB XII, des § 15 II 1 BEEG und des § 24 SGB VIII. Die Unterhaltspflicht aus § 1615l II 3 BGB **muss** daher in der Sozialauswahl berücksichtigt werden, solange die Mutter ein gemeinsames Kind unter 3 Jahren betreut; anderenfalls wird § 1 III–V nicht genügt (*Kaiser* NZA 2008, 665, 669; KDZ/*Deinert* § 1 Rn 654).

210 Ob Unterhaltspflichten bestehen, ist nach dem Zeitpunkt des Zugangs der Kdg (Rdn 20 f) zu bestimmen (BAG 29.1.2015, 2 AZR 164/14, EzA § 1 KSchG Soziale Auswahl Nr 87 [Rn 23]); *Stahlhacke/Preis/Vossen* Rn 1086; *Krause* in: *v Hoyningen-Huene/Linck* § 1 Rn 979). Teilweise wird vertreten, auch **im Zeitpunkt der Kdg angelegte Unterhaltspflichten** seien zu berücksichtigen, etwa ggü künftigen Kindern bei Schwangerschaft der Ehefrau des AN (LAG Köln 3.5.2000, 2 Sa 272/00, LAGE § 1 KSchG Soziale Auswahl Nr 33; ErfK/*Oetker* § 1 Rn 333); das BAG hat offengelassen, ob eine während der Kdg-Frist entstehende Unterhaltspflicht (ggü dem Sohn aufgrund Studienbeginns) berücksichtigt werden müsse (BAG 23.11.2000, 2 AZR 533/99, EzA § 1 KSchG Soziale Auswahl Nr 46). Künftige Unterhaltspflichten müssten nur dann berücksichtigt werden, wenn das Prognoseprinzip auch für die Sozialauswahl gälte; dieses erfasst aber nur den eigentlichen Kdg-Grund und nicht die Sozialauswahl (LAG Berl-Bbg 18.5.2011, 20 Sa 155/11, juris [Rn 15]; APS/*Kiel* § 1 Rn 723). Maßgeblich sind daher **nur** die Unterhaltspflichten, die **im Zeitpunkt des Zugangs der Kdg** tatsächlich bestehen; künftige Entwicklungen sind außer Acht zu lassen (APS/*Kiel* § 1 Rn 723; *Krause* in: *v Hoyningen-Huene/Linck* § 1 Rn 979). Das ist schon aus praktischen Gründen geboten: Für die Zukunft behauptete Unterhaltspflichten sind kaum überprüfbar. Sicher feststellbar ist lediglich die Schwangerschaft der Ehefrau des AN; dass tatsächlich ein Kind geboren wird, steht nicht fest.

211 Weiter gehend wird teilweise gefordert, nur solche Unterhaltspflichten zu berücksichtigen, die **für eine nicht unerhebliche Zeit über das Vertragsende hinaus** bestehen (APS/*Kiel* § 1 Rn 723). Auch das BAG hat zugunsten einer AN einmal darauf abgestellt, dass deren 2 Kinder eine weiterführende Schule besuchten, woraus sich längerfristige Belastungen ergäben (BAG 24.3.1983, 2 AZR 21/83, EzA § 1 KSchG Betriebsbedingte Kündigung Nr 21). Dann müsste der AG die Unterhaltspflichten ggü Kinder betreuenden Müttern aus §§ 1570 I 1, 1615l II 3 BGB geringer bewerten, weil diese grds auf 3 Jahre befristet sind (Rdn 209 u 222). Auch insoweit empfiehlt es sich, **allein auf den Zeitpunkt des Zugangs der Kdg** abzustellen (*Stahlhacke/Preis/Vossen* Rn 1086; *Krause* in: *v Hoyningen-Huene/Linck* § 1 Rn 979). Eine auch nur halbwegs sichere Prognose, wie lange ein AN seinem Kind oder seiner Ehefrau zum Unterhalt verpflichtet ist, kann kaum

getroffen werden: Kinder oder Ehefrau können sterben, das Kind kann seine Ausbildung beenden und einen Arbeitsplatz finden usw. Einzelne Gesichtspunkte herauszugreifen, wäre willkürlich und hinge vom Einfallsreichtum der zu kündigenden AN ab.

bb) Informationserlangung. Wegen der Schwierigkeiten, die Unterhaltspflichten zu ermitteln, **soll es nach überwiegender Meinung** für eine iSd § 1 III »ausreichende« Berücksichtigung **genügen**, wenn der AG die ihm aus der **Lohnsteuerkarte** bekannten Unterhaltspflichten in die Sozialauswahl einstellt (offengelassen von BAG 5.11.2009, 2 AZR 676/08, EzA § 1 KSchG Interessenausgleich Nr 20 [Rn 34]; 15.12.2011, 2 AZR 42/10, EzA § 1 KSchG Soziale Auswahl Nr 84 [Rn 68]; **abw in der Insolvenz mit § 125 InsO** 28.6.2012, 6 AZR 682/10, EzA § 125 InsO Nr 7 [Rn 49 f]; für das Genügen der Lohnsteuerkarte LSW/*Löwisch* § 1 Rn 466; ErfK/*Oetker* § 1 Rn 333; KR/*Griebeling/Rachor* § 1 Rn 678d); eine Nachforschungspflicht treffe den AG nur, wenn er wisse, dass die dortigen Angaben falsch sind (LAG BW 9.11.1990, 15 Sa 86/90; auch BAG 17.1.2008, 2 AZR 405/06, EzA-SD 2008, Nr 14, 5–6 [Rn 23]). Berufe sich der AN erstmalig iRd Kdg-Schutzprozesses auf Unterhaltspflichten, gehe dies nicht zulasten des AG (LSW/*Löwisch* § 1 Rn 466; KR/*Griebeling/Rachor* § 1 Rn 678d; abw LAG Köln 29.7.2004, 5 Sa 63/04, LAGE § 1 KSchG Sozialauswahl Nr 45a). Auf der Lohnsteuerkarte werden bei den Eltern wohnende minderjährige Kinder aber gem § 38b II 1 Nr 1 EStG lediglich mit dem Zähler 0,5 berücksichtigt – unabhängig von ihrer konkreten Unterhaltsberechtigung und nur in den Steuerklassen I–IV, hingegen nicht in den Steuerklassen V und VI; der Zähler erhöht sich auf 1, wenn die Eltern des Kindes miteinander verheiratet und steuerlich zusammen veranlagt sind (§ 32 VI 2 mit §§ 26, 26b EStG). Ein Kind, das das 18. Lebensjahr vollendet hat, kann nur unter den Voraussetzungen des § 32 IV 1 EStG eingetragen werden. Problematisch ist die Information aus der Lohnsteuerkarte insb, wenn in diese 1 Kind eingetragen ist, der AN aber tatsächlich 2 – jeweils mit 0,5 angesetzten – Kindern Unterhalt schuldet (vgl BAG 5.12.2002, 2 AZR 697/01, EzA § 1 KSchG Soziale Auswahl Nr 52). Da die Lohnsteuerkarte die Unterhaltspflichten eines AN ggü seinen Kindern nicht zutreffend wiedergibt, darf sich der AG iRd Sozialauswahl **nicht auf die Angaben in der Lohnsteuerkarte** verlassen, sondern ist verpflichtet, sich beim AN nach den bestehenden Unterhaltspflichten **zu erkundigen** (so auch LAG Nds 28.5.2004, 10 Sa 2180/03, LAGE § 1 KSchG Soziale Auswahl Nr 44a; APS/*Kiel* § 1 Rn 734; *Krause* in: *v Hoyningen-Huene/Linck* § 1 Rn 987; KDZ/*Deinert* § 1 Rn 650; HWK/*Quecke* § 1 Rn 377; dahin neigen auch BAG 17.1.2008, 2 AZR 405/06 u 28.6.2012, 6 AZR 682/10; *Stahlhacke/Preis/Vossen* Rn 1089), noch Rdn 214.

Ebenso wenig kann der AG die Unterhaltspflichten ggü Kindern anhand der **Kindergeldberechtigung** ermitteln, da Eltern den Anspruch auf Kindergeld nur für solche Kinder haben, für die ein Kinderfreibetrag in die Steuerkarte eingetragen werden kann (für grobe Fehlerhaftigkeit iSd § 1 V LAG Hess 24.6.1999, 3 Sa 1278/98, NZA-RR 2000, 74, 76; **abw** ohne Beanstandung BAG 6.7.2006, 2 AZR 442/05, EzA § 1 KSchG Soziale Auswahl Nr 69; LAG Berl 9.7.2004, 6 Sa 591/04, LAGE § 1 KSchG Soziale Auswahl Nr 45). Auch auf die Kinder im Ortszuschlag kann nicht abgestellt werden (abw BAG 23.11.2000, 2 AZR 533/99, EzA § 1 KSchG Soziale Auswahl Nr 46).

Ist der **AG verpflichtet, sich beim AN nach den bestehenden Unterhaltspflichten zu erkundigen** (Rdn 212), muss er das Mitbestimmungsrecht des BR aus § 94 BetrVG beachten (§ 94 BetrVG Rdn 3 f). AG und BR dürfen für die Mitteilung der nicht aus der Lohnsteuerkarte ersichtlichen Unterhaltspflichten keinen Stichtag festlegen, der vor Abschluss eines etwaigen Interessenausgleichs und einer Auswahlrichtlinie liegt; tun sie dies, hindert dies den AN nicht daran, sich auch noch später auf Unterhaltspflichten zu berufen (vgl BAG 12.3.2009, 2 AZR 418/07, EzA § 1 KSchG Interessenausgleich Nr 17 [Rn 50]). Gibt der AN nicht in angemessener Frist Auskunft, muss der AG auf die Daten in der Lohnsteuerkarte oder ihm anderweitig bekannte Daten zurückgreifen. Macht der AN bei einer Befragung vor der Kdg für ihn ungünstige, falsche oder keine Angaben, kann er sich im Prozess nicht gegen eine deswegen für ihn negativ ausfallende Sozialauswahl wenden (vgl BAG 16.2.2012, 6 AZR 553/10, EzA § 3 AGG Nr 7 dazu, dass der auf die Frage nach einer Schwerbehinderung lügende AN sich wegen widersprüchlichen Verhaltens bei einer Kdg nicht auf den Sonderkündigungsschutz aus § 85 SGB IX berufen dürfe; LAG Köln 3.5.2000, 2 Sa 272/00, LAGE § 1 KSchG Soziale Auswahl Nr 33; *Stahlhacke/Preis/Vossen* Rn 1089; APS/*Kiel* § 1 Rn 736; *Krause* in: *v Hoyningen-Huene/Linck* § 1 Rn 988). Führen schuldhaft falsche Angaben des AN zur Kdg eines anderen, tatsächlich sozial schwächeren AN, besteht nicht nur ein Grund zur verhaltensbedingten Kdg des lügenden AN, sondern ggf ein Schadensersatzanspruch des AG (APS/*Kiel* § 1 Rn 736).

cc) Unterhaltspflichten gegenüber Kindern. Aus **§§ 1601 ff BGB** ist jeder Elternteil seinen ehelichen und nichtehelichen Kindern ggü unterhaltspflichtig. Solange sich das Kind in der Ausbildung befindet, hat es unabhängig von seinem Alter Anspruch auf Ausbildungsunterhalt, etwa während des Studiums, auch wenn dieses sich an eine zur Berufstätigkeit befähigende praktische Ausbildung anschließt und diese fachlich ergänzt, weiterführt oder vertieft (BGH 7.6.1989, IVb ZR 51/88, NJW 1989, 2253). Erst mit dem Abschluss der geplanten (Gesamt-) Ausbildung greift der Grundsatz der wirtschaftlichen Eigenverantwortung: Erzielt das Kind durch Arbeit ein hinreichendes Einkommen, sind die Eltern nicht mehr unterhaltspflichtig. Ggü dem arbeitslosen Kind bleiben die Unterhaltspflichten aber bestehen oder leben mit der Arbeitslosigkeit des Kindes wieder auf und richten sich nach den Einkünften, die das Kind erzielen könnte (OLG Düsseldorf 29.6.1984, 3 UF 315/83, FamRZ 1984, 1136); insoweit ist das Kind aber idR hinreichend durch die Grundsicherung nach SGB II gesichert, die Unterhaltspflichten der Eltern vorgeht, §§ 9, 33 SGB II.

216 Ggü **minderjährigen unverheirateten Kindern** sind die Eltern gem **§ 1603 II 1 BGB gesteigert unterhaltspflichtig**; seit 1998 stellt § 1603 II 2 BGB den minderjährigen die volljährigen Kinder bis zur Vollendung des 21. Lebensjahres gleich, die sich in der allg Schulbildung befinden und unverheiratet im Haushalt eines Elternteils leben (sog privilegierte volljährige Kinder, noch Rdn 218). Die Eltern sind verpflichtet, alle verfügbaren Mittel gleichmäßig zu ihrem und zum Unterhalt der Kinder iS des § 1603 II BGB zu verwenden (Grundsatz der gleichmäßigen Teilung). Nach der Ehescheidung besteht ein Vorrang des Kindesunterhalts vor dem Ehegattenunterhalt: Der geschiedene Ehegatte kann Unterhalt nur vom bereinigten Nettoeinkommen des Unterhaltspflichtigen verlangen; vorab sind Unterhaltslasten ggü minderjährigen Kindern abzuziehen (BGH 25.11.1998, XII ZR 98/97, NJW 1999, 717; 6.2.2008, XII ZR 14/06, NJW 2008, 1663). In Mangelfällen, also dann, wenn der Unterhaltspflichtige nicht in der Lage ist, allen Unterhaltsberechtigten vollen Unterhalt zu leisten, haben die minderjährigen und die privilegierten volljährigen Kinder seit dem 1.1.2008 gem § 1609 Nr 1 BGB Vorrang vor allen anderen Unterhaltsgläubigern. Für die Sozialauswahl heißt das: Unterhaltspflichten ggü **minderjährigen Kindern müssen berücksichtigt werden, sie dürfen nicht geringer bewertet werden als Unterhaltspflichten ggü Ehegatten**. Dem trägt etwa ein Punkteschema Rechnung, dass 10 Punkte je unterhaltsberechtigtem Kind und 5 Punkte für jede andere unterhaltsberechtigte Person vergibt (BAG 12.3.2009, 2 AZR 418/07, EzA § 1 KSchG Interessenausgleich Nr 17), noch Rdn 219. Die Sozialauswahl nach einer Punktetabelle, die den Status »verheiratet« mit 8 Punkten belohnt, für jedes Kind aber nur 4 Punkte gutschreibt, berücksichtigt entg dem BAG (18.1.1990, 2 AZR 357/89, EzA § 1 KSchG Soziale Auswahl Nr 28 u 5.12.2002, 2 AZR 549/01, EzA § 1 KSchG Soziale Auswahl Nr 49) soziale Gesichtspunkte nicht ausreichend iSd § 1 III (Rdn 168); eine entspr Punktwertung ist grob fehlerhaft iSd § 1 IV. Noch Rdn 218 zu privilegierten volljährigen Kindern.

217 Dass die Unterhaltspflicht ggü gemeinsamen Kindern aus §§ 1601 ff BGB in der intakten Ehe durch die Pflicht der Ehegatten zum **Familienunterhalt aus §§ 1360, 1360a BGB überlagert** wird, der den Unterhaltsbedarf der gemeinsamen Kinder mit abdeckt, ändert nichts an deren zwingender Berücksichtigung in der Sozialauswahl: Zwar sind Schuldner und Gläubiger des Anspruchs auf Familienunterhalt aus §§ 1360, 1360a BGB lediglich die Ehegatten und scheitern eigene Ansprüche der Kinder gegen ihre Eltern aus §§ 1601 ff BGB, solange ihr Unterhaltsbedarf über §§ 1360, 1360a BGB mit gedeckt wird, da die Kinder dann nicht iSd § 1602 BGB bedürftig sind (BGH 20.11.1996, XII ZR 70/95, NJW 1997, 735). Für das Maß, in dem der AN auf den Erhalt seines Arbeitsplatzes angewiesen ist, um seine Familie zu ernähren (Rdn 206), ist es aber unerheblich, ob er mit seinem Arbeitseinkommen rechtl nur den Anspruch seines Ehegatten auf Familienunterhalt befriedigt, der den Unterhaltsbedarf der gemeinsamen Kinder einschließt, oder, ob er rechtl selbstständige Unterhaltsansprüche sowohl des Ehegatten als auch der Kinder befriedigt. Die **Höhe der Unterhaltsleistungen** des AN ggü seinen Kindern ist für die Sozialauswahl **nicht maßgeblich**; die Zahl der Unterhaltsabhängigen muss **nach Köpfen** gezählt werden: Vergleichbare AN verdienen ohnehin idR etwa gleich viel, sodass typisierend davon ausgegangen werden kann, dass sie in gleichem Maße zum Unterhalt ihrer Kinder beisteuern.

218 Unterhaltspflichten ggü **volljährigen Kindern** dürfen, aber **müssen** in der Sozialauswahl **nicht** berücksichtigt werden: Hinreichenden Bezug zum Arbeitsverhältnis haben Unterhaltspflichten nur, wenn der AN als Unterhaltsschuldner für die finanzielle Existenz seiner Familie auf das Arbeitseinkommen angewiesen ist (Rdn 206). Kinder nach Abschluss der allg Schulbildung sind aber grds in der Lage, für sich selbst zu sorgen. Auch wenn das Kind wegen Arbeitslosigkeit Unterhalt beanspruchen kann (Rdn 215), ist es grds selbst für seinen Unterhalt verantwortlich. Der Vorrang des § 1609 Nr 1 BGB und die nach § 1603 II 2 BGB gesteigerte Unterhaltspflicht scheint aber zumindest die Berücksichtigung der **privilegierten Volljährigen** in der Sozialauswahl zu erzwingen (Rdn 216). Das Familienrecht stellt die unter 21-Jährigen in der allg Schulbildung den minderjährigen Kindern aber nicht vollständig gleich. Insb kann ein Elternteil seine Unterhaltspflicht nur gegenüber einem minderjährigen Kind durch bloße Betreuung erfüllen, § 1606 III 2 BGB; mit Volljährigkeit des Kindes schulden sowohl der Vater als auch die Mutter Unterhalt in Geld anteilig nach ihren zusammengerechneten Einkünften, § 1606 III 1 BGB. Hat das Kind 2 Barunterhaltsschuldner, ist es nicht geboten, die Unterhaltspflicht eines Elternteils in der Sozialauswahl zu berücksichtigen und so

das Risiko des Arbeitsplatzverlustes auf konkurrierende AN abzuwälzen. Deshalb darf sich der AG darauf beschränken, in die Sozialauswahl nur die minderjährigen Kinder des AN einzubeziehen (**abw** KDZ/ *Deinert* § 1 Rn 652). Da Nachforschungen zur konkreten Unterhaltslast den AG überfordern, berücksichtigt er Unterhaltspflichten ausreichend iS des § 1 III, wenn er pauschal alle minderjährigen Kinder der AN in der Sozialauswahl beachtet – selbst wenn diese Kinder, etwa nach Hauptschulabschluss und Lehre schon selbst für sich sorgen können und mangels Bedürftigkeit iS des § 1602 BGB keinen Unterhaltsanspruch gegen ihre Eltern haben (*Kaiser* NZA 2008, 665, 669; im Ergebnis auch *Strick*, Familie und arbeitsrechtl Bestandsschutz, in ZAAR-Schriftenreihe Bd 9, 2007, S 79, 93 f).

dd) Unterhaltspflichten gegenüber Ehegatten. Wegen §§ 1360 S 1, 1360a BGB (Rdn 215) **muss** der AG Unterhaltspflichten des AN ggü seinem Ehegatten in der Sozialauswahl berücksichtigen (BAG 29.1.2015, 2 AZR 164/14, EzA § 1 KSchG Soziale Auswahl Nr 87 [Rn 22]); diese Pflicht zum Familienunterhalt ist Ausfluss der nach § 1353 I 2 BGB wechselseitig geschuldeten ehelichen Solidarität. Die Unterhaltspflicht aus §§ 1360, 1360a BGB ist die einzige Unterhaltspflicht, die weder eine Bedürftigkeit des Unterhaltsgläubigers noch die Leistungsfähigkeit des Unterhaltsschuldners voraussetzt: Jeder Ehegatte schuldet dem anderen Unterhalt, auch wenn dieser vermögend oder erwerbstätig und dadurch in der Lage ist, sich selbst zu unterhalten. In Sozialauswahlrichtlinien **müssen** AN daher Punkte für die ggü ihrem Ehegatten bestehenden Unterhaltspflichten erhalten; die Punktezahl darf **die für Unterhaltspflichten ggü Kindern festgesetzte Punktezahl aber nicht übersteigen** (s Rdn 216). Entspr Punkteschemata hat das BAG zutreffend gebilligt (BAG 23.11.2000, 2 AZR 533/99, EzA § 1 KSchG Soziale Auswahl Nr 46 [je Kind u Ehegatten 3 Punkte], 6.7.2006, 2 AZR 442/05, EzA § 1 KSchG Soziale Auswahl Nr 69 [5 Punkte je Kind u 4 Punkte für verheiratete AN] u 6.11.2008, 2 AZR 523/07, EzA § 1 KSchG Soziale Auswahl Nr 82 [je Kind 7 Punkte u 5 Punkte für Ehegatten u eingetragene Lebenspartner]; 12.3.2009, 2 AZR 418/07, EzA § 1 KSchG Interessenausgleich Nr 17 [je Kind 10 Punkte u 5 Punkte für andere]). Eine Sozialauswahl, die – etwa angelehnt an die frühere Hammer Tabelle – Unterhaltspflichten ggü **Ehegatten gar nicht berücksichtigt**, verstößt gegen § 1 III und ist **grob fehlerhaft** iSd § 1 IV u V (BAG 28.6.2012, 6 AZR 682/10, EzA § 125 InsO Nr 7 [Rn 52 f]; zum Inhalt der Hammer Tabelle BAG 12.10.1979, 7 AZR 959/77, EzA § 1 KSchG Betriebsbedingte Kündigung Nr 12: 5 Punkte je unterhaltsberechtigtem Kind), sofern die Sozialauswahl nicht aus anderen Gründen zufällig zum richtigen Ergebnis führt (dazu Rdn 169); zum Geschiedenenunterhalt aber Rdn 222 ff.

Str ist, ob der AG berücksichtigen darf, dass der Ehegatte des AN ebenfalls durch Erwerbstätigkeit Geld verdient (missverständlich **Doppelverdienst** genannt). Ein Punkteschema, das lediglich Unterhaltspflichten ggü Ehegatten ohne eigenes Einkommen berücksichtigt, ist angesichts §§ 1360, 1360a BGB (Rdn 219) keine zulässige Grundlage für die Sozialauswahl (*Fischermeier* NZA 1997, 1089, 1094; auch *Stahlhacke/ Preis/Vossen* Rn 1088; **so aber** mit schiefer Begründung LAG Berl 9.7.2004, 6 Sa 591/04, LAGE § 1 KSchG Soziale Auswahl Nr 45). Wegen eines Doppelverdienstes möglich ist daher nur ein Abzug von den Sozialpunkten für Unterhaltspflichten ggü Ehegatten (vgl BAG 29.1.2015, 2 AZR 164/14, EzA § 1 KSchG Soziale Auswahl Nr 87 [Rn 23]; LAG Hamm 21.8.1997, 4 Sa 166/97, LAGE § 1 KSchG Soziale Auswahl Nr 21) oder ein Zuschlag für Alleinverdiener (so *Löwisch/Röder/Krieger* BB 2008, 610, 612). Da § 1 III 1 lediglich Unterhaltspflichten des AN, nicht aber dessen Unterhaltsansprüche (gegen seinen Ehegatten) in die Sozialauswahl einbezieht (BAG 29.1.2015, 2 AZR 164/14), könnte der Doppelverdienst nur berücksichtigt werden, wenn die Einkünfte des Ehegatten die Unterhaltspflicht des AN nach § 1360 BGB mindern (so LAG Hamm 21.8.1997, 4 Sa 166/97, LAG Nds 11.6.2001, 5 Sa 1832/00 u LAG Düsseldorf 4.11.2004, 11 Sa 957/04, LAGE § 1 KSchG Soziale Auswahl Nr 21, Nr 37 u Nr 47; auch LAG Berl-Bbg 18.5.2011, 20 Sa 155/11, [Rn 15]; LSW/*Löwisch* § 1 Rn 456; *Krause* in: *v Hoyningen–Huene/Linck* § 1 Rn 981; APS/*Kiel* § 1 Rn 724; KR/*Griebeling/Rachor* § 1 Rn 677a; KDZ/*Deinert* § 1 Rn 653; auch ErfK/ *Oetker* § 1 Rn 333a) bzw den Alleinverdiener höhere Unterhaltspflichten träfen als den Ehegatten in der Doppelverdienerehe. Das ist **familienrechtl falsch**: Dass beide Ehegatten Geld verdienen, ändert nichts am beiderseitigen Unterhaltsanspruch nach § 1360 BGB, der gerade nicht davon abhängt, dass ein Ehegatte bedürftig, also außerstande ist, durch Arbeit oder Vermögen selbst für seinen Unterhalt aufzukommen (Rdn 219). Zwar sind die ArbG nicht zwingend an familienrechtl Wertungen gebunden. Dass der Ehegatte des AN selbst Geld verdient, mindert dessen Unterhaltsanspruch aber auch faktisch nicht: Für die Höhe des Familienunterhalts sind die ehelichen Lebensverhältnisse maßgeblich, die sich in 1. Linie nach dem verfügbaren Nettoeinkommen richten (BGH 15.10.2003, XII ZR 122/00, NJW 2004, 674 mN; NK-BGB/ *Kaiser* § 1360 Rn 12); sind beide Ehegatten berufstätig, erhöht sich mit dem erhöhten Einkommen der Lebensbedarf der Familie und diese ist auf beide Einkommen angewiesen. Zudem bestrafte man durch den

§ 1 KSchG   Sozial ungerechtfertigte Kündigungen

Abzug von Sozialpunkten die Ehegatten für ihre durch § 1356 II BGB ausdrücklich gebilligte Entsch, sich Erwerbstätigkeit und Haushaltsführung zu teilen.

221 Die Berücksichtigung des Arbeitseinkommens von Ehegatten verlangt entweder eine pauschalierte Betrachtung – jeder, auch noch so geringe Verdienst führt als Doppelverdienst zum Punktabzug oder zum Wegfall des Alleinverdienerzuschlags – oder aber intensive Nachforschungen in der Privatsphäre des AN zur Höhe des Ehegatteneinkommens. Eine in letzterem Sinne nach der Höhe des Ehegattenverdienstes differenzierende Sozialauswahl widerspricht für Sozialauswahl-RL iSd § 1 IV und Namenslisten iSd § 1 V aber der Absicht des Gesetzgebers, iRd Sozialauswahl für **Rechtssicherheit** zu sorgen (BAG 21.1.1999, 2 AZR 624/98, EzA § 1 KSchG Soziale Auswahl Nr 39 zu § 1 V). Das gilt für § 1 III 1 idF seit dem 1.1.2004 in gleichem Maße. Ist eine differenzierende Betrachtung nicht möglich, muss **pauschalierend jeder geringe Hinzuverdienst** des Ehegatten zum Abzug von Sozialpunkten führen, obwohl der AN tatsächlich als Hauptverdiener in hohem Maße auf die Fortsetzung des Arbeitsverhältnisses angewiesen ist – ein **mit den Grundsätzen der Sozialauswahl nicht vereinbares Ergebnis**. Das Arbeitseinkommen des AN-Ehegatten ist zudem nur eines von mehreren Kriterien, die die konkrete Schutzbedürftigkeit des AN herabsetzen können. Darf man aber die Vermögensverhältnisse des AN (ebenso mietfreies Wohnen) und seine Nebeneinkünfte angesichts der abschließenden Aufzählung der Sozialauswahlkriterien in § 1 III nicht berücksichtigen (Rdn 228), ist es **willkürlich**, lediglich das AN-Ehegatteneinkommen herauszugreifen. Eine Sozialauswahl, die den Doppelverdienst berücksichtigt, beachtet daher Sozialauswahlkriterien **nicht ausreichend** iSd § 1 III 1 (das BAG hält den AG zumindest nicht für verpflichtet, den Doppelverdienst zulasten des AN zu berücksichtigen: 8.8.1985, 2 AZR 464/84, EzA § 1 KSchG Soziale Auswahl Nr 21 u 5.12.2002, 2 AZR 549/01, EzA § 1 KSchG Soziale Auswahl Nr 49).

222 Nach der **Ehescheidung** ist nur der bedürftige Ehegatte, also nur derjenige unterhaltsberechtigt, der außerstande ist, seinen Unterhalt durch eigene Erwerbstätigkeit zu decken (§§ 1569, 1577 BGB). Nach den in **§§ 1570–1576 BGB abschließend aufgezählten Unterhaltstatbeständen** kann ein geschiedener Ehegatte Unterhalt verlangen, sofern Alter oder Krankheit die Aufnahme einer Erwerbstätigkeit bei der Scheidung oder im nahtlosen Anschluss an einen anderen Unterhaltsanspruch hindern (§§ 1571, 1572 BGB); er hat Anspruch auf Erwerbslosenunterhalt, wenn er trotz ernstlicher und nachhaltiger Erwerbsbemühungen keine angemessene Erwerbstätigkeit finden kann (§ 1573 I BGB); ist ihm lediglich eine Teilzeitbeschäftigung zuzumuten, die seinen Unterhalt nicht vollständig deckt, hat er Anspruch auf Aufstockungsunterhalt (§ 1573 II BGB). Zentraler Unterhaltstatbestand ist § 1570 BGB, nach dem der Ehegatte Unterhalt verlangen kann, soweit von ihm eine Erwerbstätigkeit wegen der Pflege oder Erziehung eines oder mehrerer gemeinschaftlicher Kinder nicht erwartet werden kann. Hat der AN, etwa die trotz Kinderbetreuung erwerbstätige Mutter, Anspruch auf Geschiedenenunterhalt, treffen ihn keinerlei Unterhaltspflichten ggü dem Ehegatten. Der AG kann daher nicht auf das Kriterium »geschieden« abstellen und dafür Punkte vergeben, sondern muss ermitteln, ob der AN tatsächlich unterhaltspflichtig ist. Angesichts der schwierigen unterhaltsrechtl Fragen und des Zwecks der Sozialauswahl empfiehlt es sich, **Unterhaltspflichten ggü geschiedenen Ehegatten nicht in der Sozialauswahl zu berücksichtigen** (abl KDZ/*Deinert* § 1 Rn 654; KR/*Griebeling/Rachor* § 1 Rn 676): Mithilfe der Sozialauswahl soll der AN ermittelt werden, der stärker als andere vergleichbare AN auf den Erhalt seines Arbeitsplatzes angewiesen ist. Da es um die Interessen des AN am Erhalt seines Arbeitsplatzes geht, ist es zumindest erlaubt, wenn nicht sogar geboten, Unterhaltspflichten des AN nur insoweit zu berücksichtigen, als dieser ein **spezifisches Interesse am Unterhalt Dritter** hat, Rdn 206. Ein bes persönliches Interesse am Unterhalt des geschiedenen Ehegatten hat der AN idR nicht. Die Nichtberücksichtigung des Geschiedenenunterhalts entspricht der Praxis, die auf das Kriterium »verheiratet« oder »Ehegatte« abstellt, gleich Rdn 223. Allein die Unterhaltspflicht aus § 1570 BGB muss in der Sozialauswahl berücksichtigt werden, solange die Mutter ein gemeinsames Kind unter 3 Jahren betreut; anderenfalls wird § 1 III–V nicht genügt: Die Unterhaltspflicht ggü der Kinder betreuenden Mutter aus § 1570 BGB dient wie die ggü der Kinder betreuenden nichtehelichen Mutter aus § 1615l BGB dem Kindeswohl und damit mittelbar einer Person, an deren Unterhalt der AN ein persönliches Interesse hat (Rdn 206); der Unterhaltsanspruch aus § 1570 BGB steht wie der aus § 1615l BGB in Mangelfällen im 2. Rang (Rdn 209). § 1570 I S 1 BGB befristet den Anspruch auf Betreuungsunterhalt – wie § 1615l II 3 BGB – grds auf die ersten 3 Lebensjahre des Kindes (Rdn 209); für diesen Zeitraum ist eine Berücksichtigung der Unterhaltspflicht aus § 1570 BGB geboten (*Kaiser* NZA 2008, 665, 669).

223 Schwieriger ist es, wenn die Eheleute noch nicht geschieden sind, aber **iSd § 1567 BGB dauernd getrennt leben**: Mit dem Getrenntleben endet die Pflicht zum Familienunterhalt nach §§ 1360, 1360a BGB (Rdn 219). Nach **§ 1361 BGB** kann nur der bedürftige Ehegatte Unterhalt in Form einer monatlichen Geldrente verlangen. Der getrennt lebende AN ist daher **möglicherweise Unterhaltsschuldner**, so typischerweise der Mann, kann aber auch **Unterhaltsgläubiger** sein, dessen Erwerbstätigkeit lediglich seine

Bedürftigkeit mindert, aber nicht wegfallen lässt. Punkteschemata, die **pauschal auf den Status »verheiratet« oder auf den »Ehegatten«** abstellen, berücksichtigen Unterhaltspflichten **nicht ausreichend iSd § 1 III 1**, da sie auch den AN begünstigen, der trotz Erwerbstätigkeit Unterhaltsgläubiger ist (nicht problematisiert von BAG 18.1.1990, 2 AZR 357/89, EzA § 1 KSchG Soziale Auswahl Nr 28, 23.11.2000, 2 AZR 533/99, EzA § 1 KSchG Soziale Auswahl Nr 42, 2.12.1999, 2 AZR 757/98, EzA § 1 KSchG Soziale Auswahl Nr 46, 5.12.2002, 2 AZR 549/01, EzA § 1 KSchG Soziale Auswahl Nr 49, 6.7.2006, 2 AZR 442/05, EzA § 1 KSchG Soziale Auswahl Nr 69 u 6.11.2008, 2 AZR 523/07, EzA § 1 KSchG Soziale Auswahl Nr 82). Der AG muss daher zum einen nachfragen, ob der AN dauernd von seinem Ehegatten getrennt lebt, und zum anderen, ob er diesem Unterhalt schuldet. Nur den getrennt lebenden AN, den aktuell Unterhaltspflichten treffen, darf der AG in der Sozialauswahl berücksichtigen.

ee) Unterhaltspflichten gegenüber Eltern. Da § 1 III nicht bezweckt, den Unterhaltsgläubigern des AN ihren Unterhaltsanspruch zu erhalten, sondern das bes Interesse des AN schützt, seinen Arbeitsplatz zu erhalten, um ihm nahe stehenden Personen Unterhalt zu leisten (Rdn 222), dürfen Unterhaltspflichten ggü Eltern in der Sozialauswahl berücksichtigt werden (BAG 12.3.2009, 2 AZR 418/07, EzA § 1 KSchG Interessenausgleich Nr 17), dies ist **aber nicht notwendig**: Am Unterhalt seiner Eltern hat der AN typischerweise kein gesteigertes Interesse (abl KR/*Griebeling/Rachor* § 1 Rn 676). Auch das Familienrecht sieht Unterhaltspflichten ggü den Eltern als atypische Belastung an: In Mangelfällen (Rdn 216) stehen die Eltern nach § 1609 Nr 6 BGB im sechsten Rang – hinter allen Kindern, Ehegatten und der nach § 1615l BGB unterhaltsberechtigten Mutter eines nichtehelichen Kindes. Auch der Selbstbehalt des Unterhaltsschuldners, also der Betrag, den er für seinen eigenen Unterhalt verwenden darf, ist bei Unterhaltspflichten ggü Eltern höher angesetzt: Der Unterhaltsschuldner muss es nicht hinnehmen, dass sein berufs- und einkommenstypisches Unterhaltsniveau spürbar und dauerhaft gesenkt wird; er muss nicht mehr von seinem Einkommen für die Eltern einsetzen, als ihm selbst verbleibt (BGH 23.10.2002, XII ZR 266/99, NJW 2003, 128). Wollen AG und BR Unterhaltspflichten ggü Eltern gleichwohl in der Sozialauswahl berücksichtigen, müssen sie diese Unterhaltspflichten mit weniger Punkten bewerten als die Unterhaltspflichten ggü Kindern und Ehegatten. Andernfalls sind Kindes- und Ehegattenunterhalt nicht iSd § 1 III ausreichend berücksichtigt (Rdn 216, 219). 224

Individuelle Abreden vermögen die Sozialauswahl nicht zu beeinflussen. Entg der hM (BAG 7.12.1995, 2 AZR 1008/94, EzA § 1 KSchG Soziale Auswahl Nr 35; LSW/*Löwisch* § 1 Rn 455 mwN) darf der AG daher bei der Abschlussprüfung (»Handsteuerung«, Rdn 169) bei einem sozial nicht schutzbedürftigen AN **nicht berücksichtigen, dass sein Vater zu seinen Gunsten auf den Arbeitsplatz verzichtet** (auch KDZ/*Deinert* § 1 Rn 652). Dass dieser Verzicht zu akzeptieren sei, weil er dem familienrechtl Wertungen des § 1606 BGB entspreche, nach denen im Verhältnis Vater/Sohn bei Arbeitslosigkeit eher der Sohn den Vater unterhalten muss als umgekehrt, trifft nicht zu: § 1606 I BGB regelt die Rangfolge der Unterhaltspflichtigen bei Bedürftigkeit eines Dritten, dh der Sohn ist seinem Vater vor dessen Vater (Großvater) unterhaltspflichtig. Unterhaltspflichten der Eltern ggü volljährigen Kindern, die ihren Lebensunterhalt grds selbst verdienen, und von Kindern ggü ihren Eltern, bestehen aber in jede Richtung nur ausnahmsweise (Rdn 218 u 224). 225

d) Schwerbehinderung. Seit 1.1.2004 ist auch die **Schwerbehinderung** der AN ein Sozialauswahlkriterium. Damit kommt der Gesetzgeber seiner Schutzpflicht aus Art 3 III 2 GG nach. Geschützt sind nicht nur die nach § 2 II SGB IX anerkannten Schwerbehinderten, sondern auch die nach § 2 III SGB IX Gleichgestellten (statt aller KR/*Griebeling/Rachor* § 1 Rn 678a). Eine Behinderung kann der AG auch ohne Feststellung der Behinderung durch das Integrationsamt berücksichtigen (BAG 17.3.2005, 2 AZR 4/04, EzA § 1 KSchG Soziale Auswahl Nr 58 zum KSchG idF vom 19.12.1998 ohne abschließende Aufzählung der Sozialauswahlkriterien; HWK/*Quecke* § 1 Rn 379; ErfK/*Oetker* § 1 Rn 334; abw *Stahlhacke/Preis/Vossen* Rn 1090; für die Gleichstellungsentscheidung LSW/*Löwisch* § 1 Rn 457; KR/*Griebeling/Rachor* § 1 Rn 678a). Als ausreichend iSd § 1 III 1 hat es das BAG gebilligt, dass AN für je 10% Erwerbsminderung einen Punkt erhalten (BAG 6.7.2006, 2 AZR 442/05, EzA § 1 KSchG Soziale Auswahl Nr 69). Insb zur Vorbereitung beabsichtigter Kdg darf der AG die AN, auch in Fragebögen, jedenfalls nach Ablauf der Sechsmonatsfrist des § 90 I Nr 1 SGB IX mit Erwerb des Sonderkündigungsschutzes nach §§ 85 ff SGB IX nach einer etwaigen Schwerbehinderung fragen, um diese in der Sozialauswahl berücksichtigen sowie §§ 85 ff SGB IX beachten zu können; die Frage diskriminiert die AN weder entg §§ 1, 3, 7 AGG noch ist sie datenschutzwidrig (BAG 16.2.2012, 6 AZR 553/10, EzA § 3 AGG Nr 7). Verneint der AN die Frage wahrheitswidrig, ist es ihm wegen widersprüchlichen Verhaltens verwehrt, sich im Kdg-Schutzprozess auf seine Schwerbehinderteneigenschaft zu berufen (BAG 16.2.2012, 6 AZR 553/10 zu § 85 SGB IX). 226

227 Obwohl mit der Beschränkung auf schwerbehinderte und ihnen gleichgestellte Menschen iSd § 2 II und III SGB IX nicht alle behinderten Menschen iSd § 2 I SGB IX erfasst werden, sondern nur solche mit einem Grad der Behinderung >50 (§ 2 II SGB IX) oder >30<50 (§ 2 III SGB IX), verstößt § 1 III 1 **nicht gegen** das Diskriminierungsverbot aus Art 2 II lit a der **Gleichstellungsrahmen-RL (2000/78/EG)**: Es liegt im zulässigen Ermessensspielraum des nationalen Gesetzgebers, nur Menschen mit schweren Behinderungen bes vor Kdg zu schützen (LSW/*Löwisch* § 1 Rn 457; auch KDZ/*Deinert* § 1 Rn 657).

228 **e) Abschließende Aufzählung.** Der AG darf in der Sozialauswahl nach § 1 III 1 nur auf die Betriebszugehörigkeit, das Lebensalter, die Unterhaltspflichten und die Schwerbehinderung der AN abstellen. Andere Gesichtspunkte, etwa Gesundheitsbeeinträchtigungen des AN durch einen Arbeitsunfall, die Pflegebedürftigkeit von Angehörigen, die Betreuung von Kindern bis zur Vollendung des 12. Lebensjahres im eigenen Haushalt unabhängig vom (und ggf zusätzlich zum) Bestehen einer Unterhaltspflicht, das soziale Engagement des AN für die Belegschaft oder die bes Schwierigkeiten des AN, eine neue Arbeitsstelle zu finden, dürfen nicht berücksichtigt werden (BAG 31.5.2007, 2 AZR 276/06, EzA § 1 KSchG Soziale Auswahl Nr 77, 12.8.2010, 2 AZR 945/08, EzA § 1 KSchG Soziale Auswahl Nr 79 u 29.1.2015, 2 AZR 164/14, EzA § 1 KSchG Soziale Auswahl Nr 87 [Rn 12] jew mwN; 24.10.2013, 6 AZR 854/11, EzA § 125 InsO Nr 11 [Rn 35]; aA ErfK/*Oetker* § 1 Rn 335 mwN; KDZ/*Deinert* § 1 Rn 655; LSW/*Löwisch* § 1 Rn 460). Zusätzliche Faktoren und Kriterien können aber ergänzend bei der Gewichtung der Sozialdaten berücksichtigt werden, soweit sie zu diesen einen unmittelbaren Bezug haben; etwa darf der AG bei einem Alterunterschied zweier AN von anderthalb Jahren davon ausgehen, dass diese ähnlich gute Vermittlungschancen auf dem Arbeitsmarkt haben (vgl BAG 29.1.2015, 2 AZR 164/14 [Rn 11, 19]). Haben AN dem Übergang ihres Arbeitsverhältnisses auf einen Dritten **nach § 613a BGB widersprochen**, und wird ihnen betriebsbedingt gekündigt, sind sie in die Sozialauswahl einzubeziehen (BAG 18.3.1999, 8 AZR 190/98, EzA § 1 KSchG Soziale Auswahl Nr 40 u 22.4.2004, 2 AZR 244/03, EzA § 1 KSchG Soziale Auswahl Nr 53; 24.2.2000, 8 AZR 167/99, EzA § 102 BetrVG 1972 Nr 104); die Gründe für den Widerspruch des AN, insb dass er seine Arbeitsmöglichkeit aus freien Stücken aufgegeben und erst dadurch ein dringendes betriebliches Erfordernis für die Kdg geschaffen hat, sind wegen der in § 1 III abschließend aufgezählten Sozialauswahlkriterien nicht zu berücksichtigen (BAG 31.5.2007, 2 AZR 276/06, EzA § 1 KSchG Soziale Auswahl Nr 77 mwN unter Aufgabe von BAG 18.3.1999, 8 AZR 190/98 u 22.4.2004, 2 AZR 244/03).

229 **f) Beweislast.** Nach § 1 III 3 muss der AN die Tatsachen, aus denen sich die Unrichtigkeit der Sozialauswahl ergibt, darlegen und beweisen. Nach den Grundsätzen der **abgestuften Darlegungslast** muss er darlegen, dass die Sozialauswahl fehlerhaft ist: Er muss die AN, denen an seiner Stelle hätte gekündigt werden müssen, namentlich benennen, und muss unter Angabe der individuellen Sozialdaten darlegen, warum diese deutlich weniger schutzbedürftig sind als er (BAG 8.8.1985, 2 AZR 464/84, EzA § 1 KSchG Soziale Auswahl Nr 21 u 21.7.1988, 2 AZR 75/88, EzA § 1 KSchG Soziale Auswahl Nr 26; 7.5.1998, 2 AZR 536/97, EzA § 1 KSchG Interessenausgleich Nr 5). Verfügt der AN nicht über die maßgeblichen Informationen und fordert er den AG zur Mitteilung der Auswahlgründe auf, geht die Darlegungslast auf den **AG** über. Dafür braucht der AN nicht ausdrücklich Auskunft zu verlangen, sondern es genügt jeder Vortrag, der erkennen lässt, dass er die Auswahlgesichtspunkte nicht kennt, sie aber kennen möchte (BAG 18.10.1984, 2 AZR 61/83, EzA § 1 KSchG Betriebsbedingte Kündigung Nr 33). Der AG muss dann aufgrund seiner **Auskunftspflicht aus § 1 III 1 Hs 2** substanziiert vortragen und die für die Sozialauswahl in Betracht kommenden AN namentlich angeben sowie die sozialen Gesichtspunkte und die Maßstäbe nennen, nach denen er diese Gesichtspunkte abgewogen hat (BAG 21.7.1988, 2 AZR 75/88). Ebenso muss er mitteilen, aus welchen Gründen er einzelne AN nach § 1 III 2 aus der Sozialauswahl ausgeklammert hat (Rdn 200). Der AN hat keinen Anspruch darauf, dass die Sozialdaten aller objektiv vergleichbaren AN vollständig aufgelistet werden; der AG muss nur seine subjektiven, von ihm tatsächlich angestellten Überlegungen mitteilen (BAG 21.7.1988, 2 AZR 75/88; 15.6.1989, 2 AZR 580/88, EzA § 1 KSchG Soziale Auswahl Nr 27 u 5.12.2002, 2 AZR 697/01, EzA § 1 KSchG Soziale Auswahl Nr 52). Gibt der AG Auskunft, springt die Darlegungslast wieder auf den AN zurück und ist dieser voll darlegungs- und beweispflichtig. Gibt der AG keine oder keine vollständige Auskunft, genügt der AN seiner Vortragslast mangels besserer Kenntnisse hingegen schon, wenn er vorträgt, es gäbe sozial stärkere AN (BAG 21.7.1988, 2 AZR 75/88, 15.6.1989, 2 AZR 580/88 u 5.12.2002, 2 AZR 697/01; 27.9.2012, 2 AZR 516/11, EzA § 1 KSchG Interessenausgleich Nr 25 [Rn 47]). Zur Beweislast für die Vergleichbarkeit Rdn 199 f.

230 Hat der AG entg § 1 III **keine Sozialauswahl vorgenommen**, steht damit zwar nicht fest, dass die Kdg fehlerhaft sind, da auch ein unrichtiges Verhalten zufällig zu richtigen Ergebnissen führen kann. Es spricht in diesem Fall jedoch eine vom AG auszuräumende tatsächliche Vermutung dafür, dass die Auswahl auch im Ergebnis sozialwidrig ist (BAG 17.1.2002, 2 AZR 15/01, EzA § 1 KSchG Soziale Auswahl Nr 47); der

AG muss näher darlegen, weshalb soziale Gesichtspunkte im Ergebnis ausreichend berücksichtigt worden sind (BAG 17.1.2002, 2 AZR 15/01 u 24.3.2005, 2 AZR 214/04, EzA § 1 KSchG Soziale Auswahl Nr 59).

4. Kdg aufgrund Sozialauswahlrichtlinie (§ 1 IV). Kündigt der AG aufgrund einer Sozialauswahlrichtlinie in einem TV oder in einer BV nach § 95 BetrVG oder aufgrund einer personalvertretungsrechtl Richtlinie, etwa nach § 76 II Nr 8 BPersVG, die die Bewertung der Sozialauswahlkriterien des § 1 III 1 zueinander festlegt, kann die Kdg nach § 1 IV nur auf **grobe Fehlerhaftigkeit,** also darauf überprüft werden, ob die Gewichtung der sozialen Kriterien Alter, Betriebszugehörigkeit, Unterhaltspflichten und Schwerbehinderung jede Ausgewogenheit vermissen lässt (BAG 21.1.1999, 2 AZR 624/98, EzA § 1 KSchG Soziale Auswahl Nr 39, 12.4.2002, 2 AZR 706/00, EzA § 1 KSchG Soziale Auswahl Nr 48, 5.12.2002, 2 AZR 697/01, EzA § 1 KSchG Soziale Auswahl Nr 52 u 18.3.2010, 2 AZR 468/08, EzA § 1 KSchG Soziale Auswahl Nr 83). Auswahlrichtlinien in einem TV gelten als Betriebsnormen iSd § 3 II TVG unabhängig von der Tarifbindung der AN (§ 3 TVG Rdn 24). Grobe Fehlerhaftigkeit hat das BAG in einem Fall bejaht, in dem der AG einen im Zeitpunkt der Kdg 27 Jahre alten, unverheirateten und kinderlosen AN mit 8 Jahren Betriebszugehörigkeit nach § 1 III S 2 aus der Sozialauswahl herausgenommen hatte, während der gekündigte 41 Jahre alte AN verheiratet war, 2 Kinder hatte und dem Betrieb 19 Jahre angehörte (BAG 12.4.2002, 2 AZR 706/00). Eine Auswahl-RL, die eines der Sozialkriterien, das bei allen AN vorliegt (Alter, Betriebszugehörigkeit) nicht oder so gering bewertet, dass es praktisch keinen Ausschlag geben kann, erfüllt die gesetzlichen Vorgaben nicht und ist deswegen nicht geeignet, den AG über § 1 IV zu privilegieren (BAG 18.10.2006, 2 AZR 473/05, EzA § 1 KSchG Soziale Auswahl Nr 70). § 1 IV setzt den Prüfungsmaßstab nur für die **Gewichtung der Sozialdaten zueinander** – enger als § 1 V bei Namenslisten (Rdn 234) – aber nicht für die Sozialauswahl insgesamt herab. Die Festlegung, welche AN miteinander vergleichbar sind (Rdn 174 ff) und welche AN vor der Sozialauswahl nach § 1 III 2 herausgenommen werden, ist daher nach § 1 III vollumfänglich zu überprüfen (*Stahlhacke/Preis/Vossen* Rn 1146 mwN); die Betriebspartner haben hins der Bildung der Vergleichsgruppen aber einen Beurteilungsspielraum (BAG 15.6.1989, 2 AZR 580/88, EzA § 1 KSchG Soziale Auswahl Nr 27).

§ 1 IV gilt **nicht für einseitig durch den AG erlassene Auswahlrichtlinien;** solche können wegen des Mitbestimmungsrechts des BR aus § 95 BetrVG aber nur in Betrieben ohne BR aufgestellt werden. Wendet der AG ein unter Verstoß gegen § 95 I BetrVG aufgestelltes Punkteschema an, führt der Mitbestimmungsverstoß allein nicht zur Unwirksamkeit der ausgesprochenen Kdg (BAG 6.7.2006, 2 AZR 443/05, EzA § 2 KSchG Nr 61). Ein nicht mitbestimmtes Punkteschema darf der AG lediglich zur Vorauswahl verwenden, muss aber anschließend die Besonderheiten des Einzelfalles mithilfe einer sog »Handsteuerung« berücksichtigen (Rdn 169). Ein Punkteschema ist auch dann eine nach § 95 I BetrVG mitbestimmungspflichtige Auswahlrichtlinie, wenn der AG dieses nicht generell auf alle künftigen betriebsbedingten Kdg, sondern nur auf konkret bevorstehende Kdg anwenden will (BAG 26.7.2005, 1 ABR 29/04, EzA-SD 2005, Nr 23, 9; 24.10.2013, 6 AZR 854/11, EzA § 125 InsO Nr 11 [Rn 34]). Bei einer Kdg aufgrund einer Sozialauswahl-RL iSd § 1 IV ist eine »Handsteuerung« angesichts des auf grobe Fehlerhaftigkeit reduzierten Prüfungsmaßstabs und des Zwecks der Vorschrift, Kdg zu erleichtern, nicht notwendig (BAG 9.11.2006, 2 AZR 812/05, EzA § 1 KSchG Soziale Auswahl Nr 71 [Rn 29]; 24.10.2013, 6 AZR 854/11, EzA § 125 InsO Nr 11 [Rn 39]; *Stahlhacke/Preis/Vossen* Rn 1150; APS/*Kiel* § 1 Rn 781; aA in krassen Ausnahmefällen LAG Nds 28.5.2004, 10 Sa 2180/03, LAGE § 1 KSchG Soziale Auswahl Nr 44a).

5. Namensliste (§ 1 V). a) Kündigungserleichterung. § 1 V erleichtert seit dem 1.1.2004 Kdg; dem entsprach § 1 V idF vom 1.10.1996–31.12.1998: Kündigt der AG einem AN, der im Interessenausgleich namentlich für eine Kdg aufgeführt ist, wird **vermutet** (§ 1 V 1), **dass die Kdg durch dringende betriebliche Erfordernisse iSv § 1 II bedingt ist** (näher Rdn 144 ff); zudem kann die Sozialauswahl nach § 1 V 2 nur auf grobe Fehlerhaftigkeit überprüft werden (Rdn 234 ff). Eine speziellere und damit § 1 V verdrängende (BAG 15.12.2011, 8 AZR 692/10, EzA § 613a BGB 2002 Nr 132 [Rn 33]) Parallelvorschrift enthält § 125 InsO, der ausdrücklich auch die Änderungs-Kdg erfasst (noch § 2 Rdn 52) und weiter gehend als § 1 V Ausnahmen zur Sozialauswahl auch zulässt, um eine ausgewogene Personalstruktur erst zu schaffen, näher § 125 InsO Rdn 11. Die Vermutung der Betriebsbedingtheit umfasst grds **auch das Fehlen einer anderweitigen Beschäftigungsmöglichkeit,** also auch darauf, dass der AN im Betrieb nicht zu geänderten Bedingungen (obiter BAG 20.9.2012, 6 AZR 253/11, EzA § 125 InsO Nr 8 [Rn 53]) und nicht auf einem freien Arbeitsplatz im Unternehmen iSd § 1 II 2, 3 weiterbeschäftigt werden kann (BAG 19.7.2012, 2 AZR 386/11, EzA § 1 KSchG Interessenausgleich Nr 24 [Rn 35, 39]; 20.9.2012, 6 AZR 253/11 [Rn 53 ff]), Rdn 150 ff: Schließt der BR den Interessenausgleich ab, wird die fehlende Beschäftigungsmöglichkeit im Betrieb vermutet; schließt der Gesamt-BR nach § 50 BetrVG den Interessenausgleich ab, ist diese Vermutung auf alle

Betriebe des Unternehmens zu erstrecken (BAG 6.9.2007, 2 AZR 715/06, EzA § 1 KSchG Interessenausgleich Nr 14 u 23.10.2008, 2 AZR 163/07, EzA § 1 KSchG Interessenausgleich Nr 16).

234 **Grob fehlerhaft** ist die Sozialauswahl nur bei evidenten, ins Auge springenden, schweren Fehlern, also dann, wenn der Interessenausgleich **jede Ausgewogenheit vermissen lässt** (BAG 21.1.1999, 2 AZR 624/98, EzA § 1 KSchG Soziale Auswahl Nr 39, 23.3.2006, 2 AZR 343/05, EzA § 1 KSchG Soziale Auswahl Nr 72, 15.12.2011, 2 AZR 42/10, EzA § 1 KSchG Soziale Auswahl Nr 84 [Rn 39], 19.7.2012, 2 AZR 352/11, EzA § 1 KSchG Soziale Auswahl Nr 86 [Rn 34] u 29.1.2015, 2 AZR 164/14, EzA § 1 KSchG Soziale Auswahl Nr 87 [Rn 27]; 27.9.2012, 2 AZR 516/11, EzA § 1 KSchG Interessenausgleich Nr 25 [Rn 45]; zu § 125 InsO: 17.11.2005, 6 AZR 107/05, EzA § 125 InsO Nr 4, 24.10.2013, 6 AZR 854/11, EzA § 125 InsO Nr 11 [Rn 26] u 19.12.2013, 6 AZR 790/12, EzA § 125 InsO Nr 12 [Rn 22]), also »ins Auge springt« (BAG 3.4.2008, 2 AZR 879/06, EzA § 1 KSchG Interessenausgleich Nr 15 u 12.3.2009, 2 AZR 418/07, EzA § 1 KSchG Interessenausgleich Nr 17; 20.9.2012, 6 AZR 483/11, EzA § 125 InsO Nr 9 [Rn 26]). Dabei ist die getroffene Auswahl nur dann grob fehlerhaft iSd § 1 V 2, wenn sich ihr Ergebnis als grob fehlerhaft erweist; hingegen kommt es nicht darauf an, ob das Auswahlverfahren beanstandungsfrei durchgeführt worden ist: Ein mangelhaftes Auswahlverfahren kann zufällig zu einem richtigen – nicht grob fehlerhaften – Auswahlergebnis führen (BAG 10.6.2010, 2 AZR 420/09, EzA § 1 KSchG Interessenausgleich Nr 22 mwN; 15.12.2011, 2 AZR 42/10, EzA § 1 KSchG Soziale Auswahl Nr 84 [Rn 39]; 28.6.2012, 6 AZR 682/10, EzA § 125 InsO Nr 7 [Rn 59]; 19.7.2012, 2 AZR 352/11 [Rn 34]; 27.9.2012, 2 AZR 516/11 [Rn 45]; 24.10.2013, 6 AZR 854/11 [Rn 26]; 19.12.2013, 6 AZR 790/12 [Rn 22]). Da sich § 1 V 2 anders als § 1 IV auf die Sozialauswahl insgesamt bezieht (Rdn 231), gilt der auf grobe Fehler reduzierte Prüfungsmaßstab sowohl für die **Gewichtung der 4 Auswahldaten** Betriebszugehörigkeit, Lebensalter, Unterhaltpflichten und Schwerbehinderung (Rdn 201 ff) (bei § 125 InsO nur 3 Sozialdaten: Betriebszugehörigkeit, Lebensalter und Unterhaltpflichten, dazu § 125 InsO Rdn 8) als auch für die **Bildung der Gruppen miteinander vergleichbarer AN** (BAG 21.1.1999, 2 AZR 624/98 u 23.3.2006, 2 AZR 343/05; zuletzt 15.12.2011, 2 AZR 42/10 [Rn 38]; 19.7.2012, 2 AZR 386/11, EzA § 1 KSchG Interessenausgleich Nr 24 [Rn 42] u 27.9.2012, 2 AZR 516/11 [Rn 45]; 19.12.2013, 6 AZR 790/12 [Rn 22]) (Rdn 174 ff) sowie für die Herausnahme von AN aus der Sozialauswahl wegen berechtigter betrieblicher Interessen iSd § 1 III 2 (BAG 10.6.2010, 2 AZR 420/09; 28.8.2003, 2 AZR 368/02, EzA § 125 InsO Nr 1). Grob fehlerhaft ist die Sozialauswahl etwa dann, wenn bei der Bestimmung des Kreises vergleichbarer AN die Austauschbarkeit offensichtlich verkannt worden ist, etwa nur ohne jede Einarbeitungszeit austauschbare AN miteinander verglichen werden (für § 125 InsO BAG 19.12.2013, 6 AZR 790/12 [Rn 43, 47]), oder wenn bei der Anwendung des Ausnahmetatbestandes des § 1 III 2 die betrieblichen Interessen augenfällig überdehnt (zu § 125 InsO BAG 17.11.2005, 6 AZR 107/05) oder die Anforderungen an Kdg nach Altersgruppen verkannt worden sind (BAG 26.3.2015, 2 AZR 478/13, EzA § 1 KSchG Soziale Auswahl Nr 88). Die Verkennung des Betriebsbegriffs, also die Frage, ob AN einer anderen Betriebsstätte in die Auswahl einzubeziehen sind, ist ein Unterfall der Verkennung des auswahlrelevanten Personenkreises: Die Sozialauswahl ist nur dann grob fehlerhaft, wenn der Betriebsbegriff selbst grob verkannt worden ist (BAG 20.9.2012, 6 AZR 483/11, EzA § 125 InsO Nr 9 [Rn 21]; schon 3.4.2008, 2 AZR 879/06, EzA § 1 KSchG Interessenausgleich Nr 15 [Rn 17]). Grob fehlerhaft ist die Sozialauswahl auch dann, wenn sie nicht betriebs-, sondern abteilungsbezogen durchgeführt wird (für § 125 InsO BAG 19.12.2013, 6 AZR 790/12 [Rn 44]); hat der AG die Sozialauswahl falsch auf einzelne Filialen beschränkt, führt dies aber nicht zur Unwirksamkeit der Kdg, wenn in den anderen Filialen keine dem Gekündigten vergleichbaren AN beschäftigt waren (BAG 20.9.2012, 6 AZR 483/11 [Rn 27]). Eine Sozialauswahl ist **nicht grob fehlerhaft, wenn der Punkteabstand** angesichts der zugrunde liegenden Daten **marginal** erscheint (BAG 17.1.2008, 2 AZR 405/06, EzA-SD 2008, Nr 14, 5–6 bei einem Unterschied von 1 $^1/_4$ Punkten des gekündigten zum nicht gekündigten AN; 10.6.2010, 2 AZR 420/09, EzA § 1 KSchG Interessenausgleich Nr 22 [Rn 28]: Unterschied von bis zu 2 Punkten; 18.10.2012, 6 AZR 289/11, EzA § 1 KSchG Betriebsbedingte Kündigung Nr 169 [Rn 49]: Unterschied von 2 bis 4 Punkten; 24.10.2013, 6 AZR 854/11, EzA § 125 InsO Nr 11 [Rn 43]: Unterschied von 2 Punkten); Rdn 231.

235 Grob fehlerhaft ist es auch, wenn AN oder AN-Gruppen entg §§ 1, 3, 7 AGG, Art 9 III 2 GG oder § 4 I TzBfG **diskriminiert** werden, etwa einheimische ggü ausländischen AN bevorzugt werden, oder wenn es dem BR gelingt, dass nur AN nicht benannt werden, die denselben Gewerkschaft angehören wie die BR-Mitglieder. Wird auch nur ein AN entg §§ 1, 3, 7 AGG oder § 75 BetrVG diskriminiert, ist die aufgrund der Namensliste ausgesprochene Kdg nach § 7 II AGG unwirksam, darüber hinaus auch die Namensliste und damit über § 139 BGB idR der gesamte Interessenausgleich; bei Verstößen gegen Art 9 III 2 GG folgt die Unwirksamkeit aus dem GG, bei Verstößen gegen § 4 I TzBfG aus § 134 BGB. Nach BAG führt ein Verstoß gegen das Verbot der Altersdiskriminierung allenfalls zur groben Fehlerhaftigkeit der

Sozialauswahl, hingegen nicht zur »Unwirksamkeit« der Namensliste und des Interessenausgleichs insgesamt und damit nicht zum Wegfall der gesetzlichen Vermutung, dass die Kdg durch dringende betriebliche Bedürfnisse iSd § 1 II bedingt ist (BAG 10.6.2010, 2 AZR 420/09, EzA § 1 KSchG Interessenausgleich Nr 22 mwN; KDZ/*Deinert* § 1 Rn 718).

Die Vermutung der Betriebsbedingtheit der Kdg (Rdn 233) und die Reduktion des Prüfungsmaßstabs bei der Sozialauswahl auf grobe Fehlerhaftigkeit (Rdn 233) setzen voraus, dass AG und BR in einem **wirksamen Interessenausgleich** iR einer Betriebsänderung nach §§ 111, 112 BetrVG (§§ 112, 112a BetrVG Rdn 6 f) eine Namensliste aufstellen. AG und BR können den Interessenausgleich einschließlich einer darin enthaltenen Auswahlrichtlinie iS des § 95 BetrVG auch als BV schließen (BAG 24.10.2013, 6 AZR 854/11, EzA § 125 InsO Nr 11 [Rn 32]). § 1 V greift bei Stilllegung einer Filiale nur, wenn diese ein eigenständiger Betrieb oder ein wesentlicher Betriebsteil iSd § 111 S 3 Nr 1 BetrVG ist (BAG 3.4.2008, 2 AZR 879/06, EzA § 1 KSchG Interessenausgleich Nr 15), oder wenn ein Personalabbau iSd § 111 S 3 Nr 1 BetrVG erhebliche Teile der Belegschaft erfasst (BAG 31.5.2007, 2 AZR 254/06, EzA § 1 KSchG Interessenausgleich Nr 12 u 27.9.2012, 2 AZR 516/11, EzA § 1 KSchG Interessenausgleich Nr 25 [Rn 18];); die Darlegungs- und Beweislast trifft den AG, Rdn 242. Dass AG und BR in der Namensliste von den Maßgaben einer zwischen ihnen abgeschlossenen Auswahlrichtlinie iS des § 95 BetrVG abweichen, macht die Sozialauswahl nicht unwirksam, weil es AG und BR frei steht, Vereinbarungen über die personelle Auswahl zeitgleich oder später wieder abzubedingen, solange sie sich iR der Vorgaben des § 1 III KSchG halten (BAG 15.12.2011, 2 AZR 42/10, EzA § 1 KSchG Soziale Auswahl Nr 84 [Rn 45]; 24.10.2013, 6 AZR 854/11, EzA § 125 InsO Nr 11 [Rn 42]).

Ein **Interessenausgleich** kann nach § 111 S 1 BetrVG nur in Unternehmen mit idR 20 wahlberechtigten AN abgeschlossen werden und muss mit dem **zuständigen BR** vereinbart werden. Ob und wie intensiv der BR vor der Unterzeichnung über die Namensliste verhandelt hat, ist unerheblich; hat der BR die Namensliste unterzeichnet, greift § 1 V auch dann, wenn der AG dem BR diese ohne Verhandlungen vorgegeben hat (BAG 19.7.2012, 2 AZR 386/11, EzA § 1 KSchG Interessenausgleich Nr 24 [Rn 33]). Wird ein Personalabbau auf Grundlage eines unternehmenseinheitlichen Konzepts durchgeführt und sind mehrere Betriebe betroffen oder plant der AG die Stilllegung aller oder mehrerer Betriebe oder die Verlegung und Zusammenlegung eines Betriebs mit einem anderen Betrieb des Unternehmens, ist gem § 50 I BetrVG der Gesamt-BR für den Abschluss des Interessensausgleichs und für die Vereinbarung der Namensliste zuständig (BAG 7.7.2011, 6 AZR 248/10, EzA § 26 BetrVG 2001 Nr 3 [Rn 24 f]; 19.7.2012, 2 AZR 386/11 [Rn 22 ff]; 15.12.2011, 8 AZR 692/10, EzA § 613a BGB 2002 Nr 132 [Rn 60]) und zwar gem § 50 I 2 BetrVG auch für betriebsratslose Betriebe (BAG 15.12.2011, 8 AZR 692/10 [Rn 61]); eine mit einem Einzel-BR vereinbarte Namensliste ist unwirksam (allg BAG 24.1.1996, 1 AZR 542/95, EzA § 113 BetrVG 1972 Nr 24). Eine mit dem Gesamt-BR abgeschlossene Namensliste ist auch dann wirksam und löst die Rechtsfolgen des § 1 V aus, wenn sie auch AN aus Betrieben namentlich nennt, in denen keine Betriebsänderung stattfindet: Da die Sozialauswahl betriebsbezogen durchzuführen ist, wirkt sich die Aufführung von AN anderer Betriebe im Kdg-Betrieb nicht aus (BAG 19.7.2012, 2 AZR 386/11 [Rn 28 ff]).

Ein Interessenausgleich kann nur **schriftlich** abgeschlossen werden. Zur Wahrung der Schriftform ist nach § 126 I BGB die eigenhändige Unterschrift des AG oder eines von ihm Bevollmächtigten sowie die Unterschrift des BR-Vorsitzenden (§ 26 II 1 BetrVG) unter dem Interessenausgleich erforderlich (zweifelnd bei einer Unterzeichnung mit Paraphen BAG 12.5.2010, 2 AZR 551/08, § 1 KSchG Interessenausgleich Nr 21). Eine Namensliste in einer bes Urkunde ist wirksam, wenn sie als Anlage mit der Urkunde über den Interessenausgleich fest verbunden, etwa an diesen geheftet ist (BAG 7.5.1998, 2 AZR 55/98, EzA § 1 KSchG Interessenausgleich Nr 6, 21.2.2001, 2 AZR 39/00, EzA § 1 KSchG Interessenausgleich Nr 8, 6.12.2011, 2 AZR 422/00, EzA § 1 KSchG Interessenausgleich Nr 9 u 19.7.2012, 2 AZR 386/11, EzA § 1 KSchG Interessenausgleich Nr 24 [Rn 25 f]; 7.7.2011, 6 AZR 248/10, EzA § 26 BetrVG 2001 Nr 3 [Rn 24 f]); eine zeitlich der Unterzeichnung nachfolgende Zusammenheftung genügt nicht (BAG 6.7.2006, 2 AZR 520/05, EzA § 1 KSchG Soziale Auswahl Nr 68). Schriftform iSd § 126 BGB setzt aber **keine körperliche Verbindung** voraus: Es genügt, dass sich die Einheit der Urkunde aus einer fortlaufenden Paginierung oder einer fortlaufenden Nummerierung der einzelnen Bestimmungen, aus der einheitlichen grafischen Gestaltung oder aus dem inhaltlichen Zusammenhang des Textes zweifelsfrei ergibt (BAG 7.5.1998, 2 AZR 55/98; allg BGH 24.9.1997, XII ZR 234/95, BGHZ 136, 357), sodass es ausreicht, wenn die Betriebspartner am Ende des Gesamttextes mit durchlaufender Seitenzahl unterschreiben (BAG 7.5.1998, 2 AZR 55/98; auch 29.1.2002, 1 ABR 18/01, EzA § 76 BetrVG 1972 Nr 70 zur Unterzeichnung eines Einigungsstellenspruchs) oder wenn im Interessenausgleich auf die zu erstellende Namensliste verwiesen wird und die Namensliste ihrerseits eindeutig auf den Interessenausgleich Bezug nimmt sowie auch ihrerseits unterschrieben ist (BAG 19.6.2007, 2 AZR 304/06, EzA § 1 KSchG Interessenausgleich

§ 1 KSchG   Sozial ungerechtfertigte Kündigungen

Nr 13, 12.5.2010, 2 AZR 551/08, EzA § 1 KSchG Interessenausgleich Nr 21 u 10.6.2010, 2 AZR 420/09, EzA § 1 KSchG Interessenausgleich Nr 22; 19.7.2012, 2 AZR 352/11, EzA § 1 KSchG Soziale Auswahl Nr 86 [Rn 20]). Es ist nicht erforderlich, dass Interessenausgleich und Namensliste zeitgleich unterzeichnet werden; der Interessenausgleich kann auch zeitnah (etwa binnen 6 Wochen) um eine Namensliste ergänzt werden, jedenfalls wenn diese Möglichkeit im Interessenausgleich angelegt ist (BAG 26.3.2009, 2 AZR 296/07, EzA § 1 KSchG Interessenausgleich Nr 18 [Rn 24 ff]; 19.7.2012, 2 AZR 352/11 [Rn 20] f). Die unterschriebene Namensliste muss im Zeitpunkt des Zugangs der Kdg vorliegen (BAG 7.5.1998, 2 AZR 55/98); eine mit dem Interessenausgleich vereinbarte Namensliste können die Betriebspartner vor Ausspruch der Kdg einvernehmlich abändern (LAG Rh-Pf 11.12.2008, 10 Sa 383/08, ZInsO 2009, 1128 [LS]).

239 In dem Interessenausgleich müssen die zu kündigenden AN **namentlich**, also mit Vor- und Nachnamen, bezeichnet werden; die Angabe der Personalnummern im Stellenplan oder die bloße Bezeichnung der Abteilung, in der die zu kündigenden AN beschäftigt sind, genügt ebenso wenig wie eine »Negativliste« der AN, denen nicht gekündigt werden soll (LSW/*Löwisch* § 1 Rn 508). Andere Angaben als die Namen der zu kündigenden AN (etwa Kdg-Fristen oder die für die Sozialauswahl maßgebenden Erwägungen) braucht der Interessenausgleich nicht zu enthalten (LAG Düsseldorf 28.5.2008, 7 Sa 318/08, JurionRS 2008, 30995; LSW/*Löwisch* § 1 Rn 510; ErfK/*Oetker* § 1 Rn 362; aA *Berscheid* MDR 1998, 942, 945). Beschränken sich AG und BR, etwa weil sie sich nur über die Kdg bestimmter AN oder AN-Gruppen einigen können, auf eine »**Teil-Namensliste**«, reicht dies **grds nicht** aus, um die Rechtsfolgen des § 1 V auszulösen: Es kann bei der Einigung auf einzelne AN nicht davon ausgegangen werden, dass die Betriebspartner die Interessen aller vergleichbaren AN hinreichend berücksichtigt haben (ErfK/*Oetker* § 1 Rn 360a; KDZ/*Däubler* § 125 InsO Rn 8; offen lassend BAG 22.1.2004, 2 AZR 111/02, EzA § 1 KSchG Interessenausgleich Nr 11 u 26.3.2009, 2 AZR 296/07, EzA § 1 KSchG Interessenausgleich Nr 18 [Rn 28 ff, aber eher abl]; KDZ/*Däubler* § 125 InsO Rn 8; aA mwN *Richter/Riem* NZA 2011, 1254, 1257 ff; LSW/*Löwisch* § 1 Rn 513). Anders ist es nur dann, wenn die Teil-Namensliste die gesamte Gruppe miteinander vergleichbarer AN, also einen nach sachlichen Kriterien abgegrenzten Kreis von AN erfasst, oder bei zeitlich gestaffelten »Entlassungswellen« die bei jeder Welle zu entlassenden AN jeweils vollständig ergreift (BAG 22.1.2004, 2 AZR 111/02; 19.7.2012, 2 AZR 352/11, EzA § 1 KSchG Soziale Auswahl Nr 86 [Rn 22]) oder lediglich die AN nicht erfasst, denen nicht gekündigt wird, sondern mit denen anderweitige Lösungen gefunden wurden (BAG 19.6.2007, 2 AZR 304/06, EzA § 1 KSchG Interessenausgleich Nr 13). In keinem Fall dürfen in die Namensliste mehr AN aufgenommen werden, als diejenigen, denen aufgrund der dem Interessenausgleich zugrunde liegenden Betriebsänderung gekündigt werden soll, etwa AN, die freiwillig ausscheiden, aber nach § 159 SGB III drohende Sperrzeiten vermeiden wollen (BAG 26.3.2009, 2 AZR 296/07 [Rn 37 f]).

240 Ein Interessenausgleich mit namentlicher Benennung der zu kündigenden AN ersetzt nach § 1 V 4 die bei Massenentlassungen erforderliche **Stellungnahme des BR** nach § 17 III 2 und zwar auch dann, wenn der BR im Interessenausgleich nicht ausdrücklich etwas zu den beabsichtigten Entlassungen sagt (BAG 28.6.2012, 6 AZR 780/10, EzA § 17 KSchG Nr 26); ohne eine solche Stellungnahme sind die Kdg nach § 134 BGB nichtig (BAG 22.11.2012, 2 AZR 371/11, EzA § 17 KSchG Nr 28). § 1 V 4 greift nicht, auch nicht analog für den Interessenausgleich ohne Namensliste, da bei diesem mit dem BR typischerweise nicht über die konkrete Kdg, sondern nur über die Betriebsänderung als solche beraten wird (BAG 22.11.2012, 2 AZR 371/11 [Rn 18]). Nicht entbehrlich macht der Interessenausgleich mit Namensliste die schriftliche Unterrichtung des BR nach § 17 II 1 KSchG (BAG 18.1.2012, 2 AZR 407/10, EzA § 6 KSchG Nr 6). Ebenso bleibt der AG vollumfänglich verpflichtet, den BR nach § 102 BetrVG zur Kdg der einzelnen AN anzuhören (BAG 28.8.2003, 2 AZR 377/02, EzA § 102 BetrVG 2001 Nr 4 mwN; 15.12.2011, 8 AZR 692/10, EzA BGB 2002 § 613a Nr 132 [Rn 65] mwN). Soweit der Kdg-Sachverhalt dem BR schon aus den Verhandlungen über den Interessenausgleich bekannt ist, braucht er ihm bei der Anhörung nach § 102 BetrVG aber nicht erneut mitgeteilt zu werden (BAG 28.8.2003, 2 AZR 377/02; auch 23.2.2012, 2 AZR 773/10, EzA § 4 TVG Metallindustrie Nr 147 [Rn 31]). Zudem kann der AG seine Pflichten gegenüber dem BR aus §§ 102, 111 BetrVG sowie aus § 17 II 1 KSchG gleichzeitig erfüllen; dass und welche Verfahren gleichzeitig durchgeführt werden sollen, muss er dabei hinreichend klarstellen (BAG 18.1.2012, 2 AZR 407/10).

241 Nach hM soll § 1 V nicht auf eine außerordentliche Kdg mit Auslauffrist ggü (tariflich) unkündbaren AN (Rdn 188) anwendbar sein, da es AG und BR anderenfalls in der Hand hätten, durch einen Interessenausgleich mit Namensliste den tariflichen Sonderkündigungsschutz zu entwerten (BAG 28.5.2009, 2 AZR 844/07, EzA § 1 KSchG Interessenausgleich Nr 19 zum BAT und einer Änderungs-Kdg; APS/*Kiel* § 1 Rn 806): Der auf dringenden betrieblichen Erfordernissen beruhende wichtige Grund für eine außerordentliche betriebsbedingte Kdg könne nicht gem § 1 V 1 vermutet werden; Prüfungsmaßstab sei nicht § 1

II, auf den § 1 V verweise, sondern § 626 I BGB (BAG 28.5.2009, 2 AZR 844/07). Das **überzeugt nicht**: § 1 III–V KSchG sind nicht tarifdispositiv (schon Rdn 188). Dass das KSchG anders als § 113 S 1 InsO im Insolvenzverfahren nicht ausdrücklich die tarifliche Unkündbarkeit aufhebt und so gem § 125 InsO einen Interessenausgleich mit Namensliste zulässt (BAG 20.9.2006, 6 AZR 249/05, EzA § 613a BGB 2002 Nr 62; 28.5.2009, 2 AZR 844/07), ist kein Argument: Nach zutreffender hM und nach BAG kann tariflich unkündbaren AN generell betriebsbedingt gekündigt werden (Rdn 188); entg der hM sind auch die unkündbaren AN in die Sozialauswahl einzubeziehen (Rdn 188).

b) **Beweislast.** Die Vermutungsbasis, dass eine Betriebsänderung nach § 111 BetrVG für die Kdg des AN 242 kausal war (Rdn 233) und dass der AN ordnungsgem in einem Interessenausgleich namentlich benannt ist (Rdn 237 f), hat der AG substanziiert darzulegen und ggf zu beweisen (BAG 7.5.1998, 2 AZR 536/97, EzA § 1 KSchG Interessenausgleich Nr 5, 31.5.2007, 2 AZR 254/06, EzA § 1 KSchG Interessenausgleich Nr 12 u 3.4.2008, 2 AZR 879/06, EzA § 1 KSchG Interessenausgleich Nr 15; zuletzt 27.9.2012, 2 AZR 516/11, EzA § 1 KSchG Interessenausgleich Nr 25 [Rn 16]), insb auch die formellen Voraussetzungen eines Interessenausgleichs mit Namensliste (BAG 13.2.2008, 2 AZR 79/06, RDG 2008, 234). Trägt der AN schlüssige Tatsachen gegen die Richtigkeit des Interessenausgleichs vor, muss der AG dessen Vorbringen durch substanziierten Vortrag bestreiten, § 138 ZPO. Dass der Interessenausgleich nach §§ 1, 3, 7 AGG unwirksam ist (Rdn 235), muss als negative Tatsache grds der AN beweisen; weist er Indizien nach, die eine Diskriminierung vermuten lassen, ist der AG beweispflichtig dafür, dass er nicht diskriminiert hat, § 22 AGG.

§ 1 V 1 kehrt die die Beweislastregel des § 1 II 4 (Rdn 166) hins der **Betriebsbedingtheit** der Kdg um: Nicht 243 der AG muss darlegen und beweisen, dass eine Beschäftigungsmöglichkeit für den AN durch die Betriebsänderung weggefallen ist, sondern **der AN** muss nach § 46 II 1 ArbGG mit § 292 ZPO die Vermutung der Betriebsbedingtheit durch den Beweis des Gegenteils entkräften, also substanziiert darlegen und beweisen, wieso die Beschäftigungsmöglichkeit trotz der Betriebsänderung noch vorhanden ist oder wo er sonst im Betrieb oder Unternehmen weiterbeschäftigt werden kann (BAG 21.2.2002, 2 AZR 581/00, EzA § 1 KSchG Interessenausgleich Nr 10, 22.1.2004, 2 AZR 111/02, EzA § 1 KSchG Interessenausgleich Nr 11, 23.10.2008, 2 AZR 163/07, EzA § 1 KSchG Interessenausgleich Nr 16 u 12.3.2009, 2 AZR 418/07, EzA § 1 KSchG Interessenausgleich Nr 17; 15.12.2011, 2 AZR 42/10, EzA § 1 KSchG Soziale Auswahl Nr 84 [Rdn 17]); eine bloße Erschütterung der Vermutung genügt nicht (BAG 27.9.2012, 2 AZR 516/11, EzA § 1 KSchG Interessenausgleich Nr 25 [Rn 26]). Der AN muss auch darlegen, dass Leih-AN auf Dauerarbeitsplätzen und nicht nur bei Produktionsspitzen oder zur Urlaubs- und Krankheitsvertretung eingesetzt werden (BAG 15.12.2011, 2 AZR 42/10 [Rn 24 ff]). Der Gegenbeweis wird dem AN aber erleichtert: Für Tatsachen aus dem Bereich des AG mindert sich die Darlegungslast des AN durch eine aus § 138 I und II ZPO folgende Mitwirkungspflicht des AG, sog sekundäre Behauptungslast (BAG 6.9.2007, 2 AZR 715/06, EzA KSchG § 1 Interessenausgleich Nr 14; 12.3.2009, 2 AZR 418/07 u 15.12.2011, 2 AZR 42/10 [Rn 17]; 27.9.2012, 2 AZR 516/11 [Rn 28]). Der zur Führung des Gegenbeweises verpflichtete AN muss aber zuvor die ihm zur Verfügung stehenden Informationsmöglichkeiten, etwa durch Nachfrage beim BR, ausschöpfen und auf dieser Grundlage gegen die Betriebsbedingtheit der Kdg ausführen (BAG 27.9.2012, 2 AZR 516/11 [Rn 30]). Weil sich die Vermutungswirkung auch darauf erstreckt, dass der AN nicht auf einem freien Arbeitsplatz im Unternehmen iSd § 1 II 2, 3 weiterbeschäftigt werden kann, Rdn 233, muss der AN darlegen und beweisen, dass ein anderer Arbeitsplatz im Unternehmen frei ist und dass er dort, ggf nach einer Vertragsänderung, weiterbeschäftigt werden kann.

Gem § 1 III 3 trifft auch den in einer Namensliste genannten AN die Darlegungs- und Beweislast für die 244 fehlerhafte **Sozialauswahl**; der AG bleibt trotz Namensliste dafür darlegungs- und beweispflichtig, warum er bestimmte AN nach § 1 III 2 nicht in die Sozialauswahl einbezogen hat (BAG 21.2.2002, 2 AZR 581/00, EzA § 1 KSchG Interessenausgleich Nr 10), Rdn 229. Ebenso bleibt der AG gem § 1 III 1 Hs 2 nach den Grundsätzen der abgestuften Darlegungslast verpflichtet, dem AN auf dessen Verlangen die Gründe mitzuteilen, die zu der Sozialauswahl geführt haben (BAG 21.2.2002, 2 AZR 581/00; 22.1.2004, 2 AZR 111/02, EzA § 1 KSchG Interessenausgleich Nr 11 u 27.9.2012, 2 AZR 516/11, EzA § 1 KSchG Interessenausgleich Nr 25 [Rn 44, 46]; 15.12.2011, 2 AZR 42/10, EzA § 1 KschG Soziale Auswahl Nr 84 [Rn 42]; 19.12.2013, 6 AZR 790/12, EzA § 125 InsO Nr 12 [Rn 52]), dazu gehört auch die Darlegung der Vergleichsgruppenbildung (19.12.2013, 6 AZR 790/12 [Rn 21]), Rdn 229. Gibt der AG keine oder keine vollständige Auskunft, genügt der AN seiner Vortragslast mangels besserer Kenntnisse schon dann, wenn er vorträgt, es gebe sozial stärkere AN (BAG 27.9.2012, 2 AZR 516/11 [Rn 47]; 19.12.2013, 6 AZR 790/12 [Rn 53]); die Kdg ist dann ohne Weiteres sozialwidrig; daran ändert der reduzierte Prüfungsmaßstab (Rdn 233) nichts (BAG 10.2.1999, 2 AZR 716/98 u 22.1.2004, 2 AZR 111/02).

245 Nach § 1 V 3 gelten die Vermutung der Betriebsbedingtheit der Kdg (Rdn 233) und die Beschränkung der Überprüfung der Sozialauswahl auf grobe Fehlerhaftigkeit (Rdn 234 f) nicht, soweit sich »die **Sachlage** nach Zustandekommen des Interessenausgleichs **wesentlich geändert** hat«. Eine wesentliche Änd ist anzunehmen, wenn die Geschäftsgrundlage für den Interessenausgleich wegfällt, also ein Betriebspartner den Interessenausgleich in Kenntnis der späteren Änd nicht oder nicht mit diesem Inhalt geschlossen hätte (BAG 21.2.2001, 2 AZR 39/00, EzA § 1 KSchG Interessenausgleich Nr 8, 22.1.2004, 2 AZR 111/02, EzA § 1 KSchG Interessenausgleich Nr 11 u 12.3.2009, 2 AZR 418/07, EzA § 1 KSchG Interessenausgleich Nr 17; 28.6.2012, 6 AZR 780/10, EzA § 17 KSchG Nr 26). Maßgeblicher Zeitpunkt für die Beurteilung, ob sich die Sachlage geändert hat, ist der des Zugangs der Kdg (BAG 21.2.2001, 2 AZR 581/00 u 22.1.2004, 2 AZR 111/02; 15.12.2011, 2 AZR 42/10, EzA § 1 KschG Soziale Auswahl Nr 84 [Rn 35]); bei späteren Änd ist nicht die Kdg unwirksam, sondern kommt allenfalls ein Wiedereinstellungsanspruch des AN in Betracht (BAG 21.2.2002, 2 AZR 581/00 u 15.12.2011, 2 AZR 42/10), Rdn 148. Wesentlich geändert hat sich die Sachlage etwa, wenn nachträglich gar keine oder eine andere als die geplante Betriebsänderung durchgeführt wird oder wenn sich die im Interessenausgleich vorgesehene Zahl der zu kündigenden AN deutlich verringert, etwa weil Arbeitsplätze im Unternehmen frei werden. **Entg dem BAG** (21.2.2002, 2 AZR 581/00, 23.10.2008, 2 AZR 163/07, EzA § 1 KSchG Interessenausgleich Nr 10 u Nr 16 [freier Arbeitsplatz für 1 AN]; 22.1.2004, 2 AZR 111/02 u 12.3.2009, 2 AZR 418/07; *Fischermeier* NZA 1997, 1089, 1097; APS/*Kiel* § 1 Rn 807; KR/*Griebeling/Rachor* § 1 Rn 704; auch *Krause* in: *v Hoyningen-Huenel/Linck* § 1 Rn 1059) ist eine wesentliche Änd auch dann zu bejahen, wenn der AG nur wenigen der namentlich benannten AN nicht kündigt (LSW/*Löwisch* § 1 Rn 525): Um betriebsbedingt kündigen zu können, muss der AG das zum Wegfall von Beschäftigungsmöglichkeiten führende betriebsorganisatorische Konzept konsequent durchführen (Rdn 126 f); nur wenn er sich an die Namensliste hält und allen genannten AN kündigt, kann die Betriebsbedingtheit der Kdg vermutet werden. Kündigt der AG einzelnen AN auf der Liste nicht, kann zudem nicht davon ausgegangen werden, dass tatsächlich den sozial stärksten AN gekündigt worden ist; eine Reduktion des Prüfungsmaßstabs auf grobe Fehlerhaftigkeit ist nicht gerechtfertigt. Anders ist es dann, wenn auf der Namensliste AN stehen, die selbst gekündigt haben, aber in anderen Bereichen als der gekündigte AN tätig waren, so dass sich an der Zahl der in seinem Tätigkeitsbereich wegfallenden Arbeitsplätze nichts ändert und der Personalabbau hins des gekündigten AN wie geplant durchgeführt worden ist (BAG 28.6.2012, 6 AZR 780/10, EzA § 17 KSchG Nr 26). Dass sich soziale Gesichtspunkte einzelner AN nach deren Aufnahme in die Namensliste wandeln, etwa bei einem AN Unterhaltspflichten hinzukommen oder wegfallen, ändert die Sachlage hingegen erst dann wesentlich, wenn eine Vielzahl von AN betroffen ist; geringfügige Änderungen nimmt § 1 V in Kauf, indem er AG und BR vorgreifend den Abschluss einer Namensliste erlaubt.

§ 1a Abfindungsanspruch bei betriebsbedingter Kündigung

(1) ¹Kündigt der Arbeitgeber wegen dringender betrieblicher Erfordernisse nach § 1 Abs. 2 Satz 1 und erhebt der Arbeitnehmer bis zum Ablauf der Frist des § 4 Satz 1 keine Klage auf Feststellung, dass das Arbeitsverhältnis durch die Kündigung nicht aufgelöst ist, hat der Arbeitnehmer mit dem Ablauf der Kündigungsfrist Anspruch auf eine Abfindung. ²Der Anspruch setzt den Hinweis des Arbeitgebers in der Kündigungserklärung voraus, dass die Kündigung auf dringende betriebliche Erfordernisse gestützt ist und der Arbeitnehmer bei Verstreichenlassen der Klagefrist die Abfindung beanspruchen kann.
(2) ¹Die Höhe der Abfindung beträgt 0,5 Monatsverdienste für jedes Jahr des Bestehens des Arbeitsverhältnisses. ²§ 10 Abs. 3 gilt entsprechend. ³Bei der Ermittlung der Dauer des Arbeitsverhältnisses ist ein Zeitraum von mehr als 6 Monaten auf ein volles Jahr aufzurunden.

Übersicht	Rdn.		Rdn.
A. Zweck der Vorschrift	1	II. Abfindungsangebot des AG	6
B. Voraussetzungen	5	III. Annahmeerklärung des AN	10
I. Betriebsbedingte Kündigung iSd § 1 II	5	C. Abfindungsanspruch	14

1 **A. Zweck der Vorschrift.** Der 2004 in das KSchG eingefügte § 1a will AG und AN eine effiziente und kostengünstige Möglichkeit zur Beendigung des Arbeitsverhältnisses geben, die für beide Seiten Prozessrisiken und -kosten vermeidet; zugleich sollen die ArbG von Auflösungsverfahren nach §§ 9, 10 entlastet werden. Durch die Vermeidung von Kdg-Schutzklagen soll für den AG Planungssicherheit hergestellt und ihm mittelbar die Entsch für Neueinstellungen erleichtert werden (BT-Drs 15/1204 S 9 u 12; BAG 19.6.2007, 1 AZR 340/06, EzA § 1a KSchG Nr 2; 19.2.2009, 2 AZR 286/07, EzA § 4 nF KSchG Nr 88).

Für den AN gleicht die Abfindung die wirtschaftlichen Nachteile des Arbeitsplatzverlustes aus oder mildert diese zumindest. Gesetzeszweck und Leistungszweck sind insoweit verschieden, wenn auch funktional aufeinander bezogen (BAG 19.6.2007, 1 AZR 340/06, EzA § 1a KSchG Nr 2).

Die Abfindung wird als Gegenleistung dafür gezahlt, dass der AN darauf verzichtet, Kdg-Schutzklage zu erheben: In seinem Hinweis in der Kdg-Erklärung, die Kdg sei auf dringende betriebliche Erfordernisse gestützt und der AN könne bei Verstreichenlassen der Klagefrist eine Abfindung beanspruchen, liegt das Angebot des AG auf Abschluss eines **Klageverzichtsvertrages**; dieses Angebot nimmt der AN durch Verstreichenlassen der Klagefrist an (so *Preis* DB 2004, 70, 71 f; *Däubler* NZA 2004, 177, 179; *v Hoyningen-Huene/ Linck* § 1a Rn 8; LSW/*Löwisch* § 1a Rn 5 ff mwN; **abw** für einen gesetzlichen Anspruch *Willemsen/Annuß* NJW 2004, 177; *Kortstock* NZA 2007, 297; KR/*Spilger* § 1a Rn 34 ff; ErfK/*Oetker* § 1a Rn 13; *Krause* in: *v Hoyningen-Huene/Linck* § 1a Rn 8, jeweils mwN). Damit ist § 1a eine bes gesetzliche Ausformung der ohnehin bestehenden Möglichkeit, Kdg-Streitigkeiten vorprozessual mithilfe einer Abfindungsvereinbarung zu vermeiden; diese Möglichkeit besteht trotz und neben § 1a. Neu am Klageverzichtsvertrag nach § 1a ist lediglich, dass das Gesetz die Höhe der Abfindung zwingend auf ein halbes Monatsgehalt pro Beschäftigungsjahr festlegt. § 1a begründet aber keinen unabdingbaren Mindestabfindungsanspruch bei betriebsbedingten Kdg; der AG kann eine geringere oder höhere als die gesetzliche Abfindung an das ungenutzte Verstreichenlassen der Kdg-Klagefrist binden (BAG 19.6.2007, 1 AZR 340/06, EzA § 1a KSchG Nr 2, 13.12.2007, 2 AZR 663/06, EzA § 1a KSchG Nr 3 u 2 AZR 807/06, EzA § 1a KSchG Nr 4); noch Rdn 8. Ebenso kann der AG dem AN bei einer personen- oder verhaltensbedingten Kdg für die Nichterhebung einer Klage eine Abfindung anbieten (ErfK/*Oetker* § 1a Rn 2).

Bei betriebsbedingten Entlassungen mehrerer AN zwingt der **arbeitsrechtl Gleichbehandlungsgrundsatz** den AG nicht, allen gekündigten AN eine Abfindung nach § 1a anzubieten: Die Abfindung ist eine freiwillige Leistung des AG, die gerichtliche Auseinandersetzungen über die Kdg vermeiden helfen und dem AG die Gefahr eines Prozessverlustes mit unwägbaren Rechtsfolgen nehmen soll (Annahmeverzugslohn des AN aus § 615 BGB für eine unvorhersehbare Dauer, Abfindung nach §§ 9, 10 in einer durch das ArbG festgesetzten Höhe), Rdn 1. Der AG kann sich daher berechtigterweise darauf beschränken, nur den AN, bei denen er ein etwaiges Prozessrisiko scheut, eine Abfindung anzubieten (LSW/*Löwisch* § 1a Rn 4). In keinem Fall darf er aber AN entg §§ 1, 3, 7 AGG, Art 9 III 2 GG und § 4 I TzBfG vom Angebot auf Abfindungen diskriminierend ausnehmen; tut er dies, können die diskriminierten AN ggf Schadensersatz nach § 280 BGB und § 15 AGG verlangen (zur Anwendbarkeit des AGG über die europarechtskonforme Auslegung des § 2 IV AGG § 1 Rdn 17 u 168).

Sozialplanabfindungen dürfen nach BAG nicht davon abhängig gemacht werden, dass der AN auf die Erhebung einer Kdg-Schutzklage verzichtet: Es verstoße gegen den Gleichbehandlungsgrundsatz des § 75 I BetrVG, wenn AN, die nicht auf eine Kdg-Schutzklage verzichteten, hins der Abfindung schlechter behandelt würden (BAG 31.5.2005, 1 AZR 254/04, EzA § 112 BetrVG 2001 Nr 14 mwN). An dieser Wertung habe § 1a nichts geändert: Anders als die nach § 1a versprochene Abfindung stehe die Sozialplanabfindung nicht im Belieben des AG, sondern sei durch den BR gem § 112 IV BetrVG über die ESt erzwingbar (BAG 31.5.2005, 1 AZR 254/04). AG und BR können dem Interesse des AG an alsbaldiger Planungssicherheit aber dadurch Rechnung tragen, dass sie den AN zusätzlich zum Sozialplan in einer freiwilligen BV weitere Leistungen versprechen und diese davon abhängig machen, dass der AN keine Kdg-Schutzklage erhebt (BAG 31.5.2005, 1 AZR 254/04). Auch wenn der AG nach einem **einseitig aufgestellten Leistungsplan** freiwillig Abfindungen an betriebsbedingt gekündigte AN zahlt, darf er ohne Verstoß gegen den Gleichbehandlungsgrundsatz die AN von der Abfindung ausnehmen, die gegen die Kdg klagen; das Interesse des AG, sicher planen und gerichtliche Auseinandersetzungen vermeiden zu können, ist ein sachlicher Grund für die unterschiedliche Behandlung (BAG 15.2.2005, 9 AZR 116/04, EzA § 612a BGB 2002 Nr 2). Ebenso darf ein **TV** Abfindungen nur für solche AN vorsehen, die keine Kdg-Schutzklage erheben.

B. Voraussetzungen. I. Betriebsbedingte Kündigung iSd § 1 II. § 1a setzt voraus, dass der AG eine betriebsbedingte Kdg iSd § 1 II ausspricht (§ 1 Rdn 113 ff), das KSchG also anwendbar ist. Die **schriftliche Kdg (§ 623 BGB)** muss ausdrücklich auf dringende betriebliche Erfordernisse gestützt werden; zur personen- oder verhaltensbedingten Kdg Rdn 2. § 1a ist auch anwendbar, wenn einem tariflich unkündbaren AN aus betriebsbedingten Gründen außerordentlich mit Auslauffrist gekündigt wird (KR/*Spilger* § 1a Rn 25). Ebenso greift § 1a, wenn der AG eine betriebsbedingte Änderungs-Kdg ausspricht und der AN das Änderungsangebot des AG ablehnt oder nicht rechtzeitig annimmt, sodass er im Kdg-Schutzprozess lediglich um den Erhalt seines Arbeitsplatzes, also gegen die Beendigung des Arbeitsverhältnisses streiten könnte, § 2 Rdn 13 (BAG 13.12.2007, 2 AZR 663/06, EzA § 1a KSchG Nr 3). Darf der AN das Abfindungsversprechen dahin gehend verstehen, dass der AG es auch für den Fall der vorbehaltlosen oder unter Vorbehalt erklärten Annahme des Änderungsangebots abgegeben hat, kommt zwar kein Klageverzichtsvertrag nach § 1a zustande (KR/*Spilger* § 1a Rn 27 mwN; MünchKomm/*Hergenröder* § 1 Rn 10; auch ErfK/*Oetker* § 1a Rn 6 mwN), wohl aber ein selbstständiger Klageverzichtsvertrag gegen Abfindung (Rdn 2), wenn der AN keine Klage erhebt. Wird nur über die Abfindung gestritten, ist gerichtlich nicht zu überprüfen, ob die betriebsbedingte Kdg wirksam war (ErfK/*Oetker* § 1a Rn 3).

6 II. **Abfindungsangebot des AG.** Zusätzlich zum Kdg-Ausspruch muss der AG den AN in der – **schriftlichen (§ 623 BGB)** – Kdg-Erklärung darauf hinweisen, der AN habe bei Verstreichenlassen der Klagefrist einen Anspruch auf die Abfindung. Ein mündliches Abfindungsangebot oder ein Angebot in einem separaten Schriftstück, das dem AN gleichzeitig mit der Kdg oder später zugeht, begründet bei unterbliebener Klageerhebung ebenfalls einen Abfindungsanspruch, aber nicht aus § 1a, sondern aus einem Abfindungsvertrag, dessen Zustandekommen der AN nachweisen muss. Der Hinweis auf die Abfindung ist ein Angebot des AG auf Abschluss eines Klageverzichtsvertrages gegen Abfindung (Rdn 2) iSv § 145 BGB. Setzt der AG dem AN eine kürzere Frist als die 3-Wochen-Frist des § 4 S 1, handelt es sich nicht um ein Abfindungsangebot iSd § 1a, sondern um ein sonstiges Angebot, das der AN konkludent durch Verstreichenlassen der ihm gesetzten Frist annimmt (**abw** für die Notwendigkeit einer ausdrücklichen Annahme LSW/*Löwisch* § 1a Rn 9).

7 Das Angebot muss aus Sicht eines objektiven Empfängers eindeutig bestimmt oder zumindest **bestimmbar** sein. Da sich die Höhe der Abfindung aus § 1a II ergibt, bedarf es keines gesonderten Hinweises des AG auf die **Höhe der Abfindung** oder auf § 1a II (BAG 13.12.2007, 2 AZR 807/06, EzA § 1a KSchG Nr 4), sondern es genügt, dass der AG auf § 1a oder auf eine Abfindungshöhe von 0,5 Monatsverdiensten für jedes Beschäftigungsjahr hinweist. Macht der AG konkrete Angaben zur Abfindungshöhe, ist durch Auslegung nach §§ 133, 157 BGB zu ermitteln, ob er abw von § 1a eine höhere oder niedrigere Abfindung anbieten wollte (BAG 10.7.2008, 2 AZR 209/07, EzA § 1a KSchG Nr 6), Rdn 2. Dass der AG von den gesetzlichen Vorgaben des § 1a abweichen will, muss sich für den AN aus dem Kdg-Schreiben eindeutig und unmissverständlich ergeben; enthält das Schreiben einen Hinweis auf § 1a, spricht dies für einen Anspruch des AN in der gesetzlichen Höhe (BAG 13.12.2007, 2 AZR 663/06 u 2 AZR 807/06, EzA § 1a KSchG Nr 3 u 4; 10.7.2008, 2 AZR 209/07, EzA § 1a KSchG Nr 6). Ergibt die Auslegung, dass der AG ein Angebot nach § 1a abgegeben hat, besteht der Anspruch auf Abfindung auch dann iHv 0,5 Monatsverdiensten für jedes Beschäftigungsjahr, wenn in der Kdg-Erklärung ein Betrag genannt worden ist, der hinter diesem zurück bleibt (BAG 19.6.2007, 1 AZR 340/06, EzA § 1a KSchG Nr 2) oder diesen übersteigt (BAG 10.7.2008, 2 AZR 209/07, EzA § 1a KSchG Nr 6).

8 Ist dem Kdg-Schreiben mit Abfindungsangebot eine Kopie des Anhörungsschreibens des BR mit dem handschriftlichen Vermerk beigefügt, es sei eine Abfindung iHv 8.000 € vereinbart, kann der AN dieses Angebot **nicht** als ein Angebot auf eine **Abfindung iSd § 1a**, sondern nur als Angebot auf eine Abfindung iHv 8.000 € (500 € pro Beschäftigungsjahr) auslegen (BAG 13.12.2007, 2 AZR 807/06, EzA § 1a KSchG Nr 4). Nimmt der AG für die Höhe der Abfindung auf den abgeschlossenen Sozialplan Bezug, nach dem Abfindungsansprüche erst fällig werden, wenn ein etwaiges Kdg-Schutzverfahren rkr abgeschlossen ist, meint er mit der bei »Rechtskraft der Kdg« zu zahlenden Abfindung erkennbar allein die Sozialplanabfindung und nicht die höhere Abfindung nach § 1a (LAG Hamm 7.6.2005, 12 Sa 2165/04, LAGE § 1a KSchG Nr 1).

9 Der AG muss deutlich darauf hinweisen, dass der Anspruch auf die Abfindung mit **Verstreichenlassen der Klagefrist** entsteht: Der AN muss aus der Kdg-Erklärung ohne Weiteres erkennen, dass die Abfindung allein davon abhängt, dass er die Klagefrist verstreichen lässt. Der Hinweis des AG, der AN könne bei Rechtskraft der Kdg eine Abfindung verlangen, genügt nicht, da der Begriff der Rechtskraft der Kdg weiter geht als der des Verstreichenlassens der Klagefrist (LAG Hamm 7.6.2005, 12 Sa 2165/04, LAGE § 1a KSchG Nr 1), Rdn 6.

10 III. **Annahmeerklärung des AN.** Mit der **Nichterhebung der Kdg-Schutzklage innerhalb der Klagefrist des § 4 S 1** erklärt der AN konkludent, dass er das Abfindungsangebot des AG annimmt (zum Streit über die Rechtsnatur s Rdn 2). Voraussetzung ist, dass der AN weiß, dass er mit dem Verstreichenlassen der Klagefrist ein Angebot auf Abfindungsvergleich annimmt, also die Klagefrist mit Rechtsbindungswillen verstreichen lässt, s Rdn 2. Weiß der AN nicht, dass im Verstreichenlassen der Klagefrist eine Willenserklärung liegt, fehlt ihm also das Erklärungsbewusstsein, hindert dass das Zustandekommen des Klageverzichtsvertrags nach hM nicht, sondern berechtigt den AN nur zur Anfechtung entspr § 119 I BGB (vgl § 2 Rdn 10).

11 Der AN lässt die Klagefrist dann **nicht** iSd § 1a I verstreichen, wenn er fristgemäß Klage gegen die Kdg erhebt und zwar auch dann nicht, wenn er den Beklagten in der Klageschrift falsch bezeichnet hat, sofern der richtige Beklagte durch Auslegung hätte ermittelt werden können (LAG Sa-Anh 28.9.2005, 3 Sa 850/04,

LAGE § 1a KSchG Nr 2). Ebenso wenig entsteht der Abfindungsanspruch aus § 1a, wenn der AN gegen die Kdg geklagt hat, die Kdg-Schutzklage aber anschließend zurücknimmt (BAG 13.12.2007, 2 AZR 971/06, EzA § 1a KSchG Nr 5). In der Erklärung, zur Klagerücknahme bereit zu sein, liegt aber idR das Angebot des AN, nun doch einen Klageverzichtsvertrag gegen Abfindung abschließen zu wollen; stimmt der AG der Klagerücknahme vorbehaltlos zu, nimmt er dieses AN-Angebot an (LSW/*Löwisch* § 1a Rn 13; KR/*Spilger* § 1a Rn 80). Der AN lehnt das Angebot des AG auf Abschluss des Klageverzichtsvertrags auch dann ab, wenn er innerhalb der Klagefrist des § 4 S 1 Leistungsklage auf Arbeitsentgelt für die Zukunft oder auf Weiterbeschäftigung nach Ablauf der Kdg-Frist erhebt (*Preis* DB 2004, 70, 875; LSW/*Löwisch* § 1a Rn 22). Die Klagefrist lässt der AN auch dann nicht »verstreichen«, wenn er zwar die Klagefrist des § 4 S 1 hat   12 verstreichen lassen, aber aus der Klageschrift deutlich wird, dass er davon ausgeht, die Klagefrist gewahrt zu haben (BAG 20.8.2009, 2 AZR 267/08, EzA § 1a KSchG Nr 7; aA KR/*Spilger* § 1a Rn 66; *Raab* RdA 2005, 1, 10) oder wenn er einen **Antrag nach § 5** stellt (BAG 13.12.2007, 2 AZR 971/06, EzA § 1a KSchG Nr 5; 19.2.2009, 2 AZR 286/07, EzA § 4 nF KSchG Nr 88); im letzten Fall ist der Abfindungsanspruch durch die verspätete Klageerhebung auflösend bedingt (ErfK/*Oetker* § 1a Rn 14 mwN; KR/*Spilger* § 1a Rn 76 erst bei nachträglicher Zulassung der Klage; ebenso KDZ/*Zwanziger* § 1a Rn 12). Eine bereits gezahlte Abfindung kann der AG nach § 812 I 2 Alt 1 BGB zurückverlangen, ist dann aber dem Entreicherungseinwand des AN aus § 818 III BGB ausgesetzt. Verlangt der AN nach Ablauf der Klagefrist, aber vor Ablauf der Kdg-Frist seine Wiedereinstellung, weil sich die Prognose, er könne nicht beschäftigt werden, als falsch erwiesen hat, ändert dies nichts am wirksam abgeschlossenen Klageverzichtsvertrag (zum Streit über den maßgeblichen Abschlusszeitpunkt Rdn 14). Dessen Geschäftsgrundlage fällt mit der Beschäftigungsmöglichkeit nicht weg, da AG und AN mit dem Klageverzichtsvertrag jede Unsicherheit über die Beendigung des Arbeitsverhältnisses beseitigen wollten (LSW/*Löwisch* § 1a Rn 19; aA *Preis* DB 2004, 70, 74; KR/*Spilger* § 1a Rn 121 f für § 812 I 2 Alt 1 BGB). Mit dem Verlangen nach Wiedereinstellung verstößt der AN aber gegen seine Pflicht aus dem Klageverzichtsvertrag, die Beendigung des Arbeitsverhältnisses nicht infrage zu stellen, weswegen der **AG nach § 323 I BGB zum Rücktritt berechtigt** ist; eine bereits gezahlte Abfindung kann der AG nach § 346 I BGB zurückverlangen (für ein Rücktrittsrecht aus § 313 III BGB **aber** *Rolfs* ZIP 2004, 333, 339; *Preis*; ErfK/*Oetker* § 1a Rn 14a, letzterer falsch für einen Rückzahlungsanspruch aus § 812 I 2 Alt 1 BGB; **gegen** § 313 BGB KR/*Spilger* § 1a Rn 123).
Hat sich der AN falsche Vorstellungen über die Höhe der Abfindung gemacht oder kann der AG die Abfin-   13 dung wegen finanzieller Schwierigkeiten nicht zahlen, berechtigt dies den AN nicht zur **Anfechtung** seiner auf den Klageverzichtsvertrag abgegebenen Willenserklärung nach § 119 BGB; er kann nicht nachträglich gem § 5 Kdg-Schutzklage erheben (ErfK/*Oetker* § 1a Rn 15; aA KDZ/*Zwanziger* § 1a Rn 38). Hat der AG den AN aber arglistig über die Betriebsbedingtheit der Kdg, über die Höhe der Abfindung oder über seine Zahlungsbereitschaft und -fähigkeit getäuscht, kann der AN seine Willenserklärung **nach § 123 BGB** anfechten und Kdg-Schutzklage nach § 5 erheben (LSW/*Löwisch* § 1a Rn 16). Die Abfindung muss der AN nach § 812 I 1 Alt 1 BGB zurückzahlen, kann sich aber ggf auf § 818 III BGB berufen. Irrt sich der AG bei seinem Angebot über die Höhe der Abfindung oder über die Zahl der Beschäftigungsjahre des AN, berechtigt dieser bloße Motiv- bzw Kalkulationsirrtum den AG nicht zur Anfechtung nach § 119 I BGB (aA LSW/*Löwisch* § 1a Rn 16); nimmt der AG ausdrücklich auf den Berechnungsmodus des § 1a II Bezug, ist nach §§ 133, 157 BGB ohnehin dieser und nicht der fälschlich angegebene Abfindungsbetrag maßgeblich (Rdn 7).

C. Abfindungsanspruch. Trotz der missverständlichen Formulierung des § 1a I 1 Hs 2 **entsteht** der   14 Anspruch des AN auf die Abfindung nicht erst mit dem Ablauf der Kdg-Frist, sondern schon mit dem Abschluss des Klageverzichtsvertrags, also mit der ausdrücklichen Erklärung, das AG-Angebot anzunehmen, oder mit Ablauf der 3-Wochen-Frist des § 4 S 1 (LSW/*Löwisch* § 1a Rn 28; **aA** BAG 10.5.2007, 2 AZR 45/06, EzA § 1a KSchG Nr 1; ErfK/*Oetker* § 1a Rn 17; *Krause* in: *v Hoyningen-Huene/Linck* § 1a Rn 14; KR/*Spilger* § 1a Rn 87 ff): Der Ablauf der Kdg-Frist bezeichnet lediglich den Fälligkeitszeitpunkt (Rdn 15). Stirbt der AN nach Abschluss des Klageverzichtsvertrags, ist der Abfindungsanspruch entstanden und geht gem § 1922 I BGB auf die Erben des AN über (LSW/*Löwisch* § 1a Rn 28; **aA** BAG 10.5.2007, 2 AZR 45/06, EzA § 1a KSchG Nr 1; *Krause* in: *v Hoyningen-Huene/Linck* § 1a Rn 18; KR/*Spilger* § 1a Rn 99 f; *Preis* DB 2004, 70, 72).
Der Abfindungsanspruch wird nach § 1a I 1 Hs 2 mit Ablauf der Kdg-Frist **fällig** (LSW/*Löwisch* § 1a   15 Rn 28); ab diesem Zeitpunkt ist er nach § 286 II Nr 1 BGB zu verzinsen, gem § 288 I BGB mit einem Satz von 5 Prozentpunkten über dem Basiszinssatz (BAG 23.2.2005, 10 AZR 602/03, EzA § 209 InsO Nr 4; 25.5.2005, 5 AZR 572/04, EzA § 307 BGB 2002 Nr 3). Der Abfindungsanspruch verjährt nach § 195 BGB innerhalb von 3 Jahren mit dem Schluss des Jahres, in dem der Anspruch fällig geworden ist, § 199 I BGB. Tarifliche Ausschlussfristen, die für »Ansprüche aus dem Arbeitsverhältnis« gelten, erfassen auch den

§ 2 KSchG   Änderungskündigung

Abfindungsanspruch aus § 1a (DFL/*Löwisch* § 1a Rn 44; ErfK/*Oetker* § 1a Rn 19 mwN; aA KR/*Spilger* § 1a Rn 112; KDZ/*Zwanziger* § 1a Rn 20).

16 Wegen des für den AN identischen Leistungszwecks (Rdn 1) kann der AG in seinem Abfindungsangebot erklären, er **verrechne** die Abfindung nach § 1a **mit der Sozialplanabfindung**. Ebenso können AG und BR im Sozialplan die Anrechnung der Abfindung nach § 1a auf Sozialplanabfindungen anordnen (BAG 19.6.2007, 1 AZR 340/06, EzA § 1a KSchG Nr 2). Ob tarifliche Abfindungen mit dem Anspruch aus § 1a verrechnet werden, ist dem TV durch (ggf ergänzende) Auslegung zu entnehmen (BAG 16.12.2010, 6 AZR 423/09, JurionRS 2010, 34507).

17 Die **Höhe** der Abfindung beträgt nach § 1a II 1 einen halben Monatsverdienst für jedes Jahr des Bestehens des Arbeitsverhältnisses; ein Zeitraum von mehr als 6 Monaten ist nach § 1a II 3 auf ein volles Jahr aufzurunden. Mit Bestehen des Arbeitsverhältnisses meint § 1a, wie die Wartezeit des § 1 I, den ununterbrochenen rechtl Bestand des Arbeitsverhältnisses (§ 1 Rdn 6 ff). Für die Berechnung des Monatsverdienstes verweist § 1a II 2 auf § 10 III (§ 10 Rdn 9 f). Zur abw Vereinbarung der Abfindungshöhe s Rdn 7.

18 Nach der **InsO** genießen AN-Forderungen, die im Zeitpunkt der Insolvenzeröffnung bestehen, keine Vorrechte. Lediglich Abfindungsansprüche, die wegen einer Kdg durch den Insolvenzverwalter entstehen, sind Masseverbindlichkeiten iSd § 55 I Nr 1 InsO. Ist unsicher, ob der AG zahlungsfähig ist, sollte der AN Kdg-Schutzklage erheben, um mit etwaigen Ansprüchen auf Annahmeverzugslohn und auf Abfindungen aus mit dem Insolvenzverwalter abgeschlossenen Abfindungsvereinbarungen Insolvenzmasseforderungen zu erwerben (LSW/*Löwisch* § 1a Rn 37).

19 **Pfändungsrechtl** werden Abfindungen nach § 1a wie die nach §§ 9, 10 als Arbeitseinkommen iSv § 850 ZPO behandelt. Die Abfindungen genießen aber nicht den bes Schutz des § 850c ZPO, weil sie nicht für einen bestimmten Zeitraum gezahlt werden, sondern unterfallen als nicht wiederkehrende Vergütungen der Pfändungsbeschränkung des § 850i ZPO: Dem AN ist bei einer Pfändung auf Antrag der Betrag zu belassen, den er während eines angemessenen Zeitraums für den eigenen und den Unterhalt seiner unterhaltsberechtigten Angehörigen benötigt.

20 Seit dem 1.1.2006 unterfallen Abfindungen gem § 52 IVa EStG der **Lohnsteuer**.

21 Abfindungen unterliegen nicht der Beitragspflicht zur **Sozialversicherung**, da sie keine Einnahmen aus einer Beschäftigung iSd § 14 I SGB IV sind, sondern sonstige Einnahmen zum Lebensunterhalt für die Zeit nach Ende der Beschäftigung (BSG 21.2.1990, 12 RK 20/88, EzA § 9 KSchG Nr 35 zu Abfindungen nach § 10). Der Anspruch des gekündigten AN auf Alg aus § 117 I SGB III ruht trotz der Abfindung idR nicht nach § 143a I 1 SGB III, da das Arbeitsverhältnis idR unter Einhaltung der ordentlichen Kdg-Frist beendet wird; im Fall einer außerordentlichen Kdg ruht der Anspruch auf Alg nach § 143a II 2 Nr 3 SGB III nicht, wenn der AG außerordentlich, also fristlos, kündigen durfte. Ein Klageverzichtsvertrag gegen Abfindung nach § 1a löst auch keine **Sperrzeit** wegen Arbeitsaufgabe nach § 159 I 2 Nr 1 SGB III (bis 31.3.2012 § 144 I 2 Nr 1 SGB III aF) aus (ErfK/*Oetker* § 1a Rn 20 iVm ErfK/*Rolfs* § 159 SGB III Rn 10; LSW/*Löwisch* § 1a Rn 41): Schließt der AN mit dem AG einen Aufhebungsvertrag gegen Abfindung ab, kann er sich auf einen – die Sperrzeit wegen Arbeitsaufgabe ausschließenden – wichtigen Grund für die Lösung des Beschäftigungsverhältnisses berufen, wenn ihm ansonsten eine betriebsbedingte ordentliche AG-Kdg (oder einem unkündbaren AN eine außerordentliche betriebsbedingte Kdg unter Einhaltung der Kdg-Frist) zum gleichen Zeitpunkt gedroht hätte; überschreitet die Höhe der Abfindung die des § 1a II nicht, ist nicht zu prüfen, ob die drohende AG-Kdg rechtmäßig wäre (BSG 2.5.2012, B 11 AL 6/11 R, NZS 2012, 874). Etwas anderes gilt bei einer Gesetzesumgehung, zB einer offenkundigen Rechtswidrigkeit der beabsichtigten Kdg (BSG 2.5.2012, B 11 AL 6/11 R, NZS 2012, 874).

§ 2 Änderungskündigung

¹Kündigt der Arbeitgeber das Arbeitsverhältnis und bietet er dem Arbeitnehmer im Zusammenhang mit der Kündigung die Fortsetzung des Arbeitsverhältnisses zu geänderten Arbeitsbedingungen an, so kann der Arbeitnehmer dieses Angebot unter dem Vorbehalt annehmen, daß die Änderung der Arbeitsbedingungen nicht sozial ungerechtfertigt ist (§ 1 Abs. 2 Satz 1 bis 3, Abs. 3 Satz 1 und 2). ²Diesen Vorbehalt muß der Arbeitnehmer dem Arbeitgeber innerhalb der Kündigungsfrist, spätestens jedoch innerhalb von drei Wochen nach Zugang der Kündigung erklären.

Übersicht

	Rdn.			Rdn.
A.	**Zweck der Vorschrift** 1		1. Grundsätze 31	
B.	**Voraussetzungen** 5		2. Personenbedingte	
I.	Beendigungskündigung 5		Änderungskündigung 37	
II.	Änderungsangebot 7		3. Verhaltensbedingte	
III.	Annahme des Änderungsangebots ohne		Änderungskündigung 38	
	Vorbehalt 10		4. Betriebsbedingte	
IV.	Nicht rechtzeitige oder Nichtannahme		Änderungskündigung 39	
	des Änderungsangebots 13		a) Dringendes betriebliches	
V.	Annahme des Änderungsangebots unter		Erfordernis................. 39	
	Vorbehalt 15		b) Sozialauswahl 46	
VI.	Beteiligung des BR und PersR 21		5. Sozialauswahlrichtlinie und	
C.	**Unwirksamkeit der Kündigung** 25		Namensliste, § 1 IV, V 52	
I.	Prozessuale Geltendmachung 25	IV.	Darlegungs- und Beweislast 53	
II.	Sonstige Unwirksamkeitsgründe 28	D.	**Außerordentliche**	
III.	Sozialwidrigkeit 31		**Änderungskündigung** 54	

A. Zweck der Vorschrift. Kdg und Rücktritt sind Vertragslösungsrechte, keine Vertragsänderungsrechte. **1** Deshalb ist eine Teil-Kdg oder ein Teilrücktritt von einzelnen Vertragsbedingungen oder Vertragsteilen grds nicht zulässig (zum Rücktritt RG 16.11.1907, V 102/07, RGZ 67, 101; gegen die Notwendigkeit einer Teilkündigung, wenn die Bestellung eines AN zum Datenschutzbeauftragten widerrufen wird, BAG 23.3.2011, 10 AZR 562/09, EzA § 4f BDSG Nr 3 mwN): Gäbe es ein allg Teilkündigungsrecht, hätte es der Kdg-Berechtigte in der Hand, die von den Parteien vereinbarten Vertragszusammenhänge zu zerreißen und das Äquivalenzgefüge des Vertrages zu zerstören; dem Vertragspartner würde ein Vertrag mit einem Inhalt aufgezwungen, den er so nie abgeschlossen hätte. Dass Änderungs-Kdg und Änderungsrücktritt grds unzulässig sind, zeigen auch § 311 I BGB, der für die Inhaltsänderung eines Vertrages einen Vertrag vorschreibt, und § 306 GewO sowie § 315 BGB, nach dem ein Gestaltungsrecht zur Konkretisierung des Vertragsinhalts voraussetzt, dass die Parteien ein solches Leistungsbestimmungsrecht zumindest konkludent vereinbart haben. Eine Teil-Kdg ist daher nur zulässig, wenn dies vereinbart worden ist, der AG sich etwa den Widerruf oder die Änd einzelner Vertragsbedingungen vorbehalten hat (Rdn 3).

Entspr räumt die Änderungs-Kdg dem AG nach der Legaldefinition in § 2 S 1 kein Gestaltungsrecht zur **2** Vertragsänderung ein, sondern erlaubt ihm eine Beendigungs-Kdg, die er mit dem Angebot verbinden muss, das Arbeitsverhältnis zu geänderten Bedingungen fortzusetzen. Die Änderungs-Kdg ist ein aus 2 Willenserklärungen (**Gestaltungsrecht der Beendigungs-Kdg und Angebot der Vertragsänderung**) zusammengesetztes Rechtsgeschäft (BAG 17.5.2001, 2 AZR 460/00, EzA § 620 BGB Kündigung Nr 3; 20.2.2014, 2 AZR 346/12, EzA § 17 KSchG Nr 31 [Rn 38]). Der AN kann das Angebot vorbehaltlos annehmen (Rdn 10), dieses ganz ablehnen (Rdn 13) oder unter Vorbehalt annehmen (Rdn 15). Da dem AN über § 2 die Möglichkeit eingeräumt wird, gerichtlich überprüfen zu lassen, ob ihm die vom AG angebotenen geänderten Arbeitsbedingungen zumutbar sind, dient § 2 dem Vertragsinhaltsschutz (BAG 7.6.1973, 2 AZR 450/72, EzA § 626 nF BGB Nr 29; 23.6.2005, 2 AZR 642/04, EzA § 2 KSchG Nr 54).

§ 2 enthält 2 Besonderheiten: Zum einen räumt S 1 dem AN das Recht ein, **das Änderungsangebot des 3 AG abw von § 150 II BGB unter einer Bedingung, nämlich unter dem Vorbehalt anzunehmen**, dass die angebotene Änd nicht sozialwidrig ist. Durch die Annahme unter Vorbehalt wird der so zustande gekommene Änderungsvertrag gem §§ 2, 4 S 2, 8 und § 158 II BGB rückwirkend dadurch auflösend bedingt, dass das ArbG die Sozialwidrigkeit der Vertragsänderung feststellt (Rdn 15 ff). Zum anderen ist Gegenstand der Überprüfung der Sozialwidrigkeit bei der Änderungsschutzklage nicht die Beendigung des Arbeitsverhältnisses, sondern gem § 4 S 2 die vom AG beabsichtigte **Änd der Vertragsbedingungen** (BAG 7.6.1973, 2 AZR 450/72, EzA § 626 nF BGB Nr 29; 27.9.2001, 2 AZR 176/00, EzA § 14 KSchG Nr 6; 24.8.2004, 1 AZR 419/03, EzA § 2 KSchG Nr 51): Kdg und Änderungsangebot bilden eine innere Einheit; die Änderungsschutzklage zielt auf die Feststellung, dass für das Arbeitsverhältnis nicht die Arbeitsbedingungen nach dem Änderungsangebot des AG gelten (BAG 24.8.2004, 1 AZR 419/03, EzA § 2 KSchG Nr 51), s Rdn 15. Dieser Prüfungsmaßstab gilt nicht nur dann, wenn der AN das Änderungsangebot unter Vorbehalt angenommen hat, sondern auch, wenn er das Angebot abgelehnt hat (BAG 27.9.2001, 2 AZR 176/00, EzA § 14 KSchG Nr 6; 18.1.2007, 2 AZR 796/05, EzA § 2 KSchG Nr 64 mwN; 26.3.2009, 2 AZR 879/07, DB 2009, 2381). Hält das ArbG die Änd für sozialwidrig, besteht das Arbeitsverhältnis in beiden Fällen zu den bisherigen Bedingungen fort. Nur wenn das ArbG zu dem Ergebnis kommt, dass die Änd sozial gerechtfertigt ist, weichen die Rechtsfolgen voneinander ab: Hatte der AN das AG-Angebot unter Vorbehalt angenommen, besteht das Arbeitsverhältnis zu den geänderten Bedingungen fort (Rdn 15 ff); hatte er das Angebot abgelehnt, endet das Arbeitsverhältnis (Rdn 13 f). Die Annahme des Änderungsangebots unter Vorbehalt lässt aber nur die Beendigungswirkung der Kdg entfallen, hindert den AN aber nicht daran, sich auf die Unwirksamkeit der Kdg aus anderen Gründen zu berufen, etwa wegen nicht ordnungsgemäßer Anhörung des BR gem § 102 BetrVG (BAG 22.10.2015, 2 AZR 124/14, EzA-SD 2016, Nr 2, 3-5 [Rn 28 ff]).

4 Eine Änderungs-Kdg muss der AG nur aussprechen, soweit er Inhalt, Ort und Zeit der Arbeitspflicht des AN nicht durch sein **Direktionsrecht aus § 106 GewO** konkretisieren kann (§ 106 GewO Rdn 8 ff) oder soweit er sich für einzelne Arbeitsbedingungen, etwa für übertarifliche Zulagen oder Gratifikationen, kein Widerrufsrecht vorbehalten hat (§ 315 BGB Rdn 2). Eine dann »**überflüssige**« Änderungs-Kdg ist **unwirksam**, weil der AG die Tätigkeit des AN ohne Weiteres durch einseitige Weisung oder Widerruf hätte konkretisieren oder ändern können (vgl BAG 6.9.2007, 2 AZR 368/06, EzA § 2 KSchG Nr 85 [Rn 12] u 23.2.2012, 2 AZR 44/11, EzA § 2 KSchG Nr 68 mN): Die Feststellung, dass die den AN mit der Änderungs-Kgd angetragenen neuen Arbeitsbedingungen nicht gelten, kann das Gericht bei ohnehin geltenden Arbeitsbedingungen nicht treffen; eine gegen die Änd der Arbeitsbedingungen geführte **Kdg-Schutzklage ist unbegründet** (BAG 26.1.2012, 2 AZR 102/11, EzA § 2 KSchG Nr 84 [Rn 14] u 19.7.2012, 2 AZR 25/11, EzA § 2 KSchG Nr 86 [Rn 21]; 25.4.2013, 2 AZR 960/11, EzA § 20 GVG Nr 8 [Rn 29]). Ist aber bereits die Kdg-Erklärung unwirksam, etwa weil der AG den BR nicht ordnungsgemäß gem § 102 BetrVG angehört hat, muss das ArbG der Kdg-Schutzklage wegen dieses Mangels stattgeben u feststellen, dass die Änderungs-Kdg unwirksam ist, ohne dass das ArbG in die Prüfung einsteigen muss, ob die Änderungs-Kdg überflüssig ist (BAG 22.10.2015, 2 AZR 124/14, EzA-SD 2016, Nr 2, 3-5 [Rn 28 ff, 32]). Ist die Änderungs-Kdg überflüssig und deswegen unwirksam, kann die unwirksame Kdg aber unter den Voraussetzungen des § 140 BGB in eine Weisung nach § 106 GewO oder einen Widerruf umgedeutet werden (LAG Berl 29.11.1999, 9 Sa 1277/99, LAGE KSchG § 2 Nr 36; *Stahlhacke/Preis/Vossen* Rn 484; offengelassen von BAG 28.5.2009, 2 AZR 844/07, EzA § 1 KSchG Interessenausgleich Nr 19; **abl** APS/*Künzl* § 2 Rn 119; *Benecke* NZA 2005, 1092, 1096 Fn 27 mwN). Der AG kann die Änderungs-Kdg auch unter der Bedingung aussprechen, dass eine entspr Versetzungsanordnung unwirksam ist (LAG Köln 4.5.2009, 5 Sa 257/09, AuR 2010, 44); der Bestimmtheitsgrundsatz (Rdn 7) verlangt dann aber, dass die Versetzungsanordnung im Einzelnen feststeht, woran es fehlt, wenn über die Versetzung noch mit dem BR nach §§ 99 ff BetrVG gestritten wird (LAG Köln 4.5.2009, 5 Sa 257/09, AuR 2010, 44). Eine Änderungs-Kdg ist auch dann überflüssig und unwirksam, wenn die **Arbeitsbedingungen normativ durch TV oder BV geändert** werden (BAG 24.8.2004, 1 AZR 419/03, EzA § 2 KSchG Nr 51, 21.9.2006, 2 AZR 120/06, EzA § 2 KSchG Nr 61 u 26.8.2008, 2 AZR 353/07, EzA § 2 KSchG Nr 72; **abw** noch für den Fall, dass der AN das Änderungsangebot unter Vorbehalt angenommen hat BAG 9.7.1997, 4 AZR 635/95, EzA § 2 KSchG Nr 27); zur Änderungs-Kdg, um nicht unmittelbar geltende gesetzliche und tarifliche Vorgaben umzusetzen, noch Rdn 43; zur Ablösung arbeitsvertraglicher Einheitsregelungen durch BV § 77 BetrVG Rdn 35 f. Haben ein TV oder eine BV die Rechtsänderung schon herbeigeführt, ist eine gegen die Änd der Arbeitsbedingungen geführte Kdg-Schutzklage unbegründet, da das Arbeitsverhältnis bei Ausspruch der Kdg schon nicht mehr unverändert bestand (BAG 24.8.2004, 1 AZR 419/03, 21.9.2006, 2 AZR 120/06). Nicht in diesem Sinne unbegründet ist eine Änderungs-Kdg, wenn AG und BR beim Abschluss einer »Sanierungsvereinbarung« zur vorübergehenden Entgeltabsenkung der Wille fehlt, unmittelbar auf die materiellen Arbeitsbedingungen einzuwirken (BAG 29.9.2011, 2 AZR 523/10, EzA § 2 KSchG Nr 83). Eine Änderungs-Kdg braucht der AG auch dann nicht auszusprechen, wenn er einzelne Arbeitsbedingungen wirksam befristet hat (BAG 13.6.1986, 7 AZR 650/84, EzA § 620 BGB Nr 85; 21.4.1993, 7 AZR 297/92, EzA § 2 KSchG Nr 20), so dass nach Ende des Befristungszeitraums die alten Arbeitsbedingungen automatisch wieder aufleben, oder wenn der AN von vornherein zum Abschluss eines Änderungsvertrages bereit ist (§ 311 BGB Rdn 1 ff).

5 **B. Voraussetzungen. I. Beendigungskündigung.** Der AG darf keine auf die Änd der Arbeitsbedingungen, etwa auf die Herabsetzung der Arbeitszeit zielende Gestaltungserklärung abgeben (Rdn 1 f), sondern muss eindeutig erklären, dass er das Arbeitsverhältnis beenden will; der **Vertragsauflösungswille** muss **klar erkennbar** sein.

6 Der AG muss nach § 623 BGB **schriftlich** kündigen. Es gelten die bes gesetzlichen Kdg-Verbote und Zustimmungsvorbehalte wie § 9 MuSchG, § 18 BEEG, § 15 KSchG, §§ 85 ff SGB IX und §§ 2, 10 ArbPlSchG. Ist die ordentliche Kdg einzelner AN gesetzlich, tarifvertraglich oder einzelvertraglich ausgeschlossen, kann ihnen ggf außerordentlich gekündigt werden (Rdn 54). Der AG kann die Kdg auch nach § 1a mit dem Hinweis verbinden, dass der AN einen Abfindungsanspruch erwirbt, wenn er innerhalb der Klagefrist des § 4 S 1 keine Kdg-Schutzklage erhebt (s § 1a Rdn 2).

II. Änderungsangebot. Zur Kdg-Erklärung muss als 2. Element ein Angebot des AG hinzukommen, das 7
Arbeitsverhältnis zu geänderten Bedingungen fortzusetzen. Das Änderungsangebot muss aus Sicht eines
objektiven Empfängers eindeutig bestimmt oder **zumindest bestimmbar** sein, § 145 BGB: Der AN muss
erkennen können, zu welchem Zeitpunkt (BAG 29.9.2011, 2 AZR 523/10, EzA § 2 KSchG Nr 83) welche
Arbeitsbedingungen künftig gelten sollen, da er nur so eine Entsch über das Angebot treffen kann (BAG
6.9.2004, 2 AZR 628/03, EzA § 623 BGB 2002 Nr 21; 15.1.2009, 2 AZR 641/07, EzAÜG KSchG Nr 30;
10.9.2009, 2 AZR 822/07, EzA § 2 KSchG Nr 74, 28.10.2010, 2 AZR 688/09, EzA § 2 KSchG Nr 80,
16.12.2010, 2 AZR 576/09, EzA § 2 KSchG Nr 81 u 5.6.2014, 2 AZR 615/13, EzA § 2 KSchG Nr 91
[Rn 25, 48]; 25.4.2013, 2 AZR 960/11, EzA § 20 GVG Nr 8 [Rn 31]). Es genügt nicht, dass sich der
gekündigte AN aus einem Bündel angebotener Änd die jeweils für ihn günstigsten Bedingungen »heraussuchen« kann (BAG 15.1.2009, 2 AZR 641/07 [Rn 17 ff]). Spricht der AG mehrere Kdg aus und verbindet
diese jeweils mit einem Angebot, bestimmte (unterschiedliche) Arbeitsbedingungen zu ändern, die übrigen
Arbeitsbedingungen aber unverändert zu lassen, ist für den AN aus der einzelnen Kdg nicht erkennbar,
mit welchem Inhalt das Arbeitsverhältnis fortbestehen soll (BAG 10.9.2009, 2 AZR 822/07 [Rn 15 ff]).
Jedenfalls dann, wenn der AG nur schwer bestimmen kann, welche von mehreren Änd sich weniger weit
vom bisherigen Vertragsinhalt entfernt (zu diesem Erfordernis Rdn 33), steht es ihm aber frei, dem AN die
in Betracht kommenden Änd **alternativ** anzubieten und dem AN so die Wahl zu lassen, eines der Angebote
vorbehaltlos oder unter Vorbehalt anzunehmen oder sämtliche Angebote abzulehnen (BAG 10.4.2014, 2
AZR 812/12, EzA § 2 KSchG Nr 89 [Rn 53]). Ändert sich mit der geänderten Tätigkeit automatisch auch
das Arbeitsentgelt, braucht der AG darauf nicht gesondert hinzuweisen (BAG 6.9.2004, 2 AZR 628/03).
Die Änderungs-Kdg ist unwirksam, wenn das Änderungsangebot nicht hinreichend bestimmt oder
bestimmbar ist (BAG 6.9.2004, 2 AZR 628/03, 15.1.2009, 2 AZR 641/07 u 10.9.2009, 2 AZR 822/07)
oder wenn das Kdg-Schreiben und das Änderungsangebot in einem unauflöslichen Widerspruch stehen
(BAG 29.9.2011, 2 AZR 523/10).

§ 2 verlangt anders als § 1a I für die Abfindung kein Änderungsangebot des AG in der Kdg-Erklärung. Der 8
von § 2 geforderte Zusammenhang zwischen Kdg und Änderungsangebot besteht aber nur dann, wenn
der AG das **Änderungsangebot spätestens mit dem Zugang der Kdg-Erklärung** abgibt; ein späteres Änderungsangebot ist nicht zu berücksichtigen (BAG 17.5.2001, 2 AZR 460/00, EzA § 620 BGB Kündigung
Nr 3; aA nur LSW/*Löwisch/Wertheimer* § 2 Rn 25). Der AG kann die Änderungsangebot auch vor der
Kdg-Erklärung abgeben, muss dann aber in der Kdg-Erklärung darauf Bezug nehmen; sind die Verhandlungen über die Änd der Arbeitsbedingungen gescheitert, muss er klarstellen, dass er das Änderungsangebot
aufrechterhält (BAG 21.4.2005, 2 AZR 132/04, EzA § 2 KSchG Nr 53). Kündigt der AG mit Ausspruch
der Beendigungs-Kdg lediglich an, dem AN zu einem späteren Zeitpunkt ein Änderungsangebot unterbreiten zu wollen (etwa nach Erarbeitung von Planzahlen durch den AN als Basis für eine vom AG gewünschte
erfolgsabhängige Vergütung), spricht er keine Änderungs-Kdg, sondern eine Beendigungs-Kdg aus (BAG
17.5.2001, 2 AZR 460/00, EzA § 620 BGB Kündigung Nr 3). Verhandelt der AG mit dem AN später über
geänderte Arbeitsbedingungen, kann darin ganz ausnahmsweise die Rücknahme der Beendigungs-Kdg liegen, etwa wenn der AG ausdrücklich von der Fortsetzung des bisherigen Arbeitsverhältnisses spricht (ErfK/
Oetker § 2 Rn 12).

Das **Schriftformerfordernis des § 623 BGB** erstreckt sich nicht nur auf die Kdg (Rdn 6), sondern auch auf das 9
Änderungsangebot (hM: BAG 6.9.2004, 2 AZR 628/03, EzA § 623 BGB 2002 Nr 21; 28.10.2010, 2 AZR
688/09, EzA § 2 KSchG Nr 80 u 16.12.2010, 2 AZR 576/09, EzA § 2 KSchG Nr 81; 25.4.2013, 2 AZR
960/11, EzA § 20 GVG Nr 8 [Rn 31]; ErfK/*Oetker* § 2 Rn 10; HWK/*Molkenbur* § 2 Rn 3; KR/*Kreft* § 2
Rn 51 mwN; aA LSW/*Löwisch/Wertheimer* § 2 Rn 10 u 16; KR/*Spilger* § 623 BGB Rn 138). Das folgt
zwar weder aus dem Wortlaut des § 623 BGB noch aus dem des § 2, der lediglich von einem Änderungsangebot »im Zusammenhang« mit der Kdg spricht, wohl aber aus dem Schutzzweck beider Normen: Das
Änderungsangebot ist Bestandteil der Kdg. Der AN kann diese nur dann hinreichend rechtssicher von einer
Beendigungs-Kdg unterscheiden, wenn er neben der Kdg-Erklärung auch das Änderungsangebot schriftlich
erhält. Die Beweisfunktion der Schriftform schützt AG und AN; sie warnt zudem den AG davor, voreilige mündliche Änderungsangebote abzugeben. Umstände außerhalb des Kdg-Schreibens, insb mündliche
Erläuterungen des Änderungsangebots durch den AG, müssen für die Auslegung mitberücksichtigt werden,
wenn diese Umstände in der Urkunde zumindest angedeutet sind (BAG 6.9.2004, 2 AZR 628/03, EzA
§ 623 BGB 2002 Nr 21).

III. Annahme des Änderungsangebots ohne Vorbehalt. Nimmt der AN das Änderungsangebot ohne 10
Vorbehalt an, wird der Arbeitsvertrag zu dem im Angebot genannten Zeitpunkt geändert. Der AN kann das
Änderungsangebot **ausdrücklich oder durch schlüssiges Verhalten** annehmen, etwa indem er zu den vom

AG angebotenen schlechteren Bedingungen tätig wird (BAG 19.6.1986, 2 AZR 565/85, EzA § 2 KSchG Nr 7). Fehlt dem AN das Bewusstsein, durch sein Tätigwerden zu schlechteren Bedingungen eine rechtserhebliche Erklärung abzugeben (Erklärungsbewusstsein), ändert dies nach hM nichts an der Wirksamkeit der Willenserklärung, wenn der AN bei Anwendung der im Verkehr erforderlichen Sorgfalt hätte erkennen und vermeiden können, dass seine Äußerung als Willenserklärung aufgefasst wird (BAG 19.6.1986, 2 AZR 565/85, EzA § 2 KSchG Nr 7); der AN kann seine Willenserklärung aber nach § 119 I BGB anfechten. Eine vorbehaltlose Annahme des Änderungsangebots durch schlüssiges Verhalten ist idR nicht anzunehmen, solange die Frist für die Erklärung des Vorbehalts nach § 2 S 2 läuft (BAG 27.3.1987, 7 AZR 790/85, EzA § 2 KSchG Nr 10). Verlangt der AG eine Form für die Annahme, etwa die Unterschrift unter das Änderungsangebot (vgl BAG 21.4.2005, 2 AZR 244/04, EzA § 2 KSchG Nr 52), hindert dies die konkludente oder mündliche Annahme nicht, da Schriftformgebote nach § 127 BGB nur von beiden Vertragspartnern vereinbart werden können.

11 Nach § 148 BGB darf der AG sein **Änderungsangebot befristen**. Die **3-Wochen-Frist** zur Erklärung des Vorbehalts nach § 2 S 2 ist eine **Mindestfrist** auch für die Erklärung der vorbehaltlosen Annahme des Änderungsangebots (BAG 18.5.2006, 2 AZR 230/05, EzA § 2 KSchG Nr 59; 1.2.2007, 2 AZR 44/06, EzA § 2 KSchG Nr 65). Dass der AG eine zu kurze Frist setzt (etwa mit der Formulierung »teilen Sie uns umgehend mit, ob Sie ... einverstanden sind«), führt nicht zur Unwirksamkeit der Kdg, sondern setzt die Frist des § 2 S 2 in Lauf (BAG 18.5.2006, 2 AZR 230/05 u 1.2.2007, 2 AZR 44/06). Der AN kann das Änderungsangebot noch nach Ablauf der 3-Wochen-Frist des § 2 S 2 annehmen, wenn der AG eine entspr längere Annahmefrist bestimmt hat (§ 148 BGB) oder sich eine längere Frist aus den Umständen ergibt (§ 147 II BGB). So kann der AG regelmäßig nicht erwarten, dass der AN die existenzielle Entsch, ob er sein Arbeitsverhältnis aufgibt oder zu geänderten Arbeitsbedingungen weiterarbeitet, in kürzester Frist trifft, wenn er selbst lange vor dem Zeitpunkt gekündigt hat, zu dem er unter Einhaltung der ordentlichen Kdg-Frist zu dem beabsichtigten Termin hätte kündigen können (BAG 6.2.2003, 2 AZR 674/01, EzA § 2 KSchG Nr 47). Entspricht es erkennbar dem Planungsinteresse des AG, längere Zeit vor Ablauf der Kdg-Frist zu erfahren, wie sich der AN entscheidet, so verkürzt dies die Überlegungsfrist entspr (BAG 6.2.2003, 2 AZR 674/01, das bei einer mit 7-Monats-Frist ausgesprochenen Kdg die Annahme nach mehr als 3 Monaten als rechtzeitig ansieht). Nimmt der AN das Änderungsangebot erst an, nachdem es erloschen ist, liegt darin gem § 150 II BGB ein neues Änderungsangebot des AN, das der AG annehmen kann.

12 Erklärt der AN die Annahme des Änderungsangebots unter Vorbehalt (Rdn 15 ff), kann er auf den **Vorbehalt nachträglich verzichten** und so zur vorbehaltlosen Annahme kommen. Die Vertragsänderung ist dann ab dem geplanten Zeitpunkt wirksam (LSW/*Löwisch/Wertheimer* § 2 Rn 33). Verzichtet der AN auf den Vorbehalt, nachdem er die Änderungsschutzklage erhoben hat, erledigt sich der Rechtsstreit in der Hauptsache; soweit nicht § 12a I ArbGG greift, trägt der AN die Kosten. Nimmt der AN das AG-Angebot unter Vorbehalt an, erhebt er Änderungsschutzklage und nimmt diese später wieder zurück, so erlischt der Vorbehalt mit der Klagerücknahme; wegen der vorbehaltlosen Annahme muss der AN zu den geänderten Bedingungen arbeiten (LAG Schl-Holst 20.1.2005, 4 Sa 428/04, LAGE § 7 KSchG Nr 2).

13 **IV. Nicht rechtzeitige oder Nichtannahme des Änderungsangebots.** Nimmt der AN das Änderungsangebot nicht innerhalb der Kdg-Frist, spätestens aber innerhalb von 3 Wochen nach Zugang der Kdg an (Rdn 16), kann er wegen § 2 S 2 keine Änderungsschutzklage erheben, sondern muss sich innerhalb der 3-Wochen-Frist des **§ 4 S 1** mit der **normalen Kdg-Schutzklage** gegen die Beendigung des Arbeitsverhältnisses wehren (BAG 10.4.2014, 2 AZR 812/12, EzA § 2 KSchG Nr 89 [Rn 19 mN]). Die Möglichkeit der Weiterbeschäftigung auf einem vom AG mit dem Änderungsangebot angebotenen freien Arbeitsplatz hindert die Kdg nicht iSd § 1 II 2 u 3 (s § 1 Rdn 150 ff), da das erforderliche Einverständnis des AN mit der Weiterbeschäftigung mangels Annahme des AG-Angebots fehlt. In die Prüfung, ob die Beendigungs-Kdg sozialwidrig ist, muss das Änderungsangebot des AG aber einbezogen werden und unterliegt demselben Prüfungsmaßstab, wie wenn der AN das Angebot unter Vorbehalt angenommen hätte (Rdn 15). Verliert der AN im Kdg-Schutzprozess, steht fest, dass sein Arbeitsverhältnis durch die Kdg beendet worden ist. Stellt das ArbG fest, dass die Kdg das Arbeitsverhältnis nicht beendet hat, kann der AN zu unveränderten Arbeitsbedingungen weiterarbeiten oder – anders als bei einer Änderungsschutzklage (Rdn 26) – gem § 9 I die Auflösung des Arbeitsverhältnisses gegen Abfindung beantragen (BAG 29.1.1981, 2 AZR 1055/78, EzA § 9 KSchG nF Nr 10).

14 Nimmt der AN das Änderungsangebot nicht oder nicht rechtzeitig an und erhebt er auch die Kdg-Schutzklage nicht oder nicht rechtzeitig, gilt die Beendigungs-Kdg nach der **Fiktion des § 7 Hs 1** als von Anfang an wirksam, sodass das Arbeitsverhältnis des AN unabhängig davon endet, ob Kdg und Änderungsangebot im Kdg-Schutzprozess Bestand gehabt hätten. Der AG kann sich aber, zB durch Weiterbeschäftigung des

AN zu den geänderten Bedingungen, auf eine verspätete Annahme des Änderungsangebots durch den AN einlassen; dies setzt eine eindeutige Absprache voraus (BAG 10.6.1998, 2 AZR 336/97, EzA § 2 KSchG Nr 30; 28.10.2010, 2 AZR 688/09, EzA § 2 KSchG Nr 80).

V. Annahme des Änderungsangebots unter Vorbehalt. § 2 S 2 räumt dem AN das Recht ein, das Vertragsangebot des AG abw von § 150 II BGB unter einer Bedingung anzunehmen: Durch die Annahme unter Vorbehalt wird der so zustandegekommene Änderungsvertrag gem §§ 2, 4 S 2, 8 und § 158 II BGB **rückwirkend** dadurch **auflösend bedingt**, dass das ArbG die Sozialwidrigkeit der Vertragsänderung feststellt (BAG 27.9.1984, 2 AZR 62/83, EzA § 2 KSchG Nr 5; LAG Schl-Holst 20.1.2005, 4 Sa 428/04, LAGE § 7 KSchG Nr 2). Nimmt der AN das Änderungsangebot unter Vorbehalt an, streiten AG und AN nicht mehr über die Beendigung des Arbeitsverhältnisses und damit nicht über die Rechtswirksamkeit der ausgesprochenen Kdg, sondern allein über die Berechtigung des Angebots auf Änd der Arbeitsbedingungen; der AN erhebt keine Kdg-Schutzklage nach § 4 S 1, sondern eine Änderungsschutzklage nach § 4 S 2, deren Streitgegenstand nicht die Wirksamkeit der Kdg, sondern nur der Inhalt der für das Arbeitsverhältnis geltenden Vertragsbedingungen ist (BAG 26.1.2012, 2 AZR 102/11, EzA § 2 KSchG Nr 84 [Rn 13] u 19.7.2012, 2 AZR 25/11, EzA § 2 KSchG Nr 86 [Rn 20]). Das nimmt dem AN das Risiko, im Fall eines für ihn negativ ausgehenden Prozesses den Arbeitsplatz zu verlieren. Wegen des Verweises auf § 4 in § 23 muss auch der in einem Kleinbetrieb beschäftigte AN das Änderungsangebot unter Vorbehalt annehmen und die Kdg-Schutzklage auf das Änderungsangebot beschränken dürfen (LAG Köln 9.4.2009, 7 Sa 1467/08, PersV 2010, 276). Tritt die auflösende Bedingung ein, stellt das ArbG also fest, dass die Änd der Arbeitsbedingungen sozialwidrig (s Rdn 31, 46 ff) oder die Änderungs-Kdg aus einem anderen Grund unwirksam ist (s Rdn 28 ff), muss der AG den AN gem § 159 BGB so stellen, wie er stünde, wenn er von vornherein zu unveränderten Bedingungen weitergearbeitet hätte (BAG 27.9.1984, 2 AZR 62/83), also insb etwaige Entgeltdifferenzen ausgleichen. Tritt die Bedingung nicht ein, weil der AN nicht rechtzeitig Änderungsschutzklage erhebt (und deswegen gem § 7 Hs 2 der von ihm erklärte Vorbehalt erlischt) oder weil er im Kdg-Schutzprozess unterliegt, besteht das Arbeitsverhältnis vorbehaltlos zu den geänderten Arbeitsbedingungen fort.

Nach § 2 S 2 muss der AN den Vorbehalt **innerhalb der Kdg-Frist** erklären, wenn diese weniger als 3 Wochen beträgt (BAG 19.6.1986, 2 AZR 565/85, EzA § 2 KSchG Nr 7), **ansonsten innerhalb von 3 Wochen**. Entscheidend für die Wahrung der Frist ist der Zugang der Vorbehaltserklärung iSd § 130 BGB: Während die 3-Wochen-Frist für die Klageerhebung nach § 4 auch dann gewahrt ist, wenn die Klage vor Fristablauf bei Gericht eingereicht wird und die Zustellung an den Prozessgegner »demnächst« erfolgt, muss die Annahmeerklärung unter Vorbehalt dem AG innerhalb der Kdg-Frist, spätestens innerhalb von 3 Wochen nach Zugang der Kdg tatsächlich zugehen (BAG 10.6.1998, 2 AZR 336/97, EzA § 2 KSchG Nr 30). § 5 kann nicht analog angewandt werden (KR/*Kreft* § 2 Rn 126). Die Frist des § 2 S 2 ist zwingend; zum Nachteil der AN kann davon weder einvernehmlich noch einseitig durch den AG abgewichen werden (BAG 18.5.2006, 2 AZR 230/05, EzA § 2 KSchG Nr 59). Die 3-Wochen-Frist des § 2 S 2 ist **Höchstfrist**. Läuft die Klagefrist des § 4 ab, ohne dass dem AG die Annahmeerklärung unter Vorbehalt zugegangen ist, bestehen daher nur 2 Möglichkeiten: Entweder arbeitet der AN zu den vom AG angebotenen geänderten Bedingungen weiter oder das Arbeitsverhältnis endet mit Ablauf der Kdg-Frist.

Die Vorbehaltserklärung ist **nicht formgebunden**, der Vorbehalt kann auch schlüssig erklärt werden. Eine schlüssige Annahme unter Vorbehalt liegt etwa in der Erhebung der Änderungsschutzklage mit dem Antrag des § 4 S 2 (ErfK/*Oetker* § 2 Rn 37). Hingegen hat die bloße Weiterarbeit zu den geänderten Arbeitsbedingungen während des Laufs der Vorbehaltsfrist nach § 2 S 2 keinen eindeutigen Erklärungswert (s Rdn 10).

Nimmt der AN das Änderungsangebot unter Vorbehalt an, muss er mit Ablauf der Kdg-Frist zu den vom AG angebotenen **neuen Arbeitsbedingungen arbeiten** (BAG 18.1.1990, 2 AZR 183/89, EzA § 1 KSchG Betriebsbedingte Kündigung Nr 65); der AG ist nicht verpflichtet, den AN vorläufig zu den bisherigen Bedingungen weiterzubeschäftigen (BAG 18.1.1990, 2 AZR 183/89, EzA § 1 KSchG Betriebsbedingte Kündigung Nr 65). Bietet der bisher tarifgebundene, aus dem AG-Verband ausgetretene AG dem AN an, das Arbeitsverhältnis nur unter Reduktion der bisherigen tariflich gewährleisteten Sonderzahlungen fortzusetzen, und nimmt der AN dieses Angebot unter Vorbehalt an, beendet diese Abmachung die (sich an die Nachbindung nach § 3 III TVG anschließende) Nachwirkung nach § 4 V TVG unter der Bedingung, dass die Änd sozial gerechtfertigt ist (BAG 27.9.2001, 2 AZR 236/00, EzA § 2 KSchG Nr 44).

An die Annahme unter Vorbehalt ist der AN **bis zum Ende des Änderungsschutzprozesses gebunden**; er kann den Vorbehalt nicht einseitig zurücknehmen und Beendigungs-Kündigungsschutzklage nach § 4 S 1 erheben (LAG Köln 6.12.2001, 6 Sa 874/01, NZA-RR 2003, 82; ErfK/*Oetker* § 2 Rn 37). Ein »Widerruf« der Annahme ist lediglich ein Angebot an den AG, den unter Vorbehalt zustande gekommen

Änderungsvertrag wieder aufzuheben; ob der AG dieses Angebot annimmt, ist seine Sache (LAG Rh-Pf 2.5.1994, 10 Sa 68/94, LAGE § 2 KSchG Nr 14). Der AN kann aber auf den **Vorbehalt verzichten** und damit der Vertragsänderung vorbehaltlos zustimmen (Rdn 10).

20 In der Annahme des Änderungsangebots unter Vorbehalt liegt immer auch das **Angebot des AN**, zu den **bisherigen Arbeitsbedingungen** weiterzuarbeiten. Dieses Angebot kann der AG jederzeit annehmen, etwa durch »Rücknahme« der Kdg (ErfK/*Oetker* § 2 Rn 71; KR/*Kreft* § 2 Rn 258). Nimmt der AG die Änderungs-Kdg erst während des Kdg-Schutzprozesses zurück, erledigt sich die Hauptsache; soweit nicht § 12a I ArbGG greift, trägt der AG gem § 46 II ArbGG iVm § 91a ZPO die Kosten (§ 4 Rdn 29).

21 **VI. Beteiligung des BR und PersR.** Nimmt der AN bei einer auf eine **Versetzung iSd § 95 III BetrVG** gerichteten Kdg das Änderungsangebot ohne Vorbehalt (Rdn 10) oder unter dem Vorbehalt des § 2 an (Rdn 15) und stimmt der BR der Versetzung nicht nach **§ 99 BetrVG** (oder der PersR nicht nach § 75 I Nr 3–4a BPersVG) zu, hindert dies die Änd des Arbeitsvertrags nicht (BAG 22.4.2010, 2 AZR 491/09, EzA § 2 KSchG Nr 77). Die unterbliebene Beteiligung des BR löst aber ein betriebsverfassungsrechtl Beschäftigungsverbot aus: Der AN ist gem § 275 I BGB (rechtl Unmöglichkeit) zur Arbeitsleistung nach dem geänderten Arbeitsvertrag weder verpflichtet noch berechtigt, solange die vom BR verweigerte Zustimmung nicht durch das ArbG ersetzt wird (auch BAG 22.4.2010, 2 AZR 491/09; zu weitgehend noch für die Nichtigkeit der Versetzung gem § 134 BGB BAG 30.9.1993, 2 AZR 283/93, EzA § 99 BetrVG 1972 Nr 118; 7.11.2002, 2 AZR 650/00, EzA § 615 BGB 2002 Nr 1). Auf seinem bisherigen Arbeitsplatz oder mit seinen bisherigen Aufgaben kann der AN nicht beschäftigt werden, da diese Beschäftigung von seinem durch die Annahme des AG-Angebots geänderten Arbeitsvertrag nicht umfasst ist (*Berkowsky* NZA 2010, 250, 251; aA BAG 30.9.1993, 2 AZR 283/93; über eine Auslegung des Änderungsvertrags LSW/*Löwisch/Wertheimer* § 2 Rn 147). Der AN erhält nach § 615 BGB Annahmeverzugslohn, solange das Zustimmungsersetzungsverfahren nicht abgeschlossen ist (KDZ/*Zwanziger* § 2 Rn 202). Wird die Zustimmung endgültig versagt, darf der AG dem AN nicht mit der Begründung betriebsbedingt kündigen, er könne ihn zu den geänderten Bedingungen nicht beschäftigen, sondern muss dem AN vorher eine Beschäftigung zu den bisherigen Bedingungen anbieten. Wird der Zustimmungsersetzungsantrag des AG rechtskräftig abgewiesen, ist der AG entg dem BAG (22.4.2010, 2 AZR 491/09) iSv § 275 I BGB dauerhaft außerstande, den AN zu den geänderten Bedingungen zu beschäftigen (APS/*Künzl* § 2 Rn 158 f; ErfK/*Oetker* § 2 Rn 26); er muss den BR zu derselben Vertragsänderung nicht erneut um Zustimmung ersuchen und bei dessen abermaliger Ablehnung nicht erneut deren gerichtliche Ersetzung beantragen: Mit der Rechtskraft des arbeitsgerichtlichen Beschlusses ist die Rechtslage abschließend geklärt. Hat das ArbG entschieden, dass die Vertragsänderung selbst unwirksam ist, gelten die bisherigen Arbeitsbedingungen automatisch und rückwirkend (Rdn 15).

22 Für die mit dem Ziel der **Umgruppierung** ausgesprochene Änderungs-Kdg ist die Zustimmung des BR nach § 99 BetrVG in keinem Fall Wirksamkeitsvoraussetzung (BAG 28.8.2008, 2 AZR 967/06, EzA § 2 KSchG Nr 73): Die Umgruppierung ist keine konstitutive Maßnahme, sondern Subsumtion unter ein betriebliches Entgeltschema; der BR hat ein bloßes Mitbeurteilungsrecht (BAG 28.8.2008, 2 AZR 967/06). Der AG ist im Kdg-Rechtsstreit aber an die im Zustimmungsersetzungsverfahren nach § 99 IV BetrVG festgestellte Vergütung gebunden, wenn eine bestimmte Entgeltgruppe als zutreffend ermittelt oder als unzutreffend ausgeschlossen wurde (BAG 3.5.1994, 1 ABR 58/93, EzA § 99 BetrVG 1972 Nr 122; 28.8.2008, 2 AZR 967/06).

23 Widerspricht der BR einer Änderungs-Kdg nach **§ 102 III BetrVG**, muss der AN, wenn er das Änderungsangebot abgelehnt hat und Beendigungsschutzklage erhebt, nach § 102 V BetrVG auf Antrag bis zum Ende des Kdg-Schutzprozesses zu den bisherigen Arbeitsbedingungen weiterbeschäftigt werden. Hat der AN das Änderungsangebot vorbehaltlos oder unter Vorbehalt angenommen, löst ein Widerspruch des BR hingegen keinen Weiterbeschäftigungsanspruch nach § 102 V BetrVG aus, da der durch die Annahme des AG-Angebots geänderte Arbeitsvertrag eine Weiterbeschäftigung zu den bisherigen Bedingungen nicht erlaubt (BAG 28.5.2009, 2 AZR 844/07, EzA § 1 KSchG Interessenausgleich Nr 19 mit der Begründung, der AN gebe durch die Annahme unter Vorbehalt zu erkennen, dass ihm die Weiterbeschäftigung zu geänderten Bedingungen zunächst zumutbar erscheint): Der AN ist bis zum Ende des Kdg-Schutzprozesses zu den geänderten Bedingungen zu beschäftigen (Rdn 18). Zur Unwirksamkeit der Kdg wegen unterlassener Anhörung des BR Rdn 29.

24 Will der AG mithilfe der Änderungs-Kdg die Arbeitsbedingungen im gesamten Betrieb oder für bestimmte Gruppen von AN verändern, etwa die Arbeitszeit heraufsetzen oder das Arbeitsentgelt absenken, hat der BR hierüber ggf nach **§ 87 I BetrVG** und der PersR nach § 75 III BPersVG mitzubestimmen. Während die Beteiligung des BR Wirksamkeitsvoraussetzung für einseitige Leistungsbestimmungen des AG ist, weswegen etwa der AG-Widerruf (Rdn 4) einer freiwillig gezahlten Zulage ohne Zustimmung des BR unwirksam

ist (BAG 3.12.91, GS 2/90, EzA § 87 BetrVG 1972 Betriebliche Lohngestaltung Nr 30; 24.1.06, 3 AZR 484/04, EzA § 87 BetrVG 2001 Altersversorgung Nr 1), hindert die Nichtbeteiligung des BR bei Änderungs-Kdg des AG lediglich deren Vollzug: Senkt der AG das Arbeitsentgelt oder Sozialleistungen, ohne den BR nach § 87 I Nr 10 BetrVG zu beteiligen, sind die zur Entgeltsenkung ausgesprochenen Änderungs-Kdg nicht unwirksam, können aber nicht vollzogen werden, solange das Mitbestimmungsverfahren samt ESt-Verfahren nicht durchgeführt ist (BAG 17.6.1998, 2 AZR 336/97, EzA § 2 KSchG Nr 30).

C. Unwirksamkeit der Kündigung. I. Prozessuale Geltendmachung. Nach § 4 S 1 u 2 muss der AN 25 innerhalb von 3 Wochen ab Zugang der schriftlichen Kdg-Erklärung Klage auf Feststellung erheben, dass die Änd der Arbeitsbedingungen sozial ungerechtfertigt oder aus anderen Gründen rechtsunwirksam ist. Der Streitgegenstand erstreckt sich auf die Wirksamkeit der Änderungen insgesamt (BAG 23.3.1983, 7 AZR 157/81, EzA § 6 KSchG Nr 1; LSW/*Löwisch*/*Wertheimer* § 2 Rn 113; s auch § 4 Rdn 24). Ob das Arbeitsverhältnis bei Zugang der Änderungs-Kdg **bestand**, ist hingegen nicht Gegenstand der Änderungsschutzklage. Auch wenn der AN das Änderungsangebot ablehnt und Kdg-Schutzklage nach § 4 S 1 gegen die Beendigungs-Kdg erhebt, ist für die Wirksamkeit der Kdg nicht auf die Beendigung des Arbeitsverhältnisses, sondern auf das Änderungsangebot und seine soziale Rechtfertigung abzustellen (BAG 19.5.1993, 2 AZR 584/92, EzA § 1 KSchG Betriebsbedingte Kündigung Nr 73; 27.9.2001, 2 AZR 176/00, EzA § 14 KSchG Nr 6), schon Rdn 3, näher § 4 Rdn 24 ff.

Da Streitgegenstand nur die Änd der Arbeitsbedingungen, hingegen nicht der Bestand des Arbeitsverhält- 26 nisses ist (Rdn 25), kann der AN für den Fall, dass das ArbG die Unwirksamkeit der Änderungs-Kdg feststellt, **nicht nach** § 9 S 1 beantragen, dass das Arbeitsverhältnis gegen Zahlung einer Abfindung aufgelöst werden soll, sondern muss zu den bisherigen Arbeitsbedingungen weiterarbeiten (BAG 24.10.2013, 2 AZR 320/13, EzA § 9 KSchG nF Nr 66). Dem AN bleibt lediglich die Möglichkeit, das Arbeitsverhältnis selbst zu kündigen.

Anstelle oder neben der Änderungsschutzklage kann der AN die **allg Feststellungsklage nach § 256 ZPO** erhe- 27 ben und feststellen lassen, dass die Arbeitsbedingungen unverändert fortgelten (LSW/*Löwisch*/*Wertheimer* § 2 Rn 114). Voraussetzung ist, dass der AN nicht nur eine konkrete Änderungs-Kdg angreift, sondern darüber hinaus ein bes **rechtl Interesse** an der allg Feststellung unveränderter Arbeitsbedingungen hat, etwa weil zweifelhaft ist, ob der AG weitere wirksame Änderungs-Kdg ausgesprochen hat oder das Arbeitsverhältnis anderweitig geändert worden ist, etwa durch BV oder eine Leistungsbestimmung nach § 315 BGB. Näher § 4 Rdn 34 ff.

II. Sonstige Unwirksamkeitsgründe. Das **Änderungsangebot** und damit die Änderungs-Kdg des AG 28 sind nicht nur dann unwirksam, wenn sie sozialwidrig sind (Rdn 31 ff), sondern ebenso, wenn sie gegen ein gesetzliches oder tarifliches Verbot, etwa gegen das ArbZG, verstoßen. Will der AG mit einer Änderungs-Kdg tarifliche Leistungen ändern, etwa die tarifliche Arbeitszeit von 35 Stunden auf 38,5 Stunden bei einer Lohnerhöhung von 3 % heraufsetzen, verstößt dies gegen § 4 TVG mit § 134 BGB (BAG 10.2.1999, 2 AZR 422/98, EzA § 2 KSchG Nr 34). Bei der Änderungs-Kdg muss der AG auch die Diskriminierungsverbote des Art 9 III 2 GG, des § 4 I TzBfG und der §§ 1, 7 AGG beachten (Letztere in europarechtskonformer Auslegung des § 2 IV AGG, § 1 Rdn 17 u 168). Etwa ist eine Änderungs-Kdg, mit der der AG eine teilzeitbeschäftigte Verkäuferin zwingen will, jeden Samstag zu arbeiten, während die Vollzeitkräfte nach dem für diese geltenden rollierenden System jeden 6. Samstag frei haben, nach § 4 I TzBfG unwirksam (BAG 24.4.1997, 2 AZR 352/36, EzA § 2 KSchG Nr 26 mit Anm *Henssler* zu § 2 BeschFG 1985); anders wäre es nur dann, wenn der AG die Teilzeitkraft gerade dazu eingestellt hat, Mehrarbeit in umsatzstarken Zeiten abzudecken (*Henssler* aaO). Will der AG über eine Änderungs-Kdg das Arbeitsverhältnis nachträglich befristen, ohne dass ein sachlicher Grund für die Befristung besteht, ist die Kdg wegen Verstoßes gegen § 14 I TzBfG unwirksam (BAG 25.4.1996, 2 AZR 609/95, EzA § 2 KSchG Nr 25; 8.7.1998, 7 AZR 245/97, EzA § 620 BGB Nr 152); zur Vermeidung einer Beendigungs-Kdg muss der AG den vom Arbeitsplatzverlust bedrohten AN (über eine Änderungs-Kdg) unbefristet auf einer freien befristeten Stelle weiterbeschäftigen und das Arbeitsverhältnis nach Auslaufen der Stelle durch eine erneute Kdg beenden (BAG 26.3.2015, 2 AZR 417/14, EzA § 1 KSchG Betriebsbedingte Kündigung Nr 183 [Rn 38, 40]); näher § 1 Rdn 161.

Unwirksam sind **Kdg und Änderungsangebot** auch dann, wenn der AG den BR nicht oder nicht ordnungs- 29 gem angehört hat, § 102 I 3 BetrVG (BAG 22.10.2015, 2 AZR 124/14, EzA-SD 2016, Nr 2, 3-5 [Rn 28 ff], § 102 BetrVG Rdn 8 ff), oder die Schriftform des § 623 BGB nicht eingehalten hat (Rdn 6 u 9); das gilt auch im Fall einer überflüssigen Kdg (Rdn 4).

Die Unwirksamkeit des Änderungsangebots aus sonstigen Gründen muss der AN nach § 13 III inner- 30 halb der 3-wöchigen Klagefrist des § 4 S 1 geltend machen. Anders ist es nur beim Verstoß gegen das

Schriftformgebot des § 623 BGB (Rdn 6 u 9), da die formwidrige Kdg-Erklärung keinen Fristlauf auslöst (§ 4 Rdn 1). Hält der AN die Klagefrist nicht ein, wird entg der hM und trotz des Verweises in § 13 III nicht nach § 7 Hs 2 fingiert, dass die Änd der Arbeitsbedingungen wirksam ist: Der AN kann sich gleichwohl auf die aus zwingenden Gesetzes- oder Tarifvorschriften folgende Unwirksamkeit der Arbeitsbedingungen berufen, etwa auf die tariflich verbotene (Rdn 28) Erhöhung der Arbeitszeit ohne vollen Lohnausgleich (aA die hM: *Linck* in: *v Hoyningen-Huene/Linck* § 7 Rn 12 mwN). Die Unwirksamkeit der geänderten Arbeitsbedingungen kann der AN auch dann gerichtlich geltend machen, wenn er das Änderungsangebot des AG vorbehaltlos angenommen hatte, etwa der unzulässigen Befristung des Arbeitsverhältnisses zugestimmt hat (BAG 8.7.1998, 7 AZR 245/97, EzA § 620 BGB Nr 152).

31 **III. Sozialwidrigkeit. 1. Grundsätze.** Unabhängig davon, ob der AN das Änderungsangebot abgelehnt oder unter Vorbehalt angenommen hat, ist Gegenstand der Überprüfung der Sozialwidrigkeit bei der Änderungsschutzklage nicht die Beendigung des Arbeitsverhältnisses, sondern die vom AG beabsichtigte **Änd der Vertragsbedingungen** (BAG 24.8.2004, 1 AZR 419/03, EzA § 2 KSchG Nr 51 mwN, 18.1.2007, 2 AZR 796/05, EzA § 2 KSchG Nr 64 mwN): Die Änderungsschutzklage zielt auf die Feststellung, dass für das Arbeitsverhältnis nicht die Arbeitsbedingungen nach dem Änderungsangebot des AG gelten, Rdn 3. Maßgeblicher Zeitpunkt für die Beurteilung der Rechtmäßigkeit der Änderungs-Kdg ist der Zugang der Kdg (BAG 29.9.2011, 2 AZR 451/10, EzA § 2 KSchG Nr 82), s § 1 Rdn 20 f.

32 Erforderlich ist eine **2-stufige Prüfung**: Zunächst muss festgestellt werden, ob das **Bedürfnis, den AN zu den bisherigen Vertragsbedingungen zu beschäftigen**, aufgrund eines in der Person oder im Verhalten des AN liegenden Grundes oder aufgrund eines dringenden betrieblichen Bedürfnisses entfallen ist (BAG 23.6.2005, 2 AZR 642/04, EzA § 2 KSchG Nr 54 u 18.5.2006, 2 AZR 230/05, EzA § 2 KSchG Nr 59 u 24.5.2012, 2 AZR 163/11, EzA § 2 KSchG Nr 87; 28.5.2009, 2 AZR 844/07, EzA § 1 KSchG Interessenausgleich Nr 19); Hauptanwendungsbereich des § 2 ist die betriebsbedingte Änderungs-Kdg (Rdn 39 ff). Hins dieser Prüfung bestehen keine Unterschiede zur Beendigungs-Kdg iSd § 1, dort Rdn 113.

33 Anschließend muss geprüft werden, ob die dem AN vom AG angetragenen **Änderungen** geeignet und erforderlich sind, um den Arbeitsvertrag an den Kdg-Grund anzupassen, und ob der AN die Änderungen **billigerweise hinnehmen muss** (BAG 29.3.2007, 2 AZR 31/06, EzA § 2 KSchG Nr 66, 29.11.2007, 2 AZR 388/06, EzA § 2 KSchG Nr 69, 3.4.2008, 2 AZR 500/06, EzA § 2 KSchG Nr 70, 8.10.2009, 2 AZR 235/08, EzA § 2 KSchG Nr 75, 29.9.2011, 2 AZR 451/10, EzA § 2 KSchG Nr 82, 10.4.2014, 2 AZR 812/12, EzA § 2 KSchG Nr 89 [Rn 24] u 5.6.2014, 2 AZR 615/13, EzA § 2 KSchG Nr 91[Rn 22]; 24.9.2015, 2 AZR 680/14, EzA-SD 2016, Nr 6, 1-6 [Rn 13]). Als Vertragsänderungen kommen insb in Betracht eine Versetzung des AN, entweder an einen anderen Arbeitsort (bei einer Betriebsverlagerung, Rdn 40) oder auf einen anderen Arbeitsplatz (etwa bei krankheitsbedingten Beeinträchtigungen der Leistungsfähigkeit [Rdn 37], zur Vermeidung einer verhaltensbedingten Kdg [Rdn 38] oder bei Umstrukturierungen des Betriebs [Rdn 40]). Ebenso kommt in Betracht eine Reduktion oder Erhöhung der Arbeitszeit (etwa bei krankheitsbedingter Unfähigkeit, einen Vollarbeitsplatz auszufüllen [Rdn 37] oder wegen innerbetrieblichen Umstrukturierungen [Rdn 40]). Ausgangspunkt für die Sozialwidrigkeit der Vertragsänderung ist der Arbeitsvertrag: Nach dem **Verhältnismäßigkeitsgrundsatz** darf sich keine der angebotenen Änderungen weiter vom Inhalt des bisherigen Arbeitsverhältnisses entfernen, als dies zur Anpassung an die geänderten Beschäftigungsmöglichkeiten erforderlich ist (BAG 23.11.2000, 2 AZR 617/99, NZA 2001, 500; 29.3.2007, 2 AZR 31/06, 29.11.2007, 2 AZR 388/06, 3.4.2008, 2 AZR 500/06, 8.10.2009, 2 AZR 235/08, 29.9.2011, 2 AZR 451/10, 10.4.2014, 2 AZR 812/12 [Rn 24], 5.6.2014, 2 AZR 615/13 91 [Rn 24]; 24.9.2015, 2 AZR 680/14, EzA-SD 2016, Nr 6, 1-6 [Rn 13]): Der AG muss alles Zumutbare unternehmen, um die Anpassung auf das unbedingt erforderliche Maß zu beschränken (BAG 29.3.2007, 2 AZR 31/06, 29.11.2007, 2 AZR 388/06, 3.4.2008, 2 AZR 500/06). Bestehen mehrere Möglichkeiten zur Änd der Arbeitsbedingungen, muss der AG die Änderung anbieten, die den AN am wenigsten belastet (BAG 17.3.2005, 2 ABR 2/04, EzA § 15 KSchG nF Nr 59; 22.9.2005, 2 AZR 519/04, EzA § 81 SGB IX Nr 10: »günstigste«; 24.5.2012, 2 AZR 163/11, EzA § 2 KSchG Nr 87: »am wenigsten beeinträchtigende«), also eine Tätigkeit, deren Arbeitsbedingungen sich **am wenigsten weit von den bisherigen entfernen** (BAG 21.4.2005, 2 AZR 244/04, EzA § 2 KSchG Nr 52; 10.4.2014, 2 AZR 812/12 [Rn 49 ff] u 5.6.2014, 2 AZR 615/13 91 [Rn 24]). Das Angebot einer Weiterbeschäftigung in Teilzeit mit Aufgaben derselben Entgeltgruppe (an die bisherige Gemeindereferentin der katholischen Kirche) entfernt sich trotz einer Herabsetzung der Arbeitszeit um 50 % weniger weit vom bisherigen Arbeitsvertrag als eine Vollzeitstelle (als Sekretärin) mit einer Herabgruppierung um fünf Entgeltgruppen, selbst wenn die AN dadurch insgesamt weniger verdient, da sie ihre aufgrund der Teilzeitbeschäftigung frei werdende Arbeitskraft anderweitig verwerten kann (BAG 10.4.2014, 2 AZR 812/12). Nach § 2 S 1 mit § 1 II 3

kann die Änderungs-Kdg sozialwidrig sein, wenn sich die Änd der Arbeitsbedingungen durch zumutbare Umschulungs- oder Fortbildungsmaßnahmen vermeiden lässt. Eine ordentliche Änderungs-Kdg, die auf eine Verschlechterung der Arbeitsbedingungen vor Ablauf der Kdg-Frist zielt, ist schon deswegen sozial ungerechtfertigt (BAG 21.9.2006, 2 AZR 120/06, EzA § 2 KSchG Nr 61).

Ein Änderungsangebot, mit dem der AG den **arbeitsrechtl Gleichbehandlungsgrundsatz** verletzt und damit dem AN weniger anbietet, als ihm zusteht, macht die Änderungs-Kdg ebenfalls sozialwidrig. Etwa darf ein AG einem AN, der aus gesundheitlichen Gründen außerstande ist, die bisherige Tätigkeit zu verrichten, eine Weiterbeschäftigung auf einer schlechter bezahlten Stelle nicht anbieten, wenn er in der Vergangenheit in entspr Fällen AN ohne Reduzierung der Vergütung weiterbeschäftigt hat und für eine Änd dieser Praxis kein sachlicher Grund besteht (BAG 3.7.2003, 2 AZR 617/02, EzA § 2 KSchG Nr 49). Ist eine Entgeltkürzung durch dringende betriebliche Erfordernisse gerechtfertigt, darf der AG nicht einzelne AN oder nur die AN der mit Verlust arbeitenden Abteilung herausgreifen und nur deren Entgelt kürzen (BAG 20.8.1998, 2 AZR 84/98, EzA § 2 KSchG Nr 31 mit **abl** Anm *Thüsing*; abw auch LSW/*Löwisch*/*Wertheimer* § 2 Rn 84). Zum Verstoß gegen Diskriminierungsverbote Rdn 28. 34

Für die Sozialwidrigkeit der Vertragsänderung gelten **andere, aber mindestens ebenso strenge Maßstäbe wie für die Sozialwidrigkeit einer Beendigungs-Kdg** nach § 1 (BAG 6.3.1986, 2 ABR 15/85, EzA § 15 KSchG nF Nr 34). Daraus, dass bei der Änderungs-Kdg nicht um den Bestand des Arbeitsverhältnisses gestritten wird, sondern um den Inhalt des Arbeitsverhältnisses, folgt keinesfalls ein geminderter Prüfungsmaßstab (so aber LSW/*Löwisch*/*Wertheimer* § 2 Rn 49): Das Recht, ein Vertragsverhältnis zu beenden, muss jedem Vertragspartner zustehen; demggü hat ohne bes Vereinbarung kein Vertragspartner das Recht, einseitig in den einvernehmlich ausgehandelten Vertragsinhalt einzugreifen (Rdn 1). Daraus, dass das BAG an die Befristung einzelner Vertragsbedingungen geringere Anforderungen stellt als an die Befristung des Arbeitsvertrages insgesamt (BAG 13.6.1986, 7 AZR 650/84, EzA § 620 BGB Nr 85), folgt nichts Abweichendes (so aber LSW/*Löwisch*/*Wertheimer* § 2 Rn 49): Insoweit geht es um die Kontrolle der einvernehmlichen Vertragsabrede, nicht aber um den nachträglichen einseitigen Eingriff eines Vertragspartners in das Vertragsgefüge. 35

Sind (nur) einzelne vom AG vorgeschlagene Arbeitsbedingungen sozialwidrig, so kann das Angebot des AG **nicht** nach § 140 BGB in ein Änderungsangebot ohne diese Arbeitsbedingungen **umgedeutet** werden; ebenso wenig kann die vom AG beabsichtigte Änd der Arbeitsbedingungen vor Ablauf der Kdg-Frist (Rdn 33) in eine Änd mit Ablauf der Kdg-Frist umgedeutet werden: Da der AN auf das Angebot des AG reagieren und sich entscheiden muss, ob er die geänderten Arbeitsbedingungen ablehnt oder mit bzw ohne Vorbehalt annimmt, muss mit dem Angebot rechtssicher und daher zweifelsfrei feststehen, zu welchen neuen Arbeitsbedingungen das Arbeitsverhältnis fortbestehen soll. Bestünde die Möglichkeit der Umdeutung, müsste der AN alternativ zu verschiedenen künftigen Vertragsgestaltungen Stellung nehmen; dem AN, der das Änderungsangebot wegen Unzumutbarkeit vorbehaltlos abgelehnt hat, würde mit der Möglichkeit der Umdeutung nachträglich der Schutz des § 2 entzogen (BAG 21.9.2006, 2 AZR 120/06, EzA § 2 KSchG Nr 61; KR/*Kreft* § 2 Rn 174; aA *Löwisch* NZA 1988, 633, 636). Zur Umdeutung in das Weisungsrecht aus § 106 GewO oder in einen Widerruf Rdn 4. 36

2. Personenbedingte Änderungskündigung. Eine personenbedingte Änderungs-Kdg kann der AG aussprechen, wenn der AN die persönlichen Voraussetzungen für die arbeitsvertraglich geschuldete Tätigkeit verliert, aber auf einem anderen Arbeitsplatz zu geänderten Bedingungen beschäftigt werden kann. Da das Beschäftigungsbedürfnis zu den bisherigen Vertragsbedingungen entfallen sein muss (Rdn 32), kommt eine Änderungs-Kdg **praktisch nur in Betracht, um eine personenbedingte Beendigungs-Kdg abzuwenden** und ist an denselben strengen Maßstäben zu messen (§ 1 Rdn 72 ff). Einem AN, dessen Beschäftigung auf dem bisherigen Arbeitsplatz gesundheitliche Gründe entgegenstehen, kann der AG durch Änderungs-Kdg einen sog Schonarbeitsplatz anbieten (BAG 3.11.1977, 2 AZR 277/76, SAE 1979, 201 für die Weiterbeschäftigung einer an Wollallergie leidenden Näherin als Küchenhilfe) oder geänderte Arbeitsbedingungen am bisherigen Arbeitsplatz vorschlagen, etwa durch Herabsetzung der Arbeitszeit, § 1 Rdn 87 f. So kann der AG einem AN, der aufgrund einer posttraumatischen Belastungsstörung nach einem Arbeitsunfall nicht mehr wie bis dahin als Rangierleiter arbeiten kann, kündigen und die Weiterbeschäftigung als Hilfsgärtner bei Reduzierung der monatlichen Vergütung anbieten (BAG 3.7.2003, 2 AZR 617/02, EzA § 2 KSchG Nr 49 – im konkreten Fall wegen Verstoßes gegen den allg Gleichbehandlungsgrundsatz [Rdn 34] abl). Ebenso kann der AG einen Kraftfahrer durch Änderungs-Kdg in die Hofkolonne versetzen, wenn der TÜV aufgrund einer medizinisch-psychologischen Untersuchung feststellt, dass der AN für die bisher ausgeübte Tätigkeit (Personenbeförderung) ungeeignet ist (LAG Köln 9.2.2000, 3 Sa 942/98, NZA 2001, 34 – im konkreten Fall abl) oder kann der AG einen Schwimmmeister durch Änderungs-Kdg in den Bauhof versetzen, wenn 37 aufgrund dessen Gesundheitszustandes ein erhebliches Risiko besteht, dass dieser den mit der Tätigkeit verbundenen körperlichen Anstrengungen nicht gewachsen ist und bei Not- und Unfällen nicht zuverlässig zur Rettung in der Lage ist (BAG 28.10.2010, 2 AZR 688/09, EzA § 2 KSchG Nr 80). Fehlt dem AN eine tätigkeitsspezifische Berechtigung, wird etwa einer Gemeindereferentin der katholischen Kirche die kanonische Beauftragung entzogen, so kann der AG sie mit Hilfe einer Änderungs-Kdg auf einer Teilzeitstelle in einem Institut für Religionspädagogik und Medienarbeit mit religionspädagogischen Aufgaben weiterbeschäftigen, auch wenn dadurch ihre Arbeitszeit um 50 % reduziert wird (BAG 10.4.2014, 2 AZR 812/12, EzA § 2 KSchG Nr 52 u EzA § 2 KSchG Nr 89 [Rn 46 ff], schon Rdn 33. Sicherheitsbedenken, etwa beim öffentl AG wegen fehlender Verfassungstreue [§ 1 Rdn 102], erlauben es dem AG uU, den AN qua Änderungs-Kdg in einen nicht sicherheitsempfindlichen Bereich zu versetzen (BAG 20.7.1989, 2 AZR 114/87, EzA § 2 KSchG Nr 11 im konkreten Fall abl zur Änderungs-Kdg eines Fernmeldehandwerkers bei der dt Bundespost aufgrund dessen DKP-Zugehörigkeit). Soll neben der Tätigkeit auch die Vergütung des AN geändert werden, sind beide Elemente des Änderungsangebots am Verhältnismäßigkeitsgrundsatz zu messen (noch Rdn 44); eine gesonderte Rechtfertigung des Vergütungsangebots ist aber entbehrlich, wenn nach dem TV oder dem betrieblichen Vergütungssystem das Entgelt automatisch an die Tätigkeit gebunden ist (BAG 28.10.2010, 2 AZR 688/09, EzA § 2 KSchG Nr 80).

38 **3. Verhaltensbedingte Änderungskündigung.** Dass der AG eine Änderungs-Kdg ausspricht, um künftige arbeitsvertragliche Pflichtverletzungen des AN zu verhindern, **kommt praktisch nicht in Betracht** (§ 1 Rdn 44). Hingegen erlaubt das BAG eine Änderungs-Kdg, wenn dem AN ein rein arbeitsplatzbezogenes Fehlverhalten vorgeworfen wird (und künftig zu erwarten ist), hingegen nicht bei arbeitsplatzunabhängigen Kdg-Gründen. Etwa könne der AG einen AN durch Änderungs-Kdg zu einer bloßen Reinigungskraft herabstufen, wenn dieser seine Aufgaben als Vorarbeiter trotz Abmahnung nicht ordnungsgem erfüllt, zB Anwesenheitsnachweise unzutreffend führt (BAG 6.9.2004, 2 AZR 628/03, EzA § 623 BGB 2002 Nr 21; vgl auch LAG Nürnberg 6.8.2012, 2 Sa 643/11, EzA-SD 2012, Nr 21, 5, das im konkreten Fall - sehr weitgehend - eine Abmahnung ausreichen lässt und die Änderungs-Kdg zur Herabstufung eines Messebauleiters zu einem kaufmännischen Mitarbeiter für unwirksam hält, obwohl dieser es gebilligt hatte, dass ihm untergeordnete AN arbeitsfreie Messetage im Ausland als Arbeitszeit abrechneten, und im Eigentum des AG stehende Messematerialien an AN verschenkt bzw verliehen hatte).

39 **4. Betriebsbedingte Änderungskündigung.** a) **Dringendes betriebliches Erfordernis.** Eine betriebsbedingte Änderungs-Kdg setzt voraus, dass aufgrund außer- oder innerbetrieblicher, durch eine Unternehmerentsch umgesetzte Gründe (§ 1 Rdn 113 ff), im Zeitpunkt des Kdg-Zugangs (BAG 29.9.2011, 2 AZR 451/10, EzA § 2 KSchG Nr 82) das Bedürfnis für die Beschäftigung des AN im Betrieb überhaupt oder zu den bisherigen Arbeitsbedingungen voraussichtlich auf Dauer entfallen sein wird (BAG 16.5.2002, 2 AZR 292/01, EzA § 2 KSchG Nr 46; 19.6.2007, 2 AZR 304/06, EzA § 1 KSchG Interessenausgleich Nr 13); diese Entsch unterliegt nur einer Missbrauchskontrolle (BAG 26.3.2009, 2 AZR 879/07, DB 2009, 238), § 1 Rdn 127. Der AG muss konkrete Angaben dazu machen, wie sich seine **Organisationsentsch** auf die Einsatzmöglichkeiten der AN auswirkt und in welchem Umfang dadurch ein konkreter Änderungsbedarf entsteht (BAG 23.6.2005, 2 AZR 642/04, EzA § 2 KSchG Nr 54 u 10.9.2009, 2 AZR 822/07, EzA § 2 KSchG Nr 74), noch Rdn 42. Eine betriebsbedingte Änderungs-Kdg, die eine ansonsten erforderlich werdende Beendigungs-Kdg vermeidet, ist stets zulässig (BAG 29.11.2007, 2 AZR 388/06 ???; 29.3.2007, 2 AZR 31/06 u 3.4.2008, 2 AZR 500/06, EzA § 2 KSchG Nr 66 u Nr 70). Zur betriebsbedingten Druckkündigung § 1 Rdn 19.

40 Anlass für eine Änderungs-Kdg kann eine **Betriebs- oder Betriebsteilverlegung** (etwa infolge einer Zentralisierung) sein, die eine Weiterbeschäftigung der AN zu gleichen Bedingungen an der neuen Betriebsstätte erforderlich macht (BAG 12.1.2006, 2 AZR 126/05 u 18.5.2006, 2 AZR 230/05, EzA § 2 KSchG Nr 56 u Nr 59; 26.3.2009, 2 AZR 879/07, NZA 2009, 679; 12.8.2010, 2 AZR 558/09, EzA § 2 KSchG Nr 78), oder ein **Betriebsübergang**, dem der AN nach § 613a VI BGB widerspricht, wenn der AG dem AN anbietet, im übergegangenen Betriebsteil mit derselben Tätigkeiten als Leih-AN weiterbeschäftigt zu werden (BAG 29.3.2007, 2 AZR 31/06, EzA § 2 KSchG Nr 66; 9.9.2010, 2 AZR 936/08, ZTR 2011, 296). Ebenso kann der AG den Betrieb aufgrund eines betriebsorganisatorischen Konzepts (§ 1 Rdn 126 ff) **einschränken**, etwa die Öffnungszeiten des städtischen Schwimmbads verkürzen und dadurch einen geringeren Personalbedarf verursachen (BAG 13.6.1986, 7 AZR 623/84, EzA § 1 KSchG Soziale Auswahl Nr 23) oder den Betrieb oder Teile des Betriebs **umstrukturieren** und das Anforderungsprofil der Arbeitsplätze ändern (BAG 23.6.2005, 2 AZR 31/06 u 24.5.2012, 2 AZR 163/11, EzA § 2 KSchG Nr 66 [im konkreten Fall abl] u Nr 87; näher § 1 Rdn 134), etwa die Entsch treffen, Grundschüler bei kurzfristigem Unterrichtsausfall von pädagogischen Mitarbeitern betreuen zu lassen und keinen Unterricht durch Vertretungslehrkräfte mehr zu

erteilen (BAG 29.11.2007, 2 AZR 388/06, EzA § 2 KSchG Nr 69). Hinreichende betriebsorganisatorische Konzepte sind auch die Fremdvergabe von im Betrieb durchgeführten Arbeiten an Dritte zur selbstständigen Durchführung (»Outsourcing«, § 1 Rdn 130, BAG 22.11.2012, 2 AZR 673/11, EzA § 626 BGB 2002 Unkündbarkeit Nr 18) und ebenso eine geplante »Leistungsverdichtung« (§ 1 Rdn 133), also der Beschluss des AG, bestimmte Stellen komplett zu streichen und die auf diesen verrichteten Tätigkeiten durch andere AN miterledigen zu lassen und diesen ggü entspr Änderungs-Kdg auszusprechen (BAG 21.4.2005, 2 AZR 132/04, EzA § 2 KSchG Nr 53, 18.1.2007, 2 AZR 796/05, EzA § 2 KSchG Nr 64 u 16.12.2010, 2 AZR 576/09, EzA § 2 KSchG Nr 81 u 24.5.2012, 2 AZR 163/11, EzA § 2 KSchG Nr 87; 17.3.2005, 2 ABR 2/04, EzA § 15 KSchG nF Nr 59).

Ebenso kann der AG durch Organisationsentsch die **Lage und Dauer der** Arbeitszeit **ändern** und die Arbeitsverhältnisse der AN den neuen Vorgaben anpassen (BAG 4.4.1997, 2 AZR 352/36, EzA § 2 KSchG Nr 26 u 22.4.2004, 2 AZR 385/03, EzA § 2 KSchG Nr 52). Etwa kann er, um die Versorgung der Bewohner eines Senioren- und Pflegeheims sicherzustellen, die Lage der Arbeitszeit dahin ändern, dass ein flexibler Einsatz der AN sowohl tags als auch nachts möglich ist, und einer bisher nur in der Nachtschicht tätigen Altenpflegerin mit einem entsprechenden Änderungsangebot kündigen (LAG Düsseldorf 15.8.2012, 7 Sa 165/12, PflR 2013, 279). Wird ein neues Arbeitszeitsystem durch BV eingeführt, wirkt dieses nach § 77 IV BetrVG für die AN des Betriebs unmittelbar und zwingend (§ 77 BetrVG Rdn 7); der AG braucht keine Änderungs-Kdg auszusprechen (abw LAG Berl 31.3.1998, 12 Sa 169/97, NZA 1998, 1061); s Rdn 4. Reduziert der AG die Arbeitszeit eines AN durch Änderungs-Kdg, stellt aber zeitgleich 2 neue AN ein, damit diese die Aufgaben des AN übernehmen, ist dies als Austausch-Kdg unzulässig (BAG 26.11.2009, 2 AZR 658/08, EzA § 2 KSchG Nr 76); zur Austausch-Kdg s § 1 Rdn 131. Die über eine Änderungs-Kdg gewünschte Auslaufbefristung des Arbeitsverhältnisses kann iS von § 14 I 2 Nr 6 TzBfG durch einen in der Person des AN liegenden Grund sachlich gerechtfertigt sein, wenn der AG dem AN aus sozialen Erwägungen eine Übergangsbeschäftigung ermöglichen will, etwa damit dieser das erforderliche Zeitguthaben für die Freistellungsphase in der Altersteilzeit »erarbeiten« kann (BAG 16.12.2010, 2 AZR 576/09, EzA § 2 KSchG Nr 81). War die Arbeitszeit eines AN gem § 8 IV 4 TzBfG mit § 894 ZPO durch gerichtliches Urteil oder wegen nicht rechtzeitiger Reaktion des AG gem § 8 V 2 und 3 TzBfG durch Fiktion entsprechend dem Teilzeitverlangen des AN herabgesetzt worden, kann der AG die AN nicht über eine Änderungs-Kdg die vor der Herabsetzung bestehende (Voll-)Arbeitszeit wiederherstellen, wenn er dafür keine neuen, bei Änd des Arbeitsvertrages noch nicht bestehenden Gründe hat (BAG 20.1.2015, 9 AZR 860/13, EzA § 8 TzBfG Nr 32 [Rn 37 ff]).

Eine betriebsbedingte Änderungs-Kdg **zur Entgeltsenkung** ist nur ausnahmsweise zulässig, da der AG massiv in das synallagmatische Verhältnis von Leistung und Gegenleistung eingreift (BAG 12.1.2006, 2 AZR 126/05, EzA § 2 KSchG Nr 56 u 26.6.2008, 2 AZR 139/07, EzA § 2 KSchG Nr 71; 1.3.2007, 2 AZR 580/05, EzA § 626 BGB 2002 Unkündbarkeit Nr 13). Ggü einer Anpassung des Vertrages ist § 2 lex specialis zu § 313 BGB; eine Störung oder den Wegfall der Geschäftsgrundlage können aber eine Änderungs-Kdg iSd § 2 rechtfertigen (BAG 12.1.2006, 2 AZR 216/05, EzA § 2 KSchG Nr 56, 8.10.2009, 2 AZR 235/08, EzA § 2 KSchG Nr 75 u 5.6.2014, 2 AZR 615/13, EzA § 2 KSchG Nr 91 [Rn 23]). Der Beschluss des AG, Personalkosten zu senken, rechtfertigt als bloße unternehmensstrategische Vorgabe ohne betriebsorganisatorische Umsetzung weder betriebsbedingte Beendigungs-Kdg (§ 1 Rdn 119) noch betriebsbedingte Änderungs-Kdg (aA LSW/*Löwisch/Wertheimer* § 2 Rn 80 ff). Eine betriebsbedingte Änderungs-Kdg zur Entgeltsenkung ist nur zulässig, wenn sie durch Senkung der Personalkosten eine sonst erforderliche Beendigungs-Kdg vermeidet. Voraussetzung ist, dass bei Festhalten an der bisherigen Personalkostenstruktur betrieblich nicht auffangbare Verluste entstehen, die absehbar zu einer Reduzierung der Belegschaft führen werden (BAG 12.1.2006, 2 AZR 126/05, EzA § 2 KSchG Nr 56 u 26.6.2008, 2 AZR 139/07, EzA § 2 KSchG Nr 71; 18.5.2006, 2 AZR 230/05, EzA § 2 KSchG Nr 59 u 20.6.2012, 2 AZR 396/12, EzA § 2 KSchG Nr 88 [Rn 31]); der Ruin muss allerdings nicht unmittelbar bevorstehen (BAG 12.1.2006, 2 AZR 126/05). Abzustellen ist auf die wirtschaftliche Situation des Gesamtbetriebs, die Unrentabilität eines unselbstständigen Betriebsteils kann aber auf den Gesamtbetrieb durchschlagen (BAG 20.8.1998, 2 AZR 84/98, EzA § 2 KSchG Nr 31 u 12.11.1998, 2 AZR 91/98, EzA § 2 KSchG Nr 33). Der AG muss die Finanzlage des Betriebs, den Anteil der Personalkosten, die Auswirkungen der erstrebten Kostensenkungen für den Betrieb und für die AN darstellen und zudem darlegen, warum andere Maßnahmen nicht in Betracht kommen (BAG 12.1.2006, 2 AZR 126/05, EzA § 2 KSchG Nr 56 u 26.6.2008, 2 AZR 139/07, EzA § 2 KSchG Nr 71; 10.9.2009, 2 AZR 822/07, EzA § 2 KSchG Nr 74 u 20.6.2013, 2 AZR 296/12, EzA § 2 KSchG Nr 88). Der Kdg-Grund für eine individuelle Änderungs-Kdg kann nicht deswegen verneint werden, weil 97 % der AN das Änderungsangebot des AG zur Entgeltreduzierung bereits angenommen haben und dadurch das Sanierungsziel erreicht sei (BAG 26.6.2008 26.6.2008, 2 AZR 139/07).

Die Absicht, einen einzelnen Entgeltbestandteil ohne Einbeziehung in einen Gesamtzusammenhang zu streichen, genügt nicht als betriebsorganisatorisches Konzept (BAG 11.10.1989, 2 AZR 375/88, RzK I 7b Nr 9: Streichung eines Mietkostenzuschusses). Wird eine Entgeltkürzung nur mit vorübergehenden wirtschaftlichen Verlusten begründet, müssen die AN keine Entgeltsenkung auf Dauer hinnehmen (BAG 20.8.1998, 2 AZR 84/98, EzA § 2 KSchG Nr 31).

43 Eine Änderungs-Kdg zur **Entgeltsenkung** ist nicht allein deshalb sozial gerechtfertigt, weil ein Tarifwechsel oder eine **geänderte Gesetzeslage** es dem AG erlauben, geänderte Entgeltbedingungen zu vereinbaren. Dass § 9 Nr 2 AÜG es dem Verleih-AG ermöglicht, durch Bezugnahme auf einen Verleiher-TV zulasten seiner AN von der »Equal-Pay«-Regelung (gleiche Bezahlung der Stamm- und der Leih-AN) abzuweichen, rechtfertigt es nicht, das zuvor mit dem AN vereinbarten Entgelt durch Änderungs-Kdg herabzusetzen, und zwar auch nicht, nachdem der AG dem AG-Verband der Verleiher beigetreten ist (BAG 21.1.2006, 2 AZR 126/05, EzA § 2 KSchG Nr 56; 15.1.2009, 2 AZR 641/07, EzA-SD 2009, Nr 12, 7–9; *Thüsing/Pelzner/Kock* AÜG § 3 Rn 64). Auch eine Änderungs-Kdg zur Anpassung des Arbeitsentgelts an die durch das MiLoG geänderten Vorgaben ist nicht per se gerechtfertigt, sondern muss sich an den strengen Voraussetzungen der Änderungs-Kdg zur Entgeltsenkung (Rdn 42) messen lassen (LAG Berl-Bdb 11.8.2015, 19 Sa 819/15, 19 Sa 827/15, 19 Sa 1156/15, 19 Sa 819/15, 19 Sa 827/15, 19 Sa 1156/15, JurionRS 2015, 34641). Fällt durch eine Gesetzesänderung die Geschäftsgrundlage des Vertrags weg (Rdn 42), kann der AG diesen über eine Änderungs-Kdg anpassen. Etwa kann ein Herzzentrum, das in den Krankenhausplan eines Landes und damit in die öffentl finanzielle Förderung aufgenommen ist, durch Änderungs-Kdg das Liquidationsrecht des leitenden Chefarztes dahin ändern, dass er an die ihm nachgeordneten ärztlichen Mitarbeiter anstatt der dienstvertraglich vorgesehenen 10 % der Bruttohonorareinnahmen entsprechend den Vorgaben der §§ 34 ff LKHG (LandeskrankenhausfinanzierungsG) deutlich mehr abführen muss (20 bis höchstens 40 % des jährlichen Nettoliquidationserlöses; BAG 5.6.2014, 2 AZR 615/13, EzA § 2 KSchG Nr 91). Die **Neuordnung der tariflichen Entgeltstruktur** begründet kein dringendes betriebliches Erfordernis, einen aufgrund einzelvertraglicher Abrede als AT-Ang beschäftigten AN künftig niedriger zu entgelten und dafür in den neuen Entgelt-TV einzugruppieren, selbst wenn dessen zuletzt ausgeübte Tätigkeit einer Entgeltgruppe des neuen TV entspricht (BAG 8.10.2009, 2 AZR 235/08, EzA § 2 KSchG Nr 75). Auch das Interesse des AG, in seinem Betrieb einheitliche Vertragsbedingungen zu schaffen, rechtfertigt keine Änderungs-Kdg zur Entgeltabsenkung: Der AG, der mit einzelnen AN eine höhere als die betriebsübliche Vergütung vereinbart hat, kann nicht unter Berufung auf den Gleichbehandlungsgrundsatz diese Vergütung durch Änderungs-Kdg dem niedrigeren (Tarif) Entgelt der übrigen AN anpassen (BAG 1.7.1999, 2 AZR 826/98, EzA § 2 KSchG Nr 35 u 16.5.2002, 2 AZR 292/01, EzA § 2 KSchG Nr 43; 20.1.2000, 2 ABR 40/99, EzA § 15 KSchG nF Nr 49; 8.10.2009, 2 AZR 235/08, EzA § 2 KSchG Nr 75). Dass eine **BV** die niedrigere Vergütung vorgibt, erleichtert die Änderungs-Kdg wegen des die AN beim Entgelt (anders als bei der Arbeitszeit, Rdn 44) schützenden Günstigkeitsprinzips nicht (BAG 20.1.2000, 2 ABR 40/99). Der Gleichbehandlungsgrundsatz rechtfertigt auch keine anpassenden Änderungs-Kdg, wenn im Betrieb aufgrund eines Betriebsübergangs unterschiedliche Entgeltsysteme bestehen (krit *Stoffels* ZfA 2002, 401, 420; ErfK/*Oetker* § 2 Rn 65).

44 **Verändert sich die Tätigkeit des AN**, wird automatisch auch das Arbeitsentgelt geändert, wenn der AN nach einem auf die Tätigkeit abstellenden Entgeltsystem bezahlt wird, insb nach einem TV mit tätigkeitsbezogenen Entgeltgruppen (BAG 21.6.1995, 2 ABR 28/94, EzA § 15 KSchG nF Nr 43; auch 29.3.2003, 4 AZR 391/02, NZA-RR 2004, 220). Das gleiche gilt bei Änderungen der **Arbeitszeit**, wenn der AN nach einem Zeitlohnsystem bezahlt wird. Besteht eine solche Automatik, ist nur die Änd der Tätigkeit oder der Arbeitszeit am Verhältnismäßigkeitsgrundsatz zu messen, eine gesonderte Rechtfertigung des Vergütungsangebots ist entbehrlich (BAG 29.11.2007, 2 AZR 388/06, EzA § 2 KSchG Nr 69, 28.10.2010, 2 AZR 688/09, EzA § 2 KSchG Nr 80 u 24.5.2012, 2 AZR 163/11, EzA § 2 KSchG Nr 87 [Rn 37]; 9.9.2010, 2 AZR 936/08, ZTR 2011, 296; 24.9.2015, 2 AZR 680/14, EzA-SD 2016, Nr.6, 1-6 [Rn 28 ff]). Fehlt es an einer solchen Automatik, kann der AG mit der Kdg sowohl die Änd der Arbeitsbedingungen oder Arbeitszeiten als auch eine entspr Herab- oder Heraufsetzung des Arbeitsentgelts anbieten. Voraussetzung ist dann, dass jede der angebotenen Vertragsänderungen, also die Zuweisung der geänderten Tätigkeit oder die Veränderung der Arbeitszeit sowie die Entgeltänderung, sozial gerechtfertigt ist (BAG 23.6.2005, 2 AZR 642/04, EzA § 2 KSchG Nr 54, 21.9.2006, 2 AZR 120/06, EzA § 2 KSchG Nr 61, 29.3.2007, 2 AZR 31/06, EzA § 2 KSchG Nr 66, 29.11.2007, 2 AZR 388/06, EzA § 2 KSchG Nr 69, 3.4.2008, 2 AZR 500/06, EzA § 2 KSchG Nr 70 u 28.10.2010, 2 AZR 688/09, EzA § 2 KSchG Nr 80). Eine Entgeltreduzierung kann etwa durch einen evident geringeren Marktwert der neuen ggü der bisherigen Tätigkeit gerechtfertigt sein (BAG 29.11.2007, 2 AZR 388/06, 3.4.2008, 2 AZR 500/06) oder deswegen begründet sein, weil AN nach einem Widerspruch gem § 613a VI BGB im übergegangenen Betriebsteil mit derselben Tätigkeit als Leih-AN beschäftigt werden und für Leih-AN abw Entgelt-TV gelten (BAG 29.3.2007, 2 AZR 31/06).

Ist nur eine der beabsichtigten Änderungen sozialwidrig, ist die Änderungs-Kdg insgesamt unwirksam; das Gericht kann die Kdg nicht teilw aufrechterhalten (BAG 23.6.2005, 2 AZR 642/04, 21.9.2006, 2 AZR 120/06; abw LSW/*Löwisch/Wertheimer* § 2 Rn 51); gegen die Umdeutung des Änderungsangebots gem § 140 BGB Rdn 1. Wird dem AN dauerhaft eine Schulleiterstelle übertragen und hat dieser damit arbeitsvertraglich einen Anspruch auf die der Stelle entspr Vergütung auch bei Absinken der Schülerzahlen, kann der AG eine Herabgruppierung durch Änderungs-Kdg herbeiführen, wenn die Schülerzahlen in den letzten 3 Schuljahren vor Ausspruch der Kdg kontinuierlich rückläufig waren und deswegen dauerhaft von einem Unterschreiten der maßgeblichen Schülerzahl auszugehen ist (BAG 29.9.2011, 2 AZR 451/10, EzA § 2 KSchG Nr 82 zur Rückgruppierung von I BAT-O = 15 Ü TV-L in 15 TV-L).

Änderungs-Kdg, mit deren Hilfe **Nebenabreden** geändert werden, die erkennbar nicht während der gesamten Dauer des Arbeitsverhältnisses gleich bleiben sollen, unterliegen nicht den strengen Maßstäben wie Änderungs-Kdg zur Entgeltabsenkung (Rdn 42 f, BAG 23.11.2000, 2 AZR 547/99, 27.3.2003, 2 AZR 74/02, EzA § 2 KSchG Nr 40 [für den Übergang von einer pauschalierten Mehrarbeitsvergütung zur Abrechnung der tatsächlich geleisteten Mehrarbeit] u Nr 48 [für die Aufgabe eines kostenlosen Werksbusverkehrs wegen erheblich geringerer Fahrgastzahlen und einer inzwischen bestehenden öffentl Verkehrsverbindung]). Voraussetzung für die Änderungs-Kdg ist aber auch hier ein schlüssiges betriebsorganisatorisches Gesamtkonzept (Rdn 53). Eine betriebsbedingte Änderungs-Kdg ist sozial ungerechtfertigt, wenn das Änderungsangebot eine im Vertrag bisher nicht enthaltene, doppelte Schriftformklausel beinhaltet, die in keinem Zusammenhang mit dem Grund für die angebotene Änd der Tätigkeit steht (BAG 29.9.2011, 2 AZR 523/10, EzA § 2 KSchG Nr 83 [Rn 41]). 45

b) **Sozialauswahl.** Will der AG die Vertragsbedingungen nur eines Teils der AN verändern, folgt aus dem Verweis in § 2 S 1, dass er nach den sozialen Gesichtspunkten des § 1 III 1 entscheiden muss, welche AN zu den bisherigen Arbeitsbedingungen weiter beschäftigt werden und wem ggü er die Arbeitsbedingungen im Wege der Änderungs-Kdg ändern darf (BAG 13.6.1986, 7 AZR 623/84, EzA § 1 KSchG Soziale Auswahl Nr 23; 25.4.1996, 2 AZR 609/95, EzA § 2 KSchG Nr u 27.9.2001, 2 AZR 246/00, EzA § 2 KSchG Nr 41; 12.8.2010, 2 AZR 945/08, EzA § 2 KSchG Nr 79 u 24.5.2012, 2 AZR 163/11, EzA § 2 KSchG Nr 87; 24.9.2015, 2 AZR 680/14, EzA-SD 2015, Nr 23, 5-8 [Rn 35 ff]). Die Kdg ist unzulässig, wenn der AG, anstatt die Arbeitsbedingungen des gekündigten AN zu ändern, die Änd einem anderen vergleichbaren AN hätte anbieten müssen, dem sie nach sozialen Gesichtspunkten eher zumutbar wäre (BAG 18.1.2007, 2 AZR 796/05, EzA § 2 KSchG Nr 64 u 12.8.2010, 2 AZR 945/08, EzA § 2 KSchG Nr 79; 29.1.2015, 2 AZR 164/14, EzA § 1 KSchG Soziale Auswahl Nr 87 [Rn 12]), s aber noch Rdn 48. Sind für die Weiterbeschäftigung auf einem freien, etwa iR einer Umorganisation neu geschaffenen, Arbeitsplatz im selben Betrieb mehrere kündigungsbedrohte AN fachlich und persönlich geeignet, muss der AG über die Sozialauswahl des § 1 III entscheiden, welchen AN er weiterbeschäftigt (BAG 12.8.2010, 2 AZR 945/08 [Rn 40 f]). 46

Nach der Neufassung des § 1 III 1 zum 1.1.2004 darf der AG in der Sozialauswahl nur die dort genannten **Sozialauswahlkriterien** Betriebszugehörigkeit, Lebensalter, Unterhaltspflichten und Schwerbehinderung berücksichtigen (BAG 12.8.2010, 2 AZR 945/08, EzA § 2 KSchG Nr 79 [Rn 46 ff]), § 1 Rdn 167, 228; auf die soziale Zumutbarkeit der Änderungen, also darauf, welchem AN eine Umstellung, für die neue Tätigkeit leichter oder schwerer fällt, kann nicht abgestellt werden (BAG 12.8.2010 , 2 AZR 945/08, EzA § 2 KSchG Nr 79; **so aber noch** BAG 13.6.1986, 7 AZR 623/84, EzA § 1 KSchG Soziale Auswahl Nr 23; 18.1.2007, 2 AZR 796/05, EzA § 2 KSchG Nr 64). Nicht berücksichtigt werden dürfen insb die Vorbildung und die berufliche Eignung des AN für die angebotene Tätigkeit (so aber BAG 13.6.1986 u 18.1.2007 aaO) oder der Gesundheitszustand des AN und seine Fähigkeit, sich körperlich an die veränderten Arbeitsbedingungen anzupassen (so aber BAG 13.6.1986, 7 AZR 623/84, EzA § 1 KSchG Soziale Auswahl Nr 23; 18.1.2007, 2 AZR 796/05, EzA § 2 KSchG Nr 64; einschränkend LSW/*Löwisch/Wertheimer* § 2 Rn 97). Da der AN bei einer Änderungs-Kdg nicht vor dem Verlust des Arbeitsplatzes geschützt wird, sondern vor einer Änd seiner Arbeitsbedingungen (Rdn 2), muss der AG die Sozialauswahlkriterien **anders gewichten** als bei einer Beendigungs-Kdg (auch LSW/*Löwisch/Wertheimer* § 2 Rn 98): Ist eine zur Entgeltherabsetzung ausgesprochene Änderungs-Kdg (Rdn 42 f) ausnahmsweise zulässig oder entstehen Einkommenseinbußen durch eine geplante Herabsetzung der Arbeitszeit (Rdn 44), sind die Unterhaltspflichten maßgeblich zu berücksichtigen, da AN mit Unterhaltspflichten auf das Arbeitseinkommen stärker angewiesen sind als andere AN; die Betriebszugehörigkeit spielt hingegen kaum eine Rolle. Bei einer Änd der Tätigkeit oder Heraufsetzung der Arbeitszeit ist auch die Betriebszugehörigkeit maßgeblich zu berücksichtigen: Je länger ein AN mit einer bestimmten Tätigkeit beschäftigt war, desto weniger ist ihm eine Änd zuzumuten. Hingegen spielt das Lebensalter keine Rolle (gegen die Berücksichtigung des Lebensalters in der Sozialauswahl bei Beendigungs-Kdg § 1 Rdn 203 ff): Das Alter macht nicht notwendig unflexibel; ist 47 etwa ein AN trotz fortgeschrittenen Lebensalters erst kurze Zeit mit bestimmten Arbeiten beschäftigt, hat er seine Flexibilität hins des Tätigkeitsprofils gerade unter Beweis gestellt. Da die Sozialauswahlkriterien nur ausreichend zu berücksichtigen sind, hat der AG einen großen Beurteilungsspielraum (§ 1 Rdn 168).

48 Wie bei der Beendigungs-Kdg braucht der AG nur die nach Arbeitsvertrag und Qualifikation vergleichbaren AN in die Sozialauswahl einzubeziehen (§ 1 Rdn 168, 174 ff). Maßgeblich ist, ob die AN **für die Tätigkeit auf Arbeitsplätzen vergleichbar sind, die die AN ohne Änderungs-Kdg ausfüllen können**, also für die unverändert bestehen bleibenden oder diesen entspr Tätigkeiten. Obwohl der AN bei einer Änderungs-Kdg nicht vor dem Verlust des Arbeitsplatzes geschützt wird, sondern vor einer Änd seiner Arbeitsbedingungen (Rdn 2), ist es hingegen nicht erforderlich, dass die AN auch für die geänderte Tätigkeit annähernd gleich geeignet sind, sich die Austauschbarkeit also auch auf den mit der Änderungs-Kdg angebotenen Arbeitsplatz erstreckt (*Fischermeier* NZA 2000, 737, 739; **abw** BAG 13.6.1986, 7 AZR 623/84, EzA § 1 KSchG Soziale Auswahl Nr 23; 18.1.2007, 2 AZR 796/05, EzA § 2 KSchG Nr 64; 9.9.2010, 2 AZR 936/08, ZTR 2011, 296; LSW/*Löwisch/Wertheimer* § 2 Rn 94; KR/*Kreft* § 2 Rn 164 mwN). Wird etwa die Zahl der Schwimmmeister eines städtischen Schwimmbades von 4 auf 3 reduziert und soll einer als technischer Angestellter im Bauamt der Stadt übernommen werden, sind nicht diejenigen Schwimmmeister aus der Sozialauswahl herauszunehmen, die für die Tätigkeit als technischer Angestellter ungeeignet sind (aA BAG 13.6.1986, 7 AZR 623/84). Andernfalls entschieden nicht soziale Gesichtspunkte, sondern die Leistungsfähigkeit der AN darüber, wer zu geänderten Arbeitsbedingungen weiterbeschäftigt wird: Gekündigt wird dem AN, der am besten qualifiziert und daher zur Übernahme anderer Tätigkeiten in Betracht kommt oder der zufälligerweise die Qualifikation für eine freie Stelle aufweist, selbst wenn er wegen seines Lebensalters und seiner Betriebszugehörigkeit der sozial schwächste AN ist. Nicht in die Sozialauswahl einzubeziehen sind AN, die der Vertragsänderung vor Ausspruch der Änderungs-Kdg zugestimmt haben, da sich durch ihre Zustimmung die Zahl der für die Vertragsänderung in Betracht kommenden AN verringert (BAG 19.5.1993, 2 AZR 584/92, EzA § 1 KSchG Betriebsbedingte Kündigung Nr 73).

49 Da jede Rechtsausübung unter dem Vorbehalt von Treu und Glauben steht (§ 242 BGB), kann sich ein AN nicht auf eine fehlerhafte Sozialauswahl berufen, wenn er in Kenntnis der Kdg-Absicht ein Angebot des AG abgelehnt hat, ihn auf einen Arbeitsplatz umzusetzen, hins dessen Inhaber er nunmehr die Sozialauswahl rügt (BAG 27.9.2001, 2 AZR 246/00, EzA 2 KSchG Nr 41).

50 **Keine Sozialauswahl** ist erforderlich, wenn sich die Tätigkeit für alle vergleichbaren AN ändert, etwa der AG eines Dienstleistungsbetriebs entscheidet, dass künftig alle AN mit Ausnahme des Filialleiters alle im Betrieb anfallenden Tätigkeiten verrichten müssen (BAG 23.6.2005, 2 AZR 642/04, EzA § 2 KSchG Nr 54) oder der AG das Entgelt einheitlich für alle AN herabsetzt oder Sonderleistungen für alle AN streicht (LSW/*Löwisch/Wertheimer* § 2 Rn 100). Ebenso wenig ist eine Sozialauswahl erforderlich, wenn alle bisherigen Stellen wegfallen, etwa die mittlere Führungsebene insgesamt gestrichen wird, und der AG einen Teil der AN auf echten Beförderungsstellen einsetzt. Auch für die Änderungs-Kdg gilt: Der AN hat keinen Anspruch auf Beförderung (§ 1 Rdn 184).

51 Wie bei betriebsbedingten Beendigungs-Kdg (§ 1 Rdn 191 ff) sind AN, deren **ordentliche Kdg durch Gesetz ausgeschlossen** ist, vom Sozialvergleich ausgenommen, wegen § 15 insb BR- und PersR-Mitglieder (BAG 7.10.2004, 2 AZR 81/04, EzA § 15 KSchG nF Nr 57); § 1 Rdn 187. Ebenso kann der AG einzelne AN nach § 1 III 2 aus der Sozialauswahl herausnehmen. In Betracht kommt vor allem die Herausnahme von sog **Leistungsträgern** (§ 1 Rdn 192 ff). Hingegen ist nur ausnahmsweise vorstellbar, dass der AG ein berechtigtes betriebliches Interesse am Erhalt einer ausgewogenen Personal-, insb Altersstruktur auch gegen Änderungs-Kdg anführen kann.

52 **5. Sozialauswahlrichtlinie und Namensliste, § 1 IV, V.** Obwohl § 2 S 1 nicht ausdrücklich auf § 1 IV und V Bezug nimmt und § 1 V anders als die Parallelvorschrift des § 125 I 1 Nr 1 InsO die Änderungs-Kdg nicht erwähnt, sind **§ 1 IV und V auf die Änderungs-Kdg anzuwenden**: Sie ergänzen § 1 III, weswegen der Verweis auf § 1 III in § 2 S 1 die nachfolgenden Absätze miterfasst (BAG 19.6.2007, 2 AZR 304/06, EzA § 1 KSchG Interessenausgleich Nr 13; 28.5.2009, 2 AZR 844/07, EzA § 1 KSchG Interessenausgleich Nr 19; 12.8.2010, 2 AZR 945/08, EzA § 2 KSchG Nr 79 [Rn 43]; 18.10.2012, 6 AZR 86/11, EzA-SD 2012, Nr 24, 17 [Rn 40]; ErfK/*Oetker* § 2 Rn 52 mwN); auf eine außerordentliche Änderungs-Kdg ist § 1 V nicht anwendbar (BAG 28.5.2009, 2 AZR 844/07), § 1 Rdn 241. Da die Sozialauswahlkriterien je nach Zielrichtung der Änderungs-Kdg anders zu gewichten sind als bei der Beendigungs-Kdg (Rdn 47), können Auswahlrichtlinien für Beendigungs-Kdg iSd § 95 BetrVG, § 1 IV nicht einfach auf Änderungs-Kdg übertragen werden, sondern müssen für den konkreten Fall aufgestellt werden (LSW/*Löwisch/Wertheimer* § 2 Rn 102). Da § 1 V einen Interessenausgleich nach § 112 BetrVG und damit eine Betriebsänderung iSd § 111 BetrVG voraussetzt (§ 1 Rdn 237), werden Namenslisten in 1. Linie bei Änderungs-Kdg wegen Betriebsverlegungen

sowie Änderungen der Betriebsorganisation (Rdn 39 f) praktisch. Vermutet wird nach § 1 V S 1 der Wegfall des Beschäftigungsbedürfnisses zu den bisherigen Bedingungen (§ 1 Rdn 233); das schließt das Fehlen einer anderweitigen Beschäftigungsmöglichkeit im Betrieb und – jedenfalls, wenn der GBR den Interessenausgleich abgeschlossen hat – in einem anderen Betrieb des Unternehmens ein; die Sozialauswahl wird nur auf grobe Fehlerhaftigkeit überprüft (BAG 19.6.2007, 2 AZR 304/06), § 1 Rdn 233 ff. Wird etwa wegen der Verlegung eines wesentlichen Betriebsteils eine größere Anzahl von AN an den neuen Standort versetzt, können die zu versetzenden AN im Interessenausgleich namentlich benannt werden mit der Folge, dass die Betriebsbedingtheit der Änderungs-Kdg vermutet wird und die Sozialauswahl nur auf grobe Fehlerhaftigkeit überprüft werden kann. Nach § 2 S 1 mit § 1 II 2 Nr 1a u Nr 2a ist eine Änderungs-Kdg auch dann unwirksam, wenn sie gegen eine Auswahlrichtlinie verstößt (§ 1 Rdn 169).

IV. Darlegungs- und Beweislast. Wie bei der Beendigungs-Kdg iSd § 1 muss der AG die Tatsachen darlegen und beweisen, die die Änderungs-Kdg bedingen, während den AN die Beweislast für Fehler in der Sozialauswahl trifft (dazu § 1 Rdn 242 ff); dass § 2 S 1 mit § 1 II 4 u III 3 die entspr Vorschriften aus dem Verweis ausnimmt, ändert daran nichts (ErfK/*Oetker* § 2 Rn 76). Wie bei der Beendigungs-Kdg muss der AG den Kdg-Grund darlegen, bei einer betriebsbedingten Änderungs-Kdg insb das betriebsorganisatorische Konzept nachweisen, dass die Änd der Arbeitsbedingungen bedingt (BAG 26.1.1995, 2 AZR 428/94, EzA § 2 KSchG Nr 2 u 26.6.2008, 2 AZR 139/07, EzA § 2 KSchG Nr 71), Rdn 42 u § 1 Rdn 115, 126 ff. Zudem muss der AG darlegen und beweisen, dass die von ihm angebotenen Änderungen erforderlich und geeignet sind, um den Vertragsinhalt an die geänderte Beschäftigungsmöglichkeit anzupassen, und dass diese Änderungen den AN nicht übermäßig belasten (BAG 23.6.2005, 2 AZR 642/04, EzA § 2 KSchG Nr 54): Aus dem Vorbringen des AG muss erkennbar sein, dass er alles Zumutbare unternommen hat, um die durch die unternehmerische Entsch notwendig gewordenen Anpassungen auf das unbedingt erforderliche Maß zu beschränken (BAG 29.3.2007, 2 AZR 31/06, EzA § 2 KSchG Nr 66, 29.11.2007, 2 AZR 388/06, EzA § 2 KSchG Nr 69 u 3.4.2008, 2 AZR 500/06, EzA § 2 KSchG Nr 70; 26.3.2009, 2 AZR 879/07, DB 2009, 2381). Zu § 1 IV u V Rdn 50. 53

D. Außerordentliche Änderungskündigung. Eine Änderungs-Kdg kann ausnahmsweise als außerordentliche Kdg nach § 626 BGB erklärt werden (BAG 28.5.2009, 2 AZR 844/07, EzA § 1 KSchG Interessenausgleich Nr 19; 20.3.2014, 2 AZR 825/12, EzA § 626 BGB 2002 Krankheit Nr 4 [Rn 20 ff]), § 1 V ist insoweit nicht anwendbar (BAG 28.5.2009, 2 AZR 844/07). Neben den seltenen Fällen, in denen die Arbeitsbedingungen kurzfristig vor Ablauf der Kdg-Frist geändert werden müssen, dient die außerordentliche Änderungs-Kdg dazu, Arbeitsverträge von AN anzupassen, deren **ordentliche Kdg gesetzlich oder vertraglich ausgeschlossen ist** (BAG 28.10.2010, 2 AZR 688/09, EzA § 2 KSchG Nr 80; 22.11.2012, 2 AZR 673/11, EzA § 626 BGB 2002 Unkündbarkeit Nr 18). Kdg-Ausschlüsse im Arbeitsvertrag oder im TV erfassen idR auch die Änderungs-Kdg, da sie dem AN den einmal erreichten Status ungeschmälert erhalten wollen (BAG 27.9.2001, 6 AZR 404/00, EzA § 1 TVG Nr 44). Eine Rolle spielt § 626 BGB wegen § 15 KSchG insb für die Änderungs-Kdg ggü BR-Mitgliedern (BAG 6.3.1986, 2 ABR 15/85, EzA § 1 KSchG5 nF Nr 34; 21.6.2012, 2 AZR 343/11, EzA § 15 nF KSchG Nr 71 [LS]; 20.3.2014, 2 AZR 825/12; § 15 Rdn 9 ff), zu der der BR gem § 103 BetrVG vorher zugestimmt haben muss; ggf muss seine Zustimmung durch das ArbG ersetzt worden sein (BAG 21.6.1995, 2 ABR 28/94 u 17.3.2005, 2 ABR 2/04, EzA § 15 KSchG nF Nr 43 u 59 mwN). Näher § 626 BGB Rdn 131 ff. 54

§ 3 Kündigungseinspruch

¹Hält der Arbeitnehmer eine Kündigung für sozial ungerechtfertigt, so kann er binnen einer Woche nach der Kündigung Einspruch beim Betriebsrat einlegen. ²Erachtet der Betriebsrat den Einspruch für begründet, so hat er zu versuchen, eine Verständigung mit dem Arbeitgeber herbeizuführen. ³Er hat seine Stellungnahme zu dem Einspruch dem Arbeitnehmer und dem Arbeitgeber auf Verlangen schriftlich mitzuteilen.

Übersicht	Rdn.			Rdn.
A. Allgemeines	1	I.	§ 3 S 1	3
I. Normzweck	1	II.	§ 3 S 2	4
II. Anwendungsbereich	2	III.	§ 3 S 3	5
III. Frist	2.1	C.	Verhältnis zu anderen Vorschriften	6
B. Regelungsgehalt	3			

§ 3 KSchG Kündigungseinspruch

1 **A. Allgemeines. I. Normzweck.** § 3 gibt dem AN die Möglichkeit, gegen die Kdg binnen einer Woche beim BR Einspruch einzulegen, damit dieser ggf versucht, mit dem AG eine Verständigung zu erzielen. Die Vorschrift ist **weitgehend bedeutungslos**, da der Kdg-Einspruch keine Auswirkung auf die Wirksamkeit der Kdg hat (KDZ/*Zwanziger* § 3 Rn 2; vgl. auch KR-*Rost* § 3 KSchG Rn 9). Der Kdg-Schutz ist individual-rechtl ausgestaltet und gilt auch in Betrieben ohne BR. Da der BR zudem nach § 102 BetrVG schon vor Ausspruch jeder Kdg anzuhören ist, wird er eine Verständigung mit dem AG, falls er sie für erforderlich hält, vor der Kdg versuchen. Der AN kann sich auf einen Verständigungsversuch des BR nicht verlassen, sondern muss trotzdem nach § 4 rechtzeitig Klage erheben. Eine gewisse Bedeutung erhält die Vorschrift allein dadurch, dass der AN eine schriftliche Erklärung des BR zu seinen Einwänden gegen die Kdg verlangen kann, die regelmäßig zu einer gründlicheren Befassung des BR mit der Kdg führen dürfte (Thüsing/Laux/Lembke/*Laux* § 3 Rn 2; Löwisch/*Spinner* § 3 Rn 3). Der BR entscheidet über den Einspruch durch Beschluss (§ 33 BetrVG).

2 **II. Anwendungsbereich.** § 3 gilt für alle ordentlichen Kdg ggü einem AN, der Kdg-Schutz genießt, auch für Änderungskdg (KR-*Rost* § 3 Rn 28). § 3 KSchG wendet sich an den BR und ist auf das BPersVG nicht entspr anzuwenden (vgl. LAG Sachsen-Anhalt 9.3.2010, 2 Sa 369/09, JurionRS 2010, 28869). § 3 erfasst nur Kdg, die der AN für sozialwidrig hält, nicht jedoch andere Unwirksamkeitsgründe (Mängel der BR-Anhörung, § 174 BGB, § 9 MuSchG, § 18 BEEG etc). Bei außerordentlichen Kdg mit notwendiger Auslauffrist ggü tariflich unkündbaren AN, die nur eine sonst mögliche ordentliche Kdg ersetzen, wird § 3 entspr anzuwenden sein (vgl *Bröhl* S 191 ff). Da § 13 I 2 den § 3 nicht erwähnt, findet § 3 auf außerordentliche fristlose Kdg keine Anwendung (Bader/Bram/*Kriebel* § 3 Rn 11). Bei dem Personenkreis des § 14 II 1 findet § 3 nach dem Gesetzeswortlaut keine Anwendung. Wenn hier ausnahmsweise die Voraussetzungen des § 5 III BetrVG nicht vorliegen, besteht ein Einspruchsrecht, um das wenig einleuchtende Ergebnis zu vermeiden, dass der BR nur nach § 102 BetrVG, nicht jedoch nach § 3 beteiligt werden kann.

2.1 **III. Frist.** Binnen einer Woche nach Zugang der Kdg; Fristberechnung nach §§ 186 ff BGB, dh der Tag des Zugangs wird nach § 187 BGB nicht mitgerechnet. Eine bestimmte Form ist für den Einspruch nicht geregelt. Es besteht nicht einmal Begründungszwang. Die Einspruchsfrist von 1 Woche ist keine Ausschlussfrist; der BR kann auch verspätet eingehende Einsprüche behandeln. Der AG ist dann nicht berechtigt, allein wegen der Fristüberschreitung die Verhandlungen abzulehnen (APS/*Künzl* § 3 Rn 24).

3 **B. Regelungsgehalt. I. § 3 S 1.** Der Einspruch bevollmächtigt den BR nicht, rechtsverbindlich für den AN zu handeln, insb für ihn einen Vergleich abzuschließen. Den BR trifft nur eine Vermittlerrolle (ErfK/*Kiel* § 3 Rn 4).

4 **II. § 3 S 2.** Erachtet der BR den Einspruch für begründet, hat er zu versuchen, eine Verständigung mit dem AG herbeizuführen. Die Verständigung kann etwa auf die Rücknahme der Kdg, aber auch auf jede Form der Abmilderung der wirtschaftlichen Folgen der Kdg (Verlängerung der Kdg-Frist, Abfindung etc) zielen (*v Hoyningen-Huene/Linck* § 3 Rn 7).

5 **III. § 3 S 3.** Befasst sich der BR mit dem Einspruch, entscheidet er durch Beschl. Der BR hat nach § 3 S 3 seine Stellungnahme dem AN und dem AG auf Verlangen schriftlich mitzuteilen und kann darin, etwa aufgrund neuer Umstände, von der Stellungnahme nach § 102 BetrVG abweichen (Bader/Bram/*Kriebel* § 3 Rn 26).

6 **C. Verhältnis zu anderen Vorschriften.** § 3 und § 102 BetrVG stehen nebeneinander; der Anwendungsbereich von § 102 BetrVG übertrifft den des § 3 (vgl. KR-*Rost*, § 3 Rn 9). § 3 schützt den AN etwa dann, wenn dieser im Verfahren nach § 102 BetrVG durch den BR nicht angehört worden ist und meint, der BR habe bisher nicht alle maßgeblichen Umstände berücksichtigt. § 3 ist **kein Schutzgesetz** § 823 II BGB (HWK/*Molkenbur* § 3 Rn 7). Der BR ist nur verpflichtet, den Einspruch entgegenzunehmen, ggf einen Verständigungsversuch zu unternehmen und auf Verlangen eine schriftliche Stellungnahme zu erteilen. Einen bes Schutzzweck verfolgt § 3 nicht. Die Mitglieder des BR machen sich deshalb nicht schadensersatzpflichtig, wenn sie ihre Pflichten aus § 3 verletzen (KR/*Rost* § 3 KSchG Rn 37 ff).

7 Der Einspruch hindert nicht den Lauf der Klagefrist des § 4 und ist auch nicht Wirksamkeitsvoraussetzung für die Erhebung der Kdg-Schutzklage. Die Voraussetzungen für eine nachträgliche Zulassung nach § 5 werden regelmäßig nicht vorliegen, wenn sich der AN auf seinen Einspruch nach § 3 verlässt und deshalb die Klagefrist versäumt (KPK/*Ramrath* § 3 Rn 6). Nach § 4 I 3 soll der AN seiner Kdg-Schutzklage die Stellungnahme des BR beifügen, falls er Einspruch nach § 3 eingelegt hat. Geschieht dies nicht, bleibt das folgenlos (HaKo/*Gallner* § 3 Rn 24).

Der Kdg-Einspruch nach § 3 ist für die Wirksamkeit der Kdg ohne Bedeutung (LAG Sachs Anhalt 9.3.2010, 2 Sa 369/09). 8

§ 4 Anrufung des Arbeitsgerichts

¹Will ein Arbeitnehmer geltend machen, dass eine Kündigung sozial ungerechtfertigt oder aus anderen Gründen rechtsunwirksam ist, so muss er innerhalb von drei Wochen nach Zugang der schriftlichen Kündigung Klage beim Arbeitsgericht auf Feststellung erheben, dass das Arbeitsverhältnis durch die Kündigung nicht aufgelöst ist. ²Im Falle des § 2 ist die Klage auf Feststellung zu erheben, dass die Änderung der Arbeitsbedingungen sozial ungerechtfertigt oder aus anderen Gründen rechtsunwirksam ist. ³Hat der Arbeitnehmer Einspruch beim Betriebsrat eingelegt (§ 3), so soll er der Klage die Stellungnahme des Betriebsrats beifügen. ⁴Soweit die Kündigung der Zustimmung einer Behörde bedarf, läuft die Frist zur Anrufung des Arbeitsgerichts erst von der Bekanntgabe der Entscheidung der Behörde an den Arbeitnehmer ab.

Übersicht

		Rdn.			Rdn.
A.	Normzweck	1	VI.	§ 4 S 3	26
B.	Regelungsgehalt	3	VII.	Zustimmung einer Behörde, § 4 S 4	27
I.	Zeitliche Geltung des § 4 nF	3	VIII.	Kündigungsrücknahme	29
II.	Geltung für alle Kündigungen	4	IX.	Streitgegenstand und Rechtskraft	31
III.	Unwirksamkeitsgründe	8		1. Beendigung des Arbeitsverhältnisses vor dem Kündigungstermin	32
IV.	Klageerhebung	10			
	1. Allgemeines	10		2. Mehrere Verfahren gegen verschiedene Kündigungen	33
	2. Klage gegen richtigen AG	11			
	3. Klageverzicht	13.1		3. Antrag nach § 4 und allgemeiner Feststellungsantrag	34
	4. Klage beim zuständigen Gericht	14			
	5. Klagefrist ab Kündigungszugang	15		4. Wiederholungs-/Trotzkündigung	35
	a) Zugang unter Anwesenden	17	C.	Verhältnis zu anderen Ansprüchen	36
	b) Zugang unter Abwesenden	18	I.	Leistungsansprüche	36
	c) Zugangshindernisse beim Arbeitnehmer	19		1. Lohnanspruch	36
				2. Annahmeverzug	37
	d) Zugangsvereitelung	20	II.	Weiterbeschäftigungsanspruch	38
	6. Berechnung der Klagefrist	21		1. Allgemeines	38
	7. Klage gegen jede Kdg	22		2. Änderungskündigung	39
	8. Allg Feststellungsklage nach § 256 ZPO	23		3. Einstweiliger Rechtsschutz	40
V.	Änderungskündigung, § 4 S 2	24	III.	Wiedereinstellungsanspruch	41

A. Normzweck. Die Regelung der §§ 4 ff bezweckt, dem AG möglichst schnell Klarheit über den Bestand des Arbeitsverhältnisses zu schaffen (ausf. KR-*Friedrich/Klose*, § 4 Rn 10). Seit 1.1.2004 muss der AN deshalb nicht nur, wenn er die Kdg für sozialwidrig hält, sondern auch, wenn er deren Unwirksamkeit aus anderen Gründen geltend machen will, innerhalb von 3 Wochen nach Kdg-Zugang Klage erheben (Neufassung der §§ 4 ff KSchG durch das am 1.1.2004 in Kraft getretene Gesetz zu Reformen am Arbeitsmarkt vom 24.12.2003, BGBl I S 3002). 1

§ 4 gilt nur bei einer schriftlichen, nicht bei einer mangels Schriftform (§ 623 BGB) unwirksamen Kdg. Die Nichteinhaltung der Kdg-Frist muss innerhalb der Klagefrist des § 4 S 1 KSchG geltend gemacht werden, wenn sich nicht durch Auslegung ermitteln lässt, dass eine fristwahrende Kdg ausgesprochen werden sollte (BAG 1.9.2010, 5 AZR 700/09, BAGE 135, 255-263 in Abgrenzung zu BAG, Urteil vom 15. Dezember 2005, 2 AZR 148/05, BAGE 116, 336-345). Die Ausnahmeregelung des § 4 S 4 ist aufrechterhalten geblieben, wonach die Klagefrist, soweit die Kdg (etwa nach § 85 SGB IX) der Zustimmung einer Behörde bedarf, nicht ab Kdg-Zugang, sondern erst ab Bekanntgabe der Entscheidung der Behörde an den AN läuft (BAG 13.2.2008, 2 AZR 864/06, NZA 2008, 1055; in der Lit teilw str, etwa KDZ/*Zwanziger* § 4 Rn 17 mwN). 2

B. Regelungsgehalt. I. Zeitliche Geltung des § 4 nF. Die Neufassung des § 4 erfasst alle Kdg, die nach dem 31.12.2003 zugegangen sind. Soweit eine Kdg vorher zugegangen war, der AN aber noch keine Klage erhoben hatte, zB, weil er nur andere Unwirksamkeitsgründe geltend machen wollte, läuft die Klagefrist ab 1.1.2004 (BAG 9.2.2006, 6 AZR 283/05, BB 2006, 1916; 21.9.2006, 2 AZR 717/05, AP KSchG 1969 § 4 Nr 59). 3

4 **II. Geltung für alle Kündigungen.** § 4 betrifft jede Art von Kdg, nach § 4 I 2 Änderungskdg, nach § 13 I 2 außerordentliche Kdg und außerordentliche Änderungskdg. Der entspr Anwendung der §§ 2, 4 S 2 KSchG auf außerordentliche Änderungskdg steht nicht entgegen, dass § 13 I S 2 KSchG keine Verweisung auf § 2 KSchG enthält (BAG 19.6.1986, 2 AZR 565/85, EzA KSchG § 2 Nr. 7). Zwar ist in der seit 1.1.2004 geltenden Fassung des § 13 I S 2 KSchG eine Verweisung auf §§ 2, 4 S 2 KSchG erneut nicht erfolgt. Der Zweck des § 2 KSchG verlangt aber, dass der AN die Wirksamkeit auch einer außerordentlichen Änderungskdg gerichtlich überprüfen lassen kann, ohne zugleich den Verlust des Arbeitsplatzes insgesamt riskieren zu müssen (KR/*Rost* 9. Aufl § 2 Rn 32; BAG 28.10.2010, 2 AZR 688/09, EzA § 2 KSchG Nr 80).

5 Nach Aufhebung der entspr Vorschrift des § 113 II InsO ist § 4 auch auf Insolvenzverwalter-Kdg anwendbar. Aus dem Wortlaut und dem Regelungszweck ergibt sich, dass auch Kdg, die wegen Nichterfüllens der Wartezeit (§ 1 I) oder der erforderlichen Betriebsgröße (§ 23) nicht unter das KSchG fallen, nach § 4 innerhalb von 3 Wochen anzugreifen sind. Kündigt der AG das Arbeitsverhältnis innerhalb der sechsmonatigen Wartezeit des § 1 I KSchG außerordentlich, hat der AN, der die Unwirksamkeit der Kdg geltend machen will, gem. § 13 I 2, § 4 1 KSchG innerhalb von drei Wochen nach Zugang der Kündigung Kündigungsschutzklage zu erheben (BAG 28.6.2007, 6 AZR 873/06, BAGE 123, 209 ff unter Aufgabe von BAG 17.8.1972, 2 AZR 415/71, BAGE 24, 401). Für Kleinbetriebe lässt sich dies unmittelbar aus dem Gesetz herleiten, das in § 23 I 2 Kleinbetriebe von der Anwendung der §§ 4 ff ausdrücklich **nicht** ausnimmt. Auf die außerordentliche Kdg von Berufsausbildungsverhältnissen ist § 4 nur anwendbar, wenn kein Ausschuss nach § 111 ArbGG gebildet ist (BAG 26.1.1999, 2 AZR 134/98, EzA § 4 KSchG nF Nr 58; *Zwanziger/Altmann/Schneppendahl* § 4 Rn 1).

6 § 4 gilt nur für Kdg, nicht für sonstige Maßnahmen, etwa die Änderung der Arbeitsbedingungen kraft Direktionsrechts oder die Versetzung in den einstweiligen Ruhestand (BAG 26.01.2012, 2 AZR 102/11, EzA § 2 KSchG Nr 84; BAG 5.2.2009, 6 AZR 151/08, EzA § 4 nF KSchG Nr 87). Hier gelten, ebenso wie in den wenigen Ausnahmefällen, in denen bei Kdg § 4 nicht anwendbar ist, nur die Grundsätze der Verwirkung. Auch dabei ist zu berücksichtigen, dass ein allseitiges Bedürfnis besteht, den Bestand und den Inhalt des Arbeitsverhältnisses möglichst zeitnah festzustellen.

7 Die Klagefrist des § 4 KSchG ist auch einzuhalten, wenn die ordentliche Kdg gegen das Kdg-Verbot des § 15 Abs. 3 TzBfG verstößt, weil der befristete Vertrag keine Möglichkeit vorsieht, das Arbeitsverhältnis ordentlich zu kündigen (KR/*Friedrich* 10. Aufl. § 4 KSchG Rn 15; ErfK/*Kiel* 12. Aufl. § 4 KSchG Rn 4;). Das folgt aus Wortlaut und Entstehungsgeschichte des Gesetzes, wonach im Interesse einer raschen Klärung eine einheitliche Klagefrist von drei Wochen besteht (vgl. BT-Drucks. 15/1204 S. 9 f; BAG 22.7.2010, 6 AZR 480/09, AP Nr 5 zu § 15 TzBfG). Die Klagefrist des §§ 21, 17 S 1 TzBfG ist auch einzuhalten, wenn nicht die Wirksamkeit einer Bedingung, sondern ihr tatsächlicher Eintritt geklärt werden soll. Bei einem Streit über den Bedingungseintritt beginnt die Klagefrist des § 17 S 1 TzBfG in entsprechender Anwendung nach § 21 TzBfG mit Zugang der schriftlichen Erklärung des AG, das Arbeitsverhältnis sei beendet (BAG 27.7.2011, 7 AZR 402/10, AP Nr 9 zu § 21 TzBfG).

8 **III. Unwirksamkeitsgründe.** Da nach § 4 – abgesehen von den erwähnten Ausnahmen – alle Unwirksamkeitsgründe innerhalb der 3-wöchigen Klagefrist oder zumindest später rechtzeitig nach §§ 5, 6 geltend gemacht werden müssen, empfiehlt es sich, nach Kdg-Zugang unverzüglich zu klären, welche nur erdenklichen Sachverhalte zur Unwirksamkeit der Kdg führen könnten und diese rechtzeitig klageweise geltend zu machen. Ob ein bestimmter Sachverhalt wirklich geeignet ist, einen Unwirksamkeitsgrund für die Kdg darzustellen, wird im Prozess geklärt werden.

9 Wegen der umfassenden Geltung des § 4 für alle Kdg-Gründe seien nur folgende Unwirksamkeitsgründe beispielhaft erwähnt: fehlende Kdg-Vollmacht (Kdg durch einen vollmachtlosen Vertreter des AG [§ 180 BGB] – die Klagefrist des § 4 KSchG beginnt erst mit dem Zugang der Genehmigung des AGs beim AN – [BAG 06.09.2012, 2 AZR 858/11, DB 2013, 520-521; BAG 26.3.2009, 2 AZR 403/07, NZA 2009, 1146; dazu *Meyer/Reutels* NZA 2011, 5; s *v Hoyningen-Huene/Linck* § 4 Rn 20; KR/*Friedrich/Treber* § 13 Rn 232 mwN; *Berkowsky* NZA 2009, 1125; vgl *Zimmermann* ZTR 2007, 119]); fehlende Vollmachtsvorlage (§ 174 BGB); Sozialwidrigkeit (§ 1 II–V); Mängel der BR-Anhörung (§ 102 BetrVG); Kdg wegen Betriebsübergangs (§ 613a IV 1 BGB); Mängel der Massenentlassungsanzeige, soweit darin ein Unwirksamkeitsgrund liegt (BAG 23.3.2006, 2 AZR 53/05, EzA § 626 BGB 2002 Nr 16 Kdg-Ausschluss durch Gesetz (§ 9 MuSchG, § 18 BEEG), Tarif, BV oder Einzelvertrag; Willensmängel (§§ 117 ff BGB); Sittenwidrigkeit (§ 138 BGB); Treuwidrigkeit (§ 242 BGB); diskriminierende Kdg (vgl § 2 IV AGG).

10 **IV. Klageerhebung. 1. Allgemeines.** § 4 I 1 fordert die Erhebung einer Feststellungsklage. Das stets erforderliche Feststellungsinteresse (§ 256 ZPO) ergibt sich aus den sonst eintretenden Rechtsfolgen nach § 7 (BAG 11.2.1981, 7 AZR 12/79, EzA § 4 KSchG nF Nr 20). Die Klageerhebung muss den allg

Vorschriften entsprechen. Erhebung zu Protokoll der Geschäftsstelle und durch Telefax ist möglich (HWK/ *Quecke* § 4 Rn 12). Die Klage muss in dt Sprache abgefasst und ordnungsgem unterschrieben sein. Notwendig ist die genaue Bezeichnung der Parteien und des Gerichts und ein Antrag, der § 4 zu entnehmen ist (»Feststellung, dass das Arbeitsverhältnis durch die Kdg vom ... nicht aufgelöst ist«; »... festzustellen, dass die Änderung der Arbeitsbedingungen durch die ordentliche Änderungskdg vom ... sozial ungerechtfertigt ist oder aus anderen Gründen rechtsunwirksam ist«). Im Rahmen der Beurteilung der ordnungsgemäßen Erhebung einer Kdg-Schutzklage ist der geäußerte Parteiwille, wie er aus der Klageschrift und den sonstigen Umständen (insb beigefügtes Kdg-Schreiben) erkennbar wird, entscheidend. Dementspr sind an Inhalt und Form der Kdg-Schutzklage keine hohen Anforderungen zu stellen (BAG 18.7.2013, 6 AZR 420/12, NZA 2014, 109 ff; 23.6.2009, 2 AZR 474/07, EzA § 626 BGB 2002 Nr. 8 = NZA 2009, 1136). Die Darlegung aller klagebegründenden Tatsachen (§ 1 I KSchG und § 23 I KSchG), gehört nicht zur Zulässigkeit der Kdg-Schutzklage, sondern zur Schlüssigkeit des Sachvortrags (BAG 18.7.2013, 6 AZR 420/12, NZA 2014, 109 ff).

2. Klage gegen richtigen AG. Bes Vorsicht ist auf die richtige Bezeichnung des Beklagten zu verwenden. 11
Ist nicht der richtige AG verklagt, so gilt die schriftliche Kdg gem § 7 KSchG als rechtswirksam mit der Folge, dass die Kdg-Schutzklage unbegründet ist. Die höchstrichterliche Rspr versucht hier verhältnismäßig großzügig, durch Auslegung bzw Berichtigung des Beklagtenrubrums zu helfen (BAG 21.2.2002, 2 AZR 55/01, EzA § 4 KSchG nF Nr 63; 12.2.2004, 2 AZR 136/03, EzA§ 4 KSchG nF Nr 66). Die Berichtigung ist nur möglich, wenn zumindest der Gesamtinhalt der Klageschrift nebst Anlagen hinreichend erkennen lässt, wer als AG verklagt werden soll. Ergibt sich in einem Kdg-Schutzprozess aus dem **beigefügten Kdg-Schreiben**, wer als beklagte Partei gemeint ist, so ist eine Berichtigung des Rubrums zulässig (BAG 15.3.2001, 2 AZR 141/00, EzA § 4 nF KSchG Nr 61). Es ist deshalb dringend anzuraten, jeder Klage zumindest das Kdg-Schreiben beizufügen (BAG 28.8.2008, 2 AZR 279/07, EzA § 4 nF KSchG Nr. 86).
Ist der AG eine juristische Person, ist diese zu verklagen. Auch Personengesellschaften und nichtrechtsfähige 12
Vereine können unter ihrem Namen verklagt werden und sind deshalb unter ihrem Namen zu verklagen (§§ 124 I, 161 II HGB, § 50 II ZPO, § 7 II PartGG). Dies gilt ebenso für die GbR als Außengesellschaft (BGH 18.2.2002, II ZR 331/00, AP ZPO § 50 Nr 11; BAG 1.12.2004, 5 AZR 597/03, EzA § 50 ZPO Nr 3) und die Partnerschaft nach dem Gesetz über die Partnerschaftsgesellschaften freier Berufe (BAG 1.3.2007, 2 AZR 525/05, EzA KSchG § 4 nF Nr 76). Bei Personengesellschaften können neben der Gesellschaft zusätzlich die Gesellschafter persönlich verklagt werden.
Nach Insolvenzeröffnung ist nicht mehr der Schuldner, sondern der Insolvenzverwalter als Partei kraft 13
Amtes zu verklagen (BAG 21.9.2006, 2 AZR 573/05, NJW 2007, 458; dazu *Meyer/Reutels* NZA 2011, 5). Ist nach dem Nato-Truppen-Statut die BRD als Prozessstandschafter zu verklagen, so scheitert eine Rubrumsberichtigung regelmäßig schon daran, dass bei irrtümlicher Klage gegen die ausländischen Streitkräfte nicht einmal eine ordnungsgem Klagezustellung (im Ausland) vorliegt (BAG 13.7.1989, 2 AZR 571/88, RzK I 8h Nr 6).
Bei einem Betriebsübergang gem § 613a BGB nach Kdg-Ausspruch bleibt der bisherige AG passivlegitimiert (BAG 18.3.1999, 8 AZR 306/98, EzA § 613a BGB Nr 179). Bestehen nur die geringsten Zweifel, ob und ggf wann ein Betriebsübergang erfolgt ist, sollte neben dem bisherigen AG der mögliche Betriebserwerber verklagt werden.

3. Klageverzicht. Im formularmäßigen Verzicht auf die Erhebung einer Kdg-Schutzklage ohne arbeitgeberseitige Gegenleistung – etwa in Bezug auf den Beendigungszeitpunkt, die Beendigungsart, die Zahlung einer Entlassungsentschädigung oder den Verzicht auf eigene Ersatzansprüche – liegt eine **unangemessene Benachteiligung iSv § 307 I 1 BGB** (BAG 25.9.2014, 2 AZR 788/13, NZA 2015, 350-353). 13.1

4. Klage beim zuständigen Gericht. Die Klage ist grds beim zuständigen Gericht zu erheben. In seltenen 14
Ausnahmefällen (Bühnenkünstler (Bühnenschiedsgericht), Berufsausbildungsverhältnis bei Bestehen eines Ausschusses nach § 111 ArbGG) kann die vorrangige Zuständigkeit eines Schiedsgerichts in Betracht kommen. Die vorherige Anrufung ist Zulässigkeitsvoraussetzung (vgl GMP/*Prütting* § 111 Rn 19, 20; BAG 26.1.1999, 2 AZR 134/98, EzA § 4 nF KSchG Nr 58). Die örtliche Zuständigkeit ergibt sich aus § 46 II S 1 ArbGG iVm §§ 12 ff ZPO. Die Erhebung bei einem örtlich unzuständigen Gericht schadet nach § 48 I Nr 1 ArbGG unter den Voraussetzungen der §§ 17–17b GVG nicht. Gleiches gilt, wenn die Klage bei einem Gericht eines anderen Rechtswegs erhoben wird. Gerichtsstandsvereinbarungen im Arbeitsvertrag sind regelmäßig gem § 46 II 1 ArbGG iVm § 38 ZPO unwirksam.

15 **5. Klagefrist ab Kündigungszugang.** Die Klagefrist ist eine materielle Ausschlussfrist. Eine verspätet erhobene Kdg-Schutzklage ist als unbegründet abzuweisen (BAG 18.12.2014, 2 AZR 163/14, Rn. 16; 26.9.2013, 2 AZR 682/12, Rn 26, BAGE 146, 161; 26.03.2015, 2 AZR 483/14).

15.1 Eine Kdg-Schutzklage wahrt die Klagefrist des § 4 1 auch für eine Folgekdg, die vor dem oder zeitgleich mit dem Auflösungstermin der ersten Kdg wirksam werden soll, jedenfalls dann, wenn der Kläger ihre Unwirksamkeit noch vor Schluss der mündlichen Verhandlung erster Instanz explizit geltend macht und mit einem Antrag nach § 4 1 erfasst (BAG 18.12.2014, 2 AZR 163/14, NZA 2015, 635-640). Der Lauf der Klagefrist beginnt mit Zugang der schriftlichen Kdg. Eine empfangsbedürftige Willenserklärung wie die Kdg geht dem Empfänger zu, wenn sie so in seinen Machtbereich gelangt ist, dass er unter gewöhnlichen Umständen von ihr Kenntnis nehmen kann (vgl § 130 I 1 BGB). Bei Minderjährigen ist nach § 131 BGB auf den Zugang beim gesetzlichen Vertreter (dazu BAG 28.10.2010, 2 AZR 794/09, NZA 2011, 340–343) abzustellen, wenn dieser den Minderjährigen nicht gem § 113 BGB zur Eingehung des Arbeitsverhältnisses ermächtigt hat.

16 Die Kdg des Vertreters ohne Vertretungsmacht ist dem AG erst nach einer nachträglichen Zustimmung zuzurechnen (BAG 26.3.2009, 2 AZR 403/07, Rn 21, AP KSchG 1969 § 4 Nr 70). Da § 4 1 den Beginn der Frist an den Zugang der Kdgserklärung knüpft und damit von der Kenntnismöglichkeit des ANs abhängig macht, ist auch für die Genehmigung – ebenso wie im Fall des § 4 4 – auf ihren Zugang beim AN abzustellen (ErfK/Kiel 12. Aufl. § 4 KSchG Rn 6; APS/Hesse 4. Aufl. KSchG § 4 Rn 10c; v. Hoyningen-*Huene/Linck* KSchG 14. Aufl. § 4 Rn 20). Die materiellrechtliche Rückwirkung der Genehmigung (§ 184 Abs. 1 BGB) ist für den Lauf der Klagefrist ohne Bedeutung (vgl. allgemein Palandt/*Ellenberger* § 184 Rn 2; zur Verjährung: *Staudinger/Gursky* BGB § 184 Rn 38 mwN). Das Interesse des AGs an der raschen Klärung der Frage, ob die Kdg das Arbeitsverhältnis beendet hat, beginnt erst mit der Genehmigung (BAG 6.9.2012, 2 AZR 858/11, DB 2013, 520-521).

17 **a) Zugang unter Anwesenden.** Bei einer Erklärung unter Anwesenden, also der Aushändigung des Kdg-Schreibens, kommt es allein auf die Möglichkeit der Kenntnisnahme, nicht auf den Zeitpunkt der tatsächlichen Kenntnisnahme an. Händigt der AG dem AN das Original des Kdg-Schreibens zur Kenntnisnahme aus, so ist der Zugang erfolgt, auch wenn der AN das Kdg-Schreiben zurück lässt und dem AN später nur eine Kopie übergeben wird (BAG 26.3.2015, 2 AZR 483/14; 4.11.2004, 2 AZR 17/04, EzA § 130 BGB 2002 Nr 4).

18 **b) Zugang unter Abwesenden.** Bei einer Kdg-Erklärung unter Abwesenden ist darauf abzustellen, wann die Kdg derart in den Machtbereich des AN gelangt ist, dass sich dieser unter normalen Umständen von ihrem Inhalt Kenntnis verschaffen kann und wann die Kenntnisnahme nach den Gepflogenheiten des Verkehrs von ihm erwartet werden muss (BAG 22.3.20122, AZR 224/11, EzA § 5 KSchG Nr 41; LAG RhPf, 10.10.2013, 10 Sa 175/13, JurionRS 2013, 49418). Ein Brief ist zugegangen, wenn er dem Empfänger selbst oder einem seiner Familienangehörigen oder einem Hausangestellten in der Wohnung oder einem sonst Empfangsberechtigten ausgehändigt wird. Leben Ehegatten in einer gemeinsamen Wohnung und sind sie deshalb nach der Verkehrsanschauung füreinander als Empfangsboten anzusehen, gelangt eine an einen der Ehegatten gerichtete Willenserklärung grds auch dann in dessen Macht- und Zugriffsbereich, wenn sie dem anderen Ehegatten außerhalb der Wohnung übermittelt wird (BAG 9.6.2011, 6 AZR 687/09, EzA § 130 BGB 2002 Nr 6; LAG Rh-Pf 19.2.2015). Bei Einwurf in den Briefkasten ist der Zugang in dem Zeitpunkt erfolgt, zu dem nach der Verkehrsanschauung mit der Leerung des Briefkastens gerechnet werden kann.

Wird der Brief zu einer Tageszeit eingeworfen, zu der angesichts des dort üblichen Postzustellzeitpunkts mit einer Leerung nicht mehr gerechnet werden kann (zB später Abend oder Nacht), geht der Brief erst am nächsten Tag zu (BAG 8.12.1983, 2 AZR 337/82, EzA § 130 BGB Nr 13). Anderes kann gelten, wenn der AN mit einer Botenzustellung rechnen musste.

Hat der AN einen ordnungsgem Nachsendeantrag gestellt, geht ihm die Kdg regelmäßig erst bei Zustellung an der dort angegebenen Adresse zu (BAG 22.9.2005, 2 AZR 366/04, EzA § 130 BGB 2002 Nr). Bei einer Versendung der Kdg durch Übergabe-Einschreiben wird der Zugang nicht bereits dadurch bewirkt, dass der Benachrichtigungszettel der Post in den Briefkasten geworfen wird (BAG 25.4.1996, 2 AZR 13/95, EzA § 130 BGB Nr 27).

19 **c) Zugangshindernisse beim Arbeitnehmer.** Die Abwesenheit des AN wegen Urlaubs, Kur, Krankheit, Untersuchungshaft (vgl. LAG Schl-Holst, 19.2.2014, 6 Sa 297/13, JurionRS 2014, 13466), etc hindert

nach hM nicht den Zugang etwa durch Briefeinwurf in den Briefkasten des Abwesenden. Dies gilt selbst dann, wenn der AG weiß, dass der AN ortsabwesend ist (BAG 22.3.2012, 2 AZR 224/11, EzA § 5 KSchG Nr 41; BAG 24.6.2004, 2 AZR 461/03, EzA § 102 BetrVG 2001 Nr 9, in der Lit str). Grds ist der Empfänger verpflichtet, bei einem Umzug oder einer längeren Abwesenheit entspr Zugangsvorkehrungen zu treffen, an die allerdings keine übertriebenen Anforderungen gestellt werden dürfen. Beim Umzug reicht der Nachsendeantrag (BAG 22.9.2005, 2 AZR 366/04, NZA 2006, 204). Bei einem Kdg-Zugang während des Urlaubs, eines Krankenhausaufenthalts etc ist der AN zumeist durch § 5 hinreichend geschützt. Dies gilt selbst dann, wenn ihm die Kdg am Urlaubsort zugeht und er dort nicht in zumutbarer Weise Rechtsrat einholen kann (vgl. LAG Hamm 7.11.2013, 16 Sa 1679/12).

d) Zugangsvereitelung. Verhindert der Empfänger durch eigenes Verhalten den Zugang einer Willenserklärung, muss er sich so behandeln lassen, als sei ihm die Erklärung bereits zum Zeitpunkt des Übermittlungsversuchs zugegangen. Dann gilt die Kdg zu dem Zeitpunkt als zugegangen, in dem sie bei ordnungsgem Verlauf zugegangen wäre BAG 26.3.2015, 2 AZR 483/14; 22.9.2005, 2 AZR 366/04, NZA 2006, 204). Der Adressat handelt rechtsmissbräuchlich, wenn er die Annahme des Kdg-Schreibens verweigert, seine Familie veranlasst, keine Post entgegen zu nehmen, durch einander widersprechende Nachsendeaufträge eine rechtzeitige Zustellung unwahrscheinlich macht oder trotz Kenntnis von dem Benachrichtigungszettel der Post ein Einschreiben nicht abholt, obwohl er mit dem Zugang einer Kdg rechnen musste. Er ist in derartigen Fällen entspr § 162 BGB so zu behandeln, als sei der (rechtzeitige) Zugang erfolgt. 20

6. Berechnung der Klagefrist. Die Klagefrist berechnet sich nach §§ 187 ff BGB. Maßgeblich ist der Klageeingang beim ArbG. Es reicht aus, wenn das Gericht dem AG die Klage »demnächst« zustellt (§ 46 II ArbGG iVm §§ 4, 95, 167 ZPO; dazu *Nägele/Gertler* NZA 2010, 137 ff.). Verzögerungen, auf die der AN keinen Einfluss hat, sind ihm regelmäßig nicht zuzurechnen. 21

7. Klage gegen jede Kdg. Jede einzelne Kdg ist nach § 4 rechtzeitig anzugreifen. Dies gilt selbst für die Trotz- und Wiederholungs-Kdg (hierzu BAG 26.8.1993, 2 AZR 159/93, EzA § 322 ZPO Nr 9). Ist dem AN außerordentlich und zusätzlich ordentlich gekündigt worden, muss gegen beide Kdg geklagt werden (festzustellen, dass das Arbeitsverhältnis durch die Kdg vom ... weder zum ... noch zum ... beendet worden ist). Ist die fristlose Kdg in eine ordentliche umzudeuten (§ 140 BGB), richtet sich die Klage gegen die außerordentliche Kdg mangels abw Erklärungen des AN auch gegen die ordentliche Kdg. Zum Sonderfall einer Verdachts- und einer Tat-Kdg wegen desselben Sachverhalts in zwei Kdg-Schreiben vgl BAG 23.6.2009, 2 AZR 474/07, EzA § 626 BGB 2002 Nr. 8 = NZA 2009, 1136. 22

8. Allg Feststellungsklage nach § 256 ZPO. Damit dem AN keine Nachteile entstehen, wenn der AG fortlaufend neue Kdg ausspricht in der Hoffnung, der AN werde hins **einer** Kdg die Klagefrist verpassen, hat das BAG (st Rspr 13.3.1997, 2 AZR 512/96, EzA § 4 KSchG nF Nr 57) die allg Feststellungsklage zugelassen. Mit einer solchen allg Feststellungsklage nach § 256 ZPO auf Fortbestand des Arbeitsverhältnisses, die im Prozess neben dem Antrag nach § 4 als gesonderter Klageantrag zu erheben und insb auch hins des Rechtsschutzbedürfnisses zu begründen ist, stellt der AN klar, dass er mit weiteren Kdg des AG rechnet und auch gegen diese gerichtlich vorgehen will. Ein solcher Antrag, der ungeachtet aller denkbaren Beendigungstatbestände allein auf den Fortbestand des Arbeitsverhältnisses zielt, führt als sog »Schleppnetzantrag« dazu, dass der AN bei wiederholter Kdg auch nach Ablauf der 3-Wochenfrist seine Klage auf die neue Kdg erstrecken kann. 23
Allerdings ist der Antrag nur bis zur mündlichen Verhandlung zulässig, worauf das Gericht regelmäßig hinweist und kann – wenn keine weiteren Kdg ausgesprochen worden sind – ohne Zustimmung des Gegners zurückgenommen werden. Andernfalls wird die Klage mit diesem Antrag als unzulässig abgewiesen. Die Kosten hierfür hat der Kläger zu tragen.

V. Änderungskündigung, § 4 S 2. Auch eine außerordentliche oder ordentliche Änderungskdg muss innerhalb der Frist des § 4 angegriffen werden (BAG 28.10.2010, 2 AZR 688/09). Hat der AN die Änderung nicht nach § 2 S 1 unter Vorbehalt angenommen, ist die Klage auf die Feststellung zu richten, dass das Arbeitsverhältnis durch die Kdg nicht aufgelöst worden ist. Im Fall der Vorbehaltsannahme lautet der Antrag auf Feststellung, dass die Änderung der Arbeitsbedingungen sozial ungerechtfertigt oder aus anderen Gründen rechtsunwirksam ist (S 2). Die Parteien streiten dann nicht über die Beendigung des Arbeitsverhältnisses, sondern nur noch über die Berechtigung des Angebots auf Änderung der Arbeitsbedingungen. Streitgegenstand der Änderungsschutzklage ist nicht die Wirksamkeit der Kdg, sondern der Inhalt der für das Arbeitsverhältnis geltenden Vertragsbedingungen (BAG 26. 1 2012 – 2 AZR 102/11 – Rn 13; 24

26. 8 2008 – 1 AZR 353/07 – Rn 17, AP KSchG 1969 § 2 Nr. 139 = EzA KSchG § 2 Nr. 72; BAG 19.7.2012, 2 AZR 25/11, NJW 2012, 3051-3053).

25 Für die Anwendung des § 4 1 ist kein Raum, wenn keine Kdg vorliegt, sondern die Parteien um die Änderung des Inhalts des Arbeitsverhältnisses oder seine Beendigung in anderer Weise als durch Kdg streiten. Es fehlt an der für eine Analogie erforderlichen, positiv festzustellenden Gesetzeslücke, weil der Gesetzgeber eine einheitliche Klagefrist nur in den Fällen anordnen wollte, in denen der Arbeitnehmer die Rechtsunwirksamkeit einer AG-Kdg geltend machen will (BAG 5.2.2009, 6 AZR 151/08, BAGE 129, 265-283).

26 **VI. § 4 S 3.** Die Vorschrift regelt für die Fälle, in denen der AN Einspruch beim BR nach § 3 eingelegt hat, dass der Kdg die Stellungnahme des BR beizufügen ist. Rechtsfolgen werden an die Unterlassung nicht geknüpft.

27 **VII. Zustimmung einer Behörde, § 4 S 4.** *(derzeit unbesetzt)*

28 Wenn die Kdg der Zustimmung einer Behörde bedarf, verlegt § 4 S 4 den Beginn der Klagefrist auf den Zeitpunkt der Bekanntgabe der Zustimmungsentscheidung an den AN, sofern die Zustimmung nicht schon bei Kdg-Zugang vorliegt. Hat der AG Kenntnis von den Tatsachen, die der Zustimmungsbedürftigkeit der Kdg zugrunde liegen (Schwerbehinderteneigenschaft, Schwangerschaft etc), so erhöht S 4 den AN-Schutz. Da mangels Bekanntgabe der Zustimmungsentscheidung der Behörde an den AN nicht absehbar ist, ob der AG einfach unter bewusster Missachtung des Zustimmungsbedürfnisses gekündigt hat oder das Zustimmungsverfahren noch läuft oder sogar entschieden ist, kann der AN bis zur Grenze der Verwirkung, die hier allerdings eng zu ziehen ist, mit der Klageerhebung zuwarten. Die fehlende Zustimmung der zuständigen Stelle führt allein jedoch nicht zur Nichtigkeit der Kündigung. Die Unwirksamkeits- und Nichtigkeitsgründe müssen innerhalb der Klagefrist geltend gemacht werden (BAG 19.2.2009, 2 AZR 286/07, NZA 2009, 980-984).
Der AG, der einen ihm bekannten Sonderkündigungsschutz missachtet, ist nicht schutzbedürftig (*Preis* DB 2004, 70, 77; zur Verwirkung in derartigen Fällen vgl BAG 23.2.2010, 2 AZR 659/08, EzA § 85 SGB IX Nr 6; 9.6.2011, 2 AZR 703/09, EzA § 85 SGB IX Nr 7). Im Falle des Betriebsübergangs nach § 613a BGB muss sich der Betriebsübernehmer die Kenntnis des Betriebsveräußerers von der Schwerbehinderteneigenschaft, Schwangerschaft oder Elternzeit eines AN zurechnen lassen (BAG 11.12.2008, 2 AZR 395/07, BAGE 129, 25). Die schwangere AN ist gehalten, den gesetzlichen Unwirksamkeitsgrund des § 9 I MuSchG innerhalb der dreiwöchigen Klagefrist des § 4 S 1 KSchG vor dem ArbG geltend zu machen (LAG Hamm, 9.1.2014, 15 Sa 1351/13, JurionRS 2014, 11906). Bei Unkenntnis des AG läuft die Frist des § 4 S 1, selbst wenn die AN erst nach Zugang der Kdg von ihrer Schwangerschaft erfährt (BAG 19.2.2009, 2 AZR 286/07, EzA § 4 nF KSchG Nr 88).

29 **VIII. Kündigungsrücknahme.** Erklärt der AG, er nehme die Kdg zurück, so steht dies einer Klageerhebung nicht entgegen und erledigt nicht eine schon nach § 4 erhobene Klage. Als einseitige empfangsbedürftige Willenserklärung kann die Kdg nach ihrem Zugang nicht mehr zurückgenommen werden. Mit dem Zugang sind die Gestaltungswirkungen eingetreten (vgl BAG 22.1.2010, 2 AZR 1008/08; 17.10.2013, 8 AZR 742/12, NZA 2014, 303-308). In der Rücknahme der Kdg liegt das Angebot des AG zur Fortsetzung des Arbeitsverhältnisses (LAG Meck-Vorpomm 20.3.2012, 5 Sa 206/11; KR-*Friedrich/ Klose*, § 4 KSchG Rn 55).

30 Nimmt der AN das Angebot an, einigen sich die Parteien damit über die Fortsetzung des Arbeitsverhältnisses. Nimmt der AN das Angebot nicht an, so wird vertreten, dass die Rücknahme der Kdg nach erhobener Kdg-Schutzklage als Anerkennung des Klageanspruchs auszulegen ist (APS/*Ascheid/Hesse* § 4 Rn 133). ME liegt in der Rücknahme der Kdg grds kein prozessuales Anerkenntnis, § 307 S 1 ZPO. Der AN kann, und dies begründet ein Rechtsschutzinteresse an der Fortsetzung des Prozesses, nach § 9 die Auflösung des Arbeitsverhältnisses beantragen (BAG 19.8.1982, 2 AZR 230/80, EzA § 9 KSchG nF Nr 14).

31 **IX. Streitgegenstand und Rechtskraft.** Gibt das Gericht der Kdg-Schutzklage statt, so lautet der Tenor auf Feststellung, dass das Arbeitsverhältnis durch die Kdg vom … nicht aufgelöst wird oder worden ist. Der Streitgegenstand richtet sich deshalb punktuell nur darauf, ob das Arbeitsverhältnis durch die bestimmte, vom AN angegriffene Kdg zu dem vorgesehenen Termin beendet worden ist (BAG 12.5.2005, 2 AZR 426/04, EzA § 4 KSchG nF Nr 70; 26.6.2008, 6 AZN 648/07, NZA 2008, 1145). Dies setzt allerdings idR die Feststellung voraus, dass zum Zeitpunkt der Kdg-Termins ein Arbeitsverhältnis bestanden hat. Entspr diesem – punktuellen – Streitgegenstand ist die Rechtskraft einer Entsch über eine Klage nach § 4 zu bestimmen (st Rspr, zB BAG 13.3.1997, 2 AZR 512/96, EzA § 4 KSchG nF Nr 57). Hat der AN auf die Erhebung einer Kdg-Schutzklage verzichtet, sollte er innerhalb der Frist des § 4 prüfen, ob der Verzicht wirksam war, und ggf vorsorglich Klage erheben. Eine Klageverzichtsvereinbarung im unmittelbaren

zeitlichen und sachlichen Zusammenhang mit der Kdg stellt einen Auflösungsvertrag iSd § 623 BGB dar und unterliegt deshalb der Schriftform (BAG 19.4.2007, 2 AZR 208/06, EzA § 611 BGB 2002 Aufhebungsvertrag Nr 7). Ein Verzicht auf die Erhebung der Kdg-Schutzklage ist außerdem regelm nach § 307 I BGB unwirksam, wenn der Klageverzicht im unmittelbaren Anschluss an die Kdg ohne Gegenleistung auf einem dem AN vom AG vorgelegten Formular erfolgt (BAG 6.9.2007, 2 AZR 722/06, EzA § 307 BGB 2002 Nr 29).

1. Beendigung des Arbeitsverhältnisses vor dem Kündigungstermin. Ist das Arbeitsverhältnis vor dem konkreten Kdg-Termin etwa durch berechtigte fristlose Kdg oder Tod des AN beendet worden, so steht dies der Feststellung der Beendigung des bereits beendeten Arbeitsverhältnisses durch eine Kdg zu einem späteren Termin entgegen (BAG 13.3.1997, 2 AZR 512/96, EzA § 4 KSchG nF Nr 57). Die Wirksamkeit einer Kdg ist materiell nicht zu prüfen, wenn das Arbeitsverhältnis bereits aufgrund einer früher ausgesprochenen Kdg mit deren Zugang geendet hat (BAG 27.1.2011, 2 AZR 826/09, EzA-SD 2011, Nr 12 S 16). 32

Hat der AG neben einer ordentlichen Kdg die **Anfechtung** des Arbeitsvertrags erklärt, hängt der Erfolg der Kdg-Schutzklage auch von der Wirksamkeit der Anfechtung ab, wenn diese auf einen Zeitpunkt wirkt, der vor dem Auflösungstermin der Kdg liegt. Die Anfechtung ist deshalb im Rahmen der Kdg-Schutzklage zu überprüfen (BAG 20.3.2014, 2 AZR 1071/12, BAGE 147, 358-372; LAG Berl-Bbg, 18.6.2015). 32.1

2. Mehrere Verfahren gegen verschiedene Kündigungen. Eine Besonderheit ergibt sich lediglich dadurch, dass die Parteien nicht verpflichtet sind, alle Kdg oder sonstigen Beendigungsgründe zum Gegenstand eines einheitlichen Verfahrens nach § 4 zu machen. Ist zwischen denselben Parteien zB ein Kdg-Schutzverfahren hins einer ordentlichen Kdg zum 31.10. anhängig, so steht es ihnen frei, ein gesondertes Klageverfahren durchzuführen, wenn dem AN etwa am 15.9. eine fristlose Kdg zugeht. Die Parteien klammern dann erkennbar den Streitgegenstand einer Beendigung des Arbeitsverhältnisses durch die fristlose Kdg aus dem schon rechtshängigen Streitgegenstand einer Beendigung des Arbeitsverhältnisses durch die fristgerechte Kdg aus. Dies ist zulässig (BAG 12.5.2005, 2 AZR 426/04, EzA § 4 KSchG nF Nr 70; 26.6.2008, 6 AZN 648/07, NZA 2008, 1145). 33

Eine Kdg-Schutzverfahren wahrt die Klagefrist des § 4 auch für eine Folgekdg, die vor dem oder zeitgleich mit dem Auflösungstermin der ersten Kdg wirksam werden soll, wenn die Unwirksamkeit noch vor Schluss der mündlichen Verhandlung erster Instanz geltend gemacht und mit einem Antrag nach § 4 erfasst wird. Die danach stattgebende Entscheidung enthält zugleich die Feststellung, dass zum vorgesehenen Auflösungszeitpunkt ein Arbeitsverhältnis zwischen den Parteien noch bestanden hat (sog erweiterter punktueller Streitgegenstandsbegriff). Ergibt sich weder aus der Klagebegründung noch aus sonstigen Erklärungen des AN, dass er den Gegenstand der Kündigungsschutzklage auf die Wirksamkeit der konkret angegriffenen Kdg beschränken will, muss der AG davon ausgehen, der AN wende sich mit seiner Klage zugleich gegen die Beendigung seines Arbeitsverhältnisses durch mögliche andere Tatbestände bis zum vorgesehenen Auflösungstermin (BAG 18.12.2014, 2 AZR 163/14, NZA 2015, 635-640).

Das Verfahren hins der fristlosen Kdg ist vorgreiflich. Wird aus prozessualen Gründen, was grds zu vermeiden ist, der Prozess hins der ordentlichen Kdg vorzeitig rechtskräftig entschieden, erledigt dies nicht das Verfahren hins der fristlosen Kdg. Stellt das Gericht später fest, schon die fristlose Kdg habe das Arbeitsverhältnis beendet, erweist sich das Urteil hins der ordentlichen Kdg als wirkungslos. Vermeidbar ist dies, wenn das Gericht den Rechtsstreit wegen Vorrangigkeit nach § 148 ZPO aussetzt. Wendet sich der AN gegen eine fristl hilfswe ordentl Kdg mit dem Antrag, dass das Arbeitsverhältnis nicht mit sofortiger Wirkung aufgelöst wird, sondern bis zum Entlassungstermin der ordentlichen Kdg fortbesteht, wird vom Streitgegenstand dieser Klage auch eine vor dem Beendigungstermin zugegangene weitere fristlose Kdg erfasst (LAG Nbg 9.10.2013, 4 Sa 323/13, JurionRS 2013, 55932).

3. Antrag nach § 4 und allgemeiner Feststellungsantrag. Oft hat der AN ein entspr Rechtsschutzinteresse, neben der Klage nach § 4 eine allg Feststellungsklage nach § 256 ZPO auf Fortbestand des Arbeitsverhältnisses zu erheben (vgl BAG 13.3.1997, 2 AZR 512/96, EzA § 4 KSchG nF Nr 57). Dies gilt vor allem dann, wenn er während des Kdg-Schutzprozesses mit weiteren Kdgen rechnen muss. Dann erstreckt sich der Streitgegenstand allg auf die Feststellung, dass das Arbeitsverhältnis über den in der Kdg genannten Beendigungstermin hinaus fortbesteht, also auch keine anderen Beendigungstatbestände vorliegen. Die Rechtskraft eines solchen Urteils erfasst auch die Wirksamkeit von Kdg, die nach der mit der Klage nach § 4 angegriffenen Kdg bis zur letzten mündlichen Verhandlung der Tatsacheninstanz zugegangen sind. Dementsprechend hat der 2. Senat des BAG am 26.9.2013 entschieden, dass der AN, der binnen 3 Wochen nach Zugang einer Kdg eine allgemeine Feststellungsklage iSv. § 256 I ZPO erhebt, mit der er den Fortbestand des Arbeitsverhältnisses geltend macht, die Frist des § 4 S 1 KSchG jedenfalls wahrt, wenn er die fragliche Kdg noch bis 34 zum Schluss der mdl Verhandlung erster Instanz - konkret bezeichnet - in den Prozess einführt und auf sie bezogen einen punktuellen Kdgschutzantrag stellt (BAG 26.9.2013, 2 AZR 682/12, BB 2014, 884).

35 **4. Wiederholungs-/Trotzkündigung.** Kündigt der AG nach abgeschlossenem Kdg-Schutzverfahren erneut aus denselben Gründen, die schon Gegenstand des 1. Kdg-Schutzverfahrens waren und vom Gericht materiell behandelt worden sind (Wiederholungs- oder Trotz-Kdg; zur Abgrenzung BAG 26.11.2009, 2 AZR 272/08, EzA § 626 BGB 2002 Unkündbarkeit Nr 16), so ist der Klage gegen diese Kdg ohne Weiteres stattzugeben. Eine erneute Klage nach § 4 ist bei jeder weiteren Kdg erforderlich (BAG 26.8.1993, 2 AZR 159/93, EzA § 322 ZPO Nr 9).

36 **C. Verhältnis zu anderen Ansprüchen. I. Leistungsansprüche. 1. Lohnanspruch.** Leistungsansprüche, insb Vergütungsansprüche, sind gesondert einzuklagen. Durch die Kdg-Schutzklage nach § 4 oder eine Klage auf Feststellung des Fortbestehens des Arbeitsverhältnisses gem § 256 ZPO wird die **Verjährung** der sich aus § 615 BGB ergebenden Zahlungsansprüche des AN **nicht unterbrochen** (BAG 7.11.1991, 2 AZR 159/91, EzA § 209 BGB Nr 5 mwN). Die auf Verfassungsbeschwerde eines AN vom BVerfG aufgehobene – zunächst rechtskräftige – Abweisung einer Kdg-Schutzklage ist als solche keine »höhere Gewalt« iSd § 203 II BGB aF. Sie hemmt die Verjährungsfrist für vom Ausgang des Kdg-Schutzprozesses abhängige Annahmeverzugsansprüche nicht, wenn der Kläger keinerlei Anstrengungen zur Wahrung der Verjährungsfrist unternommen hat, obwohl er dazu in der Lage war (BAG 7.11.2002, 2 AZR 297/01, EzA § 206 BGB 2002 Nr 1).
Die Kdg-Schutzklage hat Auswirkungen im Hinblick auf Ausschlussfristen. Soweit eine schriftliche Geltendmachung erforderlich ist, wahrt die Kdg-Schutzklage die Ausschlussfrist für Ansprüche, die von der Unwirksamkeit der Kdg abhängen (BAG 7.11.1991, 2 AZR 34/91, EzA § 4 TVG Ausschlussfristen Nr 93). Im Klageabweisungsantrag liegt dann regelmäßig die Ablehnung der Ansprüche, die ggf bei 2-stufigen Ausschlussfristen die Erhebung der Leistungsklage erforderlich macht (BAG 26.4.2006, 5 AZR 403/05, NZA 2006, 846; ErfK/*Kiel* § 4 Rn 41; *Zwanziger/Altmann/Schneppendahl* § 4 Rn 43). Einzelvertraglich vereinbarte (1-stufige sowie 2-stufige) Ausschlussfristen dürfen nicht kürzer als 3 Monate sein (BAG 28.9.2005, 5 AZR 52/05, EzA § 307 BGB 2002 Nr 8; 25.5.2005, 5 AZR 572/04, EzA § 307 BGB 2002 Nr 3). Bei der unter Vorbehalt angenommenen Änderungs-Kdg beginnt der Lauf der Ausschlussfrist für Vergütungsdifferenzen mit Rechtskraft der Entscheidung über den Änderungsschutzantrag (*v Hoyningen-Huene/Linck* § 4 Rn 50). Auch eine nach Ablauf der Frist des § 4 S 1 erhobene Kdg-Schutzklage hindert die Entstehung eines Abfindungsanspruchs nach § 1a (BAG 20.8.2009, 2 AZR 267/08, EzA § 1a KSchG Nr 7, NZA 2009, 1197).

37 **2. Annahmeverzug.** Ein Gläubiger gelangt gem § 293 BGB in Verzug, wenn er die ihm angebotene Leistung nicht annimmt. Streiten die Parteien über die Beendigung eines Arbeitsverhältnisses, genügt gem § 295 BGB ein wörtliches Angebot des AG, weil der AG mit der Berufung auf das Ende des Arbeitsverhältnisses erklärt, er werde keine weitere Arbeitsleistung mehr annehmen. Dieses wörtliche Angebot kann darin gesehen werden, dass der AN gegen die Beendigung des Arbeitsverhältnisses protestiert und/oder eine Bestandsschutzklage einreicht (BAG 19.9.2012, 5 AZR 627/1, BAGE 143, 119-128). Lediglich für den Fall einer unwirksamen AGKdg geht das BAG von der Anwendbarkeit des § 296 BGB aus (zuletzt BAG 22.2.2012, 5 AZR 249/11, BAGE 141, 34-41; 16.4.2013, 9 AZR 554/11, NZA 2013, 849-850, jeweils mwN). Soweit der 2. Senat in einer älteren Entscheidung (BAG 21.3.1996, 2 AZR 362/95, ArbuR 1996, 322) angenommen hat, § 296 BGB könne auch im ungekündigten Arbeitsverhältnis Anwendung finden, hält der für die Vergütung wegen Annahmeverzugs zuständige 5. Senat daran nicht fest (BAG 15.5.2013, 5 AZR 130/12, NZA 2013, 1076-1078),

38 **II. Weiterbeschäftigungsanspruch. 1. Allgemeines.** Der Anspruch des AN auf vorläufige Weiterbeschäftigung während des Kdg-Schutzprozesses ergibt sich bei ordnungsgem Widerspruch des BR/PersR aus dem Gesetz (§ 102 V BetrVG, § 79 II BPersVG bzw entspr landesrechtl Vorschriften). Daneben besteht nach der Rspr ein allg Weiterbeschäftigungsanspruch (§§ 611, 242 BGB, Art 1, 2 GG), wenn der AN ein noch nicht rechtskräftiges positives Urteil im Verfahren nach § 4 erreicht hat oder die Kdg offensichtlich unwirksam ist.
Durchsetzbar ist der Anspruch allerdings nur, soweit nicht ein überwiegendes Interesse des AG an der Nichtbeschäftigung des AN begründet ist. (BAG GS, 27.2.1985, GS 1/84, BAGE 48, 122). Dies ist der Fall, wenn die Kdg unwirksam ist und überwiegende schutzwerte Interessen des AG einer solchen Beschäftigung nicht entgegenstehen (BAG GS 27.2.1985, GS 1/84, BAGE 48, 122). Als unechter Hilfsantrag wird der Weiterbeschäftigungsantrag idR nur für den Fall des Obsiegens nach § 4 gestellt. Die Tätigkeit muss so

genau beschrieben sein, dass eine Vollstreckung möglich ist (... den Kläger als ... zu den bisherigen Bedingungen des Arbeitsvertrages vom ... weiterzubeschäftigen).

2. Änderungskündigung. Hat der AN eine Änderungskdg nach § 2 unter Vorbehalt angenommen, ist er stets zur Weiterarbeit unter den geänderten Arbeitsbedingungen verpflichtet (BAG 18.1.1990, 2 AZR 183/89, EzA § 1 KSchG Betriebsbedingte Kdg Nr 65). Ein Anspruch auf Weiterbeschäftigung zu den bisherigen Bedingungen besteht nicht (BAG 28.5.2009, 2 AZR 844/07, EzA § 1 KSchG Interessenausgleich Nr 19). 39

3. Einstweiliger Rechtsschutz. Die Geltendmachung des allg Weiterbeschäftigungsanspruchs schon vor Erlangung eines positiven Urteils nach § 4, also vor allem in 1. Instanz, im Wege der einstweiligen Verfügung unterliegt erheblichen Anforderungen hins Verfügungsgrund und Glaubhaftmachung (KR/*Etzel*/*Rinck* § 102 BetrVG Rn 395 ff). 40

III. Wiedereinstellungsanspruch. Da die Feststellungsklage nach § 4 bei der Beurteilung der Wirksamkeit der Kdg nur auf den Zeitpunkt des Kdg-Ausspruchs abstellt und dabei insb auch Prognosegesichtspunkte eine wichtige Rolle spielen, ist ein Korrektiv erforderlich, welches den Fall regelt, dass die Kdg-Gründe nach Ausspruch der Kdg, insb schon während des Laufs der Kdg-Frist, weggefallen sind. Dieses Korrektiv bildet der von der Rspr entwickelte (BAG 27.2.1997, 2 AZR 160/96, EzA § 1 KSchG Wiedereinstellungsanspruch Nr 1; 26.8.2000, 7 AZR 904/98, EzA § 1 KSchG Wiedereinstellungsanspruch Nr 5) und inzwischen allg anerkannte Wiedereinstellungsanspruch. Dem betriebsbedingt gekündigten AN kann ein Wiedereinstellungsanspruch zustehen, wenn sich zwischen dem Ausspruch der Kdg und dem Ablauf der Kdg-Frist unvorhergesehen eine Weiterbeschäftigungsmöglichkeit ergibt. Entsteht diese erst nach Ablauf der Kdg-Frist, besteht nur ausnahmsweise ein Wiedereinstellungsanspruch (nachwirkende Fürsorgepflicht BAG 6.8.1997, 7 AZR 557/96, BAGE 86, 194). 41

Dem Wiedereinstellungsanspruch können **berechtigte Interessen** des AG entgegenstehen. Diese können darin bestehen, dass der AG den in Betracht kommenden Arbeitsplatz bereits wieder besetzt hat. Der AG kann sich auf die Neubesetzung des Arbeitsplatzes nicht berufen, wenn hierdurch der Wiedereinstellungsanspruch treuwidrig vereitelt wird.

Es ist nicht zulässig, den auf Weiterbeschäftigung gerichteten Antrag des AN »hilfsweise« als Wiedereinstellungsantrag auszulegen. Ein nach § 888 I ZPO zu vollstreckender Anspruch auf tatsächliche Beschäftigung unterscheidet sich wesentlich von einem nach § 894 ZPO zu vollstreckenden Anspruch auf Abgabe einer Willenserklärung (BAG 19.9.2001 – 7 AZR 574/00). Der AN kann beide Ansprüche auf Beschäftigung und auf Wiedereinstellung in einem Verfahren gerichtlich geltend machen (BAG 17.3.2015, 9 AZR 702/13). 41.1

Der Wiedereinstellungsanspruch des gekündigten AN richtet sich, wenn es während des Laufens der Kdg-Frist einer betriebsbedingten Kdg zu einem Betriebsübergang kommt, gegen den Betriebserwerber. Gleiches gilt, wenn während des Laufs der Kdg-Frist der Betriebsübergang zwar beschlossen, aber noch nicht vollzogen ist. In diesem Fall entsteht ein Anspruch des AN auf Wiedereinstellung, der ab dem Zeitpunkt des Betriebsübergangs gem § 613a I BGB gegen den Erwerber gerichtet ist (BAG 15.12.2011, 8 AZR 197/11, EzA-SD 2012 Nr 6 S 10). 42

Mit Urteil vom 13.03.2013 hat das BAG ausdrücklich entschieden, dass die rückwirkende Begründung eines Arbeitsverhältnisses durch Urteil, die mit der Fiktion der Abgabe der Annahmeerklärung den Vertragsschluss bewirkt, zulässig ist (7 AZR 334/11, EzA-SD 2013, Nr 8, 16). 43

§ 5 Zulassung verspäteter Klagen

(1) ¹War ein Arbeitnehmer nach erfolgter Kündigung trotz Anwendung aller ihm nach Lage der Umstände zuzumutenden Sorgfalt verhindert, die Klage innerhalb von drei Wochen nach Zugang der schriftlichen Kündigung zu erheben, so ist auf seinen Antrag die Klage nachträglich zuzulassen. ²Gleiches gilt, wenn eine Frau von ihrer Schwangerschaft aus einem von ihr nicht zu vertretenden Grund erst nach Ablauf der Frist des § 4 Satz 1 Kenntnis erlangt hat.

(2) ¹Mit dem Antrag ist die Klageerhebung zu verbinden; ist die Klage bereits eingereicht, so ist auf sie im Antrag Bezug zu nehmen. ²Der Antrag muß ferner die Angabe der die nachträgliche Zulassung begründenden Tatsachen und der Mittel für deren Glaubhaftmachung enthalten.

(3) ¹Der Antrag ist nur innerhalb von zwei Wochen nach Behebung des Hindernisses zulässig. ²Nach Ablauf von sechs Monaten, vom Ende der versäumten Frist an gerechnet, kann der Antrag nicht mehr gestellt werden.

§ 5 KSchG Zulassung verspäteter Klagen

(4) ¹Das Verfahren über den Antrag auf nachträgliche Zulassung ist mit dem Verfahren über die Klage zu verbinden. ²Das Arbeitsgericht kann das Verfahren zunächst auf die Verhandlung und Entscheidung über den Antrag beschränken. ³In diesem Fall ergeht die Entscheidung durch Zwischenurteil, das wie ein Endurteil angefochten werden kann.

(5) ¹Hat das Arbeitsgericht über einen Antrag auf nachträgliche Klagezulassung nicht entschieden oder wird ein solcher Antrag erstmals vor dem Landesarbeitsgericht gestellt, entscheidet hierüber die Kammer des Landesarbeitsgerichts. ²Abs. 4 gilt entsprechend.

Übersicht	Rdn.		Rdn.
A. Normzweck	1	V. Antragsfrist, § 5 III	11
B. Regelungsgehalt	2	VI. Entscheidung des ArbG, § 5 IV 1	12
I. Anwendungsbereich	2	1. 2 Möglichkeiten	12
II. Hindernis an rechtzeitiger Klageerhebung, § 5 I 1	3	a) Verbundverfahren § 5 IV 1	13
		b) Verfahrenstrennung § 5 IV 2	14
1. Hindernis	3	2. Rechtsmittel gegen die Entscheidung	
2. Sorgfaltsmaßstab	4	des ArbG, § 5 IV 2	18
3. Verschulden	5	3. Erstmalige Befassung des LAG mit	
a) AN	5	einem Antrag auf nachträgliche	
b) Vertreterverschulden	6	Zulassung, § 5 V	19
III. Sonderfall der Schwangerschaft, § 5 I 2	9	C. Einzelfälle	21
IV. Antrag, § 5 II	10		

1 A. Normzweck. § 5 stellt eine eigenständige Regelung für den Fall der Versäumung der Klagefrist dar. Nach Sinn und Zweck erhält der AN, der trotz Anwendung aller ihm zuzumutenden Sorgfalt die Klagefrist des § 4 versäumt hat, die Möglichkeit, durch rechtzeitigen Antrag auf nachträgliche Zulassung die Rechtsfolge des § 7 – die Fiktion der sozialen Rechtfertigung der Kdg – zu verhindern. Ziel der gesetzlichen Regelung war es, beschleunigt in einem vereinfachten Verfahren vorab zu klären, ob der AN die Verspätung zu vertreten hat. Die bis 31.3.2008 geltende Regelung verwirklichte diesen Normzweck nur sehr unvollkommen. Insb führte sie durch den Zwang zur Durchführung eines gesonderten Verfahrens nach § 5 zur Prozessverlängerung mit 5, nach einer Literaturmeinung sogar 6 möglichen Instanzen.
Die ab 1.4.2008 gültige Neufassung integriert das Verfahren nach § 5 im Regelfall in das Kdg-Schutzverfahren (Verbundverfahren) und lässt nur im Ausnahmefall eine gesonderte Vorabentscheidung über den Antrag nach § 5 durch Zwischenurteil zu. Es besteht die Möglichkeit, grds Rechtsfragen im Zusammenhang mit § 5 durch das BAG klären zu lassen. Von der das Verfahren verzögernden Möglichkeit einer Vorabentscheidung über den Antrag nach § 5 sollte nur noch in wenigen Ausnahmefällen Gebrauch gemacht werden. Das BAG (28.5.2009, 2 AZR 732/08, EzA § 5 KSchG Nr 37) lässt die Vorabentscheidung durch Zwischenurteil nur zu, wenn notfalls durch Beweisaufnahme die Frage geklärt ist, ob eine nach § 4 als verspätet anzusehende Klageerhebung vorliegt.

2 B. Regelungsgehalt. I. Anwendungsbereich. Wie § 4 gilt auch § 5 für alle schriftlichen Kdg und alle Unwirksamkeitsgründe. Da § 4 auch außerhalb des Geltungsbereichs des KSchG anwendbar ist (s § 4 Rdn 4), steht dem AN dort auch die Möglichkeit des Antrags nach § 5 offen.

3 II. Hindernis an rechtzeitiger Klageerhebung, § 5 I 1. 1. Hindernis. Das Gesetz knüpft daran an, dass der AN an einer rechtzeitigen Klageerhebung verhindert war. Dies bedeutet, dass der rechtzeitigen Klageerhebung ein wirkliches äußeres Hindernis entgegenstand und nicht der AN die rechtzeitige Klageerhebung nur vergessen oder »verschlampt« hat.

4 2. Sorgfaltsmaßstab. Als Sorgfaltsmaßstab stellt das Gesetz auf die nach den persönlichen Verhältnissen des AN, aller ihm nach Lage der Umstände zuzumutende Sorgfalt ab. Dies ist ein subjektiver und individueller Maßstab. Er lässt es zu, auch zB den unterschiedlichen Ausbildungsstand des AN (ungelernter Arbeiter/ ltd Ang) und die unterschiedlichen Möglichkeiten, etwa im Ausland zutreffenden Rechtsrat einzuholen, zu berücksichtigen (KDZ/*Zwanziger* § 5 Rn 4 mwN). Stets ist die konkrete Situation maßgeblich, in der sich der AN befindet, (Stahlhacke/Preis/*Vossen* Rn 1832 mwN).

5 3. Verschulden. a) AN. Der dem AN zuzumutenden Sorgfalt schadet allerdings jede, auch leichte Fahrlässigkeit. Den AN darf nicht das geringste Verschulden treffen. Ihm ist zuzumuten, bei einer so wichtigen Angelegenheit wie der Erhebung der Kdg-Schutzklage hinreichend sorgfältig vorzugehen (APS/*Ascheid/ Hesse* § 5 Rn 10). Solange der AN mit seinem Arbeitgeber im Anschluss an eine schriftliche Kdg keine

Abrede über die Fortsetzung des Arbeitsverhältnisses getroffen oder von diesem zumindest eine dahingehende Zusage erhalten hat, handelt er auf eigenes Risiko, wenn er davon absieht, vorsorglich Kdg-Schutzklage zu erheben (LAG Berlin-Brandenburg 2.11.2012, 6 Sa 1754/12, BB 2013, 52). Die fehlende Kenntnis vom Lauf der Klagefrist des § 4 rechtfertigt regelmäßig keine nachträgliche Zulassung.

b) Vertreterverschulden. Der AN muss sich nach § 85 II ZPO das Verschulden seines Prozessbevollmächtigten an der Versäumung der gesetzlichen Klagefrist gem § 4 S 1 bei einer Kdg-Schutzklage zurechnen lassen (BAG 22.3.2012, 2 AZR 224/11, EzA § 5 KSchG Nr. 41), nicht aber das Verschulden eines Dritten, etwa eines Angestellten des Prozessbevollmächtigten (KR/*Friedrich/Bader* § 5 Rn 117 ff mwN; *Dresen* NZA 2009, 769; BAG 24.11.2011, 2 AZR 614/10, EzA-SD 2012, Nr 6 S 15; LAG Hamm 9.1.2014 - 15 Sa 1351/13, JurionRS 2014, 11906). Der Prozessbevollmächtigte, dessen Verschulden die verspätete Klageerhebung verursacht hat, haftet dem AN.

Zur Frage, wann von einem Verschulden des Prozessbevollmächtigten des AN auszugehen ist, kann vorab auf die umfangreiche Rspr zu der vergleichbaren Vorschrift des § 233 ZPO verwiesen werden. Der AN hat nur für ein Verschulden seines Prozessbevollmächtigten selbst einzustehen hat. Für das Verschulden des von diesem sorgfältig ausgesuchten und überwachten Personals nach § 85 II ZPO hat der Prozessbevollmächtigte nicht einzustehen mit der Folge, dass die Klage nachträglich zuzulassen ist (LAG Köln 21.4.1997, 5 Ta 96/97, LAGE § 5 KSchG Nr 67; BAG 24.11.2011, 2 AZR 614/10, EzA-SD 2012, Nr 6 S 15). Str war, ob bei Vertretung durch die DGB-Rechtsschutz GmbH auch das Verschulden des Rechtsschutzsekretärs der Rechtsschutz gewährenden Einzelgewerkschaft dem AN nach § 85 II ZPO zuzurechnen ist. Dies ist zu bejahen, soweit die Einzelgewerkschaft den Klageauftrag erhält und über den Rechtsschutz entscheidet (BAG 28.5.2009, 2 AZR 548/08, NZA 2009, 1052). Denn die Partei, die ihren Prozess durch einen Vertreter führt, muss sich so behandeln lassen, als habe sie selbst den Prozess geführt.

Nur der unverschuldete Irrtum über die für die Fristberechnung erheblichen tatsächlichen Umstände kann zur nachträglichen Klagezulassung führen. Der Prozessbevollmächtigte muss auch die mögliche Unrichtigkeit einer Parteiinformation in Betracht ziehen und bestehende Zweifel ausräumen (BAG 22.3.2012, 2 AZR 224/11, EzA § 5 KSchG Nr. 41).

III. Sonderfall der Schwangerschaft, § 5 I 2. Im Hinblick auf Art 6 IV GG ergänzt seit dem 1.1.2004 § 5 I 2 die Möglichkeit der nachträglichen Zulassung für den Fall, dass eine Frau von ihrer Schwangerschaft aus einem von ihr nicht zu vertretenden Grund erst nach Ablauf der Klagefrist Kenntnis erlangt. Erfährt die Frau während des Laufs der Klagefrist von ihrer Schwangerschaft, muss sie rechtzeitig nach § 4 S 1 Klage erheben, denn die fehlende Zustimmung der zuständigen Stelle allein führt nicht zur Nichtigkeit der Kündigung. Auch Unwirksamkeits- und Nichtigkeitsgründe müssen innerhalb der Klagefrist geltend gemacht werden. Voraussetzung für die Anwendbarkeit der Ausnahmeregelung des § 4 4 KSchG ist die Kenntnis des Arbeitgebers von den den Sonderkündigungsschutz begründenden Tatsachen zum Zeitpunkt des Zugangs der Kündigung (BAG 19.2.2009, 2 AZR 286/07, NZA 2009, 980; LAG Hamm 9.1.2014, 15 Sa 1351/13, JurionRS 2014, 11906). Allerdings billigt das LAG Schl-Holst der Frau eine Überlegungsfrist von 3 Werktagen zu (13.5.2008, 3 Ta 56/08, NZA 2009, 498).

IV. Antrag, § 5 II. Die Zulassung erfolgt nur auf Antrag. Dieser kann schriftlich oder zu Protokoll der Geschäftsstelle erklärt werden u ist mit der Klageerhebung zu verbinden. Wird die Verspätung erst später festgestellt, so ist bei einem nachträglichen Antrag auf die Klage Bezug zu nehmen, § 5 II 1. Die eine nachträgliche Zulassung begründenden Tatsachen sind nach II 2 anzugeben und glaubhaft zu machen. Auch wenn die Rechtsprechung keine hohen Anforderungen an die Form des Antrags stellt, reicht jedenfalls allein die verspätete Klageerhebung als Zulassungsantrag nicht aus (BAG 19.02.2009, 2 AZR 286/07, AP Nr 38 zu § 9 MuSchG 1968). Der Antrag ist beim zuständigen ArbG zu stellen. Ist die Klage beim örtlich unzuständigen Gericht eingereicht, schadet es nicht, wenn auch dort der Antrag nach § 5 gestellt wird, wenn der Antrag an das zust Gericht verwiesen und demnächst zugestellt wird (ErfK/*Kiel* § 5 Rn 19, KR/ *Friedrich/Bader* § 5 Rn 117).

Auf die Antragsbegr sollte **große Sorgfalt** verwandt werden. Die den Antrag begründenden Tatsachen müssen so detailliert (Datum, ggf Uhrzeit, Mitwirkung anderer Personen etc) dargelegt werden, dass jedes Verschulden des AN oder ein ihm zuzurechnendes Verschulden eines Dritten ausgeschlossen werden kann (LAG Köln 30.8.1989, 5 Ta 176/89, LAGE § 5 KSchG Nr 42). Hierfür trägt der AN die volle Darlegungs- und Beweislast. Auch die Mittel der Glaubhaftmachung sind im Antrag anzugeben. Nach Fristablauf ist idR nur noch eine Ergänzung des bisherigen Vorbringens, jedenfalls kein Austausch der Zulassungsgründe mehr möglich.

11 **V. Antragsfrist, § 5 III.** Die Antragsfrist endet 2 Wochen nach Behebung des Hindernisses, spätestens innerhalb von 6 Monaten nach Ablauf der Klagefrist. Bis zum Ablauf der Frist kann der Antrag durch das Nachschieben von weiteren Gründen und Mitteln der Glaubhaftmachung ergänzt werden; nach Fristablauf vorgebrachte Gründe oder Mittel der Glaubhaftmachung sind nicht mehr zu berücksichtigen. Der Rechtsverlust durch den Ablauf der Antragsfrist ist endgültig, eine Wiedereinsetzung nicht möglich (BAG 16.3.1988, 7 AZR 587/87, EzA § 130 BGB Nr 16; 28.1.2010, 2 AZR 985/08, EzA § 5 KSchG Nr 38). § 5 III 2 ist verfassungsgem (BAG 28.1.2010, 2 AZR 985/08, EzA § 5 KSchG Nr 38).
Die Antragsfrist beginnt mit »Behebung des Hindernisses«. Das ist der Zeitpunkt, zu dem der AN erkannt hat oder bei gebührender Sorgfalt hätte erkennen können, dass die Klagefrist des § 4 (möglicherweise) versäumt ist (*v Hoyningen-Huene/Linck* § 5 Rn 44; BAG 16.3.1988, 7 AZR 587/87, EzA § 130 BGB Nr 16; Hess LAG 22.12.1993, 2 Ta 137/93, BB 1994,1868). Es gilt ein objektiver Maßstab (KR/*Friedrich/Bader* § 5 Rn 104a). Bei Bestellung eines Prozessbevollmächtigten ist nach § 85 II ZPO auf dessen Kenntnis abzustellen (BAG 6.10.2010, 7 AZR 569/09, EzA § 5 KSchG Nr 39).

12 **VI. Entscheidung des ArbG, § 5 IV 1. 1. 2 Möglichkeiten.** Das ArbG hat nach pflichtgem Ermessen zunächst zu entscheiden, ob es das Verfahren über die nachträgliche Zulassung mit dem Klageverfahren verbindet (IV 1) oder das Verfahren zunächst auf die Verhandlung und Entsch über den Antrag auf nachträgliche Zulassung beschränkt (IV 2). Die Verbindung beider Verfahren stellt nach dem Willen des Gesetzgebers die Regel, die Vorabentsch die Ausnahme dar (BAG 28.5.2009, 2 AZR 732/08, EzA § 5 KSchG Nr 37). Allein dies entspricht dem Beschleunigungsgrundsatz. Von der Möglichkeit, über den Antrag vorab durch Zwischenurteil zu entscheiden, sollte nur vorsichtig Gebrauch gemacht werden, da eine solche Verfahrensweise das Verfahren erheblich verzögern kann.

13 a) **Verbundverfahren § 5 IV 1.** Im Regelfall des **Verbundverfahrens** entscheidet das ArbG aufgrund mündlicher Verhandlung unter Hinzuziehung der ehrenamtlichen Richter einheitlich über die Klage und den Antrag durch **Endurteil**. Nur für die Prüfung der Schuldlosigkeit der Fristversäumung gilt der Prüfungsmaßstab der Glaubhaftmachung, für Rechtzeitigkeit der Klage ist voller Beweis nötig. Eine gesonderte Aufnahme der Entsch über den Antrag in den Tenor ist wie bei der Wiedereinsetzung nicht erforderlich. Feststellung nach Klageantrag bzw Klageabweisung reicht aus. Dagegen kann die unterlegene Partei in Berufung gehen, ggf in Revision.
Ob der Klage im Verbundverfahren ohne Weiteres stattgegeben werden kann, wenn die Verspätung der Klage nicht festgestellt ist, aber der Zulassungsantrag und die Klage iÜ jedenfalls begründet sind, ist zweifelhaft. Nach der neueren Rspr zur Verfahrenstrennung (BAG 28.5.2009, 2 AZR 732/08, juris) darf das Gericht über den Hilfsantrag auf nachträgliche Zulassung nur entscheiden, wenn es zu der Ansicht gelangt ist, der Kläger habe gegen eine ihm zugegangene und dem AG zurechenbare schriftliche Kdg verspätet Klage erhoben.

14 b) **Verfahrenstrennung § 5 IV 2.** Ein Ausnahmefall ist das Vorabverfahren. Die Möglichkeit, nach IV 2 vorab durch **Zwischenurteil** nur über den Antrag auf nachträgliche Zulassung zu entscheiden, soll es den Gerichten erleichtern, verhältnismäßig schnell eine rechtskräftige Vorabentsch (ggf durch das BAG) zu erreichen, wenn der Antrag nach § 5 schwierige Rechtsfragen enthält, die auch unter Berücksichtigung des Beschleunigungsgrundsatzes vorab geklärt werden sollten, weil das Klageverfahren nicht entscheidungsreif und die Prozessdauer nicht absehbar ist, zB ein Sachverständigengutachten einzuholen wäre. Auch bei Verfahrenstrennung wird jetzt aufgrund mündlicher Verhandlung entschieden. Durch Zwischenurteil wird der Antrag entweder als unzulässig verworfen, als unbegründet zurückgewiesen oder die Kdg-Schutzklage nachträglich zugelassen; das Hauptsacheverfahren ist nach § 148 ZPO auszusetzen, bis über den Antrag nach § 5 rechtskräftig entschieden ist.

15 Verhandelt wird nach dem Wortlaut nur über den Antrag auf nachträgliche Zulassung, wobei das fehlende Verschulden glaubhaft zu machen ist. Der weitere Umfang der Prüfung durch das ArbG hängt wesentlich davon ab, ob die vom Gericht in dem Verfahren nach § 5 IV 2 regelmäßig als Vorfrage zu prüfende Frage, ob tatsächlich eine verspätete Klageerhebung vorliegt, in Bindungswirkung erwächst (so schon BAG 28.4.1983, 2 AZR 438/81, EzA § 5 KSchG Nr 20 zu § 5 aF). Nach der Rspr des BAG (BAG 28.5.2009, 2 AZR 732/08, EzA § 5 KSchG Nr 37) darf das Gericht über den Hilfsantrag auf nachträgliche Klagezulassung nur entscheiden, wenn es zu der Ansicht gelangt ist, der Kläger habe gegen eine ihm zugegangene und dem AG zurechenbare schriftliche Kdg verspätet Klage erhoben. Diese Rspr geht explizit davon aus, dass nur ganz ausnahmsweise eine prozessuale Situation vorliegen kann, die es angesichts des Beschleunigungsgrundsatzes rechtfertigen könnte, die Endentsch über die Beendigung des

Arbeitsverhältnisses durch ein immerhin zeitraubendes Zwischenverfahren durch mehrere Instanzen zu verzögern. Das Verbundverfahren stellt deshalb den Regelfall, die Verfahrenstrennung die – selten zu rechtfertigende – Ausnahme dar.

Über den Antrag entscheidet das ArbG im Fall der Verfahrenstrennung gesondert aufgrund mündlicher Verhandlung unter Hinzuziehung der ehrenamtlichen Richter durch Zwischenurteil, soweit nicht eine Alleinentsch des Vorsitzenden nach § 55 III ArbGG beantragt ist. 16

Der Antrag ist als unzulässig zu verwerfen, wenn die Antragsfrist versäumt ist. Solche Fälle eignen sich ohnehin nicht für ein Verfahren nach IV 2. Er ist als unbegründet abzuweisen, soweit festgestellt und ggf durch Beweisaufnahme geklärt ist, dass der Kläger gegen eine ihm zugegangene und dem AG zurechenbare schriftliche Kdg verspätet Klage erhoben hat, und die vorgetragenen und glaubhaft gemachten Tatsachen eine nachträgliche Zulassung nicht rechtfertigen. Ein Zwischenurteil, das die Frage der verspäteten Klageerhebung offen lässt, ist danach unzulässig (BAG 28.5.2009, 2 AZR 732/09, EzA § 5 KSchG Nr 37). 17

2. Rechtsmittel gegen die Entscheidung des ArbG, § 5 IV 2. Entscheidet das ArbG im Verbundverfahren durch Endurteil, ergeben sich hins der Rechtsmittel keine Besonderheiten. Das Urteil ist wie jedes Endurteil nach allgemeinen Regeln mit der Berufung und ggf der Revision angreifbar. Auch das Zwischenurteil bei Verfahrenstrennung kann kraft ausdrücklicher gesetzlicher Anordnung wie ein Endurteil, also mit der Berufung und ggf der Revision angegriffen werden. Mit dieser § 280 II ZPO vergleichbaren Regelung stellt der Gesetzgeber sicher, dass schwierige Rechtsfragen im Zusammenhang mit § 5 durch das BAG geklärt werden können. Das Rechtsmittelgericht kann aber nicht im Rahmen eines Berufungs- oder Revisionsverfahrens über ein Zwischenurteil nach IV 2 die Hauptsache an sich ziehen. Im Gegensatz zu der bisherigen Regelung (Notfrist von 2 Wochen für die Einlegung der sofortigen Beschwerde) gelten die normalen Berufungs- und Revisionsfristen. 18

3. Erstmalige Befassung des LAG mit einem Antrag auf nachträgliche Zulassung, § 5 V. Die Neuregelung vermeidet eine Zurückverweisung an das ArbG, die zuvor nach hM in bestimmten Fällen erforderlich war. Ergibt sich iR des Hauptsacheverfahrens, über welches das ArbG durch Endurteil zu entscheiden hat, für das LAG die Notwendigkeit, sich erstmalig mit einem Antrag nach § 5 zu befassen, so ist nach V eine abschließende Entscheidung des LAG nach den Grundsätzen des IV möglich. Das LAG kann also sowohl durch Endurteil nach IV 1 über den Zulassungsantrag und die Hauptsache, als auch gem IV 2 nach Verfahrenstrennung durch Zwischenurteil nur über den Antrag auf nachträgliche Zulassung entscheiden. Das LAG kann also das Verbundverfahren wählen oder das Vorabverfahren anordnen. 19

Gegen das Zwischenurteil kann die unterlegene Partei die – zugelassene – Revision bzw die Nichtzulassungsbeschwerde einlegen. Der Gesetzgeber hat hingenommen, dass den Parteien damit eine Tatsacheninstanz verloren geht. Dies scheint unproblematisch, weil nach II hins des Zulassungsgrunds ohnehin nur eine Glaubhaftmachung erforderlich ist. Eine erstmalige Entsch des LAG über einen Antrag nach § 5 ist dann nötig, wenn sich entweder erst in 2. Instanz herausstellt, dass der erstinstanzliche Zulassungsantrag erheblich ist, wenn der Zulassungsantrag überhaupt erst in 2. Instanz gestellt wird oder wenn das ArbG verfahrensfehlerhaft über den ordnungsgem gestellten Zulassungsantrag nicht entschieden hat (*Francken/Natter/Rieker* NZA 2008, 377, 381). 20

C. Einzelfälle. Unkenntnis von der Klagefrist ist idR verschuldet (BAG 26.8.1993, 2 AZR 376/93, EzA § 4 KSchG nF Nr 47). Zu den im eigenen Interesse bestehenden Obliegenheiten des Inhabers eines **Hausbriefkastens** gehört es, Vorsorge dafür zu treffen, dass er von den für ihn bestimmten Sendungen auch Kenntnis nehmen kann (BAG 28.5.2009, 2 AZR 732/08, EzA § 5 KSchG Nr 37). Von einem unverschuldeten Verlust des ordnungsgem eingeworfenen Kdg-Schreibens kann deshalb nicht ohne konkreteren Sachvortrag ausgegangen werden. Ein gesteigerter Sorgfaltsmaßstab ist anzulegen, wenn der AN mit einer Kdg rechnen musste. Ebenso schadet die falsche Einschätzung der Erfolgsaussichten der Klage (HWK/*Quecke* § 5 Rn 26). **Falsche Beratung durch Dritte** ist nur erheblich, soweit der AN von der Kompetenz des Dritten ausgehen durfte (*v Hoyningen-Huene/Linck* § 5 Rn 9 ff). Dies ist nicht der Fall, wenn der AN lediglich den BR oder PersR oder einen gewerkschaftlichen Vertrauensmann befragt (vgl LAG Berl 17.6.1991, 9 Ta 6/91, LAGE § 5 KSchG Nr 52) oder die Geschäftsstelle eines ArbG (vgl LAG Köln 28.11.1985, 8 Ta 193/85, LAGE § 5 KSchG Nr 21) Bei falscher Beratung durch die Rechtsstelle einer Gewerkschaft oder einen Rechtsanwalt ist zu beachten, dass dem AN das Verschulden seines Prozessbevollmächtigten zuzurechnen ist. 21

Mittellosigkeit des AN schließt Verschulden nicht aus, weil es ihn nicht hindert, PKH zu beantragen (LAG Köln 11.3.1996, 10 Ta 22/96, LAGE § 4 KSchG Nr 34). 22

23 Überwiegendes Verschulden des AG rechtfertigt regelmäßig die Zulassung. Dies gilt insb, wenn der AG den AN von der Erhebung der Kdg-Schutzklage abhält oder ihn arglistig über deren Erfolgsaussichten täuscht (KDZ/*Zwanziger* § 5 Rn 5). **Schwebende Vergleichsverhandlungen** sind kein Grund für eine nachträgliche Zulassung, der AN darf sich nicht auf den erfolgreichen Ausgang verlassen, sondern muss rechtzeitig Klage erheben.

24 Eine nachträgliche Zulassung kommt regelmäßig in Betracht, wenn die Verzögerung der Klageerhebung durch Umstände im Gerichtsbereich verursacht ist. Dies fordert schon das Rechtsstaatsprinzip (vgl die Rspr-Nachweise bei APS/*Ascheid/Hesse* § 5 Rn 18 ff).

§ 6 Verlängerte Anrufungsfrist

¹Hat ein Arbeitnehmer innerhalb von drei Wochen nach Zugang der schriftlichen Kündigung im Klagewege geltend gemacht, dass eine rechtswirksame Kündigung nicht vorliege, so kann er sich in diesem Verfahren bis zum Schluss der mündlichen Verhandlung erster Instanz zur Begründung der Unwirksamkeit der Kündigung auch auf innerhalb der Klagefrist nicht geltend gemachte Gründe berufen. ²Das Arbeitsgericht soll ihn hierauf hinweisen.

Übersicht	Rdn.		Rdn.
A. Normzweck	1	II. Verlängerung der Anrufungsfrist, § 6 S 1	7
B. Regelungsgehalt	3	III. Hinweispflicht des Gerichts, § 6 S 2	9
I. Rechtzeitige Klage nach § 4	3	1. Gesetzliche Regelung	9
1. Ordentliche Kündigung	3	2. Rechtsfolgen eines Verstoßes	11
2. Fristlose Kündigung	4	IV. Entsprechende Anwendung	14
3. Änderungskündigung	5		
4. Mehrere Kündigungen	6		

1 **A. Normzweck.** Nach S 1 KSchG kann sich der AN zur Begründung der Unwirksamkeit der Kdg bis zum Schluss der mündlichen Verhandlung erster Instanz auch auf innerhalb der Frist des § 4 nicht geltend gemachte Gründe berufen, sofern er innerhalb dieser Frist Kdg-Schutzklage erhoben hat. S 1 ist damit eine Präklusionsvorschrift (BAG 18.1.2012, 6 AZR 407/10, AP KSchG 1969 § 6 Nr 6; *Eylert* NZA 2012, 9, 10; *Raab* RdA 2004, 321, 329). Die Präklusionswirkung nach S 1 tritt nicht ein, wenn das Arbeitsgericht seiner Hinweispflicht nach S 2 nicht genügt hat. In diesem Fall kann der AN den weiteren Unwirksamkeitsgrund auch noch in zweiter Instanz geltend machen (vgl für die Befristungskontrollklage BAG 4.5.2011, 7 AZR 252/10, BAGE 138, 9; ebenso KR-*Friedrich* 10. Aufl., § 6 KSchG Rn 38 mwN).
Der Wille des AN, eine Beendigung seines Arbeitsverhältnisses durch Kdg nicht zu akzeptieren und sein Arbeitsverhältnis fortführen zu wollen, kann während der 3-wöchigen Klagefrist auch ohne einen ausdrücklichen Hinweis auf eine ganz bestimmte Kdg-Erklärung hinreichend klar zum Ausdruck kommen (BAG 23.4.2008, 2 AZR 699/06, NJW 2008, 3517). Es reicht deshalb für eine ordnungsgem Klageerhebung aus, dass der AN die Feststellung der Unwirksamkeit aus **einem** Grund beantragt hat. Andere Unwirksamkeitsgründe können nach § 6 I 1 bis zum Schluss der mündlichen Verhandlung 1. Instanz nachgeschoben werden. Der AN soll die Möglichkeit haben, mit allen rechtl Mitteln gegen eine Kdg vorzugehen (BAG 13.8.1987, 2 AZR 599/86, EzA § 140 BGB Nr 12). Erhebt der AN binnen dreier Wochen nach Zugang einer Kdg eine allgemeine Feststellungsklage iSv. § 256 I ZPO, mit der er den Fortbestand des Arbeitsverhältnisses geltend macht und die Wirksamkeit jeglichen potentiellen Auflösungstatbestands in Abrede stellt, hat er die Frist des § 4 S 1 KSchG jedenfalls dann gewahrt, wenn er die fragliche Kdg noch bis zum Schluss der mündlichen Verhandlung erster Instanz - nunmehr konkret bezeichnet - in den Prozess einführt und auf sie bezogen einen punktuellen Kdg-Schutzantrag stellt (BAG 26.9.2013, 2 AZR 682/12, BB 2014, 884).
§ 6 ist auch anwendbar, wenn das Arbeitsverhältnis aufgrund des Eintritts einer Bedingung enden soll. Auch dann ist der AN gehalten, den fehlenden Eintritt der Bedingung innerhalb von drei Wochen nach Zugang der schriftlichen Erklärung des AGs, das Arbeitsverhältnis sei aufgrund des Eintritts der Bedingung beendet, gerichtlich geltend zu machen (BAG 10.10.2012, 7 AZR 602/11, ZTR 2013, 131; 6.4.2011, 7 AZR 704/09, BAGE 137, 292).
Ein innerhalb von drei Wochen nach Zugang der (weiteren) Kdg erhobener Antrag iSv. § 256 I ZPO, mit dem der AN die Wirksamkeit jeglichen Auflösungstatbestands negiert, wahrt in entsprechender Anwendung von § 6 KSchG jedenfalls dann die Frist des § 4 S 1 KSchG für eine erst nach deren Ablauf in den Prozess eingeführte Kdg, wenn sich der AN auf die Unwirksamkeit der weiteren Kdg noch vor Schluss

der mündlichen Verhandlung in erster Instanz beruft und einen auf sie bezogenen, dem Wortlaut des § 4 S 1 KSchG angepassten Antrag gestellt hat. (BAG 26.9.2013, 2 AZR 682/12, BB 2014, 884).
Gleiches gilt, wenn der AN in anderer Weise, etwa durch eine Leistungsklage zeigt, dass er mit der Kdg nicht einverstanden ist. § 6 KSchG ist nach einer Entscheidung des LAG RhlPf entsprechend anzuwenden, wenn der AN mit einer Klage Ansprüche geltend macht, die zwingend die Unwirksamkeit der ausgesprochenen Kdg voraussetzen, wie z.B. einen Weiterbeschäftigungsanspruch für einen Zeitraum nach Zugang der außerordentlichen Kdg. Auch bei einer derartigen Klage werde der Wille des AN, eine Beendigung seines Arbeitsverhältnisses nicht zu akzeptieren und das Arbeitsverhältnis auch in Zukunft fortsetzen zu wollen, für den Kündigenden hinreichend klar zum Ausdruck gebracht (LAG RhlPf 20.1.2012, 9 Sa 371/11). Durch die Begrenzung der verlängerten Anrufungsfrist auf die 1. Instanz will der Gesetzgeber vermeiden, dass sich der AN Unwirksamkeitsgründe bis zur 2. Instanz aufspart, um etwa den Annahmeverzugszeitraum zu verlängern (*Zwanziger/Altmann/Schneppendahl* § 6 Rn 2).

B. Regelungsgehalt. I. Rechtzeitige Klage nach § 4 1. Ordentliche Kündigung. Voraussetzung für die Anwendung des § 6 ist eine ordnungsgem Klage innerhalb der Frist des § 4. Diese Klage muss erkennen lassen, dass sich der AN darauf berufen will, es liege keine rechtswirksame Kdg vor. Es reicht, wenn der AN innerhalb der Klagefrist entweder nur die Sozialwidrigkeit der Kdg oder sonst irgendeinen anderen Unwirksamkeitsgrund geltend macht, etwa den fehlenden Eintritt einer Bedingung, auf die sich der AG beruft (LAG Berl-Brandenburg 24.7.2013, 4 Sa 1783/12, 2013, 49298). Nicht ausreichend ist es allerdings, wenn sich der AN innerhalb der Klagefrist ausschließlich darauf beruft, die Kdg-Frist sei nicht eingehalten; damit wird die Rechtswirksamkeit der Kdg als solche nicht infrage gestellt (BAG 15.12.2005, 2 AZR 148/05, EzA § 4 KSchG nF Nr 72). Neben der Feststellungsklage nach § 4 reichen als Klage auch eine Leistungsklage oder eine allg Feststellungsklage nach § 256 ZPO aus, soweit sie auf die Unwirksamkeit der Kdg zielen. Selbst ein isolierter Weiterbeschäftigungsantrag wird regelmäßig hinreichend klarstellen, dass der AN die Unwirksamkeit der Kdg geltend machen will (vgl BAG 23.4.2008, 2 AZR 699/06, NJW 2008, 3517; KR/*Friedrich/Treber* § 6 Rn 23).

2. Fristlose Kündigung. Problematisch ist der Fall der fristlosen Kdg. Ist die vom AG ausgesprochene fristlose Kdg – dies ist der Regelfall – in eine ordentliche umzudeuten (§ 140 BGB), so helfen schon allg Grundsätze: Ebenso wie in einem Umdeutungsfall der Kdg der Wille des AG zu entnehmen ist, sich vom AN auf jeden Fall zu trennen, wird die Klage dahin auszulegen sein, dass sich der AN auch gegen die im Wege der Umdeutung gewonnene ordentliche Kdg wehren möchte; anders, wenn der AN im Prozess die Beendigung des Arbeitsverhältnisses mit Ablauf der Kdg-Frist ausdrücklich hinnimmt (BAG 13.8.1987, 2 AZR 599/86, EzA § 140 BGB Nr 12). Dann gibt § 6 nicht die Möglichkeit, bei rechtzeitig erhobener Klage ausdrücklich nur gegen die fristlose Kdg die Klage nach Ablauf der Klagefrist noch auf die ordentliche Kdg zu erstrecken. Ist sowohl eine außerordentliche als auch eine ordentliche Kdg ausgesprochen, so sind beide anzugreifen.

3. Änderungskündigung. § 6 gilt auch für die Änderungskdg Selbst bei einer Vorbehaltsannahme und entspr Antragstellung kann der AN sich nach § 6 nachträglich auf Gründe berufen, welche die Änderungskdg insgesamt unwirksam machen (BAG 28.5.1998, 2 AZR 615/97, AP KSchG 1969 § 2 Nr 48).

4. Mehrere Kündigungen. Erhebt der AN gegen eine 1. Kdg zu einem bestimmten Termin Kdg-Schutzklage verbunden mit einem vorläufigen Weiterbeschäftigungsanspruch, so wird eine auf dieselben Kdg-Gründe gestützte 2. spätere, aber zum selben oder sogar früheren Beendigungstermin ausgesprochene Kdg nicht nach § 7 wirksam, auch wenn sie erst nach Ablauf der Frist des § 4 ausdrücklich angegriffen wird (BAG 23.4.2008, 2 AZR 699/06, NJW 2008, 3517; vgl. auch Hess LAG 10.1.2012, 12 Sa 673/11).

II. Verlängerung der Anrufungsfrist, § 6 S 1. Hat der AN innerhalb der Klagefrist die Unwirksamkeit der Kdg aus einem bestimmten Unwirksamkeitsgrund (zB Sozialwidrigkeit § 1, Gesetzwidrigkeit, etwa § 102 S 3 BetrVG, § 174 BGB, § 9 I MuSchG, § 18 BEEG) geltend gemacht, steht es ihm nach § 6 I S 1 frei, sich bis zum Schluss der mündlichen Verhandlung 1. Instanz auf alle anderen Unwirksamkeitsgründe zu berufen, die seiner Ansicht nach vorliegen. Das »Berufen« setzt dabei nicht einmal einen schlüssigen Sachvortrag voraus.
§ 6 S 1 bedeutet gleichzeitig, dass in der Berufungsinstanz keine weiteren Unwirksamkeitsgründe nachgeschoben werden können. Diese an sich prozessual sinnvolle, weil der Konzentration des Prozesses in 1. Instanz dienende Vorschrift kann im Einzelfall, etwa bei der Verletzung der Pflicht aus S 2 durch das Gericht, zu Problemen führen. Keine wirkliche Ausnahme bedeutet es, wenn die Gerichte stillschweigend bei der Umdeutung einer fristlosen in eine ordentliche Kdg, die möglicherweise erst in der Berufungsinstanz erfolgt, auch den Klageantrag im Wege der Auslegung hierauf erstrecken (BAG 16.11.1970, 2 AZR 33/70,

EzA § 3 KSchG Nr 2). Es ist aber bspw zu erwägen, ob es bei einem erst in der Berufungsinstanz erkennbaren neuen rechtl Gesichtspunkt (etwa neue Rspr des EuGH zur Massenentlassung) zugelassen werden kann, dass auch der AN diesen in 1. Instanz noch nicht erkennbaren möglichen Unwirksamkeitsgrund erst in der Berufungsinstanz in den Prozess einführt (offengelassen BAG 23.3.2006, 2 AZR 53/05, DB 2006, 2183).

9 **III. Hinweispflicht des Gerichts, § 6 S 2.** **1. Gesetzliche Regelung.** Das ArbG soll den AN nach § 6 S 2 auf die Möglichkeit des § 6 hinweisen. Diese Hinweispflicht besteht allerdings nur, soweit das Parteivorbringen zu einem derartigen Hinweis Anlass bietet. Dann ist die Hinweispflicht obligatorisch. Das »soll« ist als »muss« zu lesen (*Bader* NZA 2004,65 (69)).Soweit die Klage etwa bei erhobener Leistungsklage nur dann Erfolg haben kann, wenn ein Antrag nach § 4 nachgeholt wird, entspricht die Hinweispflicht der bisherigen Rechtslage. Soweit **ein** bestimmter Unwirksamkeitsgrund im Wege der Feststellungsklage geltend gemacht ist, verpflichtet § 6 nF nach richtigem Verständnis das Gericht allerdings nicht, alle auch nur denkbaren anderen Unwirksamkeitsgründe von Amts wegen »abzufragen« (*Bader* NZA 2004, 65, 69). Nur ein konkreter prozessualer Anlass (zB unstr: AN schwerbehindert, aber keine Zustimmung des Integrationsamtes; noch keine Rüge des AN) begründet eine Hinweispflicht.

10 Das ArbG genügt der Hinweispflicht des § 6 S 2 auf die Präklusionsvorschrift des § 6 S 1, wenn es den AN darauf hinweist, dass er sich bis zum Schluss der mündlichen Verhandlung erster Instanz zur Begründung der Unwirksamkeit der Kdg auch auf innerhalb der Klagefrist des § 4 nicht geltend gemachte Gründe berufen kann. Hinweise des ArbG auf konkrete Unwirksamkeitsgründe sind unter dem Gesichtspunkt des § 6 S 2 auch dann nicht geboten, wenn im Laufe des erstinstanzlichen Verfahrens deutlich wird, dass Unwirksamkeitsgründe in Betracht kommen, auf die sich der AN bisher nicht berufen hat (BAG 18.1.2012, 6 AZR 407/10, EzA-SD 2012 Nr 7 S 3). Allein die prozessleitende Anordnung nach § 61a IV ArbGG, auf die zu erwartende Klageerwiderung binnen bestimmter Frist abschließend weiter vorzutragen, erfüllt die Hinweispflicht nicht (BAG 25.10.2012, 2 AZR 845/11, AP Nr 19 zu § 125 BGB).

11 **2. Rechtsfolgen eines Verstoßes.** Das Unterbleiben eines nach S 2 erforderlichen Hinweises stellt einen Verfahrensfehler des ArbG dar. Nach hM zu § 6 aF führt ein solcher Verfahrensfehler angesichts des eindeutigen Wortlauts des § 6 lediglich zur Zurückverweisung, damit eine Geltendmachung **in 1. Instanz** nachgeholt werden kann. Einer solchen Zurückverweisung an das ArbG steht § 68 ArbGG nicht entgegen (BAG 30.11.1961, 2 AZR 295/61, AP KSchG 1951 § 5 Nr 3).

12 Es ist fraglich, ob § 6 nF insoweit eine Änderung gebracht hat (abl etwa Löwisch/*Spinner* § 6 Rn 13). Das an sich wünschenswerte Ergebnis, bei fehlendem Hinweis durch das ArbG eine nachträgliche Geltendmachung des anderen Unwirksamkeitsgrundes noch in der Berufungsinstanz zuzulassen (so APS/*Ascheid/Hesse* § 6 Rn 27; offengelassen BAG 12.5.2005, 2 AZR 426/04, EzA § 4 KSchG nF Nr 70), würde die Annahme voraussetzen, dass es sich bei dem unveränderten Wortlaut der Vorschrift um ein korrigierbares Redaktionsversehen handelt.

13 Dazu hat das BAG gegen eine Zurückweisung an das ArbG entschieden: Verstößt das ArbG gegen die Hinweispflicht aus § 17 S 2 TzBfG, § 6 S 2, hat das LAG selbst zu prüfen, ob die Befristung des Arbeitsvertrags gegen weitere, in der Klagefrist nicht geltend gemachte Unwirksamkeitsgründe verstößt (BAG 4.5.2011, 7 AZR 252/10, EzA § 6 KSchG Nr 3).

14 **IV. Entsprechende Anwendung.** Der Wortlaut des Gesetzes geht vom Regelfall einer Klage auf Feststellung der Rechtsunwirksamkeit einer Kdg aus. Schon zu § 4 aF war jedoch hM, dass jede Klage ausreicht, mit welcher der AN die Rechtswirksamkeit der Kdg infrage stellt. § 4 nF hat insoweit keine Änderung gebracht (APS/*Ascheid/Hesse* § 6 Rn 14 ff). Die rechtzeitige Geltendmachung von Leistungsansprüchen, die von der Wirksamkeit der Kdg abhängen, wahrt damit die Frist. Es reicht, wenn der AN Zahlungsklage für die Zeit nach der Kdg erhebt oder klageweise seinen Beschäftigungsanspruch geltend macht (hierzu BAG 23.4.2008, 2 AZR 699/06, NJW 2008, 3517) und sich hierbei auf **einen** Unwirksamkeitsgrund beruft. Er muss dann nur rechtzeitig einen Feststellungsantrag nach § 4 nachholen und kann zur Begr bis zum Schluss der mündlichen Verhandlung 1. Instanz auch andere Unwirksamkeitsgründe nachschieben (ErfK/*Kiel* § 6 Rn 5; Hess LAG 10.1.2012, 12 Sa 673/11). Selbst eine einstweilige Verfügung auf Lohnzahlung nach einer fristlosen Kdg kann ausreichen, setzt aber eine neue Feststellungsklage voraus (BAG 9.11.1967, 2 AZR 435/66, BB 1968, 293).

§ 7 Wirksamwerden der Kündigung

Wird die Rechtsunwirksamkeit einer Kündigung nicht rechtzeitig geltend gemacht (§ 4 Satz 1, §§ 5 und 6), so gilt die Kündigung als von Anfang an rechtswirksam; ein vom Arbeitnehmer nach § 2 erklärter Vorbehalt erlischt.

Übersicht

	Rdn.		Rdn.
A. Normzweck	1	II. Halbsatz 2	6
B. Regelungsgehalt	2	III. Verhältnis zu anderen Vorschriften	7
I. Halbsatz 1	2		

A. Normzweck. § 7 ergänzt die §§ 4, 5 und 6 und regelt die Rechtsfolgen der verspäteten Klageerhebung. 1 Danach gilt die Kdg bei verspäteter Klagererhebung als von Anfang an rechtswirksam. Die Wirksamkeit der schriftl Kdg kann hins aller Unwirksamkeitsgründe vom AN nur innerhalb der Frist des § 4 oder nach §§ 5 und 6 angegriffen werden. Wird die Rechtsunwirksamkeit nicht rechtzeitig klageweise geltend gemacht, so gilt die Kdg als von Anfang an rechtswirksam. Es tritt eine rückwirkende Heilung ein (KR/ Rost § 7 Rn 2, 8 ff.).
Bei mehreren aufeinander folgenden Befristungsabreden wird die Drei-Wochen-Frist des § 17 S 1 TzBfG 1.1 für jede Befristungsabrede mit dem Ablauf der darin vereinbarten Befristung und nicht erst mit dem Ablauf der letzten Befristung in Lauf gesetzt. Bereits der erstmals sachgrundlos befristete Arbeitsvertrag und nicht erst die ihm nachfolgende Verlängerungsabrede muss daher mit der Befristungskontrollklage in der Frist des § 17 S 1 TzBfG angefochten werden, wenn die Fiktionswirkung des § 17 S 2 TzBfG iVm § 7 Hs 1 KSchG nicht eintreten soll (BAG 4.12.2013, 7 AZR 468/12, NZA 2014, 623-626).

B. Regelungsgehalt. I. Halbsatz 1. § 7 gilt für alle **Beendigungs-Kdg** und nach Hs 2 auch für **Ände-** 2 **rungskdg**, deren Unwirksamkeit ebenfalls nach Maßgabe des § 4 geltend gemacht werden muss (KR/*Rost* § 7 Rn 2, 17). Gem § 13 I 2 gilt § 7 iVm §§ 4 ff auch für **außerordentliche Kdg**. § 7 wirkt auch gegen Dritte, etwa Pfändungsgläubiger bzw Sozialversicherungsträger (ErfK/*Kiel* § 7 Rn 3).
Im Gegensatz zu der früheren Gesetzesfassung, die nach § 4 aF nur die rechtzeitige Geltendmachung der 3 Sozialwidrigkeit der Kdg erforderte, gilt die am 1.1.2004 in Kraft getretene Neufassung des Gesetzes für nahezu alle Unwirksamkeitsgründe. So wird von der Fiktion des § 7 S. 1 die Wirksamkeit der Kdg insgesamt erfasst, d.h. nicht nur soziale Rechtfertigung oder wichtiger Gründe (KR/*Rost* § 7 Rn 32). Rechtzeitig ist die Klageerhebung dann, wenn der AN die Klagefrist des § 4 eingehalten hat oder die Klage nach § 5 nachträglich zugelassen worden ist. Dem Fehlen einer danach rechtzeitig erhobenen Klage steht es gleich, wenn der AN nach einer zunächst rechtzeitig erhobenen Klage die Klagerücknahme oder einen Klageverzicht erklärt (LAG Hamm 18.12.1996, 2 Sa 340/96, LAGE § 7 KSchG Nr 1). Ist die Klage nicht rechtzeitig erhoben worden, wird eine etwaige Unwirksamkeit der Kdg gem § 7 rückwirkend geheilt. Die Kdg war damit bis zur Feststellung der nicht rechtzeitigen Klageerhebung schwebend unwirksam. Gleiches gilt nach § 17 S 1 und S 2 TzBfG für die Geltendmachung der Unwirksamkeit einer Befristung.
Auch nach der gesetzlichen Neuregelung ist in einigen Ausnahmefällen eine Klage nach Ablauf der 4 3-Wochenfrist möglich. Das Gesetz nimmt schon die fehlende Schriftform und fehlende Bekanntmachung der Zustimmung einer Behörde vom Geltungsbereich der §§ 4 ff aus. Soweit der AN nur die Nichteinhaltung der Kdg-Frist geltend machen will, stellt er nicht die Wirksamkeit der Kdg als solche infrage. Hier gilt § 4 und damit § 7 deshalb ausnahmsweise nicht (BAG 15.12.2005, 2 AZR 148/05, EzA § 4 KSchG nF Nr 72; KR/*Rost* § 7 Rn 32).
§ 7 Hs 1 nimmt zwar nur auf § 4 S 1, nicht jedoch auf § 4 S 4 Bezug. Dies stellt jedoch ein offensicht- 5 liches redaktionelles Versehen dar. Auch eine nach § 4 S 4 rechtzeitige Klageerhebung führt nicht zu der Rechtsfolge des § 7 (KR/Rost § 7 Rn 5). Bei einer (zB nach dem SGB IX, dem MuSchG oder dem BErzGG, ab dem 1.1.2007 dem BEEG) von der Zustimmung einer Behörde abhängigen Kdg läuft die 3-Wochenfrist erst ab Bekanntgabe der Entsch der Behörde an den AN (BAG 13.2.2008, 2 AZR 864/06, NZA 2008, 1055; 3.7.2003, 2 AZR 487/02, EzA § 113 InsO Nr 1; str vgl dazu § 4 Rdn 31).

II. Halbsatz 2. § 7 gilt auch für die nicht rechtzeitig erhobene Klage gegen eine **Änderungs-Kdg**. Nach 6 Hs 2 erlischt ein vom AN nach § 2 erklärter Vorbehalt, wenn der AN nicht rechtzeitig gegen die Änderungskdg Klage erhebt oder diese später zurücknimmt. Da damit der Vorbehalt insgesamt hinfällig wird, kann der AN nach Ablauf der Klagefrist nicht nur die Sozialwidrigkeit, sondern auch andere Unwirksamkeitsgründe nicht mehr geltend machen (APS/*Ascheid/Hesse* § 7 Rn 13; aA zur früheren Rechtslage BAG 28.5.1998, 2 AZR 615/97, AP KSchG 1969 § 2 Nr 48).

7 **III. Verhältnis zu anderen Vorschriften.** Rechtsfolge der rückwirkenden Heilung der Unwirksamkeit der Kdg ist, dass für alle Folgeansprüche im Verhältnis zwischen AN und AG von der Wirksamkeit der Kdg und damit von der Beendigung des Arbeitsverhältnisses durch diese Kdg auszugehen ist. Dies betrifft insb Vergütungsansprüche nach § 615 BGB, Schadensersatzansprüche, Vertragsstrafen, Gratifikationen etc. Der AN kann sich im Folgeprozess nicht mehr darauf berufen, die Kdg sei doch, etwa aus anderen als den zunächst geltend gemachten Gründen, unwirksam gewesen.
Die Fiktionswirkung des § 7 erstreckt sich allein auf die Tatsache der Beendigung des Arbeitsverhältnisses. Das Vorliegen bestimmter Kdg-Gründe wird damit nicht etwa mit Rechtswirkung für spätere Schadensersatzprozesse festgestellt (KR/*Rost* § 7 Rn 30, 31; APS/*Ascheid/Hesse* § 7 Rn 7).

§ 8 Wiederherstellung der früheren Arbeitsbedingungen

Stellt das Gericht im Falle des § 2 fest, dass die Änderung der Arbeitsbedingungen sozial ungerechtfertigt ist, so gilt die Änderungskündigung als von Anfang an rechtsunwirksam.

Übersicht

	Rdn.		Rdn.
A. Normzweck	1	D. Außerordentliche	
B. Regelungsgehalt	2	Änderungskündigung	7
C. Wiederherstellung der alten Arbeitsbedingungen	4		

1 **A. Normzweck.** Die Vorschrift regelt die Rechtsfolgen eines Urt, mit dem der Klage gegen eine Änderungskdg stattgegeben wird. Entscheidend ist die in § 8 festgelegte Rückwirkung (KR/*Kreft* § 8 Rn 4). Gibt das Gericht der gegen die Änderungs-Kdg gerichteten Klage statt, so gilt die Änderungs-Kdg als von Anfang an rechtsunwirksam. Ohne § 8 wäre der AN während der Dauer des Kdg-Schutzprozesses schutzlos. Nimmt der AN das Änderungsangebot des AG unter dem Vorbehalt des § 2 KSchG an, streiten die Parteien nicht über die Beendigung des Arbeitsverhältnisses, sondern (nur) über die soziale Rechtfertigung der Änderung der Arbeitsbedingungen. Die unter Vorbehalt angenommenen, regelmäßig schlechteren Arbeitsbedingungen würden erst mit Rechtskraft des Urteils entfallen, § 158 II BGB. Durch § 8 gilt die Änderung als von Anfang an rechtsunwirksam. Der AN ist für die Dauer des Prozesses und somit durchgehend nach den früheren Arbeitsbedingungen zu behandeln.

2 **B. Regelungsgehalt.** § 8 verhindert die Rechtsfolgen des § 158 II BGB und stellt klar, dass beim Obsiegen des AN die früheren Arbeitsbedingungen rückwirkend ab Kdg-Ausspruch bzw Ablauf der Kdg-Frist weitergelten (vgl § 159 BGB). Trotz des unklaren Gesetzeswortlauts (vgl. Darstellung bei KR-*Kreft* § 8 KSchG Rn 6) gilt die Vorschrift selbstverständlich insb für den Fall, dass der AN das Änderungsangebot nach § 2 unter Vorbehalt angenommen hat. Die Vorbehaltsannahme stellt zwar an sich die Annahme des Änderungsangebots unter einer Bedingung dar. Es wird dann um die Beendigung des Arbeitsverhältnisses nicht mehr gestritten. Das Urteil betrifft nicht mehr das Kdg-Element der Änderungskdg, sondern nur noch das Änderungsangebot des AG. Auch für diesen Fall stellt jedoch § 8 im Gegensatz zu der gesetzlichen Regelung des § 158 II BGB klar, dass die Vorbehaltsannahme durch den AN im Fall seines rkr Obsiegens als nicht erfolgt gelten soll und deshalb rückwirkend die ursprünglichen Arbeitsbedingungen gelten (Löwisch/*Spinner* § 8 Rn 3).

3 Entgegen dem Wortlaut der Vorschrift gilt § 8 **nicht nur bei Sozialwidrigkeit** der geänderten Arbeitsbedingungen, sondern auch bei Rechtsunwirksamkeit aus anderen Gründen, etwa § 102 BetrVG, § 174 BGB (HaKo/*Gallner* § 8 Rn 3; Löwisch/*Spinner* § 8 Rn 2). Wird die Änderungsschutzklage rechtskräftig abgewiesen, ist die Änderung endgültig wirksam.

4 **C. Wiederherstellung der alten Arbeitsbedingungen.** Der AN muss nach seiner Vorbehaltsannahme zunächst zu den geänderten Arbeitsbedingungen weiterarbeiten (BAG 18.1.1990, 2 AZR 183/89, EzA § 1 KSchG Betriebsbedingte Kdg Nr 65). Die gesetzlich geregelte Rückwirkung führt aber zu dem Ergebnis, dass er nach rechtskr Obsiegen im Prozess den Anspruch hat, finanziell so gestellt zu werden, als hätten die alten Arbeitsbedingungen stets weiter gegolten (vgl § 159 BGB). Das Arbeitsverhältnis ist so abzuwickeln, als habe der AN von vornherein zu unveränderten Arbeitsbedingungen weiter gearbeitet.

5 Enthielt das Änderungsangebot eine Entgeltkürzung, so ist die Differenz zwischen dem bisherigen Entgelt und dem während des Änderungsschutzprozesses gemindertem Entgelt nachzuzahlen (ErfK/*Kiel* § 8 Rn 2). Bei einer Reduzierung der Arbeitszeit ist das Entgelt für die Zeit, in der AN nicht beschäftigt worden ist, nachzugewähren (§§ 615 ff BGB). Einen anderweitig erzielten Verdienst, einen böswillig unterlassenen

Erwerb sowie öffentl-rechtl Leistungen muss sich der AN anrechnen lassen. Böswilliges Unterlassen kann etwa dann anzunehmen sein, wenn der AN die geänderten Arbeitsbedingungen zwar unter Vorbehalt angenommen hat, sich aber weigert, zu diesen tätig zu werden (vgl BAG 16.6.2004, 5 AZR 508/03, EzA § 615 BGB 2002 Nr 7). Der Anspruch des AN bemisst sich iE entspr § 11 (KR/*Kreft* § 8 Rn 11).
Ersatzansprüche sind möglich, wenn sich etwa bei einer Versetzung die tatsächlich vollzogene Änderung der Arbeitsbedingungen nicht mehr korrigieren lässt. Dies setzt allerdings einen messbaren Schaden des AN voraus (zB vom AN aufgewandte Fahrtkosten). Ist ein solcher Schaden nicht vorhanden, scheidet eine Rückabwicklung aus. Umgekehrt muss sich der AN ersparte Aufwendungen nicht anrechnen lassen.
Verjährungsfristen und tarifliche Ausschlussfristen beginnen für die Rückabwicklungsansprüche erst ab Rechtskraft des obsiegenden Urteils (APS/*Künzl* § 8 Rn 3). Bis dahin fehlt es an der Fälligkeit (KR-*Kreft* § 8 Rn 13). Auch eine Zahlungsklage ist vor Beendigung des Änderungsschutzverfahrens als derzeit unbegründet abzuweisen (KR/*Kreft* § 8 Rn 13; aA KDZ/*Zwanziger* § 8 Rn 2a). 6

D. Außerordentliche Änderungskündigung. § 8 ist auch auf die außerordentliche Änderungskdg anwendbar. Bei dieser muss nach § 13 iVm § 2 ebenfalls eine Vorbehaltsannahme und damit ein Änderungsschutzverfahren zugelassen werden. Diese Notwendigkeit zeigt sich bei der außerordentlichen Kdg mit notwendiger Auslauffrist. Sonst würde der bes geschützte AN grundlos schlechter gestellt als ein AN ohne Sonderschutz (*Bröhl* S 191 ff). Bei Obsiegen des AN im Änderungsschutzprozess ist das Arbeitsverhältnis wie bei der ordentlichen Kdg nach § 8 abzuwickeln, dh der AN ist so zu stellen, als habe das Arbeitsverhältnis ununterbrochen zu den urspgl. Bedingungen bestanden. 7

§ 9 Auflösung des Arbeitsverhältnisses durch Urteil des Gerichts, Abfindung des Arbeitnehmers

(1) ¹Stellt das Gericht fest, dass das Arbeitsverhältnis durch die Kündigung nicht aufgelöst ist, ist jedoch dem Arbeitnehmer die Fortsetzung des Arbeitsverhältnisses nicht zuzumuten, so hat das Gericht auf Antrag des Arbeitnehmers das Arbeitsverhältnis aufzulösen und den Arbeitgeber zur Zahlung einer angemessenen Abfindung zu verurteilen. ²Die gleiche Entscheidung hat das Gericht auf Antrag des Arbeitgebers zu treffen, wenn Gründe vorliegen, die eine den Betriebszwecken dienliche weitere Zusammenarbeit zwischen Arbeitgeber und Arbeitnehmer nicht erwarten lassen. ³Arbeitnehmer und Arbeitgeber können den Antrag auf Auflösung des Arbeitsverhältnisses bis zum Schluss der letzten mündlichen Verhandlung in der Berufungsinstanz stellen.

(2) Das Gericht hat für die Auflösung des Arbeitsverhältnisses den Zeitpunkt festzusetzen, an dem es bei sozial gerechtfertigter Kündigung geendet hätte.

Übersicht	Rdn.		Rdn.
A. Normzweck und Bedeutung der Vorschrift	1	1. Allgemeines	18.1
B. Regelungsgehalt	2	2. Auflösungsgründe	22
I. Voraussetzungen für eine Auflösung	2	3. Antrag des Arbeitgebers	29
1. Kündigungsschutzprozess	2	4. Darlegungs- und Beweislast	30
2. Auflösungsantrag	3	IV. Auflösung auf beiderseitigen	
3. Sozialwidrigkeit der Kündigung	5	Auflösungsantrag	32
4. Bestehen des Arbeitsverhältnisses im		V. Entscheidung des Gerichts	34
Auflösungszeitpunkt	7	1. Klageabweisung	34
II. Auflösung auf Antrag des AN, § 9 I 1	10	2. Feststellungsurteil, Zurückweisung	
1. Allgemeines	10	des Auflösungsantrags	35
2. Auflösungsgründe	11	3. Auflösung des Arbeitsverhältnisses	36
3. Antrag des Arbeitnehmers	16	4. Kosten und Streitwert	37
4. Darlegungs- und Beweislast	18	5. Beschwer	38
III. Auflösung auf Antrag des Arbeitgebers, § 9 I 2	18.1	C. Verhältnis zu anderen Vorschriften	40

A. Normzweck und Bedeutung der Vorschrift. § 9 gibt dem AN wie dem AG die Möglichkeit, das Arbeitsverhältnis durch das Gericht gegen Zahlung einer Abfindung auflösen zu lassen, wenn im Kdg-Schutzprozess festgestellt wird, dass die Kdg das Arbeitsverhältnis nicht aufgelöst hat. Geht es um das Arbeitsverhältnis eines Geschäftsführers, Betriebsleiters oder eines ähnlichen leitenden Angestellten, der zur selbständigen Einstellung oder Entlassung berechtigt ist, bedarf der Auflösungsantrag des AG nach § 14 II 1

KSchG keiner Begründung, vgl § 14 Rdn 16. In der Praxis der Gerichte werden im Verhältnis zur Zahl der Abfindungsvergleiche nur sehr wenige Arbeitsverhältnisse nach §§ 9 f gerichtlich aufgelöst. Diese einschränkende Handhabung der gerichtlichen Auflösung eines Arbeitsverhältnisses gegen den Willen zumindest einer Partei ist sachlich gerechtfertigt (vgl. Löwisch/Spinner/Wertheimer/*Wertheimer* § 14 KSchG Rn40 f). Das KSchG ist in 1. Linie ein Bestandsschutzgesetz (BVerfG 22.10.2004, 1 BvR 1944/01, AP Nr 49 zu § 9 KSchG 1969; BAG 23.10.2008, 2 AZR 483/07, AP Nr 218 zu § 626 BGB; 10.7.2008, 2 AZR 1111/06, EzA § 1 KSchG Betriebsbedingte Kdg Nr 163). Zwar ist die gesetzliche Regelung der §§ 9 f grds verfassungsgem (BVerfG 29.1.1990, 1 BvR 42/82, EzA § 9 KSchG nF Nr 34; 14.1.2008, 1 BvR 273/03; AnwK-ArbR/*Eylert* § 9 Rn 4). Bei deren Handhabung ist jedoch dem Gesamtzusammenhang der gesetzlichen Regelung des KSchG Rechnung zu tragen. Die Auflösung auf Antrag des AG (I 2) ist nicht als Grundlage für einen gerichtlichen »Zwangsvergleich« geeignet. Zu bedenken ist stets, dass der AN nach jahrelanger Prozessdauer bei einer gerichtlichen Auflösung als Abfindung oft nur einen Bruchteil seiner bei rechtsunwirksamer Kdg berechtigten Annahmeverzugslohnansprüche erhält. Die Rspr stellt deshalb zu Recht an die Begründetheit des Auflösungsantrags des AG ganz erhebliche Anforderungen (BAG 23.10.2008, 2 AZR 483/07, AP Nr 218 zu § 626 BGB) – Erfordernis der Unzumutbarkeit. Bei der Auslegung des § 9 ist stets zu beachten, dass die Anwendung dieser Vorschrift nicht das durch Art 12 I GG geschützte Interesse des AN an der Erhaltung seines Arbeitsplatzes oder die ebenfalls durch Art 12 I GG geschützte Unternehmerfreiheit unzulässig beeinträchtigt (BVerfG 22.10.2004, 1 BvR 1944/01, AP KSchG 1969 § 9 Nr 49).

1.1 Im Rahmen der Änderungsschutzklage nach § 4 2 findet § 9 weder unmittelbare noch analoge Anwendung (BAG 24.10.2013, 2 AZR 320/13, BAGE 146, 249-256).

2 **B. Regelungsgehalt. I. Voraussetzungen für eine Auflösung. 1. Kündigungsschutzprozess.** Der Auflösungsantrag kann nur iR eines anhängigen Kdg-Schutzprozesses, nicht isoliert davon geltend gemacht werden; anderenfalls ist er als unzulässig zurückzuweisen (KR-*Spilger* § 9 Rn 14). Ein Auflösung nach § 9 I 2 kann der AG nur dann verlangen, wenn die Unwirksamkeit einer ordentlichen Kündigung **allein** auf ihrer Sozialwidrigkeit beruht (BAG 31.7.2014, 2 AZR 434/13, NZA 2015, 358-362). Zu einem isolierten Auflösungsantrag kann es allenfalls dann kommen, wenn in dem Verfahren über den Kdg-Schutzantrag bereits eine rechtskräftige Entscheidung vorliegt und etwa der AG, was zulässig ist, nur gegen die Abweisung seines Auflösungsantrags Revision einlegt. Abgesehen von solchen Ausnahmefällen ist jedoch stets eine einheitliche Entsch des Gerichts über Kdg-Schutzantrag und Auflösungsantrag erforderlich (AnwK-ArbR/*Eylert* § 9 Rn 45).

In Arbeitsverhältnissen, auf die das KSchG keine Anwendung findet (Kleinbetrieb § 23, erste 6 Monate § 1 II) ist § 9 nicht anwendbar. Auch die Auflösung von Berufsausbildungsverhältnissen auf Antrag des AN ist nicht möglich (BAG 29.11.1984, 2 AZR 354/83, EzA § 9 KSchG nF Nr 19); der nach § 23 I 1 BBiG dem Auszubildenden zu ersetzende Schaden umfasst keine Abfindung entsprechend §§ 9, 10 KSchG (BAG 16.7.2013, 9 AZR 784/11, NZA 2013, 1202-1206).

Das BAG hatte vor dem 24.10.2013 noch nicht entschieden, ob eine gerichtliche **Auflösung des Arbeitsverhältnisses** nach § 9 I 1 KSchG auch im Rahmen einer Klage nach § 4 2 KSchG möglich ist und hatte bis dahin lediglich angenommen, dass eine Auflösung bei Klagen gegen Änderungs-Kdgen jedenfalls dann möglich ist, wenn der AN das Änderungsangebot nicht unter dem Vorbehalt des § 2 angenommen hat (so BAG 27.9.2001, 2 AZR 176/00, 28.4.1982, 7 AZR 1139/79, BAGE 38, 348; 29.1.1981, 2 AZR 1055/78, BAGE 35, 30). Erstmals mit Urteil vom 24.10.2013, 2 AZR 320/13, BB 2014, 884 hat der 8. Senat § 9 I 1 dahin ausgelegt, dass § 9 I 1 im Rahmen der Änderungsschutzklage nach § 4 S 2 weder unmittelbare noch analoge Anwendung findet.

3 **2. Auflösungsantrag.** Bei der ordentlichen Kdg können sowohl der AG als auch der AN einen Auflösungsantrag stellen. Streiten die Parteien nur über die Wirksamkeit einer außerordentlichen Kdg, so ist ein Auflösungsantrag des AG nicht möglich (§ 13 I 3). Dies gilt auch für die außerordentliche Kdg mit Auslauffrist (BAG 26.3.2009, 2 AZR 879/07, NZA 2009, 679). Ist die außerordentliche Kdg in eine ordentliche Kdg umzudeuten, so kann für den Fall der Sozialwidrigkeit der Kdg der AN einen Auflösungsantrag wahlweise hins der außerordentlichen wie der ordentlichen Kdg stellen, der AG einen Auflösungsantrag nur hins der ordentlichen Kdg.

4 Es handelt sich beim Antrag des AN um einen uneigentlichen Eventualantrag, der nur für den Fall der Begründetheit des Feststellungsantrags gestellt ist (BAG 5.11.1964, 2 AZR 15/64, AP KSchG 1951 § 7 Nr 20; LAG Bad-Württbg. 17.7.2013, 13 Sa 141/12, JurionRS 2013; KR-*Spilger*, § 9 KSchG Rn 65). Der Antrag des AG ist dagegen ein echter Eventualantrag. Als Prozesshandlung unterliegt der Antrag der Auslegung. Die Angabe einer bestimmten Abfindungshöhe ist nicht erforderlich, kann aber prozessual ratsam sein. Antragstellung ist bis zum Ende der mündlichen Verhandlung in der Berufungsinstanz möglich

(§ 9 I 4). Zu einem erstmals in der Berufungsinstanz durch Anschlussberufung verfolgten Auflösungsantrag vgl BAG 3.4.2008, 2 AZR 720/06, NZA 2008, 1258 u Rdn 17). Die Begr kann sich auf Tatsachen vor und während der Prozessdauer beziehen. Bis zur letzten Verhandlung in der Berufungsinstanz ist auch eine Zurücknahme des Antrags möglich.

3. Sozialwidrigkeit der Kündigung. Da § 9, wie II zeigt, auf die Sozialwidrigkeit der Kdg abstellt, ist nach der Rspr stets Voraussetzung für eine gerichtliche Auflösung, dass die Kdg sozial ungerechtfertigt ist. Wäre eine Auflösung nach § 9 unabhängig von der Prüfung der Sozialwidrigkeit bei allen Kdg-Gründen möglich, wäre die gesonderte Festlegung der Auflösungsmöglichkeit bei sittenwidriger Kdg in § 13 II überflüssig. Ist die Kdg aus mehreren Gründen rechtsunwirksam, so ist danach zu unterscheiden, wer den Auflösungsantrag gestellt hat: Vom AN kann die Auflösung nach § 9 I 1 auch dann beantragt werden, wenn das Gericht feststellt, dass die Kdg neben der Unwirksamkeit aus anderen Gründen auch sozialwidrig iSv § 1 ist. Eine Auflösung des Arbeitsverhältnisses auf Antrag des AGs kommt nur in Betracht, wenn die Kdg lediglich sozialwidrig und nicht auch aus anderen Gründen rechtsunwirksam ist; leidet die Kdg an weiteren rechtlichen Mängeln (§ 102 BetrVG), besteht keine Veranlassung, dem AG eine Auflösung des Arbeitsverhältnisses zu ermöglichen (vgl. BAG 21.9.2001, 2 AZR 176/00, NZA 2002, 1277 ff.; 19.4.2012, 2 AZR 186/11, NJW 2013, 104 ff; 26.3.2009, 2 AZR 879/07, NZA 2009, 679; 23.2.2010, 2 AZR 554/08, EzA § 9 nF KSchG Nr. 58; zu § 18 BErzGG: BAG 24.11.2011, 2 AZR 429/10, EzA § 88 SGB IX Nr 2).
Der AG, dessen nach § 102 BetrVG unwirksame Kdg zudem auch noch sozialwidrig ist, muss nach § 9 nicht besser gestellt werden als ein AG, dessen Kdg »nur« nach § 102 BetrVG unwirksam ist. Einem Auflösungsantrag des AG stehen allerdings nur Bestimmungen entgegen, die dem Schutz des AN dienen (BAG 10.11.1994, 2 AZR 207/94, EzA § 9 KSchG nF Nr 43; 27.9.2001, 2 AZR 309/00, AP KSchG § 9 Nr 41; aA HaKo/*Fiebig* § 9 Rn 31 f).

4. Bestehen des Arbeitsverhältnisses im Auflösungszeitpunkt. Da die Auflösung nach II zu dem Zeitpunkt erfolgt, zu dem das Arbeitsverhältnis bei sozial gerechtfertigter Kdg geendet hätte, darf das Arbeitsverhältnis nicht aus anderen Gründen vor diesem Zeitpunkt beendet sein (BAG 20.3.1997, 8 AZR 769/95, BAGE 85, 330; 23.2.2010, 2 AZR 554/08, EzA § 9 nF KSchG Nr 58; KR/*Spilger* § 9 Rn 41). Steht rechtskräftig fest, dass das Arbeitsverhältnis bereits zu einem früheren Zeitpunkt beendet wurde, kann die Klage gegen eine Kdg, die erst zu einem späteren Zeitpunkt wirken soll, keinen Erfolg haben. Selbst die »Ausklammerung« der vorgreiflichen Frage, ob ein früher wirkender Beendigungstatbestand vorliegt, aus dem Verfahren über den später wirkenden Tatbestand kommt dann nicht mehr in Betracht. Die Rechtskraft gem § ZPO § 322 ZPO schließt im Verhältnis der Parteien zueinander eine abweichende gerichtliche Feststellung in einem späteren Verfahren aus (BAG 29.1.2015, 2 AZR 698/12, NZA 2015, 1022-1023). Ist bei einem Auflösungsantrag, der sich auf eine ordentliche Kdg bezieht, die Wirksamkeit einer vor Ablauf der ordentlichen Kdg-Frist ausgesprochenen fristlosen Kdg umstr, ist ggf das Verfahren nach § 148 ZPO auszusetzen. So kann vorab über die Wirksamkeit der fristlosen Kdg und damit über die Frage entschieden werden, ob das Arbeitsverhältnis zum Auflösungszeitpunkt noch bestanden hat.
Bei einem Abfindungsvergleich kommt die Auslegung zumeist zu ähnlichen Ergebnissen: Ein vor Ablauf der ordentlichen Kdg-Frist abgeschlossener Vergleich (fristgerechte Auflösung des Arbeitsverhältnisses gegen Zahlung einer erheblichen Abfindung) wird hinfällig, wenn der AG dem AN zwischenzeitlich berechtigterweise wegen schwerer Vermögensdelikte fristlos gekündigt hat.
Hat das Arbeitsverhältnis nach dem maßgeblichen Auflösungszeitpunkt, aber vor Erlass des Auflösungsurteils (etwa durch eine Kdg, über die schon rechtskräftig entschieden ist) geendet, so steht dies einer Auflösung zu dem gesetzlichen Auflösungszeitpunkt grds nicht entgegen. Es wird aber bei der Höhe der Abfindung zu berücksichtigen sein, dass das Arbeitsverhältnis ohnehin bald geendet hätte. Der Streit um eine spätere Beendigung des Arbeitsverhältnisses (etwa eine fristlose Kdg nach dem Auflösungszeitpunkt) rechtfertigt idR keine Aussetzung des Verfahrens nach § 148 ZPO (BAG 28.5.2009, 2 AZR 282/08, EzA § 9 nF KSchG Nr 56; HK/*Hauck* § 9 Rn 13 f mwN).

II. Auflösung auf Antrag des AN, § 9 I 1. 1. Allgemeines. Eine Auflösung des Arbeitsverhältnisses auf Antrag des AN setzt voraus, dass die Kdg sozialwidrig ist und der AN einen Auflösungsantrag stellt. Für die Auflösung eines durch eine sozialwidrige Kdg nicht beendeten Arbeitsverhältnisses durch Urteil muss kein wichtiger Grund iSv § 626 I BGB vorliegen, der dem Arbeitnehmer die Fortsetzung des Arbeitsverhältnisses selbst bis zum Ablauf der Kündigungsfrist **unzumutbar** machen würde. Es reicht aus, dass ihm die Fortsetzung des Arbeitsverhältnisses **auf unbestimmte Dauer** unzumutbar ist. Dafür wiederum genügt nicht allein die Sozialwidrigkeit der Kündigung. Es bedarf zusätzlicher, vom AN darzulegender Umstände, die im Zusammenhang mit der Kündigung oder dem Kündigungsschutzprozess stehen müssen. Ob dem AN die

Fortsetzung des Arbeitsverhältnisses zuzumuten ist, richtet sich ua nach der voraussichtlichen Dauer einer Weiterbeschäftigung. Ist der Eintritt einer anderweitigen Beendigung des Arbeitsverhältnisses nur möglich, steht er aber nicht mit Gewissheit fest, muss das zur Entscheidung über den Auflösungsantrag berufene Gericht ggf eine Prognose über die Wahrscheinlichkeit eines solchen Eintritts treffen (BAG 11.7.2013, 2 AZR 241/12, AP Nr 69 zu § 9 KSchG 1969). Ist die Kdg lediglich aus anderen Gründen (zB § 102 BetrVG, § 174 BGB) unwirksam, kann eine Auflösung nicht erfolgen. Damit muss das Gericht bei Stellen eines Auflösungsantrags nach § 9 I 1 und entspr Parteivortrag **stets** auch die **Sozialwidrigkeit** der Kdg prüfen. Die soziale Rechtfertigung der Kdg kann deshalb nicht offen bleiben, wenn das Gericht dem Auflösungsantrag stattgeben will und feststeht, dass die Kdg jedenfalls nach § 102 I 3 BetrVG unwirksam ist. Es ist jedoch ausreichend, dass die Kdg **auch** sozialwidrig ist.

11   **2. Auflösungsgründe.** Der AN kann die Auflösung des Arbeitsverhältnisses nur verlangen, wenn ihm die Fortsetzung nicht mehr zuzumuten ist. Damit werden an das Vorbringen des AN zur Begr seines Auflösungsantrages **erhebliche Anforderungen** gestellt (BAG 10.7.2008, 2 AZR 1111/06, EzA § 1 KSchG Betriebsbedingte Kdg Nr 163). Der Qualität nach sind sie § 626 I BGB vergleichbar, der ebenfalls auf die Unzumutbarkeit abstellt. Der Maßstab ist allerdings ein anderer, so dass die zu § 626 BGB entwickelten Wertungsmaßstäbe nicht uneingeschränkt auf die Auslegung des unbestimmten Rechtsbegriffs in § 9 KSchG übertragen werden können (ausführlich KR-*Spilger* § 9 KSchG Rn 37-39). Es kommt unter Berücksichtigung der Entwicklung des Arbeitsverhältnisses und der während des Prozesses aufgetretenen Umstände auf die Frage an, welche **Prognose** für die Zukunft (dh nach Beendigung des Prozesses) bei einer Fortsetzung des Arbeitsverhältnisses zu stellen ist. Maßgeblicher Beurteilungszeitpunkt ist nach dem Gesetz der Zeitpunkt der Entsch über den Auflösungsantrag (BAG 10.7.2008, 2 AZR 1111/06, EzA § 1 KSchG Betriebsbedingte Kdg Nr 163).

12   Schon die Umstände bei Ausspruch der Kdg können die Unzumutbarkeit begründen. Dies gilt etwa für unberechtigte ehrverletzende Vorwürfe seitens des AG, durch die das Vertrauensverhältnis unheilbar zerrüttet ist. Durch sein Verhalten im Zusammenhang mit dem Ausspruch der Kdg kann der AG zeigen, dass er nicht gewillt ist, das Arbeitsverhältnis mit dem AN in zumutbarer Weise fortzusetzen (HaKo/*Fiebig* § 9 Rn 48). Tatsachenbehauptungen des AG, wenn sie nicht leichtfertig aufgestellt worden sind, etwa zu einer vom Gericht später für unberechtigt erklärten Verdachts-Kdg, bedürfen aber der sorgfältigen Bewertung, ob sie tatsächlich nach erledigtem Prozess eine zumutbare Fortsetzung des Arbeitsverhältnisses ausschließen. Allein daraus, dass der AG einen anderen rechtlichen Standpunkt einnimmt und deshalb einer womöglich berechtigten Vergütungsforderung nicht nachkommt, folgt nicht, dass diesem die Fortsetzung des Arbeitsverhältnisses unzumutbar wäre (BAG 11.7.3013, 2 AZR 241/12, NZA 2013, 1259-1262).

13   Da bei der Entsch über die Auflösung nach § 9 auch Umstände zu berücksichtigen sind, die nach Ausspruch der Kdg liegen, kann das Verhalten des AG im Prozess eine erhebliche Rolle spielen. Allein die bes harte Prozessführung durch den AG kann die Besorgnis begründen, dass bei ihm mit einer fairen Fortsetzung des Arbeitsverhältnisses nicht zu rechnen ist. Hier ist aber stets der Gesichtspunkt der Wahrnehmung berechtigter Interessen (vgl § 193 StGB) zu berücksichtigen. Ein Auflösungsgrund kann vorliegen, wenn der AG stets erneut aus dem gleichen oder ähnlichen Gründen kündigt und damit zeigt, dass er unter keinen Umständen bereit ist, das Arbeitsverhältnis fortzusetzen. Das Verhalten seines Prozessbevollmächtigten ist dem AG regelmäßig zuzurechnen, wenn es von ihm veranlasst ist oder er sich davon nicht umgehend distanziert.

14   Oft wird der AN einen Auflösungsantrag stellen, wenn er ein neues Arbeitsverhältnis begründet hat und deshalb durch die Kdg keinen Schaden erleidet. Allein die Sozialwidrigkeit der Kdg und die Begr eines neuen Arbeitsverhältnisses stellen jedoch keinen Auflösungsgrund dar, ebenso wenig wie eine »einmalige« Chance zum beruflichen Fortkommen einen wichtigen Kdg-Grund nach § 626 I BGB bildet (HaKo/*Fiebig* § 9 Rn 53; zur fristlosen EigenKdg des AN vgl BAG 12.3.2009, 2 AZR 894/07, EzA § 242 BGB 2002 Nr 8).

15   Stets ist zu prüfen, ob und inwieweit beide Parteien bzw deren Prozessbevollmächtigte, für die sie einzustehen haben, die vorgetragenen Auflösungsgründe mit verursacht haben. Es ist jedenfalls rechtsmissbräuchlich (vgl § 162 BGB), wenn sich der AN auf Auflösungsgründe (etwa ein Verhalten des AG) beruft, die er entscheidend mit zu verantworten hat. Beleidigendes Prozessvorbringen ist daher ggf milder zu beurteilen, wenn der Prozess auf beiden Seiten entspr geführt worden ist.

16   **3. Antrag des Arbeitnehmers.** Der Auflösungsantrag des AN kann nach § 9 I 4 bis zum Schluss der mündlichen Verhandlung in der Berufungsinstanz gestellt (und zurückgenommen) werden. Ein ordnungsgem Antrag auf Auflösung des Arbeitsverhältnisses muss nicht die gewünschte Abfindung angeben. Regelmäßig enthält er die Formulierung: »... die den Betrag von ... nicht unterschreiten sollte«. Eine solche

Festlegung ist hauptsächlich für die Kostenentscheidung von Interesse. Der Antrag ist als sog unechter Eventualantrag neben dem Antrag auf Feststellung, dass das Arbeitsverhältnis durch die Kdg nicht aufgelöst ist, zu stellen (BAG 5.11.1964, 2 AZR 15/64, AP KSchG 1951 § 7 Nr 20). Bis zum Schluss der mündlichen Verhandlung der Berufungsinstanz kann der Antrag auch ohne Zustimmung des AG zurückgenommen (BAG 26.10.1979, 7 AZR 752/77, EzA § 9 KSchG nF Nr 7) und ggf sogar wieder erneut gestellt werden. Ein Verzicht, zB aufgrund erneut aufgetretener Umstände wieder die Auflösung des Arbeitsverhältnisses zu beantragen, kann in der ersten Rücknahme des Auflösungsantrages nicht gesehen werden.

Auch die Rücknahme der Kdg durch den AG nimmt dem AN nicht das Recht, seinen Auflösungsantrag weiter zu verfolgen oder erstmals die Auflösung des Arbeitsverhältnisses zu beantragen. Nimmt der im Kdg-Schutzprozess in erster Instanz unterlegene AG die von ihm eingelegte Berufung in der Berufungsverhandlung zurück, so wird der vom AN erstmals durch Anschlussberufung verfolgte Auflösungsantrag unzulässig (BAG 3.4.2008, 2 AZR 720/06, BAGE 126, 226). 17

4. Darlegungs- und Beweislast. Für die Unzumutbarkeit der Fortsetzung des Arbeitsverhältnisses ist der AN darlegungs- und beweispflichtig (vgl BAG 30.9.1976, 2 AZR 402/75, EzA § 9 KSchG nF Nr 3; ausführlich KR-*Spilger* § 9 KSchG Rn 47-49). 18

III. Auflösung auf Antrag des Arbeitgebers, § 9 I 2. 1. Allgemeines. Nach st Rspr des BAG kann ein AG die Auflösung des Arbeitsverhältnisses nach § 9 I 2 nur verlangen, wenn die Rechtsunwirksamkeit der ordentlichen Kdg **allein** auf der Sozialwidrigkeit und nicht auch auf anderen Gründen iSv § 13 I beruht (BAG 23.2. 2010, 2 AZR 554/08, AP KSchG 1969 § 9 Nr. 61; 28.8.2008, 2 AZR 63/07, BAGE 127, 329). Die Lösungsmöglichkeit nach § 9 bedeutet für den AG eine Vergünstigung. Sie kommt nur in Betracht, wenn eine Kdg »lediglich« sozialwidrig und nicht (auch) aus anderen Gründen rechtsunwirksam ist (so schon BAG 9.10.1979, 6 AZR 1059/77, BAGE 32, 122; zuletzt BAG 31.7.2014, 2 AZR 434/13, NZA 2015, 358-362). Etwas anderes gilt allenfalls, wenn die Norm, aus der der AN die sonstige Unwirksamkeit der Kündigung herleitet, nicht den Zweck verfolgt, diesem einen zusätzlichen Schutz zu verschaffen, sondern allein der Wahrung der Interessen Dritter dient (BAG 28.5.2009, 2 AZR 949/07, AP KSchG 1969 § 9 Nr. 59). Für dieses Verständnis des § 9 I 2 sprechen sowohl die Entstehungsgeschichte als auch systematische und teleologische Gründe (BAG 28.8.2008, 2 AZR 63/07, BAGE 127, 329). 18.1

Für eine Auflösung des Arbeitsverhältnisses auf Antrag des AG müssen Gründe vorliegen, die eine den Betriebszwecken dienliche weitere Zusammenarbeit zwischen den Arbeitsvertragsparteien nicht erwarten lassen. Die Auflösung setzt damit die **Prognose** einer **schweren Beeinträchtigung des Arbeitsverhältnisses** voraus (BAG 8.10.2009, 2 AZR 682/08, EzA § 9 nF KSchG Nr 57). Schon die Erwägung, dass das KSchG ein **Bestandsschutzgesetz** ist, lässt erkennen, dass an den entspr Sachvortrag des AG erhebliche Anforderungen zu stellen sind. § 9 I 2 darf dem AG nicht die Möglichkeit bieten, eine sozialwidrige Kdg auszusprechen und sich dann verhältnismäßig einfach vom AN gegen Zahlung einer Abfindung zu trennen, die den aufgrund der unwirksamen Kdg angelaufenen Annahmeverzugslohn auch nicht annähernd ersetzt. Dies muss insb dann gelten, wenn sich der Auflösungsantrag nach langer Prozessdauer auf Umstände stützt, die erhebliche Zeit zurückliegen (BAG 7.3.2002, 2 AZR 158/01, EzA § 9 KSchG nF Nr 45).

Die Auflösung durch Urteil (§ 9 KSchG) kann im einheitlichen Arbeitsverhältnis mit mehreren AGn grundsätzlich nur insgesamt erfolgen. Ausreichend ist im Regelfall ein Auflösungsgrund, der für oder gegen einen der AG vorliegt (BAG 19.04.2012, 2 AZR 186/11, EzA § 626 BGB 2002 Nr 40). 20

Eine analoge Anwendung von § 9 I 2 auf Fälle der für unwirksam erklärten fristlosen AGseitigen Kdg kommt nicht in Betracht. Der Ausschluss des Antragsrechts gilt auch im Zusammenhang mit einer für unwirksam erkannten außerordentlichen Kdg, die unter Einhaltung einer der ordentlichen Kdg entsprechenden Auslauffrist ausgesprochen worden ist (BAG 30.9.2010, 2 AZR 160/09, EzA § 9 nF KSchG Nr 61). 21

2. Auflösungsgründe. Auflösungsgründe für den AG im Sinne von § 9 Abs 1 S 2 KSchG können solche Umstände sein, die das persönliche Verhältnis zum AN, die Wertung seiner Persönlichkeit, seiner Leistung oder seiner Eignung für die ihm gestellten Aufgaben und sein Verhältnis zu den übrigen Mitarbeitern betreffen. In diesem Sinne als Auflösungsgrund geeignet sind etwa Beleidigungen, sonstige ehrverletzende Äußerungen oder persönliche Angriffe des ANs gegen den AG, Vorgesetze oder Kollegen (BAG 24.03.2011, 2 AZR 674/09, AP Nr 67 zu § 9 KSchG 1969; LAG Rh-Pf 10.06.2013, 5 Sa 46/13, JurionRS 2013, 48974). 22

Die Wertung, ob diese Voraussetzungen vorliegen, obliegt in 1. Linie der Tatsacheninstanz und ist durch das Revisionsgericht nur beschränkt überprüfbar. Es gilt ein strenger Prüfungsmaßstab (BAG 14.10.1954, 2 AZR 34/53, AP Nr 6 zu § 3 KSchG; 24.3.2011, 2 AZR 674/09, EzA § 9 nF KSchG 23

Nr 62) Ein bloßes Abstellen auf die bisherige Betriebszugehörigkeit reicht nicht (BAG 9.9.2010, 2 AZR 482/09, EzA § 9 nF KSchG Nr 60). Verschulden des AN ist nicht erforderlich. Es kommt darauf an, ob die objektive Lage beim Schluss der mündlichen Verhandlung in der Tatsacheninstanz beim AG die Besorgnis aufkommen lassen kann, die weitere Zusammenarbeit mit dem AN sei gefährdet. Der Auflösungsantrag ist trotz seiner nach § 9 II KSchG gesetzlich angeordneten Rückwirkung auf den Kdg-Zeitpunkt in die Zukunft gerichtet. Das Gericht hat eine Vorausschau anzustellen. Im Zeitpunkt der Entscheidung muss auf Grund des Verhaltens des AN in der Vergangenheit in Zukunft nicht mehr mit einer den Betriebszwecken dienenden weiteren Zusammenarbeit der Parteien zu rechnen sein (LAG Hessen 16.9.2013, 7 Sa 1419/12, JurionRS 2013, 53587).

Besonders strenge Anforderungen gelten, wenn der AN nach Ausspruch der Kdg einen SonderKdg-Schutz, etwa nach § 15, erlangt hat (BAG 29.8.2013, 2 AZR 419/12, BB 2014, 690; 7.12.1972, 2 AZR 235/72, AP Nr 1 zu § 9 KSchG 1969).

24 Die im Prozess vorgebrachten Kdg-Gründe, die zur Rechtfertigung der Kdg nicht ausgereicht haben, müssen zwar nicht bei der Bewertung des Auflösungsantrages völlig unberücksichtigt bleiben. Der AG muss jedoch jedenfalls hierzu **weitere Tatsachen** vortragen, welche die Prognose begründen, eine den Betriebszwecken dienliche weitere Zusammenarbeit zwischen den Parteien sei aufgrund des Kdg-Sachverhalts nicht zu erwarten. Die bloße Weigerung von Arbeitskollegen, aufgrund des Kdg-Sachverhalts noch mit dem betreffenden AN zusammenzuarbeiten, kann eine Auflösung nicht rechtfertigen (BAG 10.10.2002, 2 AZR 240/01, EzA § 9 KSchG nF Nr 46).

25 Das Gericht hat regelmäßig eine Gesamtbewertung vorzunehmen, die ggf den Ausschnitt punktueller Verhaltensauffälligkeiten des AN anhand weiterer Tatsachen zu einem Gesamtbild zu ergänzen hat, um eine zutreffende Zukunftsprognose zu ermöglichen (instruktiv insoweit der Fall BAG 23.6.2005, 2 AZR 256/04, EzBAT § 53 Nr 39). Stellt das Fehlverhalten des AN, das ihm mit der Kdg zum Vorwurf gemacht wird, gewissermaßen nur die »Spitze des Eisberges« dar, so kann das Vorbringen zahlreicher weiterer Verhaltensauffälligkeiten die Wertung ermöglichen, eine sinnvolle Zusammenarbeit sei in Zukunft nicht mehr möglich.

26 Auch das Verhalten des AN im Prozess, etwa vorsätzlich falscher Prozessvortrag (BAG 10.7.2008, 2 AZR 1111/06, EzA § 1 KSchG Betriebsbedingte Kdg Nr 163) oder der Vorwurf des Rassismus ggü dem Personalleiter (BAG 10.6.2010, 2 AZR 297/09, EzA § 9 nF KSchG Nr 59) kann einen Auflösungsgrund darstellen. Zur Abgabe einer vorsätzlich falschen eidesstaatlichen Versicherung in einem Rechtsstreit zwischen AN und AG (BAG 31.7.2014, 2 AZR 434/13, NZA 2015, 358-362). Ein Auflösungsgrund für den AG nach § 9 kann auch in einem Verhalten seines Prozessbevollmächtigten liegen, das der AN nicht veranlasst hat. Das gilt für vom AN nicht veranlasste Erklärungen des Prozessbevollmächtigten jedenfalls dann, wenn der AN sich diese zu eigen macht und sich auch nachträglich nicht von ihnen distanziert (BAG 9.9.2010, 2 AZR 482/09, EzA § 9 nF KSchG Nr 60). Hier ist jedoch Vorsicht geboten. Die Prozessführung durch beide Parteien ist zu bewerten und hat sich am Maßstab der Wahrnehmung berechtigter Interessen (§ 193 StGB) zu orientieren. Ehrverletzende Erklärungen in laufenden Gerichtsverfahren – etwa dem Kdg-Schutzprozess selbst – können durch ein berechtigtes Interesse des AN gedeckt sein. Darüber hinaus ist mit Blick auf eine prozessuale Auseinandersetzung zu berücksichtigen, dass Parteien zur Verteidigung von Rechten schon im Hinblick auf das rechtliche Gehör (Art 103 GG) alles vortragen dürfen, was als rechts-, einwendungs- oder einredebegründender Umstand prozesserheblich sein kann. Das gilt allerdings nur in den Grenzen der Wahrheitspflicht. Auch dürfen die Parteien nicht leichtfertig Tatsachenbehauptungen aufstellen, deren Unhaltbarkeit ohne Weiteres auf der Hand liegt (BAG 24.3.2011, 2 AZR 674/09, EzA § 9 nF KSchG Nr 62).

27 Ein Verhalten seines Prozessbevollmächtigten ist dem AN kaum noch entscheidend zuzurechnen, wenn er seinen Prozessbevollmächtigten gewechselt und sich von dessen entspr Äußerungen distanziert (BAG 7.3.2002, 2 AZR 158/01, EzA § 9 KSchG nF Nr 45). Regelmäßig ist davon auszugehen, dass der Zeitablauf heilt und eine scharfe Prozessführung zu Beginn des Prozesses für die Zukunft keine Belastung mehr darstellt, wenn inzwischen jahrelang fair prozessiert worden ist. Der Zeitablauf kann auch insoweit zu berücksichtigen sein, als etwa die Vorgesetzten, die vom AN beleidigt worden sind, längst aus dem Betrieb ausgeschieden sind (BAG 10.7.2008, 2 AZR 1111/06, EzA § 1 KSchG Betriebsbedingte Kdg Nr 163; 7.3.2002, 2 AZR 158/01, EzA § 9 KSchG nF Nr 45).

28 Hat der AG selbst den Auflösungsgrund erheblich mit verursacht, steht regelmäßig § 162 BGB einer Berücksichtigung dieses Grundes entgegen. Dem AG ist nicht gestattet, sich auf Auflösungsgründe zu berufen, die von ihm selbst oder von Personen provoziert worden sind, für die er einzustehen hat. Überwiegen die dem AG zuzurechnenden Anteile an der Verursachung der Spannungen ggü den Anteilen des AN und hat der AG das beanstandete Verhalten geradezu provoziert, so verstößt es regelmäßig gegen Treu und Glauben, wenn der AG nunmehr geltend macht, eine weitere Zusammenarbeit sei nicht mehr möglich (BAG 11.7.2013, 2 AZR 994/12, NZA 2014, 250-254; 2.6.2005 2 AZR 234/04, EzBAT § 53 Nr 38).

Eine Prozessführung am Rande der Beleidigung ist jedenfalls milder zu bewerten, wenn der Prozess auch durch den Gegner entspr geführt worden ist (vgl § 199 StGB).

3. Antrag des Arbeitgebers. Auch der AG-Antrag ist nach § 9 I 4 nur bis zum Schluss der letzten mündlichen Verhandlung in der Berufungsinstanz und nicht erstmalig in der Revisionsinstanz möglich. Im Hinblick auf seine eigene außerordentliche Kdg (mit oder ohne Auslauffrist, BAG 26.3.2009, 2 AZR 879/07, NZA 2009, 679; 30.09.2010, 2 AZR 160/09) kann der AG nach § 13 I keine Auflösung beantragen, wohl aber im Hinblick auf die ordentliche Kdg, in welche die außerordentliche Kdg umzudeuten ist (§ 140 BGB). 29

4. Darlegungs- und Beweislast. Der AG ist in vollem Umfang darlegungs- und beweispflichtig für die Umstände, die einer weiteren gedeihlichen Zusammenarbeit der Parteien entgegenstehen. Der pauschale Hinweis auf einen eingetretenen Vertrauensverlust reicht nicht. Erforderlich ist das Vorbringen nachprüfbarer Tatsachen. Berücksichtigt werden dürfen nur die Tatsachen, auf die sich der AG im Prozess ausdrücklich berufen hat (BAG 16.5.1984, 7 AZR 280/82, EzA § 9 KSchG nF Nr 16; ausf KR-*Spilger* § 9 KSchG Rn 60 f.). 30

Ohne Begr kann nach § 14 II 2 die Auflösung des Arbeitsverhältnisses eines der dort genannten Angestellten in leitender Stellung beantragt werden. 31

IV. Auflösung auf beiderseitigen Auflösungsantrag. Stellen beide Parteien in einem Kdg-Schutzprozess einen Auflösungsantrag, so prüft das Gericht lediglich noch, ob die Kdg zumindest auch sozialwidrig ist und löst dann das Arbeitsverhältnis unter Festsetzung einer Abfindung auf, ohne noch allzu intensiv die vorgetragenen Auflösungsgründe nach § 9 I 1 und 2 zu werten. Dieses Vorgehen ist zumindest praktikabel (BAG 29.3.1960, 3 AZR 568/58, AP KSchG 1951 § 7 Nr 7; einschränkend BAG 23.6.1993, 2 AZR 56/93, EzA § 64 ArbGG 1979 Nr 30). Ein solcher beiderseitiger Auflösungsantrag zeigt regelmäßig, dass die Parteien übereinstimmend davon ausgehen, eine dem § 9 I entspr Fortsetzung des Arbeitsverhältnisses sei nicht mehr zu erwarten. Wenn sie sich dann über die Höhe der Abfindung, also einen Abfindungsvergleich nicht einigen können, ist es im Ergebnis sachgerecht, dass sich die Gerichte ggü ihrem Anliegen nicht sperren und nicht den Prozess durch umfangreiche Aufklärung der Auflösungsgründe verzögern. 32

Haben in einem Kdg-Schutzprozess beide Parteien einen Auflösungsantrag gestellt und löst das ArbG daraufhin das Arbeitsverhältnis auf, so ist der AN, der die Höhe der festgesetzten Abfindung nicht angreift, durch dieses Urt nicht beschwert und seine Berufung deshalb unzulässig, auch wenn das Gericht das Arbeitsverhältnis auf den Antrag des AG hin auflöst. 33

V. Entscheidung des Gerichts. 1. Klageabweisung. Hält das Gericht den Feststellungsantrag für unbegründet, weist es insoweit die Klage ab. Der Auflösungsantrag nach § 9 I 1 oder 2 ist dann nicht mehr zur Entsch gestellt. 34

2. Feststellungsurteil, Zurückweisung des Auflösungsantrags. Stellt das Gericht fest, dass das Arbeitsverhältnis durch die Kdg nicht aufgelöst worden ist, hält es aber die Auflösungsgründe für nicht ausreichend, so gibt es dem Feststellungsantrag statt und weist den Auflösungsantrag zurück. Dies gilt im Berufungsverfahren entspr. 35

3. Auflösung des Arbeitsverhältnisses. Hält das Gericht die Kdg für sozialwidrig und den Auflösungsantrag für begründet, löst es das Arbeitsverhältnis auf und setzt nach II den Auflösungszeitpunkt und die Höhe der Abfindung fest. Das Gericht hat nach § 9 Abs. 2 KSchG den Zeitpunkt festzusetzen, zu dem die objektiv zutreffende Kdgsfrist geendet hätte. Dies gilt auch dann, wenn der AG sie nicht eingehalten und der AN dies im Rechtsstreit nicht gerügt hat (BAG, 21.06.2012, 2 AZR 694/11, EzA-SD 2013, Nr 3, 3-6). Nach der Rechtsprechung des BAG, welcher die hM des Schrifttums folgt, kann über den Kdg-Feststellungs- und Auflösungsantrag nur einheitlich entschieden werden (BAG 4.4.1957, 2 AZR 456/54, AP Nr. 1 zu § 301 ZPO; BAG 9.12.1971, 2 AZR 118/71, AP Nr. 3 zu Art. 56 ZA-Nato-Truppenstatut; KR-*Spilger* § 9 KSchG Rn 83). Anderes gilt allerdings, wenn der AG die Sozialwidrigkeit der Kdg anerkennt und hierüber ein Teil-Anerkenntnisurteil ergeht (BAG 29.1.1981, 2 AZR 1055/78, AP Nr. 6 zu § 9 KSchG 1969 = EzA § 9 KSchG n.F. Nr.10; ausf zur Zulässigkeit eines Teilurteils über die Unwirksamkeit der Kdg trotz Auflösungsantrages des AGs gem § 9 KSchG LAG Hamm 27.5.2013, 8 Sa 103/13, JurionRS 2013, 40817). Ausführliche Darstellung der einzelnen Entscheidungsmöglichkeiten bei KR-*Spilger* § 9 KSchG Rn 80 ff. 36

4. Kosten und Streitwert. Die Kostentragung richtet sich nach dem Maß des Unterliegens, §§ 91, 92, 97 ZPO. Auch bei vollem Obsiegen mit dem Feststellungs- und dem Auflösungsantrag trägt der AN einen Teil der Kosten, wenn er eine bestimmte Höhe der Abfindung beantragt hat und die vom Gericht 37 festgesetzte Abfindung aber darunter liegt. Beim Wert des Streitgegenstands ist die Abfindung nicht hinzuzurechnen (§ 42 IV 1 Hs 2 GKG).

38 **5. Beschwer.** Die Beschwer der Partei richtet sich bei einem Urteil, das über einen Kdg-Schutzantrag und einen Auflösungsantrag entscheidet, nach dem Grad des Unterliegens. Eine Partei, die hins der Abfindungshöhe keinen Mindest- oder Höchstbetrag angegeben hat, kann nach der Rspr kein Rechtsmittel einlegen, wenn ihrem Auflösungsantrag stattgegeben worden ist, die Abfindungshöhe aber hinter dem erwarteten Betrag zurückbleibt (BAG 23.6.1993, 2 AZR 56/93, EzA § 64 ArbGG 1979 Nr 30; aA KDZ/*Zwanziger* § 9 Rn 47). Auch ist bei vollem Obsiegen mit einem Auflösungsantrag kein Rechtsmittel zulässig mit dem Ziel, den Auflösungsantrag zurückzunehmen, um einen Fortbestand des Arbeitsverhältnisses zu erreichen. Die von der Lit dagegen vorgebrachten Argumente erfordern es nicht, von dem Erfordernis der formellen Beschwer beim Rechtsmittelführer abzurücken. Wenn etwa der AN Wert darauf legt, sich die Vorteile des Arbeitsverhältnisses zu erhalten, so hätte er die Stellung des Auflösungsantrags unterlassen oder diesen Antrag rechtzeitig zurücknehmen sollen (BAG 23.6.1993, 2 AZR 56/93, EzA § 64 ArbGG 1979 Nr 30). Der Instanzenzug ist nicht dazu da, den Parteien das Abgehen von inzwischen als nachteilig erkannten Entschlüssen zu ermöglichen. Auch für den umgekehrten Fall, dass der AN in 1. Instanz keinen Auflösungsantrag gestellt und das ArbG deshalb der Feststellungsklage stattgegeben hat, lehnt die hM zu Recht eine Beschwer des AN durch dieses Urteil ab und verwehrt es dem AN, Berufung einzulegen, nur um in der 2. Instanz einen Auflösungsantrag zu stellen (AnwK-ArbR/*Eylert* § 9 Rn 56).

39 Nicht beschiedene Auflösungsanträge (beim Unterliegen des AN mit dem Kdg-Schutzantrag) fallen in der Rechtsmittelinstanz automatisch an. Ein erstmals in der Revisionsinstanz gestellter Auflösungsantrag ist unzulässig (BAG 23.6.1993, 2 AZR 56/93, EzA § 64 ArbGG 1979 Nr 30).

40 **C. Verhältnis zu anderen Vorschriften.** Eine Konkurrenz zu anderen gesetzlichen Abfindungsregelungen, etwa nach §§ 112 ff BetrVG, in dem Sinn, dass Abfindungsregelungen nach mehreren Vorschriften gleichberechtigt nebeneinander Anwendung finden, ist nur eingeschränkt möglich. Die §§ 111 ff BetrVG sollen die wirtschaftlichen Folgen einer Kdg unter der Voraussetzung ausgleichen, dass diese Kdg zum Verlust des Arbeitsplatzes des AN geführt hat. Ob eine Sozialplanabfindung neben einer Abfindung nach §§ 9, 10 KSchG zu zahlen ist, ist regelmäßig Auslegungsfrage. § 113 BetrVG setzt eine Pflichtverletzung des AG in Bezug auf einen Interessenausgleich bei grds zulässiger Kdg voraus.

Sinnvoll ist eine Antragstellung regelmäßig nur in der Form von Haupt- und Hilfsantrag. Ist sich der AN nicht sicher, ob die Kdg das Arbeitsverhältnis beendet hat, wird er die Feststellung, dass das Arbeitsverhältnis nicht durch die Kdg beendet worden ist, hilfsweise Auflösung nach § 9 I 1, weiter hilfsweise Zahlung eines Nachteilsausgleichs nach § 113 BetrVG beantragen.

41 Eine Anhörung des BR zu möglichen Auflösungsgründen ist im Gesetz nicht vorgesehen (BAG 10.10.2002, 2 AZR 240/01, AP KSchG 1969 § 9 Nr 45).

42 Die einem AN nach dem KSchG zuerkannte Abfindung schließt einen vertraglichen **Schadenersatzanspruch** wegen des Verlustes des Arbeitsentgelts für die Zeit nach der gerichtlichen Auflösung des Arbeitsverhältnisses aus (BAG 15.2.1973, 2 AZR 16/72, BAGE 25, 43 mwN).

§ 10 Höhe der Abfindung

(1) Als Abfindung ist ein Betrag bis zu zwölf Monatsverdiensten festzusetzen.
(2) ¹Hat der Arbeitnehmer das fünfzigste Lebensjahr vollendet und hat das Arbeitsverhältnis mindestens fünfzehn Jahre bestanden, so ist ein Betrag bis zu fünfzehn Monatsverdiensten, hat der Arbeitnehmer das fünfundfünfzigste Lebensjahr vollendet und hat das Arbeitsverhältnis mindestens zwanzig Jahre bestanden, so ist ein Betrag bis zu achtzehn Monatsverdiensten festzusetzen. ²Dies gilt nicht, wenn der Arbeitnehmer in dem Zeitpunkt, den das Gericht nach § 9 Abs. 2 für die Auflösung des Arbeitsverhältnisses festsetzt, das in der Vorschrift des Sechsten Buches Sozialgesetzbuch über die Regelaltersrente bezeichnete Lebensalter erreicht hat.
(3) Als Monatsverdienst gilt, was dem Arbeitnehmer bei der für ihn maßgebenden regelmäßigen Arbeitszeit in dem Monat, in dem das Arbeitsverhältnis endet (§ 9 Abs. 2), an Geld und Sachbezügen zusteht.

Übersicht	Rdn.		Rdn.
A. Normzweck	1	3. § 10 II 2	6
B. Regelungsgehalt	3	4. Monatsverdienst, § 10 III	9
I. Höchstgrenze	3	II. Bemessungsfaktoren	10
1. § 10 I	3	1. Betriebszugehörigkeit	10
2. § 10 II 1	5	2. Alter	11

3. Monatseinkommen	12	III.	Abfindungsanspruch	15
4. Wirtschaftliche Folgen der Kündigung	13	C.	Prozessrecht	16
5. Weitere Gesichtspunkte	14	D.	Verhältnis zu anderen Vorschriften	18

A. Normzweck. Nach § 9 I hat das Gericht im Fall der Auflösung des Arbeitsverhältnisses eine angemessene Abfindung festzusetzen. Im systematischen Zusammenhang steht § 10, der die Höchstgrenzen der Abfindung festlegt. Die Abfindung ist eine Entschädigung für den Verlust des Arbeitsplatzes und soll dem AN einen pauschalen Ausgleich für durch die Kdg erlittene Vermögens- und Nichtvermögensschäden gewähren (BAG 12.6.2003, 8 AZR 341/02, EzA § 628 BGB 2002 Nr 1). 1

§ 10 stellt eine in sich geschlossene Regelung dar. Sie findet entspr Anwendung nur, soweit dies gesetzlich geregelt ist (§ 13 I und II, § 113 BetrVG). 2

B. Regelungsgehalt. §§ 9 und 10 geben folgendes Grundmodell wider:
§ 9 I 1: Grundsatz der Angemessenheit der Abfindung,
§§ 10 I: Allgemeiner Höchstbetrag (12 Monatsverdienste) der Abfindung,
§ 10 II 1: Ausnahme hierzu für ältere AN mit langer Beschäftigung,
§ 10 II 2: AN im Rentenalter, Sonderregelung,
§ 10 III: Legaldefinition Monatsverdienst.

I. Höchstgrenze. 1. § 10 I. Die Ausübung des richterlichen Ermessens bei der Festsetzung der Abfindungshöhe ist nicht frei sondern daran gebunden, welcher Abfindungsbetrag unter Berücksichtigung der jeweiligen Umstände des Einzelfalles angemessen ist, um die durch den Verlust des Arbeitsplatzes erwachsenden Nachteile auszugleichen. § 10 setzt als Höchstgrenze 12 Monatsverdienste fest. Daran ist das Gericht gebunden. Eine höhere Abfindung kann außer im Fall des § 10 II nicht festgesetzt werden. Innerhalb dieses Rahmens liegt es im Ermessen des Gerichts, welcher Betrag festgesetzt wird (Bader/Bram/*Bader* § 10 Rn 1). 3

Ob die normale oder die nach II erhöhte Höchstgrenze anzuwenden ist, hängt vom Lebensalter des AN und der Dauer des Arbeitsverhältnisses ab. Für deren Berechnung ist der vom Gericht festzusetzende Auflösungszeitpunkt maßgeblich, dh der, zu dem die objektiv zutreffende Kdg-Frist geendet hätte. Dies gilt auch dann, wenn der AG sie nicht eingehalten und der AN dies im Rechtsstreit nicht gerügt hat (BAG 21.6.2012, 2 AZR 694/11, BAGE 142, 188-201). Unmittelbar vor Beginn des Arbeitsverhältnisses liegende Ausbildungs-, Praktikanten- und Volontärverhältnisse sind anzurechnen. Bei einer fristlosen Kdg ist Auflösungszeitpunkt der Tag des Zugangs. Eine erhöhte Abfindung nach II setzt stets voraus, dass sowohl hins des Lebensalters als auch hins der Beschäftigungsdauer im Auflösungszeitpunkt die gesetzlichen Voraussetzungen erfüllt sind. 4

2. § 10 II 1. II enthält in S 1 die gesetzlichen Höchstgrenzen für ältere AN. Bei mind 15-jähriger Beschäftigung und der Vollendung des 50. Lebensjahres sind bis zu 15 Monatsverdienste, bei mind 20-jähriger Beschäftigung und Vollendung des 55. Lebensjahres sind bis zu 18 Monatsverdienste festzusetzen. Es ist kaum anzunehmen, dass beim Vorliegen der Voraussetzungen für eine Höchstgrenze von 15 oder 18 Monatsverdiensten die jeweils niedriger liegende Höchstgrenze (12 bzw 15) als Untergrenze der Abfindung anzusehen ist, die nur im Ausnahmefall unterschritten werden darf (so KDZ/*Zwanziger* § 10 Rn 20). Die Ausschöpfung der erhöhten Höchstgrenze liegt im Ermessen des Gerichts (APS/*Biebl* § 10 Rn 12). 5

3. § 10 II 2. S 2 kappt die Möglichkeit der Festsetzung einer erhöhten Abfindung falls der AN im Auflösungszeitpunkt bereits das maßgebliche Lebensalter für die Regelaltersgrenze erreicht hat (§ 35 SGB VI). Bei Vorliegen der Voraussetzungen des II 2 dürfen wie bei einem AN, der das 50. Lebensjahr noch nicht vollendet hat, höchstens 12 Gehälter nach I festgesetzt werden. Nach § 35 Nr 1 SGB VI liegt die Regelaltersgrenze beim vollendeten 67. Lebensjahr (zur Übergangsregelung vgl §§ 235 ff SGB VI). Maßgeblich ist allein, ob der AN im Auflösungszeitpunkt bereits das gesetzliche Rentenalter erreicht hat. 6

Nach Inkrafttreten des ab 18.8.2006 gültigen **AGG** stellt sich die Frage, ob § 10 II nicht eine zumindest europarechtl unzulässige Bevorzugung älterer AN darstellt. Diese Frage ist zu verneinen. Nach § 2 IV AGG gelten für Kdg ausschließlich die Bestimmungen zum allg und bes Kdg-Schutz. Damit bleibt § 10 II als Bestimmung des allg Kdg-Schutzes ausdrücklich aufrechterhalten. Die Norm ist allerdings europarechtskonform auszulegen. 7

In erster Linie orientiert sich § 10 II an der Dauer der Betriebszugehörigkeit und begrenzt die Höchstabfindung etwa nach 15 Jahren Betriebszugehörigkeit auf einen Monatsverdienst pro Beschäftigungsjahr. Soweit daneben das Lebensalter des betreffenden AN berücksichtigt werden kann, stellt dies eine durch Sachgründe gerechtfertigte, angemessene Regelung dar. Der Gesetzgeber berücksichtigt die überdurchschnittlich großen

Probleme älterer AN, nach einer Kdg neue Arbeit zu finden, und, dass bei einem Ausscheiden aus einem langjährigen Arbeitsverhältnis mit 50 oder 55 Jahren ein dem verlorenen Kdg-Schutz entspr sozialer Besitzstand bis zum Erreichen des Rentenalters nicht mehr aufgebaut werden kann. Durch diese Sachgründe ist es gerechtfertigt, die Höchstabfindung für AN im Alter von 50 bzw 55 Jahren, zu erhöhen, § 10 S 1, 2 AGG (vgl allg zur europarechtskonformen Auslegung des KSchG hins des Diskriminierungsmerkmals Alter BAG 6.11.2008, 2 AZR 523/07, EzA § 1 KSchG Soziale Auswahl Nr 82).

8 Ebenfalls ist es sachgerecht, die Erhöhungsmöglichkeit bei AN nicht eintreten zu lassen, die schon das maßgebliche Alter für die Regelaltersrente erreicht haben (vgl zu Sozialplanabfindungen § 10 S 2 Nr 6 AGG).

9 **4. Monatsverdienst, § 10 III.** Nach § 10 III gilt als Monatsverdienst, das, was dem AN in dem Monat, in dem der Auflösungszeitpunkt liegt, bei der für ihn maßgebenden regelmäßigen Arbeitszeit erhält, dh das Bruttomonatsentgelt, das sich aus Geld- und Sachbezügen ergibt (Schaub/*Linck* § 141 Rn 48; KR-*Spilger* § 10 Rn 27 ff.). Damit wird keine Durchschnittsberechnung angestellt, sondern auf einen konkreten Monat abgestellt. Alle Leistungen mit Arbeitsentgeltcharakter sind zu berücksichtigen (zB 13. und 14. Gehalt, Provisionen, Tantiemen, Umsatzbeteiligungen, der Wert von Naturalleistungen). Dies gilt auch für regelmäßig gezahlte Zulagen (Schmutz-, Gefahrenzulagen etc), ebenso für unabhängig vom tatsächlichen Aufwand gezahlten Aufwendungsersatz (Fahrgelder etc). Sachbezüge sind mit ihrem Geldwert in die Berechnung einzustellen, ebenso Zahlungen mit Gratifikationscharakter (Weihnachtsgratifikation, als Gratifikation gezahltes Urlaubsgeld etc) (tw. str. vgl. ErfK/*Kiel* § 10 Rn 3; *Zwanziger/Altmann/Schneppendahl* § 10 Rn 6). Entsprechend sind Entgeltbestandteile, die für längere Zeiträume gewährt werden, nur anteilig in die Berechnung einzubeziehen, zB ein 13. Gehalt nur mit 1/12. Reiner Aufwendungsersatz (konkret abgerechnete Spesen) bleibt stets unberücksichtigt. Auszugehen ist vom Bruttoverdienst. Atypische Verdienstschwankungen, etwa eine Krankheit des AN im Bezugszeitraum nach Ablauf des EFZ-Zeitraums, bleiben unbeachtet. Die Abfindung ist in solchen Fällen so zu berechnen, als hätte der AN gearbeitet (*v Hoyningen-Huene/Linck* § 10 Rn 13).

10 **II. Bemessungsfaktoren. 1. Betriebszugehörigkeit.** Unter den Bemessungsfaktoren für die Abfindungshöhe ist die Betriebszugehörigkeit **von größtem Gewicht**. Dies zeigt schon der Gesamtzusammenhang der Vorschrift, der nach längerer Betriebszugehörigkeit den Abfindungsrahmen erhöht. Zur Berechnung der Betriebszugehörigkeit (vgl Kommentierung zu § 1 I).

11 **2. Alter.** Das Alter wird bei der erforderlichen europarechtskonformen Auslegung nur insoweit berücksichtigt, als sich die Chancen des betreffenden AN auf dem Arbeitsmarkt und seine Chance, in einem anderen Arbeitsverhältnis wieder einen vergleichbaren sozialen Schutz zu erreichen, mit zunehmendem Alter verschlechtern. Dies stellt auch bei der gebotenen abstrakten Betrachtungsweise keine unzulässige Diskriminierung jüngerer AN dar und ist nach § 10 S 1, 2 AGG gerechtfertigt.

12 **3. Monatseinkommen.** Schon die gesetzliche Anknüpfung an den Monatsverdienst zeigt, dass der Gesetzgeber der Höhe des Arbeitseinkommens des AN erhebliche Bedeutung beimisst. Zwar muss die festgesetzte Abfindung nicht unbedingt einem Vielfachen des Monatseinkommens entsprechen. Sie hat sich jedoch an dem konkret zu berechnenden Monatsverdienst des AN zu orientieren.

13 **4. Wirtschaftliche Folgen der Kündigung.** Hat der AN unmittelbar nach Ablauf der Kdg-Frist ein neues Dauerarbeitsverhältnis angetreten, so wird dies die festzusetzende Abfindung regelmäßig mindern (hM; aA APS/*Biebl* § 10 Rn 26), ebenso wie es erhöhend zu berücksichtigen ist, dass der AN absehbar bis zum Erreichen des Rentenalters keine auch nur annähernd vergleichbare Arbeit mehr finden wird.

14 **5. Weitere Gesichtspunkte.** Als weitere soziale Gesichtspunkte können der Familienstand, die Anzahl der unterhaltsberechtigten Personen, eine Schwerbehinderung und der Gesundheitszustand des AN berücksichtigt werden. Die wirtschaftliche Situation des AN ist idR nicht berücksichtigungsfähig (KR/*Spilger* § 10 Rn 59), da es nicht sachlich gerechtfertigt, den AN, der sich hoch verschuldet hat, iRd § 10 besser zu behandeln als einen AN, der für Notfälle ein Sparguthaben hat. Dagegen kann das Maß der Sozialwidrigkeit der Kdg eine höhere Abfindung rechtfertigen (Bader/Bram/*Bader* § 10 Rn 1). Verliert der AN eine verfallbare Anwartschaft auf Ruhegeld, so kann auch dieser Verlust die Höhe der Abfindung beeinflussen (BAG 12.6.2003, 8 AZR 341/02, EzA § 628 BGB 2002 Nr 1).

Da bei der fristlosen Kdg zum Zeitpunkt des Kdg-Zugangs aufgelöst wird, können dort Entgeltansprüche für die Dauer der Kdg-Frist nicht in die Berechnung der Abfindung einfließen. Anders ist dies, wenn die fristlose Kdg in eine ordentliche umgedeutet (140 BGB) und im Hinblick auf die ordentliche Kdg zum Ablauf der Kdg-Frist aufgelöst wird.

III. Abfindungsanspruch. Der Abfindungsanspruch ist abtretbar und wie das Arbeitseinkommen pfändbar. Der AG kann mit Gegenansprüchen aufrechnen. Der Abfindungsanspruch, nicht jedoch das Antragsrecht nach § 9, ist vererblich. Voraussetzung ist allerdings, dass der AN den Auflösungszeitpunkt erlebt. Die – iÜ differenzierte – Rspr zur durch Vergleich oder Aufhebungsvertrag festgelegten Abfindung (BAG 22.5.2003, 2 AZR 250/02, EzA § 611 BGB 2002 Aufhebungsvertrag Nr 1) ist auf § 9 nicht zu übertragen. 15

C. Prozessrecht. Ein gesonderter Antrag auf Festsetzung einer »angemessenen« Abfindung ist nicht erforderlich. Es kann sich jedoch empfehlen, dass der AN eine Mindestgrenze, der AG eine Höchstgrenze angibt (... eine Abfindung zu zahlen, die den Betrag von ... nicht unterschreiten sollte). Sonst ist nach der Rspr mangels Beschwer ein Rechtsmittel ausgeschlossen, wenn etwa das Gericht auf Antrag des AN aufgelöst hat, die festgesetzte Abfindung aber in keiner Weise seinen Vorstellungen entspricht (s § 9 Rdn 38). Konkrete Angaben zur Abfindungshöhe führen allerdings beim teilw Unterliegen zu nachteiligen Kostenfolgen. 16

Im Tenor ist der Abfindungsbetrag zu beziffern. Die Abfindungshöhe liegt im Ermessen des Tatsachengerichts und ist in den Entscheidungsgründen zu erläutern, damit das Rechtsmittelgericht prüfen kann, ob der gesetzliche Bewertungsspielraum – der allerdings groß ist – eingehalten ist. Das Berufungsgericht trifft eine eigene Ermessensentsch. Das Revisionsgericht ist nicht befugt, dessen Ermessen durch eigenes zu ersetzen. Es kann lediglich prüfen, ob das Berufungsgericht die Voraussetzungen und Grenzen seines Ermessens beachtet oder stattdessen den unbestimmten Rechtsbegriff der angemessenen Entschädigung verkannt, wesentliche Umstände nicht berücksichtigt oder gegen Denkgesetze oder allgemeine Erfahrungsgrundsätze verstoßen hat (BAG 28.5.2009, 2 AZR 282/08, Rn 22, EzA KSchG § 9 nF Nr. 56; 21.06.2012, 2 AZR 694/11, EzA-SD 2013, Nr 3, 3-6). 17

Bei der Entscheidung über die Höhe der Abfindung nach § 10 KSchG hat der Tatsachenrichter innerhalb der vorgesehenen Höchstgrenze des § 10 I und unter Beachtung der in § 10 II festgelegten Richtlinien einen weitgehenden Ermessensspielraum. Das Revisionsgericht kann nur prüfen, ob das LAG den Begriff der Angemessenheit verkannt hat, seinen Ermessensspielraum durch sachfremde oder willkürliche Erwägungen überschritten und ob es wesentliche Umstände entweder überhaupt nicht berücksichtigt oder unter Verletzung von Verfahrensgrundsätzen fehlerhaft festgestellt hat. Das Revisionsgericht ist darüber hinaus nicht befugt, die Ermessensentscheidung des LAG durch sein eigenes Ermessen zu ersetzen (BAG 21.11.1980, 7 AZR 798/78, mwN). 17.1

D. Verhältnis zu anderen Vorschriften. § 10 stellt eine abschließende Regelung der nach § 9 festzusetzenden Abfindung dar. Diese findet entspr Anwendung grds nur dort, wo dies ausdrücklich gesetzlich geregelt ist (§ 13 I und II, § 113 BetrVG). Allenfalls bei der Bemessung des Schadensersatzes nach § 628 II BGB kann § 10 herangezogen werden. Abfindungszahlungen in Aufhebungsverträgen und gerichtlichen Vergleichen sind an § 10 nicht gebunden. 18

Ansprüche des AN auf Schadensersatz wegen des Arbeitsplatzverlustes werden durch die Abfindung ausgeschlossen (BAG 12.6.2003, 8 AZR 341/02, BAGE 106, 286). Gleiches gilt für Entgeltansprüche nach dem Auflösungszeitpunkt. Andere Schadensersatzansprüche und insb Entgeltansprüche des AN bis zum Auflösungszeitpunkt bleiben unberührt. 19

Der nach § 23 I 1 BBiG dem Auszubildenden zu ersetzende Schaden umfasst keine Abfindung entsprechend den §§ 9, 10 KSchG (BAG 9. Senat 16.7.2013, 9 AZR 784/11, BAGE 145, 371-380). Bei § 23 I BBiG findet eine Begrenzung des Schadensersatzanspruchs auf den Lohnausfall während einer fiktiven Kündigungsfrist nicht statt. Daher ist es – anders als bei § 628 II BGB – nicht erforderlich, als Ausgleich für eine solche Begrenzung den Wert des Bestandsschutzes als zusätzliche Schadensposition anzuerkennen. 19.1

Wurde im Rahmen der gerichtlichen Auflösung des Arbeitsverhältnisses eine Abfindung nach §§ 9, 10 zuerkannt, kann der durch die Beendigung des Arbeitsverhältnisses eingetretene Verlust einer Anwartschaft auf betriebliche Altersversorgung daneben nicht als Schadensersatz nach § 628 II BGB oder aus dem Gesichtspunkt einer positiven Vertragsverletzung nach §§ 280, 286 BGB analog verlangt werden (BAG 12.6.2003, 8 AZR 341/02, BAGE 106, 286). 20

Abfindungen nach dem KSchG sind Einkünfte aus nichtselbstständiger Tätigkeit. Zur Berücksichtigung beim Alg vgl § 143a SGB III. 21

Ob die Abfindung nach §§ 9, 10 auf Abfindungsansprüche aus Sozialplänen, anderen BV oder TV anzurechnen ist, muss durch Auslegung der einschlägigen kollektivrechtl Bestimmung geklärt werden. Eine Auslegung in Richtung Anrechenbarkeit liegt umso näher, je deutlicher beide Abfindungen dem gleichen Regelungszweck (zB Ausgleich für die wirtschaftlichen Folgen des Verlustes des Arbeitsplatzes) dienen. Dieser Gesichtspunkt steht regelmäßig auch einer gleichzeitigen Geltendmachung von Ansprüchen nach §§ 9, 10 und § 113 BetrVG entgegen. Ein Sozialplan kann zulässigerweise regeln, dass eine Abfindung nach 22

§§ 9, 10 auf die Sozialplanabfindung angerechnet wird (BAG 20.6.1985, 2 AZR 427/84, EzA § 4 KSchG Ausgleichsquittung Nr 1).

§ 11 Anrechnung auf entgangenen Zwischenverdienst

¹Besteht nach der Entscheidung des Gerichts das Arbeitsverhältnis fort, so muss sich der Arbeitnehmer auf das Arbeitsentgelt, das ihm der Arbeitgeber für die Zeit nach der Entlassung schuldet, anrechnen lassen,
1. was er durch anderweitige Arbeit verdient hat,
2. was er hätte verdienen können, wenn er es nicht böswillig unterlassen hätte, eine ihm zumutbare Arbeit anzunehmen,
3. was ihm an öffentlich-rechtlichen Leistungen infolge Arbeitslosigkeit aus der Sozialversicherung, der Arbeitslosenversicherung, der Sicherung des Lebensunterhalts nach dem Zweiten Buch Sozialgesetzbuch oder der Sozialhilfe für die Zwischenzeit gezahlt worden ist. ²Diese Beträge hat der Arbeitgeber der Stelle zu erstatten, die sie geleistet hat.

Übersicht	Rdn.		Rdn.
A. Normzweck	1	1. Anrechnung anderweitigen Verdienstes, Nr 1	8
B. Regelungsgehalt	2	2. Anrechnung böswillig unterlassenen Verdienstes, Nr 2	10
I. Allgemeines	2		
II. Anwendungsbereich	3		
III. Gerichtliche Entscheidung	4	3. Anrechnung öffentlich-rechtlicher Leistungen, Nr 3	14
IV. Annahmeverzug	5		
V. Höhe des Nachzahlungsanspruchs	7	4. Keine Anrechnung ersparter Aufwendungen	15
VI. Anrechnung auf den Anspruch auf Annahmeverzugslohn	8	VII. Darlegungs- und Beweislast	16

1 **A. Normzweck.** § 11 legt die vergütungsrechtl Folgen einer erfolgreichen Kdg-Schutzklage fest. Der AN soll grds nicht schlechter, aber auch nicht besser gestellt werden, als er ohne die unwirksame Kdg stünde. § 11 ergänzt die allg Vorschriften über den Annahmeverzug in §§ 293 ff, 615 BGB und stellt ggü diesen Vorschriften eine Spezialregelung dar (lex specialis) (BAG 6.9.1990, 2 AZR 165/90, EzA § 615 BGB Nr 67). Die Voraussetzungen des Annahmeverzugs sind dabei nach den allg Vorschriften zu beurteilen. § 11 regelt nur die Rechtsfolgen des Annahmeverzugs bei unwirksamer Kdg und ist **keine Anspruchsgrundlage**. Anspruchsgrundlage des AN ist §§ 611, 615 S 1 BGB; § 11 regelt Einwendungen des AG.

2 **B. Regelungsgehalt. I. Allgemeines.** Die Vorschrift ist zwingender Natur. Abweichungen zulasten der AN können nicht wirksam vereinbart werden (KR/*Spilger* § 11 Rn 7). Nach § 11 S 1 Nr 2 muss sich der AN auf das Arbeitsentgelt, das der AG für die Zeit nach der Entlassung schuldet, anrechnen lassen, was er hätte verdienen können, wenn er es nicht böswillig unterlassen hätte, eine ihm zumutbare Arbeit anzunehmen. Die Vorschrift ist inhaltlich deckungsgleich mit § 615 S 2 BGB (BAG 17.11.2011, 5 AZR 564/10, NZA 2012, 260; 7.2.2007, 5 AZR 422/06, AP Nr. 12 zu § 615 BGB, Rn 15; 11.10.2006, 5 AZR 754/05, EzA BGB 2002 § 615 Nr 18; LAG Düsseld 26.4.2013, 6 Sa 1478/12, JurionRS 2013, 41053). Beide Bestimmungen stellen darauf ab, ob dem AN nach Treu und Glauben (§ 242 BGB) sowie unter Beachtung des Grundrechts auf freie Arbeitsplatzwahl (Art 12 GG) die Aufnahme einer anderweitigen Arbeit zumutbar ist. Maßgebend sind die Umstände des Einzelfalls. Die Unzumutbarkeit der Arbeit kann sich unter verschiedenen Gesichtspunkten ergeben. Sie kann ihren Grund in der Person des AGs, der Art der Arbeit und den sonstigen Arbeitsbedingungen haben (BAG 17.11.2011, 5 AZR 564/10, EzA-SD 2012 Nr 4 S 3).

3 **II. Anwendungsbereich.** § 11 findet bei allen nach § 4 rechtzeitig angegriffenen ordentlichen Kdg Anwendung und nach § 13 I 3 bei rechtzeitig angegriffenen außerordentlichen Kdg (fristlos oder mit notwendiger Auslauffrist). Nach § 13 II 2 gilt die Vorschrift ebenso bei rechtzeitig angegriffenen sittenwidrigen Kdg und nach § 12 S 5, wenn der AN die Fortsetzung des Arbeitsverhältnisses bei seinem alten AG nach § 12 verweigert hat. Wird das Arbeitsverhältnis trotz der Kdg einverständlich fortgesetzt, so findet die für den AN ggü § 615 BGB günstigere Vorschrift des § 11 entspr Anwendung (BAG 26.7.1995, 2 AZR 665/94, RzK I 13b Nr 27, anders noch BAG 17.4.1986, 2 AZR 308/85, EzA § 615 BGB Nr 47). Dies gilt insb bei Rücknahme der Kdg; dann gehen die Parteien mangels anderweitiger Vereinbarung vom Fortbestand des Arbeitsverhältnisses aus. Bei gerichtlicher Auflösung nach § 9 entfallen alle Ansprüche des AN ab dem Auflösungszeitpunkt.

III. Gerichtliche Entscheidung. Die Anwendung des § 11 setzt eine Entsch des Gerichts voraus, wonach 4
das Arbeitsverhältnis fortbesteht. Dies kann eine allg Feststellungsklage nach § 256 ZPO sein mit dem
Antrag auf Feststellung des Fortbestands des Arbeitsverhältnisses. Auch eine erfolgreiche Klage nach § 4
reicht aus, denn die Entsch über die Frage, ob eine Kdg das Arbeitsverhältnis aufgelöst hat, setzt die Prüfung
voraus, ob im Kdg-Zeitpunkt noch ein Arbeitsverhältnis bestanden hat. Die Rechtskraft der Entsch ist nicht
erforderlich (Bader/Bram/*Dörner* § 11 Rn 5).

IV. Annahmeverzug. Neben der gerichtlichen Entsch, dass das Arbeitsverhältnis fortbesteht, setzt § 11 5
den Annahmeverzug des AG voraus, der sich nach §§ 293 ff, 615 BGB richtet (s hins der Einzelheiten *v
Hoyningen-Huene/Linck* § 11 Rn 4 ff). Regelmäßig reicht aus, dass der AG seine Pflicht verletzt, dem AN
einen funktionsfähigen Arbeitsplatz zur Verfügung zu stellen und ihm Arbeit zuzuweisen (§ 296 BGB). Der
Ausspruch einer unwirksamen AG-Kdg führt regelmäßig zum Annahmeverzug des AG. Dies gilt unabhängig davon, ob der erkrankte AN seine wiedergewonnene Arbeitsfähigkeit anzeigt (BAG 24.11.1994, 2 AZR
179/94, EzA § 615 BGB Nr 83). Ist der AN krankheitsbedingt nicht mehr in der Lage, seine bisherige
Arbeit zu verrichten, hat der AG ihm ggf zur Vermeidung von Schadensersatzansprüchen einen leidensgerechten Arbeitsplatz zuzuweisen (BAG 19.5.2010, 5 AZR 162/09, NZA 2010, 1119).
Allein dass der AN ein neues Arbeitsverhältnis eingegangen ist, begründet nicht das Fehlen jeder Leistungs- 6
bereitschaft des gekündigten ANs. Kommt der AN aber der Arbeitsaufforderung ohne jegliche Erklärung
nicht nach, indiziert dies seine fehlende Leistungsbereitschaft (BAG, 16.05.2012, 5 AZR 251/11, EzA
§ 615 BGB 2002 Nr 37). Der AN muss arbeitswillig und arbeitsfähig sein (§ 297 BGB). Seine Leistungsbereitschaft muss während des gesamten Verzugszeitraums vorliegen (BAG 19.5.2004, 5 AZR 434/03, EzA
§ 615 BGB 2002 Nr 6).
Die Unzumutbarkeit der Annahme der Leistung hindert den Annahmeverzug nur in seltenen Ausnahmefällen (vgl LAG Berl 27.11.1995, 9 Sa 85/95, LAGE § 615 BGB Nr 46). Die Unzumutbarkeit kann
sich etwa aus der Art der Arbeit, den sonstigen Arbeitsbedingungen oder der Person des AG ergeben BAG
17.11.2011, 5 AZR 564/10, NZA 2012, 260; 7.2.2007, 5 AZR 422/06, AP Nr. 12 zu § 615 BGB). Die
Frage der Zumutbarkeit ist unter Berücksichtigung aller Umstände nach Treu und Glauben zu bestimmen
(BAG 11.01.2006, 5 AZR 98/05, BAGE 116, 359). Bei einer betriebsbedingten oder personenbedingten
Kdg ist die vorläufige Weiterbeschäftigung dem AN im Gegensatz zu einer auf einem Fehlverhalten des AN
gestützten Kdg in der Regel zumutbar (BAG 24.9.2003, 5 AZR 500/02, AP Nr. 4 zu § 11 KSchG 1969;
vgl. zur verhaltensbedingten Kdg auch BAG 17.11.2011, 5 AZR 564/10, NZA 2012, 260).

V. Höhe des Nachzahlungsanspruchs. Der Annahmeverzugslohn berechnet sich grds nach dem Lohnausfallprinzip, 7
dh der AN ist so zu stellen, als hätte er im Verzugszeitraum gearbeitet (BAG 18.9.2001, 9 AZR
307/00, AP Nr 37 zu § 611 BGB Mehrarbeitsvergütung; Hess LAG 18.9.1995, 14 Sa 1128/94,
NZA-RR 1996, 445; vgl auch LAG Köln 19.12.2013, 12 Sa 682/13, BB 2014, 372). Dabei ist ein **Bruttovergleich** vorzunehmen (HaKo/*Fiebig* § 9 Rn 25). Alle Leistungen mit Entgeltcharakter sind nachzuzahlen.
Dies sind neben der Grundvergütung insb 13./14. Gehalt, Prämien, Provisionen, Tantiemen, Leistungszulagen etc. Auch Gratifikationen sind nachzuzahlen (BAG 11.7.1985, 2 AZR 106/84, EzA § 615 BGB Nr 52).
Ausgenommen bleiben lediglich reine Aufwendungsersatzansprüche. Der Anspruch aus § 11 unterliegt als
Erfüllungsanspruch mit Entgeltcharakter nach §§ 850 ff ZPO.
Hat der AG das Arbeitsverhältnis gekündigt und besteht es nach der Entsch des Gerichts fort, hat er die 7.1
während des Kündigungsrechtsstreits entstandenen Urlaubsansprüche des AN grds auch dann zu erfüllen,
wenn dieser inzwischen mit einem anderen AG ein neues Arbeitsverhältnis eingegangen ist. Der AN muss
sich nur dann den ihm während des Kündigungsrechtsstreits vom anderen AG gewährten Urlaub auf seinen
Urlaubsanspruch gegen den alten AG anrechnen lassen, wenn er die Pflichten aus beiden Arbeitsverhältnissen nicht gleichzeitig hätte erfüllen können (BAG 21.2.2012, 9 AZR 487/10, BAGE 141, 27-33).

VI. Anrechnung auf den Anspruch auf Annahmeverzugslohn. 1. Anrechnung anderweitigen Verdienstes, Nr 1. 8
Auf den entgangenen Zwischenverdienst ist zunächst anzurechnen, was der AN durch anderweitige Arbeit verdient hat, § 11 Nr 1. Es muss sich um eine Vergütung handeln, die der AN gerade deshalb erzielen konnte, weil er bei seinem AG seine Arbeitsleistung nicht erbracht hat. Nebentätigkeiten, die
auch sonst außerhalb der Arbeitszeit erbracht worden wären, fallen nicht darunter (BAG 6.9.1990, 2 AZR
165/90, EzA § 615 BGB Nr 67). Anrechenbar sind alle Ansprüche mit Entgeltcharakter. Maßgeblich ist
eine **Gesamtabrechnung**. Bietet sich dem AN durch den Annahmeverzug des AG die Chance, während
eines geringen Teils des Annahmeverzugzeitraums eine überdurchschnittlich hohe Vergütung zu erzielen,
so ist diese voll auf den gesamten Zeitraum des Annahmeverzuges anzurechnen (BAG 29.7.1993, 2 AZR
110/93, EzA § 615 BGB Nr 79; 24.8.1999, 9 AZR 804/98, EzA § 615 BGB Nr 96).

§ 11 KSchG Anrechnung auf entgangenen Zwischenverdienst

Der während des Anrechnungszeitraums erzielte anderweitige Verdienst iSd § 615 2 BGB ist **nicht pro-rata-temporis**, sondern auf die Gesamtvergütung für die Dauer des (beendeten) Annahmeverzugs anzurechnen (BAG 16.5.2012, 5 AZR 251/11, BAGE 141, 340-348).

9 Die Beweislast für den anderweitigen Verdienst trägt grds der AG (BAG 6.9.1990, 2 AZR 165/90, EzA § 615 BGB Nr 67). Er hat allerdings einen **Auskunftsanspruch** gegen den AN über die Höhe des anderweitigen Verdienstes (BAG 19.7.1978, 5 AZR 748/77, EzA § 242 BGB Auskunftspflicht Nr 1). Dieser Auskunftsanspruch kann widerklagend mit der Möglichkeit einer eidesstattlichen Versicherung geltend gemacht werden (BAG 29.7.1993, 2 AZR 110/93, EzA § 615 BGB Nr 79). Bei nicht oder nicht vollständig erteilter Auskunft steht dem AG ein Leistungsverweigerungsrecht zu. Keine Verurteilung Zug-um-Zug (BAG 19.3.2002, 9 AZR 16/01, EzA § 615 BGB Nr 108).

10 **2. Anrechnung böswillig unterlassenen Verdienstes, Nr 2.** Besteht nach der Entsch des Gerichts das Arbeitsverhältnis fort, muss sich der AN nach § 11 S 1 Nr 2 auf das Arbeitsentgelt, das ihm der AG für die Zeit nach der Entlassung schuldet, das anrechnen lassen, was er hätte verdienen können, wenn er es nicht böswillig unterlassen hätte, eine ihm zumutbare Arbeit anzunehmen.

11 Zu prüfen ist, ob dem AN nach Treu und Glauben (§ 242 BGB) unter Beachtung des Grundrechts auf freie Arbeitsplatzwahl (Art 12 GG) die Aufnahme einer anderweitigen Arbeit zumutbar war. Der AN handelt böswillig, dem ein Vorwurf daraus gemacht werden kann, dass er während des Annahmeverzugs trotz Kenntnis aller objektiven Umstände vorsätzlich untätig bleibt oder die Aufnahme der Arbeit bewusst verhindert (BAG 17.11.2011, 5 AZR 564/10, EzA-SD 2012 Nr 4 S 3; 16.6.2004, 5 AZR 508/03, EzA § 615 BGB 2002 Nr 7). Böswilligkeit setzt keine Schädigungsabsicht voraus. Es genügt, dass der AN vorsätzlich eine bekannte Gelegenheit zur Erwerbsarbeit außer Acht lässt. Fahrlässiges, auch grob fahrlässiges Verhalten reicht nicht aus (BAG 16.6.2004, 5 AZR 508/03, EzA § 615 BGB 2002 Nr 7).
Die vorsätzliche Untätigkeit muss vorwerfbar sein. Das ist nicht der Fall, wenn eine angebotene oder sonst mögliche Arbeit nach den konkreten Umständen für den AN unzumutbar ist. Die Unzumutbarkeit kann sich aus der Art der Arbeit, den sonstigen Arbeitsbedingungen oder der Person des AG ergeben und ist unter Berücksichtigung aller Umstände nach Treu und Glauben (§ 242 BGB) zu bestimmen. Der Annahme eines böswilligen Unterlassens kann entgegenstehen, dass der AN während des Annahmeverzugs des AG vorbereitende Arbeiten für eine selbstständige Berufsausübung aufnimmt (BAG 16.6.2004, 5 AZR 508/03, EzA § 615 BGB 2002 Nr 7).
Eine Anrechnung nach § 11 S 1 Nr 2 KSchG kommt auch in Betracht, wenn der AG, der sich mit der Annahme der Dienste in Verzug befindet, Arbeit anbietet (BAG 24.9.2003, 5 AZR 500/02, BAGE 108, 27, 30 f; 16.6.2004, 5 AZR 508/03, EzA § 615 BGB 2002 Nr 7). Ein AN, der eine ohne Beteiligung des Betriebsrats ausgesprochenen Versetzung keine Folge leistet (vgl BAG 7.11.2002, 2 AZR 650/00, EzA BGB 2002 § 615 Nr. 1) handelt nicht böswillig (BAG 17.8.2011, 5 AZR 251/10, EzA § 615 BGB 2002 Nr 34).

12 Es ist umstr, inwieweit der AN eigene Anstrengungen zur möglichen Aufnahme einer zumutbaren Arbeit unternehmen muss (hierzu BAG 16.5.2000, 9 AZR 203/99, BAGE 94, 343, 346 ff; APS/*Biebl* § 11 Rn 23; Staudinger/*Richardi* § 615 BGB Rn 151 ff mwN). Der AN darf nicht untätig bleiben, wenn sich ihm eine realistische Arbeitsmöglichkeit bietet. Das kann die Abgabe von eigenen Angeboten mit einschließen.

13 Geht es um eine Arbeitsmöglichkeit bei dem bisherigen AG, kann der AN allerdings idR abwarten, ob ihm eine zumutbare Arbeit angeboten wird. Er muss weder eine Klage auf Weiterbeschäftigung erheben, noch Vollstreckungsversuche nach einem erfolgreichen Weiterbeschäftigungsantrag unternehmen. Es ist Sache des AG, eine Beschäftigung anzubieten, der AN kann davon ausgehen, dass mit der Kdg die Ablehnung der Beschäftigung verbunden ist (zu Krankheitsfällen vgl BAG 19.5.2010, 5 AZR 162/09, NZA 2010, 1119). Eine eigene Initiative ist dem AN hier regelmäßig nicht zumutbar (vgl BAG 22.2.2000, 9 AZR 194/99, EzA § 615 BGB Nr 97 und hängt von der Art und Schwere der gegen den AN erhobenen Vorwürfe und dem Verhalten des AG im Prozess ab (BAG 24.9.2003, 5 AZR 500/02, EzA § 615 BGB 2002 Nr 4). Der Arbeitnehmer kann die Annahme einer zumutbaren Arbeit allein dadurch böswillig unterlassen, dass er ein im Zusammenhang mit einer Kdg erklärtes Änderungsangebot nicht nach § 2 unter Vorbehalt annimmt. Die Unzumutbarkeit der Arbeit folgt nicht allein daraus, dass der AG die Fortsetzung derselben Arbeit zu einer verminderten Vergütung anbietet (BAG 16.6.2004, 5 AZR 508/03, EzA § 615 BGB 2002 Nr 7). Erklärt der AG anschließend eine Beendigungskündigung, ohne die auf der Änderungskündigung beruhende Arbeitsmöglichkeit weiter anzubieten, endet das böswillige Unterlassen mit Ablauf der Kündigungsfrist (BAG 26.9.2007, 5 AZR 870/06, BAGE 124, 141-149).

14 **3. Anrechnung öffentlich-rechtlicher Leistungen, Nr 3.** § 11 Nr 3, der die Anrechnung öffentl-rechtl Leistungen festlegt, hat keine eigenständige Bedeutung. Nach § 115 I SGB X tritt hins der öffentl-rechtl

Leistungen aus der Sozialversicherung, der Arbeitslosenversicherung oder der Sicherung des Lebensunterhalts nach dem SGB II bereits ein gesetzlicher Forderungsübergang ein. Anzurechnen ist der jeweilige Nettobetrag (BAG 24.9.2003, 5 AZR 282/02, EzA § 615 BGB 2002 Nr 3).

4. Keine Anrechnung ersparter Aufwendungen. Ein wesentlicher Unterschied zwischen § 11 und § 615 BGB liegt neben der zwingenden Wirkung des § 11 darin, dass nach § 11 ersparte Aufwendungen des AN (Fahrtkosten, Mehraufwand für Verpflegung etc) nicht anzurechnen sind. Diese Privilegierung des zu Unrecht gekündigten AN hat der Gesetzgeber mit Rücksicht darauf festgelegt, dass es sich insoweit regelmäßig um geringe Beträge handeln dürfte. Diese unterschiedliche Behandlung hält sich im Regelungsspielraum des Gesetzgebers (BVerfG 24.6.2010, 1 BvL 5/10, NZA 2010, 1004). 15

VII. Darlegungs- und Beweislast. Der AN trägt die Darlegungs- und Beweislast für die tatsächlichen Voraussetzungen des Annahmeverzugs, d.h. dafür, dass ein Arbeitsverhältnis besteht, der AG die Arbeitsleistung nicht angenommen hat (zum Fehlen der Leistungsbereitschaft vgl BAG 16.5.2012, 5 AZR 251/12, BAGE 141, 340-348). Der AG hat die Voraussetzungen der Anrechnungspflicht und Kausalität des anderweitigen Erwerbs durch das Freiwerden von der bisherigen Anrechnungspflicht darzulegen und zu beweisen, also dass der AN zur Leistung objektiv außerstande und subjektiv nicht dazu bereit ist. Dass eine Partei eine innere Tatsache zu beweisen hat und die Führung dieses Beweises Schwierigkeiten bereitet, führt nicht zur Beweislastumkehr sondern zur Modifizierung der Darlegungslast. Trägt der AG Indizien wie die Nichtaufnahme der Arbeit nach erfolgreichem Betreiben der Zwangsvollstreckung aus einem Weiterbeschäftigungstitel vor, ist es Sache des AN, diese Indizwirkung zu erschüttern (BAG 17.8.2011, 5 AZR 251/10, EzA § 615 BGB 2002 Nr 34). Der AG trägt die Darlegungs- und Beweislast für die Minderung des Anspruchs durch anrechenbare Bezüge (BAG 29.7.1993, 2 AZR 110/93, EzA § 615 BGB Nr 79 insb zum Auskunftsanspruch des AG; Bader/Bram/*Dörner* § 11 Rn 26, 33 ff). 16

§ 12 Neues Arbeitsverhältnis des Arbeitnehmers, Auflösung des alten Arbeitsverhältnisses

¹Besteht nach der Entscheidung des Gerichts das Arbeitsverhältnis fort, ist jedoch der Arbeitnehmer inzwischen ein neues Arbeitsverhältnis eingegangen, so kann er binnen einer Woche nach der Rechtskraft des Urteils durch Erklärung gegenüber dem alten Arbeitgeber die Fortsetzung des Arbeitsverhältnisses bei diesem verweigern. ²Die Frist wird auch durch eine vor ihrem Ablauf zur Post gegebene schriftliche Erklärung gewahrt. ³Mit dem Zugang der Erklärung erlischt das Arbeitsverhältnis. ⁴Macht der Arbeitnehmer von seinem Verweigerungsrecht Gebrauch, so ist ihm entgangener Verdienst nur für die Zeit zwischen der Entlassung und dem Tag des Eintritts in das neue Arbeitsverhältnis zu gewähren. ⁵§ 11 findet entsprechende Anwendung.

Übersicht	Rdn.		Rdn.
A. Normzweck	1	IV. Fortsetzung des alten Arbeitsverhältnisses	7
B. Regelungsgehalt	3	V. Beendigung des alten Arbeitsverhältnisses	9
I. Feststellungsurteil auf Fortbestehen des Arbeitsverhältnisses	3	VI. Verzugslohn nur bis Eintritt in das neue Arbeitsverhältnis	11
II. Begründung eines neuen Arbeitsverhältnisses	4		
III. Wahlrechts des Arbeitnehmers	6		

A. Normzweck. § 12 KSchG gibt dem AN, der im Verlauf eines Kündigungsschutzprozesses ein neues Arbeitsverhältnis eingegangen ist, die Möglichkeit, binnen einer Woche nach der Rechtskraft des Urteils durch Erklärung gegenüber dem alten AG die Fortsetzung des Arbeitsverhältnisses zu verweigern. Vor Ablauf der Wochenfrist des § 12 1 KSchG ist er zu einer solchen Erklärung nicht verpflichtet. Äußert sich der AN binnen der Frist nicht, ist er, auch bei entgegenstehender innerer Willensrichtung, zur Fortsetzung des alten Arbeitsverhältnisses verpflichtet (BAG 23.5.2013, 2 AZR 54/12, NZA 2013, 1197-1202; vgl. APS/*Biebl* § 12 KSchG Rn 18; ErfK/*Kiel* § 12 KSchG Rn 12; KR/*Rost* § 12 KSchG Rn 15). Der Gesetzgeber räumt damit dem AN ein einseitiges Gestaltungsrecht zur Beendigung des Arbeitsverhältnisses mit dem alten AG ein (BAG 19.10.1972, 2 AZR 150/72, EzA § 12 KSchG Nr 1). 1

Bei der einwöchigen Frist handelt es sich um eine **materiell-rechtl Ausschlussfrist**, deren Versäumung zum Erlöschen dieses Rechts führt (vgl. BAG 23.5.2013, 2 AZR 54/12, NZA 2013, 1197-1202). Der AN kann deshalb nach Fristablauf von diesem Gestaltungsrecht nicht mehr iSd § 12 S 4 Gebrauch machen (vgl BAG 6.11.1986, 2 AZR 744/85, RzK I 13b Nr 4).

§ 12 KSchG — Neues Arbeitsverhältnis des Arbeitnehmers, Auflösung des alten Arbeitsverhältnisses

Die Vorschrift sichert den AN, der während des Kdg-Schutzprozesses ein anderweitiges Arbeitsverhältnis eingegangen ist und sich nunmehr entscheiden muss, an welchem der beiden Arbeitsverhältnisse er nach gewonnenem Prozess festhalten soll. Während des Prozesses war der AN zur Aufrechterhaltung seiner Annahmeverzugslohnansprüche gehalten, sich nach anderweitiger Beschäftigung umzusehen. Gleichzeitig musste er damit rechnen, bei erfolgreicher Kdg-Schutzklage wieder bei seinem alten AG weiter zu arbeiten. Den dadurch entstehenden Interessenkonflikt löst § 12.

2   Hat der AN während des Kdg-Schutzprozesses eine selbständige Tätigkeit aufgenommen, steht ihm das SonderKdg-Recht nach § 12 KSchG nicht zu (BAG 25.10.2007, 6 AZR 662/06, BAGE 124, 273-283).

3   **B. Regelungsgehalt. I. Feststellungsurteil auf Fortbestehen des Arbeitsverhältnisses.** Voraussetzung des SonderKdg-Rechts des AN nach § 12 S 1 ist ein gerichtliches Urt, das in einem Kdg-Schutzprozess feststellt, dass das Arbeitsverhältnis durch eine ordentliche Kdg nicht aufgelöst worden ist. Gleiches gilt für die Zurückweisung eines möglicherweise noch allein in der Revisionsinstanz anhängigen isolierten Auflösungsantrags des AG oder des AN. Auch mit der Zurückweisung dieses Auflösungsantrags steht der Fortbestand des Arbeitsverhältnisses fest. § 12 gilt nach § 13 I 3 Hs 2 auch, wenn das Gericht die Unwirksamkeit einer außerordentlichen Kdg feststellt. Nach dem Wortlaut des § 13 III findet § 12 keine Anwendung auf eine Kdg, die nicht sozialwidrig, sondern aus anderen Gründen rechtsunwirksam ist. Nach der Erstreckung des § 4 auf alle Unwirksamkeitsgründe ist die Interessenlage aber vergleichbar, sodass eine entspr Anwendung angezeigt ist.

4   **II. Begründung eines neuen Arbeitsverhältnisses.** Das Wahlrecht des § 12 setzt voraus, dass der AN nach Kdg-Zugang und vor Rechtskraft des Urt im Kdg-Schutzprozess ein neues Arbeitsverhältnis eingegangen ist, das den Zeitpunkt der Rechtskraft des Kdg-Schutzprozesses überdauert. Es kann sich dabei um jede Art von Arbeitsverhältnis (Probe-, Aushilfs-, Leih-, Teilzeitarbeitsverhältnis, selbst ein Berufsausbildungsverhältnis) handeln. Nach hM ist wegen vergleichbarer Interessenlage sogar das Dienstverhältnis als Organ einer GmbH oder einer AG ausreichend (*v Hoyningen-Huene/Linck* § 12 Rn 2 mwN).

5   Das neue Arbeitsverhältnis muss »inzwischen«, also noch vor Rechtskraft des der Klage stattgebenden Feststellungsurt begründet worden sein. Unter »Eingehung« des Arbeitsverhältnisses ist der Abschluss des neuen Arbeitsvertrages zu verstehen (*Bauer* BB 1993, 2444). Es ist danach unerheblich, ob die Arbeit schon aufgenommen wurde (KR/*Rost* § 12 Rn 12).

6   **III. Wahlrechts des Arbeitnehmers.** Liegen die gesetzlichen Voraussetzungen vor, ist der AN zur »Verweigerung« der Fortsetzung des alten Arbeitsverhältnisses berechtigt, es besteht ein Sonder-Kdg-Recht (BAG 25.10.2007, 6 AZR 662/06, BAGE 124, 273). Der AN hat ein **Wahlrecht**. Er muss binnen der Wochenfrist nach § 12 S 1 entscheiden, ob er sein altes Arbeitsverhältnis fortsetzen oder von seinem einseitigen Gestaltungsrecht Gebrauch machen will. Seine Wahl muss er dem AG binnen **einer** Woche nach Rechtskraft mitteilen. Es reicht allerdings, wenn der AN schon vor Rechtskraft des Urt mitteilt, im Fall des Obsiegens wolle er das Arbeitsverhältnis nicht fortsetzen (BAG 25.10.2007, 6 AZR 662/06, EzA § 12 KSchG Nr 3). Die Erklärung bedarf nach § 12 S 2 der **Schriftform** des § 623 BGB, denn sie bewirkt wie eine fristlose Kdg die Auflösung des alten Arbeitsverhältnisses (so jetzt auch KDZ/*Kittner* § 12 Rn 12). Es reicht, wenn die Erklärung binnen 1 Woche zur Post gegeben wird (§ 12 S 2). Das Gestaltungsrecht erlischt, wenn der AN die Wochenfrist versäumtmit der Folge, dass er das alte Arbeitsverhältnis fortsetzen muss. Gegen die Versäumung der Frist gibt es **keine Wiedereinsetzung in den vorigen Stand**, da es sich um eine materiell-rechtl Ausschlussfrist handelt (Bader/Bram/*Dörner* § 12 Rn 21). Ein bes Recht zur fristlosen Kdg des alten Arbeitsverhältnisses steht ihm nicht zu. Die Verweigerungserklärung kann vor Rechtskraft des Feststellungsurteils neben einem Antrag nach § 9 abgegeben werden (BAG 29.10.1972, 2 AZR 150/72, EzA § 12 KSchG Nr 1).

7   **IV. Fortsetzung des alten Arbeitsverhältnisses.** Entscheidet sich der AN dafür, den Vertrag bei seinem alten AG fortzusetzen oder versäumt er die Frist des § 12 I, so endet damit noch nicht das neu eingegangene Arbeitsverhältnis. Der AN muss fristgerecht kündigen. Ein wichtiger Grund zur fristlosen Kdg dieses Arbeitsverhältnisses nach § 626 BGB liegt nicht allein in der Tatsache, dass der AN die Pflichten nur aus **einem** Arbeitsverhältnis erfüllen kann.

Hat der AN das neue Arbeitsverhältnis unverzüglich ordentlich gekündigt, so ist er erst **nach Ablauf der Kdg-Frist** verpflichtet, die Arbeit beim alten AG wieder aufzunehmen. Der alte AG hat es wegen der unwirksamen Kdg selbst zu vertreten, dass der AN nicht sofort nach Rechtskraft die Arbeit bei ihm wieder aufnehmen kann. Er ist deswegen nicht zur außerordentlichen oder ordentlichen Kdg berechtigt.

8   Hat der AN das neue Arbeitsverhältnis unverzüglich gekündigt, behält er bis zu dessen Beendigung seinen Anspruch auf Annahmeverzugslohn. Er gerät nicht etwa in Schuldnerverzug, wenn ihn der alte AG

zur Arbeitsaufnahme auffordert. Dieser hat durch die unberechtigte Kdg den Annahmeverzug selbst nach § 615 S 1 zu vertreten (ErfK/*Kiel* § 12 Rn 12).

V. Beendigung des alten Arbeitsverhältnisses. Gibt der AN die Gestaltungserklärung nach § 12 ab, so 9 endet das alte Arbeitsverhältnis mit Zugang der fristgem abgegebenen Erklärung bzw bei vorweggenommener Erklärung mit Rechtskraft. War bei Eintritt der Rechtskraft des Kdg-Schutzurteils die Kdg-Frist noch nicht abgelaufen, ist § 12 S 3 sinngem dahin auszulegen, dass das alte Arbeitsverhältnis erst mit Ablauf der Kdg-Frist endet (str *Löwisch/Spinner* § 12 Rn 8; aA APS/*Biebl* § 12 Rn 12).

Der AN ist nicht dazu gezwungen, von seinem Wahlrecht nach § 12 Gebrauch zu machen. Er kann das alte 10 Arbeitsverhältnis auch auf andere Weise, etwa durch ordentliche Kdg beenden. Für eine außerordentliche Kdg des alten Arbeitsverhältnisses liegt in der Eingehung eines neuen Arbeitsverhältnisses kein wichtiger Grund iSv § 626 BGB (*v Hoyningen-Huene/Linck* § 12 Rn 4).

VI. Verzugslohn nur bis Eintritt in das neue Arbeitsverhältnis. Macht der AN von seinem Verwei- 11 gerungsrecht Gebrauch, stehen ihm Annahmeverzugslohnansprüche nur bis zur rechtl Beendigung des Arbeitsverhältnisses zu. § 12 S 4 begrenzt den Verzugslohnanspruch auf die Zeit bis zum Eintritt in das neue Arbeitsverhältnis; nicht Abschluss des Arbeitsvertrags (ErfK/*Kiel* § 12 Rn 9). Ist der Verdienst des AN in dem neuen Arbeitsverhältnis niedriger als bei seinem alten AG, findet in der Zeit nach Eintritt in das neue Arbeitsverhältnis keine Verrechnung mehr statt. Macht er von seinem Lösungsrecht gem § 12 S 1 Gebrauch, hat dies für ihn den Nachteil, dass er nicht mehr den vollen Vergütungsanspruch, den er gegen den AG nach den Regeln des Annahmeverzuges (§ 615 BGB) erwerben würde, verlangen kann (dazu BAG 31.10.1991, 8 AZR 494/90). Der AN bleibt auf den niedrigeren Lohn in seinem neuen Arbeitsverhältnis beschränkt.

Nach § 12 S 5 findet § 11 auf den reduzierten Annahmeverzugslohnanspruch aus § 12 S 4 entspr Anwendung. Hatte der AN iSv § 11 vor Eintritt in das neue Arbeitsverhältnis anrechenbare Einkünfte oder öffentl-rechtl Leistungen erlangt oder hat er die Erzielung von Einkünften böswillig unterlassen, erfolgt hins des verbleibenden Anspruchs eine Anrechnung.

Die Deckelung der Verzugslohnansprüche des AN nach § 12 S 4 auf den Zeitraum bis zur Eingehung des 12 neuen Arbeitsverhältnisses tritt nicht ein, wenn das alte Arbeitsverhältnis durch Aufhebungsvertrag oder ordentliche Kdg des AN beendet wird. Dann steht dem AN der volle Annahmeverzugslohn zu, der sich auch nach § 11 berechnet (vgl zu taktischen Erwägungen in diesem Zusammenhang *Bauer* BB 1993, 2444).

§ 13 Außerordentliche, sittenwidrige und sonstige Kündigungen

(1) ¹Die Vorschriften über das Recht zur außerordentlichen Kündigung eines Arbeitsverhältnisses werden durch das vorliegende Gesetz nicht berührt. ²Die Rechtsunwirksamkeit einer außerordentlichen Kündigung kann jedoch nur nach Maßgabe des § 4 Satz 1 und der §§ 5 bis 7 geltend gemacht werden. ³Stellt das Gericht fest, dass die außerordentliche Kündigung unbegründet ist, ist jedoch dem Arbeitnehmer die Fortsetzung des Arbeitsverhältnisses nicht zuzumuten, so hat auf seinen Antrag das Gericht das Arbeitsverhältnis aufzulösen und den Arbeitgeber zur Zahlung einer angemessenen Abfindung zu verurteilen. ⁴Das Gericht hat für die Auflösung des Arbeitsverhältnisses den Zeitpunkt festzulegen, zu dem die außerordentliche Kündigung ausgesprochen wurde. ⁵Die Vorschriften der §§ 10 bis 12 gelten entsprechend.
(2) Verstößt eine Kündigung gegen die guten Sitten, so finden die Vorschriften des § 9 Abs. 1 Satz 1 und Abs. 2 und der §§ 10 bis 12 entsprechende Anwendung.
(3) Im Übrigen finden die Vorschriften dieses Abschnitts mit Ausnahme der §§ 4 bis 7 auf eine Kündigung, die bereits aus anderen als den in § 1 Abs. 2 und 3 bezeichneten Gründen rechtsunwirksam ist, keine Anwendung.

Übersicht

	Rdn.		Rdn.
A. Normzweck und Überblick	1	III. Die aus anderen als den in § 1 II und III bezeichneten Gründen unwirksame Kündigung, § 13 III	17
B. Regelungsgehalt	3		
I. Die außerordentliche Kündigung	3		
1. § 13 I 1	4	1. Gesetzwidrige Kündigung	18
2. § 13 I 2	5	2. Kündigungsverbote in TV, BV und im Einzelvertrag	22
3. § 13 I 3	10		
4. Umdeutung der außerordentlichen Kündigung	11	3. Treuwidrige Kündigung	23
		4. Falsch berechnete Kündigungsfrist	25
5. § 13 I 4 und 5	13	5. Anwendung nur von §§ 4–7, nicht von §§ 1–3 und §§ 8–12	26
II. Die sittenwidrige Kündigung, § 13 II	14		

§ 13 KSchG   Außerordentliche, sittenwidrige und sonstige Kündigungen

1 **A. Normzweck und Überblick.** Der erste Abschnitt des KSchG betrifft die sozial ungerechtfertigte ordentliche Kdg des AG. § 13 regelt, welche Abschnitte des KSchG für sonstige Kdg gelten, nämlich die außerordentliche Kdg, die sittenwidrige Kdg und die aus sonstigen Gründen rechtsunwirksame Kdg. und erklärt §§ 4 S 1 und 5–7 für anwendbar. Es gilt vor allem die 3-Wochenfrist zur Klageerhebung nach § 4 S 1. Zu beachten ist, dass seit 1.1.2004 für alle Unwirksamkeitsgründe die Klagefrist nach §§ 4 ff einzuhalten ist. Außerhalb der Klagefrist können nur noch die wenigen Mängel geltend gemacht werden, insb Schriftform und falsche Berechnung der Kdg-Frist. Die 3-wöchige Klagefrist gem § 4 S 1 ist nicht bei einer Kdg durch einen Vertreter ohne Vertretungsmacht anzuwenden (APS/*Ascheid/Hesse* § 4 KSchG Rn 10c; ErfK/*Kiel* § 4 KSchG Rn 6; MünchKommBGB/*Hergenröder* § 4 KSchG Rn 11; HWK/*Quecke* § 4 KSchG Rn 7; *Bender/Schmidt* NZA 2004, 358, 362; *Hanau* ZIP 2004, 1169, 1175; *Fornasier/Werner* NJW 2007, 2729, 2732 f.; *Raab* RdA 2004, 321, 324; aA Kittner/Däubler/Zwanziger/*Zwanziger* KSchR § 4 KSchG Rn 9; BBDK/*Kriebel* § 4 Rn 26). Zur Begründung wird ua. darauf verwiesen, die dreiwöchige Klagefrist diene dem Schutz des AG und setze daher eine dem AG zurechenbare Kdg voraus (BAG 26.3.2009, 2 AZR 403/07, AP Nr 70 zu § 4 KSchG 1969).

2 Bei außerordentlichen Kdg gewährt § 13 I 3 nur dem AN, nicht jedoch dem AG das Recht, einen Auflösungsantrag zu stellen. Auch bei der sittenwidrigen Kdg ist nach II nur ein Auflösungsantrag des AN möglich. Demggü nimmt III bei Kdg, die aus anderen Gründen als wegen Sozialwidrigkeit unwirksam sind, auf §§ 9 f nicht Bezug. Damit wird klargestellt, dass bei Unwirksamkeit der Kdg aus anderen Gründen (zB § 102 BetrVG) eine gerichtliche Auflösung des Arbeitsverhältnisses nicht in Betracht kommt. Nach § 23 I 2 gilt § 13 I 1 und 2 und damit die Klagefrist auch im Kleinbetrieb. Gleiches gilt bei Nichterfüllung der Wartezeit nach § 1 I (§ 4 Rdn 4). Eine Auflösung nach § 9 ist allerdings im Kleinbetrieb (ebenso bei nicht erfüllter Wartezeit) ausgeschlossen. § 13 gilt auch für leitende Angestellte iSv § 14 II 1, nicht jedoch für den Personenkreis des § 14 I.

3 **B. Regelungsgehalt. I. Die außerordentliche Kündigung.** § 13 I gilt für alle außerordentlichen Kdg, vor allem für die fristlose Kdg aus wichtigem Grund ohne Einhaltung der einschlägigen Kdg-Frist (§ 626 BGB); ebenso die außerordentliche Kdg mit notwendiger Auslauffrist ggü einem ordentlich unkündbaren AN.

§ 13 I führt bei der außerordentlichen Kdg eines Ausbildungsverhältnisses nach § 22 II Nr 1 BBiG nur dann zur Anwendung des § 4 KSchG, wenn kein Ausschuss iSv § 111 ArbGG gebildet ist (BAG 26.1.1999, 2 AZR 134/98, EzA § 4 KSchG nF Nr 58; *Zwanziger/Altmann/Schneppendahl* § 13 Rn 3). Auch die außerordentliche Kdg von befristet Beschäftigten unterfällt § 13 I; nach dem TzBfG besteht insoweit kein Unterschied zur unbefristeten Beschäftigung. Erfasst wird auch die außerordentliche Änderungskdg (BAG 28.10.2010, 2 AZR 688/09, EzA § 2 KSchG Nr 80; 19.6.1986, 2 AZR 565/85, EzA § 2 KSchG Nr 7); entscheidend ist, dass sie als außerordentliche Kdg ausgesprochen wird (vgl BAG 13.1.1982, 7 AZR 757/79, BAGE 37, 267).

4 **1. § 13 I 1.** Wenn nach § 13 I 1 die Vorschriften über das Recht zur außerordentlichen Kdg eines Arbeitsverhältnisses durch das KSchG grds nicht berührt werden, so bedeutet dies, dass sich die Voraussetzungen einer wirksamen außerordentlichen Kdg nach allg Grundsätzen richten. Die zentrale Vorschrift ist hier **§ 626 I BGB**, die den wichtigen Grund zur vorzeitigen Beendigung eines Arbeitsverhältnisses definiert: wenn Tatsachen vorliegen, aufgrund derer dem Kündigenden unter Berücksichtigung aller Umstände des Einzelfalles und unter Abwägung der Interessen beider Vertragsteile die Fortsetzung des Dienstverhältnisses bis zum Ablauf der Kündigungsfrist oder bis zu der vereinbarten Beendigung des Dienstverhältnisses nicht zugemutet werden kann.

5 **2. § 13 I 2.** Die Vorschrift regelt die Geltendmachung der Unwirksamkeit einer außerordentlichen Kdg. Davon werden alle Unwirksamkeitsgründe, nicht lediglich die Frage des Vorliegens eines wichtigen Grundes iSv § 626 I BGB erfasst. Die frühere Einschränkung, I 2 beziehe sich nur auf § 626 BGB als Unwirksamkeitsgrund (BAG 8.6.1972, 2 AZR 336/71, AP KSchG 1969 § 13 Nr 1), ist durch § 4, wonach die Klagefrist für alle Unwirksamkeitsgründe gilt, überholt. Dies stellt III klar. Alle denkbaren Unwirksamkeitsgründe, insb auch die Versäumung der Kdg-Erklärungsfrist des § 626 II BGB, müssen innerhalb von 3 Wochen nach Maßgabe der §§ 4 S 1, 5–7 geltend gemacht werden.

Kündigt der AG das Arbeitsverhältnis innerhalb der 6-monatigen Wartezeit des § 1 I außerordentlich, hat der AN, der die Unwirksamkeit der Kdg geltend machen will, gem §§ 13 I 2, 4 S 1 innerhalb von 3 Wochen nach Zugang der Kdg Kdg-Schutzklage zu erheben (BAG 28.6.2007, 6 AZR 873/06, BAGE 123, 209 unter Aufgabe von BAG 17.8.1972, 2 AZR 415/71, BAGE 24, 401).

Die Vorschrift gilt umfassend, betrifft ebenso AN mit Kdg-Schutz, leitende Angestellte iSv § 14 II, befristet 6
beschäftigte AN, AN mit Sonder-Kdg-Schutz und Auszubildende, soweit nicht ein Ausschuss nach § 111
ArbGG gebildet ist. Die Verhandlung vor dem Schlichtungsausschuss ist unverzichtbare Prozessvoraussetzung. Die 3-Wochenfrist ist bei Fehlern des Ausschusses einzuhalten (BAG 13.4.1989, 2 AZR 441/88,
BAGE 61, 258); ist ein Schlichtungsausschuss gebildet, muss die 3-Wochenfrist nicht eingehalten werden.
Die Geltendmachung geschieht sinnvollerweise mit dem Klageantrag auf Feststellung, dass das Arbeitsverhältnis durch die außerordentliche Kdg vom (Datum) nicht aufgelöst worden ist. Versäumt der AN
die Klagefrist, gilt nach § 13 I 2, III iVm § 7 die außerordentliche Kdg als von Anfang an rechtswirksam.
Bei der Klageerhebung nach § 4 ist vor allem sicherzustellen, dass der wirkliche AG verklagt wird und nicht 7
etwa anstatt des Insolvenzverwalters die Schuldnerin (BAG 21.9.2006, 2 AZR 573/05, NJW 2007, 458).
Ist der Klage das Kdg-Schreiben beigefügt ist bei falscher Bezeichnung des AG im Klagerubrum regelm eine
Rubrumsberichtigung möglich (BAG 12.2.2004, 2 AZR 136/03, EzA § 50 ZPO Nr 3; 8.8.2008, 2 AZR
279/07).
Bei schuldloser Fristversäumung kommt nach § 13 I 2 iVm § 5 eine nachträgliche Klagezulassung in 8
Betracht, die allerdings nach der Rspr bei einem Verschulden des Prozessbevollmächtigten ausscheidet. Da
auch § 6 entspr anwendbar ist, kann der korrekte Feststellungsantrag bis zur letzten mündlichen Verhandlung in 1. Instanz nachgeholt werden, wenn innerhalb der Klagefrist zB eine Entgeltklage erhoben ist (vgl
zu den Einzelheiten die Kommentierung zu §§ 4 ff).
Wenn in § 13 I 1 der Hinweis auf § 4 S 4 fehlt, so bedeutet dies nicht, dass bei der außerordentlichen Kdg 9
und dem Erfordernis behördlicher Zustimmung § 4 S 4 nicht gilt. Es handelt sich insoweit um ein offenbares Redaktionsversehen (KR/*Friedrich/Rinck* § 13 Rn 52).

3. § 13 I 3. Nach § 13 I 3 hat nur der AN das Recht, einen Auflösungsantrag gegen Abfindung zu stel- 10
len. Dies gilt auch bei der außerordentlichen Kdg mit notwendiger Auslauffrist (BAG 26.3.2009, 2 AZR
879/07, NZA 2009, 679). Die Höhe der Abfindung bei einem Auflösungsantrag des AN richtet sich wie
bei einer unwirksamen ordentlichen Kdg nach der gem § 13 I 5 entspr anwendbaren Vorschrift des § 10.

4. Umdeutung der außerordentlichen Kündigung. Hat der AG außerordentlich gekündigt und erweist 11
sich diese Kdg als unwirksam, ist regelm zu prüfen, ob die außerordentliche Kdg in eine ordentliche umzudeuten ist, § 140 BGB. Dies setzt den mutmaßlichen Willen des AG voraus, das Arbeitsverhältnis in jedem
Fall zu beenden, notfalls unter Einhaltung der ordentlichen Kdg-Frist. Dieser mutmaßliche Wille muss
dem tatsächlichen Vorbringen des AG zu entnehmen sein. Eine Umdeutung »von Amts wegen« gegen den
Willen des AG ist ausgeschlossen. Der AG braucht sich auf die Umdeutung nicht ausdrücklich zu berufen,
das Gericht hat sie bei entspr Anhaltspunkten von sich aus zu prüfen.
Ist die außerordentliche Kdg umzudeuten, hat der AG nach § 9 I 2 das Recht, einen Auflösungsantrag 12
zu stellen. Der AN kann in einem solchen Fall wählen, ob er hins der außerordentlichen Kdg einen
Auflösungsantrag nach § 13 I 3 oder hins der ordentlichen Kdg einen Antrag nach § 9 I 1 stellt (BAG
26.8.1993, 2 AZR 159/93, EzA § 322 ZPO Nr 9).

5. § 13 I 4 und 5. Das Gesetz legt nunmehr eindeutig fest, dass bei einem Auflösungsantrag des AN in 13
Bezug auf eine außerordentliche fristlose Kdg als Auflösungszeitpunkt der Zeitpunkt des Zugangs der außerordentlichen Kdg festzusetzen ist. Ist ausnahmsweise dem AG die Weiterbeschäftigung des AN zwar nicht
bis zum Ablauf der Kdg-Frist, aber doch noch eine bestimmte Zeitspanne iSv § 626 I BGB zumutbar (vgl
BAG 13.4.2000, 2 AZR 259/99, BAGE 94, 228), so wird die Auflösung nur zu dem Zeitpunkt gerechtfertigt sein, zu dem die Rechtswirkungen des § 626 BGB eintreten. Hins der Fortzahlung der Vergütung (§ 11)
und der Möglichkeit des AN, die Fortsetzung des Arbeitsverhältnisses zu verweigern (§ 12), gilt nach § 13 I
5 nichts anderes als bei der ordentlichen Kdg.

II. Die sittenwidrige Kündigung, § 13 II. Die Sittenwidrigkeit einer Kdg ist ein in der Praxis **seltener** 14
Ausnahmefall, vgl. LAG Schl-Holst 22.6.2011, 3 Sa 95/11. Verstößt eine Kdg gegen die guten Sitten, so ist
sie gem § 138 I BGB nichtig. Die Rspr hat bei der Prüfung der Sittenwidrigkeit stets einen strengen Maßstab angelegt und darauf abgestellt, eine Kdg müsse dem Anstandsgefühl aller billig und gerecht Denkenden
krass widersprechen, um als sittenwidrig angesehen zu werden. Da die Kdg als Willenserklärung an sich
wertfrei ist, kann sich die Sittenwidrigkeit nur aus dem ihr zugrundeliegenden Motiv oder Zweck ergeben
(BAG 24.4.1997, 2 AZR 268/96, EzA § 611 BGB Kirchliche AN Nr 43).
Die Prüfung der Sozialwidrigkeit der ordentlichen Kdg nach § 1 bzw des Fehlens des wichtigen Grundes
nach § 626 I BGB deckt regelmäßig schon alle Fallgestaltungen ab, in denen an eine Sittenwidrigkeit der
Kdg gedacht werden könnte. In Betracht kommen allenfalls Fälle, in denen zwar ein Kdg-Grund objektiv
vorliegt, die näheren Umstände des Ausspruchs der Kdg aber den Vorwurf der Sittenwidrigkeit begründen

§ 13 KSchG Außerordentliche, sittenwidrige und sonstige Kündigungen

An die Sittenwidrigkeit sind strenge Anforderungen zu stellen. Die Darlegungs- und Beweislast obliegt dem AN. Die Rspr hat im Einzelfall die vom AN gerügte Sittenwidrigkeit der Kdg zumeist verneint (vgl BAG 14.11.1984, 7 AZR 174/83, EzA § 242 BGB Nr 38).

15 Da nach der Rspr des BVerfG (zuletzt 21.6.2006, 1 BvR 1659/04, NZA 2006, 913) außerhalb des Geltungsbereichs des KSchG der Schutz des AN gegen den Verlust seines Arbeitsplatzes insb durch die Rspr zur sitten- oder treuwidrigen Kdg verwirklicht werden muss, eröffnet sich hier ein gewisser Anwendungsbereich für eine derartige Prüfung. Dabei ist jedoch Vorsicht geboten. Zu prüfen sein kann außerhalb des Geltungsbereichs des KSchG, ob die Kdg diskriminierend, willkürlich oder aus verwerflichen Motiven ausgesprochen worden ist.

16 Ab dem 1.1.2004 kann auch die Sittenwidrigkeit einer Kdg nur noch nach §§ 4 ff klageweise geltend gemacht werden. § 13 II gewährt dem AN ein Recht einen Auflösungsantrag nach § 9 I 1 zu stellen. Der AG hat kein Auflösungsrecht. Für den Auflösungsantrag des AN gelten §§ 10–12 entspr.

17 **III. Die aus anderen als den in § 1 II und III bezeichneten Gründen unwirksame Kündigung, § 13 III.** Nach dieser Vorschrift finden die §§ 1–14 mit Ausnahme der §§ 4–7 keine Anwendung auf Kdg, die aus anderen Gründen als den in § 1 II und III genannten Gründen unwirksam sind. Bei allen sonstigen Unwirksamkeitsgründen ist die Klagefrist des § 4 einzuhalten. Die möglichen Unwirksamkeitsgründe für eine Kdg außerhalb des § 1 sind zB § 613 IV BGB, § 13 II TzBfG, § 11 S 1 TzBfG, § 22 BBiG, § 85 SGB IX, § 9 MuSchG, § 18 BEEG (vgl die umfangreiche Zusammenstellung bei KR/*Friedrich/Treber* § 13 Rn 174–377).

18 **1. Gesetzwidrige Kündigung.** Praktisch bedeutsam ist hier vor allem die gesetzwidrige Kdg (§ 134 BGB): Wegen der Nichtbeachtung eines SonderKdg-Schutzes nach § 9 MuSchG, § 18 BEEG, §§ 85 ff SGB IX, § 2 ArbPlSchG; die Kdg ohne (ordnungsgem) Anhörung des BR (§ 102 BetrVG) oder Beteiligung des PersR; die Kdg ggü Funktionsträgern nach § 15 I ohne Zustimmung des Organs; die Kdg wegen Betriebsübergangs (§ 613a IV 1 BGB); die Kdg, die Vertretungsmängel (fehlende Vollmacht, §§ 164 ff BGB, fehlende Vorlage einer Vollmachtsurkunde, § 174 BGB) bzw Willensmängel aufweist (§§ 116 ff BGB).

19 Neben dem starken Schutz der Funktionsträger in der Betriebsverfassung und Personalvertretung gem § 15 ist vor allem zu beachten, dass in den Betrieben zahlreiche Funktionen von **Beauftragten** vorkommen, die entweder einen § 15 vergleichbaren SonderKdg-Schutz genießen (+) oder zumindest gegen Benachteiligungen aufgrund ihrer Amtsführung (B) bzw überhaupt nicht besonders geschützt (–) sind: Beauftragte für Abfall § 55 III KrW/AbfG (+), dazu BAG 26.3.2009, 2 AZR 633/07, EzA § 58 BImSchG Nr 2; Arbeitssicherheit – Betriebsarzt § 8 I S 2 und 9 ASiG (B); Biologische Sicherheit § 19 GenTSV (B); Datenschutz § 4 f III S 3 BDSG (+); dazu *Schwab/Ehrhard* NZA 2009, 1118; Frauen/Gleichstellungs- § 18 III, VII BGleiG (+), Länder überwiegend (+); Gefahrgut § 1a Nr 3 GbV (–); Gewässerschutz § 21 f II WHG (+); Immissionsschutz § 58 BImSchG (+); Kesselwärter § 26 DampfkV (–); Sicherheitsb- § 22 III SGB VII (B); Störfall- § 58d BImSchG (+); Strahlenschutz § 14 V RöVO (B); Tierschutz § 8b VI S 2 TierSchG (B).

20 Kdg, die den AN aus Gründen der Rasse, wegen der ethnischen Herkunft, des Geschlechts, der Religion oder Weltanschauung, einer Behinderung, des Alters oder der sexuellen Identität und damit wegen eines der in § 1 AGG aufgeführten Merkmale diskriminieren, sind bei Anwendbarkeit des KSchG nicht aus anderen als den in § 1 II und III genannten Gründen unwirksam. § 2 IV AGG ist europarechtskonform dahin auszulegen, dass die Vorgaben des AGG schon bei der Auslegung des § 1 zu beachten sind, ein Verstoß also die Kdg sozialwidrig macht (vgl BAG 6.11.2008, 2 AZR 523/07, EzA 1 KSchG Soziale Auswahl Nr. 82).

21 Nach einem Urteil des BAG vom 21.5.2008 ist die Lage des wegen schuldhafter Vertragspflichtverletzung des AGs selbst kündigenden ANs mit derjenigen des unberechtigt gekündigten ANs vergleichbar, der einen Auflösungsantrag nach § 9 oder § 13 KSchG gestellt hat, weil ihm die Fortsetzung des Arbeitsverhältnisses unzumutbar ist (8 AZR 623/07, NZA-RR 2009, 75).

22 **2. Kündigungsverbote in TV, BV und im Einzelvertrag.** Ein Kdg-Verbot, das zur Unwirksamkeit einer Kdg führt, kann sich auch aus Beschränkungen aufgrund TV, BV oder Arbeitsvertrags ergeben. Wichtig ist der tarifvertragliche Alters-Kdg-Schutz, der regelmäßig nach einer bestimmten Beschäftigungszeit und ab einem bestimmten Alter den Ausschluss der ordentlichen Kdg vorsieht. Trotzdem ausgesprochene ordentliche Kdg sind unwirksam, soweit nicht die Voraussetzungen einer in der Norm selbst festgelegten Ausnahme vorliegen.

23 **3. Treuwidrige Kündigung.** Auch der Verstoß der Kdg gegen Treu und Glauben (§ 242 BGB) stellt einen sonstigen Unwirksamkeitsgrund iSv III dar. Die Anwendungsbereiche von § 138 BGB und § 242 BGB lassen sich dabei nicht scharf trennen. Sittenwidrigkeit ist regelmäßig mehr als die bloße Treuwidrigkeit und setzt einen Verstoß gegen allg Wertvorstellungen voraus (ErfK/*Kiel* § 13 Rn 11 f; vgl zur Abgrenzung APS/

Preis Grundlagen J Rn 35 ff, 45 ff). Eine Kdg verstößt gegen § 242 BGB und ist nichtig, wenn sie aus Gründen, die von § 1 nicht erfasst sind, Treu und Glauben verletzt. Dies ist allenfalls ausnahmsweise der Fall. Soweit im Fall der Kdg unter mehreren AN eine Auswahl zu treffen ist, hat auch der AG im Kleinbetrieb, auf den das KSchG keine Anwendung findet, ein durch Art 12 GG gebotenes Mindestmaß an sozialer Rücksichtnahme zu wahren (BVerfG 27.01.1998, 1 BvL 15/87, EzA § 23 KSchG Nr 17). Eine Kdg, die dieser Anforderung nicht entspricht, verstößt gegen Treu und Glauben (§ 242 BGB) und ist deshalb unwirksam (BAG 21.2.2001, 7 AZR 200/00, BAGE 97, 92).

Regelmäßig sind alle Kdg-Gründe schon von § 1 KSchG abgedeckt. Bedeutsam ist hier vor allem der Fall, dass das KSchG keine Anwendung findet und der AG eine diskriminierende Kdg ausspricht (Kdg wegen der sexuellen Orientierung des AN BAG 23.6.1994, 2 AZR 617/93, BAGE 77, 128). Außerhalb des Geltungsbereichs des allg Kdg-Schutzes ist der AN durch § 242 BGB vor einer treuwidrigen Kdg des AG geschützt, wobei iR dieser Vorschrift auch der objektive Gehalt der Grundrechte zu beachten ist (BVerfG 21.6.2006, 1 BvR 1659/04, NZA 2006, 913). Eine gewisse Überschneidung mit dem Anwendungsbereich der sittenwidrigen Kdg besteht. Erfolgreich wird der AN die Treuwidrigkeit einer Kdg nur in seltenen Ausnahmefällen geltend machen können, denn dem durch Art 12 I GG geschützten Interesse des AN an der Erhaltung seines Arbeitsplatzes steht das ebenfalls durch Art 12 I GG geschützte Interesse des AG ggü, in seinem Unternehmen nur Mitarbeiter zu beschäftigen, die seinen Vorstellungen entsprechen und ihre Zahl auf das von ihm bestimmte Maß zu beschränken. 24

4. Falsch berechnete Kündigungsfrist. Berechnet der AG lediglich die Kdg-Frist falsch, ergibt die Auslegung regelmäßig den Willen des AG, das Arbeitsverhältnis jedenfalls mit Ablauf der einschlägigen Kdg-Frist zu beenden. 25

5. Anwendung nur von §§ 4–7, nicht von §§ 1–3 und §§ 8–12. Beim Vorliegen sonstiger Unwirksamkeitsgründe iSv § 13 III finden die §§ 1–3 und §§ 8–12 keine Anwendung. Dies bedeutet iE, dass der AN nur rechtzeitig nach § 4 Klage erheben muss. 26

§ 14 Angestellte in leitender Stellung

(1) Die Vorschriften dieses Abschnitts gelten nicht
1. in Betrieben einer juristischen Person für die Mitglieder des Organs, das zur gesetzlichen Vertretung der juristischen Person berufen ist,
2. in Betrieben einer Personengesamtheit für die durch Gesetz, Satzung oder Gesellschaftsvertrag zur Vertretung der Personengesamtheit berufenen Personen.

(2) ¹Auf Geschäftsführer, Betriebsleiter und ähnliche leitende Angestellte, soweit diese zur selbständigen Einstellung oder Entlassung von Arbeitnehmern berechtigt sind, finden die Vorschriften dieses Abschnitts mit Ausnahme des § 3 Anwendung. ²§ 9 Abs. 1 Satz 2 findet mit der Maßgabe Anwendung, dass der Antrag des Arbeitgebers auf Auflösung des Arbeitsverhältnisses keiner Begründung bedarf.

Übersicht	Rdn.		Rdn.
A. Normzweck	1	1. Allgemeines	7
B. Regelungsgehalt	2	2. Begriff des leitenden Angestellten	8
I. Organvertreter, § 14 I	2	3. Geschäftsführer	9
1. Allgemeines	2	4. Betriebsleiter	10
2. Organvertreter juristischer Personen, § 14 I Nr 1	3	5. Ähnlich leitende Angestellte	11
3. Ruhendes Arbeitsverhältnis neben Organstellung	4	6. Einstellungs- oder Entlassungsbefugnis	12
4. Organvertreter von Personengesamtheiten, § 14 I Nr 2	6	7. BR, § 14 II 1	15
II. Leitende Angestellte, § 14 II	7	8. Auflösungsantrag ohne Begründung, § 14 II 2	16
		III. Besondere leitende Angestellte	17

A. Normzweck. § 14 I Nr 1 und Nr 2 stellen klar, dass die unmittelbaren organschaftlichen Vertreter des AG, der in der Form einer juristischen Person oder einer Personengesamtheit organisiert ist, dem allg Kdg-Schutz nicht unterliegen, weil sie nicht als AN anzusehen sind. § 14 präzisiert den personellen Geltungsbereich des KSchG. 1

Nicht ausdrücklich geregelt ist die Frage, welche Rechtsgrundsätze nach der Abberufung des Betreffenden aus seiner Organstellung gelten. Dies betrifft insb die Frage, ob – wie die Rspr ursprünglich angenommen, inzwischen aber immer weiter eingeschränkt hat – ein neben der Organstellung »ruhendes« Arbeitsverhältnis anzunehmen ist, das nach Beendigung der Organstellung bzw des dieser Organstellung zugrunde liegenden Dienstvertrages wieder aufleben kann (vgl dazu BAG 24.11.2005, 2 AZR 614/04, EzA § 1 KSchG Nr 59; 14.6.2006, 5 AZR 592/05, EzA § 5 ArbGG 1979 Nr 40). Hinsichtlich der Rechtsverhältnisse von GmbH-Geschäftsführern ist zu unterscheiden zwischen der Bestellung zum Organ der Gesellschaft und dem schuldrechtlichen Vertragsverhältnis, das der Bestellung zugrunde liegt. Aus der rechtlichen Trennung von Organ- und Anstellungsverhältnis folgt grds, dass beide Rechtsverhältnisse rechtlich selbständig nebeneinander stehen (BGH 28.10.2002, II ZR 146/02, NJW 2003, 351). Durch die Bestellung als solche wird noch keine schuldrechtliche Beziehung zwischen der Gesellschaft und dem Geschäftsführer begründet (Baumbach/Hueck/*Zöllner*/*Noack* GmbHG 18. Aufl. § 35 Rn 166). Behauptet der gekündigte Geschäftsführer, es hätten zwei schuldrechtliche Rechtsverhältnisse bestanden (Geschäftsführerdienstverhältnis und ruhendes Arbeitsverhältnis), hat er iE die Tatsachen darzulegen, aus denen sich ergeben soll, dass eine klar unterscheidbare und trennbare Doppelstellung vorlag (vgl BAG 10.12.1996, 5 AZB 20/96, BAGE 84, 377, 381). Der schuldrechtliche Vertrag des Geschäftsführers muss nicht mit der juristischen Person abgeschlossen werden, zu deren Organvertreter er bestellt werden soll. Wird ein bei einer Konzernobergesellschaft beschäftigter AN zum Geschäftsführer einer konzernabhängigen Gesellschaft bestellt, kann der mit der Konzernobergesellschaft abgeschlossene Arbeitsvertrag die Rechtsgrundlage für die Geschäftsführerbestellung bei der Tochtergesellschaft sein (BAG 8.6.2000, 2 AZR 207/99, BAGE 95, 62, 66; 25.10.2007, 6 AZR 1045/06, NZA 2008, 168-170). II engt für bestimmte Angestellte in leitender Stellung, die zur selbstständigen Einstellung oder Entlassung von AN berechtigt sind, den allg Kdg-Schutz vor allem dadurch ein, dass der Auflösungsantrag des AG keiner Begr bedarf. Damit genießen diese ltd Ang im Ergebnis keinen Bestands-, sondern lediglich einen Abfindungsschutz (*Kliemt*/*Teusch* ArbRB 2006 S 252).

Das Gebot der Rechtssicherheit verbietet ein über den Wortlaut hinausgehendes Verständnis des § 14 II. Die formelle Berechtigung zum Abschluss von Arbeitsverträgen und zum Ausspruch von Kdg ist regelmäßig leichter festzustellen, während eine zuverlässige rechtliche Gewichtung informeller Einflüsse auf Personalentscheidungen regelmäßig schwierig festzustellen sein wird (BAG, 14.4.2011, 2 AZR 167/10, EzA § 14 KSchG Nr 9). Nicht jede Befugnis zur Einstellung oder Entlassung eines leitenden Angestellten führt zur Anwendbarkeit des § 14 II KSchG. Die Personalbefugnis muss entweder eine bedeutende Anzahl von ANn oder eine gewisse Anzahl bedeutender AN erfassen. Der leitende Angestellte iSd § 14 II muss die Rechtsmacht haben, den AG selbständig im Außenverhältnis zu anderen AN zu verpflichten (BAG 14.4.2011, 2 AZR 167/10, AP Nr 12 zu § 14 KSchG 1969). Entscheidend ist, welchen Stellenwert für das Unternehmen die Tätigkeit des Mitarbeiters hat, der einzustellen oder zu entlassenden ist. Die Personalbefugnis muss sowohl im Außen- und Innenverhältnis bestehen und einen wesentlichen Teil der Tätigkeit des leitenden Angestellten ausmachen (BAG 19.4.2012, 2 AZR 186/11, NZA 2013, 27-31).

2 **B. Regelungsgehalt. I. Organvertreter, § 14 I. 1. Allgemeines.** Die Vorschrift nimmt die gesetzlichen Vertreter juristischer Personen vom allg Kdg-Schutz aus, weil ihre Stellung als Organ des AG sie zum Repräsentanten des AG macht. Wird ihnen gekündigt, sind die ordentlichen Gerichte zuständig. Aus dieser gesetzestechnischen Ausgestaltung folgt, dass kein Kündigungsschutz besteht ohne Rücksicht darauf, ob das der organschaftlichen Stellung zu Grunde liegende Vertragsverhältnis als unentgeltlicher Auftrag, als Dienstvertrag oder als Arbeitsverhältnis zu qualifizieren ist (BAG 9.5.1985,2 AZR 330/84, BAGE 49, 81-95).

3 **2. Organvertreter juristischer Personen, § 14 I Nr 1.** Wer bei den einzelnen juristischen Personen Organ ist, ergibt sich aus § 78 I AktG; § 35 GmbHG; § 24 GenG; § 26 II BGB; § 86 BGB; § 278 II AktG iVm §§ 161 II, 128 HGB). § 14 I Nr 1 gilt entspr für nicht beamtete organschaftliche Vertreter der juristischen Personen des öffentl Rechts (zB Gemeinden, BAG 17.1.2002, 2 AZR 719/00, EzA § 14 KSchG Nr 7). Der Geschäftsführer der Komplementär-GmbH einer GmbH & Co. KG genießt für ein neben dem Geschäftsführervertrag mit der GmbH begründetes Arbeitsverhältnis zur KG Kdg-Schutz (BAG 15.4.1982, 2 AZR 1101/79, AP KSchG 1969 § 14 Nr 1). Da der Aufsichtsrat regelmäßig kein Vertretungsorgan ist, findet auf Aufsichtsratsmitglieder der 1. Abschn des KSchG Anwendung.

4 **3. Ruhendes Arbeitsverhältnis neben Organstellung.** Die ordentliche Kdg eines GmbH-Geschäftsführers bedarf nicht der sozialen Rechtfertigung nach § 1. Wird ein AN zum gesetzlichen Vertretungsorgan seines AG (etwa zum GmbH-Geschäftsführer) bestellt, so endet mit dem Abschluss des der Vertreterstellung zugrunde liegenden Dienstvertrages regelmäßig das bisherige Arbeitsverhältnis. Wer zum gesetzlichen Vertreter seines AG aufsteigt, muss wissen, dass er damit seinen Kdg-Schutz verliert (BAG 5.6.2008, 2 AZR 754/06, NZA 2008, 1002; 19.7.2007, 6 AZR 774/06, EzA § 623 BGB 2002 Nr 7; 24.11.2005, 2 AZR 614/04, NJW 2006, 1899, vgl zu den Einzelheiten *Goll-Müller*/*Langenhan-Komus* NZA 2008, 687).

Die Vereinbarung der Anwendbarkeit des KSchG ist allerdings zulässig (BGH 10.5.2010, II ZR 70/09, NZA 2010, 889; dazu *Stagat* NZA 2010, 975).

Nach der Rspr ist hins der Rechtsverhältnisse eines GmbH-Geschäftsführers zwischen der Bestellung zum Organ der Gesellschaft und dem schuldrechtlichen Vertragsverhältnis, das der Bestellung zugrunde liegt zu unterscheiden. Behauptet der gekündigte Geschäftsführer, es hätten 2 schuldrechtl Rechtsverhältnisse bestanden, hat er die Tatsachen darzulegen, aus denen sich ergeben soll, dass eine klar unterscheidbare und trennbare Doppelstellung vorlag (BAG 25.10.2007, 6 AZR 1045/06, EzA § 14 KSchG Nr 8). Die in dem Abschluss des GmbH-Geschäftsführerdienstvertrags regelmäßig liegende Aufhebung des bisherigen Arbeitsvertrags genügt der Schriftform des § 623 BGB (BAG 3.2.2009, 5 AZB 100/08, NZA 2009, 669; 19.7.2007, 6 AZR 875/06, NZA 2007, 1095). Zur Unwirksamkeit (§ 84 I AktG) der Vereinbarung eines Arbeitsvertrages mit dem Vorstand einer AG für die Zeit nach seiner Abberufung vgl BAG 26.8.2009, 5 AZR 522/08, NZA 2009, 1205. 5

4. Organvertreter von Personengesamtheiten, § 14 I Nr 2. Nach dieser Norm sind vom Geltungsbereich des allg Kdg-Schutzes auch die Personen ausgenommen, die in Betrieben einer Personengesamtheit durch Gesetz, Satzung oder Gesellschaftsvertrag zur Vertretung der Personengesamtheit berufen sind. Hierzu zählen vor allem die vertretungsberechtigten Gesellschafter einer GbR (§ 705 BGB), einer OHG (§ 105 HGB), die Komplementäre einer KG (§ 161 HGB), die Vorstandsmitglieder (§ 54 BGB) und ggf die bes Vertreter (§ 30 BGB) eines nicht rechtsfähigen Vereins und die vertretungsberechtigten Partner einer Partnerschaftsgesellschaft nach dem PartGG (vgl dazu BAG 1.3.2007, 2 AZR 525/05, AP KSchG 1969 § 4 Nr 60). Wer seine Vertretungsmacht nicht aus einer Organstellung sondern lediglich aus einer Vollmacht (Prokura, Generalvollmacht, Handlungsvollmacht) herleiten kann, fällt nicht unter § 14 I Nr 2 (ausf. *Löwisch/Spinner/Wertheimer* § 14 KSchG Rn 4 ff). 6

II. Leitende Angestellte, § 14 II. 1. Allgemeines. Die Vorschrift betrifft leitende Angestellter, die zwar keine Organstellung bekleiden, für den Betrieb oder das Unternehmen aber von solcher Bedeutung sind, dass sich der AG von ihnen leichter, nämlich ohne Begr, allerdings gegen Abfindung trennen kann. Diese Personen sind echte AN und genießen deshalb, abgesehen von den gesetzlich geregelten Besonderheiten, Kdg-Schutz. 7

2. Begriff des leitenden Angestellten. Der Begriff des ltd Ang bereitet trotz umfangreiche Rspr und § 5 BetrVG Schwierigkeiten, zumal § 14 II und § 5 BetrVG nicht von einem einheitlichen Begriff des ltd Ang ausgehen. § 14 II 1 stellt weiter als § 5 BetrVG auf Einstellungs- **oder** Entlassungsbefugnis des Betreffenden ab. Andererseits grenzt die Einschränkung, die ltd Stellung müsse ähnlich der eines Geschäftsführers oder Betriebsleiters sein, den Begriff enger ein als § 5 BetrVG. Der ltd Ang iSd § 14 Abs 2 KSchG muss die Rechtsmacht haben, den AG selbständig im Außenverhältnis zu anderen AN zu verpflichten (BAG 14.04.2011, 2 AZR 167/10, EzA § 14 KSchG Nr 9, *Löwisch/Spinner/Wertheimer*, § 14 KSchG Rn 37 f). Die Rspr zu § 5 BetrVG ist deshalb iRd § 14 II nur vorsichtig heranzuziehen. 8

3. Geschäftsführer. Ein Geschäftsführer iSv § 14 II ist eine Person, die unternehmerische Führungsaufgaben im kaufmännischen, organisatorischen, technischen oder personellen Bereich wahrnimmt. Der Geschäftsführer einer GmbH fällt schon unter § 14 I. Zur Entlassungsbefugnis vgl Rdn 12 f. 9

4. Betriebsleiter. Auch der Betriebsleiter iSv II muss bedeutungsvolle unternehmerische Teilaufgaben bei der Leitung eines Betriebes oder Betriebsteils wahrnehmen, dh ihn im Wesentlichen eigenverantwortlich leiten (BAG 25.11.993, 2 AZR 517/93, BAGE 75, 153). Die bloß auf die Arbeitsaufgaben beschränkte Vorgesetztenstellung reicht nicht aus. Bei Filialbetrieben ist deshalb zu bewerten, welcher Teil der unternehmerisch wichtigen Aufgaben zentral gesteuert oder von den Leitern der einzelnen Betriebe eigenverantwortlich erledigt wird (vgl BAG 25.11.1993, 2 AZR 517/93, BAGE 75, 153). 10

5. Ähnlich leitende Angestellte. Eine diesen Führungspositionen ähnlich ltd Stellung setzt regelmäßig das Weisungsrecht ggü einer größeren Anzahl von Mitarbeitern voraus. Wichtige Stabsfunktionen, wie sie in Großbetrieben häufiger vorkommen, können nur im Ausnahmefall eine entspr ltd Stellung begründen (BAG 27.9.2001, 2 AZR 176/00, EzA § 14 KSchG Nr 6; ausf. *Löwisch/Spinner/Wertheimer* § 14 KSchG Rn 30 f). 11

6. Einstellungs- oder Entlassungsbefugnis. Nicht nur bei den ähnlich ltd Ang nach § 14 II 1, sondern auch bei Geschäftsführern und Betriebsleitern muss die Berechtigung zur selbstständigen Einstellung oder Entlassung von AN vorliegen. Zur selbständigen Einstellung und Entlassung sind nur solche AN iSd § 14 II berechtigt, deren entspr Befugnis nicht nur im Innenverhältnis, sondern auch im Außenverhältnis besteht 12

§ 15 KSchG   Unzulässigkeit der Kündigung

(BAG 19.4.2012, 2 AZR 186/11, NZA 2013, 27-31). Von einer Berechtigung zur selbständigen Einstellung kann nicht die Rede sein, wenn sie sich auf die Befugnis beschränkt, intern Vorschläge zu unterbreiten (BAG 14.4.2011, 2 AZR 167/10, EzA § 14 KSchG Nr 9; 19.4.2012, 2 AZR 186/11, NZA 2013, 27-31; LAG Berl-Brbg 25.1.2013, 17 Sa 491/11).

13 Die Befugnis zur selbstständigen Einstellung und Entlassung von ANn i.S.d. § 14 Abs 2 KSchG muss entweder eine bedeutende Anzahl von ANn oder eine gewisse Anzahl bedeutender AN erfassen (*Löwisch/ Spinner/Wertheimer* § 14 KSchG Rn 36). Entscheidend für das Gewicht der Personalkompetenz ist, welchen Stellenwert die Tätigkeit der Mitarbeiter, die der Betreffende einstellt oder entlässt, für das Unternehmen hat. Es kann auch dann ausreichend sein, wenn sich die personellen Entscheidungskompetenzen des Angestellten auf eine geschlossene Gruppe beziehen, die für das Unternehmen, insbesondere für dessen unternehmerischen Erfolg, von Bedeutung ist (BAG 19.4.2012, 2 AZR 186/11, EzA § 626 BGB 2002 Nr 40).

14 Diese Berechtigung muss **im Innen- wie im Außenverhältnis** bestehen (BAG 18.11.1999, 2 AZR 903/98, EzA § 14 KSchG Nr 4: Chefarzt; 19.4.2012, 2 AZR 186/11, EzA § 626 BGB 2002 Nr 40). Die bloße Stellung als Titularprokurist reicht nicht aus. Der ltd Ang iSd § 14 II muss die Rechtsmacht haben, den AG selbständig im Außenverhältnis zu verpflichten (BAG 14.4.2011, 2 AZR 167/10, EzA § 14 KSchG Nr 9). Wenn der Betreffende eigenverantwortlich die Auswahlentscheidung trifft, wer einzustellen oder wer zu entlassen ist, ist es allerdings unerheblich, dass betriebliche Auswahl-RL einzuhalten sind oder etwa die Abwicklung des Vorgangs durch die Personalabteilung erfolgt. Regelmäßig muss die Einstellungs- oder Entlassungsbefugnis von einer gewissen Bedeutung für die Position des Betreffenden sein (BAG 18.10.2000, 2 AZR 465/99, EzA § 14 KSchG Nr 5). Die Personalkompetenz muss einen wesentlichen Teil der ausgeübten Tätigkeit des Angestellten ausmachen (BAG 10.10.2002, 2 AZR 598/01, EzA § 1 KSchG Betriebsbedingte Kdg Nr 122). Dies ist bei dem Leiter einer Betriebsabteilung mit wenigen Mitarbeitern, der in den letzten Jahren keinen entspr Vorgang zu bearbeiten hatte, im Zweifel nicht der Fall (BAG 10.10.2002, 2 AZR 598/01, EzA § 1 KSchG Betriebsbedingte Kdg Nr 122). Eine ausreichende Personalverantwortung eines ltd Ang iSd § 14 II 1 kann jedoch dann bereits gegeben sein, wenn sie sich auf eine abgeschlossene Gruppe von Mitarbeitern bezieht, die für das Unternehmen von wesentlicher Bedeutung ist. Das ist insb anzunehmen, wenn diese Mitarbeiter ihrerseits die ihnen nachgeordneten AN selbständig einstellen und entlassen können (BAG 17.9.2001, 2 AZR 176/00, EzA § 14 KSchG Nr 6).

15 **7. BR, § 14 II 1.** Die Vorschrift engt die Anwendung der weitgehend unbedeutenden Vorschrift des § 3 ein. Für ltd Ang iSv § 5 BetrVG ist der BR ohnehin nicht zuständig.

16 **8. Auflösungsantrag ohne Begründung, § 14 II 2.** Die Abgrenzung, ob der betreffende AN als ltd Ang iSv § 14 II anzusehen ist, ist von erheblicher Bedeutung für den Auflösungsantrag. Bei ltd Ang, geht das Gesetz ohne Weiteres von einer Zerrüttung aus, wenn es zur fristlosen oder ordentlichen Kdg kommt. Das KSchG als Bestandsschutzgesetz würde auch erheblich in die unternehmerische Freiheit (vgl Art 12 I GG) eingreifen, wenn der AG durch die Gerichte gezwungen werden könnte, einen derartigen ltd Ang weiter zu beschäftigen.

Die sonstigen Voraussetzungen des § 9 müssen vorliegen, insb hat das Gericht vorab die **Sozialwidrigkeit** der Kdg zu prüfen. Hat der AG einen Auflösungsantrag nach § 14 II 2 gestellt, ist er nicht verpflichtet, den AN während des Kdg-Schutzprozesses weiterzubeschäftigen. Im Gegensatz zu dem AG-Antrag bedarf der Auflösungsantrag des ltd Ang der Begr nach § 9 I 1 (zur prozessualen Behandlung des Auflösungsantrags vgl *Kliemt/Teusch* ArbRB 2006, 252).

17 **III. Besondere leitende Angestellte.** Für Kapitäne und andere ltd Ang auf Schiffen und Luftfahrzeugen finden nach § 24 V die §§ 1–13 mit den Einschränkungen des § 14 ohne wesentliche Änderungen ebenfalls Anwendung.

§ 15 Unzulässigkeit der Kündigung

(1) ¹Die Kündigung eines Mitglieds eines Betriebsrats, einer Jugend- und Auszubildendenvertretung, einer Bordvertretung oder eines Seebetriebsrats ist unzulässig, es sei denn, daß Tatsachen vorliegen, die den Arbeitgeber zur Kündigung aus wichtigem Grund ohne Einhaltung einer Kündigungsfrist berechtigen, und daß die nach § 103 des Betriebsverfassungsgesetzes erforderliche Zustimmung vorliegt oder durch gerichtliche Entscheidung ersetzt ist. ²Nach Beendigung der Amtszeit ist die Kündigung eines Mitglieds eines Betriebsrats, einer Jugend- und Auszubildendenvertretung oder eines Seebetriebsrats innerhalb eines Jahres, die Kündigung eines Mitglieds einer Bordvertretung innerhalb von sechs Monaten, jeweils vom Zeitpunkt der Beendigung der Amtszeit an gerechnet, unzulässig, es sei denn, daß Tatsachen vorliegen, die den

Arbeitgeber zur Kündigung aus wichtigem Grund ohne Einhaltung einer Kündigungsfrist berechtigen; dies gilt nicht, wenn die Beendigung der Mitgliedschaft auf einer gerichtlichen Entscheidung beruht.
(2) ¹Die Kündigung eines Mitglieds einer Personalvertretung, einer Jugend- und Auszubildendenvertretung oder einer Jugendvertretung ist unzulässig, es sei denn, daß Tatsachen vorliegen, die den Arbeitgeber zur Kündigung aus wichtigem Grund ohne Einhaltung einer Kündigungsfrist berechtigen, und daß die nach dem Personalvertretungsrecht erforderliche Zustimmung vorliegt oder durch gerichtliche Entscheidung ersetzt ist. ²Nach Beendigung der Amtszeit der in Satz 1 genannten Personen ist ihre Kündigung innerhalb eines Jahres, vom Zeitpunkt der Beendigung der Amtszeit an gerechnet, unzulässig, es sei denn, daß Tatsachen vorliegen, die den Arbeitgeber zur Kündigung aus wichtigem Grund ohne Einhaltung einer Kündigungsfrist berechtigen; dies gilt nicht, wenn die Beendigung der Mitgliedschaft auf einer gerichtlichen Entscheidung beruht.
(3) ¹Die Kündigung eines Mitglieds eines Wahlvorstands ist vom Zeitpunkt seiner Bestellung an, die Kündigung eines Wahlbewerbers vom Zeitpunkt der Aufstellung des Wahlvorschlags an, jeweils bis zur Bekanntgabe des Wahlergebnisses unzulässig, es sei denn, daß Tatsachen vorliegen, die den Arbeitgeber zur Kündigung aus wichtigem Grund ohne Einhaltung einer Kündigungsfrist berechtigen, und daß die nach § 103 des Betriebsverfassungsgesetzes oder nach dem Personalvertretungsrecht erforderliche Zustimmung vorliegt oder durch eine gerichtliche Entscheidung ersetzt ist. ²Innerhalb von sechs Monaten nach Bekanntgabe des Wahlergebnisses ist die Kündigung unzulässig, es sei denn, daß Tatsachen vorliegen, die den Arbeitgeber zur Kündigung aus wichtigem Grund ohne Einhaltung einer Kündigungsfrist berechtigen; dies gilt nicht für Mitglieder des Wahlvorstands, wenn dieser durch gerichtliche Entscheidung durch einen anderen Wahlvorstand ersetzt worden ist.
(3a) ¹Die Kündigung eines Arbeitnehmers, der zu einer Betriebs-, Wahl- oder Bordversammlung nach § 17 Abs. 3, § 17a Nr. 3 Satz 2, § 115 Abs. 2 Nr. 8 Satz 1 des Betriebsverfassungsgesetzes einlädt oder die Bestellung eines Wahlvorstands nach § 16 Abs. 2 Satz 1, § 17 Abs. 4, § 17a Nr. 4, § 63 Abs. 3, § 115 Abs. 2 Nr. 8 Satz 2 oder § 116 Abs. 2 Nr. 7 Satz 5 des Betriebsverfassungsgesetzes beantragt, ist vom Zeitpunkt der Einladung oder Antragstellung an bis zur Bekanntgabe des Wahlergebnisses unzulässig, es sei denn, dass Tatsachen vorliegen, die den Arbeitgeber zur Kündigung aus wichtigem Grund ohne Einhaltung einer Kündigungsfrist berechtigen; der Kündigungsschutz gilt für die ersten drei in der Einladung oder Antragstellung aufgeführten Arbeitnehmer. ²Wird ein Betriebsrat, eine Jugend- und Auszubildendenvertretung, eine Bordvertretung oder ein Seebetriebsrat nicht gewählt, besteht der Kündigungsschutz nach Satz 1 vom Zeitpunkt der Einladung oder Antragstellung an drei Monate.
(4) Wird der Betrieb stillgelegt, so ist die Kündigung der in den Absätzen 1 bis 3 genannten Personen frühestens zum Zeitpunkt der Stillegung zulässig, es sei denn, daß ihre Kündigung zu einem früheren Zeitpunkt durch zwingende betriebliche Erfordernisse bedingt ist.
(5) ¹Wird eine der in den Absätzen 1 bis 3 genannten Personen in einer Betriebsabteilung beschäftigt, die stillgelegt wird, so ist sie in eine andere Betriebsabteilung zu übernehmen. ²Ist dies aus betrieblichen Gründen nicht möglich, so findet auf ihre Kündigung die Vorschrift des Absatzes 4 über die Kündigung bei Stillegung des Betriebs sinngemäß Anwendung.

Übersicht		Rdn.			Rdn.
A.	Zweck der Vorschrift	1		3. Bekanntgabe des Wahlergebnisses	32
B.	Geschützter Personenkreis	2		4. Darlegungs- und Beweislast	34
C.	Schutz vor Kdg	3	E.	Zulässigkeit einer ordentlichen Kdg	35
D.	Zulässigkeit einer außerordentlichen Kdg	7	I.	Betriebsstilllegung	36
			II.	Stilllegung einer Betriebsabteilung	51
I.	Zustimmung des BR und PersR oder ihre gerichtliche Ersetzung	7	III.	Der Kündigungsschutzprozess	58
II.	Der wichtige Kündigungsgrund	9		1. Allgemeines	58
III.	Ausschlussfrist zur Geltendmachung eines wichtigen Grundes	16		2. Darlegungs- und Beweislast	59
IV.	Der Kündigungsschutzprozess	17	IV.	Amtszeit der BR- bzw. PersR-Mitglieder	60
	1. Allgemeines	17	F.	Bes Kündigungsschutz für Initiatoren einer BR-Wahl	61
	2. Nachschieben von Kündigungsgründen	19	I.	Geschützter Personenkreis	61
	3. Darlegungs- und Beweislast	22	II.	Schutz gegen ordentliche Kdg	63
V.	Nachwirkungszeitraum	23	G.	Unabdingbarkeit des Kündigungsschutzes	64
	1. Allgemeines	23	H.	Konkurrierender Kündigungsschutz nach anderen Vorschriften	65
	2. Beendigung der Amtszeit	26			

§ 15 KSchG Unzulässigkeit der Kündigung

1 **A. Zweck der Vorschrift.** Der Zweck des bes Kdg-Schutzes des § 15 ist ein doppelter: Einmal sollen AN mit bestimmten betriebsverfassungsrechtlichen Aufgaben nicht aus Furcht vor Entlassung davor zurückschrecken, ihre Aufgaben im Interesse der von ihnen zu vertretenden AN ordnungsgemäß wahrzunehmen oder sich um solche Aufgaben (als Wahlbewerber) zu bemühen. Der weitere Zweck des § 15 liegt darin, die Stetigkeit der Arbeit der jeweiligen AN-Vertretung dadurch zu sichern, dass die AN-Vertretung als Ganzes für die Dauer ihrer Wahlperiode in ihrer personellen Zusammensetzung möglichst unverändert erhalten bleiben soll (vgl BAG 24.4.1969, 2 AZR 319/68, EzA § 13 KSchG Nr 2).

2 **B. Geschützter Personenkreis.** Der durch § 15 geschützte Personenkreis deckt sich im Bereich der privaten Wirtschaft mit dem Kdg-Schutz nach § 103 BetrVG (s § 103 BetrVG Rdn 2 ff) und im Bereich des öffentl Dienstes mit dem Kdg-Schutz nach § 47 BPersVG und anderen Vorschriften des BPersVG, die § 47 BPersVG für entspr anwendbar erklärt haben (s §§ 47 ff BPersVG Rdn 2 ff). Ferner gilt § 15 auch für Mitglieder von Betriebsvertretungen, die bei den alliierten Streitkräften für dt AN nach Art 56 IX des Zusatzabkommens zum NATO-Truppenstatut gebildet worden sind (BAG 29.1.1981, 2 AZR 778/78, EzA § 15 KSchG nF Nr 26); insoweit findet auch § 47 BPersVG Anwendung (vgl KR/*Weigand* Art 56 NATO-ZusAbk Rn 42). Darüber hinaus werden nach § 15 Abs 3a auch Initiatoren einer BR-Wahl gegen ordentliche Kdg geschützt (s Rdn 61 ff); insoweit besteht aber kein zusätzlicher Schutz nach § 103 BetrVG.

3 **C. Schutz vor Kdg.** Der Schutz des § 15 besteht nur ggü der Kdg des AG. Wird das Arbeitsverhältnis auf andere Weise als durch Kdg des AG beendet, etwa durch Zeitablauf eines wirksam befristeten Arbeitsvertrages, durch Ablauf der Ausbildungszeit eines Berufsausbildungsverhältnisses (§ 21 I BBiG), durch Kdg des AN, durch Aufhebungsvertrag, durch Berufung des AG auf die Nichtigkeit des Arbeitsvertrages, durch erfolgreiche Anfechtung des Arbeitsvertrages, greift der Schutz des § 15 nicht ein.

4 Der Schutz des § 15 gilt erst recht **nicht ggü sonstigen personellen Maßnahmen des AG**, die nicht auf die Beendigung des Arbeitsverhältnisses gerichtet sind, zB nicht bei Versetzungen. Trotz ähnlicher Wirkung steht einer Kdg auch nicht gleich die Entlassung nach beamtenrechtlichen Vorschriften, wie dies zB bei Dienstordnungs-Angestellten möglich ist. Denn die beamtenrechtlichen Vorschriften gewähren bereits ihrerseits ausreichenden Schutz (BAG 5.9.1986, 7 AZR 193/85, AP KSchG § 15 Nr 27).

5 § 15 schützt **gegen alle Arten von Kdg** des AG, die auf die Beendigung des Arbeitsverhältnisses gerichtet sind, ebenso gegen **Kdg in der Insolvenz des AG** durch den Insolvenzverwalter, sodass einem BR-Mitglied auch nicht auf der Grundlage eines Interessenausgleichs ordentlich gekündigt werden kann, wenn nicht die Voraussetzungen des § 15 IV oder V vorliegen (BAG 17.11.2005, 6 AZR 118/05, EzA § 1 KSchG Soziale Auswahl Nr 64), ferner gegen Kdg **nach dem Einigungsvertrag** (BAG 28.4.1994, 8 AZR 209/93, EzA Art 20 Einigungsvertrag Nr 36), **bedingte Kdg und Änderungs-Kdg.**

6 Der Schutz des § 15 erstreckt sich auch auf **Massen- oder Gruppenänderungs-Kdg**, durch die die Arbeitsbedingungen aller AN des Betriebs oder derjenigen AN-Gruppe, der der durch § 15 geschützte AN angehört, geändert werden sollen. Denn § 15 enthält insoweit keine Einschränkung des Kdg-Schutzes. Ein Verstoß gegen das Begünstigungsverbot des § 78 BetrVG liegt nicht vor, weil § 15 als speziellere Vorschrift § 78 BetrVG vorgeht. Die Bevorzugung von AN mit betriebsverfassungsrechtlichen oder personalvertretungsrechtlichen Aufgaben ggü anderen AN ist hier um der ordnungsgemäßen Arbeit der jeweiligen AN-Vertretung willen, die im Interesse aller AN liegt, sachlich gerechtfertigt und geboten (BAG 7.10.2004, 2 AZR 81/04, EzA § 15 KSchG nF Nr 57; in der Lit str, s KR/*Etzel/Kreft* § 15 KSchG Rn 31 mzN).

7 **D. Zulässigkeit einer außerordentlichen Kdg. I. Zustimmung des BR und PersR oder ihre gerichtliche Ersetzung.** Die außerordentliche Kdg ggü einem durch § 15 geschützten AN (s Rdn 2) ist während seiner Amtszeit bzw (bei Wahlvorstandsmitgliedern und Wahlbewerbern) bis zur Bekanntgabe des Wahlergebnisses nur zulässig, wenn der BR gem § 103 BetrVG bzw der PersR gem den personalvertretungsrechtlichen Vorschriften (zB § 47 I BPersVG) vor Ausspruch der Kdg dieser zugestimmt hat oder seine Zustimmung durch rkr gerichtliche Entsch ersetzt ist. Maßgeblich ist, ob der AN das Amt im Zeitpunkt des Zugangs der Kdg innehat (BAG 27.9.2012, 2 AZR 955/11, EzA § 626 BGB 2002 Nr 42).

8 Nach **Beendigung des bes Kdg-Schutzes** iSd § 103 BetrVG bzw der entspr personalvertretungsrechtlichen Vorschriften ist die außerordentliche Kdg ggü ehemaligen betriebsverfassungsrechtlichen oder personalvertretungsrechtlichen Amtsträgern iSd § 15 nach Beteiligung der zuständigen AN-Vertretung (§ 102 BetrVG, § 79 BPersVG) unter denselben Voraussetzungen zulässig wie ggü anderen AN auch. Auch wenn ein Zustimmungsersetzungsverfahren noch anhängig ist, muss die Kdg nach dem Amtsverlust unverzüglich erklärt werden (s.a. Rdn 16). Die ehemaligen Amtsträger genießen nur gegenüber ordentlichen Kdg noch einen nachwirkenden Kdg-Schutz.

II. Der wichtige Kündigungsgrund.

§ 15 lässt die Kdg für den Fall zu, dass Tatsachen vorliegen, die den 9
AG zur Kdg aus wichtigem Grund ohne Einhaltung einer Kdg-Frist berechtigen. Damit wird auf die Kdg
aus wichtigem Grund Bezug genommen, die in § 626 BGB geregelt ist. Daher sind die in § 626 BGB enthaltenen und aus dieser Vorschrift abgeleiteten allg Regeln zur Zulässigkeit einer (außerordentlichen) Kdg
aus wichtigem Grund auch bei einer außerordentlichen Kdg ggü einem Amtsträger iSd § 15 grds anzuwenden (Richardi/*Thüsing* Anh zu § 103 BetrVG Rn 15).

Bei einer außerordentlichen **Änderungskdg** müssen die alsbaldige Änderung der Arbeitsbedingungen für 10
den AG unabweisbar notwendig und die neuen Arbeitsbedingungen dem AN zumutbar sein, wobei es auf
die Zumutbarkeit für den AN dann nicht ankommt, wenn es sich um die einzige Möglichkeit zur Weiterbeschäftigung handelt (BAG 27.9.2001, 2 AZR 487/00, EzA § 15 KSchG nF Nr 54); es gelten insoweit ggü
der ordentlichen Änderungs-Kdg gem § 2 verschärfte Anforderungen (BAG 2.3.2006, 2 AZR 64/05, EzA
§ 2 KSchG Nr 58). Stehen mehrere Möglichkeiten der Änderung der Arbeitsbedingungen zur Verfügung,
hat der AG nach dem Verhältnismäßigkeitsgrds diejenige ihm zumutbare Änderung dem AN anzubieten,
die diesen am wenigsten belastet (BAG 17.3.2005, 2 ABR 2/04, EzA § 15 KSchG nF Nr 59). Änderungs-Kdg zur Lohnsenkung, um eine Gleichbehandlung mit anderen AN zu erreichen, sind unzulässig
(BAG 20.1.2000, 2 ABR 40/99, EzA § 15 KSchG nF Nr 49). Soweit ausnahmsweise eine außerordentliche
betriebsbedingte (Massen-)Änderungs-Kdg zulässig ist (s dazu KR/*Fischermeier* § 626 BGB Rn 140), ist
dem AN eine der fiktiven Kdg-Frist entspr Auslauffrist einzuräumen. Eine nach § 15 zulässige Kdg aus
wichtigem Grund ohne Einhaltung einer Kdg-Frist kommt ferner unter den Voraussetzungen des § 22 II,
IV BBiG (s § 22 BBiG Rdn 4, 9) und der §§ 67 ff SeeArbG in Betracht. Hingegen können durch vertragliche oder tarifliche Vereinbarungen wichtige Kdg-Gründe weder begründet noch ausgeschlossen werden.

Bei der Anwendung des § 626 I BGB ist grds auf die **fiktive Kündigungsfrist** abzustellen; ist eine Weiter- 11
beschäftigung bis dahin zumutbar, ist die Kdg unwirksam (BAG 21.6.2012, 2 AZR 343/11, EzA § 15 nF
KSchG Nr 71; KR/*Fischermeier* § 626 BGB Rn 140 mwN auch zur Gegenmeinung).

Die **Eigenschaft als Amtsträger** iSd § 15 verändert nicht das Gewicht einer Pflichtverletzung des AN 12
und darf daher grds weder zu seinen Gunsten noch zu seinen Ungunsten berücksichtigt werden (BAG
13.10.1955, 2 AZR 106/54, BAGE 2, 139; 2.4.1981, 2 AZR 1025/78, nv).

Bei einer Amtspflichtverletzung kann ein wichtiger Grund zur Kdg nur dann gegeben sein, wenn **in der** 13
Amtspflichtverletzung zugleich eine schwere Verletzung der Pflichten aus dem Arbeitsvertrag liegt.
Hierbei ist vorrangig ein Antrag auf Ausschluss des AN aus seinem Amt in Betracht zu ziehen (BAG
11.12.1975, 2 AZR 426/74, EzA § 15 KSchG nF Nr 6). Nach der Auffassung des BAG (12.5.2010, 2 AZR
587/08, EzA § 15 KSchG nF Nr 67) ist bei einer gleichzeitigen Amts- und Arbeitsvertragsverletzung an die
Annahme einer schweren Verletzung des Arbeitsvertrages ein strengerer Maßstab anzulegen als bei einem
anderen nicht durch § 15 geschützten AN. Dem ist nur zuzustimmen, wenn die Amtsausübung das Risiko
zur Begehung einer solchen Arbeitsvertragsverletzung erhöht (vgl BAG 23.10.2008, 2 ABR 59/07, EzA
§ 626 BGB 2002 Nr 25).

Als **wichtige Gründe** zur außerordentlichen Kdg kommen zB in Betracht: **Arbeitsverweigerung** nach 14
mehrmaliger Abmahnung (LAG Hamm 6.3.1985, TaBV 74/84, nv); **Aufforderung zum wilden Streik**,
zur Bummelarbeit (vgl *Stahlhacke/Preis/Vossen* Rn 1735), zum vorzeitigen Verlassen des Arbeitsplätze vor
Arbeitsende (vgl BAG 23.10.1969, 2 AZR 727/69, EzA § 13 KSchG Nr 3) oder zu sonstigem vertragswidrigen Verhalten; vorsätzlich zulasten des AG begangene Vermögensdelikte, zB **Spesenbetrug** (vgl BAG
22.8.1974, 2 ABR 17/74, EzA § 103 BetrVG 1972 Nr 6); **Veruntreuung und Unterschlagung von Geldern** des AG (BAG 22.8.1974, 2 ABR 17/74, EzA § 103 BetrVG 1972 Nr 6); strafrechtlich bewehrte
Pfandkehr (BAG 16.12.2004, 2 ABR 7/04, EzA § 626 BGB 2002 Nr 7); umfangreiche unerlaubt und
heimlich geführte Privattelefonate auf Kosten des AG (BAG 4.3.2004, 2 AZR 147/03, EzA § 103 BetrVG
2001 Nr 3); **unerlaubte private Internetnutzung in erheblichem Umfang** (vgl BAG 27.4.2006, 2 AZR
386/05, EzA § 626 BGB 2002 Unkündbarkeit Nr 11); **heimlicher Mitschnitt eines Personalgesprächs**
(BAG 19.7.2012, 2 AZR 989/11, EzA § 15 nF KSchG Nr 72); **vorsätzlich falsche Zeugenaussage** oder
Abgabe einer vorsätzlich falschen eidesstattlichen Versicherung in einem Verfahren gegen den AG (vgl
BAG 5.11.2009, 2 AZR 487/08, EzA § 15 KSchG nF Nr 64); **grobe Beleidigungen** und **Tätlichkeiten**
unter BR-Mitgliedern – auch im BR-Büro – (LAG Köln 27.10.2005, 10 (9) Sa 973/05, ZTR 2006, 342);
Tätlichkeiten oder ehrverletzende Angriffe gegen AG und BR (BAG 30.11.1978, 2 AZR 30/77, nv);
grobe Beleidigung von Vorgesetzten; **bewusst wahrheitswidrige, ehrenrührige Tatsachenbehauptungen**
über einen Vorgesetzten (BAG 25.5.1982, 7 AZR 155/80, nv); fortgesetzte **Störung des Betriebsfriedens**
(LAG Köln 28.11.1996, 6 Sa 844/96, LAGE § 15 KSchG Nr 14); dringender **Verdacht einer schwerwiegenden Arbeitsvertragsverletzung** (LAG Berl 3.8.1998, 9 TaBV 4/98, LAGE § 15 KSchG Nr 17) oder
sexuellen Belästigung einer Arbeitskollegin (BAG 8.6.2000, 2 ABR 1/00, EzA § 15 KSchG nF Nr 50);

§ 15 KSchG Unzulässigkeit der Kündigung

Alkoholgenuss im Betrieb trotz wiederholter Abmahnung; **Rauchen trotz Rauchverbotes** in einem feuergefährdeten Betrieb (BAG 27.9.2012, 2 AZR 955/11, EzA § 626 BGB 2002 Nr 42); **parteipolitische Agitation** im Betrieb, durch die der Betriebsfrieden gestört wird (vgl BAG 13.1.1956, 1 AZR 167/55, AP § 13 KSchG Nr 4), zB wenn ein AN bei der Werbung für die Wahl zum BR unter schwerwiegender Ehrverletzung anderer mit verfassungsfeindlicher Zielsetzung parteipolitisch agiert (BAG 15.12.1977, 3 AZR 184/76, EzA § 626 BGB nF Nr 61).

15 **Keine außerordentliche Kdg** können iA rechtfertigen: häufige **krankheitsbedingte Fehlzeiten** oder eine lang andauernde Krankheit (BAG 18.2.1993, 2 AZR 526/92, EzA § 15 KSchG nF Nr 40); **ein einziger Fehltag** (LAG Düsseldorf, 29.11.1993, 12 TaBV 82/93, BB 1994, 793); eine Tätigkeit als **ESt-Beisitzer** in anderen Betrieben des AG (BAG 13.5.2015, 2 ABR 38/14, NZA 2016, 116); **Wahlwerbung von** etwa 30 Minuten während der Arbeitszeit (LAG Köln 1.2.1991, 11 TaBV 78/90, LAGE § 15 KSchG Nr 7); bloße Anwesenheit eines BR-Mitglieds bei einem kurzen – rechtswidrigen – **Warnstreik**; polemische und überzogene Äußerungen ggü dem AG auf einer Betriebsversammlung iR einer erregten Auseinandersetzung, weil durch das GR der Meinungsfreiheit (Art 5 I GG) gedeckt (BAG 16.5.1991, 2 ABR 83/90, RzK II 3 Nr 19).

16 **III. Ausschlussfrist zur Geltendmachung eines wichtigen Grundes.** Nach § 626 II BGB kann eine außerordentliche Kdg nur innerhalb von 2 Wochen erfolgen, nachdem der Kündigungsberechtigte von den für die Kdg maßgebenden Tatsachen Kenntnis erlangt hat. Diese Frist kann nicht eingehalten werden, wenn der AG gezwungen ist, ein gerichtliches Zustimmungsersetzungsverfahren durchzuführen. Es ist aber eine entspr Anwendung des § 626 II BGB geboten: Der AG muss innerhalb der Frist des § 626 II BGB beim BR bzw PersR die Zustimmung zur Kdg beantragen und dann auch noch innerhalb der Frist entweder – bei erteilter Zustimmung – die Kdg erklären oder – bei fehlender Zustimmung – das gerichtliche **Zustimmungsersetzungsverfahren** einleiten (BAG 2.2.2006, 2 AZR 57/05, EzA § 626 BGB 2002 Ausschlussfrist Nr 1). Kommt es zum gerichtlichen Zustimmungsersetzungsverfahren, muss der AG grds die Rechtskraft einer gerichtlichen Entsch, die die Zustimmung zur Kdg ersetzt, abwarten, bevor er kündigt (s LAG Nds 22.1.2010, 10 Sa 424/09, LAGE § 103 BetrVG 2001 Nr 10), muss die **Kdg** dann aber **unverzüglich nach Eintritt der Rechtskraft** erklären (s BAG 8.6.2000, 2 AZR 375/99, EzA § 626 BGB Ausschlussfrist Nr 15).

17 **IV. Der Kündigungsschutzprozess. 1. Allgemeines.** Der AN muss innerhalb von 3 Wochen nach Zugang der schriftlichen Kdg gegen die Kdg gem § 4 I **Kdg-Schutzklage erheben**; anderenfalls ist die Kdg wirksam (§ 7). Ferner kann der AN gem § 13 I 3 die gerichtliche Auflösung des Arbeitsverhältnisses und die Verurteilung des AG zur Zahlung einer Abfindung verlangen; dem AG steht kein solches Recht zu.

18 Hat der BR der Kdg zugestimmt, ist das ArbG bei der Beurteilung der Wirksamkeit **an die Bewertungen des BR nicht gebunden**, sondern hat in eigener Zuständigkeit zu entscheiden, ob die Voraussetzungen einer außerordentlichen Kdg erfüllt sind. Hat hingegen ein Gericht für Arbeitssachen bzw ein Gericht der Verwaltungsgerichtsbarkeit die Zustimmung des BR bzw PersR zur Kdg rkr ersetzt, steht aufgrund der Präjudizwirkung dieser Entsch für das ArbG bindend fest, dass im Zeitpunkt der letzten Tatsachenverhandlung des Zustimmungsersetzungsverfahrens die außerordentliche Kdg gerechtfertigt war. Darüber darf sich das ArbG nicht hinwegsetzen, sodass die Kdg-Schutzklage des AN iA unbegründet ist. Wegen weiterer Einzelheiten zur Präjudizwirkung des Zustimmungsersetzungsverfahrens s § 103 BetrVG Rdn 23.

19 **2. Nachschieben von Kündigungsgründen.** Kdg-Gründe, die dem AG im Zeitpunkt der Unterrichtung des BR **bekannt** sind oder noch vor Erklärung der Kdg bekannt werden, kann er im späteren Kdg-Schutzprozess nur nachschieben, wenn er vor der Kdg wegen dieser Kdg-Gründe das Zustimmungsverfahren beim BR und ggf das Zustimmungsersetzungsverfahren durchgeführt hatte.

20 Kdg-Gründe, die dem AG **im Zeitpunkt der Kdg noch nicht bekannt** waren, können im Kdg-Schutzprozess grds nur dann nachgeschoben werden, wenn der AG vor ihrer Einführung in den Prozess hins dieser Gründe das Zustimmungsverfahren beim BR eingeleitet und abgeschlossen hat (s § 102 BetrVG Rdn 36). Die Durchführung eines weiteren gerichtlichen Zustimmungsersetzungsverfahrens nach § 103 II BetrVG hins der nachzuschiebenden Kdg-Gründe ist grds nicht geboten, da die Zustimmung des BR zur Kdg bzw ihre gerichtliche Ersetzung bereits vorliegt.

21 Will der AG dagegen wegen neu bekannt gewordener Gründe eine **weitere Kdg** erklären, muss er zuvor auch ein neues Zustimmungsersetzungsverfahren durchführen, wenn der BR seine Zustimmung verweigert.

22 **3. Darlegungs- und Beweislast.** Die ordnungsgemäße Abwicklung des Zustimmungs- oder Zustimmungsersetzungsverfahrens, die vor Ausspruch der Kdg erteilte Zustimmung des BR oder ihre rkr gerichtliche Ersetzung, die Einhaltung der 2-wöchigen Ausschlussfrist des § 626 II BGB sowie ein wichtiger Grund zur Kdg sind Wirksamkeitsvoraussetzungen für eine außerordentliche Kdg ggü einem Amtsträger iSv § 15. Daher trägt der **AG** für diese Wirksamkeitsvoraussetzungen im Kdg-Schutzprozess die Darlegungs- und

Beweislast. Geht es darum, ob der AN überhaupt den Sonderkündigungsschutz des § 15 genießt, ist der AN darlegungs- und beweispflichtig.

V. Nachwirkungszeitraum. 1. Allgemeines. Für einen bestimmten Zeitraum nach Beendigung der Amtszeit bzw (bei Wahlvorstandsmitgliedern und erfolglosen Wahlbewerbern) nach Bekanntgabe des Wahlergebnisses bleibt die **ordentliche Kdg** ggü dem durch § 15 geschützten Personenkreis grds in demselben Umfang wie während der Amtszeit **unzulässig** (sog nachwirkender Kdg-Schutz). Die außerordentliche Kdg bedarf im Nachwirkungszeitraum aber nicht mehr der Zustimmung des BR nach § 103, sondern nur noch der Anhörung nach § 102. Bei der Prüfung des § 626 BGB ist auch im Nachwirkungszeitraum auf die fiktive Kündigungsfrist abzustellen; geht es um eine dauerhafte Arbeitsunfähigkeit des AN, ist es dem AG idR zumutbar, das Ende des nachwirkenden Kdg-Schutzes abzuwarten und sodann ordentlich zu kündigen (BAG 15.3.2001, 2 AZR 624/99, EzA § 15 KSchG nF Nr 52). 23

Der nachwirkende Kdg-Schutz soll ua der **Abkühlung** evtl während der betriebsverfassungsrechtlichen Tätigkeit aufgetretener Kontroversen mit dem AG dienen (RegE, BT-Drs VI/1786, S 60). IE erstreckt sich der nachwirkende Kdg-Schutz auf folgende Zeiträume: 24
a) **1 Jahr nach Beendigung der Amtszeit:** Mitglieder eines BR, einer Personalvertretung, eines See-BR, einer JAV sowie nach §§ 96 f. SGB IX einer Schwerbehindertenvertretung.
b) **6 Monate nach Beendigung der Amtszeit:** Mitglieder einer Bordvertretung.
c) **6 Monate nach Bekanntgabe des Wahlergebnisses:** Mitglieder eines Wahlvorstands, erfolglose Wahlbewerber.

Für die **Berechnung der Fristen** gelten die §§ 187, 188 BGB. Deshalb ist der Tag, an dem die Amtszeit endet oder das Wahlergebnis bekannt gemacht wird, bei der Fristberechnung nicht mitzuzählen. 25

2. Beendigung der Amtszeit. Unter »Beendigung der Amtszeit« iSv § 15 sind nicht nur die Fälle zu verstehen, in denen die Mitgliedschaft des Amtsträgers in dem Gremium wegen Ablaufs von dessen Amtszeit endet. Vielmehr liegt eine »Beendigung der Amtszeit« auch dann vor, wenn die Mitgliedschaft des Amtsträgers in dem Gremium **vor Ablauf** von dessen Amtszeit endet, zB durch Amtsniederlegung. Der nachwirkende Kdg-Schutz ist einem zurückgetretenen BR-Mitglied nur dann zu versagen, wenn die Berufung hierauf **rechtsmissbräuchlich** ist (BAG 5.7.1979, 2 AZR 521/77, EzA § 15 KSchG nF Nr 22). 26

Ausnahmen vom nachwirkenden Kdg-Schutz bestehen für die Amtsträger iSd § 15 ferner dann, wenn die Beendigung der Mitgliedschaft auf einer **gerichtlichen Entscheidung** beruht (§ 15 I 2 HS 2; § 15 II 2 HS 2), zB wenn die Wahl des Gremiums erfolgreich angefochten und die Entscheidung rkr geworden ist (vgl §§ 19, 13 II 4 BetrVG; APS/*Linck* Rn 143) oder wenn das Gremium durch rkr gerichtliche Entscheidung aufgelöst oder das einzelne Mitglied aus dem Gremium ausgeschlossen wird (vgl §§ 23, 13 II 5 BetrVG). Auch bei einer gerichtlich festgestellten Nichtwählbarkeit (§ 24 I 6 BetrVG) entsteht kein nachwirkender Kdg-Schutz. 27

Verliert der AN so den nachwirkenden Kdg-Schutz eines Amtsträgers, schließt das nicht aus, dass er den nachwirkenden Kdg-Schutz eines Wahlbewerbers behält (*Gamillscheg* ZfA 1977, 266). 28

Der nachwirkende Kdg-Schutz steht auch dem **Ersatzmitglied** zu, das für ein vorübergehend verhindertes Mitglied in das Gremium eingerückt und nach Beendigung des Vertretungsfalles wieder aus dem Gremium ausgeschieden ist (BAG 18.5.2006, 6 AZR 627/05, EzA § 69 ArbGG 1969 Nr 5; 12.2.2004, 2 AZR 163/03, EzA § 15 KSchG nF Nr 56). Auf die Dauer der Vertretungstätigkeit kommt es nicht an (BAG 18.5.2006, 6 AZR 627/05, EzA § 69 ArbGG 1969 Nr 5). 29

Das gilt nur dann nicht, wenn das nachgerückte Ersatzmitglied während der gesamten Dauer des Vertretungsfalles selbst an der Amtsausübung verhindert war oder aus sonstigen Gründen **keine BR-Aufgaben wahrnahm**, etwa weil keine Aufgaben anfielen (BAG 6.9.1979, 2 AZR 548/77, EzA § 15 KSchG nF Nr 23; 19.4.2012, 2 AZR 233/11, EzA-SD 2012 Nr 23 S 3). 30

Ob dem AG bei Ausspruch einer ordentlichen Kdg bekannt ist, dass das Ersatzmitglied in den letzten 12 Monaten stellvertretend als Mitglied des BR amtiert hat, ist unerheblich (BAG 18.5.2006, 6 AZR 627/05, EzA § 69 ArbGG 1969 Nr 5). Da dem AG aufgrund der letzten BR-Wahl bekannt ist, welche AN zu Ersatzmitgliedern des BR berufen sind, ist es seine Sache, sich beim BR zu erkundigen, ob der betreffende AN in den letzten 12 Monaten stellvertretend als Mitglied des BR amtiert hat. 31

3. Bekanntgabe des Wahlergebnisses. Unter »Bekanntgabe des Wahlergebnisses« ist der Aushang zu verstehen, durch den der Wahlvorstand die Namen der Gewählten bekanntmacht (vgl § 18 WahlO). Am 1. Tag des Aushangs ist das Wahlergebnis iSv § 15 bekannt gegeben. 32

Wahlvorstandsmitglieder und Wahlbewerber, die **vor Bekanntgabe** des Wahlergebnisses als Wahlvorstandsmitglieder oder Wahlbewerber ausscheiden, zB durch Niederlegung ihres Amtes, verlieren mit dem Amt 33 bzw ihrer Funktion als Wahlbewerber den bes Kdg-Schutz für Amtsträger iSv § 15, erlangen aber vom Zeitpunkt ihres Ausscheidens aus dem Amt für die Dauer von 6 Monaten den nachwirkenden Kdg-Schutz des § 15 (BAG 9.10.1986, 2 AZR 650/85, EzA § 15 KSchG nF Nr 35). Wird das Amt eines Wahlvorstandsmitglieds durch gerichtliche Ersetzung des Wahlvorstands (§ 18 I 2 BetrVG) vorzeitig beendet, entfällt der nachwirkende Kündigungsschutz (§ 15 III 2).

34 **4. Darlegungs- und Beweislast.** Der AG, der nach Anhörung des BR ohne dessen Zustimmung außerordentlich gekündigt hat, trägt im Kündigungsschutzprozess die Darlegungs- und Beweislast dafür, dass im Zeitpunkt der Kdg-Erklärung das Amt eines Amtsträgers beendet bzw (bei Wahlvorstandsmitgliedern und Wahlbewerbern) das Wahlergebnis bekannt gegeben war. IÜ trägt er auch für die Wirksamkeitsvoraussetzungen der außerordentlichen Kdg die Darlegungs- und Beweislast (s Rdn 22).

35 **E. Zulässigkeit einer ordentlichen Kdg.** Ggü dem durch § 15 geschützten Personenkreis ist während seiner Amtszeit und nach Ablauf der Amtszeit während der Dauer des nachwirkenden Kdg-Schutzes die ordentliche Kdg nur bei einer Betriebsstilllegung oder Stilllegung einer Betriebsabteilung zulässig (§ 15 IV, V).

36 **I. Betriebsstilllegung.** Betrieb ist die **organisatorische Einheit von Arbeitsmitteln**, mit deren Hilfe ein Unternehmer allein oder in Gemeinschaft mit seinen Mitarbeitern einen bestimmten arbeitstechnischen Zweck fortgesetzt verfolgt (vgl § 1 BetrVG Rdn 5 ff). Hierbei liegt ein einheitlicher Betrieb auch dann vor, wenn mehrere Unternehmen iR einer gemeinsamen Arbeitsorganisation unter einer einheitlichen Leitungsmacht identische oder auch verschiedene arbeitstechnische Zwecke fortgesetzt verfolgen (BAG 5.3.1987, 2 AZR 623/85, EzA § 15 KSchG nF Nr 38).

37 Betriebsstilllegung ist die Einstellung der betrieblichen Arbeit unter Auflösung der Produktionsgemeinschaft für unabsehbare Zeit – Stilllegung auf Dauer oder von unbestimmter Dauer – oder für eine im Voraus festgelegte, relativ lange Zeit – Stilllegung von bestimmter Dauer – (BAG 14.10.1982, 2 AZR 568/80, EzA § 15 KSchG nF Nr 29). Die Auflösung der Arbeits- und Produktionsgemeinschaft zwischen Unternehmer und Belegschaft kann vom Unternehmer herbeigeführt werden durch die Aufgabe des Betriebszweckes, die nach außen in der Auflösung der betrieblichen Organisation, zB Einstellung der Produktion und Kdg der im Betrieb beschäftigten AN (BAG 21.6.2001, 2 AZR 137/00, EzA § 15 KSchG nF Nr 53), zum Ausdruck kommt bzw durch den Entschluss des AG, ab sofort keine neuen Aufträge mehr anzunehmen und allen AN zum nächstmöglichen Kdg-Termin zu kündigen (BAG 18.1.2001, 2 AZR 514/99, EzA § 1 KSchG Betriebsbedingte Kündigung Nr 109), oder durch eine nicht ganz unerhebliche räumliche Verlegung des Betriebes mit Auflösung der alten und Aufbau einer neuen Betriebsgemeinschaft (vgl BAG 12.02.1987, 2 AZR 247/86, EzA § 613a BGB Nr 64; zur Prognose hins notwendiger Änderungs-Kdg s *Horcher* ArbR 2014, 272 ff).

38 Die **Veräußerung oder Verpachtung** des Betriebs ist **keine Betriebsstilllegung**, da der Erwerber gem § 613a BGB in die Arbeitsverhältnisse des bisherigen Betriebsinhabers eintritt, die Identität des Betriebs damit gewahrt bleibt und folglich auch die Inhaber betriebsverfassungsrechtlicher Ämter ihr Amt behalten.

39 Der Betriebserwerber seinerseits ist allerdings nicht verpflichtet, den Betrieb fortzuführen; führt er ihn nicht fort, liegt in seiner Entscheidung eine Betriebsstilllegung. Auch die Eröffnung des Insolvenzverfahrens stellt noch keine Betriebsstilllegung dar, da der Betrieb vom Insolvenzverwalter weitergeführt werden kann.

40 Bei **Saisonbetrieben** (zB Hotel in einem Fremdenverkehrsort) hängt es von der Dauer der Betriebseinstellung ab, ob von einer Betriebsstilllegung iSv § 15 gesprochen werden kann. Schließt der Betrieb aus saisonbedingten Gründen für einen längeren Zeitraum als 3 Monate, handelt es sich um eine Betriebsstilllegung iSv § 15, die zur ordentlichen Kdg von Amtsträgern berechtigt. In diesem Fall ist den Amtsträgern bei Beginn der nächsten Saison ein Anspruch auf Wiedereinstellung zuzubilligen, wenn diese im Hinblick auf die frühere betriebsverfassungsrechtliche Amtstätigkeit abgelehnt wird (arg § 78 BetrVG). Der AN trägt hierfür im Streitfall die Beweislast, jedoch kommen ihm auch die Grds des Anscheinsbeweises zugute, wenn bei Saisonbeginn alle oder fast alle früheren AN wieder eingestellt werden.

41 Der Unternehmer hat bei einer Betriebsstilllegung die **Mitwirkungsrechte des BR nach §§ 111, 112 BetrVG** zu beachten. Über die Betriebsstilllegung selbst steht ihm aber die letzte, alleinige Entscheidung zu.

42 Die Betriebsstilllegung rechtfertigt grds die ordentliche Kdg von Amtsträgern iSv § 15. Sie ist aber nur zulässig, wenn eine **Weiterbeschäftigung in einem anderen Betrieb** des AG nach den zu § 1 II entwickelten Grds (s § 1 Rdn 152 ff) nicht möglich ist (vgl BAG 13.8.1992, 2 AZR 22/92, EzA § 15 KSchG nF Nr 39). Die Grds über die soziale Auswahl (§ 1 III) finden Anwendung, wenn nur ein Teil der nach § 15 geschützten Personen weiterbeschäftigt werden kann, wobei die aktiven Mandatsträger zur Sicherung der Stetigkeit der BR-Arbeit bei der Besetzung der Stellen Vorrang vor dem im Nachwirkungszeitraum

sonderkündigungsgeschützten Personenkreis (zB Ersatzmitglieder, erfolglose Wahlbewerber, zurückgetretene BR-Mitglieder) genießen (vgl BAG 2.3.2006, 2 AZR 83/05, EzA § 1 KSchG Betriebsbedingte Kündigung Nr 145).

Der AG hat den BR wie bei jeder anderen ordentlichen Kdg gem § 102 BetrVG anzuhören. Da es sich um keine außerordentliche Kdg handelt, ist die Zustimmung des BR nach § 103 BetrVG nicht erforderlich (BAG 23.2.2010, 2 AZR 656/08, EzA § 15 KSchG nF Nr 66). **43**

Die Kdg kann bereits vor dem Zeitpunkt der Betriebsstilllegung oder dem Wegfall der Beschäftigungsmöglichkeit erklärt werden (BAG 18.1.2001, 2 AZR 514/99, EzA § 1 KSchG Betriebsbedingte Kündigung Nr 109). Unerlässlich ist aber, dass im Zeitpunkt des Ausspruchs der Kdg ein **ernstlicher Entschluss des AG zur Betriebsstilllegung** vorliegt (BAG 10.10.1996, 2 AZR 477/95, EzA § 1 KSchG Betriebsbedingte Kündigung Nr 87 mwN) und der Entschluss schon »greifbare Formen« angenommen hat, dh wenn eine vernünftige und betriebswirtschaftliche Betrachtung die Prognose rechtfertigt, dass bis zum Ablauf der einzuhaltenden Kdg-Frist die Betriebsstilllegung durchgeführt ist (BAG 18.1.2001, 2 AZR 514/99, EzA § 1 KSchG Betriebsbedingte Kündigung Nr 109). Der Annahme einer Betriebsstilllegung steht nicht die Weiterbeschäftigung einiger weniger AN mit **Abwicklungs- und Aufräumungsarbeiten** für kurze Zeit entgegen (BAG 14.10.1982, 2 AZR 568/80, EzA § 15 KSchG nF Nr 29). **44**

Der **Zeitpunkt der (geplanten) Betriebsstilllegung** ist grds der früheste Termin, zu dem der AG das Arbeitsverhältnis kündigen kann. Ist zu diesem Zeitpunkt eine Kdg rechtlich unzulässig, darf der AG erst zum nächstmöglichen Termin nach Betriebsstilllegung kündigen. Wird die Belegschaft **in Etappen** abgebaut, dürfen die nach § 15 geschützten Personen grds erst mit der letzten Gruppe entlassen werden. **45**

Zu einem früheren Zeitpunkt als dem Zeitpunkt der Betriebsstilllegung dürfen durch § 15 geschützte Personen dann entlassen werden, wenn die Entlassung zu dem früheren Zeitpunkt durch **zwingende betriebliche Erfordernisse** bedingt ist. Ein zwingendes betriebliches Erfordernis ist dann anzunehmen, wenn für die geschützte Person keine Beschäftigungsmöglichkeit mehr vorhanden ist, dh wenn ihre bisherige Tätigkeit weggefallen ist und sie auch wegen mangelnder Eignung nicht mit anderer Arbeit beschäftigt werden kann. Kann hierbei von mehreren geschützten Personen nur ein Teil noch einige Zeit weiterbeschäftigt werden, hat der AG bei der Auswahl der zu Kündigenden die Grds über die soziale Auswahl nach § 1 III zu beachten (vgl BAG 16.9.1982, 2 AZR 217/80, EzA § 1 KSchG Betriebsbedingte Kündigung Nr 18), wobei allerdings Mandatsträgern der Vorrang vor dem im Nachwirkungszeitraum sonderrgeschützten Personenkreis einzuräumen ist (vgl BAG 2.3.2006, 2 ABR 83/05, EzA § 1 KSchG Betriebsbedingte Kündigung Nr 145). Bloße **finanzielle Erwägungen** (Spitzenlohn des BR-Mitglieds) können eine vorzeitige Kdg nicht rechtfertigen. Dies gilt auch bei wirtschaftlicher Notlage des Unternehmens. **46**

Kann der geschützte AN nach dem vorzeitigen Wegfall seines Arbeitsplatzes bis zum Zeitpunkt der Betriebsstilllegung nach seinen Fähigkeiten **auf einem anderen Arbeitsplatz** eingesetzt werden, ist dieser Arbeitsplatz aber durch einen anderen AN besetzt, so muss der AG zunächst diesem anderen AN kündigen, damit der geschützte AN auf dessen Arbeitsplatz eingesetzt werden kann (vgl BAG 23.2.2010, 2 AZR 656/08, EzA § 15 KSchG nF Nr 66). Etwas anderes gilt nur, wenn die sozialen Belange des anderen AN und die berechtigten betrieblichen Interessen an seiner Weiterbeschäftigung Vorrang vor einer Weiterbeschäftigung der durch § 15 geschützten Personen verdienen. **47**

Soweit der AG die Weiterbeschäftigung des durch § 15 geschützten AN auf einem anderen Arbeitsplatz kraft seines Direktionsrechts anordnen kann, muss er hiervon Gebrauch zu machen, muss aber die **Mitwirkungsrechte des BR nach §§ 99 ff BetrVG** (Versetzung) beachten. Reicht das Direktionsrecht nicht soweit, ist zur Umsetzung des AN sein Einverständnis erforderlich. Gibt er die erforderliche Einwilligung nicht, darf der AG regelmäßig nach dem Verhältnismäßigkeitsgrds trotzdem keine Beendigungskdg erklären, sondern muss sich auf eine Änderungskdg beschränken (vgl BAG 12.3.2009, 2 AZR 47/08, EzA § 15 KSchG nF Nr 63). Lediglich wenn der AN unmissverständlich eine Weiterbeschäftigung auf allen für ihn in Betracht kommenden Arbeitsplätzen ablehnt und auch zum Ausdruck bringt, er werde die geänderten Arbeitsbedingungen im Fall einer Änderungskdg nicht, auch nicht unter dem Vorbehalt ihrer sozialen Rechtfertigung annehmen, kann der AG auch schon vor der Betriebsstilllegung unter Einhaltung der ordentlichen Kdg-Frist eine Beendigungskdg erklären, frühestens zu dem Zeitpunkt, in dem der bisherige Arbeitsplatz des AN wegfällt (BAG 21.4.2005, 2 AZR 132/04, EzA § 2 KSchG Nr 53). **48**

Die Frage nach einer Weiterbeschäftigung bis zum Zeitpunkt der Betriebsstilllegung stellt sich nicht für BR- oder PersR-Mitglieder, die ständig von der Arbeit freigestellt sind. Sie bleiben bis zur Betriebsstilllegung von der Arbeit freigestellt, ihnen kann also **stets nur frühestens zum Zeitpunkt der Betriebsstilllegung** gekündigt werden. Das gilt grds selbst dann, wenn bei einem etappenweise Abbau der Belegschaft die Zahl der idR beschäftigten AN so sinkt, dass nach den einschlägigen Mindestfreistellungsstaffeln (zB § 38 I BetrVG; § 46 BPersVG) weniger Mitglieder des BR oder PersR freizustellen wären als bisher. Verzögert sich **49 50**

§ 15 KSchG Unzulässigkeit der Kündigung

die Betriebsstilllegung, wirkt die Kdg erst zu dem nächst zulässigen Kdg-Termin, in dem die Betriebsstilllegung oder der Wegfall der Beschäftigungsmöglichkeit eingetreten sind (BAG 23.4.1980, 5 AZR 49/78, EzA § 15 KSchG nF Nr 24). Das entspricht dem Grds, dass eine nicht fristgerechte Kdg zum nächst zulässigen Kündigungstermin wirkt.

51 **II. Stilllegung einer Betriebsabteilung.** Eine Betriebsabteilung ist ein **räumlich und organisatorisch abgegrenzter Teil eines Betriebes** oder Betriebsteils, der eine personelle Einheit erfordert, dem eigene technische Betriebsmittel zur Verfügung stehen und der eigene Betriebszwecke verfolgt, die Teil des arbeitstechnischen Zwecks des Gesamtbetriebs sind (zB die Stepperei einer Schuhfabrik) oder in einem bloßen Hilfszweck für den arbeitstechnischen Zweck des Gesamtbetriebs bestehen können (BAG 23.2.2010, 2 AZR 656/08, EzA § 15 KSchG nF Nr 66), zB Kartonageabteilung einer Zigarettenfabrik (s.a. BAG 20.1.1984, 7 AZR 433/82, EzA § 15 KSchG nF Nr 33). Soweit für **Betriebsteile** ein eigener BR besteht, gelten sie nicht als Betriebsabteilungen, sondern als selbstständige Betriebe (vgl § 4 S 1 BetrVG), sodass bei einer Stilllegung nur § 15 IV anwendbar ist.

52 Für die Stilllegung einer Betriebsabteilung ist erforderlich, dass die Arbeits- und Produktionsgemeinschaft zwischen Unternehmer und Belegschaft der Betriebsabteilung aufgelöst wird und dies auf einem ernstlichen Willensentschluss des AG beruht. Die Auflösung muss **für eine zeitlich erhebliche oder unbestimmte Dauer** geplant sein (vgl Rdn 37).

53 Die Auflösung der Arbeits- und Produktionsgemeinschaft kann vom Unternehmer herbeigeführt werden durch die **Aufgabe des Betriebszwecks** der Betriebsabteilung, die nach außen in der Auflösung der Abteilungsorganisation, die die verschiedenen Betriebsmittel der Betriebsabteilung zu einer Einheit zusammenhält, zum Ausdruck kommt, oder durch eine nicht ganz unerhebliche räumliche Verlegung der Betriebsabteilung mit Auflösung der alten und Aufbau einer neuen Betriebsgemeinschaft für die Betriebsabteilung.

54 Wird eine Betriebsabteilung **veräußert**, geht das Arbeitsverhältnis eines dort beschäftigten BR-Mitglieds gem § 613a BGB auf den Erwerber über; das BR-Amt (im alten Betrieb) erlischt damit. Widerspricht das BR-Mitglied dem Übergang des Arbeitsverhältnisses, kann der Veräußerer die mit den widersprechenden AN verbleibende Rumpfbetriebsabteilung stilllegen und damit die Voraussetzungen für eine Anwendung des § 15 V schaffen (BAG 18.9.1997, 2 ABR 15/97, EzA § 15 KSchG nF Nr 46).

55 Bei der Stilllegung einer Betriebsabteilung hat der AG dort beschäftigte nach § 15 geschützte AN **in eine andere Betriebsabteilung** oder – falls dies nicht möglich ist – ggf in einen anderen Betrieb des Unternehmens (s Rdn 42) **zu übernehmen**. Eine »Übernahme« des AN bedeutet, dass der AG den AN auf einem gleichwertigen Arbeitsplatz beschäftigen muss; das Angebot eines geringerwertigen Arbeitsplatzes mit geringerer Entlohnung beim Vorhandensein eines gleichwertigen Arbeitsplatzes genügt nicht. Ist allerdings ein gleichwertiger Arbeitsplatz in der anderen Abteilung nicht vorhanden, ist der AG verpflichtet, dem AN vor Erklärung einer Beendigungskdg die Beschäftigung auf einem geringerwertigen Arbeitsplatz anzubieten und ggf eine Änderungs-Kdg zu erklären (BAG 23.2.2010, 2 AZR 656/08, EzA § 15 KSchG nF Nr 66). Andererseits ist der AG nicht verpflichtet, dem AN einen geeigneten höherwertigen Arbeitsplatz anzubieten, wenn sonstige geeignete Arbeitsplätze nicht zur Verfügung stehen (BAG 23.2.2010, 2 AZR 656/08, EzA § 15 KSchG nF Nr 66).

56 Sind geeignete freie Arbeitsplätze in einer anderen Betriebsabteilung vorhanden, sind diese dem geschützten AN zunächst anzubieten; das Freikündigen eines anderen Arbeitsplatzes kann in diesem Fall von dem AG nicht verlangt werden (vgl BAG 28.10.1999, 2 AZR 437/98, EzA § 15 KSchG nF Nr 48). Ansonsten muss der AG, wenn die vorhandenen gleichwertigen Arbeitsplätze mit anderen AN besetzt sind, versuchen, einen dieser Arbeitsplätze durch Umsetzung, notfalls Kdg für den durch § 15 geschützten AN freizumachen (BAG 23.2.2010, 2 AZR 656/08, EzA § 15 KSchG nF Nr 66). Hierbei sind allerdings die sozialen Belange des betreffenden AN und die berechtigten betrieblichen Interessen an seiner Weiterbeschäftigung gegen die Interessen der Belegschaft und des durch § 15 geschützten AN an seiner Weiterbeschäftigung gegeneinander abzuwägen (offengelassen von BAG 18.10.2000, 2 AZR 494/99, EzA § 15 KSchG nF Nr 51 mN zum diesbezüglichen Meinungsstreit). Das Freikündigen eines Arbeitsplatzes, der mit einem ordentlich unkündbaren AN besetzt ist, kommt nicht in Betracht. Vgl iÜ Rdn 48.

57 Ist eine Weiterbeschäftigung des AN in einer anderen Betriebsabteilung nicht möglich, kann der AG das Arbeitsverhältnis fristgerecht kündigen, aber frühestens zum Zeitpunkt der Stilllegung der Betriebsabteilung oder, falls schon vor diesem Zeitpunkt eine Beschäftigungsmöglichkeit entfällt, **frühestens zum Zeitpunkt des Wegfalls der Beschäftigungsmöglichkeit**. Falls sich die Stilllegung der Betriebsabteilung verzögert, gilt Rdn 50 entspr. Zur Beteiligung von BR bzw PersR s Rdn 43.

58 **III. Der Kündigungsschutzprozess. 1. Allgemeines.** Die Unwirksamkeit einer auf § 15 IV oder V gestützten Kdg muss der AN innerhalb von 3 Wochen nach Zugang der schriftlichen Kdg durch Klage

beim ArbG geltend machen (§ 4 S 1); anderenfalls ist die Kdg wirksam. Eine **gerichtliche Auflösung des Arbeitsverhältnisses** auf Antrag des AG gem §§ 9, 10 kommt nicht in Betracht (§ 13 III). Dagegen kann der AN einen Auflösungsantrag stellen (KR/*Spilger* § 9 KSchG Rn 76; aA APS/*Linck* Rn 196a mwN).

2. Darlegungs- und Beweislast. Der Tatbestand des § 15 IV oder V, die fehlende Weiterbeschäftigungs- 59 möglichkeit in einem anderen Bereich des Unternehmens sowie die ordnungsgemäße Anhörung des BR sind Wirksamkeitsvoraussetzungen einer Kdg. Für sie trägt der **AG** die Darlegungs- und Beweislast. Hins der Weiterbeschäftigung genügt der AG zunächst seiner Darlegungslast, wenn er vorträgt, in einem anderen Betrieb des Unternehmens gebe es keinen der bisherigen Tätigkeit des BR-Mitglieds entspr Arbeitsplatz. Es ist dann Sache des BR-Mitglieds vorzutragen, wie er sich im Hinblick auf seine Qualifikation seine Weiterbeschäftigung vorstellt. Diesem Vortrag muss der AG entgegentreten und nun seinerseits substantiiert darlegen und ggf beweisen, dass ein entspr Arbeitsplatz nicht vorhanden ist oder das BR-Mitglied ihn nicht ausfüllen könnte oder ein schutzwürdigerer AN auf dem Arbeitsplatz beschäftigt ist.

IV. Amtszeit der BR- bzw. PersR-Mitglieder. BR-Mitglieder, deren Arbeitsverhältnis mit der Betriebs- 60 stilllegung endet, bleiben so lange im Amt, wie dies zur Wahrnehmung der mit der Betriebsstilllegung im Zusammenhang stehenden Mitwirkungs- und Mitbestimmungsrechte erforderlich ist (§ 21b BetrVG), selbst wenn hierbei das kalendermäßige Ende der Wahlperiode des BR überschritten wird (vgl LAG Hamm 23.10.1975, 8 TaBV 66/74, EzA § 112 BetrVG 1972 Nr 10). Für den PersR gilt Entspr. Bei der Stilllegung einer Betriebsabteilung kann sich durch das Ausscheiden von BR- oder PersR-Mitgliedern die Notwendigkeit einer Neuwahl ergeben (§ 13 II Nr 2 BetrVG, § 27 II Nr 2 BPersVG).

F. Bes Kündigungsschutz für Initiatoren einer BR-Wahl. I. Geschützter Personenkreis. Bestimmte 61 Initiatoren einer BR-Wahl genießen den bes Kdg-Schutz des § 15 IIIa. IE handelt es sich um AN, die zu einer Betriebs-, Wahl- oder Bordversammlung nach §§ 17 III, 17a Nr 3 S 2 oder 115 II Nr 8 BetrVG einladen, auf der ein Wahlvorstand gewählt werden soll, sowie um AN, die beim ArbG die Bestellung eines Wahlvorstandes nach §§ 16 II 1, 17 IV, 17a Nr 4, 63 III, 115 II Nr 8 S 2 oder 116 II Nr 7 S 5 BetrVG beantragen. Sofern die Einladung zur Betriebs-, Wahl- oder Bordversammlung durch mehr als 3 wahlberechtigte AN erfolgt oder der Antrag auf Bestellung eines Wahlvorstandes von mehr als 3 wahlberechtigten AN gestellt wird, gilt der bes Kdg-Schutz nur für die ersten 3 in der Einladung oder Antragstellung aufgeführten AN (§ 15 IIIa 1 HS 2).

Für diejenigen AN, die zu einer Betriebs-, Wahl- oder Bordversammlung einladen, **beginnt** der Kdg-Schutz 62 **im Zeitpunkt der Einladung**. Die Einladung muss den Zeitpunkt, den Ort, den Gegenstand der Betriebsversammlung sowie die Einladenden (mind 3 wahlberechtigte AN) angeben und so bekannt gemacht werden, dass alle AN des Betriebes von ihr Kenntnis nehmen können und dadurch die Möglichkeit erhalten, an der Versammlung teilzunehmen. Ohne ordnungsgemäße Einladung durch mind 3 wahlberechtigte AN kann der Kdg-Schutz nicht beginnen. Für diejenigen AN, die die Bestellung eines Wahlvorstandes beim ArbG beantragen, **beginnt** der Kdg-Schutz **mit der Antragstellung**. Der Antrag ist nur zulässig, wenn er von mind 3 wahlberechtigten AN gestellt wird. Der Kdg-Schutz **endet mit der Bekanntgabe des Wahlergebnisses** durch den Wahlvorstand. Wird ein BR, eine JAV, eine Bordvertretung oder ein See-BR trotz der Einladung zur Versammlung oder dem Antrag auf Bestellung eines Wahlvorstandes **nicht gewählt**, endet der Kdg-Schutz für die Einladenden bzw Antragsteller **3 Monate nach dem Zeitpunkt der Einladung oder Antragstellung** (§ 15 IIIa 2). Hat in diesem Zeitpunkt noch keine Wahl stattgefunden, ist sie aber durch den Wahlvorstand eingeleitet und noch nicht abgebrochen worden, besteht nach dem Zweck des Kdg-Schutzes der Kdg-Schutz weiter bis zur Bekanntgabe des Wahlergebnisses oder des Zeitpunktes, in dem feststeht, dass die Wahl nicht stattfindet.

II. Schutz gegen ordentliche Kdg. Ggü den geschützten Initiatoren zur Wahl eines BR, einer JAV, einer 63 Bordvertretung oder eines See-BR sind während der Zeit des bes Kdg-Schutzes **ordentliche Kdg** grds unzulässig. Die Kdg-Möglichkeiten nach § 15 IV, V sind aber auch auf den Personenkreis des § 15 IIIa zu erstrecken (BAG 4.11.2004, 2 AZR 96/04, EzA § 15 KSchG nF Nr 58). IÜ sind nur außerordentliche Kdg möglich, die den AG zur Kdg aus wichtigem Grund ohne Einhaltung einer Kdg-Frist berechtigen. Insoweit besteht der gleiche Kdg-Schutz wie für BR-Mitglieder nach § 15 I. Anders als bei den Amtsträgern nach § 15 I, II ist zur außerordentlichen Kdg durch den AG **keine Zustimmung des BR** nach § 103 BetrVG bzw einer Personalvertretung **erforderlich**. Auch ein **nachwirkender Kdg-Schutz** nach Bekanntgabe des Wahlergebnisses, wie er für Mitglieder eines Wahlvorstandes und Wahlbewerber vorgesehen ist (§ 15 III 2), **besteht nicht**.

Fischermeier

64 **G. Unabdingbarkeit des Kündigungsschutzes.** Die Vorschrift des § 15 ist als kündigungsschutzrechtliche Vorschrift **zwingend**, dh sie kann weder durch Einzelvertrag noch durch BV oder TV ausgeschlossen oder eingeschränkt werden. Auch ein **im Voraus erklärter Verzicht des betroffenen AN** auf den Kdg-Schutz nach § 15 ist **unwirksam**. Nach Zugang der Kdg-Erklärung kann er sich jedoch mit der Kdg einverstanden erklären und auf den Kdg-Schutz des § 15 verzichten, ebenso wie er jederzeit ein Angebot des AG auf Abschluss eines schriftlichen **Auflösungsvertrages** annehmen und damit das Arbeitsverhältnis beenden kann.

65 **H. Konkurrierender Kündigungsschutz nach anderen Vorschriften.** Bei außerordentlichen Kdg nach § 15 findet § 13 I 2–4 Anwendung. Auch bei ordentlichen Kdg nach § 15 IV, V gilt die Klagefrist des § 4 S 1 (s Rdn 58). Bei Massenentlassungen sind neben § 15 IV, V auch die §§ 17–22 anwendbar, da sie ua arbeitsmarktpolitische Ziele verfolgen (vgl KR/*Weigand* § 17 KSchG Rn 22 f). Die **sonstigen kündigungsschutzrechtlichen Vorschriften** außerhalb des KSchG sind neben § 15 **voll anwendbar**, also insb §§ 85 ff SGB IX, § 9 MuSchG, § 2 ArbPlSchG.

§ 16 Neues Arbeitsverhältnis; Auflösung des alten Arbeitsverhältnisses

¹Stellt das Gericht die Unwirksamkeit der Kündigung einer der in § 15 Abs. 1 bis 3a genannten Personen fest, so kann diese Person, falls sie inzwischen ein neues Arbeitsverhältnis eingegangen ist, binnen einer Woche nach Rechtskraft des Urteils durch Erklärung gegenüber dem alten Arbeitgeber die Weiterbeschäftigung bei diesem verweigern. ²Im Übrigen finden die Vorschriften des § 11 und § 12 Satz 2 bis 4 entsprechende Anwendung.

Übersicht	Rdn.		Rdn.
A. Zweck der Vorschrift	1	C. Verweigerung der Weiterarbeit ohne Urteil	3
B. Verweigerung der Weiterarbeit nach Urteil	2		

1 **A. Zweck der Vorschrift.** § 16 bezweckt, den durch § 15 geschützten Personen, die nach einer unwirksamen Kdg ein neues Arbeitsverhältnis eingegangen sind, nach rechtskräftigem Obsiegen in dem Kdg-Schutzprozess ein **Wahlrecht zwischen der Rückkehr in den alten Betrieb und der Aufrechterhaltung des neuen Arbeitsverhältnisses** unter sofortiger Beendigung des alten Arbeitsverhältnisses zu gewähren.

2 **B. Verweigerung der Weiterarbeit nach Urteil.** Die Anwendung des § 16 setzt die **rkr gerichtliche Feststellung** voraus, **dass die Kdg unwirksam ist.** Der Antrag auf diese gerichtliche Feststellung muss Streitgegenstand des Rechtsstreits gewesen sein; denn nur dann erwächst die gerichtliche Feststellung in Rechtskraft. Liegt die rkr Feststellung vor, dass die Kdg unwirksam bzw das Arbeitsverhältnis durch die Kdg nicht aufgelöst ist, tritt die Rechtsfolge ein, die für andere AN nach rkr Feststellung der Sozialwidrigkeit der Kdg in den §§ 11, 12 vorgesehen ist (§ 16 S 2 KSchG; vgl die Kommentierung zu §§ 11, 12).

3 **C. Verweigerung der Weiterarbeit ohne Urteil.** Nimmt der AG die Kdg zurück und fordert den AN zur Weiterarbeit auf, kann dieser frei entscheiden, ob er die Rücknahme der Kdg (= Angebot auf Fortsetzung des Arbeitsverhältnisses) annehmen will. Nimmt er die **Rücknahme der Kdg** an, wird das Arbeitsverhältnis fortgesetzt und er ist zur Wiederaufnahme der Arbeit verpflichtet. Ist er allerdings inzwischen schon ein neues Arbeitsverhältnis eingegangen, braucht er bis zum Ablauf der Kdg-Frist bei dem neuen AG die Arbeit beim bisherigen AG nicht wieder aufzunehmen, da ihm der Hinderungsgrund (neues Arbeitsverhältnis) nicht als schuldhaftes Verhalten zugerechnet werden kann, er vielmehr mit Rücksicht auf § 615 S 2 BGB und das wohlverstandene Interesse des bisherigen AG das neue Arbeitsverhältnis eingehen durfte (vgl *v Hoyningen-Huene/Linck* Rn 4).

4 Allerdings kann der AN von dem Zeitpunkt an, in dem er nach Rücknahme der Kdg gem der Aufforderung des bisherigen AG die Arbeit wieder aufnehmen soll, keine **Vergütung wegen Annahmeverzugs** (§ 615 BGB) mehr verlangen. Bis zu diesem Zeitpunkt steht dem AN dagegen, anders als im Fall des § 12 S 4, ein Anspruch auf Fortzahlung der Vergütung unter Anrechnung der bei dem neuen AG erzielten Vergütung zu (vgl *v Hoyningen-Huene/Linck* Rn 4).

§ 17 Anzeigepflicht

(1) ¹Der Arbeitgeber ist verpflichtet, dem Arbeitsamt Anzeige zu erstatten, bevor er
1. in Betrieben mit in der Regel mehr als 20 und weniger als 60 Arbeitnehmern mehr als 5 Arbeitnehmer,
2. in Betrieben mit in der Regel mindestens 60 und weniger als 500 Arbeitnehmern 10 vom Hundert der im Betrieb regelmäßig beschäftigten Arbeitnehmer oder aber mehr als 25 Arbeitnehmer,
3. in Betrieben mit in der Regel mindestens 500 Arbeitnehmern mindestens 30 Arbeitnehmer innerhalb von 30 Kalendertagen entlässt. ²Den Entlassungen stehen andere Beendigungen des Arbeitsverhältnisses gleich, die vom Arbeitgeber veranlasst werden.

(2) ¹Beabsichtigt der Arbeitgeber, nach Absatz 1 anzeigepflichtige Entlassungen vorzunehmen, hat er dem Betriebsrat rechtzeitig die zweckdienlichen Auskünfte zu erteilen und ihn schriftlich insbesondere zu unterrichten über
1. die Gründe für die geplanten Entlassungen,
2. die Zahl und die Berufsgruppen der zu entlassenden Arbeitnehmer,
3. die Zahl und die Berufsgruppen der in der Regel beschäftigten Arbeitnehmer,
4. den Zeitraum, in dem die Entlassungen vorgenommen werden sollen,
5. die vorgesehenen Kriterien für die Auswahl der zu entlassenden Arbeitnehmer,
6. die für die Berechnung etwaiger Abfindungen vorgesehenen Kriterien.

²Arbeitgeber und Betriebsrat haben insbesondere die Möglichkeiten zu beraten, Entlassungen zu vermeiden oder einzuschränken und ihre Folgen zu mildern.

(3) ¹Der Arbeitgeber hat gleichzeitig dem Arbeitsamt eine Abschrift der Mitteilung an den Betriebsrat zuzuleiten; sie muss zumindest die in Absatz 2 Satz 1 Nr 1 bis 5 vorgeschriebenen Angaben enthalten. ²Die Anzeige nach Absatz 1 ist schriftlich unter Beifügung der Stellungnahme des Betriebsrates zu den Entlassungen zu erstatten. ³Liegt eine Stellungnahme des Betriebsrates nicht vor, so ist die Anzeige wirksam, wenn der Arbeitgeber glaubhaft macht, dass er den Betriebsrat mindestens zwei Wochen vor Erstattung der Anzeige nach Absatz 2 Satz 1 unterrichtet hat, und er den Stand der Beratung darlegt. ⁴Die Anzeige muss Angaben über den Namen des Arbeitgebers, den Sitz und die Art des Betriebes enthalten, ferner die Gründe für die geplanten Entlassungen, die Zahl und die Berufsgruppen der zu entlassenden und der in der Regel beschäftigten Arbeitnehmer, den Zeitraum, in dem die Entlassungen vorgenommen werden sollen und die vorgesehenen Kriterien für die Auswahl der zu entlassenden Arbeitnehmer. ⁵In der Anzeige sollen ferner im Einvernehmen mit dem Betriebsrat für die Arbeitsvermittlung Angaben über Geschlecht, Alter, Beruf und Staatsangehörigkeit der zu entlassenden Arbeitnehmer gemacht werden. ⁶Der Arbeitgeber hat dem Betriebsrat eine Abschrift der Anzeige zuzuleiten. ⁷Der Betriebsrat kann gegenüber dem Arbeitsamt weitere Stellungnahmen abgeben. ⁸Er hat dem Arbeitgeber eine Abschrift der Stellungnahme zuzuleiten.

(3a) ¹Die Auskunfts-, Beratungs- und Anzeigepflichten nach den Absätzen 1 bis 3 gelten auch dann, wenn die Entscheidung über die Entlassungen von einem den Arbeitgeber beherrschenden Unternehmen getroffen wurde. ²Der Arbeitgeber kann sich nicht darauf berufen, dass das für die Entlassungen verantwortliche Unternehmen die notwendigen Auskünfte nicht übermittelt hat.

(4) ¹Das Recht zur fristlosen Entlassung bleibt unberührt. ²Fristlose Entlassungen werden bei Berechnung der Mindestzahl der Entlassungen nach Absatz 1 nicht mitgerechnet.

(5) Als Arbeitnehmer im Sinne dieser Vorschrift gelten nicht
1. in Betrieben einer juristischen Person die Mitglieder des Organs, das zur gesetzlichen Vertretung der juristischen Person berufen ist,
2. in Betrieben einer Personengesamtheit die durch Gesetz, Satzung oder Gesellschaftsvertrag zur Vertretung der Personengesamtheit berufenen Personen,
3. Geschäftsführer, Betriebsleiter und ähnliche leitende Personen, soweit diese zur selbständigen Einstellung oder Entlassung von Arbeitnehmern berechtigt sind.

Übersicht

		Rdn.			Rdn.
A.	Zweck der Vorschrift	1	I.	Personelle Mindestgröße, § 17 I Nr 1	7
B.	Betrieblicher Geltungsbereich	3	II.	Maßgebender Zeitpunkt	8
I.	Betriebsbegriff	3	III.	AN-Begriff	9
II.	Ausgenommene Betriebe	5	D.	Anzeigepflichtige Entlassungen	11
C.	Regelmäßige AN-Zahl	7	I.	Entlassungsbegriff	11

II.	Gleichgestellte Tatbestände	13	3.	Abschluss der Beratung und Ende des
	1. Arbeitnehmerkündigungen	13		Konsultationsverfahrens ... 34
	2. Aufhebungsverträge	14	H.	Das Anzeigeverfahren ... 36
	3. Änderungskündigungen	15	I.	Anzeigepflichtiger ... 36
III.	Außerordentliche Kdg.	16	II.	Zuständige Arbeitsagentur ... 37
IV.	Kündigungen durch den Insolvenzverwalter	18	III.	Form ... 38
			IV.	Inhalt ... 39
E.	Entlassungszeitraum	19	V.	Zeitpunkt der Anzeige ... 44
F.	Die Zahlenstaffel	21	I.	Rechtsfolgen fehlerhafter Massenentlassungen ... 45
G.	Die Beteiligung des BR	22		
I.	Unterrichtungspflicht	22	I.	Nichtigkeit der Kdg vor Ersta Zweck der Vorschrift ttung der Anzeige ... 45
	1. Inhalt	24		
	2. Form	29	II.	Fehlende Stellungnahme des Betriebsrats ... 46
	3. Abschrift an AA	30		
II.	Beratungspflicht	31	III.	Weitere Unwirksamkeitsgründe ... 47
	1. Beratungsgegenstand	32	IV.	Formelle Fehler ... 50
	2. Zeitraum	33	V.	Geltendmachung der Unwirksamkeit der Entlassung ... 51

1 **A. Zweck der Vorschrift.** Die Vorschriften der §§ 17 ff verfolgen nach dem Willen des historischen Gesetzgebers in 1. Linie **arbeitsmarktpolitische** Ziele (BAG 13.4.2000, 2 AZR 215/99, EzA § 17 KSchG Nr 9). Durch das vom AG bei der Entlassung einer größeren Zahl von AN einzuhaltende **Anzeigeverfahren** nach § 17 und die **Festlegung einer Sperrfrist** in § 18 sollen die Agenturen für Arbeit die Möglichkeit erhalten, rechtzeitig Maßnahmen zur Vermeidung von Entlassungen einzuleiten oder für die anderweitige Beschäftigung der Entlassenen zu sorgen. Unter Berücksichtigung der RL 98/59/EG, die den Schutz der AN bei Massenentlassungen verstärken soll, stehen nicht mehr die Belastungen für den Arbeitsmarkt im Vordergrund, sondern der **individuelle Schutz** der von Massenentlassungen betroffenen AN. Im Hinblick auf die sozioökonomischen Auswirkungen von Massenentlassungen, sollen den Entlassungen Konsultationen mit Arbeitnehmervertretern und die Unterrichtung der zuständigen Behörde vorangehen. Die Konsultation mit den Arbeitnehmervertretern erstreckt sich auf die Möglichkeit, Massenentlassungen zu vermeiden oder zu beschränken, sowie auf die Möglichkeit, ihre Folgen durch soziale Begleitmaßnahmen, die insb Hilfen für eine anderweitige Verwendung oder Umschulung der entlassenen Arbeitnehmer zum Ziel haben, zu mildern (vgl EuGH 10.12.2009, C-323/08 [Rodríguez Mayor], Rn 43, NZA 2010, 151). Die Agentur für Arbeit soll die Möglichkeit haben, rechtzeitig Maßnahmen zur Vermeidung oder wenigstens zur Verzögerung von Belastungen des Arbeitsmarkts einzuleiten und für anderweitige Beschäftigungen der Entlassenen zu sorgen (BAG 18.1.2012, 6 AZR 407/10, Rn 45, EzA § 6 KSchG Nr 4).

2 Unter dem Begriff der »Entlassung« in § 17 KSchG ist aufgrund der unionsrechtlichen Vorgaben die Erklärung der Kündigung zu verstehen (vgl. EuGH 27.1.2005, C-188/03 [Junk], Rn 39, Slg. 2005, I-885). Das bedeutet, dass die Massenentlassungsanzeige vor Ausspruch der Kdg zu erstatten ist.

3 **B. Betrieblicher Geltungsbereich. I. Betriebsbegriff.** Die Vorschriften des Dritten Abschnitts über die anzeigepflichtigen Entlassungen betreffen nur die Betriebe und Verwaltungen des privaten Rechts sowie die Betriebe, die von einer öffentl Verwaltung geführt werden, soweit sie wirtschaftliche Zwecke verfolgen (MünchKomm/*Hergenröder* § 23 Rn 51). Der Begriff des Betriebs entspricht dabei dem der §§ 1, 4 BetrVG (BAG 25.4.2013, 6 AZR 49/12, EzA-SD 2013, Nr 14, 4) wobei auch 2 selbständige Unternehmen einen einheitlichen Betrieb (gemeinsamer Betrieb) bilden können. Nach der Ansicht des EuGH ist unter einem Betrieb im Sinne der Massenentlassungsrichtlinie diejenige Einheit zu verstehen, der die entlassenen AN angehören, ohne Rücksicht darauf, ob die betreffende Einheit eine Leitung hat, die selbständig Kdg aussprechen kann (EuGH 15.2.2007, C-270/05 [Athinaïki Chartopoiïa], Rn 28 f, EzA RL 98/59 EG-Vertrag 1999 Nr 1). Entlassungen in verschiedenen selbständigen Betrieben eines Unternehmens müssen gesondert behandelt werden. Das Gesetz stellt nicht auf das Unternehmen oder den Konzern ab.

4 Für Betriebsteile und Nebenbetriebe sind die Wertungen der §§ 1, 4 BetrVG anzuwenden (KR/Weigand § 17 Rn 32 ff). Gilt ein Betriebsteil nach § 4 I 1 BetrVG als selbständig, müssen daher die Schwellenwerte des § 17 I KSchG in diesem Betriebsteil überschritten sein, um die Anzeigepflicht auszulösen (BAG 15.12.2011, 8 AZR 692/10, Rn 74, EzA § 613a BGB 2002 Nr 132).

5 **II. Ausgenommene Betriebe.** Der 3. Abschnitt des KSchG über die anzeigepflichtigen Massenentlassungen findet keine Anwendung in Betrieben, deren regelmäßige Arbeitnehmerzahl nicht 20 übersteigt, § 17 I 1.

6 Nicht erfasst sind Saison- und Kampagnebetriebe (§ 22 I) sowie Seeschiffe (§ 23 II 2).

C. Regelmäßige AN-Zahl. **I. Personelle Mindestgröße, § 17 I Nr 1.** Erfasst werden die Betriebe, in 7
denen regelmäßig mehr als 20 AN beschäftigt sind. Das muss nicht die Zahl der im Zeitpunkt der Entlassungen (Ausspruch der Kdg) beschäftigten AN sein, vielmehr kommt es auf die Zahl der idR beschäftigten AN an. Erforderlich ist daher ein Rückblick auf die bisherige personelle Stärke des Betriebs und eine Einschätzung der zukünftigen Entwicklung. Schwankt die Personalstärke, so ist auf den während des überwiegenden Teils eines Jahres beschäftigten Personalbestand abzustellen. Bei einer Betriebsstilllegung kommt nur ein Rückblick auf die bisherige Belegschaftsstärke in Betracht (BAG 24.2.2005, 2 AZR 207/04, EzA § 17 KSchG Nr 14). Werden stufenweise Entlassungen vorgenommen, so kommt es darauf an, welches Konzept zugrunde gelegen hat. Liegt ein Stilllegungsentschluss vor und wird dann sukzessive Personal abgebaut, dann ist der Zeitpunkt maßgeblich, in dem zuletzt noch eine normale Betriebstätigkeit entfaltet wurde (BAG 24.2.2005, 2 AZR 207/04, EzA § 17 KSchG Nr 14). Hatte der AG aber zunächst nur eine Betriebseinschränkung vorgenommen und sich dann zu einer Schließung entschlossen, ist die AN-Zahl nach der Einschränkung maßgebend (KR/Weigand § 17 Rn 45).

II. Maßgebender Zeitpunkt. Für die Bestimmung der Beschäftigtenzahl ist der Zeitpunkt der Kündi- 8
gungserklärungen maßgebend (KR/Weigand § 17 Rn 45).

III. AN-Begriff. Auszugehen ist vom allg AN-Begriff, wobei die Wartezeit des § 1 nicht erfüllt sein muss. 9
Zu den AN zählen Arbeiter und Angestellte, auch die Auszubildenden, Volontäre, Umschüler und Praktikanten, wobei es nicht darauf ankommt, ob der AG eine Vergütung zahlt. Es reicht aus, dass die Person im Rahmen eines anerkannten Praktikums durch die für Arbeitsförderung zuständigen Stelle finanziell gefördert wird und in einem Unternehmen praktisch mitarbeitet, um Kenntnisse zu erwerben oder zu vertiefen oder eine Berufsausbildung zu absolvieren (EuGH 9.7.2015, C-229/14, EzA RL 98/59 EG-Vertrag 1999 Nr 7). Nicht als AN gelten aber Heimarbeiter, Handelsvertreter und andere arbeitnehmerähnliche Personen. Familienangehörige nur, soweit ihrer Beschäftigung ein Arbeitsvertrag zugrunde liegt. Eine Ausnahmevorschrift wie § 5 II Nr 5 BetrVG enthält das KSchG nicht. Freie Mitarbeiter sind nicht zu berücksichtigen (BAG 19.6.1991, 2 AZR 127/91, EzA § 1 KSchG Betriebsbedingte Kündigung Nr 70). Auch wenn LeihAN bei § 23 und §§ 7, 9, 111 BetrVG unter bestimmten Voraussetzungen im Entleiherbetrieb zu den AN zählen, so lässt sich dies nicht auf § 17 übertragen. Der Entleiher spricht ihnen gegenüber keine Entlassungen aus.
Zu beachten ist, dass der AN-Begriff nicht von dem der EG-RL 98/59 abweichen und nicht eng ausgelegt 10
werden darf (EuGH 18.1.2007, C-385/05, AP Nr 1 Richtlinie 98/59 EG). Nach § 17 V sind die dort genannten gesetzlichen Vertreter von juristischen Personen, die Vertreter von Personengesellschaften sowie Geschäftsführer, Betriebsleiter und ähnliche leitenden Personen, soweit sie zur selbstständigen Einstellung oder Entlassung von AN berechtigt sind, nicht mitzurechnen. Dies widerspricht klar den europarechtlichen Vorgaben, wonach der Begriff »AN« nicht durch nationale Rechtsvorschriften definiert werden kann. Vielmehr muss er autonom und einheitlich europarechtlich anhand objektiver Kriterien ausgelegt werden (EuGH 9.7.2015, C-229/14, EzA RL 98/59 EG-Vertrag 1999 Nr 7). In diesem Kontext besteht das wesentliche Merkmal des Arbeitsverhältnisses darin, dass eine Person während einer bestimmten Zeit für eine andere nach deren Weisung Leistungen erbringt, für die sie als Gegenleistung eine Vergütung erhält. Die Natur des Beschäftigungsverhältnisses nach nationalem Recht ist ohne Bedeutung. Ob ein »Unterordnungsverhältnis« iSd Rspr des EuGH vorliegt, muss anhand aller Gesichtspunkte und aller Umstände, die die Beziehungen zwischen den Beteiligten kennzeichnen, geprüft werden. So gilt ein Fremdgeschäftsführer einer kleinen oder mittelgroßen Kapitalgesellschaft, der gegen Entgelt Leistungen gegenüber der Gesellschaft erbringt, die ihn bestellt hat und in die er eingegliedert ist, seine Tätigkeit nach der Weisung oder unter der Aufsicht eines anderen Organs dieser Gesellschaft ausübt und jederzeit ohne Einschränkung von seinem Amt abberufen werden kann, als AN. Selbst dann, wenn er bei der Wahrnehmung seiner Aufgaben über einen Ermessensspielraum verfügt, der über den eines AN iSd deutschen Rechts hinausgeht (EuGH 9.7.2015, C-229/14, EzA RL 98/59 EG-Vertrag 1999 Nr 7).

D. Anzeigepflichtige Entlassungen. **I. Entlassungsbegriff.** Die Anzeigepflicht betrifft Entlassungen, 11
dh Kündigungserklärungen (stRspr BAG 23.3.2006, 2 AZR 343/05, BB 2006, 1971). § 17 findet keine Anwendung, wenn wirksam befristete oder auflösend bedingte ArbVerh. durch Zeitablauf oder Bedingungseintritt enden.
Es geht um ordentliche Beendigungskdg durch den AG nach § 1 KSchG. Auf den Kündigungsgrund 12
kommt es nicht an (BAG 8.6.1989, 2 AZR 624/88, EzA § 17 KSchG Nr 4).

II. Gleichgestellte Tatbestände. **1. Arbeitnehmerkündigungen.** Nach § 17 I 2 stehen den Kdg des 13
AG diejenigen Kdg des AN gleich, die der AG veranlasst hat. Eine Veranlassung in diesem Sinne liegt vor, wenn der AG dem AN zu verstehen gibt, dass er, der AG, anderenfalls das Arbeitsverhältnis beenden

werde, weil nach Durchführung der Betriebsänderung keine Beschäftigungsmöglichkeit mehr bestehe (28.06.2012, 6 AZR 780/10, EzA § 17 KSchG Nr 26).

14 **2. Aufhebungsverträge.** Gleiches gilt für vom AG veranlasste Aufhebungsverträge (BAG 19.3.2015, 8 AZR 119/14, EzA § 17 KSchG Nr 34). Nicht anzeigepflichtig ist jedoch das Ausscheiden aufgrund von Vorruhestandsvereinbarungen, ohne dass der AN arbeitslos wird. Ausschlaggebend ist hier, dass der AN dem Arbeitsmarkt nicht mehr zur Verfügung steht (KR/Weigand § 17 Rn 69). Etwas anderes gilt bei sog dreiseitigen Vereinbarungen im Zusammenhang mit Umstrukturierungsmaßnahmen, wenn AN in eine Beschäftigungs- und Qualifizierungsgesellschaft (Transfergesellschaft) wechseln. Nach dem Sinn und Zweck des § 17, der die sozioökonomischen Auswirkungen von Massenentlassungen auffangen und deshalb ua der AfA die Möglichkeit geben soll, Maßnahmen zur Vermeidung oder Verzögerung von Belastungen des Arbeitsmarktes einzuleiten, sind AN, bei denen im Zeitpunkt der Massenentlassungsanzeige noch nicht feststeht, dass sie in eine Transfergesellschaft wechseln werden, bei der Berechnung des Schwellenwerts mitzuzählen. Für die Arbeitsverwaltung ist im Zeitpunkt der Erstattung der Massenentlassungsanzeige noch nicht absehbar, ob und wann die zu diesem Personenkreis gehörenden AN den Arbeitsmarkt belasten werden (BAG 28.6.2012, 6 AZR 726/10; LAG BW, 23.10.2013, 10 Sa 32/13, ZIP 2014, 937; aA LSW/Wertheimer § 17 Rn 35).

15 **3. Änderungskündigungen.** Änderungskdg sind »Entlassungen« iSv § 17 KSchG. Das gilt unabhängig davon, ob der AN das ihm mit der Kdg unterbreitete Änderungsangebot ablehnt oder – und sei es ohne Vorbehalt – annimmt (BAG 20.2.2014, 2 AZR 346/12, EzA § 17 KSchG Nr 31).

16 **III. Außerordentliche Kdg.** Nach § 17 IV 2 werden fristlose Kdg bei der Berechnung der Mindestzahl der Entlassungen nach § 17 I nicht mitberechnet. Darunter sind außerordentliche Kdg des AG nach § 626 BGB zu verstehen. Dies gilt auch dann, wenn der AG eine sog soziale Auslauffrist gewährt (KR/Weigand § 17 Rn 59).

17 Ausnahmsweise wird eine außerordentliche Kdg dann mitzuzählen sein, wenn der wichtige Grund seine Ursache in wirtschaftlichen Schwierigkeiten des AG hat. Dies wird allerdings selten sein, da wirtschaftliche Gründe regelmäßig keinen wichtigen Grund abgeben (KR/Fischermeier § 626 BGB Rn 162, 165).

18 **IV. Kündigungen durch den Insolvenzverwalter.** Anzeigepflichtig sind vom Insolvenzverwalter gem § 113 InsO beabsichtigte Kdg (BAG 22.4.2010, 6 AZR 948/08, EzA § 17 KSchG Nr 22). Sie erfolgen nicht fristlos, sondern unter Einhaltung der gem § 113 InsO maßgeblichen Kündigungsfrist.

19 **E. Entlassungszeitraum.** Die Anzeigepflicht des § 17 wird ausgelöst, wenn eine bestimmte Anzahl von Entlassungen innerhalb von 30 Kalendertagen vorgenommen wird. Maßgebend ist die Zahl der beabsichtigten Kdg. Daher werden nicht nur die zum selben Zeitpunkt durchgeführten Kdg berücksichtigt, sondern es ist auf die innerhalb von 30 Kalendertagen zu kündigenden oder auf andere Weise auf Veranlassung des AG freizusetzenden AN abzustellen. Entscheidend ist nicht der jeweilige Zugang der Kdg, sondern deren Erklärung (BAG 23.3.2006, 2 AZR 343/05, EzA § 17 KSchG Nr 16; aA ErfK/Kiel § 17 Rn 17). Die 30-Tagefrist beginnt daher mit jedem Tag neu zu laufen, an dem eine Kdg ausgesprochen wird. Alle folgenden Entlassungen innerhalb von 30 Tagen werden dann zusammengezählt. Es stellt aber keinen Missbrauch dar, wenn der AG innerhalb des Zeitraums knapp unter den Staffelwerten bleibt (MünchKomm/Hergenröder § 17 Rn 29).

20 Hat der AG zunächst geplant, im relevanten Zeitraum eine Anzahl von Kdg auszusprechen, die die Zahlenstaffel nach § 17 I nicht erreicht, so entsteht die Anzeigepflicht nachträglich auch für die zunächst wirksam ausgesprochenen Kdg, wenn dann doch die nach § 17 I erforderliche Gesamtzahl an Kdg im 30-Tage-Zeitraum erreicht wird. Die bereits zuvor ausgesprochenen Kdg werden unheilbar nichtig.

21 **F. Die Zahlenstaffel.** Die Anzeigepflicht ist nach der Betriebsgröße gestaffelt, die zur Zahl der zu entlassenden AN ins Verhältnis gesetzt wird. In Betrieben, die regelmäßig wenigstens 21, aber nicht mehr als 59 Mitarbeiter beschäftigen, ist der AG zu einer Anzeige verpflichtet, wenn er 6 oder mehr AN kündigen will. Bei einer Betriebsgröße von 60 AN bis zu 499 AN, wenn 10 vH oder mehr als 25 AN gekündigt werden sollen. In Betrieben von 500 und mehr AN entsteht die Anzeigepflicht bei einer Zahl von 30 oder mehr Kdg; auf eine Prozentzahl wird in diesem Bereich gänzlich verzichtet (Bader/Bram/Dörner/Suckow § 17 Rn 46).

22 **G. Die Beteiligung des BR. I. Unterrichtungspflicht.** Beabsichtigt der AG anzeigepflichtige Entlassungen, so hat er nach § 17 II 1 dem BR rechtzeitig die zweckdienlichen Auskünfte zu erteilen und ihn schriftlich zu informieren. Ist kein BR vorhanden, entfällt diese Verpflichtung. Ob der GBR originär zuständig ist, richtet sich danach, ob der geplante Personalabbau auf der Grundlage eines unternehmenseinheitlichen

Konzepts durchgeführt werden soll und mehrere Betriebe von der Betriebsänderung betroffen sind (BAG 13.12.2012, 6 AZR 5/12, JurionRS 2012, 36394). Die Unterrichtungspflicht dient dazu, den BR in die Lage zu versetzen konstruktive Vorschläge zu unterbreiten. In einem Konzern entsteht die Unterrichtungspflicht, sobald innerhalb des Konzerns die Entscheidung gefallen ist, Massenentlassungen durchzuführen. Die Art der Durchführung der Massenentlassung muss noch nicht feststehen. Allerdings muss die betroffene Einheit schon benannt sein. Zur Durchführung des Konsultationsverfahrens bleibt stets der AG und nicht die Konzernspitze verpflichtet (EuGH 10.09.2009, C-44/08, EzA RL 98/59 EG-Vertrag 1999 Nr 3). Eine Massenentlassung kann, muss aber keine Betriebsänderung iSd §§ 111 BetrVG sein. Die Verfahren nach §§ 17 ff und nach §§ 111 ff BetrVG beziehen sich zwar auf dieselbe mitbestimmungspflichtige Angelegenheit, sie stellen jedoch kein einheitliches Verfahren dar und sind daher getrennt durchzuführen (BAG 18.1.2012, 6 AZR 407/10). Die Verfahren können jedoch miteinander verbunden und damit vom AG gleichzeitig erfüllt werden. Eine solche Verbindung verletzt keine unionsrechtlichen Vorgaben (BAG 20.9.2012, 6 AZR 155/11, ZIP 2012, 2412). Dabei muss der BR aber klar erkennen können, dass die stattfindenden Beratungen (auch) der Erfüllung der Konsultationspflicht des AG aus § 17 II 2 KSchG dienen soll (BAG 26.2.2015, 2 AZR 955/13, EzA § 17 KSchG Nr 33). 23

1. Inhalt.
a) Gründe für die Entlassungen: Dazu hat der AG den Sachverhalt darzulegen, der ihn zu den Kdg veranlasst. 24
b) Zahl und Berufsgruppen: Bei der Zahl der zu Entlassenden sind auch die AN zu berücksichtigen, die auf Veranlassung des AG freiwillig ausscheiden. Hinsichtlich der Berufsgruppen kann das Berufsgruppenverzeichnis der BA zugrunde gelegt werden. 25
c) Zeitraum: Die Angaben zum Zeitraum beziehen sich auf die Daten, zu denen die Arbeitsverhältnisse gekündigt werden sollen (KR/Weigand § 17 Rn 98). 26
d) Kriterien für die Auswahl: Zu den vorgesehenen Kriterien zählen fachliche, persönliche, soziale und betriebliche Gesichtspunkte. Hinsichtlich der sozialen Gesichtspunkten kann auf § 1 III KSchG verwiesen werden. 27
e) Etwaige Abfindungen: Für die Berechnung der Abfindungen wird es ausreichen, wenn der AG dem BR mitteilt, diese Punkte würden in dem noch abzuschließenden Interessenausgleich/Sozialplan geregelt (BAG 28.5.2009, 8 AZR 273/08, ZInsO 2009, 1968). Etwas anderes gilt dann, wenn keine sozialplanpflichtige Entlassung vorliegt oder der AG Aufhebungsverträge anbieten will. 28

2. Form. Die Unterrichtung hat schriftlich zu erfolgen, § 17 II 1. Sie enthält somit ein Schriftformerfordernis (iSv § 126 I BGB (offengelassen BAG 20.9.2012, 6 AZR 155/11, EzA § 17 KSchG Nr 27). Jedenfalls dann, wenn die von § 17 II 1 KSchG verlangten Angaben gegenüber dem BR in einem schriftlichen, wenn auch nicht unterzeichneten Text dokumentiert wurden, genügt die abschließende Stellungnahme des BR, um einen evtl Schriftformverstoß zu heilen (BAG 20.9.2012, 6 AZR 155/11, EzA § 17 KSchG Nr 27). Es sollte jedoch bereits aus Gründen der Rechtssicherheit stets die Schriftform gewahrt werden, da der AG im Falle einer nicht erfolgten Stellungnahme des BR dessen ordnungsgemäße Unterrichtung glaubhaft machen muss, § 17 III 3. Das Informations- und Beratungsrecht des BR erstreckt sich nicht auf leitende Angestellte, die zwar von der Massenentlassung betroffen, aber wegen § 17 V von der Regelung der § 17 I und II ausgenommen sind. Für diesen Personenkreis ist ein vorhandener Sprecherausschuss gem §§ 31, 32 SprAuG zuständig (Wißmann RdA 1998, 221, 224). 29

3. Abschrift an AA. Eine Abschrift der Mitteilung an den BR erhält gleichzeitig – also im Vorfeld des eigentlichen Anzeigeverfahrens – die für die Entgegennahme der späteren Anzeige zuständige AA, § 17 III 1. Diese Abschrift muss mindestens die in § 17 II 1 Nr 1-5 vorgeschriebenen Angaben enthalten. Ein Verstoß gegen diese Pflicht hat jedoch keinen Einfluss auf die Wirksamkeit der (späteren) Anzeige. Die AA kann aber bei ihrer Entscheidung über eine etwaige Verkürzung oder Verlängerung der Sperrfrist nach § 18 KSchG dieses Verhalten des AG berücksichtigen (KR/Weigand § 17 Rn 109). 30

II. Beratungspflicht. Gem § 17 II 2 haben AG und BR sodann über die beabsichtigten Entlassungen zu beraten. Diese Beratung ist schon dem Wortlaut nach verpflichtend. Sie ist auch dann nicht entbehrlich, weil der Betrieb stillgelegt und alle AN entlassen werden sollen, denn die Beratungen mit dem BR müssen sich nicht auf die Vermeidung oder Beschränkung der Massenentlassungen beziehen. Sie können auch die Möglichkeit betreffen, die Folgen solcher Entlassungen durch soziale Begleitmaßnahmen zu mildern (BAG 13.12.2012, 6 AZR 5/12, EzA-SD 2013). 31

32 **1. Beratungsgegenstand.** Gegenstand der Beratungen zwischen dem AG und dem gesamten BR bzw dem entsprechenden Ausschuss (§§ 27,28 BetrVG) sind Möglichkeiten zur »Vermeidung der Entlassungen«, »Einschränkung der Zahl der Entlassungen« und »Milderung der Folgen«. Dazu gehören auch die Möglichkeiten in §§ 2, 3 SGB III. Soweit die »Gespräche« mit dem Wirtschaftsausschuss geführt worden sind, konnte es sich schon deshalb nicht um Beratungen iSv § 17 II 2 handeln, weil diese mit dem BR zu erfolgen haben. Bei BR und Wirtschaftsausschuss handelt es sich um verschiedene Gremien mit unterschiedlicher Zusammensetzung und unterschiedlichen Aufgaben. Der AG kann Verpflichtungen gegenüber dem BR nicht – ohne Weiteres – gegenüber dem Wirtschaftsausschuss erfüllen (BAG 26.02.2015, 2 AZR 955/13, EzA § 17 KSchG Nr 33). Wenn der Zweck des Konsultationsverfahrens erreicht werden soll, darf der AG nicht bloß pro forma Verhandlungen aufnehmen und diese sogleich für gescheitert erklären, sondern er muss mit dem BR über die Entlassungen bzw die Möglichkeiten ihrer Vermeidung verhandeln, ihm dies zumindest anbieten (BAG 28.05.2009, 8 AZR 273/08, Rn 58, EzA § 17 KSchG Nr 20). Der BR muss sich auf eine Beratung allerdings nicht einlassen.

33 **2. Zeitraum.** Das Gesetz regelt nicht den Zeitraum, der zwischen Unterrichtung und Beratung liegen muss. Es empfiehlt sich die Frist des § 17 III 3 einzuhalten, weil der AG andernfalls uU nach III 3 keine wirksame Anzeige abgeben kann.

34 **3. Abschluss der Beratung und Ende des Konsultationsverfahrens.** Der AG hat seine Beratungspflicht erfüllt, wenn er mit ernsthaftem Willen, zu einer Einigung zu gelangen, die Verhandlungsgegenstände (Rn 24-28 ff) mit dem BR erörtert hat. Die Pflicht zur Beratung gem § 17 II 2 geht dabei über eine bloße Anhörung deutlich hinaus (APS/*Moll* vor § 17 KSchG Rn 74). Wenn der BR im Rahmen der Anhörung zu den geplanten Kdg nach § 102 Widersprüche gegen die beabsichtigten Kündigungen erklärt, so bedeutet dies nicht, dass von einer Erfüllung der Beratungspflicht auszugehen ist. Vielmehr muss sich gerade aus der Mitteilung ergeben, dass sie das Ergebnis von Beratungen nach § 17 II 2 gewesen wären (BAG 21.3.2013, 2 AZR 60/12, EzA § 17 KSchG Nr 30). Die Beratungspflicht ist auf alle Fälle dann erfüllt, wenn die Betriebsparteien einen Interessenausgleich schließen. Es besteht aber insoweit kein Zwang zur Einigung. Der EuGH hatte in seiner Entscheidung vom 27.1.2005 dazu ausgeführt, dass der AG die Massenentlassungen erst nach Ende des Konsultationsverfahrens iSd Art 2 der RL 98/59/EG vornehmen darf, was zu einer lebhaften Diskussion in der Lit geführt hat (vgl Nicolai NZA 2005, 206, 207; Wolter AuR 2005, 135, 138, 139; Bauer/Krieger/Powietzka BB 2006, 2023, 2025; Giesen SAE 4/2006 9, 12,13; Klumpp NZA 2006, 704). Das BAG ging zuletzt unter Bestätigung seiner früheren Rspr davon aus, dass aus der Konsultationspflicht nach § 17 II 2 keine Pflicht zur Verständigung über den Umfang und die Folgen der Massenentlassung abgeleitet werden kann (BAG 28.5.2009, 8 AZR 273/08, ZInsO 2009, 1968). Weder muss ein Interessenausgleich oder ein Sozialplan vor Erstattung der Anzeige abgeschlossen noch muss die Einigungsstelle eingeschaltet worden sein (BAG 21.5.2008, 8 AZR 84/07, ZInsO 2008, 1153). Das BVerfG hält diese Auffassung, ohne vorherige Anrufung des EuGH für vertretbar (BVerfG 25.2.2010, 1 BbR 230/09, EzA § 17 KSchG Nr 21).

35 Aus dem Gesetzeszusammenhang der Abs II und III ergibt sich, dass der BR zu den Beratungen eine Stellungnahme abgeben kann, aber nicht muss (s Rdn 41).

36 **H. Das Anzeigeverfahren. I. Anzeigepflichtiger.** Das eigentliche Anzeigeverfahren wird eingeleitet durch die Anzeige des AG nach § 17 I 1. Dabei kann sich der AG der im Internet abrufbaren Vordrucke der BA bedienen. Handelt es sich bei dem AG um ein Unternehmen, das konzernrechtlich beherrscht wird, so verbleibt die Anzeigepflicht beim entlassenden AG, auch wenn die Entscheidung für die Massenentlassungen bei der Konzernmutter getroffen worden ist, § 17 IIIa. Im Insolvenzverfahren trifft die Pflicht den Verwalter, § 125 II InsO.

37 **II. Zuständige Arbeitsagentur.** Die Anzeige ist an die für den Betrieb zuständige AA zu richten, sofern nicht ein Fall des § 21 vorliegt. Zuständig ist die Agentur, in deren Bezirk der Betrieb liegt, nicht der Sitz des Unternehmens. Wird die Anzeige an eine unzuständige AA gerichtet, so ist diese verpflichtet, die Anzeige weiterzuleiten. Vor Zugang der Anzeige bei der zuständigen AA erklärte Kdg sind unwirksam (ErfK/Kiel § 17 KSchG Rn 28; APS/Moll § 17 KSchG Rn 96; KR/Weigand § 17 KSchG Rn 122).

38 **III. Form.** Die Anzeige bedarf der Schriftform, § 17 III 2. Die fernmündliche Übermittlung reicht nicht aus. § 126 III BGB sieht aber vor, dass die schriftliche durch die elektronische Form (E-Mail) ersetzt werden kann (vHH/Linck/v.Hoyningen-Huene § 17 Rn 90; aA mit qualifizierter elektronischer Signatur ErfK/Kiel § 17 KSchG Rn 28). Die Schriftform ist auch gewahrt bei einer Anzeige per Telefax (BAG 24.9.1986, 7 AZR 669/84, EzA § 554 ZPO Nr 4).

IV. Inhalt. Der Inhalt der Anzeige bestimmt sich nach den »Muss-Angaben« des § 17 III 4 und den 39 »Soll-Angaben« des § 17 III 5. Danach muss die Anzeige den Namen des AG, den Sitz und die Art des Betriebes, die Gründe für die geplanten Entlassungen, die Zahl und die Berufsgruppen der zu entlassenden AN und der idR beschäftigten AN, den Zeitraum, in dem die Kdg stattfinden, und die vorgesehenen Kriterien für die Auswahl enthalten. Bei Fehlen einer Angabe ist die Anzeige unwirksam. Allerdings können sich nur die AN, die von der Massenentlassungsanzeige nicht erfasst sind, auf die zu niedrige Angabe der Zahl der zu entlassenden AN berufen. Die Prüfungs- und Reaktionsmöglichkeiten der Arbeitsverwaltung sind hinsichtlich der AN, deren Entlassung ihr angezeigt worden ist, weder positiv noch negativ durch die zu niedrige Anzahl angezeigter Entlassungen beeinflusst worden (BAG 28.06.2012, 6 AZR 680/10, EzA § 17 KSchG Nr 26). Der AG kann aber die unterlassene Angabe nachholen. Erst mit der Vervollständigung ist die Anzeige wirksam erhoben, läuft also auch die Sperrfrist des § 18. Vor dem Zeitpunkt der wirksamen Erstattung der Anzeige darf keine Kdg erklärt werden (KR/Weigand § 17 Rn 131). Im Einvernehmen mit dem BR sollen Angaben über Geschlecht, Alter, Beruf und Staatsangehörigkeit mitgeteilt werden. Die Nichtbeachtung dieser Sollvorschrift führt aber nicht zur Rechtunwirksamkeit der Anzeige und damit der Kdg.

Zu beachten ist allerdings, dass die Anzeige nur dann wirksam erhoben ist, wenn der Anzeige auch die Stel- 40 lungnahme des BR beigefügt ist, § 17 III 2. Die Stellungnahme kann auch vom BR direkt der AA zugeleitet werden (BAG 21.5.2008, 8 AZR 84/07, NZA 2008, 753; KR-Weigand § 17 Rn 142). Die Stellungnahme muss sich auf das Ergebnis der nach § 17 II 2 erforderlichen Beratungen über die Möglichkeiten beziehen, Entlassungen zu vermeiden oder einzuschränken und ihre Folgen zu mildern. Obwohl § 17 III 2 keine expliziten Aussagen zum erforderlichen Inhalt der Stellungnahme des BR trifft und der AG diesen Inhalt nicht beeinflussen kann, genügt nicht jede Äußerung des BR den gesetzlichen Anforderungen. Um der AA Auskunft darüber geben zu können, ob und welche Möglichkeiten er sieht, die angezeigten Kündigungen zu vermeiden, und zugleich zu belegen, dass soziale Maßnahmen mit ihm beraten und ggf getroffen worden sind, muss sich der BR in einer Weise äußern, die erkennen lässt, dass er seine Beteiligungsrechte als gewahrt ansieht und dass es sich um eine abschließende Erklärung zu den vom AG beabsichtigten Kdg handelt. Dafür reicht auch die eindeutige Mitteilung aus, keine Stellung nehmen zu wollen (BAG 28.6.2012, 6 AZR 780/10, Rn 53, BAGE 142, 202). Die Beifügung der Stellungnahme erübrigt sich, wenn ein Interessenausgleich nach § 1 V 1, § 125 InsO mit namentlicher Benennung der zu kündigenden AN vorliegt und dieser der Arbeitsverwaltung zur Verfügung gestellt wird, § 1 V 4. Allerdings kann eine in einem Interessenausgleich ohne Namensliste integrierte Stellungnahme den Anforderungen des III 2 genügen, denn die Stellungnahme des BR muss nicht in einem eigenständigen Dokument enthalten sein. Es reicht aus, dass dokumentiert ist, dass der BR seine Meinung zu der anstehenden Massenentlassung gebildet hat und das Konsultationsverfahren als abgeschlossen ansieht (BAG 21.3.2012, 6 AZR 596/10, ZIP 2012, 1259). Dies gilt jedoch nicht für einen Spruch der Einigungsstelle über einen Sozialplan, auf den sich die gesetzliche Fiktion des § 125 II InsO nicht erstreckt (BAG 13.12.2012, 6 AZR 752/11, JurionRS 2012, 36396). Die bloße Mitteilung des BR an die AA, er sei darüber informiert, dass eine Massenentlassungsanzeige abgesandt worden sei, stellt aber keine solche eindeutige, abschließende Meinungsäußerung des BR iSv § 17 III 2 dar. Selbst wenn die AA anderer Auffassung ist und dementsprechend einen Bescheid über die Verkürzung der Sperrfrist erlässt, wird dieser Formmangel nicht geheilt. Die Wirksamkeit der Massenentlassungsanzeige ist von der Bindungswirkung eines solchen Bescheids nicht umfasst (BAG 28.6.2012, 6 AZR 780/10, EzA § 17 KSchG Nr 26).

Sollte der BR eine Stellungnahme verweigern, kann der AG (vorsorglich) gem § 17 III 3 verfahren. Er 41 kann 2 Wochen nach vollständiger Unterrichtung des BR gem § 17 II 1 rechtssicher und rechtswirksam unter Darlegung des Stands der Beratungen Massenentlassungsanzeige erstatten (BAG 28.6.2012, 6 AZR 780/10, Rn 57, BAGE 142, 201). Dazu kann das Unterrichtungsschreiben (vgl Rdn 29) an den BR nebst einem Empfangsbekenntnis des BR-Vors vorgelegt werden (BAG 21.5.2008, 8 AZR 84/07, ZInsO 2008, 1153). Fehlt letzteres, kann auch eine eidesstattliche Versicherung betreffend die Übergabe an den BR in Betracht kommen (Löwisch NJW 1978, 1238).

Auch wenn der BR - bewusst oder unbewusst - eine den gesetzlichen Anforderungen nicht genügende 42 Stellungnahme abgibt, kann der AG die Unwirksamkeit der Anzeige verhindern, indem er ihr nicht nur die unzureichende Stellungnahme des BR beifügt, sondern zusätzlich nach § 17 III 3 verfährt (BAG 28.6.2012, 6 AZR 780/10, BAGE 142, 201).

Fehlten entgegen § 17 III 3 Angaben des AG über den Stand der Beratungen, so sollte dies nicht unbedingt 43 zur Unwirksamkeit der Anzeige führen. Dies galt insbesondere dann, wenn die AA nachträglich zu erkennen gab, dass sie aufgrund der vom AG gemachten Angaben und der von ihm mitgeteilten Unterrichtung des BR in der Lage war, sich ein ausreichendes Bild von der geplanten Massenentlassung zu machen, um erforderliche arbeitsmarktpolitische Maßnahmen zu ergreifen und/oder Entscheidungen nach § 18 I oder II zu treffen (BAG 21.5.2008, 8 AZR 84/07, ZInsO 2008, 1153). Diese Verpflichtung würde um ihre bezweckte Wirkung gebracht, wenn eine Verletzung nicht die Nichtigkeit der Kdg nach sich zöge (BAG 22.11.2012, 2 AZR 371/11, Rn 39 ff, NZA 2013, 845).

44 **V. Zeitpunkt der Anzeige.** Die Anzeige muss nunmehr vor Erklärung der Kdg bei der AA eingehen, nicht erst vor dem tatsächlichen Ausscheiden aus dem Betrieb. Die Anzeige kann jederzeit zurückgenommen werden.

45 **I. Rechtsfolgen fehlerhafter Massenentlassungen. I. Nichtigkeit der Kdg vor Erstattung der Anzeige.** Eine Kdg ohne vorherige Anzeige ist nichtig, § 134 BGB. Die Konsequenz einer individuellen Unwirksamkeit der Kdg entspricht der RL 98/59/EG, die zwar keine ausdrückliche Sanktion anordnet, die nach den in der RL festgehaltenen Erwägungen des Rats aber dazu dient, den Schutz der AN bei Massenentlassungen zu verstärken. Mit Blick auf diesen Gesetzeszweck ist § 17 I als gesetzliches Verbot zu verstehen, Kdg vor Erstattung einer diesen Erfordernissen genügenden Anzeige auszusprechen (BAG 22.11.2012, 2 AZR 371/11, EzA § 17 KSchG Nr 28). Wenn die Kdg unwirksam ist, besteht auch keine Heilungsmöglichkeit. In diesem Fall ist der AG darauf verwiesen, das Verfahren gem § 17 ff zu befolgen und dann erneut zu kündigen.

46 **II. Fehlende Stellungnahme des Betriebsrats.** Kommt der AG seiner Verpflichtung aus § 17 III 2 nicht nach, so führt auch dies zur Unwirksamkeit der Kündigung (BAG 22.11.2012, 2 AZR 371/11, EzA § 17 KSchG Nr 28).

47 **III. Weitere Unwirksamkeitsgründe.** Gemäß III 3 ist die Anzeige wirksam, wenn der AG trotz fehlender Stellungnahme des BR (III 2) glaubhaft macht (vgl Rdn 41), dass er den BR mindestens 2 Wochen vor Erstattung der Anzeige unterrichtet hat und den Stand der Beratung darlegt. Das bedeutet im Umkehrschluss, dass eine Anzeige ohne die Glaubhaftmachung nach III 3 zur Unwirksamkeit der Kündigung führt (BAG 22.11.2012, 2 AZR 371/11, EzA § 17 KSchG Nr 28).

48 Zur Unwirksamkeit der Kdg sollen auch unvollständige oder falsche Angaben hinsichtlich der (Muss-) Angaben nach § 17 III 4 führen (KR/Weigand § 17 Rn 133; ErfK/Kiel § 17 Rn 29). Aber vgl auch Rdn 50. Hat der AG eine zu niedrige Zahl der zu entlassenden AN angegeben, so können sich nur solche AN auf diesen Fehler berufen, die zB in der Massenentlassungsanzeige nicht namentlich erfasst sind. Mit dem Zweck der Massenentlassungsanzeige stünde es nicht im Einklang, wenn die fehlende Angabe einer einzigen Entlassung die Auflösung der Arbeitsverhältnisse auch aller anderen von der Massenentlassungsanzeige erfassten AN hindern würde (BAG 28.6.2012, 6 AZR 780/10, EzA § 17 KSchG Nr 26).

49 Hat der AG den BR nicht vollständig unterrichtet oder nur die Beratungspflicht verletzt (§ 17 II), so ist unter Berücksichtigung von Sinn und Zweck der RL 98/59/EG zu unterscheiden (BAG 18.1.2012, 6 AZR 407/10, EzA § 6 KSchG Nr 4). Enthält die Anzeige nur geringfügige Fehler bzw Ungenauigkeiten, die den gekündigten AN nicht betreffen und keine Auswirkungen auf die sachliche Prüfung der AA haben können, so berührt dies nicht die Wirksamkeit der Anzeige (ErfK/Kiel § 17 Rn 36). So soll zB die Unterrichtungspflicht nach II 1 es dem BR ermöglichen, »konstruktive Vorschläge« zu unterbreiten. Unterrichtet der AG den BR nicht über die Berufsgruppen der zu entlassenden AN, so kann dies bei der Entlassung aller AN keine Folgen für diese Prüfung durch den BR haben und sich der Fehler nicht zu Lasten der AN auswirken (BAG 18.1.2012, 6 AZR 407/10, EzA § 6 KSchG Nr 4).

50 **IV. Formelle Fehler.** Hingegen führen formelle Fehler im Anzeigeverfahren, zB wenn die Stellungnahme des BR nur nicht beigefügt ist, nicht schon zur Unwirksamkeit der Kdg. Solche Mängel können durch Nachholung beseitigt werden. Entscheidend wird dann aber sein, dass zum Zeitpunkt der Antragstellung tatsächlich das Konsultationsverfahren nachweisbar abgeschlossen war (BVerfG 25.2.2010, 1 BvR 230/09, EzA § 17 KSchG Nr 21). Die Nachbesserung der Anzeige führt allerdings zum verspäteten Anlauf der Sperrfrist (ErfK/Kiel § 17 Rn 31).

51 **V. Geltendmachung der Unwirksamkeit der Entlassung.** War die Anzeige unterblieben oder mangelhaft, so muss der AN, will er sich auf die Unwirksamkeit der Entlassung berufen, innerhalb der Frist des § 4 Klage zum ArbG erheben (BAG 31.7.1986, 2 AZR 594/85, EzA § 17 KSchG Nr 3; 19.6.1991, 2 AZR 127/91, EzA § 1 KSchG Betriebsbedingte Kündigung). Etwas anderes gilt nur dann, wenn er bereits rechtzeitig eine Kündigungsschutzklage erhoben hat (§ 6). Allerdings muss er dann alle Unwirksamkeitsgründe, die sich aus § 17 KSchG ergeben können, bis zum Schluss der mündlichen Verh in der 1. Instanz rügen (BAG 20.1.2016, 6 AZR 601/14, EzA-SD 2016, Nr 7, 3-5). Einer Einschränkung des individuellen Klagerechts stehen Art 6 EMRK und Art 47 GRC nicht entgegen (EuGH 16.7.2009, C-12/08,

EzA-RL 98/59 EG-Vertrag 1999 Nr 2) Der AN ist darlegungs- und gegebenenfalls beweispflichtig für die tatsächlichen Voraussetzungen der Anzeigepflicht nach § 17. Er muss also sowohl die Zahl der beschäftigten AN als auch die Zahl der entlassenen AN im Streitfall beweisen. Steht die Anzeigepflicht fest, trifft die Darlegungs- und Beweislast für die ordnungsgemäße Durchführung des Verfahrens nach § 17 den AG, weil die ordnungsgemäße Durchführung dieses Verfahrens Wirksamkeitsvoraussetzung der Kdg ist (BAG 13.12.2012, 6 AZR 5/12, EzA-SD 2013 Nr 9, 8-11).

§ 18 Entlassungssperre

(1) Entlassungen, die nach § 17 anzuzeigen sind, werden vor Ablauf eines Monats nach Eingang der Anzeige bei der Agentur für Arbeit nur mit deren Zustimmung wirksam; die Zustimmung kann auch rückwirkend bis zum Tage der Antragstellung erteilt werden.
(2) Die Agentur für Arbeit kann im Einzelfall bestimmen, daß die Entlassungen nicht vor Ablauf von längstens zwei Monaten nach Eingang der Anzeige wirksam werden.
(3) *(aufgehoben)*
(4) Soweit die Entlassungen nicht innerhalb von 90 Tagen nach dem Zeitpunkt, zu dem sie nach den Absätzen 1 und 2 zulässig sind, durchgeführt werden, bedarf es unter den Voraussetzungen des § 17 Abs. 1 einer erneuten Anzeige.

Übersicht

		Rdn.			Rdn.
A.	Allgemeines	1	III.	Dauer der Sperrfrist	8
I.	Ziel der Vorschrift	1	IV.	Verkürzung der Sperrfrist	9
II.	Rechtsfolgen anzeigepflichtiger Entlassungen	2	C.	**Die Entscheidung der Agentur für Arbeit**	10
B.	**Die Sperrfrist**	3	I.	Zustimmung zur Verkürzung	10
I.	Bedeutung der Vorschrift	3	II.	Ablehnung der Verkürzung	14
II.	Beginn der Sperrfrist	6	III.	Verlängerung der Sperrfrist	15
	1. Fristberechnung	6	D.	**Negativattest**	18
	2. Ordnungsgemäße Anzeige	7	E.	**Freifrist**	19

A. Allgemeines. I. Ziel der Vorschrift. Der Gesetzgeber hat mit der Festlegung einer Sperrzeit von 1 Monat, die den Zeitpunkt des Wirksamwerdens der Entlassungen hinausschiebt, vor allem arbeitsmarktpolitische Gesichtspunkte verfolgt. So können gem § 45 SGB II Maßnahmen zur Aktivierung und beruflichen Eingliederung vorgenommen werden; gem §§ 44, 88 bis 94 SGB III kann zudem die Anbahnung oder Aufnahme einer Beschäftigung bzw einer Selbständigkeit gefördert werden (ErfK/Kiel § 18 KSchG Rn 1). Die Sperrfrist dient aber auch dem individuellen Schutz der betroffenen AN (KR/Weigand § 18 KSchG Rn 7). 1

II. Rechtsfolgen anzeigepflichtiger Entlassungen. Die Vorschrift regelt iVm § 19 die Rechtsfolgen, die bei anzeigepflichtigen Beendigungen von Arbeitsverhältnissen eintreten. Geregelt wird insoweit der Vollzug der Entlassung. Bei richtlinienkonformer Auslegung und Anwendung von § 17 hat die Sperrfrist allerdings kaum noch Bedeutung. 2

B. Die Sperrfrist. I. Bedeutung der Vorschrift. Die Sperrfrist des § 18 I bewirkt, dass Entlassungen vor Ablauf der Frist nur mit Zustimmung der AA wirksam werden. Damit bezieht sich das »Wirksamwerden« iSd § 18 auf den Eintritt der Rechtsfolgen der Kdg. Vor Ablauf der Sperrfrist kann die Kdg daher das Arbeitsverhältnis nicht beenden. Die Regelsperrfrist des § 18 I von 1 Monat ist nur bei Kündigungsfristen unter 1 Monat von Bedeutung, eine gem § 18 II auf 2 Monate verlängerte Sperrfrist nur bei Kündigungsfristen zwischen 1 und unter 2 Monaten. Ist die individuelle Kdg-Frist kürzer als die Dauer der Sperrfrist, so endet das Arbeitsverhältnis mit Ablauf der Sperrfrist, auch wenn der einzuhaltende Kdg-Termin (zB Monatsende) außerhalb der Sperrfrist liegt. 3

Auch wenn unter Entlassung iSd § 18 I nunmehr die Kdg verstanden wird, verbietet das Gesetz den Ausspruch der Kdg vor dem Ablauf der Sperrfrist nicht (BAG 28.5.2009, 8 AZR 273/08, ZInsO 2009, 1968). Die Kdg darf schon unmittelbar nach Eingang der Anzeige bei der AA ausgesprochen werden, die Entlassung (Kdg) darf nur nicht vor Ablauf der Sperrfrist vollzogen werden, sie ist als Rechtsgeschäft aber grundsätzlich wirksam. 4

Das Gesetz gibt dem AG aber die Möglichkeit, eine Verkürzung der Sperrfrist zu beantragen. 5

II. Beginn der Sperrfrist. 1. Fristberechnung. Die Sperrfrist beginnt mit dem Eingang der Anzeige bei der zuständigen AA. Die Anzeige ist bei der örtlich zuständigen AA zu erstatten, sofern nicht ein Fall des 6

§ 21 vorliegt. Reicht der AG die Anzeige bei einer örtlich unzuständigen AA ein, was insb dann der Fall sein kann, wenn Zweig- und Nebenbetriebe betroffen sind, beginnt die Frist jedoch erst mit Eingang bei der zuständigen AA zu laufen (KR/Weigand § 18 Rn 12).

7 **2. Ordnungsgemäße Anzeige.** Die Sperrfrist beginnt nur bei Eingang einer ordnungsgemäßen Anzeige entsprechend § 17 III. Die Behörde kann den Anzeigenerstatter auf entspr Mängel hinweisen, die Sperrfrist beginnt dann aber erst zu laufen, wenn der Fehler oder die Unvollständigkeit behoben wird (BAG 21.5.2008, 8 AZR 84/07, NZA 2008, 753-757).

8 **III. Dauer der Sperrfrist.** Die regelmäßige Sperrfrist des § 18 I endet mit dem Ablauf des Tages des folgenden Monats, der durch seine Zahl dem Tag entspricht, an dem die Anzeige bei der örtlich zuständigen AA eingegangen ist.

9 **IV. Verkürzung der Sperrfrist.** Sollen die vom AG ausgesprochenen Entlassungen das Arbeitsverhältnis innerhalb der Sperrfrist beenden, so muss der AG einen entspr Antrag auf Zustimmung stellen. Schon in der Anzeige wird ein solcher Antrag regelmäßig nicht zu sehen sein. Er kann sich aber durch Auslegung der Anzeige ergeben (KR/Weigand § 18 Rn 16 mwN). In der Regel ist ein ausdrücklicher Antrag auf Fristverkürzung neben der Anzeige zu stellen. Der Antrag auf Verkürzung der Sperrfrist kann auch noch nach Erstattung der Anzeige gestellt werden.

10 **C. Die Entscheidung der Agentur für Arbeit. I. Zustimmung zur Verkürzung.** Äußert sich die AA überhaupt nicht oder bestätigt sie lediglich den Eingang der Anzeige, so liegt keine Zustimmung vor und die Entlassungen werden erst nach Ablauf der Sperrfrist wirksam.

11 Stimmt die AA den Entlassungen vor Ablauf der Sperrfrist ausdrücklich zu, so handelt es sich um einen begünstigenden VA. Die AA hat dabei ihre Entsch unter Würdigung aller Umstände des Einzelfalls zu treffen. Die Bekanntgabe der Zustimmung nur an den AG erfolgt nach Maßgabe von § 37 SGB X. Der AG ist ggf gehalten, dem AN mit der Erklärung der Kdg mitzuteilen, dass das tatsächliche Ende des Arbeitsverhältnisses nicht vom Ablauf der individuellen Kündigungsfrist von der Entsch der AA darüber abhängt, ob die Sperrfrist abgekürzt wird (KR/Weigand § 18 Rn 18). Gegen die Entscheidung der AA haben die betroffenen AN kein Klagerecht, da die §§ 17 ff insoweit nicht drittschützend sind (BayLSG 11.6.2012, L 9 AL 254/11, JurionRS 2012, 30543).

12 Stimmt die AA den Entlassungen innerhalb der Sperrfrist zu, ohne ein Datum festzusetzen, läuft die Frist mit der Bekanntgabe der Entsch an den AG ab (KR/Weigand § 18 Rn 13). Ansonsten bestimmt die AA den Tag des Ablaufs der Sperrfrist. Rückwirkend maximal bis zum Tag der Antragstellung.

13 § 18 sagt nichts darüber aus, ob die Zustimmung zur vorzeitigen Entlassung mit Nebenbestimmungen (§ 32 SGB X) verbunden sein darf. Da es sich bei der Entsch der AA über die Verkürzung der Sperrfrist um einen VA handelt, kann dieser mit Nebenbestimmungen versehen werden. Eine zulässige Bedingung wird von der hM angenommen, wenn die AA ihre Zustimmung daran knüpft, dass der AG Abfindungen an die AN zahlt, wenn der AG verpflichtet wird, die AN bei verbesserter wirtschaftlichen Lage wieder einzustellen, oder wenn die Zustimmung nur für eine bestimmte Anzahl von AN erteilt wird (KR/Weigand § 18 Rn 29; aA Bader/Bram/Suckow § 18 Rn 13). Abgesehen davon ist der AG auch nicht verpflichtet die Bedingung zu erfüllen, denn er kann sie dadurch umgehen, dass er die Zustimmung nicht nutzt.

14 **II. Ablehnung der Verkürzung.** Die AA kann den Antrag des AG auch ablehnen, weil die Interessen der zu entlassenden AN, das öffentl Interesse und die Lage des gesamten Arbeitsmarktes höher zu bewerten sind als die Interessen des AG, § 20 IV.

15 **III. Verlängerung der Sperrfrist.** Gem § 18 II kann die AA im Einzelfall bestimmen, dass die Entlassungen nicht vor Ablauf von längstens 2 Monaten nach Eingang der Anzeige wirksam werden. Die AA ist nicht auf einen Zeitraum von 2 Monaten beschränkt; sie kann auch eine kürzere Verlängerung anordnen (ErfK/Kiel § 18 Rn 5).

16 Die Entsch über die Verlängerung liegt im Ermessen der AA und hängt von der auf den Einzelfall bezogenen Prüfung der konkreten Verhältnisse des jeweiligen Betriebs ab. Dies ergibt sich daraus, dass der Gesetzgeber für den Regelfall von der 1-Monatsfrist des § 18 I ausgeht, so dass für eine Verlängerung Umstände zu fordern sind, die von den allg und üblichen Verhältnissen abweichen (BayLSG 8.8.1985, L 9/AI 133/83, NZA 1986, 654).

17 Die Entsch der AA über die Verlängerung der Sperrzeit nach § 18 II muss dem AG zugehen, bevor die 1-Monats-Frist des § 18 I abgelaufen ist (KR/Weigand § 18 Rn 26; APS/Moll § 18 Rn 31). Ein verspäteter Zugang bleibt daher wirkungslos.

D. Negativattest. Der AG genießt bei Mitteilungen des AA keinen uneingeschränkten Vertrauensschutz (vgl BAG 28.6.2012, 6 AZR 780/10, EzA § 17 KSchG Nr 26). Wenn die AA irrtümlich feststellt, dass die Voraussetzungen des § 17 nicht gegeben sind, und dies dem AG in Form eines sog Negativattests mitteilt, dann kann dieser Irrtum des AA dem AG allenfalls dann nicht zum Nachteil gereichen, wenn der Fehler weder durch ihn verursacht noch für ihn erkennbar war (ErfK/Kiel § 209 Rn 6; aA KR/Weigand § 18 Rn 32). 18

E. Freifrist. Nach der früheren Auffassung zum Entlassungsbegriff war vom AG die sog Freifrist des § 18 IV zu beachten. Danach konnten die Entlassungen nur innerhalb von 90 Tagen durchgeführt werden. Die Frist begann mit dem Ablauf der regulären oder verlängerten Sperrfrist oder bei Zustimmung zur Entlassung innerhalb der Sperrfrist gem § 18 I oder II. So soll bei richtlinienkonformer Auslegung des Entlassungsbegriffs als Kdg § 18 IV keine Bedeutung mehr zukommen (Dornbusch/Wolff BB 2005 885, 887; aA Boeddinghaus AuR 2007, 374, 375). 19

Das BAG hat bisher offen gelassen, ob es sich bei der Entlassung iSv Abs 4 um die Kündigungserklärung oder die tatsächliche Beendigung handelt (BAG 23.2.2010, 2 AZR 268/08, EzA § 18 KSchG Nr 2; 22.4.2010, 6 AZR 948/08, EzA § 17 KSchG Nr 22). Die Vorschrift müsse ggf teleologisch reduziert werden (BAG 23.3.2006, 2 AZR 343/05, EzA § 17 KSchG Nr 16). So bedarf es keiner »erneuten Anzeige« iSv Abs 4, wenn Kdg nach einer ersten Anzeige vor Ablauf der Freifrist ausgesprochen werden, die Arbeitsverhältnisse wegen langer Kündigungsfristen aber erst nach Ablauf der Freifrist enden (BAG 23.2.2010, 2 AZR 268/08, EzA § 18 KSchG Nr 2). Daher wäre Abs. 4 nur dann sinnvoll anzuwenden, wenn die Kdg innerhalb der Frist des § 18 IV nach Erstattung der Anzeige erklärt werden (APS/Moll § 18 Rn 38). Unerheblich ist es dann, dass die Arbeitsverhältnisse bei langen Kündigungsfristen erst nach Ablauf der Freifrist enden. Wenn jedoch der AG innerhalb der Freifrist eine anzeigepflichtige Kdg erklärt hat und erneut innerhalb der Freifrist kündigt und die zweite Kdg im zeitlichen Zusammenhang von 30 Tagen mit einer weiteren Massenentlassung erklärt wird, bedarf es einer erneuten Anzeige. Die durch eine ordnungsgemäße Massenentlassungsanzeige gem § 17 KSchG eröffnete Kündigungsmöglichkeit wird mit der Erklärung dieser Kdg verbraucht (BAG 22.4.2010, 6 AZR 948/08, EzA § 17 KSchG Nr 22). 20

Hat der AG die Kdg erst nach Ablauf der Freifrist ausgesprochen, so sind diese nicht schon unwirksam. Es kommt dann darauf an, ob der Massenentlassungstatbestand iSd § 17 I (wieder) erfüllt wird. 21

§ 19 Zulässigkeit von Kurzarbeit

(1) Ist der Arbeitgeber nicht in der Lage, die Arbeitnehmer bis zu dem in § 18 Abs. 1 und 2 bezeichneten Zeitpunkt voll zu beschäftigen, so kann die Bundesagentur für Arbeit zulassen, dass der Arbeitgeber für die Zwischenzeit Kurzarbeit einführt.

(2) Der Arbeitgeber ist im Falle der Kurzarbeit berechtigt, Lohn oder Gehalt der mit verkürzter Arbeitszeit beschäftigten Arbeitnehmer entsprechend zu kürzen; die Kürzung des Arbeitsentgelts wird jedoch erst von dem Zeitpunkt an wirksam, an dem das Arbeitsverhältnis nach den allgemeinen gesetzlichen oder den vereinbarten Bestimmungen enden würde.

(3) Tarifvertragliche Bestimmungen über die Einführung, das Ausmaß und die Bezahlung der Kurzarbeit werden durch die Absätze 1 und 2 nicht berührt.

Übersicht

		Rdn.			Rdn.
A.	Zweck der Vorschrift	1	E.	Mitbestimmung des BR	8
I.	Zulassung von Kurzarbeit	1	I.	Betriebsvereinbarungen	8
II.	Antrag	2	II.	Mitbestimmungsrecht nach § 87 I	
III.	Voraussetzungen	3		Nr 3 BetrVG	9
B.	Die Entscheidung der BA	4	F.	Kürzung der Vergütung	10
I.	Ermessen	4	I.	Zeitpunkt ab dem die Kürzung wirkt	10
II.	Betriebliche Belange	5	II.	Berechnung der gekürzten Vergütung	12
C.	Durchführung der Kurzarbeit	6	G.	Kurzarbeitergeld	13
D.	Vorbehalt tariflicher Regelungen	7			

A. Zweck der Vorschrift. I. Zulassung von Kurzarbeit. § 19 gibt der BA die Möglichkeit, dem AG für die Dauer der Sperrfrist die Einführung von Kurzarbeit bei fehlender tarifvertraglicher oder einzelvertraglicher Regelung zu erlauben. Die praktische Bedeutung der Vorschrift ist gering, da bis zum Ende der jeweiligen Kdg-Frist der volle Lohn zu zahlen ist, tarifliche Regelungen und die Mitbestimmung des BR zu beachten sind. Betroffen sind daher nur nicht tarifgebundene AN in betriebsratslosen Betrieben (ErfK/Kiel § 19 Rn 1). 1

2 II. Antrag. Die Bewilligung von Kurzarbeit nach § 19 setzt zunächst eine ordnungsgemäße Anzeige des AG nach § 17 und einen entspr Antrag des AG voraus.

3 III. Voraussetzungen. Der AG darf nicht in der Lage sein, die AN bis zum Ablauf der Sperrfrist voll zu beschäftigen. Damit ist nicht die objektive Unmöglichkeit der Vollbeschäftigung gemeint. Die Zulassung von Kurzarbeit nach § 19 setzt voraus, dass dem AG die Vollbeschäftigung der AN innerhalb der Fristen der §§ 18 I und II nach der wirtschaftlichen Lage seines Betriebes nicht zuzumuten ist (KR/Weigand § 19 Rn 7; Löwisch/Spinner/Wertheimer § 19 Rn 5).

4 B. Die Entscheidung der BA. I. Ermessen. Nach § 19 I entscheidet die BA über den Antrag des AG auf Zulassung von Kurzarbeit nach pflichtgemäßem Ermessen gem §§ 31–38 SGB X durch privatrechtsgestaltenden VA (vHH/L/v Hoyningen-Huene § 19 Rn 6). Die Entscheidung über die Einführung von Kurzarbeit hat die BA zu treffen. Der AG kann, aber muss die Kurzarbeit nicht einführen. Einer Bekanntgabe der Entscheidung der BA an die betroffenen AN bedarf es für die Wirksamkeit der Zulassung von Kurzarbeit nicht.

5 II. Betriebliche Belange. Die BA entscheidet auch unter Berücksichtigung der betrieblichen Belange, in welchem Umfang sie die Kurzarbeit längstenfalls bis zum Ablauf der Sperrfrist zulassen will. Ausschlaggebend wird vor allem sein, ob die mit der Kurzarbeit verbundene Entgeltkürzung im Hinblick auf die allg wirtschaftliche und finanzielle Lage des AG gerechtfertigt ist (Löwisch/Spinner/Wertheimer § 19 Rn 6). Die BA kann Kurzarbeit nicht nur für die zu entlassenden AN, sondern für den ganzen Betrieb oder für bestimmte Abteilungen oder Gruppen von AN zulassen (Bader/Bram/Suckow § 19 Rn 9).

6 C. Durchführung der Kurzarbeit. Die Zulassung der Kurzarbeit durch den VA der BA berechtigt den AG, einseitig das Arbeitsverhältnis hins des Umfangs der Arbeitsleistung abzuändern. Die Umsetzung der Kurzarbeit geschieht durch Ankündigung ggü den AN und Festlegung der geänderten Arbeitszeit. Die Änderung des Arbeitsvertragsinhalts tritt ein, ohne dass der AN zustimmen muss. Sind die betroffenen AN damit nicht einverstanden, bleibt ihnen nur die Möglichkeit, das Arbeitsverhältnis selbst unter Einhaltung der Kdg-Frist zu kündigen. Dem AN steht auch arbeitsgerichtlicher Rechtsschutz gegen die Anordnung der Kurzarbeit zu; dieser beschränkt sich aber lediglich auf die Frage, ob in entspr Anwendung der §§ 17 ein Bescheid der BA gem § 19 vorliegt und sich die Anordnung im zugelassenen Rahmen bewegt (KR/Weigand § 19 Rn 39).

7 D. Vorbehalt tariflicher Regelungen. Gem § 19 III werden tarifliche Bestimmungen über die Einführung, das Ausmaß und die Bezahlung von Kurzarbeit durch I und II nicht berührt. Verbietet ein TV die Einführung von Kurzarbeit überhaupt, ist für die Zulassung durch die BA kein Raum (ErfK/Kiel § 19 Rn 6). Ansonsten kann der AG von der durch die BA zugelassenen Kurzarbeit nur iRd tarifvertraglichen Regelungen Gebrauch machen. Zu beachten hat der AG dann zB tarifliche Ankündigungsfristen oder eine bestimmte Mindeststundenzahl. Auch dann, wenn der Bescheid der BA eine für den AN günstigere Regelung enthält als der TV, kann sich der AG auf die für ihn günstigere Regelung des TV berufen. Abzustellen ist aber auf die Gesamtheit der tarifvertraglichen Bestimmungen über die Kurzarbeit. Enthält der TV Regelungen über die Einführung von Kurzarbeit und die Entgeltzahlung während der Kurzarbeit, so kann der AG sich nicht nach der Rosinentheorie nur auf tariflich für ihn günstigere Entgeltregelungen berufen (KR/Weigand § 19 Rn 26). Der Vorrang der tariflichen Bestimmungen gilt zudem nur, soweit der TV überhaupt zur Anwendung kommt. Regelungen, die die Einführung, das Ausmaß und die Bezahlung von Kurzarbeit betreffen sind Inhaltsnormen iSd § 4 I 1 TVG und gelten daher grds nur für tarifgebundene Parteien (KR/Weigand § 19 Rn 28).

8 E. Mitbestimmung des BR. I. Betriebsvereinbarungen. § 19 III räumt nur tariflichen Regelungen eine Vorrangstellung gegenüber der Ermächtigung der BA ein. Daraus folgt im Umkehrschluss, dass Regelungen unterhalb dieser Ebene der Zulassung von Kurzarbeit nach § 19 I u II nicht entgegenstehen (KR/Weigand § 19 Rn 29). Bestehende BV welche die Einführung, das Ausmaß und die Bezahlung von Kurzarbeit oder die Arbeitszeit regeln, sind daher nicht mehr anzuwenden.

9 II. Mitbestimmungsrecht nach § 87 I Nr 3 BetrVG. Jedoch ist das Mitbestimmungsrecht des BR nach § 87 I Nr 3 BetrVG zu beachten. Durch die Ermächtigung nach § 19 I wird die Kurzarbeit nicht verbindlich eingeführt, sondern dem AG lediglich ein Gestaltungsrecht eingeräumt, das ihn zur einseitigen Vertragsänderung ermächtigt. Dem steht auch nicht § 87 I BetrVG entgegen, da es sich bei der Entsch der BA nicht um eine gesetzliche Regelung in diesem Sinne handelt. Daher besteht nach hM ein uneingeschränktes

Mitbestimmungsrecht des BR über die Einführung und den Umfang der Kurzarbeit (KR/Weigand § 19 Rn 31; ErfK/Kiel § 19 Rn 5; aA Löwisch/Spinner/Wertheimer § 19 Rn 10).

F. Kürzung der Vergütung. I. Zeitpunkt ab dem die Kürzung wirkt. Führt der AG aufgrund der Ermächtigung durch die BA Kurzarbeit ein, so folgt daraus nicht schon eine Änderung der Vergütung. Zwar ist der AG gem § 19 II Hs 1 berechtigt, den Lohn der mit verkürzter Arbeitszeit beschäftigten AN entspr zu kürzen, die Kürzungen werden aber frühestens von dem Zeitpunkt an wirksam, zu dem das Arbeitsverhältnis nach den allg gesetzlichen oder vertraglichen Bestimmungen enden würde, § 19 II Hs 2. Unter den allg gesetzlichen Fristen sind die des § 622 I BGB zu verstehen (KR/Weigand § 19 Rn 44). Sind bes Kündigungsfristen vereinbart, wozu auch die tariflichen Fristen gehören, so sind diese maßgebend. § 15 KSchG, § 9 MuSchG, §§ 85 ff SGB IX und auch § 622 II BGB finden aber keine Anwendung (vvH/L/v Hoyningen-Huene § 19 Rn 32; Löwisch/SpinnerWertheimer § 19 Rn 18). 10

Zu beachten ist hierbei, dass die Fristen, nach deren Ablauf die Kürzung erst zulässig ist, bereits dann zu laufen beginnen, wenn der AG nach Zulassung der Kurzarbeit deren Einführung ankündigt, nicht etwa erst mit dem tatsächlichen Beginn der Kurzarbeit (Löwisch/Spinner/Wertheimer § 19 Rn 20; KR/Weigand § 19 Rn 41). Hatte der AG allerdings bereits vor der Ankündigung der Kurzarbeit, wie im Regelfalle, die Kdg erklärt, deren Frist vor Ablauf der Sperrfrist abläuft, so ist der AG vom Ablauf dieser Kündigungsfrist an zur Lohn- oder Gehaltskürzung berechtigt. Die Einhaltung einer weiteren Schutzfrist vor Kürzung des Arbeitsentgelts bedarf es dann nicht (Löwisch/SpinnerWertheimer § 19 Rn 21). Die Frist, für deren Dauer die Vergütung nach § 19 gekürzt werden darf, endet auf jeden Fall mit Ablauf der Sperrfrist. 11

II. Berechnung der gekürzten Vergütung. Soweit die Kürzung des Verdienstes zulässig ist, hat der AG die bisherige Arbeitszeit und die Arbeitszeitkürzung mit dem bisherigen Verdienst ins Verhältnis zu setzen. 12

G. Kurzarbeitergeld. Von der Regelung des § 19 bleibt der Anspruch der betroffenen AN auf Zahlung von Kurzarbeitergeld nach dem SGB III unberührt. Die dortigen Regeln sind zu beachten, wenn Kurzarbeitergeld verlangt werden soll. 13

§ 20 Entscheidungen der Agentur für Arbeit

(1) ¹Die Entscheidungen der Agentur für Arbeit nach § 18 Abs. 1 und 2 trifft deren Geschäftsführung oder ein Ausschuss (Entscheidungsträger). ²Die Geschäftsführung darf nur dann entscheiden, wenn die Zahl der Entlassungen weniger als 50 beträgt.
(2) ¹Der Ausschuss setzt sich aus dem oder der Vorsitzenden der Geschäftsführung der Agentur für Arbeit oder einem von ihm oder ihr beauftragten Angehörigen der Agentur für Arbeit als Vorsitzenden und je zwei Vertretern der Arbeitnehmer, der Arbeitgeber und der öffentlichen Körperschaften zusammen, die von dem Verwaltungsausschuss der Agentur für Arbeit benannt werden. ²Er trifft seine Entscheidungen mit Stimmenmehrheit.
(3) ¹Der Entscheidungsträger hat vor seiner Entscheidung den Arbeitgeber und den Betriebsrat anzuhören. ²Dem Entscheidungsträger sind, insbesondere vom Arbeitgeber und Betriebsrat, die von ihm für die Beurteilung des Falles erforderlich gehaltenen Auskünfte zu erteilen.
(4) Der Entscheidungsträger hat sowohl das Interesse des Arbeitgebers als auch das der zu entlassenden Arbeitnehmer, das öffentliche Interesse und die Lage des gesamten Arbeitsmarktes unter besonderer Beachtung des Wirtschaftszweiges, dem der Betrieb angehört, zu berücksichtigen.

Übersicht	Rdn.		Rdn.
A. Zweck der Vorschrift...............	1	I. Anhörungspflicht................	4
B. Zuständigkeit und Zusammensetzung des jeweiligen Entscheidungsträgers......	2	II. Auskunftspflicht................	5
		D. Entscheidung...................	6
C. Verfahren.......................	4	E. Rechtsmittel gegen den Bescheid........	10

A. Zweck der Vorschrift. Die Vorschrift regelt die Zuständigkeit und teilw das Verfahren für die Entsch der Arbeitsagenturen nach § 18 I und II. Die Entsch der AA werden entweder durch die Geschäftsführung der Behörde oder durch einen Ausschuss getroffen. Beide bilden nach dem Gesetzeswortlaut den Entschträger. 1

B. Zuständigkeit und Zusammensetzung des jeweiligen Entscheidungsträgers. Werden mehr als 49 AN entlassen, so entscheidet der sog Massenentlassungsausschuss, ansonsten die Geschäftsführung der AA. Der Ausschuss besteht aus 7 Mitgliedern. Es handelt sich um ein von der AA unabhängiges Organ (ErfK/Kiel § 20 Rn 1). Dieses setzt sich zusammen aus dem Geschäftsführer/der Geschäftsführerin oder 2 dem/der Vorsitzenden der Geschäftsführung der AA und jeweils 2 Vertretern der AN, der AG und der öffentl Körperschaften. Der Vorsitzende der Geschäftsführung der AA kann einen Angehörigen der AA mit der Leitung des Ausschusses beauftragen (Löwisch/Spinner/Wertheimer § 20 Rn 3).

3 Die 6 Beisitzer werden vom Verwaltungsausschuss der AA benannt, § 20 II 2 1. Hins der Einzelheiten für die Berufung wie die persönlichen Voraussetzungen, das Vorschlagsrecht der Verbände und die Amtszeit der 6 Ausschussmitglieder kann auf die §§ 374 ff SGB III zurückgegriffen werden (Einzelheiten: KR/Weigand § 20 Rn 15-23). Seine Entsch trifft der Ausschuss nach § 20 II 2 mit einfacher Stimmenmehrheit.

4 **C. Verfahren. I. Anhörungspflicht.** Gem § 20 III 1 hat der Entschträger vor seiner Entsch über die Zustimmung zur Wirksamkeit einer Kdg vor Ablauf einer Sperrfrist nach § 18 I oder über die Verlängerung der Sperrfrist nach § 18 II den AG und den BR schriftlich oder mündlich anhören. Dies ist Ausdruck des Amtsermittlungsgrds, dem die Regelungen des § 20 III unterliegen (BAG 21. 3. 2012, 6 AZR 596/10, EzA § 17 KSchG Nr 25). Es handelt sich um eine zwingende Bestimmung, so dass der Entschträger nicht auf die Anhörung unter Hinweis auf die Stellungnahme des BR und eine ausführliche Stellungnahme des AG iRd Anzeige nach § 17 verzichten kann (ErfK/Kiel § 20 Rn 2; KR/Weigand § 20 Rn 43).

5 **II. Auskunftspflicht.** Gem § 20 III 2 sind AG und BR verpflichtet, dem Entscheidungsträger von ihm verlangte Auskünfte zu erteilen.

6 **D. Entscheidung.** § 20 I 1 betrifft die Zustimmung zu einer Verkürzung der Sperrfrist oder die Entsch über eine Verlängerung der Sperrfrist nach § 18 II, nicht dagegen die Zulassung der Kurzarbeit nach § 19.

7 Der Entschträger hat, bevor er eine Entsch in der Sache trifft, zu prüfen, ob die Voraussetzungen des § 17, dh anzeigepflichtige Entlassungen, überhaupt vorliegen. Kommt er zu dem Ergebnis, dass die Voraussetzungen nicht vorliegen, so teilt er dies dem AG mit, sog »Negativattest« (KR/Weigand § 20 Rn 58). Dies betrifft auch die Frage, ob der Betrieb nicht wegen seiner Eigenschaft als Saison- und Kampagnebetrieb gem § 22 I vom Massenentlassungsschutz ausgenommen ist. Zum eingeschränkten Vertrauensschutz vgl § 18 Rn 18.

8 Bei seiner Entsch hat die Geschäftsführung oder der Massenentlassungsausschuss gem § 20 IV das Interesse des AG als auch das der zu entlassenden AN, das öffentl Interesse und die Lage des gesamten Arbeitsmarktes unter bes Beachtung des Wirtschaftszweiges, dem der Betrieb angehört, zu berücksichtigen. Dies verlangt eine umfassende Beurteilung der Umstände des Einzelfalls (BSG 21.3.1978, 7/12 RAr 6/77, BSGE 46, 99; 5.12.1978, 7 RAr 32/78, DB 1979, 1283; KR/Weigand § 20 Rn 65). Fiskalische Gründe der AA zur Einsparung von Leistungen dürfen für die Entsch des Entschträgers aber nicht maßgebend sein (KR/Weigand § 20 KSchG Rn 64). In die Interessenabwägung kann auch die Möglichkeit der Anordnung von Kurzarbeit nach § 19 einbezogen werden.

9 Bei der Entsch handelt es sich um einen VA, der nach § 39 SGB X mit Bekanntgabe an den AG wirksam wird (BSG 30.10.1959, 7 RAr 19/57, RdA 60, 238; KR/Weigand § 20 Rn 66).

10 **E. Rechtsmittel gegen den Bescheid.** Der AG kann gegen einen VA, der seinen Antrag auf Zustimmung zur Kdg während der Sperrfrist zurückweist oder die Sperrfrist gem § 18 II verlängert, innerhalb eines Monats nach Bekanntgabe Widerspruch einlegen, § 84 SGG. Wird dem Widerspruch nicht abgeholfen, so kann der AG Klage vor dem Sozialgericht erheben, § 87 SGG.

11 Der AN oder der **BR** sind hingegen nicht klagebefugt. Die §§ 17 ff begründen keine klagfähigen Rechte gegen die BA für die AN, die von der anzeigepflichtigen Massenentlassung betroffen sind, da diese Vorschriften nicht drittschützend sind (BayLSG 11.6.2012, L 9 AL 254/11).

12 In einem vor dem ArbG anhängigen Individualrechtsstreit zwischen AG und AN über die Frage, ob eine Entlassung nach §§ 17 ff anzeigepflichtig war, steht dem ArbG eine eigene Prüfungskompetenz hins der Frage zu, ob die Voraussetzungen des § 17 I erfüllt sind. Es ist an die Auffassung des Entschträgers nicht gebunden. Entzogen ist dem ArbG jedoch die Nachprüfung des sachlichen Inhalts der Entsch über die Verlängerung oder Verkürzung der Sperrfrist (KR/Weigand § 20 Rn 74).

§ 21 KSchG Entscheidungen der Zentrale der Bundesagentur für Arbeit

[1]Für Betriebe, die zum Geschäftsbereich des Bundesministers für Verkehr oder des Bundesministers für Post und Telekommunikation gehören, trifft, wenn mehr als 500 Arbeitnehmer entlassen werden sollen, ein gemäß § 20 Abs. 1 bei der Zentrale der Bundesagentur für Arbeit zu bildender Ausschuss die Entscheidungen nach § 18 Abs. 1 und 2.[2]Der zuständige Bundesminister kann zwei Vertreter mit beratender Stimme in den Ausschuss entsenden.[3]Die Anzeigen nach § 17 sind in diesem Falle an die Zentrale der Bundesagentur für Arbeit zu erstatten.[4]Im übrigen gilt § 20 Abs. 1 bis 3 entsprechend.

Die Vorschrift enthält von §§ 17, 20 KSchG abw Sonderbestimmungen hins der Zuständigkeit der nach 1
§ 18 I und II zu treffenden Entsch. Aufgrund der umfassenden Privatisierungsmaßnahmen im Bereich der
Bahn und der Post hat die Vorschrift praktisch keine Bedeutung mehr (Löwisch/Spinner/Wertheimer § 21
KSchG Rn 1; KR/Weigand § 21 Rn 1).

Der Vorschrift unterfallen gem § 23 II nur Betriebe mit wirtschaftlichen Zwecken, wobei eine bloße 2
ministerielle Zuständigkeit, ohne Ausübung der Rechts-, Fach- und Dienstaufsicht, nicht ausreicht (BAG
4.3.1993, 2 AZR 451/92, EzA § 21 KSchG Nr 1; KR/Weigand § 21 Rn 3). Daher zählen private Luftfahrtunternehmen oder Privatbahnen, obwohl sie eine ministerielle Betriebsgenehmigung brauchen, nicht
zu den Betrieben iSd § 21.

§ 22 Ausnahmebetriebe

(1) Auf Saisonbetriebe und Kampagne-Betriebe finden die Vorschriften dieses Abschnitts bei Entlassungen, die durch diese Eigenart der Betriebe bedingt sind, keine Anwendung.
(2) ¹Keine Saisonbetriebe oder Kampagne-Betriebe sind Betriebe des Baugewerbes, in denen die ganzjährige Beschäftigung nach dem Dritten Buch Sozialgesetzbuch gefördert wird. ²Das Bundesministerium für Arbeit und Sozialen wird ermächtigt, durch Rechtsverordnung Vorschriften zu erlassen, welche
Betriebe als Saisonbetriebe oder Kampagne-Betriebe im Sinne des Absatzes 1 gelten.

Übersicht	Rdn.		Rdn.
A. Bedeutung der Vorschrift	1	III. Baubetriebe	4
B. Saisonbetriebe	2	C. Kampagnebetriebe	5
I. Begriff	2	D. Zusammenhang zwischen Eigenart des	
II. Mischbetriebe	3	Betriebes und Entlassung	6

A. Bedeutung der Vorschrift. Entlassungen, die wegen der betrieblichen Eigenart der Saison- und der 1
Kampagne-Betriebe vorgenommen werden, unterliegen nicht den Vorschriften der §§ 17-21. Die Bedeutung der Vorschrift ist eher gering, weil sich die betroffenen Betriebe durch Abschluss von zulässigen befristeten Arbeitsverhältnissen auf anderem Wege die Voraussetzungen für eine hinreichende Flexibilität schaffen
können (ErfK/Kiel § 22 Rn 2).

B. Saisonbetriebe. I. Begriff. Von der in II 2 vorgesehenen Möglichkeit, durch Rechtsverordnung fest- 2
zulegen, welche Betriebe als Saison- oder Kampagnebetriebe gelten, hat das BMAS bislang keinen Gebrauch
gemacht. Daher kann an die von der Rspr (zu § 20 IV AOG) entwickelten Grunds angeknüpft werden. Als
Saisonbetriebe iSd § 22 I gelten solche Betriebe, in denen zwar während des ganzen Jahres gearbeitet wird,
allerdings in einer bestimmten Jahreszeit, der »Saison«, verstärkt (BAG 29.1.1987, 2 AZR 109/86, EzA
§ 620 BGB Nr 87). Beispiele für Saisonbetriebe sind solche in Fremdenverkehrsgebieten (Hotels und Gaststätten) oder in Erlebnisparks. Auch Betriebe im Gartenbau können darunter fallen. Zu den Saison-Produk-
tionsbetrieben zählen auch solche, die Waren nur zu bestimmten Anlässen herstellen.

II. Mischbetriebe. Bei Mischbetrieben, also solchen, bei denen sich die Personalschwankungen nur auf 3
bestimmte Abteilungen auswirken, fällt nur der Teil der Belegschaft unter die Bestimmungen des § 22, der
in dem saisonabhängigen Teil des Betriebes beschäftigt ist (KR/Weigand § 22 Rn 9).

III. Baubetriebe. Nur Baubetriebe, die witterungsbedingt ihre Arbeit einstellen, können als Saisonbe- 4
triebe angesehen werden. Danach sind keine Saison- oder Kampagnebetriebe Betriebe des Baugewerbes,
in denen die ganzjährige Beschäftigung gem §§ 101 ff SGB III gefördert wird (KR/Weigand § 22 Rn 10).

C. Kampagnebetriebe. Unter den Begriff Kampagne-Betrieb fallen nach § 22 I solche Betriebe, in denen 5
regelmäßig überhaupt nur einige Monate im Jahr gearbeitet wird (KR/Weigand § 22 Rn 11). Denkbare
Gründe sind etwa jahreszeitbedingte Wettereinflüsse (zB Freibäder, Skiliftbetriebe) oder die Erntezeit
bestimmter Feldfrüchte oder Obstarten (Zuckerfabriken, Spargelernte etc). Die Eigenschaft als Kampagne-Betrieb wird nicht dadurch ausgeschlossen, dass während der mehrmonatlichen Ruhezeiten Stamm-AN
(zB Hausmeister) weiterbeschäftigt werden (KR/Weigand § 22 Rn 11).

D. Zusammenhang zwischen Eigenart des Betriebes und Entlassung. Entscheidend für die Anwendbar- 6
keit des § 22 I ist, dass die Entlassungen gerade durch die Eigenart der Betriebe bedingt sind. Es muss also
ein unmittelbarer Zusammenhang zwischen der Eigenart des Betriebs und der Massenentlassung bestehen
(KR/Weigand § 22 Rn 15). Beruhen die Entlassungen dagegen auf anderen Gründen (zB Absatzmangel),
so sind sie anzeigepflichtig.

7 Wenn sich ein gekündigter AN auf die Verletzung der Massenentlassungsvorschriften beruft, obliegt dem AG die Darlegungs- und Beweislast dafür, dass es sich um einen Saison- oder Kampagnebetrieb handelt und dass ein Zusammenhang zwischen Eigenart des Betriebs und der Massenentlassung besteht (APS/Moll § 22 Rn 7).

§ 23 Geltungsbereich

(1) ¹Die Vorschriften des Ersten und Zweiten Abschnitts gelten für Betriebe und Verwaltungen des privaten und des öffentlichen Rechts, vorbehaltlich der Vorschriften des § 24 für die Seeschifffahrts-, Binnenschifffahrts- und Luftverkehrsbetriebe. ²Die Vorschriften des Ersten Abschnitts gelten mit Ausnahme der §§ 4 bis 7 und des § 13 Abs. 1 Satz 1 und 2 nicht für Betriebe und Verwaltungen, in denen in der Regel fünf oder weniger Arbeitnehmer ausschließlich der zu ihrer Berufsbildung Beschäftigten beschäftigt werden. ³In Betrieben und Verwaltungen, in denen in der Regel zehn oder weniger Arbeitnehmer ausschließlich der zu ihrer Berufsbildung Beschäftigten beschäftigt werden, gelten die Vorschriften des Ersten Abschnitts mit Ausnahme der §§ 4 bis 7 und des § 13 Abs. 1 Satz 1 und 2 nicht für Arbeitnehmer, deren Arbeitsverhältnis nach dem 31. Dezember 2003 begonnen hat; diese Arbeitnehmer sind bei der Feststellung der Zahl der beschäftigten Arbeitnehmer nach Satz 2 bis zur Beschäftigung von in der Regel zehn Arbeitnehmern nicht zu berücksichtigen. ⁴Bei der Feststellung der Zahl der beschäftigten Arbeitnehmer nach den Sätzen 2 und 3 sind teilzeitbeschäftigte Arbeitnehmer mit einer regelmäßigen wöchentlichen Arbeitszeit von nicht mehr als 20 Stunden mit 0,5 und nicht mehr als 30 Stunden mit 0,75 zu berücksichtigen.

(2) ¹Die Vorschriften des Dritten Abschnitts gelten für Betriebe und Verwaltungen des privaten Rechts sowie für Betriebe, die von einer öffentlichen Verwaltung geführt werden, soweit sie wirtschaftliche Zwecke verfolgen. ²Sie gelten nicht für Seeschiffe und ihre Besatzung.

Übersicht

		Rdn.			Rdn.
A.	Zweck der Vorschrift	1	VI.	Betriebsübergang	14
B.	Geltungsbereich des Ersten und Zweiten Abschnitts	2	E.	Verwaltung iSv § 23 KSchG	15
C.	Kleinbetriebsklausel	3	F.	Die Bestimmung der einzubeziehenden AN	17
D.	Betrieb iSv § 23 KSchG	6	I.	Zahl der AN und Stichtag	17
I.	Betriebsbegriff	6	II.	Schwellenwert bis zum 31.12.2003 nicht erreicht	18
II.	Betriebsteile	7			
III.	Unternehmen	8	III.	Schwellenwert bis zum 31.12.2003 erreicht	19
	1. Betriebsbezogenheit	8			
	2. Verfassungskonforme Auslegung	9	G.	Zahl der Beschäftigten	20
	3. Durchgriff auf Konzern	10	I.	Die regelmäßige Beschäftigtenzahl	20
IV.	Gemeinsamer Betrieb	11	II.	Einzelfälle	22
	1. Voraussetzungen	11	III.	Teilzeitbeschäftigte AN	27
	2. Auflösung	12	H.	Darlegungs- und Beweislast	28
V.	Umwandlungen	13	I.	Geltungsbereich des Dritten Abschnitts	29

1 **A. Zweck der Vorschrift.** Die Vorschrift schränkt den Geltungsbereich des Ersten, Zweiten und Dritten Abschnitts des KSchG für bestimmte Betriebe und Verwaltungen ein und regelt insoweit den allg betrieblichen Geltungsbereich des KSchG. Den persönliche Geltungsbereich bestimmen dagegen §§ 1 I, 14, 17 III und 24 V. § 23 ist in der Vergangenheit mehrfach geändert worden, zuletzt durch das G zu Reformen am Arbeitsmarkt vom 23.12.2003 (BGBl I S 3002).

2 **B. Geltungsbereich des Ersten und Zweiten Abschnitts.** Gem § 23 erstreckt sich der Geltungsbereich des Ersten und Zweiten Abschnitts des KSchG auf die Betriebe und Verwaltungen des privaten und öffentl Rechts, vorbehaltlich der Vorschriften des § 24 für die Seeschifffahrt-, die Binnenschifffahrt- oder die Luftverkehrsbetriebe. Der räumliche Geltungsbereich ist auf das Gebiet der BRD beschränkt. Das KSchG gilt daher nur für Betriebe, die im Gebiet der BRD die Voraussetzungen von § 23 I 2 erfüllen. Daraus folgt, dass bei Unterschreiten des Schwellenwertes im Inland die im Ausland beschäftigten AN eines ausländischen Unternehmens nicht hinzuaddiert werden. Das gilt jedenfalls dann, wenn die Arbeitsverhältnisse unterschiedlichem nationalen Recht unterliegen, und zwar unabhängig davon, ob die Betriebe im In- und Ausland einen gemeinsamen Betrieb bilden (BAG 26.3.2009, 2 AZR 883/07, JurionRS 2009, 15376). Trotz ernstzunehmender Bedenken (vgl Gravenhorst FA 2005, 34; Junkers FS Konzen 2006, 367; Mauer FS Leinemann 2006, 733; KDZ/Kittner/Deinert § 23 Rn 22a) hält das BAG an dieser Rspr fest (zuletzt

BAG 29.8.2013, 2 AZR 809/12, DB 2014, 663). Das ergibt die am Wortlaut, an der Systematik und der Entstehungsgeschichte sowie an Sinn und Zweck des § 23 orientierte Auslegung. Das BVerfG hat dieses Verständnis des kündigungsschutzrechtlichen Betriebsbegriffs von Verfassungs wegen nicht beanstandet (BVerfG 12.3.2009, 1 BvR 1250/08). So soll das KSchG für eine GmbH, die zwar die Beschäftigtenzahl nach § 23 (Rdn 25-29) erreicht, in der BRD aber nur eine »Briefkastenfirma« unterhält und ausschließlich vom Ausland aus gesteuert wird, mangels Vorhandenseins eines »Betriebes« keine Anwendung finden (BAG 3.6.2004, 2 AZR 386/03, EzA § 23 KSchG Nr 27). Ob das auch noch gilt, wenn die Zahl der in der BRD beschäftigten AN ca 200 beträgt und nur eine geringfügig ausgebildete Struktur besteht, ist ausdrücklich offen gelassen worden (BAG 17.1.2008, 2 AZR 902/06, EzA § 23 KSchG Nr 31). Zu denken wäre in diesem Zusammenhang an eine verfassungskonforme Auslegung des Betriebsbegriffs, wie sie das BVerfG bei Verkaufsstellen größerer Unternehmen vorgezeichnet hat (BVerfG 27.1.1998, BvL 15/87, AP KSchG 1969 § 23 Nr 17). Vgl. dazu Rdn 9.

C. Kleinbetriebsklausel. Die Kleinbetriebsklausel ist das Ergebnis einer Abwägung zwischen dem gebotenen Sozialschutz zugunsten von AN und der Vertragsfreiheit zugunsten von AG und erklärt die Vorschriften des Ersten Abschnitts über den allg Kündigungsschutz mit Ausnahme der §§ 4 bis 7 sowie § 13 I S 1 und 2, die für alle schriftlichen Kdg gelten, für unanwendbar. 3

Dem durch Art 12 I GG geschützten Interesse des AN an der Erhaltung seines Arbeitsplatzes als wirtschaftlicher Existenzgrundlage steht das Interesse des AG auf wirtschaftliche Betätigungsfreiheit, die auch das Kündigungsrecht erfasst und durch Art 2 I GG geschützt ist, gegenüber. Gelöst wird das Problem im Wege der praktischen Konkordanz. Die kollidierenden Grundrechtspositionen sind in ihrer Wechselwirkung zu erfassen und so zu begrenzen, dass sie für alle Beteiligten möglichst weitgehend wirksam werden (BVerfG 19.10.1993, 1 BvR 567; 1 BvR 1044/89, BVerfGE 89, 214). Den AN in Kleinbetrieben ist das größere rechtliche Risiko eines Arbeitsplatzverlustes angesichts der schwerwiegenden und grundrechtlich geschützten Belange der AG zuzumuten. Dabei fällt ins Gewicht, dass die AN durch ihre Herausnahme aus dem gesetzlichen Kündigungsschutz nicht völlig schutzlos gestellt sind. Wo die Bestimmungen des KSchG nicht greifen, sind die AN durch die zivilrechtlichen Generalklauseln der §§ 134, 138, 242 BGB vor einer sitten- oder treuwidrigen Ausübung des Kündigungsrechts des AG geschützt. So ist eine altersdiskriminierende Kdg im Kleinbetrieb nach § 134 BGB iVm § 7 I, §§ 1, 3 AGG unwirksam (BAG 23.7.2015, 6 AZR 457/14, Rn 23, BB 2015, 2876). Wie weit dieser Schutz im Einzelnen reicht, ist von den ArbG zu entscheiden. Ausgangspunkt einer solchen Würdigung ist der Respekt vor der gesetzgeberischen Eingrenzung des gesetzlichen Kündigungsschutzes durch § 23 I KSchG. 4

Auch wenn der Schwellenwert des § 23 I S 2, 3 nicht erreicht wird und somit der Erste Abschnitt des KSchG über den allg Kdg-Schutz keine Anwendung findet, so gelten für die betreffenden AN aber eine Reihe von Vorschriften über Sonderkündigungsschutz wie zB § 9 MuSchG, § 18 BEEG §§ 85 ff SGB IX, § 15 I KSchG, § 613a IV BGB. Es ist zulässig, den betrieblichen Geltungsbereich des KSchG durch arbeitsvertragl. Einzelvereinbarung auf solche Kleinbetriebe auszudehnen, deren regelmäßige Beschäftigtenzahl unter der in § 23 I 2, 3 genannten Grenze liegt (KR/Bader § 23 Rn 33; Löwisch BB 1997, 782, 790). 5

D. Betrieb iSv § 23 KSchG. I. Betriebsbegriff. § 23 stellt dem Wortlaut nach auf den Betrieb und nicht auf das Unternehmen ab. § 23 I 2 enthält ebenso wie das gesamte KSchG keine Definition des Betriebsbegriffs. Nach der allg üblichen Definition ist der Betrieb die organisatorische Einheit, innerhalb derer der AG allein oder in Gemeinschaft mit seinen AN mit Hilfe von sächlichen und immateriellen Mitteln einen bestimmten arbeitstechnischen Zweck fortgesetzt verfolgt, der nicht nur in der Befriedigung von Eigenbedarf liegt (BAG 28.10.2010, 2 AZR 392/08, EzA KSchG § 23 Nr 37). Da mit und in einem Betrieb mehrere Zwecke verfolgt werden können, ist in erster Linie auf die Einheit der Organisation, nicht auf die Einheit der arbeitstechnischen Zweckbestimmung abzustellen. Die einen Betrieb konstituierende Leitungsmacht wird dadurch bestimmt, dass der Kern der Arbeitgeberfunktionen in personellen und sozialen Angelegenheiten von derselben institutionalisierten Leitung im Wesentlichen selbstständig ausgeübt wird. Dazu gehören Entsch über Arbeitsbedingungen, Organisationsfragen und in welcher Weise Einstellungen, Entlassungen und Versetzungen vorgenommen werden (BAG 7.7.2011, 2 AZR 476/10, AP Nr 26 zu § 1 KSchG 1969 Wartezeit). 6

II. Betriebsteile. Betriebsteile, die über einen eigenen AN-Stamm, eigene technische Hilfsmittel und über eine durch die räumliche und funktionale Abgrenzung vom Hauptbetrieb bedingte Selbständigkeit verfügen, insb eine eigenständige Organisation haben und wesentliche Entsch in personellen u sozialen Angelegenheiten selbständig treffen können, gelten als selbständige Betriebe iSv § 23 (BAG 15.3.2001, 2 AZR 151/00, EzA § 23 KSchG Nr 23). Davon zu unterscheiden sind solche Betriebsteile, die ggü dem Hauptbetrieb 7 organisatorisch unselbständig sind und nur Teilfunktionen von dessen arbeitstechnischem Zweck wahrnehmen. Sie sind lediglich unselbständiger Teil des Betriebes (BAG 15.3.2001, 2 AZR 151/00, EzA § 23 KSchG Nr 23). Da ein Betrieb im kündigungsschutzrechtlichen Sinne keine räumliche Einheit voraussetzt, differenziert § 23 nicht zwischen Betrieb und räumlich entferntem Betriebsteil. Wenn daher ein Betriebsteil lediglich unter den Voraussetzungen des § 4 I S 1 BetrVG iS einer Fiktion als selbständiger Betrieb iSd BetrVG gilt, so hat dies nicht zur Konsequenz, dass dieser Betriebsteil als selbständiger Betrieb iSd KSchG anzusehen wäre (BAG 28.10.2010, 2 AZR 392/08, EzA § 23 KSchG Nr 37).

8 III. Unternehmen. 1. Betriebsbezogenheit. § 23 KSchG unterscheidet im Gegensatz zu § 1 I nicht zwischen Betrieb und Unternehmen. Mangels entgegenstehender Hinweise für eine unterschiedliche Bedeutung des Betriebsbegriffs in den einzelnen Vorschriften ist davon auszugehen, dass der Begriff im gesamten KSchG einheitlich gebraucht wird (BAG 17.1.2008, 2 AZR 902/06, EzA § 23 KSchG Nr 31; Bepler AuR 1997, 54 ff). Das schließt aus, dass der Betriebsbegriff in § 23 I mit dem des Unternehmens gleichgesetzt werden darf (BAG 17.1.2008, 2 AZR 902/06, EzA § 23 KSchG Nr 31; 28.10.2010, 2 AZR 392/08, EzA § 23 KSchG Nr 37).

9 2. Verfassungskonforme Auslegung. Auch Teile (Betriebe) größerer Unternehmen können unter die sog Kleinbetriebsklausel fallen, obwohl für sie die Gesichtspunkte nicht streiten, die eine Benachteiligung der AN von Kleinbetrieben bei der Ausgestaltung des Kündigungsrechts rechtfertigen. Dies betrifft vor allem solche Filialunternehmen, die in ihren Filialen (Verkaufsstellen) jeweils nur so wenige AN beschäftigen, dass jeweils der Schwellenwert des § 23 I 3 nicht überschritten wird. Die AN in diesen Filialen vom allg Kdg-Schutz auszunehmen, lässt sich mit Art 3 I GG nicht vereinbaren (BVerfG 27.1.1998, BvL 15/87, AP KSchG 1969 § 23 Nr 17). In einem solchen Fall muss der Betriebsbegriff im Wege verfassungskonformer Auslegung auf die Einheiten beschränkt werden, für deren Schutz die Kleinbetriebsklausel allein bestimmt ist (BVerfG 27.1.1998, BvL 15/87, AP KSchG 1969 § 23 Nr 17; BAG 28.10.2010, 2 AZR 392/08, EzA § 23 KSchG Nr 37). Im Regelfall sind das die Kleinunternehmen, vor allem die im Handwerk, Kleinhandel und anderen Dienstleistungsunternehmen zu findenden Betriebsstätten (Löwisch BB 1999,102; ders BB 2004, 154, 161; Bader/Bram/Dörner/Suckow § 23 Rn 12). Ansonsten ist hier der Betrieb iSd »AG« zu verstehen (Löwisch NZA 1996, 1009; Lakies DB 1997). Die Kleinbetriebsklausel muss dann so angewendet werden, dass vom allg Kdg-Schutz nur Kleinunternehmen mit bis zu 10 AN befreit sind, nicht aber Unternehmen mit mehr als 10 AN, die sich auf mehrere Betriebe verteilen (Löwisch/Spinner/Wertheimer § 23 Rn 11; KR/Bader § 23 Rn 31).

10 3. Durchgriff auf Konzern. Eine Ausdehnung des Betriebsbegriffs auf den Konzern findet nicht statt. In einem Konzernverbund besteht daher nur dann Kdg-Schutz nach dem KSchG, wenn in der Holding oder dem jeweiligen Tochterunternehmen der Schwellenwert erreicht wird. Etwas anderes gilt aber, wenn zwischen der Holding und den Tochtergesellschaften ein Gemeinschaftsbetrieb besteht. Ein gemeinschaftlicher Betrieb zwischen einer Konzernholding und einer oder mehreren Tochtergesellschaften liegt aber nicht bereits dann vor, wenn die Holding aufgrund ihrer konzernrechtlichen Leitungsmacht ggü dem zuständigen Organ der Tochtergesellschaft in bestimmten Bereichen Anordnungen treffen kann. Es ist zwischen konzernrechtlicher Weisungsbefugnis und betrieblichem Leitungsapparat zu unterscheiden (BAG 13.6.2002, 2 AZR 327/01, EzA § 23 KSchG Nr 24). Die Annahme eines Gemeinschaftsbetriebes setzt einen einheitlichen, rechtlich gesicherten betriebsbezogenen Leitungsapparat voraus. Adressat von konzernrechtlichen Weisungen ist allein das Leitungsorgan der abhängigen Tochter. Konzernrechtliche Weisungsmacht kann zwar bis zur Betriebsebene durchschlagen. Sie erzeugt jedoch für sich gesehen noch keinen betriebsbezogenen Leitungsapparat. Etwas anderes lässt sich auch nicht mit der finanziellen Ausstattung einzelner Konzernteile, wie zB der Holding, begründen (BAG 13.6.2002, 2 AZR 327/01, EzA § 23 KSchG Nr 24).

11 IV. Gemeinsamer Betrieb. 1. Voraussetzungen. Zwar ist der Kdg-Schutz nach dem KSchG nicht arbeitgeberübergreifend ausgestaltet, es können aber auch mehrere Unternehmen einen einheitlichen Betrieb bilden, sofern sie mit ihren AN arbeitstechnische Zwecke innerhalb einer organisatorischen Einheit fortgesetzt verfolgen. Die Einheit der Organisation ist zu bejahen, wenn ein einheitlicher Leitungsapparat vorhanden ist, der die Gesamtheit der für die Erreichung der arbeitstechnischen Zwecke eingesetzten personellen, technischen und immateriellen Mittel lenkt. Es ist insbesondere erforderlich, dass die Arbeitgeberfunktionen im Bereich der sozialen und personellen Angelegenheiten (§§ 87 ff und §§ 92 ff BetrVG) sowie die unternehmerischen Funktionen im Bereich der wirtschaftlichen Angelegenheiten (§§ 111 ff BetrVG) von einem einheitlichen Leitungsapparat der beteiligten Unternehmen wahrgenommen werden. Das setzt voraus, dass die beteiligten Unternehmen sich zur gemeinsamen Führung eines Betriebes rechtlich

verbunden haben. Eine entsprechende rechtliche Vereinbarung muss nicht ausdrücklich in vertraglichen Abmachungen geregelt sein, sondern kann auch aus den tatsächlichen Umständen hergeleitet werden. Eine tatsächliche unternehmerische Zusammenarbeit allein reicht aber nicht aus (BAG 5.3.1987, 2 AZR 623/85, EzA § 15 nF KSchG Nr 38; 13.8.2008, 7 ABR 21/07, NZA-RR 2009, 255). Das Gleiche gilt für den Fall, wenn die Unternehmen lediglich auf der Grundlage von Organ- oder Beherrschungsverträgen unternehmerisch zusammenarbeiten, ohne dass eine Vereinbarung hins einer einheitlichen Leitung getroffen wurde, um die in der organisatorischen Einheit zu verfolgenden arbeitstechnischen Zwecke erfüllen zu können (BAG 13.6.2002, 2 AZR 327/01, EzA § 23 KSchG Nr 24).

2. Auflösung. Wird einer der Betriebe, die einen Gemeinschaftsbetrieb gebildet haben, stillgelegt, so sind in der Regel die AG-Funktionen im Bereich der sozialen und personellen Angelegenheiten sowie die unternehmerischen Funktionen im Bereich der wirtschaftlichen Angelegenheiten dem vormals einheitlichen Leitungsapparat der beteiligten Unternehmen entzogen und der Gemeinschaftsbetrieb ist aufgelöst (BAG 29.11.2007, 2 AZR 763/06, EzA § 1 KSchG Soziale Auswahl Nr 79). Bei einer bloßen Änderung des Betriebszwecks eines der beiden Unternehmen kommt es entscheidend darauf an und ist deshalb stets zu prüfen, ob nicht die Fortführung der beiden Betriebsteile auch nach der Änderung auf das Fortbestehen eines Gemeinschaftsbetriebs schließen lässt (BAG 29.11.2007, 2 AZR 763/06, EzA § 1 KSchG Soziale Auswahl Nr 79). 12

V. Umwandlungen. In Fällen der Spaltung oder Teilübertragung nach dem UmwG können die beteiligten Rechtsträger den (gespaltenen) Betrieb gemeinsam führen, § 322 UmwG. Dies ist im Einzelfall anhand der eine gemeinsame Betriebsführung konstituierenden Gesichtspunkte festzustellen (APS/Moll § 23 Rn 19). Führt die Spaltung oder Teilübertragung des Rechtsträgers zu 2 oder mehr Betrieben, die nicht gemeinsam geführt werden, und entstehen dadurch ein oder mehrere Kleinbetriebe, so bleibt den betroffenen AN für die Dauer von 2 Jahren ab dem Zeitpunkt des Wirksamwerdens der Umwandlung der Kdg-Schutz erhalten, § 323 I UmwG. Dies gilt allerdings nur bis zu dem Zeitpunkt, zu dem sie den Kdg-Schutz auch ohne die Spaltung oder Teilübertragung verloren hätten, weil die Beschäftigtenzahl insgesamt unter die Schwelle von 10 bzw 5 AN gesunken ist (Löwisch/Spinner/Wertheimer § 23 Rn 15). 13

VI. Betriebsübergang. Der im Arbeitsverhältnis mit dem Betriebsveräußerer auf Grund der Zahl der beschäftigten AN erwachsene Kdg-Schutz nach dem KSchG geht nicht mit dem Arbeitsverhältnis gem § 613a I 1 BGB auf den Betriebserwerber über, wenn in dessen Betrieb die Voraussetzungen des § 23 I nicht vorliegen. Das Erreichen des Schwellenwertes des § 23 I und der dadurch entstehende Kdg-Schutz sind kein Recht iSd § 613a I 1 BGB. Die Regelung des § 323 I UmwG findet bei einem Betriebsübergang nach § 613a BGB weder direkt noch analog Anwendung (BAG 15.02.2007, 8 AZR 397/06, EzA § 23 KSchG Nr 30). 14

E. Verwaltung iSv § 23 KSchG. Der Begriff der Verwaltung ist nicht mit dem Begriff der Dienststelle im öffentl Dienst identisch (BAG 23.4.1998, 2 AZR 489/97, EzA § 23 KSchG Nr 19). Darunter ist auch nicht das einzelne Amt oder der personalvertretungsrechtliche Begriff zu verstehen, sondern die Organisation (Verwaltungseinheit), in der mehrere Dienststellen oder Ämter zu einer administrativen Einheit zusammengefasst werden (BAG 23.4.1998, 2 AZR 489/97, EzA § 23 KSchG Nr 19). 15

Im Bereich des öffentl Rechts zählen zu den Betrieben und Verwaltungen nicht nur die von Bund, Ländern und Kommunen, sondern auch die aller anderen öffentl-rechtlichen Körperschaften, Anstalten und Stiftungen einschl der Träger der Sozialversicherung wie Krankenkassen, Berufsgenossenschaften, Versicherungsanstalten, Rundfunkanstalten und der BA (Löwisch/Spinner/Wertheimerr § 23 Rn 111). Erfasst werden auch die Betriebe und Verwaltungen der Religionsgemeinschaften, soweit diese Arbeitsverhältnisse abschließen (BAG 16.1.2003, 2 AZR 609/01, AP KSchG 1969 § 1 Nr 1; KR/Bader § 23 Rn 36). 16

F. Die Bestimmung der einzubeziehenden AN. I. Zahl der AN und Stichtag. Der im Ersten Abschnitt geregelte allg Kdg-Schutz hängt entscheidend nicht nur von der Anzahl (Schwellenwert) der in diesen Betrieben und Verwaltungen beschäftigten AN ab, sondern auch vom Zeitpunkt der Begründung der Arbeitsverhältnisse, § 23 I 2–4. Nach I 2 gelten die Vorschriften des Ersten Abschnitts nicht für Betriebe und Verwaltungen, in denen idR 5 oder weniger AN, ausschließlich der zu ihrer Berufsbildung Beschäftigten, beschäftigt werden, sofern das Arbeitsverhältnis bis zum 31.12.2003 begründet wurde. Für solche Arbeitsverhältnisse, die ab dem 1.1.2004 eingegangen wurden, erhöht sich der Schwellenwert auf mehr als 10 AN, I 3. Werden zu diesem Stichtag im Betrieb mehr als 10 AN beschäftigt, so ist der neue höhere Schwellenwert überschritten und die Voraussetzung für den Erwerb des allg Kündigungsschutzes liegt vor. 17

18 **II. Schwellenwert bis zum 31.12.2003 nicht erreicht.** Waren im Betrieb bis zum 31.12.2003 nicht mehr als 5 AN beschäftigt, so konnte der allg Kdg-Schutz von den zu diesem Zeitpunkt beschäftigten AN nicht erworben werden, weil der bis dahin geltende Schwellenwert von mehr als 5 nicht überschritten wurde. Erst dann, wenn durch Neueinstellungen ab 1.1.2004 die Beschäftigtenzahl auf mehr als 10 ansteigt, ist die Voraussetzung für den Kdg-Schutz gegeben.

19 **III. Schwellenwert bis zum 31.12.2003 erreicht.** Hat der Betrieb zum 31.12.2003 mehr als 5, aber höchstens 10 AN beschäftigt, wobei es nicht darauf ankommt, wie lange die einzelnen AN bis zum Stichtag beschäftigt waren, so war der alte Schwellenwert überschritten. Für diese »Alt-AN« gilt iR einer Besitzstandswahrung der allg Kdg-Schutz zunächst auch über den 31.12.2003 hinaus fort. Dem steht nicht entgegen, wenn es nach dem 31.12.2003 zwar rechtliche Unterbrechungen des zuvor begründeten Arbeitsverhältnisses gegeben hat, der AN aber - zusammen mit einer ausreichenden Anzahl anderer »Alt-Arbeitnehmer« - ununterbrochen in den Betrieb eingegliedert war. Der vom Gesetz bezweckte Bestandsschutz wäre deutlich abgeschwächt, wenn rechtliche Unterbrechungen unabhängig von ihrem Anlass und ungeachtet einer durchgehenden Weiterbeschäftigung des AN im Betrieb geeignet wären, dessen Zugehörigkeit zum »virtuellen Altbetrieb« aufzuheben (BAG 23.5.2013, 2 AZR 54/12, EzA § 23 KSchG Nr 39). Daher müssen die vor dem 31.12.2003 eingestellten und dem (alten) Kdg-Schutz unterliegenden »Alt-AN« getrennt von den nach dem 31.12.2003 neu eingestellten AN betrachtet werden. § 23 I bewirkt somit eine virtuelle Spaltung des Betriebes bei der Ermittlung des jeweiligen Schwellenwertes (Bauer/Krieger DB 2004, 651). Überschreitet die Zahl der vor dem 31.12.2003 beschäftigten »Alt-AN« zusammen mit Neueinstellungen ab 1.1.2004 den neuen Schwellenwert von mehr als 10 AN nicht und sinkt gleichzeitig die Zahl der bis zum 31.12.2003 eingestellten »Alt-AN« unter den alten Schwellenwert auf 5 oder weniger AN, so geht für alle »Alt-AN« der (besitzstandswahrende) Kdg-Schutz verloren. Die ausgeschiedenen »Alt-AN« können also nicht durch Neueinstellungen nach dem 1.1.2004 ersetzt werden (BAG 27.11.2008, 2 AZR 790/07, AP Nr 45 zu § 23 KSchG 1969).

20 **G. Zahl der Beschäftigten. I. Die regelmäßige Beschäftigtenzahl.** Maßgeblich ist die Anzahl der idR beschäftigten AN im Zeitpunkt des Zugangs einer Kdg, nicht im Zeitpunkt der Beendigung des Arbeitsverhältnisses (BAG 24.2.2005, 2 AZR 373/03, EzA § 23 KSchG Nr 28). Nicht allein entscheidend ist, ob die AN zum Betrieb in einem Arbeitsverhältnis stehen oder entliehen sind, vgl Rn 24. Bei der Regelbeschäftigung kommt es auf die normale Beschäftigtenzahl an, also diejenige Personalstärke, die für den Betrieb iA kennzeichnend ist (BAG 19.7.1983, 1 AZR 26/82, AP BetrVG 1972 § 113 Nr 23). Momentane, plötzliche und zufällige Schwankungen sind ohne Bedeutung. Zur Klärung der Feststellung, wie viele AN ein Betrieb »idR« iSv § 23 I 2 beschäftigt, bedarf es grds eines Rückblicks auf die bisherige personelle Situation und einer Einschätzung der zukünftigen Entwicklung (BAG 22.1.2004, 2 AZR 237/03, EzA § 23 KSchG Nr 26).

21 Der Verweis auf die zukunftsbezogene Betrachtungsweise gilt aber nicht in jedem Fall. Die Unternehmerentscheidung, den Betrieb stillzulegen oder durch Abbau von Arbeitsplätzen einzuschränken, führt letztlich nur dazu, dass künftig eine andere, regelmäßige AN-Zahl gegeben sein soll. Im Kündigungszeitpunkt ist demggü für den Betrieb noch die bisherige Belegschaftsstärke kennzeichnend (BAG 22.1.2004, 2 AZR 237/03, EzA § 23 KSchG Nr 26).

22 **II. Einzelfälle.** AN, deren Beschäftigung nur vorübergehend ist, sind nicht mitzuzählen. Aushilfs-AN und Vertretungskräfte können aber im Einzelfall zu berücksichtigen sein, wenn eine bestimmte Anzahl regelmäßig im Kalenderjahr beschäftigt wird und mit einer derartigen Beschäftigung auch in Zukunft zu rechnen ist (APS/Moll § 23 Rn 29b). AN in ruhenden Arbeitsverhältnissen (Elternzeit, Mutterschutz) sind auch dann mitzuzählen, wenn sie längere Zeit nicht tätig sind (KR/Bader § 23 Rn 54). Wird für den Abwesenden allerdings eine Ersatzkraft eingestellt, so wird entspr dem Sinne von § 21 VII BErzGG, um eine Doppelzählung zu vermeiden, nur die Ersatzkraft mitgezählt (BAG 31.1.1991, 2 AZR 356/90, EzA § 23 KSchG Nr 11).

23 Nach § 23 I 2 sind bei der Ermittlung der Beschäftigtenzahl die zu ihrer Berufsbildung Beschäftigten nicht mitzuzählen. Es reicht, dass der Schwerpunkt der Beschäftigung in der Ausbildung besteht. Zur Berufsbildung zählen die Berufsausbildung iSd § 1 BBiG, die berufliche Fortbildung und die berufliche Umschulung, auch Betriebspraktika (BAG 18.11.1999, 2 AZR 89/99, EzA § 1 KSchG Nr 52; KR/Bader § 23 Rn 58). Findet die berufliche Fortbildung und Umschulung dagegen in einem Arbeitsverhältnis statt, so sind diese Mitarbeiter zu berücksichtigen (Bader/Bram/Dörner/Suckow § 23 Rn 16).

24 Bei der Berechnung der Betriebsgröße sind im Betrieb beschäftigte Leih-AN nunmehr zu berücksichtigen, wenn ihr Einsatz auf einem »in der Regel« vorhandenen Personalbedarf beruht. Dies gebietet eine an Sinn und Zweck orientierte Auslegung der gesetzlichen Bestimmung. Werden Leih-AN aber zur Vertretung

von Stamm-AN oder zur Bewältigung von Auftragsspitzen eingesetzt, sind sie nicht mitzuzählen (BAG 24.1.2013, 2 AZR 140/12, NZA 2013, 726-729).

Heimarbeiter, Hausgewerbetreibende, arbeitnehmerähnliche Personen und aufgrund familienrechtlicher Verpflichtung helfende Familienangehörige werden nicht mitgezählt. Wenn Familienmitglieder aber in einem Arbeitsverhältnis zum Betriebsinhaber stehen, so sind sie bei der Ermittlung der Beschäftigtenzahl mitzuzählen (KR/Bader § 23 Rn 55). Auch ehrenamtlich Tätige sind nicht mit einzubeziehen, da sie nicht in persönlicher Abhängigkeit arbeiten (LAG Berl-Bbg 27.1.2015, 11 Sa 868/14, AfP 2015, 272). 25

Zu den AN zählen auch die leitenden Angestellten. Dagegen sind die organschaftlichen Vertreter einer juristischen Person in dieser Eigenschaft keine AN; sie bleiben auch dann unberücksichtigt, wenn sie »mitarbeiten« (KR/Bader § 23 Rn 57). 26

III. **Teilzeitbeschäftigte AN.** Sie zählen abgestuft nach dem vertraglich vereinbarten Umfang der wöchentlich zu leistenden Stundenzahl, nicht nach der tatsächlich geleisteten Arbeitszeit. Bei unregelmäßigen Arbeitszeiten ist auf die im Jahresdurchschnitt geleistete Arbeitszeit abzustellen (KR/Bader § 23 Rn 49). Teilzeitbeschäftigte mit bis zu 20 Wochenstunden werden mit 0,5, bis zu 30 Wochenstunden mit 0,75 und solche über einer Wochenstundenzahl von 30 wie Vollzeit-AN berücksichtigt. Die tatsächliche Arbeitsleistung ist nur dann maßgebend, wenn sie dauerhaft verändert und damit Vertragsinhalt geworden ist (Bader/Bram/Dörner/Suckow § 23 Rn 22; Preis RdA 1999, 311. 312). Der Erste Abschnitt des KSchG findet gem § 23 I S 3 daher dann Anwendung, wenn ein Gesamtarbeitsvolumen in Höhe von mindestens 10,25 gezählt wird. Die Zahl der AN nach Köpfen kann dabei 20 sein (zB 19 mal 0,5 AN und ein 0,75 AN). Bei »Alt-AN« beträgt das Gesamtvolumen mindestens 5,25. 27

H. **Darlegungs- und Beweislast.** Das BAG und ein Teil der Lit gehen davon aus, dass der AN die Darlegungs- und Beweislast für das Vorliegen der betrieblichen Voraussetzungen für den allg Kdg-Schutz trägt. Der AN muss demnach iE darlegen und ggf beweisen, in einem Betrieb tätig zu sein, in dem idR mehr als 5 AN bzw 10 AN ausschließlich der zu ihrer Berufsbildung Beschäftigten beschäftigt sind (BAG 24.2.2005, 2 AZR 373/03, EzA KSchG § 23 Nr 28; KDZ/Kittner/Deinert § 23 Rn 30). Dem wird entgegengehalten, dass § 23 I 2 und 3 iS einer Ausnahmeregelung mit der Folge der Nichtanwendung des KSchG formuliert sei, so dass nach allg Grundsätzen der Beweislast der AG darlegen und beweispflichtig sei, dass der Schwellenwert von 5 oder 10 AN nicht überschritten wird (LAG Hamm 6.2.2003, 8 Sa 1614/02, LAGE § 23 KSchG Nr 22; KR/Bader § 23 Rn 78; Bepler AuR 1997, 54, 56). Das BAG hält trotz der vorgenannten Bedenken an der bisherigen Rspr fest (BAG 23.10.2008, 2 AZR 131/07, EzA § 23 KSchG Nr 33). Letztlich sind die Auswirkungen der Meinungsverschiedenheiten gering. Das Problem lässt sich durch die abgestufte Darlegungslast lösen. Der AN genügt daher regelmäßig seiner Darlegungslast, wenn er - entsprechend seinen Kenntnismöglichkeiten - die für eine entspr AN-Zahl sprechenden Tatsachen und die ihm bekannten äußeren Umstände schlüssig darlegt. Der AG muss dann nach § 138 II ZPO im Einzelnen erklären, welche rechtserheblichen Umstände gegen die Darlegungen des AN sprechen. Lediglich im non-liquet-Fall trifft den AN dann die objektive Beweislast (BAG 23.10.2008, 2 AZR 131/07, EzA § 23 KSchG Nr 33). 28

I. **Geltungsbereich des Dritten Abschnitts.** Der Dritte Abschnitt über die anzeigepflichtigen (Massen)-Entlassungen gilt grds für alle Betriebe und Verwaltungen des privaten Rechts sowie für Betriebe, die von einer öffentl Verwaltung geführt werden, soweit sie wirtschaftliche Zwecke verfolgen. Dies liegt dann vor, wenn sie den wirtschaftlichen Bedürfnissen des Einzelnen zu dienen bestimmt sind (v Hoyningen-Huene/Linck § 23 Rn 33). Die Absicht, Gewinne zu erzielen, ist ohne Bedeutung (KR/Bader § 23 Rn 95). Darunter fallen vor allem die nicht privatisierten Betriebe der Kommunen wie die Versorgungsbetriebe, Verkehrsbetriebe, Theater, Sparkassen und Krankenhäuser. Nicht erfasst werden solche Einrichtungen, die einen gemeinnützigen Zweck verfolgen, wie Schulen, Universitäten, Kindergärten, Museen. Die von öffentl-rechtlichen Trägern in der Form einer juristischen Person des Privatrechts geführten Betriebe fallen bereits deshalb in den Geltungsbereich des Dritten Abschnitts, weil sie Betriebe des privaten Rechts nach § 23 II 1 Alt 1 sind (Bader/Bram/Dörner/Suckow § 23 Rn 42ff). Soweit die Betriebe dem Dritten Abschnitt unterliegen sollen, muss außerdem § 17 I 1 erfüllt sein, dh es müssen mehr als 20 AN idR beschäftigt werden. 29

§ 24 Anwendung des Gesetzes auf Betriebe der Schifffahrt und des Luftverkehrs

(1) ¹Die Vorschriften des Ersten und Zweiten Abschnitts finden nach Maßgabe der Absätze 2 bis 4 auf Arbeitsverhältnisse der Besatzung von Seeschiffen, Binnenschiffen und Luftfahrzeugen Anwendung.
(2) Als Betrieb im Sinne dieses Gesetzes gilt jeweils die Gesamtheit der Seeschiffe oder der Binnenschiffe eines Schifffahrtsbetriebs oder der Luftfahrzeuge eines Luftverkehrsbetriebs.

§ 24 KSchG Anwendung des Gesetzes auf Betriebe der Schifffahrt und des Luftverkehrs

(3) Dauert die erste Reise eines Besatzungsmitglieds eines Seeschiffes oder eines Binnenschiffes länger als sechs Monate, so verlängert sich die Sechsmonatsfrist des § 1 Absatz 1 bis drei Tage nach Beendigung dieser Reise.

(4) ¹Die Klage nach § 4 ist binnen drei Wochen zu erheben, nachdem die Kündigung dem Besatzungsmitglied an Land zugegangen ist. Geht dem Besatzungsmitglied eines Seeschiffes oder eines Binnenschiffes die Kündigung während der Fahrt des Schiffes zu, ist die Klage innerhalb von sechs Wochen nach dem Dienstende an Bord zu erheben. ²An die Stelle der Dreiwochenfrist in § 5 Abs. 1 und § 6 treten die hier in den Sätzen 1 und 2 genannten Fristen.³

Übersicht	Rdn.		Rdn.
A. Anwendungsbereich der Vorschrift.	1	II. Landbetriebe.	3
B. Betriebsbegriff.	2	C. Verlängerung der Wartezeit.	4
I. Gesamtheit der Schiffe oder Luftfahrzeuge.	2	D. Die Frist zur Erhebung der Kündigungsschutzklage.	6

1 **A. Anwendungsbereich der Vorschrift.** Der Begriff der Besatzung ist nunmehr in § 3 SeeArbG geregelt. Danach sind Seeleute alle Personen, die an Bord des Schiffes tätig sind, unabhängig davon, ob sie vom Reeder oder einer anderen Person beschäftigt werden oder als Selbständige tätig sind, einschl der zu ihrer Berufsbildung Beschäftigten. Gem § 148 II Nr 1 e SeeArbG ist auf Selbständige § 24, nicht anzuwenden. Der Besatzung gehören nach § 5 I SeeArbG der Kapitän und nach § 6 SeeArbG die Schiffsoffiziere des nautischen oder des technischen Dienstes, Schiffsärzte, Seefunker, Schiffselektrotechniker und Zahlmeister an. Nach § 3 III SeeArbG sind bestimmte Personen von der Besatzung ausgenommen.

1.1 Zur Besatzung der Binnenschiffe zählen alle auf dem Schiff tätigen Personen (§ 21 BinSchG), soweit sie in einem Arbeitsverhältnis zum Schiffseigner stehen. Besatzungen von Luftfahrzeugen sind das sog fliegende oder Bordpersonal.

2 **B. Betriebsbegriff. I. Gesamtheit der Schiffe oder Luftfahrzeuge.** Zur Abgrenzung von den Land- und Bodenbetrieben enthält § 24 I 2 einen bes Betriebsbegriff. Jeweils die Gesamtheit der Seeschiffe oder Binnenschiffe eines Schifffahrtsbetriebs oder die Gesamtheit der Luftfahrzeuge eines Luftverkehrsbetriebs bilden einen Betrieb im (kündigungsschutzrechtlichen) Sinne des Ersten und Zweiten Abschnitts des KSchG. Es ist nicht erforderlich, dass sämtliche Flugzeuge eines Luftverkehrsbetriebs in Deutschland stationiert sind. Das Eingreifen der Fiktionswirkung setzt auch nicht voraus, dass sämtliche Luftfahrzeuge ausschließlich oder überwiegend in deutschem Luftraum eingesetzt werden. Es kommt zudem nicht darauf an, ob es einen Unternehmens- oder Betriebssitz in Deutschland gibt (LAG Berl-Bbg, 26.3.2015, 26 Sa 1513/14 - nrk). Soweit eine soziale Auswahl vorzunehmen ist, sind alle vergleichbaren Besatzungsmitglieder der Gesamtheit der Schiffe oder Luftfahrzeuge des Reeders in Betracht zu ziehen. Dieser aus der Gesamtheit der Schiffe oder Luftfahrzeuge gebildete Betrieb besteht selbstständig neben dem Landbetrieb des jeweiligen Unternehmens. Das hat insb für die Zahl der regelmäßig Beschäftigen iSd § 23 I 2 und 3 im jeweiligen Betrieb Bedeutung, denn die AN des Landbetriebes und die AN der Seeschifffahrts-, Binnenschifffahrts- oder Luftverkehrsbetriebe werden nicht zusammengezählt. Dies gilt auch für § 17 I.

3 **II. Landbetriebe.** Zu den Landbetrieben eines Schifffahrtsunternehmens gehören insb die Verwaltung, Werften, Werkstätten, Kai-Betriebe, Lagerhäuser und Speditionen, ebenso solche Schiffe wie Hafenschlepper und Fähren, die idR binnen 24 Stunden nach dem Auslaufen zurückkehren (KR/Bader § 24 Rn 19). Zum Bodenbetrieb eines Luftverkehrsbetriebs gehören Abfertigungs-, Wartungshallen, Hangars und Verwaltungseinrichtungen sowie Abfertigungseinrichtungen.

4 **C. Verlängerung der Wartezeit.** Die Wartezeit des § 1 I von 6 Monaten gilt auch für die AN eines Schifffahrtsbetriebs oder eines Luftverkehrsbetriebs. Dauert aber die erste Reise eines Besatzungsmitglieds eines See- oder Binnenschiffes länger als 6 Monate, dann tritt der Schutz des KSchG erst 3 Tage nach Beendigung der Reise ein, § 24 III. Für die Berechnung der Frist gilt § 187 BGB. Durch die Regelung soll einerseits vermieden werden, dass während der Reise eine Kdg ausgesprochen werden muss, damit die Wartezeit nicht erfüllt wird, andererseits soll der Reeder Gelegenheit erhalten, sich erst aufgrund eines Berichts des Kapitäns über die Tätigkeit des zu Kündigenden zu unterrichten (vHH/L/v Hoyningen-Huene § 24 Rn 8). Auf eine Kdg, die innerhalb von 3 Tagen nach Beendigung der ersten Reise dem AN zugegangen ist, finden die §§ 1 ff daher keine Anwendung. Wurde die Wartezeit des § 1 I aber bereits vor Antritt der Reise durch eine anderweitige Beschäftigung bei dem Schifffahrtsbetrieb erfüllt, ist § 24 III nicht einschlägig; er gilt nur für neu eingestellte Besatzungsmitglieder (KR/Bader § 24 Rn 26). Für die Verlängerung der Wartezeit ist jedoch

nicht erforderlich, dass die Reise am ersten Tag der Beschäftigung begonnen hat, sie kann auch erst einige Zeit nach Abschluss des Arbeitsvertrags angetreten werden (Löwisch/Spinner/Wertheimer § 24 Rn 8).
Der Begriff der Reise in § 24 III ist als die Zeit zu verstehen, in der das Besatzungsmitglied auf einem Schiff unterwegs und vom Sitz des Betriebs abwesend ist (Löwisch/Spinner/Wertheimer § 24 Rn 8). Die Reise muss nicht notwendig auf demselben Schiff verbracht werden (ErfK/Kiel § 24 Rn 5). Beendet ist die Reise bei Rückkehr zu einem dt Hafen oder Liegeplatz, sofern es sich hierbei um den bestimmungsgemäßen Endpunkt der Reise handelt (KR/Bader § 24 Rn 27; vHH/L/v Hoyningen-Huene § 24 Rn 10; aA Löwisch/Spinner/Wertheimer § 24 Rn 7).

D. Die Frist zur Erhebung der Kündigungsschutzklage. § 24 IV stellt eine Sonderregelung der Frist zur Erhebung der Kdg-Schutzklage nach § 4 dar, wenn die Kdg während der Reise erfolgt. Damit soll dem Umstand Rechnung getragen werden, dass der AN, der arbeitsbedingt sehr lange vom Wohnort entfernt ist, ausreichend Zeit zur Verfügung hat, um sich gegen die Kdg zu wehren. Dafür, ob die Kdg-Schutzklage innerhalb von 3 oder 6 Wochen erhoben werden muss, ist nach § 24 IV entscheidend, wo dem Besatzungsmitglied die Kdg erklärt wird.

Die dreiwöchige Klagefrist des § 24 IV gilt dann, wenn den Besatzungen von Seeschiffen oder Binnenschiffen die Kündigung an Land zugeht. Das muss nicht der Betriebssitz sein. Auch dann, wenn die Kdg an Land erfolgt und der Gekündigte unmittelbar im Anschluss daran eine neue Reise mit dem Schiff antritt, muss er die 3-Wochenfrist einhalten (ArbG Hamburg 16.3.1973, S 15 Ca 483/72; Bemm/Lindemann § 62 SeemG Rn 72).

Wird dem Besatzungsmitglied die Kdg nicht während der Fahrt des Schiffes, aber in Abwesenheit vom Sitz des Betriebes erklärt, zB bei einer mit dem Einsatz auf dem Schiff verbundenen An- und Abreise, so kommt es darauf an, ob das Besatzungsmitglied anschließend an den Betriebssitz oder an einen anderen Ort in Deutschland zurückkehrt. Kehrt das Besatzungsmitglied an den Betriebssitz zurück, so muss es innerhalb von 3 Wochen nach Ankunft dort, spätestens aber 6 Wochen nach Zugang der Kdg die Kdg-Schutzklage erheben, § 24 III 1. Kehrt das Besatzungsmitglied jedoch nicht an den Betriebssitz, sondern an einen anderen Ort im Inland zurück, so ist die Klage innerhalb von 6 Wochen nach Zugang der Kdg zu erheben, § 24 III 1 Hs 2. Nicht entscheidend für den Beginn der sechswöchigen Höchstfrist ist in diesen Fällen also der Zeitpunkt der Ankunft im Inland.

Wird die Kdg dagegen während der Fahrt ausgesprochen, beginnt die sechswöchige Höchstfrist zur Klageerhebung nach dem Dienstende an Bord, § 24 Abs. 4 S. 2. Worauf das Dienstende beruht, ist unerheblich. Erfasst wird sowohl der Fall, dass der Dienst mit dem Eintreffen des Schiffes in dem dt Hafen endet, als auch der Fall, dass das Besatzungsmitglied während der Reise abgelöst wird (Löwisch/Spinner/Wertheimer § 24 Rn 13).

Kehrt das Besatzungsmitglied, dem während der Fahrt gekündigt wurde, vor der Rückkehr des Schiffes (zB mit einem anderen Schiff, Luftfahrzeug oder auf dem Landweg) an Land zurück, beginnt mit Rückkehr des Besatzungsmitglieds die reguläre dreiwöchige Frist gem § 24 IV 1 (ErfK/Kiel § 24 Rn 8). Kommt das Besatzungsmitglied nach seinem Schiff in Deutschland an, so läuft die Frist erst mit seiner Ankunft. Dies gilt auch dann, wenn der AN eine mögliche frühere Rückkehr aus privaten Gründen (zB Urlaub) verhindert hat (BAG 9.1.1986, 2 AZR 163/85, AP KSchG 1969 § 24 Nr 1; KR/Bader § 24 Rn 32).

Unter § 24 IV fällt auch die Klage gegen eine Änderungskdg nach § 2. Da aber die Erklärung des Vorbehalts nicht von der Vorschrift erfasst wird, muss der Betroffene den Vorbehalt innerhalb der Kdg-Frist, spätestens innerhalb von 3 Wochen nach Zugang der Kdg erklären (Löwisch/Spinner/Wertheimer § 24 Rn 16).

§ 25 Kündigung in Arbeitskämpfen

Die Vorschriften dieses Gesetzes finden keine Anwendung auf Kündigungen und Entlassungen, die lediglich als Maßnahmen in wirtschaftlichen Kämpfen zwischen Arbeitgebern und Arbeitnehmern vorgenommen werden.

Übersicht

	Rdn.			Rdn.
A. Allgemeines	1	II.	Wilder Streik	3
B. Kdg im Arbeitskampf	2	III.	Sonstige Kündigung	4
I. Rechtmäßiger Streik	2			

A. Allgemeines. Die Vorschrift ist nur verständlich unter Berücksichtigung der zur Zeit der Verabschiedung der Regelung (damals § 23 KSchG 1951) vorherrschenden individuellen Arbeitskampftheorie, wonach

Streik und Aussperrung durch gebündelte Individualkündigungen ausgesprochen werden mussten. Seit die Rspr (BAG 28.1.1955, GS 1/54, AP GG Art 9 Arbeitskampf Nr 1) Streik und Aussperrung als eigenständige kollektivrechtliche Akte anerkannt (kollektivrechtliche Arbeitskampftheorie) und beiden Kampfmaßnahmen für Arbeitsverhältnisse grds suspendierende Wirkung gegeben hat, hat § 25 kaum noch praktische Bedeutung (BAG 26.4.1988, 1 AZR 399/86, EzA Art 9 GG Arbeitskampf Nr 74; KR/Bader § 25 Rn 5).

2 **B. Kdg im Arbeitskampf. I. Rechtmäßiger Streik.** Die Streikteilnahme stellt keine rechtswidrige Vertragsverletzung dar, wenn der Streik von einer Gewerkschaft geplant und durchgeführt wird. Ein gewerkschaftlich getragener Streik liegt auch dann vor, wenn die Gewerkschaft einen zunächst spontanen Streik später übernimmt (BAG 20.12.1963, 1 AZR 428/62, EzA Art 9 GG Arbeitskampf Nr 7). Kdg des einzelnen AN oder mehrerer einzelner AN wegen Vertragsverletzung sind nunmehr schon nach der kollektiven Arbeitskampftheorie (Rdn 1) durch den bestreikten AG unzulässig (BAG 28.1.1955, GS 1/54, AP GG Art 9 Arbeitskampf Nr 1).

3 **II. Wilder Streik.** Die Teilnahme an einem rechtswidrigen (wilden) Streik führt hingegen zu einer Vertragsverletzung. Neben der Verweigerung von Lohnzahlungen kann der AG auch von seinem außerordentlichen oder ordentlichen Kündigungsrecht Gebrauch machen. Auf eine solche Kdg ist aber das KSchG anzuwenden. Sie dürfte erst dann zulässig sein, wenn die AN zuvor zur Aufnahme der Arbeit aufgefordert wurden. Im Übrigen sind alle vernünftigerweise in Betracht kommenden Umstände des Einzelfalles zu beachten und die Interessen der Parteien vollständig gegeneinander abzuwägen (BAG 3.8.1999, 1 AZR 735/98, EzA Art 9 GG Arbeitskampf Nr 133; Bader/Bram/Suckow § 25 Rn 8).

4 **III. Sonstige Kündigung.** Ebenfalls nicht unter § 25 fallen sog Massenänderungskdg, die der AG während des Arbeitskampfes erklärt, um die Arbeitsbedingungen mehrerer AN einseitig zu ändern (KR/Bader § 25 Rn 20; vHH/L/v Hoyningen-Huene § 25 Rn 15). Ihre Wirksamkeit richtet sich daher nach § 2 KSchG.

5 Das KSchG findet außerdem uneingeschränkt dann Anwendung, wenn der AG betriebsbedingte Kdg erklärt, weil er während des Arbeitskampfes die unternehmerische Entscheidung hins einer Umstrukturierung des Betriebs vorgenommen hat, in deren Folge Arbeitsplätze dauerhaft entfallen (Bader/Bram/Suckow 25 Rn 13).

Gesetz zur Regelung eines allgemeinen Mindestlohns (Mindestlohngesetz – MiLoG)

vom 11.8.2014 (BGBl I S 1348)

Abschnitt 1 Festsetzung des allgemeinen Mindestlohns

Unterabschnitt 1 Inhalt des Mindestlohns

§ 1 Mindestlohn

(1) Jede Arbeitnehmerin und jeder Arbeitnehmer hat Anspruch auf Zahlung eines Arbeitsentgelts mindestens in Höhe des Mindestlohns durch den Arbeitgeber.

(2) ¹Die Höhe des Mindestlohns beträgt ab dem 1. Januar 2015 brutto 8,50 Euro je Zeitstunde. ²Die Höhe des Mindestlohns kann auf Vorschlag einer ständigen Kommission der Tarifpartner (Mindestlohnkommission) durch Rechtsverordnung der Bundesregierung geändert werden.

(3) ¹Die Regelungen des Arbeitnehmer-Entsendegesetzes, des Arbeitnehmerüberlassungsgesetzes und der auf ihrer Grundlage erlassenen Rechtsverordnungen gehen den Regelungen dieses Gesetzes vor, soweit die Höhe der auf ihrer Grundlage festgesetzten Branchenmindestlöhne die Höhe des Mindestlohns nicht unterschreitet. ²Der Vorrang nach Satz 1 gilt entsprechend für einen auf der Grundlage von § 5 des Tarifvertragsgesetzes für allgemeinverbindlich erklärten Tarifvertrag im Sinne von § 4 Absatz 1 Nummer 1 sowie §§ 5 und 6 Absatz 2 des Arbeitnehmer-Entsendegesetzes.

A. Allgemeines und Aufbau des MiLoG. **I. Allgemeines.** Das Gesetz zur Regelung eines allgemeinen Mindestlohns (MiLoG), als Art 1 des Gesetzes zur Stärkung der Tarifautonomie (Tarifautonomiestärkungsgesetz) von Bundestag und Bundesrat verabschiedet (BT-Drs 18/1558; BT-Drs 18/2010; BR-Drs 147/14; BR-Drs 288/14, BGBl I S 1348), führt mit seinem Inkrafttreten zum 1.1.2015 in der Bundesrepublik Deutschland erstmals einen **allgemeinen**, flächendeckenden (gesetzlichen) **Mindestlohn** ein. Das bisherige System der Lohnfindung fußte auf individualvertraglicher Vereinbarung, auf infolge beiderseitiger Tarifgebundenheit oder Bezugnahmeklausel maßgeblichen Tariflöhnen und einem Nebeneinander von Allgemeinverbindlicherklärung nach § 5 TVG sowie dem AEntG, Rechtsverordnungen zu Tarifverträgen nach dem AEntG, der Möglichkeit von Mindestlöhnen nach dem MiArbG (zum System insoweit § 5 TVG Rdn 1), § 3a AÜG sowie vergabespezifischen Mindestlöhnen (dazu § 5 TVG Rdn 3 ff). Nur das MiArbG wurde mit dem MiLoG aufgehoben. Im Übrigen **ergänzt** der Mindestlohn nach dem MiLoG das bisherige System wie folgt: Gem § 1 III gehen Rechtsverordnungen auf der Grundlage des AEntG sowie des AÜG und allgemeinverbindlich erklärte Tarifverträge nach § 5 TVG sowie nach §§ 5, 6 II AEntG vor, soweit der entsprechende Lohn die Höhe des Mindestlohns nach dem MiLoG nicht unterschreitet. Hiermit verhindert der Gesetzgeber auch ein allgemeines Absinken des Lohnniveaus auf die Höhe des gesetzlichen Mindestlohns des MiLoG. Bis zum 31.12.2017 gelten nach § 24 I 1 teilweise abweichende Regeln für Tarifverträge nach §§ 3 ff AEntG, die auch dann vorgehen können, wenn sie niedriger als der Mindestlohn sind. § 24 I 2 dehnt die Übergangsregelung auf Rechtsverordnungen iSv § 11 AEntG für die Pflegebranche sowie auf die Lohnuntergrenze gem § 3a AÜG aus. Eine besondere Übergangsregelung für Zeitungszusteller findet sich in § 24 II. Tariftreueerklärungen schaffen als solche keine Anspruchsgrundlage des einzelnen AN gegen seinen AG, sondern bedürfen der Umsetzung mit Hilfe des allgemeinen rechtlichen Instrumentariums (idR individualvertraglicher Anspruch). Das Verhältnis zum Mindestlohn des MiLoG richtet sich ebenfalls nach den allgemeinen Grundsätzen (Rdn 9): Bis zur Höhe des gesetzlichen Mindestlohns richtet sich der Anspruch nach § 1 I.

Das Mindestlohngesetz ist konzeptuell und rechtstechnisch an verschiedenen Stellen so sehr von der **Sorge des Missbrauchs oder Nichteinhaltens** getragen, dass die Regelungen teilweise zu kompliziert und zu bürokratisch geworden sind. Beispiele hierfür sind vor allem zur Anspruchskonkurrenz zwischen dem Anspruch aus § 1 I und dem allgemeinen Vergütungsanspruch aus § 611 BGB, die dazu führt, dass jedes noch so hohe Gehalt eines AN den Mindestlohnanteil enthält, für den mit Ausnahme von § 2 II dann auch die gesetzlichen Absicherungen des Mindestlohnanspruchs greifen (abzulehnen ist aber die Möglichkeit einer teleologischen Reduktion, *Lembke* NZA 2015, 70, 73), sowie die Dokumentationspflichten, die in sachlicher Hinsicht aber immerhin teilweise zumindest nicht allgemein, sondern nur bei bestimmten Tätigkeiten greifen

(§§ 16 I, 17 I) und die durch Verordnungen teilweise weiter eingegrenzt werden (§§ 14-19 Rdn 1 ff). Zu komplex ist auch die Regelung des persönlichen Anwendungsbereichs. Das Nebeneinander verschiedener und jeweils mit staatlicher Kontrolle, Durchsetzung und Sanktionierung versehener Regime von Mindestlöhnen Rdn 1) kann gerade kleine AG vor die nur schwer zu lösende Aufgabe stellen, zu erkennen, welche Regelungen für sie einschlägig sind.

3 Dogmatisch **umstritten** ist vor allem die Anwendung bei Arbeitsverhältnissen, die anders als nach Zeitstunde vergütet werden. Die Antworten auf die sich stellenden Rechtsfragen hängen zu einem weiten Teil davon ab, ob man § 1 I als einen immer und unabhängig von dem für das Arbeitsverhältnis an sich maßgeblichen Entlohnungssystem gegebenen gesetzlichen Anspruch auf 8,50 € Lohn für jede Zeitstunde Arbeitszeit versteht oder ob man einer Sichtweise zuneigt, nach der andere Entlohnungssysteme auch bis zur Höhe des gesetzlichen Mindestlohns Auswirkungen haben können (Rdn 15 ff). Darüber hinaus ist von Bedeutung, wie § 2 I 1 Nr 2 zu verstehen ist: Als durch § 3 abgesicherte äußerste Schranke oder als Norm, die vor allem bußgeldrechtliche Bedeutung habe.

4 **II. Vereinbarkeit mit Verfassungs- und Unionsrecht.** Der Eingriff des MiLoG in die Tarifautonomie ist gerechtfertigt, auch wenn die Festlegung von Arbeitsentgelten traditionelles Kernwirkungsfeld der Koalitionen ist, weil das MiLoG Tarifversagen (BT-Drs 18/1558, S 27 f) ausgleicht und im Übrigen praktische Bedeutung gerade im tariffreien Bereich hat (iE auch *Waltermann* AuR 2015, 166 ff; *Barczak* RdA 2014, 290; teilweise anders *Zeising/Weigert* NZA 2015, 15; mit Ausnahme von § 22 II für Vereinbarkeit mit dem GG *Fischer-Lescano/Preis/Ulber* Verfassungsmäßigkeit des Mindestlohns, 2015, S 208 ff; krit vor allem *Henssler* RdA 2015, 43, 44 f). Der Mindestlohn zielt damit anders als die Tarifautonomie nicht auf einen umfassenden Schutz der AN ab (BT-Drs 18/1558, S 28). Voraussetzung für die **Verfassungskonformität** ist aber, dass ein deutlicher Abstand der Höhe des gesetzlichen Mindestlohns zu tariflichen Löhnen in denjenigen Bereichen erhalten bleibt, in denen die Tarifautonomie funktioniert, weil sonst die Tarifautonomie nicht mehr flankiert, sondern durch ein System der staatlichen Lohnsetzung ersetzt würde. Den Gesetzesmaterialien nach verdienten 2010 7 % der tarifgebundenen AN weniger als 8,50 € (BT-Drs 18/1558, S 28). Zum Rechtsschutz *Löwisch* NZA 2014, 948. Bisher vom BVerfG nicht zur Entscheidung angenommene Verfassungsbeschwerden betrafen §§ 24 II, 22 II sowie §§ 16, 17 II, 20 (vgl BVerfG 25.6.2015, 1 BvR 555/15, NZA 2015, 864; 25.6.2015, 1 BvR 37/15, NZA 2015, 866; auch zu einem weiteren Beschluss *Wagner* FA 2015, 240; *Sittard/Rawe* NJW 2015, 2695). Nicht richtig ist allerdings die im Gesetzestitel zum Ausdruck kommende Vorstellung, dass das MiLoG – wie im Übrigen auch die überwiegenden sonstigen im Tarifautonomiestärkungsgesetz verabschiedeten Regelungen – die Tarifautonomie stärke (*Waltermann* AuR 2015, 166, 167; dazu auch *Riechert/Nimmerjahn* MiLoG, Einf Rn 80 ff).

5 Der Mindestlohn nach dem MiLoG ist wie Mindestlöhne auf der Grundlage von Rechtsverordnungen nach dem AEntG sowie des AÜG und allgemeinverbindlich erklärten Tarifverträgen nach § 5 TVG jeweils für sich genommen im Grundsatz **unionsrechtskonform**, weil sie Art 3 I Entsende-RL (RL 96/71/EG des Europäischen Parlaments und des Rates vom 16.12.1996 über die Entsendung von AN iRd Erbringung von Dienstleistungen [ABlEG 1997 Nr L 18/1]) genügen (anders der vergabespezifische Mindestlohns, § 5 TVG Rdn 6). Das Nebeneinander nicht allgemeiner und damit beschränkter Mindestlöhne ist ein eigener Grund für eine mögliche Unionsrechtswidrigkeit (§ 5 TVG Rdn 2). Ein Verstoß gegen die durch Art 56 AEUV gewährleistete Dienstleistungsfreiheit liegt allerdings vor, wenn aus § 20 MiLoG abgeleitet wird, dass der Mindestlohn auch bei Transit durch Deutschland zu gewähren ist (näher § 20 Rdn 2).

6 **III. Überblick über das MiLoG.** Das MiLoG ist in vier **Abschnitte** unterteilt: Abschnitt 1, Festsetzung des allgemeinen Mindestlohns, ist Kern des materiellen Gehalts. Allerdings ist die bedeutsame Regelung des persönlichen Anwendungsbereichs in § 22 ebenso im Abschn 4, Schlussvorschriften, versteckt, wie eine in § 24 I normierte bis 31.12.2017 geltende besondere Übergangsregelung im Verhältnis zu Tarifverträgen und Rechtsverordnungen nach AEntG sowie AÜG; näher § 24. Die Abschnitte 2 und 3 regeln einen Teilaspekt der zivilrechtlichen Durchsetzung sowie vor allem die Kontrolle und Durchsetzung durch staatliche Behörden.

7 **B. Höhe des Mindestlohns.** Nach § 1 I hat jeder AN Anspruch auf Zahlung eines Arbeitsentgelts in Höhe des Mindestlohns durch den AG. Die Höhe des ab 1.1.2015 maßgeblichen Mindestlohns ist in § 1 II 1 gesetzlich auf **8,50 €** brutto je Zeitstunde festgelegt. Die Lohnhöhe kann durch Rechtsverordnung der Bundesregierung »**geändert**«, also sowohl nach oben als auch nach unten angepasst werden. Der Vorschlag hierzu muss von der Mindestlohnkommission kommen, deren Aufgaben, Zusammensetzung sowie Arbeitsweise in den §§ 4 ff geregelt wird. Der frühestmögliche Zeitpunkt, zu dem erstmals ein geänderter Mindestlohn greifen kann, ist nach § 9 I der 1.1.2017. Danach ist alle 2 Jahre über etwaige Anpassungen zu beschließen.

Die Höhe von 8,50 € wird in den Gesetzesmaterialien damit **begründet**, dass sie geeignet sei, einen ange- 8 messenen Mindestschutz zu gewährleisten (BT-Drs 18/1558, S 34). Dieser Stundensatz soll es einem alleinstehenden Vollbeschäftigen ermöglichen, bei durchschnittlicher Wochenarbeitszeit ein Monatseinkommen oberhalb der Pfändungsfreigrenze des § 850c I 1 ZPO zu erreichen (BT-Drs 18/1558, S 28). Es ist auch wegen dieses Begründungsansatzes zweifelhaft, ob die allgemeine Rspr zu § 138 BGB, Lohnwucher, langfristig neben dem Anspruch aus § 1 I, II Bestand haben wird, auch wenn der Ansatz der Rspr (§ 138 BGB Rdn 1) dogmatisch in keinem Zusammenhang mit dem MiLoG steht (für eine Fortführung daher *Däubler* NJW 2014, 1924, 1927; *Bayreuther* NZA 2014, 865, 866; Schaub/*Vogelsang* § 66 Rn 26). Die durch § 1 I, II gezogene Untergrenze steht jedoch einer schematischen Betrachtung der Ausbeutung einer Zwangslage, der Unerfahrenheit, des Mangels an Urteilsvermögen oder einer erheblichen Willensschwäche in einem über der Höhe des Mindestlohns liegenden Bereich entgegen.

C. Anspruch auf Mindestlohn gem § 1 I, II. I. Anspruchsgrundlage und Anspruchskonkurrenz. § 1 9 I ist die zivilrechtliche **Anspruchsgrundlage** für den Anspruch eines jeden AN gegen seinen AG auf Zahlung des Mindestlohns in der in § 1 II 1 bestimmten und später in der durch Rechtsverordnungen der Bundesregierung iSv § 1 II 2 geänderten Höhe (*Riechert/Nimmerjahn* MiLoG, § 1 Rn 1 ff; aA *Waltermann* AuR 2015, 166, 169 f: Anspruchsgrundlage sei der Arbeitsvertrag iVm § 611 BGB, § 1 I, II bestimmt nur eine Mindesthöhe; ähnlich *Boemke* JuS 2015, 385, 388). Zur Funktion von § 20 siehe dort. Indem »jeder« AN diesen Anspruch hat, enthält nunmehr jede auch (erheblich) höhere Vergütung eines AN den gesetzlichen Mindestlohn. Bis zur Höhe des gesetzlichen Mindestlohns greifen daher die gesetzlichen Absicherungen des Anspruchs aus § 1 I (dazu §§ 2, 3). Diese rechtliche Konstruktion wirkt ebenso umständlich wie überflüssig, wenn man sich höhere Löhne etwa im tariflichen und übertariflichen Bereich vorstellt. Sie könnte jedoch ihre Berechtigung darin finden, die rechtlichen Absicherungen des Mindestlohns nicht bereits bei geringfügiger Überschreitung der 8,50 € zu verlieren. Dies wäre aber auch verhindert worden, wenn die Anspruchskonkurrenz nur bis zu einer bestimmten, deutlich über dem Mindestlohnanspruch liegenden Vergütungshöhe bestünde.

Rechtstechnisch hat damit jeder AN, dessen Lohn den Mindestlohn übersteigt, **zwei Ansprüche**: Den 10 aus § 1 I, II sowie den aus § 611 BGB. In der Praxis wird man nur insoweit unterscheiden, als es auf die Sicherungen nach §§ 2 f tatsächlich ankommt. In jedem Einzelfall nunmehr zwei Ansprüche zu prüfen, wäre zu umständlich.

Der **Status als AN** richtet sich nach den allgemeinen Grundsätzen (§ 22 Rdn 2). Zusätzlich ist aber § 22 zu 11 beachten. Der Anspruch richtet sich gegen »den« AG. Dass das Gesetz auf »den« und nicht auf »seinen« AG abstellt, könnte bei mehreren AG in Dreipersonenbeziehungen dazu verleiten, einen Anspruch gem § 1 I auch gegen Personen zu bejahen, bei denen der AN im Rahmen der Drittbeziehungen tatsächlich eingesetzt wird. Dies ist jedoch abzulehnen, wenn nicht – was nach deutschem Recht nur ausnahmsweise der Fall ist – ein Arbeitsverhältnis zu dem dritten AG besteht. Schuldner des Anspruchs auf Zahlung des Mindestlohns ist daher nur der AG des AN.

II. Mindestlohn als Zeitlohn. 1. Grundsatz. Das MiLoG konzipiert den gesetzlichen Mindestlohn als 12 Zeitlohn, der nach § 1 II 1 pro **Zeitstunde** Arbeitszeit zu bemessen ist. Der Zeitlohn ist die einfachste Struktur der Entlohnung und damit auch rechtsvergleichend üblicher Bezugspunkt gesetzlicher Mindestlöhne. Für nicht vollständig erbrachte Zeitstunden besteht der Anspruch aus § 1 I, II **anteilmäßig**. Bei einer Anrechnung ist § 394 S 1 BGB zu berücksichtigen (*Riechert/Nimmerjahn* MiLoG, § 1 Rn 85). Zu klären sind, was als Arbeitszeit gilt (Rdn 13), ob der Anspruch auf Mindestlohn für Zeiten ohne Arbeitsleistung bestehen bleibt (Rdn 14), der Mindestlohnanspruch von AN, deren Vergütung nicht nach Zeitstunde bemessen wird (Rdn 15) sowie die Möglichkeiten der Anrechnung von Zulagen, Zuschlägen, Einmalzahlungen und sonstigen Zahlungen des AG. Bei den Antworten kommt es auch entscheidend darauf an, dass die Regelung des Anspruchs auf Mindestlohn pro Zeitstunde Arbeitszeit **nicht** voraussetzt, dass allgemein eine Vergütung pro Zeitstunde vereinbart ist. Der Anspruch aus § 1 I, II besteht vielmehr kraft Gesetzes unabhängig von dem ansonsten für das Arbeitsverhältnis maßgeblichen Entlohnungssystem.

2. Arbeitszeit. Der Mindestlohn als **Zeitlohn** wird für jede Stunde Arbeitszeit geschuldet. Das MiLoG 13 regelt nicht selbst, was Arbeitszeit in diesem Sinne ist. Dies ist dem ArbZG zu entnehmen (*Däubler* NJW 2014, 1924, 1926; *Kocher* AuR 2015, 173; anders *Thüsing* NZA 2015, 970). Ausschlaggebend ist im Rahmen des ArbZG, was aufgrund der für das konkrete Arbeitsverhältnis maßgeblichen Kollektivverträge und der individualrechtlichen Vereinbarung als Arbeitszeit gilt (ErfK/*Franzen* § 1 Rn 2). Hiernach richtet sich insb, wann Bereitschaftsdienst und Rufbereitschaft Arbeitszeit sind (s § 2 ArbZG Rdn 1 ff). Weil § 1 I, II den Anspruch auf den gesetzlichen Mindestlohn zwingend pro Zeitstunde Arbeitszeit gewährt, greifen Möglichkeiten einer geringeren Vergütung bei Arbeitsbereitschaft erst jenseits der Grenze von 8,50 € (Schaub/*Vogelsang* § 66 Rn 23). Arbeit auf Abruf wird in der Höhe von § 1 II für die geleisteten Arbeitsstunden vergütet (allg § 12 TzBfG Rdn 20).

14 **3. Zeiten ohne Arbeitsleistung.** Wird die **Arbeit nicht geleistet**, schuldet der AG wegen des Charakters der Pflicht zur Arbeitsleistung als absolute Fixschuld gem § 326 I BGB keinen Lohn. Bei Erhaltung des Vergütungsanspruchs (§§ 616, 615 BGB) oder bei Ersatzansprüchen (§ 11 BUrlG, §§ 2 f EFZG, § 11 MuSchG) wird von denjenigen, die die Anspruchsgrundlage des gesetzlichen Mindestlohns in § 1 I, II sehen (dazu Rdn 9), teilweise jedenfalls für einzelne Ansprüche vertreten, dass der Anspruch auf Mindestlohn nicht greift und der Vergütungs- bzw Ersatzanspruch daher niedriger als der Anspruch auf Mindestlohn sein kann, wenn der Vergütungsanspruch des AN aus § 611 BGB unter 8,50 € liegt (ErfK/*Franzen* § 1 Rn 20 für § 3 EFZG). Der einzige normative Anknüpfungspunkt für diese Sicht im MiLoG ist § 2 I 1 Nr 2, der die Fälligkeit an die erbrachte Arbeitsleistung koppelt. Aus einer Regelung zur Fälligkeit eines Anspruchs Schlüsse auf sein Bestehen zu ziehen – und sei es nur in der Form, ob das MiLoG grds eine Ausnahme bei Zeiten ohne Arbeitsleistung zulässt – ist nicht zwingend. Stellt der Gesetzeswortlaut wie bei §§ 11 BUrlG, 11 MuSchG auf den Durchschnittsverdienst ab, ist schon aus diesem Grunde auch der Anspruch aus § 1 I, II zu berücksichtigen. § 2 EFZG gewährt Anspruch auf das Arbeitsentgelt, welches der AN ohne Arbeitsausfall erhalten hätte, und dieses umfasst § 1 I, II. Nach § 4 EFZG ist dem AN bei Krankheit in den ersten sechs Wochen das ihm zustehende Arbeitsentgelt fortzuzahlen. Auch dieses schließt nunmehr den gesetzlichen Mindestlohn ein (vgl i Erg auch *Vogelsang/Wensing* NZA 2016, 141). Nur § 616 BGB mit seinem direkten Bezug auf § 611 BGB sowie § 615 BGB (»vereinbarte Vergütung«) lassen rechtstechnisch den Schluss zu, allein den Vergütungsanspruch gem § 611 BGB zu erhalten und § 1 I, II nicht zu erfassen. Diese Sicht entspricht jedoch nicht der Grundkonzeption von § 1 I, nach der jeder AN Anspruch auf Mindestlohn hat. Dieses Grundkonzept setzt konsequenterweise voraus, dass der Anspruch aus § 1 I, II **insgesamt** und daher auch bei Zeiten ohne Arbeitsleistung **berücksichtigt** wird (iE wie hier *Lakies* MiLoG, § 1 Rn 81 ff; *Riechert/Nimmerjahn* MiLoG, § 1 Rn 35 ff; aA *Greiner/Strippelmann* BB 2015, 949). Das gilt auch für Arbeit auf Abruf (zur Entgeltfortzahlung bei Nichtabrufen des vereinbarten Arbeitszeitdeputats, § 12 TzBfG Rdn 20).

15 **4. Nicht nach Zeitstunde bemessene Vergütungsformen. a. Nicht auf Stunden bezogener Zeitlohn.** Ein nicht auf Stunden bezogener Zeitlohn ist in einen Zeitstundenlohn **umzurechen** (Umrechung der anderen – wöchentlichen, monatlichen – Bezugsgröße in Stunden sowie Teilung der Vergütung durch die so errechnete Stundenzahl). Wird hierbei 8,50 € pro Stunde nicht erreicht, ist die monatliche oder wöchentliche Vergütung entsprechend aufzustocken. Die Fälligkeitsregelung in § 2 I 1 Nr 2 setzt der Länge des möglichen Bezugspunkts eines nicht auf Stunden bezogenen Zeitlohns die äußerste Grenze (ähnlich ErfK/*Franzen* § 1 Rn 8).

16 **b. Leistungslohn und Naturallohn.** Leistungs- und Naturallohn sind in den allgemeinen rechtlichen Grenzen auch nach Inkrafttreten des MiLoG möglich. Weil § 1 I, II einen gesetzlichen Anspruch auf Bezahlung in Höhe von 8,50 € pro Zeitstunde Arbeitszeit gewährt, greifen sie im Grundsatz erst jenseits der Höhe des gesetzlichen Mindestlohns (vgl auch *Sittard* RdA 2015, 99, 102). **Naturallohn** spielt bei der derzeitigen Höhe des Mindestlohns, die bei durchschnittlicher Wochenarbeitszeit ein Monatseinkommen oberhalb der Pfändungsfreigrenze des § 850c I 1 ZPO erreichen soll (BT-Drs 18/1558, S 28), wegen § 107 II 5 GewO schon aus praktischer Sicht nur eine geringe Rolle (allgemein zur Zulässigkeit von Naturallohn sowie zu § 107 II 5 GewO näher § 107 GewO Rdn 15 ff, 39 ff). Auch bei einem denkbaren Ansteigen des Mindestlohns wäre zu berücksichtigen, dass Naturallohn gem § 107 I 1 GewO nur als Teil des Arbeitsentgelts, nicht aber anstelle der gesamten Vergütung in Geld vereinbart werden darf. Soweit zulässig, wäre Naturallohn auf der Grundlage der Sozialversicherungsentgeltverordnung, SvEV, umzurechnen. Vorzugswürdig ist aber das Verständnis, dass § 1 I, II einen Anspruch auf Geld gewährt und daher Naturallohn auch in Zukunft nicht Bestandteil des Anspruchs auf gesetzlichen Mindestlohn sein kann (*Lakies* AuR 2014, 360, 362; *Riechert/Nimmerjahn* MiLoG, § 1 Rn 80; *Lembke* NZA 2015, 70, 75; Schaub/*Vogelsang* § 66 Rn 33; aA ErfK/*Franzen* § 1 Rn 6).

17 Zum **Leistungslohn** besteht Einigkeit insoweit, dass im Grundsatz § 1 I, II durch andere Entlohnungssysteme nicht unterlaufen werden darf (BT-Drs 18/1558, S 34; *Schweibert/Leßmann* DB 2014, 1866, 1868; ErfK/*Franzen* § 1 Rn 5; *Kocher* AuR 2015, 173, 174). Teilweise werden dann aber Modelle anerkannt, nach denen ein Lohn von 8,50 € pro Zeitstunde nicht zwingend sichergestellt ist (ErfK/*Franzen* § 1 Rn 9, wonach bei einem Leistungslohn ausreicht, dass die Höhe des Mindestlohns in einer Zeitstunde bei Normalleistung erreicht werden *kann*). Das überzeugt nicht, denn § 1 I, II setzt nicht voraus, dass allgemein eine Vergütung pro Zeitstunde vereinbart ist, sondern gewährt dem AN kraft Gesetzes und unabhängig von

dem ansonsten für das Arbeitsverhältnis maßgeblichen Entlohnungssystem einen Anspruch auf Bezahlung in Höhe von 8,50 € pro Zeitstunde Arbeitszeit. § 1 I, II ist nicht nur eine Wertung, sondern Anspruchsgrundlage. Unmittelbar aus § 1 I, II kann daher jeder AN unabhängig von dem allgemein für sein Arbeitsverhältnis maßgeblichen Entlohnungsmodell eine Bezahlung von 8,50 € pro Zeitstunde Arbeitszeit verlangen (iE ebenso *Riechert/Nimmerjahn* MiLoG, § 1 Rn 169). Leistungslohn ist im Ergebnis damit erst jenseits der Höhe des gesetzlichen Mindestlohns rechtmäßig. Soweit ein Leistungslohnmodell dazu führt, dass der gesetzliche Mindestlohn pro Zeitstunde Arbeitzeit nicht erreicht wird, verstößt die dem Leistungslohn zugrunde liegende Vereinbarung gegen § 3 S 1 und ist unwirksam. Die Fälligkeitsregelung in § 2 I 1 Nr 2 setzt zudem der Länge des möglichen Bezugspunkts und Umrechnungszeitraums zur Feststellung, ob die Höhe des Mindestlohns erreicht wird, die äußerste Grenze. Längere Zeiträume verstoßen unmittelbar gegen § 2 I 1 Nr 2. Wenn sie vereinbart sind, sind sie als die Geltendmachung des Anspruchs auf Mindestlohn beschränkende Vereinbarungen nach § 3 S 1 unwirksam (iE wie hier *Lakies* AuR 2014, 360, 361; aA ErfK/*Franzen* § 1 Rn 10, der § 87c I HGB vorgehen lässt).

5. Anrechnung von Zulagen, Zuschlägen, Einmalzahlungen und sonstigen Zahlungen des Arbeitgebers. 18
Das MiLoG spricht nicht ausdrücklich an, ob und ggf welche Zulagen, Zuschläge, Einmalzahlungen und sonstigen Zahlungen des AG auf seine Verpflichtung zur Zahlung von Mindestlohn angerechnet werden können. In der Literatur wird vielfach auf Rspr des EuGH zur Auslegung des Begriffes »Mindestlohnsätze« in Art 3 I lit c Entsende-RL (RL 96/71/EG des Europäischen Parlaments und des Rates vom 16.12.1996 über die Entsendung von AN iRd Erbringung von Dienstleistungen [ABlEG 1997 Nr L 18/1]) zurückgegriffen (ErfK/*Franzen* § 1 Rn 1 f; *Gaul* Aktuelles Arbeitsrecht, S 275 ff). Methodisch ist hierbei nicht ganz unproblematisch, dass es jedenfalls in einem Urteil (EuGH 14.4.2005, Rs C-341/02, Rn 27, 30, 37, 39 – Kommission/Deutschland) um die Frage geht, welche Zulagen/Zuschläge in Entsendesituationen durch den AG *zusätzlich* zum regelmäßigen Arbeitsentgelt gezahlt werden müssen, während hier zu beantworten ist, welche Zulagen/Zuschläge den Anspruch auf Zahlung von 8,50 € im Ergebnis mindern können. In dem zweiten Urteil des EuGH ist eine solche Anrechnung zwar Gegenstand des Ausgangsverfahrens, doch spricht auch hier der EuGH nur die Zusammensetzung des in der Entsende-RL ja anders als in § 1 II nicht bezifferten Mindestlohns, eine mögliche Anrechnung aber nicht hinreichend klar an (EuGH 7.11.2013, Rs C-522/12, Rn 38, 42 – Isbir). Zudem ist die Formulierung des EuGH umständlich (nur solche Vergütungsbestandteile, die das Verhältnis zwischen der Leistung des AN und der Gegenleistung, die er dafür erhält, nicht verändern), so dass die griffigere Formel des BAG der **funktionalen Gleichwertigkeit** (BAG 18.4.2012, 4 AZR 168/10 (A), NZA 2013, 392) naheliegender ist. Anrechenbar sind damit nur solche Zahlungen, die (auch) die Normalleistung des AN abgelten (ErfK/*Franzen* § 1 Rn 12; anders *Bayreuther* NZA 2014, 865, 869). Selbst dann setzt die Fälligkeitsgrenze des § 2 I eine Grenze. Die Berücksichtigung von Zahlungen, die später als zu dem gem § 2 I im Einzelfall maßgeblichen Zeitpunkt erfolgen, scheitert unmittelbar an § 2 I oder an § 3 S 1, wenn der späteren Zahlung eine Vereinbarung zugrunde liegt (anders ErfK/*Franzen* § 1 Rn 16, § 2 Rn 3, nach dem § 2 I 1 Nr 2 »primär« nur bußgeldrechtliche Bedeutung habe; auch *Waltermann* AuR 2015, 166, 171 f).

Grds funktional **gleichwertig**, da die Normalleistung des AN abgeltend, sind: **Weihnachts- und Urlaubsgeld**. 19
Allerdings ist § 2 I zu beachten und der entsprechende Anteil binnen der im Einzelfall maßgeblichen Frist vom AG zu zahlen (*Gaul* Aktuelles Arbeitsrecht, S 275). Sonst sind diese Zahlungen nur für den Zeitraum zu berücksichtigen, der vom Zeitpunkt der Zahlung ausgehend durch die gem § 2 I im Einzelfall maßgebliche Frist gedeckt ist (*Sittard* NZA 2014, 951, 952). **Nicht** funktional gleichwertig, da nicht die Normalleistung abgeltend, sind hingegen: Leistungs- und Qualitätsprämien (ErfK/*Franzen* § 1 Rn 14); **Überstundenzuschläge**, weil es auf die Normalleistung des konkreten AN und nicht das Überschreiten der allgemeinen durchschnittlichen Wochenarbeitszeit ankommt (*Däubler* NJW 2014, 1924, 1926; Schaub/*Vogelsang* § 66 Rn 30; aA ErfK/*Franzen* § 1 Rn 13); vermögenswirksame Leistungen und Beiträge des AG zur betrieblichen Altersvorsorge (*Riechert/Nimmerjahn* MiLoG, § 1 Rn 154), wegen § 2 II Nr 2 auch dann, wenn letztere als nachgeschobener Lohn verstanden werden können; wer § 1a BetrAVG von § 3 ausnimmt (§ 3 Rdn 5), muss konsequenterweise eine Anrechenbarkeit auf den Mindestlohn bejahen (*Riechert/Nimmerjahn* MiLoG, § 1 Rn 155 f). Nicht funktional gleichwertig sind ferner: **Aufwandsentschädigungen, Reisekosten, Fortbildungskosten**. Zu **differenzieren** ist bei **Erschwerniszulagen** sowie Zuschlägen, die an besondere Umstände der Arbeitserbringung anknüpfen wie **Nachtarbeits- oder Sonntagszuschläge** (weiter *Sittard* RdA 2015, 99, 104; teilweise auch Mückl/Pötters/Krause/*Mückl*, Das Mindestlohngesetz in der betrieblichen Praxis, 2015, Rn 378; enger *Däubler* NJW 2014, 1924, 1926). Sie können zur Normalleistung des AN gehören. Das ist dann der Fall, wenn die Zulage die Arbeit vergüten soll, die auch der Mindestlohn vergütet (BAG 18.4.2012, 4 AZR 168/10 (A), Rn 28 ff, NZA 2013, 392 für zwei tarifliche

Leistungen). Im Einzelfall hängt die Feststellung der funktionalen Gleichwertigkeit daher davon ab, ob der AN tatsächlich für die Erledigung der von der Zulage gedeckten Arbeiten eingestellt und eingesetzt wird. Besteht hingegen nur die rechtliche Möglichkeit, den AN für Tätigkeiten einzusetzen, die mit einer Zulage vergütet werden, handelt es sich bei vereinzelten tatsächlichen Einsätzen nicht mehr um seine Normalleistung. Fahrtkosten und Wegegelder können nur dann angerechnet werden, wenn die Fahrzeit vergütet werden soll.

20 **D. Dem MiLoG gem § 1 III vorrangige Mindestlohnregelungen.** Der Mindestlohn nach dem MiLoG soll das vorherige System branchenabhängiger Mindestlöhne auf der Grundlage des AEntG sowie des AÜG und allgemeinverbindlich erklärter Tarifverträge nach § 5 TVG sowie nach §§ 5, 6 II AEntG ergänzen und nicht ersetzen, wenngleich die Möglichkeiten des AEntG, soweit sie nicht grenzüberschreitende Entsendesachverhalte betreffen, sowie des AÜG ursprünglich auch das Fehlen eines allgemeinen Mindestlohns kompensieren sollten. Der Vorrang ist auf Rechtsverordnungen beschränkt, die die Höhe des allgemeinen gesetzlichen Mindestlohns nicht unterschreiten. Dem Gesetzgeber geht es auch darum, ein **allgemeines Absinken des Lohnniveaus auf die Höhe des gesetzlichen Mindestlohns des MiLoG zu verhindern**. Zu einem Überblick über die auf der Grundlage des AEntG verabschiedeten Rechtsverordnungen, die keineswegs alle, aber doch überwiegend höhere Löhne als den des MiLoG vorsehen, https://www.bmas.de/SharedDocs/Downloads/DE/pr-mindestloehne-aentg-uebersicht.pdf?underscoreunderscoreblob=publicationFile. § 1 III dient vor allem der Klarstellung, denn der Vorrang von Vergütungsansprüchen, die höher als der allgemeine gesetzliche Mindestlohn sind, ergibt sich auch aus allgemeinen Grundsätzen. Indem § 1 III aber nicht nur auf die Lohnhöhe, sondern auch auf die Anwendung des MiLoG als Gesetz insgesamt bezogen ist, erlangt die Regelung konstitutive Bedeutung. So gelten insb §§ 2 f für die vorgehenden Regelungen nicht (*Lembke* NZA 2015, 70, 72; zu Ausschlussfristen *Preis/Ulber* Ausschlussfristen und Mindestlohngesetz, 2014, S 38; *Boemke* JuS 2015, 385, 392). Gleiches gilt für §§ 14 ff (*Riechert/Nimmerjahn* MiLoG, § 1 Rn 181).

21 Bis zum 31.12.2017 gelten nach § 24 I 1 teilweise abweichende Regeln für Tarifverträge nach §§ 3 ff AEntG, die auch dann vorgehen können, wenn ihre Lohnhöhe niedriger als die des Mindestlohns ist. § 24 I 2 dehnt die Übergangsregelung auf Rechtsverordnungen iSv § 11 AEntG für die Pflegebranche sowie auf die Lohnuntergrenze gem § 3a AÜG aus. Eine besondere Übergangsregelung für Zeitungszusteller findet sich in § 24 II.

§ 2 Fälligkeit des Mindestlohns

(1) ¹Der Arbeitgeber ist verpflichtet, der Arbeitnehmerin oder dem Arbeitnehmer den Mindestlohn
1. zum Zeitpunkt der vereinbarten Fälligkeit,
2. spätestens am letzten Bankarbeitstag (Frankfurt am Main) des Monats, der auf den Monat folgt, in dem die Arbeitsleistung erbracht wurde,

zu zahlen. ²Für den Fall, dass keine Vereinbarung über die Fälligkeit getroffen worden ist, bleibt § 614 des Bürgerlichen Gesetzbuchs unberührt.
(2) ¹Abweichend von Absatz 1 Satz 1 sind bei Arbeitnehmerinnen und Arbeitnehmern die über die vertraglich vereinbarte Arbeitszeit hinausgehenden und auf einem schriftlich vereinbarten Arbeitszeitkonto eingestellten Arbeitsstunden spätestens innerhalb von zwölf Kalendermonaten nach ihrer monatlichen Erfassung durch bezahlte Freizeitgewährung oder Zahlung des Mindestlohns auszugleichen, soweit der Anspruch auf den Mindestlohn für die geleisteten Arbeitsstunden nach § 1 Absatz 1 nicht bereits durch Zahlung des versteigten Arbeitsentgelts erfüllt ist. ²Im Falle der Beendigung des Arbeitsverhältnisses hat der Arbeitgeber nicht ausgeglichene Arbeitsstunden spätestens in dem auf die Beendigung des Arbeitsverhältnisses folgenden Kalendermonat auszugleichen. ³Die auf das Arbeitszeitkonto eingestellten Arbeitsstunden dürfen monatlich jeweils 50 Prozent der vertraglich vereinbarten Arbeitszeit nicht übersteigen.
(3) ¹Die Absätze 1 und 2 gelten nicht für Wertguthabenvereinbarungen im Sinne des Vierten Buches Sozialgesetzbuch. ²Satz 1 gilt entsprechend für eine im Hinblick auf den Schutz der Arbeitnehmerinnen und Arbeitnehmer vergleichbare ausländische Regelung.

1 **A. Allgemeines.** § 2 regelt, wann die Zahlung des gesetzlichen Mindestlohns fällig wird. Die Fälligkeit des Anspruchs richtet sich nach § 2 I. § 2 I 1 Nr 1 stellt vorrangig auf den vereinbarten Zeitpunkt ab. Zu dem in § 2 I 1 Nr 2 genannten Zeitpunkt ist der Anspruch aber spätestens fällig. Ohne Vereinbarung greift § 614 BGB, der damit nur an die Stelle von § 2 I 1 Nr 1 tritt. § 2 II enthält eine Sonderregelung für Arbeitszeitkonten und § 2 III nimmt Wertguthabenvereinbarungen iSd § 7b SGB IV von der Anwendung von § 2 I und II aus.

Eine **eigene Regelung** zur Fälligkeit des Anspruchs auf Zahlung des gesetzlichen Mindestlohns bewirkt 2 wegen des Umstandes, dass wegen § 1 I jede auch (erheblich) höhere Vergütung eines AN den gesetzlichen Mindestlohn enthält, dass bis zu dessen Höhe auch § 2 I gilt und erst für die über 8,50 € pro Zeitstunde Arbeitszeit liegende Vergütung die allgemein für das Arbeitsverhältnis maßgeblichen Regelungen zur Fälligkeit greifen. Dass hier keine Grenze für eine deutlich über dem Mindestlohnanspruch liegende Vergütungshöhe gezogen wurde, überzeugt nicht. Nur für Arbeitszeitkonten normiert das Gesetz hierzu eine Ausnahme, § 2 II 1 Halbs 2.

Eine wesentliche **rechtliche** Funktion von § 2 I liegt darin, die Bedeutung der Möglichkeit der **Anrechnung** 3 von Zulagen, Zuschlägen, Einmalzahlungen und sonstigen Zahlungen des AG auf den Mindestlohn zu begrenzen. § 2 I hat nicht nur Bedeutung für Bußgeld gem § 21 II Nr 1, sondern ist Bestandteil der rechtlichen Absicherung des Anspruchs aus § 1 I, II auf Zahlung eines Mindestentgelts in Höhe von 8,50 € (§ 1 Rdn 2). Auch wenn eine Anrechnung grds in Betracht käme (§ 1 Rdn 12), ist sie nur bei Beachtung von § 2 I wirksam (§ 1 Rdn 18).

B. Allgemeine Fälligkeit (Abs 1). § 2 I 1 Nr 2 setzt der Fälligkeit des Mindestlohns eine **äußerste zeit-** 4 **liche Grenze:** Der Mindestlohn ist spätestens am letzten Bankarbeitstag (Frankfurt am Main) des Monats zu zahlen, der auf den Monat folgt, in dem die Arbeitsleistung erbracht wurde. Die Vereinbarung einer Fälligkeit jenseits dieses Zeitpunkts beschränkt die Geltendmachung des Mindestlohns und ist gem § 3 S 1 unwirksam. Ein mit Modellen flexibler Arbeitszeiten in der Form eines Vor- und Nacharbeitens bei gleichbleibendem Lohn möglicherweise verbundenes temporäres Unterschreiten des gesetzlichen Mindestlohns muss spätestens zu dem nach § 2 I 1 Nr 2 maßgeblichen Zeitpunkt ausgeglichen sein. In diesem Rahmen gestattet § 2 I 1 Nr 2 solche Arbeitszeitmodelle aber ohne Vereinbarung von Arbeitszeitkonten nach § 2 II. Praktische Bedeutung hat § 2 I 1 Nr 2 auch für Gratifikationen, die grds auf den Mindestlohn anrechenbar wären, die üblicherweise aber nur zu einem bestimmten Zeitpunkt im Jahr ausgezahlt werden (Weihnachtsgeld, Urlaubsgeld). Der Anteil dieser Gratifikationen, der auf den Mindestlohn anrechenbar ist, ist spätestens zu dem jeweils nach § 2 I maßgeblichen Zeitpunkt zu zahlen (§ 1 Rdn 18). Auch dem Zeitraum zum Zahlen von Provisionen setzt § 2 I Grenzen (Schaub/*Vogelsang* § 66 Rn 22; *Kocher* AuR 2015, 173, 175; aA ErfK/*Franzen* § 2 Rn 8).

Innerhalb der nach § 2 I 1 Nr 2 maßgeblichen äußersten zeitlichen Grenze ist der Mindestlohn nach § 2 I 5 1 Nr 1 zum Zeitpunkt der vereinbarten Fälligkeit zu zahlen. Fehlt eine Vereinbarung, ist § 614 BGB maßgeblich, § 2 I 2. Gratifikationen und Provisionen sind innerhalb des durch § 2 I 1 Nr 2 gezogenen äußersten Rahmens anteilsmäßig fällig, wenn der sonstige Lohn im Einzelfall gem § 2 I fällig ist (*Sittard* NZA 2014, 951, 952; *Lembke* NZA 2015, 70, 74; für eine monatliche Fälligkeit *Bayreuther* NZA 2014, 865, 867).

C. Abweichende Regelung für Arbeitszeitkonten (Abs 2). Für **schriftlich** (*Riechert/Nimmerjahn* MiLoG 6 § 2 Rn 30 ff) vereinbarte Arbeitszeitkonten wird § 2 I 1 durch § 2 II ersetzt, wenn über die vertraglich vereinbarte Arbeitszeit hinausgehende Arbeitsstunden auf diesem Arbeitszeitkonto eingestellt werden. Die eingestellten Arbeitsstunden dürfen monatlich jeweils 50 % der vertraglich vereinbarten Arbeitszeit nicht übersteigen (*Gaul* Aktuelles Arbeitsrecht, S 282 f). Die auf dem Arbeitszeitkonto Eingestellten sind innerhalb von 12 Monaten nach ihrer monatlichen Erfassung durch bezahlte Freizeit auszugleichen oder es ist für diese Arbeitsstunden der gesetzliche Mindestlohn zu zahlen. Gem § 2 II 2 sind nicht ausgeglichene Arbeitsstunden bei Beendigung des Arbeitsverhältnisses spätestens in dem auf die Beendigung folgenden Kalendermonat auszugleichen.

Nur die Pflicht zu Ausgleich oder Auszahlung binnen 12 Monaten und nicht § 2 II insgesamt ist gem 7 § 2 II 1 Halbs 2 nicht anwendbar, wenn der Anspruch auf den Mindestlohn bereits durch Zahlung des **verstetigten Arbeitsentgelts** erfüllt ist. Letzteres ist der Fall, wenn das Arbeitsentgelt über dem gesetzlichen Mindestlohn liegt (ErfK/*Franzen* § 2 Rn 2). Auch in diesen Fällen bleiben Arbeitszeitkonten von § 2 I ausgenommen.

Bei Verstößen gegen § 2 II wird der gesetzliche Mindestlohn insoweit nach der allgemeinen Fälligkeitsrege- 8 lung des § 2 I fällig (ErfK/*Franzen* § 2 Rn 4).

D. Nichtanwendbarkeit von § 2 auf Wertguthabenvereinbarungen (Abs 3). **Wertguthaben** nach § 7b 9 SGB IV sind von § 2 I und II ausgenommen. Grund ist nach Auffassung des Gesetzgebers der hinreichende rechtliche Schutz durch das SGB IV (BT-Drs 18/1558, S 35).

§ 3 Unabdingbarkeit des Mindestlohns

¹Vereinbarungen, die den Anspruch auf Mindestlohn unterschreiten oder seine Geltendmachung beschränken oder ausschließen, sind insoweit unwirksam. ²Die Arbeitnehmerin oder der Arbeitnehmer kann auf den entstandenen Anspruch nach § 1 Absatz 1 nur durch gerichtlichen Vergleich verzichten; im Übrigen ist ein Verzicht ausgeschlossen. ³Die Verwirkung des Anspruchs ist ausgeschlossen.

1 **A. Funktion.** Stärker noch als § 2 wird der Anspruch auf Zahlung des gesetzlichen Mindestlohns durch § 3 abgesichert. Vergleichbare Normen finden sich in § 4 IV TVG und § 9 AEntG. § 3 aber geht einen Schritt weiter als diese Normen, weil er den Anspruch auf Zahlung des Mindestlohns auch der Disposition durch die Tarifparteien entzieht, die bei § 4 IV allgemein und bei § 9 AEntG mindestens sechsmonatige Ausschlussfristen vorsehen können und die im Rahmen von § 4 TVG einen Verzicht durch Vergleich billigen können. Hintergrund ist einerseits, dass der gesetzliche Mindestlohn vor allem in Bereichen effektiv wird, in denen die Tarifautonomie nicht funktioniert; zudem ist der Anspruch als solcher anders als bei § 4 IV TVG nicht tariflicher, sondern gesetzlicher Natur. Ausschlussfristen für die Geltendmachung des Anspruchs auf gesetzlichen Mindestlohn nicht zuzulassen (näher Rdn 4), ist mit der **Sorge des Gesetzgebers vor Nichteinhaltung des MiLoG** erklärbar. Anders als sonst im Arbeitsrecht ist dem Gesetzgeber die Durchsetzung des Gesetzes wichtiger als Rechtsfrieden. Nicht nachvollziehbar ist, warum die Sicherungen des § 3 auch bei einer erheblich über dem Mindestlohn liegenden Gesamtvergütung für den Anspruch bis 8,50 € greifen (§ 1 Rdn 9). § 3 schützt sämtliche Bestandteile des Mindestlohns (aA für Ansprüche bei Zeiten ohne Arbeitsleistung Schaub/*Vogelsang* § 66 Rn 49).

2 **B. Nach S 1 unwirksame Vereinbarungen.** Nach § 3 S 1 sind Vereinbarungen zu Löhnen, die den gesetzlichen Mindestlohn unterschreiten, seine Geltendmachung beschränken oder ausschließen, unmittelbar und ohne Rückgriff auf § 134 BGB unwirksam (*Waltermann* AuR 2015, 166, 170; *Sittard* RdA 2015, 99, 106; für einen Rückgriff auf § 134 BGB *Däubler* NJW 2014, 1924, 1927; der Streit ist ohne praktische Bedeutung). Wegen der Unwirksamkeit der Vereinbarung steht dem AN dann der Anspruchs aus § 1 I, II zu (*Sittard* RdA 2015, 99, 106; anders *Bayreuther* NZA 2014, 865, 866: § 612 BGB). § 3 S 1 verlangt das **Vorliegen** einer **Vereinbarung**. Erfüllt der AG den Anspruch auf gesetzlichen Mindestlohn nicht, nicht vollständig oder nicht rechtzeitig, ohne dass diesem Verhalten eine Vereinbarung zugrunde läge, liegt ein Verstoß unmittelbar gegen §§ 1 I, II, 2 vor. § 3 S 1 wird für die Durchsetzung des Anspruchs auf gesetzlichen Mindestlohn dann nicht benötigt.

3 Vereinbarungen, die den gesetzlichen Mindestlohn **unterschreiten**, stellen neben Sachverhalten, in denen unmittelbar ein geringerer Lohn vereinbart ist, auch Fälle dar, in denen zu Unrecht von der Anrechenbarkeit von Zulagen, Zuschlägen, Einmalzahlungen und sonstigen Zahlungen des AG ausgegangen wird oder in denen § 1 II unterschreitende Natural- oder Leistungslöhne vereinbart sind. Auch Freiwilligkeitsvorbehalte, Widerrufsvorbehalte, Stichtagsregelungen müssen den Mindestlohn unangetastet lassen (*Sittard* NZA 2014, 951, 952). Die **Geltendmachung** beschränken Vereinbarungen einer Fälligkeit jenseits der in § 2 I 1 Nr 2 festgehaltenen äußersten zeitlichen Grenze.

4 Anders als § 4 IV TVG und § 9 AEntG nennt § 3 **Ausschlussfristen** nicht. Der Wortlaut von § 3 S 1 erwähnt zudem weder die Parteien, noch die Natur der Vereinbarung. Auch aus dem Zusammenhang mit § 1 III, der nur das Verhältnis zu AEntG, AÜG und § 5 TVG, nicht aber das Verhältnis zu normalen, nicht allgemeinverbindlich erklärten Tarifverträgen anspricht, folgt, dass sämtliche Vereinbarungen, also auch solche, die für das Arbeitsverhältnis nach §§ 4 II, 3 I TVG gelten, von § 3 S 1 erfasst sind. Daher ist es nicht möglich, tarifliche Ausschlussfristen für den Anspruch gem § 1 I, II zu vereinbaren. Entsprechende Vereinbarungen sind als die Geltendmachung des Anspruchs auf gesetzlichen Mindestlohn ausschließende Vereinbarungen gem § 3 S 1 unwirksam. Die Unwirksamkeit besteht nur, soweit die Ausschlussfrist den Anspruch auf gesetzlichen Mindestlohn betrifft und erfasst nicht die gesamte Klausel (*Preis/Ulber* Ausschlussfristen und Mindestlohngesetz, 2014, S 57; *Henssler* RdA 2015, 43, 48; *Bayreuther* NZA 2014, 865, 870). Zur Verfassungsmäßigkeit *Preis/Ulber* Ausschlussfristen und Mindestlohngesetz, 2014, S 57 ff.

5 Den Gesetzesmaterialien nach sind Vereinbarungen nach **§ 1a BetrAVG** keine Vereinbarungen, die zu einer Unterschreitung oder Beschränkung des Anspruchs auf Zahlung des gesetzlichen Mindestlohns führen, und eine Entgeltumwandlung daher weiterhin möglich (BT-Drs 18/1558, S 35). Auch wenn diese Haltung rechtspolitisch nachvollziehbar sein mag, wird sie vom Wortlaut von § 3 S 1 nicht getragen: Eine Entgeltumwandlung beschränkt die Geltendmachung des Mindestlohnanspruchs innerhalb der durch § 2 I 1 Nr 2 gesetzten äußersten zeitlichen Grenze. Vereinbarungen, auf die ein Anspruch besteht, sind von § 3 S 1 erfasst (aA *Riechert/Nimmerjahn* MiLoG, § 3 Rn 22). Richtigerweise sollte die Ausnahme ausdrücklich in den Gesetzestext aufgenommen werden.

C. Verzicht. Möglich ist nach § 3 S 2 nur der Verzicht auf einen **entstandenen** Anspruch durch **gerichtlichen** Vergleich, nicht aber wie bei § 4 IV TVG der durch die Tarifparteien. Darin entspricht § 3 S 2 dem § 9 AEntG, obwohl dort der Anspruch selbst immerhin durch die Tarifparteien vereinbart wurde und nicht wie im MiLoG gesetzlicher Natur ist. Gerichtlicher Vergleich ist jeder Vergleich vor dem Arbeitsgericht, sei es in der Güteverhandlung, auch vor dem Güterichter gem § 54 VI ArbGG, sei es in der streitigen Verhandlung oder gem § 278 VI ZPO. Nicht erforderlich ist, dass der Vergleich vom Gericht vorgeschlagen wurde, weil das Gericht seiner Schutzfunktion unabhängig von diesem Umstand nachkommen kann (iE wie hier ErfK/*Franzen* § 3 Rn 5; *Riechert/Nimmerjahn* MiLoG, § 3 Rn 40; anders Schaub/*Vogelsang* § 66 Rn 43; *Lakies* MiLoG, § 3 Rn 13). Kein gerichtlicher Vergleich ist der im Rahmen einer vom Arbeitsgericht nach § 54a ArbGG vorgeschlagenen Mediation vereinbarte Vergleich.

D. Verwirkung und Verjährung. Eine **Verwirkung** ist wie bei § 4 IV TVG und § 9 AEntG ausgeschlossen. Im Vergleich zu § 4 IV TVG bekommt der Ausschluss der Verwirkung aber eher Bedeutung, weil Ausschlussfristen zur Geltendmachung des Anspruchs auf gesetzlichen Mindestlohn nicht wirksam vereinbart werden können. Die **Verjährung** des Anspruchs richtet sich nach allgemeinen Grundsätzen (dazu Kommentierung der §§ 194 ff BGB). Von der gesetzlichen Verjährung zulasten des AN abzuweichen, verstieße gegen § 3 S 1 (*Lakies* MiLoG, § 3 Rn 55; *Riechert/Nimmerjahn* MiLoG, § 3 Rn 20).

Unterabschnitt 2 Mindestlohnkommission

§ 4 Aufgabe und Zusammensetzung
(1) Die Bundesregierung errichtet eine ständige Mindestlohnkommission, die über die Anpassung der Höhe des Mindestlohns befindet.
(2) ¹Die Mindestlohnkommission wird alle fünf Jahre neu berufen. ²Sie besteht aus einer oder einem Vorsitzenden, sechs weiteren stimmberechtigten ständigen Mitgliedern und zwei Mitgliedern aus Kreisen der Wissenschaft ohne Stimmrecht (beratende Mitglieder).

§ 5 Stimmberechtigte Mitglieder
(1) ¹Die Bundesregierung beruft je drei stimmberechtigte Mitglieder auf Vorschlag der Spitzenorganisationen der Arbeitgeber und der Arbeitnehmer aus Kreisen der Vereinigungen von Arbeitgebern und Gewerkschaften. ²Die Spitzenorganisationen der Arbeitgeber und Arbeitnehmer sollen jeweils mindestens eine Frau und einen Mann als stimmberechtigte Mitglieder vorschlagen. ³Werden auf Arbeitgeber- oder auf Arbeitnehmerseite von den Spitzenorganisationen mehr als drei Personen vorgeschlagen, erfolgt die Auswahl zwischen den Vorschlägen im Verhältnis zur Bedeutung der jeweiligen Spitzenorganisationen für die Vertretung der Arbeitgeber- oder Arbeitnehmerinteressen im Arbeitsleben des Bundesgebietes. ⁴Übt eine Seite ihr Vorschlagsrecht nicht aus, werden die Mitglieder dieser Seite durch die Bundesregierung aus Kreisen der Vereinigungen von Arbeitgebern oder Gewerkschaften berufen.
(2) Scheidet ein Mitglied aus, wird nach Maßgabe des Absatzes 1 Satz 1 und 4 ein neues Mitglied berufen.

§ 6 Vorsitz
(1) Die Bundesregierung beruft die Vorsitzende oder den Vorsitzenden auf gemeinsamen Vorschlag der Spitzenorganisationen der Arbeitgeber und der Arbeitnehmer.
(2) ¹Wird von den Spitzenorganisationen kein gemeinsamer Vorschlag unterbreitet, beruft die Bundesregierung jeweils eine Vorsitzende oder einen Vorsitzenden auf Vorschlag der Spitzenorganisationen der Arbeitgeber und der Arbeitnehmer. ²Der Vorsitz wechselt zwischen den Vorsitzenden nach jeder Beschlussfassung nach § 9. ³Über den erstmaligen Vorsitz entscheidet das Los. ⁴§ 5 Absatz 1 Satz 3 und 4 gilt entsprechend.
(3) Scheidet die Vorsitzende oder der Vorsitzende aus, wird nach Maßgabe der Absätze 1 und 2 eine neue Vorsitzende oder ein neuer Vorsitzender berufen.

§ 7 Beratende Mitglieder

(1) ¹Die Bundesregierung beruft auf Vorschlag der Spitzenorganisationen der Arbeitgeber und Arbeitnehmer zusätzlich je ein beratendes Mitglied aus Kreisen der Wissenschaft. ²Die Bundesregierung soll darauf hinwirken, dass die Spitzenorganisationen der Arbeitgeber und Arbeitnehmer eine Frau und einen Mann als beratendes Mitglied vorschlagen. ³Das beratende Mitglied soll in keinem Beschäftigungsverhältnis stehen zu
1. einer Spitzenorganisation der Arbeitgeber oder Arbeitnehmer,
2. einer Vereinigung der Arbeitgeber oder einer Gewerkschaft oder
3. einer Einrichtung, die von den in der Nummer 1 oder Nummer 2 genannten Vereinigungen getragen wird.
⁴§ 5 Absatz 1 Satz 3 und 4 und Absatz 2 gilt entsprechend.

(2) ¹Die beratenden Mitglieder unterstützen die Mindestlohnkommission insbesondere bei der Prüfung nach § 9 Absatz 2 durch die Einbringung wissenschaftlichen Sachverstands. ²Sie haben das Recht, an den Beratungen der Mindestlohnkommission teilzunehmen.

§ 8 Rechtsstellung der Mitglieder

(1) Die Mitglieder der Mindestlohnkommission unterliegen bei der Wahrnehmung ihrer Tätigkeit keinen Weisungen.

(2) Die Tätigkeit der Mitglieder der Mindestlohnkommission ist ehrenamtlich.

(3) ¹Die Mitglieder der Mindestlohnkommission erhalten eine angemessene Entschädigung für den ihnen bei der Wahrnehmung ihrer Tätigkeit erwachsenden Verdienstausfall und Aufwand sowie Ersatz der Fahrtkosten entsprechend den für ehrenamtliche Richterinnen und Richter der Arbeitsgerichte geltenden Vorschriften. ²Die Entschädigung und die erstattungsfähigen Fahrtkosten setzt im Einzelfall die oder der Vorsitzende der Mindestlohnkommission fest.

1 **A. Allgemeines.** Die Höhe des ab 1.1.2015 maßgeblichen Mindestlohns ist in § 1 II 1 gesetzlich auf 8,50 € brutto je Zeitstunde festgelegt. Die Lohnhöhe kann durch Rechtsverordnung der Bundesregierung »geändert«, also sowohl nach oben als auch nach unten angepasst werden. Der **Vorschlag** hierzu muss von der **Mindestlohnkommission** kommen, die von der Bundesregierung eingesetzt wird und deren Aufgaben, Zusammensetzung sowie Arbeitsweise in den §§ 4 ff geregelt werden. Den bei den Beschlüssen der Mindestlohnkommission anzulegenden materiellen Maßstab legt § 9 II fest.

2 Der frühestmögliche Zeitpunkt, zu dem erstmals ein geänderter Mindestlohn greifen kann, ist nach § 9 I der 1.1.2017. Danach ist alle 2 Jahre über etwaige Anpassungen zu beschließen.

3 **B. Zusammensetzung der Kommission.** Die abstrakte Zusammensetzung regelt § 4 II (Vorsitzender, sechs stimmberechtigte ständige Mitglieder sowie zwei Mitglieder aus Kreisen der Wissenschaft als beratende Mitglieder ohne Stimmrecht), der in § 5 für die stimmberechtigten Mitglieder, in § 6 für den Vorsitz sowie in § 7 für die beratenden Mitglieder jeweils konkretisiert wird (Überblick zur Besetzung bei *Schubert/Jerchel/Düwell* Das neue Mindestlohngesetz, 2015, Rn 253). § 8 statuiert einige Grundsätze für die Rechtsstellung der Kommissionsmitglieder.

4 Die Regelung orientiert sich an § 2 MiArbG sowie vor allem an § 5 MiArbG, entwickelt letzteren aber weiter und enthält eine Regelung für den Fall, dass von **Spitzenorganisationen** insgesamt mehr als drei Personen vorgeschlagen werden. Entscheidend ist dann nach § 5 I 3 die Bedeutung der jeweiligen Spitzenorganisation für die Vertretung der AG- oder AN-Interessen im Arbeitsleben des Bundesgebietes. § 5 I 2 greift nicht ohne Grund auf Kriterien zurück, die auch bei § 12 TVG genannt werden: In beiden Fällen geht es um die Einbindung der Spitzenorganisation und die Berücksichtigung ihres Sachverstands (s auch ErfK/*Franzen* § 8 Rn 1). Daher ist das zu § 12 TVG entwickelte Verständnis auf § 5 I 2 übertragbar (ErfK/*Franzen* § 8 Rn 1; *Riechert/Nimmerjahn* MiLoG, § 5 Rn 4; s bei § 12 TVG). Übt eine Seite ihr Vorschlagsrecht nicht aus, greift § 5 I 3: Berufung durch Bundesregierung. Die Ernennung eines neuen Mitglieds bei Ausscheiden eines Mitglieds richtet sich gem § 5 II nach § 5 I. Zur Geschlechterausgewogenheit *Riechert/Nimmerjahn* MiLoG, § 4 Rn 24 ff; *Düwell/Schubert/Heilmann* MiLoG, § 5 Rn 5.

5 Die Grundregel zur Bestimmung des **Vorsitzenden** auch nach Ausscheiden des bisherigen Vorsitzenden ist nach § 6 I die Berufung der Person, auf die sich die Spitzenorganisationen der AG und AN in einem gemeinsamen Vorschlag geeinigt haben. Kommt es nicht zu einem solchen gemeinsamen Vorschlag, beruft die Bundesregierung jeweils einen Vorsitzenden auf Vorschlag der Spitzenorganisationen der AG und der Spitzenorganisationen der AN, § 6 II 1 (ausf Düwell/Schubert/*Heilmann* MiLoG, § 5 Rn 2 ff; *Hilgenstock* MiLoG, 2014,

Rn 211 f). Zwischen diesen beiden Personen wechselt der Vorsitz gem § 6 II 2 nach jeder Beschlussfassung nach § 9, wegen § 9 I 2 also alle zwei Jahre. Wer zuerst den Vorsitz führt, wird durch Los entschieden, § 6 II 3. Die Mitglieder der Mindestlohnkommission unterliegen **keinen Weisungen**, § 8 I. Ihre Tätigkeit ist **ehrenamtlich**, § 8 II, und wird angemessen entschädigt (Verdienstausfall, Aufwand, Reisekosten), § 8 III. Die nach § 7 zu ernennenden beratenden Mitglieder sollen in keinem Beschäftigungsverhältnis zu einer Spitzenorgansiation, zu einer Gewerkschaft oder einem AG-Verband oder einer von diesen getragenen Einrichtung stehen, § 7 I 2.

6

§ 9 Beschluss der Mindestlohnkommission

(1) ¹Die Mindestlohnkommission hat über eine Anpassung der Höhe des Mindestlohns erstmals bis zum 30. Juni 2016 mit Wirkung zum 1. Januar 2017 zu beschließen. ²Danach hat die Mindestlohnkommission alle zwei Jahre über Anpassungen der Höhe des Mindestlohns zu beschließen.
(2) ¹Die Mindestlohnkommission prüft im Rahmen einer Gesamtabwägung, welche Höhe des Mindestlohns geeignet ist, zu einem angemessenen Mindestschutz der Arbeitnehmerinnen und Arbeitnehmer beizutragen, faire und funktionierende Wettbewerbsbedingungen zu ermöglichen sowie Beschäftigung nicht zu gefährden. ²Die Mindestlohnkommission orientiert sich bei der Festsetzung des Mindestlohns nachlaufend an der Tarifentwicklung.
(3) Die Mindestlohnkommission hat ihren Beschluss schriftlich zu begründen.
(4) Die Mindestlohnkommission evaluiert laufend die Auswirkungen des Mindestlohns auf den Schutz der Arbeitnehmerinnen und Arbeitnehmer, die Wettbewerbsbedingungen und die Beschäftigung im Bezug auf bestimmte Branchen und Regionen sowie die Produktivität und stellt ihre Erkenntnisse der Bundesregierung in einem Bericht alle zwei Jahre gemeinsam mit ihrem Beschluss zur Verfügung.

§ 10 Verfahren der Mindestlohnkommission

(1) Die Mindestlohnkommission ist beschlussfähig, wenn mindestens die Hälfte ihrer stimmberechtigten Mitglieder anwesend ist.
(2) ¹Die Beschlüsse der Mindestlohnkommission werden mit einfacher Mehrheit der Stimmen der anwesenden Mitglieder gefasst. ²Bei der Beschlussfassung hat sich die oder der Vorsitzende zunächst der Stimme zu enthalten. ³Kommt eine Stimmenmehrheit nicht zustande, macht die oder der Vorsitzende einen Vermittlungsvorschlag. ⁴Kommt nach Beratung über den Vermittlungsvorschlag keine Stimmenmehrheit zustande, übt die oder der Vorsitzende ihr oder sein Stimmrecht aus.
(3) ¹Die Mindestlohnkommission kann Spitzenorganisationen der Arbeitgeber und Arbeitnehmer, Vereinigungen von Arbeitgebern und Gewerkschaften, öffentlichrechtliche Religionsgesellschaften, Wohlfahrtsverbände, Verbände, die wirtschaftliche und soziale Interessen organisieren, sowie sonstige von der Anpassung des Mindestlohns Betroffene vor Beschlussfassung anhören. ²Sie kann Informationen und fachliche Einschätzungen von externen Stellen einholen.
(4) ¹Die Sitzungen der Mindestlohnkommission sind nicht öffentlich; der Inhalt ihrer Beratungen ist vertraulich. ²Die übrigen Verfahrensregelungen trifft die Mindestlohnkommission in einer Geschäftsordnung.

A. Verfahren. Zum Termin des ersten Beschlusses und dem dann einsetzenden 2-Jahres-Takt, siehe § 9 I. Die Sitzungen der Mindestlohnkommission sind **nicht öffentlich**, § 10 IV. Die Beschlüsse werden mit **einfacher Mehrheit** gefasst, § 10 II 1, wobei der Vorsitzende zunächst kein Stimmrecht hat. Zur Beschlussfähigkeit § 10 I (*Schubert/Jerchel/Düwell* Das neue Mindestlohngesetz, 2015, Rn 259). Kommt keine Mehrheit zustande, muss der Vorsitzende zuerst einen Vermittlungsvorschlag unterbreiten, § 10 II 3. Erst wenn auch der Vermittlungsvorschlag nicht mehrheitsfähig ist, kann der Vorsitzende sein Stimmrecht ausüben, § 10 II 4. Der Beschluss der Mindestlohnkommission ist ein Vorschlag, der gem § 11 durch die Bundesregierung verbindlich gemacht werden kann, indem eine entsprechende Verordnung erlassen wird. § 10 III regelt fakultative Anhörungsrechte der Kommission und die Möglichkeit, Informationen und fachliche Einschätzung von (frei auszuwählenden) externen Stellen einzuholen (*Hilgenstock* MiLoG, 2014, Rn 228; ausführlich Düwell/Schubert/*Heilmann* MiLoG, § 10 Rn 7 ff).

1

2

B. Vorgaben zur Höhe des Mindestlohns bei Anpassung durch die Kommission; Evaluation. Der erste gesetzliche Mindestlohn wurde durch den Gesetzgeber festgelegt. Änderungen erfolgen gem § 9 II 1 auf der Grundlage einer **Gesamtabwägung** von AN-Schutz auf der einen und fairer und funktionierender Wettbewerbsbedingungen sowie Nicht-Gefährdung von Beschäftigung auf der anderen Seite (zur Abwägung Düwell/Schubert/*Heilmann* MiLoG, § 9 Rn 10; *Schubert/Jerchel/Düwell* Das neue Mindestlohngesetz, 2015,

3

Rn 254 ff). Nach § 9 II 2 orientiert sich die Mindestlohnkommission nachlaufend an der Tarifentwicklung. In die Gesamtabwägung sind auch die Ergebnisse der Evaluationen nach § 9 IV einzubeziehen. Ziel ist, zu einem angemessenen Mindestschutz der AN beizutragen. Damit stellt das Gesetz klar, dass der Mindestlohn den angemessenen Mindestschutz nicht verwirklicht, sondern nur eine unterste Grenze setzt. Dies ist nach wie vor Aufgabe der Tarifparteien, was auch bei der nachlaufenden Orientierung am Tarifgeschehen zu berücksichtigen ist. Auch über § 9 II wird daher eine Aufgabenteilung zwischen gesetzlichem Mindestlohn und tariflichen Löhnen festgelegt, die Voraussetzung für die Vereinbarkeit des MiLoG mit Art 9 III GG ist.

4 Die Höhe des ab 1.1.2015 maßgeblichen Mindestlohns ist in § 1 II 1 gesetzlich auf 8,50 € brutto je Zeitstunde festgelegt. Die Lohnhöhe kann gem § 1 II 2 durch Rechtsverordnung der Bundesregierung »**geändert**«, also sowohl nach oben als auch nach unten angepasst werden. Die Änderungsmöglichkeit schließt dem Wortlaut und Sinn und Zweck nach ein Unterschreiten von 8,50 € mit ein (ErfK/*Franzen* § 9 Rn 1; *Hilgenstock* MiLoG, 2014, Rn 238; aA Düwell/Schubert/*Heilmann* MiLoG, § 9 Rn 8).

5 Die nach § 9 IV zwingende **Evaluation** nennt eine Auswirkung des Mindestlohns auf die Tarifpolitik nicht ausdrücklich. Die Lohnentwicklung ist jedoch zentraler Baustein des Schutzes der AN und ist daher bei der Evaluation zu berücksichtigen.

§ 11 Rechtsverordnung

(1) ¹Die Bundesregierung kann die von der Mindestlohnkommission vorgeschlagene Anpassung des Mindestlohns durch Rechtsverordnung ohne Zustimmung des Bundesrates für alle Arbeitgeber sowie Arbeitnehmerinnen und Arbeitnehmer verbindlich machen. ²Die Rechtsverordnung tritt am im Beschluss der Mindestlohnkommission bezeichneten Tag, frühestens aber am Tag nach Verkündung in Kraft. ³Die Rechtsverordnung gilt, bis sie durch eine neue Rechtsverordnung abgelöst wird.

(2) ¹Vor Erlass der Rechtsverordnung erhalten die Spitzenorganisationen der Arbeitgeber und Arbeitnehmer, die Vereinigungen von Arbeitgebern und Gewerkschaften, die öffentlich-rechtlichen Religionsgesellschaften, die Wohlfahrtsverbände sowie die Verbände, die wirtschaftliche und soziale Interessen organisieren, Gelegenheit zur schriftlichen Stellungnahme. ²Die Frist zur Stellungnahme beträgt drei Wochen; sie beginnt mit der Bekanntmachung des Verordnungsentwurfs.

1 Ein neuer Mindestlohn setzt nach § 11 voraus, dass die Bundesregierung den Vorschlag durch Rechtsverordnung verbindlich macht. Hierzu besteht **kein Zwang**, »kann« in § 11 I 1 (*Hilgenstock* MiLoG, 2014, Rn 251). Allerdings kann die Bundesregierung den Beschluss nicht ändern. Sie setzt ihn um oder lehnt ihn ab (*Riechert/Nimmerjahn* MiLoG, § 11 Rn 21; Düwell/Schubert/*Heilmann* MiLoG, § 11 Rn 2 f). Dann gelten ggf die in § 1 II genannte Höhe oder nach § 11 I 3 die bisherige Rechtsverordnung fort. Nach § 11 II ist Spitzenorganisationen, Koalitionen, öffentlich-rechtlichen Religionsgesellschaften, Wohlfahrtsverbänden, Verbänden, die wirtschaftliche und soziale Interessen organisieren, sowie sonstigen von der Anpassung des Mindestlohns Betroffenen vor Verabschiedung der Rechtsverordnung Gelegenheit zur schriftlichen Stellungnahme zu geben. Die Möglichkeit der Stellungnahme ist anders als die Anhörung nach § 10 III zwingend (*Schubert/Jerchel/Düwell* Das neue Mindestlohngesetz, 2015, Rn 264).

2 Gegen die Rechtsverordnung besteht **Rechtsschutz** vor den Verwaltungsgerichten. § 98 ArbGG ist wegen § 2a I Nr 5 nicht auf Rechtsverordnungen nach dem MiLoG anwendbar (*Schubert/Jerchel/Düwell* Das neue Mindestlohngesetz, 2015, Rn 265).

§ 12 Geschäfts- und Informationsstelle für den Mindestlohn; Kostenträgerschaft

(1) ¹Die Mindestlohnkommission wird bei der Durchführung ihrer Aufgaben von einer Geschäftsstelle unterstützt. ²Die Geschäftsstelle untersteht insoweit fachlich der oder dem Vorsitzenden der Mindestlohnkommission.

(2) Die Geschäftsstelle wird bei der Bundesanstalt für Arbeitsschutz und Arbeitsmedizin als selbständige Organisationeinheit eingerichtet.

(3) Die Geschäftsstelle informiert und berät als Informationsstelle für den Mindestlohn Arbeitnehmerinnen und Arbeitnehmer sowie Unternehmen zum Thema Mindestlohn.

(4) Die durch die Tätigkeit der Mindestlohnkommission und der Geschäftsstelle anfallenden Kosten trägt der Bund.

Abschnitt 2 Zivilrechtliche Durchsetzung

§ 13 Haftung des Auftraggebers
§ 14 des Arbeitnehmer-Entsendegesetzes findet entsprechende Anwendung.

Die Auftraggeberhaftung richtet sich nach § 14 AEntG, so dass auf die dortige Kommentierung verwiesen wird. Trotz Abstellens auf den Auftraggeber in der Überschrift von § 13 haftet auch für Ansprüche auf der Grundlage des MiLoG nur der Generalunternehmer iSv § 14 AEntG (*Insam/Hinrichs/Tacou* NZA-RR 2014, 569, 570; *Kühn/Reich* BB 2014, 2938, 2939; *Sittard/Sassen* NJW 2016, 365, 366). 1

Abschnitt 3 Kontrolle und Durchsetzung durch staatliche Behörden

§§ 14–21 MiLoG

(Text mit Ausnahme von § 20 MiLoG nicht abgedruckt)

In Anlehnung an §§ 16 ff AEntG sowie §§ 11 ff des früheren MiArbG übertragen §§ 14 ff die staatliche Kontrolle und Durchsetzung den Behörden der **Zollverwaltung** (dazu *Maschmann* NZA 2014, 929; *Aulmann* NZA 2015, 418; *Schmitz-Witte/Killian* NZA 2015, 415; *Hantel* NZA 2015, 410; *Schrader/Novak* NJW 2015, 1783; zu datenschutzrechtlichen Aspekten *Franck/Krause* DB 2015, 1285). Zu den erheblichen rechtlichen Bedenken gegen diesen Durchsetzungsmechanismus im Zusammenhang mit AEntG und MiArbG, Rieble/Junker/Giesen/*Rixen* Mindestlohn als politische und rechtliche Herausforderung, S 103 ff. Thematisch geht es jedoch um die Kontrolle der AG durch Meldepflichten und Bereithalten von Dokumenten (§§ 16 f), die Möglichkeit des Ausschlusses von AG von der Vergabe öffentlicher Aufträge (§ 19) sowie Bußgeldvorschriften (§ 21). Die Durchsetzung des privatrechtlichen Anspruchs aus § 1 I, II des einzelnen AN gegen seinen AG obliegt allein Ersterem; eine § 25 HAG vergleichbare Regelung kennt das MiLoG nicht. Die §§ 14 ff werden in folgenden Verordnungen konkretisiert und teilweise auf Einkommen bis zu einer bestimmten Höhe eingegrenzt: MiLoDokV des BMAS v. 29.7.2015, BAnz. AT 31.07.2015 V1; MiLoMeldStellV des BMF v. 26.11.2014, BGBl 2014, I, 1823; MiLoAufzV des BMF v. 26.11.2014, BGBl 2014, I, 1824; MiLoMeldV des BMF v. 26.11.2014, BGBl 2014, I, 1825. 1

Die Meldepflicht in § 16 wird abweichend von § 18 AEntG auf die in § 2a SchwArbG genannten Bereiche beschränkt, die wesentlich von Missbrauch betroffen sind (BT-Drs 18/1558, S 40). Auch § 17 ist anders als § 19 AEntG auf bestimmte AN-Gruppen – erneut § 2a SchwArbG sowie geringfügige Beschäftigung iSv § 8 I SGB IV – beschränkt (BT-Drs 18/1558, S 41). Dass das Vorliegen einer geringfügigen Beschäftigung abgesehen von dem im Verweis nicht genannten § 8a SGB IV (geringfügige Beschäftigung in Privathaushalten) undifferenziert die Dokumentationspflichten auslöst, führt dazu, dass der hohe bürokratische Aufwand auch in Bereichen entsteht, in denen etwa aufgrund von Tarifverträgen eine Unterschreitung des gesetzlichen Mindestlohns unwahrscheinlich ist (zB studentische und wissenschaftliche Hilfskräfte an Universitäten). Der den Ausschluss von der Vergabe öffentlicher Aufträge betreffende § 19 entspricht § 21 AEntG, ohne die in § 21 I 2 AEntG vorgesehene Möglichkeit des Ausschlusses bereits vor Durchführung eines Bußgeldverfahrens zu übernehmen. 2

§ 20 Pflichten des Arbeitgebers zur Zahlung des Mindestlohns
Arbeitgeber mit Sitz im In- oder Ausland sind verpflichtet, ihren im Inland beschäftigten Arbeitnehmerinnen und Arbeitnehmern ein Arbeitsentgelt mindestens in Höhe des Mindestlohns nach § 1 Absatz 2 spätestens zu dem in § 2 Absatz 1 Satz 1 Nummer 2 genannten Zeitpunkt zu zahlen.

§ 20 MiLoG stellt nicht die zivilrechtliche Anspruchsgrundlage des AN gegen seinen AG zur Zahlung des gesetzlichen Mindestlohns dar. Diese findet sich in § 1 I, II. § 20 statuiert die **grundlegende Verpflichtung** des AG, an die die Bußgeldbestimmung des § 21 anknüpft (BT-Drs 18/1558, S 42). 1

Vor allem aber verpflichtet § 20 auch AG im Ausland, ihren im Inland beschäftigten AN den gesetzlichen Mindestlohn zu gewähren. Rechtstechnisch ist der Anspruch auf Mindestlohn daher Eingriffsnorm iSv Art 9 Rom I-VO, dem der Lohnanspruch des Arbeitsverhältnisstatuts gem Art 8 Rom I-VO bis zur Höhe des gesetzlichen Mindestlohns vorgeht (dazu *Pfeiffer* FS Coester-Waltjen, 2015, 611, 612; *Sittard* NZA 2015, 78, 79; aA *Riechert/Nimmerjahn* MiLoG, § 1 Rn 6 f). Im Grundsatz ist diese Verpflichtung 2 unionsrechtskonform, weil ein gesetzlicher Mindestlohn unter Art 3 I Entsende-RL (RL 96/71/EG des Europäischen Parlaments und des Rates vom 16.12.1996 über die Entsendung von AN iRd Erbringung von Dienstleistungen [ABlEG 1997 Nr L 18/1]) fällt. Allerdings ist zusätzliche Voraussetzung für die **Unionsrechtskonformität**, dass die entsprechenden AN iSv Art 1 III Entsende-RL entsandt sind. Das ist dann nicht der Fall, wenn zwar zeitweilig ein tatsächlicher Arbeitsort in Deutschland besteht, der Aufenthalt aber lediglich dem Transit in ein anderes Land dient (*Pfeiffer* FS Coester-Waltjen, 2015, 611, 614; *Moll/Katerndahl* DB 2015, 555; zweifelnd *Moll/Päßler/Reich* MDR 2015, 125, 126; dennoch für die Anwendung des MiLoG Schaub/*Vogelsang* § 66 Rn 21; zum Vertragsverletzungsverfahren der Kommission, http://europa.eu/rapid/press-release_IP-15-5003_de.pdf). Darüber hinaus ist die Abgrenzung aber komplex, weil etwa die Ausführung eines Einzelauftrags eines Handwerkers mit AN-Status zwar kurzzeitig, aber dennoch ein klassischer Entsendefall ist. Eine allgemeine Ausnahme bei kurzzeitigem Aufenthalt entspricht dem System der Entsende-RL daher nicht. Vielmehr ist es von der Entsende-RL gedeckt, dem LKW Fahrer mit AN-Status, der in Deutschland be- oder entlädt, den Anspruch aus § 1 I, II zu gewähren. Zur Durchsetzung stünde ihm der Gerichtsstand des § 15 AEntG zur Verfügung. Praktisch werden die Ansprüche aber von den AN nicht durchgesetzt, so dass empfehlenswert wäre, wenn der deutsche Gesetzgeber in § 20 die Voraussetzungen, unter denen das MiLoG auf entsandte AN anwendbar sein soll, gesetzlich konkretisiert (in diese Richtung auch *Sittard* NZA 2015, 78, 82).

3   Dem Charakter des Anspruchs aus § 1 I, II als **Eingriffsnorm** steht nicht entgegen, dass der zivilrechtliche Teil des MiLoG als Teil des Arbeitsverhältnisstatuts (zur Bestimmung Art 3 ff Rom I-VO) anwendbar sein kann, wenn ein AN seinen Arbeitsort im Ausland hat (*Riechert/Nimmerjahn* MiLoG, § 1 Rn 9 f; aA BT-Drs 18/1558, S 42; *Pfeiffer* FS Coester-Waltjen, 2015, 611, 617). Der sozialpolitische Zweck des MiLoG mag auf Inlandssachverhalte beschränkt sein, doch ist kein im Kollisionsrecht zu berücksichtigender zwingender Grund für eine Selbstbeschränkung des zivilrechtlichen Teils des MiLoG auf Inlandsfälle ersichtlich (insoweit richtig *Riechert/Nimmerjahn* MiLoG, § 1 Rn 7). Es wäre im Gegenteil widersinnig, bei deutschem Arbeitsverhältnisstatut die durch § 1 I, II gezogene Mindestgrenze für den Lohn nicht anzuwenden. Daher ist auch nicht Voraussetzung, dass der Auslandseinsatz vorübergehend ist (so aber wohl Mückl/Pötters/Krause/*Pötters/Krause* Das Mindestlohngesetz in der betrieblichen Praxis, 2015, Rn 243 ff). Das MiLoG wird als Teil des deutschen Arbeitsverhältnisstatuts im normalen Anwendungsspiel von Art 8 Rom I-VO berücksichtigt. Höhere gesetzliche Mindestlöhne des Rechts des Arbeitsorts setzen sich gem Art 9 Rom I-VO gegen § 1 I, II durch, höhere Löhne auf anderer Grundlage ggf über den Günstigkeitsvergleich.

Abschnitt 4   Schlussvorschriften

§ 22   Persönlicher Anwendungsbereich

(1) ¹Dieses Gesetz gilt für Arbeitnehmerinnen und Arbeitnehmer. ²Praktikantinnen und Praktikanten im Sinne des § 26 des Berufsbildungsgesetzes gelten als Arbeitnehmerinnen und Arbeitnehmer im Sinne dieses Gesetzes, es sei denn, dass sie
1. ein Praktikum verpflichtend auf Grund einer schulrechtlichen Bestimmung, einer Ausbildungsordnung, einer hochschulrechtlichen Bestimmung oder im Rahmen einer Ausbildung an einer gesetzlich geregelten Berufsakademie leisten,
2. ein Praktikum von bis zu drei Monaten zur Orientierung für eine Berufsausbildung oder für die Aufnahme eines Studiums leisten,
3. ein Praktikum von bis zu drei Monaten begleitend zu einer Berufs- oder Hochschulausbildung leisten, wenn nicht zuvor ein solches Praktikumsverhältnis mit demselben Ausbildenden bestanden hat, oder
4. an einer Einstiegsqualifizierung nach § 54a des Dritten Buches Sozialgesetzbuch oder an einer Berufsausbildungsvorbereitung nach §§ 68 bis 70 des Berufsbildungsgesetzes teilnehmen.

³Praktikantin oder Praktikant ist unabhängig von der Bezeichnung des Rechtsverhältnisses, wer sich nach der tatsächlichen Ausgestaltung und Durchführung des Vertragsverhältnisses für eine begrenzte Dauer zum Erwerb praktischer Kenntnisse und Erfahrungen einer bestimmten betrieblichen Tätigkeit zur Vorbereitung auf eine berufliche Tätigkeit unterzieht, ohne dass es sich dabei um eine Berufsausbildung im Sinne des Berufsbildungsgesetzes oder um eine damit vergleichbare praktische Ausbildung handelt.
(2) Personen im Sinne von § 2 Absatz 1 und 2 des Jugendarbeitsschutzgesetzes ohne abgeschlossene Berufsausbildung gelten nicht als Arbeitnehmerinnen und Arbeitnehmer im Sinne dieses Gesetzes.

(3) Von diesem Gesetz nicht geregelt wird die Vergütung von zu ihrer Berufsausbildung Beschäftigten sowie ehrenamtlich Tätigen.
(4) ¹Für Arbeitsverhältnisse von Arbeitnehmerinnen und Arbeitnehmern, die unmittelbar vor Beginn der Beschäftigung langzeitarbeitslos im Sinne des § 18 Absatz 1 des Dritten Buches Sozialgesetzbuch waren, gilt der Mindestlohn in den ersten sechs Monaten der Beschäftigung nicht. ²Die Bundesregierung hat den gesetzgebenden Körperschaften zum 1. Juni 2016 darüber zu berichten, inwieweit die Regelung nach Satz 1 die Wiedereingliederung von Langzeitarbeitslosen in den Arbeitsmarkt gefördert hat, und eine Einschätzung darüber abzugeben, ob diese Regelung fortbestehen soll.

A. Überblick. Der Anspruch auf gesetzlichen Mindestlohn steht nach §§ 1 I, 22 I 1 im Grundsatz jedem zu, der nach der gängigen Definition (§ 6 GewO Rdn 1 ff) AN ist. Der Gesetzgeber hat sich dann aber zu einer Reihe von Klarstellungen und Ausnahmen vom persönlichen Anwendungsbereich veranlasst gesehen, die jeweils Ergebnis einer rechts- und wirtschaftspolitischen Diskussion sind (dazu *Däubler* NJW 2014, 1924, 1925). Ergebnis ist eine lange und in Teilen komplexe Regelung, weil versucht wurde, am **Grundsatz der allgemeinen Anwendbarkeit** festzuhalten und nur punktuelle Ausnahmen vorzusehen. Ob die Vorstellungen des Gesetzgebers aufgehen, ist offen; nur bei § 22 IV 2 haben sich die möglichen Zweifel im Gesetz in der Form einer Berichtspflicht der Bundesregierung niedergeschlagen. Neben § 22 ist für Zeitungszusteller noch § 24 II zu beachten. Die Regelung ist abschließend, so dass etwa Saisonarbeiter Anspruch auf Mindestlohn haben (*Lakies* MiLoG, § 1 Rn 12). 1

Die **Klarstellungen** und partiellen **Ausnahmen** betreffen Praktikanten (Abs 1). Vom persönlichen Anwendungsbereich des MiLoG darüber hinaus ausgenommen sind: Kinder und Jugendliche iSv § 2 I und II JArbSchG, die keine abgeschlossene Berufsausbildung haben, § 22 II; zu ihrer Berufsausbildung Beschäftigte sowie ehrenamtlich Tätige, § 22 III; unmittelbar vor Beginn der Beschäftigung Langzeitarbeitslose iSv § 18 SGB III in den ersten sechs Monaten ihrer Beschäftigung, § 22 IV. 2

B. Persönlicher Anwendungsbereich (Abs 1). I. Arbeitnehmer. Wer AN ist, richtet sich nach der gängigen Definition, bei der es nicht auf die gewählten Begriffe, sondern auf die tatsächliche Ausgestaltung ankommt (§ 6 GewO Rdn 1 ff; vgl. *Hilgenstock* MiLoG, 2014, Rn 10; *Schubert/Jerchel/Düwell* Das neue Mindestlohngesetz, 2015, Rn 84). Damit können auch **Praktikanten** sowie Volontäre in Wirklichkeit AN sein (§ 6 GewO Rdn 129). Minijobber gem § 8 SGB IV sind AN (§ 1 GewO Rdn 12; zu den praktischen Auswirkungen des MiLoG, *Spielberger/Schilling* NJW 2014, 2897, 2899; *Lakies* MiLoG, § 1 Rn 8). Arbeitnehmerähnliche Personen sind nicht AN; wegen der Beschränkung des persönlichen Anwendungsbereichs auf AN fallen sie nicht unter das MiLoG (ErfK/*Franzen* § 22 Rn 1; aus rechtspolitischer Sicht zweifelnd, *Däubler* NJW 2014, 1924, 1926). 3

II. Praktikanten. 1. Struktur der Regelung in § 22 I. Die Regelung der persönlichen Anwendbarkeit auf Praktikanten in § 22 I ist (zu) komplex geraten. Einerseits soll das MiLoG im Grundsatz auch auf echte Praktikanten anwendbar sein und damit auch solche Praktikanten erfassen, die nicht AN sind (Rdn 3; kritisch *Picker/Sausmikat* NZA 2014, 942, 943 ff; *Natzel* BB 2014, 2490). Andererseits galt es, bestimmte Praktika auszunehmen, weil die Pflicht zur Zahlung eines Mindestlohns die Verfügbarkeit von Praktikumsplätzen eingeschränkt hätte. Rechtstechnisch ist § 22 I schon deshalb nicht geglückt, weil einerseits an den Praktikanten iSv § 26 BBiG angeknüpft wird, dann aber § 22 I 3 (aus Gründen der Rechtsklarheit, BT-Drs 18/210 [Neu], S 24) den Begriff des Praktikanten selbst definiert und hierbei von § 26 BBiG teilweise abweicht. Die gewünschte Rechtsklarheit lässt sich aber dadurch verwirklichen, dass entscheidend ist, ob ein Praktikant iSv § 26 BBiG vorliegt (ähnlich ErfK/*Franzen* § 22 Rn 7). Damit ist § 22 I **wie folgt zu verstehen und anzuwenden**: (Nur) auf Praktikanten iSv § 26 BBiG ist das MiLoG grds anwendbar. Ausschließlich in den in § 22 I 2 normierten Ausnahmesachverhalten haben Praktikanten dennoch keinen Anspruch auf Mindestlohn. § 22 I 3 ist damit überflüssig. 4

2. Erfasste Praktikanten. Erfasst sind nur Praktikanten iSv **§ 26 BBiG**. Voraussetzung ist also, dass kein Arbeitsverhältnis vorliegt (sonst Rdn 3), sondern die Person eingestellt wurde, um berufliche Fertigkeiten, Kenntnisse, Fähigkeiten oder Erfahrungen zu erwerben. Zu den neben den Praktikanten von § 26 BBiG erfassten sonstigen Rechtsverhältnissen, die indes nicht unter das MiLoG fallen, Rdn 11. Dass es auf die tatsächliche Ausgestaltung und Durchführung und nicht auf die Wortwahl ankommt, § 22 I 3, ist ohnehin allgemein anerkannt (Rechtsformzwang, aus dessen Anwendung auch folgt, dass eine als Praktikant eingestellte Person in Wirklichkeit AN sein kann [Rdn 3]). 5

6 **3. Ausgenommene Praktikanten.** Ausgenommen sind Pflichtpraktika (Nr 1), Orientierungspraktika (Nr 2), ausbildungs- und studienbegleitende Praktika (Nr 3) sowie Praktika zur Einstiegsqualifizierung (Nr 4). Es bestehen teilweise Überschneidungen zu § 3 II BBiG.

7 § 22 I 2 Nr 1 nimmt Praktika, die aufgrund einer schulrechtlichen Bestimmung, einer Ausbildungsordnung, einer hochschulrechtlichen Bestimmung oder im Rahmen einer Ausbildung an einer gesetzlich geregelten Berufsakademie verpflichtend sind, vom MiLoG aus. Entscheidend ist im Einzelfall nicht nur, dass der verpflichtende Charakter dem Grunde nach besteht, sondern auch die Zeitspanne, die verpflichtend ist. Wird sie überschritten, entfällt die Ausnahme. Ausbildungsordnung und schul- oder hochschulrechtliche Bestimmung sind auch wegen der Änderungen in den Formulierungen im Gesetzgebungsverfahren (BT-Drs 18/210 [Neu], S 24) jeweils weit auszulegen; letztere sind etwa nicht auf Satzungen beschränkt, sondern umfassen auch Kooperationsverträge zwischen Hochschulen und Unternehmen (BT-Drs 18/210 [Neu], S 24). Zu Studierenden dualer Studiengänge *Koch-Rust/Kolb/Rosentreter* NZA 2015, 402.

8 Die zweite Ausnahme betrifft Praktika für die Dauer von bis zu drei Monaten zur Orientierung für eine Berufsausbildung oder für die Aufnahme eines Studiums, § 22 I 2 Nr 2. Weil nur § 22 I 2 Nr 3 ausdrücklich regelt, dass die Ausnahme nicht mehr greift, wenn ein Praktikumsverhältnis nach Nr 3 bereits zuvor zu demselben Ausbildenden bestanden hat, bezieht sich die Drei-Monats-Grenze von Nr 2 nur auf die Dauer des jeweiligen Praktikums. Damit können mehrere Praktika nach Nr 2 bei demselben Ausbilder absolviert werden, ohne dass sie vom MiLoG erfasst würden (Düwell/Schubert/*Schubert/Jerchel* MiLoG, § 22 Rn 37; aA *Riechert/Nimmerjahn* MiLoG, § 22 Rn 66). Die Vergütungspflicht entsteht nur, wenn eines dieser Praktika die Dauer von drei Monaten überschreitet (ErfK/*Franzen* § 22 Rn 12). Auch ein Praktikum, welches von vornherein für länger als für drei Monate angelegt ist, lässt die Ausnahme erst ab Überschreiten der Zeitgrenze entfallen (ErfK/*Franzen* § 22 Rn 12; aA *Ulber* AuR 2014, 404, 405; Schaub/*Vogelsang* § 66 Rn 16; *Riechert/Nimmerjahn* MiLoG, § 22 Rn 63).

9 § 22 I 2 Nr 3 nimmt als dritte Ausnahme Praktika vom persönlichen Anwendungsbereich des MiLoG aus, die bis zu einer Höchstdauer von drei Monaten begleitend zu einer Berufs- oder Hochschulausbildung geleistet werden. Diese Möglichkeit besteht in Anlehnung an die sachgrundlose Befristung gem § 14 II TzBfG nicht, wenn zuvor ein Praktikumsverhältnis mit demselben Ausbildenden bestanden hat. Das ist der Fall, wenn das Praktikumsverhältnis mit derselben natürlichen oder juristischen Person bestanden hat (vgl § 14 TzBfG Rdn 75).

10 Auch die **Einstiegsqualifizierung** gem § 54a SGB III sowie die **Teilnahme an einer Berufsausbildungsvorbereitung** iSv §§ 68 ff BBiG werden vom persönlichen Anwendungsbereich des MiLoG ausgenommen. Hiermit wird der hinter der Ausnahme für Berufsausbildung, § 22 III, stehende Gedanke konsequent fortgeführt (ErfK/*Franzen* § 22 Rn 13).

11 **4. Sonstige Rechtsverhältnisse iSv § 26 BBiG.** § 26 BBiG erfasst neben dem Praktikum auch sonstige Rechtsverhältnisse. Würde man die Definition in § 22 I 3 zugrunde legen, könnte man auch diese Rechtsverhältnisse als vom MiLoG erfasst ansehen. Aus den Gesetzgebungsmaterialien ergibt sich jedoch, dass § 22 I 3 nur **klarstellende Funktion** haben soll und dass Rechtsverhältnisse iSv § 26 BBiG, die auf eine mit der Berufsausbildung nach dem BBiG vergleichbare praktische Ausbildung abzielen, nicht in den persönlichen Anwendungsbereich des MiLoG fallen (BT-Drs 18/210 (Neu), S 24; vgl auch *Däubler* NJW 2014, 1924, 1926). Hierbei handelt es sich insb um Volontäre (weiter bei § 26 BBiG). Es wäre sinnvoll, dies bei einer Überarbeitung etwa spätestens nach der in § 23 für 2020 vorgesehen Evaluation im Gesetzeswortlaut deutlicher zum Ausdruck kommen zu lassen; zu § 22 I 3 bereits Rdn 1.

12 **C. Ausnahmen vom persönlichen Anwendungsbereich. I. Kinder und Jugendliche ohne abgeschlossene Berufsausbildung (Abs 2).** Personen unter 18 Jahren (§ 2 I, II JArbSchG), die keine abgeschlossene Berufsausbildung haben, werden vom Geltungsbereich des MiLoG ausgenommen. Ihnen soll kein Anreiz gesetzt werden, auf eine Berufsausbildung zu verzichten und stattdessen zu arbeiten, um den Mindestlohn zu verdienen (*Hilgenstock* MiLoG, 2014, Rn 42). Der Gesetzgeber wollte eine Altersgrenze setzen, da die Konkurrenz zwischen möglicher Berufsausbildung und ungelernter Arbeit als solche nicht altersgebunden ist, die Wahrscheinlichkeit einer tatsächlichen Alternative zwischen diesen beiden Möglichkeiten indes mit zunehmendem Alter abnimmt. Die Entscheidung für die 18-Jahres-Grenze ist von der **Einschätzungsprärogative** des Gesetzgebers bei der Rechtfertigung von **Altersdiskriminierungen** gem Art 6 RL 2000/78 gedeckt (so iE wohl auch *Riechert/Nimmerjahn* MiLoG, § 22 Rn 102 ff; aA *Brors* NZA 2014, 938, 941 f; *Waltermann* AuR 2015, 166, 172; *Schubert/Jerchel/Düwell* Das neue Mindestlohngesetz, 2015, Rn 179 ff; zweifelnd *Bayreuther* NZA 2014, 865, 872; ErfK/*Franzen* § 22 Rn 5; zum wirtschaftspolitischen Hintergrund *Wank* RdA 2015, 88, 92).

II. Zur Berufsausbildung Beschäftigte und ehrenamtlich Tätige (Abs 3). *Ehrenamtlich* Tätige hätten ohnehin nur dann Anspruch auf Zahlung des gesetzlichen Mindestlohns, wenn sie AN wären. Dann aber nimmt § 22 III sie vom persönlichen Anwendungsbereich aus. § 22 III hat insoweit klarstellenden Charakter (BT-Drs 18/1558, S 43). Gemeint sind der Freiwilligendienst gem § 32 IV 1 Nr 2d EStG (BT-Drs 18/1558, S 43), aber auch sonst ehrenamtlich Tätige in Vereinen, Kirchen und sozialen Einrichtungen (ErfK/*Franzen* § 22 Rn 4; zum Begriff näher *Greiner* NZA 2015, 285 f). Auch die Ausnahme zugunsten zur Berufsausbildung Beschäftigter hat klarstellende Funktion (BT-Drs 18/1558, S 43), weil **Berufsausbildungsverhältnisse** keine Arbeitsverhältnisse sind (§ 10 BBiG Rdn 3). Hier gilt vielmehr § 17 BBiG (§ 17 BBiG Rdn 1). § 22 III ist aber nicht auf Berufsausbildungsverhältnisse beschränkt, sondern entspricht dem weiten Verständnis anderer Normen (§ 5 BetrVG Rdn 2, § 5 ArbGG Rdn 3), soweit § 22 nichts Abweichendes regelt (etwa zu Praktikanten). 13

D. Zeitlich eingeschränkte persönliche Anwendbarkeit auf Langzeitarbeitslose. Eine zeitlich beschränkte Ausnahme von der persönlichen Anwendbarkeit des MiLoG sieht § 22 IV für die ersten sechs Monate vor, in denen ein Langzeitarbeitsloser iSv § 18 I SGB III beschäftigt wird. Mit dieser Ausnahme soll den Beschäftigungschancen Langzeitarbeitsloser »Rechnung getragen werden« (BT-Drs 18/1558, S 43). Der Gesetzgeber erkennt damit wie etwa auch in § 9 II ausdrücklich an, dass der gesetzliche Mindestlohn ein Beschäftigungshindernis sein kann. Die Berichtspflicht der Bundesregierung, § 22 IV 2, ist andererseits Ausdruck von Zweifeln des Gesetzgebers an der Effektivität dieser Ausnahme. § 22 IV 1 verweist nur für die Definition der Langzeitarbeitslosigkeit in § 18 I 1 SGB III (ein Jahr oder länger arbeitslos) auf diese Norm, deren sonstige Bestandteile (§ 18 I 2, II, III SGB III) für § 22 IV daher keine Bedeutung haben (iE auch ErfK/*Franzen* § 22 Rn 14; Schaub/*Vogelsang* § 66 Rn 8). Der so verstandene Verweis trägt damit nur die Definition der Langzeitarbeitslosigkeit in § 18 I 1 SGB III in § 22 IV hinein. Dessen Merkmal Arbeitslosigkeit von einem Jahr oder länger kann ohne Weiteres erfüllt sein, wenn die Arbeitslosigkeit nach dem Recht eines anderen EU-Staates vorliegt. § 22 IV setzt **nicht** voraus, dass **deutsches Sozialversicherungsrecht** anwendbar ist (iE auch *Riechert/Nimmerjahn* MiLoG, § 22 Rn 151 ff; aA *Eichenhofer* AuR 2014, 450 ff mit dann entstehenden unionsrechtlichen Folgeproblemen). 14

§ 22 IV verlangt, dass die Langzeitarbeitslosigkeit objektiv vorlag (*Riechert/Nimmerjahn* MiLoG, § 22 Rn 156) und stellt wegen der Erleichterung für den AG keine Norm dar, auf die der Langzeitarbeitslose verzichten kann. Dem AG steht daher ein durch Anfechtungsmöglichkeit nach § 123 BGB sanktioniertes **Fragerecht** zu (ErfK/*Franzen* § 22 Rn 15). Spiegelt der AN Langzeitarbeitslosigkeit vor, steht ihm dennoch der Anspruch auf Zahlung des gesetzlichen Mindestlohns zu (Schaub/*Vogelsang* § 66 Rn 9). Verschweigt der AN seine Langzeitarbeitslosigkeit, besteht der Anspruch aus § 1 I, II nicht (aA Schaub/*Vogelsang* § 66 Rn 9) und der AN ist einem Anspruch aus § 812 BGB ausgesetzt; es wird regelmäßig Entreicherung vorliegen (dazu § 818 BGB Rdn 4). 15

E. Zeitungszusteller. Siehe dazu § 24 Rdn 2.

§ 23 Evaluation
Dieses Gesetz ist im Jahr 2020 zu evaluieren.

§ 24 Übergangsregelung
(1) ¹Bis zum 31. Dezember 2017 gehen abweichende Regelungen eines Tarifvertrages repräsentativer Tarifvertragsparteien dem Mindestlohn vor, wenn sie für alle unter den Geltungsbereich des Tarifvertrages fallenden Arbeitgeber mit Sitz im In- oder Ausland sowie deren Arbeitnehmerinnen und Arbeitnehmer verbindlich gemacht worden sind; ab dem 1. Januar 2017 müssen abweichende Regelungen in diesem Sinne mindestens ein Entgelt von brutto 8,50 Euro je Zeitstunde vorsehen. ²Satz 1 gilt entsprechend für Rechtsverordnungen, die auf der Grundlage von § 11 des Arbeitnehmer-Entsendegesetzes sowie § 3a des Arbeitnehmerüberlassungsgesetzes erlassen worden sind.
(2) ¹Zeitungszustellerinnen und Zeitungszusteller haben ab dem 1. Januar 2015 einen Anspruch auf 75 Prozent und ab dem 1. Januar 2016 auf 85 Prozent des Mindestlohns nach § 1 Absatz 2 Satz 1. ²Vom 1. Januar 2017 bis zum 31. Dezember 2017 beträgt der Mindestlohn für Zeitungszustellerinnen und Zeitungszusteller brutto 8,50 Euro je Zeitstunde. ³Zeitungszustellerinnen und Zeitungszusteller im Sinne der Sätze 1 und 2 sind Personen, die in einem Arbeitsverhältnis ausschließlich periodische Zeitungen oder Zeitschriften an Endkunden zustellen; dies umfasst auch Zustellerinnen und Zusteller von Anzeigenblättern mit redaktionellem Inhalt.

§ 24 MiLoG   Übergangsregelung

1 Nach § 24 I 1 gelten bis zum 31.12.2017 teilweise von § 1 III abweichende Regeln: Abweichende Regelungen eines Tarifvertrags repräsentativer Tarifvertragsparteien (dazu § 7 AEntG Rdn 6; gegen eine Übertragung des Verständnisses aus § 7 AEntG Schaub/*Vogelsang* § 66 Rn 19) gehen auch dann vor, wenn sie niedriger als der Mindestlohn sind, wenn dieser Tarifvertrag für alle in den Geltungsbereich des Tarifvertrags fallende AG mit Sitz im In- oder Ausland sowie deren AN verbindlich gemacht ist. Gemeint sind Tarifverträge iSv § 3 ff AEntG. Für die Zeit zwischen 1.1.2017 und 31.12.2017 ist dazu nach dem im Bundesrat hinzugefügten § 24 I 1 Hs 2 erforderlich, dass diese Tarifverträge mindestens ein Entgelt in Höhe von 8,50 € vorsehen. § 24 I 2 dehnt die Übergangsregelung auf Rechtsverordnungen iSv § 11 AEntG für die Pflegebranche sowie auf die Lohnuntergrenze gem § 3a AÜG aus.

2 Neben der allgemeinen, branchenunabhängigen Übergangsregelung in § 24 I statuiert § 24 II eine besondere Übergangsregelung für **Zeitungszusteller**. Ab Inkrafttreten am 1.1.2015 steht Zeitungszustellern 75 % und ab 1.1.2016 85 % des gesetzlichen Mindestlohns zu. Für die Zeit zwischen 1.1.2017 und 31.12.2017 haben sie Anspruch auf 8,50 €. Danach gilt das MiLoG auch für Zeitungszusteller ohne Einschränkung. Wer Zeitungszusteller ist, wird in § 24 II legaldefiniert. Entscheidende Merkmale der Definition sind die Ausschließlichkeit der Tätigkeit als Zeitungszusteller und dass reine Werbeprospekte nicht erfasst sind, weil bei Anzeigenblättern ein redaktioneller Inhalt verlangt wird. Zum Hintergrund – Pressefreiheit – *Barczak/ Pieroth* Mindestlohnausnahme für Zeitungszusteller, 2014, die eine mögliche Verletzung der Pressefreiheit durch den Mindestlohn und die Ausnahme selbst freilich kritisch sehen.

Mitbestimmungsgesetz (MitBestG)

Vom 4.5.1976 (BGBl I S 1153), zuletzt geändert durch Art 7 des Gesetzes vom 24.4.2015 (BGBl I S 642).

§ 1 Erfasste Unternehmen
(1) In Unternehmen, die
1. in der Rechtsform einer Aktiengesellschaft, einer Kommanditgesellschaft auf Aktien, einer Gesellschaft mit beschränkter Haftung oder einer Genossenschaft betrieben werden und
2. in der Regel mehr als 2.000 Arbeitnehmer beschäftigen,

haben die Arbeitnehmer ein Mitbestimmungsrecht nach Maßgabe dieses Gesetzes.
(2) Dieses Gesetz ist nicht anzuwenden auf die Mitbestimmung in Organen von Unternehmen, in denen die Arbeitnehmer nach
1. dem Gesetz über die Mitbestimmung der Arbeitnehmer in den Aufsichtsräten und Vorständen der Unternehmen des Bergbaus und der Eisen und Stahl erzeugenden Industrie vom 21. Mai 1951 (BGBl. I S. 347) – Montan-Mitbestimmungsgesetz –, oder
2. dem Gesetz zur Ergänzung des Gesetzes über die Mitbestimmung der Arbeitnehmer in den Aufsichtsräten und Vorständen der Unternehmen des Bergbaus und der Eisen und Stahl erzeugenden Industrie vom 7. August 1956 (BGBl. I S. 707) – Mitbestimmungsergänzungsgesetz –,

ein Mitbestimmungsrecht haben.
(3) Die Vertretung der Arbeitnehmer in den Aufsichtsräten von Unternehmen, in denen die Arbeitnehmer nicht nach Abs. 1 oder nach den in Abs. 2 bezeichneten Gesetzen ein Mitbestimmungsrecht haben, bestimmt sich nach den Vorschriften des Drittelbeteiligungsgesetzes (BGBl. 2004 I S. 974).
(4) ¹Dieses Gesetz ist nicht anzuwenden auf Unternehmen, die unmittelbar und überwiegend
1. politischen, koalitionspolitischen, konfessionellen, karitativen, erzieherischen, wissenschaftlichen oder künstlerischen Bestimmungen oder
2. Zwecken der Berichterstattung oder Meinungsäußerung, auf die Art. 5 Abs. 1 Satz 2 des Grundgesetzes anzuwenden ist,

dienen. ²Dieses Gesetz ist nicht anzuwenden auf Religionsgemeinschaften und ihre karitativen und erzieherischen Einrichtungen unbeschadet deren Rechtsform.

Übersicht	Rdn.		Rdn.
A. Anwendungsbereich	1	III. Ausländisches Unternehmen	7
B. Rechtsform	4	IV. AN-Zahl	10
I. Anteilseigner	5	C. Andere Mitbestimmungsform	12
II. Gründungsphase	6	D. Tendenzunternehmen	13

A. Anwendungsbereich. In Unternehmen mit der Rechtsform einer AG, KGaA, GmbH oder Erwerbs- und Wirtschaftsgenossenschaften ist ein mit AG- und AN-Vertretern paritätisch besetzter Aufsichtsrat zu bilden, wenn sie mehr als 2.000 AN beschäftigen und weder den Montanmitbestimmungsgesetzen unterfallen noch Tendenzbetriebe sind. 1

Die Regelungen sind zwingend; von ihnen kann nicht zum Nachteil der AN abgewichen werden (*Raiser/Veil* § 1 Rn 49 f). Ebenso wenig kann der Tendenzschutz (Art 4, 140 GG, Art 5 I 2 GG, Art 5 III GG, Art 21 GG, Art 9 III GG) vertraglich eingeschränkt werden. Art 14 I GG lässt auch eine Überrepräsentierung der AN im Aufsichtsrat nicht zu (HWK/*Seibt* § 1 Rn 18 mwN). 2

Ob Mitbestimmungsvereinbarungen – zu schließen zwischen der Gesellschaft, vertreten durch ihre Anteilseigner, und der zuständigen Gewerkschaft – überhaupt möglich sind, wird diskutiert (vgl etwa *Hanau* ZGR 2001, 75 ff). Sie können allenfalls in sehr engen Grenzen, etwa zur Bestimmung der Wahlberechtigten im Wege des Vergleichs nach § 779 BGB oder zur Anhebung des Mitbestimmungsniveaus in der GmbH (wegen § 23 V AktG jedoch nicht in der AG) zulässig sein (*Hüffer* § 96 AktG Rn 3; MüKo-AktG § 96 Rn 28 ff) und können nicht erstreikt werden (HWK/*Seibt* § 1 Rn 19). 3

B. Rechtsform. Das MitbestG erfasst nur die genannten Rechtsformen. Die Aufzählung des G ist abschließend; die Vorschrift ist nicht analogiefähig (ErfK/*Oetker* § 1 Rn 2; *Raiser/Veil* § 1 Rn 10), auch nicht hins des VVaG, der lediglich der drittelparitätischen Unternehmensmitbestimmung nach § 1 I Nr 4 DrittelbG unterfällt. Auch die SE ist nicht erfasst, vgl. § 47 I SEBG und Rdn 9. 4

5 **I. Anteilseigner.** Es ist gleichgültig, wer Anteilseigner des Unternehmens ist. Das G findet auch bei öffentl Trägerschaft Anwendung (BGH 3.7.1975, II ZR 35/73, NJW 1975, 1657).

6 **II. Gründungsphase.** Befindet sich das Unternehmen in Gründung, findet das G noch keine Anwendung, sodass keine Pflicht zur Bildung eines mitbestimmten Aufsichtsrats besteht (vgl § 30 II AktG, s.a. BayObLG 9.6.2000, 3 Z BR 92/00, BB 2000, 1538 ff; UHH/*Ulmer/Habersack* § 6 Rn 7; *Eisenbeis/Ueckert* FA 2002, 168 f). Eine gerichtliche Bestellung von Aufsichtsratsmitgliedern entspr § 104 II AktG entfällt (BayObLG 9.6.2000, 3 Z BR 92/00, BB 2000, 1538 ff).

7 **III. Ausländisches Unternehmen.** Wegen des völkerrechtlichen Territorialitätsprinzips ist das G nur auf inländische Unternehmen anzuwenden und damit nicht auf ausländische Unternehmen mit tatsächlichem Verwaltungssitz im Ausland (OLG Stuttgart 30.3.1995, 8 W 355/93, ZIP 1995, 1004; ErfK/*Oetker* § 1 Rn 3; *Thüsing* ZIP 2004, 381), auch wenn diese rechtlich unselbstständige Betriebe im Inland haben (ErfK/*Oetker* § 1 Rn 3) oder mit einem inländischen Unternehmen einer einheitlichen Leitung unterliegen (UHH/*Ulmer/Habersack* § 1 Rn 6 ff). Ungeklärt ist hingegen, ob das G anzuwenden ist, wenn sich nur der formale Sitz des Unternehmens im Ausland befindet, der tatsächliche Verwaltungssitz, also die faktische Leitung, hingegen im Inland. Nach der Gründungstheorie des EuGH (30.9.2003, Rs C-167/01 – Inspire Art, NJW 2003, 3331; 5.11.2002, Rs C-208/00 – Überseering, NJW 2002, 3614) sind ausländische Gesellschaftsformen im Inland auch dann anzuerkennen, wenn sie ihre Tätigkeit überwiegend oder ausschließlich in einem anderen Mitgliedsstaat der EU ausüben. Auch wenn in der Überseering-Entsch der Vorbehalt zwingender Gründe des Gemeinwohls gemacht wird, aufgrund derer der nationale Gesetzgeber Einschränkungen vornehmen könne, wären solche, die zu einer Anwendung des MitbestG auf EU-Unternehmen führten, wegen unverhältnismäßigen Eingriffs in die EU-Niederlassungsfreiheit nicht gerechtfertigt. Die Regelungen zur betrieblichen Mitbestimmung stellen insoweit eine hinreichende Berücksichtigung der AN-Interessen dar (ebenso HWK/*Seibt* § 1 Rn 8 mwN).

Im Ausland beschäftigte AN eines inländischen Unternehmens werden nach hM nicht v G umfasst, dh sie werden weder an der Wahl der Arbeitnehmervertreter beteiligt noch sind sie für die Schwellenwerte des MitbestG (§ 1 I) zu berücksichtigen (LG Berl 1.6.2015, 102 O 65/14, ZIP 2015, 1291, ErfK/*Oetker* Einf DrittelbG Rn 3 mwN, **aA** LG Frankfurt 16.2.2015, 3-16 O 1/14, NZG 2015, 683 [nrkr]). Der EuGH hat derzeit darüber zu entscheiden, ob die ausschließliche Einräumung des aktiven u passiven Wahlrechts für Inlandsbeschäftigte unionrechtskonform ist (vgl Vorlage des KG Berl 16.10.2015, 14 W 89/15, DStR 2015, 2507).

8 Diese Grds gelten gleichermaßen für Gesellschaften, die in **EWR-Staaten** gegründet wurden (BGH 19.9.2005, II ZR 372/03, NJW 2005, 3351). Auch auf US-amerikanische Kapitalgesellschaften ist das MitbestG nicht anwendbar; nach Art XXV Abs 5 S 2 des Freundschafts-, Handels- und Schifffahrtsvertrages zwischen den USA und der BRD v 29.10.1954 (BGBl II 1956 S 488) sind rechtmäßig gegründete Gesellschaften wechselseitig anzuerkennen.

9 Ebenfalls nicht anwendbar ist das MitbestG auf die **Societas Europeae (SE)** (*Rieble BB 2014, 2997*). Nach der durch SE-Einführungsgesetz v 22.12.2004 (BGBl I S 3675) als SE-Ausführungsgesetz und SE-Beteiligungsgesetz umgesetzten SE-VO 2157/2001 des Rates v 8.10.2001 (ABl Nr L 294 v 10.11.2001, 1 ff) und SE-RL 2001/86/EG (ebenda, s 22 ff) unterliegt die SE einem eigenen, doppelten Mitbestimmungsregime. Neben der betrieblichen Mitbestimmung, die Unterrichtung und Beratung in ähnlicher Weise wie beim EBR erfordert (vgl §§ 22 ff SEBG), ist auf Unternehmensebene eine AN-Beteiligung nach dem »Vorher-Nachher-Prinzip« (vgl Erwägungsgrund 18 SE-RL) vorgesehen (vgl §§ 34 ff SEBG). ISd Besitzstandswahrung soll das vor Gründung der SE angewandte Mitbestimmungsmodell grds fortgeführt werden. Das ist zunächst nicht zwingend: Nach Information der betroffenen AN durch die Leitungen der Gründungsgesellschaften über die beabsichtigte Gründung einer SE ist ein bes Verhandlungsgremium zu bilden, das mit den Leitungen bis zu 6 Monate über Unternehmensmitbestimmung und SE-BR verhandelt. Welches Mitbestimmungsmodell vereinbart wird, ist grds offen (vgl *Seibt* AG 2005, 413 ff; *Herfs-Röttgen* NZA 2002, 358 ff). Wird die SE durch Umwandlung mitbestimmter Gesellschaften gegründet, sollen die bisherigen Mitbestimmungsregelungen im gleichen Umfang fortgelten, was bspw das »Einfrieren« einer Mitbestimmung nach dem DrittelbG ermöglicht, auch wenn die SE später mehr als 2.000 AN hat. Bei Gründung einer SE-Holding, einer SE-Tochtergesellschaft und bei Verschmelzung kann die Mitbestimmung auch verringert werden. Waren zuvor mind 50 % bzw 25 % (bei Verschmelzung) der AN der Mitbestimmung unterworfen, ist dafür eine Mehrheit von 2 Dritteln im Besonderen Verhandlungsgremium (BVG) erforderlich. Unterfielen weniger als 50 % bzw 25 % der AN der Mitbestimmung, reicht absolute Mehrheit (Art 3 IV SE-RL). Werden die Verh aufgrund qualifizierten Mehrheitsbeschl des BVG nicht aufgenommen oder abgebrochen, gelten Mindeststandards, wenn zuvor 50 % bzw 25 % (bei Verschmelzung)

der AN der Mitbestimmung unterfielen. In den Verh kann auch eine Sitzverringerung vereinbart werden; möglich ist schließlich eine Festlegung der Struktur und Aufgaben des Gremiums mehr in Richtung Aufsichtsrat oder in Richtung Verwaltungsrat.

IV. AN-Zahl. IdR müssen mehr als 2.000 AN beschäftigt sein. Hier ist der Blick nicht nur in die Vergangenheit zu richten. Die Bestimmung der regelmäßigen AN-Zahl erfordert vielmehr eine nachvollziehbare Prognose über die künftige Entwicklung. Als zu überblickender Zeitraum kommen anderthalb bis 2 Jahre in Betracht (Willemsen/*Seibt* Unternehmensumstrukturierung F18; 17–20 Monate: jüngst LG Köln 12.1.2012, 91 O 69/11; ErfK/*Oetker* § 1 Rn 6; OLG Düsseldorf 9.12.1994, 19 W 2/94, AG 1995, 328, *Lambrich/Reinhard* NJW 2014, 2229). Dies gilt sowohl für die Überschreitung als auch für die Unterschreitung der Grenze (zu Letzterem OLG Frankfurt 7.6.1985, 20 W 281/84, EWiR 1985, 607), sodass kurzfristige Schwankungen weder zur Einführung noch zur Beendigung der Mitbestimmung nach dem MitbestG führen. Nach BAG (4.11.2015, 7 ABR 42/13) sind Leih-AN mitzuzählen. Wegen der unterschiedlichen Interessenlagen von Stamm-AN und Leih-AN ist das aber abzulehnen (vgl. OLG HH 31.1.2014, 11 W 89/13, nrk; *Zimmermann* BB 2015, 1205; *Hay/Grünberg* NZA 2014, 814; *Lunk* NZG 2014, 778). Für die Berücksichtigung im Ausland beschäftigter AN bei der Zustimmung des Schwellenwerts LG Frankfurt (16.2.2015, 3/16 O 1 /14, DStr 2015, 1065), was aber der ursprünglichen Intention des Gesetzgebers widerspricht. 10

Bei **Gemeinschaftsbetrieben** ist str, ob alle AN unabhängig davon einzurechnen sind, mit welchem der Partner des Gemeinschaftsbetriebs sie ihren Arbeitsvertrag geschlossen haben (für die Einbeziehung bei gemeinsamer Leitung des Gemeinschaftsbetriebs durch seine Partner HWK/*Seibt* § 1 Rn 11; weiter gehend – nicht einmal gemeinsame Leitung erforderlich – WWKK/*Wißmann* § 10 Rn 24; Hanau ZfA 1990, 115; für die Erforderlichkeit einer vertraglichen Beziehung hingegen *Bonanni* Der gemeinsame Betrieb, S 295; ErfK/*Oetker* § 2 DrittelbG Rn 16; für eine Aufteilung der Belegschaft BAG 1.12.1961, 1 ABR 15/60, AP BetrVG 1952 § 77 Nr 1). Letztere Auffassung erscheint wegen des Bezugs und der Bindung der AN nur zu einem AG vorzugswürdig. 11

C. Andere Mitbestimmungsform. Nach II und III ist das MitbestG nicht anzuwenden, wenn andere Statute einschlägig sind. Dies sind das Montan-MitbestG, das MitbestErgG oder, bei regelmäßiger AN-Zahl zwischen 500 und 2.000, das DrittelbG. 12

D. Tendenzunternehmen. In Tendenzunternehmen, Religionsgemeinschaften und deren karitativen und erzieherischen Einrichtungen ist das MitbestG ebenfalls nicht anzuwenden, IV, wenn sie diesen Zwecken unmittelbar und überwiegend dienen. Die Regelung entspricht § 118 BetrVG. Unmittelbar dient das Unternehmen diesen Zwecken, wenn es nach seinen Statuten darauf ausgerichtet ist; allein eine Gewinnverwendung für die Zwecke reicht nicht (OLG Stuttgart 3.5.1989, 8 W 38/89, BB 1989, 1005 zu § 118 BetrVG; s.a. OLG Dresden 15.4.2010, 2 W 1174/09). Die Tendenzzwecke werden überwiegend verfolgt, wenn sie dem Unternehmen im Hinblick auf seine Tätigkeit und seine Ziele ihr Gepräge geben. Quantitative Gesichtspunkte sind nicht ausschlaggebend (UHH/*Ulmer/Habersack* § 1 Rn 59). Überwiegen kommerzielle Zwecke, kommt Tendenzschutz nicht in Betracht, etwa bei gewerblich betriebenen Krankenhäusern (BayObLG 10.8.1995, 3 Z BR 149/93 – Rhön-Klinikum AG, ZIP 1995, 1671), Forschungsinstituten (BAG 20.11.1990, 1 ABR 87/89, NJW 1991, 2165) und Herstellern von Medienträgern (Druckerzeugnisse, CD, DVD ua; OLG HH 22.1.1980, 11 W 38/79 – Polygram, NJW 1980, 1803; BAG 31.10.1975, 1 ABR 64/74, BB 1976, 136). 13

Im Konzern genießen abhängige Unternehmen ebenfalls Tendenzschutz, wenn sie die Voraussetzungen erfüllen. Ihre AN sind jedoch an der Wahl des Aufsichtsrats des herrschenden Unternehmens zu beteiligen (MüKo-AktG/*Gach* § 1 Rn 36). Dieses kann jedoch selbst Tendenzschutz haben, die Ebenen sind stets getrennt zu betrachten (vgl BAG 30.6.1981, 1 ABR 30/79, AP BetrVG 1972 § 118 Nr 20; LG Hamburg 24.6.1999, 321 T 86/98 – Stella, NZA-RR 2000, 209). In Mischkonzernen mit Holdingstruktur, deren abhängige Unternehmen teilweise Tendenzschutz genießen, ist für die Holding das Gesamtgepräge maßgebend, wobei auch hier eine rein quantitative Betrachtung von Umsatz oder AN-Zahl nicht ausreicht (OLG HH 22.1.1980, 11 W 38/79, NJW 1980, 1803). 14

§ 2 Anteilseigner
Anteilseigner im Sinne dieses Gesetzes sind je nach der Rechtsform der in § 1 Abs. 1 Nr. 1 bezeichneten Unternehmen Aktionäre, Gesellschafter oder Mitglieder einer Genossenschaft.

§ 3 Arbeitnehmer und Betrieb

(1) ¹Arbeitnehmer im Sinne dieses Gesetzes sind
1. die in § 5 Abs. 1 des Betriebsverfassungsgesetzes bezeichneten Personen mit Ausnahme der in § 5 Abs. 3 des Betriebsverfassungsgesetzes bezeichneten leitenden Angestellten,
2. die in § 5 Abs. 3 des Betriebsverfassungsgesetzes bezeichneten leitenden Angestellten.

²Keine Arbeitnehmer im Sinne dieses Gesetzes sind die in § 5 Abs. 2 des Betriebsverfassungsgesetzes bezeichneten Personen.

(2) ¹Betriebe im Sinne dieses Gesetzes sind solche des Betriebsverfassungsgesetzes. ²§ 4 Abs. 2 des Betriebsverfassungsgesetzes ist anzuwenden.

Übersicht	Rdn.		Rdn.
A. Anteilseigner	1	C. Betrieb	3
B. AN	2		

1 **A. Anteilseigner.** § 2 definiert den Begriff des Anteilseigners je nach Rechtsform des Unternehmens abschließend.

2 **B. AN.** Die Begriffsdefinition ist insb für die §§ 1, 7 und 9 relevant. Die Vorschrift verweist auf das BetrVG. Für die leitenden Angestellten ist trotz fehlender entspr Verweisung auch auf § 5 IV BetrVG zu rekurrieren.

3 **C. Betrieb.** Auch hier wird auf das BetrVG verwiesen. Es gelten die Vorschriften des § 1 I wie auch des II BetrVG, des § 3 V sowie des § 4 I und II BetrVG.

§ 4 Kommanditgesellschaft

(1) ¹Ist ein in § 1 Abs. 1 Nr. 1 bezeichnetes Unternehmen persönlich haftender Gesellschafter einer Kommanditgesellschaft und hat die Mehrheit der Kommanditisten dieser Kommanditgesellschaft, berechnet nach der Mehrheit der Anteile oder der Stimmen, die Mehrheit der Anteile oder der Stimmen in dem Unternehmen des persönlich haftenden Gesellschafters inne, so gelten für die Anwendung dieses Gesetzes auf den persönlich haftenden Gesellschafter die Arbeitnehmer der Kommanditgesellschaft als Arbeitnehmer des persönlich haftenden Gesellschafters, sofern nicht der persönlich haftende Gesellschafter einen eigenen Geschäftsbetrieb mit in der Regel mehr als 500 Arbeitnehmern hat. ²Ist die Kommanditgesellschaft persönlich haftender Gesellschafter einer anderen Kommanditgesellschaft, so gelten auch deren Arbeitnehmer als Arbeitnehmer des in § 1 Abs. 1 Nr 1 bezeichneten Unternehmens. ³Dies gilt entsprechend, wenn sich die Verbindung von Kommanditgesellschaften in dieser Weise fortsetzt.

(2) Das Unternehmen kann von der Führung der Geschäfte der Kommanditgesellschaft nicht ausgeschlossen werden.

Übersicht	Rdn.		Rdn.
A. Anwendungsbereich	1	E. Mehrstöckige KG	7
B. Rechtsform der Komplementärkapitalgesellschaft	3	F. Verbot des Ausschlusses von der Geschäftsführung	8
C. Mehrheitsidentität	4		
D. Eigener Geschäftsbetrieb mit 500 oder weniger AN	6		

1 **A. Anwendungsbereich.** Grds sind Personengesellschaften von der Unternehmensmitbestimmung ausgenommen, weil deren Gesellschafter typischerweise persönlich haften. § 4 macht hiervon eine Ausnahme für Kommanditgesellschaften, wenn **3 Voraussetzungen** vorliegen: (1) der persönlich haftende Gesellschafter ist eine Kapitalgesellschaft, (2) es besteht Mehrheitsidentität zwischen den Kommanditisten der KG und den Gesellschaftern der Komplementärin, und (3) die Komplementärkapitalgesellschaft hat keinen eigenen Geschäftsbetrieb mit mehr als 500 AN. Als Ausnahmevorschrift ist sie eng auszulegen (HWK/*Seibt* § 4 Rn 2). So gilt sie nicht für die KGaA mit kapitalistischer Struktur, etwa eine AG & Co KGaA, und zwar auch nicht analog (BGH 24.2.1997, II ZR 11/96, BGHZ 134, 392 ff; OLG Celle 9.10.2014, 9 W 116/14, GWR 2014, 527; aA ErfK/*Oetker* § 4 Rn 1), und nicht für eine kapitalistische OHG, etwa eine GmbH & Co OHG (*Säcker* DB 2003, 2535, 2536; *Kunze* ZGR 1978, 321, 343 ff; aA Großkommentar AktG/*Oetker* § 4 Rn 2). § 5 bleibt allerdings unberührt; s dort.

Die Regelung bewirkt nicht die Bildung eines mitbestimmten Aufsichtsrats bei der KG, sondern rechnet 2
die AN der KG der **persönlich haftenden Kapitalgesellschaft** zu, bei der der Aufsichtsrat zu bilden ist.
Grund für die Ausnahme ist die grds einheitliche Willensbildung dieser Kombination 2er Rechtsformen,
in der letztlich die persönlich haftende Kapitalgesellschaft bestimmt, nicht die KG (insofern eine atypische
Gesellschaftsform; vgl auch BT-Drs 7/2172, S 20).

B. Rechtsform der Komplementärkapitalgesellschaft. Aufgrund Verweises in § 4 I 1 auf § 1 I Nr 1 kom- 3
men für Zwecke der Zurechnung als Komplementärin der KG nur AG, KGaA, GmbH und Genossenschaft
in Betracht. Ist die Komplementärin eine ausländische Kapitalgesellschaft, scheidet eine AN-Zurechnung
aus. Eine natürliche Person in der Rolle eines weiteren Komplementärs neben der Kapitalgesellschaft verhindert die Bildung eines mitbestimmten Aufsichtsrats bei dieser Komplementärkapitalgesellschaft allerdings in
aller Regeln nicht (vgl ErfK/*Oetker* § 4 Rn 1; zu wohl eher seltenen Ausnahmen bei entspr einseitig verteil-
tem Haftungsrisiko sowie der Vertretungs- und Geschäftsführungsbefugnis aufseiten der natürlichen Person
Willemsen/*Seibt* Unternehmensumstrukturierung F31). Wenn eine KG hingegen mehrere Kapitalgesellschaften als Komplementäre hat, sind allen diesen Komplementären alle AN der KG zuzurechnen (ErfK/
Oetker § 4 Rn 6; *Raiser*/*Veil* § 4 Rn 17). Ist eine Kapitalgesellschaft gleichsam sternförmig Komplementärin
in mehreren KG, so sind ihr alle AN der KGs zuzurechnen, bei denen die Voraussetzungen des I 1 vorliegen
(*Raiser*/*Veil* § 4 Rn 6; ErfK/*Oetker* § 4 Rn 6). Wird die Gesellschafterstruktur durch Wechsel des persönlich haftenden Gesellschafters von einer Kapitalgesellschaft zu einer natürlichen Person geändert, ist diese
Änderung zulässig und nicht deswegen nichtig, weil damit auch ein mitbestimmter Aufsichtsrat bei der KG
vermieden wird, sofern dies nicht der einzige Zweck des Wechsels und damit rechtsmissbräuchlich ist (vgl
LG Düsseldorf 30.10.1979, 25 AktE 1/77 – Vorwerk & Co, AG 1980, 139; *Henssler* ZfA 2000, 240, 250).

C. Mehrheitsidentität. Die Gesellschafterkreise von KG und Komplementärkapitalgesellschaft müssen 4
nach Stimm- oder Anteilsmehrheit kongruent sein: Die Mehrheit der Kommanditisten muss die Mehrheit
an der Komplementärkapitalgesellschaft halten. Dieses Merkmal ist auch bei der Einheitsgesellschaft erfüllt,
bei der die KG die Mehrheit oder alle Anteile an ihrer Komplementärin hält (OLG Celle 30.8.1979, 9 Wx
8/78 – Stiebel-Eltron, GmbHR 1979, 277, 278; ErfK/*Oetker* § 4 Rn 4). Anteile bzw Stimmen eines Stroh-
manns oder fremdnützigen Treuhänders sind dem Treugeber zuzurechnen (OLG Celle 30.8.1979, 9 Wx
8/78, GmbHR 1979, 277; LG Brem 6.12.1979, 20 Z 362/1977c – Kühne & Nagel, DB 1980, 349, 350;
OLG Brem 30.4.1980, 1 W 3/80(c) – Kühne & Nagel, DB 1980, 1332, 1333; einschränkend *Raiser*/*Veil*
§ 4 Rn 11). Ein Beirat der KG, der durch die Kommanditisten besetzt wird und dem bes Zustimmungsvorbehalte eingeräumt sind, bewirkt ohne bes weitere Umstände noch keine Mehrheitsidentität (OLG Brem
30.4.1980, 1 W 3/80(c), DB 1980, 349). Auch familienrechtliche Verbindungen der Mehrheit der Kom-
plementärkapitalgesellschafter zu den Mehrheitsgesellschaftern der KG wie auch entspr Stimmbindungsverträge können eine fremdnützige Treuhandschaft indizieren, führen aber als solche noch nicht zu einer
Zurechnung (OLG Brem 30.4.1980, 1 W 3/80(c), DB 1980, 349; ErfK/*Oetker* § 4 Rn 4; *Raiser*/*Veil* § 4
Rn 12).

Liegen bei einer Kapitalgesellschaft & Co KG die Voraussetzungen des § 4 I 1 nicht vor, schließt dies eine 5
Anwendung des § 5 I nicht aus (so die wohl hM, vgl HWK/*Seibt* § 4 Rn 8; ErfK/*Oetker* § 5 Rn 4, je mwN).
Die Situationen sind unterschiedlich: Während § 4 den Fall behandelt, dass die Willensbildung einheitlich
in der KG stattfindet, betrifft § 5 den Fall der faktischen Konzentration der Willensbildung in der Komplementärkapitalgesellschaft. Diese hat zwar in der Rechtsform der Kapitalgesellschaft & Co KG von Rechts
wegen eine starke Stellung, ist aber noch nicht per se herrschend iSd § 18 AktG.

D. Eigener Geschäftsbetrieb mit 500 oder weniger AN. Die Zurechnung der AN der KG zur Komple- 6
mentärkapitalgesellschaft scheidet aus, wenn Letztere einen eigenen Geschäftsbetrieb mit regelmäßig mehr
als 500 AN unterhält. Für den eigenen Geschäftsbetrieb ist allerdings erforderlich, dass die Geschäftstätigkeit im Eigeninteresse und eigenständig ausgeübt wird (ErfK/*Oetker* § 4 Rn 5) und nicht mit dem Zweck
der KG identisch ist oder weitgehend parallel läuft. Das schließt es aus, nur mit der Ausübung der Komple-
mentärfunktion befasste AN mitzuzählen (HWK/*Seibt* § 4 Rn 9).

E. Mehrstöckige KG. Um eine rechtsmissbräuchliche Umgehung der Zurechnung nach § 4 zu vermei- 7
den, gilt diese nach I 2 und 3 auch bei der mehrstöckigen Kapitalgesellschaft & Co KG. Zugerechnet wird
aber nur bei der obersten Komplementärkapitalgesellschaft, nicht auf den darunter liegenden Ebenen (ErfK/
Oetker § 4 Rn 7; HWK/*Seibt* § 4 Rn 11).

F. Verbot des Ausschlusses von der Geschäftsführung. Nach II kann die Komplementärkapitalge- 8
sellschaft nicht von der Führung der Geschäfte der KG ausgeschlossen werden, weil sonst die mittelbare

Mitbestimmung faktisch vermieden werden könnte (vgl BT-Drs 7/2172, S 21). Das Widerspruchsrecht anderer Komplementäre nach § 115 I HGB bleibt allerdings bestehen, ebenso die Zustimmungsrechte der Kommanditisten gem § 164 HGB (vgl *Raiser/Veil* § 4 Rn 25). Ob weitere Einschränkungen der Geschäftsführung zulässig sind, ist str. Nach wohl hM kann die Vertretungsmacht eines Komplementärs nach §§ 125 I, 161 II HGB nicht zugunsten eines anderen Komplementärs, etwa einer natürlichen Person, ausgeschlossen werden (*Raiser/Veil* § 4 Rn 25; aA HWK/*Seibt* § 4 Rn 12). Jedenfalls ist aber eine Weisungsbefugnis der KG oder ihrer Kommanditisten ggü dem persönlich haftenden Gesellschafter hins aller Angelegenheiten nach II nichtig (ebenso HWK/*Seibt* § 4 Rn 12).

§ 5 Konzern

(1) ¹Ist ein in § 1 Abs. 1 Nr. 1 bezeichnetes Unternehmen herrschendes Unternehmen eines Konzerns (§ 18 Abs. 1 des Aktiengesetzes), so gelten für die Anwendung dieses Gesetzes auf das herrschende Unternehmen die Arbeitnehmer der Konzernunternehmen als Arbeitnehmer des herrschenden Unternehmens. ²Dies gilt auch für die Arbeitnehmer eines in § 1 Abs. 1 Nr. 1 bezeichneten Unternehmens, das persönlich haftender Gesellschafter eines abhängigen Unternehmens (§ 18 Abs. 1 des Aktiengesetzes) in der Rechtsform einer Kommanditgesellschaft ist.
(2) ¹Ist eine Kommanditgesellschaft, bei der für die Anwendung dieses Gesetzes auf den persönlich haftenden Gesellschafter die Arbeitnehmer der Kommanditgesellschaft nach § 4 Abs. 1 als Arbeitnehmer des persönlich haftenden Gesellschafters gelten, herrschendes Unternehmen eines Konzerns (§ 18 Abs. 1 des Aktiengesetzes), so gelten für die Anwendung dieses Gesetzes auf den persönlich haftenden Gesellschafter der Kommanditgesellschaft die Arbeitnehmer der Konzernunternehmen als Arbeitnehmer des persönlich haftenden Gesellschafters. ²Abs. 1 Satz 2 sowie § 4 Abs. 2 sind entsprechend anzuwenden.
(3) Stehen in einem Konzern die Konzernunternehmen unter der einheitlichen Leitung eines anderen als eines in Abs. 1 oder 2 bezeichneten Unternehmens, beherrscht aber die Konzernleitung über ein in Abs. 1 oder 2 bezeichnetes Unternehmen oder über mehrere solcher Unternehmen andere Konzernunternehmen, so gelten die in Abs. 1 oder 2 bezeichneten und der Konzernleitung am nächsten stehenden Unternehmen, über die die Konzernleitung andere Konzernunternehmen beherrscht, für die Anwendung dieses Gesetzes als herrschende Unternehmen.

Übersicht	Rdn.		Rdn.
A. Anwendungsbereich	1	II. Gemeinschaftsunternehmen	7
B. Begriffe	2	III. Tendenzkonzern	8
C. Sonderformen	6	IV. KG als Konzernspitze	9
I. Mehrstufiger Konzern	6	V. Teilkonzern	10

1 **A. Anwendungsbereich.** Sinn der Vorschrift (wie auch des G) ist es, eine Mitbestimmung der AN dort zu gewährleisten, wo die wesentliche Kontrolle ausgeübt wird. Dann ist es konsequent, die Unternehmensmitbestimmung im Aufsichtsrat der Konzernleitung zu verorten (vgl BAG 18.6.1970, 1 ABR 3/70, DB 1970, 1595; BayObLG 24.3.1998, 3 Z BR 236/96 – Walter Holding I, NZA 1998, 656, 957). Tragender Begriff ist der des Konzerns gem § 18 I AktG, mithin die einheitliche Leitung eines abhängigen Unternehmens durch ein herrschendes Unternehmen. Besteht ein Konzern, so sind grds die AN der abhängigen Unternehmen der Konzernspitze zuzurechnen, also sowohl hins der Bestimmung des Minimums von 2.000 AN also auch mit aktivem und passivem Wahlrecht für die AN-Vertreter im Aufsichtsrat des herrschenden Unternehmens. Dabei ist jede Ebene in der Unternehmenshierarchie gesondert zu betrachten, was durchaus zur Bildung mehrerer mitbestimmter Aufsichtsräte auf unterschiedlichen Konzernebenen führen kann.

2 **B. Begriffe.** Die Vorschrift verweist auf § 18 I AktG. Da es dort jedoch um Gläubiger- und Minderheitsgesellschafterschutz geht, erfordert der **Konzernbegriff** für Zwecke des MitbestG eine eigene mitbestimmungsrechtliche Betrachtung (BayObLG 24.3.1998, 3 Z BR 236/96, NZA 1998, 656; OLG Frankfurt aM 10.11.1986, 20 W 27/86, WM 1987, 237, 238; OLG Zweibrücken 9.11.1983, 3 W 25/83, AG 1984, 80, 81; OLG Düsseldorf 31.1.1979, 19 W 17/78, – Hoechst/Herberts, AG 1979, 318, 319; ErfK/*Oetker* § 5 Rn 2; *Raiser/Veil* § 5 Rn 5).

3 Die Rechtsform des **herrschenden Unternehmens** bestimmt sich nach § 1 I Nr 1. Eine weitere maßgebliche Beteiligung an anderen Gesellschaften oder eine eigene Unternehmenstätigkeit ist nicht erforderlich (s nur BayObLG 24.3.1998, 3 Z BR 236/96, NZA 1998, 656; OLG Frankfurt 21.4.2008, 20 W 8/07, ZIP 2008, 880, 881), ebenso wenig muss das herrschende Unternehmen eigene AN haben (ebenda; ErfK/

Oetker § 5 Rn 3; aA OLG Brem 30.4.1980, 1 W 3/80 (c) – Kühne & Nagel, DB 1980, 1332); es reicht vielmehr die einheitliche Leitung. Für das **abhängige Unternehmen** ist die Rechtsform gleichgültig, sodass auch eine öffentl-rechtliche Trägerschaft in Betracht kommt (vgl nur ErfK/*Oetker* § 5 Rn 5), ebenso eine SE oder ein ausl Unternehmen mit tatsächlichem Verwaltungssitz im Inland.

Für die **einheitliche Leitung** kann auf die Vermutungsregel der §§ 18 I 3, 17 II AktG zurückgegriffen werden. Die Vermutung ist widerlegbar; erforderlich dafür ist der Nachweis der Nichtausübung der Leitung (BayObLG 6.3.2002, 3 Z BR 343/00 – Walter Holding II, NZG 2002, 579, 581), etwa durch einen Entherrschungsvertrag (dazu *Hüffer* § 18 AktG Rn 19). Widerlegt ist die Vermutung etwa bei einer reinen Vermögensholding, die nur ihre Beteiligungen verwaltet, aber keine Leitungsaufgaben wahrnimmt (dazu HWK/*Seibt* § 5 Rn 7). 4

Allerdings ist der Begriff der einheitlichen Leitung weiter als der des AktG. Es ist nicht erforderlich, dass das herrschende Unternehmen das gesamte abhängige Unternehmen leitet. Vielmehr reicht aus, dass einzelne Bereiche unter der Leitung des herrschenden Unternehmens stehen (BayObLG 24.3.1998, 3 Z BR 236/96 – Walter Holding I, NZA 1998, 656, 957; OLG Düsseldorf 31.1.1979, 19 W 17/78, AG 1979, 318; *Raiser/Veil* § 5 Rn 13). 5

C. Sonderformen. I. Mehrstufiger Konzern. Grds werden die AN abhängiger Tochter- und Enkel- und Urenkelunternehmen etc der obersten Leitung zugerechnet. Abw vom Aktienkonzernrecht (vgl *Hüffer* § 18 AktG Rn 14) sind die AN der abhängigen Unternehmen aber auch einer Zwischengesellschaft zuzurechnen, wenn diese eine eigene Leitungsmacht ausübt (**Konzern im Konzern**; hM, vgl OLG Düsseldorf 31.1.1979, 19 W 17/78, AG 1979, 318; OLG Zweibrücken 9.11.1983, 3 W 25/83 – Hochtief/Streif, AG 1984, 80, 81; OLG München 19.11.2008, 31 Wx 99/07, NZG 2009, 112; ErfK/*Oetker* § 5 Rn 8; *Raiser/Veil* § 5 Rn 23; aA *Meik* BB 1991, 2441, 2443; *Meilicke/Meilicke* BB 1978, 406, 409; offen OLG Düsseldorf 27.12.1996, 19 W 4/96 – Babcock/BSH, AG 1997, 129, 130). Die Anforderungen daran sind hoch (vgl HWK/*Seibt* § 5 Rn 8 mwN), die Vermutungswirkung des § 18 I 2 und 3 AktG greift nicht ein (OLG München 19.11.2008, 31 Wx 99/07, NZG 2009, 112; *Kort* NZG 2009, 81, 83); der Regelfall bleibt die einheitliche Leitung bei der Obergesellschaft (ebenso ErfK/*Oetker* § 5 Rn 9; *Raiser/Veil* § 5 Rn 24). Nach OLG Zweibrücken (9.11.1983, 3 W 25/83, AG 1984, 80) indizieren ein eigener Konzernabschluss oder eine dezentrale Struktur allein noch keine eigene Leitungsmacht der Zwischengesellschaft. Vielmehr muss die Obergesellschaft die Leitung praktisch vollständig an die Zwischengesellschaft abgegeben haben. Dagegen sprechen bspw Personenidentität der Unternehmensführungen (vgl LG HH 26.6.1995, 321 T 61/94 – AMB/Volksfürsorge, AG 1996, 89, 90; *Raiser/Veil* § 5 Rn 24), ein enges Berichtswesen zur Obergesellschaft oder ein Beherrschungsvertrag (§ 291 AktG; s.a. *Raiser/Veil* § 5 Rn 24). 6

II. Gemeinschaftsunternehmen. Steht ein Unternehmen unter der gemeinsamen dauerhaften Leitung mehrerer Unternehmen, bildet es mit beiden leitenden Unternehmen jeweils einen Konzern. Seine AN sind einzurechnen und haben für die Aufsichtsräte beider herrschenden Unternehmen aktives und passives Wahlrecht (hM, BAG 16.8.1995, 7 ABR 57/94, AP BetrVG 1952 § 76 Nr 30 mit zust Anm *Hueck*; 30.10.1986, 6 ABR 19/85, WM 1987, 1551, 1554; ErfK/*Oetker* § 5 Rn 13; *Raiser/Veil* § 5 Rn 26; aA *Bayer* ZGR 1977, 173, 187 ff; *Duden* ZHR 1977, 145). Nicht ausreichend für die Annahme einer gemeinsamen dauerhaften Leitung ist die Identität der handelnden Personen (BAG 16.8.1995, 7 ABR 57/94, AP BetrVG 1952 § 76 Nr 30 mit zust Anm *Hueck*). Nicht abschließend geklärt ist allerdings, ob bereits die hälftige Verteilung der Anteile oder die Gleichgerichtetheit der unternehmerischen Interessen ausreichen oder wenigstens hinreichende Indizwirkung entfalten (dagegen HWK/*Seibt* § 5 Rn 10; eher dafür offenbar BAG 13.10.2004, 7 ABR 56/03, NZG 2005, 512, 514). Richtigerweise darf das noch nicht ausreichen; die Interessenparallelität manifestiert sich schließlich bereits in der Tatsache der Errichtung und des Betriebs eines Gemeinschaftsunternehmens, sodass in der Konsequenz für ein Gemeinschaftsunternehmen praktisch stets eine einheitliche dauerhafte Leitungsmacht angenommen werden müsste. Wie die Praxis zeigt, besteht diese aber gerade nicht durchweg. 7

III. Tendenzkonzern. Genießt ein herrschendes Unternehmen nach § 1 IV Tendenzschutz (s § 1 Rdn 13), entfällt auch die Zurechnung der AN der beherrschten Unternehmen zu ihm. Sie verschiebt sich dann ggf auf die nächstniedrigere Konzernebene, sofern nicht dort ebenfalls Tendenzschutz besteht (vgl ErfK/*Oetker* § 5 Rn 22; *Raiser/Veil* § 5 Rn 38; aA hins der entspr Anwendbarkeit von § 5 III *Loritz* ZfA 1985, 497, 528; *Hölters* RdA 1979, 335, 339). 8

IV. KG als Konzernspitze. Steht eine Kapitalgesellschaft & Co KG an der Spitze des Konzerns, so bestimmt § 5 II, I 2, dass die AN der beherrschten Unternehmen der Komplementärin der herrschenden KG zuzurechnen sind, wenn dort Stimmenkongruenz nach § 4 I gegeben ist. Dies zusammen mit dem 9

Verweis auf die Anwendbarkeit des § 4 II dient der Anwendung der Unternehmensmitbestimmung auch in dem Fall, dass der Konzern von einer von ihrer Komplementärkapitalgesellschaft geführten KG geleitet wird.

10 **V. Teilkonzern.** Ausnahmsweise ist eine Konzernspitze nicht mitbestimmungspflichtig, etwa wenn sie eine andere als die in § 1 I Nr 1 genannte Rechtsform hat, als reine Beteiligungsverwaltung keine Leitungsfunktion ausübt oder ein Tendenzunternehmen ist. Damit dennoch eine Unternehmensmitbestimmung der AN stattfindet, sieht III vor, dass das nächstniedrigere Unternehmen, das die Voraussetzungen erfüllt, einen mitbestimmten Aufsichtsrat zu bilden hat. Hier ist allerdings umstr, ob eine **reine Kapitalverbindung** zwischen nicht mitbestimmtem Unternehmen und nächster Ebene ausreicht (so OLG Stuttgart 10.3.1995, 8 W 355/93 – *Vögele*, ZIP 1995, 1004 mit zust Anm *Mankowski*; bestätigend: OLG Frankfurt aM 21.4.2008, 20 W 8/07, ZIP 2008, 880, 20 W 342/07, ZIP 2008, 878; MüKo-AktG/*Gach* § 5 Rn 38) oder ob darüber hinaus jedenfalls eine gewisse **Weisungs- oder Leitungsfunktion** bei dem Unternehmen auf der nächsten Ebene bestehen muss (so noch die Vorinstanz, LG Stuttgart 11.5.1993, 2 AktE 1/92, ZIP 1993, 1406; OLG Celle 22.3.1993, 9 W 130/92 – Preussag/Salzgitter, BB 1993, 957; ErfK/*Oetker* § 5 Rn 20). Letzteres erscheint vorzugswürdig, würde doch ein alleiniges Abstellen auf eine Kapitalverflechtung dazu führen, dass ein mitbestimmter Aufsichtsrat auch dort zu bilden wäre, wo mangels Leitungsfunktion keinerlei Unternehmensentsch getroffen werden. Damit wäre das Ziel des MitbestG, den AN dort Mitwirkungsrechte einzuräumen, wo die wesentlichen Entsch fallen, aber verfehlt (ähnlich krit HWK/*Seibt* § 5 Rn 12; auch ErfK/*Oetker* § 5 Rn 21; offener *Löwisch* ZIP 2011, 256). Exemplarisch dazu der Vögele-Fall: Wegen der Beschränkung des Anwendungsbereichs des MitbestG auf das Inland – weswegen AN **ausländischer** Konzernunternehmen nicht mitzuzählen sind (OLG Stuttgart 10.3.1995, 8 W 355/93, ZIP 1995, 1004; ErfK/*Oetker* § 5 Rn 14) – war in der schweizerischen Konzernobergesellschaft kein mitbestimmter Aufsichtsrat zu bilden. Nach OLG Stuttgart (10.3.1995, 8 W 355/93, ZIP 1995, 1004) war die Unternehmensmitbestimmung dann aber auf der höchsten dt Ebene einzurichten, auch wenn dort nach dem vorgetragenen Sachverhalt keine Entsch- und Leitungsbefugnisse bestanden. Welchen Sinn ein mitbestimmter Aufsichtsrat dann haben soll, erschließt sich nicht ohne Weiteres. Ob in einem solchen Fall ein grenzüberschreitender Beherrschungsvertrag zugunsten der ausländischen Obergesellschaft hilft, die Mitbestimmung in der inländischen Teilkonzernspitze entfallen zu lassen (was HWK/*Seibt* § 5 Rn 14 regelmäßig als gegeben sieht), erscheint nicht eindeutig, wäre aber jedenfalls dann richtig und angemessen, wenn ein solcher Vertrag keinen Raum für eigene Entsch der Teilkonzernspitze lässt.

§ 6 Grundsatz

(1) Bei den in § 1 Abs. 1 bezeichneten Unternehmen ist ein Aufsichtsrat zu bilden, soweit sich dies nicht schon aus anderen gesetzlichen Vorschriften ergibt.

(2) ¹Die Bildung und die Zusammensetzung des Aufsichtsrats sowie die Bestellung und die Abberufung seiner Mitglieder bestimmen sich nach den §§ 7 bis 24 dieses Gesetzes und, soweit sich dies nicht schon aus anderen gesetzlichen Vorschriften ergibt, nach § 96 Absatz 4, den §§ 97 bis 101 Abs. 1 und 3 und den §§ 102 bis 106 des Aktiengesetzes mit der Maßgabe, daß die Wählbarkeit eines Prokuristen als Aufsichtsratsmitglied der Arbeitnehmer nur ausgeschlossen ist, wenn dieser dem zur gesetzlichen Vertretung des Unternehmens befugten Organ unmittelbar unterstellt und zur Ausübung der Prokura für den gesamten Geschäftsbereich des Organs ermächtigt ist. ²Andere gesetzliche Vorschriften und Bestimmungen der Satzung (des Gesellschaftsvertrags, des Status) über die Zusammensetzung des Aufsichtsrats sowie über die Bestellung und die Abberufung seiner Mitglieder bleiben unberührt, soweit Vorschriften dieses Gesetzes dem nicht entgegenstehen.

(3) ¹Auf Genossenschaften sind die §§ 100, 101 Abs. 1 und 3 und die §§ 103 und 106 des Aktiengesetzes nicht anzuwenden. ²Auf die Aufsichtsratsmitglieder der Arbeitnehmer ist § 9 Abs. 2 des Genossenschaftsgesetzes nicht anzuwenden.

Übersicht	Rdn.		Rdn.
A. Aufsichtsrat, I	1	1. Bekanntmachung	5
B. Statusverfahren, II, III	2	2. Gerichtliches Feststellungsverfahren	8
I. Allgemeines	2	3. Überleitung	10
II. Verfahren	4		

1 **A. Aufsichtsrat, I.** Die Bildung des Aufsichtsrats ist für die Unternehmen, die dem MitbestG unterfallen, verpflichtend. AG (§§ 95 ff AktG), KGaA (§ 278 III, §§ 95 ff AktG) und Genossenschaften (§ 9 I GenG)

haben ohnehin einen Aufsichtsrat, sodass I nur für die GmbH Bedeutung hat, wo er dann entspr den aktienrechtlichen Vorschriften einzurichten ist. Für den Gründungsaufsichtsrat s § 1 Rdn 6.

B. Statusverfahren, II, III. I. Allgemeines. Ist der Aufsichtsrat nicht nach den jew maßgebenden Vorschriften zusammengesetzt, ist grds ein Statusverfahren nach §§ 97–99 AktG durchzuführen. Bis zu seinem Abschluss bleibt der Aufsichtsrat in seiner bisherigen Zusammensetzung bestehen (so schon *Martens* DB 1978, 1065, 1068), damit die Funktionsfähigkeit der Gesellschaft erhalten bleibt (HWK/*Seibt* § 6 Rn 2). Erfasst ist sowohl ein Wechsel im Mitbestimmungsregime (etwa zwischen der Mitbestimmung nach dem DrittelbG und nach dem MitbestG) wie auch das erstmalige Erforderlichwerden eines mitbestimmten Aufsichtsrats wegen Überschreitung der Grenzen von 500 (BAG 16.4.2008, 7 ABR 6/07, DB 2008, 1850) oder 2.000 AN und das Über- oder Unterschreiten von Schwellenwerten für die Größe des Aufsichtsrats (OLG HH 26.8.1988, 11 W 53/88, AG 1989, 64; OLG Düsseldorf, 26.6.1978, 19 W 3/78, DB 1978, 1065, 1068). Gleichgültig ist der Grund der Änderung; Sondervorschriften für Umwandlungen nach dem UmwG bestehen nicht (*Kiem/Uhrig* NZG 2001, 680). Lediglich bei Wegfall des Aufsichtsrats insgesamt, etwa bei Formwechsel in eine nicht mitbestimmte Organisationsform, besteht kein Erfordernis für ein Statusverfahren, da hier keine Übergangszeit entsteht, die Raum für Unsicherheiten lässt (*Raiser/Veil* § 1 Rn 24; *Weiler* NZG 2004, 988, 989).

Ein Statusverfahren ist hingegen entbehrlich bei Größenänderungen des Aufsichtsrats allein aufgrund Satzungsänderung (OLG Dresden 18.2.1997, 14 W 1396/96, ZIP 1997, 589, 591). Bei einer satzungsmäßigen Vergrößerung reichen Nachwahl oder gerichtliche Bestellung (*Hüffer* § 97 AktG Rn 3; *Raiser/Veil* § 7 Rn 5). Die satzungsmäßige Vergrößerung darf jedoch nicht dazu führen, dass die Höchstgrenze von 20 Mitgliedern (§ 7 I) überschritten wird (BGH 30.1.2012, II ZB 20/11, NZG 2012, 347).

II. Verfahren. Der Ablauf des Statusverfahrens vollzieht sich in 2, ggf auch 3 Abschn. Zunächst wird – durch Bekanntmachung des Vorstands, § 97 I 1 AktG (1. Abschn), oder, wenn diese angefochten wird, durch Feststellung des zuständigen ordentlichen Gerichts, § 98 IV 1 AktG (2. Abschn) – festgelegt, welche Vorschriften aufgrund der Änderung der Umstände nun verbindlich sind. Sodann ist überzuleiten (3. Abschn); § 97 II 2 AktG lässt entgegenstehende Satzungsbestimmungen ggf gesetzlich außer Kraft treten, alle Aufsichtsratsmandate erlöschen, und der Aufsichtsrat ist vollständig neu zu besetzen.

1. Bekanntmachung. Die Initiative liegt beim Vorstand bzw der Geschäftsführung. Kommt das Geschäftsleitungsorgan zu der Auffassung, dass der Aufsichtsrat nicht mehr ordnungsgem besetzt ist, ist er verpflichtet, dies inner- wie außerbetrieblich bekannt zu machen, unabhängig davon, ob allg Einigkeit über die erforderliche Zusammensetzung und Größe besteht oder nicht (HWK/*Seibt* § 6 Rn 7). Es hat in der Bekanntmachung (1) festzustellen, dass die Zusammensetzung nach seiner Auffassung nicht ordnungsgem ist, (2) die Vorschriften zu nennen, nach denen sich die Zusammensetzung des Aufsichtsrats richtet, und (3) anzukündigen, dass sich der Aufsichtsrat so zusammensetzen wird, wenn nicht innerhalb 1 Monats nach Bekanntmachung im BAnz das zuständige Gericht nach § 98 I AktG angerufen wird. Ggf ist (4) auch die Anwendbarkeit von § 7 bekannt zu geben, ebenso eine ggf in der Satzung festgelegte höhere Zahl der Mitglieder (*Raiser/Veil* § 6 Rn 13). Mehr ist nach hM nicht erforderlich (*Hüffer* § 97 AktG Rn 4; aA *Oetker* ZHR 1985, 575, 592, wonach ua auch die AN-Zahlen sowie Zurechnungen nach §§ 4 oder 5 zu nennen seien).

Die von § 97 I 1 AktG geforderte **Unverzüglichkeit** der Bekanntmachung ist auch dann noch gegeben, wenn die Geschäftsführung die Sach- und Rechtslage zunächst genauer prüft (*Raiser/Veil* § 6 Rn 11; *Kiem/Uhrig* NZG 2001, 680, 681). Sind die Änderungen klar absehbar, wird es auch zulässig sein, die Bekanntmachung bereits vor Eintritt des ändernden Sachverhalts (etwa der Umwandlung) vorzunehmen, um das langwierige Verfahren bereits in Gang zu setzen (HWK/*Seibt* § 6 Rn 10, 12; weiter gehend noch KK-AktG/ *Mertens* §§ 97–99 Rn 3). Wird umgekehrt der ändernde Sachverhalt zwar rechtlich umgesetzt, dann aber gerichtlich angefochten, sodass noch nicht klar ist, ob er eintreten bzw wirksam werden oder bleiben wird, kann die Geschäftsführung dennoch das Statusverfahren durchführen (*Oetker* ZGR 2000, 19, 39), schon um keine Rechtsunsicherheiten für die Zeit bis zum Abschluss eines Anfechtungsverfahrens auftreten zu lassen (s.a. LG Mainz 8.6.1998, 4 O 189/97, DB 1998, 2052).

Das Unterlassen der Einleitung eines Statusverfahrens ist allerdings in der Praxis ohne Sanktionen (KK-AktG/*Mertens* §§ 97–99 Rn 7). Zwar haftet die Geschäftsleitung der Gesellschaft ggü (nicht jedoch ggü Gewerkschaften, AN oder BR, HWK/*Seibt* § 6 Rn 13) nach § 93 II AktG bzw § 43 II GmbHG auf Schadensersatz, doch ist ein Schaden kaum nachweisbar. Das Unterlassen ist weder eine Ordnungswidrigkeit noch gar eine Straftat, und die Beschl des nicht richtig zusammengesetzten Aufsichtsrats sind, wie sich aus § 250 I Nr 1 AktG ergibt, wirksam.

§ 7 MitBestG Zusammensetzung des Aufsichtsrats

8 **2. Gerichtliches Feststellungsverfahren.** Vorstand, Aufsichtsratsmitglieder, Aktionäre, GBR bzw BR, ein Zehntel der AN und Gewerkschaften können nach § 98 II AktG die Zivilkammer des LG innerhalb 1 Monats nach Bekanntmachung im BAnz anrufen. Geschieht das nicht, ist der neue Aufsichtsrat entspr der Bekanntmachung zusammenzusetzen, § 97 II 1 AktG. Wird das Gericht angerufen, tritt das gerichtliche Feststellungsverfahren an die Stelle des Bekanntmachungsverfahrens. Gleiches gilt, wenn keine Bekanntmachung veröffentlicht wurde, aber einer der Antragsberechtigten das gerichtliche Feststellungsverfahren anstrengt, weil er der Auffassung ist, dass der Aufsichtsrat anders zusammengesetzt sein müsse. Ist ein gerichtliches Verfahren einmal eingeleitet, kann die Geschäftsleitung nicht mehr eine Bekanntmachung veröffentlichen, § 97 III AktG. Das LG führt das Verfahren iRd freiwilligen Gerichtsbarkeit und macht Verfahrensantrag und Entscheidung (jeweils ohne Gründe) in den Gesellschaftsblättern bekannt. Die Entsch wirkt für und gegen alle, vgl § 99 V AktG.

9 Vom Feststellungsverfahren zu unterscheiden sind Streitigkeiten, die sich nur mittelbar auf die Zusammensetzung des Aufsichtsrats auswirken, etwa über die Wahlberechtigung von AN von Konzernunternehmen. Für diese bleibt das ArbG zuständig. Sobald aber Größe oder Zusammensetzung des Aufsichtsrats berührt werden, ist ausschließlich die Zuständigkeit des LG im Feststellungsverfahren gegeben.

10 **3. Überleitung.** Steht die Zusammensetzung des Aufsichtsrats fest, sind nach § 97 II AktG (1) die Satzung zu ändern, (2) die bisherigen Aufsichtsratsmandate zu beenden, (3) die neuen Aufsichtsräte zu bestellen und (4) die Änderung zum Handelsregister zur Eintragung anzumelden, und zwar in einer Hauptversammlung innerhalb von 6 Monaten nach Ablauf der Anrufungsfrist bzw nach Rechtskraft der Entsch des LG. IdR dauert die Wahl der AN-Vertreter im Aufsichtsrat aber länger. In diesem Fall werden die fehlenden AN-Vertreter nach § 104 II AktG für die Zeit bis zum Abschluss der Wahl bestellt. Findet eine Hauptversammlung nicht innerhalb der 6 Monate statt, treten die unrichtigen Satzungsbestimmungen qua G außer Kraft und werden durch gesetzliche Regelungen ersetzt. Alle Aufsichtsratsmitglieder verlieren ihr Mandat, ggf ist neu zu bestellen (*Hüffer* § 97 AktG Rn 5). Für Bestellung und Abberufung gelten, wenn §§ 7 ff nichts anderes vorsehen, kraft Verweisung in § 6 II 1 die §§ 100, 101 I und III, 102–106 AktG, für Genossenschaften nach § 6 III 1 nur die §§ 102, 104 und 105 AktG sowie §§ 9, 36 und 37 GenG, wobei nur die Aufsichtsratsmitglieder der Anteilseigner, anders als in § 9 II GenG vorgesehen, Mitglieder der Genossenschaft sein müssen. Prokuristen können in den Aufsichtsrat entsandt werden, es sei denn, dass sie dem gesetzlichen Vertretungsorgan des Unternehmens unmittelbar unterstellt sind, sich also auf der 2. Ebene befinden, und ihre Prokura sich auf die Vertretung des gesamten Unternehmens bezieht, § 6 II 1 HS 2 (*Schäuble/Lindemann* GWR 2015, 155).

§ 7 Zusammensetzung des Aufsichtsrats

(1) ¹Der Aufsichtsrat eines Unternehmens
1. mit in der Regel nicht mehr als 10.000 Arbeitnehmern setzt sich zusammen aus je sechs Aufsichtsratsmitgliedern der Anteilseigner und der Arbeitnehmer;
2. mit in der Regel mehr als 10.000, jedoch nicht mehr als 20.000 Arbeitnehmern setzt sich zusammen aus je acht Aufsichtsratsmitgliedern der Anteilseigner und der Arbeitnehmer;
3. mit in der Regel mehr als 20.000 Arbeitnehmern setzt sich zusammen aus je zehn Aufsichtsratsmitgliedern der Anteilseigner und der Arbeitnehmer.

²Bei den in Satz 1 Nr. 1 bezeichneten Unternehmen kann die Satzung (der Gesellschaftsvertrag) bestimmen, daß Satz 1 Nr. 2 oder 3 anzuwenden ist. ³Bei den in Satz 1 Nr. 2 bezeichneten Unternehmen kann die Satzung (der Gesellschaftsvertrag) bestimmen, daß Satz 1 Nr. 3 anzuwenden ist.

(2) Unter den Aufsichtsratsmitgliedern der Arbeitnehmer müssen sich befinden
1. in einem Aufsichtsrat, dem sechs Aufsichtsratsmitglieder der Arbeitnehmer angehören, vier Arbeitnehmer des Unternehmens und zwei Vertreter von Gewerkschaften;
2. in einem Aufsichtsrat, dem acht Aufsichtsratsmitglieder der Arbeitnehmer angehören, sechs Arbeitnehmer des Unternehmens und zwei Vertreter von Gewerkschaften;
3. in einem Aufsichtsrat, dem zehn Aufsichtsratsmitglieder der Arbeitnehmer angehören, sieben Arbeitnehmer des Unternehmens und drei Vertreter von Gewerkschaften.

(3) Unter den Aufsichtsratsmitgliedern der Arbeitnehmer eines in § 1 Absatz 1 genannten, börsennotierten Unternehmens müssen im Fall des § 96 Absatz 2 Satz 3 des Aktiengesetzes Männer und Frauen jeweils mit einem Anteil von mindestens 30 Prozent vertreten sein.

(4) ¹Die in Absatz 2 bezeichneten Arbeitnehmer des Unternehmens müssen das 18. Lebensjahr vollendet haben und ein Jahr dem Unternehmen angehören. ²Auf die einjährige Unternehmensangehörigkeit

werden Zeiten der Angehörigkeit zu einem anderen Unternehmen, dessen Arbeitnehmer nach diesem Gesetz an der Wahl von Aufsichtsratsmitgliedern des Unternehmens teilnehmen, angerechnet. ³Diese Zeiten müssen unmittelbar vor dem Zeitpunkt liegen, ab dem die Arbeitnehmer zur Wahl von Aufsichtsratsmitgliedern des Unternehmens berechtigt sind. ⁴Die weiteren Wählbarkeitsvoraussetzungen des § 8 Abs. 1 des Betriebsverfassungsgesetzes müssen erfüllt sein.

(5) Die in Absatz 2 bezeichneten Gewerkschaften müssen in dem Unternehmen selbst oder in einem anderen Unternehmen vertreten sein, dessen Arbeitnehmer nach diesem Gesetz an der Wahl von Aufsichtsratsmitgliedern des Unternehmens teilnehmen.

Übersicht	Rdn.			Rdn.
A. Größe des Aufsichtsrats	1	II.	Vertreter der Gewerkschaften	4
B. Zusammensetzung	2	III.	Beratende Mitglieder	5
I. AN-Vertreter	3			

A. Größe des Aufsichtsrats. I schreibt die **Größe** des mitbestimmten Aufsichtsrats vor. Außerdem regelt 1 er die **Parität**, also das Erfordernis der gleichen Anzahl von Vertretern der AN und der Anteilseigner im Aufsichtsrat. Die Vorschrift ist zwingend, allein die nach I 2 und 3 mögliche Erhöhung der Mitgliederzahl ist freiwillig (jüngst BGH 30.1.2012, II ZB 20/11, NZG 2012, 347; ErfK/*Oetker* § 7 Rn 1; *Raiser/Veil* § 7 Rn 2). Eine Verringerung ist nicht geregelt und nicht zulässig.

B. Zusammensetzung. II bestimmt die Zusammensetzung auf AN-Seite. Der Anteil der Gewerkschafts- 2 vertreter beträgt je nach Größe des Aufsichtsrats ein Drittel, ein Viertel oder 3 Zehntel der AN-Vertreter.

I. AN-Vertreter. Nach 7 IV müssen die AN-Vertreter bei Amtsantritt zumindest 18 Jahre alt sein und seit 3 1 Jahr dem Unternehmen (S 1) oder einem mitwählenden Unternehmen (S 2) angehören (S 3). Außerdem müssen die Voraussetzungen des § 8 I BetrVG vorliegen, also vor allem Wählbarkeit nach § 8 I 3 BetrVG. Schließlich gelten auch § 100 I und II AktG (natürliche, nicht betreute Person, unter der Höchstzahl der Mandate) und § 105 AktG (kein Vorstandsmitglied, Prokurist oder Handlungsbevollmächtigter; zum Prokuristen s.a. § 6 II). Die Wahl eines nicht zum Unternehmen gehörenden AN ist nichtig (*Raiser/Veil* § 7 Rn 11). Bei Ausscheiden aus dem Unternehmen nach Wahl erlischt das Amt nach § 24 I (s dort). Der Wortlaut des § 7 steht dem aktiven und passiven Wahlrecht von im Ausland beschäftigten Arbeitnehmern nicht entgegen (OLG Zweibrücken 20.2.2014, 3 W 150/13, ZIP 2014, 1224; *Fischer* NZG 2014, 737; krit. *Bungert/Leyendecker-Langner* DB 2015, 2031). Ein Ausschluss von in Konzernen im Ausland beschäftigten AN vom aktiven und passiven WahlR könnte gegen Art 18 u 45 EUV verstoßen. Es wäre möglich, dass bei unternehmerischen Entscheidungen, an denen der AR beteiligt ist und die auch im Ausland wirken, einseitig die Interessen der AN in Deutschland berücksichtigt werden, auch dann, wenn die AN-Zahl im Ausland deutlich größer sei als im Inland (vgl. KG Berl 16.10.2015, 14 W 89/15, Vorlage zum EuGH). Die Interessen der AN im Ausland werden aber lokal sowie durch einen EBR gewahrt, so dass das Risiko tragbar erscheint.

II. Vertreter der Gewerkschaften. Auch für die Gewerkschaftsvertreter, die nach § 16 II von den Gewerk- 4 schaften zur Wahl vorgeschlagen werden (s die Kommentierung zu §§ 9–20), gelten die aktienrechtlichen Voraussetzungen, § 6 II iVm §§ 100 I und II, 105 AktG. Sie müssen weder Mitglieder einer Gewerkschaft noch AN des Unternehmens sein; es kann sich also – praktisch eher selten – um fremde Dritte handeln (ErfK/*Oetker* § 7 Rn 3).

III. Beratende Mitglieder. Eine Satzung kann nicht bestimmen, dass dem Aufsichtsrat auch Mitglieder 5 mit nur beratender Funktion angehören sollen. Dies widerspricht § 25 I Nr 2, § 109 I 1 AktG (BGH 30.1.2012, II ZB 20/11, ZIP 2012, 472).

§ 8 Aufsichtsratsmitglieder der Anteilseigner

(1) Die Aufsichtsratsmitglieder der Anteilseigner werden durch das nach Gesetz, Satzung oder Gesellschaftsvertrag zur Wahl von Mitgliedern des Aufsichtsrats befugte Organ (Wahlorgan) und, soweit gesetzliche Vorschriften dem nicht entgegenstehen, nach Maßgabe der Satzung oder des Gesellschaftsvertrags bestellt.

(2) § 101 Abs. 2 des Aktiengesetzes bleibt unberührt.

§ 11 MitBestG   Errechnung der Zahl der Delegierten

1 Die Anteilseigner werden nach den jeweiligen gesellschaftsrechtlichen Vorgaben gewählt, bei der AG also die Hauptversammlung, § 101 I AktG, ebenso bei der KGaA, § 278 III AktG, bei der eG die General- bzw Vertreterversammlung, §§ 36, 43a GenG, § 6 III, bei der GmbH die Gesellschafterversammlung oder ein anderes Gremium, auf das die Zuständigkeit satzungsmäßig übertragen wurde, § 52 GmbHG.

2 Bei der AG kann nach § 8 II, § 101 II AktG für bis zu einem Drittel der Vertreter der Anteilseigner unter bestimmten Voraussetzungen ein Entsendungsrecht bestehen. Bei der GmbH gilt die Beschränkung auf ein Drittel für Entsendungen anstelle einer Wahl nicht (Hachenburg/*Raiser* § 52 GmbHG Rn 42).

§ 9 Aufsichtsratsmitglieder der Arbeitnehmer, Grundsatz

(1) Die Aufsichtsratsmitglieder der Arbeitnehmer (§ 7 Abs. 2) eines Unternehmens mit in der Regel mehr als 8000 Arbeitnehmern werden durch Delegierte gewählt, sofern nicht die wahlberechtigten Arbeitnehmer die unmittelbare Wahl beschließen.

(2) Die Aufsichtsratsmitglieder der Arbeitnehmer (§ 7 Abs. 2) eines Unternehmens mit in der Regel nicht mehr als 8000 Arbeitnehmern werden in unmittelbarer Wahl gewählt, sofern nicht die wahlberechtigten Arbeitnehmer die Wahl durch Delegierte beschließen.

(3) ¹Zur Abstimmung darüber, ob die Wahl durch Delegierte oder unmittelbar erfolgen soll, bedarf es eines Antrags, der von einem Zwanzigstel der wahlberechtigten Arbeitnehmer des Unternehmens unterzeichnet sein muss. ²Die Abstimmung ist geheim. ³Ein Beschluss nach Abs. 1 oder 2 kann nur unter Beteiligung von mindestens der Hälfte der wahlberechtigten Arbeitnehmer und nur mit der Mehrheit der abgegebenen Stimmen gefasst werden.

§ 10 Wahl der Delegierten

(1) In jedem Betrieb des Unternehmens wählen die Arbeitnehmer in geheimer Wahl und nach den Grundsätzen der Verhältniswahl Delegierte.

(2) ¹Wahlberechtigt für die Wahl von Delegierten sind die Arbeitnehmer des Unternehmens, die das 18. Lebensjahr vollendet haben. ²§ 7 Satz 2 des Betriebsverfassungsgesetzes gilt entsprechend.

(3) Zu Delegierten wählbar sind die in Abs. 2 Satz 1 bezeichneten Arbeitnehmer, die die weiteren Wählbarkeitsvoraussetzungen des § 8 des Betriebsverfassungsgesetzes erfüllen.

(4) ¹Wird für einen Wahlgang nur ein Wahlvorschlag gemacht, so gelten die darin aufgeführten Arbeitnehmer in der angegebenen Reihenfolge als gewählt. ²§ 11 Abs. 2 ist anzuwenden.

§ 11 Errechnung der Zahl der Delegierten

(1) ¹In jedem Betrieb entfällt auf je 90 wahlberechtigte Arbeitnehmer ein Delegierter. ²Ergibt die Errechnung nach Satz 1 in einem Betrieb mehr als

1. 25 Delegierte, so vermindert sich die Zahl der zu wählenden Delegierten auf die Hälfte; diese Delegierten erhalten je zwei Stimmen;
2. 50 Delegierte, so vermindert sich die Zahl der zu wählenden Delegierten auf ein Drittel; diese Delegierten erhalten je drei Stimmen;
3. 75 Delegierte, so vermindert sich die Zahl der zu wählenden Delegierten auf ein Viertel; diese Delegierten erhalten je vier Stimmen;
4. 100 Delegierte, so vermindert sich die Zahl der zu wählenden Delegierten auf ein Fünftel; diese Delegierten erhalten je fünf Stimmen;
5. 125 Delegierte, so vermindert sich die Zahl der zu wählenden Delegierten auf ein Sechstel; diese Delegierten erhalten je sechs Stimmen;
6. 150 Delegierte, so vermindert sich die Zahl der zu wählenden Delegierten auf ein Siebtel; diese Delegierten erhalten je sieben Stimmen.

³Bei der Errechnung der Zahl der Delegierten werden Teilzahlen voll gezählt, wenn sie mindestens die Hälfte der vollen Zahl betragen.

(2) ¹Unter den Delegierten müssen in jedem Betrieb die in § 3 Abs. 1 Nr. 1 bezeichneten Arbeitnehmer und die leitenden Angestellten entsprechend ihrem zahlenmäßigen Verhältnis vertreten sein. ²Sind in einem Betrieb mindestens neun Delegierte zu wählen, so entfällt auf die in § 3 Abs. 1 Nr. 1 bezeichneten Arbeitnehmer und die leitenden Angestellten mindestens je ein Delegierter; dies gilt nicht, soweit in dem Betrieb nicht mehr als fünf in § 3 Abs. 1 Nr. 1 bezeichnete Arbeitnehmer oder leitende Angestellte wahlberechtigt sind. ³Soweit auf die in § 3 Abs. 1 Nr. 1 bezeichneten Arbeitnehmer und die leitenden

Angestellten lediglich nach Satz 2 Delegierte entfallen, vermehrt sich die nach Absatz 1 errechnete Zahl der Delegierten des Betriebs entsprechend.

(3) ¹Soweit nach Abs. 2 auf die in § 3 Abs. 1 Nr. 1 bezeichneten Arbeitnehmer und die leitenden Angestellten eines Betriebs nicht mindestens je ein Delegierter entfällt, gelten diese für die Wahl der Delegierten als Arbeitnehmer des Betriebs der Hauptniederlassung des Unternehmens. ²Soweit nach Abs. 2 und nach Satz 1 auf die in § 3 Abs. 1 Nr. 1 bezeichneten Arbeitnehmer und die leitenden Angestellten des Betriebs der Hauptniederlassung nicht mindestens je ein Delegierter entfällt, gelten diese für die Wahl der Delegierten als Arbeitnehmer des nach der Zahl der wahlberechtigten Arbeitnehmer größten Betriebs des Unternehmens.

(4) Entfällt auf einen Betrieb oder auf ein Unternehmen, dessen Arbeitnehmer nach diesem Gesetz an der Wahl von Aufsichtsratsmitgliedern des Unternehmens teilnehmen, kein Delegierter, so ist Absatz 3 entsprechend anzuwenden.

(5) Die Eigenschaft eines Delegierten als Delegierter der Arbeitnehmer nach § 3 Abs. 1 Nr. 1 oder § 3 Abs. 1 Nr. 2 bleibt bei einem Wechsel der Eigenschaft als Arbeitnehmer nach § 3 Abs. 1 Nr. 1 oder § 3 Abs. 1 Nr. 2 erhalten.

§ 12 Wahlvorschläge für Delegierte

(1) ¹Zur Wahl der Delegierten können die wahlberechtigten Arbeitnehmer des Betriebs Wahlvorschläge machen. ²Jeder Wahlvorschlag muss von einem Zwanzigstel oder 50 der jeweils wahlberechtigten in § 3 Abs. 1 Nr. 1 bezeichneten Arbeitnehmer oder der leitenden Angestellten des Betriebs unterzeichnet sein.

(2) Jeder Wahlvorschlag soll mindestens doppelt so viele Bewerber enthalten, wie in dem Wahlgang Delegierte zu wählen sind.

§ 13 Amtszeit der Delegierten

(1) ¹Die Delegierten werden für eine Zeit gewählt, die der Amtszeit der von ihnen zu wählenden Aufsichtsratsmitglieder entspricht. ²Sie nehmen die ihnen nach den Vorschriften dieses Gesetzes zustehenden Aufgaben und Befugnisse bis zur Einleitung der Neuwahl der Aufsichtsratsmitglieder der Arbeitnehmer wahr.

(2) In den Fällen des § 9 Abs. 1 endet die Amtszeit der Delegierten, wenn
1. die wahlberechtigten Arbeitnehmer nach § 9 Abs. 1 die unmittelbare Wahl beschließen;
2. das Unternehmen nicht mehr die Voraussetzungen für die Anwendung des § 9 Abs. 1 erfüllt, es sei denn, die wahlberechtigten Arbeitnehmer beschließen, dass die Amtszeit bis zu dem in Abs. 1 genannten Zeitpunkt fortdauern soll; § 9 Abs. 3 ist entsprechend anzuwenden.

(3) In den Fällen des § 9 Abs. 2 endet die Amtszeit der Delegierten, wenn die wahlberechtigten Arbeitnehmer die unmittelbare Wahl beschließen; § 9 Abs. 3 ist anzuwenden.

(4) Abweichend von Abs. 1 endet die Amtszeit der Delegierten eines Betriebs, wenn nach Eintreten aller Ersatzdelegierten des Wahlvorschlags, dem die zu ersetzenden Delegierten angehören, die Gesamtzahl der Delegierten des Betriebs unter die im Zeitpunkt ihrer Wahl vorgeschriebene Zahl der auf den Betrieb entfallenden Delegierten gesunken ist.

§ 14 Vorzeitige Beendigung der Amtszeit oder Verhinderung von Delegierten

(1) Die Amtszeit eines Delegierten endet vor dem in § 13 bezeichneten Zeitpunkt
1. durch Niederlegung des Amtes,
2. durch Beendigung der Beschäftigung des Delegierten in dem Betrieb, dessen Delegierter er ist,
3. durch Verlust der Wählbarkeit.

(2) ¹Endet die Amtszeit eines Delegierten vorzeitig oder ist er verhindert, so tritt an seine Stelle ein Ersatzdelegierter. ²Die Ersatzdelegierten werden der Reihe nach aus den nicht gewählten Arbeitnehmern derjenigen Wahlvorschläge entnommen, denen die zu ersetzenden Delegierten angehören.

§ 15 Wahl der unternehmensangehörigen Aufsichtsratsmitglieder der Arbeitnehmer

(1) ¹Die Delegierten wählen die Aufsichtsratsmitglieder, die nach § 7 Abs. 2 Arbeitnehmer des Unternehmens sein müssen, geheim und nach den Grundsätzen der Verhältniswahl für die Zeit, die im Gesetz oder in der Satzung (im Gesellschaftsvertrag) für die durch das Wahlorgan der Anteilseigner zu wählenden Mitglieder des Aufsichtsrats bestimmt ist. ²Dem Aufsichtsrat muss ein leitender Angestellter angehören.

§ 18a MitBestG Nichterreichen des Geschlechteranteils durch die Wahl

(2) ¹Die Wahl erfolgt auf Grund von Wahlvorschlägen. ²Jeder Wahlvorschlag für
1. Aufsichtsratsmitglieder der Arbeitnehmer nach § 3 Abs. 1 Nr 1 muss von einem Fünftel oder 100 der wahlberechtigten Arbeitnehmer des Unternehmens unterzeichnet sein;
2. das Aufsichtsratsmitglied der leitenden Angestellten wird auf Grund von Abstimmungsvorschlägen durch Beschluss der wahlberechtigten leitenden Angestellten aufgestellt. Jeder Abstimmungsvorschlag muss von einem Zwanzigstel oder 50 der wahlberechtigten leitenden Angestellten unterzeichnet sein. Der Beschluss wird in geheimer Abstimmung gefasst. Jeder leitende Angestellte hat so viele Stimmen, wie für den Wahlvorschlag nach Abs. 3 Satz 2 Bewerber zu benennen sind. In den Wahlvorschlag ist die nach Abs. 3 Satz 2 vorgeschriebene Anzahl von Bewerbern in der Reihenfolge der auf sie entfallenden Stimmenzahlen aufzunehmen.

(3) ¹Abweichend von Abs. 1 findet Mehrheitswahl statt, soweit nur ein Wahlvorschlag gemacht wird. ²In diesem Fall muss der Wahlvorschlag doppelt so viele Bewerber enthalten, wie Aufsichtsratsmitglieder auf die Arbeitnehmer nach § 3 Abs. 1 Nr. 1 und auf die leitenden Angestellten entfallen.

§ 16 Wahl der Vertreter von Gewerkschaften in den Aufsichtsrat

(1) Die Delegierten wählen die Aufsichtsratsmitglieder, die nach § 7 Abs. 2 Vertreter von Gewerkschaften sind, in geheimer Wahl und nach den Grundsätzen der Verhältniswahl für die in § 15 Abs. 1 bestimmte Zeit.

(2) ¹Die Wahl erfolgt auf Grund von Wahlvorschlägen der Gewerkschaften, die in dem Unternehmen selbst oder in einem anderen Unternehmen vertreten sind, dessen Arbeitnehmer nach diesem Gesetz an der Wahl von Aufsichtsratsmitgliedern des Unternehmens teilnehmen. ²Wird nur ein Wahlvorschlag gemacht, so findet abweichend von Absatz 1 Mehrheitswahl statt. ³In diesem Fall muss der Wahlvorschlag mindestens doppelt so viele Bewerber enthalten, wie Vertreter von Gewerkschaften in den Aufsichtsrat zu wählen sind.

§ 17 Ersatzmitglieder

(1) ¹In jedem Wahlvorschlag kann zusammen mit jedem Bewerber für diesen ein Ersatzmitglied des Aufsichtsrats vorgeschlagen werden. ²Für einen Bewerber, der Arbeitnehmer nach § 3 Abs. 1 Nr. 1 ist, kann nur ein Arbeitnehmer nach § 3 Abs. 1 Nr. 1 und für einen leitenden Angestellten nach § 3 Abs. 1 Nr. 2 nur ein leitender Angestellter als Ersatzmitglied vorgeschlagen werden. ³Ein Bewerber kann nicht zugleich als Ersatzmitglied vorgeschlagen werden.

(2) Wird ein Bewerber als Aufsichtsratsmitglied gewählt, so ist auch das zusammen mit ihm vorgeschlagene Ersatzmitglied gewählt.

(3) Im Fall des § 96 Absatz 2 Satz 3 des Aktiengesetzes ist das Nachrücken eines Ersatzmitgliedes ausgeschlossen, wenn dadurch der Anteil von Frauen und Männern unter den Aufsichtsratsmitgliedern der Arbeitnehmer nicht mehr den Vorgaben des § 7 Absatz 3 entspricht; § 18a Absatz 2 Satz 2 gilt entsprechend.

§ 18 Unmittelbare Wahl der Aufsichtsratsmitglieder der Arbeitnehmer

¹Sind nach § 9 die Aufsichtsratsmitglieder der Arbeitnehmer in unmittelbarer Wahl zu wählen, so sind die Arbeitnehmer des Unternehmens, die das 18. Lebensjahr vollendet haben, wahlberechtigt. ²§ 7 Satz 2 des Betriebsverfassungsgesetzes gilt entsprechend. ³Für die Wahl sind die §§ 15 bis 17 mit der Maßgabe anzuwenden, dass an die Stelle der Delegierten die wahlberechtigten Arbeitnehmer des Unternehmens treten.

§ 18a Nichterreichen des Geschlechteranteils durch die Wahl

(1) Ergibt im Fall des § 96 Absatz 2 Satz 3 des Aktiengesetzes die Auszählung der Stimmen und ihre Verteilung auf die Bewerber, dass die Vorgaben des § 7 Absatz 3 nicht erreicht worden sind, ist folgendes Geschlechterverhältnis für die Aufsichtsratssitze der Arbeitnehmer herzustellen:
1. in Aufsichtsräten nach § 7 Absatz 2 Nummer 1 und 2 müssen unter den Aufsichtsratsmitgliedern der Arbeitnehmer nach § 3 Absatz 1 Nummer 1 jeweils mindestens eine Frau und mindestens ein Mann und unter den Aufsichtsratsmitgliedern der Gewerkschaften jeweils eine Frau und ein Mann vertreten sein;

2. in einem Aufsichtsrat nach § 7 Absatz 2 Nummer 3 müssen unter den Aufsichtsratsmitgliedern der Arbeitnehmer nach § 3 Absatz 1 Nummer 1 mindestens zwei Frauen und mindestens zwei Männer und unter den Aufsichtsratsmitgliedern der Gewerkschaften eine Frau und ein Mann vertreten sein.

(2) Um die Verteilung der Geschlechter nach Absatz 1 zu erreichen, ist die Wahl derjenigen Bewerber um einen Aufsichtsratssitz der Arbeitnehmer unwirksam, deren Geschlecht in dem jeweiligen Wahlgang nach der Verteilung der Stimmen auf die Bewerber mehrheitlich vertreten ist und die

1. bei einer Mehrheitswahl in dem jeweiligen Wahlgang nach der Reihenfolge der auf die Bewerber entfallenden Stimmenzahlen die niedrigsten Stimmenzahlen erhalten haben oder
2. bei einer Verhältniswahl in dem jeweiligen Wahlgang nach der Reihenfolge der auf die Bewerber entfallenden Höchstzahlen die niedrigsten Höchstzahlen erhalten haben.

Die durch unwirksame Wahl nach Satz 1 nicht besetzten Aufsichtsratssitze werden im Wege der gerichtlichen Ersatzbestellung nach § 104 des Aktiengesetzes oder der Nachwahl besetzt.

§ 19 Bekanntmachung der Mitglieder des Aufsichtsrats

[1]Das zur gesetzlichen Vertretung des Unternehmens befugte Organ hat die Namen der Mitglieder und der Ersatzmitglieder des Aufsichtsrats unverzüglich nach ihrer Bestellung in den Betrieben des Unternehmens bekanntzumachen und im Bundesanzeiger zu veröffentlichen. [2]Nehmen an der Wahl der Aufsichtsratsmitglieder des Unternehmens auch die Arbeitnehmer eines anderen Unternehmens teil, so ist daneben das zur gesetzlichen Vertretung des anderen Unternehmens befugte Organ zur Bekanntmachung in seinen Betrieben verpflichtet.

§ 20 Wahlschutz und Wahlkosten

(1) [1]Niemand darf die Wahlen nach den §§ 10, 15, 16 und 18 behindern. [2]Insbesondere darf niemand in der Ausübung des aktiven und passiven Wahlrechts beschränkt werden.

(2) Niemand darf die Wahlen durch Zufügung oder Androhung von Nachteilen oder durch Gewährung oder Versprechen von Vorteilen beeinflussen.

(3) Die Kosten der Wahlen trägt das Unternehmen. Versäumnis von Arbeitszeit, die zur Ausübung des Wahlrechts oder der Betätigung im Wahlvorstand erforderlich ist, berechtigt den Arbeitgeber nicht zur Minderung des Arbeitsentgelts.

Übersicht	Rdn.			Rdn.
A. Grundlagen	1		3. Wahl der AN-Vertreter, § 15	11
B. Unmittelbare oder mittelbare Wahl	2		4. Wahl der Gewerkschaftsvertreter, § 16	12
C. Verfahren	3		5. Ersatzmitglieder, § 17	14
I. Einleitung des Wahlverfahrens	3	V.	Urwahl, § 18	15
II. Wählerlisten	4	VI.	Amtsdauer	16
III. Bekanntmachungen der Wahlvorstände	5	VIII.	Bekanntmachung, § 19	18
IV. Delegiertenwahl	6	D.	Wahlschutz und Wahlkosten, § 20	18
1. Delegierte, §§ 10–14	7			
2. Wahl der Delegierten	10			

A. Grundlagen. Die §§ 9–18 regeln die Wahl der AN-Vertreter. Zusätzlich gelten 3 nach § 39 erlassene Wahlordnungen, die die Wahl für Unternehmen mit einem Betrieb (1. WO-MitbestG), mit mehreren Betrieben (2. WO-MitbestG) und für Unternehmen, bei denen AN weiterer Unternehmen gem §§ 4 oder 5 mitwählen (3. WO-MitbestG), regeln (s bei § 39). 1

B. Unmittelbare oder mittelbare Wahl. Hat das Unternehmen 8.000 AN oder weniger (einschließlich der AN anderer Unternehmen, die nach §§ 4 oder 5 mitwählen; nach HessLAG 11.4.2013, 9 TaBV 208/12 /R-Beschwerde BAG 7 ABR 42/13) auch wohlberechtigte Leih-AN), ist eine Urwahl durchzuführen, §§ 9 II, 18. Hat es hingegen idR mehr als 8000 AN, findet eine Delegiertenwahl statt, §§ 9 I, 10–17. Die Aufteilung ist grds zwingend, allerdings können sich die wahlberechtigten AN mit Mehrheit für die jew andere Wahlform entscheiden, § 9 I HS 2, II HS 2 (*Raiser/Veil* § 9 Rn 6). 2

C. Verfahren. I. Einleitung des Wahlverfahrens. Das Wahlverfahren wird mit der **Bekanntmachung** der Unternehmensleitung über das Erfordernis einer Aufsichtsratswahl eingeleitet (jew § 2 I der 3 WO-MitbestG). In der Bekanntmachung ist die Zahl der Aufsichtsratsmitglieder zu nennen. Sie ist dem BR (GBR) und dem SprAu (Gesamt-SprAU) zu übermitteln. Die Bekanntmachung durch die Unternehmensleitung 3 ist keine zwingende Voraussetzung; auch der BR kann initiativ werden, wenn die Unternehmensleitung nicht tätig wird (LAG Hamm 27.5.1977, 3 Ta BV 35/77, DB 1977, 1269). Sodann sind unverzüglich ein oder mehrere (ehrenamtliche) **Wahlvorstände** zu bilden. Zuständig sind die jeweiligen Betriebswahlvorstände, ggf unter Leitung eines zusätzlichen Unternehmenswahlvorstands. Die Mitgliedschaft im Wahlvorstand beginnt mit Annahme der Wahl und endet mit Wahlabschluss (zuletzt BAG 7.6.1984, 6 AZR 3/83, DB 1984, 2358) oder Ausscheiden aus dem Betrieb oder Unternehmen (*Raiser/Veil* Vor § 9 Rn 12). Die Betriebswahlvorstände bestehen aus 3 wahlberechtigten AN (bei mehr als 5 wahlberechtigten leitenden Angestellten im Betrieb davon mind 1 leitender Angestellter). Die nicht leitenden Angestellten werden vom BR bestimmt oder, wenn ein BR nicht besteht, in einer Betriebsversammlung. Entspr gilt für leitende Angestellte. Die Mitglieder des **Unternehmenswahlvorstands** (2. WO) bzw des **Hauptwahlvorstands** (3. WO) werden vom GBR (oder, wenn ein solcher nicht besteht, vom nach der AN-Zahl größten Betrieb) bzw vom KBR (oder, bei Fehlen eines solchen, vom GBR bzw BR im größten Konzernunternehmen) bestellt. Ist ein Hauptwahlvorstand zu bilden, entfällt die Bildung eines Unternehmenswahlvorstands. Für leitende Angestellte in diesen Gremien gilt Entspr.

4 **II. Wählerlisten.** Der Betriebswahlvorstand stellt unverzüglich Wählerlisten der wahlberechtigten AN auf, getrennt nach AN und leitenden Angestellten. Nach der Reform des BetrVG (ReformG v 23.7.2001, BGBl I S 1852) haben auch **Leih-AN** das aktive (nicht aber das passive) Wahlrecht, wenn sie länger als 3 Monate im Betrieb eingesetzt werden, §§ 10 II 2, 18 S 2, § 7 S 2 BetrVG. Sie sind allerdings nicht getrennt aufzuführen. Die Eintragung der AN in die Liste ist, auch wenn sie stets zu aktualisieren ist, nicht konstitutiv (HWK/*Seibt* §§ 9–18 Rn 10). Die Listen sind mit den gesetzlichen Vorschriften zur Einsichtnahme auszulegen, und es ist ua auf die Einspruchsfrist von 1 Woche nach Bekanntmachung der Liste hinzuweisen.

5 **III. Bekanntmachungen der Wahlvorstände.** Nach Ablauf der Einspruchsfrist veröffentlicht der Wahlvorstand (Betriebs-, Unternehmens- oder Hauptwahlvorstand) gleichzeitig (1) eine Bekanntmachung zur Einreichung von Wahlvorschlägen für die **AN**, (2) eine Bekanntmachung zur Abstimmung für den Wahlvorschlag der **leitenden Angestellten** und (3) eine Bekanntmachung zur Abstimmung über die **Art der Wahl**. Die Wahlvorschläge für die AN müssen von einem Fünftel oder 100 der wahlberechtigten AN getragen sein, und sie sind innerhalb von 6 Wochen einzureichen. Für die Einreichung der Abstimmungsvorschläge für den Beschl über den Wahlvorschlag der leitenden Angestellten sind ein Zwanzigstel oder mind 50 wahlberechtigte leitende Angestellte erforderlich, einzureichen binnen 2 Wochen. Nach Abstimmung ergibt sich aus den Mehrheiten dann der Wahlvorschlag der leitenden Angestellten. Die 3. Bekanntmachung schließlich befasst sich mit der Abstimmung darüber, ob **Ur- oder Delegiertenwahl** stattfinden soll. Für die Durchführung der Abstimmung bedarf es eines wirksamen Antrags eines Zwanzigstels der wahlberechtigten AN, § 9 III 1. Liegt ein solcher Antrag vor, ergeht ein Abstimmungsausschreiben mit Einzelheiten der Abstimmung. In der vom Wahlvorstand zu organisierenden geheimen Abstimmung reicht dann die einfache Mehrheit der abgegebenen Stimmen, allerdings muss mind die Hälfte der abstimmungsberechtigten AN (gültig oder ungültig) abgestimmt haben, § 9 III 3. Die Auszählung ist öffentl.

6 **IV. Delegiertenwahl.** Grds findet gem gesetzlicher Vorgabe (§ 9 I) oder nach Abstimmung über die Art der Wahl (§ 9 III) eine Delegiertenwahl statt. Die möglichen Ausnahmen davon – also dennoch Urwahl – finden sich in § 50 1. WO-MitbestG, § 54 2. WO-MitbestG, § 54 3. WO-MitbestG für verschiedene Fälle von Wahlen unter Beteiligung von AN mehrerer Unternehmen. Eine weitere, auf die Amtszeit von bereits gewählten Delegierten bezogene Ausnahme ist in § 67 1. WO-MitbestG bzw § 73 2. und 3. WO-MitbestG geregelt.

7 **1. Delegierte, §§ 10–14.** Für die Delegiertenwahl **wahlberechtigt** sind nach § 10 II die zur Wahl volljährigen AN (§ 3) des Unternehmens, wenn sie dann tatsächlich beschäftigt sind (*Raiser/Veil* § 10 Rn 11), einschließlich der Leih-AN, die länger als 3 Monate im Betrieb tätig sind, § 10 II 2, § 7 S 2 BetrVG. Als Delegierte **wählbar** sind alle wahlberechtigten AN, die auch nach § 8 BetrVG wählbar sind; die Jahresfrist des § 7 III 2, 3 gilt hier nicht. Die **Delegiertenzahl** richtet sich nach § 11: je 90 wahlberechtigte AN in einem Betrieb ein Delegierter, und ab 45 wahlberechtigten AN wird aufgerundet auf die nächsten 90. Wird die Zahl der Delegierten größer als 25, also ab ($25 \times 90 + 45 =$) 2.295 AN, verringert sie sich wieder, und zwar auf die Hälfte und bis auf ein Siebtel. Zum Ausgleich hat der einzelne Delegierte dann 2–7 Stimmen. Ab 2.295 AN halbiert sich also die Delegiertenzahl (dann 13), diese haben dann aber 2 Stimmen, § 11 I Nr 1. Entspr gilt für die Maximal-AN-Zahlen in den folgenden Nummern der Vorschrift, und ab 13.545 AN ($150 \times 90 + 45$) ist dann die höchste Stimmenzahl von 7 je Delegiertem der dann 22 Delegierten erreicht, § 11 I Nr 6. Ab dann steigt nur noch die Delegiertenzahl, nicht mehr die Stimmenzahl je Delegiertem.

Nach § 11 II muss sich das **Verhältnis von AN und leitenden Angestellten** in der Verteilung der Delegierten spiegeln. Ein nachträglicher Wechsel zwischen den Gruppen berührt aber das Amt des Delegierten nicht (LAG Nds 25.5.1998, 5 TaBV 58/87, DB 1988, 1760). Sind nicht genug Vertreter einer Gruppe in einem Betrieb vorhanden, sieht § 11 III einen Minderheitenschutz dahin gehend vor, dass die vorhandenen Gruppenangehörigen der Hauptniederlassung bzw dem zahlenmäßig größten Betrieb zugerechnet werden. Nach § 11 IV gilt das entspr, wenn in einem Betrieb kein Vertreter einer Gruppe vorhanden ist. 8

Die **Amtszeit** der Delegierten entspricht der Amtszeit der zu wählenden Aufsichtsratsmitglieder, § 13 I 1, damit sie auch Nachwahlen und Abberufungen durchführen können. Sie beginnt mit der Einberufung der Delegiertenversammlung, mit der die Wahl der Aufsichtsratsmitglieder eingeleitet wird (ErfK/*Oetker* §§ 10-18 Rn 5; *Raiser/Veil* § 13 Rn 4). Das Amt endet vorzeitig bei Urwahlbeschl, Entfall der Voraussetzungen der Delegiertenwahl, Unterzahl der Delegierten auch nach Eintritt aller Ersatzdelegierten (§ 13 II–IV) sowie bei Amtsniederlegung, Beendigung der Beschäftigung im Betrieb einschließlich passiver Phase der Altersteilzeit (BAG 25.10.2000, 7 ABR 18/00, AP BetrVG 1952 § 76 Nr 32; LAG Nürnberg 16.2.2006, 2 TaBV 9/06, NZA-RR 2006, 358) und Verlust der Wählbarkeit (§ 14 I Nr 3). Das Amt endet ebenfalls bei Auflösung, Stilllegung oder Veräußerung des Betriebs an ein Unternehmen, dessen AN nicht an der Aufsichtsratswahl teilnehmen (BAG 13.5.1998, 7 ABR 5/97, AP MitbestG § 12 Nr 1; *Raiser/Veil* § 13 Rn 14; ErfK/*Oetker* §§ 10–18 Rn 5). 9

2. Wahl der Delegierten. Das Verfahren hat deutliche Parallelen zur BR-Wahl. Delegierte können von mind einem Zwanzigstel oder 50 der wahlberechtigten AN vorgeschlagen werden, § 12 I. Jeder Wahlvorschlag soll, muss aber nicht, – wie bei der BR-Wahl – doppelt so viele Bewerber wie benötigte Delegierte enthalten, § 12 II, damit genügend Ersatzdelegierte vorhanden sind. Liegt innerhalb von 2 Wochen nach Erlass des Wahlausschreibens kein schriftlicher gültiger Vorschlag vor, setzt der Betriebswahlvorstand eine Nachfrist von 1 Woche. Liegen mehrere gültige Wahlvorschläge vor, kann jeder AN nur eine dieser Vorschlagslisten wählen (§ 59 1. WO-MitbestG, §§ 65 2. und 3. WO-MitbestG). Die Wahl findet nach Betrieben getrennt statt, wenn ein Betrieb mind 45 wahlberechtigte AN hat (arg § 11 I 3). Sie ist geheim und ist eine Verhältniswahl (§ 10 I). Stehen mehrere Listen zur Auswahl, wird nach dem d'Hondt'schen Höchstzahlverfahren ausgezählt (§ 61 1. WO-MitbestG, §§ 67 2. und 3. WO-MitbestG), also die auf jede Liste entfallenden Stimmen durch 1, 2, 3 usw geteilt und die vorhandenen Plätze nach der Reihenfolge der Höchstzahlen vergeben. Bei Gleichheit der niedrigsten Höchstzahl, für die noch ein Delegiertenamt zu vergeben ist, entscheidet das Los. Entfallen mehr Höchstzahlen auf eine Liste, als sie Bewerber enthält, gehen diese Höchstzahlen auf die übrigen Listen über. Steht nur eine Liste zur Auswahl, findet keine Wahl statt, sondern es gelten so viele der Bewerber in der auf der Liste genannten Reihenfolge als gewählt, wie Ämter zu besetzen sind (§ 62 1. WO-MitbestG, §§ 68 2. und 3. WO-MitbestG). Das Wahlerg ist unverzüglich bekannt zu machen. 10

3. Wahl der AN-Vertreter, § 15. Die Delegierten wählen sodann die AN-Vertreter im Aufsichtsrat. Bei der Wahl ist der Minderheitenschutz der leitenden Angestellten zwingend zu beachten, § 15 I 2. Der Wahlvorstand erstellt die Delegiertenlisten getrennt nach AN und leitenden Angestellten mit der ihnen jew zustehenden Stimmenzahl. Spätestens 4 Wochen nach der Wahl der Delegierten findet eine Delegiertenversammlung statt, in der die Mitglieder des Aufsichtsrats zu wählen sind. **Wahlvorschläge** können von den wahlberechtigten AN des Unternehmens, Abstimmungsvorschläge für die leitenden Angestellten von diesen gemacht werden. BR, Gewerkschaften, AG oder Wahlvorstand haben kein Vorschlagsrecht (*Raiser/Veil* § 15 Rn 18). Ein Delegierter kann auch selbst kandidieren (*Raiser/Veil* 15 Rn 20). Bei mehreren zu besetzenden Aufsichtsratsmandaten und mehreren Wahlvorschlägen kann der Delegierte nur einen Vorschlag wählen. Die Wahl ist geheim, und es wird erneut nach dem d'Hondt'schen Höchstzahlverfahren ausgezählt. Bei nur einem Wahlvorschlag werden die dort aufgeführten Bewerber in der Reihenfolge der auf sie entfallenden Delegiertenstimmen gewählt. Erneut ist das Wahlerg mit den Namen der Gewählten unverzüglich bekannt zu machen. Danach sind die Wahlakten dem Unternehmen zu übergeben, das sie für 5 Jahre aufzubewahren hat (§ 81 1. WO-MitbestG, §§ 87 2. und 3. WO-MitbestG). 11

4. Wahl der Gewerkschaftsvertreter, § 16. Auch diese Wahl ist geheim und bei Vorliegen mehrerer Wahlvorschläge nach den Grds der Verhältniswahl vorzunehmen, sonst als Mehrheitswahl. Die Regelungen sind parallel zur AN-Wahl; der Vorschlag soll doppelt so viele Bewerber enthalten, wie Mandate zu besetzen sind. Das **Vorschlagsrecht** steht nur den Gewerkschaften zu, die im Unternehmen, das (mit-)wählt, vertreten sind, dort also mind ein Mitglied haben (BAG 4.11.1960, 1 ABR 4/60, AP BetrVG 1952 § 16 Nr 2; BayObLG 14.12.2004, 3 Z BR 134/04, AG 2005, 350, 351; *Raiser/Veil* § 7 Rn 19; HWK/*Seibt* § 7 Rn 4). Zum anzuwendenden Gewerkschaftsbegriff BAG 6.6.2000, 1 ABR 21/99, BAGE 95, 47; BayObLG 12

14.12.2004, 3 Z BR 134/04, AG 2005, 350; 20.8.1997, 3 Z BR 193/97, AG 1998, 36. Für §§ 4 und 5 – KG/Konzern – genügt das Vertretensein in der KG bzw im Konzern (*Raiser/Veil* § 7 Rn 20). Für den Nachweis des Vertretenseins reicht wie im BetrVG die Versicherung der Gewerkschaft; die namentliche Nennung des Mitglieds im Unternehmen ist nicht erforderlich. Das gewerkschaftliche Benennungsrecht ist ein Vorschlagsrecht, das unverbindlich ist und kein Entsendungsrecht. Die wahlberechtigten AN bzw die Delegierten können andere Mitglieder in den Aufsichtsrat wählen, wenn diese die Voraussetzungen der Wählbarkeit erfüllen. Eine Satzung, die vorsieht, dass als Kandidat nur normiert wird, wer sich verpflichtet, Anteile seiner Aufsichtsratstantiemen an bestimmte gewerkschaftliche Einrichtungen abzuführen, ist zulässig (BAG 21.5.2015, 8 AZR 956/13, BB 2015, 2426).

13 Das Amt der gewählten Gewerkschaftsvertreter **besteht** für die reguläre Dauer des Aufsichtsratsmandats. Es erlischt nicht mit Austritt aus der Gewerkschaft (*Raiser/Veil* § 16 Rn 5). Ob das Amt nach § 24 erlischt, wenn die Gewerkschaft im Unternehmen nicht mehr vertreten ist, ist str (dafür HWK/*Seibt* § 7 Rn 4 und wohl auch ErfK/*Oetker* § 7 Rn 3; dagegen *Raiser/Veil* § 24 Rn 2). Konsequent erscheint Ersteres wegen der Parallelität zum Erfordernis der AN-Eigenschaft im Unternehmen der übrigen AN-Vertreter im Aufsichtsrat.

14 **5. Ersatzmitglieder, § 17.** Ersatzmitglieder können gruppenspezifisch für die AN-Bewerber und die leitenden Angestellten zur Wahl gestellt werden. Ein Bewerber um ein Aufsichtsratsmandat kann nicht zugleich als Ersatzmitglied kandidieren. Ein Bewerber kann sich aber um mehrere Ersatzmitgliedschaften auf einer Liste bewerben (*Raiser/Veil* § 17 Rn 3; ErfK/*Oetker* §§ 10–18 Rn 9). Für ein Aufsichtsratsmitglied kann aber nur ein Ersatzmitglied bestellt werden.

15 **V. Urwahl, § 18.** Für die Urwahl gelten §§ 15–17 entspr, jedoch treten an die Stelle der Delegierten die Gruppen der wahlberechtigten AN, § 18 I 3. Das Verfahren beginnt mit dem Wahlausschreiben des Wahlvorstands, in dem ua anzugeben ist, dass eine Urwahl stattfinden wird und bis wann Wahlvorschläge einzureichen sind. Die Durchführung und Auszählung bei einer (Mehrheitswahl) oder mehrerer Listen (Verhältniswahl, Auszählung nach d'Hondt) entsprechen dem der Delegiertenwahl (s.o. Rdn 10), ebenso gilt eine 5-jährige Aufbewahrungspflicht für die Wahlunterlagen.

16 **VI. Amtsdauer.** Die Amtsdauer der AN-Vertreter im Aufsichtsrat entspricht der der Vertreter der Anteilseigner. Sie endet gem § 6 II, § 102 I AktG mit Ende der Hauptversammlung, in der über die Entlastung für das 4. Geschäftsjahr nach Beginn der Amtszeit beschlossen wird; das Jahr des Beginns der Bestellung wird nicht mitgezählt. Mithin beträgt die Amtsdauer höchstens 5 Jahre, wenn sie nicht durch Satzung oder Beschl der Anteilseigner verkürzt wurde. Str ist, ob die Amtsperioden der Vertreter der Anteilseigner und der AN-Vertreter zeitlich parallel laufen müssen, weil ansonsten eine Ungleichbehandlung der Organmitglieder vorliege (dagegen *Raiser/Veil* § 15 Rn 31; HWK/*Seibt* §§ 9–18 Rn 44; dafür Großkommentar AktG/*Hopt/Roth/Peddinghaus* § 102 AktG Rn 58; MünchArbR/*Wißmann* § 280 Rn 7). Der Regelfall ist allerdings Parallelität.

17 **VII. Geschlechterquote, § 18a.** § 18a wurde durch das Gesetz für die gleichberechtigte Teilhabe von Frauen und Männern an Führungspositionen in der Privatwirtschaft und im öffentlichen Dienst mit Wirkung v 1.5.2015 neu eingeführt. Mit der Vorschrift wird die Geschlechterquote für mitbestimmte Aufsichtsräte v börsennotierten Unternehmen umgesetzt. Ist nach Auszählung der Stimmen der nach § 7 III erforderliche Geschlechteranteil (mind 30%) unter den AN-vertretern nicht erreicht, ist das nach § 18a I festgelegte Verhältnis herzustellen. Die Vorschrift regelt allein die Zusammensetzung der AN-vertreter infolge der Wahl. Veränderungen nach der Wahl (zB durch Ausscheiden eines Mitglieds) werden hiervon nicht erfasst (ErfK/*Oetker*, § 18a, Rn 1). Ist die Quote nach § 7 III nicht erfüllt, führt dies nach II 1 zur Unwirksamkeit der Wahl u zu einer gerichtlichen Ersatzbestellung nach § 104 AktG oder einer Nachwahl (II 2) der nicht besetzten Aufsichtsratssitze.

18 **VIII. Bekanntmachung, § 19.** Unverzüglich nach Bestellung sind die Namen der Mitglieder und Ersatzmitglieder des Aufsichtsrats vom Vertretungsorgan des Unternehmens im Betrieb bekannt zu geben, zum einen im elektronischen BAnz, zum anderen intern durch Aushang, E-Mail oder in anderer geeigneter Weise (*Raiser/Veil* § 19 Rn 1). Die Pflicht zur Bekanntmachung nach § 19 besteht auch bei gerichtlicher Bestellung (§ 104 AktG) sowie bei Eintritt von Ersatzmitgliedern und bei Nachwahlen, nicht jedoch bei Ausscheiden von Mitgliedern des Aufsichtsrats, weil das Gesetz nur auf Bestellung abstellt; hier greift dann stattdessen § 106 AktG, § 6 II, III. Die Bekanntmachung ist nicht konstitutiv für das Amt; sie hat ihre Bedeutung für den Beginn der Anfechtungsfrist von 2 Wochen gem § 22 II 2.

D. Wahlschutz und Wahlkosten, § 20. Die Vorschrift bestimmt ein Verbot der direkten wie der indirekten Wahlbehinderung. Sie enthält das Verbot der Beschränkung des Wahlrechts sowie die Pflicht des Unternehmens zur Kostentragung einschließlich ausgefallener Arbeitszeit aller auf AN-Seite Beteiligter. Inhaltlich deckt sich die Vorschrift mit § 20 BetrVG, s dort. 18

§ 21 Anfechtung der Wahl von Delegierten

(1) Die Wahl der Delegierten eines Betriebs kann beim Arbeitsgericht angefochten werden, wenn gegen wesentliche Vorschriften über das Wahlrecht, die Wählbarkeit oder das Wahlverfahren verstoßen worden und eine Berichtigung nicht erfolgt ist, es sei denn, dass durch den Verstoß das Wahlergebnis nicht geändert oder beeinflusst werden konnte.
(2) ¹Zur Anfechtung berechtigt sind
1. mindestens drei wahlberechtigte Arbeitnehmer des Betriebs,
2. der Betriebsrat,
3. der Sprecherausschuss,
4. das zur gesetzlichen Vertretung des Unternehmens befugte Organ.
²Die Anfechtung ist nur binnen einer Frist von zwei Wochen, vom Tag der Bekanntgabe des Wahlergebnisses an gerechnet, zulässig.

Übersicht	Rdn.		Rdn.
A. Regelungszweck	1	C. Wirkung	3
B. Anfechtungsgründe und Beteiligte	2		

A. Regelungszweck. Mit Ermöglichung der Anfechtung der Delegiertenwahl (§ 10) soll verhindert werden, dass ein Fehler dort zur Anfechtbarkeit der Wahl der Mitglieder des Aufsichtsrats führt (BT-Drs 7/2172, S 25). Entspr können hier einschlägige Anfechtungsgründe nach Ablauf der Frist von 2 Wochen (§ 21 II 2) bei einer Anfechtung der Wahl der Mitglieder des Aufsichtsrats nicht mehr angeführt werden (ErfK/*Oetker* § 21 Rn 1; *Raiser/Veil* § 21 Rn 1). 1

B. Anfechtungsgründe und Beteiligte. Die möglichen **Anfechtungsgründe** entsprechen denen des § 19 BetrVG zur Anfechtung der BR-Wahl (s dort). Anfechtungsgründe können auch nach Fristablauf des § 21 II 2 nachgeschoben werden, vorausgesetzt der Anfechtungsantrag ist rechtzeitig bei Gericht eingegangen (UHH/*Ulmer/Habersack* § 21 Rn 5). Eine Anfechtung kann sich auf einzelne oder alle Delegierte oder eine Gruppe beziehen (ErfK/*Oetker* § 21 Rn 3). Die Anfechtung der Wahl eines einzelnen Delegierten kann sich nur auf Gründe in dieser Person beziehen (BAG 11.6.1997, 7 ABR 24/96, AP MitbestG § 22 Nr 1). Die **Hürden** sind insgesamt recht hoch: Nicht nur, dass ein Verstoß gegen wesentliche Vorschriften vorgebracht werden muss, sondern erforderlich ist auch, dass später keine Berichtigung vorgenommen wurde und dass das Wahlerg durch den Verstoß geändert oder beeinflusst werden konnte (dazu auch BAG 20.2.1991, 7 ABR 85/89, AP MitbestG § 9 Nr 1), wobei allerdings zunächst eine (widerlegbare) Vermutung dafür besteht, dass ein Verstoß gegen Wahlvorschriften das Wahlerg auch beeinflusst hat (UHH/*Ulmer/Habersack* § 21 Rn 28). Die **Anfechtungsberechtigten** sind abschließend aufgezählt. **Gegner** sind die Delegierten, deren Wahl angefochten wird (HWK/*Seibt* § 21 Rn 3). 2

C. Wirkung. Das zuständige ArbG entscheidet über die Ungültigkeit der Delegiertenwahl mit Wirkung für die Zukunft und für und gegen alle, nicht nur die Verfahrensbeteiligten (vgl BAG 10.6.1983, 6 ABR 50/82, DB 1983, 2142). Denkbar ist auch eine Nichtigkeit der Wahl bei offensichtlichem und grobem Verstoß gegen Wahlgrds, deren Geltendmachung auch ohne Bindung an die Frist von 2 Wochen und durch jedermann möglich ist (HWK/*Seibt* § 21 Rn 5). 3

§ 22 Anfechtung der Wahl von Aufsichtsratsmitgliedern der Arbeitnehmer

(1) Die Wahl eines Aufsichtsratsmitglieds oder eines Ersatzmitglieds der Arbeitnehmer kann beim Arbeitsgericht angefochten werden, wenn gegen wesentliche Vorschriften über das Wahlrecht, die Wählbarkeit oder das Wahlverfahren verstoßen worden und eine Berichtigung nicht erfolgt ist, es sei denn, dass durch den Verstoß das Wahlergebnis nicht geändert oder beeinflusst werden konnte.
(2) ¹Zur Anfechtung berechtigt sind
1. mindestens drei wahlberechtigte Arbeitnehmer des Unternehmens,

2. der Gesamtbetriebsrat des Unternehmens oder, wenn in dem Unternehmen nur ein Betriebsrat besteht, der Betriebsrat sowie, wenn das Unternehmen herrschendes Unternehmen eines Konzerns ist, der Konzernbetriebsrat, soweit ein solcher besteht,
3. der Gesamt- oder Unternehmenssprecherausschuss des Unternehmens oder, wenn in dem Unternehmen nur ein Sprecherausschuss besteht, der Sprecherausschuss sowie, wenn das Unternehmen herrschendes Unternehmen eines Konzerns ist, der Konzernsprecherausschuss, soweit ein solcher besteht,
4. der Gesamtbetriebsrat eines anderen Unternehmens, dessen Arbeitnehmer nach diesem Gesetz an der Wahl der Aufsichtsratsmitglieder des Unternehmens teilnehmen, oder, wenn in dem anderen Unternehmen nur ein Betriebsrat besteht, der Betriebsrat,
5. der Gesamt- oder Unternehmenssprecherausschuss eines anderen Unternehmens, dessen Arbeitnehmer nach diesem Gesetz an der Wahl der Aufsichtsratsmitglieder des Unternehmens teilnehmen, oder, wenn in dem anderen Unternehmen nur ein Sprecherausschuss besteht, der Sprecherausschuss,
6. jede nach § 16 Abs. 2 vorschlagsberechtigte Gewerkschaft,
7. das zur gesetzlichen Vertretung des Unternehmens befugte Organ.

²Die Anfechtung ist nur binnen einer Frist von zwei Wochen, vom Tag der Veröffentlichung im Bundesanzeiger an gerechnet, zulässig.

Übersicht	Rdn.		Rdn.
A. Regelungszweck	1	C. Wirkung	3
B. Anfechtungsgründe und Beteiligte	2		

1 A. Regelungszweck. Die Vorschrift ist die Parallele für die Anfechtung der Wahl der AN-Vertreter zu den Regelungen der Anfechtung der Wahl der Vertreter der Anteilseigner (für die AG und KGaA § 6 II, §§ 243, 251 AktG; GmbH § 250 AktG analog, Genossenschaft § 51 GenG). Die kurze **Anfechtungsfrist** von 2 Wochen ab Bekanntgabe des Wahlergebnisses im BAnz gem § 19 dient dazu, rasch Klarheit über die ordnungsgem Zusammensetzung des Aufsichtsrats zu erhalten. Möglich ist daneben eine Anfechtung einzelner Wahl- und Wahlvorbereitungshandlungen bereits während des Wahlverfahrens nach §§ 2a Nr 3, 80 I ArbGG (LAG BW 15.2.1988, 8 Ta BV 2/88, BB 1988, 1344; *Raiser/Veil* § 22 Rn 24).

2 B. Anfechtungsgründe und Beteiligte. Wie bei § 21 stehen auch hier die § 19 BetrVG entspr Anfechtungsgründe zur Verfügung. Fand die Wahl der AN-Vertreter im Aufsichtsrat im Wege der **Delegiertenwahl** statt, können Gründe, die zur Anfechtung nach § 21 berechtigen, hier nur vorgebracht werden, wenn sie bereits in einem Verfahren nach § 21 erfolgreich vorgebracht wurden; anderenfalls wäre die Ausschlussfrist des § 21 II 2 ohne Gehalt. Anders bei **Urwahl** nach § 18, nach der für die Anfechtung alle Gründe geltend gemacht werden können (ErfK/*Oetker* § 22 Rn 2). Die Anfechtung der Wahl eines einzelnen Aufsichtsratsmitglieds kann sich nur auf Gründe in dieser Person beziehen (BAG 11.6.1997, 7 ABR 24/96, AP MitbestG § 22 Nr 1). Insgesamt sind die **Hürden**, insoweit entspr § 21 (s § 21 Rdn 2), auch hier recht hoch. Die Aufzählung der **Anfechtungsberechtigten** in § 22 II ist abschließend. **Gegner** sind die Mitglieder und Ersatzmitglieder des Aufsichtsrats, deren Wahl angefochten wird. Bei der Anfechtung von Aufsichtsratswahlen der AN nach dem MitbestG sind die im Unternehmen vertretenen (und wahlvorschlagsberechtigten) Gewerkschaften nicht am Verfahren zu beteiligen (LAG Köln 20.4.2015, 5 TaBV 6/14, NZA-RR 2015, 513, mit krit. Anm. *Fuchs* NZA-RR 2015, 516).

3 C. Wirkung. Die Wirkungen entsprechen denen des § 21 (s § 21 Rdn 3).

§ 23 Abberufung von Aufsichtsratsmitgliedern der Arbeitnehmer

(1) ¹Ein Aufsichtsratsmitglied der Arbeitnehmer kann vor Ablauf der Amtszeit auf Antrag abberufen werden. ²Antragsberechtigt sind für die Abberufung eines
1. Aufsichtsratsmitglieds der Arbeitnehmer nach § 3 Abs. 1 Nr. 1 drei Viertel der wahlberechtigten Arbeitnehmer nach § 3 Abs. 1 Nr. 1,
2. Aufsichtsratsmitglieds der leitenden Angestellten drei Viertel der wahlberechtigten leitenden Angestellten,
3. Aufsichtsratsmitglieds, das nach § 7 Abs. 2 Vertreter einer Gewerkschaft ist, die Gewerkschaft, die das Mitglied vorgeschlagen hat.

(2) ¹Ein durch Delegierte gewähltes Aufsichtsratsmitglied wird durch Beschluss der Delegierten abberufen. ²Dieser Beschluss wird in geheimer Abstimmung gefasst; er bedarf einer Mehrheit von drei Vierteln der abgegebenen Stimmen.
(3) ¹Ein von den Arbeitnehmern unmittelbar gewähltes Aufsichtsratsmitglied wird durch Beschluss der wahlberechtigten Arbeitnehmer abberufen. ²Dieser Beschluss wird in geheimer, unmittelbarer Abstimmung gefasst; er bedarf einer Mehrheit von drei Vierteln der abgegebenen Stimmen.
(4) Die Abs. 1 bis 3 sind für die Abberufung von Ersatzmitgliedern entsprechend anzuwenden.

Übersicht	Rdn.		Rdn.
A. Abberufung ohne wichtigen Grund	1	B. Abberufung aus wichtigem Grund	3

A. Abberufung ohne wichtigen Grund. Während der Vertreter der Anteilseigner gem § 6 II, III nach § 103 I, II AktG (AG und KGaA), § 52 I GmbHG (GmbH) und § 36 III GenG (Genossenschaft) abberufen werden können, regelt § 23 parallel die Abberufung von AN-Vertretern im Aufsichtsrat ohne wichtigen Grund. Die Antragsberechtigten (I 2 Nr 1–3) und die Abstimmungsberechtigten (II, III) richten sich zum einen nach der Gruppenzugehörigkeit (AN, leitende Angestellte oder von einer Gewerkschaft vorgeschlagen), zum anderen danach, ob das Aufsichtsratsmitglied durch Delegierte oder im Wege der Urwahl gewählt wurde. Für den Antrag sind 3 Viertel der wahlberechtigten AN oder der wahlberechtigten leitenden Angestellten oder die Gewerkschaft erforderlich. Für die Abwahl bedarf es jew 3 Viertel der in geheimer Abstimmung abzugebenden Stimmen der wahlberechtigten AN bzw der Delegierten. Das Verfahren ist in §§ 82 ff 1. WO-MitbestG sowie §§ 88 ff 2. und 3. WO-MitbestG näher geregelt. Die Beschl sind nach § 106 AktG bekannt zu machen, womit das Amt erlischt (ErfK/*Oetker* § 23 Rn 1). 1

Für **Streitigkeiten** ist das ArbG im Beschlussverfahren zuständig, § 2a I Nr 3 ArbGG. 2

B. Abberufung aus wichtigem Grund. Unabhängig von § 23 besteht die Möglichkeit der Abberufung durch das Gericht aus wichtigem Grund nach § 103 III, IV AktG für beide Gruppen der Vertreter der AN wie auch der Anteilseigner (vgl *Raiser/Veil* § 23 Rn 1). Hier ist die einfache Mehrheit des Aufsichtsrats (ohne Stimmberechtigung des betroffenen Mitglieds, vgl *Raiser/Veil* § 6 Rn 36) ausreichend. Ein wichtiger Grund liegt vor, wenn es der Gesellschaft unzumutbar ist, dass das Mitglied im Aufsichtsrat verbleibt und dessen Funktionsfähigkeit erheblich gefährdet (LG Frankfurt aM 14.10.1986, 3/11 T 29/85, NJW 1987, 505; *Hüffer* § 103 AktG Rn 10), bspw bei Verletzung einer Geheimhaltungspflicht (*Hüffer* § 103 AktG Rn 11) oder bei eindeutigem Fehlen einschlägiger fachlicher Kenntnisse und Erfahrungen (vgl BGH 15.11.1982, II ZR 27/82, BGHZ 85, 293, 295; KK-AktG/*Mertens* § 116 Rn 5 ff). Liegt ein wichtiger Grund nach § 626 BGB vor, ist das zwar ein Indiz, zwingt aber noch nicht zur Annahme eines wichtigen Grundes nach § 103 AktG (HWK/*Seibt* § 23 Rn 4). 3

§ 24 Verlust der Wählbarkeit und Änderung der Zuordnung unternehmensangehöriger Aufsichtsratsmitglieder

(1) Verliert ein Aufsichtsratsmitglied, das nach § 7 Abs. 2 Arbeitnehmer des Unternehmens sein muss, die Wählbarkeit, so erlischt sein Amt.
(2) Die Änderung der Zuordnung eines Aufsichtsratsmitglieds zu den in § 3 Abs. 1 Nr. 1 oder § 3 Abs. 1 Nr. 2 genannten Arbeitnehmern führt nicht zum Erlöschen seines Amtes.

Übersicht	Rdn.		Rdn.
A. Amtsverlust	1	B. Nachbesetzung...................	3

A. Amtsverlust. Das Aufsichtsratsmitglied kann sein Mandat nach §§ 100 I, II, 105 AktG (s § 7 Rdn 3), durch Ausscheiden aus dem Unternehmen (*Raiser/Veil* § 24 Rn 2), aber auch durch Verlust der Wählbarkeit, vor allem durch Verlust der AN-Eigenschaft (§ 3 I, § 5 BetrVG), bei Blockaltersteilzeit in der Passivphase (s §§ 9–20 Rdn 9) und Ausscheiden des abhängigen Unternehmens, in dem das Aufsichtsratsmitglied beschäftigt ist, aus dem Konzern (*Raiser/Veil* § 24 Rn 2), verlieren. Nach ihrem Wortlaut gilt die Vorschrift nur für AN des Unternehmens. Ihrem Sinne nach ist sie aber auch analog auf die von einer Gewerkschaft Vorgeschlagenen anzuwenden, wenn diese ihre Wählbarkeit verlieren (HWK/*Seibt* § 24 Rn 1). Analoge Anwendung ist auch bei Ersatzmitgliedern geboten. 1

Eine Änderung der Gruppenzugehörigkeit (AN oder leitender Angestellter) lässt das Amt unberührt, § 24 II. 2

3 **B. Nachbesetzung.** Scheidet ein AN-Vertreter nach §§ 22, 23 oder 24 aus dem Aufsichtsrat aus, rückt das **Ersatzmitglied** nach, so vorhanden. Ansonsten wäre eine **Nachwahl** erforderlich, wie sich aus § 104 V AktG ergibt, wonach das Amt eines gerichtlich bestellten Aufsichtsratsmitglieds erlischt, wenn der Mangel behoben ist, dessentwegen das Gericht das Mitglied bestellt hat. Stehen allerdings Neuwahlen bevor oder wären die Kosten einer Nachwahl unverhältnismäßig hoch, kann das Gericht nach § 104 in freiem Ermessen, allerdings unter Beachtung von § 7 II und § 104 IV AktG, ein Mitglied bestellen (vgl LAG Köln 30.6.2000 12 (4) Ta BV 11/00 – Dt Telekom, NZA-RR 2001, 317; BayObLG 20.8.1997, 3 Z BR 193/97, AG 1998, 36). Liegen bei gerichtlicher Bestellung eines von einer Gewerkschaft vorzuschlagenden Mitglieds mehrere Vorschläge bzw Anträge von Gewerkschaften vor, kann es wählen (BayObLG 14.12.2004, 3 Z BR 134/04, AG 2005, 350).

§ 25 Grundsatz

(1) ¹Die innere Ordnung, die Beschlussfassung sowie die Rechte und Pflichten des Aufsichtsrats bestimmen sich nach den §§ 27 bis 29, den §§ 31 und 32 und, soweit diese Vorschriften dem nicht entgegenstehen,
1. für Aktiengesellschaften und Kommanditgesellschaften auf Aktien nach dem Aktiengesetz,
2. für Gesellschaften mit beschränkter Haftung nach § 90 Abs. 3, 4 und 5 Satz 1 und 2, den §§ 107 bis 116, 118 Abs. 3, § 125 Abs. 3 und 4 und den §§ 170, 171 und 268 Abs. 2 des Aktiengesetzes,
3. für Genossenschaften nach dem Genossenschaftsgesetz.

²§ 4 Abs. 2 des Gesetzes über die Überführung der Anteilsrechte an der Volkswagenwerk Gesellschaft mit beschränkter Haftung in private Hand vom 21. Juli 1960 (BGBl. I S. 585), zuletzt geändert durch das Zweite Gesetz zur Änderung des Gesetzes über die Überführung der Anteilsrechte an der Volkswagenwerk Gesellschaft mit beschränkter Haftung in private Hand vom 31. Juli 1970 (BGBl. I S. 1149), bleibt unberührt.

(2) Andere gesetzliche Vorschriften und Bestimmungen der Satzung (des Gesellschaftsvertrags) oder der Geschäftsordnung des Aufsichtsrats über die innere Ordnung, die Beschlussfassung sowie die Rechte und Pflichten des Aufsichtsrats bleiben unberührt, soweit Absatz 1 dem nicht entgegensteht.

Übersicht	Rdn.		Rdn.
A. Grundlagen	1	II. Kompetenzen	3
B. Innere Ordnung	2	C. Stellung der Aufsichtsratsmitglieder	4
I. Vorsitz, Ausschüsse	2		

1 **A. Grundlagen.** IRd 3-schichtigen Aufbaus (UHH/*Ulmer/Habersack* § 25 Rn 2) ergibt sich folgende Hierarchie für die innere Ordnung des mitbestimmten Aufsichtsrats: zuoberst die in § 25 I in Bezug genommenen Vorschriften des MitbestG und des AktG, sodann die rechtsformbezogenen Regelungen des AktG, GmbHG und des GenG, sodann, soweit den höheren Normen nicht widersprechend, Satzung oder Geschäftsordnung und Corporate Governance-Regeln des Unternehmens. Hieran wie auch an § 25 II zeigt sich der Kompromisscharakter des G, einerseits Mitbestimmung der AN zu gewährleisten, andererseits Harmonie mit den unternehmensbezogenen Regelungen herzustellen. Dieser Prozess der Vereinheitlichung für Zwecke der Mitbestimmung unter Berücksichtigung der gesellschaftsrechtlichen Spezifika dauert an (vgl auch UHH/*Ulmer/Habersack* § 25 Rn 6 und passim). Im Zweifel geht das MitbestG dem Gesellschaftsrecht vor (BGH 30.1.2012, II ZB 20/11, NZG 2012, 347).

2 **B. Innere Ordnung. I. Vorsitz, Ausschüsse** In der **AG, KGaA und GmbH** wählt der Aufsichtsrat einen Vorsitzenden und mind einen Stellvertreter, § 107 I AktG. Er kann nach § 107 III AktG Ausschüsse bestellen, was regelmäßig geschieht. Ein Paritätsgebot bei der Besetzung besteht nicht (HWK/*Seibt* § 25 Rn 5 mwN), allerdings ist zur Vermeidung von Diskriminierung jedenfalls in den wichtigen Ausschüssen (vor allem dem Personalausschuss) zumindest ein AN-Vertreter zu wählen (vgl BGH 17.5.1993, II ZR 89/92 – Hamburg-Mannheimer, BGHZ 122, 342, 358 ff). Für die **eG** gelten die §§ 36 ff GenG, die – bei Vermeidung von Diskriminierung – eine größere Gestaltungsfreiheit erlauben.

3 **II. Kompetenzen.** Die Kompetenzregelungen finden sich in §§ 31 und 32 (s dort). Von den gesellschaftsrechtlichen Vorschriften sind insb die zur Satzungsstrenge (§ 23 V AktG, § 18 GenG) zu beachten. **(1)** In der **AG** hat der Aufsichtsrat zwingend die Besetzungskompetenz für den Vorstand, § 31, also für Bestellung und Abberufung sowie für Abschluss und Beendigung von Vorstands-Dienstverträgen. Außerdem bestehen Zustimmungsvorbehalte für bestimmte Geschäftsführungsmaßnahmen (vgl § 111 IV AktG), die

Feststellungskompetenz für den Jahresabschluss (§§ 171 II 3–5, 172 S 1 AktG) und für die Gewinnverwendung durch Rücklagenbildung (§ 58 II AktG). (2) In der **KGaA** ist die Kompetenz des Aufsichtsrats schwächer; er hat keine zwingende Personalkompetenz (§ 31 I 2), die Kompetenz für außergewöhnliche Geschäfte ist der Hauptversammlung zugewiesen (§ 278 II AktG, §§ 116, 164 HGB), und die Feststellung des Jahresabschlusses ist Sache der Komplementäre (§ 286 I AktG). (3) In der **GmbH** ist die Stellung des Aufsichtsrats wiederum der AG angenähert. Dort besteht ebenfalls Personalkompetenz für die Geschäftsführer (Bestellung, Abberufung, Dienstvertrag; § 31). Einzelheiten (vor allem die Geschäftsordnungskompetenz für die Geschäftsleitung, § 77 AktG, Grundzüge der Geschäftsführerbezüge, § 87 AktG, Befreiung von einem Wettbewerbsverbot, § 88 AktG, Kreditvergabe an die Geschäftsführung, § 89 AktG, Bestellung von Prokuristen und Handlungsbevollmächtigten) sind str (zum Streitstand vgl HWK/*Seibt* § 25 Rn 11 mwN); im Regelfall verbleibt es aber bei der Kompetenz der Gesellschafterversammlung. Die Geschäftsführung ist nicht zur Berichterstattung an den Aufsichtsrat verpflichtet, weil § 25 I 1 Nr 2 nicht auf § 90 I, II AktG verweist. Dem kann der Aufsichtsrat entgegenwirken, indem er Bericht nach § 90 III AktG (der in § 25 I 1 Nr 2 aufgeführt ist) verlangt. Den Jahresabschluss hat der Aufsichtsrat zu prüfen (§ 171 AktG), seine Feststellung obliegt hingegen der Gesellschafterversammlung (§§ 46 Nr 1, 42a GmbHG). Die Zustimmungskompetenz für bestimmte Geschäfte (§ 111 IV 2 AktG) ist mit dem Weisungsrecht der Gesellschafterversammlung ggü den Geschäftsführern abzustimmen; die letzte Kompetenz bleibt bei der Gesellschafterversammlung. Ob diese mit einfacher Mehrheit entscheiden kann (so HWK/*Seibt* § 25 Rn 13 mwN) oder entspr § 111 IV 4 AktG eine qualifizierte Mehrheit erforderlich ist (ErfK/*Oetker* § 25 Rn 10; *Raiser/Veil* § 25 Rn 89), ist str. Zu bedenken ist allerdings, dass auch unter dem MitbestG die grds Kompetenz der Gesellschafterversammlung zur Geschäftsführung weiter besteht, da § 119 II AktG für die GmbH nicht gilt (dazu auch BGH 6.3.1997, II ZB R 4/96, BGHZ 135, 48, 55). Das spricht dafür, die einfache Mehrheit ausreichen zu lassen. (4) In der **eG** gelten die aktienrechtlichen Vorschriften nicht (§ 25 I 1 Nr 3; *Raiser/Veil* § 25 Rn 95), es sind die Zuständigkeitsregeln des GenG anzuwenden, wenn dem Aufsichtsrat nicht ausdrücklich weiter gehende Rechte nach § 38 III GenG eingeräumt wurden.

C. Stellung der Aufsichtsratsmitglieder. Für AG, KGaA und GmbH bestimmt sich die Rechtsstellung der Aufsichtsratsmitglieder – und zwar **gleich**, ob Vertreter der Anteilseigner oder der AN (auch der Dt Corporate Governance Kodex differenziert nicht zwischen den beiden Gruppen) – nach § 26 und den aktienrechtlichen Vorschriften. Dies gilt für **Rechte** (insb Information, Stimmrecht, Vergütung, Aufwendungsersatz; ein **Vergütungsanspruch** besteht allerdings nicht, wenn Gleichbehandlungsgründe ihn nicht fordern, UHH/*Ulmer/Habersack* § 25 Rn 83), wie auch für die haftungsrechtliche **Verantwortung** (vgl BGH 15.11.1993, II ZR 235/92, BGHZ 124, 111, 127; 25.2.1982, I ZR 123/81 – Siemens, BGHZ 83, 106, 112). Der Aufsichtsrat trägt Gesamtverantwortung, § 116 AktG, auch wenn einzelne Aufgaben bestimmten Mitgliedern zugewiesen wurden. Zur eingeschränkten Einzelverantwortung bei Ressortaufteilung unter den Mitgliedern vgl UHH/*Ulmer/Habersack* § 25 Rn 120. Für einzelne Aufgaben kann das Mitglied externen Sachverstand hinzuziehen (*Hüffer* § 111 AktG Rn 23), das Amt ist jedoch **selbst auszuüben** (Vertretungs- bzw Delegationsverbot, § 111 V AktG; dazu BGH 15.11.1982, II ZR 27/82 – Hertie, BGHZ 85, 293, 295). Für die Genossenschaft gelten §§ 36 ff GenG. Aktienrechtliche Regelungen können zur Lückenausfüllung ergänzend herangezogen werden (ErfK/*Oetker* § 25 Rn 11). 4

§ 26 Schutz von Aufsichtsratsmitgliedern vor Benachteiligung

¹Aufsichtsratsmitglieder der Arbeitnehmer dürfen in der Ausübung ihrer Tätigkeit nicht gestört oder behindert werden. ²Sie dürfen wegen ihrer Tätigkeit im Aufsichtsrat eines Unternehmens, dessen Arbeitnehmer sie sind oder als dessen Arbeitnehmer sie nach § 4 oder § 5 gelten, nicht benachteiligt werden. ³Dies gilt auch für ihre berufliche Entwicklung.

Übersicht	Rdn.			Rdn.
A. Normzweck	1	D.	Kdg	4
B. Behinderungsverbot	2	E.	Berufliche Entwicklung	5
C. Benachteiligungsverbot	3			

A. Normzweck. Die Regelung **verbietet Behinderung und Benachteiligung** der AN-Vertreter im Aufsichtsrat, und zwar einerseits zum Schutz der Amtsausübung, zum anderen zum Schutz vor persönlichen und beruflichen Nachteilen. Als gegen jedermann gerichtete Norm ist es ein Verbotsgesetz gem § 134 BGB (*Raiser/Veil* § 26 Rn 2; ErfK/*Oetker* § 26 Rn 1; HWK/*Seibt* § 26 Rn 1). Anders als § 78 BetrVG enthält die 1

Vorschrift **kein Begünstigungsverbot**. Eine Besserstellung eines AN-Vertreters im Aufsichtsrat bedarf aber einer sachlichen Rechtfertigung (UHH/*Henssler* § 26 Rn 2 f), sonst verstößt sie gegen den arbeitsrechtlichen Gleichbehandlungsgrds.

2 **B. Behinderungsverbot.** Verboten ist jede objektive Beeinträchtigung der Tätigkeit im Aufsichtsrat (ErfK/*Oetker* § 26 Rn 2). Das Mandat begründet ein gesetzliches Schuldverhältnis zum Unternehmen (§§ 662 ff, 675 BGB) – bei AN-Vertretern, die dem Unternehmen angehören, zusätzlich zum, aber getrennt vom, bestehenden Arbeitsverhältnis – wie auch eine gesellschaftsrechtliche Beziehung (UHH/*Henssler* § 26 Rn 4). Im Kollisionsfall gehen die Mandatspflichten den arbeitsrechtlichen Pflichten vor (*Raiser/Veil* § 26 Rn 6; UHH/*Henssler* § 26 Rn 4). Anders als §§ 20 III 2 und 37 II, III BetrVG ist für die Mandatswahrnehmung keine Freistellung unter Fortzahlung der Vergütung vorgesehen. Aus § 26 S 1 ergibt sich nur, dass das Mandat auch während der Arbeitszeit wahrgenommen werden darf. Jedenfalls soweit eine Aufsichtsratsvergütung gezahlt wird, entfällt der arbeitsrechtliche Vergütungsanspruch, § 326 I BGB (HWK/*Seibt* § 26 Rn 3; UHH/*Henssler* § 26 Rn 5; ErfK/*Oetker* § 26 Rn 4; *Raiser/Veil* § 26 Rn 6; aA WWKK/*Wißmann* § 26 Rn 9, 11: Analogie zu § 37 II BetrVG). In der Praxis wird das allerdings regelmäßig anders gehandhabt. Zwingend erforderliche Fortbildung ist nach §§ 675, 670 BGB vom Unternehmen zu tragen, nicht analog § 37 VII BetrVG (WWKK/*Wißmann* § 26 Rn 12 f).

3 **C. Benachteiligungsverbot.** Weiterhin gewährt die Vorschrift Schutz vor objektiver Schlechterstellung ohne sachlichen Grund (WWKK/*Wißmann* § 26 Rn 15; ErfK/*Oetker* § 26 Rn 6). Das Unternehmen haftet für schuldhafte Verletzung der durch die Aufsichtsratstätigkeit nach § 241 I BGB begründeten Schutzpflicht gegenüber dem AN-Vertreter; § 26 S 2 ist Schutzgesetz iSd § 823 II BGB (UHH/*Henssler* § 26 Rn 20). Die arbeitsvertragliche Fürsorgepflicht des AG bleibt unberührt.

4 **D. Kdg.** Ein absoluter Kdg-Schutz lässt sich aus § 26 nicht ableiten. § 15 KSchG ist nicht analog anzuwenden (BAG 4.4.1974, 2 AZR 452/73, DB 1974, 1067, 1068; ErfK/*Oetker* § 26 Rn 7; UHH/*Henssler* § 26 Rn 13). Der Schutz ist vielmehr **relativ** und besteht, wenn wegen der Aufsichtsratstätigkeit gekündigt wird (*Raiser/Veil* § 26 Rn 8). Zudem ist die Mitgliedschaft im Aufsichtsrat bei der Abwägung nach § 1 KSchG oder § 626 BGB zu berücksichtigen (ErfK/*Oetker* § 26 Rn 7). Eine Verletzung von Aufsichtsratspflichten kann eine Kdg nach § 626 BGB nur ausnahmsweise rechtfertigen (BAG 18.2.1993, 2 AZR 526/92, BB 1993, 2381).

5 **E. Berufliche Entwicklung.** Entspr § 37 IV 1 BetrVG betrifft das Benachteiligungsverbot auch die berufliche Entwicklung, also vor allem Höhergruppierung, Beförderung und Berufsbildungsmaßnahmen. Ein Ausschluss des AN-Vertreters nur wegen seines Mandats ist unzulässig, auch wenn die Arbeitskraft des AN aufgrund seines Mandats nur eingeschränkt verwertbar sein mag (UHH/*Henssler* § 26 Rn 18).

§ 27 Vorsitz im Aufsichtsrat

(1) Der Aufsichtsrat wählt mit einer Mehrheit von zwei Dritteln der Mitglieder, aus denen er insgesamt zu bestehen hat, aus seiner Mitte einen Aufsichtsratsvorsitzenden und einen Stellvertreter.
(2) ¹Wird bei der Wahl des Aufsichtsratsvorsitzenden oder seines Stellvertreters die nach Abs. 1 erforderliche Mehrheit nicht erreicht, so findet für die Wahl des Aufsichtsratsvorsitzenden und seines Stellvertreters ein zweiter Wahlgang statt. ²In diesem Wahlgang wählen die Aufsichtsratsmitglieder der Anteilseigner den Aufsichtsratsvorsitzenden und die Aufsichtsratsmitglieder der Arbeitnehmer den Stellvertreter jeweils mit der Mehrheit der abgegebenen Stimmen.
(3) Unmittelbar nach der Wahl des Aufsichtsratsvorsitzenden und seines Stellvertreters bildet der Aufsichtsrat zur Wahrnehmung der in § 31 Abs. 3 Satz 1 bezeichneten Aufgabe einen Ausschuss, dem der Aufsichtsratsvorsitzende, sein Stellvertreter sowie je ein von den Aufsichtsratsmitgliedern der Arbeitnehmer und von den Aufsichtsratsmitgliedern der Anteilseigner mit der Mehrheit der abgegebenen Stimmen gewähltes Mitglied angehören.

Übersicht	Rdn.		Rdn.
A. Vorsitz	1	B. Ständiger Ausschuss	4

1 **A. Vorsitz.** Ergänzend zu § 25 I 1, § 107 I AktG regelt § 27 zwingend die alsbaldige Wahl des Vorsitzenden und seines Stellvertreters durch den soeben bestellten Aufsichtsrat (nicht durch einen Ausschuss; *Hüffer* § 107 AktG Rn 3). Kommt es nicht zu einer Wahl, ist eine gerichtliche Ersatzbestellung analog § 104 II AktG möglich (HWK/*Seibt* § 27 Rn 5 mwN). Eine vorherige Bindung an die Wahl einer bestimmten Person, etwa

durch Satzung oder in anderer Weise, ist nicht zulässig (HWK/*Seibt* § 27 Rn 2). Im 1. Wahlgang müssen nach I sowohl für den Vorsitzenden als auch für den Stellvertreter Zweidrittelmehrheiten erreicht werden. Gelingt dies nicht, wählen nach II 2 die Anteilseignervertreter den Vorsitzenden, die AN-Vertreter den Stellvertreter. Grund für diese Aufteilung ist die Sicherung der Überparität der Anteilseignerseite, wie sie in § 29 II zum Ausdruck kommt. Für die Beschlussfähigkeit der beiden Gruppen gilt § 28 analog. Wählbar ist grds jedes Mitglied des Aufsichtsrats. Wegen der Zweitstimme nach § 29 II und des Verbots der Überparität der AN-Seite erscheint zweifelhaft, ob auch ein AN-Vertreter zum Vorsitzenden gewählt werden kann (dagegen HWK/*Seibt* § 27 Rn 3; dafür UHH/*Ulmer/Habersack* § 27 Rn 8); praktisch wird das eher nicht.

Die Dauer der Bestellung richtet sich nach der Satzung; im Zweifel ist die gesamte Mandatsperiode abgedeckt. Bei Ausscheiden ist nachzuwählen. Die Koppelung der Amtsperioden wird zulässig sein, empfiehlt sich aber nicht, weil sie die Arbeitsfähigkeit des Aufsichtsrats beschränkt. Die Bestellung ist jederzeit widerruflich; der Widerruf bedarf derselben Mehrheiten wie die Wahl (ErfK/*Oetker* § 27 Rn 4; s.a. *Hüffer* § 107 AktG Rn 4). 2

Die Rechte des Vorsitzenden ergeben sich neben § 29 II aus den aktienrechtlichen Regeln (vor allem §§ 90, 107, 109, 110 AktG). Er vertritt den Aufsichtsrat. Eine weitere Übertragung von Rechten ist nur in den engen Grenzen des § 23 V AktG möglich (UHH/*Ulmer/Habersack* § 27 Rn 15). Die Rechte des Stellvertreters entsprechen denen des Vorsitzenden in dessen Verhinderungsfall, allerdings mit Ausnahme der Zweitstimme nach § 29 II. Die Bestellung weiterer Stellvertreter ist – mittlerweile unstr – zulässig (vgl die Darstellung bei UHH/*Ulmer/Habersack* § 27 Rn 18 ff). 3

B. Ständiger Ausschuss. Nach Vorsitzendem und Stellvertreter ist ein ständiger Ausschuss zu bilden, dem neben diesen beiden je ein weiteres Mitglied der Anteilseigner- und der AN-Vertreter angehören. Wahlbeschränkungen sind auch hier nicht zulässig (vgl LG München I 16.1.1980, 6 O 1172/79, DB 1980, 678, 679). Die Aufgabe des Ausschusses ist die der Vermittlung nach § 31 III. Ihm können auch weitere Aufgaben übertragen werden (*Raiser/Veil* § 27 Rn 37). Nach hM ist er nur beschlussfähig, wenn sämtliche Mitglieder anwesend sind (UHH/*Ulmer/Habersack* § 27 Rn 23). Beschl werden mit Mehrheit gefasst; der Vorsitzende hat keine Zweitstimme (vgl BGH 25.2.1982, II ZR 123/81 – Siemens, BGHZ 83, 106, 117; HWK/*Seibt* § 27 Rn 11). 4

§ 28 Beschlussfähigkeit
¹Der Aufsichtsrat ist nur beschlussfähig, wenn mindestens die Hälfte der Mitglieder, aus denen er insgesamt zu bestehen hat, an der Beschlussfassung teilnimmt. ²§ 108 Abs. 2 Satz 4 des Aktiengesetzes ist anzuwenden.

Mind die **Hälfte** der Mitglieder muss anwesend sein, um Beschlussfähigkeit herzustellen, was gegenseitige Blockade der Gruppen praktisch ausschließt. S 2 ist lediglich klarstellend; der Verweis zielt primär auf die eG und übernimmt aus dem Aktienrecht den Grds des fehlenden Gruppenschutzes im Aufsichtsrat (UHH/*Ulmer/Habersack* § 28 Rn 3). § 28 ist als Mindestregelung **zwingend**. Er kann durch Satzung **verschärft** werden, aber nur, wenn dadurch nicht eine Benachteiligung der Gruppe der Anteilseigner oder der AN-Vertreter bewirkt wird (HWK/*Seibt* § 28 Rn 2). **Unterbrechungs- und Vertagungsrechte** können dem Vorsitzenden eingeräumt werden, er darf sie aber nicht zur Umgehung von § 28 S 1 nutzen (UHH/*Ulmer/Habersack* § 28 Rn 7). Beschl unter Verstoß gegen § 28 sind **nichtig** (BGH 25.2.1982, II ZR 123/81 – Siemens, BGHZ 83, 106, 117). 1

§ 29 Abstimmungen
(1) Beschlüsse des Aufsichtsrats bedürfen der Mehrheit der abgegebenen Stimmen, soweit nicht in Absatz 2 und in den §§ 27, 31 und 32 etwas anderes bestimmt ist.
(2) ¹Ergibt eine Abstimmung im Aufsichtsrat Stimmengleichheit, so hat bei einer erneuten Abstimmung über denselben Gegenstand, wenn auch sie Stimmengleichheit ergibt, der Aufsichtsratsvorsitzende zwei Stimmen. ²§ 108 Abs. 3 des Aktiengesetzes ist auch auf die Abgabe der zweiten Stimme anzuwenden. ³Dem Stellvertreter steht die zweite Stimme nicht zu.

Übersicht	Rdn.		Rdn.
A. Abstimmung	1	B. Zweitstimme des Vorsitzenden	2

§ 31 MitBestG Bestellung und Widerruf

1 A. Abstimmung. Der Aufsichtsrat entscheidet durch Beschl, § 108 I AktG, mit der **Mehrheit** der abgegebenen Stimmen (vgl auch § 32 I 3 BGB). Die Regelung des I ist zwingend; Bestimmungen in Satzung oder Geschäftsordnung zu höheren Mehrheiten, Mehrstimmrechten und Zustimmungserfordernissen einzelner Mandatsträger sind unwirksam (*Raiser/Veil* § 29 Rn 7). Mithin ist ein Beschlussantrag bei Stimmengleichheit abgelehnt. Enthaltungen und ungültige Stimmen zählen nicht (ErfK/*Oetker* § 29 Rn 2). Beschl sind **ausdrücklich** zu fassen; konkludente Beschlussfassung ist nicht möglich (BGH 11.7.1953, II ZR 126/52, BGHZ 10, 187, 194). Geheime Abstimmung, die der Vorsitzende nach pflichtgem Ermessen oder auf Verlangen von 2 Mitgliedern des Aufsichtsrats ansetzt, ist zulässig (hM, vgl *Hüffer* § 108 AktG Rn 5 f). Interessenkonflikte einzelner Aufsichtsratsmitglieder sind offenzulegen, und entspr § 34 BGB kann ein Aufsichtsratsmitglied, das in eigenen Rechtsangelegenheiten betroffen ist, nicht abstimmen. Nicht unerhebliche Interessenkollisionen führen dementspr ebenfalls zu einem Stimmverbot; sind die Kollisionen nicht nur vorübergehender Natur, sollte das Mandat niedergelegt und ggf die Hauptversammlung informiert werden (vgl Ziffer 5.5.3 S 1 und 2 DCGK).

2 B. Zweitstimme des Vorsitzenden. Nach 2 Abstimmungen über dieselbe Sache – der Antrag muss unverändert bleiben (ErfK/*Oetker* § 29 Rn 6) – mit Pattsituation hat der Vorsitzende für die **2. Abstimmung** 2 Stimmen, II. Der Grund für die Stimmengleichheit ist unerheblich (*Raiser/Veil* § 29 Rn 9). Auf **Ausschüsse** ist die Regelung nur anwendbar, wenn Satzung oder Geschäftsordnung dies ausdrücklich vorsehen (ErfK/*Oetker* § 29 Rn 4). Findet die 2. Abstimmung nicht alsbald statt, ist der Antrag endgültig abgelehnt (HWK/*Seibt* § 29 Rn 6). **Satzung oder Geschäftsordnung** können Näheres regeln, etwa den zeitlichen Zusammenhang zwischen den Abstimmungen und die Weite des Ermessens des Vorsitzenden, nochmals abstimmen zu lassen (vgl UHH/*Habersack* § 29 Rn 18 ff). Wie der Vorsitzende seine 2. Stimme ausübt, steht in seinem pflichtgem Ermessen (HWK/*Seibt* § 29 Rn 7). Eine **Übertragung** des Zweitstimmrechts auf den Stellvertreter oder ein anderes Aufsichtsratsmitglied ist nicht zulässig, II 3; die Verwendung eines Stimmboten ist hingegen möglich, II 2, § 108 III AktG. Ein Verstoß gegen II führt zur Unwirksamkeit des Beschl; II widersprechende Bestimmungen in Satzung oder Geschäftsordnung sind nichtig (UHH/*Habersack* § 29 Rn 21).

§ 30 Grundsatz
Die Zusammensetzung, die Rechte und Pflichten des zur gesetzlichen Vertretung des Unternehmens befugten Organs sowie die Bestellung seiner Mitglieder bestimmen sich nach den für die Rechtsform des Unternehmens geltenden Vorschriften, soweit sich aus den §§ 31 bis 33 nichts anderes ergibt.

1 § 30 erklärt den Vorbehalt der §§ 31–33 vor den gesellschaftsrechtlichen Regelungen. Für die AG betrifft dies vor allem die Zahl der Vorstandsmitglieder und den Umfang der Vertretungsmacht, §§ 76 II, 78 I AktG. Die Struktur der KGaA bleibt hingegen weitgehend unberührt, §§ 31 I 2, 33 I 2. Größere Auswirkungen hat die Regelung auf die GmbH: Die Kompetenz zu Bestellung, Abberufung und Abschluss, Änderung sowie Beendigung von Dienstverträgen mit den Geschäftsführern steht dem Aufsichtsrat, nicht der Gesellschafterversammlung zu, und im Regelfall müssen mind 2 Geschäftsführer bestellt werden (arg § 33). Für die eG bewirkt die Regelung ebenfalls, dass der Vorstand (§§ 24 ff GenG) nicht von der Generalversammlung, sondern vom Aufsichtsrat zu bestellen ist.

§ 31 Bestellung und Widerruf
(1) ¹Die Bestellung der Mitglieder des zur gesetzlichen Vertretung des Unternehmens befugten Organs und der Widerruf der Bestellung bestimmen sich nach den §§ 84 und 85 des Aktiengesetzes, soweit sich nicht aus den Absätzen. 2 bis 5 etwas anderes ergibt. ²Dies gilt nicht für Kommanditgesellschaften auf Aktien.
(2) Der Aufsichtsrat bestellt die Mitglieder des zur gesetzlichen Vertretung des Unternehmens befugten Organs mit einer Mehrheit, die mindestens zwei Drittel der Stimmen seiner Mitglieder umfasst.
(3) ¹Kommt eine Bestellung nach Absatz 2 nicht zustande, so hat der in § 27 Abs. 3 bezeichnete Ausschuss des Aufsichtsrats innerhalb eines Monats nach der Abstimmung, in der die in Absatz 2 vorgeschriebene Mehrheit nicht erreicht worden ist, dem Aufsichtsrat einen Vorschlag für die Bestellung zu machen; dieser Vorschlag schließt andere Vorschläge nicht aus. ²Der Aufsichtsrat bestellt die Mitglieder des zur gesetzlichen Vertretung des Unternehmens befugten Organs mit der Mehrheit der Stimmen seiner Mitglieder.
(4) ¹Kommt eine Bestellung nach Absatz. 3 nicht zustande, so hat bei einer erneuten Abstimmung der Aufsichtsratsvorsitzende zwei Stimmen; Absatz 3 Satz 2 ist anzuwenden. ²Auf die Abgabe der zweiten

Stimme ist § 108 Abs. 3 des Aktiengesetzes anzuwenden. ³Dem Stellvertreter steht die zweite Stimme nicht zu.
(5) Die Absatz. 2 bis 4 sind für den Widerruf der Bestellung eines Mitglieds des zur gesetzlichen Vertretung des Unternehmens befugten Organs entsprechend anzuwenden.

Übersicht	Rdn.		Rdn.
A. Normzweck	1	D. Abberufung	6
B. Zuständigkeit	2	E. Anstellungsvertrag	7
C. Wahlverfahren	3		

A. Normzweck. Das 3-stufige Verfahren zur Bestellung (und Abberufung, V) der Mitglieder des Vertretungsorgans durch den Aufsichtsrat soll eine möglichst breite Unterstützung durch den Aufsichtsrat erzielen (BT-Drs 7/2172, S 28). Die KGaA ist ausdrücklich ausgenommen, I 2. § 31 ist zwingend (UHH/*Ulmer/ Habersack* § 31 Rn 2). 1

B. Zuständigkeit. Der Aufsichtsrat ist als **Gesamtgremium** zuständig; er kann die Bestellung etc nicht auf einen Ausschuss übertragen (§ 107 III AktG). **Stimmbindungsregelungen** für das Abstimmungsverhalten von Aufsichtsratsmitgliedern sind unzulässig. Neben den gesetzlichen (vor allem § 76 III AktG) kann die Satzung auch weitere **Eignungsvoraussetzungen** für die Mitglieder des Vertretungsorgans bestimmen, etwa eine bestimmte fachliche Eignung, wenn sie sachbezogen ist, und das Auswahlermessen des Aufsichtsrats und insb der AN-Vertreter nicht unverhältnismäßig beeinträchtigen (UHH/*Ulmer/Habersack* § 31 Rn 13). Jedes Mitglied des Aufsichtsrats ist vorschlagsberechtigt (*Raiser/Veil* § 31 Rn 13). 2

C. Wahlverfahren. Über jedes Mitglied des Vertretungsorgans ist einzeln im **3-stufigen Verfahren** abzustimmen. Im **1. Wahlgang** sind 2 Drittel der bestehenden (nicht nur der abgegebenen) Stimmen erforderlich, II. Nach hM ist auch ein Aufsichtsratsmitglied stimmberechtigt, das selbst kandidiert (zum Streitstand ausf UHH/*Ulmer/Habersack* § 31 Rn 18a). Kommt die Mehrheit von 2 Dritteln nicht zustande, ist zwingend ein Vermittlungsverfahren durchzuführen, III. Der Vermittlungsausschuss, § 27 III, macht **innerhalb 1 Monats** einen Vorschlag, an dessen Inhalt der Aufsichtsrat allerdings nicht gebunden ist. Er kann also auch – zusätzlich – über andere Vorschläge abstimmen. Erforderlich ist in diesem 2. **Wahlgang** die absolute Mehrheit aller Aufsichtsratsmitglieder, III 2. Führt auch diese Wahl nicht zu einem Erg, schließt sich der **3. Wahlgang** an. In diesem verfügt der Vorsitzende über 2 Stimmen, IV 1, die er nach hM sofort einsetzen kann, nicht erst bei einer Pattsituation (HWK/*Seibt* § 31 Rn 6 mwN). Wie bei § 29 II steht die 2. Stimme weder dem Stellvertreter noch einem anderen Dritten zu; Stimmbotenschaft ist möglich, § 108 III AktG. Ist auch die 3. Abstimmung erfolglos, beginnt das Verfahren entweder von vorn. Kann die Handlungsfähigkeit des Unternehmens nicht anders gesichert werden, kommt auch eine **Notbestellung** nach § 85 AktG auf Antrag durch das zuständige AG in Betracht (UHH/*Ulmer/Habersack* § 31 Rn 26). 3

Der Aufsichtsrat ist auch für die Bestellung des **Vorsitzenden** des Vertretungsorgans zuständig (vgl I 1, § 84 II AktG). Das Verfahren nach dessen Wahl zum Mitglied des Vertretungsorgans richtet sich nach § 29, nicht nach § 31 (ErfK/*Oetker* § 31 Rn 8). Es bedarf also nur der einfachen Mehrheit der abgegebenen Stimmen (*Hüffer* § 84 AktG Rn 20). 4

Die Bestellung kann für **längstens 5 Jahre** vorgenommen werden, § 84 I 1 AktG. Zur **Wiederbestellung** s § 84 I 2–4 AktG. 5

D. Abberufung. Für den Widerruf der Bestellung, V, gilt Gleiches wie für die Bestellung; subsidiär gilt § 84 III AktG. Materiell erforderlich ist ein **wichtiger Grund**, nach § 84 III AktG grobe Pflichtverletzung, Unfähigkeit zur ordnungsmäßigen Geschäftsführung oder (nicht offensichtlich unsachlicher; *Raiser/Veil* § 31 Rn 32) Vertrauensentzug durch die Versammlung der Anteilseigner. Das gilt gleichermaßen bei einer Änderung der Unternehmens- oder Vorstandsstruktur. Auch dann kommt es darauf an, ob die Fortsetzung des Organverhältnisses bis zum ordnungsgemäßen Ende der Amtszeit des Vorstandsmitglieds für die Gesellschaft unzumutbar ist. Es reicht nicht aus, dass die Abberufung für die Gesellschaft lediglich vorteilhaft ist (OLG Frankfurt a.M. 17.2.2015, 5 U 111/14, GWR 2015, 123). **Formal** ist das Verfahren wie bei der Bestellung durchzuführen, die in § 31 vorgesehenen Mehrheiten sind zu erreichen, und der ständige Ausschuss nimmt ggf zur Abberufung Stellung (*Raiser/Veil* § 31 Rn 34). 6

E. Anstellungsvertrag. Nach Bestellung des Mitglieds des Vertretungsorgans ist der Aufsichtsrat sodann auch für den Abschluss (wie auch für Änderung und Beendigung) des entspr Vorstands- oder Geschäftsführer-Dienstvertrags zuständig (§ 25 I Nr 1, § 84 I 5 AktG für die **AG** und **KGaA**). Die Aufgabe kann einem Ausschuss übertragen werden, da § 107 III 3 AktG § 84 I 5 AktG nicht nennt (vgl auch BGH 23.10.1975, 7

II ZR 90/73, BGHZ 65, 190, 193; *Hüffer* § 107 AktG Rn 18a). Für die **GmbH** gilt nach hM Gleiches (vgl BGH 14.11.1983, II ZR 33/83, BGHZ 89, 48, 57; zum Streit s UHH/*Ulmer/Habersack* § 31 Rn 38 ff; *Bernhardt/Bredol* NZG 2015, 419); die Zuständigkeit der Gesellschafterversammlung ist in der paritätisch mitbestimmten GmbH damit nicht gegeben (anders nach dem DrittelbG, s § 1 DrittelbG Rdn 13). Die Satzung kann aber allg Vorgaben, etwa zur Vergütungsstruktur, enthalten, wenn dies den Aufsichtsrat nicht unangemessen beschränkt (HWK/*Seibt* § 31 Rn 12). In der **eG** ist ebenfalls der Aufsichtsrat zuständig (*Raiser/Veil* § 31 Rn 24).

§ 32 Ausübung von Beteiligungsrechten

(1) ¹Die einem Unternehmen, in dem die Arbeitnehmer nach diesem Gesetz ein Mitbestimmungsrecht haben, auf Grund von Beteiligungen an einem anderen Unternehmen, in dem die Arbeitnehmer nach diesem Gesetz ein Mitbestimmungsrecht haben, zustehenden Rechte bei der Bestellung, dem Widerruf der Bestellung oder der Entlastung von Verwaltungsträgern sowie bei der Beschlussfassung über die Auflösung oder Umwandlung des anderen Unternehmens, den Abschluss von Unternehmensverträgen (§§ 291, 292 des Aktiengesetzes) mit dem anderen Unternehmen, über dessen Fortsetzung nach seiner Auflösung oder über die Übertragung seines Vermögens können durch das zur gesetzlichen Vertretung des Unternehmens befugte Organ nur auf Grund von Beschlüssen des Aufsichtsrats ausgeübt werden. ²Diese Beschlüsse bedürfen nur der Mehrheit der Stimmen der Aufsichtsratsmitglieder der Anteilseigner; sie sind für das zur gesetzlichen Vertretung des Unternehmens befugte Organ verbindlich.
(2) Absatz. 1 ist nicht anzuwenden, wenn die Beteiligung des Unternehmens an dem anderen Unternehmen weniger als ein Viertel beträgt.

Übersicht   Rdn.   Rdn.
A. Normzweck 1   B. Norminhalt 2

1 **A. Normzweck.** Zur Vermeidung einer Kumulation von Mitbestimmungsrechten (BT-Drs 7/2172, S 28) sieht die Norm eine Beschränkung der Befugnisse des Vertretungsorgans vor, wenn eine nach dem MitbestG mitbestimmte Obergesellschaft an einer ebenfalls nach dem MitbestG mitbestimmten Untergesellschaft mind 25 % der Anteile hält. Außerdem sollen Grundlagenentsch auch in mitbestimmten Unternehmen den Anteilseignern vorbehalten bleiben (ErfK/*Oetker* § 32 Rn 1; *Raiser/Veil* § 32 Rn 1).

2 **B. Norminhalt.** Die Regelung bestimmt zunächst, dass die aus einer Beteiligung fließenden Rechte nicht vom Vertretungsorgan der Obergesellschaft allein wahrgenommen werden können, sondern dass deren Ausübung von Beschl des Aufsichtsrats getragen sein müssen. Sodann überträgt sie die Beschlussfassung den Anteilseignern der Obergesellschaft. Die **Anteilseigner** der Obergesellschaft können damit in Abweichung von den aktienrechtlichen Grds eine **Geschäftsführungsentsch mit Weisungscharakter** treffen (HWK/*Seibt* § 32 Rn 5). **Voraussetzungen** sind (1) Ober- und Untergesellschaft sind beide mitbestimmt nach dem MitbestG (nicht nach anderen Mitbestimmungsgesetzen; HWK/*Seibt* § 32 Rn 2), (2) die Beteiligung der Ober- an der Untergesellschaft beträgt mind ein Viertel, II, und (3) es sind die in I abschließend (*Raiser/Veil* § 32 Rn 16) aufgezählten Angelegenheiten betroffen, also (a) Bestellung, Widerruf, Entlastung von Verwaltungsträgern oder (b) Auflösung oder Umwandlung der Untergesellschaft oder (c) Abschluss von Unternehmensverträgen nach §§ 291, 292 AktG oder (d) Fortsetzung der Untergesellschaft nach Auflösung oder (e) Vermögensübertragung. Handelt das Vertretungsorgan der Obergesellschaft dem zuwider, kann Schadensersatzpflicht entstehen, § 93 AktG, § 43 GmbHG. Handlungen bei fehlendem Beschluss des Aufsichtsrats können idR durch Genehmigung nachträglich geheilt werden (KK-AktG/*Mertens* Anh. § 117 B § 32 MitbestG Rn 14; *Raiser/Veil* § 32 Rn 24).

3 Die **AN-Vertreter** können an der Sitzung des Aufsichtsrats der Obergesellschaft teilnehmen und die gleichen Informationen beanspruchen, aber nicht an der Verfahrens-entsch mitwirken (UHH/*Ulmer/Habersack* § 32 Rn 24 f).

4 Für die Abstimmung ist **Beschlussfähigkeit** nach § 28 und absolute **Mehrheit der Stimmen der Anteilseigner** im Aufsichtsrat erforderlich (ErfK/*Oetker* § 32 Rn 4). Die Zuständigkeit nach § 32 kann einem **Ausschuss** des Aufsichtsrats übertragen werden (ErfK/*Oetker* § 32 Rn 5), der keinen Vertreter der AN enthalten muss (HWK/*Seibt* § 32 Rn 6).

§ 33 Arbeitsdirektor

(1) ¹Als gleichberechtigtes Mitglied des zur gesetzlichen Vertretung des Unternehmens befugten Organs wird ein Arbeitsdirektor bestellt. ²Dies gilt nicht für Kommanditgesellschaften auf Aktien.
(2) ¹Der Arbeitsdirektor hat wie die übrigen Mitglieder des zur gesetzlichen Vertretung des Unternehmens befugten Organs seine Aufgaben im engsten Einvernehmen mit dem Gesamtorgan auszuüben. ²Das Nähere bestimmt die Geschäftsordnung.
(3) Bei Genossenschaften ist auf den Arbeitsdirektor § 9 Abs. 2 des Genossenschaftsgesetzes nicht anzuwenden.

Übersicht	Rdn.		Rdn.
A. Normzweck	1	C. Aufgaben, Stellung	3
B. Bestellung......................	2		

A. Normzweck. Durch zwingende Bestellung eines Arbeitsdirektors wird der Bereich Personal und Soziales in der Geschäftsleitung verankert, womit das Vertretungsorgan aus mind 2 Personen besteht, von denen einer **Personalvorstand bzw -geschäftsführer** ist (ganz hM, vgl nur UHH/*Henssler* § 33 Rn 2; offener – ausnahmsweise teleologische Reduktion bei funktionsloser Zwischenholding – HWK/*Seibt* § 33 Rn 2; UHH/*Henssler* § 33 Rn 2). 1

B. Bestellung. Der Arbeitsdirektor ist trotz seiner Mittlerrolle zwischen Geschäftsleitung und AN kein bes Vertrauensorgan der AN im Unternehmen und kann daher auch gegen den Willen der AN-Vertreter im Aufsichtsrat bestellt werden (HWK/*Seibt* § 33 Rn 1). Es kann sich auch um ein bereits gewähltes Mitglied des Vertretungsorgans handeln (ErfK/*Oetker* § 33 Rn 3). Seine Bestellung richtet sich wie bei den anderen Mitgliedern des Vertretungsorgans nach § 31 II–IV. Ausnahmsweise kommt eine Notbestellung entspr § 85 AktG in Betracht. Das Widerrufsverfahren (§ 31 V) findet auch dann Anwendung, wenn der Arbeitsdirektor bei Änderung der Ressortverteilung mit anderen Aufgaben betraut wird (HWK/*Seibt* § 33 Rn 2). 2

C. Aufgaben, Stellung. Die Mindestzuständigkeit des Arbeitsdirektors betrifft den Bereich Personal und Soziales bzgl der AN des Unternehmens, auch wenn der Bereich nicht ausdrücklich genannt wird (vgl BT-Drs 7/4845, S 9, vgl auch § 38 II SEBG). Dieser Mindestbereich kann nicht durch Satzung oder Geschäftsführung entzogen werden. Die leitenden Angestellten des Unternehmens sind aber nicht zwingend einbezogen (ErfK/*Oetker* § 33 Rn 12); auch eine Alleinzuständigkeit oder Letztentscheidungskompetenz des Arbeitsdirektors im Vertretungsorgan für Personalsachen ist nicht zwingend (vgl OLG Frankfurt aM 23.4.1985, 5 U 149/84 – Sperry, DB 1985, 1459, 1460; HWK/*Seibt* § 33 Rn 4). Weitere Aufgaben können dem Arbeitsdirektor übertragen werden (UHH/*Henssler* § 33 Rn 41). 3

Seine **Stellung** im Unternehmen unterscheidet sich nicht von der der übrigen Mitglieder des Vertretungsorgans; er ist **gleichberechtigtes Mitglied**, I 1. Ein Anspruch auf Alleinvertretungsrecht besteht nicht, sofern dessen Verweigerung nicht offensichtlich diskriminierend ist (HWK/*Seibt* § 33 Rn 8). Umgekehrt kann ihm – wie auch den übrigen Mitgliedern des Vertretungsorgans – **kein abschließendes Vetorecht** gegen den Mehrheitswillen der anderen Mitglieder eingeräumt werden (s BGH 14.11.1983, II ZR 33/83 – Reemtsma, BGHZ 89, 49, 59; KK-AktG/*Mertens/Cahn* § 77 Rn 14; *Hüffer* § 77 AktG Rn 13, 23). 4

§ 34 Seeschifffahrt
(1) Die Gesamtheit der Schiffe eines Unternehmens gilt für die Anwendung dieses Gesetzes als ein Betrieb.
(2) ¹Schiffe im Sinne dieses Gesetzes sind Kauffahrteischiffe, die nach dem Flaggenrechtsgesetz die Bundesflagge führen. ²Schiffe, die in der Regel binnen 48 Stunden nach dem Auslaufen an den Sitz eines Landbetriebs zurückkehren, gelten als Teil dieses Landbetriebs.
(3) Leitende Angestellte im Sinne des § 3 Abs. 1 Nr 2 dieses Gesetzes sind in einem in Absatz. 1 bezeichneten Betrieb nur die Kapitäne.
(4) Die Arbeitnehmer eines in Absatz. 1 bezeichneten Betriebs nehmen an einer Abstimmung nach § 9 nicht teil und bleiben für die Errechnung der für die Antragstellung und für die Beschlussfassung erforderlichen Zahl von Arbeitnehmern außer Betracht.
(5) ¹Werden die Aufsichtsratsmitglieder der Arbeitnehmer durch Delegierte gewählt, so werden abweichend von § 10 in einem in Absatz. 1 bezeichneten Betrieb keine Delegierten gewählt. ²Abweichend von § 15 Abs. 1 nehmen die Arbeitnehmer dieses Betriebs unmittelbar an der Wahl der Aufsichtsratsmitglieder

der Arbeitnehmer teil mit der Maßgabe, dass die Stimme eines dieser Arbeitnehmer als ein Neunzigstel der Stimme eines Delegierten zu zählen ist; § 11 Abs. 1 Satz 3 ist entsprechend anzuwenden.
(6) (weggefallen)

§ 36 Verweisungen
(1) Soweit in anderen Vorschriften auf Vorschriften des Betriebsverfassungsgesetzes 1952 über die Vertretung der Arbeitnehmer in den Aufsichtsräten von Unternehmen verwiesen wird, gelten diese Verweisungen für die in § 1 Abs. 1 dieses Gesetzes bezeichneten Unternehmen als Verweisungen auf dieses Gesetz.
(2) Soweit in anderen Vorschriften für das Gesetz über die Mitbestimmung der Arbeitnehmer in den Aufsichtsräten und Vorständen der Unternehmen des Bergbaus und der Eisen und Stahl erzeugenden Industrie vom 21. Mai 1951 (BGBl. I S. 347), die Bezeichnung »Mitbestimmungsgesetz« verwendet wird, tritt an ihre Stelle die Bezeichnung »Montan-Mitbestimmungsgesetz«.

§ 37 Erstmalige Anwendung des Gesetzes auf ein Unternehmen
(1) ¹Andere als die in § 97 Abs. 2 Satz 2 des Aktiengesetzes bezeichneten Bestimmungen der Satzung (des Gesellschaftsvertrags), die mit den Vorschriften dieses Gesetzes nicht vereinbar sind, treten mit dem in § 97 Abs. 2 Satz 2 des Aktiengesetzes bezeichneten Zeitpunkt oder, im Fall einer gerichtlichen Entscheidung, mit dem in § 98 Abs. 4 Satz 2 des Aktiengesetzes bezeichneten Zeitpunkt außer Kraft. ²Eine Hauptversammlung (Gesellschafterversammlung, Generalversammlung), die bis zu diesem Zeitpunkt stattfindet, kann an Stelle der außer Kraft tretenden Satzungsbestimmungen mit einfacher Mehrheit neue Satzungsbestimmungen beschließen.
(2) Die §§ 25 bis 29, 31 bis 33 sind erstmalig anzuwenden, wenn der Aufsichtsrat nach den Vorschriften dieses Gesetzes zusammengesetzt ist.
(3) ¹Die Bestellung eines vor dem Inkrafttreten dieses Gesetzes bestellten Mitglieds des zur gesetzlichen Vertretung befugten Organs eines Unternehmens, auf das dieses Gesetz bereits bei seinem Inkrafttreten anzuwenden ist, kann, sofern die Amtszeit dieses Mitglieds nicht aus anderen Gründen früher endet, nach Ablauf von fünf Jahren seit dem Inkrafttreten dieses Gesetzes von dem nach diesem Gesetz gebildeten Aufsichtsrat jederzeit widerrufen werden. ²Für den Widerruf bedarf es der Mehrheit der abgegebenen Stimmen der Aufsichtsratsmitglieder, aller Stimmen der Aufsichtsratsmitglieder der Anteilseigner oder aller Stimmen der Aufsichtsratsmitglieder der Arbeitnehmer. ³Für die Ansprüche aus dem Anstellungsvertrag gelten die allgemeinen Vorschriften. ⁴Bis zum Widerruf bleiben für diese Mitglieder Satzungsbestimmungen über die Amtszeit abweichend von Absatz 1 Satz 1 in Kraft. ⁵Diese Vorschriften sind entsprechend anzuwenden, wenn dieses Gesetz auf ein Unternehmen erst nach dem Zeitpunkt des Inkrafttretens dieses Gesetzes erstmalig anzuwenden ist.
(4) Absatz. 3 gilt nicht für persönlich haftende Gesellschafter einer Kommanditgesellschaft auf Aktien.

Übersicht	Rdn.		Rdn.
A. Satzungsbestimmungen 1		B. Innere Ordnung, Rechte und Pflichten der Mitglieder 2	

1 **A. Satzungsbestimmungen.** Wird das MitbestG **erstmals** auf ein Unternehmen angewandt, sieht § 37 I eine Ergänzung der Regelungen zum Statusverfahren (§ 6 II, §§ 97, 98 AktG) dahin gehend vor, dass Satzungsbestimmungen, die von § 97 II 2 AktG nicht erfasst sind, aber dem MitbestG widersprechen, nach 6 Monaten **außer Kraft** treten. Dies betrifft häufig Satzungsregelungen entgegen §§ 25–31, etwa eine Regelung zum Quorum für die Wahl des Vorsitzenden des Aufsichtsrats entgegen § 27 I. Die Versammlung der Anteilseigner kann die betroffenen Satzungsregelungen vor Fristablauf mit einfacher Mehrheit durch andere Regelungen ersetzen. Nach dem Wortlaut der Vorschrift fallen dem MitbestG widersprechende Regelungen im Gesellschaftsvertrag einer KG, die § 4 unterliegt, nicht unter § 37; sie treten dennoch mit Bildung des mitbestimmten Aufsichtsrats außer Kraft (ErfK/*Oetker* § 37 Rn 2; *Raiser/Veil* § 37 Rn 5).

2 **B. Innere Ordnung, Rechte und Pflichten der Mitglieder.** Nach II sind die §§ 25–29, 31–33 erstmals mit Zusammensetzung des Aufsichtsrats anzuwenden. Die Geschäftsordnung des Vertretungsorgans ist insoweit nichtig, als sie §§ 31–33 widerspricht (ErfK/*Oetker* § 37 Rn 3). Nach hM ist die Neubestellung des Arbeitsdirektors allerdings nicht erforderlich, wenn eine Person mit diesen Aufgaben bereits befasst war (HWK/*Seibt* § 37 Rn 3; *Säcker* DB 1977, 1993, 1996).

§ 39 Ermächtigung zum Erlass von Rechtsverordnungen
Die Bundesregierung wird ermächtigt, durch Rechtsverordnung Vorschriften über das Verfahren für die Wahl und die Abberufung von Aufsichtsratsmitgliedern der Arbeitnehmer zu erlassen, insbesondere über
1. die Vorbereitung der Wahl oder Abstimmung, die Bestellung der Wahlvorstände und Abstimmungsvorstände sowie die Aufstellung der Wählerlisten,
2. die Abstimmungen darüber, ob die Wahl der Aufsichtsratsmitglieder in unmittelbarer Wahl oder durch Delegierte erfolgen soll,
3. die Frist für die Einsichtnahme in die Wählerlisten und die Erhebung von Einsprüchen,
4. die Errechnung der Zahl der Aufsichtsratsmitglieder der Arbeitnehmer sowie ihre Verteilung auf die in § 3 Abs. 1 Nr. 1 bezeichneten Arbeitnehmer, die leitenden Angestellten und die Gewerkschaftsvertreter sowie das Verfahren zur Berücksichtigung der Geschlechter,
5. die Errechnung der Zahl der Delegierten,
6. die Wahlvorschläge und die Frist für ihre Einreichung,
7. die Ausschreibung der Wahl oder der Abstimmung und die Fristen für die Bekanntmachung des Ausschreibens,
8. die Teilnahme von Arbeitnehmern eines in § 34 Abs. 1 bezeichneten Betriebs an Wahlen und Abstimmungen,
9. die Stimmabgabe,
10. die Feststellung des Ergebnisses der Wahl oder der Abstimmung und die Fristen für seine Bekanntmachung,
11. die Aufbewahrung der Wahlakten und der Abstimmungsakten.

Auf der Grundlage von § 39 wurden 3 Wahlordnungen für die Wahl der AN-Vertreter erlassen, und zwar für die Wahl in Unternehmen mit einem Betrieb (1. WO-MitbestG), in Unternehmen mit mehreren Betrieben (2. WO-MitbestG) und in Unternehmen, bei denen AN weiterer Unternehmen gem §§ 4 oder 5 mitwählen (3. WO-MitbestG; Neufassungen v 27.5.2002, BGBl I S 1682 ff, 1708 ff und 1741 ff, zuletzt geändert durch Art 1, Art 2 und Art 3 der VO v 10.10.2005, BGBl I 2927). Die Grundkonzeption ist gleich, es gelten aber unterschiedliche Zuständigkeiten und Fristen. Die WO sind grds zwingend. In engem Rahmen möglich sind allerdings Mitbestimmungsvereinbarungen im Vergleichswege nach § 779 BGB, wenn diese Streitfragen rechtlicher oder praktischer Natur, etwa durch Festlegung der Wahlberechtigten, klären (s § 1 Rdn 3; HWK/*Seibt* § 1 Rn 19). Zum Überblick über das Wahlverfahren s §§ 9–20.

§ 40 Übergangsregelung
(1) Auf Wahlen von Aufsichtsratsmitgliedern der Arbeitnehmer, die bis zum 31. Dezember 2015 abgeschlossen sind, ist das Mitbestimmungsgesetz vom 4. Mai 1976 (BGBl. I S. 1153) in der Fassung des Artikels 2 Absatz 113 des Gesetzes vom 22. Dezember 2011 (BGBl. I S. 3044) anzuwenden.
(2) Auf Wahlen von Aufsichtsratsmitgliedern der Arbeitnehmer, die bis zum 31. Dezember 2015 nicht abgeschlossen sind, ist im Fall des § 96 Absatz 2 Satz 3 des Aktiengesetzes das Mitbestimmungsgesetz in der durch Artikel 7 des Gesetzes vom 24. April 2015 (BGBl. I S. 642) geänderten Fassung anzuwenden.
(3) Eine Wahl von Aufsichtsratsmitgliedern der Arbeitnehmer gilt als abgeschlossen, wenn die Bekanntmachung der Mitglieder des Aufsichtsrates nach § 19 Satz 1 durch das zur gesetzlichen Vertretung des Unternehmens befugte Organ erfolgt ist.

§ 40 enthält für die Zusammensetzung des AR nach Maßgabe des neu eingeführten Geschlechterverhältnisses eine entsprechende Übergangsregelung.

§ 41 Inkrafttreten
Dieses Gesetz tritt am 1. Juli 1976 in Kraft.

Gesetz zum Schutze der erwerbstätigen Mutter (Mutterschutzgesetz – MuSchG)

In der Fassung der Bekanntmachung vom 20.6.2002 (BGBl I S 2318), zuletzt geändert durch Art 6 des Gesetzes vom 23.10.2012 (BGBl I S 2246).

§ 1 Geltungsbereich
Dieses Gesetz gilt
1. für Frauen, die in einem Arbeitsverhältnis stehen,
2. für weibliche in Heimarbeit Beschäftigte und ihnen Gleichgestellte (§ 1 Abs. 1 und 2 des Heimarbeitsgesetzes vom 14. März 1951, BGBl. I S. 191), soweit sie am Stück mitarbeiten.

Übersicht		Rdn.			Rdn.
A.	Einleitung	1	III.	In Heimarbeit Beschäftigte oder	
B.	Persönlicher Geltungsbereich	2		Gleichgestellte (Nr 2)	5
I.	Einleitung	2	C.	Räumlicher Geltungsbereich	6
II.	Arbeitsverhältnis (Nr 1)	3			

1 **A. Einleitung.** Mit dem MuSchG soll die erwerbstätige Mutter selbst, aber auch ihr (werdendes) Kind, vor Gefahren für Leben und Gesundheit, vor mutterschaftsbedingten Entgelteinbußen sowie vor dem Verlust des Arbeitsplatzes geschützt werden (ErfK/*Schlachter* § 1 Rn 1; vgl auch BAG 3.7.1985, 5 AZR 79/84, EzA § 7 MuSchG Nr 1). Die Normen des MuSchG sind immer im Lichte des Art 6 IV GG (vgl zu § 3 II BVerfG 28.3.2006, 1 BvL 10/01, AP Nr 20 zu § 3 MuSchG 1968; BAG 20.8.2002, 9 AZR 353/01, EzA § 3 MuSchG Nr 9) und des Art 3 III 1 GG (vgl BVerfG 28.4.2011, 1 BvR 1409/10, EzA Art 3 GG Nr. 111) auszulegen. Auch sind die Bestimmungen des Unionsrechts, vor allem die Art 23 GRC und RL 92/85/ EWG (ABl EG 1992 Nr L 348 S 1-7) – geänd durch die RL 2007/30/EG (ABl EU Nr L 165 S 21-24) – zu berücksichtigen (vgl BAG 26.3.2015, 2 AZR 237/14, EzA § 9 MuSchG nF Nr 42; näher *Zmarzlik* DB 1994, 96 f).

2 **B. Persönlicher Geltungsbereich. I. Einleitung.** Durch das MuSchG geschützt sind nur Frauen, die in einem Arbeitsverhältnis stehen (Nr 1) oder die in Heimarbeit beschäftigt bzw ihnen gleichgestellt sind (Nr 2). Unerheblich sind Art und Umfang der Tätigkeit, eine Versicherungspflicht, die Staatsangehörigkeit oder das Alter der Frau (BVerwG 26.8.1970, V C 1.68, AP Nr 32 zu § 9 MuSchG).

3 **II. Arbeitsverhältnis (Nr 1).** Es gilt der arbeitsrechtliche Begriff (BVerwG 27.5.1993, 5 C 42/89, NJW 1994, 401). Danach ist die Rechtsbeziehung zwischen AG und AN gemeint, die üblicherweise durch einen Arbeitsvertrag begründet wird (vgl § 611 BGB Rdn 2). Ein Arbeitsverhältnis ist dadurch gekennzeichnet, dass der AN gegen Entgeltzahlung zur Leistung von weisungsgebundener Arbeit verpflichtet wird (vgl § 6 GewO Rdn 15). Die Beschränkung des MuSchG auf Arbeitsverhältnisse ist wegen der bes Schutzbedürftigkeit der weisungsabhängig beschäftigten Frauen sachlich gerechtfertigt (BVerwG 27.5.1993, 5 C 42/89, NJW 1994, 401; vgl aber auch § 9 Rdn 4). Die Wirksamkeit des Arbeitsvertrags spielt keine Rolle, sodass ein fehlerhaftes Arbeitsverhältnis ausreicht (BAG 19.12.1966, 3 AZR 255/66, AP Nr 3 zu § 12 MuSchG; Roos/Biersborn/*Evers-Vosgerau* § 1 Rn 7). Jedenfalls über § 10 II BBiG gilt das MuSchG auch für Auszubildende.

4 Auch Frauen, die iR einer Feststellungsklage nach § 4 S 1 KSchG bzw § 256 I ZPO über den Fortbestand ihres Arbeitsverhältnisses streiten und nach § 102 V BetrVG bzw aufgrund des allg Weiterbeschäftigungsanspruchs (hierzu § 611 BGB Rdn 279) weiterbeschäftigt werden, können sich auf das MuSchG berufen, § 9 ausgenommen (MünchArbR/*Heenen* § 305 Rn 6; ErfK/*Schlachter* § 1 Rn 3). Für arbeitnehmerähnliche Personen (zum Begriff § 6 GewO Rdn 70–75) gilt mangels AN-Eigenschaft das MuSchG nicht.

5 **III. In Heimarbeit Beschäftigte oder Gleichgestellte (Nr 2).** Auf in Heimarbeit Beschäftigte (§ 2 I HAG) und ihnen nach § 1 I und II HAG Gleichgestellte, soweit sie am Stück mitarbeiten, findet das MuSchG Anwendung.

6 **C. Räumlicher Geltungsbereich.** Das MuSchG gilt für alle Arbeitsverhältnisse im Gebiet der BRD. Für dt AN im Ausland sind die Grundsätze des Internationalen ArbR, insb Art 3, 8, 9 Rom I-VO (ausf Art 1, 3, 8, 9 Rom I-VO Rdn 5–25; vgl zum zeitlichen Geltungsbereich Vorb zu Art 1, 3, 8, 9 Rom I-VO

Rdn 4) zu beachten. Nach Art 3 I 1 Rom I-VO gilt freie Rechtswahl, dh die Parteien eines Arbeitsvertrages können selbst wählen, ob dt Recht oder dasjenige des Arbeitsortes Anwendung findet. Das MuSchG gilt in jedem Fall, wenn die Parteien wenigstens für die Mutterschutz dt Recht ausdrücklich vereinbart haben oder sich diese Rechtswahl gem Art 3 I 2 Alt 2 Rom I-VO eindeutig aus den Bestimmungen des Vertrages (zB früher BAG 12.12.2001, 5 AZR 255/00, EzA Art 30 EGBGB Nr 5) oder nach Art 3 I 2 Alt 3 Rom I-VO aus den Umständen des Falles (vgl hierzu früher zu Art 27 I 2 Alt 3 EGBGB *Riesenhuber* DB 2005, 2571 ff) ergibt (vgl näher zu § 27 I 2 EGBGB BAG 23.8.2012, 8 AZR 394/11, EzA § 167 ZPO 2002 Nr 1).

Selbst dann, wenn die Arbeitsvertragsparteien keine Rechtswahl gem Art 3 I 1 Rom I-VO getroffen haben, kann dt Recht und demnach auch das MuSchG auf im Ausland tätige AN Anwendung finden. Das ergibt sich für die AN, die aus Deutschland nur vorübergehend ins Ausland entsendet werden, ohne Weiteres aus Art 8 II 1 und 2 Rom I-VO (früher: Art 30 II 1 Hs 1 EGBGB, vgl hierzu BAG 17.1.2008, 2 AZR 906/06, EzA § 23 KSchG Nr 31). Aber auch die für längere Zeit ins Ausland entsandten AN können sich auf das MuSchG berufen, da idR davon auszugehen ist, dass engere Verbindungen zu Deutschland als Entsendestaat bestehen (vgl Art 8 II 1, IV Rom I-VO; hierzu allg Art 9 Rom I-VO Rn 16). 7

Haben die Arbeitsvertragsparteien ausländisches Recht vereinbart, ist zunächst Art 8 I 2 Rom I-VO (früher: Art 30 I EGBGB) zu beachten. Danach darf diese Rechtswahl nicht dazu führen, dass der AN der Schutz entzogen wird, der ihr durch die zwingenden Bestimmungen des Rechts gewährt wird, das nach Art 8 II–IV Rom I-VO mangels einer Rechtswahl anzuwenden wäre (vgl. näher EuGH 15.3.2011, C-29/10, EzA EG-Vertrag 1999 VO 593/2008 Nr 1; vgl früher auch BAG 20.4.2004, 3 AZR 301/03, EzA § 29 ZPO 2002 Nr 2). IÜ zählen die Normen des MuSchG, soweit sie vorrangig Individualschutz gewährleisten, wie Beschäftigungsverbote und Entgeltsicherung, zu den (Eingriffs-) Normen iSv Art 9 I Rom I-VO (vgl früher zu Art 34 EGBGB allg BAG 13.11.2007, 9 AZR 134/07, EzA Art 30 EGBGB Nr 9), die unabhängig von dem für ein Arbeitsverhältnis mit Bezug zur dt Rechtsordnung (vgl BGH 19.3.1997, VIII ZR 316/96, NJW 1997, 1697, 1699) nach Art 3, 8 Rom I-VO geltenden Recht zwingend zur Anwendung kommen. 8

§ 2 Gestaltung des Arbeitsplatzes

(1) Wer eine werdende oder stillende Mutter beschäftigt, hat bei der Einrichtung und der Unterhaltung des Arbeitsplatzes einschließlich der Maschinen, Werkzeuge und Geräte und bei der Regelung der Beschäftigung die erforderlichen Vorkehrungen und Maßnahmen zum Schutze von Leben und Gesundheit der werdenden oder stillenden Mutter zu treffen.
(2) Wer eine werdende oder stillende Mutter mit Arbeiten beschäftigt, bei denen sie ständig stehen oder gehen muss, hat für sie eine Sitzgelegenheit zum kurzen Ausruhen bereitzustellen.
(3) Wer eine werdende oder stillende Mutter mit Arbeiten beschäftigt, bei denen sie ständig sitzen muss, hat ihr Gelegenheit zu kurzen Unterbrechungen ihrer Arbeit zu geben.
(4) Die Bundesregierung wird ermächtigt, durch Rechtsverordnung mit Zustimmung des Bundesrates
1. den Arbeitgeber zu verpflichten, zur Vermeidung von Gesundheitsgefährdungen der werdenden oder stillenden Mütter oder ihrer Kinder Liegeräume für diese Frauen einzurichten und sonstige Maßnahmen zur Durchführung des in Abs. 1 enthaltenen Grundsatzes zu treffen,
2. nähere Einzelheiten zu regeln wegen der Verpflichtung des Arbeitgebers zur Beurteilung einer Gefährdung für die werdenden oder stillenden Mütter, zur Durchführung der notwendigen Schutzmaßnahmen und zur Unterrichtung der betroffenen Arbeitnehmerinnen nach Maßgabe der insoweit umzusetzenden Art. 4 bis 6 der Richtlinie 92/85 EWG des Rates vom 19. Oktober 1992 über die Durchführung von Maßnahmen zur Verbesserung der Sicherheit und des Gesundheitsschutzes von schwangeren Arbeitnehmerinnen, Wöchnerinnen und stillenden Arbeitnehmerinnen am Arbeitsplatz (ABl. EG Nr L 348 S. 1).
(5) Unabhängig von den auf Grund des Abs. 4 erlassenen Vorschriften kann die Aufsichtsbehörde in Einzelfällen anordnen, welche Vorkehrungen und Maßnahmen zur Durchführung des Abs. 1 zu treffen sind.

Übersicht	Rdn.		Rdn.
A. Einleitung	1	III. Arbeitsunterbrechungen (III)	4
B. Gestaltung des Arbeitsplatzes	2	IV. Verordnungsermächtigungen (IV)	5
I. Grundsätzliche Vorgaben (I)	2	V. Aufsichtsbehörde (V)	6
II. Sitzgelegenheiten (II)	3		

A. Einleitung. § 2 soll »werdende Mütter« und »stillende Mütter« bei der Gestaltung ihres Arbeitsplatzes schützen. Eine »werdende Mutter« ist eine Frau, die schwanger ist. Der Beginn der Schwangerschaft wird 1 durch Rückrechnung wie bei § 9 ermittelt (näher § 9 Rdn 6). Eine Mutter stillt so lange, wie sie ihrem Kind die Brust reicht, auch wenn das Kind nicht voll gestillt wird (*Willikonsky* § 2 Rn 1).

2 **B. Gestaltung des Arbeitsplatzes. I. Grundsätzliche Vorgaben (I).** I regelt den Grundsatz betreffend Einrichtung und Unterhaltung des Arbeitsplatzes. II und III betreffen dagegen Sondertatbestände. Gem I muss der AG die Arbeitsplätze so einrichten und unterhalten, dass alle technisch, medizinisch oder ergonomisch möglichen und konkret gebotenen Maßnahmen zum Schutz der Mutter getroffen werden (ErfK/*Schlachter* § 2 Rn 2). »Arbeitsplatz« ist im umfassenden Sinne des § 2 ArbStättV zu verstehen, dh die Beschäftigungsstelle einschl der Verkehrswege und Nebenräume sowie der betrieblichen technischen Hilfsmittel (ErfK/*Schlachter* § 2 Rn 2; vgl auch Buchner/*Becker* § 2 Rn 10; MünchArbR/*Heenen* § 306 Rn 2; *Willikonsky* § 2 Rn 3-6). Bei den von I geforderten Vorkehrungen und Maßnahmen zum Schutz der werdenden oder stillenden Mutter geht es um angemessene Beleuchtung und Belüftung, Arbeitstische in richtiger Höhe und Stühle mit verstellbarer Rückenlehne. Das Schutzgebot in I umfasst aber auch die Arbeitsorganisation, insb Arbeitszeit, Pausen, Arbeitstempo, Schichteinteilung, bes Schutzmaßnahmen (ErfK/*Schlachter* § 2 Rn 2).

3 **II. Sitzgelegenheiten (II).** Von »ständigem« Stehen oder Gehen ist auszugehen, wenn dies für die Tätigkeit der AN kennzeichnend ist. Wegen der damit verbundenen Gesundheitsgefahr sind Sitzgelegenheiten zum kurzfristigen Ausruhen zu schaffen (ErfK/*Schlachter* § 2 Rn 3; vgl auch Roos/Biersborn/*Evers-Vosgerau* § 2 Rn 15). Nach Ablauf des 5. Schwangerschaftsmonats ist § 4 II Nr 2 einschlägig.

4 **III. Arbeitsunterbrechungen (III).** Werden Arbeiten ständig im Sitzen ausgeführt, ist eine Unterbrechungsmöglichkeit einzuräumen, um einseitigen Belastungen vorzubeugen. Die Unterbrechung kann zur Bewegung, Ausgleichsgymnastik und uU auch zum Liegen genutzt werden (ErfK/*Schlachter* § 2 Rn 3). Am günstigsten ist eine Tätigkeit, bei der die werdende oder stillende Mutter bei ihrer Tätigkeit im Wechsel stehen, gehen oder sitzen muss (*Willikonsky* § 2 Rn 8; vgl. auch Roos/Biersborn/*Evers-Vosgerau* § 2 Rn 15 aE).

5 **IV. Verordnungsermächtigungen (IV).** Die Regelung räumt der BReg die Möglichkeit ein, durch Rechtsverordnung mit Zustimmung des Bundesrates die Einrichtung von Liegeräumen und sonstigen Maßnahmen vorzuschreiben (Nr 1) und nähere Einzelheiten für eine Gefährdungsbeurteilung für werdende oder stillende Mütter sowie für die Durchführung der notwendigen Schutzmaßnahmen und die Unterrichtung der betreffenden AN (Nr 2) zu regeln. Gem IV Nr 2 ist nach Art 1 der MuSchRiV vom 15.4.1997 (BGBl I S 782) zugleich die MuSchArbPV – zuletzt geändert durch Art 5 Abs 9 der VO v 26.11.2010 (BGBl I S 1643) – erlassen worden (hierzu *Sowka* NZA 1997, 927 ff). Mit ihr sind Art 4–6 der RL 92/85/EWG des Rates v 19.10.1992 umgesetzt worden.

6 **V. Aufsichtsbehörde (V).** Zur Erleichterung der Durchsetzung des Schutzes der in I genannten Frauen kann im Einzelfall die Aufsichtsbehörde anordnen, welche Vorkehrungen und Maßnahmen zur Durchführung des I zu treffen sind. Das können Weisungen zu einer bestimmten räumlichen Anordnung der Arbeitsgeräte zueinander, zu einer Mindestgröße des Raumes, zu Temperatur- und Lichtverhältnissen oder zur Einrichtung eines Ruheraumes sein (*Willikonsky* § 2 Rn 10). Ein Verstoß gegen eine vollziehbare Verfügung der Aufsichtsbehörde nach V ist eine Ordnungswidrigkeit (§ 21 I Nr 5) oder sogar eine Straftat (§ 21 III).

§ 3 Beschäftigungsverbote für werdende Mütter

(1) Werdende Mütter dürfen nicht beschäftigt werden, soweit nach ärztlichem Zeugnis Leben oder Gesundheit von Mutter oder Kind bei Fortdauer der Beschäftigung gefährdet ist.

(2) Werdende Mütter dürfen in den letzten sechs Wochen vor der Entbindung nicht beschäftigt werden, es sei denn, dass sie sich zur Arbeitsleistung ausdrücklich bereit erklären; die Erklärung kann jederzeit widerrufen werden.

Übersicht	Rdn.		Rdn.
A. Individuelles Beschäftigungsverbot (I)	1	B. Generelles Beschäftigungsverbot (II)	7

1 **A. Individuelles Beschäftigungsverbot (I).** I enthält zum Schutz von Leben oder Gesundheit der Mutter oder des ungeborenen Kindes ein persönliches Beschäftigungsverbot. Maßgebend für dieses Verbot sind der individuelle Gesundheitszustand und die konkrete Arbeitstätigkeit der schwangeren AN. Es reicht aus, dass die Fortsetzung der Arbeit mit einer Gefährdung der Gesundheit von Mutter oder Kind verbunden ist. Unerheblich ist die genaue Ursache der Gefährdung. Ein Beschäftigungsverbot ist auch dann auszusprechen,

wenn die Tätigkeit für andere Frauen unabhängig von einer Schwangerschaft keine Gefährdung ergibt, aber im Einzelfall aufgrund der individuellen Verhältnisse der schwangeren AN die Gesundheit von Mutter oder Kind gefährden würde (vgl auch BSG 22.2.2012, B 11 AL 26/10 R; LSG HH 7.2.2013, L 1 R 31/11). Unter dieser Voraussetzung kann auch eine psychische Belastung der AN maßgeblich sein (BAG 13.2.2002, 5 AZR 588/00, EzA § 3 MuSchG Nr 8; 7.11.2007, 5 AZR 883/06, EzA § 3 MuSchG Nr 10). Das individuelle Beschäftigungsverbot des I greift erst ein, wenn der Arzt eine Gefährdung attestiert. Sein Zeugnis (vgl auch Rdn 5) ist für das Beschäftigungsverbot konstitutiv (BAG 9.10.2002, 5 AZR 443/01, EzA § 11 MuSchG nF Nr 23; 7.11.2007, 5 AZR 883/06, EzA § 3 MuSchG Nr 10; *Schliemann/König* NZA 1998, 1030, 1032; vgl auch BAG 17.10.2013, 8 AZR 742/12, EzA § 3 AGG Nr 8; anders zu §§ 118 I, 119 SGB III aF = §§ 137 I, 138 SGB III nF BSG 30.11.2011, B 11 AL 7/11 R, NZS 2012, 475, 476 f; 22.2.2012, B 11 AL 26/10 R, JurionRS 2012, 13318). Ein ärztliches Verbot, das sich nur auf die Zurücklegung des Arbeitsweges bezieht, ist kein Beschäftigungsverbot iSv I (BAG 7.8.1970, 3 AZR 484/69, EzA § 11 MuSchG nF Nr 3; HessLAG 14.4.2008, 17 Sa 1855/07, JurionRS 2008, 39311).

2 Die Pflicht der AN zur Arbeitsleistung wird durch das Verbot nach I suspendiert (vgl BAG 17.10.2013, 8 AZR 742/12, EzA § 3 AGG Nr 8). Der AG darf die AN nicht mehr verbotswidrig einsetzen. Das Beschäftigungsverbot bestimmt nach Maßgabe des § 11 zugleich über die Vergütungspflicht des AG (BAG 9.10.2002, 5 AZR 443/01, EzA § 11 MuSchG nF Nr 23; vgl auch 7.11.2007, 5 AZR 883/06, EzA § 3 MuSchG Nr 10).

3 Das ärztliche Beschäftigungsverbot, das nicht unbedingt schriftlich erfolgen muss, kann – den medizinischen Erfordernissen entspr – für jede Tätigkeit der Schwangeren im Betrieb des AG ausgesprochen werden. Dennoch von der AN geleistete Arbeit bleibt vergütungspflichtig (LAG BW 27.1.2012, 12 Sa 46/11, PflR 2013, 85). Das Verbot kann aber auch auf bestimmte Arbeiten unter bestimmten Umständen beschränkt werden. Dann darf der AG der AN eine andere zumutbare Arbeit zuweisen (BAG 12.3.1997, 5 AZR 766/95, EzA § 3 MuSchG Nr 3). Die Zuweisung hat gem § 106 S 1 GewO billigem Ermessen (hierzu allg § 106 GewO Rdn 50) zu entsprechen (vgl BAG 22.4.1998, 5 AZR 478/97, EzA § 11 MuSchG nF Nr 17; Roos/Bieresborn/*Zimmermann* § 3 Rn 33).

4 Allerdings führt die Beschäftigung nur selten allein zu der in I vorausgesetzten Gefährdung und nicht gleichzeitig auch zur Arbeitsunfähigkeit. Könnte der Arzt kein Beschäftigungsverbot aussprechen, würde er im Fall einer Lebens- oder Gesundheitsgefährdung idR Arbeitsunfähigkeit bescheinigen. Die arbeitsbedingte Gefährdung von Leben oder Gesundheit iSv I ist zumeist mit Arbeitsunfähigkeit verbunden. Die Schwangere darf unter den Voraussetzungen des I nicht beschäftigt werden. Die Norm verlangt eine Prognose, ob die Gefährdung von Leben oder Gesundheit eintritt, wenn die Beschäftigung andauert. Nur wenn Arbeitsunfähigkeit vorliegt, wie sie jede AN treffen kann, hat der Arzt Arbeitsunfähigkeit zu attestieren (BAG 9.10.2002, 5 AZR 443/01, EzA § 11 MuSchG nF Nr 23). In diesem Fall scheidet ein Verbot nach I aus (vgl *Willikonsky* § 3 Rn 5). Beruht dagegen die Ursache für die drohende Verschlechterung der Gesundheit bei Fortführung der Beschäftigung ausschließlich in der Schwangerschaft, hat der Arzt das Verbot nach I zu bescheinigen. Die Arbeitsunfähigkeit ist in diesem Fall nur subsidiär (BAG 9.10.2002, 5 AZR 443/01, EzA § 11 MuSchG nF Nr 23; vgl auch Roos/Bieresborn/*Zimmermann* § 3 Rn 126). Bei der Entsch in dieser Frage steht dem Arzt ein Beurteilungsspielraum zu (BAG 9.10.2002, 5 AZR 443/01, EzA § 11 MuSchG nF Nr 23; vgl auch BAG 17.10.2013, 8 AZR 742/12, EzA § 3 AGG Nr 8).

5 Der AG, der ein Beschäftigungsverbot anzweifelt, kann vom ausstellenden Arzt Auskünfte über die Gründe für das Attest verlangen, soweit diese nicht der ärztlichen Schweigepflicht unterliegen. Der Arzt hat dem AG mitzuteilen, von welchen Arbeitsbedingungen der AN er bei Erteilung seines Zeugnisses ausgegangen ist und ob krankheitsbedingte Arbeitsunfähigkeit vorgelegen hat (BAG 9.10.2002, 5 AZR 443/01, EzA § 11 MuSchG nF Nr 23; 17.10.2013, 8 AZR 742/12, EzA § 3 AGG Nr 8). Nur wenn der AG die tatsächlichen Gründe des Beschäftigungsverbotes kennt, kann er prüfen, ob er der AN eine andere zumutbare, dem Beschäftigungsverbot nicht entgegenstehende Arbeit zuweisen kann (BAG 17.10.2013, 8 AZR 742/12, EzA § 3 AGG Nr 8). Der AN ist auch nicht gehindert, Umstände darzulegen, die ungeachtet der medizinischen Bewertung den Schluss zulassen, dass ein Beschäftigungsverbot auf unzutreffenden tatsächlichen Voraussetzungen beruht (BAG 17.10.2013, 8 AZR 742/12, EzA § 3 AGG Nr 8).

6 Für das Vorliegen der Voraussetzungen eines wirksamen Beschäftigungsverbots ist die AN darlegungs- u beweispflichtig (LAG Rh-Pf 17.6.2013, 5 Sa 98/13). Dabei kommt einer **ordnungsgem ausgestellten** (näher *Willikonsky* § 3 Rn 11) **ärztlichen Bescheinigung** ein »**hoher Beweiswert**« zu (BAG 7.11.2007, 5 AZR 883/06, EzA § 3 MuSchG Nr 10; 17.10.2013, 8 AZR 742/12, EzA § 3 AGG Nr 8). Dieser verstärkt sich noch, wenn die Bescheinigung zeitnah durch einen unabhängigen Arzt, zB durch ein Gutachten des MDK gem § 275 I SGB V, bestätigt wird (LAG Köln 13.12.2001, 6 Sa 953/01, NZA-RR 2002, 569, 570). Allerdings kann der hohe Beweiswert der schriftlichen ärztlichen Bescheinigung gem I durch den hierfür

darlegungs- und beweispflichtigen AG erschüttert werden (näher BAG 9.10.2002, 5 AZR 443/01, EzA § 11 MuSchG nF Nr 23; 7.11.2007, 5 AZR 883/06, EzA § 3 MuSchG Nr 10; 17.10.2013, 8 AZR 742/12, EzA § 3 AGG Nr 8; *Müller-Glöge* RdA 2006, 105, 108). Ist dies geschehen, obliegt es der AN, zur Begründung ihres Anspruchs nach § 11 I 1 Tatsachen vorzutragen und ggf Beweis hierfür anzutreten, dass dennoch ein Beschäftigungsverbot nach I angezeigt war (BAG 9.10.2002, 5 AZR 443/01, EzA § 11 MuSchG nF Nr 23; 7.11.2007, 5 AZR 883/06, EzA § 3 MuSchG Nr 10; ArbG Berl 31.8.2012, 28 Ca 10643/12 LAGE § 11 MuSchG Nr. 9 LS). Der AG kann zudem auf seine Kosten (BAG 5.3.1957, 1 AZR 72/55, AP Nr 1 zu § 10 MuSchG; LAG Hamm 1.8.2006, 9 Sa 1434/05, EEK 3239) eine weitere ärztliche Untersuchung der AN verlangen, der sie idR nachzukommen hat (BAG 9.10.2002, 5 AZR 443/01, EzA § 11 MuSchG nF Nr 23; LAG Hamm 1.8.2006, 9 Sa 1434/05, EEK 3239).

7 **B. Generelles Beschäftigungsverbot (II).** Das Verbot, in den letzten 6 Wochen vor der Entbindung zu arbeiten (II Hs 1), bezieht sich auf alle Tätigkeiten im Betrieb. Es handelt sich also im Gegensatz zum Verbot nach I um ein - von gesundheitlichen Gefährdungsaspekten unabhängiges - generelles Beschäftigungsverbot (BSG 22.2.2012, B 11 AL 26/10 R). Für die Berechnung der Verbotsfrist ist § 5 II zu beachten (§ 5 Rdn 7). Das Beschäftigungsverbot gilt nicht, wenn sich die Schwangere ausdrücklich zur Arbeitsleistung – formlos möglich – bereit erklärt hat (II Hs 1). Mit Art 6 IV GG wäre es aber unvereinbar, wenn auf die AN, zB durch entspr Gestaltung einer tariflichen Urlaubsgeldregelung, Druck ausgeübt würde, nicht die Schutzfrist nach II Hs 1 in Anspruch zu nehmen, sondern weiterzuarbeiten (BAG 20.8.2002, 9 AZR 353/01, EzA § 3 MuSchG Nr 9). Str ist, ob der AG nach entspr Erklärung der Schwangeren zur Weiterbeschäftigung verpflichtet ist (so LAG Schl-Holst 15.12.2005, 2 Ta 210/05, LAGE § 3 MuSchG Nr 4; *Nebe* AuR 2007, 141; *Willikonsky* § 3 Rn 13; aA *Buchner/Becker* § 3 Rn 53; vgl auch Roos/Bieresborn/*Zimmermann* § 3 Rn 155). Die AN kann jederzeit – mit einer aus § 241 II BGB folgenden angemessenen Ankündigungsfrist (vgl *Buchner/Becker* § 3 Rn 52) – ihre Bereitschaft zur Weiterarbeit ohne Angabe von Gründen widerrufen (II Hs 2). Auf dieses Widerrufsrecht kann sie nicht, auch nicht vertraglich, verzichten (BVerfG 28.3.2006, 1 BvL 10/01, AP Nr 20 zu § 3 MuSchG 1968). Während des Beschäftigungsverbots geleistete Arbeit bleibt vergütungspflichtig (vgl LAG BW 27.1.2012, 12 Sa 46/11, PflR 2013, 85).

§ 4 Weitere Beschäftigungsverbote

(1) Werdende Mütter dürfen nicht mit schweren körperlichen Arbeiten und nicht mit Arbeiten beschäftigt werden, bei denen sie schädlichen Einwirkungen von gesundheitsgefährdenden Stoffen oder Strahlen, von Staub, Gasen oder Dämpfen, von Hitze, Kälte oder Nässe, von Erschütterungen oder Lärm ausgesetzt sind.

(2) Werdende Mütter dürfen insbesondere nicht beschäftigt werden

1. mit Arbeiten, bei denen regelmäßig Lasten von mehr als fünf Kilogramm Gewicht oder gelegentlich Lasten von mehr als zehn Kilogramm Gewicht ohne mechanische Hilfsmittel von Hand gehoben, bewegt oder befördert werden. Sollen größere Lasten mit mechanischen Hilfsmitteln von Hand gehoben, bewegt oder befördert werden, so darf die körperliche Beanspruchung der werdenden Mutter nicht größer sein als bei Arbeiten nach Satz 1,
2. nach Ablauf des fünften Monats der Schwangerschaft mit Arbeiten, bei denen sie ständig stehen müssen, soweit diese Beschäftigung täglich vier Stunden überschreitet,
3. mit Arbeiten, bei denen sie sich häufig erheblich strecken oder beugen oder bei denen sie dauernd hocken oder sich gebückt halten müssen,
4. mit der Bedienung von Geräten und Maschinen aller Art mit hoher Fußbeanspruchung, insbesondere von solchen mit Fußantrieb,
5. mit dem Schälen von Holz,
6. mit Arbeiten, bei denen sie infolge ihrer Schwangerschaft in besonderem Maße der Gefahr, an einer Berufskrankheit zu erkranken, ausgesetzt sind oder bei denen durch das Risiko der Entstehung einer Berufskrankheit eine erhöhte Gefährdung für die werdende Mutter oder eine Gefahr für die Leibesfrucht besteht,
7. nach Ablauf des dritten Monats der Schwangerschaft auf Beförderungsmitteln,
8. mit Arbeiten, bei denen sie erhöhten Unfallgefahren, insbesondere der Gefahr auszugleiten, zu fallen oder abzustürzen, ausgesetzt sind.

(3) ¹Die Beschäftigung von werdenden Müttern mit
1. Akkordarbeit und sonstigen Arbeiten, bei denen durch ein gesteigertes Arbeitstempo ein höheres Entgelt erzielt werden kann,
2. Fließarbeiten mit vorgeschriebenem Arbeitstempo

ist verboten. ²Die Aufsichtsbehörde kann Ausnahmen bewilligen, wenn die Art der Arbeit und das Arbeitstempo eine Beeinträchtigung der Gesundheit von Mutter und Kind nicht befürchten lassen. ³Die Aufsichtsbehörde kann die Beschäftigung für alle werdenden Mütter eines Betriebes oder einer Betriebsabteilung bewilligen, wenn die Voraussetzungen des Satzes 2 für alle im Betrieb oder in der Betriebsabteilung beschäftigten Frauen gegeben sind.
(4) Die Bundesregierung wird ermächtigt, zur Vermeidung von Gesundheitsgefährdungen der werdenden oder stillenden Mütter und ihrer Kinder durch Rechtsverordnung mit Zustimmung des Bundesrates
1. Arbeiten zu bestimmen, die unter die Beschäftigungsverbote der Abs. 1 und 2 fallen,
2. weitere Beschäftigungsverbote für werdende und stillende Mütter vor und nach der Entbindung zu erlassen.
(5) ¹Die Aufsichtsbehörde kann in Einzelfällen bestimmen, ob eine Arbeit unter die Beschäftigungsverbote der Abs. 1 bis 3 oder einer von der Bundesregierung gemäß Abs. 4 erlassenen Verordnung fällt. ²Sie kann in Einzelfällen die Beschäftigung mit bestimmten anderen Arbeiten verbieten.

Übersicht	Rdn.			Rdn.
A. Einleitung	1	C.	Bes Verbote (II)	4
B. Generalklausel (I)	2	D.	Verbot von Akkord- und Fließarbeit (III)	5
I. Schwere körperliche Arbeit	2	E.	Weitere Verbote (IV und V)	7
II. Schädliche Einwirkungen	3			

A. Einleitung. Die Norm enthält für werdende Mütter, dh für AN während der Schwangerschaft, ein 1 über § 3 hinausgehendes Beschäftigungsverbot. § 4 knüpft allein an die **Risiken bestimmter Arbeiten** an, ohne dass es, wie in § 3 (s § 3 Rdn 1), auf die individuelle Konstitution der AN ankommt (OVG Berl 13.7.1992, 6 S 72/92, NZA 1992, 1083, 1084). I enthält eine Generalklausel. II und III konkretisieren die verbotenen Beschäftigungen. Weitere Konkretisierungen und zudem eine Erweiterung verbotener Tätigkeiten enthalten die auf der Grundlage des IV erlassenen RechtsVO. Die in § 4 enthaltenen und auf seiner Grundlage ergangenen Verbote sind unverzichtbar (vgl LAG BW 27.1.2012, 12 Sa 46/11, PflR 2013, 85). Der AG selbst muss prüfen, ob sie vorliegen (BAG 11.11.1998, 5 AZR 49/98, EzA § 3 MuSchG Nr 5). Daneben kann gem V in Einzelfällen auch die Aufsichtsbehörde eine verbindliche Feststellung treffen. Der AG darf der von einem Beschäftigungsverbot betroffenen schwangeren AN eine zumutbare Ersatztätigkeit nach billigem Ermessen (§ 106 S 1 GewO) zuweisen (näher BAG 21.4.1999, 5 AZR 174/98, EzA § 11 MuSchG nF Nr 18; LAG Schl-Holst 22.10.2013, 1 Sa 69/13; vgl auch BAG 13.8.2009, 6 AZR 330/08, AP Nr 4 zu § 241 BGB). Er darf sie aber auch - mangels anderweitiger Beschäftigungsmöglichkeit oder aus sonstigen Gründen - von ihrer Arbeitspflicht befreien (LAG Schl-Holst 22.10.2013, 1 Sa 69/13).

B. Generalklausel (I). I. Schwere körperliche Arbeit. Verboten sind Tätigkeiten, bei denen die Kör- 2 perkraft stark in Anspruch genommen wird und die durch ihre Eigenart, zB durch eine bestimmte Haltung oder belastende Einwirkungen auf den Körper, eine starke Anstrengung für den gesamten Körper, einzelne Körperteile oder Organe darstellen. Hierunter fallen schweres Heben sowie Tätigkeiten, die mit Erschütterungen des Körpers oder einzelner Körperteile verbunden sind (*Willikonsky* § 4 Rn 18). Solche Beschäftigungen sind in der Anlage 1 zu § 1 MuSchArbPV (hierzu schon § 2 Rdn 5) genannt. Bsp von Tätigkeiten, die allg als schwere körperliche Arbeiten angesehen werden, sind in II aufgeführt.

II. Schädliche Einwirkungen. Diese begründen ein Beschäftigungsverbot, wenn sie von gesundheits- 3 gefährdenden Stoffen, Strahlen, Staub, Gasen, Dämpfen, Hitze, Kälte, Nässe, Erschütterung oder Lärm (näher Roos/Bieresborn/*Bieresborn* § 4 Rn 14 ff) ausgehen. In diesem Bereich bestehen für alle AN geltende Normen über den Schutz am Arbeitsplatz (vgl Übersicht bei *Willikonsky* § 4 Rn 2). Nur soweit bei der Arbeit die in diesen Normen enthaltenen Grenzwerte nicht überschritten werden, muss eigenständig über ein Verbot nach der Generalklausel entschieden werden (HWK/*Hergenröder* § 4 Rn 3).

C. Bes Verbote (II). Hier werden beispielhaft (»insb«) Tätigkeiten aufgeführt, bei denen die Beschäfti- 4 gung werdender Mütter generell verboten ist (BAG 11.11.1998, 5 AZR 49/98, EzA § 3 MuSchG Nr 5). Nach Nr 1 ist das regelmäßige bzw gelegentliche Heben von Lasten von mehr als 6 kg bzw mehr als 10 kg untersagt, selbst wenn Hilfsmittel hinzugezogen werden. Auf die in Nr 2 verbotene »stehende Tätigkeit« hat die Zurverfügungstellung einer Sitzgelegenheit nach § 2 II keinen Einfluss (Roos/Bieresborn/*Bieresborn* § 4 Rn 50; *Willikonsky* § 4 Rn 30). Nr 3 verbietet das häufige bzw dauernde, also nicht das gelegentliche Arbeiten, in den dort beschriebenen Körperhaltungen. Nr 4 schließt vor allem Tätigkeiten an Geräten und Maschinen, die mit den Füßen angetrieben und nicht nur durch einen Fußschalter bedient werden, aus.

Nr 5 untersagt das manuelle Schälen von Holz, dh das Entfernen von Rinde, Borke oder Bast und auch das Bedienen einer Holzschälmaschine, soweit sich dieses nicht nur auf das Umlegen eines Schalters bezieht (*Willikonsky* § 4 Rn 33). Nr 6 verbietet einerseits Arbeiten, bei denen in bes Maße für die Schwangere die Gefahr einer Erkrankung mit einer Berufskrankheit besteht, und andererseits Betätigungen, denen das Risiko einer Berufskrankheit anhaftet, wobei hierdurch die Schwangere oder die Leibesfrucht beschädigt werden kann. Für die Ausfüllung des Begriffs »Berufskrankheit« wird auf die Legaldefinition in § 9 I SGB VII und die hierauf gestützte Berufskrankheiten-VO (BKV) v 31.10.1997 (BGBl I S 2623), zuletzt geändert durch VO v 22.12.2014 (BGBl I S 2397), zurückgegriffen (BVerwG 26.4.2005, 5 C 11/04, NZA-RR 2005, 649). Das Verbot des Einsatzes auf Beförderungsmitteln (Nr 7) erfasst alle Arten von Fahrzeugen, die zu Land, zu Wasser oder in der Luft der Beförderung von Personen oder Sachen dienen. Unerheblich ist, ob die AN das Fahrzeug selbst führt oder ob sie während der Beförderung einer anderen Tätigkeit nachgeht (BAG 21.4.1999, 5 AZR 174/98, EzA § 11 MuSchG nF Nr 18). Nach Nr 8 sind Tätigkeiten verboten, durch die die Gefahr eines Schadens für die werdende Mutter erhöht wird. Dabei ist es unerheblich, ob die erhöhte Unfallgefahr Folge der Schwangerschaft ist oder allein aus der Tätigkeit herrührt (*Willikonsky* § 4 Rn 40).

5 **D. Verbot von Akkord- und Fließarbeit (III).** Nach III 1 Nr 1 darf eine Schwangere diejenigen Tätigkeiten nicht verrichten, die von einem leistungsanreizenden Entlohnungssystem geprägt sind. Neben der Akkordarbeit sind dies alle sonstigen Arbeiten, bei denen ein unmittelbarer und im Voraus festgelegter Zusammenhang zwischen der individuellen, von der AN durch Leistungssteigerung zu beeinflussenden Arbeitsergebnis und der Entgelthöhe besteht (BAG 25.5.1983, 5 AZR 226/81, EzA § 11 MuSchG nF Nr 10). Typisch für die nach III 1 Nr 2 untersagten Fließbandarbeiten ist, dass die Arbeitsaufgaben die AN in einem bestimmten Rhythmus erreichen oder von den AN begleitet werden, wobei das Tempo der Arbeit von außen vorgegeben wird und nicht von der AN selbst beeinflusst werden kann (*Willikonsky* § 4 Rn 42).

6 Die Aufsichtsbehörde kann gem III 2 – nach pflichtgem Ermessen (BVerwG 8.7.1964, V C 126/62, AP Nr 1 zu § 38 JugArbSchutzG) – auf Antrag des AG Ausnahmen vom Verbot nach II bewilligen, wenn der Gesundheitszustand von Mutter und Kind dies gestatten. Hierfür ist idR ein medizinisches Gutachten notwendig (ErfK/*Schlachter* § 4 Rn 13). Die Ausnahmebewilligung kann nach III 3 für den gesamten Betrieb oder eine Betriebsabteilung erfolgen.

7 **E. Weitere Verbote (IV und V).** Durch IV wird die BReg ermächtigt, mittels RechtsVO, die der Zustimmung des BR bedürfen, Arbeiten zu bestimmen, die auch unter die Beschäftigungsverbote von I und II fallen, bzw zusätzliche Beschäftigungsverbote für werdende und stillende Mütter vor und nach der Entbindung zu erlassen, zB § 22 II RöV (vgl zu § 22 II 1 RöV aF BAG 15.11.2000, 5 AZR 365/99, EzA § 11 MuSchG nF Nr 20); vgl §§ 37 I S 1 Nr 2 d, II; 95 IX StrlSchV (vgl zu § 26 V 3 GefStoffV aF BVerwG 27.5.1993, 5 C 42/89, NJW 1994, 401). Die Aufsichtsbehörde kann gem V 1 durch VA im Einzelfall bestimmen, ob eine Arbeit unter die in I–III geregelten oder unter die in einer von der BReg gem IV erlassenen VO enthaltenen Beschäftigungsverbote fällt. Nach V 2 kann die Aufsichtsbehörde ein bes Beschäftigungsverbot für den Einzelfall erlassen, das nicht schon im MuSchG oder einer RechtsVO enthalten ist. Hierdurch kann die Aufsichtsbehörde sicherstellen, dass selbst bei Zweifeln über die Anwendbarkeit eines »Beschäftigungsverbots« für eine bestimmte Arbeit eine uU nur drohende Schädigungsgefahr für die werdende Mutter verhindert werden kann (*Buchner/Becker* § 4 Rn 113).

§ 5 Mitteilungspflicht, ärztliches Zeugnis

(1) ¹Werdende Mütter sollen dem Arbeitgeber ihre Schwangerschaft und den mutmaßlichen Tag der Entbindung mitteilen, sobald ihnen ihr Zustand bekannt ist. ²Auf Verlangen des Arbeitgebers sollen sie das Zeugnis eines Arztes oder einer Hebamme vorlegen. ³Der Arbeitgeber hat die Aufsichtsbehörde unverzüglich von der Mitteilung der werdenden Mutter zu benachrichtigen. ⁴Er darf die Mitteilung der werdenden Mutter Dritten nicht unbefugt bekannt geben.
(2) ¹Für die Berechnung der in § 3 Abs. 2 bezeichneten Zeiträume vor der Entbindung ist das Zeugnis eines Arztes oder einer Hebamme maßgebend; das Zeugnis soll den mutmaßlichen Tag der Entbindung angeben. ²Irrt sich der Arzt oder die Hebamme über den Zeitpunkt der Entbindung, so verkürzt oder verlängert sich diese Frist entsprechend.
(3) Die Kosten für die Zeugnisse nach den Abs. 1 und 2 trägt der Arbeitgeber.

Übersicht	Rdn.		Rdn.
A. Einleitung	1	II. Form und Adressat	3
B. Mitteilungspflicht (I 1)	2	C. Zeugnisvorlage (I 2)	4
I. Zeitpunkt	2		

D.	Benachrichtigung der Aufsichtsbehörde (I 3)	5	F. Bedeutung des Zeugnisses (II)	7
E.	Unbefugte Bekanntgabe (I 4)	6	G. Kosten (III)	8
			H. Fragerecht des AG	9

A. Einleitung. Die Einhaltung der Beschäftigungsverbote nach §§ 3, 4 sowie die Vermeidung einer unzulässigen Kdg gem. § 9 I 1 sind dem AG letztlich nur bei Kenntnis der Schwangerschaft möglich. Deshalb normiert I 1 eine **Pflicht** der AN **zur Offenbarung** ihres Zustandes. Hierbei handelt es sich nicht um eine gesetzlich verbindliche Pflicht. Die Fassung des I 1 als Sollvorschrift beruht auf der Achtung des Persönlichkeitsrechts der Schwangeren (vgl auch Roos/Bieresborn/*Evers-Vosgerau* § 5 Rn 3). Obwohl Gesundheit von Mutter und Kind eigentlich eine frühzeitige Unterrichtung des AG fordern, soll die AN nicht zur Mitteilung ihrer Schwangerschaft gezwungen sein (BAG 18.1.2000, 9 AZR 932/98, EzA § 615 BGB Nr 98; vgl auch ArbG Berl 19.12.2007, 76 BV 13504/07, DB 2008, 536 LS, gleichzeitig zur Frage der Mitteilung der Identität der Schwangeren durch den AG an den BR). 1

B. Mitteilungspflicht (I 1).   I. Zeitpunkt. Der Zeitpunkt der Mitteilung der Schwangerschaft und des mutmaßlichen Termins der Entbindung ggü dem AG ist, auch wenn die Benachrichtigung nach I 1 erfolgen soll, »sobald« die AN ihren Zustand kennt, zum Schutze ihres Persönlichkeitsrechts (vgl Rdn 1) ihr selbst überlassen. Allerdings ist die AN, insb in gehobener Position, aufgrund der ihr obliegenden Rücksichtnahmepflicht (§ 241 II BGB) uU gehalten, möglichst frühzeitig ihre Schwangerschaft dem AG mitzuteilen, um so dessen Dispositionsinteresse Rechnung zu tragen (vgl ErfK/*Schlachter* § 5 Rn 1). Aufgrund dieser Nebenpflicht muss die AN, die ihrer Unterrichtungspflicht nach I 1 nachgekommen ist, dem AG eine vorzeitige Beendigung der Schwangerschaft unverzüglich (vgl § 121 I 1 BGB) mitteilen (vgl BAG 13.11.2001, 9 AZR 590/99, EzA § 9 MuSchG Nr 36). 2

II. Form und Adressat. Für die Mitteilung nach I 1, die nicht durch die AN selbst erfolgen muss, ist keine Form vorgeschrieben. Sie sollte jedoch zu Beweiszwecken schriftlich geschehen. Sie kann ggü dem AG selbst, aber auch ggü jeder anderen Person, die diesen ggü der AN vertritt (vgl näher § 9 Rdn 10), vorgenommen werden. 3

C. Zeugnisvorlage (I 2). Auch bei der in I 1 normierten Pflicht der AN, auf Verlangen des AG ihre Schwangerschaft nachzuweisen, handelt es sich nur um eine Sollbestimmung. Die AN kann deshalb nicht gezwungen werden, ein Zeugnis über ihre Schwangerschaft vorzulegen (BAG 6.6.1974, 2 AZR 278/73, EzA § 9 MuSchG nF Nr 15). Ein solches Zeugnis kann der AG schon dann verlangen, wenn er selbst konkreten Anlass zur Vermutung hat, es bestehe eine Schwangerschaft (*Willikonsky* § 5 Rn 20). Das Zeugnis kann jeder approbierte Arzt oder eine Hebamme ausstellen (vgl auch Muster3 der sog Vordruckvereinbarung, hierzu § 5 EFZG Rdn 16). 4

D. Benachrichtigung der Aufsichtsbehörde (I 3). Hat der AG von der AN selbst oder auf ihre Veranlassung die Mitteilung nach I 1 erhalten, hat er hiervon **unverzüglich**, dh ohne schuldhaftes Zögern (§ 121 I 1 BGB), die zuständige Aufsichtsbehörde zu benachrichtigen. Dieser soll hierdurch ermöglicht werden, den Arbeitsplatz der schwangeren AN zu überprüfen und ggf Anordnungen bzgl Vorkehrungen und Maßnahmen zur Gestaltung des Arbeitsplatzes oder zu Beschäftigungsverboten zu erlassen (*Willikonsky* § 5 Rn 26). Die Verletzung der Benachrichtigungspflicht wird als Ordnungswidrigkeit verfolgt (§ 21 I Nr 6, II). 5

E. Unbefugte Bekanntgabe (I 4). Verboten ist nur die »unbefugte« Weitergabe der Mitteilung der AN gem I 1. Eine befugte Weitergabe ist in I 3 geregelt. Die AN kann den AG von der Schweigepflicht ganz oder teilw entbinden. Auch ohne ausdrückliche Entbindungserklärung ist davon auszugehen, dass die AN mit der Weitergabe der Information nach I 1 an die Personen einverstanden ist, die dem AG mit mutterschutzrechtlichen Aufgaben betraut sind (vgl *Willikonsky* § 5 Rn 28). Im Hinblick auf die Überwachungspflicht des BR nach § 80 I Nr 1 BetrVG ist der AG verpflichtet, diesem unaufgefordert die ihm bekannte Schwangerschaft mitzuteilen (*Willikonsky* § 5 Rn 31; aA *Meisel/Sowka* § 5 Rn 17). Str ist, ob dies auch dann gilt, wenn die AN nicht zustimmt oder gar ausdrücklich eine Unterrichtung verbietet (vgl näher ArbG Berl 19.12.2007, 76 BV 13504/07, NJ 2008, 239f; *Willikonsky* § 5 Rn 32 u 33 auch zur Unterrichtung des BR u des PersR). 6

F. Bedeutung des Zeugnisses (II). Soweit das bereits nach I 2 erteilte Zeugnis nicht schon eine entspr Angabe enthält, kann der AG ein weiteres Zeugnis verlangen, in dem gem II 1 Hs 2 der mutmaßliche Tag der Entbindung angegeben ist. Dieser Tag, der nicht mitgerechnet wird (BAG 12.12.1985, 2 AZR 82/85, EzA § 9 MuSchG nF Nr 26), ist nach II 1 Hs 1 für die Berechnung der 6-Wochen-Frist des § 3 II verbindlich. 7

§ 6 MuSchG Beschäftigungsverbote nach der Entbindung

Das gilt selbst dann, wenn sich Arzt oder Hebamme im Nachhinein über den Entbindungstermin getäuscht haben (BAG 27.1.1966, 2 AZR 141/65, AP Nr 27 zu § 9 MuSchG; LAG Köln 21.1.2000, 11 Sa 1195/99, NZA-RR 2001, 303). Allerdings verkürzt oder verlängert sich die 6-Wochen-Frist in diesem Fall (II 2). Legt die AN während ihrer Schwangerschaft ein neues Zeugnis mit einem anderen voraussichtlichen Entbindungstermin vor, ist dieser für die Fristberechnung maßgebend (BAG 12.12.1985, 2 AZR 82/85, EzA § 9 MuSchG nF Nr 26).

8 **G. Kosten (III).** Soweit der AN Kosten für die Zeugnisse nach I und II entstehen, was bei einer gesetzlich krankenversicherten AN nach § 24d S 1 SGB V idF v Art 3 Nr 6 des G v 23.10.2012 (BGBl I S 2246) - bis 29.10.2012: § 196 I 1 RVO bzw § 23 I 1 KVLG - nicht der Fall ist (*Buchner/Becker* § 5 Rn 107), trägt diese gem III der AG. Nach hM gilt das nur für die auf Veranlassung des AG ausgestellten Zeugnisse (*Buchner/Becker* § 5 Rn 111; Roos/Bieresborn/*Evers-Vosgerau* § 5 Rn 26; aA ErfK/*Schlachter* § 5 Rn 3).

9 **H. Fragerecht des AG.** Die Frage nach der Schwangerschaft vor der Einstellung einer AN ist wegen des in §§ 1, 2 I 1 Nr 1, 3 I 2 AGG (bis 17.8.2006: § 611a I 1 BGB) verankerten Diskriminierungsverbots grds unzulässig (vgl LAG Köln 11.10.2012, 6 Sa 641/12, LAGE § 3 AGG Nr. 3; *Kania/Marten* ZIP 2007, 8, 11; *G Wisskirchen/Bissels* NZA 2007, 169, 173). Das gilt selbst dann, wenn die AN für die Dauer ihrer Schwangerschaft die angestrebte Tätigkeit iR eines unbefristeten Arbeitsverhältnisses wegen eines aus ihrem Zustand folgenden gesetzlichen Beschäftigungsverbots (zB §§ 3, 4) auf dieser Stelle von Anfang an nicht erbringen kann (vgl schon EuGH 3.2.2000, Rs C-207/98, EzA § 611a BGB Nr 15; dem folgend BAG 6.2.2003, 2 AZR 621/01, EzA § 123 BGB 2002 Nr 2). Unzulässig ist die Frage auch bei einem befristeten Arbeitsverhältnis, selbst wenn die schwangerschaftsbedingte Nichtrealisierbarkeit einen wesentlichen Teil der Vertragszeit betrifft (vgl schon EuGH 4.10.2001, Rs C-109/00, EzA § 611a BGB Nr 16; ebenso LAG Köln 11.10.2012, 6 Sa 641/12, LAGE § 3 AGG Nr 3 = NZA-RR 2013, 232 m Anm *Pallasch*; *Feldhoff* ZTR 2004, 58, 62; *v Koppenfels-Spies* AuR 2004, 43, 44 f).

§ 6 Beschäftigungsverbote nach der Entbindung

(1) ¹Mütter dürfen bis zum Ablauf von acht Wochen, bei Früh- und Mehrlingsgeburten bis zum Ablauf von zwölf Wochen nach der Entbindung nicht beschäftigt werden. ²Bei Frühgeburten und sonstigen vorzeitigen Entbindungen verlängern sich die Fristen nach Satz 1 zusätzlich um den Zeitraum der Schutzfrist nach § 3 Abs. 2, der nicht in Anspruch genommen werden konnte. ³Beim Tod ihres Kindes kann die Mutter auf ihr ausdrückliches Verlangen ausnahmsweise schon vor Ablauf dieser Fristen, aber noch nicht in den ersten zwei Wochen nach der Entbindung, wieder beschäftigt werden, wenn nach ärztlichem Zeugnis nichts dagegen spricht. ⁴Sie kann ihre Erklärung jederzeit widerrufen.
(2) Frauen, die in den ersten Monaten nach der Entbindung nach ärztlichem Zeugnis nicht voll leistungsfähig sind, dürfen nicht zu einer ihre Leistungsfähigkeit übersteigenden Arbeit herangezogen werden.
(3) ¹Stillende Mütter dürfen mit den in § 4 Abs. 1, 2 Nr 1, 3, 4, 5, 6 und 8 sowie Abs. 3 Satz 1 genannten Arbeiten nicht beschäftigt werden. ²Die Vorschriften des § 4 Abs. 3 Satz 2 und 3 sowie Abs. 5 gelten entsprechend.

Übersicht	Rdn.		Rdn.
A. Einleitung	1	C. Individuelles Beschäftigungsverbot (II)	6
B. Generelles Beschäftigungsverbot (I)	2	D. Beschäftigungsverbot für stillende	
I. Inhalt	2	Mütter (III)	7
II. Dauer	3		

1 **A. Einleitung.** Das in I 1 normierte Beschäftigungsverbot dient einerseits der Erholung der nach der Entbindung schonungs- und pflegebedürftigen Mutter. Andererseits soll es der Mutter in der 1. Lebensphase des Kindes ermöglichen, dieses ungehindert durch die arbeitsvertraglichen Pflichten zu pflegen, Kontakt zu dem Kind herzustellen und zu vertiefen (BAG 16.6.2005, 6 AZR 108/01, EzA § 612 BGB 2002 Nr 4). Wegen des bei Früh- und Mehrlingsgeburten üblicherweise auftretenden erhöhten Erholungsbedürfnisses der Mutter, aber auch wegen des bei solchen Geburten erfahrungsgemäß verbundenen Betreuungsaufwandes wird das Beschäftigungsverbot in diesen Fällen von 8 auf 12 Wochen verlängert.

2 **B. Generelles Beschäftigungsverbot (I). I. Inhalt** Während der in I genannten Schutzfristen ist die Beschäftigung einer Mutter zwingend verboten, selbst wenn sie hierin eingewilligt hatte (BAG 14.10.1954, 2 AZR 30/53, AP Nr 1 zu § 13 MuSchG; vgl auch OVG NRW 12.5.2015, 19 B 544/15, NVwZ-RR 2015, 664 f). Anders ist es beim Tod ihres Kindes (vgl Rdn 5).

II. Dauer. Die für die Länge des Beschäftigungsverbots maßgeblichen Schutzfristen beginnen mit der 3 Entbindung, dh nach § 187 I BGB mit dem Tag danach. Für den Begriff der Entbindung, der gleichbedeutend ist mit dem der Geburt, kann auf die Grundsätze des Personenstandsrechts zurückgegriffen werden (vgl BAG 15.12.2005, 2 AZR 462/04, EzA § 9 MuSchG nF Nr 41). Danach liegt eine **Lebendgeburt** vor, wenn das Herz des Kindes nach Trennung vom Mutterleib geschlagen, die Nabelschnur pulsiert oder die Lungenatmung eingesetzt hat (§ 31 I PStV iVm § 21 I PStG). Bei einer **Totgeburt** liegt eine Entbindung nur dann vor, wenn die Leibesfrucht ein Gewicht von mindestens 500 g hat (§ 31 II PStV iVm § 21 II 1 PStG); ansonsten handelt es sich um eine **Fehlgeburt** (§ 31 III 1 PStV). Sofern ein Schwangerschaftsabbruch nicht auf die Tötung der Leibesfrucht gerichtet ist (vgl § 218 I 1 StGB), sondern die bloße vorzeitige Beendigung der Schwangerschaft zum Ziel hat, zB bei Lebensgefahr der Mutter, liegt eine Entbindung vor, wenn die Leibesfrucht mindestens 500 g wiegt, § 31 II PStV (vgl näher § 9 Rdn 8).

IdR endet die das Beschäftigungsverbot auslösende Schutzfrist 8 Wochen nach der Entbindung (I 1 Alt 4 1). Bei einer **Frühgeburt**, dh einer Entbindung, bei der das Kind – bei Mehrlingsgeburten das schwerste der Kinder – ein Geburtsgewicht unter 2500 g hat oder bei der es trotz höheren Geburtsgewichtes wegen noch nicht voll ausgebildeter Reifezeichen oder wegen verfrühter Beendigung der Schwangerschaft einer wesentlich erweiterten Pflege bedarf (BAG 12.3.1997, 5 AZR 329/96, EzA § 6 MuSchG Nr 1), und einer Mehrlingsgeburt – Geburt von mehr als einem Kind – beträgt die Schutzfrist 12 Wochen (I 1 Alt 2). Bei Frühgeburten und sonstigen vorzeitigen Entbindungen verlängert sich nach I 2 die Schutzfrist noch um den nicht nach § 3 II in Anspruch genommenen Zeitraum (I 2).

Verstirbt das Kind während einer der Schutzfristen des I 1 und 2, kann die Mutter gem I 3 nach Ablauf 5 einer zweiwöchigen Schutzfrist nach der Entbindung die Wiederaufnahme ihrer Beschäftigung ausdrücklich verlangen – ein Anspruch hierauf besteht nicht (*Willikonsky* § 6 Rn 7; vgl auch Roos/Bieresborn/*Zimmermann* § 6 Rn 34) –, sofern ein von ihr vorzulegendes ärztliches Zeugnis nicht dagegen spricht. Die AN kann ihre Erklärung nach I 3 jederzeit formlos widerrufen (I 4).

C. Individuelles Beschäftigungsverbot (II). Bei durch ärztliches Attest nachgewiesener eingeschränkter 6 Leistungsfähigkeit nach Ablauf einer der Schutzfristen des I darf die AN nicht zu Arbeiten herangezogen werden, die ihre Leistungsfähigkeit überschreiten. Das ärztliche Attest soll konkret die unzulässigen Tätigkeiten nennen (*Buchner/Becker* § 6 Rn 47). Hins des Zeitraums, für den ein individuelles Beschäftigungsverbot besteht, gibt II nur »die ersten Monate nach der Entbindung« an. Es ist idR von einer Obergrenze von 4–6 Monaten auszugehen (vgl Roos/Bieresborn/*Zimmermann* § 6 Rn 44).

D. Beschäftigungsverbot für stillende Mütter (III). Die Beschäftigungsverbote des § 4 gelten, von § 4 II 7 Nr 2 und 7 abgesehen, auch für stillende Mütter (III 1). Zur Feststellung, ob die AN noch stillt, kann der AG – auf seine Kosten – die Vorlage eines von einem Arzt oder einer Hebamme ausgestellten Zeugnisses verlangen (*Willikonsky* § 6 Rn 13). Nach § 241 II BGB ist die AN verpflichtet, dem AG zwecks Wiederaufnahme der Arbeit das Ende der Stillzeit mitzuteilen.

Nach III 2 iVm § 4 III 2 und 3 kann die Aufsichtsbehörde eine Ausnahmegenehmigung von einem nach 8 III 1 geltenden Beschäftigungsverbot erteilen (*Willikonsky* § 6 Rn 14). Gem III 2 iVm § 4 V 1 kann die Aufsichtsbehörde bestimmen, ob eine Arbeit unter eines der nach III 1 geltenden Beschäftigungsverbote des § 4 I–III bzw unter eine von der BReg gem § 4 IV erlassene VO fällt. Außerdem kann sie nach III 2 iVm § 4 V 2 die Beschäftigung mit bestimmten anderen Arbeiten verbieten.

§ 7 Stillzeit

(1) ¹Stillenden Müttern ist auf ihr Verlangen die zum Stillen erforderliche Zeit, mindestens aber zweimal täglich eine halbe Stunde oder einmal täglich eine Stunde freizugeben. ²Bei einer zusammenhängenden Arbeitszeit von mehr als acht Stunden soll auf Verlangen zweimal eine Stillzeit von mindestens 45 Minuten oder, wenn in der Nähe der Arbeitsstätte keine Stillgelegenheit vorhanden ist, einmal eine Stillzeit von mindestens 90 Minuten gewährt werden. ³Die Arbeitszeit gilt als zusammenhängend, soweit sie nicht durch eine Ruhepause von mindestens zwei Stunden unterbrochen wird.

(2) ¹Durch die Gewährung der Stillzeit darf ein Verdienstausfall nicht eintreten. ²Die Stillzeit darf von stillenden Müttern nicht vor- oder nachgearbeitet und nicht auf die in dem Arbeitszeitgesetz oder in anderen Vorschriften festgesetzten Ruhepausen angerechnet werden.

(3) Die Aufsichtsbehörde kann in Einzelfällen nähere Bestimmungen über Zahl, Lage und Dauer der Stillzeit treffen; sie kann die Einrichtung von Stillräumen vorschreiben.

(4) ¹Der Auftraggeber oder Zwischenmeister hat den in Heimarbeit Beschäftigten und den ihnen Gleichgestellten für die Stillzeit ein Entgelt von 75 vom Hundert eines durchschnittlichen Stundenverdienstes,

§ 7 MuSchG Stillzeit

mindestens aber 0,38 Euro für jeden Werktag zu zahlen. ²Ist die Frau für mehrere Auftraggeber oder Zwischenmeister tätig, so haben diese das Entgelt für die Stillzeit zu gleichen Teilen zu gewähren. ³Auf das Entgelt finden die Vorschriften der §§ 23 bis 25 des Heimarbeitsgesetzes vom 14. März 1951 (BGBl. I S. 191) über den Entgeltschutz Anwendung.

Übersicht	Rdn.			Rdn.
A. Einleitung	1	D.	Entgeltsicherung	4
B. Anspruch auf Stillzeit	2	E.	Regelung der Aufsichtsbehörde	5
C. Dauer der täglichen Stillzeit	3	F.	Heimarbeit	6

1 **A. Einleitung.** Mit § 7 soll der Mutter ermöglicht werden, ihr Kind auch nach Arbeitsaufnahme im Anschluss an das in § 6 I normierte Beschäftigungsverbot zu stillen. Deshalb sind ihr auf Verlangen Arbeitspausen zu gewähren, was allerdings zu Problemen im Betriebsablauf führen kann. Hier will § 7 einen Ausgleich schaffen.

2 **B. Anspruch auf Stillzeit.** Anspruchsberechtigt nach I sind nur stillende Mütter, die tatsächlich arbeiten (BAG 3.7.1985, 5 AZR 19/84, EzA § 7 MuSchG Nr 1; vgl auch OVG Sa-Anh 22.7.2014, 1 M 63/14, NVwZ-RR 2014, 929, 930) und während dieser Zeit ihr eigenes Kind auch wirklich stillen (*Willikonsky* § 7 Rn 2 und 3). Verlangt der AG für Letzteres einen Nachweis, muss er die hierdurch entstehenden Kosten tragen (*Buchner/Becker* § 7 Rn 14; aA *Roos/Biersborn/Evers-Vosgerau* § 7 Rn 3). Das G sieht keine äußerste Grenze für die Dauer der Stillzeit vor. IA wird der Anspruch aus medizinischer Sicht unter Berücksichtigung der schutzwürdigen Interessen von Mutter und Kind am Stillen nur für das 1. Lebensjahr des Kindes in Betracht kommen (LAG Nds 29.10.1987, 10 Sa 379/87, NZA 1988, 312, 313; VG Berl 20.12.2011, 26 K 202.10, juris; aA LAG BW 3.11.1989, 5 Sa 106/88, AiB 1990, 266 f; OVG Berl-Bbg 23.3.2016, 4 S 49.15, juris; offengelassen von BVerwG 30.6.1988, 2 C 60/86, NJW 1988, 3030, 3031; vgl auch Roos/Biersborn/Evers-Vosgerau § 7 Rn 2; *Willikonsky* § 7 Rn 7).

3 **C. Dauer der täglichen Stillzeit.** »Erforderlich« iSv I 1 ist die Zeit anzusehen, die nach objektiven Maßstäben für das Stillen notwendig ist. Dazu gehört nicht nur die eigentliche Stillzeit, sondern auch die Zeit für die Vorbereitungen, die Wegezeit zu einem Stillraum bzw zur häuslichen Wohnung sowie die Zeit, die die Mutter benötigt, um das Stillen in Ruhe und gehöriger Weise durchzuführen (BAG 3.7.1985, 5 AZR 79/84, EzA § 7 MuSchG Nr 1). Die Mutter ist gehalten, durch zumutbare organisatorische Maßnahmen die Stillzeiten in angemessenen Grenzen zu halten und so auch die betrieblichen Belange zu berücksichtigen (BAG 3.7.1985, 5 AZR 79/84, EzA § 7 MuSchG Nr 1). Die tägliche Mindeststillzeit ist in § 7 I 1 geregelt und steht auch teilzeitbeschäftigten Müttern zu (*Willikonsky* § 7 Rn 9). Bei einer zusammenhängenden Arbeitszeit – wie in I 3 definiert – von mehr als 8 Stunden **soll** die I 2 genannte verlängerte Arbeitszeit gewährt werden. Verweigert der AG diese Verlängerung, hat er das Fehlen der hierfür notwendigen Voraussetzungen nachzuweisen (*Willikonsky* § 7 Rn 10).

4 **D. Entgeltsicherung.** Durch die Regelung in II 1 wird verhindert, dass die Mutter durch die Stillzeit eine Verdiensteinbuße erleidet. Ihr ist für diese Zeit das Arbeitsentgelt zu zahlen, das sie bei Arbeitsleistung erhalten hätte. Das sind nicht nur der regelmäßige Verdienst (hierzu § 611 BGB Rdn 122–141), sondern auch Zulagen und Prämien, aber keine durch das Stillen nicht angefallene Aufwendungen (*Willikonsky* § 7 Rn 6).

5 **E. Regelung der Aufsichtsbehörde.** Auf Wunsch der Mutter oder des AG kann in Einzelfällen die Aufsichtsbehörde Zahl, Lage und Dauer der Stillzeiten vorschreiben (III Hs 1). Hierzu besteht Veranlassung, wenn sich Mutter und AG über diese Punkte nicht einigen können. Auch kann die Aufsichtsbehörde nach III Hs 2 die Einrichtung von Stillräumen vorschreiben (näher *Willikonsky* § 7 Rn 14). Die nach III Hs 1 und 2 zu treffenden Verfügungen sind VA, die mit Widerspruch (§ 69 VwGO) und ggf Klage (§ 42 I VwGO) angegriffen werden können (näher *Willikonsky* § 7 Rn 15).

6 **F. Heimarbeit.** Gehört eine Mutter zu den in Heimarbeit Beschäftigten (§ 1 I HAG) bzw zu den ihnen Gleichgestellten (§ 1 I HAG), braucht ihr keine Stillzeit eingeräumt zu werden, da sie selbst über ihre Arbeitszeit bestimmt. IV regelt deshalb nur den Entgeltschutz. Dieser ist nach IV 1 mit 75 % eines durchschnittlichen Stundenverdienstes, mindestens aber 0,38 € je Werktag pauschaliert (näher *Willikonsky* § 7 Rn 11). Bei Tätigkeit für mehrere Auftraggeber oder Zwischenmeister haben diese nach IV 2, unabhängig vom zeitlichen oder mengenmäßigen Anteil der jeweiligen Arbeitszeit der stillenden Mutter, dieser das Entgelt für die Stillzeit zu gleichen Teilen zu gewähren (*Willikonsky* § 7 Rn 12).

§§ 8a–8d
(weggefallen)

§ 8 Mehrarbeit, Nacht- und Sonntagsarbeit

(1) Werdende und stillende Mütter dürfen nicht mit Mehrarbeit, nicht in der Nacht zwischen 20 und 6 Uhr und nicht an Sonn- und Feiertagen beschäftigt werden.
(2) ¹Mehrarbeit im Sinne des Abs. 1 ist jede Arbeit, die
1. von Frauen unter 18 Jahren über 8 Stunden täglich oder 80 Stunden in der Doppelwoche,
2. von sonstigen Frauen über 8 ¹/2 Stunden täglich oder 90 Stunden in der Doppelwoche
hinaus geleistet wird. ²In die Doppelwoche werden die Sonntage eingerechnet.
(3) Abweichend vom Nachtarbeitsverbot des Abs. 1 dürfen werdende Mütter in den ersten vier Monaten der Schwangerschaft und stillende Mütter beschäftigt werden
1. in Gast- und Schankwirtschaften und im übrigen Beherbergungswesen bis 22 Uhr,
2. in der Landwirtschaft mit dem Melken von Vieh ab 5 Uhr,
3. als Künstlerinnen bei Musikaufführungen, Theatervorstellungen und ähnlichen Aufführungen bis 23 Uhr.
(4) Im Verkehrswesen, in Gast- und Schankwirtschaften und im übrigen Beherbergungswesen, im Familienhaushalt, in Krankenpflege- und Badeanstalten, bei Musikaufführungen, Theatervorstellungen, anderen Schaustellungen, Darbietungen oder Lustbarkeiten dürfen werdende oder stillende Mütter, abweichend von Absatz 1, an Sonn- und Feiertagen beschäftigt werden, wenn ihnen in jeder Woche einmal eine ununterbrochene Ruhezeit von mindestens 24 Stunden im Anschluss an eine Nachtruhe gewährt wird.
(5) ¹An in Heimarbeit Beschäftigte und ihnen Gleichgestellte, die werdende oder stillende Mütter sind, darf Heimarbeit nur in solchem Umfang und mit solchen Fertigungsfristen ausgegeben werden, dass sie von der werdenden Mutter voraussichtlich während einer 8-stündigen Tagesarbeitszeit, von der stillenden Mutter voraussichtlich während einer 7 1/4-stündigen Tagesarbeitszeit an Werktagen ausgeführt werden kann. ²Die Aufsichtsbehörde kann in Einzelfällen nähere Bestimmungen über die Arbeitsmenge treffen; falls ein Heimarbeitsausschuss besteht, hat sie diesen vorher zu hören.
(6) Die Aufsichtsbehörde kann in begründeten Einzelfällen Ausnahmen von den vorstehenden Vorschriften zulassen.

Übersicht

		Rdn.			Rdn.
A.	Einleitung	1	III.	Sonn- und Feiertagsarbeit (IV)	4
B.	Beschäftigungsverbote (I–III)	2	IV.	Heimarbeit (V)	5
I.	Mehrarbeit	2	C.	Ausnahmegenehmigung (VI)	6
II.	Nachtarbeit	3			

A. Einleitung. Um schwangere und stillende Mütter vor Überbeanspruchung im Hinblick auf den zeitlichen Umfang ihrer Arbeitsleistung zu schützen, verbietet I generell ihre Beschäftigung mit Mehr-, Nacht- und Sonn- oder Feiertagsarbeit. Die Beschäftigungsverbote sind zwingend und können deshalb nicht im Einverständnis mit der AN beseitigt werden (BAG 24.6.1960, 1 AZR 96/58, AP Nr 1 zu § 8 MuSchG; Roos/Bieresborn/*Evers-Vosgerau* § 8 Rn 5). III–VI enthalten Ausnahmeregelungen, die ihrerseits aber, soweit sie werdende Mütter betreffen, zu deren Schutz gem § 3 I eingeschränkt werden können. 1

B. Beschäftigungsverbote (I–III). I. Mehrarbeit Dieser Begriff ist in II bes definiert, sodass hiervon abw tarif- oder einzelvertragliche Regelungen unerheblich für das Beschäftigungsverbot in II sind. Die Norm unterscheidet danach, ob die Arbeit von einer Jugendlichen (Nr 1) oder Erwachsenen (Nr 2) geleistet wird. Die in Nr 1 getroffene Mehrarbeitsregelung entspricht § 8 I JArbSchG. Folgen aus dem JArbSchG weiter gehende Einschränkungen des Umfangs der Arbeitszeit, sind diese vorrangig (*Willikonsky* § 8 Rn 5). Wegen eines Feiertags ausgefallene Arbeitszeit ist gem § 4 IV 2 JArbSchG auf die höchstzulässige Arbeitszeit nach Nr 1 anzurechnen. Das gilt, wie aus einem Umkehrschluss folgt, nicht für erwachsene AN in Nr 2. Sonntage werden sowohl in Nr 1 als auch in Nr 2 mit in die Doppelwoche – 2 vom AG individuell festgelegte aufeinander folgende Wochen (vgl *Willikonsky* § 8 Rn 6) – eingerechnet. 2

II. Nachtarbeit. Abw von den in § 2 III ArbZG angegebenen Zeiträumen bestimmt I für das MuSchG einen speziellen, dazu einheitlichen Zeitraum. Zwischen 20.00 Uhr und 6.00 Uhr dürfen schwangere und stillende Mütter grds nicht beschäftigt werden. Allerdings sind Ausnahmen in den III Nr 1–3 aufgeführten Bereichen für werdende Mütter in den ersten 4 Monaten der Schwangerschaft und stillende Mütter vorgesehen (näher *Willikonsky* § 8 Rn 10 ff). 3

4 III. Sonn- und Feiertagsarbeit (IV). Das in I normierte ganztägige Beschäftigungsverbot wird in den in IV aufgeführten Branchen, die frauentypische Dienstleistungen betreffen (HWK/*Hergenröder* § 8 Rn 5), durchbrochen. Zum **Verkehrswesen** zählt der Bereich des Transports von Personen, Gütern oder Nachrichten einschl Herstellung und Vertrieb von Zeitungen, Zeitschriften und Anzeigenblätter (vgl OVG NRW 15.12.1981, 4 A 1528/80, DB 1982, 963). **Krankenpflegeanstalten** sind alle Einrichtungen, in denen Kranke oder Pflegebedürftige versorgt werden (näher Roos/Biersborn/*Evers-Vosgerau* § 8 Rn 25). Zu den **Badeanstalten** zählen alle Betriebe, in denen medizinische Bäder verabreicht werden oder geschwommen werden kann (*Willikonsky* § 8 Rn 18). Von der Ausnahmeregelung für Musikaufführungen etc werden alle AN erfasst, die bei den genannten Veranstaltungen beschäftigt sind, egal in welcher Funktion (*Willikonsky* § 8 Rn 19). Voraussetzung für die Sonn- und Feiertagsarbeit ist jeweils, dass den schwangeren und stillenden Müttern in jeder Woche einmal eine ununterbrochene Ruhezeit von mind 24 Stunden im Anschluss an eine Nachtruhe gewährt wird (IV aE).

5 IV. Heimarbeit (V). Im Hinblick darauf, dass in Heimarbeit Beschäftigte (§ 1 I HAG) und die ihnen Gleichgestellten (§ 1 II HAG) die Lage ihrer Arbeitszeit selbst bestimmen, kann ihr Schutz bei Mehr-, Nacht- sowie Sonn- und Feiertagsarbeit nur über die Menge der zugeteilten Arbeit geschehen. Nach V 1 darf deshalb Heimarbeit an werdende oder stillende Mütter nur in einem solchen Umfang und solchen Fertigungsfristen ausgegeben werden, dass sie in den jeweils für sie angegebenen Tageszeiten erledigt werden können. Da die richtige Bemessung des Heimarbeitsauftrags schwierig ist, kann die Aufsichtsbehörde im Einzelfall eine nähere Regelung über die Arbeitsmenge treffen (V 2 Hs 1). Zuvor ist, sofern ein solcher besteht, der Heimarbeitsausschuss zu hören (V 2 Hs 2).

6 C. Ausnahmegenehmigung (VI). In begründeten Einzelfällen kann die Aufsichtsbehörde durch einen anfechtbaren VA (vgl § 42 I VwGO) Ausnahmen von allen Beschäftigungsverboten (I–V) zulassen (näher Roos/Biersborn/*Evers-Vosgerau* § 8 Rn 30). Die Ausnahmegenehmigung kann befristet (§ 36 II Nr 1 VwVfG), bedingt (§ 36 II Nr 2 VwVfG) oder unter Auflagen (§ 36 II Nr 4 VwVfG) erteilt werden (ErfK/*Schlachter* § 8 Rn 8; vgl auch *Willikonsky* § 8 Rn 26).

§ 9 Kündigungsverbot

(1) ¹Die Kündigung gegenüber einer Frau während der Schwangerschaft und bis zum Ablauf von vier Monaten nach der Entbindung ist unzulässig, wenn dem Arbeitgeber zur Zeit der Kündigung die Schwangerschaft oder Entbindung bekannt war oder innerhalb zweier Wochen nach Zugang der Kündigung mitgeteilt wird; das Überschreiten dieser Frist ist unschädlich, wenn es auf einem von der Frau nicht zu vertretenden Grund beruht und die Mitteilung unverzüglich nachgeholt wird. ²Die Vorschrift des Satzes 1 gilt für Frauen, die den in Heimarbeit Beschäftigten gleichgestellt sind, nur, wenn sich die Gleichstellung auch auf den Neunten Abschnitt – Kündigung – des Heimarbeitsgesetzes vom 14. März 1951 (BGBl. I S. 191) erstreckt.
(2) Kündigt eine schwangere Frau, gilt § 5 Abs. 1 Satz 3 entsprechend.
(3) ¹Die für den Arbeitsschutz zuständige oberste Landesbehörde oder die von ihr bestimmte Stelle kann in besonderen Fällen, die nicht mit dem Zustand einer Frau während der Schwangerschaft oder ihrer Lage bis zum Ablauf von vier Monaten nach der Entbindung in Zusammenhang stehen, ausnahmsweise die Kündigung für zulässig erklären. ²Die Kündigung bedarf der schriftlichen Form und sie muss den zulässigen Kündigungsgrund angeben.
(4) In Heimarbeit Beschäftigte und ihnen Gleichgestellte dürfen während der Schwangerschaft und bis zum Ablauf von vier Monaten nach der Entbindung nicht gegen ihren Willen bei der Ausgabe von Heimarbeit ausgeschlossen werden; die Vorschriften der §§ 3, 4, 6 und 8 Abs. 5 bleiben unberührt.

Übersicht		Rdn.			Rdn.
A.	Einleitung	1	V.	Versäumung der Mitteilungsfrist	15
B.	Persönlicher Geltungsbereich	2	D.	Dauer des Kündigungsverbots	20
C.	Voraussetzungen des Kündigungsschutzes	5	E.	Reichweite des Kündigungsverbots	21
			F.	Zulässigerklärung (III 1)	23
I.	Schwangerschaft	6	I.	Allgemeines	23
II.	Entbindung	8	II.	Antrag/Verfahren	24
III.	Kenntnis des AG	9	III.	Entscheidung (III 1)	26
	1. Allgemein	9	IV.	Bedeutung für arbeitsrechtliches Verfahren	30
	2. Zurechnung der Kenntnis Dritter	10			
IV.	Nachträgliche Mitteilung der AN	12	G.	Schriftform	31

H. Anderweitige Beendigungstatbestände ...	32	III. Anfechtung	34
I. Befristung	32	IV. Aufhebungsvertrag	35
II. Eigenkündigung	33		

A. Einleitung. Das MuSchG gewährt in I 1 einen **temporären Kdg-Schutz mit Erlaubnisvorbehalt** 1 (zu Sinn und Zweck v I 1 vgl BVerwG 21.10.1970, V C 34.69, BVerwGE 36, 160, 161 f; BayVGH 29.2.2012, 12 C 12.264, NZA-RR 2012, 302; OVG Berl-Bbg 27.8.2015, 6 M 49.15, juris; VG Ansbach 23.9.2013, AN 6 K 13.00290, juris; VG Düsseldorf 16.3.2012, 13 K 6891/11, JurionRS 2012, 19612). Dieser besteht gem I 1 Hs 1 während der Schwangerschaft und bis zum Ablauf von 4 Monaten nach der Entbindung. Nach EuGH (11.10.2007, Rs C-460/06, EzA EG-Vertrag 1999 RL 92/85 Nr 2) ist Art 10 RL 92/85/EWG (vgl auch § 1 Rdn 1) dahin auszulegen, dass er nicht nur die Kdg während der in Nr 1 dieser Vorschrift vorgesehenen Schutzzeit, sondern auch Vorbereitungshandlungen für eine nach dieser Zeit beabsichtigte Kdg umfasst (näher *Benecke* EuZA 2008, 385 ff; vgl auch VG Darmstadt 26.3.2012, V K 1830/11).

B. Persönlicher Geltungsbereich. Das MuSchG gilt nach § 1 für **Frauen, die in einem Arbeitsverhältnis** 2 **stehen.** Dazu gehören auch Auszubildende (§ 1 Rdn 3). Nach dem Schutzzweck des § 9 I 1 werden auch Frauen erfasst, mit denen der Arbeitsvertrag bereits geschlossen wurde, jedoch das Arbeitsverhältnis erst zu einem späteren Zeitpunkt beginnen soll (LAG Düsseldorf 30.9.1992, 11 Sa 1049/92, LAGE § 9 MuSchG Nr 18; *Buchner/Becker* § 9 Rn 2; *Willikonsky* § 9 Rn 2). Auf teilzeitbeschäftigte AN findet I 1 unabhängig von Lage und Dauer der Arbeitszeit Anwendung.
Für die in Heimarbeit beschäftigten Frauen gilt das mutterschutzrechtliche Kdg-Verbot uneingeschränkt, 3 sofern sie als Heimarbeiterin oder Hausgewerbetreibende iSd § 2 I 1 und II 2 HAG anzusehen sind. Die gem § 1 II HAG den Heimarbeiterinnen und Hausgewerbetreibenden gleichgestellten Frauen fallen nur dann unter den bes Kdg-Schutz des I 1, wenn sich die Gleichstellung auch auf den im 9. Abschnitt des HAG geregelten heimarbeitsrechtlichen Kdg-Schutz erstreckt (I 2).
Die Anwendung des § 9 auf eine **GmbH-Geschäftsführerin** ist grds ausgeschlossen, weil sie für den Regelfall 4 nicht in einem Arbeitsverhältnis steht (vgl § 6 GewO Rdn 104). Das Anstellungsverhältnis einer (stellvertretenden) GmbH-Geschäftsführerin kann im Einzelfall jedoch auch ein Arbeitsverhältnis sein. Dies richtet sich nach den allg Kriterien zur Abgrenzung vom freien Dienstverhältnis (hierzu § 6 GewO Rdn 42–67). Ist danach das Vorliegen eines Arbeitsverhältnisses zu bejahen, findet auch der mutterschutzrechtliche Sonderkündigungsschutz Anwendung (BAG 26.5.1999, 5 AZR 664/98, EzA § 611 BGB Arbeitnehmerbegriff Nr 76; vgl auch EuGH 11.11.2010, C-232/09, EzA EG-Vertrag 1999 Richtlinie 92/85 Nr 5; *Kruse/Stenslik*, NZA 2013, 596 ff.; *Lunk*, FS Bauer, 2010, S 705 ff; *Oberthür* NZA 2011, 253, 255 ff.; *Reinhard/Bitsch* ArbRB 2011, 241 ff.; *Reiserer* DB 2011, 2262 ff.; *Schubert* ZESAR 2013, 5 ff).

C. Voraussetzungen des Kündigungsschutzes. Erforderlich ist im Zeitpunkt des Zugangs der Kdg das 5 **objektive Bestehen** einer **Schwangerschaft** (hierzu BAG 12.12.2013, 8 AZR 838/12, EzA § 15 AGG Nr 23; 26.3.2015, 2 AZR 237/14, EzA § 9 MuSchG nF Nr 42) oder eine nicht länger als 4 Monate zurückliegende Entbindung. Auf die Kenntnis der AN von ihrer Schwangerschaft zu diesem Zeitpunkt kommt es für den Schutz des § 9 I 1 Hs 1 nicht an (BAG 13.6.1996, 2 AZR 736/95, EzA § 9 MuSchG nF Nr 34). Eine in Unkenntnis der Schwangerschaft ausgesprochene Kdg des AG verstößt nicht gegen das Benachteiligungsverbot des § 7 I AGG iVm §§ 1, 3 I 2 AGG, da sie nicht im Zusammenhang mit der Schwangerschaft stehen kann (BAG 17.10.2013, 8 AZR 742/12, EzA § 3 AGG Nr 8; anders bei LAG Berl-Bbg 16.9.2015, 23 Sa 1045/15, JurionRS 2015, 36473).

I. Schwangerschaft. Hierunter ist die Zeit von der Befruchtung (Konzeption) bis zur Entbindung, einer 6 Fehlgeburt bzw einem Schwangerschaftsabbruch zu verstehen. Im Fall einer **Schwangerschaft** auf Grund einer **Befruchtung außerhalb des Körpers** (In-vitro-Fertilisation) **beginnt** der bes Kündigungsschutz **mit der Einsetzung der befruchteten Eizelle** in die Gebärmutter und nicht erst mit ihrer Einnistung (= Nidation; BAG 26.3.2015, 2 AZR 237/14, EzA § 9 MuSchG nF Nr 42 zugleich zu einer diskriminierenden Kdg wegen künstlicher Befruchtung gem § 7 I iVm §§ 1, 3 AGG, vgl hierzu auch EuGH 26.2.2008, Rs C-506/06, EzA Art 49 EG-Vertrag 1999 Nr 4; zum Problemkreis ausf *Humberg* NJW 2015, 3410 ff). Zur **Feststellung** des **Beginns** der **Schwangerschaft** bei natürlicher Empfängnis ist analog § 5 II 1 Hs 1 von dem **Zeugnis** eines **Arztes** oder einer **Hebamme** über den voraussichtlichen Tag der Niederkunft auszugehen und von diesem Tag um 280 Tage zurückzurechnen, wobei der voraussichtliche Entbindungstag nicht mitzuzählen ist (BAG 7.5.1998, 2 AZR 417/97, EzA § 9 MuSchG Nr 35; vgl auch BAG 12.5.2011, 2 AZR 384/10, EzA § 18 BEEG Nr 1; 26.3.2015, 2 AZR 237/14, EzA § 9 MuSchG nF Nr 42).

§ 9 MuSchG Kündigungsverbot

7   Die **ärztliche Bescheinigung** über den mutmaßlichen Tag der Entbindung hat einen **hohen Beweiswert**. Der AG kann aber diesen Beweiswert der Bescheinigung erschüttern und Umstände darlegen sowie beweisen, aufgrund derer es der wissenschaftlich gesicherten Erkenntnis widersprechen würde, von einer Schwangerschaft bei Kdg-Zugang auszugehen. Die AN muss dann anderweitig Beweis zum Vorliegen der Schwangerschaft im Zeitpunkt des Zugangs der Kdg führen und ist ggf gehalten, ihre Ärzte von der Schweigepflicht zu entbinden (BAG 7.5.1998, 2 AZR 417/97, EzA § 9 MuSchG nF Nr 35; 26.3.2015, 2 AZR 237/14, EzA § 9 MuSchG nF Nr 42).

8   **II. Entbindung.**   Eine Entbindung iSv I 1 ist ua in Anlehnung an entspr personenstandsrechtliche Bestimmungen (§ 31 II PStV iVm § 21 I PStG) dann anzunehmen, wenn die Leibesfrucht ein Gewicht von mind 500 g hat. Dabei spielt es keine Rolle, ob das Kind lebend oder tot geboren wird (BAG 12.12.2013, 8 AZR 838/12, EzA § 15 AGG Nr 23). Die Schwangerschaft endet ohne Entbindung bei einem Schwangerschaftsabbruch iSd § 218 StGB, nicht dagegen, wenn die Schwangerschaft früher als zum mutmaßlichen Entbindungstermin künstlich beendet worden ist, ohne die Lebensfähigkeit der Leibesfrucht zielgerichtet beeinträchtigen zu wollen, und die Voraussetzungen des § 31 I, II PStV vorliegen (vgl zu § 29 PStV aF BAG 15.12.2005, 2 AZR 462/04, EzA § 9 MuSchG Nr 41).

9   **III. Kenntnis des AG. 1. Allgemein.**   Die Kdg ist nach I 1 Hs 1 nur dann unzulässig, wenn dem AG zZt der Kdg die Schwangerschaft oder Entbindung bekannt war. Selbst grob fahrlässige Unkenntnis reicht hier nicht aus (LAG BW 30.11.1967, 4 Sa 100/67, DB 1968, 624 LS; LAG Düsseldorf 21.7.1964, 8 Sa 241/64, DB 1964, 1416 LS; KR/*Gallner* § 9 Rn 41). Woher der AG die Kenntnis hat (zB Attest, eigene Wahrnehmung, zufällige Information durch Arbeitskollegen), ist unerheblich (vgl auch EuGH 11.11.2010, C-232/09, EzA EG-Vertrag 1999 Richtlinie 92/85 Nr 5). Insb ist es nicht erforderlich, dass die Kenntnis auf einer Mitteilung der AN beruht (*Willikonsky* § 9 Rn 27). Ob mit »zur Zeit der Kdg« die Abgabe (so LAG Düsseldorf 11.5.1979, 9 Sa 484/79, EzA § 9 MuSchG nF Nr 19) oder der Zugang (KR/*Gallner* § 9 Rn 53) der Kdg gemeint ist, ist str.

10 **2. Zurechnung der Kenntnis Dritter.**   Der eigenen Kenntnis steht die Kenntnis solcher Personen gleich, die den AG iRd Arbeitsverhältnisses ggü der AN vertreten, zB Personalleiter, Personalsachbearbeiter (vgl näher KR/*Gallner* § 9 Rn 43). Ob die Kenntnis des Dienstvorgesetzten ausreicht, ist zweifelhaft. Besteht in einem Betrieb die Übung, dass AN ihre Schwangerschaft dem unmittelbaren Dienstvorgesetzten anzeigen, soll sich der AG nicht darauf berufen können, dass diese Mitteilung nicht zu ihm selbst oder seinem Vertreter gelangt ist (LAG Köln 10.10.1990, 7 Sa 214/90, LAGE § 9 MuSchG Nr 12). Bei einem Betriebsinhaberwechsel (§ 613a I 1 BGB) muss sich der Erwerber die dem bisherigen Betriebsinhaber gemachte Mitteilung über Schwangerschaft oder Entbindung zurechnen lassen (KR/*Gallner* § 9 Rn 48; vgl zu § 85 SGB IX BAG 11.12.2008, 2 AZR 395/07, EzA § 90 SGB IX Nr 5).

11 Darlegungs- und beweispflichtig für die Kenntnis des AG oder einer 3. Person, deren Kenntnis sich der AG zurechnen lassen muss, ist die AN (LAG Schl-Holst 11.12.2001, 3 Sa 357/01, nv; KR/*Gallner* § 9 Rn 54; Roos/Bieresborn/*Evers-Vosgerau* § 9 Rn 17; *Willikonsky* § 9 Rn 27).

12 **IV. Nachträgliche Mitteilung der AN.**   Hat der AG zum Zeitpunkt des Ausspruchs der Kdg keine Kenntnis von der Schwangerschaft, kann die AN nach § 9 I 1 Hs 2 auch noch durch Mitteilung der Schwangerschaft (ggf auch der Entbindung) innerhalb von 2 Wochen nach Zugang der Kdg den bes Kdg-Schutz für sich in Anspruch nehmen. Die nachträgliche Mitteilung der Schwangerschaft muss das Bestehen einer Schwangerschaft zum Zeitpunkt des Zugangs der Kdg oder die Vermutung einer solchen Schwangerschaft zum Inhalt haben. Teilt die AN ausdrücklich bloß das Bestehen einer Schwangerschaft mit, hängt es von den konkreten Umständen ab, ob die Mitteilung dahin verstanden werden musste, dass die Schwangerschaft bereits bei Zugang der Kdg bestanden habe (BAG 15.11.1990, 2 AZR 270/90, EzA § 9 MuSchG nF Nr 28). Noch ungeklärt ist, ob die 2-Wochen-Frist gem § 167 ZPO auch durch eine innerhalb dieser Frist beim ArbG eingereichte Klage nach § 4 S 1 KSchG gewährt werden kann (so *Nägele/Gertler* NZA 2010, 1377, 1379; ErfK/*Schlachter* § 9 Rn 6 jew unter Hinweis auf BGH 17.7.2008 NJW 2009, 765, 767; zu § 15 IV 1 AGG jetzt auch BAG 22.5.2014, 8 AZR 662/13, EzA § 15 AGG Nr 25; iErG ebenso zu § 85 SGB IX BAG 23.2.2010, 2 AZR 659/08, EzA § 85 SGB IX Nr 6; gegen Anwendung von § 167 ZPO *Gehlhaar* NZA-RR 2011, 169, 173 f; ebenso BAG 16.3.2016, 4 AZR 421/12, EzA-SD Nr 17/2016, S 15; Pressemitteilung Nr 12/16 zur Wahrung einer tariflichen Ausschlussfrist).

13 Die Mitteilung bedarf **keiner bes Form**. Sie ist eine geschäftsähnliche Handlung, auf die die für empfangsbedürftige Willenserklärungen geltenden Grds (hierzu § 130 BGB Rdn 1 ff) entspr anzuwenden sind (BAG 15.11.1990, 2 AZR 270/90, EzA § 9 MuSchG nF Nr 28). Adressat der Mitteilung muss nicht der

AG selbst sein. Es genügt, wenn sie in der im Betrieb für solche Mitteilungen üblichen Weise gemacht wird (BAG 15.11.1990, 2 AZR 270/90, EzA § 9 MuSchG nF Nr 28). Die Mitteilung kann durch Boten erfolgen (BAG 20.5.1988, 2 AZR 739/87, EzA § 9 MuSchG nF Nr 27; LAG Sa-Anh 9.12.2014, 6 Sa 539/13, JurionRS 2014, 36284).

I 1 Hs 1 schreibt nur die Mitteilung der Schwangerschaft (Entbindung) innerhalb der Frist vor. Der **Nachweis** braucht erst innerhalb einer angemessenen Frist **nach Aufforderung** des AG erbracht zu werden (BAG 23.5.1969, 2 AZR 379/68, EzA § 9 MuSchG nF Nr 7; vgl auch BAG 6.6.1974, 2 AZR 278/73, EzA § 9 MuSchG nF Nr 15). Dieser wird idR durch ein Attest eines Arztes oder einer Hebamme geführt (BAG 23.5.1969, 2 AZR 379/68, EzA § 9 MuSchG nF Nr 7). Für den Beginn der 2-wöchigen Mitteilungsfrist stellt das G auf den Zugang der Kdg ab. Die Bestimmung des Endes der 2-Wochen-Frist richtet sich nach den §§ 187 I, 188 II Alt 1., 193 BGB. 14

V. Versäumung der Mitteilungsfrist. Die Versäumung der 2-Wochen-Frist ist nach I 1 Hs 2 schädlich, wenn sie entweder auf einem von der Frau zu vertretenden Grund beruht oder sie zwar nicht auf einem solchen Grund beruht, aber die Mitteilung nicht unverzüglich, dh ohne schuldhaftes Zögern (§ 121 I 1 BGB), nachgeholt wird. 15

Die **Fristüberschreitung** ist von der Schwangeren dann iSv I 1 Hs 2 zu **vertreten**, wenn sie auf einen gröblichen Verstoß gegen das von einem verständigen Menschen im eigenen Interesse billigerweise zu erwartende Verhalten zurückzuführen ist, dh »Verschulden gegen sich selbst« (BAG 26.9.2002, 2 AZR 392/01, EzA § 9 MuSchG nF Nr 38; Thür LAG 20.9.2007, 3 Sa 78/07, LAGE § 612a BGB 2002 Nr 3). Voraussetzung für einen solchen Verschuldensvorwurf ist, dass die AN entweder von der Schwangerschaft positiv weiß oder zwingende Anhaltspunkte, die das Bestehen einer Schwangerschaft praktisch unabweisbar erscheinen lassen, ignoriert (BAG 15.11.1990, 2 AZR 270/90, EzA § 9 MuSchG Nr 28; LAG Düsseldorf 10.2.2005, 15 Ta 26/05, NZA-RR 2005, 382, 383; LAG Hamm 17.10.2006, 9 Sa 1503/05, LAGE § 9 MuSchG Nr 26; ThürLAG 20.9.2007, 3 Sa 78/07, LAGE § 612a BGB 2002 Nr 31). Ein »Verschulden gegen sich selbst« kann nicht schon deshalb angenommen werden, weil die AN nicht bereits vor Kdg-Zugang eine Mitteilung nach § 5 I 1 gemacht hat (BAG 13.6.1996, 2 AZR 736/95, EzA § 9 MuSchG nF Nr 34). 16

Eine **unverschuldete Versäumung** der 2-Wochen-Frist kann nicht nur vorliegen, wenn die AN während dieser Frist keine Kenntnis von ihrer Schwangerschaft hatte, sondern auch dann, wenn sie zwar ihre Schwangerschaft bei Kdg-Zugang kannte oder innerhalb der Frist erfährt, aber durch sonstige Umstände an der rechtzeitigen Mitteilung unverschuldet gehindert ist (BAG 26.9.2002, 2 AZR 392/01, EzA § 9 MuSchG nF Nr 38). Dementspr hat die AN weder für Hindernisse bei der Übermittlung der Mitteilung, an denen sie kein Verschulden trifft, noch für ein zur Verzögerung der Mitteilung führendes Verschulden eines von ihr beauftragten geeigneten Bevollmächtigten einzustehen (BAG 27.10.1983, 2 AZR 214/82, EzA § 9 MuSchG nF Nr 24). Die Versäumnis der Mitteilungsfrist soll iA auch dann unverschuldet sein, wenn die AN ihrem Dienstvorgesetzten schon vor der Kdg ihre Schwangerschaft mitgeteilt hat, weil sie dann ohne Sorgfaltspflichtverletzung davon ausgehen könne, dass die Mitteilung an den AG gelangt sei (LAG München 23.8.1990, 5 Sa 840/89, LAGE § 9 MuSchG Nr 13). 17

Bei der Prüfung, ob eine Mitteilung der Schwangerschaft bei unverschuldeter Versäumung der Frist **unverzüglich** nachgeholt worden ist, kann weder auf eine Mindestfrist noch auf eine Höchstfrist abgestellt werden. Entscheidend sind vielmehr stets die bes Umstände des konkreten Falles (BAG 20.5.1988, 2 AZR 682/87, EzA § 9 MuSchG nF Nr 27; LAG Hamm 17.10.2006, 9 Sa 1503/05, LAGE § 9 MuSchG Nr 26). Allerdings kann idR ein Zeitraum von **1 Woche** noch als **ausreichend** angesehen werden (BAG 26.9.2002, 2 AZR 392/01, EzA § 9 MuSchG nF Nr 38). 18

Darlegungs- und beweispflichtig für eine unverschuldete Versäumung der Mitteilungsfrist und für die unverzügliche Nachholung der Mitteilung ist die AN (BAG 13.1.1982, 7 AZR 764/79, EzA § 9 MuSchG nF Nr 20). 19

D. Dauer des Kündigungsverbots. Der bes Kdg-Schutz endet mit Ablauf des 4. Monats nach der Entbindung. Die Berechnung der Dauer des 4-Monatszeitraums richtet sich nach den Vorschriften der §§ 187 I, 188 II und III, 191 BGB. Der Kdg-Schutz des I 1 Hs 1 greift nur dann ein, wenn die AG-Kdg der AN vor Ablauf, dh spätestens am letzten Tag des 4-Monatszeitraums nach der Entbindung zugeht. Die AG-Kdg verstößt aber auch dann gegen I 1 Hs 1, wenn diese während der Schutzfristen erklärt wird, ihre Wirkung aber erst danach eintreten soll (KR/*Gallner* § 9 Rn 90). 20

E. Reichweite des Kündigungsverbots. Gem I 1 Hs 1 ist jede ordentliche oder außerordentliche Beendigungs- und Änderungskdg während des genannten Zeitraums unzulässig. Das gilt auch für eine Kdg im Insolvenzverfahren (vgl BAG 24.9.2015, 6 AZR 492/14, EzA § 174 BGB 2002 Nr 10). Die Regelung des 21

§ 9 MuSchG Kündigungsverbot

I 1 Hs 1 enthält für die Zeit der Schwangerschaft und für die ersten 4 Monate nach der Entbindung ein absolutes Kdg-Verbot in Form eines gesetzlichen Verbotes iSd § 134 BGB (vgl BAG 26.3.2015, 2 AZR 237/14, EzA § 9 MuSchG nF Nr. 42). Demzufolge ist eine innerhalb der Schutzfristen erklärte AG-Kdg nichtig. Eine Befreiung von dem gesetzlichen Kdg-Verbot setzt eine **vorherige Zulässigkeitserklärung** durch die gem III 1 zuständige Arbeitsbehörde voraus (s dazu Rdn 23).

22 Die Nichtigkeit der Kdg muss die AN seit dem 1.1.2004 innerhalb der Klagefrist des § 4 S 1 KSchG geltend machen (BAG 17.10.2013, 8 AZR 742/12, EzA § 3 AGG Nr 8; ArbG Berl 8.5.2015, 28 Ca 18485/14; zust bzgl RL 92/85/EWG *Kotthaus* ArbRB 2009, 366 f im Anschluss an EuGH 29.10.2009, C-63/08, NZA 2009, 1327, 1331 f), wobei aber die Regelung des § 4 S 4 KSchG zu beachten ist (BAG 13.2.2008, 2 AZR 864/06, EzA § 4 KSchG nF Nr 83; 19.2.2009, 2 AZR 286/07, EzA § 4 KSchG nF Nr 88; LAG Schl-Holst 13.5.2008, 3 Ta 56/08, NZA-RR 2009, 132; vgl näher § 4 KSchG Rdn 28). Wenn die AN von ihrer Schwangerschaft aus einem von ihr nicht zu vertretenden Grund erst **nach Ablauf** der Klagefrist Kenntnis erlangt, ist auf ihren Antrag die Klage nach § 5 I 2 KSchG nachträglich zuzulassen (BAG 19.2.2009, 2 AZR 286/07, EzA § 4 KSchG nF Nr 88; LAG Düsseldorf 10.2.2005, 15 Ta 26/05, NZA-RR 2005, 382; Sächs LAG 5.3.2008, 4 Ta 20/08 (8), nv). Erlangt die AN unverschuldet **erst kurz vor** Ablauf der Klagefrist von ihrer Schwangerschaft Kenntnis, kommt uU im Hinblick auf die für sie neue Situation und eine ihr deshalb einzuräumende Überlegungsfrist von 3 Werktagen die nachträgliche Zulassung der Klage gem § 5 I 1 KSchG in Betracht (näher LAG Schl-Holst 13.5.2008, 3 Ta 56/08, NZA-RR 2009, 132).

23 **F. Zulässigerklärung (III 1).** **I. Allgemeines.** Die für den Arbeitsschutz zuständige oberste Landesbehörde (vgl § 20) oder die von ihr bestimmte Stelle kann in bes Fällen ausnahmsweise die Kdg für zulässig erklären (III 1). Diese bes Fälle dürfen jedoch nicht mit dem Zustand einer Frau während der Schwangerschaft oder ihrer Lage nach der Entbindung in Zusammenhang stehen. III 1 gilt nach § 1 Nr 1 auch für in Heimarbeit beschäftigte Frauen (§ 1 I HAG); für die ihnen Gleichgestellten (§ 1 II HAG) aber nur mit der Einschränkung gem III 2. Eine Zulässigkeitserklärung gem § 18 I 2 BEEG ersetzt nicht gleichzeitig diejenige nach III 1 (LAG Berl-Bbg 6.4.2011, 15 Sa 2454/10, DB 2011, 1587, 1588; früher BAG 31.3.1993, 2 AZR 595/92, EzA § 9 MuSchG nF Nr 32; vgl auch VG Ansbach 23.9.2013, AN 6 K 13.00290; VG Darmstadt 26.3.2012, 5 K 1830/11.DA, JurionRS 2012, 41482; VG Frankfurt 28.1.2015, 7 K 4016/14.F, JurionRS 2015, 26883).

24 **II. Antrag/Verfahren.** Das behördliche Zulassungsverfahren wird nicht vAw, sondern nur auf Antrag des AG eingeleitet. Der Antrag bedarf keiner bestimmten Form. Eine bestimmte Frist für die Stellung des Antrags ist im MuSchG nicht vorgesehen. Bei einer **außerordentlichen Kdg** ist jedoch die 2-wöchige Ausschlussfrist des § 626 II 1 BGB zu beachten. Der AG hat daher innerhalb von 2 Wochen nach Kenntniserlangung von den maßgeblichen Kdg-Tatsachen analog § 91 II 1 SGB IX den Antrag bei der gem III 1 zuständigen Behörde zu stellen (vgl früher LAG Köln 21.1.2000, 11 Sa 1195/99, NZA-RR 2001, 303; im Erg ebenso LAG Hamm 3.10.1986, 17 Sa 935/86, DB 1987, 544 L). In entspr Anwendung der Rspr zu § 91 V SGB IX (hierzu § 91 SGB IX Rdn 23) hat der AG nach Zugang der Zulässigkeitserklärung unverzüglich den BR gem § 102 I 1 BetrVG anzuhören, sofern dies noch nicht vorher geschehen ist und unverzüglich nach Erhalt der Stellungnahme bzw Ablauf der Anhörungsfrist die Kdg auszusprechen. Unverzüglichkeit liegt dabei im Regelfall bei Tätigwerden am 1. folgenden Arbeitstag vor (LAG Hamm 3.10.1986, 17 Sa 935/86, DB 1987, 544 L). Entfällt eine BR-Anhörung, ist die Kdg unverzüglich nach Erteilung der Zulässigkeitserklärung analog § 91 V SGB IX auszusprechen (ErfK/*Schlachter* § 9 Rn 14; vgl früher LAG Hamm 3.10.1986, 17 Sa 935/86, DB 1987, 544 L; LAG Köln 21.1.2000, 11 Sa 1195/99, NZA-RR 2001, 303).

25 Die Verwaltungsbehörde verfährt nach dem Untersuchungsgrds (§ 24 I VwVfG). Eine Beweiserhebung liegt in ihrem pflichtgem Ermessen (§ 26 I 1 VwVfG). Die behördliche Ermittlungspflicht hat sich auf alle für den Einzelfall bedeutsamen Umstände zu erstrecken. Hierzu gehören insb die Überprüfung der Kdg-Gründe, die Ermittlung der genauen Sozialdaten der AN (zB Lebensalter, Familienstand, Dauer der Betriebszugehörigkeit, Vermögensverhältnisse etc).

26 **III. Entscheidung (III 1).** Die Zulässigkeitserklärung darf nur unter der Voraussetzung erteilt werden, dass ein »bes Fall« vorliegt. Ist dies im Einzelfall zu bejahen, liegt auf der **Rechtsfolgenseite** der Vorschrift gleichwohl eine **Ermessensentsch** der Behörde vor (»kann«; BVerwG 18.8.1977, V C 8.77, AP Nr 5 zu § 9 MuSchG 1968; BayVGH 29.2.2012, 12 C 12.264, NZA-RR 2012, 302, 303; SächsOVG 23.10.2013, 5 A 877/11, JurionRS 2013, 55585; VG Augsburg 23.3.2010, Au 3 K 09.1562, juris; *Hansen* DVBl 2015, 283 ff; *Wiebauer* ZfA 2012, 507, 515 ff).

Als »bes Fall« können nicht nur solche Kdg-Sachverhalte angesehen werden, die den AG gem. § 626 I BGB 27
zum Ausspruch einer außerordentlichen Kdg berechtigen. Die Arbeitsbehörde kann vielmehr auch eine vom
AG beabsichtigte ordentliche Kdg für zulässig erklären. Gleichwohl liegt ein **bes Fall** nur **ausnahmsweise** vor,
wenn **außergewöhnliche Umstände** es rechtfertigen, die vom G als **vorrangig** angesehenen **Interessen** der
Schwangeren/Mutter hinter die des AG **zurücktreten** zu lassen (BVerwG 18.8.1977, 5 C 8.77, AP Nr 5 zu
§ 9 MuSchG 1968; BayVGH 29.2.2012, 12 C 12.264, NZA-RR 2012, 302; OVG Berl-Bbg 27.8.2015, 6 M
49.15, juris; SächsOVG 23.10.2013, 5 A 877/11, JurionRS 2013, 55585; VG Augsburg 23.3.2010, Au 3 K
09.1562, juris; VG Düsseldorf 16.12.2011, 13 K 5101/11, JurionRS 2011, 34337; 16.3.2012, 13 K 6891/11,
Jurion RS 2012, 19612; vgl auch BVerwG 30.9.2009, 5 C 32.08, DVBl 2010, 183, 184). Immer ist aber darauf zu achten, dass derartige Umstände nicht mit der in III 1 genannten Situation der werdenden oder gewordenen Mutter in Zusammenhang stehen dürfen. Die Anwendung von III 1 scheidet idR aus, wenn die AN
»umgesetzt« werden kann (BVerwG 18.8.1977, V C 8, 77 BVerwGE 54, 276, 283; BayVGH 29.2.2012, 12 C
12.264, NZA-RR 2012, 302, 304; SächsOVG 23.10.2013, 5 A 877/11, JurionRS 2013, 55585).

Hins der **Art** der **Kdg-Gründe** lassen sich **bestimmte Fallgruppen** unterscheiden (vgl auch Roos/Bieres- 28
born/*Evers-Vosgerau* § 9 Rn 98 ff; KR/*Gallner* § 9 Rn 144; *Wiebauer* BB 2013, 1784 ff):
– Betriebsbedingte Gründe: Betriebsschließung – beantragt ein AG die Zulässigkeitserklärung mit
  der Begr, sein Betrieb sei stillgelegt worden, darf die oberste Landesbehörde die Zulässigkeitserklärung nicht mit der Begr verweigern, es liege ein Betriebsübergang (§ 613a I 1 BGB) vor (SächsOVG
  23.10.2013, 5 A 877/11, JurionRS 2013, 55585; VG Augsburg 23.3.2010, Au 3 K 09.1562, juris; vgl
  zu § 18 I 2 BEEG BAG 22.6.2011, 8 AZR 107/10, EzA § 613a BGB 2002 Nr 126; VG München
  31.10.2012, M 18 K 12.2471; früher zu § 18 I 2 BErzGG OVG NRW 21.3.2000, 22 A 5137/99,
  EzA § 18 BErzGG Nr 5) – oder sonstiger ersatzloser Wegfall der Beschäftigungsmöglichkeit (BVerwG
  18.8.1977, V C 8.77, AP Nr 5 zu § 9 MuSchG 1968; VG Augsburg 23.3.2010, Au 3 K 09.1562, juris;
  VG Düsseldorf 16.12.2011, 13 K 5101/11, JurionRS 2011, 34337; vgl auch BVerwG 30.9.2009, 5 C
  32.08, DVBl 2010, 183, 184; BAG 25.3.2004, 2 AZR 295/03, EzA § 9 MuSchG nF Nr 40; *Kittner*,
  NZA 2010, 198 ff);
– Verhaltensbedingte Gründe: grobe Pflichtverletzungen, insb Straftaten gegen den AG (vgl BAG
  17.3.2003, 2 AZR 245/02, EzA § 9 MuSchG nF Nr 39; BayVGH 29.2.1012, 12 C 12.264,
  NZA-RR 2012, 302; OVG Berl-Bbg 27.8.2015, 6 M 49.15, juris;VG Düsseldorf 16.3.2012, 13 K
  6891/11, JurionRS 2011, 34337), aber auch ein »zerrüttetes Verhältnis« zwischen AG und AN (BayVGH 29.3.2007, 9 C 06.2456, juris);
– Personenbedingte Gründe: grds nicht dazu geeignet, das Vorliegen eines »bes Falles« zu begründen; Ausnahme: wirtschaftliche Belastung des AG, die in die Nähe einer Existenzgefährdung rückt
  (BVerwG 18.8.1977, V C 8.77, AP Nr 5 zu § 9 MuSchG 1968; OVG HH 10.9.1982, B f I 87/81,
  NJW 1983, 1748; VGH BW 7.12.1993, 10 S 2825/92, BB 1994, 940).

Die Form der Bekanntgabe des nach III 1 zu erlassenden behördlichen Bescheids richtet sich nach den 29
Bestimmungen der landesrechtlichen VwVfG (§ 41 VwVfG). Der behördliche Bescheid, der einen privatrechtsgestaltenden VA mit Doppelwirkung darstellt (BAG 25.3.2004, 2 AZR 295/03, EzA § 9 MuSchG
nF Nr 40 mwN), ist der jeweils beschwerten Arbeitsvertragspartei mit Rechtsmittelbelehrung zuzustellen
(vgl § 58 I VwGO), der nicht beschwerten Arbeitsvertragspartei ist er formlos mitzuteilen (*Buchner/Becker*
§ 9 Rn 248). Gegen die Erteilung oder Versagung der Zulässigkeitserklärung (zur bedingten Erteilung vgl
Hansen BVBl 2015, 283 ff) ist der Verwaltungsrechtsweg gegeben (§ 40 I VwGO). Ob ein bes Fall vorliegt, unterliegt in vollem Umfang der verwaltungsgerichtlichen Nachprüfung (OVG NW 8.8.1997, 24 A
1763/94, JurionRS 1997, 13076; SächsOVG 23.10.2013, 5 A 877/11, JurionRS 2013, 55585; VG Düsseldorf 16.12.2011, 13 K 5101/11, JurionRS 2011, 34337. Nach Wegfall des Kündigungsverbots gem I 1
kann eine Zulässigkeitserklärung nicht mehr erfolgen, so dass eine hierauf gerichtete Klage wg fehlenden
Rechtsschutzinteresses unzulässig wird (VG Ansbach 23.9.2013, AN 6 K 13.00290).

IV. Bedeutung für arbeitsrechtliches Verfahren. Die Zulässigkeitserklärung der zuständigen Behörde zur 30
Kdg einer schwangeren AN nach III 1 muss zum Kdg-Zeitpunkt vorliegen, aber noch nicht bestandskräftig
sein (BAG 17.6.2003, 2 AZR 245/02, EzA § 9 MuSchG nF Nr 39; 25.3.2004, 2 AZR 295/03, EzA §
9 MuSchG nF Nr 40; vgl auch LAG Köln 12.3.2012, 2 Sa 999/11, PersV 2013, 238 LS). Der Widerspruch
der schwangeren AN gegen die Zulässigkeitserklärung der zuständigen Behörde zur Kdg hat aufschiebende
Wirkung nach § 80 I 2 VwGO. Er führt aber nicht zur Unwirksamkeit der Kdg. Durch den Suspensiveffekt
des Widerspruchs entfallen die Rechtswirkungen der Zulässigkeitserklärung nur vorläufig. Deshalb ist die
Zulässigkeitserklärung für den Fall des Widerspruchs »schwebend wirksam« (näher BAG 17.6.2003, 2 AZR
245/02, EzA § 9 MuSchG nF Nr 39; 25.3.2004, 2 AZR 295/03, EzA § 9 MuSchG nF Nr 40; *Schäfer*

NZA 2004, 833 ff). Die AN muss, will sie die Unwirksamkeit der Kdg nach § 1 I KSchG oder aus sonstigen Gründen geltend machen, nach § 4 S 1 KSchG Klage erheben, wobei für den Beginn der 3-Wochen-Frist § 4 S 4 KSchG zu beachten ist (schon Rdn 22). Zur evtl Aussetzung der Klage nach § 4 S 1 KSchG wegen Vorgreiflichkeit des verwaltungsgerichtlichen Verfahrens nach § 148 ZPO vgl BAG 17.6.2003, 2 AZR 245/02, EzA § 9 MuSchG nF Nr 39.

31 **G. Schriftform.** Die vom AG nach Zulässigerklärung ausgesprochene Kdg bedarf nach III 2 der Schriftform – gilt seit 1.5.2000 für alle Kdg (§ 623 Hs 1 BGB) –, wobei die elektronische Form ausgeschlossen ist (§ 623 Hs 2 BGB). In dem **Schriftstück** ist zugleich der **Kündigungsgrund**, der zur Zulässigkeitserklärung nach III 1 geführt hat, hinreichend substanziiert anzugeben (näher KR/*Gallner* § 9 Rn 161; vgl auch BAG 25.10.2012, 2 AZR 845/11, EzA § 125 BGB 2002 Nr 3; ArbG Nürnberg 22.2.2010, 8 Ca 2123/09, AE 2010, 165). Zum Zeitpunkt für den Ausspruch der außerordentlichen Kdg vgl Rdn 24.

32 **H. Anderweitige Beendigungstatbestände. I. Befristung.** Aus Art 6 IV GG folgt kein generelles Verbot der Befristung von Arbeitsverhältnissen werdender Mütter. Die Wirksamkeit einer Befristungsabrede richtet sich nach den hierfür geltenden Normen, insb gem § 14 I und II TzBfG (vgl näher *Willikonsky* § 9 Rn 17 ff). Bei einem rechtswirksam befristeten Arbeitsvertrag hindert eine während des Arbeitsverhältnisses eingetretene Schwangerschaft den AG nicht, sich auf die durch Fristablauf erfolgte Beendigung des Arbeitsverhältnisses zu berufen, zB Befristung zur Vertretung einer auf Dauer erkrankten Angestellten (vgl BAG 23.10.1991, 7 AZR 56/91, EzA § 9 MuSchG nF Nr 29; LAG Hamm 14.1.2011, 10 TaBV 58/10, EzB § 78a BetrVG Nr 17; LAG Köln 4.5.2015, 2 Sa 1090/14, JurionRS 2015, 20916; vgl zu Art 10 RL 92/85/ EWG EuGH 4.10.2001, C-109/00, EzA § 611a BGB Nr 16). Die Berufung auf die Befristung kann jedoch ausnahmsweise treuwidrig sein, etwa wenn der AG aus Gründen des Vertrauensschutzes nach § 242 BGB verpflichtet ist, ein befristetes Probearbeitsverhältnis als unbefristetes Arbeitsverhältnis fortzusetzen (BAG 16.3.1989, 2 AZR 325/88, EzA § 1 BeschFG 1985 Nr 7). Auch eine erneute Befristung außerhalb des § 14 II 1 TzBfG ist trotz Kenntnis von der bestehenden Schwangerschaft rechtswirksam, sofern hierfür ein sachlicher Grund, zB nach § 14 I 2 TzBfG, gegeben ist (vgl schon BAG 6.11.1996, 7 AZR 909/95, EzA § 620 BGB Nr 146; vgl auch LAG Köln 4.5.2015, 2 Sa 1090/14, JurionRS 2015, 20916; bzgl § 1 AGG offengelassen von BAG 13.8.2008, 7 AZR 513/07, EzA § 14 TzBfG Nr 52). Zu Ansprüchen gem §§ 15 I 1, II 1 AGG nach Nichtverlängerung eines befristeten Arbeitsvertrages wegen zuvor mitgeteilter Schwangerschaft vgl ArbG Mainz 2.9.2008, 3 Ca 1133/08, JurionRS 2008, 46898; vgl auch LAG Köln 6.4.2009, 5 Ta 89/09, NZA-RR 2009, 526. Zur Nichtigkeit einer Nichtverlängerungsmitteilung nach § 61 NV Bühne gem § 134 BGB iVm §§ 1, 3, 7 I AGG vgl LAG Köln 3.6.2014, 12 Sa 911/13, LAGE § 110 ArbGG 1979 Nr 1.

33 **II. Eigenkündigung.** Kündigt eine Schwangere, gilt gem II der § 5 I 2 entspr, dh, der AG hat die Aufsichtsbehörde hiervon unverzüglich zu unterrichten. Die Verletzung dieser Anzeigepflicht führt jedoch nicht zur Unwirksamkeit der Eigenkdg (BAG 19.8.1982, 2 AZR 116/81, EzA § 9 MuSchG nF Nr 21).

34 **III. Anfechtung.** Die Unkenntnis der AN von einer im Zeitpunkt des Ausspruchs einer Eigenkdg bestehenden Schwangerschaft rechtfertigt idR keine Irrtumsanfechtung nach § 119 I Alt 1 oder II BGB (BAG 6.2.1992, 2 AZR 408/91, EzA § 119 BGB Nr 16).

35 **IV. Aufhebungsvertrag.** I 1 hindert mangels Anwendbarkeit nicht den Abschluss eines Aufhebungsvertrages (BAG 16.2.1983, 7 AZR 134/81, EzA § 123 BGB Nr 21; LAG Hamm 14.1.2011, 10 TaBV 58/10, EzB § 78a BetrVG Nr 17; BSG 16.2.2005, B 1 KR 13/03 R, NZA-RR 2005, 542, 545). Irrt sich die Schwangere über die mutterschutzrechtlichen Folgen eines Aufhebungsvertrages, berechtigt dieser Rechtsfolgeirrtum grds nicht zu einer Anfechtung gem § 119 I BGB. Wird ihr der Abschluss eines Aufhebungsvertrages angeboten und eine von ihr erbetene Bedenkzeit abgelehnt, kann ein gleichwohl abgeschlossener Aufhebungsvertrag nicht allein wegen des Zeitdrucks nach § 123 I BGB angefochten werden (BAG 30.9.1993, 2 AZR 268/93, EzA § 611 BGB Aufhebungsvertrag Nr 13).

§ 10 Erhaltung von Rechten

(1) Eine Frau kann während der Schwangerschaft und während der Schutzfrist nach der Entbindung (§ 6 Abs. 1) das Arbeitsverhältnis ohne Einhaltung einer Frist zum Ende der Schutzfrist nach der Entbindung kündigen.

(2) ¹Wird das Arbeitsverhältnis nach Abs. 1 aufgelöst und wird die Frau innerhalb eines Jahres nach der Entbindung in ihrem bisherigen Betrieb wieder eingestellt, so gilt, soweit Rechte aus dem Arbeitsverhältnis von der Dauer der Betriebs- oder Berufszugehörigkeit oder von der Dauer der Beschäftigungs- oder

Dienstzeit abhängen, das Arbeitsverhältnis als nicht unterbrochen. ²Dies gilt nicht, wenn die Frau in der Zeit von der Auflösung des Arbeitsverhältnisses bis zur Wiedereinstellung bei einem anderen Arbeitgeber beschäftigt war.

Übersicht	Rdn.		Rdn.
A. Einleitung	1	C. Erhalt von Rechten (II)	4
B. Sonderkündigungsrecht (I)	2		

A. Einleitung. Mit dem in § 10 I der AN während der Schwangerschaft und der Schutzfrist des § 6 I zugebilligten Sonderkündigungsrecht soll ihrem Bedürfnis Rechnung getragen werden, im Interesse der Betreuung ihres Kindes ohne Einhaltung von Kündigungsfristen aus dem Arbeitsverhältnis auszuscheiden (Roos/Bieresborn/*Evers-Vosgerau* § 10 Rn 1). Die Entsch, von diesem Recht Gebrauch zu machen, wird im Fall der Wiedereinstellung – ohne zwischenzeitlich bei einem anderen AG begründetes Arbeitsverhältnis (II 2) – durch den Erhalt von Rechten gesichert (II 1). 1

B. Sonderkündigungsrecht (I). Die Sonderkündigung bedarf der Schriftform (§ 623 1 Hs 1 BGB), aber keiner Begründung. Entgegen ihrem Zweck (vgl Rdn 1) hängt die Wirksamkeit dieser Kdg nicht davon ab, dass die AN sich nach Beendigung ihres Arbeitsverhältnisses tatsächlich um ihr Kind kümmert (*Willikonsky* § 10 Rn 2). Sie ist also, wie auch aus II 2 folgt, nicht gehindert, ein neues Arbeitsverhältnis einzugehen. 2

I verlangt nicht, dass die AN dem AG ihre Kündigungsabsicht eine gewisse Zeit vorher ankündigt. Die Kdg kann nur zum Ende der Schutzfrist des § 6 I ausgesprochen werden. Unschädlich ist es, dass bei ihrem Ausspruch während der Schwangerschaft der genaue Beendigungszeitpunkt noch nicht festliegt (*Willikonsky* § 10 Rn 3). Kommt es nicht zu einer Entbindung (vgl § 6 Rdn 3) und wird deshalb keine Schutzfrist nach § 6 I ausgelöst, hat die während der Schwangerschaft ausgesprochene Kdg keine Wirkung (*Willikonsky* § 10 Rn 3). 3

C. Erhalt von Rechten (II). Wird die AN, die nach I gekündigt hat, innerhalb eines Jahres nach der Entbindung (vgl § 6 Rdn 3) – ohne zwischendurch bei einem anderen AG beschäftigt gewesen zu sein (vgl II 2) – von ihrem früheren AG – durch Abschluss eines neuen Arbeitsvertrages (KR/*Gallner* § 10 MuSchG Rn 37; vgl auch BAG 24.9.2015, 6 AZR 511/14, JurionRS 2015, 31310) – wieder eingestellt, sichert II 1 ihr den Erhalt der dort genannten früheren erworbenen Rechtspositionen (näher Roos/Bieresborn/ *Evers-Vosgerau* § 10 Rn 11, 12; *Willikonsky* § 10 Rn 9). Das gilt auch für einen Aufhebungsvertrag, der während eines der in I genannten Zeiträume anstelle einer Kdg zum Ende der Schutzfrist des § 6 I vereinbart wird (vgl *Willikonsky* § 10 Rn 7). Entgegen dem Wortlaut des II 1 genügt für seine Anwendung auch die Wiedereinstellung in einem anderen Betrieb des AG (*Willikonsky* § 10 Rn 8). 4

§ 11 Arbeitsentgelt bei Beschäftigungsverboten

(1) ¹Den unter den Geltungsbereich des § 1 fallenden Frauen ist, soweit sie nicht Mutterschaftsgeld nach den Vorschriften der Reichsversicherungsordnung beziehen können, vom Arbeitgeber mindestens der Durchschnittsverdienst der letzten 13 Wochen oder der letzten drei Monate vor Beginn des Monats, in dem die Schwangerschaft eingetreten ist, weiter zu gewähren, wenn sie wegen eines Beschäftigungsverbots nach § 3 Abs. 1, §§ 4, 6 Abs. 2 oder 3 oder wegen des Mehr-, Nacht- oder Sonntagsarbeitsverbots nach § 8 Abs. 1, 3 oder 5 teilweise oder völlig mit der Arbeit aussetzen. ²Dies gilt auch, wenn wegen dieser Verbote die Beschäftigung oder die Entlohnungsart wechselt. ³Wird das Arbeitsverhältnis erst nach Eintritt der Schwangerschaft begonnen, so ist der Durchschnittsverdienst aus dem Arbeitsentgelt der ersten 13 Wochen oder drei Monate der Beschäftigung zu berechnen. ⁴Hat das Arbeitsverhältnis nach Satz 1 oder 3 kürzer gedauert, so ist der kürzere Zeitraum der Berechnung zugrunde zu legen. ⁵Zeiten, in denen kein Arbeitsentgelt erzielt wurde, bleiben außer Betracht.
(2) ¹Bei Verdiensterhöhungen nicht nur vorübergehender Natur, die während oder nach Ablauf des Berechnungszeitraums eintreten, ist von dem erhöhten Verdienst auszugehen. ²Verdienstkürzungen, die im Berechnungszeitraum infolge von Kurzarbeit, Arbeitsausfällen oder unverschuldeter Arbeitsversäumnis eintreten, bleiben für die Berechnung des Durchschnittsverdienstes außer Betracht. ³Zu berücksichtigen sind dauerhafte Verdienstkürzungen, die während oder nach Ablauf des Berechnungszeitraums eintreten und nicht auf einem mutterschutzrechtlichen Beschäftigungsverbot beruhen.
(3) Die Bundesregierung wird ermächtigt, durch Rechtsverordnung mit Zustimmung des Bundesrates Vorschriften über die Berechnung des Durchschnittsverdienstes im Sinne der Abs. 1 und 2 zu erlassen.

§ 11 MuSchG Arbeitsentgelt bei Beschäftigungsverboten

Übersicht	Rdn.		Rdn.
A. Einleitung	1	I. Berechnungszeitraum	7
B. Mutterschutzlohn	2	II. Gesamtverdienst	9
C. Anspruchsvoraussetzungen (I 1)	3	III. Durchschnittsverdienst	10
I. Anspruchsberechtigung	3	E. Verdienständerungen (II 1)	11
II. Beschäftigungsverbote	4	I. Erhöhungen	11
III. Ursächlichkeit	5	II. Kürzungen (II 2 und 3)	12
IV. Darlegungs- und Beweislast	6	F. Rechtsverordnung	13
D. Berechnung des Mutterschutzlohns (I)	7		

1 **A. Einleitung.** § 11 will der schwangeren AN ihren bisherigen Lebensstandard erhalten und den Anreiz beseitigen, entgegen einer ärztlichen Anordnung aus wirtschaftlichen Gründen die Arbeit fortzusetzen und dadurch sich oder ihr ungeborenes Kind zu gefährden. Die Vorschrift soll aber nur das Risiko des Verdienstausfalls wegen der in I 1 aufgezählten Beschäftigungsverbote sichern, nicht dagegen das Verdienstausfallrisiko während der Schwangerschaft aus anderen Gründen (BAG 5.7.1995, 5 AZR 1335/94, EzA § 11 MuSchG nF Nr 15; vgl auch LAG Köln 21.12.2011, 8 Sa 1328/10, LAGE § 11 MuSchG Nr 8; LAG Schl-Holst 19.3.2014, 3 Sa 388/13). Die durch I 1 entstehenden Belastungen des AG werden durch den gegen die zuständige Krankenkasse gem § 1 II Nr 2 AAG bestehenden Erstattungsanspruch ausgeglichen (näher § 1 AAG Rdn 10).

2 **B. Mutterschutzlohn.** I regelt einen bürgerlich-rechtlichen Anspruch aus dem Arbeitsverhältnis, der vom üblichen Arbeitsentgelt dadurch abweicht, dass ein nach dem Durchschnittsverdienst errechneter Lohnausfall ausgeglichen wird (BSG 17.4.1991, 1/3 RK 21/98, NZA 1991, 909, 911). Dieser als Mutterschutzlohn (seit BAG 28.6.1963, 1 AZR 353/62, AP Nr 2 zu § 10 MuSchG) bezeichnete Lohnersatz unterliegt voll der Lohnsteuer- und Sozialversicherungspflicht (Roos/Bieresborn/*Zimmermann* § 11 Rn 58).

3 **C. Anspruchsvoraussetzungen (I 1). I. Anspruchsberechtigung** Alle Frauen, die unter den Geltungsbereich des § 1 fallen (vgl hierzu § 1 Rdn 2–8), sind anspruchsberechtigt. Dazu gehören auch Frauen, die nach dem BFDG oder JFDG einen Freiwilligendienst leisten, da nach § 13 I BFDG bzw § 13 JFDG die »Arbeitsschutzbestimmungen« – zu diesen gehört das MuSchG (vgl früher BAG 12.2.1992, 7 ABR 42/91, EzA § 5 BetrVG 1972 Nr 53) – für diese Dienste entsprechend anzuwenden sind. Der **Anspruch auf Mutterschutzlohn** besteht nach dem an sich lediglich noch bis zum 29.10.2012 zutreffenden Wortlaut des I 1 (vgl § 13 I u auch § 14 I 1) **nur, soweit** die AN **nicht Anspruch auf Mutterschaftsgeld** nach § 200 II 1 RVO (seit 30.10.2012 gilt § 24i II 1 SGB V idF v Art 3 Nr 6 des G v 23.10.2012, BGBl I S 2246) iVm § 13 I bzw § 13 III hat (vgl näher *Willikonsky* § 11 Rn 3 und 4). Unerheblich für diese zeitliche Begrenzung (vgl LAG Rh-Pf 20.8.1969, 1 Sa 120/69, BB 1970, 176, 177) ist, ob die AN tatsächlich das Mutterschaftsgeld erhält (*Willikonsky* § 11 Rn 4). Der Anspruch auf Mutterschutzlohn scheidet auch dann aus, wenn die AN nach § 13 II 1 Anspruch auf Mutterschaftsgeld hat (*Willikonsky* § 11 Rn 4).

4 **II. Beschäftigungsverbote.** Anspruch auf Mutterschutzlohn besteht nach I 1 nur, wenn die AN wegen der Beschäftigungsverbote nach § 3 I, §§ 4, 6 II oder 3 oder wegen des Mehr-, Nacht- oder Sonntagsarbeitsverbots gem § 8 I, III oder V ganz oder teilw mit der Arbeit aussetzen muss. Dazu gehört gem I 2 auch der Fall, dass die AN wegen eines dieser Verbote die Beschäftigung oder die Entlohnungsart wechseln muss (vgl auch BAG 20.12.1972, 3 AZR 60/72, EzA § 11 MuSchG nF Nr 8).

5 **III. Ursächlichkeit.** Der Anspruch auf Mutterschutzlohn entsteht nach I 1 nur, wenn der Arbeitsausfall »**wegen**« eines wirksam ausgesprochenen **Beschäftigungsverbots** eingetreten ist, dh allein ein solches Verbot darf dazu führen, dass die schwangere AN mit der Arbeit ganz oder teilweise aussetzt. Das Beschäftigungsverbot muss die nicht wegzudenkende Ursache für das Nichtleisten der Arbeit und den damit verbundenen Verdienstausfall sein (BAG 9.10.2002 EzA § 11 MuSchG nF Nr 23; LAG Hamm 31.10.2006, 9 (1) Sa 1243/06, LAGE § 11 MuSchG Nr 6; BSG 9.9.1999, 11 AL 77/98 R, NZA-RR 2000, 44, 46; vgl auch BAG 17.10.2013, 8 AZR 742/12, EzA § 3 AGG Nr 8; LAG Rh-Pf 17.6.2013, 5 Sa 98/13, JurionRS 2013, 42220; BSG 30.11.2011, B 11 AL 7/11 R, NZS 2012, 475, 476; 22.2.2012, B 11 AL 26/10 R, JurionRS 2012, 13318; LSG HH 7.2.2013, L 1 KR 31/11, JurionRS 2013, 32200; krit *Gutzeit* NZA 2003, 81 ff). Daran fehlt es, wenn die AN aus persönlichen Gründen – zB wegen Erholungsurlaubs oder wegen fehlenden Willens, ihre Tätigkeit wieder aufzunehmen (ArbG Stendal 1.7.2009, 4 Ca 1558/08, LAGE § 11 MuSchG Nr 7) – oder aus betrieblichen Gründen, zB Kurzarbeit (BAG 7.4.1970, 2 AZR 201/69, EzA § 615 BGB Nr 13), mit der Arbeit aussetzt. An dem nach I 1 erforderlichen Ursachenzusammenhang mangelt es aber auch dann, wenn die AN verpflichtet war, eine ihr zugewiesene andere nicht verbotene

Tätigkeit aufzunehmen, und sie diese abgelehnt hat (BAG 15.11.2000, 5 AZR 365/99, EzA § 11 MuSchG nF Nr 20). Die Feststellung des Ursachenzusammenhangs ist insb dann schwierig, wenn ein ärztliches Beschäftigungsverbot nach § 3 I mit einer Erkrankung zusammentrifft und dann zu klären ist, ob die AN einen zeitlich unbegrenzten Anspruch nach I 1 oder einen auf 6 Wochen begrenzten Anspruch gem § 3 I 1 EFZG hat (hierzu § 3 Rdn 4 und § 3 EFZG Rdn 22). An der nach I 1 erforderlichen Kausalität fehlt es immer, wenn gegen die Verrichtung der von der AN zu erbringenden Tätigkeit keine Bedenken bestehen, der behandelnde Arzt jedoch in dem Weg oder der Fahrt von und zu der Arbeit eine Gefährdung der Gesundheit von Mutter oder Kind sieht (BAG 7.8.1970, 3 AZR 484/69, EzA § 11 MuSchG nF Nr 3; HessLAG 14.4.2008, 17 Sa 1855/07; vgl auch § 3 Rdn 1).

IV. Darlegungs- und Beweislast. Nach den allg Grds (vgl zB BAG 18.4.2012, 5 AZR 248/11, EzA § 611 BGB 2002 Nr 1; 17.4.2013, 10 AZR 185/12, EzA § 1 AEntG Nr 14) ist die AN als Anspruchstellerin darlegungs- und beweispflichtig für die anspruchsbegründenden Tatsachen. Sie genügt ihrer Darlegungslast zur Suspendierung der Arbeitspflicht und zur Begr eines Anspruchs aus I 1 zunächst durch Vorlage einer ärztlichen Bescheinigung (BAG 1.3.2001, 5 AZR 352/99, EzA § 3 MuSchG Nr 7; 17.10.2013, 8 AZR 742/12, EzA § 3 AGG Nr 8). Der AG kann jedoch deren »hohen Beweiswert« erschüttern (hierzu näher § 3 Rdn 6). Ist dies gelungen, muss die AN vollen Beweis für die Anspruchsvoraussetzungen nach I 1 erbringen (LAG Nds 20.1.2003, 5 Sa 833/02, NZA-RR 2003, 517, 519). 6

D. Berechnung des Mutterschutzlohns (I). I. Berechnungszeitraum. Bei Bestehen eines der in I 1 aufgezählten Beschäftigungsverbote hat der AG mind den Durchschnittsverdienst der letzten 13 Wochen oder der letzten 3 Monate vor Beginn des Monats, in dem die Schwangerschaft eingetreten ist, weiterzugewähren (sog Referenz- oder Bezugsmethode). Bei der Berechnung des Durchschnittsverdienstes ist von dem Gesamtverdienst der AN auszugehen, den sie in den genannten Zeiträumen durch ihre Arbeitsleistung erzielt hat, nicht der ihr in dieser Zeit zugeflossen ist (BAG 28.11.1984, 5 AZR 243/83, EzA § 11 MuSchG nF Nr 11). Der AG kann den Berechnungszeitraum wählen. Die Bestimmung des Beginns der Schwangerschaft erfolgt in der Weise, dass von dem nach § 5 II 1 Hs 2 bescheinigten voraussichtlichen Entbindungstermin 280 Tage zurückgerechnet werden (vgl schon § 9 Rdn 2). 7

I 3 und 4 nennen die Berechnungszeiträume in den Fällen, in denen das Arbeitsverhältnis erst nach Eintritt der Schwangerschaft begonnen (I 3) bzw kürzer als die in I 1 oder 3 genannten Zeiträume gedauert hat. Zugunsten der AN sind nach I 5 aus den jeweiligen Berechnungszeiträumen die Zeiten herauszunehmen, in denen sie kein Arbeitentgelt verdient hat. Hierdurch wird der in Betracht kommende Berechnungszeitraum weder verschoben noch verlängert (ErfK/*Schlachter* § 11 Rn 8; aA *Jorkowski* ZTR 2003, 275, 277). Es werden nur die zu berücksichtigenden Zeiteinheiten, durch die der maßgebliche Gesamtverdienst geteilt wird (hierzu Rdn 10), verringert. Hat die AN in dem Berechnungszeitraum nach I 1, 3 oder 4 ohne ihr Verschulden kein Arbeitsentgelt bezogen, ist von dem Durchschnittsverdienst auszugehen, den sie während der letzten 3 Monate oder 13 Wochen vor dem Zeitraum ohne Arbeitsentgelt hatte (BAG 15.1.1969, 3 AZR 305/68, EzA § 11 MuSchG nF Nr 1). 8

II. Gesamtverdienst. Für den als Berechnungsgrundlage des Durchschnittsverdienstes dienenden Gesamtverdienst ist der arbeitsrechtliche Entgeltbegriff maßgeblich, dh einzubeziehen sind alle Entgeltbestandteile, die im Bezugszeitraum gem § 611 I BGB als Gegenleistung für die Arbeit – ggf in einzelnen Monaten des Bezugszeitraums anteilig (vgl BAG 14.12.2011, 5 AZR 439/10, EzA § 14 MuSchG Nr 19 und § 4 EFZG Rdn 7) – verdient worden sind (vgl auch EuGH 1.7.2010, C-194/08, NZA 2010, 1113 ff; BAG 14.12.2011, 5 AZR 439/10, EzA § 14 MuSchG Nr 19 für Provision; LAG Schl-Holst 19.3.2014, 3 Sa 388/13, JurionRS 2010, 25877 für Fahrtkosten- u Kindergartenzuschuss). Wie in § 4 I 1 EFZG gehört hierzu nur das laufende Entgelt (§ 4 EFZG Rdn 7) und nicht die zufällig im Berechnungszeitraum fällig werdenden Einmalzahlungen (§ 4 EFZG Rdn 8). Da in I 1 derselbe Entgeltbegriff wie in § 4 I 1 EFZG gilt, kann auf die dortigen Ausführungen zu den zu berücksichtigen Entgeltarten (§ 4 EFZG Rdn 9–15), zu denen auch Sachbezüge (zB privat genutzter Firmen-PKW) gehören können (BAG 11.10.2000, 5 AZR 240/99, EzA § 14 MuSchG Nr 15; LAG Schl-Holst 19.3.2014, 3 Sa 388/13, JurionRS 2010, 25877), verwiesen werden. Zuschläge für nicht geleistete Sonntags-, Feiertags- und Nachtarbeit, die in dem nach § 11 I 1 gezahlten Mutterschutzlohn enthalten sind, sind nicht gem § 3b I 1 EStG steuerfrei (BFH 27.5.2009, VI B 69/08, BStBl II 2009, 730, 731 f; vgl auch § 4 EFZG Rdn 6). 9

III. Durchschnittsverdienst. Seine Berechnung erfolgt in der Weise, dass der von der AN im Berechnungszeitraum erzielte Gesamtverdienst (Rdn 9) durch die Zeiteinheiten (zB Monate, Wochen) geteilt wird, für die das Arbeitsentgelt gezahlt wurde (*Willikonsky* § 11 Rn 22). Sind Zeiten nach I 5 nicht zu berücksichtigen, ist der Devisor entspr zu verringern (vgl schon Rdn 8). 10

11 **E. Verdienständerungen (II 1). I. Erhöhungen.** Entgegen der in I 1 vorgesehenen Referenzmethode werden nach dem Vorbild des § 11 I 2 BUrlG gem II 1 Verdiensterhöhungen, die während oder nach Ablauf des Berechnungszeitraums eintreten und nicht nur vorübergehender Natur, dh wenigstens 3 Monate durchgezahlt worden sind (*Buchner/Becker* § 11 Rn 139; vgl auch Roos/Bieresborn/*Zimmermann* § 11 Rn 22), bei der Ermittlung des Durchschnittsverdienstes berücksichtigt. Eine Verdiensterhöhung, die während des Beschäftigungsverbots auf Dauer eintritt, ist demnach von diesem Zeitpunkt ab zu berücksichtigen (BAG 20.9.2000, 5 AZR 924/98, EzA § 11 MuSchG nF Nr 21).

12 **II. Kürzungen (II 2 und 3).** Wie in § 11 I 3 BUrlG bleiben Verdienstkürzungen, die aus den in II 2 genannten Gründen (zur unverschuldeten Arbeitsversäumnis LAG Hamm 31.10.2006, 9 (1) Sa 1243/06, LAGE § 11 MuSchG Nr 6) während des Berechnungszeitraums eintreten, bei der Ermittlung des Durchschnittsverdienstes unberücksichtigt (zu einem Teilzeitmodell vgl LAG Köln 21.12.2011, 8 Sa 1328/10, LAGE § 11 MuSchG Nr 8). Zu berücksichtigen sind dagegen gem II 3 dauerhafte Verdienstkürzungen, die während oder nach Ablauf des Berechnungszeitraums eintreten und nicht auf einem mutterschutzrechtlichen Beschäftigungsverbot beruhen (näher *Joussen* NZA 2002, 702, 704 f).

13 **F. Rechtsverordnung.** Von der in III vorgesehenen Möglichkeit des Erlasses einer RechtsVO über die Berechnung des Durchschnittsverdienstes iSv I und II hat die BReg bisher keinen Gebrauch gemacht.

§ 12

(weggefallen)

§ 13 Mutterschaftsgeld

(1) Frauen, die Mitglied einer gesetzlichen Krankenkasse sind, erhalten für die Zeit der Schutzfristen des § 3 Abs. 2 und des § 6 Abs. 1 sowie für den Entbindungstag Mutterschaftsgeld nach den Vorschriften des Fünften Buches Sozialgesetzbuch oder des Zweiten Gesetzes über die Krankenversicherung der Landwirte über das Mutterschaftsgeld.
(2) [1]Frauen, die nicht Mitglied einer gesetzlichen Krankenkasse sind, erhalten, wenn sie bei Beginn der Schutzfrist nach § 3 Abs. 2 in einem Arbeitsverhältnis stehen oder in Heimarbeit beschäftigt sind, für die Zeit der Schutzfristen des § 3 Abs. 2 und des § 6 Abs. 1 sowie für den Entbindungstag Mutterschaftsgeld zu Lasten des Bundes in entsprechender Anwendung der Vorschriften des Fünften Buches Sozialgesetzbuch über das Mutterschaftsgeld, höchstens jedoch insgesamt 210 Euro. [2]Das Mutterschaftsgeld wird diesen Frauen auf Antrag vom Bundesversicherungsamt gezahlt. [3]Die Sätze 1 und 2 gelten für Frauen entsprechend, deren Arbeitsverhältnis während ihrer Schwangerschaft oder der Schutzfrist des § 6 Abs. 1 nach Maßgabe von § 9 Abs. 3 aufgelöst worden ist.
(3) Frauen, die während der Schutzfristen des § 3 Abs. 2 oder des § 6 Abs. 1 von einem Beamten- in ein Arbeitsverhältnis wechseln, erhalten von diesem Zeitpunkt an Mutterschaftsgeld entsprechend den Abs. 1 und 2.

Übersicht	Rdn.		Rdn.
A. Einleitung	1	D. Wechsel von Beamten- in Arbeitsverhältnis (III)	5
B. Gesetzlich krankenversicherte Frauen (I)	2	E. Verhältnis zu anderen Leistungen	6
I. Anspruchsvoraussetzungen	2	F. Rechtsweg	7
II. Anspruchshöhe	3		
C. Nicht gesetzlich krankenversicherte Frauen (II)	4		

1 **A. Einleitung.** Zusammen mit dem Zuschuss des AG gem § 14 sichert das Mutterschaftsgeld den Lebensunterhalt der AN für die Zeit der Schutzfristen nach § 3 II und § 6 I, während derer die Arbeitsvergütung nach § 611 I BGB ausfällt (BAG 25.2.2004, 5 AZR 160/03, EzA § 14 MuSchG Nr 18 mwN; vgl auch BayLSG 13.2.2014, L 7 AS 755/13 NZB). Für die Zahlung von Mutterschaftsgeld kommt es darauf an, ob die AN gesetzlich krankenversichert ist (I) oder nicht (II).

2 **B. Gesetzlich krankenversicherte Frauen (I). I. Anspruchsvoraussetzungen.** Die Voraussetzungen für die Gewährung von Mutterschaftsgeld richten sich gem I, der nur **deklaratorische Bedeutung** hat (BSG 16.2.2005, B 1 KR 13/03 R, NZA-RR 2005, 542, 543), seit dem 30.10.2012 nach § 24i SGB V idF v Art 3 Nr 6 des G v 23.10.2012, BGBl I S. 2246 – seit 23.7.2015 idF v Art 1 Nr 5 des G v 16.7.2015, BGBl

I S 1211 – (bis 29.10.2012: § 200 RVO) bzw § 14 KVLG 1989 idF v Art 9 Nr 3 des vorgenannten Gesetzes v 23.10.2012 (bis 29.10.2012: § 29 KVLG). Danach hat jede Frau, die bei Arbeitsunfähigkeit Anspruch auf Krankengeld hat oder der kein Arbeitsentgelt wegen der Schutzfristen in § 3 II und § 6 I gezahlt wird, gem § 24i I 1 SGB V bzw § 24i I 1 SGB V iVm § 14 I KVLG 1989 Anspruch auf Mutterschaftsgeld. Weitere Anspruchsvoraussetzung ist nach § 24i II 1 bzw 5 SGB V (bis 29.10.2012: § 200 II 1 bzw 5 RVO) bzw. § 24i II 1 bzw 5 SGB V iVm § 14 I KVLG 1989 (bis 29.10.2012: § 29 II Nr 2 S 1 bzw S 5 KVLG – vgl hierzu *Willikonsky* § 13 Rn 9), dass das Arbeitsverhältnis – es gilt der arbeitsrechtliche Begriff (BSG 16.2.2005, B 1 KR 13/03 R, NZA-RR 2005, 542, 544; dazu § 1 Rdn 3) – oder die Beschäftigung in Heimarbeit mit der Schwangeren zu Beginn der Schutzfristen besteht oder währenddessen beginnt. Unschädlich ist eine Beendigung des Arbeitsverhältnisses nach § 9 III vor Beginn der Schutzfrist des § 3 II bzw während derjenigen des § 6 I (BAG 25.2.2004, 5 AZR 160/03, EzA § 14 MuSchG Nr 18). Der Anspruch nach I Alt 2 kann auch während der Schutzfristen entstehen, wenn das Arbeitsverhältnis bei Beginn der Schutzfrist des § 3 II unter Wegfall der Hauptleistungspflichten (§ 611 BGB) geruht hat und der Ruhenstatbestand dann entfällt (BAG 25.2.2004, 5 AZR 160/03, EzA § 14 MuSchG Nr 18). Trotz der Streichung der früher in § 200 I Hs 2 RVO aF bzw § 29 I Hs 2 KVLG aF geregelten Wartezeit durch Art 2 des G vom 22.12.1999 (BGBl I S 2626) stellte die hM (vgl nur HWK/*Hergenröder* § 13 Rn 3; ErfK/*Schlachter* § 13 Rn 2) bisher im Hinblick auf den Wortlaut des § 200 II 1 RVO (seit 30.10.2012: § 24i I SGB V) bzw § 29 II 1 KVLG (seit 30.10.2012: § 24i I SGB V iVm § 14 I KVLG 1989) darauf ab, dass die Frau bereits zu Beginn der Schutzfristen gesetzlich krankenversichert war.

Seit dem 1.1.2016 ist durch § 24i I 2 Nr 1 SGB V idF v Art 1 Nr 5 lit a des G v 16.7.2015 (BGBl I S 1211) klargestellt, dass auch die Frauen, die unmittelbar vor Beginn der Schutzfrist des § 3 II noch im Arbeitsverhältnis standen, Anspruch auf Mutterschaftsgeld haben, wenn sie am letzten Tag des Arbeitsverhältnisses Mitglied einer Krankenkasse waren. Zudem wird gem § 24i I 2 Nr. 2 SGB V nF der Anspruch auf Mutterschaftsgeld auch auf die Frauen erstreckt, die zu Beginn der Mutterschutzfrist nur deshalb keinen Anspruch auf Mutterschaftsgeld haben, weil ihr Anspruch auf Arbeitslosengeld nach § 157 SGB III wegen einer Urlaubsabgeltung oder nach § 159 SGB III wegen einer Sperrzeit ruht und deshalb eine Mitgliedschaft mit einem Krankengeldanspruch nicht begründet werden kann (vgl näher Eichenhofer/Werner/*Ihle* SGB V § 24i Rn 5 u 6; BT-Drucks 18/4095, S 73). 2.1

II. Anspruchshöhe. Für die Dauer der Mutterschutzfristen und den Entbindungstag berechnet sich das Mutterschaftsgeld gem I nach § 24i II 1 mit 3 und 4 SGB V (bis 29.10.2012: § 200 II 1 mit 3 und 4 RVO) bzw gem § 24i II 1 mit 3 und 4 SGB V iVm § 14 I KVLG 1989 (bis 29.10.2012: § 29 II 1 mit 3 und 4 KVLG), jeweils iVm § 13 I (zu Einzelheiten vgl *Willikonsky* § 13 Rn 13 ff). Nach § 24i II 2 SGB V (bis 29.10.2012: § 200 II 2 RVO) bzw § 24i II 2 SGB V iVm § 14 I KVLG 1989 (bis 29.10.2012: § 29 II 2 KVLG) hat die zuständige Krankenkasse höchstens 13,00 € kalendertäglich zu zahlen. Ist der Nettoverdienst höher, muss, wie § 24i II 6 SGB V (bis 29.10.2012: § 200 II 6 RVO) bzw § 24i II 6 SGB V iVm § 14 I KVLG 1989 (bis 29.10.2012: § 29 II 6 KVLG) klarstellt, die Differenz der AG nach § 14 I, im Fall eines Insolvenzereignisses iSv § 165 I 2 SGB III (bis 29.10.2012: § 165 I 1 SGB III aF) die zuständige Krankenkasse (hierzu § 14 Rdn 8) gem § 14 III mit II leisten (vgl ErfK/*Rolfs* § 44 SGB V Rn 14). Frauen, die zwar gesetzlich krankenversichert sind, jedoch weder in einem Arbeits- noch in einem Heimarbeitsverhältnis stehen, erhalten nach § 24i II 7 SGB V (bis 29.10.2012: § 200 II 7 RVO) bzw § 24i II 7 SGB V iVm § 14 I KVLG 1989 (bis 29.10.2012: § 29 III KVLG) Mutterschaftsgeld in Höhe des Krankengeldes, also nach § 47 SGB V. Hierzu gehören zB GmbH-Geschäftsführerinnen (vgl BSG 16.2.2005, B 1 KR 13/03 R, NZA-RR 2005, 542, 543 f). 3

C. Nicht gesetzlich krankenversicherte Frauen (II). Frauen, die zu Beginn der Schutzfristen (hierzu Rdn 1) weder pflichtversichert noch freiwillig gesetzlich krankenversichert sind (vgl hierzu *Willikonsky* § 13 Rn 28 ff), haben nach II 1, der eine **eigenständige Anspruchsgrundlage** darstellt (BSG 9.11.1977, 3 RK 63/76, AP Nr 2 zu § 13 MuSchG; vgl auch BSG 16.2.2005, B 1 KR 13/03 R, NZA-RR 2005, 542, 543), in entspr Anwendung von § 24i II SGB V (bis 29.10.2012: § 200 II RVO) Anspruch auf Mutterschaftsgeld. Der Höhe nach ist das Mutterschaftsgeld gem II 1 auf insgesamt 210,00 € begrenzt (zur Verfassungsmäßigkeit BVerfG 23.4.1974, 1 BvL 19/73, AP Nr 1 zu § 14 MuSchG 1968; 16.11.1984, 1 BvR 142/84, SozR 7830 § 13 Nr 6). Das Mutterschaftsgeld nach II 1 wird gem II 2 auf Antrag vom Bundesversicherungsamt gezahlt. II 1 und 2 gelten entspr für nicht gesetzlich versicherte Frauen, deren Arbeitsverhältnis nach § 9 III beendet worden ist (II 3). 4

D. Wechsel von Beamten- in Arbeitsverhältnis (III). Wechselt eine Beamtin auf Probe oder auf Zeit während der Schutzfristen nach § 3 II oder 6 I in ein Arbeitsverhältnis, hat sie ab Beginn des Arbeitsverhältnisses 5

§ 14 MuSchG   Zuschuss zum Mutterschaftsgeld

Anspruch auf Mutterschaftsgeld entspr I oder II je nachdem, ob sie Mitglied einer gesetzlichen Krankenkasse wird oder nicht (näher BSG 28.2.2008, B 1 KR 17/07 R, NZA-RR 2009, 30 ff).

6 E. **Verhältnis zu anderen Leistungen.** Zur Vermeidung von Doppelleistungen ruht nach § 24i IV 1 SGB V (bis 29.10.2012: § 200 IV 1 RVO) bzw § 24i IV 1 SGB V iVm § 14 I bzw II KVLG 1989 (bis 29.10.2012: § 29 V 1 KVLG iVm I bzw iVm II 1) der Anspruch auf Mutterschaftsgeld während des Bezugs von Arbeitsvergütung, wobei gem § 24i IV 2 SGB V (bis 29.10.2012: § 200 IV 2 RVO) bzw § 24i IV 2 SGB V iVm § 14 I bzw II KVLG (bis 29.10.2012: § 29 V 2 KVLG) einmalig gezahltes Entgelt ausgenommen ist (näher *Willikonsky* § 13 Rn 12). Nach § 3 I 1 Nr 1 BEEG idF v Art 10 Nr 2 des G v 23.10.2012 (BGBl I S 2246) wird das Mutterschaftsgeld nach I auf das Elterngeld § 2 BEEG angerechnet (vgl zu § 3 I 1 BEEG aF BSG 20.12.2012, B 10 EG 19/11 R, SozR 4-7837 § 3 Nr 1; näher *Willikonsky* § 3 BEEG Rn 2).

7 F. **Rechtsweg.** Bei Streitigkeiten über das von einer gesetzlich krankenversicherten Frau beanspruchte Mutterschaftsgeld (I) ist gem § 51 I Nr 2 SGG der Rechtsweg zu den Sozialgerichten gegeben (BSG 19.9.1971, 3 RK 30/71, AP Nr 1 zu § 13 MuSchG 1968). Im Hinblick auf die in II 1 angeordnete entspr Anwendung des SGB V (bis 29.10.2012: der RVO) und die daher herrührende Sachnähe ist dieser Rechtsweg auch für die nicht gesetzlich krankenversicherten Frauen begründet (BSG 15.11.1984, 3 RK 51/63).

§ 14 Zuschuss zum Mutterschaftsgeld

(1) ¹Frauen, die Anspruch auf Mutterschaftsgeld nach § 24i Abs. 1, 2 Satz 1 bis 4 und Abs. 3 des Fünften Buches Sozialgesetzbuch oder § 13 Abs. 2, 3 haben, erhalten während ihres bestehenden Arbeitsverhältnisses für die Zeit der Schutzfristen des § 3 Abs. 2 und § 6 Abs. 1 sowie für den Entbindungstag von ihrem Arbeitgeber einen Zuschuss in Höhe des Unterschiedsbetrages zwischen 13 Euro und dem um die gesetzlichen Abzüge verminderten durchschnittlichen kalendertäglichen Arbeitsentgelt. ²Das durchschnittliche kalendertägliche Arbeitsentgelt ist aus den letzten drei abgerechneten Kalendermonaten, bei wöchentlicher Abrechnung aus den letzten 13 abgerechneten Wochen vor Beginn der Schutzfrist nach § 3 Abs. 2 zu berechnen. ³Nicht nur vorübergehende Erhöhungen des Arbeitsentgeltes, die während der Schutzfristen des § 3 Abs. 2 und § 6 Abs. 1 wirksam werden, sind ab diesem Zeitpunkt in die Berechnung einzubeziehen. ⁴Einmalig gezahltes Arbeitsentgelt (§ 23a des Vierten Buches Sozialgesetzbuch) sowie Tage, an denen infolge von Kurzarbeit, Arbeitsausfällen oder unverschuldeter Arbeitsversäumnis kein oder ein vermindertes Arbeitsentgelt erzielt wurde, bleiben außer Betracht. ⁵Zu berücksichtigen sind dauerhafte Verdienstkürzungen, die während oder nach Ablauf des Berechnungszeitraums eintreten und nicht auf einem mutterschutzrechtlichen Beschäftigungsverbot beruhen. ⁶Ist danach eine Berechnung nicht möglich, so ist das durchschnittliche kalendertägliche Arbeitsentgelt einer gleichartig Beschäftigten zugrunde zu legen.
(2) Frauen, deren Arbeitsverhältnis während ihrer Schwangerschaft oder während der Schutzfrist des § 6 Abs. 1 nach Maßgabe von § 9 Abs. 3 aufgelöst worden ist, erhalten bis zum Ende dieser Schutzfrist den Zuschuss nach Absatz 1 von der für die Zahlung des Mutterschaftsgeldes zuständigen Stelle.
(3) Abs. 2 gilt für den Zuschuss des Bundes entsprechend, wenn der Arbeitgeber wegen eines Insolvenzereignisses im Sinne des § 165 Abs. 1 Satz 2 des Dritten Buches Sozialgesetzbuch seinen Zuschuss nach Abs. 1 nicht zahlen kann.
(4) ¹Der Zuschuss nach den Abs. 1 bis 3 entfällt für die Zeit, in der Frauen die Elternzeit nach dem Bundeselterngeld- und Elternzeitgesetz in Anspruch nehmen oder in Anspruch genommen hätten, wenn deren Arbeitsverhältnis nicht während ihrer Schwangerschaft oder während der Schutzfrist des § 6 Abs. 1 vom Arbeitgeber zulässig aufgelöst worden wäre. ²Dies gilt nicht, soweit sie eine zulässige Teilzeitarbeit leisten.

Übersicht

	Rdn.			Rdn.
A. Einleitung	1	II.	Tagesverdienst über 13,00 €	5
B. Rechtsnatur	2	III.	Berechnung	6
C. Anspruchsvoraussetzungen und -höhe (I)	4	D.	Anspruchsverpflichtete (II, III)	8
I. Anspruch auf Mutterschaftsgeld	4	E.	Bezugsdauer (IV)	9

1 A. **Einleitung.** Durch die Kombination von Mutterschaftsgeld (§ 13) und den in § 14 geregelten Zuschuss wird die (werdende) Mutter während der Beschäftigungsverbote nach §§ 3 II, 6 I finanziell so abgesichert, dass für sie kein Anreiz besteht, unter Inkaufnahme von gesundheitlichen Gefährdungen zum Zwecke der Existenzsicherung zu arbeiten (BVerfG 28.3.2006, 1 BvL 10/01, AP Nr 20 zu § 3 MuSchG 1968; BAG

22.8.2012, 5 AZR 652/11, EzA § 14 MuSchG Nr 20; vgl auch LAG Schl-Holst 19.3.2014, 3 Sa 388/13, JurionRS 2014, 16695). Der vom BVerfG am 18.11.2003 (1 BvR 302/96, EzA § 14 MuSchG Nr 17; hierzu *Buchner* NZA 2004, 1121 ff) festgestellte Verstoß des I 1 gegen Art 12 I GG ist durch die zum 1.1.2006 in Kraft getretene Regelung in § 1 II Nr 1 AAG beseitigt worden (näher § 1 AAG Rdn 4). Unter § 14 fallen auch Frauen, die nach dem BFDG oder JFDG einen Freiwilligendienst leisten (näher § 11 Rdn 3).

B. Rechtsnatur. Der Zuschuss zum Mutterschaftsgeld ist ein gesetzlich begründeter Anspruch auf teilw Fortzahlung des Arbeitsentgelts (BAG 22.8.2012, 5 AZR 652/11, EzA § 11 MuSchG Nr 20 mwN). Er unterliegt den arbeitsrechtlichen Bestimmungen über das Entgelt (LAG München 7.7.2010, 10 Sa 1165/09, JurionRS 2010, 25877). Daraus folgt, dass kein Anspruch nach I 1 besteht, wenn die schwangere AN ohne die Schwangerschaft im Bezugszeitraum aus in ihrer Person liegenden Gründen ihre Arbeitsleistung nicht bzw nicht in vollem Umfang hätte erbringen können und deshalb der Entgeltanspruch nach § 611 I BGB – ohne Eingreifen eines EFZ-Tatbestandes – entfallen wäre (BAG 22.8.2012, 5 AZR 652/11, EzA § 11 MuSchG Nr 20). So hat die AN, die während der Schutzfristen nach §§ 3 II, 6 I arbeitsunfähig ist, wegen Fehlens eines Anspruchs gem § 3 I 1 EFZG (vgl § 3 EFZG Rdn 28) Anspruch auf Zuschuss zum Mutterschaftsgeld (BAG 12.3.1997, 5 AZR 226/96, EzA § 14 MuSchG Nr 14; LAG München 7.7.2010, 10 Sa 1165/09, JurionRS 2010, 25877). Das gilt im Hinblick auf § 49 I Nr 3a SGB V sogar bei einer zu Beginn einer der Schutzfristen länger als 6 Wochen bestehenden Arbeitsunfähigkeit (BAG 12.3.1997, 5 AZR 226/96, EzA § 14 MuSchG Nr 14).

Die Vergütungspflicht des AG wird während der Beschäftigungsverbote nach §§ 3 II, 6 I trotz fehlender Arbeitsleistung nicht in vollem Umfang aufgehoben, sondern besteht nach Maßgabe des I fort (BAG 29.1.2003, 5 AZR 701/01, EzA § 14 MuSchG Nr 16). Daraus folgt, dass sich die Zeiten dieser Beschäftigungsverbote nicht anspruchsmindernd auf eine rein arbeitsleistungsbezogene Sondervergütung (vgl hierzu § 611 BGB Rdn 158, 159) auswirken dürfen (vgl zu einer betrieblichen Zusatzversorgung BVerfG 28.4.2011, 1 BvR 1409/10, EzA Art 3 GG Nr 111). Für Sondervergütungen mit Mischcharakter (vgl hierzu § 611 BGB Rdn 158, 159) ist die Anspruchsminderung im Hinblick auf die Regelung in §§ 2 I Nr 2, 3 I 2 AGG ausgeschlossen (vgl früher BAG 4.12.2002, 10 AZR 138/02, EzA § 611 BGB 2002 Gratifikation, Prämie Nr 3; 15.4.2003, 9 AZR 137/02, EzA Art 141 EG-Vertrag 1999 Nr 14, jeweils im Anschluss an EuGH 21.10.1999, Rs C-333/97, EzA Art 119 EWG-Vertrag Nr 57). Aus dem gleichen Grund dürfen die Mutterschutzfristen der §§ 3 II, 6 I nicht in die Bemessungsgrundlage eines ergebnisbezogenen Arbeitsentgelts eingerechnet werden (vgl früher zu § 612a III 2 BGB BAG 2.8.2006, 10 AZR 425/05, EzA § 612 BGB 2002 Nr 8).

C. Anspruchsvoraussetzungen und -höhe (I). I. Anspruch auf Mutterschaftsgeld. Wichtigste Voraussetzung ist das Bestehen eines Anspruchs nach § 24i I, II 1-4, III SGB V idF v Art 3 Nr 6 des G v 23.10.2012, BGBl I S 2246 – seit 23.7.2015 idF v Art 1 Nr 5 des G v 16.7.2015, BGBl I S 1211 – (bis 29.10.2012: § 200 I, II 1-4, III RVO) bzw § 14 KVLG oder § 13 II, III. Hat das Arbeitsverhältnis zu Beginn der Schutzfrist des § 3 II geruht (hierzu näher § 3 EFZG Rdn 27), entsteht der Anspruch nach I 1, sobald die Hauptpflichten nach § 611 I BGB wieder aufleben und nur noch durch §§ 3 II, 6 I suspendiert sind (BAG 25.2.2004, 5 AZR 160/03, EzA § 14 MuSchG Nr 18; 22.8.2012, 5 AZR 652/11, EzA § 14 MuSchG Nr 20). Keinen Anspruch hat, da in I 1 nicht auf § 24i I 7 SGB V (bis 29.10.2012: § 200 I 7 RVO bzw § 29 III KVLG) verwiesen wird, der dort genannte Personenkreis (vgl auch § 13 Rdn 3). Für den Anspruch auf Zuschuss zum Mutterschaftsgeld ist nicht die tatsächliche Zahlung von Mutterschaftsgeld durch die Krankenkasse maßgebend (BAG 25.2.2004, 5 AZR 160/03, EzA § 14 MuSchG Nr 18; 22.8.2012, 5 AZR 652/11, EzA § 14 MuSchG Nr 20).

II. Tagesverdienst über 13,00 €. Weitere Voraussetzung für die Zuschusszahlung nach I 1 ist ein durchschnittlicher kalendertäglicher Verdienst über 13,00 €. Der aus mehreren Arbeitsverhältnissen erzielte Verdienst wird zusammengerechnet mit der Folge, dass, sofern die Gesamtsumme 13,00 € pro Kalendertag übersteigt, die AN von dem AG einen anteiligen Zuschuss fordern kann (*Willikonsky* § 14 Rn 9).

III. Berechnung. Der Zuschuss zum Mutterschaftsgeld ist gem I 1 die Differenz zwischen dem kalendertäglichen Nettodurchschnittsverdienst und 13,00 €. Zur Ermittlung des kalendertäglichen »Durchschnittsverdienst« ist nach I 1 zunächst das durchschnittliche Bruttoarbeitsentgelt – hierzu gehören nicht die Beitragszuschüsse gem § 257 II SGB V und § 81 II SGB VI (BAG 31.8.2005, 5 AZR 6/05, EzA § 4 TVG Bauindustrie Nr 122; LAG BW 24.11.2011, 21 Sa 82/11) – aus einem der in I 2 genannten Bezugszeiträume zu errechnen (vgl hierzu BAG 14.12.2011, 5 AZR 439/10, EzA § 14 MuSchG Nr 19; LAG Brem 9.12.2004, 3 Sa 91/04, LAGE § 14 MuSchG Nr 12). Diese müssen der Schutzfrist nach § 3 II bzw § 6 I nicht unmittelbar vorausgegangen sein (BAG 22.8.2012, 5 AZR 652/11, EzA § 14 MuSchG Nr 20). Dabei hat der Begriff »durchschnittliches Arbeitsentgelt« in I 1 den gleichen Inhalt wie der Begriff »Durchschnittsverdienst« in § 11 I 1 (BAG 14.12.2011, 5 AZR 439/10, EzA § 14 MuSchG Nr 19; LAG Schl-Holst 19.3.2014, 3 Sa 388/13, JurionRS 2014, 16695). Deshalb kann für die Frage, welche Entgeltbestandteile bei der Ermittlung des gesamten in dem Berechnungszeitraum verdienten Arbeitsentgelts, das der Durchschnittsberechnung dienen soll, zu berücksichtigen sind, auf die Ausführungen zu § 11 I 1 verwiesen werden (§ 11 Rdn 9). Wird rückwirkend für einen der in I 2 genannten Berechnungszeiträume das Arbeitsentgelt erhöht, ist auch der Zuschuss nachträglich zu erhöhen (BAG 6.4.1994, 5 AZR 501/93, EzA § 14 MuSchG Nr 11). Während der Schutzfristen nach §§ 3 II, 6 I wirksam werdende allg Entgelterhöhungen sind gem I 3 bei der Berechnung des Zuschusses von ihrem jeweiligen Wirksamkeitszeitpunkt an zu berücksichtigen (vgl auch EuGH 30.3.2004, Rs C-147/02, EzA Art 141 EG-Vertrag 1999 Nr 15; BAG 31.7.1996, 5 AZR 9/95, EzA § 14 MuSchG Nr 13). Bei der Berechnung der Höhe des Zuschusses sind gem I 5 dauerhafte Verdienstkürzungen während oder nach Ablauf des Bezugzeitraums (I 2) zu berücksichtigen, wenn sie nicht auf einem mutterschutzrechtlichen Beschäftigungsverbot beruhen (näher *Willikonsky* § 14 Rn 18).

7 Von dem so ermittelten Gesamtentgelt sind etwaig einmal gezahltes Arbeitsentgelt (§ 23a SGB IV) nach I 4 sowie die gesetzlichen Abzüge, wie Lohn- und Kirchensteuer, Solidarbeitrag und AN-Anteile zur Sozialversicherung, gem I 1 abzusetzen. Das so errechnete Nettoentgelt ist zur Ermittlung des durchschnittlichen kalendertäglichen Nettoentgelts entweder gem § 191 BGB durch 90 (Berechnungszeitraum 3 Monate) oder durch 91 (Berechnungszeitraum 13 Wochen) zu dividieren (vgl auch BAG 22.8.2012, 5 AZR 652/11, EzA § 14 MuSchG Nr 20). Ggf ist der Devisor um die Tage zu verringern, die nach I 4 außer Betracht bleiben. Hat die AN im Berechnungszeitraum ohne ihr Verschulden kein Arbeitsentgelt bezogen, ist dieser Zeitraum entspr zurückzuverlegen (§ 11 Rdn 8 aE). Ist eine Durchschnittsberechnung gar nicht möglich, gilt I 6. Sind Sachbezüge im Berechnungszeitraum Teil des Arbeitsentgelts, sind sie weiterzugewähren (BAG 11.10.2000, 5 AZR 240/99, EzA § 14 MuSchG Nr 15; vgl auch LAG Schl-Holst 19.3.2014, 3 Sa 388/13). Ein Steuerklassenwechsel, nur um die Abzüge zu verringern, ist rechtsmissbräuchlich (BAG 18.9.1991 EzA § 14 MuSchG Nr 10; vgl auch 13.6.2006, 9 AZR 423/05, EzA § 4 TVG Altersteilzeit Nr 20; diff *Croissant* NZA 2013, 713 ff).

8 **D. Anspruchsverpflichtete (II, III).** Solange das Arbeitsverhältnis besteht, ist Schuldner des Zuschussanspruchs der AG, bei Heimarbeitsverhältnissen nach § 24 Nr 2 der Auftraggeber oder Zwischenmeister. Nach Auflösung des Arbeitsverhältnisses gem § 9 III richtet sich der Anspruch nach I 1 im Anwendungsbereich des § 24i II 1 SGB V (bis 29.10.2012: § 200 II 1 RVO, § 29 II 1 KVLG) iVm § 13 I gegen die jeweilige Krankenkasse und in dem des § 13 II 1, 3 gegen das Bundesversicherungsamt (§ 13 I 2, 3). Entspr gilt gem II iVm III, wenn der AG wegen eines Insolvenzereignisses iSd § 165 I 2 SGB III (bis 29.10.2012: § 165 I 1 SGB III aF) seinen Zuschuss zum Mutterschaftsgeld nicht zahlen kann (näher Roos/Bieresborn/*Roos* § 14 Rn 16).

9 **E. Bezugsdauer (IV).** Der Zuschuss wird für die Zeit der Schutzfristen nach §§ 3 II, 6 I gewährt. Er entfällt gem IV 1, wenn und solange (vgl BAG 22.8.2012, 5 AZR 652/11, EzA § 14 MuSchG Nr 20) Frauen während der Mutterschutzfristen Elternzeit in Anspruch nehmen (zur vorzeitigen Beendigung der Elternzeit in diesem Zusammenhang vgl § 16 III 3 BEEG idF v Art 1 Nr 12 des G v 10.9.2012 (BGBl I S 1878) u EuGH 13.2.2014, C-512/11 u C-513/11, EzA EG-Vertrag 1999 Richtlinie 96/34 Nr 3). Das gilt nach IV 2 nicht, wenn sie zulässigerweise (vgl § 15 VII BEEG) Teilzeit leisten (vgl auch BAG 29.1.2003, 5 AZR 701/01, EzA § 14 MuSchG Nr 16). Vor Ablauf der Schutzfristen erlischt der Anspruch mit der Beendigung des Arbeitsverhältnisses. Ausnahme: Das Arbeitsverhältnis wird nach § 9 III aufgelöst (II).

§ 15 Sonstige Leistungen bei Schwangerschaft und Mutterschaft

Frauen, die in der gesetzlichen Krankenversicherung versichert sind, erhalten auch die folgenden Leistungen bei Schwangerschaft und Mutterschaft nach den Vorschriften des Fünften Buches Sozialgesetzbuch oder des Zweiten Gesetzes über die Krankenversicherung der Landwirte:
1. ärztliche Betreuung und Hebammenhilfe,
2. Versorgung mit Arznei-, Verband- und Heilmitteln,
3. stationäre Entbindung,
4. häusliche Pflege,
5. Haushaltshilfe.

1 Die Vorschrift entspricht inhaltlich § 24c Nr 1-5 SGB V idF v Art 3 Nr 6 des G v 23.10.2012 (BGBl I S 2246 (bis 29.10.2012: § 195 I Nr 1–5 RVO bzw § 22 Nr 1-5 KVLG). Sie nennt die Leistungen, die den

in der gesetzlichen Krankenversicherung versicherten Frauen (§§ 5 ff SGB V) während ihrer Schwangerschaft und Mutterschaft nach Maßgabe der §§ 24d-24h SGB V (bis 29.10.2012: §§ 196–199 RVO bzw §§ 23–28 KVLG) bzw §§ 8 I, 9–11 KVLG zustehen. Insoweit hat § 15 nur deklaratorische Bedeutung. Die Norm soll, da die Aushangspflicht gem § 18 I nur das MuSchG betrifft, den gesetzlich versicherten Frauen einen Überblick über die ihnen eingeräumten Leistungen geben (Roos/Bieresborn/*Bieresborn* § 15 Rn 1; *Willikonsky* § 15 Rn 1).

§ 16 Freistellung für Untersuchungen

¹Der Arbeitgeber hat die Frau für die Zeit freizustellen, die zur Durchführung der Untersuchungen im Rahmen der Leistungen der gesetzlichen Krankenversicherung bei Schwangerschaft und Mutterschaft erforderlich ist. ²Entsprechendes gilt zugunsten der Frau, die nicht in der gesetzlichen Krankenversicherung versichert ist. ³Ein Entgeltausfall darf hierdurch nicht eintreten.

Übersicht	Rdn.		Rdn.
A. Einleitung	1	C. Verstöße	3
B. Freistellungsanspruch (S 1 und 2)	2		

A. Einleitung. Der in dieser Norm geregelte Freistellungsanspruch soll es der in der gesetzlichen Krankenversicherung versicherten AN (S 1) – aber auch der dort nicht versicherten AN (S 2) – ermöglichen, die ihr nach §§ 24c Nr 1, 24d SGB V idF v Art 3 Nr 6 des G v 23.10.2012, BGBl I S 2246 – seit 25.7.2015 § 24d SGB V idF v Art 1 Nr 12 des G v 17.7.2015, BGBl I S 1368 – (bis 29.10.2012: §§ 195 I Nr 1, 196 I RVO) während der Schwangerschaft und Mutterschaft zustehende ärztliche Betreuung einschl der Untersuchungen zur Feststellung der Schwangerschaft und zur Schwangerenvorsorge wahrzunehmen (vgl *Willikonsky* § 16 Rn 1). Dies soll zudem ohne finanziellen Nachteil geschehen (S 3). Mit der Regelung in § 16 wird Art 9 der RL 92/85 EWG (ABlEG 1992 Nr L 348/1 ff) Rechnung getragen (näher *Willikonsky* § 16 Rn 2). 1

B. Freistellungsanspruch (S 1 und 2). Die in S 1 und 2 genannten AN können die Freistellung von der Arbeit nur für die in § 24d SGB V (bis 29.10.2012: § 196 I RVO) aufgezählten ärztlichen Leistungen verlangen. Der Freistellungsanspruch umfasst auch die Zeit für den Hin- und Rückweg (*Willikonsky* § 16 Rn 6). Der Anspruch ist ggü dem AG bzw seinen Repräsentanten (hierzu § 9 Rdn 10) geltend zu machen. In Heimarbeit beschäftigte Frauen (§ 1 I HAG) und ihnen Gleichgestellte (§ 1 II HAG) richten ihren Anspruch an den Auftraggeber oder Zwischenmeister (§ 24 Nr 2). Der Freistellungsanspruch ist in Absprache mit dem AG zu realisieren, wobei die AN bei der Vereinbarung eines Arzttermins so weit wie möglich auf die betrieblichen Interessen Rücksicht zu nehmen hat (BAG 25.4.1960, 1 AZR 16/58, AP Nr 23 zu § 616 BGB; ErfK/*Schlachter* § 16 Rn 2; vgl auch Roos/Bieresborn/*Bieresborn* § 16 Rn 8). Ggf muss die AN auf Wunsch des AG die Wahrnehmung dieses Termins durch eine Bescheinigung des Arztes bzw der Hebamme nachweisen (*Willikonsky* § 16 Rn 13). 2

C. Verstöße. Verweigert der AG unberechtigt die Freistellung nach S 1 bzw S 2, hat die AN zur Durchsetzung ihres Freistellungsanspruchs ein Zurückbehaltungsrecht nach § 273 I BGB. Zugleich begeht der AG eine Ordnungswidrigkeit (§ 21 I Nr 7). Der Entgeltanspruch gem S 3 ist im Wege der Leistungsklage vor den Arbeitsgerichten zu verfolgen. 3

§ 17 Erholungsurlaub

¹Für den Anspruch auf bezahlten Erholungsurlaub und dessen Dauer gelten die Ausfallzeiten wegen mutterschutzrechtlicher Beschäftigungsverbote als Beschäftigungszeiten. ²Hat die Frau ihren Urlaub vor Beginn der Beschäftigungsverbote nicht oder nicht vollständig erhalten, so kann sie nach Ablauf der Fristen den Resturlaub im laufenden oder im nächsten Urlaubsjahr beanspruchen.

Übersicht	Rdn.		Rdn.
A. Urlaubsanspruch	1	B. Urlaubsübertragung	2

A. Urlaubsanspruch. S 1 bestimmt, dass mutterschutzrechtliche Beschäftigungsverbote, zu denen nicht nur die nach § 3 II und § 6 I zählen (näher BAG 15.12.2015, 9 AZR 52/15, EzA § 7 BUrlG Nr. 137; *Willikonsky* § 17 Rn 4), keinen Einfluss auf die Entstehung und die Dauer des bezahlten Erholungsurlaubs haben (vgl auch BAG 15.12.2015, 9 AZR 52/15, EzA § 7 BUrlG Nr 137; LAG Hamm 27.6.2013, 16 Sa 51/13, 1

JurionRS 2013, 44592). Dies entspricht jedenfalls bezogen auf den gesetzlichen Mindesterholungsurlaub (§§ 1, 3 I BUrlG) der Regelung in Art 11 Nr 2a RL 92/85 (vgl auch EuGH 18.3.2004, Rs C-342/01, AP Nr 10 zu EWG-RL 93/104), dürfte aber nach Sinn und Zweck dieser RL auch für weiter gehende einzel- oder tarifvertragliche Urlaubsansprüche gelten (LAG Rh-Pf 29.1.2009, 11 Sa 547/08, JurionRS 2009, 15441; ErfK/*Schlachter* § 17 Rn 1; einschr *Friese* NZA 2003, 597, 598). S 1 hat im Hinblick auf die st Rspr des BAG, wonach der Anspruch auf bezahlten Erholungsurlaub nach dem BUrlG und SeeArbG (bis 31.7.2013: SeemG) keine tatsächliche Arbeitsleistung voraussetzt (näher § 1 BUrlG Rdn 2), nur klarstellende Bedeutung (BAG 15.12.2015, 9 AZR 52/15, EzA § 7 BUrlG Nr 137; *Willikonsky* § 17 Rn 2; Roos/Bieresborn/*Zimmermann* § 17 Rn 2; vgl auch BT-Drs 14/8525 S 9).

2 **B. Urlaubsübertragung.** S 2 verhindert, dass die Urlaubstage, die die AN vor Beginn der mutterschutzrechtlichen Beschäftigungsverbote **wegen** des Ablaufs des Kalenderjahres (§ 7 III 1 BUrlG) bzw des Übertragungszeitraums (§ 7 III 2 BUrlG) nicht mehr nehmen konnte, untergehen. Das Beschäftigungsverbot muss alleinige Ursache für die unterbliebene Inanspruchnahme des Urlaubs gewesen sein (vgl *Willikonsky* § 17 Rn 5). Der so verbliebene Resturlaubsanspruch kann in dem Jahr, in dem das Beschäftigungsverbot endet, oder – anders als nach § 7 III 3 BUrlG – im gesamten darauf folgenden Jahr (vgl BAG 15.12.2015, 9 AZR 52/15, EzA § 7 BUrlG Nr 137) genommen werden. Wird er in diesem Zeitraum nicht genommen, verfällt er nach Maßgabe des § 7 III BUrlG (vgl BAG 15.12.2015, 9 AZR 52/15, EzA § 7 BUrlG Nr 137, zu A I 2 c), wobei aber die inzwischen auch sonst im Urlaubsrecht geltenden Ausnahmetatbestände (vgl hierzu § 7 BUrlG Rdn 36–40) zu beachten sind (vgl auch HWK/*Hergenröder* § 17 Rn 2). Beansprucht die AN im Anschluss an das Beschäftigungsverbot Elternzeit, ist für die weitere Übertragbarkeit des Resturlaubs allein § 17 II BEEG maßgeblich (BAG 15.12.2015, 9 AZR 52/15, EzA § 7 BUrlG Nr. 137 mwN). Das gilt auch dann, wenn dieser bereits nach S 2 »übertragen« worden ist (BAG 15.12.2015, 9 AZR 52/15, EzA § 7 BUrlG Nr 137).

§ 18 Auslage des Gesetzes
(1) In Betrieben und Verwaltungen, in denen regelmäßig mehr als drei Frauen beschäftigt werden, ist ein Abdruck dieses Gesetzes an geeigneter Stelle zur Einsicht auszulegen oder auszuhängen.
(2) Wer Heimarbeit ausgibt oder abnimmt, hat in den Räumen der Ausgabe und Abnahme einen Abdruck dieses Gesetzes an geeigneter Stelle zur Einsicht auszulegen oder auszuhängen.

Übersicht	Rdn.		Rdn.
A. Einleitung	1	II. Auslage	3
B. Arbeitsverhältnis (I)	2	C. Heimarbeit (II)	4
I. Betriebsgröße	2	D. Verstöße	5

1 **A. Einleitung.** Die dem AG obliegende Auslageverpflichtung soll der Information der AN über ihre aus dem MuSchG folgenden Rechte und Pflichten dienen (*Willikonsky* § 18 Rn 1). Um diesen Zweck zu erreichen, müssen auch die Frauen informiert werden, die die Arbeit per Post/EDV zu Hause zugewiesen bekommen (ErfK/*Schlachter* § 18 Rn 1).

2 **B. Arbeitsverhältnis (I). I. Betriebsgröße.** Die Auslageverpflichtung nach I gilt für Betriebe und Verwaltungen, in denen regelmäßig mehr als 3 Frauen tätig sind. Der **Betriebsbegriff** in I entspricht dem allg (hierzu § 611 BGB Rdn 26). Er umfasst alle Arten in der freien Wirtschaft, der Land- und Forstwirtschaft, Schifffahrt, Nebenbetriebe und Betriebsteile (*Willikonsky* § 18 Rn 2). **Verwaltungen** sind die Dienststellen der öffentl Hand, dh der staatlichen und kommunalen Behörden sowie die Verwaltungsstellen öffentl-rechtlicher Körperschaften (*Willikonsky* § 18 Rn 3). Bei der Feststellung der regelmäßig mehr als 3 beschäftigten Frauen kommt es auf die Zahl der normalerweise beschäftigten Frauen an, wobei kurzfristige – zB saisonbedingte – Schwankungen keine Rolle spielen (*Willikonsky* § 18 Rn 5; vgl auch § 23 KSchG Rdn 20). Anders als in § 23 I 2 und 3 KSchG sind Auszubildende vom Schwellenwert nicht ausgenommen. Im Unterschied zu § 23 I 4 KSchG kommt es für die Feststellung der Personenzahl nicht auf das Arbeitszeitvolumen an.

3 **II. Auslage.** »Geeignet« zur Auslage oder Aushängung eines Abdrucks des MuSchG im Betrieb oder in der Verwaltung ist eine Stelle, an der die AN von seinem Inhalt Kenntnis nehmen kann, ohne danach fragen zu müssen. Das ist jede Stelle, an der sich die AN während der Arbeitszeit oder der Pausen informieren können (*Willikonsky* § 18 Rn 6). Das G muss vollständig und in einem gut lesbaren Zustand ausgelegt oder ausgehängt sein. Werden mehr als 3 ausländische Frauen beschäftigt, ist auch ein Gesetzestext in der

Muttersprache dieser AN zur Verfügung zu stellen (vgl *Willikonsky* § 18 Rn 10; krit Roos/Bieresborn/*Bieresborn* § 18 Rn 15).

C. Heimarbeit (II). Im Bereich der Heimarbeit ist nach § 18 II die Auslagepflicht – unabhängig von der Zahl der beschäftigten Frauen – in den Räumen desjenigen zu erfüllen, der die Heimarbeit ausgibt oder abnimmt. Das ist der Auftraggeber bzw Zwischenmeister (*Willikonsky* § 18 Rn 11). Auch wenn Ausgabe und Abnahme in unterschiedlichen Räumen erfolgen, dürfte die Auslage bzw Aushängung **eines** Gesetzesabdrucks ausreichen (ErfK/*Schlachter* § 18 Rn 2; *Meisel/Sowka* § 18 Rn 8; aA *Willikonsky* § 18 Rn 11). 4

D. Verstöße. Wird die Auslagepflicht nicht erfüllt, liegt eine Ordnungswidrigkeit nach § 21 I Nr 8 vor. Ein Schadensersatzanspruch der AN gem § 823 II BGB scheidet aus, da § 18 kein Schutzgesetz iSd Vorschrift ist (ErfK/*Schlachter* § 18 Rn 4). Allerdings wird die Auslagepflicht zT als Konkretisierung der vertraglichen Fürsorgepflicht des AG (vgl § 241 II BGB) angesehen mit der Folge, dass bei einem Verstoß eine Schadensersatzpflicht nach § 280 I 1 BGB, zB wegen Versäumung der 2-Wochen-Frist des § 9 I 1, entstehen kann (vgl Roos/Bieresborn/*Bieresborn* § 18 Rn 21; ErfK/*Schlachter* § 18 Rn 4). 5

§ 19 Auskunft

(1) Der Arbeitgeber ist verpflichtet, der Aufsichtsbehörde auf Verlangen
1. die zur Erfüllung der Aufgaben dieser Behörde erforderlichen Angaben wahrheitsgemäß und vollständig zu machen,
2. die Unterlagen, aus denen Namen, Beschäftigungsart und -zeiten der werdenden und stillenden Mütter sowie Lohn- und Gehaltszahlungen ersichtlich sind, und alle sonstigen Unterlagen, die sich auf die zu Nummer 1 zu machenden Angaben beziehen, zur Einsicht vorzulegen oder einzusenden.

(2) Die Unterlagen sind mindestens bis zum Ablauf von zwei Jahren nach der letzten Eintragung aufzubewahren.

Übersicht	Rdn.		Rdn.
A. Einleitung	1	C. Vorlage von Unterlagen (I Nr 2)	3
B. Auskunft (I Nr 1)	2	D. Aufbewahrungspflicht (II)	4

A. Einleitung. Die in § 19 I geregelte Auskunfts- und Vorlage- bzw Einsendepflicht des AG ggü der Aufsichtsbehörde soll dieser die Durchführung der ihr nach § 20 I obliegenden Aufsicht ermöglichen. Allerdings sind diese Pflichten vom AG nur auf Verlangen der Aufsichtsbehörde zu erfüllen. Die Beteiligungsrechte des BR bzw des PersR am Arbeitsschutz wird durch § 19 nicht tangiert (*Willikonsky* § 19 Rn 1). 1

B. Auskunft (I Nr 1). Die von der Aufsichtsbehörde erwünschten Auskünfte betreffen den Umgang des AG mit den ihm nach dem MuSchG obliegenden Schutzpflichten. Deshalb erstrecken sie sich auch auf Angaben, die zur Überwachung von Rechtsverordnungen nach dem MuSchG oder behördlichen Anordnungen dienen (ErfK/*Schlachter* § 19 Rn 1). Die Anforderung einer Auskunft ist ein VA, gegen den gem § 40 I 1 VwGO der Rechtsweg zu den Verwaltungsgerichten beschritten werden kann (Roos/Bieresborn/*Roos* § 19 Rn 3; *Willikonsky* §§ 19 Rn 3). Hier wird vor allem die Erforderlichkeit der erbetenen Auskunft überprüft. Die Form der Auskunftserteilung richtet sich danach, ob die Aufsichtsbehörde eine mündliche oder schriftliche Auskunft verlangt (*Willikonsky* § 19 Rn 4). In jedem Fall müssen die Auskünfte vollständig und wahrheitsgemäß sein. 2

C. Vorlage von Unterlagen (I Nr 2). Der AG hat nur die in seinem Besitz befindlichen Unterlagen auf Verlangen der Aufsichtsbehörde vorzulegen oder einzusenden (*Willikonsky* § 19 Rn 6). Was aus den Unterlagen hervorgehen muss, ist iE in I Nr 2 aufgezählt (näher *Willikonsky* § 19 Rn 5). Die Aufsichtsbehörde kann entweder die Vorlage der Unterlagen zur Einsicht im Betrieb oder aber deren Einsendung verlangen. Sieht sie sie im Betrieb ein, kann sie sich Kopien anfertigen lassen. Verlangt sie die Einsendung der gewünschten Unterlagen, sind die Originale zu übersenden, sofern diese nicht laufend im Betrieb benötigt werden (ErfK/*Schlachter* § 19 Rn 2). 3

D. Aufbewahrungspflicht (II). Die Unterlagen des I Nr 1 sind 2 Jahre lang, gerechnet ab der letzten Eintragung – der Fristbeginn richtet sich nach § 187 I BGB – aufzubewahren. Sinn dieser Regelung ist es, der Aufsichtsbehörde die Feststellung etwaiger Verstöße gegen das MuSchG und hierauf beruhender Rechtsvorschriften zu erleichtern (*Willikonsky* § 19 Rn 7). Sind erforderliche Eintragungen pflichtwidrig unterblieben, beginnt die 2-Jahres-Frist an dem Tag, an dem die letzte Eintragung hätte vorgenommen werden müssen (ErfK/*Schlachter* § 19 Rn 2). Die Art der Aufbewahrung ist dem AG überlassen (näher *Willikonsky* § 19 Rn 7). 4

§ 20 Aufsichtsbehörden

(1) Die Aufsicht über die Ausführung der Vorschriften dieses Gesetzes und der auf Grund dieses Gesetzes erlassenen Vorschriften obliegt den nach Landesrecht zuständigen Behörden (Aufsichtsbehörden).
(2) ¹Die Aufsichtsbehörden haben dieselben Befugnisse und Obliegenheiten wie nach § 139b der Gewerbeordnung die dort genannten besonderen Beamten. ²Das Grundrecht der Unverletzlichkeit der Wohnung (Art. 13 des Grundgesetzes) wird insoweit eingeschränkt.

Übersicht	Rdn.		Rdn.
A. Aufsichtsbehörden (I)	1	B. Aufgaben und Befugnisse der Arbeitsbehörden (II)	2

1 **A. Aufsichtsbehörden (I).** Die Aufsicht über die Ausführung des MuSchG und der aufgrund dieses Gesetzes erlassenen Rechtsverordnungen ist den hierfür nach Landesrecht zuständigen Behörden übertragen. Die Länder regeln auch das Verwaltungsverfahren (*Willikonsky* § 20 Rn 1). Die Aufsicht ist in den meisten Ländern den Gewerbeaufsichtsämtern oder den Ämtern für Arbeitssicherheit und für Betriebe des Bergbaus den Bergämtern übertragen (zu Einzelheiten vgl Übersicht bei Roos/Biersborn/*Biersborn* § 20 Rn 3). Örtlich zuständig ist das Amt, in dessen Bezirk das Unternehmen betrieben oder die Tätigkeit ausgeübt wird (ErfK/*Schlachter* § 20 Rn 1).

2 **B. Aufgaben und Befugnisse der Arbeitsbehörden (II).** Aufgabe der Aufsichtsbehörde ist die Überwachung der Einhaltung der Normen des MuSchG sowie der hierzu ergangenen Rechtsverordnungen und Ausführungsbestimmungen (*Willikonsky* § 20 Rn 7). Dazu kommt die Regelung der in bestimmten Vorschriften des MuSchG, wie zB § 4 III und § 6 III, vorgesehenen Einzelfälle (näher *Willikonsky* § 20 Rn 8). Über die Tätigkeit der Aufsichtsbehörden sind nach § 139b III GewO iVm II 1 Jahresberichte zu erstatten. Die Befugnisse der Aufsichtsbehörden folgen aus § 139b GewO iVm II 1. Sie haben bei Ausübung ihrer Aufsicht alle amtlichen Befugnisse der Ortspolizeibehörden (Roos/Biersborn/*Biersborn* § 20 Rn 12). Dazu gehört insb die jederzeitige Besichtigung und Überprüfung der betrieblichen Anlagen während der Betriebszeiten (*Willikonsky* § 20 Rn 11). Hierzu hat der AG den Zutritt zu gestatten. Art 13 GG ist insoweit in II 2 ausdrücklich eingeschränkt. Werden Verstöße des AG gegen zwingende Vorschriften festgestellt, ist dieser zunächst von der Aufsichtsbehörde zu beraten. Bleibt dies erfolglos, kann die Aufsichtsbehörde ihre polizeilichen Befugnisse einsetzen und ggf Mittel des Verwaltungszwangs nach den Vorschriften der Landesverwaltungsverfahrensgesetze anordnen (näher *Willikonsky* § 20 Rn 15, 16).

§ 21 Straftaten und Ordnungswidrigkeiten

(1) Ordnungswidrig handelt der Arbeitgeber, der vorsätzlich oder fahrlässig
1. den Vorschriften der §§ 3, 4 Abs. 1 bis 3 Satz 1 oder § 6 Abs. 1 bis 3 Satz 1 über die Beschäftigungsverbote vor und nach der Entbindung,
2. den Vorschriften des § 7 Abs. 1 Satz 1 oder Abs. 2 Satz 2 über die Stillzeit,
3. den Vorschriften des § 8 Abs. 1 oder 3 bis 5 Satz 1 über Mehr-, Nacht- oder Sonntagsarbeit,
4. den auf Grund des § 4 Abs. 4 erlassenen Vorschriften, soweit sie für einen bestimmten Tatbestand auf diese Bußgeldvorschrift verweisen,
5. einer vollziehbaren Verfügung der Aufsichtsbehörde nach § 2 Abs. 5, § 4 Abs. 5, § 6 Abs. 3 Satz 2, § 7 Abs. 3 oder § 8 Abs. 5 Satz 2 Halbsatz 1,
6. den Vorschriften des § 5 Abs. 1 Satz 3 über die Benachrichtigung,
7. der Vorschrift des § 16 Satz 1, auch in Verbindung mit Satz 2, über die Freistellung für Untersuchungen oder
8. den Vorschriften des § 18 über die Auslage des Gesetzes oder des § 19 über die Einsicht, Aufbewahrung und Vorlage der Unterlagen und über die Auskunft
zuwiderhandelt.
(2) Die Ordnungswidrigkeit nach Abs. 1 Nr. 1 bis 5 kann mit einer Geldbuße bis zu fünfzehntausend Euro, die Ordnungswidrigkeit nach Abs. 1 Nr. 6 bis 8 mit einer Geldbuße bis zu zweitausendfünfhundert Euro geahndet werden.
(3) Wer vorsätzlich eine der in Abs. 1 Nr. 1 bis 5 bezeichneten Handlungen begeht und dadurch die Frau in ihrer Arbeitskraft oder Gesundheit gefährdet, wird mit Freiheitsstrafe bis zu einem Jahr oder mit Geldstrafe bestraft.

(4) Wer in den Fällen des Abs. 3 die Gefahr fahrlässig verursacht, wird mit Freiheitsstrafe bis zu sechs Monaten oder mit Geldstrafe bis zu einhundertachtzig Tagessätzen bestraft.

Übersicht	Rdn.		Rdn.
A. Einleitung	1	I. Ordnungswidrigkeiten	3
B. Täter	2	II. Straftaten	4
C. Tatbestände	3		

A. Einleitung. Mit den hier geregelten Sanktionen soll das Ziel des MuSchG, einen möglichst effektiven Schutz der schwangeren und stillenden AN zu erreichen (vgl § 1 Rdn 1), sichergestellt werden. Ordnungswidrig verhält sich, wer gegen die Bestimmungen in I verstößt. Strafbar kann sich gem III bzw IV derjenige machen, der gegen die Regelungen in I Nr 1–5 verstößt und dazu noch die Arbeitskraft oder Gesundheit der Schwangeren oder Stillenden gefährdet. § 6 MuSchVO enthält für den Bereich des Mutterschutzes weitere Sanktionsdrohungen.   1

B. Täter. Die in I, III und IV angedrohten Sanktionen richten sich allein gegen den AG. Das ist derjenige, zu dem die AN in einem Arbeitsverhältnis steht. AG kann eine Naturalperson, eine juristische Person des privaten (zB AG, GmbH) oder öffentl Rechts (zB Bund, Land, Gemeinde) und eine Personenhandelsgesellschaft (oHG, KG) sein (näher Roos/Bieresborn/*Zimmermann* § 21 Rn 3). Bei juristischen Personen und Personenhandelsgesellschaften sind nach § 9 I Nr 1 und 2 OWiG bzw § 14 I Nr 1 und 2 StGB die jeweiligen gesetzlichen Vertreter bzw vertretungsberechtigten Gesellschafter von den Sanktionsdrohungen betroffen. Setzt sich das vertretungsberechtigte Organ aus mehreren Personen zusammen, ist an sich jede von ihnen sanktionsbedroht. Jedoch ist eine etwa vorgenommene interne Aufgabenverteilung zu beachten (*Willikonsky* § 21 Rn 3). Hat der AG jemanden iSv § 9 II 1 Nr 1 oder 2 OWiG bzw § 14 II 1 Nr 1 oder 2 StGB mit der Leitung des Betriebs (Nr 1) oder zumindest eigenverantwortlich mit der Wahrnehmung der mutterschutzrechtlichen Pflichten (Nr 2) beauftragt, müssen diese Personen, nicht der AG selbst, für Verstöße nach I einstehen (vgl näher Roos/Bieresborn/*Zimmermann* § 21 Rn 5; *Willikonsky* § 21 Rn 6).   2

C. Tatbestände. I. Ordnungswidrigkeiten. Wie aus III folgt, können schuldhafte Verstöße gegen die Regelungen in I Nr 6–8 **nur** als Ordnungswidrigkeit verfolgt werden, Verstöße gegen die Bestimmungen in I Nr 1–5 **auch** als Straftaten (vgl Rdn 4). Geahndet werden nach I Nr 1–8 Verstöße gegen das MuSchG, gegen Rechtsverordnungen aufgrund von § 4 IV (I Nr 4) und gegen vollziehbare Verfügungen der Aufsichtsbehörde (I Nr 5). Die Höhe der Geldbuße beträgt nach II, je nachdem, ob es um eine Ordnungswidrigkeit nach I Nr 1–5 oder um eine nach II Nr 6–8 geht, bis zu 15000,00 bzw 2500,00 €.   3

II. Straftaten. Eine Straftat begeht der AG, wenn er vorsätzlich gegen die in I Nr 1–5 normierten Pflichten verstößt und dadurch die schwangere oder stillende AN vorsätzlich (III) oder fahrlässig (IV) in ihrer Arbeitskraft oder Gesundheit gefährdet. Die Arbeitskraft, dh die Fähigkeit, Arbeitsleistung zu erbringen, wird gefährdet, wenn es konkret möglich ist, dass die AN nicht mehr bzw nur noch vermindert arbeiten kann (vgl *Willikonsky* § 21 Rn 23). Die Gesundheit, dh der Normalzustand der physischen und psychischen Kräfte, wird gefährdet, wenn es wahrscheinlich ist, dass eine Krankheit herbeigeführt oder verschlimmert wird (*Willikonsky* § 21 Rn 23). Die Gesundheitsgefährdung kann auch das ungeborene oder neugeborene Kind betreffen (ErfK/*Schlachter* § 21 Rn 4). Die Rechtswidrigkeit des Handelns des AG wird nicht dadurch beseitigt, dass die AN hiermit einverstanden ist (*Willikonsky* § 21 Rn 24). Irrt der AG über Normen des MuSchG, bedeutet dies idR keinen Schuld ausschließenden Verbotsirrtum (näher OLG Düsseldorf 13.4.1992, 5 Ss (OWi) 106/92 – (OWi) 60/92 I, DB 1992, 2148).   4

§§ 22 und 23

(weggefallen)

§ 24 In Heimarbeit Beschäftigte

Für die in Heimarbeit Beschäftigten und die ihnen Gleichgestellten gelten
1. die §§ 3, 4 und 6 mit der Maßgabe, dass an die Stelle der Beschäftigungsverbote das Verbot der Ausgabe von Heimarbeit tritt,

2. § 2 Abs. 4, § 5 Abs. 1 und 3, § 9 Abs. 1, § 11 Abs. 1, § 13 Abs. 2, die §§ 14, 16, 19 Abs. 1 und § 21 Abs. 1 mit der Maßgabe, dass an die Stelle des Arbeitgebers der Auftraggeber oder Zwischenmeister tritt.

1 Rechtsgrundlage für die Anwendbarkeit des MuSchG auf in Heimarbeit und ihnen Gleichgestellte ist § 1 Nr 2. Durch § 24 werden die dort genannten Vorschriften den Besonderheiten dieses Personenkreises angepasst. So treten nach Nr 1 an die Stelle der in §§ 3, 4 und 6 genannten Beschäftigungsverbote das Verbot der Ausgabe von Heimarbeit (näher *Willikonsky* § 24 Rn 4 ff). Soweit in den in Nr 2 genannten Vorschriften dem AG Pflichten auferlegt werden, tritt an seine Stelle der Auftraggeber oder Zwischenmeister.

§ 25
(weggefallen)

Gesetz über den Nachweis der für ein Arbeitsverhältnis geltenden wesentlichen Bedingungen (Nachweisgesetz – NachwG)

Vom 20.7.1995 (BGBl I S 946), zuletzt geändert durch Art. 3a des Gesetzes vom 11. 8. 2014 (BGBl I S 1348)

Vorbemerkung

Übersicht Rdn.
A. Inkrafttreten 1
B. Normzweck 2
C. Inhalt und Regelungsgehalt 4
D. Regelungen in anderen Gesetzen 6
E. Rechtsfolgen bei Nachweispflichtverletzung 7
I. Allgemeines 7
II. Anspruch auf Nachweiserteilung 8
III. Kein Rechtsmissbrauch 9
IV. Schadensersatzansprüche 10
   1. Vertraglich 10
   2. Deliktisch 14

Rdn.
V. Zurückbehaltungsrecht 15
VI. Beweislast 16
   1. Allgemeines 16
   2. Unvollständiger oder fehlender Nachw 18
   3. Fehlerhafter Nachw 22
      a) Rüge des AG 23
      b) Rüge des AN 24
      c) Abw Arbeitspraxis 25
F. **Stellung des BR** 26
G. **Bundesdatenschutzgesetz** 27

A. Inkrafttreten. Das NachwG ist am 28.6.1995 in Kraft getreten. Es beruht nahezu inhaltsgleich auf **1** der sog Nachweis-RL 91/533/EWG (AblEG 1991 Nr L 288 S 33). Eine Entscheidung des EuGH (vom 4.12.1997, Rs C-253–258/96, EzA § 2 NachwG Nr 1) machte die Änderung des § 2 I Nr 5 mit Gesetz vom 29.6.1998 (BGBl I S 1694) erforderlich. Darüber hinaus wurde mit Gesetz vom 24.3.1999 (BGBl I S 388, 393) nachträglich der Geltungsbereich in § 1 erweitert und in § 2 I 4 eine bes Nachweispflicht bei geringfügigen Beschäftigungsverhältnissen eingeführt.

B. Normzweck. Aus der Präambel lässt sich das doppelte Ziel der RL entnehmen: Schutz des AN vor **2** Unkenntnis seiner Rechte und Transparenz auf dem Arbeitsmarkt (AblEG 1991 Nr L 288 S 32). Hintergrund ist, dass ua dt Arbeitsverträge grds keiner bes Form bedürfen. Durch die deklaratorische Fixierung der wesentlichen Anstellungsbedingungen erhält der AN **Rechtssicherheit und Rechtsklarheit**. Ziel ist auch die Bekämpfung illegaler Beschäftigung, da der fehlende Nachw im Einzelfall als Indiz für eine illegale Beschäftigung gewertet werden kann (BT-Drs 13/668 S 8). Schließlich soll die faktische Anwendung der Anstellungsbedingungen gefördert werden (*Melms/Weck* RdA 2006, 171).
Bedeutung hat das NachwG darüber hinaus hins **kollektivvertraglicher Arbeitsbedingungen**. Mit der **3** Schuldrechtsreform am 1.1.2002 ist die Bereichsausnahme des § 23 I AGBG weggefallen. Nunmehr ist auch für vorformulierte Arbeitsbedingungen die Möglichkeit einer AGB-Kontrolle unter Berücksichtigung der Besonderheiten des Arbeitsrechts eröffnet, § 310 IV BGB. Im ArbR hat der AG jedoch ausnahmsweise keine Kenntnisverschaffungspflicht, §§ 310 IV 2, 305 II, III BGB. In der Gesetzesbegründung wird ausgeführt, dass durch das NachwG ein ausreichender Schutz des AN gewährleistet sei (BT-Drs 14/6857 S 54). Dem ist nur bedingt zuzustimmen (krit auch *Annuß* BB 2002, 458, 460; HWK/*Kliemt* Rn 6). Denn zum einen setzt das NachwG einen wirksamen Vertragsschluss voraus und zum anderen wird der Anspruch auf Dokumentation erst 1 Monat nach dem Beschäftigungsbeginn fällig. Transparenz zum Zeitpunkt des Vertragsschlusses vermag das NachwG somit nicht zu schaffen.

C. Inhalt und Regelungsgehalt. Der AG ist verpflichtet, dem AN spätestens 1 Monat nach dem verein- **4** barten Beginn des Arbeitsverhältnisses eine unterschriebene Niederschrift der wesentlichen Vertragsbedingungen auszuhändigen, § 2. Nachfolgende Änderungen müssen erneut schriftlich mitgeteilt werden, § 3. Bereits Beschäftigte können jederzeit die Dokumentation ihrer wesentlichen Vertragsbedingungen verlangen, § 4. Der Informationsanspruch besteht unabhängig davon, ob die Arbeitsbedingungen auf individueller Absprache, Kollektivvereinbarung oder auf gesetzlichen Vorschriften beruhen, vgl § 2 III. Die nachzuweisenden wesentlichen Arbeitsvertragsbedingungen betreffen einen Mindestkern des arbeitsvertraglichen Rechte- und Pflichtengefüges.

Zu beachten ist, dass die Niederschrift lediglich deklaratorisch wirkt. Es liefe dem Schutzzweck des Geset- **5** zes zuwider, wenn die fehlende Dokumentation die Unwirksamkeit einzelner Arbeitsbestimmungen oder gar des gesamten Vertrages zur Folge hätte (BAG 21.8.1997, 5 AZR 713/96, EzA § 4 BBiG Nr 1). Der Inhalt des Arbeitsvertrages bestimmt sich nach den mündlichen oder stillschweigend geschlossenen Vereinbarungen. Der Nachw ist somit keine Willenserklärung, sondern eine **Wissensmitteilung** (*Müller-Glöge* RdA 2001, Sonderbeilage S 46, 49). Dem NachwG kommt dementsprechend hinsichtlich eines über die Dokumentationspflichten des AG hinausgehenden Auskunftsanspruchs des AN keine anspruchsausschließende Wirkung zu (LAG Hamm 10.10.2013, 11 Sa 665/13, JurionRS 2013, 48936). Allerdings kann das NachwG erhebliche Bedeutung für die Beweislage im Prozess haben (vgl Rdn 16 ff). Insofern ist bei der Erstellung des Nachweises bes Sorgfalt geboten. Die Verwendung von **Nachweismustern** ist nicht zu empfehlen (HWK/*Kliemt* Rn 15 mwN). Dem AG ist vielmehr anzuraten, einen schriftlichen Arbeitsvertrag zu verwenden und in diesem die nach dem NachwG erforderlichen wesentlichen Arbeitsbedingungen aufzunehmen. Dadurch wird die Anfertigung eines weiteren Dokuments entbehrlich.

6 **D. Regelungen in anderen Gesetzen.** Im Zusammenhang mit Verabschiedung des NachwG war nach dem EG-Recht die Änderung des AÜG (vgl auch § 11 AÜG Rdn 2 ff), des BBiG und des SeemG notwendig geworden. In dem die Gestaltung des Arbeitsvertrages regelnden § 105 S 2 GewO wurde ein Verweis auf das NachwG eingefügt.

7 **E. Rechtsfolgen bei Nachweispflichtverletzung. I. Allgemeines.** Im NachwG selbst sind keine Rechtsfolgen für einen Verstoß geregelt. Der Arbeitsvertrag ist weiterhin formfrei wirksam, denn die Nichtbeachtung der Nachweispflicht lässt die Rechtswirksamkeit des Arbeitsverhältnisses unberührt (EuGH 8.2.2001, Rs C-350/99, EzA § 2 NachwG Nr 2; dazu *Wolff* EWiR Art 2 RL 91/533 EWh 1/01, 495). Teilw finden sich Bußgeldvorschriften in den mit dem NachwG verabschiedeten Sondervorschriften, zB § 16 I Nr 8 AÜG, § 102 I 1, 2 BBiG. IÜ ist auf die zivil- und zivilprozessrechtlichen Vorschriften zurückzugreifen (EuGH 8.2.2001, Rs C-350/99, EzA § 2 NachwG Nr 2). Vor dem Hintergrund, dass das nationale Recht hinreichende Instrumente zur Geltendmachung arbeitsvertraglicher Rechte zur Verfügung stellt, ist der Mangel an Sanktionsvorschriften nicht als Verstoß gegen das Gebot der effektiven Richtlinienumsetzung zu werten (aA *Wank* RdA 1996, 21, 24).

8 **II. Anspruch auf Nachweiserteilung.** Als Nebenpflicht aus dem Arbeitsverhältnis ist die Nachweispflicht selbstständig nach § 2 I Nr 3e ArbGG im Urteilsverfahren vor dem ArbG einklagbar. Für den BR folgt aus seiner gesetzlichen Aufgabe kein Recht, vom AG die Durchführung der zur Einhaltung des NachwG erforderlichen Maßnahmen zu verlangen (BAG 16.11.2005, 7 ABR 12/05, EzA § 80 Nr 4 BetrVG; ausf Rdn 26). Der Klageantrag ist auf schriftliche Niederlegung, Unterzeichnung und Aushändigung der wesentlichen Vertragsbedingungen gerichtet und kann nach § 888 ZPO vollstreckt werden (*Feldgen* Rn 73 ff). Der AN kann den AG auch gem § 61 II 1 ArbGG zu einer Entschädigung verurteilen lassen. Eine Geltendmachung der Berichtigung einer ausgehändigten Niederschrift wird idR mit einer Leistungsklage verbunden werden. Die Nachweispflicht stellt während des Bestehens des Arbeitsverhältnisses eine **Dauerpflicht** dar, die nicht verjährt. Nach Beendigung des Arbeitsverhältnisses unterliegt der Anspruch der 3-jährigen **Regelverjährung** nach § 195 BGB. Sanktionen wegen der Geltendmachung der Nachweispflicht stellen eine **Maßregelung** iSd § 612a BGB dar (ArbG Düsseldorf 9.9.1992, 6 Ca 3728/92, BB 1992, 2364, 2365).

9 **III. Kein Rechtsmissbrauch.** Allein die Verletzung der Nachweispflicht gem §§ 2, 3 führt nach Auffassung des BAG nach dem Gebot von Treu und Glauben, § 242 BGB, nicht zur Unanwendbarkeit tatsächlich vereinbarter oder unmittelbar und zwingend anzuwendender Vertragsbedingungen (BAG 17.4.2002, 5 AZR 89/01, EzA § 2 NachwG Nr 5; 5.11.2003, 5 AZR 469/02, EzA § 3 NachwG Nr 1; zuvor str vgl *Melms/Weck* RdA 2006, 171, 175). Dies gilt unabhängig davon, ob sich die Vertragsregel im Einzelfall ungünstig für den AN auswirkt. So handelt der AG bspw nicht treuwidrig, wenn er sich auf eine tarifliche Ausschlussfrist beruft, von der der AN mangels Nachw keine Kenntnis hatte. In Betracht kommen jedoch Schadensersatzansprüche.

10 **IV. Schadensersatzansprüche. 1. Vertraglich.** Die schuldhafte Verletzung der Nachweispflicht begründet Schadensersatzansprüche des AN wegen Pflichtverletzung aus § 280 I BGB oder wegen Verzögerung aus §§ 280 II, 286 I BGB (BAG 17.4.2002, 5 AZR 89/01, EzA § 2 NachwG Nr 5). Das Verschulden des AG wird grds nach §§ 280 I 2, 276 I BGB vermutet. Bei Mitverschulden des AN kann der Anspruch je nach Verursachungsgrad gekürzt werden, § 254 BGB (BAG 29.5.2002, 5 AZR 105/01, EzA § 3 NachwG Nr 4). Der AN ist nach § 249 S 1 BGB so zu stellen, wie er stünde, wenn ihm der Nachw fristgerecht und fehlerlos ausgehändigt worden wäre.

11 Problematisch bei einem Anspruch aus § 280 I BGB ist idR die Bezifferung eines konkreten, **kausalen Schadens** durch den insoweit beweispflichtigen AN, wenn die günstigeren Vertragsbedingungen nicht

nachgewiesen werden können. Gelingt dem AN im Prozess der Beweis für die bestehenden Vertragsbedingungen, besteht kein Schaden, da dem AN dann der vertragliche Anspruch zur Seite steht (ErfK/*Preis* Rn 13).

Anders ist dies bspw beim Ersatz finanzieller Schäden, die dem AN mangels Kenntnis und Nachw einzelvertraglicher oder tariflicher Ausschlussfristen entstanden sind. Ist ein Anspruch aus dem Vertrag nach einer tarifvertraglichen Ausschlussfrist verfallen, weil der AN wegen des unterbliebenen Hinweises auf den TV keine Kenntnis von der Ausschlussfrist hatte, muss der AN nach Schadenersatzgrundsätzen (§§ 280 II, 286 I BGB) so gestellt werden, als wäre der Anspruch nicht verfallen (BAG 5.11.2003, 5 AZR 676/02, EzA § 2 NachwG Nr 6). Beim fehlenden Hinweis auf tarifvertragliche Ausschlussfrist besteht der Schaden gem § 249 BGB im Erlöschen der Ansprüche. Eine Mahnung durch den AN ist nach § 286 II Nr 1 BGB entbehrlich. Die vom AN darzulegende adäquate Verursachung des Schadens wird durch die Vermutung eines **aufklärungsgemäßen Verhaltens** erleichtert (BAG 17.4.2002, 5 AZR 89/01, EzA § 2 NachwG Nr 5). Danach ist grds davon auszugehen, dass jedermann bei ausreichender Information seine Eigeninteressen in vernünftiger Weise wahrt. Bei einem Verstoß gegen § 2 I Nr 10 ist daher zugunsten des AN zu vermuten, dass dieser die tarifliche Ausschlussfrist beachtet hätte, wenn er auf die Geltung des TV hingewiesen worden wäre. Vor dem Hintergrund des Ziels der Nachweis-RL, dem Schutz des AN vor Unkenntnis seiner Rechte, ist diese Auslegung geboten. Dem AG bleibt die Möglichkeit, die Vermutung zu widerlegen. Das heißt jedoch nicht, dass der AN nichts mehr zur Kausalität zwischen der Pflichtverletzung des AG und dem eingetretenen Schaden darlegen muss. Die Beweisregeln ersetzen nicht den Parteivortrag (BAG 5.11.2003, 5 AZR 676/02, EzA § 2 NachwG Nr 6; LAG Rh-Pf 25.2.2010, 2 Sa 730/09). Die Vermutung wird widerlegt, wenn der AN Kenntnis von der Geltung des TV oder der Ausschlussfrist hatte. Allerdings genügt nicht die allg Kenntnis, dass üblicherweise (irgendwelche) Ausschlussfristen zur Anwendung kommen (BAG 5.11.2003, 5 AZR 676/02, EzA § 2 NachwG Nr 6).

Bei sog **Altfällen**, also Arbeitsverhältnissen, die bereits bei Inkrafttreten des NachwG bestanden haben, liegt nur dann eine Pflichtverletzung des AG vor, wenn der AG dem Verlangen des AN nach § 4 S 1 nicht innerhalb von 2 Monaten nachgekommen ist und kein schriftlicher Arbeitsvertrag nach § 4 S 2 vorliegt, der nach dem NachwG erforderlichen Angaben enthält (BAG 16.5.2001, 10 AZR 357/00, EzA § 3 TVG Nr 23).

2. Deliktisch. Ein Schadensersatzanspruch gem § 823 I BGB scheidet aus, da allenfalls die Vermögensinteressen des AN betroffen sein können, die von § 823 I BGB nicht geschützt werden. Auch stellt der Schutz der Rechtssicherheit zugunsten des AN kein absolutes, eigentumsähnliches Recht dar. Die §§ 2, 3 sind auch **keine Schutzgesetze** iSd § 823 II BGB (aA *Birk* NZA 1996, 281, 289; *Franke* DB 2000, 274). Nach Ansicht des BAG und der hL (BAG 17.4.2002, 5 AZR 89/01, EzA § 2 NachwG Nr 5; 5.11.2003, 5 AZR 469/02, EzA § 3 NachwG Nr 1; HWK/*Kliemt* Rn 36 mwN) fehlt es dazu an einem vom Gesetzgeber gewollten Regelungszusammenhang. An die Verletzung des NachwG sollte keine Einstandpflicht geknüpft sein, denn das Gesetz sieht keinerlei Sanktionen vor. In bes Konstellationen könnte jedoch ausnahmsweise ein Anspruch aus vorsätzlicher, sittenwidriger Schädigung gem § 826 BGB zu bejahen sein.

V. Zurückbehaltungsrecht. Der Verstoß gegen das NachwG begründet ein Zurückbehaltungsrecht nach § 273 BGB. Die Existenz des NachwG macht deutlich, dass es sich bei der Nachweispflicht nicht um eine geringfügige oder unbedeutende Nebenpflicht handelt, die das Zurückbehaltungsrecht nach § 242 BGB ausschlösse (ebenso ErfK/*Preis* Rn 15). Ein ohne vorherige ausdrückliche Geltendmachung ausgeübtes Zurückbehaltungsrecht muss jedoch als treuwidrig angesehen werden.

VI. Beweislast. 1. Allgemeines. Das NachwG enthält keine ausdrücklichen Beweislastregeln. Nach dem EuGH sind die einzelstaatlichen Rechtsvorschriften für Verfahrensregeln im Lichte des Zweckes der RL anzuwenden und auszulegen (EuGH 4.2.1997, C-253–258/96, EzA § 2 NachwG Nr 1). Die Nachweis-RL schreibt weder vor noch verbietet sie den Gerichten, nach nationalem Prozessrecht eine Beweisvereitelung anzunehmen, wenn eine Prozesspartei gesetzlichen Dokumentationspflichten nicht nachkommt (EuGH 8.2.2001, C-350/99, EzA § 2 NachwG Nr 2).

Der vom AG ausgehändigte Nachw ist eine **Privaturkunde** iSd § 416 ZPO. Die echte Privaturkunde (§ 440 ZPO) erbringt vollen Beweis nur in formeller Hinsicht, während der materielle Inhalt der freien Beweiswürdigung nach § 286 ZPO unterliegt (ErfK/*Preis* Rn 17). Das Nachweisdokument beweist folglich, dass die in ihr enthaltene Erklärung vom AG abgegeben wurde. Über die Richtigkeit der Erklärung entscheidet das Gericht nach freier Überzeugung. Nach der Rspr hat nur eine von beiden Seiten unterzeichnete Vertragsurkunde, wie etwa der Arbeitsvertrag, die **Vermutung der Vollständigkeit und Richtigkeit** (BAG 9.2.1995, 2 AZR 389/94, EzA § 1 KSchG Personenbedingte Kündigung Nr 12). Die Empfangsquittierung

Vorbemerkung NachwG

auf dem Nachw stellt keine beiderseits unterzeichnete Vertragsurkunde dar. Denn der AG händigt lediglich eine Wissensmitteilung aus, und der Wille des AN ist bei Quittierung auf die Bestätigung des Zugangs beschränkt. Der Beweiswert wird allerdings erhöht, wenn der AN auf dem Nachw die inhaltliche Richtigkeit bestätigt. Er reicht dann an die Vermutung bei einer Vertragsurkunde heran. Dennoch ist dem AG vor dem Hintergrund beweisrechtlicher Probleme zu raten, einen schriftlichen Arbeitsvertrag zu schließen.

18 **2. Unvollständiger oder fehlender Nachw.** Der unvollständige, unklare oder fehlende Nachw über die Arbeitsvertragsbedingungen stellt für den AN ein erhebliches Beweisrisiko dar. Da das NachwG keine ausdrücklichen Beweislastvorschriften enthält, ist umstr, ob die Nichtbeachtung der Nachweispflicht gem § 2 zu einer Beweislastumkehr zulasten des AG führt (so *Birk* NZA 1996, 281, 289; *Wank* RdA 1996, 21, 24; LAG Köln 18.1.2010, 5 SaGa 23/09, JurionRS 2010, 11863) oder nach den Grundsätzen der Beweisvereitelung mit der Erleichterung der Beweisführungslast zu behandeln ist. Das BAG hat die Entscheidung über eine Beweislastumkehr bislang ausdrücklich offengelassen (BAG 16.2.2000, 4 AZR 62/99, EzA § 4 TVG Rückgruppierung Nr 1). Das LAG Köln geht davon aus, dass eine Beweiserleichterung für den AN beim Streit um die zutreffende Entgelthöhe eintreten könne, wenn der AG keinen schriftlichen Arbeitsnachweis mit der Angabe des vereinbarten Entgelts erteilt. Dies könne im Rahmen der summarischen Prüfung im einstweiligen **Verfügungsverfahren** sogar zur Folge haben, dass von der Richtigkeit des Arbeitnehmervortrags hinsichtlich der Entgelthöhe auszugehen sei (LAG Köln 18.1.2010, 5 SaGa 23/09, JurionRS 2010, 11863). Gegen eine Beweislastumkehr spricht, dass die Bestimmungen des NachwG kein konstitutives Schriftformgebot enthalten (BAG 21.8.1997, 5 AZR 713/96, EzA § 4 BBiG Nr 1). Ferner hat der Gesetzgeber seinerzeit den Vorschlag des BR, eine Beweislastumkehr vorzusehen, abgelehnt (BT-Drs 13/688 S 24). Somit sprechen auch die Entstehungsgeschichte und der Wille des Gesetzgebers gegen eine Beweislastumkehr.

19 Die herrschende Auffassung geht daher davon aus, dass ein **zumindest fahrlässiger Verstoß** gegen das NachwG eine **Erleichterung der Beweisführungslast** unter dem Gesichtspunkt der Beweisvereitelung zur Folge hat (LAG Nürnberg 17.2.2004, 6 Sa 325/02, JurionRS 2004, 17493; LAG Nds 21.2.2003, 10 Sa 1683/02, LAGE § 2 NachwG Nr 13; LAG Hamm 14.8.1998, 10 Sa 777/97, LAGE § 2 NachwG Nr 7; LAG Köln 9.1.1998, 11 Sa 155/97, LAGE § 2 NachwG Nr 4, 513; HWK/*Kliemt* Rn 44; *Melms/Weck* RdA 2006, 171, 176; *Müller-Glöge* RdA 2001, Sonderbeilage S 46, 52 f; *Stückemann* BB 1995, 1846, 1848; *Zwanziger* DB 1996, 2027, 2030). Die **Grundsätze der Beweisvereitelung** finden allg in den Fällen Anwendung, in denen der eine Vertragspartner dem beweispflichtigen Vertragspartner die Beweisführung schuldhaft, dh vorsätzlich oder fahrlässig, unmöglich macht, indem er zB bereits vorhandene Beweismittel vernichtet oder vorenthält oder das Schaffen von Beweismitteln verhindert (BGH 15.11.1984, IX ZR 157/83, NJW 1986, 59, 60). Diese Grundsätze gehen auf den in § 444 ZPO enthaltenen Rechtsgedanken zurück, wonach derjenige, der entgegen einer ihm obliegenden Rechtspflicht dem Gegner die Benutzung von zur Beweisführung benötigten Unterlagen schuldhaft unmöglich macht, im Rechtsstreit aus diesem Verhalten keine beweisrechtlichen Vorteile ziehen darf (BGH 27.9.2001, IX ZR 281/00, NJW 2002, 825, 827). Der AG ist nach den Grundsätzen der Beweisvereitelung in Anlehnung an §§ 444, 427 ZPO so zu stellen, als habe er den Nachw fahrlässig beseitigt (LAG Hessen 29.1.2002, 7 Sa 836/01, BeckRS 2002 Nr 30448607). Denn es lässt sich nicht ausschließen, dass bei ordnungsgemäß erteiltem Nachw der Beweis der behaupteten Vertragsbedingungen gelungen wäre (LAG Nds 21.2.2003, 10 Sa 1683/02 LAGE § 2 NachwG Nr 13). So kann je nach Schwere des Verstoßes gegen das NachwG und dem Grad der Vorwerfbarkeit eine erhebliche Erleichterung der Beweisführungslast für den AN eintreten (*Melms/Weck* RdA 2006, 171, 176). Der AG muss jedoch nicht stets den Hauptbeweis führen. Der AN muss über die Unterlassung der Nachweismitteilung hinaus erst **weitere Indizien** für die Richtigkeit der von ihm behaupteten Arbeitsbedingungen anführen, bevor der Verstoß gegen § 2 iRd freien Beweiswürdigung nach § 286 ZPO zulasten des AG berücksichtigt werden kann (LAG Hamm 14.8.1998, 10 Sa 777/97 LAGE § 2 NachwG Nr 7). Von einer Beweiserleichterung ist bspw dann auszugehen, wenn der AG trotz mehrfachen Verlangens keinen Nachw erteilt (LAG Hamm 14.8.1998, 10 Sa 777/97 LAGE § 2 NachwG Nr 7) oder wenn der AN darüber in Unklarheit gelassen wird, welche Gesellschaft AG ist (LAG Köln 9.1.1998, 11 Sa 155/97 LAGE § 2 NachwG Nr 4). Auch ein vorgelegter Vertragsentwurf kann bei unterlassener Nachweiserteilung hinreichende Indizwirkung für einen Anspruch bieten (LAG Köln 9.1.1998, 10 Sa 155/97 LAGE § 2 NachwG Nr 4). Bei non liquet Situationen kann die Unmöglichkeit der Tatsachenaufklärung zulasten des AG gehen (LAG Nds 21.2.2003, 10 Sa 1683/02 LAGE § 2 NachwG Nr 3). Die von der Rspr zugelassenen Beweiserleichterungen kommen teilw einer Beweislastumkehr nahe. Dem AG ist es jedoch unbenommen, die Indizien zu erschüttern.

20 Unstr ist, dass ein Verstoß gegen das NachwG dann nichts an der Darlegungs- und Beweislast ändert, wenn es darum geht, ob überhaupt ein Arbeitsverhältnis besteht (LAG Schl-Holst 19.6.2006, 1 Ta

68/06, JurionRS 2006, 19088) oder nachträglich eine Änderung des Arbeitsvertrages vereinbart wurde (LAG Sa-Anh 28.5.2013, 6 Sa 54/12, BeckRS 2013, 73820). Der Kläger ist insofern darlegungs- und beweispflichtig.

Der Meinungsstreit hins der prozessualen Rechtsfolgen des NachwG ist für die Darlegungs- und Beweislast des AG bei der **korrigierenden Rückgruppierung** im öffentl Dienst ohne Bedeutung (BAG 16.2.2000, 4 AZR 62/99, EzA § 4 TVG Rückgruppierung Nr 1). Denn das NachwG ändert nichts daran, dass der Mitteilung über die Eingruppierung im öffentl Dienst nur deklaratorische Wirkung zukommt. Die Eingruppierung ist kein rechtsgestaltender Akt, insb keine Willenserklärung des AG, sondern eine Subsumtion. Im Streitfall kann der AG sich auf die korrigierende Rückgruppierung bereits dann berufen, wenn er das Fehlen der tariflichen Voraussetzungen für die bisherige Eingruppierung darlegt und beweist, da sich die Eingruppierung ausschließlich nach der auszuübenden Tätigkeit bestimmt. Hat der AG jedoch eine übertarifliche Vergütung arbeitsvertraglich zugesagt, kann er keine korrigierende Rückgruppierung vornehmen. Der AN ist für das Vorliegen einer solchen Vereinbarung beweispflichtig (BAG 16.2.2000, 4 AZR 62/99, EzA § 4 TVG Rückgruppierung Nr 1). 21

3. Fehlerhafter Nachw. Anders stellt sich die Beweiswirkung eines ausgestellten Nachw dar, dessen inhaltliche Richtigkeit von einer der beiden Parteien bezweifelt wird. 22

a) Rüge des AG. Aus der unter Rdn 17 angeführten prozessrechtlichen Einordnung der Nachweismitteilung als Privaturkunde folgt, dass der Inhalt der Urkunde nach den allg Grundsätzen der freien Beweiswürdigung (§ 286 ZPO) unterliegt. Die Urkunde beweist nur, dass der AG einseitig den Nachw mit diesem entspr Inhalt ausgestellt hat. Es besteht keine Vermutung der Vollständigkeit und Richtigkeit, wie bspw bei einem beiderseitig unterzeichneten Vertrag. Allerdings kann der AN durch Vorlage des Nachw als Urkunde im Prozess Beweis führen (*Franke* DB 2000, 274, 278; HWK/*Kliemt* Rn 48 f). Nach anderer Ansicht kann sich der AN auf den 1. Anschein der Urkunde berufen, sog **Prima-facie-Beweis** (so *Feldgen* Rn 91; *Zwanziger* DB 1996, 2027, 2029). Die beiden Ansichten kommen schließlich zu demselben Erg. Der AG kann stets **Gegenbeweis** dadurch erbringen, dass er die Überzeugung des Gerichts von der Wahrheit der beweisbedürftigen Tatsachen erschüttert (zB Schreibfehler, Fehler in der Personalverwaltung). 23

b) Rüge des AN. Zieht der AN den Nachw in Zweifel, trifft ihn nach allg Grundsätzen die Beweislast. Der AG kann sich zwar grds nicht zu seinen Gunsten auf den von ihm ausgestellten Nachw mit beweisrechtlicher Privilegierung berufen (*Müller-Glöge* RdA 2001, Sonderbeilage S 51). Insb kann er sich nicht auf die Grundsätze des Anscheinsbeweises berufen. Diesbezüglich ist strittig, ob es einen Erfahrungssatz gibt, wonach ein AG den Vertragsinhalt in der Mitteilung gem § 2 richtig und vollständig festhält (vgl HWK/*Kliemt* Rn 51 mwN). Es besteht die Gefahr, dass der AG durch Erstellung eines ggf unzutreffenden Nachw die Beweislage manipuliert. Vor dem Hintergrund, dass der AN keine Prüfungs- und Rügeobliegenheit hat, können auch aus dessen Schweigen keine Rückschlüsse gezogen werden (*Bergwitz* BB 2001, 2316, 2319). Die Rspr lässt dies nur eingeschränkt gelten. Denn die Gerichte sind nicht daran gehindert, nach den Umständen des Einzelfalls den Nachw als Indiz iRd § 286 ZPO zu berücksichtigen. So kann sich der Beweiswert des Nachw erhöhen, wenn der AN trotz Kenntnisnahme widerspruchslos eine gewisse Zeit verstreichen lässt. Nach dem LAG Schl-Holst (23.8.1999, 4 Sa 34/99, JurionRS 1999, 18622) ist von der Richtigkeit des Nachw dann auszugehen, wenn der AN alsbald (hier 4 Monate) nach Erhalt des Nachw gem § 4 diesen in einem Rechtsstreit als Beweismittel für seine Ansprüche anführt, ohne gleichzeitig seinen Anspruch auf Nachweisberichtigung zu erheben. 24

c) Abw Arbeitspraxis. Die Beweislage ändert sich nicht dadurch, dass die Arbeitsvertragsparteien vom Nachw abw Vertragsbedingungen praktizieren. Das Gericht stellt nach freier Beweiswürdigung fest, ob sich die Arbeitsvertragsparteien auf eine Vertragsänderung geeinigt haben. Dabei gilt, dass der AG nur dann von einer konkludenten Annahme des Änderungsangebots ausgehen kann, wenn der AN von der Durchführung der nachteiligen Vertragsgestaltung unmittelbar und sogleich betroffen wird (BAG 20.5.1976, 2 AZR 202/75, EzA § 305 BGB Nr 9). Die widerspruchslose Fortsetzung der Tätigkeit ist bei einem ganzen Bündel an Vertragsänderungen dann ausreichend, wenn die Änderungen sich teilw unmittelbar und nachhaltig auswirken (BAG 1.8.2001, 4 AZR 129/00, EzA § 315 BGB Nr 50). 25

F. Stellung des BR. Die Überwachung der Vereinbarkeit von Formulararbeitsverträgen mit den Vorschriften des NachwG zählt zu den gesetzlichen Aufgaben des BR nach § 80 I Nr 1 BetrVG (BAG 16.11.2005, 7 ABR 12/05, EzA § 80 BetrVG Nr 4). Nach § 80 II BetrVG hat der AG den BR zur Durchführung seiner gesetzlichen Aufgaben rechtzeitig und umfassend zu unterrichten und auf Verlangen die zur Durchführung der Aufgabe des BR erforderlichen Unterlagen zur Verfügung zu stellen. Das umfasst auch 26 die Verpflichtung, dem BR den Inhalt und die rechtliche Problematik der von ihm verwendeten Vertragsklauseln zu erläutern (BAG 16.11.2005, 7 ABR 12/05, EzA § 80 BetrVG Nr 4). Zwar umfassen die wesentlichen Bestandteile eines Arbeitsvertrages nach dem NachwG auch die Entgelthöhe, ein genereller Anspruch auf Herausgabe der Arbeitsverträge besteht jedoch nicht (BAG 19.10.1999, 1 ABR 75/98, EzA § 80 BetrVG 1972 Nr 45). Vielmehr ist der Informationsanspruch von der konkreten Kontrollaufgabe abhängig und reicht umso weiter, je weniger der BR aufgrund der bereits vorhandenen Kenntnisse beurteilen kann. Hat der BR mit dem AG Formulararbeitsverträge abgestimmt und verwendet der AG diese, hat der BR nur dann einen Anspruch auf Vorlage der ausgefüllten Arbeitsverträge, wenn er konkrete Anhaltspunkte für die Erforderlichkeit weiterer Informationen darlegt (BAG 19.10.1999, 1 ABR 75/98, EzA § 80 BetrVG 1972 Nr 45). Hervorzuheben ist, dass der BR **kein Recht auf Durchführung** des NachwG hat. Dies bleibt den einzelnen AN anheim gestellt.

27 **G. Bundesdatenschutzgesetz.** Der ausgehändigte Nachw unterfällt dem Schutzbereich des BDSG (HWK/*Kliemt* Rn 55 mwN). Die wesentlichen Arbeitsvertragsbedingungen gem § 2 umfassen neben Name und Anschrift auch Details mit Hinblick auf die Vergütungshöhe, Art und Umfang der Tätigkeit und stellen somit personenbezogene Daten iSv § 3 BDSG dar.

§ 1 Anwendungsbereich
¹Dieses Gesetz gilt für alle Arbeitnehmer, es sei denn, daß sie nur zur vorübergehenden Aushilfe von höchstens einem Monat eingestellt werden. ²Praktikanten, die gemäß § 22 Absatz 1 des Mindestlohngesetzes als Arbeitnehmer gelten, sind Arbeitnehmer im Sinne dieses Gesetzes.

Übersicht	Rdn.		Rdn.
A. Anwendungsbereich	1	II. AG	4
I. AN	1	B. Ausnahme	5

1 **A. Anwendungsbereich. I. AN.** In § 1 ist der persönliche Anwendungsbereich des NachwG festgeschrieben. Der AN-Begriff ist nach dem Recht der einzelnen Mitgliedsstaaten zu bestimmen (vgl Art 1 I Nachweis-RL, AblEG, L 288, 33). Somit kommt der allg arbeitsrechtliche AN-Begriff zur Anwendung (*Feldgen* Rn 101). Umfasst sind alle abhängig Beschäftigten des Privatrechts und des öffentl Diensts: Arbeiter, Angestellte, leitende Angestellte, Teilzeit- sowie geringfügig Beschäftigte (BT-Drs 13/688 S 9). Mit Gesetzesänderung vom 24.3.1999 (BGBl I S 388, 393) wurde der Anwendungsbereich um Tätigkeiten mit einer jährlichen Gesamtstundenzahl unter 400 und hauswirtschaftliche, erzieherische oder pflegerische Tätigkeiten in einem Familienhaushalt iR einer geringfügigen Beschäftigung erweitert. Nicht unter den AN-Begriff fallen zB die in einem öffentl-rechtlichen Dienstverhältnis Beschäftigten, insb Beamte, Richter, Soldaten, Strafgefangene und mithelfende Familienangehörige, sofern sie aufgrund der familienrechtlichen Beziehung tätig werden (vgl zum AN-Begriff § 6 GewO Rdn 21, 28 ff).

2 Arbeitnehmerähnliche Personen können keine Rechte aus dem NachwG herleiten. Denn der Gesetzgeber hat anders als in einigen Schutzgesetzen keine ausdrückliche Erstreckung vorgesehen (LAG Köln 7.1.2000 – 11 Sa 510/99, ZTR 2000, 515).

3 Für die Berufsausbildungsverhältnisse iSd § 3 BBiG, die Leiharbeitsverhältnisse iSd § 1 AÜG sowie Heuerverhältnisse iSd § 3 SeemG sind die bereits bestehenden spezialgesetzlichen Regelungen an die Vorgaben der Nachweis-RL angepasst worden (BT-Drs 13/688 S 9). Mit Wirkung vom 16.8.2014 (Tarifautonomiestärkungsgesetz) sind auch Praktikanten erfasst.

4 **II. AG.** Das NachwG gilt für jeden AG unabhängig davon, wie viele AN er beschäftigt (*Melms/Weck* RdA 2006, 171).

5 **B. Ausnahme.** Das NachwG ist nicht auf Arbeitsverhältnisse anzuwenden, die nur zur **vorübergehenden Aushilfe** von höchstens 1 Monat abgeschlossen werden. Für die Auslegung des Begriffs vorübergehende Aushilfe kann auf die Deutung von § 622 V 1 Nr 1 BGB zurückgegriffen werden. Ein Aushilfsverhältnis ist ein Arbeitsverhältnis, das von vornherein nicht auf Dauer begründet wird, sondern zu dem Zweck einen vorübergehenden Bedarf an Arbeitskräften abzudecken (LAG Köln 1.12.2000, 11 Sa 1147/00, LAGE § 448 ZPO Nr 4). Wie sich aus der Formulierung »es sei denn« ergibt, ist die Beweislast für das Vorliegen eines vorübergehenden Aushilfsverhältnisses umgekehrt. Der AG trägt die Beweislast.

§ 2 Nachweispflicht

(1) ¹Der Arbeitgeber hat spätestens einen Monat nach dem vereinbarten Beginn des Arbeitsverhältnisses die wesentlichen Vertragsbedingungen schriftlich niederzulegen, die Niederschrift zu unterzeichnen und dem Arbeitnehmer auszuhändigen. ²In die Niederschrift sind mindestens aufzunehmen:
1. der Name und die Anschrift der Vertragsparteien,
2. der Zeitpunkt des Beginns des Arbeitsverhältnisses,
3. bei befristeten Arbeitsverhältnissen: die vorhersehbare Dauer des Arbeitsverhältnisses,
4. der Arbeitsort oder, falls der Arbeitnehmer nicht nur an einem bestimmten Arbeitsort tätig sein soll, ein Hinweis darauf, dass der Arbeitnehmer an verschiedenen Orten beschäftigt werden kann,
5. eine kurze Charakterisierung oder Beschreibung der vom Arbeitnehmer zu leistenden Tätigkeit,
6. die Zusammensetzung und die Höhe des Arbeitsentgelts einschließlich der Zuschläge, der Zulagen, Prämien und Sonderzahlungen sowie anderer Bestandteile des Arbeitsentgelts und deren Fälligkeit,
7. die vereinbarte Arbeitszeit,
8. die Dauer des jährlichen Erholungsurlaubs,
9. die Fristen für die Kündigung des Arbeitsverhältnisses,
10. ein in allgemeiner Form gehaltener Hinweis auf die Tarifverträge, Betriebs- oder Dienstvereinbarungen, die auf das Arbeitsverhältnis anzuwenden sind.

³Der Nachweis der wesentlichen Vertragsbedingungen in elektronischer Form ist ausgeschlossen. ⁴Bei Arbeitnehmern, die eine geringfügige Beschäftigung nach § 8 Abs. 1 Nr. 1 des Vierten Buches Sozialgesetzbuch ausüben, ist außerdem der Hinweis aufzunehmen, dass der Arbeitnehmer in der gesetzlichen Rentenversicherung die Stellung eines versicherungspflichtigen Arbeitnehmers erwerben kann, wenn er nach § 5 Abs. 2 Satz 2 des Sechsten Buches Sozialgesetzbuch auf die Versicherungsfreiheit durch Erklärung gegenüber dem Arbeitgeber verzichtet.

(1a) ¹Wer einen Praktikanten einstellt, hat unverzüglich nach Abschluss des Praktikumsvertrages, spätestens vor Aufnahme der Praktikantentätigkeit, die wesentlichen Vertragsbedingungen schriftlich niederzulegen, die Niederschrift zu unterzeichnen und dem Praktikanten auszuhändigen. ²In die Niederschrift sind mindestens aufzunehmen:
1. der Name und die Anschrift der Vertragsparteien,
2. die mit dem Praktikum verfolgten Lern- und Ausbildungsziele,
3. Beginn und Dauer des Praktikums,
4. Dauer der regelmäßigen täglichen Praktikumszeit,
5. Zahlung und Höhe der Vergütung,
6. Dauer des Urlaubs,
7. ein in allgemeiner Form gehaltener Hinweis auf die Tarifverträge, Betriebs- oder Dienstvereinbarungen, die auf das Praktikumsverhältnis anzuwenden sind.

³Absatz 1 Satz 3 gilt entsprechend.

(2) Hat der Arbeitnehmer seine Arbeitsleistung länger als einen Monat außerhalb der Bundesrepublik Deutschland zu erbringen, so muss die Niederschrift dem Arbeitnehmer vor seiner Abreise ausgehändigt werden und folgende zusätzliche Angaben enthalten:
1. die Dauer der im Ausland auszuübenden Tätigkeit,
2. die Währung, in der das Arbeitsentgelt ausgezahlt wird,
3. ein zusätzliches mit dem Auslandsaufenthalt verbundenes Arbeitsentgelt und damit verbundene zusätzliche Sachleistungen,
4. die vereinbarten Bedingungen für die Rückkehr des Arbeitnehmers.

(3) ¹Die Angaben nach Abs. 1 Satz 2 Nr. 6 bis 9 und Abs. 2 Nr. 2 und 3 können ersetzt werden durch einen Hinweis auf die einschlägigen Tarifverträge, Betriebs- oder Dienstvereinbarungen und ähnlichen Regelungen, die für das Arbeitsverhältnis gelten. ²Ist in den Fällen des Abs. 1 Satz 2 Nr 8 und 9 die jeweilige gesetzliche Regelung maßgebend, so kann hierauf verwiesen werden.

(4) Wenn dem Arbeitnehmer ein schriftlicher Arbeitsvertrag ausgehändigt worden ist, entfällt die Verpflichtung nach den Abs. 1 und 2, soweit der Vertrag die in den Abs. 1 bis 3 geforderten Angaben enthält.

Übersicht	Rdn.		Rdn.
A. Entstehungsgeschichte	1	III. Frist	7
B. Regelungsziel	2	IV. Mindestkatalog (I 2 und 4)	9
C. Tatbestand (I)	3	1. Vertragsparteien (Nr 1)	10
I. Wesentliche Vertragsbedingungen	3	2. Beginn des Arbeitsverhältnisses (Nr 2) . . .	12
II. Aushändigung der Niederschrift	5	3. Dauer der Befristung (Nr 3)	13

4. Arbeitsort (Nr 4)	14		12. Nachweispflicht bei Auslandseinsatz (II)	27
5. Tätigkeitsbeschreibung (Nr 5)	15	D.	**Teilersetzung durch Verweisung (III)**	28
6. Arbeitsentgelt (Nr 6)	17	I.	Umfang der Ersetzungsmöglichkeit	28
7. Arbeitszeit (Nr 7)	20	II.	Bezugnahmeobjekt	33
8. Urlaub (Nr 8)	22		1. Tarifverträge	33
9. Kündigungsfristen (Nr 9)	23		2. Betriebs- und Dienstvereinbarungen	34
10. Hinweis auf kollektivrechtliche Regelungen (Nr 10)	24		3. Ähnliche Regelungen	35
11. Rentenversicherung bei geringfügiger Beschäftigung (I 4)	26		4. Gesetz	37
		E.	**Ausnahme (IV)**	38
		F.	**Erlöschen der Nachweispflicht**	39

1 **A. Entstehungsgeschichte.** Durch Gesetz vom 29.6.1998 (BGBl I S 1694) wurde der vom EuGH als europarechtswidrig erklärte I Nr 5 aF angepasst. Die bes Nachweispflicht für geringfügig Beschäftigte nach I 4 wurde durch Gesetz vom 24.3.1999 (BGBl I S 388, 393) nachträglich eingefügt.

2 **B. Regelungsziel.** § 2 verpflichtet den AG **zwingend** zur schriftlichen Fixierung der wesentlichen Vertragsbedingungen. Die Vorschrift enthält jedoch **kein konstitutives Schriftformerfordernis** iSd § 125 BGB, sondern hat **ausschließlich deklaratorischen Charakter** (BT-Drs 13/668 S 10). § 2 umfasst den Mindestkern des Rechte und Pflichtengefüges des Arbeitsvertrages. Demgemäß entfällt die Nachweispflicht, wenn dem AN ein Arbeitsvertrag ausgehändigt wurde, der bereits sämtliche erforderliche Angaben enthält, § 2 IV. Die Regelung intendiert nicht, schriftliche Arbeitsverträge zu reduzieren, sondern versucht dafür Sorge zu tragen, dass die Vereinbarungen zumindest die wesentlichen Bedingungen enthalten (ErfK/*Preis* Rn 2). Der AG ist im Zusammspiel mit dem AÜG **nicht verpflichtet**, einem LeihAN das Entgelt eines mit diesem vergleichbaren Stammmitarbeiters nach den Versicherungen gem §§ 2, 3 NachwG mitzuteilen (BAG 25.3.2015, 5 AZR 368/13, NZA 2015, 877; LAG Nds 13.12.2013, 6 Sa 1324/12, JurionRS 2013, 54288).

3 **C. Tatbestand (I).** **I. Wesentliche Vertragsbedingungen.** Die wesentlichen Vertragsbedingungen gem § 2 I 1 sind in S 2 beispielhaft aufgeführt. Die Bsp sind als **Mindestkatalog** zu verstehen. Weitere wesentliche, der Nachweispflicht unterliegende Vertragsbedingungen sind denkbar (BAG 23.1.2002, 4 AZR 56/01, EzA § 2 NachwG Nr 3). Dabei ist unerheblich, ob die Bedingungen im Einzel- oder Kollektivvertrag geregelt sind. Es muss sich indes um Vertragsbedingungen aus dem Arbeitsverhältnis zwischen AG und AN handeln. Daher ist der Vertragsarbeitgeber als Verleiher nicht verpflichtet, wesentliche Arbeitsbedingungen des Entleiherbetriebes nachzuweisen. Eine solche Pflicht ergibt sich auch nicht aus den ergänzenden Vorschriften nach § 11 II 2 AÜG (BAG 23.3.2011, 5 AZR 7/10, NZA 2011, 850; LAG Nds 13.12.2013, 6 Sa 1324/12, JurionRS 2013, 54288).

4 Bislang ungeklärt ist die Auslegung der »wesentlichen« Vertragsbedingung. ZT wird anhand eines objektiven Maßstabs darauf abgestellt, ob die Bedingung üblicherweise in Arbeitsverträgen bestimmter AN vereinbart werden (so LAG Nds 7.12.2000, 10 Sa 1505/00, LAGE § 8 TVG Nr 1; *Bepler* ZTR 2001, 241, 243; ErfK/*Preis* Rn 8 mwN). Dagegen spricht jedoch, dass nicht alles, was üblich ist, zugleich wesentlich ist und umgekehrt. Überzeugender ist es vor dem Hintergrund von Sinn und Zweck des NachwG subjektiv auf die Interessen des AN abzustellen (*Linde/Lindemann* NZA 2003, 649, 650 mwN; HWK/*Kliemt* Rn 3). **Wesentlich** ist eine Vertragsbedingung demnach, wenn deren Kenntnis für den AN zur Geltendmachung seiner Rechte notwendig ist und deren Unkenntnis zu erheblichen Nachteilen führen kann. Je schwerer der AN voraussichtlich von einer dem AG günstigen Vereinbarung betroffen ist, desto eher kann man vom AG erwarten, dass er diese Vertragsbedingung schriftlich fixiert. Dies trifft insb auf Abreden hins Überstunden, Mankoleistung, Haftung, Nebentätigkeiten und nachvertraglicher Wettbewerbsverbote (Schriftformerfordernis bereits nach § 74 HGB) und vertraglicher Ausschlussfristen (BAG 23.1.2002, EzA § 2 NachwG Nr 3) zu. Bei Ausschlussfristen ist zu beachten, dass der individualvertragliche Verweis auf den einbezogenen TV der Nachweispflicht genügt (vgl Rdn 25). Stehen vertragliche Vereinbarungen im Zusammenhang mit den Hauptpflichten aus dem Arbeitsverhältnis, ist es ratsam, diese in die Niederschrift aufzunehmen.

5 **II. Aushändigung der Niederschrift.** Der AG muss dem AN die **unterzeichnete Niederschrift aushändigen**. Es handelt sich um eine rechtsgeschäftsähnliche Handlung, auf die die allg Regelungen über Willenserklärungen und deren Zugang entspr Anwendung finden (ErfK/*Preis* Rn 3). Die Unterschrift muss gem § 126 BGB **eigenhändig** durch den AG oder seinen Vertreter (zB Personalleiter) erfolgen. Nicht ausreichend ist ein Faksimile-Stempel (*Birk* NZA 1996, 281, 287). Auch der Nachtrag einer bislang im Nachw fehlenden wesentlichen Vertragsbedingung muss in der Form des § 2 I 1 erteilt werden (aA LAG Nds 26.7.2001, 7 Sa 1813/00, NZA-RR 2002, 118, welches eine Kopie mit den zu vervollständigenden Angaben als ausreichend angesehen hat). Die Niederschrift ist dem AN sodann zukommen zu lassen, sodass sie in seinen **Besitz** gelangt. Nach S 3 ist die elektronische Form iSv § 126a BGB ausdrücklich ausgeschlossen. Eine Übersendung per E-Mail oder Fax ist nicht ausreichend. In Anlehnung an die Zeugniserteilung ist der Erfüllungsort der Betriebssitz.

Anders als bei Leih-AN nach § 11 II 2 AÜG lässt sich für ausländische Beschäftigte aus dem NachwG kein Recht auf Nachweiserteilung in der Muttersprache entnehmen (vgl ABlEG C 240 vom 16.9.1991, S 21). 6

III. Frist. Die Niederschrift muss **spätestens 1 Monat nach** dem **vereinbarten Beginn des Arbeitsverhältnisses** ausgehändigt werden. Damit ist der Zeitpunkt des Vertragsschlusses und ggf der Beginn der tatsächlichen Beschäftigung unbeachtlich. Der vereinbarte Beginn des Arbeitsverhältnisses und der Zeitpunkt der tatsächlichen Arbeitsaufnahme können bspw wegen Krankheit oder eines gesetzlichen Feiertags auseinanderfallen. Die Fristberechnung orientiert sich an §§ 186 ff BGB. Für nachträgliche Änderungen kommt es für den Fristbeginn auf das Wirksamwerden der Änderung an (vgl § 3 Rdn 3). Die Frist bei bereits bestehendem Arbeitsverhältnis richtet sich nach § 4 S 1 (vgl dort Rdn 5). **Keine Regelung** trifft das Gesetz für die Fälle, in denen das Arbeitsverhältnis zunächst nicht in den Anwendungsbereich nach § 1 fällt. Interessengerecht erscheint es hier in dem nachträglichen Erfüllen des Anwendungsbereichs eine Änderung der wesentlichen Vertragsbedingungen zu sehen und somit § 3 entspr heranzuziehen (aA HWK/*Kliemt* Rn 10, mwN, wonach die Nachweispflicht sofort mit Erfüllen der Anwendungsvoraussetzungen eintritt, sofern das Arbeitsverhältnis ununterbrochen 1 Monat bestanden hat). 7

Die oftmals in Tarifverträgen vorgesehene Verpflichtung des AG, den schriftlichen Arbeitsvertrag unverzüglich auszuhändigen, geht dem NachwG vor (*Feldgen* Rn 221). 8

IV. Mindestkatalog (I 2 und 4). § 2 I 2 enthält eine Konkretisierung der wesentlichen Vertragsbedingungen. Mit Wirkung vom 16.8.2014 (Tarifautonomiestärkungsgesetz) ist ein solcher Katalog auch für Praktikantenverhältnisse (Ia), jedoch mit eingeschränktem Inhalt, aufgenommen. Vor dem Hintergrund der prozessualen Bedeutung des Nachw als Urkunde ist bei der Erstellung ebenso viel Sorgfalt geboten wie bei einem schriftlichen Arbeitsvertrag. Die Niederschrift muss mindestens folgende Angaben enthalten: 9

1. Vertragsparteien (Nr 1). Der Nachw muss den **Namen** und die Anschrift der Vertragsparteien enthalten. Dadurch soll der AN über die eindeutige Identität des AG in Kenntnis gesetzt werden. Unklarheiten über den Vertragspartner führen zu einer erleichterten Beweislast des AN (LAG Köln 9.1.1998, 11 Sa 155/97, LAGE § 2 NachwG Nr 4; Vorb Rdn 16 ff). Enthält der Arbeitsvertrag keinen Hinweis dahin gehend, dass ein anderer als der Unterzeichner AG sein soll, kommt es im Zweifel zur AG-Stellung desjenigen, der den Vertrag unterzeichnet hat (LAG Köln, 14.3.2007, NZA-RR 2007, 570, 571). Die Verpflichtung zur Angabe der Rechtsform ergibt sich aus § 4 GmbHG, § 4 AktG, § 7 PartGG, §§ 17 ff HGB. Mit der Anerkennung der Teilrechtsfähigkeit der GbR (BAG 1.12.2004, 5 AZR 597/03, EzA § 50 ZPO 2002 Nr 3) ist es nun nicht mehr erforderlich, dass der Nachw die einzelnen Gesellschafter einzeln aufführt. Name und Anschrift der GbR sind ausreichend. Hilfreich, aber nicht notwendig ist die Angabe von Geburtsort und -datum. Bes Bedeutung hat die Angabe der Vertragspartner bei Betriebsübergängen und Umwandlungen, § 3 iVm § 2 I. 10

Die Anschrift umfasst die Daten, welche für eine Zustellung benötigt werden (HWK/*Kliemt* Rn 16). Vor dem Hintergrund, dass bei einem Postfach nicht per Bote zugestellt werden kann, genügt diese Angabe nicht. Die Anschrift einer natürlichen Person ist der Ort des regelmäßigen Aufenthaltes, während beim AG die Betriebsstätte der Personalverwaltung anzugeben ist. 11

2. Beginn des Arbeitsverhältnisses (Nr 2). Der Zeitpunkt des Beginns des Arbeitsverhältnisses bezeichnet den Beginn der Vertragslaufzeit. Nicht gemeint ist der Zeitpunkt des Vertragsschlusses oder die tatsächliche Arbeitsaufnahme. 12

3. Dauer der Befristung (Nr 3). Aus dem Nachw muss hervorgehen, ob es sich um ein befristetes oder unbefristetes Arbeitsverhältnis handelt. Bei befristeten Arbeitsverhältnissen ist die vorhersehbare Dauer des Vertragsverhältnisses in Form einer konkreten Zeitbestimmung, eines Zwecks oder einer auflösenden Bedingung anzugeben (BT-Drs 13/668 S 10). Der Befristungsgrund ist nur bei Zweckbefristung erforderlich. Mit Inkrafttreten des TzBfG zum 1.1.2001 ist Nr 3 überflüssig geworden. § 14 IV TzBfG enthält für jede Zeit- oder Zweckbefristung ein konstitutives Schriftformerfordernis und verdrängt insoweit als speziellere Vorschrift das NachwG. 13

4. Arbeitsort (Nr 4). Nr 4 sieht die Angabe der räumlichen Lage des Betriebsteils oder des Betriebes vor, in dem der AN seine Leistungshandlung zu erbringen hat, und ggf den Hinweis auf verschiedene Leistungsorte (zum Leistungsort vgl Anm zu § 611 BGB). Ausreichend sind Bezeichnungen wie »Werk Berlin« oder die Angabe der politischen Gemeinde iSv Art 28 II GG. Die Angabe des Arbeitsortes ist für beide Vertragsparteien 14 von großer Bedeutung. Denn die Festlegung des Arbeitsortes ist gleichzeitig die Grenze des Direktionsrechts und ggf der Sozialauswahl iR einer betriebsbedingten Kdg. Sofern ein bestimmter Leistungsort vereinbart ist, kann der AG nur mithilfe einer Änderungskündigung die Beschäftigung an einem anderen Ort erreichen. Eine vereinbarte Versetzungsklausel muss demnach auch in der Niederschrift angegeben werden.

15 **5. Tätigkeitsbeschreibung (Nr 5).** Weiter ist eine **kurze Charakterisierung oder Beschreibung der hauptsächlichen Tätigkeit** gefordert. Hierbei ist zu beachten, dass die Tätigkeitsbeschreibung Konsequenzen für die tarifliche Eingruppierung, das Direktionsrecht und die Sozialauswahl haben kann. Der **EuGH** (4.12.1997, C-253–258/96, EzA § 2 NachwG Nr 1) hat die Anforderungen an die Tätigkeitsbeschreibung konkretisiert: Die bloße Berufsbezeichnung wie bspw Maurer, Programmierer genügt nicht in allen Fällen. Vertragliche Vereinbarungen sind so konkret wie möglich anzugeben. Mangels konkreter Absprachen kann auch der allg Aufgabenbereich (zB Maler- oder Reinigungsarbeiten) ausreichen (*Müller-Glöge* RdA 2001, 46, 48).

16 Im öffentl Dienst lässt das BAG bereits eine dem AN übergebene Arbeitsplatz- oder Stellenbeschreibung als Nachw ausreichen. Der Nachw kann auch in einer Stellenausschreibung enthalten sein. In diesen Fällen besteht nach Ansicht des BAG keine Verpflichtung des AG, den Nachw durch Angabe der Vergütungs- und Fallgruppe zu führen (BAG 8.6.2005, 4 AZR 406/04, EzA § 2 NachwG Nr 7; aA ErfK/*Preis* Rn 16; HWK/*Kliemt* Rn 26 wonach es einer präzisen Eingruppierung nach Vergütungs- und Tätigkeitsmerkmalen bedarf).

17 **6. Arbeitsentgelt (Nr 6).** Der Nachw muss detaillierte Angaben zur **Zusammensetzung, Höhe und Fälligkeit** des Arbeitsentgelts enthalten, einschl Überstunden-, Sonn- und Feiertagszuschlägen, Gratifikationen, Leistungs-, Erschwernis-, und Funktionszulagen, Prämien, Auslösung, Provision und Tantiemen sowie entgeltwirksame Leistungen etwa aus betrieblicher Altersversorgung und vermögenswirksamer Leistung (BT-Drs 13/668 S 10). Die Angabe muss geeignet sein, die Höhe des Arbeitsentgeltes des AN abschließend zu bestimmen (LAG Hessen 29.1.2002, 7 Sa 836/01, BeckRS 2002, Nr 30448607). **Betriebliche Übungen** sind von der Fixierung nicht ausgeschlossen. Änderungen der Vergütungsregelung sind gem § 3 ebenfalls schriftlich mitzuteilen. Da der Ursprung der Verpflichtung unbeachtlich ist, ist auch die sich aus § 614 S 1 BGB ergebende Fälligkeitsregelung niederzulegen.

18 Umfasst sind auch »**freiwillige**« Leistungen (*Preis/Sagan* NZA 2012, 697). Vor dem Hintergrund der Beweiskraft des Nachw hat der AG hierbei darauf zu achten, dass mündliche Widerrufs- und Freiwilligkeitsvorbehalte in die Mitteilung aufgenommen werden (so auch *Melms/Weck* RdA 2006, 171, 172). Variable Gehaltsanteile, die von einer vom AG vorgegebenen Zielerreichung abhängig sind, bedürfen ebenfalls eines eindeutigen Nachw. Ansonsten kommt dem AN eine Erleichterung der Darlegungslast nach dem Rechtsgedanken des § 305c II BGB und § 2 I zugute. Wenn der AG keine Ziele vorgibt, kann der AN nur dann Ansprüche geltend machen, wenn er darlegt, welche Ziele der AG hätte festlegen müssen und dass er selbst diese Ziele auch erreicht hätte (LAG Hessen 29.1.2002, 7 Sa 836/01, JurionRS 2002, 10636).

19 Die Angabe kann nach § 2 III durch einen qualifizierten Hinweis auf eine Kollektivvereinbarung ersetzt werden (vgl Rdn 28 ff). Für die Vergütung im öffentl Dienst ist die Angabe des für die Vergütung maßgebenden Eingruppierungsmerkmals nicht erforderlich (BAG 8.6.2005, 4 AZR 406/04, EzA § 2 NachwG Nr 7).

20 **7. Arbeitszeit (Nr 7).** Erforderlich ist die Angabe der Tages- und Wochenarbeitszeit. Nicht die Fixierung der Lage (ebenso *Müller-Glöge* RdA 2001, Sonderbeilage S 46, 48; aA HWK/*Kliemt* Rn 34), sondern lediglich der Dauer der Regelarbeitszeit oder bei flexiblen Arbeitszeiten der durchschnittlichen Wochenarbeitszeit ist geboten. Ein vertraglich vereinbartes, einseitiges Leistungsbestimmungsrecht des AG über die wöchentliche Dauer der Arbeitszeit ist unwirksam (ArbG Bielefeld 25.6.2008, 3 Ca 1263/08, JurionRS 2008, 34742). **Überstunden und Kurzarbeit**, welche ihrer Natur nach außerhalb der Arbeitszeit abgeleistet werden, sind nicht umfasst (EuGH 8.2.2001, C-350/99, EzA § 2 NachwG Nr 2). Allerdings zählen diese zu den wesentlichen Vertragsbedingungen iSd § 2 I 1 und sind daher in die Niederschrift aufzunehmen. Vor allem bei komplexen Vereinbarungen empfiehlt sich ein Verweis gem § 2 III.

21 Eine Vereinbarung mit dem Inhalt, die Arbeitszeit bestimme sich nach dem Arbeitsanfall, wobei der AN nur die tatsächlich geleisteten Arbeitsstunden bezahlt bekomme, ist wegen Umgehung des Kündigungsschutzes nach § 134 BGB unwirksam. Der AN hat dann einen Anspruch auf Zuweisung von Arbeit und Vergütung in bisheriger Menge und Umfang (LAG Nürnberg 17.2.2004, 6 Sa 325/02, JurionRS 2004, 17493).

22 **8. Urlaub (Nr 8).** Die Bestimmung schreibt die Angabe der Dauer des jährlichen Erholungsurlaubs vor. Die Niederschrift der Urlaubsgewährungsmodalitäten oder von Sonderbeurlaubungen (zB bei Heirat, Geburt, Umzug, Ausübung staatsbürgerlicher Rechte und Pflichten) ist nicht erforderlich (HWK/*Kliemt* Rn 36). Ist eine Staffelung mit Anknüpfung an die Betriebszugehörigkeit vereinbart, ist auch diese niederzulegen. Gem § 2 III besteht die Möglichkeit, die Angaben durch Verweis auf gesetzliche (zB § 3 BUrlG, § 19 JArbSchG, § 125 SGB IX) oder kollektivvertragliche Vorschriften zu ersetzen.

9. **Kündigungsfristen (Nr 9).** Der Mindestkatalog umfasst auch die Angabe der vom AN und AG einzu- 23
haltenden Fristen für die Kdg des Arbeitsverhältnisses. Bestehen keine bes Vereinbarungen, bietet sich ein
Verweis gem § 2 III auf die gesetzlichen Vorschriften in § 622 BGB und ggf § 22 BBiG, § 86 SGB IX, § 29
III HAG, § 63 SeemG, etc an.

10. **Hinweis auf kollektivrechtliche Regelungen (Nr 10).** Schließlich muss in der Niederschrift ein in 24
allg Form gehaltener Hinweis auf TV, BV und Dienstvereinbarungen enthalten sein, die auf das Arbeitsverhältnis anzuwenden sind. Unbeachtlich ist der **Rechtsgrund** für die Anwendung oder Geltung der
Kollektivvereinbarungen (eingeschränkt ErfK/*Preis* Rn 24; *Bunte* RdA 2009, 21, 22). Dh die Bestimmung
umfasst nicht nur TV, die aufgrund beidseitiger Tarifbindung unmittelbar und zwingend wirken, sondern
auch solche, die aufgrund betrieblicher Übung, Bezugnahme oder Allgemeinverbindlichkeitserklärung gem
§ 5 IV TVG anzuwenden sind. Hintergrund ist ua, dass es selbst bei Geltung zwingender Gesetze eines
Nachw bedarf, vgl § 2 III 2 (BAG 5.11.2003, 5 AZR 676/02, EzA § 2 NachwG Nr 6).
Nach dem Wortlaut der Vorschrift ist eine detaillierte Bezeichnung aller auf das Arbeitsverhältnis anwend- 25
baren Kollektivvereinbarungen nicht erforderlich. Ausreichend wäre demnach eine Mitteilung wie »Im
Übrigen finden auf das Arbeitsverhältnis die einschlägigen TV sowie BV Anwendung«. Mit Hinblick auf
den Wortlaut der dem Gesetz zugrunde liegenden Nachweis-RL (vgl. ABlEG 18.10.1991, L 288/33) ist
mE jedoch eine richtlinienkonforme Auslegung dahin gehend vorzunehmen, dass die konkrete Angabe der
einzelnen kollektivrechtlichen Regelwerke einschl des fachlichen u räumlichen Geltungsbereichs im Nachweis aufzunehmen ist (so auch HWK/*Kliemt* Rn 40; LAG München 23.10.2008, 3 Sa 513/08, JurionRS
2008, 25895). Darüber hinaus lässt sich dem Wortlaut entnehmen, dass es **keiner Einzelnachweise** der
in den Kollektivvereinbarungen geregelten Angaben bedarf. Dies gilt auch für weitere wesentliche Vertragsbedingungen iSd § 2 I 1. Somit muss zB nicht auf **tarifliche Ausschlussfristen** gesondert hingewiesen
werden (BAG 5.11.2003, 5 AZR 676/02, EzA § 2 NachwG Nr 6; *Bepler* ZTR 2001, 241, 243 ff; aA ErfK/
Preis Rn 25 mwN; *Linde/Lindemann* NZA 2003, 649, 654 ff, die einen qualifizierten Hinweis gem § 2 III
analog fordern). Denn der Aufstellung in § 2 I 2 Nr 1 bis 9 sowie Nr 10 und III ist eine Privilegierung
kollektivrechtlich geregelter Vertragsbedingungen zu entnehmen, die auch für weitere wesentliche Vertragsbedingungen gelten muss (BAG 17.4.2002, 5 AZR 89/01, EzA § 2 NachwG Nr 5). Vor dem Hintergrund
der Pflicht des AG, kollektivvertragliche Regelungen im Betrieb auszulegen, kann von dem AN erwartet
werden, sich über den Inhalt der auf sein Arbeitsverhältnis anwendbaren Kollektivverträge in zumutbarer
Weise selbst zu informieren.

11. **Rentenversicherung bei geringfügiger Beschäftigung (I 4).** Mit Gesetz vom 24.3.1999 (BGBl 26
I S 388, 393) wurde die Pflicht des AG eingeführt, im Nachw von geringfügig Beschäftigten iSd § 8 I
Nr 1 SGB IV einen Hinweis aufzunehmen, dass der AN in der gesetzlichen Rentenversicherung die Stellung
eines versicherungspflichtigen AN durch Verzichtserklärung bzgl seiner Versicherungsfreiheit (§ 5 II 2 SGB
VI) erwerben kann. Beachtlich ist, dass dem AG hiermit eine der Sozialversicherung obliegende Beratungspflicht iSd §§ 13–15 SGB I übertragen wird. Bei Verletzung der Hinweispflicht sind Schadensersatzansprüche nach § 280 I BGB denkbar (vgl Vorb Rdn 16 ff). Allerdings muss der AN darlegen und beweisen, dass
er bei ordnungsgemäßer Unterrichtung tatsächlich auf die Versicherungsfreiheit verzichtet hätte.

12. **Nachweispflicht bei Auslandseinsatz (II).** § 2 II sieht zusätzliche Mindestangaben für AN vor, die 27
länger als 1 Monat außerhalb von Deutschland beschäftigt werden, und bestimmt eine **Aushändigung** noch
vor der Abreise. Dazu gehört die Dauer der im Ausland auszuübenden Tätigkeit (Nr 1), die Währung, in
der das Arbeitsentgelt ausgezahlt wird (Nr 2), ein zusätzliches mit dem Auslandsaufenthalt verbundenes
Arbeitsentgelt und damit verbundene zusätzliche Sachleistungen (Nr 3) und die vereinbarten Bedingungen für die Rückkehr des AN (Nr 4) (näher s HWK/*Kliemt* Rn 49). Während die Angaben in Nr 1 und 2
zwingend sind, kommen die Regelungsgegenstände der Nr 3 und 4 nur bei vorliegender Parteivereinbarung
in Betracht. Eine Negativbescheinigung ist bei Letzteren nicht erforderlich (wie hier ErfK/*Preis* Rn 32; aA
HWK/*Kliemt* Rn 50 mwN).

D. **Teilersetzung durch Verweisung (III).** I. Umfang der Ersetzungsmöglichkeit. Nach § 2 III kön- 28
nen bestimmte Einzelangaben **durch den Hinweis auf die einschlägigen TV, BV, Dienstvereinbarungen,
ähnliche Regelungen** (S 1) **und gesetzlichen Vorschriften** (S 2) ersetzt werden. Hins kollektivrechtlicher
Vorschriften sind Angaben in Bezug auf Fragen des Arbeitsentgelts, der Arbeitszeit, des Urlaubs und der Kdg
(§ 2 I 2 Nr 6–9, II Nr 2, 3) umfasst. In S 2 wird der Verweis auf die jeweils gültigen gesetzlichen Urlaubs-
und Kündigungsfristregelungen ermöglicht. Sinn und Zweck der Norm ist die wesentliche Erleichterung
der praktischen Handhabung der Nachweispflicht (BT-Drs 13/668 S 11).

29 Anders als § 2 II 2 Nr 10, der einen allg gehaltenen Hinweis auf die Kollektivvereinbarungen genügen lässt, muss der **qualifizierte Hinweis** gem III die Vertragsbedingung und den einschlägigen Kollektivvertrag oder das Gesetz iR einer Einzelauflistung benennen. Dabei muss durch Angabe des Tarifgebiets und der Branche ein TV so genau bezeichnet sein, dass er unter mehreren vom AN zweifelsfrei identifiziert werden kann. Nicht erforderlich ist jedoch die Wiedergabe des Inhalts. Die einzelnen Regelungen der Kollektivvereinbarung müssen nicht genannt werden (BT-Drs 13/668 S 11; aA LAG Schl-Holst 8.2.2000, 1 Sa 563/99, LAGE § 2 Nr 8). Der Hinweis könnte wie folgt lauten: »Die Arbeitszeiten/Der Urlaubsanspruch richten sich nach dem Tarifvertrag XY mit dem fachlichen und räumlichen Geltungsbereich AB.« Kollektivvereinbarungen sind »**einschlägig**«, wenn sie aufgrund Tarifgebundenheit, Allgemeinverbindlichkeit oder einzelvertraglicher Vereinbarung für die Vertragspartner gelten (BAG 23.1.2002, 4 AZR 56/01, EzA § 2 NachwG Nr 3). Aus dem Hinweis muss bei vereinbarter Bezugnahme auf die kollektivrechtliche Regelung eindeutig hervorgehen, ob es sich um eine **statische oder dynamische Verweisung** handelt (BAG 30.8.2000, 4 AZR 581/99, EzA § 3 TVG Bezugnahme auf Tarifvertrag Nr 13).

30 Neben § 2 I 2 Nr 10, III sowie § 3 S 2 ist auch III eine Privilegierung gesetzlich und kollektivrechtlich geregelter Vertragsbedingungen zu entnehmen (BAG 17.4.2002, 5 AZR 89/01, EzA § 2 NachwG Nr 5). Daraus folgert die Rspr, dass für weitere, nicht ausdrücklich in § 2 I 2 aufgeführte, wesentliche Vertragsbedingungen ein Hinweis nach § 2 III analog ausreicht, um die Nachweispflicht zu erfüllen (EuGH 8.2.2001, C-350/99, EzA § 2 NachwG Nr 2).

31 Das BAG konnte bislang offen lassen, ob der AG verpflichtet ist, die kollektivrechtlichen Bestimmungen und Kollektivvereinbarungen im Betrieb auszulegen, auf die arbeitsvertraglich Bezug genommen worden ist. Denn die Verletzung der **Auslegungspflicht** führt weder zur Unanwendbarkeit der kollektivrechtlichen Norm noch zu einem Schadensersatzanspruch (vgl BAG 23.1.2002, 4 AZR 56/01, EzA § 2 NachwG Nr 3; aA ErfK/*Preis* Rn 38).

32 Die Ersetzungsmöglichkeit wird ergänzt durch § 3 S 2, der die **Nachweispflicht bei Änderungen** der wesentlichen Vertragsbedingungen beschränkt. Eine Nachweispflicht bei einer Änderung kollektivrechtlicher und gesetzlicher Bestimmungen besteht danach nicht.

33 **II. Bezugnahmeobjekt. 1. Tarifverträge.** TV sind in der Praxis die wichtigsten einzelvertraglichen Bezugnahmeobjekte. Vor dem Hintergrund, dass oft komplexe Arbeitsentgelt- und Arbeitszeitregelungen mit Bezugnahme auf TV vereinbart werden, stellt die Hinweismöglichkeit eine erhebliche Erleichterung dar. Ratsam ist die Vereinbarung dynamischer Verweise auf die Regelungen des jeweils gültigen TV.

34 **2. Betriebs- und Dienstvereinbarungen.** Auch der Hinweis auf BV und Dienstvereinbarungen lässt die Nachweispflicht entfallen. In BV finden sich häufig Regelungen zu zusätzlichen Arbeitsentgelten und zur Dauer der Arbeitszeit. Durch die Bezugnahme auf BV mit entspr Hinweis nach § 2 III erlangt die BV jedoch keine unmittelbare und zwingende Wirkung.

35 **3. Ähnliche Regelungen.** Die Bezugnahme kann auch auf »ähnliche Regelungen« erfolgen. Hierunter fallen insb Arbeitsvertrags-RL im kirchlichen Bereich, die nicht in jeder Hinsicht den TV, BV und Dienstvereinbarungen gleichgestellt sind (ErfK/*Preis* Rn 41). Kirchliche, karitative und erzieherische Einrichtungen sollen so vor übermäßigem bürokratischen Aufwand bewahrt werden (BT-Drs 13/1753 S 13).

36 Ungeklärt ist, ob Bezugnahmeobjekt iSd Vorschrift ausschließlich die kirchlichen Arbeitsvertrags-RL sind oder dem AG auch der Verweis auf **allg Arbeitsbedingungen** ermöglicht wird. Aus dem systematischen Vergleich mit den übrigen Bezugnahmeobjekten (TV, BV, Dienstvereinbarung) wird deutlich, dass nur ähnliche Regelungen mit normativem Charakter, wie Rechts-, Verwaltungsvorschriften, Satzungen und Tarifbestimmungen als Surrogat für die unmittelbare Nachweispflicht dienen können (so auch ErfK/*Preis* Rn 41). Folglich sind allg Arbeitsbedingungen nicht umfasst.

37 **4. Gesetz.** Bestehen keine vertraglichen Abreden, kann die Angabe der Urlaubs- und Kündigungsfristregelungen durch einen allg Hinweis auf die jeweiligen gesetzl Vorschriften (§ 3 BUrlG, § 622 BGB, § 125 SGB IX) erfolgen.

38 **E. Ausnahme (IV).** Sofern dem AN ein **schriftlicher Arbeitsvertrag** ausgehändigt wurde, der die in § 2 I–III geforderten Angaben enthält, besteht keine Nachweispflicht. Aus dem Wortlaut (»soweit«) lässt sich entnehmen, dass die Nachweispflicht für die nicht im Arbeitsvertrag enthaltenen wesentlichen Vertragsbedingungen bestehen bleibt. Insb bei Altfällen (vgl Vorb Rdn 13) ist zu beachten, dass die notwendigen Angaben nicht alle in einem einzigen Dokument enthalten sein müssen. Bei Änderung der wesentlichen Vertragsbedingungen lebt die Nachweispflicht wieder auf, vgl § 3.

F. Erlöschen der Nachweispflicht. Hins der Verjährung des Nachweisanspruchs vgl Vorb Rdn 8. Der 39
Anspruch auf Nachweiserteilung kann nach § 242 BGB verwirkt werden, wenn seit der Möglichkeit der
Geltendmachung des Anspruchs bereits ein längerer Zeitraum verstrichen ist und bes Umstände hinzutreten, die einen Verstoß gegen Treu und Glauben darstellen. Die Abdingbarkeit ist in § 5 geregelt.

§ 3 Änderung der Angaben

¹Eine Änderung der wesentlichen Vertragsbedingungen ist dem Arbeitnehmer spätestens einen Monat nach der Änderung schriftlich mitzuteilen. ²Satz 1 gilt nicht bei einer Änderung der gesetzlichen Vorschriften, Tarifverträge, Betriebs- oder Dienstvereinbarungen und ähnlichen Regelungen, die für das Arbeitsverhältnis gelten.

Übersicht	Rdn.		Rdn.
A. Änderungsmitteilung...............	1	B. Ausnahme	5

A. Änderungsmitteilung. Ändern sich wesentliche Vertragsbedingungen, ist der AG verpflichtet, spä- 1
testens 1 Monat nach der Änderung einen schriftlichen Nachw darüber auszuhändigen. Dabei ist nicht
allein die Tatsache, sondern auch der Inhalt der Änderung mitzuteilen (*Birk* NZA 1996, 281, 287). Die
Niederschrift muss nicht die gesamten wesentlichen Vertragsbedingungen erneut wiedergeben. Ausreichend
ist eine Mitteilung über die vereinbarten Änderungen (BT-Drs 13/688 S 11). Nach Sinn und Zweck der
Vorschrift ist bei entspr Anwendung des § 2 I 3 die elektronische Form ausgeschlossen, sodass die Mitteilung
per E-Mail nicht ausreicht.

§ 3 zielt darauf ab, dem AN entspr der Natur des Arbeitsverhältnisses als Dauerschuldverhältnis auch 2
während des Vertragszeitraums einen aktuellen Nachw über die Änderungen der dem Arbeitsverhältnis
zugrunde liegenden wesentlichen Vertragsbedingungen an die Hand zu geben (BT-Drs 13/688 S 11).

Nicht ganz eindeutig ist die Vorschrift hins des **Beginns der 1-Monatsfrist**. »Nach der Änderung« kann sich 3
sowohl auf die Änderungsvereinbarung (so HWK/*Kliemt* Rn 2) als auch auf den **Zeitpunkt des Wirksamwerdens der Änderung** (so BT-Drs 13/688 S 11; *Birk* NZA 1996, 281, 287) beziehen. Schon § 2 I 1 stellt
bzgl der Frist auf den tatsächlichen Beschäftigungsbeginn und nicht auf den Vertragsschluss ab. Zwar kann
es vorkommen, dass sich der Beginn einer Änderung im Beschäftigungsverhältnis nur schwierig beweisen
lässt. Jedoch ist vor dem Hintergrund eines einheitlichen Anknüpfungspunkts im NachwG auf das Wirksamwerden der Änderung abzustellen.

Ein bedeutender Anwendungsfall ist der **Betriebsübergang** nach § 613a BGB. Den bisherigen und den 4
neuen AG treffen die Unterrichtungspflicht des AN gem § 613a V BGB in Textform. Dessen ungeachtet müssen Änderungen der Vertragsbedingungen iSd § 2 in Schriftform mitgeteilt werden. Notwendiger
Inhalt des schriftlichen Änderungsnachweises ist idR die Mitteilung des Namens und der Anschrift des
neuen AG, sofern dies nicht schon iRd Unterrichtung nach § 613a V BGB geschehen ist.

B. Ausnahme. Die Nachweispflicht gilt nicht bei Änderung der gesetzlichen Vorschriften, TV, BV und 5
Dienstvereinbarungen. S 2 dient der Vermeidung übermäßigen bürokratischen Aufwandes. Die Vorschrift
geht davon aus, dass ein vernünftiger AN in eigenen Angelegenheiten selbst dafür Sorge trägt, sich über
Neuerungen von normativen Vorschriften zu informieren. Zudem ist der AG nach § 8 TVG bzw § 77 II
3 BetrVG verpflichtet, die geänderte kollektivvertragliche Regelung an geeigneter Stelle im Betrieb auszulegen.

Die Ausnahme des S 2 greift nur dann, wenn in dem ursprünglichen Nachw hinreichend von der Verwei- 6
sungsmöglichkeit nach § 2 III Gebrauch gemacht worden ist (ErfK/*Preis* Rn 1). Der **erstmalige Abschluss
eines Haus-TV** oder die erstmalige Anwendbarkeit eines **Rahmentarifvertrags aufgrund Allgemeinverbindlicherklärung** ist keine Änderung eines TV iSv § 3 S 2 (BAG 5.11.2003, 5 AZR 469/02, EzA § 3
NachwG Nr 1; LAG Hessen 27.4.2010, 3 Sa 1477/09). Bereits aus dem Wortsinn ergibt sich, dass eine
Änderung ein bereits bestehendes Tarifwerk voraussetzt. Somit ist der AG verpflichtet, auf den neu abgeschlossenen TV gem § 2 III (ggf analog) iVm § 3 S 1 hinzuweisen.

§ 4 Übergangsvorschrift

¹Hat das Arbeitsverhältnis bereits bei Inkrafttreten dieses Gesetzes bestanden, so ist dem Arbeitnehmer
auf sein Verlangen innerhalb von zwei Monaten eine Niederschrift im Sinne des § 2 auszuhändigen.
²Soweit eine früher ausgestellte Niederschrift oder ein schriftlicher Arbeitsvertrag die nach diesem Gesetz
erforderlichen Angaben enthält, entfällt diese Verpflichtung.

§ 5 NachwG Unabdingbarkeit

Übersicht	Rdn.		Rdn.
A. Allgemein	1	III. Frist	5
B. Tatbestand	3	IV. Niederschrift	6
I. Arbeitsverhältnis	3	C. Rechtsfolge	7
II. Verlangen	4	D. Beweislast	8

1 **A. Allgemein.** § 4 dient als Übergangsregelung dem Schutz derjenigen AN, deren Arbeitsverhältnis bereits bei Inkrafttreten des NachwG bestanden haben, sog **Altfälle**. Zur Vermeidung eines unverhältnismäßig hohen bürokratischen Aufwands wird die Verpflichtung auf die Fälle beschränkt, in denen der AN die Aushändigung einer Niederschrift ausdrücklich verlangt (BT-Drs 13/668 S 12). § 4 S 2 übernimmt auch für Altfälle den Rechtsgedanken des § 2 IV, dass die Nachweispflicht nur soweit besteht, als die erforderlichen Angaben nicht bereits in einem früher ausgestellten Schriftstück enthalten sind.

2 § 3 findet auch auf Altfälle Anwendung. Der AG ist unabhängig von einem vorausgegangenen Nachweisverlangen zu einer **Änderungsmitteilung** verpflichtet (HWK/*Kliemt* Rn 3; aA *Feldgen* Rn 211; *Müller-Glöge* RdA 2001, Sonderbeilage S 46, 47). Andernfalls würden langjährige AN sachgrundlos ggü den kürzer Beschäftigten benachteiligt, denn der AG wäre bei Änderungen lediglich verpflichtet, den letztgenannten AN eine Änderungsmitteilung auszuhändigen.

3 **B. Tatbestand. I. Arbeitsverhältnis.** Als bereits bestanden gilt ein Arbeitsverhältnis auch dann, wenn es nach den Gepflogenheiten der einschlägigen Branche **saisonalen Unterbrechungen** unterliegt (LAG München 10.3.2005, 3 Sa 727/04, JurionRS 2005, 13717). Denn trotz der mehrfachen rechtlichen Unterbrechung ist es wie ein unbefristetes Dauerarbeitsverhältnis zu behandeln, weil ein enger sachlicher Zusammenhang zwischen den rechtlich unterbrochenen Arbeitsverhältnissen bestand und besteht.

4 **II. Verlangen.** Das Verlangen bedarf keiner bestimmten Form und kann jederzeit erfolgen (*Feldgen* Rn 219). Allerdings ergeben sich bei formloser Erklärung für den AN ggf Beweisschwierigkeiten. Die Bindung der Nachweispflicht an einen Antrag des AN verstößt nicht gegen die Nachweis-RL (EuGH 4.12.1997, C-253–258/98, EzA § 2 NachwG Nr 1; HWK/*Kliemt* Rn 2 mwN).

5 **III. Frist.** Die 2-Monatsfrist beginnt ab dem Zugang des Verlangens beim AG zu laufen. Aus dem Wortlaut und dem Schutzzweck des NachwG lässt sich entnehmen, dass § 4 **keine** 2-monatige **Übergangsfrist** enthält, sondern eine Übergangsregel (ebenso ErfK/*Preis* Rn 1; HWK/*Kliemt* Rn 3; aA *Birk* NZA 1996, 281, 287).

6 **IV. Niederschrift.** Die Anforderungen an die Niederschrift iSd § 4 entsprechen denen des § 2 I (aA LAG Nds 26.7.2001, 7 Sa 1813/00, NZA-RR 2002, 118, welches eine Kopie mit den zu vervollständigenden Angaben als ausreichend angesehen hat).

7 **C. Rechtsfolge.** Die unterlassene Dokumentation stellt bei Arbeitsverhältnissen, die vor dem Inkrafttreten des NachwG am 21.7.1995 bereits bestanden haben, nur dann eine Pflichtverletzung des AG dar, wenn der AG dem Verlangen des AN nach § 4 S 1 nicht innerhalb von 2 Monaten nachgekommen ist (BAG 16.5.2001, 10 AZR 357/00, EzA § 3 TVG Nr 23).

8 **D. Beweislast.** Uneinigkeit besteht hins der beweisrechtlichen Konsequenzen bei der Nichtangabe wesentlicher Vertragsbedingungen (vgl Vorb Rdn 16 ff). Vor dem Hintergrund, dass der AG in Altfällen lediglich auf Verlangen des AN zur Aushändigung der Niederschrift verpflichtet ist, können die negativen beweisrechtlichen Konsequenzen nicht zur Anwendung kommen. Etwas anderes gilt nur dann, wenn der AG dem Verlangen des AN innerhalb von 2 Monaten nicht nachkommt.

§ 5 Unabdingbarkeit
Von den Vorschriften dieses Gesetzes kann nicht zuungunsten des Arbeitnehmers abgewichen werden.

1 Die Regelungen des NachwG sind **einseitig zwingend** zugunsten des AN. Der AN kann somit nicht wirksam auf seine Rechte verzichten. Aus dem Wortlaut ergibt sich, dass Regelungen des NachwG auch der Disposition der TV-Parteien entzogen sind.

2 Allerdings sind günstigere Vereinbarungen auf einzel- oder kollektivvertraglicher Ebene zulässig (BT-Drs 13/668 S 12). Für den AN ist insb eine über § 2 hinausgehende Dokumentationspflicht günstiger (*Birk* NZA 1996, 281, 288).

Gesetz über die Pflegezeit (Pflegezeitgesetz – PflegeZG)

Vom 28.5.2008 (BGBl I S 874), zuletzt geändert durch Art 7 des Zweiten Gesetzes zur Stärkung der pflegerischen Versorgung und zur Änderung weiterer Vorschriften (Zweites Pflegestärkungsgesetz) vom 21.12.2015 (BGBl I S 2424)

§ 1 Ziel des Gesetzes

Ziel des Gesetzes ist, Beschäftigten die Möglichkeit zu eröffnen, pflegebedürftige nahe Angehörige in häuslicher Umgebung zu pflegen und damit die Vereinbarkeit von Beruf und familiärer Pflege zu verbessern.

Übersicht	Rdn.			Rdn.
A.	Gesetzeszweck	1	B. Praktische Bedeutung des § 1	2

A. Gesetzeszweck. Das am 1.7.2008 in Kraft getretene G wurde im Interesse pflegebedürftiger Angehöriger unter bes Berücksichtigung der verschiedenen Pflegesituationen und des unterschiedlichen Pflegebedarfs entwickelt. Durch arbeitsrechtliche Rahmenbedingungen soll es Beschäftigten ermöglicht werden, ihre nahen Angehörigen in häuslicher Umgebung zu pflegen (vgl BT-Drs 16/7439, S 91). Mit dem am 1.1.2015 in Kraft getretenen G zur besseren Vereinbarkeit von Familie, Pflege und Beruf vom 23.12.2014 (BGBl I S 2462) wurde das G in diesem Sinne weiterentwickelt (vgl *Herion* ZTR 2015, 193). Dies geschah in finanzieller Hinsicht durch die Einführung eines Pflegeunterstützungsgeldes (§ 2 III 2) und eines Anspruchs auf Förderung durch ein zinsloses Darlehen entsprechend den Regelungen des FPfZG (§ 3 VII). Zudem wurde die Möglichkeit der Betreuung minderjähriger Pflegebedürftiger (§ 3 V) und der Begleitung naher Angehöriger in der letzten Lebensphase (§ 3 VI) durch entsprechende Freistellungsansprüche verbessert (vgl die Übersicht bei *Stüben/v.Schwanenflügel* NJW 2015, 577; *v Creytz* DStR 2015, 128). Weitere Informationen finden sich auf der Homepage www.wege-zur-pflege.de. 1

B. Praktische Bedeutung des § 1. Die Norm hat keinen unmittelbaren Anwendungsbereich, weil sie nur die Zielsetzung des Gesetzgebers wiedergibt. Ihr kommt aber **Bedeutung bei der Auslegung** der übrigen gesetzlichen Regelungen zu, wenn deren Sinn und Zweck zu ermitteln ist. 2

§ 2 Kurzzeitige Arbeitsverhinderung

(1) Beschäftigte haben das Recht, bis zu zehn Arbeitstage der Arbeit fernzubleiben, wenn dies erforderlich ist, um für einen pflegebedürftigen nahen Angehörigen in einer akut aufgetretenen Pflegesituation eine bedarfsgerechte Pflege zu organisieren oder eine pflegerische Versorgung in dieser Zeit sicherzustellen.
(2) [1]Beschäftigte sind verpflichtet, dem Arbeitgeber ihre Verhinderung an der Arbeitsleistung und deren voraussichtliche Dauer unverzüglich mitzuteilen. [2]Dem Arbeitgeber ist auf Verlangen eine ärztliche Bescheinigung über die Pflegebedürftigkeit des nahen Angehörigen und die Erforderlichkeit der in Abs. 1 genannten Maßnahmen vorzulegen.
(3) [1]Der Arbeitgeber ist zur Fortzahlung der Vergütung nur verpflichtet, soweit sich eine solche Verpflichtung aus anderen gesetzlichen Vorschriften oder auf Grund einer Vereinbarung ergibt. [2]Ein Anspruch der Beschäftigten auf Zahlung von Pflegeunterstützungsgeld richtet sich nach § 44a Absatz 3 des Elften Buches Sozialgesetzbuch.

Übersicht	Rdn.		Rdn.
A. Grundsatz	1	IV. Erforderlichkeit des Fernbleibens	5
B. Voraussetzungen	2	V. Keine Mindestbeschäftigungsdauer o.	
I. Pflegebedürftigkeit eines nahen Angehörigen des Beschäftigten	2	Mindestgröße	6
		VI. Mitteilungspflicht (II 1)	7
II. Akut auftretende Pflegesituation	3	VII. Ärztliche Bescheinigung (II 2)	9
III. Organisation einer bedarfsgerechten Pflege oder Sicherstellung einer pflegerischen Versorgung	4	VIII. Umfang der Freistellung	10
		C. **Vergütungsanspruch (III)**	11

§ 2 PflegeZG Kurzzeitige Arbeitsverhinderung

1 **A. Grundsatz.** I gewährt dem Beschäftigten das Recht, im Fall einer **bei einem nahen Angehörigen akut auftretenden Pflegesituation** bis zu 10 Arbeitstage der Arbeit fernzubleiben. Es handelt sich um ein **Leistungsverweigerungsrecht**. Eine Mitwirkungshandlung des AG ist nicht erforderlich (Schaub/*Linck* § 107 Rn 15 mwN). Das Beschäftigungsverhältnis besteht während des Fernbleibens des Beschäftigten fort.

2 **B. Voraussetzungen. I. Pflegebedürftigkeit eines nahen Angehörigen des Beschäftigten.** Die Begriffe »Beschäftigte«, »nahe Angehörige« und »pflegebedürftig« sind in § 7 I, III und IV definiert.

3 **II. Akut auftretende Pflegesituation.** »Akut« ist die Pflegesituation nur, wenn sie plötzlich, also unerwartet und unvermittelt aufgetreten ist (BAG 15.11.2011, 9 AZR 348/10, EzA § 4 PflegeZG Nr 1). Dies ist der Grund dafür, dass das G dem Beschäftigten **keine** konkrete **Ankündigungsfrist** für sein Fernbleiben auferlegt und ihm ein »Selbstbefreiungsrecht« von seiner Arbeitspflicht einräumt. Die Pflegesituation kann auch dadurch »akut« eintreten, dass eine Pflegekraft plötzlich und unerwartet ausfällt und eine Ersatzkraft nicht zur Verfügung steht. Das Recht kann vom Beschäftigten **mehrmals** für jeweils 10 Arbeitstage ausgeübt werden, wenn **beim selben** nahen **Angehörigen** mehrere akute Pflegesituationen auftreten (*Preis/Nehring* NZA 2008, 729, 730, 731; *Karb* ZTR 2015, 427, 429; aA *Kossens* AuA 2008, 328; APS/*Rolfs* PflegeZG § 5 Rn 15). Dafür spricht der Wortlaut der Norm. Die Gesetzesbegr geht allerdings davon aus, dass die Notwendigkeit einer pflegerischen Versorgung im »Akutfall« regelmäßig nur einmal je pflegebedürftigem Angehörigen der Fall sein wird, so dass das Recht, der Arbeit fernzubleiben, regelmäßig auch nur einmal pro Pflegefall ausgeübt wird (BT-Drs 16/7439 S 91). Diese Annahme dürfte der Lebenswirklichkeit in vielen Fällen nicht entsprechen. Hat der Beschäftigte mehrere nahe Angehörige (§ 7 III), kann er ohne Beschränkung bzgl aller Angehöriger bei akuten Pflegesituationen von dem Leistungsverweigerungsrecht Gebrauch machen.

4 **III. Organisation einer bedarfsgerechten Pflege oder Sicherstellung einer pflegerischen Versorgung.** Eine solche liegt vor, wenn der Beschäftigte sich um die **Pflege durch Dritte** kümmern muss (zB Suche nach einem Platz in einer Pflegeeinrichtung oder nach einer Pflegekraft, Organisation des Umzugs in ein Pflegeheim). Nicht erforderlich ist, dass der Beschäftigte die Pflege selbst durchführt.

5 **IV. Erforderlichkeit des Fernbleibens.** Das Fernbleiben ist nicht erforderlich, wenn bereits eine andere befähigte Person die Pflege bzw Versorgung organisiert oder sicherstellt (vgl BeckOK ArbR/*Joussen* Stand 1.12.2015 § 2 Rn 8). Fällt diese andere Person jedoch »akut« aus, begründet dies die Erforderlichkeit, wenn der Ausfall nicht durch den Beschäftigten mit der Absicht herbeigeführt wurde, sich die Möglichkeit zur Arbeitsbefreiung nach I zu verschaffen. Hinsichtlich der erforderlichen **Dauer** des Fernbleibens kommt dem AN ein Beurteilungsspielraum zu. Er hat sich aber angemessen zügig um die Organisation zu bemühen.

6 **V. Keine Mindestbeschäftigungsdauer o. Mindestgröße.** Das Recht zum Fernbleiben von der Arbeit besteht ab dem 1. Arbeitstag, setzt also keine Mindestbeschäftigungsdauer voraus. Ebenso ist es – anders als bei der Pflegezeit nach § 3 I 2 – unerheblich, wie viele AN beim AG beschäftigt sind.

7 **VI. Mitteilungspflicht (II 1).** Der Beschäftigte muss dem AG seine Verhinderung wegen der akuten Pflegesituation und die voraussichtliche Dauer seiner Abwesenheit unverzüglich mitteilen. »Unverzüglich« heißt: »ohne schuldhaftes Zögern« (s § 121 I 1 BGB).

8 Da der Beschäftigte ein einseitig ausübbares Recht zum Fernbleiben von der Arbeit besitzt, ist die Mitteilung keine Anspruchsvoraussetzung für dieses Recht. Die Nichtbeachtung der Mitteilungspflicht stellt aber eine **Vertragsverletzung** des Beschäftigten dar. Erteilt dieser dem AG unzutreffende Auskünfte und bleibt er der Arbeit fern, ohne dass die Voraussetzungen nach I vorliegen, macht er sich schadensersatzpflichtig, wenn er die Vertragsverletzung zu vertreten hat und dem AG durch das Fernbleiben ein Schaden entstanden ist (zB zusätzliche Kosten für Überstunden oder eine Aushilfskraft). Gleiches gilt beim schuldhaften Unterlassen der Mitteilung. In Betracht käme zudem eine Reaktion des AG in Form einer Abmahnung. Bei Wiederholung könnte der AG sogar eine Kdg in Betracht ziehen (Schaub/*Linck* § 107 Rn 23).

9 **VII. Ärztliche Bescheinigung (II 2).** Auf Verlangen des AG hat der Beschäftigte diesem eine ärztliche Bescheinigung über die Tatsache der Pflegebedürftigkeit des nahen Angehörigen und die Erforderlichkeit der Maßnahmen nach § 2 I vorzulegen. Dies ist ausreichend, eine nähere Begründung der Pflegebedürftigkeit ist nicht erforderlich (*Müller* BB 2008, 1058, 1060). Die voraussichtlich erforderliche Dauer des Fernbleibens muss nicht attestiert werden (ErfK/*Gallner* § 2 Rn 3). Der **Beweiswert** der Bescheinigung entspricht demjenigen einer ärztlichen Arbeitsunfähigkeitsbescheinigung nach § 5 I 2 EFZG, wenn der Arzt den Pflegebedürftigen persönlich untersucht hat (*Linck* BB 2008, 2738, 2740; *Rancke/Rancke* PflegeZG § 2 Rn 22; *Küttner/Poeche* Pflegezeit Rn 14). Ansonsten ist die Anerkennung eines Beweiswerts mangels hinreichender Grundlage der ärztlichen Beurteilung nicht gerechtfertigt (für einen Beweiswert unabhängig

von einer Untersuchung aber noch die Vorauflage sowie ErfK/*Gallner* § 2 Rn 3; *Freihube/Sasse* DB 2008, 1320; *Preis/Nehring* NZA 2008, 729, 730).

VIII. Umfang der Freistellung. Der Beschäftigte hat das Recht, **10 Arbeitstage** von der Arbeit fernzubleiben. Entsprechend der Berechnung der Anzahl der Urlaubstage nach § 3 BUrlG bezieht sich dies nur auf das »Normalarbeitsverhältnis« mit 5 Arbeitstagen pro Woche (*Rancke/Rancke* PflegeZG § 2 Rn 17; aA Küttner/*Poeche* Pflegezeit Rn 12, KR/*Treber* §§ 1-8 PflegeZG Rn 27). Jedem AN sollen im Ergebnis – soweit erforderlich – 2 Wochen zur Verfügung stehen (ErfK/*Gallner* § 2 Rn 1; *Tamm* PersV 2013, 404, 406). Eine Teilzeitkraft, die an 2 Tagen pro Woche arbeitet, kann somit nur an 4 Arbeitstagen der Arbeit fernbleiben. Ohne Umrechnung hätte sie 5 Wochen zur Verfügung. Dies wäre nicht mehr kurzzeitig (so das Beispiel bei Schaub/*Linck* 107 Rn 21; HWK/*Lembke* § 2 Rn 9). Wenn der Beschäftigte an 5 Tagen pro Woche halbtags arbeitet, bleibt es dagegen bei der Freistellung für 10 Arbeitstage. Das G verlangt nicht, dass die Freistellung zusammenhängend erfolgen muss (KR/*Treber* §§ 1-8 PflegeZG Rn 30). Nach seinem Wortlaut kann ein vollzeitbeschäftiger AN die 10 Tage verteilt über einen längeren Zeitraum als 2 Wochen in Anspruch nehmen, wenn dies aufgrund der akuten Pflegesituation notwendig ist. Die Arbeitsbefreiung richtet sich immer auf **ganze Tage** (Küttner/*Poeche* Pflegezeit Rn 10). Nicht möglich ist das Aufsplitten der Freistellung auf halbe Tage oder gar Stunden.

C. Vergütungsanspruch (III). Das Gesetz begründet **keinen eigenständigen Entgeltfortzahlungsanspruch** des Beschäftigten ggü seinem AG (s Definition in § 7 II) während des Fernbleibens nach I. Ein solcher besteht nur, wenn er sich aus anderen gesetzlichen Vorschriften oder aufgrund einer Vereinbarung ergibt (III). Als »Vereinbarungen« kommen einzelvertragliche oder tarifliche, ggfs auch eine betriebliche Übung, infrage. Die Entgeltfortzahlung bei vorübergehender Verhinderung kann auch Gegenstand einer BV sein, sofern keine vorrangige tarifliche Regelung besteht (*Klenter* AiB 6/2014, 33, 35). Ein gesetzlicher Anspruch kann sich für einen AN oder sonstigen Dienstverpflichteten aus § 616 1 BGB, für einen zur Berufsbildung Beschäftigten aus § 19 I Nr 2b BBiG, ggf iVm § 26 BBiG, ergeben. Liegen die Voraussetzungen des I vor, ist ein »in der Person liegender Grund« iSd **§ 616 1 BGB** oder **§ 19 I 2b BBiG** beim Beschäftigten gegeben, durch den er an der Dienstleistung oder der Erfüllung seiner Pflichten aus dem Berufs(aus)bildungsverhältnis schuldlos verhindert ist. Da der Zeitraum für die Vergütungsfortzahlung nach § 19 I Nr 2b BBiG bis zu 6 Wochen beträgt, gibt es für zu ihrer Berufsbildung Beschäftigte keine Probleme bei einem Fernbleiben für höchstens 10 Arbeitstage. Demggü begründet § 616 1 BGB nur einen Vergütungsanspruch für eine »verhältnismäßig nicht erhebliche Zeit«. Der unbestimmte Rechtsbegriff »verhältnismäßig nicht erheblich« erlaubt keine Festlegung auf eine bestimmte Zeitspanne. Wenn der Gesetzgeber beim Vorliegen einer akuten Pflegesituation eines nahen Angehörigen unter bestimmten Voraussetzungen einem Beschäftigten das Recht einräumt, bis zu 10 Arbeitstage der Arbeit fernzubleiben, ist davon auszugehen, dass der Gesetzgeber nach Abwägung der beiderseitigen Interessenlage ein solches Fernbleiben als dem AG idR zumutbar ansieht und damit als »verhältnismäßig nicht erheblich« iSd § 616 1 BGB betrachtet (vgl *Joussen* NZA 2009, 69, 71; ErfK/*Gallner* § 2 Rn 4, ErfK/*Preis* BGB § 616 Rn 13; aA *Tamm* PersV 2013, 404, 407; Schaub/*Linck* § 107 Rn 29 m Verweis auf die Konkretisierung auf 5 Arbeitstage im Rahmen von § 616 1 BGB). Dies entspricht der mit § 2 I verfolgten Zielsetzung (*Rancke/Rancke* PflegeZG § 2 Rn 27), der allerdings besser durch eine eindeutige Regelung in § 616 1 BGB gerecht geworden wäre. Dies gilt umso mehr, da der Angehörigenbegriff des § 616 S 1 BGB deutlich enger ist als der des § 7 III. Er erfasst nur Ehepartner, Eltern, Abkömmlinge, Geschwister und eingetragene Lebenspartner (ErfK/*Gallner* § 2 Rn 4; *Liebscher* ArbR 2011, 189, 190).

§ 616 BGB ist auch zuungunsten des AN vertraglich oder tarifvertraglich abdingbar. Häufig wird § 616 BGB daher durch TV konkretisiert (vgl § 29 I 1 e TVöD/TV-L). Dagegen darf von § 19 I Nr 2b BBiG nach § 25 BBiG nicht zuungunsten des zur Berufs(aus)bildung Beschäftigten abgewichen werden.

Für Beschäftigte iSd § 7 I Nr 3 ist § 616 I BGB nur einschlägig, wenn sie aufgrund eines Dienstvertrages tätig sind. Ansonsten richten sich ihre Vergütungsansprüche nach den vertraglich getroffenen Vereinbarungen (zB in einem Werkvertrag).

Durch § 2 III 2 wird dem Beschäftigten nunmehr aber bei fehlender Entgeltfortzahlung ein Anspruch auf **Pflegeunterstützungsgeld** gewährt. Es handelt sich um eine Lohnersatzleistung nach Maßgabe des § 44a III SGB XI (Beck OK ArbR/*Joussen* Stand 1.12.2015 § 2 Rn 19). Das Pflegeunterstützungsgeld wird auf Antrag, der unverzüglich zu stellen ist, unter Vorlage der ärztlichen Bescheinigung nach § 2 II 2 von der Pflegekasse oder dem Versicherungsunternehmen des pflegebedürftigen nahen Angehörigen gewährt. Die Höhe richtet sich nach den für das Kinderkrankengeld geltenden Vorschriften des § 45 II 3 bis 5 SGB V (*Müller* BB 2014, 3125, 3132).

§ 3 Pflegezeit und sonstige Freistellungen

(1) ¹Beschäftigte sind von der Arbeitsleistung vollständig oder teilweise freizustellen, wenn sie einen pflegebedürftigen nahen Angehörigen in häuslicher Umgebung pflegen (Pflegezeit). ²Der Anspruch nach Satz 1 besteht nicht gegenüber Arbeitgebern mit in der Regel 15 oder weniger Beschäftigten.

(2) ¹Die Beschäftigten haben die Pflegebedürftigkeit des nahen Angehörigen durch Vorlage einer Bescheinigung der Pflegekasse oder des Medizinischen Dienstes der Krankenversicherung nachzuweisen. ²Bei in der privaten Pflege-Pflichtversicherung versicherten Pflegebedürftigen ist ein entsprechender Nachweis zu erbringen.

(3) ¹Wer Pflegezeit beanspruchen will, muss dies dem Arbeitgeber spätestens zehn Arbeitstage vor Beginn schriftlich ankündigen und gleichzeitig erklären, für welchen Zeitraum und in welchem Umfang die Freistellung von der Arbeitsleistung in Anspruch genommen werden soll. ²Wenn nur teilweise Freistellung in Anspruch genommen wird, ist auch die gewünschte Verteilung der Arbeitszeit anzugeben. ³Enthält die Ankündigung keine eindeutige Festlegung, ob die oder der Beschäftigte Pflegezeit oder Familienpflegezeit nach § 2 des Familienpflegezeitgesetzes in Anspruch nehmen will, und liegen die Voraussetzungen beider Freistellungsansprüche vor, gilt die Erklärung als Ankündigung von Pflegezeit. ⁴Beansprucht die oder der Beschäftigte nach der Pflegezeit Familienpflegezeit oder eine Freistellung nach § 2 Absatz 5 des Familienpflegezeitgesetzes zur Pflege oder Betreuung desselben pflegebedürftigen Angehörigen, muss sich die Familienpflegezeit oder die Freistellung nach § 2 Absatz 5 des Familienpflegezeitgesetzes unmittelbar an die Pflegezeit anschließen. ⁵In diesem Fall soll die oder der Beschäftigte möglichst frühzeitig erklären, ob sie oder er Familienpflegezeit oder eine Freistellung nach § 2 Absatz 5 des Familienpflegezeitgesetzes in Anspruch nehmen wird; abweichend von § 2a Absatz 1 Satz 1 des Familienpflegezeitgesetzes muss die Ankündigung spätestens drei Monate vor Beginn der Familienpflegezeit erfolgen. ⁶Wird Pflegezeit nach einer Familienpflegezeit oder einer Freistellung nach § 2 Absatz 5 des Familienpflegezeitgesetzes in Anspruch genommen, ist die Pflegezeit in unmittelbarem Anschluss an die Familienpflegezeit oder die Freistellung nach § 2 Absatz 5 des Familienpflegezeitgesetzes zu beanspruchen und abweichend von Satz 1 dem Arbeitgeber spätestens acht Wochen vor Beginn der Pflegezeit schriftlich anzukündigen.

(4) ¹Wenn nur teilweise Freistellung in Anspruch genommen wird, haben Arbeitgeber und Beschäftigte über die Verringerung und die Verteilung der Arbeitszeit eine schriftliche Vereinbarung zu treffen. ²Hierbei hat der Arbeitgeber den Wünschen der Beschäftigten zu entsprechen, es sei denn, dass dringende betriebliche Gründe entgegenstehen.

(5) ¹Beschäftigte sind von der Arbeitsleistung vollständig oder teilweise freizustellen, wenn sie einen minderjährigen pflegebedürftigen nahen Angehörigen in häuslicher oder außerhäuslicher Umgebung betreuen. ²Die Inanspruchnahme dieser Freistellung ist jederzeit im Wechsel mit der Freistellung nach Absatz 1 im Rahmen der Gesamtdauer nach § 4 Absatz 1 Satz 4 möglich. ³Absatz 1 Satz 2 und die Absätze 2 bis 4 gelten entsprechend. ⁴Beschäftigte können diesen Anspruch wahlweise statt des Anspruchs auf Pflegezeit nach Absatz 1 geltend machen.

(6) ¹Beschäftigte sind zur Begleitung eines nahen Angehörigen von der Arbeitsleistung vollständig oder teilweise freizustellen, wenn dieser an einer Erkrankung leidet, die progredient verläuft und bereits ein weit fortgeschrittenes Stadium erreicht hat, bei der eine Heilung ausgeschlossen und eine palliativmedizinische Behandlung notwendig ist und die lediglich eine begrenzte Lebenserwartung von Wochen oder wenigen Monaten erwarten lässt. ²Beschäftigte haben diese gegenüber dem Arbeitgeber durch ein ärztliches Zeugnis nachzuweisen. ³Absatz 1 Satz 2, Absatz 3 Satz 1 und 2 und Absatz 4 gelten entsprechend. ⁴§ 45 des Fünften Buches Sozialgesetzbuch bleibt unberührt.

(7) Ein Anspruch auf Förderung richtet sich nach den §§ 3, 4, 5 Absatz 1 Satz 1 und Absatz 2 sowie den §§ 6 bis 10 des Familienpflegezeitgesetzes.

Übersicht

		Rdn.			Rdn.
A.	Grundsatz	1	II.	Schriftform (III 1)	11
B.	Voraussetzungen	3	III.	Vollständige Freistellung	12
I.	Pflegebedürftigkeit eines nahen Angehörigen des Beschäftigten	3	IV.	Teilweise Freistellung (III 2, IV)	13
II.	Pflege in häuslicher Umgebung	5	V.	Pflegezeit und Familienpflegezeit (III 3 bis 6)	15
III.	Mindestbeschäftigungsdauer	6	VI.	Betreuung eines minderjährigen pflegebedürftigen Angehörigen (V)	16
IV.	Anspruchsausschluss (I 2)	7	VII.	Sterbebegleitung (VI)	19
C.	Nachweispflicht (II)	8	VIII.	Anspruch auf Förderung (VII)	21
D.	Ankündigung (III)	10			
I.	Ankündigungsfrist (III 1)	10			

A. Grundsatz. Die Bestimmung ist an die Regelungen über die Elternzeit in §§ 15, 16 BEEG angelehnt. Macht der Beschäftigte den Anspruch auf **vollständige Arbeitsfreistellung** fristgerecht (III) geltend, so beginnt die Freistellung aufgrund des dem Beschäftigten eingeräumten Gestaltungsrechts ab dem gewünschten Zeitpunkt, ohne dass es eines weiteren Handelns des AG bedarf (BAG 15.11.2011, 9 AZR 348/10, EzA § 4 PflegeZG Nr 1). Es tritt dann, anders als bei der kurzzeitigen Arbeitsfreistellung nach § 2, das Ruhen des Beschäftigungsverhältnisses ein, da die beiderseitigen **Hauptpflichten** (Leistungs- und Vergütungspflicht) suspendiert sind. Dies gilt nicht für den Wunsch auf teilw Freistellung, da hierüber zwischen AG und Beschäftigtem gem IV eine Vereinbarung zu treffen ist und das Beschäftigungsverhältnis fortbesteht. Zu den sozialversicherungsrechtlichen Folgen vollständiger Freistellung vgl. BeckOK ArbR/ *Joussen* Stand 1.12.2015 § 3 Rn 11,12. 1

Die in der Vorauﬂ dargestellte Problematik der Auswirkung von Pflegezeit auf die **Urlaubsansprüche** eines AN ist durch die Einführung des § 4 IV seit dem 1.1.2015 geklärt. 2

B. Voraussetzungen. I. Pflegebedürftigkeit eines nahen Angehörigen des Beschäftigten. Die Begriffe Beschäftigte, nahe Angehörige und pflegebedürftig sind in § 7 I, III u IV definiert (s dortige Erläuterungen). 3

Die Pflegezeit kann bei der **Pflege mehrerer** naher **Angehöriger** für jeden einzelnen Pflegefall, dh also mehrmals in Anspruch genommen werden. Für **denselben Angehörigen** kann der Beschäftigte aber **nur einmal** bis zur Dauer von 6 Monaten Pflegezeit beanspruchen (§ 4 I 1). Das gilt auch, wenn die in Anspruch genommene Pflegezeit kürzer als 6 Monate ist (BAG 15.11.2011, 9 AZR 348/10, EzA § 4 PflegeZG Nr 1). 4

II. Pflege in häuslicher Umgebung. Der Beschäftigte muss den nahen Angehörigen **selbst pflegen**. Es genügt nicht die Organisation einer bedarfsgerechten Pflege oder die Sicherstellung einer pflegerischen Versorgung wie im Fall des § 2 I. Häusliche Umgebung muss nicht der Haushalt des Gepflegten sein. Die Pflege kann auch im Haushalt des pflegenden Beschäftigten erfolgen (*Müller/Stuhlmann* ZTR 2008, 290). Der Begriff »häusliche Umgebung« soll nur den Gegensatz zur Pflege in stationären Einrichtungen zum Ausdruck bringen. Der Beschäftigte muss den nahen Angehörigen bislang noch nicht gepflegt haben. Es muss aber eine Pflege beabsichtigt und dem Beschäftigten auch möglich sein (*Müller* BB 2008, 1058, 1060). Der tägliche Zeitaufwand der Pflege muss dem Mindestumfang nach § 15 III 1 Nr 1 SGB XI entsprechen (KR/*Treber* §§ 1-8 PflegeZG Rn 39). 5

III. Mindestbeschäftigungsdauer. Der Anspruch auf Pflegezeit setzt keine bestimmte Beschäftigungsdauer voraus, sodass er ab dem ersten Tag des Beschäftigungsverhältnisses besteht. 6

IV. Anspruchsausschluss (I 2). Der Anspruch auf Pflegezeit besteht nicht ggü einem AG mit idR nur 15 (zum Begriff »idR« s § 23 KSchG) oder weniger Beschäftigten iSd.§ 7 I. Im Gegensatz zu § 23 I 4 KSchG zählen auch Teilzeitbeschäftigte voll (»Berechnung nach Köpfen«). Das PflegeZG gibt damit einen anderen **Schwellenwert** vor als § 2 I 4 FPfZG (dort 25 Beschäftigte; kritisch *Haarke* NJW-Spezial 2015, 50, 51). Zur Darlegungs- und Beweislast bzgl der Beschäftigtenzahl gelten die gleichen Grundsätze wie für § 23 I 2 KSchG. 7

C. Nachweispflicht (II). Die Pflegebedürftigkeit ist auch ohne Verlangen des AG durch Vorlage einer Bescheinigung der Pflegekasse oder des Medizinischen Dienstes der Krankenversicherung nachzuweisen. Ist der nahe Angehörige privat versichert, muss ein entsprechender **Nachweis** der privaten Pflege-Pflichtversicherung erbracht werden. Eine Frist, innerhalb derer dieser Nachweis vorzulegen ist, enthält das Gesetz nicht. 8

Wurde die Inanspruchnahme der Pflegezeit gegenüber dem AG gem III 1 angekündigt und liegt noch kein Nachweis über die Pflegebedürftigkeit vor, ist nach § 18 III 5 SGB XI eine Begutachtung durch den **Medizinischen Dienst** der Krankenversicherung spätestens innerhalb von 2 Wochen nach Eingang des entsprechenden Antrags bei der zuständigen Pflegekasse durchzuführen und der Antragsteller seitens des Medizinischen Dienstes der Krankenversicherung unverzüglich schriftlich darüber zu informieren, welche Empfehlung der Medizinische Dienst an die Pflegekasse weiterleitet. Der Gesetzgeber ging davon aus, dass diese Verfahrensweise auch bei der privaten Pflege-Pflichtversicherung praktiziert wird (BT-Drs 16/7439 S 92). Befindet sich der Antragsteller im Krankenhaus oder in einer stationären Rehabilitationseinrichtung, so ist die Begutachtung dort unverzüglich, spätestens innerhalb 1 Woche nach Eingang des Antrags bei der zuständigen Pflegekasse durchzuführen (§ 18 III 3 SGB XI). Der Beschäftigte darf mit der Vorlage des Nachweises beim AG bis zum Abschluss des Verfahrens warten. Stellt sich, nachdem der Beschäftigte die Pflegezeit bereits angetreten hat, heraus, dass keine Pflegebedürftigkeit des nahen Angehörigen besteht, so hat der Beschäftigte objektiv **zu Unrecht** Pflegezeit in Anspruch genommen. Konnte der Beschäftigte auf das Vorliegen einer nachweisbaren Pflegebedürftigkeit nicht vertrauen, kommen Schadensersatzansprüche 9 des AG oder sonstige arbeitsrechtl Sanktionen (zB Abmahnung, Kdg) in Betracht. Die Inanspruchnahme von Pflegezeit bei einer zweifelhaften Pflegebedürftigkeit kann – abhängig von den Umständen des Einzelfalls – eine **Vertragspflichtverletzung** darstellen (BeckOK ArbR/*Joussen* Stand 1.12.2015 § 3 Rn 13).

10 **D. Ankündigung (III). I. Ankündigungsfrist (III 1).** Will der Beschäftigte Pflegezeit in Anspruch nehmen, so hat er dies dem AG spätestens **10 Arbeitstage** vor deren Beginn schriftlich anzukündigen und gleichzeitig zu erklären, für welchen Zeitraum und in welchem Umfang die Pflegezeit in Anspruch genommen werden soll. Mit Arbeitstagen sind nicht die individuellen des Beschäftigten gemeint. Ansonsten würde bei einer nur auf wenige Wochentage beschränkten Arbeitspflicht die 10-Arbeitstage-Frist für den Beschäftigten unzumutbar verlängert (im Extremfall auf 10 Wochen bei einem Arbeitstag/Woche). Dies ist nicht Sinn und Zweck der Ankündigungsfrist und wäre mit § 4 I 1 TzBfG nicht vereinbar (*Karb* ZTR 2015, 427, 431; ErfK/*Gallner* § 3 Rn 2). Der AG soll die Möglichkeit haben, sich innerhalb einer angemessenen Frist auf den Ausfall des Beschäftigten einzustellen. Diesem Zweck ist genügt, wenn auf die bei einer Fünftagewoche maßgebliche Frist von 2 Wochen abgestellt wird. Dies gilt auch, wenn im Betrieb zB eine Sechstagewoche praktiziert wird (aA Voraufl sowie ErfK/*Gallner* § 3 Rn 2; APS/*Rolfs* § 5 Rn 21). Anderenfalls wäre die Berechnung der Ankündigungsfrist von den betrieblichen Verhältnissen abhängig. Die daraus folgende Benachteiligung von Beschäftigten in Betrieben mit einer höheren Zahl üblicher Arbeitstage wäre nicht gerechtfertigt. Die Frist sollte für alle Beschäftigten gleich sein (vgl Schaub/*Linck* § 107 Rn 39). Hat der Beschäftigte die Frist nicht eingehalten, verschiebt sich der Beginn der Pflegezeit entsprechend (*Preis/Nehring* NZA 2008, 729, 733). Der Beschäftigte darf seine Pflegezeit auch mit einer längeren Frist ankündigen.

11 **II. Schriftform (III 1).** Erforderlich ist eine schriftliche Ankündigung. Das Schriftformerfordernis ist konstitutiv. Die Ankündigung muss den Anforderungen des **§ 126 I BGB oder** der elektronischen Form gem. § 126a I iVm § 126 III BGB genügen (str, s KR-*Treber* §§ 1–8 PflegeZG Rn 48).

12 **III. Vollständige Freistellung.** Hat der Beschäftigte ordnungsgem mitgeteilt, dass er eine vollständige Freistellung in Anspruch nimmt, so **endet** seine Arbeitspflicht und idR auch die **Vergütungspflicht** des AG mit dem Ablauf der Ankündigungsfrist, ohne dass es der Zustimmung des AG bedarf. Ein Vergütungsanspruch des Beschäftigten nach § 616 BGB während der Pflegezeit scheitert daran, dass es sich bei der Pflegezeit nicht um eine »verhältnismäßig nicht erhebliche Zeit« handelt.

13 **IV. Teilweise Freistellung (III 2, IV).** Möchte der Beschäftigte nur eine teilw Freistellung, so hat er in seiner Ankündigung neben dem **Umfang** der begehrten Freistellung auch die gewünschte **Verteilung der Arbeitszeit** anzugeben (III 2). Im Gegensatz zur völligen Freistellung **bedarf** die Verringerung und Verteilung der Arbeitszeit **der Zustimmung des AG**. IV verlangt eine Einigung zwischen dem Beschäftigten und dem AG über den Umfang der Verringerung und die Verteilung der verringerten Arbeitszeit. Diese Vereinbarung ist schriftlich festzuhalten. Es gilt das **Schriftformerfordernis** nach § 126 I BGB oder das Erfordernis der elektronischen Form gem § 126a I iVm § 126 III BGB. Eine Frist, innerhalb derer die Einigung zu erzielen ist, kennt das Gesetz nicht. Nach dem Sinn und Zweck der gesetzlichen Regelung muss die schriftliche Vereinbarung jedoch spätestens zu Beginn der angekündigten Pflegezeit vorliegen. Kommt eine solche Vereinbarung nicht zustande, hat der Beschäftigte die Möglichkeit, die Zustimmung des AG zur gewünschten Verringerung und Verteilung der Arbeitszeit einzuklagen (§ 894 I ZPO). Da der AG den Wünschen des Beschäftigten zu entsprechen hat, es sei denn, dringende betriebliche Gründe entgegenstehen (IV 2), ist der Klage des Beschäftigten stattzugeben, wenn der AG solche Gründe im Prozess nicht darlegen und beweisen kann. Der Begriff »**dringende betriebliche Gründe**« entspricht demjenigen in § 15 VII 1 Nr 4 BEEG (BR-Drs 718/07, S 222). Solche können sowohl dem Wunsch des Beschäftigten nach einer Verringerung als auch nach einer bestimmten Verteilung der Arbeitszeit entgegenstehen. Verfolgt der AN mit der Inanspruchnahme der Pflegezeit in Wirklichkeit Ziele, die mit dem Zweck des PflegeZG nicht in Einklang stehen, kann der AG dem Verlangen uU den Einwand des Rechtsmissbrauchs entgegenhalten. Eine verhältnismäßig geringfügige Verringerung der Arbeitszeit in der Pflegezeit genügt allein jedoch nicht, um den Rechtsmissbrauch zu begründen (vgl zu § 8 TzBfG BAG 11.6.2013, 9 AZR 786/11, EzA § 8 TzBfG Nr 28).

14 **Schweigen** des AG zum Verringerungs- und/oder Verteilungswunsch des Beschäftigten hat abweichend von § 8 V 3 TzBfG nicht die Fiktion einer Einigung über die Teilzeitbeschäftigung während der Pflegezeit zur Folge (vgl *Freihuber/Sasse* DB 2008, 1320, 1322; aA *Müller/Stuhlmann* ZTR 2008, 290, 292: stillschweigendes Einverständnis).

15 **V. Pflegezeit und Familienpflegezeit (III 3 bis 6).** Die mit Wirkung zum 1.1.2015 eingefügten S 3 bis 6 des III sollen das Verhältnis zwischen Pflegezeit und Familienpflegezeit nach dem FPfZG klären. Es zeigt

Dieser hat die Umstände, die zur vorzeitigen Beendigung der Pflegezeit geführt haben, im Fall einer gericht- 6
lichen Auseinandersetzung darzulegen und zu beweisen, wenn er sich auf die vorzeitige Beendigung beruft.

F. Pflegezeit und Urlaubsansprüche. Durch die Einfügung des IV hat der Gesetzgeber zum 1.1.2015 die 7
erhoffte Klarheit über das Verhältnis von Pflegezeit und Urlaub geschaffen. Die Regelung entspricht § 17 I
1 BEEG (BT-Drs 18/3449. S 12). Auf die dortige Kommentierung darf verwiesen werden.

§ 5 Kündigungsschutz

(1) Der Arbeitgeber darf das Beschäftigungsverhältnis von der Ankündigung, höchstens jedoch zwölf Wochen vor dem angekündigten Beginn, bis zur Beendigung der kurzzeitigen Arbeitsverhinderung nach § 2 oder der Freistellung nach § 3 nicht kündigen.

(2) ¹In besonderen Fällen kann eine Kündigung von der für den Arbeitsschutz zuständigen obersten Landesbehörde oder der von ihr bestimmten Stelle ausnahmsweise für zulässig erklärt werden. ²Die Bundesregierung kann hierzu mit Zustimmung des Bundesrates allgemeine Verwaltungsvorschriften erlassen.

Übersicht	Rdn.			Rdn.
A. Grundsatz	1	C.	Ende des besonderen Kündigungsschutzes	6
B. Beginn des besonderen Kündigungsschutzes (I)	4	D.	Ausnahme vom besonderen Kündigungsschutz (II)	7

A. Grundsatz. Der **bes Kündigungsschutz** gilt für alle Arten von Kdg, dh ordentliche sowie außeror- 1
dentliche Kdg (§ 626 BGB) und Änderungskdg (§ 2 KSchG). Anders als der Kündigungsschutz nach
dem KSchG beginnt der Kündigungsschutz nach I nicht erst nach einem über 6-monatigen Bestehen des
Arbeitsverhältnisses (§ 1 I KSchG), sondern bereits ab dem 1. Tag des Beschäftigungsverhältnisses. Er greift
auch bei Auszubildenden in der Probezeit (§ 20 BBiG). Abweichend von sonstigen arbeitsrechtlichen Regelungen kommen auch arbeitnehmerähnliche Personen (§ 7 I Nr 3) – auch wenn sie aufgrund von Werkverträgen tätig werden – in den Genuss des bes Kündigungsschutzes. Der weit gefasste Anwendungsbereich ist
zu kritisieren (vgl. *Schaub/Linck* § 107 Rn 53 mwN; *Preis/Nehring* NZA 2008, 729, 736). Der Gesetzgeber
hat allerdings mit dem G zur besseren Vereinbarkeit von Familie, Pflege und Beruf vom 23.12.2014 (BGBl
I S 2462) daran festgehalten.

Das Kündigungsverbot besteht nur, wenn im Zeitpunkt des Zugangs der Kdg alle Voraussetzungen des § 2 2
bzw. § 3 erfüllt sind (HWK/*Lembke* § 5 Rn 2; ErfK/*Gallner* § 5 Rn 2). Dabei ist die rückwirkende Feststellung der Pflegebedürftigkeit ausreichend. Der Beschäftigte trägt allerdings das Risiko, dass der Medizinische Dienst anders entscheidet (KR/*Treber* § 1-8 PflegeZG Rn 57).

Eine ohne Zulassung nach II erklärte Kdg ist gem § 134 BGB nichtig. Die **Beendigung** des Beschäftigungs- 3
verhältnisses **aus anderen Gründen**, wie insb aufgrund Aufhebungsvertrag oder Befristungsabrede, wird
von I nicht erfasst (SPV/*Vossen* Rn 1617).

B. Beginn des besonderen Kündigungsschutzes (I). Seit dem 1.1.2015 beginnt der Kündigungsschutz 4
mit dem Zugang der Ankündigungserklärung beim AG, **höchstens** jedoch **12 Wochen vor** dem angekündigten **Beginn** der Verhinderung nach § 2 bzw der Freistellung nach § 3. Durch diese zeitliche Eingrenzung
wird der Gefahr einer rechtsmissbräuchlichen Herbeiführung des Kündigungsschutzes durch den Beschäftigten im Wege einer Ankündung begegnet.

Die Kdg ist – unabhängig vom Kündigungstermin – immer nichtig, wenn die Kündigungserklärung dem 5
Beschäftigten während des Zeitraumes des bes Kündigungsschutzes zugeht. Eine vor diesem Zeitraum zugegangene Kdg unterfällt auch dann nicht dem Kündigungsverbot nach I, wenn der Kündigungstermin in
den Schutzzeitraum fällt. Stellt eine Kdg vor Beginn des Kündigungsschutzes eine Reaktion des AG auf die
Ankündigung dar, kann es sich aber um eine nach § 612a BGB verbotene **Maßregelung** handeln.

C. Ende des besonderen Kündigungsschutzes. Der bes Kündigungsschutz endet ohne Nachwirkung 6
mit dem Ende der kurzzeitigen Arbeitsverhinderung nach § 2 bzw mit dem – ggf. vorzeitigen – Ende der
Freistellung nach § 3.

D. Ausnahme vom besonderen Kündigungsschutz (II). In bes Fällen kann eine Kdg während des Zeit- 7
raumes des bes Kündigungsschutzes von der zuständigen Landesbehörde **für zulässig erklärt** werden. Die
BReg kann hierzu mit Zustimmung des BR allg Verwaltungsvorschriften erlassen, was aber bislang nicht
geschah. Die Regelung entspricht inhaltlich § 18 I 4 bis 6 BEEG. Auf die dortigen Erläuterungen wird

verwiesen. Ein die Zulassung der Kdg rechtfertigender bes Fall wird in erster Linie bei Wegfall des Arbeitsplatzes anzunehmen sein (vgl BT-Drs 16/7439, S 93; BeckOK-ArbR/*Joussen* Stand 1.12.2015 § 5 Rn 8).

§ 6 Befristete Verträge

(1) ¹Wenn zur Vertretung einer Beschäftigten oder eines Beschäftigten für die Dauer der kurzzeitigen Arbeitsverhinderung nach § 2 oder der Freistellung nach § 3 eine Arbeitnehmerin oder ein Arbeitnehmer eingestellt wird, liegt hierin ein sachlicher Grund für die Befristung des Arbeitsverhältnisses. ²Über die Dauer der Vertretung nach Satz 1 hinaus ist die Befristung für notwendige Zeiten einer Einarbeitung zulässig.
(2) Die Dauer der Befristung des Arbeitsvertrages muss kalendermäßig bestimmt oder bestimmbar sein oder den in Absatz 1 genannten Zwecken zu entnehmen sein.
(3) ¹Der Arbeitgeber kann den befristeten Arbeitsvertrag unter Einhaltung einer Frist von zwei Wochen kündigen, wenn die Freistellung nach § 4 Abs. 2 Satz 1 vorzeitig endet. ²Das Kündigungsschutzgesetz ist in diesen Fällen nicht anzuwenden. ³Satz 1 gilt nicht, soweit seine Anwendung vertraglich ausgeschlossen ist.
(4) ¹Wird im Rahmen arbeitsrechtlicher Gesetze oder Verordnungen auf die Zahl der beschäftigten Arbeitnehmerinnen und Arbeitnehmer abgestellt, sind bei der Ermittlung dieser Zahl Arbeitnehmerinnen und Arbeitnehmer, die nach § 2 kurzzeitig an der Arbeitsleistung verhindert oder nach § 3 freigestellt sind, nicht mitzuzählen, solange für sie auf Grund von Absatz 1 eine Vertreterin oder ein Vertreter eingestellt ist. ²Dies gilt nicht, wenn die Vertreterin oder der Vertreter nicht mitzuzählen ist. ³Die Sätze 1 und 2 gelten entsprechend, wenn im Rahmen arbeitsrechtlicher Gesetze oder Verordnungen auf die Zahl der Arbeitsplätze abgestellt wird.

Übersicht	Rdn.		Rdn.
A. Grundsatz	1	D. Sonderkündigungsrecht (III)	6
B. Voraussetzung für eine Befristung (I)	2	E. Schwellenwerte in anderen	
C. Bestimmtheit der Befristung (II)	5	Vorschriften (IV)	9

1 **A. Grundsatz.** Die Bestimmung ist an § 21 BEEG angelehnt, sodass auf die zu dieser Norm entwickelten Grundsätze zurückgegriffen werden kann. § 6 steht als Sonderbestimmung neben den allg Befristungsregelungen der §§ 14 ff TzBfG und schließt deren Anwendbarkeit nicht aus. Da § 14 IV TzBfG für alle Arten der Befristung eines Arbeitsverhältnisses die **Schriftform** verlangt (BAG 21.12.2005, 7 AZR 541/04, EzA § 14 TzBfG Nr 25), muss auch die Befristung nach I schriftlich vereinbart werden.

2 **B. Voraussetzung für eine Befristung (I).** Ein sachlicher Grund für die Befristung des Arbeitsverhältnisses eines AN liegt vor, wenn dieser als Vertreter für einen Beschäftigten iSd § 7 I eingestellt wird. Der Befristungsgrund ist daher weiter als § 14 I 2 Nr 3 TzBfG, denn er lässt auch die Vertretung einer arbeitnehmerähnlichen Person zu. Nach dem eindeutigen Wortlaut des I findet die Bestimmung jedoch keine Anwendung, wenn der AN als Vertreter für einen Beamten eingestellt wird, dem nach beamtenrechtl Regelungen eine Freistellung zur Pflege eines nahen Angehörigen gewährt wurde.

3 Für die Wirksamkeit der Befristung ist ohne Bedeutung, ob der zu vertretende Beschäftigte zu Recht freigestellt wurde (ErfK/*Gallner* § 6 Rn 1).

4 Die Dauer der Befristung ist auf die Dauer der Freistellung des zu Vertretenden beschränkt, wenn nicht aufgrund einer notwendigen Einarbeitungszeit eine Verlängerung der Befristungsdauer nach I 2 zulässig ist. Hat ein Beschäftigter während der Freistellung seine Arbeitszeit verringert (§ 3 III 2, IV), so darf der AG zum Ausgleich hierfür ebenfalls eine Vertretungskraft befristet einstellen.

5 **C. Bestimmtheit der Befristung (II).** Wenn kein bestimmtes Datum für das Ende des befristeten Arbeitsverhältnisses vereinbart wird, muss dessen Beendigung entweder **kalendermäßig** bestimmbar sein **oder** sich aus dem Befristungszweck des I ergeben. Kalendermäßig bestimmbar ist die Dauer der Befristung insb dann, wenn sie für einen bestimmten Zeitraum (zB 8 Wochen, 6 Monate) vereinbart ist. Möglich ist auch eine **Zweckbefristung** zur Vertretung »für die Dauer der Pflegezeit« eines bestimmten AN. In diesem Fall ist § 15 II TzBfG zu beachten.

6 **D. Sonderkündigungsrecht (III).** Der befristete Arbeitsvertrag darf vor dem Ablauf der Befristung durch den AG gekündigt werden, **wenn die Freistellung** nach § 4 II 1 **vorzeitig endet** (III 1). Es gilt dann eine zweiwöchige **Kündigungsfrist**. Unabhängig davon besteht aber auch dann eine Möglichkeit der ordentlichen

Kündigung vor Ablauf der Befristung, wenn eine solche einzelvertraglich vereinbart wurde oder in einem anwendbaren TV vorgesehen ist (§ 15 III TzBfG).

Für den Fall, dass das befristete Arbeitsverhältnis länger als 6 Monate bestanden hat, stellt III 2 klar, dass trotz Erfüllung der Wartezeit des § 1 I KSchG der allg Kündigungsschutz nach dem KSchG **nicht anzuwenden** ist. Die Unanwendbarkeit des KSchG führt auch dazu, dass ein etwaiger Sonderkündigungsschutz nach § 15 KSchG nicht eingreift. Kündigungsschutzbestimmungen außerhalb des KSchG gelten hingegen ebenso wie § 102 BetrVG ohne Einschränkung. 7

Das Sonderkündigungsrecht besteht nicht, wenn die Voraussetzungen des § 4 II 1 nicht vorliegen, der AG jedoch nach § 4 II 3 der vorzeitigen Beendigung zustimmt (Schaub/*Linck* § 107 Rn 57; KR/*Treber* §§ 1–8 PflegeZG Rn 77). Ein **vertraglicher Ausschluss des Kündigungsrechts** ist nach III 3 möglich. 8

E. Schwellenwerte in anderen Vorschriften (IV). Die Regelung soll eine Doppelzählung des Beschäftigten und der Ersatzkraft vermeiden (BT-Drs 16/7439, S 93). IV entspricht inhaltlich § 21 VII BEEG. 9

§ 7 Begriffsbestimmungen

(1) Beschäftigte im Sinne dieses Gesetzes sind
1. Arbeitnehmerinnen und Arbeitnehmer,
2. die zu ihrer Berufsbildung Beschäftigten,
3. Personen, die wegen ihrer wirtschaftlichen Unselbständigkeit als arbeitnehmerähnliche Personen anzusehen sind; zu diesen gehören auch die in Heimarbeit Beschäftigten und die ihnen Gleichgestellten.

(2) ¹Arbeitgeber im Sinne dieses Gesetzes sind natürliche und juristische Personen sowie rechtsfähige Personengesellschaften, die Personen nach Absatz 1 beschäftigen. ²Für die arbeitnehmerähnlichen Personen, insbesondere für die in Heimarbeit Beschäftigten und die ihnen Gleichgestellten, tritt an die Stelle des Arbeitgebers der Auftraggeber oder Zwischenmeister.

(3) Nahe Angehörige im Sinne dieses Gesetzes sind
1. Großeltern, Eltern, Schwiegereltern, Stiefeltern,
2. Ehegatten, Lebenspartner, Partner einer eheähnlichen oder lebenspartnerschaftsähnlichen Gemeinschaft, Geschwister, Ehegatten der Geschwister und Geschwister der Ehegatten, Lebenspartner der Geschwister und Geschwister der Lebenspartner,
3. Kinder, Adoptiv- oder Pflegekinder, die Kinder, Adoptiv- oder Pflegekinder des Ehegatten oder Lebenspartners, Schwiegerkinder und Enkelkinder.

(4) ¹Pflegebedürftig im Sinne dieses Gesetzes sind Personen, die die Voraussetzungen nach den §§ 14 und 15 des Elften Buches Sozialgesetzbuch erfüllen. ²Pflegebedürftig im Sinne von § 2 sind auch Personen, die die Voraussetzungen nach den §§ 14 und 15 des Elften Buches Sozialgesetzbuch voraussichtlich erfüllen.

Übersicht	Rdn.		Rdn.
A. Gesetzeszweck	1	D. »Naher Angehöriger« (III)	7
B. »Beschäftigte« (I)	2	E. »Pflegebedürftig« (IV)	8
C. »Arbeitgeber« (II)	6		

A. Gesetzeszweck. Es handelt sich um abschließende Legaldefinitionen. 1

B. »Beschäftigte« (I). Zu diesen zählen AN (vgl zum Begriff die Erl bei § 6 GewO) sowie die iSd §§ 1, 26 BBiG **zu ihrer Berufsbildung Beschäftigten**. 2

Erfasst sind auch **arbeitnehmerähnliche** Personen (vgl ebenfalls die Erl bei § 6 GewO). Nach der Gesetzesbegründung sind arbeitnehmerähnliche Personen wegen ihrer wirtschaftlichen Abhängigkeit sozial ebenso schutzbedürftig wie AN (BT-Drs 16/7439, S 93, 94). Dementspr ist das Merkmal der sozialen Schutzbedürftigkeit zu berücksichtigen, auch wenn der Wortlaut des I Nr 3 dies nicht zum Ausdruck bringt. Dies ist auch bei den vergleichbar formulierten Regelungen in § 2 2 BUrlG und § 5 I 2 ArbGG anerkannt (Schaub/*Linck* § 107 Rn. 6; aA ErfK/*Gallner* § 7 Rn. 1; *Preis/Nehring* NZA 2008, 729, 732). 3

Den Begriff des **Heimarbeiters** definiert § 2 I HAG. Nach § 1 II HAG können andere Personen aufgrund ihrer Schutzbedürftigkeit Heimarbeitern gleichgestellt werden. 4

Für **Beamte** gilt das Gesetz **nicht**, da diese von der Definition des Begriffes »Beschäftigte« in I nicht erfasst werden. 5

C. »Arbeitgeber« (II). Als AG werden alle natürlichen und juristischen Personen sowie rechtsfähige Personengesellschaften bezeichnet, die Personen nach I beschäftigen (II 1). Auch öffentl AG fallen unter den 6

Begriff. II 2 stellt klar, dass für die arbeitnehmerähnlichen Personen, insb für die Heimarbeiter und die ihnen Gleichgestellten, an die Stelle des AG der Auftraggeber oder der Zwischenmeister (§ 2 III HAG) tritt.

7 **D. »Naher Angehöriger« (III).** Im Wege einer verfassungskonformen Auslegung sind auch die Schwiegereltern in einer Lebenspartnerschaft als nahe Angehörige anzusehen (*Thüsing/Pötters* BB 2015, 181, 183).

8 **E. »Pflegebedürftig« (IV).** Die gesetzliche Definition des Begriffes »pflegebedürftig« verweist auf §§ 14, 15 SGB XI.
Nach § 14 I SGB XI in der bis zum 31.12.2016 geltenden Fassung sind Personen pflegebedürftig, die wegen einer körperlichen, geistigen oder seelischen Krankheit oder Behinderung für die gewöhnlichen und regelmäßig wiederkehrenden Verrichtungen im Ablauf des täglichen Lebens auf Dauer, voraussichtlich für mind 6 Monate, in erheblichem oder höherem Maße der Hilfe bedürfen. Diese Voraussetzungen erfüllen Personen, bei denen mind die Pflegestufe I nach § 15 SGB XI festgestellt ist (BT-Drs 16/7439, S 94).
Durch das Zweite Pflegestärkungsgesetz vom 21.12.2015 (BGBl I S 2424) wird der Pflegebedürftigkeitsbegriff durch eine Neufassung des § 14 SGB XI mit Wirkung ab dem 1.1.2017 deutlich erweitert (vgl BT-Drs 18/5926, S 2, 108 f; *Udsching* jurisPR-SozR 6/2016 Anm 1). Ab diesem Zeitpunkt gelten Personen als pflegebedürftig, die gesundheitlich bedingte Beeinträchtigungen der Selbstständigkeit oder der Fähigkeiten aufweisen u deshalb der Hilfe durch andere bedürfen. Es muss sich um Personen handeln, die körperliche, kognitive oder psychische Beeinträchtigungen oder gesundheitlich bedingte Belastungen oder Anforderungen nicht selbständig kompensieren oder bewältigen können. Die Pflegebedürftigkeit muss auf Dauer, voraussichtlich für mindestens sechs Monate, u mit mindestens der in § 15 SGB XI festgelegten Schwere bestehen. § 15 I SGB XI sieht ab dem 1.1.2017 die Ermittlung eines Grads der Pflegebedürftigkeit (Pflegegrad) mit Hilfe eines sog pflegefachlich begründeten Begutachtungsinstruments vor (vgl § 15 II SGB XI nF). Pflegebedürftigkeit ist ab Pflegegrad 1 gegeben.

9 Für die kurzzeitige Arbeitsbefreiung nach § 2 genügt es, dass der zu pflegende nahe Angehörige die Voraussetzungen der §§ 14, 15 SGB XI voraussichtlich erfüllen wird (IV 2). Dafür sind Tatsachen erforderlich, auf deren Grundlage der Eintritt der Pflegebedürftigkeit als überwiegend wahrscheinlich erscheint (BeckOK-ArbR/*Joussen* Stand 1.12.2015 § 7 Rn 17).

§ 8 Unabdingbarkeit
Von den Vorschriften dieses Gesetzes kann nicht zuungunsten der Beschäftigten abgewichen werden.

1 Die Unzulässigkeit der Abweichung zuungunsten der Beschäftigten gilt umfassend. Sie erfasst einzelvertragliche Vereinbarungen ebenso wie Regelungen in TV oder BV.

Verordnung (EG) Nr 593/2008 des Europäischen Parlaments und des Rates vom 17. Juni 2008 über das auf vertragliche Schuldverhältnisse anzuwendende Recht (Rom I)

In der Fassung der Bekanntmachung vom 4.7.2008 (ABlEG 2008 Nr L 177/6, ber ABlEG 2009 Nr L309/87, Rom I-VO)

Vorbem zu Art 1, 3, 8, 9 Arbeitskollisionsrecht des Arbeitsverhältnisses

In Sachverhalten mit Auslandsberührung stellt sich die Frage nach dem **anwendbaren Recht** (Art 1, 3, 8, 9 Rdn 5–26) und die nach dem **international zuständigen Gericht** (Art 1, 3, 8, 9 Rdn 27–30). 1

Eine **Auslandsberührung** entsteht immer dann, wenn der Sachverhalt eine Verbindung zum Recht eines 2 ausländischen Staates hat, Art 1 I 1. Das ist vor allem in folgenden Situationen der Fall (ErfK/*Schlachter* Art 9 Rn 1; HWK/*Tillmanns* Art 3, 8, 9 Rn 1): Der Arbeitsort liegt unbefristet oder vorübergehend in einem anderen Staat als der Sitz des AG, mit dem das Arbeitsverhältnis besteht; ausländische Staatsangehörigkeit des AN oder des AG. Entspr Konstellationen entstehen in der Praxis typischerweise durch (EUArbR/*Krebber* VO 593/2008/EG, Art 3, 8 Rn 50 ff): vorübergehende oder dauerhafte Entsendung des AN ins Ausland; Grenzgänger; grenzüberschreitende Telearbeit; Beschäftigung bei einem AG mit Sitz im eigenen Staat, wenn die Gesellschaft infolge der Anwendung der sog Gründungstheorie (*Ulmer* NJW 2004, 1201, 1205; *Horn* NJW 2004, 893, 896 f; *Bicker* Gläubigerschutz, S 35 ff) dem Recht eines anderen Staates unterliegt. Kein Sachverhalt mit Auslandsberührung entsteht dadurch, dass AN, die jeweils ein Arbeitsverhältnis mit ihrem AG ohne Auslandsberührung haben, über Grenzen hinweg iR einer Unternehmenskooperation bzw Telearbeit unmittelbar in Verbindung miteinander stehen (zu Letzterem etwa das Bsp von *Springer* Virtuelle Wanderarbeit, S 34).

Das Arbeitskollisionsrecht ist nur teilw kodifiziert und auch in dem kodifizierten Bereich unübersichtlich: 3
Eine umfassende **gesetzliche Grundlage** existiert **nur** für die **individualarbeitsrechtliche** Facette des 4 Arbeitskollisionsrechts. Zum 17.12.2009 ist die VO (EG) Nr 593/2008 über das auf vertragliche Schuldverhältnisse anzuwendende Recht (ABlEG 2008 Nr L 177/6, Rom I-VO) in Kraft getreten, die das EVÜ [Übereinkommen über das auf vertragliche Schuldverhältnisse anzuwendende Recht v 19.6.1980 (ABlEG 1980 Nr L 266/6)] ablöst und als unmittelbar anwendbares Recht auch das EGBGB verdrängt. Maßgeblich sind die Art 3, 8, 9. Wegen der Ausgestaltung der intertemporalen Kollisionsnorm (Art 28, 29 Rdn 1) werden die Art 27, 30, 34 EGBGB für Altfälle noch länger einschlägig sein.

Ergänzt wird das Regime der Art 3 ff durch §§ 2, 3 AEntG, die der Umsetzung der RL 96/71/EG über 5 die Entsendung von AN iRd Erbringung von Dienstleistungen (ABlEG 1997 Nr L 18/1) dienen. Dazu Art 1, 3, 8, 9 Rdn 22. Nach Art 9 I RL 2008/94 über den Schutz der AN bei Zahlungsunfähigkeit des AG (ABlEG 2008 Nr L 283/36) ist in einem grenzüberschreitenden Sachverhalt die Einrichtung desjenigen Mitgliedstaats zur Sicherung der Ansprüche des AN bei Zahlungsunfähigkeit des AG zuständig, in dessen Hoheitsgebiet der betreffende AN seinen gewöhnlichen Arbeitsort hatte (zur hiervon abw früheren Kollisionsnorm, die der EuGH entwickelt hat und die intertemporär noch anwendbar sein kann, EuGH 10.3.2011, Rs C-477/09 – Defossez). Die VO (EG) Nr 1346/2000 über Insolvenzverfahren (AblEG 2000 Nr L 160/1, EuInsVO) regelt die Zuständigkeit und in Art 10, dass sich die Wirkungen eines Insovenzverfahrens auf das Arbeitsverhältnis ausschließlich nach dem Recht des Mitgliedstaats richten, welches auf den Arbeitsvertrag anzuwenden ist (näher EUArbR/*Krebber* VO 1346/2000/EG, Art 10 Rn 1 ff).

Das Arbeitskollisionsrecht des Kollektiven ArbR ist mit Ausnahme von Teilaspekten des int Arbeits- 6 kampfrechts, Art 9 Rom II-VO [VO (EG) Nr 864/2007 vom 11.7.2007 über das auf außervertragliche Schuldverhältnisse anzuwendende Recht (ABlEG 2008 Nr L 199/49)], und von § 114 IV BetrVG nicht kodifiziert, sondern fußt auf teilw sehr unsicheren, überwiegend einseitigen kollisionsrechtlichen Ansätzen, die von Rspr und Lit entwickelt worden sind. Zu dem int TV-, Arbeitskampf- und Betriebsverfassungsrecht s statt vieler MünchArbR/*Birk* 2. Aufl § 21 f mit umfangreichen Nachw. Teilw wird der TV nach Art 3 f angeknüpft (Palandt/*Thorn* Art 8 Rn 5), was für den normativen Teil nicht überzeugt und auch für den schuldrechtlichen Teil abzulehnen ist, weil der normative Teil wesensbestimmend für den TV ist.

Zur Handhabung in der Praxis etwa *Mauer* Personaleinsatz im Ausland; *Freckmann* RIW 2012, 662. 7

Art. 1 Anwendungsbereich

(1) ¹Diese Verordnung gilt für vertragliche Schuldverhältnisse in Zivil- und Handelssachen, die eine Verbindung zum Recht verschiedener Staaten aufweisen. ²Sie gilt insbesondere nicht für Steuer- und Zollsachen sowie verwaltungsrechtliche Angelegenheiten.
[...]

Art. 3 Freie Rechtswahl

(1) ¹Der Vertrag unterliegt dem von den Parteien gewählten Recht. ²Die Rechtswahl muss ausdrücklich erfolgen oder sich eindeutig aus den Bestimmungen des Vertrags oder aus den Umständen des Falles ergeben. ³Die Parteien können die Rechtswahl für ihren ganzen Vertrag oder nur für einen Teil desselben treffen.
(2) ¹Die Parteien können jederzeit vereinbaren, dass der Vertrag nach einem anderen Recht zu beurteilen ist als dem, das zuvor entweder aufgrund einer früheren Rechtswahl nach diesem Artikel oder aufgrund anderer Vorschriften dieser Verordnung für ihn maßgebend war. ²Die Formgültigkeit des Vertrags im Sinne des Artikels 11 und Rechte Dritter werden durch eine nach Vertragsschluss erfolgende Änderung der Bestimmung des anzuwendenden Rechts nicht berührt.
(3) Sind alle anderen Elemente des Sachverhalts zum Zeitpunkt der Rechtswahl in einem anderen als demjenigen Staat belegen, dessen Recht gewählt wurde, so berührt die Rechtswahl der Parteien nicht die Anwendung derjenigen Bestimmungen des Rechts dieses anderen Staates, von denen nicht durch Vereinbarung abgewichen werden kann.
(4) Sind alle anderen Elemente des Sachverhalts zum Zeitpunkt der Rechtswahl in einem oder mehreren Mitgliedstaaten belegen, so berührt die Wahl des Rechts eines Drittstaats durch die Parteien nicht die Anwendung der Bestimmungen des Gemeinschaftsrechts – gegebenenfalls in der von dem Mitgliedstaat des angerufenen Gerichts umgesetzten Form –, von denen nicht durch Vereinbarung abgewichen werden kann.
(5) Auf das Zustandekommen und die Wirksamkeit der Einigung der Parteien über das anzuwendende Recht finden die Art. 10, 11 und 13 Anwendung.

Art. 8 Individualarbeitsverträge

(1) ¹Individualarbeitsverträge unterliegen dem von den Parteien nach Art. 3 gewählten Recht. ²Die Rechtswahl der Parteien darf jedoch nicht dazu führen, dass dem Arbeitnehmer der Schutz entzogen wird, der ihm durch Bestimmungen gewährt wird, von denen nach dem Recht, das nach den Abs. 2, 3 und 4 des vorliegenden Artikels mangels einer Rechtswahl anzuwenden wäre, nicht durch Vereinbarung abgewichen werden darf.
(2) ¹Soweit das auf den Arbeitsvertrag anzuwendende Recht nicht durch Rechtswahl bestimmt ist, unterliegt der Arbeitsvertrag dem Recht des Staates, in dem oder andernfalls von dem aus der Arbeitnehmer in Erfüllung des Vertrags gewöhnlich seine Arbeit verrichtet. ²Der Staat, in dem die Arbeit gewöhnlich verrichtet wird, wechselt nicht, wenn der Arbeitnehmer seine Arbeit vorübergehend in einem anderen Staat verrichtet.
(3) Kann das anzuwendende Recht nicht nach Abs. 2 bestimmt werden, so unterliegt der Vertrag dem Recht des Staates, in dem sich die Niederlassung befindet, die den Arbeitnehmer eingestellt hat.
(4) Ergibt sich aus der Gesamtheit der Umstände, dass der Vertrag eine engere Verbindung zu einem anderen als dem in Abs. 2 oder 3 bezeichneten Staat aufweist, ist das Recht dieses anderen Staates anzuwenden.

Art. 9 Eingriffsnormen

(1) Eine Eingriffsnorm ist eine zwingende Vorschrift, deren Einhaltung von einem Staat als so entscheidend für die Wahrung seines öffentlichen Interesses, insbesondere seiner politischen, sozialen oder wirtschaftlichen Organisation, angesehen wird, dass sie ungeachtet des nach Maßgabe dieser Verordnung auf den Vertrag anzuwendenden Rechts auf alle Sachverhalte anzuwenden ist, die in ihren Anwendungsbereich fallen.
(2) Diese Verordnung berührt nicht die Anwendung der Eingriffsnormen des Rechts des angerufenen Gerichts.
(3) ¹Den Eingriffsnormen des Staates, in dem die durch den Vertrag begründeten Verpflichtungen erfüllt werden sollen oder erfüllt worden sind, kann Wirkung verliehen werden, soweit diese Eingriffsnormen

die Erfüllung des Vertrags unrechtmäßig werden lassen. ²Bei der Entscheidung, ob diesen Eingriffsnormen Wirkung zu verleihen ist, werden Art und Zweck dieser Normen sowie die Folgen berücksichtigt, die sich aus ihrer Anwendung oder Nichtanwendung ergeben würden.

Übersicht	Rdn.			Rdn.
A. Allgemeines	1	IV.	Engere Verbindung, Art 8 IV	16
B. Subjektives Arbeitsverhältnisstatut	6	D.	Günstigkeitsvergleich zwischen subjektivem und objektivem Arbeitsverhältnisstatut, Art 8 I 2	
C. Objektive Anknüpfung	9			
I. Überblick	9			18
II. Anknüpfung an das Recht des gewöhnlichen Arbeitsorts, Art 8 II		E.	Eingriffsnormen iSd Art 9	20
	10	F.	Ordre public, Art 21	26
III. Anknüpfung an das Recht der einstellenden Niederlassung, Art 8 III		G.	Internationale Zuständigkeit	27
	12			

A. Allgemeines. Die Änderungen durch die Rom-I VO im Vergleich zu EVÜ und EGBGB sind überwiegend redaktioneller Art (s hierzu allgemein *Mauer/Sadtler* RIW 2008, 544, 545 ff). Geändert wurden die Anforderungen an eine stillschweigende Rechtswahl (Rdn 7). Eingefügt wurde zudem Art 3 IV (Rdn 25). Weil zum EVÜ insbesondere Rspr des EuGH bislang fehlt, bedeutet das Fehlen weitgehender Änderungen jedoch nicht zwingend, dass es bei dem Verständnis der Normen bleibt, wie es vom BAG geprägt ist. Die Auslegungszuständigkeit des EuGH ergibt sich nun unmittelbar aus Art 267 AEUV (s Art 267 AEUV Rdn 1 ff). Die erstmalige Regelung der Berücksichtigung ausländischer Eingriffsnormen in Art 9 III, die darauf abstellt, dass die Erfüllung des Vertrags unrechtmäßig wird, ist für das Arbeitsrecht zu eng. Für die Eingriffsnormen des Arbeitsorts bleibt es bei den bisher dazu entwickelten Grundsätzen (Rdn 20). 1

Art 8, 9 sind der Versuch, das kollisionsrechtliche Verständnis allg schuldrechtlicher Verträge auf das Arbeitsverhältnis zu übertragen. Dies führt schon innerhalb der Rom I-VO zu einer komplexen Regelung, weil die dem Recht der allg Verträge entnommene parteiautonome Bestimmung des Arbeitsverhältnisstatuts in einem Spannungsverhältnis zum **AN-Schutzgedanken** steht (Rdn 18) und versucht wurde, trotz Festhaltens an der allg kollisionsrechtlichen Regel für Schuldverträge gleichzeitig auch dem AN-Schutz gerecht zu werden. Dieses Denken ist immer verfehlt gewesen. Es steht in völligem Widerspruch zum Individualarbeitsrecht moderner Prägung. Der Aufwand, den dieses System mit sich bringt (Rdn 5), ist nicht zu rechtfertigen. Zu alledem *Krebber* FS Birk, 2008, 477 ff. 2

Der Begriff des **Arbeitsvertrags** ist autonom auszulegen. Infolge der Auslegungszuständigkeit des EuGH ist zu erwarten, dass das Verständnis des Arbeitsvertrags in Anlehnung an die bisherigen Auslegungsergebnisse im Zusammenhang mit dem Vollstreckungsübereinkommen (EuGVÜ, s Rdn 27) und der Vollstreckungsverordnung (Brüssel Ia-VO, s Rdn 27–29) erfolgt. Maßgeblich ist demnach, dass eine Vertragspartei für einen anderen nach dessen Weisungen Leistungen erbringt und als Gegenleistung eine Vergütung bezieht (Art 45 AEUV Rdn 5). In Anlehnung an die materiellrechtliche Rechtsfigur des Rechtsformzwangs ist der kollisionsrechtliche AN-Schutz in Art 8 durch einen sog **qualifikationsrechtlichen Rechtsformzwang** zu ergänzen. Ob eine Person AN ist, bestimmt sich **alternativ** nach dem unionsrechtlichen AN-Begriff, der lex fori, der lex causae oder dem Recht des gewöhnlichen Arbeitsorts. Ist eine Person nach einer dieser Rechtsordnungen AN oder arbeitnehmerähnlich, ist Art 8 anwendbar (*Krebber* FS v Hoffmann, 2011, S 218, 228 f). Kein Arbeitsvertrag iSd Art 8 sind Kollektivvereinbarungen (*Birk* RdA 1989, 201). 3

Die Geschäftsfähigkeit wird mit Ausnahme des Art 13, der Art 12 EGBGB entspricht, nicht in der Rom I-VO geregelt, Art 1 II a. Sie unterliegt nach Art 7 I EGBGB mit der Einschränkung des Art 13 dem Personalstatut. Ob für den Arbeitsvertrag eine Form und ggf welche Form einzuhalten ist, richtet sich gem Art 11 I nach dem Arbeitsverhältnisstatut oder dem Recht des Staates, in welchem der Arbeitsvertrag abgeschlossen wird. S im Erg MünchArbR/*Birk* 2. Aufl § 20 Rn 67. 4

Das **Arbeitsverhältnisstatut** wird nach folgendem **System** bestimmt: Die Parteien haben nach Art 8 I 1, 3 I die Möglichkeit, das auf den Arbeitsvertrag anwendbare Recht zu wählen. Erfolgt eine solche Rechtswahl, bestimmt Art 8 I 2 aus Gründen des AN-Schutzes, dass die Rechtswahl der Parteien nicht dazu führen darf, dass dem AN der Schutz entzogen wird, der ihm durch die zwingenden Bestimmungen des objektiven Arbeitsverhältnisstatuts (Rdn 9–17) gewährt wird. Es ist also ein Günstigkeitsvergleich durchzuführen. Erfolgt keine Rechtswahl, wird das Arbeitsverhältnisstatut nach Art 8 II–IV festgelegt. Die Notwendigkeit eines Günstigkeitsvergleiches wie beim subj bestimmten Arbeitsverhältnisstatut entfällt dann. In beiden Fällen jedoch sind noch Eingriffsnormen iSd Art 9 (Rdn 20–23) zu berücksichtigen, die das subj oder obj bestimmte Vertragsstatut ggf verdrängen. Die **Verweisung** durch das Arbeitsverhältnisstatut ist **umfassend** und erfasst sämtliche kollektivvertragliche und öffentlich-rechtliche Regelungen, soweit sie unmittelbar das 5

Rechte- und Pflichtengefüge zwischen AG und AN betreffen. Hierbei werden auch Eingriffsnormen von der Verweisung nicht ausgenommen EUArbR/*Krebber* VO 593/2008/EG, Art 3, 8 Rn 13, 46 ff).

6 **B. Subjektives Arbeitsverhältnisstatut.** Nach Art 3 I können die Parteien durch Vereinbarung die auf das Arbeitsverhältnis anzuwendende Rechtsordnung wählen. Es ist hierbei nicht erforderlich, dass die gewählte Rechtsordnung in irgendeinem Bezug zum Arbeitsverhältnis steht (ErfK/*Schlachter* Art 9 Rn 4; HWK/*Tillmanns* Art 3, 8, 9 Rn 12). Zur praktisch nicht bedeutsamen Rechtswahl in Sachverhalten, die keinen Bezug zum Ausland aufweisen MünchArbR/*Birk* 2. Aufl § 20 Rn 5. Zur Möglichkeit einer **Teilrechtswahl**: BAG 20.11.1997, 2 AZR 631/96, EzA Art 30 EGBGB Nr 4 einer- und *Krebber* IPrax 1999, 164 andererseits.

7 Erfolgt die Rechtswahl **ausdrücklich**, ist keine bestimmte Form vorgeschrieben; s aber die Nachweispflichten gem § 2 II NachwG (dazu *Birk* NZA 1996, 287). Nach Art 3 I 2 ist vielmehr auch die konkludente Rechtswahl möglich. Grundlage der Annahme einer konkludenten Rechtswahl sind Indizien, die auf einen entspr Willen der Parteien schließen lassen und die sich aus dem Vertrag selbst, den Umständen seines Abschlusses oder späterem Parteiverhalten entnehmen lassen. In Betracht kommen: Bezugnahme auf Rechtsvorschriften einer Rechtsordnung; Verweisung auf einen TV (BAG 12.12.2001, 5 AZR 255/00, EzA Art 30 EGBGB Nr 5; aA *Deinert* Internationales Arbeitsrecht, § 9 Rn 26, 30); Beschränkung der Arbeitspflicht auf einen bestimmten Betrieb; Bezugnahme auf ein Sozialrechtssystem (MünchArbR/*Birk* 2. Aufl § 20 Rn 11); Staatsangehörigkeit der Parteien; Vertragssprache; Währung, in der die Vergütung bezahlt wird; Ort des Vertragsschlusses (BAG 24.8.1989, 2 AZR 3/89, EzA Art 30 EGBGB Nr 1). Die konkludente Rechtswahl muss sich nunmehr eindeutig aus dem Vertrag oder den Umständen des Falles ergeben, Art 3 I 2, dazu *Wurmnest* EuZA 2009, 481, 488 f. Fehlt es an dieser Eindeutigkeit, ist zu prüfen, ob die Voraussetzungen des Art 8 IV vorliegen (Rdn 17).

8 Das für die Wirksamkeit der Rechtswahl maßgebliche Recht bestimmt sich nach Art 3 V. Nachträgliche Rechtswahl ist möglich, Art 3 II.

9 **C. Objektive Anknüpfung. I. Überblick.** Art 8 sieht in seinen II-IV **drei** mögliche Anknüpfungspunkte zur Bestimmung des mangels Rechtswahl anzuwendenden Rechts vor: (1) den gewöhnlichen Arbeitsort, Art 8 II; (2) die einstellende Niederlassung, Art 8 III; und (3) schließlich das Recht der engeren Verbindung nach Art 8 IV. Ob Art 8 II oder III maßgeblich ist, bestimmt sich nach der Art des Arbeitsverhältnisses. Entscheidend ist, ob es einen gewöhnlichen Arbeitsort in einem Staat gibt. Art 8 III ist im Verhältnis zu Art 8 II jedoch **subsidiär** und eng auszulegen. Die Merkmale »gewöhnlich seine Arbeit verrichtet« in Art 8 II sind weit auszulegen. Ein gewöhnlicher Arbeitsort in einem Staat liegt auch dann vor, wenn der AN seine Tätigkeit in mehreren Staaten ausübt, es einem Gericht aber möglich ist, einen dieser Staaten zu ermitteln, mit dem die Arbeit eine maßgebliche Verknüpfung aufweist (EuGH 15.3.2011, Rs C-29/10, Slg 2011, I-1595, Rn 43 ff – Koelzsch, NZA 2011, 625; EuGH 15.12.2011, Rs C-384/10, Slg 2011 I-13275, Rn 32 ff – Voogsgeerd, NZA 2012, 227; dazu *Mankowski/Knöfel* EuZA 2011, 521 ff; *Lüttringhaus* IPRax 2011, 554 ff; *Lüttringhaus/Schmidt-Westphal* EuZW 2012, 139 ff; *Junker* FS Gottwald, 2014, 293, 299 ff). Die Vorrangigkeit von Art 8 II im Verhältnis zu Art 8 III ist in Art 8 II auch normativ verankert: Gewöhnlicher Arbeitsort ist auch der Ort, von dem aus der AN gewöhnlich seine Arbeit verrichtet. In einem 2. Schritt ist dann jeweils zu prüfen, inwieweit die Ausweichklausel des Art 8 IV greift und die objektive Regelanknüpfung verdrängt.

10 **II. Anknüpfung an das Recht des gewöhnlichen Arbeitsorts, Art 8 II.** Das Recht des gewöhnlichen Arbeitsorts ist maßgeblich, wenn der AN seine Tätigkeit **gewöhnlich** in ein und demselben Staat oder von dort aus verrichtet. Maßgeblich ist die gewöhnliche Verrichtung in einem Staat, nicht an einem bestimmten Ort in einem Staat (BAG 12.12.2001, 5 AZR 255/00, EzA Art 30 EGBGB Nr 5). Gelegentliche Auslandstätigkeit beeinflusst die Lage des gewöhnlichen Arbeitsorts nicht. Für die vorübergehende Entsendung wird dies ausdrücklich in Art 8 II festgestellt, doch gilt es wegen der Maßgeblichkeit des gewöhnlichen Arbeitsorts allg. Die aufgrund des Anwendungsbefehls des AEntG gegen das Arbeitsverhältnisstatut durchzusetzenden Normen (Rdn 22) weichen diese Grundregeln des Arbeitskollisionsrechts auf, indem dieser Anwendungsbefehl gerade bei einer auch nur vorübergehenden Verlagerung des Arbeitsorts in einen anderen Staat greift.

11 Zur Frage, ob Gegenstück der vorübergehenden Entsendung eine länger andauernde Entsendung oder – überzeugender – nur die **endgültige** Verlagerung des Arbeitsorts in einen anderen Staat ist, MünchArbR/*Birk* 2. Aufl § 20 Rn 37; EUArbR/*Krebber* VO 593/2008/EG, Art. 3, 8 Rn 38. Letztere Auffassung fand sich in Art 6 II lit a S 3 des Vorschlages für eine VO des Europäischen Parlaments und des Rates über das auf vertragliche Schuldverhältnisse anzuwendende Recht (Rom I), KOM/2005/0650 endg – COD 2005/0261 und findet sich jetzt in Erwägungsgrund Nr 36 der Rom I-VO. S auch *Wurmnest* EuZA 2009, 481, 482 f.

Für Entsendungen innerhalb der EU wird die Regelung zur vorübergehenden Entsendung in Art 8 II 2 weitgehend durch die Entsenderichtlinie untergraben, Rdn 22.

III. Anknüpfung an das Recht der einstellenden Niederlassung, Art 8 III. *(derzeit unbesetzt)* 12
Niederlassung ist jeder Ort, von wo aus der AG geschäftlich tätig wird (MünchArbR/*Birk* 2. Aufl § 20 13
Rn 47). Ein durch den Wortlaut von Art 8 nicht entschiedener (*Wurmnest* EuZA 2009, 481, 491) Streit herrscht über die Bestimmung der maßgeblichen, also der »einstellenden« Niederlassung: Einstellung iSv Art 8 III als Abschluss des Arbeitsvertrags (MünchArbR/*Birk* 2. Aufl § 20 Rn 49; *Pfeiffer* FS Etzel, 2011, 291) oder als Ort der organisatorischen Eingliederung beim AG (so aber *Däubler* RiW 1987, 249, 251; offengelassen von BAG 12.12.2001, 5 AZR 255/00, EzA Art 30 EGBGB Nr 5). Weil die subsidiäre Anknüpfung in Art 8 III Klarstellungsfunktion hat, ist der einfach festzustellende Ort des **Abschlusses des Arbeitsverhältnisses** maßgeblich (näher EUArbR/*Krebber* VO 593/2008/EG, Art 3, 8 Rn 39).
(derzeit unbesetzt) 14–15

IV. Engere Verbindung, Art 8 IV. Ergibt sich aus der Gesamtheit der Umstände, dass der Arbeitsvertrag 16 engere Verbindungen zu einem anderen als dem nach Art 8 II oder III maßgeblichen Staat hat, ist nach Art 8 IV das Recht dieses anderen Staates anzuwenden. Im Grundsatz leuchtet eine solche **Ausweichklausel** ein, doch führt sie für die Praxis zu erheblicher Unsicherheit. Die dogmatische Struktur von Art 8 II–IV wird nur dann respektiert, wenn die als Ausnahme gemeinte Ausweichklausel in der Rechtsanwendung auch tatsächlich Ausnahme bleibt. Auch wenn das BAG dies im Grundsatz durchaus betont (BAG 24.8.1989, 2 AZR 3/89, EzA Art 30 EGBGB Nr 1; 12.12.2001, 5 AZR 255/00, EzA Art 30 EGBGB Nr 5; 11.12.2003, 2 AZR 627/02, EzA Art 30 EGBGB Nr 7), hat es teilweise jedoch zu großzügig Rückgriff auf diese Möglichkeit genommen (Bsp: BAG 24.8.1989, 2 AZR 3/89, EzA Art 30 EGBGB Nr 1; 29.10.1992, 2 AZR 267/92, EzA Art 30 EGBGB Nr 2; 3.5.1995, 5 AZR 15/94, EzA Art 30 EGBGB Nr 3; 9.7.2003, 10 AZR 593/02, EzA Art 30 EGBGB Nr 6; 11.12.2003, 2 AZR 627/02, EzA Art 30 EGBGB Nr 7; im Erg richtig BAG 10.4.2014, 2 AZR 741/13, AP Nr 8 zu § 20 GVG).
Es entspricht der Natur solcher Ausweichklauseln, die Umstände für ihr Eingreifen im Gesetz nicht näher 17 zu bezeichnen. Die Ausweichklausel soll atypische Sachverhalte auffangen. Wann sie greift, ergibt sich durch Subsumtion und nicht durch eine abstrakte Auslegung von Art. 8. Ein Ausnahmesachverhalt kann auch dann vorliegen, wenn ein AN seine Arbeit dauerhaft und ununterbrochen in ein und demselben Land verrichtet hat (EuGH 12.9.2013, Rs. C-64/12, n.i.Slg – Schlecker; *Krebber* RIW 2013, 873). Die Umstände, die einen atyischen Sachverhalt begründen können, entsprechen im Kern denen, aufgrund derer auf das Vorliegen einer konkludenten Rechtswahl geschlossen werden kann (s.a. BAG 24.8.1989, 2 AZR 3/89, EzA Art 30 EGBGB Nr 1; zu möglichen Kriterien *Lüttringhaus* EuZW 2013, 821 ff; *Mankowski* EWIR 2013, 743). Unterschied in der Konstruktion ist, dass bei der konkludenten Rechtswahl die Umstände einen Rückschluss auf einen entspr Parteiwillen eindeutig erlauben müssen (Rdn 7), während dies bei Art 8 IV nicht Voraussetzung ist.

D. Günstigkeitsvergleich zwischen subjektivem und objektivem Arbeitsverhältnisstatut, Art 8 I 2.
Weil bei der subj Bestimmung des Arbeitsverhältnisstatuts die Möglichkeit besteht, dass der AG seine typi- 18 scherweise stärkere Position nutzt, um dem AN ein diesen möglichst wenig schützendes ArbR aufzudrängen, bestimmt Art 8 I 2, dass die zwingenden Bestimmungen des obj Arbeitsverhältnisstatuts bei Rechtswahl eine Untergrenze des Schutzes des AN setzen.
Art 8 I 2 verlangt damit die Durchführung eines Günstigkeitsvergleiches. In diesen werden zwingende, 19 vertraglich also nicht abdingbare, Bestimmungen einbezogen (zu Tarifnormen BAG 9.7.2003, 10 AZR 593/02, EzA Art 30 EGBGB Nr 6). Sinnvoll ist ein Günstigkeitsvergleich nur zwischen Gruppen sachlich zusammenhängender Vorschriften (*Birk* RdA 1989, 201, 206), nicht hingegen zwischen gesamten Rechtsordnungen (Gesamtvergleich) oder zwischen Einzelvorschriften (Rosinentheorie, *Gamillscheg* ZfA 1983, 307, 338; *E Lorenz* RIW 1987, 569, 577). Zu Methode und Anwendung auf den Bereich des Kündigungsschutzrechts s.a. *Krebber* Internationales Privatrecht des Kündigungsschutzes bei Arbeitsverhältnissen, S 330 ff; BAG 10.4.2014, 2 AZR 741/13, AP Nr 8 zu § 20 GVG; *Mankowski* IPRax 2015, 309, 313 ff. Die Durchführung des Günstigkeitsvergleiches bleibt trotz weitgehender Einigkeit über dessen theoretische Grundlagen eine unsichere Übung, weil die Bewertung dessen, was für den AN günstiger ist, vom Horizont des dies entscheidenden Richters abhängen wird (s etwa *Rebhahn* RdW 1996, 68, 70, der aus österreichischer Sicht Abfindungsschutz als ggü Bestandsschutz günstigere Regelung des Kündigungsschutzes ansieht, was aus dt Sicht anders beurteilt werden würde). Näher zum Günstigkeitsvergleich EUArbR/*Krebber* VO 593/2008/EG, Art 3, 8 Rn 18 ff.

20 **E. Eingriffsnormen iSd Art 9.** Das der Rom I-VO zugrunde liegende frühere römische Übereinkommen (Vorb zu Art 1, 3, 8, 9 Rdn 4) sieht in seinem Art 7 die Möglichkeit der Berücksichtigung inländischer und ausländischer int zwingender Normen vor. Art 9 übernimmt dieses System, jedoch mit kleineren Abweichungen: Art 9 I definiert die Eingriffsnorm. **International zwingend** ist eine Bestimmung dann, wenn sie den Willen zur Anwendung unabhängig vom Vertragsstatut hat. Die mit Art 9 I vereinbare (*Magnus* IPrax 2010, 27, 41) Definition von Eingriffsnormen iSd Art 34 EGBGB des BAG versteht diese als Normen, die nicht nur dem Schutz und Ausgleich widerstreitender Interessen der Vertragsparteien und damit reinen Individualbelangen dienen, sondern daneben zumindest auch öffentliche **Gemeinwohlinteressen** verfolgen (BAG 24.8.1989, 2 AZR 3/89, NZA 1990, 841; seitdem st Rspr). Inländische Eingriffsnormen müssen vom Forum aus sich heraus angewendet werden, weshalb Art 9 II nur erwähnt, dass sie von der Rom I-VO nicht berührt werden. Art 9 III betrifft die Eingriffsnormen des Staates, in dem die durch den Vertrag begründeten Verpflichtungen erfüllt werden sollen oder erfüllt worden sind. Art 7 I des römischen Übereinkommens stellt noch ganz allgemein auf eine enge Verbindung ab. Im ArbR geht es vor allem um int zwingende Bestimmungen eines ausländischen Staates, in dem ein tatsächlicher Arbeitsort liegt (MünchArbR/*Birk* 2. Aufl § 20 Rn 80 ff: Arbeitszeit; Arbeitsschutz; Feiertagsrecht; allg technischer, medizinischer Arbeitsschutz), was schon immer anerkannt war. Die mögliche Verengung durch Art 9 I lässt den für das Arbeitsrecht wesentliche Anwendungsbereich der Eingriffsnormen daher unberührt.

21 Wie der Kreis der (nur) nach dem Arbeitsverhältnisstatut auf der einen und der int zwingenden sowie nach sonstigen sich gegen das Arbeitsverhältnisstatut durchsetzenden Statuten anzuknüpfenden (Betriebsverfassung; Statut der Krankenversicherung; Anwendungsbereich einzelner Spezialgesetze wie zB MuSchG) Bestimmungen auf der anderen Seite für das Arbeitskollisionsrecht zu ziehen ist, ist eine der umstrittensten Fragen dieses Rechtsgebiets. Zur Auseinandersetzung und **Einzelfragen**: MünchArbR/*Birk* 2. Aufl § 20 Rn 84 ff; EUArbR/*Krebber* VO 593/2008/EG, Art 9 Rn 16 ff. Die Definition in Art 9 I kann die Auseinandersetzung nicht wesentlich beruhigen, weil sie zu weit gefasst ist, um die strittigen Punkte zu entscheiden. Möchte man die Rechtslage zur Bereitschaft einer Anwendung ausländischen Arbeitsrechts bei inländischem gewöhnlichen Arbeitsort in anderen Mitgliedstaaten verstehen, darf der Blick nicht auf die Eingriffsnormen verengt werden. Wenn obj und subj Anknüpfung zur Anwendung der lex fori führen (Bsp bei *Krebber* FS Birk, 2008, 477 f), ist der Rückgriff auf Eingriffsnormen überflüssig.

22 Der Streit ist durch §§ 2, 3 AEntG, die einen umfangreichen Katalog int zwingender Bestimmungen iSd Art 9 I festlegen (zu Einzelheiten: *Krebber* IPRax 2001, 22 ff), teilweise entschärft worden. Der gesetzliche Mindestlohn nach dem MiLoG ist Eingriffsnorm (§ 20 MiLoG Rdn 2).

23 Einige der Hauptstreitpunkte sind: **§ 613a BGB** (nicht int zwingend: BAG 29.10.1992, 2 AZR 267/92, EzA Art 30 EGBGB Nr 2; aA *Birk* RdA 1989, 201, 207; *Däubler* RIW 1987, 249, 255) – dieser Streit dürfte allerdings durch die Definition des Anwendungsbereichs der Regelung zum Betriebsübergang in der zugrunde liegenden RL und nunmehr Art 3 IV weitgehend hinfällig sein (Rdn 25); der **allg Kündigungsschutz** der §§ 1 ff KSchG (dagegen: BAG 29.10.1992, 2 AZR 267/92, EzA Art 30 EGBGB Nr 2; *Mankowski* IPRax 2015, 309, 316 f; aA *Birk* RdA 1989, 201, 207; *Däubler* RIW 1987, 249, 255; *Krebber* Internationales Privatrecht des Kündigungsschutzes bei Arbeitsverhältnissen, S 312 ff). Nicht an das Arbeitsverhältnisstatut, sondern an das Statut der Krankenversicherung anzuknüpfen sind auch §§ 2, 3 EFZG (EUArbR/*Krebber* VO 593/2008/EG, Art 9 Rn 39; anders BAG 18.4.2012, 10 AZR 200/11, NZA 2012, 1152: § 2 EFZG nicht int zwingend und § 3 EFZG nur bei AN, die dem dt Sozialversicherungsrecht unterliegen); § 14 I MuSchG (BAG 12.12.2001, 5 AZR 255/00, EzA Art 30 EGBGB Nr 5). Zum Eingriffsnormcharakter eines für allgemeinverbindlich erklärten TV: BAG 9.7.2003, 10 AZR 593/02, EzA Art 30 EGBGB Nr 6. Schaut man genauer hin, ist kaum eine Einzelfrage nicht umstritten: ErfK/*Schlachter* Art 9 Rn 23; vor allem MünchArbR/*Birk* 2. Aufl § 20 Rn 88 ff; EUArbR/*Krebber* VO 593/2008/EG, Art 9 Rn 16 ff.

24 Beim **allg Kündigungsschutz** hat sich das BAG in eine absurde Schieflage manövriert. Es hält einerseits an der Möglichkeit einer Rechtswahl fest, sieht andererseits aber in § 23 II 2 KSchG eine **Selbstbeschränkung** des Anwendungsbereichs auf in Deutschland belegene Betriebe (BAG 17.1.2008, 2 AZR 902/06, EzA § 23 KSchG Nr 31; dagegen *Junker* FS Konzen, 2008, 367 ff; *Deinert* Internationales Arbeitsrecht, 2013, § 13 Rn 37). Folge dieser Konstruktion ist, dass bei Rechtswahl zugunsten des deutschen Rechts, aber einem im Ausland belegenen Betrieb kein allg Kündigungsschutz besteht. Dies ist zumindest ordre public-widrig (Rdn 26). Freilich hat die Auffassung des BAG einen treffenden Kern, der richtig verstanden dazu führt, §§ 1 ff KSchG bei Arbeitsverhältnissen mit einem im Inland belegenen Betrieb als intern zwingende Normen anzuwenden (Rdn 23; *Krebber* FS Birk, 2008, 477, 492).

25 Eine besondere Kategorie der zwingenden Bestimmungen ist nunmehr in Art 3 IV angesprochen: Danach setzt sich zwingendes Recht gemeinschaftsrechtlichen Ursprungs gegen eine Rechtswahl durch, wenn alle anderen Elemente des Sachverhalts zum Zeitpunkt der Rechtswahl in einem oder mehreren Mitgliedstaaten

belegen sind. Art 3 IV greift den Gedanken auf, dass einzelne arbeitsrechtliche RL ihren räumlichen Anwendungsbereich festlegen, der dann unter Anwendung des Grundsatzes des Vorrangs von Gemeinschaftsrecht Vorrang vor dem Spiel des Kollisionsrechts hat (EuGH 9.11.2000, Rs C-381/98, Slg 2000, I-9305 – Ingmar GB Ltd gegen Eaton Leonard Technologies Inc, Rn 24 f; *Krebber* ZVglRWiss 97 [1998], 124, 135 f, 150). Die Anknüpfung des BAG zu § 613a BGB (29.10.1992, 2 AZR 267/92, EzA Art 30 EGBGB Nr 2) berücksichtigt diesen Umstand nicht, wurde daher als europarechtswidrig betrachtet (*Krebber* ZVglRWiss 97 [1998], 124 ff; MünchArbR/*Birk* 2. Aufl § 20 Rn 239) und ist vor dem Hintergrund von Art 3 IV unhaltbar (nunmehr auch *Pfeiffer* FS v Hoyningen-Huene, 2014, 351 ff). Der Anwendungsanspruch einzelner RL kann jedoch über Art 3 IV hinausgehen, weil er nicht voraussetzt, dass sich alle Sachverhaltselemente in Mitgliedstaaten befinden. Ein Beispiel ist die dogmatisch einen einzigen Anknüpfungspunkt wählende Definition des räumlichen Anwendungsbereichs in Art 1 II der Betriebsübergangsrichtlinie 2001/23/EG (AblEG 2001 Nr L 82/16), der bestimmt, dass die RL anwendbar ist, »wenn und soweit sich das Unternehmen, der Betrieb oder der Betriebsteil, das bzw der übergeht, innerhalb des räumlichen Geltungsbereichs des Vertrages befindet«. Als speziellere Regelung setzt sich eine solche Bestimmung des räumlichen Anwendungsbereichs in einer RL auch gegen Art 3 IV durch. Zu alledem näher EUArbR/*Krebber* VO 593/2008/EG, Art 3, 8 Rn 26 ff.

F. Ordre public, Art 21. Art 21, demzufolge eine ausländische Rechtsnorm im Inland nicht anwendbar ist, soweit dies mit wesentlichen Grundlagen des dt Rechts unvereinbar wäre, ist als allg kollisionsrechtliche Schranke der Anwendung ausländischen Rechts auch im Arbeitskollisionsrecht zu beachten. Aus praktischer Sicht ist die Bedeutung der Bestimmung bei inländischem gewöhnlichen (Art 8 I–III) und tatsächlichen Arbeitsort (Art 9 I iVm §§ 2, 3 AEntG) denkbar gering, weil die Mechanismen des Günstigkeitsvergleiches, der obj Anknüpfung und des AEntG ohnehin für die Anwendbarkeit weiter Teile des dt ArbR Sorge tragen. Raum für Art 9 bleibt daher in erster Linie bei gewöhnlichem ausländischem Arbeitsort, wenn nicht gleichzeitig dt ArbR subj Arbeitsverhältnisstatut ist; Raum bestünde bei Wahl des dt ArbR ferner, wenn man der Auffassung des BAG folgt, dass die §§ 1 ff KSchG nur bei in Deutschland belegenen Betrieben anwendbar sind (s Rdn 24, vom BAG übersehen). Auch dann freilich führt das System von Art 8 sowie der Berücksichtigung auch ausländischen int zwingenden Rechts (s Rdn 20) typischerweise zur Anwendung eines hinreichenden AN-Schutzes. Letztendlich spielt Art 21 nur dort eine Rolle, wo die durch das Arbeitskollisionsrecht berufenen Rechtsordnungen keinen AN-Schutz kennen. Wichtigstes Bsp ist eine Rechtsordnung, die im konkreten Fall keinerlei Kündigungsschutz kennt, wie es beim US-amerikanischen ArbR der Fall sein kann (aA BAG 20.7.1967, 2 AZR 372/66, EzA § 1 KSchG Nr 8; 10.7.1975, 2 AZR 128/74, AP Internationales Privatrecht, Arbeitsrecht Nr 12; wie hier MünchArbR/*Birk* 2. Aufl § 20 Rn 101; *Krebber* Internationales Privatrecht des Kündigungsschutzes bei Arbeitsverhältnissen, S 338 ff).

G. Internationale Zuständigkeit. Die int Zuständigkeit in individualarbeitsrechtlichen Rechtsstreitigkeiten richtet sich in ihrem jeweiligen Anwendungsbereich nach der **Brüssel Ia-VO** (VO (EU) Nr 1215/2012 des Rates über die gerichtliche Zuständigkeit und die Anerkennung und Vollstreckung von Entscheidungen in Zivil- und Handelssachen vom 12.12.2012, AblEU 2012 Nr L 351/1, welches gem Art 81 die Brüssel I-VO zum 10.1.2015 **abgelöst** hat, und dem Luganer Übereinkommen über die gerichtliche Zuständigkeit und die Vollstreckung gerichtlicher Entscheidungen in Zivil- und Handelssachen vom 16.9.1988 (AblEG 1988 Nr L 319/9). Letzteres hat vor allem im Verhältnis zu Island, Norwegen und der Schweiz praktische Bedeutung. Im Verhältnis zu Dänemark gilt weiter das Brüsseler EWG-Übereinkommen über die gerichtliche Zuständigkeit und die Vollstreckung gerichtlicher Entscheidungen in Zivil- und Handelssachen (AblEG 1998 Nr C 27/1).

Für die internationale Zuständigkeit in individualarbeitsrechtlichen Rechtsstreitigkeiten **ändern** sich durch das Inkrafttreten der Brüssel Ia-VO: (1) Die Nummerierung, nunmehr finden sich die Regeln über die internationale Zuständigkeit aus einem Individualarbeitsverhältnis in Art 20-23 Brüssel I-VO; (2) EuGH 22.5.2008, Rs C-462/06, Slg 2008, I-3965 – Glaxosmithkline, Rn 28, wird korrigiert: Nach Art 20 Brüssel I-VO steht der Mehrparteiengerichtsstand, Art 6 Nr 1 Brüssel I-VO und Art 8 Nr 1 Brüssel Ia-VO, auch für Klagen des AN gegen den AG zur Verfügung; (3) ein AG, der seinen Wohnsitz nicht im Hoheitsgebiet eines Mitgliedstaats hat, kann am gewöhnlichen Arbeitsort oder am Ort der einstellenden Niederlassung verklagt werden; (4) Die Formulierung beim Gerichtsstand am gewöhnlichen Arbeitsort, Art 21 I lit b Brüssel I-VO, wurde der in Art 8 II 1 Rom I-VO angepasst; (5) Bislang konnte bei Anerkennung und Vollstreckung die internationale Zuständigkeit des Erstgerichts in individualarbeitsrechtlichen Rechtsstreitigkeiten nicht überprüft werden, Art 35 I Brüssel I-VO, der Abschnitt 5 nicht nennt. Art 45 I lit e Brüssel I-VO bezieht individualarbeitsrechtliche Rechtsstreitigkeiten bei Klagen gegen den AN nunmehr hingegen mit ein.

Art. 28, 29 Rom I-VO — Inkrafttreten und Anwendbarkeit

28.1 Ein AN kann seinen AG, der seinen Wohnsitz im Hoheitsgebiet eines Mitgliedstaats hat, vor folgenden **Gerichtsständen** verklagen: (1) Art 21 I lit a Brüssel I-VO: Gerichte des Wohnsitzmitgliedstaats; (2) Art 21 I lit b Brüssel I-VO: Gericht des Ortes, an dem oder von dem aus der AN seine Arbeit gewöhnlich verrichtet (i) oder wenn der AN seine Arbeit gewöhnlich nicht in ein und demselben Staat verrichtet, vor dem Gericht des Ortes der einstellenden Niederlassung (ii); (3) Art 20 I iVm Art 7 Nr 5 Brüssel I-VO: Gericht des Ortes einer Zweigniederlassung, einer Agentur oder sonstigen Niederlassung, wenn es um Streitigkeiten aus dem Betrieb dieser Zweigniederlassung geht. Eine Ausweichklausel kennt die Brüssel Ia-VO jedoch nicht. Dennoch hat sich der EuGH in einem atypischen Fall von dem Regelsystem gelöst und der Sache nach eine Ausweichklausel angewandt: EuGH 10.4.2003, Rs C-437/00, Slg 2003, I-3575 – Pugliese; krit *Krebber* IPRax 2004, 309 ff. Hat der AG im Hoheitsgebiet eines Mitgliedstaats keinen Wohnsitz, aber eine Zweigniederlassung, Agentur oder sonstige Niederlassung, kann der AN ihn in diesem Mitgliedstaat für Streitigkeiten aus dem Betrieb dieser Zweigniederlassung, Agentur oder sonstigen Niederlassung verklagen. Eine Niederlassung setzt voraus, dass es »einen Mittelpunkt geschäftlicher Tätigkeit gibt, der auf Dauer als Außenstelle eines Stammhauses hervortritt. Dieser Mittelpunkt muss eine Geschäftsführung haben und sachlich so ausgestattet sein, dass er in der Weise Geschäfte mit Dritten betreiben kann, dass diese sich nicht unmittelbar an das Stammhaus zu wenden brauchen«, EuGH 19.7.2012, Rs C-154/11, n.i.Slg., Rn 48 – Mahamdia. Niederlassung in diesem Sinne kann nach dieser Entscheidung auch eine Botschaft sein, wenn es um zivilrechtliche Rechte und Pflichten geht und wenn feststeht, dass der konkrete AN keine Aufgaben ausübt, die eine Ausübung hoheitlicher Befugnisse darstellen.

29 Allg Gerichtsstand, an dem **gegen** den **AN** Klage erhoben werden kann, ist nach Art 22 I Brüssel I-VO nur vor den Gerichten des Mitgliedstaates, in dessen Hoheitsgebiet der AN seinen Wohnsitz hat. Bes Gerichtsstände stehen dem AG nicht zur Verfügung. **Gerichtsstandsvereinbarungen** sind nach Art 23 Brüssel I-VO nur wirksam, wenn sie nach Entstehen der Streitigkeit getroffen werden (Nr 1) oder wenn sie dem AN die Möglichkeit einräumen, im Vergleich zu den in der Brüssel Ia-VO vorgesehenen Gerichtsständen zusätzliche Gerichtsstände anzurufen (Nr 2), EuGH 19.7.2012, Rs C-154/11, n.i.Slg. – Mahamdia. Entspr gilt nach dem Luganer Übereinkommen aus dessen Art 2, Art 5 Nr 1 Hs 2 und 3 und Art 17 V.

30 Zu Gerichtsständen bei **Arbeitskämpfen** vgl EUArbR/*Krebber* VO 1215/2012/EU, Art 7 Rn 5 ff.

Art. 28
Diese Verordnung wird auf Verträge angewandt, die nach dem 17. Dezember 2009 geschlossen werden.

Art. 29 Inkrafttreten und Anwendbarkeit
¹Diese Verordnung tritt am zwanzigsten Tag nach ihrer Veröffentlichung im Amtsblatt der Europäischen Union in Kraft. ²Sie gilt ab 17. Dezember 2009, mit Ausnahme des Art. 26, der ab dem 17. Juni 2009 gilt.

1 Die sog Rom I-VO ist für Arbeitsverhältnisse maßgeblich, die nach dem 17.12.2009 geschlossen wurden, Art 28 f. Alle bis einschließlich diesen Tages eingegangenen Arbeitsverhältnisse werden auch nach diesem Stichtag gem EVÜ und Art 27, 30, 34 EGBGB beurteilt.

Verordnung (EG) Nr 864/2007 des Europäischen Parlaments und des Rates vom 11. Juli 2007 über das auf außervertragliche Schuldverhältnisse anzuwendende Recht (Rom II)

In der Fassung der Bekanntmachung vom 31.7.2007 (ABlEG 2008 Nr L 199/40, ber ABlEG 2012 Nr L 310/52, Rom-II-VO)

Vorbem. zu Art 1, 2, 4, 9, 14, 16

Als Folge des ganz überwiegend nationalen Charakters von TV-Verhandlungen (*Krebber* EuZA 2008, 141, 148 f, 316 f) ist der Arbeitskampf um einen **grenzüberschreitenden** TV in der **Praxis** kaum nachzuweisen. Möglich sind zB: nationale, grenzüberschreitend koordinierte Arbeitskämpfe (*Wagner* Der Arbeitskampf als Gegenstand des Rechts der Europäischen Union, 2010, S 22 f), die in der Seeschifffahrt auf die Verbesserung der Arbeitsbedingungen ausländischer AN gerichtet sein können, um einheimische Arbeitsplätze zu schützen (MünchArbR/*Birk* 2. Aufl § 21 Rn 63); Unterstützungskämpfe zugunsten eines in einem anderen Staat stattfindenden Hauptkampfs (*Birk* Die Rechtmäßigkeit gewerkschaftlicher Unterstützungskampfmaßnahmen, 1978, S 127 ff); Arbeitskämpfe, die sich gegen die Beschäftigung ausländischer AN richten (*Wagner* Der Arbeitskampf als Gegenstand des Rechts der Europäischen Union, 2010, S 38). In jüngerer Zeit ist versucht worden, den deutschen Teil eines in verschiedenen Mitgliedstaaten stattfindenden politischen Streiks, der sich gegen Pläne der EU richtet, als Unterstützungsarbeitskampf des Streiks in einem anderen Mitgliedstaat zu deklarieren, nach dessen Recht diese Form des politischen Streiks rechtmäßig ist (2013, am Ende abgesagter Fluglotsenstreik; s Art 1, 2, 4, 9, 14, 16, 31, 32 Rdn 5). Entscheidungen des EuGH geben weitere Beispiele: grenzüberschreitende Verlagerung (EuGH 11.12.2007, Rs C-438/05, Slg 2007, I-10779 – Viking); den Versuch, eigene TV auf grenzüberschreitend entsandte AN anzuwenden (EuGH 18.12.2007, Rs C-341/05, Slg 2007, I-11767 – Laval). EuGH 09.12.1997, Rs C-265/95, Slg 1997, I-6959 – Kommission/Frankreich verdeutlicht, dass der grenzüberschreitende Bezug in arbeitskampfbedingten Schäden bei Dritten, zB Abnehmern von Waren, liegen kann. Das Kollisionsrecht muss klären, welchem Recht kollektivrechtliche Zulässigkeit, individualarbeitsrechtliche Folgen, Schadensersatzansprüche zwischen TV-Parteien und Dritter gegen Arbeitskampfparteien unterliegen. Zur unionsrechtlichen Rechtmäßigkeit von grenzüberschreitenden Arbeitskämpfen s Anhang TVG Arbeitskampfrecht Rdn 46 ff. 1

Bislang beruhte das Internationale Arbeitskampfrecht auf **ungeschriebenen** Grundsätzen. Hiernach war auf einen Arbeitskampf das am Ort des Kampfs geltende Recht anwendbar. Umstritten war, ob ein Arbeitskampf schwerpunktmäßig einer einzigen Rechtsordnung zuzuordnen und damit einheitlich anzuknüpfen war (*Hergenröder* Der Arbeitskampf mit Auslandsberührung, 1987, S 209 ff) oder ob das am Ort jeder Kampfhandlung jeweils maßgebliche Recht Anwendung finden sollte (MünchArbR/*Birk* 2. Aufl § 21 Rn 65). 2

Art 9 regelt erstmals einen **Teilaspekt** des Internationalen Arbeitskampfrechts ausdrücklich. Der Lebenssachverhalt Arbeitskampf wird durch diese Teilregelung auf der kollisionsrechtlichen Ebene auseinandergerissen, sodass im Ergebnis unterschiedliche Arbeitsrechtsordnungen auf die verschiedenen rechtlichen Facetten eines Arbeitskampfs angewendet werden können. Ob darin ein Gewinn zu sehen ist – man denke etwa an den Vorteil der Zusammenführung der rechtlichen Beurteilung der individual- und der kollektivrechtlichen Ebene durch das BAG in den 1950er Jahren (Anhang TVG Arbeitskampfrecht Rdn 37), kann man bezweifeln. Auf der anderen Seite führen die Anknüpfungsmomente Recht des Orts der Arbeitskampfhandlung in Art 9 und gewöhnlicher Arbeitsort für das auch bei Rechtswahl nicht bedeutungslose objektive Arbeitsverhältnisstatut in Art 8 II, III Rom I-VO in nicht wenigen Sachverhalten zur Anwendung derselben nationalen Rechtsordnung (s *Heinze* RabelsZ 73 [2009], 770, 789 f). Art 4 kann ebenfalls zu einer Kongruenz des nach Rom I-VO und Rom II-VO anwendbaren Rechts führen. 3

Zum Gerichtsstand *Heinze* RabelsZ 73 (2009), 770, 772 ff. 4

Der nicht abgedruckte Art 12, der die Anknüpfung von Ansprüchen aus Verschulden bei Vertragsverhandlungen regelt, hat keine eigenständige Bedeutung, da Art 12 I eine vertragsakzessorische Anknüpfung anordnet; näher EUArbR/*Krebber* Art 12 VO 864/2007/EG Rn 1. 5

Art. 1 Anwendungsbereich

(1) ¹Diese Verordnung gilt für außervertragliche Schuldverhältnisse in Zivil- und Handelssachen, die eine Verbindung zum Recht verschiedener Staaten aufweisen. ²Sie gilt insbesondere nicht für Steuer- und

Zollsachen, verwaltungsrechtliche Angelegenheiten oder die Haftung des Staates für Handlungen oder Unterlassungen im Rahmen der Ausübung hoheitlicher Rechte (»acta iure imperii«).
[...]

Art. 2 Außervertragliche Schuldverhältnisse
(1) Im Sinne dieser Verordnung umfasst der Begriff des Schadens sämtliche Folgen einer unerlaubten Handlung, einer ungerechtfertigten Bereicherung, einer Geschäftsführung ohne Auftrag (»Negotiorum gestio«) oder eines Verschuldens bei Vertragsverhandlungen (»Culpa in contrahendo«).
[...]

Art. 4 Allgemeine Kollisionsnorm
(1) Soweit in dieser Verordnung nichts anderes vorgesehen ist, ist auf ein außervertragliches Schuldverhältnis aus unerlaubter Handlung das Recht des Staates anzuwenden, in dem der Schaden eintritt, unabhängig davon, in welchem Staat das schadensbegründende Ereignis oder indirekte Schadensfolgen eingetreten sind.
(2) Haben jedoch die Person, deren Haftung geltend gemacht wird, und die Person, die geschädigt wurde, zum Zeitpunkt des Schadenseintritts ihren gewöhnlichen Aufenthalt in demselben Staat, so unterliegt die unerlaubte Handlung dem Recht dieses Staates.
(3) ¹Ergibt sich aus der Gesamtheit der Umstände, dass die unerlaubte Handlung eine offensichtlich engere Verbindung mit einem anderen als dem in den Absätzen 1 oder 2 bezeichneten Staat aufweist, so ist das Recht dieses anderen Staates anzuwenden. ²Eine offensichtlich engere Verbindung mit einem anderen Staat könnte sich insbesondere aus einem bereits bestehenden Rechtsverhältnis zwischen den Parteien – wie einem Vertrag – ergeben, das mit der betreffenden unerlaubten Handlung in enger Verbindung steht.

Art. 9 Arbeitskampfmaßnahmen
Unbeschadet des Artikels 4 Absatz 2 ist auf außervertragliche Schuldverhältnisse in Bezug auf die Haftung einer Person in ihrer Eigenschaft als Arbeitnehmer oder Arbeitgeber oder der Organisationen, die deren berufliche Interessen vertreten, für Schäden, die aus bevorstehenden oder durchgeführten Arbeitskampfmaßnahmen entstanden sind, das Recht des Staates anzuwenden, in dem die Arbeitskampfmaßnahme erfolgen soll oder erfolgt ist.

Art. 14 Freie Rechtswahl
(1) Die Parteien können das Recht wählen, dem das außervertragliche Schuldverhältnis unterliegen soll:
a)   durch eine Vereinbarung nach Eintritt des schadensbegründenden Ereignisses; oder
b)   wenn alle Parteien einer kommerziellen Tätigkeit nachgehen, auch durch eine vor Eintritt des schadensbegründenden Ereignisses frei ausgehandelte Vereinbarung.
Die Rechtswahl muss ausdrücklich erfolgen oder sich mit hinreichender Sicherheit aus den Umständen des Falles ergeben und lässt Rechte Dritter unberührt.
(2) Sind alle Elemente des Sachverhalts zum Zeitpunkt des Eintritts des schadensbegründenden Ereignisses in einem anderen als demjenigen Staat belegen, dessen Recht gewählt wurde, so berührt die Rechtswahl der Parteien nicht die Anwendung derjenigen Bestimmungen des Rechts dieses anderen Staates, von denen nicht durch Vereinbarung abgewichen werden kann.
(3) Sind alle Elemente des Sachverhalts zum Zeitpunkt des Eintritts des schadensbegründenden Ereignisses in einem oder mehreren Mitgliedstaaten belegen, so berührt die Wahl des Rechts eines Drittstaats durch die Parteien nicht die Anwendung – gegebenenfalls in der von dem Mitgliedstaat des angerufenen Gerichts umgesetzten Form – der Bestimmungen des Gemeinschaftsrechts, von denen nicht durch Vereinbarung abgewichen werden kann.

Art. 16 Eingriffsnormen
Diese Verordnung berührt nicht die Anwendung der nach dem Recht des Staates des angerufenen Gerichts geltenden Vorschriften, die ohne Rücksicht auf das für das außervertragliche Schuldverhältnis maßgebende Recht den Sachverhalt zwingend regeln.

Art. 31 Zeitliche Anwendbarkeit
Diese Verordnung wird auf schadensbegründende Ereignisse angewandt, die nach ihrem Inkrafttreten eintreten.

Art. 32 Zeitpunkt des Beginns der Anwendung
Diese Verordnung gilt ab dem 11. Januar 2009, mit Ausnahme des Artikels 29, der ab dem 11. Juli 2008 gilt.

Übersicht	Rdn.		Rdn.
A. Anwendungsbereich	1	B. Bestimmung des anwendbaren Rechts	4

A. Anwendungsbereich. Erwägungsgrund 27 erwähnt Unterschiede im Verständnis des Begriffs der **Arbeitskampfmaßnahme** in den mitgliedstaatlichen Rechten und erklärt damit die Entscheidung des Unionsgesetzgebers zugunsten der Anknüpfung an den Ort der Arbeitskampfhandlung in Art 9. Daraus folgt aber auch, dass Art 9 keinen autonomen Begriff der Arbeitskampfmaßnahme statuiert, sondern das Recht am Ort der möglichen Arbeitskampfhandlung bestimmt, ob eine solche vorliegt (Qualifikationsverweisung auf die lex causae, MüKo-BGB/*Junker* Art 9 Rn 14 f; *Heinze* RabelsZ 73 [2009], 770, 782; *Deinert* Internationales Arbeitsrecht, 2013, § 16 Rn 4; EUArbR/*Krebber* VO 593/2008/EG, Art 9 Rn 5). Weitere Konsequenz ist, dass es auf den **jeweiligen** Ort einer Arbeitskampfmaßnahme ankommt und selbst in Bezug auf die Haftung keine einheitliche Anknüpfung eines Arbeitskampfs mit Kampfmaßnahmen in mehreren Staaten erfolgt (*Knöfel* EuZA 2008, 228, 237). Ausdruck der besonderen Bedeutung des Rechts des Orts der Arbeitskampfmaßnahme ist letztlich auch das Fehlen einer Ausweichklausel (krit Palandt/*Thorn* Art 9 Rn 3; MüKo-BGB/*Junker* Art 9 Rn 6, 13). 1

Aus dem Gesamtzusammenhang der Rom II-VO folgt, dass Art 9 als Teil des Kapitels II über unerlaubte Handlungen nur die Haftung für **deliktische** Schäden, die eine Arbeitskampfmaßnahme hervorruft, umfasst (MüKo-BGB/*Junker* Art 9 Rn 11). Schäden durch Verletzung des Arbeitsvertrags im Zusammenhang mit einem Arbeitskampf werden nach Art 8 Rom I-VO angeknüpft. Ob die Anknüpfung von Schäden durch Verletzung des TV (Friedenspflicht) ungeschriebenen Grundsätzen oder Art 3 f Rom I-VO folgt, hängt davon ab, ob das auf TV anwendbare Recht überhaupt der Rom I-VO unterliegt (Vorbemerkungen zu Art 1, 3, 8, 9 Rom I-VO Rdn 6). 2

Anspruchsgegner sind: AN-, AG-Organisationen, die deren berufliche Interessen vertreten. Weil das Recht des jeweiligen Orts einer Arbeitskampfmaßnahme maßgeblich ist, ist die Frage, nach welchem Recht die Bestimmung dieser Eigenschaften erfolgt, eher theoretischer Natur: Nach Art 9 zu beurteilende Sachverhalte sind trotz grenzüberschreitenden Bezugs häufig in sich geschlossen einer Rechtsordnung zuzuordnen. Organisationen, die die beruflichen Interessen von AN und AG vertreten, können je nach Ortsrecht zusätzlich zu AG-Verbänden und Gewerkschaften auch Kammern sein. Zur persönlichen Haftung von Funktionsträgern einerseits ErfK/*Schlachter* Art 9 Rn 1 u andererseits MüKo-BGB/*Junker* Art 9 Rn 25. Wer anspruchsberechtigt ist, wird durch Art 9 nicht eingeschränkt, sodass auch der Anspruch eines Dritten gegen einen der genannten Anspruchsgegner nach Art 9 zu beurteilen ist (MüKo-BGB/*Junker* Art 9 Rn 24; aA *Heinze* RabelsZ 73 [2009], 770, 784). 3

B. Bestimmung des anwendbaren Rechts. Maßgeblich ist zunächst Art 14 (nachträgliche Rechtswahl), anschließend Art 4 II (Recht des gemeinsamen gewöhnlichen Aufenthaltes). Nur **subsidiär** zu diesen beiden Bestimmungen greift Art 9. Eine Ausweichklausel fehlt (s Rdn 1). Näher EUArbR/*Krebber* VO 593/2008/ EG, Art 9 Rn 11 ff. 4

Maßgeblich ist das Recht am Ort der jeweiligen Arbeitskampfmaßnahme (s Rdn 1). Dieses entscheidet auch über die Rechtmäßigkeit des Arbeitskampfs (EUArbR/*Krebber* VO 593/2008/EG, Art 9 Rn 13). Distanzdelikte (Aufruf zum Arbeitskampf in einem Staat, Durchführung in einem anderen Staat) sind die Ausnahme. Der Aufruf zur Unterstützung eines Arbeitskampfs in einem anderen Staat ist ein Unterstützungskampf, der nach dem Recht des Staates zu beurteilen ist, in dem er stattfindet. Knüpft das Recht des Orts, in dem ein solcher Unterstützungsarbeitskampf stattfindet, die Rechtmäßigkeit des Unterstützungsarbeitskampfs wie das deutsche Recht an die Rechtmäßigkeit des Hauptarbeitskampfs (Anhang TVG Arbeitskampfrecht Rdn 15), ist für diesen Zweck auch die Rechtmäßigkeit des Hauptkampfs nach dem Recht des Orts des Unterstützungskampfs zu beurteilen. Nur so kann vermieden werden, dass ein in einem Mitgliedstaat ohne Auslandsbezug rechtswidriger Streik nur wegen des Auslandsbezugs rechtmäßig wird. Dies widerspräche der hinter der Maßgeblichkeit des Rechts des Orts des Arbeitskampfs stehenden Leitidee. 5

Gesetz zur Bekämpfung der Schwarzarbeit und illegalen Beschäftigung (Schwarzarbeitsbekämpfungsgesetz – SchwArbG)

Vom 23.7.2004 (BGBl I S 1842), das zuletzt durch Art 2 des Gesetzes vom 2.12.2014 (BGBl I S 1922) geändert worden ist.

– Auszug –

Vor § 1 SchwArbG

1 **Arbeitsrechtliche Folgen bei Schwarzarbeit und illegaler Beschäftigung.** Aus dem SchwArbG (wie auch aus den vorangegangenen Gesetzen zur Bekämpfung von Schwarzarbeit) ergeben sich **keine eigenständigen Verpflichtungen und Unrechtstatbestände** (*Buchner* GewArch 1990, 1, 3). Es knüpft an aus anderen Gesetzen bestehende Melde-, Anzeige-, Aufzeichnungs- und Zahlungsverpflichtungen qualifizierend an. Soweit Gesetzeskonkurrenzen bestehen, treten die sozial- und gewerberechtlichen Vorschriften hinter denen des SchwArbG zurück. Das SchwArbG trifft keine Regelungen über die Auswirkungen von Schwarzarbeit und illegaler Beschäftigung auf die arbeitsrechtlichen Beziehungen zwischen AG und AN. Die Prüfung der Einhaltung der Arbeitsbedingungen gem. § 1 AEntG obliegt nach § 2 I SchwArbG iVm § 2 I AEntG den Behörden der Zollverwaltung.

2 Hins der **zivilrechtlichen Folgen** von in Schwarzarbeit erbrachten Dienst- oder Werkleistungen wird nach der Rspr an den Sinn und Zweck der Sanktionsnorm angeknüpft. **Ob ein Schwarzarbeitsvertrag nach § 134 BGB nichtig ist**, hängt davon ab, ob sich die Verbotsnorm nur gegen den Abschluss des Rechtsgeschäfts wendet oder sich darüber hinaus gegen seine privatrechtliche Wirksamkeit und damit gegen seinen wirtschaftlichen Erfolg richtet (BGH 19.1.1984, VII ZR 121/83, NJW 1984, 1175 mwN). Vorschriften zur Bekämpfung von Schwarzarbeit dienen dazu, den Leistungsaustausch bei Vorliegen eines oder mehrerer Tatbestandsmerkmale des § 1 II SchwArbG zu verbieten. Aus dieser Zielrichtung und den sowohl für den Auftraggeber als auch den Auftragnehmer vorgesehenen Sanktionen gem §§ 8 ff SchwArbG ist zu entnehmen, dass zumindest Verträge, durch die **beide Vertragspartner gegen das SchwArbG verstoßen**, gem § 134 BGB nichtig sind (BGH 10.4.2014, VII ZR 241/13, NJW 2014, 1805 mwN). Verboten und damit nichtig ist zB ein Werkvertrag, wenn der Unternehmer vorsätzlich gg steuerliche Abgabepflichten verstößt und der Auftraggeber den Verstoß kennt und bewusst zum eigenen Vorteil nutzt oder wenn die Vertragspartner sich bei der Auftragsvergabe oder im weiteren Verlauf auf einen Werklohn zur Gänze oder in Teilen ohne Rechnung einigen (BGH 11.6.2015, VII ZR 216/14, Rn 10 mwN NJW 2015, 250).

3 Im Fall eines gem § 134 BGB nichtigen Dienst- oder Werkvertrages erhält der vorleistende Schwarzarbeiter weder **Aufwendungsersatz** aus Geschäftsführung ohne Auftrag, weil er nicht von der Erforderlichkeit der Ausführung eines gegen ein Verbotsgesetz gerichtetes Geschäft ausgehen kann, noch einen **bereicherungsrechtlichen Wertersatz** (BGH 10.4.2014, VII ZR 241/13, NJW 2014, 1805). Zwar stünde dem Schwarzarbeiter grds ein Wertersatz gem § 812 I 2 Alt. 1, § 818 II BGB zu, doch wird dieser Anspruch gem § 817 2 BGB ausgeschlossen. Nach der Rspr des BGH greift der Ausschluss des Rückforderungsanspruchs gem § 817 2 BGB mit Hinweis auf Sinn und Zweck des SchwArbG auch, wenn lediglich der Leistende verwerflich gehandelt hat (BGH 10.4.2014, VII ZR 241/13, mwN). § 817 2 BGB kann insoweit auch weder einschränkend ausgelegt werden, noch stehen der Versagung des Bereicherungsanspruchs die Grds von Treu und Glauben entgegen; denn »Wer bewusst gegen das Schwarzarbeitsbekämpfungsgesetz verstößt, soll nach der Intention des Gesetzgebers schutzlos bleiben und veranlasst werden, das verbotene Geschäft nicht abzuschließen«. (st Rspr BGH 11.6.2015, VII ZR 216/14, NJW 2015, 250; 10.4.2014, VII ZR 241/13, mwN). Folglich stehen dem Auftraggeber auch keine **Mängelbeseitigungsansprüche** gegen den Unternehmer zu (BGH 1.8.2013, VII ZR 6/13, GewArch 2013, 415).

4 Die **Darlegungs- und Beweislast** für das tatsächliche Vorliegen des gesetzlichen Verbotes liegt bei derjenigen Partei, die die Nichtigkeit des Rechtsgeschäfts geltend macht (OLG Köln 22.4.2015, 11 U 94/14, NJW 2015, 2046).

5 Ein **Arbeitsvertrag**, der nach Vereinbarung zwischen AG und AN unter Verletzung steuer- und sozialversicherungsrechtlicher Pflichten durchgeführt wird (**Schwarzgeldabrede**), ist nicht nach § 134 BGB wegen Verstoßes gegen ein gesetzliches Verbot insgesamt nichtig. Nichtig ist lediglich die Abrede, Steuern und Sozialversicherungsbeiträge nicht abzuführen; denn diese Abgabepflichten sollen nicht die Beschäftigung des AN verhindern (BAG 26.2.2003, 5 AZR 690/01, EzA § 134 BGB 2002 Nr 1; LAG Berlin

15.10.1990, 9 Sa 62/90, DB 1991, 605; *Buchner* § 40 Rn 60, 66; *Hanau/Adomeit* Rn 648; ErfK/*Preis* § 611 BGB Rn 417; aA LAG Düsseldorf 24.10.2001, 12 Sa 958/01, NZA-RR 2002, 234; OLG Karlsruhe 6.4.1993, 18a U 138/92, EzA § 134 BGB Nr 14; offen LAG Berlin 26.11.2002, 3 Sa 1530/02, BB 2003, 1569). Die Nichtigkeitsfolge auf den Arbeitsvertrag zu erstrecken würde dem Schutzzweck der verletzten Normen zuwiderlaufen, weil ohne Erfüllungsanspruch des AN weder Sozialversicherungsbeiträge noch Steuern anfallen würden, was eine einseitige Belastung des AN zur Folge hätte (BAG 26.2.2003, 5 AZR 690/01, EzA § 134 BGB 2002 Nr 1). In einem **illegalen Beschäftigungsverhältnis**, das sowohl objektiv einen Verstoß gegen Abgabevorschriften zu Steuer und Sozialversicherung als auch subjektiv einen mindestens bedingten Vorsatz voraussetzt (BSG 9.11.2011, B 12 R 18/09 R, SozR 4-0000), betrifft die Fiktion der **Nettoentgeltabrede gem § 14 II 2 SGB IV** nur die sozialversicherungsrechtliche Berechnungsgrundlage für die Beiträge, nicht aber das bürgerlich-rechtliche Rechtsverhältnis der Arbeitsvertragsparteien (st Rspr BAG 21.9.2011, 5 AZR 629/10, EzA § 612 BGB 2002 Nr 11 mwN; BGH 2.12.2008, 1 StR 416/08, Rn 17; aA LAG München 27.2.2009, 9 Sa 807/08; LAG MV 25.11.2008, 5 Sa 174/08). Folglich ist bei einer Entgeltvereinbarung auch hier idR von einer Bruttolohnvereinbarung auszugehen. Im Unterschied zur Regelung gem § 14 II 2 SGB IV bemisst sich steuerrechtlich das Arbeitseinkommen bei der Schwarzlohnabrede zunächst nach dem tatsächlich zugeflossenen Barlohn, und erst bei Nachentrichtung entzogener Arbeitnehmeranteile zur Sozialversicherung führt die Nachzahlung zum Zufluss eines zusätzlichen geldwerten Vorteils (BFH 13.9.2007, VI R 54/03, BFHE 219, 49) zugunsten des AN, der auch im Fall der Schwarzlohnabrede Steuerschuldner ist (BAG 17.3.2010, 5 AZR 301/09, EzA § 611 BGB 2002 Nettolohn, Lohnsteuer Nr. 5). Die Rspr des BAG, wonach die Fiktion der Nettogeldabrede gem § 14 II 2 SGB IV nicht das Arbeitsverhältnis betrifft, gilt auch im Falle der Beschäftigung von **Scheinselbstständigen** für die Schätzung des Sozialkassenbeitrages (Hess LAG 10.12.2014, 18 Sa 1736/14).

Mit der Verabredung der **Hinterziehung von Steuern und Sozialabgaben** iR eines Arbeitsverhältnisses verwirklicht der AG den Tatbestand des § 266a I StGB und es begehen AG und AN einen **Beitragsbetrug nach § 263 I StGB** zulasten der Sozialversicherungsträger (BGH 25.1.1984, 3 StR 278/83). IÜ liegen Verstöße gegen § 370 IX Nr 1 AO, §§ 41a I, 41b I EStG und § 28a SGB IV vor. Strafgesetze sind regelmäßig Verbotsgesetze iSd § 134 BGB. Bei der Schwarzgeldabrede ist aber nicht das gesamte Arbeitsvertragsverhältnis nichtig, sondern lediglich der Teil der Vereinbarung der Abgabenhinterziehung (BAG 26.2.2003, 5 AZR 690/01, EzA § 134 BGB 2002 Nr 1). Mit der Verabredung der Hinterziehung ist jedoch nicht grds die Übernahme der Beiträge durch den AG verabredet (BAG 26.2.2003, 5 AZR 601/01, EzA § 134 BGB 2002 Nr. 1; BGH 13.5.1992, 5 StR 38/92, NJW 1992, 2240; BSG 22.9.1988, 12 RK 36/86, BSGE 64, 110; BFH 21.2.1992, VI R 41/88, BFHE 166, 558). Vgl insoweit auch § 14 II 2 SGB IV. 6

Behält der AG einseitig die fälligen Steuern und Sozialversicherungsabgaben vom Bruttolohn ein und unterlässt er die Entrichtung an die Einzugsstellen, so kann der AN das Arbeitsverhältnis lösen (bei einem Zeitraum von einem Jahr LAG BW 30.5.1968, 4 Sa 27/68, BB 1968, 874; KR/*Fischermeier* § 626 BGB Rn 485). Wenn der AG den AN-Anteil der Sozialversicherungsbeiträge vom Bruttoentgelt nicht einbehält und nicht abführt und den Abzug gem § 28g SGB IV nicht nachholen kann, hat der AG den gesamten Beitrag allein zu tragen (BSG 22.9.1988, 12 RK 36/86, BB 1989, 1762). 7

AN sind, auch wenn sie in Schwarzarbeit beschäftigt sind, gem § 2 II 1 SGB VII kraft Gesetzes bei Arbeitsunfällen oder Berufskrankheiten in der **Unfallversicherung** versichert. Tritt der Versicherungsfall bei Schwarzarbeit ein, hat der Unternehmer die Aufwendungen der Unfallversicherung zu erstatten (§ 110 Ia SGB VII). Angesichts des weit auszulegenden Unternehmerbegriffs werden von dieser Regelung auch Tätigkeiten ohne Gewinnerzielungsabsicht und solche in einem Haushalt erfasst (*Kossens* BB-Special 2/2004, S 8). Sind für den Schadensfall des Schwarzarbeiters neben dem Unternehmer noch andere verantwortlich, kann der Unfallversicherungsträger den Unternehmer und die anderen (§ 116 SGB X) als Gesamtschuldner in Anspruch nehmen (BT-Drs 15/2573, S 32, Art 7a). Für den einem Unfallversicherungsträger gg den Unternehmer zustehenden Regressanspruch gem § 110 Ia SGB VII ist der Rechtsweg zu den Sozialgerichten eröffnet (BGH 14.4.2015, VI ZB 50/14, mwN Rn 10; aA Lit in Rn 9 NJW 2015, 10). Demggü wird bei **Krankheit** eines Schwarzarbeiters ohne legalen Aufenthaltsstatus idR zunächst der lokale Sozialhilfeträger für die Kosten der medizinischen Versorgung aufkommen. Ein Erstattungsanspruch gem §§ 102–105 SGB X, wenn der AG die Sozialversicherungsbeiträge an die zuständige Krankenkasse nachentrichtet, hängt vom Einzelfall ab. 8

Macht ein AN, der aufgrund einer Verletzung durch einen Dritten arbeitsunfähig ist, gegen diesen einen Anspruch auf **Verdienstausfall** geltend, so kann er nicht die zu erwartende Vergütung verlangen, die ihm **wegen nicht ausgeübter Schwarzarbeit** entgeht. Entspr einer Entsch des BGH (28.1.1986, VI ZR 151/84, DB 1986, 1279) zu einem Fall einer Entgeltforderung aus der gegen die AZO verstoßenden Arbeitszeit kann der Geschädigte nicht als entgangenen Gewinn fordern, was er nur auf rechtswidrigem Wege erlangt 9 hätte; ihm steht als Schadenersatz nicht ein Gewinn zu, dessen Erzielung andere gesetzliche Vorschriften verhindern wollen (OLG Karlsruhe 6.4.1993, 18a U 138/92, EzA § 134 BGB Nr 14; *Buchner* GewArch 1990, 45; *Hanau/Adomeit* Rn 648).

10 Geht ein AN außerhalb seines Arbeitsverhältnisses noch einer **Nebentätigkeit** nach und übt er diese in Schwarzarbeit aus, so verletzt er damit seine arbeitsvertraglichen Pflichten, wenn gerade durch den **Tatbestand der Schwarzarbeit** die an ihn gestellten Anforderungen aus dem Arbeitsverhältnis betroffen sind. Das kann insb dann der Fall sein, wenn die arbeitsvertraglichen Aufgaben und die Funktion im Betrieb ein **ausgeprägtes Rechtsbewusstsein**, ein bes Maß an **Vertrauen** und ein **vorbildliches Verhalten** voraussetzen. Davon können zB AN betroffen sein, die Leitungsaufgaben ausüben, die andere ausbilden, die Personalsachbearbeitung leisten, Betriebsräte oder Mitarbeiter des öffentl Dienstes. Soweit die Voraussetzungen des § 626 BGB vorliegen, kann eine außerordentliche Kdg gerechtfertigt sein. IÜ ist der AN zunächst abzumahnen. Das gilt auch, wenn die Schwarzarbeit während der vertraglichen Arbeitszeit ausgeübt wird.

11 Unabhängig vom Vorliegen des Tatbestandes der Schwarzarbeit selbst können die arbeitsvertraglichen Pflichten auch durch die Nebentätigkeit verletzt werden, weil **Konkurrenztätigkeiten zum Arbeitsverhältnis** – schwarz – verrichtet werden. Die Schwarzarbeit im Geschäftszweig des AG kann zur fristlosen Kdg des Arbeitsverhältnisses berechtigen (KR/*Fischermeier* § 626 BGB Rn 478). Eine Kdg nach Abmahnung kann auch gerechtfertigt sein, wenn der AN neben dem Arbeitsverhältnis schwarzarbeitet und wegen **zeitlicher Kollision seine Arbeitspflicht verletzt** oder wenn eine **Beeinträchtigung der Leistungskraft** für das Arbeitsverhältnis eintritt.

12 Nebenbeschäftigungen in Schwarzarbeit während der Zeit einer **Arbeitsunfähigkeit** rechtfertigen nach vorheriger Abmahnung jedenfalls dann eine Kdg, wenn es sich um eine Konkurrenztätigkeit handelt oder der Genesungsprozess dadurch verzögert wird (BAG 26.8.1993, 2 AZR 154/93, EzA § 626 BGB nF Nr 148). Eine reguläre **geringfügige Beschäftigung** kann versicherungs- und beitragspflichtig zur Sozialversicherung werden, wenn durch die zusätzlich in Schwarzarbeit ausgeübte Nebentätigkeit die Bemessungsgrenzen gem § 8 SGB IV überschritten werden. Zur **Erwerbstätigkeit während des Urlaubs** vgl § 8 BUrlG.

13 **Tarifvertragliche Regelungen**, die Schwarzarbeit als einen Grund für eine ordentliche oder außerordentliche Kdg vorsehen (zB auch allgemein verbindlich erklärte TV im Baugewerbe), sind grds zulässig, soweit der Sachverhalt nach den Voraussetzungen von Gesetz und Rspr eine ordentliche oder außerordentliche Kdg rechtfertigt. Neben dieser allg Regel ist es zulässig, dass in einem TV die Ausübung von Schwarzarbeit als ein Grund für eine **entfristete ordentliche Kdg** bestimmt wird. Dann kann die Kündigungsfrist bis hin zur sofortigen Beendigung des Arbeitsverhältnisses verkürzt werden (§ 622 I–III BGB ist gem IV tarifdispositiv). Nicht zulässig ist dagegen die Erweiterung des gesetzlichen Rechts zur außerordentlichen Kdg im TV durch die Bestimmung von über die Regelung gem § 626 BGB hinausgehenden Kündigungsgründen (KR/*Fischermeier* § 626 BGB Rn 77; KR/*Spilger* § 622 BGB Rn 244 mwN).

14 Unbedenklich ist eine tarifvertragliche Klausel, wenn sie auf Schwarzarbeitsleistungen bezogen ist, die den gewerblichen Bereich des AG betreffen und daher eine Konkurrenztätigkeit darstellen. Voraussetzung ist allerdings, dass **im TV auf den Begriff der Schwarzarbeit gem SchwArbG** Bezug genommen wird oder er in diesem Sinne auszulegen ist. Fragwürdig ist insoweit die Rspr, wenn über den gesetzlichen Begriff hinausgehend jede Arbeit, die in den beteiligten Berufskreisen als Schwarzarbeit bezeichnet zu werden pflegt, von der tariflichen Klausel über Schwarzarbeit als Kündigungsgrund betroffen sein soll (so Hess LAG 14.5.1973, 1 Sa 190/73, BB 1974, 740; krit ebenso *Buchner* GewArch 1990, 44).

15 Abgesehen vom Fall gem § 622 IV 2 BGB sind **einzelvertragliche Vereinbarungen** über Schwarzarbeit als ordentlicher oder außerordentlicher Kündigungsgrund wegen Einschränkung des allg Kündigungsschutzes bzw Verstoß gegen die in § 622 BGB festgelegten Mindestkündigungsfristen unzulässig (BAG 22.11.1973, 2 AZR 580/72, EzA § 626 BGB nF Nr 33; KR/*Spilger* § 622 BGB Rn 168). Allerdings kann diese Vereinbarung sowohl eine **Warnfunktion** vor der Verletzung arbeitsvertraglicher Pflichten ggü dem AN darstellen als auch bei der Interessenabwägung zur Beurteilung der Sozialwidrigkeit einer verhaltensbedingten Kdg angemessen zu berücksichtigen sein (KR/*Griebeling/Rachor* § 1 KSchG Rn 31 [210 f]; KR/*Fischermeier* § 626 BGB Rn 75 f).

16 Mit einem **ausländischen AN** kann der AG zunächst einen Arbeitsvertrag vereinbaren, ohne dass schon die aufenthaltsrechtlichen Voraussetzungen vorliegen müssen. Wenn allerdings die Beschäftigung begonnen wird, bedarf es eines entspr Aufenthaltstitels oder einer entspr Aufenthaltsgestaltung, Duldung oder Arbeitsgenehmigung-EU. Gem § 4 III AufenthG muss derjenige, der im Bundesgebiet einen Ausländer beschäftigt, prüfen, ob der entspr Aufenthaltstitel vorliegt. Wird trotz des entspr Verbotes ein (drittstaatenangehöriger) Ausländer illegal beschäftigt, so ist gem § 98a AufenthG nicht von der Nichtigkeit des Arbeitsverhältnisses auszugehen. Gem § 98a I AufenthG ist der AG verpflichtet, einem ohne die gem § 284 I SGB III erforderliche Genehmigung bzw ohne die gem § 4 III AufenthG erforderliche Berechtigung

beschäftigten AN die vereinbarte bzw die übliche Vergütung (§ 98a II) zu zahlen. Die dabei nach § 98 a I 2 AufenthG vermutete Beschäftigungsdauer von drei Monaten als Berechnungsgrundlage für die Vergütungshöhe kann durch Gegenbeweis widerlegt werden (Art 6 III RL 2009/52/EG). Für die Erfüllung des Vergütungsanspruchs haftet der Unternehmer in der Regel wie ein Bürge, wenn er sich anderer Unternehmer oder eines Generalunternehmers zur Erbringung der Werk- oder Dienstleistung bedient (§ 98 a III, IV, V AufenthG). Der Anspruch kann auch gegen den General- oder die zwischengeschalteten Unternehmer vor den deutschen Gerichten für Arbeitssachen geltend gemacht werden (§ 98a VI AufenthG).

Die Vereinbarung einer **auflösenden Bedingung** für den Fall, dass der beantragte Aufenthaltstitel nicht erteilt wird, ist unwirksam, weil damit die sonst im Fall einer Kdg notwendige Interessenabwägung umgangen wird (LAG Köln 18.4.1997, LAGE § 1 KSchG Personenbedingte Kündigung Nr 15; KR/*Griebeling/Rachor* § 1 KSchG Rn 290). Wenn zum Zeitpunkt des Abschlusses des Arbeitsvertrages davon ausgegangen werden kann, dass ein **befristeter Aufenthaltstitel** nicht verlängert wird, kann dies einen sachlichen Grund für eine Befristung darstellen (BAG 12.1.2000, 7 AZR 863/98, NZA 2000, 722). 17

Beschäftigt ein AG einen Ausländer **irrtümlich ohne den aufenthaltsrechtlichen Titel**, weil er ihn als vorhanden unterstellte oder ihn nicht für erforderlich ansah (zu zustimmungsfreien Beschäftigungen vgl BeschäftigungsVO v 22.11.2004 BGBl I S 2937, zul geänd 19.12.2008 BGBl I S 2972; *Bünte/Knödler* NZA 2008, 743), so steht ihm die Möglichkeit einer personenbedingten Kdg offen. Ebenso kann eine Kdg gerechtfertigt sein, wenn die Erteilung eines zwischenzeitlich abgelaufenen **Aufenthaltstitels abgelehnt** wird (vgl LAG Hamm 18.10.1984, 10 (3) Sa 2379/83, ARSt 1986, 14). Solange über den erneut **beantragten Aufenthaltstitel noch nicht rechtskräftig entschieden** ist, kann eine Kdg sozial gerechtfertigt sein, wenn im Zeitpunkt des Zugangs der Kdg mit der Erteilung des Titels auf absehbare Zeit nicht zu rechnen ist und der Arbeitsplatz aus betrieblichen Gründen so lange nicht frei gehalten werden kann (BAG 7.2.1990, 2 AZR 359/89, EzA § 1 KSchG Personenbedingte Kündigung Nr 8; KR/*Griebeling/Rachor* § 1 KSchG Rn 290). Der AG ist nicht gehalten, mit der Kdg bis zur rechtskräftigen Entsch der Ablehnung des Antrags auf Erteilung des Aufenthaltstitels zu warten. Grds rechtfertigen diese Tatbestände eine **außerordentliche Kdg nicht**. Wenn der ausländische AN sich nicht oder nicht rechtzeitig um seinen aufenthaltsrechtlichen Status kümmert, kann dies eine **verhaltensbedingte Kdg** rechtfertigen. 18

Gem § 66 IV AufenthG haftet der AG, der einen ausländischen AN ohne den für eine Erwerbstätigkeit berechtigenden Aufenthaltstitel beschäftigt, für die entstehenden **Kosten der Abschiebung** (§ 58 AufenthG) oder Zurückschiebung (§ 57 AufenthG). Der Ersatzanspruch der Behörde umfasst alle mit der Abschiebung zusammenhängenden Kosten wie zB für den Transport, die Passersatzbeschaffung, die der Abschiebung vorausgegangene Abschiebehaft, Kosten für Dienstreisen, Unterbringung und Verpflegung von dt Begleitpersonal bei der Abschiebung (VG Koblenz 18.5.2005, 3 K 2111/04). Die **Haftung des AG** für die gesamten Abschiebekosten wird auch dann als verhältnismäßig angesehen, wenn der ausländische AN lediglich geringfügig oder auch nur für sehr kurze Zeit ohne den zur Erwerbstätigkeit berechtigenden Aufenthaltstitel beschäftigt worden ist, wenn also einem sehr geringfügigen AG-Gewinn erhebliche Abschiebekosten gegenüberstehen (BVerwG 7.2.1986, 1 B 28/86, InfAuslR 1986, 273; VG Koblenz 18.5.2005, 3 K 2111/04 mwN). Es kommt nicht darauf an, ob ein wirksamer Arbeitsvertrag oder ein faktisches Arbeitsverhältnis vorgelegen hat; es muss eine abhängige und fremdbestimmte Arbeitsleistung gegen Entgelt erbracht worden sein. Der Entgeltbegriff ist hier umfassend zu verstehen; denn es kann sich auch um geldwerte Vorteile wie zB freie Unterkunft und Verpflegung handeln (VG Koblenz 18.4.2005, 3 K 2111/04). Können die Kosten beim AG nicht beigetrieben werden, **haftet der ausländische AN** in eigener Person (§ 66 IV 3 AufenthG). 19

Zur Aufdeckung von illegalen Beschäftigungsverhältnissen ist mit G v 21.12.2008 (§ 2a SchwArbG) die Mitführungs- und Vorlagepflicht von Personaldokumenten bei der Erbringung von Dienst- oder Werkleistungen in bes von Schwarzarbeit betroffenen Wirtschaftsbereichen eingeführt worden. Die Einführung einer Pflicht des AG zur einmaligen nachweislichen und schriftlichen Belehrung seiner AN darüber mit entsprechender bußgeldbewehrter Pflicht zur Aufbewahrung und Vorlage dieser Belehrung dient der Sicherstellung, dass der den Weisungen des AG unterliegende AN tatsächlich seine Ausweispapiere mit sich führt (BT-Drucks 544/08 S 17). Der Sozialversicherungsausweis (§ 18h SGB IV) hat damit seine diesbzgl Funktion verloren. Beschäftigungsverhältnisse in den in § 2a SchwArbG genannten Wirtschaftsbereichen hat der AG am Tag des Beginns an die Datenstelle der RV-Träger zu melden (§ 28a IV SGB IV). 20

§ 1 Zweck des Gesetzes

(1) Zweck des Gesetzes ist die Intensivierung der Bekämpfung der Schwarzarbeit.

(2) Schwarzarbeit leistet, wer Dienst- oder Werkleistungen erbringt oder ausführen lässt und dabei
1. als Arbeitgeber, Unternehmer oder versicherungspflichtiger Selbstständiger seine sich auf Grund der Dienst- oder Werkleistungen ergebenden sozialversicherungsrechtlichen Melde-, Beitrags- oder Aufzeichnungspflichten nicht erfüllt,
2. als Steuerpflichtiger seine sich auf Grund der Dienst- oder Werkleistungen ergebenden steuerlichen Pflichten nicht erfüllt,
3. als Empfänger von Sozialleistungen seine sich auf Grund der Dienst- oder Werkleistungen ergebenden Mitteilungspflichten gegenüber dem Sozialleistungsträger nicht erfüllt,
4. als Erbringer von Dienst- oder Werkleistungen seiner sich daraus ergebenden Verpflichtung zur Anzeige vom Beginn des selbstständigen Betriebes eines stehenden Gewerbes (§ 14 der Gewerbeordnung) nicht nachgekommen ist oder die erforderliche Reisegewerbekarte (§ 55 der Gewerbeordnung) nicht erworben hat,
5. als Erbringer von Dienst- oder Werkleistungen ein zulassungspflichtiges Handwerk als stehendes Gewerbe selbstständig betreibt, ohne in der Handwerksrolle eingetragen zu sein (§ 1 der Handwerksordnung).

(3) ¹Abs. 2 findet keine Anwendung für nicht nachhaltig auf Gewinn gerichtete Dienst- oder Werkleistungen, die
1. von Angehörigen im Sinne des § 15 der Abgabenordnung oder Lebenspartnern,
2. aus Gefälligkeit,
3. im Wege der Nachbarschaftshilfe oder
4. im Wege der Selbsthilfe im Sinne des § 36 Abs. 2 und 4 des Zweiten Wohnungsbaugesetzes in der Fassung der Bekanntmachung vom 19. August 1994 (BGBl. I S. 2137) oder als Selbsthilfe im Sinne des § 12 Abs. 1 Satz 2 des Wohnraumförderungsgesetzes vom 13. September 2001 (BGBl. I S. 2376), zuletzt geändert durch Art. 7 des Gesetzes vom 29. Dezember 2003 (BGBl. I S. 3076),

erbracht werden. ²Als nicht nachhaltig auf Gewinn gerichtet gilt insbesondere eine Tätigkeit, die gegen geringes Entgelt erbracht wird.

Übersicht	Rdn.		Rdn.
A. Zweck und Inhalt	1	5. Handwerksrechtliche Pflichten gem § 1 II Nr 5	15
B. Tatbestände von Schwarzarbeit	2	III. Ausnahmen	16
I. Erbringung oder Beauftragung von Dienst- oder Werkleistungen	2	1. Leistungen von Angehörigen oder Lebenspartnern gem § 1 III 1 Nr 1	19
II. Pflichtverletzung	3	2. Leistungen aus Gefälligkeit gem § 1 III 1 Nr 2	20
1. Adressaten	4	3. Nachbarschaftshilfe gem § 1 III 1 Nr 3	21
a) AG	5	4. Selbsthilfe im Wohnungsbau gem § 1 III Nr 4	22
b) Unternehmer	7		
c) Versicherungspflichtige Selbstständige	8		
2. Steuerliche Pflichten gem § 1 II Nr 2	9		
3. Mitteilungspflichten gem § 1 II Nr 3	12		
4. Gewerberechtliche Pflichten gem § 1 II Nr 4	14		

1 **A. Zweck und Inhalt.** Dem Anspruch des SchwArbG gem seines § 1 I soll schon die dem »allg Sprachgebrauch angepasste« Bestimmung des Begriffes der Schwarzarbeit in § 1 II selbst dienen. Sie soll dazu beitragen, das Unrechtsbewusstsein in der Bevölkerung zu stärken und damit präventiv der Schwarzarbeit entgegenzuwirken (Begr BT-Drs 15/2573, S 18; krit *Buchner* GewArch 2004, 393). **Schwarzarbeit iSd § 1 II SchwArbG** liegt bei Verletzung von Melde-, Aufzeichnungs- und Zahlungspflichten nach Steuerrecht und Sozialgesetzbuch sowie bei Verletzung der gewerberechtlichen Anzeige- (§§ 14, 55 GewO) und handwerksrechtlichen Eintragungspflichten (§ 1 HandwO) vor, es sei denn, es handelt sich um Dienst- oder Werkleistungen ohne nachhaltige Gewinnausrichtung in Selbst-, Angehörigen- oder Nachbarschaftshilfe bzw aus Gefälligkeit (krit zur Begriffsbestimmung *Buchner* GewArch 2004, 401). Von dieser Begriffsbestimmung des SchwArbG sind sonstige Pflichten aus dem Ausländer- und Arbeitsgenehmigungsrecht nicht erfasst, deren Verletzungen regelmäßig mit Schwarzarbeit einhergehen und als Formen der **illegalen Beschäftigung** angesehen werden (Begr BT-Drs 15/2573, S 18). Weitere in dieser Begriffsbestimmung nicht enthaltene

Erscheinungsformen illegaler Beschäftigung stellen Verstöße gegen das AÜG (s dort) und das AEntG (s dort) dar. IW wird die mit dem SchwArbG beabsichtigte Intensivierung der Bekämpfung von Schwarzarbeit durch die Erweiterung der Prüfungs- und Ermittlungsbefugnisse der zuständigen Behörden (insb der Zollverwaltung) sowie durch eine Anreicherung der Strafbarkeitstatbestände vorrangig im gewerblichen Bereich angestrebt. Für den privaten Bereich (zB Familienhaushalte) sind gem § 28a VII, VIII, § 28 f III 1, § 28h III, IV SGB IV (Haushaltsscheckverfahren) Erleichterungen für eine sozial- und steuerrechtlich legale Gestaltung von Arbeitsverhältnissen durch die Pauschalierung der Abgaben an Fiskus und Sozialversicherung vorgesehen, damit »die Legalisierung dieser Tätigkeiten erreicht werden« kann (Begr BT-Drs 15/2573, S 17).

B. Tatbestände von Schwarzarbeit. I. Erbringung oder Beauftragung von Dienst- oder Werkleistungen. Dienst- oder Werkleistungen erbringen kann sowohl ein AN als auch ein selbstständiger **Unternehmer**, sei es zB als selbstständiger Handwerker oder aber auch als Bauunternehmen in Form einer GmbH. Dabei brauchen sich Dienst- oder Werkleistungen nicht allein aus Dienst- oder Werkverträgen zu ergeben; sie können zB auch auf Werklieferungs-, Reise-, Makler- oder Geschäftsbesorgungsverträgen beruhen (HK-SchwarzArbG/*Fehn* § 1 Rn 29 mwN). Erfasst wird daneben auch der **Auftraggeber**, der Dienst- oder Werkleistungen durch Personen ausführen lässt, die dafür zur Verfügung stehen und die er verpflichtend einsetzen kann. Denn ohne den Auftraggeber, der Schwarzarbeit erst ermöglicht oder unterstützt, würde sie nicht vorkommen. Auftraggeber kann dabei jede natürliche Person, also auch der private Bauherr oder Mitglieder eines privaten Haushalts, Personenvereinigungen, Unternehmen und sonstige juristische Personen, sein (BT-Drs 15/2573, S 18). Als Auftraggeber, der auskunfts-, duldungs- und mitwirkungspflichtig gem der §§ 3 ff SchwArbG ist, gilt auch, wer die Steuerung von diesen Personen frei von näheren Weisungen bestimmen kann und damit zur Leistung oder Ermöglichung von Schwarzarbeit beiträgt (BFH 23.10.2012, VII R 41/10, NZA-RR 2013, 148). 2

II. Pflichtverletzung. Durch die Verletzung von Melde-, Mitteilungs-, Aufzeichnungs- und Zahlungspflichten können einzelne oder ggf auch mehrere der unterschiedlichen Tatbestände von Schwarzarbeit verwirklicht sein. 3

1. Adressaten. Adressaten der in § 1 II Nr 1 normierten sozialversicherungsrechtlichen **Melde-, Beitrags- oder Aufzeichnungspflichten**, bei deren Verletzung sich die Ausführung von Dienst- oder Werkleistungen als Schwarzarbeit darstellt, sind als AG und Unternehmer in 1. Linie Auftraggeber von Schwarzarbeit, als versicherungspflichtige Selbstständige allerdings auch einzelne Auftragnehmer, dh Erbringer von Schwarzarbeit. 4

a) AG. Den AG treffen nach § 28a SGB IV umfangreiche **Meldepflichten** ggü der Einzugsstelle (§§ 28h, 28i SGB IV). Diese gelten gem § 28a IX SGB IV **auch für versicherungsfrei geringfügig Beschäftigte** nach § 8 SGB IV. Gem § 28e SGB IV hat der AG den Gesamtsozialversicherungsbeitrag für die Kranken-, Renten-, Arbeitslosen- und Pflegeversicherung (§ 28d SGB IV) zu zahlen (**Beitragspflicht**). Die Beitragspflicht zur gesetzlichen Sozialversicherung entsteht durch die versicherungspflichtige Beschäftigung eines AN gegen Entgelt (§ 23 I 2 SGB IV). Es kommt nicht darauf an, ob das Entgelt für die Tätigkeit bereits geleistet oder empfangen wurde. Insofern kann in GmbH-Geschäftsführer zum Schadensersatz gem § 823 II BGB, § 266a I StGB ggü dem Sozialversicherungsträger verpflichtet sein, wenn er sich in der finanziellen Krise des Unternehmens nicht über die Einhaltung von erteilten Anweisungen zur pünktlichen Zahlung fälliger AN-Beiträge zur Sozialversicherung durch geeignete Maßnahmen vergewissert (BGH 9.1.2001, VI ZR 407/99). Den AG treffen nach § 28 f SGB IV verschiedene **Aufzeichnungs- und Nachweispflichten**, die für die Überwachung der ordnungsgemäßen Beitragsabrechnung und Beitragszahlung notwendig sind. Sozialversicherungsrechtlich ist der **AG-Begriff** legal nicht definiert. AG ist derjenige, dem ggü Beschäftigte iR eines Arbeitsverhältnisses in persönlicher Abhängigkeit stehen. Das können natürliche und juristische Personen und Personenvereinigungen, Kapitalgesellschaften, Personengesellschaften des HGB, eine GbR, eine Beschäftigungsgesellschaft, aber auch für die Dauer des Insolvenzverfahrens der Insolvenzverwalter sein. Als AG der Hausgewerbetreibenden oder Heimarbeiter gilt, wer die Arbeit unmittelbar an sie vergibt (§ 12 III SGB IV). AG ist auch der **Privathaushalt**. Werden dort geringfügig Beschäftigte mit haushaltsnahen Dienstleistungen betraut (vgl § 8a SGB IV), hat der AG die Meldungen im vereinfachten **Haushaltsscheckverfahren** (§§ 28a VII, VIII, 28 f III 1; 28h III, IV SGB IV) zu erstatten. 5/6

b) Unternehmer. Die Beiträge zur gesetzlichen **Unfallversicherung** sind im Gesamtsozialversicherungsbeitrag nach § 28d SGB IV nicht enthalten. Deshalb verwendet § 1 II Nr 1 neben dem Begriff des AG mit der Bezeichnung **Unternehmer** zusätzlich auch die Begrifflichkeit des SGB VII. Danach treffen den Unternehmer iSd § 136 III SGB VII die Meldepflichten nach §§ 165, 166 und 192 SGB VII und die 7

§ 1 SchwArbG Zweck des Gesetzes

Beitragspflicht nach § 150 SGB VII, wenn er gem § 2 SGB VII pflichtversicherte Personen einsetzt. Dies betrifft nicht nur Beschäftigte iSd SGB IV, sondern auch wie Beschäftigte, also AN-ähnlich tätig werdende Personen gem § 2 II SGB VII. Das kann insb für den **privaten Bauherrn** Bedeutung erlangen, dem nach §§ 165 II, 192 V SGB VII bes Nachweis- und Auskunftspflichten obliegen. Auch der **Privathaushalt** ist Unternehmer in diesem Sinne; für im Haushaltsscheckverfahren gemeldete geringfügig Beschäftigte in Privathaushalten gelten seit Anfang 2006 gem § 185 IV 3–6 SGB VII auch insoweit Erleichterungen.

8 c) **Versicherungspflichtige Selbstständige.** Mit versicherungspflichtigen Selbstständigen richtet sich § 1 II Nr 1 schließlich auch gegen selbstständig Tätige, die als Erbringer von Schwarzarbeit in Frage kommen. Diese sind nicht generell in allen Zweigen der Sozialversicherung versicherungspflichtig, unterliegen gem § 2 SGB VI aber der Rentenversicherungspflicht. Dies betrifft insb in die Handwerksrolle eingetragene Gewerbetreibende (§ 2 S 1 Nr 8 SGB VI), Personen, die auf Dauer und iW nur für einen Auftraggeber selbstständig tätig sind und dabei regelmäßig keinen AN mit einem monatlichen Arbeitsentgelt von mehr als 400 € beschäftigen (§ 2 S 1 Nr 9 SGB VI; hier ist zu fragen, ob es sich ggf um AN handelt, also lediglich sog Scheinselbstständigkeit vorliegt, s begriffliche Abgrenzung § 7 SGB IV Rdn 4 ff) sowie Bezieher eines Zuschusses nach § 421 S 1 SGB III (sog Ich-AG, gilt nur noch für bis zum 30.6.2006 gestellte Förderanträge). Auch für diesen Personenkreis gelten gem §§ 190a, 196, 165 SGB VI bes Melde-, Auskunfts- und Mitteilungspflichten sowie Beitragspflichten (§§ 169, 173 S 1 SGB VI). Erbringen solche Personen Dienst- oder Werkleistungen unter Verletzung dieser Pflichten, liegt ebenfalls Schwarzarbeit vor.

9 2. **Steuerliche Pflichten gem § 1 II Nr 2.** Adressat dieses Tatbestandes ist der **Steuerpflichtige**, dh nach § 33 I AO ua derjenige, der eine Steuer schuldet, für eine Steuer haftet oder eine Steuer für Rechnung eines Dritten einzubehalten und abzuführen hat. Die letztgenannte Alternative zielt insb auf den **AG**, der neben einer Beitragshinterziehung zumeist entgegen §§ 38 III, 41, 41a EStG auch die vorgeschriebene Lohnsteuer für seine AN nicht anmeldet, einbehält und abführt.

10 Die einzelnen **steuerlichen Pflichten** sind neben der AO in den jeweiligen Einzelsteuergesetzen enthalten, also insb im EStG, UStG oder auch im KStG oder GewStG. So wird ein AG, der Beschäftigte schwarz entlohnt, regelmäßig auch in diesem Zusammenhang erzielte Umsätze bei der ihm als **Unternehmer iSd § 2 UStG** obliegenden USt-Vorauszahlungspflicht nach § 18 UStG nicht berücksichtigen. Bes Steuerabzugspflichten treffen nach § 48 EStG den Unternehmer als **Auftraggeber von Bauleistungen**.

11 Steuerliche Pflichten iSd § 1 II Nr 2 können aber nicht nur den AG bzw Auftraggeber von Dienst- oder Werkleistungen, sondern auch denjenigen treffen, der als selbstständiger Unternehmer solche Leistungen erbringt. Ist also die **Putzfrau im Privathaushalt** selbstständig tätig, treffen sie und nicht den Haushalt die maßgeblichen steuerlichen Pflichten nach EStG, UStG und GewStG (*Berwanger* BB-Special 2/2004, S 10, 15).

12 3. **Mitteilungspflichten gem § 1 II Nr 3.** Leistungsmissbrauch, dh das Erschleichen von Sozialleistungen im Zusammenhang mit der Erbringung von Dienst- oder Werkleistungen, stellt eine der häufigsten Erscheinungsformen der Schwarzarbeit durch AN dar (BT-Drs 15/2573, S 19). Mit der Vorschrift korrespondieren die OWi-Tatbestände des § 8 I Nr 1 lit a–c sowie der Straftatbestand des § 9.

13 **Mitteilungspflichten von Sozialleistungsempfängern** ergeben sich insb aus § 60 I SGB I und treffen den Antragsteller sowohl bereits bei der Antragstellung als auch während des Bezugs von Sozialleistungen. Zu den **mitteilungsbedürftigen Tatsachen** gehört im Fall des Bezugs von Lohnersatzleistungen (insb Arbeitslosengeld nach SGB III oder SGB II, Sozialhilfe, Krankengeld) vor allem das Bestehen eines (weiteren) Arbeitsverhältnisses und die Höhe des aus einer solchen (Neben-) Beschäftigung bezogenen Arbeitsentgelts, da dies regelmäßig zur Versagung, zum Ruhen oder zumindest zur Minderung der beantragten oder bezogenen Sozialleistung führt (Küttner/*Schlegel* Schwarzarbeit Rn 30). Zwar schließt nach § 119 III SGB III eine Beschäftigung, selbstständige Tätigkeit oder Tätigkeit als mithelfender Familienangehöriger im Umfang von weniger als 15 Wochenstunden Beschäftigungslosigkeit nicht aus; jedoch wird auch das Arbeitsentgelt aus einer solchen geringfügigen Beschäftigung nach Maßgabe des § 141 I SGB III auf das Arbeitslosengeld angerechnet, sodass auch insoweit eine Mitteilungspflicht nach § 60 I SGB I besteht. Entspr Anrechnungsregelungen finden sich auch beim Bezug von Arbeitslosengeld II in §§ 11, 30 SGB II. Für **leistungsberechtigte Ausländer** nach dem AsylbLG bestimmt § 8a AsylbLG eine bes Mitteilungspflicht. Die Erbringung von Dienst- oder Werkleistungen in erheblichem Umfang unter Verletzung dieser Meldepflicht verwirklicht den OWi-Tatbestand des § 8 I Nr 1 lit c.

14 4. **Gewerberechtliche Pflichten gem § 1 II Nr 4.** Nach § 14 GewO ist ua derjenige zur sofortigen Anzeige ggü der zuständigen Behörde verpflichtet, der den selbstständigen Betrieb eines stehenden Gewerbes anfängt. **Selbstständiger Gewerbetreibender** in diesem Sinne ist, wer sich im eigenen Namen auf eigene

Rechnung unter Übernahme des Unternehmerrisikos bei persönlicher und fachlicher Unabhängigkeit gewerblich betätigt. Kriterien für die Selbstständigkeit sind dabei insb Leitungsbefugnis, das Schulden eines Arbeitserfolgs, das Tragen von Gewinn und Verlust sowie eigenes Betriebskapital und eigene Gerätschaften (HK-SchwarzArbG/*Fehn*, § 1 Rn 24 mwN; Ignor/Rixen/*Rixen* Rn 500). Der Begriff »**stehendes Gewerbe**« dient der Abgrenzung zum Reisegewerbe, zu Messen, Ausstellungen und Märkten (HK-SchwarzArbG/*Fehn* § 1 Rn 26 mwN).

5. Handwerksrechtliche Pflichten gem § 1 II Nr 5. Zulassungspflichtiges Handwerk ist nach § 1 II 1 HwO ein Gewerbe, das handwerksmäßig betrieben wird (vgl zur Handwerksmäßigkeit eines Gewerbes in Abgrenzung zur industriellen Betriebsweise die bei Ignor/Rixen/*Rixen* Rn 503 f aufgeführten Indizien) und vollständig oder seinen wesentlichen Tätigkeiten nach einer der in den **Anlage A zur Handwerksordnung** aufgeführten Gewerbearten entspricht, deren Ausübung durch Gefahren für die Gesundheit oder das Leben Dritter geprägt sind. Die für eines der in Anlage A zur HwO aufgeführten Handwerke maßgeblichen Tätigkeiten, Verrichtungen und Arbeitsweisen müssen den Kernbereich eben dieses Handwerks ausmachen und ihm sein essenzielles Gepräge geben, während untergeordnete Arbeitsvorgänge nicht zur Annahme eines handwerksfähigen Betriebes führen (HK-SchwarzArbG/*Fehn* § 1 Rn 27 mwN; Ignor/Rixen/*Rixen* Rn 508). 15

III. Ausnahmen. Mit den Ausnahmen vom Schwarzarbeitsbegriff gem § 1 III sollen Hilfeleistungen, die sich aufgrund verwandtschaftlicher Beziehungen oder iR eines gedeihlichen Miteinanders in der Gesellschaft als sozialüblich und unterstützenswert darstellen, klarstellend jedem Unwerturteil entzogen werden. Dies bedeutet keine konstitutive Ausnahme von dem Schwarzarbeitsbegriff des § 1 II, sondern lediglich eine **deklaratorische Klarstellung** (so auch Küttner/*Schlegel* Schwarzarbeit Rn 27). Denn Hilfeleistungen, bei denen Gefälligkeit und Hilfsbereitschaft deutlich im Vordergrund stehen, begründen weder ein Arbeitsverhältnis noch eine Unternehmereigenschaft und sind damit sowohl sozialversicherungsrechtlich ohne Bedeutung als auch steuerlich irrelevant. Wo aber mangels Versicherungs- oder Steuerpflicht keine Melde-, Beitrags- oder Nachweispflichten entstehen, entfällt auch der Begriff der Schwarzarbeit (BT-Drs 15/2573, S 19 f). 16

Nicht nachhaltig auf Gewinn gerichtete Dienst- oder Werkleistungen: Dies ist nach der unwiderleglichen, jedoch nicht abschließenden gesetzlichen Vermutung des § 1 III 2 (»gilt insb«) dann der Fall, wenn eine Tätigkeit (nur) gegen **geringes Entgelt** erbracht wird. Mit *Buchner* (GewArch 2004, 393, 402) ist davon auszugehen, dass sich das Merkmal »nicht nachhaltig auf Gewinn gerichtet« iW von selbst aus den Ausnahmetatbeständen der Gefälligkeit oder der Nachbarschafts- bzw Selbsthilfe ergibt. Denn bei diesen vom Gesetzgeber privilegierten Fallkonstellationen beruht die Leistungserbringung nicht auf einem finanziellen Anreiz, sondern auf einem bes Verhältnis zwischen Leistungserbringer und Leistungsempfänger (HK-SchwarzArbG/*Fehn* § 1 Rn 35 mwN). 17

Welcher Betrag gering ist, richtet sich nach den objektiven Umständen, wobei angesichts der Vielzahl denkbarer Hilfeleistungen von keinem festen Schwellenwert iS einer Bagatellgrenze ausgegangen werden kann. Der Begriff »geringes Entgelt« ist nicht mit der Vergütung aus einer geringfügigen Beschäftigung iSd § 8 SGB IV (bis zu 400 €/Monat) gleichzusetzen. Eine Zahlung bis zu 100 € für eine einmalige Dienst- oder Werkleistung von Angehörigen, Nachbarn oder von Bauherren in Selbsthilfe könnte als gering angesehen werden. Ist allerdings eine Tätigkeit mit nur geringem Einzelentgelt auf **regelmäßige Wiederkehr** angelegt, spricht dies widerleglich dafür, dass sie nachhaltig auf Gewinn gerichtet ist, insb auch bei von vornherein bestehender **Wiederholungsabsicht** (HK-SchwarzArbG/*Fehn* § 1 Rn 35, 36, 37). 18

1. Leistungen von Angehörigen oder Lebenspartnern gem § 1 III 1 Nr 1. Betroffen sind Verlobte, Ehegatten, Verwandte und Verschwägerte gerader Linie, Geschwister und deren Kinder, Ehegatten der Geschwister und Geschwister der Ehegatten, Geschwister der Eltern sowie Pflegeeltern und -kinder. **Lebenspartner** sind die Partner einer eingetragenen gleichgeschlechtlichen Lebenspartnerschaft nach dem LPartG. 19

2. Leistungen aus Gefälligkeit gem § 1 III 1 Nr 2. Diese liegen nach der Gesetzesbegründung (BT-Drs 15/2573, S 19) vor, wenn Dienst- oder Werkleistungen aufgrund persönlichen Entgegenkommens, iR gesellschaftlicher Gepflogenheiten oder in Notfällen erbracht werden, bspw als Pannenhilfe oder als provisorische Schadensbehebung (so mit Bsp Ignor/Rixen/*Rixen* Rn 494). 20

3. Nachbarschaftshilfe gem § 1 III 1 Nr 3. Eine solche ist nach der Gesetzesbegründung (BT-Drs 15/2573, S 19) gegeben, wenn die Hilfeleistung von Personen erbracht wird, die zueinander in persönlichen Beziehungen stehen und in gewisser räumlicher Nähe wohnen. Vielfach wird Nachbarschaftshilfe auch durch eine Gegenseitigkeit der Hilfeleistungen gekennzeichnet sein (HK-SchwarzArbG/*Fehn* § 1 Rn 36). In 21 der Praxis, in der der Nachbarschaftshilfe große Bedeutung zukommt, wird der **Begriff des Nachbarn weit verstanden** (vgl iE Ignor/Rixen/*Rixen* Rn 495 mit Bsp uwN).

22 **4. Selbsthilfe im Wohnungsbau gem § 1 III Nr 4.** Maßnahmen, bei denen **Bauherren in Selbsthilfe** tätig werden, können bei der staatlichen Wohnraumförderung bevorzugt werden. Diese auch iRd Schwarzarbeitsbegriffs privilegierte Selbsthilfe ist in § 36 II u IV des 2. Wohnungsbaugesetzes und in § 12 I 2 des Wohnraumförderungsgesetzes definiert. Sie umfasst Arbeitsleistungen, die zur Durchführung der geförderten Maßnahmen vom Bauherrn selbst, seinen Angehörigen oder von anderen unentgeltlich oder auf Gegenseitigkeit oder von Mitgliedern von Genossenschaften erbracht werden.

§ 2a Mitführungs- und Vorlagepflicht von Ausweispapieren

(1) Bei der Erbringung von Dienst- oder Werkleistungen sind die in folgenden Wirtschaftsbereichen oder Wirtschaftszweigen tätigen Personen verpflichtet, ihren Personalausweis, Pass, Passersatz oder Ausweisersatz mitzuführen und den Behörden der Zollverwaltung auf Verlangen vorzulegen:
1. im Baugewerbe,
2. im Gaststätten- und Beherbergungsgewerbe,
3. im Personenbeförderungsgewerbe,
4. im Speditions-, Transport- und damit verbundenen Logistikgewerbe,
5. im Schaustellergewerbe,
6. bei Unternehmen der Forstwirtschaft,
7. im Gebäudereinigungsgewerbe,
8. bei Unternehmen, die sich am Auf- und Abbau von Messen und Ausstellungen beteiligen,
9. in der Fleischwirtschaft.

(2) Der Arbeitgeber hat jeden und jede seiner Arbeitnehmer und Arbeitnehmerinnen nachweislich und schriftlich auf die Pflicht nach Abs. 1 hinzuweisen, diesen Hinweis für die Dauer der Erbringung der Dienst- oder Werkleistungen aufzubewahren und auf Verlangen bei den Prüfungen nach § 2 Abs. 1 vorzulegen.

§ 8 Bußgeldvorschriften

(1) Ordnungswidrig handelt, wer
1. entgegen § 60 Abs. 1 Satz 1 Nr. 1 des Ersten Buches Sozialgesetzbuch eine Tatsache, die für eine Leistung nach dem Sozialgesetzbuch erheblich ist, nicht richtig oder nicht vollständig anzeigt,
   b) entgegen § 60 Abs. 1 Satz 1 Nr 2 des Ersten Buches Sozialgesetzbuch eine Änderung in den Verhältnissen, die für eine Leistung nach dem Sozialgesetzbuch erheblich ist, nicht, nicht richtig, nicht vollständig oder nicht rechtzeitig mitteilt,
   c) entgegen § 8a des Asylbewerberleistungsgesetzes die Aufnahme einer Erwerbstätigkeit nicht, nicht richtig, nicht vollständig oder nicht rechtzeitig meldet,
   d) der Verpflichtung zur Anzeige vom Beginn des selbstständigen Betriebes eines stehenden Gewerbes (§ 14 der Gewerbeordnung) nicht nachgekommen ist oder die erforderliche Reisegewerbekarte (§ 55 der Gewerbeordnung) nicht erworben hat oder
   e) ein zulassungspflichtiges Handwerk als stehendes Gewerbe selbstständig betreibt, ohne in die Handwerksrolle eingetragen zu sein (§ 1 der Handwerksordnung)
   Dienst- oder Werkleistungen in erheblichem Umfang erbringt oder
2. Dienst- oder Werkleistungen in erheblichem Umfang ausführen lässt, indem er eine oder mehrere Personen beauftragt, die diese Leistungen unter vorsätzlichem Verstoß gegen eine in Nummer 1 genannte Vorschrift erbringen.

(2) Ordnungswidrig handelt, wer vorsätzlich oder fahrlässig
1. entgegen § 2a Abs. 1 ein dort genanntes Dokument nicht mitführt oder nicht oder nicht rechtzeitig vorlegt,
2. entgegen § 2a Abs. 2 den schriftlichen Hinweis nicht oder nicht für die vorgeschriebene Dauer aufbewahrt oder nicht oder nicht rechtzeitig vorlegt,
3. entgegen
   a) § 5 Abs. 1 Satz 1 oder 2 oder
   b) § 5 Abs. 2 Satz 1 Prüfung oder das Betreten eines Grundstücks oder eines Geschäftsraumes nicht duldet oder bei einer Prüfung nicht mitwirkt,
4. entgegen § 5 Abs. 1 Satz 4 ein dort genanntes Dokument nicht oder nicht rechtzeitig vorlegt oder

5. entgegen § 5 Abs. 3 Satz 1 Daten nicht, nicht richtig, nicht vollständig, nicht in der vorgeschriebenen Weise oder nicht rechtzeitig übermittelt.

(3) Die Ordnungswidrigkeit kann in den Fällen des Absatzes 1 Nr 1 Buchstabe a bis c sowie Nr 2 in Verbindung mit Nr 1 Buchstabe a bis c mit einer Geldbuße bis zu dreihunderttausend Euro, in den Fällen des Absatzes 1 Nr 1 Buchstabe d und e sowie Nr 2 in Verbindung mit Nr 1 Buchstabe d und e mit einer Geldbuße bis zu fünfzigtausend Euro, in den Fällen des Absatzes 2 Nr 3 Buchstabe a und Nr 5 mit einer Geldbuße bis zu dreißigtausend Euro, in den Fällen des Absatzes 2 Nr 1 mit einer Geldbuße bis zu fünftausend Euro und in den übrigen Fällen mit einer Geldbuße bis zu tausend Euro geahndet werden.

(4) ¹Absatz 1 findet keine Anwendung für nicht nachhaltig auf Gewinn gerichtete Dienst- oder Werkleistungen, die
1. von Angehörigen im Sinne des § 15 der Abgabenordnung oder Lebenspartnern,
2. aus Gefälligkeit,
3. im Wege der Nachbarschaftshilfe oder
4. im Wege der Selbsthilfe im Sinne des § 36 Abs. 2 und 4 des Zweiten Wohnungsbaugesetzes in der Fassung der Bekanntmachung vom 19. August 1994 (BGBl. I S. 2137) oder als Selbsthilfe im Sinne des § 12 Abs. 1 Satz 2 des Wohnraumförderungsgesetzes vom 13. September 2001 (BGBl. I S. 2376), zuletzt geändert durch Artikel 7 des Gesetzes vom 29. Dezember 2003 (BGBl. I S. 3076),

erbracht werden. ²Als nicht nachhaltig auf Gewinn gerichtet gilt insbesondere eine Tätigkeit, die gegen geringes Entgelt erbracht wird.

(5) Das Bundesministerium der Finanzen wird ermächtigt, durch Rechtsverordnung mit Zustimmung des Bundesrates Vorschriften über Regelsätze für Geldbußen wegen einer Ordnungswidrigkeit nach Absatz 1 oder 2 zu erlassen.

Die **OWi-Tatbestände** gem § 8 I entsprechen iW den Tatbeständen der Bestimmung von Schwarzarbeit gem § 1 II SchwArbG. Die Tatbestände gem § 8 II sind denjenigen der Duldungs- und Mitwirkungspflichten gem § 5 SchwArbG nachgebildet. Soweit gem § 8 IV Ausnahmen von Ordnungswidrigkeiten aufgezählt sind, werden sie ebenso gem § 1 III SchwArbG vom Schwarzarbeitsbegriff ausgenommen. Von der Ermächtigung zum Erlass einer RechtsVO gem § 8 V hat der Bundesfinanzminister bisher keinen Gebrauch gemacht. 1

Die Verwirkung der OWi-Tatbestände gem § 8 I setzt Dienst- oder Werkleistungen **in erheblichem Umfang** voraus. Wegen der Unbestimmtheit dieses Tatbestandsmerkmals bestehen Bedenken gegen dessen Verfassungsmäßigkeit (vgl BGH 22.7.2004, 5 StR 85/04, NJW 2004, 2990 zum Merkmal »in großem Ausmaß« in § 370a AO); denn es ist unklar, ob Einzelfallbetrachtungen oder erst Tatmehrheiten, zeitliche oder Geldsummensachverhalte bestimmend sind. 2

Dienst- und Werkleistungen können in erheblichem Umfang erbracht werden, wenn der Schwarzarbeiter regelmäßig Einnahmen erzielt, die wirtschaftlich über das Existenzminimum hinausgehen und deren Dauer wenige Monate überschreiten. Bei Empfängern von Sozialleistungen können die Voraussetzungen der geringfügigen Beschäftigung gem § 8 I SGB IV eine Grenze darstellen. Beschäftigungen darüber, zB in Vollzeit über 3 Monate oder ein Monatsverdienst in Höhe von 3.000 € (vgl HK-SchwArbG/*Fehn* §§ 8, 9 Rn 10), können in aller Regel als in erheblichem Umfang angesehen werden. 3

§ 10 Beschäftigung von Ausländern ohne Genehmigung oder ohne Aufenthaltstitel und zu ungünstigen Arbeitsbedingungen

(1) Wer vorsätzlich eine in § 404 Abs. 2 Nr. 3 des Dritten Buches Sozialgesetzbuch bezeichnete Handlung begeht und den Ausländer zu Arbeitsbedingungen beschäftigt, die in einem auffälligen Missverhältnis zu den Arbeitsbedingungen deutscher Arbeitnehmer und Arbeitnehmerinnen stehen, die die gleiche oder eine vergleichbare Tätigkeit ausüben, wird mit Freiheitsstrafe bis zu drei Jahren oder mit Geldstrafe bestraft.

(2) ¹In besonders schweren Fällen des Abs. 1 ist die Strafe Freiheitsstrafe von sechs Monaten bis zu fünf Jahren. ²Ein besonders schwerer Fall liegt in der Regel vor, wenn der Täter gewerbsmäßig oder aus grobem Eigennutz handelt.

Zum Begriff des auffälligen Missverhältnisses der Arbeitsbedingungen vgl § 15a AÜG Rdn 3 ff. 1

Sozialgesetzbuch (SGB) Zweites Buch (II) – Grundsicherung für Arbeitsuchende – (SGB II)

Vom 24.12.2003 (BGBl I S 2954), zuletzt geändert durch Art 5 des Gesetzes vom 24.6.2015 (BGBl I S 974)

– Auszug –

§ 19 Arbeitslosengeld II, Sozialgeld und Leistungen für Bildung und Teilhabe

(1) [1]Erwerbsfähige Leistungsberechtigte erhalten Arbeitslosengeld II. [2]Nichterwerbsfähige Leistungsberechtigte, die mit erwerbsfähigen Leistungsberechtigten in einer Bedarfsgemeinschaft leben, erhalten Sozialgeld, soweit sie keinen Anspruch auf Leistungen nach dem Vierten Kapitel des Zwölften Buches haben. [3]Die Leistungen umfassen den Regelbedarf, Mehrbedarfe und den Bedarf für Unterkunft und Heizung.
(2) [1]Leistungsberechtigte haben unter den Voraussetzungen des § 28 Anspruch auf Leistungen für Bildung und Teilhabe, soweit sie keinen Anspruch auf Leistungen nach dem Vierten Kapitel des Zwölften Buches haben. [2]Soweit für Kinder Leistungen zur Deckung von Bedarfen für Bildung und Teilhabe nach § 6b des Bundeskindergeldgesetzes gewährt werden, haben sie keinen Anspruch auf entsprechende Leistungen zur Deckung von Bedarfen nach § 28.
(3) [1]Die Leistungen zur Sicherung des Lebensunterhalts werden in Höhe der Bedarfe nach den Absätzen 1 und 2 erbracht, soweit diese nicht durch das zu berücksichtigende Einkommen und Vermögen gedeckt sind. [2]Zu berücksichtigendes Einkommen und Vermögen deckt zunächst die Bedarfe nach den §§ 20, 21 und 23, darüber hinaus die Bedarfe nach § 22. [3]Sind nur noch Leistungen für Bildung und Teilhabe zu leisten, deckt weiteres zu berücksichtigendes Einkommen und Vermögen die Bedarfe in der Reihenfolge der Absätze 2 bis 7 nach § 28.

Übersicht	Rdn.		Rdn.
A. Allgemeines	1	C. Leistungen zur Bildung und Teilhabe	8
B. Leistungsvoraussetzungen	3	D. Nachrang der Leistungen zur Sicherung des Lebensunterhalts	9

1 **A. Allgemeines.** Durch das Vierte Gesetz für moderne Dienstleistungen am Arbeitsmarkt vom 24.12.2003 (BGBl I S 2955) sind mit Wirkung vom 1.1.2005 die bisherigen Leistungen Arbeitslosenhilfe und Sozialhilfe für erwerbsfähige Personen zu einer **einheitlichen Leistung** zusammengeführt worden. Während eine Anwartschaft auf Alg nach dem SGB III erfordert, dass die oder der Arbeitslose mindestens zwölf Monate in einem grundsätzlich beitragspflichtigen Pflichtversicherungsverhältnis gestanden hat, handelt es sich beim Alg II um eine staatlich finanzierte Fürsorgeleistung, die keine Anwartschaftszeiten voraussetzt. Das Alg nach dem SGB III ist so konzipiert, dass es dem AN nach Wegfall des Erwerbseinkommens aus abhängiger Arbeit – auf abgesenktem Niveau – die Aufrechterhaltung seines bisherigen Lebensstandards ermöglichen soll. Abw davon hat das Alg II nach dem SGB II (nur) die Funktion, ein allg »soziokulturelles Existenzminimum« abzudecken. Deshalb orientiert sich die Höhe des Regelbedarfs beim Alg II (anders als beim Alg und auch der abgeschafften Arbeitslosenhilfe nach dem SGB III) nicht an der Höhe eines vorangegangenen beitragspflichtigen Erwerbseinkommens, sondern an einem pauschal festgesetzten Bedarf.

2 Als Alg II werden die wichtigsten nach dem SGB II gewährten Leistungen zur Sicherung des Lebensunterhalts bezeichnet. Der Regelbedarf (§ 20) soll typisierend die Deckung des allgemeinen Lebensbedarfs sichern; dazu gehört auch die Möglichkeit zur Teilhabe am Leben in der Gemeinschaft. In bestimmten Lebenslagen bestehen Ansprüche auf Leistungen für Mehrbedarfe, die in § 21 geregelt sind. Mehrbedarfe werden danach berücksichtigt nach § 21 II bis V bei Schwangerschaft, für Alleinerziehende, für erwerbsfähige Menschen mit Behinderung und bei aus medizinischen Gründen notwendiger kostenaufwändigerer Ernährung. § 21 VI regelt den Mehrbedarf in Härtefällen; ermöglicht wird dadurch die Erfassung individueller, atypischer Bedarfslagen. § 21 VII regelt die Berücksichtigung eines Mehrbedarfs, soweit Warmwasser dezentral in der Wohnung erzeugt wird. Diese Vorschrift wurde nötig, weil die zentrale Warmwassererzeugung (bei Zentralheizung) mit bei den Heizkosten erfasst wird. Bestandteil des Alg II sind auch die nicht vom Regelbedarf umfassten Leistungen für die Bedarfe für Unterkunft und Heizung (§ 22). Wegen der regionalen Unterschiede im Bundesgebiet musste der Gesetzgeber hier auf die Festsetzung eines einheitlichen Leistungsbetrages zur pauschalen Bedarfsdeckung verzichten. Die Bedarfe für Unterkunft

und Heizung werden in Höhe der tatsächlichen Aufwendungen anerkannt, soweit diese angemessen sind. Ob der Leistungsträger die angemessene Aufwendungshöhe korrekt bestimmt hat, unterliegt im vollen Umfange der gerichtlichen Nachprüfung. Nach der ständigen Rechtsprechung des BSG ist bei der Prüfung der Angemessenheit (getrennt für die Unterkunftsaufwendungen und für die Heizkosten) von den tatsächlichen Aufwendungen auszugehen. Diese sind mit den Aufwendungen zu vergleichen, die für eine der Personenzahl der als Bedarfsgemeinschaft zusammen wohnenden Leistungsberechtigten entsprechenden Wohnung einfachen Standards im (vom Leistungsträger zu definierenden) relevanten örtlichen Vergleichsraum zu zahlen sind. Bei der Ermittlung dieser Vergleichs- oder Referenzmiete (als abstrakter Angemessenheitsgrenze) kann sich der Grundsicherungsträger zwar unterschiedlicher Erkenntnisquellen bedienen. Dies muss aber in einer nachvollziehbaren, transparenten Weise geschehen (auf der Grundlage eines sog Schlüssigen Konzepts). Es muss sich feststellen lassen, ob die ermittelten Werte den Mietpreis abbilden, der es den Leistungsberechtigen ermöglicht, auf dem für sie relevanten örtlichen Vergleichsmarkt in einer für sie größenmäßig angemessenen Wohnung in unteren (aber nicht untersten) Ausstattungssegment zu wohnen (siehe ua BSG 22.9.2009, B 4 AS 18/09 R, SozR 4-4200 § 22 Nr. 30). Ist so der abstrakte Wert für die angemessenen Unterkunftskosten ermittelt worden, ist festzustellen, ob die tatsächlichen Unterkunftskosten innerhalb dieses Rahmens liegen. Sofern dies nicht der Fall ist, ist zu prüfen, ob aufgrund besonderer konkreter Umstände im Einzelfall ein höherer Unterkunftsbedarf als der abstrakt ermittelte anzuerkennen ist.

B. Leistungsvoraussetzungen. Leistungen nach dem SGB II erhalten erwerbsfähige Leistungsberechtigte und Personen, die mit diesen in einer Bedarfsgemeinschaft leben. Erwerbsfähige Leistungsberechtigte sind Personen, die das 15. Lebensjahr vollendet sowie die Altersgrenze nach § 7a (Personen, die vor dem 1.1.1947 geboren sind, erreichen die Altersgrenze mit Vollendung des 65. Lebensjahres; für die nachfolgenden Jahrgänge erfolgt eine Anhebung entsprechend der neuen Altersgrenzen in der gesetzlichen Rentenversicherung) noch nicht erreicht haben und die erwerbsfähig und hilfebedürftig sind sowie ihren gewöhnlichen Aufenthalt in der Bundesrepublik Deutschland haben (§ 7 I). 3

Erwerbsfähig ist nach § 8 I, wer nicht wegen Krankheit oder Behinderung auf absehbare Zeit außerstande ist, unter den üblichen Bedingungen des allg Arbeitsmarkts mindestens 3 Stunden täglich erwerbstätig zu sein. Nicht erwerbsfähige hilfebedürftige Personen, die auch nicht in einer Bedarfsgemeinschaft mit einem erwerbsfähigen Leistungsberechtigten leben, haben Anspruch auf **Sozialhilfe** nach dem SGB XII. § 8 II stellt klar, dass Ausländerinnen und Ausländer nur dann erwerbsfähig iSv I sind, wenn ihnen die Aufnahme einer Beschäftigung erlaubt ist oder erlaubt werden könnte. 4

Hilfebedürftig ist nach § 9, wer seinen Lebensunterhalt nicht oder nicht ausreichend aus dem zu berücksichtigenden Einkommen oder Vermögen sichern kann und die erforderliche Hilfe nicht von anderen, insbesondere von Angehörigen und Trägern anderer Sozialleistungen erhält. Bei Personen, die in einer Bedarfsgemeinschaft leben, sind auch das Einkommen und Vermögen des Partners zu berücksichtigen. Bei unverheirateten Kindern, die mit ihren Eltern oder einem Elternteil in einer Bedarfsgemeinschaft leben und die ihren Lebensunterhalt nicht aus eigenem Einkommen oder Vermögen sichern können, sind auch das Einkommen und Vermögen der Eltern oder des Elternteils und dessen in Bedarfsgemeinschaft lebender Partnerin oder lebenden Partner zu berücksichtigen. Ist in einer Bedarfsgemeinschaft nicht der gesamte Bedarf aus eigenen Kräften und Mitteln gedeckt, gilt jede Person der Bedarfsgemeinschaft im Verhältnis des eigenen Bedarfs zum Gesamtbedarf als hilfebedürftig. 5

Mit der **Bedarfsgemeinschaft** ist im SGB II ein neues Rechtsinstitut geschaffen worden. Begrifflich ist die Bedarfsgemeinschaft von der Einsatzgemeinschaft und der Haushaltsgemeinschaft abzugrenzen. Mit der Bedarfsgemeinschaft ist eine Gemeinschaft von Personen gemeint, die aufgrund eines Näheverhältnisses zueinander mit ihrem Einkommen und Vermögen in eine gemeinschaftliche Bedürftigkeitsprüfung einbezogen sind. Für die Feststellung der Hilfebedürftigkeit werden die Einkommen und Vermögen der Mitglieder der Bedarfsgemeinschaft insgesamt betrachtet und der Summe der für alle Mitglieder errechneten Bedarfe gegenübergestellt. Ist der Gesamtbedarf höher als die zur Verfügung stehenden Mittel und deshalb nicht ausreichend abgedeckt, liegt Hilfebedürftigkeit aller Mitglieder nach dem SGB II vor. Die sich nach der Bedürftigkeitsprüfung dann ergebenden Ansprüche sind aber den Einzelpersonen zuzuordnende **Individualansprüche** (vgl BSG 7.11.2006, B 7b AS 8/06 R, SozR 4-4200 § 22 Nr 1). Dass Personen eine Haushalt- und Wohngemeinschaft führen, reicht alleine für eine Bedarfgemeinschaft iSd SGB II noch nicht aus. Wer zur Bedarfsgemeinschaft gehört, wird im § 7 III näher bestimmt. Dies sind zunächst nach **Nr 1** die erwerbsfähigen Leistungsberechtigten selbst (wobei mehrere erwerbsfähige Leistungsberechtigte in einer Bedarfsgemeinschaft leben können). Dazu kommen nach **Nr 2** bei unverheirateten Leistungsberechtigten, die das 25. Lebensjahr noch nicht vollendet haben, ihre mit ihnen im Haushalt lebenden **Eltern** 6 oder ein im Haushalt lebender Elternteil mit seiner dort lebenden Partnerin oder seinem dort lebenden Partner. Weiter gehören zur Bedarfsgemeinschaft nach **Nr 3** als Partnerin oder **Partner** der erwerbsfähigen Leistungsberechtigten a) die nicht dauernd getrennt lebende Ehegattin oder der nicht dauernd getrennt lebende Ehegatte, b) die nicht dauernd getrennt lebende Lebenspartnerin oder der nicht dauernd getrennt lebende Lebenspartner (nach dem Lebenspartnerschaftsgesetz), c) eine Person, die mit der erwerbsfähigen leistungsberechtigten Person in einem gemeinsamen Haushalt so zusammenlebt, dass nach verständiger Würdigung der wechselseitige Wille anzunehmen ist, Verantwortung füreinander zu tragen und füreinander einzustehen. Ebenfalls zur Bedarfsgemeinschaft gehören nach **Nr 4** die dem Haushalt angehörenden unverheirateten **Kinder** der in den Nr 1–3 genannten Personen, wenn sie das 25. Lebensjahr noch nicht vollendet haben, soweit sie die Leistungen zur Sicherung ihres Lebensunterhalts nicht aus eigenem Einkommen oder Vermögen beschaffen können.

7 Insb die Feststellung, ob eine von § 7 III Nr 3 lit c erfasste **eheähnliche Gemeinschaft** vorliegt, hat seit Inkrafttreten des SGB II zu einer Vielzahl von Streitigkeiten geführt. Dies hat den Gesetzgeber veranlasst, § 7 um einen gesonderten IIIa zu erweitern, wonach ein wechselseitiger Wille, Verantwortung füreinander zu tragen und füreinander einzustehen, **vermutet wird**, wenn Partner (1.) länger als 1 Jahr zusammenleben, (2.) mit einem gemeinsamen Kind zusammenleben, (3.) Kinder oder Angehörige im Haushalt versorgen oder (4.) befugt sind, über Einkommen oder Vermögen des anderen zu verfügen. Für die Vermutung reicht es, dass eines der Merkmale erfüllt wird. Die begründete Vermutung kann im Einzelfall durch andere Umstände entkräftet und somit widerlegt werden. Die Schwierigkeit besteht darin, dass letztlich von äußeren Umständen auf den inneren gegenseitigen Einstandswillen geschlossen werden muss.

8 **C. Leistungen zur Bildung und Teilhabe.** Im II wird der Anspruch auf Leistungen für Bildung und Teilhabe genannt, der in den §§ 28, 29 näher geregelt wird. Die Leistungen zur Bildung und Telhabe werden nach § 29 I 1 vorrangig nicht als Geldleistungen, sondern als Sach- und Dienstleistungen erbracht. Die Bedarfe für Bildung und Teilhabe am sozialen und kulturellen Leben in der Gemeinschaft werden bei Kindern, Jugendlichen und jungen Erwachsenen neben dem Regelbedarf gesondert berücksichtigt. Es handelt sich um besondere altersspezifische Bedarfe. Zielsetzung ist es, dazu beizutragen, dass die Betroffenen zukünftig ein eigenständiges und selbstbestimmtes Leben führen können.

9 **D. Nachrang der Leistungen zur Sicherung des Lebensunterhalts.** Der dem Alg II als staatlicher Fürsorgeleistung immanente Nachrang, wonach die Leistungen nur erbracht werden, soweit die Hilfebedürftigkeit nicht anderweitig beseitigt werden kann (§ 3 Abs 3), wird im § 19 III 1 nochmals aufgezeigt. Die Reihenfolge, in der Einkommen und Vermögen zur Deckung der einzelnen Bedarfe anzurechnen ist, wird dann im § 19 III 2 u 3 geregelt.

10 Erwerbstätigkeit durch Ausübung einer Beschäftigung oder selbständigen Tätigkeit schließt den Anspruch auf Alg II nicht aus. Anders als im § 138 III SGB III geregelt, gilt auch keine Zeitgrenze für den Umfang der Erwerbstätigkeit, ab deren Überschreitung kein Anspruch mehr besteht. Entscheidend ist allein, ob die Höhe des erzielten Einkommens für die Deckung der Bedarfe der in der Bedarfsgemeinschaft lebenden leistungsberechtigten Personen ausreicht. § 11b regelt, welche Beträge vom Einkommen vor einer Anrechnung abzusetzen sind. Neben dem vom Erwerbseinkommen abzusetzenden Steuern und Pflichtbeiträgen zur Sozialversicherung sind dies weitere gesetzlich vorgeschriebene oder angemessene Beiträge für öffentliche oder private Versicherungen, Aufwendungen für eine geförderte Altersvorsorge und die mit der Erzielung des Einkommens verbundenen notwendigen Ausgaben (Werbungskosten bei Beschäftigten und Betriebsausgaben bei Selbständigen). Für Erwerbstätige gelten zudem besondere Freibeträge. Für alle Erwerbseinkommen bleibt nach § 11b II ein Grundbetrag von 100 € anrechnungsfrei, wobei damit dann pauschal die Beiträge für öffentliche und private Versicherungen, Aufwendungen für die geförderte Altersvorsorge und die Werbungskosten/Betriebsausgaben abgegolten sind, ohne dass hierfür Nachweise zu erbringen sind. Beträgt das monatliche Erwerbseinkommen mehr als 400 € können für die genannten Positionen höhere Beträge abgesetzt werden, wobei dann Nachweise erforderlich sind. Bei Erwerbseinkommen von monatlich über 100 € gilt nach § 11b III bis zu einem Einkommen von monatlich 1.000 € ein weiterer Freibetrag von 20 % des jeweils 100 € übersteigenden Betrages; bei einen über 1.000 € liegenden Einkommen sind für den Einkommensteil von 1000,01 € bis 1.200 € jeweils 10% als weiterer Freibetrag nicht anzurechnen. Einkommen über 1.200 € wird ohne Berücksichtigung eines Freibetrags angerechnet. Nähere Einzelheiten zur Einkommens- und Vermögensberücksichtigung sind in der Arbeitslosengeld II/Sozialgeld-Verordnung (Alg II-V) geregelt.

§ 20 Regelbedarf zur Sicherung des Lebensunterhalts

(1) ¹Der Regelbedarf zur Sicherung des Lebensunterhalts umfasst insbesondere Ernährung, Kleidung, Körperpflege, Hausrat, Haushaltsenergie ohne die auf die Heizung und Erzeugung von Warmwasser entfallenden Anteile sowie persönliche Bedürfnisse des täglichen Lebens. ²Zu den persönlichen Bedürfnissen des täglichen Lebens gehört in vertretbarem Umfang eine Teilhabe am sozialen und kulturellen Leben in der Gemeinschaft. ³Der Regelbedarf wird als monatlicher Pauschalbetrag berücksichtigt. ⁴Über die Verwendung der zur Deckung des Regelbedarfs erbrachten Leistungen entscheiden die Leistungsberechtigten eigenverantwortlich; dabei haben sie das Eintreten unregelmäßig anfallender Bedarfe zu berücksichtigen.
(2) ¹Als Regelbedarf werden bei Personen, die alleinstehend oder alleinerziehend sind oder deren Partnerin oder Partner minderjährig ist, monatlich 364 Euro anerkannt. ²Für sonstige erwerbsfähige Angehörige der Bedarfsgemeinschaft werden als Regelbedarf anerkannt
1. monatlich 275 Euro, sofern sie das 18. Lebensjahr noch nicht vollendet haben,
2. monatlich 291 Euro in den übrigen Fällen.
(3) Abweichend von Absatz 2 Satz 1 ist bei Personen, die das 25. Lebensjahr noch nicht vollendet haben und ohne Zusicherung des zuständigen kommunalen Trägers nach § 22 Absatz 5 umziehen, bis zur Vollendung des 25. Lebensjahres der in Absatz 2 Satz 2 Nummer 2 genannte Betrag als Regelbedarf anzuerkennen.
(4) Haben zwei Partner der Bedarfsgemeinschaft das 18. Lebensjahr vollendet, ist als Regelbedarf für jede dieser Personen ein Betrag in Höhe von monatlich 328 Euro anzuerkennen.
(5) ¹Die Regelbedarfe nach den Absätzen 2 bis 4 sowie nach § 23 Nummer 1 werden jeweils zum 1. Januar eines Jahres entsprechend § 28a des Zwölften Buches in Verbindung mit der Verordnung nach § 40 Satz 1 Nummer 1 des Zwölften Buches angepasst. ²Für die Neuermittlung der Regelbedarfe findet § 28 des Zwölften Buches in Verbindung mit dem Regelbedarfs-Ermittlungsgesetz entsprechende Anwendung. ³Das Bundesministerium für Arbeit und Soziales gibt jeweils spätestens zum 1. November eines Kalenderjahres die Höhe der Regelbedarfe, die für die folgenden zwölf Monate maßgebend sind, im Bundesgesetzblatt bekannt.

Im § 20 hat der Gesetzgeber pauschalierend die Höhe der Regelleistung festgeschrieben. Daneben wird im § 21 geregelt, in welchen Fällen ein Anspruch auf einen Mehrbedarf besteht. Regelungen für die Bedarfe für Unterkunft und Heizung enthält § 22. Die Leistungen für die Bedarfe nach §§ 20 ff werden im Regelfall als Geldleistungen erbracht. Im § 23 sind Besonderheiten beim Sozialgeld, der Leistung für nicht erwerbsfähige Leistungsberechtigte, die mit erwerbsfähigen Leistungsberechtigten in einer Bedarfsgemeinschaft leben, geregelt. Die neu konzipierten bes Leistungen für Bildung und Teilhabe sind in den § 28 und 29 geregelt. Diese Leistungen werden als Sach- oder Dienstleistungen erbracht.

Das BVerfG hat seiner ersten umfassenden Entscheidung zum Grundsicherungsrecht vom 9.2.2010 (1 BvL 1/09 ua, NJW 2010, 505) klargestellt, dass der Anspruch auf die Gewährleistung eines menschenwürdigen Existenzminimums durch den Staat aus Art 1 GG iVm Art 20 I GG abzuleiten ist. Der aus dem GG abzuleitende Anspruch bedarf der Konkretisierung und stetigen Aktualisierung durch den Gesetzgeber. In der Entscheidung hat das BVerfG betont, dass der Gesetzgeber mit dem Ziel der vollständigen, realitätsnahen und folgerichtigen Bedarfsdeckung die Höhe der zur Sicherung des Existenzminimums erforderlichen Aufwendungen in einem transparenten und sachgerechten Verfahren realitätsgerecht zu ermitteln hat. Bei der Festsetzung der konkreten Leistungshöhe verbleibt dem Gesetzgeber dann ein Gestaltungsspielraum. Aufgrund dieser Entscheidung des BVerfG, in der das bisherige Verfahren zur Ermittlung des Regelbedarfs als verfassungswidrig beurteilt wurde, ist mit dem Gesetz zur Ermittlung von Regelbedarfen und zur Änderung des SGB II und SGB XII vom 24.3.2011 (BGBl I S 453) das Verfahren zur Ermittlung der Regelbedarfe auf neue Grundlagen gestellt. Die Bedarfsermittlung auf dieser Grundlage ist mit dem Grundgesetz vereinbar (so BVerfG Beschl vom 23.7.2014, 1 BvL 10/12 ua, JurionRS 2014, 22552).

Sozialgesetzbuch (SGB) Drittes Buch (III) – Arbeitsförderung – (SGB III)

Vom 24.3.1997 (BGBl I S 594), zuletzt geändert durch Art 2 des Gesetzes vom 21.12.2015 (BGBl I S 2557)

– Auszug –

§ 38 Rechte und Pflichten der Ausbildung- und Arbeitsuchenden

(1) ¹Personen, deren Arbeits- oder Ausbildungsverhältnis endet, sind verpflichtet, sich spätestens drei Monate vor dessen Beendigung persönlich bei der Agentur für Arbeit arbeitsuchend zu melden. ²Liegen zwischen der Kenntnis des Beendigungszeitpunktes und der Beendigung des Arbeits- oder Ausbildungsverhältnisses weniger als drei Monate, haben sie sich innerhalb von drei Tagen nach Kenntnis des Beendigungszeitpunktes zu melden. ³Zur Wahrung der Frist nach den Sätzen 1 und 2 reicht eine Anzeige unter Angabe der persönlichen Daten und des Beendigungszeitpunktes aus, wenn die persönliche Meldung nach terminlicher Vereinbarung nachgeholt wird. ⁴Die Pflicht zur Meldung besteht unabhängig davon, ob der Fortbestand des Arbeits- oder Ausbildungsverhältnisses gerichtlich geltend gemacht oder vom Arbeitgeber in Aussicht gestellt wird. ⁵Die Pflicht zur Meldung gilt nicht bei einem betrieblichen Ausbildungsverhältnis. ⁶Im Übrigen gelten für Ausbildung- und Arbeitsuchende die Meldepflichten im Leistungsverfahren nach den §§ 309 und 310 entsprechend.

(2) ¹Ausbildung- und Arbeitsuchende, die Dienstleistungen der Bundesagentur in Anspruch nehmen, haben dieser die für die Vermittlung erforderlichen Auskünfte zu erteilen, Unterlagen vorzulegen und den Abschluss eines Ausbildungs- oder Arbeitsverhältnisses unter Benennung des Arbeitgebers und seines Sitzes unverzüglich mitzuteilen. ²Sie können die Weitergabe ihrer Unterlagen von ihrer Rückgabe an die Agentur für Arbeit abhängig machen oder ihre Weitergabe an namentlich benannte Arbeitgeber ausschließen. ³Die Anzeige- und Bescheinigungspflichten im Leistungsverfahren bei Arbeitsunfähigkeit nach § 311 gelten entsprechend.

(3) ¹Die Arbeitsvermittlung ist durchzuführen
1. solange die oder der Arbeitsuchende Leistungen zum Ersatz des Arbeitsentgelts bei Arbeitslosigkeit oder Transferkurzarbeitergeld beansprucht oder
2. bis bei Meldepflichtigen nach Absatz 1 der angegebene Beendigungszeitpunkt des Arbeits- oder Ausbildungsverhältnisses erreicht ist.

²Im Übrigen kann die Agentur für Arbeit die Vermittlung einstellen, wenn die oder der Arbeitsuchende die ihr oder ihm nach Absatz 2 oder der Eingliederungsvereinbarung oder dem Verwaltungsakt nach § 37 Abs. 3 Satz 4 obliegenden Pflichten nicht erfüllt, ohne dafür einen wichtigen Grund zu haben. ³Die oder der Arbeitsuchende kann sie erneut nach Ablauf von zwölf Wochen in Anspruch nehmen.

(4) ¹Die Ausbildungsvermittlung ist durchzuführen
1. bis die oder der Ausbildungsuchende in Ausbildung, schulische Bildung oder Arbeit einmündet oder sich die Vermittlung anderweitig erledigt oder
2. solange der Ausbildungsuchende dies verlangt.

²Absatz 3 Satz 2 gilt entsprechend.

1 Im § 38 wird der Umfang der Mitwirkungspflichten der Ausbildung- und Arbeitsuchenden bestimmt. Nach I 1 besteht für versicherungspflichtig beschäftigte AN und Auszubildende eine Verpflichtung sich (frühzeitig) arbeitsuchend zu melden bereits vor Eintritt der Arbeitslosigkeit.

2 Wird gegen die Verpflichtung, sich frühzeitig arbeitsuchend zu melden, verstoßen, wird dies mit einer einwöchigen Sperrzeit sanktioniert (s § 159 Rdn 71 ff). Die örtlich zuständige Agentur für Arbeit der BA ist zur Arbeitsvermittlung bereits ab der Meldung nach I 1 verpflichtet.

§ 95 Anspruch

¹Arbeitnehmerinnen und Arbeitnehmer haben Anspruch auf Kurzarbeitergeld, wenn
1. ein erheblicher Arbeitsausfall mit Entgeltausfall vorliegt,
2. die betrieblichen Voraussetzungen erfüllt sind,
3. die persönlichen Voraussetzungen erfüllt sind und
4. der Arbeitsausfall der Agentur für Arbeit angezeigt worden ist.

²Arbeitnehmerinnen und Arbeitnehmer in Betrieben nach § 101 Abs. 1 Nr. 1 haben in der Schlechtwetterzeit Anspruch auf Kurzarbeitergeld in Form des Saison-Kurzarbeitergeldes.

§ 95 entspricht dem vormaligen § 169. Die neue Nummerierung erfolgt aufgrund der Neuregelung der Systematik des Arbeitsförderungsrechts mit Wirkung zum 1.4.2012 durch das Gesetz zur Verbesserung der Eingliederungschancen am Arbeitsmarkt (Eingliederungschancengesetz) vom 20.12.2011 (BGBl I S 2854). 1

AN haben, wenn die in § 95 aufgeführten und in den §§ 96 ff näher definierten Voraussetzungen vorliegen, Anspruch auf **Kurzarbeitergeld**. Durch die Leistung soll vermieden werden, dass Arbeitsverhältnisse wegen nur vorübergehendem Arbeitsmangel betriebsbedingt gekündigt werden und Arbeitslosigkeit eintritt; bestehende Arbeitsverhältnisse sollen stabilisiert werden. 2

Geregelt werden in den §§ 95 ff die **sozialrechtlichen Anspruchsvoraussetzungen**. Die arbeitsrechtliche Zulässigkeit der Kurzarbeit wird vorausgesetzt. 3

Der Struktur nach handelt es sich um eine Versicherungsleistung, durch die der Ausfall von Arbeitsentgelt während eines bestehenden Arbeitsverhältnisses ausgeglichen werden soll. Die Leistungshöhe ist dabei an die des Alg angelehnt. Anders als beim Alg ist der Anspruch aber nicht von der individuellen Erfüllung einer Anwartschaft abhängig. Die Leistung kann auch nicht vom einzelnen AN beantragt werden (s § 99 Rdn 3). 4

Die **Höhe des Kurzarbeitergeldes** wird ausgehend von der Nettoentgeltdifferenz (§ 106) bemessen. Die Nettoentgeltdifferenz ist der Unterschiedsbetrag zwischen dem Soll- und dem Istentgelt. Als Sollentgelt wird das um pauschalierte Abzüge verminderte Bruttoentgelt bezeichnet, dass der AN ohne den Arbeitsausfall und vermindert um Entgelt für Mehrarbeit in dem Anspruchszeitraum erzielt hätte. Als Istentgelt wird das um pauschalierte Abzüge verminderte tatsächlich im Anspruchszeitraum erzielte Bruttoentgelt des AN (ohne einmalig gezahltes Entgelt und zuzüglich aller ihm zustehender Entgeltanteile) bezeichnet. Ausgehend vom dem so ermittelten Bemessungsentgelt wird das Kurzarbeitergeld dann gem § 105 bei einem erhöhten Leistungssatz iHv 67 % oder bei einem allg Leistungssatz iHv 60 % (s zu den Leistungssätzen § 149 Rdn 7) gezahlt. 5

§ 96 Erheblicher Arbeitsausfall

(1) ¹Ein Arbeitsausfall ist erheblich, wenn
1. er auf wirtschaftlichen Gründen oder einem unabwendbaren Ereignis beruht,
2. er vorübergehend ist,
3. er nicht vermeidbar ist und
4. im jeweiligen Kalendermonat (Anspruchszeitraum) mindestens ein Drittel der in dem Betrieb beschäftigten Arbeitnehmerinnen und Arbeitnehmer von einem Entgeltausfall von jeweils mehr als 10 Prozent ihres monatlichen Bruttoentgelts betroffen ist; der Entgeltausfall kann auch 100 Prozent des monatlichen Bruttoentgelts betragen.

²Bei der Berechnung nach Satz 1 Nummer 4 sind Auszubildende nicht mitzuzählen.

(2) Ein Arbeitsausfall beruht auch auf wirtschaftlichen Gründen, wenn er durch eine Veränderung der betrieblichen Strukturen verursacht wird, die durch die allgemeine wirtschaftliche Entwicklung bedingt ist.

(3) ¹Ein unabwendbares Ereignis liegt insbesondere vor, wenn ein Arbeitsausfall auf ungewöhnlichen, dem üblichen Witterungsverlauf nicht entsprechenden Witterungsgründen beruht. ²Ein unabwendbares Ereignis liegt auch vor, wenn ein Arbeitsausfall durch behördliche oder behördlich anerkannte Maßnahmen verursacht ist, die vom Arbeitgeber nicht zu vertreten sind.

(4) ¹Ein Arbeitsausfall ist nicht vermeidbar, wenn in einem Betrieb alle zumutbaren Vorkehrungen getroffen wurden, um den Eintritt des Arbeitsausfalls zu verhindern. ²Als vermeidbar gilt insbesondere ein Arbeitsausfall, der
1. überwiegend branchenüblich, betriebsüblich oder saisonbedingt ist oder ausschließlich auf betriebsorganisatorischen Gründen beruht,
2. durch die Gewährung von bezahltem Erholungsurlaub ganz oder teilweise verhindert werden kann, soweit vorrangige Urlaubswünsche der Arbeitnehmerinnen und Arbeitnehmer der Urlaubsgewährung nicht entgegenstehen, oder
3. bei der Nutzung von im Betrieb zulässigen Arbeitszeitschwankungen ganz oder teilweise vermieden werden kann.

³Die Auflösung eines Arbeitszeitguthabens kann von der Arbeitnehmerin oder dem Arbeitnehmer nicht verlangt werden, soweit es

§ 96 SGB III Erheblicher Arbeitsausfall

1. vertraglich ausschließlich zur Überbrückung von Arbeitsausfällen außerhalb der Schlechtwetterzeit (§ 101 Abs. 1) bestimmt ist und 50 Stunden nicht übersteigt,
2. ausschließlich für die in § 7c Abs. 1 des Vierten Buches genannten Zwecke bestimmt ist,
3. zur Vermeidung der Inanspruchnahme von Saison-Kurzarbeitergeld angespart worden ist und den Umfang von 150 Stunden nicht übersteigt,
4. den Umfang von 10 Prozent der ohne Mehrarbeit geschuldeten Jahresarbeitszeit einer Arbeitnehmerin oder eines Arbeitnehmers übersteigt oder
5. länger als ein Jahr unverändert bestanden hat.

⁴In einem Betrieb, in dem eine Vereinbarung über Arbeitszeitschwankungen gilt, nach der mindestens zehn Prozent der ohne Mehrarbeit geschuldeten Jahresarbeitszeit für einen unterschiedlichen Arbeitsanfall eingesetzt werden, gilt ein Arbeitsausfall, der im Rahmen dieser Arbeitszeitschwankungen nicht mehr ausgeglichen werden kann, als nicht vermeidbar.

1 § 96 entspricht dem vormaligen § 170. Die neue Nummerierung erfolgt aufgrund der Neuregelung der Systematik des Arbeitsförderungsrechts mit Wirkung zum 1.4.2012 durch das Gesetz zur Verbesserung der Eingliederungschancen am Arbeitsmarkt (Eingliederungschancengesetz) vom 20.12.2011 (BGBl I S 2854).

2 Voraussetzung für Gewährung von Kurzarbeitergeld ist das Vorliegen eines **erheblichen Arbeitsausfalls mit Entgeltausfall**. In I werden die einzelnen Tatbestandsmerkmale eines erheblichen Arbeitsausfalls genannt. Die näheren Voraussetzungen werden dann in II–IV definiert.

3 Der Arbeitsausfall muss nach I Nr 1 auf wirtschaftlichen Ursachen oder einem unabwendbaren Ereignis beruhen. In II wird definiert, wann der Arbeitsausfall auf wirtschaftlichen Gründen beruht. Anerkannte wirtschaftliche Gründe sind **konjunkturelle Schwankungen** und **betriebliche Strukturveränderungen**, die durch die allg wirtschaftliche Entwicklung bedingt sind. Rein betriebsbedingte wirtschaftliche Gründe, wie zB eine betriebliche Umorganisation, die mit Störungen im Betriebsablauf verbunden ist, reichen **nicht** aus. Gleiches gilt für betriebliche Rationalisierungsmaßnahmen mit dem Ziel einer Rentabilitätsverbesserung oder auch für Gründe, die iW auf Managementfehlern und wirtschaftlichen Fehleinschätzungen der Betriebsleitung beruhen. III zeigt nicht abschließend auf, wann »insb« ein unabwendbares Ereignis vorliegt. Es muss sich um ein objektiv feststellbares Ereignis handeln, dass auch durch äußerste, nach den Umständen des Falls gebotene Sorgfalt vom AG oder seinen Mitarbeiter nicht abzuwenden war (BSG 29.10.1997, 7 RAr 48/96, SozR 3-4100 § 64 Nr 3).

4 Nach I Nr 2 muss es sich um einen **nur vorübergehenden Arbeitsausfall** handeln. Es muss deshalb mit einer gewissen Wahrscheinlichkeit voraussehbar sein, dass in absehbarer Zeit in dem Betrieb wieder mit dem Übergang zur Vollarbeit zu rechnen ist (BSG 17.5.1983, 7 RAr 13/82, SozR 4100 § 63 Nr 2). Dabei ist nicht erforderlich, dass alle oder zumindest der überwiegende Teil der vor Eintritt der Kurzarbeit vorhandenen Arbeitsplätze erhalten bleiben bzw bleibt. Entscheidend sind insoweit die Umstände des Einzelfalls. Es muss zumindest mit dem Erhalt einer erheblichen, arbeitsmarktpolitisch vertretbaren Anzahl von Arbeitsplätzen zu rechnen sein. Im Hinblick auf die AN, die konkret mit Kurzarbeitergeld gefördert werden sollen, darf aber zum Zeitpunkt der Entscheidung über den Antrag nicht feststehen, dass deren Arbeitsplätze nach der Förderung wegfallen werden.

5 Weitere Leistungsvoraussetzung ist nach I Nr 3, dass der Arbeitsausfall **nicht vermeidbar** ist. Durch dieses Merkmal soll eine nicht gerechtfertigte, wettbewerbsverzerrende Verlagerung des wirtschaftlichen Risikos vermieden werden. Näheres ist in IV geregelt. Allg kann eine Unvermeidbarkeit nur angenommen werden, wenn in einem Betrieb alle zumutbaren Vorkehrungen getroffen wurden, um den Eintritt des Arbeitsausfalls zu verhindern. Vermeidbar sind Arbeitsausfälle, die branchenüblich, betriebsüblich und saisonbedingt sind und solche, die auf betriebsorganisatorischen Gründen beruhen oder die durch Gewährung von bezahltem Erholungsurlaub ganz oder teilw verhindert werden können. Als vermeidbar gilt der Arbeitsausfall auch dann, wenn er bei Ausnutzung der im Betrieb zulässigen Arbeitszeitschwankungen ganz oder teilw vermieden werden kann.

6 Der Arbeitsausfall muss zudem einen in I Nr 4 definierten **Mindestumfang** erreichen. Danach muss innerhalb des jeweiligen Kalendermonats, für den Kurzarbeitergeld gewährt werden soll, bei 1/3 der Beschäftigten ein Entgeltausfall von mehr als jeweils 10 % eintreten. Der mindestens 10 %ige Entgeltausfall muss bei Abrechnung des Kalendermonats vorliegen, in dem auch Wochen ohne Entgeltausfall liegen können. Ist die Mindestanforderung bezogen auf den Betrieb erfüllt, kann die Leistung auch für AN gewährt werden, bei denen der persönliche Entgeltausfall geringer ausfällt als um 10 %. Mit der bereits in den damals noch geltenden § 170 mit Wirkung ab Inkrafttreten des Eingliederungschancengesetzes aufgenommen Formulierung, dass der Entgeltausfall auch jeweils 100 % des monatlichen Bruttoentgelts betragen kann, wollte der

Gesetzgeber klarstellen, dass auch ein vollständiger Arbeitsausfall mit 100-prozentigem Entgeltausfall von den Vorschriften zum Kurzarbeitergeld erfasst wird (BT-Drs 17/6277, S 86 zu Nr 6).

§ 97 Betriebliche Voraussetzungen
¹Die betrieblichen Voraussetzungen sind erfüllt, wenn in dem Betrieb mindestens eine Arbeitnehmerin oder ein Arbeitnehmer beschäftigt ist. ²Betrieb im Sinne der Vorschriften über das Kurzarbeitergeld ist auch eine Betriebsabteilung.

§ 97 entspricht dem vormaligen § 171. Die neue Nummerierung erfolgt aufgrund der Neuregelung der Systematik des Arbeitsförderungsrechts mit Wirkung zum 1.4.2012 durch das Gesetz zur Verbesserung der Eingliederungschancen am Arbeitsmarkt (Eingliederungschancengesetz) vom 20.12.2011 (BGBl I S 2854). Nach S 1 wird Kurzarbeitergeld gewährt, wenn zumindest 1 AN im Betrieb beschäftigt wird. Der Begriff des Betriebs wird nicht gesondert definiert. Deshalb kann auf den Betriebsbegriff des ArbR, insb im BetrVG zurückgegriffen werden. Auf die Größe oder die Rechtsform des Betriebes kommt es nicht an. Durch S 2 wird ermöglicht, auch den erheblichen Arbeitsausfall in nur einer Abteilung des Betriebes zu berücksichtigen.

§ 98 Persönliche Voraussetzungen
(1) Die persönlichen Voraussetzungen sind erfüllt, wenn
1. die Arbeitnehmerin oder der Arbeitnehmer nach Beginn des Arbeitsausfalls eine versicherungspflichtige Beschäftigung
   a) fortsetzt,
   b) aus zwingenden Gründen aufnimmt oder
   c) im Anschluss an die Beendigung eines Berufsausbildungsverhältnisses aufnimmt,
2. das Arbeitsverhältnis nicht gekündigt oder durch Aufhebungsvertrag aufgelöst ist und
3. die Arbeitnehmerin oder der Arbeitnehmer nicht vom Kurzarbeitergeldbezug ausgeschlossen ist.

(2) Die persönlichen Voraussetzungen sind auch erfüllt, wenn die Arbeitnehmerin oder der Arbeitnehmer während des Bezuges von Kurzarbeitergeld arbeitsunfähig wird, solange Anspruch auf Fortzahlung des Arbeitsentgelts im Krankheitsfalle besteht oder ohne den Arbeitsausfall bestehen würde.

(3) Die persönlichen Voraussetzungen sind nicht erfüllt bei Arbeitnehmerinnen und Arbeitnehmern
1. während der Teilnahme an einer beruflichen Weiterbildungsmaßnahme mit Bezug von Arbeitslosengeld oder Übergangsgeld, wenn diese Leistung nicht für eine neben der Beschäftigung durchgeführte Teilzeitmaßnahme gezahlt wird,
2. während des Bezuges von Krankengeld sowie
3. während der Zeit, in der sie von einem privaten Krankenversicherungsunternehmen, von einem Beihilfeträger des Bundes, von einem sonstigen öffentlich-rechtlichen Träger von Kosten in Krankheitsfällen auf Bundesebene, von dem Träger der Heilfürsorge im Bereich des Bundes, von dem Träger der truppenärztlichen Versorgung oder von einem öffentlich-rechtlichen Träger von Kosten in Krankheitsfällen auf Landesebene, soweit Landesrecht dies vorsieht, Leistungen für den Ausfall von Arbeitseinkünften im Zusammenhang mit einer nach den §§ 8 und 8a des Transplantationsgesetzes erfolgten Spende von Organen und Geweben beziehen.

(4) ¹Die persönlichen Voraussetzungen sind auch nicht erfüllt, wenn und solange Arbeitnehmerinnen und Arbeitnehmer bei einer Vermittlung nicht in der von der Agentur für Arbeit verlangten und gebotenen Weise mitwirken. ²Arbeitnehmerinnen und Arbeitnehmer, die von einem erheblichen Arbeitsausfall mit Entgeltausfall betroffen sind, sind in die Vermittlungsbemühungen der Agentur für Arbeit einzubeziehen. ³Hat die Arbeitnehmerin oder der Arbeitnehmer trotz Belehrung über die Rechtsfolgen eine von der Agentur für Arbeit unter Benennung des Arbeitgebers und der Art der Tätigkeit angebotene zumutbare Beschäftigung nicht angenommen oder nicht angetreten, ohne für dieses Verhalten einen wichtigen Grund zu haben, sind die Vorschriften über die Sperrzeit beim Arbeitslosengeld entsprechend anzuwenden.

§ 98 entspricht dem vormaligen § 172. Die neue Nummerierung erfolgt aufgrund der Neuregelung der Systematik des Arbeitsförderungsrechts mit Wirkung zum 1.4.2012 durch das Gesetz zur Verbesserung der Eingliederungschancen am Arbeitsmarkt (Eingliederungschancengesetz) vom 20.12.2011 (BGBl I S 2854). Nach IV sind von Kurzarbeit betroffene AN grundsätzlich in die Vermittlungsbemühungen der BA einzubeziehen. Dies begründet Mitwirkungspflichten, deren Nichtbeachtung zu einem Ruhen der Leistung infolge des Eintretens einer Sperrzeit führen kann. Die Mitwirkungspflichten bestehen nur insoweit, wie sie im Rahmen einer ordnungsgemäßen Arbeitsvermittlung geboten sind. Die BA hat im Rahmen der Arbeitsvermittlung zu berücksichtigen, dass bei Kurzarbeit das Arbeitsverhältnis mit dem bisherigen AG weiterbesteht und dass es das primäre Ziel der Leistungsgewährung ist, den bestehenden Arbeitsplatz zu erhalten. Deshalb sind nur Vermittlungsangebote zulässig, die diesem primären Ziel nicht zuwiderlaufen.

§ 99 Anzeige des Arbeitsausfalls

(1) ¹Der Arbeitsausfall ist bei der Agentur für Arbeit, in deren Bezirk der Betrieb liegt, schriftlich anzuzeigen. ²Die Anzeige kann nur vom Arbeitgeber oder der Betriebsvertretung erstattet werden. ³Der Anzeige des Arbeitgebers ist eine Stellungnahme der Betriebsvertretung beizufügen. ⁴Mit der Anzeige ist glaubhaft zu machen, dass ein erheblicher Arbeitsausfalls und die betrieblichen Voraussetzungen für das Kurzarbeitergeld erfüllt sind.

(2) ¹Kurzarbeitergeld wird frühestens von dem Kalendermonat an geleistet, in dem die Anzeige über den Arbeitsausfall bei der Agentur für Arbeit eingegangen ist. ²Beruht der Arbeitsausfall auf einem unabwendbaren Ereignis, gilt die Anzeige für den entsprechenden Kalendermonat als erstattet, wenn sie unverzüglich erstattet worden ist.

(3) Die Agentur für Arbeit hat der oder dem Anzeigenden unverzüglich einen schriftlichen Bescheid darüber zu erteilen, ob auf Grund der vorgetragenen und glaubhaft gemachten Tatsachen ein erheblicher Arbeitsausfall vorliegt und die betrieblichen Voraussetzungen erfüllt sind.

1 § 99 entspricht dem vormaligen § 173. Die neue Nummerierung erfolgt aufgrund der Neuregelung der Systematik des Arbeitsförderungsrechts mit Wirkung zum 1.4.2012 durch das Gesetz zur Verbesserung der Eingliederungschancen am Arbeitsmarkt (Eingliederungschancengesetz) vom 20.12.2011 (BGBl I S 2854).

2 Das auf die Gewährung von Kurzarbeitergeld gerichtete Verfahren ist **2-stufig**. Zunächst ist der Arbeitsausfall anzuzeigen, wobei die Voraussetzungen insb für das Vorliegen eines erheblichen Arbeitsausfalls glaubhaft zu machen sind. Die **Anzeige** kann nur vom AG oder von der Betriebsvertretung (BR bzw Betriebsobmann iSv § 9 BetrVG) erstattet werden. Ist keine Betriebsvertretung vorhanden, kann die Anzeige alleine durch den AG erfolgen. Auf die Anzeige hin stellt die BA das Vorliegen oder Nichtvorliegen der Voraussetzungen für die Leistungsgewährung dem Grund nach fest.

3 Als 2. Stufe ist dann nach §§ 323 II vom AG oder von der Betriebsvertretung das Kurzarbeitergeld für die einzelnen betroffenen AN zu beantragen. Dabei sind für die Berechnung der Leistung hinreichende konkrete Angaben über die Zeiträume und den Entgeltausfall zu machen. Bei der **Antragstellung** ist die Ausschlussfrist von 3 Monaten gem § 325 III zu beachten. Diese beginnt mit Ablauf des Monats, in dem die Tage liegen, für die Kurzarbeitergeld beantragt wird.

§ 100 Kurzarbeitergeld bei Arbeitskämpfen

(1) § 160 über das Ruhen des Anspruchs auf Arbeitslosengeld bei Arbeitskämpfen gilt entsprechend für den Anspruch auf Kurzarbeitergeld bei Arbeitnehmerinnen und Arbeitnehmern, deren Arbeitsausfall Folge eines inländischen Arbeitskampfes ist, an dem sie nicht beteiligt sind.

(2) ¹Macht der Arbeitgeber geltend, der Arbeitsausfall sei die Folge eines Arbeitskampfes, so hat er dies darzulegen und glaubhaft zu machen. ²Der Erklärung ist eine Stellungnahme der Betriebsvertretung beizufügen. ³Der Arbeitgeber hat der Betriebsvertretung die für die Stellungnahme erforderlichen Angaben zu machen. ⁴Bei der Feststellung des Sachverhalts kann die Agentur für Arbeit insbesondere auch Feststellungen im Betrieb treffen.

(3) ¹Stellt die Agentur für Arbeit fest, dass ein Arbeitsausfall entgegen der Erklärung des Arbeitgebers nicht Folge eines Arbeitskampfes ist, und liegen die Voraussetzungen für einen Anspruch auf Kurzarbeitergeld allein deshalb nicht vor, weil der Arbeitsausfall vermeidbar ist, wird das Kurzarbeitergeld insoweit geleistet, als die Arbeitnehmerin oder der Arbeitnehmer Arbeitsentgelt (Arbeitsentgelt im Sinne des § 115 des Zehnten Buches) tatsächlich nicht erhält. ²Bei der Feststellung nach Satz 1 hat die Agentur für Arbeit auch die wirtschaftliche Vertretbarkeit einer Fortführung der Arbeit zu berücksichtigen. ³Hat der Arbeitgeber das Arbeitsentgelt trotz des Rechtsübergangs mit befreiender Wirkung an die Arbeitnehmerin oder den Arbeitnehmer oder an einen Dritten gezahlt, hat die Empfängerin oder der Empfänger des Kurzarbeitergeldes dieses insoweit zu erstatten.

§ 100 entspricht dem vormaligen § 174. Die neue Nummerierung erfolgt aufgrund der Neuregelung der Systematik des Arbeitsförderungsrechts mit Wirkung zum 1.4.2012 durch das Gesetz zur Verbesserung der Eingliederungschancen am Arbeitsmarkt (Eingliederungschancengesetz) vom 20.12.2011 (BGBl I S 2854). 1

Aus I folgt, dass auch für die Gewährung von Kurzarbeitergeld § 160 gilt, wonach sich die BA bei Arbeitskämpfen grds **neutral** zu verhalten hat. Es soll vermieden werden, dass das Kräfteverhältnis zwischen den Parteien eines Arbeitskampfes durch Entscheidung der BA über die Gewährung oder Versagung von Leistungen beeinflusst wird. Liegen die Voraussetzungen für ein Ruhen des Anspruchs auf Alg nach § 160 vor, darf auch kein Kurzarbeitergeld gewährt werden. 2

In II werden erhöhte Anforderungen an den Nachweis gestellt, dass der Arbeitsausfall tatsächlich die (mittelbare) Folge eines Arbeitskampfes ist. Es soll verhindert werden, dass AG die nicht an einem Arbeitskampf beteiligt sind, unter Hinweis auf dessen Folgen »einen Produktionsausfall lediglich behaupten, um sich auf diese Weise mittelbar am Arbeitskampf zu beteiligen« (BT-Drs 10/5214 S 14). 3

III begründet eine **Vorwegzahlungspflicht** der BA. Diese greift ein, wenn im Betrieb mit Entgeltausfall für die AN verbundene Kurzarbeit eingeführt wird, die **entgegen** der Erklärung des AG nicht Folge eines Arbeitskampfes ist. Erfüllen in einem solchen Fall die AN die persönlichen Voraussetzungen für den Anspruch auf Kurzarbeitergeld und liegen die Anspruchsvoraussetzungen alleine deshalb nicht vor, weil der **Arbeitsausfall nicht unvermeidbar war**, erhalten die AN Kurzarbeitergeld. Die Vorschrift bezweckt den Schutz des AN und soll mittelbare Störungen des Arbeitskampfes vermeiden. Mit der Zahlung des Kurzarbeitergelds geht der nicht erfüllte Entgeltanspruch der AN gegen den AG iH der von der BA erbrachten Leistung auf diese über. Hat der AG trotz des **Anspruchsübergangs** das Arbeitsentgelt mit befreiender Wirkung an den AN oder einen Dritten gezahlt, ist der Empfänger ggü der BA erstattungspflichtig. Wegen der näheren Einzelheiten zum Forderungsübergang und zur Erstattungspflicht wird auf die sinngemäß geltenden Ausführungen zu § 157 verwiesen (s § 157 Rdn 25 ff). 4

§ 104 Dauer

(1) ¹Kurzarbeitergeld wird für den Arbeitsausfall für eine Dauer von längstens sechs Monaten von der Agentur für Arbeit geleistet. ²Die Bezugsfrist gilt einheitlich für alle in einem Betrieb beschäftigten Arbeitnehmerinnen und Arbeitnehmer. ³Sie beginnt mit dem ersten Kalendermonat, für den in einem Betrieb Kurzarbeitergeld vom Arbeitgeber gezahlt wird.
(2) Wird innerhalb der Bezugsfrist für einen zusammenhängenden Zeitraum von mindestens einem Monat Kurzarbeitergeld nicht geleistet, verlängert sich die Bezugsfrist um diesen Zeitraum.
(3) Sind seit dem letzten Kalendermonat, für den Kurzarbeitergeld geleistet worden ist, drei Monate vergangen und liegen die Anspruchsvoraussetzungen erneut vor, beginnt eine neue Bezugsfrist.
(4) ¹Saison-Kurzarbeitergeld wird abweichend von den Absätzen 1 bis 3 für die Dauer des Arbeitsausfalls während der Schlechtwetterzeit von der Agentur für Arbeit geleistet. ²Zeiten des Bezuges von Saison-Kurzarbeitergeld werden nicht auf die Bezugsfrist für das Kurzarbeitergeld angerechnet. ³Sie gelten nicht als Zeiten der Unterbrechung im Sinne des Absatzes 3.

§ 104 entspricht dem vormaligen § 177. Die neue Nummerierung erfolgt aufgrund der Neuregelung der Systematik des Arbeitsförderungsrechts mit Wirkung zum 1.4.2012 durch das Gesetz zur Verbesserung der Eingliederungschancen am Arbeitsmarkt (Eingliederungschancengesetz) vom 20.12.2011 (BGBl I S 2854). 1

Die Dauer des Anspruchs richtet sich aktuell ausschließlich nach § 104. Die während der letzten sog Finanzkrise im nunmehr aufgehobenen § 182 I Nr 3b vorgesehene Möglichkeit, die Bezugsdauer durch Rechtsverordnung zu verlängern, besteht nicht mehr. Ob ein solches Instrument im Fall einer neuen Krise wieder eingeführt wird, bleibt abzuwarten. 2

§ 107 Anwendung anderer Vorschriften

(1) § 159 Absatz 1 Satz 2 Nummer 6 über das Ruhen des Anspruchs auf Arbeitslosengeld wegen Sperrzeiten bei Meldeversäumnis gilt für den Anspruch auf Kurzarbeitergeld entsprechend.
(2) § 156 über das Ruhen des Anspruchs auf Arbeitslosengeld bei Zusammentreffen mit anderen Sozialleistungen gilt für den Anspruch auf Kurzarbeitergeld entsprechend für die Fälle, in denen eine Altersrente als Vollrente zuerkannt ist.

Die entspr Geltung der Vorschrift über das Ruhen bei der **Sperrzeit bei Meldeversäumnis** ist im Zusammenhang mit § 98 IV zu sehen. Die AN, die wegen erheblichen Arbeitsausfalls Kurzarbeitergeld erhalten, sind verpflichtet, sich für die Arbeitsvermittlung durch die BA zur Verfügung zu stellen und in gebotener 1

Weise mitzuwirken. Dazu gehört es auch, sich nach § 309 auf Aufforderung der Agentur für Arbeit dort oder bei einer sonstigen Dienststelle der BA zu melden. Für AN, die einer solchen Aufforderung trotz Belehrung über die Rechtsfolgen nicht nachkommen, sieht § 144 II 2 Nr 6 iVm VI eine Sperrzeit bei Meldeversäumnis von einer Woche vor.

§ 110 Transfermaßnahmen

(1) ¹Nehmen Arbeitnehmerinnen und Arbeitnehmer, die auf Grund einer Betriebsänderung oder im Anschluss an die Beendigung eines Berufsausbildungsverhältnisses von Arbeitslosigkeit bedroht sind, an Transfermaßnahmen teil, wird diese Teilnahme gefördert, wenn
1. sich die Betriebsparteien im Vorfeld der Entscheidung über die Einführung von Transfermaßnahmen, insbesondere im Rahmen ihrer Verhandlungen über einen die Integration der Arbeitnehmerinnen und Arbeitnehmer fördernden Interessenausgleich oder Sozialplan nach § 112 des Betriebsverfassungsgesetzes, von der Agentur für Arbeit beraten lassen haben,
2. die Maßnahme von einem Dritten durchgeführt wird,
3. die Maßnahme der Eingliederung der Arbeitnehmerinnen und Arbeitnehmer in den Arbeitsmarkt dienen soll und
4. die Durchführung der Maßnahme gesichert ist.

²Transfermaßnahmen sind alle Maßnahmen zur Eingliederung von Arbeitnehmerinnen und Arbeitnehmern in den Arbeitsmarkt, an deren Finanzierung sich Arbeitgeber angemessen beteiligen. ³Als Betriebsänderung gilt eine Betriebsänderung im Sinne des § 111 des Betriebsverfassungsgesetzes, unabhängig von der Unternehmensgröße und unabhängig davon, ob im jeweiligen Betrieb das Betriebsverfassungsgesetz anzuwenden ist.

(2) ¹Die Förderung wird als Zuschuss geleistet. ²Der Zuschuss beträgt 50 Prozent der erforderlichen und angemessenen Maßnahmekosten, jedoch höchstens 2.500 Euro je geförderter Arbeitnehmerin oder gefördertem Arbeitnehmer.

(3) ¹Eine Förderung ist ausgeschlossen, wenn die Maßnahme dazu dient, die Arbeitnehmerin oder den Arbeitnehmer auf eine Anschlussbeschäftigung im gleichen Betrieb oder in einem anderen Betrieb des gleichen Unternehmens vorzubereiten oder, falls das Unternehmen einem Konzern angehört, auf eine Anschlussbeschäftigung in einem Betrieb eines anderen Konzernunternehmens des Konzerns vorzubereiten. ²Durch die Förderung darf der Arbeitgeber nicht von bestehenden Verpflichtungen entlastet werden. ³Von der Förderung ausgeschlossen sind Arbeitnehmerinnen und Arbeitnehmer des öffentlichen Dienstes mit Ausnahme der Beschäftigten von Unternehmen, die in selbständiger Rechtsform erwerbswirtschaftlich betrieben werden.

(4) Während der Teilnahme an Transfermaßnahmen sind andere Leistungen der aktiven Arbeitsförderung mit gleichartiger Zielsetzung ausgeschlossen.

1 § 110 entspricht dem vormaligen § 216a. Die neue Nummerierung erfolgt aufgrund der Neuregelung der Systematik des Arbeitsförderungsrechts mit Wirkung zum 1.4.2012 durch das Gesetz zur Verbesserung der Eingliederungschancen am Arbeitsmarkt (Eingliederungschancengesetz) vom 20.12.2011 (BGBl I S 2854).

2 § 110 regelt den Anspruch auf Förderung der Teilnahme von AN an sog **Transfermaßnahmen** durch die BA. Es soll insb erreicht werden, dass von Betriebsänderungen betroffene AN anstelle von Abfindungen Maßnahmen angeboten werden, die die Chancen auf einen neuen Arbeitsplatz verbessern. Der Anspruch ist als Pflichtleistung ausgestaltet. Liegen die gesetzlichen Voraussetzungen vor, ist die Förderung somit zu gewähren, ohne dass dies im Ermessen der BA steht.

3 Der Anspruch ist als **Individualanspruch** des einzelnen AN ausgestaltet. Die Leistungen sind aber aus Gründen der Praktikabilität und der Verwaltungsvereinfachung gem § 323 II wie beim Kurzarbeitergeld durch den AG schriftlich unter Beifügung einer Stellungnahme der Betriebsvertretung zu beantragen. Der Antrag ist nach § 325 V innerhalb einer Ausschlussfrist von 3 Monaten nach Ende der Maßnahme zu stellen.

4 In den Genuss der Förderung können AN kommen, die entweder aufgrund einer Betriebsänderung **von Arbeitslosigkeit bedroht** sind oder denen im Anschluss an die Beendigung eines Berufsausbildungsverhältnisses Arbeitslosigkeit droht. Die Arbeitslosigkeit muss gerade infolge der Betriebsänderung nach § 111 BetrVG drohen. Dies ist jedenfalls regelmäßig dann der Fall, wenn der AN in einem Interessenausgleich namentlich als infolge der Betriebsänderung zu kündigender AN benannt und ihm kein anderer Arbeitsplatz angeboten worden ist. Eine bestimmte Unternehmensgröße oder eine Mindestzahl von betroffenen AN im Betrieb wird für eine Förderung nicht vorausgesetzt.

Nach der Definition in § 110 I 2 sind Transfermaßnahmen alle Maßnahmen zur Eingliederung von AN in den Arbeitsmarkt, an deren Finanzierung sich AG angemessen beteiligen. Daraus, dass nach II 2 die als Zuschuss zu gewährende Förderung 50 % der aufzuwendenden Maßnahmekosten, jedoch höchstens 2.500 € je geförderten AN beträgt, folgt, dass sich der AG (sofern nicht ausnahmsweise noch andere Drittmittel zur Verfügung stehen) mit mindestens 50 % beteiligen muss. Die Maßnahme muss zwingend von einem Dritten (dem Maßnahmeträger) durchgeführt werden. Weitere Förderungsvoraussetzung ist, dass die Durchführung der Maßnahme gesichert ist. Es muss gewährleistet sein, dass der Maßnahmeträger diese aufgrund seiner räumlichen, personellen und finanziellen Ressourcen auch tatsächlich bis zum Ende durchführen kann. Deshalb dürfte regelmäßig geboten sein, dass die für die Durchführung bereitgestellten Mittel abgesondert werden und sicher für einen Abruf je nach Maßnahmefortschritt zur Verfügung stehen. Zudem ist erforderlich, dass ein System zur Sicherung der Qualität angewendet wird. Dadurch soll es der BA auch ermöglicht werden, den effektiven Mitteleinsatz zu kontrollieren und den Erfolg und die Akzeptanz der konkreten Maßnahme mit anderen Maßnahmen zu vergleichen. 5

Während der Teilnahme an der Transfermaßnahme sind für die teilnehmenden AN andere Leistungen der aktiven Arbeitsförderung durch die BA mit gleichartiger Zielsetzung ausgeschlossen (zB Förderung der beruflichen Weiterbildung); sie kommen deshalb nur im Anschluss an die Transfermaßnahme in Betracht. 6

§ 111 Transferkurzarbeitergeld

(1) ¹Um Entlassungen von Arbeitnehmerinnen und Arbeitnehmern zu vermeiden und ihre Vermittlungsaussichten zu verbessern, haben diese Anspruch auf Kurzarbeitergeld zur Förderung der Eingliederung bei betrieblichen Restrukturierungen (Transferkurzarbeitergeld), wenn
1. und solange sie von einem dauerhaften nicht vermeidbaren Arbeitsausfall mit Entgeltausfall betroffen sind,
2. die betrieblichen Voraussetzungen erfüllt sind,
3. die persönlichen Voraussetzungen erfüllt sind,
4. sich die Betriebsparteien im Vorfeld der Entscheidung über die Inanspruchnahme von Transferkurzarbeitergeld, insbesondere im Rahmen ihrer Verhandlungen über einen die Integration der Arbeitnehmer fördernden Interessenausgleich oder Sozialplan nach § 112 des Betriebsverfassungsgesetzes, durch die Agentur für Arbeit beraten lassen und
5. der dauerhafte Arbeitsausfall der Agentur für Arbeit angezeigt worden ist.

²Die Agentur für Arbeit leistet Transferkurzarbeitergeld für längstens zwölf Monate.

(2) ¹Ein dauerhafter Arbeitsausfall liegt vor, wenn auf Grund einer Betriebsänderung im Sinne des § 110 Abs. 1 Satz 3 die Beschäftigungsmöglichkeiten für die Arbeitnehmerinnen und Arbeitnehmer nicht nur vorübergehend entfallen. ²Der Ausfall kann auch jeweils 100 Prozent des monatlichen Bruttoentgelts betragen.

(3) ¹Die betrieblichen Voraussetzungen für die Gewährung von Transferkurzarbeitergeld sind erfüllt, wenn
1. in einem Betrieb Personalanpassungsmaßnahmen auf Grund einer Betriebsänderung durchgeführt werden,
2. die von Arbeitsausfall betroffenen Arbeitnehmerinnen und Arbeitnehmer in einer betriebsorganisatorisch eigenständigen Einheit zusammengefasst werden, um Entlassungen zu vermeiden und ihre Eingliederungschancen zu verbessern,
3. die Organisation und Mittelausstattung der betriebsorganisatorisch eigenständigen Einheit den angestrebten Integrationserfolg erwarten lassen und
4. ein System zur Sicherung der Qualität angewendet wird.

²Wird die betriebsorganisatorisch selbständige Einheit von einem Dritten durchgeführt, tritt an die Stelle der Voraussetzung nach Satz 1 Nummer 4 die Trägerzulassung nach § 178.

(4) ¹Die persönlichen Voraussetzungen sind erfüllt, wenn die Arbeitnehmerin oder der Arbeitnehmer
1. von Arbeitslosigkeit bedroht ist,
2. nach Beginn des Arbeitsausfalls eine versicherungspflichtige Beschäftigung fortsetzt oder im Anschluss an die Beendigung eines Berufsausbildungsverhältnisses aufnimmt,
3. nicht vom Kurzarbeitergeldbezug ausgeschlossen ist und
4. sich vor der Überleitung in die betriebsorganisatorisch eigenständige Einheit aus Anlass der Betriebsänderung
   a) bei der Agentur für Arbeit arbeitsuchend meldet und

b) an einer arbeitsmarktlich zweckmäßigen Maßnahme zur Feststellung der Eingliederungsaussichten teilgenommen hat; können in berechtigten Ausnahmefällen trotz Mithilfe der Agentur für Arbeit die notwendigen Feststellungsmaßnahmen nicht rechtzeitig durchgeführt werden, sind diese im unmittelbaren Anschluss an die Überleitung innerhalb eines Monats nachzuholen.
²§ 98 Absatz 2 bis 4 gilt entsprechend.
(5) Arbeitnehmerinnen und Arbeitnehmer des Steinkohlenbergbaus, denen Anpassungsgeld nach § 5 des Steinkohlefinanzierungsgesetzes gezahlt werden kann, haben vor der Inanspruchnahme des Anpassungsgeldes Anspruch auf Transferkurzarbeitergeld.
(6) ¹Für die Anzeige des Arbeitsausfalls gilt § 99 Abs. 1, 2 Satz 1 und Abs. 3 entsprechend. ²Der Arbeitsausfall ist der Agentur für Arbeit anzuzeigen, in deren Bezirk der personalabgebende Betrieb seinen Sitz hat.
(7) ¹Während des Bezugs von Transferkurzarbeitergeld hat der Arbeitgeber den geförderten Arbeitnehmerinnen und Arbeitnehmern Vermittlungsvorschläge zu unterbreiten. ²Stellt der Arbeitgeber oder die Agentur für Arbeit fest, dass Arbeitnehmerinnen oder Arbeitnehmer Qualifizierungsdefizite aufweisen, soll der Arbeitgeber geeignete Maßnahmen zur Verbesserung der Eingliederungsaussichten anbieten. ³Als geeignet gelten insbesondere
1. Maßnahmen der beruflichen Weiterbildung, für die und für deren Träger eine Zulassung nach dem Fünften Kapitel vorliegt, oder
2. eine zeitlich begrenzte, längstens sechs Monate dauernde Beschäftigung zum Zwecke der Qualifizierung bei einem anderen Arbeitgeber.
⁴Bei der Festlegung von Maßnahmen nach Satz ist die Agentur für Arbeit zu beteiligen. ⁵Nimmt die Arbeitnehmerin oder der Arbeitnehmer während seiner Beschäftigung in einer betriebsorganisatorisch eigenständigen Einheit an einer Qualifizierungsmaßnahme teil, deren Ziel die anschließende Beschäftigung bei einem anderen Arbeitgeber ist, und wurde das Ziel der Maßnahme nicht erreicht, steht der Rückkehr der Arbeitnehmerin oder des Arbeitnehmers in den bisherigen Betrieb dem Anspruch auf Transferkurzarbeitergeld nicht entgegen.
(8) ¹Der Anspruch ist ausgeschlossen, wenn Arbeitnehmerinnen und Arbeitnehmer nur vorübergehend in der betriebsorganisatorisch eigenständigen Einheit zusammengefasst werden, um anschließend einen anderen Arbeitsplatz in dem gleichen oder einem anderen Betrieb des Unternehmens zu besetzen oder, falls das Unternehmen einem Konzern angehört, einen Arbeitsplatz in einem Betrieb eines anderen Konzernunternehmens des Konzerns zu besetzen. ²§ 110 Abs. 3 Satz 3 gilt entsprechend.
(9) ¹Der Arbeitgeber übermittelt der Agentur für Arbeit monatlich mit dem Antrag auf Transferkurzarbeitergeld die Namen und die Sozialversicherungsnummern der Bezieherinnen und Bezieher von Transferkurzarbeitergeld, die bisherige Dauer des Transferkurzarbeitergeldbezugs, Daten über die Altersstruktur sowie die Abgänge in Erwerbstätigkeit. ²Mit der ersten Übermittlung sind zusätzlich Daten über die Struktur der betriebsorganisatorisch eigenständigen Einheit sowie die Größe und die Betriebsnummer des personalabgebenden Betriebs mitzuteilen.
(10) Soweit nichts Abweichendes geregelt ist, sind die für das Kurzarbeitergeld geltenden Vorschriften des ersten Unterabschnitts anzuwenden, mit Ausnahme der ersten beiden Titel und des § 109 Absatz 1 Nummer 2 und Absatz 2 bis 4.

1 § 111 entspricht dem vormaligen § 216b. Die neue Nummerierung erfolgt aufgrund der Neuregelung der Systematik des Arbeitsförderungsrechts mit Wirkung zum 1.4.2012 durch das Gesetz zur Verbesserung der Eingliederungschancen am Arbeitsmarkt (Eingliederungschancengesetz) vom 20.12.2011 (BGBl I S 2854).
2 Das sog Transferkurzarbeitergeld nach § 111 ist eine bes Leistung. Sie dient der **sozialen Abfederung** betrieblicher Restrukturierungsprozesse. Im Unterschied zum »normalen« Kurzarbeitergeld wird die Leistung nicht bei vorübergehendem, sondern auch bei einem endgültigen Arbeitsausfall für den geförderten AN infolge einer Betriebsänderung geleistet. Auf die Leistung besteht ein individueller Rechtsanspruch des AN. Für die Anzeige und die Antragstellung gelten die gleichen Regelungen wie beim Kurzarbeitergeld (s § 99 Rdn 2).
3 Eine betriebliche Voraussetzung für die Leistung ist nach § 111 III Nr 2, dass die vom Arbeitsausfall betroffenen AN zur Vermeidung von Entlassungen und zur Verbesserung ihrer Eingliederungsaussichten in einer **betriebsorganisatorisch eigenständigen Einheit** zusammengefasst werden. Wird diese bei dem ursprünglichen AG eingerichtet, so muss ein Mindestmaß an separater Organisation vorhanden sein und der Zweck muss sich deutlich vom Produktionszweck des Altbetriebes unterscheiden. Erforderlich ist die deutliche Abgrenzung vom bisherigen Betrieb. Erreicht werden kann die Bildung der organisatorisch eigenständigen

Einheit auch durch die Errichtung externer rechtlich selbstständiger Beschäftigungs- und Qualifizierungsgesellschaften oder sog Transfergesellschaften.
Mit den in VII formulierten Anforderungen soll sichergestellt werden, dass während des Bezuges von Transferkurzarbeitergeld die Qualifizierung der geförderten AN für einen anderen Arbeitsplatz und entsprechende Vermittlungsbemühungen nicht vernachlässigt werden. Sanktionen für den Fall, dass der AG den ihm auferlegten Verpflichtungen nicht nachkommt, sind aber nicht vorgesehen. 4

§ 136 Anspruch auf Arbeitslosengeld
(1) Arbeitnehmerinnen und Arbeitnehmer haben Anspruch auf Arbeitslosengeld
1. bei Arbeitslosigkeit oder
2. bei beruflicher Weiterbildung.

§ 137 entspricht dem vormaligen § 117. Die neue Nummerierung erfolgt aufgrund der Neuregelung der Systematik des Arbeitsförderungsrechts mit Wirkung zum 1.4.2012 durch das Gesetz zur Verbesserung der Eingliederungschancen am Arbeitsmarkt (Eingliederungschancengesetz) vom 20.12.2011 (BGBl I S 2854). 1

§ 137 Anspruchsvoraussetzungen bei Arbeitslosigkeit
(1) Anspruch auf Arbeitslosengeld bei Arbeitslosigkeit hat, wer
1. arbeitslos ist,
2. sich bei der Agentur für Arbeit arbeitslos gemeldet und
3. die Anwartschaftszeit erfüllt hat.
(2) Bis zur Entscheidung über den Anspruch kann die antragstellende Person bestimmen, dass der Anspruch nicht oder zu einem späteren Zeitpunkt entstehen soll.

§ 137 entspricht dem vormaligen § 118. Die neue Nummerierung erfolgt aufgrund der Neuregelung der Systematik des Arbeitsförderungsrechts mit Wirkung zum 1.4.2012 durch das Gesetz zur Verbesserung der Eingliederungschancen am Arbeitsmarkt (Eingliederungschancengesetz) vom 20.12.2011 (BGBl I S 2854). 1
Die Regelung fasst in I die materiell-rechtlichen Voraussetzungen des Anspruchs auf Alg bei Arbeitslosigkeit 2 zusammen (Arbeitslosigkeit, Arbeitslosmeldung, Erfüllung der Anwartschaftszeit). Nähere Einzelheiten zu diesen **Anspruchsvoraussetzungen** sind dann in den §§ 138 ff geregelt. Die genannten Voraussetzungen müssen kumulativ vorliegen, damit der Anspruch auf Alg entsteht. Beim Alg handelt es sich eine Leistung, auf die eine Anwartschaft während eines Pflichtversicherungsverhältnisses erworben wurde. Der Anspruch hängt (anders als beim Alg II) nicht von der Bedürftigkeit des AN ab. Neben den materiell-rechtlichen Voraussetzungen ist als formell-rechtliche Voraussetzung für den Anspruch auf Alg nach § 323 I 1 ein **Antrag** erforderlich. Dabei gilt das Alg aber nach § 323 I 2 mit der persönlichen Arbeitslosmeldung als beantragt, wenn der Arbeitslose keine andere Erklärung abgibt (also zB ausdrücklich erklärt, zu diesem Zeitpunkt keinen Leistungsantrag stellen zu wollen).
Allg ist zwischen dem sog **Stammrecht** und dem **konkreten Anspruch** zu unterscheiden. Das Stammrecht 3 meint den materiell-rechtlichen Anspruch auf Alg und entsteht, wenn die in § 137 genannten Voraussetzungen erfüllt sind. Dies begründet aber noch nicht automatisch einen konkreten Zahlungsanspruch. Ein solcher wird erst durch die Leistungsbewilligung mit Bescheid begründet. Dabei führt das Vorliegen von Ruhenstatbeständen nach den §§ 156 ff dazu, dass trotz bestehendem Stammrecht für den Ruhenszeitraum keine Leistungen zu bewilligen sind. Im Fall einer den Anspruch auf Alg betreffenden Pfändung, Abtretung, Aufrechnung oder Abzweigung ist nur der konkrete Zahlungsanspruch betroffen; dass Stammrecht bleibt beim Versicherten.
Der Bewilligungsbescheid räumt dem AN für die Dauer seines Bestands eine subjektive Rechtsposition 4 auf die bewilligte Leistung ein. Dies gilt auch für eine rechtswidrige Leistungsbewilligung, so dass die BA grds nach den §§ 45 ff SGB X Aufhebungsbescheide erlassen muss, um diese Rechtspositionen zu beseitigen und ggf unter Berücksichtigung des gesetzlich normierten Vertrauensschutzes erbrachte Leistungen zurückfordern zu können. Bei der Aufhebung von Bewilligungsbescheiden nach den §§ 44, 45 und 48 SGB X gelten im Arbeitsförderungsrecht nach § 330 Besonderheiten. So ist ein rechtswidriger begünstigender Verwaltungsakt dann, wenn sich der Leistungsempfänger gem § 45 II 3 SGB X nicht auf Vertrauensschutz berufen kann, mit Wirkung für die Vergangenheit aufzuheben, ohne dass dies im Ermessen der BA steht. Gleiches gilt für die Aufhebung von Verwaltungsakten mit Wirkung vom Zeitpunkt der Änderung der Verhältnisse nach § 48 I 2 SGB X.

5 Nach II kann der AN bis zur Entscheidung über den Alg-Anspruch durch die BA noch bestimmen, dass dieser nicht oder zu einem späteren Zeitpunkt (als er ansonsten aufgrund des Eintritts von Arbeitslosigkeit und der Arbeitslosmeldung eigentlich entstehen würde) entstehen soll. Dies kann in bes Konstellationen vorteilhaft für den AN sein (s dazu § 147 Rdn 3).

§ 138 Arbeitslosigkeit

(1) Arbeitslos ist, wer Arbeitnehmerin oder Arbeitnehmer ist und
1. nicht in einem Beschäftigungsverhältnis steht (Beschäftigungslosigkeit),
2. sich bemüht, seine Beschäftigungslosigkeit zu beenden (Eigenbemühungen) und
3. den Vermittlungsbemühungen der Agentur für Arbeit zur Verfügung steht (Verfügbarkeit).

(2) Eine ehrenamtliche Betätigung schließt Arbeitslosigkeit nicht aus, wenn dadurch die berufliche Eingliederung der oder des Arbeitslosen nicht beeinträchtigt wird.

(3) ¹Die Ausübung einer Beschäftigung, selbständigen Tätigkeit oder Tätigkeit als mithelfender Familienangehöriger (Erwerbstätigkeit) schließt die Beschäftigungslosigkeit nicht aus, wenn die Arbeits- oder Tätigkeitszeit (Arbeitszeit) weniger als 15 Stunden wöchentlich umfasst; gelegentliche Abweichungen von geringer Dauer bleiben unberücksichtigt. ²Die Arbeitszeiten mehrerer Erwerbstätigkeiten werden zusammengerechnet.

(4) ¹Im Rahmen der Eigenbemühungen hat die oder der Arbeitslose alle Möglichkeiten zur beruflichen Eingliederung zu nutzen. ²Hierzu gehören insbesondere
1. die Wahrnehmung der Verpflichtungen aus der Eingliederungsvereinbarung,
2. die Mitwirkung bei der Vermittlung durch Dritte und
3. die Inanspruchnahme der Selbstinformationseinrichtungen der Agentur für Arbeit.

(5) Den Vermittlungsbemühungen der Agentur für Arbeit steht zur Verfügung, wer
1. eine versicherungspflichtige, mindestens 15 Stunden wöchentlich umfassende zumutbare Beschäftigung unter den üblichen Bedingungen des für ihn in Betracht kommenden Arbeitsmarktes ausüben kann und darf,
2. Vorschlägen der Agentur für Arbeit zur beruflichen Eingliederung zeit- und ortsnah Folge leisten kann,
3. bereit ist, jede Beschäftigung im Sinne der Nummer 1 anzunehmen und auszuüben und
4. bereit ist, an Maßnahmen zur beruflichen Eingliederung in das Erwerbsleben teilzunehmen.

1 § 138 entspricht dem vormaligen § 119. Die neue Nummerierung erfolgt aufgrund der Neuregelung der Systematik des Arbeitsförderungsrechts mit Wirkung zum 1.4.2012 durch das Gesetz zur Verbesserung der Eingliederungschancen am Arbeitsmarkt (Eingliederungschancengesetz) vom 20.12.2011 (BGBl I S 2854).

2 Im § 1 werden die Voraussetzungen genannt, die kumulativ für den Eintritt des Versicherungsfalls der Arbeitslosigkeit vorliegen müssen.

3 Eine Erwerbstätigkeit ist nach III für den Anspruch auf Alg nur dann unschädlich, wenn die Arbeitszeit weniger als 15 Stunden wöchentlich umfasst. Gelegentliche Überschreitungen sind nur dann unbeachtlich, wenn sie nicht vorhersehbar sind. Diese Zeitgrenze gilt nach II nicht für ehrenamtliche Tätigkeiten.

4 Die in V genannten Voraussetzungen für die Verfügbarkeit des AN müssen kumulativ während der gesamten Dauer der Arbeitslosigkeit vorliegen, damit ein Anspruch auf Alg besteht bzw bestehen bleibt. Eine Ausnahme von der an sich für das Vorliegen von Arbeitslosigkeit nach Nr 1 geforderten objektiven Verfügbarkeit ergibt sich aus der »Nahtlosigkeitsregelung« im § 145. Solange der zuständige Träger der gesetzlichen Rentenversicherung eine verminderte Erwerbsfähigkeit des AN iSd gesetzlichen Rentenversicherung nicht festgestellt hat, wird eine Verfügbarkeit iSd Nr 1 fingiert, auch wenn sie wegen einer mehr als sechsmonatigen Minderung der Leistungsfähigkeit ausgeschlossen ist. Durch diese Regelung soll vermieden werden, dass AN bei nicht nur vorübergehender Minderung ihrer Leistungsfähigkeit weder Leistungen von der BA noch vom Rentenversicherungsträger erhalten. In solchen Fällen meldet die BA für den Fall der rückwirkenden Rentenbewilligung Erstattungsansprüche beim Rentenversicherungsträger an.

5 Neben der objektiven Verfügbarkeit (Nr 1 und 2) ist weiter die subjektive Verfügbarkeit des AN (Nr 3 und 4) erforderlich. In den Fällen der »Nahtlosigkeitsregelung« müssen sich die betroffenen AN auch während eines laufenden Verfahrens auf Gewährung einer Rente wegen verminderter Erwerbsfähigkeit im Verhältnis zur BA subjektiv »im Rahmen eines noch vorhandenen Restleistungsvermögens« zur Verfügung stellen. Dies ist im Verhältnis zum Rentenversicherungsträger, der eigenständig die Voraussetzungen für die Rentenbewilligung zu prüfen hat, unschädlich.

Ein mehrfaches aufeinanderfolgendes unentschuldigtes Nichtbefolgen von Aufforderungen zur Meldung bei der für ihn zuständigen Agentur für Arbeit nach § 309 begründet zwar Zweifel an der subjektiven Verfügbarkeit des AN, rechtfertigt es aber nicht, dass die BA ohne Prüfung der Umstände des Einzelfalls die fehlende Verfügbarkeit feststellt (BSG 14.5.2014, B 11 AL 8/13 R). 6

§ 140 Zumutbare Beschäftigungen

(1) Einer arbeitslosen Person sind alle ihrer Arbeitsfähigkeit entsprechenden Beschäftigungen zumutbar, soweit allgemeine oder personenbezogene Gründe der Zumutbarkeit einer Beschäftigung nicht entgegenstehen.
(2) Aus allgemeinen Gründen ist eine Beschäftigung einer arbeitslosen Person insbesondere nicht zumutbar, wenn die Beschäftigung gegen gesetzliche, tarifliche oder in Betriebsvereinbarungen festgelegte Bestimmungen über Arbeitsbedingungen oder gegen Bestimmungen des Arbeitsschutzes verstößt.
(3) ^{1}Aus personenbezogenen Gründen ist eine Beschäftigung einer arbeitslosen Person insbesondere nicht zumutbar, wenn das daraus erzielbare Arbeitsentgelt erheblich niedriger ist als das der Bemessung des Arbeitslosengeldes zugrunde liegende Arbeitsentgelt. ^{2}In den ersten drei Monaten der Arbeitslosigkeit ist eine Minderung um mehr als 20 Prozent und in den folgenden drei Monaten um mehr als 30 Prozent dieses Arbeitsentgelts nicht zumutbar. ^{3}Vom siebten Monat der Arbeitslosigkeit an ist einer arbeitslosen Person eine Beschäftigung nur dann nicht zumutbar, wenn das daraus erzielbare Nettoeinkommen unter Berücksichtigung der mit der Beschäftigung zusammenhängenden Aufwendungen niedriger ist als das Arbeitslosengeld.
(4) ^{1}Aus personenbezogenen Gründen ist einer arbeitslosen Person eine Beschäftigung auch nicht zumutbar, wenn die täglichen Pendelzeiten zwischen ihrer Wohnung und der Arbeitsstätte im Vergleich zur Arbeitszeit unverhältnismäßig lang sind. ^{2}Als unverhältnismäßig lang sind im Regelfall Pendelzeiten von insgesamt mehr als zweieinhalb Stunden bei einer Arbeitszeit von mehr als sechs Stunden und Pendelzeiten von mehr als zwei Stunden bei einer Arbeitszeit von sechs Stunden und weniger anzusehen. ^{3}Sind in einer Region unter vergleichbaren Beschäftigten längere Pendelzeiten üblich, bilden diese den Maßstab. ^{4}Ein Umzug zur Aufnahme einer Beschäftigung außerhalb des zumutbaren Pendelbereichs ist einer arbeitslosen Person zumutbar, wenn nicht zu erwarten ist, dass sie innerhalb der ersten drei Monate der Arbeitslosigkeit eine Beschäftigung innerhalb des zumutbaren Pendelbereichs aufnehmen wird. ^{5}Vom vierten Monat der Arbeitslosigkeit an ist einer arbeitslosen Person ein Umzug zur Aufnahme einer Beschäftigung außerhalb des zumutbaren Pendelbereichs in der Regel zumutbar. ^{6}Die Sätze 4 und 5 sind nicht anzuwenden, wenn dem Umzug ein wichtiger Grund entgegensteht. ^{7}Ein wichtiger Grund kann sich insbesondere aus familiären Bindungen ergeben.
(5) Eine Beschäftigung ist nicht schon deshalb unzumutbar, weil sie befristet ist, vorübergehend eine getrennte Haushaltsführung erfordert oder nicht zum Kreis der Beschäftigungen gehört, für die die Arbeitnehmerin oder der Arbeitnehmer ausgebildet ist oder sie oder er bisher ausgeübt hat.

§ 140 entspricht dem vormaligen § 121. Die neue Nummerierung erfolgt aufgrund der Neuregelung der Systematik des Arbeitsförderungsrechts mit Wirkung zum 1.4.2012 durch das Gesetz zur Verbesserung der Eingliederungschancen am Arbeitsmarkt (Eingliederungschancengesetz) vom 20.12.2011 (BGBl I S 2854). 1

§ 140 I enthält den **Grundsatz**, dass der arbeitslose AN **jede Arbeit** annehmen und ausüben muss, die er ausüben kann und darf. In den II–IV ist dann nicht abschließend aufgeführt, aus welchen Gründen eine Beschäftigung unzumutbar sein kann. Außer den in II genannten allg. Gründen, aus denen eine Beschäftigung »insb« nicht zumutbar ist, können im Einzelfall auch andere Gründe von gleichem Gewicht die Zumutbarkeit ausschließen. 2

Ein besonderer, die Zumutbarkeit bestimmter unter der bisherigen Qualifikation des AN liegender Beschäftigungen ausschließender **Berufsschutz** besteht nach V nicht mehr. Der Status der bisherigen beruflichen Tätigkeit ist nur noch insofern relevant, soweit er sich im Arbeitsentgelt widerspiegelt, dass der Bemessung des Alg zugrunde liegt. Hier vermittelt III einen beschränkten Bestandsschutz. Vom 7. Monat der Arbeitslosigkeit an wird es dem AN aber zugemutet, eine Beschäftigung für ein Nettoentgelt auszuüben, das seinem Alg entspricht. Die nur noch ganz eingeschränkte Berücksichtigung eines Berufsschutzes ändert nichts daran, dass die BA die Vermittlungsbemühungen vorrangig darauf abzustellen hat, den AN auf einen seiner Qualifikation entspr Arbeitsplatz zu vermitteln. 3

§ 141 Persönliche Arbeitslosmeldung

(1) ¹Die oder der Arbeitslose hat sich persönlich bei der zuständigen Agentur für Arbeit arbeitslos zu melden. ²Eine Meldung ist auch zulässig, wenn die Arbeitslosigkeit noch nicht eingetreten, der Eintritt der Arbeitslosigkeit aber innerhalb der nächsten drei Monate zu erwarten ist.

(2) Die Wirkung der Meldung erlischt
1. bei einer mehr als sechswöchigen Unterbrechung der Arbeitslosigkeit,
2. mit der Aufnahme der Beschäftigung, selbstständigen Tätigkeit, Tätigkeit als mithelfende Familienangehörige oder Tätigkeit als mithelfender Familienangehöriger, wenn die oder der Arbeitslose diese der Agentur für Arbeit nicht unverzüglich mitgeteilt hat.

(3) Ist die zuständige Agentur für Arbeit am ersten Tag der Beschäftigungslosigkeit der oder des Arbeitslosen nicht dienstbereit, so wirkt eine persönliche Meldung an dem nächsten Tag, an dem die Agentur für Arbeit dienstbereit ist, auf den Tag zurück, an dem die Agentur für Arbeit nicht dienstbereit war.

1 § 141 entspricht dem vormaligen § 122. Die neue Nummerierung erfolgt aufgrund der Neuregelung der Systematik des Arbeitsförderungsrechts mit Wirkung zum 1.4.2012 durch das Gesetz zur Verbesserung der Eingliederungschancen am Arbeitsmarkt (Eingliederungschancengesetz) vom 20.12.2011 (BGBl I S 2854).

2 Die persönliche Arbeitslosmeldung ist eine **materiell-rechtliche Voraussetzung** für den Anspruch auf Alg. Eine solche Meldung liegt nur vor, wenn bei der Vorsprache des AN erkennbar wird, dass die oder der Arbeitslose den Eintritt bzw den zu erwartenden Eintritt von Arbeitslosigkeit in seinem konkreten Fall mitteilen will. Die Vertretung durch Dritte bei der Arbeitslosmeldung ist grds ausgeschlossen. Eine Ausnahme hierzu ergibt sich aus § 145 I 3, wonach die Meldung durch einen Vertreter erfolgen kann, sofern ein leistungsgeminderter AN sich wegen gesundheitlicher Einschränkungen nicht persönlich melden kann. Die persönliche Meldung muss dann aber unverzüglich nachgeholt werden, wenn der Grund für die Verhinderung entfallen ist.

3 Die Aufnahme einer die Arbeitslosigkeit ausschließenden **Beschäftigung**, selbstständigen Tätigkeit oder Tätigkeit als mithelfender Familienangehöriger lässt die Wirkung der Arbeitslosmeldung schon vor der in II Nr 1 genannten Frist von 6 Wochen erlöschen, wenn die oder der Arbeitslose der BA die Aufnahme nicht mitgeteilt hat. Die Rechtsfolge ist dann, dass kein Anspruch mehr auf Alg besteht. Dies gilt auch bei der Aufnahme auf kurze Zeit befristeter Beschäftigungen. Im Fall des (anschließenden) erneuten Eintritts von Arbeitslosigkeit ist eine erneute Arbeitslosmeldung Voraussetzung für den rechtmäßigen Leistungsbezug (BSG 14.12.1995, 11 RAr 75/95, SozR 3-4100 § 105 Nr 2). Die Nichtbeachtung kann zu erheblichen Rückforderungen führen, wenn infolge der unterbliebenen Meldung weiter Alg gezahlt worden ist.

§ 142 Anwartschaftszeit

(1) ¹Die Anwartschaftszeit hat erfüllt, wer in der Rahmenfrist (§ 143) mindestens zwölf Monate in einem Versicherungspflichtverhältnis gestanden hat. ²Zeiten, die vor dem Tag liegen, an dem der Anspruch auf Arbeitslosengeld wegen des Eintritts einer Sperrzeit erloschen ist, dienen nicht zur Erfüllung der Anwartschaftszeit.

(2) ¹Für Arbeitslose, die die Anwartschaftszeit nach Absatz 1 nicht erfüllen sowie darlegen und nachweisen, dass
1. sich die in der Rahmenfrist zurückgelegten Beschäftigungstage überwiegend aus versicherungspflichtigen Beschäftigungen ergeben, die auf nicht mehr als zehn Wochen im Voraus durch Arbeitsvertrag zeit- oder zweckbefristet sind, und
2. das in den letzten zwölf Monaten vor der Beschäftigungslosigkeit erzielte Arbeitsentgelt die zum Zeitpunkt der Anspruchsentstehung maßgebliche Bezugsgröße nach § 18 Absatz 1 des Vierten Buches nicht übersteigt,

gilt bis zum 31. Dezember 2016, dass die Anwartschaftszeit sechs Monate beträgt. ²§ 27 Absatz 3 Nummer 1 bleibt unberührt.

1 § 142 entspricht dem vormaligen § 123. Die neue Nummerierung erfolgt aufgrund der Neuregelung der Systematik des Arbeitsförderungsrechts mit Wirkung zum 1.4.2012 durch das Gesetz zur Verbesserung der Eingliederungschancen am Arbeitsmarkt (Eingliederungschancengesetz) vom 20.12.2011 (BGBl I S 2854).

2 Die für den Anspruch auf Alg notwendige Anwartschaftszeit kann nur durch Zeiten erfüllt werden, in denen der AN in einem **Versicherungspflichtverhältnis** steht. In einem Versicherungspflichtverhältnis stehen nach § 24 I Personen, die als Beschäftigte oder aus sonstigen Gründen versicherungspflichtig sind. Bei erheblichem Arbeitsausfall mit Entgeltausfall iSd Vorschriften über das KUG oder einem witterungsbedingten Arbeitsausfall iSd Vorschriften über das Winterausfallgeld besteht das Versicherungspflichtverhältnis

nach § 24 III fort. Als Beschäftigte sind nach § 25 I 1 Personen versicherungspflichtig, die gegen Arbeitsentgelt oder zu ihrer Berufsausbildung beschäftigt sind.

Zur Erfüllung der Anwartschaftszeit sind alle Pflichtversicherungszeiten innerhalb der Rahmenfrist nach § 143 geeignet. Zeiten, die vor dem Tag liegen, an dem der Anspruch auf Alg wegen des Eintritts einer Sperrzeit erloschen ist (s dazu § 159 Rdn 79), werden nicht für die Erfüllung der Anwartschaftszeit berücksichtigt. 3

Darauf, ob für eine oder einen Beschäftigten während des Pflichtversicherungsverhältnisses vom AG tatsächlich die geschuldeten **Beiträge** abgeführt worden sind, kommt es für die Erfüllung der Anwartschaftszeit nicht an. Anderseits kann durch eine Abführung von Beiträgen keine Anwartschaft auf Alg begründet werden, wenn während der Zeit, für die Beträge gezahlt werden, zB keine Beschäftigung, sondern eine selbstständige Tätigkeit vorliegt. 4

Bei der in II geregelten »kleinen Anwartschaftszeit« handelt es sich um eine befristete (schon mehrfach verlängerte) Sonderregelung für Personen, die auf dem Arbeitsmarkt überwiegend nur Arbeitsverträge für kurze Dauer abschließen können. Unter den in II genannten Voraussetzungen genügt eine Beschäftigungszeit von nun sechs Monaten für die Anwartschaftszeit. Dabei muss mehr als die Hälfte der versicherungspflichtigen Beschäftigungszeit aus Arbeitsverträgen mit einer Dauer von nicht mehr als zehn Wochen resultieren. Die entsprechende Befristung muss bei Beginn des Arbeitsverhältnisses vereinbart sein oder sich aus der Natur des Arbeitsverhältnisses ergeben. Sogenannte unständige Beschäftigungen iSv § 27 III Nr 1, die auf weniger als eine Woche beschränkt zu sein pflegen, werden nicht erfasst. Die »kleine Anwartschaftszeit« ist nur für Personen relevant, die im letzten Jahr vor der Beschäftigungslosigkeit als Arbeitsentgelt nicht mehr als die zum Zeitpunkt der Anspruchsentstehung maßgebliche jährliche Bezugsgröße erzielt haben. Maßgeblich für die Bezugsgröße ist nach § 18 SGB IV das Durchschnittsentgelt der gesetzlichen Rentenversicherung im vorvergangenen Kalenderjahr. 5

§ 143 Rahmenfrist

(1) Die Rahmenfrist beträgt zwei Jahre und beginnt mit dem Tag vor der Erfüllung aller sonstigen Voraussetzungen für den Anspruch auf Arbeitslosengeld.

(2) Die Rahmenfrist reicht nicht in eine vorangegangene Rahmenfrist hinein, in der die oder der Arbeitslose eine Anwartschaftszeit erfüllt hatte.

(3) ¹In die Rahmenfrist werden Zeiten nicht eingerechnet, in denen die oder der Arbeitslose von einem Rehabilitationsträger Übergangsgeld wegen einer berufsfördernden Maßnahme bezogen hat. ²In diesem Falle endet die Rahmenfrist spätestens fünf Jahre nach ihrem Beginn.

§ 143 entspricht dem vormaligen § 124. Die neue Nummerierung erfolgt aufgrund der Neuregelung der Systematik des Arbeitsförderungsrechts mit Wirkung zum 1.4.2012 durch das Gesetz zur Verbesserung der Eingliederungschancen am Arbeitsmarkt (Eingliederungschancengesetz) vom 20.12.2011 (BGBl I S 2854). 1

Die Rahmenfrist von 2 Jahren wird zurückgerechnet von dem Tage vor Eintritt der Arbeitslosigkeit und der Arbeitslosmeldung; sie läuft kalendermäßig ab. Meldet sich zB ein AN, der die sonstigen Voraussetzungen für den Anspruch auf Alg erfüllt, am 25.3.2014 arbeitslos, beginnt die Rahmenfrist am 24.3.2014 und reicht bis zum 25.3.2012 zurück. 2

III regelt einen Verlängerungstatbestand. Der Bezug anderer Sozialleistungen wirkt sich nicht mehr auf die Rahmenfrist aus. 3

§ 147 Grundsatz

(1) ¹Die Dauer des Anspruchs auf Arbeitslosengeld richtet sich nach
1. der Dauer der Versicherungspflichtverhältnisse innerhalb der um drei Jahre erweiterten Rahmenfrist und
2. dem Lebensalter, das die oder der Arbeitslose bei der Entstehung des Anspruchs vollendet hat.

²Die Vorschriften des Ersten Unterabschnitts zum Ausschluss von Zeiten bei der Erfüllung der Anwartschaftszeit und zur Begrenzung der Rahmenfrist durch eine vorangegangene Rahmenfrist gelten entsprechend.

(2) Die Dauer des Anspruchs auf Arbeitslosengeld beträgt

§ 149 SGB III Grundsatz

nach Versicherungspflichtverhältnissen mit einer Dauer von insgesamt mindestens ... Monaten	und nach Vollendung des ... Lebensjahres	... Monate
12		6
16		8
20		10
24		12
30	50	15
36	55	18
48	58	24

(3) ¹Bei Erfüllung der Anwartschaftszeit nach § 142 Absatz 2 beträgt die Dauer des Anspruchs auf Arbeitslosengeld unabhängig vom Lebensalter

nach Versicherungsverhältnissen mit einer Dauer von insgesamt mindestens ... Monaten	... Monate
6	3
8	4
10	5

²Abweichend von Absatz 1 sind nur die Versicherungsverhältnisse innerhalb der Rahmenfrist des § 143 zu berücksichtigen.
(4) Die Dauer des Anspruchs verlängert sich um die Restdauer des wegen Entstehung eines neuen Anspruchs erloschenen Anspruchs, wenn nach der Entstehung des erloschenen Anspruchs noch nicht fünf Jahre verstrichen sind; sie verlängert sich längstens bis zu der dem Lebensalter des Arbeitslosen zugeordneten Höchstdauer.

1 § 148 entspricht dem vormaligen § 127. Die neue Nummerierung erfolgt aufgrund der Neuregelung der Systematik des Arbeitsförderungsrechts mit Wirkung zum 1.4.2012 durch das Gesetz zur Verbesserung der Eingliederungschancen am Arbeitsmarkt (Eingliederungschancengesetz) vom 20.12.2011 (BGBl I S 2854).
2 Die Dauer des Alg-Anspruchs richtet sich nach der Dauer der vorausgegangenen Pflichtversicherungsverhältnisse und dem Lebensalter des AN. Als Pflichtversicherungsverhältnisse werden dabei idR das Beschäftigungsverhältnis bzw die Beschäftigungsverhältnisse in Betracht kommen, in dem bzw denen der AN innerhalb des Zeitraums von 5 Jahren vor der Arbeitslosmeldung (erweiterte Rahmenfrist) gestanden hat.
3 Bei dem Lebensalter kommt es auf die vollendeten Lebensjahre bei der Entstehung des Anspruchs auf Alg an. Weil zu den Anspruchsvoraussetzungen auch die Arbeitslosmeldung und der Antrag gehören, kann es für den AN, wenn er zB kurz vor der Vollendung des 58. Lebensjahres steht, vorteilhaft sein, Alg ausdrücklich erst zu einem späteren Zeitpunkt als dem Eintritt der Arbeitslosigkeit zu beantragen, um so nach dem 58. Geburtstag in den Genuss einer längeren Anspruchsdauer zu kommen.
4 Mit Wirkung vom 1.8.2009 ist der neue III eingefügt worden. Es handelt sich um eine Sonderregelung für Ansprüche, die auf einer »kleinen Anwartschaft« gem § 142 II beruhen.

§ 149 Grundsatz

Das Arbeitslosengeld beträgt
1. für Arbeitslose, die mindestens ein Kind im Sinne des § 32 Abs. 1, 3 bis 5 des Einkommensteuergesetzes haben, sowie für Arbeitslose, deren Ehegattin, Ehegatte, Lebenspartnerin oder Lebenspartner mindestens ein Kind im Sinne des § 32 Abs. 3 bis 5 des Einkommensteuergesetzes hat, wenn beide Ehegatten oder Lebenspartner unbeschränkt einkommensteuerpflichtig sind und nicht dauernd getrennt leben, 67 Prozent (erhöhter Leistungssatz),
2. für die übrigen Arbeitslosen 60 Prozent (allgemeiner Leistungssatz)
des pauschalierten Nettoentgelts (Leistungsentgelt), das sich aus dem Bruttoentgelt ergibt, das die oder der Arbeitslose im Bemessungszeitraum erzielt hat (Bemessungsentgelt).

Grundsatz § 149 SGB III

§ 149 entspricht dem vormaligen § 129. Die neue Nummerierung erfolgt aufgrund der Neuregelung der Systematik des Arbeitsförderungsrechts mit Wirkung zum 1.4.2012 durch das Gesetz zur Verbesserung der Eingliederungschancen am Arbeitsmarkt (Eingliederungschancengesetz) vom 20.12.2011 (BGBl I S 2854). 1

Die Höhe des Alg ist von verschiedenen Faktoren abhängig. Maßgeblich sind das Bemessungsentgelt, das Leistungsentgelt und der Leistungssatz. 2

Ausgangspunkt für die Bestimmung der Leistungshöhe des Alg ist das **Bemessungsentgelt**. Bemessungsgelt ist das durchschnittlich auf den Tag entfallende beitragspflichtige Arbeitsentgelt, dass der AN im Bemessungszeitraum erzielt hat (§ 150 I 1). Arbeitsentgelte, auf die die oder der Arbeitslose beim Ausscheiden aus dem Beschäftigungsverhältnis Anspruch hatte, gelten als erzielt, wenn sie zugeflossen oder nur wegen Zahlungsunfähigkeit des AG nicht zugeflossen sind. Außer Betracht bleiben Arbeitsentgelte, die die oder der Arbeitslose wegen der Beendigung des Arbeitsverhältnisses erhält oder die im Hinblick auf die Arbeitslosigkeit vereinbart worden sind. 3

Ist die oder der Arbeitslose nicht mehr bereit oder in der Lage, die im Bemessungszeitraum durchschnittlich auf die Woche entfallende Zahl von Arbeitsstunden zu leisten, vermindert sich das Bemessungsentgelt nach § 151 V für die Zeit der Einschränkung entspr dem Verhältnis der Zahl der durchschnittlichen regelmäßigen wöchentlichen Arbeitsstunden, die der Arbeitslose künftig leisten will oder kann, zu der Zahl der durchschnittlich auf die Woche entfallenden Arbeitsstunden im Bemessungszeitraum. Einschränkungen des Leistungsvermögens bleiben unberücksichtigt, wenn Alg nach § 145 geleistet wird. § 145 erfasst die Fälle der Minderung der Leistungsfähigkeit, in den der Rentenversicherungsträger im Rentenantragsverfahren noch keine Feststellung getroffen hat, ob eine verminderte Erwerbsfähigkeit im rentenrechtlichen Sinne vorliegt. 4

Der **Bemessungszeitraum** umfasst nach § 150 I 1 die beim Ausscheiden des AN aus seiner versicherungspflichtigen Beschäftigung während eines **Bemessungsrahmens** abgerechneten Entgeltabrechnungszeiträume. Gemeint ist das zur Arbeitslosigkeit führende Ausscheiden des AN aus einer Beschäftigung. Bei den Entgeltabrechnungszeiträumen kann es sich dann um solche aus verschiedenen Beschäftigungsverhältnissen handeln. Innerhalb des Bemessungsrahmens werden zwar nur Zeiten einer versicherungspflichtigen Beschäftigung erfasst; der Bemessungsrahmen braucht aber nicht voll mit Beschäftigungszeiten ausgefüllt zu sein. Der Bemessungsrahmen umfasst 1 Jahr; er endet mit dem letzten Tag des letzten Versicherungspflichtverhältnisses (idR der letzten Beschäftigung) vor der Entstehung des Anspruchs. Der Bemessungsrahmen wird nach § 150 III auf 2 Jahre erweitert, wenn (1.) der (sich bei einem Bemessungsrahmen von 1 Jahr ergebende) Bemessungszeitraum weniger als 150 Tage mit Anspruch auf Arbeitsentgelt enthält oder (2.) es mit Rücksicht auf das Bemessungsentgelt im erweiterten Bemessungsrahmen (von 2 Jahren) unbillig hart wäre, von dem Bemessungsentgelt im Bemessungszeitraum auszugehen. Für die Feststellung einer unbilligen Härte sind die sich rechnerisch ergebende Bemessungsentgelt bei einem 1-jährigen Bemessungsrahmen und bei einem erweiterten 2-jährigen Bemessungsrahmen miteinander zu vergleichen. Dabei ist eine unbillige Härte dann anzunehmen, wenn eine Differenz der Bemessungsentgelte mindestens 10 vH beträgt. Darauf, aus welchen Gründen die Differenz aufgetreten ist, kommt es nicht an (BSG 24.11.2010, B 11 AL 30/09 R). 5

Nach der Feststellung des Bemessungsentgelts wird das **Leistungsentgelt** errechnet, indem die im § 153 I genannten pauschalierten Abzüge vorgenommen werden. Abzüge sind danach (1.) eine Sozialversicherungspauschale iHv 21 % des Bemessungsentgelts, (2.) die Lohnsteuer nach der Lohnsteuertabelle, die für das Jahr anzuwenden ist, in dem der Anspruch entstanden ist, und (3.) der Solidaritätszuschlag. Bei der Berechnung der Abzüge nach Nr 2 und 3 sind Freibeträge und Pauschalen, die nicht jedem AN zustehen, nicht zu berücksichtigen. Während der Beschäftigung steuermindernd berücksichtigte individuelle Werbungskosten und Sonderausgaben haben deshalb für die Bestimmung des Leistungsentgelts keine Bedeutung. Die Feststellung der Lohnsteuer richtet sich gem § 153 II nach der Lohnsteuerklasse, die zu Beginn des Jahres, in dem der Anspruch entstanden ist, auf der Lohnsteuerkarte des Arbeitslosen eingetragen war. Spätere Änderungen der eingetragenen Lohnsteuerklasse werden mit Wirkung des Tages berücksichtigt, an dem erstmals die Voraussetzungen für die Änderung vorlagen. Das Gleiche gilt, wenn auf der für spätere Kalenderjahre ausgestellten Lohnsteuerkarte eine andere Lohnsteuerklasse eingetragen wird. Haben Ehegatten die Lohnsteuerklasse gewechselt, so werden die neu eingetragenen Lohnsteuerklassen von dem Tage an berücksichtigt, an dem sie wirksam werden, wenn (1.) die neu eingetragenen Lohnsteuerklassen dem Verhältnis der monatlichen Arbeitsentgelte beider Ehegatten entsprechen oder (2.) sich aufgrund der neu eingetragenen Lohnsteuerklassen ein Alg ergibt, das geringer ist als das Alg, das sich ohne den Wechsel der Lohnsteuerklassen ergäbe. 6

Der **Leistungssatz** gibt den Prozentanteil vom Leistungsentgelt an, den der AN als Alg erhält. Für Arbeitslose mit einem oder mehreren nach dem Einkommensteuerrecht berücksichtigungsfähigen Kindern gilt ein 7

Lauterbach

§ 156 SGB III   Ruhen des Anspruchs bei anderen Sozialleistungen

erhöhter Leistungssatz von 67 %, für alle anderen Arbeitslosen gilt der **allg Leistungssatz** von 60 % (§ 149 Ziffer 1 und 2).

8   Das Alg wird nach § 154 für Kalendertage berechnet und geleistet. Ist es für einen vollen Kalendermonat zu zahlen, ist dieser mit 30 Tagen anzusetzen.

§ 155 Anrechnung von Nebeneinkommen

(1) ¹Übt die oder der Arbeitslose während einer Zeit, für die ihr oder ihm Arbeitslosengeld zusteht, eine Erwerbstätigkeit im Sinne des § 138 Abs. 3 aus, ist das daraus erzielte Einkommen nach Abzug der Steuern, der Sozialversicherungsbeiträge und der Werbungskosten sowie eines Freibetrages in Höhe von 165 Euro in dem Kalendermonat der Ausübung anzurechnen. ²Handelt es sich um eine selbständige Tätigkeit, eine Tätigkeit als mithelfende Familienangehörige oder eine Tätigkeit als mithelfender Familienangehöriger, sind pauschal 30 Prozent der Betriebseinnahmen als Betriebsausgaben abzusetzen, es sei denn, die oder der Arbeitslose weist höhere Betriebsausgaben nach.

(2) Hat die oder der Arbeitslose in den letzten 18 Monaten vor der Entstehung des Anspruches neben einem Versicherungspflichtverhältnis eine Erwerbstätigkeit (§ 138 Abs. 3) mindestens zwölf Monate lang ausgeübt, so bleibt das Einkommen bis zu dem Betrag anrechnungsfrei, das in den letzten zwölf Monaten vor der Entstehung des Anspruches aus einer Erwerbstätigkeit (§ 138 Abs. 3) durchschnittlich auf den Monat entfällt, mindestens jedoch ein Betrag in Höhe des Freibetrages, der sich nach Absatz 1 ergeben würde.

(3) Leistungen, die eine Bezieherin oder ein Bezieher von Arbeitslosengeld bei beruflicher Weiterbildung
1. vom Arbeitgeber oder dem Träger der Weiterbildung wegen der Teilnahme oder
2. auf Grund eines früheren oder bestehenden Arbeitsverhältnisses ohne Ausübung einer Beschäftigung für die Zeit der Teilnahme

erhält, werden nach Abzug der Steuern, des auf die Arbeitnehmerin oder den Arbeitnehmer entfallenden Anteils der Sozialversicherungsbeiträge und eines Freibetrages von 400 Euro monatlich auf das Arbeitslosengeld angerechnet.

1   § 155 entspricht dem vormaligen § 141. Die neue Nummerierung erfolgt aufgrund der Neuregelung der Systematik des Arbeitsförderungsrechts mit Wirkung zum 1.4.2012 durch das Gesetz zur Verbesserung der Eingliederungschancen am Arbeitsmarkt (Eingliederungschancengesetz) vom 20.12.2011 (BGBl I S 2854).

2   Geregelt wird die Anrechnung von Erwerbseinkommen, das während einer Zeit erarbeitet wird, für die schon der Anspruch auf Alg besteht. Die Anrechnung findet in dem Monat statt, in dem das Arbeitsentgelt erarbeitet wurde, auch wenn es noch nicht zugeflossen ist.

3   Angerechnet werden nur Einkünfte, die aus der Verwertung der eigenen Arbeitskraft resultieren. Anders als bei Alg II werden bei Alg nach dem SGB III zB Einnahmen aus Vermietung und Verpachtung oder Kapitalerträge nicht angerechnet.

§ 156 Ruhen des Anspruchs bei anderen Sozialleistungen

(1) ¹Der Anspruch auf Arbeitslosengeld ruht während der Zeit, für die ein Anspruch auf eine der folgenden Leistungen zuerkannt ist:
1. Berufsausbildungsbeihilfe für Arbeitslose,
2. Krankengeld, Versorgungskrankengeld, Verletztengeld, Mutterschaftsgeld oder Übergangsgeld nach diesem oder einem anderen Gesetz, dem eine Leistung zur Teilhabe zugrunde liegt, wegen der keine ganztägige Erwerbstätigkeit ausgeübt wird,
3. Rente wegen voller Erwerbsminderung aus der gesetzlichen Rentenversicherung oder
4. Altersrente aus der gesetzlichen Rentenversicherung oder Knappschaftsausgleichsleistung oder ähnliche Leistungen öffentlich-rechtlicher Art.

²Ist der oder dem Arbeitslosen eine Rente wegen teilweiser Erwerbsminderung zuerkannt, kann sie ihr oder er sein Restleistungsvermögen jedoch unter den üblichen Bedingungen des allgemeinen Arbeitsmarktes nicht mehr verwerten, hat die Agentur für Arbeit die Arbeitslose oder den Arbeitslosen unverzüglich aufzufordern, innerhalb eines Monats einen Antrag auf Rente wegen voller Erwerbsminderung zu stellen. ³Wird der Antrag nicht gestellt, ruht der Anspruch auf Arbeitslosengeld vom Tag nach Ablauf der Frist an bis zu dem Tag, an dem der Antrag gestellt wird.

(2) ¹Abweichend von Absatz 1 ruht der Anspruch
1. im Falle der Nummer 2 nicht, wenn für denselben Zeitraum Anspruch auf Verletztengeld und Arbeitslosengeld nach § 146 besteht,

2. im Falle der Nummer 3 vom Beginn der laufenden Zahlung der Rente an und
3. im Falle der Nummer 4
   a) mit Ablauf des dritten Kalendermonats nach Erfüllung der Voraussetzungen für den Anspruch auf Arbeitslosengeld, wenn der oder dem Arbeitslosen für die letzten sechs Monate einer versicherungspflichtigen Beschäftigung eine Teilrente oder eine ähnliche Leistung öffentlich-rechtlicher Art zuerkannt ist,
   b) nur bis zur Höhe der zuerkannten Leistung, wenn die Leistung auch während einer Beschäftigung und ohne Rücksicht auf die Höhe des Arbeitsentgelts gewährt wird.
²Im Falle des Satzes 1 Nr. 2 gilt § 145 Abs. 3 entsprechend.
(3) Die Absätze 1 und 2 gelten auch für einen vergleichbaren Anspruch auf eine andere Sozialleistung, den ein ausländischer Träger zuerkannt hat.
(4) Der Anspruch auf Arbeitslosengeld ruht auch während der Zeit, für die die oder der Arbeitslose wegen seines Ausscheidens aus dem Erwerbsleben Vorruhestandsgeld oder eine vergleichbare Leistung des Arbeitgebers mindestens in Höhe von 65 Prozent des Bemessungsentgelts bezieht.

§ 156 entspricht dem vormaligen § 142. Die neue Nummerierung erfolgt aufgrund der Neuregelung der Systematik des Arbeitsförderungsrechts mit Wirkung zum 1.4.2012 durch das Gesetz zur Verbesserung der Eingliederungschancen am Arbeitsmarkt (Eingliederungschancengesetz) vom 20.12.2011 (BGBl I S 2854). 1

Das gesetzlich angeordnete Ruhen des Anspruchs auf Alg bedeutet, dass die Leistung trotz Bestehens eines Stammrechts nicht zur Auszahlung kommt. Entfällt eine der zum Ruhen des Alg-Anspruchs führenden Leistungen, lebt der Anspruch auf Alg wieder auf. Während eines Zeitraums des Ruhens nach § 156 tritt keine Minderung der Anspruchsdauer ein, sodass die Leistung, wenn die übrigen Anspruchsvoraussetzungen dann noch vorliegen, im Anschluss an ein Ruhen für die volle Anspruchsdauer in Anspruch genommen werden kann. 2

§ 157 Ruhen des Anspruchs bei Arbeitsentgelt und Urlaubsabgeltung

(1) Der Anspruch auf Arbeitslosengeld ruht während der Zeit, für die die oder der Arbeitslose Arbeitsentgelt erhält oder zu beanspruchen hat.
(2) ¹Hat die oder der Arbeitslose wegen Beendigung des Arbeitsverhältnisses eine Urlaubsabgeltung erhalten oder zu beanspruchen, so ruht der Anspruch auf Arbeitslosengeld für die Zeit des abgegoltenen Urlaubs. ²Der Ruhenszeitraum beginnt mit dem Ende des die Urlaubsabgeltung begründenden Arbeitsverhältnisses.
(3) ¹Soweit die oder der Arbeitslose die in den Absätzen 1 und 2 genannten Leistungen (Arbeitsentgelt im Sinne des § 115 des Zehnten Buches) tatsächlich nicht erhält, wird das Arbeitslosengeld auch für die Zeit geleistet, in der der Anspruch auf Arbeitslosengeld ruht. ²Hat der Arbeitgeber die in den Absätzen 1 und 2 genannten Leistungen trotz des Rechtsübergangs mit befreiender Wirkung an die Arbeitslose, den Arbeitslosen oder an einen Dritten gezahlt, hat die Bezieherin oder der Bezieher des Arbeitslosengeldes dieses insoweit zu erstatten.

Übersicht	Rdn.			Rdn.
A. Zweck der Vorschrift und Regelungsinhalt	1	II.	Ruhenszeitraum	14
B. Ruhen nach I	3	D.	Rechtsfolge	15
I. Arbeitslosigkeit bei bestehendem Arbeitsverhältnis	4	I.	Auswirkungen auf den Alg-Anspruch	15
II. Anspruch auf Arbeitsentgelt	6	II.	Sozialrechtliche Folgen	17
III. Ruhenszeitraum	11	E.	**Gleichwohlgewährung**	20
C. Ruhen bei Urlaubsabgeltung	12	I.	Gleichwohlgewährung nach III 1	20
I. Urlaubsabgeltung	12	II.	Forderungsübergang auf die BA	25
		III.	Erstattungsanspruch gegen den AN nach III 2	37

A. Zweck der Vorschrift und Regelungsinhalt. § 157 entspricht dem vormaligen § 143. Die neue Nummerierung erfolgt aufgrund der Neuregelung der Systematik des Arbeitsförderungsrechts mit Wirkung zum 1.4.2012 durch das Gesetz zur Verbesserung der Eingliederungschancen am Arbeitsmarkt (Eingliederungschancengesetz) vom 20.12.2011 (BGBl I S 2854). 1

§ 157 I regelt das Zusammentreffen des Anspruchs auf Alg mit **Ansprüchen aus dem noch bestehenden Arbeitsverhältnis.** Das Regelungsbedürfnis ergibt sich daraus, dass der Anspruch auf Alg auch schon während eines noch bestehenden Arbeitsverhältnisses entstehen kann. Erhält der AN noch Arbeitsentgelt 2 aus dem Arbeitsverhältnis oder hat er einen Anspruch darauf, so besteht kein Bedürfnis, ihm das als **Lohnersatzleistung** konzipierte **Alg** zu gewähren. Deshalb bestimmt § 157 I, dass der Anspruch auf Alg während der Zeit **ruht**, für die der AN Arbeitsentgelt erhält oder zu beanspruchen hat. § 157 II regelt das Zusammentreffen des Anspruchs auf Alg mit dem Anspruch auf eine **Urlaubsabgeltung**. Auch neben der Urlaubsabgeltung soll der AN nach der Wertung des Gesetzgebers die Lohnersatzleistung Alg nicht beziehen. Dem bestehenden Schutzbedürfnis des AN für den Fall, dass zwar ein Anspruch auf Arbeitsentgelt besteht, er die Leistung aber tatsächlich nicht erhält, trägt III 1 Rechnung. Dabei gilt die Urlaubsabgeltung als Arbeitsentgelt. Nach III 1 wird, obwohl der Anspruch eigentlich nach I oder II ruht, Alg **gleichwohl gewährt**. Der Anspruch des AN gegen den AG auf das Arbeitsentgelt geht insoweit **nach § 115 SGB X** auf die BA über. Leistet der AN nach dem Anspruchsübergang dennoch mit befreiender Wirkung an den AN oder einen Dritten, begründet III 2 eine **Erstattungspflicht** des Beziehers von Alg.

3 **B. Ruhen nach I.** Nach § 157 I ruht der Anspruch auf Alg in der Zeit, für die der AN **Arbeitsentgelt** erhält oder zu beanspruchen hat. Weil das Ruhen nach I einen Anspruch auf Alg voraussetzt, erfasst die Vorschrift nur Fälle, in denen sowohl ein Anspruch auf Alg als auch ein Anspruch aus dem Arbeitsverhältnis besteht. Möglich ist dies nur, wenn **Arbeitslosigkeit bei noch bestehendem Arbeitsverhältnis** vorliegt.

4 **I. Arbeitslosigkeit bei bestehendem Arbeitsverhältnis.** Arbeitslos ist ein AN, der **nicht in einem Beschäftigungsverhältnis** steht (§ 138 I Nr 1). Das Beschäftigungsverhältnis und das Arbeitsverhältnis treten zwar in der Praxis meistens deckungsgleich auf. Beide sind aber **nicht identisch** und können auseinanderfallen. Beschäftigung ist die nichtselbstständige (weisungsgebundene) Arbeit, insb in einem Arbeitsverhältnis (§ 7 I SGB IV). Während das Arbeitsverhältnis durch (wirksame und rechtmäßige) Willenserklärungen beendet werden kann, kommt es für den Bestand des Beschäftigungsverhältnisses auf den **tatsächlichen Geschehensablauf** an (BSG 18.12.2003, B 11 AL 35/03 R, SozR 4-4300 § 144 Nr 6). Zu einem Auseinanderfallen zwischen Arbeits- und Beschäftigungsverhältnis kann es zB kommen, wenn in einem **Kdg-Schutzprozess** darüber gestritten wird, ob und/oder zu welchem Zeitpunkt ein Arbeitsverhältnis wirksam beendet worden ist. Wenn der AG die Zahlung von Arbeitsentgelt eingestellt hat, besteht ein Bedürfnis des AN, Alg bereits für den Zeitraum zu erhalten, währenddessen noch über die Wirksamkeit der Kdg gestritten wird. Um dem Rechnung zu tragen, hängt der **Eintritt von Arbeitslosigkeit** nicht vom (umstr) Ende des Arbeitsverhältnisses, sondern von der **Beendigung des Beschäftigungsverhältnisses** ab. Das Beschäftigungsverhältnis ist beendet, wenn der AG sein Direktionsrecht (die faktische Verfügungsmacht) nicht mehr ausübt und/oder die Dienstbereitschaft des AN entfällt. Hat der AN vorher eine Anwartschaft auf Alg erworben und meldet er sich bei der BA arbeitslos (§ 141), kann er alle Voraussetzungen für den Anspruch auf Alg erfüllen. Den übrigen in § 137 I geforderten Voraussetzungen für die Arbeitslosigkeit (eigene Bemühungen um die Beschäftigungslosigkeit zu beenden, Verfügbarkeit für Vermittlungsbemühungen durch die BA) steht es nicht entgegen, wenn der AN dem bisherigen AG weiter die Erbringung der nach dem Arbeitsvertrag geschuldeten Arbeitsleistung anbietet. Dies geschieht durch den AN, um den AG in **Annahmeverzug** zu setzten und sich nach § 615 S 1 BGB den Anspruch auf das Arbeitsentgelt zu sichern. Der AN wäre aber nicht gehindert, jederzeit eine neue Beschäftigung aufzunehmen. Weitere häufige Fallkonstellationen, in denen Beschäftigungslosigkeit schon bei noch bestehendem Arbeitsverhältnis eintreten kann, sind die **Freistellung** des AN von der Arbeit durch einen zahlungsunfähigen bzw zahlungsunwilligen AG oder den Insolvenzverwalter (BSG 26.11.1985, 12 RK 51/83, SozR 4100 § 168 Nr 19) und (quasi spiegelbildlich) die Ausübung des **Zurückbehaltungsrechts nach § 273 BGB** hins seiner Arbeitsleistung durch den AN, weil sich der AG mit der Zahlung des Arbeitsentgelts in Verzug befindet. Auch bei einer einvernehmlichen Freistellung des AN bis zum Ende des Arbeitsverhältnisses nach Aussprache einer Kdg oder Abschluss eines Auflösungsvertrages tritt Beschäftigungslosigkeit ein.

5 Wird in einem arbeitsgerichtlichen Verfahren festgestellt, dass das Arbeitsverhältnis während des str Zeitraums ganz oder teilw doch bestand, steht für diese Zeit der Anspruch des AN auf Arbeitsentgelt ggü dem hins der Arbeitsleistung im Annahmeverzug befindlichen AG fest. Für dieses Arbeitsentgelt sind dann **Beiträge zur Sozialversicherung** abzuführen. Denn der AG kann zwar durch einen einseitigen Verzicht auf die Inanspruchnahme der Arbeitskraft des AN dessen **Beschäftigungslosigkeit** insofern herbeiführen, dass **leistungsrechtlich ein Anspruch auf Alg** besteht (s Rdn 4). Er kann damit aber nicht einseitig bewirken, dass die Beitragspflicht für zustehendes Arbeitsentgelt und der sozialversicherungsrechtliche Schutz des AN entfällt. Deshalb wird ein **beitragsrechtliches Beschäftigungsverhältnis** für die Zeit angenommen, für die das Arbeitsentgelt nachzuzahlen ist. Gleiches gilt auch bei einer einvernehmlichen Freistellung des AN für die restliche Zeit des Arbeitsverhältnisses bei Fortzahlung des Arbeitsentgelts. Auch für das für die Freistellungszeit geleistete Arbeitsentgelt sind Beiträge zur Sozialversicherung zu entrichten und der AN ist sozialversichert (vgl dazu § 7 SGB IV Rdn 7). Es ist deshalb erforderlich, zwischen einem **beitragsrechtlichen**

und einem **leistungsrechtlichen** (oder leistungstechnischen) Beschäftigungsverhältnis zu unterscheiden (vgl BSG 28.9.1993, 11 RAr 69/92, SozR 3-4100 § 101 Nr 5).

II. Anspruch auf Arbeitsentgelt. Das Ruhen nach § 157 I tritt nicht nur ein, wenn dem AN während des Ruhenszeitraums tatsächlich Arbeitsentgelt zufließt, sondern auch, wenn er (vorerst) nur einen Anspruch darauf hat. Gemeint ist der arbeitsrechtliche Entgeltanspruch. Auf die Gründe, warum der AG den Entgeltanspruch nicht befriedigt, kommt es nicht an. Zum Anwendungsbereich der Norm gehören nicht nur Fälle, in denen der Anspruch auf Arbeitsentgelt unstr ist, sondern auch gerade Konstellationen, bei denen um den Bestand des Arbeitsverhältnisses und den Anspruch auf Arbeitsentgelt gestritten wird. 6

Die Ruhenswirkung nach I tritt nach dem Wortlaut der Vorschrift unabhängig von der Höhe des Anspruchs auf Arbeitsentgelt ein. Der Anspruch auf Alg ruht also auch bei einem geringen Arbeitsentgeltanspruch in voller Höhe. Dabei muss es sich aber immer um Arbeitsentgelt handeln, für das nach den arbeitsvertraglichen Abreden eine Arbeitsleistung im zeitlichen Umfang von **nicht weniger als 15 Stunden** in der Woche geschuldet wird. Denn ansonsten käme wegen des Arbeitsentgeltanspruchs nur eine Anrechnung von Nebeneinkommen auf den Alg-Anspruch gem § 155, aber kein Ruhen des Anspruchs in Betracht. 7

Nach der Legaldefinition in § 14 I 1 SGB IV sind Arbeitsentgelt »alle laufenden oder einmaligen Einnahmen aus einer Beschäftigung, gleichgültig, ob ein Rechtsanspruch auf die Einnahmen besteht, unter welcher Bezeichnung oder in welcher Form sie geleistet werden und ob sie unmittelbar aus der Beschäftigung oder im Zusammenhang mit ihr erzielt werden.« Erfasst werden Einnahmen, die dem AN in **ursächlichem Zusammenhang mit der Beschäftigung** zufließen oder zustehen (vgl BSG 26.10.1988, 12 RK 18/87, SozR 2100 § 14 Nr 19). Arbeitsentgelt kann auch in dem Betrag enthalten sein, den ein AN **anlässlich der Beendigung des Beschäftigungsverhältnisses** erhält. Dies ist dann anzunehmen, wenn vorher zwischen dem Ende des Beschäftigungsverhältnisses und dem Ende des Arbeitsverhältnisses kein Arbeitsentgelt gezahlt wurde (vgl BSG 23.6.1981, 7 RAr 29/80, SozR 4100 § 117 Nr 7). Auch die Höhe des vereinbarten »Abfindungsbetrags« kann Indiz dafür sein, dass mit der Summe neben der Gewährung der Entlassungsentschädigung auch eine Abgeltung für offene Urlaubsentgeltansprüche und/oder Arbeitsentgeltansprüche für die Zeit bis zum Ende des Arbeitsverhältnisses erfolgen soll. Die in einem zwischen AG und AN geschlossenen Vergleich enthaltene Klausel, wonach eine Abfindung gezahlt wird, die kein Arbeitsentgelt enthält, kann in so einem Fall aufgrund der tatsächlichen Gegebenheiten unbeachtlich sein. Entscheidend sind stets alle Umstände des Einzelfalls. Wenn zB in der Zeit vom Ende der Beschäftigung bis zum Ende des Arbeitsverhältnisses durchgehend Arbeitsunfähigkeit vorlag, spricht dies dafür, dass keine Arbeitsentgeltanteile in der vereinbaren Summe enthalten sind. 8

Ein Ruhen nach I bei Anspruch auf Arbeitsentgelt kommt nur in Betracht, wenn sich die Ansprüche aus dem Arbeitsverhältnis mit einem Anspruch auf Alg **zeitlich überschneiden**. Diese zeitliche Kongruenz fehlt bei den Nachzahlungen von Arbeitsentgelt für die Zeit vor Beendigung des Beschäftigungsverhältnisses. 9

Wann das Arbeitsverhältnis endet, unterliegt grds der **Dispositionsbefugnis** der Parteien des Arbeitsvertrages. Die von ihnen getroffene Festlegung ist dann auch für die BA verbindlich (vgl BSG 14.2.1978, 7 RAr 57/76, SozR 4100 § 117 Nr 2). Legen die Parteien des Arbeitsvertrages in einem arbeitsgerichtlichen oder in einem außergerichtlichen Vergleich das Ende des Arbeitsverhältnisses fest, so fällt das für die Zeit bis zu diesem Datum gezahlte Arbeitsentgelt unter den Anwendungsbereich des § 157 I. Zahlungen für die Zeit danach zählen zur Entlassungsentschädigung iSv § 158. Dies gilt unabhängig davon, ob vorher die Beendigung des Arbeitsverhältnisses oder der Beendigungszeitpunkt aufgrund einer ordentlichen oder außerordentlichen Kdg in Streit stand. Diese Dispositionsbefugnis gilt aber nur, wenn die Beendigung des Arbeitsverhältnisses überhaupt und/oder der Beendigungszeitpunkt umstr und damit klärungsbedürftig waren. Hat ein Arbeitsverhältnis unstr bis zu einem bestimmten Zeitpunkt bestanden, können die Arbeitsvertragsparteien keine abw Festsetzung mit Verbindlichkeit für die BA treffen. Auch wenn bereits wegen der Zahlung von Alg Ansprüche auf Arbeitsentgelt nach § 115 SGB X auf die BA übergegangen sind, wird dies von Vergleichsgestaltungen nicht berührt. Diese können dann nur noch Wirkung für die Zukunft haben. 10

III. Ruhenszeitraum. Der Ruhenszeitraum nach § 157 I **beginnt** regelmäßig **mit dem 1. Tag der Beschäftigungslosigkeit** und dauert bis zum Ende des Arbeitsverhältnisses, soweit während dieses Zeitraums die Zahlung oder der Anspruch auf Arbeitsentgelt mit dem Anspruch auf Alg zusammentreffen. Vor dem Eintritt von Beschäftigungslosigkeit ist nach § 138 I Nr 1 keine Arbeitslosigkeit möglich und Zahlungen für eine Zeit nach dem Ende des Arbeitsverhältnisses sind kein Arbeitsentgelt iSd § 157, sondern fallen unter den Anwendungsbereich des § 158. Möglich ist ein Ruhen nach § 157 I auch in der Zeit zwischen dem vertraglich festgelegten Beginn des Arbeitsverhältnisses und der erst späteren Aufnahme der faktischen Beschäftigung, wenn für diese Zeit bereits Arbeitsentgelt gezahlt oder geschuldet wird (BSG 20.6.2002, B 7 AL 108/01 R, SozR 3-4300 § 143 Nr 4). 11

§ 157 SGB III Ruhen des Anspruchs bei Arbeitsentgelt und Urlaubsabgeltung

12 **C. Ruhen bei Urlaubsabgeltung. I. Urlaubsabgeltung.** Nach § 157 II 1 ruht der Anspruch auf Alg, wenn der AN **wegen der Beendigung des Arbeitsverhältnisses** eine **Urlaubsabgeltung** erhalten oder zu beanspruchen hat. Der im § 157 II 1 gebrauchte Begriff der Urlaubsabgeltung stimmt mit dem **arbeitsrechtlichen Begriff** der Urlaubsabgeltung in § 7 IV BUrlG überein. Voraussetzung für einen Anspruch auf Urlaubsabgeltung ist, dass ein Anspruch auf bezahlten Erholungsurlaub besteht, der wegen Beendigung des Arbeitsverhältnisses ganz oder teilw nicht mehr gewährt werden kann. Der arbeitsrechtliche Abgeltungsanspruch setzt voraus, dass der Anspruch auf Erholungsurlaub am letzten Tage des Arbeitsverhältnisses noch nicht verfallen ist. Von § 157 II 1 werden aber nach der Rspr auch die Fälle erfasst, in denen der AG freiwillig eine Urlaubsabgeltung für rechtlich nicht (mehr) zustehenden Urlaub zahlt (BSG 23.1.1997, 7 RAr 72/94, SozR 3-4100 § 117 Nr 14). Weil der AN dann eine Urlaubsabgeltung »**erhalten**« hat, kommt es auf einen wirksamen Anspruch darauf nicht an. II 1 findet aber keine erweiterte Anwendung auf die Fälle, in denen der Urlaubsanspruch untergegangen ist und (statt der deshalb nicht mehr zustehenden Urlaubsabgeltung) ein arbeitsrechtlicher Schadensersatzanspruch gegen den AG besteht (BSG 21.6.2001, B 7 AL 62/00 R, SozR 3-4100 § 117 Nr 24). Auch die Abgeltung nicht »abgefeierter« Überstunden kann nicht mit einer Urlaubsabgeltung gleichgesetzt werden.

13 Der Alg-Anspruch ruht nicht, wenn der AN schon vor dem Ende des Arbeitsverhältnisses Alg bezogen hat, während des Leistungsbezugs **arbeitsunfähig** wird und ihm für die Dauer von bis zu 6 Wochen nach § 126 Alg bei Arbeitsunfähigkeit weiter gezahlt wird. Das Alg wird in diesen Fällen wie Krankengeld behandelt, dass seinerseits nicht wegen einer Urlaubsabgeltung ruht (BSG 26.6.1991, 10 RAr 9/90, SozR 3-4100 § 17 Nr 4).

14 **II. Ruhenszeitraum.** Der Ruhenszeitraum beginnt nach § 157 II 2 mit dem 1. Tag, der auf das die Urlaubsabgeltung begründende Arbeitsverhältnis folgt. Dies gilt auch, wenn es sich beim 1. Ruhenstag um einen Feiertag handelt. Der begonnene Ruhenszeitraum läuft dann kalendermäßig ab, egal ob der AN überhaupt arbeitslos ist oder ob er sich arbeitslos gemeldet hat. Entscheidend für die Dauer des Ruhens ist nicht die Höhe der Urlaubsabgeltung, sondern für wie viele (noch nicht verbrauchte) Urlaubstage sie gezahlt wird. Auch wenn der AN während dieser Zeit Krankengeld nach § 44 SGB V bezieht, ruht der Anspruch ab dem Ende des Arbeitsverhältnisses. Der Ruhenszeitraum wird nicht auf die Zeit nach der Beendigung der Erkrankung verschoben (BAG 17.11.2010, 10 AZR 649/09).

15 **D. Rechtsfolge. I. Auswirkungen auf den Alg-Anspruch.** Die Ruhenswirkung nach I und II 1 tritt **kraft G** ein. Sofern dem AN für den Ruhenszeitraum bereits Alg bewilligt worden ist, kann er sich aber auf den ihn begünstigenden Bescheid berufen, solange dieser nicht aufgehoben worden ist. Es bedarf deshalb zur Durchsetzung des Ruhens eines Aufhebungsbescheides. Gegen einen solchen kann der AN nach erfolglosem Widerspruchsverfahren eine Anfechtungsklage vor dem SG erheben. Sofern sich der AN auf keine Leistungsbewilligung stützen kann, ist gegen eine Ablehnung der Leistungsgewährung nach erfolglosem Widerspruch eine (kombinierte) Anfechtungs- und Leistungsklage geboten.

16 Ein Ruhen des Anspruchs bewirkt, dass dieser als solcher (iS eines **Stammrechts**) zwar bestehen bleibt, aber während des Ruhenszeitraums Einzelansprüche nicht erfüllt zu werden brauchen. Dies bedeutet aber nicht gleichzeitig einen Anspruchsverlust bzw eine Entwertung der erworbenen Anwartschaft. Denn eine Minderung der Anspruchsdauer ist mit dem Ruhen nicht verbunden. Der Alg-Anspruch kann folglich ungemindert nach dem Ablauf des Ruhenszeitraums geltend gemacht werden, sofern dann die allg Anspruchsvoraussetzungen noch vorliegen. Dann bewirkt das Ruhen im Ergebnis (lediglich) eine Verschiebung des Leistungszeitraums.

17 **II. Sozialrechtliche Folgen.** Wenn der Alg-Anspruch nach § 157 I für eine Zeit ruht, für die der AN Arbeitsentgelt erhält oder zu beanspruchen hat, liegt bis zum Ende des Arbeitsverhältnisses noch ein **versicherungspflichtiges Beschäftigungsverhältnis** vor (s Rdn 5), sodass der daran anknüpfende Sozialversicherungsschutz besteht. Sozialversicherungsbeiträge für im Kdg-Schutzprozess umstr Zeiten des Arbeitsverhältnisses werden aber erst fällig, wenn entweder der Bestand des Arbeitsverhältnisses positiv vom ArbG festgestellt wird oder ein Weiterbeschäftigungsanspruch zuerkannt wird oder die Einzugsstelle bei hinreichender Sicherheit des Fortbestands des Arbeitsverhältnisses die Beitragszahlung anfordert (vgl Gagel/*Winkler* § 143 Rn 95).

18 Der AN, dessen Anspruch auf Alg wegen Urlaubsabgeltung ruht, ist im Bereich der **Krankenversicherung** nicht als Leistungsbezieher pflichtversichert. Nach § 5 I Nr 2 SGB V gelten die Leistungen aber ab Beginn des 2. Monats des Ruhens wegen einer Urlaubsabgeltung als bezogen, sodass ab dann eine Pflichtversicherung besteht. Weil im Anschluss an eine versicherungspflichtige Beschäftigung nach § 19 II SGB V für 1 Monat Anspruch auf Leistungen aus der Krankenversicherung besteht, dürfte für vorher pflichtversicherte

Beschäftigte praktisch **keine Lücke** im Versicherungsschutz entstehen. Dies gilt nicht für AN, die während ihrer Beschäftigungszeit nicht in der gesetzlichen Krankenversicherung pflichtversichert waren (weil wegen des hohen Arbeitsentgelts Versicherungsfreiheit nach § 6 I Nr 1 SGB V bestand). Denn § 19 II SGB V gilt nur für versicherungspflichtige Beschäftigte. Diese AN müssen durch eigene Beitragstragung eine freiwillige Versicherung in der gesetzlichen Krankenversicherung oder eine private Krankenversicherung aufrechterhalten. Ggf besteht Krankenversicherungsschutz iRd Familienversicherung nach § 10 SGB V. Familienversicherte erhalten aber kein Krankengeld (§ 44 I 2 SGB V).

Versicherungspflicht in der **gesetzlichen Rentenversicherung** besteht während des Ruhens des Alg-Anspruchs nicht, sodass die Ruhenszeit auch keine Beitragszeit in der gesetzlichen Rentenversicherung sein kann. Es kommt aber eine Berücksichtigung der Zeit der Arbeitslosigkeit ohne Leistungsbezug als **Anrechnungszeit** nach § 58 I 1 Nr 3 SGB VI in Betracht. 19

E. Gleichwohlgewährung. I. Gleichwohlgewährung nach III 1. Ruht der Anspruch nach I und II, 20 weil der AN Anspruch auf Arbeitsentgelt oder Urlaubsabgeltung hat, so wird Alg nach III 1 gleichwohl geleistet, wenn der AN die Leistungen vom AG nicht erhält. Diese Leistungserbringung wird als »**Gleichwohlgewährung**« bezeichnet. Der AN wird leistungsrechtlich so behandelt, als stünde ihm der Anspruch auf Arbeitsentgelt oder Urlaubsabgeltung nicht zu, sodass es nicht zum Ruhen des Anspruchs auf Alg kommt.

III 1 findet nicht nur bei dem Grunde nach unbestrittenen Ansprüchen des AN gegen den AG Anwendung, wenn Unsicherheit nur hins der Erfüllung besteht. Auch wenn bei umstr Ende des Arbeitsverhältnisses Ansprüche lediglich möglicherweise bestehen bzw noch entstehen können, erfolgt die Gleichwohlgewährung. Diese setzt voraus, dass iÜ die Voraussetzungen für den Anspruch auf Alg vorliegen. Ist dies nicht der Fall (zB weil der AN nicht arbeitslos ist), besteht kein Anspruch auf eine Leistungsgewährung. Wenn dennoch eine Bewilligung erfolgt, ist diese rechtswidrig und aufhebbar nach §§ 45 ff SGB X. 21

Grds kommt es auf die Gründe dafür, warum der AN das Arbeitsentgelt oder die Urlaubsabgeltung nicht 22 erhält, nicht an. Kein Bedarf für eine Gleichwohlgewährung besteht aber, wenn die Anspruchserfüllung durch den AG nur im Hinblick auf einen erst in wenigen Tagen eintretenden **Fälligkeitstermin** unterbleibt. Sofern aber auch am Zahltage keine Anspruchserfüllung erfolgt, kommt die Gleichwohlgewährung zum Zuge. Dies wird auch gelten, wenn – ggf aufgrund wirtschaftlicher Schwierigkeiten des AG – ein Fälligkeitstermin vereinbart worden ist, der ein Zuwarten für den AN **unzumutbar** macht.

Liegen alle Voraussetzungen für eine Gleichwohlbewilligung vor, besteht ein Rechtsanspruch des AN auf 23 die Leistung. Die Leistung ist dem AN dann endgültig und nicht nur vorläufig zu bewilligen. Die Bewilligung bleibt auch rechtmäßig, wenn der Anspruch des AN auf Arbeitsentgelt oder Urlaubsabgeltung später erfüllt wird (vgl BSG 25.10.1989, 7 RAr 108/88, SozR 4100 § 117 Nr 26).

Dem abschließenden Charakter der Gleichwohlgewährung entspr tritt durch die Leistungserbringung eine 24 **Minderung des Gesamtanspruchs** auf Alg gem § 148 I Nr 1 entspr der Anzahl von Tagen ein, für die geleistet wird. Die Minderung der Anspruchsdauer entfällt aber wieder aus Billigkeitsgründen, wenn und soweit die BA Leistungen aufgrund der auf sie übergegangenen Ansprüche erhält (s dazu Rdn 34 ff). Es bleibt aber bei der durch die Bewilligung von Alg im Rahmen der Gleichwohlgewährung ausgelösten Rahmenfrist gem § 143 (BSG 11.12.2014, B 11 AL 2/14 R) und der festgesetzten Gesamtanspruchsdauer nach § 147.

II. Forderungsübergang auf die BA. Bei der Gleichwohlgewährung handelt es sich der Konzeption nach 25 um eine »Vorleistung« der BA, in deren Umfang der Anspruch des AN gegen den AG auf sie **kraft G** nach **§ 115 SGB X** übergeht. Der Übergang wird nach § 115 II SGB X nicht dadurch ausgeschlossen, dass der Anspruch des AN gegen den AG nicht übertragen, verpfändet oder gepfändet werden kann.

Der Forderungsübergang nach § 115 SGB X ist der Höhe nach auf die Summe des geleisteten Alg 26 **beschränkt**. Er erfasst auch nur Ansprüche gegen den AG für einen Zeitraum, für den die BA dem AN Alg geleistet hat. Infolge des Forderungsübergangs auf die BA verliert der AN seine Anspruchsberechtigung und die **Verfügungsgewalt** über den Anspruch gegen den AG. Der AN bleibt aber in Höhe des überschießenden Betrages (**Spitzbetrag**) ggü dem AG anspruchs- und verfügungsberechtigt, soweit für den Leistungszeitraum der Anspruch auf Arbeitsentgelt oder Urlaubsabgeltung höher ist als das gewährte Alg.

Der Anspruchsübergang vollzieht sich im Zeitpunkt der Gewährung des Alg, also wenn die Leistung **tat-** 27 **sächlich** erbracht ist. Die bloße Bewilligung von Alg genügt nicht. Eine Unrechtmäßigkeit der Alg-Bewilligung (weil eine der Voraussetzungen für den Anspruch nicht vorlag), hindert den Anspruchsübergang nicht.

Hat der AG das Arbeitsentgelt oder die Urlaubsabgeltung in der Zeit zwischen der Bewilligung von Alg und 28 der tatsächlichen Leistungsgewährung gezahlt, findet kein Forderungsübergang statt. Die BA wird in einem solchen Fall die Leistungsbewilligung wegen einer wesentlichen Änderung der Verhältnisse mit Wirkung ab der Zahlung durch den AG (entspr § 48 I 2 Nr 3 SGB X) aufheben können.

29 Durch den Anspruchsübergang verändert der auf die BA übergegangene Anspruch auf Arbeitsentgelt oder Urlaubsabgeltung nicht seinen **Rechtscharakter**. Die Forderung kann deshalb von der BA ggü dem AG nicht mit einem VA festgesetzt werden, sondern muss im Fall der Nichterfüllung ggf im Wege des gerichtlichen Mahn- und des arbeitsgerichtlichen Klageverfahrens geltend gemacht werden.

30 Auf die kraft G übergegangenen Ansprüche finden gem § 412 BGB die §§ 399–404, 406–410 BGB entspr Anwendung. Die BA muss sich **Einwendungen** und **Einreden** gegen den Anspruch entgegenhalten lassen, die dem AG ggü dem AN zum Zeitpunkt des Anspruchsübergangs zustanden (zB Verjährung, Verwirkung, Stundung oder Aufrechnung). Auch für die bereits auf die BA übergegangenen Ansprüche gelten die tariflichen Ausschluss- und Verfallfristen.

31 Einer gesonderten **Überleitungsanzeige** bedarf es für die Wirksamkeit des Forderungsübergangs nicht. Die Kenntnis des AG vom Forderungsübergang ist aber notwendig um auszuschließen, dass seine Zahlung an den AN oder einen Dritten bei Gutgläubigkeit weiterhin befreiende Wirkung hat oder dass der AN noch wirksam einen Forderungsverzicht ggü dem gutgläubigen AG erklären kann (§§ 412, 407 BGB).

32 Die Erstattung der von der BA für die Zeit des Alg-Bezuges für den AN entrichteten **Sozialversicherungsbeiträge** (Beiträge zur gesetzliche Kranken- und Rentenversicherung und zur sozialen Pflegeversicherung) ist gesondert geregelt. Der AG hat der BA infolge des Leistungsbezugs gezahlten Beiträge nach § 335 III und V zu erstatten, soweit er für dieselbe Zeit Beiträge zu entrichten hätte. Durch die Befriedigung dieses Anspruchs ggü der BA wird der AG »insoweit« von seiner Verpflichtung zur Beitragsentrichtung befreit. Soweit noch ein über das Alg hinausgehender Spitzbetrag verblieben ist, bleibt der AG zur Abführung der Beiträge an die Einzugsstelle verpflichtet.

33 Wenn sich der auf die BA übergegangene Anspruch gegen den AG auf Arbeitsentgelt bezieht, ist regelmäßig davon auszugehen, dass der AG **Beiträge zu entrichten** hätte und somit die Erstattungspflicht des AG nach § 335 III und V besteht. Denn das Arbeitsentgelt wird für einen Zeitraum geschuldet, zu dem das Arbeitsverhältnis tatsächlich noch besteht. Das Beschäftigungsverhältnis im beitragsrechtlichen Sinne und das Arbeitsverhältnis sind dann deckungsgleich (s Rdn 5). Anderes gilt für den Anspruch auf Urlaubsabgeltung, der zu einem Ruhen des Alg-Anspruchs für eine Zeit nach dem Ende des Arbeitsverhältnisses führt. Dieser Anspruch lässt sich keinem beitragspflichtigen Beschäftigungsverhältnis zuordnen, sodass deshalb für den Abgeltungszeitraum keine Beitragspflicht wegen eines Beschäftigungsverhältnisses besteht.

34 Die Zahlung von Alg iRd Gleichwohlgewährung führt zu einer Minderung der Gesamtdauer des Alg-Anspruchs um die Anzahl der Tage, für die Alg gezahlt wird (vgl Rdn 24). Diese **Minderung entfällt aus Billigkeitsgründen** wieder für den Zeitraum, für den die BA ihren Erstattungsanspruch gegen den AG realisieren kann. Dies gilt auch, wenn die BA durch einen auf sie übergegangenen Anspruch auf **Insolvenzgeld** als befriedigt anzusehen ist (BSG 22.10.1998, B 7 AL 106/97 R, SozR 3-4100 § 117 Nr 16).

35 In den Fällen, in denen die BA vom AG keine Erstattung der Sozialversicherungsbeiträge nach § 335 III und V verlangen kann (vgl dazu Rdn 33), darf dies nicht anspruchsmindernd zulasten des AN berücksichtigt werden (BSG 29.1.2008, B 7/7a AL 58/06 R).

36 Nach der Rspr des BSG entfällt die Minderung der Anspruchsdauer nicht auch dann, wenn die BA es unterlässt, den übergegangenen **Entgeltanspruch bei AG einzutreiben**, obwohl dies möglich wäre. Selbst wenn die BA die übergegangenen Arbeitsentgeltansprüche schuldhaft nicht realisiert, soll es bei der Anspruchsminderung verbleiben. Der AN, der diese Rechtsfolge vermeiden will, wird darauf verwiesen, gegen den AG auf Zahlung des übergegangenen Entgeltanspruchs an die BA zu klagen (BSG 29.11.1988, 11/7 RAr 79/87, SozR 4100 § 117 Nr 23). Dabei kann der AN die auf die BA übergegangenen Ansprüche im Wege der gewillkürten Prozessstandschaft geltend machen (BAG 19.3.2008, 5 AZR 432/07, NJW 2008, 2204). Sofern die BA den AN – trotz dessen konkreter Anfrage und eines Hinweises auf tarifvertragliche Ausschlussfristen – nicht über diese Möglichkeit informiert und ihn nicht im Wege der gewillkürten Prozessstandschaft ermächtigt hat, soll dies dann auch zu einem Anspruch des AN gegen die BA auf Rückabwicklung der Minderung der Anspruchsdauer führen (Hessisches LSG 2.9.2011, L 9 AL 107/09).

37 **III. Erstattungsanspruch gegen den AN nach III 2.** Sofern der AG das Arbeitsentgelt oder die Urlaubsabgeltung für die Zeit des Alg-Bezugs **mit befreiender Wirkung** (s dazu Rdn 31) an den AN oder einen Dritten (zB bei wirksamer Pfändung des Anspruchs) gezahlt hat, begründet III 2 einen **Erstattungsanspruch** der BA gegen den AN. Dieser Erstattungsanspruch ist in Höhe des geleisteten Alg auf die Herausgabe des Arbeitsentgelts oder der Urlaubsabgeltung gerichtet, soweit jew für den gleichen Zeitraum geleistet wurde. Es handelt sich um einen **eigenständigen Erstattungsanspruch**, der nicht voraussetzt, dass die Bewilligung von Alg aufgehoben worden ist und der ggü dem AN mittels **VA** geltend gemacht werden kann (BSG 22.10.1998, B 7 AL 106/97 R, SozR 3-4100 § 117 Nr 16).

Nach der Rspr hat die BA die Möglichkeit, einen Erstattungsanspruch nach III 2 entstehen zu lassen, indem sie als Anspruchsinhaberin eine Zahlung des AG ohne befreiende Wirkung **nachträglich genehmigt** (BSG 14.9.1990, 7 RAr 128/89, SozR 3-4100 § 117 Nr 3). Mit der Genehmigung nimmt die BA eine Gestaltung der Rechtslage nach zivilrechtlichen Grds vor. Es handelt sich bei der Genehmigung nicht um einen anfechtbaren VA, sondern um einen Gestaltungsakt zivilrechtlicher Natur. Ein solches Vorgehen soll nicht voraussetzen, dass die BA zunächst versucht hat, den übergegangenen Anspruch ggü dem AG durchzusetzen (vgl BSG 22.10.1998, B 7 AL 106/97 R, SozR 3-4100 § 117 Nr 16). Je nach den Umständen des Einzelfalls kann aber eine nach § 242 BGB unzulässige Rechtsausübung durch die BA vorliegen. 38

§ 158 Ruhen des Anspruchs bei Entlassungsentschädigung

(1) ¹Hat die oder der Arbeitslose wegen der Beendigung des Arbeitsverhältnisses eine Abfindung, Entschädigung oder ähnliche Leistung (Entlassungsentschädigung) erhalten oder zu beanspruchen und ist das Arbeitsverhältnis ohne Einhaltung einer der ordentlichen Kündigungsfrist des Arbeitgebers entsprechenden Frist beendet worden, so ruht der Anspruch auf Arbeitslosengeld von dem Ende des Arbeitsverhältnisses an bis zu dem Tag, an dem das Arbeitsverhältnis bei Einhaltung dieser Frist geendet hätte. ²Diese Frist beginnt mit der Kündigung, die der Beendigung des Arbeitsverhältnisses vorausgegangen ist, bei Fehlen einer solchen Kündigung mit dem Tag der Vereinbarung über die Beendigung des Arbeitsverhältnisses. ³Ist die ordentliche Kündigung des Arbeitsverhältnisses durch den Arbeitgeber ausgeschlossen, so gilt bei
1. zeitlich unbegrenztem Ausschluss eine Kündigungsfrist von 18 Monaten,
2. zeitlich begrenztem Ausschluss oder bei Vorliegen der Voraussetzungen für eine fristgebundene Kündigung aus wichtigem Grund die Kündigungsfrist, die ohne den Ausschluss der ordentlichen Kündigung maßgebend gewesen wäre.

⁴Kann der Arbeitnehmerin oder dem Arbeitnehmer nur bei Zahlung einer Entlassungsentschädigung ordentlich gekündigt werden, so gilt eine Kündigungsfrist von einem Jahr. ⁵Hat die oder der Arbeitslose auch eine Urlaubsabgeltung (§ 157 Abs. 2) erhalten oder zu beanspruchen, verlängert sich der Ruhenszeitraum nach Satz 1 um die Zeit des abgegoltenen Urlaubs. ⁶Leistungen, die der Arbeitgeber für eine arbeitslose Person, deren Arbeitsverhältnis frühestens mit Vollendung des 55. Lebensjahres beendet wird, unmittelbar für deren Rentenversicherung nach § 187a Abs. 1 des Sechsten Buches aufwendet, bleiben unberücksichtigt. ⁷Satz 6 gilt entsprechend für Beiträge des Arbeitgebers zu einer berufsständischen Versorgungseinrichtung.

(2) ¹Der Anspruch auf Arbeitslosengeld ruht nach Absatz 1 längstens ein Jahr. ²Er ruht nicht über den Tag hinaus,
1. bis zu dem die oder der Arbeitslose bei Weiterzahlung des während der letzten Beschäftigungszeit kalendertäglich verdienten Arbeitsentgelts einen Betrag in Höhe von 60 Prozent der nach Absatz 1 zu berücksichtigenden Entlassungsentschädigung als Arbeitsentgelt verdient hätte,
2. an dem das Arbeitsverhältnis infolge einer Befristung, die unabhängig von der Vereinbarung über die Beendigung des Arbeitsverhältnisses bestanden hat, geendet hätte oder
3. an dem der Arbeitgeber das Arbeitsverhältnis aus wichtigem Grunde ohne Einhaltung einer Kündigungsfrist hätte kündigen können.

³Der nach Satz 2 Nr. 1 zu berücksichtigende Anteil der Entlassungsentschädigung vermindert sich sowohl für je fünf Jahre des Arbeitsverhältnisses in demselben Betrieb oder Unternehmen als auch für je fünf Lebensjahre nach Vollendung des fünfunddreißigsten Lebensjahres um je 5 Prozent; er beträgt nicht weniger als 25 Prozent der nach Absatz 1 zu berücksichtigenden Entlassungsentschädigung. ⁴Letzte Beschäftigungszeit sind die am Tag des Ausscheidens aus dem Beschäftigungsverhältnis abgerechneten Entgeltabrechnungszeiträume der letzten zwölf Monate; § 150 Abs. 2 Satz 1 Nummer 3 und Absatz 3 gilt entsprechend. ⁵Arbeitsentgeltkürzungen infolge von Krankheit, Kurzarbeit, Arbeitsausfall oder Arbeitsversäumnis bleiben außer Betracht.

(3) Hat die oder der Arbeitslose wegen Beendigung des Beschäftigungsverhältnisses unter Aufrechterhaltung des Arbeitsverhältnisses eine Entlassungsentschädigung erhalten oder zu beanspruchen, gelten die Absätze 1 und 2 entsprechend.

(4) ¹Soweit die oder der Arbeitslose die Entlassungsentschädigung (Arbeitsentgelt im Sinne des § 115 des Zehnten Buches) tatsächlich nicht erhält, wird das Arbeitslosengeld auch für die Zeit geleistet, in der der Anspruch auf Arbeitslosengeld ruht. ²Hat der Verpflichtete die Entlassungsentschädigung trotz des Rechtsübergangs mit befreiender Wirkung an die Arbeitslose, den Arbeitslosen oder an einen Dritten gezahlt, hat die Bezieherin oder der Bezieher des Arbeitslosengeldes dieses insoweit zu erstatten.

§ 158 SGB III   Ruhen des Anspruchs bei Entlassungsentschädigung

Übersicht	Rdn.
A. Zweck der Vorschrift	1
B. Allg Voraussetzungen	3
C. Verschiedene Formen der Entlassungsentschädigungen	9
D. Rechtsfolge	10
E. Beginn und Lauf des Ruhenszeitraums	13
F. Dauer des Ruhens	16
I. Dauer des Ruhens bis zum Ende der Kündigungsfrist	17
1. Ordentliche Kündigungsfrist	17
2. Fingierte Kündigungsfristen	18
II. Verlängerung der Ruhensdauer wegen Urlaubsabgeltung	24
III. Höchstdauer von einem Jahr	25
IV. Weitere zeitliche Begrenzungen des Ruhenszeitraums	26
V. Begrenzung des Ruhenszeitraums durch Verbrauch der Entlassungsentschädigung	28
1. Berechnungsfaktoren	29
2. Der für das Ruhen zu berücksichtigende Teil der Entlassungsentschädigung	30
3. Minderung des prozentualen Anteils	32
4. Bestimmung des kalendertäglichen Arbeitsentgelts	33
5. Berechnung des ruhensbegrenzenden Zeitraums	34
G. Entlassungsentschädigung bei Aufrechterhaltung des Arbeitsverhältnisses	35
H. Gleichwohlgewährung nach IV	36
I. Sozialrechtliche Folgen des Ruhens nach § 158	42

1 **A. Zweck der Vorschrift.** § 158 entspricht dem vormaligen § 143a. Die neue Nummerierung erfolgt aufgrund der Neuregelung der Systematik des Arbeitsförderungsrechts mit Wirkung zum 1.4.2012 durch das Gesetz zur Verbesserung der Eingliederungschancen am Arbeitsmarkt (Eingliederungschancengesetz) vom 20.12.2011 (BGBl I S 2854).

2 § 158 regelt, in welchen Fällen und wie lange nach dem Ende des Arbeitsverhältnisses trotz Arbeitslosigkeit wegen der Gewährung einer Entlassungsentschädigung kein Alg gezahlt wird. Erfasst werden Konstellationen, bei denen der Gesetzgeber unwiderleglich davon ausgeht, dass in der dem AN zugebilligten Entlassungsentschädigung neben der Entschädigung für den Verlust des Arbeitsplatzes ein **Anteil als Ersatz für Arbeitsentgelt** enthalten ist. Dies bezieht sich auf Arbeitsentgelt, auf das der AN (bei vorzeitigem Ende) ansonsten für eine längere Dauer des Arbeitsverhältnisses noch Anspruch gehabt hätte. Ein Nebeneinander des (so abgegoltenen) Arbeitsentgeltanspruchs und einer Zahlung von Alg soll durch die pauschalierenden Regelungen im § 158 vermieden werden. Dahinter steht der Grundgedanke, dass Alg nicht benötigt wird, solange trotz Arbeitslosigkeit wirtschaftlich kein Ausfall des Arbeitsentgelts eintritt. Die Reglung findet Anwendung auf Zeiten **nach Beendigung des Arbeitsverhältnisses**. Zeiten vor dem Ende des Arbeitsverhältnisses, in denen trotz Beschäftigungslosigkeit Arbeitsentgelt gezahlt wird, fallen unter den Anwendungsbereich des § 157.

3 **B. Allg Voraussetzungen.** Dass in der Entlassungsentschädigung ein Arbeitsentgeltanteil enthalten ist, wird dann unwiderleglich angenommen, wenn der AN (**1.**) **wegen der Beendigung des Arbeitsverhältnisses** eine Entlassungsentschädigung erhalten oder zu beanspruchen hat **und (2.) das Arbeitsverhältnis vor Ablauf, der für den AG an sich geltenden Kdg-Frist endete**. Wird die für den AG geltende Kdg-Frist eingehalten, so findet § 158 keine Anwendung, auch wenn eine Entlassungsentschädigung gewährt wird. Nehmen die Beteiligten irrtümlich an, die für den AG geltende Kdg-Frist sei eingehalten worden, ist dies unerheblich. Entscheidend ist die objektiv maßgebliche Kdg-Frist (BSG 25.10.1989, 7 RAr 108/88, SozR 4100 § 117 Nr 26). Dies bedeutet, dass für eine Anwendung des § 158 regelmäßig zu prüfen ist, ob die reguläre **Kdg-Frist** eingehalten wurde.

4 § 158 findet auch bei vorzeitiger Beendigung eines **befristeten Arbeitsverhältnisses** Anwendung. Die Befristung muss dann unabhängig von der Vereinbarung über die Beendigung des Arbeitsverhältnisses bestanden haben (BSG 8.12.1987, 7 RAr 48/86, SozR 4100 § 117 Nr 21).

5 Die Entlassungsentschädigung muss »**wegen**« und nicht nur anlässlich der Beendigung des Arbeitsverhältnisses gezahlt werden. Aus welchem Grunde es zur Beendigung des Arbeitsverhältnisses gekommen ist und von welcher Seite die Initiative dazu ausgegangen ist, ist nicht relevant. Einer Anwendung des § 158 steht auch nicht entgegen, dass dem AN für den relevanten Zeitraum bis zum regulären Ende des Arbeitsverhältnisses wegen andauernder Arbeitsunfähigkeit kein Anspruch auf Arbeitsentgelt mehr zugestanden hätte (BSG 20.1.2000, B 7 AL 48/99 R, SozR 3-4100 § 117 Nr 20).

6 Nach der Rspr bedarf es keiner weiteren Prüfung, ob die Entlassungsentschädigung gerade wegen der »vorzeitigen« Beendigung des Arbeitsverhältnisses gezahlt worden ist (BSG 21.9.1995, 11 RAr 41/95, SozR 3-4100 § 117 Nr 12). Insofern wird mit § 158 eine unwiderlegliche Vermutung begründet.

7 Für die Anwendung der Norm genügt es, dass dem AN **ein Anspruch auf die Entlassungsentschädigung** eingeräumt worden ist. Von der Regelung im § 158 werden auch Entlassungsentschädigungen erfasst, die dem AN wirtschaftlich erst längere Zeit nach dem Ende des Arbeitsverhältnisses zugutekommen sollen (vgl BSG 3.3.1993, 11 RAr 57/92, SozR 3-4100 § 117 Nr 10). Die Anspruchserfüllung, also der tatsächliche Zufluss oder die Fälligkeit des Anspruchs sind nicht erforderlich. Dem schutzwürdigen Interesse des AN für den Fall der Nichterfüllung wird durch die Regelung zur Gleichwohlgewährung im IV Genüge getan (s dazu Rdn 36).

Für eine nach § 1a KSchG gezahlte Abfindung wird angenommen, diese könne immer dann nicht zum Ruhen nach § 158 SGB II führen, wenn die in § 1a KSchG geregelte Abfindungshöhe nicht überschritten wird. Dann sei im Einzelfall **nicht zu überprüfen**, ob die Kdg-Frist eingehalten worden sei Denn bei Anwendung von § 1a KSchG sollen weder Kdg-Frist noch Kdg-Zeitpunkt oder Kdg-Gründe in einem arbeitsgerichtlichen Verfahren überprüft werden. Im Einklang damit sollte dann auch im Sozialrecht eine solche Prüfung nicht erfolgen (*Peters-Lange/Gagel* NZA 2005, 740, 742). 8

C. Verschiedene Formen der Entlassungsentschädigungen. Zu den Entlassungsentschädigungen nach § 158 zählen Abfindungen (zB Abfindungen nach § 9, Entschädigungen oder ähnliche Leistungen. Es spricht nicht gegen die Anwendung des § 158, wenn die Zahlung eines Abfindungsbetrages im Rahmen eines arbeitsgerichtlichen Vergleiches vereinbart wird oder aufgrund eines arbeitsgerichtlichen Gestaltungsurteils zu zahlen ist. Entscheidend ist, ob der Abfindungsbetrag alleine Entschädigungscharakter hat, was nicht zum Ruhen des Anspruchs auf Arbeitslosengeld führt, oder ob damit auch Entgeltansprüche für die Zeit abgegolten werden sollen, die vor dem Zeitpunkt liegt, zu dem das Arbeitsverhältnis bei begründeter Kündigung hätte beendet werden können (BSG 23.6.1981, 7 RAr 29/80; LSG NRW 11.12.2014, L 9 AL 49/14 für eine nach § 13 I S 3 iVm §§ 9,10 KSchG festgesetzte Entschädigung). Nach dem Sinn der Vorschrift werden ungeachtet der gewählten Bezeichnung alle Leistungen erfasst, die **wegen (und nicht nur anlässlich) der Beendigung** des Arbeitsverhältnisses für die Zeit nach dessen Ende gewährt werden. So können zB ein Forderungsverzicht des AG oder die »Abfindung« einer erst anlässlich der Beendigung des Arbeitsverhältnisses ohne vorangegangenen Rechtsanspruch eingeräumten Anwartschaft auf eine Betriebsrente als Entlassungsentschädigung qualifiziert werden. Auch Schadensersatzansprüche des AN wegen der Beendigung des Arbeitsverhältnisses zählen zu den Entlassungsentschädigungen (BSG 3.3.1993, 11 RAr 57/92, SozR 3-4100 § 117 Nr 10). Nicht zu den Entlassungsentschädigungen zählen – auch insoweit ungeachtet der Bezeichnung zB als Abfindung – Leistungen für bereits vor der Beendigung des Arbeitsverhältnisses **erdiente Ansprüche**, die nun **nur anlässlich der Beendigung** realisiert werden (wie zB Urlaubsabgeltungen, anteilige einmalige Leistungen für zurückliegende Zeiträume, Wertguthaben nach § 7 Ia SGB IV, während der Dauer des Arbeitsverhältnisses erworbene Ansprüche auf Betriebsrenten). Karenzentschädigungen im Zusammenhang mit vertraglichen Wettbewerbsverboten zählen nicht zu den Entlassungsentschädigungen, weil der Anspruch darauf bei Ende des Arbeitsverhältnisses unabhängig von der Kdg-Frist ausgelöst wird. Werden neben der Entlassungsentschädigung nicht zu dieser zählende Leistungen gewährt, ist dies für die Anwendbarkeit des § 158 dem Grunde nach unschädlich. Eine Differenzierung hat aber für die Dauer des Ruhens Bedeutung (s Rdn 30). 9

D. Rechtsfolge. Die angeordnete Rechtsfolge eines Ruhens des Anspruchs auf Alg bedeutet, dass für den Ruhenszeitraum die Leistung nicht erbracht wird. 10

Während des Ruhenszeitraums kann der Anspruch auf Alg nicht geltend gemacht werden. Dies bedeutet aber nicht gleichzeitig einen Anspruchsverlust bzw eine Entwertung der erworbenen Anwartschaft. Der Alg-Anspruch kann nach dem Ablauf des Ruhenszeitraums ungemindert geltend gemacht werden, sofern dann die allg Anspruchsvoraussetzungen vorliegen. Für eine Anspruchsminderung bedarf es einer bes Regelung. Eine solche hat der Gesetzgeber für den Anwendungsbereich des § 158 nicht getroffen. Fallen ein Ruhenszeitraum nach § 158 und einer nach § 159 zusammen (s dazu Rdn 15), führt nur die Sperrzeit zur Minderung des Alg-Anspruchs. 11

Im Fall der Gleichwohlgewährung nach IV (s Rdn 36) erfolgt aber eine Minderung der Dauer des Alg-Anspruchs nach § 148 I Nr 1 um die Anzahl der Tage, für die geleistet wird. Die Minderung entfällt jedoch aus Billigkeitsgesichtspunkten (ganz oder zumindest teilw) wieder, wenn die BA die ihrer Leistung entspr Beträge nach Anspruchsübergang vom AG erhält oder vom AN erstattet bekommt (s hierzu Rdn 39 ff und § 157 SGB III Rdn 34). Dass die BA vom AG keine Erstattung der Sozialversicherungsbeiträge nach § 335 III und V verlangen kann, darf dabei nicht anspruchsmindernd zulasten des AN berücksichtigt werden (BSG 29.1.2008, B 7/7a AL 58/06 R). 12

E. Beginn und Lauf des Ruhenszeitraums. Der Anspruch auf Alg ruht nach I 1 »vom Ende des Arbeitsverhältnisses an«. Dies bedeutet, dass der Ruhenszeitraum **nach dem Ende des Arbeitsverhältnisses** liegt (zur Sonderregelung in III s Rdn 35). Der Ruhenszeitraum **beginnt** mit dem 1. Tag, der auf die Beendigung des 13

Arbeitsverhältnisses folgt. Gemeint ist dabei das Arbeitsverhältnis, aufgrund dessen Beendigung die Abfindungsentschädigung gezahlt wird. Es führt zu keiner Verschiebung des Beginns des Ruhens, wenn an die Beendigung dieses Arbeitsverhältnisses ein befristetes Arbeitsverhältnis bei dem bisherigen AG anschließt (BSG 15.2.2000, B 11 AL 45/99 R, SozR 3-4100 § 117 Nr 21). Dies wird auch dann gelten, wenn AN im Anschluss an das Ende des Arbeitsverhältnisses in eine selbstständige Beschäftigungsgesellschaft übernommen werden.

14 Der begonnene Ruhenszeitraum **läuft kalendermäßig ab**, unabhängig davon, ob der AN während dieses Zeitraums arbeitslos ist bzw ob er sich arbeitslos gemeldet hat.

15 Trifft ein Ruhen des Anspruchs auf Alg nach § 158 wegen einer Abfindung mit einem Ruhen wegen einer Sperrzeit nach § 159 zusammen, so laufen beide Ruhenszeiträume kalendermäßig ab. Das kann zur Folge haben, dass die beiden Ruhenszeiträume sich »überlappen« und somit ganz oder teilw parallel laufen. Eine Verlängerung nach dem kalendermäßigen Ablauf im Umfang des sich überlappenden Zeitraums erfolgt nicht. Für das Zusammentreffen mit einem Ruhen nach § 157 II wegen einer Urlaubsabgeltung gilt eine Sonderregelung. Hier verlängert sich der von der Kdg-Frist abhängige max Ruhenszeitraum nach § 158 um die Zeit des abgegoltenen Urlaubs (s Rdn 24).

16 **F. Dauer des Ruhens.** Die Ruhensdauer hängt von verschiedenen Faktoren ab. Maßgeblich Faktoren sind die geltende Kdg-Frist für das Arbeitsverhältnis und der Zeitpunkt, ab dem die Entlassungsentschädigung als verbraucht gilt. Führt die Anwendung der verschiedenen Regelungen für die Dauer des Ruhenszeitraums im konkreten Fall zu unterschiedlichen Ergebnissen, so ist **immer der für den arbeitslosen AN günstigste Endtermin maßgeblich**, also der am frühesten liegende.

17 **I. Dauer des Ruhens bis zum Ende der Kündigungsfrist. 1. Ordentliche Kündigungsfrist.** I 1 trifft eine Regelung für die Fälle, in denen das Arbeitsverhältnis durch **ordentliche Kdg** hätte beendet werden können. Der Anspruch auf Alg ruht (höchstens) **bis zu dem Tage, an dem das Arbeitsverhältnis mit Ablauf der ordentlichen Kdg-Frist geendet hätte**. Es kommt auf die Dauer der rechtlich maßgeblichen Kdg-Frist an. Ein Irrtum der Beteiligten darüber ist unerheblich (BSG 25.10.1989, 7 RAr 108/88, SozR 4100 § 117 Nr 26). Die rechtlich maßgebliche Kdg-Frist kann sich dabei aus G, TV, BV oder dem Arbeitsvertrag ergeben. Bei von vornherein befristeten Arbeitsverhältnissen steht dem Ablauf der Kdg-Frist das reguläre Auslaufen des Arbeitsverhältnisses gleich. Der Lauf der Kdg-Frist beginnt mit dem Tag des Zugangs der Kdg, die der Beendigung des Arbeitsverhältnisses vorausgegangen ist bzw bei Fehlen einer Kdg mit dem Tag der Vereinbarung über die Beendigung des Arbeitsverhältnisses.

18 **2. Fingierte Kündigungsfristen.** In I 3 Nr 1 und 2 werden den Ruhenszeitraum begrenzende (ordentliche) Kdg-Fristen für die Fälle fingiert, in denen der AG **nicht ordentlich kündigen** hätte können. Dabei ist die fingierte Kdg-Frist um so länger, je höher der erreichte **Kdg-Schutzstatus** des AN war, also umso schwieriger ihm wirksam gekündigt werden konnte.

19 Bei einem **zeitlich unbegrenzten Ausschluss** der ordentlichen Kdg gilt nach I 3 Nr 1 eine Kdg-Frist von 18 Monaten. Erfasst werden hier die Fälle, in denen der AN im konkreten Arbeitsverhältnis Kdg-Schutz für die gesamte ihm noch verbleibende Zeit des Erwerbslebens hat.

20 Bei **zeitlich begrenztem Ausschluss** der ordentlichen Kdg (zB bei BR-Mitgliedern nach § 15 KSchG, bei Schwangeren nach § 9 MuSchG, bei Kdg-Schutz vor Beginn und während der Elternzeit nach § 18 BEEG, bei bes Kdg-Schutz für schwerbehinderte Menschen nach §§ 85 ff SGB IX) gilt nach I 3 Nr 2 Alt 1 die Kdg-Frist, die ohne den Ausschluss der ordentlichen Kdg maßgebend gewesen wäre.

21 Auch bei dem Vorliegen der Voraussetzungen für **eine fristgebundene Kdg aus wichtigem Grund** gilt nach I 3 Nr 2 Alt 2 die Kdg-Frist, die ohne den Ausschluss der ordentlichen Kdg maßgebend gewesen wäre. Erfasst werden hiervon die Fälle, in denen die Arbeitsverhältnisse nicht ordentlich gekündigt werden können, aber für die betroffenen AN wegen einer Betriebsstilllegung oder Teilbetriebsstilllegung und wegen Umsetzungsmöglichkeit keine Beschäftigungsmöglichkeit mehr besteht. Weil die unbefristete Fortführung solcher Arbeitsverhältnisse zu einer unzumutbaren Belastung des AG führen würde, wird arbeitsrechtlich ein wichtiger Grund für eine außerordentliche Kdg angenommen. Dabei sind aber zumindest die Kdg-Fristen zu beachten, die bei Zulässigkeit der ordentlichen Kdg maßgeblich wären.

22 Ist nach dem Arbeitsvertrag oder nach TV eine ordentliche Kdg **nur gegen Zahlung einer Entlassungsentschädigung** zulässig, gilt gem I 4 eine **fingierte Kdg-Frist von 1 Jahr**. I 4 gilt nicht für die Fälle, in denen eine Entlassungsentschädigung ohne entspr Regelung im Arbeits- oder Tarifvertrag deshalb gezahlt wird, weil sich eine Kdg anders im konkreten Fall voraussichtlich nicht mit Aussicht auf Erfolg realisieren lässt.

23 Die Frist nach I 4 gilt nach der Rspr auch in den Fällen, in denen ein Sonderkündigungsschutz besteht und eine ordentliche Kdg nur bei Vorliegen eines **Sozialplanes oder Interessenausgleichs** zulässig ist, der

dann für den konkreten Fall eine Entlassungsentschädigung vorsieht (BSG 29.1.2001, B 7 AL 62/99 R, SozR 3-4100 § 117 Nr 22). Entspr soll I 4 auch Anwendung finden, wenn eine ordentliche Kdg nur bei Vorliegen einer Betriebsänderung möglich ist und bei einer solchen aufgrund der konkreten Verhältnisse im Betrieb die Aufstellung eines Sozialplans erforderlich ist, der dann für den betroffenen AN eine Entlassungsentschädigung vorsieht (BSG 9.2.2006, B 7a AL 44/05 R, SozR 4-4300 § 158 Nr 1). In der Literatur wird teilw vertreten, die Anwendung des I 4 auf solche Fallkonstellation führe zu einer verfassungsrechtlich bedenklichen Ungleichbehandlung gerade älterer, nur noch iR kollektiver Vereinbarungen kündbarer AN, die durch die Abfindungsregelung im Sozialplan begünstigt werden sollen (Gagel/*Gagel* § 158 Rn 58 ff). Die Problematik stellt sich von vornherein nur dann, wenn nicht der Sonderkündigungsschutz aufgrund veränderter Bedingungen wirksam modifiziert worden ist (vgl dazu BSG 9.2.2006, B 7a/7 AL 48/04 R). Es ist generell stets zu prüfen, ob für den AG eine alternative und auch realisierbare Möglichkeit der ordentlichen Kdg ohne Abfindung bestanden hätte. Dies schließt eine Anwendung des I 4 aus mit der Folge, das bei Einhaltung der ordentlichen Kdg-Frist ein Ruhen des Alg-Anspruchs nicht in Betracht kommt (BSG 9.2.2006, B 7a AL 44/05 R, SozR 4-4300 § 158 Nr 1). I 4 findet auch keine Anwendung, wenn der AG (fiktiv) trotz des Sonderkündigungsschutzes eine fristgebundene Kdg aus wichtigem Grund hätte aussprechen können (s Rdn 21). Dann ist nach der Rspr des BSG im Wege der »**teleologischen Reduktion**« die fingierte Kdg-Frist von 1 Jahr entspr der Regelung in I 3 Nr 2 Alt 2 auf höchstens den Umfang der Frist zu begrenzen, die bei einer ordentlichen Kdg maßgeblich wäre (vgl BSG 29.1.2001, B 7 AL 62/99 R, SozR 3-4100 § 117 Nr 22).

II. Verlängerung der Ruhensdauer wegen Urlaubsabgeltung. Hat der Arbeitslose auch eine Urlaubsabgeltung erhalten oder zu beanspruchen (s dazu § 157 SGB III Rdn 12 ff), verlängert sich der von der Kdg-Frist abhängige Ruhenszeitraum nach I 5 um die Zeit des abgegoltenen Urlaubs. Entscheidend ist hierbei nicht die Höhe der Urlaubsabgeltung, sondern für wie viele (noch nicht verbrauchte) Urlaubstage sie gezahlt wird. Die Regelung gilt nach ihrem Sinn und Zweck nicht nur für die Kdg-Frist nach I 1, sondern auch für die fingierten Kdg-Fristen nach I 3 und 4. Die Regelung in I 5 findet keine erweiterte Anwendung auf die Fälle, in denen der Urlaubsanspruch untergegangen ist und (statt der nicht mehr zustehenden Urlaubsabgeltung) ein arbeitsrechtlicher Schadensersatzanspruch gegen den AG besteht (BSG 21.6.2001, B 7 AL 62/00 R, SozR 3-4100 § 117 Nr 24). 24

III. Höchstdauer von einem Jahr. II 1 begrenzt den Ruhenszeitraum generell auf längstens 1 Jahr. Dies ist die absolute zeitliche Höchstdauer. Diese Jahresfrist läuft ab dem Zeitpunkt der Beendigung des Arbeitsverhältnisses, während die den Ruhenszeitraum begrenzenden Kdg-Fristen (von bis zu 18 Monaten) nach I ab dem Zeitpunkt des Zugangs der Kdg-Erklärung (der deutlich vor dem Ende des Arbeitsverhältnisses liegen kann) laufen. 25

IV. Weitere zeitliche Begrenzungen des Ruhenszeitraums. Nach II 2 Nr 2 ruht der Anspruch zudem nicht über den Tag hinaus, an dem das Arbeitsverhältnis **infolge einer Befristung**, die unabhängig von der Vereinbarung über die Beendigung bestanden hat, geendet hätte. Diese Befristung muss unabhängig von der Vereinbarung über die Beendigung des Arbeitsverhältnisses schon vorher bestanden haben. Wird das Arbeitsverhältnis erst im Hinblick auf die Beendigung und die Gewährung der Abfindung in ein befristetes umgewandelt (oder wird das ursprüngliche Fristende »vorverlegt«), ist dies als Aufhebungsvertrag zu werten. Weiter ruht der Anspruch auf Alg nach II 2 Nr 3 nicht über den Tag hinaus, an dem der AG das Arbeitsverhältnis **aus wichtigem Grund ohne Einhaltung einer Kdg-Frist hätte kündigen können**. Relevant ist hier ausdrücklich nur die Möglichkeit zur außerordentlichen Kdg durch den AG. Auf einen Grund zur außerordentlichen Kdg für den AN kommt es nicht an. Die Regelung beruht auf dem Grundgedanken, dass beim Vorliegen eines Rechts des AG zur außerordentlichen Kdg eine dennoch gezahlte Abfindung alleine der Entschädigung für den Verlust des sozialen Besitzstandes dienen wird und nicht einen Arbeitsentgeltanspruch abgelten soll. Maßgeblich ist alleine eine Möglichkeit des AG zur außerordentlichen Kdg **vor der Vereinbarung der Entlassungsentschädigung.** Die Begrenzung nach II 2 Nr 3 wird nicht dadurch ausgeschlossen, dass sich die Beteiligten nach dem Ausspruch einer außerordentlichen Kdg auf eine vergleichsweise Beendigung des Arbeitsverhältnisses einigen. Eine solche Fallgestaltung kann aber Indiz dafür sein, dass ein Grund für eine außerordentliche Kdg tatsächlich nicht vorlag (BSG 17.2.1981, 7 RAr 94/79, SozR 4100 § 117 Nr 5). 26 27

V. Begrenzung des Ruhenszeitraums durch Verbrauch der Entlassungsentschädigung. Eine weitere Begrenzungen des Ruhenszeitraums ergibt sich aus II 2 Nr 1 iVm II 3–5. Hier ist geregelt, wann der Gesetzgeber einen **Verbrauch der Entlassungsentschädigung** mit der Folge annimmt, dass nun ein Ruhen des Anspruchs auf Alg **nicht mehr gerechtfertigt ist.** 28

29 **1. Berechnungsfaktoren.** Nach II 2 Nr 1 ruht der Anspruch auf Alg nicht über den Tag hinaus, bis zu dem der AN bei Weiterzahlung des während der letzten Beschäftigungszeit kalendertäglich verdienten Arbeitsentgelts einen Betrag iHv 60 % der zu berücksichtigenden Entlassungsentschädigung als Arbeitsentgelt **verdient hätte**. (Mind) 40 % der zu berücksichtigenden Entlassungsentschädigung werden somit auch bei vorzeitiger Beendigung des Arbeitsverhältnisses dem sozialen Ausgleich für den Verlust des Arbeitsplatzes zugerechnet und sind nicht relevant für das Ruhen des Alg-Anspruchs.

30 **2. Der für das Ruhen zu berücksichtigende Teil der Entlassungsentschädigung.** Um den zu berücksichtigenden Teil der Entlassungsentschädigung zu bestimmen, muss der dem AN zugebilligte Gesamtbetrag um die Anteile bereinigt werden, die er nicht wegen, sondern nur anlässlich der Beendigung des Arbeitsverhältnisses erhalten oder zu beanspruchen hat (s. Rdn 9). Um hier von vornherein Klarheit anzustreben, ist es zweckmäßig, zB beim Abschluss eines arbeitsgerichtlichen Vergleichs die einzelnen Bestandteile der an den AN zu zahlenden Summe gesondert auszuweisen. Eine solche Aufschlüsselung ist jedoch nur von Relevanz, wenn sie nachvollziehbar die tatsächlichen Verhältnisse wiedergibt und somit einer Nachprüfung standhält.

31 Nicht zu der zu berücksichtigenden Entlassungsentschädigung gehören nach I 6 ausdrücklich Leistungen, die der AG für den AN, dessen Arbeitsverhältnis frühestens mit Vollendung des 55. Lebensjahres beendet wird, unmittelbar für dessen **Rentenversicherung** nach § 187a I SGB VI aufwendet. Dies betrifft die Fälle, in denen der AN erklärt, eine Rente wegen Alters beziehen zu wollen, die aufgrund der vorzeitigen Inanspruchnahme gemindert ist. Die direkt an den Rentenversicherungsträger gezahlten Leistungen bewirken als Beiträge für die ausfallenden Zeiten einen Ausgleich der Rentenminderung. Beträge, die über die Ausgleichsfunktion hinaus einer Höherversicherung dienen, werden nicht von I 6 erfasst. Die Reglung in I 6 gilt nach I 7 entspr für Beiträge des AG zu einer **berufsständischen Versorgungseinrichtung**.

32 **3. Minderung des prozentualen Anteils.** Der nach II 2 Nr 1 für das Ruhen maßgebliche Anteil von 60 % der zu berücksichtigenden Entlassungsentschädigung vermindert sich nach II 3 abhängig von der Dauer der Betriebs- oder Unternehmenszugehörigkeit des AN und dessen Lebensalter am Ende des Arbeitsverhältnisses. Zu berücksichtigen sind dabei auch Zeiten, in denen das Arbeitsverhältnis ruhte, zB wegen Erziehungsurlaubs. Im Fall eines Betriebsübergangs nach § 613a BGB sind die Zeiten vor dem Übergang des Betriebes mitzuzählen. Eine Übersicht über den danach jew maßgeblichen Anteil gibt die folgende Tabelle:

Maßgeblicher %-Anteil an der zu berücksichtigenden Entlassungsentschädigung						
Jahre der Zugehörigkeit zum Betrieb oder Unternehmen	Lebensalter am Ende des Arbeitsverhältnisses					
	bis 40	ab 40	ab 45	ab 50	ab 55	ab 60
weniger als 5	60 %	55 %	50 %	45 %	40 %	35 %
5 und mehr	55 %	50 %	45 %	40 %	35 %	30 %
10 und mehr	50 %	45 %	40 %	35 %	30 %	25 %
15 und mehr	45 %	40 %	35 %	30 %	25 %	25 %
20 und mehr	40 %	35 %	30 %	25 %	25 %	25 %
25 und mehr	35 %	30 %	25 %	25 %	25 %	25 %
30 und mehr		25 %	25 %	25 %	25 %	25 %
35 und mehr			25 %	25 %	25 %	25 %

33 **4. Bestimmung des kalendertäglichen Arbeitsentgelts.** Der dem prozentuellen Anteil an der zu berücksichtigenden Entlassungsentschädigung entspr Betrag ist dann durch den Brutto-Tagesverdienst (kalendertägliches Arbeitsentgelt) aus der Beschäftigung zu teilen. Gemeint ist damit (nur) die Beschäftigung während des Arbeitsverhältnisses, wegen dessen Beendigung die Entlassungsentschädigung gezahlt wird. Maßgeblich ist also das **Bruttoentgelt aus der letzten Beschäftigungszeit vor Erwerb des Anspruchs auf die Entlassungsentschädigung**. Zur Bemessung ist der Verdienst der am Tage des Ausscheidens abgerechneten Entgeltabrechnungszeiträume während der letzten 12 Monate der Beschäftigung heranzuziehen. Nach § 158 II 5 geschieht dies bereinigt um Zeiten mit Arbeitsentgeltkürzungen infolge von Krankheit, Kurzarbeit, Arbeitsausfall oder Arbeitsversäumnis. Aus der in II 4 aE angeordneten entspr Anwendung des § 150 III

ergibt sich, dass der Bemessungsrahmen auf 2 Jahre zu erweitern ist, wenn der 12-Monatszeitraum nur weniger als 150 Tage mit Anspruch auf Arbeitsentgelt enthält oder wenn der durchschnittliche Verdienst in diesem Zeitraum deutlich geringer war, als in der Zeit davor. Um das **kalendertägliche Arbeitsentgelt** zu ermitteln, ist dann das im Bemessungszeitraum abgerechnete Bruttoentgelt durch die Anzahl der Kalendertage zu dividieren, für die dieses Arbeitsentgelt gezahlt wurde. Die BA geht dabei pauschalierend von Kalendermonaten zu je 30 Tagen aus.

5. Berechnung des ruhensbegrenzenden Zeitraums. Als letzter Schritt der Ermittlung des Zeitraums, 34 während dessen der Alg-Anspruch höchstens ruht, ist der für das Ruhen relevante Betrag des maßgeblichen Prozentanteils aus der zu berücksichtigenden Entlassungsentschädigung durch das kalendertägliche Arbeitsentgelt zu dividieren. Als Resultat ergibt sich die Anzahl der Kalendertage, an denen der Alg-Anspruch nach § 158 (höchstens) ruht. Weil nur volle Tage Berücksichtigung finden, ist das Ergebnis der Berechnung bei Bedarf entspr abzurunden.

G. Entlassungsentschädigung bei Aufrechterhaltung des Arbeitsverhältnisses. III trifft eine vom eigent- 35 lichen Konzept des § 158 abw **Sonderregelung.** Grds erfasst das Ruhen nach dieser Vorschrift Zeiträume nach dem Ende des Arbeitsverhältnisses. Die hierfür geltenden Regelungen finden aber nach III auch dann entspr Anwendung, wenn das Arbeitsverhältnis zwar (formell) bestehen bleibt, aber das Beschäftigungsverhältnis (das durch die tatsächliche weisungsgebundene Ausübung von Arbeit gegen Entgelt gekennzeichnet ist) endgültig beendet wird. Wird wegen dieser Beendigung eine Entlassungsentschädigung gezahlt, finden I und II entspr Anwendung. Eine solche Fallkonstellation kann sich zB ergeben, wenn AN und AG einvernehmlich eine Ausgestaltung wählen, um durch eine (nur noch) formelle Fortführung des Arbeitsverhältnisses für eine gewisse Zeit die Bedingungen für eine Anwartschaft des AN auf eine Betriebsrente zu erfüllen.

H. Gleichwohlgewährung nach IV. Erhält der AN die vereinbarte Entlassungsentschädigung (zunächst) 36 tatsächlich nicht, wird nach IV 1 Alg auch für die Zeit geleistet, in der der Anspruch nach den vorangegangenen Abs ruht und deshalb eigentlich keine Leistung zu gewähren ist. Diese Leistungserbringung wird als »**Gleichwohlgewährung**« (s.a. § 157 SGB III Rdn 20 ff) bezeichnet. Mit dieser Regelung wird zum Schutze des AN dem Umstand Rechnung getragen, dass schon der (bloße) Anspruch auf die Entlassungsentschädigung zum Ruhen nach § 158 führt. IV 1 findet nicht nur Anwendung, wenn bei feststehendem Anspruch auf die Entlassungsentschädigung keine Zahlungen erfolgen. Erfasst werden auch die Fälle, in denen ein solcher Anspruch lediglich möglicherweise besteht oder noch entstehen wird (BSG 14.7.1994, 7 RAr 104/93, SozR 3-4100 § 117 Nr 11).

Dem Wortlaut des IV 1 kommt die Gleichwohlgewährung auch für eine Zeit in Betracht, in der ein AN 37 die Entlassungsentschädigung nicht erhält, weil er und der AG einen **Fälligkeitszeitpunkt** vereinbart haben, der deutlich nach dem Ende des Arbeitsverhältnisses liegt. Wenn aber keine Zweifel an der späteren Zahlung des AG bestehen, sprechen Sinn und Zweck der Regelung gegen einen Anspruch im Rahmen der Gleichwohlgewährung. Denn durch die Gleichwohlgewährung nach IV sollen »Leistungsstörungen« erfasst werden, aber nicht ein einvernehmliches Hinausschieben der Leistung. Allerdings ist es problematisch, die Gleichwohlgewährung auszuschließen, wenn für einen längeren Zeitraum während der Arbeitslosigkeit eben nicht der wirtschaftliche Ausfall des Arbeitsentgelts kompensiert wird. Deshalb erscheint es sachgerecht, dass die Leistung von Alg im Rahmen der Gleichwohlgewährung bei einer vereinbarten späteren Fälligkeit der Entlassungsentschädigung dann nicht versagt werden kann, wenn ein Abwarten der Fälligkeit dem AN nicht zuzumuten ist und nachvollziehbare, nicht auf eine missbräuchliche Gestaltung hindeutende Gründe für die Vereinbarung eines späteren Zuflusses vorliegen.

Die Gleichwohlgewährung setzt voraus, dass iÜ die Voraussetzungen für den Anspruch auf Alg vorliegen. 38 Ist dies nicht der Fall (zB weil der AN nicht arbeitslos ist), ist eine Leistungsbewilligung rechtswidrig und nach §§ 45 ff SGB X aufzuheben.

Bei der Leistung von Alg nach IV handelt es sich der Konzeption nach um eine »Vorleistung« der BA, in deren 39 Umfang der Anspruch des AN gegen den AG auf die Entlassungsentschädigung auf die BA bis zur Höhe der erbrachten Alg kraft G nach § 115 SGB X **übergeht** (BSG 8.2.2001, B 11 AL 59/00 R, SozR 3-4100 § 117 Nr 23). In IV 1 wird ausdrücklich bestimmt, dass es sich bei der Entlassungsentschädigung um Arbeitsentgelt iSv § 115 SGB X handelt, sodass der dort geregelte Anspruchsübergang greift. Der Anspruchsübergang nach IV 1 iVm § 115 SGB X berührt nicht den privatrechtlichen Charakter des übergangenen Anspruchs auf Entlassungsentschädigung. Die BA kann den Anspruch nicht durch VA geltend machen, sondern muss ggf versuchen, ihn im arbeitsgerichtlichen Verfahren durchzusetzen.

Leistet der AG nach dem Übergang mit befreiender Wirkung dennoch an den AN oder an einen Dritten, ist 40 der AN ggü der BA insoweit (also in Höhe des tatsächlich erhaltenen Betrages) **erstattungspflichtig** (IV 2).

Dies gilt auch dann, wenn der AG nach Anspruchsübergang mit einer Forderung gegen den AN wirksam aufgerechnet hat.

41 Bei dem Erstattungsanspruch gegen den AN nach IV 2 handelt es sich um einen eigenständigen **öffentl-rechtlichen Erstattungsanspruch.** Der Erstattungsanspruch setzt keine Aufhebung der Alg-Bewilligung voraus. Er ist von der BA durch einen **Erstattungsbescheid** geltend zu machen. Ist dies geschehen, verjährt der Erstattungsanspruch entspr § 50 IV SGB X erst in 4 Jahren nach Ablauf des Kalenderjahres, in dem der Bescheid unanfechtbar geworden ist.

42 **I. Sozialrechtliche Folgen des Ruhens nach § 158.** Bei der wegen der Beendigung einer versicherungspflichtigen Beschäftigung für die Zeit nach dem Ende des Arbeitsverhältnisses gezahlten Entlassungsentschädigung handelt es **nicht um beitragspflichtiges Arbeitsentgelt**, weil die Zahlung nicht einer Zeit der beitragspflichtigen Beschäftigung zugeordnet werden kann (BSG 21.2.1990, 12 RK 20/88, SozR 3-2400 § 14 Nr 2).

43 Für den AN von erheblicher Tragweite ist, dass während des Ruhenszeitraums nach § 158 der Pflichtversicherungstatbestand in der gesetzlichen **Krankenversicherung** für Bezieher von Alg nach § 5 I Nr 2 SGB V nicht vorliegt. Ist der auf längstens 1 Monat begrenzte nachgehende Anspruch auf Leistungen aus der Krankenversicherung im Anschluss an eine versicherungspflichtige Beschäftigung nach § 19 II SGB V erloschen und besteht auch keine **Familienversicherung** nach § 10 SGB V, muss der arbeitslose AN den Krankenversicherungsschutz selbst sicherstellen. Zur Familienversicherung ist zu beachten, dass die monatlichen Beträge einer ratenweise zu zahlenden Entlassungsentschädigung zum Gesamteinkommen zählen und bei entspr Höhe die Krankenversicherung über den Ehepartner ausschließen (BSG 25.1.2006, B 12 KR 2/05 R, SozR 4-2500 § 10 Nr 6). Zudem erhalten Familienversicherte kein Krankengeld (§ 44 I 2 SGB V).

44 Eine Sicherstellung des Krankenversicherungsschutzes kann durch **freiwillige Weiterversicherung** in der gesetzlichen Krankenversicherung nach § 9 I Nr 1 SGB V erfolgen, sofern der AN die erforderliche Vorversicherungszeit erfüllt. Anders ist die Situation der AN, denen Alg iRd Gleichwohlgewährung nach IV geleistet wird (s dazu Rdn 36). Dann liegt aufgrund des tatsächlichen Bezugs der Leistung der Pflichtversicherungstatbestand nach § 5 I Nr 2 SGB V vor, der auch nicht rückwirkend entfällt, wenn die Entlassungsentschädigung gezahlt wird.

45 In der gesetzlichen **Rentenversicherung** besteht während des Zeitraums eines Ruhens nach § 158 keine Versicherungspflicht. Sofern sich der AN für den Ruhenszeitraum arbeitslos gemeldet hat, kann aber rentenrechtlich nach § 58 I Nr 3 SGB VI eine Berücksichtigung als Anrechnungszeit erfolgen. Dies gilt aber nicht, soweit der Ruhenszeitraum nach § 158 mit einem Ruhenszeitraum wegen einer Sperrzeit nach § 159 zusammenfällt (s § 159 SGB III Rdn 82).

§ 159 Ruhen bei Sperrzeit

(1) ¹Hat die Arbeitnehmerin oder der Arbeitnehmer sich versicherungswidrig verhalten, ohne dafür einen wichtigen Grund zu haben, ruht der Anspruch für die Dauer einer Sperrzeit. ²Versicherungswidriges Verhalten liegt vor, wenn

1. die oder der Arbeitslose das Beschäftigungsverhältnis gelöst oder durch ein arbeitsvertragswidriges Verhalten Anlass für die Lösung des Beschäftigungsverhältnisses gegeben und dadurch vorsätzlich oder grob fahrlässig die Arbeitslosigkeit herbeigeführt hat (Sperrzeit bei Arbeitsaufgabe),
2. die bei der Agentur für Arbeit als arbeitsuchend gemeldete (§ 38 Abs. 1) oder die arbeitslose Person trotz Belehrung über die Rechtsfolgen eine von der Agentur für Arbeit unter Benennung des Arbeitgebers und der Art der Tätigkeit angebotene Beschäftigung nicht annimmt oder nicht antritt oder die Anbahnung eines solchen Beschäftigungsverhältnisses, insbesondere das Zustandekommen eines Vorstellungsgespräches, durch ihr Verhalten verhindert (Sperrzeit bei Arbeitsablehnung),
3. die oder der Arbeitslose trotz Belehrung über die Rechtsfolgen die von der Agentur für Arbeit geforderten Eigenbemühungen nicht nachweist (Sperrzeit bei unzureichenden Eigenbemühungen),
4. die oder der Arbeitslose sich weigert, trotz Belehrung über die Rechtsfolgen an einer Maßnahme zur Aktivierung und beruflichen Eingliederung (§ 45) oder einer Maßnahme zur beruflichen Ausbildung oder Weiterbildung oder einer Maßnahme zur Teilhabe am Arbeitsleben teilzunehmen (Sperrzeit bei Ablehnung einer beruflichen Eingliederungsmaßnahme),
5. die oder der Arbeitslose die Teilnahme an einer in Nummer 4 genannten Maßnahme abbricht oder durch maßnahmewidriges Verhalten Anlass für den Ausschluss aus einer dieser Maßnahmen gibt (Sperrzeit bei Abbruch einer beruflichen Eingliederungsmaßnahme),

6. die oder der Arbeitslose einer Aufforderung der Agentur für Arbeit, sich zu melden oder zu einem ärztlichen oder psychologischen Untersuchungstermin zu erscheinen (§ 309), trotz Belehrung über die Rechtsfolgen nicht nachkommt oder nicht nachgekommen ist (Sperrzeit bei Meldeversäumnis),
7. die oder der Arbeitslose seiner Meldepflicht nach § 38 Abs. 1 nicht nachgekommen ist (Sperrzeit bei verspäteter Arbeitsuchendmeldung).

³Die Person, die sich versicherungswidrig verhalten hat, hat die für die Beurteilung eines wichtigen Grundes maßgebenden Tatsachen darzulegen und nachzuweisen, wenn diese in ihrer Sphäre oder in ihrem Verantwortungsbereich liegen.

(2) ¹Die Sperrzeit beginnt mit dem Tag nach dem Ereignis, das die Sperrzeit begründet, oder, wenn dieser Tag in eine Sperrzeit fällt, mit dem Ende dieser Sperrzeit. ²Werden mehrere Sperrzeiten durch dasselbe Ereignis begründet, folgen sie in der Reihenfolge des Absatzes 1 Satz 2 Nr. 1 bis 7 einander nach.

(3) ¹Die Dauer der Sperrzeit bei Arbeitsaufgabe beträgt zwölf Wochen. ²Sie verkürzt sich
1. auf drei Wochen, wenn das Arbeitsverhältnis innerhalb von sechs Wochen nach dem Ereignis, das die Sperrzeit begründet, ohne eine Sperrzeit geendet hätte,
2. auf sechs Wochen, wenn
   a) das Arbeitsverhältnis innerhalb von zwölf Wochen nach dem Ereignis, das die Sperrzeit begründet, ohne eine Sperrzeit geendet hätte oder
   b) eine Sperrzeit von zwölf Wochen für die arbeitslose Person nach den für den Eintritt der Sperrzeit maßgebenden Tatsachen eine besondere Härte bedeuten würde.

(4) ¹Die Dauer der Sperrzeit bei Arbeitsablehnung, bei Ablehnung einer beruflichen Eingliederungsmaßnahme oder bei Abbruch einer beruflichen Eingliederungsmaßnahme beträgt
1. im Falle des erstmaligen versicherungswidrigen Verhaltens dieser Art drei Wochen,
2. im Falle des zweiten versicherungswidrigen Verhaltens dieser Art sechs Wochen,
3. in den übrigen Fällen zwölf Wochen.

²Im Falle der Arbeitsablehnung oder der Ablehnung einer beruflichen Eingliederungsmaßnahme nach der Meldung zur frühzeitigen Arbeitsuche (§ 38 Abs. 1) im Zusammenhang mit der Entstehung des Anspruchs gilt Satz 1 entsprechend.

(5) Die Dauer einer Sperrzeit bei unzureichenden Eigenbemühungen beträgt zwei Wochen.

(6) Die Dauer einer Sperrzeit bei Meldeversäumnis oder bei verspäteter Arbeitsuchendmeldung beträgt eine Woche.

Übersicht

		Rdn.
A.	Zweck der Vorschrift	1
B.	Sperrzeittatbestände	4
C.	Sperrzeit bei Arbeitsaufgabe	5
I.	Lösung des Beschäftigungsverhältnisses durch den AN	6
	1. Allg Voraussetzungen	6
	2. Eigenkündigung	9
	3. Aufhebungsvertrag oder vertragliche Umgestaltung des Arbeitsverhältnisses	10
	4. Mitwirkung des AN bei Kdg durch AG	11
II.	Zur Kdg führendes vertragswidriges Verhalten des AN	18
III.	Kausalität	21
IV.	Verschulden	27
V.	Wichtiger Grund	31
	1. Allgemeines	31
	2. Wichtige Gründe im Zusammenhang mit dem Arbeitsverhältnis	34
	3. Die Aufnahme eines neuen befristeten Arbeitsverhältnisses als wichtiger Grund	41
	4. Wichtige Gründe bei drohender Kdg oder Kdg durch den AG	42
	5. Wichtige Gründe aus dem persönlichen Bereich des AN	47

		Rdn.
VI.	Ermittlung und Beweislast	51
VII.	Ruhen des Anspruchs auf Alg als Rechtsfolge der Sperrzeit	52
VIII.	Beginn und Lauf der Sperrzeit bei Arbeitsaufgabe	54
	1. Beginn der Sperrzeit	54
	2. Lauf der Sperrzeit	61
IX.	Dauer der Sperrzeit	62
X.	Verkürzung wegen einer besonderen Härte	63
XI.	Anspruchsminderung als weitere Rechtsfolge	69
D.	Sperrzeit bei verspäteter Arbeitsuchendmeldung	71
I.	Sperrzeitvoraussetzungen	72
II.	Schuldhafte Obliegenheitsverletzung	73
	1. Verschuldenserfordernis	73
III.	Wichtiger Grund	77
IV.	Folgen der Sperrzeit bei verspäteter Arbeitsuchendmeldung	78
E.	Mögliches vollständiges Erlöschen des Alg-Anspruchs bei mehreren Sperrzeiten	79
F.	Sozialrechtliche Folgen der Sperrzeit	81
G.	Verfahrensrechtliche Fragen	84

§ 159 SGB III   Ruhen bei Sperrzeit

1 **A. Zweck der Vorschrift.** § 159 entspricht dem vormaligen § 144. Die neue Nummerierung erfolgt aufgrund der Neuregelung der Systematik des Arbeitsförderungsrechts mit Wirkung zum 1.4.2012 durch das Gesetz zur Verbesserung der Eingliederungschancen am Arbeitsmarkt (Eingliederungschancengesetz) vom 20.12.2011 (BGBl I S 2854).

2 § 159 SGB regelt in welchen Fällen nach der Wertung des Gesetzgebers ein Verhalten des AN vorliegt, aufgrund dessen er den Versicherungsfall der Arbeitslosigkeit zu vertreten und sich damit versicherungswidrig verhalten hat. Folge des als »versicherungswidrig« bewerteten Verhaltens ist der Eintritt einer **Sperrzeit**, während derer der Anspruch auf Alg ruht. Die Sperrzeit führt zudem zur Minderung eines erworbenen Alg-Anspruchs und bei mehreren Sperrzeiten kann sogar der Anspruchsverlust eintreten (s Rdn 79).

3 Für die AN, die bei Eintritt der Arbeitslosigkeit auf Alg für ihren Lebensunterhalt angewiesen sind, hat die Sperrzeit erhebliche Konsequenzen. Die Sperrzeit berührt neben der durch Art 12 I GG geschützten Berufswahl auch die Eigentumsgarantie nach Art 14 I GG, weil die Anwartschaft auf Alg auf eigenen Leistungen des AN beruht. Dass die Sperrzeittatbestände insofern unmittelbar in Freiheitsrechte eingreifen, ist bei der Auslegung des § 159 im Einzelfall zu berücksichtigen (Gagel/*Winkler* § 159 Rn 35 ff).

4 **B. Sperrzeittatbestände.** In § 159 I 2 sind in Nr 1–7 insgesamt 7 Fallgruppen sperrzeitrelevanten Verhaltens aufgeführt. Im Folgenden werden nur die beiden von **Nr 1 (Sperrzeit bei Arbeitsaufgabe)** und **Nr 7 (Sperrzeit bei verspäteter Arbeitsuchendmeldung)** erfassten Sperrzeittatbestände erläutert. Die anderen Fallgruppen betreffen sperrzeitbegründendes Verhalten nach bereits eingetretener Arbeitslosigkeit und stehen deshalb nicht im unmittelbaren Zusammenhang mit dem Ende des Arbeitsverhältnisses.

5 **C. Sperrzeit bei Arbeitsaufgabe.** Nach § 159 I 2 Nr 1 tritt eine Sperrzeit ein, wenn der AN das **Beschäftigungsverhältnis** gelöst oder durch ein arbeitsvertragswidriges Verhalten Anlass für die Lösung des Beschäftigungsverhältnisses gegeben und dadurch vorsätzlich oder grob fahrlässig die Arbeitslosigkeit herbeigeführt hat. Erfasst werden hier 2 Verhaltensvarianten, wobei Anknüpfungspunkt für die Sperrzeit immer nur auf das Verhalten des AN (und nicht das des AG) ist. Der AN kann das Beschäftigungsverhältnis entweder (I.) selbst gelöst haben oder aber (II.) der AG hat das Beschäftigungsverhältnis durch eine Kdg wegen eines arbeitsvertragswidrigen Verhaltens des AN gelöst. Bei beiden Varianten tritt die Sperrzeit nur ein, wenn durch das Verhalten des AN (III.) ursächlich die Arbeitslosigkeit herbeigeführt wurde, das zum Arbeitsplatzverlust führende Verhalten (IV.) schuldhaft (vorsätzlich oder grob fahrlässig) war und der AN für sein Verhalten keinen (V.) wichtigen Grund hatte.

6 **I. Lösung des Beschäftigungsverhältnisses durch den AN. 1. Allg Voraussetzungen.** Voraussetzung für die Sperrzeit ist die Lösung des Beschäftigungsverhältnisses. Erfasst werden nur **versicherungspflichtige Beschäftigungsverhältnisse** mit einer Arbeitszeit von nicht weniger als wöchentlich 15 Stunden, denn nur diese schließen gem § 138 III die Arbeitslosigkeit aus. Lösung vom Beschäftigungsverhältnis bedeutet die Beendigung einer bestehenden Beschäftigung. Beschäftigung ist die nichtselbstständige (weisungsgebundene) Arbeit, insb in einem Arbeitsverhältnis (§ 7 I SGB IV). Gemeint ist die tatsächliche Verrichtung von Arbeit nach Weisungen bei Eingliederung in den Betrieb des AG. Das Beschäftigungsverhältnis ist beendet, wenn der AG sein Direktionsrecht (die faktische Verfügungsmacht) nicht mehr ausübt und/oder die Dienstbereitschaft des AN entfällt. Damit ist das Beschäftigungsverhältnis nicht zwangsläufig deckungsgleich mit dem Arbeitsverhältnis. Der »leistungstechnische« Begriff des Beschäftigungsverhältnisses (s näher § 157 Rdn 4 f) ist vom Bestand des Arbeitsverhältnisses grds unabhängig. Während das Arbeitsverhältnis durch (wirksame und rechtmäßige) Willenserklärungen beendet werden kann, kommt es für den Bestand des Beschäftigungsverhältnisses auf den **tatsächlichen Geschehensablauf** an (BSG 18.12.2003, B 11 AL 35/03 R, SozR 4-4300 § 159 Nr 6). Deshalb kann Beschäftigungslosigkeit auch bei Fortbestehen des Arbeitsverhältnisses eintreten. Möglich ist zB eine Lösung vom Beschäftigungsverhältnis bei (zunächst) fortbestehendem Arbeitsverhältnis durch ein tatsächliches Verhalten des AN. Dies kann etwa dadurch geschehen, dass der AN nach einer Auseinandersetzung mit dem AG die Arbeitsstätte verlässt und in der Folgezeit nicht mehr erscheint, um die Arbeit doch wiederaufzunehmen. Es kommt darauf an, ob das Verhalten des AN objektiv unter Beachtung aller Umstände so zu verstehen ist, dass er das Beschäftigungsverhältnis beenden will. In den allermeisten Fällen wird die Beendigung des Beschäftigungsverhältnisses aber Folge davon sein oder damit einhergehen, dass ein bestehendes Arbeitsverhältnis gekündigt oder einvernehmlich aufgelöst wird. Deshalb wird an das für die Beendigung des Arbeitsverhältnisses relevante Verhalten des AN dann auch für die Sperrzeit angeknüpft.

7 Nach der Rspr des BSG kann auch die Lösung eines Beschäftigungsverhältnisses während eines **Ausbildungsverhältnisses** zur Sperrzeit führen. Wegen des bes Charakters des Ausbildungsverhältnisses und der

Ausstrahlung der durch Art 12 GG geschützten Berufswahlfreiheit dürfte aber meistens ein wichtiger Grund für die Aufgabe der Ausbildung vorliegen (vgl BSG 13.3.1990, 11 RAr 69/88, SozR 3-4100 § 119 Nr 2). Eine Lösung vom Beschäftigungsverhältnis liegt auch dann vor, wenn der AN nach der Aussprache der Kdg durch den AG nun seinerseits das Beschäftigungsverhältnis zu einem **früheren Zeitpunkt** beendet. Eine Sperrzeit kann dann in den Zeitraum hineinreichen, in dem Arbeitslosigkeit auch wegen der Kdg durch den AG vorgelegen hätte (BSG 5.8.1999, B 7 AL 14/99 R, SozR 3-4100 § 119 AFG Nr 17). 8

2. Eigenkündigung. Ein Lösen des Beschäftigungsverhältnisses durch den AN kann mittels einer von ihm ausgesprochenen **Kdg** des Arbeitsverhältnisses erfolgen. Hierbei kommt es nicht darauf an, ob die Kdg fristgem oder fristlos erfolgt und ob sie rechtlich begründet war. Auch die Motive für die Kdg sind insoweit nicht von Bedeutung. Grds handelt ein AN versicherungswidrig iSd Arbeitsförderungsrechts, wenn er selbst das Arbeitsverhältnis kündigt. Ob die Eigen-Kdg ausnahmsweise gerechtfertigt ist, ist bei der Frage zu prüfen, ob ein wichtiger Grund für einen solchen Schritt vorlag (s dazu Rdn 34 ff). 9

3. Aufhebungsvertrag oder vertragliche Umgestaltung des Arbeitsverhältnisses. Die Lösung vom Beschäftigungsverhältnis kann auch durch den Abschluss eines Aufhebungs- bzw Auflösungsvertrages erfolgen, in dem AN und AG die Beendigung des Arbeitsverhältnisses zu einem bestimmten Zeitpunkt vereinbaren. Die vom AN im Vertrag erklärte Zustimmung ist dann ursächlich für die Auflösung des Arbeitsverhältnisses. Es kommt nicht darauf an, von wem die Initiative zum Abschluss des Aufhebungsvertrages aufgegangen ist und wer das vorrangige Interesse an dem Abschluss hat. Vereinbaren AN und AG die Umwandlung eines unbefristeten Arbeitsverhältnisses in ein befristetes, liegt auch darin eine Lösung des Beschäftigungsverhältnisses (BSG 21.7.2009, B 7 AL 6/08 R). 10

4. Mitwirkung des AN bei Kdg durch AG. Auch ohne dass der AN der Auflösung des Arbeitsverhältnisses ausdrücklich zustimmt, kann eine einvernehmliche Auslösung unter seiner Mitwirkung vorliegen. Dafür reicht es aber nicht aus, dass er AN eine Kdg durch den AG **lediglich hinnimmt** und eine Kdg-Schutzklage unterlässt. Dies gilt auch für eine erkennbar rechtswidrige Kdg. Das BSG verlangt in seiner neueren Rspr für eine sperrzeitrelevante Lösung vom Beschäftigungsverhältnis ein **aktives Handeln** des AN (BSG 25.4.2002, B 11 AL 89/01 R, SozR 3-4100 § 119 Nr 24). Allg ist auch dann, wenn der AG formal die Kdg ausspricht, aufgrund einer Gesamtbetrachtung der vorangegangenen Gespräche und Verh zu prüfen, ob ein Verhalten des AN vorliegt, dass **dem Abschluss eines Aufhebungsvertrages gleichkommt** (BSG 9.11.1995, 11 RAr 27/95, SozR 3-4100 § 119 Nr 9). Ein solches kann darin liegen, dass ein AN, dessen ordentliche Kdg tarifvertraglich ausgeschlossen ist, mit der Aussprache der Kdg verbundene **finanzielle Zuwendungen entgegennimmt** und damit die Kdg hinnimmt. Auch insofern reicht aber das bloße passive Entgegennehmen der Zuwendung nicht. Das Verhalten muss die Bedeutung einer zumindest konkludenten Erklärung haben, dass Einverständnis mit dem Handeln des AG besteht. Dies kann zB der Fall sein, wenn der AN zu verstehen gibt, er verzichte gerade im Hinblick auf den Abfindungsbetrag auf eine Kdg-Schutzklage gegen die rechtswidrige Kdg. 11

Ein Lösen vom Beschäftigungsverhältnis durch den AN liegt auch vor, wenn er mit dem AG die **Absprache trifft**, nach Erhebung der Kdg-Schutzklage im arbeitsgerichtlichen Verfahren **in einen Vergleich einzuwilligen**. In einem solchen Fall hat sich der AN **gebunden**, die Kdg-Schutzklage nur zum Schein ernsthaft zu betreiben, gerade um die Rechtsfolge des § 159 zu vermeiden. Wenn aber eine solche Absprache fehlt, kann eine nachträgliche Einigung in einem arbeitsgerichtlichen Verfahren nicht sperrzeitbegründend sein. Dies gilt auch für den **Verzicht**, einen Kdg-Schutzprozess fortzuführen, sofern dies nicht auf einer diesbezüglichen Vereinbarung mit dem AG beruht. Auch die nicht mit bes Absprachen verbundene Erklärung des AN während des Laufs der Klagefrist, dass er sich nicht gegen die Kdg wehren werde, kann nicht zu einer Sperrzeit führen. Es besteht keine Obliegenheit des AN, eine **Kdg-Schutzklage** zu erheben und einen Kdg-Schutzprozess zu betreiben. 12

Nach **§ 1a KSchG** kann der AG in der schriftlichen Kdg-Erklärung eine ordentliche betriebsbedingte Kdg mit der Erklärung verbinden, dass er dem AN eine **Abfindung** für den Fall gewährt, dass dieser keine Kdg-Schutzklage erhebt. Die Höhe der in diesem Fall zu zahlenden Abfindung ist in § 1a II KSchG geregelt. Der Gesetzgeber hat mit § 1a KSchG eine Möglichkeit für die Arbeitsvertragsparteien geschaffen, im Fall einer betriebsbedingten Kdg eine einfache, effiziente und kostengünstige vorgerichtliche Klärung über die Voraussetzungen der Beendigung des Arbeitsverhältnisses zu erreichen (so die Gesetzesbegr in BT-Drs 14/1204, S 9). Es würde einen Wertungswiderspruch bedeuten, ein versicherungswidriges Lösen vom Beschäftigungsverhältnis anzunehmen, wenn AN und AG von dieser Möglichkeit Gebrauch machen. Wenn der AN das Angebot des AN auf Zahlung einer Abfindung nach **§ 1a KSchG** stillschweigend akzeptiert und die Frist für eine Kdg-Schutzklage verstreichen lässt, fehlt es schon an seiner aktiven Beteiligung, 13 sodass kein Lösen vom Beschäftigungsverhältnis vorliegt. Wenn der AN bereits vor Aussprache der Kdg mit dem AG eine Auflösung des Arbeitsverhältnisse nach dem Modell des § 1a KSchG vereinbart, wird ihm dafür ein zum Ausschluss der Sperrzeit führender wichtiger Grund zuzubilligen sein (s Rdn 45).

14 In den Fällen, in denen die angebotene Abfindung den gesetzlichen Rahmen überschreitet, ist wieder unter Berücksichtigung der Gesamtumstände zu prüfen, ob eine dem aktiven Handeln gleichzusetzende konkludente Zustimmung des AN zu einer mutmaßlich ansonsten wegen Rechtswidrigkeit nicht zu realisierenden Kdg vorliegt.

15 Es kann auch nicht zu einer Sperrzeit führen, wenn der AN im arbeitsgerichtlichen Verfahren die **Auflösung des Arbeitsverhältnisses** wegen der Unzumutbarkeit der Fortführung und die Verurteilung des AG zur Zahlung einer angemessenen Abfindung nach den §§ 9, 10 KSchG beantragt. Auch hier würde es einen Wertungswiderspruch bedeuten, das Gebrauchmachen von einer ausdrücklich für den Konfliktfall eingeräumten Möglichkeit als versicherungswidriges Verhalten zu qualifizieren. Jedenfalls liegt bei einer dem Antrag folgenden Auflösung des Arbeitsverhältnisses durch das ArbG ein wichtiger Grund iSd § 159 vor.

16 Umstr ist, ob eine Lösung des Beschäftigungsverhältnisses durch den AN darin liegen kann, dass er das in einer **Änderungs-Kdg** des AG liegende Angebot zum Abschluss eines neuen Arbeitsvertrages mit veränderten Konditionen nicht annimmt. Dies wird (von *Löwisch* NZA 1998, 729, 730; aA Gagel/*Winkler* § 159 Rn 62) im Hinblick auf die sich aus § 2 V ergebende Obliegenheit des AN, jede zumutbare Möglichkeit zur Vermeidung von Arbeitslosigkeit zu nutzen, angenommen. Dagegen spricht, dass die Nichtannahme des neuen Angebots kein aktives Handeln des AN darstellt. Darauf könnte nur verzichtet werden, wenn man aus § 2 für diese Fallkonstellation eine »Garantenstellung« des AN ableiten würde, die das Unterlassen (durch Nichtannahme des Angebots) iRd § 159 dem aktiven Handeln gleichstellt. Eine solche Bedeutung wird man der allg Obliegenheit nicht beimessen können. Letztlich würde dadurch eine Ausweitung des Sperrzeittatbestands bewirkt. Nach der geltenden Rechtslage ist davon auszugehen, dass der AN, der einem in der Änderungs-Kdg liegenden neuen Angebot des AG nicht zustimmt, auch dann, wenn dieses nach dem Arbeits- und dem Arbeitsförderungsrecht zumutbar erscheint, nicht mit einer Sperrzeit zu rechnen braucht.

17 Nach der Rspr des BSG kann ein Lösen vom Beschäftigungsverhältnis durch den AN auch dadurch verwirklicht werden, dass er nach arbeitgeberseitiger Kdg mit dem AG die näheren Modalitäten iR eines **Abwicklungsvertrages** regelt, in dem eine Regelung über eine Entlassungsentschädigung getroffen wird. Auch durch solche Verträge beteiligt sich der AN an der Beendigung des Beschäftigungsverhältnisses, wenn er ausdrücklich oder konkludent auf die Geltendmachung seines Kdg-Schutzes verzichtet. Erforderlich für das sperrzeitrelevante aktive Handeln des AN ist, dass er im Abwicklungsvertrag **eine verbindliche Vereinbarung** mit dem AG über den Bestand der Kdg und deren Folgen trifft. Dabei kommt es nicht darauf an, ob die Vereinbarung über die Hinnahme der Kdg vor oder nach deren Ausspruch getroffen wird. Kein zur Lösung des Beschäftigungsverhältnisses führendes Handeln des AN liegt vor, wenn in einem Abwicklungsvertrag nach Ablauf der Frist für die Erhebung der Kdg-Schutzklage und ohne vorherige Absprachen oder Ankündigungen **lediglich Einzelheiten zur Beendigung des Arbeitsverhältnisses** geregelt werden (BSG 18.12.2003, B 11 AL 35/03 R, SozR 4-4300 § 159 Nr 6).

18 **II. Zur Kdg führendes vertragswidriges Verhalten des AN.** Eine Sperrzeit kann auch durch ein arbeitsvertragswidriges Verhalten des AN ausgelöst werden, dass dem AG Anlass für die Lösung des Beschäftigungsverhältnisses gibt. Relevant ist nur ein Verhalten, dass den AG berechtigt, eine **verhaltensbedingte Kdg** auszusprechen. In Betracht kommt sowohl eine ordentliche als auch eine außerordentliche rechtmäßige verhaltensbedingte Kdg. Liegen nur Gründe für eine personenbedingte Kdg durch den AG vor, kann dies nicht zu einer Sperrzeit führen.

19 Das zur verhaltensbedingten Kdg berechtigende Verhalten des AN muss objektiv vorgelegen haben. Davon kann nicht ohne Weiteres ausgegangen werden, wenn der AN eine verhaltensbedingte Kdg angefochten und sich dann im arbeitsgerichtlichen Verfahren mit dem AG vergleichsweise geeinigt hat. Es muss dann ggf im sozialgerichtlichen Verfahren festgestellt werden, ob die Kdg rechtmäßig war.

20 IdR wird eine rechtmäßige verhaltensbedingte Kdg immer ein Verhalten während der Ausübung der vertraglich geschuldeten Arbeit voraussetzen. Ausnahmsweise kann aber auch ein **Verhalten im Privatbereich** als Verstoß gegen arbeitsvertragliche Pflichten zu qualifizieren sein. So hat das BSG angenommen, die private **Trunkenheitsfahrt** eines als Kraftfahrer beschäftigten AN könne im Einzelfall gegen ausdrücklich vereinbarte Verhaltenspflichten oder dem Vertragsverhältnis zugrunde liegende »Schutz- und Erhaltungspflichten« verstoßen und deshalb eine verhaltensbedingte ordentliche Kdg rechtfertigen (BSG 6.3.2003, B 11 AL 69/02 R, SozR 4-4300 § 159 Nr 2). Nach aA soll bei einer Trunkenheitsfahrt während der Freizeit regelmäßig nur eine personenbedingte Kdg wegen des Verlusts der Fahrerlaubnis vorliegen (Gagel/*Winkler* § 144 Rn 70).

III. **Kausalität.** Sowohl ein Lösen vom Beschäftigungsverhältnis durch den AN als auch sein zur verhaltensbedingten Kdg führendes Verhalten können nur dann eine Sperrzeit auslösen, wenn dadurch (ursächlich) **Arbeitslosigkeit herbeigeführt** worden ist. Arbeitslosigkeit setzt dabei nicht voraus, dass sich der AN tatsächlich für Vermittlungsbemühungen der BA zur Verfügung stellt und/oder sich selbst bemüht, seine Beschäftigungslosigkeit zu beenden. ISd § 159 ist Arbeitslosigkeit bereits bei faktischer Beschäftigungslosigkeit gegeben (BSG 17.10.2002, B 7 AL 136/01, SozR 3-4300 § 144 Nr 12). 21

Ist trotz Ende des konkreten Beschäftigungsverhältnisses überhaupt keine Arbeitslosigkeit eingetreten, weil nahtlos eine **Anschlussbeschäftigung** folgte, kann keine Sperrzeit eintreten. Allerdings ist für die Kausalität nicht erforderlich, dass die Arbeitslosigkeit **unmittelbar** durch die Lösung vom Beschäftigungsverhältnis herbeigeführt worden ist. Kausalität liegt auch noch vor, wenn der AN nahtlos ein nur befristetes Anschluss-Beschäftigungsverhältnis aufnimmt und Arbeitslosigkeit nach dessen Ende eintritt (BSG 12.7.2006, B 11a AL 55/05 R, NZA 2006, 1362). Es muss dann geprüft werden, ob aufgrund der Aufnahme des Anschlussarbeitsverhältnisses eine Sperrzeit mangels Verschuldens des AN ausscheidet (s dazu Rdn 28) und (wenn dies nicht der Fall ist) ob ein wichtiger Grund für die Lösung vom unbefristeten Beschäftigungsverhältnis vorlag (s dazu Rdn 41). 22

Für die Annahme der Ursächlichkeit ist es unschädlich, dass das Arbeitsverhältnis zum gleichen Zeitpunkt aller Wahrscheinlichkeit nach auch aus anderen Gründen (etwa durch eine zu erwartende Kdg durch den AG oder den Insolvenzverwalter) beendet worden wäre. Hypothetische Alternativen können nur bei der Frage nach dem Vorliegen eines wichtigen Grundes berücksichtigt werden. 23

Sind mehrere zusammenwirkende Ursachen für den Eintritt der Arbeitslosigkeit maßgeblich, so ist iR einer **wertenden Kausalitätsbetrachtung** zu fragen, welche als wesentliche Bedingung anzusehen ist und damit eine Zurechnung der Folge zum Verhalten rechtfertigt. IR einer solchen wertenden Kausalitätsbetrachtung hat das BSG angenommen, eine vom AN ausgesprochene Kdg führe nicht zur Sperrzeit, wenn die Arbeitslosigkeit durch eine unverzüglich sachgerechte Vermittlung hätte vermieden werden können (BSG 28.6.1991, 11 RAr 81/90, SozR 3-4100 § 119 Nr 17). 24

Bei einem arbeitsvertragswidrigen Verhalten muss gerade dieses den Anlass für die Aussprache der Kdg gegeben haben. Dies ist nicht der Fall, wenn sich der AG aus einem anderen Grund zur Kdg entschließt. 25

Hat ein AG eine verhaltensbedingte Kdg mit einer kürzeren Frist ausgesprochen als rechtmäßig (oder fristlos, obwohl nur eine ordentliche Kdg bei Einhaltung der Kdg-Frist rechtmäßig gewesen wäre), ist das Verhalten des AN erst vom Zeitpunkt des Ablaufs der richtigen Frist für den Eintritt der Arbeitslosigkeit ursächlich (BSG 25.4.1990, 7 RAr 106/89, SozR 3-4100 § 119 Nr 3), sodass auch erst dann die Sperrzeit beginnt (s Rdn 57). 26

IV. **Verschulden.** Eine Sperrzeit tritt nur ein, wenn der AN **vorsätzlich oder grob fahrlässig** die Arbeitslosigkeit herbeigeführt hat. Dabei muss sich das Verschulden sowohl auf die Lösung des Beschäftigungsverhältnisses bzw das arbeitsvertragswidrige Verhalten als auch auf die Herbeiführung der Arbeitslosigkeit beziehen. Grobe Fahrlässigkeit liegt nach der Legaldefinition in § 45 II 3 Nr 3 SGB X vor, wenn die erforderliche Sorgfalt in bes schwerem Maße verletzt wird. Für die Feststellung der groben Fahrlässigkeit gilt generell ein subjektiver Sorgfaltsmaßstab (BSG 23.7.1996, 7 RAr 14/96, SozR 3-4100 § 105 Nr 4). Dies bedeutet, dass grobe Fahrlässigkeit vorliegt, wenn der AN auf der Basis der ihm möglichen Einsichten iSd Vermeidung von Arbeitslosigkeit völlig unverständig gehandelt hat (BSG 31.8.1976, 7 RAr 112/74, SozR 4100 § 152 Nr 3). 27

Bei der eigenen freiwilligen Kdg seines Arbeitsverhältnisses handelt der AN idR zumindest grob fahrlässig, wenn er nicht mind **konkrete Aussichten auf einen Anschlussarbeitsplatz** hat. Für den Ausschluss der groben Fahrlässigkeit ist nicht unbedingt die feste Zusicherung eines Anschlussarbeitsplatzes zu verlangen. Der AN muss aber zumindest konkrete Anhaltspunkte dafür haben, er werde nach der Beendigung des alten Arbeitsverhältnisses einen neuen Arbeitsplatz erhalten (BSG 20.4.1977, 7 RAr 112/75, SozR 4100 § 119 Nr 2). Dabei wird es ausreichen, wenn sich die konkreten Anhaltspunkte darauf beziehen, dass zunächst nur ein (befristetes) Probearbeitsverhältnis begründet wird und der AN dabei davon ausgehen darf, daraus könne sich ein Dauerarbeitsverhältnis entwickeln. Wenn diese Aussicht nicht besteht und deshalb grobe Fahrlässigkeit vorliegt, kann der AN für sein Verhalten einen zum Ausschluss der Sperrzeit führenden wichtigen Grund haben (s dazu Rdn 41). Grobe Fahrlässigkeit liegt auch vor, wenn der AN zwar konkrete Aussichten auf einen Anschlussarbeitsplatz hat, nach den Gesamtumständen aber mit einer Zeit der Arbeitslosigkeit zwischen dem Ende des alten Arbeitsverhältnisses und der Aufnahme der neuen Beschäftigung rechnen muss (BSG 26.3.1998, B 11 AL 49/97 R, SozR 3-4100 § 119 Nr 14). 28

Bei dem Verlust des Arbeitsplatzes durch eine Kdg des AG kommt es darauf an, ob der AN erkennen musste, dass mit dieser Konsequenz seines Verhaltens zu rechnen ist. Dies wird bei groben Pflichtverstößen 29 und/oder gar Straftaten, die iRd Arbeitsverhältnisses begangen werden, regelmäßig der Fall sein. Liegen nur weniger grobe Pflichtverstöße vor, die ihrer Art nach sogar in der Vergangenheit ohne Folgen geblieben waren, wird eine Sorgfaltspflichtverletzung nur in Betracht kommen, wenn dem Verhalten eine **Abmahnung** vorausgegangen ist. Die Abmahnung muss deutlich und ernsthaft die Kdg als Konsequenz des betreffenden Verhaltens angedroht haben und darf nicht wegen Zeitablaufs unwirksam geworden sein. Der Glaube des AN, er sei wegen bes fachlicher Qualifikation unentbehrlich und habe deshalb nicht mit einer verhaltensbedingten Kdg zu rechnen, ist in diesem Zusammenhang nicht geeignet, die grobe Fahrlässigkeit auszuschließen.

30 Beruht eine verhaltensbedingte Kdg auf Gründen, die die Folge einer schon behandlungsbedürftigen **Sucht** mit Krankheitscharakter sind, wird ein Verschulden des AN idR ausscheiden.

31 **V. Wichtiger Grund. 1. Allgemeines.** Die Sperrzeit tritt gem § 159 I nicht ein, wenn der AN für sein Verhalten einen wichtigen Grund hat. Ein wichtiger Grund iSd § 159 I 1 liegt vor, wenn dem AN unter Berücksichtigung aller Umstände des Einzelfalls und unter Abwägung seiner Interessen mit den Interessen der Versichertengemeinschaft ein anderes Verhalten **nicht zugemutet** werden kann. Der wichtige Grund muss dabei nicht nur die Fortsetzung des Beschäftigungsverhältnisses unzumutbar machen, sondern auch die Lösung gerade zum konkreten Zeitpunkt rechtfertigen (st Rspr, s ua BSG 17.10.2002, B 7 AL 136/01 R, SozR 3-4300 § 159 Nr 12). Ein wichtiger Grund ist auch anzuerkennen, wenn der AN entspr der Gesetzesintention von einer Gestaltungsmöglichkeit Gebrauch macht. Dies kann zB dann der Fall sein, wenn ein AN mit dem AG iR einer Vereinbarung über Altersteilzeit im Blockmodell vereinbart, dass das bisher unbefristete Arbeitsverhältnis nach dem Ende der Freistellungsphase endet. Wenn der AN dabei prognostisch berechtigt davon ausgeht, nahtlos von der Altersteilzeit in den Rentenbezug wechseln zu können, wird er sich auf einen wichtigen Grund für sein Verhalten berufen können, wenn er vor Eintritt in den Altersrentenbezug doch zu einer Zeit der Arbeitslosigkeit kommt (BSG 21.7.2009, B 7 AL 6/08 R).

32 Das BSG hatte in seiner älteren Rspr den Grds aufgestellt, dass sich nur derjenige auf einen wichtigen Grund berufen könne, der alle ihm **zumutbaren Anstrengungen** unternommen hat, um die drohende Arbeitslosigkeit zu vermeiden (BSG 26.3.1998, B 11 AL 49/97 R, SozR 3-4100 § 119 Nr 14). In seiner neueren Rspr hat das BSG diesen Grds einschränkend präzisiert. Das Berufen auf den wichtigen Grund soll nur verwehrt sein, wenn der AN die Obliegenheit zur Vermeidung von Arbeitslosigkeit grob fahrlässig verletzt hat, also auch naheliegende Anstrengungen zur Erlangung eines Anschlussarbeitsplatzes nicht angestellt hat (BSG 27.5.2003, B 7 AL 4/02 R, SozR 4-4300 § 159 Nr 3). Es reicht aus, wenn der AN naheliegende Möglichkeiten der Beschäftigungssuche wahrnimmt und spätestens mit dem Ausspruch der Kdg oder dem Abschluss des Aufhebungsvertrages einen Vermittlungsauftrag an die AA stellt (BSG 17.11.2005, B 11a/11 AL 49/04 R, SozR 4-4300 § 159 Nr 10).

33 Fällt ein wichtiger Grund nach Abgabe der die Auflösung des Beschäftigungsverhältnisses herbeiführenden Erklärung weg, muss der AN alle ihm zumutbaren Maßnahmen treffen, um den Arbeitsplatz doch noch zu erhalten (BSG 20.4.1977, 7 RAr 112/75, SozR 4100 § 119 Nr 2).

34 **2. Wichtige Gründe im Zusammenhang mit dem Arbeitsverhältnis.** Der wichtige Grund iSd § 159 ist nicht identisch mit dem arbeitsrechtlichen Begriff des wichtigen Grundes für die fristlose Kdg gem § 626 BGB. Es gibt aber Überschneidungen. So werden alle Umstände, die den AN zur fristlosen Kdg des Arbeitsverhältnisses berechtigen, auch zur Anerkennung eines die Sperrzeit ausschließenden wichtigen Grundes führen. Befindet sich zB der AG mit der Zahlung des Arbeitsentgelts über einen erheblichen Zeitraum im Verzug und hat der AN diese Vertragsverletzung angemahnt, berechtigt ihn dies zur fristlosen Kdg des Arbeitsverhältnisses und bedeutet auch einen wichtigen Grund iSd § 159 (LSG Rh-Pf 24.2.2005, L 1 AL 125/03, NZS 2006, 610). Aber auch Umstände, die (noch) nicht für eine fristlose Kdg des Arbeitsverhältnisses aus wichtigem Grund ausreichen, können zur Anerkennung eines wichtigen Grundes iSd § 159 führen. Denn es kann dem AN zwar zuzumuten sein, bis zum Ende der Kdg-Frist zu arbeiten. Die unbefristete Fortsetzung des Arbeitsverhältnisses kann aber unzumutbar sein.

35 Umstände aus dem Arbeitsverhältnis können idR nur dann als wichtiger Grund iSv § 159 anerkannt werden, wenn der AN vorher versucht hat, zusammen mit dem AG bzw durch Ausschöpfung vorhandener arbeitsrechtlicher Möglichkeiten **Abhilfe zu schaffen**. Ein solcher Versuch kann nur dann unterbleiben, wenn konkrete Umstände und insb das bisherige Verhalten des AG die Annahme rechtfertigen, ein Abhilfeversuch habe keine Aussicht auf Erfolg (BSG 6.2.03, B 7 AL 72/01 R, SozR 4-4100 § 119 Nr 1). Hat ein Fernfahrer erfolglos versucht, beim AG auf die Einhaltung der gesetzlichen Arbeitszeiten hinzuwirken, kann er sich mit wichtigem Grund vom Beschäftigungsverhältnis lösen, wenn er bei der Fortsetzung seiner Tätigkeit im Unternehmen mit dem Entzug der Fahrerlaubnis rechnen muss. Dies gilt auch dann, wenn er

sich mit der unzulässigen Überschreitung vorher stillschweigend einverstanden erklärt hat (SG Osnabrück 12.9.1979, S 5 Ar 175/78).

Berechtigte angemessene **Kritik und Kontrollen** durch den AG rechtfertigen nicht die Lösung des AN vom Beschäftigungsverhältnis. Wenn der AN aber **geringschätzig behandelt, beleidigt oder diskriminiert** wird, kann bei Würdigung der Gesamtumstände eine Kdg auch dann gerechtfertigt sein, wenn bei den einzelnen Maßnahmen rechtliche Grenzen noch nicht überschritten werden (BSG 21.10.2003, B 7 AL 92/02 R, SozR 4-4300 § 159 Nr 4). 36

Ein wichtiger Grund für eine Lösung vom Beschäftigungsverhältnis liegt vor, wenn es aufgrund von Spannungen am Arbeitsplatz zu Befindlichkeitsstörungen des AN gekommen ist, die bereits zu einer **behandlungsbedürftigen Krankheit** geführt haben oder dies unmittelbar bevorsteht. Eine Weiterarbeit am konkreten Arbeitsplatz ist für den AN dann nur zumutbar, wenn die Krankheit kurzfristig mit Aussicht auf Erfolg behandelt werden oder durch eine Behandlung der Eintritt einer Krankheit verhindert werden kann (BSG 21.10.2003, B 7 AL 92/02 R, SozR 4-4300 § 159 Nr 4). 37

Ein wichtiger Grund kann auch vorliegen, wenn sich erst nach Antritt der Arbeit herausstellt, dass die Arbeitsbedingungen unter Berücksichtigung aller Umstände des Einzelfalls für den AN unzumutbar sind. Dies kann zB der Fall sein, wenn sich bei einem **Arbeitsverhältnis mit kapazitätsorientierter variabler Arbeitszeit**, bei dem sich der Arbeitseinsatz ausschließlich nach betrieblichen Notwendigkeiten richtet, herausstellt, dass dies zu unzumutbar starken Belastungen im persönlichen Bereich des AN, insb beim Umgang mit Kindern, führt. 38

Nicht ausreichend für einen wichtigen Grund ist es, wenn sich ein AN höher qualifiziert hat und deshalb davon ausgeht, nun eine unterwertige Beschäftigung auszuüben. Ihm ist dann zuzumuten, sich aus der Beschäftigung heraus um eine andere Stelle zu bemühen (BSG 9.12.1982, 7 RAr 31/82, SozR 4100 § 119 Nr 21). 39

Der Zwang, in einem größeren Betrieb einen **drastischen Personalabbau** kurzfristig durchzuführen, kann für den einzelnen AN nur unter bes Umständen im Einzelfall einen wichtigen Grund für die Lösung vom Beschäftigungsverhältnis darstellen. Dies kann dann der Fall sein, wenn der Personalabbau als Maßnahme erscheint, um eine gänzliche Schließung des Betriebes und den damit verbundenen Verlust aller Arbeitsplätze zu verhindern und der Personalabbau deshalb allg im Betrieb und darüber hinaus in der betroffenen Region als vernünftige Maßnahme angesehen wird, gegen die sich der einzelne betroffene AN nicht sperren sollte (BSG 17.2.1981, 7 RAr 90/79, SozR 4100 § 119 Nr 14). 40

3. Die Aufnahme eines neuen befristeten Arbeitsverhältnisses als wichtiger Grund. Wenn der AN ein unbefristetes Arbeitsverhältnis kündigt oder im Einvernehmen mit dem AG beendet, um ein neues befristetes Arbeitsverhältnis aufzunehmen, löst er dadurch sein Beschäftigungsverhältnis. Dies geschieht auch grob fahrlässig, wenn der AN nicht konkrete Aussichten hat, dass sich aus dem befristeten Arbeitsverhältnis ein Dauerarbeitsverhältnis entwickeln kann (s Rdn 28). Ob für eine solche Lösung vom Beschäftigungsverhältnis ein wichtiger Grund vorliegt, ist unter Beachtung der durch Art 12 GG geschützten Berufswahlfreiheit zu betrachten. Daraus folgt, dass der AN ohne die Gefahr einer Sperrzeit auch in ein nur befristetes Arbeitsverhältnis mit für ihn attraktiveren Bedingungen wechseln kann. Dabei reicht es aus, wenn eine **Steigerung des Arbeitsentgelts** mit dem Arbeitsplatzwechsel einhergeht, die sich nicht nur im Bagatellbereich bewegt (BSG 12.7.2006, B 11a AL 57/05 R, info also 2007, 73). Ein wichtiger Grund für die Lösung eines unbefristeten Arbeitsverhältnisses zur Aufnahme eines befristeten Arbeitsverhältnisses liegt vor, wenn damit ein Wechsel in eine höherwertige Tätigkeit verbunden ist (BSG 12.7.2006, B 11a AL 73/05 R). Auch eine **berufliche Umorientierung**, die mit einem – auch im Interesse der Versichertengemeinschaft liegenden – Zuwachs an beruflichen Fertigkeiten verbunden ist, führt idR dazu, einen wichtigen Grund für die den Wechsel ermöglichende Kdg anzuerkennen (BSG 12.7.2006, B 11a AL 55/05 R, info also 2007, 73). 41

4. Wichtige Gründe bei drohender Kdg oder Kdg durch den AG. Wird in einem Kdg-Schutzprozess ein Vergleich zur Beendigung des Arbeitsverhältnisses geschlossen, kann es dem AN grds nicht zum Nachteil gereichen, dass er überhaupt gegen die Kdg vorgegangen ist und sich dann mit dem AG einigt. Dann ist auch das Interesse des AN anzuerkennen, sich wenigstens eine Abfindung zu sichern. Es liegt daher regelmäßig ohne weitere Prüfung der objektiven Rechtmäßigkeit der Kdg ein wichtiger Grund vor, sofern nicht eine Manipulation zulasten der Versichertengemeinschaft anzunehmen ist. Eine solche kann vorliegen, wenn AG und AN bei einer vom AG initiierten oder offensichtlich rechtswidrigen Kdg die gerichtliche Auseinandersetzung einvernehmlich nur mit dem Ziel betrieben haben, den Eintritt einer Sperrzeit zu vermeiden (BSG 17.10.2007, B 11a AL 51/06 R, SozR 4-4300 § 159 Nr 17). 42

Dass anderenfalls das Arbeitsverhältnis infolge einer vom AG ausgesprochenen Kdg geendet hätte, kann als wichtiger Grund für den Abschluss eines **Aufhebungs- bzw Auflösungsvertrages** regelmäßig nur dann 43 anerkannt werden, wenn dadurch die Lösung des Beschäftigungsverhältnisses zu einem Zeitpunkt erfolgt, zu dem es auch infolge der Kdg geendet hätte. Weitere Voraussetzung ist, dass eine **objektiv rechtmäßige Kdg** durch den AG aus einem v Verhalten des AN unabhängigen Grunde drohte u dass der AN durch die einvernehmliche Lösung des Arbeitsverhältnisses Nachteile vermeiden kann, die sich durch eine Kdg für sein berufliches Fortkommen ergeben würden (vgl. BSG 17.10.2002, B 7 AL 92/01 R). Es reicht nicht aus, dass der AN die drohende Kdg subjektiv für rechtmäßig hielt und auch halten durfte (BSG 25.4.2002, B 11 AL 65/01 R, SozR 3-4300 § 159 Nr 8). Die Sozialgerichte müssen ggf nach dem Amtsermittlungsgrds aufklären, ob die Kdg rechtmäßig gewesen wäre. Eine Fehlvorstellung des AN kann aber zur Annahme einer bes Härte iSv § 159 III 2 lit b führen (s dazu Rdn 63 ff). Weiter fordert die Rspr bei Abschluss eines Aufhebungsvertrages für die Zubilligung eines wichtigen Grundes, dass dem AN die Hinnahme der Kdg **nicht zuzumuten** war. Weil davon auszugehen ist, dass eine Kdg idR für das berufliche Fortkommen nachteiliger ist als eine einvernehmliche Regelung, kann sich die Prüfung darauf beschränken, ob die typischerweise mit einer Kdg einhergehenden Nachteile im konkreten Fall nicht eingetreten wären (zB weil bei realistischer Einschätzung überhaupt keine Aussichten mehr auf eine neue Beschäftigung bestanden). Die Hinnahme der Kdg kann aber nach den Umständen des Einzelfalls dem AN auch **aus anderen Gründen nicht zuzumuten** sein. Dabei ging die Rspr in der Vergangenheit davon aus, dass idR alleine das Interesse, in den Genuss einer Abfindung zu kommen, nicht ausreichend sei (BSG 17.10.2002, B 7 AL 136/01 R, SozR 3-4300 Nr 159 Nr 12). Hiervon ist das BSG in einer neueren Entsch **abgerückt** und hat ausgeführt, angesichts einer ohnehin nicht zu vermeidenden Beschäftigungslosigkeit stehe dem Interesse des AN, sich zumindest eine ihm zugesagte Abfindung zu sichern, kein gleichwertiges Interesse der Versichertengemeinschaft an einem Abwarten der AG-Kündigung ggü. Deshalb sei für die Annahme des wichtigen Grundes ausreichend, wenn ohne den Abschluss des Aufhebungsvertrages eine Abfindung nicht zahlbar gewesen wäre. Auf die Höhe der Abfindung komme es in diesem Zusammenhang nicht an (BSG 12.7.2006, B 11a AL 47/05 R, NZA 2006, 1359). Nach dieser Entsch dürfte sich **das Risiko** für den AN, bei Abschluss eines Aufhebungsvertrages mit einer Sperrzeit rechnen zu müssen, für viele Fallkonstellationen **deutlich verringert haben**.

44 Droht einem leitenden Angestellten eine Kdg, so reicht als wichtiger Grund für den Abschluss eines Auflösungsvertrages schon aus, dass mit diesem Sicherheit über die dem AN angebotene Abfindung und die für den AG geltende Kdg-Frist erreicht wird. Denn selbst wenn eine drohende Kdg **nicht sozial gerechtfertigt** wäre, könnte der AN mit einer Kdg-Schutzklage das Ende des Beschäftigungsverhältnisses nicht vermeiden, weil jedenfalls die Auflösung des Arbeitsverhältnisses nach § 14 II iVm § 9 I 2 KSchG drohen würde. Auch hier besteht (wie beim Abwicklungsvertrag) im Hinblick auf den ohnehin nicht zu vermeidenden Eintritt der Beschäftigungslosigkeit kein Interesse der Versichertengemeinschaft daran, den AN von der Wahrnehmung seiner berechtigten Interessen (Sicherung der Abfindung und einer eventuellen Freistellung bis zum Ende des Arbeitsverhältnisses) abzuhalten (BSG 17.11.2005, B 11a/11 AL 69/04 R, SozR 4-4300 § 159 Nr 11). Daraus folgt, dass es nicht darauf ankommt, ob die drohende Kdg sozial gerechtfertigt und damit rechtmäßig gewesen wäre.

45 Von dem Grds, dass ein wichtiger Grund für den Abschluss eines Auflösungsvertrages voraussetzt, dass ansonsten eine objektiv rechtmäßige Kdg drohte, gilt eine weitere **gewichtige Ausnahme**. Wenn der AN bereits vor Aussprache der Kdg mit dem AG eine Auflösung des Arbeitsverhältnisses nach dem Modell des § 1a KSchG vereinbart (s dazu Rdn 13), hat dies auch Auswirkungen auf die sozialrechtliche Beurteilung. Das BSG hat bei einer Fallkonstellation, in der es für die Entsch auf diese Frage nicht ankam, ausgeführt, wenn die in § 1a II KSchG vorgesehene Abfindungshöhe nicht überschritten werde, werde erwogen, einen wichtigen Grund bei Abschluss des Aufhebungsvertrages **ohne ausnahmslose Prüfung der Rechtmäßigkeit** der drohenden AG-Kdg anzuerkennen (BSG 12.7.2006, B 11a AL 47/05 R, NZA 2006, 1359). Die Beratungspraxis kann sich ab dem Tag der Veröffentlichung der offiziellen Pressemitteilung des BSG zu dieser Entsch am 13.7.2006 darauf verlassen, dass Aufhebungsverträge bei betriebsbedingtem Arbeitsplatzverlust jedenfalls dann keine Sperrzeit auslösen, wenn die Abfindungshöhe die in § 1a II KSchG vorgesehene Grenze nicht überschreitet (so *Wenner* Soziale Sicherheit 2006, 314, 315). Das BSG hat die Ankündigung der neuen Rechtsprechung nun auch umgesetzt und ausdrücklich ausgeführt, dass AN, die angesichts einer drohenden betriebsbedingten Kündigung einen Aufhebungsvertrag mit Vereinbarung einer Abfindung, die sich im Rahmen des § 1a KSchG hält, abschließen, regelmäßig ein wichtiger Grund zur Seite stehe, der eine Sperrzeit ausschließe. Dies gelte auch für einen ordentlich unkündbaren AN, wenn ihm eine außerordentliche betriebsbedingte Kündigung drohe. Etwas anderes ergebe sich nur, wenn im konkreten Fall eine Gesetzesumgehung (zB bei offensichtlicher Rechtswidrigkeit der angekündigten Kündigung) vorliege (BSG 2.5.2012, B 11 AL 6/11 R). Das Bayerische LSG hat die Prüfung der Rechtmäßigkeit der andernfalls drohenden Kündigung auch in einem Fall im Ergebnis für entbehrlich gehalten, in dem die vereinbarten

Abfindungsleistungen die Grenzen des § 1a KSchG deutlich überschritten. Dem lag aber eine die besonderen Gegebenheiten des Falls (ua Verknüpfung der Aufhebungsvereinbarung mit der Bereitschaft, für zwei Jahre im Rahmen einer Transfermaßnahme in eine betriebsorganisatorisch eigenständige Einheit zu wechseln) berücksichtigende Interessenbewertung zugrunde (BayLSG 28.2.2013, L 9 AL 42/10). Allgemein wird davon auszugehen sein, dass die Rechtsprechung bei Überschreitung der sich bei Anwendung des § 1a II ergebenden Abfindungshöhe in einer Aufhebungsvereinbarung weiterhin an der Prüfung der Rechtmäßigkeit der andernfalls drohenden Kündigung festhalten wird.

Schließt der AN (erst) nach Aussprache der Kdg mit dem AG einen sog **Abwicklungsvertrag**, so gelten die oben aufgeführten von der Rspr aufgestellten Grds sinngem mit der Maßgabe, dass für die Anerkennung eines wichtigen Grundes jedenfalls alleine die objektive Rechtmäßigkeit der Kdg und die Einhaltung der Kdg-Frist **ausreicht**. Denn es besteht im Hinblick auf den ohnehin nicht (mehr) zu vermeidenden Eintritt der Beschäftigungslosigkeit kein Interesse der Versichertengemeinschaft daran, den AN von der Wahrung seiner berechtigten Interessen abzuhalten (BSG 18.12.2003, B 11 AL 35/03 R, SozR 4-4300 § 159 Nr 6). 46

5. Wichtige Gründe aus dem persönlichen Bereich des AN. Der **Zuzug zum Ehegatten** ist ein wichtiger Grund für die Lösung vom Beschäftigungsverhältnis, wenn der AN seine bisherige Arbeitsstelle nicht zumutbar von der gemeinsamen ehelichen Wohnung aus erreichen kann. Bei einem Zuzug zur Verlobten bzw zum Verlobten fordert das BSG zwar grds, dass die Arbeitsaufgabe zum gewählten Zeitpunkt notwendig sein müsse, um ab dem beabsichtigten Heiratstermin die eheliche Lebensgemeinschaft herzustellen. Der AN muss also zum Zeitpunkt der Kdg des Arbeitsverhältnisses davon ausgehen können, dass die Eheschließung bis zum Ende des Beschäftigungsverhältnisses erfolgen wird. Denn Art 6 GG gebiete es nicht, Verlobte schon vor der Eheschließung wie Eheleute zu behandeln, etwa um die wirtschaftliche Grundlage der späteren Ehe zu erleichtern (BSG 29.11.1988, 11/7 RAr 91/87, SozR 4100 § 119 Nr 34). Auf den **engen zeitlichen Zusammenhang** zwischen der Arbeitsaufgabe und der späteren Eheschließung kann aber **verzichtet werden**, wenn bes Gründe dafür vorliegen. Insb kommt hier bei schon vorhandenen (nicht notwendigerweise gemeinsamen) Kindern das Kindeswohl in Betracht, etwa wenn der Umzugstermin so bestimmt wird, um den Schulwechsel zum Schuljahreswechsel zu ermöglichen (BSG 17.11.2005, B 11a/11 AL 49/04 R, SozR 4-4300 § 159 Nr 10). 47

Wenn eine **eheähnliche Gemeinschaft** besteht, kann ein Zuzug zum Partner unter den gleichen Voraussetzungen wie bei Ehegatten einen wichtigen Grund für die Lösung vom Beschäftigungsverhältnis darstellen. Allerdings gilt dies nach der Rspr des BSG nicht, wenn eine eheähnliche Gemeinschaft noch nicht besteht und der Umzug erst dazu dienen soll, eine solche zu begründen (BSG 17.10.2002, B 7 AL 96/00 R, SozR 4100 § 119 Nr 26). Hintergrund für diese Rspr ist, dass eine eheähnliche Gemeinschaft nur die auf Dauer angelegte ernsthafte Lebensgemeinschaft ist, die ein gegenseitiges Einstehen der Partner in den Not- und Wechselfällen des Lebens begründet und weitere Lebensgemeinschaften gleicher Art daneben ausschließt. Eine eheähnliche Gemeinschaft wird deshalb idR erst anzunehmen sein, wenn die Beziehung schon eine gewisse Zeit besteht. Besteht erst die Absicht, eine solche Gemeinschaft zu begründen, liegen eben die bes, in gewissen Bereichen eine Gleichbehandlung mit der Ehe rechtfertigenden Umstände noch nicht vor. Aber auch wenn die eheähnliche Gemeinschaft erst durch das Zusammenziehen begründet werden soll, liegt ein wichtiger Grund vor, wenn damit auch die erstmalige Herstellung einer auf Dauer angelegten und ernsthaften Erziehungsgemeinschaft für das Kind eines der Partner im Interesse des Kindeswohls verbunden ist (BSG 17.10.2007, B 11a/7a AL 52/06 R, SozR 4-4300 § 159 Nr 16). 48

Wenn die Lösung vom Beschäftigungsverhältnis erfolgt, um eine nichteheliche Lebensgemeinschaft herzustellen, ohne dass ein wichtiger Grund anzuerkennen ist, kann eine zur Reduzierung der Sperrzeit führende bes Härte iSv § 159 III 2 Nr 2 lit b vorliegen (s Rdn 67). 49

Wichtige Gründe aus dem persönlichen Bereich können im Einzelfall auch vorliegen, wenn die konkreten Arbeitsbedingungen – zB nach einer Veränderung der betrieblichen Arbeitszeiten – mit Glaubensregeln der Religionsgemeinschaft nicht zu vereinbaren sind, der AN angehört. Dies gilt auch dann, wenn sich die persönliche Überzeugung des AN von der Wichtigkeit der **Glaubensregeln** erst während der Dauer des Arbeitsverhältnisses herausgebildet hat. Wichtige Gründe können sich auch aus der sog negativen **Religionsfreiheit**, also dem Schutz der Entsch, einer Religionsgemeinschaft nicht anzugehören, ergeben, selbst wenn damit der Verlust des Arbeitsplatzes bei einem kirchlichen oder kirchennahen AG verbunden ist. Von dem Betroffenen kann in einem solchen Fall nicht verlangt werden, sein Interesse an einer sozialrechtlich folgenlosen Verwirklichung der negativen Religions- und Bekenntnisfreiheit auch im Berufsleben hinter das Interesse der Solidargemeinschaft an der Vermeidung des Versicherungsfalls zurücktreten zu lassen (anders LSG Rh-Pf 30.3.2006, L 1 AL 162/05, NZS 2006, 666). 50

51 **VI. Ermittlung und Beweislast.** Ob die Voraussetzungen für die Sperrzeit wegen Arbeitsaufgabe vorliegen, ist grds von der BA vAw zu ermitteln und im sozialgerichtlichen Verfahren von den SG im Wege der Amtsermittlung zu überprüfen. Führt die Ermittlung zu keinem Erg, so trägt nach den allg Regeln über die **objektive Beweislast** die BA das Risiko, dass die tatbestandlichen Voraussetzungen einer (zum Ruhen und der Minderung des Alg-Anspruchs führenden) Sperrzeit nicht nachgewiesen werden (BSG 28.11.1992, 7 RAr 38/92, SozR 3-4100 § 119 Nr 7). Im I S 3 hat der Gesetzgeber festgelegt, dass der AN die für die Beurteilung eines wichtigen Grundes maßgebenden Tatsachen darzulegen und nachzuweisen hat, wenn diese **in seiner Sphäre und in seinem Verantwortungsbereich liegen.** Dies begründet keine Beweislastumkehr (im eigentlichen Sinne) zulasten des AN, sondern auferlegt ihm eine verstärkte Mitwirkungspflicht mit einer **Beweislastverteilung zu seinen Lasten** iR dieser Verpflichtung. Die BA hat nach wie vor die für und gegen das Vorliegen eines wichtigen Grundes sprechenden maßgebenden Tatsachen vAw zu ermitteln (und trägt insofern die Beweislast). Dies stößt aber da an Grenzen, wo sie auf eine Mitwirkung des AN angewiesen ist. Betroffen sind vornehmlich Gründe für eine Lösung vom Beschäftigungsverhältnis, die im persönlichen Bereich des AN liegen. In Betracht kommen etwa gesundheitsbedingte Leistungseinschränkungen, die Ablehnung bestimmter Arbeiten und/oder Arbeitszeiten aus Glaubens- und Gewissensgründen und bes familiäre Umstände. Wenn der AN solche und ähnlich gelagerten Umstände nicht vorträgt (oder so spät, dass eine Ermittlung erschwert oder unmöglich gemacht wird) und nicht iR seiner Möglichkeit bei der Tatsachenermittlung mitwirkt, geht dies zu seinen Lasten. Dies gilt zB, wenn ein verspätetes Vortragen des AN ursächlich dafür ist, dass bestimmte medizinische Tatsachen nun nicht mehr zu ermitteln sind.

52 **VII. Ruhen des Anspruchs auf Alg als Rechtsfolge der Sperrzeit.** Die angeordnete Rechtsfolge eines Ruhens des Anspruchs auf Alg bedeutet, dass für die Dauer der Sperrzeit der Anspruch auf Alg nicht geltend gemacht werden kann. Dies ist aber noch nicht mit einem Anspruchsverlust oder einer Anspruchsminderung gleichzusetzen (s zum Ruhen allg § 157 Rdn 15 ff). Eine Anspruchsminderung tritt nur ein, wenn dies gesondert angeordnet wird. Eine solche bes Regelung hat der Gesetzgeber für die Sperrzeit bei Arbeitsaufgabe in § 148 I Nr 4 (s dazu Rdn 69) getroffen.

53 Trifft ein Ruhen des Anspruchs auf Alg wegen einer Sperrzeit mit einem Ruhen nach § 158 wegen einer Abfindung zusammen, so laufen beide Ruhenszeiträume kalendermäßig ab. Das kann zur Folge haben, dass die beiden Ruhenszeiträume sich »überlappen« und somit ganz oder teilw parallel laufen. Eine Verlängerung nach dem kalendermäßigen Ablauf im Umfang des sich überlappenden Zeitraums erfolgt nicht.

54 **VIII. Beginn und Lauf der Sperrzeit bei Arbeitsaufgabe. 1. Beginn der Sperrzeit.** Eine Sperrzeit beginnt mit dem Tag nach dem Ereignis, das die Sperrzeit begründet, oder, wenn dieser Tag in eine (bereits laufende) Sperrzeit fällt, mit dem Ende dieser Sperrzeit. Die Sperrzeit beginnt unabhängig davon, ob der AN mit Beginn der Arbeitslosigkeit tatsächlich Alg beantragt.

55 Sperrzeitereignis ist dabei bei der Sperrzeit bei Arbeitsaufgabe nicht alleine das zur Lösung des Beschäftigungsverhältnisses führende Verhalten des AN. Das Sperrzeitereignis ist erst mit der **Beendigung des Beschäftigungsverhältnisses** eingetreten. Sperrzeitbeginn ist deshalb der Tag nach dem Ende des leistungsrechtlichen Beschäftigungsverhältnisses (vgl § 157 Rdn 4 f), also **der Tag, ab dem Beschäftigungslosigkeit vorliegt** (BSG 25.4.1991, 11 RAr 99/90, SozR 3-4100 § 119a Nr 1). Dies gilt auch dann, wenn das Arbeitsverhältnis wirksam erst später endet (BSG 25.4.1990, 7 RAr 106/89, SozR 3-4100 § 119 Nr 3). Stellt der AG den AN bis zur Beendigung des Arbeitsverhältnisses bei Weiterzahlung des Arbeitsentgelts frei, etwa weil dies so in einem Auflösungsvertrag festgelegt ist, beginnt die Sperrzeit **schon mit dem 1. Tag der Freistellung** und nicht erst mit dem Ende des Arbeitsverhältnisses (vgl BSG 17.11.2005, B 11a/11 AL 69/04 R, SozR 4-4300 Nr 159 Nr 11). Bei einer zwischen AN und AG vereinbarten Inanspruchnahme von Altersteilzeit mit einer Arbeitsphase und einer daran anschließenden Freistellungsphase tritt Beschäftigungslosigkeit regelmäßig aber erst mit dem Ende der Freistellungsphase ein. Denn hier hat der AN sich noch nicht insgesamt von seinem AG gelöst und dem AG verbleibt ein »Restdirektionsrecht« auch während der Freistellungsphase (BSG 21.7.2009, B 7 AL 6/08 R).

56 Keine Bedeutung für den Beginn der Sperrzeit hat es, wenn sich die Beteiligten in einem vor dem ArbG geschlossenen Vergleich entgegen der objektiven Rechtslage nachträglich darauf verständigen, eine verhaltensbedingte Kdg als betriebsbedingte zu bezeichnen und sich auf ein späteres Ende des Arbeitsverhältnisses einigen. Die Sperrzeit beginnt unverändert am Tag nach dem Ende des Beschäftigungsverhältnisses.

57 Etwas anderes gilt aber, wenn im arbeitsgerichtlichen Verfahren nachträglich festgestellt wird, dass der AG wegen eines arbeitsvertragswidrigen Verhaltens das Arbeitsverhältnis mit einer kürzeren Frist als rechtmäßig oder fristlos gekündigt hat, obwohl nur eine ordentliche verhaltensbedingte Kdg rechtmäßig gewesen wäre. Hat das Beschäftigungsverhältnis einhergehend mit einer solchen Kdg vor der wirksamen Beendigung des Arbeitsverhältnisses geendet, beginnt die Sperrzeit erst am Tag nach dem Ende des Arbeitsverhältnisses.

Denn für die davor liegende Zeit der Arbeitslosigkeit ist bei wertender Kausalitätsbetrachtung nicht das sperrzeitbegründende Verhalten des AN ursächlich, sondern insoweit das Verhalten des AG (BSG 25.4.1990, 7 RAr 106/89, SozR 3-4100 § 119 Nr 3).

Weil die BA gehalten ist, über einen Antrag auf Alg zeitnah zu entscheiden, kommt in den Fällen, in denen 58 in einem Kdg-Schutzprozesse über das Ende des Arbeitsverhältnisses und die Berechtigung einer verhaltensbedingten fristlosen Kdg gestritten wird, idR nur eine **vorläufige Bewilligung** von Alg nach § 328 I 1 Nr 3 in Betracht, die dann ggf später zu korrigieren ist.

In den Fällen einer **Anschlussbeschäftigung** beginnt die Sperrzeit erst dann, wenn der AN nach deren 59 Ende arbeitslos wird. Wenn also unmittelbar an das beendete Arbeitsverhältnis ein befristetes anschließt, beginnt die Sperrzeit erst **nach dem Ende des neuen Arbeitsverhältnisses**. Wenn die neue Beschäftigung vor dem Fristablauf aus anderen Gründen endet und Arbeitslosigkeit eintritt, beginnt die Sperrzeit dann (BSG 26.10.2004, B 7 AL 98/03 R, SozR 3-4100 § 159 Nr 9). Hat die Anschlussbeschäftigung nach dem Ende der durch versicherungswidriges Verhalten gelösten Beschäftigung mehr als 1 Jahr angedauert, tritt keine Sperrzeit ein, weil durch die Anschlussbeschäftigung nach § 142 S 1 eine neue Anwartschaft auf Alg begründet worden ist.

Die Regelung in II 1 Alt 2, wonach die Sperrzeit, wenn ihr **Beginn in eine andere Sperrzeit fällt**, erst mit 60 dem Ende dieser Sperrzeit beginnt, ist zB relevant, wenn ein AN während einer Sperrzeit bei Arbeitsaufgabe versicherungswidrig eine ihm angebotene Beschäftigung nicht annimmt (Sperrzeit bei Arbeitsablehnung nach § 159 I 2 Nr 2). Dann beginnt diese Sperrzeit erst, wenn die Sperrzeit bei Arbeitsaufgabe abgelaufen ist. Beide Sperrzeiten laufen also nicht gleichzeitig, sodass sich im Ergebnis mehrere Sperrzeiten **kumulativ auswirken**.

2. Lauf der Sperrzeit. Eine begonnene Sperrzeit **läuft kalendermäßig ab**. Ohne Bedeutung ist, ob sich der 61 AN für die Dauer der Sperrzeit überhaupt arbeitslos gemeldet hat. Der Lauf der Sperrzeit wird auch nicht durch die Erschöpfung des Anspruchs auf Alg, den Eintritt von Arbeitsunfähigkeit oder eine zwischenzeitliche Beschäftigung gehemmt, unterbrochen oder aufgehoben (BSG 22.7.1982, 7 RAr 93/81, SozR 4100 § 119 Nr 20). Die Sperrzeit läuft zudem unabhängig davon, ob der Anspruch auf Alg während der Sperrzeit aus anderen Gründen ruht, etwa nach § 158 (BSG 25.4.1991, 11 RAr 99/90, SozR 3-4100 § 119a Nr 1).

IX. Dauer der Sperrzeit. Bei einer Sperrzeit wegen Arbeitsaufgabe beträgt die **Regeldauer** nach § 159 III 62 1 **12 Wochen**. Abw davon beträgt die Sperrzeit nach III 2 Nr 1 **nur 3 Wochen**, wenn das Arbeitsverhältnis innerhalb von 6 Wochen nach dem Ereignis, das die Sperrzeit begründet, ohne die Sperrzeit geendet hätte. Bei dieser Vorschrift handelt es sich um eine Konkretisierung des verfassungsrechtlichen Übermaßverbotes. Nach III 2 Nr 2 lit a gilt eine verkürzte Sperrzeit **von 6 Wochen**, wenn das Arbeitsverhältnis innerhalb von 12 Wochen nach dem Ereignis, das die Sperrzeit begründet, ohne die Sperrzeit geendet hätte. Auch hier handelt es sich um eine Konkretisierung des verfassungsrechtlichen Übermaßverbotes.

X. Verkürzung wegen einer besonderen Härte. Nach III 2 Nr 2 lit b verkürzt sich die Sperrzeit von 12 63 Wochen nach III 1 **auf 6 Wochen**, wenn die Regeldauer für den AN eine **bes Härte** bedeuten würde. Bei dem Begriff der bes Härte handelt es sich um einen unbestimmten Rechtsbegriff. Hins der Feststellung einer bes Härte hat die BA somit keinen Ermessens- oder Beurteilungsspielraum. Ihre vAw zu treffende Entsch, ob eine bes Härte vorliegt, kann von den Sozialgerichten im vollen Umfang überprüft werden (BSG 13.3.1997, 11 RAr 25/96, SozR 3-4100 § 119 Nr 11).

Eine bes Härte ist anzunehmen, wenn nach den Gesamtumständen des Einzelfalls der Eintritt einer Sperr- 64 zeit mit einer Dauer von 12 Wochen im Hinblick auf die für den Eintritt maßgebenden Tatsachen objektiv als unverhältnismäßig anzusehen ist (BSG 26.3.1998, B 11 AL 49/97 R, SozR 3-4100 § 119 Nr 14).

Als maßgebende Tatsachen iSv III 2 Nr 2 lit b können nur solche Berücksichtigung finden, die mit dem 65 Eintritt der Sperrzeit in einem **ursächlichen Zusammenhang** stehen. Außerhalb des Sperrzeittatbestands liegende sowie nach dem Eintritt der Sperrzeit eingetretene Umstände haben grds keine Bedeutung (BSG 4.9.2001, B 7 AL 4/01 R, SozR 3-4100 § 119 Nr 22). Weil sich die relevanten Umstände bereits beim Eintritt des die Sperrzeit begründenden Ereignisses feststellen lassen müssen, findet es auch keine Berücksichtigung, wenn die eingetretene Arbeitslosigkeit im weiteren Verlauf durch eine vom AN selbst gesuchte Arbeit verkürzt wird (BSG 15.11.1995, 7 RAr 32/95, SozR 3-4100 § 119a Nr 3). Die für die Sperrzeit maßgebenden Umstände sind in Relation zu den Auswirkungen der Sperrzeit zu setzen. Dabei ist als Folge nicht nur das Ruhen des Anspruchs auf Alg zu betrachten, sondern auch die **mittelbaren Folgen** wie die Verkürzung der Anspruchsdauer nach § 148 I Nr 4 (BSG 4.9.2001, B 7 AL 4/01 R, SozR 4100 § 119 Nr 22).

Nach der Rspr liegt eine bes Härte vor, wenn sich der AN bei der Lösung des Beschäftigungsverhältnisses 66 in einem **unverschuldeten, dh für ihn unvermeidbaren Irrtum** über das Vorliegen der Voraussetzungen eines wichtigen Grundes befunden hat. Unverschuldet ist ein solcher Irrtum regelmäßig nur dann, wenn der AN vor der Lösung des Beschäftigungsverhältnisses eine konkrete Auskunft von einer fachkundigen Stelle – idR einer Dienststelle der BA – eingeholt hat. Es reicht nicht, wenn der AN keine konkrete Auskunft eingeholt hat, sondern nur vom AG und BR die Erwartungshaltung hervorgerufen wurde, es werde nicht zu einer Sperrzeit kommen (BSG 13.3.1997, 11 RAr 25/96, SozR 3-4100 § 119 Nr 11 und 11 RAr 17/96, NZA-RR 1997, 495).

67 Eine bes Härte kann vorliegen, wenn die Lösung von Beschäftigungsverhältnis erfolgt, um eine **nichteheliche Lebensgemeinschaft herzustellen**. Auch wenn dies von der Rspr nicht als wichtiger Grund anerkannt wird, kann eine Sperrzeit von 12 Wochen nach den Umständen des Einzelfalls unverhältnismäßig sein (BSG 25.10.1998, 7 RAr 37/87, SozR 4100 § 119 Nr 33).

68 Auch bei einer rechtmäßigen verhaltensbedingten Kdg durch den AG kann die Regeldauer der Sperrzeit nach den Umständen des Einzelfalls eine bes Härte bedeuten; insb wenn davon auszugehen ist, dass ein anderer AG wohl nur eine Abmahnung ausgesprochen hätte. Das BSG hat dies für einen Fall angenommen, in dem ein langjährig im Betrieb beschäftigter AN, der sich bisher nichts hatte zuschulden kommen lassen, ein nur sehr geringwertiges Gut des AG (altes Brot) gestohlen hatte (BSG 21.7.1988, 7 RAr 41/86, SozR 4100 § 119 Nr 32).

69 **XI. Anspruchsminderung als weitere Rechtsfolge.** Nach § 128 I Nr 4 mindert sich die Dauer des Anspruchs auf Alg um die **Anzahl von Tagen einer Sperrzeit** wegen Arbeitsaufgabe. Die Minderung erfolgt dabei jedoch um **mind $^1/_4$ der Dauer des Alg-Anspruchs**, der bei Geltendmachung nach dem die Sperrzeit begründenden Ereignis besteht. Die Minderung tritt dabei unabhängig davon ein, ob während der Sperrzeit überhaupt Alg beansprucht wird und ob es somit zu einem Ruhen kommt. Dies bedeutet, dass auch nach Ablauf der Sperrzeit nur ein verminderter Anspruch auf Alg geltend gemacht werden kann. Aufgrund der verschärften Minderungsregel mindert sich zB bei einem Anspruch auf Alg von 1 Jahr der Anspruch um 90 Tage, während die Sperrzeit (nur) 84 Tage umfasst. Das BSG hat hierin gleichwohl keine unzumutbare und unangemessene Regelung gesehen (BSG 4.9.2001, B 7 AL 4/01 R, SozR 3-4100 § 119 Nr 22).

70 Die Minderung der Sperrzeit nach § 148 I Nr 4 **entfällt** nach II S 2 der Vorschrift aber, wenn das Ereignis, dass die Sperrzeit begründet (bei der Sperrzeit bei Arbeitsaufgabe die Beendigung des Beschäftigungsverhältnisses) bei Erfüllung der Voraussetzungen für den Anspruch auf Alg **länger als 1 Jahr zurückliegt**. Der AN kann die Minderung also vermeiden, wenn er sich erst 1 Jahr nach Eintritt der Sperrzeit arbeitslos meldet. Hierauf muss der AN bei entspr Anlass von der BA hingewiesen werden. Die Verpflichtung zu einem solchen Hinweis kann sich auch anlässlich einer Gruppenberatung ergeben (vgl BSG 5.9.2006, B 7a AL 70/05 R). Erfolgt eine entspr Beratung nicht, kann der AN im Wege des sozialrechtlichen Herstellungsanspruchs so zu stellen sein, als habe er den Antrag auf Alg erst nach Ablauf der Jahresfrist gestellt. Nach § 137 II kann der AN auch nach bereits erfolgter Arbeitslosmeldung bis zu einer Entsch über den Anspruch noch bestimmen, dass der Anspruch nicht oder zu einem späteren Zeitpunkt entstehen soll.

71 **D. Sperrzeit bei verspäteter Arbeitsuchendmeldung.** Nach § 159 I 2 Nr 7 tritt eine Sperrzeit von 1 Woche ein, wenn der Arbeitsuchende seiner **Meldepflicht nach § 38 I** nicht nachkommt.

72 **I. Sperrzeitvoraussetzungen.** Personen, deren Arbeits- und Ausbildungsverhältnis endet, sind nach § 38 I verpflichtet, sich spätestens 3 Monate vor dessen Beendigung persönlich bei der AA arbeitsuchend zu melden. Liegen zwischen der Kenntnis des Beendigungszeitpunkts und der Beendigung des Arbeits- oder Ausbildungsverhältnisses weniger als 3 Monate, hat die Meldung innerhalb von 3 Tagen nach Kenntnis des Beendigungszeitpunkts zu erfolgen. Die Pflicht zur Meldung besteht unabhängig davon, ob der Fortbestand des Arbeits- und Ausbildungsverhältnisses gerichtlich geltend gemacht oder vom AG in Aussicht gestellt wird. Die Pflicht zur Meldung gilt nicht in einem betrieblichen Ausbildungsverhältnis.

73 **II. Schuldhafte Obliegenheitsverletzung. 1. Verschuldenserfordernis.** § 38 I erfordert, dass sich der AN **persönlich** arbeitsuchend bei der AA meldet. Zur Wahrung der Frist reicht auch eine telefonische Meldung aus, wenn die persönliche Meldung nach terminlicher Vereinbarung nachgeholt wird. Nach der Rspr handelt es sich um eine **versicherungsrechtliche Obliegenheit** des AN. Voraussetzung für die an eine Obliegenheitsverletzung geknüpfte negative Folge der Sperrzeit ist, dass der AN **in Kenntnis der konkreten Verhaltensaufforderung** gegen diese verstößt. Dies bedeutet, dass der AN zumindest fahrlässig in Unkenntnis von der Meldeobliegenheit gehandelt haben muss. Dabei gilt ein **subjektiver Sorgfaltsmaßstab**, sodass auf das individuelle Leistungsvermögen des konkreten AN abzustellen ist (BSG 18.8.2005, B 7a AL 4/05 R, SozR 4-1500 § 95 Nr 1).

74 Mit der Obliegenheit des AN, sich zu melden, korrespondiert die **Informationspflicht des AG** nach § 2 II 2 Nr 3. Danach »**sollen**« die AG die AN frühzeitig vor dem Beginn der Arbeitsverhältnisse über die

Verpflichtung zur Meldung nach § 38 I informieren und sie hierzu freistellen. Die Informationspflicht des AG tritt damit faktisch an die Stelle der Belehrungspflichten der BA zu anderen Obliegenheiten des Arbeitslosen (BSG 25.5.2005, B 11a/11 AL 81/04 R, SozR 4-4300 § 140 Nr 1).

Das BAG hat in diesem Zusammenhang entschieden, dass ein Unterlassen der Information nach § 2 II Nr 3 **keinen Schadensersatzanspruch des AN gegen den AG** für den Verlust von Alg begründet. Zur Begr hat das BAG ausgeführt: Es handele sich nur um eine Sollvorschrift, die überhaupt nicht sanktionsbewehrt sei. Bei der Meldepflicht handele es sich um eine sozialrechtliche Pflicht eindeutig zulasten des AN, der diese eigenverantwortlich erfüllen und sich dabei ggf Kenntnisse über seine sozialversicherungsrechtlichen Pflichten und Obliegenheiten verschaffen müsse. § 2 II Nr 3 habe nicht den Schutzzweck, den AN vor Nachteilen wegen der Minderung des Alg zu schützen, sondern verfolge rein arbeitsmarktpolitische Zwecke. Auch ein Schadensersatzanspruch nach § 823 II BGB iVm § 2 II Nr 3 scheide aus. Denn § 2 II Nr 3 sei kein Schutzgesetz iSd § 823 II BGB (BAG 29.9.2005, 8 AZR 571/04, EzA § 280 BGB 2002 Nr 1). Dieser Entsch ist zuzustimmen, soweit sich die Ausführungen auf das Verhältnis des AG zum AN beziehen. Soweit in den nicht die Entsch tragenden Ausführungen eine Verpflichtung des AN angedeutet wird, sich unabhängig von der Information durch den AG Kenntnisse über seine Obliegenheiten zu verschaffen, dürfte dem angesichts des äußerst vagen Charakters dieser Ausführungen keine große Bedeutung zukommen. Das BAG hat in seiner Entsch ausdrücklich offengelassen, ob es der klagende AN im konkreten Fall schuldhaft versäumt hatte, sich rechtzeitig arbeitsuchend zu melden. 75

Von einem schuldhaften Verhalten des AN kann jedenfalls dann nicht ausgegangen werden, wenn der Hinweis des AG nach § 2 II 2 Nr 3 auf die Meldepflicht nicht erfolgt und der AN auch keine anderweitige Kenntnis von der Meldepflicht und den negativen Rechtsfolgen eines Unterlassens erlangt hat. War der AN vor Beginn des Arbeitsverhältnisses, das nun gekündigt wird, arbeitslos, so kann ihm die Kenntnis über die Meldepflicht durch einen entspr Hinweis in dem Bescheid über die Aufhebung der Bewilligung von Alg vermittelt worden sein. Ob verlangt werden kann, dass der AN sich zum Zeitpunkt der Kdg des neuen Arbeitsverhältnisses an einen solchen Hinweis erinnert, ist eine Frage des Einzelfalls (BSG 28.8.2007, B 7/7a AL 56/06 R, SozR 4-4300 § 37b Nr 5). 76

III. Wichtiger Grund. Auch für die Sperrzeit nach § 159 I 2 Nr 7 gilt, dass sie nur in Betracht kommt, wenn sich der AN nicht auf einen wichtigen Grund berufen kann. Ein wichtiger Grund liegt dann vor, wenn besondere Umstände eine fristwahrende Meldung unmöglich oder unzumutbar gemacht haben. 77

IV. Folgen der Sperrzeit bei verspäteter Arbeitsuchendmeldung. Die Dauer der Sperrzeit bei verspäteter Arbeitsuchendmeldung beträgt nach § 159 VI 1 Woche. Die Sperrzeit beginnt wie die Sperrzeit bei Arbeitsaufgabe erst mit dem Eintritt der Arbeitslosigkeit, weil dieser mit Tatbestandsvoraussetzung für die Sperrzeit ist. Die Sperrzeit wegen verspäteter Arbeitsuchendmeldung kann mit der Sperrzeit wegen Arbeitsaufgabe zusammentreffen. Dann gilt die Sonderregelung in § 159 II für den Beginn der Sperrzeit mit der Folge, dass sich die Sperrzeit bei verspäteter Arbeitsuchendmeldung an die Sperrzeit bei Arbeitsaufgabe anschließt. Folge der Sperrzeit bei verspäteter Arbeitsuchendmeldung ist das **Ruhen des Anspruchs** auf Alg (s dazu Rdn 52 f) und die **Minderung des Anspruchs**. Die Minderung des Anspruchs auf Alg beschränkt sich nach § 148 I Nr 3 auf die Anzahl der Tage der Sperrzeit. 78

E. Mögliches vollständiges Erlöschen des Alg-Anspruchs bei mehreren Sperrzeiten. Nach § 161 I Nr 2 erlischt der Anspruch auf Alg, wenn der Arbeitslose Anlass für den Eintritt von Sperrzeiten mit einer Dauer von insgesamt mind 21 Wochen gegeben hat, er über den Eintritt der Sperrzeiten schriftliche Bescheide erhalten hat und auf die Rechtsfolgen des Eintritts von Sperrzeiten mit einer Dauer von insgesamt mind 21 Wochen hingewiesen worden ist. Dabei werden auch Sperrzeiten berücksichtigt, die in einem Zeitraum von 12 Monaten vor der Entstehung des Anspruchs eingetreten sind und nicht bereits zum Erlöschen eines Anspruchs geführt haben. 79

§ 161 I Nr 2 kann nach dem Eintritt einer Sperrzeit wegen Arbeitsaufgabe relevant werden, wenn während der Arbeitslosigkeit weitere Sperrzeittatbestände erfüllt werden. Wendet sich der Arbeitslose nach erfolglosem Widerspruchsverfahren mit der sozialgerichtlichen Klage gegen einen Bescheid, im dem das Erlöschen des Alg-Anspruchs festgestellt wird, so ist auch die Rechtmäßigkeit bereits bindend gewordener Sperrzeitbescheide zu überprüfen, sofern geltend gemacht wird, diese seien rechtswidrig gewesen. Dies folgt aus dem Anspruch auf Rücknahme auch unanfechtbarer rechtswidriger VA nach § 44 SGB X. Einer vorherigen Entsch darüber durch die BA bedarf es nicht (BSG 21.3.2002, B 7 AL 44/01 R, SozR 3-4100 § 119 Nr 23). 80

F. Sozialrechtliche Folgen der Sperrzeit. Im Bereich der gesetzlichen Krankenversicherung ist der AN während des Ruhens des Anspruchs auf Alg (zunächst) nicht als Leistungsbezieher pflichtversichert. Nach § 5 I Nr 2 SGB V gelten die Leistungen im Fall des Eintritts einer Sperrzeit aber ab Beginn des 2. Monats 81

§ 160 SGB III   Ruhen bei Arbeitskämpfen

bis zur 12. Woche einer Sperrzeit als bezogen. Dies bewirkt den **Krankenversicherungsschutz** nach Ablauf des 1. Monats der Sperrzeit. Weil im Anschluss an eine versicherungspflichtige Beschäftigung nach § 19 II SGB V für 1 Monat Anspruch auf Leistungen aus der Krankenversicherung besteht, dürfte für vorher pflichtversicherte Beschäftigte praktisch keine Lücke im Versicherungsschutz entstehen. Dies gilt nicht für während ihrer Beschäftigungszeit in der gesetzlichen Krankenversicherung nicht pflichtversicherte Mitglieder (bei denen wegen des hohen Arbeitsentgelts Versicherungsfreiheit nach § 6 I Nr 1 SGB V bestand), denn § 19 II SGB V gilt nur für versicherungspflichtige Beschäftigte. Ggf besteht für betroffene AN Krankenversicherungsschutz iRd Familienversicherung nach § 10 SGB V. Sofern auch die Familienversicherung nicht eingreift, besteht Krankenversicherungsschutz nach § 5 II Nr 2a SGB V, wenn während der Sperrzeit Alg II bezogen wird (s dazu Rdn 83). Auswirkungen hat die Sperrzeit in jedem Fall auf den Anspruch auf **Krankengeld**. Dieser ruht nach § 49 I Nr 3a SGB V, soweit und solange wegen einer Sperrzeit das Alg ruht. Dies bedeutet, dass bei entspr Länge der Sperrzeit auch während der Zeit des nachgehenden Leistungsanspruchs nach § 19 II SGB V kein Krankengeld gezahlt wird.

82 Versicherungspflicht in der **gesetzlichen Rentenversicherung** besteht während des Ruhens des Alg-Anspruchs nicht, sodass die Ruhenszeit auch keine Beitragszeit in der gesetzlichen Rentenversicherung sein kann. Wenn eine Sperrzeit vorliegt, scheidet bei der Rentenberechnung auch die Berücksichtigung als Anrechnungszeit nach § 58 I 1 Nr 3 SGB VI aus. Sofern Alg II bezogen wird (s Rdn 83) führt dies aber zur Berücksichtigung einer Anrechnungszeit.

83 Während des Ruhens des Anspruchs auf Alg hat der AN einen von seiner Bedürftigkeit abhängenden **Anspruch auf Alg II**, sofern er seinen Lebensunterhalt und den Lebensunterhalt der mit ihm in einer Bedarfsgemeinschaft lebenden Personen nicht oder nicht ausreichend sichern kann (§ 9 I SGB II). Allerdings besteht während der Dauer der Sperrzeit nach §§ 31 I iVm II Nr 3, 31a I SGB II nur ein Anspruch auf eine um 30 % des maßgebenden Regelbedarfs abgesenkte Leistung.

84 **G. Verfahrensrechtliche Fragen.** Grds tritt die Sperrzeit kraft G ein. Dennoch bedarf es zur Umsetzung im konkreten Einzelfall eines VA der BA. Mit einem solchen Bescheid lehnt die BA die Bewilligung von Alg wegen der Sperrzeit ab. Dagegen kann der AN nach erfolglosem Widerspruch eine (kombinierte) **Anfechtungs- und Leistungsklage** beim zuständigen Sozialgericht erheben. Die reine Anfechtungsklage ist nicht hinreichend, weil über die Beseitigung der mit der Sperrzeit begründeten Ablehnung hinaus die Bewilligung von Alg erstritten werden soll. Sofern sich der AN nur gegen die Minderung der Anspruchsdauer nach § 148 I Nr 4 wehren will, ist nach erfolglosem Widerspruch eine isolierte **Anfechtungsklage** ausreichend. Gleiches gilt, wenn dem AN vor der Feststellung der Sperrzeit durch die BA schon Alg für den von der Sperrzeit erfassten Zeitraum bewilligt worden ist. Wenn die BA nun diese Leistungsbewilligung für die Dauer der Sperrzeit nach §§ 45, 48 SGB X mit Bescheid aufhebt, reicht dessen Anfechtung, um den Anspruch zu verteidigen.

§ 160 Ruhen bei Arbeitskämpfen

(1) ¹Durch die Leistung von Arbeitslosengeld darf nicht in Arbeitskämpfe eingegriffen werden. ²Ein Eingriff in den Arbeitskampf liegt nicht vor, wenn Arbeitslosengeld Arbeitslosen geleistet wird, die zuletzt in einem Betrieb beschäftigt waren, der nicht dem fachlichen Geltungsbereich des umkämpften Tarifvertrags zuzuordnen ist.
(2) Ist die Arbeitnehmerin oder der Arbeitnehmer durch Beteiligung an einem inländischen Arbeitskampf arbeitslos geworden, so ruht der Anspruch auf Arbeitslosengeld bis zur Beendigung des Arbeitskampfes.
(3) ¹Ist die Arbeitnehmerin oder der Arbeitnehmer durch einen inländischen Arbeitskampf, an dem er nicht beteiligt ist, arbeitslos geworden, so ruht der Anspruch auf Arbeitslosengeld bis zur Beendigung des Arbeitskampfes nur, wenn der Betrieb, in dem die oder der Arbeitslose zuletzt beschäftigt war,
1. dem räumlichen und fachlichen Geltungsbereich des umkämpften Tarifvertrages zuzuordnen ist oder
2. nicht dem räumlichen, aber dem fachlichen Geltungsbereich des umkämpften Tarifvertrages zuzuordnen ist und im räumlichen Geltungsbereich des Tarifvertrags, dem der Betrieb zuzuordnen ist,
   a) eine Forderung erhoben worden ist, die einer Hauptforderung des Arbeitskampfes nach Art und Umfang gleich ist, ohne mit ihr übereinstimmen zu müssen, und
   b) das Arbeitskampfergebnis aller Voraussicht nach in dem räumlichen Geltungsbereich des nicht umkämpften Tarifvertrages im Wesentlichen übernommen wird.
²Eine Forderung ist erhoben, wenn sie von der zur Entscheidung berufenen Stelle beschlossen worden ist oder auf Grund des Verhaltens der Tarifvertragspartei im Zusammenhang mit dem angestrebten Abschluss des Tarifvertrags als beschlossen anzusehen ist. ³Der Anspruch auf Arbeitslosengeld ruht nach

Satz 1 nur, wenn die umkämpften oder geforderten Arbeitsbedingungen nach Abschluss eines entsprechenden Tarifvertrages für die Arbeitnehmerin oder den Arbeitnehmer gelten oder auf ihn angewendet würden.
(4) Ist bei einem Arbeitskampf das Ruhen des Anspruchs nach Absatz 3 für eine bestimmte Gruppe von Arbeitslosen ausnahmsweise nicht gerechtfertigt, so kann der Verwaltungsrat bestimmen, dass ihnen Arbeitslosengeld zu leisten ist.
(5) [1]Die Feststellung, ob die Voraussetzungen nach Absatz 3 Satz 1 Nr. 2 Buchst. a und b erfüllt sind, trifft der Neutralitätsausschuss (§ 380). [2]Er hat vor seiner Entscheidung den Fachspitzenverbänden der am Arbeitskampf beteiligten Tarifvertragsparteien Gelegenheit zur Stellungnahme zu geben.
(6) [1]Die Fachspitzenverbände der am Arbeitskampf beteiligten Tarifvertragsparteien können durch Klage die Aufhebung der Entscheidung des Neutralitätsausschusses nach Absatz 5 und eine andere Feststellung begehren. [2]Die Klage ist gegen die Bundesagentur zu richten. [3]Ein Vorverfahren findet nicht statt. [4]Über die Klage entscheidet das Bundessozialgericht im ersten und letzten Rechtszug. [5]Das Verfahren ist vorrangig zu erledigen. [6]Auf Antrag eines Fachspitzenverbandes kann das Bundessozialgericht eine einstweilige Anordnung erlassen.

Übersicht

		Rdn.			Rdn.
A.	Zweck der Vorschrift und Regelungsinhalt ...	1	I.	Ruhen bei räumlich und fachlicher Anwendbarkeit des umkämpften TV	6
B.	Das Ruhen bei unmittelbarer Beteiligung an einem Arbeitskampf	3	II.	Ruhen bei (nur) fachlicher Anwendbarkeit des umkämpften TV	7
C.	Das Ruhen bei mittelbarer Beteiligung an einem Arbeitskampf	5			

A. Zweck der Vorschrift und Regelungsinhalt. § 160 entspricht dem vormaligen § 146. Die neue Nummerierung erfolgt aufgrund der Neuregelung der Systematik des Arbeitsförderungsrechts mit Wirkung zum 1.4.2012 durch das Gesetz zur Verbesserung der Eingliederungschancen am Arbeitsmarkt (Eingliederungschancengesetz) vom 20.12.2011 (BGBl I S 2854). 1

Mit § 160 wird die aus Art 9 III GG abzuleitende **Neutralitätspflicht** der BA bei Arbeitskämpfen konkretisiert. Das bestehende Kräfteverhältnis zwischen den Arbeitskampfparteien soll nicht durch Leistungsbewilligungen oder -versagungen der BA beeinflusst werden. In § 160 wird geregelt, wann ein an sich gegebener Anspruch auf Alg im Hinblick auf die unmittelbare Beteiligung oder die mittelbare Teilhabe der betroffenen AN an einem Arbeitskampf ruht. Die Rechtsfolge des Ruhens bedeutet, dass die Leistung trotz eines an sich gegebenen Anspruchs nicht erbracht wird (s dazu § 157 Rdn 16). § 160 findet unmittelbar auf die Gewährung von Alg Anwendung. Aufgrund der Verweisungen im § 100 I gilt die Vorschrift auch für das **Kurzarbeitergeld**. § 160 I 1 enthält die Grundaussage, dass durch Leistungen der BA nicht in Arbeitskämpfe eingegriffen werden darf. In I 2 wird klargestellt, dass ein solcher Eingriff nicht vorliegt, wenn Alg an AN geleistet wird, die zuletzt in Betrieben außerhalb des fachlichen Geltungsbereichs des umkämpften TV beschäftigt waren. Diese Aussage gilt aber nicht bezogen auf die AN, die im sog Sympathie- oder Solidaritätsstreiks die im Arbeitskampf Streikenden unterstützen. Deren Leistungsansprüche ruhen nach II. Nach II ruht der Anspruch auf Alg eines AN, der durch eigene Beteiligung an einem Arbeitskampf arbeitslos geworden ist. In III–VI werden die Voraussetzungen des Ruhens des Alg-Anspruchs von AN geregelt, die nicht unmittelbar an einem Arbeitskampf teilnehmen. 2

B. Das Ruhen bei unmittelbarer Beteiligung an einem Arbeitskampf. Der Begriff des Arbeitskampfs wird in § 160 nicht gesondert definiert. Es gilt die arbeitsrechtliche Begriffsbestimmung. Der Anspruch auf Alg ruht nach II bis zur Beendigung des Arbeitskampfes, wenn ein AN als Streikteilnehmer oder von einer Aussperrung Betroffener unmittelbar an einem inländischen Arbeitskampf beteiligt und **dadurch** Arbeitslosigkeit eingetreten ist. An der erforderlichen Kausalität fehlt es zB von dem Zeitpunkt ab, zu dem ein Beschäftigungsverhältnis aus anderen Gründen endet (zB durch Ablauf einer Befristung des Arbeitsverhältnisses oder einer Kdg-Frist). Ohne die Ruhensanordnung in § 160 könnte für die an einem Arbeitskampf beteiligten AN ein Anspruch auf Alg bestehen. Denn Arbeitslosigkeit kann auch bei noch bestehendem Arbeitsverhältnis eintreten, wenn der AN beschäftigungslos wird (vgl § 157 Rdn 4). Dass der streikende AN praktisch nicht für Vermittlungsbemühungen der BA zu Verfügung steht und keine andere Beschäftigung sucht, steht einer Arbeitslosigkeit nicht entgegen. Denn die Tatbestandsvoraussetzungen der Arbeitslosigkeit sind für an Arbeitskämpfen beteiligte AN nur modifiziert anzuwenden. 3

Darauf, ob ein von den AN geführter **Streik** nach dem Arbeitskampfrecht rechtmäßig ist, kommt es nicht an. Sowohl bei Teilnahme an einem rechtmäßigen als auch bei Beteiligung an einem rechtswidrigen Streik 4 (sog »wilder« Streik) ruht der Anspruch des AN auf Alg. Ob das Ruhen nach § 160 auch unabhängig davon eintritt, ob eine **Aussperrung** rechtmäßig oder rechtswidrig ist, wird unterschiedlich beurteilt. Es wird vertreten, auch rechtswidrige Aussperrungen führten zum Ruhen nach § 160 II, denn es sei nicht die Aufgabe der BA, die unter Umständen schwierige Beurteilung zur Rechtmäßigkeit von Arbeitskampfmaßnahmen vorzunehmen. Etwas anderes soll nur bei evident rechtswidrigen Aussperrungen gelten (vgl Brand/*Düe* § 160 Rn 16). Nach aA (Eicher/Schlegel/*Söhngen* § 146 Rn 40) ruht der Anspruch auf Alg bei rechtswidriger Aussperrung nicht nach § 160, sondern im Hinblick darauf, dass dann ein Anspruch der AN auf Arbeitsentgelt besteht, nach § 157 I. Für die BA bestünde dann die Verpflichtung, Alg im Wege der Gleichwohlgewährung zu leisten (s dazu § 157 Rdn 20 ff). Die letztere Auffassung erscheint vorzugswürdig. Wenn die BA bei unvoreingenommener rechtlicher Prüfung zum Erg kommt, dass AN infolge unrechtmäßiger Aussperrung beschäftigungslos geworden sind und Anspruch auf Arbeitsentgelt haben, verletzt die Leistung von Alg iRd Gleichwohlgewährung nicht die Neutralitätspflicht.

5 **C. Das Ruhen bei mittelbarer Beteiligung an einem Arbeitskampf.** Auch für AN, die nicht unmittelbar an Arbeitskampfmaßnahmen teilnehmen, kann bei Arbeitslosigkeit als (mittelbare) Folge des Arbeitskampfes ein Ruhen des Leistungsanspruchs nach § 160 eintreten. Praktisch relevanter sind indes die Konstellationen, in denen aufgrund mittelbarer Folgen des Arbeitskampfes ein erheblicher Arbeitsausfall im Betrieb eintritt und dem Grunde nach die Voraussetzungen für einen Anspruch auf **Kurzarbeitergeld bei Arbeitskämpfen** nach § 174 I vorliegen. Erfasst werden können nur Fälle, in denen Arbeitslosigkeit oder zur Kurzarbeit führender erheblicher Arbeitsausfall **durch den Arbeitskampf** verursacht worden ist. Bei Kurzarbeit ist zudem erforderlich, dass der erhebliche Arbeitsausfall für den AG nicht vermeidbar war. Das Ruhen nach § 160 III setzt voraus, dass sich feststellen lässt, dass die mittelbar betroffenen AN persönlich bei einem Erfolg des Arbeitskampfes von den erkämpften Regelungen profitieren würden (sog **Partizipationsgedanke**). Deshalb ist ein Ruhen des Leistungsanspruchs bei mittelbarer Beteiligung an einem Arbeitskampf gem § 160 III nur bei den AN möglich, für die die im Streik umkämpften oder geforderten Arbeitsbedingungen nach Abschluss eines entspr TV gelten oder auf die sie angewendet würden. Dies setzt nicht notwendigerweise die Mitgliedschaft in der Gewerkschaft voraus, die für die im Arbeitskampf geltend gemachten Forderungen streitet. Für nicht an den TV gebundene AN kann sich die Anwendung auch aus einer Bezugnahme auf die tariflichen Regelungen im Arbeitsvertrag oder aus feststehender betrieblicher Übung ergeben. Ein Ruhen des Leistungsanspruchs kann bei verschiedenen Konstellationen eintreten:

6 **I. Ruhen bei räumlich und fachlicher Anwendbarkeit des umkämpften TV.** Der Leistungsanspruch ruht nach § 160 III 1 Nr 1 bei AN, wenn der Betrieb, in dem sie zuletzt (vor Eintritt von Arbeitslosigkeit oder Kurzarbeit) beschäftigt waren, dem **räumlichen und fachlichen Geltungsbereich** des umkämpften TV zuzuordnen ist. Das Ruhen tritt dann unabhängig davon ein, ob sich überhaupt AN des Betriebes am Arbeitskampf beteiligt haben. Maßgeblich sind die räumlichen und fachlichen Abgrenzungen, wie sie von den TVP vorgenommen worden sind.

7 **II. Ruhen bei (nur) fachlicher Anwendbarkeit des umkämpften TV.** Nach § 160 III 1 Nr 2 ist das Ruhen des Leistungsanspruchs an zusätzliche Bedingungen geknüpft, wenn der Betrieb nicht zum räumlichen, aber zum **fachlichen Geltungsbereich** des umkämpften TV gehört. Erforderlich ist, dass auch in dem Tarifgebiet des Betriebs eine (noch nicht mit Mitteln des Arbeitskampfes umkämpfte) Forderung erhoben ist, die einer Hauptforderung des Arbeitskampfs nach **Art und Umfang** gleich ist, ohne mit ihr übereinstimmen zu müssen. Eine Forderung ist nach III 2 erhoben, wenn sie von dem satzungsmäßig zuständigen Gremium einer TVP beschlossen worden ist. In Betracht kommen hierbei praktisch nur Forderungen einer Gewerkschaft. Es reicht auch aus, wenn die Forderung aufgrund des Verhaltens der TVP in Zusammenhang mit dem angestrebten Abschluss als beschlossen anzusehen ist. Als Hauptforderung ist eine Forderung zu qualifizieren, wenn sie als zentrale Forderung den Arbeitskampf prägt und die Gewerkschaft mit der Geltendmachung dieser Forderung ihre Mitglieder mobilisiert (Eicher/Schlegel/*Söhngen* § 146 Rn 53). Der Begriff der Gleichheit der Hauptforderungen ist eng auszulegen. Auch wenn keine Identität erforderlich ist, müssen die Forderungen »so dicht beieinanderliegen, dass sie fast übereinstimmen« (BSG 5.6.1991, 7 RAr 26/89, SozR 3-4100 § 116 Nr 1). Ist dies der Fall, sind Abweichungen bei den Nebenforderungen unbeachtlich. Zusätzlich erforderlich für den Eintritt des Ruhens ist die **Prognose**, dass das Arbeitskampfergebnis aller Voraussicht nach in dem räumlichen Geltungsbereich des nicht umkämpften TV (in dem der mittelbar betroffene Betrieb liegt) iW übernommen wird. An die Übernahmeprognose sind hohe Anforderungen zu stellen. Sie ist nur zulässig, wenn so viele und gewichtige objektive Anzeichen für eine Übernahme vorhanden sind, dass sie in hohem Maße wahrscheinlich erscheint (BSG 4.10.1994, 7 RAr 1/93, SozR 3-4100 § 116 Nr 2).

Die Feststellung, ob die Voraussetzungen des III 1 Nr 2 lit a (Erhebung der gleichen Hauptforderung) und lit b (Übernahmeprognose) vorliegen, trifft gem V der **Neutralitätsausschuss**. Dieser besteht nach § 380 aus jew 3 Vertretern der Gruppen der AN und der AG im Verwaltungsrat der BA sowie der oder dem Vorsitzenden des Vorstands der BA. Vor seiner Entsch muss der Neutralitätsausschuss den Fachspitzenverbänden der am Arbeitskampf beteiligten TVP Gelegenheit zur Stellungnahme geben. VI räumt den nach V beteiligten Fachspitzenverbänden eine bes, vereinfachte Rechtsschutzmöglichkeit ggü den Entsch des Neutralitätsausschusses ein. Sie können die Entsch ohne Vorverfahren durch eine **gegen die BA zu richtende Klage** anfechten; über die im 1. und letzten Rechtszug das BSG entscheidet. Auf bes Antrag hin kann das BSG eine einstweilige Anordnung erlassen. 8

§ 160 IV ermöglicht es dem Verwaltungsrat der BA, für eine bestimmte Gruppe von AN zu bestimmen, dass ihnen Leistungen zu erbringen sind, obwohl an sich die Ruhensvoraussetzungen vorliegen. Es handelt sich um eine **Härtefallklausel**, die eingreift, wenn das Ruhen der Leistung für die betroffene AN-Gruppe ausnahmsweise nicht gerechtfertigt ist. Denkbar ist es, Gruppen von AN vom Ruhen des Leistungsanspruchs auszunehmen, die sich in einer bes schwierigen wirtschaftlichen Situation befinden oder die (etwa aufgrund von Behinderungen) bes Bedürfnisse haben (Eicher/Schlegel/*Söhngen* § 146 Rn 67). 9

§ 165 Anspruch

(1) ¹Arbeitnehmerinnen und Arbeitnehmer haben Anspruch auf Insolvenzgeld, wenn sie im Inland beschäftigt waren und bei bei einem Insolvenzereignis für die vorangegangenen drei Monate des Arbeitsverhältnisses noch Ansprüche auf Arbeitsentgelt haben. ²Als Insolvenzereignis gilt
1. Eröffnung des Insolvenzverfahrens über das Vermögen des Arbeitgebers,
2. die Abweisung des Antrags auf Eröffnung des Insolvenzverfahrens mangels Masse oder
3. die vollständige Beendigung der Betriebstätigkeit im Inland, wenn ein Antrag auf Eröffnung des Insolvenzverfahrens nicht gestellt worden ist und ein Insolvenzverfahren offensichtlich mangels Masse nicht in Betracht kommt.

³Auch bei einem ausländischen Insolvenzereignis haben im Inland beschäftigte Arbeitnehmerinnen und Arbeitnehmer einen Anspruch auf Insolvenzgeld.
(2) ¹Zu den Ansprüchen auf Arbeitsentgelt gehören alle Ansprüche auf Bezüge aus dem Arbeitsverhältnis. ²Als Arbeitsentgelt für Zeiten, in denen auch während der Freistellung eine Beschäftigung gegen Arbeitsentgelt besteht (§ 7 Abs. 1a Viertes Buch), gilt der Betrag, der auf Grund der schriftlichen Vereinbarung zur Bestreitung des Lebensunterhalts im jeweiligen Zeitraum bestimmt war. ³Hat die Arbeitnehmerin oder der Arbeitnehmer einen Teil seines Arbeitsentgelts nach § 1 Abs. 2 Nr. 3 des Betriebsrentengesetzes umgewandelt und wird dieser Entgeltteil in einem Pensionsfonds, in einer Pensionskasse oder einer Direktversicherung angelegt, gilt die Entgeltumwandlung für die Berechnung des Insolvenzgeldes als nicht vereinbart, soweit der Arbeitgeber keine Beiträge an den Versorgungsträger abgeführt hat.
(3) Hat eine Arbeitnehmerin oder ein Arbeitnehmer in Unkenntnis eines Insolvenzereignisses weitergearbeitet oder die Arbeit aufgenommen, besteht der Anspruch für die dem Tag der Kenntnisnahme vorausgehenden drei Monate des Arbeitsverhältnisses.
(4) Anspruch auf Insolvenzgeld hat auch der Erbe der Arbeitnehmerin oder des Arbeitnehmers.
(5) Der Arbeitgeber ist verpflichtet, einen Beschluss des Insolvenzgerichts über die Abweisung des Antrags auf Insolvenzeröffnung mangels Masse dem Betriebsrat oder, wenn ein Betriebsrat nicht besteht, den Arbeitnehmerinnen und Arbeitnehmern unverzüglich bekannt zu geben.

Übersicht	Rdn.		Rdn.
A. Zweck der Regelung	2	D. Erweiterter Schutz nach II	10
B. Anspruchsvoraussetzungen	3	E. Antragsfrist	11
C. Anspruchsinhalt	7		

§ 165 entspricht dem vormaligen § 183. Die neue Nummerierung erfolgt aufgrund der Neuregelung der Systematik des Arbeitsförderungsrechts mit Wirkung zum 1.4.2012 durch das Gesetz zur Verbesserung der Eingliederungschancen am Arbeitsmarkt (Eingliederungschancengesetz) vom 20.12.2011 (BGBl I S 2854). 1

A. Zweck der Regelung. Durch das in den §§ 165 ff geregelte **Insolvenzgeld** wird der AN für einen Zeitraum von längstens 3 Monaten gegen einen Entgeltausfall bei Zahlungsunfähigkeit des AN geschützt. Weiter wird mit dem Insolvenzgeld auch der Schutz anderer Sozialleistungsträger vor Beitragsausfällen bezweckt. 2

B. Anspruchsvoraussetzungen. Anspruchsberechtigt sind nur AN. Der Anspruch auf Insolvenzgeld setzt einen **Anspruch auf Arbeitsentgelt** und somit ein Arbeitsverhältnis voraus. Das Arbeitsverhältnis muss vor dem Insolvenzereignis begründet worden sein und im Zeitraum, für den Insolvenzgeld begehrt wird, noch bestanden haben. Bei einem Betriebsübergang nach § 613a BGB kann sowohl bei einer Insolvenz des noch Arbeitsentgelt schuldenden Veräußerers als auch bei einer Insolvenz des haftenden Übernehmers ein Anspruch auf Insolvenzgeld bestehen (BSG 28.6.1983, 10 RAr 26/81, SozR 4100 § 141b Nr 27).

4 Voraussetzung für den Anspruch auf Insolvenzgeld ist, dass der AN bei Eintritt des Insolvenzereignisses noch Ansprüche auf Arbeitsentgelt hat. Nur wenn es bei Zahlungsunfähigkeit des AG zu einem Insolvenzereignis kommt, kann der Anspruch auf Insolvenzgeld entstehen.

5 In § 165 I S 2 Nr 1 bis 3 wird festgelegt, wann ein **Insolvenzereignis** vorliegt. Genannt sind 3 verschiedene Insolvenzereignisse. Der Insolvenzgeldanspruch wird grds durch das zeitlich früheste der 3 Ereignisse ausgelöst. Wenn am Tage der Betriebseinstellung ein Antrag auf Eröffnung des Insolvenzverfahrens gestellt wird, ist das Insolvenzverfahren das maßgebliche Ereignis (BSG 17.7.1979, 12 RAr 4/79, SozR 4/79, SozR 4100 § 141b Nr 12). Wird der Antrag auf Eröffnung des Insolvenzverfahrens nach der Betriebseinstellung zurückgenommen, ist die Betriebseinstellung das maßgebliche Insolvenzereignis (BSG 30.10.1991, 10 RAr 3/91, SozR 3-4100 § 141b Nr 9).

6 Die meisten Schwierigkeiten in der Praxis ergeben sich bei der Feststellung des als »**Auffangtatbestandes**« zu verstehenden Insolvenzereignisses nach Nr 3. Die dem Betriebszweck dienende Tätigkeit muss vollständig eingestellt worden sein. Dies bezieht sich auf alle Bereiche des Betriebes. Die Durchführung von Arbeiten, die der Auflösung des Betriebes dienen oder die lediglich der Erhaltung von Anlagen oder Waren dienen, sind unschädlich (vgl BSG 5.6.1981, 10/8b RAr 3/80, SozR 4100 § 141b Nr 19). Abzustellen ist auf die Betriebstätigkeit unter Regie des konkreten AG. Deshalb steht eine Betriebsfortführung nach einer Veräußerung, Verpachtung oder einem Pächterwechsel durch einen anderen Unternehmer dem Insolvenzgeldanspruch nicht entgegen. Im Zeitpunkt der Betriebseinstellung oder schon vorher muss die Massenlosigkeit vorliegen. Es reicht, wenn alle äußeren Tatsachen und insofern der Anschein für die Masselosigkeit sprechen. Allerdings muss nachgewiesen sein, dass Zahlungsunfähigkeit und nicht nur Zahlungsunwilligkeit vorliegt (so das BSG in einem Fall, in dem sich der im Inland hoch verschuldete AG mit unbekannter Adresse ins Ausland abgesetzt hatte – BSG 22.9.1993, 10 RAr 9/91, SozR 3-4100 § 141b Nr 7).

7 **C. Anspruchsinhalt.** Der Insolvenzgeldanspruch schützt nur vor Ausfall des Arbeitsentgelts für die **letzten 3 dem Insolvenzereignis vorausgehenden Monate des Arbeitsverhältnisses (Insolvenzgeldzeitraum)**. Liegen **innerhalb** des 3-Monatszeitraums Zeiten aus mehreren Arbeitsverhältnissen mit demselben nun zahlungsunfähigen AG, wird auch das nicht gezahlte Arbeitsentgelt aus den vorangegangenen Arbeitsverhältnissen geschützt. Für Zeiten außerhalb des Insolvenzgeldzeitraums zustehendes Arbeitsentgelt wird nicht geschützt. Maßgeblicher Ausgangspunkt für die Fristberechnung ist bei der Eröffnung des Insolvenzverfahrens das Datum des mit der Unterzeichnung wirksamen Eröffnungsbeschlusses. Bei der Abweisung mangels Masse ist das Datum des Gerichtsbeschlusses (der gem § 26 II InsO nicht veröffentlicht wird) maßgebend. Hat das Arbeitsverhältnis schon vor dem Eintritt des Insolvenzereignisses geendet, so ist die Frist **von dem Ende des Arbeitsverhältnisses an zurückzurechnen**.

8 Für jede Form des **Arbeitsentgelts** ist gesondert zu prüfen, ob der Anspruch einem bestimmten Zeitraum zugeordnet werden kann. Auf die Fälligkeit kommt es dabei nicht an. Bei Sonderzahlungen hängt es von der arbeitsrechtlichen Zweckbestimmung ab, ob eine ggf zeitanteilige Zuordnung zum Insolvenzgeldzeitraum vorzunehmen ist. Urlaubsgeld und Urlaubsentgelt werden dem jeweiligen Urlaubszeitraum zugeordnet, für den sie zum Lebensunterhalt bestimmt sind (BSG 1.12.1976, 7 RAr 136/75, SozR 4100 § 141b Nr 2).

9 Insolvenzgeld wird nach § 167 I **iH des Nettoarbeitsentgelts** geleistet, das sich ergibt, wenn das auf die monatliche Beitragsbemessungsgrenze (§ 341 IV) begrenzte Bruttoarbeitsentgelt um die gesetzlichen Abzüge vermindert wird. Die BA kann nach § 168 **einen Vorschuss** erbringen, dessen Höhe sie nach pflichtgemäßem Ermessen zu bestimmen hat, wenn (1.) die Eröffnung des Insolvenzverfahrens über das Vermögen des AG beantragt ist, (2.) das Arbeitsverhältnis beendet ist und (3.) die Voraussetzungen für den Anspruch auf Insolvenzgeld mit hinreichender Wahrscheinlichkeit erfüllt werden. Der Vorschuss ist auf das Insolvenzgeld anzurechnen. Er ist zu erstatten, soweit ein Anspruch auf Insolvenzgeld nicht oder nur in geringerer Höhe zuerkannt wird.

10 **D. Erweiterter Schutz nach II.** § 165 III schützt AN, die in Unkenntnis des Insolvenzereignisses weitergearbeitet bzw die Arbeit beim schon zahlungsunfähigen AG aufgenommen haben. Dabei ist der Begriff der **Weiterarbeit** in dem Sinne zu verstehen, dass das Arbeitsverhältnis aufrechterhalten wird und daraus weitere Entgeltansprüche (zB auch auf Entgeltfortzahlung im Krankheitsfall oder bei Annahmeverzug des AG) resultieren. Die Kenntnis von einer Ablehnung der Eröffnung des Insolvenzverfahrens durch das

Insolvenzgericht schadet nicht, solange der AN nicht den Grund für den abweisenden Beschluss kennt (BSG 22.9.1993, 10 RAr 11/91, SozR 3-4100 § 141b Nr 8).

E. Antragsfrist. Insolvenzgeld ist gem § 324 III 1 innerhalb einer **Ausschlussfrist von 2 Monaten** nach dem Insolvenzereignis zu beantragen. Die Frist beginnt stets mit dem Tag nach dem Eintritt des Insolvenzereignisses. Darauf, wann der AN von dem Insolvenzereignis Kenntnis erlangt, kommt es nicht an. Wird die Kenntnis während des Laufs der Frist erlangt, muss der AN alles ihm Mögliche tun, um den Antrag noch innerhalb der Frist zu stellen. Hat der AN die Frist aus Gründen versäumt, die er nicht zu vertreten hat, so wird Insolvenzgeld geleistet, wenn der Antrag innerhalb von 2 Monaten nach Wegfall des Hinderungsgrundes gestellt wird. Der AN hat die Versäumung der Frist zu vertreten, wenn er sich nicht mit der erforderlichen Sorgfalt um die Durchsetzung seiner Ansprüche bemüht hat. Daraus folgt, dass ich insb aus dem Betrieb ausgeschiedene AN zügig und mit der gebotenen Sorgfalt um die Titulierung und dann auch die Durchsetzung von Ansprüchen auf ausstehendes Arbeitsentgelt bemühen müssen, wenn sie im Fall einer Insolvenz des (ehemaligen) AG in den Genuss von Insolvenzgeld kommen wollen. Hat der AN einen Bevollmächtigten mit der Durchsetzung seiner Ansprüche beauftragt, ist dessen Verschulden dem AN nach den Regeln über das Vertreterverschulden zuzurechnen. 11

§ 166 Anspruchsausschluss

(1) Arbeitnehmerinnen und Arbeitnehmer haben keinen Anspruch auf Insolvenzgeld für Ansprüche auf Arbeitsentgelt, die
1. sie wegen der Beendigung des Arbeitsverhältnisses oder für die Zeit nach der Beendigung des Arbeitsverhältnisses haben,
2. sie durch eine nach der Insolvenzordnung angefochtene Rechtshandlung oder eine Rechtshandlung, die im Fall der Eröffnung des Insolvenzverfahrens anfechtbar wäre, erworben haben oder
3. die Insolvenzverwalterin oder der Insolvenzverwalter wegen eines Rechts zur Leistungsverweigerung nicht erfüllt.

(2) Soweit Insolvenzgeld gezahlt worden ist, obwohl dies nach Absatz 1 ausgeschlossen ist, ist es zu erstatten

§ 166 entspricht dem vormaligen § 184. Die neue Nummerierung erfolgt aufgrund der Neuregelung der Systematik des Arbeitsförderungsrechts mit Wirkung zum 1.4.2012 durch das Gesetz zur Verbesserung der Eingliederungschancen am Arbeitsmarkt (Eingliederungschancengesetz) vom 20.12.2011 (BGBl I S 2854). 1

Nach § 166 I Ziffer 1 ist Arbeitsentgelt, dass der AN wegen der Beendigung des Arbeitsverhältnisses zu beanspruchen hat, nicht beim Insolvenzgeld zu berücksichtigen. Dazu gehören Entlassungsentschädigungen (**Abfindungsansprüche**) und Schadensersatzansprüche nach § 628 II BGB. Bei den Abfindungen ist aber zu prüfen, inwieweit in der zustehenden Summe Arbeitsentgelt enthalten ist, auf das der Anspruch bereits während des Arbeitsverhältnisses erworben worden ist. Solche nur formell zur Abfindungssumme gehörende Anteile sind bei Insolvenzgeld zu berücksichtigen. Gleichfalls beim Insolvenzgeld zu berücksichtigen sind nachträglich wirksam werdende Lohnerhöhungen, soweit sie sich auf den Insolvenzgeldzeitraum beziehen. 2

Die **Urlaubsabgeltung** nach § 7 IV BUrlG, auf die der Anspruch entsteht, wenn der Urlaub wegen der Beendigung des Arbeitsverhältnisses ganz oder teilw nicht mehr genommen werden kann, fällt unter den Anwendungsbereich des § 166 I Nr 1 und ist nicht für das Insolvenzgeld berücksichtigungsfähig (BSG 20.2.2002, B 11 AL 71/01 R, SozR 3-4100 § 184 Nr 1). 3

Viertes Buch Sozialgesetzbuch – Gemeinsame Vorschriften für die Sozialversicherung – (SGB IV)

In der Fassung der Bekanntmachung vom 12.11.2009 (BGBl I S 3710, 3973), zuletzt geändert durch Art 28 des Gesetzes vom 20.11.2015 (BGBl I S 2010)

– Auszug –

§ 3 Persönlicher und räumlicher Geltungsbereich
Die Vorschriften über die Versicherungspflicht und die Versicherungsberechtigung gelten,
1. soweit sie eine Beschäftigung oder eine selbständige Tätigkeit voraussetzen, für alle Personen, die im Geltungsbereich dieses Gesetzbuchs beschäftigt oder selbständig tätig sind,
2. soweit sie eine Beschäftigung oder eine selbständige Tätigkeit nicht voraussetzen, für alle Personen, die ihren Wohnsitz oder gewöhnlichen Aufenthalt im Geltungsbereich dieses Gesetzbuchs haben.

1 § 3 regelt den persönlichen und räumlichen Geltungsbereich der Vorschriften über die Versicherungspflicht und die Versicherungsberechtigung (Berechtigung zur freiwilligen Versicherung). Anwendung findet das **Territorialitätsprinzip**. Danach gelten die Vorschriften, soweit sie eine Beschäftigung oder selbstständige Tätigkeit voraussetzen, für alle Personen, die **im Bundesgebiet** beschäftigt oder selbstständig tätig sind. Entscheidend ist der Ort der Beschäftigung oder der selbstständigen Tätigkeit. Dass der Beschäftigungsbetrieb ein ausländisches Unternehmen ist, führt zu keiner anderen Beurteilung. Die vom Grundsatz her angeordnete Beschränkung der Anwendung des nationalen Sozialversicherungsrechts auf im Inland beschäftigte AN und auf Selbstständige gilt **nicht für das Leistungsrecht**. Bedeutung haben im Bereich des Arbeitsförderungsrechts die Art 61 bis 65 der Verordnung (EG) Nr. 883/2004 des Europäischen Parlaments und des Rats vom 29.4.2004 zur Koordination der Systeme der sozialen Sicherung. Danach ist für die Leistungserbringung im Falle der Arbeitslosigkeit grundsätzlich der Träger der Arbeitslosenversicherung des Staates zuständig, in dem ein Bürger eines Mitgliedstaates der Europäischen Union unmittelbar vor Eintritt der Arbeitslosigkeit beschäftigt war. Der Träger hat für den Erwerb des Anspruchs nach den Maßgaben der Verordnung in anderen Mitgliedstaaten zurückgelegte Versicherungszeiten zu berücksichtigen. Weiter werden in der Verordnung für solche Fälle die Bestimmung des für die Leistungshöhe maßgeblichen Bemessungsentgelts und die leistungsrechtlich relevante Berücksichtigung von Familienangehörigen geregelt. Geregelt werden auch eine zeitlich beschränkte Weiterzahlung des Arbeitslosengelds bei Aufenthalt in einem anderen Mitgliedsstaat nach Eintritt der Arbeitslosigkeit zur Arbeitssuche und die Besonderheiten der Leistungsgewährung bei sogenannten echten und unechten Grenzgängern.

2 Nach § 6 steht das über- und zwischenstaatliche Recht im Rang über dem innerstaatlichen Recht. Die mittels entspr Überleitungsnormen in das nationale Recht transferierten Regelungen des über- und zwischenstaatlichen Rechts haben Vorrang vor dem nationalen Recht. Insofern stehen die Regelungen in den §§ 3–5 unter dem **Vorbehalt abw über- und zwischenstaatlichen Rechts**.

§ 4 Ausstrahlung
(1) Soweit die Vorschriften über die Versicherungspflicht und die Versicherungsberechtigung eine Beschäftigung voraussetzen, gelten sie auch für Personen, die im Rahmen eines im Geltungsbereich dieses Gesetzbuchs bestehenden Beschäftigungsverhältnisses in ein Gebiet außerhalb dieses Geltungsbereichs entsandt werden, wenn die Entsendung infolge der Eigenart der Beschäftigung oder vertraglich im Voraus zeitlich begrenzt ist.
(2) Für Personen, die eine selbständige Tätigkeit ausüben, gilt Absatz 1 entsprechend.

1 Nach § 4 bleibt die durch ein in Deutschland bestehendes Beschäftigungsverhältnis begründete Einbeziehung in die einzelnen Zweige der nationalen Sozialversicherung bestehen, wenn der Beschäftigte von seinem AG zur Arbeitsleistung aus Deutschland in ein anderes Land **entsandt** wird. Dies wird als **Ausstrahlung** bezeichnet. Unschädlich für die Anwendung des § 4 ist es, wenn das inländische Beschäftigungsverhältnis allein im Hinblick auf die Auslandstätigkeit begründet worden ist. Es darf aber nicht überwiegend wahrscheinlich sein, dass der AN nach seinem Einsatz im Ausland seinen Wohnsitz oder gewöhnlichen Aufenthalt nicht (wieder) in Deutschland nimmt.

Ein weiterbestehendes Beschäftigungsverhältnis mit dem entsendenden Arbeitgeber wird angenommen, 2
wenn der Schwerpunkt der rechtlichen und tatsächlichen Merkmale des Beschäftigungsverhältnisses in
Deutschland liegt. Der AN muss auch während der Auslandsbeschäftigung vom Grundsatz her weiterhin
organisatorisch in den Betrieb des inländischen AG eingegliedert und dessen Weisungen in Bezug auf Zeit,
Dauer, Ort und Art der Ausführung der Arbeit unterworfen sein (zu den einzelnen Voraussetzungen der
Beschäftigung s bei § 7). Eine Entsendung liegt nicht vor, wenn für die Zeit des Auslandseinsatzes ein neues
Beschäftigungsverhältnis mit einer rechtlich selbstständigen ausländischen Tochterfirma begründet wird.
Voraussetzung für die Ausstrahlung ist, dass die Entsendung bei vorausschauender Betrachtung infolge der
Eigenart der Beschäftigung oder vertraglich im Voraus **zeitlich begrenzt** ist, wobei zeitlich begrenzte Verlängerungen möglich sind. Eine feste zeitliche Grenze ist nicht vorgesehen, sodass eine Ausstrahlung auch
mehrere Jahre andauern kann.

§ 5 Einstrahlung

(1) Soweit die Vorschriften über die Versicherungspflicht und die Versicherungsberechtigung eine Beschäftigung voraussetzen, gelten sie nicht für Personen, die im Rahmen eines außerhalb des Geltungsbereichs
dieses Gesetzbuchs bestehenden Beschäftigungsverhältnisses in diesen Geltungsbereich entsandt werden,
wenn die Entsendung infolge der Eigenart der Beschäftigung oder vertraglich im Voraus zeitlich begrenzt
ist.
(2) Für Personen, die eine selbständige Tätigkeit ausüben, gilt Absatz 1 entsprechend.

In § 5 wird im Vergleich zu § 4 der umgekehrte Fall geregelt. Wenn ein im Ausland nach den dortigen 1
Rechtsvorschriften beschäftigter AN von seinem ausländischen AG vorübergehend zur Arbeitsleistung nach
Deutschland entsandt wird, tritt keine Versicherungspflicht nach dt Recht ein. Dies wird als **Einstrahlung**
bezeichnet. Voraussetzung ist, dass die Beschäftigung im Inland iR eines im Ausland bestehenden Beschäftigungsverhältnisses ausgeübt wird und dass sie bei vorausschauender Betrachtung infolge ihrer Eigenart oder
vertraglich im Voraus zeitlich begrenzt ist.

§ 5 findet keine Anwendung auf Fälle der **unerlaubten AN-Überlassung**. Bei unerlaubter gewerbsmäßiger 2
AN-Überlassung wird gem § 10 I 1 HS 1 AÜG ein Beschäftigungsverhältnis bei dem inländischen Entleiher fingiert.

§ 7 Beschäftigung

(1) ¹**Beschäftigung ist die nichtselbständige Arbeit, insbesondere in einem Arbeitsverhältnis.** ²Anhaltspunkte für eine Beschäftigung sind eine Tätigkeit nach Weisungen und eine Eingliederung in die Arbeitsorganisation des Weisungsgebers.
(1a) ¹Eine Beschäftigung besteht auch in Zeiten der Freistellung von der Arbeitsleistung von mehr als
einem Monat, wenn
1. während der Freistellung Arbeitsentgelt aus einem Wertguthaben nach § 7b fällig ist und
2. das monatlich fällige Arbeitsentgelt in der Zeit der Freistellung nicht unangemessen von dem für die
   vorausgegangenen zwölf Kalendermonate abweicht, in denen Arbeitsentgelt bezogen wurde.
²Satz 1 gilt entsprechend, wenn während einer bis zu dreimonatigen Freistellung Arbeitsentgelt aus einer
Vereinbarung zur flexiblen Gestaltung der werktäglichen oder wöchentlichen Arbeitszeit oder dem Ausgleich betrieblicher Produktions- und Arbeitszeitzyklen fällig ist. ³Beginnt ein Beschäftigungsverhältnis
mit einer Zeit der Freistellung, gilt Satz 1 Nummer 2 mit der Maßgabe, dass das monatlich fällige Arbeitsentgelt in der Zeit der Freistellung nicht unangemessen von dem für die Zeit der Arbeitsleistung abweichen darf, mit der das Arbeitsentgelt später erzielt werden soll. ⁴Eine Beschäftigung gegen Arbeitsentgelt
besteht während der Zeit der Freistellung auch, wenn die Arbeitsleistung, mit der das Arbeitsentgelt
später erzielt werden soll, wegen einer im Zeitpunkt der Vereinbarung nicht vorhersehbaren vorzeitigen
Beendigung des Beschäftigungsverhältnisses nicht mehr erbracht werden kann. ⁵Die Vertragsparteien
können beim Abschluss der Vereinbarung für den Fall, dass Wertguthaben wegen der Beendigung
der Beschäftigung auf Grund verminderter Erwerbsfähigkeit, des Erreichens einer Altersgrenze, zu
der eine Rente wegen Alters beansprucht werden kann, oder des Todes des Beschäftigten nicht mehr für
Zeiten einer Freistellung von der Arbeitsleistung verwendet werden können, einen anderen Verwendungszweck vereinbaren. ⁶Die Sätze 1 bis 4 gelten nicht für Beschäftigte, auf die Wertguthaben übertragen
werden. ⁷Bis zur Herstellung einheitlicher Einkommensverhältnisse im Inland werden Wertguthaben,
die durch Arbeitsleistung im Beitrittsgebiet erzielt werden, getrennt erfasst; sind für die Beitrags- oder

§ 7 SGB IV Beschäftigung

Leistungsberechnung im Beitrittsgebiet und im übrigen Bundesgebiet unterschiedliche Werte vorgeschrieben, sind die Werte maßgebend, die für den Teil des Inlandes gelten, in dem das Wertguthaben erzielt worden ist.

(1b) Die Möglichkeit eines Arbeitnehmers zur Vereinbarung flexibler Arbeitszeiten gilt nicht als eine die Kündigung des Arbeitsverhältnisses durch den Arbeitgeber begründende Tatsache im Sinne des § 1 Absatz 2 Satz 1 des Kündigungsschutzgesetzes.

(2) Als Beschäftigung gilt auch der Erwerb beruflicher Kenntnisse, Fertigkeiten oder Erfahrungen im Rahmen betrieblicher Berufsbildung.

(3) ¹Eine Beschäftigung gegen Arbeitsentgelt gilt als fortbestehend, solange das Beschäftigungsverhältnis ohne Anspruch auf Arbeitsentgelt fortdauert, jedoch nicht länger als einen Monat. ²Eine Beschäftigung gilt auch als fortbestehend, wenn Arbeitsentgelt aus einem der Deutschen Rentenversicherung Bund übertragenen Wertguthaben bezogen wird. ³Satz 1 gilt nicht, wenn Krankengeld, Krankentagegeld, Verletztengeld, Versorgungskrankengeld, Übergangsgeld, Pflegeunterstützungsgeld oder Mutterschaftsgeld oder nach gesetzlichen Vorschriften Erziehungsgeld oder Elterngeld bezogen oder Elternzeit in Anspruch genommen oder Wehrdienst oder Zivildienst geleistet wird. ⁴Satz 1 gilt auch nicht für die Freistellung nach § 3 des Pflegezeitgesetzes.

(4) Beschäftigt ein Arbeitgeber einen Ausländer ohne die nach § 284 Absatz 1 des Dritten Buches erforderliche Genehmigung oder ohne die nach § 4 Absatz 3 des Aufenthaltsgesetzes erforderliche Berechtigung zur Erwerbstätigkeit, wird vermutet, dass ein Beschäftigungsverhältnis gegen Arbeitsentgelt für den Zeitraum von drei Monaten bestanden hat.

Übersicht

	Rdn.
A. Zweck der Vorschrift und Regelungsinhalt	1
I. Rechtliche Bedeutung	3
II. Verhältnis der Beschäftigung zum Arbeitsverhältnis	4
III. Merkmale für eine Beschäftigung	9
1. Allgemeines	9
2. Verrichtung abhängiger Arbeit	11
a) Weisungsgebundenheit	12
b) Eingliederung in eine vorgegebene Arbeitsorganisation	15
3. Weitere Abgrenzungskriterien	17
a) Persönliche Arbeitsverrichtung	18
b) Verfügungsgewalt über die Arbeitsmittel	19
c) Unternehmerrisiko und unternehmerische Gestaltungsfreiheit	20
4. Beurteilung der Tätigkeit von GmbH-Geschäftsführer	22
5. Einstufung einzelner Tätigkeiten durch die Sozialversicherungsträger und die BA	24
B. Beschäftigung während einer Freistellungsphase mit Arbeitsentgeltanspruch aus einem Wertguthaben	25
C. Arbeitsrechtliche Schutzvorschrift in Ib	30
D. Betriebliche Berufsbildung	31
E. Befristetes Fortbestehen der Beschäftigung ohne Anspruch auf Arbeitsentgelt	32

1   **A. Zweck der Vorschrift und Regelungsinhalt.** § 7 I enthält eine **Legaldefinition** des Begriffs der **Beschäftigung.** Daran wird in den einzelnen Bereichen der Sozialversicherung angeknüpft (im Recht der Arbeitsförderung in § 25 I SGB III, in der Krankenversicherung in § 5 I Nr 1 SGB V, in der gesetzlichen Rentenversicherung in § 1 Nr 1 SGB VI, in der gesetzlichen Unfallversicherung im § 2 I Nr 1 SGB VII und mittelbar in der sozialen Pflegeversicherung im § 20 II 1 SGB XI). Beschäftigte gelten als sozial schutzwürdig und werden deshalb kraft Gesetzes in die Sozialversicherung einbezogen, ohne dass es auf ihren hierauf gerichteten Willen ankommt.

2   Ia trifft Sonderregelungen, unter welchen Voraussetzungen die Beschäftigung auch während der Freistellung von Arbeit besteht. Die Regelung in Ib ist eine arbeitsrechtliche Schutzvorschrift für den AN, wonach das bestehende Arbeitsverhältnis nicht im Hinblick auf die Möglichkeit zur Vereinbarung flexibler Arbeitszeiten gekündigt werden kann. II stellt klar, dass auch in betrieblichen Ausbildungsverhältnissen eine Beschäftigung vorliegt. III regelt die Fortdauer des Beschäftigungsverhältnisses während eines Zeitraums ohne Anspruch auf Arbeitsentgelt (ua bei Streit und Aussperrung). IV begründet für die dort genannten Fälle der unerlaubten Beschäftigung eine widerlegliche Vermutung über die Dauer des Beschäftigungsverhältnisses gegen Arbeitsentgelt.

3   **I. Rechtliche Bedeutung.** Beim Vorliegen einer Beschäftigung iSv § 7 I besteht Versicherungspflicht in den einzelnen Zweigen der Sozialversicherung. Folge ist die **Beitragspflicht**, der als Äquivalent im Versicherungsfall die Ansprüche des AN auf die Leistungen nach den einzelnen Bestimmungen der gesetzlichen Kranken-, Unfall und Rentenversicherung sowie der sozialen Pflegeversicherung gegenüberstehen.

Außerdem sind an das Vorliegen eines Beschäftigungsverhältnisses weitere Pflichten des AG (Meldepflicht nach § 28a SGB IV, Aufzeichnungs- und Nachweispflicht nach § 28 f SGB IV) und des AN (Auskunfts- und Vorlagepflicht nach § 28o SGB IV) gekoppelt.

II. Verhältnis der Beschäftigung zum Arbeitsverhältnis. An das Vorliegen einer Beschäftigung einerseits oder einer selbstständiger Erwerbstätigkeit anderseits werden Folgen nicht nur für die Sozialversicherung geknüpft. Die Abgrenzung ist auch im Arbeits- und Steuerrecht von Bedeutung. Grds hat die Wertung in einem der Bereiche keine Tatbestandswirkung für die anderen. Es ist aber allg anerkannt, dass die rechtliche Beurteilung jeweils **Indizwirkung** auch für die anderen Bereiche hat. Allerdings ist für eine konkrete Beurteilung im Einzelfall zu beachten, dass im arbeitsgerichtlichen Verfahren der Beibringungsgrundsatz gilt. Dies kann dazu führen, dass bestimmte für eine Abgrenzung wichtige Umstände nicht von den Beteiligten in das Verfahren eingeführt werden und deshalb bei der Entscheidung nicht berücksichtigt werden. Im sozialgerichtlichen Verfahren gilt der Amtsermittlungsgrundsatz, wonach alle für die Abgrenzung wichtigen Tatsachen so weit wie möglich vom Gericht zu ermitteln und in das Verfahren einzubeziehen sind. Dies kann im Einzelfall dazu führen, dass eine arbeitsgerichtliche Beurteilung der AN-Eigenschaft im sozialgerichtlichen Verfahren bei der Feststellung der Beschäftigung nicht übernommen wird.

Nach § 7 I ist Beschäftigung »die nichtselbstständige Arbeit, insb in einem Arbeitsverhältnis«. Dies stellt klar, dass ein Arbeitsverhältnis, in dem auch tatsächlich Arbeit verrichtet wird, regelmäßig mit einem Beschäftigungsverhältnis einhergeht. Zur Abgrenzung zwischen Beschäftigung und selbstständiger Arbeit kann deshalb die arbeitsrechtliche Rspr zum AN-Begriff herangezogen werden.

§ 7 I meint das **beitragsrechtliche Beschäftigungsverhältnis**, dass im Normalfall mit dem leistungsrechtlichen Beschäftigungsverhältnis übereinstimmt, von diesem aber abweichen kann. Störungen des Arbeitsverhältnisses mit der Folge, dass keine Arbeit mehr verrichtet wird (etwa während eines laufenden Kündigungsschutzprozesses), können dazu führen, das trotz noch bestehenden Arbeitsverhältnisses keine Beschäftigung mehr im **leistungsrechtlichen Sinne** besteht und der AN schon Anspruch auf Alg hat (s § 157 SGB III Rdn 4). Dies berührt aber nicht die eine Versicherungspflicht begründende beitragsrechtliche Beschäftigung iSd § 7 I.

Auch wenn die Arbeitsvertragsparteien übereinstimmend vereinbaren, dass der AN nach einer Kdg oder dem Abschluss eines Aufhebungsvertrages für die restliche Zeit des Arbeitsverhältnisses bei weiterbestehendem Anspruch auf Arbeitsentgelt **von der Arbeit freigestellt** wird, bleibt das beitragsrechtliche Beschäftigungsverhältnis iSd § 7 I bestehen. Obwohl es an der tatsächlichen Arbeitsleistung fehlt, besteht Versicherungs- und Beitragspflicht, wenn der AN weiterhin Anspruch auf ein über der Geringfügigkeitsgrenze liegendes Arbeitsentgelt hat (*Schlegel* NZA 2005, 972 ff).

Eine Beschäftigung iSv § 7 I liegt nicht nur beim Bestehen eines Arbeitsverhältnisses auf der Grundlage intakter arbeitsvertraglicher Regelungen vor, sondern auch dann, wenn die Arbeit iR eines sog **faktischen Arbeitsverhältnisses** erbracht wird. Dies ist bei Unwirksamkeit des Arbeitsvertrages der Fall. Möglich ist auch, dass sich eine Beschäftigung völlig außerhalb eines Arbeitsverhältnisses vollzieht, so ausnahmsweise während einer ehrenamtlichen Tätigkeit gegen Aufwandsentschädigung (BSG 27.6.1996, 11 RAr 111/95, SozR 3-4100 § 102 Nr 4). Solche Fälle sind aber recht selten und haben deshalb kaum praktische Bedeutung.

III. Merkmale für eine Beschäftigung. 1. Allgemeines. In den allermeisten Fällen von Erwerbstätigkeit lassen sich der arbeitsrechtliche AN-Status und das Vorliegen eines Beschäftigungsverhältnisses problemlos feststellen. In bestimmten Problemfällen kann die Erwerbstätigkeit aber sowohl Merkmale von selbstständiger als auch unselbstständiger Arbeit aufweisen. Eine Abgrenzung kann dann schwierig und im Einzelfall mit Zweifeln behaftet sein. Um Rechtssicherheit zu erlangen, bietet sich dann ein Anfrageverfahren nach § 7a an.

In groben Grundzügen gilt für die **Abgrenzung** von selbstständiger und unselbstständiger Arbeit: Ansatzpunkt für die Prüfung ist die vertragliche Ausgestaltung der Bedingungen, unter denen die Erwerbstätigkeit erbracht wird. Entscheidend ist aber nicht der Vertragstext; maßgeblich sind die tatsächlichen Gegebenheiten. So liegt etwa ein Beschäftigungsverhältnis bei der Tätigkeit als Regalauffüller in verschiedener Supermärkten trotz einer Vereinbarung vor, nach der die Tätigkeit von einer »Agentur auf selbständiger Basis« verrichtet wird, wenn der Auftraggeber für die Arbeit konkrete Weisungen erteilen kann und der Auftragnehmer kein wesentliches Unternehmerrisiko trägt (LSG Berlin-Brandenburg 30.3.2012, L 1 KR 118/09). Neben den in I 2 als »Anhaltspunkten« genannten Abgrenzungskriterien sind, wenn diese zu keinem klaren Ergebnis führen, iR einer wertenden Gesamtschau noch andere Kriterien heranzuziehen. Welche Bedeutung einem einzelnen Gesichtspunkt zukommt, ergibt sich dabei im konkreten Fall erst iRd Gesamtbewertung.

11 **2. Verrichtung abhängiger Arbeit.** Die nichtselbstständige Arbeit iSv I wird auch als fremdbestimmte oder **abhängige Arbeit** bezeichnet. Ist die tatsächliche Erbringung von Arbeit von vornherein nicht beabsichtigt, kann kein Beschäftigungsverhältnis zustande kommen. Die Arbeit in einem Beschäftigungsverhältnis ist dadurch gekennzeichnet, dass der AN über den Umfang der von ihm zu verrichtenden Arbeit und die Einteilung der Arbeitszeit nicht selbst entscheiden kann. Die Arbeit wird zwar auf der Grundlage einer rechtlich freiwillig begründeten und aufrechterhaltenen Beziehung zum AG ausgeführt. IRd Arbeitsverhältnisses liegt aber die Verfügungsmacht über den Einsatz der Arbeitskraft und die Arbeitszeit beim AG. Rechtliche Schranken der Verfügungsmacht ergeben sich nur aus gesetzlichen und tariflichen Schutzbestimmungen sowie vertraglichen Abreden. Der AN ist in diesem Sinne persönlich abhängig vom AG. Dabei kommt es nicht darauf an, ob der AN auch wirtschaftlich davon abhängig ist, für den AG arbeiten zu können, um seinen Lebensunterhalt zu sichern. Persönliche Abhängigkeit des AN iR eines Beschäftigungsverhältnisses bedeutet **Unterordnung unter das Weisungsrecht** und **Eingliederung in den Betrieb** (bzw die Arbeitsorganisation) des AG (st Rspr – vgl zB BSG 30.6.1999, B 2 U 35/98 R, SozR 3-2400 § 7 Nr 14). Die Merkmale »**Tätigkeit nach Weisungen**« und »**Eingliederung in die Arbeitsorganisation des Weisungsgebers**« hat der Gesetzgeber in I 2 als Anhaltspunkte für eine Beschäftigung herausgehoben.

12 **a) Weisungsgebundenheit.** Der »typische« Beschäftigte kann nicht frei darüber entscheiden, wie, wann und wo er seine Arbeit verrichtet. Er wird zu Beginn des Arbeitsverhältnisses in seine Arbeit eingewiesen und erhält im Bedarfsfall Einzelanweisungen. Die Weisungen können sich auch aus allg Richtlinien und Anweisungen ergeben, die der AG erlässt und dessen Befolgung er selbst kontrolliert bzw im Organisationsablauf durch dafür zuständige Mitarbeiter kontrollieren lässt. Die Situation des Beschäftigten unterscheidet sich von der eines Selbstständigen. Der Selbstständige ist bei der Erstellung eines Werks oder der Erbringung von Dienstleistungen zwar an Termine und Vorgaben gebunden; bei ihm verbleibt aber die Dispositionsfreiheit, auch wenn er sich an Vorgaben der Auftraggeber orientieren muss, um den Erfolg seiner Arbeit zu sichern. Grds kann der Selbstständige iW frei seine Tätigkeit gestalten und seine Arbeitszeit bestimmen, wie dies in § 84 I 1 HGB speziell für den selbstständigen Handelsvertreter umschrieben wird. Bei Beschäftigten ist der Verzicht auf diese Selbstbestimmung Wesenselement der Erwerbstätigkeit. Grenzfälle kann es geben, wenn ein formell selbstständiger Erwerbstätiger Aufträge von wirtschaftlichem Gewicht praktisch nur von einem Auftraggeber erhält und für deren Durchführung so genaue Vorgaben erhält, dass für eine eigene Entscheidung nahezu kein Raum mehr verbleibt. Dann müssen weitere Kriterien herangezogen werden, um zu bestimmen, ob Selbstständigkeit oder eine Beschäftigung vorliegt.

13 Die Verfügungsmacht des AG über die Arbeitskraft des AN wird als Weisungsbefugnis (auch als Weisungsrecht, Dispositions- oder **Direktionsrecht**) bezeichnet. Damit kann der AG iW Inhalt, Durchführung, Zeit, Dauer, Ort oder sonstige Modalitäten der zu erbringenden Tätigkeit bestimmen. Gegenstück dazu ist die Bereitschaft des AN (**Leistungsbereitschaft**), sich bei der Arbeitsverrichtung nach Weisungen zu richten und in die ihm vorgegebene Organisation einzugliedern. Das Direktionsrecht des AG beruht auf dem rechtlichen Verhältnis zu dem AN, das gewöhnlich durch Arbeitsvertrag geregelt ist. Auch wenn aufgrund langer Übung und Erfahrung keine Weisungen erforderlich sind und auch nicht gegeben werden, ändert dies nichts an der grds Weisungsbefugnis des AG und der Weisungsgebundenheit des AN. Wer aufgrund seiner rechtlichen Stellung im Unternehmen die Möglichkeit hat, zB als Mehrheitsgesellschafter einer juristischen Person, den Inhalt der Weisungen zu bestimmen bzw ihm unangenehme Weisungen zu verhindern, ist nicht weisungsgebunden, auch wenn er sich tatsächlich in den Betriebsablauf einordnet und nach Weisungen arbeitet.

14 Bei sog »**Dienstleistungen höherer Art**« lässt sich eine Weisungsgebundenheit meist nur schwer feststellen. Es handelt sich hierbei um die Ausübung von Tätigkeiten, die oft ein Studium oder eine andere bes Ausbildung voraussetzen und eine hohe Qualifikation erfordern (zB Krankenhausarzt in leitender Funktion, Lehrbeauftragten an einer Fachhochschule). Für solche Tätigkeiten ist idR charakteristisch, dass der Ausführende selbst und ohne Rücksprachen über die Ausführung seiner Arbeit entscheidet und selbstständig sachbezogene Entscheidung trifft. Die Weisungsgebundenheit kann dann reduziert und zur »funktionsgerecht dienenden Teilhabe am Arbeitsprozess verfeinert sein« (BSG 24.10.1978, 12 RK 58/76, SozR 2200 § 1227 Nr 19). Dass kann zur Folge habe, dass das Merkmal der Weisungsgebundenheit keine sichere Unterscheidung mehr zwischen abhängiger und selbstständiger Arbeit erlaubt. In solchen Fällen kommt für die Feststellung einer Beschäftigung dem Merkmal der Eingliederung in eine übergeordnete Arbeitsorganisation das entscheidende Gewicht zu.

15 **b) Eingliederung in eine vorgegebene Arbeitsorganisation.** Weiteres wesentliches Merkmal für eine Beschäftigung ist, dass der Erwerbstätige bei der Verrichtung seiner Arbeit in eine ihm vorgegebene Arbeitsorganisation eingegliedert ist (BSG 6.2.1992, 7 RAr 134/90, SozR 3-4100 § 104 Nr 8). Maßgeblich für die

Eingliederung in die vorgegebene Arbeitsorganisation ist, dass der Weisungsgeber (idR der AG bzw dessen dafür zuständige Mitarbeiter) **einseitig festlegen kann**, wann und zu welchem Zweck die Zusammenarbeit mit seinem Personal und die Nutzung der von ihm gestellten sachlichen Mitteln (Räume, Maschinen, Software etc) erfolgen kann. In der Mehrzahl der Fälle wird eine Eingliederung in einen Betrieb und der dort vorhandenen Arbeitsorganisation erfolgen. Dabei braucht der Betriebsinhaber nicht zwingend der Partner des Arbeitsvertrages zu sein. Es ist möglich, dass der eigentliche Partner des Arbeitsvertrages (der AG im formalen Sinne) die Beschäftigten zusammenstellt und die Arbeit dann in dem Betrieb eines Dritten zu verrichten ist, auf den insoweit die Weisungsbefugnis übergeht (vom AG delegiert wird). Solche Konstellationen werden als **mittelbare Arbeitsverhältnisse** bezeichnet (vgl BSG 4.6.1998, B 12 KR 5/97 R, SozR 3-2400 § 7 Nr 13).

Eine Eingliederung in eine vorgegebene Arbeitsorganisation kann aber auch vorliegen, wenn Arbeit außerhalb eines Betriebes oder einer Verwaltung erbracht wird. Dies kann zB bei einem **Computerarbeitsplatz** in der Wohnung des AN durch eine einheitliche Software, eine Vernetzung und eine vereinbarte Erreichbarkeit während einer Kernzeit erreicht werden. Auch Außendienstmitarbeiter, die regelmäßig wichtige Geschäftsvorgänge (Abschlüsse, Reklamationen etc) an das Unternehmen weiterleiten müssen und dort üblicherweise zu Besprechungen zu erscheinen haben, sind in die Arbeitsorganisation eingegliedert. Es ist dann nicht erheblich, wo der Beschäftigte schwerpunktmäßig seine Tätigkeit verrichtet. 16

3. Weitere Abgrenzungskriterien. Neben den ausdrücklich in § 7 I 2 genannten Anhaltspunkten, die keinen abschließenden Charakter haben, hat die Rspr weitere Kriterien für das Vorliegen eines Beschäftigungsverhältnisses herausgearbeitet. Wenn eine Erwerbstätigkeit sowohl für eine Selbstständigkeit als auch für abhängige Arbeit sprechende Merkmale aufweist, ist entscheidend, welche Merkmale bei einer Betrachtung des **Gesamtbildes** überwiegen. Im Rahmen einer solchen Gesamtbewertung ist es auch von Bedeutung, wenn eine von den Vertragsparteien als selbständig bezeichnete Tätigkeit sich von einer vergleichbaren Arbeitnehmertätigkeit nicht wesentlich unterscheidet (vgl für die Tätigkeit als Call-Center-Mitarbeiter: Sächsisches LSG 6.3.2012, L 5 KR 152/10). Im Folgenden werden – ohne Anspruch auf Vollständigkeit – einige wichtige Kriterien genannt. Aufgrund neuerer Entwicklungen im Erwerbsleben kann es dabei immer wieder zu Akzentverschiebungen und der Herausbildung neuer Abgrenzungskriterien kommen. 17

a) Persönliche Arbeitsverrichtung. Ein Merkmal der Beschäftigung ist es, dass der Beschäftigte die zu erbringende Arbeitsleistung **höchstpersönlich schuldet**. Er darf deshalb seine Arbeit (wenn überhaupt) nur in seltenen Ausnahmefällen aufgrund eigener Entscheidung durch andere Personen erbringen lassen. Erhebliche Zweifel an einer Beschäftigung sind deshalb begründet, wenn es dem Erwerbstätigen freisteht, die Arbeit nach seinem Belieben im Bedarfsfall auch durch andere Personen erbringen zu lassen. Dies gilt insb dann, wenn festzustellen ist, dass so viel bezahlte Arbeit verrichtet wird, dass eine Person ohne Einstellung von Hilfskräften diese alleine gar nicht mehr bewältigen könnte (vgl zu einer solchen Konstellation bei einem Zeitungszusteller BAG 16.7.1997, 5 AZR 312/96, BAGE 86, 170). 18

b) Verfügungsgewalt über die Arbeitsmittel. Typisch für eine Beschäftigung ist zudem, dass der AN keine Verfügungsgewalt über teure Betriebsmittel (Maschinen, Fahrzeuge etc) hat und diese insb nicht dafür einsetzen darf, auch Aufträge von Dritten zu erfüllen. In einem solchen Zusammenhang spricht es dann auch nicht für Selbstständigkeit, wenn dem AN etwa iR eines Leasingvertrages Risiken auferlegt werden (zB dass er Reparaturen am Fahrzeug auf eigene Rechnung durchführen lassen muss), alle wesentlichen Umstände des Einsatzes des Betriebsmittels aber vom AG bestimmt werden können. LKW-Fahrer ohne eigenen LKw sind regelmäßig abhängig beschäftigt, auch wenn sie formal ein eigenes Transportgewerbe angemeldet haben und als Transportunternehmer zugelassen sind (Bayerisches LSG 9.5.2012, L 5 R 23/12). 19

c) Unternehmerrisiko und unternehmerische Gestaltungsfreiheit. Typischerweise spricht es für Selbstständigkeit, wenn der Erwerbstätige ein Unternehmerrisiko trägt. Dies kann sich darin ausdrücken, dass er ganz oder zumindest teilw die wirtschaftlichen Folgen trägt, wenn das in einer Firma eingesetzte Kapital bei wirtschaftlichem Misserfolg entwertet wird oder ganz verloren geht. Es ist weiter Teil des Unternehmerrisikos, wenn der Erwerbstätige im eigenen Namen und auf eigene Rechnung seinerseits Mitarbeiter eingestellt hat und bezahlen muss. Auch schon eine Kopplung der Höhe des vereinbarten Arbeitsentgelts an Gewinn oder Verlust des Unternehmens spricht für eine Teilhabe am Unternehmerrisiko. Das Tragen eines Unternehmerrisikos alleine ist indes noch kein sicheres Indiz für eine selbstständige Tätigkeit. Die Belastung mit einem eigentlich für den Selbstständigen typischen Risiko spricht nur dann für Selbstständigkeit, wenn damit auch als Gegenstück die Möglichkeit zur freien unternehmerischen Betätigung verbunden ist (BSG 29.1.1981, 12 RK 63/79, SozR 2400 § 2 Nr 16). Als stark für die Selbstständigkeit sprechendes Indiz ist es anzusehen, wenn der Erwerbstätige die realistische Möglichkeit hat, bei Nutzung eingeräumter Spielräume 20 einen merklich höheren Verdienst zu erzielen, als eine angestellte Kraft in vergleichbarer Position (vgl BSG 13.7.1978, 12 RK 14/78, SozR 2200 § 1227 Nr 17).

21 Zu der für den selbstständigen Unternehmer typischen Gestaltungsfreiheit gehört es auch, dass er die Möglichkeit hat, für **mehrere von ihm ausgewählte Auftraggeber** tätig zu sein. Wird die Erwerbstätigkeit iW für nur einen Auftraggeber ausgeübt **und** bestehen vertragliche oder faktische Bindungen, die die Möglichkeit zum Tätigwerden auch für andere Auftraggeber einschränken, spricht dies gegen eine selbstständige Tätigkeit.

22 **4. Beurteilung der Tätigkeit von GmbH-Geschäftsführer.** Geschäftsführer einer GmbH können **abhängig Beschäftigte oder selbstständig Tätige** sein. Zu unterscheiden ist zwischen der Bestellung zum Organ der GmbH, die auf körperschaftlichem Rechtsakt beruht, und dem schuldrechtlichen Vertrag über die Anstellung als Geschäftsführer. Alleine der Umstand, dass der Geschäftsführer die GmbH nach außen vertritt und so erst handlungsfähig macht, schließt ein Beschäftigungsverhältnis nicht aus. Auch Geschäftsführer, die zugleich Gesellschafter der GmbH sind, können sowohl abhängig als auch selbstständig tätig sein. Liegt die Beteiligung am stimmberechtigten Gesellschaftskapital bei 50 % oder mehr, scheidet eine abhängige Beschäftigung aber grundsätzlich aus. Ein Mehrheitsgesellschafter einer GmbH kann ausnahmsweise nur dann bei dieser beschäftigt sein, wenn er aufgrund treuhänderischer Bindungen in der Ausübung der Gesellschafterrechte vollständig eingeschränkt ist (BSG 25.1.2006, B 12 KR 30/04 R, GmbHR 2006, 645 ff). Auch wenn ein als Geschäftsführer tätiger Gesellschafter aufgrund einer **Mehrheit am Gesellschaftskapital oder einer Sperrminorität** jeden Beschluss und damit auch jede ihm nicht genehme Weisung der Gesellschaft verhindern kann, liegt keine abhängige Beschäftigung vor (BSG 18.4.1991, 7 RAr 32/90, SozR 3-4100 § 168 Nr 5). Dies gilt selbst dann, wenn der Geschäftsführer von der rechtlich gegebenen Einflussmöglichkeit tatsächlich langjährig keinen Gebrauch gemacht hat und wesentliche Entscheidungen anderen überlässt und diese dann ausführt (vgl BSG 8.8.1990, 11 RAr 77/89, SozR 3-2400 § 7 Nr 4).

23 Wenn die Beteiligung **unter 50 % liegt und mit ihr keine Sperrminorität verbunden** ist, spricht dies für eine abhängige Beschäftigung. Dann sind aber noch die allg Kriterien für das Vorliegen einer Beschäftigung zu prüfen. Eine Beschäftigung scheidet aus, wenn der Geschäftsführer aufgrund der Regelungen im Anstellungsvertrag unter Einbeziehung der tatsächlichen Ausgestaltung des Anstellungsverhältnisses Inhalt, Ort und Zeit seiner Tätigkeit iW frei von Weisungen der Gesellschafter bestimmen kann (vgl BSG 8.8.1990, 11 RAr 77/89, SozR 3-2400 § 7 Nr 4). Möglich ist auch, dass ein Geschäftsführer aus anderen Gründen (zB der Stellung als »Oberhaupt« der Familie, wenn sich die Gesellschafteranteile ausschließlich oder überwiegend im Familienbesitz befinden) einen derart starken faktischen Einfluss hat, dass er praktisch alleine die Geschicke der Gesellschaft bestimmen kann.

24 **5. Einstufung einzelner Tätigkeiten durch die Sozialversicherungsträger und die BA.** Der Spitzenverband der Krankenkassen, die Deutsche Rentenversicherung Bund und die BA haben für einzelne Berufsfelder und Tätigkeiten, auch unter Beachtung der dazu ergangenen Rspr, als Anlagen zu einer gemeinsamen Verlautbarung vom 13.4.2010 zur Statusfeststellung von Erwerbstätigen »Kataloge« und Abgrenzungskriterienzusammengestellt. Die dort zu findenden Beurteilungen und Kriterien haben zwar für den Einzelfall keine Verbindlichkeit, sie ermöglichen aber doch eine idR zuverlässige Orientierung. Zugänglich sind diese Hinweise über die Internetseiten der Sozialversicherungsträger unter anderem unter www.tk.de/tk/rundschreiben/beschaeftigung/Statusfeststellung/107190.

B. Beschäftigung während einer Freistellungsphase mit Arbeitsentgeltanspruch aus einem Wertguthaben.

25 In § 7 Ia S 1 wird geregelt, unter welchen Voraussetzungen bei Zeiten einer Freistellung des AN von Arbeit (Freistellungsphase) ein Beschäftigungsverhältnis gegen Arbeitsentgelt vorliegt, obwohl der Entgeltanspruch nicht während der Freistellungsphase, sondern davor oder danach erarbeitet wird. Der Fortbestand der Beschäftigung während einer solchen Freistellungsphase setzt nach § 7 Ia S 1 voraus, dass während der Freistellungsphase Arbeitsentgelt aus einem Wertguthaben nach § 7b fällig ist. Es handelt sich um Arbeitsentgelt, dass mit einer vor oder nach der Freistellungsphase erbrachten Arbeitsleistung erzielt wird. Die Höhe des für die Freistellungsphase gezahlten Arbeitsentgelts darf nicht unangemessen von dem monatlich fälligen Arbeitsentgelt der der Freistellungsphase unmittelbar vorausgegangenen 12 Kalendermonate abweichen.

26 Das Wertguthaben kann entweder als angespartes Arbeitsentgelt in Euro oder als Zeitkonto geführt werden. Das aus dem Wertguthaben während der Freistellungsphase fällig werdende Arbeitsentgelt muss so hoch sein, dass es ausreicht, um den während der Arbeitsphase möglichen Lebensstandard annähernd aufrechtzuerhalten.

Nach der Sonderregelung in § 23b I wird das Arbeitsentgelt, die in das Wertguthaben einfließt, nicht im 27
Monat der Erarbeitung, sondern **im Monat der Fälligkeit** (während der Freistellungsphase) als beitragspflichtiges Arbeitsentgelt behandelt. Dies gilt auch dann, wenn das während der Freistellungsphase fällig werdende Arbeitsentgelt bei Zusammenrechnung mit dem im Monat der Erarbeitung fällig werdenden Anteil über der Beitragsbemessungsgrenze liegen würde. Die Behandlung als beitragspflichtiges Entgelt erst im Monat der Fälligkeit ist im Hinblick auf die vom Gesetzgeber vorgenommene bes beitragsrechtliche Zuordnung zum Zeitraum der Freistellungsphase gerechtfertigt. Eine sachwidrige Ungleichbehandlung im Vergleich zur Beitragsfälligkeit für nicht in das Wertguthaben einfließendes Arbeitsentgelt kann darin nicht gesehen werden (so aber *Boss* SGb 2006, 523 ff).

Mit Wirkung vom 1.1.2012 ist in den § 7 Ia ein neuer S 2 eingefügt orden. Danach besteht die Beschäfti- 28
gung auch während einer bis zu dreimonatigen Freistellung von Arbeit weiter, wenn Arbeitsentgelt aus einer Vereinbarung zur flexiblen Gestaltung der werktäglichen oder wöchentlichen Arbeitzeit oder dem Ausgleich betrieblicher Produktions- und Arbeitszyklen fällig ist. Hintergrund der Neuregelung ist, dass zahlreiche AN während der letzten zurückliegenden Wirtschafts- und Finanzkrise zur Vermeidung von Entlassungen oft Zeitguthaben aus bestehenden, nicht zweckgebundenen Arbeitszeitkonten abbauten bzw. dort negative Salden aufbauten. Bei sich daraus ergebenden Freistellungszeiten führte dies anders als bei Wertguthaben nach § 7b zum Wegfall des Sozialversicherungsschutzes bei einer Dauer von länger als einem Monat, weil nur § 7 III S 1 galt. Diese nicht erwünschte Folge soll durch die Neuregelung vermieden werden.

In Ia S 3 wird das angemessene Verhältnis des während der Freistellung fällig werdenden Arbeitsentgelts 29
zum während der Zeit der tatsächlichen Arbeitsleistung fällig werdenden Arbeitsentgelt für die Fälle geregelt, in denen die Freistellungsphase iSv Ia S 1 bereits zu Beginn des Beschäftigungsverhältnisses liegt. S 4 schließt den rückwirkenden Wegfall des Beschäftigungsverhältnisses während der Zeit der Freistellung aus, wenn ein Wertguthaben wegen einem vorzeitigen Ende des Beschäftigungsverhältnisses nicht mehr wie vorgesehen nach der Freistellungsphase erarbeitet werden kann. In S 5 wird abschließend geregelt, für welche Fälle, in denen der ursprüngliche Verwendungszweck nicht erreicht werden kann, die Parteien des Arbeitsverhältnisses vorsorglich eine andere Verwendung des Wertguthabens vereinbaren können. Wird ein Wertguthaben auf andere, bei den gleichen AG beschäftigte AN übertragen, gelten nach dem Wortlaut des § 7 Ia S 6 für diese die S 1–4 der Vorschrift nicht. Hierbei wird die Einführung des neuen § 7 Ia S 2 nicht berücksichtigt. Gemeint sind die neuen S 1 und 3–5. Der aus dem Beschäftigungsverhältnis resultierende Schutz während einer Freistellungsphase bei Nutzung eines Wertguthabens im Sinne von § 7b ist dadurch an die Erarbeitung des Wertguthabens durch persönliche Arbeitsleistung gebunden.

C. Arbeitsrechtliche Schutzvorschrift in Ib. Nach Ib hat der AG keinen Grund zur Kdg des Arbeits- 30
verhältnisses iSd § 1 II 1 KSchG, wenn der AN sich weigert, von der Möglichkeit zur Vereinbarung flexibler Arbeitszeiten Gebrauch zu machen. Dies gilt sowohl im Hinblick auf eine Beendigungskündigung als auch für eine Änderungskündigung mit dem Angebot zur Fortsetzung des Arbeitsverhältnisses mit flexibler Arbeitszeit.

D. Betriebliche Berufsbildung. Der Erwerb beruflicher Kenntnisse, Fertigkeiten und Erfahrungen iR 31
betrieblicher Berufsausbildung gilt nach II als Beschäftigung. Darauf, ob für diese Zeiten vom AG ein Entgelt in der Form der Ausbildungsvergütung gezahlt wird, kommt es nicht an. Die betriebliche Berufsausbildung kann an verschiedenen Ausbildungsorten stattfinden. Erfasst werden auch Ausbildungsabschnitte, die in bes Bildungsstätten oder auch in anderen Betrieben und der Berufsschule absolviert werden.

E. Befristetes Fortbestehen der Beschäftigung ohne Anspruch auf Arbeitsentgelt. Nach III S. 1 wird 32
für die Dauer von bis zu einem Monat ohne Anspruch auf Arbeitsentgelt das Fortbestehen eines Beschäftigungsverhältnisses fingiert. Damit sollen bei Unterbrechung der Beschäftigung gegen Arbeitsentgelt für überschaubare Zeiträume Ab- und Wiederanmeldungen von Beschäftigungsverhältnissen vermieden werden. Anwendung findet die Fiktion insb bei Zeiten von Streik und Aussperrung. Die Regelung im S. 2 erfasst die Fälle, in denen ein Wertguthaben iSv § 7b mangels einer ensprechenden Vereinbarung nicht auf ein neu begründetes Arbeitsverhältnis übertragen werden konnte. Wenn der AN das in solchen Fällen während eine Freistellungsphase vor Erreichung des Rentenalters auf die Deutsche Rentenversicherung Bund übertragene Wertguthaben in Anspruch nehmen kann, werden die Zahlungen aus dem Wertguthaben fiktiv so behandelt wie Arbeitsentgeltzahlungen im neuen Arbeitsverhältnis. Liegt einer der in III 3 aufgeführten Fälle des Bezugs einer Entgeltersatzleistung vor oder wird Elternzeit in Anspruch genommen oder Wehr- oder Zivildienst geleistet, findet S 1 keine Anwendung und der Fortbestand der Beschäftigung wird nicht fingiert. Der Versicherungsschutz wird dann durch besondere Versicherungspflichttatbestände gewährleistet, die an den Bezug der entsprechenden Leistungen anknüpfen.

§ 7a Anfrageverfahren

(1) ¹Die Beteiligten können schriftlich eine Entscheidung beantragen, ob eine Beschäftigung vorliegt, es sei denn, die Einzugsstelle oder ein anderer Versicherungsträger hatte im Zeitpunkt der Antragstellung bereits ein Verfahren zur Feststellung einer Beschäftigung eingeleitet. ²Die Einzugsstelle hat einen Antrag nach Satz 1 zu stellen, wenn sich aus der Meldung des Arbeitgebers (§ 28a) ergibt, dass der Beschäftigte Ehegatte, Lebenspartner oder Abkömmling des Arbeitgebers oder geschäftsführender Gesellschafter einer Gesellschaft mit beschränkter Haftung ist. ³Über den Antrag entscheidet abweichend von § 28h Abs. 2 die Deutsche Rentenversicherung Bund.
(2) Die Deutsche Rentenversicherung Bund entscheidet auf Grund einer Gesamtwürdigung aller Umstände des Einzelfalles, ob eine Beschäftigung vorliegt.
(3) ¹Die Deutsche Rentenversicherung Bund teilt den Beteiligten schriftlich mit, welche Angaben und Unterlagen sie für ihre Entscheidung benötigt. ²Sie setzt den Beteiligten eine angemessene Frist, innerhalb der diese die Angaben zu machen und die Unterlagen vorzulegen haben.
(4) Die Deutsche Rentenversicherung Bund teilt den Beteiligten mit, welche Entscheidung sie zu treffen beabsichtigt, bezeichnet die Tatsachen, auf die sie ihre Entscheidung stützen will, und gibt den Beteiligten Gelegenheit, sich zu der beabsichtigten Entscheidung zu äußern.
(5) Die Deutsche Rentenversicherung Bund fordert die Beteiligten auf, innerhalb einer angemessenen Frist die Tatsachen anzugeben, die eine Widerlegung begründen, wenn diese die Vermutung widerlegen wollen.
(6) ¹Wird der Antrag nach Absatz 1 innerhalb eines Monats nach Aufnahme der Tätigkeit gestellt und stellt die Deutsche Rentenversicherung Bund ein versicherungspflichtiges Beschäftigungsverhältnis fest, tritt die Versicherungspflicht mit der Bekanntgabe der Entscheidung ein, wenn der Beschäftigte
1. zustimmt und
2. er für den Zeitraum zwischen Aufnahme der Beschäftigung und der Entscheidung eine Absicherung gegen das finanzielle Risiko von Krankheit und zur Altersvorsorge vorgenommen hat, die der Art nach den Leistungen der gesetzlichen Krankenversicherung und der gesetzlichen Rentenversicherung entspricht.

²Der Gesamtsozialversicherungsbeitrag wird erst zu dem Zeitpunkt fällig, zu dem die Entscheidung, dass eine Beschäftigung vorliegt, unanfechtbar geworden ist.
(7) ¹Widerspruch und Klage gegen Entscheidungen, dass eine Beschäftigung vorliegt, haben aufschiebende Wirkung. ²Eine Klage auf Erlass der Entscheidung ist abweichend von § 88 Abs. 1 des Sozialgerichtsgesetzes nach Ablauf von drei Monaten zulässig.

1 § 7a I iVm mit den folgenden Absätzen regelt ein **spezielles Anfrageverfahren**, in dem insb bei Zweifelsfällen im Grenzbereich zwischen abhängiger und selbstständiger Beschäftigung eine **Statusfeststellung** durch Verwaltungsentscheidung herbeigeführt werden kann. Die Herbeiführung einer die Sozialversicherungspflicht klärenden Statusfeststellung ist gerade für den Auftraggeber (und potenziellen AG) von Interesse. Denn der AG ist gem § 28e I SGB IV für einen zurückliegenden Zeitraum, für den ein sozialversicherungspflichtiges Beschäftigungsverhältnis festgestellt wird, alleiniger Schuldner des Gesamtsozialversicherungsbeitrages. Er selbst kann den Anspruch auf den von dem AN zu tragenden Teil nach § 28g S 2 nur durch Abzug vom Arbeitsentgelt geltend machen. Beitragsansprüche verjähren in 4 Jahren nach Ablauf des Kalenderjahres, in dem sie fällig geworden sind. Bei vorsätzlichem Verhalten tritt die Verjährung erst in 30 Jahren ein (§ 25 I 1 und 2).

2 Die Statusfeststellung kann nach I 1 vom (vermeintlichen) AN und/oder dem AG (Unternehmen) beantragt werden. Zuständig für die (mit dem Widerspruch anfechtbare) Entscheidung ist die Deutsche Rentenversicherung Bund. Geltung hat die zu treffende Statusfeststellung nur für die konkret beurteilte Tätigkeit des Erwerbstätigen. Ein **Antrag** kann nur so lange gestellt werden, wie noch kein anderer Versicherungsträger bereits ein Verfahren zur Feststellung einer Beschäftigung eingeleitet hat. Wird der Antrag innerhalb eines Monats nach Aufnahme der Tätigkeit gestellt und stellt die Deutsche Rentenversicherung Bund ein versicherungspflichtiges Beschäftigungsverhältnis fest, tritt die **Versicherungspflicht erst mit der Bekanntgabe der Entscheidung** ein. Das bedeutet eine Abweichung von der allg Regel, wonach die Versicherungspflicht mit der Aufnahme der Beschäftigung eintritt. Voraussetzung für diese Hinausschiebung des Beginns der Versicherungspflicht ist aber, dass der Beschäftigte zustimmt und er für die Zwischenzeit eine Absicherung gegen das finanzielle Risiko der Krankheit und zur Altersvorsorge vorgenommen hat, die der Art nach der Absicherung in der gesetzlichen Kranken- und Rentenversicherung entspricht.

Der **Gesamtsozialversicherungsbeitrag** wird erst zu dem Zeitpunkt fällig, zu dem eine Entscheidung nach § 7a, dass eine Beschäftigung vorliegt, unanfechtbar geworden ist. Widerspruch und Klage gegen die Entscheidung, dass eine Beschäftigung vorliegt, haben aufschiebende Wirkung. 3

Das **Statusfeststellungsverfahren** ist gem I 2 vAw einzuleiten, wenn sich aus der Meldung des AG an die Einzugsstelle ergibt, dass die als abhängig beschäftigter AN angemeldete Person Angehöriger des AG oder geschäftsführender Gesellschafter der anmeldenden GmbH ist. 4

Hins der Zeiten für die ein die Versicherungspflicht im Verfahren nach § 7a I feststellende Verwaltungsakt wirksam ist, ist die BA nach § 336 SGB III an die Feststellung **leistungsrechtlich gebunden.** Dies bedeutet, dass die BA im Leistungsfall einem Antrag auf Alg nicht entgegenhalten kann, es habe kein anwartschaftsbegründendes Beschäftigungsverhältnis vorgelegen. Insbesondere wegen dieser Bindungswirkung ist das Anfrageverfahren nach § 7a umfassender als ein auch möglicher Antrag auf Feststellung des sozialversicherungsrechtlichen Status bei der Einzugsstelle (s dazu BSG 28.9.2011, B 12 KR 15/10 R). 5

§ 7b Wertguthabenvereinbarung

Eine Wertguthabenvereinbarung liegt vor, wenn
1. der Aufbau des Wertguthabens auf Grund einer schriftlichen Vereinbarung erfolgt,
2. diese Vereinbarung nicht das Ziel der flexiblen Gestaltung der werktäglichen oder wöchentlichen Arbeitszeit oder den Ausgleich betrieblicher Produktions- und Arbeitszeitzyklen verfolgt,
3. Arbeitsentgelt in das Wertguthaben eingebracht wird, um es für Zeiten der Freistellung von der Arbeitsleistung oder der Verringerung der vertraglich vereinbarten Arbeitszeit zu entnehmen,
4. das aus dem Wertguthaben fällige Arbeitsentgelt mit einer vor oder nach der Freistellung von der Arbeitsleistung oder der Verringerung der vertraglich vereinbarten Arbeitszeit erbrachten Arbeitsleistung erzielt wird und
5. das fällige Arbeitsentgelt insgesamt 450 Euro monatlich übersteigt, es sei denn, die Beschäftigung wurde vor der Freistellung als geringfügige Beschäftigung ausgeübt.

Gem § 7 Ia muss das während der Phase der Freistellung von der Erbringung der Arbeitsleistung fällig werdende Arbeitsentgelt aus einer Vereinbarung über ein Wertguthaben nach § 7b stammen. Der mit Wirkung vom 1.1.2009 in Kraft getretene § 7b legt fünf Grundvoraussetzungen fest, die für das Vorliegen eines Wertguthabens erfüllt sein müssen. Es bedarf einer Wertguthabenvereinbarung in der Form eines schriftlichen Vertrages. Vertragspartner können die Tarif- und Betriebspartner sein; möglich ist auch eine Vereinbarung auf individualvertraglicher Grundlage zwischen AN und AG. Es muss sich um Vereinbarungen mit dem langfristigen Ziel der Freistellung des AN von Arbeit handeln. 1

Kurzzeit- oder Gleitzeitregelungen und in diesem Rahmen geführte Arbeitszeitkonten bzw. Wertguthaben mit dem Ziel der Arbeitszeitflexibilisierung können nicht zur Bildung der besonders geschützten Wertguthaben iSv § 7b führen. Möglich ist, dass Gleitzeitvereinbarungen zur Flexibilisierung der Arbeitszeit und Wertguthabenvereinbarungen nebeneinander existieren. Dann ist die dokumentierte (endgültige) Übertragung von Arbeitszeitguthaben zwischen den einzelnen gebildeten Konten grundsätzlich zulässig (so die Gesetzbegründung, BT-Drs 16/10289, S 14 f). 2

§ 7c Verwendung von Wertguthaben

(1) Das Wertguthaben auf Grund einer Vereinbarung nach § 7b kann in Anspruch genommen werden
1. für gesetzlich geregelte vollständige oder teilweise Freistellungen von der Arbeitsleistung oder gesetzlich geregelte Verringerungen der Arbeitszeit, insbesondere für Zeiten,
    a) in denen der Beschäftigte eine Freistellung nach § 3 des Pflegezeitgesetzes oder nach § 2 des Familienpflegezeitgesetzes verlangen kann,
    b) in denen der Beschäftigte nach § 15 des Bundeselterngeld- und Elternzeitgesetzes ein Kind selbst betreut und erzieht,
    c) für die der Beschäftigte eine Verringerung seiner vertraglich vereinbarten Arbeitszeit nach § 8 des Teilzeit- und Befristungsgesetzes verlangen kann; § 8 des Teilzeit- und Befristungsgesetzes gilt mit der Maßgabe, dass die Verringerung der Arbeitszeit auf die Dauer der Entnahme aus dem Wertguthaben befristet werden kann,
2. für vertraglich vereinbarte vollständige oder teilweise Freistellungen von der Arbeitsleistung oder vertraglich vereinbarte Verringerungen der Arbeitszeit, insbesondere für Zeiten,
    a) die unmittelbar vor dem Zeitpunkt liegen, zu dem der Beschäftigte eine Rente wegen Alters nach dem Sechsten Buch bezieht oder beziehen könnte oder

b) in denen der Beschäftigte an beruflichen Qualifizierungsmaßnahmen teilnimmt.
(2) Die Vertragsparteien können die Zwecke, für die das Wertguthaben in Anspruch genommen werden kann, in der Vereinbarung nach § 7b abweichend von Absatz 1 auf bestimmte Zwecke beschränken.

1 Es werden die Zwecke aufgeführt, für die Wertguthaben in Anspruch genommen werden können. Wertguthaben können sowohl für die genannten gesetzlich geregelten Zwecke als auch für arbeitsvertraglich geregelte Freistellungsphasen in Anspruch genommen werden. Insofern können die Vertragsparteien Verwendungszwecke privatautonom festlegen. Entsprechende, vor dem Inkrafttreten der Norm am 1.1.2009 getroffene Vereinbarungen behalten ihre Gültigkeit. Nach II können die Vertragsparteien der Wertguthabenvereinbarung eine Beschränkung der möglichen Verwendungszwecke regeln.

§ 7d Führung und Verwaltung von Wertguthaben

(1) [1]Wertguthaben sind als Arbeitsentgeltguthaben einschließlich des darauf entfallenden Arbeitgeberanteils am Gesamtsozialversicherungsbeitrag zu führen. [2]Die Arbeitszeitguthaben sind in Arbeitsentgelt umzurechnen.
(2) Arbeitgeber haben Beschäftigte mindestens einmal jährlich in Textform über die Höhe ihres im Wertguthaben enthaltenen Arbeitsentgeltguthabens zu unterrichten.
(3) [1]Für die Anlage von Wertguthaben gelten die Vorschriften über die Anlage der Mittel von Versicherungsträgern nach dem Vierten Titel des Vierten Abschnitts entsprechend, mit der Maßgabe, dass eine Anlage in Aktien oder Aktienfonds bis zu einer Höhe von 20 Prozent zulässig und ein Rückfluss zum Zeitpunkt der Inanspruchnahme des Wertguthabens mindestens in der Höhe des angelegten Betrages gewährleistet ist. [2]Ein höherer Anlageanteil in Aktien oder Aktienfonds ist zulässig, wenn
1. dies in einem Tarifvertrag oder auf Grund eines Tarifvertrages in einer Betriebsvereinbarung vereinbart ist oder
2. das Wertguthaben nach der Wertguthabenvereinbarung ausschließlich für Freistellungen nach § 7c Absatz 1 Nummer 2 Buchstabe a in Anspruch genommen werden kann.

1 Die Wertguthaben sind grundsätzlich als Arbeitsentgeltguthaben einschließlich der darauf entfallenden Gesamtsozialversicherungsbeiträge zu führen. Arbeitszeitguthaben sind deshalb in Arbeitsentgelt umzurechnen. Maßgeblich ist das Bruttoentgelt in dem Zeitpunkt, in dem es in das Wertguthaben eingebracht wird. Der Gesetzgeber geht davon aus, dass der auf das relevante Arbeitsentgelt entfallende Arbeitgeberanteil am Gesamtsozialversicherungsanteil erst bei der Auszahlung von Arbeitsentgelt aus dem Wertguthaben bzw im »Störfall« errechnet wird (BT-Drs 16/10289, S 16). Daraus kann gefolgert werden, dass auch dann erst die betragsmäßige Gutschrift auf dem entsprechenden Konto fällig ist, wobei die dann maßgeblichen Beitragssätze gelten.
2 Nach II gelten mit der genannten Maßgabe die Regelungen über die Anlage der Mitteln von Versicherungsträgern (§§ 80 ff SGB IV) entsprechend. Der Gesetzgeber will damit stärker risikobehaftete, spekulative Anlagen der Arbeitsentgeltguthaben weitestgehend ausschließen.

§ 7e Insolvenzschutz

(1) [1]Die Vertragsparteien treffen im Rahmen ihrer Vereinbarung nach § 7b durch den Arbeitgeber zu erfüllende Vorkehrungen, um das Wertguthaben einschließlich des darin enthaltenen Gesamtsozialversicherungsbeitrages gegen das Risiko der Insolvenz des Arbeitgebers vollständig abzusichern, soweit
1. ein Anspruch auf Insolvenzgeld nicht besteht und wenn
2. das Wertguthaben des Beschäftigten einschließlich des darin enthaltenen Gesamtsozialversicherungsbeitrages einen Betrag in Höhe der monatlichen Bezugsgröße übersteigt.
[2]In einem Tarifvertrag oder auf Grund eines Tarifvertrages in einer Betriebsvereinbarung kann ein von Satz 1 Nummer 2 abweichender Betrag vereinbart werden.
(2) [1]Zur Erfüllung der Verpflichtung nach Absatz 1 sind Wertguthaben unter Ausschluss der Rückführung durch einen Dritten zu führen, der im Fall der Insolvenz des Arbeitgebers für die Erfüllung der Ansprüche aus dem Wertguthaben für den Arbeitgeber einsteht, insbesondere in einem Treuhandverhältnis, das die unmittelbare Übertragung des Wertguthabens in das Vermögen des Dritten und die Anlage des Wertguthabens auf einem offenen Treuhandkonto oder in anderer geeigneter Weise sicherstellt. [2]Die Vertragsparteien können in der Vereinbarung nach § 7b ein anderes, einem Treuhandverhältnis im Sinne des Satzes 1 gleichwertiges Sicherungsmittel vereinbaren, insbesondere ein Versicherungsmodell oder ein schuldrechtliches Verpfändungs- oder Bürgschaftsmodell mit ausreichender Sicherung gegen Kündigung.

(3) Keine geeigneten Vorkehrungen sind bilanzielle Rückstellungen sowie zwischen Konzernunternehmen (§ 18 des Aktiengesetzes) begründete Einstandspflichten, insbesondere Bürgschaften, Patronatserklärungen oder Schuldbeitritte.

(4) Der Arbeitgeber hat den Beschäftigten unverzüglich über die Vorkehrungen zum Insolvenzschutz in geeigneter Weise schriftlich zu unterrichten, wenn das Wertguthaben die in Absatz 1 Satz 1 Nummer 2 genannten Voraussetzungen erfüllt.

(5) Hat der Beschäftigte den Arbeitgeber schriftlich aufgefordert, seinen Verpflichtungen nach den Absätzen 1 bis 3 nachzukommen und weist der Arbeitgeber dem Beschäftigten nicht innerhalb von zwei Monaten nach der Aufforderung die Erfüllung seiner Verpflichtung zur Insolvenzsicherung des Wertguthabens nach, kann der Beschäftigte die Vereinbarung nach § 7b mit sofortiger Wirkung kündigen; das Wertguthaben ist nach Maßgabe des § 23b Absatz 2 aufzulösen.

(6) ¹Stellt der Träger der Rentenversicherung bei der Prüfung des Arbeitgebers nach § 28p fest, dass
1. für ein Wertguthaben keine Insolvenzschutzregelung getroffen worden ist,
2. die gewählten Sicherungsmittel nicht geeignet sind im Sinne des Absatzes 3,
3. die Sicherungsmittel in ihrem Umfang das Wertguthaben um mehr als 30 Prozent unterschreiten oder
4. die Sicherungsmittel den im Wertguthaben enthaltenen Gesamtsozialversicherungsbeitrag nicht umfassen,

weist er in dem Verwaltungsakt nach § 28p Abs. 1 Satz 5 den in dem Wertguthaben enthaltenen und vom Arbeitgeber zu zahlenden Gesamtsozialversicherungsbeitrag aus. ²Weist der Arbeitgeber dem Träger der Rentenversicherung innerhalb von zwei Monaten nach der Feststellung nach Satz 1 nach, dass er seiner Verpflichtung nach Abs. 1 nachgekommen ist, entfällt die Verpflichtung zur sofortigen Zahlung des Gesamtsozialversicherungsbeitrages. ³Hat der Arbeitgeber den Nachweis nach Satz 2 nicht innerhalb der dort vorgesehenen Frist erbracht, ist die Vereinbarung nach § 7b als von Anfang an unwirksam anzusehen; das Wertguthaben ist aufzulösen.

(7) ¹Kommt es wegen eines nicht geeigneten oder nicht ausreichenden Insolvenzschutzes zu einer Verringerung oder einem Verlust des Wertguthabens, haftet der Arbeitgeber für den entstandenen Schaden. ²Ist der Arbeitgeber eine juristische Person oder eine Gesellschaft ohne Rechtspersönlichkeit haften auch die organschaftlichen Vertreter gesamtschuldnerisch für den Schaden. ³Der Arbeitgeber oder ein organschaftlicher Vertreter haften nicht, wenn sie den Schaden nicht zu vertreten haben.

(8) Eine Beendigung, Auflösung oder Kündigung der Vorkehrungen zum Insolvenzschutz vor der bestimmungsgemäßen Auflösung des Wertguthabens ist unzulässig, es sei denn, die Vorkehrungen werden mit Zustimmung des Beschäftigten durch einen mindestens gleichwertigen Insolvenzschutz abgelöst.

(9) Die Abs. 1 bis 8 finden keine Anwendung gegenüber dem Bund, den Ländern, Gemeinden, Körperschaften, Stiftungen und Anstalten des öffentlichen Rechts, über deren Vermögen die Eröffnung des Insolvenzverfahrens nicht zulässig ist, sowie solchen juristischen Personen des öffentlichen Rechts, bei denen der Bund, ein Land oder eine Gemeinde kraft Gesetzes die Zahlungsfähigkeit sichert.

§ 7e bestimmt, dass die Vertragsparteien der Wertguthabenvereinbarung vom AG zu erfüllende Vorkehrungen treffen, um das Wertguthaben einschließlich der auf sie entfallenden Arbeitgeberanteils am Gesamtsozialversicherungsbeitrag für den Fall der Zahlungsunfähigkeit des AG vollständig abzusichern. Das Fehlen solcher Regelungen führt nicht zur Unwirksamkeit der Wertguthabenvereinbarung. Konkrete inhaltliche Vorgaben für die inhaltliche Ausgestaltung der Regelungen werden vom Gesetzgeber nicht gemacht. Nach den Vorstellungen des Gesetzgebers soll erreicht werden, dass ein Wertguthaben im Fall der Insolvenz des AG nicht in die Masse fällt, sodass sich der AN nicht mit der Quote eines einfachen Insolvenzgläubigers begnügen muss. Vorgeschrieben wird aber, dass die Wertguthaben unter Ausschluss der Rückführung durch einen Dritten (also nicht durch den AG) zu führen sind, der im Fall der Insolvenz des AG für die Erfüllung der Ansprüche aus dem Wertguthaben für den AG einsteht. Beispielhaft genannt wird ein Treuhandmodell als Sicherungsmittel. Wird eine unzureichende Sicherung bei der Prüfung des AG nach § 28p SGB VI festgestellt, begründet der Rentenversicherungsträger mit Bescheid eine Verpflichtung zur sofortigen Zahlung des Gesamtsozialversicherungsbeitrages durch den AG. Diese entfällt wieder, wenn der AG innerhalb von 2 Monaten nachweist, seiner Sicherungsverpflichtung nachgekommen zu sein. Kommt es wegen eines nicht geeigneten oder nicht ausreichenden Insolvenzschutzes zum Verlust oder zu einer Verringerung des Wertguthabens, haftet der AG für den entstandenen Schaden, wenn er diesen zu vertreten hat. Ist der AG eine juristische Person oder eine Gesellschaft ohne Rechtspersönlichkeit, haften auch die organschaftlichen Vertreter gesamtschuldnerisch für den Schaden, wenn sie diesen zu vertreten haben.

1

§ 8 SGB IV Geringfügige Beschäftigung und geringfügige selbständige Tätigkeit

2 Wenn der Aufbau eines Wertguthabens im Rahmen einer Vereinbarung nach dem ATZG erfolgt, findet § 7e keine Anwendung. Einschlägig ist dann die spezielle Regelung zur Insolvenzsicherung im § 8a ATZG.

§ 7f Übertragung von Wertguthaben

(1) ¹Bei Beendigung der Beschäftigung kann der Beschäftigte durch schriftliche Erklärung gegenüber dem bisherigen Arbeitgeber verlangen, dass das Wertguthaben nach § 7b
1. auf den neuen Arbeitgeber übertragen wird, wenn dieser mit dem Beschäftigten eine Wertguthabenvereinbarung nach § 7b abgeschlossen und der Übertragung zugestimmt hat,
2. auf die Deutsche Rentenversicherung Bund übertragen wird, wenn das Wertguthaben einschließlich des Gesamtsozialversicherungsbeitrages einen Betrag in Höhe des Sechsfachen der monatlichen Bezugsgröße übersteigt; die Rückübertragung ist ausgeschlossen.

²Nach der Übertragung sind die mit dem Wertguthaben verbundenen Arbeitgeberpflichten vom neuen Arbeitgeber oder von der Deutschen Rentenversicherung Bund zu erfüllen.

(2) ¹Im Fall der Übertragung auf die Deutsche Rentenversicherung Bund kann der Beschäftigte das Wertguthaben für Zeiten der Freistellung von der Arbeitsleistung und Zeiten der Verringerung der vertraglich vereinbarten Arbeitszeit nach § 7c Abs. 1 sowie auch außerhalb eines Arbeitsverhältnisses für die in § 7c Abs. 1 Nr. 2 Buchstabe a genannten Zeiten in Anspruch nehmen. ²Der Antrag ist spätestens einen Monat vor der begehrten Freistellung schriftlich bei der Deutschen Rentenversicherung Bund zu stellen; in dem Antrag ist auch anzugeben, in welcher Höhe Arbeitsentgelt aus dem Wertguthaben entnommen werden soll; dabei ist § 7 Abs. 1a Satz 1 Nr. 2 zu berücksichtigen.

(3) ¹Die Deutsche Rentenversicherung Bund verwaltet die ihr übertragenen Wertguthaben einschließlich des darin enthaltenen Gesamtsozialversicherungsbeitrages als ihr übertragene Aufgabe bis zu deren endgültiger Auflösung getrennt von ihrem sonstigen Vermögen treuhänderisch. ²Die Wertguthaben sind nach den Vorschriften über die Anlage der Mittel von Versicherungsträgern nach dem Vierten Titel des Vierten Abschnitts anzulegen. ³Die der Deutschen Rentenversicherung Bund durch die Übertragung, Verwaltung und Verwendung von Wertguthaben entstehenden Kosten sind vollständig vom Wertguthaben in Abzug zu bringen und in der Mitteilung an den Beschäftigten nach § 7d Absatz 2 gesondert auszuweisen.

1 Der AN kann bei Beendigung seines Beschäftigungsverhältnisses vom bisherigen AG schriftlich verlangen, dass Wertguthaben auf den neuen AG zu übertragen, wenn dieser seinerseits mit dem AN eine Wertguthabenvereinbarung abgeschlossen hat und der Übertragung zustimmt. Die Übertragung erfolgt dann nach zivilrechtlichen Grundsätzen. Sofern das Wertguthaben einen Betrag in Höhe des 7-fachen der monatlichen Bezugsgröße übersteigt, kann der AN auch eine Übertragung auf die Deutsche Rentenversicherung Bund verlangen, die dann das Vermögen aus dem Wertguthaben treuhänderisch zu verwalten hat.

§ 8 Geringfügige Beschäftigung und geringfügige selbständige Tätigkeit

(1) Eine geringfügige Beschäftigung liegt vor, wenn
1. das Arbeitsentgelt aus dieser Beschäftigung regelmäßig im Monat 450 Euro nicht übersteigt,
2. die Beschäftigung innerhalb eines Kalenderjahres auf längstens zwei Monate oder 50 Arbeitstage nach ihrer Eigenart begrenzt zu sein pflegt oder im Voraus vertraglich begrenzt ist, es sei denn, dass die Beschäftigung berufsmäßig ausgeübt wird und ihr Entgelt 450 Euro im Monat übersteigt.

(2) ¹Bei der Anwendung des Abs. 1 sind mehrere geringfügige Beschäftigungen nach Nr. 1 oder Nummer 2 sowie geringfügige Beschäftigungen nach Nummer 1 mit Ausnahme einer geringfügigen Beschäftigung nach Nummer 1 und nicht geringfügige Beschäftigungen zusammenzurechnen. ²Eine geringfügige Beschäftigung liegt nicht mehr vor, sobald die Voraussetzungen des Absatzes 1 entfallen. ³Wird bei der Zusammenrechnung nach Satz 1 festgestellt, dass die Voraussetzungen einer geringfügigen Beschäftigung nicht mehr vorliegen, tritt die Versicherungspflicht erst mit dem Tage ein, an dem die Entscheidung über die Versicherungspflicht nach § 37 des Zehnten Buches durch die Einzugsstelle nach § 28i Satz 5 oder einen anderen Träger der Rentenversicherung bekannt gegeben wird. ⁴Dies gilt nicht, wenn der Arbeitgeber vorsätzlich oder grob fahrlässig versäumt hat, den Sachverhalt für die versicherungsrechtliche Beurteilung der Beschäftigung aufzuklären.

(3) ¹Die Absätze 1 und 2 gelten entsprechend, soweit anstelle einer Beschäftigung eine selbständige Tätigkeit ausgeübt wird. ²Dies gilt nicht für das Recht der Arbeitsförderung.

Übersicht	Rdn.		Rdn.
A. Reglungsinhalt	1	D. Pauschalbeiträge bei geringfügiger Beschäftigung	9
B. Arten der geringfügigen Beschäftigung	2	I. Geringfügig entlohnte Beschäftigung	9
I. Geringfügig entlohnte Beschäftigung	3	II. Kurzfristige Beschäftigung	13
II. Kurzfristige Beschäftigung	5	E. Meldepflichten, Feststellung der Versicherungspflicht und	
C. Zusammenrechnung mehrerer Beschäftigungen	6	Verfahrenregelungen	14

A. Reglungsinhalt. In § 8 werden die Voraussetzungen der nur geringfügigen Erwerbstätigkeit geregelt. **1** Im Ergebnis soll die Bereitschaft zur Aufnahme von geringfügigen Beschäftigungen mittels einer Reduzierung der Beitragslast gefördert werden.

B. Arten der geringfügigen Beschäftigung. Nach § 8 I kann eine Beschäftigung wegen der Höhe des **2** daraus erzielten Entgelts (Nr 1) oder wegen ihrer Kurzzeitigkeit (Nr 2) geringfügig sein.

I. Geringfügig entlohnte Beschäftigung. Eine geringfügige Beschäftigung nach § 8 I Nr 1 liegt vor, wenn **3** das Arbeitsentgelt aus dieser Beschäftigung regelmäßig im Monat **450 € nicht übersteigt.** Die ursprünglich im Gesetz enthaltene Einschränkung, dass dies nur gilt, wenn die Beschäftigung regelmäßig weniger als 15 Stunden in der Woche ausgeübt wird, ist ersatzlos entfallen. Allerdings sollte beachtet werden, dass die Zeitgrenze von 15 Stunden für Arbeitslose relevant bleibt. Nur wenn sie eine Beschäftigung von weniger als 15 Stunden wöchentlich ausüben, liegt noch die für den Anspruch auf Arbeitslosengeld erforderliche Beschäftigungslosigkeit vor (s bei § 138 III SGB III).
Die Betragsgrenze von 450 € gilt einheitlich im gesamten Bundesgebiet. Beginnt oder endet die Beschäf- **4** tigung im Laufe eines Kalendermonats, ist ein anteiliger Monatswert maßgeblich. Die Betragsgrenze gilt nur für regelmäßig ausgeübte Beschäftigungen (»gewisser vorhersehbarer Arbeitszyklus«). Nur einmalig oder gelegentlich ausgeübte Beschäftigungen können ausschließlich von der Kurzzeitigkeitsregelung nach § 8 I Nr 2 erfasst werden. Die Arbeitsentgeltgrenze von 450 € meint das Brutto-Arbeitsentgelt iSv § 14. Steuerfreie Zulagen, Zuschüsse und Zuwendungen gehören nicht zum Arbeitsentgelt in diesem Sinne. Mit hinreichender Sicherheit zu erwartende unregelmäßige Sonderzahlungen (Einmalzahlungen wie Weihnachts- und Urlaubsgeld) sind anteilig zu berücksichtigen. Werden in einem Dauerarbeitsverhältnis (saisonal bedingt) Arbeitsentgelte in schwankender Höhe erzielt, ist ein vorausschauend für das Jahr ermittelter Durchschnittsbetrag als Monatseinkommen maßgeblich. Die auf dieser Basis getroffene Feststellung bleibt für die Vergangenheit auch dann maßgebend, wenn sich die Prognose infolge nicht sicher voraussehbarer Umstände nach Ablauf des Jahres als unzutreffend erweist (BSG 27.9.1961, 3 RK 12/57, SozR Nr 6 zu § 168 RVO). Etwas anders gilt, wenn während des Jahres erkennbar eine Veränderung in der Entgelthöhe eintritt. Dann ist von diesem Zeitpunkt an eine neue vorausschauende Betrachtung geboten.

II. Kurzfristige Beschäftigung. Eine kurzfristige Beschäftigung liegt nach § 8 I Nr 2 vor, wenn sie inner- **5** halb eines Kalenderjahres auf längstens 2 Monate oder 50 Arbeitstage nach ihrer Eigenart begrenzt zu sein pflegt oder im Voraus begrenzt ist. Eine solche Beschäftigung ist aber dann nicht geringfügig, wenn sie berufsmäßig ausgeübt wird und ihr Entgelt 450 € im Monat übersteigt. Maßgeblich ist das Kalenderjahr. Wird bei mehreren Beschäftigungen in einem Jahr die Höchstarbeitsdauer von 2 Monaten oder 50 Arbeitstagen überschritten, stellt auch der in das nächste Kalenderjahr hineinragende Teil der befristeten Beschäftigung keine kurzzeitige Beschäftigung dar. Wird eine unterhalb der Befristungsgrenze geplante Beschäftigung unerwartet verlängert, behandeln die Versicherungsträger die Beschäftigung erst ab dem Tage des Überschreitens der Befristung als nicht mehr kurzzeitig.

C. Zusammenrechnung mehrerer Beschäftigungen. Eine geringfügige Beschäftigung nach § 8 I liegt **6** gem II nicht mehr vor, sobald die Voraussetzungen für die Geringfügigkeit aufgrund der Zusammenrechnung mehrerer Beschäftigungen entfallen. Eine Zusammenrechnung bewirkt, dass in sozialversicherungsrechtlicher Hinsicht von einem **einheitlichen Beschäftigungsverhältnis** auszugehen ist. Ist diese Beschäftigung nicht mehr geringfügig, besteht Versicherungspflicht mit Beitragspflicht in der Sozialversicherung. Dabei kann sich die Zusammenrechnung von geringfügigen Beschäftigungen immer nur auf solche gleicher Art beziehen. Eine Zusammenrechnung von Beschäftigungsverhältnissen nach § 8 I Nr 1 und Nr 2 scheidet aus.
Bei der Zusammenrechnung geringfügig entlohnter Beschäftigungen mit einer nicht geringfügigen **7** Beschäftigung gilt eine **Ausnahme.** Ausgenommen ist bei mehreren ausgeübten eine der geringfügigen Beschäftigungen nach Nr 1. Dies bedeutet, dass stets für eine geringfügig entlohnte Beschäftigung die

Zusammenrechnung mit der nicht geringfügigen versicherungspflichtigen Beschäftigung (die idR die Hauptbeschäftigung ist) entfällt, wobei dies bei mehreren ausgeübten geringfügigen Beschäftigungen für die zuerst aufgenommene gilt.

8 Die anderen, nicht privilegierten geringfügigen Beschäftigungen werden mit der nicht geringfügigen Beschäftigung **zusammengerechnet**, sodass dann insgesamt keine Geringfügigkeit mehr vorliegt und Versicherungspflicht gegeben ist. Die Zusammenrechnung kommt allerdings nur in Betracht, wenn die nicht geringfügige Beschäftigung Versicherungspflicht begründet (so ausdrücklich § 7 I 2 SGB V und § 5 II 1 HS 2 SGB VI). Relevant ist dies insb bei Selbstständigen und Beamten, die eine versicherungsfreie Haupttätigkeit ausüben. Für die Zusammenrechnung können dann nur die ausgeübten geringfügigen Nebenbeschäftigungen herangezogen werden. Im Bereich der Krankenversicherung erfolgt auch keine Zusammenrechnung mit einer Hauptbeschäftigung, aus der ein Jahresarbeitsentgelt über der Jahresarbeitsentgeltgrenze erzielt wird (§ 6 I Nr 1 SGB V). Denn eine solche Beschäftigung ist nicht versicherungspflichtig. Eine Besonderheit gilt für die Beitragspflicht nach dem Arbeitsförderungsrecht. Nach § 27 II 1 Hs 2 SGB III werden nicht geringfügige versicherungspflichtige Beschäftigungen und geringfügig entlohnte Beschäftigungen generell nicht zusammengerechnet.

9 **D. Pauschalbeiträge bei geringfügiger Beschäftigung. I. Geringfügig entlohnte Beschäftigung.** Für geringfügig entlohnte Beschäftigungen iSv § 8 I 1 Nr 1 hat der AG – nach Maßgabe der für die einzelnen Zweige der Sozialversicherung geltenden Regelungen – **Pauschalbeiträge** zur Kranken- und Rentenversicherung zu zahlen. Für Pflege- und Arbeitslosenversicherung fallen solche Pauschalbeiträge nicht an. Die Pauschalbeiträge zur Kranken- und Rentenversicherung trägt jeweils der AG alleine. Dabei ist ein Krankenversicherungsbeitrag iHv 13 % und ein Rentenversicherungsbeitrag iHv 15 % des Arbeitsentgelts aus der geringfügig entlohnten Beschäftigung zu zahlen (§ 249b SGB V, § 172 III SGB VI).

10 Der Pauschalbeitrag zur Krankenversicherung gem § 249b S 1 SGB V fällt nicht an, falls der geringfügig Beschäftigte nicht in der gesetzlichen Krankenversicherung versichert ist. Für Personen, die aufgrund ihrer Haupttätigkeit privat oder gar nicht krankenversichert sind (Beamte, Selbstständige oder auch privat krankenversicherte Hausfrauen) entfällt deshalb die Zahlung der Pauschalbeiträge für die gesetzliche Krankenversicherung. In der Rentenversicherung fällt der Pauschalbeitrag nach dem klaren Wortlaut des § 172 III 1 SGB VI auch für Personen an, die nach § 5 IV SGB VI in der Rentenversicherung versicherungsfrei sind (insb Altersrentner, Ruhestandsbeamte, Bezieher einer berufsständischen Altersversorgung). Auch für sie ist der Pauschalbeitrag zu zahlen. Eine Besonderheit gilt für Studierende, die nach § 5 III SGB VI versicherungsfrei sind, wenn sie ein Praktikum iRd Studien- oder Prüfungsordnung oder ein nur geringfügig entlohntes Praktikum ableisten. Für sie ist dann vom AG nach § 172 III 2 SGB VI kein Pauschalbeitrag zu leisten. Auch für Beamte, die neben ihrer Beamtentätigkeit eine geringfügig entlohnte Beschäftigung ausüben, auf die die Gewährung einer Versorgungsanwartschaft erstreckt worden ist, ist kein Pauschalbeitrag zur Rentenversicherung zu leisten.

11 Die Beitragspflicht des AG ist von der **Versicherungspflicht** der Beschäftigten zu trennen. Personen, die eine geringfügige Beschäftigung ausüben, bleiben vom Grundsatz her in dieser Beschäftigung versicherungsfrei. In der Krankenversicherung folgt dies aus § 7 I 1 SGB V. Trotz der Zahlung des pauschalen Beitrags erwirbt der Beschäftigte deshalb aus der geringfügigen Beschäftigung keine Rechte aus der gesetzlichen Krankenversicherung. Eine Ausnahme macht § 7 II SGB V für Personen, die vor dem 1.4.2003 die damalige Geringfügigkeitsgrenze von 325 € überschritten hatten, jetzt aber mit dieser Beschäftigung unter die neue Grenze von 400 € fallen. Diese Personen bleiben in dieser Beschäftigung versicherungspflichtig, sofern sie nicht die Voraussetzungen für eine Familienversicherung nach § 10 SGB V erfüllen. Sie können sich aber auf Antrag von der Versicherungspflicht befreien lassen.

12 In der Rentenversicherung besteht Versicherungsfreiheit nach § 5 II Nr 1 SGB VI. Hier gibt es eine von den AG zu beachtende Besonderheit. Ein geringfügig Beschäftigter iSv § 8 I Nr 1 kann auf seine Versicherungsfreiheit gem § 5 II 2 Hs 1 SGB VI verzichten. Dann ist das Einkommen aus der geringfügig entlohnten Beschäftigung versicherungspflichtig. Der AG hat weiter den Pauschalbeitrag zu zahlen, den restlichen Beitrag trägt der AN, der dadurch Ansprüche auf sämtliche gesetzlich vorgesehenen Leistungen der Rentenversicherung erwerben kann. Der Verzicht auf die Versicherungsfreiheit wird vom AN ggü dem AG erklärt, der die Erklärung an die Beitragseinzugsstelle bzw den Rentenversicherungsträger weiterzuleiten hat. Auf die Möglichkeit des Verzichts hat der AG den AN iRd schriftlichen Niederlegung der Vertragsbedingungen hinzuweisen.

13 **II. Kurzfristige Beschäftigung.** Bei einer kurzfristigen Beschäftigung iSv § 8 I Nr 2 ist der AG nicht zur Tragung von Pauschalbeiträgen zur Kranken- und Rentenversicherung verpflichtet. Eine Ausnahme gilt nach dem Gesetzeswortlaut für im Haushalt tätige kurzfristige Beschäftigte. Hier ergibt sich aus § 249b

S 2 SGB V und § 172 IIIa SGB VI, dass die ermäßigten Pauschalbeiträge von jeweils 5 % undifferenziert für beide Formen der geringfügigen Beschäftigung gelten.

E. Meldepflichten, Feststellung der Versicherungspflicht und Verfahrenregelungen. Der AG ist nach § 28a I Nr 1 verpflichtet, den Beginn einer versicherungspflichtigen Tätigkeit zu melden. Er hat nach § 28e den Gesamtsozialversicherungsbeitrag zu zahlen. Zu den Pflichten des Beschäftigten gehört es nach § 28o, dem AG die zur Durchführung der Meldepflicht und der Beitragszahlung erforderlichen Angaben zu machen und, soweit erforderlich, Unterlagen vorzulegen. Wird eine geringfügige Beschäftigung aufgenommen, benötigt der AG zur Feststellung der Versicherungspflicht auch die Information, ob der Beschäftigte eine andere geringfügige Beschäftigung ausübt, die bei einer Zusammenrechnung nach § 8 II zur Versicherungspflicht führen kann. Gleichfalls muss der Beschäftigte es dem AG melden, wenn er während einer laufenden geringfügigen Beschäftigung eine weitere aufnimmt. Bestehen Zweifel, ob Versicherungspflicht vorliegt, kann der AG eine Entscheidung der Einzugsstelle herbeiführen.

§ 8 II 3 ist eine Spezialregelung zum Eintritt der Versicherungspflicht. Für die insoweit konstitutive Entscheidung über die Versicherungspflicht ist die Deutsche Rentenversicherung Knappschaft-Bahn-See zuständig, die auch die Einzugsstelle ist. Die Spezialregelung greift sich ein, wenn es der AG schuldhaft versäumt hat, den Sachverhalt für die versicherungsrechtliche Beurteilung der Beschäftigung aufzuklären. Ein solches Verschulden liegt dann vor, wenn es der AG unterlassen hat, den AN zu den für die Beurteilung der Versicherungspflicht relevanten Umständen zu befragen oder wenn er einschlägige Mitteilung (zB über die Ausübung einer weiteren geringfügigen Beschäftigung) außer Acht lässt.

Zuständige Einzugsstelle ist bei geringfügigen Beschäftigungen nach § 28i S 5 die Deutsche Rentenversicherung Knappschaft-Bahn-See. Diese erhält als umfassend zuständige »**Minijob-Zentrale**« die An- und Abmeldungen sowie Beitragsnachweise. An sie sind die Pauschalbeiträge zur Kranken- und Rentenversicherung abzuführen. Es gehört ferner zu ihren Aufgaben, im Wege der Organleihe die einheitliche Pauschalsteuer einzuziehen und an die zuständigen Stellen der Finanzverwaltung weiterzuleiten. Für geringfügige Beschäftigungen in Privathaushalten findet nach § 28a ein vereinfachtes Meldeverfahren (mittels Haushaltsscheck) statt. Zur Vereinfachung der Beitragszahlung ist der Minijob-Zentrale vom AG eine Einzugsermächtigung zu erteilen.

Sofern nach Aufnahme einer weiteren Beschäftigung eine Zusammenrechnung die uneingeschränkte Versicherungspflicht für die bisher geringfügige Beschäftigung ergibt, ist die dann erforderliche Anmeldung an die als Einzugsstelle für den Beschäftigten zuständige Krankenkasse zu richten. An diese sind dann auch die Beiträge abzuführen.

§ 8a Geringfügige Beschäftigung in Privathaushalten
¹Werden geringfügige Beschäftigungen ausschließlich in Privathaushalten ausgeübt, gilt § 8. ²Eine geringfügige Beschäftigung im Privathaushalt liegt vor, wenn diese durch einen privaten Haushalt begründet ist und die Tätigkeit sonst gewöhnlich durch Mitglieder des privaten Haushalts erledigt wird.

§ 14 Arbeitsentgelt
(1) ¹Arbeitsentgelt sind alle laufenden oder einmaligen Einnahmen aus einer Beschäftigung, gleichgültig, ob ein Rechtsanspruch auf die Einnahmen besteht, unter welcher Bezeichnung oder in welcher Form sie geleistet werden und ob sie unmittelbar aus der Beschäftigung oder im Zusammenhang mit ihr erzielt werden. ²Arbeitsentgelt sind auch Entgeltteile, die durch Entgeltumwandlung nach § 1 Absatz 2 Nummer 3 des Betriebsrentengesetzes für betriebliche Altersversorgung in den Durchführungswegen Direktzusage oder Unterstützungskasse verwendet werden, soweit sie 4 vom Hundert der jährlichen Beitragsbemessungsgrenze der allgemeinen Rentenversicherung übersteigen.
(2) ¹Ist ein Nettoarbeitsentgelt vereinbart, gelten als Arbeitsentgelt die Einnahmen des Beschäftigten einschließlich der darauf entfallenden Steuern und der seinem gesetzlichen Anteil entsprechenden Beiträge zur Sozialversicherung und zur Arbeitsförderung. ²Sind bei illegalen Beschäftigungsverhältnissen Steuern und Beiträge zur Sozialversicherung und zur Arbeitsförderung nicht gezahlt worden, gilt ein Nettoarbeitsentgelt als vereinbart.
(3) Wird ein Haushaltsscheck (§ 28a Absatz 7) verwendet, bleiben Zuwendungen unberücksichtigt, die nicht in Geld gewährt worden sind.

Alle laufenden und einmaligen Einnahmen **aus einer Beschäftigung** sind Arbeitsentgelt. Notwendig ist eine zeitliche Zuordnung zur Beschäftigung. Beträge, die für einen Zeitraum danach gezahlt werden, zählen

§ 20 SGB IV   Aufbringung der Mittel, Gleitzone

nicht zum Arbeitsentgelt. Laufende Einnahmen sind regelmäßig wiederkehrende Entgeltbestandteile, deren Höhe und Fälligkeit von vornherein feststehen. Einmalige Einnahmen sind Bezüge, die nicht monatlich zu erwarten sind, sondern die aus bes Anlass gewährt werden und/oder mit denen ein bestimmter Zweck verfolgt wird. Typische einmalige Einnahmen sind das Weihnachtsgeld, das Urlaubsgeld, das sog 13. Monatsgehalt, Jubiläumsgelder, Tantiemen oder Gratifikationen und ähnliche Leistungen, die sich keinen bestimmten Abrechnungszeiträumen zuordnen lassen.

2 Das Arbeitsentgelt ist bedeutsam sowohl für die **Berechnung der Beiträge** als auch zT für die **Höhe der Leistungen** in den einzelnen Zweigen der Sozialversicherung und der Arbeitsförderung. Beiträge werden regelmäßig bereits mit der Entstehung des Anspruchs auf Arbeitsentgelt fällig. Es kommt nicht darauf an, ob dem AN die Einnahmen tatsächlich zugeflossen sind, sondern darauf, dass er auf das Arbeitsentgelt bei Fälligkeit einen Anspruch hat. So reicht es für die Feststellung der Sozialversicherungspflicht und die Berechnung der Beiträge aus, wenn das Arbeitsentgelt tariflich geschuldet ist, auch wenn der AG dem AN tatsächlich nur eine geringere Summe auszahlt. Das an den AN ausgezahlte Entgelt ist dann nicht maßgebend (BSG 30.8.1994, 12 RK 59/92, SozR 3-2200 § 385 Nr 5). Bei **einmalig gezahltem Arbeitsentgelt** gilt aber nach § 22 I für die Beitragspflicht das Zuflussprinzip; Beiträge werden erst fällig, wenn die Auszahlung an die AN tatsächlich erfolgt ist.

§ 20 Aufbringung der Mittel, Gleitzone

(1) Die Mittel der Sozialversicherung einschließlich der Arbeitsförderung werden nach Maßgabe der besonderen Vorschriften für die einzelnen Versicherungszweige durch Beiträge der Versicherten, der Arbeitgeber und Dritter, durch staatliche Zuschüsse und durch sonstige Einnahmen aufgebracht.
(2) Eine Gleitzone im Sinne dieses Gesetzbuches liegt bei einem Beschäftigungsverhältnis vor, wenn das daraus erzielte Arbeitsentgelt zwischen 450,01 Euro und 850,00 Euro im Monat liegt und die Grenze von 800,00 Euro im Monat regelmäßig nicht überschreitet; bei mehreren Beschäftigungsverhältnissen ist das insgesamt erzielte Arbeitsentgelt maßgebend.
(3) ¹Der Arbeitgeber trägt abweichend von den besonderen Vorschriften für Beschäftigte für die einzelnen Versicherungszweige den Gesamtsozialversicherungsbeitrag allein, wenn
1. Versicherte, die zu ihrer Berufsausbildung beschäftigt sind, ein Arbeitsentgelt erzielen, das auf den Monat bezogen 325 Euro nicht übersteigt, oder
2. Versicherte ein freiwilliges soziales Jahr oder ein freiwilliges ökologisches Jahr im Sinne des Jugendfreiwilligendienstegesetzes oder einen Bundesfreiwilligendienst nach dem Bundesfreiwilligendienstgesetz leisten.

²Wird infolge einmalig gezahlten Arbeitsentgelts die in Satz 1 genannte Grenze überschritten, tragen die Versicherten und die Arbeitgeber den Gesamtsozialversicherungsbeitrag von dem diese Grenze übersteigenden Teil des Arbeitsentgelts jeweils zur Hälfte; in der gesetzlichen Krankenversicherung gilt dies nur für den um den Beitragsanteil, der allein vom Arbeitnehmer zu tragen ist, reduzierten Beitrag.

1 Die Regelungen zur **Gleitzone** erfasst nur Beschäftigungen, die nicht mehr als geringfügige Beschäftigungen iSv § 8 I Nr 1 versicherungsfrei sind. Vom Grundsatz her besteht volle Beitragspflicht, die aber durch die Gleitzonenregelung modifiziert wird. Der AG-Anteil wird von der Regelung nicht berührt, sodass hier der Beitrag aus dem vollen Arbeitsentgelt nach dem jeweils gültigen Beitragssatz zu entrichten ist. Der Gesetzgeber will mit der Regelung Arbeitsverhältnisse mit geringerem Arbeitsentgelt für AN attraktiver machen und AN motivieren, illegale Beschäftigungen (Schwarzarbeit) zu vermeiden. Die Anwendung der Gleitzone führt dazu, dass die für die Berechnung der AN-Beiträge herangezogenen Einnahmen am unteren Ende der Gleitzone erheblich unter dem tatsächlich erzielten Arbeitsentgelt liegen.
2 Eine Gleitzone liegt bei einem Beschäftigungsverhältnis vor, wenn das daraus erzielte Arbeitsentgelt zwischen 450,01 € und 850 € im Monat liegt und die Grenze von 850 € im Monat regelmäßig nicht überschreitet. Bei mehreren Beschäftigungsverhältnissen ist das **insgesamt erzielte Arbeitsentgelt** maßgebend. Führt also eine Zusammenrechnung entspr § 8 II dazu, dass das Arbeitseinkommen über 850 € liegt, findet die Gleitzonenregelung keine Anwendung.
3 Der vom AN zu tragende Beitrag ist nach einer **bes Formel** zu errechnen (§ 344 IV SGB III, § 226 IV SGB V, § 163 X SGB VI). Dadurch wird im Ergebnis nicht das volle Arbeitsentgelt für die Beitragsberechnung herangezogen. Die beitragspflichtigen Einnahmen werden nach der Formel »F × 450 + ([850/(850-450)] – [450/(850 – 450)] × F) × (AE - 450)« ermittelt. AE steht dabei für das tatsächlich erzielte Arbeitsentgelt. Der Faktor F ergibt sich aus der Summe der Pauschalabgaben bei geringfügig entlohnter Beschäftigung geteilt durch den Gesamtsozialversicherungsbeitrag. Dabei ist für die Krankenversicherung ab 2015 der

um den durchschnittlichen Zusatzbeitrag erhöhte allgemeine Beitragssatz anzusetzen. Der Faktor F wird jedes Jahr vom Bundesministerium für Arbeit und Soziales im Bundesanzeiger bekanntgegeben. Für das Jahr 2014 ergab sich für den Faktor F der Wert 0,7605, für das Jahr 2015 der Wert 0,7585 und der Wert für das Jahr 2016 beträgt 0,7547.

Für den Bereich der **Rentenversicherung** hat der Gesetzgeber den betroffenen Beschäftigten in § 163 X S 6 SGB VI die Möglichkeit eingeräumt, auf die Anwendung der Gleitzonenregelung zu verzichten. Wenn sie dies tun, wird das tatsächliche Entgelt in vollem Umfang für die Beitragsbemessung herangezogen. Der Beschäftigte wird zwar mit einem höheren Beitrag belastet, kann aber auch höhere Anwartschaften in der gesetzlichen Rentenversicherung aufbauen. Die Erklärung kann nur mit Wirkung für die Zukunft, sowie für mehrere Beschäftigungen, bei denen die Einnahmen zusammen noch unter der 850 €-Grenze liegen, nur einheitlich abgegeben werden. Der AN ist für die Dauer der Beschäftigung an die Erklärung gebunden. Wird die Erklärung innerhalb von 2 Wochen nach der Aufnahme der Beschäftigung abgegeben, lassen die Rentenversicherungsträger sie von Beginn der Beschäftigung an wirken, wenn der AN dies wünscht.

Sozialgesetzbuch (SGB) Fünftes Buch (V) – Gesetzliche Krankenversicherung – (SGB V)

Vom 20.12.1988 (BGBl I S 2477), zuletzt geändert durch Art 4 des Gesetzes vom 21.12.2015 (BGBl I S 2424)

– Auszug –

§ 5 Versicherungspflicht

(1) Versicherungspflichtig sind
1. Arbeiter, Angestellte und zu ihrer Berufsausbildung Beschäftigte, die gegen Arbeitsentgelt beschäftigt sind,
2. Personen in der Zeit, für die sie Arbeitslosengeld oder Unterhaltsgeld nach dem Dritten Buch beziehen oder nur deshalb nicht beziehen, weil der Anspruch ab Beginn des zweiten Monats bis zur zwölften Woche einer Sperrzeit (§ 159 des Dritten Buches) oder ab Beginn des zweiten Monats wegen einer Urlaubsabgeltung (§ 157 Abs. 2 des Dritten Buches) ruht; dies gilt auch, wenn die Entscheidung, die zum Bezug der Leistung geführt hat, rückwirkend aufgehoben oder die Leistung zurückgefordert oder zurückgezahlt worden ist, Personen in der Zeit, für die sie Arbeitslosengeld II nach dem Zweiten Buch beziehen, es sei denn, dass diese Leistung nur darlehensweise gewährt wird oder nur Leistungen nach § 24 Abs. 3 Satz 1 des Zweiten Buches bezogen werden; dies gilt auch, wenn die Entscheidung, die zum Bezug der Leistung geführt hat, rückwirkend aufgehoben oder die Leistung zurückgefordert oder zurückgezahlt worden ist,
3. Landwirte, ihre mitarbeitenden Familienangehörigen und Altenteiler nach näherer Bestimmung des Zweiten Gesetzes über die Krankenversicherung der Landwirte,
4. Künstler und Publizisten nach näherer Bestimmung des Künstlersozialversicherungsgesetzes,
5. Personen, die in Einrichtungen der Jugendhilfe für eine Erwerbstätigkeit befähigt werden sollen,
6. Teilnehmer an Leistungen zur Teilhabe am Arbeitsleben sowie an Abklärung der beruflichen Eignung oder Arbeitserprobung, es sei denn, die Maßnahmen werden nach den Vorschriften des Bundesversorgungsgesetzes erbracht,
7. behinderte Menschen, die in anerkannten Werkstätten für behinderte Menschen oder in Blindenwerkstätten im Sinne des § 143 des Neunten Buches oder für diese Einrichtungen in Heimarbeit tätig sind,
8. behinderte Menschen, die in Anstalten, Heimen oder gleichartigen Einrichtungen in gewisser Regelmäßigkeit eine Leistung erbringen, die einem Fünftel der Leistung eines voll erwerbsfähigen Beschäftigten in gleichartiger Beschäftigung entspricht; hierzu zählen auch Dienstleistungen für den Träger der Einrichtung,
9. Studenten, die an staatlichen oder staatlich anerkannten Hochschulen eingeschrieben sind, unabhängig davon, ob sie ihren Wohnsitz oder gewöhnlichen Aufenthalt im Inland haben, wenn für sie auf Grund über- oder zwischenstaatlichen Rechts kein Anspruch auf Sachleistungen besteht, bis zum Abschluss des vierzehnten Fachsemesters, längstens bis zur Vollendung des dreißigstens Lebensjahres; Studenten nach Abschluss des vierzehnten Fachsemesters oder nach Vollendung des dreißigsten Lebensjahres sind nur versicherungspflichtig, wenn die Art der Ausbildung oder familiäre sowie persönliche Gründe, insbesondere der Erwerb der Zugangsvoraussetzungen in einer Ausbildungsstätte des Zweiten Bildungswegs, die Überschreitung der Altersgrenze oder eine längere Fachstudienzeit rechtfertigen,
10. Personen, die eine in Studien- oder Prüfungsordnungen vorgeschriebene berufspraktische Tätigkeit ohne Arbeitsentgelt verrichten, sowie zu ihrer Berufsausbildung ohne Arbeitsentgelt Beschäftigte; Auszubildende des Zweiten Bildungswegs, die sich in einem förderungsfähigen Teil eines Ausbildungsabschnitts nach dem Bundesausbildungsförderungsgesetz befinden, sind Praktikanten gleichgestellt,
11. Personen, die die Voraussetzungen für den Anspruch auf eine Rente aus der gesetzlichen Rentenversicherung erfüllen und diese Rente beantragt haben, wenn sie seit der erstmaligen Aufnahme einer Erwerbstätigkeit bis zur Stellung des Rentenantrags mindestens neun Zehntel der zweiten Hälfte des Zeitraums Mitglied oder nach § 10 versichert waren, Personen, die eine selbständige künstlerische oder publizistische Tätigkeit vor dem 1. Januar 1983 aufgenommen haben, die Voraussetzungen für

den Anspruch auf eine Rente aus der Rentenversicherung erfüllen und diese Rente beantragt haben, wenn sie mindestens neun Zehntel des Zeitraums zwischen dem 1. Januar 1985 und der Stellung des Rentenantrags nach dem Künstlersozialversicherungsgesetz in der gesetzlichen Krankenversicherung versichert waren; für Personen, die am 3. Oktober 1990 ihren Wohnsitz im Beitrittsgebiet hatten, ist anstelle des 1. Januar 1985 der 1. Januar 1992 maßgebend.

12. Personen, die die Voraussetzungen für den Anspruch auf eine Rente aus der gesetzlichen Rentenversicherung erfüllen und diese Rente beantragt haben, wenn sie zu den in § 1 oder § 17a des Fremdrentengesetzes oder zu den in § 20 des Gesetzes zur Wiedergutmachung nationalsozialistischen Unrechts in der Sozialversicherung genannten Personen gehören und ihren Wohnsitz innerhalb der letzten zehn Jahre vor der Stellung des Rentenantrags in das Inland verlegt haben,

13. Personen, die keinen anderweitigen Anspruch auf Absicherung im Krankheitsfall haben und
    a) zuletzt gesetzlich krankenversichert waren oder
    b) bisher nicht gesetzlich oder privat krankenversichert waren, es sei denn, dass sie zu den in Absatz 5 oder den in § 6 Abs. 1 oder 2 genannten Personen gehören oder bei Ausübung ihrer beruflichen Tätigkeit im Inland gehört hätten.

(2) ¹Der nach Absatz 1 Nr. 11 erforderlichen Mitgliedszeit steht bis zum 31. Dezember 1988 die Zeit der Ehe mit einem Mitglied gleich, wenn die mit dem Mitglied verheiratete Person nicht mehr als nur geringfügig beschäftigt oder geringfügig selbständig tätig war. ²Bei Personen, die ihren Rentenanspruch aus der Versicherung einer anderen Person ableiten, gelten die Voraussetzungen des Absatzes 1 Nr. 11 oder 12 als erfüllt, wenn die andere Person diese Voraussetzungen erfüllt hatte.

(3) Als gegen Arbeitsentgelt beschäftigte Arbeiter und Angestellte im Sinne des Absatzes 1 Nr. 1 gelten Bezieher von Vorruhestandsgeld, wenn sie unmittelbar vor Bezug des Vorruhestandsgeldes versicherungspflichtig waren und das Vorruhestandsgeld mindestens in Höhe von 65 vom Hundert des Bruttoarbeitsentgelts im Sinne des § 3 Abs. 2 des Vorruhestandsgesetzes gezahlt wird.

(4) Als Bezieher von Vorruhestandsgeld ist nicht versicherungspflichtig, wer im Ausland seinen Wohnsitz oder gewöhnlichen Aufenthalt in einem Staat hat, mit dem für Arbeitnehmer mit Wohnsitz oder gewöhnlichem Aufenthalt in diesem Staat keine über- oder zwischenstaatlichen Regelungen über Sachleistungen bei Krankheit bestehen.

(4a) ¹Auszubildende, die im Rahmen eines Berufsausbildungsvertrages nach dem Berufsbildungsgesetz in einer außerbetrieblichen Einrichtung ausgebildet werden, stehen den Beschäftigten zur Berufsausbildung im Sinne des Absatzes 1 Nr. 1 gleich. ²Teilnehmer an dualen Studiengängen stehen den Beschäftigten zur Berufsausbildung im Sinne des Absatzes 1 Nummer. 1 gleich. ³Als zu ihrer Berufsausbildung Beschäftigte im Sinne des Absatzes 1 Nr. 1 gelten Personen, die als nicht satzungsmäßige Mitglieder geistlicher Genossenschaften oder ähnlicher religiöser Gemeinschaften für den Dienst in einer solchen Genossenschaft oder ähnlichen religiösen Gemeinschaft außerschulisch ausgebildet werden.

(5) Nach Absatz 1 Nr. 1 oder 5 bis 12 ist nicht versicherungspflichtig, wer hauptberuflich selbständig erwerbstätig ist.

(5a) ¹Nach Absatz 1 Nr. 2a ist nicht versicherungspflichtig, wer unmittelbar vor dem Bezug von Arbeitslosengeld II privat krankenversichert war oder weder gesetzlich noch privat krankenversichert war und zu den in Absatz 5 oder den in § 6 Abs. 1 oder 2 genannten Personen gehört oder bei Ausübung seiner beruflichen Tätigkeit im Inland gehört hätte. ²Satz 1 gilt nicht für Personen, die am 31. Dezember 2008 nach § 5 Abs. 1 Nr. 2a versicherungspflichtig waren, für die Dauer ihrer Hilfebedürftigkeit.

(6) ¹Nach Absatz 1 Nr. 5 bis 7 oder 8 ist nicht versicherungspflichtig, wer nach Absatz 1 Nr. 1 versicherungspflichtig ist. ²Trifft eine Versicherungspflicht nach Absatz 1 Nr. 6 mit einer Versicherungspflicht nach Absatz 1 Nr. 7 oder 8 zusammen, geht die Versicherungspflicht vor, nach der die höheren Beiträge zu zahlen sind.

(7) ¹Nach Absatz 1 Nr. 9 oder 10 ist nicht versicherungspflichtig, wer nach Absatz 1 Nr. 1 bis 8, 11 oder 12 versicherungspflichtig oder nach § 10 versichert ist, es sei denn, der Ehegatte, der Lebenspartner oder das Kind des Studenten oder Praktikanten ist nicht versichert. ²Die Versicherungspflicht nach Absatz 1 Nr. 9 geht der Versicherungspflicht nach Absatz 1 Nr. 10 vor.

(8) ¹Nach Absatz 1 Nr. 11 oder 12 ist nicht versicherungspflichtig, wer nach Absatz 1 Nr. 1 bis 7 oder 8 versicherungspflichtig ist. ²Satz 1 gilt für die in § 190 Abs. 11a genannten Personen entsprechend. ³Bei Beziehern einer Rente der gesetzlichen Rentenversicherung, die nach dem 31. März 2002 nach § 5 Abs. 1 Nr. 11 versicherungspflichtig geworden sind, deren Anspruch auf Rente schon an diesem Tag bestand und die bis zu diesem Zeitpunkt nach § 10 oder nach § 7 des Zweiten Gesetzes über die Krankenversicherung der Landwirte versichert waren, aber nicht die Vorversicherungszeit des § 5 Abs. 1 Nr. 11 in der seit dem 1. Januar 1993 geltenden Fassung erfüllt hatten und deren Versicherung nach § 10 oder nach § 7

§ 5 SGB V Versicherungspflicht

des Zweiten Gesetzes über die Krankenversicherung der Landwirte nicht von einer der in § 9 Abs. 1 Nr. 6 genannten Personen abgeleitet worden ist, geht die Versicherung nach § 10 oder nach § 7 des Zweiten Gesetzes über die Krankenversicherung der Landwirte der Versicherung nach § 5 Abs. 1 Nr. 11 vor.

(8a) ¹Nach Absatz 1 Nr. 13 ist nicht versicherungspflichtig, wer nach Absatz 1 Nr. 1 bis 12 versicherungspflichtig, freiwilliges Mitglied oder nach § 10 versichert ist. ²Satz 1 gilt entsprechend für Empfänger laufender Leistungen nach dem 3., 4., 6. und 7. Kapitel des Zwölften Buches und für Empfänger laufender Leistungen nach § 2 des Asylbewerberleistungsgesetzes. ³Satz 2 gilt auch, wenn der Anspruch auf diese Leistungen für weniger als einen Monat unterbrochen wird. ⁴Der Anspruch auf Leistungen nach § 19 Abs. 2 gilt nicht als Absicherung im Krankheitsfall im Sinne von Absatz 1 Nr. 13, sofern im Anschluss daran kein anderweitiger Anspruch auf Absicherung im Krankheitsfall besteht.

(9) ¹Kommt eine Versicherung nach den §§ 5, 9 oder 10 nach Kündigung des Versicherungsvertrages nicht zu Stande oder endet eine Versicherung nach den §§ 5 oder 10 vor Erfüllung der Vorversicherungszeit nach § 9, ist das private Krankenversicherungsunternehmen zum erneuten Abschluss eines Versicherungsvertrages verpflichtet, wenn der vorherige Vertrag für mindestens fünf Jahre vor seiner Kündigung ununterbrochen bestanden hat. ²Der Abschluss erfolgt ohne Risikoprüfung zu gleichen Tarifbedingungen, die zum Zeitpunkt der Kündigung bestanden haben; die bis zum Ausscheiden erworbenen Alterungsrückstellungen sind dem Vertrag zuzuschreiben. ³Wird eine gesetzliche Krankenversicherung nach Satz 1 nicht begründet, tritt der neue Versicherungsvertrag am Tag nach der Beendigung des vorhergehenden Versicherungsvertrages in Kraft. ⁴Endet die gesetzliche Krankenversicherung nach Satz 1 vor Erfüllung der Vorversicherungszeit, tritt der neue Versicherungsvertrag am Tag nach Beendigung der gesetzlichen Krankenversicherung in Kraft. ⁵Die Verpflichtung nach Satz 1 endet drei Monate nach der Beendigung des Versicherungsvertrages, wenn eine Versicherung nach den §§ 5, 9 oder 10 nicht begründet wurde. ⁶Bei Beendigung der Versicherung nach den §§ 5 oder 10 vor Erfüllung der Vorversicherungszeiten nach § 9 endet die Verpflichtung nach Satz 1 längstens zwölf Monate nach der Beendigung des privaten Versicherungsvertrages. ⁷Die vorstehenden Regelungen zum Versicherungsvertrag sind auf eine Anwartschaftsversicherung in der privaten Krankenversicherung entsprechend anzuwenden.

(10) nicht belegt

(11) ¹Ausländer, die nicht Angehörige eines Mitgliedstaates der Europäischen Union, Angehörige eines Vertragsstaates des Abkommens über den Europäischen Wirtschaftsraum oder Staatsangehörige der Schweiz sind, werden von der Versicherungspflicht nach Absatz 1 Nr. 13 erfasst, wenn sie eine Niederlassungserlaubnis oder eine Aufenthaltserlaubnis mit einer Befristung auf mehr als zwölf Monate nach dem Aufenthaltsgesetz besitzen und für die Erteilung dieser Aufenthaltstitel keine Verpflichtung zur Sicherung des Lebensunterhalts nach § 5 Abs. 1 Nr. 1 des Aufenthaltsgesetzes besteht. ²Angehörige eines anderen Mitgliedstaates der Europäischen Union, Angehörige eines anderen Vertragsstaates des Abkommens über den Europäischen Wirtschaftsraum oder Staatsangehörige der Schweiz werden von der Versicherungspflicht nach Absatz 1 Nr. 13 nicht erfasst, wenn die Voraussetzung für die Wohnortnahme in Deutschland die Existenz eines Krankenversicherungsschutzes nach § 4 des Freizügigkeitsgesetzes/EU ist. ³Bei Leistungsberechtigten nach dem Asylbewerberleistungsgesetz liegt eine Absicherung im Krankheitsfall bereits dann vor, wenn ein Anspruch auf Leistungen bei Krankheit, Schwangerschaft und Geburt nach § 4 des Asylbewerberleistungsgesetzes dem Grunde nach besteht.

1 § 5 I enthält eine Auflistung der Tatbestände für **Versicherungspflicht** in der gesetzlichen Krankenversicherung. Die Versicherungspflicht tritt grds kraft Gesetzes ein. VA haben insofern nur feststellenden und nicht konstitutiven Charakter. Die Einbeziehung in die Versicherungspflicht erfolgt jew aufgrund einer von Gesetzgeber typisierend angenommenen Schutzbedürftigkeit ohne Rücksicht auf die individuellen Verhältnisse. Mit der Versicherungspflicht ist regelmäßig die Mitgliedschaft bei einem Träger der gesetzlichen Krankenversicherung – einer Krankenkasse – verbunden. Nach § 10 sind Familienangehörige von Mitgliedern mitversichert, wenn sie die dort genannten Voraussetzungen erfüllen und somit vom Gesetzgeber als schutzwürdig angesehen werden. Versicherte haben Anspruch auf die nach dem SGB V für die dort definierten Versicherungsfälle vorgesehenen Leistungen.

2 Der wichtigste Versicherungspflichttatbestand ist die Beschäftigtenversicherung nach I Nr 1. Die getrennte Erwähnung von Arbeitern und Angestellten hat dabei keine Bedeutung mehr; erfasst werden einheitlich die gegen Arbeitsentgelt Beschäftigten. Es gilt der Beschäftigtenbegriff des § 7 SGB IV. Nach IVa 1 stehen Auszubildende, die iR eines Berufsausbildungsvertrages nach dem BBiG in einer außerbetrieblichen Einrichtung ausgebildet werden, den Beschäftigten zur Berufsausbildung iSd I Nr 1 gleich. IVa 2 und 3 weiten die Gleichstellung mit Beschäftigten auf Teilnehmer an dualen Studiengängen und Teilnehmer

außerschulischer Ausbildungen für den Dienst in religiösen Gemeinschaften aus. Nach V sind hauptberuflich selbstständig erwerbsfähige Personen nicht nach I Nr 1 versicherungspflichtig.

Personen, die Alg bei Arbeitslosigkeit oder bei beruflicher Weiterbildung nach § 136 SGB III beziehen, sind nach I Nr 2 pflichtversichert. Dies gilt auch in den in der Vorschrift aufgeführten Fällen des Ruhens des Anspruchs auf Alg ab Beginn des 2. Monats einer Sperrzeit nach § 159 SGB III oder einer Urlaubsabgeltung nach § 157 II SGB III. Für die jew ersten Monate dieser Ruhenstatbestände erfolgt die Absicherung der arbeitslosen Personen im Krankheitsfall über den Anspruch nach § 19 II auf nachgehende Leistungen aus der gesetzlichen Krankenversicherung für 1 Monat nach dem Ende der Mitgliedschaft oder die dem nachgehenden Anspruch vorrangige Familienversicherung nach § 10. 3

§ 6 Versicherungsfreiheit

(1) Versicherungsfrei sind
1. Arbeiter und Angestellte, deren regelmäßiges Jahresarbeitsentgelt die Jahresarbeitsentgeltgrenze nach den Absätzen 6 oder 7 übersteigt; Zuschläge, die mit Rücksicht auf den Familienstand gezahlt werden, bleiben unberücksichtigt,
1a. nicht-deutsche Besatzungsmitglieder deutscher Seeschiffe, die ihren Wohnsitz oder gewöhnlichen Aufenthalt nicht in einem Mitgliedstaat der Europäischen Union, einem Vertragsstaat des Abkommens über den Europäischen Wirtschaftsraum oder der Schweiz haben,
2. Beamte, Richter, Soldaten auf Zeit sowie Berufssoldaten der Bundeswehr und sonstige Beschäftigte des Bundes, eines Landes, eines Gemeindeverbandes, einer Gemeinde, von öffentlich-rechtlichen Körperschaften, Anstalten, Stiftungen oder Verbänden öffentlich-rechtlicher Körperschaften oder deren Spitzenverbänden, wenn sie nach beamtenrechtlichen Vorschriften oder Grundsätzen bei Krankheit Anspruch auf Fortzahlung der Bezüge und auf Beihilfe oder Heilfürsorge haben,
3. Personen, die während der Dauer ihres Studiums als ordentliche Studierende einer Hochschule oder einer der fachlichen Ausbildung dienenden Schule gegen Arbeitsentgelt beschäftigt sind,
4. Geistliche der als öffentlich-rechtliche Körperschaften anerkannten Religionsgesellschaften, wenn sie nach beamtenrechtlichen Vorschriften oder Grundsätzen bei Krankheit Anspruch auf Fortzahlung der Bezüge und auf Beihilfe haben,
5. Lehrer, die an privaten genehmigten Ersatzschulen hauptamtlich beschäftigt sind, wenn sie nach beamtenrechtlichen Vorschriften oder Grundsätzen bei Krankheit Anspruch auf Fortzahlung der Bezüge und auf Beihilfe haben,
6. die in den Nummern 2, 4 und 5 genannten Personen, wenn ihnen ein Anspruch auf Ruhegehalt oder ähnliche Bezüge zuerkannt ist und sie Anspruch auf Beihilfe im Krankheitsfalle nach beamtenrechtlichen Vorschriften oder Grundsätzen haben,
7. satzungsmäßige Mitglieder geistlicher Genossenschaften, Diakonissen und ähnliche Personen, wenn sie sich aus überwiegend religiösen oder sittlichen Beweggründen mit Krankenpflege, Unterricht oder anderen gemeinnützigen Tätigkeiten beschäftigen und nicht mehr als freien Unterhalt oder ein geringes Entgelt beziehen, das nur zur Beschaffung der unmittelbaren Lebensbedürfnisse an Wohnung, Verpflegung, Kleidung und dergleichen ausreicht,
8. Personen, die nach dem Krankheitsfürsorgesystem der Europäischen Gemeinschaften bei Krankheit geschützt sind.

(2) Nach § 5 Abs. 1 Nr. 11 versicherungspflichtige Hinterbliebene der in Absatz 1 Nr. 2 und 4 bis 6 genannten Personen sind versicherungsfrei, wenn sie ihren Rentenanspruch nur aus der Versicherung dieser Personen ableiten und nach beamtenrechtlichen Vorschriften oder Grundsätzen bei Krankheit Anspruch auf Beihilfe haben.

(3) ¹Die nach Absatz 1 oder anderen gesetzlichen Vorschriften mit Ausnahme von Absatz 2 und § 7 versicherungsfreien oder von der Versicherungspflicht befreiten Personen bleiben auch dann versicherungsfrei, wenn sie eine der in § 5 Abs. 1 Nr. 1 oder Nr. 5 bis 13 genannten Voraussetzungen erfüllen. ²Dies gilt nicht für die in Absatz 1 Nr. 3 genannten Personen, solange sie während ihrer Beschäftigung versicherungsfrei sind.

(3a) ¹Personen, die nach Vollendung des 55. Lebensjahres versicherungspflichtig werden, sind versicherungsfrei, wenn sie in den letzten fünf Jahren vor Eintritt der Versicherungspflicht nicht gesetzlich versichert waren. ²Weitere Voraussetzung ist, dass diese Personen mindestens die Hälfte dieser Zeit versicherungsfrei, von der Versicherungspflicht befreit oder nach § 5 Abs. 5 nicht versicherungspflichtig waren. ³Der Voraussetzung nach Satz 2 stehen die Ehe oder die Lebenspartnerschaft mit einer in Satz 2 genannten Person gleich. ⁴Satz 1 gilt nicht für Personen, die nach § 5 Abs. 1 Nr. 13 versicherungspflichtig sind.

(4) ¹Wird die Jahresarbeitsentgeltgrenze überschritten, endet die Versicherungspflicht mit Ablauf des Kalenderjahres, in dem sie überschritten wird. ²Dies gilt nicht, wenn das Entgelt die vom Beginn des nächsten Kalenderjahres an geltende Jahresarbeitsentgeltgrenze nicht übersteigt. ³Rückwirkende Erhöhungen des Entgelts werden dem Kalenderjahr zugerechnet, in dem der Anspruch auf das erhöhte Entgelt entstanden ist.

(5) (weggefallen)

(6) ¹Die Jahresarbeitsentgeltgrenze nach Absatz 1 Nr. 1 beträgt im Jahr 2003 45.900 Euro. ²Sie ändert sich zum 1. Januar eines jeden Jahres in dem Verhältnis, in dem die Bruttolöhne und -gehälter je Arbeitnehmer (§ 68 Abs. 2 Satz 1 des Sechsten Buches) im vergangenen Kalenderjahr zu den entsprechenden Bruttolöhnen und -gehältern im vorvergangenen Kalenderjahr stehen. ³Die veränderten Beträge werden nur für das Kalenderjahr, für das die Jahresarbeitsentgeltgrenze bestimmt wird, auf das nächsthöhere Vielfache von 450 aufgerundet. ⁴Die Bundesregierung setzt die Jahresarbeitsentgeltgrenze in der Rechtsverordnung nach § 160 des Sechsten Buches Sozialgesetzbuch fest.

(7) ¹Abweichend von Absatz 6 Satz 1 beträgt die Jahresarbeitsentgeltgrenze für Arbeiter und Angestellte, die am 31. Dezember 2002 wegen Überschreitens der an diesem Tag geltenden Jahresarbeitsentgeltgrenze versicherungsfrei und bei einem privaten Krankenversicherungsunternehmen in einer substitutiven Krankenversicherung versichert waren, im Jahre 2003 41.400 Euro. ²Absatz 6 Satz 2 bis 4 gilt entsprechend.

(8) Der Ausgangswert für die Bestimmung der Jahresarbeitsentgeltgrenze für das Jahr 2004 beträgt für die in Absatz 6 genannten Arbeiter und Angestellten 45.594,05 Euro und für die in Absatz 7 genannten Arbeiter und Angestellten 41.034,64 Euro.

(9) (weggefallen)

Übersicht

	Rdn.		Rdn.
A. Allgemeines	1	C. Versicherungsfreiheit für Studenten	
B. Versicherungsfreiheit nach I Nr 1	2	nach I Nr 3	8

1 **A. Allgemeines.** In § 6 ist geregelt, für welche Personenkreise, die an sich nach § 5 kraft G in die gesetzliche Krankenversicherung einbezogen sind, Versicherungsfreiheit gilt.

2 **B. Versicherungsfreiheit nach I Nr 1.** Versicherungsfrei sind Beschäftigte, deren **regelmäßiges Jahresarbeitsentgelt** eine in VI definierte **Jahresarbeitsentgeltgrenze** übersteigt.

3 Relevant ist nur das Arbeitsentgelt iSv § 14 SGB IV. Zuschläge zum Arbeitsentgelt, die (nur) im Hinblick auf den Familienstand gezahlt werden, bleiben außer Betracht. Sonderzahlungen sind zu berücksichtigen, wenn der AN mit diesen bei vorausschauender Betrachtung auch künftig mit hinreichender Sicherheit rechnen kann (BSG 9.2.1993, 12 RK 26/90, SozR 3-2200 § 165 Nr 9). Arbeitsentgelte aus mehreren versicherungspflichtigen Beschäftigungsverhältnissen werden zusammengerechnet. Dies gilt auch für Arbeitsentgelte aus Beschäftigungen, die wegen Geringfügigkeit nach § 8 SGB IV beitragsfrei bleiben. Einkünfte des AN, die nicht aus einer Beschäftigung stammen, sind nicht zu berücksichtigen.

4 In VI wird die Bestimmung der für die Versicherungsfreiheit nach I 1 relevanten **allg Jahresarbeitsentgeltgrenze** geregelt. Dabei ging der Gesetzgeber von einem Wert für das Jahr 2003 von 45.900 € aus. Die Jahresarbeitsentgeltgrenze wird zum Anfang eines jeden Jahres neu von der BReg durch RechtsVO festgesetzt (dynamisiert), wobei die durchschnittliche Entwicklung der Bruttoentgelte aller versicherungspflichtigen AN im Vorjahr berücksichtigt wird. Aus Gründen des Vertrauensschutzes ist nach VII für AN, die am 31.12.2002 wegen Überschreitens der an diesem Tag geltenden Jahresarbeitsentgeltgrenze versicherungsfrei und bei einem privaten Krankenversicherungsunternehmen in einer substitutiven Krankenversicherung versichert waren, eine **bes Jahresarbeitsentgeltgrenze** maßgeblich. Für das Jahr 2003 galt hier ein niedrigerer Ausgangswert von 41.400 €. Die jährliche Dynamisierung erfolgt ausgehend von dieser Grundlage nach den gleichen Regeln wie bei der allg Jahresarbeitsentgeltgrenze.

5 Die Versicherungsfreiheit tritt nach IV 1 mit Ablauf des Kalenderjahres ein, in dem das Jahresarbeitsentgelt die Jahresarbeitsentgeltgrenze überschreitet. Die vorher geltende, im Jahr 2007 eingeführte Regelung, wonach die Versicherungspflicht erst mit Ablauf des 3. Kalenderjahres endete, wenn das regelmäßige Jahresarbeitsentgelt die Jahresarbeitsentgeltgrenze in 3 aufeinanderfolgenden Kalenderjahren überschritten hatte, ist mit Wirkung zum 31.12.2010 durch Art 15 V des GKV-Finanzierungsgesetzes v 22.12.2010 (BGBl I S 2309) aufgehoben worden. Nach IV 2 tritt die Versicherungsfreiheit aber nicht ein, wenn das Entgelt die vom Beginn des nächsten Kalenderjahres an geltende Jahresarbeitsentgeltgrenze nicht übersteigt. Hierfür ist eine vorausschauende Betrachtung erforderlich, ob das zu erwartende Jahresarbeitsentgelt die neue Jahresarbeitsentgeltgrenze überschreiten wird.

Tritt Versicherungsfreiheit nach I Nr 1 ein, so muss der AN entscheiden, ob er seine Mitgliedschaft in der gesetzlichen Krankenversicherung als freiwillige fortsetzt oder ob er sich privat absichert. In letzterem Fall ist ein ausdrücklicher **Austritt** erforderlich, der nach § 188 IV spätestens innerhalb von 2 Wochen nach einem von der gesetzlichen Krankenkasse zu gebenden Hinweis über die Austrittsmöglichkeit zu erklären ist. Die **freiwillige Mitgliedschaft** bei der gesetzlichen Krankenkasse kommt insb dann in Betracht, wenn gesundheitliche Risiken vorliegen, die eine Aufnahme bei einer privaten Krankenversicherung erschweren oder wenn die Vorteile der Familienversicherung (kostenlose Mitversicherung des Ehepartners und der Kinder) in Anspruch genommen werden können.

Wird ein AN alleine deshalb wieder versicherungspflichtig, weil die ab Beginn des neuen Jahres geltende Jahresarbeitsentgeltgrenze angehoben wurde, sein Arbeitsentgelt aber nicht entspr erhöht worden ist, hat er die Möglichkeit, sich nach § 8 I Nr 1 auf Antrag von der Versicherungspflicht **befreien** zu lassen.

C. Versicherungsfreiheit für Studenten nach I Nr 3. Für Studenten, die an staatlichen oder staatlich anerkannten Hochschulen eingeschrieben sind, besteht Versicherungspflicht in der gesetzlichen Krankenversicherung nach § 5 I Nr 9. Üben ordentliche Studenten einer Hochschule oder einer der fachlichen Ausbildung dienenden Schule neben ihrem Studium eine eigentlich die Versicherungspflicht nach § 5 I Nr 1 begründende, nicht nur geringfügige Beschäftigung aus, bleiben sie als Beschäftigte versicherungsfrei. Das aufgrund der Beschäftigung erzielte Arbeitsentgelt ist also nicht beitragspflichtig. Diese als **Werkstudentenprivileg** bezeichnete Versicherungsfreiheit gilt nicht nur in der gesetzlichen Krankenversicherung und der sozialen Pflegeversicherung, sondern auch im Bereich des Arbeitsförderungsrechts (§ 27 IV Nr 2 SGB III). Die Versicherungsfreiheit besteht nur, soweit der eingeschriebene Student die entgeltliche Beschäftigung **neben** seinem Studium ausübt. Das **Studium muss die Hauptsache sein** und bleiben. Wird die Beschäftigung (nur) während der Semesterferien ausgeübt, ist davon auszugehen, dass dies der Fall ist. Wenn die Erwerbstätigkeit auch während der Vorlesungszeit ausgeübt wird und durchschnittlichen 20 Wochenstunden überschreitet, beansprucht dies den Studenten idR so stark, dass die Beschäftigung sein Erscheinungsbild prägt und nicht mehr davon ausgegangen werden kann, dass das Studium die Hauptsache ist (BSG 23.2.1988, 12 RK 36/87, SozR 2200 § 172 Nr 20). Es gibt aber **keine feste Zeitgrenze**. Wenn die Gesamtdauer der Erwerbstätigkeit unter dem für ein ordnungsgem Studium erforderlichen Zeitaufwand liegt und die Erwerbstätigkeit zeitlich an die Notwendigkeiten des Studiums angepasst ist (also vorwiegend am Wochenende, in den Abend- und Nachtstunden oder in der vorlesungsfreien Zeit ausgeübt wird), kann Versicherungsfreiheit auch bei einer Tätigkeit mit einem zeitlichen Umfang von mehr als 20 Stunden in der Woche vorliegen (BSG 11.11.2003, B 12 KR 24/03 R, SozR 4-2500 § 6 Nr 3). Es obliegt dann aber dem Studenten nachzuweisen, dass ein ordnungsgem Studium noch möglich ist und von ihm auch absolviert wird. Keine Versicherungsfreiheit besteht, wenn das Studium für längere Zeit überhaupt nicht fortgeführt wird und in dieser Zeit ausschließlich eine Beschäftigung gegen Entgelt ausgeübt wird.

§ 44 Krankengeld

(1) Versicherte haben Anspruch auf Krankengeld, wenn die Krankheit sie arbeitsunfähig macht oder sie auf Kosten der Krankenkasse stationär in einem Krankenhaus, einer Vorsorge- oder Rehabilitationseinrichtung (§ 23 Abs. 4, §§ 24, 40 Abs. 2 und § 41) behandelt werden.

(2) ¹Keinen Anspruch auf Krankengeld haben
1. die nach § 5 Abs. 1 Nr. 2a, 5, 6, 9, 10 oder 13 sowie die nach § 10 Versicherten; dies gilt nicht für die nach § 5 Abs. 1 Nr. 6 Versicherten, wenn sie Anspruch auf Übergangsgeld haben, und für Versicherte nach § 5 Abs. 1 Nr. 13, soweit sie abhängig beschäftigt und nicht nach den §§ 8 und 8a des Vierten Buches geringfügig beschäftigt sind,
2. hauptberuflich selbständig Erwerbstätige, es sein denn, das Mitglied erklärt gegenüber der Krankenkasse, dass die Mitgliedschaft den Anspruch auf Krankengeld umfassen soll (Wahlerklärung),
3. Versicherte nach § 5 Abs. 1 Nr. 1, die bei Arbeitsunfähigkeit nicht mindestens sechs Wochen Anspruch auf Fortzahlung des Arbeitsentgelts aufgrund des Entgeltfortzahlungsgesetzes, eines Tarifvertrags, einer Betriebsvereinbarung oder anderer vertraglicher Zusagen oder auf Zahlung einer die Versicherungspflicht begründenden Sozialleistung haben, es sei denn, das Mitglied gibt eine Wahlerklärung ab, dass die Mitgliedschaft den Anspruch auf Krankengeld umfassen soll. ²Dies gilt nicht für Versicherte, die nach § 10 des Entgeltfortzahlungsgesetzes Anspruch auf Zahlung eines Zuschlags zum Arbeitsentgelt haben,
4. Versicherte, die eine Rente aus einer öffentlich-rechtlichen Versicherungseinrichtung oder Versorgungseinrichtung ihrer Berufsgruppe oder von anderen vergleichbaren Stellen beziehen, die ihrer Art

nach den in § 50 Abs. 1 genannten Leistungen entspricht. ²Für Versicherte nach Satz 1 Nr. 4 gilt § 50 Abs. 2 entsprechend, soweit sie eine Leistung beziehen, die ihrer Art nach den in dieser Vorschrift aufgeführten Leistungen entspricht.
²Für die Wahlerklärung nach Satz 1 Nummer 2 und 3 gilt § 53 Abs. 8 Satz 1 entsprechend. ³Für die nach Nummer 2 und 3 aufgeführten Versicherten bleibt § 53 Abs. 6 unberührt.
(3) Der Anspruch auf Fortzahlung des Arbeitsentgelts bei Arbeitsunfähigkeit richtet sich nach arbeitsrechtlichen Vorschriften.

Übersicht	Rdn.		Rdn.
A. Allgemeines	1	D. Höhe und Berechnung des Krankengeldes	5
B. Begriff der Arbeitsunfähigkeit	3		
C. Entstehen des Anspruchs auf Krankengeld	4	E. Dauer des Krankengeldanspruchs	8

1 **A. Allgemeines.** Das iR der gesetzlichen Krankenversicherung zu gewährende Krankengeld hat für AN die Funktion, aufgrund von Krankheit ausgefallenes Arbeitsentgelt zu ersetzen. Voraussetzung für den Krankengeldanspruch ist eine **Versicherung** in der gesetzlichen Krankenversicherung **mit Krankengeldanspruch**. Eine solche liegt bei den nach § 5 I Nr 1 pflichtversicherten Beschäftigten und auch bei den nach § 5 I Nr 2 pflichtversicherten Beziehern von Alg vor. Ausgeschlossen ist ein Krankengeldanspruch aber nach II 1 für die nach § 5 I Nr 2a pflichtversicherten Bezieher von Alg II; diese erhalten weiter die Grundsicherung nach dem SGB II, solang sie noch erwerbsfähig iSd § 8 SGB II sind. Für freiwillige Versicherte kann die Krankenkasse den Anspruch auf Krankengeld in ihrer Satzung ausschließen oder zu einem späteren Zeitpunkt entstehen lassen. Davon können auch die AN erfasst werden, die wegen des Überschreitens der Jahresarbeitsentgeltgrenze nach § 6 Nr 1 versicherungsfrei geworden sind und ihre Mitgliedschaft als freiwillige fortsetzen. Dieser Personenkreis ist aber typischerweise auf Krankengeld angewiesen und von der Regelung in II praktisch nicht betroffen. AN, deren Mitgliedschaft in der gesetzlichen Krankenversicherung während eines rechtmäßigen Arbeitskampfs nach § 192 I Nr 1 erhalten bleibt, haben während dieser Zeit keinen Krankengeldanspruch. Grundsätzlich kann aber während der Zeit von bis zu 1 Monat, in der eine versicherungspflichtige Beschäftigung gegen Entgelt nach § 7 III 1 SGB IV als fortbestehend gilt, obwohl tatsächlich kein Anspruch auf Arbeitsentgelt besteht, ein Krankengeldanspruch entstehen.

2 Der Krankengeldanspruch setzt grds voraus, dass der **Versicherungsfall während einer Mitgliedschaft als Versicherter mit Krankengeldanspruch** eintritt. Die Mitgliedschaft bleibt dann für die Dauer des Anspruchs auf Krankengeld nach § 192 I Nr 2 erhalten. Dies gilt auch dann, wenn das einer Mitgliedschaft als Beschäftigter nach § 5 I 1 zugrunde liegende Arbeitsverhältnis beendet wird. Der Krankengeldanspruch kann aber auch noch aufgrund des Auftretens einer Arbeitsunfähigkeit während des einen Monats nach dem Ende der Mitgliedschaft entstehen, während dessen nach § 19 II 1 sog **nachgehende Leistungsansprüche bestehen**. Der Krankengeldanspruch endet dann nach Ablauf dieses Monats. Allerdings hat eine Familienversicherung nach § 10 gem § 19 II 2 Vorrang vor dem Leistungsanspruch nach § 19 II 1. Weil nach § 10 versicherte Personen gem II Nr 1 keinen Anspruch auf Krankengeld haben, scheidet der Anspruch dann aus. Dass ein Anspruch auf Krankengeld nach § 19 II 1 auch im Hinblick auf eine an die Mitgliedschaft nach § 5 I Nr 1 anschließende Mitgliedschaft aufgrund einer Pflichtversicherung nach § 5 I Nr 13 ausscheidet (so LSG NRW 5.5.2011, L 5 KR 402/10) gilt nach § 5 VIIIa nur in den Fällen, in denen im Anschluss an den Monat nach Ende der Pflichtversicherung kein anderweitiger Anspruch auf Absicherung im Krankheitsfalle besteht. Denn kürzere Zeiten ohne Pflichtversicherung soll gerade der Anspruch aus § 19 II 1 überbrücken, sodass die »Auffang-Versicherung« nach § 5 I 13 nicht eingreift.

3 **B. Begriff der Arbeitsunfähigkeit.** Maßstab für die **Arbeitsunfähigkeit** ist grds die zuletzt **auf dem konkreten Arbeitsplatz ausgeübte Tätigkeit**. Kann der AN aus gesundheitlichen Gründen diese Tätigkeit nicht mehr oder nur auf die Gefahr, seinen Zustand zu verschlimmern, ausüben, ist er arbeitsunfähig iSd § 44. Solange das Arbeitsverhältnis noch fortbesteht, kommt die Verweisung auf eine Tätigkeit bei einem anderen AG nicht in Betracht. Ein Verweisung auf einen anderer Arbeitsplatz bei dem bisherigen AG, der trotz der gesundheitlichen Einschränkungen ausgeübt werden kann, kommt ohne Einverständnis des AN nur in Betracht, wenn dies arbeitsvertraglich iR des Direktionsrechts zulässig ist (BSG 7.8.1991, 1/3 RK 28/89, SozR 3-2200 § 182 Nr 9). Wenn der AN während der Arbeitsunfähigkeit die zuletzt innegehabte Arbeitsstelle aufgibt oder verliert, kann er auf **gleich oder ähnlich gelagerte Tätigkeiten** verwiesen werden (BSG 14.2.2001, B 1 KR 30/00 R, SozR 3-2500 § 44 Nr 9). War der AN aber bei Eintritt der Arbeitsunfähigkeit bereits arbeitslos, gilt nach der Rspr des BSG auch in den ersten 6 Monaten der Arbeitslosigkeit

kein bes Berufsschutz im Hinblick auf einen vor Eintritt der Arbeitslosigkeit ausgeübten Beruf. Bei dem Krankengeldanspruch für nach § 5 I Nr 2 pflichtversicherte Arbeitslose liegt krankheitsbedingte Arbeitsunfähigkeit dann vor, wenn der Arbeitslose nicht (mehr) in der Lage ist, auch leichte Arbeiten in einem Umfang zu verrichten, für den er sich der Arbeitsvermittlung zur Verfügung gestellt hat (BSG 4.4.2006, B 1 KR 21/05 R, SozR 4-2500 § 44 Nr 9). Dieser Maßstab gilt auch dann, wenn ein AN nach Eintritt der Arbeitsunfähigkeit innerhalb eines 3-Jahreszeitraums die höchstmögliche Bezugsdauer von Krankengeld wegen derselben Krankheit von 78 Wochen ausgeschöpft hat, dann zwischenzeitlich der Arbeitsvermittlung mit einem Restleistungsvermögen für leichte Arbeiten zur Verfügung gestanden hat und nach Beginn eines neuen 3-Jahreszeitraums gem § 48 II wegen erneuter Arbeitsunfähigkeit Krankengeld beantragt (BSG 8.2.2000, B 1 KR 11/99 R, SozR 3-2500 § 49 Nr 4). Während einer stufenweisen Wiedereingliederung des AN nach § 74 besteht weiter Arbeitsunfähigkeit iSv 1; der Anspruch auf Krankengeld ruht aber nach § 49 I 1, soweit Arbeitsentgelt gezahlt wird.

C. Entstehen des Anspruchs auf Krankengeld. Der Anspruch auf Krankengeld entsteht nach § 46 S 1 bei (1.) Krankenhausbehandlung oder Behandlung in einer Vorsorge- oder Rehabilitationseinrichtung von ihrem Beginn an, und (2.) iÜ von dem Tag an, der auf den Tag **der ärztlichen Feststellung** der Arbeitsunfähigkeit folgt. Die Krankenkasse ist an die ärztliche Feststellung der Arbeitsunfähigkeit **nicht gebunden.** Wenn begründete Zweifel bestehen, **muss** sie nach § 275 I Nr 3 eine Stellungnahme des Medizinischen Dienstes der Krankenversicherung einholen.

D. Höhe und Berechnung des Krankengeldes. Das Krankengeld beträgt nach § 47 I 1 70 % des vom AN erzielten regelmäßigen Arbeitsentgelts, soweit es der Beitragsberechnung unterliegt (**Regelentgelt**). Nach § 47 I 2 darf das Krankengeld 90 % des Nettoarbeitsentgelts nicht übersteigen. Zuschläge für Mehrarbeit- und Überstunden können nur dann als Arbeitsentgelt berücksichtigt werden, wenn sie regelmäßig über einen Zeitraum von wenigstens 3 Monaten gezahlt worden sind und deshalb vom AN auch zukünftig als fester Bestandteil des Entgelts eingeplant werden konnten (vgl BSG 28.11.1979, 3 RK 103/78, SozR 2200 § 182 Nr 59). Das Krankengeld wird für den Kalendertag berechnet und bezahlt. Ist es für den ganzen Monat zu zahlen, ist dieser mit 30 Tagen anzusetzen.

Für die **Berechnung des (kalendertäglichen) Regelentgelts** nach § 47 II ist zunächst das von dem Versicherten im letzten vor Beginn der Arbeitsunfähigkeit abgerechneten Entgeltabrechnungszeitraum erzielte und um einmalig gezahltes Arbeitsentgelt verminderte Arbeitsentgelt zu ermitteln. Dabei ist ein **Bemessungszeitraum** zu berücksichtigen, der mind die letzten abgerechneten 4 Wochen umfasst. Das so ermittelte Arbeitsentgelt ist durch die Zahl der Stunden zu teilen, für die es gezahlt wurde (§ 47 II 1). Die sich ergebende Summe ist dann mit der Zahl der nach dem Inhalt des Arbeitsvertrages regelmäßig in der Woche zu leistenden Arbeitsstunden zu multiplizieren und durch 7 zu teilen (§ 47 II 2). Ist das Arbeitsentgelt nach Monaten bemessen oder ist eine Berechnung nach § 47 II 1 und 2 nicht möglich, gilt nach S 3 der 30ste Teil des im letzten vor Beginn der Arbeitsunfähigkeit abgerechneten Kalendermonat erzielten und um einmalig gezahltes Arbeitsentgelt verminderten Arbeitsentgelts als Regelentgelt. Einmalig gezahltes Arbeitsentgelt wird gem § 47 II 6 berücksichtigt, indem der 360igste Teil der in den letzten 12 Kalendermonaten vor Beginn der Arbeitsunfähigkeit der Betragsberechnung zugrunde gelegte **Einmalzahlungen** dem Regelentgelt hinzugerechnet wird. Bei der Berechnung des Regelentgelts und des Nettoentgelts sind nach § 47 I 8 die für die jeweilige Beitragsbemessung und Beitragstragung geltenden Besonderheiten der **Gleitzone** nach § 20 II SGB IV nicht zu berücksichtigen. Dies bedeutet, dass das volle tatsächliche Arbeitsentgelt der Krankengeldberechnung zugrunde zu legen ist.

Arbeitslose AN, die vor dem Eintritt der Arbeitslosigkeit Alg bezogen haben, erhalten nach § 47b I Krankengeld iH des zuletzt bezogenen Alg.

E. Dauer des Krankengeldanspruchs. Vom Grds her wird Krankengeld nach § 48 I 1 Hs 1 ohne zeitliche Begrenzung gewährt. Dieser Grds ist aber praktisch stark eingeschränkt. Wegen **derselben Krankheit** wird Krankengeld innerhalb eines vom Tage der Arbeitsunfähigkeit an gerechneten 3-Jahreszeitraums (sog Blockfrist) **für längstens 78 Wochen** gewährt. Dabei ist nicht erforderlich, dass die durch die Krankheit verursachte Arbeitsunfähigkeit innerhalb der Blockfrist während eines zusammenhängenden Zeitraums vorliegt. Entscheidend ist, dass auch bei zwischenzeitlichen Unterbrechungen die Arbeitsunfähigkeit auf derselben Krankheit beruht. Um dieselbe Krankheit handelt es sich, wenn der Arbeitsunfähigkeit ein im ursächlichen Sinne einheitliches Krankheitsgeschehen zugrunde liegt. Art und Ausprägung der fortlaufend oder mit Unterbrechungen zur Arbeitsunfähigkeit führenden Krankheitserscheinungen können unterschiedlich sein; entscheidend ist, dass sie auf dasselbe, medizinisch nicht ausgeheilte Grundleiden zurückzuführen sind (BSG 29.9.1998, B 1 KR 2/97 R, SozR 3-2500 § 48 Nr 8). Tritt während der Arbeitsunfähigkeit eine weitere Krankheit **hinzu**, die für sich alleine betrachtet ebenfalls Arbeitsunfähigkeit verursachen würde, führt dies nach § 48 I 2 nicht zur Verlängerung der Leistungsdauer von längstens insgesamt 78 Wochen. Wenn die weitere Krankheit erst nach Beendigung der Arbeitsunfähigkeit auftritt (also nicht hinzutritt), kann aufgrund der durch diese Krankheit verursachten Arbeitsunfähigkeit innerhalb eines dann neu beginnenden 3-Jahreszeitraums wieder für 78 Wochen Krankengeld bezogen werden.

9 Ein **Wiederaufleben des Krankengeldanspruchs** für dieselbe Krankheit nach Ablaufen der Blockfrist innerhalb einer **neuen Blockfrist** wird nach § 48 II an strenge Voraussetzungen geknüpft. Grundvoraussetzung ist, dass der AN auch bei Eintritt der erneuten Arbeitsunfähigkeit in der neuen Blockfrist mit Anspruch auf Krankengeld versichert ist. Weiter ist erforderlich, dass in der Zwischenzeit für mind 6 Monate keine Arbeitsunfähigkeit wegen dieser Krankheit vorlag und dass der AN während dieser Unterbrechungszeit erwerbstätig war oder der Arbeitsvermittlung zur Verfügung stand.

§ 45 Krankengeld bei Erkrankung des Kindes

(1) ¹Versicherte haben Anspruch auf Krankengeld, wenn es nach ärztlichem Zeugnis erforderlich ist, dass sie zur Beaufsichtigung, Betreuung oder Pflege ihres erkrankten und versicherten Kindes der Arbeit fernbleiben, eine andere in ihrem Haushalt lebende Person das Kind nicht beaufsichtigen, betreuen oder pflegen kann und das Kind das zwölfte Lebensjahr noch nicht vollendet hat oder behindert und auf Hilfe angewiesen ist. ²§ 10 Abs. 4 und § 44 Abs. 2 gelten.
(2) ¹Anspruch auf Krankengeld nach Absatz 1 besteht in jedem Kalenderjahr für jedes Kind längstens für 10 Arbeitstage, für alleinerziehende Versicherte längstens für 20 Arbeitstage. ²Der Anspruch nach Satz 1 besteht für Versicherte für nicht mehr als 25 Arbeitstage, für alleinerziehende Versicherte für nicht mehr als 50 Arbeitstage je Kalenderjahr.
(3) ¹Versicherte mit Anspruch auf Krankengeld nach Absatz 1 haben für die Dauer dieses Anspruchs gegen ihren Arbeitgeber Anspruch auf unbezahlte Freistellung von der Arbeitsleistung, soweit nicht aus dem gleichen Grund Anspruch auf bezahlte Freistellung besteht. ²Wird der Freistellungsanspruch nach Satz 1 geltend gemacht, bevor die Krankenkasse ihre Leistungsverpflichtung nach Absatz 1 anerkannt hat, und sind die Voraussetzungen dafür nicht erfüllt, ist der Arbeitgeber berechtigt, die gewährte Freistellung von der Arbeitsleistung auf einen späteren Freistellungsanspruch zur Beaufsichtigung, Betreuung oder Pflege eines erkrankten Kindes anzurechnen. ³Der Freistellungsanspruch nach Satz 1 kann nicht durch Vertrag ausgeschlossen oder beschränkt werden.
(4) ¹Versicherte haben ferner Anspruch auf Krankengeld, wenn sie zur Beaufsichtigung, Betreuung oder Pflege ihres erkrankten und versicherten Kindes der Arbeit fernbleiben, sofern das Kind das zwölfte Lebensjahr noch nicht vollendet hat oder behindert und auf Hilfe angewiesen ist und nach ärztlichem Zeugnis an einer Erkrankung leidet,
a) die progredient verläuft und bereits ein weit fortgeschrittenes Stadium erreicht hat,
b) bei der eine Heilung ausgeschlossen und eine palliativmedizinische Behandlung notwendig oder von einem Elternteil erwünscht ist und
c) die lediglich eine begrenzte Lebenserwartung von Wochen oder wenigen Monaten erwarten lässt.
²Der Anspruch besteht nur für ein Elternteil. ³Absatz 1 Satz 2 und Absatz 3 gelten entsprechend.
(5) Anspruch auf unbezahlte Freistellung nach den Absätzen 3 und 4 haben auch Arbeitnehmer, die nicht Versicherte mit Anspruch auf Krankengeld nach Absatz 1 sind.

Übersicht	Rdn.		Rdn.
A. Regelungsinhalt	1	B. Anspruchsvoraussetzungen	2

1 **A. Regelungsinhalt.** § 45 regelt einen **bes sozialrechtlichen Anspruch** auf Krankengeld bei Erkrankung eines Kindes. Durch den Krankengeldanspruch soll ausgefallenes Arbeitsentgelt ersetzt werden. Für arbeitsfreie Tage kann deshalb kein Anspruch nach § 45 bestehen. Daneben wird in III **ein arbeitsrechtlicher Anspruch** auf unbezahlte Freistellung des AN von Arbeit durch den AG für die Dauer des sozialrechtlichen Krankengeldanspruchs begründet. Dieser Anspruch wird in V auch nicht in der gesetzlichen Krankenversicherung versicherten AN eingeräumt.

2 **B. Anspruchsvoraussetzungen.** Anspruch auf das Krankengeld bei Erkrankung eines Kindes können nur in der gesetzlichen Krankenversicherung **versicherte Personen** haben. Wobei Versicherte, die nach § 44 I 2 vom Anspruch auf Krankengeld ausgeschlossen sind, auch keinen Anspruch nach § 45 haben. Das erkrankte Kind selbst muss ebenfalls in der gesetzlichen Krankenversicherung versichert sein. Regelmäßig wird hier

nur die Familienversicherung nach § 10 in Betracht kommen. Aus der Verweisung in I 2 auf § 10 IV ergibt sich, dass neben den leiblichen Kindern des Versicherten auch Stiefkinder und Enkel, die der Versicherte überwiegend unterhält, und Pflegekinder iSv § 56 II Nr 2 SGB I (Personen, die mit dem Berechtigten durch ein auf längere Dauer angelegtes Pflegeverhältnis mit häuslicher Gemeinschaft wie Kinder mit Eltern verbunden sind) erfasst werden. Das Kind muss in den **Haushalt** des Versicherten aufgenommen worden sein und dort leben. Weiter ist erforderlich, dass es das 12. Lebensjahr noch nicht vollendet hat oder behindert und (deshalb auch unabhängig von der Erkrankung) auf Hilfe angewiesen ist. Behindert sind Menschen nach der Definition in § 2 I 1 SGB IX, wenn ihre körperliche Funktion, geistige Fähigkeit oder seelische Gesundheit mit hoher Wahrscheinlichkeit länger als 6 Monate von dem für das Lebensalter typischen Zustand abweicht und daher ihre Teilhabe am Leben in der Gesellschaft beeinträchtigt ist.

Die Beaufsichtigung, Betreuung oder Pflege des Kindes muss aufgrund von Krankheit erforderlich sein. 3
Eine **wesentliche Mitverursachung** reicht, gerade bei behinderten Kindern, die sowieso auf Hilfe angewiesen sind, aus. Es darf keine andere im Haushalt lebende Person für die Beaufsichtigung, Betreuung oder Pflege zur Verfügung stehen. Lebt im Haushalt noch eine andere Person, muss ihr die Beaufsichtigung, Betreuung oder Pflege des Kindes auch bei Beachtung ihrer berechtigten Interessen zumutbar sein. Das Vorliegen einer Erkrankung des Kindes und die hierdurch medizinisch bedingte Notwendigkeit von Beaufsichtigung, Betreuung oder Pflege muss durch ein **ärztliches Zeugnis** bestätigt werden. Die Krankenkasse ist an dieses ärztliche Zeugnis nicht gebunden und kann beim Vorliegen berechtigter Zweifel eine Beurteilung des Medizinischen Dienstes der Krankenversicherung einholen.

Anspruch auf Krankengeld nach I besteht gem II 1 in jedem Kalenderjahr für jedes Kind und jeden ver- 4
sicherten Elternteil längstens für **10 Arbeitstage**. Für alleinerziehende Versicherte besteht der Anspruch längstens für **20 Arbeitstage**. Daneben gelten noch nach II 2 auf den jew die Leistung in Anspruch nehmenden Versicherten bezogene **Höchstgrenzen von 25 Arbeitstagen bzw 50 Arbeitstagen** für Alleinerziehende je Kalenderjahr. Diese Höchstgrenzen sind von der Zahl der Kinder unabhängig. Es zählen die Tage, an denen ansonsten gearbeitet werden müsste, sodass je nach Art und Ausgestaltung der Arbeit auch Sonn- und Feiertage zu berücksichtigen sind. Die Möglichkeit der Übertragung von Ansprüchen zwischen versicherten Ehegatten ist im G nicht vorgesehen. Gleichwohl wird dies in der Praxis von den Krankenkassen akzeptiert. In solchen Fällen hängt die arbeitsrechtliche Freistellung aber vom Entgegenkommen des AG ab; ein rechtlich durchsetzbarer Freistellungsanspruch besteht nicht mehr, wenn der betreffende Versicherte den sich für ihn ergebenden höchstmöglichen Krankengeldanspruch ausgeschöpft hat.

IV begründet in den Fällen **schwerster und unheilbarer Erkrankung**, die nur noch eine begrenzte Lebens- 5
dauer des Kindes von Wochen oder wenigen Monaten erwarten lässt, einen eigenständigen Anspruch auf Krankengeld für die gesamte Zeit der erforderlichen Beaufsichtigung, Betreuung oder Pflege. Hier muss das Kind nicht notwendig im Haushalt des Versicherten wohnen und betreut werden. Der Anspruch kann auch bestehen, wenn sich das Kind in einem Hospiz oder Krankenhaus befindet.

Bei § 45 III handelt es sich um eine **ergänzende arbeitsrechtliche Regelung**, ohne die der sozialrechtliche 6
Krankengeldanspruch in Leere laufen würde. Der sozialrechtliche und der arbeitsrechtliche Anspruch sind miteinander verknüpft. Hat der AN einen arbeitsrechtlichen Anspruch auf bezahlte Freistellung, kann er diesen vorrangig in Anspruch nehmen. Der Freistellungsanspruch nach III ist nach Art und Umfang nicht abdingbar. V erweitert den Kreis der arbeitsrechtlich Freistellungsberechtigten auf AN, die nicht Versicherte mit Anspruch auf Krankengeld nach I sind. Dass ist so zu verstehen, dass diese AN einen Anspruch auf unbezahlte Freistellung haben, sofern sie die tatbestandlichen Voraussetzungen für den Anspruch auf Krankengeld bei Erkrankung des Kindes erfüllen, auch wenn die sozialrechtliche Leistung ihnen nicht zusteht. Erfasst werden von der Regelung nach § 6 I Nr 1 versicherungsfreie AN, die Mitglied einer privaten Krankenversicherung sind.

§ 49 Ruhen des Krankengeldes

(1) Der Anspruch auf Krankengeld ruht,
1. soweit und solange Versicherte beitragspflichtiges Arbeitsentgelt oder Arbeitseinkommen erhalten; dies gilt nicht für einmalig gezahltes Arbeitsentgelt;
2. solange Versicherte Elternzeit nach dem Bundeselterngeld- und Elternzeitgesetz in Anspruch nehmen; dies gilt nicht, wenn die Arbeitsunfähigkeit vor Beginn der Elternzeit eingetreten ist oder das Krankengeld aus dem Arbeitsentgelt zu berechnen ist, das aus einer versicherungspflichtigen Beschäftigung während der Elternzeit erzielt worden ist,

§ 49 SGB V Ruhen des Krankengeldes

3. soweit und solange Versicherte Versorgungskrankengeld, Übergangsgeld, Unterhaltsgeld oder Kurzarbeitergeld beziehen, solange Versicherte Mutterschaftsgeld oder Arbeitslosengeld beziehen oder der Anspruch wegen einer Sperrzeit nach dem Dritten Buch ruht,
4. soweit und solange Versicherte Entgeltersatzleistungen, die ihrer Art nach den in Nummer 3 genannten Leistungen vergleichbar sind, von einem Träger der Sozialversicherung oder einer staatlichen Stelle im Ausland erhalten,
5. solange die Arbeitsunfähigkeit der Krankenkasse nicht gemeldet wird; dies gilt nicht, wenn die Meldung innerhalb einer Woche nach Beginn der Arbeitsunfähigkeit erfolgt,
6. soweit und solange für Zeiten einer Freistellung von der Arbeitsleistung (§ 7 Abs. 1a SGB IV) eine Arbeitsleistung nicht geschuldet wird.
7. während der ersten sechs Wochen der Arbeitsunfähigkeit für Versicherte, die eine Wahlerklärung nach § 44 Absatz 2 Satz 1 Nummer 3 abgegeben haben.

(2) (weggefallen)
(3) Auf Grund gesetzlicher Bestimmungen gesenkte Entgelt- oder Entgeltersatzleistungen dürfen bei der Anwendung des Absatzes 1 nicht aufgestockt werden.
(4) Erbringt ein anderer Träger der Sozialversicherung bei ambulanter Ausführung von Leistungen zur medizinischen Rehabilitation Verletztengeld, Versorgungskrankengeld oder Übergangsgeld, werden diesem Träger auf Verlangen seine Aufwendungen für diese Leistungen im Rahmen der nach § 13 Abs. 2 Nr 7 des Neunten Buches vereinbarten gemeinsamen Empfehlungen erstattet.

Übersicht	Rdn.		Rdn.
A. Regelungsinhalt und Rechtsfolge	1	D. Ruhen wegen unterlassener Meldung der Arbeitsunfähigkeit	7
B. Ruhen bei Bezug von Arbeitsentgelt	3		
C. Ruhen bei Bezug von Mutterschaftsgeld oder Alg oder Ruhen des Alg-Anspruchs wegen einer Sperrzeit	6	E. Ruhen bei Freistellung von der Arbeitsleistung nach § 7 Ia SGB IV	8

1 **A. Regelungsinhalt und Rechtsfolge.** Das Krankengeld soll dem AN infolge von Krankheit ausgefallenes Arbeitsentgelt ersetzen. Wenn kein Arbeitsentgeltausfall eintritt, der AN sowieso kein Arbeitsentgelt erhalten hätte oder der Ausfall schon durch andere Leistungen kompensiert wird, besteht kein Anlass für die Leistung von Krankengeld. Diese Fälle sollen von § 49 erfasst werden.

2 Die **Rechtsfolge** des Ruhens bedeutet, dass der Anspruch zwar entsteht, wegen des Ruhens aber keine Leistung erfolgt. Für das Krankengeld ist in § 48 III 1 angeordnet, dass Zeiten, in denen der Anspruch auf Krankengeld ruht, bei der Feststellung der Leistungsdauer wie Zeiten des Bezugs von Krankengeld berücksichtigt werden. Dies bedeutet, dass die Tage des Ruhens die Anspruchsdauer auf Krankengeld wegen derselben Krankheit (s § 44 Rdn 8 f) **mindern**.

3 **B. Ruhen bei Bezug von Arbeitsentgelt.** Das Krankengeld ruht, soweit ein AN trotz des Ausfalls der Arbeitsleistung wegen Erkrankung **beitragspflichtiges Arbeitsentgelt** erhält. Dies betrifft hauptsächlich die Fälle der Entgeltfortzahlung im Krankheitsfall. Zum Arbeitsentgelt zählen aber auch während der Krankheitszeit gewährte vermögenswirksame Leistungen, die zum teilw Ruhen des Krankengeldanspruchs führen. Eine Urlaubsabgeltung ist kein Arbeitsentgelt iSv § 49 I Nr 1 (BSG 20.3.1984, 8 RK 4/83, SozR 2200 § 189). Nicht zum beitragspflichtigen Arbeitsentgelt zählen nach § 23c SGB IV **Zuschüsse des AG** zum Krankengeld, soweit sie zusammen mit dem Krankengeld nicht das Nettoarbeitsentgelt übersteigen. Solche Zuschüsse können deshalb auch nicht zum (teilw) Ruhen führen. **Einmalig gezahltes Arbeitsentgelt** führt ebenfalls nicht zum Ruhen des Krankengeldanspruchs.

4 Zum Ruhen führt nur **der tatsächliche Bezug** von Arbeitsentgelt. Das Bestehen eines Anspruchs reicht nicht aus. Dem tatsächlichen Bezug steht es gleich, wenn der AN durch Aufrechnung des AG von einer Schuld befreit wird. Aus der Formulierung »soweit und solange« ergibt sich, dass das Ruhen im Umfang von **der Höhe und der Dauer** des Bezuges von Arbeitsentgelt abhängt. Erhält der AN für einen bestimmten Zeitraum nur Arbeitsentgelt in geringerem Umfang als Krankengeld zu gewähren ist, muss die Krankenkasse einen sog **Spitzbetrag** leisten.

5 Steht dem AN Arbeitsentgelt für einen Zeitraum zu, für den schon Krankengeld geleistet worden ist, kann die Krankenkasse wegen des nach § 115 SGB X auf sie übergegangenen Anspruchs eine **Erstattung vom AG** verlangen.

6 **C. Ruhen bei Bezug von Mutterschaftsgeld oder Alg oder Ruhen des Alg-Anspruchs wegen einer Sperrzeit.** Nach § 49 I Nr 3a ruht der Anspruch auf Krankengeld (vollständig), solange Mutterschaftsgeld oder

Alg bezogen wird. Ein Ruhen des Krankengeldanspruchs ist auch für die Zeit einer **Sperrzeit** nach dem SGB III angeordnet.

D. Ruhen wegen unterlassener Meldung der Arbeitsunfähigkeit. Nach § 49 I Nr 5 ruht der Anspruch auf Krankengeld, solange die Arbeitsunfähigkeit der Krankenkasse **nicht gemeldet** wird. Dies gilt aber nicht, wenn die Meldung innerhalb 1 Woche nach Beginn der Arbeitsunfähigkeit erfolgt. Bei Eintritt von Arbeitsunfähigkeit obliegt es dem AN, dies der Krankenkasse mitzuteilen. Dies gilt auch, wenn Arbeitsunfähigkeit nach zwischenzeitlicher Unterbrechung wieder eintritt. Die **Wochenfrist**, innerhalb derer die Meldung erfolgen kann, ist nach § 26 I SGB X iVm §§ 187 I, 188 II BGB zu berechnen. Sie beginnt mit dem Tag nach dem Beginn der Arbeitsunfähigkeit. Die Frist endet mit Ablauf des Tages, der dem Tag entspricht, an dem die Arbeitsunfähigkeit eingetreten ist. Wird die Frist versäumt, so ruht der Anspruch auf Krankengeld auch wenn die Arbeitsunfähigkeit zweifelsfrei feststeht bis zu dem Tag, an dem eine Meldung erfolgt.

E. Ruhen bei Freistellung von der Arbeitsleistung nach § 7 Ia SGB IV. Nach § 49 I Nr 6 ruht der Anspruch auf Krankengeld auch soweit und solange für Zeiten einer **Freistellung** eine Arbeitsleistung nicht geschuldet wird. Weil Krankengeld den Ausfall von Arbeitsentgelt infolge Krankheit ausgleichen soll, besteht für die Leistung kein Bedürfnis, soweit und solange sich eine krankheitsbedingte Nichterbringung der Arbeitsleistung nicht auf den Arbeitsentgeltanspruch auswirkt. Dies ist während der Freistellungsphasen nach § 7 Ia SGB IV der Fall, in denen ohne Arbeitsleistung Arbeitsentgelt fällig wird, auf das der Anspruch während anderer Zeiträume erarbeitet worden ist oder erst noch erarbeitet werden soll.

§ 52 Leistungsbeschränkung bei Selbstverschulden

(1) Haben sich Versicherte eine Krankheit vorsätzlich oder bei einem von ihnen begangenen Verbrechen oder vorsätzlichen Vergehen zugezogen, kann die Krankenkasse sie an den Kosten der Leistungen in angemessener Höhe beteiligen und das Krankengeld ganz oder teilweise für die Dauer dieser Krankheit versagen und zurückfordern.
(2) Haben sich Versicherte eine Krankheit durch eine medizinisch nicht indizierte ästhetische Operation, eine Tätowierung oder ein Piercing zugezogen, hat die Krankenkasse die Versicherten in angemessener Höhe an den Kosten zu beteiligen und das Krankengeld für die Dauer dieser Behandlung ganz oder teilweise zu versagen oder zurückzufordern.

I ermächtigt die Krankenkassen bei Vorliegen der genannten Voraussetzungen Leistungsbeschränkungen (aber keine vollständige Versagung der erforderlichen Leistungen) vorzunehmen bzw das Krankengeld ganz oder teilw zu versagen. Die zuständige Krankenkasse entscheidet hierüber nach Ausübung von Ermessen durch anfechtbaren VA. Allein eine gesundheitsschädliche Lebensführung oder die Ausübung gefährlicher Sportarten reicht für ein vorsätzliches Verhalten iSd § 52 nicht aus. Anderes kann bei einem bewussten Konsum von Drogen oder dem bewussten Sexualverkehr mit AIDS-infizierten Personen gelten. Im Fall eines (missglückten) Suizidversuchs wird Vorsatz auch bzgl einer dadurch erlittenen Selbstverletzung anzunehmen sein. Liegen Rechtfertigungs- oder Schuldausschließungsgründe vor, scheidet eine Anwendung des § 52 aus. Die Beweislast für das Vorliegen von Kausalität und Vorsatz liegt bei der Krankenkasse. Im Hinblick darauf ist die praktische Relevanz der Vorschrift gering.

Auch wenn die Voraussetzungen für die Verursachung einer Krankheit nach II vorliegen, bleibt die Krankenkasse ggü der oder dem Versicherten weiter zur Erbringung von Sachleistungen (ambulante und stationäre Krankenbehandlung) verpflichtet. Sie hat aber die in der Vorschrift genannten Rechtsfolgen durch Bescheid festzusetzen und kann davon nach dem Gesetzeswortlaut nicht iR einer Ermessensentsch absehen (kein »Entschließungsermessen«). Zwischen der Krankheit und den genannten Tatbeständen muss ein ursächlicher Zusammenhang bestehen. Die Abwägungen hins der Rechtsfolgen (Umfang der Kostenbeteiligung bzw der Versagung oder Rückforderung von Krankengeld) sind im Bescheid darzulegen. Bei der Angemessenheit handelt es sich um einen unbestimmten Rechtsbegriff, sodass die Ausfüllung im konkreten Fall im vollen Umfang einer gerichtlichen Überprüfung unterliegt. Der Wortlaut »zu beteiligen« schließt eine Verpflichtung der Versicherten zur vollen Kostentragung aus. Hins des Umfangs der Versagung oder der Rückforderung des Krankengelds ist von der Krankenkasse eine Ermessensentsch unter Berücksichtigung aller Umstände des Einzelfalls zu treffen.

Sozialgesetzbuch (SGB) Sechstes Buch (VI) – Gesetzliche Rentenversicherung – (SGB VI)

In der Fassung der Bekanntmachung vom 19.2.2002 (BGBl I S 754, ber S 1404, ber S 3384), zuletzt geändert durch Art 4 des Gesetzes vom 22.12.2011 (BGBl S 3057), dieses geändert durch Art 8 des Gesetzes v 3.12.2015 (BGBl S 2178)

– Auszug –

§ 2 Selbständig Tätige

^{1}Versicherungspflichtig sind selbständig tätige

1. Lehrer und Erzieher, die im Zusammenhang mit ihrer selbständigen Tätigkeit regelmäßig keinen versicherungspflichtigen Arbeitnehmer beschäftigen,
2. Pflegepersonen, die in der Kranken-, Wochen-, Säuglings- oder Kinderpflege tätig sind und im Zusammenhang mit ihrer selbständigen Tätigkeit regelmäßig keinen versicherungspflichtigen Arbeitnehmer beschäftigen,
3. Hebammen und Entbindungspfleger,
4. Seelotsen der Reviere im Sinne des Gesetzes über das Seelotswesen,
5. Künstler und Publizisten nach näherer Bestimmung des Künstlersozialversicherungsgesetzes,
6. Hausgewerbetreibende,
7. Küstenschiffer und Küstenfischer, die zur Besatzung ihres Fahrzeuges gehören oder als Küstenfischer ohne Fahrzeug fischen und regelmäßig nicht mehr als vier versicherungspflichtige Arbeitnehmer beschäftigen,
8. Gewerbetreibende, die in die Handwerksrolle eingetragen sind und in ihrer Person die für die Eintragung in die Handwerksrolle erforderlichen Voraussetzungen erfüllen, wobei Handwerksbetriebe im Sinne der §§ 2 und 3 der Handwerksordnung sowie Betriebsfortführungen auf Grund von § 4 der Handwerksordnung außer Betracht bleiben; ist eine Personengesellschaft in die Handwerksrolle eingetragen, gilt als Gewerbetreibender, wer als Gesellschafter in seiner Person die Voraussetzungen für die Eintragung in die Handwerksrolle erfüllt,
9. Personen, die
   a) im Zusammenhang mit ihrer selbständigen Tätigkeit regelmäßig keinen versicherungspflichtigen Arbeitnehmer beschäftigen und
   b) auf Dauer und im Wesentlichen nur für einen Auftraggeber tätig sind; bei Gesellschaftern gelten als Auftraggeber die Auftraggeber der Gesellschaft.

^{2}Als Arbeitnehmer im Sinne des Satzes 1 Nr. 1, 2, 7 und 9 gelten

1. auch Personen, die berufliche Kenntnisse, Fertigkeiten oder Erfahrungen im Rahmen beruflicher Bildung erwerben,
2. nicht Personen, die geringfügig beschäftigt sind,
3. für Gesellschafter auch die Arbeitnehmer der Gesellschaft.

Übersicht	Rdn.		Rdn.
A. Regelungsinhalt und Sinn der Vorschrift ...	1	B. Rentenversicherungspflicht für arbeitnehmerähnliche Selbstständige	2

1 **A. Regelungsinhalt und Sinn der Vorschrift.** Personen, die gegen Arbeitsentgelt oder zu ihrer Berufsausbildung beschäftigt sind, sind in der gesetzlichen Rentenversicherung **nach § 1 S 1 Nr 1 versicherungspflichtig.** Grds gilt auch in der gesetzlichen Rentenversicherung die Unterscheidung zwischen versicherungspflichtigen Beschäftigen und selbstständigen Erwerbstätigen, die nicht versicherungspflichtig sind (zur Abgrenzung s § 7 SGB IV Rdn 10 ff). In § 2 werden Ausnahmetatbestände aufgeführt, die abschließend **eine Versicherungspflicht kraft Gesetzes für bestimmte Gruppen von Selbstständigen** festlegen. Für andere Gruppen von Selbstständigen wird in § 4 die Möglichkeit einer Versicherungspflicht auf Antrag eingeräumt.

2 **B. Rentenversicherungspflicht für arbeitnehmerähnliche Selbstständige.** § 2 S 1 Nr 9 begründet eine Rentenversicherungspflicht für Selbstständige, bei denen der Gesetzgeber typischerweise eine wirtschaftliche Abhängigkeit und ein bes Schutzbedürfnis annimmt. Mit der Einführung der Rentenversicherungspflicht für diese Gruppe von Selbstständigen sollte der zunehmenden Erosion versicherungspflichtiger Beschäftigungsverhältnisse – durch die wachsende Überführung von Beschäftigungen in AN-ähnliche selbstständige Tätigkeiten – entgegengewirkt werden (BT-Drs 14/45, S 46). Weil § 2 S 1 Nr 9 eine selbstständige Erwerbstätigkeit voraussetzt, werden nur Personen erfasst, die tatsächlich und **nicht nur zum Schein Selbstständige** sind. In Zweifelsfällen wird meist ein Anfrageverfahren nach § 7a SGB IV vorausgegangen sein.

Die Einbeziehung in die gesetzliche Rentenversicherung kraft Gesetz nach § 2 S 1 Nr 9 ist an zwei Voraussetzungen geknüpft, die kumulativ vorliegen müssen. Die Versicherungspflicht erfasst nach S 1 Nr 9a nur Erwerbstätige, die im Zusammenhang mit der selbstständigen Tätigkeit keinen versicherungspflichtigen AN beschäftigen. Nicht versicherungspflichtig ist ein AN, der nur geringfügig beschäftigt wird. Eine geringfügige Beschäftigung liegt vor, wenn regelmäßig weniger als 450 € im Monat verdient wird. Werden mehrere AN beschäftigt und wird bei Zusammenrechnung ihrer Entgelte die Geringfügigkeitsgrenze überschritten, tritt keine Versicherungspflicht ein. Die Geringfügigkeitsgrenze muss iRd Beschäftigung eines AN überschritten werden. Das ist auch nicht der Fall, wenn der unterhalb der Geringfügigkeitsgrenze beschäftigte AN noch andere geringfügige Beschäftigungen bei anderen AG ausübt und aufgrund der Zusammenrechnung nach § 8 II SGB IV versicherungspflichtig ist (BSG 23.11.2005, B 12 RA 15/04 R, SozR 4-2600 § 2 Nr 5). 3

Weiter ist für die Versicherungspflicht nach **§ 1 Nr 9b** erforderlich, dass der Selbstständige **auf Dauer** und **iW für einen Auftraggeber** tätig ist. IW nur für einen Auftraggeber tätig ist der Selbstständige nach Auffassung der Rentenversicherungsträger, wenn er mind 5/6 seiner gesamten Einkünfte aus den zu beurteilenden Tätigkeiten allein aus der Tätigkeit für diesen Auftraggeber bezieht. Auch wenn ein Selbstständiger aktuell nur für einen Auftraggeber tätig ist, ist das Merkmal auf Dauer nicht erfüllt, wenn er nach seinem Unternehmenskonzept die Zusammenarbeit mit mehreren Auftraggebern anstrebt und dies nach den tatsächlichen und rechtlichen Gegebenheiten Erfolg verspricht (BT-Drs 14/1855, S 7). 4

Bei der Anwendung des § 2 S 1 Nr 9 auf Gesellschafter, wobei schwerpunktmäßig Gesellschaftsanteile innehabende **GmbH-Geschäftsführer** betroffen sind, wird im Gesetzestext nach einer Gesetzesänderung zum 1.7.2006 zu lit b nun ausdrücklich klargestellt, dass als Auftraggeber des zu beurteilenden Gesellschafters **die Auftraggeber der Gesellschaft** gelten. Nach S 2 Nr 3 gelten als AN zudem für die Gesellschafter auch **die AN der Gesellschaft**. Daraus folgt, dass die Rentenversicherungspflicht des in der Gesellschaft wegen seines bestimmenden Einflusses selbstständig tätigen Gesellschafters (s dazu § 7 SGB IV Rdn 22 f) nur vorliegen kann, wenn die Gesellschaft auf Dauer und iW nur für einen Auftraggeber tätig ist und regelmäßig keinen versicherungspflichtigen AN beschäftigt. 5

Für nach § 2 S 1 Nr 9 rentenversicherungspflichtige Personen besteht für die ersten 3 Jahre nach der erstmaligen Aufnahme der selbstständigen Tätigkeit eine **Befreiungsmöglichkeit** nach § 6 Ia. 6

§ 41 Altersrente und Kündigungsschutz

¹Der Anspruch des Versicherten auf eine Rente wegen Alters ist nicht als ein Grund anzusehen, der die Kündigung eines Arbeitsverhältnisses durch den Arbeitgeber nach dem Kündigungsschutzgesetz bedingen kann. ²Eine Vereinbarung, die die Beendigung des Arbeitsverhältnisses eines Arbeitnehmers ohne Kündigung zu einem Zeitpunkt vorsieht, zu dem der Arbeitnehmer vor Erreichen der Regelaltersgrenze eine Rente wegen Alters beantragen kann, gilt dem Arbeitnehmer gegenüber als auf das Erreichen der Regelaltersgrenze abgeschlossen, es sei denn, dass die Vereinbarung innerhalb der letzten drei Jahre vor diesem Zeitpunkt abgeschlossen oder von dem Arbeitnehmer innerhalb der letzten drei Jahre vor diesem Zeitpunkt bestätigt worden ist. ³Sieht eine Vereinbarung die Beendigung des Arbeitsverhältnisses mit dem Erreichen der Regelaltersgrenze vor, können die Arbeitsvertragsparteien durch Vereinbarung während des Arbeitsverhältnisses den Beendigungszeitpunkt, gegebenenfalls auch mehrfach, hinausschieben.

Ein Arbeitsverhältnis endet **nicht automatisch** mit Erreichen der Regelaltersgrenze in der gesetzlichen Rentenversicherung. Grundsätzlich können AN auch im Rentenalter berufstätig sein. S. 1 stellt klar, dass der Anspruch auf Altersrente allein kein Grund für die Kündigung des Arbeitsverhältnisses ist. Gemeint ist dabei der Anspruch auf eine **Altersrente aus der gesetzlichen Rentenversicherung**. Erforderlich ist die Beendigung durch Kdg oder Aufhebungsvertrag. Nach der in Deutschland bestehenden Praxis sehen kollektiv- und individualvertragliche Regelungen ein Ausscheiden der AN mit Erreichen der Regelaltersgrenze vor. In diesem Zusammenhang enthält § 41 **arbeitsrechtlich relevante Regelungen**. Durch die die Regelung in S. 2 soll erreicht werden, dass die Möglichkeit, eine Altersrente vorzeitig vor der Regelaltersrente beziehen zu können, sich nicht nachteilig auf die an sich mögliche Weiterbeschäftigung von AN auswirkt. Zweck der 1

§ 41 SGB VI   Altersrente und Kündigungsschutz

Regelung ist es in 1. Linie, zusätzliche finanzielle Belastungen der Rentenversicherungsträger zu vermeiden. Voraussetzung für die Anwendung des § 41 ist deshalb, dass eine **versicherungspflichtige Beschäftigung** des AN vorliegt.

2   Obwohl im Recht der gesetzlichen Rentenversicherung zu finden, handelt es sich bei § 41 S 1 um eine arbeitsrechtliche **Kdg-Schutzvorschrift**, die eine Kdg des AN **alleine** wegen des Anspruchs auf Altersrente ausschließt. Die Regelung ist nur dann relevant, wenn auf das Arbeitsverhältnis das KSchG Anwendung findet. Nicht eingeschränkt ist auch die Möglichkeit des AG, bei Vorliegen der dafür erforderlichen Voraussetzungen das Arbeitsverhältnis aus personenbezogenen Gründen zu kündigen, wenn der AN aufgrund seines Leistungsvermögens den betrieblichen Anforderungen nicht mehr gerecht werden kann.

3   Mit § 41 S 2 wird erreicht, dass der AN **trotz einer hierüber bereits getroffenen Vereinbarung** selbst zeitnah entscheiden kann, ob er bei Anspruch auf Altersrente aus der gesetzlichen Rentenversicherung vor Erreichung der Regelaltersgrenze das Arbeitsverhältnis beendet. Die Vorschrift gilt auch für AN, die nicht dem KSchG unterliegen. Grds gilt § 41 S 2 für **individualvertragliche** Regelungen. Nach der (noch zu § 41 aF ergangenen) Rspr des BAG dürfte eine **kollektivvertragliche** Regelung, die eine vor der Erreichung der Regelaltersgrenze liegende feste Altersgrenze vorsieht, mit deren Erreichen das Arbeitsverhältnis automatisch enden soll, unzulässig sein. Denn eine solche Regelung entzieht die Grundlage für die durch § 41 S 2 geschützte Entscheidungsfreiheit des AN (vgl BAG 1.12.1993, 7 AZR 428/93, EzA § 41 SGB VI Nr 2). Wird tarifvertraglich eine Beendigung mit Erreichung der Regelaltersgrenze geregelt, kollidiert dies nicht mit § 41 S 2. Bei solchen Regelungen verschiebt sich der Beendigungszeitpunkt mit dem stufenweisen Hinausschieben der Regelaltersgrenze von 65 auf 67 Jahre entspr § 235 II 2. Formulierungen, wonach das Arbeitsverhältnis mit Erreichen des 65. Lebensjahres beendet wird, sind dann so auszulegen, dass dies nur dann der Fall ist, wenn der betroffene AN ab diesem Zeitpunkt auch Altersrente aus der gesetzlichen Rentenversicherung beanspruchen kann (*Löwisch* ZTR 2011, 78,79). Keine Anwendung findet § 41 S 2 auch auf kollektivvertragliche Regelungen mit einer Altersgrenze als Sachgrund für die Befristung des Arbeitsverhältnisses bei bestimmten Berufen mit bes Anforderungen. Insoweit erfolgt eine Befristungskontrolle bei der zu prüfen ist, ob ein sachlicher Grund für die Einschränkung der durch Art 12 I GG geschützten Berufswahlfreiheit vorliegt (vgl dazu BAG 25.2.1998, 7 AZR 641/96, EzA § 620 BGB Altersgrenze Nr 9). Nicht betroffen von der Regelung in § 41 S 2 sind auch individualrechtliche Vereinbarungen, in denen nicht auf die Möglichkeit der Inanspruchnahme einer Altersrente, sondern auf bes berufliche Anforderungen oder andere Umstände als Gründe für das Ausscheiden Bezug genommen wird. Es fehlt dann an dem in § 41 S 2 vorausgesetzten **Zusammenhang zwischen Altersgrenze und Sozialversicherungsrente** (BAG 20.10.1993, 7 AZR 135/93, EzA § 41 SGB VI Nr 1). Ebenfalls nicht in den Anwendungsbereich des § 41 S 2 fallen Altersgrenzenvereinbarungen, wenn dem AN kein Anspruch auf eine Altersrente aus der gesetzlichen Rentenversicherung zusteht, weil er eine befreiende Lebensversicherung abgeschlossen hat, für die der AG vereinbarungsgem Beiträge in Höhe des jeweiligen Rentenversicherungsbeitrags getragen hat (BAG 14.10.1997, 7 AZR 660/96, EzA § 41 SGB VI Nr 6).

4   Rechtsfolge der Anwendbarkeit des § 41 S 2 auf eine Vereinbarung ist, dass statt der vereinbaren Beendigung des Arbeitsverhältnisses zu dem Zeitpunkt, zu dem der AN vor Erreichung der Regelaltersgrenze eine Altersrente (vorzeitig) beanspruchen kann, die Vereinbarung einer Beendigung mit Erreichen der Regelaltersgrenze **fingiert wird**. Auch hierbei ist das Hinausschieben der Regelaltersgrenze entspr § 235 II 2 zu beachten. Die vertragsanpassende Fiktion greift nur ein, wenn sich der AN darauf beruft. Sie greift nach dem letzten HS der Vorschrift nicht ein, wenn der AN die Vereinbarung innerhalb der letzten 3 Jahre »vor diesem Zeitpunkt« abgeschlossen oder innerhalb dieses Zeitraums eine früher geschlossene Vereinbarung bestätigt hat. Mit dem »Zeitpunkt« ist dabei nicht die Erreichung der Regelaltersgrenze gemeint, sondern der mit dem AN **vereinbarte Zeitpunkt des Ausscheidens** aus dem Arbeitsverhältnis (BAG 17.4.2002, 7 AZR 40/01, EzA § 41 SGB VI Nr 11). Von diesem Zeitpunkt ausgehend sind 3 Jahre zurückzurechnen, um zu bestimmen, ob die Vereinbarung genügend zeitnahe zum vereinbaren Zeitpunkt für das Ausscheiden getroffen wurde. Ist in diesen Fällen nicht abstrakt das Ausscheiden für den Zeitpunkt vereinbart worden, ab dem die Möglichkeit der vorzeitigen Inanspruchnahme einer Rente wegen Alters besteht, sondern auf das Erreichen eines bestimmten Lebensalters abgestellt worden, sind auch solche Klauseln auszulegen, wenn sich das mögliche Renteneintrittsalter geändert hat. Sie sind dann so zu verstehen, dass die Parteien eine Beendigung erst zu dem Zeitpunkt vereinbaren wollen, zu dem eine vorzeitige Rente wegen Alters im konkreten Fall auch wirklich beantragt werden kann (*Löwisch* ZTR 2011, 78, 80).

5   S. 3 ist neu mit Wirkung zum 1. Juli 2014 durch das Gesetz über Leistungsverbesserungen in der gesetzlichen Rentenversicherung vom 23.6.2014 (BGBl I S 787) angefügt worden. Ermöglicht wird ein einvernehmliches Hinausschieben eines bereits vereinbarten Beendigungszeitpunkts über das Erreichen der

Regelaltersgrenze hinaus. Erforderlich ist eine vertragliche Vereinbarung zwischen AN und AG. Mit dem (bei Bedarf auch mehrfachen) Hinausschieben des Beendigungszeitpunkts über das Erreichen der Regelaltersrente hinaus können AN und AG beispielsweise reagieren, wenn die Nachbesetzung der entsprechenden Stelle nicht nahtlos erfolgen kann. Auch kann so erreicht werden, dass die älteren AN von ihnen betreute laufende Projekte mit ihrer Sachkunde zum Abschluss bringen oder neu eingestellte, jüngere Kollegen in ihre Tätigkeit einarbeiten können (BT-Drs 18/1489, S 25).

Sozialgesetzbuch (SGB) Siebtes Buch (VII) – Gesetzliche Unfallversicherung – (SGB VII)

Vom 7.8.1996 (BGBl I S 1254), zuletzt geändert durch Art 6 des Gesetzes vom 21.12.2015 (BGBl I S 2424)

– Auszug –

§ 2 Versicherung kraft Gesetzes

(1) Kraft Gesetzes sind versichert
1. Beschäftigte,
2. Lernende während der beruflichen Aus- und Fortbildung in Betriebsstätten, Lehrwerkstätten, Schulungskursen und ähnlichen Einrichtungen,
3. Personen, die sich Untersuchungen, Prüfungen oder ähnlichen Maßnahmen unterziehen, die auf Grund von Rechtsvorschriften zur Aufnahme einer versicherten Tätigkeit oder infolge einer abgeschlossenen versicherten Tätigkeit erforderlich sind, soweit diese Maßnahmen vom Unternehmen oder einer Behörde veranlasst worden sind,
4. behinderte Menschen, die in anerkannten Werkstätten für behinderte Menschen oder in Blindenwerkstätten im Sinne des § 143 des Neunten Buches oder für diese Einrichtungen in Heimarbeit tätig sind,
5. Personen, die
    a) Unternehmer eines landwirtschaftlichen Unternehmens sind und ihre im Unternehmen mitarbeitenden Ehegatten oder Lebenspartner,
    b) im landwirtschaftlichen Unternehmen nicht nur vorübergehend mitarbeitende Familienangehörige sind,
    c) in landwirtschaftlichen Unternehmen in der Rechtsform von Kapital- oder Personenhandelsgesellschaften regelmäßig wie Unternehmer selbständig tätig sind,
    d) ehrenamtlich in Unternehmen tätig sind, die unmittelbar der Sicherung, Überwachung oder Förderung der Landwirtschaft überwiegend dienen,
    e) ehrenamtlich in den Berufsverbänden der Landwirtschaft tätig sind, wenn für das Unternehmen die landwirtschaftliche Berufsgenossenschaft zuständig ist, für das Unternehmen eine landwirtschaftliche Berufsgenossenschaft zuständig ist,
6. Hausgewerbetreibende und Zwischenmeister sowie ihre mitarbeitenden Ehegatten oder Lebenspartner,
7. selbständig tätige Küstenschiffer und Küstenfischer, die zur Besatzung ihres Fahrzeugs gehören oder als Küstenfischer ohne Fahrzeug fischen und regelmäßig nicht mehr als 4 Arbeitnehmer beschäftigen, sowie ihre mitarbeitenden Ehegatten oder Lebenspartner,
    a) Kinder während des Besuchs von Tageseinrichtungen, deren Träger für den Betrieb der Einrichtungen der Erlaubnis nach § 45 des Achten Buches oder einer Erlaubnis auf Grund einer entsprechenden landesrechtlichen Regelung bedürfen, sowie während der Betreuung durch geeignete Tagespflegepersonen im Sinne von § 23 des Achten Buches sowie während der Teilnahme an vorschulischen Sprachförderkursen, wenn die Teilnahme auf Grund landesrechtlicher Regelungen erfolgt,
    b) Schüler während des Besuchs von allgemein- oder berufsbildenden Schulen und während der Teilnahme an unmittelbar vor oder nach dem Unterricht von der Schule oder im Zusammenwirken mit ihr durchgeführten Betreuungsmaßnahmen,
    c) Studierende während der Aus- und Fortbildung an Hochschulen,
9. Personen, die selbständig oder unentgeltlich, insbesondere ehrenamtlich im Gesundheitswesen oder in der Wohlfahrtspflege tätig sind,
10. Personen, die
    a) für Körperschaften, Anstalten oder Stiftungen des öffentlichen Rechts oder deren Verbände oder Arbeitsgemeinschaften, für die in den Nummern 2 und 8 genannten Einrichtungen oder für privatrechtliche Organisationen im Auftrag oder mit ausdrücklicher Einwilligung, in besonderen Fällen mit schriftlicher Genehmigung von Gebietskörperschaften ehrenamtlich tätig sind oder an Ausbildungsveranstaltungen für diese Tätigkeit teilnehmen,

b) für öffentlich-rechtliche Religionsgemeinschaften und deren Einrichtungen oder für privatrechtliche Organisationen im Auftrag oder mit ausdrücklicher Einwilligung, in besonderen Fällen mit schriftlicher Genehmigung von öffentlich-rechtlichen Religionsgemeinschaften ehrenamtlich tätig sind oder an Ausbildungsveranstaltungen für diese Tätigkeit teilnehmen,

11. Personen, die
    a) von einer Körperschaft, Anstalt oder Stiftung des öffentlichen Rechts zur Unterstützung einer Diensthandlung herangezogen werden,
    b) von einer dazu berechtigten öffentlichen Stelle als Zeugen zur Beweiserhebung herangezogen werden,

12. Personen, die in Unternehmen zur Hilfe bei Unglücksfällen oder im Zivilschutz unentgeltlich, insbesondere ehrenamtlich tätig sind oder an Ausbildungsveranstaltungen dieser Unternehmen einschließlich der satzungsmäßigen Veranstaltungen, die der Nachwuchsförderung dienen, teilnehmen,

13. Personen, die
    a) bei Unglücksfällen oder gemeiner Gefahr oder Not Hilfe leisten oder einen anderen aus erheblicher gegenwärtiger Gefahr für seine Gesundheit retten,
    b) Blut oder körpereigene Organe, Organteile oder Gewebe spenden oder bei denen Voruntersuchungen oder Nachuntersuchungen anlässlich der Spende vorgenommen werden,
    c) sich bei der Verfolgung oder Festnahme einer Person, die einer Straftat verdächtig ist oder zum Schutz eines widerrechtlich Angegriffenen persönlich einsetzen,

14. Personen, die
    a) nach den Vorschriften des Zweiten oder des Dritten Buches der Meldepflicht unterliegen, wenn sie einer besonderen, an sie im Einzelfall gerichteten Aufforderung der Bundesagentur für Arbeit, des nach § 6 Abs. 1 Satz 1 Nr. 2 des Zweiten Buches zuständigen Trägers oder eines nach § 6a des Zweiten Buches zugelassenen kommunalen Trägers nachkommen, diese oder eine andere Stelle aufzusuchen,
    b) an einer Maßnahme teilnehmen, wenn die Person selbst oder die Maßnahme über die Bundesagentur für Arbeit, einen nach § 6 Abs. 1 S. 1 Nr. 2 des Zweiten Buches zuständigen Träger oder einen nach § 6a des Zweiten Buches zugelassenen kommunalen Träger gefördert wird,

15. Personen, die
    a) auf Kosten einer Krankenkasse oder eines Trägers der gesetzlichen Rentenversicherung oder einer landwirtschaftliche Alterskasse stationäre oder teilstationäre Behandlung oder stationäre, teilstationäre oder ambulante Leistungen zur medizinischen Rehabilitation erhalten,
    b) zur Vorbereitung von Leistungen zur Teilhabe am Arbeitsleben auf Aufforderung eines Trägers der gesetzlichen Rentenversicherung oder der Bundesagentur für Arbeit einen dieser Träger oder eine andere Stelle aufsuchen,
    c) auf Kosten eines Unfallversicherungsträgers an vorbeugenden Maßnahmen nach § 3 der Berufskrankheiten-Verordnung teilnehmen,

16. Personen, die bei der Schaffung öffentlich geförderten Wohnraums im Sinne des Zweiten Wohnungsbaugesetzes oder im Rahmen der sozialen Wohnraumförderung bei der Schaffung von Wohnraum im Sinne des § 16 Abs. 1 Nr. 1 bis 3 des Wohnraumförderungsgesetzes oder entsprechender landesrechtlicher Regelungen im Rahmen der Selbsthilfe tätig sind,

17. Pflegepersonen im Sinne des § 19 des Elften Buches bei der Pflege eines Pflegebedürftigen im Sinne des § 14 des Elften Buches; die versicherte Tätigkeit umfasst Pflegetätigkeiten im Bereich der Körperpflege und – soweit diese Tätigkeiten überwiegend Pflegebedürftigen zugutekommen – Pflegetätigkeiten in den Bereichen der Ernährung, der Mobilität sowie der hauswirtschaftlichen Versorgung (§ 14 Abs. 4 des Elften Buches).

(1a) ¹Versichert sind auch Personen, die nach Erfüllung der Schulpflicht auf der Grundlage einer schriftlichen Vereinbarung im Dienst eines geeigneten Trägers im Umfang von durchschnittlich mindestens acht Wochenstunden und für die Dauer von mindestens sechs Monaten als Freiwillige einen Freiwilligendienst aller Generationen unentgeltlich leisten. ²Als Träger des Freiwilligendienstes aller Generationen geeignet sind inländische juristische Personen des öffentlichen Rechts oder unter § 5 Abs. 1 Nr. 9 des Körperschaftsteuergesetzes fallende Einrichtungen zur Förderung gemeinnütziger, mildtätiger oder kirchlicher Zwecke (§§ 52 bis 54 der Abgabenordnung), wenn sie die Haftpflichtversicherung und eine kontinuierliche Begleitung der Freiwilligen und deren Fort- und Weiterbildung im Umfang von mindestens durchschnittlich 60 Stunden je Jahr sicherstellen. ³Die Träger haben fortlaufende Aufzeichnungen zu führen über die bei ihnen nach Satz 1 tätigen Personen, die Art und den Umfang der Tätigkeiten und die Einsatzorte. ⁴Die Aufzeichnungen sind mindestens fünf Jahre lang aufzubewahren.

(2) ¹Ferner sind Personen versichert, die wie nach Absatz 1 Nr. 1 Versicherte tätig werden. ²Satz 1 gilt auch für Personen, die während einer auf Grund eines Gesetzes angeordneten Freiheitsentziehung oder auf Grund einer strafrichterlichen, staatsanwaltlichen oder jugendbehördlichen Anordnung wie Beschäftigte tätig werden.

(3) ¹Absatz 1 Nr. 1 gilt auch für
1. Personen, die im Ausland bei einer amtlichen Vertretung des Bundes oder der Länder oder bei deren Leitern, Mitgliedern oder Bediensteten beschäftigt und in der gesetzlichen Rentenversicherung nach § 4 Abs. 1 S. 2 des Sechsten Buches pflichtversichert sind,
2. Personen, die
   a) im Sinne des Entwicklungshelfer-Gesetzes Entwicklungsdienst oder Vorbereitungsdienst leisten,
   b) einen entwicklungspolitischen Freiwilligendienst »weltwärts« im Sinne der Richtlinie des Bundesministeriums für wirtschaftliche Zusammenarbeit und Entwicklung vom 1. August 2007 (BAnz. 2008 S. 1297) leisten,
   c) einen Internationalen Jugendfreiwilligendienst im Sinne der Richtlinie Internationaler Jugendfreiwilligendienst des Bundesministeriums für Familie, Senioren, Frauen und Jugend vom 20. Dezember 2010 (GMBl S. 1778) leisten,
3. Personen, die
   a) eine Tätigkeit bei einer zwischenstaatlichen oder überstaatlichen Organisation ausüben und deren Beschäftigungsverhältnis im öffentlichen Dienst während dieser Zeit ruht,
   b) als Lehrkräfte vom Auswärtigen Amt durch das Bundesverwaltungsamt an Schulen im Ausland vermittelt worden sind oder
   c) für ihre Tätigkeit bei internationalen Einsätzen zur zivilen Krisenprävention durch einen Sekundierungsvertrag nach dem Sekundierungsgesetz abgesichert werden.

²Die Versicherung nach Satz 1 Nummer 3 Buchstabe a und c erstreckt sich auch auf Unfälle oder Krankheiten, die infolge einer Verschleppung oder einer Gefangenschaft eintreten oder darauf beruhen, dass der Versicherte aus sonstigen mit seiner Tätigkeit zusammenhängenden Gründen, die er nicht zu vertreten hat, dem Einflussbereich seines Arbeitgebers oder der für die Durchführung seines Einsatzes verantwortlichen Einrichtung entzogen ist. ³Gleiches gilt, wenn Unfälle oder Krankheiten auf gesundheitsschädigende oder sonst vom Inland wesentlich abweichende Verhältnisse bei der Tätigkeit oder dem Einsatz im Ausland zurückzuführen sind. ⁴Soweit die Absätze 1 bis 2 weder eine Beschäftigung noch eine selbständige Tätigkeit voraussetzen, gelten sie abweichend von § 3 Nr. 2 des Vierten Buches für alle Personen, die die in diesen Absätzen genannten Tätigkeiten im Inland ausüben; § 4 des Vierten Buches gilt entsprechend. ⁵Absatz 1 Nr. 13 gilt auch für Personen, die im Ausland tätig werden, wenn sie im Inland ihren Wohnsitz oder gewöhnlichen Aufenthalt haben.

(4) Familienangehörige im Sinne des Absatzes 1 Nr. 5 Buchst. b sind
1. Verwandte bis zum dritten Grade,
2. Verschwägerte bis zum zweiten Grade,
3. Pflegekinder (§ 56 Abs. 2 Nr. 2 des Ersten Buches)
der Unternehmer, ihrer Ehegatten oder ihrer Lebenspartner.

1 In § 2 wird geregelt, welche Personenkreise kraft Gesetzes in der gesetzlichen Unfallversicherung versichert sind. Für die versicherten Personen besteht dann grds Versicherungsschutz bei der Ausübung versicherter Tätigkeiten. Versicherte Risiken sind Arbeitsunfälle und Berufskrankheiten. Die Versicherungsfälle müssen infolge konkreter Tätigkeiten eintreten, die im räumlichen, zeitlichen und sachlichen Zusammenhang mit den in den einzelnen Versicherungstatbeständen abstrakt beschriebenen Tätigkeitsbereichen und Lebenssachverhalten stehen. Die größte und bedeutendste Gruppe bilden, wie auch in den anderen Bereichen der Sozialversicherung, die **Beschäftigten**, die gem **§ 2 I Nr 1** kraft Gesetzes versichert sind (zum Begriff des Beschäftigten s § 7 SGB IV Rdn 9 ff). Versicherungsschutz besteht in diesem Rahmen auch bei vermeintlich selbständiger Arbeit (Scheinselbständigkeit) sowie illegaler Beschäftigung (Schwarzarbeit) und sittenwidriger Beschäftigung. § 2 I Nr 2 erfasst ergänzend alle Personen, die eine berufliche Aus- und Weiterbildung **außerhalb** einer betrieblichen Berufsausbildung iR einer Beschäftigung oder einer schulischen Ausbildung absolvieren.

2 § 2 II 1 dehnt die Versicherungspflicht und den Versicherungsschutz auf Personen aus, die zwar **keine Beschäftigten** sind, aber **wie solche** für einen AG (der im Unfallversicherungsrecht regelmäßig als Unternehmer bezeichnet wird) **tätig sind**. Auch helfende Kinder können in den Versicherungsschutz nach § 2 II 1 einbezogen sein, wobei aber eine lediglich spielerische Tätigkeit nicht ausreicht. Die typischen Merkmale für eine Beschäftigung, insb die Verrichtung abhängiger, weisungsgebundener Arbeit und die Eingliederung

in das Unternehmen, brauchen nicht vorzuliegen. Die Tätigkeit muss aber grds darauf gerichtet sein, **für den Unternehmer dienlich und von wirtschaftlichem Wert** zu sein. Es reichen auch schon vorübergehende und/oder geringfügige Hilfeleistungen aus. Der Handelnde muss die Vorstellung haben, für den Unternehmer fremdnützig tätig zu sein. Zudem muss die Tätigkeit dem wirklichen oder dem mutmaßlichen Willen des Unternehmers entsprechen. Wird jemand tätig, obwohl er annehmen muss, dass dies vom Unternehmer so nicht gewünscht wird, besteht kein Versicherungsschutz nach II 1.

Abzugrenzen sind die den Versicherungsschutz nach § 2 II 1 begründenden Tätigkeiten von unversicherten privaten **Gefälligkeitshandlungen**, insb im familiären Bereich und im Bereich der nachbarschaftlichen Hilfe. Nicht versichert sind Personen, die eine Tätigkeit verrichten, die so **als Gefälligkeit** zwischen Nachbarn, Freunden und Verwandten **üblich ist** (zB geringfügige Gartenarbeiten während eines Besuches, Entgegennehmen einer Paketsendung für den Nachbarn und Überbringen nach dessen Rückkehr, Abholen eines Verwandten von der Arbeitsstelle, Beaufsichtigung der Enkelkinder). Zu berücksichtigen sind bei der Abgrenzung der Umfang der Tätigkeit und der Grad und die Intensität der familiären oder andersgearteten Beziehung. 3

Die nach § 2 II 1 versicherten Personen müssen **AN-ähnlich** tätig sein. Deshalb scheiden ua solche Tätigkeiten aus, die üblicherweise iR eines Werk- oder Dienstleistungsvertrages verrichtet werden. Auch Tätigkeiten, die typischerweise von selbstständigen Unternehmern verrichtet werden und/oder bei denen das Fremdinteresse des Handelnden (zB Erlangung einer Provision oder Prämie) im Vordergrund steht, werden nicht erfasst. 4

Auch wenn keiner der Versicherungstatbestände nach § 2 vorliegt, kann Versicherungsschutz in der gesetzlichen Unfallversicherung iR einer sog **Formalversicherung** bestehen. Die Formalversicherung greift ein, wenn der Unfallversicherungsträger durch sein Verhalten einen Vertrauenstatbestand geschaffen hat. Dies kann insb dann der Fall sein, wenn der Unfallversicherungsträger Beiträge für nicht versicherungspflichtige Personen gefordert und entgegengenommen und/oder wenn er die Versicherungspflicht formell festgestellt hat. Die auf dem **Vertrauensschutzgedanken** beruhende Formalversicherung in der gesetzlichen Unfallversicherung wird aber nicht begründet, wenn das Handeln des Versicherungsträgers auf falschen oder unterlassenen Angaben des Betroffenen beruht und dieser die Tragweite seines Handelns hätte erkennen können. Die Formalversicherung und der durch sie begründete Versicherungsschutz bestehen bis zur ausdrücklichen Aufhebung durch den Versicherungsträger. Solange noch **kein Leistungsfall** eingetreten ist, muss der Versicherungsträger die Formalversicherung auf Antrag des Betroffenen rückwirkend nach §§ 44 ff SGB X aufheben und entrichtete Beiträge erstatten. 5

§ 3 Versicherung kraft Satzung

(1) Die Satzung kann bestimmen, dass und unter welchen Voraussetzungen sich die Versicherung erstreckt auf
1. Unternehmer und ihre im Unternehmen mitarbeitenden Ehegatten oder Lebenspartner,
2. Personen, die sich auf der Unternehmensstätte aufhalten; § 2 Abs. 3 Satz 2 1. Halbsatz gilt entsprechend,
3. Personen, die
   a) im Ausland bei einer staatlichen deutschen Einrichtung beschäftigt werden,
   b) im Ausland von einer staatlichen deutschen Einrichtung anderen Staaten zur Arbeitsleistung zur Verfügung gestellt werden;

Versicherungsschutz besteht nur, soweit die Personen nach dem Recht des Beschäftigungsstaates nicht unfallversichert sind,

4. ehrenamtlich Tätige und bürgerschaftlich Engagierte,
5. Kinder und Jugendliche während der Teilnahme an Sprachförderkursen, wenn die Teilnahme aufgrund landesrechtlicher Regelungen erfolgt.

(2) Absatz 1 gilt nicht für
1. Haushaltsführende,
2. Unternehmer von nicht gewerbsmäßig betriebenen Binnenfischereien oder Imkereien und ihre im Unternehmen mitarbeitenden Ehegatten oder Lebenspartner,
3. Personen, die auf Grund einer vom Fischerei- oder Jagdausübungsberechtigten erteilten Erlaubnis als Fischerei- oder Jagdgast fischen oder jagen,
4. Reeder, die nicht zur Besatzung des Fahrzeugs gehören, und ihre im Unternehmen mitarbeitenden Ehegatten oder Lebenspartner.

§ 6 SGB VII Freiwillige Versicherung

1 § 3 ermächtigt die Unfallversicherungsträger, bestimmte Personengruppen **kraft Satzung in die Versicherungspflicht** zur gesetzlichen Unfallversicherung **einzubeziehen.** In der Satzung können dann für die erfassten Personenkreise auch Befreiungen von der Versicherungspflicht auf Antrag vorgesehen werden. Die Satzungsgebungskompetenz liegt bei der Vertreterversammlung des jeweiligen Versicherungsträgers. Die Entsch über die Einbeziehung in die Pflichtversicherung und über Befreiungsmöglichkeiten steht im **pflichtgem Ermessen** des Satzungsgebers.

2 Nach § 3 I Nr 1 kann die Versicherungspflicht kraft Satzung für **Unternehmer** sowie ihre im Unternehmen mitarbeitenden Ehegatten oder Lebenspartner (iSd LPartG) begründet werden. Unternehmer ist dabei nach § 136 III Nr 1 derjenige, dem das Ergebnis des Unternehmens unmittelbar zum Vor- oder Nachteil gereicht. Der satzungsmäßige Schutz ist von einer Anzeigen oder einem Antrag unabhängig. Er beginnt mit den Vorbereitungshandlungen zur Unternehmensgründung und endet mit der Einstellung des Unternehmens bzw der Beendigung von Abwicklungsarbeiten nach der Einstellung der Betriebstätigkeit.

3 § 3 I Nr 2 ermöglicht die Einbeziehung kraft Satzung in den Versicherungsschutz für Personen, die sich **auf der Unternehmensstätte aufhalten.** Erreicht wird eine Verlagerung des Haftungsrisikos des Unternehmers auf die gesetzliche Unfallversicherung. Erfasst werden zB die Teilnehmer an einer organisierten Besichtigung. Voraussetzung für den Versicherungsschutz ist, dass die Betroffenen sich auf Aufforderung und/oder **mit Erlaubnis** des Unternehmers auf der Unternehmensstätte aufhalten. Der Versicherungsschutz ist hierbei auf die Unternehmensstätte beschränkt und erstreckt sich nicht auf den Weg dorthin oder von diesem Ort an einen anderen.

§ 6 Freiwillige Versicherung

(1) ¹Auf schriftlichen Antrag können sich versichern
1. Unternehmer und ihre im Unternehmen mitarbeitenden Ehegatten oder Lebenspartner; ausgenommen sind Haushaltsführende, Unternehmer von nicht gewerbsmäßig betriebenen Binnenfischereien, von nicht gewerbsmäßig betriebenen Unternehmen nach § 123 Abs. 1 Nr. 2 und ihre Ehegatten sowie Fischerei- und Jagdgäste,
2. Personen, die in Kapital- oder Personenhandelsgesellschaften regelmäßig wie Unternehmer selbständig tätig sind,
3. gewählte oder beauftragte Ehrenamtsträger in gemeinnützigen Organisationen,
4. Personen, die in Verbandsgremien und Kommissionen für Arbeitgeberorganisationen und Gewerkschaften sowie anderen selbständigen Arbeitnehmervereinigungen mit sozial- oder berufspolitischer Zielsetzung (sonstige Arbeitnehmervereinigungen) ehrenamtlich tätig sind oder an Ausbildungsveranstaltungen für diese Tätigkeit teilnehmen,
5. Personen, die ehrenamtlich für Parteien im Sinne des Parteiengesetzes tätig sind oder an Ausbildungsveranstaltungen für diese Tätigkeit teilnehmen.

²In den Fällen des Satzes 1 Nummer 3 kann auch die Organisation, für die die Ehrenamtsträger tätig sind, oder ein Verband, in dem die Organisation Mitglied ist, den Antrag stellen; eine namentliche Bezeichnung der Versicherten ist in diesen Fällen nicht erforderlich. ³In den Fällen des Satzes 1 Nummern 4 und 5 gilt Satz 2 entsprechend.

(2) ¹Die Versicherung beginnt mit dem Tag, der dem Eingang des Antrags folgt. ²Die Versicherung erlischt, wenn der Beitrag oder Beitragsvorschuss binnen zwei Monaten nach Fälligkeit nicht gezahlt worden ist. ³Eine Neuanmeldung bleibt so lange unwirksam, bis der rückständige Beitrag oder Beitragsvorschuss entrichtet worden ist.

1 Für Personen, die nicht schon aufgrund der Pflichtversicherung kraft Gesetzes nach § 2 oder der Pflichtversicherung kraft Satzung nach § 3 in die gesetzliche Unfallversicherung einbezogen sind, besteht die Möglichkeit, sich **auf Antrag freiwillig zu versichern.** Der hierzu berechtigte Personenkreis wird im § 6 abschließend bestimmt. Besitzt eine Person mehrere Unternehmen, so kann mit dem Antrag bei einem Träger der gesetzlichen Unfallversicherung Versicherungsschutz immer nur für dessen sachlichen Zuständigkeitsbereich begründet werden.

2 § 6 I Nr 2 eröffnet die Möglichkeit zur freiwilligen Versicherung für Personen, die wie ein Unternehmer tätig sind. Betroffen sind in 1. Linie **GmbH-Geschäftsführer,** die aufgrund einer beherrschenden Stellung im Unternehmen **selbstständig sind** (s dazu § 7 SGB IV Rdn 22 f). Die Möglichkeit zur freiwilligen Versicherung besteht auch für Vorstandsmitglieder einer AG.

Versicherungsschutz besteht erst ab dem Beginn der Versicherung. Dies bedeutet auch, dass zu Krankheiten führende berufliche Einwirkungen erst ab dem Tag des Versicherungsbeginns zur Anerkennung einer Berufskrankheit führen können.

§ 7 Begriff
(1) Versicherungsfälle sind Arbeitsunfälle und Berufskrankheiten.
(2) Verbotswidriges Handeln schließt einen Versicherungsfall nicht aus.

In § 7 I werden die Versicherungsfälle in der gesetzlichen Unfallversicherung definiert. Nach II schließt ein verbotswidriges Handeln des Versicherten einen Versicherungsfall nicht aus.

Ein Anspruch auf Leistungen aus der gesetzlichen Unfallversicherung setzt zunächst die Ausübung einer nach den §§ 2, 3 oder 6 versicherten Tätigkeit voraus, die kausal für den Unfall oder das Auftreten der Berufskrankheit sein muss. Dieser notwendige Zusammenhang wird als **haftungsbegründende Kausalität** bezeichnet. Weiter ist erforderlich, dass durch den Unfall oder die Berufskrankheit der geltend gemachte Schaden (Gesundheitsschaden oder Tod der Versicherten) eingetreten ist (sog **haftungsausfüllende Kausalität**).

Die haftungsbegründende Kausalität liegt vor, wenn die versicherte Tätigkeit eine rechtlich **wesentliche Ursache** für den Eintritt des schädigenden Ereignisses ist. Die Wesentlichkeit der Ursache ist (insb bei mehreren sich kausal auswirkenden Faktoren) mittels einer **wertenden Betrachtung** festzustellen, wobei vor allem der Schutzweck der gesetzlichen Unfallversicherung zu beachten ist (BSG 20.1.1987, 2 RU 27/86, SozR 2200 § 548 Nr 84). Eine haftungsbegründende Kausalität scheidet aus, wenn die wesentliche Ursache für das schädigende Ereignis durch ein Verhalten des Versicherten begründet worden ist, das seiner Privatsphäre zuzurechnen ist. So besteht kein Versicherungsschutz, wenn bei einem Arbeitsunfall nach den Erfahrungen des täglichen Lebens davon auszugehen ist, dass ein nicht unter Alkoholeinwirkung stehender Versicherter bei vergleichbarer Sachlage wahrscheinlich nicht verunglückt wäre (BSG 26.4.1977, 8 RU 92/76, SozR 2200 § 556 Nr 29).

Auch für die Feststellung der haftungsausfüllenden Kausalität kommt es darauf an, ob zwischen dem Unfallereignis oder der Berufskrankheit und dem Gesundheitsschaden und/oder dem Tod des Versicherten bei wertender Betrachtung ein rechtlich **wesentlicher Zusammenhang** besteht. Der Unfall oder die Berufskrankheit sind dann als kausal für den Gesundheitsschaden oder den Tod des Versicherten anzusehen, wenn sie die wesentliche (nicht notwendigerweise alleinige) Ursache dafür sind.

Während für die übrigen Anspruchsvoraussetzungen der volle Beweis erforderlich ist, reicht für den Nachweis der Kausalität zwischen der versicherten Tätigkeit und dem Versicherungsfall sowie zwischen dem Versicherungsfall und dem Schaden eine **hinreichende Wahrscheinlichkeit** aus. Diese ist gegeben, wenn nach dem aktuellen wissenschaftlichen Erkenntnisstand mehr für als gegen einen Zusammenhang spricht und auch ernste Zweifel im Hinblick auf eine andere Verursachung ausscheiden (vgl BSG 27.6.2006, B 2 U 5/05 R, SozR 4-5671 § 6 Nr 2).

Nach II schließt **verbotswidriges Handeln** einen Versicherungsfall nicht aus. Dies gilt sowohl für Verstöße gegen Anordnungen des Unternehmers sowie für Verstöße gegen ordnungs- und strafrechtliche Vorschriften. Versicherungsschutz in der gesetzlichen Unfallversicherung ist aber nur gegeben, wenn die verbotswidrige Tätigkeit noch **der versicherten Tätigkeit an sich zuzurechnen ist** und der Versicherte nicht nur die beruflich gegebenen Gelegenheiten für ein dem privaten Bereich zuzurechnendes gefährliches Tun ausnutzt. Ein Versicherungsschutz scheidet auch aus, wenn jemand die zu seiner Verletzung führende Handlung gerade mit der Absicht ausführt, einen Versicherungsfall herbeizuführen, um dann Leistungen in Anspruch nehmen zu können. Bei einer absichtlichen Herbeiführung liegt schon begrifflich nicht der Versicherungsfall eines Arbeitsunfalls vor und die Schädigung ist ausschließlich der persönlichen Risikosphäre zuzuordnen.

§ 8 Arbeitsunfall
(1) ¹Arbeitsunfälle sind Unfälle von Versicherten infolge einer den Versicherungsschutz nach § 2, 3 oder 6 begründenden Tätigkeit (versicherte Tätigkeit). ²Unfälle sind zeitlich begrenzte, von außen auf den Körper einwirkende Ereignisse, die zu einem Gesundheitsschaden oder zum Tod führen.
(2) Versicherte Tätigkeiten sind auch
1. das Zurücklegen des mit der versicherten Tätigkeit zusammenhängenden unmittelbaren Weges nach und von dem Ort der Tätigkeit,

2. das Zurücklegen des von einem unmittelbaren Weg nach und von dem Ort der Tätigkeit abweichenden Weges, um
   a) Kinder von Versicherten (§ 56 des Ersten Buches), die mit ihnen in einem gemeinsamen Haushalt leben, wegen ihrer, ihrer Ehegatten oder ihrer Lebenspartner beruflichen Tätigkeit fremder Obhut anzuvertrauen oder
   b) mit anderen Berufstätigen oder Versicherten gemeinsam ein Fahrzeug zu benutzen,
3. das Zurücklegen des von einem unmittelbaren Weg nach und von dem Ort der Tätigkeit abweichenden Weges der Kinder von Personen (§ 56 des Ersten Buches), die mit ihnen in einem gemeinsamen Haushalt leben, wenn die Abweichung darauf beruht, dass die Kinder wegen der beruflichen Tätigkeit dieser Personen oder deren Ehegatten oder deren Lebenspartner fremder Obhut anvertraut werden,
4. das Zurücklegen des mit der versicherten Tätigkeit zusammenhängenden Weges von und nach der ständigen Familienwohnung, wenn die Versicherten wegen der Entfernung ihrer Familienwohnung von dem Ort der Tätigkeit an diesem oder in dessen Nähe eine Unterkunft haben,
5. das mit einer versicherten Tätigkeit zusammenhängende Verwahren, Befördern, Instandhalten und Erneuern eines Arbeitsgeräts oder einer Schutzausrüstung sowie deren Erstbeschaffung, wenn diese auf Veranlassung der Unternehmer erfolgt.

(3) Als Gesundheitsschaden gilt auch die Beschädigung oder der Verlust eines Hilfsmittels.

1 In § 8 wird der Begriff des Arbeitsunfalls näher definiert. Nach § 8 I 2 sind Arbeitsunfälle zeitlich begrenzte, von außen auf den Körper einwirkende Ereignisse, die zu einem Gesundheitsschaden oder zum Tod (des Versicherten) führen. Durch das Merkmal der **zeitlichen Begrenztheit** wird der Arbeitsunfall von der Berufskrankheit unterschieden. Nach der Rspr kann sich das Unfallgeschehen über einen Zeitraum von maximal einer Arbeitsschicht erstrecken (BSG 26.9.1961, 2 RU 191/59, SozR Nr 46 zu § 542 RVO). Bei schadensverursachenden Einwirkungen über einen längeren Zeitraum kommt kein Arbeitsunfall, sondern das Vorliegen einer Berufskrankheit in Betracht.

2 Ein Arbeitsunfall setzt einen **sog inneren Zusammenhang** zwischen der versicherten Tätigkeit (der Beschäftigung des AN) und dem konkreten Verhalten (bzw der konkreten Tätigkeit), bei dem sich der Unfall ereignet, voraus. Dieser innere Zusammenhang ist wertend zu ermitteln. Für die tatsächlichen Grundlagen dieser Wertentsch muss der volle Nachweis (vom Versicherten) erbracht werden (BSG 20.2.2001, B 2 U 7/00 R, SozR 3-2200 § 539 Nr 54). Hat der Versicherte zum Unfallzeitpunkt eine konkrete Tätigkeit ausgeübt, die zum Kernbereich der versicherten Tätigkeit gehört, bereitet die Feststellung des inneren Zusammenhangs keine Schwierigkeiten. Nicht vom Versicherungsschutz erfasst werden sog **eigenwirtschaftliche Tätigkeiten**, die der Versicherte im eigenen Interesse ausführt, auch wenn dies am Arbeitsplatz geschieht (zB Durchführung einer privaten Reparatur am Arbeitsplatz). Abzugrenzen ist in Zweifelsfällen danach, ob die konkrete Tätigkeit, bei der sich der Unfall ereignete, nach der Zweckvorstellung des Versicherten **iW dem Unternehmen dienen sollte** (BSG 31.5.1988, 2/9b RU 16/87, SozR 2200 § 548 Nr 90). Ist dies zu verneinen, liegt kein Arbeitsunfall iSd gesetzlichen Unfallversicherung vor. Zum Verlust des Versicherungsschutzes führt es auch, wenn der Versicherte bei seiner Tätigkeit neben betrieblichen auch private Interessen verfolgt und für den Unfall eine durch die Verfolgung der privaten Zwecke verursachte **erhöhte Gefahrenlage** (zB infolge »Sonnenbadens« des Beifahrers auf dem Dach eines Tanklastzuges während der Fahrt) maßgeblich ist (BSG 2.11.1988, 2 RU 7/88, SozR 2200 § 548 Nr 93).

3 Bei einem unter den Versicherungsschutz nach II fallenden Wegeunfall handelt es sich gesetzessystematisch um einen Unterfall des Arbeitsunfalls. Versicherte Tätigkeit ist das Zurücklegen eines iSv II mit der versicherten Tätigkeit zusammenhängenden Weges. Versichert ist dabei der unmittelbare Weg ohne erhebliche Umwege. Wird ein längerer Weg gewählt, weil dieser erfahrungsgem schneller oder sicherer zurückgelegt werden kann als die längere Wegstrecke (etwa bei Umgehung von Staus oder einer stark befahrenen Straße), ist dies der unmittelbare Weg. Nicht versichert ist das Zurücklegen von »Abwegen«. Ein Abweg liegt vor, wenn aus nicht von II erfassten, privaten Gründen ein Wegstück zurückgelegt wird, das ansonsten nicht zurückgelegt worden wäre. Ereignet sich bei der Zurücklegungen eines solchen Weges ein Unfall, realisiert sich keine mit der versicherten Tätigkeit zusammenhängende Gefahr.

§ 104 Beschränkung der Haftung der Unternehmer

(1) ¹Unternehmer sind den Versicherten, die für ihre Unternehmen tätig sind oder zu ihren Unternehmen in einer sonstigen die Versicherung begründenden Beziehung stehen, sowie deren Angehörigen und Hinterbliebenen nach anderen gesetzlichen Vorschriften zum Ersatz des Personenschadens, den ein

Versicherungsfall verursacht hat, nur verpflichtet, wenn sie den Versicherungsfall vorsätzlich oder auf einem nach § 8 Abs. 2 Nr. 1 bis 4 versicherten Weg herbeigeführt haben. ²Ein Forderungsübergang nach § 116 des Zehnten Buches findet nicht statt.
(2) Absatz 1 gilt entsprechend für Personen, die als Leibesfrucht durch einen Versicherungsfall im Sinne des § 12 geschädigt worden sind.
(3) Die nach Absatz 1 oder 2 verbleibenden Ersatzansprüche vermindern sich um die Leistungen, die Berechtigte nach Gesetz oder Satzung infolge des Versicherungsfalls erhalten.

§ 104 regelt den Ausschluss ansonsten wegen **Personenschäden** bestehender **Schadensersatzansprüche der** 1 **in der gesetzlichen Unfallversicherung versicherten Personen gegen den Unternehmer**. Hintergrund der Regelung ist zum einen, dass die Unternehmer die alleinige Beitragslast der gesetzlichen Unfallversicherung tragen und die Haftungsfreistellung insofern ein Äquivalent darstellt. Zum anderen sollen Auseinandersetzungen zwischen AG und AN über Ersatzansprüche aufgrund betrieblicher Gegebenheiten vermieden werden (sog Friedensfunktion). Die den Anspruch innehabenden Versicherten werden hins des Ersatzes von Personenschäden **ausschließlich** auf den zuständigen Träger der gesetzlichen Unfallversicherung verwiesen. Der Haftungsausschluss greift nicht ein, sofern der Unternehmer den Versicherungsfall vorsätzlich herbeigeführt hat oder wenn der Schaden aus einem versicherten Wegeunfall resultiert.

Ausgeschlossen sind nach § 104 Schadensersatzansprüche der Versicherten sowie deren Angehöriger und 2 Hinterbliebenen gegen die Unternehmer infolge von Versicherungsfällen iSv § 7 (Arbeitsunfälle und Berufskrankheiten). Der Ausschluss betrifft dabei nur die Schadensersatzansprüche **wegen Personenschäden**. Davon werden alle Schäden inklusive der Folgeschäden umfasst, die auf den verursachten Personenschaden zurückzuführen sind. Dies sind ua der Verdienstausfall während der Arbeitsunfähigkeit, der Schaden infolge einer bleibenden Minderung der Erwerbsfähigkeit sowie im Todesfall entgangener Unterhalt für die Angehörigen und Bestattungskosten. Der Anspruchsausschluss greift auch dann ein, wenn entspr Leistungen nicht zum Leistungsumfang der gesetzlichen Unfallversicherung gehören. So sind auch die in der gesetzlichen Unfallversicherung nicht gesondert zu entschädigende Ansprüche wegen immaterieller Schäden (**Schmerzensgeld**) gegen den Unternehmer ausgeschlossen. Nicht ausgeschlossen sind zivilrechtliche Ansprüche wegen sonstiger Sachschäden (zB an der Kleidung). Nicht ausgeschlossen sind auch Ansprüche von Angehörigen geschädigter Versicherter wegen der Schäden, die diese infolge der Nachricht von einem schweren Arbeitsunfall erleiden (sog Schockschäden). Hier können eigene Schadensersatzansprüche bei schuldhafter Verursachung des schädigenden Ereignisses nach zivilrechtlichen Grds geltend gemacht werden (BGH 6.2.2007, VI ZR 55/06, VersR 2007, S 803 f).

Die Haftungsfreistellung gilt nicht nur für die Ansprüche der im Unternehmen beschäftigten AN. Erfasst 3 werden auch die Ansprüche von Versicherten, die zu einem Unternehmen in einer »**sonstigen die Versicherung begründenden Beziehung**« stehen. Dies betrifft ua die Ansprüche des nach § 3 I Nr 2 versicherten Personenkreises (etwa Teilnehmer an einer organisierten Besichtigung des Betriebes).

Keine Anwendung findet die Haftungsfreistellung nach § 104, wenn der Versicherungsfall vom Unterneh- 4 mer **vorsätzlich herbeigeführt** worden ist oder wenn es sich um einen **Wegeunfall iSv § 8 II Nr 1–4** handelt. Dann haftet der Unternehmer dem Versicherten auch wegen des Personenschadens. Bei den Wegeunfällen ist keine bes Verursachung durch den Unternehmer erforderlich. Grund für die Ausnahme von der Haftungsfreistellung ist, dass der AN auf diesen versicherten Wegen keiner bes Betriebsgefahr, sondern den allg Gefährdungen als Verkehrsteilnehmer ausgesetzt ist. Der Umfang des Schadensausgleichs wegen eines Personenschadens soll in diesen Fällen nicht auf die von dem Unfallversicherungsträger zu erbringenden Leistungen beschränkt sein. Die Ausnahme von der Haftungsfreistellung gilt nicht für den sog Werksverkehr, der vorliegt, wenn der Unternehmer Betriebsangehörige in betriebseigenen Fahrzeugen zur Arbeitsstätte und zurückbringen lässt und nicht für vom AG organisierte Betriebsfahrten (BAG 19.8.2004, 8 AZR 349/03, EzA § 104 SGB VII Nr 2). Auch Unfälle beim Zurücklegen von Betriebs- und Arbeitswegen fallen nicht unter den Anwendungsbereich des § 8 II. Hier liegt jeweils ein »normaler« Arbeitsunfall vor und der AN ist hins der Ansprüche wegen eines Personenschadens auf die Leistungsansprüche aus der gesetzlichen Unfallversicherung beschränkt.

In den Fällen, in denen der AN wegen einer vorsätzlichen Schädigung oder einem Wegeunfall auch wegen 5 des Personenschadens Ansprüche gegen den Unternehmer hat, gehen diese Ansprüche **nicht auf den Unfallversicherungsträger über**, falls und insoweit dieser Leistungen an den Versicherten erbringt. Doppelleistungen werden durch die Leistungsanrechnung gem § 104 III vermieden. Die direkt ggü dem AG bestehenden Schadensersatzansprüche vermindern sich danach um die Leistungen, die dem Versicherten infolge des Versicherungsfalls vom Unfallversicherungsträger erbracht werden. Ob und inwieweit der Unfallversicherungsträger den Unternehmer in Regress nehmen kann, richtet sich nach § 110.

§ 105 Beschränkung der Haftung anderer im Betrieb tätiger Personen

(1) ¹Personen, die durch eine betriebliche Tätigkeit einen Versicherungsfall von Versicherten desselben Betriebs verursachen, sind diesen sowie deren Angehörigen und Hinterbliebenen nach anderen gesetzlichen Vorschriften zum Ersatz des Personenschadens nur verpflichtet, wenn sie den Versicherungsfall vorsätzlich oder auf einem nach § 8 Abs. 2 Nr. 1 bis 4 versicherten Weg herbeigeführt haben. ²Satz 1 gilt entsprechend bei der Schädigung von Personen, die für denselben Betrieb tätig und nach § 4 Abs. 1 Nr. 1 versicherungsfrei sind. ³§ 104 Abs. 1 Satz 2, Abs. 2 und 3 gilt entsprechend.

(2) ¹Absatz 1 gilt entsprechend, wenn nicht versicherte Unternehmer geschädigt worden sind. ²Soweit nach Satz 1 eine Haftung ausgeschlossen ist, werden die Unternehmer wie Versicherte, die einen Versicherungsfall erlitten haben, behandelt, es sei denn, eine Ersatzpflicht des Schädigers gegenüber dem Unternehmer ist zivilrechtlich ausgeschlossen. ³Für die Berechnung von Geldleistungen gilt der Mindestjahresarbeitsverdienst als Jahresarbeitsverdienst. ⁴Geldleistungen werden jedoch nur bis zur Höhe eines zivilrechtlichen Schadenersatzanspruchs erbracht.

1 § 105 **dehnt** die Haftungsbeschränkung für Unternehmer nach § 104 auf andere im Betrieb tätige Personen **aus**. Voraussetzung ist, dass der Versicherungsfall durch eine betriebliche Tätigkeit dieser Personen verursacht wurde. Damit ist in 1. Linie die versicherte Tätigkeit der im Betrieb beschäftigten AN gemeint. Personen, die nicht betriebsbezogen für das Unternehmen tätig sind, werden nicht nach § 105 haftungsbefreit.

2 Der Geschädigte muss nach I eine in der gesetzlichen Unfallversicherung **versicherte Person** sein und er muss **demselben Betrieb** angehören. Nach der Rspr des BAG ist dabei der Betriebsbegriff unfallversicherungsrechtlich so zu bestimmen, dass auch im Unternehmen mit mehreren Betriebsstätten darunter fällt (BAG 24.9.1992, 8 AZR 572/91, EzA § 637 RVO Nr 10). Nach § 105 II 1 greift die Haftungsbeschränkung auch ein, wenn ein **nicht versicherter Unternehmer** geschädigt wird. Als Ausgleich für den Verlust des Anspruchs gegen den Schädiger werden dem nicht versicherten Unternehmer Leistungsansprüche gegen den Unfallversicherungsträger eingeräumt. Dies gilt aber nur, wenn die Ersatzpflicht des Schädigers gegen den Unternehmer nicht (auch) zivilrechtlich ausgeschlossen ist.

3 Ist für die Verursachung eines Arbeitsunfalls neben nach §§ 104, 105 von der Haftung freigestellten Personen noch ein weiterer Schädiger verantwortlich (sog Zweitschädiger), der nicht von der gesetzlichen Haftungsfreistellung erfasst wird, hat der geschädigte AN diesem ggü einen zivilrechtlichen Schadensersatzanspruch. Dieser Anspruch ist aber von vornherein um denjenigen Anteil bzw die Anteile gekürzt, die in einem Gesamtschuldausgleich auf die haftungsprivilegierten Schädiger entfallen würden. Tatsächlich erfolgt ein Gesamtschuldausgleich zwischen den Schädigern infolge der Haftungsprivilegierung nicht. Bei der Bestimmung der Haftungsanteile finden vertragliche Abreden zwischen den Schädigern, etwa bzgl der Übertragung der Verkehrssicherungspflicht, Berücksichtigung. Eine vom haftungsprivilegierten Schädiger gegenüber dem Zweitschädiger erklärte Haftungsfreistellung ist aber im Verhältnis zum Geschädigten unbeachtlich (BGH 23.1.1990, VI ZR 209/89, BGHZ 110, 114).

§ 108 Bindung der Gerichte

(1) Hat ein Gericht über Ersatzansprüche der in den §§ 104 bis 107 genannten Art zu entscheiden, ist es an eine unanfechtbare Entscheidung nach diesem Buch oder nach dem Sozialgerichtsgesetz in der jeweils geltenden Fassung gebunden, ob ein Versicherungsfall vorliegt, in welchem Umfang Leistungen zu erbringen sind und ob der Unfallversicherungsträger zuständig ist.

(2) ¹Das Gericht hat sein Verfahren auszusetzen, bis eine Entscheidung nach Absatz 1 ergangen ist. ²Falls ein solches Verfahren noch nicht eingeleitet ist, bestimmt das Gericht dafür eine Frist, nach deren Ablauf die Aufnahme des ausgesetzten Verfahrens zulässig ist.

1 § 108 soll eine **einheitliche rechtliche Beurteilung** unfallversicherungsrechtlicher Fragestellungen sicherstellen. Die in I angeordnete **Bindungswirkung** betrifft Gerichte der ordentlichen Gerichtsbarkeit, die über Schadensersatzansprüche nach den §§ 823 ff BGB zu entscheiden haben und ArbG, die über deliktische Schadensersatzansprüche von AN gegen AG oder gegen Arbeitskollegen zu befinden haben. Die Bindungswirkung erstreckt sich nach I auf die Fragen, ob ein Versicherungsfall iSd § 7 vorliegt (Arbeitsunfall oder Berufskrankheit), in welchem Umfang Leistungen zu erbringen sind und ob der Unfallversicherungsträger zuständig ist. Damit wird dann auch über die Unternehmereigenschaft des potenziell Schadensersatzpflichtigen und das Eingreifen einer Haftungsbeschränkung nach den §§ 104 ff entschieden. Im Ergebnis wird den entscheidenden Unfallversicherungsträgern bzw den zur Überprüfung solcher Entsch berufenen Gerichten der Sozialgerichtsbarkeit ein **Entscheidungsvorrang** hins der Feststellung der im SGB VII angeordneten Haftungsbeschränkungen eingeräumt.

Nach § 108 II 1 hat zwingend eine **Verfahrensaussetzung** durch das Gericht der ordentlichen Gerichtsbarkeit oder das ArbG zu erfolgen, wenn zu den Fragen, auf die sich die Bindungswirkung nach I erstreckt, ein Parallelverfahren bei einem Unfallversicherungsträger oder bei einem SG eingeleitet wurde und noch anhängig ist. Sofern ein solches Verfahren noch nicht eingeleitet wurde, ist das Verfahren gleichwohl auszusetzen. Dann bestimmt das angerufene Gericht nach seinem Ermessen eine Frist, nach deren Ablauf die Aufnahme zulässig ist.

§ 109 Feststellungsberechtigung von in der Haftung beschränkten Personen

¹Personen, deren Haftung nach den §§ 104 bis 107 beschränkt ist und gegen die Versicherte, ihre Angehörigen und Hinterbliebene Schadensersatzforderungen erheben, können statt der Berechtigten die Feststellungen nach § 108 beantragen oder das entsprechende Verfahren nach dem Sozialgerichtsgesetz betreiben. ²Der Ablauf von Fristen, die ohne ihr Verschulden verstrichen sind, wirkt nicht gegen sie; dies gilt nicht, soweit diese Personen das Verfahren selbst betreiben.

§ 109 eröffnet den (potenziell) nach §§ 104–107 haftungsprivilegierten Personen die Möglichkeit, die verbindliche Feststellung nach § 108 beim Unfallversicherungsträger zu **beantragen** und ggf auch ein sozialgerichtliches Verfahren zu betreiben. Die Antragsmöglichkeit ist dann relevant, wenn Geschädigte von der Geltendmachung eines Leistungsanspruchs ggü dem Unfallversicherungsträger absehen und statt dessen zivilrechtliche Schadensersatzansprüche geltend machen wollen, weil ihnen dies im Hinblick auf ansonsten ausgeschlossene Schmerzensgeldansprüche attraktiv erscheint.

§ 109 S 2 betrifft **Rechtsbehelfsfristen**, wie zB die Frist für den Widerspruch gegen eine Entsch des Unfallversicherungsträgers. »Ohne Verschulden« ist eine solche Frist dann verstrichen, wenn der Betroffene die Entsch und den Lauf einer Rechtsbehelfsfrist nicht kannte und diese Unkenntnis auch nicht auf Fahrlässigkeit beruht. Das Letztere kann zB dann der Fall sein, wenn der Betroffene über ein entspr Verfahren informiert war, sich aber nicht um dessen Verlauf kümmert.

§ 110 Haftung gegenüber den Sozialversicherungsträgern

(1) ¹Haben Personen, deren Haftung nach den §§ 104 bis 107 beschränkt ist, den Versicherungsfall vorsätzlich oder grob fahrlässig herbeigeführt, haften sie den Sozialversicherungsträgern für die infolge des Versicherungsfalls entstandenen Aufwendungen, jedoch nur bis zur Höhe des zivilrechtlichen Schadensersatzanspruchs. ²Statt der Rente kann der Kapitalwert gefordert werden. ³Das Verschulden braucht sich nur auf das den Versicherungsfall verursachende Handeln oder Unterlassen zu beziehen.
(1a) ¹Unternehmer, die Schwarzarbeit nach § 1 des Schwarzarbeitsbekämpfungsgesetzes erbringen und dadurch bewirken, dass Beiträge nach dem Sechsten Kapitel nicht, nicht in der richtigen Höhe oder nicht rechtzeitig entrichtet werden, erstatten den Unfallversicherungsträgern die Aufwendungen, die diesen infolge von Versicherungsfällen bei Ausführung der Schwarzarbeit entstanden sind. ²Eine nicht ordnungsgemäße Beitragsentrichtung wird vermutet, wenn die Unternehmer die Personen, bei denen die Versicherungsfälle eingetreten sind, nicht nach § 28a des Vierten Buches bei der Einzugsstelle oder der Datenstelle der Träger der Rentenversicherung angemeldet hatten.
(2) Die Sozialversicherungsträger können nach billigem Ermessen, insbesondere unter Berücksichtigung der wirtschaftlichen Verhältnisse des Schuldners, auf den Ersatzanspruch ganz oder teilweise verzichten.

§ 110 I liegt der Gedanke zugrunde, dass die Haftungsbeschränkungen nach den §§ 104 ff unbillig sind, wenn der Privilegierte den Versicherungsfall **vorsätzlich oder grob fahrlässig herbeigeführt hat**. Weil in solchen Fällen nicht im Ergebnis die Gemeinschaft der Beitragszahler belastet werden soll, räumt § 110 den Sozialversicherungsträgern (nicht nur dem Unfallversicherungsträger), die infolge des Versicherungsfalls Leistungen erbracht haben, **Regressansprüche** ein. Der Anspruch nach § 110 ist ein originärer, nicht aus dem Recht des geschädigten Versicherten abgeleiteter **Anspruch zivilrechtlicher Natur**. Er ist im Streitfalle zivilrechtlich geltend zu machen und kann nicht rechtmäßig durch VA festgesetzt werden.

Als Anspruchsverpflichtete kommen alle Personen in Betracht, deren Haftung für **grds gegen sie bestehende Schadensersatzansprüche** nach den §§ 104 ff beschränkt ist. Anspruchsvoraussetzung ist eine vorsätzliche oder grob fahrlässige Herbeiführung des Versicherungsfalls. Dabei muss sich das **Verschulden** nach I 3 nur auf das den Versicherungsfall verursachende Handeln oder Unterlassen und nicht auch auf die Folgen des Handelns beziehen. Grobe Fahrlässigkeit liegt vor, wenn die erforderliche Sorgfalt in bes schwerem Maße verletzt wurde. Dies ist der Fall, wenn schon einfachste, sich aufdrängende Überlegungen für Vorkehrungen zur Vermeidung des Versicherungsfalls nicht angestellt oder ignoriert wurden. Das schuldhafte Verhalten muss den Versicherungsfall herbeigeführt haben. Dies ist entspr der Natur des Anspruchs dann der Fall, wenn nicht nur ein kausaler Verursachungsbeitrag vorliegt, sondern nach der zivilrechtlichen Adäquanztheorie die Verursachung des Versicherungsfalls auch rechtlich zuzurechnen ist.

3 Zu ersetzen sind grds die Aufwendungen, die dem Sozialversicherungsträger durch den Versicherungsfall entstanden sind. Dabei ist der Anspruch nach I 1 aber dem Umfang nach auf die Höhe des zivilrechtlichen Schadensersatzanspruchs **begrenzt**, der ohne die Haftungsbeschränkung nach §§ 104 ff zu befriedigen wäre.

4 § 110 Ia begründet einen Regressanspruch auch gegen Unternehmer, die Werk- oder Dienstleistungen **in Schwarzarbeit erbringen** (s dazu bei § 1 SchwArbG) und dadurch Beitragsausfälle bei den Unfallversicherungsträgern bewirken. Dieser Regressanspruch wird nur den Unfallversicherungsträgern eingeräumt und nicht auch anderen Sozialversicherungsträgern, die anlässlich eines Versicherungsfalls bei Ausführung der Schwarzarbeit Leistungen an den Geschädigten erbringen. Der Anspruch knüpft alleine an den Tatbestand der Erbringung von Schwarzarbeit und den dadurch bewirkten Beitragsausfall an. Er entsteht auch dann, wenn der Unternehmer ansonsten alle relevanten Arbeitsschutz- und Unfallverhütungsvorschriften beachtet hat. Der Anspruch entfällt auch nicht, wenn der Unternehmer nach dem während der Schwarzarbeit eingetretenen Versicherungsfall die Beiträge für den geschädigten AN nachentrichtet. Als Rechtsfolge sind dem Unfallversicherungsträger die gesamten Aufwendungen zu erstatten, die ihm infolge des Versicherungsfalls bzw **der Versicherungsfälle bei Ausführung der Schwarzarbeit** entstanden sind.

5 Nach Ia 2 wird die nicht ordnungsgem Beitragsentrichtung verschuldensunabhängig **vermutet**, wenn der Unternehmer die Personen, bei denen die Versicherungsfälle eingetreten sind, nicht bei der Einzugsstelle als Beschäftigte angemeldet hat. Die Vermutung kann im Einzelfall durch einen Nachweis der Beitragsentrichtung widerlegt werden.

§ 111 Haftung des Unternehmens
¹Haben ein Mitglied eines vertretungsberechtigten Organs, Abwickler oder Liquidatoren juristischer Personen, vertretungsberechtigte Gesellschafter oder Liquidatoren einer Personengesellschaft des Handelsrechts oder gesetzliche Vertreter der Unternehmer in Ausführung ihnen zustehender Verrichtungen den Versicherungsfall vorsätzlich oder grob fahrlässig verursacht, haften nach Maßgabe des § 110 auch die Vertretenen. ²Eine nach § 110 bestehende Haftung derjenigen, die den Versicherungsfall verursacht haben, bleibt unberührt. ³Das Gleiche gilt für Mitglieder des Vorstandes eines nicht rechtsfähigen Vereins oder für vertretungsberechtigte Gesellschafter einer Personengesellschaft des bürgerlichen Rechts mit der Maßgabe, dass sich die Haftung auf das Vereins- oder das Gesellschaftsvermögen beschränkt.

1 Haben Vertreter des Unternehmens »in Ausführung ihnen zustehender Verrichtungen« den Versicherungsfall vorsätzlich oder grob fahrlässig verursacht, tritt neben deren Haftung nach § 110 bei Vorliegen der in § 111 genannten Voraussetzungen die Haftung des vertretenen Unternehmens. Das als juristische Person organisierte Unternehmen und der Vertreter haften dann als Gesamtschuldner iSv § 421 BGB nebeneinander. Nach S 3 haften entspr S 1 auch die Mitglieder des Vorstands eines nicht rechtsfähigen Vereins und vertretungsberechtigte Gesellschafter einer Personengesellschaft. Deren Haftung ist aber auf das Vereins- bzw Gesellschaftsvermögen beschränkt. Die Bestimmung der Haftung »nach Maßgabe des § 110« bezieht sich dabei auf die Begrenzung der Haftungshöhe nach § 110 I und die Verzichtsmöglichkeit nach § 110 III.

§ 112 Bindung der Gerichte
§ 108 über die Bindung der Gerichte gilt auch für die Ansprüche nach den §§ 110 und 111.

1 § 118 begründet eine Bindungswirkung für die ordentlichen Gerichte so wie bei den von § 108 erfassten Ersatzansprüchen, sofern Unfallversicherungsträger mit unanfechtbar gewordenen Bescheiden oder SG mit rechtskräftigen Entsch über Regressansprüche nach den §§ 110 und 111 entschieden haben. Die Bindungswirkung betrifft die getroffenen Feststellungen zum Vorliegen eines Versicherungsfalls, die Zuständigkeit des Unfallversicherungsträgers und den Leistungsumfang.

2 Sofern solche Entsch noch nicht ergangen sind, gilt § 108 II entspr.

§ 113 Verjährung
¹Für die Verjährung der Ansprüche nach den §§ 110 und 111 gelten die §§ 195, 199 Abs. 1 und 2 und § 203 des Bürgerlichen Gesetzbuchs entsprechend mit der Maßgabe, dass die Frist von dem Tag an gerechnet wird, an dem die Leistungspflicht für den Unfallversicherungsträger bindend festgestellt oder

ein entsprechendes Urteil rechtskräftig geworden ist. ²Artikel 229 § 6 Abs. 1 des Einführungsgesetzes zum Bürgerlichen Gesetzbuch gilt entsprechend.

Erfasst von der Verjährungsregelung werden die Ansprüche aus §§ 110 I und Ia, 111. Die Verjährungsfrist gilt für alle aus einem Schadensfall resultierenden Ansprüche. Eine neue Frist kann nur ganz ausnahmsweise zu laufen beginnen, wenn sich bei anfänglich ganz leichten Verletzungen so nicht zu erwartende schwere Folgeschäden ergeben (BGH 15.3.2011, VI ZR 162/10, VersR 2011, 682 ff). 1

Die Frist nach § 195 BGB beträgt 3 Jahre. Sie beginnt nach § 199 I BGB mit dem Schluss des Jahres, in dem der Anspruch entstanden ist und in dem der Unfallversicherungsträger von den den Anspruch begründenden Umständen und der Person des Ersatzpflichtigen Kenntnis erlangt hat oder ohne grobe Fahrlässigkeit hätte erlangen müssen. Für die positive Kenntnis ist dabei auf die für die Regressbearbeitung beim Unfallversicherungsträger zuständigen Mitarbeiter abzustellen. Bei schwebenden Verhandlungen zwischen dem Umfallversicherungsträger und dem Ersatzpflichtigen ist die Verjährung nach § 203 BGB gehemmt. 2

Sozialgesetzbuch (SGB) Neuntes Buch (IX) – Rehabilitation und Teilhabe behinderter Menschen – (SGB IX)

Vom 19.6.2001 (BGBl I S 1046), zuletzt geändert durch Art 452 der Verordnung vom 31.8.2015 (BGBl I S 1474).

– Auszug –

§ 69 Feststellung der Behinderung, Ausweise

(1) [1]Auf Antrag des behinderten Menschen stellen die für die Durchführung des Bundesversorgungsgesetzes zuständigen Behörden das Vorliegen einer Behinderung und den Grad der Behinderung fest. [2]Beantragt eine erwerbstätige Person die Feststellung der Eigenschaft als schwerbehinderter Mensch (§ 2 Abs. 2), gelten die in § 14 Abs. 2 Satz 2 und 4 sowie Abs. 5 Satz 2 und 5 genannten Fristen sowie § 60 Abs. 1 des Ersten Buches entsprechend. [3]Das Gesetz über das Verwaltungsverfahren der Kriegsopferversorgung ist entsprechend anzuwenden, soweit nicht das Zehnte Buch Anwendung findet. [4]Die Auswirkungen auf die Teilhabe am Leben in der Gesellschaft werden als Grad der Behinderung nach Zehnergraden abgestuft festgestellt. [5]Eine Feststellung ist nur zu treffen, wenn ein Grad der Behinderung von wenigstens 20 vorliegt. [6]Durch Landesrecht kann die Zuständigkeit abweichend von Satz 1 geregelt werden.

(2) [1]Feststellungen nach Absatz 1 sind nicht zu treffen, wenn eine Feststellung über das Vorliegen einer Behinderung und den Grad einer auf ihr beruhenden Erwerbsminderung schon in einem Rentenbescheid, einer entsprechenden Verwaltungs- oder Gerichtsentscheidung oder einer vorläufigen Bescheinigung der für diese Entscheidungen zuständigen Dienststellen getroffen worden ist, es sei denn, dass der behinderte Mensch ein Interesse an anderweitiger Feststellung nach Absatz 1 glaubhaft macht. [2]Eine Feststellung nach Satz 1 gilt zugleich als Feststellung des Grades der Behinderung.

(3) [1]Liegen mehrere Beeinträchtigungen der Teilhabe am Leben in der Gesellschaft vor, so wird der Grad der Behinderung nach den Auswirkungen der Beeinträchtigungen in ihrer Gesamtheit unter Berücksichtigung ihrer wechselseitigen Beziehungen festgestellt. [2]Für diese Entscheidung gilt Absatz 1, es sei denn, dass in einer Entscheidung nach Absatz 2 eine Gesamtbeurteilung bereits getroffen worden ist.

(4) Sind neben dem Vorliegen der Behinderung weitere gesundheitliche Merkmale Voraussetzung für die Inanspruchnahme von Nachteilsausgleichen, so treffen die zuständigen Behörden die erforderlichen Feststellungen im Verfahren nach Absatz 1.

(5) [1]Auf Antrag des behinderten Menschen stellen die zuständigen Behörden auf Grund einer Feststellung der Behinderung einen Ausweis über die Eigenschaft als schwerbehinderter Mensch, den Grad der Behinderung sowie im Falle des Absatzes 4 über weitere gesundheitliche Merkmale aus. [2]Der Ausweis dient dem Nachweis für die Inanspruchnahme von Leistungen und sonstigen Hilfen, die schwerbehinderten Menschen nach Teil 2 oder nach anderen Vorschriften zustehen. [3]Die Gültigkeitsdauer des Ausweises soll befristet werden. [4]Er wird eingezogen, sobald der gesetzliche Schutz schwerbehinderter Menschen erloschen ist. [5]Der Ausweis wird berichtigt, sobald eine Neufeststellung unanfechtbar geworden ist.

Übersicht	Rdn.		Rdn.
A. Allgemeines	1	D. Gleichgestellte behinderte Menschen	8
B. Schwerbehinderte Menschen	3	E. Beendigung der Gleichstellung	11
C. Wegfall der Schwerbehinderung	6	F. Vorübergehender Wegfall des Schutzes ...	14

1 **A. Allgemeines.** § 69 regelt die amtliche Feststellung einer Behinderung und weiterer gesundheitlicher Merkmale. Diese Feststellungen sind erforderlich für die Anwendung zahlreicher Vorschriften des SGB IX.

2 Behinderung iSd SGB IX ist eine Beeinträchtigung der Teilhabe am Leben in der Gesellschaft infolge einer Abweichung der körperlichen Funktion, geistigen Fähigkeit oder seelischen Gesundheit von dem für das Lebensalter typischen Zustand für eine mit hoher Wahrscheinlichkeit länger als 6 Monate währenden Dauer (§ 2 I). Die Behinderung wird als Grad der Behinderung nach 10er-Graden abgestuft festgestellt, wobei Feststellungen nur zu treffen sind, wenn ein Grad der Behinderung von wenigstens 20 vorliegt. Schwerbehinderung wird bei einem Grad der Behinderung von wenigstens 50 festgestellt. Die Gleichstellung mit Schwerbehinderten erfordert einen Grad der Behinderung von wenigstens 30. Berufliche Nachteile und prognostische Risiken werden bei der Feststellung in der Regel nicht berücksichtigt. Der Grad der

Behinderung richtet sich grundsätzlich nur nach tatsächlich und aktuell bestehenden Funktionseinschränkungen (LSG Sachsen-Anhalt 23.4.2014, L 7 SB 61/11, BeckRS 2014, 70092).

B. Schwerbehinderte Menschen. Menschen sind iSd SGB IX schwerbehindert, »wenn bei ihnen ein Grad der Behinderung von wenigstens 50 vorliegt und sie ihren Wohnsitz, ihren gewöhnlichen Aufenthalt oder ihre Beschäftigung auf einem Arbeitsplatz iSd § 73 (= alle Stellen, auf denen AN und ANinnen, Beamte und Beamtinnen, Richter und Richterinnen sowie Auszubildende und andere zu ihrer beruflichen Bildung Eingestellte beschäftigt werden) rechtmäßig im Geltungsbereich dieses Gesetzbuches haben« (§ 2 II). Der Kreis der Behinderten, der unter das SGB IX fällt, ist nach § 2 nicht auf Deutsche beschränkt; er umfasst damit insb auch ausländische Gastarbeiter, die sich in der BRD rechtmäßig aufhalten, ferner AN der alliierten Streitkräfte und auch leitende Angestellte. 3

Die in § 69 aufgeführten Behörden und – im Streitfall – die Sozialgerichtsbarkeit (§ 51 I Nr 7 SGG) sind für die Feststellung und den **Nachweis der Schwerbehinderteneigenschaft** ausschließlich zuständig. Folgende Möglichkeiten des Nachweises der Schwerbehinderteneigenschaft stehen dem behinderten Menschen somit offen: 4

a) Er kann bei der zuständigen Behörde, d.h. beim Versorgungsamt, in dessen Bezirk der Antragsteller zur Zeit des Antrages seinen Wohnsitz oder gewöhnlichen Aufenthaltsort hat, beantragen festzustellen, ob eine Behinderung vorliegt und, wenn ja, in welchem Grad (I). Das Versorgungsamt ist grds verpflichtet, einen solchen Antrag zu prüfen und zu bescheiden. Stellt das Versorgungsamt das Vorliegen einer Behinderung und einen Grad der Behinderung von wenigstens 50 fest, ist damit auch die Schwerbehinderteneigenschaft iSv § 2 II festgestellt. Die Feststellung des Versorgungsamtes kann auch für einen in die Vergangenheit zurückreichenden Zeitraum getroffen werden; erforderlich ist nur, dass für diesen Zeitraum die Behinderung und der Grad der Behinderung zuverlässig festgestellt werden können. An diese Feststellungen des Versorgungsamtes sind die Gerichte für Arbeitssachen gebunden.

b) Einer Feststellung der Schwerbehinderteneigenschaft durch das Versorgungsamt bedarf es nicht, wenn eine Feststellung über das Vorliegen einer Behinderung und den Grad einer auf ihr beruhenden Erwerbsminderung schon in einem Rentenbescheid, einer entspr Verwaltungs- oder Gerichtsentsch oder einer vorläufigen Bescheinigung der für diese Entsch zuständigen Dienststellen getroffen worden ist (II).

c) Wenn die Schwerbehinderteneigenschaft nach I oder II unanfechtbar festgestellt worden ist, hat das Versorgungsamt auf Antrag des behinderten Menschen einen Ausweis über die Eigenschaft als schwerbehinderter Mensch und den Grad der Behinderung auszustellen (V). Dieser Ausweis hat nur deklaratorischen Charakter und ist nicht unabdingbar erforderlich zur Begründung oder zum Nachweis der Schwerbehinderteneigenschaft; andererseits reicht der Ausweis jedoch zum Nachweis der Schwerbehinderteneigenschaft aus und ist als VA von den Gerichten für Arbeitssachen nicht auf seine Richtigkeit überprüfbar.

d) Liegen nach Auffassung des Versorgungsamtes die Voraussetzungen für eine Schwerbehinderteneigenschaft des Antragstellers nicht vor und lehnt es deshalb die entspr Feststellung gem I ab, kann der Antragsteller gegen den Bescheid des Versorgungsamtes Widerspruch einlegen und, falls dieser erfolglos bleibt, gegen das Versorgungsamt Klage beim SG erheben. Die rechtskräftige Entsch eines Gerichts der Sozialgerichtsbarkeit ist dann für die Gerichte für Arbeitssachen bindend.

Andererseits kann der AG die versorgungsamtliche Feststellung des Schwerbehindertenstatus seines AN, auch soweit dieser rückwirkend als schwerbehinderter Mensch anerkannt wird, nicht anfechten. Die von der Versorgungsverwaltung getroffene Feststellung wirkt gegen jedermann (BSG 22.10.1986, 9a RVs 3/84, EzA § 3 SchwbG Nr 1). 5

C. Wegfall der Schwerbehinderung. Sinkt der Grad der Behinderung eines schwerbehinderten Menschen auf weniger als 50, so erlischt der Schwerbehindertenschutz nach dem SGB IX nicht automatisch, sondern nur dann, wenn die Verringerung des Grades der Behinderung durch behördlichen oder gerichtlichen Bescheid unanfechtbar festgestellt wird, und dann auch erst am Ende des 3. Kalendermonats nach Eintritt der Unanfechtbarkeit des Bescheides (§ 116 I). Für den Bescheid über eine Verringerung des Grades der Behinderung sind die Behörden zuständig, die nach § 69 I–III Feststellungen über die Schwerbehinderteneigenschaft treffen können; gegen den Bescheid kann der behinderte Mensch Widerspruch und, falls dieser erfolglos bleibt, Klage beim SG erheben (§ 51 I Nr 7 SGG). Wird der Bescheid über die Verringerung des Grades der Behinderung unanfechtbar oder durch Rechtsmittelinstanzen rechtskräftig bestätigt, erbringt er den von dem behinderten Menschen nicht widerlegbaren Beweis über die in ihm getroffenen Feststellungen; deshalb kann der behinderte AN in einem Rechtsstreit mit dem AG nicht damit gehört werden, der Bescheid sei unrichtig. Das folgt einerseits daraus, dass die Gerichte für Arbeitssachen wegen 6 der ausschließlichen Zuständigkeitsregelung in § 51 I Nr 7 SGG an die sozialgerichtliche oder behördliche Entscheidung gebunden und nicht zu deren Überprüfung befugt sind, und andererseits aus dem Sinn des § 116 I, der die Unanfechtbarkeit des Feststellungsbescheides zum maßgebenden Kriterium für die Beendigung des Schwerbehindertenschutzes macht.

7 Wenn durch behördlichen oder gerichtlichen Bescheid eine Minderung des Grades der Behinderung auf weniger als 50, aber wenigstens auf 30 unanfechtbar festgestellt wird und deshalb der Schwerbehindertenschutz nach Ablauf der Schonfrist gem § 116 I zu erlöschen droht, kommt auf Antrag des behinderten Menschen eine Gleichstellung mit schwerbehinderten Menschen gem § 2 III in Betracht (s Rdn 8 ff).

8 **D. Gleichgestellte behinderte Menschen.** Personen mit einem Grad der Behinderung von weniger als 50, aber wenigstens 30, die rechtmäßig im Geltungsbereich des SGB IX (BRD) wohnen, sich dort gewöhnlich aufhalten oder hier einen Arbeitsplatz iSd § 73 I haben, sollen auf ihren Antrag von der BA schwerbehinderten Menschen gleichgestellt werden, wenn sie infolge ihrer Behinderung ohne die Gleichstellung einen geeigneten Arbeitsplatz iSd § 73 I nicht erlangen oder nicht behalten können (§ 2 III). Sind die aufgeführten Voraussetzungen für eine Gleichstellung erfüllt, muss die BA die Gleichstellung aussprechen; das Wort »sollen« in § 2 III bedeutet nicht, dass der BA bei Vorliegen der Voraussetzungen für eine Gleichstellung ein Ermessensspielraum hins des Ausspruchs der Gleichstellung eingeräumt ist (vgl *Neumann/Pahlen/Majerski-Pahlen* § 68 Rn 7). Der AG kann die Entscheidung der BA, die seinen AN schwerbehinderten Menschen nach § 2 gleichstellt, nicht anfechten (BSG 19.12.2001, B 11 AL 57/01 R, AP SchwbG 1986 § 2 Nr 1).

9 Die Gleichstellung wird bereits mit dem Tag des Eingangs des Antrags bei der BA wirksam, auch wenn die Entscheidung der BA erst später ergeht (§ 68 II 2). Hatte der behinderte Mensch zunächst einen Antrag beim Versorgungsamt auf Feststellung seiner Schwerbehinderung gestellt, wird dieser Antrag zurückgewiesen, weil die Behinderung keinen Grad von 50 erreicht, und stellt er nunmehr bei der BA einen Antrag auf Gleichstellung, ist nach dem Sinn und Zweck des Gesetzes der Tag des Eingangs des Antrags beim Versorgungsamt (auf Feststellung der Schwerbehinderung) für die Gleichstellung maßgebend. Die Gleichstellung kann nach dem Ermessen der BA zeitlich befristet werden (§ 68 II 3). Nach Ablauf einer zeitlich befristeten Gleichstellung ist auf Antrag die Gleichstellung erneut auszusprechen, wenn die Voraussetzungen hierfür gem § 2 III gegeben sind.

10 Die Gleichstellung bewirkt, dass – mit Ausnahme des Zusatzurlaubs nach § 125 und der unentgeltlichen Beförderung im öffentlichen Personenverkehr nach Kapitel 13 – dem gleichgestellten behinderten Menschen die gleichen Rechte, auch im ArbR, zustehen wie einem schwerbehinderten Menschen (§ 68 III).

11 **E. Beendigung der Gleichstellung.** Der Behindertenschutz gleichgestellter behinderter Menschen nach dem SGB IX kann durch Widerruf oder Rücknahme der Gleichstellung zum Erlöschen gebracht werden. Widerruf oder Rücknahme können nur durch die BA erklärt werden, die den Gleichstellungsbescheid erlassen hat. Bei einer Befristung (§ 68 II 3) endet die Gleichstellung mit Ablauf der Frist.

12 Der **Widerruf** der Gleichstellung ist zulässig, wenn die Voraussetzungen für eine Gleichstellung nach § 2 III weggefallen sind; der Widerruf wird jedoch erst am Ende des 3. Kalendermonats nach Eintritt seiner Unanfechtbarkeit wirksam (§ 116 II 3). Bis dahin genießt der bisher gleichgestellte behinderte Mensch den Schutz des SGB IX.

13 Die **Rücknahme** der Gleichstellung ist zulässig, wenn die Entscheidung über die Gleichstellung aus irgendeinem Grunde rechtsfehlerhaft ist, also gar nicht hätte ergehen dürfen (vgl *Neumann/Pahlen/Majerski-Pahlen* § 116 Rn 8). Die Rücknahme der Gleichstellung richtet sich nach § 45 SGB X und ist nur bis zum Ablauf von 2 bzw (bei vorsätzlich oder grob fahrlässig gemachten falschen Angaben oder Kenntnis oder grob fahrlässiger Unkenntnis der Rechtswidrigkeit) 10 Jahren nach Bekanntgabe des Gleichstellungsbescheides zulässig (§ 45 III SGB X). Die Rücknahme führt mit ihrem Ausspruch zum Erlöschen des Behindertenschutzes. Hat der AN die Gleichstellung durch arglistige Täuschung, Drohung oder Bestechung erwirkt, oder beruht die Gleichstellung auf Angaben, die der AN vorsätzlich oder grob fahrlässig in wesentlicher Beziehung unrichtig oder unvollständig gemacht hat, oder kannte der AN die Rechtswidrigkeit des Gleichstellungsbescheides oder kannte er sie infolge grober Fahrlässigkeit nicht, kann die BA mit der Rücknahme der Gleichstellung nach Maßgabe des § 45 III und IV SGB X eine rückwirkende Beendigung der Gleichstellung verfügen, die zum rückwirkenden Erlöschen des Behindertenschutzes führt.

14 **F. Vorübergehender Wegfall des Schutzes.** Auch wenn die Voraussetzungen für ein Erlöschen des Schwerbehindertenschutzes nach § 116 nicht gegeben sind, kann das Integrationsamt im Benehmen mit der BA einem schwerbehinderten oder gleichgestellten behinderten Menschen, der einen zumutbaren Arbeitsplatz ohne berechtigten Grund zurückweist oder aufgibt oder sich ohne berechtigten Grund weigert, an einer

berufsfördernden Maßnahme zur Rehabilitation teilzunehmen, oder sonst durch sein Verhalten seine Eingliederung in Arbeit und Beruf schuldhaft vereitelt, die bes Hilfen für schwerbehinderte Menschen zeitweilig, höchstens für die Dauer von 6 Monaten, entziehen (§ 117). Während dieses Zeitraums genießt der schwerbehinderte oder gleichgestellte behinderte Mensch somit auch keinen Kdgschutz nach dem SGB IX.

§ 71 Pflicht der Arbeitgeber zur Beschäftigung schwerbehinderter Menschen

(1) ¹Private und öffentliche Arbeitgeber (Arbeitgeber) mit jahresdurchschnittlich monatlich mindestens 20 Arbeitsplätzen im Sinne des § 73 haben auf wenigstens 5 Prozent der Arbeitsplätze schwerbehinderte Menschen zu beschäftigen. ²Dabei sind schwerbehinderte Frauen besonders zu berücksichtigen. ³Abweichend von Satz 1 haben Arbeitgeber mit jahresdurchschnittlich monatlich weniger als 40 Arbeitsplätzen jahresdurchschnittlich je Monat einen schwerbehinderten Menschen, Arbeitgeber mit jahresdurchschnittlich monatlich weniger als 60 Arbeitsplätzen jahresdurchschnittlich je Monat zwei schwerbehinderte Menschen zu beschäftigen.

(2) (weggefallen)

(3) Als öffentliche Arbeitgeber im Sinne des Teils 2 gelten
1. jede oberste Bundesbehörde mit ihren nachgeordneten Dienststellen, das Bundespräsidialamt, die Verwaltungen des Deutschen Bundestages und Bundesrates, das Bundesverfassungsgericht, die obersten Gerichtshöfe des Bundes, der Bundesgerichtshof jedoch zusammengefasst mit dem Generalbundesanwalt, sowie das Bundeseisenbahnvermögen,
2. jede oberste Landesbehörde und die Staats- und Präsidialkanzleien mit ihren nachgeordneten Dienststellen, die Verwaltungen der Landtage, die Rechnungshöfe (Rechnungskammern), die Organe der Verfassungsgerichtsbarkeit der Länder und jede sonstige Landesbehörde, zusammengefasst jedoch diejenigen Behörden, die eine gemeinsame Personalverwaltung haben,
3. jede sonstige Gebietskörperschaft und jeder Verband von Gebietskörperschaften,
4. jede sonstige Körperschaft, Anstalt oder Stiftung des öffentlichen Rechts.

§ 71 regelt, auf wie viel Arbeitsplätzen AG schwerbehinderte Menschen beschäftigen müssen. Auf wenigstens 5 % der Arbeitsplätze sind schwerbehinderte Menschen zu beschäftigen (I 1), die Beschäftigungspflicht betrifft aber nur AG mit jahresdurchschnittlich monatlich mind 20 Arbeitsplätzen. AG mit jahresdurchschnittlich weniger als 20 Arbeitsplätzen brauchen keine schwerbehinderten AN zu beschäftigen. Was unter Arbeitsplätzen zu verstehen ist, regelt § 73. Wie die Mindestzahl von Arbeitsplätzen zu berechnen ist, wenn 5 % der Arbeitsplätze einen Bruchteil ergeben, ist in § 74 II geregelt (sich ergebende Bruchteile von 0,5 und mehr sind aufzurunden, bei AG mit jahresdurchschnittlich weniger als 60 Arbeitsplätzen abzurunden). AG, die ihre Beschäftigungspflicht nicht erfüllen, müssen eine Ausgleichsabgabe nach § 77 zahlen. Dies gilt auch für Beschäftigungs- und Qualifizierungsgesellschaften (Transfergesellschaften) hinsichtlich der von ihnen übernommenen Transferkurzarbeiter (BVerwG 16.5.2013, 5 C 20/12, NZA-RR 2013, 534). 1

§ 72 Beschäftigung besonderer Gruppen schwerbehinderter Menschen

(1) Im Rahmen der Erfüllung der Beschäftigungspflicht sind in angemessenem Umfang zu beschäftigen
1. schwerbehinderte Menschen, die nach Art oder Schwere ihrer Behinderung im Arbeitsleben besonders betroffen sind, insbesondere solche,
   a) die zur Ausübung der Beschäftigung wegen ihrer Behinderung nicht nur vorübergehend einer besonderen Hilfskraft bedürfen oder
   b) deren Beschäftigung infolge ihrer Behinderung nicht nur vorübergehend mit außergewöhnlichen Aufwendungen für den Arbeitgeber verbunden ist oder
   c) die infolge ihrer Behinderung nicht nur vorübergehend offensichtlich nur eine wesentlich verminderte Arbeitsleistung erbringen können oder
   d) bei denen ein Grad der Behinderung von wenigstens 50 allein infolge geistiger oder seelischer Behinderung oder eines Anfallsleidens vorliegt oder
   e) die wegen Art oder Schwere der Behinderung keine abgeschlossene Berufsbildung im Sinne des Berufsbildungsgesetzes haben,
2. schwerbehinderte Menschen, die das 50. Lebensjahr vollendet haben.

(2) ¹Arbeitgeber mit Stellen zur beruflichen Bildung, insbesondere für Auszubildende, haben im Rahmen der Erfüllung der Beschäftigungspflicht einen angemessenen Anteil dieser Stellen mit schwerbehinderten Menschen zu besetzen. ²Hierüber ist mit der zuständigen Interessenvertretung im Sinne des § 93 und der Schwerbehindertenvertretung zu beraten.

§ 74 SGB IX Berechnung der Mindestzahl von Arbeitsplätzen und der Pflichtarbeitsplatzzahl

1 § 72 hebt bes Gruppen schwerbehinderter Menschen hervor, die iRd Erfüllung der Beschäftigungspflicht nach § 71 »in angemessenem Umfang« zu beschäftigen sind. Der Begriff »angemessener Umfang« ist kaum judizierbar. Dies ist auch nicht erforderlich; denn ein Verstoß gegen § 72 bleibt folgenlos. Allerdings kann der AG, der einen schwerbehinderten Menschen aus einer in § 72 genannten Gruppe beschäftigt, dadurch eine Anrechnung auf mehr als einen, höchstens 3 Pflichtarbeitsplätze erreichen (§ 76 I 1).

§ 73 Begriff des Arbeitsplatzes

(1) Arbeitsplätze im Sinne des Teils 2 sind alle Stellen, auf denen Arbeitnehmer und Arbeitnehmerinnen, Beamte und Beamtinnen, Richter und Richterinnen sowie Auszubildende und andere zu ihrer beruflichen Bildung Eingestellte beschäftigt werden.
(2) Als Arbeitsplätze gelten nicht die Stellen, auf denen beschäftigt werden
1. behinderte Menschen, die an Leistungen zur Teilhabe am Arbeitsleben nach § 33 Abs. 3 Nr. 3 in Betrieben oder Dienststellen teilnehmen,
2. Personen, deren Beschäftigung nicht in erster Linie ihrem Erwerb dient, sondern vorwiegend durch Beweggründe karitativer oder religiöser Art bestimmt ist, und Geistliche öffentlich-rechtlicher Religionsgemeinschaften,
3. Personen, deren Beschäftigung nicht in erster Linie ihrem Erwerb dient und die vorwiegend zu ihrer Heilung, Wiedereingewöhnung oder Erziehung erfolgt,
4. Personen, die an Arbeitsbeschaffungsmaßnahmen nach dem Dritten Buch teilnehmen,
5. Personen, die nach ständiger Übung in ihre Stellen gewählt werden,
6. (weggefallen)
7. Personen, deren Arbeits-, Dienst- oder sonstiges Beschäftigungsverhältnis wegen Wehr- oder Zivildienst, Elternzeit, unbezahltem Urlaub, wegen Bezuges einer Rente auf Zeit oder bei Altersteilzeitarbeit in der Freistellungsphase (Verblockungsmodell) ruht, solange für sie eine Vertretung eingestellt ist.
(3) Als Arbeitsplätze gelten ferner nicht Stellen, die nach der Natur der Arbeit oder nach den zwischen den Parteien getroffenen Vereinbarungen nur auf die Dauer von höchstens acht Wochen besetzt sind, sowie Stellen, auf denen Beschäftigte weniger als 18 Stunden wöchentlich beschäftigt werden.

1 § 73 regelt, welche Stellen Teil 2 des SGB IX als Arbeitsplätze anerkennt. Dies ist bes wichtig für die Berechnung der Pflichtarbeitsplätze nach § 71. Grds sind alle Stellen, auf denen AN, Auszubildende und andere zu ihrer beruflichen Bildung Eingestellte beschäftigt werden, als Arbeitsplätze anzusehen (I). Deshalb ist nur von Interesse, welche dieser Stellen das Gesetz nicht als Arbeitsplätze anerkennt (II und III); diese Arbeitsplätze zählen bei der Berechnung der Pflichtquote nach § 71 ausnahmslos nicht mit und werden auch für die Erfüllung der Pflichtquote grds nicht berücksichtigt, wenn auf ihnen ein schwerbehinderter AN beschäftigt wird (Ausnahme: II Nr 1 oder 4, vgl § 75 I). Hierbei ist bes hervorzuheben, dass Stellen, auf denen Beschäftigte weniger als 18 Stunden wöchentlich beschäftigt werden, nicht als Arbeitsplätze iSd SGB IX – Teil 2 – gelten. Das bedeutet andererseits, dass ein AG, der einen schwerbehinderten AN auf einem Arbeitsplatz mit 18 (oder mehr) Stunden wöchentlich beschäftigt, seine Pflichtquote für einen Arbeitsplatz nach § 71 erfüllt, wie iE in § 75 II 1 geregelt ist.
2 Humanitäre Organisationen, bei denen Personen im Rahmen von Hilfseinsätzen im Ausland beschäftigt werden (im konkreten Fall: Ärzte ohne Grenzen e.V.), trifft ebenfalls eine Pflicht zur Beschäftigung schwerbehinderter Menschen und die daran anknüpfende Ausgleichsabgabe. Diese fallen nicht unter die Ausnahmeregelung des II Nr 2 (OVG Berl-Bbg 19.11.2014, OVG 6 B 10.14, BeckRS 2014, 58688). II Nr 5 bezieht sich auf Stellen, auf die nach ständiger Übung Personen gewählt werden. Hiervon erfasst werden bspw Wahlbeamte, Abgeordnete sowie die Mitglieder in gewählten Ausschüssen und Gremien (*Neumann/Pahlen/Majerski-Pahlen* § 73 Rn 55), Bundesrichter und Betriebs- und Personalratsmitglieder (vgl ErfK/*Rolfs* § 73 Rn 5). Bei Berechnung des Umfangs der Beschäftigungspflicht sollen diese Stellen nicht gezählt werden, da deren Besetzung nicht auf Grund freier Entschließung des AG erfolgt (vgl BT-Drs. 3/1256 S. 12).

§ 74 Berechnung der Mindestzahl von Arbeitsplätzen und der Pflichtarbeitsplatzzahl

(1) ¹Bei der Berechnung der Mindestzahl von Arbeitsplätzen und der Zahl der Arbeitsplätze, auf denen schwerbehinderte Menschen zu beschäftigen sind (§ 71), zählen Stellen, auf denen Auszubildende beschäftigt werden, nicht mit. ²Das Gleiche gilt für Stellen, auf denen Rechts- oder Studienreferendare und -referendarinnen beschäftigt werden, die einen Rechtsanspruch auf Einstellung haben.

(2) Bei der Berechnung sich ergebende Bruchteile von 0,5 und mehr sind aufzurunden, bei Arbeitgebern mit jahresdurchschnittlich weniger als 60 Arbeitsplätzen abzurunden.

§ 74 regelt, wie die Mindestzahl von Arbeitsplätzen, auf denen schwerbehinderte Menschen nach § 71 zu beschäftigen sind, zu berechnen ist. Wenn hierbei »5 Prozent der Arbeitsplätze« ermittelt werden sollen, sind die Stellen, auf denen Auszubildende – nicht: andere zu ihrer beruflichen Bildung Eingestellte – beschäftigt werden, nicht mitzuzählen (I 1). Andererseits werden Auszubildende, die auf solchen Stellen beschäftigt werden, auf die Pflichtquote angerechnet, da ihre Stellen Arbeitsplätze iSd § 73 sind.

II regelt zwar nur, dass bei der Berechnung (»5 Prozent der Arbeitsplätze«, s § 71 I) sich ergebende Bruchteile von 0,5 und mehr – bei AG mit jahresdurchschnittlich mind 60 Arbeitsplätzen – aufzurunden sind. Im Umkehrschluss ist daraus zu folgern, dass Bruchteile von weniger als 0,5 (immer) abzurunden sind.

§ 75 Anrechnung Beschäftigter auf die Zahl der Pflichtarbeitsplätze für schwerbehinderte Menschen

(1) Ein schwerbehinderter Mensch, der auf einem Arbeitsplatz im Sinne des § 73 Abs. 1 oder Abs. 2 Nr. 1 oder 4 beschäftigt wird, wird auf einen Pflichtarbeitsplatz für schwerbehinderte Menschen angerechnet.
(2) ¹Ein schwerbehinderter Mensch, der in Teilzeitbeschäftigung kürzer als betriebsüblich, aber nicht weniger als 18 Stunden wöchentlich beschäftigt wird, wird auf einen Pflichtarbeitsplatz für schwerbehinderte Menschen angerechnet. ²Bei Herabsetzung der wöchentlichen Arbeitszeit auf weniger als 18 Stunden infolge von Altersteilzeit gilt Satz 1 entsprechend. ³Wird ein schwerbehinderter Mensch weniger als 18 Stunden wöchentlich beschäftigt, lässt die Bundesagentur für Arbeit die Anrechnung auf einen dieser Pflichtarbeitsplätze zu, wenn die Teilzeitbeschäftigung wegen Art oder Schwere der Behinderung notwendig ist.
(2a) Ein schwerbehinderter Mensch, der im Rahmen einer Maßnahme zur Förderung des Übergangs aus der Werkstatt für behinderte Menschen auf den allgemeinen Arbeitsmarkt (§ 5 Abs. 4 Satz 1 der Werkstättenverordnung) beschäftigt wird, wird auch für diese Zeit auf die Zahl der Pflichtarbeitsplätze angerechnet.
(3) Ein schwerbehinderter Arbeitgeber wird auf einen Pflichtarbeitsplatz für schwerbehinderte Menschen angerechnet.
(4) Der Inhaber eines Bergmannsversorgungsscheins wird, auch wenn er kein schwerbehinderter oder gleichgestellter behinderter Mensch im Sinne des § 2 Abs. 2 oder 3 ist, auf einen Pflichtarbeitsplatz angerechnet.

§ 75 regelt iE, welche Personen auf die Zahl der Pflichtarbeitsplätze nach § 71 angerechnet werden. Hierbei ist bes hervorzuheben, dass AN, die auf einem Arbeitsplatz nach § 73 II Nr 1 (»behinderte Menschen, die an Leistungen zur Teilhabe am Arbeitsleben nach § 33 III Nr 3 teilnehmen«) oder nach § 73 II Nr 4 (»Personen, die an Arbeitsbeschaffungsmaßnahmen nach dem Dritten Buch teilnehmen«) beschäftigt werden, auf einen Pflichtarbeitsplatz angerechnet werden, obwohl dieser Personenkreis bei der Berechnung der Pflichtquote nicht mitgezählt wird (s § 73 Rdn 1).

§ 76 Mehrfachanrechnung

(1) ¹Die Bundesagentur für Arbeit kann die Anrechnung eines schwerbehinderten Menschen, besonders eines schwerbehinderten Menschen im Sinne des § 72 Abs. 1 auf mehr als einen Pflichtarbeitsplatz, höchstens drei Pflichtarbeitsplätze für schwerbehinderte Menschen zulassen, wenn dessen Teilhabe am Arbeitsleben auf besondere Schwierigkeiten stößt. ²Satz 1 gilt auch für schwerbehinderte Menschen im Anschluss an eine Beschäftigung in einer Werkstatt für behinderte Menschen und für teilzeitbeschäftigte schwerbehinderte Menschen im Sinne des § 75 Abs. 2.
(2) ¹Ein schwerbehinderter Mensch, der beruflich ausgebildet wird, wird auf zwei Pflichtarbeitsplätze für schwerbehinderte Menschen angerechnet. ²Satz 1 gilt auch während der Zeit einer Ausbildung im Sinne des § 35 Abs. 2, die in einem Betrieb oder einer Dienststelle durchgeführt wird. ³Die Bundesagentur für Arbeit kann die Anrechnung auf drei Pflichtarbeitsplätze für schwerbehinderte Menschen zulassen, wenn die Vermittlung in eine berufliche Ausbildungsstelle wegen Art oder Schwere der Behinderung auf besondere Schwierigkeiten stößt. ⁴Bei Übernahme in ein Arbeits- oder Beschäftigungsverhältnis durch den ausbildenden oder einen anderen Arbeitgeber im Anschluss an eine abgeschlossene Ausbildung wird der schwerbehinderte Mensch im ersten Jahr der Beschäftigung auf zwei Pflichtarbeitsplätze angerechnet; Absatz 1 bleibt unberührt.

§ 77 SGB IX Ausgleichsabgabe

(3) Bescheide über die Anrechnung eines schwerbehinderten Menschen auf mehr als drei Pflichtarbeitsplätze für schwerbehinderte Menschen, die vor dem 1. August 1986 erlassen worden sind, gelten fort.

1 § 76 regelt, unter welchen Voraussetzungen ein beschäftigter schwerbehinderter Mensch auf mehr als 1 Pflichtarbeitsplatz angerechnet werden kann. Der Gesetzgeber sieht in diesen Fällen den Schwerbehinderten als bes förderungswürdig an und will durch die Mehranrechnung Anreize geben, einen solchen Schwerbehinderten einzustellen. Bei der beruflichen Ausbildung eines Schwerbehinderten wird dieser während der Ausbildung und bei Übernahme in ein Arbeitsverhältnis – auch durch einen anderen AG – im Anschluss an eine abgeschlossene Ausbildung für die Dauer 1 Jahres auf 2 Pflichtarbeitsplätze angerechnet (II 1 und 4). In den übrigen Fällen ist die Entscheidung über eine Anrechnung auf mehr als 1 Pflichtarbeitsplatz und höchstens 3 Pflichtarbeitsplätze der BA überlassen, und zwar wenn die Teilhabe des Schwerbehinderten am Arbeitsleben oder die Vermittlung in eine berufliche Ausbildungsstelle wegen der Art oder Schwere der Behinderung »auf bes Schwierigkeiten« stößt (I 1, II 3). I 1 setzt nicht voraus, dass die Behinderung Ursache für die besondere Schwierigkeit der Eingliederung ist. Auch die Art des auszuübenden Berufs, das Alter, etwaige Vorstrafen oder ähnliche Gründe können eine Mehranrechnung rechtfertigen (*Neumann/Pahlen/Majerski-Pahlen* § 76 Rn 5). Eine Mehranrechnung von schwerbehinderten Auszubildenden (II 3) kommt hingegen nur in Betracht, wenn die Unterbringung gerade wegen der Art und Schwere der Behinderung (zB bei Sehbehinderung, Gehörlosigkeit uä) besondere Schwierigkeiten macht (*Neumann/Pahlen/Majerski-Pahlen* § 76 Rn 12).

§ 77 Ausgleichsabgabe

(1) [1]Solange Arbeitgeber die vorgeschriebene Zahl schwerbehinderter Menschen nicht beschäftigen, entrichten sie für jeden unbesetzten Pflichtarbeitsplatz für schwerbehinderte Menschen eine Ausgleichsabgabe. [2]Die Zahlung der Ausgleichsabgabe hebt die Pflicht zur Beschäftigung schwerbehinderter Menschen nicht auf. [3]Die Ausgleichsabgabe wird auf der Grundlage einer jahresdurchschnittlichen Beschäftigungsquote ermittelt.

(2) [1]Die Ausgleichsabgabe beträgt je unbesetzten Pflichtarbeitsplatz
1. 125 Euro bei einer jahresdurchschnittlichen Beschäftigungsquote von 3 Prozent bis weniger als dem geltenden Pflichtsatz,
2. 220 Euro bei einer jahresdurchschnittlichen Beschäftigungsquote von 2 Prozent bis weniger als 3 Prozent,
3. 320 Euro bei einer jahresdurchschnittlichen Beschäftigungsquote von weniger als 2 Prozent.

[2]Abweichend von Satz 1 beträgt die Ausgleichsabgabe je unbesetzten Pflichtarbeitsplatz für schwerbehinderte Menschen
1. für Arbeitgeber mit jahresdurchschnittlich weniger als 40 zu berücksichtigenden Arbeitsplätzen bei einer jahresdurchschnittlichen Beschäftigung von weniger als einem schwerbehinderten Menschen 115 Euro und
2. für Arbeitgeber mit jahresdurchschnittlich weniger als 60 zu berücksichtigenden Arbeitsplätzen bei einer jahresdurchschnittlichen Beschäftigung von weniger als zwei schwerbehinderten Menschen 115 Euro und bei einer jahresdurchschnittlichen Beschäftigung von weniger als einem schwerbehinderten Menschen 200 Euro.

(3) [1]Die Ausgleichsabgabe erhöht sich entsprechend der Veränderung der Bezugsgröße nach § 18 Abs. 1 des Vierten Buches. [2]Sie erhöht sich zum 1. Januar eines Kalenderjahres, wenn sich die Bezugsgröße seit der letzten Neubestimmung der Beträge der Ausgleichsabgabe um wenigstens 10 Prozent erhöht hat. [3]Die Erhöhung der Ausgleichsabgabe erfolgt, indem der Faktor für die Veränderung der Bezugsgröße mit dem jeweiligen Betrag der Ausgleichsabgabe vervielfaltigt wird. [4]Die sich ergebenden Beträge sind auf den nächsten durch fünf teilbaren Betrag abzurunden. [5]Das Bundesministerium für Arbeit und Soziales gibt den Erhöhungsbetrag und die sich nach Satz 3 ergebenden Beträge der Ausgleichsabgabe im Bundesanzeiger bekannt.

(4) [1]Die Ausgleichsabgabe zahlt der Arbeitgeber jährlich zugleich mit der Erstattung der Anzeige nach § 80 Abs. 2 an das für seinen Sitz zuständige Integrationsamt. [2]Ist ein Arbeitgeber mehr als drei Monate im Rückstand, erlässt das Integrationsamt einen Feststellungsbescheid über die rückständigen Beträge und zieht diese ein. [3]Für rückständige Beträge der Ausgleichsabgabe erhebt das Integrationsamt nach dem 31. März Säumniszuschläge nach Maßgabe des § 24 Abs. 1 des Vierten Buches; für ihre Verwendung gilt Absatz 5 entsprechend. [4]Das Integrationsamt kann in begründeten Ausnahmefällen von der Erhebung von Säumniszuschlägen absehen. [5]Widerspruch und Anfechtungsklage gegen den Feststellungsbescheid

haben keine aufschiebende Wirkung. ⁶Gegenüber privaten Arbeitgebern wird die Zwangsvollstreckung nach den Vorschriften über das Verwaltungszwangsverfahren durchgeführt. ⁷Bei öffentlichen Arbeitgebern wendet sich das Integrationsamt an die Aufsichtsbehörde, gegen deren Entscheidung es die Entscheidung der obersten Bundes- oder Landesbehörde anrufen kann. ⁸Die Ausgleichsabgabe wird nach Ablauf des Kalenderjahres, das auf den Eingang der Anzeige bei der Bundesagentur für Arbeit folgt, weder nachgefordert noch erstattet.

(5) ¹Die Ausgleichsabgabe darf nur für besondere Leistungen zur Förderung der Teilhabe schwerbehinderter Menschen am Arbeitsleben einschließlich begleitender Hilfe im Arbeitsleben (§ 102 Abs. 1 Nr. 3) verwendet werden, soweit Mittel für denselben Zweck nicht von anderer Seite zu leisten sind oder geleistet werden. ²Aus dem Aufkommen an Ausgleichsabgabe dürfen persönliche und sächliche Kosten der Verwaltung und Kosten des Verfahrens nicht bestritten werden. ³Das Integrationsamt gibt dem Beratenden Ausschuss für behinderte Menschen bei dem Integrationsamt (§ 103) auf dessen Verlangen eine Übersicht über die Verwendung der Ausgleichsabgabe.

(6) ¹Die Integrationsämter leiten den in der Rechtsverordnung nach § 79 bestimmten Prozentsatz des Aufkommens an Ausgleichsabgabe an den Ausgleichsfonds (§ 78) weiter. ²Zwischen den Integrationsämtern wird ein Ausgleich herbeigeführt. ³Der auf das einzelne Integrationsamt entfallende Anteil am Aufkommen an Ausgleichsabgabe bemisst sich nach dem Mittelwert aus dem Verhältnis der Wohnbevölkerung im Zuständigkeitsbereich des Integrationsamtes zur Wohnbevölkerung im Geltungsbereich dieses Gesetzbuches und dem Verhältnis der Zahl der im Zuständigkeitsbereich des Integrationsamtes in den Betrieben und Dienststellen beschäftigungspflichtiger Arbeitgeber auf Arbeitsplätzen im Sinne des § 73 beschäftigten und der bei den Agenturen für Arbeit arbeitslos gemeldeten schwerbehinderten und diesen gleichgestellten behinderten Menschen zur entsprechenden Zahl der schwerbehinderten und diesen gleichgestellten behinderten Menschen im Geltungsbereich dieses Gesetzbuchs.

(7) ¹Die bei den Integrationsämtern verbleibenden Mittel der Ausgleichsabgabe werden von diesen gesondert verwaltet. ²Die Rechnungslegung und die formelle Einrichtung der Rechnungen und Belege regeln sich nach den Bestimmungen, die für diese Stellen allgemein maßgebend sind.

(8) Für die Verpflichtung zur Entrichtung einer Ausgleichsabgabe (Absatz 1) gelten hinsichtlich der in § 71 Abs. 3 Nr. 1 genannten Stellen der Bund und hinsichtlich der in § 71 Abs. 3 Nr. 2 genannten Stellen das Land als ein Arbeitgeber.

Für Arbeitsplätze, die ab dem 1. Januar 2016 unbesetzt sind, gelten die neuen erhöhten Sätze. Sie sind erstmals zum 31. März 2017 zu zahlen, wenn die Ausgleichsabgabe für das Jahr 2016 fällig wird. 1

§ 77 regelt die Ausgleichsabgabe, die ein AG an das Integrationsamt zu zahlen hat, wenn er die Pflichtquote des § 71 nicht erfüllt, dh wenn er weniger schwerbehinderte AN beschäftigt, als § 71 vorschreibt. Die Regelungen über die Pflicht zur Beschäftigung schwerbehinderter Menschen (§ 71) und zur Zahlung einer Ausgleichsquote verstoßen nicht gegen das GG, sondern genügen dem Grds der Verhältnismäßigkeit (BVerfG 1.10.2004, 1 BvR 2221/03, EzA § 77 SGB IX Nr 1). Durch die Ausgleichsabgabe soll für den AG ein Anreiz geschaffen werden, schwerbehinderte AN einzustellen, um dadurch die Zahlung der Ausgleichsabgabe zu vermeiden. Einen anderen Anreiz bietet das Gesetz nicht; denn Nichterfüllung der Pflichtquote des § 71 bleibt für den AG iÜ sanktionslos. Der BR hat gegenüber dem AG keinen Anspruch auf Unterrichtung über die Höhe der von ihm gezahlten Ausgleichsabgabe (vgl BAG 14.5.2013, 1 ABR 4/12, NZA 2013, 1223). Auch Beschäftigungs- und Qualifizierungsgesellschaften (Transfergesellschaften) unterliegen hinsichtlich der von ihnen übernommenen Transferkurzarbeiter der Pflicht eine schwerbehindertenrechtliche Ausgleichsabgabe zu entrichten (BVerwG 16.5.2013, 5 C 20/12, NZA-RR 2013, 534). 2

§ 80 Zusammenwirken der Arbeitgeber mit der Bundesagentur für Arbeit und den Integrationsämtern

(1) Die Arbeitgeber haben, gesondert für jeden Betrieb und jede Dienststelle, ein Verzeichnis der bei ihnen beschäftigten schwerbehinderten, ihnen gleichgestellten behinderten Menschen und sonstigen anrechnungsfähigen Personen laufend zu führen und dieses den Vertretern oder Vertreterinnen der Bundesagentur für Arbeit und des Integrationsamtes, die für den Sitz des Betriebes oder der Dienststelle zuständig sind, auf Verlangen vorzulegen.

(2) ¹Die Arbeitgeber haben der für ihren Sitz zuständigen Agentur für Arbeit einmal jährlich bis spätestens zum 31. März für das vorangegangene Kalenderjahr, aufgegliedert nach Monaten, die Daten anzuzeigen, die zur Berechnung des Umfangs der Beschäftigungspflicht, zur Überwachung ihrer Erfüllung und der Ausgleichsabgabe notwendig sind. ²Der Anzeige sind das nach Absatz 1 geführte Verzeichnis

sowie eine Kopie der Anzeige und des Verzeichnisses zur Weiterleitung an das für ihren Sitz zuständige Integrationsamt beizufügen. ³Dem Betriebs-, Personal-, Richter-, Staatsanwalts- und Präsidialrat, der Schwerbehindertenvertretung und dem Beauftragten des Arbeitgebers ist je eine Kopie der Anzeige und des Verzeichnisses zu übermitteln.
(3) Zeigt ein Arbeitgeber die Daten bis zum 30. Juni nicht, nicht richtig oder nicht vollständig an, erlässt die Bundesagentur für Arbeit nach Prüfung in tatsächlicher sowie in rechtlicher Hinsicht einen Feststellungsbescheid über die zur Berechnung der Zahl der Pflichtarbeitsplätze für schwerbehinderte Menschen und der besetzten Arbeitsplätze notwendigen Daten.
(4) Die Arbeitgeber, die Arbeitsplätze für schwerbehinderte Menschen nicht zur Verfügung zu stellen haben, haben die Anzeige nur nach Aufforderung durch die Bundesagentur für Arbeit im Rahmen einer repräsentativen Teilerhebung zu erstatten, die mit dem Ziel der Erfassung der in Absatz 1 genannten Personengruppen, aufgegliedert nach Bundesländern, alle fünf Jahre durchgeführt wird.
(5) Die Arbeitgeber haben der Bundesagentur für Arbeit und dem Integrationsamt auf Verlangen die Auskünfte zu erteilen, die zur Durchführung der besonderen Regelungen zur Teilhabe schwerbehinderter und ihnen gleichgestellter behinderter Menschen am Arbeitsleben notwendig sind.
(6) ¹Für das Verzeichnis und die Anzeige des Arbeitgebers sind die mit der Bundesarbeitsgemeinschaft der Integrationsämter und Hauptfürsorgestellen, abgestimmten Vordrucke der Bundesagentur für Arbeit zu verwenden. ²Die Bundesagentur für Arbeit soll zur Durchführung des Anzeigeverfahrens in Abstimmung mit der Bundesarbeitsgemeinschaft ein elektronisches Übermittlungsverfahren zulassen.
(7) Die Arbeitgeber haben den Beauftragten der Bundesagentur für Arbeit und des Integrationsamtes auf Verlangen Einblick in ihren Betrieb oder ihre Dienststelle zu geben, soweit es im Interesse der schwerbehinderten Menschen erforderlich ist und Betriebs- oder Dienstgeheimnisse nicht gefährdet werden.
(8) Die Arbeitgeber haben die Vertrauenspersonen der schwerbehinderten Menschen (§ 94 Abs. 1 Satz 1 bis 3 und § 97 Abs. 1 bis 5) unverzüglich nach der Wahl und ihren Beauftragten für die Angelegenheiten der schwerbehinderten Menschen (§ 98 Satz 1) unverzüglich nach der Bestellung der für den Sitz des Betriebes oder der Dienststelle zuständigen Agentur für Arbeit und dem Integrationsamt zu benennen.
(9) (weggefallen)

1 § 80 regelt Anzeige-, Melde- und Auskunftspflichten des AG ggü der BA und dem Integrationsamt. Die praktisch wichtigste Pflicht ist die Pflicht zur jährlichen Anzeige der Daten, die zur Berechnung des Umfangs der Beschäftigungspflicht nach § 71, zur Überwachung ihrer Erfüllung und der Ausgleichsabgabe notwendig sind (II 1). Die Anzeige, die der AG ggü der für seinen Sitz zuständigen lokalen AA bis spätestens zum 31. März für das vorangegangene Jahr abzugeben hat, dient der Nachprüfung durch die AA, ob der AG die Pflichtarbeitsquote des § 71 erfüllt hat und, falls nicht, ob er die dann fällige Ausgleichsabgabe entrichtet hat.

§ 81 Pflichten des Arbeitgebers und Rechte schwerbehinderter Menschen

(1) ¹Die Arbeitgeber sind verpflichtet zu prüfen, ob freie Arbeitsplätze mit schwerbehinderten Menschen, insbesondere mit bei der Agentur für Arbeit arbeitslos oder arbeitsuchend gemeldeten schwerbehinderten Menschen, besetzt werden können. ²Sie nehmen frühzeitig Verbindung mit der Agentur für Arbeit auf. ³Die Bundesagentur für Arbeit oder ein Integrationsfachdienst schlägt den Arbeitgebern geeignete schwerbehinderte Menschen vor. ⁴Über die Vermittlungsvorschläge und vorliegende Bewerbungen von schwerbehinderten Menschen haben die Arbeitgeber die Schwerbehindertenvertretung und die in § 93 genannten Vertretungen unmittelbar nach Eingang zu unterrichten. ⁵Bei Bewerbungen schwerbehinderter Richter und Richterinnen wird der Präsidialrat unterrichtet und gehört, soweit dieser an der Ernennung zu beteiligen ist. ⁶Bei der Prüfung nach Satz 1 beteiligen die Arbeitgeber die Schwerbehindertenvertretung nach § 95 Abs. 2 und hören die in § 93 genannten Vertretungen an. ⁷Erfüllt der Arbeitgeber seine Beschäftigungspflicht nicht und ist die Schwerbehindertenvertretung oder eine in § 93 genannte Vertretung mit der beabsichtigten Entscheidung des Arbeitgebers nicht einverstanden, ist diese unter Darlegung der Gründe mit ihnen zu erörtern. ⁸Dabei wird der betroffene schwerbehinderte Mensch angehört. ⁹Alle Beteiligten sind vom Arbeitgeber über die getroffene Entscheidung unter Darlegung der Gründe unverzüglich zu unterrichten. ¹⁰Bei Bewerbungen schwerbehinderter Menschen ist die Schwerbehindertenvertretung nicht zu beteiligen, wenn der schwerbehinderte Mensch die Beteiligung der Schwerbehindertenvertretung ausdrücklich ablehnt.
(2) ¹Arbeitgeber dürfen schwerbehinderte Beschäftigte nicht wegen ihrer Behinderung benachteiligen. ²Im Einzelnen gelten hierzu die Regelungen des Allgemeinen Gleichbehandlungsgesetzes.

(3) ¹Die Arbeitgeber stellen durch geeignete Maßnahmen sicher, dass in ihren Betrieben und Dienststellen wenigstens die vorgeschriebene Zahl schwerbehinderter Menschen eine möglichst dauerhafte behinderungsgerechte Beschäftigung finden kann. ²Absatz 4 Satz 2 und 3 gilt entsprechend.
(4) ¹Die schwerbehinderten Menschen haben gegenüber ihren Arbeitgebern Anspruch auf
1. Beschäftigung, bei der sie ihre Fähigkeiten und Kenntnisse möglichst voll verwerten und weiterentwickeln können,
2. bevorzugte Berücksichtigung bei innerbetrieblichen Maßnahmen der beruflichen Bildung zur Förderung ihres beruflichen Fortkommens,
3. Erleichterungen im zumutbaren Umfang zur Teilnahme an außerbetrieblichen Maßnahmen der beruflichen Bildung,
4. behinderungsgerechte Einrichtung und Unterhaltung der Arbeitsstätten einschließlich der Betriebsanlagen, Maschinen und Geräte sowie der Gestaltung der Arbeitsplätze, des Arbeitsumfeldes, der Arbeitsorganisation und der Arbeitszeit, unter besonderer Berücksichtigung der Unfallgefahr,
5. Ausstattung ihres Arbeitsplatzes mit den erforderlichen technischen Arbeitshilfen
unter Berücksichtigung der Behinderung und ihrer Auswirkungen auf die Beschäftigung. ²Bei der Durchführung der Maßnahmen nach den Nummern 1, 4 und 5 unterstützt die Bundesagentur für Arbeit und die Integrationsämter die Arbeitgeber unter Berücksichtigung der für die Beschäftigung wesentlichen Eigenschaften der schwerbehinderten Menschen. ³Ein Anspruch nach Satz 1 besteht nicht, soweit seine Erfüllung für den Arbeitgeber nicht zumutbar oder mit unverhältnismäßigen Aufwendungen verbunden wäre oder soweit die staatlichen oder berufsgenossenschaftlichen Arbeitsschutzvorschriften oder beamtenrechtliche Vorschriften entgegenstehen.
(5) ¹Die Arbeitgeber fördern die Einrichtung von Teilzeitarbeitsplätzen. ²Sie werden dabei von den Integrationsämtern unterstützt. ³Schwerbehinderte Menschen haben einen Anspruch auf Teilzeitbeschäftigung, wenn die kürzere Arbeitszeit wegen Art oder Schwere der Behinderung notwendig ist; Absatz 4 Satz 3 gilt entsprechend.

Übersicht	Rdn.		Rdn.
A. Besetzung freier Arbeitsplätze (I)	1	C. Behinderungsgerechte Beschäftigung	
B. Benachteiligungsverbot (II)	2	(III und IV)	3
		D. Einrichtung von Teilzeitarbeitsplätzen (V)	11

A. Besetzung freier Arbeitsplätze (I). Jeder AG ist bei der Besetzung eines freien Arbeitsplatzes verpflichtet zu prüfen, ob dieser Arbeitsplatz mit einem Schwerbehinderten besetzt werden kann. Dies gilt auch dann, wenn der AG beabsichtigt, einen frei werdenden oder neu geschaffenen Arbeitsplatz mit einem Leih-AN zu besetzen (BAG 23.6.2010, 7 ABR 3/09, EzA § 99 BetrVG 2001 Einstellung Nr 14) oder er sich von vornherein auf eine interne Stellenbesetzung festgelegt hat (LAG Hamm 23.01.2015, 13 TaBV 44/14, JurionRS 2015, 12221). Bei der Prüfung ist die Schwerbehindertenvertretung zu beteiligen und die AA einzuschalten. Erfüllt der AG seine Pflicht nicht, bleibt dies sanktionslos; jedoch kann der BR deshalb die Zustimmung zur Einstellung eines nicht schwerbehinderten AN gem § 99 II Nr 1 BetrVG verweigern (BAG 23.6.2010, 7 ABR 3/09, EzA § 99 BetrVG 2001 Einstellung Nr 14; 17.6.2008, 1 ABR 20/07, EzA § 81 SGB IX Nr 16). Darüber hinaus kann in der Nichtbeachtung von I 1 und 2 ein Indiz für eine unzulässige unmittelbare Benachteiligung nach dem AGG liegen (BAG 13.10.2011, 8 AZR 608/10, AuA 2013, 184). Hat der AG über die Besetzung des freien Arbeitsplatzes entschieden, hat er alle Beteiligten hierüber unter Darlegung der Gründe unverzüglich zu unterrichten (I 9). Die Unterrichtung kann auch mündlich erfolgen und dient dazu, den abgelehnten Bewerbern zu ermöglichen, die Ablehnungsgründe gerichtlich überprüfen zu lassen (BAG 18.11.2008, 9 AZR 643/07, EzA § 81 SGB IX Nr 19). Aus der Verletzung der Pflicht kann eine Indizwirkung iSd § 22 AGG abgeleitet werden. Die Pflicht besteht nicht für Arbeitgeber, die die Beschäftigungsquote nach § 71 I erfüllen (BAG 21.2.2013, 8 AZR 180/12, NZA 2013, 840).

Der Arbeitgeber ist hingegen nicht verpflichtet, für einen schwerbehinderten AN einen besetzten leidensgerechten Arbeitsplatz im Wege einer Kündigung »freizumachen«. Eine solche Verpflichtung kann allenfalls dann gegeben sein, wenn der Inhaber der infrage kommenden Stelle seinerseits nicht allgemeinen Kündigungsschutz nach dem KSchG genießt, der schwerbehinderte AN darlegt und ggf beweist, dass der betroffene Stelleninhaber seinerseits nicht behindert ist und eine Kündigung für diesen keine besondere Härte darstellt (BAG 20.11.2014, 2 AZR 664/13, NZA 2015, 931). Evtl kann der AG jedoch verpflichtet sein, den Einsatz anderer Mitarbeiter so innerbetrieblich umzuorganisieren, dass der schwerbehinderte

1

1.1

Arbeitnehmer nur noch mit solchen Tätigkeiten betraut wird, die er gesundheitsbedingt leisten kann (LAG Köln 28.08.2014, 7 Sa 642/13, JurionRS 2014, 34886).

2 **B. Benachteiligungsverbot (II).** AG dürfen schwerbehinderte AN nicht wegen ihrer Behinderung benachteiligen (II 1); die Einzelheiten sind im AGG geregelt. Dieses Verbot gilt – als zwingendes Gesetzesrecht – auch für die Tarif- und Betriebsparteien (BAG 18.11.2003, 9 AZR 122/03, EzA § 81 SGB IX Nr 4). Eine Benachteiligung »wegen« einer Behinderung kann jedoch nicht erfolgen, wenn dem AG die Behinderung nicht bekannt ist. Der erforderliche Kausalzusammenhang ist idR abzulehnen, wenn der Bewerber die Angabe über seine Schwerbehinderteneigenschaft in seinem Lebenslauf »versteckt« und diese bei persönlicher Begegnung mit dem AG auch nicht offenkundig wird (BAG 26.9.2013, 8 AZR 650/12, NZA 2014, 258). Die Angabe muss bei jeder Bewerbung erfolgen. Auf Erklärungen bei früheren Bewerbungen kommt es nicht an (BAG 18.9.2014, 8 AZR 759/13, JurionRS 2014, 30177).

3 **C. Behinderungsgerechte Beschäftigung (III und IV).** III und IV wollen eine möglichst dauerhafte behinderungsgerechte Beschäftigung schwerbehinderter AN gewährleisten. III schreibt hierzu vor, dass der AG für eine möglichst dauerhafte behinderungsgerechte Beschäftigung für von ihm nach § 71 mind zu beschäftigenden Schwerbehinderten zu sorgen hat.

4 Schwerbehinderte haben ggü ihrem AG Anspruch auf Beschäftigung, bei der sie ihre Fähigkeiten und Kenntnisse möglichst voll verwerten und weiterentwickeln können (IV S 1 Nr 1; sog »behinderungsgerechte Beschäftigung«), aber keinen Anspruch auf Zuweisung eines einzigen konkreten Arbeitsplatzes (LAG Düsseldorf 25.1.2008, 9 Sa 991/07, LAGE § 81 SGB IX Nr 7).

5 Kann der AN die vertraglich vereinbarten Tätigkeiten wegen seiner Behinderung nicht mehr wahrnehmen, kann er einen Anspruch auf anderweitige Beschäftigung und, soweit der bisherige Arbeitsvertrag diese Beschäftigungsmöglichkeit nicht abdeckt, auf eine entspr Vertragsänderung haben (BAG 14.3.2006, 9 AZR 411/05, EzA § 81 SGB IX Nr 11). Tarifliche Regelungen, die diese Verpflichtung aufheben, indem sie zB während der Bewilligungsdauer einer Rente wegen Erwerbsminderung auf Zeit das Ruhen des Arbeitsverhältnisses anordnen, sind wegen Verstoßes gegen zwingendes Recht unwirksam (BAG 14.10.2003, 9 AZR 100/03, EzA § 81 SGB IX Nr 3). Auch iRd Wiedereingliederung eines arbeitsunfähigen AN (§ 74 SGB V) kann dieser eine anderweitige Tätigkeit zur stufenweisen Wiedereingliederung verlangen (BAG 13.6.2006, 9 AZR 229/05, EzA § 81 SGB IX Nr 13).

6 Um eine behindertengerechte Beschäftigung zu ermöglichen, kommt auch eine Umgestaltung der Arbeitsorganisation in Betracht. So kann der schwerbehinderte AN verlangen, dass er nur mit leichteren Arbeiten beschäftigt wird, sofern im Betrieb die Möglichkeit zu einer solchen Aufgabenumverteilung besteht (BAG 14.3.2006, 9 AZR 411/05, EzA § 81 SGB IX Nr 11). Er hat ferner Anspruch auf Ausstattung seines Arbeitsplatzes mit den erforderlichen technischen Arbeitshilfen (IV 1 Nr 5). Der schwerbehinderte AN hat auch Anspruch auf behinderungsgerechte Gestaltung der Arbeitszeit, woraus sich ggf die Pflicht des AG ergeben kann, den AN nicht zur Nachtarbeit einzuteilen und die Arbeitszeit auf die 5-Tage-Woche zu beschränken (BAG 3.12.2002, 9 AZR 462/01, EzA § 124 SGB IX Nr 1). Der AG ist zu solchen Maßnahmen jedoch nicht verpflichtet, wenn sie ihm nicht zumutbar sind oder mit unverhältnismäßigen Aufwendungen verbunden wären (IV 3). Der AG ist auch nicht verpflichtet, für den schwerbehinderten AN einen zusätzlichen Arbeitsplatz einzurichten (BAG 14.3.2006, 9 AZR 411/05, EzA § 81 SGB IX Nr 11), dh einen bislang nicht vorhandenen Arbeitsplatz neu zu schaffen (BAG 22.11.2005, 1 ABR 49/04, EzA § 99 BetrVG 2001 Versetzung Nr 1).

7 Grds ist der AN darlegungs- und beweispflichtig dafür, dass für ihn eine anderweitige behinderungsgerechte Beschäftigungsmöglichkeit besteht. Es gilt jedoch eine abgestufte Darlegungs- und Beweislast. Der Anspruch ist bereits dann schlüssig vorgetragen, wenn der AN unter Darlegung seines eingeschränkten Leistungsvermögens seine Weiterbeschäftigung geltend macht und Beschäftigungsmöglichkeiten aufzeigt, die seinen Fähigkeiten und Kenntnissen entsprechen sollen. Hierauf hat sich der AG substanziiert einzulassen und die Tatsachen vorzutragen, aus denen sich ergibt, dass keine für den AN geeignete behinderungsgerechte Beschäftigung besteht oder deren Zuweisung ihm unzumutbar ist. Hierzu gehört auch die Darlegung, dass kein entspr freier Arbeitsplatz vorhanden ist und auch nicht durch Versetzung freigemacht werden kann. Es obliegt dann dem AN, die Tatsachen zu konkretisieren und ggf zu beweisen, aus denen gleichwohl auf eine bestehende Beschäftigungsmöglichkeit zu schließen ist. Will der AG geltend machen, die Beschäftigung des AN sei unzumutbar, so trägt er für diesen anspruchsausschließenden Grund die Beweislast (BAG 10.5.2005, 9 AZR 230/04, EzA § 81 SGB IX Nr 7). Soweit es um die Wiedereingliederung eines arbeitsunfähigen AN (§ 74 SGB V) geht, hat dieser eine ärztliche Bescheinigung seines behandelnden Arztes vorzulegen, aus der sich Art und Weise der empfohlenen Beschäftigung, Beschäftigungsbeschränkungen, möglicher Umfang der täglichen oder wöchentlichen Arbeitszeit sowie die Dauer der

Maßnahme ergeben; die Bescheinigung muss auch eine Prognose enthalten, wann »voraussichtlich« der AN seine Arbeitsfähigkeit wiedererlangt und seine Tätigkeit wieder aufnehmen kann (BAG 13.6.2006, 9 AZR 229/05, EzA § 81 SGB IX Nr 13).

Soweit für die Erfüllung des Beschäftigungsanspruchs eine Versetzung erforderlich ist, hat der schwerbehinderte AN einen Anspruch darauf, dass der AG die Zustimmung nach § 99 BetrVG beim BR einholt. Wird diese verweigert und steht nicht fest, dass dem BR objektiv Zustimmungsverweigerungsgründe nach § 99 II BetrVG zustehen, hat der AN auch einen Anspruch auf Durchführung des gerichtlichen Zustimmungsersetzungsverfahrens nach § 99 IV BetrVG (BAG 3.12.2002, 9 AZR 481/01, EzA § 81 SGB IX Nr 1; enger: BAG 22.9.2005, 2 AZR 519/04, EzA § 81 SGB IX Nr 10 – bei einem Widerspruch des BR ist idR davon auszugehen, dass eine dem AG zumutbare Weiterbeschäftigungsmöglichkeit nicht besteht –). 8

Ist der schwerbehinderte AN wegen seiner Behinderung außerstande, seine arbeitsvertraglich geschuldete Leistung auf dem derzeitig ausgestatteten Arbeitsplatz zu erbringen und verletzt der AG schuldhaft seine Pflicht zu einer behinderungsgerechten Gestaltung und Ausstattung des Arbeitsplatzes, die es dem AN ermöglichte, seine Arbeitsleistung zu erbringen, kann die Schadensersatzansprüche des AN begründen (§ 280 I BGB, § 823 II BGB iVm § 81 IV 1). Die Schadensersatzansprüche sind auf Ersatz der entgangenen Vergütung gerichtet (BAG 4.10.2005, 9 AZR 632/04, EzA § 81 SGB IX Nr 9). Der AN trägt die Darlegungs- und Beweislast für die anspruchsbegründenden Voraussetzungen des Schadensersatzanspruchs. Hat der AG allerdings seine Erörterungspflichten nach § 84 I (s § 84 Rdn 1) verletzt, ist er darlegungspflichtig dafür, dass ihm eine zumutbare Beschäftigung des schwerbehinderten AN nicht möglich war (BAG 4.10.2005, 9 AZR 632/04, EzA § 81 SGB IX Nr 9). 9

IÜ hat der AG die berufliche Bildung der Schwerbehinderten zu fördern (IV Nr 2–3) und die Arbeitsplätze und Arbeitsumgebung der Schwerbehinderten behinderungsgerecht einzurichten und zu erhalten sowie mit den erforderlichen technischen Arbeitshilfen auszustatten (IV Nr 4–5). 10

D. Einrichtung von Teilzeitarbeitsplätzen (V). AG haben mit Unterstützung des Integrationsamtes die Einrichtung von Teilzeitarbeitsplätzen für schwerbehinderte AN zu fördern. Der schwerbehinderte AN hat Anspruch auf Teilzeitbeschäftigung, wenn die kürzere Arbeitszeit wegen Art oder Schwere der Behinderung notwendig ist. Das Verlangen des AN nach einer solchen Teilzeitbeschäftigung bewirkt unmittelbar eine Verringerung der geschuldeten Arbeitsleistung, ohne dass es einer Zustimmung des AG zur Änderung der vertraglichen Pflichten bedürfte (BAG 14.10.2003, 9 AZR 100/03, EzA § 81 SGB IX Nr 3). Ein Anspruch auf Teilzeitbeschäftigung besteht nur dann nicht, wenn dies dem AG unzumutbar ist oder mit unverhältnismäßigen Aufwendungen verbunden wäre (V 3 Hs 2 iVm IV 3). 11

§ 84 Prävention

(1) Der Arbeitgeber schaltet bei Eintreten von personen-, verhaltens- oder betriebsbedingten Schwierigkeiten im Arbeits- oder sonstigen Beschäftigungsverhältnis, die zur Gefährdung dieses Verhältnisses führen können, möglichst frühzeitig die Schwerbehindertenvertretung und die in § 93 genannten Vertretungen sowie das Integrationsamt ein, um mit ihnen alle Möglichkeiten und alle zur Verfügung stehenden Hilfen zur Beratung und mögliche finanzielle Leistungen zu erörtern, mit denen die Schwierigkeiten beseitigt werden können und das Arbeits- oder sonstige Beschäftigungsverhältnis möglichst dauerhaft fortgesetzt werden kann.

(2) ¹Sind Beschäftigte innerhalb eines Jahres länger als sechs Wochen ununterbrochen oder wiederholt arbeitsunfähig, klärt der Arbeitgeber mit der zuständigen Interessenvertretung im Sinne des § 93, bei schwerbehinderten Menschen außerdem mit der Schwerbehindertenvertretung, mit Zustimmung und Beteiligung der betroffenen Person die Möglichkeiten, wie die Arbeitsunfähigkeit möglichst überwunden werden und mit welchen Leistungen oder Hilfen erneuter Arbeitsunfähigkeit vorgebeugt und der Arbeitsplatz erhalten werden kann (betriebliches Eingliederungsmanagement). ²Soweit erforderlich wird der Werks- oder Betriebsarzt hinzugezogen. ³Die betroffene Person oder ihr gesetzlicher Vertreter ist zuvor auf die Ziele des betrieblichen Eingliederungsmanagements sowie auf Art und Umfang der hierfür erhobenen und verwendeten Daten hinzuweisen. ⁴Kommen Leistungen zur Teilhabe oder begleitende Hilfen im Arbeitsleben in Betracht, werden vom Arbeitgeber die örtlichen gemeinsamen Servicestellen oder bei schwerbehinderten Beschäftigten das Integrationsamt hinzugezogen. ⁵Diese wirken darauf hin, dass die erforderlichen Leistungen oder Hilfen unverzüglich beantragt und innerhalb der Frist des § 14 Abs. 2 Satz 2 erbracht werden. ⁶Die zuständige Interessenvertretung im Sinne des § 93, bei schwerbehinderten Menschen außerdem die Schwerbehindertenvertretung, können die Klärung verlangen. ⁷Sie wachen darüber, dass der Arbeitgeber die ihm nach dieser Vorschrift obliegenden Verpflichtungen erfüllt.

(3) Die Rehabilitationsträger und die Integrationsämter können Arbeitgeber, die ein betriebliches Eingliederungsmanagement einführen, durch Prämien oder einen Bonus fördern.

Übersicht	Rdn.			Rdn.
A. Maßnahmen bei Gefährdung des Arbeitsverhältnisses	1	II.	Gefährdung aus Gesundheitsgründen	2
I. Erörterung möglicher Hilfen	1	B.	Beteiligung der Schwerbehindertenvertretung vor einer Kdg	4

1 **A. Maßnahmen bei Gefährdung des Arbeitsverhältnisses. I. Erörterung möglicher Hilfen.** Bevor der AG sich zu einer Kdg entschließt, hat er beim Eintreten von personen-, verhaltens- oder betriebsbedingten Schwierigkeiten im Arbeitsverhältnis mit einem Schwerbehinderten, die zur Gefährdung dieses Verhältnisses führen können, möglichst frühzeitig die Schwerbehindertenvertretung, den BR oder PersR sowie das Integrationsamt einzuschalten, um mit ihnen alle Möglichkeiten zur Beseitigung der Schwierigkeiten zu erörtern, damit das Arbeitsverhältnis möglichst dauerhaft fortgesetzt werden kann (sog **Präventionsverfahren**, § 84 I). Liegt allerdings eine Pflichtverletzung des AN vor, die in keinem Zusammenhang mit seiner Behinderung steht, und verspricht das Verfahren von vornherein keinen Erfolg, zB wegen der Schwere der Pflichtverletzungen, braucht es nicht durchgeführt zu werden (BAG 7.12.2006, 2 AZR 182/06, EzA § 84 SGB IX Nr 1). Kann hingegen das Präventionsverfahren im Arbeitsverhältnis des Schwerbehinderten auftretende Schwierigkeiten beseitigen, führt die Unterlassung dieses Verfahrens vor Ausspruch einer Kdg zwar nicht zur Unwirksamkeit der Kdg, jedoch kann dies bei der Interessenabwägung zulasten des AG Berücksichtigung finden (vgl BAG 7.12.2006, 2 AZR 182/06, EzA § 84 SGB IX Nr 1). Das Präventionsverfahren ist nur durchzuführen, wenn die Wartezeit des § 1 I KSchG abgelaufen ist (BAG 24.1.2008, 6 AZR 96/07, EzA § 242 BGB 2002 Kündigung Nr 7).

2 **II. Gefährdung aus Gesundheitsgründen.** II regelt die Maßnahmen, die ein AG treffen muss, wenn ein AN innerhalb 1 Jahres länger als 6 Wochen ununterbrochen oder wiederholt arbeitsunfähig ist. Nicht erforderlich ist insoweit, dass es eine einzelne Krankheitsperiode von durchgängig mehr als 6 Wochen gab (BAG 24.3.2011, 2 AZR 170/10, EzA § 84 SGB IX Nr 8) oder dass die krankheitsbedingten Fehlzeiten auf dem selben Grundleiden beruhen (BAG 20.11.2014, 2 AZR 755/13, JurionRS 2014, 34134). Die Vorschrift betrifft – im Gegensatz zu I – nicht nur Schwerbehinderte, sondern nach der Rspr des BAG alle AN (BAG 12.7.2007, 2 AZR 716/06, EzA § 84 SGB IX Nr 3; aA *Neumann/Pahlen/Majerski-Pahlen* § 84 Rn 10: nur von Behinderung bedrohte Menschen iSv § 1). Der AG hat bei der angeführten Krankheitsdauer innerhalb 1 Jahres mit Zustimmung und Beteiligung des AN mit der zuständigen Interessenvertretung iSd § 93 (hier: BR oder PersR), bei Schwerbehinderten auch mit der Schwerbehindertenvertretung, die Möglichkeiten zu klären, wie die Arbeitsunfähigkeit möglichst überwunden werden und mit welchen Leistungen oder Hilfen erneuter Arbeitsunfähigkeit vorgebeugt und der Arbeitsplatz erhalten werden kann (**betriebliches Eingliederungsmanagement** – BEM –). Das BEM ist auch dann durchzuführen, wenn keine betriebliche Interessenvertretung iSv § 93 gebildet ist (BAG 30.9.2010, 2 AZR 88/09, EzA § 84 SGB IX Nr 7). Die Initiative zur Durchführung eines BEM muss vom AG kommen (BAG 20.11.2014, 2 AZR 755/13, JurionRS 2014, 34134). Ein Angebot auf Durchführung eines BEM ist dann nicht ordnungsgemäß, wenn der AG dem AN nicht mitteilt, welche Daten i.S.v. § 3 IX BDSG erhoben u gespeichert werden u für welche Zwecke sie dem AG zugänglich gemacht werden (LAG Schl-Holst 22.9.2015, 1 Sa 48 a/15, JurionRS 2015, 35016). Zwingende Voraussetzung für die Durchführung des BEM ist das Einverständnis des Betroffenen (BAG 24.3.2011, 2 AZR 170/10, EzA § 84 SGB IX Nr 8). Soweit erforderlich, wird auch der Werks- oder Betriebsarzt hinzugezogen. Die betriebsärztliche Begutachtung ersetzt jedoch nicht die Durchführung eines BEM (BAG 20.11.2014, 2 AZR 755/13, JurionRS 2014, 34134). Können Leistungen zur Teilhabe oder begleitende Hilfen im Arbeitsverhältnis dazu beitragen, das Arbeitsverhältnis auf Dauer zu erhalten, hat der AG die örtlichen gemeinsamen Servicestellen oder bei Schwerbehinderten das Integrationsamt hinzuzuziehen, damit die erforderlichen Maßnahmen getroffen werden können. Solche Maßnahmen des BEM unterliegen nicht der Mitbestimmung des BR nach § 87 Nr 7 BetrVG (str, ebenso LAG HH 21.5.2008, H 3 TaBV 1/08, LAGE § 87 BetrVG 2001 Gesundheitsschutz Nr 3, aA LAG Nürnberg 16.01.2013, 2 TaBV 6/12, BeckRS 2013, 66718; höchstrichterliche Rechtsprechung des BAG fehlt bislang).

3 Wird das BEM nach II nicht durchgeführt, führt eine krankheitsbedingte Kdg ggü dem betroffenen AN zwar nicht ohne Weiteres zur Unwirksamkeit der Kdg, jedoch kann sich die Unwirksamkeit der Kdg daraus ergeben, dass bei Durchführung des BEM eine Weiterbeschäftigung des AN ohne erhebliche betriebliche Beeinträchtigungen möglich gewesen wäre, zB durch Umgestaltung des Arbeitsplatzes oder Weiterbeschäftigung zu geänderten Arbeitsbedingungen auf einem anderen – ggf durch Umsetzungen

»freizumachenden« – Arbeitsplatz (BAG 23.4.2008, 2 AZR 1012/06, EzA § 1 KSchG Krankheit Nr 55). Der AG kann sich insoweit nicht pauschal darauf berufen, ihm seien keine alternativen, der Erkrankung angemessenen Einsatzmöglichkeiten bekannt (BAG 10.12.2009, 2 AZR 400/08, EzA § 1 KSchG Krankheit Nr 56). Es bedarf vielmehr einer umfassenden, konkreten Darlegung des AG, dass und warum der Einsatz des AN auf dem bisher innegehabten Arbeitsplatz nicht mehr möglich ist und warum auch eine leidensgerechte Anpassung und Veränderung ausgeschlossen ist oder der AN nicht auf einem anderen Arbeitsplatz bei geänderter Tätigkeit eingesetzt werden kann (BAG 10.12.2009, 2 AZR 198/09, EzA § 1 KSchG Krankheit Nr 57; hierzu auch BAG 13.5.2015, 2 AZR 565/14, NZA 2015, 1249). Ein BEM ist auch nicht deshalb entbehrlich, weil arbeitsmedizinische Untersuchungen zu dem Ergebnis kommen, dass die gehäuften krankheitsbedingten Fehlzeiten in der Vergangenheit nicht im Zusammenhang mit dem Arbeitsplatz stehen können oder dass gegen die Beschäftigung des AN keine gesundheitlichen Bedenken bestehen (LAG Hessen, 3.6.2013, 21 Sa 1456/12, JurionRS 2013, 49095). Das BEM ist nur durchzuführen, wenn die Wartezeit des § 1 KSchG abgelaufen ist (BAG 24.1.2008, 6 AZR 96/07, EzA § 242 BGB 2002 Kündigung Nr 7).

B. Beteiligung der Schwerbehindertenvertretung vor einer Kdg. Vor Ausspruch einer Kdg eines schwerbehinderten AN ist die Schwerbehindertenvertretung unter Mitteilung der Kdggründe anzuhören (vgl § 95 II). Die Anhörung kann vom AG vor, während oder nach Durchführung des Zustimmungsverfahrens nach §§ 85 ff vorgenommen werden, muss aber jedenfalls vor Ausspruch der Kdg abgeschlossen sein. Hierbei ist der Schwerbehindertenvertretung in Anlehnung an § 102 II BetrVG eine Äußerungsfrist von 1 Woche (bei ordentlicher Kdg) bzw 3 Tagen (bei außerordentlicher Kdg) einzuräumen. Die Mitwirkung der Schwerbehindertenvertretung im Zustimmungsverfahren des Integrationsamtes (§ 87 II) ersetzt die Anhörung nach § 95 II nicht. Die unterbliebene Anhörung der Schwerbehindertenvertretung führt jedoch nicht zur Unwirksamkeit der Kdg, weil das Gesetz eine solche Sanktion nicht vorsieht (BAG 28.7.1983, 2 AZR 122/82, EzA § 22 SchwbG Nr 1). 4

§ 85 Erfordernis der Zustimmung
Die Kündigung des Arbeitsverhältnisses eines schwerbehinderten Menschen durch den Arbeitgeber bedarf der vorherigen Zustimmung des Integrationsamtes.

Übersicht	Rdn.		Rdn.
A. Voraussetzungen des Kündigungsschutzes	1	IV. Anfechtung des Arbeitsvertrages wegen Unkenntnis der Schwerbehinderteneigenschaft	6
I. Ordentliche Kdg durch AG	1	B. Ermessensentscheidung	8
II. Schwerbehinderteneigenschaft des AN	4	C. Rechtsbehelfe des AN gegen die Kdg	9
III. Kenntnis des AG von der Schwerbehinderteneigenschaft	5		

A. Voraussetzungen des Kündigungsschutzes. I. Ordentliche Kdg durch AG. Es muss eine ordentliche Kdg durch den AG vorliegen, wobei § 85 SGB IX **jede Art von Kdg** erfasst. § 85 gilt danach zB bei Massenkdg, Kdg im Insolvenzverfahren (LAG Nds 4.4.2003, 16 Sa 1646/02, LAGE § 85 SGB IX Nr 1), Kdg durch eine kirchliche Einrichtung (VGH BW 26.5.2003, 9 S 1077/02, EzA § 85 SGB IX Nr 2), Kdg aufgrund gerichtlicher Auflage (§ 101 BetrVG), vorsorglichen Kdg sowie bei Kdg nach den bes Bestimmungen der Anl I Kap XIX Sachgebiet A Abschn III Nr 1 Abs 5 EV (BAG 16.3.1994, 8 AZR 688/92, EzA Art 20 Einigungsvertrag Nr 34). 1

Auch **Änderungskdg** bedürfen der vorherigen Zustimmung des Integrationsamtes. Hingegen sind einseitige Maßnahmen des AG iR seines Direktionsrechts, mit denen dem AN eine neue Arbeit zugewiesen wird, nicht zustimmungspflichtig. 2

Nur in den Fällen des § 92 ist auch bei einer Beendigung des Arbeitsverhältnisses ohne Kdg die Zustimmung des Integrationsamtes erforderlich. IÜ ist § 85 unanwendbar, wenn das Arbeitsverhältnis auf andere Weise als durch eine vom AG erklärte Kdg beendet wird, zB durch eine von dem schwerbehinderten AN ausgesprochene Kdg, durch Vereinbarung der Parteien des Arbeitsvertrages, durch Anfechtung des Arbeitsvertrages, durch Geltendmachung der Unwirksamkeit des Arbeitsvertrages bei einem faktischen Arbeitsverhältnis, durch Fristablauf bei einem wirksam befristeten Arbeitsverhältnis, durch Eintritt einer wirksam vereinbarten auflösenden Bedingung, durch gerichtliche Entsch (§ 9 KSchG – s aber Rdn 4 –, § 100 III BetrVG), durch eine lösende Aussperrung. 3

4 **II. Schwerbehinderteneigenschaft des AN.** Kdgschutz nach § 85 genießt nur der AN, der im Zeitpunkt des Zugangs der Kdg schwerbehinderter Mensch iSd § 2 II oder gleichgestellter behinderter Mensch iSd § 2 III iVm § 68 II ist oder der im Zeitpunkt der Kdg noch den nachwirkenden Kdg-Schutz eines schwerbehinderten oder gleichgestellten AN (§ 116) genießt. Die Entscheidung der BA über eine mögliche Gleichstellung ist konstitutiv und wirkt rückwirkend auf das Datum des Antrags auf Gleichstellung (§ 68 II 2). Wird der Antrag auf Gleichstellung erst **nach** Zugang der Kündigung bei der BA gestellt, ist der Sonderkündigungsschutz nach § 85 – auch bei positiven Bescheid – für die fragliche Kündigung daher ausgeschlossen (BAG 31.7.2014, 2 AZR 434/13, NZA 2015, 358). Wurde vor Zugang der Kündigung rechtzeitig ein Antrag auf Feststellung einer Schwerbehinderung gestellt, genießt der AN nur dann den Sonderkündigungsschutz nach § 85, wenn objektiv auch eine Schwerbehinderung vorliegt. Ansonsten kann der AN den besonderen Kündigungsschutz nur aufgrund einer Gleichstellung erlangen. Ein entsprechender Antrag muss vorsorglich neben dem Antrag auf Feststellung einer Schwerbehinderung gestellt werden. Ohne eine entsprechende Erklärung kann in dem Antrag auf Anerkennung als schwerbehinderter Mensch nicht gleichzeitig auch der Antrag auf Gleichstellung gesehen werden (BAG 31.7.2014, 2 AZR 434/13, NZA 2015, 358). Wird die Schwerbehinderteneigenschaft erst für die Zeit nach Ausspruch der Kdg festgestellt, bedarf ein vom AG im Kdg-Schutzprozess gem § 9 I KSchG gestellter Auflösungsantrag der Zustimmung des Integrationsamtes; anderenfalls wäre der bes Bestandsschutz des Schwerbehinderten nicht gewahrt (OVG Lüneburg 12.7.1989, 4 L 21/89, NZA 1990, 66).

5 **III. Kenntnis des AG von der Schwerbehinderteneigenschaft.** Der Kdg-Schutz des § 85 hängt grds nicht davon ab, ob der AG Kenntnis von der Schwerbehinderteneigenschaft des AN hat. Der AN muss jedoch den AG, der die Schwerbehinderteneigenschaft nicht kennt, grds nach Ausspruch einer Kdg hiervon in Kenntnis setzen. Hierbei ist der AN in Anlehnung an die Klagefrist des § 4 S 1 KSchG gehalten, den AG **innerhalb einer Regelfrist von 3 Wochen nach Zugang der Kdg** über seine Schwerbehinderteneigenschaft zu unterrichten (BAG 9.6.2011, 2 AZR 703/09, EzA § 85 SGB IX Nr 7) wobei es genügt, wenn er die Unwirksamkeit der Kdg innerhalb der Klagefrist des § 4 S 1 KSchG gerichtlich geltend macht (BAG 23.2.2010, 2 AZR 659/08, EzA § 85 SGB IX Nr 6); anderenfalls kann er sich nicht auf die Schwerbehinderung berufen. Hatte der AN jedoch dem AG vor Zugang der Kdg mitgeteilt, er habe bei einem bestimmten Versorgungsamt einen Antrag auf »Feststellung über das Vorliegen einer Behinderung« gestellt, muss der AG mit der Möglichkeit rechnen, dass die Kdg der Zustimmung des Integrationsamts bedarf und ist daher gehalten, im Fall einer beabsichtigten Kdg vorsorglich die Zustimmung des Integrationsamts einzuholen (BAG 9.6.2011, 2 AZR 703/09, EzA § 85 SGB IX Nr 7). Bei einem Betriebsübergang muss sich der Betriebsübernehmer die Kenntnis des Betriebsveräußerers von der Schwerbehinderteneigenschaft eines AN zurechnen lassen (BAG 11.12.2008, 2 AZR 395/07, EzA § 90 SGB IX Nr 5). Ist die Schwerbehinderteneigenschaft im Zeitpunkt der Kdg noch nicht festgestellt, kann der AN den Kdg-Schutz aber nur erlangen, wenn er den Antrag auf Feststellung der Schwerbehinderung rechtzeitig gestellt hatte (s § 90 Rdn 10, 13). Bei einer offensichtlichen Schwerbehinderung (zB Blindheit) ist die Unterrichtung des AG entbehrlich, da davon auszugehen ist, dass die **Offenkundigkeit** der Behinderung auch dem AG nicht verborgen geblieben sein kann (BAG 20.1.2005, 2 AZR 675/03, EzA § 85 SGB IX Nr 3).

6 **IV. Anfechtung des Arbeitsvertrages wegen Unkenntnis der Schwerbehinderteneigenschaft.** Die Unkenntnis des AG von der Schwerbehinderteneigenschaft bei der Einstellung des AN berechtigt ihn grds nicht zur Anfechtung des Arbeitsvertrages wegen Irrtums. Nur wenn sich der schwerbehinderte Mensch für die Arbeiten, für die er eingestellt ist, wegen seiner Behinderung nicht eignet, kommt eine Anfechtung wegen Irrtums in Betracht (hM; vgl *Neumann/Pahlen/Majerski-Pahlen* § 85 Rn 38). Insoweit besteht auch eine Offenbarungspflicht des AN und ein Fragerecht des AG.

7 Hingegen hat der AG nicht das Recht, einen Bewerber nach dem Vorliegen einer Schwerbehinderteneigenschaft zu fragen (§ 81 II iVm § 2 I Nr 1 AGG). Die Frage nach einer Schwerbehinderteneigenschaft eines Bewerbers ist ausnahmslos **unzulässig** (vgl auch *Düwell* BB 2001, 1529). Die falsche Beantwortung der Frage bleibt folgenlos und berechtigt den AG nicht zur Anfechtung des Arbeitsvertrages (s auch oben Rdn 6). Zulässig kann in einer Bewerbungssituation die Frage sein, welche Einschränkungen sich aus einer in den Bewerbungsunterlagen angegebenen Behinderung ergeben, jedenfalls dann, wenn der AG dadurch seiner Verpflichtung zu »angemessenen Vorkehrungen« nachkommen will (BAG 26.6.2014, 8 AZR 547/13, NZA 2015, 896). Im bestehenden Arbeitsverhältnis ist die Frage nach der Schwerbehinderteneigenschaft jedenfalls nach Ablauf der Frist des § 90 I Nr 1 zuzulassen (BAG 16.2.2012, 6 AZR 553/10, NZA 2012, 555).

B. Ermessensentscheidung. Bei der Zustimmung nach § 85 handelt es sich um eine Ermessensentsch, bei 8
der das Interesse des AG am Erhalt seiner wirtschaftlichen Gestaltungsfreiheit mit dem Interesse des betroffenen schwerbehinderten AN an der Erhaltung seines Arbeitsplatzes abgewogen werden muss. Wesentliche Berücksichtigung kommt dabei dem Umstand zu, ob zwischen der Behinderung des AN u dem v AG vorgetragenen Kdgsachverhalt ein Zusammenhang besteht. Je stärker der Bezug der vorgebrachten Kdggründe zur Behinderung des AN ist, umso stärker sind auch seine Belange an der Erhaltung seines Arbeitsplatzes zu gewichten (vgl zuletzt VGH München 22.2.2016, 12 ZB 16.173, JurionRS 2016, 12595).

C. Rechtsbehelfe des AN gegen die Kdg. Liegt keine Zustimmung des Integrationsamtes oder einer 9
Rechtsmittelinstanz zur Kdg vor, obwohl eine solche Zustimmung erforderlich ist, ist eine gleichwohl ausgesprochene Kdg des AG, dem die Schwerbehinderung des AN bekannt ist, wegen Verstoßes gegen § 85 unwirksam. Der AN kann die fehlende Zustimmung bis zur Grenze der Verwirkung **jederzeit geltend machen**, weil gem § 4 S 4 KSchG die 3-Wochenfrist zur Klageerhebung erst von der Bekanntgabe des Zustimmungsbescheides an den AN zu laufen beginnt (BAG 13.2.2008, 2 AZR 864/06, EzA § 4 KSchG nF Nr 83; s.a. § 626 BGB Rdn 237; KR/*Fischermeier* § 626 BGB Rn 387 mwN; bei Unkenntnis des AG von der Schwerbehinderung s Rdn 5). Im Kdg-Schutzprozess trägt der AN, der den Sonderkündigungsschutz des SGB IX als Ausnahmetatbestand für sich in Anspruch nimmt, die Darlegungs- und Beweislast dafür, dass er schwerbehindert ist und sich fristgem ggü dem AG auf seine Schwerbehinderteneigenschaft berufen hat.

Hat das Integrationsamt die Zustimmung zur Kdg oder ein Negativattest erteilt und der AG daraufhin 10
die Kdg ausgesprochen, kann der AN zwar die Zustimmung bzw das Negativattest des Integrationsamtes im Verwaltungsrechtsweg anfechten (s § 88 Rdn 15). Dies entbindet ihn aber nicht, die Unwirksamkeit der Kdg im Wege der **Kdg-Schutzklage** (§ 4 KSchG) beim ArbG geltend zu machen; anderenfalls ist selbst bei Aufhebung der Zustimmung des Integrationsamtes durch das VG die Kdg wegen Versäumung der 3-Wochenfrist des § 4 KSchG wirksam. Wird allerdings dem AN der Bescheid des Integrationsamtes über die Zustimmung zur Kdg erst nach Zugang der Kdg bekannt gegeben, läuft die 3-Wochenfrist zur Erhebung der Kdg-Schutzklage gem § 4 S 4 KSchG erst von der Bekanntgabe des Bescheides an (BAG 17.2.1982, 7 AZR 846/79, EzA § 15 SchwbG Nr 1).

Greift der schwerbehinderte AN die Zustimmung zur Kdg **im Verwaltungsrechtsweg** an, müssen die 11
Gerichte für Arbeitssachen in einem gleichzeitig geführten Kdg-Schutzprozess gleichwohl prüfen, ob die Kdg nicht bereits aus Gründen, die in der Zuständigkeit der Arbeitsgerichtsbarkeit liegen (zB Sozialwidrigkeit der Kdg) unwirksam ist (LAG Berl 11.12.1981, 9 Ta 4/81, AuR 1982, 322), und die Kdg ggf für unwirksam erklären. Für eine Aussetzung des Kdg-Schutzprozesses bis zur rkr Entsch über die angegriffene Zustimmung zur Kdg ist in solchen Fällen kein Raum (zuletzt BAG 23.5.2013, 2 AZR 991/11, NZA 2013, 1373). Die durch das Integrationsamt erteilte Zustimmung zur Kdg entfaltet für den Kdg-Schutzprozess solange Wirksamkeit, wie sie nicht bestands- oder rechtskräftig aufgehoben worden ist; es sei denn sie ist nichtig (vgl BAG 23.5.2013, 2 AZR 991/11, NZA 2013, 1373).

Will der AG die Kdg im Kdg-Schutzprozess auf weitere Gründe stützen, die er im Zustimmungsverfahren 12
nach §§ 85 ff nicht genannt hat, ist ein solches »**Nachschieben**« im Hinblick auf den Kdg-Schutz nach dem SGB IX uneingeschränkt zulässig (LAG Sa-Anh 24.11.1999, 3 Sa 164/99, BB 2000, 2051). Lässt der AG jedoch den dem Integrationsamt mitgeteilten Kdg-Grund fallen und stützt er die Kdg im Kdgschutzprozess ausschließlich auf völlig neue Kdg-Gründe, ist hierzu eine erneute Zustimmung des Integrationsamtes erforderlich, da die bisher erteilte Zustimmung einen nicht mehr vorhandenen Sachverhalt betrifft (Hauck/Noftz/*Griebeling* K § 89 Rn 9a).

Stellt sich in dem Kdg-Schutzprozess die Sozialwidrigkeit der Kdg heraus und wird vom AN ein begründeter 13
Auflösungsantrag nach § 9 KSchG gestellt, hat das ArbG das Arbeitsverhältnis unter Verurteilung des AG zur Zahlung einer Abfindung aufzulösen. Stellt hingegen der AG – **nur hilfsweise** – für den Fall der Sozialwidrigkeit der Kdg einen Auflösungsantrag nach § 9 KSchG, ist das Verfahren über den Auflösungsantrag gem § 148 ZPO bis zur rkr Entsch im Verwaltungsrechtsverfahren über die Zustimmung zur Kdg auszusetzen. Denn wenn im Verwaltungsrechtsverfahren die Zustimmung zur Kdg rkr versagt wird, ist die Kdg iSv § 13 III KSchG »bereits aus anderen als den in § 1 II und III bezeichneten Gründen« rechtsunwirksam, sodass der AG nicht die Auflösung des Arbeitsverhältnisses nach § 9 KSchG beantragen kann.

Hängt die Rechtswirksamkeit einer Kdg nur noch von der Frage der Wirksamkeit der Zustimmung ab, 14
liegt es nach hM im pflichtgemäßen Ermessen des Gerichts, das arbeitsgerichtliche Verfahren gem § 148 ZPO bis zur rkr Entsch über die im Verwaltungsrechtsweg angegriffene Zustimmung **auszusetzen** (BAG 26.9.1991, 2 AZR 132/91, EzA § 1 KSchG Personenbedingte Kündigung Nr 10). Setzt das Gericht das Verfahren nicht aus, wird dann trotz noch nicht rkr Entsch über die Zustimmung zur Kdg die Kdg-Schutzklage

des schwerbehinderten AN rkr abgewiesen, weil die Kdg wirksam sei, und wird danach die Zustimmung im Verwaltungsrechtsweg aufgehoben, kann der schwerbehinderte AN die Wiederaufnahme des arbeitsgerichtlichen Verfahrens gem § 580 Nr 6 ZPO betreiben (vgl BAG 23.5.2013, 2 AZR 991/11, NZA 2013, 1373). Nach Ablauf von 5 Jahren seit Rechtskraft des arbeitsgerichtlichen Urt ist zwar die Erhebung einer Wiederaufnahmeklage nicht mehr statthaft (§ 586 II 2 ZPO). Sollte jedoch in diesem Zeitpunkt das verwaltungsrechtliche Verfahren noch nicht rkr abgeschlossen sein, ist die Erhebung der Wiederaufnahmeklage zur Fristenwahrung des § 586 II ZPO auch schon vor Ablauf des Verwaltungsrechtsverfahrens zulässig. Das Wiederaufnahmeverfahren ist dann bis zum Abschluss des Verwaltungsrechtsverfahrens auszusetzen (*Grunsky* Anm AP SchwbG § 12 Nr 7).

§ 86 Kündigungsfrist
Die Kündigungsfrist beträgt mindestens vier Wochen.

1 § 86 bietet dem schwerbehinderten AN ggü anderen AN keinen bes Schutz mehr, nachdem § 622 BGB eine **Mindestkündigungsfrist** von 4 Wochen für alle AN festgelegt hat, wenn Kdg nach Ablauf von 6 Monaten seit Beginn des Arbeitsverhältnisses ausgesprochen werden (vgl insoweit § 622 III, V BGB). Lediglich wenn TV eine kürzere Kdg-Frist als 4 Wochen festlegen (§ 622 IV BGB), hat § 86 noch eine eigenständige Bedeutung.

2 Für eine ordentliche Kdg des AG beträgt die Kdg-Frist mind 4 Wochen; es handelt sich hier um eine gesetzliche Mindestkündigungsfrist. Wegen ihres öffentl-rechtlichen Charakters ist sie zwingend; sie kann nicht zuungunsten des schwerbehinderten AN durch TV, BV oder Einzelvertrag verkürzt werden; hingegen ist eine Verlängerung der Kdg-Frist zulässig. Der Kdg-Termin richtet sich nach gesetzlichen, tariflichen oder vertraglichen Regelungen.

3 Die Frist des § 86 ist eine gesetzliche Kdg-Frist iSd InsO, kommt aber im **Insolvenzverfahren** nur noch selten zum Tragen. Denn nach § 113 InsO beträgt die Kdg-Frist im Insolvenzverfahren 3 Monate zum Monatsende, wenn nicht eine kürzere Frist maßgeblich ist. Als kürzere Frist kommen, wenn § 86 maßgeblich sein soll, nur tarifliche Kdg-Fristen in Betracht, die weniger als 4 Wochen betragen.

4 Einen **Auflösungsvertrag** kann der schwerbehinderte AN jederzeit mit dem AG wirksam abschließen. Deshalb kann er auch nach Ausspruch einer Kdg durch den AG mit diesem wirksam vereinbaren, dass das Arbeitsverhältnis schon vor Ablauf der Kündigungsfrist des § 86 enden solle (*Neumann/Pahlen/Majerski-Pahlen* § 86 Rn 4). Der Auflösungsvertrag bedarf zu seiner Wirksamkeit der Schriftform (§ 623 BGB).

5 Die Kdg-Frist des § 86 gilt **nur für Kdg durch den AG**, nicht aber für Kdg durch den AN (APS/*Vossen* § 86 SGB IX Rn 3). Für die Berechnung der 4-Wochenfrist gelten die §§ 186 ff BGB. Die Frist beginnt an dem Tag, der dem Tag des Zugangs der Kdg nachfolgt, und endet mit Ablauf desjenigen Tages, welcher durch seine Benennung (zB Dienstag, Mittwoch) dem Tage entspricht, an dem die Kdg zuging (§§ 187, 188 BGB).

§ 87 Antragsverfahren

(1) ¹Die Zustimmung zur Kündigung beantragt der Arbeitgeber bei dem für den Sitz des Betriebes oder der Dienststelle zuständigen Integrationsamt schriftlich. ²Der Begriff des Betriebes und der Begriff der Dienststelle im Sinne des Teils 2 bestimmen sich nach dem Betriebsverfassungsgesetz und dem Personalvertretungsrecht.
(2) Das Integrationsamt holt eine Stellungnahme des Betriebsrates oder Personalrates und der Schwerbehindertenvertretung ein und hört den schwerbehinderten Menschen an.
(3) Das Integrationsamt wirkt in jeder Lage des Verfahrens auf eine gütliche Einigung hin.

Übersicht	Rdn.		Rdn.
A. Antragstellung 1		V. Antragsinhalt	8
I. Antragsbefugnis 1		B. Einholung von Stellungnahmen und	
II. Form des Antrags 2		Anhörungen durch das	
III. Adressat des Antrags 4		Integrationsamt	9
IV. Antragsfrist 7		C. Gütliche Einigung	13

1 **A. Antragstellung. I. Antragsbefugnis.** Nur der AG kann den Antrag auf Zustimmung zur Kdg stellen. Der AG kann sich bei der Antragstellung durch einen Bevollmächtigten vertreten lassen, der dem

Integrationsamt eine schriftliche Vollmacht vorlegen muss, sofern die Vollmacht nicht bekannt ist (Rechtsgrds der § 174 BGB, § 80 ZPO, § 67 VwGO, § 73 SGG). Ohne Vorlage der Vollmacht kann das Integrationsamt den Antrag zurückweisen; es kann aber auch dem Bevollmächtigten eine Frist zur Nachreichung der Vollmacht setzen.

II. Form des Antrags. Der Antrag muss **schriftlich** gestellt werden. Das bedeutet, dass der AG oder sein 2 Bevollmächtigter den Antrag grds eigenhändig durch Namensunterschrift unterzeichnen müssen (§ 126 BGB), jedoch kann der Antrag auch durch Telegramm oder Telefax eingereicht werden (hM; vgl *Neumann/Pahlen/Majerski-Pahlen* § 87 Rn 1). Die Schriftform kann durch die elektronische Form ersetzt werden (§ 126 III BGB). Der Antrag kann auch zu Protokoll des Integrationsamtes gestellt werden; das Protokoll muss aber zur Wahrung der Schriftform vom Antragsteller unterzeichnet werden.

Wird die Schriftform verletzt, ist der Antrag zurückzuweisen. Erteilt das Integrationsamt trotz Nicht- 3 beachtung der Schriftform bei der Antragstellung die Zustimmung zur Kdg, so wird der Formmangel dadurch nicht geheilt; jedoch kann der AG den Mangel durch nachträglichen formgerechten Antrag heilen (§ 41 I SGB X), wenn der schwerbehinderte AN die zustimmende Entscheidung des Integrationsamtes im Widerspruchsverfahren bzw im Verwaltungsrechtsweg angreift (BVerwG 17.3.1988, 5 B 60/87, BeckRS 1988, 06694). Greift jedoch der schwerbehinderte AN die Zustimmung des Integrationsamtes nicht an, wird die Zustimmung nach Ablauf der Widerspruchsfrist rechtswirksam, da sie – wegen des fehlenden schriftlichen Antrags – nicht nichtig, sondern nur anfechtbar ist.

III. Adressat des Antrags. Der Antrag ist an das für den Sitz des Betriebes oder der Dienststelle zuständige 4 Integrationsamt zu richten. Der Begriff des Betriebes und der Dienststelle ist hierbei nach dem BetrVG und dem Personalvertretungsrecht zu bestimmen (I 2).

Betrieb iSd BetrVG ist die organisatorische Einheit von Arbeitsmitteln, mit deren Hilfe ein Unternehmer 5 allein oder in Gemeinschaft mit seinen Mitarbeitern einen bestimmten arbeitstechnischen Zweck fortgesetzt verfolgt. Ein **Betriebsteil** gilt dann als selbstständiger Betrieb, wenn in ihm idR mind 5 zur BR-Wahl wahlberechtigte AN, von denen 3 wählbar sind, ständig beschäftigt sind und er darüber hinaus entweder räumlich weit vom Hauptbetrieb entfernt liegt oder durch Aufgabenbereich und Organisation eigenständig ist (§ 4 I 1 BetrVG iVm § 1 BetrVG).

Dienststellen iSd BPersVG sind die einzelnen Behörden, Verwaltungsstellen und Betriebe der Verwaltun- 6 gen des Bundes und der bundesunmittelbaren Körperschaften, Anstalten und Stiftungen des öffentl Rechts sowie Gerichte (§ 6 I BPersVG). Nebenstellen und Teile einer Dienststelle, die räumlich weit von dieser entfernt liegen, gelten als selbstständige Dienststellen, wenn die Mehrheit ihrer wahlberechtigten Beschäftigten dies in geheimer Abstimmung beschließt (§ 6 III BPersVG). Der Begriff der Dienststelle für den Bereich der Länder und Gemeinden ist in den einzelnen PersVG der Länder geregelt.

IV. Antragsfrist. Eine Antragsfrist besteht nur in den Fällen der außerordentlichen Kdg (vgl § 91 II). 7

V. Antragsinhalt. In dem Antrag an das Integrationsamt muss der AG den Namen und die Anschrift des 8 schwerbehinderten AN angeben (Arg § 88 II 1) und um Zustimmung zu einer ordentlichen Kdg bitten. Beantragt der AG nur die Zustimmung »zur Kdg« des schwerbehinderten AN, darf das Integrationsamt davon ausgehen, dass eine ordentliche Kdg beabsichtigt ist. Eine Begr des Antrags ist zwar nicht gesetzlich vorgeschrieben, aber gleichwohl erforderlich, weil das Integrationsamt nur dann beurteilen kann, ob die Interessen des Schwerbehinderten an der Aufrechterhaltung des Arbeitsverhältnisses hinter die Interessen des AG an einer Beendigung des Arbeitsverhältnisses zurücktreten müssen.

B. Einholung von Stellungnahmen und Anhörungen durch das Integrationsamt. Vor seiner Entschei- 9 dung hat das Integrationsamt eine Stellungnahme des BR oder des PersR und der Schwerbehindertenvertretung (§ 94) einzuholen. Das Integrationsamt sollte den beteiligten Stellen zweckmäßigerweise eine angemessene Frist zur Stellungnahme setzen und ihnen die Begründung des AG für seinen Antrag auf Zustimmung zur Kdg mitteilen. Geht innerhalb dieser Frist oder nach einer Anmahnung keine Stellungnahme ein, ist das Anhörungsverfahren bzgl der zur Stellungnahme aufgeforderten Stellen ordnungsgemäß abgeschlossen.

Ferner hat das Integrationsamt den schwerbehinderten AN, dessen Kdg beabsichtigt ist, zu hören. Hier- 10 bei muss das Integrationsamt dem schwerbehinderten AN Gelegenheit geben, die Angelegenheit mit ihm mündlich zu erörtern (*Neumann/Pahlen/Majerski-Pahlen* § 87 Rn 21). Ändern sich die für die Entscheidung des Integrationsamtes erheblichen Tatsachen oder werden die Gründe des Zustimmungsantrags durch Ermittlungen oder Beweisaufnahmen des Integrationsamtes ergänzt, ist auch dem AG Gelegenheit zu geben, sich zu den für die Entsch erheblichen Tatsachen (mündlich oder schriftlich) zu äußern (§ 24 I SGB X).

11 Für die Einholung der Stellungnahmen ist **keine bestimmte Form** vorgeschrieben. Deshalb ist auch eine fernmündliche Einholung der Stellungnahmen zulässig. Die Stellungnahmen können ferner auch dadurch eingeholt werden, dass das Integrationsamt die Beteiligten unter Mitteilung des Verhandlungsgegenstandes zu einer mündlichen Verhandlung einlädt und hierbei die vom AG beabsichtigte Kdg erörtert wird. Erhebt das Integrationsamt Beweise, kann es das Beweisverfahren nach freiem Ermessen gestalten. Über das Ergebnis der Beweisaufnahme und ggf auch einer Betriebsbegehung sind die Verfahrensbeteiligten zu unterrichten.

12 Die Anhörungsvorschriften des § 87 II sind **zwingend**. Unterlässt es das Integrationsamt, eine erforderliche Stellungnahme, ggf auch zu einem Beweisergebnis, einzuholen oder hört es den schwerbehinderten AN nicht oder unvollständig an, indem es ihm etwa eine eingeholte Stellungnahme vorenthält, ist eine trotzdem erteilte Zustimmung fehlerhaft (rechtswidrig) und im Widerspruchsverfahren und Verwaltungsrechtsweg durch den schwerbehinderten AN anfechtbar (vgl *Neumann/Pahlen/Majerski-Pahlen* § 77 Rn 19, 21).

13 **C. Gütliche Einigung.** Wenn das Integrationsamt in jeder Lage des Verfahrens auf eine gütliche Einigung hinzuwirken hat, wird ihm damit dieselbe Aufgabe zugewiesen wie den ArbG in § 57 II ArbGG. Die Pflicht zur Hinwirkung auf eine gütliche Einigung bedeutet, dass das Integrationsamt dem AG und dem schwerbehinderten AN Vorschläge unterbreiten muss, wie sie den Sachverhalt, der den AG zum Antrag auf Erteilung der Zustimmung zur Kdg veranlasste, einverständlich regeln sollen. Die Vorschrift über die Hinwirkung auf eine gütliche Einigung ist **zwingend**. Unternimmt das Integrationsamt keinen Einigungsversuch, ist sein Verfahren fehlerhaft und seine Entscheidung im Widerspruchsverfahren und Verwaltungsrechtsweg anfechtbar.

§ 88 Entscheidung des Integrationsamtes

(1) Das Integrationsamt soll die Entscheidung, falls erforderlich auf Grund mündlicher Verhandlung, innerhalb eines Monats vom Tage des Eingangs des Antrages an treffen.
(2) ¹Die Entscheidung wird dem Arbeitgeber und dem schwerbehinderten Menschen zugestellt. ²Der Bundesagentur für Arbeit wird eine Abschrift der Entscheidung übersandt.
(3) Erteilt das Integrationsamt die Zustimmung zur Kündigung, kann der Arbeitgeber die Kündigung nur innerhalb eines Monats nach Zustellung erklären.
(4) Widerspruch und Anfechtungsklage gegen die Zustimmung des Integrationsamtes zur Kündigung haben keine aufschiebende Wirkung.
(5) ¹In den Fällen des § 89 Abs. 1 Satz 1 und Abs. 3 gilt Absatz 1 mit der Maßgabe, dass die Entscheidung innerhalb eines Monats vom Tage des Eingangs des Antrages an zu treffen ist. ²Wird innerhalb dieser Frist eine Entscheidung nicht getroffen, gilt die Zustimmung als erteilt. ³Die Absätze 3 und 4 gelten entsprechend.

Übersicht

	Rdn.		Rdn.
A. Mündliche Verhandlung	1	II. Keine aufschiebende Wirkung der Rechtsbehelfe	19
B. Entscheidung des Integrationsamtes	2	D. Frist für Kündigungserklärung	20
I. Frist für die Entscheidung	2	E. Bindung des Integrationsamtes an seine eigene Entscheidung	23
II. Form der Entsch	5		
III. Ermessensspielraum	7		
IV. Negativattest	13	F. Bindung von Behörden und Gerichten an die Entscheidung des Integrationsamtes	25
C. Rechtsbehelfe gegen die Entscheidung des Integrationsamtes	15		
I. Instanzenzug	15		

1 **A. Mündliche Verhandlung.** Falls das Integrationsamt nach seinem pflichtgemäßen Ermessen zur Beurteilung des Sachverhalts eine mündliche Verhandlung für erforderlich hält, hat es eine solche Verhandlung anzuberaumen, bevor es seine Entscheidung trifft. Zu der Verhandlung sind der AG als Antragsteller und der schwerbehinderte AN als Betroffener zu laden, ggf auch – nach dem Ermessen des Integrationsamtes – Vertreter der AA, des BR bzw PersR, die Vertrauensperson der schwerbehinderten AN sowie Zeugen, die zu str Sachverhaltsfragen gehört werden sollen. Das Integrationsamt kann zur Vorbereitung der mündlichen Verhandlung auch Auskünfte einholen und sonstige Beweismittel (Schriftstücke, Gutachten etc) beiziehen.

B. Entscheidung des Integrationsamtes. I. Frist für die Entscheidung. Wenn das Integrationsamt 2
seine Entsch, sei es Erteilung oder Versagung der Zustimmung zur Kdg, innerhalb eines Monats nach Eingang des Antrags auf Erteilung der Zustimmung treffen soll, so bedeutet das zwar nicht, dass es seine Entsch in jedem Fall innerhalb der Monatsfrist treffen muss, jedoch ist eine Überschreitung der Monatsfrist nur zulässig, wenn dies aus sachlichen Gründen geboten ist, zB wegen umfangreicher Ermittlungen. Sachlich vertretbar ist die Überschreitung der Monatsfrist auch, wenn das Feststellungsverfahren beim Versorgungsamt über die Schwerbehinderteneigenschaft des AN noch nicht abgeschlossen ist und keine Fallgestaltung des § 90 IIa Alt 2 vorliegt; in diesem Fall kann das Integrationsamt das Zustimmungsverfahren bis zum Abschluss des Feststellungsverfahrens aussetzen oder einen vorsorglichen Bescheid erteilen.

Bei einer sachlich nicht gebotenen Verzögerung der Entsch über die Monatsfrist des I hinaus setzt sich das 3
Integrationsamt Schadensersatzansprüchen des AG nach § 839 BGB, Art 34 GG aus. Ferner kann der AG gegen das Integrationsamt auch Untätigkeitsklage gem § 75 VwGO erheben.

In 2 Fällen ist ausnahmsweise **zwingend vorgeschrieben**, dass das Integrationsamt seine Entscheidung 4
innerhalb 1 Monats vom Tage des Eingangs des Antrags an zu treffen hat (V), und zwar dann, wenn bei Kdg in Betrieben und Dienststellen, die nicht nur vorübergehend eingestellt werden, zwischen dem Tage der Kdg und dem Tage, bis zu dem Entgelt gezahlt wird, mind 3 Monate liegen (§ 89 I 1) oder wenn – unter bestimmten Voraussetzungen (s § 89 Rdn 11 f) – im Insolvenzverfahren über das Vermögen des AG der schwerbehinderte AN in einem Interessenausgleich mit Namensliste namentlich bezeichnet ist (§ 89 III). Trifft das Integrationsamt innerhalb der Monatsfrist keine Entsch, wird nach Ablauf der Monatsfrist die Zustimmung **fingiert**, dh sie gilt als erteilt und entfaltet damit dieselben Wirkungen wie eine tatsächlich erteilte Zustimmung.

II. Form der Entsch. Die Entsch ist dem AG und dem schwerbehinderten AN zuzustellen. Daraus folgt 5
zunächst, dass das Integrationsamt seine Entsch **schriftlich** treffen muss (ebenso: BAG 12.5.2005, 2 AZR 159/04, EzA § 91 SGB IX Nr 2). Da es sich hierbei um einen schriftlichen VA handelt, ist er auch zu begründen (§ 35 SGB X) und mit einer Rechtsbehelfsbelehrung zu versehen (§ 36 SGB X).

Die förmliche Zustellung an den AG ist Wirksamkeitsvoraussetzung für die Entscheidung des Integra- 6
tionsamtes; vorher darf der AG nicht kündigen (BAG 16.10.1991, 2 AZR 332/91, EzA § 18 SchwbG 1986 Nr 2). Aus Gründen der Rechtssicherheit ist hingegen die Zustellung des Bescheides an den schwerbehinderten AN keine Wirksamkeitsvoraussetzung für die Entsch des Integrationsamtes (BAG 17.2.1982, 7 AZR 846/79, EzA § 15 SchwbG Nr 1). Entscheidend ist insoweit, dass die Monatsfrist für die Erklärung der Kdg (s Rdn 20) mit der Zustellung der zustimmenden Entsch an den AG beginnt und der AG ein berechtigtes Interesse daran hat zu wissen, ob die von ihm beabsichtigte Kdg den Anforderungen des SGB IX genügt. Die Übersendung einer Abschrift der Entsch an die BA ist zwar zwingend vorgeschrieben, aber keine Wirksamkeitsvoraussetzung für die Entsch (APS/*Vossen* § 88 SGB IX Rn 6a). Hat ein Insolvenzverwalter vor dem Eintritt des Betriebsübergangs beim Integrationsamt die Zustimmung zur Kündigung eines schwerbehinderten Arbeitnehmers beantragt, kann sich der Betriebserwerber, der diesem Mitarbeiter kündigen will, nicht wirksam auf den Zustimmungsbescheid des Integrationsamts berufen, der nach dem Betriebsübergang nur dem Insolvenzverwalter zugestellt worden ist (BAG 15.11.2012, 8 AZR 827/11, NZA 2013, 505).

III. Ermessensspielraum. Grds ist es in das **freie, pflichtgemäße Ermessen** des Integrationsamtes gestellt, 7
ob es dem Antrag des AG auf Erteilung der Zustimmung zur Kdg stattgibt oder nicht. Hierbei hat es die Sicherung der Eingliederung und das Verbleiben des schwerbehinderten AN im Berufsleben gegen die bes Belange des AG an einer Beendigung des Arbeitsverhältnisses (Kdg-Gründe) abzuwägen (ähnlich: VGH Kassel 17.11.1992, 9 UE 1765/89, NZA 1993, 946). Dabei muss er das durch die Schwerbehinderung verminderte Leistungsvermögen, die Ursache des Kdg-Grundes, die gesteigerten Anforderungen an die Kdg stellt, wenn sie in der Schwerbehinderung liegt (BVerwG 18.9.1982, Buchholz 436.61 § 15 SchwbG Nr 2), die Umsetzbarkeit im Betrieb sowie die aktuelle allg oder regionale Arbeitsmarktsituation mit berücksichtigen. Insoweit ist sein Ermessen eingeschränkt.

Unternehmerische Entscheidungen, die zum Abbau von Personal führen können, sind grds nicht über- 8
prüfbar. Das Integrationsamt hat andererseits stets zu erwägen, ob der AN auf einem anderen Arbeitsplatz im Betrieb eingesetzt werden kann, der seiner Behinderung gerecht wird, oder ob der AG durch zumutbare organisatorische Maßnahmen einen **leidensgerechten Arbeitsplatz** schaffen kann.

Das Verfahren bei dem Integrationsamt richtet sich grds nach den Vorschriften des SGB X (BVerwG 9
11.6.1992, Buchholz 436.61 § 15 SchwbG 1986 Nr 5). Danach hat das Integrationsamt den vom AG darzulegenden Sachverhalt, der die Kdg rechtfertigen soll, soweit das für die Entsch erforderlich ist, **vAw** aufzuklären (§ 20 SGB X) und darf sich nicht allein auf die Sachdarstellung des AG verlassen (BVerwG

§ 88 SGB IX Entscheidung des Integrationsamtes

6.2.1995, 5 B 75/94, RzK IV 8a Nr 37) oder das Vorbringen des AG nur auf seine Schlüssigkeit hin überprüfen (BVerwG 19.10.1995, 5 C 24/93, BVerwGE 99, 336). Hierbei darf es auch gem § 21 SGB X Beweise erheben, zB Zeugen vernehmen oder ein Sachverständigengutachten einholen. Die Einholung von bestimmten Stellungnahmen und die Anhörung des schwerbehinderten AN sind dem Integrationsamt sogar vorgeschrieben (§ 87 II).

10 Gibt der AG trotz angemessener Fristsetzung keine Begr für seinen Antrag auf Zustimmung zur Kdg, ist dieser Antrag ohne weitere Einholung von Stellungnahmen zurückzuweisen. Dasselbe gilt, wenn die beabsichtigte Kdg nach der Überzeugung des Integrationsamtes nach kündigungsrechtlichen Vorschriften offensichtlich unwirksam wäre (VGH Mannheim 4.3.2002, 7 S 1651/01, NZA-RR 2002, 417). Das Ermessen des Integrationsamtes ist darüber hinaus in den gesetzlich geregelten Fällen (§ 89 II) eingeschränkt. Die Durchführung eines **Präventionsverfahrens** nach § 84 ist **keine Wirksamkeitsvoraussetzung** für die Zustimmungsentscheidung des Integrationsamtes (BVerwG 29.8.2007, 5 B 77/07, NJW 2008, 166). Eine unterlassene Prävention kann jedoch die Versagung der Zustimmung rechtfertigen, wenn konkrete Anhaltspunkte dafür vorliegen, dass ein rechtzeitig eingeleitetes Präventionsverfahren Erfolg gehabt hätte (BVerwG 29.8.2007, 5 B 77/07, NJW 2008, 166).

11 Soweit in § 89 vorgesehen ist, dass das Integrationsamt unter bestimmten Bedingungen die Zustimmung zu erteilen hat oder erteilen soll, kann die Zustimmung unter der **Bedingung** erteilt werden, dass die gesetzliche Voraussetzung (zB Betriebsstilllegung) erfüllt wird. Soweit die Zustimmung von einer Bedingung abhängig gemacht wird (vgl § 32 II Nr 2 SGB X), wird sie erst wirksam, wenn die Bedingung eingetreten ist; eine vorherige Kdg durch den AG ist nichtig (BAG 12.7.1990, 2 AZR 35/90, EzA § 19 SchwbG 1986 Nr 1).

12 Das Integrationsamt kann die Zustimmung zur Kdg auch mit der **Auflage** (vgl § 32 II Nr 4 SGB X) verbinden, dass der AG bestimmte gesetzliche Vorgaben (zB Gehaltsfortzahlung für mind 3 Monate über den Tag der Kdg hinaus) erfüllt. Zulässig sind auch Auflagen, die mit der Abwicklung des Arbeitsverhältnisses zusammenhängen und bes Härten für den schwerbehinderten AN vermeiden sollen, zB begrenzte Weiternutzung einer Dienstwohnung. In diesen Fällen kann der AG nach Erteilung der Zustimmung wirksam kündigen, ohne zuvor die Auflagen erfüllt zu haben (vgl BAG 12.7.1990, 2 AZR 35/90, EzA § 19 SchwbG 1986 Nr 1). Alle anderen Nebenbestimmungen, zB eine Verpflichtung zur Zahlung einer Abfindung durch den AG, sind unzulässig (*Neumann/Pahlen/Majerski-Pahlen* § 85 Rn 74).

13 **IV. Negativattest.** Das sog Negativattest ist ein schriftlicher Bescheid (VA) des Integrationsamtes, der die Feststellung enthält, dass eine **Zustimmung zur Kdg nicht erforderlich** ist. Das Integrationsamt hat den Antrag des AG auf Erteilung der Zustimmung zur Kdg mit einem solchen Negativattest zu bescheiden, wenn es die beantragte Zustimmung nicht für erforderlich hält, zB weil es die Kdg nach § 90 für zustimmungsfrei ansieht, das Arbeitsverhältnis als einverständlich aufgelöst betrachtet, der AN den Kdg-Schutz nach § 85 verwirkt hat oder eine Schwerbehinderteneigenschaft des AN nicht festgestellt ist. Solange allerdings ein Feststellungsverfahren über die Schwerbehinderteneigenschaft des AN gem § 69 beim Versorgungsamt anhängig ist und die vom Versorgungsamt zu beachtenden Fristen trotz ordnungsgemäßer Mitwirkung des AN abgelaufen sind, sodass der AN noch rückwirkenden Sonderkündigungsschutz erlangen kann (s § 90 Rdn 13), darf das Integrationsamt wegen der (noch) fehlenden Feststellung der Schwerbehinderteneigenschaft kein Negativattest erteilen, sondern kann einen vorsorglichen Bescheid über die beantragte Zustimmung zur Kdg erteilen (BVerwG 15.12.1988, 5 C 67/85, NZA 1989, 554) oder das bei ihm anhängig gemachte Zustimmungsverfahren bis zum Abschluss des Feststellungsverfahrens beim Versorgungsamt aussetzen.

14 Hat das Integrationsamt ein Negativattest erteilt, bedarf die Kdg grds keiner zustimmenden Entscheidung des Integrationsamtes mehr. Das Negativattest ersetzt die Zustimmung zur Kdg (BAG 27.5.1983, 7 AZR 482/81, EzA § 12 SchwbG Nr 12). Das gilt auch, wenn die Schwerbehinderteneigenschaft des AN nachträglich festgestellt wird. Das Negativattest bedarf, wenn es die Zustimmung des Integrationsamtes ersetzen soll, zu seiner Wirksamkeit ebenso wie die Zustimmung der Zustellung an den AG (II).

15 **C. Rechtsbehelfe gegen die Entscheidung des Integrationsamtes. I. Instanzenzug.** Gegen die Entsch des Integrationsamtes können der AG und der schwerbehinderte AN **Widerspruch** beim Widerspruchsausschuss des Integrationsamtes einlegen (§§ 118, 119). Die Widerspruchsfrist beträgt 1 Monat nach Zustellung des Bescheides des Integrationsamtes (§ 70 VwGO), läuft aber nur, wenn der Betroffene eine schriftliche und zutreffende Rechtsbehelfsbelehrung erhalten hat (§ 58 VwGO). Der Widerspruch ist schriftlich oder zur Niederschrift bei dem Integrationsamt einzureichen, das den Bescheid erlassen hat (§ 70 VwGO). Er ist von dem Beschwerdeführer eigenhändig zu unterschreiben (§ 126 BGB). Eine Begründung des Widerspruchs ist gesetzlich nicht vorgeschrieben. Der Beschwerdeführer handelt jedoch im eigenen

Interesse, wenn er den Widerspruch begründet, damit er Integrationsamt und Widerspruchsausschuss von seinen Argumenten überzeugen kann.

Hält das Integrationsamt den Widerspruch für begründet, **hilft es ihm ab** (§ 72 VwGO). Die dem Widerspruch abhelfende Entsch ist wiederum ein VA mit Doppelwirkung, gegen den die jetzt belastete Partei Widerspruch einlegen kann (*Neumann/Pahlen/Majerski-Pahlen* § 118 Rn 28). 16

Hilft das Integrationsamt dem Widerspruch nicht ab, entscheidet der bei dem Integrationsamt gebildete **Widerspruchsausschuss** (§ 118). Der Widerspruchsausschuss entscheidet nach eigenem Ermessen; er ist nicht auf die Überprüfung von Gesetzesverstößen und Ermessensfehlern des Integrationsamtes beschränkt. Ist der Widerspruch begründet, erlässt der Widerspruchsausschuss einen neuen VA und hebt nicht nur die Entsch des Integrationsamtes auf (*Neumann/Pahlen/Majerski-Pahlen* § 118 Rn 32, 34). Der Widerspruchsbescheid ist zu begründen, mit einer Rechtsmittelbelehrung zu versehen sowie dem AG und dem schwerbehinderten AN zuzustellen (§ 73 III 1 VwGO). 17

Gegen den Bescheid des Widerspruchsausschusses kann der **Verwaltungsrechtsweg** zum VG beschritten werden (§§ 40, 45 VwGO). Die Klagefrist beträgt 1 Monat nach Zustellung des Widerspruchsbescheides (§ 74 VwGO), läuft aber nur, wenn der Kläger eine schriftliche und zutreffende Rechtsbehelfsbelehrung erhalten hat (§ 58 VwGO). Die Gerichte der Verwaltungsgerichtsbarkeit dürfen die angefochtene Entscheidung des Integrationsamtes nicht auf ihre Zweckmäßigkeit, sondern nur daraufhin überprüfen, ob sie rechtswidrig ist oder ob ihr ein Ermessensfehler zugrunde liegt (*Neumann/Pahlen/Majerski-Pahlen* § 85 Rn 76). Klagt der AG gegen einen ablehnenden Bescheid des Widerspruchsausschusses, können die Gerichte der Verwaltungsgerichtsbarkeit für den Fall der Begründetheit der Klage die Zustimmung zur Kdg nicht ersetzen, sondern nur das Integrationsamt verpflichten, die Zustimmung zu erteilen oder den AG neu zu bescheiden – §§ 42, 113 VwGO – (LAG Saarl 14.5.1997, 2 Sa 271/96, LAGE § 15 SchwbG 1986 Nr 8). 18

II. Keine aufschiebende Wirkung der Rechtsbehelfe. Legt der AN gegen eine der Kdg zustimmende Entscheidung des Integrationsamtes, des Widerspruchsausschusses oder eines Gerichts der Verwaltungsgerichtsbarkeit den zulässigen Rechtsbehelf (Widerspruch, Klage, Berufung, Revision) ein, hat dieser Rechtsbehelf keine aufschiebende Wirkung (IV; s auch BAG 23.5.2013, 2 AZR 991/11, NZA 2013, 1373), es sei denn das Gericht hat auf Antrag eine solche angeordnet (§ 80 V VwGO; vgl aber zu dem regelmäßig fehlenden Rechtsschutzinteresse OVG Hamburg 19.5.2015, 4 Bs 56/15, NZA-RR 2015, 467; VG Darmstadt 24.7.2013, 5 L 613/13.DA, BeckRS 2013, 59544). Der AG kann daher nach erteilter Zustimmung zur Kdg ohne Rücksicht auf einen erhobenen Rechtsbehelf die Kdg aussprechen. Von dieser Möglichkeit muss er sogar innerhalb 1 Monats nach Zustellung der zustimmenden Entsch Gebrauch machen (III). 19

D. Frist für Kündigungserklärung. Der AG kann die Kdg nur **innerhalb 1 Monats** nach Zustellung der zustimmenden Entscheidung des Integrationsamtes oder nach Eintritt der Zustimmungsfiktion (Rdn 4) erklären; erreicht er die Zustimmung erst im Rechtsmittelverfahren gegen eine ablehnende Entscheidung des Integrationsamtes, beginnt die Monatsfrist mit der Zustellung der Rechtsmittelentsch, in der die Zustimmung ausgesprochen wird. Bei der Monatsfrist handelt es sich um eine materiell-rechtliche Ausschlussfrist (BAG 17.2.1982, 7 AZR 846/79, EzA § 15 SchwbG Nr 1). Eine Wiedereinsetzung in den vorigen Stand wegen Versäumung der Monatsfrist kommt nicht in Betracht (*Knittel* § 88 Rn 15). Hat der AG innerhalb der Monatsfrist die Kdg erklärt und will er noch innerhalb der Monatsfrist vorsorglich eine **weitere Kdg** mit dem gleichen Kdg-Sachverhalt aussprechen, ist hierzu eine (weitere) Zustimmung des Integrationsamtes nicht erforderlich, da die Zustimmung des Integrationsamtes auch die 2. Kdg deckt (BAG 8.11.2007, 2 AZR 425/06, EzA § 88 SGB IX Nr 1). Bedarf die Kdg auch einer Zulässigkeitserklärung nach § 18 I 2 BEEG (Kündigung während der Elternzeit) und hat der AG diese vor dem Ablauf der Monatsfrist des § 88 III beantragt, kann die Kündigung noch nach dem Fristablauf wirksam ausgesprochen werden, wenn der AG sie unverzüglich nach Erhalt der Zulässigkeitserklärung erklärt (BAG 24.11.2011, 2 AZR 429/10, EzA § 88 SGB IX Nr 2). 20

Maßgebend für den Beginn der Monatsfrist ist die **förmliche Zustellung** der zustimmenden Entscheidung des Integrationsamtes bzw der Rechtsmittelinstanz an den AG, auch wenn es sich nur um einen vorsorglichen Bescheid handelt, oder der Eintritt der Zustimmungsfiktion. Vor Zustellung der Zustimmung oder Eintritt der Zustimmungsfiktion kann der AG nicht wirksam kündigen (BAG 16.10.1991, 2 AZR 332/91, EzA § 18 SchwbG 1986 Nr 2). 21

Die Monatsfrist berechnet sich nach §§ 187 I, 188 II, III, 193 BGB. Innerhalb der Monatsfrist muss die Kdg »erklärt« werden. Da der Zweck dieser Vorschrift darin zu sehen ist, dass der schwerbehinderte AN innerhalb der Frist wissen soll, ob der AG von der Erlaubnis zur Kdg Gebrauch macht, ist davon 22 auszugehen, dass es für die Einhaltung der Frist auf den Zugang der Kdg ankommt (ebenso: LAG Köln 27.2.1997, 5 Sa 1377/96, LAGE § 18 SchwbG 1986 Nr 1).

23 **E. Bindung des Integrationsamtes an seine eigene Entscheidung.** Die Entsch des Integrationsamtes über den Antrag des AG auf Erteilung der Zustimmung zur Kdg eines schwerbehinderten AN ist ein VA, auch wenn es sich um ein Negativattest handelt. An diesen VA ist das Integrationsamt nicht gebunden, wenn er **nichtig** ist, dh wenn er an einem bes schwerwiegenden Fehler leidet und dies bei verständiger Würdigung aller in Betracht kommenden Umstände offenkundig ist.

24 Ist die Entsch des Integrationsamtes nicht nichtig, kann sie nur unter bestimmten Voraussetzungen von dem Integrationsamt widerrufen oder zurückgenommen werden. Vom **Widerruf** spricht man, wenn das Integrationsamt eine rechtmäßige Entsch außerhalb eines Rechtsbehelfsverfahrens beseitigen will (vgl §§ 46, 47 SGB X). Bei **der Rücknahme** geht es um die Beseitigung einer rechtswidrigen Entsch durch das Integrationsamt außerhalb eines Rechtsbehelfsverfahrens (vgl §§ 44, 45 SGB X). Die Zulässigkeit von Widerruf oder Rücknahme richtet sich nach allg Verwaltungsrechtsgrds und den Vorschriften des SGB X.

25 **F. Bindung von Behörden und Gerichten an die Entscheidung des Integrationsamtes.** Abgesehen von den behördlichen und gerichtlichen Instanzen, die im Rechtsmittelverfahren mit der Entsch des Integrationsamtes befasst sind, sind alle anderen Behörden und Gerichte, insb auch die Gerichte für Arbeitssachen, an die zustimmende oder ablehnende Entsch des Integrationsamtes und der Rechtsmittelinstanzen im Verwaltungsrechtsweg grds gebunden (sog **Tatbestandswirkung**). Sie können nur nachprüfen, ob eine erteilte Zustimmung – falls es darauf ankommt – schon unanfechtbar geworden ist oder nicht oder ob die Zustimmung nichtig, also offensichtlich rechtswidrig ist. Eine nichtige Zustimmung ist – wie jeder andere nichtige VA – nicht zu beachten (BAG 21.1.1958, 3 AZR 417/55, AP SchwBeschG § 2 Nr 4; s auch BAG 23.5.2013, 2 AZR 991/11, NZA 2013, 1373).

§ 89 Einschränkungen der Ermessensentscheidung

(1) [1]Das Integrationsamt erteilt die Zustimmung bei Kündigungen in Betrieben und Dienststellen, die nicht nur vorübergehend eingestellt oder aufgelöst werden, wenn zwischen dem Tage der Kündigung und dem Tage, bis zu dem Gehalt oder Lohn gezahlt wird, mindestens drei Monate liegen. [2]Unter der gleichen Voraussetzung soll es die Zustimmung auch bei Kündigungen in Betrieben und Dienststellen erteilen, die nicht nur vorübergehend wesentlich eingeschränkt werden, wenn die Gesamtzahl der weiterhin beschäftigten schwerbehinderten Menschen zur Erfüllung der Beschäftigungspflicht nach § 71 ausreicht. [3]Die Sätze 1 und 2 gelten nicht, wenn eine Weiterbeschäftigung auf einem anderen Arbeitsplatz desselben Betriebes oder derselben Dienststelle oder auf einem freien Arbeitsplatz in einem anderen Betrieb oder einer anderen Dienststelle desselben Arbeitgebers mit Einverständnis des schwerbehinderten Menschen möglich und für den Arbeitgeber zumutbar ist.

(2) Das Integrationsamt soll die Zustimmung erteilen, wenn dem schwerbehinderten Menschen ein anderer angemessener und zumutbarer Arbeitsplatz gesichert ist.

(3) Ist das Insolvenzverfahren über das Vermögen des Arbeitgebers eröffnet, soll das Integrationsamt die Zustimmung erteilen, wenn

1. der schwerbehinderte Mensch in einem Interessenausgleich namentlich als einer der zu entlassenden Arbeitnehmer bezeichnet ist (§ 125 der Insolvenzordnung),
2. die Schwerbehindertenvertretung beim Zustandekommen des Interessenausgleichs gemäß § 95 Abs. 2 beteiligt worden ist,
3. der Anteil der nach dem Interessenausgleich zu entlassenden schwerbehinderten Menschen an der Zahl der beschäftigten schwerbehinderten Menschen nicht größer ist als der Anteil der zu entlassenden übrigen Arbeitnehmer an der Zahl der beschäftigten übrigen Arbeitnehmer und
4. die Gesamtzahl der schwerbehinderten Menschen, die nach dem Interessenausgleich bei dem Arbeitgeber verbleiben sollen, zur Erfüllung der Beschäftigungspflicht nach § 71 ausreicht.

Übersicht	Rdn.		Rdn.
A. Einstellung oder Auflösung von Betrieben und Dienststellen (I 1) 1		D. Vorhandensein eines anderen Arbeitsplatzes für den schwerbehinderten AN (II) 10	
B. Einschränkung von Betrieben und Dienststellen (I 2) 4		E. Interessenausgleich im Insolvenzverfahren (III) 11	
C. Weiterbeschäftigung auf einem anderen Arbeitsplatz (I 3) 7			

A. **Einstellung oder Auflösung von Betrieben und Dienststellen (I 1).** Das Integrationsamt muss bei 1 Betrieben und Dienststellen, die nicht nur vorübergehend eingestellt oder aufgelöst werden, die Zustimmung zur Kdg erteilen, wenn zwischen dem Tag des Zugangs der Kdg und dem Tage, bis zu dem der AG Vergütung zahlt, mind 3 Monate liegen. Diese Frist läuft unabhängig von der Kdg-Frist.

Unter einer nicht nur vorübergehenden Einstellung des Betriebes ist die gewollte Aufgabe des Betriebs- 2 zwecks und die Auflösung der diesem Zweck dienenden Organisation, also der zwischen AG und AN bestehenden Betriebs- und Produktionsgemeinschaft, für einen zumindest wirtschaftlich erheblichen Zeitraum zu verstehen (vgl *Neumann/Pahlen/Majerski-Pahlen* § 89 Rn 7, 8). Entscheidend ist der Wille des AG. Der Betriebseinstellung entspricht im öffentl Dienst die Auflösung einer Dienststelle.

Der Vergütung, die der AG – mind 3 Monate – zu zahlen hat, stehen Lohnersatzleistungen (zB Kranken- 3 geld) gleich. Der Vergütungsanspruch kann aber nicht mit Abfindungsansprüchen aus einem Sozialplan oder vergleichbaren Ansprüchen auf Nachteilsausgleich nach § 113 BetrVG verrechnet werden, auch wenn das Arbeitsverhältnis wegen einer kürzeren Kdg-Frist vor Ablauf von 3 Monaten nach Zugang der Kdg endet. Denn der Vergütungsanspruch dient der Erhaltung des Lebensstandards, die Abfindung wird hingegen für den Verlust des Arbeitsplatzes gezahlt.

B. **Einschränkung von Betrieben und Dienststellen (I 2).** Auch bei nicht nur vorübergehenden wesent- 4 lichen Betriebs- oder Dienststelleneinschränkungen ist das Ermessen des Integrationsamtes eingeschränkt. Unter einer nicht nur vorübergehenden wesentlichen Betriebseinschränkung ist eine Verminderung der Arbeitsleistung im Betrieb für eine nicht überschaubare Zeit – deshalb fallen hierunter keine Saisonbetriebe –, eine damit verbundene Entlassung einer beträchtlichen Zahl von AN im Verhältnis zur Gesamtbelegschaft und insb auch eine Verminderung der für schwerbehinderte Menschen zur Verfügung stehenden Arbeitsplätze zu verstehen (vgl *Neumann/Pahlen/Majerski-Pahlen* § 89 Rn 20). Hierbei kann an den Begriff der Betriebseinschränkung iSd § 111 BetrVG angeknüpft werden. Für die Frage, wann eine Personalreduzierung erheblich und damit eine Betriebseinschränkung wesentlich ist, können die Zahlen- und Prozentangaben in § 17 I KSchG über die Anzeigepflicht bei Massenentlassungen, jedoch ohne den dort festgelegten Zeitraum, als Richtschnur herangezogen werden, wenn mind 5 % der Belegschaft aus betriebsbedingten Gründen entlassen werden sollen (BAG 2.8.1983, 1 AZR 516/81, EzA § 111 BetrVG 1972 Nr 16).

Bei wesentlichen Betriebseinschränkungen soll das Integrationsamt die Zustimmung zur Kdg unter 2 Vor- 5 aussetzungen erteilen:

1. dass zwischen dem Tag des Zugangs der Kdg und dem Tag, bis zu dem Vergütung gezahlt wird, mind 3 Monate liegen und
2. dass die Gesamtzahl der verbleibenden schwerbehinderten AN zur Erfüllung der Beschäftigungspflicht nach § 71 (grds mind 5 % Arbeitsplätze für schwerbehinderte AN) ausreicht; hierbei ist von der Belegschaftsstärke nach der Betriebseinschränkung auszugehen. Eine Beschäftigungspflicht entfällt insoweit für Betriebe mit jahresdurchschnittlich monatlich weniger als 20 Arbeitsplätzen (vgl § 71 I 1).

Die Sollvorschrift bedeutet, dass das Integrationsamt auch dann, wenn die angeführten gesetzlichen Vor- 6 aussetzungen vorliegen, die Zustimmung im Einzelfall versagen kann, wenn ein bes Grund dies rechtfertigt.

C. **Weiterbeschäftigung auf einem anderen Arbeitsplatz (I 3).** Die Einschränkung des Ermessens nach 7 Rdn 1–6 gilt nicht, wenn eine Weiterbeschäftigung auf einem anderen Arbeitsplatz desselben Betriebes oder derselben Dienststelle mit Einverständnis des schwerbehinderten AN möglich und für den AG zumutbar ist. Die Zumutbarkeit der Weiterbeschäftigung setzt voraus, dass der AN nach seiner Ausbildung und seinen Fähigkeiten in der Lage ist, den in Betracht kommenden Arbeitsplatz auszufüllen. Hierbei sind auch von anderen AN besetzte Arbeitsplätze einzubeziehen (str, zu dem Streit s Rdn 9). Insoweit ist ggf eine Sozialauswahl vorzunehmen. Bevor das Integrationsamt die Zustimmung zur Kdg wegen zumutbarer Weiterbeschäftigungsmöglichkeit versagt, hat es das Einverständnis des schwerbehinderten AN einzuholen, auf dem in Betracht kommenden Arbeitsplatz weiterbeschäftigt zu werden (APS/*Vossen* § 89 SGB IX Rn 13a).

Die Einschränkung des Ermessens nach Rdn 1–6 gilt ferner nicht, wenn eine Weiterbeschäftigung auf 8 einem freien Arbeitsplatz in einem anderen Betrieb oder einer anderen Dienststelle desselben AG mit Einverständnis des schwerbehinderten AN möglich und für den AG zumutbar ist. Die Möglichkeit der Weiterbeschäftigung in einem anderen (Konzern-) Unternehmen ist nicht zu prüfen.

In Rspr und Lit ist umstritten, ob auch I 3 1. Alt, also die Weiterbeschäftigung in dem selben Betrieb, 9 ebenso wie die 2. Alt (Weiterbeschäftigung in einem anderen Betrieb) voraussetzt, dass der anzubietende Arbeitsplatz frei ist (bejahend BVerwG 11.9.1990, 5 B 63/90, BeckRS 1990, 30936422, VG Frankfurt 12.12.2013, 7 K 2511/13.F, BeckRS 2014, 47045). Hiergegen spricht allerdings der ausdrückliche Wortlaut des Gesetzes. Anders als in der 2. Alt verweist die 1. Alt nur auf einen anderen Arbeitsplatz, das Wort

»frei« fehlt. Daher sind auch von anderen Mitarbeitern besetzte Arbeitsplätze in die Prüfung der Weiterbeschäftigungsmöglichkeit einzubeziehen (wohl herrschende Meinung in der Lit, ua Hauck/Noftz/*Griebeling* K § 89 Rn 40; KR/*Gallner* §§ 85-90 SGB IX Rn 103 jeweils mwN). Einen neuen Arbeitsplatz muss der Arbeitgeber jedoch auf keinen Fall schaffen (BAG 28.4.1998, 9 AZR 348/97, EzA § 14 SchwbG 1986 Nr.5; BVerwG 11.9.1990, 5 B 63/90; KR/*Gallner* §§ 85-90 SGB IX Rn 103).

10   **D. Vorhandensein eines anderen Arbeitsplatzes für den schwerbehinderten AN (II).**   Das Integrationsamt soll ferner die Zustimmung zur Kdg erteilen, wenn dem Schwerbehinderten ein anderer angemessener und zumutbarer Arbeitsplatz gesichert ist. Der andere Arbeitsplatz ist gesichert, wenn sich der alte oder ein neuer AG zum Abschluss eines iE bestimmten Arbeitsvertrages mit dem schwerbehinderten AN verpflichtet hat. Die Wartezeit von 6 Monaten zur Erlangung des allg Kdg-Schutzes beim neuen AG (§ 1 I KSchG, § 90 I 1 SGB IX) muss nicht abgelaufen sein (KDZ/*Zwanziger* § 89 Rn 41). Angemessen ist der Arbeitsplatz, wenn er nach Entgelt und Art der Tätigkeit den Fähigkeiten, den durch die Behinderung bedingten Einsatzmöglichkeiten und der Vorbildung des schwerbehinderten AN entspricht. Zumutbar ist der Arbeitsplatz, wenn von einem an einem angemessenen Arbeitsplatz ernsthaft interessierten AN erwartet werden kann, dass er unter Berücksichtigung seiner persönlichen Verhältnisse (zB Zusammenarbeit mit anderen AN) das Angebot auf Abschluss des neuen Arbeitsvertrages annimmt. Unter diesen Voraussetzungen darf das Integrationsamt die Zustimmung zur Kdg nur verweigern, wenn hierfür bes Gründe vorliegen.

11   **E. Interessenausgleich im Insolvenzverfahren (III).**   Unter den in III genannten Voraussetzungen soll das Integrationsamt die Zustimmung zur Kdg erteilen. Insoweit müssen aber grds **sämtliche** der in III Nr 1–4 aufgeführten **Voraussetzungen** erfüllt sein.

12   Zur **namentlichen Bezeichnung im Interessenausgleich** s § 125 InsO. Die **Beteiligung der Schwerbehindertenvertretung** erfordert es, dass ihr die Gründe für die Betriebsänderung und die Auswahl der zu entlassenden AN substanziiert dargelegt werden. Besteht in dem Betrieb keine Schwerbehindertenvertretung, steht dies einer Ermessenseinschränkung des Integrationsamtes (»soll die Zustimmung erteilen«) nicht entgegen, wenn die übrigen Voraussetzungen des III erfüllt sind (vgl *Neumann/Pahlen/Majerski-Pahlen* § 89 Rn 34). Die **Proportionalität** der zu entlassenden schwerbehinderten AN zu den übrigen zu entlassenden AN (III Nr 3) bedeutet, dass der Anteil der schwerbehinderten AN bei den Entlassungen nicht größer sein darf als der Anteil der schwerbehinderten AN an der Gesamtbelegschaft. Der Anteil der schwerbehinderten AN bei den Entlassungen ist nach den in dem Interessenausgleich namentlich aufgeführten zu entlassenden AN zu berechnen. Nach den vorgesehenen Entlassungen müssen in Betrieben mit mind 20 Arbeitsplätzen wenigstens 5 % mit schwerbehinderten AN besetzt sein (III Nr 4 iVm § 71). Liegen die in III aufgeführten Voraussetzungen vor, darf das Integrationsamt die Zustimmung zur Kdg nur verweigern, wenn hierfür bes Gründe vorliegen, die den Fall als atypisch erscheinen lassen (vgl BVerwG 6.3.1995, 5 B 59/94, RzK IV 8a Nr 38).

§ 90 Ausnahmen

(1) Die Vorschriften dieses Kapitels gelten nicht für schwerbehinderte Menschen,
1. deren Arbeitsverhältnis zum Zeitpunkt des Zugangs der Kündigungserklärung ohne Unterbrechung noch nicht länger als sechs Monate besteht oder
2. die auf Stellen im Sinne des § 73 Abs. 2 Nr. 2 bis 5 beschäftigt werden oder
3. deren Arbeitsverhältnis durch Kündigung beendet wird, sofern sie
    a) das 58. Lebensjahr vollendet haben und Anspruch auf eine Abfindung, Entschädigung oder ähnliche Leistung auf Grund eines Sozialplanes haben oder
    b) Anspruch auf Knappschaftsausgleichsleistung nach dem Sechsten Buch oder auf Anpassungsgeld für entlassene Arbeitnehmer des Bergbaus haben,

wenn der Arbeitgeber ihnen die Kündigungsabsicht rechtzeitig mitgeteilt hat und sie der beabsichtigten Kündigung bis zu deren Ausspruch nicht widersprechen.
(2) Die Vorschriften dieses Kapitels finden ferner bei Entlassungen, die aus Witterungsgründen vorgenommen werden, keine Anwendung, sofern die Wiedereinstellung der schwerbehinderten Menschen bei Wiederaufnahme der Arbeit gewährleistet ist.
(2a) Die Vorschriften dieses Kapitels finden ferner keine Anwendung, wenn zum Zeitpunkt der Kündigung die Eigenschaft als schwerbehinderter Mensch nicht nachgewiesen ist oder das Versorgungsamt nach Ablauf der Frist des § 69 Abs. 1 Satz 2 eine Feststellung wegen fehlender Mitwirkung nicht treffen konnte.
(3) Der Arbeitgeber zeigt Einstellungen auf Probe und die Beendigung von Arbeitsverhältnissen schwerbehinderter Menschen in den Fällen des Absatzes 1 Nr. 1 unabhängig von der Anzeigepflicht nach anderen Gesetzen dem Integrationsamt innerhalb von vier Tagen an.

Übersicht

		Rdn.			Rdn.
A.	Enumerative Aufzählung	1	F.	Fehlender Nachweis der Schwerbehinderteneigenschaft oder fehlende Mitwirkung beim Feststellungsverfahren	8
B.	Die ersten 6 Monate des Arbeitsverhältnisses	2			
I.	Zustimmungsfreiheit	2			
II.	Anzeigepflichten	4	I.	Fehlender Nachweis der Schwerbehinderteneigenschaft	9
C.	Stellen nach § 73 II Nr 2–5	5			
D.	Soziale Alterssicherung	6	II.	Fehlende Mitwirkung beim Feststellungsverfahren	10
E.	Witterungsbedingte Entlassung	7			
			G.	Darlegungs- und Beweislast	16

A. Enumerative Aufzählung. In § 90 sind alle Fälle aufgeführt, in denen bei der Kdg des Arbeitsverhältnisses eines schwerbehinderten AN der Kdg-Schutz entfällt. Weitere Befreiungen vom Kdg-Schutz der §§ 85–92 gibt es nicht. **1**

B. Die ersten 6 Monate des Arbeitsverhältnisses. I. Zustimmungsfreiheit. Wenn das Arbeitsverhältnis im Zeitpunkt des Zugangs der Kdg-Erklärung ohne Unterbrechung noch nicht länger als 6 Monate besteht, entfällt der bes Kdg-Schutz des SGB IX. Deshalb ist in diesen Fällen für eine Kdg weder die Zustimmung des Integrationsamtes noch die Einhaltung einer Mindestkündigungsfrist erforderlich. I Nr 1 ist dem § 1 I KSchG nachgebildet (s § 1 KSchG Rdn 6 ff), insoweit gelten zur Frage, ob das Arbeitsverhältnis ohne Unterbrechung 6 Monate besteht, dieselben Grds wie bei § 1 I KSchG (BAG 19.6.2007, 2 AZR 94/06, EzA § 90 SGB IX Nr 2). **2**

Ist eine Kdg nach I Nr 1 zustimmungsfrei, dann ist es unerheblich, ob die Kdg-Frist nach Ablauf der 6-Monatsfrist endet; entscheidend ist allein der **Zugang der Kdg** (vgl BAG 25.2.1981, 7 AZR 25/79, EzA § 17 SchwbG Nr 3). Hat der AN den Zugang der Kdg vor Ablauf des 6-Monatszeitraums **treuwidrig vereitelt**, zB durch bewusste Angabe einer unzutreffenden Anschrift, steht dies einem Zugang der Kdg in den ersten 6 Monaten des Arbeitsverhältnisses gleich (BAG 22.9.2005, 2 AZR 366/04, EzA § 130 BGB 2002 Nr 5). **3**

II. Anzeigepflichten. Der AG ist verpflichtet, jede Einstellung eines schwerbehinderten Menschen zur Probe – gleichgültig, ob in einem befristeten oder unbefristeten Arbeitsverhältnis – und jede Kdg eines Arbeitsverhältnisses mit einem schwerbehinderten AN vor Ablauf der ersten 6 Monate des Arbeitsverhältnisses dem Integrationsamt **innerhalb von 4 Tagen** anzuzeigen (III). Die 4-Tagesfrist bei der Einstellung beginnt mit der tatsächlichen Einstellung bzw dem Tag der Arbeitsaufnahme. Die Anzeigepflicht bei Kdg besteht nur für Kdg durch den AG, die dem AN vor Ablauf des 6-Monatszeitraums zugehen. Die 4-Tagesfrist beginnt hier mit der Beendigung des Arbeitsverhältnisses, nicht mit der Kdg. Die Einhaltung der Anzeigepflicht ist ohne Einfluss auf den Kdg-Schutz des schwerbehinderten AN; auch bei unterbliebener Anzeige ist für eine Kdg durch den AG die Zustimmung des Integrationsamtes nicht erforderlich (BAG 21.3.1980, 7 AZR 314/78, EzA § 17 SchwbG Nr 2). **4**

C. Stellen nach § 73 II Nr 2–5. Kein Kündigungsschutz nach dem SGB IX besteht für schwerbehinderte AN, die auf einer Stelle iSv § 73 II Nr 2–5 beschäftigt werden; das sind **5**
– Personen, deren Beschäftigung nicht in erster Linie ihrem Erwerb dient, sondern vorwiegend durch Beweggründe karitativer oder religiöser Art bestimmt ist (§ 73 II Nr 2), zB Rote-Kreuz-Schwestern, Diakonissen, Missionare sowie die – ausdrücklich im Gesetz genannten – Geistlichen öffentl-rechtlicher Religionsgemeinschaften.
– Personen, deren Beschäftigung nicht in erster Linie ihrem Erwerb dient und die vorwiegend zu ihrer Heilung, Wiedereingewöhnung oder Erziehung erfolgt (§ 73 II Nr 3), zB Insassen von Heilanstalten und Fürsorgeanstalten, Strafgefangene, Sicherungsverwahrte.
– Teilnehmer an Arbeitsbeschaffungsmaßnahmen nach dem SGB III (§ 73 II Nr 4). Das sind bzw waren AN, die die AA dem AG zuweist und für die die AA dem AG Zuschüsse gewährt, weil die Tätigkeit der AN im öffentl Interesse liegt. Seit dem 1.4.2012 werden keine neuen Arbeitsbeschaffungsmaßnahmen mehr gefördert, so dass die Regelung zunehmend an Bedeutung verliert.
– Personen, die nach ständiger Übung in ihre Stelle gewählt werden (§ 73 II Nr 5), zB bei Verbänden, politischen Parteien, Gewerkschaften.

D. Soziale Alterssicherung. Kein Kdg-Schutz nach dem SGB IX besteht für ältere AN unter bestimmten Voraussetzungen, bei deren Vorliegen der Gesetzgeber ersichtlich davon ausgeht, dass die Altersversorgung **6**

der betreffenden AN gesichert und deshalb ein bes Kdg-Schutz entbehrlich ist. IE handelt es sich um folgende beiden Gruppen:
a) AN, die das 58. Lebensjahr vollendet haben und Anspruch auf eine Abfindung, Entschädigung oder ähnliche Leistung aufgrund eines Sozialplanes haben, wenn der AG ihnen die Kdg-Absicht rechtzeitig mitteilt und sie der beabsichtigten Kdg bis zu deren Ausspruch nicht widersprechen (I Nr 3a). Es ist nicht erforderlich, dass der Sozialplan nach Vollendung des 58. Lebensjahres des AN zustande gekommen ist. Für die Unterrichtung des AN ist keine bestimmte Form vorgeschrieben. Rechtzeitig ist die Unterrichtung nur, wenn der AN noch ausreichend Zeit zur Überlegung hat, ob er der Kdg vor deren Ausspruch widersprechen soll. In Anlehnung an § 102 II BetrVG ist dem AN eine Überlegungszeit von mind 1 Woche einzuräumen. Für den Widerspruch des AN ist keine bestimmte Form vorgeschrieben. Er braucht auch nicht begründet zu werden.
b) AN, die Anspruch auf Knappschaftsausgleichsleistungen nach dem SGB VI oder auf Anpassungsgeld für entlassene AN des Bergbaus haben, wenn der AG ihnen die Kdg-Absicht rechtzeitig mitteilt und sie der beabsichtigten Kdg bis zu deren Ausspruch nicht widersprechen (I Nr 3b). Auf die Höhe der Knappschaftsausgleichsleistungen und des Anpassungsgeldes kommt es nicht an.

7   E. **Witterungsbedingte Entlassung.**   Kein bes Kdg-Schutz nach dem SGB IX besteht ferner bei Entlassungen, die aus Witterungsgründen vorgenommen werden, sofern die Wiedereinstellung der schwerbehinderten AN bei Wiederaufnahme der Arbeit gewährleistet ist (II). In Betracht kommen hier insb Arbeitsverhältnisse in der Land- und Forstwirtschaft, im Gartenbau und Tagebergbau. Im Baugewerbe ist die Vorschrift des II weitgehend bedeutungslos, da nach § 11 Nr 2 des allgemeinverbindlichen Bundesrahmen-TV für das Baugewerbe (BRTV-Bau) das Arbeitsverhältnis in der gesetzlichen Schlechtwetterzeit (1.12. – 31.3., s auch § 101 I SGB III) nicht aus Witterungsgründen gekündigt werden kann, entspr Kdg daher unwirksam sind. Der Kdg-Schutz entfällt nur, wenn der AG im Zeitpunkt des Zugangs der Kdg aufgrund eines TV, einer BV oder einzelvertraglicher Zusage verpflichtet ist, den AN bei Wiederaufnahme der Tätigkeit wieder einzustellen.

8   **F. Fehlender Nachweis der Schwerbehinderteneigenschaft oder fehlende Mitwirkung beim Feststellungsverfahren.**   IIa regelt 2 Fallgestaltungen, in denen der Sonderkündigungsschutz für Schwerbehinderte nicht eingreift, auch wenn der AN objektiv schwerbehindert ist.

9   **I. Fehlender Nachweis der Schwerbehinderteneigenschaft.**   Die Schwerbehinderteneigenschaft wird nachgewiesen durch einen entspr **Bescheid des Versorgungsamtes** (§ 69) oder durch die Feststellung über das Vorliegen einer Behinderung und den Grad der auf ihr beruhenden Erwerbsminderung (= Grad der Behinderung) in einem Rentenbescheid, einer entspr Verwaltungs- oder Gerichtsentsch oder durch eine vorläufige Bescheinigung der für diese Entsch zuständigen Dienststellen (§ 69 II). Nachgewiesen ist die Schwerbehinderteneigenschaft auch, wenn sie **offenkundig** ist, zB bei Kleinwüchsigkeit mit eingeschränkter Bewegungsfähigkeit (vgl BAG 18.10.2000, 2 AZR 380/99, EzA § 123 BGB Nr 56), bei Verlust von Armen oder Beinen, bei Blindheit oder Taubheit (vgl BAG 13.2.2008, 2 AZR 864/06, EzA § 4 KSchG nF Nr 83). Eine **Gleichstellung** mit behinderten Menschen wird nachgewiesen durch einen entspr Bescheid der BA (vgl § 68 II). Der Nachweis muss »zum Zeitpunkt der Kdg« erbracht sein, dh **im Zeitpunkt des Zugangs der Kdg** (*Cramer* NZA 2004, 704). Ein Nachweis **ggü dem AG** in diesem Zeitpunkt ist **nicht erforderlich** (BAG 11.12.2008, 2 AZR 395/07, EzA § 90 SGB IX Nr 5; Hauck/Noftz/*Griebeling* K § 90 Rn 22a).

10   **II. Fehlende Mitwirkung beim Feststellungsverfahren.**   Die 2. Alternative des IIa regelt den Fall, dass das Versorgungsamt nach Ablauf der Frist des § 69 I 2 eine Feststellung »**wegen fehlender Mitwirkung**« nicht treffen konnte. Damit wird vorausgesetzt, dass der AN die Feststellung seiner Schwerbehinderung beantragt hat und die Frist des § 69 I 2 beim Zugang der Kdg abgelaufen ist. Vor Ablauf dieser Frist kann kein Sonderkündigungsschutz entstehen. § 69 I 2 verweist auf »die in § 14 II 2 und 4 sowie V 2 und 5 genannten Fristen sowie § 60 I SGB I«. Die in Bezug genommenen Vorschriften regeln die **Fristen, innerhalb derer das Versorgungsamt seine Entsch** über die beantragte Feststellung der Schwerbehinderung **zu treffen hat**.

11   Muss für die Entsch **kein Gutachten** eingeholt werden, entscheidet das Versorgungsamt **innerhalb von 3 Wochen** nach Antragstellung (§ 14 II 2). Ist für die Entscheidung ein **Gutachten erforderlich**, beauftragt das Versorgungsamt unverzüglich einen **Sachverständigen** (§ 14 V 2). Um den Begriff »unverzüglich« berechenbar zu machen, ist für das unverzügliche Handeln des Versorgungsamtes die 3-Wochen-Frist zugrunde zu legen, die ihm für die Entsch zur Verfügung steht, wenn die Einholung eines Gutachtens nicht erforderlich ist. Der Sachverständige erstellt das Gutachten innerhalb von 2 Wochen nach Auftragserteilung (§ 14 V 5). Das Versorgungsamt trifft dann seine Entsch innerhalb von 2 Wochen nach Vorliegen des Gutachtens (§ 14 II 4).

Das bedeutet: Ist für die Feststellung der Schwerbehinderung **kein Gutachten** erforderlich, hat das Versorgungsamt seine Entsch **spätestens 3 Wochen** nach Antragseingang zu treffen; solange noch kein Feststellungsbescheid ergangen ist, kann vor Ablauf dieser Frist kein Sonderkündigungsschutz entstehen. Eine Kdg des AG, die dem AN vor Ablauf dieser Frist zugeht, bedarf nicht der Zustimmung des Integrationsamtes (BAG 1.3.2007, 2 AZR 217/06, EzA § 90 SGB IX Nr 1; *Bauer/Powietzka* NZA-RR 2004, 507; *Düwell* FA 2004, 200; *Grimm/Brock/Windeln* DB 2005, 283; *Hauck/Noftz/Griebeling* K § 90 Rn 23; *Schlewing* NZA 2005, 1221; *Westers* br 2004, 96; aA LAG Düsseldorf 29.3.2006, 17 Sa 1321/05, AuR 2006, 372). Dies gilt auch dann, wenn das Versorgungsamt später eine Schwerbehinderung rückwirkend feststellt (*Grimm/Brock/Windeln* DB 2005, 283; *Schlewing* NZA 2005, 1221). Ist für die Feststellung der Schwerbehinderung **ein Gutachten erforderlich**, hat das Versorgungsamt seine Entsch **spätestens 7 Wochen** (3 Wochen nach § 14 V 2 und je 2 Wochen nach § 14 V 5 und § 14 II 4) nach Antragseingang zu treffen; auch insoweit kann vor Ablauf dieser Frist kein Sonderkündigungsschutz entstehen, solange noch kein Feststellungsbescheid ergangen ist (*Düwell* FA 2004, 200; aA BAG 29.11.2007, 2 AZR 613/06, EzA § 90 SGB IX Nr 3: Antragstellung spätestens 3 Wochen vor Zugang der Kdg für Sonderkdgschutz stets ausreichend). 12

Sind die angeführten Fristen beim Zugang der Kdg abgelaufen, erlangt der AN bei einer späteren Feststellung der Schwerbehinderung grds **rückwirkend den Sonderkündigungsschutz**. Dieser Sonderkdgschutz entfällt nur dann, wenn das Versorgungsamt »wegen fehlender Mitwirkung« des AN seine Feststellung nicht fristgerecht treffen konnte. Die **Mitwirkungspflichten des AN** ergeben sich aus der entspr Anwendung des § 60 I 1 SGB I (§ 69 I 2). Danach hat der antragstellende AN alle Tatsachen anzugeben, die für die Feststellung der Schwerbehinderung erforderlich sind, und auf Verlangen des Versorgungsamtes der Erteilung der erforderlichen Auskünfte durch Dritte zuzustimmen sowie Beweismittel zu bezeichnen und ggf vorzulegen oder ihrer Vorlage zuzustimmen. Unter »fehlender Mitwirkung« des AN ist auch zögerliches Verhalten des AN bei der Erfüllung der ihm nach § 60 I SGB I obliegenden Pflichten zu verstehen, das er zu vertreten (verschuldet) hat (in diesem Sinn auch: *Griebeling* NZA 2005, 498). 13

IIa – Alt 2 – ist bei einem **Gleichstellungsverfahren** bei der BA (§ 68 II) entspr anwendbar (BAG 1.3.2007, 2 AZR 217/06, EzA § 90 SGB IX Nr 1). 14

Haben **vor Ausspruch der Kdg** das Versorgungsamt eine Feststellung der Behinderung bzw die BA eine Gleichstellung **abgelehnt**, ist beim Zugang der Kdg die Eigenschaft als schwerbehinderter Mensch bzw Gleichgestellter nicht nachgewiesen und eine Fallgestaltung des § 90 IIa – Alt 2 – liegt nicht vor, weil das Versorgungsamt bzw die BA ihre Entsch bereits getroffen haben. Infolgedessen ist **kein Sonderkündigungsschutz** gegeben. Eine Zustimmung des Integrationsamtes ist hingegen nicht entbehrlich, wenn Widerspruch und Klage gegen den ablehnenden Bescheid des Versorgungsamtes Erfolg haben und die Schwerbehinderung nachträglich festgestellt wird (BAG 6.9.2007, 2 AZR 324/06, EzA § 90 SGB IX Nr 4; aA OVG Rh-Pf 7.3.2006, 7 A 11298/05, NZA 2006, 1108). 15

G. Darlegungs- und Beweislast. In den Fällen des I Nr 1 und IIa werden Fallgestaltungen geregelt, in denen der Sonderkündigungsschutz noch nicht begonnen hat und auch nicht eingreift, obwohl der AN objektiv schwerbehindert ist. Damit sind dort in Wahrheit **Voraussetzungen für das Eingreifen des Sonderkündigungsschutzes** geregelt. Dies führt dazu, dass nach allg Grds der **AN darlegungs- und beweispflichtig** für das Nichtvorliegen der in I Nr 1 und IIa geregelten Tatbestände ist (Hauck/Noftz/*Griebeling* K § 90 Rn 25 f). In den anderen Fällen (I Nr 2–4, II) entfällt ein an sich bestehender Sonderkündigungsschutz aus den dort angeführten Gründen. Für diese Ausnahmetatbestände ist der **AG darlegungs- und beweispflichtig**. 16

§ 91 Außerordentliche Kündigung

(1) Die Vorschriften dieses Kapitels gelten mit Ausnahme von § 86 auch bei außerordentlicher Kündigung, soweit sich aus den folgenden Bestimmungen nichts Abweichendes ergibt.
(2) ¹Die Zustimmung zur Kündigung kann nur innerhalb von zwei Wochen beantragt werden; maßgebend ist der Eingang des Antrages bei dem Integrationsamt. ²Die Frist beginnt mit dem Zeitpunkt, in dem der Arbeitgeber von den für die Kündigung maßgebenden Tatsachen Kenntnis erlangt.
(3) ¹Das Integrationsamt trifft die Entscheidung innerhalb von zwei Wochen vom Tage des Eingangs des Antrages an. ²Wird innerhalb dieser Frist eine Entscheidung nicht getroffen, gilt die Zustimmung als erteilt.
(4) Das Integrationsamt soll die Zustimmung erteilen, wenn die Kündigung aus einem Grunde erfolgt, der nicht im Zusammenhang mit der Behinderung steht.

(5) Die Kündigung kann auch nach Ablauf der Frist des § 626 Abs. 2 Satz 1 des Bürgerlichen Gesetzbuchs erfolgen, wenn sie unverzüglich nach Erteilung der Zustimmung erklärt wird.
(6) Schwerbehinderte Menschen, denen lediglich aus Anlass eines Streiks oder einer Aussperrung fristlos gekündigt worden ist, werden nach Beendigung des Streiks oder der Aussperrung wieder eingestellt.

Übersicht

		Rdn.			Rdn.
A.	Voraussetzungen des Kündigungsschutzes	1	III.	Entscheidung des Integrationsamtes	8
I.	Außerordentliche Kdg durch AG	1	1.	Frist für die Entscheidung	8
II.	Schwerbehinderteneigenschaft des AN und Kenntnis des AG hiervon	2	2.	Form der Entscheidung	12
			3.	Ermessensspielraum	13
III.	Zustimmung des Integrationsamtes	3	C.	Rechtsbehelfe gegen die Entscheidung des Integrationsamtes	17
B.	Zustimmungsverfahren beim Integrationsamt		D.	Bindung von Integrationsamt, sonstigen Behörden und Gerichten an die Entscheidung des Integrationsamtes	20
I.	Antragstellung	4			
1.	Antragsbefugnis, Form des Antrages, Adressat des Antrags	4	E.	Der Ausspruch der Kdg	21
			I.	Frist für Kündigungserklärung	21
2.	Antragsfrist	5	II.	Einhaltung einer Kündigungsfrist	26
3.	Antragsinhalt	6	F.	Die Wirksamkeit der Kdg	27
II.	Einholung von Stellungnahmen und Anhörungen durch das Integrationsamt sowie Hinwirken auf eine gütliche Einigung	7	G.	Rechtsbehelfe des AN gegen die Kdg	28
			H.	Wiedereinstellung nach Kdg	32

1 A. Voraussetzungen des Kündigungsschutzes. I. Außerordentliche Kdg durch AG. Eine außerordentliche Kdg durch den AG liegt vor, wenn dieser eine Kdg ausspricht und hierbei erkennbar zum Ausdruck bringt, dass er die für das Arbeitsverhältnis maßgebende Kdg-Frist nicht einhalten will oder die Kdg auf einen für ihn wichtigen Grund stützt. IA wird eine außerordentliche Kdg als »fristlose« Kdg ausgesprochen, was zur Kennzeichnung genügt. § 91 gilt auch für außerordentliche Kdg mit notwendiger Auslauffrist ggü ordentlich bzw tariflich unkündbaren AN (BAG 12.5.2005, 2 AZR 159/04, EzA § 91 SGB IX Nr 2; zT str, aA LAG Köln 31.10.2012, 3 Sa 1062/11, BeckRS 2013, 68162, s § 626 BGB Rdn 197; KR-*Fischermeier* § 626 BGB Rn 323 mwN); für außerordentliche Kdg im **Insolvenzverfahren**, für vorsorgliche außerordentliche Kdg, für außerordentliche **Änderungskdg und** für außerordentliche Kdg nach dem Einigungsvertrag – Anl I Kap XIX Sachgeb A Abschn III Nr 1 Abs 5 – (BAG 16.3.1994, 8 AZR 688/92, EzA Art 20 Einigungsvertrag Nr 34).

2 II. Schwerbehinderteneigenschaft des AN und Kenntnis des AG hiervon. Es gelten hier dieselben Grds wie bei einer ordentlichen Kdg (s § 85 Rdn 4 f).

3 III. Zustimmung des Integrationsamtes. Nach I gelten §§ 85, 87–90 auch bei außerordentlichen Kdg, soweit II–VI nichts Abweichendes regeln. Dh insb: Eine außerordentliche Kdg des Arbeitsverhältnisses durch den AG bedarf grds der vorherigen Zustimmung des Integrationsamtes.

4 B. Zustimmungsverfahren beim Integrationsamt. I. Antragstellung. 1. Antragsbefugnis, Form des Antrages, Adressat des Antrags. S die Erl zu § 87 Rdn 1 ff.

5 2. Antragsfrist. Der AG kann die Zustimmung zur Kdg nur **innerhalb von 2 Wochen** beantragen, nachdem er von den für die Kdg maßgebenden Tatsachen Kenntnis erlangt hat (II). Kenntniserlangung bedeutet, dass der Kdg-Berechtigte eine zuverlässige und möglichst vollständige Kenntnis vom Kdg-Sachverhalt hat, die ihm die Entsch ermöglicht, ob die Fortsetzung des Arbeitsverhältnisses zumutbar ist oder nicht (BAG 18.12.1986, 2 AZR 36/86, RzK IV 8c Nr 9). Zu den Kdg-Tatsachen gehört auch die Schwerbehinderteneigenschaft des AN (BAG 14.5.1982, 7 AZR 1221/79, EzA § 18 SchwbG Nr 5). Teilt etwa der AN dem AG nach Zugang einer außerordentlichen Kdg seine Schwerbehinderteneigenschaft fristgerecht (s § 85 Rdn 5) mit, ist die ausgesprochene Kdg wegen Verstoßes gegen § 91 I iVm § 85 unwirksam. Von der Mitteilung des AN an läuft aber für den AG eine neue 2-Wochenfrist iSv § 91 II (BVerwG 5.10.1995, 5 B 73.94, Buchholz 436.61 § 21 SchwbG Nr 6). Für die Fristeinhaltung ist der Eingang des Antrags bei dem Integrationsamt maßgebend. Ist die Antragsfrist nicht eingehalten, hat das Integrationsamt die Zustimmung zur Kdg abzulehnen (APS/*Vossen* § 91 SGB IX Rn 9). Eine Wiedereinsetzung gegen die Fristversäumnis gibt es für den AG nicht (*Gröninger/Thomas* § 21 Rn 7).

3. Antragsinhalt. In dem Antrag muss der AG den Namen des schwerbehinderten AN angeben, dem 6
er kündigen will, erkennbar zum Ausdruck bringen, dass er eine außerordentliche Kdg aussprechen und
zu dieser Kdg die Zustimmung des Integrationsamtes beantragen will. Bringt der AG nicht deutlich zum
Ausdruck, dass es sich um eine außerordentliche Kdg handeln soll, ist von einem Antrag auf Zustimmung
zu einer ordentlichen Kdg auszugehen.

II. Einholung von Stellungnahmen und Anhörungen durch das Integrationsamt sowie Hinwirken auf 7
eine gütliche Einigung. § 87 II, III finden Anwendung (s § 87 Rdn 9 ff). Allerdings ist zu beachten, dass
das Integrationsamt sein Verfahren beschleunigt durchführen muss, da es seine Entscheidung innerhalb von
2 Wochen nach Antragstellung zu treffen hat (s Rdn 8).

III. Entscheidung des Integrationsamtes. 1. Frist für die Entscheidung. Die Vorschrift, dass das Inte- 8
grationsamt **innerhalb von 2 Wochen** nach Eingang des Antrags auf Zustimmung zur außerordentlichen
Kdg seine Entsch über den Antrag zu treffen hat, bedeutet, dass innerhalb dieser Frist eine endgültige Entsch
ergehen muss. Das Integrationsamt ist nicht befugt, die Frist von 2 Wochen zu verlängeRn Das Integrationsamt darf auch nicht die Zustimmung zur Kdg mit der Begr ablehnen, eine abschließende Stellungnahme
sei wegen der kurzen Frist nicht möglich; anderenfalls kann es sich nach § 839 BGB, Art 34 GG ggü dem
Antragsteller (AG) schadensersatzpflichtig machen (APS/*Vossen* § 91 SGB IX Rn 11).

Die Zustellung der Entsch innerhalb der 2-Wochenfrist ist nicht erforderlich; es genügt vielmehr, dass das 9
Integrationsamt die fristgerecht getroffene Entsch alsbald zugehen lässt. Erforderlich ist nur, dass das Integrationsamt innerhalb der 2-Wochenfrist seine Entscheidung trifft. Die Entsch des Integrationsamtes ist
»getroffen«, wenn der behördeninterne Entschvorgang abgeschlossen ist (BAG 12.5.2005, 2 AZR 159/04,
EzA § 91 SGB IX Nr 2), dh, der zuständige Dezernent den entspr Bescheid unterzeichnet hat und dieser an
den AG abgesandt (»zur Post gegeben«) oder ihm mündlich mitgeteilt worden ist (BAG 12.8.1999, 2 AZR
748/98, EzA § 21 SchwbG 1986 Nr 10).

Die 2-Wochenfrist, die dem Integrationsamt für seine Entsch zur Verfügung steht, ist nach §§ 187, 188 BGB 10
zu berechnen. Fällt der letzte Tag der so berechneten Frist auf einen Sonntag, Feiertag oder Sonnabend, wird
die Frist bis zum Ablauf des nächsten Werktages verlängert (§ 193 BGB).

Trifft das Integrationsamt innerhalb der Frist von 2 Wochen keine endgültige Entsch über den Antrag, gilt 11
die Zustimmung zur Kdg als erteilt. Die Fiktion der Zustimmung tritt auch dann erst nach Ablauf der
2-Wochenfrist ein, wenn das Integrationsamt bereits vorher mitteilt, die Frist ohne Entscheidung verstreichen zu lassen (BAG 19.6.2007, 2 AZR 226/06, EzA § 91 SGB IX Nr 4). Eine nur vorläufige Entscheidung
ist unbeachtlich.

2. Form der Entscheidung. Nach § 88 II ist dem AG und dem schwerbehinderten AN die Entscheidung 12
des Integrationsamtes zuzustellen (s § 88 Rdn 5). Die förmliche Zustellung an den AG ist aber keine Zulässigkeitsvoraussetzung für die auszusprechende Kdg (s Rdn 21).

3. Ermessensspielraum. Das Ermessen des Integrationsamtes bei seiner Entsch über den (form- und frist- 13
gerechten) Antrag des AG auf Erteilung der Zustimmung zur Kdg wird durch IV erheblich eingeschränkt.
Aufgrund der Sollvorschrift des IV hat das Integrationsamt die Zustimmung zur Kdg grds zu erteilen, wenn
der vom AG angegebene Kdg-Grund **nicht im Zusammenhang mit der Behinderung** steht. Insoweit ist das
Integrationsamt zur entspr Aufklärung des Sachverhalts und zur Prüfung verpflichtet, ob ein Zusammenhang zwischen Kdg-Grund und Behinderung besteht. Bei der Prüfung ist grundsätzlich die Beeinträchtigung maßgeblich, die der Feststellung über das Vorliegen einer Behinderung nach § 69 I 1 zu Grunde liegt
(BVerwG 12.7.2012, 5 C 16/11, NJW 2013, 99). Der erforderliche Zusammenhang ist erst dann gegeben,
wenn die jeweilige Behinderung unmittelbar oder mittelbar zu Defiziten in der Einsichtsfähigkeit und/oder
Verhaltenssteuerung des schwerbehinderten AN geführt hat, denen behinderungsbedingt nicht entgegengewirkt werden konnte, und wenn das einer Kdg aus wichtigem Grund zugrunde liegende Verhalten des
schwerbehinderten AN gerade auf diese behinderungsbedingte mangelhafte Verhaltenssteuerung zurückzuführen ist (OVG Münster 22.1.2009, 12 A 2094/08, BehindR 2010, 73, s auch BVerwG 12.7.2012, 5 C
16/11, NJW 2013, 99). Insoweit genügt auch ein mittelbarer Zusammenhang, zB Beschaffungskriminalität
eines suchtkranken AN (OVG NRW 23.5.2000, 22 A 3145/98, AP SGB IX § 88 Nr 1). Zur Klärung,
ob ein Zusammenhang besteht, kann das Integrationsamt auch Sachverständige hinzuziehen (vgl BVerwG
18.5.1988, 5 B 135.87, Buchholz 436.61 § 15 SchwbG 1986 Nr 1). Besteht zwischen anerkannten Behinderungen und der Kdg kein Zusammenhang, hat das Integrationsamt grds die Zustimmung zu erteilen
und nicht zu prüfen, ob der angegebene Kdggrund auch tatsächlich zutrifft und eine außerordentliche Kdg
rechtfertigt (BVerwG 2.7.1992, 5 C 39/90, BVerwGE 90, 275).

14 Die angeführten Grds bei der Entsch des Integrationsamtes gelten ausnahmsweise dann nicht, wenn der angegebene Kdggrund **offensichtlich unzutreffend** ist oder offensichtlich eine außerordentliche Kdg nicht rechtfertigen kann (vgl BVerwG 18.9.1996, 5 B 109.96, Buchholz 436.61 § 21 SchwbG Nr 8). In einem solchen Fall darf das Integrationsamt die Zustimmung zur Kdg nicht erteilen, sondern muss sie verweigern (in diesem Sinne: OVG NRW 25.4.1989, 13 A 2399/87, OVGE MüLü 41, 104).

15 Der fehlende Zusammenhang des Kdg-Grundes mit der Behinderung ist in Zweifelsfällen **vom AG darzulegen und zu beweisen**. Auch wenn sich ein Zusammenhang zwischen Kdg-Grund und Behinderung nicht völlig ausschließen lässt (VGH BW 5.7.1989, 6 S 1739/87, BB 1989, 2400) oder ein nur mittelbarer Zusammenhang zwischen Kdg.-Grund und Behinderung vorliegt (OVG Lüneburg 9.3.1994, 4 L 3927/92, NdsMBl 1994, 1050), zB Trunksucht wegen der durch Behinderung verursachten Schmerzen oder Beschaffungskriminalität eines suchtkranken AN (OVG NRW 23.5.2000, 22 A 3145/98, AP SGB IX § 88 Nr 1), führt dies dazu, dass das Integrationsamt nicht zur Erteilung der Zustimmung zur Kdg verpflichtet ist.

16 Besteht zwischen Kdg-Grund und Behinderung ein Zusammenhang, ist das Ermessen des Integrationsamtes gleichwohl beschränkt, wenn die Voraussetzungen des § 89 vorliegen, dh aufgrund des § 89 kann das Integrationsamt verpflichtet sein, die Zustimmung zur Kdg zu erteilen. Scheidet eine solche Verpflichtung aus, steht es im freien, pflichtgemäßen Ermessen des Integrationsamtes, ob es die Zustimmung zur Kdg erteilen soll. Hierbei hat das Integrationsamt das Gewicht der Kdg-Gründe gegen das Interesse des schwerbehinderten AN an der Erhaltung seines Arbeitsplatzes gegeneinander abzuwägen.

17 **C. Rechtsbehelfe gegen die Entscheidung des Integrationsamtes.** Die Zustimmung des Integrationsamtes zur außerordentlichen Kdg kann der schwerbehinderte AN im **Verwaltungsrechtsverfahren** anfechten. Das gilt auch für den Fall, dass die Zustimmung des Integrationsamtes fingiert wird, weil das Integrationsamt nicht innerhalb der 2-Wochenfrist des III seine (endgültige) Entscheidung getroffen hat (BVerwG 10.9.1992, 5 C 39/88, EzA § 21 SchwbG 1986 Nr 4).

18 Die Anfechtung der Zustimmung des Integrationsamtes oder einer Rechtsmittelinstanz zur außerordentlichen Kdg hat keine aufschiebende Wirkung (I iVm § 88 IV); im Hinblick auf V (»unverzüglich« auszusprechende Kdg nach Erteilung der Zustimmung) ist auch die Aussetzung der Vollziehung eines (erteilten oder fingierten) Zustimmungsbescheides durch den Widerspruchsausschuss gem § 80 IV 1 VwGO oder die Anordnung der aufschiebenden Wirkung durch das Gericht gem § 80 V 1 VwGO unzulässig (aA GK-SGB IX/*Lampe* § 88 Rn 134 ff mwN). V ist insoweit eine bundesgesetzliche Regelung, die der Anordnung einer aufschiebenden Wirkung entgegensteht (vgl § 80 VwGO).

19 Die Ablehnung der Zustimmung durch das Integrationsamt kann vom AG im Verwaltungsrechtsweg (Widerspruchsausschuss, VG) angefochten werden (s § 88 Rdn 15 ff). Hat er damit in einer Rechtsmittelinstanz Erfolg, kann und muss er im Hinblick auf V die Kdg alsbald (»unverzüglich«) aussprechen, sobald er von der zustimmenden Entsch sichere Kenntnis hat, zB durch mündliche Bekanntgabe der Entscheidung des Widerspruchsausschusses (BAG 21.4.2005, 2 AZR 255/04, EzA § 91 SGB IX Nr 1). Der schwerbehinderte AN kann aber, sofern noch nicht die letzte Instanz erreicht ist, die zustimmende Entsch mit weiteren Rechtsmitteln angreifen. Obsiegt er hierbei und wird die Zustimmung rkr aufgehoben, wird die Kdg rückwirkend unwirksam.

20 **D. Bindung von Integrationsamt, sonstigen Behörden und Gerichten an die Entscheidung des Integrationsamtes.** S § 88 Rdn 23 ff. Die Einhaltung bzw den Ablauf der Kdg-Erklärungsfrist des § 626 II BGB (s § 626 BGB Rdn 204 ff) haben die Gerichte für Arbeitssachen jedoch selbständig zu prüfen, auch wenn das Integrationsamt der Kdg bestandskräftig zugestimmt hat (BAG 2.3.2006, 2 AZR 46/05, EzA § 91 SGB IX Nr 3).

21 **E. Der Ausspruch der Kdg. I. Frist für Kündigungserklärung.** Anders als bei der ordentlichen Kdg ist die förmliche Zustellung an den AG keine Zulässigkeitsvoraussetzung für die auszusprechende Kdg (BAG 12.5.2005, 2 AZR 159/04, EzA § 91 SGB IX Nr 2). V knüpft vielmehr die Zulässigkeit der außerordentlichen Kdg daran, dass sie unverzüglich »nach Erteilung der Zustimmung« erklärt wird. Der AG kann und muss daher die Kdg **unverzüglich** (d.h. ohne schuldhaftes Zögern, vgl § 121 I BGB; abgelehnt bei Kündigung am 7. Tag nach Zustimmungserteilung, LAG Hamm 8.11.2012, 15 Sa 1094/12, BeckRS 2013, 66965) erklären, wenn das Integrationsamt seine zustimmende Entscheidung »getroffen« hat oder die Zustimmung als erteilt gilt (BAG 9.2.1994, 2 AZR 720/93, EzA § 21 SchwbG 1986 Nr 5). Das gilt auch im Fall einer außerordentlichen Kdg unter Gewährung einer Auslauffrist ggü einem ordentlich unkündbaren schwerbehinderten AN (BAG 12.5.2005, 2 AZR 159/04, EzA § 91 SGB IX Nr 2). Es besteht eine Obliegenheit des AG, sich beim Integrationsamt zu erkundigen, ob es innerhalb der Frist des III 1 eine

Entscheidung getroffen hat, weil anderenfalls die Fiktionswirkung des III 2 eintritt. Er braucht hingegen nicht darauf dringen, dass ihm auch der Inhalt der Entscheidung mitgeteilt wird. Zu einer solchen Auskunft ist das Integrationsamt nicht verpflichtet (BAG 19.4.2012, 2 AZR 118/11, NZA 2013, 507). Die Kdg ist erst erklärt, wenn sie dem AN zugeht.

Hat der AG die Zustimmung des Integrationsamtes zur außerordentlichen Kdg so rechtzeitig beantragt, dass im Zeitpunkt der Erteilung der Zustimmung noch nicht 2 Wochen vergangen sind, seit der AG von den für die Kdg maßgebenden Tatsachen Kenntnis erlangt hat, kann er die **2-Wochenfrist des § 626 II BGB** zum Ausspruch der Kdg ausnutzen, auch wenn die Kdg nicht »unverzüglich« nach Erteilung der Zustimmung des Integrationsamtes erklärt wird (BAG 15.11.2001, 2 AZR 380/00, EzA § 21 SchwbG 1986 Nr 12). Nach Ablauf der 2-Wochenfrist ist es erforderlich, aber auch ausreichend, wenn der AG unverzüglich nach Erteilung der Zustimmung des Integrationsamtes die Kdg erklärt. Trifft das Integrationsamt innerhalb der ihm zur Verfügung stehenden Frist von 2 Wochen keine Entscheidung, gilt die Zustimmung zur Kdg als erteilt. Auch in diesem Fall muss die Kdg nunmehr unverzüglich erklärt werden. 22

Der AG kann den **BR** (PersR) zwar schon vor Beendigung des Zustimmungsverfahrens bei dem Integrationsamt beteiligen. Ihm bleibt es aber unbenommen, den BR erst nach Beendigung des Zustimmungsverfahrens anzuhören (BAG 3.7.1980, 2 AZR 340/78, EzA § 18 SchwbG Nr 3). Im Hinblick auf den Zweck des V, möglichst bald Rechtsklarheit zu schaffen, muss aber der AG, der den BR erst nach Erteilung der Zustimmung des Integrationsamtes anhört, das Anhörungsverfahren in der kürzest möglichen Zeit einleiten und nach dessen Beendigung die Kdg in der kürzest möglichen Zeit erklären (BAG 3.7.1980, 2 AZR 340/78, EzA § 18 SchwbG Nr 3). Das bedeutet, dass der AG am 1. Arbeitstag nach Beendigung des Zustimmungsverfahrens bei dem Integrationsamt das Anhörungsverfahren beim BR einleiten muss und am 1. Arbeitstag nach Beendigung des Anhörungsverfahrens die Kdg erklären muss. Da die Kdg erst mit ihrem Zugang »erklärt« ist (BAG 3.7.1980, 2 AZR 340/78, EzA § 18 SchwbG Nr 3), muss der AG dafür sorgen, dass sie dem AN noch am 1. Arbeitstag nach Beendigung des Anhörungsverfahrens zugeht, zB durch mündliche Erklärung, Boten, Telegramm (vgl BAG 3.7.1980, 2 AZR 340/78, EzA § 18 SchwbG Nr 3). 23

Hat der AG den BR schon vor der Beendigung des Zustimmungsverfahrens bei dem Integrationsamt angehört, ist eine erneute Anhörung nach Erteilung der Zustimmung des Integrationsamtes entbehrlich. Das gilt – bei unverändertem Sachverhalt – auch dann, wenn die Zustimmung des Integrationsamtes erst nach einem jahrelangen verwaltungsgerichtlichen Verfahren erteilt wird (BAG 18.5.1994, 2 AZR 626/93, EzA § 611 BGB Abmahnung Nr 31). Nur bei einer wesentlichen Änderung des Kündigungssachverhalts ist er zu einer erneuten Anhörung des BR verpflichtet (vgl BAG 1.4.1981, 7 AZR 1003/78, EzA § 102 BetrVG 1972 Nr 45). 24

Hat der AG gegen eine ablehnende Entsch des Integrationsamtes im Rechtsmittelverfahren (Widerspruchsausschuss) eine zustimmende Entsch erreicht, steht dies einer Zustimmung des Integrationsamtes gleich, sodass der AG im Hinblick auf V unverzüglich die Kdg aussprechen muss, nachdem er sichere Kenntnis davon hat, dass der Widerspruchsausschuss in seinem Sinne entschieden hat (BAG 21.4.2005, 2 AZR 255/04, EzA § 91 SGB IX Nr 1). Das gilt auch, wenn der schwerbehinderte AN die in der Rechtsmittelinstanz getroffene Zustimmung mit weiteren Rechtsmitteln angreift. 25

II. Einhaltung einer Kündigungsfrist. Eine Kdgfrist braucht der AG bei einer außerordentlichen Kdg nicht einzuhalten. § 86 ist unanwendbar (I). 26

F. Die Wirksamkeit der Kdg. Die Wirksamkeit der außerordentlichen Kdg eines schwerbehinderten AN setzt außer der Zustimmung des Integrationsamtes und der fristgerechten Kdg-Erklärung voraus, dass ein **wichtiger Grund** zur Kdg iSv § 626 BGB vorliegt. Ist eine zustimmungsbedürftige außerordentliche Kdg unwirksam, ist stets zu prüfen, ob sie in eine wirksame ordentliche Kdg **umgedeutet** werden kann. Eine solche Umdeutung ist nur zulässig, wenn das Integrationsamt vorsorglich auch oder nur seine Zustimmung zu einer ordentlichen Kdg erteilt hatte oder wenn es bei einer außerordentlichen Kdg zugestimmt hatte, die auf Gründe gestützt wurde, die mit der Behinderung in Zusammenhang stehen. In letzterem Fall ist eine Umdeutung deshalb möglich, weil das Ermessen des Integrationsamtes bei der Frage der Erteilung der Zustimmung hins einer außerordentlichen und einer ordentlichen Kdg in gleichem Umfang gesetzlich eingeschränkt ist (vgl I, § 89; **aA** BAG 16.10.1991, 2 AZR 197/91, RzK IV 8b Nr 4). 27

G. Rechtsbehelfe des AN gegen die Kdg. Gegen die mit Zustimmung des Integrationsamtes ausgesprochene außerordentliche Kdg kann der schwerbehinderte AN – wie jeder AN – **beim ArbG Klage auf Feststellung der Unwirksamkeit der Kdg** erheben, weil kein wichtiger Grund zur Kdg vorgelegen habe. Die Klage muss innerhalb von 3 Wochen nach Zugang der schriftlichen Kdg erhoben werden (§§ 4 S 1, 13 I KSchG); anderenfalls gilt die Kdg von Anfang an als wirksam (§ 7 KSchG). Das gilt auch, wenn dem 28 schwerbehinderten AN der Zustimmungsbescheid des Integrationsamtes erst nach Zugang der Kdg zugeht, da § 4 S 4 KSchG auf außerordentliche Kdg keine Anwendung findet (§ 13 I 2 KSchG; str, s § 13 KSchG Rdn 9 mwN).

29 Im **Kdg-Schutzprozess** kann der AG die Kdg grds auch auf Gründe stützen, die er im Zustimmungsverfahren beim Integrationsamt nicht genannt hat. Dies gilt jedenfalls dann, wenn der nachgeschobene Kdg-Grund offensichtlich nicht im Zusammenhang mit der Behinderung steht und das Integrationsamt deshalb wegen dieses Kdg-Grundes seine Zustimmung nach IV nicht hätte verweigern dürfen (BAG 19.12.1991, 2 AZR 367/91, RzK I 6a Nr 82).

30 Hat der AN gegen die mit Zustimmung des Integrationsamtes ausgesprochene außerordentliche Kdg nicht nur beim ArbG Klage auf Feststellung der Unwirksamkeit der außerordentlichen Kdg erhoben, sondern auch die Zustimmung des Integrationsamtes im **Verwaltungsrechtsweg** angegriffen, hat das ArbG der Kdg-Schutzklage stattzugeben, wenn die außerordentliche Kdg nach § 626 I BGB unbegründet ist. Sind hingegen die Voraussetzungen des § 626 I BGB gegeben und hängt die Wirksamkeit der außerordentlichen Kdg nur noch davon ab, ob eine wirksame Zustimmung zur Kdg vorliegt, kann das ArbG wegen der nicht aufschiebenden Wirkung der Rechtsmittel gegen die Zustimmung des Integrationsamtes nach hM die Klage abweisen mit der Möglichkeit eines Wiederaufnahmeverfahrens, falls die Zustimmung im Rechtsmittelverfahren rkr aufgehoben wird (vgl BAG 23.5.2013, 2 AZR 991/11, NZA 2013, 1373; Hauck/Noftz/*Griebeling* K § 85 Rn 39a).

31 Ist die außerordentliche Kdg – aus welchen Gründen auch immer – unwirksam, kann der schwerbehinderte AN unter den Voraussetzungen des § 13 I 3 KSchG die **Auflösung des Arbeitsverhältnisses** und die Verurteilung des AG zu einer angemessenen Abfindung beantragen.

32 **H. Wiedereinstellung nach Kdg.** Grds hat ein wirksam entlassener schwerbehinderter AN keinen Anspruch auf Wiedereinstellung; einen Anspruch auf Wiedereinstellung nach einer fristlosen Kdg sieht das Gesetz jedoch vor, wenn dem schwerbehinderten AN lediglich aus Anlass eines Streiks oder einer Aussperrung fristlos gekündigt worden ist. In diesem Fall ist der schwerbehinderte AN nach Beendigung des Streiks oder einer Aussperrung wieder einzustellen (VI). Will der AG anlässlich eines Streiks oder einer Aussperrung eine fristlose Kdg aussprechen, so bedarf auch diese Kdg der vorherigen Zustimmung des Integrationsamtes, da § 91 insoweit keine Ausnahme enthält. Hierbei wird das Integrationsamt die Zustimmung idR erteilen müssen, da die Kdg im Allg nicht im Zusammenhang mit der Behinderung stehen dürfte (vgl IV).

§ 92 Erweiterter Beendigungsschutz

¹Die Beendigung des Arbeitsverhältnisses eines schwerbehinderten Menschen bedarf auch dann der vorherigen Zustimmung des Integrationsamtes, wenn sie im Falle des Eintritts einer teilweisen Erwerbsminderung, der Erwerbsminderung auf Zeit, der Berufsunfähigkeit oder der Erwerbsunfähigkeit auf Zeit ohne Kündigung erfolgt. ²Die Vorschriften dieses Kapitels über die Zustimmung zur ordentlichen Kündigung gelten entsprechend.

Übersicht	Rdn.		Rdn.
A. Notwendigkeit der Zustimmung des Integrationsamtes bei Beendigung des Arbeitsverhältnisses ohne Kdg 1		B. Zustimmungsverfahren beim Integrationsamt 3	
		C. Beendigung des Arbeitsverhältnisses 4	
		D. Sonderfälle 5	

1 **A. Notwendigkeit der Zustimmung des Integrationsamtes bei Beendigung des Arbeitsverhältnisses ohne Kdg.** Endet das Arbeitsverhältnis ohne Kdg, bedarf seine Beendigung dann der vorherigen Zustimmung des Integrationsamtes, wenn die Beendigung wegen teilweiser **Erwerbsminderung**, voller Erwerbsminderung auf Zeit, Berufsunfähigkeit oder Erwerbsunfähigkeit des AN auf Zeit eintritt. Der Begriff der teilw Erwerbsminderung ist in § 43 I 2 SGB VI, der Begriff der vollen Erwerbsminderung ist in § 43 II 2 SGB VI näher umschrieben. Wer berufsunfähig ist, ist in § 240 II SGB VI geregelt. Für den Begriff der Erwerbsunfähigkeit ist § 44 SGB VI aF maßgebend. Teilw Erwerbsminderung bzw Erwerbsunfähigkeit auf Zeit besteht bei begründeter Aussicht, dass die Erwerbsminderung bzw Erwerbsunfähigkeit in absehbarer Zeit behoben sein kann. Eine Beendigung des Arbeitsverhältnisses ohne Kdg im Fall des Eintritts der teilweisen Erwerbsminderung bzw Berufsunfähigkeit oder der Erwerbsminderung bzw Erwerbsunfähigkeit auf Zeit kann im Arbeitsvertrag, in einem Auflösungsvertrag, in einem TV und – iRd § 77 III BetrVG – auch in einer BV wirksam vereinbart werden. In den Fällen des § 90 ist eine Zustimmung des Integrationsamtes nicht erforderlich.

Der Schutz des § 92 greift auch ein, wenn der AG beim Eintritt der Erwerbsminderung, Berufsunfähigkeit oder Erwerbsunfähigkeit keine Kenntnis von der Schwerbehinderteneigenschaft des AN hat, der AN ihn aber innerhalb einer Regelfrist von 3 Wochen nach Zugang der Kdg darüber unterrichtet (vgl BAG 12.1.2006, 2 AZR 539/05, EzA § 85 SGB IX Nr 5). Die Grds des § 85 gelten entspr (s dazu § 85 Rdn 5). 2

B. Zustimmungsverfahren beim Integrationsamt. §§ 87–90 gelten entspr. 3

C. Beendigung des Arbeitsverhältnisses. Das Arbeitsverhältnis endet frühestens mit Zustellung der zustimmenden Entsch des Integrationsamtes an den schwerbehinderten AN, selbst wenn nach tariflichen Bestimmungen ein früherer Beendigungszeitpunkt vorgesehen ist (vgl GK-SGB IX/*Lampe* § 92 Rn 29). Das Arbeitsverhältnis endet ohne Rücksicht darauf, ob die Zustimmung des Integrationsamtes von dem schwerbehinderten AN angefochten wird. Wird die Zustimmung im Rechtsmittelverfahren rkr aufgehoben, entfällt die Wirksamkeit des Ausscheidens rückwirkend mit der Folge, dass das Arbeitsverhältnis fortbesteht (*Neumann/Pahlen/Majerski-Pahlen* § 92 Rn 6). 4

D. Sonderfälle. § 92 gilt nicht **entspr**, wenn ein Dienstordnungsangestellter wegen Dienstunfähigkeit in den Ruhestand versetzt werden soll. Einer Zustimmung oder sonstigen Beteiligung des Integrationsamts bedarf es in diesen Fällen nicht. Die Rechtsprechung zu der Vorgängerbestimmung § 19 SchwbG, wonach diese auch auf die Versetzung von Dienstordnungsangestellten in den Ruhestand wegen Dienstunfähigkeit entsprechend angewandt hat, wurde vom BAG ausdrücklich aufgegeben (BAG 24.5.2012, 6 AZR 679/10, NZA 2012, 1158). IÜ ist § 92 auf andere Fälle der Beendigung des Arbeitsverhältnisses ohne Kdg, zB im Arbeitsvertrag vorgesehener Beendigung bei dauernder voller Erwerbsminderung bzw bei dauernder Erwerbsunfähigkeit, unanwendbar (GK-SGB IX/*Lampe* § 92 Rn 10, 12). 5

§ 122 Vorrang der schwerbehinderten Menschen
Verpflichtungen zur bevorzugten Einstellung und Beschäftigung bestimmter Personenkreise nach anderen Gesetzen entbinden den Arbeitgeber nicht von der Verpflichtung zur Beschäftigung schwerbehinderter Menschen nach den besonderen Regelungen für schwerbehinderte Menschen.

Die Verpflichtung des AG zur Beschäftigung Schwerbehinderter, deren Mindestquote in § 71 niedergelegt ist, wird durch die Verpflichtung zur Beschäftigung von AN nach anderen Gesetzen nicht berührt. Dies kann aber nicht darüber hinwegtäuschen, dass die Verletzung der Verpflichtung zur Beschäftigung einer bestimmten Mindestzahl Schwerbehinderter nach § 71 sanktionslos bleibt; der AG muss insoweit nur eine Ausgleichsabgabe nach § 77 zahlen. 1

§ 123 Arbeitsentgelt und Dienstbezüge
(1) ¹Bei der Bemessung des Arbeitsentgelts und der Dienstbezüge aus einem bestehenden Beschäftigungsverhältnis werden Renten und vergleichbare Leistungen, die wegen der Behinderung bezogen werden, nicht berücksichtigt. ²Die völlige oder teilweise Anrechnung dieser Leistungen auf das Arbeitsentgelt oder die Dienstbezüge ist unzulässig.
(2) Absatz 1 gilt nicht für Zeiträume, in denen die Beschäftigung tatsächlich nicht ausgeübt wird und die Vorschriften über die Zahlung der Rente oder der vergleichbaren Leistung eine Anrechnung oder ein Ruhen vorsehen, wenn Arbeitsentgelt oder Dienstbezüge gezahlt werden.

Die Vorschrift regelt einen speziellen Fall der (verbotenen) Benachteiligung wegen der Behinderung. Die Rechtsfolgen lassen sich auch aus §§ 1, 2 AGG herleiten. 1

§ 124 Mehrarbeit
Schwerbehinderte Menschen werden auf ihr Verlangen von Mehrarbeit freigestellt.

Mehrarbeit iSv § 124 ist die über die normale gesetzliche Arbeitszeit (§ 3 ArbZG) hinausgeleistete Arbeit. Dh: Mehrarbeit iSv § 124 ist jede über 8 Stunden werktäglich hinausgehende Arbeitszeit, wobei Bereitschaftsdienst auch als Arbeitszeit zählt (BAG 21.11.2006, 9 AZR 176/06, EzA § 124 SGB IX Nr 2). Tariflich abw Zeiten sind unerheblich (BAG 3.12.2002, 9 AZR 462/01, EzA § 124 SGB IX Nr 1). Freistellung von Mehrarbeit, die über die individuelle Arbeitszeit des Schwerbehinderten hinausgeht, aber die normale gesetzliche Arbeitszeit nicht überschreitet, kann der Schwerbehinderte daher nicht verlangen (vgl BAG 8.11.1989, 5 AZR 642/88, EzA § 46 SchwbG Nr 1). Dem Schwerbehinderten ist es unbenommen, Mehrarbeit, die über die normale gesetzliche Arbeitszeit hinausgeht, freiwillig zu leisten. 1

§ 125 Zusatzurlaub

(1) ¹Schwerbehinderte Menschen haben Anspruch auf einen bezahlten zusätzlichen Urlaub von fünf Arbeitstagen im Urlaubsjahr; verteilt sich die regelmäßige Arbeitszeit des schwerbehinderten Menschen auf mehr oder weniger als fünf Arbeitstage in der Kalenderwoche, erhöht oder vermindert sich der Zusatzurlaub entsprechend. ²Soweit tarifliche, betriebliche oder sonstige Urlaubsregelungen für schwerbehinderte Menschen einen längeren Zusatzurlaub vorsehen, bleiben sie unberührt.

(2) ¹Besteht die Schwerbehinderteneigenschaft nicht während des gesamten Kalenderjahres, so hat der schwerbehinderte Mensch für jeden vollen Monat der im Beschäftigungsverhältnis vorliegenden Schwerbehinderteneigenschaft einen Anspruch auf ein Zwölftel des Zusatzurlaubs nach Absatz 1 Satz 1. ²Bruchteile von Urlaubstagen, die mindestens einen halben Tag ergeben, sind auf volle Urlaubstage aufzurunden. ³Der so ermittelte Zusatzurlaub ist dem Erholungsurlaub hinzuzurechnen und kann bei einem nicht im ganzen Kalenderjahr bestehenden Beschäftigungsverhältnis nicht erneut gemindert werden.

(3) Wird die Eigenschaft als schwerbehinderter Mensch nach § 69 Abs. 1 und 2 rückwirkend festgestellt, finden auch für die Übertragbarkeit des Zusatzurlaubs in das nächste Kalenderjahr die dem Beschäftigungsverhältnis zugrunde liegenden urlaubsrechtlichen Regelungen Anwendung.

1 1 § 125 regelt den Zusatzurlaub für Schwerbehinderte, der »zusätzlich« zum Urlaubsanspruch hinzutritt, den der AN ohne Berücksichtigung seiner Schwerbehinderung verlangen kann (BAG 24.10.2006, 9 AZR 669/05, EzA § 125 SGB IX Nr 1). Dieser Zusatzurlaub hat nicht lediglich den gesetzlich für AN geregelten Mindesturlaub nach § 3 BUrlG (24 Werktage = 20 Arbeitstage) aufgestockt (BAG 24.10.2006, 9 AZR 669/05, EzA § 125 SGB IX Nr 1). Er entsteht unabhängig davon, ob der AN im Urlaubsjahr Arbeitsleistung erbracht hat (BAG 7.8.2012, 9 AZR 353/10, NJW 2012, 3529). Kürzungsmöglichkeiten sind in II abschließend geregelt. Eine anteilige Kürzung im Jahr des Ausscheidens ist nicht vorgesehen, so dass er in voller Höhe entsteht, auch wenn das Arbeitsverhältnis bereits im Laufe des Jahres nach dem 30.6. geendet hat (LAG MV 24.6.2014, 5 Sa 221/13, NZA-RR 2015, 66).

2 Der Zusatzurlaub ist ebenso wie der Mindesturlaub nach dem Ende des Arbeitsverhältnisses abzugelten, wenn der Zusatzurlaub nicht gewährt werden konnte, weil der AN arbeitsunfähig erkrankt war (BAG 23.3.2010, 9 AZR 128/09, EzA § 7 BUrlG Abgeltung Nr. 16), jedoch maximal bis 15 Monate nach Ablauf des Urlaubsjahres (BAG 22.9.2015, 9 AZR 170/14, JurionRS 2015, 32075; 7.8.2012, 9 AZR 353/10, NZA 2012, 1216 im Anschluss an EuGH 22.11.2011, C-214/10, NJW 2012, 290). Der Anspruch auf Abgeltung des Zusatzurlaubs kann allerdings aufgrund tariflicher Ausschlussfristen verfallen (BAG 13.12.2011, 9 AZR 399/10, EzA § 7 BUrlG Abgeltung Nr 20). Der entstandene Urlaubsabgeltungsanspruch ist vererbbar u geht nicht mit dem Tod des AN unter (BAG 22.9.2015, 9 AZR 170/14, JurionRS 2015, 32075).

3 Den schwerbehinderten Menschen gleichgestellte Personen haben keinen Anspruch auf Gewährung des Zusatzurlaubs (§ 68 III).

Zehntes Buch Sozialgesetzbuch – Sozialverwaltungsverfahren und Sozialdatenschutz – (SGB X)

In der Fassung vom 18.1.2001 (BGBl I S 130), zuletzt geändert durch Art 32 des Gesetzes vom 20.11.2015 (BGBl I S 2010)

– Auszug –

§ 115 Ansprüche gegen den Arbeitgeber
(1) Soweit der Arbeitgeber den Anspruch des Arbeitnehmers auf Arbeitsentgelt nicht erfüllt und deshalb ein Leistungsträger Sozialleistungen erbracht hat, geht der Anspruch des Arbeitnehmers gegen den Arbeitgeber auf den Leistungsträger bis zur Höhe der erbrachten Sozialleistungen über.
(2) Der Übergang wird nicht dadurch ausgeschlossen, dass der Anspruch nicht übertragen, verpfändet oder gepfändet werden kann.
(3) Anstelle der Ansprüche des Arbeitnehmers auf Sachbezüge tritt im Fall des Absatzes 1 der Anspruch auf Geld; die Höhe bestimmt sich nach den nach § 17 Abs. 1 Satz 1 Nr. 3 des Vierten Buches festgelegten Werten der Sachbezüge.

Haben AN aus dem Arbeitsverhältnis einen fälligen Anspruch auf Arbeitsentgelt, den der AG nicht erfüllt, werden oft Sozialleistungen als Entgeltersatzleistungen erbracht. In den Fällen in denen das Gesetz eigentlich im Hinblick auf den Anspruch auf Arbeitsentgelt das Ruhen des Sozialleistungsanspruchs anordnet, wird diese Form der Leistungsbewilligung als Gleichwohlgewährung bezeichnet. Von der Konzeption her handelt es sich um eine »Vorleistung« durch den Sozialleistungsträger. Für das Entstehen des Erstattungsanspruchs ist eine sachliche und zeitliche Kongruenz zwischen dem geschuldeten Arbeitsentgelt und der an den AN erbrachten Sozialleistung erforderlich. Ein Anspruch auf Arbeitsentgelt iSd § 115 ist auch der Anspruch auf Entgeltfortzahlung im Krankheitsfall oder auf Urlaubsgeld oder Urlaubsabgeltung, soweit ein solcher zum Ruhen der Sozialleistungen führt. Als Sozialleistungen kommen nur solche mit Entgeltersatzfunktion in Betracht. Der häufigste Anwendungsfall ist die Zahlung von Alg iR der sog Gleichwohlgewährung nach §§ 157 III oder 158 IV SGB III. Bei AN, die noch keinen Anspruch auf Alg nach dem SGB III erworben haben und Alg II erhalten, ist dies die Sozialleistung iSd § 115. Sozialleistungen in diesem Sinne können auch Krankengeld nach § 44 SGB V und Kinderkrankengeld nach § 45 SGB V, Übergangsgeld nach § 20 SGB VI und Verletztengeld nach § 45 SGB VII sein. Auch der Gründungszuschuss nach §§ 93 ff SGB III ist eine Sozialleistung mit Entgeltersatzfunktion. Der Anspruch auf den Gründungszuschuss ruht für Zeiten, in denen der AN Arbeitsentgelt erhält oder zu beanspruchen hat. Wird die Leistung dennoch im Wege der Gleichwohlgewährung erbracht, geht der Anspruch auf das Arbeitsentgelt auf den Sozialleistungsträger über (BAG 29.4.2015, 5 AZR 756/13, JurionRS 2015, 19996). Der AG muss den Anspruch auf Arbeitsentgelt trotz Fälligkeit ganz oder teilw nicht erfüllen und die Sozialleistung muss zeitlich an die Stelle des nicht gezahlten Arbeitsentgelts treten. Dabei ist keine vollkommene Deckung des Zeitraums, für den der Anspruch auf Arbeitsentgelt besteht, und für den die Sozialleistung gezahlt wird, erforderlich. Der Forderungsübergang kann aber nur für den Zeitraum eintreten, für den Anspruch auf Arbeitsentgelt besteht. Der Anspruchsübergang tritt erst dann ein, wenn der Leistungsträger Sozialleistungen tatsächlich erbracht hat. Leistet der AG also noch vor der Auszahlung der Sozialleistung, tritt der Anspruchsübergang nicht ein. Solange dem AG der Anspruchsübergang nicht angezeigt worden (oder anders bekannt geworden) ist, kann er auch nach Erbringung der Sozialleistung noch nach §§ 412, 407 BGB mit befreiender Wirkung an den AN leisten. Die Ansprüche des AN aus dem Arbeitsverhältnis gegen den AG gehen kraft Gesetzes auf den Sozialleistungsträger so über, wie sie dem AN zugestanden haben. Der AG kann ggü dem Sozialleistungsträger nach §§ 412, 404 BGB alle Einwendungen geltend machen, die ihm im Zeitpunkt des Anspruchsübergangs gegenüber dem AN zugestanden haben (wie etwa einen tariflichen Ausschluss oder Verjährung). Die übergegangenen Ansprüche behalten ihren Charakter als Ansprüche aus dem Arbeitsverhältnis. Im Streitfalle ist der Rechtsweg zu den ArbG eröffnet. Der Sozialleistungsträger kann den übergegangenen Anspruch nicht einseitig durch Bescheid festsetzen.

Gesetz über Sprecherausschüsse der leitenden Angestellten (Sprecherausschussgesetz – SprAuG)

Vom 20.12.1988 (BGBl I S 2312, 2316), zuletzt geändert durch Art 222 des Gesetzes vom 31.10.2006 (BGBl I S 2407).

§ 1 Errichtung von Sprecherausschüssen

(1) In Betrieben mit in der Regel mindestens zehn leitenden Angestellten (§ 5 Abs. 3 des Betriebsverfassungsgesetzes) werden Sprecherausschüsse der leitenden Angestellten gewählt.
(2) Leitende Angestellte eines Betriebs mit in der Regel weniger als zehn leitenden Angestellten gelten für die Anwendung dieses Gesetzes als leitende Angestellte des räumlich nächstgelegenen Betriebs desselben Unternehmens, der die Voraussetzungen des Absatzes 1 erfüllt.
(3) Dieses Gesetz findet keine Anwendung auf
1. Verwaltungen und Betriebe des Bundes, der Länder, der Gemeinden und sonstiger Körperschaften, Anstalten und Stiftungen des öffentlichen Rechts sowie
2. Religionsgemeinschaften und ihre karitativen und erzieherischen Einrichtungen unbeschadet deren Rechtsform.

Übersicht	Rdn.		Rdn.
A. Grundlagen	1	B. Errichtung	2

1 **A. Grundlagen.** Vor 1989 waren ltd Ang praktisch aus der Betriebsverfassung ausgenommen; sie durften sich weder an der BR-Wahl beteiligen, noch besaßen sie eigene Vertretungen. Damit sollte sichergestellt werden, dass der AG nicht durch seine Vertrauten den BR beherrscht, umgekehrt sollte ihm eine Mannschaft bleiben, um das Unternehmen »ohne Gegnerschaft im eigenen Lager« zu führen (*Hromadka/Sieg* § 5 III, IV BetrVG Rn 2). Mit Inkrafttreten des SprAuG am 1.1.1989 schuf der Gesetzgeber nach dem Vorbild der freiwilligen SprAu erstmals die Möglichkeit, SprAu auch gegen den Willen des AG einzurichten (zur Entstehungsgeschichte *Hromadka/Sieg* SprAuG Einl Rn 53 ff; *Hromadka* ZfA 2010, 711). Die »Sprecherverfassung« als Betriebsverfassung für ltd Ang ist dem Betriebsverfassungsrecht nachgebildet, unterscheidet sich aber in mehreren Punkten: Die erstmalige Errichtung eines SprAu setzt voraus, dass sich die Mehrheit der ltd Ang des Betriebs in einer Vorabstimmung dafür entscheidet (§ 7 II 4). Der SprAu hat keine Mitbestimmungs-, sondern nur Mitwirkungsrechte. Die Rechtsstellung der SprAu-Mitglieder ist schwächer; sie genießen keinen Sonderkündigungsschutz und können keinen Ausgleich für ihre SprAu-Tätigkeit außerhalb der Arbeitszeit verlangen. Das SprAuG lehnt sich in seinem Aufbau an das BetrVG an, ist aber wesentlich kürzer. Es enthält keine Definition des ltd Ang, sondern verweist in § 1 I 1 auf § 5 III BetrVG, der den Begriff für das gesamte Betriebsverfassungsrecht bestimmt (ErfK/*Oetker* § 1 Rn 1).

2 **B. Errichtung.** SprAu werden auf betrieblicher Ebene errichtet. Das SprAuG definiert den Betriebsbegriff nicht selbst. Vielmehr gilt, da die Sprecherverfassung Betriebsverfassungsrecht im materiellen Sinne ist, der Betriebsbegriff des § 1 BetrVG (*Löwisch* SprAuG § 1 Rn 38) samt der Vermutungsregel des § 1 II BetrVG für den Gemeinschaftsbetrieb mehrerer Unternehmen (HWK/*Annuß/Girlich* § 1 Rn 8). Keine Anwendung findet § 4 BetrVG, da § 1 II als lex specialis vorgeht (MünchArbR/*Joost* § 233 Rn 16 f). Sprecherausschussfähig sind Betriebe, in denen idR mind 10 ltd Ang beschäftigt sind (zum Begriff des »Regelbeschäftigten« s § 9 BetrVG Rdn 2). Wird dieser Schwellenwert unterschritten, werden die ltd Ang dem räumlich nächstgelegenen Betrieb desselben Unternehmens zugeordnet, der die Mindestzahl erfüllt (§ 1 II). Das ist der Betrieb, der mit den vorhandenen Verkehrsmitteln am schnellsten erreicht werden kann (*Goldschmidt* FA 2003, 6, 7). Ist dies bei keinem Betrieb der Fall, kann ein USprAu nach § 20 gebildet werden (BT-Drs 11/2503 S 41). In den in § 1 III genannten Betrieben kann kein SprAu gebildet werden. Für den räumlichen Geltungsbereich des SprAuG gilt das zum BetrVG Gesagte (s § 1 BetrVG Rdn 1). Entspr gilt für die Ausstrahlung des Gesetzes bei einer Entsendung von ltd Ang ins Ausland (s § 1 BetrVG Rdn 2).

§ 2 Zusammenarbeit

(1) ¹Der Sprecherausschuss arbeitet mit dem Arbeitgeber vertrauensvoll unter Beachtung der geltenden Tarifverträge zum Wohl der leitenden Angestellten und des Betriebs zusammen. ²Der Arbeitgeber hat vor

Abschluss einer Betriebsvereinbarung oder sonstigen Vereinbarung mit dem Betriebsrat, die rechtliche Interessen der leitenden Angestellten berührt, den Sprecherausschuss rechtzeitig anzuhören.

(2) ¹Der Sprecherausschuss kann dem Betriebsrat oder Mitgliedern des Betriebsrats das Recht einräumen, an Sitzungen des Sprecherausschusses teilzunehmen. ²Der Betriebsrat kann dem Sprecherausschuss oder Mitgliedern des Sprecherausschusses das Recht einräumen, an Sitzungen des Betriebsrats teilzunehmen. Einmal im Kalenderjahr soll eine gemeinsame Sitzung des Sprecherausschusses und des Betriebsrats stattfinden.

(3) ¹Die Mitglieder des Sprecherausschusses dürfen in der Ausübung ihrer Tätigkeit nicht gestört oder behindert werden. ²Sie dürfen wegen ihrer Tätigkeit nicht benachteiligt oder begünstigt werden; dies gilt auch für ihre berufliche Entwicklung.

(4) ¹Arbeitgeber und Sprecherausschuss haben Betätigungen zu unterlassen, durch die der Arbeitsablauf oder der Frieden des Betriebs beeinträchtigt werden. ²Sie haben jede parteipolitische Betätigung im Betrieb zu unterlassen; die Behandlung von Angelegenheiten tarifpolitischer, sozialpolitischer und wirtschaftlicher Art, die den Betrieb oder die leitenden Angestellten unmittelbar betreffen, wird hierdurch nicht berührt.

Übersicht	Rdn.		Rdn.
A. Das betriebsverfassungsrechtliche Gebot vertrauensvoller Zusammenarbeit	1	B. Verhältnis zum BR .... C. Beeinflussungsverbot, Friedenspflicht, Verbot parteipolitischer Betätigung im Betrieb	2 3

A. Das betriebsverfassungsrechtliche Gebot vertrauensvoller Zusammenarbeit. (§ 2 I BetrVG) gilt 1 auch für die Sprecherverfassung (zu Einzelheiten s § 2 BetrVG Rdn 1). Anders als § 74 I 1 BetrVG sieht das SprAuG aber kein obligatorisches Monatsgespräch zwischen AG und SprAu vor; dieses empfiehlt sich aber, um der Unterrichtungspflicht nach § 25 II 1 Genüge zu tun. Im Gegensatz zur Betriebsverfassung haben die **Gewerkschaften** iRd Sprecherverfassung keinerlei Funktion (*Oetker* ZfA 1990, 43); § 2 I erwähnt sie deshalb nicht einmal. Den Gewerkschaften stehen lediglich die originären Rechte aus Art 9 III GG zu (s § 2 BetrVG Rdn 6).

B. Verhältnis zum BR. BR und SprAu stehen unabhängig nebeneinander. Die ursprünglich vorgesehene 2 Pflicht zu vertrauensvoller Zusammenarbeit ist nicht Gesetz geworden (*Hromadka/Sieg* § 2 Rn 2). Eine generelle Verweigerung der Zusammenarbeit würde aber ebenso gegen die Verpflichtung auf das Wohl der AN einschl der ltd Ang und des Betriebs verstoßen wie eine Behinderung der Arbeit des jeweils anderen Organs (*Löwisch* SprAuG § 2 Rn 13). Der SprAu kann dem BR nach freiem Ermessen ein Teilnahmerecht an seinen Sitzungen einräumen (ErfK/*Oetker* § 2 Rn 6); ein Anspruch darauf besteht nicht (*Hromadka/Sieg* § 2 Rn 22). Einmal im Kalenderjahr soll eine gemeinsame Sitzung stattfinden (§ 2 II 3); die Nichtbeachtung der Norm bleibt folgenlos (*Hromadka/Sieg* § 2 Rn 23). Der AG hat den SprAu vor Abschluss einer Vereinbarung mit dem BR, die rechtl Interessen der ltd Ang berührt, rechtzeitig anzuhören (§ 2 I 2). Das ist bei betriebseinheitlichen Regelungen der Fall (zB Einführung einer Altersversorgungsordnung für alle AN) und bei Regelungen, die notwendigerweise Rückwirkungen auf ltd Ang haben (zB Einführung von Gleitzeit für die übrige Belegschaft). SprAu und BR können mit dem AG auch gemeinsame Vereinbarungen abschließen (HWK/*Annuß/Girlich* § 2 Rn 7). Für die vom BR vertretenen AN handelt es sich um BV (§ 77 BetrVG) oder um Regelungsabreden, für die ltd Ang um RL (§ 28 I) oder Sprechervereinbarungen (28 II).

C. Beeinflussungsverbot, Friedenspflicht, Verbot parteipolitischer Betätigung im Betrieb. Die Mitglie- 3 der von SprAu, USprAu, GSprAu und KSprAu werden durch § 2 III umfassend vor Störungen, Behinderungen und Benachteiligungen geschützt. Adressat ist jedermann: nicht nur der AG, sondern auch der BR, andere AN und Betriebsfremde (ErfK/*Oetker* § 2 Rn 7). Die Mitglieder dürfen nicht in ihrer beruflichen Entwicklung benachteiligt werden (§ 2 III 2 Hs 2). Eine wirtschaftliche und berufliche Absicherung wie in § 37 IV, V BetrVG vorgesehen, ist dem SprAuG zwar fremd; der AG darf Mitglieder aber nicht von Beförderungen ausschließen und ihnen Karrierewege versperren, die bei vergleichbaren ltd Ang üblich sind (*Löwisch* SprAuG § 2 Rn 19). Auch jede Begünstigung ist verboten. Der SprAu unterliegt – wie der BR (§ 74 II BetrVG) – der betrieblichen Friedenspflicht; seine Mitglieder dürfen sich im Betrieb nicht parteipolitisch betätigen. Bei Nichtbeachtung besteht ein Unterlassungsanspruch (HWK/*Annuß/Girlich* § 2 Rn 18). Bei groben Verstößen kann der SprAu aufgelöst oder einzelne Mitglieder vom Amt ausgeschlossen werden, s § 9 (ErfK/*Oetker* § 2 Rn 10).

§ 3 Wahlberechtigung und Wählbarkeit

(1) Wahlberechtigt sind alle leitenden Angestellten des Betriebs.
(2) ¹Wählbar sind alle leitenden Angestellten, die sechs Monate dem Betrieb angehören. ²Auf die sechsmonatige Betriebszugehörigkeit werden Zeiten angerechnet, in denen der leitende Angestellte unmittelbar vorher einem anderen Betrieb desselben Unternehmens oder Konzerns (§ 18 Abs. 1 des Aktiengesetzes) als Beschäftigter angehört hat. ³Nicht wählbar ist, wer
1. aufgrund allgemeinen Auftrags des Arbeitgebers Verhandlungspartner des Sprecherausschusses ist,
2. nicht Aufsichtsratsmitglied der Arbeitnehmer nach § 6 Abs. 2 Satz 1 des Mitbestimmungsgesetzes in Verbindung mit § 105 Abs. 1 des Aktiengesetzes sein kann oder
3. infolge strafgerichtlicher Verurteilung die Fähigkeit, Rechte aus öffentlichen Wahlen zu erlangen, nicht besitzt.

§ 4 Zahl der Sprecherausschussmitglieder

(1) Der Sprecherausschuss besteht in Betrieben mit in der Regel
10 bis 20 leitenden Angestellten aus einer Person,
21 bis 100 leitenden Angestellten aus drei Mitgliedern,
101 bis 300 leitenden Angestellten aus fünf Mitgliedern,
über 300 leitenden Angestellten aus sieben Mitgliedern.
(2) Männer und Frauen sollen entsprechend ihrem zahlenmäßigen Verhältnis im Sprecherausschuss vertreten sein.

§ 5 Zeitpunkt der Wahlen und Amtszeit

(1) ¹Die regelmäßigen Wahlen des Sprecherausschusses finden alle vier Jahre in der Zeit vom 1. März bis 31. Mai statt. ²Sie sind zeitgleich mit den regelmäßigen Betriebsratswahlen nach § 13 Abs. 1 des Betriebsverfassungsgesetzes einzuleiten.
(2) Außerhalb dieses Zeitraums ist der Sprecherausschuss zu wählen, wenn
1. im Betrieb ein Sprecherausschuss nicht besteht,
2. der Sprecherausschuss durch eine gerichtliche Entscheidung aufgelöst ist,
3. die Wahl des Sprecherausschusses mit Erfolg angefochten worden ist oder
4. der Sprecherausschuss mit der Mehrheit seiner Mitglieder seinen Rücktritt beschlossen hat.
(3) ¹Hat außerhalb des in Absatz 1 festgelegten Zeitraums eine Wahl des Sprecherausschusses stattgefunden, ist der Sprecherausschuss in dem auf die Wahl folgenden nächsten Zeitraum der regelmäßigen Wahlen des Sprecherausschusses neu zu wählen. ²Hat die Amtszeit des Sprecherausschusses zu Beginn des in Absatz 1 festgelegten Zeitraums noch nicht ein Jahr betragen, ist der Sprecherausschuss in dem übernächsten Zeitraum der regelmäßigen Wahlen des Sprecherausschusses neu zu wählen.
(4) ¹Die regelmäßige Amtszeit des Sprecherausschusses beträgt vier Jahre. ²Die Amtszeit beginnt mit der Bekanntgabe des Wahlergebnisses oder, wenn zu diesem Zeitpunkt noch ein Sprecherausschuss besteht, mit Ablauf von dessen Amtszeit. ³Die Amtszeit endet spätestens am 31. Mai des Jahres, in dem nach Absatz 1 die regelmäßigen Wahlen des Sprecherausschusses stattfinden. ⁴In dem Fall des Absatzes 3 Satz 2 endet die Amtszeit spätestens am 31. Mai des Jahres, in dem der Sprecherausschuss neu zu wählen ist.
(5) In dem Fall des Absatzes 2 Nr 4 führt der Sprecherausschuss die Geschäfte weiter, bis der neue Sprecherausschuss gewählt und das Wahlergebnis bekanntgegeben ist.

§ 6 Wahlvorschriften

(1) Der Sprecherausschuss wird in geheimer und unmittelbarer Wahl gewählt.
(2) Die Wahl erfolgt nach den Grundsätzen der Verhältniswahl; wird nur ein Wahlvorschlag eingereicht, erfolgt die Wahl nach den Grundsätzen der Mehrheitswahl.
(3) ¹In Betrieben, deren Sprecherausschuss aus einer Person besteht, wird dieser mit einfacher Stimmenmehrheit gewählt. ²In einem getrennten Wahlgang ist ein Ersatzmitglied zu wählen.
(4) ¹Zur Wahl des Sprecherausschusses können die leitenden Angestellten Wahlvorschläge machen. ²Jeder Wahlvorschlag muss von mindestens einem Zwanzigstel der leitenden Angestellten, jedoch von mindestens drei leitenden Angestellten unterzeichnet sein; in Betrieben mit in der Regel bis zu zwanzig leitenden Angestellten genügt die Unterzeichnung durch zwei leitende Angestellte. ³In jedem Fall genügt die Unterzeichnung durch fünfzig leitende Angestellte.

§ 7 Bestellung, Wahl und Aufgaben des Wahlvorstands

(1) Spätestens zehn Wochen vor Ablauf seiner Amtszeit bestellt der Sprecherausschuss einen aus drei oder einer höheren ungeraden Zahl von leitenden Angestellten bestehenden Wahlvorstand und einen von ihnen als Vorsitzenden.

(2) ¹Besteht in einem Betrieb, der die Voraussetzungen des § 1 Abs. 1 erfüllt, kein Sprecherausschuss, wird in einer Versammlung von der Mehrheit der anwesenden leitenden Angestellten des Betriebs ein Wahlvorstand gewählt. ²Zu dieser Versammlung können drei leitende Angestellte des Betriebs einladen und Vorschläge für die Zusammensetzung des Wahlvorstands machen. ³Der Wahlvorstand hat unverzüglich eine Abstimmung darüber herbeizuführen, ob ein Sprecherausschuss gewählt werden soll. ⁴Ein Sprecherauschuss wird gewählt, wenn dies die Mehrheit der leitenden Angestellten des Betriebs in einer Versammlung oder durch schriftliche Stimmabgabe verlangt.

(3) ¹Zur Teilnahme an der Versammlung und der Abstimmung nach Absatz 2 sind die Angestellten berechtigt, die vom Wahlvorstand aus Anlass der letzten Betriebsratswahl oder der letzten Wahl von Aufsichtsratsmitgliedern der Arbeitnehmer, falls diese Wahl später als die Betriebsratswahl stattgefunden hat, oder durch gerichtliche Entscheidung den leitenden Angestellten zugeordnet worden sind. ²Hat zuletzt oder im gleichen Zeitraum wie die nach Satz 1 maßgebende Wahl eine Wahl nach diesem Gesetz stattgefunden, ist die für diese Wahl erfolgte Zuordnung entscheidend.

(4) ¹Der Wahlvorstand hat die Wahl unverzüglich einzuleiten, sie durchzuführen und nach Abschluss der Wahl öffentlich die Auszählung der Stimmen vorzunehmen, deren Ergebnis in einer Niederschrift festzustellen und es im Betrieb bekanntzugeben. ²Dem Arbeitgeber ist eine Abschrift der Wahlniederschrift zu übersenden.

§ 8 Wahlanfechtung, Wahlschutz und Wahlkosten

(1) ¹Die Wahl kann beim Arbeitsgericht angefochten werden, wenn gegen wesentliche Vorschriften über das Wahlrecht, die Wählbarkeit oder das Wahlverfahren verstoßen worden ist und eine Berichtigung nicht erfolgt ist, es sei denn, dass durch den Verstoß das Wahlergebnis nicht geändert oder beeinflusst werden konnte. ²Zur Anfechtung berechtigt sind mindestens drei leitende Angestellte oder der Arbeitgeber. ³Die Wahlanfechtung ist nur innerhalb einer Frist von zwei Wochen, vom Tage der Bekanntgabe des Wahlergebnisses an gerechnet, zulässig.

(2) ¹Niemand darf die Wahl des Sprecherausschusses behindern. ²Insbesondere darf kein leitender Angestellter in der Ausübung des aktiven und passiven Wahlrechts beschränkt werden. ³Niemand darf die Wahl des Sprecherausschusses durch Zufügung oder Androhung von Nachteilen oder durch Gewährung oder Versprechen von Vorteilen beeinflussen.

(3) ¹Die Kosten der Wahl trägt der Arbeitgeber. ²Versäumnis von Arbeitszeit, die zur Ausübung des Wahlrechts, zur Betätigung im Wahlvorstand oder zur Tätigkeit als Vermittler (§ 18a des Betriebsverfassungsgesetzes) erforderlich ist, berechtigt den Arbeitgeber nicht zur Minderung des Arbeitsentgelts.

Übersicht	Rdn.		Rdn.
A. Grundsätze der SprAu-Wahl	1	B. Besonderheiten und Abweichungen vom BetrVG	2

A. Grundsätze der SprAu-Wahl. Voraussetzungen, Durchführung, Anfechtbarkeit, Schutz und Kosten der SprAu-Wahl werden durch die §§ 3–8 geregelt. Weitere Einzelheiten enthält die WahlO (vom 28.9.1989, BGBl I S 1798), die aufgrund § 38 erlassen wurde. Die Regelungen **entsprechen iW den Vorschriften über die BR-Wahl** (§§ 7–20 BetrVG), auf deren Kommentierung verwiesen wird. Im Folgenden werden nur Besonderheiten und Abweichungen vom BetrVG dargestellt. 1

B. Besonderheiten und Abweichungen vom BetrVG. Besteht in einem sprecherausschussfähigen Betrieb (§ 1 I) kein SprAu, weil dieser erstmals gewählt werden soll oder weil der alte SprAu vor Ablauf seiner Amtszeit unter Verstoß gegen § 7 I keinen Wahlvorstand für eine Neuwahl bestellt hat, hängt die Wahl von einer **Vorabstimmung der ltd Ang** ab (Löwisch § 7 Rn 4; aA für die unterbliebene Neuwahl Bauer § 7 Rn 3). Zu deren Durchführung ist auf einer Wahlversammlung, zu der 3 ltd Ang des Betriebs einladen können, ein Wahlvorstand mit der Mehrheit der Stimmen der dort anwesenden ltd Ang zu wählen (§ 7 II 2). Ein Quorum für diese Wahl besteht nicht (Hromadka/Sieg § 7 Rn 14). Der Wahlvorstand beschließt danach unverzüglich, ob die Vorabstimmung in einer Versammlung (§§ 26 I 2, 27–32 WahlO) oder durch 2 schriftliche Stimmabgabe (§ 26 I 2, 33 WahlO) erfolgt. Ein SprAu wird gewählt, wenn dies die Mehrheit der ltd Ang des Betriebs verlangt (§ 7 II 4).

3 **Aktiv wahlberechtigt** ist nach § 3 I 1 jeder ltd Ang, der in einem Arbeitsverhältnis zu dem Inhaber des Wahlbetriebs steht, in dessen Organisation er eingegliedert ist (s zur Betriebszugehörigkeit § 7 BetrVG Rdn 5). Eine Vorschrift über das aktive Wahlrecht von zur Arbeitsleistung überlassenen ltd Ang (§ 7 S 2 BetrVG) fehlt im SprAuG. **Wählbar ist**, wer das aktive Wahlrecht genießt und 6 Monate vor der Wahl dem Wahlbetrieb angehört hat. Vorbeschäftigungszeiten in anderen Betrieben des Unternehmens oder Konzerns werden angerechnet (§ 3 II 1, 2). Von diesem Grundsatz macht § 3 II 3 zwei vom BetrVG abw Ausnahmen: Nicht wählbar ist, wer aufgrund allg Auftrags des AG Verhandlungspartner des SprAu ist. Der AG ist frei darin, wen er hierzu bestimmt. Der Auftrag muss sich nicht auf alle Mitwirkungsrechte beziehen (*Löwisch* § 3 Rn 24). Verhandlungspartner ist nur, wer eigenständig Verhandlungen führt, wer also – innerhalb gewisser Vorgaben – selbst entscheiden und mit dem SprAu verbindliche Absprachen treffen kann. Das wird im Regelfall der Personalleiter sein (*Hromadka/Sieg* § 3 Rn 23 ff.). Nicht wählbar sind auch die Prokuristen und Handlungsbevollmächtigten, die zur Ausübung von Prokura bzw Handlungsvollmacht für den gesamten Geschäftsbetrieb ermächtigt sind (§ 3 II 3 Nr 2).

4 **Die Größe des zu wählenden SprAu** bestimmt sich gem § 4 I nach der Zahl der regelmäßig beschäftigten ltd Ang (zum Begriff des Regelbeschäftigten s § 9 BetrVG Rdn 2) im Betrieb bzw bei Einrichtung eines USprAu (§ 20) im Unternehmen. Stichtag ist der Tag, an dem der Wahlvorstand durch Erlass des Wahlausschreibens die Wahl einleitet (§ 3 I 2 WahlO). **Nachträgliche Änderungen berühren die Mitgliederzahl nicht**, solange der Schwellenwert von mind 10 ltd Ang nicht unterschritten wird. § 13 II Nr 1 und 2 BetrVG hat im SprAuG keine Entsprechung. § 4 II soll sicherstellen, dass **Frauen und Männer gleichmäßig im SprAu repräsentiert** sind. Anders als § 15 II verlangt die Vorschrift keine Mindestquote. Überdies handelt es sich bei § 4 II um eine reine Sollvorschrift, deren **Nichtbefolgung keinen Einfluss auf die Gültigkeit** der Wahl hat (HWK/*Annuß/Girlich* §§ 3-8 Rn 9).

5 Ist zeitgleich mit dem SprAu ein BR zu wählen, so haben sich die Wahlvorstände über die Zuordnung von Ang zur Gruppe der ltd Ang zu verständigen. Ggf ist ein Zuordnungsverfahren nach § 18a BetrVG durchzuführen. Zu Einzelheiten s dort.

6 **Die Regelungen über die Wahlanfechtung, den Wahlschutz und die Wahlkosten** in § 8 sind den §§ 19, 20 BetrVG nachgebildet. Auf die dortige Kommentierung wird verwiesen. Anders als bei der BR-Wahl steht den im Betrieb vertretenen Gewerkschaften bei der SprAu-Wahl kein Anfechtungsrecht zu (ErfK/*Oetker* §§ 3-8 Rn 5).

§ 9 Ausschluss von Mitgliedern, Auflösung des Sprecherausschusses und Erlöschen der Mitgliedschaft

(1) ¹Mindestens ein Viertel der leitenden Angestellten oder der Arbeitgeber können beim Arbeitsgericht den Ausschluss eines Mitglieds aus dem Sprecherausschuss oder die Auflösung des Sprecherausschusses wegen grober Verletzung seiner gesetzlichen Pflichten beantragen. ²Der Ausschluss eines Mitglieds kann auch vom Sprecherausschuss beantragt werden.

(2) Die Mitgliedschaft im Sprecherausschuss erlischt durch
1. Ablauf der Amtszeit,
2. Niederlegung des Sprecherausschussamtes,
3. Beendigung des Arbeitsverhältnisses,
4. Verlust der Wählbarkeit,
5. Ausschluss aus dem Sprecherausschuss oder Auflösung des Sprecherausschusses aufgrund einer gerichtlichen Entscheidung oder
6. gerichtliche Entscheidung über die Feststellung der Nichtwählbarkeit nach Ablauf der in § 8 Abs. 1 Satz 3 bezeichneten Frist, es sei denn, der Mangel liegt nicht mehr vor.

Übersicht	Rdn.		Rdn.
A. Amtsenthebung von SprAu-Mitgliedern und Auflösung des SprAu	1	B. Erlöschen der Mitgliedschaft	2

1 **A. Amtsenthebung von SprAu-Mitgliedern und Auflösung des SprAu.** § 9 I ist § 23 I BetrVG nachgebildet. Das dort Ausgeführte gilt sinngem auch hier. Allerdings sieht das SprAuG bei groben Pflichtverstößen des AG kein dem § 23 III BetrVG vergleichbares Erzwingungsverfahren vor, da dem SprAu nur Mitwirkungs- und keine Mitbestimmungsrechte zustehen (HWK/*Annuß/Girlich* § 9 Rn 1). Die

Unterrichtungs- und Beratungsrechte können im Beschlussverfahren durchgesetzt werden; eines bes Erzwingungsverfahrens bedarf es hierfür nicht. Das Ausschluss- bzw Auflösungsverfahren wird nur auf Antrag eingeleitet. Antragsberechtigt sind allein die in § 9 I Genannten, nicht aber im Betrieb vertretene Gewerkschaften und Verbände der ltd Ang (ErfK/*Oetker* § 9 Rn 1). Voraussetzung ist die Verletzung von Amtspflichten aus dem SprAuG; reine Zuwiderhandlungen gegen den Arbeitsvertrag genügen nicht (*Löwisch* § 9 Rn 2). Amtspflichtverletzungen können sein: hartnäckige Verweigerung der vertrauensvollen Zusammenarbeit nach § 2 I 1, mehrmalige Verletzung der Schweigepflicht nach §§ 29, 31 III, Weitergabe vertraulicher, iRd Sprechertätigkeit erlangter Informationen (*Hromadka/Sieg* § 9 Rn 4). Die Pflichtverletzung muss objektiv erheblich und offensichtlich schwerwiegend sein. Das ist der Fall, wenn der Betriebsfrieden, die Ordnung des Betriebs oder die Funktionsfähigkeit des SprAu gestört oder gefährdet sind (*Löwisch* SprAuG § 9 Rn 1). Das SprAu-Mitglied muss schuldhaft, dh vorsätzlich oder grob fahrlässig gehandelt haben (ErfK/*Oetker* § 9 Rn 1; aA *Hromadka/Sieg* § 9 Rn 8: ausnahmsweise genügt objektive Pflichtverletzung bei krankhaftem oder querulatorischem Verhalten). Mit Rechtskraft der Gerichtsentscheidung scheidet das Mitglied aus dem SprAu aus, und das zuständige Ersatzmitglied rückt nach. Für die Auflösung des SprAu gilt sinngem dasselbe. Die Pflichtverletzung muss vom SprAu als Ganzem begangen sein (*Löwisch* § 9 Rn 6). Ein Verschulden ist nicht erforderlich; es genügt, dass das Gremium seine Pflichten objektiv grob verletzt hat (*Hromadka/Sieg* § 9 Rn 19). Bsp: Verletzung von Geschäftsführungspflichten (zB keine Konstituierung des SprAu, keine Einberufung einer Versammlung der ltd Ang), Überschreitung gesetzlicher Befugnisse, Verstöße gegen § 2 (*Löwisch* § 9 Rn 7). Mit Rechtskraft des Auflösungsbeschlusses erlischt das Amt des SprAu. Eine Fortführung der Geschäfte kommt nicht in Betracht. Der SprAu ist neu zu wählen.

B. Erlöschen der Mitgliedschaft. § 9 II zählt die wichtigsten Fälle des Erlöschens der Mitgliedschaft auf. Er ist § 24 BetrVG nachgebildet. Das dort Ausgeführte gilt sinngem auch hier. 2

§ 10 Ersatzmitglieder
(1) ¹Scheidet ein Mitglied des Sprecherausschusses aus, rückt ein Ersatzmitglied nach. ²Dies gilt entsprechend für die Stellvertretung eines zeitweilig verhinderten Mitglieds des Sprecherausschusses.
(2) ¹Die Ersatzmitglieder werden der Reihe nach aus den nicht gewählten leitenden Angestellten derjenigen Vorschlagslisten entnommen, denen die zu ersetzenden Mitglieder angehören. ²Ist eine Vorschlagsliste erschöpft, ist das Ersatzmitglied derjenigen Vorschlagsliste zu entnehmen, auf die nach den Grundsätzen der Verhältniswahl der nächste Sitz entfallen würde. ³Ist das ausgeschiedene oder verhinderte Mitglied nach den Grundsätzen der Mehrheitswahl gewählt, bestimmt sich die Reihenfolge der Ersatzmitglieder nach der Höhe der erreichten Stimmenzahl.
(3) In dem Fall des § 6 Abs. 3 gilt Absatz 1 mit der Maßgabe, dass das gewählte Ersatzmitglied nachrückt oder die Stellvertretung übernimmt.

Die Vorschrift ist § 25 BetrVG nachgebildet. Das dort Ausgeführte gilt sinngem auch hier. 1

§ 11 Vorsitzender
(1) Der Sprecherausschuss wählt aus seiner Mitte den Vorsitzenden und dessen Stellvertreter.
(2) ¹Der Vorsitzende vertritt den Sprecherausschuss im Rahmen der von diesem gefassten Beschlüsse. ²Zur Entgegennahme von Erklärungen, die dem Sprecherausschuss gegenüber abzugeben sind, ist der Vorsitzende berechtigt. ³Im Falle der Verhinderung des Vorsitzenden nimmt sein Stellvertreter diese Aufgaben wahr.
(3) Der Sprecherausschuss kann die laufenden Geschäfte auf den Vorsitzenden oder andere Mitglieder des Sprecherausschusses übertragen.

Übersicht	Rdn.		Rdn.
A. Allgemeines	1	B. Vorsitzender	2

A. Allgemeines. Die §§ 11–13 SprAuG entsprechen den Vorschriften über die Geschäftsführung des BR (§§ 26–36 BetrVG). Nicht übernommen hat das SprAuG die Regelungen über den Betriebsausschuss (§ 27 BetrVG), die weiteren Ausschüsse (§ 28 BetrVG) und die Übertragung von Aufgaben auf Arbeitsgruppen (§ 28a BetrVG). Diese Gremien können in der Sprecherverfassung nicht gebildet bzw beauftragt werden. 1

B. Vorsitzender. Aufgaben und Befugnisse des SprAu-Vorsitzenden entsprechen denen des BR-Vorsitzenden (§ 26 I BetrVG). Wie dieser wird auch der SprAu-Vorsitzende gewählt, wenn das Gremium über 2 mind 3 Mitglieder verfügt. Aktiv und passiv wahlberechtigt sind nur die SprAu-Mitglieder (*Hromadka/Sieg* § 11 Rn 5 f). Die Rechtmäßigkeit der Wahl kann das ArbG im Wege des Anfechtungsverfahrens entspr § 8 überprüfen; bei schweren und offensichtlichen Verstößen kann die Wahl nichtig sein (*Löwisch* SprAuG § 11 Rn 6). Der Vorsitzende vertritt den SprAu iRd von diesem gefaßten Beschlüsse (§ 11 II 1); er ist wie der BR-Vorsitzende nur Vertreter in der Erklärung, nicht im Willen (s § 26 BetrVG Rdn 3). Über seine Rechte und Pflichten als SprAu-Mitglied hinaus hat er ua folgende Aufgaben: Führung der laufenden Geschäfte, falls der SprAu ihm diese übertragen hat (§ 11 III), Einberufung der SprAu-Sitzungen, Festsetzung der Tagesordnung, Sitzungsleitung, Ladung der SprAu-Mitglieder (§ 12 II, III), Unterzeichnung des Sitzungsprotokolls (§ 13 III 2). Zu den laufenden Geschäften, die dem Vorsitzenden – aber auch jedem anderen SprAu-Mitglied – übertragen werden können, gehören nur interne Maßnahmen (*Hromadka/Sieg* § 11 Rn 49), wie die Beschaffung von Sachmitteln, Vorbesprechungen mit dem AG und die Einholung von Auskünften. Die Ausübung von Mitwirkungsrechten zählt nicht dazu (*Löwisch* SprAuG § 11 Rn 12).

§ 12 Sitzungen des Sprecherausschusses

(1) ¹Vor Ablauf einer Woche nach dem Wahltag hat der Wahlvorstand die Mitglieder des Sprecherausschusses zu der nach § 11 Abs. 1 vorgeschriebenen Wahl einzuberufen. ²Der Vorsitzende des Wahlvorstands leitet die Sitzung, bis der Sprecherausschuss aus seiner Mitte einen Wahlleiter zur Wahl des Vorsitzenden und seines Stellvertreters bestellt hat.
(2) ¹Die weiteren Sitzungen beruft der Vorsitzende des Sprecherausschusses ein. ²Er setzt die Tagesordnung fest und leitet die Verhandlung. ³Der Vorsitzende hat die Mitglieder des Sprecherausschusses zu den Sitzungen rechtzeitig unter Mitteilung der Tagesordnung zu laden.
(3) Der Vorsitzende hat eine Sitzung einzuberufen und den Gegenstand, dessen Beratung beantragt ist, auf die Tagesordnung zu setzen, wenn dies ein Drittel der Mitglieder des Sprecherausschusses oder der Arbeitgeber beantragen.
(4) Der Arbeitgeber nimmt an den Sitzungen, die auf sein Verlangen anberaumt sind, und an den Sitzungen, zu denen er ausdrücklich eingeladen ist, teil.
(5) ¹Die Sitzungen des Sprecherausschusses finden in der Regel während der Arbeitszeit statt. ²Der Sprecherausschuss hat bei der Anberaumung von Sitzungen auf die betrieblichen Notwendigkeiten Rücksicht zu nehmen. ³Der Arbeitgeber ist über den Zeitpunkt der Sitzung vorher zu verständigen. ⁴Die Sitzungen des Sprecherausschusses sind nicht öffentlich; § 2 Abs. 2 bleibt unberührt.

§ 13 Beschlüsse und Geschäftsordnung des Sprecherausschusses

(1) ¹Die Beschlüsse des Sprecherausschusses werden, soweit in diesem Gesetz nichts anderes bestimmt ist, mit der Mehrheit der Stimmen der anwesenden Mitglieder gefaßt. ²Bei Stimmengleichheit ist ein Antrag abgelehnt.
(2) Der Sprecherausschuss ist nur beschlussfähig, wenn mindestens die Hälfte seiner Mitglieder an der Beschlussfassung teilnimmt. Stellvertretung durch Ersatzmitglieder ist zulässig.
(3) ¹Über jede Verhandlung des Sprecherausschusses ist eine Niederschrift anzufertigen, die mindestens den Wortlaut der Beschlüsse und die Stimmenmehrheit, mit der sie gefaßt sind, enthält. ²Die Niederschrift ist von dem Vorsitzenden und einem weiteren Mitglied zu unterzeichnen. ³Der Niederschrift ist eine Anwesenheitsliste beizufügen, in die sich jeder Teilnehmer eigenhändig einzutragen hat.
(4) Die Mitglieder des Sprecherausschusses haben das Recht, die Unterlagen des Sprecherausschusses jederzeit einzusehen.
(5) Sonstige Bestimmungen über die Geschäftsführung können in einer schriftlichen Geschäftsordnung getroffen werden, die der Sprecherausschuss mit der Mehrheit der Stimmen seiner Mitglieder beschließt.

1 Die Vorschriften über die SprAu-Sitzungen sind den §§ 29–36 BetrVG nachgebildet. Auf die Kommentierung dort wird verwiesen.

§ 14 Arbeitsversäumnis und Kosten

(1) Mitglieder des Sprecherausschusses sind von ihrer beruflichen Tätigkeit ohne Minderung des Arbeitsentgelts zu befreien, wenn und soweit es nach Umfang und Art des Betriebs zur ordnungsgemäßen Durchführung ihrer Aufgaben erforderlich ist.
(2) ¹Die durch die Tätigkeit des Sprecherausschusses entstehenden Kosten trägt der Arbeitgeber. ²Für die Sitzungen und die laufende Geschäftsführung hat der Arbeitgeber in erforderlichem Umfang Räume, sachliche Mittel und Büropersonal zur Verfügung zu stellen.

Übersicht	Rdn.		Rdn.
A. Allgemeines	1	C. Kostentragung	3
B. Arbeitsbefreiung	2		

A. Allgemeines. Die Vorschrift regelt in Anlehnung an die §§ 37–41 BetrVG Fragen der persönlichen 1
Rechtsstellung der SprAu-Mitglieder sowie die Pflicht des AG, die Kosten des SprAu zu tragen. Dabei entspricht § 14 I dem § 37 II BetrVG und § 14 II dem § 40 BetrVG. Die §§ 37 III–VII, 38 BetrVG wurden nicht übernommen. Der Gesetzgeber hielt es für selbstverständlich, dass die Mitglieder ihr Amt unentgeltlich und ehrenamtlich ausüben und dass sie nach dem Ausscheiden aus dem SprAu weder wirtschaftlich noch beruflich diskriminiert werden dürfen (*Hromadka/Sieg* § 14 Rn 1).

B. Arbeitsbefreiung. SprAu-Mitglieder sind wie BR-Mitglieder von der Arbeit zu befreien, wenn dies zur 2
Ausübung der Amtsgeschäfte erforderlich ist; es gelten die Ausführungen zu § 37 BetrVG Rdn 4 f sinngem. Anders als § 37 III BetrVG sieht das SprAuG für außerhalb der regelmäßigen Arbeitszeit verrichtete Amtsgeschäfte keinen Freizeitausgleich vor. Ein solcher kommt nur dann in Betracht, wenn es für das SprAu-Mitglied unzumutbar ist, unmittelbar nach Abschluss der Amtsgeschäfte noch zu arbeiten, zB im Anschluss an eine die ganze Nacht andauernde SprAu-Sitzung (ErfK/*Oetker* §§ 12-14 Rn 2). Ferner fehlt im SprAuG ein dem § 38 BetrVG vergleichbarer Anspruch auf vollständige Freistellung von der Arbeit. Dieser würde gegen § 2 III 2 verstoßen und kommt daher nicht in Betracht (*Löwisch* SprAuG § 14 Rn 1). SprAu-Mitglieder haben auch keinen Anspruch auf Arbeitsbefreiung für die Teilnahme an Schulungsveranstaltungen (*Buchner* NZA 1989, Beil 1, 2, 15; aA HWK/*Annuß/Girlich* §§ 11-14 Rn 4); § 37 VI, VII wurde bewusst nicht in das SprAuG übernommen. Dem AG bleibt es unbenommen, SprAu-Mitglieder freiwillig an Schulungen während der Arbeitszeit teilnehmen zu lassen (*Hromadka/Sieg* § 14 Rn 12).

C. Kostentragung. Der AG trägt die Kosten des SprAu, allerdings nur soweit sie der SprAu bei pflicht- 3
gem, verständiger Beurteilung der Sachlage für erforderlich halten durfte (*Hromadka/Sieg* § 14 Rn 14 f.). Dazu gehören die Geschäftsführungskosten des SprAu (Sach- und Personalaufwand, Kosten von Rechtsstreitigkeiten usw) und seiner Mitglieder (zB Reise- und Fahrtkosten zur Wahrnehmung der Amtsgeschäfte). Es gelten die Ausführungen zu § 40 BetrVG Rdn 2, 8 f sinngem Schulungskosten hat der AG zu tragen, wenn der SprAu den Besuch einer Veranstaltung für erforderlich halten durfte und die Kosten im Hinblick auf die Größe und Leistungsfähigkeit des Betriebs verhältnismäßig sind (*Hromadka/Sieg* § 14 Rn 24). Ist Veranstalter eine Organisation der ltd Ang, braucht der AG die Gemeinkosten, die unabhängig von der konkreten Veranstaltung entstehen, nicht zu übernehmen; er ist nicht verpflichtet, den sozialen Gegenspieler zu finanzieren (*Löwisch* § 14 Rn 19).

§ 15 Zeitpunkt, Einberufung und Themen der Versammlung

(1) ¹Der Sprecherausschuss soll einmal im Kalenderjahr eine Versammlung der leitenden Angestellten einberufen und in ihr einen Tätigkeitsbericht erstatten. ²Auf Antrag des Arbeitgebers oder eines Viertels der leitenden Angestellten hat der Sprecherausschuss eine Versammlung der leitenden Angestellten einzuberufen und den beantragten Beratungsgegenstand auf die Tagesordnung zu setzen.
(2) ¹Die Versammlung der leitenden Angestellten soll während der Arbeitszeit stattfinden. ²Sie wird vom Vorsitzenden des Sprecherausschusses geleitet. ³Sie ist nicht öffentlich.
(3) ¹Der Arbeitgeber ist zu der Versammlung der leitenden Angestellten unter Mitteilung der Tagesordnung einzuladen. ²Er ist berechtigt, in der Versammlung zu sprechen. ³Er hat über Angelegenheiten der leitenden Angestellten und die wirtschaftliche Lage und Entwicklung des Betriebs zu berichten, soweit dadurch nicht Betriebs- oder Geschäftsgeheimnisse gefährdet werden.
(4) ¹Die Versammlung der leitenden Angestellten kann dem Sprecherausschuss Anträge unterbreiten und zu seinen Beschlüssen Stellung nehmen. ²§ 2 Abs. 4 gilt entsprechend.

Übersicht	Rdn.		Rdn.
A. Einberufung	1	B. Durchführung	2

A. Einberufung. Einmal in jedem Kalenderjahr soll der SprAu eine Versammlung der ltd Ang einberufen. 1
In Ausnahmefällen, vor allem wenn kein Interesse besteht, kann er darauf verzichten, oder umgekehrt bei bes Interesse, etwa im Zusammenhang mit der Neuordnung wichtiger Sozialleistungen für ltd Ang, eine 2. Versammlung durchführen (*Hromadka/Sieg* § 15 Rn 7 f.). Auf – formlosen – Antrag des AG oder eines Viertels der ltd Ang hat er eine Versammlung einzuberufen und den beantragten Beratungsgegenstand auf

die Tagesordnung zu setzen (§ 15 I 2). **Teilnahmeberechtigt** an der Versammlung sind alle ltd Ang des Betriebs sowie die ltd Ang aus den Betrieben mit weniger als 10 ltd Ang, die dem Betrieb bei der Wahl nach § 1 II zugeordnet wurden. Einzuladen ist auch der AG (§ 15 III 1). Trotz fehlender Regelung im SprAuG wird man bei entspr Bedarf Teilversammlungen zumindest der einzelnen Betriebe für zulässig halten müssen (*Hromadka/Sieg* § 15 Rn 4; aA *Löwisch* SprAuG § 15 Rn 2). **Unternehmensversammlungen der ltd Ang** finden statt, wenn ein USprAu gebildet ist (§§ 20 I 2, 15). Für sie gelten die Grundsätze für Versammlungen der ltd Ang entspr.

2 **B. Durchführung.** Die Versammlung ist nicht öffentl (§ 15 II 3). Vertreter der Massenmedien haben keinen Zutritt (*Hromadka/Sieg* § 15 Rn 14). Der SprAu kann jedoch anderen Personen (Referenten, einer Schreibkraft, Mitgliedern des BR, Vertretern von Verbänden usw) den Zutritt gestatten, wenn ihre Anwesenheit sachdienlich ist (*Löwisch* § 15 Rn 5). Ein originäres Teilnahmerecht haben Verbandsbeauftragte nicht. Die Versammlung der ltd Ang findet grds während der Arbeitszeit statt. Das Entgelt ist fortzuzahlen (§ 15 II 1). Für die Teilnahme an Versammlungen außerhalb der Arbeitszeit ist keine bes Vergütung vorgesehen (*Oetker* ZfA 1990, 43, 60). Fahrtkosten für ltd Ang aus auswärtigen Betrieben und Betriebsteilen sind entspr § 670 BGB zu erstatten (aA mittlerweile *Hromadka/Sieg* § 15 Rn 40). Die Tagesordnung setzt der SprAu durch Beschluss fest; die Sitzungsleitung hat der SprAu-Vorsitzende (§ 15 II 2), der auch das Hausrecht ausübt (*Löwisch* SprAuG § 15 Rn 7). Er eröffnet die Sitzung, erstattet einen Tätigkeitsbericht (§ 15 I 2), erteilt und entzieht das Wort und leitet die Abstimmungen (*Hromadka/Sieg* § 15 Rn 29). Der AG ist berechtigt, in der Versammlung zu sprechen (§ 15 III 1). Er hat über Angelegenheiten der ltd Ang und die wirtschaftliche Lage und Entwicklung des Betriebs zu berichten, soweit dadurch nicht Betriebs- oder Geschäftsgeheimnisse gefährdet werden (§ 15 III 2). Angelegenheiten der ltd Ang sind alle Fragen, die sie zumindest berühren. Die Versammlung dient dem Meinungsaustausch; sie kann dem SprAu Anträge unterbreiten und zu seinen Beschlüssen Stellung nehmen (§ 15 IV). RL und Weisungen kann sie ihm nicht erteilen; an die Anträge und Stellungnahmen ist der SprAu nicht gebunden (*Löwisch* SprAuG § 15 Rn 12). Störungen des Betriebsfriedens und parteipolitische Betätigung sind untersagt (§§ 15 IV 2, 2 IV). Nicht zulässig ist es, in einer Versammlung der ltd Ang Arbeitskampfmaßnahmen, etwa Streikabwehrmaßnahmen, zu erörtern.

§ 16 Errichtung, Mitgliederzahl und Stimmengewicht

(1) Bestehen in einem Unternehmen mehrere Sprecherausschüsse, ist ein Gesamtsprecherausschuss zu errichten.
(2) ¹In den Gesamtsprecherausschuss entsendet jeder Sprecherausschuss eines seiner Mitglieder. ²Satz 1 gilt entsprechend für die Abberufung. ³Durch Vereinbarung zwischen Gesamtsprecherausschuss und Arbeitgeber kann die Mitgliederzahl des Gesamtsprecherausschusses abweichend von Satz 1 geregelt werden.
(3) Der Sprecherausschuss hat für jedes Mitglied des Gesamtsprecherausschusses mindestens ein Ersatzmitglied zu bestellen und die Reihenfolge des Nachrückens festzulegen; § 10 Abs. 3 gilt entsprechend.
(4) ¹Jedes Mitglied des Gesamtsprecherausschusses hat so viele Stimmen, wie in dem Betrieb, in dem es gewählt wurde, leitende Angestellte in der Wählerliste der leitenden Angestellten eingetragen sind. ²Ist ein Mitglied des Gesamtsprecherausschusses für mehrere Betriebe entsandt worden, hat es so viele Stimmen, wie in den Betrieben, für die es entsandt ist, leitende Angestellte in den Wählerlisten eingetragen sind. ³Sind für einen Betrieb mehrere Mitglieder des Sprecherausschusses entsandt worden, stehen diesen die Stimmen nach Satz 1 anteilig zu.

§ 17 Ausschluss von Mitgliedern und Erlöschen der Mitgliedschaft

(1) Mindestens ein Viertel der leitenden Angestellten des Unternehmens, der Gesamtsprecherausschuss oder der Arbeitgeber können beim Arbeitsgericht den Ausschluss eines Mitglieds aus dem Gesamtsprecherausschuss wegen grober Verletzung seiner gesetzlichen Pflichten beantragen.
(2) Die Mitgliedschaft im Gesamtsprecherausschuss endet mit Erlöschen der Mitgliedschaft im Sprecherausschuss, durch Amtsniederlegung, durch Ausschluss aus dem Gesamtsprecherausschuss aufgrund einer gerichtlichen Entscheidung oder Abberufung durch den Sprecherausschuss.

§ 18 Zuständigkeit

(1) ¹Der Gesamtsprecherausschuss ist zuständig für die Behandlung von Angelegenheiten, die das Unternehmen oder mehrere Betriebe des Unternehmens betreffen und nicht durch die einzelnen Sprecherausschüsse innerhalb ihrer Betriebe behandelt werden können. ²Er ist den Sprecherausschüssen nicht übergeordnet.

(2) ¹Der Sprecherausschuss kann mit der Mehrheit der Stimmen seiner Mitglieder den Gesamtsprecherausschuss schriftlich beauftragen, eine Angelegenheit für ihn zu behandeln. ²Der Sprecherausschuss kann sich dabei die Entscheidungsbefugnis vorbehalten. ³Für den Widerruf der Beauftragung gilt Satz 1 entsprechend.

(3) Die Vorschriften über die Rechte und Pflichten des Sprecherausschusses und die Rechtsstellung seiner Mitglieder gelten entsprechend für den Gesamtsprecherausschuss.

§ 19 Geschäftsführung

(1) Für den Gesamtsprecherausschuss gelten § 10 Abs. 1, die §§ 11, 13 Abs. 1, 3 bis 5 und § 14 entsprechend.

(2) ¹Ist ein Gesamtsprecherausschuss zu errichten, hat der Sprecherausschuss der Hauptverwaltung des Unternehmens oder, sofern ein solcher nicht besteht, der Sprecherausschuss des nach der Zahl der leitenden Angestellten größten Betriebs zu der Wahl des Vorsitzenden und des stellvertretenden Vorsitzenden des Gesamtsprecherausschusses einzuladen. ²Der Vorsitzende des einladenden Sprecherausschusses hat die Sitzung zu leiten, bis der Gesamtsprecherausschuss aus seiner Mitte einen Wahlleiter zur Wahl des Vorsitzenden und seines Stellvertreters bestellt hat. ³§ 12 Abs. 2 bis 5 gilt entsprechend.

(3) ¹Der Gesamtsprecherausschuss ist nur beschlussfähig, wenn mindestens die Hälfte seiner Mitglieder an der Beschlussfassung teilnimmt und die Teilnehmenden mindestens die Hälfte aller Stimmen vertreten. ²Stellvertretung durch Ersatzmitglieder ist zulässig.

Übersicht	Rdn.		Rdn.
A. Errichtung und Zusammensetzung des GSprAu	1	B. Zuständigkeit	2

A. Errichtung und Zusammensetzung des GSprAu. Die Vorschriften über den GSprAu sind den §§ 47 ff BetrVG über den GBR nachgebildet. Auf deren Kommentierung kann verwiesen werden. Die Errichtung eines GSprAu ist zwingend, wenn in einem Unternehmen mind zwei SprAu tatsächlich errichtet wurden (§ 16 I). In dieses Gremium entsendet jeder SprAu eines seiner Mitglieder. Durch Vereinbarung zwischen AG und GSprAu – nicht auch durch TV – kann die Mitgliederzahl erhöht oder herabgesetzt werden (§ 16 II). Jedes GSprAu-Mitglied hat so viele Stimmen, wie in dem Betrieb, in dem es gewählt wurde, ltd Ang in der Wählerliste eingetragen sind. Wurden für einen Betrieb mehrere SprAu-Mitglieder entsandt, stehen ihnen die Stimmen des Betriebs anteilig zu (§ 16 IV); sie müssen einheitlich abgegeben werden (*Löwisch* § 16 Rn 11). Wie der GBR, so ist auch der GSprAu eine Daueroreinrichtung, dessen Amtszeit nur endet, wenn die Voraussetzungen für seine Errichtung entfallen (ErfK/*Oetker* §§ 16-19 Rn 5). Davon zu unterscheiden ist die Mitgliedschaft des einzelnen GSprAu-Mitglieds. Sie endet durch den Ausschluss wegen grober Pflichtverletzung per Gerichtsbeschluss nach § 17 I, bei Amtsniederlegung, durch Abberufung seitens des entsendenden SprAu (§ 16 II 2) und beim Ausscheiden aus dem SprAu (§ 17 II). 1

B. Zuständigkeit. Für die Zuständigkeit des GSprAu nach § 18 gilt sinngem dasselbe wie für den GBR (s § 50 BetrVG). Der GSprAu ist dem SprAu nicht übergeordnet (§ 18 I 2), sondern verfügt über eine originäre Zuständigkeit in Angelegenheiten, die das Unternehmen im Ganzen betreffen (zB bei Fragen einer unternehmenseinheitlichen Personal- und Sozialpolitik für alle ltd Ang), oder die mind 2 Betriebe berühren und die nicht von den örtlichen SprAu geregelt werden können (§ 18 I). Wie der GBR, so kann auch der GSprAu mandatiert werden; zu seiner Beauftragung bedarf es eines schriftlich zu fassenden Beschlusses der Mehrheit der SprAu-Mitglieder (§ 18 II); das zu § 50 BetrVG Rdn 9 Gesagte gilt entspr Der GSprAu ist nicht zuständig für sprecherausschussfähige Betriebe, die keinen SprAu gewählt haben (aA HWK/*Annuß/Girlich* §§ 16-19 Rn 3; *Hromadka/Sieg* § 18 Rn 16). Die Geschäftsführung des GSprAu richtet sich iW nach den für den SprAu geltenden Vorschriften. 2

§ 20 Errichtung

(1) ¹Sind in einem Unternehmen mit mehreren Betrieben in der Regel insgesamt mindestens zehn leitende Angestellte beschäftigt, kann abweichend von § 1 Abs. 1 und 2 ein Unternehmenssprecherausschuss der leitenden Angestellten gewählt werden, wenn dies die Mehrheit der leitenden Angestellten des Unternehmens verlangt. ²Die §§ 2 bis 15 gelten entsprechend.
(2) ¹Bestehen in dem Unternehmen Sprecherausschüsse, hat auf Antrag der Mehrheit der leitenden Angestellten des Unternehmens der Sprecherausschuss der Hauptverwaltung oder, sofern ein solcher nicht besteht, der Sprecherausschuss des nach der Zahl der leitenden Angestellten größten Betriebs einen Unternehmenswahlvorstand für die Wahl eines Unternehmenssprecherausschusses zu bestellen. ²Die Wahl des Unternehmenssprecherausschusses findet im nächsten Zeitraum der regelmäßigen Wahlen im Sinne des § 5 Abs. 1 Satz 1 statt. ³Die Amtszeit der Sprecherausschüsse endet mit der Bekanntgabe des Wahlergebnisses.
(3) ¹Besteht ein Unternehmenssprecherausschuss, können auf Antrag der Mehrheit der leitenden Angestellten des Unternehmens Sprecherausschüsse gewählt werden. ²Der Unternehmenssprecherausschuss hat für jeden Betrieb, der die Voraussetzungen des § 1 Abs. 1 erfüllt, einen Wahlvorstand nach § 7 Abs. 1 zu bestellen. ³Die Wahl von Sprecherausschüssen findet im nächsten Zeitraum der regelmäßigen Wahlen im Sinne des § 5 Abs. 1 Satz 1 statt. ⁴Die Amtszeit des Unternehmenssprecherausschusses endet mit der Bekanntgabe des Wahlergebnisses eines Sprecherausschusses.
(4) Die Vorschriften über die Rechte und Pflichten des Sprecherausschusses und die Rechtsstellung seiner Mitglieder gelten entsprechend für den Unternehmenssprecherausschuss.

Übersicht	Rdn.		Rdn.
A. Errichtung.................................	1	B. Zuständigkeit.................................	2

1 **A. Errichtung.** Ein USprAu kann sowohl dann gebildet werden, wenn das Unternehmen einen oder mehrere sprecherausschussfähige Betriebe hat, als auch, wenn es in jedem Betrieb für sich weniger als 10 ltd Ang gibt, sofern nur in dem Unternehmen insgesamt mind 10 ltd Ang beschäftigt werden. Besteht im Unternehmen noch kein SprAu, haben die ltd Ang in einer Grundabstimmung über die Bildung eines USprAu zu befinden, die der zuvor den ltd Ang gewählte Unternehmenswahlvorstand (§§ 20 I 2, 7 II 1, 2, § 35 WahlO) durchführt. Gibt es bereits einen SprAu, kann ein USprAu erst bei der nächsten regelmäßigen Wahl gebildet werden (§ 20 II 5, § 37 WahlO). Die Entscheidung für einen USprAu ist reversibel (§ 20 III, § 38 WahlO). Seine Größe richtet sich nach § 4, seine Amtszeit nach § 5 (§ 20 I 2); er besteht aus höchstens 7 Mitgliedern. Eine Vergrößerung entspr §§ 16 II 2, 21 II 3 ist zulässig (*Hromadka/Sieg* § 20 Rn 11; aA *Löwisch* SprAuG § 20 Rn 13).

2 **B. Zuständigkeit.** Der USprAu hat die Aufgaben von SprAu und GSprAu gemeinsam. Er vertritt alle ltd Ang des Unternehmens. Seine Mitglieder genießen dieselben Rechte wie die des SprAu (§ 20 IV). Die Bildung eines USprAu empfiehlt sich immer dann, wenn kein Betrieb mind 10 ltd Ang hat, sowie in dezentralisierten Unternehmen mit Betrieben unterschiedlicher Struktur, vor allem, wenn dazu Betriebe mit weniger als 10 ltd Ang gehören und wenn die Zuordnung dieser ltd Ang zu den nächstgelegenen Betrieben zu sachwidrigen Ergebnissen führen würde.

§ 21 Errichtung, Mitgliederzahl und Stimmengewicht

(1) ¹Für einen Konzern (§ 18 Abs. 1 des Aktiengesetzes) kann durch Beschlüsse der einzelnen Gesamtsprecherausschüsse ein Konzernsprecherausschuss errichtet werden. ²Die Errichtung erfordert die Zustimmung der Gesamtsprecherausschüsse der Konzernunternehmen, in denen insgesamt mindestens 75 vom Hundert der leitenden Angestellten der Konzernunternehmen beschäftigt sind. ³Besteht in einem Konzernunternehmen nur ein Sprecherausschuss oder ein Unternehmenssprecherausschuss, tritt er an die Stelle des Gesamtsprecherausschusses und nimmt dessen Aufgaben nach den Vorschriften dieses Abschnitts wahr.
(2) ¹In den Konzernsprecherausschuss entsendet jeder Gesamtsprecherausschuss eines seiner Mitglieder. ²Satz 1 gilt entsprechend für die Abberufung. ³Durch Vereinbarung zwischen Konzernsprecherausschuss und Arbeitgeber kann die Mitgliederzahl des Konzernsprecherausschusses abweichend von Satz 1 geregelt werden.
(3) Der Gesamtsprecherausschuss hat für jedes Mitglied des Konzernsprecherausschusses mindestens ein Ersatzmitglied zu bestellen und die Reihenfolge des Nachrückens festzulegen; nimmt der

Sprecherausschuss oder der Unternehmenssprecherausschuss eines Konzernunternehmens die Aufgaben des Gesamtsprecherausschusses nach Absatz 1 Satz 3 wahr, gilt § 10 Abs. 3 entsprechend.
(4) ¹Jedes Mitglied des Konzernsprecherausschusses hat so viele Stimmen, wie die Mitglieder des Gesamtsprecherausschusses, von dem es entsandt wurde, im Gesamtsprecherausschuss Stimmen haben. ²Ist ein Mitglied des Konzernsprecherausschusses von einem Sprecherausschuss oder Unternehmenssprecherausschuss entsandt worden, hat es so viele Stimmen, wie in dem Betrieb oder Konzernunternehmen, in dem es gewählt wurde, leitende Angestellte in der Wählerliste der leitenden Angestellten eingetragen sind. ³§ 16 Abs. 4 Satz 2 und 3 gilt entsprechend.

§ 22 Ausschluss von Mitgliedern und Erlöschen der Mitgliedschaft
(1) Mindestens ein Viertel der leitenden Angestellten der Konzernunternehmen, der Konzernsprecherausschuss oder der Arbeitgeber können beim Arbeitsgericht den Ausschluss eines Mitglieds aus dem Konzernsprecherausschuss wegen grober Verletzung seiner gesetzlichen Pflichten beantragen.
(2) Die Mitgliedschaft im Konzernsprecherausschuss endet mit dem Erlöschen der Mitgliedschaft im Gesamtsprecherausschuss, durch Amtsniederlegung, durch Ausschluss aus dem Konzernsprecherausschuss aufgrund einer gerichtlichen Entscheidung oder Abberufung durch den Gesamtsprecherausschuss.

§ 23 Zuständigkeit
(1) ¹Der Konzernsprecherausschuss ist zuständig für die Behandlung von Angelegenheiten, die den Konzern oder mehrere Konzernunternehmen betreffen und nicht durch die einzelnen Gesamtsprecherausschüsse innerhalb ihrer Unternehmen geregelt werden können. ²Er ist den Gesamtsprecherausschüssen nicht übergeordnet.
(2) ¹Der Gesamtsprecherausschuss kann mit der Mehrheit der Stimmen seiner Mitglieder den Konzernsprecherausschuss schriftlich beauftragen, eine Angelegenheit für ihn zu behandeln. ²Der Gesamtsprecherausschuss kann sich dabei die Entscheidungsbefugnis vorbehalten. ³Für den Widerruf der Beauftragung gilt Satz 1 entsprechend.

§ 24 Geschäftsführung
(1) Für den Konzernsprecherausschuss gelten § 10 Abs. 1, die §§ 11, 13 Abs. 1, 3 bis 5, die §§ 14, 18 Abs. 3 und § 19 Abs. 3 entsprechend.
(2) ¹Ist ein Konzernsprecherausschuss zu errichten, hat der Gesamtsprecherausschuss des herrschenden Unternehmens oder, sofern ein solcher nicht besteht, der Gesamtsprecherausschuss des nach der Zahl der leitenden Angestellten größten Konzernunternehmens zu der Wahl des Vorsitzenden und des stellvertretenden Vorsitzenden des Konzernsprecherausschusses einzuladen. ²Der Vorsitzende des einladenden Gesamtsprecherausschusses hat die Sitzung zu leiten, bis der Konzernsprecherausschuss aus seiner Mitte einen Wahlleiter zur Wahl des Vorsitzenden und seines Stellvertreters bestellt hat. ³§ 12 Abs. 2 bis 5 gilt entsprechend.

Übersicht	Rdn.		Rdn.
A. Errichtung und Zusammensetzung des KSprAu	1	B. Zuständigkeit....................	2

A. Errichtung und Zusammensetzung des KSprAu. Die Vorschriften über den KSprAu sind den §§ 54 ff 1
BetrVG über den KBR nachgebildet. Auf deren Kommentierung kann verwiesen werden. Die Errichtung eines KSprAu ist – wie die des KBR – fakultativ (*Löwisch* § 21 Rn 1). Er kann nur in einem Unterordnungskonzern (§ 18 I AktG) gebildet werden, in dem mind 2 GSprAu bestehen (ErfK/*Oetker* § 24 Rn 3). Gibt es in einem Konzernunternehmen nur einen SprAu oder einen USprAu, so bestimmt dieser für das jeweilige Konzernunternehmen über die Errichtung eines KSprAu (§ 21 I 3). Steht ein Unternehmen zu mehreren anderen Unternehmen in einem Abhängigkeitsverhältnis – zB bei einer 50:50-Beteiligung –, so kann bei jedem der herrschenden Unternehmen ein KSprAu errichtet werden (*Hromadka/Sieg* § 21 Rn 11 ff). Die Bildung eines KSprAu ist ausgeschlossen, wenn der Sitz des herrschenden Unternehmens im Ausland liegt. Anderes gilt nach der Lehre vom »Konzern im Konzern«, wenn sich im Inland eine Teilkonzernspitze befindet, die die in Deutschland gelegenen Unternehmen leitet (*Hromadka/Sieg* § 21 Rn 22). Die GSprAu des Konzerns beschließen jeweils mit der einfachen Mehrheit ihrer Mitglieder, ob ein KSprAu gebildet wird. Er wird errichtet, wenn die GSprAu, die für die Bildung eines KSprAu votieren, zusammen mind 75 % der

ltd Ang des Konzerns repräsentieren (§ 21 I 1). Zu dieser Beschlussfassung kann jeder SprAu des Konzerns aufrufen (ErfK/*Oetker* § 24 Rn 3). In den KSprAu entsendet jeder GSprAu eines seiner Mitglieder. Durch Vereinbarung zwischen AG und KSprAu – nicht auch durch TV – kann die Mitgliederzahl erhöht oder herabgesetzt werden (§ 21 II). Das Stimmengewicht jedes KSprAu-Mitglieds richtet sich nach § 21 IV. Maßgebend ist die Zahl von ltd Ang in den Betrieben, die vom GSprAu, das ein Mitglied in den KSprAu entsandt hat, vertreten werden. Ltd Ang in sprecherausschusslosen Betrieben sind dabei nicht mitzuzählen. Wie der GSprAu, so ist auch der KSprAu eine Dauereinrichtung, dessen Amtszeit nur endet, wenn die Voraussetzungen für seine Errichtung entfallen (*Löwisch* SprAuG § 22 Rn 6). Davon zu unterscheiden ist die Mitgliedschaft des einzelnen KSprAu-Mitglieds. Sie endet durch Ausschluss wegen grober Pflichtverletzung im Wege eines Gerichtsverfahrens nach § 22 I, bei Amtsniederlegung, durch Abberufung seitens des entsendenden GSprAu und beim Ausscheiden aus dem GSprAu (§ 22 II).

2 **B. Zuständigkeit.** Für die Zuständigkeit des KSprAu (§ 23) gilt sinngem dasselbe wie für den KBR (s § 58 BetrVG). Der KSprAu ist dem GSprAu nicht übergeordnet (§ 23 I 2), sondern verfügt über eine originäre Zuständigkeit bei Angelegenheiten, die den Konzern im Ganzen betreffen oder die mind 2 Konzernunternehmen berühren und die nicht von den zuständigen GSprAu geregelt werden können (§ 23 I). Wie der KBR, so kann auch der KSprAu mandatiert werden; zu seiner Beauftragung bedarf es eines schriftlich zu fassenden Beschlusses der Mehrheit der GSprAu-Mitglieder (§ 23 II); das zu § 58 BetrVG Rdn 8 Gesagte gilt entspr. Der KSprAu ist nicht zuständig für Unternehmen ohne SprAu (ErfK/*Oetker* § 24 Rn 6). Die Geschäftsführung des KSprAu richtet sich iW nach den für den SprAu geltenden Vorschriften (§ 24).

§ 25 Aufgaben des Sprecherausschusses

(1) ¹Der Sprecherausschuss vertritt die Belange der leitenden Angestellten des Betriebs (§ 1 Abs. 1 und 2). ²Die Wahrnehmung eigener Belange durch den einzelnen leitenden Angestellten bleibt unberührt.
(2) ¹Der Sprecherausschuss ist zur Durchführung seiner Aufgaben nach diesem Gesetz rechtzeitig und umfassend vom Arbeitgeber zu unterrichten. ²Auf Verlangen sind ihm die erforderlichen Unterlagen jederzeit zur Verfügung zu stellen.

Übersicht	Rdn.		Rdn.
A. Allgemeine Aufgaben	1	B. Informationsrechte	2

1 **A. Allgemeine Aufgaben.** § 25 I 1 umreißt generalklauselartig die allg Aufgaben des SprAu. Die Vorschrift begründet keine über die §§ 30–32 hinausgehenden Mitwirkungsrechte, sondern lediglich eine Befassungskompetenz (*Buchner* NZA 1989, Beil 1, 2, 11). Für diese steht dem SprAu der Unterrichtungsanspruch nach § 25 II zu. Überdies kann er dem AG iR seiner Aufgaben Anregungen und Vorschläge unterbreiten, die der AG wegen des Gebots der vertrauensvollen Zusammenarbeit (§ 2 I 1) entgegennehmen und beantworten muss; einen Anspruch auf Erörterung hat der SprAu jedoch nicht (*Hromadka/Sieg* § 25 Rn 13; aA *Löwisch* § 25 Rn 11). Der SprAu hat nur die Belange der ltd Ang zu vertreten; allerdings auch solcher, die ihn nicht mitgewählt haben (*Wlotzke* DB 1989, 173, 177). Belange iSv § 25 I 1 sind alle kollektiven Interessen der ltd Ang ggü dem AG im sozialen, technisch-organisatorischen, personellen und wirtschaftlichen Bereich (*Hromadka/Sieg* § 25 Rn 8). Dazu gehören ua die Personalplanung, die Erstellung von Auswahl-RL, die Aus- und Fortbildung von ltd Ang, die Ausgestaltung von Sozialeinrichtungen und die Einführung neuer Arbeitssysteme für ltd Ang (*Hromadka/Sieg* § 25 Rn 12). Im Rahmen des § 25 I 1 ist der SprAu ferner zu beteiligen, wenn ein börsennotiertes oder mitbestimmtes Unternehmen nach den Vorschriften des Gesetzes für die gleichberechtigte Teilhabe von Frauen und Männern an Führungspositionen in der Privatwirtschaft Zielgrößen für den Frauenanteil an Führungspositionen plant oder Veränderungen der Führungsebenen vornimmt. Der AG hat den SprAu rechtzeitig und umfassend zu informieren, damit dieser eigene Vorstellungen zu den Zielgrößen äußern und die Beachtung der Grundsätze des § 27 I einfordern kann (ebenso *Löwisch* BB 2015, 1909, 1910). Darüber hinaus hat der SprAu die Einhaltung arbeitsrechtl Vorschriften und Grundsätze, insb der Vereinbarungen nach § 28, zu überwachen (ErfK/*Oetker* § 25 Rn 2). Der SprAu hat nur die kollektiven Interessen der ltd Ang zu vertreten (*Löwisch* § 25 Rn 2). Eine Angelegenheit hat kollektiven Bezug, wenn eine größere Zahl von ltd Ang betroffen ist, wobei es nach der Lehre vom »qualitativen Kollektiv« genügt, dass eine Frage nicht allein das Verhältnis zwischen dem AG und einem einzelnen ltd Ang betr, sondern auch die Interessen der übrigen ltd Ang berühren kann (*Hromadka/Sieg* § 25 Rn 11). Die Beschränkung auf die Wahrnehmung kollektiver Interessen folgt aus § 25 I 2 (ErfK/

Oetker § 25 Rn 2). Danach ist es Sache des einzelnen ltd Ang, seine persönlichen Interessen selbst ggü dem AG zu vertreten.

B. Informationsrechte. Der Unterrichtungsanspruch nach § 25 II ist dort von Bedeutung, wo der SprAu Aufgaben wahrnimmt, die nicht unter die Mitwirkungstatbestände der §§ 30–32 fallen. Er besteht nur im Aufgabenbereich des § 25 I. Die Unterrichtung muss rechtzeitig und umfassend erfolgen. Rechtzeitig ist sie, wenn sich der SprAu mit der Frage befassen kann, bevor der AG vollendete Tatsachen geschaffen hat; dem SprAu muss Gelegenheit gegeben werden, Bedenken und Änderungsvorschläge anzubringen (*Hromadka/Sieg* § 25 Rn 20). Auf Verlangen sind ihm die erforderlichen Unterlagen jederzeit zur Verfügung zu stellen. Unterlagen sind Schriftstücke und Daten auf Datenträgern. Der SprAu kann nicht verlangen, dass der AG Unterlagen eigens für ihn anfertigt (*Löwisch* § 25 Rn 16). Jederzeit bedeutet, dass der SprAu die Unterlagen auch ohne konkreten Anlass – etwa einen Streitfall – verlangen kann (*Hromadka/Sieg* § 25 Rn 25). Die Unterlagen müssen dem SprAu im Original oder als Kopie für angemessene Zeit oder auf Dauer überlassen werden (*Löwisch* § 25 Rn 16). Einen dauerhaften Online-Zugriff auf IT-Systeme des AG, in denen personenbezogene Daten von ltd Ang, etwa über Mitarbeitergespräche, Zielvereinbarungen oder Maßnahmen des Talent Managements, gespeichert sind, kann der SprAu nicht verlangen (BAG 16.8.2011, 1 ABR 22/10, EzA § 50 BetrVG 2001 Nr 9 für ein entsprechendes Verlangen des GBR). Er kann ihm vom AG auch nicht freiwillig eingeräumt werden, weil dies das SprAuG aus Gründen des Persönlichkeitsschutzes nicht vorsieht, zumal ein solcher Zugriff im Regelfall weder erforderlich noch verhältnismäßig erscheint; der SprAu kann seine Aufgaben nämlich auch dann erfüllen, wenn ihm der AG die notwendigen Daten einzeln in Papierform zur Verfügung stellt (aA *Kort* NZA-RR 2015, 113). Ob SprAu in die Bruttogehaltslisten der ltd Ang Einblick nehmen darf, ist str. Dagegen spricht der Wortlaut, da § 25 II, der § 80 II BetrVG sonst fast wörtlich nachgebildet ist, das Einblicksrecht gerade nicht übernommen hat (*Engels/Natter* BB 1989, Beil 8, 31; *Wlotzke* DB 1989, 173, 179). Ein triftiger Grund für eine Ungleichbehandlung von BR und SprAu in dieser Frage besteht allerdings nicht, zumal sich auch aus der Gesetzesbegründung nichts gegen ein Einblicksrecht ergibt (MünchArbR/*Joost* § 235 Rn 53; HWK/*Annuß/Girlich* § 25 Rn 3). Es ist daher zu gewähren, wenn und soweit es für die Wahrnehmung von SprAu-Aufgaben erforderlich ist, etwa zur Prüfung der Frage, ob der AG bei der Vergütung von ltd Ang den allg Gleichbehandlungsgrundsatz gewahrt hat (*Hromadka/Sieg* § 25 Rn 32). Der SprAu hat aber keinen Anspruch auf Überlassung, sondern lediglich auf Einsichtnahme (ErfK/*Oetker* § 25 Rn 5). Dieses Recht hat der SprAu-Vorsitzende oder ein vom SprAu beauftragtes Mitglied auszuüben (HWK/*Annuß/Girlich* § 25 Rn 3).

Mangels Übernahme von § 80 III BetrVG in das SprAuG ist davon auszugehen, dass der SprAu – anders als der BR – keinen Anspruch auf Hinzuziehung von Sachverständigen hat. Ein solcher Anspruch ist schon deshalb zu verneinen, weil ltd Ang in aller Regel über den erforderlichen Sachverstand verfügen oder sich diesen leicht verschaffen können (*Hromadka/Sieg* § 25 Rn 35).

§ 26 Unterstützung einzelner leitender Angestellter

(1) Der leitende Angestellte kann bei der Wahrnehmung seiner Belange gegenüber dem Arbeitgeber ein Mitglied des Sprecherausschusses zur Unterstützung und Vermittlung hinzuziehen.
(2) ¹Der leitende Angestellte hat das Recht, in die über ihn geführten Personalakten Einsicht zu nehmen. ²Er kann hierzu ein Mitglied des Sprecherausschusses hinzuziehen. ³Das Mitglied des Sprecherausschusses hat über den Inhalt der Personalakten Stillschweigen zu bewahren, soweit es von dem leitenden Angestellten im Einzelfall nicht von dieser Verpflichtung entbunden wird. ⁴Erklärungen des leitenden Angestellten zum Inhalt der Personalakten sind diesen auf sein Verlangen beizufügen.

Übersicht	Rdn.		Rdn.
A. Unterstützungsfunktion	1	B. Recht auf Einsicht in Personalakten	2

A. Unterstützungsfunktion. Die Vorschrift betr Rechte des einzelnen ltd Ang ggü dem AG und dem SprAu. Sie ist nicht abschließend. Die in §§ 81 ff BetrVG geregelten Individualrechte hat das SprAuG nicht übernommen. Sie stehen den ltd Ang wie allen anderen AN unmittelbar aus dem Arbeitsvertrag zu (*Hromadka/Sieg* § 26 Rn 2). Grds nimmt der ltd Ang seine Interessen ggü dem AG selbst wahr (§ 25 I 2); er kann aber ein SprAu-Mitglied zu seiner Beratung und Unterstützung hinzuziehen. Diese Befugnis ist nicht auf die in §§ 81 ff BetrVG erwähnten Belange beschränkt; vielmehr begründet § 26 I ein allg Hinzuziehungsrecht bei allen rechtl und sonstigen Belangen des ltd Ang (ErfK/*Oetker* § 26 Rn 1). Zur Unterstützung ist nur das vom ltd Ang bestimmte SprAu-Mitglied, nicht das Gremium als solches berechtigt und verpflichtet. Der SprAu darf mit dieser Aufgabe weder ein anderes Mitglied betrauen, noch kann er von sich aus Belange eines ltd Ang vertreten (*Buchner* NZA 1989, Beil 1, 2, 16). Der ltd Ang kann nur verlangen, dass sich das SprAu-Mitglied überhaupt mit der Sache befasst; Weisungen erteilen darf er ihm nicht. Die Unterstützung beschränkt sich auf Verhandlungen mit dem AG, nicht auf eine gerichtliche oder außergerichtliche Vertretung (*Hromadka/Sieg* § 26 Rn 7). Der AG muss die Teilnahme des SprAu-Mitglieds an den Verhandlungen mit dem ltd Ang dulden. Das hinzugezogene SprAu-Mitglied hat Stillschweigen über den Inhalt der Verhandlungen mit dem AG zu bewahren. Die Geheimhaltungspflicht ist nicht in § 26 I erwähnt, ergibt sich aber aus der Verpflichtung zum Persönlichkeitsschutz nach § 27 II (*Löwisch* SprAuG § 26 Rn 5). Wird diese schuldhaft verletzt, macht sich das SprAu-Mitglied schadensersatzpflichtig (ErfK/*Oetker* § 26 Rn 1).

2 **B. Recht auf Einsicht in Personalakten.** Personalakten sind alle vom AG geführte Unterlagen über die persönlichen und dienstlichen Verhältnisse eines ltd Ang, die im inneren Zusammenhang mit dem Arbeitsverhältnis stehen (*Hromadka/Sieg* § 26 Rn 10). Dazu gehören zB der Arbeitsvertrag, Abrechnungen, Zeugnisse und Beurteilungen, Gutachten und Testergebnisse (*Löwisch* § 26 Rn 6). Keine Rolle spielt, wo die Unterlagen gesammelt werden (zB in der Personalabteilung des Betriebs, bei der Führungskraft in einer Sonderakte) und in welcher Form (schriftliche Akte oder DV-Datei) und unter welcher Bezeichnung (Personalakte, Sonderakte usw) dies geschieht (*Hromadka/Sieg* § 26 Rn 10). Dem ltd Ang ist Kenntnis vom Inhalt der Akten zu geben. Dieser kann sich auf seine Kosten Abschriften oder Kopien fertigen (*Löwisch* SprAuG § 26 Rn 7). Ferner hat er das Recht, der Akte Erklärungen beizufügen (§ 26 II 4). Dabei kann es sich um eigene Stellungnahmen oder um weitere Unterlagen handeln, sofern diese mit dem Inhalt der Personalakte zusammenhängen (*Löwisch* SprAuG § 26 Rn 8). Ein Anspruch auf Berichtigung gewährt § 26 II nicht. Ein solcher kann sich aber aus der Fürsorgepflicht des AG (*Hromadka/Sieg* § 26 Rn 16) und – soweit das BDSG einschlägig ist – aus § 35 BDSG ergeben. Ein Anspruch auf Aktenherausgabe besteht nicht, auch nicht nach Beendigung des Arbeitsverhältnisses (BAG 16.11.2010, 9 AZR 573/09, EzA § 241 BGB 2002 Nr 2).

§ 27 Grundsätze für die Behandlung der leitenden Angestellten
(1) Arbeitgeber und Sprecherausschuss haben darüber zu wachen, dass alle leitenden Angestellten des Betriebs nach den Grundsätzen von Recht und Billigkeit behandelt werden, insbesondere, dass jede Benachteiligung von Personen aus Gründen ihrer Rasse oder wegen ihrer ethnischen Herkunft, ihrer Abstammung oder sonstigen Herkunft, ihrer Nationalität, ihrer Religion oder Weltanschauung, ihrer Behinderung, ihres Alters, ihrer politischen oder gewerkschaftlichen Betätigung oder Einstellung oder wegen ihres Geschlechts oder ihrer sexuellen Identität unterbleibt.
(2) Arbeitgeber und Sprecherausschuss haben die freie Entfaltung der Persönlichkeit der leitenden Angestellten des Betriebs zu schützen und zu fördern.

Übersicht	Rdn.		Rdn.
A. Allgemeines	1	B. Rechtsfolgen bei Verstößen	2

1 **A. Allgemeines.** § 27 verpflichtet AG und SprAu, über die Behandlung von ltd Ang nach den Grundsätzen von Recht und Billigkeit zu wachen. Sie haben die Grundsätze des § 27 ihren eigenen Maßnahmen zugrunde zu legen und dafür zu sorgen, dass diese auch nicht von Dritten (Vorgesetzten, Kollegen, BR, Behörden usw) verletzt werden (*Hromadka/Sieg* § 27 Rn 7). Schranken entfaltet § 27 auch ggü Weisungen des AG und sonstigen Maßnahmen, die seiner einseitigen Gestaltungsmacht unterliegen (zB der freiwilligen Gewährung von Sozialleistungen), sowie ggü RL und Sprechervereinbarungen iSd § 28 (*Löwisch* § 27 Rn 1). Eine Behandlung nach Recht und Billigkeit meint eine gerechte und angemessene Behandlung unter Wahrung der gültigen Rechtsvorschriften. § 27 I verlangt ferner die Beachtung des arbeitsrechtl Gleichbehandlungsgrundsatzes; dieser verbietet jede sachwidrige Schlechterstellung von ltd Ang ggü anderen in gleichartiger Lage (*Hromadka/Sieg* § 27 Rn 10 ff). Darüber hinaus sind die allg und speziellen Benachteiligungsverbote nach dem AGG bzw den sondergesetzlichen Vorschriften (zB § 4 TzBfG, Art 9 III GG) zu befolgen. § 27 II schützt den ltd Ang vor einer Verletzung des allg Persönlichkeitsrechts und seiner Ausprägungen. Dazu gehören das Recht am eigenen Bild, das Recht auf Vertraulichkeit des Wortes, die persönliche Ehre, das Recht auf Achtung des Privatlebens und das Recht auf informationelle Selbstbestimmung (*Löwisch* § 27 Rn 15). Allerdings besteht das allg Persönlichkeitsrecht selbst nicht schrankenlos; seine Reichweite ergibt sich im Einzelfall aus einer Abwägung mit den gegenläufigen berechtigten Interessen des AG. § 27 II schützt neben dem allg Persönlichkeitsrecht auch die Freiheitsrechte von ltd Ang (*Löwisch* § 27 Rn 22).

B. Rechtsfolgen bei Verstößen. Verstößt der AG gegen § 27, liegt darin keine Ordnungswidrigkeit iSd 2
§ 36. Das SprAuG enthält auch keine dem § 23 III BetrVG vergleichbare Sanktionsnorm gegen den AG.
Gleichwohl hat der SprAu nach hM einen Anspruch auf Unterlassung und Beseitigung verbotswidriger
Maßnahmen (*Hromadka/Sieg* § 27 Rn 46), über die das ArbG im Beschlussverfahren (§§ 2a I Nr 2, 80 ff
ArbGG) entscheidet. Dem ltd Ang bleibt unbenommen, den AG selbst auf Beseitigung, Unterlassung oder
Schadensersatz in Anspruch zu nehmen, etwa aus § 1004 I BGB analog, §§ 14, 15 AGG oder §§ 280
I, 241 II BGB. Allerdings ist § 27 kein Schutzgesetz iSv § 823 II BGB, da sonst über den Umweg des
Deliktsrechts Individualrechte begründet würden, die § 27 gerade nicht vorsieht (HWK/*Annuß/Girlich* § 27
Rn 2). Sprechervereinbarungen iSd § 28 II, die gegen § 27 verstoßen, sind nichtig (ErfK/*Oetker* § 27 Rn 2).
Individualansprüche sind im Urteilsverfahren (§ 2 I Nr 3a ArbGG) zu verfolgen. Verstößt der SprAu oder
eines seiner Mitglieder grob gegen die Pflichten aus § 27, kommt ein Auflösungs- bzw ein Amtsenthebungs-
verfahren nach § 9 I in Betracht (*Hromadka/Sieg* § 27 Rn 47).

§ 28 Richtlinien und Vereinbarungen

(1) Arbeitgeber und Sprecherausschuss können Richtlinien über den Inhalt, den Abschluss oder die Beendigung von Arbeitsverhältnissen der leitenden Angestellten schriftlich vereinbaren.
(2) ¹Der Inhalt der Richtlinien gilt für die Arbeitsverhältnisse unmittelbar und zwingend, soweit dies zwischen Arbeitgeber und Sprecherausschuss vereinbart ist. ²Abweichende Regelungen zugunsten leitender
Angestellter sind zulässig. ³Werden leitenden Angestellten Rechte nach Satz 1 eingeräumt, so ist ein Verzicht auf sie nur mit Zustimmung des Sprecherausschusses zulässig. ⁴Vereinbarungen nach Satz 1 können,
soweit nichts anderes vereinbart ist, mit einer Frist von drei Monaten gekündigt werden.

Übersicht	Rdn.		Rdn.
A. Allgemeines	1	I. Grundsatz	3
B. Richtlinien (§ 28 I)	2	II. Einzelheiten	4
C. Sprechervereinbarung (§ 28 II)	3		

A. Allgemeines. AG und SprAu können Vereinbarungen mit und ohne unmittelbare (= normative) Wir- 1
kung für ltd Ang abschließen (*Hromadka/Sieg* § 28 Rn 2; HWK/*Annuß/Girlich* § 28 Rn 14; aA ErfK/*Oetker*
§ 28 Rn 2). Vereinbarungen ohne normative Wirkung nennt man Regelungsabreden, solche mit Sprechervereinbarung (§ 28 II). Für Regelungsabreden und Sprechervereinbarungen gelten ähnliche Grundsätze
wie für die entspr Vereinbarungen mit dem BR. Allerdings sind sämtliche Vereinbarungen freiwillig (ErfK/
Oetker § 28 Rn 1); der SprAu kann ihren Abschluss nicht erzwingen. Regelungsabreden sind formlos gültige
Vereinbarungen zwischen AG und SprAu. Geregelt werden können RL für Arbeitsverhältnisse iSd § 28 I
sowie (betriebsverfassungsrechtl) Fragen, die nur das Verhältnis der beiden Parteien zueinander betreffen,
etwa die Verpflichtung zur Übernahme von Schulungskosten oder für den Bezug einer bestimmten Zeitschrift (*Hromadka/Sieg* § 28 Rn 33; aA ErfK/*Oetker* § 28 Rn 4; *Löwisch* § 28 Rn 1).

B. Richtlinien (§ 28 I). RL sind Regelungsabreden zwischen AG und SprAu über die inhaltliche Gestal- 2
tung der Arbeitsverhältnisse von ltd Ang. Aus ihnen können ltd Ang grds nicht unmittelbar Ansprüche
herleiten; dazu bedarf es der Umsetzung in den Arbeitsvertrag oder einer Vereinbarung nach § 28 II 1
(BAG 10.2.2009, 1 AZR 767/07, NZA 2009, 970). Hat sich der AG jedoch ggü dem SprAu hierzu verpflichtet, kann der SprAu die Umsetzung im Beschlussverfahren (§ 2a I Nr 2 ArbGG) einklagen (*Löwisch*
§ 28 Rn 12). Wendet der AG die RL im Betrieb an, kann er einzelne ltd Ang nicht willkürlich von ihrer
Geltung ausnehmen. Mit ihrer Befolgung stellt der AG eine generelle Regel auf, an die er über den allg
Gleichbehandlungsgrundsatz gebunden ist (*Hromadka/Sieg* § 28 Rn 22). In RL können Bestimmungen
über den »Inhalt, den Abschluss oder die Beendigung« der Arbeitsverhältnisse von ltd Ang getroffen wer-
den. Die Wendung ist § 1 I TVG entlehnt; das dort Ausgeführte gilt sinngem auch hier (ErfK/*Oetker* § 28
Rn 3). Regelbar ist grds alles, was einzelvertraglich zum Inhalt des Arbeitsvertrags gemacht werden kann
(*Hromadka/Sieg* § 28 Rn 9). Die RL muss einen kollektiven Bezug aufweisen und darf nicht nur einen Einzelfall regeln (*Löwisch* § 28 Rn 9). Die Einhaltung der Schriftform ist Wirksamkeitsvoraussetzung (ErfK/
Oetker § 28 Rn 15). Zur Inhaltskontrolle Hess LAG 6.3.2013, 18 Sa 1046/12.

C. Sprechervereinbarung (§ 28 II). I. Grundsatz. Vereinbaren AG und SprAu die unmittelbare und 3
zwingende Geltung einer RL, liegt eine Sprechervereinbarung vor. Aus ihr können ltd Ang ohne weiteren
Umsetzungsakt direkt gegen den AG Rechte herleiten (ErfK/*Oetker* § 28 Rn 9). Sie entspricht in ihrer
normativen Wirkung einer BV (§ 77 IV 1 BetrVG) und wird deshalb nach denselben Grundsätzen, dh

wie ein Gesetz ausgelegt (BAG 17.1.2012, 3 AZR 135/10, ArbR 2012, 196). Auszugehen ist vom Wortlaut der Bestimmung und dem durch ihn vermittelten Wortsinn. Bei unbestimmtem Wortsinn sind der wirkliche Wille der Parteien und der von ihnen beabsichtigte Zweck zu berücksichtigen, soweit sie im Text ihren Niederschlag gefunden haben. Abzustellen ist ferner auf den Gesamtzusammenhang und die Systematik der Regelungen. Im Zweifel gebührt derjenigen Auslegung der Vorzug, die zu einem sachgerechten, zweckorientierten, praktisch brauchbaren und gesetzeskonformen Verständnis der Bestimmung führt (BAG 17.1.2012, 3 AZR 135/10, ArbR 2012, 196).

4 **II. Einzelheiten.** Sprechervereinbarungen müssen sich iRd Gesetze halten; tarifliche Regelungen gingen ihnen, wenn es sie gäbe, vor (§ 4 I TVG). Im Verhältnis zum Arbeitsvertrag gilt das Günstigkeitsprinzip (§ 28 II 2). In den Arbeitsvertrag kann nicht eingegriffen (LAG Düsseldorf 3.2.2012, 6 Sa 1081/11), Pflichten, die nach dem Arbeitsvertrag nicht bestehen, können nicht geschaffen werden (*Hromadka/Sieg* § 28 Rn 28); belastende Regelungen kommen nur als Teil einer begünstigenden Regelung in Betracht (zB Ausschlussfristen in einer Gratifikationsregelung). Ein Verzicht auf Rechte aus einer Sprechervereinbarung ist nur mit Zustimmung des SprAu zulässig (§ 28 II 3). Die Verwirkung von Rechten und die Vereinbarung von Ausschlussfristen im Arbeitsvertrag für Rechte aufgrund von »RL« ist nicht ausgeschlossen (*Löwisch* SprAuG § 28 Rn 19). Sprechervereinbarungen nach § 28 II können, sofern nichts anderes vereinbart ist, mit einer Frist von 3 Monaten gekündigt werden; Regelungsabreden und RL nach § 28 I sind sofort kündbar (HWK/*Annuß/Girlich* § 28 Rn 9). Eine Nachwirkung ist nicht vorgesehen; sie kann aber vereinbart werden (ErfK/*Oetker* § 28 Rn 17). Bei einem Betriebsübergang gilt für Sprechervereinbarungen § 613a I 2–3 BGB, falls diese wegen eines Verlustes der Betriebsidentität nicht normativ weitergelten; in den Arbeitsvertrag umgesetzte RL gelten nach § 613a I 1 BGB fort; nicht umgesetzte enden mit dem Betriebsübergang (ErfK/*Oetker* § 28 Rn 19).

§ 29 Geheimhaltungspflicht

(1) ¹Die Mitglieder und Ersatzmitglieder des Sprecherausschusses sind verpflichtet, Betriebs- oder Geschäftsgeheimnisse, die ihnen wegen ihrer Zugehörigkeit zum Sprecherausschuss bekanntgeworden und vom Arbeitgeber ausdrücklich als geheimhaltungsbedürftig bezeichnet worden sind, nicht zu offenbaren und nicht zu verwerten. ²Dies gilt auch nach dem Ausscheiden aus dem Sprecherausschuss. ³Die Verpflichtung gilt nicht gegenüber Mitgliedern des Sprecherausschusses, des Gesamtsprecherausschusses, des Unternehmenssprecherausschusses, des Konzernsprecherausschusses und den Arbeitnehmervertretern im Aufsichtsrat.
(2) Absatz 1 gilt entsprechend für die Mitglieder und Ersatzmitglieder des Gesamtsprecherausschusses, des Unternehmenssprecherausschusses und des Konzernsprecherausschusses.

§ 30 Arbeitsbedingungen und Beurteilungsgrundsätze

¹Der Arbeitgeber hat den Sprecherausschuss rechtzeitig in folgenden Angelegenheiten der leitenden Angestellten zu unterrichten:
1. Änderungen der Gehaltsgestaltung und sonstiger allgemeiner Arbeitsbedingungen;
2. Einführung oder Änderung allgemeiner Beurteilungsgrundsätze.
²Er hat die vorgesehenen Maßnahmen mit dem Sprecherausschuss zu beraten.

Übersicht	Rdn.			Rdn.
A. Allgemeines	1	II.	Gegenstand sonstiger allg	
B. Mitwirkungspflichtige			Arbeitsbedingungen	3
Angelegenheiten	2	III.	Allg Beurteilungsgrundsätze iSd § 30	
I. Änderung der Gehaltsgestaltung	2		S 1 Nr 2	4

1 **A. Allgemeines.** In den Angelegenheiten des § 30 kommt dem BR kein Mitbestimmungs-, sondern nur ein Mitwirkungsrecht in Gestalt eines **Unterrichtungs- und Beratungsanspruchs** zu (ErfK/*Oetker* § 30 Rn 1). Die **Unterrichtung hat so rechtzeitig zu** geschehen, dass Anregungen oder Bedenken des SprAu noch in die Entscheidung einfließen können. Sie braucht aber erst dann zu erfolgen, wenn der AG die konkrete Absicht hat, eine Maßnahme iSd § 30 durchzuführen (*Hromadka/Sieg* § 30 Rn 26). Soweit erforderlich, muss der AG anhand von Unterlagen unterrichten, die dem SprAu auf sein Verlangen hin zur Verfügung zu stellen sind (§ 25 II). Der AG muss die Maßnahmen mit dem SprAu erörtern und ihm Gelegenheit zur Stellungnahme geben (*Löwisch* § 30 Rn 15). Die Diskussion muss beiderseits von dem Bemühen um eine

konstruktive Lösung getragen sein. Kommt es zu keiner Einigung, so entscheidet der AG allein (*Hromadka/ Sieg* § 30 Rn 30). Unterlässt der AG die nach § 30 gebotene Mitwirkung, bleibt die Maßnahme individualarbeitsrechtl wirksam (HWK/*Annuß/Girlich* § 30 Rn 4). Der SprAu kann aber weiterhin – auch nachträglich – seine Mitwirkung verlangen (*Löwisch* § 30 Rn 12); einen Unterlassungsanspruch gegen den AG hat er nicht (ErfK/*Oetker* § 30 Rn 8). Mitwirkungspflichtig sind nur abstrakt-generelle Regelungen (*Hromadka/ Sieg* § 30 Rn 1). Der SprAu ist zu beteiligen, wenn der AG in einer Mehrzahl von Fällen nach demselben Muster verfahren will; es kommt nicht darauf an, wie viele AN tatsächlich betroffen sind. Umgekehrt sind Maßnahmen, die nur mit Rücksicht auf den konkreten Einzelfall getroffen werden, nicht mitwirkungspflichtig, auch wenn im Ergebnis mehrere oder im Extremfall alle ltd Ang betroffen sind, wie etwa bei einer (individuellen) AT-Regulierung. Der SprAu hat kein Initiativrecht; Vorschläge kann er dem AG iRd § 25 I unterbreiten (*Löwisch* § 25 Rn 11).

B. Mitwirkungspflichtige Angelegenheiten. I. Änderung der Gehaltsgestaltung. Zum Gehalt iSv 2 § 30 S 1 Nr 1 zählen das laufende Arbeitsentgelt sowie alle geldwerten Leistungen, die dem ltd Ang vom AG für die Arbeitsleistung gewährt werden, zB Gratifikationen, Urlaubsgeld, Betriebsrente (MünchArbR/ *Joost* § 235 Rn 69). **Gehaltsgestaltung** meint das Aufstellen oder Verändern der Regeln, nach denen der AG iRd Arbeitsverhältnisses geldwerte Leistungen erbringt. Der Begriff ist genauso auszulegen wie der der Lohngestaltung in § 87 I Nr 10 BetrVG (*Löwisch* § 30 Rn 3). Der Mitwirkung unterliegen zB die Festlegung von Gehaltsgruppen und Gehaltsbändern sowie die Aufteilung des Gehalts in feste und variable Bestandteile (ErfK/*Oetker* § 30 Rn 2). Das Mitwirkungsrecht dient der Verwirklichung der Lohngerechtigkeit, vor allem unter den Gesichtspunkten von Objektivität und Durchschaubarkeit. Ob auch die Höhe des Gehalts der Mitwirkung unterliegt, ist str. Zwar spricht § 30 S 1 Nr 1 von »Gehaltsgestaltung« und nicht wie § 87 I Nr 10 nur von »Entlohnungsgrundsätzen«. Dass der Gesetzgeber ein solches Mitwirkungsrecht schaffen wollte, lässt sich durch die Gesetzesmaterialien nicht belegen; ein Regelungswille hätte deutlicher zum Ausdruck kommen müssen (MünchArbR/*Joost* § 235 Rn 68, aA *Löwisch* § 30 Rn 1). Erst recht nicht mitzuwirken hat der SprAu bei der Gehaltshöhe des einzelnen ltd Ang; hier fehlt es bereits am kollektiven Tatbestand (ErfK/*Oetker* § 30 Rn 3). Das Mitwirkungsrecht besteht nicht erst bei der Änderung, sondern bereits bei der erstmaligen Einführung von Vergütungsregeln (*Hromadka/Sieg* § 30 Rn 18).

II. Gegenstand sonstiger allg Arbeitsbedingungen. Dies kann alles sein, was arbeitsvertraglich geregelt 3 werden kann und nicht das Gehalt betr, zB Schriftformklauseln, Arbeitszeitfragen, Versetzungsklauseln, Wettbewerbsabreden, Altersgrenzen, Fragen der Ordnung des Betriebs und Führungsgrundsätze, die den ltd Ang ein verbindliches Verhalten vorschreiben (*Hromadka/Sieg* § 30 Rn 17).

III. Allg Beurteilungsgrundsätze iSd § 30 S 1 Nr 2. Dies sind Regeln, nach denen Leistung und Füh- 4 rung von ltd Ang und Bewerbern um eine solche Position bewertet werden sollen (MünchArbR/*Joost* § 235 Rn 72). Sie sollen eine Beurteilung nach einheitlichen und verobjektivierten Maßstäben ermöglichen und das Verfahren bei Personalentscheidungen versachlichen (BT-Drs 11/2503 S 43). Dazu gehören auch formalisierte Zielsetzungsgespräche, wenn sie dazu dienen, die Leistung in einem bestimmten Zeitraum an den Vorgaben zu messen. Bei der konkreten Beurteilung hat der SprAu kein Mitwirkungsrecht (*Löwisch* § 30 Rn 11). Nicht zu den Beurteilungsgrundsätzen zählen RL, nach denen ltd Ang bei der Führung und Beurteilung anderer AN zu verfahren haben, sowie Stellenbeschreibungen und Anforderungsprofile (ErfK/ *Oetker* § 30 Rn 6).

§ 31 Personelle Maßnahmen

(1) Eine beabsichtigte Einstellung oder personelle Veränderung eines leitenden Angestellten ist dem Sprecherausschuss rechtzeitig mitzuteilen.
(2) ¹Der Sprecherausschuss ist vor jeder Kündigung eines leitenden Angestellten zu hören. ²Der Arbeitgeber hat ihm die Gründe für die Kündigung mitzuteilen. ³Eine ohne Anhörung des Sprecherausschusses ausgesprochene Kündigung ist unwirksam. ⁴Bedenken gegen eine ordentliche Kündigung hat der Sprecherausschuss dem Arbeitgeber spätestens innerhalb einer Woche, Bedenken gegen eine außerordentliche Kündigung unverzüglich, spätestens jedoch innerhalb von drei Tagen, unter Angabe der Gründe schriftlich mitzuteilen. ⁵Äußert er sich innerhalb der nach Satz 4 maßgebenden Frist nicht, so gilt dies als Einverständnis des Sprecherausschusses mit der Kündigung.
(3) Die Mitglieder des Sprecherausschusses sind verpflichtet, über die ihnen im Rahmen personeller Maßnahmen nach den Absätzen 1 und 2 bekanntgewordenen persönlichen Verhältnisse und Angelegenheiten

§ 31 SprAuG   Personelle Maßnahmen

der leitenden Angestellten, die ihrer Bedeutung oder ihrem Inhalt nach einer vertraulichen Behandlung bedürfen, Stillschweigen zu bewahren; § 29 Abs. 1 Satz 2 und 3 gilt entsprechend.

Übersicht	Rdn.		Rdn.
A. Allgemeines	1	C. Kündigung	3
B. Einstellungen und personelle Veränderungen	2		

1 **A. Allgemeines.** § 31 begründet für den SprAu die Zuständigkeit zur Wahrnehmung individueller Belange von ltd Ang bei personellen Einzelmaßnahmen. Da diese üblicherweise auch die Interessen der ltd Ang als Gruppe berühren, soll der SprAu deren kollektiven Belangen Rechnung tragen können (*Löwisch* § 31 Rn 1). SprAu-Mitglieder sind verpflichtet, über die persönlichen Umstände von ltd Ang sogar ohne ausdrücklichen Hinweis des AG Stillschweigen zu bewahren, wenn die vertrauliche Behandlung objektiv erforderlich ist. Ggü Mitgliedern des USprAu, GSprAu, KSprAu besteht diese Pflicht nicht (§ 31 III iVm § 29 I 2, 3). Die Verschwiegenheitspflicht ist strafbewehrt (§ 35 II). § 31 III ist Schutzgesetz iSd § 823 II BGB (*Hromadka/Sieg* § 31 Rn 48). Ein schuldhaft begangener Geheimnisverrat kann Schadensersatzansprüche auslösen.

2 **B. Einstellungen und personelle Veränderungen.** Die beabsichtigte Einstellung oder personelle Veränderung eines ltd Ang ist dem SprAu so rechtzeitig mitzuteilen, dass dieser sich noch vor Durchführung der Maßnahme informieren und beraten kann. Anzugeben sind die Person des Bewerbers bzw des ltd Ang, der von der personellen Maßnahme betroffen ist, die vorgesehene Änderung sowie die Auswirkungen der Maßnahme auf die übrigen ltd Ang (*Hromadka/Sieg* § 31 Rn 16). Nicht mitgeteilt zu werden braucht der Inhalt des Arbeitsvertrags (ErfK/*Oetker* § 31 Rn 5). Der Begriff der **Einstellung** entspricht dem in § 99 I BetrVG. Gemeint ist die dauerhafte oder vorübergehende tatsächliche Übertragung von Funktionen und Aufgaben eines ltd Ang an einen externen Bewerber (ErfK/*Oetker* § 31 Rn 3). Auch die Beförderung eines bereits im Betrieb beschäftigten AN zum ltd Ang ist dem SprAu mitzuteilen (HWK/*Annuß/Girlich* § 31 Rn 2); ferner die Weiterbeschäftigung eines ltd Ang über die vertraglich vereinbarten Altersgrenzen hinaus (*Löwisch* § 31 Rn 2). **Personelle Veränderung** ist jede Änderung der Arbeitsaufgabe oder der Stellung von ltd Ang im Unternehmen, die die Belange des ltd Ang und/oder der übrigen ltd Ang nicht nur unerheblich berührt. Dazu gehören vor allem Versetzungen, Beförderungen und Degradierungen, die Erteilung und der Entzug handelsrechtl Vollmachten (*Engels/Natter* BB 1989, Beil 8, 32), die Verleihung oder der Entzug interner Befugnisse, wenn sie Auswirkungen auf andere ltd Ang entfalten können, die Zuordnung zu den ltd Ang, die »Entleitung« und das Ausscheiden aus dem Betrieb, gleichgültig aus welchem Grund (*Oetker* ZfA 1990, 43). Die Unterrichtungspflicht erstreckt sich nur auf Informationen, die mit der personellen Veränderung im Zusammenhang stehen (neues Aufgabengebiet, neue Funktionen, Vollmacht), nicht auf Gehaltsfragen und sonstige Arbeitsbedingungen (BAG 18.10.1988, 1 ABR 33/87, AP BetrVG 1972 § 99 Nr 57). Eine nicht ordnungsgem Mitteilung führt nicht zur Unwirksamkeit der Maßnahme (HWK/*Annuß/Girlich* § 31 Rn 3); sie kann aber als Ordnungswidrigkeit nach § 36 geahndet werden (ErfK/*Oetker* § 31 Rn 2).

3 **C. Kündigung.** Der SprAu ist vor jeder Kdg eines ltd Ang zu hören. Der AG hat dem SprAu die Person des zu Kündigenden, die Art der Kdg (Beendigungs- oder Änderungskdg, ordentliche oder außerordentliche Kdg), die Kdg-Gründe und ggf die Kdg-Frist mitzuteilen (ErfK/*Oetker* § 31 Rn 6). Eine ohne ordnungsgemäße Anhörung des SprAu ausgesprochene Kdg ist unwirksam (§ 31 II 3). Da § 31 II dem § 102 BetrVG nachgebildet ist, können die Grundsätze zur Anhörung des BR auf den SprAu übertragen werden (BAG 27.9.2001, 2 AZR 176/00, AP KSchG 1969 § 14 Nr 6; LAG Düsseldorf 3.2.2012, 6 Sa 1081/11, BB 2012, 572). Im Gegensatz zum BR hat der SprAu kein Widerspruchsrecht (ErfK/*Oetker* § 31 Rn 8). Damit gibt es für ltd Ang auch keinen betriebsverfassungsrechtl Weiterbeschäftigungsanspruch. Es gelten die Grundsätze über den allg Weiterbeschäftigungsanspruch. In der 1. Instanz wird in aller Regel das Interesse des AG an einer Nicht-Weiterbeschäftigung überwiegen (*Löwisch* § 31 Rn 37). Im Grenzbereich zwischen ltd Ang und nicht ltd Ang empfiehlt sich eine Anhörung von SprAu und BR (*Hromadka/Sieg* § 31 Rn 26). Der ltd Ang kann in einem Kdg-Schutzprozess auch dann vortragen, er sei kein ltd Ang, wenn er bei der SprAu-Wahl den ltd Ang zugeordnet worden ist. Materiell-rechtlich richtet sich der Kündigungsschutz nach § 14 II KSchG; der dort verwendete Begriff des ltd Ang entspricht nicht dem des § 5 III BetrVG (dazu und zur Kündigung eines ltd Ang wegen unerlaubter Nutzung des Internets BAG 19.4.2012, 2 AZR 186/11, EzA § 626 BGB 2002 Nr 40).

§ 32 Wirtschaftliche Angelegenheiten

(1) ¹Der Unternehmer hat den Sprecherausschuss mindestens einmal im Kalenderhalbjahr über die wirtschaftlichen Angelegenheiten des Betriebs und des Unternehmens im Sinne des § 106 Abs. 3 des Betriebsverfassungsgesetzes zu unterrichten, soweit dadurch nicht die Betriebs- oder Geschäftsgeheimnisse des Unternehmens gefährdet werden. ²Satz 1 gilt nicht für Unternehmen und Betriebe im Sinne des § 118 Abs. 1 des Betriebsverfassungsgesetzes.

(2) ¹Der Unternehmer hat den Sprecherausschuss über geplante Betriebsänderungen im Sinne des § 111 des Betriebsverfassungsgesetzes, die auch wesentliche Nachteile für leitende Angestellte zur Folge haben können, rechtzeitig und umfassend zu unterrichten. ²Entstehen leitenden Angestellten infolge der geplanten Betriebsänderung wirtschaftliche Nachteile, hat der Unternehmer mit dem Sprecherausschuss über Maßnahmen zum Ausgleich oder zur Milderung dieser Nachteile zu beraten.

Übersicht	Rdn.		Rdn.
A. Allgemeines	1	C. Betriebsänderung	3
B. Unterrichtung des Sprecherausschusses	2		

A. Allgemeines. Das SprAuG unterscheidet wie das BetrVG zwischen wirtschaftlichen Angelegenheiten allg (§ 32 I), Betriebsänderungen, die auch wesentliche Nachteile für ltd Ang zur Folge haben können (§ 32 II 1), und dem Sozialplan (§ 32 II 2). Nicht vorgesehen sind Interessen- und dementspr Nachteilsausgleich. Ziel der Unterrichtungspflicht ist es, dem SprAu einen Einblick in die wirtschaftlichen Angelegenheiten des Unternehmens und der Betriebe zu verschaffen; zugleich soll er bei Betriebsänderungen möglichst frühzeitig wirtschaftliche Nachteile für die ltd Ang abwenden können (ErfK/*Oetker* § 32 Rn 1). Die Verletzung der Unterrichtungspflicht kann als Ordnungswidrigkeit (§ 36 I) geahndet werden. Ein Anspruch auf Unterlassung der Betriebsänderung besteht nicht (*Oetker* ZfA 1990, 43). 1

B. Unterrichtung des Sprecherausschusses. Als wirtschaftliche Angelegenheiten gelten über den Verweis in § 32 I 1 alle Umstände, über die der Unternehmer den Wirtschaftsausschuss nach § 106 III BetrVG zu unterrichten hat (*Hromadka/Sieg* § 32 Rn 8), gleichviel ob sie das Unternehmen im Ganzen oder nur den einzelnen Betrieb betreffen. Die Unterrichtungspflicht des SprAu setzt – anders als die des Wirtschaftsausschusses – keine Mindestgröße des Unternehmens voraus. Es genügt, wenn in einem Betrieb 10 ltd Ang beschäftigt sind und ein SprAu gebildet wurde (ErfK/*Oetker* § 32 Rn 5). Wann im Kalenderjahr der SprAu informiert wird, bestimmt der AG nach pflichtgem Ermessen (*Löwisch* § 32 Rn 19). § 32 sieht lediglich ein Unterrichtungs-, aber kein Beratungsrecht vor. Keine Unterrichtungspflicht besteht für wirtschaftliche Angelegenheiten, deren Offenlegung Betriebs- und Geschäftsgeheimnisse objektiv gefährden würde, sowie in Tendenzunternehmen und -betrieben (§ 32 I 2). Der SprAu darf die Information nicht ohne Zustimmung des Unternehmers an die ltd Ang weitergeben (*Hromadka/Sieg* § 32 Rn 54). Der Unternehmer selbst hat in der Versammlung der ltd Ang über die wirtschaftliche Lage und Entwicklung des Betriebs zu unterrichten (§ 15 III 3). 2

C. Betriebsänderung. Der Begriff der Betriebsänderung in § 32 II ist ders wie in § 111 BetrVG. In Betracht kommen nur Änderungen in Unternehmen mit idR mehr als 20 nach dem BetrVG wahlberechtigten AN, wenn darüber hinaus mind ein ltd Ang betroffen ist (*Löwisch* § 32 Rn 54; aA ErfK/*Oetker* § 32 Rn 8). Die Betriebsänderung muss wesentliche wirtschaftliche Nachteile für ltd Ang haben können, wie zB Entlassungen oder erhöhte Fahrtkosten bei einer Betriebsverlegung (MünchArbR/*Joost* § 235 Rn 107). Das ist unter Berücksichtigung aller Umstände des Einzelfalls zu prüfen (ErfK/*Oetker* § 32 Rn 9). Es genügt, dass mind ein ltd Ang nachteilig betroffen ist (HWK/*Annuß/Girlich* § 32 Rn 6). Rechtzeitig ist die Unterrichtung, wenn Vorschläge und Einwendungen des SprAu noch berücksichtigt werden können, umfassend, wenn der SprAu in die Lage versetzt wird, Ausmaß, Zweckmäßigkeit und Auswirkungen der geplanten Maßnahmen auf ltd Ang zu erkennen und ggf Vorstellungen über Ausgleichs- und Milderungsmaßnahmen für betroffene ltd Ang zu entwickeln (*Hromadka/Sieg* § 32 Rn 77 ff.). Der Unternehmer braucht den SprAu über die geplanten Betriebsänderungen nur zu unterrichten. Der SprAu hat keinen Anspruch darauf, dass der Unternehmer mit ihm das Ob und Wie der Betriebsänderung erörtert. Erst recht nicht kann er verlangen, dass der Unternehmer eine Einigung mit ihm versucht (*Hromadka/Sieg* § 32 Rn 81). Der Unternehmer hat mit dem SprAu über Maßnahmen zum Ausgleich oder zur Milderung wirtschaftlicher Nachteile zu beraten, die den ltd Ang infolge der geplanten Betriebsänderung entstehen (§ 32 II 2). Der SprAu kann aber keinen Sozialplan erzwingen (ErfK/*Oetker* § 32 Rn 11). Der Unternehmer ist auch nicht gehalten, den ltd Ang aus Gleichbehandlungsgründen Ausgleichs- oder Milderungsleistungen entspr dem Sozialplan für 3 nicht ltd Ang zu gewähren (BAG 16.7.1985, 1 AZR 206/81, EzA § 112 BetrVG 1972 Nr 60). Unwirksam ist auch eine Einbeziehung in einen solchen Sozialplan (BAG 31.1.1979, 5 AZR 454/77, EzA § 112 BetrVG 1972 Nr 17). Der BR ist für ltd Ang nicht zuständig. Es ist also durchaus denkbar, dass ltd Ang leer ausgehen oder geringere Leistungen erhalten, auch wenn das nicht die Praxis ist. Unternehmer und SprAu können jedoch einen freiwilligen Sozialplan für ltd Ang aufstellen (§ 28 II). Für ihn gelten dieselben Grundsätze wie für den Sozialplan, den AG und BR ohne Einschaltung der Einigungsstelle aushandeln.

§ 33 Seeschifffahrt
(1) Auf Seeschifffahrtsunternehmen (§ 114 Abs. 2 des Betriebsverfassungsgesetzes) und ihre Betriebe ist dieses Gesetz anzuwenden, soweit sich aus den Absätzen 2 bis 4 nichts anderes ergibt.
(2) Sprecherausschüsse werden nur in den Landbetrieben von Seeschifffahrtsunternehmen gewählt.
(3) ¹Leitende Angestellte im Sinne des § 1 Abs. 1 dieses Gesetzes sind in einem Seebetrieb (§ 114 Abs. 3 und 4 des Betriebsverfassungsgesetzes) nur die Kapitäne. ²Sie gelten für die Anwendung dieses Gesetzes als leitende Angestellte des Landbetriebs. ³Bestehen mehrere Landbetriebe, so gelten sie als leitende Angestellte des nach der Zahl der leitenden Angestellten größten Landbetriebs.
(4) ¹Die Vorschriften über die Wahl des Sprecherausschusses finden auf Sprecherausschüsse in den Landbetrieben von Seeschifffahrtsunternehmen mit folgender Maßgabe Anwendung:
1. Die in § 7 Abs. 1 genannte Frist wird auf sechzehn Wochen verlängert.
2. Die Frist für die Wahlanfechtung nach § 8 Abs. 1 Satz 3 beginnt für die leitenden Angestellten an Bord, wenn das Schiff nach Bekanntgabe des Wahlergebnisses erstmalig einen Hafen im Geltungsbereich dieses Gesetzes oder einen Hafen, in dem ein Seemannsamt seinen Sitz hat, anläuft.

²Nach Ablauf von drei Monaten seit Bekanntgabe des Wahlergebnisses ist eine Wahlanfechtung unzulässig. ³Die Wahlanfechtung kann auch zu Protokoll des Seemannsamtes erklärt werden. ⁴Die Anfechtungserklärung ist vom Seemannsamt unverzüglich an das für die Anfechtung zuständige Arbeitsgericht weiterzuleiten.

§ 34 Straftaten gegen Vertretungsorgane der leitenden Angestellten und ihre Mitglieder
(1) Mit Freiheitsstrafe bis zu einem Jahr oder mit Geldstrafe wird bestraft, wer
1. eine Wahl des Sprecherausschusses oder des Unternehmenssprecherausschusses behindert oder durch Zufügung oder Androhung von Nachteilen oder durch Gewährung oder Versprechen von Vorteilen beeinflusst,
2. die Tätigkeit des Sprecherausschusses, des Gesamtsprecherausschusses, des Unternehmenssprecherausschusses oder des Konzernsprecherausschusses behindert oder stört oder
3. ein Mitglied oder ein Ersatzmitglied des Sprecherausschusses, des Gesamtsprecherausschusses, des Unternehmenssprecherausschusses oder des Konzernsprecherausschusses um seiner Tätigkeit willen benachteiligt oder begünstigt.

(2) Die Tat wird nur auf Antrag des Sprecherausschusses, des Gesamtsprecherausschusses, des Unternehmenssprecherausschusses, des Konzernsprecherausschusses, des Wahlvorstands oder des Unternehmers verfolgt.

§ 35 Verletzung von Geheimnissen
(1) Wer unbefugt ein fremdes Betriebs- oder Geschäftsgeheimnis offenbart, das ihm in seiner Eigenschaft als Mitglied oder Ersatzmitglied des Sprecherausschusses, des Gesamtsprecherausschusses, des Unternehmenssprecherausschusses oder des Konzernsprecherausschusses bekanntgeworden und das vom Arbeitgeber ausdrücklich als geheimhaltungsbedürftig bezeichnet worden ist, wird mit Freiheitsstrafe bis zu einem Jahr oder mit Geldstrafe bestraft.
(2) Ebenso wird bestraft, wer unbefugt ein fremdes Geheimnis eines leitenden Angestellten oder eines anderen Arbeitnehmers, namentlich ein zu dessen persönlichen Lebensbereich gehörendes Geheimnis, offenbart, das ihm in seiner Eigenschaft als Mitglied oder Ersatzmitglied des Sprecherausschusses oder einer der in Absatz 1 genannten Vertretungen bekanntgeworden ist und über das nach den Vorschriften dieses Gesetzes Stillschweigen zu bewahren ist.
(3) ¹Handelt der Täter gegen Entgelt oder in der Absicht, sich oder einen anderen zu bereichern oder einen anderen zu schädigen, so ist die Strafe Freiheitsstrafe bis zu zwei Jahren oder Geldstrafe. ²Ebenso wird bestraft, wer unbefugt ein fremdes Geheimnis, namentlich ein Betriebs- oder Geschäftsgeheimnis, zu dessen Geheimhaltung er nach den Absätzen 1 oder 2 verpflichtet ist, verwertet.

(4) Die Absätze 1 bis 3 sind auch anzuwenden, wenn der Täter das fremde Geheimnis nach dem Tode des Betroffenen unbefugt offenbart oder verwertet.

(5) ¹Die Tat wird nur auf Antrag des Verletzten verfolgt. ²Stirbt der Verletzte, so geht das Antragsrecht nach § 77 Abs. 2 des Strafgesetzbuches auf die Angehörigen über, wenn das Geheimnis zum persönlichen Lebensbereich des Verletzten gehört; in anderen Fällen geht es auf die Erben über. ³Offenbart der Täter das Geheimnis nach dem Tode des Betroffenen, so gilt Satz 2 entsprechend.

§ 36 Bußgeldvorschriften

(1) Ordnungswidrig handelt, wer eine der in § 30 Satz 1, § 31 Abs. 1 oder § 32 Abs. 1 Satz 1 oder Abs. 2 Satz 1 genannten Unterrichtungs- oder Mitteilungspflichten nicht, wahrheitswidrig, unvollständig oder verspätet erfüllt.

(2) Die Ordnungswidrigkeit kann mit einer Geldbuße bis zu zehntausend Euro geahndet werden.

§ 37 Erstmalige Wahlen nach diesem Gesetz

(1) Die erstmaligen Wahlen des Sprecherausschusses oder des Unternehmenssprecherausschusses finden im Zeitraum der regelmäßigen Wahlen nach § 5 Abs. 1 im Jahre 1990 statt. § 7 Abs. 2 und 3 findet Anwendung.

(2) ¹Auf Sprecherausschüsse, die aufgrund von Vereinbarungen gebildet worden sind und bei Inkrafttreten dieses Gesetzes bestehen, findet dieses Gesetz keine Anwendung. ²Sie bleiben bis zur Wahl nach Absatz 1, spätestens bis zum 31. Mai 1990, im Amt.

§ 38 Ermächtigung zum Erlass von Wahlordnungen

Das Bundesministerium für Wirtschaft und Arbeit kann durch Rechtsverordnung zur Regelung des Wahlverfahrens Vorschriften über die in den §§ 3 bis 8, 20 und 33 bezeichneten Wahlen erlassen, insbesondere über

1. die Vorbereitung der Wahl, insbesondere die Aufstellung der Wählerlisten;
2. die Frist für die Einsichtnahme in die Wählerlisten und die Erhebung von Einsprüchen gegen sie;
3. die Vorschlagslisten und die Frist für ihre Einreichung;
4. das Wahlausschreiben und die Fristen für seine Bekanntmachung;
5. die Stimmabgabe;
6. die Feststellung des Wahlergebnisses und die Fristen für seine Bekanntmachung;
7. die Aufbewahrung der Wahlakten.

Tarifvertragsgesetz (TVG)

In der Fassung der Bekanntmachung vom 25.8.1969 (BGBl I S 1323), zuletzt geändert durch Art 1 des Gesetzes vom 3.7.2015 (BGBl I S 1130).

Grundlagen

Übersicht

		Rdn.			Rdn.
A.	Rechtliche Grundstruktur des dt Kollektiven ArbR	1	D.	Funktionen des TV	10
			E.	Der TV in der arbeitsrechtlichen Rechtsquellenhierarchie	11
B.	Das TVG	4			
C.	Tatsächliche Grundlagen des TV-Rechts	5	I.	Europarecht	11
			II.	Grundrechte	12
I.	Struktur der Koalitionen	5	III.	Übriges Gesetzesrecht	13
II.	Erscheinungsformen und tatsächliche Bedeutung von TV	7	IV.	BV, Arbeitsvertrag, Weisungsrecht	17
			F.	Das dt TV-System in der Kritik	18

1 A. Rechtliche Grundstruktur des dt Kollektiven ArbR. Das dt Kollektive ArbR ist in **2 Hauptbereiche** unterteilt: Der 1. betrifft das Aushandeln von TV durch Gewerkschaften und AG bzw AG-Verbände. Dieses Untergebiet, zu dem aus rechtlicher Sicht auch das Arbeitskampfrecht zu zählen ist, ist im TVG teilgeregelt und findet seine rechtlichen Grundlagen ansonsten in Prinzipien, die von Rspr und Lit entwickelt und auf Art 9 III GG zurückzuführen sind (s.a. ErfK/*Franzen* § 1 Rn 3 ff; Jacobs/Krause/Oetker/Schubert/*Krause* § 1 Rn 16 ff). Der Gesetzgeber hat als 2. Bereich der kollektiven Interessenwahrnehmung die **Betriebsverfassung** geschaffen, die dem BR auf betrieblicher Ebene Mitwirkungs- und Mitbestimmungsrechte einräumt.

2 Ziel ist im Tarifvertragsrecht stets und in der Betriebsverfassung häufig ein **Kollektivvertrag** (Kempen/Zachert/*Wendeling-Schröder* Grundlagen Rn 422). Dennoch unterscheiden sich Tarifvertragsrecht und Betriebsverfassung in ihrer Grundstruktur in entscheidenden Punkten voneinander. Die tarifliche Ebene ist insoweit insb durch das Prinzip der freiwilligen Mitgliedschaft in den Verbänden, das Vorhandensein des Druckmittels Arbeitskampf und die Finanzierung durch die jeweiligen Mitglieder gekennzeichnet. Für die betriebliche Interessenvertretung sind hingegen Zwangsmitgliedschaft, Zwangsschlichtung und das Prinzip der vertrauensvollen Zusammenarbeit anstelle des Arbeitskampfes sowie eine Finanzierung allein durch den AG charakterbildend (zur Zweigleisigkeit des Kollektiven ArbR s vertiefend MünchArbR/*Richardi* § 153 Rn 1 ff).

3 Wegen dieser Unterschiede handelt es sich bei Tarifvertragsrecht und Betriebsverfassung nicht um austauschbare Ebenen ein und desselben Regelungskomplexes Kollektives ArbR. Tarifvertrags- und Betriebsverfassungsrecht stehen aus rechtlicher Sicht im Grundsatz vielmehr selbstständig nebeneinander (MünchArbR/*Richardi* § 153 Rn 12). Die Abgrenzung der jeweiligen Wirkungsbereiche ist in Art 9 III GG angelegt und im Erg nicht im TVG, sondern in dem jüngeren BetrVG geregelt. Der Gesetzgeber hat sich dabei grds für den Vorrang der tariflichen Ebene entschieden (§§ 3, 77 III, 87 I BetrVG). Im Detail ist die Abgrenzung gerade seit Mitte der 1990er Jahre unter dem Schlagwort der Flexibilisierung des ArbR umstr (*Hromadka* DB 2003, 42; Beschl des 61. DJT, Abt Arbeitsrecht, NJW 1996, 2994, 2995; DGB-Thesen zum 61. DJT, AuR 1996, 368 f; *Engelen-Kefer* AuR 1997, 8). Hierbei wird insb über eine Verschiebung von Aufgaben der TV-Parteien auf die Betriebsparteien nachgedacht. Mitunter wird das durch die genannten Wesensunterschiede bedingte Nebeneinander beider Bereiche in der Praxis, in der wissenschaftlichen, der rechtspolitischen und der ökonomischen Diskussion vernachlässigt (so aus der wissenschaftlichen Diskussion etwa *Lambrich* Tarif- und Betriebsautonomie, 1999; anders hingegen *Veit* Die funktionelle Zuständigkeit des Betriebsrates, 1998). S iÜ § 3 BetrVG Rdn 1–11, § 77 BetrVG Rdn 26–29, § 87 BetrVG Rdn 11–12.

4 B. Das TVG. Das TVG normiert als einfachgesetzliche Teilkonkretisierung der durch Art 9 III GG gewährleisteten Tarifautonomie (Art 9 GG Rdn 44 ff) Teilfragen des Tarifrechts. Nicht im TVG geregelt sind zum einen Fragen im Vorfeld des Tarifrechts (Koalitionsbegriff) sowie das Arbeitskampfrecht. Das TVG enthält zum anderen jedoch auch keine vollständige Regelung des Rechts der TV. Aus historischen Gründen (*Herschel* ZfA 1973, 185; zur Gesetzgebungsgeschichte vgl auch Wiedemann/*Oetker* Geschichte Rn 19 ff) wurde bewusst auf Definitionen sowie die Regelung bestimmter Fragen im TVG verzichtet. Es fehlen etwa: Definition des TV, Ausführungen zum schuldrechtlichen Teil eines TV, Anforderungen an die Tariffähigkeit, Tarifzuständigkeit. Das Verhältnis zur Betriebsverfassung wurde nicht angesprochen, weil zum Zeitpunkt der Ausarbeitung des TVG das BetrVG noch nicht existierte. Wenn das Betriebsverfassungsrecht in §§ 1 I, 3 II, 4 I dennoch Erwähnung findet, ging es in 1. Linie darum, die Möglichkeit der Schaffung einer betrieblichen Vertretung durch TV im Gesetz zu verankern (*Herschel* ZfA 1973, 185, 187). 2015 wurde das TVG durch das sog Gesetz zur Stärkung der Tarifautonomie und das Tarifeinheitsgesetz in nicht unwesentlichen Punkten geändert (§§ 4a, 5, 8, 13), die als ausgesprochen problematischen gemeinsamen Kern haben, das Modell einer beiderseits durch Mitgliedschaft legitimierten Tarifautonomie zurückzudrängen (s Kommentierungen bei § 4a, 5, 8 u 13).

C. Tatsächliche Grundlagen des TV-Rechts. I. Struktur der Koalitionen. Die Struktur der Koalitionen hat unmittelbare Auswirkungen auf die TV-Landschaft. Aus historischen Gründen dominieren die im Deutschen Gewerkschaftsbund zusammengeschlossenen Gewerkschaften (IG Bauen-Agrar-Umwelt; IG Bergbau, Chemie, Energie; Gewerkschaft Erziehung und Wissenschaft; IG Metall; Gewerkschaft Nahrung-Genuss-Gaststätten; Gewerkschaft der Polizei; EVG – Eisenbahn- und Verkehrsgewerkschaft (früher TRANSNET); ver.di – Vereinte Dienstleistungsgewerkschaft). Sie sind im Kern nach dem Industrieverbandsprinzip organisiert. Diesem Organisationsmodell folgen iW auch die Gewerkschaften des CGB (CGM – Christliche Gewerkschaft Metall; ADM – AN-Verband dt Milchkontroll- und Tierzuchtbediensteter; Union Ganymed – Bund der Hotel-, Restaurant- und Caféangestellten; CGDE – Christliche Gewerkschaft deutscher Eisenbahner; KFG – Kraftfahrergewerkschaft; GÖD – Gewerkschaft Öffentl Dienst und Dienstleistungen; CGPT – Christliche Gewerkschaft Postservice und Telekommunikation; VkdL – Verein katholischer dt Lehrerinnen; CGBCE – Christliche Gewerkschaft Bergbau, Chemie, Energie; GKH – Gewerkschaft für Kunststoffgewerbe und Holzverarbeitung im CGB; BIGD – Beschäftigtenverband Industrie, Gewerbe, Dienstleistung; medsonet – Gesundheitsgewerkschaft; DHV – Die Berufsgewerkschaft eV im CGB; GdFin – Gewerkschaft der Finanzverwaltung; vgl *Schmidt* Die Tariffähigkeit christlicher Gewerkschaften, 2014, S 54 ff). Zur Tariffähigkeit § 2 Rdn 8. Die AG-Seite ist in Bundesfachverbänden sowie in fachübergreifenden Landesvereinigungen organisiert (Angaben der BDA unter www.bda-online.de). Handelt eine nach dem Industrieverbandsprinzip organisierte Gewerkschaft mit einem Bundes- oder einem regionalen Fachverband der AG-Seite einen TV aus, ist dieser ein Verbands- oder Flächen-TV (Däubler/*Reim/Nebe* § 1 Rn 68).

Schon lange existieren einzelne Gewerkschaften, die bestimmte Berufsgruppen repräsentieren (zB die GDL – Gewerkschaft Deutscher Lokomotivführer, 1867 gegründet als VDL – Verein Deutscher Lokomotivführer, 1919 umgewandelt in die Gewerkschaft Deutscher Lokomotivführer, nach Auflösung 1937 wieder gegründet 1946; der Verband der Eisenbahner, gegründet 1896, 1948 Wiedergründung als GdED – Gewerkschaft der Eisenbahner Deutschlands, dann TRANSNET, seit 30.11.2010 EVG – Eisenbahn- und Verkehrsgewerkschaft; der Verband Deutscher Postassistenten von 1890, neu gegründet 1949 als DPG – Deutsche Postgewerkschaft, heute aufgegangen in ver.di). In jüngerer Zeit sind für bestimmte spezialisierte Berufe weitere Gewerkschaften dieses Organisationstyps hinzugekommen bzw im Tarifgeschäft eigenständig tätig geworden (etwa Cockpit als Berufsverband der Verkehrsflugzeugführer und Flugingenieure in Deutschland; Marburger Bund als Interessenvertretung aller angestellten und beamteten Ärztinnen und Ärzte in Deutschland; UFO – Unabhängige Flugbegleiter Organisation als Vertretung des fliegenden Kabinenpersonals; VAA – Verband angestellter Akademiker und leitender Angestellter der chemischen Industrie eV). Das Auftreten dieser Gewerkschaften hat die TV-Landschaft in den betroffenen Bereichen aus tatsächlicher Sicht wegen zT sehr hoher Lohnerhöhungen erheblich verändert (s bspw den Vergütungs-TV zwischen der Vereinigung Cockpit und der Lufthansa vom 8.6.2001 [nochmals modifiziert am 6.12.2001]: 26 % feste Gehaltssteigerung für Piloten, variable Vergütung über die gesamte Laufzeit von 39 Monaten von 33,2 % [vgl Pressemitteilung der Vereinigung Cockpit unter http://www.boeckler.de/pdf/p_ta_hjb_2001.pdf]). Auch wenn zu erwarten ist, dass sich die Tarifforderungen der Berufsverbände langfristig nicht in diesem Maße von denen der Industrieverbände unterscheiden werden, wirft ihr Auftreten Rechtsfragen des Tarif- und Arbeitskampfrechts auf, s § 1 Rdn 79–82, Anhang TVG Arbeitskampfrecht Rdn 26 ff, die durch § 4a teilweise eine neue Richtung genommen haben.

II. Erscheinungsformen und tatsächliche Bedeutung von TV. Bei den Erscheinungsformen von TV ist nach den Parteien und dem Gegenstand eines TV zu differenzieren. Eine Gewerkschaft oder mehrere auf der einen und ein AG-Verband oder mehrere auf der anderen Seite schließen einen Verbands-TV (HWK/*Henssler* § 1 Rn 5, 9). Parteien eines Haus-TV sind eine oder mehrere Gewerkschaften auf der einen und ein einzelner AG auf der anderen Seite (MünchArbR/*Rieble/Klumpp* § 165 Rn 2, 4). Möglich sind auch firmenbezogene Verbands-TV, die von einem AG-Verband abgeschlossen werden, deren Geltungsbereich jedoch auf ein bestimmtes Unternehmen, einen Konzern oder einen Betrieb beschränkt wird.

Grundlagen TVG

8   TV regeln die meisten mit einem Arbeitsverhältnis zusammenhängenden Fragen (ErfK/*Franzen* § 1 Rn 38, 40). In der Praxis werden jedoch nicht alle Arbeitsbedingungen in einem einzigen TV ausgehandelt. Je nach Gegenstand des TV handelt es sich um: Entgelt-TV, Mantel-TV, Entgeltrahmen-TV, Urlaubs-TV sowie TV über andere Einzelfragen (Däubler/*Reim*/*Nebe* § 1 Rn 83 ff). Unterschieden wird auch zwischen dem 1. TV und Anschluss-, Änderungs- und Aufhebungs-TV. Je nach Anzahl der TV-Parteien auf einer Seite des TV handelt es sich um ein- oder mehrgliedrige TV (zu Letzteren Wiedemann/*Thüsing* § 1 Rn 209 ff).

9   Die tatsächliche Bedeutung von TV (insgesamt ca 70.000 TV, Quelle: www.bmas.bund.de – Stand 1.7.2015) beschränkt sich nicht lediglich auf die unmittelbar Tarifgebundenen (s dazu § 3 Rdn 38–53). Über Bezugnahmeklauseln gewinnen TV auch Bedeutung für Arbeitsverhältnisse nicht tarifgebundener Arbeitsvertragsparteien. Zu Bezugnahmeklauseln s § 3 Rdn 39–53; zu Differenzierungsklauseln s § 1 Rdn 52.

10 **D. Funktionen des TV.** Die wichtigste Funktion eines TV ist die Schutzfunktion zugunsten der AN (BVerfG 26.6.1991, 1 BvR 779/85, AP GG Art 9 Arbeitskampf Nr 117), die darin besteht, dass die Gewerkschaften Mindestarbeitsbedingungen mit ihrer kollektiven Macht aushandeln (HWK/*Henssler* Einl Rn 9). Ferner kommen dem TV eine Vereinfachungsfunktion (Aushandeln eines TV anstelle der Regelung in sämtlichen Arbeitsverhältnissen) sowie eine Friedensfunktion (Institutionalisierung von Arbeitskonflikten, HWK/*Henssler* Einl Rn 10) zu; Letztere wird durch Zulassen von Unterstützungsarbeitskämpfen (Anhang TVG Arbeitskampfrecht Rdn 15) untergraben. In ökonomischer Hinsicht hat der TV Kartellwirkung (s Rdn 18). Zur Verteilungsfunktion: Wiedemann/*Wiedemann* Einl Rn 7 ff. Umstr, praktisch aber ohne unmittelbare Bedeutung ist eine mögliche Ordnungsfunktion des TV (Ordnung des Arbeitsmarkts; dafür: BAG 9.6.1982, 4 AZR 274/81, EzA § 1 TVG Nr 14; Wiedemann/*Wiedemann* Einl Rn 13 ff; dagegen: Löwisch/Rieble Grundlagen Rn 36 ff). Bedeutsam ist auch die Befriedungsfunktion eines TV-Abschlusses (§ 1 Rdn 72 f).

11 **E. Der TV in der arbeitsrechtlichen Rechtsquellenhierarchie. I. Europarecht.** Unmittelbar anwendbares **Europarecht** geht dem TV vor. Praktisch relevant sind vor allem die AN-Freizügigkeit gem den Art 45 ff AEUV sowie der VO 492/2011, die ein Diskriminierungsverbot wegen der Staatsangehörigkeit statuieren (Art 7 IV), und das Entgeltgleichheitsgebot des Art 157 AEUV. Entgegen der wohl überwiegenden Auffassung (ErfK/*Franzen* § 1 Rn 9) ist darüber hinaus allg von einer unmittelbaren Bindung des TV an unmittelbar wirkende RL auszugehen, soweit der TV Normen setzt. Zur Rechtsfolge § 1 Rdn 42–45. Unmittelbar wirkende RL sind jedoch die Ausnahme (s Vorb zu Art 45, 157, 267 AEUV Rdn 16). Praktisch bedeutsamster Fall dürfte auf absehbare Zeit das Verbot der Altersdiskriminierung der RL 2000/78/EG sein. Der EuGH hat die rechtliche Grundlage dieses Verbots nicht in der RL, sondern in einem »allg Prinzip« gesehen (EuGH 22.11.2005, Rs C-144/04, Slg 2005, I-9981 – Mangold; EuGH 19.1.2010, Rs C-555/07, Slg 2010, I-365 – Kücükdeveci; *Krebber* Comparative Labor Law & Policy Journal 2006, 377); damit ist das Verbot unabhängig von den üblichen Grenzen der unmittelbaren Wirkung von RL stets unmittelbar anwendbar und geht einem TV vor (s Vorb zu Art 45, 157, 267 AEUV Rdn 11). Wegen der staatlichen Mitwirkung (§ 5 TVG Rdn 22–28, § 7 AEntG) sind auch für allgemeinverbindlich erklärte TV unmittelbar an RL zu messen. Eine unmittelbare Bindung eines TV an eine RL kann sich ferner aus Art 153 III, 155 II 1 AEUV ergeben.

12 **II. Grundrechte.** Problematisch ist die Bindung an Grundrechte. Umstr ist schon die rechtliche Konstruktion (unmittelbare Bindung, mittelbare Bindung, verfassungsrechtliche Schutzpflichten, s Jacobs/Krause/Oetker/Schubert/*Krause* § 1 Rn 37 ff; *Löwisch/Rieble* § 1 Rn 581 ff), die im konkreten Fall jedoch weniger entscheidend ist als die Antwort auf die Frage nach der inhaltlichen Tragweite eines konkreten Grundrechts. Vorzuziehen ist daher die Auffassung, die von vornherein auf der Grundlage des jeweils betroffenen GR argumentiert (hierzu insb *Schlachter* JbArbR Bd 40, 51 ff). S iÜ Art 1 GG Rdn 29–38; Art 2 GG Rdn 13; Art 3 GG Rdn 14–43; Art 4 GG Rdn 15–28; Art 6 GG Rdn 6, 18- 20; Art 9 GG Rdn 9.

13 **III. Übriges Gesetzesrecht.** Die Frage nach dem Verhältnis zum übrigen Gesetzesrecht stellt sich in der Praxis selten (Wiedemann/*Wiedemann* Einl Rn 355 ff). Typischerweise sind Gesetze nämlich nur einseitig zwingend; von ihnen kann also auch durch TV zugunsten des AN abgewichen werden.

14 Die Möglichkeit der Abweichung durch TV auch zulasten des AN kann ausdrücklich im Gesetz vorgesehen sein: § 622 IV BGB, § 13 BUrlG, § 4 IVm § 12 EFZG, § 17 III BetrAVG, §§ 12 III, 13 IV, 14 II 3, 4 iVm § 22 TzBfG, § 7 ArbZG, § 3 I Nr 3 S 2 AÜG. In diesen Fällen geht der Gesetzgeber aufgrund der Tarifmacht der Gewerkschaften davon aus, dass entspr Abweichungen mit dem durch die gesetzlichen Regelungen verfolgten AN-Schutz noch vereinbar sind (Wiedemann/*Wiedemann* Einl Rn 378 ff; *Löwisch/*

Rieble § 1 Rn 935 ff). Daher ist es nicht unproblematisch, wenn entspr TV von Gewerkschaften abgeschlossen werden, die nicht über die erforderliche Tarifmacht verfügen (näher § 2 Rdn 8, 13).

Der Gesetzgeber kann TV-Parteien auch die Möglichkeit einräumen, gesetzliche Voraussetzungen mit der Folge zu konkretisieren, dass die Konkretisierung nur noch einer eingeschränkten gerichtlichen Kontrolle unterliegt (§ 1 IV KSchG). 15

Konflikte mit einfachgesetzlichem Recht finden sich daher vor allem in dem Bereich des Organisationsrechts (s aber § 3 BetrVG Rdn 9). Zweiseitig zwingend sind: §§ 2–6 WissZeitVG, § 1 I 2 WissZeitVG; § 113 InsO. Besteht ein Konflikt, ist in einem 1. Schritt allerdings zu klären, inwieweit das infrage stehende Gesetz gegen Art 9 III GG verstößt (s Art 9 GG Rdn 5). Zur Rechtsfolge s § 1 Rdn 42–45. 16

IV. BV, Arbeitsvertrag, Weisungsrecht. TV gehen BV (§§ 87 I 1, 77 III BetrVG, §§ 75 III, V, 76 II BPersVG), arbeitsvertraglichen Regelungen sowie dem Weisungsrecht des AG grds vor (§ 4: »unmittelbar und zwingend«). Anders stellt es sich insb dar, wenn die letztgenannten Regelungen für den AN günstiger sind als der TV (§ 4 Rdn 17; zur bes Rechtslage beim Verhältnis zum BetrVG s § 4 Rdn 18). Zur Bedeutung von § 112 I 4 BetrVG s §§ 112–112a BetrVG Rdn 10 und hier § 1 Rdn 65. 17

F. Das dt TV-System in der Kritik. Ein Flächen-TV hat **Kartellwirkung**: Ein Wettbewerb der Arbeitsbedingungen zwischen Konkurrenten, die demselben Flächen-TV unterfallen, kann nur noch im übertariflichen Bereich erfolgen. Diese früher überwiegend positiv gewertete Kartellwirkung hat das dt TV-System seit den 1990er Jahren scharfer Kritik ausgesetzt (*Möschel* WuW 1995, 704; *Buchner* ZfA 2004, 229; *Konzen* NZA 1995, 913; *Hromadka* NZA 1998, 1, 5), weil die Kartellwirkung an der Grenze endet, gleichzeitig aber infolge der Entwicklung des Europa- und Welthandelsrechts zum einen eine Verlagerung ins Ausland immer risikoärmer wird und zum anderen kostengünstiger produzierende ausländische Konkurrenz leichter Marktzugang findet (*Krebber* EuZA 2008, 141, 142). Flächen-TV orientieren sich zudem inhaltlich nicht selten an den Möglichkeiten der den Verband auf AG-Seite beherrschenden wohlhabenderen Unternehmen und setzen damit »Mindestbedingungen«, die für kleinere Verbandsmitglieder nicht tragbar sind; bes problematisch ist dies dort, wo kleinere und die größeren Unternehmen in einem Zulieferverhältnis stehen und die Hersteller die Kosten des Tarifabschlusses anschließend nicht als höhere Preise an den Markt, sondern über niedrigere Zukaufspreise an die ebenfalls vom Tarifabschluss betroffenen Zulieferer weitergeben. 18

Inzwischen besteht wohl weitgehend Einigkeit, dass flexible Lösungen erforderlich sind (*Huber/Burkhard/Klebe* WSI-Mitt 2005, 656; *Bischoff* WSI Magazin Mitbestimmung 09/2006 Interview »Das sichert Jobs«; *Bsirske* Die Welt vom 6.12.2003 [www.welt.de/print-welt/article278318/Verhandlungen_mit_Theaterdonner.html]). Umstr ist, inwieweit der Flächen-TV Hindernis einer Flexibilisierung ist oder ob er umgekehrt über Öffnungsklauseln gerade Grundlage der gewünschten Differenzierungen (*Gaumann/Schafft* NZA 1998, 176; *Bispinck* WSI-Pressemitteilung 55 vom 4.12.2003) sein kann (zum Ganzen: *Dieterich* RdA 2002, 1). Auf Verbandsseite (s bspw *Kannegiesser* in SZ: »Falsches Wundermittel«; *Kunstmann* in Arbeit und Arbeitsrecht: »Für einen modernen Flächentarifvertrag« [abrufbar jeweils unter www.gesamtmetall.de]), teilw aber auch in der Wissenschaft (*Ehmann/Lambrich* NZA 1996, 346), wird diese Auseinandersetzung insoweit nicht ehrlich geführt, als der Eindruck erweckt wird, die BV sei die TV auf Unternehmensebene. Tatsächlich sieht § 2 I hierfür den Haus-TV vor, der jedoch von der AG-Seite wegen der tatsächlichen Macht der Gewerkschaften und der Möglichkeit des Arbeitskampfes als unattraktiv empfunden wird. 19

Rechtliche Bedeutung hat die Auseinandersetzung um den Flächen-TV vor allem für das Verhältnis zwischen BV und TV (Grundlagen Rdn 3). Zudem ist die OT-Mitgliedschaft (§ 3 Rdn 19) eine Frucht dieser Diskussion. Auswirkungen hat sie darüber hinaus auf das Verständnis des Günstigkeitsvergleichs (§ 4 Rdn 20–28). **Praktische** Folge ist die vermehrte Vereinbarung von Öffnungsklauseln (§ 77 BetrVG Rdn 32) sowie am Ertrag des Unternehmens orientierte Leistungssysteme (vgl die Übersicht zu tariflichen Regelungen zur Bezahlung nach Erfolg und Gewinn http://www.boeckler.de/pdf/pm_ta_2007_04_23_tabelle.pdf). 20

§ 1 Inhalt und Form des Tarifvertrags

(1) Der Tarifvertrag regelt die Rechte und Pflichten der Tarifvertragsparteien und enthält Rechtsnormen, die den Inhalt, den Abschluss und die Beendigung von Arbeitsverhältnissen sowie betriebliche und betriebsverfassungsrechtliche Fragen ordnen können.

(2) Tarifverträge bedürfen der Schriftform.

§ 1 TVG Inhalt und Form des Tarifvertrags

Übersicht

		Rdn.			Rdn.
A.	**Begriff des TV**	1	2.	Arbeitsentgelt	48
B.	**Zustandekommen des TV**	3	3.	Arbeitszeit	49
I.	Parteien des TV	3	4.	Ausschlussfristen	50
II.	Verhandlungsanspruch	4	5.	Besetzungsregeln	51
III.	Stellvertretung	5	6.	Differenzierungsklauseln	52
IV.	Willensmängel	8	7.	Effektivklauseln	56
V.	Schriftform	10	8.	Kündigungsschutz	58
C.	**Der nicht wirksam zustande gekommene TV**	14	9.	Leistungsstörungen	59
			10.	Kurzarbeit/Mehrarbeit	60
D.	**Beendigung des TV**	17	11.	Leistungsbestimmungsklauseln	62
I.	Beendigungsgründe	17	12.	Maßregelungsverbote	63
II.	Ordentliche Kdg	19	13.	Standortsicherungsklauseln	64
III.	Außerordentliche Kdg	20	14.	Tarifsozialplan	65
IV.	Wegfall der Geschäftsgrundlage	23	15.	Vergütungsgruppen	66
V.	Teilkündigung	24	16.	Gewerkschaftliche Vertrauensleute	67
VI.	Wirkung der Beendigung	25	F.	**Der schuldrechtliche Teil des TV**	68
E.	**Tarifnormen**	26	I.	Allgemeines	68
I.	Definition und Abgrenzung vom schuldrechtlichen Teil	26	II.	Rechte und Pflichten der Parteien	69
			III.	Einzelne Pflichten	72
II.	Normenarten	30	1.	Friedenspflicht	72
III.	Rechtsfolgen der Unwirksamkeit einer Tarifnorm	42	2.	Durchführungspflicht	78
IV.	Einzelne Tarifnormen (allgemein zu den einzelnen Normenarten oben Rdn 30–41)	46	3.	Schuldrechtliche Absprachen zum Verhandlungsverhalten konkurrierender Gewerkschaften	79
	1. Altersgrenzen	46	4.	Weitere Pflichten	83
			G.	**Auslegung des TV**	84

1 **A. Begriff des TV.** Der TV ist ein schriftlicher Vertrag zwischen einer Gewerkschaft und einem einzelnen AG bzw einer AG-Vereinigung. Das Bes an ihm ist, dass die Vertragsparteien mit dem TV Rechte und Pflichten nicht (nur) zwischen ihnen selbst, sondern in 1. Linie für andere Rechtsverhältnisse regeln (ErfK/ *Franzen* § 1 Rn 19): Rechtsnormen iSv § 1 I, die Inhalt, Abschluss und Beendigung von Arbeitsverhältnissen sowie betriebliche und betriebsverfassungsrechtliche Fragen betreffen. Diese Regelungen heißen Rechtsnormen, weil sie nach § 4 I und II wie ein Gesetz unmittelbar für die erfassten Rechtsverhältnisse gelten. Wie die Befugnis zum Setzen von Normen durch die TV-Parteien dogmatisch erklärt werden kann (rechtsgeschäftliches Handeln; mandatorische Theorie; staatliche Delegation; zum Streit: HWK/*Henssler* § 1 Rn 3), ist umstr, hat indes für die Anwendung des TVG kaum praktische Bedeutung.

2 Soweit der TV Grundlage von Rechten und Pflichten der Vertragsparteien ist, wird demggü vom schuldrechtlichen Teil des TV gesprochen. Trotz dieser **Doppelnatur** bleibt der TV ein privatrechtlicher Vertrag (Wiedemann/*Thüsing* § 1 Rn 13; Däubler/*Reim/Nebe* § 1 Rn 37). Verträge mit nur schuldrechtlichen Wirkungen zwischen den TV-Parteien sind möglich – sog Koalitionsverträge, sonstige Kollektivverträge, Sozialpartnervereinbarungen (BAG 5.11.1997, 4 AZR 872/95, EzA § 1 TVG Nr 41); § 1 ist dann nicht einzuhalten (Däubler/*Däubler* Einl Rn 876). Vereinbarungen zwischen den Parteien einer Seite über das Verhalten in Tarifverhandlungen, wie sie insb zum Zwecke der Koordinierung zwischen Industrie- und Berufsverbänden vorkommen können, stellen keinen TV dar. Anders stellt es sich dar, wenn eine solche Vereinbarung unter Beteiligung der AG-Seite erfolgt (s.a. Rdn 81).

3 **B. Zustandekommen des TV. I. Parteien des TV.** Dies können nach § 2 I, III Gewerkschaften, einzelne AG, Vereinigungen von AG und die Spitzenorganisationen der Verbände sein (zu Letzteren näher § 2 Rdn 19, § 12). Der Vertragsschluss unterliegt den Regeln der **Rechtsgeschäftslehre** (ErfK/*Franzen* § 1 Rn 23). Die typischerweise komplexen Verhandlungen werden indes nicht nach dem Schema des § 150 II BGB geführt; vielmehr wird zunächst ein Vertragstext ausgehandelt, der anschließend von beiden Parteien angenommen wird (ErfK/*Franzen* § 1 Rn 23). Zur Praxis und weiteren Einzelheiten der Tarifverhandlungen: *Löwisch/Rieble* § 1 Rn 1303 ff; Däubler/*Reim/Nebe* § 1 Rn 118 ff; *Höpfner* Die Tarifgeltung im Arbeitsverhältnis, 2015, S 267 ff.

4 **II. Verhandlungsanspruch.** Dieser kann im TV vereinbart sein (ErfK/*Franzen* § 1 Rn 24). Zudem bejaht die Rspr iR bestehender TV auch ohne ausdrückliche Vereinbarung (Bsp bei Wiedemann/*Thüsing* § 1 Rn 216 Fn 79) mannigfaltige Verhandlungspflichten (BAG 31.1.1995, 1 AZR 142/94, EzA Art 9 GG

Arbeitskampf Nr 119: Vereinbarung von arbeitskampfbedingten Notdienstarbeiten; 18.12.1996, 4 AZR 129/96, EzA § 1 TVG Fristlose Kündigung Nr 2: vor Ausspruch der außerordentlichen Kdg; s zum Ganzen auch Wiedemann/*Thüsing* § 1 Rn 218 ff). Ein allg Verhandlungsanspruch hingegen ist mit der Rspr abzulehnen (BAG 14.7.1981, 1 AZR 159/78, EzA Art 9 GG Nr 33; bestätigt in BAG 14.2.1989, 1 AZR 142/88, EzA Art 9 GG Nr 44; zur Gegenauffassung: Wiedemann/*Thüsing* § 1 Rn 218 ff). Schon das Durchführen von Verhandlungen muss demnach ggf durch Arbeitskampf durchgesetzt werden. Ein Anspruch auf Vertragsschluss kann sich allenfalls aus einem Vorvertrag oder einer sonstigen schuldrechtlichen Vereinbarung zwischen den TV-Parteien ergeben (MünchArbR/*Rieble/Klumpp* § 165 Rn 12). Zu einem etwaigen Anspruch auf Nachverhandlung: Rdn 21. Zum Anhörungsanspruch nach § 4a V 2: § 4a Rdn 42.

III. Stellvertretung. Die Möglichkeiten einer Stellvertretung richten sich grds nach den allg Regeln der §§ 164 ff BGB (BAG 24.11.1993, 4 AZR 407/92, EzA § 4 TVG Einzelhandel Nr 23); aus der Urkunde muss sich das Handeln als Vertreter zweifelsfrei ergeben (BAG 12.2.1997, 4 AZR 419/95, EzA § 2 TVG Nr 21 zur Vertretung durch einen Spitzenverband). Die Vollmacht kann formlos erteilt werden, § 167 II BGB. Die typischerweise als nicht rechtsfähige Vereine organisierten Gewerkschaften werden ohne Weiteres nach den Regeln über rechtsfähige Vereine, § 26 BGB, behandelt (HWK/*Henssler* § 1 Rn 6). Wer zur Vertretung befugt ist, ergibt sich entweder aus dem Gesetz (§ 26 II 1 BGB) oder aus der Satzung. Zur Duldungsvollmacht BAG 29.6.2004, 1 AZR 143/03, AP TVG § 1 Nr 46; 12.12.2007, 4 AZR 996/06, NZA 2008, 892. Zu den Anforderungen an die Offenkundigkeit bei Vertretung auf AG-Seite innerhalb eines Konzerns BAG 18.11.2009, 4 AZR 491/08, NJW 2010, 888. Die Frage der Tarifzuständigkeit wird nach herrschender Auffassung nicht nach Stellvertretungsrecht beurteilt (§ 2 Rdn 9; zur Kritik § 2 Rdn 9).

Beschränkungen der Vertretungsmacht schlagen den allg Regeln folgend nur dann auf das Außenverhältnis 6 durch, wenn die andere Partei sie kannte oder hätte kennen müssen (Palandt/*Ellenberger* § 164 Rn 14). Für die Verbände ergibt sich jedoch aus § 26 II 2 BGB, dass eine Beschränkung durch die Satzung stets Wirkung gegen Dritte hat.

Problematisch ist, ob die Vollmacht in der Satzung dergestalt beschränkt werden kann, dass einer Partei 7 bestimmte Verhandlungsergebnisse von vornherein untersagt werden (Bsp: Keine Laufzeit über 2 Jahre; keine Arbeitszeiterhöhung bzw -verkürzung; keine Lohnerhöhung unter/über 3 %). Die Zulässigkeit solcher Beschränkungen wird mit Verweis auf die grds unbeschränkte Tariffähigkeit nach § 2 abgelehnt (*Löwisch/Rieble* § 1 Rn 1314; HWK/*Henssler* § 1 Rn 6; anders, aber ohne ausdrücklichen Bezug auf eine Beschränkung in der Satzung Däubler/*Reim/Nebe* § 1 Rn 139). Entscheidend ist indes, ob die rechtliche Konstruktion einer solchen Vollmachtsbeschränkung zu Unterschieden im Vergleich zu der Situation führt, in der ein Stellvertreter trotz Deckung durch die Vollmacht einen entspr Abschluss aus inhaltlichen Überlegungen verweigert. Dies ist bei Verbänden der Fall: Eine derartige Beschränkung der Vollmacht wäre nur durch Änderung der Satzung durch die Verbandsmitglieder herbeizuführen. Gegen die Verbandsmitglieder aber würde sich ein etwaiger Arbeitskampf nicht unmittelbar richten. Der einzelne AG als TV-Partei, der die Vollmacht seiner verhandelnden Vertreter entspr einschränkt, wäre hingegen unmittelbarer Gegner in einem Arbeitskampf, sodass im Ergebnis kein Unterschied darin zu sehen ist, ob er den Abschluss eines TV verweigert oder ob er seinen Willen bereits durch Ausgestaltung der Vertretungsmacht festlegt. Von einer Beschränkung der Vollmacht in der Satzung zu unterscheiden sind konkrete Weisungen an die Verhandlungsführer ähnlichen Inhalts (*Löwisch/Rieble* § 1 Rn 1325).

IV. Willensmängel. Ein TV kommt regelmäßig vor dem Hintergrund der Drohung mit einem Arbeits- 8 kampf zustande. Hierbei handelt es sich jedoch nicht um eine widerrechtliche Drohung iSd § 123 I BGB, solange der Arbeitskampf rechtmäßig ist (s Anhang TVG Arbeitskampfrecht Rdn 9–26).

Ob aus Willensmängeln iSv §§ 119 ff BGB (in der Praxis vorstellbar sind insb mit Betriebsbesetzungen 9 oder -blockaden verbundene Streiks, die TV erzwingen – rechtswidrige Drohung iSv § 123 BGB, *Löwisch/Rieble* § 1 Rn 1345) ein Anfechtungsrecht folgt, ist umstr (dagegen: Kempen/Zachert/*Stein* § 4 Rn 193; dafür: *Löwisch/Rieble* § 1 Rn 1339; offen lassend BAG 19.10.1976, 1 AZR 611/75, EzA § 1 TVG Nr 7). Es wäre indes inkonsequent, den Willen der Parteien für den Abschluss des TV für maßgeblich zu halten, ohne dann nicht auch Willensmängel im Grundsatz zu berücksichtigen. Wegen der Besonderheiten des TV kommt eine Auflösung im schuldrechtlichen sowie im normativen Teil indes nur für die Zukunft in Betracht (HWK/*Henssler* § 1 Rn 20; *Gamillscheg* S 773). Ob dieses Lösungsrecht für die Zukunft bei Willensmängeln als Anfechtungs- oder außerordentliches Kündigungsrecht (die Gegner der Anfechtbarkeit räumen in bestimmten Fällen ein Recht zur außerordentlichen Kdg ein, vgl Däubler/*Deinert* § 4 Rn 142) bezeichnet wird, hat keine praktische Bedeutung. Wegen der von Art 9 III GG den TV-Parteien übertragenen Aufgaben besteht für einen Schadensersatzanspruch nach § 122 BGB kein Raum.

10 **V. Schriftform.** Nach § 1 II bedarf der TV der Schriftform. Vom Schriftformerfordernis werden unstr die Vereinbarung eines TV und der Änderungs-TV (BAG 21.3.1973, 4 AZR 225/72, AP TVG § 4 Geltungsbereich Nr 12) erfasst. Umstr ist die Geltung der Schriftform für den Aufhebungs-TV. Die Rspr nimmt Formfreiheit an, da das Schriftformerfordernis der Klarstellung des Vertragsinhalts diene, hingegen keine Warnfunktion habe (BAG 9.7.1980, 4 AZR 564/78, EzA § 1 TVG Nr 13; 10.11.1982, 4 AZR 1203/79, EzA § 1 TVG Nr 16), und das Erfordernis von Normenklarheit bei einer Aufhebung nicht bestehe (BAG 8.9.1976, 4 AZR 359/75, EzA § 2 TVG Nr 11). Teilw wird im Schrifttum auch der Aufhebungsvertrag dem Schriftformerfordernis unterworfen (*Löwisch/Rieble* § 1 Rn 1442; *Stoffels* FS v Hoyningen-Huene, 2014, 477): Der Aufhebungs-TV sei als actus contrarius auch TV. Darüber hinaus ist bei der Aufhebung aber auch Klarstellung erforderlich, weil sie die Normgeltung vorzeitig beendet. Der die Beachtung der Schriftform auch beim Aufhebungsvertrag fordernden Ansicht ist des Weiteren auch deshalb zu folgen, weil der Wortlaut von § 1 II nicht nach der Art des TV differenziert. Zum Streit um die Anwendung des Schriftformerfordernisses auf Anfechtung und Kdg s *Löwisch/Rieble* § 1 Rn 1443 mwN.

11 Bei schriftlichen statischen und dynamischen Verweisungen auf andere TV oder Gesetze ist dem Schriftformerfordernis Genüge getan, wenn die Regelwerke in der schriftlich abgefassten Verweisung präzise genug bezeichnet sind, um Irrtümer über Art und Ausmaß des Verweises auszuschließen (BAG 10.11.1982, 4 AZR 1203/79, EzA § 1 TVG Nr 16; 9.7.1980, 4 AZR 564/78, EzA § 1 TVG Nr 13).

12 Die Anforderungen an die Schriftform ergeben sich aus § 126 BGB. Da die elektronische Form in § 1 II nicht ausgeschlossen ist, genügt auch ein § 126a BGB entspr TV dem Formerfordernis. Ein nicht in Schriftform vereinbarter TV ist nach § 125 S 1 BGB nichtig.

13 Die §§ 6–8 stellen keine die Wirksamkeit eines TV berührenden Formerfordernisse auf (hins § 6: HWK/*Henssler* § 6 Rn 7; hins § 7: ErfK/*Franzen* § 7 Rn 4; hins § 8: LAG Düsseldorf 18.3.1955, Sa 162/54, DB 1955, 511).

14 **C. Der nicht wirksam zustande gekommene TV.** Gründe dafür, dass ein TV nicht wirksam zustande kommt, können insb Mängel in der Willensbildung (Rdn 8–9) sowie bei der Einigung (§§ 154 f BGB), ferner fehlende Tariffähigkeit (§ 2 Rdn 4) und fehlende Tarifzuständigkeit (§ 2 Rdn 9) sein.

15 Diese Mängel führen dazu, dass der TV nichtig ist (Däubler/*ReimNebe* § 1 Rn 184; teilw abw BAG 30.5.1984, 4 AZR 512/81, EzA § 9 TVG Nr 3; 24.2.1988, 4 AZR 614/87, AP TVG § 1 Tarifverträge: Schuhindustrie Nr 2). Nichtigkeit tritt jedoch stets nur mit Wirkung für die Zukunft ein, auch bei zulässigen Abweichungen von einer gesetzlichen Regelung zulasten des AN (Grundlagen TVG Rdn 14) durch TV. Nach allg Meinung gilt diese Einschränkung für den normativen Teil (*Löwisch/Rieble* § 1 Rn 1340). Jedoch muss sie auch für den schuldrechtlichen Teil des TV gelten, weil sich auch schuldrechtliche Pflichten aus dem TV nicht mit der Vorstellung einer rückwirkenden Unwirksamkeit vertragen (sog Lehre vom fehlerhaften TV, *Henssler/Höpfner/Orlowski* Der CGZP-Beschluss des Bundesarbeitsgerichts und seine tarifrechtlichen Folgen, S 42 ff; dagegen *Wendeling-Schröder* Kritik der Lehre vom fehlerhaften Tarifvertrag, S 22 ff; s auch Nachweis in Rdn 16). Vom unwirksamen TV ist die Unwirksamkeit einzelner Klauseln zu unterscheiden (Rdn 42–45).

16 Teilweise wird davon ausgegangen, dass das Fehlen der Tariffähigkeit der als Spitzenverband zu qualifizierenden Tarifgemeinschaft Christlicher Gewerkschaften für Zeitarbeit und Personal-Service-Agenturen (§ 2 Rdn 8) auch für in der Vergangenheit liegende Zeiten den Anspruch der Leiharbeitnehmer gegen den Verleiher gemäß §§ 10 I, 9 AÜG sowie gegen den Entleiher aus dem fingierten Arbeitsverhältnis und § 10 I AÜG auf Gewährung der im Betrieb des Entleihers für vergleichbare AN geltenden wesentlichen Arbeitsbedingungen einschließlich des Arbeitsentgelts auslöst (Schüren/*Schüren* § 10 Rn 240; *Schlegel* NZA 2011, 380; *Reiserer* DB 2011, 764). Die allg angenommene Unwirksamkeit des normativen Teils eines TV nur für die Zukunft umfasst allerdings auch dessen Ausschlussfristen (aA Schüren/*Schüren* § 10 Rn 254). Ganz allg rechtfertigt die auch bei §§ 10 I, 9 AÜG vorliegende Konstruktion, dass von einem gesetzlichen Schutzstandard durch TV nach unten abgewichen werden darf, nicht die Aufgabe des Prinzips einer Unwirksamkeit nur ex nunc. Der hinter der Ablehnung einer Rückwirkung stehende Vertrauensschutz schützt auch etwaige vom TV betroffene Dritte wie den Verleiher. Die genannten Ansprüche bestehen daher nur für die Zukunft (ErfK/*Franzen* § 2 Rn 5; *Giesen* Arbeits- und beitragsrechtliche Folgen der CGZP-Entscheidung des Bundesarbeitsgerichts, 2011, S 47 ff; *Henssler/Höpfner/Orlowski* Der CGZP-Beschluss des Bundesarbeitsgerichts und seine tarifrechtlichen Folgen, S 26 ff; *Friemel* NZS 2011, 851; *Lembke* NZA 2011, 1062, 1067; *Lützeler* DB 2011, 1636; s.a. *Löwisch* SAE 2011, 61, 66 f); anders *Stein* FS Kempen, 2013, 88). Nach der jüngsten Entscheidungsserie BAG 13.3.2013, 5 AZR 954/11, EzA § 10 AÜG Nr 16; 5 AZR 146/12, EzA § 10 AÜG Nr 17; 5 AZR 242/12, USK 2013-119; 5 AZR 294/12, EzA § 10 AÜG Nr 19 und 5 AZR 424/12, EzA § 10 AÜG Nr 18 lehnt das BAG einen Vertrauensschutz der

Verleiher ab, unterwirft den Anspruch aus § 10 IV AÜG aber wirksam vereinbarten Ausschlussfristen, deren Verfallsfrist 3 Monate nicht unterschreiten dürfe. Für den Beginn der regelmäßigen Verjährungsfrist von 3 Jahren reiche die Kenntnis des Leiharbeitnehmers von den anspruchsbegründenden Tatsachen; auf seine rechtliche Beurteilung der Tariffähigkeit der CGZP komme es nicht an.

D. Beendigung des TV. I. Beendigungsgründe. Dies sind in 1. Linie die Befristung, die Bedingung, die ordentliche und außerordentliche Kdg, der Wegfall der Tariffähigkeit sowie der Tarifzuständigkeit und der Aufhebungs-TV (BAG 8.9.1976, 4 AZR 359/75, EzA § 2 TVG Nr 11). Der Änderungs-TV beseitigt die Wirkungen des abgelösten TV nur, soweit sie denselben Regelungsgegenstand betreffen (BAG 20.3.2002, 10 AZR 501/01, EzA § 4 TVG Gebäudereinigerhandwerk Nr 4). Nicht zur Beendigung des TV führt die Eröffnung des Insolvenzverfahrens über den AG-Verband (BAG 27.6.2000, 1 ABR 31/99, EzA § 3 TVG Nr 18; aA: ErfK/*Franzen* § 1 Rn 31) oder ein Insolvenzverfahren über den einzelnen AG beim Haus-TV (ErfK/*Franzen* § 1 Rn 31). 17

Zur Form der Kdg sogleich, Rdn 19. Eine Befristung erfordert zu ihrer Wirksamkeit keinen sachlichen Grund. Ist die Bedingung eines TV nicht hinreichend klar erkennbar, ist von einem unbedingten TV auszugehen (ErfK/*Franzen* § 1 Rn 30). 18

II. Ordentliche Kdg. Eine ordentliche Kdg hat den im TV festgelegten Bestimmungen über deren Form und Frist zu genügen. Fehlt eine Vereinbarung über die Möglichkeit der ordentlichen Kdg, ist diese dennoch möglich (HWK/*Henssler* § 1 Rn 25). Bei Fehlen einer Vereinbarung zur Frist ist § 77 V BetrVG anzuwenden (*Gamillscheg* S 771; Wiedemann/*Wank* § 4 Rn 24; BAG 10.11.1982, 4 AZR 1203/79, EzA § 1 TVG Nr 16 [»allenfalls und längstens« 3 Monate]; dahin tendierend, ohne sich festzulegen BAG 18.6.1997, 4 AZR 710/95, EzA § 1 TVG Fristlose Kündigung Nr 3). Die TV-Parteien können das Recht zur ordentlichen Kdg ausschließen. Auch bei einem befristeten TV ist dies jedoch nicht zwingend der Fall, sondern hängt von der Vereinbarung im Einzelfall ab (*Oetker* RdA 1995, 82, 92; enger ErfK/*Franzen* § 1 Rn 30). Zur Kdg bei **mehrgliedrigen** TV, bei denen sich für die Kdg die Frage stellt, ob es sich um einen einheitlichen TV, der nur einheitlich kündbar ist, oder um mehrere selbstständige TV handelt, die getrennt gekündigt werden können, BAG 8.11.2006, 4 AZR 590/05, EzA § 5 TVG Nr 14; *Zachert* RdA 2007, 375. 19

III. Außerordentliche Kdg. Auch die Möglichkeit einer außerordentlichen Kdg kann im TV vereinbart sein. Ohne eine solche Vereinbarung kann unter den Voraussetzungen des § 314 I BGB außerordentlich gekündigt werden. Zum vor der Schuldrechtsreform geltenden Recht BAG 18.12.1996, 4 AZR 129/96, EzA § 1 TVG Fristlose Kündigung Nr 2; bekräftigt in BAG 18.6.1997, 4 AZR 710/95, EzA § 1 TVG Fristlose Kündigung Nr 3. Der erforderliche wichtige Grund liegt vor, wenn die Fortsetzung des TV dem Kündigenden nicht zugemutet werden kann (BAG 18.12.1996, 4 AZR 129/96, EzA § 1 TVG Fristlose Kündigung Nr 2). Das ist insb bei schweren Pflichtverletzungen der anderen Vertragsseite der Fall, bspw bei Verstoß gegen die Friedens- (BAG 14.11.1958, 1 AZR 247/57, AP TVG § 1 Friedenspflicht Nr 4) oder Durchführungspflicht (*Löwisch/Rieble* § 1 Rn 1396), sowie bei schuldhafter Verschleppung der Verhandlungen (BAG 14.11.1958, 1 AZR 247/57, AP TVG § 1 Friedenspflicht Nr 4). Grds ist nach § 314 II 1 BGB eine vorherige Abmahnung erforderlich; Ausnahme: § 314 II 2 BGB. 20

Problematisch ist, inwiefern **Gesetzesänderungen** oder **wirtschaftliche Veränderungen** einen wichtigen Grund darstellen können (*Belling* NZA 1996, 906; *Zachert* NZA 1993, 299; *ders* RdA 1996, 140; *Beuthien/ Meik* DB 1993, 1518). Wegen der unklaren Rechtslage ist es ratsam, die Frage im TV zu regeln. Ohne entspr Vereinbarung begründen Gesetzesänderungen und Änderungen der wirtschaftlichen Rahmenbedingungen grds kein Recht zur außerordentlichen Kdg: Den TV-Parteien ist die Möglichkeit einer Änderung der Rahmenbedingungen bekannt, sodass in der tarifvertraglichen Regelung stets auch eine Risikozuweisung an eine Partei liegt (ähnlich Wiedemann/*Wank* § 4 Rn 59). Anders kann es sich nur in Fällen darstellen, in denen die Änderung ganz erheblich über das Ausmaß üblicher Schwankungen hinausgeht (s *Löwisch/Rieble* § 1 Rn 1412; ErfK/*Franzen* § 1 Rn 34). Selbst dann ist aber grds ein Anspruch auf Nachverhandlung ggü einem Recht zur außerordentlichen Kdg vorrangig (BAG 18.12.1996, 4 AZR 129/96, EzA § 1 TVG Fristlose Kündigung Nr 2; bekräftigt in BAG 18.6.1997, 4 AZR 710/95, EzA § 1 TVG Fristlose Kündigung Nr 3; *Oetker* RdA 1995, 82, 95 f). 21

Nach § 314 I 2 BGB ist weitere Voraussetzung einer außerordentlichen Kdg, dass die Fortsetzung des TV bis zur vereinbarten Beendigung oder bis zum Ablauf der Kündigungsfrist für den Kündigenden unter Berücksichtigung aller Umstände des Einzelfalls und unter Abwägung der beiderseitigen Interessen unzumutbar ist (BAG 18.2.1998, 4 AZR 363/96, EzA § 1 TVG Fristlose Kündigung Nr 4). Es ist umstr, ob das Erfordernis der Unzumutbarkeit der Fortgeltung des TV allein beim Kündigenden vorliegen muss oder ob eine Unzumutbarkeit bei den Verbandsmitgliedern ausreicht (für Ersteres: Däubler/*Deinert* TVG 22

§ 4 Rn 135; für Letzteres: *Henssler* ZfA 1994, 487, 491; *Oetker* RdA 1995, 82, 95). Da der Verband selbst wirtschaftlich nicht tätig ist, wirken sich Gesetzesänderungen oder wirtschaftliche Veränderungen unmittelbar nur bei den Verbandsmitgliedern aus (*Oetker* RdA 1995, 82, 95). Konsequenterweise ist daher auf diese abzustellen.

23 **IV. Wegfall der Geschäftsgrundlage.** Für eine selbstständige Bedeutung des Instituts des Wegfalls der Geschäftsgrundlage bleibt neben den Grundsätzen zur außerordentlichen Kdg kein Raum (*Henssler* ZfA 1994, 487, 493 f). Insb lässt sich auf § 313 I BGB nicht das Verlangen einer Anpassung des TV durch Gerichte stützen (*Löwisch/Rieble* § 1 Rn 1405; HWK/*Henssler* § 1 Rn 35). Dem Vorrang der Anpassung ist mit dem Anspruch auf Nachverhandlung (s.o. Rdn 21) Genüge getan.

24 **V. Teilkündigung.** Eine ordentliche oder außerordentliche Teilkündigung ist grds nicht möglich, weil sie das Gesamtgefüge eines TV aus der Balance bringen würde (so auch ErfK/*Franzen* § 1 Rn 32; offen lassend BAG 18.12.1996, 4 AZR 129/96, EzA § 1 TVG Fristlose Kündigung Nr 2; 18.6.1997, 4 AZR 710/95, EzA § 1 TVG Fristlose Kündigung Nr 3).

25 **VI. Wirkung der Beendigung.** Endet ein TV, wirken seine Normen nach, § 4 V (s § 4 Rdn 40–46). Ist ein TV aufgrund einer arbeitsvertraglichen Bezugnahmeklausel anwendbar, ist die Bezugnahmeklausel auch für die Frage maßgeblich, welche Rechtsfolgen bei einer Beendigung dieses TV eintreten (näher § 3 Rdn 39–47).

26 **E. Tarifnormen. I. Definition und Abgrenzung vom schuldrechtlichen Teil.** Aus § 1 I ergibt sich die Doppelnatur des TV (BAG 12.1.1989, 8 AZR 251/88, EzA § 50 BAT Nr 1; Wiedemann/*Thüsing* § 1 Rn 226 ff). Ein TV kann nach § 1 I zum einen Inhalts-, Abschluss-, Beendigungs- sowie betriebliche und betriebsverfassungsrechtliche Rechtsnormen und nach § 4 II Normen zu sog gemeinsamen Einrichtungen der TV-Parteien (Lohnausgleichskassen, Urlaubskassen) enthalten. Der Inhalt des normativen Teils dient damit der Regelung anderer Rechtsverhältnisse: des Arbeitsverhältnisses bei Inhalts-, Abschluss- und Beendigungsnormen, daneben betrieblicher und betriebsverfassungsrechtlicher Fragen und 3. der Ausgestaltung der gemeinsamen Einrichtungen. Die Wirkung der Rechtsnormen ist in § 4 geregelt (s § 4 Rdn 2–29).

27 Der TV ist nach § 1 I zum anderen Grundlage der Rechte und Pflichten der TV-Parteien. Da diese Rechte und Pflichten die Vertragsparteien in ihrem Verhältnis zueinander betreffen, bedarf es insoweit keiner normativen Wirkung. Es reicht das Instrumentarium des Schuldrechts, weswegen dieser Teil als schuldrechtlicher Teil des TV bezeichnet wird (MünchArbR/*Rieble/Klumpp* § 163 Rn 19 ff).

28 Das Nebeneinander eines normativen und eines schuldrechtlichen Teils wirft die komplexe Frage auf, ob die Zuweisung zum schuldrechtlichen oder normativen Teil Entscheidung der TV-Parteien ist und sich je nach Ortung lediglich die Wirkung des Vereinbarten unterscheidet oder ob Inhalt und Natur eines zu regelnden Themas zwingend vorgeben, ob dieses im schuldrechtlichen oder im normativen Teil anzusiedeln ist. Praktisch relevant ist das Problem vor allem in folgenden Situationen: (1) Die Regelung als Rechtsnorm misslingt und es stellt sich die Frage, ob wenigstens eine schuldrechtliche Bindung entstanden ist (BAG 5.11.1997, 4 AZR 872/95, EzA § 1 TVG Nr 41). (2) Eine Norm wäre möglich, ist aber nicht gewollt. (3) Es wird versucht, schuldrechtlich zu regeln, was normativ nicht geregelt werden kann. Von der Austauschbarkeit der Regelung entweder im normativen oder im schuldrechtlichen Teil zu unterscheiden ist die Frage, ob eine den Inhalt des Arbeitsverhältnisses betreffende Frage in demselben TV sowohl als Norm als auch als schuldrechtliche Verpflichtung der TV-Parteien vereinbart werden kann, den Inhalt der Norm zusätzlich in den Einzelarbeitsverhältnissen zu vereinbaren. Dies wegen Verstoßes gegen Ablösungsprinzip und Günstigkeitsprinzip ablehnend BAG 10.12.2002, 1 AZR 96/02, EzA Art 9 GG Arbeitskampf Nr 134; *Stamm* RdA 2006, 39.

29 Das Problem entzieht sich wegen seiner zahlreichen Facetten einer allg Antwort. Misslingt wie in BAG 5.11.1997, 4 AZR 872/95, EzA § 1 TVG Nr 41 eine Ausgestaltung als Rechtsnorm oder ist eine solche zwar möglich, aber von den Parteien nicht gewollt, spricht nichts dagegen, der Klausel über schuldrechtliche Bindung, Durchführungspflicht (s Rdn 78) und § 328 BGB die in diesem Rahmen mögliche Wirkung zu verschaffen. Wird mit der Vereinbarung als schuldrechtliche Pflicht eine rechtliche Schranke einer etwaigen normativen Regelung umgangen, lässt sich die Antwort nicht allg aus verfassungsrechtlichen oder tarifvertragsrechtlichen Überlegungen herleiten. Ob eine Vereinbarung des Gewollten mit schuldrechtlichem Charakter möglich ist, hängt vielmehr grds von der konkret betroffenen rechtlichen Schranke ab. Zu Differenzierungsklauseln s.u. Rdn 52. Inwiefern die Vereinbarung einer Übernahmepflicht in Einzelarbeitsverhältnisse ohne gleichzeitige Regelung derselben Frage als Norm (s Rdn 28) gleichen Inhalts gegen Ablösungs- und Günstigkeitsprinzip verstoßen kann, ist nicht entschieden, aber jedenfalls in Konstellationen

vorstellbar, in denen die betreffende Arbeitsbedingung ihrem Inhalt nach so günstig für den AN ist, dass eine spätere TV-liche Regelung sie wegen des Günstigkeitsprinzips nicht mehr ändern kann.

II. Normenarten. Als Normenart kommen nach § 1 I Inhalts-, Abschluss- und Beendigungsnormen in Betracht. Welcher der 3 Unterkategorien eine Norm zuzuordnen ist, hat nur für die Frage Bedeutung, zu welchem Zeitpunkt die beiderseitige Tarifgebundenheit bestehen muss (s Bsp bei *Löwisch/Rieble* § 1 Rn 315). Folgenreicher ist die Abgrenzung zu den weiteren möglichen Normenarten, den Betriebsnormen, den betriebsverfassungsrechtlichen Normen und den gemeinsamen Einrichtungen: Betriebsnormen und betriebsverfassungsrechtliche Normen setzen nach § 3 II lediglich die Tarifgebundenheit des AG voraus und bei Normen über gemeinsame Einrichtungen erstreckt sich die normative Wirkung auf das Verhältnis der gemeinsamen Einrichtung zu den AG und den AN sowie auf die Satzungsbestimmungen. 30

Bezugspunkt der Inhalts-, Abschluss- und Beendigungsnormen ist das Arbeitsverhältnis. Es gilt der allg Begriff (§ 611 BGB Rdn 1–2). Aufgrund der Bezugnahme zum Arbeitsverhältnis können Inhalts-, Abschluss- und Beendigungsnormen in den allg Grenzen (Grundlagen TVG Rdn 11–17) grds alles regeln, was Inhalt, Abschluss und Beendigung eines Arbeitsverhältnisses betrifft. Demnach können in Inhalts-, Abschluss- und Beendigungsnormen, aber auch nur ein Arbeitsverhältnis betreffende Fragen geregelt werden. Es entfallen daher etwa: Verträge zwischen Unternehmern (BAG 28.11.1990, 4 AZR 198/90, EzA § 611 BGB Arbeitnehmerbegriff Nr 37), Verträge mit Organen einer juristischen Person, Rechtsverhältnisse der Beamten, Werkverträge, Fragen der Unternehmenspolitik sowie des Privatlebens der einzelnen AN (HWK/*Henssler* Einl Rn 37; ErfK/*Franzen* § 1 Rn 42). 31

Inhaltsnormen können insb regeln (*Löwisch/Rieble* § 1 Rn 242 ff): Haupt-, Nebenleistungs- und Schutzpflichten, Höhe des Entgelts, Eingruppierung in das Entgeltsystem, Entgeltzuschläge für Nacht-, Sonntags- und Feiertagsarbeit, Gratifikationen, Dauer der Arbeitszeit (zur Lage § 87 BetrVG Rdn 20), Kurzarbeit, Mehrarbeit, Erholungsurlaub, Ausschlussfristen. Inhaltsnormen sind auch: Abweichungen von Haftungs- und Leistungsstörungsrecht sowie die betriebliche Altersversorgung als nachgeschobener Lohn. 32

Abschlussnormen betreffen das Zustandekommen neuer, die Wiederaufnahme alter sowie die Fortsetzung unterbrochener Arbeitsverträge. Zu den Abschlussnormen können auch Regelungen iRd Anbahnung des Arbeitsverhältnisses zählen (Erstattung von Bewerbungskosten, insoweit aA ErfK/*Franzen* § 1 Rn 41: Inhaltsnorm; Regelungen zum Diskriminierungsschutz, § 17 I AGG, soweit es sich nicht um Betriebsnormen handelt). Abschlussnormen sind ferner: Modalitäten des Abschlusses des Arbeitsvertrags, Formfragen, Abschlussgebote und -verbote. Abschlussgebote verpflichten den AG zur (Wieder-) Begründung eines Arbeitsvertrags, zB Auszubildende nach der Ausbildung, AN nach Arbeitskämpfen oder nach Ablauf einer Befristung. Umgekehrt untersagen Abschlussverbote den Abschluss eines Arbeitsvertrags (Bsp *Löwisch/Rieble* § 1 Rn 305 ff). Abschlussnormen betreffen stets das einzelne Arbeitsverhältnis. Geht es um Belange der Belegschaft als Ganzes (Besetzungsregeln, das Zahlenverhältnis bestimmter AN-Gruppen steuern, BAG 21.1.1987, 4 AZR 547/86, EzA Art 9 GG Nr 42; Schutz der Belegschaft vor Unterqualifikation, ErfK/*Franzen* § 1 Rn 43), handelt es sich um betriebliche Normen. 33

Beendigungsnormen betreffen Modalitäten und Berechtigung einer Beendigung des Arbeitsverhältnisses: Kündigungsfristen, -termine, Form, Verzicht des AG auf das Recht zur ordentlichen Kdg, für den AG schärfere Anforderungen an den Kündigungsgrund. Altersgrenzen sind nunmehr am Verbot der Altersdiskriminierung zu messen (Grundlagen TVG Rdn 11, § 1 Rdn 46). Entgegen BAG 14.2.1990, 7 AZR 68/89, EzA § 1 BSchFG 1985 Nr 10 sind Befristungsregeln Beendigungsnormen (Wiedemann/*Thüsing* § 1 Rn 648; noch anders *Löwisch/Rieble* § 1 Rn 315 f: Inhaltsnormen). Keine Beendigungsnorm ist die Auswahlrichtlinie nach § 1 IV KSchG (Betriebsnorm, s.u. Rdn 36). 34

Betriebsnormen bezwecken nicht eine Regelung des einzelnen Arbeitsverhältnisses, sondern des betrieblichen Rechtsverhältnisses zwischen AG und Belegschaft (Däubler/*Reim/Nebe* § 1 Rn 351; ErfK/*Franzen* § 1 Rn 45). Von den Inhalts-, Abschluss- und Beendigungsnormen unterscheiden sie sich insoweit, als ihre normative Wirkung nicht die beiderseitige Tarifgebundenheit nach § 3 I voraussetzt, sondern gem § 3 II die Tarifgebundenheit des AG ausreichen lässt und damit Außenseiter erfasst (BAG 26.4.1990, 1 ABR 84/87, EzA § 4 TVG Druckindustrie Nr 20; zur Problematik der Außenseitererstreckung: *Zöllner* RdA 1962, 453; *Reuter* ZfA 1978, 1, 31 ff). Weil nicht wenige Betriebsnormen zumindest auch individuelle Arbeitsverhältnisse betreffen, besteht ein gewisser Anreiz für die TV-Parteien, zu regelnde Fragen als Betriebsnorm anstatt als Inhalts-, Abschluss- oder Beendigungsnorm auszugestalten. Weil Inhaltsnormen unterschiedlicher TV in einem Betrieb im Rahmen von § 4a nebeneinander gelten können (BAG 7.7.2010, 4 AZR 549/08, NZA 2010, 1068; HWK/*Henssler* § 4 Rn 55, 59; ErfK/*Franzen* § 4 TVG Rn 70), während bei Betriebsnormen stets nur ein TV gelten kann, wird dieser Anreiz verstärkt. Die Abgrenzung zwischen den beiden Kategorien von Normen ist daher von erheblicher Bedeutung. 35

36 Sicher zu den Betriebsnormen zählen Regelungen, die aus **rechtlichen** Gründen lediglich einheitlich im Betrieb gelten können (BAG 26.4.1990, 1 ABR 84/87, EzA § 4 TVG Druckindustrie Nr 20). Bsp sind Auswahlrichtlinien nach § 1 IV KSchG, weil sie die betriebsbezogene Sozialauswahl nach § 1 III KSchG konkretisieren.

37 Die erforderliche betriebseinheitliche Geltung von Tarifnormen kann sich auch aus **tatsächlichen** Gründen ergeben (BAG 26.4.1990, 1 ABR 84/87, EzA § 4 TVG Druckindustrie Nr 20). Im unproblematischen Kernbereich geht es hierbei um Ordnungsnormen: Arbeitszeiterfassung (*Gamillscheg* S 851), Zugangskontrollen, Rauchverbote, Kleiderordnung (ErfK/*Franzen* § 1 Rn 46), aber auch Lage der Schichten sowie Schließung des Unternehmens an bestimmten Tagen (BAG 7.11.1995, 3 AZR 676/94, EzA § 1 TVG Betriebsnormen Nr 1). Solidarnormen – Kantine, Werksmietwohnungen (ErfK/*Franzen* § 1 Rn 46), Waschräume (*Löwisch/Rieble* § 1 Rn 358), betriebliche Altersversorgung (ErfK/*Franzen* § 1 Rn 46) – sind ebenfalls den Betriebsnormen zuzuordnen.

38 Nicht mehr mit dem von Art 9 III GG verlangten Außenseiterschutz zu vereinbaren ist es, den TV-Parteien die Kompetenz-Kompetenz zur Definition von Betriebsnormen einzuräumen (ähnlich Wiedemann/*Thüsing* § 1 Rn 731). Die Rspr hat sich allerdings in diese Richtung entwickelt, wenn sie es ausreichen lässt, dass eine individualrechtliche Regelung wegen evident sachlogischer Unzweckmäßigkeit ausscheidet (BAG 17.6.1997, 1 ABR 3/97, EzA § 99 BetrVG 1972 Einstellung Nr 4; krit insoweit auch *Hanau* RdA 1996, 158, 169 ff). Die Aufgabe des Grundsatzes der **Tarifeinheit** bei Tarifpluralität setzt trotz § 4a eine gleichzeitige Reduzierung des Anwendungsbereichs von Betriebsnormen auf solche Inhalte voraus, die nicht zwischen AG und einzelnen AN vereinbart werden können (*Franzen* RdA 2008, 193, 198 f). Die Kompetenz-Kompetenz der TV-Parteien zur Definition von Betriebsnormen ist durch ein objektives Element zu ersetzen: Durch Betriebsnorm sind nur solche Arbeitsbedingungen regelbar, die (objektiv) in einer Wechselbeziehung zu den Arbeitsbedingungen anderer AN stehen und die nur in dieser Wechselbeziehung geregelt werden können, *Löwisch/Rieble* § 1 Rn 355. Zu einem zivilrechtlichen Verständnis – Vertrag zugunsten Drittter –, welches eine Belastung von Außenseitern ausschließt, *Hartmann* Negative Tarifvertragsfreiheit im deutschen und europäischen Arbeitsrecht, 2014, S 169 ff.

39 **Betriebsverfassungsrechtliche Normen** erfassen die Einrichtung und die Organisation der Betriebsvertretung sowie deren Rechte (Däubler/*Reim/Nebe* § 1 Rn 371). Anders als zum Zeitpunkt des Inkrafttretens des TVG gestaltet der Gesetzgeber diese Fragen weitgehend selbst. Betriebsverfassungsrechtliche Normen sind folglich nur dort noch möglich, wo sie ausdrücklich zugelassen sind (allg Meinung hins Organisation, s statt aller ErfK/*Franzen* § 1 Rn 48; ob Mitbestimmungsrechte des BR durch TV erweitert werden können, ist umstr, dafür: BAG 10.2.1988, 1 ABR 70/86, EzA § 1 TVG Nr 34; Däubler/*Reim/Nebe* § 1 Rn 378 mwN aus der Lit; dagegen: MünchArbR/*v Hoyningen-Huene* § 210 Rn 24; Richardi/*Richardi* BetrVG Einl Rn 144 ff; § 3 BetrVG Rdn 1–11, § 38 BetrVG Rdn 1, § 47 BetrVG Rdn 6, § 55 BetrVG Rdn 3, § 87 BetrVG Rdn 5).

40 Ebenfalls Bestandteil des normativen Teils können Regeln über die Errichtung, Erhaltung und Benutzung gemeinsamer Einrichtungen (Lohnausgleichskassen, Urlaubskassen) iSv § 4 II sein. Näher § 4 Rdn 37–39.

41 Den TV-Parteien wird durch § 1 I keine prozessuale Tarifmacht eingeräumt (BAG 18.5.1983, AZR 456/80, § 4 TVG Bauindustrie Nr 27). Zu den Möglichkeiten prozessualer Normen nach dem ArbGG s dort (§ 48 ArbGG Rdn 17).

42 **III. Rechtsfolgen der Unwirksamkeit einer Tarifnorm.** Anders als beim unwirksamen TV (Rdn 14–15) betrifft die Unwirksamkeit einer einzelnen Tarifnorm nicht das gesamte Vertragswerk. Grund für die Unwirksamkeit einer einzelnen Tarifnorm ist ebenfalls typischerweise ein Verstoß gegen höherrangiges Recht (Europarecht; 1-seitig oder 2-seitig zwingende Normen des dt Rechts; ob Tarifnormen am Maßstab des § 138 BGB gemessen werden können, ist umstr, dafür: Däubler/*Schiek* Einl Rn 321; Kempen/Zachert/ *Kempen* Grundlagen Rn 354; dagegen: BAG 25.3.1981, 4 AZR 1012/78, AP BAT 1975 § 22 Nr 42; eine abschließende Entscheidung insoweit offen lassend BAG 24.3.2004, 5 AZR 303/03, EzA § 138 BGB 2002 Nr 2. Zur speziellen Frage der Sittenwidrigkeit von Tariflohn: BAG 24.3.2004, 5 AZR 303/03, EzA § 138 BGB 2002 Nr 2 und § 138 BGB Rdn 2). Die Rechtsfolgen des Verstoßes einer Tarifnorm gegen höherrangiges Recht sind vielschichtig:

43 Die unmittelbare Rechtsfolge aus dem Verstoß gegen die höherrangige Rechtsnorm ist 1. nicht dem TV-Recht oder dem TV, sondern der höherrangigen Norm selbst oder allg den Grundsätzen des Verhältnisses von höher- und niederrangigen Normen zu entnehmen. Ist der Unwirksamkeitsgrund ein Verstoß gegen zwingende Normen dt Rechts, ist die unwirksame Norm nicht anzuwenden; wie die Unwirksamkeit der Tarifnorm rechtlich konstruiert wird (§ 134 BGB, BAG 15.1.1964, 4 AZR 75/63, AP GG Art 3 Nr 87; Normenhierarchie, Wiedemann/*Wiedemann* Einl Rn 354) ist im Ergebnis unerheblich. Als

Rechtsfolge ist typischerweise der Inhalt des Gesetzes anstelle der tarifvertraglichen Regelung anwendbar (BVerfG 3.4.2001, 1 BvL 32/97, AP BUrlG § 10 Kur Nr 2). Auch der Verstoß gegen Europarecht führt zur Unanwendbarkeit der Tarifnorm (Art 267 AEUV Rdn 3). § 7 II AGG statuiert die Unwirksamkeit auch tariflicher Vereinbarungen, die gegen eines der Diskriminierungsverbote des § 1 AGG verstoßen. Die Diskriminierungsverbote europarechtlichen Ursprungs können als Rechtsfolge dem einzelnen, von einer diskriminierenden Norm betroffenen AN einen Anspruch auf Gewährung der Leistung der begünstigten Vergleichsgruppe einräumen (s § 15 AGG Rdn 8–11 und Calliess/Ruffert/*Krebber* EUV/AEUV Art 157 AEUV Rn 65; BAG 7.11.1995, 3 AZR 1064/94, EzA Art 119 EWG-Vertrag Nr 32). Europarechtlich verlangt wird eine Anpassung nach oben grds jedoch nur für das Gebot gleichen Entgelts für ANinnen und AN. Bei Verstößen gegen die anderen Diskriminierungsverbote gibt das Europarecht lediglich vor, dass die unterschiedliche Behandlung einer Gruppe von AN aufgrund eines der Merkmale des § 1 AGG nicht mehr anzuwenden ist, unabhängig davon, ob im Ergebnis hierdurch eine Anpassung nach oben oder nach unten bewirkt wird (*Krebber* EuZA 2009, 200). Die Regelung zu finden, die anstelle der diskriminierenden Norm tritt, ist auch nach Unionsrecht vorrangig Aufgabe der TV-Parteien (*Bauer/Krieger* FS Bepler, 2012, 1, 8). Der Mitgliedstaat muss nur eine Auffanglösung zur Verfügung stellen, in dem die TV-Parteien diese Aufgabe nicht wahrnehmen. Das BAG hat sich andererseits auf die Anpassung nach oben festgelegt (BAG 10.11.2011, 6 AZR 148/09, NZA 2012, 161; 20.3.2012, 9 AZR 529/10, NZA 2012, 803; zum rechtlichen Hintergrund Rdn 66) und bekennt sich auch nicht klar genug zur Vorrangigkeit einer tarifautonomen Beseitigung der Ungleichbehandlung (*Krebber* JZ 2012, 1078). Bei Verstößen gegen Unterscheidungsverbote des dt Rechts ohne europarechtlichen Hintergrund, die wiederum zur Unanwendbarkeit der Tarifnorm führen, bleibt es demgegenüber auch nach treffender Auffassung des BAG den TV-Parteien überlassen, ob sie den Verstoß für die Zukunft durch Angleichung nach oben oder nach unten beseitigen (BAG 7.3.1995, 3 AZR 282/94, EzA § 1 BetrAVG Gleichbehandlung Nr 9).

Zu klären ist 2., wie der Rest des normativen Teils des betroffenen TV rechtlich zu bewerten ist. Theoretisch nicht auszuschließen, praktisch jedoch unwahrscheinlich ist, dass auch diese Frage durch die höherrangige Norm selbst entschieden wird. Die Antwort ist ansonsten nicht § 139 BGB zu entnehmen. Maßgeblich ist vielmehr, ob die verbleibende Regelung im TV eine sinnvolle und in sich geschlossene Regelung enthält (BAG 18.8.1971, 4 AZR 342/70, AP TVG § 4 Effektivklausel Nr 8; 26.6.1985, 7 AZR 125/83, EzA § 1 TVG Nr 20). Zur ergänzenden Vertragsauslegung bei Regelungslücken s Rdn 84. 44

Die Rechtsfolgen unzulässiger Tarifnormen sind 3. unter einem zeitlichen Gesichtspunkt zu betrachten: Folgt die höherrangige Norm dem TV zeitlich nach, ist der höherrangigen Norm und ihrem Rechtssystem zu entnehmen, ob die Nichtigkeitsfolge sofort eintritt, den TV-Parteien eine Übergangszeit eingeräumt wird oder inwieweit die höherrangige Norm ihre Wirkung in die Vergangenheit erstreckt (zum Europarecht s Rdn 43). Entfällt die Verbotsnorm später, ist der TV dennoch endgültig vernichtet (*Löwisch/Rieble* § 1 Rn 576; teilw abw BAG 11.6.1997, 7 AZR 186/96, EzA § 620 BGB Altersgrenze Nr 6). Möchten die TV-Parteien im Vorgriff auf eine gesetzliche Änderung eine noch unmögliche, aber der neuen Rechtslage entspr Vereinbarung treffen, müssen sie dies, etwa durch eine Bedingung, klarstellen. Europarecht genießt lediglich Anwendungsvorrang vor dem mitgliedstaatlichen Recht (s Vorb zu Art 45, 157, 267 AEUV Rdn 13; Art. 267 AEUV Rdn 3). Der Verstoß einer Tarifnorm gegen europarechtliche Grundsätze führt aus der Sicht des Unionsrechts folglich nicht zur Nichtigkeit der entspr Norm. Fällt eine europarechtliche Regelung weg, kann die Rechtsnorm des TV wieder angewendet werden (ErfK/*Franzen* § 1 Rn 55). Im Einzelfall kann freilich eine Korrektur über ergänzende Vertragsauslegung erforderlich sein. Bei einem Verstoß gegen ein Diskriminierungsverbot ordnet das deutsche Umsetzungsrecht in § 7 II AGG hingegen die Unwirksamkeit an. 45

IV. Einzelne Tarifnormen (allgemein zu den einzelnen Normenarten oben Rdn 30–41). 1. Altersgrenzen Altersgrenzen in jeglichem arbeitsrechtlichen Zusammenhang sind nunmehr an dem in der RL 2000/78/EG konkretisierten europarechtlichen sozialen Recht des Verbots der Altersdiskriminierung (EuGH 22.11.2005, Rs C-144/04, Slg 2005, I-9981 – Mangold; *Krebber* Comparative Labor Law & Policy Journal 2006, 377) und an dem dt Umsetzungsakt AGG (zur Geltung des AGG für Kollektivverträge: *Löwisch* DB 2006, 1729) zu messen. Die Entscheidungen in den Rs Mangold und Palacios (EuGH 16.10.2007, Rs C-411/05, Slg 2007, I-8531 – Palacios) legen folgendes Muster nahe: Die Rs Mangold zeigt, dass der EuGH auch bei grds Maßgeblichkeit eines in der RL genannten Rechtfertigungsgrundes an die Verhältnismäßigkeit einen überaus strengen Maßstab anlegt und dass insb eine mittelbare Diskriminierung verhältnismäßiger ist. Die Praxis sollte dementspr davon ausgehen, dass das unmittelbare Abstellen auf das durch eine Altersgrenze pauschalierte Kriterium, um das es der Sache nach geht, einer unmittelbaren Anknüpfung an das Alter vorzuziehen ist. 46

47 EuGH 16.10.2007, Rs C-411/05, Slg 2007, I-8531 – Palacios; 5.3.2009, Rs C-388/07, Slg 2009, I-1569 – Age Concern England; 12.1.2010, Rs C-341/08, Slg 2010, I-47 – Petersen; 12.10.2010, Rs C-45/09, Slg 2010, I-9391 – Rosenbladt; 18.11.2010, verb Rs C-250/09 u C-268/09, Slg 2010, I-11869 – Georgiev und 21.7.2011, verb Rs C-159/10 u C-160/10, Slg 2011, I-6919 – Fuchs und Köhler ist aber zu entnehmen, dass die Auflösung des Arbeitsverhältnisses bei Erreichen des Rentenalters (allg Altersgrenze) richtlinienkonform ist. Der Grund ist, dass die Festsetzung einer konkreten Altersgrenze durch unsichere äußere Faktoren bestimmt wird. Beurteilungs- und Ermessensspielraum bilden einen Schutzwall gegen das Durchgreifen des Verbots der Altersdiskriminierung. Bei berufsspezifischen Altersgrenzen kann im Grundsatz niemand eine bessere und sicherere Lösung benennen. Die auch daraus folgende unionsrechtskonforme Definitionshoheit von Höchstaltersgrenzen kann eine Rechtsordnung jedoch selbst infrage stellen, wenn wie bei der Altersgrenze der Piloten auf Entwicklungen im länderübergreifenden Vergleich nicht reagiert wird, EuGH 13.9.2011, Rs C-447/09, Slg 2011, I-8003 – Prigge u.a; *Krebber* FS Blaurock, 2013, 237. Zu der 55-Jahres-Altersgrenze für Fluglotsen LAG Düsseldorf 9.3.2011, 12 TaBV 81/10, ZTR 2011, 414. Die vom EuGH inzwischen zweifach in Betracht gezogene Ausnahme zur Vereinbarkeit einer Altersgrenze bei Beendigung des Arbeitsverhältnisses mit dem Verbot der Altersdiskriminierung bei nicht ausreichender Altersversorgung wurde im Ergebnis jeweils abgelehnt (EuGH 12.10.2010, Rs C-45/09, Slg 2010, I-9391 – Rosenbladt; 5.7.2012, Rs C-141/11, n.i.Slg – Hörnfeldt). Aus der Lit *Bauer/v. Medem* NZA 2012, 945.

48 **2. Arbeitsentgelt.** TV regeln die Höhe des Arbeitsentgelts und das Entgeltsystem (Arbeitsbewertung; Eingruppierung, unten Rdn 66; Entgeltform; zu Zeit, Ort und Art der Auszahlung s.a. § 87 BetrVG Rdn 35). Zu Differenzierungsklauseln Rdn 52; zu Effektivklauseln Rdn 56; zu Vergütungsgruppen Rdn 66.

49 **3. Arbeitszeit.** TV enthalten Normen zur Dauer der Arbeitszeit, während die Festlegung der Lage der Arbeitszeit den Betriebspartnern obliegt (§ 87 BetrVG Rdn 20–24). Die Höchstgrenzen der Arbeitszeit sind im ArbZG geregelt, welches den Anforderungen der Arbeitszeit-RL (RL 93/104/EG, ABl Nr L 307/18; zur geplanten Überarbeitung dieser RL Vorb zu Art 45, 157, 267 AEUV Rdn 8) genügen muss. Zur Zulässigkeit tariflicher Höchstarbeitszeiten Wiedemann/*Thüsing* § 1 Rn 433 ff.

50 **4. Ausschlussfristen.** § 4 IV 3 setzt die Zulässigkeit tariflicher Ausschlussfristen voraus. Sie sind daher grds zulässig, auch wenn sie kurz bemessen sind. Durch Auslegung ist zu ermitteln, welche Ansprüche (tarifliche; vertragliche; gesetzliche; zu Letzteren § 4 Rdn 34) tarifliche Ausschlussfristen erfassen (ErfK/*Franzen* § 4 Rn 49). Bei Formulierung »Ansprüche aus dem Arbeitsverhältnis« werden nach der Rspr bspw nicht erfasst: Ansprüche aus Tätigkeit als BR-Mitglied (BAG 30.1.1973, 1 ABR 1/73, AP BetrVG 1972 § 40 Nr 3); Versorgungsbezüge (BAG 29.3.1983, 3 AZR 537/80, AP BAT § 70 Nr 11). Grds nicht von tariflichen Ausschlussfristen erfassbar sind in einem gerichtlichen Vergleich vereinbarte Ansprüche auf Abfindung, §§ 9 f KSchG (BAG 13.1.1982, 5 AZR 546/79, EzA § 9 KSchG nF Nr 13). »Tarifliche Ansprüche« erfassen auch gesetzliche und vertragliche Ansprüche, deren Bestand von dem tariflichen Anspruch abhängt – § 37 II, IV BetrVG – (BAG 8.9.2010, 7 AZR 513/09, AP BetrVG 1972 § 37 Nr 148). Kurz bemessene Ausschlussfristen, die auch die Geltendmachung von Ansprüchen mit europarechtlichem Hintergrund betreffen, zB Ansprüche aus einer Diskriminierung, können europarechtlich problematisch sein und müssen den Grundsätzen der Äquivalenz und der Effektivität genügen (s allg zu gesetzlichen und tariflichen Ausschlussfristen EuGH 8.7.2010, Rs C-246/09, Slg 2010, I-7003 – Bulicke). Zur fristgerechten Geltendmachung s Jacobs/Krause/Oetker/Schubert/*Jacobs* § 7 Rn 173 ff. Zur Bedeutung des verfassungsrechtlichen Gebots auf effektiven Rechtsschutz BVerfG 1.12.2010, 1 BvR 1682/07, NZA 2011, 442; *Nägele/Gertler* NZA 2011, 442.

51 **5. Besetzungsregeln.** Qualitative und quantitative **Besetzungsregeln** (zum Begriff s Rdn 33) sind nach der Rspr als Betriebsnormen grds zulässig (zu qualitativen Besetzungsregeln: BAG 26.4.1990, 1 ABR 84/87, EzA § 4 TVG Druckindustrie Nr 20; zu quantitativen: BAG 17.6.1997, 1 ABR 3/97, EzA § 99 BetrVG 1972 Einstellung Nr 4).

52 **6. Differenzierungsklauseln.** Differenzierungsklauseln wurden nach überwiegendem Verständnis undifferenziert als unzulässig angesehen (BAG 29.11.1967, GS 1/67, AP GG Art 9 Nr 13; bestätigt in 21.1.1987, 4 AZR 486/86, AP GG Art 9 Nr 46; 21.1.1987, 4 AZR 547/86, EzA Art 9 GG Nr 42; aus der jüngeren Rspr BAG 9.5.2007, 4 AZR 275/06, EzA Art 9 GG Nr 91). Wohl vor dem Hintergrund des Mitgliederschwundes bei Gewerkschaften werden seit geraumer Zeit in der Praxis wieder Differenzierungsklauseln vereinbart (so die Verlautbarung der IG Metall in der FAZ vom 1.11.2004, S 11: »IG Metall will Mitglieder mit Bonusleistung halten«; s hierzu auch *Giesen* NZA 2004, 1317), was zuerst die wissenschaftliche Auseinandersetzung wiederbelebt (*Gamillscheg* NZA 2005, 146; *Giesen* NZA 2004, 1317; *Franzen* RdA 2006, 1; *Däubler* BB 2002, 1643; *Greiner* DB 2009, 398; *Kocher* NZA 2009, 119) und was sich

inzwischen auch in der Rspr zuerst einiger LAG (dazu *Ulber/Strauß* DB 2008, 1970) und nunmehr auch des BAG niedergeschlagen hat.

BAG 18.3.2009, 4 AZR 64/08, NZA 2009, 1028 unterscheidet zwischen **einfachen** Differenzierungsklau- 53
seln, bei denen die Mitgliedschaft in einer Gewerkschaft Tatbestandsvoraussetzung eines im TV gewährten Anspruchs ist, und Differenzierungsklauseln, die dadurch Drittwirkung entfalten, dass sie das Vertragsverhalten des AG zu beeinflussen versuchen, indem sie ihm verbieten, AN, die nicht Mitglied der Gewerkschaft sind, bestimmte tarifliche Vergünstigungen zu gewähren (Ausschlussklausel), oder indem sie ihm gebieten, dass Gewerkschaftsmitgliedern bei bestimmten Leistungen innerhalb einer festgelegten Spanne stets ein zusätzlicher Anspruch zu gewähren ist (Spannenklausel). Ausschluss- und Spannenklausel werden auf der Grundlage von BAG 29.11.1967, GS 1/67, AP GG Art 9 Nr 13 weiterhin als unzulässig angesehen (BAG 23.3.2011, 4 AZR 366/09, NZA 2011, 920; dazu *Hartmann* SAE 2011, 225), wobei zur Begründung insbesondere auf die Vertragsfreiheit von AG und Nichtgewerkschaftsmitgliedern abgestellt wird (krit dazu *Däubler/Heuschmidt* RdA 2013, 1). Einfache Differenzierungsklauseln hingegen sollen rechtmäßig sein, soweit sie »nicht an den Regelungen des Austauschverhältnisses von Leistung und Gegenleistung anknüpfen [...], die Grundlage des laufenden Lebensunterhaltes sind, und die im Arbeitsleben jedenfalls regelmäßig als Maßstab für die Bemessung der angemessenen und üblichen Arbeitsbedingungen dienen«, BAG 18.3.2009, 4 AZR 64/08, NZA 2009, 1028. Hierdurch wird auch die Höhe von Sonderleistungen beschränkt. Die Grenze des Zulässigen wird nicht weiter konkretisiert. Einfache Differenzierungsklauseln wiederholen lediglich, was §§ 4 I, 3 I anordnen und sind daher im Grundsatz rechtmäßig (*Jacobs* FS Bauer, 2010, 479, 489). Die zulässige Höhe entsprechender Sonderleistungen ist an Art 9 III GG zu messen. Sicher vereinbar ist eine Sonderleistung im Wert des Gewerkschaftsbeitrags (weitergehend etwa *Lunk/Leder/Seidler* RdA 2015, 399). Einfache Differenzierungsklauseln im Zusammenhang mit betrieblichen Normen (Gewerkschaftszugehörigkeit als Zugangsvoraussetzung zu einer Werkskantine) sind hingegen wegen § 3 II TVG rechtswidrig. Zur Rechtswidrigkeit eines als einfache Differenzierungsklausel formulierten 15-jährigen Sonderkündigungsschutzes *Boss* DB 2009, 1238. Zum öffentlichen Dienst *Löwisch* NZA 2011, 187.

BAG 18.3.2009, 4 AZR 64/08, NZA 2009, 1028, stellt klar, dass **Bezugnahmeklauseln** (§ 3 Rdn 39–52) 54
nur dann die Tatbestandsvoraussetzung der Gewerkschaftsmitgliedschaft nicht ersetzen, wenn keine bes Anhaltspunkte im Wortlaut vorliegen; hiergegen zu Recht *Lobinger/Hartmann* RdA 2010, 235, 236 ff; *Löwisch/Rieble* § 1 Rn 1864 f; krit auch *Greiner/Suhre* NJW 2010, 131. Einfache Differenzierungsklauseln können auch unter Zugrundelegen der Auffassung der Rspr von den Arbeitsvertragsparteien über eine Ergänzung der statischen, kleinen sowie großen dynamischen Bezugnahmeklauseln ausgehebelt werden: »Soweit in dem TV, auf den Bezug genommen wird, ein Anspruch von der Mitgliedschaft in der Gewerkschaft, die Partei des TV ist, abhängig gemacht wird, besteht der Anspruch auch ohne diese Mitgliedschaft«. Eine entspr Ergänzung der Bezugnahmeklauseln ließe sich nur verhindern, indem der TV dem tarifgebundenen AG entsprechende Vereinbarungen verbietet. Dann aber liegt eine auch auf der Grundlage der Entscheidung unzulässige Differenzierungsklausel vor. Je nach Reaktion der Praxis wird die Bedeutung der Zulässigkeit der einfachen Differenzierungsklausel folglich gering sein. Zur Differenzierung nach Gewerkschaftszugehörigkeit bei gemeinsamen Einrichtungen *Thüsing/v Hoff* ZfA 2008, 77.

Auch wenn es nachvollziehbar ist, dass Gewerkschaften die von ihnen verhandelten Mindestarbeits- 55
bedingungen für ihre Mitglieder reservieren wollen, so stoßen sich alle Versuche qualifizierter Differenzierungsklauseln, auch solche im schuldrechtlichen Teil des TV, an dem sich aus der Kombination von positiver und negativer Koalitionsfreiheit ergebenden Verbot sowie der Vertragsfreiheit des AG und der Nichtgewerkschaftsmitglieder, nach Gewerkschaftszugehörigkeit zu differenzieren (*Arnold* FS Picker, 2010, 873). Die teilw bei Ausschluss- und Spannenklausel für zulässig erachteten Konstruktionen (*Däubler* BB 2002, 1643, 1646 ff) sind ohnehin Produkte des akademischen Elfenbeinturms und dürften keinen hinreichenden Anreiz darstellen, den Mitgliederschwund zu stoppen. Zu einem Verstoß gegen das Verbot der Diskriminierung aufgrund der Weltanschauung s 3. Aufl Rn 53.

7. Effektivklauseln. Effektivklauseln sind der Versuch, im TV selbst das Verhältnis übertariflicher Leis- 56
tungen/Steigerung der tariflichen Leistung zu regeln. Sowohl die Effektivgarantieklausel, die die übertarifliche Leistung zum Bestandteil des TV macht (Bsp: »Der AN erhält die Erhöhung zu seinem Effektivlohn hinzu«), als auch die begrenzte Effektivklausel, die die übertarifliche Zulage als solche bestehen lässt und anordnet, dass bei Tariflohnerhöhung auch die bisher gewährte Effektivvergütung aufzustocken ist (Bsp: »Die Tariflohnerhöhung muss voll wirksam werden«), sind nach der Rspr unwirksam (BAG 13.6.1958, 1 AZR 591/57, AP TVG § 4 Effektivklausel Nr 2; 14.2.1968, 4 AZR 275/67, AP TVG § 4 Effektivklausel Nr 7; 21.7.1993, 4 AZR 468/92, EzA § 1 TVG Auslegung Nr 28). Besitzstandsklauseln, nach denen dem AG die Ausübung eines individualvertraglich bestehenden Widerrufsrechts hins einer übertariflichen Leistung

aus Anlass einer Tariferhöhung untersagt wird (Bsp: »Günstigere betriebliche Leistungen dürfen aus Anlass des Abschlusses des TV nicht abgebaut werden«), sowie Verdienstsicherungsklauseln, mit denen AN, die auf einen geringer bezahlten Arbeitsplatz umgesetzt werden (bspw wegen gesundheitsbedingter ständiger Minderung ihrer Leistungsfähigkeit), das bisherige Einkommen gesichert werden soll, sind hingegen zulässig (BAG 16.4.1980, 4 AZR 261/78, EzA § 4 TVG Effektivklausel Nr 1; 28.5.1980, 4 AZR 351/78, EzA § 4 TVG Metallindustrie Nr 14; 16.6.2004, 4 AZR 408/03, EzA § 4 TVG Effektivklausel Nr 3).

57 Ein TV kann für Begründung, Inhalt und Beendigung **Formvorschriften** vorsehen. Ob die Formvorschrift deklaratorisch oder konstitutiv ist, ist durch Auslegung zu ermitteln (BAG 6.9.1972, 4 AZR 422/71, AP BAT § 4 Nr 2). Im Zweifel liegt nur eine deklaratorische Formvorschrift vor: Die TV-Parteien wollen regelmäßig nicht das Entstehen unwirksamer Arbeitsverträge fördern (BAG 24.6.1981, 7 AZR 198/79, AP TVG § 4 Formvorschriften Nr 2).

58 **8. Kündigungsschutz.** Kündigungsfristen können nach § 622 IV 1 BGB durch TV verändert werden, jedoch darf hierbei grds nicht zwischen Angestellten und Arbeitern differenziert werden (BAG 21.3.1991, 2 AZR 323/84 (A), EzA § 622 BGB nF Nr 33). Üblich sind ferner Normen iSd § 1 IV KSchG sowie zu Abfindungen (zu Letzteren BAG 10.11.1993, 4 AZR 198/93, AP TVG § 1 Tarifverträge: Einzelhandel Nr 42). Bei allen Normen sind die Diskriminierungsverbote, insb das Verbot der Altersdiskriminierung, zu beachten (Grundlagen TVG Rdn 11, § 1 Rdn 43). Normen, die den Kündigungsschutz nach Altersgruppen oder Kriterien staffeln, die AN einer bestimmten Altersgruppe häufiger betreffen als die der Vergleichsgruppe, sind damit problematisch. Eine § 622 II 2 BGB entspr Norm in TV ist wegen Verstoßes gegen das Verbot der Altersdiskriminierung gem § 7 II AGG unwirksam (EuGH 19.1.2010, Rs C-555/07, Slg 2010, I-365 – Kücükdeveci).

59 **9. Leistungsstörungen.** Das **Leistungsstörungsrecht** und die Grundsätze zur **Risikoverteilung** (§§ 275 ff BGB, §§ 615 f BGB) sind grds tarifdispositiv (hins § 615 BGB s BAG 6.2.1964, 5 AZR 93/63, AP BGB § 615 Nr 24).

60 **10. Kurzarbeit/Mehrarbeit.** Die Einführung von Kurzarbeit durch einen AG bedarf einer rechtlichen Grundlage, die neben einem Gesetz, einer Betriebsvereinbarung und dem Individualarbeitsvertrag auch ein TV sein kann. In einem nicht an bestimmte Voraussetzungen geknüpften einseitigen Recht des AG, Kurzarbeit einzuführen, sieht das BAG eine unzulässige objektive Umgehung von zwingenden Vorschriften des Kündigungsrechts, weil es den AG berechtigte, ohne Einhalten von Kündigungsfristen und ohne Vorliegen von Kündigungsgründen einseitig in den Kernbereich des Arbeitsverhältnisses einzugreifen (BAG 27.1.1994, 6 AZR 541/93, EzA § 615 BGB Kurzarbeit Nr 1). In der Praxis werden im TV typischerweise lediglich Regeln vereinbart, nach denen AG und Betriebsrat Kurzarbeit einführen können (insb Ankündigungsfrist). Wegen der Unvollständigkeit der tariflichen Grundlage ist regelmäßig der Betriebsrat gem § 87 I Nr 3 BetrVG zu beteiligen (zu alledem näher *Bauer/Günther* BB 2009, 662, 663).

61 Zur Mehrarbeit, bei der ebenfalls neben einer etwaigen tariflichen Grundlage das Mitbestimmungsrecht gem § 87 I Nr 3 BetrVG besteht, BAG 2.3.1982, 1 ABR 74/79, EzA § 87 BetrVG 1972 Arbeitszeit Nr 11.

62 **11. Leistungsbestimmungsklauseln.** S *Löwisch/Rieble* § 1 Rn 2001 ff.

63 **12. Maßregelungsverbote.** Zu Maßregelungsverboten, insb **Streikbruchprämien** s BAG 13.7.1993, 1 AZR 676/92, EzA Art 9 GG Arbeitskampf Nr 112; 28.7.1992, 1 AZR 87/92, EzA Art 9 GG Arbeitskampf Nr 106; 17.9.1991, 1 AZR 26/91, EzA Art 9 GG Arbeitskampf Nr 100; 17.6.1997, 1 AZR 674/96, EzA Art 9 GG Arbeitskampf Nr 128.

64 **13. Standortsicherungsklauseln.** Standortsicherungsklauseln sind der Versuch, den AG durch typischerweise einen Firmen-TV dazu zu verpflichten, einen Standort ggf unter näher qualifizierten Bedingungen beizubehalten (*Wolter* RdA 2002, 218, 218 f; *Franzen* ZfA 2005, 315, 329). Diese Verpflichtung kann nicht unmittelbar Gegenstand einer Tarifnorm sein, weil sie unter keine der möglichen Normkategorien (Rdn 30–41) fällt. Mittelbar sind in einem tariflichen Bündnis für Arbeit jedoch Normen denkbar, die inhaltlich denen sog betrieblicher Bündnisse für Arbeit (§ 4 Rdn 27) entsprechen (*Franzen* ZfA 2005, 315, 330). Unmittelbare schuldrechtliche Verpflichtungen in einem TV zur Standortbeibehaltung dienen nicht der Regelung von Bedingungen, unter denen abhängige Arbeit geleistet wird, und sind daher nicht von Art 9 III GG gedeckt (LAG Hamm 31.5.2000, 18 Sa 858/00, NZA-RR 2000, 535; *Löwisch* DB 2005, 554, 556; *Franzen* ZfA 2005, 315, 329; *Lobinger* in: Rieble, Zukunft des Arbeitskampfes, S 62 ff; aA *Däubler/Schiek* Einl Rn 273). Bei den mittelbar der Standortsicherung dienenden und grds zulässigen Normen stellt sich die Frage nach der Umgehung dieses Grundsatzes, wenn die Gesamtheit der Forderungen die unternehmerische

Freiheit des AG, über das Ob und Wie der Aufrechterhaltung seines Unternehmens allein zu entscheiden, aushöhlt (s *Franzen* ZfA 2005, 315, 330 f; *Bauer/Krieger* NZA 2004, 1019, 1022 ff).

14. Tarifsozialplan. Der Tarifsozialplan ist kein rechtlich feststehender Begriff. Typischerweise kombiniert er Elemente des Sozialplans und des Interessenausgleichs. Zudem kann primäres Ziel auch sein, die Kosten einer Standortschließung oder -verlagerung in einem Maße zu erhöhen, dass der Standort im Erg gesichert wird; dann gilt das zum Ende der vorigen Rdn Geschriebene. S dazu *Bayreuther* NZA 2010, 378. Dass ein Tarifsozialplan iÜ grds zulässig ist, ergibt sich schon aus dem sonst überflüssigen § 112 I 4 BetrVG (i.E. so auch BAG 24.4.2007, 1 AZR 252/06, EzA Art 9 GG Arbeitskampfrecht Nr 139; *Kühling/Bertelsmann* NZA 2005, 1017, 1019; zum Arbeitskampfrecht dort Rdn 29). 65

15. Vergütungsgruppen. Vergütungsgruppen (hierzu ErfK/*Franzen* § 1 Rn 76 f; HWK/*Henssler* § 1 Rn 117 ff) sind eine weitere Klauselform, deren rechtliches Schicksal angesichts insb des Verbots der Altersdiskriminierung auf dem Prüfstand steht. Die Praxis wäre auch insoweit gut beraten, davon auszugehen, dass nackte Altersgrenzen grds nicht mehr haltbar sind. Die Herausforderung besteht darin, Altersgrenzen durch Kriterien zu ersetzen, die nicht mittelbar diskriminierend sind – was schwierig sein wird, bevorzugt zB auf den ersten Blick unschuldige Merkmale wie Leistungszulagen, die an keinerlei zusätzliche Erfahrungs- und Ausbildungsvoraussetzungen geknüpft sind, doch tatsächlich jüngere AN – oder die zumindest gerechtfertigt werden können. Es ist mit einem längeren Zustand der Rechtsunsicherheit zu rechnen. Die Praxis wird derzeit durch die gerichtliche Auseinandersetzung um die BAT-Altersstufen bestimmt. Sie gelten als nicht zu rechtfertigende Diskriminierung iSv § 1 AGG (LAG Berl-Bbg 11.9.2009, 20 Sa 2244/07, NZA-RR 2009, 378; LAG Hessen 22.4.2009, 2 Sa 1689/08, NZA 2009, 799). Umstr ist die Rechtsfolge: Anpassung nach oben (LAG Berl-Bbg 11.9.2009, 20 Sa 2244/07, NZA-RR 2009, 378; LAG Hessen 22.4.2009, 2 Sa 1689/08, NZA 2009, 799) oder nach unten; Letzteres nach einer Übergangszeit, in der die TV-Parteien die diskriminierende Regelung durch eine rechtmäßige ersetzen sollen (*Krebber* EuZA 2009, 200, 201). Das BAG hat die Frage dem EuGH vorgelegt: BAG 20.5.2010, 6 AZR 319/09, NZA 2010, 768. Der EuGH hat sie jedoch nicht beantwortet, EuGH 8.9.2011, verb Rs C-297/10 u C-298/10, Slg 2011, I-7965 – Hennigs. Andere Passagen des Urteils werden teilw so gedeutet, dass sich der EuGH gegen ein Gebot der Anpassung nach oben entschieden habe (*Löwisch/Rieble* § 1 Rn 838). Das BAG hat sich für eine Anpassung nach oben entschieden, BAG 10.11.2011, 6 AZR 148/09, NZA 2012, 161. 66

16. Gewerkschaftliche Vertrauensleute. S BAG 8.10.1997, 4 AZR 87/96, EzA § 4 TVG Nachwirkung Nr 24 sowie *Löwisch/Rieble* § 1 Rn 1930 ff; *Prott* WSI-Mitt 2006, 507 ff. 67

F. Der schuldrechtliche Teil des TV. I. Allgemeines. Der schuldrechtliche Teil des TV ist Grundlage der Rechte und Pflichten, die zwischen den TV-Parteien bestehen (Kempen/Zachert/*Seifert* § 1 Rn 882). Die schuldrechtlichen Rechte und Pflichten können ausdrücklich oder konkludent vereinbart sein. Dem TV wesensimmanente Rechte und Pflichten bestehen regelmäßig auch dann, wenn für eine konkludente Vereinbarung keine Anhaltspunkte im Parteiverhalten gegeben sind (Rdn 72–83). Zwischen den TV-Parteien existiert auch ein gesetzliches Schuldverhältnis (grdl: *Seiter* ZfA 1989, 283), welches Grundlage von Rechten und Pflichten in der Phase vor Abschluss und nach Beendigung eines TV ist. Ob dieses gesetzliche Schuldverhältnis nach der Schuldrechtsreform auf § 311 II BGB oder nach wie vor auf das durch einen TV geschaffene Beziehungsgeflecht zwischen den TV-Parteien gestützt wird, ist ohne praktische Folgen. 68

II. Rechte und Pflichten der Parteien. Die schuldrechtlichen Rechte und Pflichten eines TV lassen sich in 2 Hauptgruppen kategorisieren (HWK/*Henssler* § 1 Rn 63): (1) **Erfüllungspflichten**, soweit eine Vertragspartei der anderen ein bestimmtes Tun oder Unterlassen schuldet; (2) **Einwirkungspflichten**, bei denen das der Gegenseite geschuldete Tun darin liegt, dass der vertragsschließende Verband auf seine Mitglieder einwirkt, ein bestimmtes Ziel (Tun oder Unterlassen) zu erreichen (Däubler/*Reim/Ahrendt* § 1 Rn 1082). 69

Erfüllungs- und Einwirkungspflicht bestehen häufig parallel: Die infrage stehende Pflicht ist dann nicht nur vom vertragsschließenden Verband einzuhalten, sondern dieser hat zusätzlich mit allen ihm zur Verfügung stehenden Mitteln auf seine Mitglieder einzuwirken, die entspr Pflicht ihrerseits zu erfüllen (Wiedemann/*Thüsing* § 1 Rn 863). 70

Im Einzelfall, indes nur bei unmissverständlicher ausdrücklicher Vereinbarung, kann ein vertragsschließender Verband auch die Garantie für ein erfolgreiches Einwirken auf die Verbandsmitglieder übernehmen (sog **Garantiepflicht**: HWK/*Henssler* § 1 Rn 63). 71

III. Einzelne Pflichten. 1. Friedenspflicht. Bei der Friedenspflicht ist zwischen relativer und absoluter Friedenspflicht zu unterscheiden. Die **relative** Friedenspflicht ist jedem TV immanent (BAG 27.6.1989, 1 AZR 404/88, EzA Art 9 GG Arbeitskampf Nr 94). Sie beinhaltet das Verbot, während der 72

Laufzeit eines TV eine Änderung der tariflich geregelten Arbeitsbedingungen durch Arbeitskampf anzudrohen, durchzusetzen oder die Durchsetzung durch Arbeitskampf zu versuchen (BAG 8.2.1957, 1 AZR 169/55, AP TVG § 1 Friedenspflicht Nr 1). Die relative Friedenspflicht besteht nur zwischen den TV-Parteien. Bei Tarifpluralität und Tarifkollision ist die relative Friedenspflicht daher für jeden TV getrennt zu beurteilen (*Kissel* Arbeitskampfrecht § 26 Rn 78; *Franzen* RdA 2008, 193, 201; anders: *Meyer* DB 2006, 1271, 1272; *Schliemann* FS Hromadka, 2008, 359, 378). Die relative Friedenspflicht trifft eine TV-Partei grds als Unterlassungspflicht. Ist TV-Partei ein Verband, begründet die relative Friedenspflicht aber auch eine Einwirkungspflicht auf die Verbandsmitglieder, keine die Friedenspflicht verletzenden Arbeitskampfmaßnahmen zu ergreifen oder bereits begonnene Arbeitskämpfe zu beenden. Gegen die relative Friedenspflicht verstoßen nicht bloße Vorbereitungshandlungen (Durchführung und Vorbereitung einer Urabstimmung), soweit sie einen Arbeitskampf vorbereiten sollen, der nach Ablauf der Friedenspflicht stattfindet (str; ähnlich wie hier *Wiedemann/Thüsing* § 1 Rn 878; aA BAG 31.10.1958, 1 AZR 632/57, AP TVG § 1 Friedenspflicht Nr 2). Warnstreiks sind erst nach Ablauf der Friedenspflicht zulässig (BAG 31.10.1958, 1 AZR 632/57, AP TVG § 1 Friedenspflicht Nr 2; 21.6.1988, 1 AZR 651/86, EzA Art 9 GG Arbeitskampf Nr 75; differenzierend: *Wiedemann/Thüsing* § 1 Rn 879). Die relative Friedenspflicht erfasst auch Arbeitskampfmaßnahmen, mit denen die Änderung tariflicher Bestimmungen nach Ablauf des TV bezweckt wird, solange sie noch während dessen Laufzeit erfolgen (*Löwisch/Rieble* § 1 Rn 1058). Kein Verstoß gegen die relative Friedenspflicht ist die Kdg des TV. Zum Unterstützungsarbeitskampf Anhang TVG Arbeitskampfrecht Rdn 15.

73 In sachlicher Hinsicht ist die relative Friedenspflicht durch die im TV geregelten Themen definiert. Im Einzelfall ist die **Reichweite** durch Auslegung des TV zu bestimmen (BAG 10.12.2002, 1 AZR 96/02, EzA Art 9 GG Arbeitskampf Nr 134). Sie greift bei einem inneren sachlichen Zusammenhang mit dem durch tarifliche Regelung befriedeten Sachbereich (BAG 10.12.2002, 1 AZR 96/02, EzA Art 9 GG Arbeitskampf Nr 134). Sachbereiche, die Gegenstand von Forderungen während der Verhandlung waren, im TV aber keine Regelung erfahren haben, sind ebenfalls von der Friedenspflicht erfasst (*Gamillscheg* S 1078; anders *Däubler/Reim/Ahrendt* § 1 Rn 1107), weil das Fehlen einer Regelung Verhandlungsergebnis und damit Inhalt des TV ist.

74 Die sachlich so definierte relative Friedenspflicht steht beim verbandsangehörigen AG auch Kampfmaßnahmen während des Laufens des Verbands-TV entgegen, die auf den Abschluss eines Firmen-TV abzielen (BAG 10.12.2002, 1 AZR 96/02, EzA Art 9 GG Arbeitskampf Nr 134; zur Tarif- und Arbeitskampffähigkeit des verbandsangehörigen AG: *Fischinger* ZTR 2006, 518). Zur Friedenspflicht während der Nachbindungsphase: *Willemsen/Mehrens* NZA 2009, 169.

75 Den TV-Parteien steht es frei, die relative Friedenspflicht zeitlich und inhaltlich ausdrücklich auszugestalten. Sie können die relative Friedenspflicht dabei erweitern, wegen der Friedens- und Ordnungsfunktion des TV indes nicht einschränken (*Gamillscheg* S 1077; *Wiedemann/Thüsing* § 1 Rn 887; *Löwisch/Rieble* § 1 Rn 1079 ff; aA *Däubler/Reim/Ahrendt* § 1 Rn 1137). In der Praxis erfolgt die Konkretisierung häufig in sog Schlichtungsabkommen.

76 Die Erweiterung der relativen Friedenspflicht kann so weit gehen, dass während der Laufzeit eines TV auch Forderungen zu bislang nicht im TV geregelten Arbeitsbedingungen nicht von Arbeitskämpfen begleitet werden dürfen. Dann wird die relative zur **absoluten Friedenspflicht**. Eine absolute Friedenspflicht lässt sich zeitlich über die Dauer eines TV hinaus sowie auf die Laufzeit mehrerer TV erstrecken. Bei Tarifpluralität und Tarifkollision können die Parteien eines 1. TV die Friedenspflicht eines anderen TV durch Vereinbarung auf ihr Verhältnis übertragen; s.a. Rdn 79 ff. Weil die absolute Friedenspflicht auf einer Vereinbarung beruht, hat ein einseitiger Verzicht auf Arbeitskampfmaßnahmen (vom grds Verzicht bei der CGM berichtet LAG BW 1.10.2004, 4 TaBV 1/04, NZA-RR 2005, 85, 88) lediglich verbandsinterne Wirkung, auf die sich der Gegner bei Nichteinhalten nicht berufen kann.

77 Sanktionen bei **Verletzung der Friedenspflicht** sind: Schadensersatzansprüche (§ 280 BGB iVm TV, § 823 BGB); positives oder negatives Durchsetzen durch Klage auf eine Handlung (Einhalten der Einwirkungspflicht mittels Leistungsklage, BAG 29.4.1992, 4 AZR 432/91, EzA § 1 TVG Durchführungspflicht Nr 2) und negativ durch Klage auf Unterlassen (von Arbeitskampfmaßnahmen). Die Vollstreckung richtet sich nach §§ 888, 890 ZPO (ErfK/*Franzen* § 1 Rn 85). Zur Frage des Verhältnisses zwischen einwirkender TV-Partei und ihren Mitgliedern: BAG 9.6.1982, 4 AZR 274/81, EzA § 1 TVG Nr 14; 29.4.1992, 4 AZR 432/91, EzA § 1 TVG Durchführungspflicht Nr 2.

78 **2. Durchführungspflicht.** Diese besteht unabhängig von der Friedenspflicht und betrifft neben allen schuldrechtlichen Rechten und Pflichten aus dem TV (BAG 29.4.1992, 4 AZR 432/91, EzA § 1 TVG Durchführungspflicht Nr 2) auch die Pflicht der TV-Parteien, auf den Normenvollzug zu achten (*Löwisch/Rieble* § 1 Rn 1090 ff). Wiederum geht es einerseits um die Pflicht der TV-Partei, den TV selbst

zu erfüllen, und andererseits um die Verpflichtung, auf die Verbandsmitglieder einzuwirken, sich ihrerseits an die tarifvertraglichen Pflichten zu halten. In prozessualer Hinsicht wird auch die Einwirkungspflicht von der anderen TV-Partei nach der Rspr durch Leistungsklage durchgesetzt (BAG 29.4.1992, 4 AZR 432/91, EzA § 1 TVG Durchführungspflicht Nr 2). Für die Bestimmtheit des Klageantrags genügt die Bezeichnung des durch die Einwirkung zu erreichenden Ergebnisses. Die Einwirkung kann auch im einstweiligen Verfügungsverfahren gerichtlich geltend gemacht werden, § 935 ZPO (HWK/*Henssler* § 1 Rn 71).

3. Schuldrechtliche Absprachen zum Verhandlungsverhalten konkurrierender Gewerkschaften. Im schuldrechtlichen Teil kann von den TV-Parteien grds der Versuch unternommen werden, das **Verhandlungsverhalten zu koordinieren**, wenn einem AG oder AG-Verband mehrere konkurrierende Gewerkschaften gegenüberstehen. Diese Konstellation entsteht in der derzeitigen Praxis, wenn in Tarifverhandlungen neben einem Industrieverband ein oder mehrere Berufsverbände aktiv sind. Eine solche Koordinierung des Verhandlungsverhaltens ist aus der Sicht des AG und grds auch aus der Sicht des Allgemeinwohls wünschenswert; für die Gewerkschaften ist sie jedenfalls mittelfristig von Interesse. Erfolgt sie, können wesentliche Probleme, die Tarifpluralität und Tarifkollision aufwerfen können, gelöst werden (gewillkürte Tarifeinheit). In der Praxis ist diese Koordinierung teilweise gelungen (s 7. Aufl § 1 TVG Rn 80). Nunmehr ist § 4a maßgeblich. Diese Norm ist nicht dispositiv (§ 4a Rdn 44). Einigen sich konkurrierende Gewerkschaften aber auf ein gemeinsames Verhandeln mit dem Ziel, als Tarifgemeinschaft einen gemeinsamen TV abzuschließen, besteht keine Tarifkollision iSv § 4a II 2. Eine Tarifkollision entsteht ferner nicht, wenn konkurrierende Gewerkschaften sich darauf verständigen, ein Überschneiden des persönlichen Geltungsbereichs von TV zu vermeiden (§ 4a Rdn 22, 44). 79

(derzeit unbesetzt) 80–82

4. Weitere Pflichten. Weitere schuldrechtliche Rechte und Pflichten können sein: **Auskunfts-, Mitteilungs-, Schutzpflichten** im Anbahnungsstadium eines TV; **Verhandlungspflichten** (s zur allg Verhandlungspflicht aber Rdn 4); Zustimmungspflichten, zB zu einer abweichenden Betriebsvereinbarung, BAG 20.10.2010, 4 AZR 105/09, NZA 2011, 468; schuldrechtliche Regelungen von **Arbeitsbedingungen** (zur Austauschbarkeit einer normativen und einer schuldrechtlichen Regelung s Rdn 28–29); **nachvertragliche Schutzpflichten** (zu weiteren: ErfK/*Franzen* § 1 Rn 91). Im Bereich der vor- und nachvertraglichen Pflichten ist der Übergang zum gesetzlichen Schuldverhältnis zwischen den TV-Parteien (s Rdn 68) fließend. Ein solches gesetzliches Schuldverhältnis verfestigt die rechtliche Grundlage jedoch und kann zu einer Verdichtung der Schutzpflichten führen; es kann auch Grundlage eines Verhandlungsanspruchs sein. 83

G. Auslegung des TV. Wegen der Doppelnatur des TV als schuldrechtlicher Vertrag zwischen den TV-Parteien und als Norm zur Regelung von Rechtsverhältnissen Dritter (Rdn 1) sind die Auslegungsgrundsätze des TV-Rechts – Auslegung als Vertrag oder als Gesetz – umstr (zum Streit: ErfK/*Franzen* § 1 Rn 92 f mwN). Für den schuldrechtlichen Teil gelten nach hM die Grundsätze der Vertragsauslegung gem §§ 133, 157 BGB. Wegen der Drittbetroffenheit, aber auch wegen der normativen Wirkung, wird auf den normativen Teil vielfach die Auslegungsmethode für Gesetze angewandt (BAG 16.6.2004, 4 AZR 408/03, EzA § 4 TVG Effektivklausel Nr 3). Der Streit betrifft letztlich die Frage, inwiefern der Wille der TV-Parteien bei der Auslegung des normativen Teils zu berücksichtigen ist. Die Auseinandersetzung wird dadurch erschwert, dass teilw versucht wird, den AN-Schutzgedanken zu einem Auslegungskriterium auszubauen und im Zweifel die der AN-Seite günstigere Auslegung anzunehmen (Däubler/*Däubler* Einl Rn 520; Kempen/Zachert/*Brecht-Heitzmann/Zachert* Grundlagen Rn 535). Letzteres ist als Automatismus nicht haltbar, weil der TV als Ergebnis einer Einigung stets auch Ausgleich ist (HWK/*Henssler* § 1 Rn 78). Hieraus folgt gleichzeitig, dass der Wille der TV-Parteien immer solange für alle den normativen Teil bestimmend ist, soweit er sich in Text oder Systematik niedergeschlagen hat (Andeutungstheorie: BAG 3.9.1971, 5 AZR 123/71, AP TVG § 1 Auslegung Nr 121; 3.8.1999, 1 AZR 735/98, AP GG Art 9 Arbeitskampf Nr 156; zur Bedeutung von Protokollnotizen, BAG 2.10.2007, 1 AZR 815/06, EzA § 77 BetrVG 2001 Nr 20; *Wank* RdA 2009, 114). Auch die teleologische Auslegung hat als Bezugspunkt den nicht auslegungsbedürftigen vereinbarten Inhalt (*Löwisch/Rieble* § 1 Rn 1484 ff). Zu den einzelnen Auslegungskriterien *Löwisch/Rieble* § 1 Rn 1467 ff. Durch Auslegung ist auch das Verhältnis TV/Gesetz zu klären, wenn der TV eine gesetzliche Regelung ergänzt, wiederholt oder auf sie verweist. Bei einer Ergänzung ist im Zweifel davon auszugehen, dass iÜ die gesetzliche Regelung greift. Bei Wiederholung und Verweisung ist fraglich, ob der TV die Frage konstitutiv regeln will oder ob es sich um deklaratorische Bestimmungen handelt. Auf den Unterschied kommt es an, wenn das gesetzliche Schutzniveau zurückgefahren wird. Praktisch bedeutsame Fälle waren bislang insb: Kündigungsfristen, Entgeltfortzahlung im Krankheitsfall. Bei der Wiederholung des Gesetzestextes geht die Rspr davon aus, dass im Zweifel nur eine deklaratorische Bestimmung vorliegt, 84 die alte Rechtslage also durch den TV nicht weiter gilt (zu Kündigungsfristen BAG 14.2.1996, 2 AZR 166/95, EzA § 622 BGB nF Nr 54; Entgeltfortzahlung im Krankheitsfall BAG 5.11.2002, 9 AZR 658/00, EzA § 11 BUrlG Nr 53). In der Sache überzeugt an sich die Gegenmeinung, nach der eine konstitutive Regelung vorliegt, wenn nicht die Wiederholung im TV als bloße Information über den Gesetzesinhalt gekennzeichnet ist (*Löwisch/Rieble* § 1 Rn 1504; ErfK/*Franzen* § 1 Rn 94; Däubler/*Däubler* Einl Rn 534). Indes muss die Konstanz der Rspr berücksichtigt werden, weil davon auszugehen ist, dass die TV-Parteien ihre Formulierungen an der für die Praxis maßgeblichen Rspr ausrichten und sie folglich Wiederholungen des Gesetzestextes immer dann, wenn sie eine konstitutive Regelung wünschen, als solche kennzeichnen. Ein bloßer Verweis auf den Gesetzestext ist stets deklaratorisch (ErfK/*Franzen* § 1 Rn 94).

85 Eine **ergänzende** Auslegung auch des normativen Teils ist grds möglich, setzt stets aber eine unbewusste Regelungslücke voraus (BAG 21.6.2000, 4 AZR 931/98, AP BAT 1975 §§ 22, 23 Nr 276). Enge Grenzen werden einer ergänzenden Auslegung vor allem aber durch die Tarifautonomie gesetzt, weil es allein Sache der TV-Parteien ist, Lücken zu schließen, wenn – wie das typischerweise der Fall ist – mehrere Möglichkeiten zur Lückenschließung in Betracht kommen (BAG 10.12.1986, 5 AZR 517/85, AP MTB II § 42 Nr 1; 20.7.2000, 6 AZR 64/99, ZTR 2001, 182; s aber BAG 29.4.2004, 6 AZR 101/03, EzA § 1 TVG Auslegung Nr 37).

§ 2 Tarifvertragsparteien

(1) Tarifvertragsparteien sind Gewerkschaften, einzelne Arbeitgeber sowie Vereinigungen von Arbeitgebern.
(2) Zusammenschlüsse von Gewerkschaften und von Vereinigungen von Arbeitgebern (Spitzenorganisationen) können im Namen der ihnen angeschlossenen Verbände Tarifverträge abschließen, wenn sie eine entsprechende Vollmacht haben.
(3) Spitzenorganisationen können selbst Parteien eines Tarifvertrags sein, wenn der Abschluss von Tarifverträgen zu ihren satzungsgemäßen Aufgaben gehört.
(4) In den Fällen der Abs. 2 und 3 haften sowohl die Spitzenorganisationen wie die ihnen angeschlossenen Verbände für die Erfüllung der gegenseitigen Verpflichtungen der Tarifvertragsparteien.

Übersicht	Rdn.		Rdn.
A. Funktion	1	F. Tariffähigkeit als absoluter oder relativer Begriff	24
B. Bedeutung der Tariffähigkeit	4		
C. Tariffähigkeit von Verbänden	5	G. Gerichtliche Feststellung von Tariffähigkeit und Tarifzuständigkeit	25
D. Die Tariffähigkeit einzelner AG	15		
E. Spitzenorganisationen	19		

1 **A. Funktion.** In § 2 ist abschließend aufgezählt, wer **Partei** eines TV und somit tariffähig sein kann: Gewerkschaften, Vereinigungen von AG, einzelne AG, Spitzenorganisationen iSv § 2 II. Die Aufzählung in § 2 bedeutet jedoch nur, dass die Genannten grds tariffähig sein können. Im TVG nicht angesprochen ist dagegen, ob an die Tariffähigkeit weitere Anforderungen zu stellen sind, welche Anforderungen es ggf wären und wie diese ihrerseits zu verstehen wären.

2 Nicht in § 2 I genannt ist die **Tarifgemeinschaft**, die sich dadurch kennzeichnet, dass tariffähige Parteien sich zur gemeinsamen Nutzung ihrer Tariffähigkeit verbinden, ohne AG-Verband oder Spitzenorganisation zu werden (*Löwisch/Rieble* § 2 Rn 394). Entscheidendes Abgrenzungskriterium zu den beiden letztgenannten ist folglich, dass die Tarifgemeinschaft keine eigene Tariffähigkeit hat; daher ist die Tarifgemeinschaft dt Länder nicht Tarifgemeinschaft in diesem Sinne (*Löwisch/Rieble* § 2 Rn 398). Bei der Tarifgemeinschaft wird das tariffähige Mitglied selbst TV-Partei. Alle parteibezogenen Wirksamkeitsvoraussetzungen eines TV müssen durch die Mitglieder der Tarifgemeinschaft erfüllt sein. Fehlt eine der Voraussetzungen bei nur einem Mitglied, ist der TV im Zweifel insgesamt unwirksam. Die Tarifgemeinschaft kann auch nur in dem Tarifzuständigkeitsrahmen ihrer Mitglieder handeln. Zur DGB-Tarifgemeinschaft für die Zeit- und Leiharbeit sowie zur Tarifgemeinschaft Christlicher Gewerkschaften für Zeitarbeit und Personal-Service-Agenturen *Ankersen* NZA 2003, 421; zur Tariffähigkeit § 2 Rdn 8 u § 1 Rdn 16; zur Tarifzuständigkeit § 2 Rdn 9; zum TV-Abschluss einer echten Tarifgemeinschaft im eigenen Namen Henssler/Moll/Bepler/ *Höpfner* Der Tarifvertrag, 2013, Teil 2, Rn 191.

3 Legaldefiniert ist lediglich die **Spitzenorganisation**, § 2 II. Für die anderen denkbaren Parteien eines TV existiert auch außerhalb des TVG keine gesetzliche Definition. Das gemeinsame Protokoll über Leitsätze des Vertrags über die Schaffung einer Wirtschafts-, Währungs- und Sozialunion zwischen der BRD und der

DDR vom 18.5.1990 (BGBl 1990 II S 537), welches in seinem Leitsatz III 2 die von der Rspr entwickelten Kriterien einer Koalition aufgenommen hatte, ist gem Art 40 I Einigungsvertrag gegenstandslos (*Löwisch/ Rieble* § 2 Rn 14).

B. Bedeutung der Tariffähigkeit. Die Tariffähigkeit beider TV-Parteien ist Voraussetzung für die Wirk- 4 samkeit eines TV. Sie muss tatsächlich vorliegen. Guter Glaube an ihr Bestehen ist nicht geschützt (BAG 15.11.2006, 10 AZR 665/05, NZA 2007, 448; HWK/*Henssler* § 2 Rn 3). Ist nur eine der TV-Parteien beim Abschluss nicht tariffähig, ist der TV von Anfang an unwirksam (BAG 15.11.2006, 10 AZR 665/05, NZA 2007, 448). Entfällt die Tariffähigkeit nur einer Partei nach Abschluss, wird der TV von diesem Zeitpunkt an unwirksam (*Löwisch/Rieble* § 2 Rn 168; allg zu den Folgen der Unwirksamkeit eines TV § 1 Rdn 15). Fehlt die Tariffähigkeit, besteht andererseits die Geschäftsfähigkeit nach bürgerlichem Recht, können die schuldrechtlichen Verpflichtungen des Vertrags, soweit sie nicht gegenstandslos sind, als Vertrag nach bürgerlichem Recht aufrechterhalten werden (*Gamillscheg* S 526). Weiterhin ist denkbar, dass ein von Anfang an wegen fehlender Tariffähigkeit einer Partei unwirksamer TV in einen schuldrechtlichen TV umgedeutet werden kann (*Löwisch/Rieble* § 2 Rn 167). Zu Beginn und Ende der Tariffähigkeit s Rdn 11 und Rdn 18.

C. Tariffähigkeit von Verbänden. Nur eine **Koalition** iSv Art 9 III GG (s Art 9 GG Rdn 10–14) kann 5 tariffähig sein. Ausnahme sind Handwerksinnungen und Innungsverbände, die kraft Gesetzes (§§ 54 III Nr 1, 82 Nr 3, 85 II HandwO) tariffähig sind, soweit der Abschluss von TV zu ihren satzungsmäßigen Aufgaben zählt.

Weitere Voraussetzung ist die **Anerkennung des staatlichen Tarif-, Schlichtungs- und Arbeitskampfrechts**, 6 denn an dem Einigungs- und Konfliktlösungssystem kann sich nur beteiligen, wer das System akzeptiert (BAG 25.11.1986, 1 ABR 22/85, EzA § 2 TVG Nr 17).

Tariffähigkeit kommt ferner nur dem **tarifwilligen** Berufsverband zu. Die Voraussetzung ist erfüllt, wenn 7 der Abschluss von TV zu den satzungsmäßigen Aufgaben gehört (BAG 25.11.1986, 1 ABR 22/85, EzA § 2 TVG Nr 17).

Für die Tariffähigkeit von Gewerkschaften wird weiterhin (zur Kritik s Rdn 9) **soziale Mächtigkeit** (zuletzt 8 BAG 28.3.2006, 1 ABR 58/04, DB 2006, 2070) verlangt. Für die Tariffähigkeit von AG-Verbänden wird nach der Rspr demggü keine soziale Mächtigkeit vorausgesetzt (BAG 20.11.1990, 1 ABR 62/89, EzA § 2 TVG Nr 20); zum Grund Rdn 15. Indizien sollen sein: Anzahl der Mitglieder (s aber auch BAG 14.12.2004, 1 ABR 51/03, EzA § 2 TVG Nr 27), deren Funktion im Arbeits- und Wirtschaftsprozess, Finanzkraft, Stärke potenzieller Gegenspieler, bisher abgeschlossene TV – auch der Abschluss von Anschluss-TV soll nach der Rspr grds ausreichen – (BAG 28.3.2006, 1 ABR 58/04, DB 2006, 2070), Fähigkeit zur Mobilisierung von Nicht- und anders Organisierten für Arbeitskämpfe. Eine später erfolgte Entscheidung des BAG hat die Haltung der Rspr jedoch präzisiert und die verschiedenen Anforderungen gewichtet: Nach BAG 5.10.2010, 1 ABR 88/09, NZA 2011, 300 sind Mitgliederzahl und organisatorische Leistungsfähigkeit die primären Kriterien der sozialen Mächtigkeit. Nur wenn danach Zweifel bestehen, ist die Teilnahme am Tarifgeschehen maßgeblich. Nicht aber kann allein die Anzahl abgeschlossener TV die Tariffähigkeit einer noch jungen Arbeitnehmerkoalition belegen. Dazu: *Schüren* NZA 2008, 453; *Lembke* NZA 2007, 1333; *ders.* NZA 2008, 451; *Ulber* NZA 2008, 438; *Franzen* BB 2009, 1472; *Jacobs* ZfA 2010, 27; *Greiner* NZA 2011, 825; *Ulber* RdA 2011, 353; s.a. Rdn 25. Verneint wurde in der Vergangenheit die Tariffähigkeit der CG Bergbau Chemie Energie (BAG 16.1.1990, 1 ABR 10/89, EzA § 2 TVG Nr 18) und der CG Holz und Bau Deutschlands (BAG 16.1.1990, 1 ABR 93/88, EzA § 2 TVG Nr 19), jüngst die der Gewerkschaft für Kunststoffgewerbe und Holzverarbeitung im Christlichen Gewerkschaftsbund (GKH) sowie die von medsonet (BAG 11.6.2013, 1 ABR 33/12, DB 2013, 2751). Bejaht wurde die Tariffähigkeit der CG Metall (BAG 28.3.2006, 1 ABR 58/04, DB 2006, 2070). Die Entwicklung scheint dahin zu gehen, dass den Gewerkschaften des CGB mit Ausnahme der CG Metall die Tariffähigkeit fehlt.

Verlangt wird schließlich die gemeinsame **Tarifzuständigkeit** der beiden vertragsschließenden TV-Parteien. 9 Der TV muss demnach in den von den Parteien jeweils autonom bestimmten geographischen Raum, die betroffene Branche und den bestimmten Personenkreis fallen (BAG 19.11.1985, 1 ABR 37/83, EzA § 2 TVG Nr 15; 24.7.1990, 1 ABR 46/89, EzA § 2 TVG Tarifzuständigkeit Nr 2). Ein AG-Verband darf seine Tarifzuständigkeit jedoch nicht auf seine jeweiligen Mitglieder beschränken (hierzu und zur Frage der Zulässigkeit der sog OT-Mitgliedschaft § 3 Rdn 19). Sind mehrere Gewerkschaften tarifzuständig, kann auch eine einzige von ihnen tarifliche Kollektivnormen oder Normen über gemeinsame Einrichtungen vereinbaren (BAG 29.7.2009, 7 ABR 27/08, NZA 2009, 1424, dort auch zu den konkreten Anforderungen an die Tarifzuständigkeit bei betriebsverfassungsrechtlichen Normen; 9.12.2009, 4 AZR 190/08,

NZA 2010, 712). Zu gemeinsamen Einrichtungen *Oetker* NZA Beilage 1/2010, 13. Zur Tarifzuständigkeit der DGB-Tarifgemeinschaft *Rieble* BB 2012, 2177; *Fischer* RdA 2013, 327. Das dt Tarifrecht kennt – anders als das US-amerikanische (sec 9 ff National Labor Relations Act, 29 U.S.C. 159 ff) – keine **formelle Zuständigkeit** einer Gewerkschaft, die in einem (Wahl-)Verfahren durch die AN festgelegt wird. Vielmehr wird die Tarifzuständigkeit einseitig durch die jeweilige TV-Partei in ihrer eigenen Satzung bestimmt (aus der neueren Rspr BAG 27.9.2005, 1 ABR 41/04, AP TVG § 2 Tarifzuständigkeit Nr 18). Sie kann jederzeit geändert werden (BAG 10.2.2009, 1 ABR 36/08, RdA 2009, 908). Ein echtes Erfordernis der Tarifzuständigkeit existiert folglich im dt Kollektiven ArbR nicht. Eine einseitige Festlegung der Zuständigkeit in der Satzung stellt in Bezug auf das Zustandekommen des TV eine Frage des Stellvertretungsrechts dar (insoweit auch *Löwisch/Rieble* § 2 Rn 181). Dieselbe Festlegung hins der normativen Wirkung des TV und arbeitskampfrechtlicher Folgen von diesem Verständnis zu lösen und zu einer absoluten Wirksamkeitsvoraussetzung auszubauen, ist mit dem Umstand, dass sie einseitig festgelegt werden kann, dogmatisch nicht ohne Weiteres zu vereinbaren; dies mit §§ 2a I Nr 4, 97 ArbGG zu begründen, ist kein zwingendes Argument, da die genannten Bestimmungen zu dem materiellrechtlichen Gehalt der Tarifzuständigkeit keine Stellung beziehen. Es wäre überzeugender, die Tarifzuständigkeit auch insoweit auf ihre Funktion als Verleihung der Vertretungsmacht der Vereinsorgane zu reduzieren (grdl *Kraft* FS Schnorr-von-Carolsfeld, 1972, 255; krit auch *van Venrooy* ZfA 1983, 49; *Gamillscheg* S 535 ff; auch *Konzen* FS Kraft, 1998, 291, 299 ff, der freilich bei den Rechtsfolgen der hM folgt; zur Gegenauffassung: *Löwisch/Rieble* § 2 Rn 181; Wiedemann/*Oetker* § 2 Rn 53). Fälle der fehlenden Tarifzuständigkeit wären damit wie Fälle der fehlenden Vertretungsmacht zu behandeln: Maßgeblich wäre, inwieweit die fehlende Vertretungsmacht im Außenverhältnis durchschlägt (*Kraft* FS Schnorr-von-Carolsfeld, 1972, 270 f; § 1 Rdn 6). Wesentlicher Unterschied bei fehlender Tarifzuständigkeit kraft Satzung: schwebende Unwirksamkeit des TV gem § 177 I BGB und nicht absolute Unwirksamkeit. Der Schwebezustand könnte auch für arbeitskampfrechtliche Folgen nach § 177 II BGB beendet werden. Anders als bei der Tarifmacht ist allerdings nicht erkennbar, dass die Position von Rspr und Lit sich wandelt. Zu Kompetenzkonflikten *Ricken* RdA 2007, 35.

10 Keine Bedingung ist hingegen die **Arbeitskampfbereitschaft** (BVerfG 6.5.1964, 1 BvR 79/62, AP TVG § 2 Nr 15; anders *Kocher* FS Kempen, 2013, 166). Eine Koalition ist in der Freiheit der Wahl ihrer Mittel geschützt und kann daher auch dann TV abschließen, wenn die Satzung Arbeitskämpfe ausschließt (grds Verzicht auf Arbeitskampfmaßnahmen bei der CGM, LAG BW 1.10.2004, 4 TaBV 1/04, NZA-RR 2005, 85, 88).

11 Mit Vorliegen dieser Voraussetzungen **beginnt** die Tariffähigkeit. Sie endet, wenn nur eine der Voraussetzungen nicht mehr erfüllt wird. Ende der Tariffähigkeit tritt auch mit Verbandsauflösung ein (BAG 25.9.1990, 3 AZR 266/89, EzA § 10 ArbGG 1979 Nr 4).

12–14 *(derzeit unbesetzt)*

15 **D. Die Tariffähigkeit einzelner AG.** § 2 I erklärt den einzelnen AG für tariffähig. Weitere Anforderungen an seine Tariffähigkeit (soziale Mächtigkeit, Tarifwilligkeit) bestehen schon deshalb nicht (zur Mächtigkeit: BAG 20.11.1990, 1 ABR 62/98, EzA § 2 TVG Nr 20). Das Problem der Tarifzuständigkeit entfällt, weil der AG für seine AN kraft gesetzlicher Anordnung und kraft AG-Stellung zuständig ist.

16 Die Tariffähigkeit des einzelnen AG berührt es nicht, wenn er **Mitglied in einem AG-Verband** ist. Er kann auch einen Firmen-TV abschließen (BAG 10.12.2002, 1 AZR 96/02, EzA Art 9 GG Arbeitskampf Nr 134; zur Tarif- und Arbeitskampffähigkeit des verbandsangehörigen AG s.a. *Fischinger* ZTR 2006, 518). Ein in einem solchen Abschluss liegender möglicher Verstoß gegen die Satzung des AG-Verbandes betrifft nur das Binnenverhältnis des Verbandes und nicht die Gültigkeit des TV (BAG 24.1.2001, 4 AZR 655/99, EzA § 4 TVG Tarifkonkurrenz Nr 14). Zum Verhältnis mehrerer TV § 4a Rdn 1-2. Zur Erzwingung von Firmen-TV durch Arbeitskampf: Anhang TVG Arbeitskampfrecht Rdn 18.

17 **AG** ist jeder, der wenigstens einen AN beschäftigt. Kein AG ist der Konzern (*Gamillscheg* S 525), wohl aber jede Konzerngesellschaft und damit auch die Konzernobergesellschaft für ihre eigenen AN (statt aller s nur *Windbichler* S 69).

18 Die Tariffähigkeit des einzelnen AG **beginnt**, wenn die Beschäftigung von AN vorgesehen ist (BAG 24.6.1998, 4 AZR 208/97, EzA § 20 UmwG Nr 1). Sie entfällt, wenn der AG als TV-Partei ersatzlos wegfällt (*Löwisch/Rieble* § 2 Rn 373), also bei der juristischen Person erst mit ihrer Auflösung. Ist der AG natürliche Person, tritt bei seinem Tod der Erbe durch Universalsukzession in den TV ein (HWK/*Henssler* § 2 Rn 25). Die Insolvenz des AG ändert nichts an dessen AG-Eigenschaft und damit an dessen Tariffähigkeit (ErfK/*Franzen* § 2 Rn 26). Der Insolvenzverwalter bleibt an einen bestehenden Haus-TV gebunden und kann neue Haus-TV abschließen (HWK/*Henssler* § 2 Rn 25).

E. Spitzenorganisationen. Nach der Legaldefinition des § 2 II sind Spitzenorganisationen Zusammenschlüsse von Gewerkschaften und Vereinigungen von AG. Nach § 2 II können sie im Namen der ihnen angeschlossenen Verbände TV abschließen. § 2 III verleiht ihnen darüber hinaus selbst Tariffähigkeit. Nimmt eine Vereinigung andere Vereinigungen und einzelne AG oder Gewerkschaften als Mitglieder auf, ist sie sowohl nach § 2 I als auch nach § 2 III tariffähig (BAG 22.3.2000, 4 ABR 79/98, EzA § 2 TVG Nr 22).

§ 2 II, nach welchem Spitzenorganisationen im Namen der ihnen angeschlossenen Verbände TV abschließen können, stellt klar, dass die nach allg Grundsätzen der Rechtsgeschäftslehre auch bei TV vorstellbare Vertretung durch Spitzenorganisationen auch dann möglich ist, wenn diese nicht rechtsfähig sind (ErfK/*Franzen* § 2 Rn 28).

Bei § 2 II muss der Verband, der TV-Partei wird, **tariffähig** sein (*Löwisch* SAE 2011, 61, 62; teilw unklar BAG 14.12.2010, 1 ABR 19/10, NZA 2011, 289). Schließt eine Spitzenorganisation nach § 2 III hingegen einen TV in eigenem Namen ab, muss die Spitzenorganisation selbst alle Anforderungen der Tariffähigkeit erfüllen. Ob zusätzlich sämtliche der Spitzenorganisation angehörende Mitgliederverbände ihrerseits tariffähig sein müssen (so BAG 2.11.1960, 1 ABR 18/59, AP ArbGG 1953 § 97 Nr 1), ist umstr (BAG 14.12.2010, 1 AZR 19/10, NZA 2011, 289; BAG 16.2.2000, 4 AZR 14/99, AP TVG § 2 Nr 54; dagegen: *Thüsing/Goertz* in der Anm; differenzierend: *Löwisch/Rieble* § 2 Rn 289 ff; Wiedemann/*Oetker* § 2 Rn 432). Ausreichend ist, dass 2 Mitgliedsgewerkschaften tariffähig sind (*Jacobs* ZfA 2010, 27, 42 ff). Das BAG verlangt zudem, dass die Mitgliedsverbände der Spitzenorganisation ihre Tariffähigkeit vollständig vermitteln müssen (BAG 10.11.2011, 6 AZR 148/09, JZ 2012, 1073). Hiergegen zu Recht *Henssler/Höpfner/Orlowski* Der CGZP-Beschluss des Bundesarbeitsgerichts und seine tarifrechtlichen Folgen, S 16 ff. Zur Tariffähigkeit von Spitzenorganisationen ferner *Löwisch* SAE 2011, 61; *Schüren* RdA 2011, 368.

Als weitere Voraussetzung der Tariffähigkeit einer Spitzenorganisation verlangt § 2 III, dass der Abschluss von TV zu deren **satzungsgemäßen Aufgaben** gehört. Es reicht, wenn sich dies durch Auslegung der Satzung belegen lässt (ErfK/*Franzen* § 2 Rn 29a). Bestimmt die Satzung, dass die Aufgaben der Spitzenorganisation als AG-Verband durch eine in ihr gebildete Arbeitsgemeinschaft wahrzunehmen sind, der nur Einzelmitglieder angehören können, zählt der Abschluss von TV nicht zur satzungsgemäßen Aufgabe der Spitzenorganisation selbst (BAG 22.3.2000, 4 ABR 79/98, EzA § 2 TVG Nr 22).

Die Tariffähigkeit der Spitzenorganisation **beginnt** zu dem Zeitpunkt, zu dem alle Voraussetzungen erfüllt sind. Sie endet, wenn nur eine der Voraussetzungen wegfällt oder die Spitzenorganisation aufgelöst wird.

F. Tariffähigkeit als absoluter oder relativer Begriff. Herkömmlicherweise wird die Tariffähigkeit als absolutes Kriterium verstanden. Sie liegt entweder vor oder nicht. Relativiert wird hiernach die Tariffähigkeit lediglich durch die Tarifzuständigkeit. Demggü ist eine allg Relativierung der Tariffähigkeit vertreten worden (*Rieble* FS Wiedemann, 2002, 519, 529 ff): Die Merkmale sollen jeweils in Bezug auf den konkret infrage stehenden TV vorliegen. Der Sache nach überzeugt diese Ansicht, ist sie doch nichts als die konsequente Durchführung der hinter den jeweiligen Anforderungen stehenden Vorstellungen. Dennoch ist im Ergebnis ein relativer Tariffähigkeitsbegriff abzulehnen. Die damit verbundene Unsicherheit wäre wegen der mit der Tariffähigkeit zusammenhängenden Folgen für die Praxis nicht tragbar (im Ergebnis ebenso BAG 28.3.2006, 1 ABR 58/04, DB 2006, 2070; LAG BW 1.10.2004, 4 TaBV 1/04, NZA-RR 2005, 85, 89 ff; *Kissel* S 107; *Buchner* DB 2004, 1042, 1044).

G. Gerichtliche Feststellung von Tariffähigkeit und Tarifzuständigkeit. Tariffähigkeit und Tarifzuständigkeit können nach §§ 2a I Nr 4, 97 ArbGG im Beschlussverfahren festgestellt werden. Antragsberechtigt sind: die Koalition, deren Tariffähigkeit oder -zuständigkeit bestritten wird (BAG 25.11.1986, 1 ABR 22/85, EzA § 2 TVG Nr 17); der tarifliche Gegenspieler (BAG 17.2.1970, 1 ABR 14/69, EzA § 2 TVG Tarifzuständigkeit Nr 2); auch – und hier zeigt sich der die Praxis vielfach bestimmende Geist des Streits um das Vorliegen der Tariffähigkeit – konkurrierende Organisationen (BAG 10.9.1985, 1 ABR 32/83, EzA § 2 TVG Nr 14); nach § 97 I ArbGG ferner die oberste Arbeitsbehörde des Bundes oder eines Landes, in dessen Gebiet die Vereinigung tätig ist und schließlich die Parteien des Rechtsstreits nach § 97 V 2 ArbGG, dessen Ausgang von der Entscheidung über die Tariffähigkeit oder Tarifzuständigkeit abhängt. Zu § 97 V 1 ArbGG BAG 28.1.2008, 3 AZB 30/07, EzA § 97 ArbGG 1979 Nr 9; *Schüren* NZA 2007, 1213.

Es tritt Bindung nach entspr Anwendung von § 9 ein (BAG 10.5.1989, 4 AZR 80/89, EzA § 256 ZPO Nr 32).

§ 3 Tarifgebundenheit

(1) Tarifgebunden sind die Mitglieder der Tarifvertragsparteien und der Arbeitgeber, der selbst Partei des Tarifvertrags ist.

(2) Rechtsnormen des Tarifvertrags über betriebliche und betriebsverfassungsrechtliche Fragen gelten für alle Betriebe, deren Arbeitgeber tarifgebunden ist.
(3) Die Tarifgebundenheit bleibt bestehen, bis der Tarifvertrag endet.

Übersicht

	Rdn.			Rdn.
A. Begriff und Funktion der Tarifgebundenheit	1	F.	Beginn und Ende der Tarifgebundenheit	26
B. Tarifgebundenheit der Mitglieder der TV-Partei	7	I.	Beginn	26
I. Überblick	7	II.	Ende	28
II. Einzelfragen	14		1. Ende der Tarifbindung nach § 3 I und II	28
C. Tarifgebundenheit des AG beim Firmen-TV	23		2. Nachbindung	32
D. Geltung von betrieblichen und betriebsverfassungsrechtlichen Normen	24	G.	Maßgeblichkeit eines TV ohne Tarifbindung	38
		I.	Bezugnahmeklauseln in Arbeitsverträgen	39
E. Gemeinsame Einrichtungen	25	II.	Bezugnahmeklausel in BV	53

1 **A. Begriff und Funktion der Tarifgebundenheit.** Mit der Tarifgebundenheit wird in § 3 der Kreis derjenigen Personen definiert, für die die Rechtsnormen des TV unmittelbar und zwingend nach § 4 gelten. § 4 II bestimmt den Kreis der unmittelbar und zwingend an Tarifnormen für gemeinsame Einrichtungen der TV-Parteien Gebundenen, ohne diese rechtstechnisch als Tarifgebundene zu bezeichnen.

2 Indem sich der Gesetzgeber für die normative Wirkung eines TV und gegen andere denkbare Einwirkungstechniken eines TV auf Arbeitsverhältnisse entschieden hat (s § 4 Rdn 2–29), musste er eine **Legitimationsbasis** für die Möglichkeit der TV-Parteien schaffen, Regelungen mit gesetzesgleicher Wirkung treffen zu können. Diese Legitimationsbasis ist nach § 3 I die nur auf AG-Seite mögliche Eigenschaft als Partei des TV sowie in 1. Linie die Zugehörigkeit zum vertragsschließenden Verband (HWK/*Henssler* § 3 Rn 1).

3 Das Konzept der Tarifgebundenheit ist damit notwendige Ergänzung der normativen Wirkung. Für **Nichtmitglieder** besteht hingegen grds keine Normsetzungskompetenz (ErfK/*Franzen* § 3 Rn 1). Zu einer Auseinandersetzung um eine erga-omnes-Wirkung von TV *Kamanabrou* Erga-Omnes-Wirkung von Tarifverträgen, 2011; *Franzen* ZfA 2012, 533; *Rieble* EuZA 2012, 496.

4 Der Grundsatz des § 3 I wird für Rechtsnormen über betriebliche und betriebsverfassungsrechtliche Fragen aufgelockert (s Rdn 24). Für die normative Wirkung solcher Normen reicht nach § 3 II die Tarifgebundenheit des AG aus. Für Normen über gemeinsame Einrichtungen bestimmt § 4 II, dass diese unmittelbar und zwingend auch für die Satzung dieser Einrichtung und das Verhältnis der Einrichtung zu den tarifgebundenen AG und AN gelten.

5 Weitere Ausnahme zum Grundsatz ist die Allgemeinverbindlichkeit, deren Rechtsgrundlage § 5 TVG und §§ 3, 7, 7a AEntG sind.

6 Wird der TV durch arbeitsvertragliche Bezugnahme Inhalt des Arbeitsvertrags, wirkt er aufgrund anderer Regelungstechnik ohne Tarifgebundenheit (Rdn 38–53).

7 **B. Tarifgebundenheit der Mitglieder der TV-Partei. I. Überblick.** Nach § 3 I sind (nur) die Mitglieder der TV-Parteien tarifgebunden. Aus § 4 I folgt, dass für die normative Wirkung von Inhalts-, Abschluss- und Beendigungsnormen die beiderseitige Tarifgebundenheit Voraussetzung ist (§ 4 Rdn 6).

8 Maßgeblich ist die **Mitgliedschaft** im vertragsschließenden Verband, bei einer Spitzenorganisation also die Mitgliedschaft in dieser. Die Mitgliedschaft richtet sich nach der Satzung des Verbands (BAG 16.2.1962, 1 AZR 167/61, AP TVG § 3 Verbandszugehörigkeit Nr 12; 22.11.2000, 4 AZR 688/99, EzA § 3 TVG Nr 20), die damit die Voraussetzungen des Erwerbs und des Endes der Mitgliedschaft ebenso wie die konkrete Ausgestaltung der Mitgliedschaft festlegt. Zum Beitritt Minderjähriger s § 113 BGB Rdn 4.

9 Ein Anspruch auf **Aufnahme** kann durch die Satzung gewährt werden (Ausnahmefall in der Praxis; s aber das Übertrittsrecht zwischen DGB-Gewerkschaften bspw gem § 6 der Satzung der IG Metall [www.igmetall.de]; § 7 der Satzung von ver.di [www.verdi.de]; § 4 der Satzung der IG Bergbau-Chemie-Energie [www.igbce.de]).

10 Die **Satzung** muss dem Recht auf positive Koalitionsfreiheit aus Art 9 III GG genügen: Hat die Koalition eine überwiegende Machtstellung, sodass ein wesentliches Interesse am Erwerb der Mitgliedschaft besteht, und liegt ferner kein sachlicher Grund für die Versagung der Mitgliedschaft vor, besteht daher ein gesetzlicher Aufnahmeanspruch (entschieden für den Anspruch des AN gegen eine Gewerkschaft: BGH

10.12.1984, II ZR 91/84, NJW 1985, 1216; 1.10.1984, II ZR 292/83, NJW 1985, 1214; diese Grundsätze sind auf die Aufnahme in einen AG-Verband zu übertragen, ErfK/*Franzen* § 3 Rn 8).

Die Satzungsbestimmungen über das **Ende der Mitgliedschaft** müssen das Recht auf negative Koalitionsfreiheit des Art 9 III GG (s Art 9 GG Rdn 16) berücksichtigen. Die Mitgliedschaft kann enden durch: Austritt, Ausschluss sowie mit Zeitablauf bei Befristung und mit Bedingungseintritt bei auflösender Bedingung. Eine etwaige Frist für den Austritt darf wegen der negativen Koalitionsfreiheit nicht länger als ein halbes Jahr betragen (BGH 4.7.1977, II ZR 30/76, AP GG Art 9 Nr 25; 22.9.1980, II ZR 34/80, AP GG Art 9 Nr 33; HWK/*Henssler* § 3 Rn 11). Die Satzung kann vorsehen, dass die Mitgliedschaft durch Vereinbarung beendet werden kann, auch wenn dadurch die satzungsmäßige Frist für den Austritt nicht zur Anwendung gelangt. Zu möglichen Einschränkungen für einen Austritt während der Tarifverhandlungen BAG 20.2.2008, 4 AZR 64/07, NZA 2008, 946. Zur OT-Mitgliedschaft Rdn 19. Sieht eine Satzung nicht vor, dass die Insolvenz des Mitgliedes dessen Mitgliedschaft beendet, bleibt die Tarifbindung nach Insolvenzeröffnung bestehen (BAG 28.1.1987, 4 AZR 150/86, EzA § 3 TVG Nr 5; 27.6.2000, 1 ABR 31/99, EzA § 3 TVG Nr 18). 11

Ein **Ausschluss** muss den materiell- und verfahrensrechtlichen Anforderungen der Satzung genügen und muss wegen des Rechts auf positive Koalitionsfreiheit durch einen sachlichen Grund gerechtfertigt sein (BGH 28.9.1972, II ZR 5/70, AP GG Art 9 Nr 21: Infragestellen des Fortbestands der Gewerkschaft; BGH 4.3.1991, II ZR 90/90, EzA Art 9 GG Nr 51: Mitgliedschaft in einer Partei, die den Fortbestand der Gewerkschaft infrage stellt; BVerfG 24.2.1999, 1 BvR 123/93, NZA 1999, 713: Eintragung eines Gewerkschaftsmitgliedes auf einer konkurrierenden Liste zur BR-Wahl – insoweit unentschieden BAG 2.12.1960, 1 ABR 20/59, AP BetrVG § 19 Nr 2). 12

Bsp für **auflösende Bedingungen** der Mitgliedschaft: Verzug mit Beitragszahlungen (Däubler/*Lorenz* § 3 Rn 56); Eröffnung des Insolvenzverfahrens; Verlust der AG-Eigenschaft (ErfK/*Franzen* § 3 Rn 13). Solche Bestimmungen werden auch dann grds als zulässig angesehen, wenn die Voraussetzungen für einen gesetzlichen Aufnahmeanspruch (s Rdn 10) bestehen, weil sie einen sachlichen Grund für die Versagung der Mitgliedschaft darstellen (zum Ausschluss ErfK/*Franzen* § 3 Rn 12; HWK/*Henssler* § 3 Rn 12 f). 13

II. Einzelfragen. Erforderlich ist das **tatsächliche Bestehen** der Mitgliedschaft. Der Rechtsschein einer Mitgliedschaft führt nicht zur Tarifgebundenheit iSd § 3 I (ErfK/*Franzen* § 3 Rn 5; RGKU/*Giesen* § 3 Rn 8). Vorstellbar ist allenfalls eine vertragliche Haftung im Verhältnis zur anderen Partei des Arbeitsvertrags, wenn die eine Partei den Rechtsschein hervorgerufen hat. 14

Mitgliedschaft und Tarifgebundenheit können ebenfalls nicht über **betriebliche Übung** herbeigeführt werden, weil die betriebliche Übung dogmatisch das Verhältnis zwischen AG und AN betrifft und damit das Entstehen einer Mitgliedschaft nicht tragen kann. Möglich ist aber, dass durch betriebliche Übung (s hierzu § 611 BGB Rdn 44–51) ein individualarbeitsrechtlicher Anspruch auf Gewährung der tariflichen Arbeitsbedingungen entsteht. 15

Eine **unwirksame Aufnahme** begründet entspr den Grundsätzen zur fehlerhaften Gesellschaft eine wirksame Mitgliedschaft für zurückliegende Zeiträume (*Löwisch/Rieble* § 3 Rn 83). In diesem Rahmen besteht Tarifbindung nach § 3 I. 16

Der **Umfang der Tarifbindung** ist gesetzlich festgelegt und grds keinen Einschränkungen unterworfen (Wiedemann/*Oetker* § 3 Rn 9). Eine unmittelbare Beeinflussung des Ausmaßes der Tarifbindung kommt daher angesichts des klaren Wortlauts von §§ 3, 4 nicht in Betracht. Durch die Satzung können mithin insb nicht gestaltet bzw herbeigeführt werden: rechtliche Technik der Tarifbindung; gegenständliche Einschränkung der Tarifbindung; Erstreckung der Tarifbindung auf Außenseiter (HWK/*Henssler* § 3 Rn 2). Indem andererseits die Tarifbindung an die durch Satzung geregelte Mitgliedschaft im Verband anknüpft, kann über die Definition des betrieblichen, fachlichen und persönlichen Geltungsbereichs des TV mittelbar der Grad der Tarifbindung durch die TV-Parteien gestaltet werden (Kempen/Zachert/*Kempen* § 3 Rn 8). 17

Fraglich ist, ob Formen der Abstufung der Mitgliedschaft in der Satzung Folgen für die Tarifbindung haben. Anerkannt ist dies für Ausgestaltungen der Mitgliedschaft, bei denen dem Mitglied wesentliche Mitgliedschaftsrechte wie Mitwirkungs- und Stimmrechte nicht zustehen (**Gastmitgliedschaft**). Eine solche Mitgliedschaft wird nicht als Mitgliedschaft iSd § 3 I qualifiziert (BAG 16.2.1962, 1 AZR 167/61, AP TVG § 3 Verbandszugehörigkeit Nr 12). 18

Höchstrichterlich durch BAG 18.7.2006, 1 ABR 36/05, EzA § 2 TVG Tarifzuständigkeit Nr 10 sowie 4.6.2008, 4 AZR 419/07, NZA 2008, 1366 anerkannt ist inzwischen die grundsätzliche Zulässigkeit der sog **OT-Mitgliedschaft** als Ausdruck der durch Art 9 III GG gewährleisteten Satzungsautonomie. Bei der OT-Mitgliedschaft handelt es sich um eine Form der Mitgliedschaft, die es ermöglicht, die Serviceleistungen des AG-Verbands in Anspruch zu nehmen, ohne jedoch von der Tarifbindung erfasst zu werden. Für 19 die Zulässigkeit in der Lit: *Buchner* NZA 1995, 761; *Otto* NZA 1996, 624, 627 ff; *Reuter* RdA 1996, 201; dagegen: *Däubler* NZA 1996, 225, 230 ff; *Glaubitz* NZA 2003, 140; *Deinert* AuR 2006, 217, 224; offengelassen noch von BAG 23.10.1996, 4 AZR 409/95 (A), § 97 ArbGG 1979 Nr 3; in einer Entscheidung vom 23.2.2005, 4 AZR 186/04, AP TVG § 4 Nr 42 Nachwirkung, hat das BAG die OT-Mitgliedschaft noch lediglich als nicht generell unwirksam bezeichnet, hierzu *Buchner* RdA 2006, 308. Neben der Satzungsautonomie sprechen für die Zulässigkeit weiterhin: das Konzept des § 3 I, nach welchem die Tarifbindung freiwillig eintritt; aus praktischen Erwägungen schließlich, dass der Verband sich ansonsten in 2 Verbände aufteilen könnte und würde (hierzu HWK/*Henssler* § 3 Rn 3). Ein AG-Verband kann demggü seine Tarifzuständigkeit nicht wirksam auf seine jeweiligen Mitglieder beschränken (BAG 18.7.2006, 1 ABR 36/05, EzA § 2 TVG Tarifzuständigkeit Nr 10). Nicht möglich ist nach BVerwG 23.3.2016, 10 C 23.14, die OT-Mitgliedschaft bei Handwerksinnungen, weil die HandwO eine entsprechende Einschränkung nicht zulässt (*Walser/Boor* AuR 2016, 57).

20 In einer Serie von Entscheidungen hat das BAG die Anforderungen an eine OT-Mitgliedschaft präzisiert. Eine formell wirksame Satzung muss die OT-Mitgliedschaft vorsehen, BAG 26.9.2009, 4 AZR 294/08, AP TVG § 3 Verbandszugehörigkeit Nr 28. Um materiell wirksam zu sein, muss die Satzung selbst (und nicht etwa eine Geschäftsordnung, BAG 21.1.2015, 4 AZR 797/13, EzA § 3 TVG Verbandsaustritt Nr 8) bei einer OT-Mitgliedschaft eine klare und eindeutige Trennung der Befugnisse von Mitgliedern mit Tarifbindung und ohne Tarifbindung vorsehen und ausschließen, dass OT-Mitglieder eine unmittelbare Einflussnahme auf tarifpolitische Entscheidungen haben, BAG 25.2.2009, 4 AZR 986/07, AP TVG § 3 Nr 40; 15.12.2010, 4 AZR 256/09, AP TVG § 3 Nr 50; insoweit zustimmend *Jacobs/Krois* FS Reuter, 2010, 555, 565 mwN. In diesem Erfordernis liegt kein Verstoß gegen Art 9 III oder Art 12 I GG, BVerfG 1.12.2010, 1 BvR 2593/09, BB 2011, 52. Nach BAG 4.6.2008, 4 AZR 419/07, NZA 2008, 1366, Rn 59 ff, 72 ist bei einem kurzfristigen Wechsel in die OT-Mitgliedschaft im Vorfeld eines Tarifabschlusses Transparenz gegenüber der anderen TV-Partei erforderlich; unterbleibt diese, soll der Statuswechsel in die OT-Mitgliedschaft bzgl der TV tarifrechtlich (BAG 20.5.2009, 4 AZR 179/08, NZA 2010, 102; zustimmend *Krause* GS Zachert, 2010, 605; zum Bestehen einer Informationspflicht auch *Wiedemann* FS Reuter, 2010, 889, 898) unwirksam sein, die während des Statuswechsels verhandelt werden. Zu den Grenzen BAG 21.11.2012, 4 AZR 27/11, DB 2013, 1735. Wird der Wechsel in die OT-Mitgliedschaft transparent gemacht, ist er wirksam (BAG 19.6.2012, 1 AZR 775/10, EzA Art 9 GG Arbeitskampf Nr 146). Mit Ausnahme von dem Erfordernis, dass eine formell wirksame Satzung im Grundsatz eine OT-Mitgliedschaft vorsehen muss, überzeugen diese Entscheidungen weder in ihrer Begründung noch in ihrem Ergebnis einschließlich der Rechtsfolgen. Zur Kritik *Höpfner* ZfA 2009, 541; *Melot de Beauregard* ZTR 2009, 14; *Rieble* RdA 2009, 280; *Willemsen/Mehrens* NJW 2009, 1916; *Bauer/Haußmann* RdA 2009, 99; *Jacobs/Krois* FS Reuter, 2010, 555; *Konzen* FS Bauer, 2010, 559). Die in BAG 4.6.2008, 4 AZR 419/07 behauptete Transparenzpflicht ließe sich allenfalls aus dem gesetzlichen Schuldverhältnis zwischen den TV-Parteien herleiten (§ 1 Rdn 68). Zum etwaigen Anspruch einer Gewerkschaft gegen den AG-Verband auf Auskunft über den OT-Status, *Ahrendt* RdA 2010, 345 ff.

21 Zur Tarifbindung bei **Zusammenschluss von Gewerkschaften**: *Rieble* AuR 1990, 365, 367 ff; *Kempen* AuR 1990, 372 ff; *Hanau/Kania* AuR 1994, 205, 208 ff.

22 Ein **Betriebsübergang** nach § 613a BGB begründet aufgrund des nach § 613a I 2 BGB individualrechtlich ausgestalteten Schutzes der AN als solcher nicht die Tarifbindung des neuen Betriebsinhabers (s § 613a BGB Rdn 56).

23 **C. Tarifgebundenheit des AG beim Firmen-TV.** Der AG, der selbst einen TV abschließt, ist gleichzeitig Partei des TV und der Arbeitsverträge mit den von den Normen des TV anvisierten AN. Das TVG hält auch in dieser Konstellation an der normativen Wirkung für Tarifgebundene fest; die Legitimation liegt anders als beim Verbands-TV nicht im freiwilligen Verbandsbeitritt, sondern im freiwilligen Abschluss des TV (MünchArbR/*Rieble/Klumpp* § 177 Rn 5; aA ErfK/*Franzen* § 3 Rn 15).

24 **D. Geltung von betrieblichen und betriebsverfassungsrechtlichen Normen.** Betriebliche und betriebsverfassungsrechtliche Normen gelten nach § 3 II normativ für alle Betriebe, deren AG tarifgebunden sind. Rechtfertigung für die Geltung auch ggü Außenseitern ist, dass entspr Normen nur einheitlich für einen Betrieb gelten können (MünchArbR/*Rieble/Klumpp* § 177 Rn 36; Däubler/*Lorenz* § 3 Rn 60 ff). Die Erstreckung auf Außenseiter macht es erforderlich, diese Voraussetzung eng zu verstehen (s § 1 Rdn 35, 39).

25 **E. Gemeinsame Einrichtungen.** Normen über gemeinsame Einrichtungen der TV-Parteien gelten nach § 4 II unmittelbar und zwingend auch für die Satzung dieser Einrichtung sowie für das Verhältnis der Einrichtung zu den tarifgebundenen AG und AN (s näher § 4 Rdn 38).

F. Beginn und Ende der Tarifgebundenheit. I. Beginn. Bei den Inhalt, Abschluss und Beendigung von 26
Arbeitsverhältnissen regelnden sog Individualnormen setzt die Tarifbindung nach § 4 I 1 die beiderseitige
Mitgliedschaft der Arbeitsvertragsparteien in den Organisationen voraus, die den TV abgeschlossen haben
(BAG 14.12.1990, 7 AZR 68/89, EzA § 1 BeschFG 1985 Nr 10). Die Tarifbindung setzt zu dem Zeitpunkt
ein, zu dem die beiderseitige Mitgliedschaft in zeitlicher Hinsicht erstmals vorliegt. Tritt der TV zeitlich
verzögert zu seiner Vereinbarung in Kraft, muss die beiderseitige Tarifbindung zum Zeitpunkt des Inkrafttretens bestehen (BAG 20.6.1958, 1 AZR 245/57, AP TVG § 1 Rückwirkung Nr 2; 13.12.1995, 4 AZR
603/94, EzA § 4 TVG Nachwirkung Nr 19). Zur Konstruktion bei sofortigem Inkrafttreten des TV, aber
stufenweisem Eintreten seiner Rechtsfolgen BAG 17.5.2000, 4 AZR 363/99, EzA § 3 TVG Nr 19.

Bei **betriebs- und betriebsverfassungsrechtlichen Normen** wird entgegen des Wortlauts des § 3 II, der 27
lediglich die Tarifgebundenheit des AG verlangt, vielfach als zusätzliche Voraussetzung für den Beginn
der Tarifbindung gefordert, dass wenigstens ein AN Mitglied der tarifschließenden Gewerkschaft ist
(BAG 20.3.1991, 4 AZR 455/90, EzA § 4 TVG Tarifkonkurrenz Nr 7; 5.9.1990, 4 AZR 59/90, EzA § 4
TVG Tarifkonkurrenz Nr 5). Dem ist zuzustimmen, weil es ansonsten möglich wäre, dass eine Gewerkschaft Normen ausschließlich für Außenseiter vereinbart. Die praktische Relevanz dieser Voraussetzung
dürfte freilich denkbar gering sein. Weitere Voraussetzung für den Beginn der normativen Wirkung bei
gemeinsamen Einrichtungen ist, dass die Einrichtung existiert.

II. Ende. 1. Ende der Tarifbindung nach § 3 I und II. Nach § 3 I endet die Tarifbindung, wenn die 28
Mitgliedschaft in dem Verband endet, der den TV abgeschlossen hat. Über § 4 I 1 – beiderseitige Tarifbindung – folgt daraus für die Individualnormen, dass Tarifbindung endet, wenn nur eine der Arbeitsvertragsparteien ihre Organisation verlässt. Die Satzung des infrage stehenden Verbands bestimmt, wann die
Mitgliedschaft beendet ist (Kempen/Zachert/*Kempen* § 3 Rn 21).

Die **Tarifbindung des AG** beim Firmen-TV endet, wenn der AG den Geltungsbereich des TV (aufgrund 29
unternehmerischer Neuausrichtung) verlässt (BAG 10.12.1997, 4 AZR 247/96, EzA § 4 TVG Nachwirkung
Nr 25). Gleiches gilt, wenn durch einen Betriebsübergang der tarifliche Geltungsbereich wechselt (BAG
26.9.1979, 4 AZR 819/77, AP BGB § 613a Nr 17; 9.11.1999, 3 AZR 690/98, EzA § 4 TVG Bauindustrie
Nr 97).

Weitere Gründe für ein **Ende der Tarifbindung** sind: Ablauf des TV durch Kdg (BAG 18.12.1996, 4 AZR 30
129/96, EzA § 1 TVG Fristlose Kündigung Nr 2); Befristung (ErfK/*Franzen* § 3 Rn 13); Unwirksamkeit des
TV (hierzu § 1 Rdn 14–15); umstritten ist die Folge einer Auflösung des Verbands, den den TV geschlossen
hatte (für ein Ende der Tarifbindung BAG 15.10.1986, 4 AZR 289/85, EzA § 2 TVG Nr 16; aA *Buchner*
RdA 1997, 259 ff; Wiedemann/*Oetker* § 3 Rn 72 f; anders nunmehr auch BAG 23.1.2008, 4 AZR
312/01, EzA § 4 TVG Nr 45: Rechtsfähigkeit besteht bis zum Ende der Liquidation fort, vorher ggf
Kdg durch Liquidatoren). Zur Folge der Eröffnung des Insolvenzverfahrens über einen Verband s BAG
27.6.2000, 1 ABR 31/99, EzA § 3 TVG Nr 18.

Bei betriebs- und betriebsverfassungsrechtlichen Normen reicht das Ende der Mitgliedschaft des AG im 31
vertragsschließenden Verband, um die Tarifbindung zu beenden (*Löwisch/Rieble* § 3 Rn 214).

2. Nachbindung. § 3 III statuiert eine Ausnahme zum Ende der Tarifbindung iSv § 3 I und II durch 32
Austritt oder Ausschluss von der TV-Partei und ordnet an, dass die Tarifgebundenheit bestehen bleibt, bis
der TV endet (sog Nachbindung).

Die Tarifgebundenheit bleibt nach § 3 III für AG und AN bestehen (BAG 4.4.2001, 4 AZR 237/00, 33
AP TVG § 4 Tarifkonkurrenz Nr 26). Dogmatisch ist Nachbindung **echte Tarifbindung**. Tritt ein AG
aus seinem Verband aus und tritt ein im Betrieb beschäftigter AN während der Nachbindungsphase der
Gewerkschaft bei, entsteht im Verhältnis der beiden Tarifbindung (BAG 4.8.1993, 4 AZR 499/92, EzA § 3
TVG Nr 7; BAG 6.7.2011, 4 AZR 424/09, NZA 2012, 281).

§ 3 III betrifft unmittelbar den **Verbandsaustritt** durch den AG oder einen AN. Dem gleichzustellen sind 34
andere Fälle, in denen die Mitgliedschaft von AG oder AN endet: provozierter Ausschluss; Ende der Verbandsmitgliedschaft durch Bedingung und Befristung (HWK/*Henssler* § 3 Rn 13); ganz allg jeder Grund,
aus dem die Verbandsmitgliedschaft endet (*Löwisch/Rieble* § 3 Rn 247).

Keine Fälle der Beendigung der Verbandsmitgliedschaft sind: Tod des AG oder des AN, weil zwar ein 35
Personenwechsel vorliegt, der Erbe aber nicht automatisch in die Vereinsmitgliedschaft eintritt (*Löwisch/
Rieble* § 3 Rn 248); Verlassen des Geltungsbereichs des TV durch AG oder AN, weil beides die Mitgliedschaft nicht berührt – hier greift § 4 V zumindest analog (BAG 10.12.1997, 4 AZR 247/96, EzA
§ 4 TVG Nachwirkung Nr 25); Betriebsinhaberwechsel nach § 613a BGB, nach dem die Individualnormen des TV im Einzelarbeitsverhältnis nachwirken; Umwandlung und Verschmelzung, dazu *Henssler* FS
Schaub, 1998, 311.

36 § 3 III ordnet die Nachbindung an, bis der TV **endet**. Zu den Beendigungsgründen § 1 Rdn 17. Der Beendigung gleichzustellen ist eine inhaltliche Änderung des TV während seiner Laufzeit (BAG 7.11.2001, 4 AZR 703/00, EzA § 3 TVG Nr 24). Die Nachbindung endet auch, wenn die Unwirksamkeit des TV (§ 1 Rdn 14–15) festgestellt wird. Bei einer Teilbeendigung ist für die Weitergeltung des nicht geänderten Teils maßgeblich, ob dieser noch eine praktizierbare, abgeschlossene und aus sich heraus verständliche Regelung darstellt (*Gamillscheg* S 728; Kempen/Zachert/*Kempen* § 3 Rn 72; für eine vollständige Beendigung in diesen Fällen aus Gründen der Rechtsklarheit: *Hanau/Kania* DB 1995, 1229, 1232; *Hromadka/Maschmann/Wallner* Der Tarifwechsel, 1996, Rn 241). An die Nachbindung schließt sich die Nachwirkung gem § 4 V an (§ 4 Rdn 40).

37 Bei unbefristeten TV besteht die Nachbindung dauerhaft, wenn der TV nicht gekündigt wird. Diese Situation tritt in der Praxis durchaus auf, weil die Parteien eines VerbandsTV keine Rücksicht auf die Interessen ausgetretener Mitglieder nehmen. Das BAG lehnt eine zeitliche Begrenzung der Nachbindung unter Verweis auf den Gesetzeswortlaut ab (BAG 1.7.2009, 4 AZR 261/08, NZA 2010, 53). Hiergegen wenden sich zu Recht Stimmen aus der Lit, weil die einmal durch Verbandsbeitritt begründete Legitimation eine tarifliche Nachbindung nicht dauerhaft legitimieren kann. Auch die Zivilrechtsordnung kennt eine dauerhafte Bindung nicht (§§ 314, 624 BGB, § 15 IV TzBfG). Vorgeschlagen werden: Fünfjahresfrist des § 624 BGB (*Hanau/Kania* DB 1995, 1229, 1233; *Däubler* NZA 1996, 225, 227); Zweijahresfrist des § 39 II HS 2 BGB (Wiedemann/*Oetker* § 3 Rn 94); Einjahresfrist des § 613a I 2 BGB (*Rieble* Arbeitsmarkt und Wettbewerb, Rn 1557) bei Unkündbarkeit; allg *Henssler* FS Picker, 2010, 987, 1007 f; Henssler/Moll/Bepler/*Höpfner* Der Tarifvertrag, 2013, Teil 6, Rn 88); Kündigungsrecht des ausgeschiedenen Verbandsmitglieds, *Lobinger* JZ 2013, 915, 919 ff. Weil die frühere Verbandsmitgliedschaft eine Nachbindung an den TV nach Verstreichen der ersten Kündigungsmöglichkeit nicht mehr tragen kann (zur Parallele mit dem befristeten TV, der verlängert wird, Löwisch/*Rieble* § 3 Rn 266), ist dieser Termin für die zeitliche Begrenzung der vorzugswürdige (*Rieble* Arbeitsmarkt und Wettbewerb, Rn 1555; *Hanau* RdA 1998, 65, 69; *Bauer* FS Schaub, 1998, 19, 24; *Walker* ZfA 1996, 353, 380 f; *Franzen* FS Picker, 2011, 929, 943).

38 **G. Maßgeblichkeit eines TV ohne Tarifbindung.** Das TVG regelt nur, unter welchen Voraussetzungen und mit welcher Wirkung die Rechtsnormen eines TV aufgrund von Tarifbindung Anwendung finden. Es ist hingegen möglich, dass ein TV ohne Tarifbindung zur Anwendung gelangt. Wesentlicher Grund ist, dass ein Arbeitsvertrag auf die tariflichen Regelungen verweist. Möglich ist auch, dass der TV in einer sog Außenseiterklausel Außenseitern Rechte einräumt, die diese gem § 328 BGB geltend machen müssen (BAG GS 29.11.1967, GS 1/67, AP GG Art 9 Nr 13).

39 **I. Bezugnahmeklauseln in Arbeitsverträgen.** Zweck einer Bezugnahmeklausel auf einen TV ist es, nicht Tarifgebundene und Tarifgebundene nach einheitlichen Regeln zu behandeln (BAG 4.9.1996, 4 AZR 135/95, EzA § 3 TVG Bezugnahme auf TV Nr 9). Der AG ist an einer solchen Gleichstellung typischerweise interessiert, weil er vor Abschluss des Arbeitsvertrags nicht nach der Gewerkschaftszugehörigkeit fragen darf, er das Aushandeln der Arbeitsbedingungen mit jedem einzelnen AN vermeiden möchte und er nicht zuletzt Spannungen in seinem Betrieb wegen der Unterscheidung nach der Gewerkschaftszugehörigkeit zu verhindern sucht; durch eine solche Unterscheidung würde er letztlich auch einen Anreiz zum Gewerkschaftsbeitritt schaffen. Dieser Zweck blieb im Grundsatz auch nach Aufgabe der Anwendung des Grundsatzes der Tarifeinheit bei Tarifpluralität (§ 4a Rdn 12) erhalten, doch ging es nicht mehr um eine Gleichstellung sämtlicher AN eines Betriebs, sondern um die Gleichstellung der Nichtorganisierten mit einem der im Betrieb dann mehreren maßgeblichen TV, s Rdn 48. Unter § 4a kann ein AG über (neu verhandelte) Bezugnahmeklauseln wieder die Gleichstellung aller AN eines Betriebs herbeiführen. Über eine statische oder die kleine dynamische Bezugnahmeklausel (s aber Rdn 42) ist es aber auch möglich, Bezug auf einen in der Tarifkollision verdrängten TV zu nehmen. Über Bezugnahmeklauseln kann im Erg § 4a daher ausgehöhlt werden (vgl auch *Greiner* NZA 2015, 769, 776).

40 Eine arbeitsvertragliche Bezugnahme auf einen TV ist zulässig. Die Bezugnahme unterliegt wie der Arbeitsvertrag keinem Formerfordernis (BAG 19.1.1999, 1 AZR 606/98, EzA § 3 TVG Bezugnahme auf Tarifvertrag Nr 10) und ist damit auch konkludent möglich. Denkbare Grundlage ist daher auch eine **betriebliche Übung** (BAG 19.1.1999, 1 AZR 606/98, EzA § 3 TVG Bezugnahme auf Tarifvertrag Nr 10).

41 Die Bezugnahmeklausel bewirkt, dass der TV Inhalt des Arbeitsvertrags wird (BAG 7.12.1977, 4 AZR 474/76, AP TVG § 4 Nachwirkung Nr 9).

42 Größtes praktisches Problem bei Bezugnahmeklauseln ist ihre **Auslegung**. Hierzu existiert eine breit gefächerte Kasuistik des BAG, die sich vielfach mehr am AN-Schutzgedanken als an herkömmlichen Auslegungsmethoden für Willenserklärungen orientiert. Die Auslegung durch das BAG ist des Weiteren geprägt durch die Idee der Gleichstellung der nicht organisierten und der organisierten AN. Eine nicht zweifelsfrei

statische Verweisung wird vor diesem Hintergrund als kleine dynamische Verweisung verstanden (BAG 26.9.2001, 4 AZR 544/00, EzA § 1 TVG Nr 19). Dem Gleichstellungsgedanken entnimmt das BAG die Grundlage für eine korrigierende Auslegung kleiner dynamischer Bezugnahmen dergestalt, dass die Verweisung iS einer großen dynamischen Bezugnahme den jeweils für den Betrieb geltenden TV erfassen kann (BAG 4.9.1996, 4 AZR 135/95, EzA § 3 TVG Bezugnahme auf TV Nr 7; zurückhaltender BAG 25.10.2000, 4 AZR 506/99, EzA § 3 TVG Bezugnahme auf TV Nr 15). Hierfür sind indes besondere Anhaltspunkte erforderlich, BAG 22.10.2008, 4 AZR 784/07, NZA 2009, 151. Zu Detailfragen s *Thüsing/Lambrich* RdA 2002, 193, 208. Nimmt man die Rechtsgrundlage der Bezugnahme als Rechtsgeschäft ernst, verbieten sich derartige einseitig nur die Perspektive einer Partei in den Vordergrund stellende Auslegungsgrundsätze.

Bei einzelvertraglicher Bezugnahme auf einen TV ist bzgl der Wirkung der Klausel zu unterscheiden: 43
– Eine **statische Bezugnahme** verweist nur auf die aktuelle Fassung eines bestimmten TV (»Auf das Arbeitsverhältnis ist der TV XY in der am ... gültigen Fassung anwendbar«, BAG 14.4.2004, 4 AZR 322/03).
– Eine **kleine dynamische Bezugnahme** legt den anzuwendenden TV fest, dieser gilt in seiner jeweils gültigen Fassung (»Das Arbeitsverhältnis bestimmt sich nach dem TV XY und den diesen ergänzenden, ändernden und ersetzenden TV«, BAG 19.3.2003, 4 AZR 331/02, EzA § 3 TVG Bezugnahme auf TV Nr 27). Zur kleinen dynamischen Bezugnahmeklausel *Greiner* NZA 2009, 877. Unklar ist dann, wie lange die Dynamik bestehen bleibt (s Rdn 46–47). Das BAG lässt zudem zu, dass im Wege ergänzender Vertragsauslegung bei Tarifsukzession und fehlender Weiterführung des in Bezug genommenen TV eine kleine dynamische Bezugnahmeklausel einen Tarifwechsel umfassen kann, BAG 16.12.2009, 5 AZR 888/08, NZA 2010, 401; 19.5.2010, 4 AZR 796/08, NZA 2010, 1183. Hierdurch werden die Grenzen zur großen dynamischen Bezugnahmeklausel verwischt.
– Erst eine **große dynamische Bezugnahme** (auch Tarifwechselklausel) lässt zusätzlich zu der zeitlichen Komponente auch zu, dass der TV, auf den verwiesen wird, durch einen anderen TV ausgetauscht wird (»Das Arbeitsverhältnis bestimmt sich nach den im Betriebe oder Betriebsteil geltenden TV in ihrer jeweiligen Fassung«, BAG 3.11.2004, 5 AZR 622/03, EzA § 242 BGB 2002 Betriebliche Übung Nr 4). Unklar ist auch hier, wie lange die Dynamik bestehen bleibt (s Rdn 46–47).

Des Weiteren wird nach dem **Umfang** unterschieden, weil in einer Bezugnahmeklausel auf einen ganzen TV oder nur auf Teile von diesem verwiesen werden kann (BAG 29.7.1986, 3 AZR 71/85, AP BetrAVG § 1 Zusatzversorgungskassen Nr 16; 19.1.1999, 1 AZR 606/98, EzA § 3 TVG Bezugnahme auf TV Nr 10). 44

Ist Grundlage der Bezugnahme der Wortlaut des Arbeitsvertrags, wirkt die Verweisung im Zweifel dynamisch. Beruht die Bezugnahme auf betrieblicher Übung, wirkt sie im Zweifel statisch, weil ohne bes Anhaltspunkte nicht davon auszugehen ist, dass sich ein nicht tarifgebundener AG in Zukunft grds der Regelungsmacht der TV-Parteien unterwerfen will (BAG 3.11.2004, 5 AZR 622/03, EzA § 242 BGB 2002 Betriebliche Übung Nr 4). 45

Ergibt sich aus dem Wortlaut kleiner und großer dynamischer Klauseln nicht, wie lange die Dynamik der Bezugnahme erhalten bleiben soll, ist bei der Auslegung zu unterscheiden, ob der Arbeitsvertrag vor oder nach dem Inkrafttreten des SchuldRModG am 1.1.2002 geschlossen wurde (BAG 14.12.2005, 4 AZR 536/04, NZA 2006, 607; 17.11.2010, 4 AZR 391/09, NZA 2011, 356): Für **vor dem 1.1.2002** geschlossene Arbeitsverträge wird von der Rspr danach differenziert, ob der AG im Zeitpunkt des Vertragsschlusses tarifgebunden war oder nicht (BAG 1.12.2004, 4 AZR 50/04, AP TVG § 1 Bezugnahme auf Tarifvertrag Nr 34). War er tarifgebunden, gilt die Bezugnahmeklausel lediglich als Gleichstellungsabrede. Diese soll die Gleichbehandlung aller AN im Betrieb sicherstellen. Die Dynamik der Bezugnahme endet also mit der Tarifgebundenheit des AG – zB durch Ende der Verbandsmitgliedschaft; § 3 III ist jedoch auch hier zu beachten. Durch die Bezugnahmeklausel soll lediglich die fehlende Tarifgebundenheit des AN überwunden werden, eine Besserstellung ggü den tarifgebundenen AN sei jedoch nicht gewollt. Nach Ende des TV gem § 3 III hat die Gleichstellungsabrede dieselbe Wirkung, wie es eine Tarifgebundenheit hätte. Im Nachwirkungszeitraum gem § 4 V wirkt die Verweisung daher nur noch statisch (BAG 27.11.2002, 4 AZR 661/01, AP TVG § 1 Bezugnahme auf Tarifvertrag Nr 28). War der AG hingegen nicht tarifgebunden, so bleibt die Dynamik bestehen, solange ein von der großen/kleinen dynamischen Klausel erfasster TV wirksam ist. Vorher kann die Dynamik der Verweisung nur durch Änderung der Bezugnahmeklausel durch Änderungskündigung oder vertragliche Aufhebung beendet werden. Tritt der TV außer Kraft, so verweist die Klausel auf den nachwirkenden TV. 46

Für Arbeitsverträge, die **nach dem 31.12.2001** geschlossen wurden, hat das BAG wegen der mit § 310 IV 2 BGB neu eingeführten Anwendbarkeit des § 305c II BGB auf Arbeitsverträge diese Auslegung aufgegeben (BAG 14.12.2005, 4 AZR 536/04, NZA 2006, 607; s hierzu auch *v Vogel/Oelkers* NJW-Spezial 2006, 369 f; 47

Lambrich BB 2006, 1). Im Zweifel bleibt die Dynamik der Klausel damit über das Ende der Tarifgebundenheit des AG hinaus bestehen (BAG 18.4.2007, 4 AZR 652/05, EzA § 3 TVG Bezugnahme auf Tarifvertrag Nr 35). Die ausdrückliche Vereinbarung nur einer Gleichstellungsabrede ist dennoch weiterhin möglich (»Im Falle der Beendigung der Tarifbindung des AG sind für ihn nicht gültige TV-Änderungen oder Ablösungen von TV nicht zu berücksichtigen.«). Umfassend zur vertraglichen Bezugnahme s *Reinecke* BB 2006, 2637; Wiedemann/*Oetker* § 3 Rn 327 ff; *Bauer/Günther* NZA 2008, 6. Zur Problematik beim Betriebsübergang s *Melot de Beauregard* NJW 2006, 2522.

48 Seit **Aufgabe** der Anwendung des Grundsatzes der **Tarifeinheit** bei Tarifpluralität muss entschieden werden, auf welchen TV Bezug genommen wird, woran im Grundsatz durch § 4a nichts geändert wird. Bei der Neufassung von Bezugnahmeklauseln kann die Wahl in der Bezugnahmeklausel selbst getroffen werden, indem auf eine große dynamische Bezugnahmeklausel verzichtet wird. Möglich sind auch die Vereinbarung von abstrakten Grundsätzen, nach denen sich die Bestimmung des im Erg einschlägigen TV richten soll, ein Leistungsbestimmungsrecht des AG (*Franzen* RdA 2008, 193, 196) oder ein Wahlrecht des AN. Es bleibt dem AG überlassen, sich für eine der Konstruktionen zu entscheiden, um sein Ziel, keinen Anreiz zu einem Gewerkschaftsbeitritt zu setzen, auch bei gelebter Tarifpluralität gem § 4a II 1 oder bei Tarifkollisionen zu erreichen. Die Entscheidung ist unter § 4a noch komplexer geworden (Tarifkollision auch, wenn sich die Regelungsgegenstände nicht überschneiden; Nachzeichnungsmöglichkeit) und steht unter dem Vorbehalt, dass diese Norm überhaupt verfassungskonform ist; sonst wären binnen kurzer Zeit erneut Bezugnahmeklauseln vereinbart, denen die Grundlage entzogen wird.

49 Bezugnahmeklauseln, die **vor** der Rspr-Änderung (2010) vereinbart wurden, könnten unter § 4a einerseits wieder besser angewendet werden, weil § 4a darauf abzielt, Tarifkollisionen zu vermeiden. Doch entspricht die Rechtslage unter § 4a nicht dem Zustand vor Aufgabe des Grundsatzes der Tarifeinheit auch bei Tarifpluralität. Die Parteien sämtlicher Arten vor 2010 vereinbarter Bezugnahmeklauseln sind weder von gelebter Tarifpluralität, noch von der Rechtslage gem § 4a ausgegangen. Nach Rspr-Änderung, aber vor Inkrafttreten von § 4a vereinbarte Bezugnahmeklauseln sind von einer wesentlich anderen als der nun maßgeblichen Rechtslage ausgegangen. Einer Lösung über Auslegung (oder schlicht Anwendung, so *Greiner* NZA 2015, 769, 775 f) und AGB-Kontrolle von Alt-Klauseln vorzuziehen ist daher, dass mit Aufgabe des Grundsatzes der Tarifeinheit bei Tarifpluralität und dem Inkrafttreten von § 4a alten Bezugnahmeklauseln die Geschäftsgrundlage fehlt. Der AG kann daher gem § 313 I BGB Anpassung der Klausel verlangen. Für eine Lösung über ergänzende Vertragsauslegung BAG 9.6.2010, 5 AZR 637/09, 5 AZR 384/09, 5 AZR 498/09, AP Nr 80 bis 82 zu § 1 TVG Bezugnahme auf Tarifvertrag.

50 Zur Frage der **Inhaltskontrolle von TV**, auf die schuldrechtlich Bezug genommen wird, sowie der **Inhaltskontrolle der Bezugnahmeklausel** s § 310 BGB Rdn 2, § 307 BGB Rdn 1, 16, 20.

51 Inhalt der Willenserklärung bei einer statischen Verweisung ist nicht lediglich, dass überhaupt verwiesen wird, sondern auch der **Inhalt des TV**, auf den verwiesen wird. Insoweit bestehende Irrtümer berechtigen daher gem §§ 119 ff BGB zur Anfechtung der Bezugnahmeklausel. Bei einer dynamischen Bezugnahmeklausel kann die Willenserklärung von vornherein etwaige Veränderungen in der Zukunft nicht erfassen. Irrtümer hins des aktuellen Inhalts des TV berechtigen hingegen zur Anfechtung, weil sie die Grundlage der Willenserklärung bilden.

52 Ist der TV, auf den verwiesen wird, nicht wirksam zustande gekommen, berührt dies die Wirkungen der Verweisung nicht, der Inhalt des unwirksamen TV wird Inhalt des Arbeitsvertrages (BAG 7.12.1977, 4 AZR 474/76, AP TVG § 4 Nachwirkung Nr 9). Dass ein TV gem § 4a II 2 verdrängt wird, ist unerheblich, soweit die Bezugnahmeklausel nicht auf den jeweils im Betrieb maßgeblichen TV verweist. Ist ein TV wegen Verstoßes gegen höherrangiges Recht unwirksam (Grundlagen TVG Rdn 11–16), verstößt auch der im Range niedrigere Arbeitsvertrag mit seinem durch den TV bestimmten Inhalt gegen diese Norm (HWK/*Henssler* § 3 Rn 20; Wiedemann/*Oetker* § 3 Rn 320).

53 **II. Bezugnahmeklausel in BV.** Grds ist die Bezugnahme auch durch BV vorstellbar (BAG 11.3.1987, 4 AZR 236/86, AuR 1987, 177). Hiergegen § 77 III BetrVG ins Felde zu führen (BAG 9.4.1991, 1 AZR 406/90, EzA § 77 BetrVG 1972 Nr 39: Tarifsperre wirke ggü jeglichen, nicht nur »materiellen«, Arbeitsbedingungen, somit auch ggü in BV geregelten Bezugnahmeklauseln; BAG 29.1.2002, 1 AZR 267/01, NZA 2002, 927), ist nicht unproblematisch, weil Bezugnahmeklauseln und Tarifbindung 1. keine Arbeitsentgelte oder sonstige Arbeitsbedingungen sind und es sich 2. nicht um Fragen handelt, die durch TV geregelt sind oder üblicherweise geregelt werden. Allerdings kann über die Betriebszugehörigkeit, die Grundlage der normativen Wirkung der BV nach § 77 IV 1 BetrVG ist, nicht die Voraussetzung der Tarifbindung nach § 3 I unterlaufen werden. In der Systematik des dt kollektiven ArbR ist die BV nicht als

Instrument einer AVE eines TV auf Betriebsebene vorgesehen. Bezugnahmeklauseln auf TV sind mithin unwirksam.

§ 4 Wirkung der Rechtsnormen

(1) ¹Die Rechtsnormen des Tarifvertrags, die den Inhalt, den Abschluss oder die Beendigung von Arbeitsverhältnissen ordnen, gelten unmittelbar und zwingend zwischen den beiderseits Tarifgebundenen, die unter den Geltungsbereich des Tarifvertrags fallen. ²Diese Vorschrift gilt entsprechend für Rechtsnormen des Tarifvertrags über betriebliche und betriebsverfassungsrechtliche Fragen.
(2) Sind im Tarifvertrag gemeinsame Einrichtungen der Tarifvertragsparteien vorgesehen und geregelt (Lohnausgleichskassen, Urlaubskassen usw.), so gelten diese Regelungen auch unmittelbar und zwingend für die Satzung dieser Einrichtung und das Verhältnis der Einrichtung zu den tarifgebundenen Arbeitgebern und Arbeitnehmern.
(3) Abweichende Abmachungen sind nur zulässig, soweit sie durch den Tarifvertrag gestattet sind oder eine Änderung der Regelungen zugunsten des Arbeitnehmers enthalten.
(4) ¹Ein Verzicht auf entstandene tarifliche Rechte ist nur in einem von den Tarifvertragsparteien gebilligten Vergleich zulässig. ²Die Verwirkung von tariflichen Rechten ist ausgeschlossen. ³Ausschlussfristen für die Geltendmachung tariflicher Rechte können nur im Tarifvertrag vereinbart werden.
(5) Nach Ablauf des Tarifvertrags gelten seine Rechtsnormen weiter, bis sie durch eine andere Abmachung ersetzt werden.

Übersicht	Rdn.		Rdn.
A. **Unmittelbare und zwingende Wirkung**	2	c) Abw Abmachung zugunsten des AN	17
I. Unmittelbare Wirkung	2	aa) Günstigkeitsprinzip	19
II. Zwingende Wirkung	4	bb) Vergleichsgegenstand	20
III. Einzelheiten der normativen Wirkung	5	cc) Maßstab der Günstigkeit	26
1. Definition	5	dd) Betriebliche Bündnisse für Arbeit	27
2. Normative Wirkung und Tarifgebundenheit	6	ee) Vom Günstigkeitsvergleich ausgenommene Normen	29
3. Normative Wirkung und Geltungsbereich des TV	7	B. **Die Durchsetzung und Sicherung tariflicher Rechte**	30
4. Einschränkung der normativen Wirkung	11	C. **Gemeinsame Einrichtungen**	37
a) Abw Abmachung	11.1	D. **Nachwirkung**	40
b) Öffnungsklauseln	12		

§ 4 baut auf § 3 auf und enthält die gesetzlichen Vorgaben (nur) zur normativen Wirkung eines TV. § 4 regelt im Erg folgende Fragen: Technik der normativen Wirkung, I (Rdn 2–29); wer bei Inhalts-, Abschluss- und Beendigungsnormen für eine normative Wirkung tarifgebunden sein muss, I (Rdn 6); für betriebliche und betriebsverfassungsrechtliche Normen findet sich die entspr Regelung in § 3 II; Erweiterung des Kreises der normativ Gebundenen bei gemeinsamen Einrichtungen, II (Rdn 38); materielle Grenzen der normativen Wirkung, III (Rdn 11–29); Absicherung der normativen Wirkung, IV (Rdn 30–39) und Nachwirkung, V (Rdn 40–46). **1**

A. Unmittelbare und zwingende Wirkung. I. Unmittelbare Wirkung. Nach § 4 I gelten die Inhalts-, Abschluss- und Beendigungsnormen unmittelbar zwischen den beiderseits Tarifgebundenen. »Unmittelbar« bedeutet, dass die Normen wie ein Gesetz aus sich heraus und ohne jeglichen Umsetzungsakt oder Bezugnahme wirken (BAG 21.9.1989, 1 AZR 454/88, EzA § 77 BetrVG 1972 Nr 33; zur Entwicklung des Instituts der normativen Wirkung *Höpfner* Die Tarifgeltung im Arbeitsverhältnis, 2015, S 147 ff). Zur Geltung durch Verweisung § 3 Rdn 39–53. **2**

Tarifnormen sind damit Rechtsnormen im sachrechtlichen Sinne (Art 2 EGBGB, § 12 EGZPO, § 7 EGStPO). Sie sind grds unter das Tatbestandsmerkmal Gesetz zu subsumieren (§ 823 II BGB, Staudinger/*Hager* § 823 BGB Rn G 13; § 134 BGB, BAG 10.2.1999, 2 AZR 422/98, EzA § 2 KSchG Nr 34, s aber MünchArbR/*Richardi/Buchner* § 34 Rn 4; § 126 I BGB, BAG 9.2.1972, 4 AZR 149/71, AP BAT § 4 Nr 1; 14.6.1994, 9 AZR 284/93, EzA § 125 BGB Nr 11). Zur Bedeutung für die Auslegung § 1 Rdn 84. **3**

4   II. Zwingende Wirkung. Die durch § 4 I 1 ebenfalls angeordnete zwingende Wirkung bedeutet, dass von der Tarifnorm nicht abgewichen werden darf. Vom TV abw Vereinbarungen sind nach § 134 BGB nichtig (BAG 10.2.1999, 2 AZR 422/98, EzA § 2 KSchG Nr 34).

5   III. Einzelheiten der normativen Wirkung. 1. Definition. Wenngleich schon mit der »unmittelbaren Wirkung« die Wirkung als Norm sichergestellt ist – Normen können dispositiv sein –, wird erst durch die Anordnung auch einer zwingenden Wirkung die Wirkung eines TV vollständig umschrieben. Unmittelbare und zwingende Wirkung iSv § 4 I bedeutet: Abw Inhalte werden verdrängt, fehlende Inhalte ergänzt und der Vertrag lebt wieder auf, wenn die normative Wirkung entfällt (BAG 21.9.1989, 1 AZR 454/88, EzA § 77 BetrVG 1972 Nr 33; 12.12.2007, 4 AZR 998/06, EzA § 4 TVG Nr 44). Nicht erforderlich ist, dass AG oder AN Kenntnis von der Existenz der Rechtsnormen oder gar ihres Inhalts haben (BAG 21.9.1989, 1 AZR 454/88, EzA § 77 BetrVG 1972 Nr 33).

6   2. Normative Wirkung und Tarifgebundenheit. Von der unmittelbaren Wirkung sind nach § 4 I nur die beiderseits Tarifgebundenen betroffen. Normative Wirkung entsteht bei Inhalts-, Abschluss- und Beendigungsnormen daher nur, wenn AG und AN zu einem bestimmten Zeitpunkt gleichzeitig tarifgebunden iSv § 3 (§ 3 Rdn 7–13) waren; zum Entstehen normativer Wirkung während der Nachbindungsphase iSv § 3 III s § 3 Rdn 33. Zur normativen Wirkung betriebs- und betriebsverfassungsrechtlicher Normen § 3 Rdn 24. Zur normativen Wirkung von Normen über gemeinsame Einrichtungen Rdn 38.

7   3. Normative Wirkung und Geltungsbereich des TV. § 4 I stellt klar, dass der Grundsatz der normativen Wirkung für beiderseits Tarifgebundene nur gilt, soweit AG und AN unter den Geltungsbereich des TV fallen. Aus dem Gesetz ergeben sich daher lediglich die Grundsätze der Tarifbindung und der normativen Wirkung, während die TV-Parteien den Geltungsbereich autonom festlegen können (BAG 24.4.1985, 4 AZR 457/83, EzA Art 9 GG Nr 39).

8   Folgende Festlegungen sind grds zulässig (BAG 6.10.1994, 6 AZR 324/94, AP BAT-O § 1 Nr 2; 23.11.1988, 4 AZR 419/88, EzA § 4 TVG Bauindustrie Nr 48): (1) des **räumlichen Geltungsbereichs**, der die geographischen Grenzen des TV festlegt (zu grenzüberschreitenden Sachverhalten s MünchArbR/*Birk* 2. Aufl, § 21 Rn 45 ff; Däubler/*Däubler* Einl Rn 586 ff); (2) des **fachlichen/betrieblichen Geltungsbereichs**, mit dem bestimmt wird, für welche Art von Betrieben der TV Geltung beansprucht – in Deutschland am verbreitetsten ist das Industrieverbandprinzip, welches auf die fachliche Ausrichtung des Betriebs abstellt; (3) des **persönlichen Geltungsbereichs**, der festlegt, für welche AN der TV unmittelbar wirkt. Koalitionen, die wie der Marburger Bund, Cockpit oder UFO von vornherein nur bestimmte Personengruppen repräsentieren (s Angaben unter www.marburger-bund.de; www.vcockpit.de; www.ufo-online.aero), sind insoweit schon kraft Satzung Grenzen gesetzt; (4) des **zeitlichen Geltungsbereichs**.

9   Die TV-Parteien müssen bei der Bestimmung des Geltungsbereichs **höherrangiges Recht** beachten (Jacobs/Krause/Oetker/Schubert/*Jacobs* § 5 Rn 22 ff). Bei der Festlegung des persönlichen Geltungsbereichs sind insoweit in 1. Linie die europarechtlich vorgegebenen Diskriminierungstatbestände zu beachten: TV, die etwa Teilzeit-AN von ihrem Geltungsbereich ausschließen, können mittelbar wegen des Geschlechts diskriminieren; TV, die bspw nur bestimmte Altersgruppen von AN erfassen, verstoßen unmittelbar gegen das Verbot der Altersdiskriminierung. Zu einem Bsp aus der älteren Rspr: BAG 28.7.1992, 3 AZR 173/92, § 1 BetrAVG Gleichbehandlung Nr 2. In allen entspr Konstellationen ist entscheidend, inwieweit die Diskriminierung gerechtfertigt werden kann (§ 3 AGG Rdn 9–14). Zur Unterteilung in Arbeiter und Angestellte aus jüngerer Zeit: BAG 12.10.2005, 10 AZR 640/04, NZA 2005, 1418 ff.

10 Bei der Festlegung des zeitlichen Geltungsbereichs bestehen hins der **Rückwirkung** Grenzen (BAG 24.10.2007, 10 AZR 878/06, NZA 2008, 131); zur grds unzulässigen echten Rückwirkung sowie zur grds zulässigen unechten Rückwirkung: s BAG 10.10.1989, 3 AZR 28/88, EzA § 2 VRG Bauindustrie Nr 5.

11 **4. Einschränkung der normativen Wirkung.** § 4 schränkt die zwingende Wirkung für folgende Fälle sogleich wieder ein: in III im Fall einer Öffnungsklausel (Rdn 12–16) oder einer abw Abmachung zugunsten des AN (Rdn 17–29), in V während der Nachwirkungsphase (Rdn 40–46).

11.1 **a) Abw Abmachung.** Abw Abmachung ist zum einen der Arbeitsvertrag. Die betriebliche Übung ist auch dann als abw Abmachung zu qualifizieren, wenn sie nicht vertraglich konstruiert wird (§ 611 BGB Rdn 44 ff). Eine BV kann grds auch Abmachung iSd § 4 III Alt 2 sein (BAG 28.5.1997, 4 AZR 545/95, AP TVG § 4 Nachwirkung Nr 27), doch kann durch BV vom TV nur dann (auch zugunsten des AN) abgewichen werden, wenn keine Tarifsperre besteht (s dazu § 77 BetrVG Rdn 27 ff). Abw Abmachung ist nicht ein anderer TV; hier gilt das Ablösungsprinzip. Gilt ein TV kraft Tarifbindung und ein anderer kraft Bezugnahmeklausel, wird der TV Inhalt des Arbeitsvertrags (§ 3 Rdn 41) und das Günstigkeitsprinzip ist anwendbar

(BAG 29.8.2007, 4 AZR 767/06, EzA § 3 TVG Bezugnahme auf Tarifvertrag Nr 37; 10.12.2014, 4 AZR 503/12, NZA 2015, 946; 5.4.2015, 4 AZR 587/13, NZA 2015, 1274; anders noch BAG 23.3.2005, 4 AZR 203/04, EzA § 4 TVG Tarifkonkurrenz Nr 18; wie hier *Kort* SAE 2006, 247; HWK/*Henssler* § 4 Rn 54).

b) Öffnungsklauseln. TV-Parteien können in sog Öffnungsklauseln nach § 4 III Alt 1 abw Abmachungen von ihren Tarifnormen gestatten. Weil abw Abmachungen zugunsten des AN durch § 4 III Alt 2 unmittelbar durch Gesetz erlaubt werden, hat die Öffnungsklausel eine eigenständige Bedeutung in 1. Linie für ein Abweichen unter Tarifniveau. Sie kann jedoch auch eingesetzt werden, um es den Parteien zu erübrigen, in jedem Einzelfall den mitunter schwer praktikablen Günstigkeitsvergleich (Rdn 19) durchzuführen (Jacobs/Krause/Oetker/Schubert/*Jacobs* § 7 Rn 90; *Löwisch/Rieble* § 4 Rn 397). Ratsam ist eine Öffnungsklausel in der Praxis insb immer dann, wenn der Günstigkeitsvergleich wegen der Vergleichsgruppenbildung (Rdn 22) dogmatisch zu eng ansetzt, um von den TV-Parteien gewollte Abweichungen sicher zu tragen (zB betriebliche Bündnisse für Arbeit, s Rdn 27). 12

Technisch liegt eine Öffnungsklausel nur vor, wenn die TV-Parteien die Frage einerseits geregelt haben, andererseits aber abw Vereinbarungen zulassen. Haben sie hingegen selbst keine Regelung für die Frage getroffen, handelt es sich um eine Nichtregelung (*Löwisch/Rieble* § 4 Rn 417 f). Die Regelung der entspr Frage in einer BV oder im Arbeitsvertrag unterliegt dann nicht den Grenzen einer möglicherweise dennoch vorhandenen Öffnungsklausel. 13

Wegen des Schriftformerfordernisses gem § 1 II kann eine Öffnungsklausel nur in Ausnahmefällen konkludent vereinbart werden (Wiedemann/*Wank* § 4 Rn 379; jew aA Däubler/*Deinert* § 4 Rn 557: grds konkludent möglich; ErfK/*Franzen* § 4 Rn 27: nie konkludent). Eine Öffnungsklausel ist durch Auslegung nur feststellbar, wenn sich insoweit ein Anhaltspunkt im TV findet (*Löwisch/Rieble* § 4 Rn 421). Bsp: Wiederholen von dispositivem Gesetzesrecht im TV (Wiedemann/*Wank* § 4 Rn 379); Soll-Vorschriften (*Löwisch/Rieble* § 4 Rn 420). Ohne entspr Hinweise im Wortlaut kann eine im TV genannte Arbeitszeit nicht regelmäßig nur als Regel- oder Höchstarbeitszeit verstanden werden, eine Unterschreitung daher nicht grds möglich sein. Die Vereinbarung einer Öffnungsklausel ist Ausdruck der **Tarifautonomie**. Daher bestimmen die TV-Parteien den räumlichen, zeitlichen und persönlichen Umfang der Öffnung sowie etwaige Zustimmungsvorbehalte. Bei der Ausgestaltung der Öffnungsklausel ist jedoch höherrangiges Recht zu beachten. Praktisch bedeutsam sind auch hier die europarechtlich vorgegebenen Antidiskriminierungsverbote sowie Art 9 III GG. 14

15

Die Öffnungsklausel nach § 4 III Alt 1 ist von den Öffnungsklauseln zugunsten der Regelung durch BV (§§ 77 III, 87 I BetrVG) zu unterscheiden: Die Öffnungsklausel des § 4 III Alt 1 orientiert sich an Inhalten, während die Öffnungsklausel zugunsten einer BV auf die Regelungstechnik bezogen ist (*Löwisch/Rieble* § 4 Rn 402). Beide Arten der Öffnungsklausel stehen mit folgenden Konsequenzen nebeneinander (*Löwisch/Rieble* § 4 Rn 403): Haben die TV-Parteien nur eine Öffnungsklausel nach § 4 III Alt 1 vereinbart, bleibt die Regelungssperre von § 77 III 1 BetrVG bestehen; abw Tarifinhalte können dann nur durch Arbeitsvertrag vereinbart werden. Umgekehrt können die TV-Parteien die tarifliche Regelung lediglich zugunsten einer BV öffnen; möglich ist es dann, unter Beachtung der zwingenden Wirkung des TV eine Regelung durch BV zu treffen. Schließlich ist denkbar, dass die TV-Parteien den TV sowohl iSv § 4 III Alt 1 zugunsten eines anderen Inhalts als auch für eine Betriebsvereinbarungslösung öffnen. Soweit der Umfang der Öffnung unklar ist, ist dieser durch Auslegung zu ermitteln (*Löwisch/Rieble* § 4 Rn 404). 16

c) Abw Abmachung zugunsten des AN. Ohne Öffnungsklausel sind von den Tarifnormen abw Abmachungen nur zugunsten des AN möglich, § 4 III Alt 2. Der Eingriff in die Privatautonomie von AG und AN durch den zwingenden Charakter von Tarifnormen ist dann nicht mehr gerechtfertigt, wenn der TV den AN nicht mehr schützt, sondern ihn im Vergleich mit der günstigeren anderen Abmachung benachteiligt (BAG 15.12.1960, 5 AZR 374/58 und 5 AZR 417/58, AP TVG § 4 Angleichungsrecht Nr 2 und 3). 17

(derzeit unbesetzt) 18

aa) Günstigkeitsprinzip. Eine abw Abmachung geht Tarifnormen nur vor, wenn sie eine Änderung der Regelungen zugunsten des AN enthält. Diese ohne Weiteres einleuchtende Grenze der normativen Wirkung eines TV ist der theoretisch und praktisch am schwierigsten handhabbare Rechtsbegriff des TV-Rechts. Fraglich sind: der Gegenstand des Vergleichs (Rdn 21), der Günstigkeitsmaßstab (objektiv oder subjektiv, Rdn 26) sowie die Frage, ob bestimmte Normen vom Günstigkeitsvergleich von vornherein ausgeschlossen sind (Rdn 29). Die die Praxis bestimmende Vorgehensweise lässt sich in vielfacher Hinsicht kritisieren. Erheblich schwieriger ist es jedoch, alternative Lösungsansätze zu entwickeln, die auch praktisch brauchbar(er) sind. Die Auseinandersetzung hat dadurch an Brisanz gewonnen, dass Versuche, Flächen-TV zugunsten flexiblerer Lösungen aufzulockern, an § 4 III Alt 2 zu messen sein können (Rdn 28). 19

20 **bb) Vergleichsgegenstand.** Das Gesetz stellt in § 4 III Alt 2 lediglich fest, dass die abw Abmachung eine Änderung der Regelung im TV enthalten muss. Schon durch das Gesetz ist damit aber klargestellt, dass tarifliche Norm und abw Abmachung zu vergleichen sind. Nicht vom Gesetz gedeckt ist folglich ein Vergleich der tariflichen Norm und der Lebensumstände, wie sie ohne die abw Abmachung bestünden. Es ist für § 4 III Alt 2 also unerheblich, dass der betroffene AN ohne untertarifliche Abmachungen gar nicht beschäftigt wäre (BAG 18.12.1997, 2 AZR 709/96, EzA § 2 KSchG Nr 28). Die andere Auffassung, nach der ein Arbeitsplatz für den AN günstiger ist als kein Arbeitsplatz (*Adomeit* NJW 1984, 26), ist zwar aus praktischer Sicht nicht von der Hand zu weisen, doch wäre ein entspr Vergleich weder rechtlich mit dem Instrumentarium des TV-Rechts, noch praktisch in den Griff zu bekommen.

21 § 4 III Alt 2 trifft keine Aussage dazu, welche Regelungen des TV und der abw Abmachung dem Vergleich zugrunde zu legen sind. Geht man einerseits davon aus, dass die Tarifnormen eine zusammenhängende Regelung aufstellen und dass eine Abweichung davon jedenfalls vom AG unter Kostengesichtspunkten am Gesamtbild der Tarifnorm gemessen werden wird, und versucht man andererseits gleichzeitig, das Günstigkeitsprinzip als materiellen Grundsatz zu verstehen, wäre ein sog Gesamtvergleich ideal (*Rüthers* Der Konflikt zwischen Kollektivautonomie und Privatautonomie im Arbeitsleben, 2002, S 108 f; *Kort* ZfA 2000, 329, 364; so wohl auch *Walker* ZfA 1996, 353, 375 f; für eine Stärkung des Gesamtvergleichs *Nebeling/Arntzen* NZA 2011, 1215). Wenn der Gesamtvergleich dennoch abzulehnen ist, dann nicht, weil er § 4 III Alt 2 nicht gerecht würde (so allerdings Däubler/*Deinert* § 4 Rn 654; ähnlich wie hier aber Wiedemann/*Wank* § 4 Rn 470; Kempen/Zachert/*Schubert/Zachert* § 4 Rn 408). Er ist vielmehr praktisch nicht durchführbar. Das andere Extrem, der sog Einzelvergleich, bei dem nur einzelne Regelungen verglichen werden, wird dann auch mit Argumenten abgelehnt, die eigentlich für einen Gesamtvergleich sprechen: Der Einzelvergleich ermögliche eine Rosinentheorie, die den inneren Zusammenhang der jeweiligen Regelungen auf tariflicher und arbeitsvertraglicher Ebene ausblende (Däubler/*Deinert* § 4 Rn 665).

22 Die Rspr hat sich als Mittelweg für den **Gruppenvergleich** entschieden (BAG 20.4.1999, 1 ABR 72/98, EzA Art 9 GG Nr 65). Grundlage des Vergleichs bilden nur Regelungen, die in einem sachlichen Zusammenhang stehen. Das sich beim Gesamtvergleich stellende Problem ist damit freilich nur teilw verschoben, weil es in anderem Kleid bei der Bildung der zu vergleichenden Gruppen auftaucht. Die Rspr hat sich daher für eine enge, im Kern formale Sicht entschieden und lässt den Vergleich nur zu, wenn die Regelungen nach der Verkehrsanschauung denselben Regelungsgegenstand betreffen (BAG 23.5.1984, 4 AZR 129/82, AP BGB § 339 Nr 9; 20.4.1999, 1 ABR 72/98, EzA Art 9 GG Nr 65; *Gamillscheg* S 853).

23 Ein solcher **sachlicher Zusammenhang** besteht zwischen: Höhe des Urlaubsgeldes, Urlaubsdauer und Länge der Wartezeit (Wiedemann/*Wank* § 4 Rn 472), Grundlohn und tariflichen Lohnzuschlägen (ErfK/*Franzen* § 4 Rn 38), Stundenlohn und Auslösung (BAG 12.4.1972, 4 AZR 211/71, AP TVG § 4 Günstigkeitsprinzip Nr 13), Grundvergütung und Leistungszulage im Vergleich zu einer Gesamtvergütung (BAG 10.12.1965, 4 AZR 411/64, AP TVG § 4 Tariflohn und Leistungsprämie Nr 1), Kündigungsfrist und Kündigungstermin (BAG 4.7.2001, 2 AZR 469/00, § 622 BGB nF Nr 63 für den entspr Vergleich mit der gesetzlichen Regelung). Die im Kern formale Sicht wird verlassen, wenn wie etwa in BAG, 15.4.2015, 4 AZR 587/13, NZA 2015, 1274 Dauer der Arbeitszeit und Arbeitsentgelt als Sachgruppe angesehen werden. Dies zuzulassen, nimmt dem Gruppenvergleich die Berechenbarkeit, weil die meisten Arbeitsbedingungen auf einen Geldfaktor zurückgeführt werden können.

24 Er besteht **nicht** zwischen: höherer Arbeitszeit oder niedrigerem Lohn auf der einen und einem Verzicht auf ordentliche betriebsbedingte Kdg auf der anderen Seite (BAG 7.11.2002, 2 AZR 742/00, EzA § 612a BGB 2002 Nr 1; 20.4.1999, 1 ABR 72/98, EzA Art 9 GG Nr 65; s aber BAG 25.10.2000, 4 AZR 438/99, EzA § 1 TVG Altersteilzeit Nr 1; aus der Lit ausführlich hierzu *Wiese* ZfA 2008, 317, 342 ff), Gehaltsumwandlung in betriebliche Altersversorgungsansprüche (schon wegen § 17 V BetrAVG), tariflichen Arbeitszeitbeschränkungen und Mehrarbeitsvergütungspflicht ggü übertariflichem Lohn und pauschaler Mehrarbeitsabgeltung, wenn nicht im Voraus feststeht, dass sich die einzelvertragliche Regelung für den AN vorteilhaft auswirkt (BAG 17.4.2002, 5 AZR 644/00, EzA § 4 TVG Ausschlussfristen Nr 148c); zu einem Rspr-Überblick: Kempen/Zachert/*Schubert/Zachert* § 4 Rn 434 ff.

25 Haben die Parteien in ihrer arbeitsvertraglichen Abmachung einen Zusammenhang zwischen dem Verzicht auf Lohn und dem Verzicht auf ordentliche betriebsbedingte Kdg vorausgesetzt, bleibt der tarifliche Lohnanspruch mithin bestehen. Aus der arbeitsvertraglichen Absprache selbst folgt, dass der Verzicht auf ordentliche betriebsbedingte Kdg durch den AG dann aber ebenfalls unwirksam ist (LAG Frankfurt 11.10.1979, 11 Sa 253/79, AP TVG § 4 Ausschlussfristen Nr 70; *Richardi* Anm zu BAG 20.4.1999, 1 ABR 72/89, AP GG Art 9 Nr 89). S iÜ Rdn 27 f.

cc) **Maßstab der Günstigkeit.** Grds vorstellbar sind eine objektive oder eine subjektive Beurteilung der 26 Günstigkeit der abw Abmachung. Dem subjektiven Maßstab setzt allerdings § 4 IV von vornherein Grenzen, indem das Gesetz hohe Anforderungen an die Zulässigkeit rechtlicher Möglichkeiten stellt, durch Vereinbarung mit dem AN die zwingende Wirkung der Tarifnormen zu beseitigen. Es überzeugt folglich nur ein grds objektiver Ansatz. Maßgeblich ist die Gesamtbetrachtung eines verständigen AN (*Gamillscheg* S 855 f; Jacobs/Krause/Oetker/Schubert/*Jacobs* § 7 Rn 44). Zur behutsamen Auflockerung dieses Grundsatzes s HWK/*Henssler* § 4 Rn 38.

dd) **Betriebliche Bündnisse für Arbeit.** Der Günstigkeitsvergleich ist eine der im Mittelpunkt der Aus- 27 einandersetzung um betriebliche Bündnisse für Arbeit stehenden Fragen, bei denen typischerweise auf betrieblicher Ebene durch BV oder im Individualarbeitsvertrag gegen einen zeitlich befristeten Ausschluss der ordentlichen Kdg der Tariflohn gesenkt oder die tarifliche Arbeitszeit ohne Lohnausgleich erhöht wird (Jacobs/Krause/Oetker/Schubert/*Jacobs* § 7 Rn 117; *Mauer/Seifert* WSI-Mitt 2001, 490 ff). Diese sollen dem AN als günstigere Abmachung iSv § 4 III ermöglicht werden, indem einerseits die Vergleichsgruppenbildung erweitert und indem andererseits auch den subjektiven Vorstellungen des AN bei der Bewertung der Günstigkeit ein höherer Rang eingeräumt wird: Der einzelvertragliche Verzicht des AG auf ordentliche betriebsbedingte Kdg soll mit Lohn und Arbeitszeit verglichen werden können und die sog Arbeitsplatzgarantie soll schon wegen der Einschätzung des AN günstiger sein (so stimmten 96,4 % der befragten Belegschaft im Fall Viessmann dem Bündnis für Arbeit zu [ArbG Marburg 7.8.1996, 1 BV 6/96, NZA 1996, 1331], im Fall Burda sollen es 98,5 % gewesen sein [BAG 20.4.1999, 1 ABR 72/98, EzA Art 9 GG Nr 65]). Einem solchen Verständnis des Günstigkeitsvergleichs steht freilich entgegen, dass es sich kaum auf Fragen 28 im Zusammenhang mit betrieblichen Bündnissen für Arbeit beschränken ließe. Vielmehr wäre der Günstigkeitsvergleich insgesamt betroffen und es bestünde die Gefahr, dass bei anderen Fragen von niemandem gewünschte Ergebnisse erzielt würden. Eine gesetzgeberische Klarstellung, nach der etwa der Verzicht des AG auf ordentliche betriebsbedingte Kdg als günstiger zu betrachten ist als ein höherer Lohn (so ein früherer Gesetzesentwurf der CDU/CSU-Fraktion, dargestellt bei *Raab* ZfA 2004, 371, 378 ff; zu den Vorschlägen s.a. Däubler/*Deinert* § 4 Rn 652a ff), würde solche unerwünschten Folgen vermeiden; jedoch passt eine solche punktuelle Entscheidung durch den Gesetzgeber selbst nicht zu dem die Privatautonomie verwirklichenden § 4 III Alt 2 (*Raab* ZfA 2004, 371, 387 f). Zudem stellt sich in Anbetracht gescheiterter oder zu scheitern drohender Bündnisse für Arbeit grds die Frage nach dem Wert eines Verzichts auf ordentliche betriebsbedingte Kdg, wenn gleichzeitig dem AG die Freiheit nicht genommen werden kann, seinen Betrieb zu schließen oder ihn ins Ausland zu verlagern, um dann außerordentliche betriebsbedingte Kdg aussprechen zu können (§ 314 BGB).

ee) **Vom Günstigkeitsvergleich ausgenommene Normen.** Teilw wird infrage gestellt, ob alle Tarifnormen 29 dem Günstigkeitsvergleich zugänglich sind. Ausnahmen werden insb für betriebliche Normen und Normen für gemeinsame Einrichtungen gemacht, weil sie Einheitlichkeit voraussetzen (*Linnenkohl/Rauschenberg/Reh* BB 1990, 628, 630 f). Den praktischen Bedürfnissen und gleichzeitig auch dem Versuch von § 4 III Alt 2, im engen Korsett des TV-Rechts einen Freiraum für die Privatautonomie zu schaffen, wird jedoch weniger ein dogmatischer als ein pragmatischer Ansatz gerecht. Die Frage, ob bestimmte Normen vom Günstigkeitsvergleich auszunehmen sind, ist daher nicht grds zu beantworten. Die Entscheidung hängt vielmehr davon ab, ob bei der konkret infrage stehenden Norm die Abweichung zugunsten des einzelnen AN möglich ist, ohne den Sinn und Zweck der normativen Regelung zu unterlaufen (ähnlich HWK/*Henssler* § 4 Rn 35). Der Günstigkeitsvergleich ist demnach insb immer dann nicht möglich, wenn mit dem Vorteil zugunsten eines AN Nachteile zugunsten anderer AN verbunden sind (Raucherbeispiel s *Gamillscheg* S 851). Möglich ist er bspw aber hins der Lage der Arbeitszeit für einzelne AN (*Löwisch/Rieble* § 4 Rn 507).

B. **Die Durchsetzung und Sicherung tariflicher Rechte.** § 4 IV flankiert die durch § 4 I angeordnete 30 unmittelbare und zwingende Wirkung. Die Verbote des § 4 greifen demnach nicht, wenn ein TV nur aufgrund arbeitsvertraglicher Bezugnahme gilt oder wenn er nur nachwirkt (umstr, s Wiedemann/*Wank* § 4 Rn 671 mwN zum Streitstand). Außerhalb von § 4 IV dienen der Durchsetzung tariflicher Rechte insb: die Durchführungspflicht (§ 1 Rdn 78), §§ 21, 23 AEntG und eine mit der Überwachung der Einhaltung des TV betraute gemeinsame Einrichtung iSv § 4 II (BAG 22.10.2003, 10 AZR 13/03, EzA § 5 TVG Nr 13). Auf entstandene tarifliche Rechte kann ein AN **nicht verzichten**, § 4 IV 1. Nach § 4 IV 2 ist auch die 31 Verwirkung tariflicher Rechte ausgeschlossen. Ausschlussfristen für die Geltendmachung tariflicher Rechte können nach § 4 IV 3 nur im TV vereinbart werden. Vor Entstehen des tariflichen Rechts ist der AN durch die normative Wirkung geschützt.

32 Das Tatbestandsmerkmal des tariflichen Rechts ist weit zu verstehen und umfasst insb auch Zurückbehaltungs- und Gestaltungsrechte (*Löwisch/Rieble* § 4 Rn 587). Verzicht iSv § 4 IV ist: Erlassvertrag, § 397 I BGB; negatives Schuldanerkenntnis, § 397 II BGB; Ausgleichsquittung (ErfK/*Franzen* § 4 Rn 44); Stundung; pactum de non petendo; Verpflichtung, eine Klage zurückzunehmen und keine neue zu erheben (BAG 19.11.1996, 3 AZR 461/95, EzA § 4 TVG Verdienstsicherung Nr 2); privative Schuldübernahme durch einen möglicherweise insolventen Schuldner; Verzicht durch Vergleich.

33 Vom Verzichtsverbot ausgenommen ist lediglich der Vergleich, dem die TV-Parteien zustimmen. Nicht unter das Verzichtsverbot fällt das Unstreitigstellen von Tatsachen (BAG 5.11.1997, 4 AZR 682/95, EzA § 4 TVG Verzicht Nr 3; zu Eingruppierungsstreitigkeiten s *Löwisch/Rieble* § 4 Rn 623).

34 **Ausschlussfristen** (s § 1 Rdn 50) binden die Geltendmachung tariflicher Rechte an die Einhaltung typischerweise kurzer – in der Praxis nicht selten zunächst außergerichtlicher, anschließend gerichtlicher – Fristen. Wird die Frist nicht eingehalten, erlischt das Recht. Ob tarifliche Ausschlussfristen auch gesetzliche oder vertragliche Ansprüche erfassen können, wird teilw bezweifelt. Bei einzelvertraglichen Rechten und dispositiven Normen spricht dafür, dass die TV-Parteien die durch Vertrag oder dispositives Gesetz eingeräumten Rechte auch hätten streichen können. Problematischer ist die Argumentation bei zwingendem Gesetzesrecht, wobei für die Zulässigkeit vorgebracht wird, dass die Unabdingbarkeit gesetzlicher Ansprüche nur die Garantie von Art und Umfang des Anspruchs betreffe, nicht aber seine zeitliche Begrenzung (BAG 16.1.2002, 5 AZR 430/00, EzA 3 § 12 EntgeltfortzG Nr 1; HWK/*Henssler* § 4 Rn 74). Für die Zulässigkeit entspr Ausschlussfristen wird auch ein sachlicher Zusammenhang mit Tarifnormen angeführt (HWK/*Henssler* § 4 Rn 74). Zur Ausnahme bei gesetzlichen Ansprüchen auf Urlaubsgewährung: BAG 23.4.1996, 9 AZR 165/95, EzA § 1 BUrlG Nr 21; 22.1.2002, 9 AZR 601/00, EzA § 13 BUrlG Nr 58. Freilich zeigen §§ 4, 7 KSchG, dass der Gesetzgeber eine bewusste Aussage trifft, wenn er selbst eine Frist zur Geltendmachung eines gesetzlichen Rechts bestimmt (krit auch Jacobs/Krause/Oetker/Schubert/*Jacobs* § 7 Rn 147 mwN). Zu Ausschlussfristen bei der Geltendmachung europarechtlich begründeter Ansprüche § 1 Rdn 50.

35 Die **Dauer** einer tariflichen Ausschlussfrist können die TV-Parteien grds frei vereinbaren. Wirksam sind daher auch kurze Fristen; nur unangemessen kurze Ausschlussfristen sind unwirksam (BAG 16.11.1965, 1 AZR 160/65, AP TVG § 4 Ausschlussfristen Nr 30; ErfK/*Franzen* § 4 Rn 48). Da tarifvertragliche Vereinbarungen weder der Billigkeits- noch der AGB-Kontrolle unterliegen, ist eine solche Unwirksamkeit jedoch nur in Ausnahmefällen anzunehmen.

36 Die TV-Parteien regeln Beginn und Ende der Ausschlussfrist (ErfK/*Franzen* § 4 Rn 48). Für die Fristberechnung können sie von den §§ 187 ff BGB abw Methoden vorsehen.

37 **C. Gemeinsame Einrichtungen.** Gemeinsame Einrichtung ist eine von den TV-Parteien geschaffene und von ihnen abhängige Organisation, deren Zweck von den TV-Parteien festgelegt wird. Gemeinsam ist die Einrichtung, weil sie von den TV-Parteien gemeinsam getragen wird. Dritte können an ihr nicht beteiligt sein (ErfK/*Franzen* § 4 Rn 24). Eine Einrichtung ist geschaffen, sobald eine bestimmte Verwaltungseinheit besteht; keine Voraussetzung ist das Schaffen einer juristischen Person (Däubler/*Hensche/Heuschmid* § 1 Rn 1050).

38 § 4 II ist eine Ergänzung zu § 4 I (HWK/*Henssler* § 4 Rn 26; ErfK/*Franzen* § 4 Rn 22; aA Däubler/*Hensche/Heuschmid* § 1 Rn 1055). Erforderlich ist daher zunächst eine beiderseitige Tarifbindung von AG und AN. § 4 II weitet die normative und zwingende Wirkung des TV dann auch auf die Satzung der gemeinsamen Einrichtung und das Verhältnis der gemeinsamen Einrichtung zu den tarifgebundenen AG und AN aus. Zu den Möglichkeiten der Umsetzung einer betrieblichen Norm als gemeinsame Einrichtung, *Löwisch/Rieble* § 3 Rn 219 ff; Wiedemann/*Oetker* § 3 Rn 159 ff.

39 In der Praxis bieten sich gemeinsame Einrichtungen an bei: den im Gesetz erwähnten Lohnausgleichs- und Urlaubskassen; Einrichtungen zur Durchführung der betrieblichen Altersversorgung; Beschäftigungsgesellschaften (*Kaiser* NZA 1992, 193); Verbundsystemen von AG zur Gewährung von Erziehungs- und Elternurlaub (*Kaiser* Erziehungs- und Elternurlaub in Verbundsystemen kleiner und mittlerer Unternehmen, S 211 f); zur Durchführung der Berufsbildung; Gesamthafenbetrieb (BAG 25.1.1989, 5 AZR 43/88, EzA § 2 ArbGG 1979 Nr 16).

40 **D. Nachwirkung.** Nach § 4 V gelten die Rechtsnormen eines TV nach seinem Ablauf weiter, bis sie durch eine andere Abmachung ersetzt werden. Zweck der sog Nachwirkung ist einerseits, die Zeit bis zum Abschluss eines neuen TV zu überbrücken, andererseits aber auch zu verhindern, dass Arbeitsverhältnisse nach Ablauf eines TV inhaltslos werden (BAG 15.11.2006, 10 AZR 665/05, NZA 2007, 448; ErfK/*Franzen* § 4 Rn 50); Die Nachwirkung ist insoweit dogmatische Konsequenz aus der Wirkung des TV als Norm, weil ein TV kraft dieser Wirkung gerade nicht Inhalt des Arbeitsverhältnisses ist.

Nachwirkung wird durch den **Ablauf des TV** ausgelöst. Ablauf ist einerseits die Beendigung des TV, aber auch jeder andere Grund, der die Geltung des TV für das Arbeitsverhältnis beseitigt und nicht wie in § 613a BGB und § 3 III spezieller geregelt ist (BAG 18.3.1992, 4 AZR 339/91, EzA § 4 TVG Nachwirkung Nr 14; 10.12.1997, 4 AZR 247/96, EzA § 4 TVG Nachwirkung Nr 25 für den Fall des Herauswachsens eines AG aus dem TV durch Änderung des unternehmerischen Schwerpunkts; geht mit einem Betriebsübergang ein Branchenwechsel einher, ist die Abgrenzung von § 613a I 2 BGB und § 4 V analog im Erg umstr, s MünchArbR/*Rieble/Klumpp* § 170 Rn 32). 41

Die Normen des TV gelten während der Nachwirkungsphase nur weiter, bis sie durch eine andere Abmachung ersetzt werden. Die Rechtsnormen wirken daher zwar noch **unmittelbar**, aber **nicht mehr zwingend**. **Andere Abmachungen** können sein: TV, Individualabreden, BV, soweit kein Tarifvorbehalt greift (§ 77 BetrVG Rdn 27–30, § 87 BetrVG Rdn 12). Änderungsverträge durch tarifgebundene Arbeitsvertragsparteien, die vor der Nachwirkungsphase wirksam sein sollen, qualifiziert das BAG nicht als andere Abmachung (BAG 1.7.2009, 4 AZR 261/08 und 4 AZR 250/08). Während der normativen Wirkung verdrängte Abmachungen leben in der Nachwirkungsphase damit nicht einfach wieder auf. Unter Zugrundelegung dieser Rspr ist Voraussetzung für eine andere Abmachung vielmehr, dass diese die Tarifnormen frühestens zu Beginn der Nachwirkungsphase ablösen soll. Es ist möglich, eine solche Abmachung vor Ablauf des TV zu vereinbaren (BAG 22.10.2008, 4 AZR 789/07; 20.5.2009, 4 AZR 230/08). Ein nachwirkender TV löst die Regelungssperre des § 87 I Eingangssatz BetrVG nicht aus (BAG 24.2.1987, 1 ABR 18/85, EzA § 87 BetrVG 1972 Nr 10). 42

Die nachwirkenden Tarifnormen erfassen alle Arbeitsverhältnisse, die im Nachwirkungszeitraum bestehen; Arbeitsverhältnisse, die im Nachwirkungszeitraum erst begründet werden, werden nicht erfasst (BAG 10.12.1997, 4 AZR 247/96, EzA § 4 TVG Nachwirkung Nr 25; BAG 15.11.2006, 10 AZR 665/05, NZA 2007, 448). 43

Alle Normen des TV, also auch betriebliche, betriebsverfassungsrechtliche (BAG 18.5.1977, 4 AZR 47/76, EzA § 4 BAT Nr 1; *Oetker* FS Schaub, 1998, 537) und gemeinsame Einrichtungen betreffende Normen, unterfallen der Nachwirkung. 44

Indem die TV-Parteien den neuen TV in zeitlicher Nähe zum vorigen TV in Kraft treten lassen, können sie die Nachwirkung rückwirkend beseitigen, ohne dass die Tarifunterworfenen insoweit Vertrauensschutz genießen (BAG 3.9.1999, 4 AZR 661/98, EzA § 1 TVG Rückwirkung Nr 4). 45

Zur **Nachwirkung bei AVE** s BAG 19.1.1962, 1 AZR 147/61, AP TVG § 5 Nr 11; 18.6.1980, 4 AZR 463/78, AP TVG § 4 Ausschlussfristen Nr 68; 25.10.2000, 4 AZR 212/00, EzA § 4 TVG Nachwirkung Nr 32; *Creutzfeld* FS Bepler, 2012, 45. 46

§ 4a Tarifkollision

(1) Zur Sicherung der Schutzfunktion, Verteilungsfunktion, Befriedungsfunktion sowie Ordnungsfunktion von Rechtsnormen des Tarifvertrags werden Tarifkollisionen im Betrieb vermieden.

(2) ¹Der Arbeitgeber kann nach § 3 an mehrere Tarifverträge unterschiedlicher Gewerkschaften gebunden sein. ²Soweit sich die Geltungsbereiche nicht inhaltsgleicher Tarifverträge verschiedener Gewerkschaften überschneiden (kollidierende Tarifverträge), sind im Betrieb nur die Rechtsnormen des Tarifvertrags derjenigen Gewerkschaft anwendbar, die zum Zeitpunkt des Abschlusses des zuletzt abgeschlossenen kollidierenden Tarifvertrags im Betrieb die meisten in einem Arbeitsverhältnis stehenden Mitglieder hat. ³Kollidieren die Tarifverträge erst zu einem späteren Zeitpunkt, ist dieser für die Mehrheitsfeststellung maßgeblich. ⁴Als Betriebe gelten auch ein Betrieb nach § 1 Absatz 1 Satz 2 des Betriebsverfassungsgesetzes und ein durch Tarifvertrag nach § 3 Absatz 1 Nummer 1 bis 3 des Betriebsverfassungsgesetzes errichteter Betrieb, es sei denn, dies steht den Zielen des Absatzes 1 offensichtlich entgegen. ⁵Dies ist insbesondere der Fall, wenn die Betriebe von Tarifvertragsparteien unterschiedlichen Wirtschaftszweigen oder deren Wertschöpfungsketten zugeordnet worden sind.

(3) Für Rechtsnormen eines Tarifvertrags über eine betriebsverfassungsrechtliche Frage nach § 3 Absatz 1 und § 117 Absatz 2 des Betriebsverfassungsgesetzes gilt Absatz 2 Satz 2 nur, wenn diese betriebsverfassungsrechtliche Frage bereits durch Tarifvertrag einer anderen Gewerkschaft geregelt ist.

(4) ¹Eine Gewerkschaft kann vom Arbeitgeber oder von der Vereinigung der Arbeitgeber die Nachzeichnung der Rechtsnormen eines mit ihrem Tarifvertrag kollidierenden Tarifvertrags verlangen. ²Der Anspruch auf Nachzeichnung beinhaltet den Abschluss eines die Rechtsnormen des kollidierenden Tarifvertrags enthaltenden Tarifvertrags, soweit sich die Geltungsbereiche und Rechtsnormen der Tarifverträge überschneiden. ³Die Rechtsnormen eines nach Satz 1 nachgezeichneten Tarifvertrags gelten unmittelbar und zwingend, soweit der Tarifvertrag der nachzeichnenden Gewerkschaft nach Absatz 2 Satz 2 nicht zur Anwendung kommt.

(5) ¹Nimmt ein Arbeitgeber oder eine Vereinigung von Arbeitgebern mit einer Gewerkschaft Verhandlungen über den Abschluss eines Tarifvertrags auf, ist der Arbeitgeber oder die Vereinigung von Arbeitgebern verpflichtet, dies rechtzeitig und in geeigneter Weise bekanntzugeben. ²Eine andere Gewerkschaft, zu deren satzungsgemäßen Aufgaben der Abschluss eines Tarifvertrags nach Satz 1 gehört, ist berechtigt, dem Arbeitgeber oder der Vereinigung von Arbeitgebern ihre Vorstellungen und Forderungen mündlich vorzutragen.

Übersicht	Rdn.		Rdn.
A. Das Nebeneinander mehrerer TV in einem Betrieb: Situationen	1	cc) Betrieb als Bezugsebene	27
B. Tarifkonkurrenz	7	b) Kollisionsregeln	30
C. Tarifpluralität/Tarifkollision	11	aa) § 4a II 2	30
I. Entwicklung	11	bb) § 4a III	35
II. § 4a	14	c) Tarifpluralität bei Fehlen einer Tarifkollision	36
1. Überblick	14	5. Nachzeichnungsrecht, § 4a IV	37
2. Zweck und Rechtstechnik	17	a) Hintergrund	37
3. Vereinbarkeit mit höherrangigem Recht	19	b) Berechtigung	38
		c) Anspruchsinhalt	39
4. Lösung von Tarifkollisionen, § 4a II, III	22	d) Wirkung des nachgezeichneten TV	40
a) Vorliegen einer Tarifkollision	22	6. Bekanntgabe und Anhörungsanspruch, § 4a V	41
aa) Erfasste und nicht erfasste Situationen	22	7. Auswirkungen auf das Arbeitskampfrecht	43
bb) Geltung nicht inhaltsgleicher TV	24	8. Subsidiarität/Vermeidungsstrategien	44

1 A. Das Nebeneinander mehrerer TV in einem Betrieb: Situationen. In einem Betrieb können mehrere TV für dieselben Arbeitsverhältnisse (Tarifkonkurrenz) oder für unterschiedliche Arbeitsverhältnisse (Tarifpluralität) gelten.

2 Tarifkonkurrenz (ErfK/*Franzen* § 4 Rn 65; HWK/*Henssler* § 4 Rn 47) lösen insb aus: der durch einen Verbands-TV gebundene AG schließt einen Haus-TV mit derselben Gewerkschaft; sowohl ein Spitzenverband als auch einer seiner Mitgliedsverbände schließen einen TV mit derselben Gewerkschaft; der AG ist Mitglied in mehreren AG-Verbänden und die Geltungsbereiche der von ihnen mit derselben Gewerkschaft abgeschlossenen TV sind nicht vollständig voneinander getrennt; Verbandsübertritt des AG mit Nachbindung des vom verlassenen Verband abgeschlossenen TV nach § 3 III und doppelter Verbandsmitgliedschaft während des Laufens der Austrittsfrist; spiegelbildlich der Verbandsübertritt beim AN; zumindest theoretisch die Mitgliedschaft des AN in mehreren Gewerkschaften; Mitgliedschaft des AN in nur einer Gewerkschaft bei Geltung von Betriebsnormen, die der AG mit einer anderen Gewerkschaft ausgehandelt hat; staatlich veranlasste Konkurrenz durch AVE eines TV, der mit einem infolge von Tarifgebundenheit geltenden TV zusammentrifft.

3 Tarifkonkurrenz entsteht wegen § 3 II bei **betrieblichen** und betriebsverfassungsrechtlichen Normen immer, wenn mehr als ein TV mit solchen Normen in einem Betrieb gilt; dies gilt auch dann, wenn die Geltung mehrerer Regelungen nebeneinander aus tatsächlicher Sicht möglich wäre. Bei betrieblichen und betriebsverfassungsrechtlichen Normen ist Tarifpluralität iSv § 4a II 1 nicht möglich. Daraus folgt aber nicht, dass nur alle tarifzuständigen Gewerkschaften zusammen einen TV mit Kollektivnormen vereinbaren können (§ 2 Rdn 9).

4 Keine Tarifkonkurrenz entsteht bei normativer Geltung eines TV und arbeitsvertraglicher Bezugnahme auf einen anderen – der TV, auf den Bezug genommen wird, wird Teil des Arbeitsvertrags (s § 3 Rdn 41). Zum Günstigkeitsprinzip § 4 Rdn 11a.

5 Tarifpluralität kann entstehen durch: unterschiedliche Gewerkschaftszugehörigkeit der AN eines AG (BAG 5.9.1990, 4 AZR 59/90, EzA § 4 TVG Tarifkonkurrenz) – wichtigster Fall in der Praxis ist derzeit insoweit das Zusammentreffen eines Industrie- und eines Berufsverbands; ferner durch AVE, indem sich bei Tarifkonkurrenz ein nicht für allgemeinverbindlich erklärter TV gegen den für allgemeinverbindlich erklärten durchsetzt und somit der für allgemeinverbindlich erklärte TV für die nicht organisierten, der andere für die organisierten AN gilt.

6 § 4a II 2 führt den Begriff der **Tarifkollision** in das Tarifrecht ein. Nur im Ausgangspunkt – Geltung mehrerer TV in einem Betrieb – entspricht Tarifkollision der Tarifpluralität. Tarifpluralität war ein Produkt der Rspr, welches keinesfalls klare Konturen hatte (*Konzen/Schliemann* RdA 2015, 1, 2 ff). So wurde nicht zwingend ein Überschneiden der persönlichen Geltungsbereiche vorausgesetzt (dazu *Jacobs* Tarifeinheit und

Tarifkonkurrenz, 1999, S 68 ff). Anders als bei einer Tarifkollision iSv § 4a II 2 wurde zudem jedenfalls teilweise davon ausgegangen, dass sich die TV gegenständlich überschneiden (BAG 7.7.2010, 4 AZR 549/08, NZA 2010, 1068, Rn 50). Tarifpluralität als Beschreibung eines bloßen Nebeneinanders von TV in einem Betrieb, ohne dass eine Tarifkollision vorläge, ist nach § 4a II 1 noch möglich.

B. Tarifkonkurrenz. Durch Tarifkonkurrenz entsteht ein tatsächliches Problem, wenn ein Regelungskomplex in einem Arbeitsverhältnis von den Normen beider TV erfasst und unterschiedlich geregelt wird. Es greift der Grundsatz der sog **Tarifeinheit**. Tarifeinheit bedeutet, dass nur ein TV normativ anwendbar ist (*Gamillscheg* S 754; *Jacobs* Tarifeinheit und Tarifkonkurrenz, 1999, S 246 ff). 7

Welcher der einschlägigen TV normativ wirkt, bestimmt sich in 1. Linie nach dem **Spezialitätsprinzip** (krit *Jacobs/Krois* FS Bepler, 2012, 241). Maßgebend ist der TV, der dem Betrieb räumlich, fachlich und persönlich am nächsten steht (BAG 5.9.1990, 4 AZR 59/90, EzA § 4 TVG Tarifkonkurrenz Nr 5). Hiernach gehen vor: der Firmen-TV dem Verbands-TV (BAG 4.4.2001, 4 AZR 237/00, AP TVG § 4 Tarifkonkurrenz Nr 26; 24.1.2001, 4 AZR 655/99, EzA § 4 TVG Tarifkonkurrenz Nr 14); der fachspezifische TV dem fachübergreifenden TV; der regionale TV dem überregionalen TV; der Haus- oder Verbands-TV einem nach § 5 für allgemeinverbindlich erklärten TV (BAG 24.9.1975, 4 AZR 471/74, EzA § 4 TVG Tarifkonkurrenz Nr 1). Bei AVE nach § 3 AEntG setzt sich hingegen der für allgemeinverbindlich erklärte TV durch (hierzu § 8 AEntG Rdn 3). 8

Besteht aufgrund des Spezialitätsgrundsatzes kein Vorrang eines der TV, wird nach dem **Mehrheitsprinzip** entschieden: Anwendbar ist der TV, der die meisten Arbeitsverhältnisse im Betrieb erfasst (BAG 22.2.1957, 1 AZR 536/55, AP TVG § 4 Tarifkonkurrenz Nr 2). 9

Stets nach dem Mehrheitsprinzip aufzulösen ist die Tarifkonkurrenz zwischen **betrieblichen** und betriebsverfassungsrechtlichen Normen mehrerer TV (*Hanau* RdA 2008, 98, 102; *Franzen* RdA 2008, 193, 199; *Löwisch/Rieble* § 4 Rn 295; *Kempen/Zachert/Wendeling-Schröder* § 4 Rn 229; *Bayreuther* Tarifautonomie als kollektiv ausgeübte Privatautonomie, 2005, S 396 f). Teilw wird vorgeschlagen, die Tarifkonkurrenz mehrerer TV iSv § 3 BetrVG nach dem Prioritätsprinzip aufzulösen (GK/*Franzen* § 3 BetrVG Rn 34). 10

C. Tarifpluralität/Tarifkollision. **I. Entwicklung.** Tarifpluralität hatte zwei praktisch wichtige Anwendungsfälle: unterschiedliche Gewerkschaftszugehörigkeit von AN eines Betriebs und AVE, indem sich bei Tarifkonkurrenz ein nicht für allgemeinverbindlich erklärter TV gegen den für allgemeinverbindlich erklärten durchsetzt und somit der für allgemeinverbindlich erklärte TV für die nicht organisierten, der andere für die organisierten AN gilt. Bei Inhalts-, Abschluss- und Beendigungsnormen bedeutet Tarifpluralität lediglich, dass nicht alle tariferfassten Arbeitsverhältnisse nach demselben TV beurteilt werden. Hierin sahen die Rspr und ein Teil der Lit ein Problem, weshalb der Grundsatz der Tarifeinheit allg auch bei Tarifpluralität angewendet wurde (BAG 26.1.1994, 10 AZR 611/92, EzA § 4 Tarifkonkurrenz Nr 9; 20.3.1991, 4 AZR 455/90, EzA § 4 TVG Tarifkonkurrenz Nr 7; *Buchner* BB 2003, 2121, 2124; *Schliemann* Sonderbeilage zu NZA, Heft 24/2000, 24, 32; aus der Sicht des DGB *Kempen* FS v Hoyningen-Huene, 2014, 191). Zur Handhabung und zur Kritik 3. Aufl Rn 56 f. 11

Das BAG hat den Grundsatz der Tarifeinheit bei Tarifpluralität dann aber **aufgegeben** (BAG 27.1.2010, 4 AZR 549/08 (A), NZA 2010, 645; 23.6.2010, 10 AS 2/10, NZA 2010, 778). Aus tarifrechtlicher Sicht ist gelebte Tarifpluralität bei Inhaltsnormen unproblematisch: Das Nebeneinander mehrerer TV in einem Betrieb wird durch §§ 4 I, 3 I koordiniert. Gleiches gilt für Normen über gemeinsame Einrichtungen, die Inhaltsnormen dienen. Bei betrieblichen und betriebsverfassungsrechtlichen Normen ist Tarifpluralität nicht möglich (Rdn 3). Zur Abgrenzung, die damit an Bedeutsamkeit weiter gewinnt § 1 Rdn 38. Der Schwerpunkt der Problematik liegt im Arbeitskampfrecht. Zu den Fragen insgesamt: *Reichold* RdA 2007, 321; *Franzen* RdA 2008, 193; *Willemsen/Mehrens* NZA 2010, 1313; *Greiner* Rechtsfragen der Koalitions-, Tarif- und Arbeitskampfpluralität. Zum Tarifrecht: *Krebber* RdA 2011, 23. Zum Arbeitskampfrecht: *Deinert* RdA 2011, 12. Zur Entwicklung der Gewerkschaftslandschaft *Seeling/Probst* BB 2015, 2421, 2422. 12

Von mancher Seite wurde schnell gefordert, durch Gesetzesänderung gelebte Tarifpluralität abzuschaffen oder einzuschränken. Zu den Vorschlägen: BDA und DGB, Funktionsfähigkeit der Tarifautonomie sichern – Tarifeinheit gesetzlich regeln, http://www.dgb.de/themen/++co++81408d58-6fc6-11df-59ed-00188b4dc422; *Bayreuther/Franzen/Greiner/Krause/Oetker/Preis/Rebhahn/Thüsing/Waltermann* Tarifpluralität als Aufgabe des Gesetzgebers, http://www.zukunftderarbeit.eu/cms/upload/PDF/11_026_CFVWS_Monographie_einzel_geschtzt.pdf, sowie http://www.cfvw.org/stiftung/projektbereich-zukunft-der-arbeit/tarifpluralitaet; *Däubler* Die gemeinsame Initiative von DGB und BDA zur Schaffung einer neuen Form von Tarifeinheit – Verfassungsrechtliche und völkerrechtliche Probleme –, http://www.nachdenkseiten.de/?p=8779; *Reichold* Gutachten zur Verfassungsmäßigkeit eines von BDA und DGB geplanten »Gesetzes zum Erhalt der Tarifeinheit«, http://www.dbb.de/fileadmin/pdfs/2010/Gutachten_Tarifeinheit.pdf; *Rieble* Verfassungsmäßigkeit eines Gesetzes zur Regelung der Tarifeinheit, http://www.arbrb.de/media/ 13

Gutachten_Tarifeinheit_Prof_Rieble.pdf; Gesetzesinitiative von Rheinland-Pfalz im Bundesrat: BR-Drucks 417/10. Aus der Literatur *Hanau* DB 2010, 2107 f; *Löwisch* RdA 2010, 263; *Konzen* JZ 2010, 1036; *Greiner* NZA 2010, 743; *Giesen* ZfA 2011, 1; *Papier/Krönke* ZfA 2011, 807; *Franzen* FS Bepler, 2012, 171. Im Koalitionsvertrag wurde vereinbart, den Grundsatz der Tarifeinheit nach dem betriebsbezogenen Mehrheitsprinzip unter Einbindung der Spitzenorganisationen der AN und AG gesetzlich festzuschreiben. Verfassungsrechtlich gebotenen Belangen soll durch flankierende Verfahrensregelungen Rechnung getragen werden. **Ergebnis** ist der durch das Gesetz zur Tarifeinheit (Tarifeinheitsgesetz) v 3.7.2015, BGBl 2015, I, 1130 eingefügte § 4a.

14 **II. § 4a. 1. Überblick.** § 4a I legt den Zweck von § 4a dar, Tarifkollisionen im Betrieb zu vermeiden, und führt Gründe hierzu auf. II und III enthalten die Grundregeln zur Verwirklichung dieses Ziels (Voraussetzung einer Tarifkollision sowie die Kollisionsregeln zu ihrer Auflösung). Wann kollidierende TV iSv § 4a vorliegen, wird legaldefiniert. Voraussetzung ist, dass sich nicht inhaltsgleiche TV überschneiden, § 4a II 2 Halbs 1. Nicht ausdrücklich erwähnt wird, auf welcher Ebene diese Überschneidung vorliegen muss. Erst als Teil der Rechtsfolge wird angeordnet, dass im Betrieb nur die Rechtsnormen des TV derjenigen Gewerkschaft anwendbar sind, die zum Zeitpunkt des Abschlusses des zuletzt abgeschlossenen kollidierenden TV im Betrieb die meisten in einem Arbeitsverhältnis stehenden Mitglieder hat. Der für § 4a maßgebliche Betriebsbegriff wird nicht definiert. § 4a II 4 und 5 regeln nur besondere Aspekte für Gemeinschaftsbetriebe und gem § 3 I Nr 1-3 BetrVG durch TV zugeschnittene Betriebe. III stellt die Geltung der Kollisionsnorm von § 4a II 2 für Rechtsnormen eines TV über eine betriebsverfassungsrechtliche Frage nach §§ 3 I, 117 II BetrVG unter die zusätzliche Voraussetzung, dass diese Frage bereits durch TV einer anderen Gewerkschaft geregelt ist.

15 Die beiden letzten Absätze widmen sich Folgeproblemen: IV dem Nachzeichnungsrecht und V der Bekanntgabepflicht des AG sowie der Vortragsberechtigung einer Gewerkschaft. Das Nachzeichnungsrecht besteht dem Gesetzeswortlaut nach für jede Gewerkschaft, sofern ein TV mit ihrem TV kollidiert. § 4a IV 2 statuiert einen Abschlusszwang, der auf die Rechtsnormen des kollidierenden TV beschränkt ist, soweit sich die Geltungsbereiche und Rechtsnormen der TV überschneiden. Nur wenn ein TV der nachzeichnenden Gewerkschaft gem § 4a II 2 nicht zur Anwendung kommt, gelten die Rechtsnormen des nachgezeichneten TV normativ. § 4a V 1 verpflichtet einen AG oder eine Arbeitgebervereinigung, Verhandlungen über den Abschluss eines TV rechtzeitig und in geeigneter Weise bekanntzugeben. Eine Gewerkschaft, mit der nicht verhandelt wird, zu deren satzungsmäßigen Aufgaben aber der Abschluss eines solchen TV ebenfalls gehört, wird durch § 4a V 2 berechtigt, ihre Vorstellungen und Forderungen mündlich vorzutragen.

16 § 4a spricht anders als die Gesetzesmaterialien die Folgen für die Rechtmäßigkeit von Arbeitskämpfen nicht an. Offengelassen wird auch, wie die Mehrheitsverhältnisse zur Anwendung der Kollisionsregel festgestellt werden sollen. Von der zeitlichen Geltung werden gem § 13 III am Tag der Verkündung geltende TV ausgenommen.

17 **2. Zweck und Rechtstechnik.** Mit § 4a greift der Gesetzgeber die vor allem von bestimmten Verbänden, weiten Teilen der Praxis, teilw aber auch in der Wissenschaft geäußerte Kritik an dem Zulassen von Tarifpluralität auf. Der Gesetzgeber stellt sich damit in einer kontrovers geführten Auseinandersetzung klar auf eine Seite – die Kollision von TV konkurrierender Gewerkschaften beeinträchtige die Tarifautonomie (BT-Drs 18/4062, S 8) – und nimmt keine wirtschafts- und ordnungspolitisch neutrale Position ein. Tarifpluralität wird durch § 4a I als die Schutzfunktion, Verteilungsfunktion, Befriedungsfunktion sowie Ordnungsfunktion von Rechtsnormen eines TV gefährdend gebrandmarkt, ohne dass dies auch nur im Ansatz belegt würde (krit *Konzen/Schliemann* RdA 2015, 1, 6 f). Weil Gewerkschaften des CGB praktisch keine erhebliche Rolle spielen, geht es rechtstatsächlich um das Verhältnis der Industrieverbände des DGB zu den Berufsverbänden, die in jüngerer Zeit aktiv geworden sind (Grundlagen TVG Rdn 6). Es ist deren Handeln, welches die in § 4a I genannten Funktionen der Rechtsnormen eines TV in den Augen des Gesetzgebers gefährdet; bislang wurden diese Fragen beim Arbeitskampfrecht berücksichtigt (Anhang TVG Arbeitskampfrecht Rdn 26 ff). Ob dies bei Schutz- und Verteilungsfunktion zutrifft, kann man unterschiedlich beurteilen. Weil auch Industrieverbände teilweise für einzelne Berufsgruppen verhandeln und streiken (Anhang TVG Arbeitskampfrecht Rdn 28), verschwimmen die Grenzen. Bezieht man Ordnungs- und Befriedungsfunktion auf eine möglichst praktische und vorhersehbare Gestaltung der Tarifverhandlungen aus Sicht des AG, ist nicht zu übersehen, dass die relative, auf einen TV bezogene Friedenspflicht bei Tarifpluralität nicht gewährleistet, dass ein AG für die Dauer eines TV insgesamt keine Tarifverhandlungen und Arbeitskämpfe befürchten muss.

18 Die sicherste Rechtstechnik, das als störend empfundene Verhandeln von TV durch Berufsverbände zu unterbinden, wäre gewesen, die Kollisionsregel in § 4a II 2 auf das Unternehmen oder gar den Konzern

zu beziehen. Bei Anwendung des Mehrheitsprinzips wäre dann in jedem Fall von vornherein klar gewesen, dass eine nur bestimmte Berufe und damit einen begrenzten Personenkreis ansprechende Gewerkschaft die erforderliche Mehrheit nicht erreichen wird. Indem der Gesetzgeber zur Auflösung der Tarifkollision auf den Betrieb abstellt, hat er einerseits an die frühere, ebenfalls betriebsbezogene Rspr angeknüpft. Deren Rechtstechnik zur Auflösung der Tarifpluralität – vorrangig das Spezialitätsprinzip (Rdn 8) – war jedoch eher geeignet, dem TV des Industrieverbands zur alleinigen Anwendung zu verhelfen (BT-Drs 18/4062, S 10, spricht von genereller Geeignetheit) als das nach § 4a II 2 maßgebliche Mehrheitsprinzip. In den meisten Betrieben werden die Industrieverbände des DGB Mehrheitsgewerkschaft sein (*Fischer* NZA 2015, 662, 663). Dennoch entsteht Unsicherheit gerade in besonders betroffenen Unternehmen (in der Lit wird verschiedentlich von 300 Betrieben bei der Bahn gesprochen, *Preis* FA 2014, 354, 355; BT-Drs 18/3580, S 3: gar 400 Betriebe) und Ergebnis kann sein, dass in unterschiedlichen Betrieben eines Unternehmens unterschiedliche TV zur Anwendung kommen, was dann auch die mittelbaren Rechtsfolgen in § 4a IV, V in unterschiedlicher Weise auslöst. Zudem haben die Tarifparteien bei Anwendung des Spezialitätsprinzips die Kriterien, die über Vorrang oder Verdrängung entscheiden, gemeinsam entschieden. Der Betriebszuschnitt liegt abgesehen von §§ 3, 117 II BetrVG sogar allein in der Hand des AG (*Preis* FA 2014, 354, 356; *Greiner* NZA 2015, 769, 772) und bei §§ 3, 117 II BetrVG könnten sich AG und Mehrheitsgewerkschaft einigen (vgl auch *Greiner* RdA 2015, 36, 40). § 4a verwässert daher seinen Zweck und verfehlt seine eigenen Ziele (*Konzen/Schliemann* RdA 2015, 1, 2; *Richardi* NZA 2015, 915; *Henssler* RdA 2015, 222).

3. Vereinbarkeit mit höherrangigem Recht. § 4a ist auch rechtstechnisch eine schlechte Norm. Ob sie deshalb auch gegen **Art 9 III GG** verstößt, wird unterschiedlich eingeschätzt (dagegen *Scholz/Lingemann/Ruttloff* NZA Beilage 1/2015, 3; *Giesen/Kersten* ZfA 2015, 201). Für einen Verstoß gegen Art 9 III GG insgesamt sprechen allerdings ua schon: Dass Berufsverbände, die älteste Form von Gewerkschaften, bei typischem Betriebszuschnitt keine TV mehr verhandeln können, die im Erg auch angewandt werden; dass der AG ggf durch Betriebszuschnitt und im Rahmen von § 3 I Nr 1-3 BetrVG durch Vereinbarung mit der Mehrheitsgewerkschaft dieses Ergebnis herbeiführen kann, wenn es ausnahmsweise nicht vorlag; dass es in der Hand von AG-Seite und Industrieverband liegt, die eine Tarifkollision auslösende Überschneidung durch Erstrecken des Verbands-TV auf die von Berufsverbänden vertretenen Berufe herbeizuführen; dass der TV der Mehrheitsgewerkschaft bei Überschneiden des persönlichen Geltungsbereichs sämtliche nicht inhaltsgleiche TV der Minderheitsgewerkschaft und nicht nur solche TV verdrängt, die sich auch sachlich überschneiden, und die Minderheitsgewerkschaft in dem entsprechenden Betrieb im Erg keine Tarifautonomie mehr genießt; dass die Minderheitsgewerkschaft dennoch an die Friedenspflicht gebunden sein soll; dass zum Erreichen insbesondere der Befriedungswirkung eines TV für den gesamten Betrieb oder das Unternehmen verhältnismäßigere Regelungen bekannt sind (zB gemeinsames Verhandeln bei gleicher Laufzeit der TV); dass es überhaupt nicht um das Verhältnis von kollidierenden TV im Tarifrecht, sondern um Arbeitskämpfe in der Daseinsvorsorge geht und hierzu Regelungen ebenfalls verhältnismäßiger als § 4a wären (gegen Daseinsvorsorge BT-Drs 18/4062, S 10). Zudem könnte der die AG-Seite treffende Abschlusszwang gem § 4a IV 2 gegen Art 9 III GG verstoßen. Zu diesen und weiteren Argumenten *Di Fabio* Gesetzlich auferlegte Tarifeinheit als Verfassungsproblem, 2014; *Richardi* NZA 2014, 1233; *Konzen/Schliemann* RdA 2015, 1, 12 ff; *Preis* JM 2015, 369, 372 ff; *Melot de Beauregard* DB 2015, 1527, 1528; *Greiner* RdA 2015, 36; *Seeling/Probst* BB 2015, 2421, 2423 ff; allgemein zum verfassungsrechtlichen Hintergrund *Hufen* NZA 2014, 1237; *Rüthers* ZRP 2015, 2; *Gamillscheg* AuR 2015, 223.

Gegen § 4a sind Verfassungsbeschwerden anhängig. Das BVerfG hat den Beschwerdeführern vorerst keinen einstweiligen Rechtsschutz gewährt (BVerfG 6.10.2015, 1 BvR 1571/15, 1 BvR 1582/15, 1 BvR 1588/15) und eine Entscheidung bis Ende 2016 angekündigt.

Einen Verstoß gegen **Art 11 EMRK** sowie **IAO-Übereinkommen Nr 87 und 88** bejahend *Schlachter* AuR 2015, 217.

4. Lösung von Tarifkollisionen, § 4a II, III. a) Vorliegen einer Tarifkollision. aa) Erfasste und nicht erfasste Situationen. Der grundlegende Mechanismus von § 4a greift nur, wenn eine Tarifkollision vorliegt. Ohne Tarifkollision sind nur § 4a II 1 sowie § 4a V anwendbar. Der Legaldefinition nach liegen kollidierende TV dann vor, wenn sich die Geltungsbereiche nicht inhaltsgleicher TV verschiedener Gewerkschaften überschneiden. Eine Kollision kommt überhaupt nur dann in Betracht, wenn beide TV wirksam sind. Entscheidend ist ein Überschneiden des **persönlichen** Geltungsbereichs. Nur soweit diese sich überschneiden, besteht die Tarifkollision. Fehlt es an einem Überschneiden, was etwa der Fall wäre, wenn TV 1 nur für eine bestimmte Berufsgruppe gilt, während TV 2 genau diese Berufsgruppe ausnimmt, entsteht keine Tarifkollision iSv § 4 II 2; vielmehr handelt es sich um einen Fall von § 4a II 1. Das Überschneiden des persönlichen Anwendungsbereichs ist wenig überzeugend aber hinreichende Voraussetzung.

Ein Überschneiden der Inhalte wird nicht verlangt. Nur bei Inhaltsgleichheit (Rdn 24) scheidet eine Tarifkollision aus. Praktisch führt diese Kollisionsregel dazu, dass der Industrieverband es in der Hand hat, die Überschneidung herbeizuführen oder nicht, solange die AG-Seite zustimmt, was typischerweise der Fall sein wird. Zum **zeitlichen Anwendungsbereich** s § 13.

23 § 5 IV 2 und § 8 II AEntG verhindern nur für die dort genannten TV eine Tarifkonkurrenz. Ein AG kann daher an einen TV iSv § 5 I und einen nicht allgemeinverbindlich erklärten TV gem § 3 I gebunden sein. Damit ist der zweite Anwendungsfall von Tarifpluralität (Rdn 11) noch möglich. Die Auflösung von Tarifkollisionen nach § 4a ist aber in ihrer Gesamtheit auf die Tarifkollision verhandelter, nicht allgemeinverbindlich erklärter TV zugeschnitten (vgl auch BT-Drs 18/4062, S 12; Schaub/ *Treber* § 203 Rn 55). Setzt sich bei Tarifkonkurrenz ein nicht für allgemeinverbindlich erklärter TV gegen den für allgemeinverbindlich erklärten durch und gilt folglich der für allgemeinverbindlich erklärte TV für die nicht organisierten, der andere für die organisierten AN, handelt es sich um einen Fall nach wie vor möglicher Tarifpluralität iSv § 4a II 1.

24 **bb) Geltung nicht inhaltsgleicher TV.** § 4a II 2 setzt voraus, dass die TV nicht inhaltsgleich sind. Weil § 4a insgesamt den normativen Teil betrifft, geht es um die Inhaltsgleichheit der **Tarifnormen**. Bei Anschluss-TV, die die Normen eines anderen TV übernehmen, liegt damit keine Tarifkollision vor; es greift § 4a II 1. Inhaltsgleichheit besteht auch dann, wenn konkurrierende Gewerkschaften als Tarifgemeinschaft einen TV mit dem AG vereinbaren.

25 Inhaltsgleichheit ist einer sicheren einschränkenden Auslegung nicht zugänglich und damit wörtlich zu verstehen. Auch bei **kleinsten** Unterschieden liegt damit eine Tarifkollision vor. Die Abweichung kann auch darin liegen, dass ein TV eine Frage regelt, der andere aber nicht. Fehlende Inhaltsgleichheit ist ferner gegeben, wenn die TV **völlig unterschiedliche** Fragen regeln (TV 1 Betriebsnormen und TV 2 Entgelt-TV), soweit sich die persönlichen Anwendungsbereiche decken (*Konzen/Schliemann* RdA 2015, 1, 7). Die Regelungsgegenstände der TV müssen sich nicht überschneiden. Dem Willen des Gesetzgebers nach soll Ausnahme sein, dass die Parteien des Mehrheits-TV eine Ergänzung ihrer Regelungen durch TV konkurrierender Gewerkschaften zulassen wollten (BT-Drs 18/4062, S 13), wovon im Zweifel nicht auszugehen ist (Schaub/ *Treber* § 203 Rn 55). Zu § 4a III Rdn 35.

26 Auch wenn in der Legaldefinition nicht erwähnt, setzt § 4a II 2 voraus, dass die kollidierenden TV im Betrieb gem § 3 I, II **gelten** (*Konzen/Schliemann* RdA 2015, 1, 8). Als echte Tarifbindung reicht auch die **Nachbindung** gem § 3 III. Wirkt einer der TV nur gem § 4 V, besteht keine Tarifkollision (Schaub/ *Treber* § 203 Rn 58).

27 **cc) Betrieb als Bezugsebene.** Bezugsebene der Tarifkollision ist der **Betrieb**. Zwar wird der Betrieb ausdrücklich erst als Bezugspunkt der Auflösung der Kollision und zur Ermittlung der Mehrheitsverhältnisse genannt. Eine Feststellung der Tarifkollision auf Unternehmensebene und eine Auflösung auf Betriebsebene wären jedoch widersinnig, weil auf Betriebsebene nur aufgelöst werden kann, was auch dort kollidiert. Auf den Betrieb und nicht das Unternehmen oder den Konzern abzustellen, ist vor dem Hintergrund des Gesetzeszweckes nicht zielführend (*Preis* FA 2014, 354, 355 f) und entspricht auch nicht der Reichweite von TV (*Konzen/Schliemann* RdA 2015, 1, 10).

28 Maßgeblich ist der **Betriebsbegriff** des BetrVG (*Konzen/Schliemann* RdA 2015, 1, 10; *Bauer* DB 2014, 2715, 2716; dazu § 1 BetrVG Rdn 5 ff), was durch § 4a II 3 bekräftigt wird. Wie ein tarifrechtlicher Betriebsbegriff aussieht, ist weitgehend unbekannt (*Bayreuther* NZA 2013, 1395, 1397), weshalb die Materialien von einem tarifrechtlichen Betriebsbegriff ausgehen, der im Grundsatz dem betriebsverfassungsrechtlichen Betriebsbegriff entspreche (BT-Drs 18/4062, S 13). Nach § 4a II 3 sind Betrieb auch der Gemeinschaftsbetrieb gem § 1 II BetrVG (§ 1 BetrVG Rdn 11 ff) sowie Betriebe, die nach § 3 I Nr 1-3 BetrVG durch TV, nicht aber durch Betriebsvereinbarung nach § 3 II BetrVG oder gem § 3 III BetrVG errichtet wurden. Für beide Situationen sieht das Gesetz die Ausnahme vor, dass die Anwendung der Kollisionsregel in diesen Betrieben den Zielen von I offensichtlich entgegenstehe. Dies ist nach § 4a II 4 insbesondere der Fall, wenn die Betriebe von TV-Parteien unterschiedlichen Wirtschaftszweigen oder deren Wertschöpfungsketten zugeordnet worden sind. Die Formulierung ist unglücklich und unklar. Gemeint ist, dass in dem Gemeinschaftsbetrieb oder in nach § 3 I Nr 1-3 BetrVG gebildeten Betrieben die Ursprungsbetriebe iSd herkömmlichen Betriebsbegriffs zu unterschiedlichen Branchen gehören und daher typischerweise in die satzungsmäßige Zuständigkeit verschiedener Tarifparteien fallen. Auch wenn die Konkretisierung ausdrücklich nicht abschließend ist, ist ein offensichtlicher Widerspruch in anderen Fällen nur ausnahmsweise vorstellbar, wenn es sich im Einzelfall aus anderen Gründen nicht um eine Konstellation handelt, die § 4a anzielt.

Über den **Betriebszuschnitt** entscheidet der AG (Rdn 19). Ein **Neuzuschnitt** des Betriebs macht es erforderlich, bei fortbestehender Tarifkollision die Mehrheitsverhältnisse neu zu bestimmen (Schaub/*Treber* § 203 Rn 56). **29**

b) Kollisionsregeln. aa) § 4a II 2 Zu den von § 4a II 2 erfassten TV, Rdn 35. Liegt eine Tarifkollision **30** iSv § 4a II 2 vor, ist entscheidend, welche Gewerkschaft im Betrieb die meisten in einem Arbeitsverhältnis stehenden AN hat. Der Gesetzeswortlaut stellt auf einen Bezug zwischen TV und **Gewerkschaft** ab (Rechtsnormen des TV derjenigen Gewerkschaft) und spricht damit zwar nicht ausdrücklich an, wie ein auf AN-Seite **mehrgliedriger** TV zu behandeln ist. Weil auf den TV abgestellt wird, ist in diesen Situationen die Anzahl der AN aller Gewerkschaften entscheidend, die Partei sind (BT-Drs 18/4062, S 13).
Einbezogen werden alle **AN**, die zum entscheidenden Zeitpunkt in einem **Arbeitsverhältnis** zum AG stehen. Es werden nicht nur die AN einbezogen, für die die kollidierenden TV gelten (vgl *Greiner* NZA 2015, 769, 773). Es gilt der allgemeine AN-Begriff (§ 6 GewO Rdn 21 ff). Ein fehlerhaftes Arbeitsverhältnis reicht. In einem Arbeitsverhältnis stehen auch AN, die nicht tatsächlich arbeiten (Urlaub, Krankheit, Mutterschutz, Elternzeit usw). **Nicht** in einem Arbeitsverhältnis stehen aber AN dritter AG, die in dem Betrieb eingesetzt werden (Leiharbeit mit Ausnahme von § 10 AÜG; Werkverträge; unternehmerische Zusammenarbeit) sowie gekündigte AN mit Weiterbeschäftigungsanspruch vor rechtskräftiger Feststellung der Sozialwidrigkeit oder Unwirksamkeit der Kündigung. Zweite Voraussetzung ist eine Beschäftigung im Betrieb. Außendienstler oder Telearbeiter werden in Anlehnung an § 5 I BetrVG berücksichtigt, weil sie von den TV betroffen sein könnten. Etwaige Ausweitungen und Einschränkungen des AN-Begriffs in § 5 BetrVG werden nicht auf § 4a übertragen. **31**

Die relative **Mehrheit** auf Betriebsebene entscheidet; der Gesetzgeber hat sich gegen die Mehrheit im Überschneidungsbereich der TV entschieden (BT-Drs 18/4062, S 10). § 4a selbst sieht kein Verfahren für die Feststellung der Mehrheitsverhältnisse vor und spricht die **Durchführung** insgesamt nicht an. § 4a II 2 statuiert die kraft Gesetzes eintretende objektive Rechtslage bei Tarifkollision, die sich allein an den Mehrheitsverhältnissen orientiert und die unabhängig von der Durchführung eines gerichtlichen Verfahrens eintritt (aA insoweit *Preis* FA 2014, 354, 357; *Tiedemann* ArbR 2015, 124, 127; nunmehr auch BVerfG 6.10.2015, 1 BvR 1571/15, 1 BvR 1582/15, 1 BvR 1588/15, Rn 4: Tarifpluralität bis zur Durchführung eines Beschlussverfahrens). Weder im Gesetzeswortlaut, noch in der materiellrechtlich zu verstehenden Subsidiarität des Auflösens einer Tarifkollision findet diese Sicht eine Stütze (das BVerfG unterstützend aber *Löwisch* NZA 2015, 1369); nur de facto könnte diese Situation eintreten. Ohne Kenntnis der Mehrheitsverhältnisse ist § 4a II 2 nicht durchführbar. Zwei Lösungen sind möglich: (1) materiellrechtliche Auskunftsansprüche (AG gegen die beteiligten Gewerkschaften und die AN, weil die Gewerkschaften nicht sicher wissen, wer in einem Arbeitsverhältnis steht, und AN ihrer Auskunftspflicht möglicherweise nicht nachkommen; entsprechende Auskunftsansprüche für Gewerkschaften und auch den einzelnen AN, der sich auf die Norm eines der TV beruft). Das Arbeitsgericht wäre dann auf eine Kontrolle beschränkt; (2) keine materiellrechtlichen Auskunftsansprüche mit der Folge, dass § 4a II 2 vorrangig vor den Arbeitsgerichten durchgeführt wird. Im Beschlussverfahren, § 2a I Nr 6 ArbGG, gilt der Amtsermittlungsgrundsatz, § 83 I ArbGG. Die 2. Lösung, die nach dem Gesetz näher liegt, ist indes lückenhaft und in dieser Form unpraktisch. Nur die Partei eines kollidierenden TV ist aber antragsbefugt, § 99 I ArbGG, auch wenn der Beschluss dann erga omnes wirkt, § 99 III ArbGG. Zum möglichen Beweis durch öffentl Urkunden – **notarielle** Urkunde mit Zahl der Mitglieder – § 58 III ArbGG. Wie dieser Beweis durchzuführen wäre, ist nicht geregelt (dazu *Greiner* NZA 2015, 769, 773 f; krit daher *Bayreuther* NJW 2013, 1395, 1396; *Tiedemann* ArbR 2015, 124, 125 f). Das Beschlussverfahren ist zudem nicht zwingend und der einzelne AN müsste Klage auf Leistung auf der Grundlage einer Tarifnorm erheben (dazu *Greiner* NZA 2015, 769, 774). Eine §§ 97 VI, 98 IV ArbGG entsprechende Aussetzungspflicht statuiert § 99 ArbGG. Zum Beschlussverfahren auch *Ulrici* DB 2015, 2511. In der Praxis werden sich die Schwierigkeiten nur dann relativieren, wenn die Mehrheitsverhältnisse klar sind oder ein Beschlussverfahren eingeleitet wird. **32**

Maßgeblicher **Zeitpunkt** nicht nur für die Tarifkollision, sondern auch für die Rechtsfolge (*Konzen/Schliemann* RdA 2015, 1, 8) sind die Mehrheitsverhältnisse beim Abschluss des zuletzt abgeschlossenen TV; dadurch erst entsteht die Kollision. Tritt dennoch die Kollision nicht schon dann, sondern erst später ein (weil erst dann AN beider Gewerkschaften in einem Arbeitsverhältnis im Betrieb stehen), ist nach § 4 II 3 der spätere Zeitpunkt maßgeblich. Erst bei Abschluss eines TV, der zu einer neuen Tarifkollision führt, werden die Mehrheitsverhältnisse neu ermittelt (BT-Drs 18/4062, S 13). Weil die Friedenspflicht des verdrängten TV weiter gilt (Rdn 34), kann die Minderheitsgewerkschaft auch dann, wenn sich die **Mehrheitsverhältnisse geändert** haben sollten, keinen neuen TV erkämpfen. **33**

34 Unmittelbare **Rechtsfolge** ist, dass dann nur die **Rechtsnormen** des TV der Mehrheitsgewerkschaft anwendbar sind. Zum Zeitpunkt, Rdn 33. Die Verdrängung erfolgt in dem Ausmaß, in dem sich die Geltungsbereiche überschneiden (»soweit«). In diesem Ausmaß aber werden sämtliche Rechtsnormen des TV der Minderheitsgewerkschaft verdrängt. Für die in der Minderheitsgewerkschaft Organisierten gilt der TV der Mehrheitsgewerkschaft nicht; der Minderheitsgewerkschaft steht insoweit nur der Anspruch auf Nachzeichnung gem § 4a IV 2 zu. § 4a II 2 betrifft nur die tarifrechtliche Geltung. Die Verdrängung des Minderheits-TV endet, wenn die Tarifkollision endet (zur Nachwirkung Schaub/ *Treber* § 203 Rn 58). Bezugnahmeklauseln auf den Minderheits-TV sind weiter anzuwenden (auch *Greiner* NZA 2015, 769, 775; aA *Fischer* NZA 2015, 662, 665). Es gilt dann § 4 III. Bei großen Bezugnahmeklauseln kann sich der Bezug nun auf den tatsächlich geltenden TV beziehen (näher § 3 Rdn 48). Der **schuldrechtliche** Teil des verdrängten TV gilt dem Konzept des Gesetzes nach weiter, insbesondere auch seine **Friedenspflicht** (vgl BT-Drs 18/4062, S 14).

35 **bb) § 4a III.** § 4a III stellt die Anwendung von § 4a II 2 für die dort genannten TV – TV über betriebsverfassungsrechtliche Fragen nach § 3 I BetrVG sowie TV nach § 117 II BetrVG – unter eine zusätzliche Voraussetzung. Im Gegenschluss ist § 4a II 2 damit auf sämtliche andere Normkategorien anwendbar. Diese zusätzliche Voraussetzung stellt eine Abweichung von der Legaldefinition der Tarifkollision in § 4a II 2 dar, wonach lediglich verlangt wird, dass die TV nicht inhaltsgleich sind. Die etwas umständliche Formulierung bewirkt, dass beide TV die konkrete (»diese«) betriebsverfassungsrechtliche Frage nach § 3 I BetrVG sowie nach § 117 II BetrVG regeln müssen und erst dann § 4a II 2 angewandt werden kann.

36 **c) Tarifpluralität bei Fehlen einer Tarifkollision.** Fehlt nach diesen Grundsätzen eine Tarifkollision oder liegt im Anwendungsbereich von § 4 III nicht die dort genannte zusätzliche Voraussetzung vor, ist nach § 4a II 1 Tarifpluralität möglich. Zu möglichen Konstellationen Rdn 5, 11, 23.

37 **5. Nachzeichnungsrecht, § 4a IV. a) Hintergrund.** Die in der Minderheitsgewerkschaft Organisierten stehen nach Anwendung von § 4a II 2 ohne TV da (Rdn 34). Dies war schon die entscheidende Schwäche der älteren Rspr (3. Aufl, § 5 Rdn 55). Das nach § 4a IV bestehende Nachzeichnungsrecht setzt hier an (BT-Drs 18/4062, S 14), geht wegen seiner Ausgestaltung letztlich aber teilweise weiter (Rdn 38) und ist dann wiederum zu eng (Rdn 39 f), so dass der Ansatz an dem eigentlichen Problem vorbei geht.

38 **b) Berechtigung.** Das Nachzeichnungsrecht setzt eine Tarifkollision gem § 4a II 2 voraus und wird mit jedem Abschluss eines kollidierenden TV (neu) ausgelöst (BT-Drs 18/4062, S 14). Nur eine Gewerkschaft, die einen TV abgeschlossen hat, kann Nachzeichnung verlangen (BT-Drs 18/4062, S 14). Den Anspruch auf Nachzeichnung gem § 4a III 1 haben Minderheits- und Mehrheitsgewerkschaft (unklar BT-Drs 18/4062, S 14, der eine potentielle Gefährdung nennt); nur die Wirkung des nachgezeichneten TV hängt von dem Ergebnis der Beseitigung der Tarifkollision ab. Die Nachzeichnung ist damit nicht nur Ausgleich des Verdrängens. Dass der Mehrheitsgewerkschaft ein Nachzeichnungsanspruch eingeräumt wird, mit der Folge, dass zB der Industrieverband den höheren Lohn des Berufsverbands nachzeichnen könnte, leuchtet nicht ein.

39 **c) Anspruchsinhalt.** Der Anspruch richtet sich gegen den AG oder die Arbeitgebervereinigung, die Partei des kollidierenden TV sind. Er ist gerichtet auf den Abschluss eines TV, der die Rechtsnormen des kollidierenden TV übernimmt. Die schuldrechtlichen Pflichten werden nicht übernommen. Insoweit gilt der kollidierende TV weiter (BT-Drs 18/4062, S 14). Der Anspruch besteht nur unter 2 zusätzlichen Voraussetzungen: (1) Soweit sich die Geltungsbereiche überschneiden, wobei hier nicht der persönliche Geltungsbereich gemeint ist – ohne Tarifkollision besteht der Anspruch nicht –, sondern der fachliche, sachliche und zeitliche. (2) Selbst dann besteht der Anspruch nur, soweit sich die Rechtsnormen der beiden TV überschneiden. Eine Gewerkschaft kann daher in Situationen, in denen gänzlich unterschiedliche TV kollidieren (Rdn 25), keine Nachzeichnung verlangen. Würde der TV der Minderheitsgewerkschaft anders als nach § 4a II 2, III auch nur in diesem Rahmen verdrängt, läge immerhin eine im Kern kohärente Lösung vor. In dem durch § 4a IV 2 gedeckten Rahmen sind die Rechtsnormen vollständig nachzuzeichnen (BT-Drs 18/4062, S 14). Zum Streikrecht *Löwisch* DB 2015, 1102, 1103.

40 **d) Wirkung des nachgezeichneten TV.** Der nachgezeichnete TV wirkt nur normativ, soweit die Rechtsnormen des eigenen TV der nachzeichnenden Gewerkschaft verdrängt werden. In allen anderen Fällen wirkt der nachgezeichnete TV nur schuldrechtlich. Der durch die Mehrheitsgewerkschaft nachgezeichnete TV wirkt stets nur schuldrechtlich, was eine Geltendmachung etwa der höheren Löhne des Berufsverbands durch Mitglieder des Industrieverbands nicht ausschließt (§ 1 Rdn 29).

6. Bekanntgabe und Anhörungsanspruch, § 4a V. Auch § 4a V soll die durch § 4a II 2 ausgelöste Härte 41
abfedern und Gelegenheit zur Abstimmung der Gewerkschaften geben mit dem Ziel, eine Tarifkollision zu
verhindern (zu Letzterem BT-Drs 18/4062, S 15), stellt aber ein schwaches Instrument dar (vgl auch *Henssler*
RdA 2015, 22, 225; *Greiner* RdA 2015, 36, 39). § 4a V ist seinem Wortlaut nach allgemein anwendbar
und setzt nicht voraus, dass eine Situation von Tarifkollision besteht oder eintreten könnte. Eine allgemeine
Bekanntgabepflicht aber würde über das Ziel hinausschießen und zudem TV-Parteien daran hindern, vertraulich verhandeln zu können. Daher ist Voraussetzung, dass eine konkurrierende tariffähige Gewerkschaft
bereits aktiv ist oder für die AG-Seite in einem zeitlichen Zusammenhang mit dem zu verhandelnden TV
erkennbar aktiv werden möchte. Die Bekanntgabepflicht trifft den potentiellen TV-Partner der konkurrierenden Gewerkschaft (BT-Drs 18/4062, S 15). Die Rechtzeitigkeit richtet sich danach, dass die konkurrierende Gewerkschaft zeitgleich verhandeln kann. Es reicht aus, wenn die Aufnahme von Verhandlungen
durch Aushang in den betroffenen Betrieben erfolgt (BT-Drs 18/4062, S 15). Sie ist an keine bestimmte
Form gebunden (BT-Drs 18/4062, S 15).
Einer konkurrierenden Gewerkschaft steht der einklagbare (BT-Drs 18/4062, S 15) Anspruch zu, der 42
AG-Seite ihre Vorstellungen und Forderungen mündlich vorzutragen. Adressat ist, wer mit der konkurrierenden Gewerkschaft verhandelt (BT-Drs 18/4062, S 15). Der Anspruch auf Anhörung schränkt das
allgemeine Tarifrecht und das Arbeitskampfrecht nicht ein (BT-Drs 18/4062, S 15). Die konkurrierende
Gewerkschaft kann zusätzlich oder stattdessen Tarifforderungen erheben und auch die Verhandlungen über
diese Forderungen notfalls durch Arbeitskampf erzwingen. § 4a V 2 ist das traurige Bild der Rechte, die der
Minderheitsgewerkschaft nach der Vorstellung von § 4a bleiben.

7. Auswirkungen auf das Arbeitskampfrecht. Siehe dazu Anhang TVG Arbeitskampfrecht Rdn 26. 43

8. Subsidiarität/Vermeidungsstrategien. § 4a II 2 ist keine dispositive Norm, deren Nichteinhaltung 44
man vereinbaren könnte (im Erg auch *Greiner* NZA 2015, 769, 774 f; spätestens über den Weg einer verfassungskonformen Auslegung anders aber *Bepler* RdA 2015, 194; in Abschnitt 2 Nr 1 TV zur Regelung
über Grundsatzfragen zwischen der GDL u dem Arbeitgeber- und Wirtschaftsverband der Mobilitäts- und
Verkehrsdienstleister v 30.6.2015 bedingen die TV-Parteien § 4a wechselseitig ab und vereinbaren die Geltung nur von § 3 f, http://uploads.gdl.de/Service/Download-1436456477.pdf). Die Gesetzesmaterialien
sprechen aber von einer subsidiären Regelung, weil die Beteiligten es in der Hand haben, insbesondere das
Entstehen einer Tarifkollision zu verhindern (BT-Drs 18/4062, S 9): Abstimmen der persönlichen Zuständigkeitsbereiche und Geltungsbereiche, Rdn 22; zu konkurrierenden Gewerkschaften als Tarifgemeinschaft,
Rdn 24; Abschluss inhaltsgleicher TV, Rdn 25; Anschluss-TV Rdn 24. Weil AG und Mehrheitsgewerkschaft es aber auch in der Hand haben, Tarifkollisionen gezielt herbeizuführen, handelt es sich nur um eine
rechtstechnische Subsidiarität. Umgekehrt ist es möglich, die Wirkung von § 4a II 2 auszuhöhlen: zu Bezugnahmeklauseln § 3 Rdn 39. Es besteht auch die Möglichkeit, Inhalte (Rdn 24) oder Implementierungs- und
Durchführungspflichten (*Greiner* NZA 2015, 769, 776) im schuldrechtlichen Teil des verdrängten TV zu
vereinbaren. Entsprechende Inhalte sind auch erkämpfbar (Anhang TVG Arbeitskampfrecht Rdn 14; vgl
auch *Löwisch* DB 2015, 1102; aA für Implementierungs- und Durchführungspflichten *Greiner* NZA 2015,
769, 776; zu weiteren Möglichkeiten *Lehmann* BB 2015, 2293, 2295 ff).

§ 5 Allgemeinverbindlichkeit

(1) ¹Das Bundesministerium für Arbeit und Soziales kann einen Tarifvertrag im Einvernehmen mit einem
aus je drei Vertretern der Spitzenorganisationen der Arbeitgeber und der Arbeitnehmer bestehenden
Ausschuss (Tarifausschuss) auf gemeinsamen Antrag der Tarifvertragsparteien für allgemeinverbindlich
erklären, wenn die Allgemeinverbindlicherklärung im öffentlichen Interesse geboten erscheint. ²Die Allgemeinverbindlicherklärung erscheint in der Regel im öffentlichen Interesse geboten, wenn
1. der Tarifvertrag in seinem Geltungsbereich für die Gestaltung der Arbeitsbedingungen überwiegende
Bedeutung erlangt hat oder
2. die Absicherung der Wirksamkeit der tarifvertraglichen Normsetzung gegen die Folgen wirtschaftlicher Fehlentwicklung eine Allgemeinverbindlicherklärung verlangt.

(1a) ¹Das Bundesministerium für Arbeit und Soziales kann einen Tarifvertrag über eine gemeinsame Einrichtung zur Sicherung ihrer Funktionsfähigkeit im Einvernehmen mit dem Tarifausschuss auf gemeinsamen Antrag der Tarifvertragsparteien für allgemeinverbindlich erklären, wenn der Tarifvertrag die
Einziehung von Beiträgen und die Gewährung von Leistungen durch eine gemeinsame Einrichtung mit
folgenden Gegenständen regelt:
1. den Erholungsurlaub, ein Urlaubsgeld oder ein zusätzliches Urlaubsgeld,

2. eine betriebliche Altersversorgung im Sinne des Betriebsrentengesetzes,
3. die Vergütung der Auszubildenden oder die Ausbildung in überbetrieblichen Bildungsstätten,
4. eine zusätzliche betriebliche oder überbetriebliche Vermögensbildung der Arbeitnehmer,
5. Lohnausgleich bei Arbeitszeitausfall, Arbeitszeitverkürzung oder Arbeitszeitverlängerung.

²Der Tarifvertrag kann alle mit dem Beitragseinzug und der Leistungsgewährung in Zusammenhang stehenden Rechte und Pflichten einschließlich der dem Verfahren zugrunde liegenden Ansprüche der Arbeitnehmer und Pflichten der Arbeitgeber regeln. ³§ 7 Absatz 2 des Arbeitnehmer-Entsendegesetzes findet entsprechende Anwendung.

(2) Vor der Entscheidung über den Antrag ist Arbeitgebern und Arbeitnehmern, die von der Allgemeinverbindlicherklärung betroffen werden würden, den am Ausgang des Verfahrens interessierten Gewerkschaften und Vereinigungen der Arbeitgeber sowie den obersten Arbeitsbehörden der Länder, auf deren Bereich sich der Tarifvertrag erstreckt, Gelegenheit zur schriftlichen Stellungnahme sowie zur Äußerung in einer mündlichen und öffentlichen Verhandlung zu geben.

(3) Erhebt die oberste Arbeitsbehörde eines beteiligten Landes Einspruch gegen die beantragte Allgemeinverbindlicherklärung, so kann das Bundesministerium für Arbeit und Soziales dem Antrag nur mit Zustimmung der Bundesregierung stattgeben.

(4) ¹Mit der Allgemeinverbindlicherklärung erfassen die Rechtsnormen des Tarifvertrags in seinem Geltungsbereich auch die bisher nicht tarifgebundenen Arbeitgeber und Arbeitnehmer. ²Ein nach Absatz 1a für allgemeinverbindlich erklärter Tarifvertrag ist vom Arbeitgeber auch dann einzuhalten, wenn er nach § 3 an einen anderen Tarifvertrag gebunden ist.

(5) ¹Das Bundesministerium für Arbeit und Soziales kann die Allgemeinverbindlicherklärung eines Tarifvertrags im Einvernehmen mit dem in Absatz 1 genannten Ausschuss aufheben, wenn die Aufhebung im öffentlichen Interesse geboten erscheint. ²Die Absätze 2 und 3 gelten entsprechend. ³Im Übrigen endet die Allgemeinverbindlichkeit eines Tarifvertrags mit dessen Ablauf.

(6) Das Bundesministerium für Arbeit und Soziales kann der obersten Arbeitsbehörde eines Landes für einzelne Fälle das Recht zur Allgemeinverbindlicherklärung sowie zur Aufhebung der Allgemeinverbindlichkeit übertragen.

(7) ¹Die Allgemeinverbindlicherklärung und die Aufhebung der Allgemeinverbindlichkeit bedürfen der öffentlichen Bekanntmachung. ²Die Bekanntmachung umfasst auch die von der Allgemeinverbindlicherklärung erfassten Rechtsnormen des Tarifvertrages.

Übersicht

		Rdn.				Rdn.
A.	AVE und Gesamtbild nicht kraft mitgliedschaftlich legitimierter Tarifautonomie geltender Löhne	1		1. Gebotenheit im öffentlichen Interesse		10
				2. Regelbeispiele		13
B.	Definition, Funktion und Bedeutung der AVE	2	II.	Tarifverträge über gemeinsame Einrichtungen, § 5 Ia		15
C.	Voraussetzungen einer AVE auf der Grundlage von § 5 TVG	4	D.	Verfahren der AVE		21
			E.	Rechtsschutz		29
I.	Wirksamer TV	4	F.	Wirkungen der AVE		32
II.	Tarifverträge iSv § 5 I	10	G.	Vergabegesetze		36

A. AVE und Gesamtbild nicht kraft mitgliedschaftlich legitimierter Tarifautonomie geltender Löhne. § 5 war in seiner ursprünglichen Fassung lange Zeit die einzige angewendete – von den Möglichkeiten nach dem früheren MiArbG wurde auch nach seiner Neufassung nie Gebrauch gemacht (s Kommentierung 7. Aufl) – Grundlage einer Tarifgeltung ohne mitgliedschaftliche Legitimation. Neben § 5 existiert mit dem AEntG eine 2. rechtliche Grundlage für die AVE, die teilw anderen Voraussetzungen folgt (s dort). TVG, AEntG, MiLoG und AÜG ergeben folgendes Gesamtbild (ausf auch zur Entwicklung *Riechert/Nimmerjahn* MiLoG, Einf Rn 1 ff): branchenunabhängige AVE auf der Grundlage von § 5 TVG, branchenabhängige Mindestlöhne aufgrund einer AVE nach dem AEntG, eine auf einem TV aufbauende Lohnuntergrenze im AÜG sowie ein allgemeiner gesetzlicher Mindestlohn nach dem MiLoG; hinzu kommen Versuche, die Lohnhöhe über das Vergaberecht zu beeinflussen, Rdn 36 ff. Das Gesetz zur Stärkung der Tarifautonomie (v 11.8.2014, BGBl I S 1348) setzt den Koalitionsvertrag um und sieht seit 1.1.2015 einen allg gesetzlichen Mindestlohn in Höhe von 8,50 € vor. Daneben werden das AEntG erweitert, die AVE nach § 5 I TVG erleichtert – wobei nunmehr allerdings ein gemeinsamer Antrag der TV-Parteien erforderlich ist – und ein neuer § 5 Ia regelt die AVE von TV über gemeinsame Einrichtungen. Der Koalitionsvertrag sieht noch vor, dass die Einführung eines Bundesvergabegesetzes geprüft wird. Von einem Land ohne gesetzlichen Mindestlohn wurde Deutschland damit zu dem Land mit den vermutlich meisten gesetzlichen Mindestlohnregelungen. Nach EuGH 3.4.2008, Rs C-346/06, Slg 2008 I-1989 – Rüffert ist die Beschränkung einer Mindestlohnregelung – im Ausgangsfall nur öffentl und nicht auch private Bautätigkeit – allerdings ein eigener Grund für einen möglichen Verstoß gegen die Dienstleistungsfreiheit. Die in § 5 vorgenommenen Änderungen werden durch §§ 2a I Nr 5, 98 ArbGG verfahrensrechtlich flankiert.

B. Definition, Funktion und Bedeutung der AVE. Durch Allgemeinverbindlicherklärung (AVE) eines TV wird dessen normative Wirkung auf nicht nach § 3 tarifgebundene AG und AN erstreckt, § 5 IV. Funktionen der AVE sind: (1) soziale **Schutzfunktion** (BAG 24.1.1979, 4 AZR 377/77, EzA § 5 TVG Nr 6; 28.3.1990, 4 AZR 536/89, EzA § 5 TVG Nr 10); (2) **Kartellfunktion**, indem die AVE tarifgebundene AN und AG vor Wettbewerb durch Konkurrenten des AG schützt, die nicht den Mindestarbeitsbedingungen des TV unterliegen – diese Funktion tritt verstärkt bei der AVE im Kontext einer AN-Entsendung in den Vordergrund (s § 1 AEntG Rdn 3); (3) praktisch wichtig ist die AVE von TV über gemeinsame Einrichtungen iSv § 4 II, weil die AVE es erlaubt, die **Lasten** solcher Einrichtungen gleichermaßen von Organisierten und Nichtorganisierten tragen zu lassen und somit pro Kopf zu **senken** (BVerfG 15.7.1980, 1 BvR 24/74, AP TVG § 5 Nr 17; BAG 28.3.1990, 4 AZR 536/89, EzA § 5 TVG Nr 10); in der Praxis kaum von Bedeutung ist die in der Lit teilw auch genannte **Ordnungsfunktion** (ErfK/*Franzen* § 5 Rn 1), weil die damit gemeinte Gleichstellung der Arbeitsbedingungen von Organisierten und Nichtorganisierten häufig bereits durch die arbeitsvertragliche Verweisung auf TV (s § 3 Rdn 39–52) erreicht wird. 2

Rechtstatsächlich ist die Bedeutung der AVE in Deutschland bislang vergleichsweise gering. Am 1.7. 2015 waren von rund 70.000 TV 502 allgemeinverbindlich (http://www.bmas.de/DE/Themen/Arbeitsrecht/ Tarifvertraege/inhalt.html). Die praktische Bedeutung ist durch das AEntG, das einen für allgemeinverbindlich erklärten TV voraussetzt, gestiegen und hat durch die immer wieder erfolgenden Änderungen des AEntG (Aufnahme neuer Branchen, nunmehr allgemeine Geltung) weiter an Bedeutung gewonnen. Für allgemeinverbindlich erklärte TV sind nicht gleichmäßig verbreitet und in unterschiedlichen Industriezweigen zu finden. Sie konzentrieren sich auf das Baugewerbe, den Handel, Straßenverkehr, Gaststätten und Beherbergung, Reinigung und Körperpflege, Wissenschaft und Publizistik sowie auf sonstige private Dienstleistungen (Verzeichnis der für allgemeinverbindlich erklärten TV – Stand: 1.7.2015); andererseits finden sich in wirtschaftlich bedeutsamen Bereichen wie Bahn, Post, Banken, Versicherungen, Energieversorgung, Chemie, Kunststoff, Druckerei keine für allgemeinverbindlich erklärten TV (s oben genanntes Verzeichnis). 3

C. Voraussetzungen einer AVE auf der Grundlage von § 5 TVG. I. Wirksamer TV. Mit der AVE wird nicht eine eigene oder andere inhaltliche Regelung festgelegt, sondern die Maßgeblichkeit der Normen eines TV über die Tarifgebundenen hinaus verfügt (BAG 1.3.1956, 2 AZR 183/54, AP TVG § 4 Effektivklausel Nr 1). Aus dieser rechtlichen Konstruktion folgt: 4

1. Es muss ein wirksamer TV (§ 1 Rdn 3–13) vorliegen; ist ein unwirksamer TV für allgemeinverbindlich erklärt worden, entfällt die Wirkung nach § 5 IV jedoch den allg Grundsätzen folgend (§ 1 Rdn 15) nur für die Zukunft. 5

2. § 5 erlaubt nur eine AVE, nicht hingegen eine Änderung des Inhalts (*Gamillscheg* S 890). Zu den in Betracht kommenden TV Henssler/Moll/Bepler/*Sittard* Der Tarifvertrag 2013, Teil 7, Rn 36 ff. 6

3. Die **AVE** ersetzt lediglich die Voraussetzung der **Tarifgebundenheit**. Die Erstreckung der normativen Wirkung erfolgt mithin nur im Geltungsbereich des infrage stehenden TV, § 5 IV 1. Eine AVE über den Geltungsbereich des TV hinaus ist, wie es § 5 IV 1 auch ausdrücklich klarstellt, nicht möglich. 7

Der Geltungsbereich setzt indes nur die äußerste Grenze des durch AVE Möglichen. Eine AVE muss hingegen nicht den gesamten Geltungsbereich des TV ausschöpfen (BAG 26.10.1983, 4 AZR 219/81, EzA § 3 TVG Nr 4; HWK/*Henssler* § 5 Rn 9). Erfolgt eine solche Einschränkung, müssen die weiteren Voraussetzungen für den eingeschränkten für allgemeinverbindlich zu erklärenden Teil vorliegen. Von der Einschränkung des Geltungsbereichs lässt sich die Frage nicht sauber trennen, ob die AVE sich auf einzelne Teile eines TV beschränken kann. Konsequenterweise ist daher auch die AVE von Teilen eines TV zulässig (str; dafür: *Löwisch/Rieble* § 5 Rn 65; *Gamillscheg* S 891; dagegen: HWK/*Henssler* § 5 Rn 8; OVG NRW 23.9.1983, 20 A 842/81, BB 1984, 723). 8

4. Da Grundlage der AVE ein TV ist, ist weitere Voraussetzung, dass der TV nicht abgelaufen ist. Eine AVE kann im Nachwirkungsstadium nach § 4 V nicht mehr erfolgen (wie hier: *Löwisch/Rieble* § 5 Rn 45; aA die hM: *Gamillscheg* S 889; HWK/*Henssler* § 5 Rn 7). Die hM ist nicht mit § 5 V 3 zu vereinbaren, nach dem die AVE eines TV mit dessen Ablauf und nicht erst nach dessen Nachwirkungsphase endet. 9

10 **II. Tarifverträge iSv § 5 I. 1. Gebotenheit im öffentlichen Interesse.** Nach § 5 I aF waren neben einem wirksamen TV Voraussetzungen für eine AVE: Die tarifgebundenen AG durften nicht weniger als 50 % der unter den Geltungsbereich des TV fallenden AN beschäftigen. Zudem musste die AVE im öffentl Interesse geboten sein. Von diesen Voraussetzungen konnte abgewichen werden, wenn die AVE zur Behebung eines sozialen Notstands erforderlich erschien. Siehe Kommentierung 7. Aufl.

11 Die AVE muss auch in der Neufassung im öffentl Interesse geboten erscheinen, § 5 I 1. Das öffentl Interesse ergibt sich aus einer Abwägung von Vor- und Nachteilen der AVE (BVerfG 10.9.1991, 1 BvR 561/89, AP TVG § 5 Nr 27). Ergebnis der Abwägung muss sein, dass die Vorteile der AVE ihre Nachteile überwiegen (*Löwisch/Rieble* § 5 Rn 135). Die weiche Formulierung des Gesetzes (»öffentliches Interesse«, »erscheint«) bewirkt, dass die Abwägung gerichtlich auch in der nun gültigen Fassung nur eingeschränkt überprüfbar ist (BAG 28.3.1990, 4 AZR 536/89, EzA § 5 TVG Nr 10). Die Konkretisierung durch die Regelbeispiele ist nicht abschließend, doch ist zu erwarten, dass die Regelbeispiele den Hauptanwendungsfall bilden werden. Die Sicherung eines Mindesteinkommens wird nun vom MiLoG wahrgenommen.

12 Die Änderungen in der Neufassung führen insgesamt zu einer Verschiebung: Die Gebotenheit im öffentl Interesse wird in § 5 I 2 durch zwei nicht abschließende und alternative Regelbeispiele konkretisiert: wenn der TV in seinem Geltungsbereich für die Gestaltung der Arbeitsbedingungen überwiegende Bedeutung erlangt oder die Absicherung der Wirksamkeit der tarifvertraglichen Normsetzung gegen die Folgen wirtschaftlicher Fehlentwicklung eine Allgemeinverbindlicherklärung verlangt. Damit wird die frühere 50%-Grenze fallengelassen, in abgewandelter Form dann aber im ersten Regelbeispiel, § 5 I 2 Nr 1, wieder aufgegriffen. Im Ergebnis bewirkt dies im Vergleich zum früheren Recht, dass die Voraussetzung der überwiegenden Bedeutung für die Gestaltung der Arbeitsbedingungen, die funktional der früheren 50 %-Grenze nahekommt, nicht mehr allgemeine Voraussetzung für jede AVE, sondern nur noch eine Alternative für die AVE eines TV ist. Anders als nach früherem Recht ist bei Bejahung eines der beiden Regelbeispiele und damit auch einer überwiegenden Bedeutung für die Gestaltung der Arbeitsbedingungen zudem das öffentl Interesse gegeben und nicht zusätzlich anhand weiterer Kriterien zu prüfen.

13 **2. Regelbeispiele.** Die Regelbeispiele in § 5 I 2 Nr 1 u Nr 2 sind nicht abschließend und stehen alternativ nebeneinander. **Nr 1** verlangt eine **überwiegende Bedeutung** des TV für die Gestaltung der Arbeitsbedingungen. Bedeutung ist ein offener und nicht tarifrechtlicher Begriff, für den unabhängig von der rechtlichen Konstruktion (Tarifgebundenheit, Nachwirkung, Bezugnahme, Anschluss-TV, § 613a I 2 BGB, faktische Anwendung) maßgeblich ist, ob der TV im Ergebnis Arbeitsbedingungen gestaltet. Eine überwiegende Gestaltung setzt voraus, dass der TV die Mehrheit der Arbeitsverhältnisse gestaltet (*Jöris* NZA 2014, 1313, 1315). Indem Bezugpunkt die überwiegende Gestaltung von Arbeitsbedingungen ist, kommt nur ein TV mit Individualnormen in Betracht.

14 Nr 2 erlaubt eine AVE, wenn die Absicherung der Wirksamkeit der tarifvertraglichen Normsetzung gegen die Folgen wirtschaftlicher Fehlentwicklung sie verlangt. Eine **wirtschaftliche Fehlentwicklung** kann mit dem sozialen Notstand in § 5 I 2 aF (7. Aufl, § 5 TVG Rn 20) und den sozialen Verwerfungen im aufgehobenen § 3 I MiArbG (7. Aufl. § 3 MiArbG Rn 2) nicht gleichgesetzt werden. Gemeint ist die Situation, in der § 5 I 2 Nr 1 nicht erfüllt ist (*Jöris* NZA 2014, 1313, 1316), aber eine wirtschaftliche Fehlentwicklung vorliegt, die es verlangt, eine nur eine Minderheit von Arbeitsverhältnissen betreffende Tarifordnung durch AVE zu stützen. Die wirtschaftliche Fehlentwicklung muss also zu einer Aushöhlung der tariflichen Ordnung führen (Beispiele bei *Jöris* NZA 2014, 1313, 1316), die auch dazu führt, dass kein TV mehr überwiegende Bedeutung iSv § 5 I 2 Nr 1 erlangen kann (anders zum Verhältnis zwischen Nr 1 u Nr 2 ErfK/*Franzen* § 5 Rn 14a: Regel-/Ausnahme). Daher ist auch nicht Erfordernis, dass der TV eine gewisse Bedeutung hat (so aber *Forst* RdA 2015, 25, 29).

15 **II. Tarifverträge über gemeinsame Einrichtungen, § 5 Ia.** § 5 Ia gestattet die AVE von TV über gemeinsame Einrichtungen mit den im Gesetz genannten sachlichen Gegenständen zur **Sicherung** ihrer **Funktionsfähigkeit** (dazu bereits Rdn 2). Es muss sich um einen TV handeln, der die Einziehung von Beiträgen und die Gewährung von Leistungen zu einem der folgenden Bereiche regelt: Erholungsurlaub, (zusätzliches) Urlaubsgeld, betriebliche Altersversorgung iSd BetrAVG, Vergütung von Auszubildenden oder Ausbildung in überbetrieblichen Bildungsstätten, zusätzliche oder überbetriebliche Vermögensbildung, Lohnausgleich bei Arbeitszeitausfall, Arbeitszeitverkürzung oder Arbeitszeitverlängerung. Was Einziehung von Beiträgen und die Gewährung von Leistungen umfasst, wird in § 5 Ia 2 konkretisiert. Zu Mischtarifverträgen: Beschränkung auf den von § 5 Ia sachlich erfassten Teil oder Kombination von AVE gem § 5 I u Ia, *Forst* RdA 2015, 25, 30 f. Ein gem § 5 Ia allgemeinverbindlich erklärter TV wirkt stärker als sonstige allgemeinverbindlich erklärte TV, § 5 IV 2. Ohne weitere Voraussetzung alleine auf die Sicherung der Funktionsfähigkeit der gemeinsamen Einrichtung abzustellen, löst die AVE nach § 5 Ia noch mehr aus dem Grundsystem

mitgliedschaftlich legitimierter Tarifautonomie, wandelt tarifautonom vereinbarte gemeinsame Einrichtungen **funktional** in **Sozialversicherungsträger** um (*Giesen* Verhandlungen 70. Deutscher Juristentag, Band II/1, 2015, S. K103) und wirft verfassungsrechtliche Probleme auf (die Änderung unterstützend aber *Greiner/Haunau/Preis* SR, Sonderausgabe, 2014, 2 ff). Daher schränken § 5 I 2 Nr 1 u 2 alternativ das Ermessen bei der Entscheidung über die AVE ein (nur § 5 I 2 Nr 1: ErfK/*Franzen* § 5 Rn 14c).

Der Verweis (nur) auf § 7 II AEntG in § 5 Ia 2 und nicht auch auf § 7 III betrifft Situationen, in denen der Antrag nur für einen TV vorliegt, neben diesem TV aber auch andere TV für die AVE in Betracht kommen, für die ein entsprechender Antrag indes nicht gestellt ist. Dann ist bei der Entscheidung, ob eine AVE dieses TV möglich ist, seine Repräsentativität zu berücksichtigen (§ 7 AEntG Rdn 5). 16

(derzeit unbesetzt) 17–20

D. Verfahren der AVE. Das Verfahren der AVE ist nur teilw in § 5 geregelt; zahlreiche Details ergeben sich aus der VO zur Durchführung des TVG in der Fassung der Bekanntmachung vom 16.1.1989 (BGBl I S 76, zuletzt geändert durch Art 1 der VO vom 11.3.2014, BGBl I S 263). Die Reform von § 5 hat das Verfahren nur geringfügig geändert (gemeinsamer Antrag, Rdn 22). 21

Die AVE eines TV kommt nur in Betracht, wenn diese von den TV-Parteien **gemeinsam** beantragt wird, § 5 I 1. Gem § 5 I aF war der Antrag einer TV-Partei ausreichend. Der Antrag muss auch bei mehrgliedrigen TV von allen Parteien gestellt werden, soweit es sich um einen einheitlichen TV handelt (Schaub/*Treber* § 205 Rn 13). Das Erfordernis eines gemeinsamen Antrags ist **materiellrechtlich** zu verstehen und nicht formal. Daher reichen getrennte, aber inhaltlich übereinstimmende Anträge (vgl auch *Forst* RdA 2015, 25, 27). Der Antrag ist auch im Fall einer Delegation nach § 5 VI an das BMAS zu richten. Schuldrechtliche Absprachen der TV-Parteien etwa derart, dass der Antrag nur von beiden Parteien zu stellen ist oder dass bestimmte Voraussetzungen für das Stellen des Antrags gegeben sein müssen, haben lediglich schuldrechtliche Wirkung zwischen den TV-Parteien und beeinflussen das Antragsrecht nicht (ErfK/*Franzen* § 5 Rn 20). 22

Der **Antrag** kann nach § 4 II DVO sofort abgewiesen werden, wenn die Voraussetzungen für die AVE nicht vorliegen. Ansonsten ist der Antrag gem § 4 I DVO im BAnz bekannt zu machen (zu Einzelheiten der Bekanntmachung s § 4 I DVO). Nach § 5 II ist AG und AN, die von der AVE betroffen werden würden, den am Ausgang des Verfahrens interessierten Gewerkschaften und AG-Verbänden sowie den obersten Arbeitsbehörden der Länder, auf deren Bereich sich der TV erstreckt, vor der Entscheidung über den Antrag Gelegenheit 1. zur schriftlichen Stellungnahme und 2. zur Äußerung in einer mündlichen und öffentl Verhandlung zu geben. Die damit gemeinte mündliche und öffentl Verhandlung ist die des Tarifausschusses nach § 5 II TVG, § 6 DVO (HWK/*Henssler* § 5 Rn 22). 23

Die AVE muss **im Einvernehmen** mit dem Ausschuss erklärt werden, der nach § 5 I aus je 3 Vertretern der Spitzenorganisationen der AG und der AN besteht. Insoweit trifft das AEntG in § 7 eine abw Regelung (§ 7 AEntG Rdn 1.1). Die Beratungen des Tarifausschusses sind nicht öffentl, § 2 I DVO. Der Tarifausschuss stellt das Einvernehmen mit absoluter Stimmenmehrheit her. Der den Ausschuss leitende Beauftragte des Ministeriums hat kein Stimmrecht, § 3 I DVO. Die Mitglieder jeder Seite können daher bei geschlossener Abstimmung eine AVE verhindern; zur insoweit abw Regelung nach § 7 AEntG s § 7 AEntG Rdn 1.1. Der Antrag ist dann durch das Bundesministerium abzulehnen, § 8 S 1 DVO. Zum Tarifausschuss *Seifert* FS Kempen, 2013, 196. 24

Bei erklärtem Einvernehmen des Ausschusses liegt die Entscheidung im pflichtgemäßen **Ermessen** des **BMAS** (Wiedemann/*Wank* § 5 Rn 99; Henssler/Moll/Bepler/*Sittard* Der Tarifvertrag 2013, Teil 7, Rn 29). Nach § 5 III kann die oberste Arbeitsbehörde eines betroffenen Landes Einspruch gegen die AVE einlegen; die AVE kann dann nur mit Zustimmung der BReg ergehen. 25

Ablehnung des Antrags oder der AVE sind im BAnz bekannt zu machen, § 5 VII TVG, § 11 S 1 DVO. Seit der Neufassung sind auch die Normen bekanntzugeben, § 5 VII 2. Die Bekanntmachung ist **konstitutiv**. Nicht bekannt zu machen ist hingegen der für allgemeinverbindlich erklärte TV selbst (BAG 3.2.1965, 4 AZR 385/63, AP TVG § 5 Nr 12). AG und AN können, soweit für sie ein TV aufgrund einer AVE verbindlich ist, nach § 9 DVO von einer der TV-Parteien eine Abschrift gegen Erstattung der Selbstkosten verlangen. 26

Nach § 5 V 1 und 2 entspricht das Verfahren für die **Aufhebung** der AVE eines TV dem der AVE. Eines Antrags einer der TV-Parteien bedarf es zur Aufhebung aber nicht (HWK/*Henssler* § 5 Rn 30). Materiellrechtliche Voraussetzung ist, dass die Aufhebung im öffentl Interesse geboten erscheint. Bei AVE gem § 5 I entsprechen die Voraussetzungen für die AVE und für ihre Aufhebung einander, wobei § 5 I 2 Nr 2 größere praktische Bedeutung zukommen dürfte. Bei § 5 Ia ist die Aufhebung dem Wortlaut nach an eine andere Voraussetzung gebunden als die AVE; siehe aber Rdn 15. Läuft der TV ab, endet die Allgemeinverbindlichkeit nach § 5 V 3 mit dem Ablauf. 27

28 Das BMAS kann nach § 5 VI das Recht zur AVE und zu ihrer Aufhebung für einzelne Fälle der obersten Arbeitsbehörde eines Landes übertragen.

29 **E. Rechtsschutz.** Die Verfassungskonformität von § 5 IV aF ist vom BVerfG bejaht worden (BVerfG 24.5.1977, 2 BvL 11/74, AP TVG § 5 Nr 15; 15.7.1980, 1 BvR 24/74, AP TVG § 5 Nr 17). Zu § 5 Ia Rdn 15.

30 Die Rechtsfolgen von Rechtsmängeln der AVE sind umstr. Die Rechtssicherheit gebietet, dass – wie nach allg Verwaltungsrecht – Nichtigkeit nur bei schwerwiegenden Mängeln eintritt und iÜ die Möglichkeit der Anfechtung besteht; auch Letztere freilich nur mit Wirkung für die Zukunft (strenger: *Löwisch/Rieble* § 5 TVG Rn 210 ff).

31 Die AVE hat ungeachtet des nach wie vor herrschenden Streits zu ihrer genauen Rechtsnatur (hierzu Wiedemann/*Wank* § 5 Rn 33 ff; HWK/*Henssler* § 5 Rn 5) einen öffentl-rechtlichen Hintergrund, sodass vor der Reform der Rechtsweg zu den Verwaltungsgerichten eröffnet war (BVerwG 3.11.1988, 7 C 115.86, AP TVG § 5 Nr 23). Die statthafte Klageart war umstr und hing sowohl bei Verlangen der AVE als auch bei ihrer Beseitigung davon ab, ob sie als VA qualifiziert wurde (zu den Meiungen BVerwG 3.11.1988, 7 C 115.86, AP TVG § 5 Nr 23; Kempen/Zachert/*Seifert* § 5 Rn 90 ff; *Löwisch/Rieble* § 5 Rn 222 ff; RGKU/ *Giesen* § 5 Rn 21 ff). Andere Koalitionen hatten ein Klagerecht nur bei erfolgter AVE, weil sie in ihren Rechten aus Art 9 III GG beeinträchtigt sein können (Däubler/*Lakies* § 5 Rn 232 f). Die durch AVE Normunterworfenen können in Rechtsstreitigkeiten untereinander inzident die Wirksamkeit der AVE überprüfen lassen (BAG 22.9.1993, 10 AZR 371/92, EzA § 5 TVG Nr 11). Nunmehr sind gem § 2a I Nr 5 ArbGG die Arbeitsgerichte zuständig, über die Wirksamkeit einer AVE nach § 5 zu entscheiden. Beim Verlangen einer AVE bleibt es bei der Zuständigkeit der Verwaltungsgerichte (*Forst* RdA 2015, 25, 34). § 98 ArbGG statuiert Vorgaben für das Beschlussverfahren vor den Arbeitsgerichten. Die Entscheidung wirkt erga omnes, § 98 IV 1 ArbGG. Weitere Einzelheiten bei § 98 ArbGG.

32 **F. Wirkungen der AVE.** § 5 IV erstreckt die normative Wirkung des TV in seinem Geltungsbereich auch auf die nicht tarifgebundenen AG und AN. Sie erfasst auch kraft § 3 an andere TV Gebundene (Wiedemann/*Wank* § 5 Rn 146). Die AVE ist auf Rechtsnormen beschränkt und erfasst nicht den schuldrechtlichen Teil (ErfK/*Franzen* § 5 Rn 6).

33 Die AVE kann zu **Tarifkonkurrenz** (§ 4a Rdn 2) und **Tarifpluralität** (§ 4a Rdn 5) führen. Gem § 5 IV 2 ist ein nach § 5 Ia allgemeinverbindlich erklärter TV auch dann einzuhalten, wenn der AG an einen anderen TV gem § 3 gebunden ist (zur Verfassungskonformität *Forst* RdA 2015, 25, 27). Die Tarifkonkurrenz wird in den übrigen Fällen nach den allg Grundsätzen gelöst. Nach ihrem Auflösen bleibt die Tarifpluralität von allgemeinverbindlich erklärtem TV für die Nichtorganisierten und dem gem § 3 I für die Organisierten geltenden TV bestehen, § 4a II 1. Diese Situation wird nicht von § 4a II 2 erfasst.

34 Das BMAS bestimmt den **Beginn** der AVE. Dieser kann nicht vor Eintritt der Wirksamkeit des TV liegen, jedoch ist Rückwirkung nach den allg Grundsätzen möglich (BAG 3.11.1982, 4 AZR 1255/79, EzA § 5 TVG Nr 8; 25.9.1996, 4 AZR 209/95, EzA § 5 TVG Nr 12; zu Grenzen bei erstmaliger AVE eines TV in einer Berufssparte, BAG 20.3.2013, 10 AZR 744/11, DB 2013, 1616). Nach § 5 V 3 endet die AVE automatisch mit Ablauf des TV; hierunter fallen alle Ablaufgründe (§ 1 Rdn 17), also auch einvernehmliche Aufhebung bzw ordentliche/außerordentliche Kdg. Die TV-Parteien können damit die Aufhebung der AVE gezielt herbeiführen. Das BMAS kann die AVE eines TV im Einvernehmen mit dem Tarifausschuss nach § 5 V 1, 2 auch von sich aus aufheben. Voraussetzung ist, dass die Aufhebung im öffentl Interesse geboten erscheint. Wie auch bei der AVE steht dem BMAS hierbei ein großer Beurteilungsspielraum zu.

35 Nach **Beendigung** der AVE wirken die Tarifnormen auch für Außenseiter gem § 4 V nach (BAG 19.1.1962, 1 AZR 147/61, AP TVG § 5 Nr 11; 27.11.1991, 4 AZR 211/91, EzA § 4 TVG Nachwirkung Nr 15; str, zur Auseinandersetzung Henssler/Moll/Bepler/*Sittard* Der Tarifvertrag 2013, Teil 7, Rn 83 ff). Eine diese Nachwirkung beendende andere Abmachung liegt für die Außenseiter nicht im Inkrafttreten eines neuen TV. Eine andere Abmachung ist erst ein neuer für allgemeinverbindlich erklärter TV oder eine individualrechtliche Abmachung und, soweit zulässig, eine Abmachung durch BV (BAG 27.11.1991, 4 AZR 211/91, EzA § 4 TVG Nachwirkung Nr 15).

36 **G. Vergabegesetze.** Die sog **Tariftreueerklärung**, nach der ein Auftrag durch die öffentl Hand nur an Anbieter vergeben werden darf, die sich zur Einhaltung von TV verpflichten, ist keine AVE. Die Wirksamkeit von Tariftreueerklärungen wird unter verfassungsrechtlichen, wettbewerbsrechtlichen, arbeitsrechtlichen und auch europarechtlichen Gesichtspunkten problematisiert. Zur verfassungs- und arbeitsrechtlichen Auseinandersetzung: BVerfG 11.7.2006, 1 BvL 4/00, NJW 2007, 51 (dazu: *Preis/Ulber* NJW 2007, 465; *Rieble* NZA 2007, 1; *Höfling/Rixen* RdA 2007, 360). Zum wettbewerbsrechtlichen Hintergrund: KG 18.8.2000, 5

und 3534/00, GRUR-RR 2002, 148. Zur arbeitsrechtlichen Auseinandersetzung, Umgehung der AVE, Eingriff in die negative Koalitionsfreiheit nicht tarifgebundener AG: BGH 18.1.2000, KVR 23/98 (KG), EzA Art 9 GG Nr 67; *Löwisch* DB 2001, 1090; *Rieble* NZA 2000, 225, 233; *Scholz* RdA 2001, 193; *Thüsing* NJW 2002, 2071. Zur Verfassungsmäßigkeit des Berliner Vergabegesetzes: BVerfG 11.7.2006, 1 BvL 4/00, NJW 2007, 51. Zur Europarechtswidrigkeit: EuGH 3.4.2008, Rs C-346/06, Slg 2008 I-1989 – Rüffert; *Seifert* EuZA 2008, 526; *Koberski/Schierle* RdA 2008, 233; *Krebber* EuZA 2013, 435; *Pünder/Klafki* NJW 2014, 429. Zum Ganzen: Wiedemann/ *Thüsing* Anhang 2 zu § 5.

Auf Bundesebene war in der 14. Legislaturperiode geplant, durch einen neuen § 5a TVG die Landesgesetzgeber zu ermächtigen, Tariftreueerklärungen vorzusehen (BT-Drs 14/5263); dieser Vorschlag ist im Vermittlungsausschuss gescheitert. Im Koalitionsvertrag ist die Prüfung der Einführung eines Vergabegesetzes des Bundes vereinbart. Auf **Landesebene** war über längere Zeit die Rechtslage unübersichtlich, was auch Folge der Reaktionen auf die Entscheidung des EuGH (Rdn 36) ist. Im Verlauf der Entwicklung wurden existierende Gesetze aufgehoben oder ihr Vollzug ausgesetzt. Teilw wurden die Entscheidungen aber wieder rückgängig gemacht. Zur Entwicklung im Einzelnen s 5. Aufl Rn 4. 37

Die Mehrheit der Bundesländer hat seitdem Vergabegesetze erlassen, die ua zur Einhaltung bestimmter Arbeitsbedingungen verpflichten. Diese Gesetze lassen sich wie folgt typisieren: Tariftreueerklärung für Branchen mit allgemeinverbindlichen TV nach dem AEntG und sonstigen gesetzlichen Mindestlöhnen (früheres MiArbG, AÜG; nicht MiLoG, die Vergabegesetze sind insoweit noch nicht auf neuem Stand); Tariftreueerklärung für den Verkehrssektor; ein im Vergabegesetz genannter Stundenlohnsatz, zu dessen Einhaltung sich ein Unternehmen verpflichten muss, damit ein Auftrag an dieses Unternehmen vergeben werden kann (sog vergabespezifischer Mindestlohn); sonstige soziale Kriterien (Verpflichtung zur Frauenförderung, Beschäftigung von Behinderten, Ausbildungsplätze). Diese Vergabegesetze sind nicht mit der Dienstleistungsfreiheit vereinbar (*Krebber* EuZA 2013, 435 sowie Rdn 40). 38

Vergabegesetze existieren in folgenden Ländern (Stand Oktober 2015; zum Stand 2013 s tabellarische Übersicht bei *Krebber* EuZA 2013, 435, 453 ff): 39
- Baden-Württemberg: § 3 I (allgemeinverbindliche TV nach AEntG, Rechtsverordnungen nach MiArbG), III (Verkehrssektor) und § 4 I (vergabespezifischer Mindestlohn von 8,50 €) des Tariftreue- und Mindestlohngesetzes für öffentl Aufträge in Baden-Württemberg (Landestariftreue- und Mindestlohngesetz – LTMG) vom 16.04.2013 (GBl 2013, S 50);
- Berlin: § 1 II (allgemeinverbindliche TV nach AEntG), III (Verkehrssektor), IV (vergabespezifischer Mindestlohn von 8,50 €), § 9 I (soziales Kriterium: Frauenförderung) und § 10 (soziales Kriterium: Ausbildungsplätze) des Berliner Ausschreibungs- und Vergabegesetzes (BerlAVG) vom 8.7.2010 (GVBl 2010 S 399);
- Brandenburg: § 3 I (allgemeinverbindliche TV nach AEntG), II (Verkehrssektor), III (vergabespezifischer Mindestlohn von 8,50 €) des Brandenburgischen Gesetzes über Mindestanforderungen für die Vergabe von öffentl Aufträgen (Brandenburgisches Vergabegesetz – BbgVergG) vom 21.9.2011 (GVBl I 2011 Nr 19);
- Bremen: § 9 I, II (vergabespezifischer Mindestlohn: verweist für die Höhe von 8,80 € auf § 9 Landesmindestlohngesetz, Brem GBl 2012 S 300, § 9 III Landesmindestlohngesetz verweist auf § 1 der Mindestlohnverordnung vom 1.10.2014, Brem GBl 2014 S 403), § 10 I (Verkehrssektor), § 11 (allgemeinverbindliche TV nach AEntG), § 18 III (soziale Kriterien: Frauenförderung, Beschäftigung von Behinderten und Ausbildungsplätze) des Bremischen Gesetzes zur Sicherung von Tariftreue, Sozialstandards und Wettbewerb bei öffentl Auftragsvergabe (Tariftreue- und Vergabegesetz) vom 24.11.2009 (Brem GBl 2009 S 476);
- Hamburg: § 3 I (allgemeinverbindliche TV nach AEntG, MiArbG, TVG, AÜG), II (vergabespezifischer Mindestlohn: verweist für die Höhe von 8,67 € auf § 5 I, II Hamburgisches Mindestlohngesetz, HmbGVBl 2013 S 57), § 3 III (gleiches Entgelt für Leiharbeitnehmer) des Hamburgischen Vergabegesetzes (HmbVgG) vom 13.2.2006 (HmbGVBl 2006 S 57);
- Mecklenburg-Vorpommern: § 9 I, II (Verkehrssektor), VII (vergabespezifischer Mindestlohn von 8,50 € und Einhaltung von Mindestarbeitsbedingungen sowie -entgelten aufgrund von bundesgesetzlichen Bestimmungen) des Vergabegesetzes Mecklenburg-Vorpommern (Vergabegesetz Mecklenburg-Vorpommern – VgG M-V) vom 7.7.2011 (GVOBl M-V 2011 S 411);
- Niedersachsen: § 4 I, II (allgemeinverbindliche TV nach AEntG, MiArbG: nur Bauaufträge), III (Verkehrssektor), § 5 (vergabespezifischer Mindestlohn von 8,50 €), § 11 II Nr 1: soziales Kriterium: Beschäftigung von Behinderten), Nr 2 (soziales Kriterium: Frauenförderung), Nr 3 (soziales Kriterium: Beschäftigung von Auszubildenden), Nr 4 (soziales Kriterium: Ausbildungsförderung), Nr 5 (soziales

Kriterium: Beschäftigung von Langzeitarbeitslosen) des Niedersächsischen Tariftreue- und Vergabegesetzes (NTVergG) vom 31.10.2013 (Nds GVBl 2013 S 259);
- Nordrhein-Westfalen: § 4 I (allgemeinverbindliche TV und Rechtsverordnungen nach AEntG, MiArbG), II (Verkehrssektor), III (vergabespezifischer Mindestlohn von 8,85 €, siehe Vergabe-Mindestentgelt-Verordnung vom 19.11.2014, GVBl NRW 2014 S 927), und § 19 I (soziales Kriterium: Frauenförderung) des Gesetzes über die Sicherung von Tariftreue und Sozialstandards sowie fairen Wettbewerbs bei der Vergabe öffentl Aufträge (Tariftreue- und Vergabegesetz Nordrhein-Westfalen – TVgG-NRW) vom 10.1.2012 (GVBl NRW 2012 S 17);
- Rheinland-Pfalz: § 1 III 2 Nr 1 (soziales Kriterium: Ausbildungsplätze), Nr 2 (soziales Kriterium: Beschäftigung von Langzeitarbeitslosen), Nr 4 (soziales Kriterium: Frauenförderung), § 3 II (vergabespezifischer Mindestlohn von 8,90 €, siehe Landesverordnung zur Festsetzung des Mindestentgelts vom 28.4.2014, GVBl 2014 S 50), § 4 I (allgemeinverbindliche TV nach AEntG, MiArbG) und III (Verkehrssektor) des Landesgesetzes zur Gewährleistung von Tariftreue und Mindestentgelt bei öffentl Auftragsvergaben (LTTG) vom 1.12.2010 (GVBl 2010 S 426);
- Saarland: § 3 I (allgemeinverbindliche TV nach AEntG), II (Verkehrssektor), IV (vergabespezifischer Mindestlohn von 8,50 €), des Gesetzes Nr 1798 über die Sicherung von Sozialstandards, Tariftreue und Mindestlöhnen bei der Vergabe öffentl Aufträge im Saarland (Saarländisches Tariftreuegesetz – STTG) vom 6.2.2013 (ABl 2013 S 84);
- Sachsen-Anhalt: § 4 II Nr 1 (soziales Kriterium: Ausbildungsplätze), Nr 2 (soziales Kriterium: Familienförderung), Nr 3 (Entgeltgleichheit von Männern und Frauen), und § 10 I (allgemeinverbindliche TV nach AEntG sowie andere gesetzliche Mindestentgelte), II (Verkehrssektor) des Gesetzes über die Vergabe öffentl Aufträge in Sachsen-Anhalt (Landesvergabegesetz – LVG LSA) vom 19.11.2012 (GVBl LSA 2012 S 536);
- Schleswig-Holstein: § 4 I (allgemeinverbindliche TV und Rechtsverordnungen nach AEntG, MiArbG), II (Verkehrssektor), III (vergabespezifischer Mindestlohn von 9,18 €), § 18 III (soziale Kriterien: Frauenförderung, Beschäftigung von Behinderten, Ausbildungsplätze und Familienförderung, Beachtung des geltenden Gleichbehandlungsrechts) des Gesetzes über die Sicherung von Tariftreue und Sozialstandards sowie fairen Wettbewerbs bei der Vergabe öffentl Aufträge (Tariftreue- und Vergabegesetz Schleswig-Holstein – TTG) vom 31.05.2013 (GVOBl Schl-H S 239);
- Thüringen: § 10 I (allgemeinverbindliche TV nach AEntG sowie andere gesetzliche Mindestentgelte), II (Verkehrssektor), III (gleiches Entgelt) und § 13 I, II (soziale Kriterien: Frauenförderung und Ausbildungsplätze) des Thüringer Gesetzes über die Vergabe öffentl Aufträge (Thüringer Vergabegesetz – ThürVgG) vom 18.4.2011 (GVBl 2011 S 69).

Übersicht aller Tariftreue-Regelungen in Deutschland unter http://www.boeckler.de/index_tariftreue.htm#cont_37405.

40 Die in EuGH 3.4.2008, Rs C-346/06, Slg 2008 I-1989 – Rüffert festgestellte Unionsrechtswidrigkeit der Tariftreueerklärung alten Musters folgt daraus, dass die Entsenderichtlinie (RL 96/71/EG des Europäischen Parlaments und des Rates vom 16.12.1996 über die Entsendung von AN iRd Erbringung von Dienstleistungen [ABlEG 1997 Nr L 18/1]) abschließend konkretisiert, in welchem Umfang ein Mitgliedstaat sein eigenes Arbeitsrecht auf entsandte AN anwenden kann. Die neuen Gesetze sind ebenfalls an diesem Maßstab zu messen, soweit sie in den sachlichen Anwendungsbereich der Entsenderichtlinie fallen. Die Beschränkung auf nach dem AEntG verbindliche TV könnte den europarechtlichen Vorgaben im Grundsatz Rechnung tragen. Andererseits ist es unionsrechtswidrig, wenn die Vergabegesetze einen eigenen und damit zusätzlichen Kontroll- und Sanktionsmechanismus vorsehen (*Krebber* EuZA 2013, 435, 450). Soweit die nicht ganz eindeutigen Gesetzesformulierungen bezwecken, dass über die Verpflichtungserklärung auf einen TV iSd AEntG Bezug genommen wird, obwohl der TV die infrage stehenden Arbeitsverhältnisse nicht aufgrund der AVE erfasst, wären sie unionsrechtswidrig. Ob die Verpflichtung zur Gewährung eines im Vergabegesetz genannten Stundenlohnsatzes eine Arbeitsbedingung ist, die iSv Art 3 I Entsenderichtlinie in einer Rechts- und Verwaltungsvorschrift festgelegt ist, ist wegen der komplexen Konstruktion – das Vergabegesetz gibt dem AN keinen Lohnanspruch gegen den AG, sondern knüpft die Auftragsvergabe daran, dass sich ein Unternehmen bei der Angebotsabgabe schriftlich verpflichtet, seinen Beschäftigten den genannten Lohn zu zahlen – zweifelhaft und iE abzulehnen. Von Vergabegesetzen erfasste Sachverhalte, die nicht in den Anwendungsbereich der Entsenderichtlinie fallen, weil die nach dem vergabegesetzlichen Mindestlohn zu vergütende Tätigkeit nicht in Deutschland, sondern im Herkunftsland verrichtet wird, verstoßen ebenfalls gegen die Dienstleistungsfreiheit (EuGH 18.9.2014, Rs C-549/13 – Bundesdruckerei). Dass der Verkehr nicht an der Dienstleistungsfreiheit zu messen ist, wird aus Art 58 AEUV hergeleitet. Daraus über VO 12/98/EG des Rates vom 11.12.1997 über die Bedingungen für die Zulassung von Verkehrsunternehmern

zum Personenkraftverkehr innerhalb eines Mitgliedstaats, in dem sie nicht ansässig sind (ABlEG Nr L 4/10), aufgehoben zum 3.12.2011 durch VO 1073/2009, und § 13 I Nr 4 PBefG zu schließen, dass im Bereich des Verkehrs nicht mehr die Dienstleistungs- sondern die Niederlassungsfreiheit anwendbar ist (*Greiner* ZIP 2011, 2128, 2134 f), ist nicht überzeugend, wenn man zB an die grenzüberschreitende Arbeitnehmerüberlassung im Verkehrsbereich denkt. Ein Niederlassungszwang passt ganz allgemein nicht zur Kabotage (*Krebber* EuZA 2013, 435, 451 f). Auf der anderen Seite berücksichtigen die Neufassungen nicht hinreichend, dass die Europarechtswidrigkeit nur bei grenzüberschreitenden Sachverhalten gegeben ist (*Hanau* NZA 2008, 751). Der grenzüberschreitende Bezug besteht freilich auch bei Subunternehmen aus anderen Mitgliedstaaten.

§ 6 Tarifregister

Bei dem Bundesministerium für Arbeit und Soziales wird ein Tarifregister geführt, in das der Abschluss, die Änderung und die Aufhebung der Tarifverträge sowie der Beginn und die Beendigung der Allgemeinverbindlichkeit eingetragen werden.

§ 7 Übersendungs- und Mitteilungspflicht

(1) ¹Die Tarifvertragsparteien sind verpflichtet, dem Bundesministerium für Arbeit und Soziales innerhalb eines Monats nach Abschluss kostenfrei die Urschrift oder eine beglaubigte Abschrift sowie zwei weitere Abschriften eines jeden Tarifvertrags und seiner Änderungen zu übersenden; sie haben ihm das Außerkrafttreten eines jeden Tarifvertrags innerhalb eines Monats mitzuteilen. ²Sie sind ferner verpflichtet, den obersten Arbeitsbehörden der Länder, auf deren Bereich sich der Tarifvertrag erstreckt, innerhalb eines Monats nach Abschluss kostenfrei je drei Abschriften des Tarifvertrags und seiner Änderungen zu übersenden und auch das Außerkrafttreten des Tarifvertrags innerhalb eines Monats mitzuteilen. ³Erfüllt eine Tarifvertragspartei die Verpflichtungen, so werden die übrigen Tarifvertragsparteien davon befreit.
(2) ¹Ordnungswidrig handelt, wer vorsätzlich oder fahrlässig entgegen Absatz 1 einer Übersendungs- oder Mitteilungspflicht nicht, unrichtig, nicht vollständig oder nicht rechtzeitig genügt. ²Die Ordnungswidrigkeit kann mit einer Geldbuße geahndet werden.
(3) Verwaltungsbehörde im Sinne des § 36 Abs. 1 Nr 1 des Gesetzes über Ordnungswidrigkeiten ist die Behörde, der gegenüber die Pflicht nach Absatz 1 zu erfüllen ist.

§ 6 sieht ein **Tarifregister** vor, das beim BMAS zu führen ist. § 7 erlegt den TV-Parteien die Pflicht auf, dem BMAS sowie der obersten Arbeitsbehörde des Landes, auf dessen Bereich sich ein TV erstreckt, jeden TV zu übersenden. Damit werden zum einen das BMAS und die obersten Arbeitsbehörden der Länder in die Lage versetzt, ein Tarifregister zu führen. Die **Übersendungspflicht** ermöglicht es dem BMAS aber auch, lückenlos vom Tarifgeschehen Kenntnis zu nehmen und die Tarifnormen bei der Gestaltung der Arbeits- und Wirtschaftspolitik angemessen zu berücksichtigen. Über die Übersendungspflicht wird zudem den Arbeitsbehörden des Bundes und der Länder und ferner Gerichten und Behörden die Kenntnisnahme der maßgeblichen Tarifnormen erleichtert.

Das BMAS führt das Tarifregister. Aus § 7 I 2 wird gefolgert, dass auch die obersten Arbeitsbehörden der Länder Tarifregister anlegen können (HWK/*Henssler* § 6 Rn 2). Solche Tarifregister sind jedoch ebenso wenig wie Register der Spitzenorganisationen der AG und Gewerkschaften Tarifregister iSv § 6.

§ 6 statuiert eine **Eintragungspflicht**. Das BMAS hat nur zu prüfen, ob überhaupt ein TV vorliegt. Weitere Einzelheiten zum Inhalt der Eintragung werden durch die Durchführungs-VO vom 16.1.1989 (BGBl I S 76) festgelegt.

Das Tarifregister ist nicht Publizitätsträger. Eine Eintragung hat keine konstitutive Wirkung (*Löwisch/Rieble* § 6 Rn 17). Aus der sich aus §§ 6, 7 ergebenden Funktion von Register und Übersendungspflicht folgt, dass die Pflicht des BMAS, das Tarifregister richtig zu führen, im Allgemeininteresse besteht; bei Verletzung der Pflicht scheidet daher eine Amtshaftung nach Art 34 GG, § 839 BGB aus (HWK/*Henssler* § 6 Rn 3).

Einzutragen sind: Abschluss, Änderung, Aufhebung eines TV; Beginn und Beendigung der Allgemeinverbindlichkeit eines TV. Nicht einzutragen ist folglich der Inhalt. Vorstellung des Gesetzes ist, dass die Tarifgebundenen sich über die Koalitionen, deren Mitglied sie sind, Kenntnis über den Inhalt der sie betreffenden Tarifnormen verschaffen (*Löwisch/Rieble* § 6 Rn 2).

Die **Mitteilungspflicht** nach § 7 trifft beide TV-Parteien. Nach § 7 I 3 werden die übrigen TV-Parteien von dieser Pflicht befreit, sobald sie durch eine TV-Partei erfüllt ist. Die Pflichten nach § 7 können unmittelbar durch Verwaltungsvollstreckung (*Löwisch/Rieble* § 7 Rn 11) sowie mittelbar gem § 7 II und III über das Ordnungswidrigkeitenrecht durchgesetzt werden.

§ 8 Bekanntgabe des Tarifvertrags
Der Arbeitgeber ist verpflichtet, die im Betrieb anwendbaren Tarifverträge sowie rechtskräftige Beschlüsse nach § 99 des Arbeitsgerichtsgesetzes über den nach § 4a Absatz 2 Satz 2 anwendbaren Tarifvertrag im Betrieb bekanntzumachen.

1 § 8 wurde durch das Gesetz zur Tarifeinheit (Tarifeinheitsgesetz) v 3.7.2015 (BGBl 2015, I S 1130) geändert. Hierbei wurde die Pflicht zur Bekanntgabe von Beschlüssen gem § 99 ArbGG zu § 4a II 2 eingeführt und der Bezugspunkt (»für ihren Betrieb maßgebende TV«) durch »im Betrieb anwendbare TV« ersetzt. Nunmehr ist bekanntzugeben und nicht mehr auszulegen. Hintergrund ist, dass TV nicht öffentl bekannt gemacht werden müssen (§§ 6, 7 Rdn 4). Tarifgebundene AG und AN müssen sich daher grds an ihre Verbände halten, um Kenntnis vom Inhalt eines TV zu bekommen; Nichtorganisierte, für die ein TV aufgrund einer AVE gilt, haben aus § 9 DVO (§ 5 Rdn 21) einen Anspruch auf Überlassung einer Abschrift des TV gegen Erstattung der Selbstkosten; Parteien, für die ein TV nur kraft arbeitsvertraglicher Bezugnahme maßgeblich ist, haben keinen Anspruch gegen einen Verband. § 8 ergänzt dieses System durch eine Pflicht des AG, die im Betrieb anwendbaren TV bekanntzugeben.

2 **Bekanntzugeben** ist der TV, also sowohl der normative als auch der schuldrechtliche Teil, jeweils in seiner Gesamtheit. Im Betrieb anwendbare TV sind solche, an die der AG gem § 3 gebunden ist; teilw wird zusätzlich verlangt, dass wenigstens ein AN tarifgebunden ist (HWK/*Henssler* § 8 Rn 2; anders: Wiedemann/*Oetker* § 8 Rn 14). Im Betrieb anwendbar iSv § 8 ist auch ein für allgemeinverbindlich erklärter TV, der den Betrieb des AG erfasst (§ 9 II DVO, der noch eine Auslegungspflicht statuiert). Weil nunmehr erforderlich ist, dass ein TV im Betrieb anwendbar ist, ist ein gem § 4a II 2 verdrängter TV nicht bekanntzugeben. Stattdessen ordnet § 8 die Bekanntgabe des arbeitsgerichtlichen Beschlusses an. Ein nur kraft arbeitsvertraglicher Bezugnahme anzuwendender TV fällt hingegen nicht unter § 8; die Bekanntmachungspflicht ergibt sich dann aber aus arbeitsvertraglicher Nebenpflicht (Wiedemann/*Oetker* § 8 Rn 16; s.a. *Bunte* RdA 2009, 21); zu § 2 I Nr 10 NachwG dort Rdn 24.

3 **Bekanntgeben** bedeutet, sämtlichen AN des Betriebs eine mühelose Kenntnisnahme zu ermöglichen (BT-Drs 18/4062, S 15). Möglich sind Auslage oder Intranet. Soweit die Mühelosigkeit gegeben ist, bleibt es bei der zu § 8 aF vertretenen Auffassung, dass § 8 dem AG einen Beurteilungsspielraum einräumt und iÜ so offen gefasst ist, dass es ausreicht, wenn der TV in der Personalverwaltung oder einer sonstigen geeigneten Stelle zur Verfügung steht und den AN zugänglich ist (BAG 5.11.1963, 5 AZR 136/63, AP TVG § 1 Bezugnahme auf Arbeitsvertrag Nr 1; offengelassen in BAG 11.11.1998, 5 AZR 63/98, EzA § 1 TVG Ausschlussfrist Nr 128, weil der infrage stehende TV selbst strengere Anforderungen vorsah). Daher reicht auch eine Einsichtsmöglichkeit beim BR (enger *Löwisch/Rieble* § 8 Rn 17, die zusätzlich verlangen, dass hierauf betriebsöffentlich hingewiesen wird). Für die Dauer der Bekanntgabe ist die Dauer der Maßgeblichkeit des TV für den Betrieb entscheidend. Sie beginnt mit dem Inkrafttreten und endet nach der Nachwirkungsphase nach § 4 V (Wiedemann/*Oetker* § 8 Rn 17 f; HWK/*Henssler* § 8 Rn 6).

4 Die Bekanntgabe hat **keine konstitutive Wirkung**. Die Rspr lehnt einen Charakter als Schutzgesetz iSd § 823 II BGB ab (st Rspr seit BAG 8.1.1970, AZR 124/69, AP TVG § 4 Ausschlussfristen Nr 43). Diese Auffassung wird zwar nicht durch § 2 NachwG gestützt, weil hiermit lediglich europarechtliche Vorgaben in einem begrenzten sachlichen Kontext umgesetzt wurden (anders: *Löwisch/Rieble* § 8 Rn 34), aber durch die Haltung des TVG insgesamt, welches den betroffenen AN auferlegt, sich selbst Kenntnis von TV zu verschaffen. Der AG kann sich daher grds auch auf eine tarifliche Ausschlussfrist berufen, wenn er seiner Pflicht aus § 8 nicht nachgekommen ist (*Löwisch/Rieble* § 8 Rn 35). Der TV selbst kann qualifizierte Anforderungen an die Auslegungspflicht oder Bekanntmachungspflicht und ihre Verletzung aufstellen.

§ 9 Feststellung der Rechtswirksamkeit
Rechtskräftige Entscheidungen der Gerichte für Arbeitssachen, die in Rechtsstreitigkeiten zwischen Tarifvertragsparteien aus dem Tarifvertrag oder über das Bestehen oder Nichtbestehen des Tarifvertrags ergangen sind, sind in Rechtsstreitigkeiten zwischen tarifgebundenen Parteien sowie zwischen diesen und Dritten für die Gerichte und Schiedsgerichte bindend.

1 In Abweichung zur Rechtslage nach allg prozessualen Grundsätzen (*Löwisch/Rieble* § 9 Rn 1) eröffnet § 9 TVG iVm § 2 I Nr 1 Var 1 ArbGG den TV-Parteien die **abstrakte Feststellungsklage** über das Bestehen oder Nichtbestehen des TV (BAG 7.11.1995, 3 AZR 676/94, EzA § 1 TVG Betriebsnormen Nr 1). Rechtsfolge ist eine Bindungswirkung der rechtskräftigen Entsch.

2 Der Rechtsstreit muss nicht den gesamten TV erfassen (BAG 7.11.1995, 3 AZR 676/94, EzA § 1 TVG Betriebsnormen Nr 1) und des Weiteren nicht auf Bestehen oder Nichtbestehen einer Tarifnorm

beschränkt sein. Auch ein Rechtsstreit über die Auslegung einer Norm fällt unter § 9 (BAG 28.9.1977, 4 AZR 446/76, EzA § 9 TVG Nr 2). Entspr anzuwenden ist § 9 auf Entscheidungen über die Tariffähigkeit oder Tarifzuständigkeit einer TV-Partei (BAG 10.5.1989, 4 AZR 80/89, EzA § 256 ZPO Nr 32; *Krause* Rechtskrafterstreckung im kollektiven Arbeitsrecht, S 325 f).

§ 9 setzt eine Rechtsstreitigkeit zwischen den Parteien voraus, die den TV abgeschlossen haben. Bei mehrgliedrigen TV ist nicht Voraussetzung, dass alle vertragsschließenden Parteien an dem Rechtsstreit beteiligt sind, doch erfasst die Bindungswirkung des § 9 dann nur die TV-Partei, die am Rechtsstreit beteiligt ist, sowie deren Mitglieder (BAG 28.9.1977, 4 AZR 446/76, EzA § 9 TVG Nr 2). Zu Einzelheiten: *Löwisch/Rieble* § 9 Rn 18 f. 3

Die **Wirkung** von Entscheidungen in den erfassten Rechtsstreitigkeiten wird durch § 9 im Interesse von Rechtssicherheit und Rechtsklarheit nicht auf die Parteien des Rechtsstreits begrenzt, sondern auch für Rechtsstreitigkeiten zwischen diesen und Dritten für bindend erklärt; Inhalt und Gültigkeit einer Tarifnorm werden für die Laufzeit des TV damit weiterem gerichtlichen Streit entzogen. Adressaten der Bindungswirkung sind Gerichte und Schiedsgerichte (§ 101 ArbGG, ErfK/*Franzen* § 9 Rn 13), nicht hingegen jedermann oder Verwaltungsbehörden. Die Bindungswirkung an den Tenor (HWK/*Henssler* § 9 Rn 19) besteht: in Rechtsstreitigkeiten zwischen tarifgebundenen Parteien (§§ 3, 4 II, 5 IV); in Rechtsstreitigkeiten zwischen tarifgebundenen Parteien und Dritten (Rechtsnachfolger tarifgebundener Personen; Personen, die aus Tarifnormen wie etwa bei einer Hinterbliebenenversorgung Ansprüche herleiten); umstr ist die Bindungswirkung für nicht organisierte AN eines organisierten AG, für die der TV aufgrund einer Bezugnahmeklausel Anwendung findet (für eine Wirkung nach § 9: Wiedemann/*Oetker* § 9 Rn 47; *Krause* Rechtskrafterstreckung im kollektiven Arbeitsrecht, S 311 ff; dagegen: *Löwisch/Rieble* § 9 Rn 94). Die Konstruktion der Gegner der Anwendbarkeit von § 9 über die Bezugnahmeklausel gelangt in zahlreichen Fällen freilich zu identischen Erg (s *Löwisch/Rieble* § 9 Rn 94). 4

Diese Bindungswirkung kommt nur einer **rechtskräftigen Entsch** der Gerichte für Arbeitssachen zu (Urteile; Beschlüsse nach §§ 2a I Nr 4, 97 ArbGG), nicht hingegen einer Klärung durch Prozessvergleich (Wiedemann/*Oetker* § 9 Rn 37). 5

Der teilw befürworteten Anwendung von § 9 auf einen Rechtsstreit über den schuldrechtlichen Teil des TV (HWK/*Henssler* § 9 Rn 13) ist entgegenzuhalten, dass insoweit die nach allg Prozessrecht zulässigen Leistungs- und Feststellungsklagen zur Verfügung stehen und ausreichen (BAG 8.2.1963, 1 AZR 511/61, AP ZPO § 256 Nr 42; 9.6.1982, 4 AZR 274/81, EzA § 1 TVG Nr 14). 6

§ 10 Tarifvertrag und Tarifordnungen

(1) Mit dem Inkrafttreten eines Tarifvertrags treten Tarifordnungen, die für den Geltungsbereich des Tarifvertrags oder Teile desselben erlassen worden sind, außer Kraft, mit Ausnahme solcher Bestimmungen, die durch den Tarifvertrag nicht geregelt worden sind.

(2) Das Bundesministerium für Arbeit und Soziales kann Tarifordnungen aufheben; die Aufhebung bedarf der öffentlichen Bekanntmachung.

§ 11 Durchführungsbestimmungen

Das Bundesministerium für Arbeit und Soziales kann unter Mitwirkung der Spitzenorganisationen der Arbeitgeber und der Arbeitnehmer die zur Durchführung des Gesetzes erforderlichen Verordnungen erlassen, insbesondere über

1. die Errichtung und die Führung des Tarifregisters und des Tarifarchivs;
2. das Verfahren bei der Allgemeinverbindlicherklärung von Tarifverträgen und der Aufhebung von Tarifordnungen und Anordnungen, die öffentlichen Bekanntmachungen bei der Antragstellung, der Erklärung und Beendigung der Allgemeinverbindlichkeit und der Aufhebung von Tarifordnungen und Anordnungen sowie die hierdurch entstehenden Kosten;
3. den in § 5 genannten Ausschuss.

S die Verordnung zur Durchführung des TVG vom 16.1.1989, BGBl I S 76. 1

§ 12 Spitzenorganisationen

¹Spitzenorganisationen im Sinne dieses Gesetzes sind – unbeschadet der Regelung in § 2 – diejenigen Zusammenschlüsse von Gewerkschaften oder von Arbeitgebervereinigungen, die für die Vertretung der Arbeitnehmer- oder der Arbeitgeberinteressen im Arbeitsleben des Bundesgebiets wesentliche Bedeutung

haben. ²Ihnen stehen gleich Gewerkschaften und Arbeitgebervereinigungen, die keinem solchen Zusammenschluss angehören, wenn sie die Voraussetzungen des letzten Halbsatzes in Satz 1 erfüllen.

1 Das TVG sieht in den §§ 5 und 11 eine Mitwirkung von Spitzenorganisationen vor. Was unter Spitzenorganisation iS dieser Bestimmungen zu verstehen ist, ist in § 12 legaldefiniert. Nicht von der Legaldefinition betroffen ist der Begriff der Spitzenorganisation in § 2 II. Soweit andere Gesetze auf die Spitzenorganisation abstellen (§ 98 II Nr 9 AktG, §§ 5 I, 33 I HAG, § 58 BRRG, § 94 BBG, §§ 4 II lit a, 6 I–III MontanMitbestG), ist durch Auslegung der jeweiligen Bestimmung zu ermitteln, ob der Begriff in Anlehnung an § 12 zu verstehen ist oder nicht.
2 **Spitzenorganisation iSd § 12** ist ein Zusammenschluss von Gewerkschaften oder AG-Vereinigungen. Insoweit entspricht § 12 dem § 2 II. Ungeschriebene Voraussetzung einer Spitzenorganisation iSv § 12 ist daher, dass die Mitgliedsverbände oder die Spitzenorganisation selbst tariffähig sein müssen (*Löwisch/Rieble* § 12 Rn 5). Nicht erforderlich ist hingegen, dass bei fehlender Tariffähigkeit der Spitzenorganisation sämtliche Mitgliedsverbände tariffähig sind. In Anbetracht der Bejahung der Tariffähigkeit der Christlichen Gewerkschaft Metall könnte die CGB daher grds Spitzenorganisation iSd § 12 sein.
3 Weitere Voraussetzung ist die **wesentliche Bedeutung im Arbeitsleben** des Bundesgebietes. Hintergrund ist, dass eine Beteiligung aller Verbände die praktische Durchführbarkeit der Beteiligung in § 5 I und in § 11 gefährden würde (ErfK/*Franzen* § 12 Rn 3). Eine solche wesentliche Bedeutung im Arbeitsleben des Bundesgebietes, die anhand einer Gesamtschau von Mitgliederzahl, Anzahl und Bedeutung der Tarifabschlüsse sowie der wirtschaftlichen Stellung zu ermitteln ist (*Löwisch/Rieble* § 12 Rn 7), lässt sich beim CGB derzeit kaum bejahen. Denn die wesentliche Bedeutung muss die Spitzenorganisation im gesamten Bundesgebiet innehaben.
4 **Spitzenorganisationen** können nach S 2 auch sein: Gewerkschaften und AG-Vereinigungen, die keinem Zusammenschluss iSd S 1 angehören, wenn sie für die Vertretung der AN- oder der AG-Interessen im Arbeitsleben des Bundesgebietes wesentliche Bedeutung haben. Hierdurch wird die praktische Relevanz von § 12 S 2 erheblich eingeschränkt. Hintergrund von S 2 war der Status der DAG, die mittlerweile jedoch in der vereinten Dienstleistungsgewerkschaft aufgegangen ist (ErfK/*Franzen* § 12 Rn 2).

§ 12a Arbeitnehmerähnliche Personen

(1) Die Vorschriften dieses Gesetzes gelten entsprechend
1. für Personen, die wirtschaftlich abhängig und vergleichbar einem Arbeitnehmer sozial schutzbedürftig sind (arbeitnehmerähnliche Personen), wenn sie auf Grund von Dienst- oder Werkverträgen für andere Personen tätig sind, die geschuldeten Leistungen persönlich und im wesentlichen ohne Mitarbeit von Arbeitnehmern erbringen und
    a) überwiegend für eine Person tätig sind oder
    b) ihnen von einer Person im Durchschnitt mehr als die Hälfte des Entgelts zusteht, das ihnen für ihre Erwerbstätigkeit insgesamt zusteht; ist dies nicht voraussehbar, so sind für die Berechnung, soweit im Tarifvertrag nichts anderes vereinbart ist, jeweils die letzten sechs Monate, bei kürzerer Dauer der Tätigkeit dieser Zeitraum, maßgebend,
2. für die in Nummer 1 genannten Personen, für die die arbeitnehmerähnlichen Personen tätig sind, sowie für die zwischen ihnen und den arbeitnehmerähnlichen Personen durch Dienst- oder Werkverträge begründeten Rechtsverhältnisse.

(2) Mehrere Personen, für die arbeitnehmerähnliche Personen tätig sind, gelten als eine Person, wenn diese mehreren Personen nach der Art eines Konzerns (§ 18 des Aktiengesetzes) zusammengefasst sind oder zu einer zwischen ihnen bestehenden Organisationsgemeinschaft oder nicht nur vorübergehenden Arbeitsgemeinschaft gehören.

(3) Die Absätze 1 und 2 finden auf Personen, die künstlerische, schriftstellerische oder journalistische Leistungen erbringen, sowie auf Personen, die an der Erbringung, insbesondere der technischen Gestaltung solcher Leistungen unmittelbar mitwirken, auch dann Anwendung, wenn ihnen abweichend von Absatz 1 Nr 1 Buchstabe b erster Halbsatz von einer Person im Durchschnitt mindestens ein Drittel des Entgelts zusteht, das ihnen für ihre Erwerbstätigkeit insgesamt zusteht.

(4) Die Vorschrift findet keine Anwendung auf Handelsvertreter im Sinne des § 84 des Handelsgesetzbuchs.

1 Das TVG ist unmittelbar auf Rechtsnormen anwendbar, die den Inhalt, den Abschluss und die Beendigung von Arbeitsverhältnissen sowie betriebliche und betriebsverfassungsrechtliche Fragen betreffen, § 1 I. Es ist damit Bestandteil des ArbR und erfasst Arbeitsverhältnisse. § 12a erklärt die Vorschriften des TVG für auf sog **arbeitnehmerähnliche Personen** entspr anwendbar. Der Begriff der arbeitnehmerähnlichen Person ist

fester Bestandteil des dt ArbR, welches nicht lediglich zwischen selbstständig und unselbstständig arbeitenden Personen unterscheidet. Die arbeitnehmerähnliche Person wird in folgenden weiteren Vorschriften erwähnt: § 5 I 2 ArbGG (s § 5 ArbGG Rdn 5); § 2 BUrlG (s § 2 BUrlG Rdn 1), § 6 I Nr 3 AGG (s § 6 AGG Rdn 1). Inwieweit die Definition jeweils identisch ist, ist fraglich (Wiedemann/*Wank* § 12a Rn 4). Einen gemeinsamen Kern gibt es jedoch: der klassischen Definition des AN (§ 6 GewO Rdn 21, 42 ff) folgend, ist die arbeitnehmerähnliche Person nicht persönlich, sondern lediglich wirtschaftlich abhängig. Arbeitsrechtliche Normen auf arbeitnehmerähnliche Personen anzuwenden ist daher der Versuch, Selbstständige einzelnen arbeitsrechtlichen Schutzregimen zu unterwerfen (ähnlich HWK/*Henssler* § 12a Rn 1).

Ob § 12a praktisch bedeutsam geworden ist, wird in der Lit unterschiedlich bewertet (dafür: HWK/*Henssler* § 12a Rn 1; Wiedemann/*Wank* § 12a Rn 20; zweifelnd: Kempen/Zachert/*Stein* § 12a Rn 6; Däubler/ *Reineke* § 12a Rn 9 ff). Ausweislich des Tarifregisters existieren TV iSd § 12a mit Ausnahme des Medienbereichs (s dazu *Schwarzenberg* Arbeitnehmerähnliche Beschäftigung als »dritter Weg« ein Berufsleben lang, 2008, S 146 ff) nicht (Wiedemann/*Wank* § 12a Rn 20).   2

§ 13 Inkrafttreten
(1) Dieses Gesetz tritt mit seiner Verkündung in Kraft.
(2) Tarifverträge, die vor dem Inkrafttreten dieses Gesetzes abgeschlossen sind, unterliegen diesem Gesetz.
(3) § 4a ist nicht auf Tarifverträge anzuwenden, die am 10. Juli 2015 gelten.

§ 13 TVG wurde durch das Gesetz zur Tarifeinheit (Tarifeinheitsgesetz) v 3.7.2015 (BGBl 2015, I S 1130)   1
um III ergänzt. § 4a ist danach auf solche TV nicht anwendbar, die zum Zeitpunkt des Inkrafttretens bereits **gelten** und nicht lediglich noch **nachwirken** (BT-Drs 18/4062, S 15).

Anhang Arbeitskampfrecht

Übersicht

		Rdn.			Rdn.
A.	Arbeitskampf als tatsächliche Erscheinung	1		2. Arbeitskampf um einen Tarifsozialplan	30
I.	Begriff	1	IV.	Änderung der Arbeitskampfrechtsdogmatik?	31
II.	Arbeitskampfmittel	2	V.	Begleithandlungen eines Arbeitskampfes	32
III.	Arten von Arbeitskämpfen	3	VI.	Teilrechtswidrigkeit eines Arbeitskampfes	33
B.	Rechtliche Grundlagen	4	D.	Rechtsfolgen für Arbeitskampfparteien	34
C.	Die Rechtmäßigkeit von Arbeitskämpfen	9	E.	Rechtsfolgen für das Einzelarbeitsverhältnis	37
I.	Der Arbeitskampf als Hilfsinstrument der Tarifautonomie	10	F.	Lohnansprüche des kampfunbeteiligten Arbeitnehmers	40
II.	Allgemeine Anforderungen an die Rechtmäßigkeit eines Arbeitskampfes	18	G.	Schlichtung	44
	1. Kampfparität	19	H.	Ansprüche Drittbetroffener	45.1
	2. Verhältnismäßigkeit	21	I.	Deutsches Arbeitskampfrecht und europarechtliche Grundfreiheiten	46
	3. Formelle Anforderungen	25	I.	Tatsächliche Ausgangslage	46
III.	Besondere Anforderungen an die Rechtmäßigkeit bestimmter Arbeitskämpfe?	26	II.	Erfassung durch Europarecht auf der Grundlage der Rspr des EuGH	47
	1. Arbeitskämpfe von Berufsverbänden	26	III.	Bedeutung für die Rechtmäßigkeit von Arbeitskämpfen in Deutschland	48
	a) Arbeitskampf und Tarifeinheit (§ 4a)	26			
	b) Weitere besondere Rechtmäßigkeitsanforderungen	27			

A. Arbeitskampf als tatsächliche Erscheinung. I. Begriff. Der Arbeitskampf ist gesetzlich nicht definiert. Die hM versteht unter Arbeitskampf die kollektive Druckausübung durch die AN- oder AG-Seite durch Störung der Arbeitsbeziehungen, um ein bestimmtes Ziel zu erreichen (*Seiter* Streikrecht und Aussperrungsrecht, 1975, S 568 ff). Der Streit um die Definition des Arbeitskampfes (teilw andere Ansätze etwa bei *Otto* Arbeitskampf- und Schlichtungsrecht, S 1 ff; *Däubler* Arbeitskampfrecht, S 59 ff; *Kissel* Arbeitskampfrecht, § 13) trägt zur rechtlichen Erfassung des tatsächlichen Phänomens im Ergebnis nicht viel bei,   1 zumal auch der rechtswidrige Arbeitskampf Arbeitskampf sein kann. Näher zu den Voraussetzungen der Rechtmäßigkeit eines Arbeitskampfes unten Rdn 9–30.

2 **II. Arbeitskampfmittel.** Arbeitskampfmittel ist in der dt Praxis vor allem der Streik. Die Aussperrung als Hauptarbeitskampfmittel der AG-Seite spielt seit Mitte der 1980er Jahre keine wesentliche praktische Rolle mehr. Andere Erscheinungsformen des Arbeitskampfes sind in D ohnehin selten: Verringerung der Arbeitsleistung – sog Bummelstreik – (BGH 31.1.1978, VI ZR 32/77, AP GG Art 9 Arbeitskampf Nr 61), Betriebsbesetzung (LAG Düsseldorf 24.2.1994, 13 Sa 1214/93, LAGE Art 9 GG Arbeitskampf Nr 54), Betriebsblockade, Boykott (BAG 19.10.1976, 1 AZR 611/75, EzA § 1 TVG Nr 7) auf der AN-Seite; Massenänderungskdg (soweit überhaupt als Arbeitskampfmittel zu qualifizieren, dagegen: BAG 3.9.1968, 1 AZR 113/68, AP GG Art 9 Arbeitskampf Nr 39), Betriebsstilllegung (soweit überhaupt als Arbeitskampfmittel zu qualifizieren, s BAG 22.3.1994, 1 AZR 622/93, EzA Art 9 GG Arbeitskampf Nr 115; 31.1.1995, 1 AZR 142/94, EzA Art 9 GG Arbeitskampf Nr 119) auf der AG-Seite. In der Praxis werden teilw Streikbruchprämien als Arbeitskampfmittel (BAG 13.7.1993, 1 AZR 676/92, EzA Art 9 GG Arbeitskampf Nr 112; *Schwarze* RdA 1993, 264) durch die AG eingesetzt. Zu Begleithandlungen Rdn 32.

3 **III. Arten von Arbeitskämpfen.** In tatsächlicher Hinsicht können Arbeitskämpfe klassifiziert werden in: (1) auf den Abschluss eines TV bezogene Arbeitskämpfe und Arbeitskämpfe zur Durchsetzung anderer, etwa politischer Ziele; (2) von Koalitionen geführte Arbeitskämpfe und sog »wilde« Arbeitskämpfe, die in der Praxis als nicht durch eine Gewerkschaft geführte Streiks vorzufinden sind; (3) Arbeitskämpfe nach endgültigem Scheitern der Verhandlungen und – sog Warnstreiks – Arbeitskämpfe zur Verstärkung des Drucks während der Verhandlungen; (4) den Arbeitskampf zur Durchsetzung eigener Tarifforderungen (Hauptarbeitskampf) und den Unterstützungsarbeitskampf (Sympathie- oder Solidaritätsarbeitskampf) – Letzterer ist fremdnützig, wenn der Hauptarbeitskampf durch eine andere Gewerkschaft geführt wird, und eigennützig, wenn ein eigener Arbeitskampf unterstützt wird; (5) den Angriffs- und den Abwehrarbeitskampf; (6) den Flächenarbeitskampf und den Schwerpunktarbeitskampf; (7) Arbeitskämpfe im Zusammenhang mit tariflichen oder betrieblichen Bündnissen für Arbeit.

4 **B. Rechtliche Grundlagen.** Nur Einzelfragen des Arbeitskampfrechts sind gesetzlich geregelt. Arbeitskampfrecht besteht ganz überwiegend aus von der Rspr (BAG flankiert durch BVerfG) im Diskurs mit der Lit entwickelten Grundsätzen. An diesem Zustand wird sich in absehbarer Zeit nichts ändern; insb hat ein 1988 von den Hochschullehrern *Birk/Konzen/Löwisch/Raiser/Seiter* vorgelegter Entwurf – »**Gesetz zur Regelung kollektiver Arbeitskonflikte**« – keine Aussicht auf Umsetzung. Gleichwohl ist dieser Entwurf, dessen Ziel es war, das von Rspr und Lit entwickelte Arbeitskampfrecht in Gesetzesform zu gießen, überall dort noch aktuell, wo – anders als etwa beim Warnstreik und nunmehr auch beim Unterstützungsarbeitskampf – seit 1988 keine grdl Änderungen der Rspr erfolgt sind. § 4a klammert mögliche Konsequenzen für das Arbeitskampfrecht aus.

5 Das **Fehlen eines Arbeitskampfgesetzes** ist auch unter dem Gesichtspunkt misslich, dass das BAG als Ersatzgesetzgeber nur spricht, wenn es entspr Fälle zu entscheiden hat. Dies ist beim Aussperrungsrecht seit Längerem nicht mehr der Fall (zuletzt: BAG 10.6.1980, 1 AZR 822/79, EzA Art 9 GG Arbeitskampf Nr 37; 10.6.1980, 1 AZR 168/79, EzA Art 9 GG Arbeitskampf Nr 36; 10.6.1980, 1 AZR 331/79, EzA Art 9 GG Arbeitskampf Nr 38). Zu Arbeitskämpfen im Zusammenhang mit Bündnissen für Arbeit fehlt es bisher an einer höchstrichterlichen Entscheidung. Gleiches gilt für einen der aus praktischer und rechtlicher Sicht derzeit bedeutsamsten Problemkreise, die Arbeitskämpfe von Berufsverbänden. Bei der Aussperrung ist damit etwa völlig unklar, ob das BAG mehr als 20 Jahre nach seinen letzten Stellungnahmen an den bisherigen Grundsätzen festhalten würde; zu Arbeitskämpfen bei betrieblichen Bündnissen für Arbeit und von Berufsverbänden ist die Haltung des BAG offen. Anders als ein Gesetzgeber stellt ein Gericht zudem keine vollständige abstrakte Regelung auf, die möglichst alle Fallkonstellationen erfasst. Es kann sich vielmehr auf die Entscheidung des konkreten Falls beschränken. So lässt sich etwa nicht beurteilen, welche Tragweite die Entscheidung zum Unterstützungsarbeitskampf hat (Rdn 15), die wie eine reine Grundrechtsprüfung wirkt. Nur mit diesen Einschränkungen sind die Grundsätze des Arbeitskampfrechts trotz fehlender gesetzlicher Grundlage gefestigt.

6 Das Arbeitskampfrecht wird im Kern aus **Art 9 III GG** und insb dessen **S 3** abgeleitet. Völkerrechtlich ist der Arbeitskampf gewährleistet durch: IAO Übereinkommen Nr 87 (BGBl 1956 II S 2072; zur eingeschränkten Bedeutung: BAG 10.6.1980, 1 AZR 822/79, EzA Art 9 GG Arbeitskampf Nr 37); universelles Völkerrecht (zur nur geringen Bedeutung der UN-Pakte über bürgerliche und politische Rechte, BGBl 1976 II S 1068, und über wirtschaftliche, soziale und kulturelle Rechte, BGBl 1973 II S 1570, s *Otto* Arbeitskampf- und Schlichtungsrecht, S 79 f); Art 6 Nr 4 ESC und Art 11 EMRK (EGMR 27.10.1975,

EuGRZ 1975, 562; 13.8.1981, EuGRZ 1981, 559) auf europäischer Ebene. Insb Art 6 ESC weicht in den Punkten »wilder Streik« und der Beschränkung auf tariflich regelbare Ziele (s.u. Rdn 11 und 14) von dem herrschenden dt Verständnis ab (Empfehlung des Ministerkomitees AuR 1998, 154; *Däubler* AuR 1998, 144). Allerdings spricht sich die bisher hM gegen eine unmittelbare Relevanz von Art 6 ESC für die dt Rechtsordnung aus (*Otto* Arbeitskampf- und Schlichtungsrecht, S 77 f; MünchArbR/*Birk* 2. Aufl, § 17 Rn 98; *Dumke* Streikrecht iSd Art 6 Nr 4 ESC und deutsches Arbeitskampfrecht, 2013, S 152 ff); Einfallstor für eine weitergehende Bedeutung der ESC könnte jedoch die Überlegung sein, dass Deutschland völkerrechtlich gebunden ist und die Rspr als Ersatzgesetzgeber diese Verpflichtung ebenso einzuhalten hat wie die Legislative (dahin tendierend: BAG 12.9.1984, 1 AZR 342/83, EzA Art 9 GG Arbeitskampf Nr 54; *Kohte/Doll* ZESAR 2003, 393). In seiner neueren Entscheidung zum Unterstützungsarbeitskampf (Rdn 15) argumentiert das BAG mit Art 6 Nr 4 ESC, doch wird letztlich nicht klar, ob die entspr Urteilspassagen die Neuorientierung der Rspr tragen oder ob ihr Nennen letztlich bedeutungslos ist. Art 11 EMRK hat Bedeutung für die Zulässigkeit des Beamtenstreiks, EGMR 12.11.2008, Nr 34503/97, NZA 2010, 1425 (Demir und Baykara/Türkei); 31.1.2008, Nr 68959/01, AuR 2009, 274 (Enerji Yapi-Yol Sen/Türkei); BVerwG 27.2.2014 2 C 1.13; *Buchholtz* Streiken im europäischen Grundrechtsgefüge, 2014; *von Steinau-Steinrück/Sura* NZA 2014, 580.

Einzelfragen des Arbeitskampfrechts sind angesprochen in: § 2 I Nr 2 ArbGG, § 74 II BetrVG, § 66 II BPersVG, § 11 V AÜG, § 25 KSchG, § 91 VI SGB IX, §§ 36 III, 146, 174 SGB III, § 192 I Nr 1 SGB V. 7

Das Arbeitskampfrecht kann durch die europarechtlichen Grundfreiheiten der Warenverkehrsfreiheit, Dienstleistungsfreiheit und Niederlassungsfreiheit beeinflusst werden (Vorb zu Art 45, 157, 267 AEUV Rdn 12). Näher Rdn 46–48. 8

C. Die Rechtmäßigkeit von Arbeitskämpfen. Die Anforderungen an die Rechtmäßigkeit von Arbeitskämpfen ergeben sich zum einen aus allg Grundsätzen und zum anderen aus dem Verständnis des Arbeitskampfes als Hilfsinstrument des Tarifrechts, Art 9 III 3 GG. Zu einem möglichen Richtungswechsel in der Rspr des BAG Rdn 31. Zu Arbeitskämpfen in kirchlichen Einrichtungen Art 9 GG Rdn 117 ff. Zum Beamtenstreik Rdn 6. 9

I. Der Arbeitskampf als Hilfsinstrument der Tarifautonomie. Aus Art 9 III 3 GG folgt, dass der Arbeitskampf Hilfsinstrument der Tarifautonomie ist. Kampfziel eines rechtmäßigen Arbeitskampfes muss daher stets der Abschluss eines TV sein (zur Rspr des BAG zum Unterstützungsarbeitskampf Rdn 15). Hieraus ergeben sich folgende weitere Voraussetzungen, die allesamt erfüllt sein müssen, damit ein Arbeitskampf rechtmäßig ist. Ist ein Ziel unzulässig, folgt daraus die Rechtswidrigkeit des gesamten Arbeitskampfs (BAG 4.5.1955, 1 AZR 493/54, AP Art. 9 GG Arbeitskampf Nr 2; vgl auch LAG Hessen 9.9.2015, 9 SaGa 1082/15, zum jüngsten Streik der Vereinigung Cockpit gegen die Lufthansa). Zum Fallenlassen einzelner rechtswidriger Streikforderungen, *Rieble* BB 2014, 949. 10

Ein Arbeitskampf kann nur von und gegen Parteien geführt werden, die **tariffähig** und im Einzelfall auch tarifzuständig sind. Der Arbeitskampf muss demnach von einem der in § 2 I bis III Genannten geführt werden. Die Aussperrung durch einen einzelnen AG ist damit rechtlich erfasst, nicht jedoch der nicht von einer Gewerkschaft erklärte Streik (sog »wilder Streik«, BAG 7.6.1988, 1 AZR 372/86, EzA Art 9 GG Arbeitskampf Nr 80; zur bereits lange vertretenen abw Meinung, die derzeit vor allem im Zusammenhang mit Arbeitskämpfen bei Bündnissen für Arbeit praktisch relevant wird *Seiter* Streik- und Aussperrungsrecht, S 250 ff sowie § 34 Professorenentwurf). Nach einem wirksamen Wechsel in die OT-Mitgliedschaft (§ 3 TVG Rdn 19 f) darf ein AG nicht mehr bestreikt werden (BAG 19.6.2012, 1 AZR 775/10, ZTR 2012, 694). Zu Möglichkeiten eines Unterstützungsarbeitskampfes in dieser Situation *Willemsen/Mehrens* NZA 2013, 79. 11

Ein Arbeitskampf wird dann durch eine Koalition getragen, wenn eine entspr ausdrückliche Erklärung vorliegt (BAG 7.6.1988, 1 AZR 372/86, EzA Art 9 GG Arbeitskampf Nr 80; 31.10.1995, 1 AZR 217/95, EzA Art 9 GG Arbeitskampf Nr 123). Eine Gewerkschaft kann einen wilden Streik durch Erklärung übernehmen mit der Folge, dass der Arbeitskampf rückwirkend rechtmäßig wird (BAG 5.9.1955, 1 AZR 480/54, AP GG Art 9 Arbeitskampf Nr 3). 12

Von der Führung ist die Frage der Beteiligung zu unterscheiden. Die Beteiligung an einem gewerkschaftlich geführten Streik ist auch Außenseitern möglich (Rdn 39). Zur Beteiligung des Außenseiter-AG an einer Verbandsaussperrung s BVerfG 26.6.1991, 1 BvR 779/85, EzA Art 9 GG Arbeitskampf Nr 97. Zum Streik um einen Verbands-TV gegen einen nicht verbandsangehörigen AG, wenn die Übernahme des umkämpften TV rechtlich abgesichert ist, s BAG 18.2.2003, 1 AZR 142/02, EzA Art 9 GG Arbeitskampf Nr 135. 13

Rechtmäßig ist nur der Arbeitskampf, der um **tariflich regelbare Ziele** geführt wird. Tariflich regelbar sind die rechtlich zulässigen Inhalte des normativen Teils (zur Erstreikbarkeit von TV gemäß § 3 BetrVG 14 s § 3 BetrVG Rdn 9) sowie die Inhalte des schuldrechtlichen Teils, die Arbeits- und Wirtschaftsbedingungen iSv Art 9 III GG sind (HWK/*Hergenröder* Art 9 GG Rn 280; differenzierend und enger *Otto* Arbeitskampf- und Schlichtungsrecht, S 99 f; *Löwisch/Rieble* Grundlagen, Rn 447 f; insgesamt ablehnend *Mayer-Maly* BB 1965, 829, 833). Die Voraussetzung, dass ein Arbeitskampf um tariflich regelbare Ziele geführt werden muss, ist 1. nicht erfüllt, wenn Kampfziel nicht der Abschluss eines TV ist: politischer Arbeitskampf (etwa zur Höhe des gesetzlichen Mindestlohns gem § 1 II MiLoG; Beispiel vor Einführung eines staatlichen Mindestlohns bei *Hopfner/Heider* DB 2012, 1684), Arbeitskampf gegen unternehmerische Entscheidungen des AG, die dem Kernbereich der unternehmerischen Freiheit zuzuordnen und daher nicht durch TV einschränkbar sind – zB Protest gegen Fusion, Stilllegung, Verlegung, rechtmäßige betriebsbedingte Kdg (Rieble/*Lobinger* Zukunft des Arbeitskampfes, 2005, S 62 ff; *Reichold* BB 2004, 2814, 2817; *Löwisch* DB 2005, 554, 558 f; *Hohenstatt/Schramm* DB 2004, 2214, 2214 f; *Picker* ZfA 2011, 443, 498 ff; differenzierend *Zachert* DB 2001, 1198, 1200 ff; aA *Hensche* AuR 2004, 443, 445 ff). Das BAG stellt auf die wirtschaftliche Existenzvernichtung ab (BAG 24.4.2007, 1 AZR 252/06, EzA Art 9 GG Arbeitskampfrecht Nr 139). Zu Arbeitskämpfen iRd Standortsicherung: LAG Hamm 31.5.2000, 18 Sa 858/00, NZA-RR 2000, 535; LAG Schleswig-Holstein 27.3.2003, 5 Sa 137/03, SAE 2004, 227; LAG Niedersachsen 2.6.2004, 7 Sa 819/04, SAE 2004, 235; LAG Hessen 2.2.2006, 9 Sa 915/05, AuR 2006, 120; *Franzen* ZfA 2006, 315; *Däubler/Schiek* Einl Rn 273. Das Einhalten von Normen und schuldrechtlichen Verpflichtungen aus einem TV ist ggf auf dem Rechtsweg, nicht aber durch Arbeitskampf durchzusetzen.

15 Nach lange maßgeblicher Auffassung des BAG sind unter diesem Gesichtspunkt 2. auch **Solidaritätsarbeitskämpfe** nicht rechtmäßig, wenn der Kampfgegner keine Möglichkeit hat, durch Nachgeben bzw direkte Einflussnahme die für ihn schädlichen Folgen abzuwehren (BAG 5.3.1985, 1 AZR 468/83, EzA Art 9 GG Arbeitskampf Nr 57; 12.1.1988, 1 AZR 219/86, EzA Art 9 GG Arbeitskampf Nr 73). BAG 19.6.2007, 1 AZR 396/06, EzA Art 9 GG Arbeitskampf Nr 140, hält den Unterstützungsarbeitskampf hingegen für grds gem Art 9 III GG zulässig. Die Rechtmäßigkeit im Einzelfall hänge von der Verhältnismäßigkeit ab. Nur in Grenzen lässt sich die Rechtmäßigkeit daher ohne Weiteres beurteilen: Bei Rechtswidrigkeit des Hauptarbeitskampfes ist auch der Unterstützungsarbeitskampf rechtswidrig. Maßgeblich sei iÜ die Nähe oder Ferne des Unterstützungsstreiks zum Hauptarbeitskampf. Für Angemessenheit und Rechtmäßigkeit sollen insb sprechen: rechtliche und wirtschaftliche Verflechtung des vom Unterstützungskampf betroffenen AG mit dem des Hauptstreiks; Einmischen des AG in den Hauptarbeitskampf; eigennütziger Unterstützungsarbeitskampf (Rdn 3). Dagegen: Verlagerung des Schwerpunkts des gesamten Arbeitskampfes auf den Unterstützungsstreik. Diese Rspr ist abzulehnen, weil sie ohne Not ein zentrales stabilisierendes Element des Arbeitskampfrechts, die Tarifbezogenheit, aufgibt (iE krit *Konzen* SAE 2008, 1; *Junker* JZ 2008, 102; *Rieble* BB 2008, 1506; zust *Hayen/Ebert* AuR 2008, 19). Auch Konzernstrukturen oder wirtschaftliche Verflechtungen tragen die Begründung nicht, denn sie stellen als solche keine Umgehungstatbestände dar, die es zu korrigieren bedarf. Ob die Tarifbezogenheit als Rechtmäßigkeitsvoraussetzung durch das BAG über diesen Kontext hinaus aufgegeben wird, ist bislang nicht abzusehen. Unterstützungsarbeitskämpfe durch Berufsverbände verstoßen auch bei Zugrundelegen der Haltung des BAG gegen den Grundsatz der Kampfparität und sind somit rechtswidrig (ArbG Frankfurt 27.3.2012, 10 Ca 3468/11, ArbuR 2012, 183). Zum grenzüberschreitenden Unterstützungsarbeitkampf Art 9 Rom II-VO Rdn 5.

16 Ein tariflich regelbares Ziel fehlt 3., wenn zwar ein TV erkämpft werden soll, der Inhalt aber etwa wegen Verstoßes gegen höherrangiges Recht (Grundlagen TVG Rdn 11, § 1 Rdn 42–45) nicht zulässig wäre, was derzeit vor allem im Bereich des Verbots der Altersdiskriminierung sowie der anderen neueren Diskriminierungsverbote praktisch bedeutsam werden kann. Zum Problem nicht erstreikbarer TV-Normen Wiedemann/*Thüsing* § 1 Rn 341 ff.

17 Aus der Einbettung des Arbeitskampfrechts in das TV-Recht folgt als weitere Voraussetzung, dass ein Arbeitskampf nicht um bereits geregelte Materien geführt werden kann. Die Tragweite dieser Anforderung ergibt sich aus der Reichweite der **Friedenspflicht** (§ 1 Rdn 72 ff). Ein Unterstützungsarbeitskampf kann schon seinem Wesen nach nicht gegen eine Friedenspflicht verstoßen (BAG 19.6.2007, 1 AZR 396/06, EzA Art 9 GG Arbeitskampf Nr 140).

18 **II. Allgemeine Anforderungen an die Rechtmäßigkeit eines Arbeitskampfes.** An die Rechtmäßigkeit eines Arbeitskampfes werden allg materielle Anforderungen gestellt, wobei die Bezeichnung als allg teilw irreführend ist, weil die entspr Anforderungen Bedeutung allein für Arbeitskämpfe der AG-Seite haben, indem sie die Möglichkeiten einer Aussperrung einschränken. Zur Vereinbarkeit der Erzwingbarkeit eines Firmen-TV mit einem verbandsangehörigen AG mit Art 9 III GG Wiedemann/*Oetker* § 2 Rn 172 ff.

19 **1. Kampfparität.** Das Arbeitskampfrecht ist dem Grundsatz der Kampfparität untergeordnet. Ausgangspunkt ist, dass ein angemessener Interessenausgleich Parität zwischen den TV-Parteien voraussetzt. Typische

Ungleichgewichte in den Kräfteverhältnissen dürfen über das Arbeitskampfrecht ausgeglichen werden (HWK/*Hergenröder* Art 9 GG Rn 167). Die Parität wird demnach auf die **Verhandlungsebene** und nicht auf die Stufe des Arbeitskampfes bezogen (BAG 10.6.1980, 1 AZR 822/79, EzA Art 9 GG Arbeitskampf Nr 37). Weil auf der Verhandlungsebene aber eine grds Unterlegenheit der AN-Seite angenommen wird (BAG 10.6.1980, 1 AZR 822/79, EzA Art 9 GG Arbeitskampf Nr 37), spielt die Voraussetzung der Kampfparität nur für die Aussperrung eine Rolle. Auch hierbei wird freilich das Gleichgewicht nicht im Einzelfall, sondern abstrakt-generell bewertet (BAG 10.6.1980, 1 AZR 822/79, EzA Art 9 GG Arbeitskampf Nr 37). Für die **Aussperrung** folgt aus dem Gebot der Kampfparität: Rechtmäßig ist grds nur die suspendierende Abwehraussperrung (BAG GS 21.4.1971, GS 1/68, AP GG Art 9 Arbeitskampf Nr 43). Eine lösende Aussperrung ist nur zulässig, wenn der Streik rechtswidrig ist oder wenn ein rechtmäßiger Streik übermäßig lange geführt wird (BAG GS 21.4.1971, GS 1/68, AP GG Art 9 Arbeitskampf Nr 43). Eine lösende Aussperrung kann auch gegen Arbeitskämpfe eines Berufsverbands zulässig sein (*Franzen* RdA 2008, 192, 202 f). Eine **Abwehraussperrung** ist rechtmäßig, wenn die Gewerkschaft gegen einzelne AG Schwerpunktstreiks durchführt (BVerfG 26.6.1991, 1 BvR 779/85, BVerfGE 84, 212, 225; auch BAG 10.6.1980, 1 AZR 822/79, EzA Art 9 GG Arbeitskampf Nr 37; *Löwisch* BB 1987, 1030). Sog Teil- oder Schwerpunktstreiks konzentrieren sich anders als der Flächenstreik, der im umkämpften Tarifgebiet eine möglichst große Anzahl von AG erfasst, auf einzelne Unternehmen (ggf einzelne Konzernunternehmen) oder Unternehmensteile. Zur **Angriffsaussperrung**, die in der Praxis bisher – soweit ersichtlich – noch nicht vorgekommen ist, s *Löwisch* Arbeitskampf- und Schlichtungsrecht, Rn 265–267. 20

2. Verhältnismäßigkeit. Der Arbeitskampf muss verhältnismäßig sein (BAG GS 21.4.1971, GS 1/68, AP GG Art 9 Arbeitskampf Nr 43). Nach dem ultima-ratio-Prinzip ist ein Arbeitskampf nur zulässig, wenn die Möglichkeiten einer friedlichen Konfliktlösung ausgeschöpft sind. Erforderlich sind hierzu: Tarifforderungen sowie eine Tarifverhandlung (BAG 9.4.1991, 1 AZR 332/90, EzA Art 9 GG Arbeitskampf Nr 98); Ausnahme: Die andere Seite lehnt Verhandlungen von Anfang an ab (BAG 21.6.1988, 1 AZR 651/86, EzA Art 9 GG Arbeitskampf Nr 75). 21

Bedeutsam ist diese Voraussetzung vor allem für den **Warnstreik**, doch hat das BAG 1988 die Unterscheidung zwischen Warn- und Erzwingungsstreik mit dem Argument aufgegeben, in der Arbeitsniederlegung liege die konkludente Erklärung des Scheiterns der Verhandlungen (BAG 21.6.1988, 1 AZR 651/86, EzA Art 9 GG Arbeitskampf Nr 75). 22

Arbeitskampfmaßnahmen dürfen **nicht außer Verhältnis** zum erstrebten Ziel stehen (Proportionalität, BAG GS 21.4.1971, GS 1/68, AP GG Art 9 Arbeitskampf Nr 43), doch sind nur solche Arbeitskämpfe unzulässig, die den Kampfgegner oder die Allgemeinheit unverhältnismäßig belasten. Rechtlich hat dieser Gesichtspunkt bisher vor allem bei der Aussperrung eine Rolle gespielt (sog **Quotenarithmetik** in BAG 10.6.1980, 1 AZR 822/79, EzA Art 9 GG Arbeitskampf Nr 37; 10.6.1980, 1 AZR 168/79, EzA Art 9 GG Arbeitskampf Nr 36; s aber auch BAG 7.6.1988, 1 AZR 597/86, AP GG Art 9 Arbeitskampf Nr 107). Teilw wird die Proportionalität bei der Beurteilung von Arbeitskämpfen im Zusammenhang mit Bündnissen für Arbeit ins Spiel gebracht, denn die dementspr hohen Forderungen der AN-Seite sollen letztlich bewirken, dass die Verlegung ins Ausland nicht erfolgt (*Bauer/Krieger* NZA 2004, 1019; *Kühling/Bertelsmann* NZA 2005, 1017). 23

Aus dem Verbot des ruinösen Arbeitskampfes folgt auch, dass die Fortführung des Betriebs und der Arbeit nach Streikende zu sichern sind (sog **Erhaltungsarbeiten**; BAG 31.1.1995, 1 AZR 142/94, EzA Art 9 GG Arbeitskampf Nr 119; 30.3.1982, 1 AZR 265/80, EzA Art 9 GG Arbeitskampf Nr 46; zu Einzelheiten *Löwisch/Rieble* AR-Blattei SD 170.2 Rn 218 ff; *Oetker* Die Durchführung von Not- und Erhaltungsarbeiten bei Arbeitskämpfen, S 32 ff; *Weißleder* Erhaltungs- und Notstandsarbeiten im Streik, 2013). Die Pflicht zur Durchführung von Notstandsarbeiten ergibt sich aus dem Gebot fairer Kampfführung und der Pflicht, offensichtliche Bedürfnisse der Allgemeinheit zu wahren (BAG GS 21.4.1971, GS 1/68, AP GG Art 9 Arbeitskampf Nr 43). Bei Arbeitskämpfen ist demnach insb in den Bereichen Nahrung und Gesundheit, Energie und Wasser, Verkehr, Post, Fernmeldewesen, Rundfunk und Fernsehen (anders Presse, *Löwisch/Rieble* AR-Blattei SD 170.2 Rn 248), Feuerwehr, Bestattung, Müllbeseitigung, innere Sicherheit (§ 11 II Professorenentwurf) und Flugsicherung (*Otto* Arbeitskampf- und Schlichtungsrecht, S 152) eine Mindestversorgung sicherzustellen; s.a. den Katalog in § 2 des von *Franzen/Thüsing/Waldhoff* vorgelegten Gesetzesentwurfs zur Regelung von Streiks in der Daseinsvorsorge, Arbeitskampf in der Daseinsvorsorge, 2012, S 134. Welche Mindestversorgung sicherzustellen ist, richtet sich nach dem Einzelfall. Zu den Einzelheiten: *Oetker* Die Durchführung von Not- und Erhaltungsarbeiten bei Arbeitskämpfen; *Heckelmann* Erhaltungsarbeiten im Arbeitskampf; *Schliemann* FS Bauer, 2010, 923; *Löwisch/Rieble* AR-Blattei SD 170.9 Rn 21 ff zum Arbeitskampf im öffentl Dienst. Eine allg Grenze der Gemeinwohlbindung des Arbeitskampfes (§ 2 24

II Professorenentwurf; *Seiter* Streikrecht und Aussperrungsrecht, S 542 ff) ist über die Berücksichtigung der Gemeinwohlinteressen bei der Durchführung des Arbeitskampfes hinaus nicht überzeugend (ErfK/ *Dieterich/Linsenmaier* Art 9 GG Rn 128).

25 **3. Formelle Anforderungen.** Formelle Erfordernisse sind: Arbeitskampfbeschluss oder Kampfaufruf und seine Bekanntmachung (s im Erg *Otto* Arbeitskampf- und Schlichtungsrecht, S 139 f). Ob eine Urabstimmung vorausgehen muss, entscheidet nach hM die Satzung. Danach ist die Urabstimmung kein Erfordernis des Arbeitskampfrechts, weil Art 9 III GG auch Verbands- und Satzungsautonomie gewährleistet (*Kissel* Arbeitskampfrecht, § 40 Rn 2 ff; *Otto* Arbeitskampf- und Schlichtungsrecht, S 136). Die Gegenmeinung argumentiert mit: Erfordernis demokratischer Willensbildung einer Koalition; ultima ratio; Verhältnismäßigkeit (zu alledem *Kissel* Arbeitskampfrecht, § 40 Rn 2 ff); Schutz der von einem Arbeitskampf betroffenen Dritten (*Rieble* FS Canaris, 2007, Bd I, 1439). Auf der Basis der hM ist ein Arbeitskampf auch rechtmäßig, wenn eine satzungsmäßig vorgeschriebene Urabstimmung ein negatives Ergebnis hatte oder wenn sie nicht durchgeführt wurde (*Gamillscheg* S 1153). Eine Ausnahme hiervon kommt nur in Betracht, wenn die Satzung die Vertretungsmacht zum Streikaufruf mit Außenwirkung an die Durchführung einer Urabstimmung (mit positivem Ergebnis) knüpft *Otto* Arbeitskampf- und Schlichtungsrecht, S 136.

26 **III. Besondere Anforderungen an die Rechtmäßigkeit bestimmter Arbeitskämpfe? 1. Arbeitskämpfe von Berufsverbänden. a) Arbeitskampf und Tarifeinheit (§ 4a).** Im Zusammenhang mit der jüngeren tatsächlichen Entwicklung, dass bestimmte Berufsverbände tarifpolitisch aktiv geworden sind (Grundlagen TVG Rdn 6) und dass diese Berufsverbände typischerweise schwer zu ersetzende Spezialisten repräsentieren, wird die Frage aufgeworfen, ob an die Rechtmäßigkeit von Arbeitskämpfen solcher Verbände bes Anforderungen zu richten sind. Vor Aufgabe des Grundsatzes der Tarifeinheit auch bei Tarifpluralität durch die Rspr wurde teilweise vertreten, dass ein Arbeitskampf des Berufsverbands rechtswidrig ist, weil der TV wegen des Prinzips der Tarifeinheit i Erg nicht zur Anwendung gelangt (in diese Richtung nun auch BT-Drs 18/4062, S 12). Diese Auffassung trifft auch unter § 4a erst recht schon deshalb nicht zu (im Erg wie hier *Preis* FA 2014, 354, 355; *Konzen/Schliemann* RdA 2015, 1, 13; *Löwisch* DB 2015, 1102; *Linsenmaier* RdA 2015, 369, 384 ff; wohl auch *Greiner* NZA 2015, 769, 777; zum früheren bereits LAG Hessen 2.5.2003, 9 SaGa 636/03, NZA 2003, 679; LAG Sachsen 2.11.2007, 7 SaGa 19/07, NZA 2008, 58; s *Buchner* BB 2003, 2121; *Rieble* BB 2003, 1227), weil nicht in jedem Einzelfall im Vorhinein feststeht, welcher TV sich durchsetzt, weil die Mehrheitsverhältnisse in Betrieben im Kampfgebiet unterschiedlich sein können (*Bayreuther* NJW 2013, 1395, 1397) und weil eine Minderheitsgewerkschaft nie die Möglichkeit bekäme, TV zu schließen und Tarifabschlüsse zu erzielen, die ihre Existenz rechtfertigen. § 4a hat daher **keine Auswirkungen** auf die Rechtmäßigkeit von Minderheitsgewerkschaften (im Erg wie hier auch *Fischinger/Monsch* NJW 2015, 2209). Eine Minderheitsgewerkschaft auf kollektives Betteln gem § 4a V 2 zu beschränken, verstößt gegen Art 9 III GG. Bei zutreffendem Verständnis stellt sich die Frage nach bes Rechtmäßigkeitsanforderungen an Arbeitskämpfe von Berufsverbänden **unabhängig** von der Anwendung des Grundsatzes der Tarifeinheit bei Tarifpluralität (*Deinert* NZA 2009, 1176; *Greiner* NZA 2007, 1023) und von § 4a. Zu den Möglichkeiten von Unterstützungsarbeitskämpfen durch Minderheitsgewerkschaften *Löwisch* DB 2015, 1102.

27 **b) Weitere besondere Rechtmäßigkeitsanforderungen.** Als Gesichtspunkte, an denen die Rechtmäßigkeit von Arbeitskämpfen von **Berufsverbänden scheitern** kann, werden genannt (wobei sich die Ansätze häufig überschneiden, *Buchner* NZA 2007, 1411; *ders* BB 2007, 2520; *Reichold* NZA 2007, 1262; *Greiner* NZA 2007, 1023; *Bayreuther* NZA 2008, 12; *Kamanabrou* ZfA 2008, 241; *Sittard* ZTR 2008, 178; *Henssler* RdA 2011, 65, 72 ff): Verhältnismäßigkeit; Kontrolle der Höhe von Tarifforderungen (dagegen BAG 24.4.2007, 1 AZR 252/06, EzA Art 9 GG Arbeitskampfrecht Nr 139); Erstreckung der Friedenspflicht des TV mit einem Industrieverband auf TV mit Berufsverbänden; Arbeitskampfparität; Einschränkungen unter dem Gesichtspunkt der Daseinsvorsorge oder des Gemeinwohls; Monopolstellung des den Arbeitskampf anstrengenden Berufs (http://dip21.bundestag.de/dip21/btd/17/026/1702600.pdf). Zu den Reaktionsmöglichkeiten der AG *Steinau-Steinrück/Glanz* NZA 2009, 113.

28 Eine griffige und überzeugende Lösung bietet keiner der genannten Ansätze. Bei näherer Betrachtung der Vorschläge drängt sich vor allem immer wieder die Frage auf, ob mit demselben Argument nicht auch die Rechtmäßigkeit des Arbeitskampfes eines Industrieverbands infrage gestellt werden könnte, etwa wenn dieser AN in Schlüsselstellungen zum Arbeitskampf aufruft (*Hanau* RdA 2008, 98, 101; *Otto* FS Konzen, 2006, 663, 669). Führt ein Industrieverband wie in der jüngeren Zeit Ver.di Arbeitskämpfe um TV, die nur eine Berufsgruppe betreffen (Kita-Streik 2009, hierzu *Kolbe* BB 2009, 1414, sowie der Streik um einen Mantel-TV im Sicherheitsbereich Aviation 2012), ist ein Unterschied zu einem Arbeitskampf eines

Berufsverbands nicht mehr zu erkennen. Die Auseinandersetzung offenbart daher weniger eine Unzulänglichkeit des rechtlichen Instrumentariums (so insb *Höfling/Engels* NJW 2007, 3102) als den Wunsch, an die Rechtmäßigkeit von Arbeitskämpfen von Berufsverbänden rechtlich strengere Maßstäbe zu stellen. Die Differenzierung danach, ob ein Berufs- oder ein Industrieverband einen Arbeitskampf führt, überzeugt aber nicht, selbst wenn der Arbeitskampf des Industrieverbands in vielen Fällen zu einem TV führt, der für eine größere Anzahl von AN gilt als der TV eines Berufsverbands. Geeigneter Anknüpfungspunkt für Überlegungen zur Rechtmäßigkeit solcher Arbeitskämpfe ist allein der Gesichtspunkt der **Daseinsvorsorge**. Ein Berufsverband leitet seine Stärke nicht selten von vornherein aus dem Umstand her, AN in einer für die Daseinsvorsorge neuralgischen Stelle zu repräsentieren. Auch hat er weniger Möglichkeiten, seine Arbeitskampfstrategie der Notwendigkeit einer Mindestversorgung anzupassen. Daher wird Beschränkung von Arbeitskämpfen in der Daseinsvorsorge im Erg häufiger zur Rechtswidrigkeit von Arbeitskämpfen von Berufsverbänden führen, auch wenn die Begrenzungen allgemein anwendbar sind.

Im Kern geht es um die Sicherstellung einer **Mindestversorgung** (Rdn 24). Eine solche muss auch während des Arbeitskampfes eines Industrieverbands sichergestellt werden. Vorschläge hierzu sind (dazu *Konzen/Schliemann* RdA 2015, 1, 15 f; Rieble/Junker/Giesen/*Rudkowski* Entgrenzter Arbeitskampf, 2015, S 169, 172 ff; *Stegmüller* NZA 2015, 723): Streikankündigungspflicht; Abkühlungsphasen zwischen Scheitern der Verhandlungen und Arbeitskampfbeginn; Schlichtungszwang; Begrenzungen der Streikintensität; Einschränkung der Rechtmäßigkeit von Warnstreiks. Zum Bahnkonflikt *Scholz* FS Buchner, 2009, 827, 834 ff. Der von *Franzen/Thüsing/Waldhoff* Arbeitskampf in der Daseinsvorsorge, 2012, vorgelegte Gesetzesentwurf stellt überwiegend allg Rechtmäßigkeitsanforderungen auf, knüpft die Rechtmäßigkeit des Streiks eines Berufsverbands in seinem § 7 aber daran, dass der angestrebte TV wenigstens 15 % der Arbeitsverhältnisse erfassen würde; zu diesem Entwurf *Rudkowski* ZfA 2012, 467; *Berg* FS Kempen, 2013, 278. 28.1

(derzeit unbesetzt) 29

2. Arbeitskampf um einen Tarifsozialplan. Ein auf Vereinbarung eines Tarifsozialplans gerichteter Arbeitskampf ist grds rechtmäßig (BAG 24.4.2007, 1 AZR 252/06, EzA Art 9 GG Arbeitskampfrecht Nr 139; dazu *Bayreuther* NZA 2007, 1017; *Brecht-Heizmann* NJW 2007, 3617; *Ricken* ZfA 2008, 283; *Gaul* RdA 2008, 13; *Höfling* ZfA 2008, 1). Hiergegen werden insb eingewandt: Verschiebung der Kampfparität zugunsten der Gewerkschaft wegen des parallel möglichen betriebsverfassungsrechtlichen Verfahrens zum Abschluss eines Sozialplans (*Willemsen/Stamer* NZA 2007, 413); Interessenausgleich- und Sozialplanverfahren als milderes Mittel (*Henssler* FS Richardi, 2007, 553, 557 f). Wird mit dem Tarifsozialplan eine Verhinderung der Standortschließung oder -verlagerung angestrebt, ist der tariflich nicht einschränkbare Kernbereich der unternehmerischen Freiheit betroffen; ein solcher Arbeitskampf wäre rechtswidrig, Rdn 14; hierzu *Buchner* FS Hromadka, 2008, 39, 46 f; *Picker* ZfA 2011, 443, 527 ff; *Franzen* FS Reuter, 2010, 479, 482 ff. Zur Erstreikbarkeit eines Tarifsozialplans in der Insolvenz *Hess* FS Kreutz, 2010, 125. 30

IV. Änderung der Arbeitskampfrechtsdogmatik?. Die jüngeren Entscheidungen des BAG zur Rechtmäßigkeit von Unterstützungsarbeitskämpfen, BAG 19.6.2007, 1 AZR 396/06, EzA Art 9 GG Arbeitskampf Nr 140, und von Flash-Mob Aktionen, BAG 22.9.2009, 1 AZR 972/08, AP GG Art 9 Arbeitskampf Nr 174, wenden sich von dem bisher gängigen dogmatischen Schema ab und reduzieren das Arbeitskampfrecht auf eine diffuse Verhältnismäßigkeitsprüfung: Die in Art 9 III 3 GG verankerte Tarifbezogenheit des Arbeitskampfes wird weitgehend ausgeblendet. Es wird in den Vordergrund gestellt, ob die entsprechende Handlung von Art 9 III GG erfasst ist. Entscheidend ist insoweit die Annahme einer freien Kampfmittelwahl. Anschließend wird lediglich noch eine Verhältnismäßigkeitsprüfung durchgeführt. Bei Geeignetheit und Erforderlichkeit soll der Koalition eine Einschätzungsprärogative/ein Beurteilungsspielraum zustehen. Das BAG versucht selbst nicht, seine Argumentation etwa als Ausnahmetatbestand für die den Entscheidungen zugrunde liegenden Sachverhalte in das übliche Denkschema einzuordnen oder es von ihm dogmatisch abzugrenzen. Die Entscheidungen überzeugen schon im Einzelfall nicht (Rdn 15, 32). Eine allgemeine Änderung der Arbeitskampfrechtsdogmatik ist ohnehin **abzulehnen**. Zur dogmatischen Analyse und Kritik der neueren Rspr vor allem *Konzen* SAE 2008, 1; *Junker* JZ 2008, 102; *Otto* RdA 2010, 135; *Franzen* JbArbR, Bd 47, S 119 ff; *Jacobs* ZfA 2011, 71; Rieble/Junker/Giesen/*H. Hanau* Entgrenzter Arbeitskampf, 2015, S 15 ff. Zu atypischen Arbeitskampfformen und ihre Bedeutung für das Arbeitskampfrecht *Rehder/Deinert/Callsen* AuR 2012, 103. 31

Punktuelle Einflüsse von Art 11 EMRK (Rdn 6), die wie beim **Beamtenstreik** zur Rechtmäßigkeit von Arbeitskämpfen führen können, die nicht den **Abschluss eines TV** zum Ziel haben, bewirken keine Notwendigkeit, einen Systemwechsel herbeizuführen und diese Rechtmäßigkeitsvoraussetzung allgemein aufzugeben (so aber *Gooren* Der Tarifbezug des Arbeitskampfes, 2014, S 238). In Bereichen, in denen Rechtsverhältnisse durch TV gestaltet werden, bleibt der Arbeitskampf Hilfsinstrument der Tarifautonomie. 31.1

32 **V. Begleithandlungen eines Arbeitskampfes.** Begleithandlungen eines Arbeitskampfes sind Handlungen, die einen Arbeitskampf voraussetzen: Streikposten, Streikhelfer, Flash-Mob. Sie können selbst ein Kampfmittel (Rdn 2) darstellen oder bezwecken, die Wirkung der eingesetzten Kampfmittel abzusichern, *Otto* Arbeitskampf- und Schlichtungsrecht, S 245. Nach § 8 Professorenentwurf dürfen Streikposten mit friedlichen Mitteln für den Arbeitskampf werben, nicht aber Arbeitswillige durch physische oder psychische Zwangsmittel am Betreten des Betriebs hindern oder beim Betreten behindern. Einzelheiten bei *Otto* Arbeitskampf- und Schlichtungsrecht, S 246 ff; *Löwisch* Arbeitskampf- und Schlichtungsrecht, S 143. Zur Beurteilung einer Ansammlung von Streikposten nach Versammlungsrecht, *Donat/Kühling* ArbuR 2009, 1. Das BAG hat eine Flash-Mob Aktion als rechtlich nicht generell unzulässig eingestuft, BAG 22.9.2009, 1 AZR 972/08, AP GG Art 9 Arbeitskampf Nr 174, weil sich der AG durch Ausübung seines Hausrechts oder eine kurzfristige Betriebsschließung zur Wehr setzen könne (s.a. Rdn 31). Eine Maßnahme, die ihren faktischen Druck gerade dem Umstand zu verdanken hat, dass möglichst zahlreiche Nicht-AN sich an ihr beteiligen, an Art 9 III GG zu messen, ist schon im Ansatz kein überzeugender Weg (zu diesem Aspekt auch *Konzen* FS Reuter, 2010, 603, 605 ff, 620 f), der auch nicht über den Hinweis des BAG entkräftet werden kann; entscheidend sei das von der Gewerkschaft verfolgte Ziel. Die von Art 9 III GG ausgehende rechtliche Rechtfertigungswirkung eines Arbeitskampfes ist darauf ausgerichtet und beschränkt, dass die Zurückhaltung der Hauptleistungspflichten keine Pflichtverletzung darstellt. Die Verletzung sonstiger Rechte erfasst die Rechtfertigungswirkung nur, wenn diese mit der Zurückhaltung der Hauptleistungspflichten zwingend einhergehen, *Löwisch* Arbeitskampf- und Schlichtungsrecht, S 142. Der Verweis auf die Abwehrmöglichkeiten des AG ist angesichts der Schnelligkeit solcher Aktionen überdies praxisfern, vgl aber *Löwisch* NZA 2010, 209 zur Abwehr über Besitzschutz, der Hinweis auf die Möglichkeit der Betriebsschließung, nicht frei von Zynismus, wonach eine wirksame Abwehrmöglichkeit gegen eine faktische Stilllegung des Betriebs durch Flash-Mob darin liegen soll, dass der AG seinen Betrieb selbst stilllegt; immerhin muss er dann ja keinen Lohn zahlen. Krit zu den angeblichen Abwehrmöglichkeiten auch *Otto* RdA 2010, 135, 145. Flash-Mob Aktionen sind ebenso wie Betriebsbesetzungen und Betriebsblockaden rechtswidrig, *Löwisch* Arbeitskampf- und Schlichtungsrecht, S 142. Kritisch zur Rechtmäßigkeit bereits im Vorfeld der Entscheidung *Rieble* NZA 2008, 796. Die Verfassungsmäßigkeit bejahend BVerfG 26.3.2014, 1 BvR 3185/09, NZA 2014, 493 (dazu Rieble/Junker/Giesen/*Krause* Entgrenzter Arbeitskampf, 2015; S 43 ff; zur Begründung der Verfassungsbeschwerde *Thüsing/Waldhoff* ZfA 2011, 329). Zur Strafbarkeit des sog Bossnapping, *Mitsch* JR 2013, 351.

33 **VI. Teilrechtswidrigkeit eines Arbeitskampfes.** Es ist vorstellbar, dass aus einem der genannten Gründe nicht der gesamte Arbeitskampf, sondern nur ein Teil des Arbeitskampfes rechtswidrig ist. Eine solche Teilrechtswidrigkeit erfasst dann grds den gesamten Arbeitskampf (BAG 10.12.2002, 1 AZR 96/02, EzA Art 9 GG Arbeitskampf Nr 134; *Hanau* Die Kausalität der Pflichtwidrigkeit, 1971, S 53 f; *Seiter* Streikrecht und Aussperrungsrecht, S 495 f).

34 **D. Rechtsfolgen für Arbeitskampfparteien.** Der **rechtswidrige** Arbeitskampf setzt die diesen führende Koalition Unterlassungs-, Schadensersatz- und Beseitigungsansprüchen aus. Grundlage der Ansprüche der gegnerischen Koalition sind § 280 I BGB, Pflichtverletzung des TV, sowie Delikt, § 823 I BGB iVm Art 9 III GG, § 1004 BGB (s hierzu auch § 1004 BGB Rdn 2). Einzelne von einem rechtswidrigen Streik betroffene AG haben gegen die Gewerkschaft deliktische Ansprüche aus § 826 BGB sowie aus § 823 I BGB – Recht am eingerichteten und ausgeübten Gewerbebetrieb (*Sprenger* BB 2013, 1146) – bei Verstoß der kampfführenden Gewerkschaft gegen die Friedenspflicht auch einen Anspruch aus § 280 I BGB. Zu Schutzwirkungen eines Verbands-TV zugunsten der Verbandsmitglieder: *Gamillscheg* S 1216. Anspruchsgegner können auch Streikführer (§§ 823 I, 830, 840 I BGB) sein; anders für bloße Streikbeteiligte *Löwisch* Der Deliktsschutz relativer Rechte, 1970, S 196 ff, 219 f; *Otto* Arbeitskampf- und Schlichtungsrecht, S 309. Zum Besitzschutz bei Betriebsblockaden und Betriebsbesetzungen *Löwisch* Arbeitskampf- und Schlichtungsrecht, S 277 ff. Zum Schadensersatzanspruch gegen die Gewerkschaft bei wirksamem Wechsel in die OT-Mitgliedschaft s BAG 19.6.2012, 1 AZR 775/10, EzA Art 9 GG Arbeitskampf Nr 146.

35 Die Unterlassung einzelner Arbeitskampfmaßnahmen oder des Arbeitskampfes insgesamt kann grds durch Erlass einer **einstweiligen Verfügung** beantragt werden. Weil entspr einstweilige Verfügungen regelmäßig befriedigende Wirkung haben, andererseits aber auch ihre Ablehnung irreversible Verhältnisse schafft, ist umstr, welche Anforderungen an Verfügungsanspruch (Problem: Grad der Offensichtlichkeit der Rechtswidrigkeit) und Verfügungsgrund (Problem: Ausmaß der drohenden Rechtsverletzungen) zu stellen sind. Die Praxis der LAGs lässt eine einheitliche, verallgemeinerungsfähige Linie kaum erkennen (Überblicke bei *Otto* Arbeitskampf- und Schlichtungsrecht, S 419 ff; *Löwisch/Krauß* AR-Blattei SD 170.3 Rn 78 ff; *Walker* ZfA 1995, 185; *Treber* SR 2013, 140). Zum ersten Tarifkonflikt der Bahn und der GDL: LAG Sachsen

2.11.2007, 7 SaGa 19/07, NZA 2008, 59; ArbG Chemnitz 5.10.2007, 7 Ga 26/07, ArbuR 2007, 393; ArbG Nürnberg 8.8.2007, 13 Ga 65/07, AuR 2007, 320; *Feudner* RdA 2008, 104; zum Streik der Vereinigung Cockpit gegen die Lufthansa: LAG Hessen 9.9.2015, 9 SaGa 1082/15. Zur Abänderbarkeit von Entscheidungen über einstweilige Verfügungen, *Löwisch* FS Leipold, 2009, 79. Es ist umstr, welches Gericht Notgericht gem § 62 II ArbGG iVm § 942 ZPO ist (für Amtsgericht: Ostrowicz/Künzl/Schäfer/*Schäfer* 3. Aufl 2006 Rn 830; für Arbeitsgericht: ErfK/*Koch* § 48 ArbGG Rn 1; GMP/*Germelmann* § 48 Rn 2, 5, § 62 Rn 81; *Walker* GS Heinze, 2005, 1009, 1012 f). Zur Kritik am Ausschluss der Revision bei Eilentscheidung gem § 72 IV ArbGG s *Walker* ZfA 2005, 45, 68 mwN.

Beim **rechtmäßigen** Arbeitskampf trifft die Arbeitskampfparteien die Pflicht, bei der Organisation der Notstands- und Erhaltungsmaßnahmen mitzuwirken und auf ihre Mitglieder dahin gehend einzuwirken, sich an die Kampfgrenzen zu halten (BAG 8.11.1988, 1 AZR 417/86, EzA Art 9 GG Arbeitskampf Nr 91). **36**

E. Rechtsfolgen für das Einzelarbeitsverhältnis. Der **rechtmäßige** Arbeitskampf stellt keine Pflichtverletzung des Arbeitsverhältnisses dar (BAG 28.1.1955, GS 1/54, AP GG Art 9 Arbeitskampf Nr 1), sondern führt zur Suspendierung der Hauptleistungspflichten von AN und AG (BAG 21.4.1971, GS 1/68, AP GG Art 9 Arbeitskampf Nr 43). Die Nebenpflichten bleiben bestehen. Beginn der Suspendierung der Hauptleistungspflichten ist die Streikbeteiligung des AN. Ob eine zur Suspendierung der Hauptleistungspflichten führende Streikbeteiligung vorliegt, kann zweifelhaft sein, wenn gleichzeitig ein anderer Grund für das Nichterbringen der Arbeitsleistung (Erholungsurlaub, Krankheit, Mutterschutz, Teilzeit, Gleitzeit) existiert. Die Streikbeteiligung setzt dann eine Streikerklärung des AN voraus; dann ist der andere Grund nicht mehr alleinige Ursache für die Arbeitsbefreiung, sodass die Vergütungspflicht des AG entfällt (*Konzen* FS Otto, 2008, 245, 262 ff). Die Suspendierung endet grds mit seinem Angebot, die Arbeit wieder aufzunehmen (s aber BAG 1.3.1995, 1 AZR 786/94, EzA Art 9 GG Arbeitskampf Nr 118). Die indes lediglich ausnahmsweise zulässige (Rdn 20) lösende Aussperrung beendet die Hauptleistungspflicht. Mangels Verletzung der Hauptleistungspflicht aus dem Arbeitsverhältnis kommt eine Kdg durch den AG unmittelbar aufgrund der Streikbeteiligung des AN nicht in Betracht. Zur Auswirkung einer Arbeitskampfbeteiligung auf Sonderzahlungen, die nicht zum laufenden Arbeitsentgelt zu zählen sind, *Jacobs/Gast* RdA 2008, 372. **37**

Beim **rechtswidrigen** Streik verletzt der AN seine Hauptleistungspflicht. Rechtsfolgen sind: Verlust des Lohnanspruchs, § 326 I 1 BGB; einklagbarer Anspruch auf Arbeitsleistung; Recht zur verhaltensbedingten und ggf außerordentlichen Kdg, § 1 II KSchG, § 626 BGB; Schadensersatzanspruch des AG, §§ 280 I, III, 283, § 823 I BGB – Recht am eingerichteten und ausgeübten Gewerbebetrieb (*Gamillscheg* § 26). **38**

Das arbeitskampfrechtliche Pendant zum tarifrechtlichen Grundsatz der Tarifeinheit ist die **Arbeitskampfeinheit:** An einem gewerkschaftlich organisierten Arbeitskampf können sich auch Außenseiter beteiligen. Der AG kann Außenseiter aussperren (BAG 21.4.1971, GS 1/68, EzA Art 9 GG Nr 6; *Otto* Arbeitskampf- und Schlichtungsrecht, S 115; *Löwisch* Arbeitskampf- und Schlichtungsrecht, S 83 f). Es wurde gefragt, ob dieses Prinzip beim Zusammentreffen eines Berufs- und eines Industrieverbands und bei der erfolgten allg Aufgabe des Grundsatzes der Tarifeinheit bei **Tarifpluralität** aufrechterhalten werden kann (näher 7. Aufl Anhang TVG Arbeitskampfrecht Rn 39). Unter der Geltung von § 4a besteht die Grundlage für die Annahme einer Arbeitskampfeinheit – dass die Außenseiter von dem Ergebnis des Arbeitskampfes (auch) als Außenseiter profitieren (*Otto* Arbeitskampf- und Schlichtungsrecht, S 115; *Löwisch* Arbeitskampf- und Schlichtungsrecht, S 84) – wieder in der Form, dass auch anders Organisierte wegen § 4a II 1, IV, V von einem Arbeitskampf betroffen sind, zumal die Mehrheitsverhältnisse in den Betrieben unklar sein können. **39**

F. Lohnansprüche des kampfunbeteiligten Arbeitnehmers. Im unmittelbar kampfbetroffenen Unternehmen kann der AG abw von den allg Grundsätzen des Betriebs- und Wirtschaftsrisikos nach den Grundsätzen des **Arbeitskampfrisikos** die Erfüllung des Entgeltanspruchs arbeitswilliger AN verweigern, sofern deren Beschäftigung dem AG infolge des Streiks technisch unmöglich oder wirtschaftlich unzumutbar ist (BAG 22.12.1980, 1 ABR 2/79, EzA § 615 BGB Betriebsrisiko Nr 7). **40**

Nach Auffassung des BAG ist der AG eines bestreikten Betriebs auch befugt, die Arbeitsverhältnisse der nicht streikenden AN zu **suspendieren** und den Betrieb **stillzulegen** (BAG 22.3.1994, 1 AZR 622/93, EzA Art 9 GG Arbeitskampf Nr 115; 31.1.1995, 1 AZR 142/94, EzA Art 9 GG Arbeitskampf Nr 117), womit die ansonsten für eine Nichtbeschäftigung der AN bestehende Voraussetzung wegfällt, dem AG die Beschäftigung nicht möglich und zumutbar ist. Krit zur Betriebsstilllegung *Lieb* SAE 1995, 257, 260. BAG 13.12.2011, 1 AZR 495/10, AP Nr 175 zu Art 9 GG Arbeitskampf, verlangt, dass die Stilllegung voraussetzt, dass die betriebliche Tätigkeit des AG weder von diesem selbst noch von einem von ihm beauftragten Drittunternehmen weitergeführt wird; Ausnahme sollen lediglich Erhaltungs- und Notstandsarbeiten sein. Diese Einschränkung überzeugt nur wenn es um das Kerngeschäft des Betriebs geht. Der AG muss aber **41** weder auf jegliche Tätigkeit verzichten, die dazu dient, die wirtschaftlichen Grundlagen seines Unternehmens zu sichern, noch muss er – über Erhaltungs- und Notstandsarbeiten hinaus – Tätigkeiten einstellen, die wie Warenannahme auch die Wiederaufnahme des vollen Geschäftsbetriebs nach Ende des Streiks sichern, s *Löwisch*, AP Nr 175 zu Art 9 GG Arbeitskampf.

42 Bei infolge Schwerpunkt- oder Teilstreiks (Begriff s.o. Rdn 20) **mittelbar kampfbetroffenen** AG unterscheidet das BAG auf der Grundlage von Überlegungen zur Kampfparität: Der Lohnanspruch des AN entfällt, soweit die für das mittelbar betroffene Unternehmen zuständigen Verbände mit den kampfführenden Verbänden identisch oder organisatorisch eng verbunden sind, weil der sonst im AG-Lager entstehende Binnendruck die Kampfparität verschiebt (BAG 22.12.1980, 1 ABR 2/79, EzA § 615 BGB Betriebsrisiko Nr 7; 22.12.1980, 1 ABR 76/79, EzA § 615 BGB Betriebsrisiko Nr 8).

43 Zu **Pilotarbeitskämpfen**: *Gamillscheg* § 27; *Otto* Arbeitskampf- und Schlichtungsrecht, S 319 ff; zu **Sonderzuwendungen** des AG während des Arbeitskampfes an arbeitswillige AN: BAG 13.7.1993, 1 AZR 676/92, EzA Art 9 GG Arbeitskampf Nr 112; zur **nachträglichen Streikbruchprämie**, die gegen § 612a BGB verstößt: BAG 28.7.1992, 1 AZR 87/92, EzA Art 9 GG Arbeitskampf Nr 106.

44 **G. Schlichtung.** Schlichtung ist der Versuch, kollektive Konflikte ohne Arbeitskampf zu lösen. Ein zwingendes Schlichtungsrecht auf Bundesebene existiert nicht (zu staatlicher Schlichtung auf Landesebene *Löwisch/Rumler* AR-Blattei SD 170.11: eine eigene Schlichtungsordnung gilt lediglich im ehemaligen Land Baden). Zu der praktisch nicht sehr bedeutsamen Frage, ob ein gesetzliches Schlichtungsrecht auf Bundesebene eingeführt werden könnte: *Otto* Arbeitskampf- und Schlichtungsrecht, S 451 ff. Wegen der rechtlichen Bedenken gegen eine staatliche Zwangsschlichtung setzen die staatlichen Schlichtungsverfahren vor den Landesschlichtern das Einverständnis beider Parteien voraus.

45 Im TV kann Schlichtung vereinbart werden. Ergeht in einem vereinbarten Schlichtungsverfahren ein Schlichtungsspruch und soll dieser nach der Vereinbarung verbindlich sein, hat er die Wirkung eines TV (BAG 24.2.1988, 2 AZR 614/87, AP TVG § 1 Tarifverträge: Schuhindustrie Nr 2).

45.1 **H. Ansprüche Drittbetroffener.** Ein Anspruch von einem Arbeitskampf Drittbetroffener kommt von vornherein nur bei einem **rechtswidrigen** Arbeitskampf in Betracht. Drittbetroffene stehen typischerweise in keinem Vertragsverhältnis zu den arbeitskampfführenden Parteien, sodass es nur um **deliktische** Ansprüche gehen kann. Liegt lediglich ein bloßer Vermögensschaden vor, hängt § 823 I BGB davon ab, dass auch im Verhältnis zum Dritten ein betriebsbezogener Eingriff vorliegt; dies ist typischerweise nicht der Fall. Bei § 826 BGB muss die Schwelle der vorsätzlichen und sittenwidrigen Schädigung überschritten sein (BAG 25.8.2015, 1 AZR 875/13, NZA 2016, 179; Rieble/Junker/Giesen/*Sprenger* Entgrenzter Arbeitskampf, 2015, S 97, 106 ff).

46 **I. Deutsches Arbeitskampfrecht und europarechtliche Grundfreiheiten. I. Tatsächliche Ausgangslage.** Es ist vorstellbar, dass ein nach dt Recht rechtmäßiger Arbeitskampf mit der Ausübung einer Grundfreiheit des Europarechts kollidiert (Vorb zu Art 45, 157, 267 AEUV Rdn 12). Aus praktischer Sicht am bedeutsamsten dürfte die Konstellation sein, in der es um die Verlagerung eines in D belegenen Betriebs in einen anderen Mitgliedstaat geht, diese Verlagerung durch die Forderung nach einem tariflichen Bündnis für Arbeit oder einem Tarifsozialplan begleitet, erschwert oder gar verhindert werden soll und um den entspr TV ein Arbeitskampf geführt wird (ein grds einschlägiger Sachverhalt liegt BAG 24.4.2007, 1 AZR 252/06, EzA Art 9 GG Arbeitskampfrecht Nr 139 zugrunde, wobei es in diesem konkreten Fall nicht um die Verlagerung in einen anderen Mitgliedstaat ging). Vorstellbar, wenngleich in der dt Praxis soweit ersichtlich bisher nicht nachzuweisen, ist der Versuch einer Gewerkschaft, einen ausländischen AG, der iR einer Dienstleistungserbringung vorübergehend in Deutschland tätig wird, mithilfe eines Arbeitskampfes zum Abschluss eines TV zu bewegen. Aus dt Sicht unwahrscheinlich sind schließlich Sachverhalte, in denen Blockaden dazu führen, dass die Warenverkehrsfreiheit nicht ausgeübt werden kann; entspr Blockaden wären nicht rechtmäßig bzw von vornherein nicht als Arbeitskampf einzustufen (*Löwisch* Arbeitskampf- und Schlichtungsrecht, S 442).

47 **II. Erfassung durch Europarecht auf der Grundlage der Rspr des EuGH.** Der AG, der seinen in D belegenen Betrieb in einen anderen Mitgliedstaat verlagern möchte, macht von der Niederlassungsfreiheit des Art 49 AEUV Gebrauch. Wer aus einem anderen Mitgliedstaat kommend eine Dienstleistung vorübergehend in D erbringt und zu diesem Zweck seine AN mitbringt, wird durch die Dienstleistungsfreiheit des Art 56 AEUV geschützt. Beide Grundfreiheiten schützen nicht nur ggü mitgliedstaatlichen Maßnahmen, sondern haben Drittwirkung. Der Arbeitskampf stellt dann eine Beschränkung der Grundfreiheit dar. Diese Beschränkung kann durch zwingende Erfordernisse des Allgemeininteresses gerechtfertigt werden. Das nach dt und europäischem Recht als GR anerkannte Recht auf Arbeitskampf wird als bloßer Unterfall des als

Allgemeininteresse anerkannten Arbeitnehmerschutzes eingestuft. Der Arbeitskampf im Verlagerungsfall kann daher im Erg auch unter europarechtlichen Gesichtspunkten rechtmäßig sein, wenn er tatsächlich dem Arbeitnehmerschutz etwa durch Verhinderung des Abbaus von Arbeitsplätzen dient (EuGH 11.12.2007, Rs C-438/05, Slg I-10779, Rn 81 – Viking). Die rechtliche Beurteilung des Entsendefalls folgt demselben Schema, doch besteht die Besonderheit, dass der Arbeitnehmerschutz, der als Allgemeininteresse die Beschränkung der Dienstleistungsfreiheit rechtfertigen kann, durch die RL 96/71/EG des Europäischen Parlaments und des Rates vom 16.12.1996 über die Entsendung von AN iRd Erbringung von Dienstleistungen (ABlEG 1997 Nr L 18/1) abschließend konkretisiert ist. Da diese nicht die Möglichkeit eines eigenen TV mit dem entsendenden AG vorsieht, kommt die Rechtfertigung eines auf den Abschluss eines solchen TV gerichteten Arbeitskampfes nicht in Betracht. Ein entspr Arbeitskampf ist also europarechtswidrig (EuGH 18.12.2007, Rs C-341/05, Slg 2007, I-11767 – Laval). Zu den Urteilen des EuGH: *Junker* SAE 2008, 209; *Kocher* AuR 2008, 13; *Franzen* FS Buchner, 2009, 231; *Zwanziger* RdA 2009 Sonderbeilage zu Heft 5, 10. Zu einem VO-Vorschlag zu dieser Entscheidungsserie s Vorbem zu Art 45, 157, 267 AEUV Rdn 8.

III. Bedeutung für die Rechtmäßigkeit von Arbeitskämpfen in Deutschland. Die Struktur der europarechtlichen Beurteilung eines Arbeitskampfes – der AG wird durch eine Grundfreiheit geschützt, die durch den Arbeitskampf beschränkt wird – engt den europarechtlichen Einfluss auf die Beurteilung der Rechtmäßigkeit von Arbeitskämpfen von vornherein ein: Es können im Vergleich zur Rechtslage nach dt Recht so nur weitere Schranken für die Rechtmäßigkeit eines Arbeitskampfes hergeleitet werden, nicht zusätzliche Möglichkeiten eines Arbeitskampfes (so aber wohl *Bayreuther* EuZA 2008, 395, 405). Für den aus dt Sicht praktisch wichtigsten Fall der Verlagerung eines Betriebs in einen anderen Mitgliedstaat scheint aber eine Rechtfertigung der Beschränkung der Niederlassungsfreiheit naheliegend, da mit einer solchen Verlagerung typischerweise der Verlust von Arbeitsplätzen verbunden ist. Indes sind wegen der Dünne des Entscheidungsmaterials die genauen Voraussetzungen an diese Rechtfertigungsmöglichkeit noch nicht herausgearbeitet. Vor allem stellt sich die Frage, ob in den Fällen, in denen die Verlagerung ins Ausland einen Betriebsübergang darstellt, nicht parallel zur Überlegung bei den Entsendefällen (Rdn 47) in der RL 2001/23/EG des Rates vom 12.3.2001 zur Angleichung der Rechtsvorschriften der Mitgliedstaaten über die Wahrung von Ansprüchen der AN beim Übergang von Unternehmen, Betrieben oder Unternehmens- oder Betriebsteilen (ABlEG 2001 Nr L 82/16) eine abschließende Konkretisierung des Arbeitnehmerschutzes zu sehen ist; auf der Grundlage der Betriebsübergangsrichtlinie würden die Arbeitsverhältnisse auch länderübergreifend übergehen (Art 1 II, III; zum grenzüberschreitenden Betriebsübergang iSd RL *Reichold* FS Birk, 2008, 687). Vorstellbar wäre ferner, dass den betroffenen AN der Übergang ihres Arbeitsverhältnisses angeboten wird, was Bedeutung hätte, wenn die Verlagerung nicht als Betriebsübergang zu qualifizieren ist. Ein entspr Arbeitskampf wäre damit rechtswidrig. Ob das Denkschema des EuGH diese im Ergebnis harte Konsequenz verlangt, wird bislang soweit ersichtlich nicht problematisiert.

Gesetz über Teilzeitarbeit und befristete Arbeitsverträge (Teilzeit- und Befristungsgesetz – TzBfG)

Vom 21.12.2000 (BGBl I S 1966), zuletzt geändert durch Art 23 des Gesetzes vom 20.12.2011 (BGBl I S 2854).

§ 1 Zielsetzung

Ziel des Gesetzes ist, Teilzeitarbeit zu fördern, die Voraussetzungen für die Zulässigkeit befristeter Arbeitsverträge festzulegen und die Diskriminierung von teilzeitbeschäftigten und befristet beschäftigten Arbeitnehmern zu verhindern.

Übersicht	Rdn.		Rdn.
A. Inhalt und Zweck des Gesetzes	1	B. Geltungsbereich	5

1   **A. Inhalt und Zweck des Gesetzes.** § 1 nennt die wesentlichen Ziele des Gesetzes. Darin folgt es den europarechtlichen Vorgaben der RL 1997/81/EG und 1999/70/EG, die es in nationales Recht umsetzt.

2   Das Gesetz soll Teilzeitarbeit fördern. Dazu enthält es ein Benachteiligungsverbot ggü Vollzeitbeschäftigten (§ 4 I), Ausschreibungs- und Informationspflichten des AG (§ 7), einen Rechtsanspruch auf Verringerung der Arbeitszeit (§ 8) und für Teilzeitkräfte einen Anspruch auf bevorzugte Berücksichtigung bei der Besetzung von Vollzeitstellen (§ 9).

3   Für die befristete Beschäftigung beschränkt sich das Gesetz auf den Schutz durch ein Diskriminierungsverbot. Mit einigen Abweichungen wurde die bisherige Rspr festgeschrieben und die seit 1985 (»Beschäftigungsförderungsgesetz«) mögliche »freie« Befristung bei Neueinstellungen beibehalten (§ 14).

4   § 1 hat **keinen eigenständigen Regelungsgehalt**; allerdings kann der Zielsetzung bei Auslegungsfragen Bedeutung zukommen (HWK/*Schmalenberg* § 1 Rn 4).

5   **B. Geltungsbereich.** Der sachliche Geltungsbereich des Gesetzes umfasst alle Arbeitsverhältnisse einschließlich der Leiharbeitsverhältnisse (BAG 15.5.2013, 7 AZR 525/11, EzA § 14 TzBfG Nr 93), gleich ob es sich um einen privaten oder öffentl AG handelt (BT-Drs 14/4374 S 15).

6   Durch den sachlichen Geltungsbereich wird zugleich der persönliche Geltungsbereich festgelegt. Das Gesetz gilt damit für AN, aber nicht für AN-ähnliche Personen (vgl BAG 15.11.2005, 9 AZR 626/04, EzA § 2 BUrlG Nr 5; MHH/*Herms* § 1 Rn 6). Eine Sondervorschrift, wie § 14 II KSchG für betriebliche Entscheidungsträger, enthält das TzBfG nicht. Auch leitende Angestellte fallen unter den persönlichen Geltungsbereich des Gesetzes.

7   § 10 II BBiG regelt, dass die für den Arbeitsvertrag geltenden Rechtsvorschriften auf Ausbildungsverhältnisse keine Anwendung finden, wenn diese mit dem Wesen und Zweck des BBiG nicht vereinbar sind. Dementsprechend kann es keinen Anspruch auf Arbeitszeitverkürzung für Auszubildende gem § 8 geben (MHH/*Herms* § 1 Rn 8; aA Laux/Schlachter/*Laux* § 1 Rn 5). Das widerspräche dem Ausbildungszweck. Dieses Ergebnis wird auch durch § 20 I BEEG gestützt, der für Auszubildende nur einen Anspruch auf Verkürzung der Arbeitszeit im Rahmen der Elternzeit festschreibt (aA Laux/Schlachter/*Laux* § 1 Rn 5). Die allgemeinen Regeln für befristete Arbeitsverhältnisse sind auf Ausbildungsverhältnisse nicht anzuwenden, weil § 5 I Nr 2 BBiG für die Dauer des Ausbildungsverhältnisses eine abschließende Spezialregelung trifft (MHH/*Herms* § 1 Rn 9; Laux/Schlachter/*Laux* § 1 Rn 5).

8   Erfasst werden sämtliche AG, unabhängig von der Zahl der Arbeitnehmer, die sie beschäftigen. Eine Kleinbetriebsklausel vergleichbar § 23 I 2, 3 KSchG enthält das TzBfG nicht. Ein gesetzgeberischer Wille, Befristungen in Betrieben mit nicht mehr als 10 AN unter erleichterten Voraussetzungen zuzulassen (BT-Drs 14/4374 S 18), ist dem Gesetz nicht zu entnehmen (BAG 13.5.2004, 2 AZR 426/03, EzBAT SR 2y BAT TzBfG Nr 10; *Richardi/Annuß* BB 2000, 2201, 2204). Nur der Anspruch auf Verringerung der Arbeitszeit setzt die regelmäßige Beschäftigung von mehr als 15 AN voraus (§ 8 VII). Der Anspruch einer Teilzeitkraft auf bevorzugte Berücksichtigung bei der Besetzung freier Vollzeitstellen (§ 9) besteht unabhängig von der Beschäftigtenzahl.

§ 2 Begriff des teilzeitbeschäftigten Arbeitnehmers

(1) ¹Teilzeitbeschäftigt ist ein Arbeitnehmer, dessen regelmäßige Wochenarbeitszeit kürzer ist als die eines vergleichbaren vollzeitbeschäftigten Arbeitnehmers. ²Ist eine regelmäßige Wochenarbeitszeit nicht vereinbart, so ist ein Arbeitnehmer teilzeitbeschäftigt, wenn seine regelmäßige Arbeitszeit im Durchschnitt eines bis zu einem Jahr reichenden Beschäftigungszeitraums unter der eines vergleichbaren vollzeitbeschäftigten Arbeitnehmers liegt. ³Vergleichbar ist ein vollzeitbeschäftigter Arbeitnehmer des Betriebes mit derselben Art des Arbeitsverhältnisses und der gleichen oder einer ähnlichen Tätigkeit. ⁴Gibt es im Betrieb keinen vergleichbaren vollzeitbeschäftigten Arbeitnehmer, so ist der vergleichbare vollzeitbeschäftigte Arbeitnehmer auf Grund des anwendbaren Tarifvertrages zu bestimmen; in allen anderen Fällen ist darauf abzustellen, wer im jeweiligen Wirtschaftszweig üblicherweise als vergleichbarer vollzeitbeschäftigter Arbeitnehmer anzusehen ist.

(2) Teilzeitbeschäftigt ist auch ein Arbeitnehmer, der eine geringfügige Beschäftigung nach § 8 Abs. 1 Nr. 1 des Vierten Buches Sozialgesetzbuch ausübt.

Übersicht

	Rdn.		Rdn.
A. Inhalt und Zweck	1	1. Betrieblicher Vergleich	5
B. Begriff des teilzeitbeschäftigten Arbeitnehmers, I	2	2. Tarifvertraglicher Vergleich	6
I. Flexible Arbeitszeit	3	3. Vergleichbarer vollzeitbeschäftigter AN des gleichen Wirtschaftszweigs	7
II. Vergleichbarer vollzeitbeschäftigter Arbeitnehmer	4	III. Geringfügig Beschäftigte iSv § 8 I Nr 1 SGB IV, II	8

A. Inhalt und Zweck. Die Legaldefinition des teilzeitbeschäftigten AN knüpft an keine bestimmte Wochenarbeitszeit an. Vielmehr ist jeder AN teilzeitbeschäftigt, dessen regelmäßige Wochenarbeitszeit kürzer ist als die eines vergleichbaren vollzeitbeschäftigten AN. Nach § 2 II sind auch AN teilzeitbeschäftigt, die nur eine geringfügige Beschäftigung iSv § 8 I Nr 1 SGB IV ausüben. 1

B. Begriff des teilzeitbeschäftigten Arbeitnehmers, I. Zur Annahme von Teilzeitarbeit reicht jede **auf Dauer angelegte Unterschreitung der Wochenarbeitszeit** eines vergleichbaren vollzeitbeschäftigten AN aus (HWK/*Schmalenberg* § 2 Rn 2). Kurzarbeit und vorübergehende Arbeitsfreistellung bleiben deshalb unberücksichtigt. Ist Teilzeitbeschäftigung vereinbart, dann begründet auch ständiges Anordnen von Überstunden durch den Arbeitgeber kein Vollzeitarbeitsverhältnis (LAG Köln 14.4.2011, 6 Sa 1499/10, EzA-SD 2011, Nr 13, 8). Hier ist stets zu prüfen, ob die tatsächlich gelebte Arbeitszeit nicht als regelmäßige Arbeitszeit Vertragsinhalt geworden ist. 2

I. Flexible Arbeitszeit. Bei flexibler (= bedarfsorientierter) Arbeitszeitgestaltung ist nach I 2 auf die durchschnittliche regelmäßige Arbeitszeit abzustellen. Ein AN ist teilzeitbeschäftigt, wenn seine regelmäßige Arbeitszeit im Durchschnitt eines bis zu einem Jahr reichenden Beschäftigungszeitraums unter der eines vergleichbaren vollzeitbeschäftigten AN liegt. Teilzeitbeschäftigung liegt danach auch vor, wenn die Wochenarbeitszeit der einer Vollzeitkraft entspricht, aber längere Freizeitperioden zwischen den Arbeitsperioden die durchschnittliche Arbeitszeit verringern (MünchArbR/*Schüren* § 45 Rn 2). 3

II. Vergleichbarer vollzeitbeschäftigter Arbeitnehmer. Angesichts der unterschiedlichen Wochenarbeitszeiten vollzeitbeschäftigter AN in den verschiedenen Branchen und Betrieben ist die Abgrenzung im Gesetz so konkret wie möglich. Erst wenn im Betrieb keine vergleichbaren Vollzeitkräfte arbeiten, ist auf die Arbeitszeit nach dem einschlägigen TV oder, wo es keinen gibt, auf die Arbeitszeit im Wirtschaftszweig abzustellen. 4

1. Betrieblicher Vergleich. Nach I 3 ist ein vollzeitbeschäftigter AN des Betriebs mit derselben Art des Arbeitsverhältnisses und der gleichen oder einer ähnlichen Tätigkeit vergleichbar. Ob ein Arbeitsverhältnis derselben Art vorliegt, ist nach der **Arbeitsaufgabe** zu entscheiden. Nach dem Willen des Gesetzgebers gehören befristete und unbefristete Arbeitsverhältnisse nicht zur selben Art des Arbeitsverhältnisses (BT-Drs 14/4374 S 15; kritisch Laux/Schlachter/*Laux* § 2 Rn 38; abl MHH/*Herms* § 2 Rn 10). Ob die gleiche oder eine ähnliche Tätigkeit ausgeübt wird, richtet sich nach der Arbeitsaufgabe. Keine vergleichbare Tätigkeit liegt dann vor, wenn die Arbeitsaufgabe der Vollzeitkraft sich so von derjenigen der Teilzeitkraft unterscheidet, dass daran eine andere Arbeitszeitregelung anknüpft. Das ist bspw dann gegeben, wenn eine Vollzeitkraft Schichtarbeit leistet und deshalb eine verkürzte Arbeitszeit als Belastungsausgleich vereinbart wurde. Ebenso ist eine wegen Bereitschaftszeiten verlängerte Arbeitszeit nicht vergleichbar. 5

§ 3 TzBfG Begriff des befristet beschäftigten Arbeitnehmers

6 **2. Tarifvertraglicher Vergleich.** Ist in dem Betrieb kein vergleichbarer vollzeitbeschäftigter AN vorhanden, so ist die Arbeitszeit vergleichbarer Vollzeitkräfte nach dem für diesen Betrieb und diese Arbeitnehmergruppe einschlägigen, kraft Tarifbindung des Arbeitgebers anwendbaren TV Maßstab, II 4 HS 1 (MHH/ *Herms* § 2 Rn 17).

7 **3. Vergleichbarer vollzeitbeschäftigter AN des gleichen Wirtschaftszweigs.** Zuletzt ist auf die Arbeitszeit einer vergleichbaren Vollzeitkraft im jeweiligen Wirtschaftszweig abzustellen, wobei regelmäßig der in der Branche am weitesten verbreitete Flächen-TV maßgebend ist (BT-Drs 14/4374 S 15).

8 **III. Geringfügig Beschäftigte iSv § 8 I Nr 1 SGB IV, II.** § 2 II stellt klar, dass auch geringfügig Beschäftigte teilzeitbeschäftigt sind (BT-Drs 14/4374 S 15).

§ 3 Begriff des befristet beschäftigten Arbeitnehmers

(1) Befristet beschäftigt ist ein Arbeitnehmer mit einem auf bestimmte Zeit geschlossenen Arbeitsvertrag. Ein auf bestimmte Zeit geschlossener Arbeitsvertrag (befristeter Arbeitsvertrag) liegt vor, wenn seine Dauer kalendermäßig bestimmt ist (kalendermäßig befristeter Arbeitsvertrag) oder sich aus Art, Zweck oder Beschaffenheit der Arbeitsleistung ergibt (zweckbefristeter Arbeitsvertrag).
(2) ¹Vergleichbar ist ein unbefristet beschäftigter Arbeitnehmer des Betriebes mit der gleichen oder einer ähnlichen Tätigkeit. ²Gibt es im Betrieb keinen vergleichbaren unbefristet beschäftigten Arbeitnehmer, so ist der vergleichbare unbefristet beschäftigte Arbeitnehmer auf Grund des anwendbaren Tarifvertrages zu bestimmen; in allen anderen Fällen ist darauf abzustellen, wer im jeweiligen Wirtschaftszweig üblicherweise als vergleichbarer unbefristet beschäftigter Arbeitnehmer anzusehen ist.

Übersicht	Rdn.			Rdn.
A. Inhalt und Zweck	1		1. Doppelbefristung	13
B. Begriff des befristet beschäftigten Arbeitnehmers, I 1	3	D.	2. Mindest-/Höchstbefristung	14
C. Befristeter Arbeitsvertrag	5		Vergleichbarer unbefristet beschäftigter Arbeitnehmer, II	16
I. Kalendermäßig befristeter Arbeitsvertrag	7	I.	Gleiche oder ähnliche Tätigkeit	18
II. Zweckbefristeter Arbeitsvertrag	8	II.	Betriebsinterner Vergleich, II 1	19
III. Auflösend bedingte Arbeitsverträge (§ 158 II BGB)	11	III.	Tarifvertraglicher Vergleich, II 2 Hs 1	20
IV. Besondere Formen der Befristung	13	IV.	Wirtschaftszweig, II 2 Hs 2	21

1 **A. Inhalt und Zweck.** I enthält **Legaldefinitionen** wichtiger Begriffe des Befristungsrechts und legt damit den Anwendungsbereich der Vorschriften über befristete Arbeitsverträge (§§ 14 ff) fest. Für andere Dienstverhältnisse gilt § 620 BGB. Die **Zweckbefristung** eines Arbeitsverhältnisses durch Vereinbarung einer **auflösenden Bedingung** (§ 158 II BGB) ist in **§ 21** geregelt.

2 II enthält eine Legaldefinition des vergleichbaren unbefristet beschäftigten AN. Das ist für den Gleichbehandlungsanspruch gem § 4 II von Bedeutung.

3 **B. Begriff des befristet beschäftigten Arbeitnehmers, I 1.** Befristet ist ein Arbeitsverhältnis dann, wenn die Parteien bei Vertragsschluss bereits eine bestimmte Vertragsdauer festlegen. Eine **nachträglich vereinbarte Befristung** gilt ebenfalls als Befristung, wenn die Parteien das Arbeitsverhältnis nunmehr zeitlich begrenzt, aber länger als für die Dauer der einschlägigen Kündigungsfrist, fortsetzen wollen (BAG 12.1.2000, 7 AZR 48/99, EzA § 611 BGB Aufhebungsvertrag Nr 33). Erfasst werden nur AN und keine **AN-ähnlichen** Personen (§ 1 Rdn 6).

4 In Einzelfällen – insb bei häufig wiederkehrenden kurzen befristeten Einsätzen – kann die Abgrenzung schwierig sein, ob die Vertragsparteien wirksam befristet haben, oder ob es sich um einen schwankenden aber dauerhaften Bedarf handelt, der eine flexible Arbeitszeitgestaltung, aber keine Vielzahl von Einzelbefristungen rechtfertigt (dazu beispielhaft LAG Rh-Pf 18.3.2010, 11 Sa 647/09, EzA-SD 2010, Nr 13, 7).

5 **C. Befristeter Arbeitsvertrag.** Der Regelfall ist die Befristung auf eine von Anfang an feststehende Zeitspanne (kalendermäßige Befristung). Möglich ist auch die Zweckbefristung. Hier steht fest, dass der Bedarf für die Arbeitsleistung in Zukunft wegfällt – nur der genaue Zeitpunkt ist noch offen.

6 Die **Befristung einzelner Arbeitsbedingungen** führt nicht zu einem befristeten Arbeitsvertrag (ausf Laux/ Schlachter/*Schlachter* § 3 Rn 20). Das TzBfG ist darauf nicht anwendbar (BAG 18.1.2006, 7 AZR 191/05, EzA § 307 BGB 2002 Nr 13; 14.1.2004, 7 AZR 213/03, EzA § 14 TzBfG Nr 8). Die Befristung einzelner

Arbeitsbedingungen muss sachlich gerechtfertigt sein. Die Zulässigkeit ist nach den allg Vorschriften (insb §§ 305 ff BGB) zu prüfen (BAG 27.7.2005, 7 AZR 486/04, EzA § 307 BGB 2002 Nr 5); insb eine Umgehung von § 2 KSchG liegt nahe, wenn wesentliche Arbeitsbedingungen befristet gestaltet werden (vgl zB BAG 23.1.2002, 7 AZR 563/00, EzA § 1 BeschFG 1985 Nr 29).

I. Kalendermäßig befristeter Arbeitsvertrag. Der kalendermäßig befristete Arbeitsvertrag endet mit dem Ende des dafür festgelegten Tages (§ 15 I). Zur Bestimmbarkeit genügt es, wenn sich unter Heranziehung weiterer Erkenntnisquellen ein exaktes Datum ermitteln lässt (bspw »mit Ablauf der Herbstferien 2016 in Hessen«). Eine bloß ungefähre Angabe (bspw »etwa 1 Monat«) reicht nicht aus. Die Rechtsfolge einer solchen unwirksamen Befristung ergibt sich aus § 16 – das Arbeitsverhältnis gilt als unbefristet. Dabei ist nicht von einer Mindestlaufzeit auszugehen, da diese gerade nicht vereinbart wurde. Deshalb ist eine Kdg durch den AG von Anfang an möglich (str, vgl MHH/*Meinel* § 16 Rn 11). 7

II. Zweckbefristeter Arbeitsvertrag. Der Bestand eines zweckbefristeten Arbeitsvertrags hängt nach dem Willen der Parteien vom Eintritt eines bestimmten Ereignisses ab, das sich aus Art, Zweck oder Beschaffenheit der Arbeitsleistung ergibt. Der Zweck muss so genau bezeichnet sein, dass der Eintritt dieses Ereignisses zweifelsfrei feststellbar ist (BAG 16.3.2000, 2 AZR 196/99, EzAÜG § 1 AÜG Gewerbsmäßige Arbeitnehmerüberlassung Nr 34). Im Gegensatz zur kalendermäßigen Befristung steht hier der Zeitpunkt für das Ende des Arbeitsverhältnisses nicht von vornherein fest. Die Zweckerreichung muss aber möglich und voraussehbar sein (ausf Laux/Schlachter/*Schlachter* § 3 Rn 14). Der Eintritt des Ereignisses wird von den Parteien als gewiss angesehen, nur der Zeitpunkt ist unbestimmt (BAG 19.1.2005, 7 AZR 250/04, EzA § 620 BGB 2002 Nr 11). Auf den tatsächlichen späteren Eintritt kommt es für die Wirksamkeit des Vertrages nicht an. 8

Die Beendigung des Arbeitsvertrags durch Zweckerreichung muss **ernstlicher Wille der Parteien** sein und Vertragsinhalt werden. Bloße Beweggründe einer Partei reichen nicht aus. Ebenso wenig kann die Vereinbarung einzelner arbeitsvertraglich festgelegter Ziele oder die Zuweisung einer begrenzten Aufgabe genügen (BAG 16.3.2000, 2 AZR 196/99, EzAÜG § 1 AÜG Gewerbsmäßige Arbeitnehmerüberlassung Nr 34). Vielmehr muss der Arbeitsaufgabe des AN die Grundlage durch die Zweckerreichung entzogen werden. Die Zweckerreichung muss daher objektiv bestimmbar sein. Die Vereinbarung einer Zweckbefristung ist unzulässig, wenn dem AG dadurch die Möglichkeit eröffnet wird, das Arbeitsverhältnis aus Gründen zu beenden, die in seinem Belieben liegen und von seinen wirtschaftlichen Interessen geprägt sind (LAG Berl-Bbg 2.9.2009, 15 Sa 825/09, LAGE § 14 TzBfG Nr 51). 9

Bei der Vereinbarung einer **Probezeit** von 6 Monaten ist durch Auslegung zu ermitteln, ob ein unbefristeter Vertrag oder ein befristeter Arbeitsvertrag zur Erprobung (§ 14 I 2 Nr 5) geschlossen wurde. Im Zweifel ist von einem unbefristeten Arbeitsvertrag auszugehen (vgl BAG 30.9.1981, 7 AZR 789/78, EzA § 620 BGB Nr 54). 10

III. Auflösend bedingte Arbeitsverträge (§ 158 II BGB). Im Unterschied zur Zweckbefristung, bei der die Parteien vom sicheren, aber vom Zeitpunkt her unbestimmten Eintritt eines zukünftigen Ereignisses ausgehen, kann der Arbeitsvertrag unter eine **auflösende Bedingung** gestellt werden. Hierbei wird bereits der Eintritt des Ereignisses als ungewiss angesehen (BAG 19.1.2005, 7 AZR 250/04, EzA § 620 BGB 2002 Nr 11). Maßgeblich sind die subjektiven Vorstellungen der Parteien bei Vertragsschluss (HWK/ *Schmalenberg* § 3 Rn 6). Nach § 21 finden auf auflösend bedingte Arbeitsverträge die Vorschriften des TzBfG über befristete Arbeitsverträge weitgehend Anwendung. Insb ist die Vereinbarung einer auflösenden Bedingung nur bei Vorliegen einer sachlichen Rechtfertigung gem § 14 I zulässig. 11

Die Qualität der Vereinbarung einer **Altersgrenze** war umstr (ausf Annuß/Thüsing/*Annuß* § 3 Rn 7). Aus Sicht der Arbeitsvertragsparteien ist der Eintritt der Altersgrenze ein exaktes Datum; deshalb liegt eine Befristung vor (BAG 14.8.2002, 7 AZR 469/01, EzA § 620 BGB Altersgrenze Nr 13; ausf zur Altersgrenze § 14 Rdn 49 f). 12

IV. Besondere Formen der Befristung. 1. Doppelbefristung. Unter einer Doppelbefristung stehen Arbeitsverträge, die sowohl zeitlich (Endtermin) als auch zweckgebunden befristet sind (bspw »für die Zeit der Badesaison«, »höchstens aber bis zum«). Beide Befristungsgründe müssen unabhängig voneinander auf ihre Zulässigkeit geprüft werden (BAG 15.8.2001, 7 AZR 263/00, EzA § 21 BErzGG Nr 4; LAG Berlin-Brandenburg 17.9.2015, 10 Sa 991/15, EzA-SD 2016, Nr 4, 3). Zwar gilt gem § 15 V ein Arbeitsverhältnis als auf unbestimmte Zeit verlängert, wenn es nach Zweckerreichung mit Wissen und ohne unverzüglichen Widerspruch des AG fortgesetzt wird. Da hier aber von vornherein ein Endtermin vereinbart war, greift § 15 V nicht ein. Die Fiktionswirkung des § 15 V ist bei einer Doppelbefristung, wie bei einer Kombination von auflösender Bedingung und zeitlicher Höchstbefristung, auf die nur befristete Fortsetzung des 13

Arbeitsverhältnisses bis zum Endtermin beschränkt. Dem Endtermin (zeitliche Höchstbefristung) kommt eine Auffangwirkung zu (BAG 29.6.2011, 7 AZR 6/10, EzA § 15 TzBfG Nr 3; Laux/Schlachter/*Schlachter* § 3 Rn 16 mwN; MHH/*Meinel* § 15 Rn 74; ErfK/*Müller-Glöge* § 3 Rn 13).

14 **2. Mindest-/Höchstbefristung. Mindestbefristungen** sind keine Befristungen iSd TzBfG. Durch die Vereinbarung einer Mindestbefristung wird die Möglichkeit zur ordentlichen Kdg eines unbefristeten Arbeitsvertrages bis zu einem bestimmten Zeitpunkt ausgeschlossen. Im Unterschied zu einer Befristung endet das Arbeitsverhältnis nicht mit Ablauf der Frist. Vielmehr ist erst mit Ablauf der Mindestdauer die ordentliche Kdg zulässig. Eine Mindestdauer stellt aber dann eine echte Befristung dar, wenn die Parteien das Ende des Arbeitsverhältnisses zu einem bestimmten Zeitpunkt vereinbaren und sich nur eine Verlängerung des Arbeitsverhältnisses vorbehalten (Laux/Schlachter/*Schlachter* § 3 Rn 17; ErfK/*Müller-Glöge* § 3 Rn 7).

15 Verbreitet sind **Höchstbefristungen**. Abw vom Regelfall des § 15 I, II wird vereinbart oder ist bereits tariflich geregelt, dass das befristete Arbeitsverhältnis auch ordentlich kündbar sein soll, § 15 III. Der sonst grds geltende Ausschluss der ordentlichen Kündbarkeit wird damit abbedungen.

16 **D. Vergleichbarer unbefristet beschäftigter Arbeitnehmer, II.** Der Vergleich der Behandlung von befristet und unbefristet beschäftigten AN dient dazu, etwaige Diskriminierungen des befristet Beschäftigten iRv § 4 II festzustellen (BT-Drs 14/4374 S 15). Vereinbarungen, die gegen das Diskriminierungsverbot verstoßen, sind nichtig (§ 134 BGB) und führen zur uneingeschränkten Anwendung der begünstigenden Regelung (s § 4 Rdn 31).

17 Das Gesetz stellt in II auf die gleiche oder eine ähnliche Tätigkeit eines vergleichbaren unbefristet beschäftigten AN ab. Zur Bestimmung dieses vergleichbaren AN sieht II eine **Prüfungsleiter** vor. II 1 zieht zum Vergleich primär einen unbefristet beschäftigten AN des Betriebes mit mindestens ähnlicher Tätigkeit heran. Gibt es den nicht, ist ein fiktiver vergleichbarer AN anhand des einschlägigen TV zu bestimmen. Falls auch dieser Vergleich fehlgeht, ist gem II 2 Hs 2 auf – fiktive – AN des jeweiligen Wirtschaftszweigs abzustellen. Praktisch geht es darum, festzustellen, wie eine unbefristet beschäftigte Vollzeitkraft behandelt würde, wenn sie im Betrieb tätig wäre.

18 **I. Gleiche oder ähnliche Tätigkeit.** Anknüpfungspunkt für den Vergleich der AN ist eine gleiche oder ähnliche Tätigkeit. Damit ist ein rein **tätigkeitsbezogener Maßstab** normiert; persönliche Merkmale können lediglich mittelbare Auswirkungen auf die Gleichartigkeit der Tätigkeit haben. Eine Tätigkeit ist gleich, wenn Arbeitsvorgänge und Anforderungen (bspw Qualifikation, Verantwortung) übereinstimmen. Ähnlich ist eine Tätigkeit, wenn die AN ohne Schwierigkeiten austauschbar sind – eine gleiche tarifliche Eingruppierung spricht für Ähnlichkeit. Eine bloße Gleichwertigkeit iSd § 612 III 1 BGB aF reicht dagegen nicht aus. So sind alle wesentlichen Umstände der Arbeitsleistung in die Beurteilung einzubeziehen. Insb kann die identische arbeitsvertragliche Arbeitsplatzbeschreibung Gleichartigkeit indizieren (MHH/*Herms* § 3 Rn 14).

19 **II. Betriebsinterner Vergleich, II 1.** Primär ist auf AN des jeweiligen **Betriebs** abzustellen. Demnach bleiben andere Betriebe desselben Unternehmens unberücksichtigt. Diese Beschränkung ist zweifelhaft, da eine Befristung als solche keine betriebsspezifischen Besonderheiten aufweist (HWK/*Schmalenberg* § 3 Rn 15). So prüft auch das BAG (17.11.1998, 1 AZR 147/98, EzA § 242 BGB Gleichbehandlung Nr 79) beim arbeitsrechtlichen Gleichbehandlungsgrundsatz unternehmensbezogen. Nach der eindeutigen Formulierung des II 1 und insb der sprachlichen Unterscheidung in § 20 ist das auf II 1 aber nicht übertragbar (ebenso Annuß/Thüsing/*Annuß* § 3 Rn 11).

20 **III. Tarifvertraglicher Vergleich, II 2 Hs 1.** Ist im Betrieb kein vergleichbarer unbefristeter AN tätig, so ist der anwendbare TV zur Bestimmung des Vergleichs-AN heranzuziehen. Voraussetzung ist die Bindung zumindest des AG an den einschlägigen TV.

21 **IV. Wirtschaftszweig, II 2 Hs 2.** Schließlich ist der Vergleichs-AN anhand des Wirtschaftszweigs zu bestimmen. Danach können die Beschäftigungsbedingungen bei anderen AG derselben Branche berücksichtigt werden.

§ 4 Verbot der Diskriminierung

(1) ¹Ein teilzeitbeschäftigter Arbeitnehmer darf wegen der Teilzeitarbeit nicht schlechter behandelt werden als ein vergleichbarer vollzeitbeschäftigter Arbeitnehmer, es sei denn, dass sachliche Gründe eine unterschiedliche Behandlung rechtfertigen. ²Einem teilzeitbeschäftigten Arbeitnehmer ist Arbeitsentgelt oder eine andere teilbare geldwerte Leistung mindestens in dem Umfang zu gewähren, der dem Anteil seiner Arbeitszeit an der Arbeitszeit eines vergleichbaren vollzeitbeschäftigten Arbeitnehmers entspricht.

(2) ¹Ein befristet beschäftigter Arbeitnehmer darf wegen der Befristung des Arbeitsvertrages nicht schlechter behandelt werden als ein vergleichbarer unbefristet beschäftigter Arbeitnehmer, es sei denn, dass sachliche Gründe eine unterschiedliche Behandlung rechtfertigen. ²Einem befristet beschäftigten Arbeitnehmer ist Arbeitsentgelt oder eine andere teilbare geldwerte Leistung, die für einen bestimmten Bemessungszeitraum gewährt wird, mindestens in dem Umfang zu gewähren, der dem Anteil seiner Beschäftigungsdauer am Bemessungszeitraum entspricht. ³Sind bestimmte Beschäftigungsbedingungen von der Dauer des Bestehens des Arbeitsverhältnisses in demselben Betrieb oder Unternehmen abhängig, so sind für befristet beschäftigte Arbeitnehmer dieselben Zeiten zu berücksichtigen wie für unbefristet beschäftigte Arbeitnehmer, es sei denn, dass eine unterschiedliche Berücksichtigung aus sachlichen Gründen gerechtfertigt ist.

Übersicht

		Rdn.				Rdn.
A.	Inhalt und Zweck	1	I.	Schlechtere Behandlung		24
B.	Verbot der Diskriminierung teilzeitbeschäftigter Arbeitnehmer, I.	2		1. Arbeitsbedingungen		24
I.	Schlechtere Behandlung	3		2. Arbeitsentgelt und andere teilbare geldwerte Leistungen, II 2		27
	1. Arbeitsbedingungen	3	II.	Von der Dauer des Bestehens des Arbeitsverhältnisses abhängige Beschäftigungsbedingungen, II 3		28
	2. Arbeitsentgelt und andere teilbare geldwerte Leistungen, I 2	8				
II.	Sachliche Gründe	12	III.	Sachliche Gründe		29
III.	Rechtsfolgen	16	IV.	Rechtsfolgen		31
IV.	Beweislast	21	V.	Beweislast		32
C.	Verbot der Diskriminierung befristet beschäftigter Arbeitnehmer, II	23				

A. Inhalt und Zweck. Die Vorschrift gestaltet den Anspruch teilzeitbeschäftigter und befristet beschäftigter AN auf Gleichbehandlung mit den vergleichbaren vollzeitbeschäftigten bzw unbefristet beschäftigten AN des Betriebs (vgl dazu krit Laux/Schlachter/*Laux* § 4 Rn 39 ff). Die Bestimmung begründet keine Ansprüche für externe Arbeitsplatzbewerber. Hier kommen nur die Diskriminierungsverbote nach dem AGG in Betracht. **1**

B. Verbot der Diskriminierung teilzeitbeschäftigter Arbeitnehmer, I. Eine unterschiedliche Behandlung ist nur aus sachlichem Grund zulässig. Für Geldleistungen und andere teilbare Leistungen ist regelmäßig eine Verringerung entspr der Verkürzung der Arbeitszeit erlaubt. **2**

Eine solche Reduktion bzgl bereits vor der Verringerung der Arbeitszeit erworbener teilbarer Leistungen nach Übergang in die Teilzeit ist hingegen ausgeschlossen. Der EuGH hat 2013 für die Frage des Anspruchs auf Erholungsurlaub entschieden, dass bereits erworbene Urlaubsansprüche aus der Vollzeittätigkeit, die der AN wegen Übergang in die Teilzeitbeschäftigung nicht in Anspruch nehmen konnte, auch nach Übergang in die Teilzeitbeschäftigung nicht entspr der verringerten Arbeitszeit reduziert werden (EuGH 13.6.2013, C-415/12 (Brandes), EzA-SD 2013, Nr 14, 10-11). Dies gilt auch dann, wenn die in Wochen ausgedrückte Urlaubszeit des AN nach der Reduktion gleich bleibt (EuGH 13.6.2013, C-415/12 (Brandes); 22.4.2010, C-486/08 (Tirol), EzA Richtlinie 99/70 EG-Vertrag 1999 Nr 3). Das BAG hat sich dieser Rspr angeschlossen (BAG 10.2.2015, 9 AZR 53/14 (F), EzA-SD 2015, Nr 5, 7-8).

I. Schlechtere Behandlung. 1. Arbeitsbedingungen. § 4 I verbietet eine schlechtere Behandlung der teilzeitbeschäftigten AN wegen der Teilzeit. Eine **Ungleichbehandlung wegen der Teilzeit** liegt vor, wenn die Dauer der Arbeitszeit das Merkmal ist, an das die unterschiedlichen Arbeitsbedingungen anknüpfen (BAG 24.9.2003, 10 AZR 675/02, EzA § 4 TzBfG Nr 5; LAG Bremen 27.4.2006, 3 Sa 229/05, NZA-RR 2007, 68). Dies ist der Fall, wenn einzig die Unterschreitung einer bestimmten Arbeitszeitdauer zum Ausschluss oder zur Reduktion von Leistungen führt. So diskriminiert eine Eingruppierung in verschiedene Vergütungsgruppen allein aufgrund unterschiedlicher Wochenarbeitszeiten gem § 4 I (BAG 28.6.2006, 10 ABR 42/05, EzA § 99 BetrVG 2001 Eingruppierung Nr 1). **3**

Das Diskriminierungsverbot umfasst einseitige Maßnahmen des AG sowie vertragliche Vereinbarungen (BAG 3.12.2008, 5 AZR 469/07, EzA § 4 TzBfG Nr 18). Auch ein Interessenausgleich fällt unter das Diskriminierungsverbot (LAG Köln 31.3.2006, 11 Sa 1637/05, LAGE § 1 KSchG Interessenausgleich Nr 10). Es erfasst **sämtliche Arbeitsbedingungen**, zB die Dauer, Lage und Verteilung der Arbeitszeit und die Ermöglichung der Teilnahme an Aus- und Weiterbildungsmaßnahmen (§ 10; MHH/*Herms* § 4 Rn 18). Werden Teilzeitkräfte in gleichem Umfang zu Wochenenddiensten herangezogen wie Vollzeitkräfte, so ist **4**

§ 4 TzBfG   Verbot der Diskriminierung

das eine unzulässige Benachteiligung (LAG Berl-Bdg 20.8.2015, 26 Sa 2340/14, EzA-SD 2016, Nr 2, 11-12). Die vertragliche Vereinbarung einer Abwälzung der Pauschalbesteuerung bei geringfügig Beschäftigten iSv § 8 I Nr 1 SGB IV, die nach § 2 II teilzeitbeschäftigte AN sind, soll nach der Rspr nicht gegen § 4 I verstoßen (BAG 1.2.2006, 5 AZR 628/04, EzA § 611 BGB 2002 Nettolohn, Lohnsteuer Nr 2).

5 Maßgeblich dafür, ob eine Ungleichbehandlung vorliegt, sind einzig die objektiven Umstände. Schuldhaftes Handeln des AG ist nicht erforderlich. Unter § 4 I fallen auch **mittelbare Diskriminierungen**, wenn eine Regelung dazu führt, dass typischerweise Teilzeitbeschäftigte ggü Vollzeitbeschäftigten benachteiligt werden (MünchArbR/*Schüren* § 45 Rn 98).

6 Vergleichsmaßstab bei einer Ungleichbehandlung ist nach dem Wortlaut der Norm ein vergleichbarer vollzeitbeschäftigter AN. Wann ein vollzeitbeschäftigter AN vergleichbar ist, regelt § 2 I 3 (§ 2 Rdn 5). Identische Tätigkeiten sind für eine Vergleichbarkeit nicht erforderlich; gleichartige oder mindestens gleichwertige Tätigkeiten genügen. Ob Tätigkeiten in diesem Sinne gleich sind, ist durch einen **Gesamtvergleich** zu ermitteln. Hierbei zieht die Rspr objektive Maßstäbe der Arbeitsbewertung ebenso heran wie die erforderlichen Vorkenntnisse und Fähigkeiten (BAG 20.11.1996, 5 AZR 401/95, EzA § 612 BGB Nr 19).

7 Wesentlich Gleiches darf nicht ungleich behandelt werden (BAG 28.9.1994, 4 AZR 619/93, EzA § 612 BGB Nr 17). Deshalb liegt kein Verstoß gegen § 4 I vor, wenn eine Ungleichbehandlung im Verhältnis zu einem anderen teilzeitbeschäftigten AN erfolgt (Offen gelassen: EuGH 10.6.2010, C-395, 396/08, AP Nr 2 zu Richtlinie 97/81/EG). Hier kann aber der allg arbeitsrechtliche Gleichbehandlungsgrundsatz verletzt sein (MünchArbR/*Schüren* § 45 Rn 93; ErfK/*Preis* § 4 Rn 22).

8 **2. Arbeitsentgelt und andere teilbare geldwerte Leistungen, I 2.** § 4 I 2 enthält ein Gleichbehandlungsgebot für das Entgelt und andere teilbare geldwerte Leistungen. Es gilt das **pro rata temporis-Prinzip**. Zum Entgelt gehören sämtliche Leistungen, die der AG aufgrund des Arbeitsverhältnisses gewährt, unabhängig davon, auf welchem Rechtsgrund – Arbeitsvertrag, Gesamtzusage, BV, TV, betriebliche Übung, freiwillige Gewährung – sie beruhen. Ob es sich um Entgelt handelt, ist nach dem jeweiligen Zweck der Leistung zu bestimmen.

9 Die Leistung des AG muss mit dem Arbeitsverhältnis in Zusammenhang stehen (BAG 20.8.2002, 9 AZR 750/00, EzA Art 141 EG-Vertrag 1999 Nr 13). Hierzu zählen neben der Arbeitsvergütung Leistungs- und Erschwerniszulagen, Zuschläge für Sonn-, Feiertags- und Nachtarbeit (BAG 25.9.2013, 10 AZR 4/12, EzA-SD 2013, Nr 24, 8-9; 24.9.2008, 10 AZR 634/07, EzA § 4 TzBfG Nr 15 [Schicht- und Wechselschichtzulage]; 23.2.2011, 10 AZR 299/10, ZTR 2011, 491 [arbeitstäglich gezahlte Zulage]; 24.9.2003, 10 AZR 675/02, EzA § 4 TzBfG Nr 5 [Spätarbeitszuschlag]; LAG Hamm 10.5.2007, 17 Sa 1890/06, EzTöD 100 § 8 TVöD-AT Schicht-/Wechselschichtzulage Nr 6), Pauschalvergütungen für Rufbereitschaft und Bereitschaftsdienst, Zuwendungen wie Weihnachts- und Urlaubsgeld sowie Jubiläumszuwendungen und Leistungen nach einem Sozialplan (BAG 22.9.2009, 1 AZR 316/08, EzA § 112 BetrVG 2001 Nr 34; BAG 13.2.2007, 9 AZR 729/05, EzA § 4 TzBfG Nr 11). So diskriminiert zB eine tarifliche Regelung Teilzeitbeschäftigte, wenn ihr zufolge nur Vollzeitbeschäftigte einen Anspruch auf vorübergehende Verringerung ihrer Arbeitszeit aus familiären Gründen haben (BAG 18.3.2003, 9 AZR 126/02, EzA § 4 TzBfG Nr 4). Das Gleiche gilt für eine Funktionszulage entspr einer festen Anzahl von Arbeitsstunden, die für Teilzeitbeschäftigte nur schwer zu erreichen ist (BAG 18.3.2009, 10 AZR 338/08, EzA § 4 TzBfG Nr 20). Weiterhin widerspricht es dem Gleichbehandlungsgrundsatz, wenn der AG eine Sonderzahlung, deren Höhe maßgeblich durch Anwesenheitstage bestimmt wird, nur AN gewährt, die eine Erhöhung der betrieblichen Regelarbeitszeit akzeptiert haben (BAG 30.7.2008, 10 AZR 497/07, EzA § 242 BGB 2002 Gleichbehandlung Nr 17). Für die Dauer der Teilnahme an Klassenfahrten sind teilzeitbeschäftigte Lehrer wie Vollzeitbeschäftigte zu vergüten (BAG 25.5.2005, 5 AZR 566/04, EzA § 4 TzBfG Nr 10). Bei Mehrarbeit des AN liegt nach der Rspr des EuGH nur dann eine Ungleichbehandlung vor, wenn bei gleicher Arbeit und gleicher Anzahl Stunden, die aufgrund des Arbeitsverhältnisses geleistet werden, die Vollzeitbeschäftigten gezahlte Vergütung höher ist als die Teilzeitbeschäftigten gezahlte (EuGH 13.12.1994, C-297/93, EzA Art 119 EWG-Vertrag Nr 25). Ein Verstoß gegen I 2 liegt daher insb nicht vor, wenn Überstundenzuschläge erst ab Überschreitung der regelmäßigen Stundenzahl eines Vollzeitbeschäftigten gezahlt werden (EuGH 13.12.1994, C-297/93, EzA Art 119 EWG-Vertrag Nr 25; BAG 5.11.2003, 5 AZR 8/03, EzA § 4 TzBfG Nr 6). Leistet ein teilzeitbeschäftigter AN allerdings durch regelmäßige Überstunden dieselbe Arbeitszeit im Referenzzeitraum (Kalenderjahr oder Monat) wie ein vollzeitbeschäftigter AN, so hat er einen Anspruch auf Sonderzahlungen in gleicher Höhe wie ein Vollzeitbeschäftigter. Vollzeitbeschäftigte, die im Referenzzeitraum Überstunden leisten, haben hingegen keinen Anspruch auf eine entspr Erhöhung der Sonderzahlungen (BAG 24.9.2008, 6 AZR 657/07, EzA § 4 TzBfG Nr 17). Es verstößt auch gegen I 2, wenn Überstunden nur dann überhaupt vergütet werden, wenn eine bestimmte Anzahl von Überstunden

erbracht wird und die Zahl bei Teilzeit- und Vollzeitbeschäftigten gleich ist. Ein Teilzeitbeschäftigter muss dann proportional zu seiner Arbeitszeit viel mehr Überstunden leisten, um seine Überstunden bezahlt zu bekommen - praktisch ist bei gleicher Leistung sein realer Stundenlohn geringer (EuGH 6.12.2007, C-300/06, EzA Art 141 EG-Vertrag 1999 Nr 21).

Der pro-rata-temporis-Grundsatz gilt **nicht** für den Urlaubsanspruch bei einem Wechsel von Vollzeitarbeit zu Teilzeitarbeit (BAG 10.2.2015, 9 AZR 53/14 (F), EzA-SD 2015, Nr 5, 7-8; EuGH 13.6.2013, C-415/12 (Brandes), EzA-SD 2013, Nr 14, 10-11). Dabei muss zwischen einer Reduktion der Zahl der wöchentlichen Arbeitstage und einer Verringerung der täglichen Arbeitszeit unterschieden werden. Eine Verringerung der täglichen Arbeitszeit wirkt sich weder auf die Dauer des Urlaubsanspruchs (Hohmeister/Oppermann/*Hohmeister* § 3 Rn 28) noch auf die Höhe des Urlaubsentgelts aus (EuGH, 22.4.2010, C-486/08 (Tirol), EzA Richtlinie 99/70 EG-Vertrag 1999 Nr 3). Hinsichtlich des Urlaubsentgelts ist § 11 I 1 BurlG unionsrechtskonform dahin auszulegen, dass als Referenzzeitraum nicht auf die 13 Wochen vor Urlaubsantritt abzustellen ist, sondern die 13 Wochen vor Verringerung der Arbeitszeit maßgeblich sind (*Powietzka/Christ* NJW 2010, 3397).

Bei der Verringerung der Zahl der Arbeitstage galt früher eine zukunftsgerichtete Betrachtung und entsprechende Anpassung des Urlaubsanspruchs (BAG 28.4.1998, 9 AZR 314/97, EzA § 7 BUrlG Nr 105). Diese Rspr verstößt gegen Unionsrecht (EuGH 13. 6. 2013, aaO). Stattdessen gilt nunmehr: Die Zahl der Tage bezahlten Jahresurlaubs, die ein vollzeitbeschäftigter Arbeitnehmer im Bezugszeitraum nicht in Anspruch nehmen konnte, dürfen nach dem Wechsel in eine Teilbeschäftigung nicht quotenmäßig gekürzt werden (EuGH 13.6.2013, aaO). Der Urlaubsanspruch ist insoweit als bereits begründet anzusehen (vergangenheitsbezogene Sichtweise) und der pro-rata-temporis-Grundsatz nur noch ex nunc auf den Zeitraum der Teilzeit anzuwenden. Wiederum dürfte hinsichtlich des Urlaubsentgelts auf den entsprechenden Entstehungszeitraum, also die Zeit der Vollzeitbeschäftigung abzustellen sein (*Kock/Heyde*, BB 2013, 2938, 2939; *Powietzka/Christ*, aaO).

Diese Grundsätze sind auf den Wechsel von Teilzeitarbeit zu Vollzeitarbeit während eines laufenden Kalenderjahres zu übertragen. Der Urlaubsanspruch für den Zeitraum der Teilzeit ist als begründet anzusehen (vergangenheitsbezogene Sichtweise; EuGH, aaO). Mit der Erhöhung der wöchentlichen Arbeitszeit erhöht sich nicht entsprechend der Urlaubsanspruch (*Kock/Heyde* BB 2013, 2938, 2941). Etwas anderes gilt nur für den Fall, dass der Arbeitnehmer den in der Teilzeit erworbenen Urlaub nicht in Anspruch nehmen konnte. Dann ist der Urlaubsanspruch im Verhältnis zur Erhöhung der wöchentlichen Arbeitszeit umzurechnen.

Auch Leistungen der betrieblichen Altersversorgung werden vom Entgeltbegriff des § 4 erfasst (EuGH 10.6.2010, C-395, 396/08, AP Nr 2 zu RL 97/81/EG). Bei einem Teilzeitbeschäftigten muss danach der Zeitpunkt, ab dem ein Anspruch auf Altersversorgung entsteht, so berechnet werden, als hätte er eine Vollzeitstelle innegehabt (EuGH 10.6.2010, C-395, 396/08, AP Nr 2 zu RL 97/81/EG; vgl auch BAG 28.5.2013, 3 AZR 266/11, AP Nr 17 zu § 1 BetrAVG Teilzeit; *Joussen* EuZA 2011, 85). Lediglich die Höhe der Versorgung darf nach dem pro-rata-temporis-Grundsatz vom Umfang der geleisteten Arbeit und damit der erwirtschafteten Vergütung abhängig gemacht werden. Vergleichsmaßstab für die Versorgungshöhe eines Teilzeitbeschäftigten ist ein Vollzeitbeschäftigter mit einer gleich langen Beschäftigungszeit (BAG 28.5.2013, 3 AZR 266/11, BGleiG E.II.2.5 TzBfG § 4 Nr 4). Es widerspricht auch nicht dem Gleichbehandlungsgrundsatz iSv § 4, wenn Teilzeitbeschäftigte in der Altersversorgung dadurch benachteiligt werden, dass Teile des rentenfähigen Einkommens, die über der gesetzlichen Beitragsbemessungsgrenze liegen, höher bewertet werden. Diese Benachteiligung ist sachlich gerechtfertigt (BAG 11.12.2012, 3 AZR 588/10, EzA-SD 2013, Nr 10, 12).

10

Unter teilbaren sonstigen geldwerten Leistungen sind Naturalprämien (Geschenke) oder Freistellungsansprüche zu verstehen (MHH/*Herms* § 4 Rn 41). Unteilbare Sachleistungen hingegen sind zB Ansprüche auf Nutzung von Werkswohnungen und Betriebskindergärten sowie das Kantinenessen. Hier greift nur das Diskriminierungsverbot des I 1. Im Regelfall besteht Anspruch auf volle Gleichbehandlung.

11

II. Sachliche Gründe. Liegt eine schlechtere Behandlung wegen der Teilzeitbeschäftigung vor, ist sie bei Vorliegen eines sachlichen Grundes zulässig. Nach der Rspr soll auch eine Abweichung von I 2 durch sachliche Gründe zum Nachteil des AN möglich sein (BAG 5.11.2003, 5 AZR 8/03, EzA § 4 TzBfG Nr 6). Der eindeutige Wortlaut der Vorschrift steht dem aber entgegen. Der wohl abweichende Wille des Gesetzgebers (BT-Drs 14/4374 S 15) hat im Gesetzestext, etwa durch Verwendung des Wortes »regelmäßig« statt »mindestens«, keinen Niederschlag gefunden (MünchArbR/*Schüren* § 45 Rn 131 ff; aA Laux/Schlachter/*Laux* § 4 Rn 55 ff mwN; HWK/*Schmalenberg* § 4 Rn 14 mwN).

12

Das Gesetz geht von einem grds Verbot der Ungleichbehandlung aus und lässt Ausnahmen nur **aus sachlichen Gründen** zu (»es sei denn«). Nach dem Wortlaut der Bestimmung rechtfertigen sachliche Gründe eine

13

unterschiedliche Behandlung wegen der Teilzeitarbeit. Welche sachlichen Gründe eine Ungleichbehandlung rechtfertigen sagt das Gesetz nicht.

14 Die Rspr legt an die sachlichen Gründe einen strengen Maßstab an. Dies ist gerechtfertigt, da ein Verstoß gegen I zumeist auch eine **mittelbare Diskriminierung wegen des Geschlechts** darstellt (ErfK/*Preis* § 4 Rn 39; vgl EuGH 10.3.2005, C-196/02, Slg 2005-I, 1789). So stellt der vollständige Ausschluss der Teilzeitbeschäftigung bei der Berechnung des Dienstalters, wenn er einen viel höheren Prozentsatz weiblicher AN als männlicher AN betrifft, eine mittelbare Diskriminierung aufgrund des Geschlechts dar (EuGH 10.3.2005, C-196/02, Slg 2005-I, 1789). Ein sachlicher Grund liegt vor, wenn objektive Gründe gegeben sind, die einem wirklichen Bedürfnis des Unternehmens entsprechen und für die Erreichung dieses Ziels geeignet und erforderlich sind (EuGH 26.6.2001, C-212/99, Slg 2001-I, 4923; BAG 14.10.1986, 3 AZR 66/83, EzA § 1 BetrAVG Gleichberechtigung Nr 1). Bei einem sachlichen Grund müssen sich **Differenzierungsgrund und Gruppenbildung entsprechen** (BAG 15.12.1998, 3 AZR 239/97, EzA § 2 BeschFG 1985 Nr 59, mit Anm *Schüren* RdA 2000, 48; ausf *Schüren* FS Gnade [1992] S 161). Wenn Teilzeitkräfte eine geringere Vergütung erhalten sollen, weil ihre Tätigkeit regelmäßig nur Nebenerwerb ist, dann stellt das eine unzulässige Diskriminierung dar. Eine solche unterschiedliche Behandlung müsste an den Differenzierungsgrund selbst anknüpfen und könnte nur dann gerechtfertigt sein, wenn alle AN, für die ihre Berufstätigkeit nur »Nebenerwerb« ist, die geringere Vergütung erhalten.

15 Das unterschiedliche Arbeitspensum von Teilzeit- und Vollzeitbeschäftigten rechtfertigt eine unterschiedliche Behandlung nicht (BAG 16.1.2003, 6 AZR 222/01, AP Nr 3 zu § 4 TzBfG). Die unterschiedliche Behandlung muss ihren Grund in dem Verhältnis von Leistungszweck und Umfang der Teilzeitarbeit haben (BAG 24.9.2003, 10 AZR 675/02, EzA § 4 TzBfG Nr 5). Liegt der Zweck der Leistung zB ausschließlich in der Honorierung der Betriebstreue, ist eine schlechtere Behandlung der teilzeitbeschäftigten AN nicht gerechtfertigt, da dieses Merkmal sowohl bei Teilzeit- als auch Vollzeitbeschäftigten greift (BAG 16.4.2003, 4 AZR 156/02, EzA § 4 TzBfG Nr 3). Keine ungerechtfertigte Benachteiligung liegt dagegen vor, wenn die Zahlung einer Schicht- und Wechselschichtzulage nur anteilig entspr dem Umfang der verminderten Arbeitszeit erfolgt. Es handelt sich hierbei im Gegenteil sogar um eine Gleichbehandlung gem dem pro rata temporis-Grundsatz (BAG 24.9.2008, 10 AZR 634/07, EzA § 4 TzBfG Nr 15; zur Entwicklung der Rspr der LAG: *Peter* ZTR 2007, 646). Sachliche Gründe für eine Ungleichbehandlung können etwa auf Arbeitsleistung, Arbeitsbelastung, Berufserfahrung, Qualifikation, Ausbildung und unterschiedlicher Arbeitsplatzanforderung beruhen (BAG 25.4.2001, 5 AZR 368/99, EzA § 2 BeschFG 1985 Nr 64). Der sachliche Grund muss im Zeitpunkt der Ungleichbehandlung objektiv vorliegen und subjektiv Beweggrund des AG sein (EuGH 26.6.2001, C-212/99, Slg 2001-I, 4923). Freilich kann die Ungleichbehandlung nur dann an die Teilzeitbeschäftigung anknüpfen, wenn der sachliche Grund bei allen Teilzeitbeschäftigten vorliegt und bei allen Vollzeitbeschäftigten fehlt – das gibt es fast nie (zu weiteren sachlichen Gründen und Einzelfällen s Laux/Schlachter/*Laux* § 4 Rn 67–178).

16 **III. Rechtsfolgen.** Das Diskriminierungsverbot des I ist **Verbotsgesetz** iSv § 134 BGB (BAG 17.4.2002, 5 AZR 413/00, AP Nr 84 zu § 2 BeschFG 1985), sodass gegen § 4 I verstoßende Regelungen etwa des Arbeits- oder TV oder der BV teilnichtig sind. Entspr Maßnahmen des AG sind rechtswidrig. Den Teilzeitkräften ist das zu gewähren, was die nicht benachteiligten Vollzeitkräfte erhalten. Geldwerte Leistungen sind aber entspr dem Zweck der Leistung gewöhnlich pro rata temporis zu kürzen (BAG 24.9.2003, 10 AZR 675/02, EzA § 4 TzBfG Nr 5). Es kommt so zu einer »Anpassung nach oben«, die vorenthaltene Leistung ist nachzugewähren (BAG 21.3.2001, 10 AZR 444/00, EzA § 242 BGB Gleichbehandlung Nr 84). Wurden Teilzeitbeschäftigte vergleichsweise zu häufig zu bestimmten, belastenden Diensten herangezogen, steht ihnen bei Fortbestand des Arbeitsverhältnisses ein Anspruch auf Ausgleich durch Freizeitgewährung zu (BAG 3.12.2008, 5 AZR 469/07, EzA § 4 TzBfG Nr 18).

17 Der AG ist nicht deshalb, weil er Dritten rechtswidrig zu wenig bezahlt hat, berechtigt, durch Änderungskündigung die Leistungen an die bislang Begünstigten zu reduzieren. Nur soweit er sich einseitige Kürzungen vorbehalten hat, kann er durch Abbau der Leistungen reagieren. Beruht die Leistung auf TV oder BV, ist ebenfalls Leistungskürzung zur Gleichbehandlung möglich. Freilich nur durch gemeinsame Neuregelung.

18 Der individuelle Leistungsanspruch folgt unmittelbar aus § 4 I. Eines Rückgriffs auf § 612 II BGB im Fall der Nichtigkeit einer Vergütungsabsprache bedarf es nicht (MünchArbR/*Schüren* § 45 Rn 120). Den Teilzeitkräften sind ggf auch übertarifliche Vergütungen zu gewähren, soweit diese bei den vergleichbaren Vollzeitkräften üblich sind.

19 Kann eine Leistung ihrer Natur nach nicht einfach nachgewährt werden, richtet sich der Gleichbehandlungsanspruch auf eine faktische (wirtschaftliche) Gleichstellung. Die Rspr praktiziert dies bei Systemen betrieblicher Altersversorgung (BAG 13.5.1997, 3 AZR 66/96, EzA § 1 BetrAVG Gleichbehandlung

Nr 12). Wenn dort eine Nachversicherung nicht möglich ist, muss ein gleichwertiger Versorgungsanspruch auf andere Art begründet werden.
Bei Sachleistungen ist dies oftmals nicht möglich. Die Nutzung eines Firmenfahrzeugs oder einer Werkswohnung kann nicht durch eine funktionsgleiche Leistung für die Vergangenheit kompensiert werden. Reicht eine nachträgliche Gewährung deshalb nicht aus, weil der wirtschaftliche Wert der Sachleistung in ihrer Nutzungsmöglichkeit besteht, so kann nur ein **Schadensersatzanspruch** Ausgleich bringen. Anspruchsgrundlage sind § 280 I BGB wegen der Verletzung einer arbeitsvertraglichen Nebenpflicht und § 823 II BGB iVm § 4 I als Schutzgesetz (BAG 24.10.2001, 5 AZR 32/00, EzA § 852 BGB Nr 1; Laux/Schlachter/*Schlachter* § 4 Rn 192; aA ErfK/*Preis* § 4 Rn 6). Die Bejahung eines deliktsrechtlichen Anspruchs führt insb dazu, dass tarifvertragliche Ausschlussfristen im Regelfall nicht eingreifen und damit die allg Verjährungsregeln gelten. 20

IV. Beweislast. Der AN hat nach den allg Regeln über die Darlegungs- und Beweislast das Vorliegen einer schlechteren Behandlung darzulegen und zu beweisen. Auch die Grundsätze der abgestuften Darlegungs- und Beweislast finden Anwendung, wenn der AN für Tatsachen darlegungspflichtig ist, die in der Sphäre des AG liegen (ErfK/*Preis* § 4 Rn 70). 21

Der AG hat nach den allg Grundsätzen das Vorliegen eines die Ungleichbehandlung rechtfertigenden sachlichen Grundes darzulegen und zu beweisen (BAG 29.1.1992, 5 AZR 518/90, EzA § 2 BeschFG 1985 Nr 19). 22

C. Verbot der Diskriminierung befristet beschäftigter Arbeitnehmer, II. Befristet beschäftigte AN dürfen wegen der Befristung des Arbeitsvertrages nicht schlechter behandelt werden als vergleichbare unbefristet beschäftigte AN, es sei denn, sachliche Gründe rechtfertigen die Ungleichbehandlung, II 1. 23

I. Schlechtere Behandlung. 1. Arbeitsbedingungen. § 4 II 1 verbietet eine schlechtere Behandlung der befristet beschäftigten AN (§ 3 I) wegen der befristeten Beschäftigung. Eine **Ungleichbehandlung wegen der Befristung** des Arbeitsvertrages liegt vor, wenn die Gewährung unterschiedlicher Arbeitsbedingungen davon abhängt, ob ein befristetes oder unbefristetes Arbeitsverhältnis vorliegt. 24

Das Diskriminierungsverbot umfasst wie das Diskriminierungsverbot zugunsten teilzeitbeschäftigter AN einseitige Maßnahmen des AG sowie vertragliche Vereinbarungen. Erfasst sind auch hier alle Beschäftigungsbedingungen, wie zB die Dauer, Lage und Verteilung der Arbeitszeit und die Ermöglichung der Teilnahme an Aus- und Weiterbildungsmaßnahmen (s.a. § 19; MHH/*Herms* § 4 Rn 121). Zur Schlechterstellung gelten die Ausführungen für Teilzeitbeschäftigte entspr (s Rdn 3 ff). 25

Die Ermittlung eines vergleichbaren unbefristet beschäftigten AN richtet sich nach den gleichen Grundsätzen wie bei der Frage der Ungleichbehandlung von Teilzeitbeschäftigten (s Rdn 6 f, § 3 Rdn 16 ff). 26

2. Arbeitsentgelt und andere teilbare geldwerte Leistungen, II 2. Nach § 4 II 2 ist einem befristet beschäftigten AN Arbeitsentgelt oder eine andere teilbare geldwerte Leistung, die für einen bestimmten Bemessungszeitraum gewährt wird, mindestens in dem Umfang zu gewähren, der dem Anteil seiner Beschäftigungsdauer am Bemessungszeitraum entspricht (**pro rata temporis-Grundsatz**). Der Begriff des Arbeitsentgelts und der anderen teilbaren geldwerten Leistung ist mit dem in I 2 (s Rdn 8 f). So liegt ein Verstoß gegen § 4 II vor, wenn der AG Sonderzahlungen an alle AN zahlt und nur befristet Beschäftigte von dieser Leistung ausnimmt, auch wenn die Sonderzahlung unter Freiwilligkeitsvorbehalt erfolgt (LAG Rh-Pf 7.10.2005, 8 Sa 484/05, AuA 2006, 112). 27

II. Von der Dauer des Bestehens des Arbeitsverhältnisses abhängige Beschäftigungsbedingungen, II 3
Nach II 3 sind für befristet beschäftigte AN dieselben Zeiten zu berücksichtigen wie für unbefristet beschäftigte AN, wenn bestimmte Beschäftigungsbedingungen von der Dauer des Bestehens des Arbeitsverhältnisses in demselben Betrieb oder Unternehmen abhängig sind, es sei denn, eine unterschiedliche Berücksichtigung ist aus sachlichen Gründen gerechtfertigt. Der Gesetzesentwurf nennt als Beschäftigungsbedingung beispielhaft den Anspruch auf vollen Jahresurlaub nach Erfüllung der Wartezeit und die Abhängigkeit von tariflichen Entgelt- oder Urlaubsansprüchen von Beschäftigungszeiten (BT-Drs 14/4374 S 16). Zu nennen ist weiterhin die Berücksichtigung von Beschäftigungszeiten für die Ermittlung von Kündigungsfristen oder für Treueprämien (MHH/*Herms* § 4 Rn 134). 28

III. Sachliche Gründe. Für die Abweichung durch einen sachlichen Grund gelten die Ausführungen zu I entspr (s Rdn 12 ff). Bei nur kurzzeitigen Arbeitsverhältnissen soll nach der Gesetzesbegr die anteilige Gewährleistung von bestimmten Zusatzleistungen unterbleiben dürfen (BT-Drs 14/4374 S 16). 29

Nach der Rspr soll eine durch sachliche Gründe gerechtfertigte Abweichung von II 2 zum Nachteil des befristet beschäftigten AN zulässig sein (BAG 15.7.2004, 6 AZR 25/03). Das widerspricht allerdings dem 30 klaren Wortlaut der Norm. Auch ein systematischer Vergleich mit II 1 und II 3, die beide ausdrücklich eine Abweichungsmöglichkeit durch sachliche Gründe eröffnen, zeigt dies sehr deutlich (s Rdn 12; aA Laux/Schlachter/*Schlachter* § 4 Rn 253 f; MHH/*Herms* § 4 Rn 132).

31 **IV. Rechtsfolgen.** Ebenso wie das Diskriminierungsverbot zugunsten teilzeitbeschäftigter AN stellt das Diskriminierungsverbot des § 4 II ein Verbotsgesetz iSd § 134 BGB dar; gegen das Verbot verstoßende Regelungen sind damit nichtig. Wie im Fall des § 4 I erfolgt eine »Anpassung nach oben«, wobei § 4 II selbst die Anspruchsgrundlage bildet (s Rdn 16 ff). Ein Verstoß gegen das Diskriminierungsverbot aus § 4 II kann bei schuldhaftem Handeln auch Schadensersatzansprüche aus § 280 I BGB und § 823 II iVm § 4 II als Schutzgesetz auslösen (s Rdn 20). Einen Anspruch auf Zahlung einer Entschädigung für einen immateriellen Schaden oder eines Schmerzensgeldes wegen Diskriminierung sieht § 4 II jedoch nicht vor, dieser kann nur nach § 15 II AGG geltend gemacht werden (BAG 21.2.2013, 8 AZR 68/12, EzA § 15 AGG Nr 21).

32 **V. Beweislast.** Es gelten die allg Grundsätze, dh der AN hat die schlechtere Behandlung, der AG den sachlichen Rechtfertigungsgrund darzulegen und zu beweisen (s Rdn 21 f).

§ 5 Benachteiligungsverbot
Der Arbeitgeber darf einen Arbeitnehmer nicht wegen der Inanspruchnahme von Rechten nach diesem Gesetz benachteiligen.

1 Die Norm enthält ein unabdingbares **Verbot**, das aber nicht über das funktionsgleiche allg Benachteiligungsverbot des § 612a BGB hinausreicht (ausf s § 612a BGB Rdn 1 ff).
2 Das Benachteiligungsverbot greift nur, wenn bestehende Rechte in zulässiger Weise geltend gemacht werden.

§ 6 Förderung von Teilzeitarbeit
Der Arbeitgeber hat den Arbeitnehmern, auch in leitenden Positionen, Teilzeitarbeit nach Maßgabe dieses Gesetzes zu ermöglichen.

1 Die Bestimmung begründet keine durchsetzbaren Ansprüche; sie soll nur ein gesetzgeberisches Ziel verdeutlichen (BT-Drs 14/4374 S 16).
2 Aus dieser Zielsetzung folgt, dass es nicht möglich ist, leitende Positionen oder qualifizierte Tätigkeiten für den Wunsch nach Teilzeitarbeit gem § 8 IV ausnahmslos zu sperren (ArbG Berl 20.4.2012, 28 Ca 17989/11, EzA-SD 2012, Nr 14, 9).

§ 7 Ausschreibung; Information über freie Arbeitsplätze
(1) Der Arbeitgeber hat einen Arbeitsplatz, den er öffentlich oder innerhalb des Betriebes ausschreibt, auch als Teilzeitarbeitsplatz auszuschreiben, wenn sich der Arbeitsplatz hierfür eignet.
(2) Der Arbeitgeber hat einen Arbeitnehmer, der ihm den Wunsch nach einer Veränderung von Dauer und Lage seiner vertraglich vereinbarten Arbeitszeit angezeigt hat, über entsprechende Arbeitsplätze zu informieren, die im Betrieb oder Unternehmen besetzt werden sollen.
(3) ¹Der Arbeitgeber hat die Arbeitnehmervertretung über Teilzeitarbeit im Betrieb und Unternehmen zu informieren, insbesondere über vorhandene oder geplante Teilzeitarbeitsplätze und über die Umwandlung von Teilzeitarbeitsplätzen in Vollzeitarbeitsplätze oder umgekehrt. ²Der Arbeitnehmervertretung sind auf Verlangen die erforderlichen Unterlagen zur Verfügung zu stellen; § 92 des Betriebsverfassungsgesetzes bleibt unberührt.

Übersicht	Rdn.			Rdn.
A. Inhalt und Zweck	1	II.	Rechtsfolgen bei Verletzung der Informationspflicht	14
B. Ausschreibung als Teilzeitarbeitsplatz, I	2	D.	**Information der Arbeitnehmervertretungen, III**	16
I. Ausschreibung	2	I.	Voraussetzungen und Inhalt der Informationspflicht	17
II. Eignung des Arbeitsplatzes als Teilzeitarbeitsplatz	3	II.	Rechtsfolgen bei Verletzung der Informationspflicht	21
III. Rechtsfolgen bei fehlerhafter Ausschreibung	5	E.	**Verhältnis zu Arbeitgeberpflichten nach dem BetrVG**	23
C. **Information der Arbeitnehmer über freie Arbeitsplätze, II**	7			
I. Voraussetzungen und Inhalt der Informationspflicht	8			

A. Inhalt und Zweck. Der AG muss **geeignete** Arbeitsplätze auch als Teilzeitarbeitsplätze ausschreiben (I). 1
Das bedeutet, dass die Ausschreibung einen Hinweis auf die Möglichkeit der Besetzung des Arbeitsplatzes mit Teilzeitkräften zu enthalten hat. AN, die ihre Arbeitszeitlage und/oder Arbeitszeitdauer ändern wollen und dem AG diesen Wunsch gemeldet haben, muss er über entspr freie Arbeitsplätze informieren (II) – auch wenn er eine Besetzung ohne Ausschreibung plant. Daneben ist er stets verpflichtet, die AN-Vertretung über alle zu besetzenden Teilzeitarbeitsplätze und über die Verlängerung oder Verkürzung der Arbeitszeit an vorhandenen Arbeitsplätzen im Unternehmen zu informieren (III). Die Vorschrift will so Transparenz über bestehende und zukünftige Beschäftigungsmöglichkeiten schaffen (BT-Drs 14/4374 S 12, 16).

B. Ausschreibung als Teilzeitarbeitsplatz, I.   I. Ausschreibung. § 7 I begründet selbst keine Ausschreibungspflicht. 2
Die Vorschrift greift erst ein, wenn der AG einen Arbeitsplatz ausschreibt. Öffentl Ausschreibungen sind Anzeigen, die an eine unbestimmte Zahl von Adressaten gerichtet sind, zB Zeitungsinserate, Stellenanzeigen im Internet und die Meldung freier Stellen an die BA (MHH/*Heyn* § 7 Rn 6). Eine Ausschreibung innerhalb des Betriebs richtet sich nur an diesen Personenkreis, zB durch Aushang am Schwarzen Brett, Umlauf oder im Intranet.

II. Eignung des Arbeitsplatzes als Teilzeitarbeitsplatz. Der AG ist nur verpflichtet, den Arbeitsplatz 3
auch als Teilzeitarbeitsplatz auszuschreiben, wenn sich der Arbeitsplatz für eine Teilzeitbeschäftigung eignet. Ein Arbeitsplatz ist dann als Teilzeitarbeitsplatz geeignet, wenn die dort anfallenden Aufgaben ohne erheblichen Nachteil für den Betriebsablauf auf Teilzeitkräfte verteilt werden können (HWK/*Schmalenberg* § 7 Rn 4). Str ist, ob der AG die Frage der Eignung als unternehmerische Entscheidung beurteilen darf, die so lange Bestand hat, wie sie nicht unsachlich, unvernünftig oder willkürlich ist (so ArbG Hannover 13.1.2005, 10 BV 7/04, DB 2005, 896; Annuß/Thüsing/*Mengel* § 7 Rn 3; ErfK/*Preis* § 7 Rn 3), oder ob die Eignung stets anzunehmen ist, wenn keine **nachprüfbaren betrieblichen** Gründe einer Besetzung mit Teilzeitkräften entgegenstehen (vgl LAG BW 19.7.2004, 14 TaBV 4/03 [aus anderen Gründen aufgehoben von BAG 28.2.2006, 1 ABR 1/05, EzA § 99 BetrVG 2001 Nr 10]; *Lindemann/Simon* BB 2001, 146, 147; ausf MHH/*Heyn* § 7 Rn 10 mwN). Der Begriff des Teilzeitarbeitsplatzes richtet sich nach § 2 (s § 2 Rdn 2 ff).
Die Vorschrift zwingt nicht, die als Teilzeitarbeitsplatz ausgeschriebene Stelle schließlich auch mit einem 4
teilzeitbeschäftigten AN zu besetzen (LAG BW 19.7.2004, 14 TaBV 4/03 [aus anderen Gründen aufgehoben von BAG 28.2.2006, 1 ABR 1/05, EzA § 99 BetrVG 2001 Nr 10]). Der AG kann frei entscheiden, ob er die Stelle mit einem teilzeitbeschäftigten oder einem vollzeitbeschäftigten AN besetzt. Freilich müssen die **Ansprüche von AN des Unternehmens nach §§ 8 und 9 bei einer Besetzungsentscheidung** berücksichtigt werden. Insb bei der verweigerten Arbeitszeitverlängerung gem § 9 bestehen Haftungsrisiken (s § 9 Rdn 28 f).

III. Rechtsfolgen bei fehlerhafter Ausschreibung. Für die Folgen einer Verletzung der Pflicht aus § 7 I 5
durch den AG sieht das Gesetz keine Rechtsfolgen vor. Ein Verstoß löst allein weder einen Schadensersatzanspruch aus § 823 II BGB iVm § 7 I als Schutzgesetz noch ein Zustimmungsverweigerungsrecht des BR bei der Einstellung gem § 99 II Nr 1 oder 5 BetrVG aus – Letzteres ist str.
§ 99 II Nr 5 BetrVG gilt nach seinem Wortlaut nur für nach § 93 BetrVG erforderliche Ausschreibungen, 6
nicht für diejenigen nach § 7 I (ErfK/*Preis* § 7 Rn 4; Annuß/Thüsing/*Mengel* § 7 Rn 5; aA MHH/*Heyn* § 7 Rn 13; differenzierend: Laux/Schlachter/*Laux* § 7 Rn 42, die bei unterlassener betriebsinterner Ausschreibung ein Zustimmungsverweigerungsrecht annehmen, nicht aber bei unterlassener öffentl Ausschreibung). Ob die Einstellung unter Verstoß gegen § 7 I gegen ein Gesetz iSv § 99 II Nr 1 BetrVG verstößt, ist umstr. Dagegen spricht, dass keine Verpflichtung zur Einstellung eines teilzeitbeschäftigten AN nach § 7 I besteht (so ArbG Hannover 13.1.2005, 10 BV 7/04, DB 2005, 896; *Ehler* BB 2001, 1146, 1147; aA LAG BW 19.7.2004, 14 TaBV 4/03 [aus anderen Gründen aufgehoben von BAG 28.2.2006, 1 ABR 1/05, EzA § 99 BetrVG 2001 Nr 10]: Verletzung der vorgelagerten Prüfpflicht aus § 7 I reicht für Zustimmungsverweigerung aus).

C. Information der Arbeitnehmer über freie Arbeitsplätze, II. § 7 II normiert eine Informationspflicht 7
des AG ggü seinen AN, die einen Veränderungswunsch bzgl Dauer und Lage der Arbeitszeit angezeigt haben. Die Bestimmung ist Vorstufe des Anspruchs auf Arbeitszeitverkürzung (§ 8) und auf Arbeitszeitverlängerung (§ 9). Sie begründet einen Anspruch des AN, so informiert zu werden, dass er die Veränderungsoptionen ausüben kann (BAG 8.5.2007, 9 AZR 874/06, EzA § 9 TzBfG Nr 3).

I. Voraussetzungen und Inhalt der Informationspflicht. Voraussetzung für die Entstehung der Informa- 8
tionspflicht nach II ist, dass der AN seinen Wunsch nach Veränderung von Dauer und Lage der Arbeitszeit

angemeldet hat. Eine Verpflichtung des AG, unabhängig von Wünschen der AN allg über Teilzeit- oder Vollzeitarbeitsplätze zu informieren, besteht nicht.

9   Die Anzeige des Veränderungswunsches kann mangels anderslautender Vorgaben jederzeit und ohne bes Form erfolgen. Sie ist keine Willenserklärung und löst daher auch keine rechtsgeschäftlichen Verpflichtungen aus. Der AN kann danach seinen Änderungswunsch auch nach Mitteilung ohne Weiteres ändern. Zu richten ist die Anzeige an den AG bzw einen zuständigen Vertreter in Personalangelegenheiten.

10 Der Veränderungswunsch muss nach dem Wortlaut der Norm Dauer und Lage der Arbeitszeit betreffen. Ob ein Wunsch, der sich **nur auf die Arbeitszeitlage** bezieht, Informationspflichten auslöst, ist str (dagegen Laux/Schlachter/*Laux* § 7 Rn 51, ErfK/*Preis* § 7 Rn 6; dafür MHH/*Heyn* § 7 Rn 20). Die Zielsetzung des Gesetzes spricht dagegen. Der Gesetzgeber gibt in § 8 auch keinen Anspruch auf Veränderung der Arbeitszeitlage.

11 Nach dem Wortlaut ist nicht erforderlich, dass Teilzeitarbeitsplätze im Betrieb oder Unternehmen bereits vorhanden sind. Die Informationspflicht greift damit bei zukünftig freien, freiwerdenden und neu- oder umgestalteten Arbeitsplätzen (HWK/*Schmalenberg* § 7 Rn 8).

12 Der AG muss dem AN Auskunft über im Betrieb oder Unternehmen zu besetzende Arbeitsplätze für Teilzeitkräfte erteilen, die für den AN aufgrund seiner Eignung und Wünsche infrage kommen (BT-Drs 14/4625 S 20). Es soll auf die Einschätzung des Arbeitgebers ankommen (Annuß/Thüsing/*Mengel* § 7 Rn 10 f). Um eine gleichartige Tätigkeit muss es sich allerdings nicht handeln. Nach dem ausdrücklichen Wortlaut der Vorschrift ist die Informationspflicht unternehmensbezogen und nicht bloß betriebsbezogen.

13 Wie zu informieren ist, sagt die Vorschrift nicht. Auch sie ist damit formlos möglich. Ob eine individuelle Information erforderlich ist oder eine allg betriebsinterne Information etwa im Intranet oder durch Aushang am Schwarzen Brett ausreicht, wird unterschiedlich beantwortet. Da § 7 I einen individuellen Informationsanspruch normiert und die Information speziell auf die Wünsche und die Eignung des einzelnen AN zugeschnitten ist, reicht eine allg Information im Betrieb wohl nicht aus (ErfK/*Preis* § 7 Rn 7, Laux/Schlachter/*Laux* § 7 Rn 60; aA Annuß/Thüsing/*Mengel* § 7 Rn 15). Hierfür spricht auch der systematische Vergleich mit § 18 S 2, der eine allg Bekanntgabe bei Informationen über unbefristete Arbeitsplätze zulässt. Die Regelung lässt offen, ob eine einmalige Unterrichtung über einen freien Arbeitsplatz genügt oder ob der AG bei jeder offenen Stelle erneut unterrichten muss. Hat ein AN auf die Information über einen vorhandenen Teilzeitarbeitsplatz nicht reagiert, so muss er den Wunsch nach Veränderung seiner Arbeitszeit erneut anzeigen, sonst hat der Arbeitgeber durch die Information seiner Pflicht genügt (*Hanau* NZA 2001, 1168; Laux/Schlachter/*Laux* § 7 Rn 62). Eine begründete Ablehnung hingegen indiziert fortdauerndes Interesse. Der AG muss weiter informieren. Man wird vom AN auch nicht verlangen können, dass er seinen Wunsch nach Veränderung der Arbeitszeit immer wieder bekräftigt, wenn noch keine arbeitgeberseitige Information nach II erfolgt ist (so aber *Hanau* NZA 2001, 1168).

14 **II. Rechtsfolgen bei Verletzung der Informationspflicht.** Eine Verletzung der Informationspflicht kann einen Schadensersatzanspruch des AN aus § 280 I BGB wegen der Verletzung einer vertraglichen Nebenpflicht begründen (aA Annuß/Thüsing/*Mengel* § 7 Rn 17). Konnte der AN wegen der unterbliebenen Information die Option der Verlängerung der Arbeitszeit (§ 9) nicht wahrnehmen, hat er Anspruch auf Ersatz des entgangenen Gewinns (§ 252 BGB) in Form der entgangenen höheren Vergütung. Anspruchsgrundlage sind in diesem Fall die §§ 280 I, III, 283 BGB (s § 9 Rdn 28). Voraussetzung ist allerdings, dass der AN sich bei erfolgter Information beworben und die Stelle auch tatsächlich bekommen hätte. Anderenfalls fehlt es an der Kausalität der Verletzung der Informationspflicht für den eingetretenen Schaden. Dies darzulegen und zu beweisen ist Sache des AN (MünchArbR/*Schüren* § 46 Rn 41). Ein Schadensersatzanspruch aus § 823 II besteht hingegen nicht, da § 7 II kein Schutzgesetz ist (Laux/Schlachter/*Laux* § 7 Rn 67).

15 Erfüllt der AG die Informationspflicht aus § 7 II nicht und will er einen Arbeitsplatz neu besetzen, ist der BR gem § 99 II Nr 3 BetrVG berechtigt, die Zustimmung zur Einstellung zu verweigern, weil durch die Neueinstellung die »angemeldete« Arbeitszeitoption eines im Betrieb beschäftigten AN vereitelt wird. Das ist gem § 99 II Nr 3 BetrVG als »sonstiger Nachteil« eines Betriebsangehörigen anzusehen (wie hier HWK/*Schmalenberg* § 7 Rn 13). Ob daneben auch ein Widerspruchsrecht wegen Gesetzesverletzung besteht, ist str (s Rdn 6).

16 **D. Information der Arbeitnehmervertretungen, III.** Nach § 7 III trifft den AG auch ggü der AN-Vertretung eine Informationspflicht über Teilzeitarbeit im Betrieb und Unternehmen.

17 **I. Voraussetzungen und Inhalt der Informationspflicht.** AN-Vertretungen in diesem Sinne sind neben BR und PersR (BT-Drs 14/4374 S 16) auch die Mitarbeitervertretung im kirchlichen Bereich. Da sich die

Informationspflicht auch auf das Unternehmen bezieht, sind die Betriebsräte aller Betriebe zu unterrichten (aA HWK/*Schmalenberg* § 7 Rn 16).

Bei der Pflicht nach III handelt es sich um eine **eigenständige Informationspflicht des AG**, die dieser schon nach dem Wortlaut von sich aus zu erfüllen hat. Die Information kann wie bei I formlos erfolgen, auch mündlich (MHH/*Heyn* § 7 Rn 30). Inhaltlich ist die Informationspflicht umfassend. Der AG hat über sämtliche Formen der Teilzeitarbeit in Betrieb und Unternehmen, die Anzahl der Teilzeitbeschäftigten und die Teilzeitquote sowie Lage und Dauer der Arbeitszeiten zu informieren. Hervorgehoben ist in III 1 die Informationspflicht bei der Umwandlung von Teilzeitarbeitsplätzen in Vollzeitarbeitsplätze und umgekehrt. 18

Wie häufig und wann die Information zu erfolgen hat, ist gesetzlich nicht geregelt. Es entspricht nur dem Zweck der Vorschrift, wenn man eine wiederholte Information durch den AG verlangt, wobei unterschiedliche Zeitabstände genannt werden (MüKo-BGB/*Müller-Glöge* § 7 Rn 11: »jährlich«; Laux/Schlachter/*Laux* § 7 Rn 75: »vierteljährlich«; MHH/*Heyn* § 7 Rn 30: »regelmäßig«). 19

Nach III 2 Hs 1 sind der AN-Vertretung auf Verlangen die erforderlichen Unterlagen zur Verfügung zu stellen, zB Stellenpläne. Umfasst sind hiervon schriftliche Aufzeichnungen und elektronische Datenträger, die zur Information der AN-Vertretung über Teilzeitarbeit erforderlich sind. Der Anspruch ist hierbei nach dem Wortlaut nur auf das reine Zur-Verfügung-Stellen gerichtet, nicht etwa auf die Erstellung bestimmter Unterlagen (MHH/*Heyn* § 7 Rn 32). 20

II. Rechtsfolgen bei Verletzung der Informationspflicht. Eine Verletzung der Informationspflicht kann der BR im Beschlussverfahren gem § 2a Nr 1 ArbGG geltend machen, da Nr 1 alle betriebsverfassungsrechtlichen Streitigkeiten erfassen will, auch wenn die betriebsverfassungsrechtlichen Bestimmungen nicht dem BetrVG, sondern einem anderen Gesetz entstammen (MHH/*Heyn* § 7 Rn 33). 21

Im Fall der unterlassenen Information kann der BR gem § 99 II Nr 3 BetrVG die Zustimmung zur Einstellung eines externen Bewerbers verweigern. Dann muss die fehlende Information aber ursächlich dafür sein, dass ein Mitarbeiter seinen Arbeitszeitwunsch für diese Stelle nicht anmelden konnte (s Rdn 15). Denkbar ist auch ein Antrag auf Erlass einer einstweiligen Verfügung und bei groben Verstößen ein Antrag gem § 23 III BetrVG. 22

E. Verhältnis zu Arbeitgeberpflichten nach dem BetrVG. Die AG-Pflichten nach anderen gesetzlichen Vorschriften, insb dem BetrVG und dem PersVG bestehen neben § 7 (vgl BT-Drs 14/4374 S 16). Klarstellend kommt dies in § 7 III 2 Hs 2 zum Ausdruck. 23

§ 8 Verringerung der Arbeitszeit

(1) Ein Arbeitnehmer, dessen Arbeitsverhältnis länger als sechs Monate bestanden hat, kann verlangen, dass seine vertraglich vereinbarte Arbeitszeit verringert wird.

(2) ¹Der Arbeitnehmer muss die Verringerung seiner Arbeitszeit und den Umfang der Verringerung spätestens drei Monate vor deren Beginn geltend machen. ²Er soll dabei die gewünschte Verteilung der Arbeitszeit angeben.

(3) ¹Der Arbeitgeber hat mit dem Arbeitnehmer die gewünschte Verringerung der Arbeitszeit mit dem Ziel zu erörtern, zu einer Vereinbarung zu gelangen. ²Er hat mit dem Arbeitnehmer Einvernehmen über die von ihm festzulegende Verteilung der Arbeitszeit zu erzielen.

(4) ¹Der Arbeitgeber hat der Verringerung der Arbeitszeit zuzustimmen und ihre Verteilung entsprechend den Wünschen des Arbeitnehmers festzulegen, soweit betriebliche Gründe nicht entgegenstehen. ²Ein betrieblicher Grund liegt insbesondere vor, wenn die Verringerung der Arbeitszeit die Organisation, den Arbeitsablauf oder die Sicherheit im Betrieb wesentlich beeinträchtigt oder unverhältnismäßige Kosten verursacht. ³Die Ablehnungsgründe können durch Tarifvertrag festgelegt werden. ⁴Im Geltungsbereich eines solchen Tarifvertrages können nicht tarifgebundene Arbeitgeber und Arbeitnehmer die Anwendung der tariflichen Regelungen über die Ablehnungsgründe vereinbaren.

(5) ¹Die Entscheidung über die Verringerung der Arbeitszeit und ihre Verteilung hat der Arbeitgeber dem Arbeitnehmer spätestens einen Monat vor dem gewünschten Beginn der Verringerung schriftlich mitzuteilen. ²Haben sich Arbeitgeber und Arbeitnehmer nicht nach Abs. 3 Satz 1 über die Verringerung der Arbeitszeit geeinigt und hat der Arbeitgeber die Arbeitszeitverringerung nicht spätestens einen Monat vor deren gewünschtem Beginn schriftlich abgelehnt, verringert sich die Arbeitszeit in dem vom Arbeitnehmer gewünschten Umfang. ³Haben Arbeitgeber und Arbeitnehmer über die Verteilung der Arbeitszeit kein Einvernehmen nach Abs. 3 Satz 2 erzielt und hat der Arbeitgeber nicht spätestens einen Monat vor dem gewünschten Beginn der Arbeitszeitverringerung die gewünschte Verteilung der Arbeitszeit schriftlich abgelehnt, gilt die Verteilung der Arbeitszeit entsprechend den Wünschen des Arbeitnehmers als

festgelegt. ⁴Der Arbeitgeber kann die nach Satz 3 oder Abs. 3 Satz 2 festgelegte Verteilung der Arbeitszeit wieder ändern, wenn das betriebliche Interesse daran das Interesse des Arbeitnehmers an der Beibehaltung erheblich überwiegt und der Arbeitgeber die Änderung spätestens einen Monat vorher angekündigt hat.

(6) Der Arbeitnehmer kann eine erneute Verringerung der Arbeitszeit frühestens nach Ablauf von zwei Jahren verlangen, nachdem der Arbeitgeber einer Verringerung zugestimmt oder sie berechtigt abgelehnt hat.

(7) Für den Anspruch auf Verringerung der Arbeitszeit gilt die Voraussetzung, dass der Arbeitgeber, unabhängig von der Anzahl der Personen in Berufsbildung, in der Regel mehr als 15 Arbeitnehmer beschäftigt.

Übersicht	Rdn.			Rdn.
A. Inhalt und Zweck	1	III.	Tarifvertraglich festgelegte Ablehnungsgründe, IV 3, 4	35
B. Anspruchsvoraussetzungen	4	E.	Verfahren	36
I. Anspruchsberechtigter, I, VI	4	I.	Geltendmachung des Anspruchs, II	36
II. Anspruchsgegner, VII	9	II.	Erörterung mit dem AG, III	37
III. Zeitpunkt der Geltendmachung des Anspruchs, II 1	12	III.	Mitteilung der Entscheidung durch den AG, V 1	40
IV. Form des Antrags	15	IV.	Gesetzliche Fiktion der Verringerung bzw Verteilung der Arbeitszeit, V 2, 3	43
V. Angabe der gewünschten Verteilung der Arbeitszeit, II 2	16	V.	Änderung der Verteilung der Arbeitszeit durch den AG, V 4	45
C. Inhalt des Anspruchs	17	F.	Erneutes Verringerungsverlangen des AN, VI	51
D. Entgegenstehende betriebliche Gründe, IV	20	G.	Gerichtliche Durchsetzung	53
I. Betriebliche Gründe gegen die Arbeitszeitverringerung	21	I.	Verringerung der Arbeitszeit	54
1. Allgemeines	21	II.	Verteilung der Arbeitszeit	56
2. Wesentliche Beeinträchtigung der Organisation	25	III.	Beweislast	57
3. Wesentliche Beeinträchtigung des Arbeitsablaufs	28	IV.	Einstweilige Verfügung	58
4. Wesentliche Beeinträchtigung der Sicherheit im Betrieb	29	V.	Schadensersatzansprüche	60
5. Verursachung unverhältnismäßig hoher Kosten	30	H.	Verhältnis zu sonstigen Teilzeitansprüchen und zu tarifvertraglichen Regelungen	62
6. Sonstige betriebliche Gründe	32	I.	Mitbestimmungsrechte des BR	64
II. Betriebliche Gründe gegen die Arbeitszeitverteilung	33			

1   **A. Inhalt und Zweck.** § 8 enthält einen **Anspruch auf Herabsetzung und Umgestaltung der bisher vereinbarten regelmäßigen Arbeitszeit.** Diesen Anspruch haben sowohl Vollzeit- als auch Teilzeitkräfte. Damit kann der AN eine Verringerung der bisherigen Arbeitszeit und eine veränderte Verteilung erzwingen (BT-Drs 14/4374 S 16). Der Gesetzgeber erhofft sich durch vermehrte Teilzeitarbeit einen Abbau der Arbeitslosigkeit (BT-Drs 14/4374 S 11 ff).

2   Die Norm regelt die Voraussetzungen und die Ablehnungsgründe und das Verfahren der Geltendmachung für den Anspruch auf Arbeitszeitverkürzung und Umgestaltung. Regelungen bezüglich anderer Arbeitsbedingungen beinhaltet sie nicht, lediglich die Dauer und Verteilung der Arbeitszeit werden von ihr erfasst. Gem § 22 I kann dieser Anspruch nicht zuungunsten des AN beschränkt oder ausgeschlossen werden.

3   Anders als die **Anzeige des Wunsches** nach Arbeitszeitveränderung iSd § 7 II (nur Informationsanspruch, s § 7 Rdn 7 ff), hat der **Antrag auf Arbeitszeitverkürzung** und Umgestaltung gem § 8 unmittelbare Rechtsfolgen. Ohne eine Reaktion des AG werden die verlangten Änderungen nach Fristablauf Inhalt des Arbeitsvertrags. Der Antrag muss deshalb alle Voraussetzungen einer empfangsbedürftigen Willenserklärung erfüllen (Rdn 17). Er muss so bestimmt sein, dass er, wenn der AG nicht reagiert, das Arbeitsverhältnis in Zukunft handhabbar gestaltet (BAG 23.11.2004, 9 AZR 644/03, EzA § 8 TzBfG Nr 12). Soweit der Antrag noch nicht beschieden wurde, kann er abgeändert oder ergänzt werden (LAG Hamm 8.3.2007, 15 Sa 1087/06; offengelassen BAG 24.6.2008, 9 AZR 514/07, EzA § 8 TzBfG Nr 22; aA ErfK/*Preis* § 8 Rn 13). Damit eine sinnvolle Gestaltung des Arbeitsverhältnisses erreicht wird, hat der AG die Pflicht, mit dem AN über den Antrag zu verhandeln. Die Verhandlungspflicht nach § 8 III dient auch dazu, den AN hinreichend zu informieren. Erfüllt die Erklärung des AN nicht die notwendigen Voraussetzungen, weil sie zB nicht

konkret genug ist, dann ist von einem bloßen Informationswunsch gem § 7 II auszugehen. Liegen die Voraussetzungen dagegen vor, ist der AN währen des Laufes der 3-Monatsfrist (§ 8 II) gem §§ 145, 148 BGB an seine Willenserklärung gebunden (LAG Düsseldorf 13.1.2006, 9 Sa 1222/05; str s.o.). Die Bindungswirkung endet vor Ablauf dieser Frist nur bei Ablehnung des Antrags durch den AG.

B. Anspruchsvoraussetzungen. I. Anspruchsberechtigter, I, VI. Der Anspruch steht **jedem AN** zu. Darunter fallen insb auch AN in leitenden Positionen (§ 6). Ebenso zählen geringfügig und befristet Beschäftigte zu den begünstigten Personen. Auch bereits Teilzeitbeschäftigten steht der Anspruch zu (BAG 18.3.2003, 9 AZR 126/02, EzA § 4 TzBfG Nr 4; BAG 13.11.2012, 9 AZR 259/11, EzA-SD 2012, Nr 24, 10). Nicht erfasst werden dagegen Auszubildende. Die gesetzlich vorgesehene Ausbildungszeit schließt die Verringerung der Arbeitszeit aus. Beamte können keine Rechte aus § 8 herleiten. 4

Gem § 8 I muss das Arbeitsverhältnis länger als **6 Monate** bestanden haben. Aus der Formulierung wird deutlich, dass auf den rechtlichen Bestand des Vertrags abzustellen ist. Auf die Betriebszugehörigkeit oder die tatsächliche Arbeitsaufnahme kommt es daher nicht an. Daher sind Zeiten des Einsatzes als Leih-AN am gleichen Arbeitsplatz nicht zu berücksichtigen. Grds muss das Arbeitsverhältnis ununterbrochen bestanden haben. Um rechtsmissbräuchliche Umgehungsversuche durch den AG zu vermeiden, scheint es gerechtfertigt, die Rspr des BAG zu § 1 KSchG zu übertragen. Danach sind Zeiten eines früheren Arbeitsverhältnisses beim selben AG auf die Wartezeit anzurechnen, wenn ein enger sachlicher Zusammenhang zwischen den Verträgen besteht (BAG 9.2.2000, 7 AZR 730/98, EzA § 1 BeschFG 1985 Klagefrist Nr 2; 20.8.1998, 2 AZR 76/98, EzA § 1 KSchG Nr 49). 5

Die **Berechnung der Frist** erfolgt nach den allg Vorschriften (§§ 187 ff BGB; ausf dazu und mit Beispielsrechnungen Annuß/Thüsing/*Mengel* § 8 Rn 22 ff). 6

Der AN kann wirksam erst nach Ablauf der Frist von 6 Monaten die Verringerung seiner Arbeitszeit beantragen. Ein früherer Antrag ist als solcher unwirksam. Er stellt nur ein wirksames Informationsverlangen nach § 7 II dar. 7

Nach § 8 VI folgt aus der berechtigten Ablehnung oder aus der Annahme des Antrags auf Arbeitszeitverkürzung eine Sperrfrist von 2 Jahren für eine erneute Antragstellung. Das gilt auch für den Antrag auf Veränderung der Arbeitszeitverteilung. Die Frist beginnt mit der Entsch des AG, dem Eintritt der gesetzlichen Fiktion gem V 2 oder der Rechtskraft einer gerichtlichen Entsch. Eine unberechtigte Ablehnung setzt keine Sperrfrist in Gang, dh, dass nur bei einer Ablehnung aufgrund betrieblicher Gründe gem 8 IV die Sperrfrist zu beachten ist. 8

II. Anspruchsgegner, VII. Nach § 8 VII kann ein Anspruch auf Verringerung der Arbeitszeit nur geltend gemacht werden, wenn der AG, unabhängig von der Anzahl der Personen in Berufsbildung, idR mehr als **15 AN** beschäftigt. Personen in Berufsbildung (§ 1 BBiG) sind neben Auszubildenden auch Anlernlinge, Volontäre, Praktikanten und die zur Fort- und Weiterbildung sowie Umschulung Beschäftigten. Unterhalb des Schwellenwertes ist der Antrag in ein Informationsverlangen nach § 7 umzudeuten. 9

Die Norm ist nicht betriebs- sondern unternehmensbezogen. Daher sind alle beschäftigten AN im gesamten Unternehmen bei der Zählung zu berücksichtigen. Anders als bei § 23 I KSchG stellt § 8 VII ausschließlich auf die **Anzahl der AN unabhängig von ihrem Arbeitszeitdeputat** ab. 10

Ob 15 AN »**idR**« beschäftigt werden, beurteilt sich nach der allg Beschäftigungslage des Unternehmens. Maßgeblich ist der Zeitpunkt, in dem über die Arbeitszeitverkürzung entschieden wird (aA ErfK/*Preis* § 8 Rn 10, der auf den gewünschten Termin der Verkürzung abstellt). Dazu ist neben einer Prognose der Entwicklung auf den Personalbestand in der Vergangenheit abzustellen (zu § 23 KSchG BAG 31.1.1991, 2 AZR 356/90, EzA § 23 KSchG Nr 11). Vorübergehende Ausschläge der Beschäftigungszahlen nach oben oder unten sind nicht mit einzubeziehen. Kurzfristig eingestellte Aushilfskräfte zur Bewältigung von Bedarfsspitzen zählen ebenso wenig mit wie Leih-AN, die zu diesem Zweck eingestellt werden. Dagegen zählen Aushilfskräfte, die einen Dauerarbeitsplatz »vertretungsweise« besetzen, mit (vgl BAG 29.5.1991, 7 ABR 27/90, AP Nr 1 zu § 17 BPersVG). Leih-AN, die unzulässigerweise anstelle eigener AN dauerhaft beschäftigt werden, sind mitzuzählen, da auch sie als AN »beschäftigt« werden. Die Anknüpfung an den Vertragsarbeitgeber (so zB *Sievers* § 8 Rn 52 f, der die Problematik der Leih-AN aber nicht anspricht) – das ist der Verleiher – wäre mit dem Normzweck, des an die Größe des Unternehmens gebundenen Arbeitnehmerschutzes, nicht vereinbar. Darüber hinaus würde sie Gesetzesumgehungen erleichtern. 11

III. Zeitpunkt der Geltendmachung des Anspruchs, II 1. Gem § 8 II muss der AN die Verringerung seiner Arbeitszeit mit einem Vorlauf von mindestens **3 Monaten** geltend machen. Die Angabe eines konkreten Datums ist nicht erforderlich (BAG 23.11.2004, 9 AZR 644/03, EzA § 8 TzBfG Nr 12). Die Rechtsfolgen einer Fristversäumnis sind str. Die Rspr versteht die Einhaltung der Frist nicht als materielle 12

Wirksamkeitsvoraussetzung mit der Folge der Unzulässigkeit des Antrags bei deren Versäumung. Ein zu kurzer Vorlauf wird schlicht dahin umgedeutet, dass das Teilzeitbegehren auf den nächst zulässigen Termin nach Ablauf der Dreimonatsfrist gerichtet ist (BAG 20.7.2004, 9 AZR 626/03, EzA § 8 TzBfG Nr 9; LAG Schl-Holst 15.12.2010, 3 SaGa 14/10, BB 2011, 114).

13 Die **Fristberechnung** richtet sich nach den allg Vorschriften (§§ 187 ff BGB); § 193 BGB ist aber unanwendbar (BAG 13.11.1980, 2 AZR 894/78). Der Tag der Geltendmachung ist nicht einzubeziehen. Zwischen dem Zugang des Antrags beim AG und dem gewünschten Beginn müssen mithin volle 3 Monate liegen (BAG 18.2.2003, 9 AZR 164/02, EzA § 8 TzBfG Nr 3). Die Frist ist als Mindestfrist (»spätestens«) zu verstehen, sodass der AN auch schon früher sein Verlangen erklären kann (LAG Köln 4.12.2001, 9 Sa 726/01, AuR 2002, 189). Es muss allerdings die Voraussetzung des vorherigen Bestehens eines 6-monatigen Arbeitsvertrages beachtet werden. So kann der AN iErg eine Verringerung der Arbeitszeit erst nach Ablauf von 9 Monaten verlangen, wenn nicht der AG auf die Einhaltung der Frist verzichtet (BAG 14.10.2003, 9 AZR 636/02, EzA § 8 TzBfG Nr 5).

14 Die 3-Monatsfrist bezieht sich nach der gesetzlichen Ausgestaltung des II nur auf das Verlangen der Arbeitszeitverringerung. Die Verteilung der Arbeitszeit nach § 8 II 2 kann entweder dem AG (§ 106 GewO) überlassen oder auch in einer kürzeren Frist angezeigt werden. Letzte Möglichkeit der Äußerung des Verteilungswunsches ist die Erörterung gem § 8 III (BAG 23.11.2004, 9 AZR 644/03, EzA § 8 TzBfG Nr 12).

15 **IV. Form des Antrags.** Das TzBfG schreibt keine bestimmte Form des Verringerungsantrags vor (vgl dazu auch BAG 23.11.2004, 9 AZR 644/03, EzA § 8 TzBfG Nr 12). Wegen der aus § 22 folgenden Unwirksamkeit von Regelungen zuungunsten des AN kann auch individualvertraglich kein Schriftformerfordernis vereinbart werden. Eine mündliche Geltendmachung reicht danach aus, ist aber aus Beweisgründen im Konfliktfall problematisch. Eine Begr ist nicht erforderlich (BAG 19.8.2003, 9 AZR 542/02, EzA § 8 TzBfG Nr 4).

16 **V. Angabe der gewünschten Verteilung der Arbeitszeit, II 2.** § 8 II 2 legt fest, dass der AN mit dem Verringerungsverlangen die gewünschte Arbeitszeitverteilung angeben soll. Dh, dass diese Angabe nicht zwingend und daher keine Anspruchsvoraussetzung ist. Beide Begehren sind somit getrennt voneinander zu betrachten. Der Verteilungswunsch kann daher später als die Geltendmachung der Arbeitszeitverringerung erfolgen. Letzte Möglichkeit des Vorbringens ist das Erörterungsgespräch mit dem AG (BAG 23.11.2004, 9 AZR 644/03, EzA § 8 TzBfG Nr 12). Die Grundregel ist aber, dass dort, wo die Arbeitszeitverteilung nicht mit dem Verringerungsverlangen verknüpft wird, der AG die Verteilung gestaltet, § 106 GewO (BAG 27.4.2004, 9 AZR 522/03, EzA § 8 TzBfG Nr 10). Die isolierte Geltendmachung einer neuen Verteilung ohne Verringerungsverlangen ist dagegen nicht möglich (ausf MünchArbR/*Schüren* § 46 Rn 57). Aus der Trennung folgt weiter, dass der AG zwar die Arbeitszeitverkürzung annehmen, jedoch die Neuverteilung wirksam ablehnen kann. Anderes gilt nur, falls der AN beide Anliegen miteinander kraft auflösender Bedingung (§ 158 II BGB) verknüpft. Dann kann sein Verlangen nur insgesamt angenommen oder abgelehnt werden (§ 150 II BGB; BAG 24.6.2008, 9 AZR 514/07, EzA § 8 TzBfG Nr 22). Der Wille ist durch Auslegung des Antrags zu ermitteln. Nach Ansicht des BAG ist erfahrungsgemäß von einer Abhängigkeit beider Wünsche auszugehen. Für eine gegenteilige Auslegung bedürfe es bes Anhaltspunkte (BAG 18.2.2003, 9 AZR 164/02, EzA § 8 TzBfG Nr 3). Sind beide Begehren miteinander verknüpft, kann die angestrebte Arbeitszeitverkürzung nur beansprucht werden, wenn die Kürzung möglich **und** die gewünschte Verteilung der Arbeitszeit mit dem organisatorischen Konzept des **Betriebs** vereinbar ist. Genauso setzt ein getrennter Verteilungswunsch voraus, dass er das vorhandene betriebliche Arbeitszeitsystem nicht wesentlich iSd § 8 IV beeinträchtigt.

17 **C. Inhalt des Anspruchs.** Mit der Geltendmachung des Anspruchs auf **Verringerung der Arbeitszeit** strebt der AN eine Änderung seines Arbeitsvertrags an (s.a. Rdn 3). Der Anspruch geht auf die Zustimmung und damit auf den Abschluss des Änderungsvertrags durch den AG (BAG 19.8.2003, 9 AZR 542/02, EzA § 8 TzBfG Nr 4). Soweit keine betrieblichen Gründe entgegenstehen, besteht ein Abschlusszwang für den AG. Der im Anspruch enthaltene Antrag des AN muss annahmefähig sein, dh den Verringerungswunsch und deren Umfang hinreichend bestimmen. Teilt der AN dem AG den gewünschten Umfang der Arbeitszeitverringerung nicht mit, ist der Antrag nur hinreichend bestimmt, wenn dem AG zusätzlich ein einseitiges Leistungsbestimmungsrecht bzgl des Umfangs der Verringerung eingeräumt wird (BAG 16.10.2007, 9 AZR 239/07, EzA § 8 TzBfG Nr 19). Zu den notwendigen Angaben zählt nicht ein genaues Datum des Wirksamwerdens der Änderungen, da sich der Beginn dem Gesetz entnehmen lässt (so BAG 23.11.2004, 9 AZR 644/03, EzA § 8 TzBfG Nr 12; aA MHH/*Heyn* § 8 Rn 33). Eine **Mindest- oder Höchstgrenze des Verringerungsverlangens** ist nicht normiert. Insofern besteht Vertragsfreiheit. Das Verlangen einer geringfügigen

Verringerung der Arbeitszeit kann rechtsmissbräuchlich sein, wenn es nur dazu dient, eine bestimmte Verteilung der Arbeitszeit zu erreichen, die der Arbeitnehmer ohne die Arbeitszeitreduzierung nicht beanspruchen kann (BAG 11.6.2013, 9 AZR 786/11, EzA-SD 2013, Nr 20, 7-8). Hier wird man jedoch den Schutzzweck des Gesetzes beachten müssen. Wenn die angestrebte Arbeitszeitgestaltung zB der Ermöglichung von besserer Kinderbetreuung dient, wird der Wunsch nach Arbeitszeitverkürzung niemals rechtsmissbräuchlich sein. Dagegen besteht kein Anspruch auf eine lediglich befristete Verringerung der Arbeitszeit (BAG 18.3.2003, 9 AZR 126/02, EzA § 4 TzBfG Nr 4).

Da an die vertraglich vereinbarte Arbeitszeit angeknüpft wird, besteht der Anspruch unabhängig vom vereinbarten Arbeitszeitmodell (BAG 27.4.2004, 9 AZR 522/03, EzA § 8 TzBfG Nr 10). Ob Inhalt des Anspruchs auch eine **Änderung des vereinbarten Arbeitszeitmodells** sein kann, ist umstr (ausf ErfK/ *Preis* § 8 Rn 12 mwN). Die Rspr ist uneinheitlich. Teilweise wird angenommen, die Verringerung müsse sich innerhalb des vereinbarten Modells vollziehen (BAG 15.8.2006, 9 AZR 30/06, EzA § 8 TzBfG Nr 14; LAG Köln 23.11.2009, 5 Sa 601/09, AuA 2010, 240; LAG Düsseldorf 17.5.2006, 12 Sa 175/06, DB 2006, 1682). Zum Teil soll sich der Anspruch nicht auf das bisherige Arbeitszeitmodell und die im Arbeitsvertrag festgelegten Arbeitszeiten beschränken (BAG 18.8.2009, 9 AZR 517/08, EzA § 8 TzBfG Nr 24; 16.12.2008, 9 AZR 893/07, EzA § 8 TzBfG Nr 23; LAG Düsseldorf 1.3.2002, 18 (4) Sa 1269/01, DB 2002, 1222). Unter Berücksichtigung der Auswirkungen auf die Arbeitszeit der anderen AN ist dies jedoch abzulehnen (MünchArbR/*Schüren* § 46 Rn 59 f; s.a. HWK/*Schmalenberg* § 8 Rn 13). 18

Ebenso ist der Wunsch nach **Neuverteilung der Arbeitszeit** auf die Änderung des Arbeitsvertrags gerichtet. Er zielt auf eine entspr Erklärung durch den AG. Folglich muss auch das Verlangen des AN nach Neuverteilung hinreichend bestimmt sein. Gesetzliche Vorgaben hins der Art und Weise bestehen dazu nicht. Da Verringerungsverlangen und Verteilungswunsch nicht zeitgleich geäußert werden müssen, kann die Erklärung zur Verteilung nachträglich, spätestens jedoch im Erörterungsgespräch erfolgen (s Rdn 16). 19

D. Entgegenstehende betriebliche Gründe, IV. Gem § 8 IV 1 hat der AG der Verringerung der Arbeitszeit zuzustimmen und ihre Verteilung entspr den Wünschen des AN festzulegen, soweit betriebliche Gründe nicht entgegenstehen. Daraus ergibt sich die Pflicht zur Annahme der Vertragsänderung, wenn keine betrieblichen Gründe entgegenstehen. 20

I. Betriebliche Gründe gegen die Arbeitszeitverringerung. 1. Allgemeines. Das Gesetz konkretisiert den unbestimmten Rechtsbegriff betriebliche Gründe nicht. In der Gesetzesbegr heißt es, unzumutbare Anforderungen an die Ablehnung durch den AG sollen ausgeschlossen werden. **Rationale, nachvollziehbare Gründe** genügen (BT-Drs 14/4374 S 17). Damit kommt eine Absenkung der Anforderungen an die Gründe im Vergleich zur noch im Referentenentwurf (NZA 2000, 1045) und in anderen Regelungen (§§ 9, 10, 1 II KSchG) verwendeten Formulierung der »dringenden betrieblichen Gründe« deutlich zum Ausdruck. Das soll berechtigten Interessen des AG Rechnung tragen (BT-Drs 14/4374 S 17; BAG 8.5.2007, 9 AZR 1112/06, EzA § 8 TzBfG Nr 18). Folglich muss sich der Verringerungswunsch des AN **in das aktuelle unternehmerische Organisationskonzept des AG einfügen** (BAG 15.8.2006, 9 AZR 30/06, EzA § 8 TzBfG Nr 14; 18.3.2003, 9 AZR 126/02, EzA § 4 TzBfG Nr 4), da die Besetzung von Arbeitsplätzen mit Vollzeit- oder Teilzeitbeschäftigten ebenfalls zur freien unternehmerischen Entsch des AG gehört (BAG 17.6.1999, 2 AZR 141/99, EzA § 1 KSchG Betriebsbedingte Kündigung Nr 102). 21

§ 8 IV 2 zählt zur **Konkretisierung der Voraussetzung** beispielhaft (»insbesondere«) die wesentliche Beeinträchtigung der Organisation, des Arbeitsablaufs oder der Sicherheit im Betrieb sowie die Verursachung von unverhältnismäßig hohen Kosten als ausreichende betriebliche Gründe auf. Die Rspr folgert daraus für die Anforderungen an die betrieblichen Gründe, dass nicht jeder rational nachvollziehbare Grund genügen kann. Er müsse auch hinreichend gewichtig sein (BAG 18.2.2003, 9 AZR 164/02, EzA § 8 TzBfG Nr 3) und der Verringerungswunsch eine bes, außergewöhnliche Belastung des AG darstellen (BAG 15.8.2006, 9 AZR 30/06, EzA § 8 TzBfG Nr 14; LAG Düsseldorf 19.4.2002, 9 (12) Sa 11/02, EzA-SD 2002, Nr 6, 9–11; für geringere Anforderungen MHH/*Heyn* § 8 Rn 54; HWK/*Schmalenberg* § 8 Rn 23). Die Teilbarkeit eines Vollzeitarbeitsplatzes schließt entgegenstehende betriebliche Gründe grds aus, wobei bspw eine störungsfreie 2 Jahre dauernde Teilung des Arbeitsplatzes ein Indiz für die tatsächlich mögliche Teilbarkeit sein kann (BAG 13.10.2009, 9 AZR 910/08, EzA § 8 TzBfG Nr 25). Entgegenstehende BV begründen keine absolute Sperre; die Rspr (BAG 16.12.2008, 9 AZR 893/07, EzA § 8 TzBfG Nr 23; LAG Schl-Holst 1.3.2007, 4 SaGa 1/07, AuA 2007, 559) geht von der grds Gleichrangigkeit des Individualanspruchs und der kollektiven Vorschrift aus. Dem Antrag des AN auf Umverteilung der Arbeitszeit können BV und Regelungsabreden entgegenstehen, wenn die Festlegung einen kollektiven Bezug hat (BAG 16.12.2008, 9 AZR 893/07, aaO). Dies ist der Fall, wenn die beabsichtigte Arbeitszeitverteilung Auswirkungen auf den ganzen Betrieb, eine Gruppe von AN oder einen anderen Arbeitsplatz hat (BAG 22

16.12.2008, 9 AZR 893/07, aaO; 16.3.2004, 9 AZR 323/03, EzA § 8 TzBfG Nr 8). Der Anspruch aus § 8 TzBfG kann nicht durch BV oder TV zeitlich begrenzt werden, zB durch eine Befristung der Arbeitszeitverringerung auf ein Kalenderjahr (BAG 24.6.2008, 9 AZR 313/07, EzA § 8 TzBfG Nr 21). Die Tarifvertragsparteien, Betriebsparteien und Arbeitsvertragsparteien können hingegen **zusätzlich** zu § 8 einen Anspruch auf Arbeitszeitverringerung vereinbaren; dieser vertragliche Verringerungsanspruch kann befristet werden (BAG 10.12.2014, 7 AZR 1009/12, EzA-SD 2015 Nr 7, 13).

23 Nach der Rspr des BAG (zuletzt BAG 13.11.2012, 9 AZR 259/11, EzA § 8 TzBfG Nr 27) erfolgt die Beurteilung des Vorliegens eines betrieblichen Grundes in einer **3-stufigen Prüfung**. In der **1. Stufe** ist festzustellen, ob es ein betriebliches Organisationskonzept gibt, das möglicherweise gegen den Arbeitszeitwunsch spricht. Die dem Organisationskonzept zugrunde liegende unternehmerische Vorgabe (Zielsetzung) und die daraus abgeleiteten organisatorischen Entsch sind beachtlich, soweit sie nicht willkürlich sind. In einer **2. Stufe** ist zu prüfen, inwieweit diese Arbeitszeitregelung dem Arbeitszeitverlangen des AN tatsächlich entgegensteht. Dabei ist auch zu fragen, ob durch eine dem AG zumutbare Änderung von betrieblichen Abläufen oder des Personaleinsatzes der betrieblich als erforderlich angesehene Arbeitszeitbedarf unter Wahrung des Organisationskonzepts mit dem individuellen Arbeitszeitwunsch des AN vereinbar ist. In einer **3. Stufe** ist das Gewicht der entgegenstehenden betrieblichen Gründe dahin gehend zu prüfen, ob durch die vom AN gewünschte Abweichung die in § 8 IV 2 genannten bes betrieblichen Belange oder das betriebliche Organisationskonzept und die ihm zugrunde liegende unternehmerische Aufgabenstellung wesentlich beeinträchtigt werden.

24 Der AG entscheidet aufgrund einer **Prognose der künftigen Entwicklung der betrieblichen Verhältnisse**. Liegen danach zum Zeitpunkt der gewünschten Arbeitszeitverringerung entgegenstehende betriebliche Gründe mit einiger Sicherheit vor, kann er das Verringerungsverlangen ablehnen (LAG Hamm 6.5.2002, 8 Sa 641/02, NZA-RR 2003, 178; vgl dazu die Parallele zum Kündigungsrecht BAG 27.2.1997, 2 AZR 160/96, EzA § 1 KSchG Wiedereinstellungsanspruch Nr 1). Dies gilt selbst dann, wenn der AG zum Zeitpunkt der Entsch bereits weiß, dass zu einem späteren als dem gewünschten Datum eine Arbeitszeitverringerung möglich wäre. Es besteht keine gesetzliche Verpflichtung, dem AN eine mögliche spätere Arbeitszeitverringerung anzubieten (ebenso MHH/*Heyn* § 8 Rn 58; aA wohl ErfK/*Preis* § 8 Rn 42). Vielmehr liegt es an ihm, sich die notwendige Kenntnis nach § 7 II zu beschaffen.

25 **2. Wesentliche Beeinträchtigung der Organisation.** Das **unternehmerische Organisationskonzept** fällt unter die verfassungsrechtlich geschützte (Rdn 21) freie unternehmerische Entsch des AG. Wird dessen betriebliche Umsetzung durch die Arbeitszeitverringerung eines AN (BAG: »wesentlich«) erschwert, kann der AG den Teilzeitanspruch ablehnen. Nicht ausreichen können allerdings die Folgen, die sich regelmäßig aus der Verwirklichung des Teilzeitbegehrens ergeben, so bspw die Kosten der notwendigen **Neueinstellung eines Mitarbeiters** (vgl BAG 14.10.2003, 9 AZR 636/02, EzA § 8 TzBfG Nr 6). Die Gesetzesbegr geht von einer Pflicht aus, den frei werdenden Arbeitsplatz mit einer am Markt zur Verfügung stehenden geeigneten Zusatzkraft zu besetzen (BT-Drs 14/4374 S 17). So liegt es am AG, unter Berücksichtigung aller Umstände das Zumutbare für die Schaffung eines Teilzeitarbeitsplatzes zu tun (LAG Köln 15.3.2006, 3 Sa 1593/05, NZA-RR 2006, 515; LAG BW 19.5.2004, 4 Sa 52/03, LAGReport 2004, 291). Der AG darf die Arbeitszeitverkürzung ablehnen, wenn er sie nicht durch eine iW kostenneutrale Neueinstellung ausgleichen kann. Das Vorbringen, die Arbeitsabläufe »bestmöglich« und »effektiv« gestalten zu wollen, wäre hier zu allg (BAG 18.5.2004, 9 AZR 319/03, EzA § 8 TzBfG Nr 11). Damit würde der Teilzeitanspruch leer laufen. Dagegen stellt eine notwendig **aus einer Hand** zu bearbeitende Aufgabe, etwa eine bes Kundenbetreuung, einen entgegenstehenden organisatorischen Grund dar (BAG 30.9.2003, 9 AZR 665/02, EzA § 8 TzBfG Nr 5).

26 Entgegenstehende BV über die Arbeitszeit im Betrieb können den AG berechtigen, das Teilzeitverlangen abzulehnen (BAG 16.12.2008, 9 AZR 893/07, EzA § 8 TzBfG Nr 23; 24.6.2008, 9 AZR 313/07, EzA § 8 TzBfG Nr 21; 16.3.2004, 9 AZR 323/03, EzA § 8 TzBfG Nr 8). Der AN muss in den Geltungsbereich der BV fallen (BAG 20.1.2015, 9 AZR 735/13, EzA-SD 2015, Nr 12, 6). Es ist eine zwingende BV gem § 87 I Nr 2 BetrVG erforderlich. Zwar gibt § 87 I Nr 2 BetrVG nur ein Mitbestimmungsrecht hins der Lage und nicht hins der Dauer der Arbeitszeit. Da aber die Verringerung der Arbeitszeit eine Neuverteilung der Arbeitszeit auch der anderen AN nach sich ziehen kann, können BV nach § 87 I Nr 2 BetrVG einem Verringerungsverlangen entgegenstehen (HK-BetrVG/*Kohte* § 87 BetrVG Rn 47). Voraussetzung ist der kollektive Bezug der individualvertraglich vereinbarten Arbeitszeitverringerung (BAG 16.3.2004, 9 AZR 323/03, EzA § 8 TzBfG; vgl Rdn 22). Auch freiwillige BV gelten gemäß § 77 IV 1 BetrVG unmittelbar und zwingend und berechtigen daher den AG, das Teilzeitverlangen abzulehnen, wenn die BV auf einer Tariföffnungsklausel beruht (offengelassen BAG 24.6.2008, 9 AZR 313/07, EzA § 8 TzBfG Nr 21; 15.8.2006, 9 AZR 30/06, EzA § 8 TzBfG Nr 14). Auch Regelungsabreden können einen Ablehnungsgrund

für ein Teilzeitverlangen darstellen (BAG 16.12.2008, 9 AZR 893/07, EzA § 8 TzBfG Nr 23). § 8 TzBfG begründet keinen Gesetzesvorbehalt iSv § 87 I BetrVG, der ein Mitbestimmungsrecht des BR ausschließt (BAG 24.6.2008, 9 AZR 313/07, EzA § 8 TzBfG Nr 21). Es bedarf einer Bewertung des jeweiligen Einzelfalls (zahlreiche Bsp bei MHH/*Heyn* § 8 Rn 60 ff). Der AG muss ein schlüssiges zugrunde liegendes Organisationskonzept vorweisen und eine stimmige, plausible und damit nachvollziehbare Begr für gerade dieses Konzept geben, in das sich das Teilzeitverlangen des AN nicht einfügen lässt (BAG 20.1.2015, 9 AZR 735/13, EzA-SD 2015, Nr 12, 6; 18.3.2003, 9 AZR 126/02, EzA § 4 TzBfG Nr 4; LAG Köln 3.2.2006, 11 (13) Sa 1246/05, NZA-RR 2006, 343).

Da das Organisationskonzept unter die freie unternehmerische Entsch des AG fällt, beschränkt sich die **gerichtliche Überprüfung** auf eine Missbrauchskontrolle (st Rspr, BAG 16.3.2004, 9 AZR 323/03, EzA § 8 TzBfG Nr 8; 27.2.1997, 2 AZR 160/96, EzA § 1 KSchG Wiedereinstellungsanspruch Nr 1). Sie bezieht sich lediglich auf offenbar unvernünftige oder willkürliche Konzepte, nicht dagegen auf ihre sachliche Rechtfertigung oder Zweckmäßigkeit (MHH/*Heyn* § 8 Rn 52 mwN). Die Interessen des AN sind nicht mit einzubeziehen. Das G geht allein von der betrieblichen Situation aus (BAG 9.12.2003, 9 AZR 16/03, EzA § 8 TzBfG Nr 7). 27

3. Wesentliche Beeinträchtigung des Arbeitsablaufs. Die Steuerung des Arbeitsablaufs lässt sich nur schwer von der allg unternehmerischen Betriebsorganisation trennen. So lässt sich der Großteil der Beeinträchtigungen schon unter die Störung der Organisation subsumieren. Der Gesetzgeber versteht darunter den technischen Aspekt der Arbeitserledigung (BT-Drs 14/4374 S 17). Will man die Begriffe auseinanderhalten, ist zur Annahme einer Beeinträchtigung des Arbeitsablaufs auf die Auswirkungen auf einzelne Arbeitsschritte abzustellen. So können unverhältnismäßig lange Übergabezeiten des Arbeitsplatzes oder Leerlaufzeiten von Maschinen im Schichtbetrieb eine Ablehnung rechtfertigen. 28

4. Wesentliche Beeinträchtigung der Sicherheit im Betrieb. Eine Beeinträchtigung der Sicherheit im Betrieb kann angenommen werden, wenn durch die Arbeitszeitverringerung notwendige Sicherheitsstandards, insb gesetzliche Unfallverhütungsvorschriften, nicht mehr eingehalten werden können. Praktisch hat dieses Regelbeispiel keine Bedeutung. 29

5. Verursachung unverhältnismäßig hoher Kosten. Das G definiert die Voraussetzung nicht. Hintergrund ist die Ablehnung des BAG, in die Prüfung einer tariflichen Norm, nach der betriebliche Notwendigkeiten einer Verkürzung der Arbeitszeit entgegenstehen können, wirtschaftliche Gesichtspunkte mit einzubeziehen (BAG 28.10.1999, 6 AZR 301/98, EzA § 4 TVG Bestimmungsklausel Nr 3). Ausschlaggebend sind demnach weniger betriebliche als betriebswirtschaftliche Gründe. Maßstab zur Beurteilung der Unverhältnismäßigkeit sind die Auswirkungen des Teilzeitverlangens des AN. Ins Verhältnis zu setzen sind die Kosten, die üblicherweise mit dem eingerichteten Arbeitsplatz verbunden sind, mit denjenigen, die bei einer Arbeitsplatzteilung anfallen (BAG 23.11.2004, 9 AZR 644/03, EzA § 8 TzBfG Nr 12). Führen sie zu nicht mehr tragfähigen Kosten des AG (LAG Düsseldorf 19.4.2002, 9 [12] Sa 11/02, EzA-SD 2002, Nr 6, 9–11) und stehen sie damit zum Arbeitsplatz außer Verhältnis, liegt ein betrieblicher Grund vor. In der Praxis ist das kaum möglich. 30

Dies ist insb anzunehmen, wenn die Einstellung einer Ersatzkraft unwirtschaftlich ist (LAG BW 9.6.2004, 4 Sa 50/03, LAGReport 2004, 289–291; bestätigt durch BAG 21.6.2005, 9 AZR 409/04, EzA § 8 TzBfG Nr 13). Eine unzumutbare wirtschaftliche Belastung des gesamten Unternehmens, die Gefährdung von Arbeitsplätzen oder eine wirtschaftliche Zwangslage sind nicht erforderlich (Annuß/Thüsing/*Mengel* § 8 Rn 156 mwN). Unter Berücksichtigung der Zielsetzung des Gesetzes (§ 1) erfüllen die mit der Verkürzung der Arbeitszeit einhergehenden gewöhnlichen Kosten nicht die Voraussetzungen des betrieblichen Grundes (ArbG Stuttgart 5.7.2001, 21 Ca 2762/01, NZA 2001, 968). Der pauschale Hinweis auf unverhältnismäßige Belastungen, etwa auf Schulungskosten (BAG 20.1.2015, 9 AZR 735/13, EzA-SD 2015, Nr 12, 6), reicht nicht. Vielmehr sind die mit der Arbeitszeitverringerung verbundenen konkreten Aufwendungen darzulegen; dann können sie gewichtet werden. Sind Folgen der Verringerung jedoch nachweisbare kostenintensive Anschaffung neuer Betriebsmittel (LAG Nds 18.11.2002, 17 Sa 487/02, BB 2003, 905), überlange Einarbeitungszeiten (LAG Nds 26.6.2003, 4 Sa 1306/02, MDR 2004, 101) oder hohe laufende Fortbildungsmaßnahmen für die Ersatzkraft (BAG 21.6.2005, 9 AZR 409/04, EzA § 8 TzBfG Nr 13), kann der Teilzeitanspruch unverhältnismäßig hohe Kosten verursachen. 31

6. Sonstige betriebliche Gründe. Nach der gesetzlichen Konzeption können neben den in IV 2 aufgeführten Gründen weitere betriebliche Gründe zur Ablehnung des Teilzeitanspruchs des AN herangezogen werden. Zum Verhältnis der Beispiele zum Grundtatbestand s Rdn 21 f. Ein sonstiger betrieblicher Grund liegt **nicht** vor, wenn ein Leih-AN die Arbeitszeitverringerung verlangt, der Verleiher aber zur Überlassung 32 von AN mit einer bestimmten Mindeststundenanzahl verpflichtet ist (aA noch LAG Hess 31.1.2011, 17 Sa 641/10; jedoch aufgehoben durch BAG 13.11.2012, 9 AZR 259/11, EzA-SD 2012, Nr 24, 10). Eine solche Situation kann nur in Fällen der Dauerüberlassung entstehen. Diese ist jedoch inzwischen unzulässig. Einen betrieblichen Grund kann es hingegen darstellen, wenn es auf dem Markt, den der Verleiher bedient, keine Abnehmer für teilzeitbeschäftigte Leih-AN gibt (vgl BAG 13.11.2012, 9 AZR 259/11, EzA § 8 TzBfG Nr 27). Die Ablehnung teilzeitbeschäftigter Leih-AN durch einen Entleiher stellt keinen Verstoß gegen das AGG dar, das auch den Entleiher bindet (§ 6 II 2 AGG). Das Diskriminierungsverbot für Teilzeitkräfte gilt nur im bestehenden Arbeitsverhältnis (vgl § 4 Rdn 1). Der Entleiher ist völlig frei darin, ob er seinen vorübergehenden Arbeitsbedarf mit Voll- oder Teilzeitleiharbeitnehmern deckt.

33 **II. Betriebliche Gründe gegen die Arbeitszeitverteilung.** Ebenso wie dem Anspruch auf Arbeitszeitverringerung keine betrieblichen Gründe entgegenstehen dürfen, steht auch der **Anspruch** auf Arbeitszeitverteilung nach IV 1 unter diesem Vorbehalt. Die Konkretisierungen in IV 2 beziehen sich ausdrücklich nur auf den Anspruch auf Verkürzung der Arbeitszeit. Trotzdem ist ein einheitlicher Bewertungsmaßstab mit denselben Voraussetzungen für die Prüfung der betrieblichen Gründe bzgl der Lage der Arbeitszeit anzulegen (BAG 18.2.2003, 9 AZR 356/02, EzA § 8 TzBfG Nr 2).

34 Hins der Voraussetzungen der betrieblichen Gründe und der vom BAG aufgestellten Kriterien s Rdn 21 ff. Insb muss sich der Verteilungswunsch des AN – ebenso wie die Arbeitszeitverkürzung – in das Organisationskonzept des AG einfügen. Nur wenn die Lage der Arbeitszeit die betriebliche Umsetzung des unternehmerischen Organisationskonzepts nicht (BAG: »wesentlich«) erschwert, besteht ein Anspruch auf die gewünschte Verteilung.

35 **III. Tarifvertraglich festgelegte Ablehnungsgründe, IV 3, 4.** Den TV-Parteien wird die Möglichkeit eröffnet, Ablehnungsgründe tarifvertraglich zu bestimmen. Die gleiche Möglichkeit steht nicht tarifgebundenen Vertragsparteien zu, indem sie die Anwendung der tariflichen Regelungen über die Ablehnungsgründe vereinbaren (individualvertragliche Inbezugnahme des TV). Diese Regelungsfreiheit ist jedoch durch § 22 insofern eingeschränkt, als zuungunsten des AN nicht von den gesetzlichen Vorschriften abgewichen werden darf. Daher sind tarifliche Regelungen unwirksam, die dem gesetzlichen Verringerungsanspruch widersprechen (BAG 21.11.2006, 9 AZR 138/06, EzA § 8 TzBfG Nr 16; 18.3.2003, 9 AZR 126/02, EzA § 4 TzBfG Nr 4). Vielmehr können die TV-Parteien die Gründe für die Ablehnung der Verringerung der Arbeitszeit konkretisieren und an die spezifischen Erfordernisse des jeweiligen Wirtschaftszweigs anpassen (BT-Drs 14/4374 S 17). Insb die Voraussetzungen des 6-monatigen Bestehens des Arbeitsvertrags oder der Mindestzahl an beschäftigten AN gem § 8 VII können nicht zum Nachteil des AN verändert werden. Im Gegensatz dazu können günstigere tarifvertragliche Voraussetzungen der Ansprüche vereinbart werden.

36 **E. Verfahren. I. Geltendmachung des Anspruchs, II.** Das differenzierte Verfahren zur Erreichung der Arbeitszeitverkürzung und -verteilung beginnt, abgesehen von der Informationsbeschaffung iSd § 7 II, mit der Geltendmachung des Anspruchs. Dabei soll der AN auch die gewünschte Verteilung der Arbeitszeit angeben (s Rdn 16). Zu den Anforderungen an Form und Frist des Antrags s Rdn 12 ff.

37 **II. Erörterung mit dem AG, III.** Der Geltendmachung folgt die Erörterung des Verringerungsverlangens mit dem AG gem § 8 III. Ziel ist die freiwillige Einigung der Parteien (BT-Drs 14/4374 S 17). Eine einklagbare Verhandlungspflicht lässt sich der Vorschrift dagegen nicht entnehmen. Vielmehr begründet die Regelung eine Verhandlungsobliegenheit. Das **Ausbleiben der Erörterung** hat zwar keine gesetzlichen Rechtsfolgen. Aus ihm folgen weder die Versagung der Berufung auf Ablehnungsgründe noch die automatische Erteilung der Zustimmung zur Vertragsänderung. Ist die Verkürzung kraft Fiktion erfolgt, kann der AG nach Ansicht des BAG in einem Rechtsstreit mit dem AN nicht mehr die Ablehnungsgründe geltend machen, die schon iR der Erörterung hätten ausgeräumt werden können (BAG 18.2.2003, 9 AZR 356/02, EzA § 8 TzBfG Nr 2; aA ErfK/*Preis* § 8 Rn 15; krit Laux/Schlachter/*Laux* § 8 Rn 240 ff).

38 Gem § 8 III 2 hat der AG mit dem AN **Einvernehmen** über die von ihm festzulegende **Verteilung der Arbeitszeit** zu erzielen. Daraus folgt, dass eine Verhandlung nur hins des Verringerungsverlangens stattzufinden hat. Für die Verteilung der Arbeitszeit verbleibt es beim Direktionsrecht des AG (§ 106 GewO). Insb kann der Vorschrift keine Pflicht zur Einigung entnommen werden (MHH/*Heyn* § 8 Rn 43). Sie ist vielmehr Ausdruck des gesetzlich vorgesehenen Verhandlungsvorrangs. Eine Einschränkung des Direktionsrechts ergibt sich aus der Geltendmachung des Verteilungsanspruchs gem § 8 IV 1, wonach die Verteilung entspr den Wünschen des AN festzulegen ist, wenn nicht betriebliche Gründe entgegenstehen.

39 Gelangen AN und AG iR der Verhandlungen zu einer Einigung, schließen sie damit einen **Änderungsvertrag** zum bisherigen Arbeitsvertrag. Die Neuerungen werden somit Arbeitsvertragsinhalt, von welchem sich

der AG nur mit den allg Mitteln (Änderungsvertrag, -kündigung) lösen kann. Hins einer Vereinbarung über die Verteilung der Arbeitszeit steht ihm zusätzlich die Möglichkeit der Änderung gem V 4 zu (s Rdn 45 ff).

III. Mitteilung der Entscheidung durch den AG, V 1. Nach § 8 V 1 hat der AG dem AN die Entsch 40 über die Verringerung der Arbeitszeit und ihre Verteilung spätestens einen Monat vor dem gewünschten Beginn der Verringerung schriftlich mitzuteilen. Die Mitteilungspflicht besteht unabhängig davon, ob der AG der Verringerung zustimmt oder sie ablehnt. Ein Mindestinhalt ist gesetzlich nicht vorgeschrieben, sodass eine Mitteilung der Entsch ohne Begr ausreicht (BAG 19.8.2003, 9 AZR 542/02, EzA § 8 TzBfG Nr 4; 18.2.2003, 9 AZR 356/02, EzA § 8 TzBfG Nr 2).

Hins der Form der Mitteilung sieht V 1 Schriftform vor. §§ 125 ff BGB sind anzuwenden. Damit sind die 41 Voraussetzungen des **§ 126 BGB** einzuhalten (aA ErfK/*Preis* § 8 Rn 17, der Textform gem § 126b BGB ausreichen lässt – dies widerspricht jedoch dem klaren Wortlaut von § 8 V 1).

Die Entsch muss vor Ablauf der **Monatsfrist** dem AN zugehen; zur Fristberechnung s Rdn 13. Maßgebli- 42 cher Zeitpunkt des Fristablaufs ist grds der Wunschbeginn der Arbeitszeitverringerung. Da nach der Rspr die 3-Monatsfrist der Antragstellung keine materielle Wirksamkeitsvoraussetzung ist (Rdn 12), kann bei Nichteinhaltung dieser Frist nicht auf das gewünschte Datum des Beginns der Verringerung abgestellt werden. Dies hätte ggf eine Reaktionszeit des AG von weniger als einem Monat zur Folge. In diesem Fall muss der entspr spätere Zeitpunkt der Verringerung maßgeblich sein.

IV. Gesetzliche Fiktion der Verringerung bzw Verteilung der Arbeitszeit, V 2, 3. Haben sich AN und AG 43 in der Erörterung nicht geeinigt und unterbleibt die rechtzeitige und formgerechte Mitteilung der Ableh- nung durch den AG, verringert sich gem § 8 V 2 die Arbeitszeit in dem vom AN gewünschten Umfang. Damit fingiert das Gesetz die Zustimmung des AG zur gewünschten Vertragsänderung. Zu berücksichtigen ist jedoch, dass die gesetzliche Fiktion nur die Zustimmung des AG ersetzen kann. Zur Verringerung der bisherigen Arbeitszeit müssen dagegen alle notwendigen Voraussetzungen des Teilzeitanspruchs erfüllt sein (Rdn 4 ff). Insb tritt sie nur ein, wenn das Angebot des AN auf Vertragsänderung so bestimmt erklärt wurde, dass der geänderte Vertragsinhalt eindeutig feststeht (LAG Nds 11.4.2003, 10 Sa 1746/02, LAGRe- port 2003, 321). **Rechtsfolge der Fiktion** ist das Vorliegen der Zustimmung des AG zur Vertragsänderung, sodass der bisherige Arbeitsvertrag nach den Wünschen des AN abgeändert wird. Damit kann der AG sich nicht mehr auf entgegenstehende betriebliche Gründe iSd IV 1, 2 berufen. Die Fiktionswirkung kann nur durch Änderungsvertrag oder Änderungskündigung rückgängig gemacht werden. Letztere kann die fingierte Vereinbarung über die geänderte Arbeitszeit jedoch nur dann beseitigen, wenn der AG diese auf Tatsachen stützt, die erst nach der fingierten Arbeitszeitänderung eingetreten sind (BAG 20.1.2015, 9 AZR 860/13, EzA-SD 2015, Nr 13, 9-12).

Gleiches gilt, falls AN und AG kein Einvernehmen über die Verteilung der Arbeitszeit erzielt haben. Gem 44 § 8 V 3 gilt die Verteilung der Arbeitszeit entspr den Wünschen des AN als festgelegt, wenn der AG nicht rechtzeitig und formgerecht die gewünschte Arbeitszeitverteilung ablehnt. Auch in diesem Fall tritt die **gesetzliche Fiktion** der Zustimmung zur Vertragsänderung ein, womit die neue (vom AN gewünschte) Verteilung Vertragsinhalt wird. Aufgrund der unselbstständigen Funktion des Verteilungswunsches neben dem Verlangen nach Verkürzung der Arbeitszeit greift die Fiktion nur bei wirksamer Arbeitszeitverkür- zung ein. Irrelevant ist, ob die Arbeitszeitverkürzung aus der Vereinbarung oder selbst aus der gesetzlichen Fiktion folgt. Bei rechtmäßiger Ablehnung des Verringerungsverlangens tritt daher auch die Fiktion der Zustimmung zur Änderung der Arbeitszeitverteilung nicht ein (ArbG Mönchengladbach 30.5.2001, 5 Ca 1157/01, EzA § 8 TzBfG Nr 1).

V. Änderung der Verteilung der Arbeitszeit durch den AG, V 4. Die Vorschrift eröffnet dem AG eine 45 **erleichterte Möglichkeit** zur Änderung der nach III 2 (Rdn 38) oder V 3 (Rdn 44) festgelegten **Arbeitszeit- verteilung** – nicht aber der Arbeitszeitreduzierung. Voraussetzung ist, dass das betriebliche Interesse daran das Interesse des AN an der Beibehaltung erheblich überwiegt und der AG die Änderung spätestens einen Monat vorher ankündigt. Die Einhaltung einer bestimmten **Form** ist nicht vorgeschrieben.

Die Rechtsnatur des Änderungsrechts ist umstr. Teilweise wird V 4 als Teilkündigungsrecht (ErfK/*Preis* § 8 46 Rn 44) zT als vertragliches Gestaltungsrecht (HWK/*Schmalenberg* § 8 Rn 37) verstanden. Aufgrund der Möglichkeit zur Neuverteilung der Arbeitszeit scheidet die Einordnung als bloßes Kündigungsrecht aus. Vielmehr wird durch § 8 V 4 das durchweg bestehende, aber zuvor durch § 8 IV beschränkte originäre Direktionsrecht des AG wieder erweitert, sodass von der Qualität eines **einseitigen Gestaltungsrechts** aus- zugehen ist (ausf Annuß/Thüsing/*Mengel* § 8 Rn 185 ff).

§ 8 V 4 greift nur bei Änderungen der Arbeitszeitverteilung im **Verfahren nach § 8** (BAG 17.7.2007, 9 AZR 47 819/06, EzA § 8 TzBfG Nr 17). Für Änderungen außerhalb des Anwendungsbereichs von § 8 verbleibt es beim Direktionsrecht des AG ohne die Einschränkungen aus § 8 V 4, dh, dass die Verringerung der Arbeitszeit auf der Grundlage des TzBfG erfolgen muss. Bei Verkürzungen nach anderen Gesetzen ist § 8 V 4 nicht anwendbar.

48 V 4 erfasst ausdrücklich die 2 Varianten des Einvernehmens und der Fiktion der Zustimmung zur Verteilung. Dabei fällt unter die Variante Einvernehmen iSd III 2 auch die Einigung nach Klageerhebung iR eines Prozessvergleiches (LAG Hess 15.11.2013, 14 Sa 1619/12). Auf Arbeitszeitverteilungen, die durch das einseitige Direktionsrecht des AG oder durch gerichtliche Entsch festgelegt sind, findet die Vorschrift unmittelbar keine Anwendung. Aufgrund der gleichen Interessenlage ist die Vorschrift in diesen Fällen **entspr** anzuwenden (vgl LAG Hamm 16.12.2004, 8 Sa 1520/04, NZA-RR 2005, 405).

49 Das Recht besteht nur bei **überwiegendem Interesse des AG** an der Änderung. Anders als bei den Ablehnungsgründen nach IV sind in die Entsch nach V 4 die Interessen des AN einzubeziehen. Gründe, die zur Ablehnung berechtigten, können auch hier greifen. Wurde die Arbeitszeitverteilung gerichtlich festgestellt, kann ein Änderungsverlangen nur auf nach der Ablehnung entstandene Tatsachen gestützt werden (LAG Hamm 16.12.2004, 8 Sa 1520/04, NZA-RR 2005, 405). Es bedarf einer Interessenabwägung im Einzelfall.

50 Ändert der AG unter obigen Voraussetzungen die Verteilung der Arbeitszeit, werden diese Änderungen **Inhalt des Arbeitsvertrags**.

51 **F. Erneutes Verringerungsverlangen des AN, VI.** Der AN kann eine erneute Verringerung der Arbeitszeit frühestens nach Ablauf von 2 Jahren verlangen, nach dem der AG einer Verringerung zugestimmt oder sie berechtigt abgelehnt hat. Die Fristberechnung folgt den allg Vorschriften (§§ 187 ff BGB). Wird die Zustimmung gem § 8 V 2 fingiert oder durch eine gerichtliche Entsch ersetzt, beginnt die Frist mit dem Eintritt der Fiktionswirkung oder der Rechtskraft des Urteils. Nur eine **berechtigte Ablehnung** setzt ebenfalls die Sperrfrist in Gang (BAG 21.11.2006, 9 AZR 138/06, EzA § 8 TzBfG Nr 16). Damit sind (berechtigte) Ablehnungen aus betrieblichen Gründen, nicht dagegen Ablehnungen aufgrund fehlender Anspruchsvoraussetzungen gemeint. Dann kann der AG ein erneutes Verlangen nicht unter Berufung auf VI ablehnen.

52 Zwar ist die erneute Geltendmachung von Veränderungen der Arbeitszeit nicht ausdrücklich vom Wortlaut der Norm erfasst. Aus dem unselbstständigen Charakter dieses Verlangens neben dem Teilzeitbegehren folgt aber, dass auch hins eines **erneuten Verteilungswunsches** nichts anderes gelten kann.

53 **G. Gerichtliche Durchsetzung.** Lehnt der AG das Begehren des AN nach Verringerung und/oder Neuverteilung der Arbeitszeit ab, verbleibt dem AN die Möglichkeit der gerichtlichen Durchsetzung des Anspruchs. Eine **eigenmächtige außergerichtliche Änderung** der Arbeitszeit widerspräche dem geltenden Arbeitsvertrag und stellte somit eine Pflichtverletzung dar, die – im Regelfall nach Abmahnung – zur verhaltensbedingten, ggf fristlosen Kdg führen kann (vgl zur Selbstbeurlaubung BAG 20.1.1994, 2 AZR 521/93, EzA § 626 nF BGB Nr 153; LAG Hessen, 23.10.2015, 10 Sa 254/15, juris).

54 **I. Verringerung der Arbeitszeit.** Der Anspruch zielt auf die Zustimmung des AG zur Änderung des Arbeitsvertrags. Er ist daher im Wege der **allg Leistungsklage** durchzusetzen. Gem § 894 I 1 ZPO gilt die Zustimmung mit Rechtskraft des Urteils als abgegeben (BAG 19.8.2003, 9 AZR 542/02, EzA § 8 TzBfG Nr 4). Die Verurteilung kann auch auf den Zeitpunkt der gewünschten Vertragsänderung zurückwirken, wenn ein dahin gehendes Begehren geltend gemacht wird (BAG 27.4.2004, 9 AZR 522/03, EzA § 8 TzBfG Nr 10). Aus dem bestimmbaren Zeitpunkt der Rechtskraft des Urteils folgt, dass im Klageantrag iSd § 253 II Nr 2 ZPO kein konkretes Datum der Vertragsänderung angegeben werden muss, um dem **Bestimmtheitserfordernis** zu genügen (BAG 21.6.2005, 9 AZR 409/04, EzA § 8 TzBfG Nr 13). Es reicht aus, wenn der AN die Änderung mit Rechtskraft begehrt (ArbG Düsseldorf 31.7.2001, 6 Ca 2817/01, NZA-RR 2001, 571). Auch muss der Klageantrag nicht zwingend das Verteilungsbegehren enthalten (BAG 27.4.2004, 9 AZR 522/03, EzA § 8 TzBfG Nr 10). Eine einzuhaltende **Klagefrist** besteht nicht. Es gelten die allg Grundsätze der Verwirkung. Vertragliche oder tarifliche Ausschlussfristen greifen ebenso nicht (LAG Nds 18.11.2002, 17 Sa 487/02, BB 2003, 905).

55 Entgegen einer verbreiteten Ansicht in der Lit (vgl Annuß/Thüsing/*Mengel* TzBfG § 8 Rn 251 ff mwN), die bei einer Klage iSd § 894 ZPO auf die Rechtslage im Zeitpunkt der letzten mündlichen Verhandlung abstellt, sieht das BAG den **maßgeblichen Beurteilungszeitpunkt** der gerichtlichen Entsch im Zeitpunkt des Zugangs der Ablehnungsentsch des AG (BAG 23.11.2004, 9 AZR 644/03, EzA § 8 TzBfG Nr 12; 18.2.2003, 9 AZR 356/02, EzA § 8 TzBfG Nr 2). Danach kommt es auf die Rechtfertigung der Ablehnung im Zeitpunkt des Wirksamwerdens der Ablehnungserklärung an. Somit spielt der spätere Wegfall betrieblicher Gründe während des Verfahrens keine Rolle. Umgekehrt hat das für den AG die Folge, dass er alle

relevanten Begr seiner Ablehnung in seiner Ablehnungsentsch erklären und ggf unternommene Anstrengungen, etwa hins der Einstellung einer Ersatzkraft, nachweisen muss.

II. Verteilung der Arbeitszeit. Soweit arbeitsvertraglich nicht bereits ausdrücklich festgelegt, unterfällt die Arbeitszeitverteilung dem Direktionsrecht des AG. Somit zielt der Anspruch auf Neuverteilung auf die Abgabe einer entspr Änderungserklärung durch den AG, welche mit Rechtskraft des Urteils gem § 894 ZPO fingiert wird (BAG 16.3.2004, 9 AZR 323/03, EzA § 8 TzBfG Nr 8; aA LAG Hamm 15.1.2003, 2 Sa 1393/02, LAGReport 2003, 196: Klage auf Ausübung des Direktionsrechts). Werden die Ansprüche auf Verringerung und Verteilung miteinander verbunden, wovon nach Ansicht des BAG im Regelfall auszugehen ist (Rdn 16), liegt nur ein prozessualer Anspruch vor, und es ist nur ein einheitlicher Klageantrag zu stellen (BAG 18.2.2003, 9 AZR 164/02, EzA § 8 TzBfG Nr 3). Eine Geltendmachung im Wege einer Stufenklage ist damit nicht erforderlich (ArbG Mönchengladbach 30.5.2001, 5 Ca 1157/01, EzA § 8 TzBfG Nr 1).

III. Beweislast. Die Beweislast folgt den allg Grundsätzen. Danach hat der AN die anspruchsbegründenden Tatsachen darzulegen. Den AG trifft die Darlegungs- und Beweislast hins der entgegenstehenden betrieblichen Gründe. Ebenso muss er die Voraussetzungen des Änderungsrechts nach § 8 V 4 darlegen.

IV. Einstweilige Verfügung. Hins des einstweiligen Rechtsschutzes gelten die allg Regelungen (§ 62 II 1 ArbGG iVm §§ 935, 940 ZPO). Zumeist wird jedoch eine Regelungsverfügung zur Gestaltung des Vertrags iSd § 940 ZPO zu einer unzulässigen Vorwegnahme der Hauptsache führen, sodass ein Verfügungsgrund nur in Ausnahmefällen bejaht werden kann (LAG Hamburg 4.9.2006, 4 Sa 41/06, NZA-RR 2007, 122). Dies ist der Fall, wenn ein Obsiegen des Verfügungsklägers in der Hauptsache überwiegend wahrscheinlich und die angestrebte einstweilige Regelung dringend geboten ist. Auch muss sich bei der Abwägung der beiderseitigen Interessen ergeben, dass der Verfügungsbeklagten eher als dem Verfügungskläger das Risiko zuzumuten ist, dass die weitere Aufklärung des Sachverhalts im Hauptsacheverfahren dort zu einer abweichenden Beurteilung der Rechtslage führen kann (LAG Nürnberg 21.9.2005, 4 Sa 710/05, AE 2006, 21; LAG Hamm 6.5.2002, 8 Sa 641/02, NZA-RR 2003, 178). Ein typisches Bsp ist die Arbeitszeitverkürzung zur Kinderbetreuung, die nicht delegiert werden kann (LAG Nds 15.4.2008, 11 Sa 1374/07, AE 2008, 270; LAG Hamburg 4.9.2006, 4 SA 41/06, NZA-RR 2007, 122). Insgesamt sind **strenge Anforderungen** an die Zulässigkeit der Regelungsverfügung zu stellen (LAG Köln 23.12.2005, 9 Ta 397/05, LAGE § 8 TzBfG Nr 16; LAG Rh-Pf 12.4.2002, 3 Sa 161/02, NZA 2002, 856).

Den gleichen Voraussetzungen unterliegt der einstweilige Rechtsschutz gegen die vom AG einseitig geänderte Arbeitszeitverteilung gem § 8 V 4.

V. Schadensersatzansprüche. In Betracht kommen Schadensersatzansprüche aus § 8 iVm §§ 280, 823 II BGB. ZT wird § 8 jedoch der Schutz materieller Interessen abgesprochen. Nach der Gesetzesbegr (BT-Drs 14/4374, allg Teil der Begr) würden sie nicht geschützt (*Hanau* NZA 2001, 1168). Diese Auffassung berücksichtigt nach Ansicht der Rspr allerdings zu wenig, dass das Gesetz dem AN, der aus familiären und persönlichen Gründen die Vollzeittätigkeit aufgeben muss, die weitere Arbeitstätigkeit in Form der Teilzeittätigkeit ermöglichen will und damit seinem materiellen Interesse dient, das Arbeitsverhältnis als Erwerbsgrundlage zu erhalten (LAG Düsseldorf 2.7.2003, 12 Sa 407/03, NZA-RR 2004, 234).

Im Gegensatz zur Haftung wegen verweigerter Arbeitszeitverlängerung gem § 9 (s § 9 Rdn 28 f) spielen Schadensersatzansprüche aufgrund verweigerter Verringerung der Arbeitszeit in der Praxis bislang keine Rolle. Meist arbeitet der AN (zu Unrecht) mit einer längeren als der gewünschten Arbeitszeit weiter, wodurch ihm regelmäßig keine Vermögenseinbußen entstehen. Eine Haftung käme aber in Betracht, wenn der AN infolge einer unberechtigten Ablehnung der Arbeitszeitverkürzung gezwungen würde, seine Erwerbstätigkeit ganz zu beenden. Dann wäre die Vergütung auf der zu Unrecht verweigerten Teilzeitstelle Berechnungsgrundlage.

H. Verhältnis zu sonstigen Teilzeitansprüchen und zu tarifvertraglichen Regelungen. Gem § 23 bleiben bes Regelungen über die Teilzeitarbeit unberührt. Dies sind insb die Vorschriften des ATG, § 15 V–VII BEEG und § 81 V 3 SGB IX. Die Regelungen finden grds nebeneinander Anwendung, sodass sich etwa ein Elternteil in Elternzeit ebenso auf § 8 berufen könnte. Abschließend sind die bes Regelungen insoweit, als dass sie speziellere Anordnungen treffen.

Den **TV-Parteien** verbleibt ein begrenzter Gestaltungsspielraum. Gem § 22 sind Abweichungen von den gesetzlichen Regelungen zuungunsten des AN unzulässig. Insb gilt dies für die Konkretisierungsmöglichkeit der Ablehnungsgründe (Rdn 35). Ihnen steht es aber weiterhin offen, günstigere Vereinbarungen zu treffen

§ 9 TzBfG Verlängerung der Arbeitszeit

(BAG 21.11.2006, 9 AZR 138/06, EzA § 8 TzBfG Nr 16; 18.3.2003, 9 AZR 126/02, EzA § 4 TzBfG Nr 4).

64 **I. Mitbestimmungsrechte des BR.** Auch wenn dem BR nach st Rspr kein Mitbestimmungsrecht über die Dauer der regelmäßigen Arbeitszeit an sich eingeräumt ist (BAG 22.7.2003, 1 ABR 28/02, EzA BetrVG 2001 § 87 Nr 4 Arbeitszeit; 27.1.1998, 1 ABR 35/97, EzA BetrVG 1972 § 87 Nr 58 Arbeitszeit), kommt ein Mitbestimmungsrecht des BR nach § 87 I Nr 2 BetrVG in Betracht, wenn die Realisierung des Arbeitnehmerwunsches hins der Verteilung der Arbeitszeit nach § 8 Auswirkungen auf die Lage der Arbeitszeit anderer AN hat und insoweit ein kollektiver Bezug vorliegt (Laux/Schlachter/*Laux*, § 8 Rn 274 ff; BAG 16.12.2008, 9 AZR 893/07, EzA TzBfG § 8 Nr 23; ausf *Hamann* NZA 2010, 785).

65 Ein Mitbestimmungsrecht des BR könnte sich ferner aus § 99 I 1 BetrVG ergeben, wenn es sich bei der Verringerung der Arbeitszeit um eine Versetzung oder Einstellung iSd Norm handelt. Unter **Versetzung** ist die Zuweisung eines anderen Arbeitsbereichs zu verstehen (§ 95 III 1 BetrVG). Dies ist bei der bloßen Arbeitszeitverkürzung regelmäßig nicht gegeben. Etwas anderes kann nur dann angenommen werden, wenn die Verminderung der Arbeitszeit zugleich zum Entzug eines prägenden Teils der bisher wahrgenommen Arbeitsaufgaben des AN führt (BAG 13.3.2007, 1 ABR 22/06, EzA § 95 BetrVG 2001 Nr 5; 25.1.2005, 1 ABR 59/03, EzA § 99 BetrVG 2001 Einstellung Nr 3). Dem Begriff **Einstellung** unterfallen grds Neubeschäftigungen und -eingliederungen. Ob die Verringerung der Arbeitszeit hierunter subsumiert werden kann, ist umstr (ausf *Fitting* § 99 BetrVG Rn 40 ff). Nach Ansicht des BAG (25.1.2005, 1 ABR 59/03, EzA § 99 BetrVG 2001 Einstellung Nr 3) ist dies abzulehnen. Nach dem Wortsinn verlange eine Einstellung zumindest einen Zuwachs an Eingliederung in den Betrieb, was bei einer reinen Arbeitszeitverringerung nicht der Fall sei. Eine mögliche Mehrbelastung der übrigen Belegschaft ließe sich keinem der in § 99 II BetrVG aufgeführten Verweigerungsgründe zuordnen. Das Gesetz sehe auch beim vollständigen Ausscheiden eines AN, etwa durch Aufhebungsvertrag oder dauerhafte Versetzung in einen anderen Betrieb, keine Beteiligungsrechte gem § 99 BetrVG vor (ausf *Brors* SAE 2006, 80). Zur Verlängerung der Arbeitszeit s § 9 Rdn 31.

§ 9 Verlängerung der Arbeitszeit

Der Arbeitgeber hat einen teilzeitbeschäftigten Arbeitnehmer, der ihm den Wunsch nach einer Verlängerung seiner vertraglich vereinbarten Arbeitszeit angezeigt hat, bei der Besetzung eines entsprechenden freien Arbeitsplatzes bei gleicher Eignung bevorzugt zu berücksichtigen, es sei denn, dass dringende betriebliche Gründe oder Arbeitszeitwünsche anderer teilzeitbeschäftigter Arbeitnehmer entgegenstehen.

Übersicht	Rdn.		Rdn.
A. Inhalt und Zweck	1	D. Entgegenstehende dringende betriebliche Gründe oder Arbeitszeitwünsche anderer teilzeitbeschäftigter AN	17
B. Anspruchsvoraussetzungen	3		
I. Anspruchsberechtigter	4	E. Gerichtliche Durchsetzung	22
II. Anzeige des Wunsches zur Verlängerung der Arbeitszeit	5	I. Klage	23
III. Entsprechend freier Arbeitsplatz	7	II. Beweislast	26
IV. Gleiche Eignung	13	III. Einstweilige Verfügung	27
C. Anspruchsinhalt	16	IV. Schadensersatzansprüche	28
		F. Mitbestimmungsrechte des BR	30

1 **A. Inhalt und Zweck.** Der Anspruch auf Arbeitszeitverlängerung wird in 3 Schritten realisiert. Er setzt im 1. Schritt die Anmeldung des Wunsches auf Arbeitszeitverlängerung beim AG voraus. Danach ist der AG verpflichtet, dem AN geeignete freie Arbeitsplätze im Betrieb anzugeben. Im 3. Schritt muss er den AN, der sich auf einen ihm benannten oder pflichtwidrig nicht benannten Arbeitsplatz bewirbt, in die Auswahlentscheidung einbeziehen. Dabei hat der AN einen – genau abgestuften – Anspruch auf bevorzugte Berücksichtigung (s Rdn 13 ff).

2 Die Vorschrift soll die Möglichkeit der Rückkehr von Teilzeitkräften auf Vollzeitstellen erleichtern und damit die Akzeptanz der Teilzeitarbeit verbessern (BT-Drs 14/4374 S 12, 18). Im Gegensatz zum Anspruch auf Arbeitszeitverkürzung (§ 8) birgt sie ein auch praktisch relevantes Haftungsrisiko für den AG, da er sich bei einer Einstellung unter Verstoß gegen § 9 dem AN wegen des entgangenen Mehrverdienstes schadensersatzpflichtig macht (s ausf Rdn 28 f).

B. Anspruchsvoraussetzungen. Voraussetzung für eine bevorzugte Berücksichtigung bei der Besetzung 3
ist, dass der AN dem AG einen Verlängerungswunsch angezeigt hat, ein entspr freier Arbeitsplatz vorliegt
und der AN für die Besetzung gleich geeignet ist wie der beste externe oder interne Bewerber – wobei die
bevorzugte Berücksichtigung nicht ggü internen Bewerbern greift, die ebenfalls von einem Teilzeit- auf
einen Vollzeitarbeitsplatz wechseln wollen.

I. Anspruchsberechtigter. Die Vorschrift begründet einen Anspruch für alle teilzeitbeschäftigten AN 4
iSv § 2 und damit auch für geringfügig Beschäftigte. Die frühere Inanspruchnahme einer Arbeitszeitverkürzung nach § 8 ist nicht Voraussetzung (BT-Drs 14/4374 S 18). Bes Anforderungen an die Dauer des Arbeitsverhältnisses wie in § 8 I oder die Anzahl der regelmäßig beschäftigten AN wie in § 8 VII gibt es nicht. Es gibt auch keine Sperrfrist wie in § 8 VI. Jeder teilzeitbeschäftigte AN kann daher jederzeit in jedem Betrieb bei Vorliegen der weiteren Voraussetzungen den Anspruch aus § 9 geltend machen. Befristet beschäftigten Teilzeitkräften steht der Anspruch aus § 9 bis zum Ende des Arbeitsverhältnisses zu (LAG Berl 2.12.2003, 3 Sa 1041/03, AuR 2004, 468). Damit kann er den Weg zu einer unbefristeten Beschäftigung eröffnen; freilich nur, wenn ein AN nach § 14 I befristet war und die neue Aufgabe unbefristet ist (so wohl auch Laux/Schlachter/*Laux* § 9 Rn 32 f). Wurde der AN jedoch zB als Vertreter für den befristeten Ausfall von Stammpersonal eingestellt, kann der AG dem Verlängerungswunsch mit dem sonst nicht abdeckbaren Vertretungsbedarf widersprechen. Bei einer Befristung nach § 14 II wird die Befristung in die neue Funktion »mitgenommen«. Nach seinem Ausscheiden steht der zuvor befristet beschäftigte AN einem externen Bewerber gleich (*Schüren* AuR 2001, 321, 322).

II. Anzeige des Wunsches zur Verlängerung der Arbeitszeit. Der AN muss dem AG seinen **Wunsch nach** 5
Verlängerung der vertraglich vereinbarten Arbeitszeit anzeigen. Die Anzeige des Änderungswunsches ist ein Unterfall von § 7 II. Eine bes Form oder eine Begr verlangt das Gesetz nicht. Es genügt die mündliche Mitteilung ggü dem AG bzw dessen zuständigem Vertreter (LAG Düsseldorf 23.3.2006, 5 (3) Sa 13/06, FA 2006, 253; s § 7 Rdn 9 ff) – freilich erleichtert die Schriftform den Nachweis.
Erforderlich ist die konkrete Mitteilung eines Wunsches nach Arbeitszeitverlängerung – im Regelfall der 6
Wunsch nach einem Vollzeitarbeitsplatz. Eine genaue Aussage zum gewünschten Arbeitszeitvolumen oder dem Arbeitszeitvolumen ist nicht Voraussetzung (LAG Düsseldorf 23.3.2006, 5 [3] Sa 13/06, FA 2006, 253; LAG Berl 2.12.2003, 3 Sa 1041/03, AuR 2004, 468; Annuß/Thüsing/*Jacobs* § 9 Rn 9; aA MHH/*Heyn* § 9 Rn 15). Auch der Wunsch nach einer nur geringfügigen Arbeitszeitverlängerung ist zulässig; Obergrenze ist die Arbeitszeit eines Vollbeschäftigten (BAG 21.6.2011, 9 AZR 236/10, EzA-SD 2011, Nr 21, 7-10). Die gewünschte Verteilung der Arbeitszeit muss, anders als bei der Arbeitszeitverkürzung, nicht angegeben werden. Damit der Teilzeitbeschäftigte bei der Besetzung einer bestimmten Stelle ggf bevorzugt berücksichtigt werden kann, muss der Veränderungswunsch **vor der endgültigen Besetzungsentscheidung** für diese Stelle abgegeben werden – maßgeblich soll der Abschluss des Arbeitsvertrags und nicht die interne Entscheidungsfindung sein (MHH/*Heyn* § 9 Rn 13; Annuß/Thüsing/*Jacobs* § 9 Rn 8); dagegen spricht der unzumutbare Aufwand für den AG, der eine neue, stets die Besetzung verzögernde Auswahlentscheidung treffen muss. Deshalb erscheint es richtig, die Grenze dort zu ziehen, wo der interne Auswahlprozess abgeschlossen ist.

III. Entsprechend freier Arbeitsplatz. Der Anspruch aus § 9 setzt einen entspr freien Arbeitsplatz voraus. 7
Maßgeblich ist, ob aus Sicht des AG **bei Antragstellung** ein solcher Arbeitsplatz zum Zeitpunkt des vom AN gewünschten Beginns der Verlängerung vorliegen wird (Laux/Schlachter/*Laux* § 9 Rn 23). Der Arbeitsplatz muss zum einen das gewünschte Arbeitszeitvolumen bieten. Er muss aber auch im Anforderungsprofil dem bisherigen Arbeitsplatz entsprechen (LAG Köln 27.6.2003, 11 Sa 1206/02, PersV 2005, 75; *Schüren* AuR 2001, 321), es sei denn, der einzelne AN wäre aufgrund besonderer Umstände für den freien Arbeitsplatz ebenso qualifiziert (vgl Rdn 9).
Die vom AG für den zu besetzenden Arbeitsplatz vorgesehene Arbeitszeit muss dem **Arbeitszeitwunsch** des 8
Antragstellers entsprechen. Der AG ist nicht verpflichtet, einen bestehenden freien Teilzeitarbeitsplatz dem Antragsteller zusätzlich zu seinem bisherigen Arbeitszeitdeputat zuzuweisen und so einen neuen Vollzeitarbeitsplatz für diesen zu schaffen (BAG 13.2.2007, 9 AZR 575/05, EzA § 9 TzBfG Nr 2; 15.8.2006, 9 AZR 8/06, EzA § 9 TzBfG Nr 1; vgl auch BAG 25.10.1994, 3 AZR 987/93, AuR 2001, 146; MHH/*Heyn* § 9 Rn 19).
Der Arbeitsplatz muss weiter in seinem **Anforderungsprofil** im Regelfall den Anforderungen des bisherigen 9
Arbeitsplatzes des AN entsprechen. Ausbildung und Qualifikation des AN muss für den zu besetzenden Arbeitsplatz ausreichen (vgl BT-Drs 14/4374 S 18; BAG 8.5.2007, 9 AZR 874/06, EzA § 9 TzBfG Nr 3). Die Festlegung des Anforderungsprofils ist dabei Teil der freien unternehmerischen Entscheidung (BAG

7.11.1996, 2 AZR 811/95, NJW 1997, 253; ErfK/*Preis* § 9 Rn 6). Kann der AN diesen Arbeitsplatz sofort ohne zusätzliche Ausbildung übernehmen, ist von einem entspr Arbeitsplatz auszugehen. Könnte der AG dem AN den Arbeitsplatz – abgesehen von der Arbeitszeitänderung – ohne Weiteres gem § 106 GewO zuweisen, spricht auch dies für einen entspr Arbeitsplatz (BAG 16.9.2008, 9 AZR 781/07, EzA § 9 TzBfG Nr 4). Eine gewisse Einarbeitungszeit ist dabei hinzunehmen. Sie wäre auch bei externen Bewerbern notwendig (*Schüren* AuR 2001, 321, 322). Der AN, der auf seinem bisherigen Teilzeitarbeitsplatz eine nicht seiner Ausbildung entspr, »unterwertige« Tätigkeit ausgeübt hat, kann aber nicht mithilfe von § 9 eine »Beförderung« auf einen höherwertigen Vollzeitarbeitsplatz durchsetzen. Eine solche »Beförderung« liegt allerdings nicht vor, wenn der AN seine Arbeitszeit früher reduziert und einen geringerwertigen Arbeitsplatz übernommen hat und jetzt eine Vollzeitarbeit auf dem früheren Niveau wünscht (BAG 16.9.2008, 9 AZR 781/07, EzA § 9 TzBfG Nr 4).

10 Ein **freier Arbeitsplatz** liegt vor, wenn eine Stelle neu geschaffen wird oder infolge Organisationsentscheidungen des AG oder Ausscheiden eines AN nicht mehr besetzt ist, aber besetzt werden soll (LAG Düsseldorf 23.3.2006, 5 [3] Sa 13/06, FA 2006, 253; Annuß/Thüsing/*Jacobs* § 9 Rn 12). Im Fall einer Kdg wird die Stelle mit Ablauf der Kündigungsfrist, bei Abschluss eines Aufhebungsvertrages mit dem vereinbarten Zeitpunkt der Beendigung frei. Ein Arbeitsplatz, der mit einem Leih-AN vorübergehend besetzt ist, wird erst mit Ende der Überlassung und nicht bei bloßer Auswechslung des Leih-AN frei (aA Laux/Schlachter/ *Laux* § 9 Rn 27). Ein Arbeitsplatz, der mit einem befristet beschäftigten AN besetzt ist, wird spätestens mit dem Ende der Befristung frei (MünchArbR/*Schüren* § 46 Rn 91). Das gilt nicht, wenn die Befristung des Arbeitsplatzinhabers von vornherein nur als Erprobungszeit vorgesehen war; dann wird der Arbeitsplatz nicht automatisch mit dem Ende der Befristung frei – hier fiel die Besetzungsentscheidung bereits mit der Einstellung des anfänglich befristet beschäftigten Arbeitsplatzinhabers, die Entfristung spiegelt nur die nachgewiesene Eignung wider.

11 Der Anspruch aus § 9 greift allerdings nur, wenn der AG tatsächlich einen Arbeitsplatz besetzen will. Eine Verpflichtung des AG, einen entspr Arbeitsplatz mit verlängerter Arbeitszeit einzurichten, begründet die Vorschrift nicht (HWK/*Schmalenberg* § 9 Rn 4). So ist es auch Teil der unternehmerischen Entscheidungsfreiheit, einen bislang besetzten Arbeitsplatz zukünftig unbesetzt zu lassen (BAG 25.10.1994, 3 AZR 987/93, AuR 2001, 146). Der AG darf einen freien Arbeitsplatz jederzeit durch eine Organisationsentscheidung (zB Fremdvergabe, Rationalisierung) entfallen lassen. Die **beabsichtigte vorübergehende Besetzung mit einem Leih-AN** sperrt den Arbeitsplatz nicht für den Anspruch gem § 9; hier kann sich der AG nur ggf auf entgegenstehende dringende betriebliche Gründe berufen (vgl dazu ausf *Hamann* NZA 2010, 1211, 1212, der danach differenziert, ob etwa zur Deckung eines zusätzlichen Arbeitskräftebedarfs erstmalig Leih-AN eingesetzt werden. Dann soll kein freier Arbeitsplatz iSd § 9 vorliegen. Anderes soll dann gelten, wenn ein ursprünglich von einem Stamm-AN besetzter Arbeitsplatz unzulässiger Weise dauerhaft mit einem Leih-AN besetzt werden soll). Der AG kann Verlängerungsoptionen nicht dadurch generell ausschließen, dass er ohne betriebliche Gründe nur Teilzeitstellen anbietet (BAG 15.8.2006, 9 AZR 8/06, EzA TzBfG § 9 Nr 1; LAG Köln 2.4.2008, 7 Sa 864/07, NZA-RR 2009, 66).

12 Ob nur freie Arbeitsplätze im Betrieb des Antragstellers oder auch in anderen Betrieben des Unternehmens unter § 9 fallen, lässt sich nur aus dem systematischen Zusammenhang mit § 7 II (s Rdn 5; vgl ErfK/*Preis* § 9 Rn 1), der eine Vorstufe zu den Ansprüchen aus §§ 8 f ist (s § 7 Rdn 7), erschließen. Danach sind auch freie Arbeitsplätze im Unternehmen einzubeziehen (ErfK/*Preis* § 9 Rn 5).

13 **IV. Gleiche Eignung.** Der AN hat bei gleicher Eignung im Vergleich zu einem externen Bewerber einen Anspruch auf bevorzugte Berücksichtigung. Vollzeitbeschäftigte AN aus dem Unternehmen, die auf den Arbeitsplatz wechseln möchten, stehen insoweit externen Bewerbern gleich. Das Gesetz begrenzt die Bevorzugung die der Auswahlentscheidung ausdrücklich auf Teilzeitkräfte aus dem Unternehmen (unklar insoweit MHH/*Heyn* § 9 Rn 29). Das ergibt sich aus dem Gesetzeszweck, der Teilzeitkräften im Unternehmen den Übergang zur Vollzeitarbeit erleichtern soll.

14 Dann muss der AN für die zu besetzende Stelle zunächst einmal geeignet sein. Geeignet ist der AN, wenn er persönlich und fachlich in der Lage ist, die Arbeitsanforderungen des freien Arbeitsplatzes zu erfüllen (HWK/*Schmalenberg* § 9 Rn 7; s Rdn 9). Maßgeblich ist hierbei eine **arbeitsplatzbezogene Sichtweise** (LAG Schl-Holst, 24.9.2008, 6 Sa 3/08; LAG Berl 2.12.2003, 3 Sa 1041/03, AuR 2004, 468). Dem AG steht bei der Frage, ob der AN in diesem Sinne geeignet ist, ein Beurteilungsspielraum zu; das Anforderungsprofil des freien Arbeitsplatzes gibt er vor (s Rdn 9).

15 Gleiche Eignung im Verhältnis zu einem externen Bewerber ist gegeben, wenn der teilzeitbeschäftigte AN im Vergleich zu dem externen Bewerber gleichwertige arbeitsplatzbezogene fachliche und persönliche Fähigkeiten aufweist (Annuß/Thüsing/*Jacobs* § 9 Rn 18). Eine geringfügig bessere Qualifikation des besten

externen Bewerbers soll unerheblich sein, soweit keine nennenswert bessere Arbeitsleistung zu erwarten ist (zu einer vergleichbaren tariflichen Regelung BAG 25.10.1994, 3 AZR 987/93, AuR 2001, 146; aA Annuß/Thüsing/*Jacobs* § 9 Rn 19). Der Wortlaut spricht freilich dafür, auch eine geringfügig bessere, arbeitsplatzrelevante Qualifikation ausreichen zu lassen.

C. Anspruchsinhalt. Nach dem Wortlaut der Vorschrift hat der AG den AN bei Vorliegen der tatbestandlichen Voraussetzungen vorbehaltlich des Vorliegens von Ausschlussgründen (s Rdn 17 ff) bevorzugt zu berücksichtigen. Der AN hat einen Anspruch auf entspr **Änderung seines Arbeitsvertrags** (MHH/*Heyn* § 9 Rn 31; Annuß/Thüsing/*Jacobs* § 9 Rn 32 ff; vgl BAG 25.10.1994, 3 AZR 987/93, AuR 2001, 146). 16

D. Entgegenstehende dringende betriebliche Gründe oder Arbeitszeitwünsche anderer teilzeitbeschäftigter AN. Der Anspruch auf Arbeitszeitveränderung greift nur, wenn weder dringende betriebliche Gründe oder Arbeitszeitwünsche anderer teilzeitbeschäftigter AN ihm entgegenstehen. 17

Die Voraussetzungen für eine Versagung des Änderungswunsches sind im Vergleich zu § 8 höher. § 9 verlangt im Gegensatz zu § 8 IV 1, 2 **dringende betriebliche Gründe**. Damit hat der Gesetzgeber deutlich gemacht, dass dem Änderungswunsch des AN regelmäßig zu entsprechen ist. Lediglich **bes schwerwiegende Gründe** rechtfertigen eine Ablehnung (vgl BAG 25.10.1994, 3 AZR 987/93, AuR 2001, 146; LAG Düsseldorf 23.3.2006, 5 [3] Sa 13/06, FA 2006, 253; LAG Berl 2.12.2003, 3 Sa 1041/03, AuR 2004, 468). Die in § 8 IV 2 genannten Gründe können hier aber eine Orientierungshilfe bieten, da sie Beispiele für betriebliche Gründe nennen (Annuß/Thüsing/*Jacobs* § 9 Rn 23 f). Vorrang können Rechtsansprüche Dritter genießen, so der Wiedereinstellungsanspruch eines zu Unrecht gekündigten AN, bes Weiterbeschäftigungsansprüche (zB gem § 78a II BetrVG) oder eine Versetzung zur Vermeidung einer betriebsbedingten Kdg (LAG München 4.5.2006, 2 Sa 1164/05, AuA 2006, 489). Dringende betriebliche Gründe können sich auch aus einem Personalüberhang in anderen Bereichen des Betriebs ergeben. Die Vorschrift begründet weder eine Verpflichtung des AG, einen Arbeitsplatz einzurichten, noch eine Pflicht, einen freien Arbeitsplatz nicht zum Abbau eines Personalüberhangs, sondern zur Verlängerung der Arbeitszeit eines teilzeitbeschäftigten Mitarbeiters zu nutzen (LAG München 4.5.2006, 2 Sa 1164/05, AuA 2006, 489). Die beabsichtigte vorübergehende Besetzung des freien Arbeitsplatzes mit einem Leih-AN zur Kostensenkung kann dann ein dringendes betriebliches Erfordernis sein, wenn der AG in der Lage ist, eine erhebliche Kostensenkung darzulegen. Zu beachten ist, dass der beabsichtigte Einsatz von Leih-AN in einem schlüssigen und objektiv nachvollziehbaren legalen Konzept erfolgen und dieses dann tatsächlich umgesetzt werden muss (LAG Brem 11.3.2010, 3 TaBV 24/09). In der Praxis dürfte das heute nicht mehr in Betracht kommen, da Leih-AN gem § 1 I AÜG (vgl § 1 AÜG Rdn 38 ff) nur noch vorübergehend überlassen werden dürfen. Die Überlassung darf allerdings nicht dem Zweck dienen, geltend gemachte Ansprüche nach § 9 zu umgehen (ArbG Passau 14.1.2010, 2 Ca 616/09, AuR 2010, 343). Ferner kann es keine Ablehnung rechtfertigen, wenn die Stundenvergütung des Antragstellers zB aufgrund langer Betriebszugehörigkeit etwas höher ist als die eines neu eingestellten AN (ähnlich Laux/Schlachter/*Laux* § 9 Rn 66). Außerdem kommen häufige krankheitsbedingte Fehlzeiten als entgegenstehende dringende betriebliche Gründe im Sinne des § 9 in Betracht. Das LAG Hessen verlangt, dass die Störung der betrieblichen Abläufe durch die häufigen Erkrankungen so erheblich sein müssen, dass sie eine Beendigungs- bzw Änderungskündigung zur Arbeitszeitreduzierung rechtfertigen würde (LAG Hessen 28.11.2014, 14 Sa 465/12, n rkr, Revision BAG 8 AZR 174/15). 18

Auch angemeldete **Arbeitszeitwünsche anderer teilzeitbeschäftigter AN** können dem Verlängerungsverlangen entgegenstehen. Der AG muss dann den am besten geeigneten Bewerber aus dieser Gruppe auswählen. Der ursprüngliche Gesetzentwurf sah bei gleich geeigneten Teilzeitbeschäftigten eine Sozialauswahl vergleichbar § 1 III KSchG vor (BT-Drs 14/4374 S 18). Auf Antrag des Ausschusses für Arbeits- und Sozialordnung wurde diese Pflicht zur Berücksichtigung sozialer Gesichtspunkte gestrichen, sodass der AG bei mehreren gleich geeigneten Bewerbern **frei entscheiden** kann, wen er auf die Stelle setzt. Diese unternehmerische Entscheidung hat allerdings die üblichen Grenzen zu beachten, dh bei der Auswahlentscheidung darf der AG nicht nach dem Geschlecht oder sonstigen verbotenen Anknüpfungspunkten iSd § 1 AGG unterscheiden. § 315 BGB ist hier nicht einschlägig, da es nicht um eine einseitige Leistungsbestimmung iR eines bestehenden Vertragsverhältnisses geht, sondern um die Inhaltsänderung eines Arbeitsverhältnisses und damit um die Abschlussfreiheit (*Schüren* AuR 2001, 321, 322; aA ErfK/*Preis* § 9 Rn 8 unter Berufung auf BT-Drs 14/4625 S 24; ähnlich schon BAG 25.10.1994, 3 AZR 987/93, AuR 2001, 146). 19

Keinen entgegenstehenden Grund stellt im Regelfall das bloße Interesse eines **befristet** Beschäftigten am Eintritt in ein unbefristetes Arbeitsverhältnis dar (LAG BW 27.1.2010, 12 Sa 44/09). 20

Entgegenstehende betriebliche Regelungen können ein betriebliches Erfordernis begründen (vgl § 8 Rdn 25). Allerdings wird teilw eine Verpflichtung angenommen, im Interesse des AN auf eine Einigung mit dem BR, zB über die Anpassung von Schichtplänen, hinzuwirken, bevor der Antrag nach § 9 aus 21 entgegenstehenden betrieblichen Gründen abgelehnt wird (LAG Köln 25.1.2010, 2 Sa 963/09, LAGE § 9 TzBfG Nr 3, Anm *Hamann* jurisPR-ArbR 22/2010 Anm 2).

22 **E. Gerichtliche Durchsetzung.** Der Anspruch auf Arbeitszeitverlängerung kann mit der Leistungsklage vor dem ArbG durchgesetzt werden; auch kann im Einzelfall ein Antrag auf Erlass einer einstweiligen Verfügung in Betracht kommen.

23 **I. Klage.** Der Anspruch des AN aus § 9 ist auf eine Änderung des Arbeitsvertrages gerichtet. Die Klage ist damit auf Abgabe einer entspr Willenserklärung durch den AG zu richten. Mit Rechtskraft des Urteils gilt die Willenserklärung als abgegeben (§ 894 ZPO).

24 Allerdings ist der Anspruch idR nicht auf Annahme eines Angebots des AN gerichtet (so aber HWK/ *Schmalenberg* § 9 Rn 12; MHH/*Heyn* § 9 Rn 37). Die **Mitteilung des Verlängerungswunsches** durch den AN ist im Regelfall **kein Angebot** iSd §§ 145 ff BGB (MüKo-BGB/*Müller-Glöge* § 9 Rn 4; aA Annuß/ Thüsing/*Jacobs* § 9 Rn 8). Der AN will im Regelfall noch entscheiden können, ob er ein Angebot des AG annimmt (vgl BAG 25.10.1994, 3 AZR 987/93, AuR 2001, 146). Der Klageantrag muss auf die Zuweisung eines konkreten freien Arbeitsplatzes gerichtet sein.

25 Hat der AG den zu besetzenden Arbeitsplatz unter Verletzung von § 9 bereits besetzt, besteht kein Anspruch des AN auf Erfüllung seines Verlängerungswunsches mehr. Die tatbestandliche Voraussetzung des freien Arbeitsplatzes ist auch bei einer pflichtwidrigen Besetzung dann weggefallen und es liegt rechtliche Unmöglichkeit vor (LAG Düsseldorf 23.3.2006, 5 [3] Sa 13/06, FA 2006, 253; LAG Berl 2.12.2003, 3 Sa 1041/03, AuR 2004, 468; *Schüren* AuR 2001, 321, 323; aA MHH/*Heyn* § 9 Rn 33 ff). Zugleich liegt eine arbeitsvertragliche Nebenpflichtverletzung vor. Dann kommen nur noch Schadensersatzansprüche in Betracht (s Rdn 28 f). Allerdings führt die vorübergehende Besetzung eines Arbeitsplatzes mit einem Leih-AN nicht zur rechtlichen Unmöglichkeit, diesen Arbeitsplatz zu besetzen (so wohl auch ArbG Passau 14.1.2010, 2 Ca 616/09, AuR 2010, 343).

26 **II. Beweislast.** Für die Darlegungs- und Beweislast gelten die allg Grundsätze. Danach hat der AN die anspruchsbegründenden Voraussetzungen, dh die Anzeige seines Verlängerungswunsches, das Vorhandensein eines entspr freien Arbeitsplatzes und seine Eignung für diesen, darzulegen und ggf zu beweisen. Für die Eignung gelten allerdings die Grundsätze zur abgestuften Darlegungs- und Beweislast. Der AN muss zunächst seine Eignung vortragen, sodann hat der AG darzutun, was gegen die Eignung des AN bzw für die bessere Eignung des externen Bewerbers spricht (LAG Berl 2.12.2003, 3 Sa 1041/03, AuR 2004, 468). Für entgegenstehende dringende betriebliche Gründe und Arbeitszeitwünsche anderer teilzeitbeschäftigter AN trägt der AG die Darlegungs- und Beweislast.

27 **III. Einstweilige Verfügung.** § 9 setzt tatbestandlich einen freien Arbeitsplatz voraus. Damit besteht für den AN die Gefahr, dass sein Anspruch auf Verlängerung der Arbeitszeit infolge der Besetzung des Arbeitsplatzes untergeht (s Rdn 25). Um den AG an der Schaffung vollendeter Tatsachen zu hindern, kann der AN im Wege einstweiligen Rechtsschutzes gem § 62 II ArbGG iVm §§ 935, 940 ZPO die Besetzung der Stelle mit einem Dritten verhindern. Hier finden die Grundsätze über die **arbeitsrechtliche Konkurrentenklage** Anwendung (MüKo-BGB/*Müller-Glöge* § 9 Rn 14). Der Verfügungsanspruch folgt aus einem Unterlassungsanspruch analog § 1004 BGB, der Verfügungsgrund daraus, dass die Besetzung zum endgültigen Wegfall des freien Arbeitsplatzes und damit zum Wegfall der Anspruchsvoraussetzungen des § 9 führt. Die vorläufige Besetzung mit dem anspruchsberechtigten AN kann aber regelmäßig nicht verlangt werden, da es anderenfalls zu einer grds unzulässigen **Vorwegnahme der Hauptsache** käme.

28 **IV. Schadensersatzansprüche.** Besetzt der AG den freien Arbeitsplatz unter Verstoß gegen § 9 mit einem Dritten, liegt ein Fall der rechtlichen Unmöglichkeit vor (s Rdn 25). Der AN kann dann unter den Voraussetzungen der §§ 280 I, III, 283 BGB Schadensersatz vom AG verlangen. Der Schadensersatz statt der Leistung umfasst als **entgangenen Gewinn** (§ 252 BGB) die Differenz zwischen der Vergütung, die der AN als Teilzeitbeschäftigter erhält, und derjenigen, die er als vollzeitbeschäftigter AN erhalten hätte (BAG 1.6.2011, 7 ABR 117/09, EzA-SD 2011, Nr 20, 13; 16.9.2008, 9 AZR 781/07, EzA § 9 TzBfG Nr 4; LAG BW 27.1.2010, 12 Sa 44/09, ZMV 2011, 345 ff). Voraussetzung ist aber, dass der AN den Arbeitsplatz bei ordnungsgemäßer Beachtung des § 9 durch den AG auch bekommen hätte. Dies nachzuweisen obliegt dem AN (s § 7 Rdn 14).

29 Erfüllt der AG den berechtigten Anspruch eines Mitarbeiters nach § 9 nicht, stellt dies eine arbeitsvertragliche **Nebenpflichtverletzung** dar. Solange der angestrebte Vollzeitarbeitsplatz noch nicht besetzt ist, kann der Arbeitnehmer die Erfüllung der Pflicht aus § 9 einklagen; er hat dann gegebenenfalls Anspruch auf Nachzahlung der entgangenen Vergütung gem §§ 611, 615 BGB aus dem rückwirkend geänderten

Arbeitsvertrag (LAG Hessen 28.11.2014, aaO). Sobald der Arbeitsplatz pflichtwidrig besetzt wird, greifen die Regeln über die Unmöglichkeit (*Schüren* AuR 2001, 321, 322 f).

F. Mitbestimmungsrechte des BR. Missachtet der AG einen berechtigten Anspruch eines AN nach § 9, kann der BR nach § 99 II Nr 1 BetrVG die Zustimmung zur Einstellung verweigern (so ausdrücklich BT-Drs 14/4625 S 20). Da der betroffene AN durch die personelle Maßnahme in Form der Einstellung seinen Rechtsanspruch verliert (s Rdn 25), kann die Zustimmungsverweigerung auch auf § 99 II Nr 3 BetrVG gestützt werden (BAG 1.6.2011, 7 ABR 117/09, EzA-SD 2011, Nr 20, 13). 30

Im Hinblick auf die Verlängerung der Arbeitszeit kommt ein Mitbestimmungsrecht nach § 99 I 1 BetrVG in Betracht, wenn die Arbeitszeitverlängerung einer Neueinstellung gleichzusetzen ist (10 Std pro Woche: nicht unerheblich BAG 9.12.2008, 1 ABR 74/07, EzA § 99 BetrVG 2001 Einstellung Nr 11; ausf Laux/Schlachter/*Laux* § 9 Rn 82 f mwN). Das ist dann der Fall, wenn die Aufstockung nach Umfang und Dauer als nicht unerheblich anzusehen ist, der AG auf diese Weise einen Arbeitsplatz besetzen will, den er zuvor ausgeschrieben hat, und die Erhöhung für die Dauer von mehr als einem Monat vereinbart wird (BAG 15.5.2007, 1 ABR 32/06, EzA BetrVG 2001 § 1 Nr 5; 25.1.2005, 1 ABR 59/03, EzA § 99 BetrVG 2001 Einstellung Nr 3, mit Anm *Brors* SAE 2006, 80; aA Annuß/Thüsing/*Jacobs* § 9 Rn 48 f). Im Fall des Anspruchs auf Verringerung der Arbeitszeit (§ 8) lehnt die Rspr mangels Neueinstellung ein Mitbestimmungsrecht des BR ab (s § 8 Rdn 64). 31

§ 10 Aus- und Weiterbildung

Der Arbeitgeber hat Sorge zu tragen, dass auch teilzeitbeschäftigte Arbeitnehmer an Aus- und Weiterbildungsmaßnahmen zur Förderung der beruflichen Entwicklung und Mobilität teilnehmen können, es sei denn, dass dringende betriebliche Gründe oder Aus- und Weiterbildungswünsche anderer teilzeit- oder vollzeitbeschäftigter Arbeitnehmer entgegenstehen.

Übersicht	Rdn.			Rdn.
A. Inhalt und Zweck	1	D.	Rechtsfolgen bei Verstößen	6
B. Aus- und Weiterbildungsmaßnahmen	3	E.	Mitbestimmung des BR	7
C. Entgegenstehende dringende betriebliche Gründe oder Aus- und Weiterbildungswünsche anderer AN	4			

A. Inhalt und Zweck. § 10 ist eine bloß **deklaratorische Norm**, da sie nur den Gleichbehandlungsanspruch der Teilzeitkräfte bestärkend wiederholt. Die Vorschrift soll die berufliche Bildung, das berufliche Fortkommen und die berufliche Mobilität von Teilzeitbeschäftigten fördern. Damit will sie Karrierehindernisse ausräumen und die Akzeptanz und Attraktivität von Teilzeitarbeit verbessern (BT-Drs 14/4374 S 12). 1

Die Vorschrift ist Ausfluss des Diskriminierungsverbots, § 4 I 1. Sie begründet nur einen **Anspruch auf Gleichbehandlung** und keinen Anspruch auf erhöhte Förderung. Ein Anspruch auf Teilnahme an einer Bildungsmaßnahme besteht nur, wenn auch Vollzeitkräfte durch diese Maßnahme gefördert werden (HWK/*Schmalenberg* § 10 Rn 4). 2

B. Aus- und Weiterbildungsmaßnahmen. Der Begriff der Aus- und Weiterbildungsmaßnahmen umfasst alle Maßnahmen der Berufsbildung iSv § 1 BBiG. Hiervon sind nicht nur Maßnahmen erfasst, die die aktuelle Tätigkeit des Teilzeitbeschäftigten betreffen, sondern auch Maßnahmen zur Verbesserung der beruflichen Qualifikation, die die berufliche Mobilität fördern (BT-Drs 14/4374 S 18). Immer müssen die Bildungsmaßnahmen aber der beruflichen Entwicklung oder Mobilität dienen. Ob die Maßnahme während oder außerhalb der Arbeitszeit, innerhalb oder außerhalb des Betriebs stattfindet, ist unerheblich. 3

C. Entgegenstehende dringende betriebliche Gründe oder Aus- und Weiterbildungswünsche anderer AN. Der Teilnahme an Bildungsmaßnahmen können dringende betriebliche Gründe oder Aus- und Weiterbildungswünsche anderer AN entgegenstehen. Bei der Bestimmung der dringenden betrieblichen Gründe kann nach der Rspr auf die für die Ablehnung eines Urlaubswunsches nach § 7 I BUrlG entwickelten Grundsätze zurückgegriffen werden (HessLAG 8.4.2011, 3 SaGA 343/11). 4

Aus- und Weiterbildungswünsche anderer AN können ebenso entgegenstehen. Nach Wegfall der im Regierungsentwurf vorgesehenen Sozialauswahl im Gesetzgebungsverfahren hat der AG iR billigen Ermessens (§ 315 BGB) die Wahl, welcher AN an gleichzeitig stattfindenden Bildungsmaßnahmen teilnimmt (BT-Drs 14/4625 S 20; aA Laux/Schlachter/*Laux* § 10 Rn 27). Dabei ist das Diskriminierungsverbot des § 1 AGG zu beachten. 5

6 **D. Rechtsfolgen bei Verstößen.** Liegen die Voraussetzungen des § 10 vor und zugleich eine Ungleichbehandlung ggü Vollzeitbeschäftigten, besteht ein Anspruch des teilzeitbeschäftigten AN **auf Teilnahme an der Bildungsmaßnahme** (MHH/*Heyn* § 10 Rn 16). Eine Verletzung des § 10 kann auch Schadensersatzpflichten des AG auslösen, wenn dem AN infolge der versagten Teilnahme eine besser vergütete Stellung entgangen ist. Die Kausalität der Pflichtverletzung für den Schaden nachzuweisen dürfte dem AN aber schwerfallen. Bei der Sozialauswahl kann die unberechtigte Verweigerung der Teilnahme durch den AG von Bedeutung sein, da er sich dann nicht auf die geringe Qualifikation des AN berufen darf (MüKo-BGB/*Müller-Glöge* § 10 Rn 4).

7 **E. Mitbestimmung des BR.** Der BR hat bei Berufsbildungsmaßnahmen die Beteiligungsrechte nach den §§ 96 ff BetrVG. Nach § 96 II BetrVG sind dabei die Interessen von Teilzeitbeschäftigten zu berücksichtigen. Neben dem Mitbestimmungsrecht nach § 98 I BetrVG des BR allgemein über berufsbildende Maßnahmen hat der BR nach § 98 III das Recht, bestimmte AN oder Gruppen von AN für die Teilnahme an der Maßnahme vorzuschlagen. Kommt keine Einigung über die vom BR vorgeschlagenen Teilnehmer zustande, entscheidet nach § 98 IV BetrVG die Einigungsstelle.

§ 11 Kündigungsverbot
¹Die Kündigung eines Arbeitsverhältnisses wegen der Weigerung eines Arbeitnehmers, von einem Vollzeit- in ein Teilzeitarbeitsverhältnis oder umgekehrt zu wechseln, ist unwirksam. ²Das Recht zur Kündigung des Arbeitsverhältnisses aus anderen Gründen bleibt unberührt.

Übersicht	Rdn.		Rdn.
A. Inhalt und Zweck................	1	B. Voraussetzungen und Rechtsfolgen	2

1 **A. Inhalt und Zweck.** Die Vorschrift normiert ein bes Kündigungsverbot, das sich aber bereits aus dem Maßregelungsverbot des § 612a BGB ergibt. Es ist bis heute keine arbeitsgerichtliche Entsch bekannt, die sich auf diese Norm stützt.

2 **B. Voraussetzungen und Rechtsfolgen.** Das Kündigungsverbot setzt voraus, dass die Kdg wegen der Weigerung des AN ausgesprochen wurde und nicht zB bei einer angebotenen Reduzierung der Arbeitszeit wegen Arbeitsmangels aufgrund des teilweisen Wegfalls der Arbeitsaufgabe. Nach dem Wortlaut wird jede Kdg erfasst, dh neben ordentlichen und außerordentlichen Beendigungskündigungen auch die Änderungskündigung (MHH/*Heyn* § 11 Rn 7; vgl BT-Drs 14/4374 S 12). Die Verweigerung der Abänderung des Arbeitszeitvolumens muss der Grund der Kdg sein. Nicht ausreichend ist, dass die Weigerung nur Anlass für die Kdg ist, was in der Praxis häufiger der Fall sein dürfte (ErfK/*Preis* § 11 Rn 2). Im Darlegungs- und im Bestreitensfalle beweispflichtig ist nach den allg Grundsätzen der AN.

3 Ist die Kdg nach § 11 S 1 unwirksam, muss dies gem §§ 13 III, 4 S 1 KSchG **binnen 3 Wochen** nach Zugang der Kdg gerichtlich geltend gemacht werden, anderenfalls tritt die Sperrwirkung des § 7 KSchG ein. Ob der persönliche (§ 1 I KSchG) und sachliche (§ 23 KSchG) Geltungsbereich des KSchG eröffnet ist, ist unerheblich (§ 23 I 2, 3 KSchG).

4 § 11 S 2 stellt auch klar, dass eine Kdg aus anderen Gründen möglich bleibt. So bleibt eine Änderungskündigung auf Verringerung der Arbeitszeit infolge gemindertem Arbeitsanfalls nach den allg Grundsätzen möglich, da tragender Grund der Kdg dann die nur begrenzt gerichtlich nachprüfbare unternehmerische Entsch ist, nicht aber die arbeitnehmerseitige Weigerung (HWK/*Schmalenberg* § 11 Rn 5).

5 Die Kdg einer Teilzeitkraft, die sich bei erhöhtem Arbeitsanfall weigert, von der Teilzeit- zur Vollzeitarbeit zu wechseln, ist nur ganz ausnahmsweise zulässig. Da häufig zwingende persönliche Gründe einem solchen Wechsel entgegenstehen, ist die Teilzeitkraft insoweit bes schutzbedürftig. Hier kann der Maßstab von § 8 helfen. Denn soweit die Teilzeitkraft in der konkreten Situation Anspruch auf Arbeitszeitverkürzung hätte, kann ihr der Arbeitsplatz nicht mit dem Argument des erhöhten Bedarfs weggenommen werden. Das bedeutet, dass der AG im Regelfall zuerst eine anderweitige Besetzung versuchen muss. Er kann hier auch nicht mit einem Arbeitszeitkonzept argumentieren, das eine Besetzung mit einer Teilzeitkraft nicht vorsieht.

§ 12 Arbeit auf Abruf
(1) ¹Arbeitgeber und Arbeitnehmer können vereinbaren, dass der Arbeitnehmer seine Arbeitsleistung entsprechend dem Arbeitsanfall zu erbringen hat (Arbeit auf Abruf). ²Die Vereinbarung muss eine bestimmte Dauer der wöchentlichen und täglichen Arbeitszeit festlegen. ³Wenn die Dauer der wöchentlichen Arbeitszeit nicht festgelegt ist, gilt eine Arbeitszeit von zehn Stunden als vereinbart. ⁴Wenn die

Dauer der täglichen Arbeitszeit nicht festgelegt ist, hat der Arbeitgeber die Arbeitsleistung des Arbeitnehmers jeweils für mind drei aufeinander folgende Stunden in Anspruch zu nehmen.
(2) Der Arbeitnehmer ist nur zur Arbeitsleistung verpflichtet, wenn der Arbeitgeber ihm die Lage seiner Arbeitszeit jeweils mindestens vier Tage im Voraus mitteilt.
(3) ¹Durch Tarifvertrag kann von den Absätzen 1 und 2 auch zuungunsten des Arbeitnehmers abgewichen werden, wenn der Tarifvertrag Regelungen über die tägliche und wöchentliche Arbeitszeit und die Vorankündigungsfrist vorsieht. ²Im Geltungsbereich eines solchen Tarifvertrages können nicht tarifgebundene Arbeitgeber und Arbeitnehmer die Anwendung der tariflichen Regelungen über die Arbeit auf Abruf vereinbaren.

Übersicht

		Rdn.			Rdn.
A.	Inhalt und Zweck	1	2.	Entgeltfortzahlung bei Krankheit	22
B.	Geltungsbereich	2	3.	Entgeltfortzahlung bei persönlicher Verhinderung	25
I.	Teilzeit- und Vollzeitarbeit	2			
II.	Abrufarbeitsverhältnis	3	IV.	Urlaub	26
III.	Besonders schutzbedürftige AN	5	V.	Sonstige Vorgaben	27
IV.	Keine Anwendbarkeit	6	D.	Abweichende tarifliche Regelungen, III	30
C.	Gesetzliche Mindestanforderungen	9	E.	Betriebliche Mitbestimmung	33
I.	Inhalt und Umfang der Arbeitspflicht, I	9	F.	Anhang: Auswirkungen auf den Gestaltungsrahmen bedarfsorientierter Arbeitszeitformen	34
	1. Wöchentliche Arbeitszeit	9			
	2. Tägliche Arbeitszeit	13			
II.	Ankündigungsfrist, II	16	I.	Grundfragen	34
III.	Entgelt und Entgeltfortzahlung	20	II.	Steuerung durch den AG	35
	1. Feiertagsvergütung	21	III.	Tarifliche Regelung	36

A. Inhalt und Zweck. Die Norm erlaubt Abrufarbeit - früher »kapazitätsorientierte, variable Arbeitszeit 1 oder KAPOVAZ« genannt (vgl ErfK/*Preis* § 12 Rn 7). Sie regelt den Gestaltungsrahmen freilich einschränkend und ziemlich unklar. In der Praxis waren handhabbare Formen der Abrufarbeit nur auf der Grundlage von tariflichen Regelungen gem § 12 III möglich. Nach der Schuldrechtsreform hat das BAG nunmehr die Vereinbarung einer Mindestarbeitszeit als ausreichend angesehen und einen Rahmen von 25 % dieser Mindestarbeitszeit für die Flexibilisierung der Arbeitszeitdauer akzeptiert (BAG 7.12.2005, 5 AZR 535/04, EzA § 12 TzBfG Nr 2; ausf *Kiene* Arbeit auf Abruf iSd § 12 Abs 1 S 1 TzBfG; *Hohenstatt/Schramm* NZA 2007, 238). Diese Fortentwicklung hat im Gesetz bislang keinen Niederschlag gefunden. Kennzeichen der Abrufarbeit ist, dass der AG den Arbeitseinsatz des AN nach Bedarf anordnet, wobei aber ein bestimmtes Mindestdeputat pro Zeiteinheit (zB 100 Std pro Monat oder 2000 Std pro Jahr) zum Verbrauch zur Verfügung steht. Die Vergütung wird im Regelfall auf der Grundlage des vereinbarten Deputats monatlich gleichmäßig gezahlt – diskontinuierliche Beschäftigung und kontinuierliche Vergütung.

B. Geltungsbereich. I. Teilzeit- und Vollzeitarbeit. § 12 enthält keine ausdrückliche Beschränkung 2 auf Teilzeitarbeitsverhältnisse; nur die Regelung dieser Arbeitszeitgestaltung im TzBfG deutet darauf hin. Zutreffend muss die Vorschrift auf alle **Vollzeitarbeitsverhältnisse** erstreckt werden (direkt oder analog) und fungiert dort als Gestaltungsgrenze für bedarfsorientierte Arbeitszeitformen (ausf MünchArbR/*Schüren* § 41 Rn 9; Annuß/Thüsing/*Jacobs* § 12 Rn 5; aA ErfK/*Preis* § 12 Rn 4).

II. Abrufarbeitsverhältnis. Arbeit auf Abruf liegt vor, wenn der AG die vereinbarte Arbeitszeitmenge 3 durch Abruf (= einseitige Leistungsbestimmung) bedarfsorientiert verteilt (BAG 7.12.2005, 5 AZR 535/04, EzA § 13 TzBfG Nr 2; ErfK/*Preis* § 12 Rn 1). Die Einschätzung des Bedarfs ist Sache des AG (MHH/*Heyn* § 12 Rn 2).

Von § 12 werden ebenfalls Vereinbarungen erfasst, bei denen ein Teil der Arbeitszeit nach Lage und Dauer 4 genau festgelegt ist, während ein weiterer Teil nur der Dauer nach bestimmt ist (MHH/*Heyn* § 12 Rn 12; ErfK/*Preis* § 12 Rn 7). Gleiches gilt für Abreden, bei denen Arbeitszeit und Dauer grds fest im Voraus bestimmt sind, jedoch zusätzlich befristet für bestimmte Zeitperioden (zB Saison) eine Feinanpassung an den konkreten Bedarf einseitig angeordnet werden soll.

III. Besonders schutzbedürftige AN. Arbeit auf Abruf kann, solange die entspr Schutzgesetze eingehalten 5 werden, auch mit **bes schutzbedürftigen AN**, wie zB Schwerbehinderten oder Müttern, vereinbart werden. Im Leiharbeitsverhältnis kann Arbeit auf Abruf ebenfalls vereinbart werden (Schüren/Hamann/*Schüren* Einl Rn 192; MHH/*Heyn* § 12 Rn 9 f; aA Annuß/Thüsing/*Jacobs* § 12 Rn 6). Ausgeschlossen ist Arbeit auf Abruf dagegen in einem Ausbildungsverhältnis.

6 **IV. Keine Anwendbarkeit.** § 12 gilt nicht für Arbeitszeitformen, bei denen der AN die Lage und den Umfang seines Arbeitseinsatzes selbst bestimmt (Arbeitszeit von Führungskräften) oder für konventionelle Gleitzeitsysteme. Die Regelung gilt auch nicht für Systeme, bei denen die Verteilung der Arbeitszeit mit Zustimmung des Arbeitnehmers (auf Konsensbasis) erfolgt (MünchArbR/*Schüren* § 42 Rn 12 ff). **Arbeitsbereitschaft, Rufbereitschaft und Bereitschaftsdienst** unterfallen nicht § 12. Hier geht es um Arbeitsleistung, die zusätzlich zu einer nach Lage und Dauer fest bestimmten Arbeitszeit erbracht und gesondert vergütet wird (ErfK/*Preis* § 12 Rn 10).

7 Die **Anordnung von Überstunden** ist kein Arbeitsabruf gem § 12. Anderes gilt, wenn der AG eine unbeschränkte Befugnis zur Anordnung von Überstunden hat, weil dadurch § 12 umgangen würde (MHH/ *Heyn* § 12 Rn 17). Daraus ergibt sich auch die **Abgrenzung** zwischen partieller Abrufarbeit und Überstunden: Eine Vereinbarung zur Leistung von Überstunden liegt vor, wenn sich der AN verpflichtet, bei einem vorübergehenden zusätzlichen Arbeitsbedarf länger als vertraglich vereinbart zu arbeiten. Bei der Ausübung dieses Rechtes zur einseitigen Anordnung von Überstunden hat der AG den Rechtsgedanken von § 12 II zu beachten (ArbG Frankfurt 26.11.1998, 2 Ca 4267/98, NZA-RR 1999, 357). Abrufarbeit ist gegeben, wenn sich der AN verpflichtet, ohne dass eine bes Dringlichkeit vorliegt, auf Anordnung des AG zu arbeiten (BAG 7.12.2005, 5 AZR 535/04, EzA § 12 TzBfG Nr 2). Überstunden und Mehrarbeit können auch ohne vertragliche Vereinbarung in Notfällen angeordnet werden. Ruft der AG den AN regelmäßig mit einem höheren Stundenumfang ab, so konkretisiert sich der Arbeitsumfang auf diese Dauer der Arbeitszeit (LAG Bremen 20.5.1999, 4 Sa 2/99, AuR 2000, 76).

8 **Arbeitsverhältnisse ohne Arbeitspflicht** des AN fallen **nicht** in den Anwendungsbereich von § 12. Solche Arbeitsverhältnisse finden sich gelegentlich bei studentischen Aushilfsverhältnissen, in denen die jeweilige Beschäftigung einvernehmlich von den Vertragsparteien vereinbart wird. IdR werden in diesem Zusammenhang Rahmenvereinbarungen getroffen, die die wesentlichen Bestimmungen für den konkreten Einsatz im Voraus festlegen. Eine Verpflichtung zur Vereinbarung eines Abrufarbeitsverhältnisses anstelle der Kombination von Rahmenvereinbarung und Einzelarbeitsverträgen besteht nicht (BAG 31.7.2002, 7 AZR 181/01, EzA § 12 TzBfG Nr 1). Entscheidend ist, dass die Freiheit, einen Einsatz abzulehnen, tatsächlich besteht (BAG 16.4.2003, 7 AZR 187/02, EzA § 620 BGB 2002 Nr 5). Eine Ablehnung des Einsatzes darf nicht zur »Auslistung« führen.

9 **C. Gesetzliche Mindestanforderungen. I. Inhalt und Umfang der Arbeitspflicht, I. 1. Wöchentliche Arbeitszeit.** Gem § 12 I 2 muss eine bestimmte **wöchentliche und tägliche Mindestdauer** der Arbeitszeit iR des Abrufarbeitsverhältnisses vereinbart werden. § 12 garantiert keine Mindestarbeitszeit. Eine Arbeitszeit von weniger als 10 Stunden kann vereinbart werden (ErfK/*Preis* § 12 Rn 15).

10 Trotz der Pflicht zur Festlegung einer wöchentlichen Arbeitszeit muss der AN nicht in jeder Woche genauso viele Stunden arbeiten, wie im Vertrag vereinbart sind. Anderenfalls wäre eine Flexibilisierung der Arbeitszeit, die § 12 nicht verhindern, sondern nur beschränken will, überhaupt nicht erreichbar. Demnach ist es möglich, **Arbeitszeitguthaben bzw -defizite** entstehen zu lassen und einen Ausgleichszeitraum zu bestimmen, innerhalb dessen die vertraglich festgelegte Wochenarbeitszeit durchschnittlich erreicht werden muss (MünchArbR/*Schüren* § 41 Rn 12; *Hamann* S 84). § 12 I 2 soll in erster Linie ein verlässliches, regelmäßiges Einkommen sichern, weshalb zB Jahresarbeitsverträge zulässig sind (BAG 9.8.2000, 4 AZR 452/99).

11 Keine Vereinbarung über eine bestimmte Dauer der wöchentlichen Arbeitszeit liegt bei sog **Bandbreitenregelungen** vor, in denen zB eine Arbeitszeit von mind 20–40 Stunden pro Woche vorgesehen ist. Trotzdem verstößt eine solche Vereinbarung nicht gegen § 12 I 2, da »Dauer« iSv »Mindestdauer« zu verstehen ist (BAG 7.12.2005, 5 AZR 535/04, EzA § 12 TzBfG Nr 2; ausf u bzgl Einzelfragen krit *Kiene* Arbeit auf Abruf iSd § 12 Abs 1 S 1 TzBfG; Laux/Schlachter/*Laux* § 12 Rn 44). Ein angemessener Schutz der Teilzeitbeschäftigten wird stattdessen durch § 305 ff BGB gewährleistet. Eine unangemessene Benachteiligung des AN gem § 307 I 1 BGB ist gegeben, wenn die vom AG abrufbare, über die vereinbarte Mindestarbeitszeit hinausgehende Arbeitsleistung des AN mehr als 25 % der vereinbarten wöchentlichen Mindestarbeitszeit beträgt. Ist die Bandbreitenregelung unwirksam, sind wegen des untrennbaren Zusammenhangs sämtliche Arbeitszeitregelungen unwirksam.

12 § 12 I 2 ist **kein Verbotsgesetz** iSv § 134 BGB (ErfK/*Preis* § 12 Rn 15). Bei **Mängeln bei der Festlegung der Arbeitszeit** ist der Vertrag daher nicht unwirksam (BAG 24.9.2014, 5 AZR 1024/12, EzA § 12 TzBfG Nr 3). Vielmehr ließ sich bislang der Umfang des Arbeitszeitdeputats auch ohne ausdrückliche Vereinbarung aus der bisherigen durchschnittlichen Arbeitszeitdauer pro Woche im Wege der ergänzenden Vertragsauslegung ermitteln. Dieser Durchschnitt war dann für die Zukunft als vereinbarter Umfang der Arbeitszeit anzusehen (LAG Rh-Pf 10.5.2007, 11 Sa 167/07, AE 2008, 25). Ließ sich das Deputat durch Rückschau

nicht ermitteln, da der AN erst kurze Zeit für den AG tätig ist, galt nach § 12 I 3 eine Arbeitszeit von 10 Stunden pro Woche als vereinbart (MünchArbR/*Schüren* § 41 Rn 16).
Nach einer aktuellen Entscheidung des BAG (24.9.2014, aaO) ist der Rückgriff auf die ergänzende Vertragsauslegung fraglich. Danach sei vordergründig auf die arbeitsvertragliche Vereinbarung abzustellen. Soweit eine Vereinbarung über eine bestimmte Dauer der wöchentlichen und täglichen Arbeitszeit fehle, führe dies zur gesetzlichen 10-Stunden-Fiktion. Von einer ausdrücklich vereinbarten Teilzeitbeschäftigung könne nicht auf ein im Zweifel bestehendes Vollzeitarbeitsverhältnis geschlossen werden. Dadurch dürften sich erhöhte Flexibilisierungsmöglichkeiten für den Arbeitgeber ergeben (MHH/*Heyn* § 12 Rn 36).
Das LAG Düsseldorf (19.8.2015, 7 Sa 233/15, JurionRS 2015, 28450, n rkr, Revision BAG 10 AZR 607/15 u 29.7.2015, 7 Sa 313/15, DB 2015, 2884, n rkr, Revision BAG 10 AZR 469/15) hält zur Ermittlung der wöchentlichen Arbeitszeit zwar an der ergänzenden Vertragsauslegung fest. Das durch die Rückschau ermittelte feste Deputat wird dann aber um 25 % reduziert u in dieser Höhe nach oben flexibilisiert, um dem Flexibilisierungsinteresse des AG Rechnung zu tragen (vgl BAG 7.12.2005, 5 AZR 535/04, EzA § 12 TzBfG Nr 2).

2. Tägliche Arbeitszeit. § 12 I 4 beschränkt das Recht des AG, die Dauer des konkreten Arbeitseinsatzes 13 festzulegen. Die **Anwendbarkeit von § 12 I 4 kann** durch eine individualvertragliche Regelung **ausgeschlossen werden** (ErfK/*Preis* § 12 Rn 22). Unzulässig sind allerdings Vereinbarungen, die den AG generell ermächtigen, den AN täglich zu kürzeren Arbeitseinheiten abzurufen (LAG Düsseldorf 30.8.2002, 9 Sa 709/02, NZA-RR 2003, 407). Fehlt es an einer Vereinbarung, muss der AG den AN jeweils für mind 3 aufeinander folgende Stunden zur Arbeitsleistung heranziehen. Dadurch wird eine unangemessene Belastung des AN durch eine sehr kurze oder zerstückelte Heranziehung vermieden.
Bei vertraglicher Vereinbarung einer bestimmten täglichen Arbeitszeit ist regelmäßig von einer zusam- 14 menhängenden Arbeitszeit auszugehen. Bei einer **Höchstdauer** kann der AG die Arbeitsleistung in einem Umfang zwischen der Mindestarbeitsdauer nach § 12 I 4 und der vereinbarten Höchstdauer abrufen. Eine tägliche Arbeitszeit iSv § 12 I 4 liegt auch vor, wenn die Arbeit im Nachtschichtbetrieb über Mitternacht hinausgeht (ErfK/*Preis* § 12 Rn 23).
Verstößt der AG gegen § 12 I 4, hat der AN die Wahl, ob er die kurze Arbeitsleistung erbringen will, ob er 15 sie nur unter Bezahlung und Anrechnung von 3 Stunden erbringen oder gänzlich ablehnen will. Bei der 1. Alt muss der AG nur die tatsächlich geleisteten Stunden vergüten, bei der 2. muss er den AN für 3 Stunden bezahlen. Verweigert der AN den Arbeitseinsatz, kann der AG entweder gänzlich auf die Leistung verzichten oder unter Beachtung von § 12 II den Einsatzzeitraum verlängern.

II. Ankündigungsfrist, II. Der AG muss dem AN die Lage seiner Arbeitszeit mind 4 Tage im Voraus 16 ankündigen. Der AN kann nicht im Vorhinein auf die Einhaltung der Ankündigungsfrist verzichten. Eine **vereinbarte Verkürzung** der Frist ist wegen § 134 BGB **unwirksam** (ErfK/*Preis* § 12 Rn 25). Der notwendige Umfang der Mitteilung ist von der jeweiligen arbeitsvertraglichen Regelung abhängig. Neben § 12 II sind die allg Regeln für die Ausübung des Direktionsrechtes zu beachten. Die Bekanntmachung kann formlos erfolgen.
Die **Fristberechnung** erfolgt nach §§ 186 ff BGB (MüKo-BGB/*Müller-Glöge* § 12 Rn 15). Fristbeginn ist 17 der Tag der Zustellung der Mitteilung, wobei dieser Tag bei der Berechnung der Frist gem § 187 I BGB nicht mitzählt. Gleiches gilt für den Tag der Arbeitsleistung, was sich aus der Formulierung »4 Tage im Voraus« ergibt. Ist der letzte Tag vor dem 4-Tage-Zeitraum ein Samstag, Sonntag oder Feiertag, muss die Mitteilung entspr § 193 BGB am vorangegangenen Werktag erfolgen. Daraus ergibt sich folgende Tabelle:

Geplanter Arbeitstag	Zugang der Mitteilung
Montag	Mittwoch
Dienstag	Donnerstag
Mittwoch	Freitag
Donnerstag	Freitag
Freitag	Freitag (der Vorwoche)
Samstag	Montag
Sonntag	Dienstag

§ 12 TzBfG   Arbeit auf Abruf

18 Der Abruf der Arbeitsleistung ist eine einseitige, empfangsbedürftige Gestaltungserklärung des AG. Bei **Einhaltung von § 12 II** wird daher die Arbeitspflicht des AN verbindlich festgelegt. Ein Widerruf (außer im Fall des § 130 I 2 BGB) oder eine einseitige Änderung der Mitteilung durch den AG ist ausgeschlossen, lediglich eine Anfechtung ist möglich (MHH/*Heyn* § 12 Rn 39; aA ErfK/*Preis* § 12 Rn 28).

19 Bei **Nichteinhaltung von § 12 II** hat der AN ein Leistungsverweigerungsrecht (MHH/*Heyn* § 12 Rn 43; bei einseitigem Schichttausch durch AG: ArbG Berl 05.10.2012, 28 Ca 10243/12, ArbR 2012, 595). Er braucht die Mitteilung in diesem Fall nicht zurückweisen, es sei denn, es besteht eine gegenteilige betriebliche Übung. Wenn der AN aber erkennt, dass der AG versehentlich die Frist aus § 12 II nicht eingehalten hat, ist der AN nach Treu und Glauben verpflichtet, den Einsatz ausdrücklich abzulehnen (ErfK/*Preis* § 12 Rn 29; Laux/Schlachter/*Laux* § 12 Rn 80). Der AN kann trotz des Verstoßes die Arbeit freiwillig erbringen. In diesem Fall muss der AG die geleistete Arbeit vergüten. Verweigert der AN die Arbeitsleistung, muss der AG ihn nur im Fall eines Annahmeverzuges bezahlen (vgl Rdn 20; ErfK/*Preis* § 12 Rn 31).

20 **III. Entgelt und Entgeltfortzahlung.** Der AN hat Anspruch auf Vergütung der geleisteten Arbeitsstunden. Wird das vereinbarte Arbeitszeitdeputat nicht abgerufen, verliert der AN gem § 615 S 1 BGB seinen Vergütungsanspruch nicht (LAG Köln 25.8.2005, 10 Sa 797/04, AuA 2006, 48). Haben die Parteien keine Arbeitszeitvereinbarung getroffen und hat der AN in der Vergangenheit regelmäßig deutlich mehr als die 10 Stunden nach I 3 gearbeitet, hat der AN einen Verzugslohnanspruch gerechnet auf die »*tatsächlich praktizierte Arbeitszeit*« (vgl Rdn 12; BAG 24.9.2014, 5 AZR 1024/12, EzA § 12 TzBfG Nr 3; ArbG Trier 3.12.2010, 3 Ca 507/10, LAGE § 12 TzBfG Nr 4). Vereinbaren die Vertragsparteien den Übertrag von Arbeitszeitguthaben und -defiziten, beeinflusst das die Fälligkeit der Vergütung nicht.

21 **1. Feiertagsvergütung.** Der AG kann die **Zahlung des Feiertagslohnes** nicht durch eine geschickte Verteilung der Arbeitszeit vermeiden (BAG 9.10.1996, 5 AZR 345/95, EzA § 1 FeiertagslohnzahlungsG Nr 51; 3.5.1983, 3 AZR 100/81, EzA § 1 FeiertagslohnzahlungsG Nr 24). Nach § 2 EFZG hat der AN demnach einen Anspruch auf Feiertagsvergütung, wenn sich aus dem Abrufverhalten des AG in der Vergangenheit mit einiger Sicherheit ergibt, dass der AN an diesem Tag zur Arbeit eingeteilt worden wäre (BAG 24.10.2001, 5 AZR 245/00, EzA § 2 EFZG Nr 3; 12.6.1996, 5 AZR 960/94, EzA § 2 BeschFG 1985 Nr 49). Bei Unsicherheiten bzgl des hypothetischen Abrufverhaltens des AG erfolgt in analoger Anwendung von § 11 II EFZG eine **Durchschnittsberechnung**. Dazu wird das Arbeitszeitdeputat pro Arbeitseinheit rechnerisch auf alle potenziellen Arbeitstage einschließlich der Feiertage in dieser Einheit verteilt. Danach werden diejenigen Arbeitsstunden, die hierbei auf Feiertage entfallen, vom Gesamtdeputat abgezogen. Die Vergütung bleibt unverändert (MünchArbR/*Schüren* § 41 Rn 55).

22 **2. Entgeltfortzahlung bei Krankheit.** Bei einer Erkrankung des AN gelten grds die allg Regeln für die **EFZ im Krankheitsfall**. Hat der AG durch Ausübung seines Leistungsbestimmungsrechtes den **Arbeitseinsatz bereits festgelegt**, so bleibt dem AN gem § 3 EFZG der Anspruch auf EFZ erhalten. Bei noch **nicht erfolgtem Abruf** kann der AG eine EFZ nicht dadurch vermeiden, dass er den AN nicht abruft (MünchArbR/*Schüren* § 42 Rn 60). Grund dafür ist, dass die Regelung über die Abrufarbeit nicht die Funktion hat, die mit der EFZ im Krankheitsfall getroffene Risikoverteilung aufzuheben. Im Krankheitsfall muss deshalb auf Basis der hypothetischen Arbeitszeitlage abgerechnet werden. Ist das nicht möglich, ist auf das Durchschnittsprinzip (s Rdn 21) zurückzugreifen.

23 Auch wenn noch kein Arbeitseinsatz festgelegt wurde, hat der AN dem AG seine **Erkrankung** gem § 5 EFZG **unverzüglich anzuzeigen** (MHH/*Heyn* § 12 Rn 51).

24 Wegen Verstoßes gegen § 4 I EFZG ist eine **BV unwirksam**, nach der die sich in der Phase einer verkürzten Arbeitszeit ergebende Zeitschuld nur durch tatsächliche Arbeitsleistung, nicht aber durch krankheitsbedingte Arbeitsunfähigkeit in der Phase der verlängerten Arbeitszeit ausgeglichen wird (BAG 13.2.2002, 5 AZR 470/00, EzA § 4 EFZG Nr 5). Solche Regelungen sind nur durch TV möglich.

25 **3. Entgeltfortzahlung bei persönlicher Verhinderung.** Für die EFZ bei **persönlicher Verhinderung** gelten die allg Grundsätze. Es stellt keine Benachteiligung dar, wenn der AG die Arbeitseinsätze zeitlich so legt, dass der AN seinen sonstigen Verpflichtungen in der Freizeit nachkommen kann. Der AN ist verpflichtet, den AG über bevorstehende Verhinderungen so früh wie möglich zu informieren. Hat der AG die Arbeitsleistung bereits abgerufen und ist der AN nach § 616 I BGB verhindert, kann der AG seine Vergütungspflicht nicht durch Abänderung des Abrufes verhindern (MünchArbR/*Schüren* § 41 Rn 63).

26 **IV. Urlaub.** Abruf-AN haben wie alle (Teilzeit-) Beschäftigten Anspruch auf entspr der Arbeitsleistung gekürzten **Erholungsurlaub**. Gem § 7 II BUrlG haben sie Anspruch auf zusammenhängende Freistellung.

V. Sonstige Vorgaben. Der AG hat die gesetzlichen Arbeitsverbote zu bestimmten Zeiten (§§ 14, 16 I JArbSchG, §§ 5, 6, 9 ArbZG) zu beachten. Weitere Einschränkungen können sich aus TV, BV oder individualvertraglicher Vereinbarung ergeben.

Beim Abruf der Arbeit hat der AG die **Grundsätze des billigen Ermessens** gem § 106 GewO einzuhalten. Dazu muss er die wesentlichen Umstände des Einzelfalls abwägen und die beiderseitigen Interessen angemessen berücksichtigen.

Eingeschränkt wird das Direktionsrecht des AG ferner durch **Konkretisierung** aufgrund längerer Übung. Neben dem Zeitelement müssen dafür aber noch weitere, vertrauensbegründende Umstände hinzutreten, zB Erklärungen des AG (BAG 17.12.1997, 5 AZR 178/97, ZTR 1998, 269).

D. Abweichende tarifliche Regelungen, III. § 12 III ermöglicht **Abweichungen durch TV zuungunsten des AN** von I und II. Zwingende Voraussetzung dafür ist, dass der TV Regelungen über die tägliche und wöchentliche Arbeitszeit und die Vorankündigungsfrist vorsieht. Demnach muss keine bestimmte tägliche oder wöchentliche Arbeitszeit festgelegt werden. Die Vereinbarung einer Mindestarbeitszeit ist ausreichend (MHH/*Heyn* § 12 Rn 58 f). Die Ankündigungsfrist von § 12 II kann durch TV verkürzt werden, ein gänzlicher Verzicht ist dagegen nicht möglich. Umstr ist die **Zulässigkeit sehr kurzer Ankündigungsfristen** von weniger als einem Tag.

Nichttarifgebundene AG und AN können im Geltungsbereich eines TV die Anwendbarkeit eines TV einzelvertraglich vereinbaren, wenn sie vom fachlichen und persönlichen Geltungsbereich des TV erfasst werden. Eine vollständige Bezugnahme auf den TV ist nicht erforderlich (KDZ/*Zwanziger* 8 Aufl. 2011, § 12 Rn 32).

Im Umkehrschluss ergibt sich aus § 12 III, dass eine Abweichung von den Regelungen der I und II durch **Einzelvertrag, BV oder Arbeitsvertragsbestimmungen der Kirchen** unzulässig ist (ErfK/*Preis* § 12 Rn 38).

E. Betriebliche Mitbestimmung. § 12 berührt nicht die **Regelungen zur betrieblichen Mitbestimmung** im BetrVG und in den PersVG des Bundes und der Länder. Mitbestimmungsrechte zur Einführung oder Gestaltung von Abrufarbeit bestehen allerdings nur dann, wenn ein kollektiver Tatbestand vorliegt (BAG 11.11.1986, 1 ABR 17/85, EzA § 87 BetrVG 1972 Arbeitszeit Nr 21; 21.12.1982, 1 ABR 14/81, EzA § 87 BetrVG 1972 Arbeitszeit Nr 16; 2.3.1982, 1 ABR 74/79, EzA § 87 BetrVG 1972 Arbeitszeit Nr 11) und kein TV die Regelung gem § 87 I BetrVG sperrt. Ein kollektiver Tatbestand ist gegeben, wenn sich eine Regelungsfrage stellt, die kollektive Interessen der AN berührt. Der jeweilige Abruf der Arbeitsleistung ist demnach nicht nach § 87 I Nr 2 BetrVG mitbestimmungspflichtig (BAG 24.5.1989, 2 AZR 537/88). Dagegen besteht ein Mitbestimmungsrecht nach § 87 I Nr 2 BetrVG, wenn der AG allg Regelungen zur Einführung oder Gestaltung von Abrufarbeit aufstellt (BAG 28.9.1988, 1 ABR 41/87, EzA § 87 BetrVG 1972 Arbeitszeit Nr 30).

F. Anhang: Auswirkungen auf den Gestaltungsrahmen bedarfsorientierter Arbeitszeitformen. I. Grundfragen. Bedarfsorientierte Arbeitszeitgestaltungen sind dort kostensenkend, wo der Bedarf an Arbeitsleistung unvorhersehbar schwankt und dementspr eine exakte Anpassung des Arbeitszeitverbrauchs an den Bedarf die Arbeitskosten senkt. Bei der Feinanpassung der Arbeitszeitverteilung können dann die Regelungen des TzBfG tangiert werden, wenn der AG zur Feinanpassung kurzfristig die Lage der Arbeitszeit verändert, oder wenn Gruppen von AN ihre Arbeitszeit nach Bedarf selbst planen.

II. Steuerung durch den AG. Für die Feinanpassung der Arbeitszeit sind die Regelungen des § 12 anzuwenden, wenn der AG kurzfristig (wöchentliche oder tägliche Planung) festlegt, wann gearbeitet wird. Dies gilt insb dann, wenn bei dieser Planung nicht nur geringfügige Schwankungen der täglichen Arbeitszeit, sondern Verteilungen festgelegt werden, bei denen ganze Tage arbeitsfrei bleiben. Hier gelten die gesetzliche Ankündigungsfrist und auch die Bestimmung über die Mindestdauer der wöchentlichen Arbeitszeit gem § 12 I (s Rdn 9 ff).

III. Tarifliche Regelung. Eine bedarfsorientierte, vom AG mit kurzen Ankündigungsfristen gelenkte Verteilung der Arbeitszeit ist damit nicht gestaltbar. Nur eine umfassende tarifliche Regelung gem § 12 III kann den AG zu einer bedarfsorientierten Steuerung mit kurzen Vorlaufzeiten ermächtigen. Ohne die tarifliche Ermächtigung ist nur eine kurzfristige Feinanpassung auf Konsensbasis (= mit ausdrücklicher Zustimmung des betroffenen einzelnen AN) möglich. Eine kurzfristige Feinanpassung der Arbeitszeit durch BV ist unzulässig, da die gesetzliche Regelung nur tarifdisponibel ist.

§ 13 Arbeitsplatzteilung

(1) ¹Arbeitgeber und Arbeitnehmer können vereinbaren, dass mehrere Arbeitnehmer sich die Arbeitszeit an einem Arbeitsplatz teilen (Arbeitsplatzteilung). ²Ist einer dieser Arbeitnehmer an der Arbeitsleistung verhindert, sind die anderen Arbeitnehmer zur Vertretung verpflichtet, wenn sie der Vertretung im Einzelfall zugestimmt haben. ³Eine Pflicht zur Vertretung besteht auch, wenn der Arbeitsvertrag bei Vorliegen dringender betrieblicher Gründe eine Vertretung vorsieht und diese im Einzelfall zumutbar ist.

(2) ¹Scheidet ein Arbeitnehmer aus der Arbeitsplatzteilung aus, so ist die darauf gestützte Kündigung des Arbeitsverhältnisses eines anderen in die Arbeitsplatzteilung einbezogenen Arbeitnehmers durch den Arbeitgeber unwirksam. ²Das Recht zur Änderungskündigung aus diesem Anlass und zur Kündigung des Arbeitsverhältnisses aus anderen Gründen bleibt unberührt.

(3) Die Absätze 1 und 2 sind entsprechend anzuwenden, wenn sich Gruppen von Arbeitnehmern auf bestimmten Arbeitsplätzen in festgelegten Zeitabschnitten abwechseln, ohne dass eine Arbeitsplatzteilung im Sinne des Absatzes 1 vorliegt.

(4) ¹Durch Tarifvertrag kann von den Absätzen 1 und 3 auch zuungunsten des Arbeitnehmers abgewichen werden, wenn der Tarifvertrag Regelungen über die Vertretung der Arbeitnehmer enthält. ²Im Geltungsbereich eines solchen Tarifvertrages können nicht tarifgebundene Arbeitgeber und Arbeitnehmer die Anwendung der tariflichen Regelungen über die Arbeitsplatzteilung vereinbaren.

Übersicht	Rdn.			Rdn.
A. Inhalt und Zweck	1	III.	Vertretungsverpflichtung (I)	9
B. Geltungsbereich	2	IV.	Entgelt und Entgeltfortzahlung	11
I. Sachlicher Geltungsbereich	2	V.	Kündigungsschutz (II)	12
II. Persönlicher Geltungsbereich	5	D.	Turnusarbeitsverhältnis, III	14
C. Gesetzliche Ausgestaltung (I und II)	6	E.	Abweichende tarifliche Regelungen (IV)	15
I. Vertragsverhältnis zum AG	6	F.	Betriebliche Mitbestimmung	16
II. Vertragsverhältnis zwischen den AN	8			

1 **A. Inhalt und Zweck.** § 13 regelt die Arbeitsplatzteilung (»Job Sharing«), wobei die Norm anders als § 12 den Beteiligten größte Freiheit bei der Regelung der Arbeitszeit lässt. Die Gestaltungsmöglichkeiten sind vielfältig und ermöglichen es auch, anspruchsvolle Arbeitsaufgaben bei alternierender Besetzung zu erfüllen (ausf mwN MünchArbR/*Schüren* § 41 Rn 66 ff). Denkbar ist auch die Arbeitsplatzteilung durch Vollzeitkräfte, die gemeinsam die Übernahme einer Arbeitsaufgabe bei längeren Betriebszeiten selbst gestalten (*Reichold* NZA 1998, 393, 398). Häufig sind in der Praxis Gestaltungen, bei denen zwei Teilzeitkräfte im Wechsel einen einfachen Vollzeitarbeitsplatz besetzen. Dabei ist ein Informationsaustausch üblich. Ebenso üblich ist es, Urlaubspläne abzustimmen.

2 **B. Geltungsbereich. I. Sachlicher Geltungsbereich.** Arbeitsplatzteilung ist dann gegeben, wenn der AG mit zwei oder mehr AN vereinbart, dass diese sich die Arbeitszeit an einem Arbeitsplatz teilen. Mit Arbeitsplatz ist hier nicht nur die Stelle einer Vollzeitkraft gemeint. Arbeitsplatz kann auch eine bestimmte betriebliche Funktion sein, die während längerer Betriebszeiten über mehr als die Arbeitszeit einer Vollzeitkraft zu besetzen ist.

3 Kennzeichnend für die Arbeitsplatzteilung ist die Planung der Arbeitszeitverteilung durch das Team (= die beteiligten AN). Die Arbeitszeitplanung ist eine arbeitsvertragliche Pflicht. Dabei können sich die Teammitglieder halbtäglich oder täglich, aber auch wöchentlich oder gar monatlich abwechseln. Der AG kann verbindliche Vorgaben zur Ausgestaltung festlegen (MünchArbR/*Schüren* § 41 Rn 83). Der aufgestellte Arbeitsplan ist dem AG rechtzeitig bekannt zu machen. Erzielen die AN keine Einigung, entscheidet der AG über die Arbeitszeitverteilung (ErfK/*Preis* § 13 Rn 3; aA Annuß/Thüsing/*Maschmann* § 13 Rn 12; Laux/Schlachter/*Laux* § 13 Rn 31).

4 Arbeitsplatzteilung in Form einer Eigengruppe ist rechtlich heute nicht mehr möglich und praktisch auch nicht notwendig. Bei der **Eigengruppe** würden zwei AN im Rahmen eines einzigen Arbeitsverhältnisses mit dem AG verbunden sein. Eine solche Vertragsgestaltung unterläuft den Kündigungsschutz, die Regeln des Mutterschutzes und sperrt auch die Ansprüche aus § 8 und § 9 ohne zwingende Notwendigkeit (aA noch MünchArbR/*Schüren* § 41 Rn 80; *Reichold* NZA 1998, 393, 396 f).

II. Persönlicher Geltungsbereich. Arbeitsplatzteilung ist unabhängig vom persönlichen Arbeitszeitvolumen der Beteiligten möglich. III zeigt, dass eine solche Beschränkung nicht beabsichtigt ist. Ausgeschlossen ist eine Arbeitsplatzteilung dagegen iR eines Ausbildungsverhältnisses (MHH/*Heyn* § 13 Rn 7). 5

C. Gesetzliche Ausgestaltung (I und II). I. Vertragsverhältnis zum AG. Jeder AN schließt mit dem AG einen **eigenen Arbeitsvertrag**, in dem er sich verpflichtet, den ihm zugewiesenen Arbeitsplatz in Abstimmung mit dem/den anderen Partner/n während der betriebsüblichen Arbeitszeit alternierend zu besetzen. Die Umwandlung eines Teilzeitarbeitsverhältnisses in ein Job-Sharing-Arbeitsverhältnis kann nicht einseitig angeordnet werden, weil die Pflicht zur Abstimmung mit dem Teamkollegen eine erhebliche Veränderung der Leistungspflicht darstellt (ErfK/*Preis* § 13 Rn 8). 6

Mit Ausnahme der Vertretungsregelung in I existieren für das Job-Sharing-Arbeitsverhältnis keine bes Regelungen. Notwendig ist daher die Vereinbarung einer regelmäßigen Dauer der Arbeitszeit und eines Tätigkeitsbereiches (MHH/*Heyn* § 13 Rn 15 ff). Der AN schuldet nur seine im jeweiligen Arbeitsplan konkretisierte Arbeitsleistung. 7

II. Vertragsverhältnis zwischen den AN. Die Teammitglieder bilden eine Betriebsgruppe. Sie sind **nicht Gesamtschuldner** nach § 421 BGB im Hinblick auf die Erbringung der Arbeitsleistung. Vertritt ein Arbeitsplatzpartner ausnahmsweise den anderen, ohne dass dies auf einer vorherigen Absprache beruht, so besteht kein Ausgleichsanspruch nach § 426 BGB gegen den Partner, sondern ein unmittelbarer Anspruch gegen den AG auf Vergütung (MüKo-BGB/*Müller-Glöge* § 13 Rn 4). 8

III. Vertretungsverpflichtung (I). Eine gegenseitige Vertretungspflicht (zB bei Krankheit oder Urlaub) ist nicht notwendiger Bestandteil der Arbeitsplatzteilung. Sie kann für den einzelnen Vertretungsfall vereinbart werden. Grds ist ein Arbeitsplatzpartner gem I 2 nicht zur **Vertretung des anderen Arbeitsplatzpartners** verpflichtet, wenn dieser hinsichtlich der Arbeitsleistung verhindert ist. Eine **Pflicht zur Vertretung** kann sich aus zwei Gründen ergeben: Der AN kann nach S 2 für den Einzelfall mit dem AG die Vertretung vereinbaren, wohingegen eine generelle Verpflichtung zur Vertretung gem. § 134 BGB nichtig ist (LAG München 15.9.1993, 5 Sa 976/92, LAGE § 5 BeschFG 1985 Nr 1; ErfK/*Preis* § 13 Rn 9). In Notfällen kann der AG auch ohne Zustimmung des AN Mehrarbeit anordnen. 9

Außerdem kann nach S 3 eine generelle Verpflichtung zur Vertretung des verhinderten Teamkollegen bei Vorliegen dringender betrieblicher Gründe vereinbart werden, wenn dies dem zur Vertretung verpflichteten AN im Einzelfall zumutbar ist. **Dringende betriebliche Gründe** liegen vor, wenn der Arbeitsplatzpartner nicht durch einen anderen AN vertreten werden kann und ansonsten eine wesentliche Schädigung des Unternehmens eintreten würde (LAG München 15.9.1993, 5 Sa 976/92, LAGE § 5 BeschFG 1985 Nr 1). Die **Zumutbarkeit** ist iR einer umfassenden Interessenabwägung zu bestimmen. Entscheidende Kriterien sind dabei Lage, Dauer und zeitlicher Vorlauf der Vertretungsarbeit. Bei Einhaltung einer mit § 12 II vergleichbaren Ankündigungsfrist ist die Leistung von Vertretungsarbeit idR zumutbar. Die **Darlegungs- und Beweislast** für das Vorliegen dringender betrieblicher Gründe trägt der AG. 10

IV. Entgelt und Entgeltfortzahlung. Hins der **Arbeitsvergütung** und der EFZ ergeben sich grds keine Besonderheiten. Überschreitet die Krankheitszeit eine Planperiode, so fehlt es an einer verbindlichen Arbeitszeitregelung als Grundlage der Abrechnung. Hier erfolgt die Abrechnung nach der vermuteten Arbeitszeitregelung. Ist dies nicht möglich, ist die Durchschnittsarbeitszeit zugrunde zu legen (s § 12 Rdn 21). Für weitere Einzelheiten wird auf MünchArbR/*Schüren* § 41 Rn 108 ff verwiesen. 11

V. Kündigungsschutz (II). Das Ausscheiden eines Arbeitsplatzpartners rechtfertigt nicht die **Kdg** des anderen, da die Arbeitsplatzpartner rechtlich selbstständige Arbeitsverträge zum AG haben. Es ist Sache des AG, den Ausgeschiedenen durch einen anderen AN zu ersetzen (BT-Drs 10/2102 S 26). Daher normiert § 13 II 1 ein **absolutes Kündigungsverbot**, das auch in Kleinbetrieben gilt. Eine Kdg aufgrund des Ausscheidens des Arbeitsplatzpartners ist deshalb nach § **134 BGB** nichtig. Für die Geltendmachung der Unwirksamkeit ist die dreiwöchige Klagefrist von § 4 KSchG zu beachten. Die Vereinbarung einer **auflösenden Bedingung**, wonach das Arbeitsverhältnis von der Existenz des Arbeitsverhältnisses mit dem Arbeitsplatzpartner abhängt, ist wegen Umgehung von § 13 II 1 unwirksam (MHH/*Heyn* § 13 Rn 30). 12

Das Kündigungsverbot des S 1 erfasst nach S 2 nur **Beendigungskündigungen**, nicht jedoch Änderungskündigungen. Ferner muss das Ausscheiden des anderen AN **tragender Grund** des AG für die Kdg gewesen sein. Allein der Umstand, dass der AG im Zusammenhang mit dem Ausscheiden eines Arbeitsplatzpartners kündigt, beweist für sich genommen einen Verstoß gegen § 13 II 1 allerdings nicht (ErfK/*Preis* § 13 Rn 12). 13

§ 14 TzBfG Zulässigkeit der Befristung

14 **D. Turnusarbeitsverhältnis, III.** Ein Turnusarbeitsverhältnis ist gegeben, wenn sich Gruppen von AN auf bestimmten Arbeitsplätzen in festgelegten Zeitabschnitten abwechseln. Der Wechsel hat zu festgelegten Zeitpunkten zu erfolgen (LAG München 15.9.1993, 5 Sa 976/92, LAGE § 5 BeschFG 1985 Nr 1). In diesem Fall gelten die Bestimmungen der I und II entspr. Eine Pflicht zur Vertretung besteht grds nicht und eine Kdg kann nicht dadurch gerechtfertigt werden, dass ein Mitglied der Gruppe aus dem Arbeitsverhältnis ausscheidet (MHH/*Heyn* § 13 Rn 34).

15 **E. Abweichende tarifliche Regelungen (IV).** § 13 IV ermöglicht Abweichungen von den Regelungen in I und III durch TV **zuungunsten des AN**. Voraussetzung dafür ist, dass der TV Regelungen über die Vertretung der AN enthält. **Nichttarifgebundene AG und AN** können nach IV 2 die Anwendbarkeit eines TV einzelvertraglich vereinbaren, wenn sie vom fachlichen und persönlichen Geltungsbereich des TV erfasst werden. Durch **Einzelvertrag, BV oder Arbeitsvertragsbestimmungen der Kirchen** kann **nicht** von den Regelungen der I und III abgewichen werden.

16 **F. Betriebliche Mitbestimmung.** Die Mitbestimmungsrechte des BR werden von der Vorschrift nicht gestaltet. Soweit nur zwei vorhandene Teilzeitkräfte zu einem Team zusammengefasst werden, hat diese Arbeitszeitregelung keinen kollektiven Bezug (vgl MHH/*Heyn* § 13 Rn 5) gem § 87 I Nr 2 BetrVG. Freilich liegt eine Versetzung iSv § 95 III BetrVG vor, da es sich wegen der Pflicht zur gemeinsamen Arbeitszeitplanung um eine wesentliche Änderung von Arbeitsbedingungen handelt (MünchArbR/*Schüren* § 44 Rn 36).

§ 14 Zulässigkeit der Befristung

(1) Die Befristung eines Arbeitsvertrages ist zulässig, wenn sie durch einen sachlichen Grund gerechtfertigt ist. Ein sachlicher Grund liegt insbesondere vor, wenn
1. der betriebliche Bedarf an der Arbeitsleistung nur vorübergehend besteht,
2. die Befristung im Anschluss an eine Ausbildung oder ein Studium erfolgt, um den Übergang des Arbeitnehmers in eine Anschlussbeschäftigung zu erleichtern,
3. der Arbeitnehmer zur Vertretung eines anderen Arbeitnehmers beschäftigt wird,
4. die Eigenart der Arbeitsleistung die Befristung rechtfertigt,
5. die Befristung zur Erprobung erfolgt,
6. in der Person des Arbeitnehmers liegende Gründe die Befristung rechtfertigen,
7. der Arbeitnehmer aus Haushaltsmitteln vergütet wird, die haushaltsrechtlich für eine befristete Beschäftigung bestimmt sind, und er entsprechend beschäftigt wird oder
8. die Befristung auf einem gerichtlichen Vergleich beruht.

(2) ^{1}Die kalendermäßige Befristung eines Arbeitsvertrages ohne Vorliegen eines sachlichen Grundes ist bis zur Dauer von zwei Jahren zulässig; bis zu dieser Gesamtdauer von zwei Jahren ist auch die höchstens dreimalige Verlängerung eines kalendermäßig befristeten Arbeitsvertrages zulässig. ^{2}Eine Befristung nach Satz 1 ist nicht zulässig, wenn mit demselben Arbeitgeber bereits zuvor ein befristetes oder unbefristetes Arbeitsverhältnis bestanden hat. ^{3}Durch Tarifvertrag kann die Anzahl der Verlängerungen oder die Höchstdauer der Befristung abweichend von Satz 1 festgelegt werden. ^{4}Im Geltungsbereich eines solchen Tarifvertrages können nicht tarifgebundene Arbeitgeber und Arbeitnehmer die Anwendung der tariflichen Regelungen vereinbaren.

(2a) ^{1}In den ersten vier Jahren nach der Gründung eines Unternehmens ist die kalendermäßige Befristung eines Arbeitsvertrages ohne Vorliegen eines sachlichen Grundes bis zur Dauer von vier Jahren zulässig; bis zu dieser Gesamtdauer von vier Jahren ist auch die mehrfache Verlängerung eines kalendermäßig befristeten Arbeitsvertrages zulässig. ^{2}Dies gilt nicht für Neugründungen im Zusammenhang mit der rechtlichen Umstrukturierung von Unternehmen und Konzernen. ^{3}Maßgebend für den Zeitpunkt der Gründung des Unternehmens ist die Aufnahme einer Erwerbstätigkeit, die nach § 138 der Abgabenordnung der Gemeinde oder dem Finanzamt mitzuteilen ist. ^{4}Auf die Befristung eines Arbeitsvertrages nach Satz 1 findet Absatz 2 Satz 2 bis 4 entsprechende Anwendung.

(3) ^{1}Die kalendermäßige Befristung eines Arbeitsvertrages ohne Vorliegen eines sachlichen Grundes ist bis zu einer Dauer von fünf Jahren zulässig, wenn der Arbeitnehmer bei Beginn des befristeten Arbeitsverhältnisses das 52. Lebensjahr vollendet hat und unmittelbar vor Beginn des befristeten Arbeitsverhältnisses mindestens vier Monate beschäftigungslos im Sinne des § 138 Absatz 1 Nummer 1 des Dritten Buches Sozialgesetzbuch gewesen ist, Transferkurzarbeitergeld bezogen oder an einer öffentl geförderten Beschäftigungsmaßnahme nach dem Zweiten oder Dritten Buch Sozialgesetzbuch teilgenommen hat. ^{2}Bis zu der Gesamtdauer von fünf Jahren ist auch die mehrfache Verlängerung des Arbeitsvertrages zulässig.

(4) Die Befristung eines Arbeitsvertrages bedarf zu ihrer Wirksamkeit der Schriftform.

Übersicht

		Rdn.			Rdn.
A.	Inhalt, Normstruktur und Zweck	1		2. Mehrfache Befristung oder Kettenbefristung	62
B.	Durch einen sachlichen Grund gerechtfertigte Befristung, I	3		3. Befristung einzelner Arbeitsbedingungen	65
I.	Allgemeine Grundsätze	4	C.	Befristung ohne Vorliegen eines sachlichen Grundes, II	66
II.	Einzelne sachliche Gründe	7			
	1. Vorübergehender Bedarf an der Arbeitsleistung, Nr 1	9	I.	Kalendermäßige Befristung bis zur Dauer von 2 Jahren	67
	2. Befristung im Anschluss an eine Ausbildung oder ein Studium, Nr 2	16	II.	Neueinstellung	73
	3. Beschäftigung zur Vertretung, Nr 3	22	III.	Abweichung durch TV	76
	4. Eigenart der Arbeitsleistung, Nr 4	30	D.	Befristung bei Neugründungen, IIa	78
	5. Befristung zur Erprobung, Nr 5	36	E.	Befristung von Arbeitsverträgen älterer AN, III	81
	6. In der Person des AN liegende Gründe, Nr 6	39	F.	Schriftform und Angabe des Befristungsgrundes, IV	82
	7. Vergütung aus Haushaltsmitteln, Nr 7	43	I.	Schriftform	82
	8. Gerichtlicher Vergleich, Nr 8	47	II.	Reichweite des Schriftformerfordernisses	87
	9. Sonstige Gründe	48	III.	Rechtsfolgen	90
III.	Sonderformen	59	G.	Mitbestimmungsrechte des BR	96
	1. Nachträgliche Befristung; Aufhebungsverträge	59			

A. Inhalt, Normstruktur und Zweck. Die Vorschrift regelt Voraussetzungen der Befristung von Arbeitsverhältnissen. 1

Befristungen setzen einen sachlichen Grund voraus (I). Nur Erstbefristungen sind ohne Vorliegen eines 2 sachlichen Grundes bis zu einer Gesamtdauer von 2 Jahren möglich (II). Erleichterungen bei der Befristung sollen auch für Neugründungen (IIa) und Arbeitsverhältnisse älterer AN (III) gelten. Die sachgrundlose Befristung der Arbeitsverträge älterer AN ist seit dem 1.7.2007 neu geregelt (s Rdn 81). Zu ihrer Wirksamkeit bedarf eine Befristung der Schriftform (IV).

B. Durch einen sachlichen Grund gerechtfertigte Befristung, I. I enthält den **Grundsatz**, dass die Befris- 3 tung eines Arbeitsverhältnisses durch einen sachlichen Grund gerechtfertigt sein muss.

I. Allgemeine Grundsätze. Das frühere Richterrecht zur Befristung von Arbeitsverhältnissen knüpfte an 4 die Umgehung des Kündigungsschutzes an (grdl BAG 12.10.1960, GS 1/59, EzA § 620 BGB Nr 2). Die Neuregelung übernimmt im Wesentlichen diese Rspr, hat aber das Befristungsrecht vom Kdg-Schutzrecht und seinen Anwendungsvoraussetzungen (Dauer des Beschäftigungsverhältnisses und Betriebsgröße) abgekoppelt. Der Schutz greift bei allen Arbeitsverhältnissen. Freilich spielen die alten Argumente des BAG von 1960 dort noch immer eine Rolle, wo es um Umgehungsfragen, zB bei Kettenbefristungen, geht (Rn 62 ff). Maßgeblicher **Zeitpunkt** für die Beurteilung, ob ein sachlicher Grund für die Befristung vorliegt, ist der 5 Zeitpunkt des Vertragsschlusses (st Rspr, BAG 24.10.2001, 7 AZR 542/00, EzA § 620 BGB Nr 180; 15.1.1997, 7 AZR 158/96, EzA § 620 BGB Hochschulen Nr 12). Zu diesem Zeitpunkt muss der AG, soweit die Befristung nicht ausschl auf einem Wunsch des AN beruht, mit einiger Sicherheit davon ausgehen können, dass der Sachgrund besteht und für die vereinbarte Dauer des Vertragsverhältnisses fortbesteht (HWK/*Schmalenberg* § 14 Rn 7). Dieser Prognose hat der AG »greifbare Tatsachen« (BAG 28.3.2001, 7 AZR 701/99, EzA § 620 BGB Nr 175) zugrunde zu legen. Die Dauer des Arbeitsverhältnisses selbst muss, wenn sie kürzer ist als der Bedarfszeitraum (vgl Rn 10), nicht durch einen sachlichen Grund gerechtfertigt sein (BAG 6.12.2000, 7 AZR 262/99, EzA § 620 BGB Nr 172). Die vereinbarte Dauer des Arbeitsverhältnisses kann nach der Rspr aber ein Indiz dafür sein, ob beim Abschluss des Arbeitsvertrages tatsächlich ein sachlicher Grund vorlag. Ein erhebliches Überschreiten der vereinbarten Dauer im Verhältnis zu dem Zeitraum, in dem der sachlich rechtfertigende Grund tatsächlich vorliegt, spricht regelmäßig für die Unzulässigkeit der Befristung (MHH/*Meinel* § 14 Rn 35).

Nach Vertragsschluss eintretende Umstände sind für die Wirksamkeit der Befristung ohne Belang (BAG 6 18.1.2006, 7 AZR 178/05, EzA § 14 TzBfG Nr 26). So führt ein späterer **Wegfall des sachlichen Grundes** nicht zur Unzulässigkeit und damit zur Unwirksamkeit der Befristung (BAG 15.8.2001, 7 AZR 144/00, EzA § 620 BGB Nr 182).

7 **II. Einzelne sachliche Gründe.** Den unbestimmten Rechtsbegriff des sachlichen Grundes definiert das Gesetz nicht. Zur Konkretisierung nennt es in I Nr 1–7 beispielhaft einzelne sachliche Gründe, die eine Befristung rechtfertigen. Dass es sich hierbei um Beispiele und **nicht** um eine **abschließende Aufzählung** handelt, ergibt sich bereits aus dem klaren Wortlaut der Norm (»insbesondere«). IW handelt es sich bei den aufgezählten Einzelfällen um typische Befristungsgründe, die die Rspr bereits vor Inkrafttreten des TzBfG anerkannt hatte (BT-Drs 14/4374 S 13, 18; LAG Köln 24.8.2007, 11 Sa 250/07, LAGE § 14 TzBfG Nr 37a).

8 Liegt einer der aufgezählten Gründe vor, bedarf es keiner weiteren Prüfung der Zulässigkeit der Befristung. Da es sich nicht bloß um Regelbeispiele handelt (so aber *Kliemt* NZA 2001, 296, 297), ist ohne Weiteres vom Vorliegen eines sachlichen Rechtfertigungsgrundes auszugehen (ErfK/*Müller-Glöge* § 14 Rn 4).

9 **1. Vorübergehender Bedarf an der Arbeitsleistung, Nr 1.** Das ist sowohl ein vorübergehend erhöhter Arbeitskräftebedarf als auch ein vorhersehbar zukünftig wegfallender Bedarf an Arbeitskräften (MHH/*Meinel* § 14 Rn 87). Maßgeblich ist insoweit eine **Prognose der zukünftigen Entwicklung des Arbeitsanfalls** durch den AG (s Rdn 5). Die bloße Unsicherheit über die künftige wirtschaftliche Entwicklung reicht für eine Befristung nicht aus, da diese Unsicherheit Teil des AG-Risikos ist, das nicht auf den einzelnen AN verlagert werden darf (zuletzt BAG 15.10.2014, 7 AZR 893/12, EzA § 14 TzBfG Nr 108). Für die Begrenzung dieses Risikos ist die Befristungsmöglichkeit nach II vorgesehen. Der vom AG als Grund für die Befristung angeführte Bedarf an der Arbeitsleistung muss tatsächlich **vorübergehender** Natur sein, darf also objektiv nicht dauerhaft bestehen (BAG 15.10.2014, aaO). Die Prognose des vorübergehenden Bedarfs ist nicht bereits dann begründet, wenn dem AG dauerhaft anfallende Aufgaben nur zeitweise übertragen sind. Es reicht nicht aus, dass eine Aufgabe beim AG möglicherweise entfällt. »Vielmehr wäre hierfür erforderlich, dass bereits bei Vertragsschluss hinreichend zuverlässig zu prognostizieren war, der AG werde mit dem vorgesehenen Ende des Arbeitsvertrags mit dem AN die Aufgaben nicht mehr wahrnehmen« (BAG 11.9.2013, 7 AZR 107/12, EzA-SD 2014, Nr 1, 4-6). Nicht erforderlich ist, dass der befristet eingestellte AN gerade die Aufgaben übernimmt, die den vorübergehenden Bedarf begründen. Doch muss dann ein unmittelbarer Zusammenhang nachgewiesen werden – so zB wenn der befristet Eingestellte vorübergehend denjenigen AN vertritt, der die zeitlich begrenzte Aufgabe übernimmt. Eine Befristung ist nicht deshalb ausgeschlossen, weil für den befristet eingestellten AN – bei Vertragsschluss vorhersehbar – nach Wegfall der Aufgabe eine anderweitige Beschäftigungsmöglichkeit bestünde (BAG 7.11.2007, 7 AZR 484/06, EzA § 14 TzBfG Nr 43; LAG Schl-Holst 19.12.2006, 5 Sa 264/06, NZA-RR 2007, 221). Ein vorübergehender Bedarf liegt aber nicht vor, wenn AN eingestellt werden, um die durch Unterbesetzung verursachten Bearbeitungsrückstände zu bewältigen. Dabei handelt es sich vielmehr um einen dauerhaften Bedarf an zusätzlichen Arbeitskräften (BAG 17.3.2010, 7 AZR 640/08, EzA § 14 TzBfG Nr 63).

10 Die Befristung kann bei Vorliegen eines sachlichen Grundes kürzer gewählt werden als der daraus folgende prognostizierte Bedarf; für diese kürzere Dauer der Befristung muss kein eigenständiger und damit zusätzlicher sachlicher Grund vorliegen (BAG 29.7.2009, 7 AZR 907/07, AP Nr 65 zu § 14 TzBfG; 20.2.2008, 7 AZR 950/06, AP TzBfG § 14 Nr 45; 26.8.1988, 7 AZR 101/88, EzA § 620 BGB Nr 102).

11 Eine Prognose über den vorübergehenden Bedarf an der Arbeitsleistung iSv Nr 1 lässt sich im Fall eines kw-Vermerks (künftig wegfallend) nur anhand der dem Vermerk zugrunde liegenden Entsch oder Erwägungen des Haushaltsgebers treffen (BAG 2.9.2009, 7 AZR 162/08, EzA § 14 TzBfG Nr 60).

12 Eine Befristung nach Nr 1 ist sowohl als kalendermäßige als auch als Zweckbefristung denkbar. Klassisches Beispiel für einen erhöhten Bedarf sind **saisonal anfallende** Arbeiten (zB Weihnachtsgeschäft, Spargelernte, Inventur), die sowohl eine Zeit- als auch eine Zweckbefristung tragen können (BAG 29.1.1987, 2 AZR 109/86, EzA § 620 BGB Nr 87). Einem vorübergehenden Mehrbedarf steht nicht entgegen, dass dieser Bedarf regelmäßig entsteht (vgl BAG 11.2.2004, 7 AZR 362/03, EzA § 620 BGB 2002 Nr 9). Allerdings muss zwischen der einzelnen Bedarfszeiträumen eine nicht unwesentliche zeitliche Unterbrechung liegen, da der Bedarf anderenfalls nicht vorübergehend, sondern dauerhaft und nur schwankend ist. Wie lange diese Zeiträume zwischen den Einsätzen seien müssen, um den wiederkehrenden Bedarf zu einem vorübergehenden zu machen, ist nicht geklärt. Vorgeschlagen wird, auf die einschlägigen Kündigungsfristen abzustellen (ErfK/*Müller-Glöge* § 14 Rn 24a). Zumindest ein voller Monat ohne Bedarf sollte zwischen den Einsätzen liegen, da sonst ein bedarfsorientiertes Teilzeitbeschäftigungsverhältnis den AN-Schutz besser verwirklichen würde und die Befristung eine Umgehung nahelegt. Bei saisonal anfallenden Arbeiten ist die Befristung aber nicht schon deshalb unwirksam, weil die Vereinbarung eines unbefristeten Arbeitsverhältnisses, das außerhalb der Saison ruht, und damit eine alternative Vertragsgestaltung denkbar ist (Hess LAG 8.2.2010, 16 Sa 1032/09, LAGE § 14 TzBfG Nr 53).

Als Beispiel für einen künftig wegfallenden Bedarf nennt die Gesetzesbegr Abwicklungsarbeiten bis zur Betriebsschließung und die Inbetriebnahme einer neuen technischen Anlage (BT-Drs 14/4374 S 19). Auch hier muss zum Zeitpunkt des Vertragsschlusses zu erwarten sein, dass der Arbeitsanfall künftig wieder mit der regulären Anzahl an Beschäftigten bewältigt werden kann und der befristet eingestellte AN damit in absehbarer Zeit nicht mehr benötigt wird (BAG 15.8.2001, 7 AZR 274/00, EzA § 620 BGB Nr 184; s Rdn 9, 5). Ist für die Zukunft geplant, den Arbeitsplatz mit einem Leih-AN zu besetzen, begründet dies für die Zwischenzeit keinen vorübergehenden Bedarf (BAG 17.1.2007, 7 AZR 20/06, EzA § 14 TzBfG Nr 37). 13

Die **Befristung eines Leiharbeitsverhältnisses auf die Dauer eines Überlassungsverhältnisses** kann nicht mit vorübergehendem Bedarf begründet werden (BAG 18.5.2006, 2 AZR 412/05, EzAÜG § 9 AÜG Nr 21; s.a. § 1 AÜG Rdn 18; ausf zur Befristung von Leiharbeitsverträgen Schüren/Hamann/*Schüren* Einl Rn 255 ff, § 3 Rn 88 ff). Der jeweils vorübergehende Verleih an verschiedene Entleiher ist heute Wesensmerkmal der AN-Überlassung im Rahmen wirtschaftlicher Tätigkeit (vgl § 1 AÜG Rdn 38 ff). Die Akquisition von Aufträgen ist typisches Wirtschaftsrisiko des Verleihers; sie kann nur in den Grenzen von § 14 II auf den Leih-AN verlagert werden. 14

Auch **Projektarbeiten** können eine Zeit- oder Zweckbefristung nach Nr 1 rechtfertigen, wenn zum Zeitpunkt des Vertragsschlusses zu erwarten ist, dass nach Ende der vereinbarten Vertragslaufzeit keine weiteren Projekte mehr durchzuführen sind, bei denen der AN eingesetzt werden könnte (BAG 24.9.2014, 7 AZR 987/12, EzA § 14 TzBfG Nr 107; 15.2.2006, 7 AZR 241/05, ZTR 2006, 509; 7.4.2004, 7 AZR 441/03, EzA § 620 BGB 2002 Nr 10). Im Unterschied zu den weiteren Fallgruppen des § 14 I 2 Nr 1 kommt es nicht darauf an, ob der betroffene AN nach Befristungsende noch beschäftigt werden könnte (BAG 24.9.2014, 7 AZR 987/12, EzA § 14 TzBfG Nr 107). Neben der Befristungskontrolle nach § 14 I 2 Nr 1 ist aus unionsrechtlichen Gründen eine umfassende Missbrauchskontrolle unter Berücksichtigung aller Umstände des Einzelfalls vorzunehmen (vgl Rn 63). Gegen das Vorliegen eines Sachgrundes aus Nr 1 spricht es, wenn der AN, der für ein bestimmtes Vorhaben befristet eingestellt worden ist, tatsächlich überwiegend mit anderen, projektfremden Tätigkeiten beschäftigt ist (BAG 7.5.2008, 7 AZR 146/07; 16.11.2005, 7 AZR 81/05, EzBAT SR 2y BAT Nr 132). Ein nur vorübergehender betrieblicher Bedarf an der Arbeitsleistung liegt nicht vor, wenn der AG den AN für eine dauerhafte Tätigkeit befristet bis zur Aufnahme der Geschäftstätigkeit eines von ihm zur Verbesserung der Rentabilität gegründeten AN-Überlassungsunternehmens beschäftigt mit der Absicht, ihn zu veranlassen, einen unbefristeten Arbeitsvertrag mit dem AN-Verleiher abzuschließen, um ihn sodann zu entleihen und unverändert mit der bisherigen Tätigkeit weiterhin zu betrauen (LAG Köln 9.12.2005, 9 (8) Sa 392/05, LAGE § 14 TzBfG Nr 24). Eine solche Gestaltung ist heute wegen der Drehtürklausel in § 3 I Nr 3 AÜG unrentabel (vgl § 3 AÜG Rdn 38 ff) und zudem auch nicht durch einen sonstigen, in dem Katalog der Nr 1–8 nicht genannten Sachgrund, gerechtfertigt (BAG 17.1.2007, 7 AZR 20/06, EzA § 14 TzBfG Nr 37). 15

2. Befristung im Anschluss an eine Ausbildung oder ein Studium, Nr 2. Der Befristungsgrund der Nr 2 will den Berufsstart im Anschluss an eine Ausbildung oder ein Studium erleichtern (BT-Drs 14/4374 S 19; BAG 10.10.2007, 7 AZR 795/06, EzA § 14 TzBfG Nr 41). Die Begriffe Ausbildung und Studium werden vom Gesetz selbst nicht näher bestimmt. 16

Unter Ausbildung sind damit Berufsausbildungsverhältnisse gem § 10 BBiG, Vertragsverhältnisse iSv § 26 BBiG und öffentl-rechtliche Ausbildungsverhältnisse (HWK/*Schmalenberg* § 14 Rn 19) zu verstehen. Fortbildungen und Maßnahmen der Weiterbildung, aber auch Umschulungen, fallen damit nicht unter Nr 2 (ErfK/*Müller-Glöge* § 14 Rn 31). Der Begriff des Studiums umfasst Hochschul- und Fachhochschulstudiengänge, soweit es sich um einen anerkannten Studiengang handelt (aA MHH/*Meinel* § 14 Rn 64 mwN). Nach dem insoweit offenen Wortlaut der Vorschrift ist nicht Voraussetzung, dass die Ausbildung oder das Studium erfolgreich abgeschlossen wurde. 17

Die Befristung muss **im Anschluss** an Ausbildung oder Studium erfolgen. Daraus folgt, dass der sachliche Grund der Nr 2 nur eine Erstbefristung rechtfertigt – eine Beschäftigung vor dem Studium steht aber der Befristung anders als bei II nicht entgegen. Wurde der AN nach Ausbildung oder Studium bereits von einem anderen AG beschäftigt, liegt kein Anschluss in diesem Sinne vor (BAG 24.8.2011, 7 AZR 368/10, EzA § 14 TzBfG Nr 79; BAG 10.10.2007, 7 AZR 795/06, EzA § 14 TzBfG Nr 41; ErfK/*Müller-Glöge* § 14 Rn 32; differenzierend MüKo-BGB/*Hesse* § 14 Rn 27). Erforderlich ist vielmehr, dass es sich um die erste Beschäftigung nach Ausbildung oder Studium handelt. Darüber hinaus lässt Nr 2 nur den einmaligen Abschluss eines befristeten Arbeitsvertrages, nicht jedoch dessen (mehrfache) Verlängerung zu (BAG 10.10.2007, 7 AZR 795/06, EzA § 14 TzBfG Nr 41; ErfK/*Müller-Glöge* § 14 Rn 32). 18

Ob eine Anschlussbeschäftigung iSv Nr 2 auch einen bestimmten **zeitlichen Zusammenhang** zur Ausbildung voraussetzt, ist nach dem Wortlaut der Bestimmung nicht eindeutig. Teilweise wird eine enge 19

§ 14 TzBfG Zulässigkeit der Befristung

zeitliche Verbindung zwischen Beendigung der Ausbildung bzw des Studiums und der Erstanstellung verlangt (Annuß/Thüsing/*Maschmann* § 14 Rn 31: 3–4 Monate). Der Wortlaut der Bestimmung gibt eine starre zeitliche Grenze aber nicht her. Vertretbar ist es, aus dem Tatbestandsmerkmal »im Anschluss« auch eine zeitliche Grenze herzuleiten (aA MHH/*Meinel* § 14 Rn 107; ErfK/*Müller-Glöge* § 14 Rn 32). Die praktische Bedeutung ist angesichts der Befristungsmöglichkeit nach II ganz gering.

20 Auf welche **Dauer** das Arbeitsverhältnis befristet werden darf, ist Nr 2 nicht zu entnehmen. Wohl überwiegend wird aber empfohlen, die **Höchstgrenze von 2 Jahren** nach II einzuhalten (LAG Köln 9.12.2005, 9 [8] Sa 392/05, LAGE § 14 TzBfG Nr 24; MHH/*Meinel* § 14 Rn 109; Annuß/Thüsing/*Maschmann* § 14 Rn 32; aA ErfK/*Müller-Glöge* § 14 Rn 33: auch längere Befristungen können im Einzelfall zulässig sein).

21 Für eine Erleichterung des Übergangs in eine Anschlussbeschäftigung reicht aus, dass der AN durch die befristete Beschäftigung Berufserfahrung sammelt; eine konkrete Aussicht auf eine Anschlussbeschäftigung ist nicht erforderlich. Die bloße Verbesserung der Chance auf eine Anschlussbeschäftigung ist ausreichend. Unerheblich ist, ob die Möglichkeit für eine Anschlussbeschäftigung beim AG des befristeten Arbeitsverhältnisses oder bei einem anderen AG besteht (ErfK/*Müller-Glöge* § 14 Rn 33).

22 **3. Beschäftigung zur Vertretung, Nr 3.** Die Vertretung eines anderen AN ist ein Unterfall der Nr 1. Nach der Gesetzesbegr liegt ein Vertretungsfall vor, wenn durch den zeitweiligen Ausfall eines AN (zB wegen Schwangerschaft, Krankheit, Beurlaubung, Einberufung zum Wehrdienst oder Abordnung ins Ausland) ein vorübergehender Bedarf für die Beschäftigung eines anderen AN besteht (BT-Drs 14/4374 S 19). Die Vertretungsbefristung kann als Zeit- oder Zweckbefristung oder als kombinierte Zeit- und Zweckbefristung erfolgen.

23 Voraussetzung ist die Prognose des AG, dass der **Arbeitskräftebedarf** im Hinblick auf die zu erwartende Rückkehr des Vertretenen **nur vorübergehend** ist (BAG 23.1.2002, 7 AZR 440/00, EzA § 620 BGB Nr 187; 24.9.1997, 7 AZR 669/96, EzA § 620 BGB Nr 147). Die Prognose hat sich deshalb darauf zu erstrecken, ob zu erwarten ist, dass der vertretene AN seine Tätigkeit wieder aufnehmen wird (BAG 24.5.2006, 7 AZR 640/05; 13.10.2004, 7 AZR 654/03, EzA § 14 TzBfG Nr 14). Ob der zu vertretende AN seine Arbeit in vollem Umfang wieder aufnehmen wird und wann, ist für die Prognose unerheblich (BAG 6.12.2000, 7 AZR 262/99, EzA § 620 BGB Nr 172). Im Regelfall ist von der Rückkehr durch Krankheit, Urlaub oder Freistellung ausfallenden AN auszugehen; er kann deshalb zulässig vertreten werden (BAG 11.2.2015, 7 AZR 113/13, EzA-SD 2015, Nr 9, 9-10; 24.5.2006, 7 AZR 640/05; 27.6.2001, 7 AZR 326/00, EzA § 620 BGB Nr 178). Eine Vertretung ist aber dann ausgeschlossen, wenn der AG weiß, dass der ausgefallene AN nicht auf seinen Arbeitsplatz zurückkehren wird, weil er sich dem AG gegenüber entspr geäußert hat (BAG 13.6.2007, 7 AZR 747/05; 24.5.2006, 7 AZR 640/05; 2.7.2003, 7 AZR 529/02, EzA § 620 BGB 2002 Nr 6). Die bloße Äußerung gegenüber einer Kollegin bzw. einem Kollegen reicht nicht (BAG 11.2.2015, 7 AZR 113/13, EzA-SD 2015, Nr 9, 9-10). Solange der AN einen Anspruch darauf hat, die Tätigkeit wieder aufzunehmen, muss und darf der AG mit der Rückkehr rechnen (BAG 13.6.2007, 7 AZR 747/05; 2.7.2003, 7 AZR 529/02, AP BGB § 620 Befristeter Arbeitsvertrag Nr 254). Dieser Anspruch muss aber auf einem bestehenden Arbeitsverhältnis zwischen dem AG und dem Stamm-AN beruhen. Eine Wiedereinstellungszusage des AG nach Aufhebung des Arbeitsvertrages mit dem Stamm-AN begründet keinen solchen Anspruch. Aus der Wiedereinstellungszusage allein folgt nämlich kein Anspruch auf tatsächliche Beschäftigung und somit keine Beschäftigungspflicht (BAG 2.6.2010, 7 AZR 136/09, EzA § 14 TzBfG Nr 67). Es kann sich aber um einen sonstigen Grund iSd § 14 I 1 handeln (s § 14 Rdn 52). Der AG ist nicht verpflichtet, sich über den Gesundheitszustand des erkrankten AN oder über die Zukunftsplanung des beurlaubten AN zu informieren (BAG 4.6.2003, 7 AZR 523/02, EzA § 620 BGB 2002 Nr 4). Durch die vorübergehende Abordnung eines Stammarbeitnehmers kann ein Vertretungsbedarf iSd § 14 I 2 Nr 3 entstehen. Der Sachgrund der Vertretung erfordert es nicht, dass die zu vertretende Stammkraft an der Erbringung der Arbeitsleistung insgesamt verhindert ist (BAG 16.1.2013, 7 AZR 661/11, EzA-SD 2013, Nr 7, 8; aA LAG MV 26.5.2010, 2 Sa 321/09). Im Fall der Abordnungsvertretung ist bei der Rückkehrprognose zu berücksichtigen, dass die Rückkehr des abgeordneten Arbeitnehmers auf seinen Stammarbeitsplatz vom Arbeitgeber regelmäßig beeinflussbar ist. Die Prognose kann sich nicht darauf beschränken, der Arbeitnehmer werde ohne gegenteilige Erklärung auf seinen Stammarbeitsplatz zurückkehren. Vielmehr hat der Arbeitgeber zum Zeitpunkt der Befristungsabrede unter Berücksichtigung aller Umstände des Einzelfalls eine Prognose über die Rückkehr der abgeordneten Stammarbeitskraft vorzunehmen (BAG 16.1.2013, 7 AZR 661/11, EzA-SD 2013, Nr 7, 8).

24 Der Sachgrund der Vertretung ermöglicht auch die befristete Beschäftigung zur Vertretung eines an der Dienstleistung verhinderten Beamten (BAG 25.3.2009, 7 AZR 34/08, EzA § 14 TzBfG Nr 57).

Eine Vertretungsbefristung setzt **nicht** voraus, dass der befristet eingestellte AN den vertretenen AN **unmittelbar ersetzt** und dessen Arbeit verrichtet (BAG 12.1.2011, 7 AZR 194/09, EzA § 14 TzBfG Nr 73; 15.2.2006, 7 AZR 241/05, ZTR 2006, 509; 25.8.2004, 7 AZR 32/04, EzA § 14 TzBfG Nr 11; s Rdn 9). Entscheidend ist das Vorliegen eines **Kausalzusammenhangs** zwischen dem Ausfall der Stammkraft und der befristeten Einstellung der Vertretungskraft (zur Anforderung an die Darlegung der Kausalität: BAG 6.11.2013, 7 AZR 96/12, EzA-SD 2014, Nr 5, 10; 10.10.2012, 7 AZR 462/11, ArbR 2013, 104). Dieser Kausalzusammenhang kann auch gegeben sein, wenn der Vertreter Aufgaben übernimmt, die der abwesende AN nie ausgeführt hat. Dann muss entweder eine »Vertretungskette« vorliegen, bei der der AG die Aufgaben des abwesenden AN auf andere StammAN überträgt und den Vertreter mit deren ursprünglichen Arbeitsaufgaben betreut (sog. **mittelbare Stellvertretung**). Nimmt der AG keine solche Neuverteilung der Arbeitsaufgaben vor, muss der Vertreter dem abwesenden AN »**gedanklich zuzuordnen**« sein (BAG 11.2.2015, 7 AZR 113/13 EzA-SD 2015, Nr 9, 9-10). Voraussetzung eines Kausalzusammenhangs ist dabei, dass es rechtlich und tatsächlich möglich gewesen wäre, die vom Vertreter ausgeübten Tätigkeiten auf den abwesenden AN zu übertragen, und der AG diese Zuordnung nach außen dokumentiert hat – etwa durch Angabe im Arbeitsvertrag (BAG 11.2.2015, 7 AZR 113/13, EzA-SD 2015, Nr 9, 9-10; BAG 18.7.2012, 7 AZR 443/09, EzA § 14 TzBfG Nr 86). 25

Entsteht der Vertretungsbedarf dadurch, dass der AG einen AN zum anderweitigen Einsatz im Unternehmen abordnet, ist der Sachgrund der Vertretung nur in Fällen der unmittelbaren oder mittelbaren Stellvertretung gegeben. Es reicht nicht aus, wenn die Einstellung der Vertretungskraft lediglich wegen der »gedanklichen Zuordnung« der vorübergehend im Unternehmen anderweitig eingesetzten Stammkraft zugeordnet werden kann, da der AG von seiner Versetzungs- und Umsetzungsbefugnis bereits durch die Abordnung der Stammkraft Gebrauch gemacht hat (BAG 16.1.2013, 7 AZR 662/11, EzA § 14 TzBfG Nr 91; bestätigt durch BAG 13.2.2013, 7 AZR 324/11, AP Nr 103 zu § 14 TzBfG; 10.7.2013, 7 AZR 761/11, EzA-SD 2013, Nr 23, 9; 10.7.2013, 7 AZR 833/11, EzA-SD 2013, Nr 23, 9). Anderenfalls könnte sich der AG selbst eine sachliche Rechtfertigung der Befristungsmöglichkeit schaffen, indem er eigene Arbeitskräfte neu zuordnet (BAG 16.1.2013, 7 AZR 622/11, EzA § 14 TzBfG Nr 91). Der Kausalzusammenhang fehlt, wenn der abwesende AN bei seiner Weiterarbeit nicht in der Lage wäre, die Aufgaben des Vertreters zu erfüllen (BAG 14.4.2010, 7 AZR 121/09, EzA § 14 TzBfG Nr 65). Weiterhin ist der Kausalzusammenhang auch dann zu verneinen, wenn die Einstellung der Vertretungskraft von der vorübergehenden Abwesenheit der Stammkraft unabhängig ist. Dies trifft insbesondere dann zu, wenn bereits zum Zeitpunkt des Abschlusses des befristeten Vertrages der Vertretungskraft feststeht, dass die abgeordnete Stammkraft, die den abwesenden AN unmittelbar ersetzt und die ihrerseits von der befristet eingestellten Vertretungskraft ersetzt wird, nicht auf ihren Arbeitsplatz zurückkehren wird (BAG 6.11.2013, 7 AZR 96/12, EzA-SD 2014, Nr 5, 10).

§ 14 I 2 Nr 3 erfasst nicht nur die Fälle, in denen eine Stammkraft mit ihrer gesamten Arbeitskraft ausfällt. Zulässig ist auch eine Vertretungsbefristung, wenn ein Vollzeitbeschäftigter aufgrund einer vorübergehenden Arbeitszeitermäßigung mit seiner Arbeitsleistung nur teilweise ausfällt (LAG Rh-Pf 30.6.2009, 3 Sa 122/09). 26

Die Befristung muss nicht die volle voraussichtliche Zeit des Vertretungsbedarfs abdecken. Es ist Sache des AG, ob und wie die Arbeit auf andere AN verteilt wird oder ob für den gesamten oder nur für einen Teil des Vertretungszeitraums eine Aushilfskraft beschäftigt wird (BAG 22.11.1995, 7 AZR 252/95, EzA § 620 BGB Nr 138; LAG Köln 14.12.2007, 4 Sa 992/07, PersV 2008, 477). 27

Eine wiederholte Befristung zur Vertretung (Mehrfachbefristung oder Kettenbefristung vgl unten Rn 62 ff) ist nach der Rspr des BAG und des EuGH möglich. Die zuletzt vereinbarte Befristung unterliegt dann der Befristungskontrolle (BAG 18.7.2012, 7 AZR 443/09, EzA-SD 2012, Nr 24, 3-8; 25.3.2009, 7 AZR 34/08, EzA § 14 TzBfG Nr 57; 18.4.2007, 7 AZR 255/06). Bei der Beurteilung der Wirksamkeit der letzten Befristung sind aber die Zahl und die Dauer der vorher schon geschlossenen befristeten Verträge zu berücksichtigen, um Missbräuche durch den AG auszuschließen (EuGH 26.1.2012, C-586/10, EzA-SD 2012, Nr 3, 3-6; umgesetzt durch BAG 18.7.2012, 7 AZR 443/09; *Junker* EuZA 2013, 3; *Lakies* PersR 2013, 54; *Schmid* BB 2013, 192; HWK/*Schmalenberg* § 14 Rn 25, 89 ff, 92). Abzugrenzen von der wiederholten Befristung zur Vertretung ist die **unzulässige Dauervertretung**. Hier soll der befristet Beschäftigte die jeweils vorübergehend ausfallenden AN ersetzen. In diesem Fall fehlt es schon an dem von Nr 3 vorausgesetzten zeitlich begrenzten Beschäftigungsbedarf, weil **ständiger Vertretungsbedarf** besteht und der Arbeitnehmer praktisch als Springer tätig wird (EuGH 26.1.2012, C-586/10, EzA-SD 2012, Nr 3, 3-6). 28

Wird das Arbeitsverhältnis des vertretenen AN vor dessen Rückkehr beendet, führt dies nicht zur Beendigung des zweckbefristeten Arbeitsverhältnisses. Auch eine ergänzende Vertragsauslegung der Befristungsabsprache führt zu keinem anderen Ergebnis (BAG 26.6.1996, 7 AZR 674/95, EzA § 620 BGB Bedingung 29

Nr 12). Selbst eine klarstellende Vereinbarung, dass das Arbeitsverhältnis nur bis zur Beendigung des Arbeitsverhältnisses mit dem vertretenen AN andauern solle, würde nicht weiterhelfen, da der Sachgrund nach Nr 3 insoweit nicht vorliegt (MüKo-BGB/*Hesse* § 14 Rn 37).

30   **4. Eigenart der Arbeitsleistung, Nr 4.**   Was unter Eigenart der Arbeitsleistung zu verstehen ist, sagt das Gesetz nicht. Nach der Gesetzesbegr bezieht sich der Befristungsgrund insb auf das von der Rspr aus der Rundfunkfreiheit (Art 5 I GG) abgeleitete Recht der Rundfunkanstalten, **programmgestaltende Mitarbeiter** aus Gründen der Programmplanung lediglich für eine bestimmte Zeit zu beschäftigen. Entspr soll aufgrund der Kunstfreiheit (Art 5 III GG) für das Recht der Bühnen bei Arbeitsverträgen mit Solisten (Schauspielern, Solosängern, Tänzern, Kapellmeistern ua) gelten (BT-Drs 14/4374 S 19).

31   Nach der Rspr erfasst die Rundfunkfreiheit (Art 5 I 2 GG) das Recht der Rundfunkanstalten, frei über die Auswahl, Einstellung und Beschäftigung programmgestaltender Mitarbeiter zu entscheiden (BVerfG 13.1.1982, 1 BvR 1461/80, AP BGB § 611 Abhängigkeit Nr 48). Im Interesse der Programmvielfalt rechtfertigt damit die Rundfunkfreiheit selbst die befristete Beschäftigung (BVerfG 18.2.2000, 1 BvR 624/98, EzA Art 5 GG Nr 25). Erforderlich ist aber, dass es sich um einen AN handelt, der das Programm inhaltlich zumindest mit beeinflussen kann. Hierunter fallen Regisseure, Moderatoren und Redakteure, aber auch Kameraassistenten und Lokalreporter (BAG 22.4.1998, 5 AZR 342/97, EzA § 611 BGB Arbeitnehmerbegriff Nr 67). Nicht erfasst werden Mitarbeiter, die nicht unmittelbar an der Programmgestaltung mitwirken, wie Verwaltungspersonal oder technische Mitarbeiter, deren Tätigkeit keinen inhaltlichen Einfluss auf das Programm hat (BAG 11.12.1991, 7 AZR 128/91, EzA § 620 BGB Nr 112; ErfK/*Müller-Glöge* § 14 Rn 46 a).

32   Auch eine Befristung von Arbeitsverträgen mit Künstlern, insb Solisten, kann aufgrund der Kunstfreiheit nach Nr 4 gerechtfertigt sein. Erfasst werden aber auch hier nur Mitarbeiter, die dem künstlerischen Bereich zuzuordnen sind (BAG 31.8.1994, 7 AZR 983/93, EzA § 620 BGB Nr 127; MüKo-BGB/*Hesse* § 14 Rn 44). Nicht gem Nr 4 zu rechtfertigen ist die Befristung des Arbeitsvertrages mit einem Fremdsprachenlektor, wenn diese den Zweck hat, einen aktualitätsbezogenen Sprachunterricht zu gewährleisten (BAG 16.4.2008, 7 AZR 85/07, EzA-SD 2008, Nr 14, 12; vgl LAG Köln 1.8.2007, 3 Sa 232/07).

33   Diese Grundsätze können auf sonstige Tendenzbetriebe von Presse, Kunst und Wissenschaft übertragen werden, soweit es um die Befristung von Arbeitsverträgen **sog Tendenzträger** geht (ErfK/*Müller-Glöge* § 14 Rn 46a).

34   Der Befristungsgrund nach Nr 4 kann auch im Bereich des **Profisports** vorliegen. Die Rspr lässt Befristungen mit Trainern im Spitzensport aufgrund des sog Verschleißtatbestandes zu (BAG 15.4.1999, 7 AZR 437/97, EzA § 620 BGB Nr 164; 29.10.1998, 7 AZR 436/97, EzA § 620 BGB Nr 158; LAG Rh-Pf 8.4.2008, 3 Sa 758/07). Entspr gilt für Profisportler selbst (MHH/*Meinel* § 14 Rn 174).

35   Die Befristung von Arbeitsverträgen mit wissenschaftlichen Mitarbeitern einer Parlamentsfraktion kann durch die Eigenart der Arbeitsleistung gerechtfertigt sein, um die verfassungsrechtlich geschützte Unabhängigkeit der freien Mandatsausübung zu gewährleisten (BAG 26.8.1998, 7 AZR 257/97, ArbuR 1998, 416). Nicht zulässig ist jedoch die Befristung auf die Halbzeit einer Wahlperiode (LAG Mecklenburg-Vorpommern 9.11.2012, 5 Sa 344/11, EzA-SD 2013, 5-6; LAG Berl-Bbg 8.9.2010, 15 Sa 725/10, LAGE § 14 TzBfG Nr 58). Ebenso unzulässig ist die Befristung von nicht-wissenschaftlichem Personal einer Fraktion (LAG Berl-Bbg 28.8.2015, 7 Sa 388/15, EzA-SD 2016, Nr 2, 7).

36   **5. Befristung zur Erprobung, Nr 5.**   Eine Befristung zur Erprobung liegt vor, wenn der AG vor der Eingehung einer längeren arbeitsvertraglichen Bindung die fachliche und persönliche Eignung des AN für die vorgesehene Tätigkeit feststellen will (BT-Drs 14/4374 S 19). Die Befristung zur Erprobung setzt voraus, dass der AG bei Bewährung eine Dauerbeschäftigung des AN will; sonst fehlt es am **Erprobungsbedürfnis** (BAG 12.9.1996, 7 AZR 31/96, EzA § 620 BGB Nr 143). Angesichts von II ist die praktische Bedeutung minimal – eine solche Befristung wird nur dann erforderlich, wenn es eine Vorbeschäftigung gab, die II sperrt. Durch die neue BAG-Rspr zur Vorbeschäftigung, die länger als drei Jahre zurückliegt (vgl ausf Rdn 73), dürfte Nr 5 praktisch keinen Anwendungsbereich mehr haben. Eine Erprobung scheidet aus, wenn der AN in vergleichbarer Funktion schon früher für den AG tätig war (BAG 23.6.2004, 7 AZR 636/03, EzA § 14 TzBfG Nr 10; HWK/*Schmalenberg* § 14 Rn 40). Eine weitere Erprobung ist aber dann sachgerecht, wenn sich die ursprüngliche Erprobungszeit aufgrund besonderer, in der Person des AN liegender Umstände (hier wegen nachträglicher Feststellung eines Aufmerksamkeitsdefizitsyndroms), als nicht ausreichend erwiesen hatte (BAG 2.6.2010, 7 AZR 85/09, EzA § 14 TzBfG Nr 68). Ein solches vorangegangenes Arbeitsverhältnis schließt eine erneute Erprobung nur dann nicht aus, wenn der neue Arbeitsplatz andere Anforderungen an den AN stellt, sodass Rückschlüsse auf dessen Eignung aus der Vorbeschäftigung nicht hinreichend möglich sind (ErfK/*Müller-Glöge* § 14 Rn 50; Laux/Schlachter/*Schlachter* § 14 Rn 65, 67).

Denkbar ist eine erneute Erprobung auch dann, wenn ein AN in einem Dauerbeschäftigungsverhältnis nach 37
einer erheblichen Pflichtverletzung als Alternative zu einer verhaltensbedingten Kdg die Chance zur erneuten
Bewährung erhalten soll. Dann kann das Arbeitsverhältnis nachträglich zur Erprobung befristet werden.
Die höchstzulässige **Dauer** der Befristung nennt das Gesetz nicht. Sie kann auch nicht generell festgelegt 38
werden. Es kommt vielmehr auf die **Art der vorgesehenen Beschäftigung** an und darauf, wie lange der
AG braucht, um sich ein Bild von der fachlichen und persönlichen Eignung des AN zu machen (Annuß/
Thüsing/*Maschmann* § 14 Rn 50). Ganz überwiegend wird eine Erprobungsbefristung von 6 Monaten
unter Hinweis auf § 1 I KSchG und § 622 III BGB immer für zulässig gehalten (ErfK/*Müller-Glöge* § 14
Rn 49 a). Bei ganz einfachen Hilfsarbeiten dürfte aber schon eine Dauer von 6 Monaten ungerechtfertigt
sein, da der Erprobungszweck hier bereits nach wenigen Wochen erreicht sein sollte. Im Einzelfall kann bei
bes Anforderungen des Arbeitsplatzes eine höhere Befristungsdauer gerechtfertigt sein.

6. In der Person des AN liegende Gründe, Nr 6.
Hiermit ist die Befristung auf Wunsch des AN gemeint. 39
Der Befristungsgrund greift, wenn ein AN vorübergehend beschäftigt wird, um zB die Zeit bis zum Beginn
einer bereits feststehenden anderen Beschäftigung, des Wehrdienstes oder eines Studiums zu überbrücken.
Auch eine nur befristete Aufenthaltserlaubnis (BT-Drs 14/4374 S 19) oder eine befristete Arbeitsgenehmigung durch die Schulaufsichtsbehörde (LAG Hamm 11.10.2007, 11 Sa 817/07) können hinter einer
solchen Befristung stehen, sofern eine hinreichend zuverlässige Prognose im Zeitpunkt des Vertragsschlusses
ergibt, dass eine Verlängerung der behördlichen Erlaubnis nicht erfolgen wird.
Ein in der Person des AN liegender **Grund** für die Befristung ist damit vor allem die Überbrückung zu einer 40
anderen Beschäftigung usw. Zur Vermeidung von Missbrauch legt die Rspr bei der Frage, ob ein solcher
persönlicher Grund besteht, einen strengen Maßstab an. Die persönlichen Gründe des AN müssen danach
das – unterstellte – Interesse an einer Dauerbeschäftigung feststellbar überwiegen. Zwar darf der AG mit
der befristeten Einstellung auch betriebliche Interessen verfolgen, die Interessen des AN müssen nach der
Rspr aber überwiegen (BAG 5.6.2002, 7 AZR 241/01, EzA § 620 BGB Nr 193; 12.12.1985, 2 AZR 9/85,
EzA § 620 BGB Nr 77).
Zu den Gründen in der Person des AN wird auch der bloße **Wunsch des AN** gerechnet. Auch hier stellt die 41
Rspr mit gutem Grund hohe Anforderungen an das Vorliegen und den Nachweis des sachlichen Grundes
(vgl BAG 19.1.2005, 7 AZR 115/04, EzA § 17 TzBfG Nr 7; Annuß/Thüsing/*Maschmann* § 14 Rn 54).
Das bloße Einverständnis des AN mit der Befristung reicht nicht aus (BAG 6.11.1996, 7 AZR 909/95, EzA
§ 620 BGB Nr 146). Vielmehr ist erforderlich, dass bei Vertragsschluss **objektive Anhaltspunkte** dafür gegeben sind, dass der **AN gerade an einer befristeten Beschäftigung interessiert** ist (BAG 6.11.1996, 7 AZR
909/95, EzA § 620 BGB Nr 146). Es muss sich um den freien und unbeeinflussten Willen des AN handeln,
befristet tätig zu werden. Abwägungshilfe hierfür ist, ob der AN auch bei dem Angebot eines unbefristeten Arbeitsvertrages die befristete Anstellung gewählt hätte (BAG 19.1.2005, 7 AZR 115/04, EzA § 17
TzBfG Nr 7; 6.11.1996, 7 AZR 909/95, EzA § 620 BGB Nr 146; kritisch Laux/Schlachter/*Schlachter*
§ 14 Rn 69 f). Der Nachweis des Vorliegens persönlicher Gründe kann dadurch erleichtert werden, dass
die Motive des AN im Arbeitsvertrag konkret beschrieben werden. Der Befristungswunsch muss im Einzelfall festgestellt werden. So reicht es etwa nicht aus, dass Studierende generell gerne befristet neben dem
Studium beschäftigt werden (BAG 10.8.1994, 7 AZR 695/93, EzA § 620 BGB Nr 126; ErfK/*Müller-Glöge*
§ 14 Rn 54).
Der Sachgrund nach Nr 6 ist auch dann gegeben, wenn der in der Person des AN liegende soziale Zweck 42
das überwiegende Motiv des AG für den Abschluss eines befristeten Arbeitsvertrages darstellt (BAG
21.1.2009, 7 AZR 630/07, EzA TzBfG § 14 Nr 55).

7. Vergütung aus Haushaltsmitteln, Nr 7.
Die Sachgrundbefristung nach Nr 7 ist ein **Sonderbefristungs**- 43
grund für den öffentl Dienst. Sie ermöglicht die Befristung eines Arbeitsverhältnisses aufgrund zeitlich
befristeter Haushaltsmittel, zB für bestimmte Forschungsprojekte (BT-Drs 14/4374 S 19). Die Gesetzesbegr
bezieht sich ausdrücklich auf die Rspr des BAG und verlangt, dass die Mittel haushaltsrechtlich für die
befristete Beschäftigung bestimmt sind und der AN zulasten dieser Mittel eingestellt und beschäftigt wird
(BT-Drs 14/4374 S 19). Anders als bei dem Sachgrund der Nr 1 muss sich die Prognose des AG nicht darauf beziehen, dass die Arbeitsmenge nach Ablauf des befristeten Arbeitsvertrags wieder mit dem nach dem
Stellenplan verfügbaren Stammpersonal bewältigt werden kann. Es genügt vielmehr, dass der Mehrbedarf
voraussichtlich während der Dauer des befristeten Arbeitsvertrags bestehen wird (BAG 7.5.2008, 7 AZR
198/07, EzA § 14 TzBfG Nr 48; LAG Berl-Bbg 12.11.2008, 15 Sa 1320/08, LAGE § 14 TzBfG Nr 47).
Der AN muss aus Haushaltsmitteln vergütet werden, die haushaltsrechtlich für eine befristete Beschäftigung 44
bestimmt sind (BAG 18.4.2007, 7 AZR 316/06, AP TzBfG § 14 Haushalt Nr 3; 18.10.2006, 7 AZR 419/05,
EzA § 14 TzBfG Nr 34). Damit ist eine Befristung nach Nr 7 nur für **öffentl-rechtliche AG** zulässig. Eine

bloße Zuweisung aus öffentl Mitteln an private AG reicht nicht aus, da es dann an der haushaltsrechtlichen Bestimmung fehlt (HWK/*Schmalenberg* § 14 Rn 58). Die Abhängigkeit von Zuwendungen der öffentl Hand stellt keinen sachlichen Rechtfertigungsgrund dar (BAG 22.3.2000, 7 AZR 758/98, EzA § 620 BGB Nr 170). Nach ihrem Wortlaut ermöglicht die Vorschrift eine Befristung aus Haushaltsmitteln und erfasst damit alle öffentl Haushaltspläne, dh neben Bundes- und Landeshaushaltsplänen auch solche der Gebietskörperschaften und sonstiger juristischer Personen des öffentl Rechts (ErfK/*Müller-Glöge* § 14 Rn 71 c; einschränkend für Hochschulen mit eigenem Haushaltsrecht LAG Berl-Bbg 16.3.2007, 6 Sa 2102/06, LAGE § 14 TzBfG Nr 35; offen gelassen für Gebietskörperschaften BAG 9.3.2011, 7 AZR 47/10, 7 AZR 728/09). Nicht geklärt ist bis jetzt, ob die Haushaltsmittel durch einen Gesetzgeber ausgewiesen sein müssen (BAG 9.3.2011, 7 AZR 47/10, 7 AZR 728/09, EzA-SD 2011, Nr 6, 5-6; 2.9.2009, 7 AZR 162/08 EzA § 14 TzBfG Nr 60; 16.10.2008, 7 AZR 360/07, EzA § 14 TzBfG Nr 53). Höchstrichterlich entschieden ist aber, dass nur nach § 14 I Nr 7 befristet werden kann, wenn der Haushaltsplangeber demokratisch legitimiert und nicht mit dem AG identisch ist (BAG 9.3.2011, 7 AZR 47/10, EzA-SD 2011, Nr 6, 5-6: danach kann die BA sich nicht auf § 14 I Nr 7 berufen). Die Mittel müssen mit einer entspr **Zwecksetzung im Haushaltsplan** für eine befristete Beschäftigung vorgesehen sein (LAG München 27.1.2011, 4 Sa 806/10, nv). Fehlt es an einer entspr Zwecksetzung im Haushaltsplan, ist der Sachgrund nach Nr 7 nicht erfüllt (BAG 22.4.2009, 7 AZR 743/07, EzA § 14 TzBfG Nr 59; BAG 18.10.2006, 7 AZR 419/05, EzA § 14 TzBfG Nr 34). Dabei muss die Zweckbestimmung mittels objektiver und nachprüfbarer Vorgaben erkennen lassen, für welche Aufgaben die Haushaltsmittel bereitgestellt werden und dass diese Aufgaben nur vorübergehend anfallen. Die bloße Erwartung, dass sich infolge der wirtschaftlichen Entwicklung ein rückläufiges Arbeitsaufkommen einstellen wird, genügt nicht (BAG 17.3.2010, 7 AZR 843/08, AP § 14 TzBfG Haushalt Nr 16). Entspr dieser Zweckbestimmung muss der AN dann beschäftigt werden, anderenfalls spricht vieles dafür, dass der Sachgrund nach Nr 7 nur vorgeschoben ist (BAG 7.5.2008, 7 AZR 198/07, EzA § 14 TzBfG Nr 48; MüKo-BGB/*Hesse* § 14 Rn 66). Allerdings soll nach der Rspr der »überwiegende« Einsatz des befristet beschäftigten AN entspr der Zwecksetzung der aufgebrachten Haushaltsmittel für den Sachgrund aus Nr 7 ausreichen (BAG 29.7.2009, 7 AZR 907/07; 18.10.2006, 7 AZR 419/05, EzA § 14 TzBfG Nr 34).

45 Allein die Begrenzung des Haushalts durch das Haushaltsjahr oder allg Sparzwänge im öffentl Dienst rechtfertigen eine Befristung nicht (BAG 27.1.1988, 7 AZR 292/87, EzA § 620 BGB Nr 97). Die bloße Ungewissheit, ob künftig entspr Mittel zur Verfügung stehen werden, ist ebenso wenig ausreichend. Hier kann nur nach II befristet werden. Vielmehr bedarf es bei Vertragsschluss konkreter Anhaltspunkte für die Prognose des AG, der AN könne wegen der begrenzten Haushaltsmittel nur auf begrenzte Zeit aus der Stelle vergütet werden (BAG 7.7.1999, 7 AZR 609/97, EzA § 620 BGB Nr 167; 24.1.1996, 7 AZR 342/95, EzA § 620 BGB Hochschulen Nr 2). Nach der Rspr reicht der auf ein künftiges Haushaltsjahr datierte kw-Vermerk (künftig wegfallend) allein hierfür nicht aus (BAG 2.9.2009, 7 AZR 162/08, EzA § 14 TzBfG Nr 60; 19.3.1998, 8 AZR 626/96, EzA Art 20 EinigungsV Nr 62; 16.1.1987, 7 AZR 487/85, EzA § 620 BGB Nr 93).

46 Bislang unbeantwortet bleibt die Frage, ob es unter Berücksichtigung des allg Gleichheitssatzes mit § 5 Nr 1 der Rahmenvereinbarung im Anh der RL 1999/70/EG vereinbar ist, für den öffentl Dienst zusätzlich einen Sachgrund für die Befristung von Arbeitsverhältnissen vorzusehen, der in der Privatwirtschaft nicht zur Verfügung steht. Über das an den EuGH gerichtete Vorabenscheidungsersuchen wurde aufgrund von Erledigungserklärungen in der Hauptsache nicht entschieden (BAG 27.10.2010, 7 AZR 485/09 [A], EzA § 14 TzBfG Nr 71; gleiche Frage vorgelegt vom LAG Köln 13.4.2010, 7 Sa 1224/09, ZTR 2010, 427). Praktisch könnte sich dieses Problem nur stellen, wenn die »Haushaltsvorgabe« von einem anderen Rechtsträger stammt. Wenn man die Voraussetzungen erwägt, die im Bereich des öffentl Dienstes für eine »Haushaltsbefristung« gelten, wird es nur wenige Fälle in der Privatwirtschaft geben, wo eine solche Gestaltung in Betracht kommt.

47 **8. Gerichtlicher Vergleich, Nr 8.** Beruht die Befristung auf einem gerichtlichen Vergleich, ist sie nach Nr 8 sachlich gerechtfertigt. Durch die Vereinbarung eines befristeten Arbeitsverhältnisses kann ein Rechtsstreit über eine vorausgegangene Kdg, die Wirksamkeit einer Befristung oder eine sonstige Bestandsstreitigkeit beendet werden (BT-Drs 14/4374 S 19). Neben der Protokollierung in der mündlichen Verhandlung liegt ein gerichtlicher Vergleich iSd § 14 I 2 Nr 8 auch dann vor, wenn die Parteien einen schriftlichen Vergleichsvorschlag des Gerichts durch Schriftsatz gegenüber dem Gericht annehmen, § 278 VI 1, Alt. 2 ZPO. Dies entspricht dem Wortlaut der Norm und dem Willen des Gesetzgebers, wonach nur die eigenverantwortliche Mitwirkung des Gerichts am Vergleich die Schutzinteressen des Arbeitnehmers hinreichend berücksichtigt und deshalb die Befristung rechtfertigt (BT-Drs 14/4374 S 19). Insoweit sind jedoch keine

hohen Anforderungen zu stellen. Es genügt bereits, dass sich das Gericht den Vergleichsentwurf der Parteien »zu eigen« macht und diesen als Vorschlag unterbreitet (BAG 14.1.2015, 7 AZR 2/14, EzA-SD 2015, Nr 9, 6-9). Demgegenüber liegt kein gerichtlicher Vergleich nach Nr 8 vor, wenn die Parteien dem Gericht einen schriftlichen Vergleichsvorschlag gem. § 278 VI 1, Alt. 1 ZPO unterbreiten und das Gericht diesen lediglich zur Stellungnahme an die jeweils andere Partei weiterleitet (BAG 14.1.2015, 7 AZR 2/14, EzA-SD 2015, Nr 9, 6-9; 15.2.2012, 7 AZR 734/10, EzA § 14 TzBfG Nr 84). Offen bleibt, was für eine ausreichende »eigene« Mitwirkungshandlung des Gerichts im Einzelnen erforderlich ist.

Über seinen Wortlaut hinaus wird neben der Mitwirkung des Gerichts an dem Zustandekommen des Vergleichs ein »offener Streit« der Parteien über den Fortbestand des Arbeitsverhältnisses vorausgesetzt, um der missbräuchlichen Verwendung des Sachgrundes entgegen zu wirken (BAG 12.11.2014, 7 AZR 891/12, EzA § 14 TzBfG Nr 109). Dies kann zB die gerichtliche Auseinandersetzung über die Fortführung des Arbeitsverhältnisses durch Abschluss eines Folgevertrages sein (BAG 12.11.2014, 7 AZR 891/12, EzA § 14 TzBfG Nr 109).

Ist in einem gerichtlichen Vergleich ein befristetes Arbeitsverhältnis begründet worden, obwohl zu diesem Zeitpunkt die erforderliche Zustimmung der AN-Vertretung nicht vorlag, so ist der AN gleichwohl gehindert, die Unwirksamkeit der Befristung auf diesen Umstand zu stützen (aA ArbG Berl 15.10.2008, 56 Ca 14872/08, LAGE § 14 TzBfG Nr 45). Der Vergleich kann nicht mit der Vereinbarung verbunden werden, diese Befristung nicht mehr gerichtlich anzugreifen (BAG 13.6.2007, 7 AZR 287/06, EzA § 14 TzBfG Nr 39).

9. Sonstige Gründe. Das TzBfG enthält nur Regelbeispiele und **keine abschließende Aufzählung** von zulässigen Befristungsgründen. Dies folgt bereits aus der Formulierung »insbesondere« (vgl auch BT-Drs 14/4374 S 18; zuletzt BAG 18.3.2015, 7 AZR 115/13, EzA-SD 2015, Nr 17, 4). Die Begr des Gesetzentwurfs nennt zB Arbeitsbeschaffungs- und Strukturanpassungsmaßnahmen nach SGB III sowie die übergangsweise Beschäftigung eines AN auf einem Arbeitsplatz, dessen endgültige Besetzung durch einen anderen Mitarbeiter – zB nach abgeschlossener Ausbildung – vorgesehen ist (BT-Drs 14/4374 S 18; LAG Nürnberg 2.3.2011, 2 Sa 307/09, DB 2011, 1058; s.a. BAG 9.12.2009, 7 AZR 399/08, EzA § 14 TzBfG Nr 62). Weitere, nicht benannten Sachgründe, haben sich an den in § 14 I 2 Nr 1-8 zum Ausdruck kommenden Wertungsmaßstäben zu orientieren und müssen diesen ihrem Gewicht nach gleichwertig sein (BAG 18.3.2015, 7 AZR 115/13, EzA-SD 2015, Nr 17, 4; 2.6.2010, 7 AZR 136/09, EzB TzBfG § 14 Nr 10). 48

Altersgrenzen in einem Arbeitsvertrag, einer BV oder einem TV sind rechtlich als zeitliche Höchstbefristungen zu qualifizieren (BAG 19.11.2003, 7 AZR 296/03, EzA § 620 BGB 2002 Altersgrenze Nr 4; 14.8.2002, 7 AZR 469/01, EzA § 620 BGB Altersgrenze Nr 13). Die Vereinbarung der Beendigung des Arbeitsverhältnisses bei Erreichen der Regelaltersgrenze kann gemäß § 14 I S 1 sachlich gerechtfertigt u zulässig sein (BAG 09.12.2015, 7 AZR 68/14, EzA-SD 2016, Nr 6, 9; 13.10.2015, 1 AZR 853/13, EzA-SD 2015, Nr 26, 11-14; 5.3.2013, 1 AZR 417/12, EzA § 77 BetrVG 2001 Nr 35; 18.6.2008, 7 AZR 116/07, EzA § 14 TzBfG Nr 49; 27.7.2005, 7 AZR 443/04, EzA § 620 BGB 2002 Altersgrenze Nr 6; 6.8.2003, 7 AZR 9/03, EzA § 620 BGB 2002 Altersgrenze Nr 3). Durch das Inkrafttreten des Rentenversicherungs-Altersgrenzenanpassungsgesetz (RVAGAnpG) am 1.1.2008 wurde die Regelaltersgrenze von 65 Jahren schrittweise angehoben und nähert sich einer Regelaltersgrenze von 67 Jahren. Eine vor Inkrafttreten des RVAGAnpG vereinbarte Befristung auf die damalige Regelaltersgrenze von 65 Jahren kann dahingehend ausgelegt werden, dass das Arbeitsverhältnis mit Erreichen der aktuellen Regelaltersgrenze enden soll (BAG 9.12.2015, 7 AZR 68/14, EzA-SD 2016, Nr 6, 9; 13.10.2015, 1 AZR 853/13, EzA-SD 2015, Nr 26, 11-14; 09.12.2015, 7 AZR 68/14, EzA-SD 2016, Nr 6, 9; *Schumacher*, DB 2013, 2331). Mittelbar hat der Gesetzgeber dies durch § 41 S 2 SGB VI u § 8 III ATZG anerkannt (MüKo-BGB/*Hesse* § 14 Rn 60). Die Vorschrift selbst ist, im Gegensatz zu § 8 III ATZG, allerdings nicht der Sachgrund (BAG 19.11.2003, 7 AZR 296/03, EzA § 620 BGB 2002 Altersgrenze Nr 4). Begründet wird dies mit der Vermeidung von Auseinandersetzungen über die Leistungskraft älterer AN (BAG 21.4.1977, 2 AZR 125/76, EzA § 60 BAT Nr 1) u der Vermutung, dass die Leistungsfähigkeit nach Erreichen der aktuellen Regelaltersgrenze schwindet (BVerfG 25.11.2004, 1 BvR 2459/04, AP BGB § 620 Altersgrenze Nr 25). Hinzu tritt das Bedürfnis des AG nach einer verlässlichen Personalplanung u Nachwuchsförderung. Nach der Rspr sollen diese Erwägungen auch auf eine auf das 63. Lebensjahr abstellende Altersgrenzenvereinbarung zutreffen, wenn der AN dann bereits durch den Bezug einer gesetzlichen Altersrente wirtschaftlich abgesichert ist (BAG 18.6.2008, 7 AZR 116/07, EzA § 14 TzBfG Nr 49; 19.11.2003, 7 AZR 296/03, EzA § 620 BGB 2002 Altersgrenze Nr 4). Ob diese Altersgrenzen angesichts der durch das AGG gestiegenen Begründungsanforderungen an eine an das Alter geknüpfte Benachteiligung halten, ist zweifelhaft (vgl § 8 AGG Rdn 7, 49

§ 10 AGG Rdn 17; vgl LAG HH 22.2.2011, 4 Sa 76/10, AuA 2011, 305, das die Altersgrenzenregelung im Mantel-TV der Hamburger Hochbahn AG für wirksam hält). Der EuGH hat auf eine Vorlage des ArbG HH hin (ArbG HH 20.1.2009, 21 Ca 235/08, LAGE RL 2000/78 EG-Vertrag 1999 Nr 2 [LS]) allerdings entschieden, dass tariflich geregelte, auf das 65. Lebensjahr festgelegte Altersgrenzen mit der RL 2000/78/ EG vereinbar sind (EuGH 12.10.2010, C-45/09, AP RL 2000/78/EG Nr 18). Ebenso stellt die in einer BV vereinbarte Beendigung des Arbeitsverhältnisses bei Erreichen der Regelaltersgrenze keine Altersdiskriminierung im Sinne der § 75 Abs. 1 BetrVG, § 7 Abs. 1, § 3 Abs. 1 Satz 1, § 1 AGG dar, weil sie den Anforderungen des § 10 Satz 3 Nr. 5, Satz 1 und 2 AGG entspricht (BAG 13.10.2015, 1 AZR 853/13, EzA-SD 2015, Nr 26). Dies gilt auch für die einzelvertraglich vereinbarte Altersgrenze (BAG 09.12.2015, 7 AZR 68/14, EzA-SD 2016, Nr 6, 9).

Seit dem 1.7.2014 gibt § 41 S 3 SGB VI die Möglichkeit, ein Arbeitsverhältnis, welches auf das Erreichen der Regelaltersgrenze befristet worden ist, mehrfach über das Erreichen dieser Grenze hinaus befristet zu verlängern. Diese Verlängerung läuft parallel zu der Verlängerung eines befristeten Arbeitsverhältnisses iSd § 14 TzBfG, sodass die Rspr zu § 14 II, IIa 1, III TzBfG übertragen werden kann (*Kleinebrink* DB 2014, 1490).

Soweit der Anwendungsbereich des § 41 S 3 SGB VI nicht eröffnet ist, weil die Befristung vor dessen Inkrafttreten am 1.7.2014 vereinbart wurde, kann eine bei oder nach Erreichen des Renteneintrittsalters getroffene Vereinbarung über die befristete Fortsetzung des Arbeitsverhältnisses nach § 14 I 2 Nr 6 sachlich gerechtfertigt sein, wenn ein Anspruch des AN auf gesetzliche Altersrente besteht und die Befristung der im Zeitpunkt der Vereinbarung konkret gefassten unternehmerischen Personalplanung entspricht (BAG 11.2.2015, 7 AZR 17/13, EzA-SD 2015, Nr 15, 3).

50 **Vor dem gesetzlichen Rentenalter** liegende Altersgrenzen sind nicht mit Europarecht vereinbar, soweit andere, einzelfallbezogene Möglichkeiten bestehen, die tätigkeitsrelevante körperliche oder geistige Leistungsfähigkeit zu ermitteln (vgl ausf § 8 AGG Rdn 7, § 10 AGG Rdn 17 f.) Sie verletzen sowohl das primärrechtliche Verbot der Altersdiskriminierung als auch die Gleichbehandlungsrichtlinie, RL 2000/78/ EG (EuGH 13.9.2011, C-447/09, DB 2011, 2205; BAG 15.2.2012, 7 AZR 946/07, DB 2012, 1276). Nunmehr kann davon ausgegangen werden, dass übliche Altersgrenzen, denen ein finanziell abgesicherter Ruhestand folgt, vom Gesetzgeber eingeführt werden können. Altersgrenzen, die vor dem üblichen Renteneintrittsalter liegen, sind regelmäßig unzulässig, weil sie die Menschen wegen ihres Alters benachteiligen, ohne dass dies durch zwingende sachliche Gründe geboten ist. Die Rspr hat lange tarifliche Altersgrenzen von 60 Jahren für Piloten akzeptiert (BVerfG 25.11.2004, 1 BvR 2459/04, AP BGB § 620 Altersgrenze Nr 25; auch vor dem Hintergrund des AGG: Hess LAG 15.10.2007, 17 Sa 809/07; anders bei Kabinenpersonal: BAG 16.10.2008, 7 AZR 253/07 [A], EzA § 14 TzBfG Nr 54, das die Frage dem EuGH vorgelegt hat, ob § 14 III 1 aF mit dem Gemeinschaftsrecht vereinbar ist (EuGH 10.03.2011, C 109/09, EzA § 14 TzBfG Nr 69); BAG 23.6.2010, 7 AZR 1021/08, EzA § 620 BGB 2002 Altersgrenze Nr 8). Mit dem Urteil vom 15.2.2012 musste das BAG dieses im Hinblick auf die jüngere Rspr des EuGH aufgeben.

51 Ausdrücklich in der Gesetzesbegr als weiterer sachlicher Grund benannt sind **Arbeitsbeschaffungsmaßnahmen (ABM)**. Nach der Rspr ist die kalendermäßige oder zweckgebundene Befristung eines nach §§ 260 ff SGB III geförderten Arbeitsvertrages zulässig, wenn der AG den AN im Vertrauen auf eine zeitlich begrenzte Förderungszusage einstellt, aber ohne die Zusage einen von ihm ausgewählten oder gar keinen AN eingestellt hätte und die Dauer der Befristung mit der Dauer der Zuweisung übereinstimmt (BAG 19.1.2005, 7 AZR 250/04, EzA § 620 BGB 2002 Nr 11; 2.12.1998, 7 AZR 508/97, EzA § 625 BGB Nr 4). Die Gewährung eines Eingliederungszuschusses gem §§ 217 ff SGB III trägt hingegen eine Befristung nicht (BAG 4.6.2003, 7 AZR 489/02, AP BGB § 620 Befristeter Arbeitsvertrag Nr 245).

52 Auch eine **Wiedereinstellungszusage** an den ausgeschiedenen AN kann einen sachlichen Grund für eine nur vorübergehende Beschäftigung darstellen. Dabei muss der AG ernsthaft damit rechnen, dass der ausgeschiedene AN seinen Wiedereinstellungsanspruch innerhalb eines überschaubaren Zeitraums geltend machen wird. Außerdem ist ein ursächlicher Zusammenhang zwischen der Wiedereinstellungszusage und der Einstellung der Ersatzkraft erforderlich (BAG 2.6.2010, 7 AZR 136/09, EzA § 14 TzBfG Nr 67, s § 14 Rdn 23).

53 Ein sonstiger sachlicher Grund liegt auch vor, wenn für die Dauer des Kdg-Schutzprozesses ein befristetes Prozessarbeitsverhältnis abgeschlossen wird, um den Anspruch auf Annahmeverzugslohn zu verhindern (LAG Köln 30.5.2011, 2 Sa 209/11).

54 Ein weiterer sachlicher Grund ist etwa die **Sicherung der Kontinuität der Arbeit des BR**, wenn ohne Abschluss eines befristeten Arbeitsvertrages das Arbeitsverhältnis eines befristet beschäftigten BR-Mitglieds ausläuft (BAG 23.1.2002, 7 AZR 611/00, EzA § 620 BGB Nr 185).

Wird ein AN zur Vertretung eines Beschäftigten für die Dauer der kurzzeitigen Arbeitsverhinderung nach 55
§ 2 oder nach § 3 des PflegeZG eingestellt, ist darin gem § 6 PflegeZG ein bes sachlicher Grund für die
Befristung des Arbeitsverhältnisses zu sehen.

Keinen sachlichen Grund stellt ein Betriebsübergang als solcher dar, weil dieser außer der Auswechslung der 56
Person des AG keine Auswirkungen auf das Arbeitsverhältnis hat (BAG 30.10.2008, 8 AZR 855/07, EzA
§ 613a BGB 2002 Nr 102).

Die Förderung der Aus- und Weiterbildung schwerbehinderter Menschen nach § 235a I SGB III in der 57
bis zum 31.12.2003 geltenden Fassung ist kein Sachgrund nach § 14 I 1 für die Befristung des zwischen
dem AG und dem schwerbehinderten Menschen abgeschlossenen Arbeitsvertrags (BAG 22.4.2009, 7 AZR
96/08, EzA § 14 TzBfG Nr 58). Die Vorschrift des § 235a I SGB III enthält nämlich keine den Wertungsmaßstäben des § 14 I 2 Nr 1 bis 8 entsprechenden Sachgründe.

Liegt der vorrangige Zweck der Beschäftigung in der **Aus-, Fort- oder Weiterbildung**, kann ein sonsti- 58
ger Befristungsgrund angenommen werden, wenn dem AN zusätzliche Kenntnisse und Erfahrungen
vermittelt werden, die durch die übliche Berufstätigkeit nicht erworben werden können (LAG Berl-Bbg
16.12.2009, 20 Sa 1682/09). Dem AN dürfen dabei keine Daueraufgaben übertragen werden (ErfK/
Müller-Glöge § 14 Rn 53).

III. Sonderformen. 1. Nachträgliche Befristung; Aufhebungsverträge. § 14 I erfasst auch die nachträg- 59
liche Befristung eines unbefristeten Arbeitsvertrages. Auch diese bedarf eines sachlichen Grundes, § 14 I 1
(BAG 1.12.2004, 7 AZR 198/04, EzA § 623 BGB 2002 Nr 3; ErfK/*Müller-Glöge* § 14 Rn 13). Dies gilt
unabhängig davon, ob im Zeitpunkt der Befristungsvereinbarung bereits Bestandsschutz nach dem KSchG
besteht. Es gilt sowohl im Fall der einvernehmlichen Vertragsänderung (BAG 24.1.1996, 7 AZR 496/95,
EzA § 620 BGB Nr 139) als auch im Fall einer Änderungskdg (BAG 25.4.1996, 2 AZR 609/95, EzA § 2
KSchG Nr 25). Bei der Änderungskdg prüft das Gericht den Sachgrund inzident bei der Frage der Wirksamkeit der Änderungskdg.

Der Abschluss eines **Aufhebungsvertrages** bedarf im Regelfall keines sachlichen Grundes (BAG 60
12.1.2000, 7 AZR 48/99, EzA § 611 BGB Aufhebungsvertrag Nr 33). Dann muss der Vertrag freilich ein
zeitnahes Ende des Arbeitsverhältnisses festlegen, das sich an der maßgeblichen Kdg-Frist orientiert (BAG
12.1.2000, 7 AZR 48/99, EzA § 611 BGB Aufhebungsvertrag Nr 33). Bei einer Freistellung von der Arbeit
kann auch ein längerer Fortbestand vereinbart werden (BAG 15.2.2007, 6 AZR 286/06, EzA § 611 BGB
2002 Aufhebungsvertrag Nr 6). Gewöhnlich enthält er dann auch weitere Regelungen über die Beendigung
des Beschäftigungsverhältnisses, zB zu Freistellungen und Abfindungen (Annuß/Thüsing/*Maschmann* § 14
Rn 14). Liegt hingegen eine **befristete Fortsetzung** des Arbeitsverhältnisses vor, bedarf es eines sachlichen
Grundes (BAG 12.1.2000, 7 AZR 48/99, EzA § 611 BGB Aufhebungsvertrag Nr 33: Restlaufzeit 3 Jahre).

Aufhebungsverträge können nur geschlossen werden, wenn zwischen den Parteien bereits ein Arbeitsver- 61
hältnis besteht. Wird ein – dann häufig falsch datierter – »Aufhebungsvertrag« bereits bei Abschluss des
Arbeitsvertrages unterzeichnet, so handelt es sich gem § 117 II BGB rechtlich um eine Befristung, weil das
Arbeitsverhältnis dann bereits mit einer zeitlichen Begrenzung geschlossen wird (vgl BAG 12.1.2000, 7 AZR
48/99, EzA § 611 BGB Aufhebungsvertrag Nr 33). Eine solche Vertragsgestaltung ist nur in den gesetzlichen Grenzen zulässig.

2. Mehrfache Befristung oder Kettenbefristung. Das TzBfG steht einer **mehrfachen Befristung** (Ketten- 62
befristung) eines Arbeitsverhältnisses oder einer Reihe von nur kurzzeitig, durch Unterbrechungen getrennter, befristeter Arbeitsverhältnisse nicht entgegen. Soweit jeweils ein sachlicher Grund vorliegt, können grds
unbeschränkt befristete Arbeitsverhältnisse nacheinander abgeschlossen werden. Auch können die Befristungen auf wechselnde Sachgründe gestützt werden (ErfK/*Müller-Glöge* § 14 Rn 9). Erweist sich allerdings
die vom AG bei jeder neuen Befristung erneut zu erstellende Prognose beim letzten Vertragsschluss als nicht
fundiert, ist diese letzte Befristung unwirksam (BAG 25.3.2009, 7 AZR 34/08, EzA § 14 TzBfG Nr 57;
11.11.1998, 7 AZR 328/97, EzA § 620 BGB Nr 155). Bei der anzustellenden Prognose zum Zeitpunkt des
Vertragsschlusses sind selbst bei zunehmender Anzahl einzelner befristeter Arbeitsverträge keine verschärften
Anforderungen zu stellen (BAG 29.04.2015, 7 AZR 310/13, EzA-SD 2015, Nr 15, 4; 18.07.2012, 7 AZR
783/10, EzA-SD 2012, Nr 24, 8).

Bei einer wiederholten Befristung unterliegt nur die zuletzt vereinbarte Befristung der Befristungskontrolle 63
(BAG 18.07.2012, 7 AZR 443/09, EzA-SD 2012, Nr 24, 3-8; 25.3.2009, 7 AZR 34/08, EzA § 14 TzBfG
Nr 57). Neben der Prüfung des geltend gemachten Sachgrundes ist aus unionsrechtlichen Gründen eine
umfassende Missbrauchskontrolle unter Berücksichtigung aller Umstände des Einzelfalls (unter anderem
Gesamtdauer und Anzahl der aufeinanderfolgenden Befristungen) nach den Grundsätzen des institutio-
nellen Rechtsmissbrauchs (§ 242 BGB) vorzunehmen (BAG 7.10.2015, 7 AZR 944/13, EzA-SD 2016,

Nr 6, 7; 29.4.2015, 7 AZR 310/13, EzA-SD 2015, Nr 15, 4; 24.9.2014, 7 AZR 987/12, EzA § 14 TzBfG Nr 107 sowie grundlegend BAG 18.7.2012, 7 AZR 443/09, EzA § 14 TzBfG Nr 86; EuGH 26.1.2012, C-586/10 (Kücük), EzA § 14 TzBfG Nr 80). Ein Missbrauch ist jedoch frühestens dann indiziert, wenn die in § 14 II 1 TzBfG für eine sachgrundlose Befristung gezogenen Grenzen um ein Mehrfaches überschritten werden (BAG 29.4.2015, 7 AZR 310/13, EzA-SD 2015, Nr 15, 4; 18.7.2012, 7 AZR 443/09, EzA-SD 2012, Nr 24, 3-8; LAG Berl-Bbg 15.3.2013, 6 Sa 2102/12, EzA-SD 2013, Nr 10,6). Die BAG-Urteile vom 29.04.2015, 7 AZR 310/13 (EzA-SD 2015, Nr 15, 4), 18.7.2012, 7 AZR 443/09 (EzA-SD 2012, Nr 24, 3-8) und 18.7.2012, 7 AZR 783/10 (EzA-SD 2012, Nr 24, 8) geben eine Orientierungshilfe zur Bestimmung der Schwelle einer rechtsmissbräuchlichen Gestaltung von Sachgrundbefristungen, indem sie die Zulässigkeitsgrenzen in einem Korridor von 4 - 13 Befristungen in 8 - 15 Beschäftigungsjahren sehen. Gegen einen institutionellen Rechtsmissbrauch sprechen das Vorliegen unterschiedlicher Befristungsgründe und etwaige Unterbrechungszeiträume (für weitere Beispiele siehe BAG 7.10.2015, 7 AZR 944/13, EzA-SD 2016, Nr 6, 7; 10.7.2013, 7 AZR 761/11, EzA § 14 TzBfG Nr 94; 10.7.2013, 7 AZR 833/11, EzA § 14 TzBfG Nr 95; 13.2.2013, 7 AZR 225/11, EzA § 14 TzBfG Nr 92; LAG Hamm 14.2.2013, 11 Sa 1168/12, EzA-SD 2013, Nr 15, 3; LAG Rh-Pf 24.1.2013, 11 Sa 344/12, EzA-SD 2013, Nr 15,3; 11.1.2013, 9Sa 366/12, EzA-SD 2013, Nr 14,10; *Böhm*, DB 2013, 516; *Bruns*, NZA 2013, 769; *Klenter* Der Personalrat 2014, 193, 195 ff; *Lakies*, ArbRAktuell 2014, 94). Je nach Branche können sich unterschiedliche Anforderungen ergeben. So sieht das BAG im Schulbereich die »Notwendigkeit besonderer Flexibilität« (BAG 7.10.2015, 7 AZR 944/13, EzA-SD 2016, Nr 6, 7). Die Missbrauchskontrolle beschränkt sich nicht auf die Vertretungsbefristung gem. § 14 I 2 Nr 3, sondern gilt für alle Befristungsgründe nach § 14 I 2 (BAG 13.2.2013, 7 AZR 225/11, EzA-SD 2013, Nr 11, 7-9; *Bayreuther*, NZA 2013, 23).

64 Abweichend von der st Rspr ist ausnahmsweise die vorangegangene Befristung maßgeblich, wenn der letzte Vertrag nur ein unselbstständiger Annex zum vorletzten Vertrag ist. Dies ist der Fall, wenn er etwa nur eine geringfügige Korrektur des im früheren Vertrag vereinbarten Endzeitpunktes vorsieht, diese Korrektur sich am Sachgrund des früheren Vertrages orientiert und allein in der Anpassung der ursprünglich vereinbarten Vertragszeit an später eintretende, im Zeitpunkt des vorangegangenen Vertragsschlusses nicht vorhersehbare Umstände besteht (BAG 25.8.2004, 7 AZR 7/04, EzA § 14 TzBfG Nr 13; 15.2.1995, 7 AZR 680/94, EzA § 620 BGB Nr 130). Ob unter Geltung von § 17 eine vertragliche Vorbehaltsvereinbarung die Befristungskontrolle eines vorangegangenen Arbeitsverhältnisses ermöglicht, ist offen (bejahend ErfK/ *Müller-Glöge* § 14 Rn 12). Ein einseitiger Vorbehalt des AN reicht jedenfalls nicht aus (BAG 4.6.2003, 7 AZR 523/02, EzA § 620 BGB 2002 Nr 4).

65 **3. Befristung einzelner Arbeitsbedingungen.** Nicht in den Anwendungsbereich von § 14 fällt die Befristung einzelner Arbeitsbedingungen (BAG 15.12.2011, 7 AZR 394/10, EzA § 14 TzBfG Nr 83; LAG Baden-Württemberg 11.2.2015, 21 Sa 68/14, ArbR 2015, 254). Hier handelt es sich **schon begrifflich nicht um die Befristung eines Arbeitsvertrages** iSv § 14 I 1. Ihre Zulässigkeit bestimmt sich allein nach den allg Vorschriften, insb der Inhaltskontrolle nach §§ 307 ff BGB (BAG 15.12.2011, aaO; LAG Baden-Württemberg 11.2.2015, aaO). Umstände, die eine Befristung insgesamt nach § 14 I TzBfG rechtfertigen könnten, sind jedoch bei der Interessenabwägung nach § 307 I BGB zu berücksichtigen (BAG 15.12.2011, 7 AZR 394/10, aaO; 2.9.2009, 7 AZR 233/08, EzA § 14 TzBfG Nr 61). Die Grundsätze des BAG zum institutionellen Rechtsmissbrauch bei der Befristungskontrolle nach § 14 I (vgl Rn 63) sind auch bei der Inhaltskontrolle der Befristung von einzelnen Arbeitsbedingungen nach § 307 BGB anwendbar, sofern die Fallgestaltungen wertungsmäßig vergleichbar sind (LAG Baden-Württemberg 17.6.2013, 1 Sa 2/13, EzA-SD 2013, Nr 26, 10).

66 **C. Befristung ohne Vorliegen eines sachlichen Grundes, II.** Als Ausnahme von dem in I 1 festgelegten Grundsatz, dass die Befristung eines Arbeitsvertrages eines sachlichen Grundes bedarf, lässt II 1 unter den dort genannten Voraussetzungen eine Befristung ohne Sachgrund zu.

67 **I. Kalendermäßige Befristung bis zur Dauer von 2 Jahren.** Die tarifdisponible (§ 14 II 3) Bestimmung ermöglicht bei der **erstmaligen Einstellung die rechtsgrundlose Befristung bis zu 2 Jahren**.

68 Nach seinem Wortlaut erfasst II 1 nur **kalendermäßige Befristungen** (s zum Begriff § 3 Rdn 7), keine Zweckbefristungen. Für eine wirksame sachgrundlose Befristung nach II ist grds nicht erforderlich, dass im Arbeitsvertrag auf die Vorschrift Bezug genommen wird (anders zB § 57b III HRG). Ausreichend, aber auch erforderlich ist, dass die Voraussetzungen für eine sachgrundlose Befristung bei Vertragsschluss objektiv vorliegen (BAG 23.6.2004, 7 AZR 636/03, EzA § 14 TzBfG Nr 10; 15.1.2003, 7 AZR 534/02, AP BeschFG 1996 § 1 Nr 19; LAG Nürnberg 19.3.2008, 4 Sa 673/07, EzA-SD 2008, Nr 11, 4). Liegen die Voraussetzungen vor, kann auch eine unwirksame Befristung mit Sachgrund auf II gestützt werden. Nur dann, wenn die Parteien deutlich gemacht haben, dass eine sachgrundlose Befristung nicht vereinbart

werden soll, ist das nicht möglich (BAG 5.6.2002, 7 AZR 241/01, EzA § 620 BGB Nr 193). Umgekehrt kann auch eine nach II unwirksame Befristung durch einen sachlichen Grund iSv I gerechtfertigt sein (ErfK/*Müller-Glöge* § 14 Rn 85).

Bis zu einer Gesamtdauer von 2 Jahren ist auch eine **dreimalige Verlängerung** zulässig, II 1 Hs 2. Für die 69 Berechnung der zulässigen Höchstdauer ist der vereinbarte Zeitpunkt der Aufnahme und der Beendigung der Tätigkeit maßgeblich; wann der Arbeitsvertrag abgeschlossen wird, ist unerheblich. Die Berechnung der Frist erfolgt nach §§ 187 II 1, 188 II, III BGB.

Unter Verlängerung ist die einvernehmliche **Änderung des Beendigungszeitpunktes** der befristeten, aber im 70 **Zeitpunkt der Verlängerung noch nicht beendeten,** Beschäftigung zu verstehen (BAG 18.1.2006, 7 AZR 178/05, EzA § 14 TzBfG Nr 26; 19.10.2005, 7 AZR 31/05, EzA § 14 TzBfG Nr 23; 15.1.2003, 7 AZR 346/02, EzA § 14 TzBfG Nr 2). Wird das Arbeitsverhältnis erst nach einer Unterbrechung fortgesetzt, kommt nach § 15 V ein unbefristetes Arbeitsverhältnis zustande. Nach IV bedarf die Verlängerung der Schriftform, wobei auch die schriftliche Niederlegung vor Ablauf des vorangegangenen Befristungszeitraumes erfolgen muss (LAG Hamm 19.4.2012, 8 Sa 63/12, EzA-SD 2012, Nr 14, 7; aA LAG Düsseldorf 6.12.2001, 11 Sa 1204/01, AuR 2002, 270).

Es hängt von der Entsch des AG ab, ob der Vertrag verlängert wird. Der arbeitsrechtliche Gleichbehand- 71 lungsgrundsatz begründet keinen Anspruch des AN auf Verlängerung eines sachgrundlos befristeten Arbeitsverhältnisses nach § 14 II (BAG 13.8.2008, 7 AZR 513/07, EzA-SD 2008, Nr 26, 4). § 14 II findet auch auf befristete Arbeitsverhältnisse von Betriebsratsmitgliedern Anwendung (BAG 5.12.2012, 7 AZR 698/11, EzA § 14 TzBfG Nr 89; *Weller* BB 2012, 2763). Erst recht können dann auch Arbeitsverhältnisse von Betriebsratsmitgliedern nach § 14 I befristet werden (LAG München 23.10.2013, 5 Sa 460/13). Weist das Betriebsratsmitglied aber nach, dass die Nichtverlängerung oder Entfristung gerade wegen der Betriebsratstätigkeit erfolgt, hat es gem. § 78 S 2 BetrVG iVm § 280 I und/oder § 823 II BGB einen Anspruch auf Abschluss eines Folgevertrages (BAG 5.12.2012, 7 AZR 698/11, EzA § 14 TzBfG Nr 89; 25.6.2014, 7 AZR 847/12, EzA § 78 BetrVG 2001 Nr 4; LAG München 2.8.2013, 5 Sa 1005/12, ArbR 2014, 88; vgl auch § 78 BetrVG Rn 7).

Die sonstigen **Inhalte des Arbeitsvertrages** dürfen nicht bei Gelegenheit der Verlängerung geändert werden 72 (BAG 18.1.2006, 7 AZR 178/05, EzA § 14 TzBfG Nr 26; 19.10.2005, 7 AZR 31/05, EzA § 14 TzBfG Nr 23; aA MHH/*Meinel* § 14 Rn 281; diff Annuß/Thüsing/*Maschmann* § 14 Rn 65). Dies gilt auch dann, wenn es sich nicht um materielle oder wesentliche Arbeitsbedingungen handelt oder die geänderten Arbeitsbedingungen für den AN günstiger sind (BAG 23.8.2006, 7 AZR 12/06, EzA § 14 TzBfG Nr 33; LAG Hamm 5.2.2008, 14 Sa 1447/07). Anderenfalls liegt der Neuabschluss eines befristeten Arbeitsvertrages vor, der nach § 14 II 2 unzulässig ist, da zwischen den Parteien bereits ein Arbeitsverhältnis bestanden hat (BAG 18.1.2006, 7 AZR 178/05, EzA § 14 TzBfG Nr 26). Erforderlich ist aber nicht, dass die Arbeitsvertragsbedingungen während der gesamten Vertragslaufzeit unverändert bleiben (BAG 18.1.2006, 7 AZR 178/05, EzA § 14 TzBfG Nr 26). Die **Änderung des Vertragsinhalts** anlässlich einer Verlängerung iSd § 14 II ist zulässig, wenn die Veränderung auf einer Vereinbarung beruht, die bereits zuvor zwischen den Arbeitsvertragsparteien getroffen worden ist, oder wenn der AN zum Zeitpunkt der Verlängerung einen Anspruch auf die Vertragsänderung – etwa aus § 9 TzBfG – hatte (BAG 16.1.2008, 7 AZR 603/06, EzA § 14 TzBfG Nr 44). In beiden Fällen beruht die geänderte Vertragsbedingung auf dem bereits zwischen den Parteien bestehenden Arbeitsvertrag (BAG 23.8.2006, 7 AZR 12/06, EzA § 14 TzBfG Nr 33). Keine Änderung des Vertragsinhaltes liegt vor, wenn die Parteien anlässlich der Verlängerung Anpassungen des Vertragstextes an die zum Zeitpunkt der Verlängerung geltende Rechtslage vornehmen (vgl BAG 12.8.2009, 7 AZR 270/08, USK 2009-153; 20.2.2008, 7 AZR 786/06, EzA § 14 TzBfG Nr 45).

II. Neueinstellung. Eine sachgrundlose Befristung nach II 1 ist nicht zulässig, wenn mit demselben AG 73 bereits zuvor ein befristetes oder unbefristetes Arbeitsverhältnis bestanden hat, II 2. Nach dem Wortlaut schließt **jedes frühere Arbeitsverhältnis** mit demselben AG eine Befristung nach II 1 aus, unabhängig davon, wie lange dieses Arbeitsverhältnis zurückliegt. Dementsprechend hat das BAG bis 2011 in st Rspr vertreten, auf den zeitlichen Abstand zwischen dem früheren Arbeitsverhältnis und dem nunmehr ohne Sachgrund befristeten Arbeitsverhältnis komme es nicht an (BAG 29.7.2009, 7 AZN 368/09, ZTR 2009, 544; 6.11.2003, 2 AZR 690/02, EzA § 14 TzBfG Nr 7). Diese Rspr hat das BAG mit Urteil vom 6.4.2011 (7 AZR 716/09, EzA-SD 2011, Nr 16, 6) ausdrücklich aufgegeben (bestätigt durch BAG 21.9.2011, AZR 375/10, EzA § 14 TzBfG Nr 81; so schon vorher ErfK/*Müller-Glöge* § 14 Rn 98 f; *Löwisch* BB 2001, 2065, 2072; dem BAG folgend u.a. LAG Hamm, 22.1.2015, 11 Sa 1228/14, n rkr, Revision BAG 7 AZR 161/15; LAG Mainz 24.1.2014, 1 Sa 490/13, AuA 2014, 673, n rkr, Revision BAG 7 AZR 481/14; 9.8.2012, 2 Sa 239/12, n rkr, Revision BAG 7 AZR 995/12; LAG Kiel, 30.11.2011, 6 Sa 311/11). Eine Vorbeschäftigung stehe einer Befristung nach II nach dieser Rspr nicht mehr entgegen, wenn diese länger als drei Jahre zurückliegt. Dieses ergebe sich aus dem Sinn und Zweck der Vorschrift, die nur Kettenbefristungen verhindern solle, nicht aber Befristungen überhaupt. Die Einbeziehung älterer Vorbeschäftigungen würde die Marktchancen der AN beeinträchtigen. Wenn mindestens ein Zeitraum von drei Jahren zwischen den Arbeitsverhältnissen liege, würden Missbräuche durch Kettenbefristungen ebenso verhindert. Die Dauer des erforderlichen Zwischenzeitraums von drei Jahren orientiert sich an der regelmäßigen Verjährungsdauer des § 195 BGB. Der richterlichen Rechtsfortbildung sind das LAG BW (26.9.2013, 6 Sa 28/13, EzA-SD 2013, Nr 21, 7, n rkr, Revision BAG 7 AZR 896/13; LAG BW 21.2.2014, 7 Sa 64/13 EzA-SD 2014, Nr 13, 9, n rkr, Revision BAG 7 AZR 196/14) und das ArbG Gelsenkirchen (26.2.2013, 5 Ca 2133/12, ArbuR 2013, 267) entgegengetreten.

Das ArbG Braunschweig (3.4.2014, 5 Ca 463/13, EzA-SD 2014, Nr 18, 8) hält diese richterrechtliche, durch schlichte Auslegung erreichte Begrenzung des Vorbeschäftigungsverbotes für unzulässig. Das Verbot sei eindeutig im Gesetz geregelt, verstoße aber gegen die Berufsfreiheit. Das Arbeitsgericht hat die Frage deshalb im Wege einer konkreten Normenkontrolle dem BVerfG vorgelegt (1 BvL 7/14).

§ 14 II mit dem Anschlussverbot gilt für den Öffentlichen Dienst. *»§ 14 Abs. 2 S. 2 TzBfG ist aber auch im Hinblick auf Art. 33 Abs. 2 GG nicht dahingehend verfassungskonform auszulegen, dass im Bereich des Öffentlichen Dienstes auf das Anschlussverbot verzichtet werden muss, wenn sich der beste Bewerber bei der Stellenausschreibung durchsetzt, dieser zuvor aber bereits bei diesem Arbeitgeber beschäftigt war.«* (LAG Berl-Bbg 27.2.2009, 13 Sa 2170/08, LAGE § 14 TzBfG Nr 50). Da ein öffentl AG aus sachlichen Gründen eine nur befristete Stellenbesetzung festlegen kann, darf er ohne Verstoß gegen Art 33 II GG einen Bewerber ausschließen, mit dem er einen solchen Vertrag nicht wirksam abschließen kann (LAG Berl-Bbg 16.1.2013, 15 SaGA 1738/12, EzA-SD 2013, Nr 5, 139; so auch LAG Hamm 9.10.2008, 17 Sa 927/08, EzA-SD 2009, Nr 4, 8; aA LAG Berl 25.8.2006, 6 Sa 592/06, EzA-SD 2006, Nr 23, 11). Ein früheres Beamtenverhältnis steht einem Arbeitsverhältnis iSd § 14 II nicht gleich. Der Dienstherr/AG kann ohne Verstoß gegen das Vorbeschäftigungsverbot des § 14 II 2 mit dem ehemaligen Beamten einen sachgrundlos befristeten Arbeitsvertrag begründen (LAG S-A 14.5.2013, 6 Sa 62/12, n rkr, Revision BAG 7 AZR 712/13).

74 Maßgeblich für die Frage nach einer Vorbeschäftigung ist, wer Vertrags-AG des AN ist (BAG 24.6.2015, 7 AZR 452/13, EzA § 14 TzBfG Nr 116; 25.4.2001, 7 AZR 376/00, EzA § 1 BeschFG 1985 Nr 25). Erforderlich ist eine **Identität der Parteien des Arbeitsvertrages** (BAG 16.7.2008, 7 AZR 278/07, EzA § 14 TzBfG Nr 51; 18.8.2005, 8 AZR 523/04, EzA § 613a BGB 2002 Nr 40). Das Arbeitsverhältnis muss zu derselben natürlichen oder juristischen Person bestanden haben. Die Parteien können aber vertraglich vereinbaren, dass die Beschäftigung bei einem anderen AG als Vorbeschäftigung iSv II behandelt werden soll (BAG 9.2.2011, 7 AZR 32/10, EzA-SD 2011, Nr 12, 4). Einer Befristung nach II 1 steht bspw nicht entgegen, dass der AN zuvor als Leih-AN bei demselben AG tätig gewesen ist, da zwischen Entleiher und Leih-AN kein Arbeitsverhältnis besteht (BAG 9.2.2011, 7 AZR 32/10, EzA-SD 2011, Nr 12, 4; 8.12.1988, 2 AZR 308/88, EzA § 1 BeschFG 1985 Nr 6). Auch der Wechsel vom Verleiher zum bisherigen Entleiher oder umgekehrt eine Veränderung der Arbeitsaufgabe ermöglicht eine erneute sachgrundlose Befristung (BAG 18.10.2006, 7 AZR 145/06, EzA § 14 TzBfG Nr 35; aA LAG Köln 25.3.2011, 4 Sa 1399/10, AiB 2011, 556). Eine **rechtsmissbräuchliche Ausnutzung** der Möglichkeit zur sachgrundlosen Befristung liegt aber dann vor, wenn der AG-Wechsel nur die sachgrundlose Befristung ermöglichen soll. So wenn »mehrere rechtlich und tatsächlich verbundene Vertrags-AG in bewusstem und gewolltem Zusammenwirken« für die gleiche Arbeitsaufgabe abwechselnd mit einem AN sachgrundlos befristete Arbeitsverträge schließen (BAG 24.6.2015, 7 AZR 452/13, EzA § 14 TzBfG Nr 116; 23.9.2014, 9 AZR 1025/12; 19.3.2014, 7 AZR 527/12, EzA-SD 2014, Nr 12, 4-5; 15.5.2013, 7 AZR 525/11, EzA § 14 TzBfG Nr 93).

Die Rspr, dass eine Umgehung der Höchstbefristungsdauer des § 14 II durch Einschaltung verschiedener Leiharbeitsunternehmen zumindest dann nicht als rechtsmissbräuchlich angesehen werden kann, wenn die Beschäftigungsdauer in Anlehnung an § 14 IIa insgesamt vier Jahre nicht überschreitet, gibt das BAG ausdrücklich auf (BAG 15.5.2013, 7 AZR 525/11, EzA § 14 TzBfG Nr 93; bestätigt durch BAG 4.12.2013, 7 AZR 290/12, EzA § 14 TzBfG Nr 100; anders noch LAG Sachsen 30.5.2013, 9 Sa 477/12, n rkr; Revision BAG 9 AZR 596/13).

»Bei einer Umgehung des Anschlussverbots nach § 14 II 2 besteht die mit Treu und Glauben nicht zu vereinbarende Rechtsfolge nicht in dem Vertragsschluss »an sich«, sondern in der Rechtfertigung der in dem Vertrag vereinbarten Befristung nach § 14 II 1« (BAG 23.9.2014, 9 AZR 1025/12, ArbR 2015, 48; 15.5.2013, 7 AZR 525/11, EzA § 14 TzBfG Nr 93). Das hat zur Folge, dass sich der unredliche Vertragspartner nicht auf die Befristung berufen kann und der neue Vertrag mit dem Verleiher auf unbestimmte Zeit gilt (BAG 15.5.2013, 7 AZR 525/11, EzA § 14 TzBfG Nr 93, bestätigt durch BAG 23.9.2014, 9

AZR 1025/12, ArbR 2015, 48 und 4.12.2013, 7 AZR 290/12, EzA-SD 2014, Nr 6, 14; kritisch *Greiner* NZA 2014, 284, 286 f). Die Fiktion eines (zusätzlichen) Arbeitsverhältnisses mit dem Entleiher erfordert der Schutzzweck der Norm nicht (BAG 23.9.2014, 9 AZR 1025/12, ArbR 2015, 48).
Im Fall einer Verschmelzung ist der erloschene übertragende Rechtsträger (§ 20 I Nr 2 UmwG) nicht derselbe AG iSv § 14 II 2, sodass auch hier nach § 14 II 1 befristet werden kann (BAG 22.6.2005, 7 AZR 363/04, EzBAT SR 2y BAT TzBfG Nr 17; 10.11.2004, 7 AZR 101/04, EzA § 14 TzBfG Nr 15). Bei einem Betriebsübergang (§ 613a BGB) kann der Erwerber ein nach § 14 II 1 befristetes Arbeitsverhältnis nicht noch einmal nach dieser Vorschrift befristen, wenn das Arbeitsverhältnis bei Betriebsübergang noch besteht, da es dann an dem erforderlichen AG-Wechsel fehlt (BAG 18.8.2005, 8 AZR 523/04, EzA § 613a BGB 2002 Nr 40; HWK/*Schmalenberg* § 14 Rn 110). Scheidet der AN aber vor dem Betriebsübergang aus, steht § 14 II 2 einer erneuten Befristung beim Erwerber nicht entgegen (BAG 18.8.2005, 8 AZR 523/04, EzA § 613a BGB 2002 Nr 40). Grds kommt es damit allein darauf an, dass der **Vertrags-AG** bei den Arbeitsverhältnissen derselbe ist. Damit ist eine sachgrundlose Befristung nach II 1 auch dann nicht ausgeschlossen, wenn ein vorangegangenes Arbeitsverhältnis für ein anderes Unternehmen eines Konzerns bestand (LAG Hamm 12.5.2010, 3 Sa 196/10). Ebenso stellen mehrere Vertrags-AG, die einen gemeinsamen Betrieb führen, nicht denselben, sondern verschiedene AG dar (LAG Hamburg 7.3.2013, 7 S 57/12, EzA-SD 2013, Nr 15, 3, welches solche Gestaltungen auch nicht für rechtsmissbräuchlich hält; str aA LAG Köln 9.3.2013, 4 Sa 1184/11, AE 2013, 21).
Schädlich ist nur ein vorangegangenes **Arbeitsverhältnis**. Ein früheres Berufsausbildungsverhältnis (BAG 21.9.2011, 7 AZR 375/10, EzA-SD 2012 Nr 4, 7; LAG Berl-Bbg 20.11.2009, 8 Sa 1783/09; ausf u kritisch Laux/Schlachter/*Schlachter* § 14 Rn 113 ff) fällt ebenso wenig wie ein Praktikum (BAG 19.10.2005, 7 AZR 31/05, EzA § 14 TzBfG Nr 23) unter das Vorbeschäftigungsverbot. Handelt es sich bei der Beschäftigung aber in Wirklichkeit nicht um ein Praktikum, bei dem die Ausbildung im Vordergrund stehen muss, sondern um schlecht oder garnicht bezahlte Arbeitsleistung, liegt ein anzurechnendes Arbeitsverhältnis vor (BAG 18.3.2014, 9 AZR 694/12, JurionRS 2014, 16455).

III. Abweichung durch TV. Durch TV kann – auch zum Nachteil des AN (§ 22 I) – die Anzahl der Verlängerungen oder die Höchstdauer der Befristung abweichend von II 1 festgelegt werden, II 3. Nicht tarifgebundene AN können im Geltungsbereich eines solchen TV die Anwendung der tariflichen Regelungen vereinbaren. Nach dem Wortlaut der Vorschrift (»oder«) kann zweifelhaft sein, ob ein TV auch **kumulativ** Abweichungen sowohl betreffend die Anzahl der Verlängerungen als auch die Höchstdauer der Befristung enthalten darf. Nach dem Willen des Gesetzgebers soll beides in einem TV zulässig sein (BT-Drs 14/4374 S 14: »Höchstbefristungsdauer und der Höchstzahl der Verlängerungen«, S 20: »Anzahl von zulässigen Verlängerungen sowie eine andere [...] Höchstbefristungsdauer«). Das BAG hat dies mit Urteil vom 18.3.2015, 7 AZR 272/13, EzA-SD 2015, Nr 13, 7 erneut bestätigt (zuvor bereits BAG 15.8.2012, 7 AZR 184/11, EzA § 14 TzBfG Nr 87; *Loth/Ulber* NZA 2013, 130; *Bauer* ArbR Aktuell 2012, 613; vorher auch schon LAG Hess 3.12.2010, 10 Sa 659/10, NZA-RR 2011, 240). Diese Möglichkeit gewährt den Tarifvertragsparteien jedoch keine schrankenlose Gestaltungsfreiheit (BAG 18.3.2015, 7 AZR 272/13, EzA-SD 2015, Nr 13, 7; 15.8.2012, 7 AZR 184/11, EzA § 14 TzBfG Nr 87, welches jedoch keine Entscheidung bzgl des Kontrollmaßstabes traf). Die Regelungen des Tarifvertrages bedürfen vielmehr der Rechtfertigung durch einen sachlich nachvollziehbaren Grund, welcher aber – anders als bei den Gründen des § 14 I – keinen konkreten Bezug zum jeweiligen Arbeitsverhältnis aufweisen muss, sondern von übergeordneter, abstrakt genereller Natur sein darf (LAG Düsseldorf 21.6.2013, 10 Sa 1747/12, EzA-SD 2013 Nr 25, 10; 21.6.2013, 10 Sa 1513/12; aA *Francken*, NZA 2013, 122, der die Schranken der sachgrundlosen Befristung auf Grund Tarifvertrags nach § 14 II 3 bei einem Zeitraum von vier Jahren und sechsmaliger Verlängerung zieht. Nach aktueller Rspr werden die Verdopplung der in § 14 II 1 festgelegten Werte auf 48 Monate und sechs Verlängerungen (BAG 18.3.2015, 7 AZR 272/13, EzA-SD 2015, Nr 13, 7), bzw die Verlängerung des Befristungszeitraumes auf bis zu fünf Jahre bei fünfmaliger Verlängerungsmöglichkeit als zulässig angesehen (LAG Düsseldorf 9.12.2014, 17 Sa 892/14, ZTR 2015, 209, n rkr; Revision BAG 7 AZR 140/15).
Auch ein völliger **Ausschluss der sachgrundlosen Befristung** durch TV ist möglich (Annuß/Thüsing/*Maschmann* § 14 Rn 67; aA *Pöltl*, NZA 2001, 582, 587).
Voraussetzung für die individualvertragliche Inbezugnahme tariflicher Regelungen nach II 4 ist, dass es sich um den einschlägigen TV handelt. Dabei soll die **isolierte Bezugnahme** auf die tarifvertraglichen Regelungen über die Anzahl und Höchstdauer der Befristungen genügen (Annuß/Thüsing/*Maschmann* § 14 Rn 68; BT-Drs 14/4374 S 20: »Anwendung der abweichenden Tarifregelung«). Das überzeugt nicht, weil die Erweiterung der Befristungsmöglichkeiten Teil des wirtschaftlichen Gesamtpakets einer Tarifregelung ist, für das andernorts im TV eine wirtschaftliche Kompensation erfolgt.

77 Eine Abweichung vom § 14 II 1 ist nur durch einen TV iSv § 1 TVG erlaubt. In Arbeitsrechtsregelungen der Kirchen kann dagegen von der zweijährigen Befristungsdauer des § 14 II 1 nicht zuungunsten der AN abgewichen werden, weil es sich dabei nicht um nach § 14 II 3 erforderliche TV handelt (BAG 25.3.2009, 7 AZR 710/07, EzA § 611 BGB 2002 Kirchliche AN Nr 11).

78 **D. Befristung bei Neugründungen, IIa.** Nach § 14 IIa 1 können befristete Arbeitsverträge in den ersten vier Jahren nach der Unternehmensgründung bis zur Dauer von vier Jahren abgeschlossen werden. Der Gesetzgeber will mit der Vorschrift Unternehmen in der schwierigen Aufbauphase helfen und Einstellungen erleichtern (BT-Drs 15/1204 S 10, 14).

79 Wie bei § 14 II werden nach dem klaren Wortlaut nur **kalendermäßig befristete** und keine zweckbefristeten Arbeitsverträge erfasst. Privilegiert sind nach IIa neu gegründete Unternehmen (vgl § 112a BetrVG) innerhalb der ersten vier Jahre ihres Bestehens. Nicht ausreichend ist nach dem Wortlaut die Neuerrichtung eines Betriebs. Auf die Rechtsform des Unternehmens kommt es nicht an. Neugründungen im Zusammenhang mit der Umstrukturierung sind gem IIa 2 ausdrücklich nicht erfasst (vgl § 112a II 2 BetrVG). Hierzu zählen etwa die Verschmelzung oder Umwandlung bestehender Unternehmen. Übernimmt ein neu gegründetes Unternehmen den Betrieb eines länger als vier Jahre bestehenden Unternehmens, ist die Befristungsmöglichkeit nach IIa aber nicht ausgeschlossen (ErfK/*Müller-Glöge* § 14 Rn 104). Für die Festlegung des Gründungszeitpunktes ist nach IIa 3 die Aufnahme der Erwerbstätigkeit maßgeblich (vgl § 138 AO). Vorher darf der nach IIa zu befristende Arbeitsvertrag nicht abgeschlossen werden.

80 Im Unterschied zu II normiert IIa 1 **keine Höchstzahl von Verlängerungen**. Innerhalb des Befristungsrahmens von vier Jahren kann damit beliebig oft – allerdings ohne Unterbrechung – verlängert werden. Der Begriff der Verlängerung entspricht dabei dem des II (s. Rdn 70 f). Die Befristungsmöglichkeit besteht bis zur Vollendung des vierten Jahres, sodass bei einer höchstzulässigen Befristungsdauer von vier Jahren maximal eine Befristung bis zum Ablauf des achten Jahres nach Gründung erreicht werden kann. Nach Vollendung des vierten Jahres nach der Gründung können Verlängerungsverträge gem IIa 1 Hs 2 aber nicht mehr geschlossen werden (MHH/*Meinel* § 14 Rn 302; aA *Bauer*, NZA 2004, 197). Nach IIa 4 gilt II 2 entspr, sodass eine Vorbeschäftigung eine erneute sachgrundlose Befristung nach IIa ausschließt. Gem IIa 4 iVm II 3 und 4 kann von der Höchstdauer der Befristung durch TV bzw individualvertragliche Inbezugnahme entspr tarifvertraglicher Regelungen abgewichen werden. Auch eine Höchstzahl der Befristungen kann – abweichend von IIa 1 Hs 2 – festgelegt werden.

81 **E. Befristung von Arbeitsverträgen älterer AN, III.** Nachdem der EuGH (22.11.2005, C-144/04 – Mangold, EzA § 14 TzBfG Nr 21) und später auch das BAG (26.4.2006, 7 AZR 500/04, EzA § 14 TzBfG Nr 28) die Vorgängerregelung des III wegen Altersdiskriminierung verworfen hatte, verabschiedete der Gesetzgeber eine wenig veränderte Neuregelung, die am 1.7.2007 in Kraft getreten ist. Er hat darin die Anforderungen an vorangehende Arbeitslosigkeit ausgedehnt (BR-Drs 1/07) und die Gesamtdauer der möglichen Befristungen auf fünf Jahre verringert. Der Beschäftigungslosigkeit von vier Monaten steht der Bezug von Transferkurzarbeitergeld für ebenfalls vier Monate oder der Einsatz bei einer Beschäftigungsmaßnahme für diesen Zeitraum gleich. Nach Auffassung des BAG ist die Neufassung des § 14 III 1, 2 mit nationalen Verfassungsrecht und Unionsrecht vereinbar, zumindest soweit sich die Arbeitsvertragsparteien erstmals auf die Befristungsmöglichkeit nach III berufen (28.5.2014, 7 AZR 360/12, EzA § 14 TzBfG Nr 105). Die Norm benachteiligt zwar ältere AN. Diese Ungleichbehandlung ist aber nach Art 6 I der Gleichbehandlungsrichtlinie gerechtfertigt. Die Regelung knüpfe nicht nur an das Alter an, sondern auch an eine vorhergehende Beschäftigungslosigkeit. Die Verbesserung der Chancen älterer AN auf dem Arbeitsmarkt sei ein legitimes Ziel, zu dessen Erreichung die Norm erforderlich und angemessen sei. Die Angemessenheit ergebe sich insb daraus, dass die Neuregelung nur noch eine Höchstbefristungsdauer von fünf Jahren vorsieht. Die Entscheidung ist falsch. Es gibt keinen empirischen Nachweis dafür, dass die Beschäftigungschancen älterer AN in einem inneren Zusammenhang mit der Verschlechterung ihrer arbeitsrechtlichen Rahmenbedingungen stehen (vgl *Bader*, NZA 2007, 713; Laux/Schlachter/*Schlachter* § 14 Rn 159).

82 **F. Schriftform und Angabe des Befristungsgrundes, IV. I. Schriftform.** Gem § 14 IV bedarf die wirksame Befristung eines Arbeitsvertrages der Schriftform. Aus Wortlaut und Gesetzesbegr (BT-Drs 14/4625 S 21) ergibt sich, dass nur die **vertragliche Befristungsvereinbarung** dem Schriftformerfordernis unterfällt. Der übrige Arbeitsvertrag kann formfrei geschlossen werden, wobei die – spätere – Niederschrift der wesentlichen Arbeitsbedingungen gem § 2 NachwG verlangt wird. Das Schriftformerfordernis erstreckt sich auf alle Arten der Befristung (BAG 21.12.2005, 7 AZR 541/04, EzA § 14 TzBfG Nr 25; zu den verschiedenen Arten § 3 Rdn 7 ff). Keine Rolle spielt es, auf welcher gesetzlichen Bestimmung (dazu § 23 Rdn 1) die Zulässigkeit der Befristung beruht (BAG 23.6.2004, 7 AZR 636/03, EzA § 14 TzBfG Nr 10).

Ist der Vertrag aber schon kraft Gesetzes und nicht erst durch Vereinbarung befristet (bspw § 21 BBiG für Berufsausbildungsverhältnisse), findet § 14 IV keine Anwendung.

Die vertragliche **Verlängerung** eines befristeten Arbeitsvertrags gem § 14 II 1 stellt ebenso eine Befristungsvereinbarung iSd § 14 IV dar (BAG 16.3.2005, 7 AZR 289/04, EzA § 14 TzBfG Nr 17; s dazu Rdn 69 ff). Gleiches gilt für sonstige Änderungen der Vertragslaufzeit oder die erstmalige Befristung eines zuvor unbefristeten Arbeitsvertrags. Auch der Weiterbeschäftigung während eines Kdg- oder Befristungsrechtsstreits kann ein auflösend bedingter oder zweckbefristeter Arbeitsvertrag zugrunde liegen (BAG 19.1.2005, 7 AZR 113/04, EzBAT § 53 BAT Beschäftigung Nr 13; 22.10.2003, 7 AZR 113/03, EzA § 14 TzBfG Nr 6). Dahin gehende Vereinbarungen bedürfen ebenso der Schriftform. Eine Ausnahme soll bei der Verlängerung von befristeten Verträgen mit Bühnenkünstlern gelten, die sich nach der einschlägigen Tarifregelung automatisch verlängern, wenn eine Nichtverlängerungsanzeige unterbleibt (ausf LAG Köln 21.1.2008, 2 Sa 1046/07, LAGE § 14 TzBfG Nr 42 m Anm Bieder). 83

Das TzBfG ist auf die **Befristung einzelner Arbeitsbedingungen** nicht anwendbar (§ 3 Rdn 6, s.a. oben Rdn 65). Deshalb besteht dafür kein Formerfordernis gem § 14 IV (BAG 3.9.2003, 7 AZR 106/03, EzA § 14 TzBfG Nr 4). 84

Bei Befristungsabreden in **TV** ist zu unterscheiden. Sind die Vertragsparteien tarifgebunden oder ist der TV für allgemein verbindlich erklärt und wirkt die Tarifregelung somit normativ, bedarf es keiner weiteren schriftlichen Vereinbarung im Arbeitsvertrag. Folgt die Anwendbarkeit des TV aus individualvertraglicher Bezugnahme, sind die Anforderungen an die Wirksamkeit der Vereinbarung umstr (ausf ErfK/*Müller-Glöge* § 14 Rn 117 mwN). Neben der schriftlichen Inbezugnahme ist keine schriftliche Wiederholung des TV-Textes im Arbeitsvertrag oder eine körperliche Verbindung von Arbeits- und TV zu fordern, wenn der TV eine abschließende Regelung enthält. Eröffnet er den Vertragsparteien einen Gestaltungsspielraum, fehlt es an einer schriftlichen Vereinbarung einer Befristung, wenn sie keine formwahrenden Vereinbarungen im Arbeitsvertrag geschlossen haben (ebenso Annuß/Thüsing/*Maschmann* § 14 Rn 90). 85

Die Anforderungen an die einzuhaltende Schriftform ergeben sich aus § 126 BGB. Die Befristungsabrede muss gem § 126 I, II 1 BGB grds von beiden Parteien auf der Originalurkunde eigenhändig unterzeichnet werden. Ein Vertragsschluss, etwa mittels Telefax, genügt den Formerfordernissen nicht (LAG MV 15.3.2006, 2 Sa 517/05, ArbuR 2007, 58). Nicht erforderlich ist hingegen, dass beide Parteien die Urkunde gleichzeitig unterzeichnen. Zur Wahrung der Schriftform genügt ein Vertragsschluss unter Abwesenden (BAG 26.7.2006, 7 AZR 514/05, EzA § 14 TzBfG Nr 30). Die Erklärung kann durch einen Vertreter abgegeben werden. Das Vertretungsverhältnis muss in der Vertragsurkunde deutlich zum Ausdruck kommen (BAG 9.9.2015, 7 AZR 190/14, EzA-SD 2016, Nr 2, 6). Auch ein gerichtlich protokollierter Vergleich wahrt die Schriftform (ArbG Berl 15.10.2008, 56 Ca 14872/08, EzA-SD 2008, Nr 24, 5). Gem § 126 III BGB kann die schriftliche Form durch die elektronische Form iSd § 126a BGB ersetzt werden, wenn sich aus dem Gesetz nichts anderes ergibt. Da § 14 IV keine spezielle Bestimmung enthält, ist auch die elektronische Form möglich (§§ 126 III, 126a I BGB; vgl § 126a BGB Rdn 4). 86

II. Reichweite des Schriftformerfordernisses. Das Schriftformerfordernis beschränkt sich auf die Befristungsabrede. Aus der Urkunde muss sich die **Abrede der Befristung** des Arbeitsvertrags ergeben. Dazu gehört bei der kalendermäßigen Befristung die Dauer oder der Beendigungszeitpunkt des Arbeitsverhältnisses und bei der Zweckbefristung das Ereignis, mit dem der Arbeitsvertrag enden soll. 87

Nicht vom Schriftformerfordernis erfasst ist eine Angabe des Sachgrunds der Befristung iSd § 14 I (BAG 13.10.2004, 7 AZR 218/04, EzA § 17 TzBfG Nr 6). Die Erfüllung seiner tatbestandlichen Voraussetzungen ist materielle Wirksamkeitsvoraussetzung der Befristung. Er muss aber nicht zwingend Inhalt des Vertrags sein (BAG 23.6.2004, 7 AZR 636/03, EzA § 14 TzBfG Nr 10; Rdn 5 f). Insb besteht daher kein Zitiergebot (LAG BW 14.9.2005, 13 Sa 32/05). Aus der Unabhängigkeit vom Vertragsinhalt folgt zugleich, dass Befristungsgründe grds – soweit keine anderslautende vertragliche Vereinbarung besteht – austauschbar sind, wenn ein im Vertrag benannter Sachgrund die Regelung nicht rechtfertigt (BAG 23.6.2004, 7 AZR 636/03, EzA § 14 TzBfG Nr 10). Aus diesem Grund kann die Befristung auch auf § 14 II gestützt werden, selbst wenn im Arbeitsvertrag ein Sachgrund für die Befristung angegeben ist (BAG 29.6.2011, 7 AZR 774/09, EzA § 14 TzBfG Nr 78; 12.8.2009, 7 AZR 270/08, USK 2009-153; krit hierzu *Preis/Greiner* RdA 2010, 148, 159 f; anders wenn Angabe der Befristungsgrundlage in einem TV verlangt wird, BAG 17.6.2009, 7 AZR 193/08, EzTöD 100 § 30 I TVöD-AT Sachgrundlose Befristung Nr 11). 88

Da bei einer zweckgebundenen Befristungsabrede die Dauer des Arbeitsverhältnisses allein von dem Vertragszweck abhängt, muss der Vertragszweck in diesen Fällen schriftlich vereinbart werden. Die Vereinbarung einer **Zweckbefristung** ist ohne Vereinbarung des Vertragszwecks nicht denkbar. Das widerspricht nicht der Erkenntnis, dass der Sachgrund für die Befristung nicht dem Schriftformerfordernis unterliegt. Denn der 89

§ 14 TzBfG   Zulässigkeit der Befristung

Vertragszweck ist vom Sachgrund zu unterscheiden, auch wenn der Sachgrund für die Befristung mit dem Vertragszweck regelmäßig übereinstimmen wird (BAG 21.12.2005, 7 AZR 541/04, EzA § 14 TzBfG Nr 25).

90 **III. Rechtsfolgen.** Sind die Voraussetzungen des § 126 BGB nicht erfüllt, ist die Befristungsvereinbarung gem § 125 S 1 BGB nichtig. Insb **mündliche Befristungsabreden** sind unwirksam. Rechtsfolge ist aber nicht zugleich eine Nichtigkeit des gesamten Arbeitsvertrags gem §§ 125, 139 BGB. Nach § 16 S 1 gilt der Arbeitsvertrag als auf unbestimmte Zeit geschlossen (BAG 22.10.2003, 7 AZR 113/03, EzA § 14 TzBfG Nr 6; LAG Sachsen 25.4.2006, 7 Sa 678/05). Er kann nach § 16 S 2 abweichend von § 15 III vor dem vereinbarten Ende ordentlich gekündigt werden.

91 Die Voraussetzungen der Schriftform müssen bei **Vertragsbeginn** erfüllt sein. Liegt zu diesem Zeitpunkt keine formgerechte Befristungsabrede vor, kommt (zunächst) ein unbefristetes Arbeitsverhältnis zustande, § 16 S 1. Eine **Rückwirkung** der Befristungsabrede durch die nachträgliche Einhaltung der Formvorschriften findet auch bei einzelvertraglicher Vereinbarung nicht statt, da eine Bestätigung des nichtigen Rechtsgeschäfts gem § 141 I BGB als erneute Vornahme zu beurteilen ist und damit erst ab dem Zeitpunkt der Bestätigung gilt (BAG 26.4.2006, 7 AZR 366/05, EzA § 14 TzBfG Nr 29). Nach § 141 II BGB sind die Parteien dann im Zweifel verpflichtet, einander so zu stellen, wie sie bei anfänglicher Wirksamkeit des Vertrags gestanden hätten. Die Voraussetzungen dieser Bestimmung liegen aber nicht vor. Der geschlossene Arbeitsvertrag ist – abgesehen von der Befristung – von Anfang an wirksam und bildet die rechtliche Grundlage für die daraus resultierenden Rechte und Pflichten der Parteien. Aus der Befristung als solcher ergeben sich keine Ansprüche, die schon für die Zeit vor der Bestätigung erfüllt werden könnten. Bei einer zunächst formnichtigen, später schriftlich festgehaltenen Befristung gibt es keine Rückwirkung (BAG 16.3.2005, 7 AZR 289/04, EzA § 14 TzBfG Nr 17; 1.12.2004, 7 AZR 198/04, EzA § 623 BGB 2002 Nr 3). § 141 II BGB kann auf die nachgeholte Befristung auch nicht **analog** angewandt werden. Das Schriftformerfordernis bezweckt im Hinblick auf die bes Bedeutung der Befristung die Gewährleistung größtmöglicher Rechtssicherheit. Auch soll unnötiger Streit der Parteien über das Vorliegen einer Befristung vermieden werden. Mit dieser Zwecksetzung wäre es nicht vereinbar, wenn die Anwendung des § 141 II BGB der Geltendmachung der Formnichtigkeit einer zunächst formwidrig vereinbarten Befristung entgegenstünde (BAG 16.3.2005, 7 AZR 289/04, EzA § 14 TzBfG Nr 17; 1.12.2004, 7 AZR 198/04, EzA § 623 BGB 2002 Nr 3; LAG MV 15.3.2006, 2 Sa 517/05, ArbuR 2007, 58 (LS)).

92 Der Schriftformmangel wird geheilt, wenn der AN innerhalb der Frist des § 17 I 1 keine Feststellungsklage erhebt (ErfK/*Müller-Glöge* § 14 Rn 128; LAG Hamm 19.11.2009, 16 Sa 813/09).

93 Macht der AG den Abschluss eines befristeten Arbeitsvertrages von der Unterzeichnung der Vertragsurkunde durch den AN abhängig und unterbleibt die Unterzeichnung, entsteht durch die tatsächliche Arbeitsaufnahme kein unbefristetes Arbeitsverhältnis (BAG 7.10.2015, 7 AZR 40/14, EzA-SD 2016, Nr 6, 7-8; 16.4.2008, 7 AZR 1048/06, EzA § 14 TzBfG Nr 47; LAG Düsseldorf 23.9.2015, 4 Sa 1287/14, EzA-SD 2016, Nr 4, 4, n rkr, Revision BAG 7 AZR 738/15; 30.6.2010, 12 Sa 415/10, ZTR 2010, 537). Denn wenn Erklärungen und Verhalten des AG den Vertragsschluss unmissverständlich an die Einhaltung der Form binden, kann die »formtreuwidrige« Arbeitsaufnahme durch den AN nicht die Rechtswirkungen des § 16 S 1 herbeiführen. Der Vorbehalt eines schriftlichen Vertragsschlusses wird auch dann hinreichend deutlich, wenn der AG dem AN ein von ihm erstelltes, jedoch nicht unterschriebenes Vertragsdokument vorlegt und die Unterzeichnung erst nach der Arbeitsaufnahme erfolgt (LAG Sachsen 11.11.2014, 5 Sa 729/13, ArbuR 2015, 152, n rkr, Revision BAG 7 AZR 797/14). Fehlt demgegenüber ein entspr Vorbehalt, kann ein Arbeitsvertrag durch die sog Realofferte u deren konkludente Annahme zustande kommen (LAG Köln 5.8.2015, 3 Sa 420/15, EzA-SD 2016, Nr 2, 7, n rkr, Revision BAG 7 AZR 621/15).

94 Den Parteien verbleibt die Möglichkeit zur **nachträglichen Befristung** des Arbeitsvertrags; dazu genügt die bloße schriftliche Fixierung der – unwirksamen – mündlichen Befristung nicht. Vielmehr ist für eine nachträgliche Befristung eine neue Befristungsabrede erforderlich (BAG 13.6.2007, 7 AZR 700/06, EzA § 14 TzBfG Nr 40). Die sachgrundlose Befristung nach § 14 II ist wegen des vorherigen Arbeitsverhältnisses in diesen Fällen grds unzulässig. Anderes gilt nur, falls die Bestätigung noch vor der Arbeitsaufnahme vorgenommen wurde. Dann liegt kein Vorbeschäftigungsverhältnis iSd § 14 II 2 vor (ErfK/*Müller-Glöge* § 14 Rn 126). Unbenommen bleibt den Parteien, eine nachträgliche Befristung unter den Voraussetzungen des § 14 I zu vereinbaren (BAG 16.3.2005, 7 AZR 289/04, EzA § 14 TzBfG Nr 17).

95 Im umgekehrten Fall der **formwidrigen Änderung** einer wirksamen Befristungsabrede, ist nur diese Änderungsvereinbarung gem § 125 S 1 BGB nichtig. Es verbleibt damit bei der ursprünglichen Vereinbarung.

96 **G. Mitbestimmungsrechte des BR.** Vor der Einstellung eines befristet beschäftigten AN ist der BR gem § 99 I BetrVG zu beteiligen. Die Unterrichtungspflicht umfasst die beabsichtigte befristete Einstellung als solche und die Dauer der beabsichtigten Befristung. Sie umfasst nicht die Angabe, ob die Befristung mit

Sachgrund und ggf mit welchem erfolgt (BAG 27.10.2010, 7 ABR 86/09, EzA § 99 BetrVG 2001 Einstellung Nr 15). Unter den Voraussetzungen des § 99 II BetrVG kann der BR die Zustimmung zu der personellen Maßnahme verweigern. Insb kann der BR seine Zustimmung nach § 99 II Nr 3 Hs 2 BetrVG verweigern, wenn ein im Betrieb befristet beschäftigter AN bei einer beabsichtigten unbefristeten Einstellung nicht berücksichtigt wurde, da dies einen »sonstigen Nachteil« für den befristet beschäftigten AN darstellt. Das Zustimmungsverweigerungsrecht des BR dient keiner **umfassenden Inhaltskontrolle** von Arbeitsverträgen. Aus diesem Grunde darf der BR die Zustimmung zur Einstellung nicht gem § 99 II Nr 1 BetrVG verweigern, weil nach seiner Auffassung die Voraussetzungen einer zulässigen Befristung nicht vorliegen (BAG 28.6.1994, 1 ABR 59/93, EzA § 99 BetrVG 1972 Nr 123). Zu beachten ist, dass auch die Verlängerung eines befristeten Arbeitsvertrages unter den Begriff der Einstellung des § 99 I BetrVG fällt. Im Fall der Verlängerung einer Erprobungsbefristung besteht aber kein Zustimmungsverweigerungsrecht, wenn dem BR vor der Einstellung mitgeteilt wurde, dass der AN bei Bewährung auf unbestimmte Zeit weiter beschäftigt werden soll (BAG 7.8.1990, 1 ABR 68/89, EzA § 99 BetrVG 1972 Nr 91).

§ 15 Ende des befristeten Arbeitsvertrages

(1) Ein kalendermäßig befristeter Arbeitsvertrag endet mit Ablauf der vereinbarten Zeit.
(2) Ein zweckbefristeter Arbeitsvertrag endet mit Erreichen des Zwecks, frühestens jedoch zwei Wochen nach Zugang der schriftlichen Unterrichtung des Arbeitnehmers durch den Arbeitgeber über den Zeitpunkt der Zweckerreichung.
(3) Ein befristetes Arbeitsverhältnis unterliegt nur dann der ordentlichen Kündigung, wenn dies einzelvertraglich oder im anwendbaren Tarifvertrag vereinbart ist.
(4) Ist das Arbeitsverhältnis für die Lebenszeit einer Person oder für längere Zeit als fünf Jahre eingegangen, so kann es von dem Arbeitnehmer nach Ablauf von fünf Jahren gekündigt werden. Die Kündigungsfrist beträgt sechs Monate.
(5) Wird das Arbeitsverhältnis nach Ablauf der Zeit, für die es eingegangen ist, oder nach Zweckerreichung mit Wissen des Arbeitgebers fortgesetzt, so gilt es als auf unbestimmte Zeit verlängert, wenn der Arbeitgeber nicht unverzüglich widerspricht oder dem Arbeitnehmer die Zweckerreichung nicht unverzüglich mitteilt.

Übersicht	Rdn.		Rdn.
A. Inhalt und Zweck	1	III. Beweislast	14
B. Ende des befristeten Arbeitsvertrages bei kalendermäßiger Befristung, I	2	D. Kündigung des befristeten Arbeitsverhältnisses, III	15
C. Ende des befristeten Arbeitsvertrages bei Zweckbefristung, II	4	I. Ordentliche Kündigung	15
		II. Außerordentliche Kündigung	17
I. Zweckerreichung oder Bedingungseintritt	5	E. Kündigung bei langfristigen Arbeitsverhältnissen, IV	18
II. Schriftliche Unterrichtung durch den AG und Auslauffrist	6	F. Fortsetzung des Arbeitsverhältnisses, V	23
		G. Mitbestimmungsrechte des Betriebsrats	24

A. Inhalt und Zweck. Die Bestimmung enthält **Regelungen über die Beendigung befristeter Arbeitsverträge.** I und II regeln die Beendigung von kalendermäßig befristeten und zweckbefristeten Arbeitsverträgen. Daneben bestimmen § 15 III und IV die Voraussetzungen der **vorherigen Kündbarkeit** von befristeten Arbeitsverhältnissen. Diese unterscheiden sich nach der Bestandsdauer des Arbeitsverhältnisses (BT-Drs 14/4374 S 20). § 15 V normiert die Rechtsfolgen einer Fortsetzung des Arbeitsverhältnisses trotz Ablauf der Zeit oder Erreichen des vereinbarten Zwecks. § 15 II, III und V sind gem § 21 auch auf **auflösend bedingte Arbeitsverträge** (§ 3 Rdn 11 f) anzuwenden.

B. Ende des befristeten Arbeitsvertrages bei kalendermäßiger Befristung, I. Gem § 15 I endet ein kalendermäßig befristeter Arbeitsvertrag mit Ablauf der vereinbarten Zeit. Dies gilt auch, wenn für den AN zum Beendigungszeitpunkt ein bes Kündigungsschutz besteht – etwa gem § 9 MuSchG, § 15 KSchG oder § 85 SGB IX (BT-Drs 14/4374 S 20). **Tarifvertraglich** können abweichende Vereinbarungen getroffen werden. So bedarf es etwa im Tarifrecht der Bühnen einer Nichtverlängerungsmitteilung zur Beendigung des Arbeitsverhältnisses zum vereinbarten Termin (zur Befristung dieser Arbeitsverhältnisse gem § 14 I 2 Nr 4 s § 14 Rdn 30).

Zu den Voraussetzungen einer Laufzeitvereinbarung s § 3 Rdn 7.

4 **C. Ende des befristeten Arbeitsvertrages bei Zweckbefristung, II.** § 15 II stellt **2 Voraussetzungen** auf, um zweckbefristete Arbeitsverhältnisse enden zu lassen. 1. Voraussetzung ist die Zweckerreichung (s § 3 Rdn 8 f; zB die Rückkehr des Langzeiterkrankten, der vertreten wurde). Zusätzlich muss der AG die Zweckerreichung dem AN schriftlich mitteilen – das Arbeitsverhältnis endet dann frühestens 2 Wochen nach Zugang dieser Unterrichtung über den Zeitpunkt der Zweckerreichung. Wird das Arbeitsverhältnis über den Zeitpunkt der Zweckerreichung hinaus fortgesetzt und **vergisst der AG die rechtzeitige Beendigungsmitteilung** unverzüglich nach Bedingungseintritt, gilt das Arbeitsverhältnis gem V als **unbefristet** (»entfristet«).

5 **I. Zweckerreichung oder Bedingungseintritt.** Die Beendigung des Arbeitsvertrags unter einer auflösenden Bedingung (§ 3 Rdn 11) setzt den Bedingungseintritt voraus (§ 21 iVm § 15 II). Gesetzlich nicht normiert sind die Folgen des **Zweckwegfalls**, also einer Situation, in der der vereinbarte Zweck nicht mehr erreicht werden kann. Sie ergeben sich aber aus der Auslegung der Befristungsvereinbarung (BAG 26.6.1996, 7 AZR 674/95, EzA § 620 BGB Bedingung Nr 12). Auch in diesen Fällen muss unverzüglich nach Zweckwegfall eine Beendigungsmitteilung erfolgen, sonst gilt das Arbeitsverhältnis gem V als »entfristet«.

6 **II. Schriftliche Unterrichtung durch den AG und Auslauffrist.** Gem § 15 II endet das Arbeitsverhältnis frühestens 2 Wochen nach Zugang der schriftlichen **Unterrichtung des AN** durch den AG über den Zeitpunkt der Zweckerreichung. Der AG wird deshalb zur rechtzeitigen Information verpflichtet. Der AN soll sich auf das Ende des Vertrags einstellen können, um insb einen neuen Arbeitsplatz suchen zu können (BT-Drs 14/4374 S 20). Gleiches gilt hins des Zeitpunkts eines Bedingungseintritts. Durch die gesetzliche Regelung wird klargestellt, dass Mitteilungen durch nicht bevollmächtigte Dritte den Anforderungen nicht genügen.

7 Die Unterrichtung hat **schriftlich** zu erfolgen. Dabei muss sie den Anforderungen von § 126 BGB genügen. Textform (§ 126b BGB) ist nicht ausreichend. Der Schutzzweck der Norm entspricht dem des Schriftformerfordernisses gem § 623 BGB für die Kdg, sodass davon auszugehen ist, dass die Schriftform gem § 15 II nicht durch die elektronische Form gem §§ 126 III, 126a BGB ersetzt werden kann (str, HWK/*Schmalenberg* § 15 Rn 8; aA ErfK/*Müller-Glöge* § 15 Rn 2; Laux/Schlachter/*Schlachter* § 15 Rn 9).

8 **Inhaltlich** bestimmt § 15 II, dass die Unterrichtung den genauen Zeitpunkt der Zweckerreichung enthalten muss. Nicht erforderlich sind Ausführungen, die die Zweckerreichung oder die weiteren Umstände erläutern.

9 Erfüllt die **Unterrichtung nicht** die inhaltlichen **Anforderungen** oder wird die Schriftform nicht eingehalten, ist sie unwirksam. Das Arbeitsverhältnis besteht dann trotz Zweckerreichung fort. Der AG hat die Möglichkeit, die Unterrichtung nachzuholen und damit die 2-Wochen-Frist wirksam in Gang zu setzen (LAG Sachsen 25.1.2008, 3 Sa 458/07, EzAÜG § 14 TzBfG Nr 3; Laux/Schlachter/*Schlachter* § 15 Rn 9; KR/*Lipke*, 8. Aufl, § 15 TzBfG Rn 19). Erfolgt die Nachholung gem § 15 V unverzüglich nach Zweckerreichung, so endet das Arbeitsverhältnis mit Ablauf der Frist des § 15 II, also 2 Wochen nach Zugang der schriftlichen Unterrichtung des AN durch den AG, anderenfalls gilt das Arbeitsverhältnis als auf unbestimmte Zeit verlängert. Eine nicht unverzügliche Mitteilung verhindert die Entfristung nicht mehr.

10 § 15 II trifft keine Aussage zur Vergütungspflicht in der Verlängerungsphase, sondern hält lediglich das Arbeitsverhältnis aufrecht (BAG 23.9.2015, 5 AZR 146/14, EzA-SD 2016, Nr 4, 7-8). Es gelten die allgemeinen Regeln. Lehnt der AG in dieser Phase die Arbeitsleistung des AN ab, gerät er damit in Annahmeverzug (vgl § 615 BGB). Der AN behält seinen Vergütungsanspruch. Umgekehrt kann sich auch der AN nicht einseitig vom Vertrag lossagen (str, ErfK/*Müller-Glöge* § 15 Rn 6; aA Annuß/Thüsing/*Maschmann* § 15 Rn 5). Zur Beendigung fehlt es an einer tatbestandlichen Voraussetzung von § 15 II. Der AN kann nur unter den Voraussetzungen des § 626 BGB außerordentlich kündigen.

11 Die **Rechtsnatur** der Unterrichtung ist keine Willens-, sondern eine Wissenserklärung (geschäftsähnliche Handlung). Auf sie finden die allg Vorschriften über Willenserklärungen Anwendung. Gem § 15 II iVm § 130 BGB beginnt die **Frist** mit Zugang der Unterrichtung beim AN. Dementspr kommt es nicht auf die tatsächliche Kenntnisnahme der Unterrichtung durch den AN an. Für die Fristberechnung gelten §§ 187 ff BGB. § 193 BGB ist nicht anwendbar.

12 Vor Erreichung des Zwecks kann das Arbeitsverhältnis nicht gem § 15 II enden. Deshalb muss die Auslauffrist so bemessen sein, dass ihr Ende mit der Zweckerreichung zusammenfällt oder nach diesem Zeitpunkt liegt. Der AG kann den AN aber nur unterrichten, wenn ihm der Zeitpunkt der Zweckerreichung selbst bekannt ist (sein muss). In Fällen, in denen die **Zweckerreichung** nicht seiner Sphäre entspringt, sondern **in der Person des AN begründet** ist, ist § 15 II teleologisch zu reduzieren. Hängt der Zeitpunkt der Zweckerreichung von Umständen ab, die aus der Sphäre des AN stammen (etwa Befristung aufgrund familiärer Verpflichtungen), werden Sinn und Zweck der Unterrichtungspflicht des AG (s Rdn 8) verfehlt. In diesen

Fällen endet das Arbeitsverhältnis mit objektiver Zweckerreichung. Der AN kann sich hier nur auf die Entfristungsregel des Vertrags berufen, wenn er den AG über die Zweckerreichung unterrichtet hat und das Arbeitsverhältnis gleichwohl fortgesetzt wurde.

Durch **TV** oder **BV** kann die Frist zugunsten des AN verlängert werden. § 22 steht dem nicht entgegen. Lediglich Verkürzungen der Frist sind unzulässig (BAG 12.8.2015, 7 AZR 592/13, EzA-SD 2016, Nr 1, 6-8).

III. Beweislast. Die Beweislast folgt den allg Grundsätzen. Die Beendigung des Arbeitsverhältnisses durch Zweckerreichung stellt eine rechtsvernichtende Einwendung dar. Der AG muss die Voraussetzungen von § 15 II, also Zweckerreichung und den Zugang der rechtzeitigen, schriftlichen Unterrichtung des AN, beweisen.

D. Kündigung des befristeten Arbeitsverhältnisses, III. I. Ordentliche Kündigung. Gem § 15 III ist ein befristetes Arbeitsverhältnis (s die Ausnahme in § 16 S 2, § 16 Rdn 6) nur dann **ordentlich kündbar**, wenn dies einzelvertraglich oder in dem das Arbeitsverhältnis regelnden TV vereinbart ist (sog Höchstbefristung, § 3 Rdn 15). Im gesetzlichen Normalfall enden daher befristete Arbeitsverträge mit Ablauf der Befristungsdauer oder Erreichung des Befristungszwecks. Auflösend bedingte Arbeitsverhältnisse enden grds mit Eintritt der Bedingung (§ 21 iVm § 15 III). Bes Formvorschriften gelten für die **Vereinbarung der Kündbarkeit** nicht, sodass sie auch konkludent erfolgen kann. Da sie jedoch eine Ausnahme von der Grundregel darstellt, muss sie sich eindeutig aus den Umständen ergeben (zur alten Rechtslage BAG 25.2.1998, 2 AZR 279/97, EzA § 620 BGB Kündigung Nr 1). Wenn der **schriftliche Arbeitsvertrag** aber keine Hinweise auf die Kdg-Fristen enthält (§ 2 I Nr 9 NachwG), spricht das gegen eine solche Abrede. Eine **Regelung im TV** eröffnet nur bei beiderseitiger Tarifbindung oder bei arbeitsvertraglicher Inbezugnahme des TV die Möglichkeit zur ordentlichen Kdg (vgl BAG 19.8.2003, 9 AZR 641/02, EzA § 256 ZPO 2002 Nr 4). Eine **BV kann keine erweiterte Kdg-Möglichkeit begründen**.

Für die Ausübung des Kdg-Rechts gelten für beide Parteien die allg Grundsätze. Insb sind die Voraussetzungen der §§ 622 f BGB und des KSchG (vgl BAG 22.7.2010, 6 AZR 480/09, NZA 2010, 1142) und die gesetzlichen Kündigungsbeschränkungen zu beachten.

II. Außerordentliche Kündigung. Das Recht zur außerordentlichen Kdg gem § 626 BGB wird durch die Regelung des § 15 III nicht berührt. Gleiches gilt für das Kdg-Recht des Insolvenzverwalters nach § 113 InsO.

E. Kündigung bei langfristigen Arbeitsverhältnissen, IV. Die Vorschrift räumt AN mit bes Arbeitsverhältnissen ein **außerordentliches Kdg-Recht** ein. Arbeitsverhältnisse, die für die **Lebenszeit einer Person** oder für **längere Zeit als 5 Jahre** geschlossen wurden, können vom AN nach Ablauf von 5 Jahren mit einer 6-monatigen Kdg-Frist gekündigt werden. Die Norm dient dem Schutz der persönlichen Freiheit des AN vor übermäßiger Einschränkung (vgl BAG 24.10.1996, 2 AZR 845/95, EzA Art 12 GG Nr 29). Dagegen ist § 15 IV nicht auf auflösend bedingte Arbeitsverträge anwendbar (s § 21 Rdn 17 ff, 24).

Nach der Formulierung »einer Person« kann das Arbeitsverhältnis von der **Lebenszeit des AG, des AN** oder eines Dritten abhängig gemacht werden. Voraussetzung der 2. Variante ist eine **echte arbeitsvertragliche Bindung von mehr als 5 Jahren**. Es kommt zur Bestimmung des Fristbeginns nicht auf den Zeitpunkt des Vertragsschlusses, sondern auf die tatsächliche Arbeitsaufnahme an. Voraussetzung ist eine Bindung auf eine längere Zeit als 5 Jahre **von vornherein**. Ein auf 5 Jahre geschlossener Vertrag mit automatischer Verlängerung bei nichtrechtzeitiger Kdg begründet daher mangels fortbestehender Bindung grds kein außerordentliches Kdg-Recht. Etwas anderes kann sich bei einer so frühzeitigen Verlängerung ergeben, die eine Umgehung von § 15 IV bedeutet. Die Vorschrift erfasst sowohl Arbeitsverhältnisse mit einer **kalendermäßigen Befristung** über eine längere Zeit als 5 Jahre als auch solche mit einer **zweckgebundenen Befristung**, wenn von vornherein feststeht, dass eine Zweckerreichung erst nach mehr als 5 Jahren eintritt.

Das außerordentliche Kdg-Recht entsteht mit **Ablauf der 5 Jahre**. Kündigt der AN verfrüht, ist seine Kdg in eine Kdg zum nächstmöglichen Zeitpunkt umzudeuten. Das **Schriftformerfordernis** aus § 623 BGB findet Anwendung. § 622 BGB ist dagegen nicht anwendbar, da § 15 IV ein außerordentliches Kdg-Recht darstellt.

Dem **AG** eröffnet die Norm kein außerordentliches Kdg-Recht. Für ihn verbleibt es bei der Anwendung der allg Vorschriften. Insb ist nach der Rspr ein Arbeitsvertrag auf Lebenszeit trotz dauerhafter, möglicherweise lebenszeitiger Bindung des AG bei einseitiger Kdg-Möglichkeit des AN nach § 15 IV nicht gem § 138 BGB sittenwidrig (BAG 25.3.2004, 2 AZR 153/03, EzA § 626 BGB 2002 Unkündbarkeit Nr 3).

22 Gem § 22 kann der Anspruch **nicht zuungunsten des AN abbedungen** werden. Insb kann die Kdg-Frist von 6 Monaten nicht verlängert werden. Abweichungen zugunsten des AN sind dagegen zulässig, sodass etwa die Kdg-Frist verkürzt werden könnte.

23 **F. Fortsetzung des Arbeitsverhältnisses, V.** Zu den Erläuterungen des § 15 V s § 625 BGB Rdn 2 ff.

24 **G. Mitbestimmungsrechte des Betriebsrats.** Wenn das Arbeitsverhältnis mit Ablauf der vereinbarten Zeit oder Zweckerreichung endet, steht dem **BR** kein Anhörungsrecht gem § 102 BetrVG zu. Insb ist die schriftliche Unterrichtung iSd § 15 II nicht als Kdg zu verstehen, da nicht sie, sondern die Zweckerreichung das Arbeitsverhältnis beendet. Wird das Arbeitsverhältnis ordentlich (§ 15 III) oder außerordentlich (etwa § 15 IV) gekündigt, ist der BR zuvor anzuhören. Zur Mitbestimmung im Fall der Fortsetzung gem § 15 V s § 625 BGB Rdn 29.

§ 16 Folgen unwirksamer Befristung

¹Ist die Befristung rechtsunwirksam, so gilt der befristete Arbeitsvertrag als auf unbestimmte Zeit geschlossen; er kann vom Arbeitgeber frühestens zum vereinbarten Ende ordentlich gekündigt werden, sofern nicht nach § 15 Abs. 3 die ordentliche Kündigung zu einem früheren Zeitpunkt möglich ist. ²Ist die Befristung nur wegen des Mangels der Schriftform unwirksam, kann der Arbeitsvertrag auch vor dem vereinbarten Ende ordentlich gekündigt werden.

Übersicht	Rdn.		Rdn.
A. Inhalt und Zweck	1	II. Kündigung bei materieller Unwirksamkeit, S 1 Hs 2	5
B. Rechtsfolgen unwirksamer Befristung	2		
I. Grundsatz, S 1 Hs 1	2	III. Kündigung bei formeller Unwirksamkeit, S 2	6

1 **A. Inhalt und Zweck.** Die Vorschrift bestimmt die Rechtsfolgen einer unwirksamen Befristung – dann wird ein unbefristeter Arbeitsvertrag fingiert. Für diesen Fall werden die Kdg-Möglichkeiten geregelt.

2 **B. Rechtsfolgen unwirksamer Befristung. I. Grundsatz, S 1 Hs 1.** § 16 S 1 Hs 1 bestimmt, dass der nicht wirksam befristete Arbeitsvertrag als auf unbestimmte Zeit geschlossen gilt (**Fiktion**). Das fingierte unbefristete Arbeitsverhältnis hat die gleichen Arbeitsbedingungen, wie sie für den befristeten Arbeitsvertrag vorgesehen waren.

3 Ob § 16 sich auf alle Unwirksamkeitsgründe für eine Befristung erstreckt (so Annuß/Thüsing/*Maschmann* § 16 Rn 2) oder nur auf die aus § 14 beschränkt (so ErfK/*Müller-Glöge* § 16 Rn 1) ist umstr (ausf Laux/Schlachter/*Laux* § 16 Rn 1). Die praktischen Konsequenzen sind gering. Der Wortlaut spricht für eine umfassende Funktion.

4 Das Arbeitsverhältnis gilt mit unwirksamer Befristung als auf unbestimmte Zeit geschlossen. Ist der AN jedoch bereits ausgeschieden, muss er gem § 17 innerhalb von 3 Wochen die Unwirksamkeit der Befristung gerichtlich geltend machen. Versäumt er die Frist, gilt die Befristung entspr 7 KSchG als wirksam (§ 17 Rdn 13).

5 **II. Kündigung bei materieller Unwirksamkeit, S 1 Hs 2.** Greift die Fiktion eines auf unbestimmte Zeit geschlossenen Arbeitsvertrags, kann dieser einseitig nur durch Kdg beendet werden. § 16 S 1 Hs 2 schränkt allerdings die **Kdg-Möglichkeit** des AG dahingehend ein, dass dieser vorbehaltlich einer Vereinbarung iSd § 15 III frühestens zum vereinbarten Ende (Kdg-Sperre) ordentlich kündigen kann. Das Recht zur außerordentlichen Kdg bleibt ihm aber. Eine Kdg durch den AG kann schon vor dem Ende der Sperre ausgesprochen werden, sie wirkt aber erst zum vereinbarten Ende. Eine Kdg des AG zur Verhinderung des Fortbestands des Arbeitsverhältnisses auf unbestimmte Zeit stellt ein rechtlich zulässiges Mittel dar und verstößt nicht gegen § 242 BGB oder § 612a BGB (BAG 22.9.2005, 6 AZR 607/04, EzA § 1 KSchG Nr 58; 6.11.2003, 2 AZR 690/02, EzA § 14 TzBfG Nr 7) – freilich müssen die kündigungsschutzrechtlichen Voraussetzungen insb im Schutzbereich des KSchG eingehalten werden. Bei Unwirksamkeit der Befristung wegen mangelnder Bestimmtheit des Befristungsendes kann der AG das Arbeitsverhältnis entgegen § 16 S 1 Hs 2 jederzeit ordentlich kündigen (BAG 23.4.2009, 6 AZR 533/08, EzA TzBfG § 16 Nr 1). Der **AN** kann ohne bes Beschränkung unter Einhaltung der gesetzlichen Fristen kündigen.

6 **III. Kündigung bei formeller Unwirksamkeit, S 2.** § 16 S 2 hebt die Beschränkung des Kdg-Rechts des AG in den Fällen wieder auf, in denen die Befristung oder auch die Verlängerung der Befristung (§ 14

Rdn 70) eines Arbeitsverhältnisses nur wegen des **Mangels der Schriftform** (§ 14 IV) unwirksam ist. Dann können beide Seiten auch ordentlich vor dem vereinbarten Ende des Arbeitsverhältnisses kündigen. Auf eine Vereinbarung der ordentlichen Kündbarkeit iSd § 15 III kommt es daher nicht an. Hins der Voraussetzungen einer rechtmäßigen ordentlichen Kdg gelten die allg Grundsätze. Beruht die Unwirksamkeit der Befristung neben dem Mangel der Schriftform noch auf weiteren Gründen, scheidet die erleichterte Kdg-Möglichkeit nach S 2 aufgrund des klaren Wortlauts (»**nur** wegen eines Mangels der Schriftform«) aus – dann greift S 1. Von § 16 S 2 als einseitig zwingender Vorschrift kann im Arbeitsvertrag zugunsten des AN abgewichen werden (BAG 23.4.2009, 6 AZR 533/08, EzA § 16 TzBfG Nr 1). Dies setzt jedoch voraus, dass die Parteien den Fall der Formnichtigkeit der Befristung bedacht haben und diesen abweichend vom Gesetz regeln wollen (BAG 23.4.2009, 6 AZR 533/08, EzA § 16 TzBfG Nr 1).

§ 17 Anrufung des Arbeitsgerichts

¹Will der Arbeitnehmer geltend machen, dass die Befristung eines Arbeitsvertrages rechtsunwirksam ist, so muss er innerhalb von drei Wochen nach dem vereinbarten Ende des befristeten Arbeitsvertrages Klage beim Arbeitsgericht auf Feststellung erheben, dass das Arbeitsverhältnis auf Grund der Befristung nicht beendet ist. ²Die §§ 5 bis 7 des Kündigungsschutzgesetzes gelten entsprechend. ³Wird das Arbeitsverhältnis nach dem vereinbarten Ende fortgesetzt, so beginnt die Frist nach Satz 1 mit dem Zugang der schriftlichen Erklärung des Arbeitgebers, dass das Arbeitsverhältnis auf Grund der Befristung beendet sei.

Übersicht	Rdn.			Rdn.
A. Inhalt und Zweck	1	III.	Rechtsfolgen der Fristversäumung, S 2	10
B. Klagefrist	2		1. § 5 KSchG	11
I. Geltungsbereich	2		2. § 6 KSchG	12
II. Fristlauf, S 1 und 3	4		3. § 7 KSchG	13
1. Zeitliche Befristung	5	IV.	Beweislast	14
2. Bei Zweckbefristungen und auflösender Bedingung	6	C.	Prozessuale Hinweise	15
		I.	Klageart und Klageantrag	15
3. Bei Fortsetzung des Arbeitsverhältnisses	8	II.	Weiterbeschäftigung	16

A. Inhalt und Zweck. § 17 regelt als Ausschlussfrist die Frist, innerhalb derer ein AN die Unwirksamkeit 1 einer Befristung geltend machen kann. Danach ist es Ziel der Norm, nach Ablauf einer dreiwöchigen Überlegungsfrist Rechtsklarheit über die Beendigung des Arbeitsverhältnisses herbeizuführen.

B. Klagefrist. I. Geltungsbereich. Die Vorschrift gilt für alle Arten von Zeit- und Zweckbefristungen 2 sowie gem § 21 auch für auflösende Bedingungen. Unerheblich ist die Rechtsgrundlage für die Befristung, sodass auch Befristungen auf sondergesetzlicher Grundlage erfasst sind. Die Norm ist nur bei Befristung des gesamten Arbeitsvertrages, nicht bei Befristung einzelner Vertragsbedingungen anwendbar (BAG 4.6.2003, 7 AZR 406/02, EzA § 620 BGB 2002 Nr 3; aA Annuß/Thüsing/*Maschmann* § 17 Rn 2). Die Regelungen von § 17 sind nicht disponibel (BAG 19.1.2005, 7 AZR 115/04, EzA § 17 TzBfG Nr 7). § 17 gilt für sämtliche Unwirksamkeitsgründe und erfasst damit auch die Unwirksamkeit der Befristung wegen fehlender Schriftform (BAG 15.2.2012, 10 AZR 111/11, EzA § 611 BGB 2002 Arbeitnehmerbegriff Nr 20). Nach neuerer BAG-Rspr ist § 17 auch auf die Frage anwendbar, ob die vereinbarte auflösende Bedingung überhaupt eingetreten ist (BAG 4.11.2015, 7 AZR 851/13, JurionRS 2015, 38465; 6.4.2011, 7 AZR 704/09, EzA § 17 TzBfG Nr 13; die früher von der Rspr vertretene gegenteilige Ansicht wurde durch diese Entsch ausdrücklich aufgegeben, vgl dazu BAG 21.1.2009, 7 AZR 843/07, EzA-SD 2009, Nr 8, 23; 23.6.2004, 7 AZR 440/03, EzA § 17 TzBfG Nr 5).

Bei der Auseinandersetzung, ob überhaupt eine Befristung vereinbart worden ist, ist § 17 nicht anwendbar. 3 Grund dafür ist, dass nicht die Wirksamkeit, sondern das Bestehen der Befristung bestritten wird (BAG 20.2.2002, 7 AZR 622/00, EzA § 17 TzBfG Nr 1). Ist eine Befristung oder auflösende Bedingung wegen mangelnder Bestimmtheit nicht wirksam vereinbart, ist die Klagefrist bedeutungslos, da keine Auflösung des Arbeitsverhältnisses zu einem bestimmten Termin herbeigeführt werden kann (ErfK/*Müller-Glöge* § 17 Rn 4; Laux/Schlachter/*Schlachter* § 17 Rn 6; aA MüKo-BGB/*Hesse* § 17 Rn 23).

II. Fristlauf, S 1 und 3. Die Klagefrist beträgt 3 Wochen. Fristbeginn und -ablauf berechnen sich nach 4 § 222 ZPO, §§ 187, 188 II BGB. Problematisch ist dabei der **Fristbeginn**.

5 **1. Zeitliche Befristung.** Bei zeitlicher Befristung beginnt die Frist »nach dem vereinbarten Ende des befristeten Arbeitsvertrages«. Bei mehreren aufeinander folgenden Befristungsabreden wird die 3-Wochen-Frist für jede Befristungsabrede mit Ablauf der darin vereinbarten Befristung in Gang gesetzt (BAG 4.12.2013, 7 AZR 468/12, EzA-SD 2014, Nr 5, 9-10; LAG Berl-Bbg 16.4.2007, 19 Ta 199/07, EzA-SD 2007, Nr 10, 23).

6 **2. Bei Zweckbefristungen und auflösender Bedingung.** Bei korrekter Mitteilung durch den AG – mind 2 Wochen vor dem Beendigungszeitpunkt – beginnt die Frist nach dem Zeitpunkt der Zweckerreichung oder des Bedingungseintritts zu laufen. Fehlt es an der Mitteilung und wird das Arbeitsverhältnis mit der Zweckerreichung beendet, beginnt die Frist ebenfalls mit diesem Zeitpunkt. Wird das Arbeitsverhältnis jedoch mit Wissen des AG über den Zeitpunkt der Zweckerreichung hinaus ohne Beendigungsmitteilung fortgesetzt, gilt es als entfristet (vgl § 15 Rdn 23, § 625 BGB Rdn 2 ff).

7 Wird in der Mitteilung des AG ein falscher Zeitpunkt für die Zweckerreichung angenommen, dann ist dieser Zeitpunkt für den Fristbeginn maßgeblich (MHH/*Meinel* § 17 Rn 22). Erfolgt die Mitteilung durch den AG bezogen auf den Beendigungszeitpunkt verspätet (vgl § 15 Rdn 6 ff), dann beginnt die Frist frühestens mit dem Zugang dieser Mitteilung (BAG 4.11.2015, 7 AZR 851/13, JurionRS 2015, 38465; aA KDZ/*Däubler/Wroblewski* § 17 Rn 5: Ausschlussfrist beginnt mit Ablauf der 2-Wochen-Frist nach § 15 II; ausf Laux/Schlachter/*Schlachter* § 17 Rn 14).

8 **3. Bei Fortsetzung des Arbeitsverhältnisses.** § 17 S 3 hat praktisch keinen Anwendungsbereich. Denn soweit das Arbeitsverhältnis über den vorgesehenen Beendigungstermin ohne neue vertragliche Grundlage, aber mit Wissen des AG, fortgesetzt wird, ist es nicht mehr befristet (Entfristung gem § 15 V; s § 15 Rdn 23, § 625 BGB Rdn 2 ff). Nur wenn der AG von der Fortsetzung keine Kenntnis hat, kann er der tatsächlichen Fortsetzung noch mit der Beendigungserklärung widersprechen und die Frist von 3 Wochen in Lauf setzen (ausf Laux/Schlachter/*Schlachter* § 17 Rn 19 ff).

9 Die **Erklärung nach § 17 S 3** bedarf der Schriftform (s § 15 Rdn 9). Sie ist keine Willenserklärung, sondern eine geschäftsähnliche Handlung. Inhaltlich muss sie hinreichend deutlich machen, dass das Arbeitsverhältnis nach Ansicht des AG bereits beendet ist. Ein Hinweis auf die erst in Zukunft erfolgende Beendigung reicht nicht aus, weshalb die Erklärung erst nach Eintritt des vereinbarten Endes wirksam abgegeben werden kann.

10 **III. Rechtsfolgen der Fristversäumung, S 2.** Nach § 17 S 2 sind §§ 5–7 KSchG entspr anwendbar.

11 **1. § 5 KSchG.** Danach kann die Klage des AN bei Versäumung der Klagefrist nachträglich zugelassen werden. Für Einzelheiten wird auf die dortige Kommentierung verwiesen. Zu beachten ist dabei, dass für eine nachträgliche Zulassung einer Klage nach § 17 ein **bes strenger Maßstab** gelten muss, da bei der Kalenderbefristung das Vertragsende absehbar ist und bei der Zweckbefristung und der auflösenden Bedingung die Klagefrist frühestens mit Zugang der Unterrichtung nach § 15 II beginnt.

12 **2. § 6 KSchG.** Durch die entspr Anwendung von § 6 KSchG soll gewährleistet werden, dass die 3-Wochen-Frist gewahrt werden kann, wenn innerhalb dieser Frist aus anderen Gründen gerichtlich geltend gemacht wird, dass eine unwirksame Befristung vorliegt. Der Anwendungsbereich umfasst alle Klagen, bei denen die Wirksamkeit der Befristung eine Vorfrage für die zu treffende Entsch darstellt (BAG 24.6.2015, 7 AZR 541/13, EzA-SD 2015, Nr 25, 6-9; 15.5.2012, 7 AZR 6/11, EzA § 6 KSchG Nr 5; 16.4.2003, 7 AZR 119/02, EzA § 17 TzBfG Nr 3), zB eine Klage auf Vergütung oder Weiterbeschäftigung. In diesem Fall kann der Klageantrag bis zum Ende der mündlichen Verhandlung erster Instanz auf die Feststellung nach § 17 umgestellt werden.

13 **3. § 7 KSchG.** Die Fiktionswirkung des § 7 KSchG erstreckt sich auf sämtliche Voraussetzungen der Befristungsvereinbarung (BAG 9.2.2000, 7 AZR 730/98, EzA § 1 BeschFG 1985 Klagefrist Nr 2; aA *Däubler* ZIP 2000, 1961, 1968 bei bes schwerwiegenden Rechtsverstößen). Auch das Schriftformgebot ist erfasst (LAG Düsseldorf 26.9.2002, 5 Sa 748/02, DB 2003, 668). Demnach gilt das Arbeitsverhältnis infolge der Befristung als beendet, wenn die Klagefrist versäumt wird. Werden hintereinander mehrere befristete Arbeitsverträge geschlossen und kommt es nach Auslaufen des letzten Vertrages zur gerichtlichen Auseinandersetzung über das Bestehen eines unbefristeten Arbeitsvertrages, haben frühere rechtswidrige Befristungsabreden keine Wirkung (BAG 9.2.2000, 7 AZR 730/98, EzA § 1 BeschFG 1985 Klagefrist Nr 2; aA *Buschmann* AuR 1996, 289).

14 **IV. Beweislast.** Die Rspr sieht in der Berufung auf das Ende des Arbeitsverhältnisses durch Fristablauf eine rechtsvernichtende Einwendung (BAG 12.10.1994, 7 AZR 745/93, EzA § 620 BGB Nr 128). Demnach trägt bzgl der Vereinbarung der Befristung in der Regel der AG die Beweislast. Sind dagegen Tatsachen str, aus denen die Notwendigkeit eines die Befristung sachlich rechtfertigenden Grundes folgt, liegt die Beweislast beim AN.

C. Prozessuale Hinweise. I. Klageart und Klageantrag. Die Klage auf Feststellung der Unwirksamkeit der Befristung ist eine bes Feststellungsklage. Sie verdrängt demnach die allg Feststellungsklage nach § 256 I ZPO (BAG 16.4.2003, 7 AZR 119/02, EzA § 17 TzBfG Nr 3). Das Feststellungsinteresse ergibt sich aus der Präklusionswirkung des § 7 KSchG. Im Feststellungsantrag muss die Befristungsvereinbarung ausdrücklich genannt werden (BAG 16.4.2003, 7 AZR 119/02, EzA § 17 TzBfG Nr 3). Als Klageantrag ist daher zu formulieren: »Es wird festgestellt, dass das Arbeitsverhältnis der Parteien nicht durch die Befristungsvereinbarung vom … zum … beendet worden ist«. Im Fall der Kalenderbefristung genügt für die Annahme einer Befristungskontrollklage bereits, dass sich aus dem Gesamtzusammenhang zweifelsfrei ergibt, dass sich der Kläger gegen eine konkrete Befristungsvereinbarung wendet (BAG 15.5.2013, 7 AZR 665/11, EzA-SD 2013, Nr 21, 6; 15.5.2012 - 7 AZR 6/11, EzA-SD 2012, Nr 20, 3-6). Erklärt das Gericht die Befristungsvereinbarung für unwirksam, besteht ein unbefristetes Arbeitsverhältnis. Der AG kann keinen Antrag auf Auflösung des Arbeitsverhältnisses gegen Zahlung einer Abfindung stellen, da § 9 KSchG weder direkt noch entspr anwendbar ist (Annuß/Thüsing/*Maschmann* § 17 Rn 12).

15

II. Weiterbeschäftigung. Bei Verfahren über die Wirksamkeit einer Befristung werden die Grundsätze des Großen Senats (BAG 27.2.1985, GS 1/84, EzA § 611 BGB Beschäftigungspflicht Nr 9) über die vorläufige Weiterbeschäftigung im Kdg-Prozess entspr angewendet (BAG 13.6.1985, 2 AZR 410/84, EzA § 611 BGB Beschäftigungspflicht Nr 16).

16

§ 18 Information über unbefristete Arbeitsplätze

¹Der Arbeitgeber hat die befristet beschäftigten Arbeitnehmer über entsprechende unbefristete Arbeitsplätze zu informieren, die besetzt werden sollen. ²Die Information kann durch allgemeine Bekanntgabe an geeigneter, den Arbeitnehmern zugänglicher Stelle im Betrieb und Unternehmen erfolgen.

Übersicht	Rdn.		Rdn.
A. Inhalt und Zweck	1	D. Rechtsfolgen der Verletzung der Informationspflicht	6
B. Inhalt der Informationspflicht, S 1	2		
C. Form der Information, S 2	5		

A. Inhalt und Zweck. Die Vorschrift enthält eine Pflicht des AG, befristet beschäftigte AN über zu besetzende Dauerarbeitsplätze **im ganzen Unternehmen** zu informieren. Diese Informationspflicht soll dazu dienen, die Chancen befristet Beschäftigter auf den Übergang in ein unbefristetes Arbeitsverhältnis zu erhöhen (BT-Drs 14/4374 S 21).

1

B. Inhalt der Informationspflicht, S 1. Die Informationspflicht entsteht, sobald auch nur ein befristet beschäftigter AN im Betrieb tätig ist (BT-Drs 14/4374 S 12). Nach dem Schutzzweck der Norm besteht die Verpflichtung aber nicht, soweit es sich nur um Befristungen zur Erprobung handelt, an die sich im Bewährungsfall eine Dauerbeschäftigung anschließen soll.

2

Zu informieren ist über freie und frei werdende Arbeitsplätze, die (wieder) mit einem unbefristet beschäftigten AN besetzt werden sollen. Dabei müssen auch – dem Schutzzweck entspr – solche Arbeitsplätze angegeben werden, bei denen nur eine Befristung zur Erprobung vorgesehen ist, an die sich im Bewährungsfall aber eine Dauerbeschäftigung anschließen soll. Ist eine sonstige befristete Beschäftigung vorgesehen, greift die Ausschreibungspflicht nicht.

3

Die Information muss so rechtzeitig erfolgen, dass für den befristet beschäftigten AN angemessene Zeit zur Bewerbung um den Arbeitsplatz verbleibt. Die Verpflichtung gem S 1 enthält die Pflicht zur Information über »entspr« Arbeitsplätze. Die Informationspflicht besteht somit nur dann, wenn befristet beschäftigte AN vorhanden sind, die aus objektiver Sicht fachlich und persönlich für den freien Arbeitsplatz in Betracht kommen.

4

C. Form der Information, S 2. Die Informationspflicht kann entweder durch individuelle Information einzelner AN oder durch allg Bekanntgabe im Betrieb und Unternehmen erfüllt werden. Sie muss an geeigneter, den AN zugänglicher Stelle erfolgen. Gemeint sind damit die vom Schutz der Norm erfassten, also befristet beschäftigten AN. Zugänglich sind die Informationen, wenn sie ungehindert zur Kenntnis genommen werden können. Bestimmte Formanforderungen bestehen hingegen nicht. Ausreichend ist damit etwa eine Bekanntgabe am Schwarzen Brett, nicht aber eine Auslage im Personalbüro (ErfK/*Müller-Glöge* § 18 Rn 1).

5

D. Rechtsfolgen der Verletzung der Informationspflicht. Die Verpflichtung zur Information über unbefristete Arbeitsplätze ist eine nebenvertragliche Pflicht aus dem Arbeitsverhältnis. Eine Verletzung der Informationspflicht führt nicht zu einem Anspruch auf Weiterbeschäftigung, kann aber einen

6

Schadensersatzanspruch aus § 280 BGB begründen. Dazu muss der AN nachweisen, dass er den unbefristeten Arbeitsplatz durch das Ausbleiben der Information nicht bekommen hat. Ein Schadensersatzanspruch aus § 823 II BGB besteht daneben nicht, da § 18 kein Schutzgesetz iSd der Vorschrift ist (ausf ErfK/*Müller-Glöge* § 18 Rn 5). In der Praxis dürften Schadensersatzansprüche wegen Verletzung der Informationspflicht aufgrund der Darlegungs- und Beweislast des AN für die Kausalität des Schadens keine große Rolle spielen.

§ 19 Aus- und Weiterbildung

Der Arbeitgeber hat Sorge zu tragen, dass auch befristet beschäftigte Arbeitnehmer an angemessenen Aus- und Weiterbildungsmaßnahmen zur Förderung der beruflichen Entwicklung und Mobilität teilnehmen können, es sei denn, dass dringende betriebliche Gründe oder Aus- und Weiterbildungswünsche anderer Arbeitnehmer entgegenstehen.

Übersicht

		Rdn.			Rdn.
A.	Inhalt und Zweck	1	C.	Entgegenstehende dringende betriebliche Gründe oder Aus- und Weiterbildungswünsche anderer AN	4
B.	Angemessene Aus- und Weiterbildungsmaßnahmen	2	D.	Rechtsfolgen bei Verstößen	6

1   **A. Inhalt und Zweck.** Die Bestimmung hat nur deklaratorische Funktion; der Anspruch folgt bereits aus § 4 II. § 19 bezweckt keine Besserstellung befristet beschäftigter AN, sondern nur deren Gleichstellung mit den unbefristet beschäftigten AN.

2   **B. Angemessene Aus- und Weiterbildungsmaßnahmen.** Die Norm begründet keinen Anspruch darauf, dass Aus- und Weiterbildungsmaßnahmen angeboten werden (s § 10 Rdn 3), sondern nur auf Teilnahme an tatsächlich laufenden internen und externen Bildungsmaßnahmen (ErfK/*Müller-Glöge* § 19 Rn 2). Erfasst sind nicht nur Maßnahmen, die den AN für die aktuell ausgeübte Tätigkeit vorbereiten, sondern auch Maßnahmen, die den beruflichen Aufstieg unterstützen (BT-Drs 14/4374 S 21).

3   Weiterhin muss die Maßnahme **angemessen** sein. Damit ist die Vorschrift nicht so weitreichend wie die Regelung für Teilzeitbeschäftigte (vgl § 10). Die Angemessenheit ist anhand folgender Kriterien zu bestimmen: Art der Tätigkeit des AN, vorgesehene Dauer der befristeten Beschäftigung, Dauer der Aus- und Weiterbildungsmaßnahme sowie Kostenaufwand für den AG. Wenn ein vergleichbarer Dauerarbeitsplatz die durch die Aus- und Weiterbildung vermittelte Qualifikation erfordert, ist die Maßnahme stets angemessen. Dies gilt entspr des Gesetzeszwecks auch dann, wenn die Maßnahme über die Beschäftigungszeit hinausgehende Qualifikationen vermittelt (HWK/*Schmalenberg* § 19 Rn 3; aA MünchArbR/*Wank* § 95 Rn 194).

4   **C. Entgegenstehende dringende betriebliche Gründe oder Aus- und Weiterbildungswünsche anderer AN.** Der Anspruch nach § 19 besteht nicht, wenn dringende betriebliche Gründe entgegenstehen. Wegen der durch die Freistellung entstehenden identischen betrieblichen Folgen und des ähnlichen Wortlautes sind diese mit den in § 7 I 1 BUrlG genannten dringenden betrieblichen Gründen vergleichbar (ErfK/*Müller-Glöge* § 19 Rn 2).

5   Ferner können Aus- und Weiterbildungswünsche anderer AN dem Anspruch entgegenstehen. Dafür müssen diese nach beruflichen oder sozialen Gesichtspunkten vorrangig sein. Die Auswahl von konkurrierenden Weiterbildungsinteressen anderer AN ist nach billigem Ermessen (§ 315 BGB) zu treffen. Für das Vorliegen der Ausschlussgründe ist der AG darlegungs- und beweispflichtig.

6   **D. Rechtsfolgen bei Verstößen.** Bzgl der Rechtsfolgen von Verstößen wird auf § 10 Rdn 6 verwiesen. § 19 ist kein Schutzgesetz iSv § 823 II BGB.

§ 20 Information der Arbeitnehmervertretung

Der Arbeitgeber hat die Arbeitnehmervertretung über die Anzahl der befristet beschäftigten Arbeitnehmer und ihren Anteil an der Gesamtbelegschaft des Betriebes und des Unternehmens zu informieren.

1   Die Information soll es den AN-Vertretern erleichtern, Einfluss auf die betriebliche Einstellungspraxis zu nehmen und die Einhaltung der gesetzlichen Vorschriften über befristete Arbeitsverhältnisse zu überwachen (BT-Drs 14/4374 S 21).

2   Es handelt sich um eine Parallelvorschrift zu § 7 III, auf dessen Kommentierung verwiesen wird (s § 7 Rdn 16 ff).

§ 21 Auflösend bedingte Arbeitsverträge

Wird der Arbeitsvertrag unter einer auflösenden Bedingung geschlossen, gelten § 4 Abs. 2, § 5, § 14 Abs. 1 und 4, § 15 Abs. 2, 3 und 5 sowie die §§ 16 bis 20 entsprechend.

Übersicht

	Rdn.
A. Inhalt und Zweck	1
B. Begriff des auflösend bedingten Arbeitsverhältnisses und spezielle Wirksamkeitsvoraussetzungen	2
C. Auf auflösend bedingte Arbeitsverträge anwendbare Vorschriften	5
I. Diskriminierungs- und Benachteiligungsverbot, §§ 4 II, 5	5
II. Sachliche Gründe zur Rechtfertigung der Befristung, § 14 I	6
1. Vorübergehender Bedarf an der Arbeitsleistung, Nr 1	7
2. Befristung im Anschluss an eine Ausbildung oder ein Studium, Nr 2	8
3. Beschäftigung zur Vertretung, Nr 3	9
4. Eigenart der Arbeitsleistung, Nr 4	10
5. Befristung zur Erprobung, Nr 5	11
6. In der Person des AN liegende Gründe, Nr 6	12
7. Vergütung aus Haushaltsmitteln, Nr 7	13
8. Gerichtlicher Vergleich, Nr 8	14
9. Sonstige Gründe	15
III. Schriftform und Angabe des Befristungsgrundes, § 14 IV	16
IV. Ende, Kündigung und Fortsetzung des Arbeitsverhältnisses, § 15 II, III, V	17
V. Rechtsfolgen unwirksamer Befristung, § 16	20
VI. Klagefrist, § 17	22
VII. Information und Weiterbildung, §§ 18–20	23
D. Auf auflösend bedingte Arbeitsverträge nicht anwendbare Vorschriften	24

A. Inhalt und Zweck. Gem § 21 sind die Vorschriften über befristete Arbeitsverhältnisse auf auflösend bedingte Arbeitsverhältnisse entspr anwendbar; das folgt iW aus der bisherigen Rspr (BT-Drs 14/4374 S 21). 1

B. Begriff des auflösend bedingten Arbeitsverhältnisses und spezielle Wirksamkeitsvoraussetzungen. Auflösend bedingt ist ein Arbeitsvertrag, wenn dessen Ende von einem ungewissen Ereignis in der Zukunft abhängig gemacht wird. Ob das Ereignis ungewiss ist, ist abhängig von den subjektiven Vorstellungen der Parteien bei Vertragsschluss (HWK/*Schmalenberg* § 3 Rn 6). Das Arbeitsverhältnis endet nach § 158 II BGB mit Eintritt der auflösenden Bedingung. Kann die Bedingung nicht mehr eintreten bzw ist der Zeitraum, in dem der Eintritt erwartet wurde, verstrichen, so besteht das Arbeitsverhältnis unbedingt fort (Palandt/*Heinrichs* § 158 BGB Rn 3). Zu Abgrenzungsfragen s Laux/Schlachter/*Schlachter* § 21 Rn 3 ff. 2

Voraussetzung der **Wirksamkeit** ist, dass die auflösende Bedingung ausdrücklich und unmissverständlich vereinbart wurde. Sie kann nicht im Wege ergänzender Vertragsauslegung ermittelt werden (MHH/*Meinel* § 21 Rn 5). Die Bedingung muss zudem hinreichend bestimmt sein, damit das auflösende Ereignis objektiv bestimmbar ist. Später eintretende Entwicklungen führen grds weder nachträglich zur Unwirksamkeit einer wirksamen Vereinbarung, noch sind sie in der Lage, eine zunächst unwirksame Vereinbarung zu heilen. Dies gilt auch hins der Gesetzes- und Verordnungslage (BAG 20.2.2002, 7 AZR 748/00, EzA § 620 BGB Altersgrenze Nr 11). 3

Wird in einem Formulararbeitsvertrag eine Befristungsabrede getroffen, nach der das Arbeitsverhältnis vor Ablauf der vereinbarten Zeitbefristung vorzeitig durch Eintritt einer auflösenden Bedingung enden kann, ist diese vorzeitige Beendigungsmöglichkeit im Vertragstext deutlich erkennbar hervorzuheben (BAG 8.8.2007, 7 AZR 605/06, EzA § 21 TzBfG Nr 2). 4

C. Auf auflösend bedingte Arbeitsverträge anwendbare Vorschriften. I. Diskriminierungs- und Benachteiligungsverbot, §§ 4 II, 5. Durch die entspr Anwendung von § 4 II ist eine **Schlechterbehandlung** im Vergleich zu unbefristet tätigen AN ausgeschlossen. Zur Bestimmung des vergleichbar unbefristeten AN ist § 3 II entspr heranzuziehen. Dessen Nichterwähnung ist ein offensichtliches Versehen des Gesetzgebers (Annuß/Thüsing/*Annuß* § 21 Rn 7). Für das Verhältnis zu befristet beschäftigen AN gilt nicht § 4 II, sondern der allg arbeitsrechtliche Gleichbehandlungsgrundsatz (Annuß/Thüsing/*Annuß* § 21 Rn 7; aA KDZ/*Däubler/Wroblewski* § 21 Rn 22). Für weitere Einzelheiten wird auf die Ausführungen zu §§ 4 II, 5 verwiesen. 5

II. Sachliche Gründe zur Rechtfertigung der Befristung, § 14 I. § 21 enthält keinen Verweis auf § 14 II, III, sodass bei Vereinbarung einer auflösenden Bedingung stets ein sachlicher Grund notwendig ist. Es ist nicht notwendig, dass durch die auflösende Bedingung der Kündigungsschutz unterlaufen wird, sodass 6 nicht mehr nach Sphären des AG oder des AN zu unterscheiden ist (ErfK/*Müller-Glöge* § 21 Rn 3; aA Annuß/Thüsing/*Annuß* § 21 Rn 18 ff). Bislang nicht entschieden ist, ob bei auflösenden Bedingungen bzgl des sachlichen Grundes **strengere Anforderungen als bei Befristungen** gelten (bejahend KDZ/*Däubler/ Wroblewski* § 21 Rn 7; Laux/Schlachter/*Schlachter* § 21 Rn 19). Gegen strengere Anforderungen spricht, dass der durch die Einbeziehung der §§ 15, 16 geschaffene Schutz des AN ausreichend ist, um die spezifischen Risiken einer auflösenden Bedingung gerecht zu verteilen. § 14 I ist entspr anzuwenden, sodass bei der Frage des sachlichen Grundes die Eigenart der auflösenden bedingten Verträge zu beachten ist (MüKo-BGB/*Hesse* § 21 Rn 9; aA *Hromadka* BB 2001, 621, 625).

7 **1. Vorübergehender Bedarf an der Arbeitsleistung, Nr 1.** Ob ein vorübergehender Bedarf an Arbeitsleistung überhaupt als sachliche Rechtfertigung für eine auflösende Bedingung in Betracht kommt, ist offen (bejahend HWK/*Schmalenberg* § 21 Rn 6; abl APS/*Backhaus* § 21 Rn 17). Jedenfalls kommt die Vereinbarung einer auf § 14 I 2 Nr 1 gestützten auflösenden Bedingung idR nicht in Betracht, da keine vollständige Abwälzung des Unternehmerrisikos auf den AN erfolgen darf.

8 **2. Befristung im Anschluss an eine Ausbildung oder ein Studium, Nr 2.** Ein sachlicher Grund nach § 14 I 2 Nr 2 ist möglich, zB wenn eine Folgebeschäftigung zur auflösenden Bedingung gemacht wird.

9 **3. Beschäftigung zur Vertretung, Nr 3.** Für den Fall, dass keine Zweckbefristung gegeben ist, kommt ein sachlicher Grund nach § 14 I 2 Nr 3 in Betracht.

10 **4. Eigenart der Arbeitsleistung, Nr 4.** Die Eigenart der Arbeitsleistung kann nur in Ausnahmefällen einen sachlichen Grund darstellen. Anerkannt ist eine solche Ausnahme im Bereich künstlerischer Betätigung, zB bei Wegfall einer Rolle in einer Fernsehserie (BAG 2.7.2003, 7 AZR 612/02, EzA § 620 BGB 2002 Bedingung Nr 2; aA MHH/*Meinel* § 21 Rn 13).

11 **5. Befristung zur Erprobung, Nr 5.** Der Erprobungszweck ist als Sachgrund für eine auflösende Bedingung anerkannt (BAG 7.5.1980, 5 AZR 593/78, AP Nr 36 zu § 611 BGB Abhängigkeit).

12 **6. In der Person des AN liegende Gründe, Nr 6.** In der Person des AN liegende Gründe sind als Rechtfertigung für eine auflösende Bedingung anerkannt. Dies gilt zB für die Erwerbsunfähigkeit des AN oder Bewilligung einer Versorgungsrente (BAG 26.9.2001, 4 AZR 497/00, EzA § 4 TVG Einzelhandel Nr 51) bzw einer Rente wegen Berufsunfähigkeit (BAG 31.7.2002, 7 AZR 118/01, EzA § 620 BGB Bedingung Nr 17). Bei schwerbehinderten Menschen ist § 92 SGB IX zu beachten. Des Weiteren kommt ein entspr Wunsch des AN oder das aufgrund objektiver Anhaltspunkte zu schließende dahin gehende Interesse des AN als sachlicher Grund für die Befristung in Betracht (BAG 4.12.2002, 7 AZR 492/01, EzA § 620 BGB 2002 Bedingung Nr 1).

13 **7. Vergütung aus Haushaltsmitteln, Nr 7.** Der Fortbestand des Arbeitsverhältnisses kann nicht von der Weiterbewilligung von Haushaltsmitteln abhängig gemacht werden. Nach dem klaren Wortlaut von § 14 I 2 Nr 7 müssen die Mittel haushaltsrechtlich für eine befristete Beschäftigung bestimmt sein. Nr 7 erfasst demnach nicht die Ungewissheit über den Fortbestand der Haushaltsmittel (MHH/*Meinel* § 21 Rn 16).

14 **8. Gerichtlicher Vergleich, Nr 8.** § 14 I 2 Nr 8 ist als möglicher sachlicher Grund für eine auflösende Bedingung anerkannt.

15 **9. Sonstige Gründe.** Eine auflösende Bedingung ist immer gerechtfertigt, wenn sie auf ausdrücklichen **Wunsch des AN** vereinbart wurde. Unproblematisch ist ferner die Bedingung, dass der BR der Einstellung zustimmt (BAG 17.2.1983, 2 AZR 208/81, EzA § 620 BGB Nr 62) und die auflösend bedingte Weiterbeschäftigung nach erfolgter Kdg bis zur Abweisung der Kdg-Schutzklage (BAG 4.9.1986, 8 AZR 636/84, EzA § 611 BGB Beschäftigungspflicht Nr 27). Nicht möglich ist dagegen eine auflösende Bedingung in Form **verhaltens- und personenbedingter Gründe**, durch die ein absoluter Kdg-Grund geschaffen und damit der Kdg-Schutz umgangen wird (zB Nichtrückkehr aus dem Urlaub, das Trinken von Alkohol oder der Konsum von Drogen [HWK/*Schmalenberg* § 21 Rn 17; aA ErfK/*Müller-Glöge* § 21 Rn 4]).

16 **III. Schriftform und Angabe des Befristungsgrundes, § 14 IV.** Aufgrund der entspr Anwendbarkeit von § 14 IV bedarf nur die Vereinbarung der auflösenden Bedingung der Schriftform gem § 126 BGB. Bzgl der Einzelheiten wird auf § 14 Rdn 82 ff verwiesen.

IV. Ende, Kündigung und Fortsetzung des Arbeitsverhältnisses, § 15 II, III, V. Das auflösend bedingte 17
Arbeitsverhältnis endet nach § 15 II mit Eintritt der Bedingung, frühestens jedoch 2 Wochen nach Zugang
der schriftlichen Unterrichtung des AN durch den AG über die Tatsache und den Zeitpunkt des Bedingungseintritts. Die Unterrichtung ist auch erforderlich, wenn der AN den Bedingungseintritt unproblematisch erkennen kann (Annuß/Thüsing/*Annuß* § 21 Rn 10). Ob das ebenfalls gilt, wenn das auflösende
Ereignis ausschl im Bereich des AN liegt und allein vom ihm erkannt werden kann, ist offen (dazu Laux/
Schlachter/*Schlachter* § 21 Rn 13).

Gem § 15 III ist bei Vereinbarung einer auflösenden Bedingung eine ordentliche Kdg nur möglich, wenn 18
im Arbeitsvertrag oder im anwendbaren TV eine entspr Regelung geschaffen wurde.

Setzt der AN nach Eintritt der auflösenden Bedingung seine Tätigkeit mit Wissen des AG tatsächlich fort 19
und holt der AG die Mitteilung über den Eintritt der auflösenden Bedingung nicht unverzüglich nach,
entsteht nach § 15 V ein unbefristetes Arbeitsverhältnis. Gleiches gilt, wenn der AN nach Ablauf der Auslauffrist nach § 15 II seine Tätigkeit tatsächlich fortsetzt.

V. Rechtsfolgen unwirksamer Befristung, § 16. Ist die auflösende Bedingung wegen **Fehlens eines sach-** 20
lichen Grundes nach § 14 I in Verbindung mit § 21 nicht wirksam vereinbart worden, so gilt der Arbeitsvertrag als auf unbestimmte Zeit geschlossen und kann gem § 16 S 1 vom AG frühestens mit Wirkung zum
Bedingungseintritt ordentlich gekündigt werden. § 16 S 1 gilt auch für alle weiteren Unwirksamkeitsgründe
(MüKo-BGB/*Hesse* § 21 Rn 31; aA APS/*Backhaus* § 21 Rn 36).

Bei **Nichteinhaltung des Schriftformerfordernisses** besteht vor Eintritt der Bedingung nach § 16 S 2 für 21
beide Arbeitsvertragsparteien die Möglichkeit der ordentlichen Kdg. Für weitere Einzelheiten wird auf § 16
Rdn 6 verwiesen.

VI. Klagefrist, § 17. Nach § 17 S 1 muss der AN grds innerhalb von 3 Wochen nach der durch Eintritt der 22
auflösenden Bedingung erfolgenden Beendigung des Arbeitsverhältnisses Klage erheben. Die Ausschlussfrist
des § 17 S 1 gilt auch für die Frage, ob die Bedingung überhaupt eingetreten ist (BAG 6.4.2011, 7 AZR
704/09, EzA-SD 2011, Nr 18, 5-7).

VII. Information und Weiterbildung, §§ 18–20. Bei der entspr Anwendung der §§ 18–20 ergeben sich 23
keine Besonderheiten.

D. Auf auflösend bedingte Arbeitsverträge nicht anwendbare Vorschriften. Von den die befristeten 24
Arbeitsverträge regelnden Normen finden § 14 II, IIa, und III sowie § 15 I und IV keine Anwendung.

§ 22 Abweichende Vereinbarungen

(1) Außer in den Fällen des § 12 Abs. 3, § 13 Abs. 4 und § 14 Abs. 2 Satz 3 und 4 kann von den Vorschriften dieses Gesetzes nicht zuungunsten des Arbeitnehmers abgewichen werden.
(2) Enthält ein Tarifvertrag für den öffentlichen Dienst Bestimmungen im Sinne des § 8 Abs. 4 Satz 3 und 4, § 12 Abs. 3, § 13 Abs. 4, § 14 Abs. 2 Satz 3 und 4 oder § 15 Abs. 3, so gelten diese Bestimmungen auch zwischen nicht tarifgebundenen Arbeitgebern und Arbeitnehmern außerhalb des öffentlichen Dienstes, wenn die Anwendung der für den öffentlichen Dienst geltenden tarifvertraglichen Bestimmungen zwischen ihnen vereinbart ist und die Arbeitgeber die Kosten des Betriebes überwiegend mit Zuwendungen im Sinne des Haushaltsrechts decken.

Übersicht	Rdn.		Rdn.
A. Inhalt und Zweck..................	1	II. Ausnahmen.....................	4
I. Keine Abweichung zuungunsten der AN...	1	B. TV für den öffentlichen Dienst, II.......	6

A. Inhalt und Zweck. I. Keine Abweichung zuungunsten der AN. Die Vorschrift legt den zwingenden 1
Charakter der Normen des TzBfG fest. Sie **unterbindet** grds aus der Sicht des AN **nachteilige Regelungen**.
Das G ist nur in bestimmten, ausdrücklich genannten Teilen auch zum Nachteil der AN tarifdispositiv (vgl
zur Funktion BT-Drs 14/4374 S 1, 14). Einzelvertragliche Vereinbarungen, soweit es sich nicht um die
Inbezugnahme eines TV (Rdn 4) handelt, sowie BV oder sonstige Gestaltungsmittel können keine nachteilige Abweichung festlegen.

Insb das **Recht auf Klageerhebung** kann individualvertraglich nicht wirksam ausgeschlossen werden. Vom 2
Wortlaut her bezieht sich § 22 zwar auf die inhaltliche Ausgestaltung des Arbeitsvertrags, nicht aber auf die
Frage, wann auf das Recht, die Unwirksamkeit vor Gericht geltend zu machen, verzichtet werden kann. Der

§ 22 TzBfG Abweichende Vereinbarungen

Ausschluss des Klagerechts würde hingegen Sinn und Zweck der Vorschrift und der auf AN-Schutz gerichteten Zielsetzung des G (§ 1 Rdn 1 ff) widersprechen (vgl BAG 19.1.2005, 7 AZR 115/04, EzA § 17 TzBfG Nr 7). Der Abschluss eines gerichtlichen Vergleichs mit Verzicht auf die zukünftige Geltendmachung von Ansprüchen kann dagegen eine Ausnahme von obigem Grundsatz bilden (BAG 13.6.2007, 7 AZR 287/06, EzA TzBfG § 14 Nr 39).

3 Die Norm erklärt nur Abweichungen zuungunsten des AN für unzulässig. Daraus und aus dem Charakter der Regelungen zum Schutz des AN lässt sich entnehmen, dass **Abweichungen zugunsten des AN möglich bleiben** (vgl BAG 18.3.2003, 9 AZR 126/02, EzA § 4 TzBfG Nr 4). So kann der AG etwa auf die Einhaltung der Mindestfrist von 3 Monaten gem § 8 II 1 wirksam verzichten (BAG 14.10.2003, 9 AZR 636/02, EzA § 8 TzBfG Nr 6). Nicht gestaltbar ist die Frist gem **§ 17 TzBfG** zur Anrufung des ArbG. Sie ist aufgrund ihrer Nähe zu § 4 KSchG und ihres Charakters als prozessuale Ordnungsvorschrift weder zuungunsten noch zugunsten des AN abänderbar.

4 **II. Ausnahmen.** Die Ausnahmen vom Verbot der nachteiligen Abweichungen sind in § 22 selbst aufgeführt. Ihnen kommt lediglich klarstellender Charakter zu, da sich die Abweichungsmöglichkeiten aus den jeweiligen Vorschriften selbst ergeben. Benachteiligende Ausnahmen sind in den Bereichen der **Arbeit auf Abruf** (§ 12 III), der **Arbeitsplatzteilung** (§ 13 IV) und der **sachgrundlosen Befristung** (§ 14 II 3, 4) zulässig. Nur iR dieser Vorschriften können tarifvertragliche Regelungen auch Abweichungen zuungunsten des AN vorsehen. Insb können durch tarifvertragliche Gestaltungen somit keine Ausnahmen vom Diskriminierungsverbot gem § 4 (BAG 11.12.2003, 6 AZR 64/03, EzA § 4 TzBfG Nr 8; 15.7.2004, 6 AZR 25/03; 5.11.2003, 5 AZR 8/03, EzA § 4 TzBfG Nr 6) oder von den Sachbefristungsgründen gem § 14 I (BAG 10.10.2007, 7 AZR 795/06, EzA § 14 TzBfG Nr 41) vereinbart werden. Bei fehlender Tarifbindung ist zudem eine einzelvertragliche Inbezugnahme eines einschlägigen TV zulässig. Tarifliche Öffnungsklauseln, die es gestatten, konkrete Ausnahmen etwa durch BV zu regeln, können den Anforderungen der normierten Ausnahmevorschriften hingegen nicht genügen (ausf Annuß/Thüsing/*Thüsing* § 22 Rn 14). Zu den einzelnen Abweichungsmöglichkeiten iSd Vorschriften s § 12 Rdn 30 ff, § 13 Rdn 15 und § 14 Rdn 76 f.

5 Nicht unter diese Ausnahmen fallen die möglichen tariflichen Regelungen gem **§ 8 IV 3, 4 und § 15 III**. Die tarifliche Gestaltungsmöglichkeit aus § 8 IV 3, 4 beschränkt sich auf eine Konkretisierung der gesetzlich geregelten Versagungsgründe (§ 8 Rdn 35). Eine verschlechternde Vereinbarung wäre unwirksam (BAG 21.11.2006, 9 AZR 138/06, EzA § 8 TzBfG Nr 16). Durch § 15 III wird ebenso nicht zuungunsten des AN von den Vorschriften des TzBfG abgewichen, sondern lediglich eine Kündigungsmöglichkeit des AN eröffnet (§ 15 Rdn 18).

6 **B. TV für den öffentlichen Dienst, II.** § 22 II bestimmt eine weitere Ausnahmemöglichkeit zur Abweichung von den dort aufgeführten Vorschriften. Danach können **TV für den öffentl Dienst** von außerhalb des öffentl Dienstes tätigen Vertragsparteien in Bezug genommen werden, wenn der AG die Kosten des Betriebes überwiegend mit Zuwendungen iSd Haushaltsrechts deckt. Damit ist eine Inbezugnahme dieser TV zulässig, ohne dass das Arbeitsverhältnis in ihren Geltungsbereich fällt. In Betracht kommt etwa eine einzelvertragliche Vereinbarung über die Anwendbarkeit des gesamten TVöD. Sonderregelungen zur Verringerung der Arbeitszeit und der Zulässigkeit von Befristungen enthalten bspw §§ 11, 30 TVöD-AT (ausf zur Inbezugnahme der **SR 2y BAT** ErfK/*Müller-Glöge* 7. Aufl. 2007, § 22 Rn 5 f). Nach der Gesetzesbegr betrifft die Regelung insb die in Form einer GmbH organisierten, nicht tarifgebundenen Forschungseinrichtungen wie die Fraunhofer-Gesellschaft oder die Max-Planck-Gesellschaft (BT-Drs 14/4374 S 22).

7 Voraussetzung ist die **Inbezugnahme des gesamten Regelwerks**. Die Vereinbarung der Geltung lediglich einzelner (benachteiligender) Regelungen genügt nicht (str, wie hier MHH/*Herms* § 22 Rn 16; HWK/*Schmalenberg* § 22 Rn 6; aA ErfK/*Müller-Glöge* § 22 Rn 3). Mit Ausnahme des auf den öffentl Dienst begrenzten Regelungsbereichs muss der TV zudem räumlich, fachlich und persönlich einschlägig sein (Annuß/Thüsing/*Thüsing* § 22 Rn 17).

8 Der AG deckt seine Betriebskosten überwiegend aus Zuwendungen iSd Haushaltsrechts, wenn er **mehr als die Hälfte seiner gesamten tatsächlichen Kosten pro Betrieb** (nicht des gesamten Unternehmens) erstattet erhält. Zuwendungen iSd § 22 II sind nach der Legaldefinition in § 14 des Haushaltsgrundsätzegesetzes Ausgaben und Verpflichtungsermächtigungen für Leistungen an Stellen außerhalb der Verwaltung des Bundes oder Landes zur Erfüllung bestimmter Zwecke. Nicht darunter fallen die Ausgaben für vertragliche Entgeltleistungen aus Austauschverträgen mit öffentl-rechtlichen Personen (APS/*Backhaus* § 22 Rn 12).

§ 23 Besondere gesetzliche Regelungen

Besondere Regelungen über Teilzeitarbeit und über die Befristung von Arbeitsverträgen nach anderen gesetzlichen Vorschriften bleiben unberührt.

Übersicht

		Rdn.			Rdn.
A.	Inhalt und Zweck	1	C.	Besondere Regelungen über die Befristung von Arbeitsverträgen	7
B.	Besondere Regelungen über Teilzeitarbeit	2	I.	Altersteilzeit	7
I.	Altersteilzeit	2	II.	Ärzte in der Weiterbildung	8
II.	Elternzeit	3	III.	Elternzeit	9
III.	Öffentlicher Dienst	5	IV.	Hochschulbereich und Forschungseinrichtungen	10
IV.	Teilzeitbeschäftigung schwerbehinderter Menschen	6	V.	Öffentlicher Dienst	11

A. Inhalt und Zweck. § 23 stellt klar, dass andere gesetzliche Vorschriften zur Regelung der Teilzeitarbeit 1 und befristeter Arbeitsverhältnisse weiterhin gelten. Die Vorschriften des TzBfG treten als allg Regelungen insoweit hinter den anderen gesetzlichen Vorschriften zurück, als diese spezielle Regelungen enthalten (**Spezialitätsgrundsatz**; vgl BT-Drs 14/4374 S 22). Unter gesetzlichen Vorschriften sind nur G im formellen Sinne zu verstehen (ErfK/*Müller-Glöge* § 23 Rn 4). Regelungen des TzBfG können ferner bei **Auslegung und Anwendung von Einzelbestimmungen** anderer G zu berücksichtigen sein. Das gilt insb für das Diskriminierungsverbot des § 4 (MHH/*Herms* § 23 Rn 1).

B. Besondere Regelungen über Teilzeitarbeit. I. Altersteilzeit. Hier wird auf die Kommentierung des 2 ATG verwiesen.

II. Elternzeit. Die Elternzeit ist seit 1.1.2007 im BEEG geregelt (BGBl I 2006 S 2748). § 15 BEEG 3 normiert einen Anspruch für jeden Elternteil auf Verringerung der wöchentlichen Arbeitszeit auf einen Gesamtumfang zwischen 15 und 30 Stunden. Die Reduzierungsdauer soll 3 Monate nicht unterschreiten. **Anspruchsberechtigt** sind alle AN des Betriebes, wozu gem § 20 I BEEG auch die Auszubildenden zählen. Voraussetzung für den Anspruch nach § 15 VII BEEG ist, dass der AG unabhängig von der Anzahl der Auszubildenden **mehr als 15 AN** beschäftigt und das **Arbeitsverhältnis** in demselben Betrieb oder Unternehmen **länger als 6 Monate** besteht. Der Arbeitszeitreduzierung dürfen **keine dringenden betrieblichen Erfordernisse** entgegenstehen. Dafür hat der AG die Darlegungs- und Beweislast (LAG München 3.3.2004, 9 Sa 782/03, LAGReport 2005, 197). Zuletzt muss der Anspruch auf Verringerung der Arbeitszeit innerhalb einer Frist von 7 Wochen vor Beginn der Tätigkeit schriftlich unter Beachtung der Vorgaben von § 16 I BEG mitgeteilt werden.

AG und AN sollen sich innerhalb von 4 Wochen nach Antragstellung über die Verringerung der Arbeitszeit 4 **einigen** (§ 15 V 2 BEEG). Will der AG den Teilzeitanspruch ablehnen, so muss die Ablehnung innerhalb von 4 bzw 8 Wochen (je nach Alter des Kindes) Wochen nach Antragstellung mit schriftlicher Begründung erfolgen. Andernfalls gilt die Zustimmung gemäß § 15 VII 5 BEEG als erteilt. Dies gilt auch hinsichtlich der Verteilung der Arbeitszeit (§ 15 VII 6 BEEG). Bzgl weiterer Einzelheiten wird auf die Kommentierung des BEEG verwiesen.

III. Öffentlicher Dienst. Ergänzende Regelungen zur Teilzeitarbeit finden sich in den Frauenfördergesetz- 5 zen des Bundes und der Länder sowie in § 11 des TVöD bzw des TV-L.

IV. Teilzeitbeschäftigung schwerbehinderter Menschen. Schwerbehinderte AN haben Anspruch auf Teil- 6 zeitarbeit, wenn die **kürzere Arbeitszeit wegen Art oder Schwere der Behinderung** notwendig ist (§ 81 V 3 SGB IX). Der Teilzeitanspruch besteht neben dem Teilzeitanspruch nach § 8 TzBfG (ErfK/*Rolfs* § 81 SGB IX Rn 18) und ist folglich in den Voraussetzungen von diesem unabhängig. Er kann mit sofortiger Wirkung geltend gemacht werden. Der Anspruch steht nach § 81 IV 3 SGB IX unter dem Vorbehalt, dass seine Erfüllung für den AG **zumutbar und in wirtschaftlicher Hinsicht verhältnismäßig** ist. Allein betriebliche Gründe reichen nicht, um den Anspruch zurückzuweisen. An der Zumutbarkeit kann es fehlen, wenn die Teilzeitarbeit zu nennenswerten Änderungen der Arbeitsorganisation zwingen würde oder eine Ersatzkraft nicht zu finden ist. Bzgl weiterer Einzelheiten wird auf die dortige Kommentierung verwiesen.

7 **C. Besondere Regelungen über die Befristung von Arbeitsverträgen. I. Altersteilzeit.** § 8 III ATG ermöglicht die Befristung des Arbeitsvertrages auf den Zeitpunkt, zu dem der AN Anspruch auf eine Rente nach Altersteilzeitarbeit hat. Ferner erlaubt sie auch Befristungen auf den Zeitpunkt, zu dem der AN Anspruch auf die ungekürzte Altersrente oder Leistungen einer befreienden Lebensversicherung hat (BAG 16.11.2005, 7 AZR 86/05, EzA § 8 ATG Nr 1). Bzgl weiterer Einzelheiten wird auf diese Kommentierung verwiesen.

8 **II. Ärzte in der Weiterbildung.** Nach dem G über befristete Arbeitsverträge mit Ärzten in der Weiterbildung vom 15.5.1986 (BGBl I S 742) ist das TzBfG nur anwendbar, soweit sie den Regelungen dieses G nicht widersprechen. § 1 III 5 und 6 ÄArbVtrG sehen zwingende Mindestbefristungsvor, sodass bei Einstellung eines Arztes zur Weiterbildung keine Befristung auf Grundlage von § 14 II vereinbart werden darf (ErfK/*Müller-Glöge* § 23 Rn 2).

9 **III. Elternzeit.** § 21 BEEG regelt die Befristung von Arbeitsverträgen wegen Vertretung anderer AN für die Dauer der Beschäftigungsverbote nach dem MuSchG, die Dauer der Elternzeit sowie Zeiten einer Arbeitsfreistellung zur Betreuung des Kindes (vgl die dortigen Erläuterungen).

10 **IV. Hochschulbereich und Forschungseinrichtungen.** Die **Befristung von Arbeitsverträgen mit wissenschaftlichem Personal** an Hochschulen und Forschungseinrichtungen wurde bislang durch die §§ 57a ff HRG geregelt. Der Bund hatte zwar durch das G zur Änderung des Grundgesetzes vom 28.8.2006 (BGBl I S 2034) die Gesetzgebungskompetenz für die Rahmengesetzgebung verloren, das HRG galt allerdings gem Art 125a I 1 GG fort und kommt für bis zum 17.4.2007 geschlossene Verträge auch weiterhin zur Anwendung. Für neuere Verträge gilt das zu 18.4.2007 in Kraft getretene Wissenschaftszeitvertragsgesetz (WissZeitVG, BGBl I S 506), für das der Bund gem Art 74 I Nr 12 GG weiterhin die Gesetzgebungskompetenz besitzt. Die befristungsrechtlichen Regelungen des HRG sind dabei iW unverändert in das WissZeitVG überführt worden. Zu Einzelfällen vgl auch Einleitung WissZeitVG Rn 1 ff.

11 **V. Öffentlicher Dienst.** Ergänzende Regelungen zur Befristung im Bereich des öffentl Dienstes finden sich in § 31 TVöD bzw § 30 TV-L.

Umwandlungsgesetz (UmwG)

Vom 28.10.1994 (BGBl I S 3210, ber BGBl 1995 I S 428) zuletzt geändert durch Art 22 des Gesetzes vom 24.4.2015 (BGBl I S 642).

– Auszug –

§ 1 Arten der Umwandlung; gesetzliche Beschränkungen
(1) Rechtsträger mit Sitz im Inland können umgewandelt werden
1. durch Verschmelzung;
2. durch Spaltung (Aufspaltung, Abspaltung, Ausgliederung);
3. durch Vermögensübertragung;
4. durch Formwechsel.

(2) Eine Umwandlung im Sinne des Abs. 1 ist außer in den in diesem Gesetz geregelten Fällen nur möglich, wenn sie durch ein anderes Bundesgesetz oder ein Landesgesetz ausdrücklich vorgesehen ist.

(3) ¹Von den Vorschriften dieses Gesetzes kann nur abgewichen werden, wenn dies ausdrücklich zugelassen ist. ²Ergänzende Bestimmungen in Verträgen, Satzungen oder Willenserklärungen sind zulässig, es sei denn, dass dieses Gesetz eine abschließende Regelung enthält.

§ 5 Inhalt des Verschmelzungsvertrages
(1) Der Vertrag oder sein Entwurf muss mindestens folgende Angaben enthalten: [...]
9. die Folgen der Verschmelzung für die Arbeitnehmer und ihre Vertretungen sowie die insoweit vorgesehenen Maßnahmen.

[...]

(3) Der Vertrag oder sein Entwurf ist spätestens einen Monat vor dem Tage der Versammlung der Anteilsinhaber jedes beteiligten Rechtsträgers, die gemäß § 13 Abs. 1 über die Zustimmung zum Verschmelzungsvertrag beschließen soll, dem zuständigen Betriebsrat dieses Rechtsträgers zuzuleiten.

§ 122c Verschmelzungsplan
(1) Das Vertretungsorgan einer beteiligten Gesellschaft stellt zusammen mit den Vertretungsorganen der übrigen beteiligten Gesellschaften einen gemeinsamen Verschmelzungsplan auf.

(2) Der Verschmelzungsplan oder sein Entwurf muss mindestens folgende Angaben enthalten: [...]
4. die voraussichtlichen Auswirkungen der Verschmelzung auf die Beschäftigung,
  [...]
10. gegebenenfalls Angaben zu dem Verfahren, nach dem die Einzelheiten über die Beteiligung der Arbeitnehmer an der Festlegung ihrer Mitbestimmungsrechte in der aus der grenzüberschreitenden Verschmelzung hervorgehenden Gesellschaft geregelt werden,

[...]

§ 122e Verschmelzungsbericht
¹Im Verschmelzungsbericht nach § 8 sind auch die Auswirkungen der grenzüberschreitenden Verschmelzung auf die Gläubiger und Arbeitnehmer der an der Verschmelzung beteiligten Gesellschaft zu erläutern. ²Der Verschmelzungsbericht ist den Anteilsinhabern sowie dem zuständigen Betriebsrat oder, falls es keinen Betriebsrat gibt, den Arbeitnehmern der an der grenzüberschreitenden Verschmelzung beteiligten Gesellschaft spätestens einen Monat vor der Versammlung der Anteilsinhaber, die nach § 13 über die Zustimmung zum Verschmelzungsplan beschließen soll, nach § 63 Abs. 1 Nr 4 zugänglich zu machen. ³§ 8 Abs. 3 ist nicht anzuwenden.

§ 126 Inhalt des Spaltungs- und Übernahmevertrages

(1) Der Spaltungs- und Übernahmevertrag oder sein Entwurf muss mindestens folgende Angaben enthalten: [...]

9. die genaue Bezeichnung und Aufteilung der Gegenstände des Aktiv- und Passivvermögens, die an jeden der übernehmenden Rechtsträger übertragen werden, sowie der übergehenden Betriebe und Betriebsteile unter Zuordnung zu den übernehmenden Rechtsträgern;
   [...]
11. die Folgen der Spaltung für die Arbeitnehmer und ihre Vertretungen sowie die insoweit vorgesehenen Maßnahmen.

(2) ¹Soweit für die Übertragung von Gegenständen im Falle der Einzelrechtsnachfolge in den allgemeinen Vorschriften eine besondere Art der Bezeichnung bestimmt ist, sind diese Regelungen auch für die Bezeichnung der Gegenstände des Aktiv- und Passivvermögens (Abs. 1 Nr 9) anzuwenden. ²§ 28 der Grundbuchordnung ist zu beachten. ³Im Übrigen kann auf Urkunden wie Bilanzen und Inventare Bezug genommen werden, deren Inhalt eine Zuweisung des einzelnen Gegenstandes ermöglicht; die Urkunden sind dem Spaltungs- und Übernahmevertrag als Anlagen beizufügen.

(3) Der Vertrag oder sein Entwurf ist spätestens einen Monat vor dem Tag der Versammlung der Anteilsinhaber jedes beteiligten Rechtsträgers, die gemäß § 125 in Verbindung mit § 13 Abs. 1 über die Zustimmung zum Spaltungs- und Übernahmevertrag beschließen soll, dem zuständigen Betriebsrat dieses Rechtsträgers zuzuleiten.

§ 136 Spaltungsplan

¹Das Vertretungsorgan des übertragenden Rechtsträgers hat einen Spaltungsplan aufzustellen. ²Der Spaltungsplan tritt an die Stelle des Spaltungs- und Übernahmevertrags.

§ 176 Anwendung der Verschmelzungsvorschriften

(1) Bei einer Vollübertragung nach § 175 Nr. 1 sind auf die übertragende Kapitalgesellschaft die für die Verschmelzung durch Aufnahme einer solchen übertragenden Gesellschaft jeweils geltenden Vorschriften des Zweiten Buches entsprechend anzuwenden, soweit sich aus folgenden Vorschriften nichts anderes ergibt.

(2) ¹Die Angaben im Übertragungsvertrag nach § 5 Abs. 1 Nr. 4, 5, und 7 entfallen. ²An die Stelle des Registers des Sitzes des übernehmenden Rechtsträgers tritt das Register des Sitzes der übertragenden Gesellschaft. ³An die Stelle des Umtauschverhältnisses der Anteile treten Art und Höhe der Gegenleistung. ⁴An die Stelle des Anspruchs nach § 23 tritt ein Anspruch auf Barabfindung; auf diesen sind § 29 Abs. 1, § 30 und § 34 entsprechend anzuwenden.

(3) ¹Mit der Eintragung der Vermögensübertragung in das Handelsregister des Sitzes der übertragenden Gesellschaft geht deren Vermögen einschließlich der Verbindlichkeiten auf den übernehmenden Rechtsträger über. ²Die übertragende Gesellschaft erlischt; einer besonderen Löschung bedarf es nicht.

(4) Die Beteiligung des übernehmenden Rechtsträgers an der Vermögensübertragung richtet sich nach den für ihn geltenden Vorschriften.

§ 177 Anwendung der Spaltungsvorschriften

(1) Bei einer Teilübertragung nach § 175 Nr. 1 sind auf die übertragende Kapitalgesellschaft die für die Aufspaltung, Abspaltung oder Ausgliederung zur Aufnahme von Teilen einer solchen übertragenden Gesellschaft geltenden Vorschriften des Dritten Buches sowie die dort für entsprechend anwendbar erklärten Vorschriften des Zweiten Buches auf den vergleichbaren Vorgang entsprechend anzuwenden, soweit sich aus den folgenden Vorschriften nichts anderes ergibt.

(2) ¹§ 176 Abs. 2 bis 4 ist entsprechend anzuwenden. ²An die Stelle des § 5 Abs. 1 Nr 4, 5 und 7 tritt § 126 Abs. 1 Nr 4, 5, 7 und 10.

§ 194 Inhalt des Umwandlungsbeschlusses

(1) In dem Umwandlungsbeschluss müssen mindestens bestimmt werden:
[...]
7. die Folgen des Formwechsels für die Arbeitnehmer und ihre Vertretungen sowie die insoweit vorgesehenen Maßnahmen.

(2) Der Entwurf des Umwandlungsbeschlusses ist spätestens einen Monat vor dem Tage der Versammlung der Anteilsinhaber, die den Formwechsel beschließen soll, dem zuständigen Betriebsrat des formwechselnden Rechtsträgers zuzuleiten.

Übersicht	Rdn.			Rdn.
A. Allgemeines	1	D.	Rechtsfolgen	15
B. Bezeichnung und Aufteilung der Vermögensgegenstände bei Spaltung (§ 126 I Nr 9, II)	4	E. F.	Zuleitung an den BR Grenzüberschreitende Verschmelzung	17 22
C. Arbeitsrechtliche Angaben (§§ 5 I Nr 9; 122e; 126 I Nr 11; 176 I iVm 5 I Nr 9; 177 I iVm 126 I Nr 11; 194 I Nr 7)	7			

A. Allgemeines. Das G sieht 4 Arten der Umwandlung vor: Die **Verschmelzung** (§§ 2 ff) durch Aufnahme in einen bestehenden Rechtsträger oder durch Übertragung des ganzen Vermögens mehrerer Rechtsträger auf einen neu gegründeten Rechtsträger, die **Spaltung** (§§ 123 ff) in 3 Unterarten, jew zur Aufnahme oder zur Neugründung, nämlich die Aufspaltung (Übertragung des Vermögens unter Auflösung ohne Abwicklung auf einen oder mehrere Rechtsträger), die Abspaltung (Übertragung eines oder mehrerer Teile) und die Ausgliederung (wie die Abspaltung, aber mit Übertragung von Anteilen an den übertragenden Rechtsträger, nicht an die Anteilsinhaber des übertragenden Rechtsträgers), die vollständige oder teilw **Vermögensübertragung** (§§ 174 ff) für Gebietskörperschaften, Versicherungsvereine auf Gegenseitigkeit, Versicherungs-AGs und öffentl Versicherungsunternehmen, sowie den **Formwechsel** (§§ 190 ff). Nicht stets ist ein Vertrag zwischen mehreren Parteien erforderlich. Vor allem bei der Spaltung zur Neugründung (§ 136) ist mangels Vertragspartners nicht ein Vertrag, sondern ein Plan zu erstellen. Auch bei der Umwandlung bedarf es keines Vertrags oder Entwurfs; hier ist ein Umwandlungsbeschl erforderlich. 1

Die Regelungen für den Verschmelzungsvertrag (§ 5), den Spaltungs- und Übernahmevertrag (§ 126) bei der Spaltung zur Aufnahme, den Spaltungsplan (§ 136) bei der Spaltung zur Neugründung, den Vermögensübertragungsvertrag (§§ 176, 177) und den Umwandlungsbeschl bei Formwechsel (§ 194) sind ähnlich und jedenfalls hins der arbeitsrechtlichen Komponenten fast gleich. Bei der Spaltung zur Neugründung wie auch bei der Umwandlung fehlt es jeweils an einem Vertragspartner, sodass die Vorlagepflicht nur ggü dem BR einer Seite bestehen kann. 2

I legt jeweils den Mindestinhalt der Verträge bzw Vertragsentwürfe und Beschl fest und gilt für alle Rechtsformen. Nach der Konzeption des UmwG münden die verschiedenen Umwandlungsformen in eine partielle oder vollständige Gesamtrechtsnachfolge. Sie tritt mit der Eintragung in das Handelsregister ein. Rechtsgeschäftliche Grundlage ist ein Vertrag bzw bei Spaltung zur Neugründung und bei Änderung der Rechtsform ein entspr Beschl des jew zuständigen Organs der Gesellschaft. 3

B. Bezeichnung und Aufteilung der Vermögensgegenstände bei Spaltung (§ 126 I Nr 9, II). Nur bei der Spaltung sind die Vermögensgegenstände zu bezeichnen und aufzuteilen. Dazu gehören auch Betriebe und Betriebsteile. Der Betriebsbegriff des UmwG deckt sich mit dem des § 613a BGB. Nach BT-Drs 12/6699, S 119 soll es bei Übertragung von Betrieben oder Betriebsteilen ausreichen, wenn bei betriebswirtschaftlicher Betrachtung ein Gegenstand oder eine Verbindlichkeit dem Geschäftsbetrieb eines bestimmten Unternehmensteils zuzurechnen ist. Allein die Angabe des Betriebs oder Betriebsteils reicht hingegen nicht. Insb bei Teilbetriebsübertragung ist vielmehr genau zu bezeichnen, welche Einheiten gemeint sind und nach welchen Kriterien die Abgrenzung vorgenommen wird (*Joost* ZIP 1995, 976, 984). 4

AN gehören nicht zum Vermögen des übertragenden Rechtsträgers (APS/*Steffan* § 126 Rn 27). Einzelne Arbeitsverhältnisse können im Vertrag grds auch nicht einem bestimmten Betrieb oder Betriebsteil mit konstitutiver Wirkung zugeordnet werden (so ausdrücklich BT-Drs 12/6699, S 118). Mit Blick auf die zwingende Regelung des § 613a BGB wird dies deutlich: Die betroffenen Arbeitsverhältnisse gehen bei Vorliegen der gesetzlichen Voraussetzungen des § 613a BGB automatisch und unverändert über, wenn die AN nicht widersprechen. Wird eine andere Zuordnung der Arbeitsverhältnisse vorgenommen, ist diese wegen Umgehung von § 613a BGB gem § 134 BGB nichtig (*Willemsen* NZA 1996, 791, 799), iÜ gilt § 139 BGB. 5

Offener ist aber der Fall, in dem Arbeitsverhältnisse **nicht eindeutig zugeordnet** werden können, wie etwa bei Reinigungs- und Bewachungskräften, Springern und Personal-, Verwaltungs- und anderen Stabsabteilungen, die für mehrere Betriebe tätig sind. Hier wäre eine **vertragliche Zuordnung** hilfreich, dies jedenfalls dann, wenn sie nicht im Interessenausgleich nach § 323 II vorgenommen wird. Anders als die Namensliste 6

§ 194 UmwG   Inhalt des Umwandlungsbeschlusses

nach § 323 II unterliegt die vertragliche Zuordnung allerdings der vollen gerichtlichen Nachprüfung. Eine Zuordnung durch die beteiligten Rechtsträger im Umwandlungsvertrag kann nicht die Schutzmechanismen des § 613a BGB und insb das Widerspruchsrecht aushebeln. Sie kann aber durchaus, trotz Fehlens einer konstitutiven Wirkung, jedenfalls als ein Indiz für eine den Realitäten entspr Aufteilung der Arbeitskräfte herangezogen werden, weswegen es sinnvoll ist, eine Zuordnung für Zweifelsfälle aufzunehmen.

7   **C. Arbeitsrechtliche Angaben (§§ 5 I Nr 9; 122e; 126 I Nr 11; 176 I iVm 5 I Nr 9; 177 I iVm 126 I Nr 11; 194 I Nr 7).** Die **Folgen** der Umwandlung für die AN und ihre Vertretungen sowie die insoweit vorgesehenen **Maßnahmen** sind zu benennen (zum umwandlungsrechtlichen AN-Begriff *Bungert/Leyendecker-Langner* ZIP 2014, 1112). Zu den **Vertretungen** gehören die betriebsverfassungsrechtlichen Organe (BR, GBR, KBR, JAV, Wirtschaftsausschuss), die Vertreter der leitenden Angestellten nach dem SprAuG (Sprecher-, Gesamtsprecher-, Unternehmens- und Konzernsprecherausschuss) sowie die Vertreter in den Unternehmensorganen nach den Mitbestimmungsgesetzen. Letzteres wird gern übersehen. Die Pflicht zur Angabe steht im Zusammenhang mit der Pflicht zur Vorlage bei diesen Organen. Sie sollen frühzeitig informiert sein, damit der soziale Frieden gefördert wird (vgl BT-Drs 12/6699, S 83).

8   Die Regelungen zu den arbeitsrechtlichen Angaben werfen eine Reihe von Fragen auf. Nicht ausdrücklich geregelt ist zunächst das **Verhältnis zu den übrigen Rechten der AN-Vertretungen**, etwa nach §§ 80 II, 92 ff, 99, 102, 106, 111 ff BetrVG, §§ 31, 32 SprAuG. Diese **bleiben unberührt**, bestehen also neben den umwandlungsrechtlichen Vorschriften unverbraucht fort (*Fitting* § 1 BetrVG Rn 168; Kallmeyer/ *Willemsen* § 5 Rn 48; *Joost* ZIP 1995, 976, 977; *Boecken* Rn 342; *Engelmeyer* DB 1996, 2542; APS/*Steffan* § 126 Rn 38), denn es handelt sich bei Letzteren um reine Informationsrechte der AN-Vertretungen, während erstere idR weiter gehende Mitbestimmung erlauben. Das kann im Einzelfall zu einem zeitlichen Auseinanderfallen von Informationspflichten führen. Insb der Wirtschaftsausschuss ist – im Fall der geplanten Spaltung oder Zusammenlegung von Betrieben oder Unternehmen gem § 106 III Nr 8 BetrVG – häufig erheblich früher als 1 Monat vor Beschlussfassung zu konsultieren, damit durch eigene Stellungnahme und Vorschläge noch Einfluss auf die Gesamtplanung wie auf einzelne Vorhaben genommen werden kann (vgl BAG 22.1.1991, 1 ABR 38/89, NZA 1991, 649). Ähnliches gilt für die Konsultation nach § 80 II BetrVG.

9   Geht mit der Umwandlung eine **Betriebsänderung** nach § 111 BetrVG einher, so muss der Versuch des Interessenausgleichs vor der Eintragung ins Handelsregister abgeschlossen sein (vgl *Willemsen* RdA 1998, 23, 26). Ob eine Betriebsänderung vorliegt, die Mitbestimmungsrechte nach § 111 BetrVG, § 32 SprAuG auslöst, ist hingegen Einzelfallfrage. Es ist durchaus denkbar, bspw bei Errichtung eines Gemeinschaftsbetriebes, dass die organisatorischen Strukturen sowohl beim abgebenden als auch beim aufnehmenden Unternehmen bzw Betrieb erhalten bleiben, sodass eine Betriebsänderung nicht gegeben ist. So ist nicht jede Unternehmens- auch eine Betriebsspaltung und damit interessenausgleichspflichtig nach § 111 BetrVG.

10 IE ungeklärt sind Umfang und Reichweite der erforderlichen Angaben. Nach der Gesetzesbegr (BT-Drs 12/6699) sind die eintretenden **individual- und kollektivrechtlichen Folgen** darzustellen. Nicht ausreichend ist jedenfalls ein iÜ unkommentierter Hinweis auf die Rechtsfolgen des UmwG und des § 613a BGB, auch wenn er mit der Anmerkung verbunden wird, dass deshalb die Umwandlung individualarbeitsrechtlich für die AN nicht nachteilig sei (OLG Düsseldorf 15.5.1998, 3 Wx 156/98 (rkr), ZIP 1998, 1190, 1191; *Bungert* NZG 1998, 733). Gibt es tatsächlich keine weiteren Folgen, ist jedenfalls eine **Negativerklärung** aufzunehmen, und zwar unter Angabe der maßgeblichen Tatsachen, nicht nur als knapper Hinweis. Welche Angaben ansonsten zu machen sind, ist nicht festgelegt und im Einzelfall zu klären.

11 Nach einer Ansicht (*Bungert* NZG 1998, 733, 734; *Müller* DB 1997, 713, 714; *Willemsen* RdA 1998, 23, 27 ff; *Gaul* DB 1995, 2265, 2266; *Lutter* § 5 Rn 54 ff) reicht die **Darstellung der unmittelbar eintretenden arbeitsrechtlichen Folgen**. Orientierungsmaßstab sind die nach § 613a BGB erforderlichen Angaben (s § 613a BGB Rdn 124 ff), weil diese Vorschrift nach § 324 bei Verschmelzung, Spaltung und Vermögensübertragung Anwendung findet. Mithin sind als Folgen jedenfalls anzugeben der **Eintritt** des übernehmenden Rechtsträgers in die bestehenden Arbeitsverhältnisse, der **Ausschluss von Kdg** wegen des Übergangs, der **Erhalt der kündigungsrechtlichen Stellung** für die Dauer von 2 Jahren gem § 323 bei Spaltung oder Teilübertragung, die **Haftung** für die Verbindlichkeiten des bisherigen Rechtsträgers sowie auf der kollektivrechtlichen Seite die Kontinuität oder Diskontinuität des **BR**, ein mögliches Übergangsmandat nach § 21a BetrVG, Umfang einer kollektiven oder individual-rechtlichen Fortgeltung von **TV** und **BV** oder Ablösung derselben beim übernehmenden Rechtsträger sowie Auswirkungen auf Bestehen und Zusammensetzung eines **Aufsichtsrats** (s.a. § 325). Bei der Spaltung und Übernahme ist auch anzugeben, ob Ruhestandsverhältnisse verbleiben oder übergehen (BAG 11.03.2008, 3 AZR 358/06, EzA § 4 BetrAVG Nr. 7) und eine »Rentnergesellschaft« entsteht.

Hingegen fordern andere (*Joost* ZIP 1995, 976, 979; *Bachner* NJW 1995, 2281, 2286; *Wlotzke* DB 1995, 40, 45; *Däubler* RdA 1995, 136, 138; *Hjort* NJW 1999, 750, 754; *Fitting* § 1 BetrVG Rn 169) auch die Angabe tatsächlicher, auch nur **mittelbarer Folgen** für die AN, also etwa erforderliche Umgruppierungen oder Versetzungen und die Änderung von Anfahrtswegen bei einer Verlagerung der Betriebsstätte. Teilw wird hier zur Begr die Gesetzesformulierung der »insoweit vorgesehenen Maßnahmen« herangezogen. Das »insoweit« deutet allerdings darauf hin, dass nicht alle möglichen Maßnahmen darzustellen sind, sondern nur solche, die sich mit der unmittelbaren Bewältigung der Folgen der Umwandlung befassen. Das beträfe nicht die bereits vom G vorgesehenen Wirkungen, sondern solche, die sich unmittelbar anschließen, etwa eine Verpflichtung des übernehmenden Rechtsträgers, die bestehenden BV unverändert anzuwenden oder dem zuständigen AG-Verband beizutreten. 12

Zu beachten ist jedoch, dass die **praktische Handhabbarkeit** noch erhalten bleiben muss. Die Anforderungen dürfen also nicht überzogen werden. Letztlich dient die Regelung dazu, die AN-Vertretungen in die Lage zu versetzen, die neue Situation zu erfassen und analysieren zu können, ohne umfängliche eigene Nachforschungen anstellen zu müssen. Sind die Ausführungen im Vertrag oder Plan zu allg, genügen sie nicht. Sie dürfen sich nicht in der Wiedergabe von Gesetzestexten erschöpfen. Gefragt ist vielmehr eine Darstellung der Fakten und ihrer Folgen. Darin muss andererseits nicht jede Rechtsfolge im Detail aufgeführt werden. In der Konsequenz liefe solches auf eine Einzelbeurteilung der künftigen Rechtsstellung eines jeden betroffenen AN durch den Unternehmer hinaus, was weder vom G gefordert noch praktikabel ist. Anzugeben ist außerdem nur das, was **tatsächlich eintritt** oder so **sicher geplant** ist, dass es aller Voraussicht nach eintreten wird. Dazu gehört bspw: 13

– Die Angabe, ob Betriebe ganz oder teilweise übertragen werden, sowie die Zuordnung von Arbeitsverhältnissen zum Betrieb oder Betriebsteil, wenn sie unklar ist; insb dann, wenn eine Unternehmensspaltung auch zu einer Betriebsspaltung führt;
– Die Rechtsfolgen des § 613a BGB einschließlich der Haftungsregelungen und Angaben zur kündigungsrechtlichen Stellung;
– Das Schicksal von TV und BV einschließlich der Darstellung der tarifvertraglichen und betriebsvereinbarungsrechtlichen Situation im aufnehmenden Unternehmen; das kann Ausführungen zur kollektiven oder individual-rechtlichen Fortgeltung ebenso erfordern wie solche zur Ablösung; hier wird aber regelmäßig eine Beschränkung auf die wesentlichen kollektiven Regelungen möglich sein, sodass nicht jede völlig unbedeutende BV stets aufzuführen ist; in einen Spaltungs- und Übernahmevertrag ist auch aufzunehmen, ob ein übernehmender Rechtsträger in einen FirmenTV eintritt (BAG 22.11.2012, 4 AZR 85/11, NZA 2013, 512). Ohne Regelung bleibt der übertragende Rechtsträger Partei, sofern er nicht wg Aufspaltung erlischt. Eine Parteiverdoppelung findet nicht statt (BAG 22.11.2012, 4 AZR 85/11, NZA 2013, 512);
– Geplante Betriebs- oder Teilbetriebsschließungen, Betriebseinschränkungen oder Neugründungen sowie vorgesehene Standortverlagerungen;
– Die künftigen Beschäftigtenzahlen und mögliche Auswirkungen auf AN-Vertretungen, also bspw Angaben dazu, ob BR oder Aufsichtsräte fortbestehen, eine AN-Beteiligung im Aufsichtsrat gegeben ist oder entfällt und Übergangsmandate für BR nach § 21a BetrVG bestehen.

Insgesamt ist bei den Ausführungen Augenmaß zu wahren. Ist etwa eine Verlagerung eines Betriebsstandorts vorgesehen, so ist das möglichst konkret anzugeben. Dass sich daraus für einzelne AN geänderte Anfahrtswege ergeben, ist jedoch selbstverständlich und bedarf keiner Erwähnung. Aufzunehmen ist auch nur, was bald folgt und fest vorgesehen ist. Mögliche betriebsändernde Maßnahmen, die aufgrund erhoffter Synergieeffekte einer Umwandlung später erforderlich werden könnten, sind etwa nur dann anzugeben, wenn hierzu schon konkrete Pläne vorliegen. Allg gilt, dass jedenfalls all das anzuführen ist, was **konkret abzusehen** ist. 14

D. Rechtsfolgen. Da es regelmäßig am Bindungswillen des oder der beteiligten Unternehmen fehlt, begründen die arbeitsrechtlichen Angaben in aller Regel **keine Rechtsansprüche einzelner AN**. Die Angaben dienen der Befriedigung des gesetzlich vorgesehenen Informationsrechts der genannten AN-Vertretungen, mehr nicht, und sie beschreiben lediglich die ohnehin nach G zwingend eintretenden Folgen (ebenso *Willemsen* RdA 1998, 23, 32; *Joost* ZIP 1995, 976, 985 f). Anders könnte dies allenfalls bei den »insoweit vorgesehenen Maßnahmen« sein, deren Darstellung sich auch auf solches erstrecken kann, was sich nicht aus zwingendem G ergibt. Auch hier fehlt es aber idR an einem Bindungswillen, da lediglich Maßnahmen in Aussicht genommen werden, ohne dass sie als unausweichlich dargestellt werden und ein Rechtsanspruch begründet werden soll. Ein Anspruch der **AN-Vertretungen** lässt sich aus den Angaben ebenso wenig herleiten; ihre Rechte ergeben sich vielmehr aus G und erschöpfen sich hins des UmwG in Informationsrechten. 15

Andere Beteiligungsrechte des BR (und des WA, § 106 III Nr. 8 BetrVG) bleiben unberührt (zur fehlenden Stimmigkeit des Konzepts vgl. Lutter/*Lutter/Drygala* Rn 55a).

16 Der Vertrag oder Plan ist bei der **Anmeldung** der Umwandlung zur Eintragung im Handelsregister beizufügen. Fehlt er, oder ist er offensichtlich unrichtig oder unzureichend, so kann das Registergericht den Eintragungsantrag zurückweisen. Das Registergericht hat eine Fehlerhaftigkeit vAw zu prüfen, aber der BR kann auf mögliche Fehler bei den Pflichtangaben hinweisen. Das Gericht kann dann ggf die Eintragung so lange aussetzen, bis der BR unter Wahrung der Monatsfrist (§§ 5 III, 126 III, 194 II) hinreichend informiert ist. Str ist, ob der BR seinen Informationsanspruch im **Beschlussverfahren** durchsetzen kann (bejahend etwa *Bachner* NJW 1995, 2881; abl *Willemsen* RdA 1998 23, 34). Das mag allenfalls dann möglich sein, wenn er Rechte aus § 23 III BetrVG geltend machen kann (trotz des missverständlichen Wortlauts dort – »Verpflichtungen aus diesem Gesetz« – sind nach hM auch Verpflichtungen aus anderen G erfasst; vgl nur GK-BetrVG/*Oetker* § 23 BetrVG Rn 168). Praktisch wird das jedoch kaum, denn § 23 III BetrVG verlangt einen »groben Verstoß«. Liegt aber ein solcher vor, etwa bei völlig fehlender Zuleitung des Vertrags oder Plans an den BR, wird das Registergericht, ggf nach Hinweis, die Umwandlung nicht eintragen. Eine **Anfechtungsbefugnis** der betroffenen BR besteht ebenfalls nicht (OLG Naumburg 6.2.1997, 7 U 236/96, DB 1997, 466; ebenso *Willemsen* RdA 1998, 23, 34). Ebenso abzulehnen ist ein möglicher **Schadensersatzanspruch** nach §§ 25, 26 bei falschen arbeitsrechtlichen Angaben; auch dieser wird aber kaum praktisch, da es regelmäßig an einem kausal verursachten Schaden fehlt, denn die arbeitsrechtlichen Angaben im Vertrag oder Plan haben keinen Regelungscharakter, sondern dienen nur der Information.

17 **E. Zuleitung an den BR.** Spätestens 1 Monat vor der Versammlung der Anteilsinhaber jedes beteiligten Rechtsträgers, auf der beschlossen werden soll, ist der Entwurf bzw der Plan den zuständigen BR zuzuleiten. Besteht **kein BR**, entfällt die Zuleitungspflicht. Vorzulegen ist aber auch, wenn der BR nach Auffassung des Unternehmens **fehlerhaft besetzt oder gewählt** ist, selbst wenn darüber ein Verfahren geführt wird. Das Fehlen eines BR ist dem Registergericht ausdrücklich mitzuteilen. Dies durch eidesstattliche Versicherung in öffentl beglaubigter Form nach § 12 I HGB zu verlangen (so AG Duisburg 4.1.1996, 23 HRB 4942, 5935 (rkr), GmbHR 1996, 372), erscheint aber überzogen (ebenso *Melchior* GmbHR 1996, 833, 834). Auch wenn ein BR fehlt, sind aber die arbeitsrechtlichen Angaben im Vertrag bzw Plan stets zu machen, weil es nicht nur dem Informationsinteresse der Anteilseigner, sondern auch dem Schutzinteresse der AN dient, wenn sich die beteiligten Unternehmen zu den arbeitsrechtlichen Folgen ausdrücklich erklären (ebenso *Willemsen* RdA 1998, 23, 32).

18 Der **gesamte** Vertrag bzw Plan einschl (jedenfalls der wesentl) Anlagen ist – ggf durch Boten – vorzulegen, nicht nur ein Auszug mit den arbeitsrechtlichen Angaben. Empfangsberechtigt ist der Vorsitzende des BR, in seinem Verhinderungsfall der Stellvertreter. Ein nicht bevollmächtigtes BR-Mitglied reicht regelmäßig nicht, § 26 II 2 BetrVG (vgl *Fitting* § 26 BetrVG Rn 33 f).

19 Die **Fristberechnung** richtet sich nach den allg zivilrechtlichen Vorschriften (§§ 187 I, 188 II BGB; ausf *Müller* DB 1997, 713, 716 f). Da die Fristwahrung Eintragungsvoraussetzung und dem Registergericht nach § 17 I nachzuweisen ist, empfiehlt sich ein schriftliches Empfangsbekenntnis mit Datumsangabe. Die Frist kann einvernehmlich abgekürzt werden (LG Stuttgart 11.4.2000, 4 KfH T 17, 18/99, GmbHR 2000, 622). Zum Nachweis dessen ist eine entspr Erklärung des BR vorzulegen. Unklar ist, ob auf die Vorlage insgesamt verzichtet werden kann (so *Widmann/Mayer* § 5 Rn 259, 266); da das G sie aber ausdrücklich vorsieht, kommt ein Verzicht wohl nicht in Betracht (*Willemsen* RdA 1998, 23, 33; *Pfaff* DB 2002, 686, 688).

20 **Welche BR zuständig** sind, richtet sich nach dem BetrVG, auch im Hinblick auf die Zuständigkeitsabgrenzung zwischen BR, GBR und KBR. Letzterer ist regelmäßig unzuständig, weil Umwandlungen ein Unternehmen betreffen, meist aber nicht den Konzern. Dann bleibt auch bei Konzernunternehmen der BR oder GBR des Unternehmens zuständig. Im Zweifel ist es jedoch unschädlich, den Vertrag bzw Plan allen Gremien zuzuleiten; um Unsicherheiten zu vermeiden, ist das auch ratsam (*Willemsen* RdA 1998, 23, 32).

21 Wird der Vertrag oder Plan nach Zuleitung an den BR **geändert**, löst dies eine erneute Vorlagepflicht mit voller Monatsfrist jedenfalls dann aus, wenn die Änderungen **wesentlich** und nicht völlig unerheblich sind. Die Wesentlichkeit ist Frage des Einzelfalls; werden die arbeitsrechtlichen Angaben in der 2. Fassung bspw um eine geplante Betriebsverlegung oder um die Darstellung der Auswirkungen auf den Aufsichtsrat ergänzt, ist der Vertrag bzw Plan erneut vorzulegen.

22 **F. Grenzüberschreitende Verschmelzung.** Mit G v 19.4.2007 (BGBl I S 542) sind ua die §§ 122a ff in das UmwG eingefügt worden. Sie behandeln die **grenzüberschreitende Verschmelzung von Kapitalgesellschaften** iSd EU-RL 2005/56/EG v 26.10.2005 (ABl EU Nr L 310 S 1). Nach § 122a II ist ua § 5 anwendbar. Gem § 122c II Nr 4 sind in den Verschmelzungsplan auch Angaben über die voraussichtlichen

Auswirkungen der Verschmelzung auf die Beschäftigung aufzunehmen. § 122c II Nr 10 über die Angaben im Verschmelzungsplan zum Verfahren über die Beteiligung der AN an der Festlegung ihrer Mitbestimmung in der aufnehmenden Gesellschaft bezieht sich auf die Regelungen des G über die Mitbestimmung der AN bei einer grenzüberschreitenden Verschmelzung (MgVG) v 21.12.2006 (BGBl I S 3332), in dem – nicht unähnlich dem Verfahren über die Bildung eines EBR – entweder freiwillig über die Einrichtung eines bes Verhandlungsgremiums (§§ 6 ff MgVG) oder kraft G (§§ 23 ff MgVG) eine Mitbestimmung der AN in den Unternehmensorganen gesichert werden soll. Problematisch wird häufig sein, dass konkrete Aussagen über das Verfahren noch nicht möglich sein werden, weil bspw die Verh mit dem bes Verhandlungsgremium noch nicht abgeschlossen sind. Bei Unklarheit muss es ausreichen, die Rechtslage abstrakt im Plan darzustellen (*Dzida/Schramm* NZG 2008, 521, 527 mwN).

Die §§ 5 ff sind auf die grenzüberschreitende Verschmelzung nur anwendbar, sofern die §§ 122a ff nichts anderes vorsehen. 23

Nach § 122e sind in den **Verschmelzungsbericht** auch die Auswirkungen der grenzüberschreitenden Verschmelzung auf die AN zu erläutern. Anders als in anderen Verschmelzungsfällen (§ 8 III) ist der Bericht nicht verzichtbar (für eine teleologische Reduktion des § 122e S 3 für den Fall, dass die dt Gesellschaft keine AN hat Kruse/*Kruse* BB 2010, 3035, 3036) und muss den zuständigen BR 1 Monat vor Beschlussfassung durch die Anteilseigner zugänglich gemacht werden. Allerdings können der zuständige BR, bzw die AN aus den Unterrichtungspflichten keine Erfüllungsansprüche gegen die beteiligte Gesellschaft herleiten und somit keinen Rechtsschutz im arbeitsgerichtlichen Beschlussverfahren begehren – mangels betriebsverfassungsrechtlicher Streitigkeit iSd § 2a I Nr 1 ArbGG (*Simon/Hinrichs* NZA 2008, 391, 396). Gibt es keinen BR, ist er den AN zugänglich zu machen. Den organisatorischen Aufwand dafür kann das Unternehmen in Grenzen halten, denn ein Recht zur Einsichtnahme während der üblichen Arbeits- bzw Geschäftszeiten reicht aus. 24

Der **Verschmelzungsplan** (§ 122c) ist hingegen nur beim Register einzureichen, § 122d, und nicht dem BR vorzulegen. Hieraus folgt, dass nur Angaben gemacht werden müssen, die für die Anteilseigner relevant sind. Anders als die Angaben iR des Verschmelzungsberichts nach § 122e dienen diese somit nicht der Information der AN-Vertretungen oder AN. Die erforderlichen Angaben reduzieren sich daher bspw auf die voraussichtliche Gesamtzahl von AN sowie die Darstellung etwa beabsichtigter Personalmaßnahmen oder Restrukturierungen (KK-UmwG/*Simon/Rubner*, § 122c Rn 16 f; *Dzida/Schramm* NZG 2008, 521, 526).

Die Formulierungen in § 122c II Nr 4 (»die voraussichtlichen Auswirkungen […] auf die Beschäftigung«) und § 122e S 1 (»die Auswirkungen […] auf die […] AN«) weichen voneinander sowie von der ansonsten im UmwG verwendeten Formulierung (»Folgen der« Umwandlung »für die AN und ihre Vertretungen«) ab; auch finden bei der grenzüberschreitenden Verschmelzung die »insoweit vorgesehenen Maßnahmen« keine Erwähnung. Das verwundert, findet aber seine Erklärung zumindest teilw in den europarechtlichen Vorgaben, die hier und mit der Einführung des MgVG umgesetzt werden. Inhaltlich dürfte bei der Darstellung der Folgen wenig Unterschied bestehen; allerdings kann aus dem **Fehlen** des Erfordernisses der Angabe von **vorgesehenen Maßnahmen** durchaus geschlossen werden, dass solche eben nicht darzustellen sind. Vielmehr geht es hier nur um die **unmittelbaren Auswirkungen** der grenzüberschreitenden Verschmelzung. Im Verschmelzungsbericht (§ 122e) sind somit dem Wortlaut nach weder Angaben zu Folgen der Verschmelzung auf die jeweiligen AN-Vertretungen noch zu den Auswirkungen auf die Unternehmensmitbestimmung, erforderlich. Nach § 122e ist es demnach nicht erforderlich, sämtliche mittelbaren Folgen auf die AN (wie bspw Versetzungen, Umschulungen, verlängerte Anfahrtswege, usw) der an der Verschmelzung beteiligten Gesellschaften anzugeben (*Dzida/Schramm* NZG 2008, 521, 526; *Simon/Hinrichs* NZA 2008, 391, 394). 25

§ 322 Gemeinsamer Betrieb
Führen an einer Spaltung oder an einer Teilübertragung nach dem Dritten oder Vierten Buch beteiligte Rechtsträger nach dem Wirksamwerden der Spaltung oder der Teilübertragung einen Betrieb gemeinsam, gilt dieser als Betrieb im Sinne des Kündigungsschutzrechts.

Übersicht	Rdn.		Rdn.
A. Bisherige Regelung..................	1	B. Kündigungsschutz...................	2

A. Bisherige Regelung. Bis zur Novelle des BetrVG im Jahr 2001 bestand die Vorschrift aus 2 Abs. Der 1. Abs enthielt eine Vermutungsregelung für das Vorliegen eines **Gemeinschaftsbetriebes im betriebsverfassungsrechtlichen Sinne**. Sie ist nun inhaltsgleich, wenn auch mit etwas verändertem Wortlaut, in § 1 II 1

Nr 2 BetrVG enthalten. Ein gemeinsamer Betrieb wird vermutet, wenn bei der Unternehmensspaltung ein oder mehrere Betriebsteile einem anderen an der Spaltung beteiligten Unternehmen zugeordnet werden, ohne dass sich dabei die Organisation des betroffenen Betriebs wesentlich ändert. Die Verschiebung der Regelung in das BetrVG sollte nach BR-Drs 140/01, S 77 klarstellen, dass die Vermutungswirkung bei jeder Unternehmensspaltung gilt, gleichgültig, ob sie im Wege der Gesamt- oder Einzelrechtsnachfolge bewirkt wird. Zum Gemeinschaftsbetrieb s die Kommentierung zu § 1 II Nr 2 BetrVG (§ 1 BetrVG Rdn 11 ff).

2 **B. Kündigungsschutz.** Im UmwG erhalten blieb als einziger Abs der bisherige 2. Abs zur **kündigungsschutzrechtlichen Stellung bei Spaltung und Teilübertragung**. Schon zuvor war der Gemeinschaftsbetrieb bei Vorliegen einer gemeinsamen Betriebsführung kündigungsschutzrechtlich anerkannt (vgl BAG 13.6.1985, 2 AZR 452/84, NZA 1986, 600; KR/*Bader* § 23 KSchG Rn 66 ff), sodass sich die Funktion des § 322 weitgehend in der Klarstellung erschöpft (so auch BT-Drs 12/6699, S 174).

3 Erforderlich ist eine **gemeinsame Betriebsführung**, also eine einheitliche Leitung des Gemeinschaftsbetriebs aufgrund rechtlicher Vereinbarung zwischen den beteiligten Unternehmen. Diese kann ausdrücklich oder konkludent getroffen sein. Letzteres ist insb dann anzunehmen, wenn der Kern der AG-Funktion im sozialen und personellen Bereich von einer einheitlichen Leitung wahrgenommen wird (vgl BAG 18.1.1990, 2 AZR 355/89, NZA 1990, 977). Ob ein Gemeinschaftsbetrieb errichtet wird, unterliegt der unternehmerischen Entscheidungsfreiheit; das G zwingt nicht dazu. Soll er vermieden werden, sind aber entspr Vorkehrungen zu treffen und die Betriebsteile getrennt zu führen.

4 Besteht ein gemeinsamer Betrieb, ist kündigungsschutzrechtlich so zu tun, als ob eine **Spaltung nicht stattgefunden** hätte. Für die Feststellung der Anwendbarkeit des KSchG ist die gesamte AN-Zahl des Gemeinschaftsbetriebs maßgeblich. Bei betriebsbedingten Kdg ist für die Weiterbeschäftigung (§ 1 II 2 Nr 1b, S 3 KSchG) auf die Verhältnisse des gemeinsamen Betriebs abzustellen. Der Mitarbeiter kann sich allerdings nur auf eine **Weiterbeschäftigungsmöglichkeit** berufen, wenn sich der freie Arbeitsplatz in dem Unternehmen befindet, mit dem er ein Arbeitsverhältnis hat (HWK/*Willemsen* § 322 Rn 3; APS/*Steffan* § 324 Rn 31, je mwN), denn er würde sonst einen AG-Wechsel verlangen können, den das Kdg-Schutzrecht nicht vorsieht. In die **Sozialauswahl** sind hingegen alle AN des Gemeinschaftsbetriebs einzubeziehen (KR/*Friedrich/Spilger* § 322, 323, 324 Rn 60), was ggf Austausch-Kdg bei allen beteiligten Rechtsträgern erfordern kann. Es ist daher ratsam, zwischen den Rechtsträgern vertragliche Ausgleichsmechanismen für diese Fälle vorzusehen, etwa Ersatzansprüche für Abfindungen.

5 Zwar ist § 322 **nicht abdingbar**. Im Unterschied zu § 1 II Nr 2 BetrVG gilt hier aber **keine widerlegliche Vermutung** für einen Gemeinschaftsbetrieb (offen BAG 24.5.2012, 2 AZR 62/11, EzA § 1 KSchG Betriebsbedingte Kündigung Nr. 168; a.A. ErfK/*Oetker* § 322 Rn 2). In der Praxis wirkt sich das jedoch allenfalls dann aus, wenn gleichzeitig ein Streit zwischen AG und BR über das Vorliegen eines Gemeinschaftsbetriebs anhängig ist, weil die ArbG im Kdg-Schutzprozess idR die betriebsverfassungsrechtliche Situation zum Ausgangspunkt nehmen und nicht differenzieren (HWK/*Willemsen* § 322 Rn 8; APS/*Steffan* § 324 Rn 32).

§ 323 Kündigungsrechtliche Stellung

(1) Die kündigungsrechtliche Stellung eines Arbeitnehmers, der vor dem Wirksamwerden einer Spaltung oder Teilübertragung nach dem Dritten oder Vierten Buch zu dem übertragenden Rechtsträger in einem Arbeitsverhältnis steht, verschlechtert sich auf Grund der Spaltung oder Teilübertragung für die Dauer von zwei Jahren ab dem Zeitpunkt ihres Wirksamwerdens nicht.

(2) Kommt bei einer Verschmelzung, Spaltung oder Vermögensübertragung ein Interessenausgleich zustande, in dem diejenigen Arbeitnehmer namentlich bezeichnet werden, die nach der Umwandlung einem bestimmten Betrieb oder Betriebsteil zugeordnet werden, so kann die Zuordnung der Arbeitnehmer durch das Arbeitsgericht nur auf grobe Fehlerhaftigkeit überprüft werden.

Übersicht	Rdn.		Rdn.
A. Zweck der Vorschrift	1	C. Zuordnung von AN	11
B. Beibehaltung der kündigungsrechtlichen Stellung	2		

1 **A. Zweck der Vorschrift.** Der 1. Abs regelt einen zeitlich begrenzten **Bestandsschutz** der Arbeitsverhältnisse bei Spaltung oder Teilübertragung. Der 2., davon völlig unabhängige Abs soll die gelegentlich schwierige **Zuordnung von Arbeitsverhältnissen** zu Betrieben oder Betriebsteilen erleichtern und schränkt dafür die gerichtliche Überprüfungskompetenz ein.

B. Beibehaltung der kündigungsrechtlichen Stellung. Für die Dauer von **2 Jahren** behalten die AN ihre kündigungsrechtliche Stellung, die sie beim übertragenden Rechtsträger hatten, wenn sich durch Spaltung oder Teilübertragung die betrieblichen Strukturen ändern. Nach § 131 bzw §§ 177, 184, 189 iVm 131 beginnen die 2 Jahre mit der Eintragung der Spaltung oder Teilübertragung in das Handelsregister. Die Frist berechnet sich nach §§ 187 I, 188 II BGB. Persönlich erfasst sind alle AN, deren kündigungsrechtliche Stellung sich verschlechtert, gleichgültig, ob sie infolge der Spaltung oder Teilübertragung auf einen anderen Rechtsträger **übergehen** oder beim übertragenden Rechtsträger **verbleiben**. Erforderlich ist nur, dass vor der Spaltung oder Teilübertragung ein Arbeitsverhältnis mit dem übertragenden Rechtsträger rechtlich bestand und dass (»auf Grund der Spaltung oder Teilübertragung«) ein kausaler Zusammenhang zwischen der Umwandlungsmaßnahme und der Verschlechterung besteht. Hier bestehen Parallelen zu § 613a IV 1 BGB (s § 613a BGB Rdn 109 ff). 2

Der Begriff der »**kündigungsrechtlichen Stellung**« ist nach wie vor str. Nach dem Gesetzeswortlaut sind alle kündigungsrelevanten Daten wie Kündbarkeit, Kdg-Frist und Kdg-Schutz umfasst. Die Gesetzesbegr ist jedoch weniger eindeutig (BT-Drs 12/6699, S 175). Dort wird auf die notwendige Beschäftigtenzahl und »insb« auf § 23 I KSchG verwiesen, was dafür spricht, lediglich die Anwendbarkeit des KSchG zu erhalten, auch wenn die Beschäftigtenzahl unter den Schwellenwert sinkt (so *Bauer/Lingemann* NZA 1994, 1057, 1060). Nach anderer Auffassung (etwa KR/*Friedrich/Spilger* §§ 322, 323, 324 Rn 49 f) ist die Spaltung bzw Teilübertragung für 2 Jahre gleichsam zu ignorieren und stattdessen ein einheitlicher Betrieb zu fingieren, wie er vor der Umwandlung bestand. Das würde etwa auch **betriebsbedingte Kdg** beim übernehmenden Rechtsträger ausschließen, wenn beim übertragenden Rechtsträger noch ein freier adäquater Arbeitsplatz vorhanden wäre oder wenn die Sozialauswahl im fingierten gemeinsamen Betrieb zulasten eines AN aus dem anderen »Teil« ausginge. Das KSchG beschränkt aber die Frage der Weiterbeschäftigung auf das Unternehmen und dehnt sie nicht einmal auf Konzernunternehmen aus. Anderes gilt nur für gemeinsame Betriebe. Diese sind jedoch in § 322 ausdrücklich genannt. Auch die Sozialauswahl unterliegt der anderen Systematik des KSchG, indem sie sich auf den betroffenen Betrieb beschränkt. Der abgespaltene oder übertragene Betrieb ist jedoch – mit Ausnahme des gemeinsamen Betriebes – vom verbliebenen Betrieb getrennt, und seine AN sind jew von betriebsbedingten Kdg im anderen Betrieb nicht betroffen. Letztlich würden bei dieser Auslegung die soeben getrennten Betriebe von G wegen für 2 Jahre zusammengebunden. Es ergäbe sich ein faktisches Kdg-Verbot, womit die ohnehin durch das KSchG beschränkte Entscheidungsfreiheit des AG für 2 Jahre entfiele (ähnlich ErfK/*Preis* § 613a BGB Rn 193; *v Hoyningen-Huene/Linck* § 23 Rn 9d; *Willemsen* NZA 1996, 791, 800). Richtig ist zwar, dass der Gesetzeswortlaut eine enge Auslegung nicht stützt und auch die Gesetzesbegr keine eindeutige Aussage trifft. Andererseits wäre der Widerspruch eklatant: Sämtliche Wirkungen einer Spaltung oder Teilübertragung treten mit Eintragung ein, nur die kündigungsrechtliche Stellung kann sich erst mit 2 Jahren Verzögerung ändern. Eine solche Frist ist nicht einmal für ein Übergangsmandat des BR oder bei der Fortgeltung kollektivrechtlicher Regelungen bei Betriebsübergang vorgesehen (vgl § 21a BetrVG, § 613a BGB). 3

Das BAG hat jedoch in seiner Entsch v 22.9.2005 (6 AZR 526/04, BB 2006, 1278) erstmals festgestellt, dass die kündigungsrechtliche Stellung iSv § 323 I nicht die Rechtsposition »Sozialauswahl« erfasst und die AN sich weiterhin nicht auf Weiterbeschäftigungsmöglichkeiten in den anderen aus der Spaltung hervorgegangenen Unternehmen berufen können. Begründet wird dies damit, dass es sich bloß um reflexartige Vorteile handelt, die sich allein aus der tatsächlichen Situation im Ursprungsbetrieb ergeben haben und der AG es nach der Spaltung rechtlich nicht mehr in der Hand hat, dem AN einen zur Weiterbeschäftigung geeigneten Arbeitsplatz anzubieten bzw einen AN aus dem Ursprungsbetrieb zu kündigen. 4

In der Praxis reduziert sich der Streit häufig, wie in der Gesetzesbegr angeführt, auf den Fall des Unterschreitens der **Anwendungsschwelle des KSchG** (§ 23 I KSchG). Für die Berechnung der 6-monatigen Mindestbeschäftigung ist die Tätigkeit beim übertragenden Rechtsträger einzubeziehen. Das gilt auch für die Berechnung gesetzlicher Mindestkündigungsfristen nach § 622 BGB und folgt bereits aus § 613a I 1 BGB iVm § 323. 5

Ist die **ordentliche Kdg** arbeitsvertraglich **ausgeschlossen**, gilt der Ausschluss fort. Das ergibt sich bereits aus § 613a I 1 BGB iVm § 324. Gleiches gilt für einen tarifvertraglichen Kdg-Ausschluss, wenn der TV fortgilt. Bei Wandlung in einen individualvertraglichen Ausschluss sieht § 613a I 2 BGB zwar nur eine 1-jährige Veränderungssperre vor. Dennoch geht § 323 nicht vor, weil mit der Transformation der Ausschluss praktisch dauerhaft festgeschrieben ist und sich kaum durch ablösenden TV abändern lässt. 6

Ein **BR-Amt** endet mit Spaltung oder Teilübertragung, weil dann die betriebsverfassungsrechtliche Identität verloren geht. Nach § 15 I 2 KSchG besteht nachwirkender Kdg-Schutz für 1 Jahr. Würde § 323 I angewendet, verlängerte sich der Kdg-Schutz auf 2 Jahre (so APS/*Steffan* § 323 Rn 13). Das erscheint tragbar allenfalls in den Fällen, in denen ohne die Umwandlung die restliche Amtszeit plus 1-jährigem Kdg-Schutz 7 ebenfalls noch 2 Jahre oder länger gedauert hätte. Nicht hinnehmbar ist allerdings eine Besserstellung ggü anderen Fällen von Veränderungen im BR (in diese Richtung auch Kallmeyer/*Willemsen* Rn 13).

8 Bei **Massenentlassungen** ist für die Anzeigepflicht nach § 17 KSchG auf die tatsächliche Betriebsgröße abzustellen, nicht auf die ehemalige Betriebsgröße vor der Spaltung oder Teilübertragung (*Bauer/Lingemann* NZA 1994, 1057, 1061).

9 **Mittelbare Verschlechterungen** bleiben unberücksichtigt, etwa das Fehlen eines BR nach der Spaltung, sofern nicht eine kollektive Regelung nach § 325 II abgeschlossen wurde.

10 Die Regelung des § 323 I ist **zwingend**, auf sie kann nicht im Voraus verzichtet werden. Nach Spaltung oder Teilübertragung ist ein Änderungsvertrag hingegen möglich. Analogiefähig ist die Regelung sicher nicht für Fälle außerhalb des UmwG (BAG 15.2.2007, 8 AZR 397/06, BB 2007, 1453). Aber auch innerhalb des UmwG, etwa bei Verschmelzung, ist wegen des insoweit klaren Gesetzeswortlauts eine Analogie abzulehnen (aA APS/*Steffan* § 323 Rn 17).

11 **C. Zuordnung von AN.** Die Regelung des § 323 II gilt, anders als I, auch für die Verschmelzung und die Vollübertragung, weil in allen diesen Fällen bei einer Änderung von Betriebsstrukturen die Frage der Zuordnung von AN auftreten kann. Nur beim Formwechsel bleibt die Betriebsidentität stets erhalten.

12 Nach der Regelung ist die gerichtliche Überprüfbarkeit einer Zuordnung auf grobe Fehlerhaftigkeit beschränkt, wenn die Betriebsparteien die Aufteilung der AN in einem **Interessenausgleich** vorgenommen haben. Interessenausgleichspflicht besteht bei Betriebsänderungen gem § 111 BetrVG, also ua auch bei der Betriebsspaltung, dem Hauptanwendungsfall der Norm, ohne dass es noch einer Prüfung bedarf, ob mit der Änderung wesentliche Nachteile für die AN einhergehen (vgl BAG 17.8.1982, 1 ABR 40/80, NJW 1983, 1870). Ein Interessenausgleich ist nach § 112 BetrVG nicht erzwingbar, sondern kann nur freiwillig vereinbart werden.

13 Die zugeordneten AN sind namentlich aufzuführen. Zwar haben die Betriebsparteien keine eigene Regelungskompetenz bei der Zuordnung (Kallmeyer/*Willemsen* § 324 Rn 34 f), sondern müssen sich gem § 324 nach § 613a I BGB richten. Insofern können sie weder einen vom Betriebsübergang nicht betroffenen AN zu einem Betriebsübergang führen noch, durch Nichterwähnung im Interessenausgleich, den Übergang eines betroffenen AN verhindern, auch wenn dieser nicht widerspricht. Der Interessenausgleich bleibt dann deklaratorisch. Konstitutiv kann er nur bei Zweifelsfällen wirken, also bei AN, die nicht klar zugeordnet werden können, wie Springer, Stabsabteilungen, Reinigungs- und Sicherheitskräfte etc. Unberührt bleibt davon aber das Widerspruchsrecht des AN nach § 613a BGB; weil ein Betriebsübergang vorliegt, bleibt die Vorschrift auch anwendbar. Widerspricht der zugeordnete AN, und kündigt der übertragende Rechtsträger daraufhin betriebsbedingt, kann sich der AN nach hM nur dann auf eine fehlerhafte Sozialauswahl berufen, wenn er für seinen Widerspruch einen sachlichen Grund hatte, und zwar auch dann, wenn er sein Widerspruchsrecht rechtsmissbräuchlich ausgeübt hat (aA APS/*Steffan* § 323 Rn 24).

14 Das Gericht kann eine Zuordnung nur auf **grobe Fehlerhaftigkeit** überprüfen. Grobe Fehlerhaftigkeit liegt jedenfalls dann vor, wenn die Zuordnung im Interessenausgleich einer objektiv eindeutigen bisherigen Zuordnung zu einem bestimmten Betrieb zuwiderläuft. Im Zweifel ist sie hingegen nicht anzunehmen, wenn sachliche Gründe die Zuordnung zumindest vertretbar erscheinen lassen (Kallmeyer/*Willemsen* § 324 Rn 42; weiter gehend noch *Bauer/Lingemann* NZA 1994, 1057, 1061: unter keinem Gesichtspunkt sachlich zu rechtfertigen). Reine Zweckmäßigkeitsüberlegungen bei der Zuordnung können aber eine grobe Fehlerhaftigkeit nahe legen.

15 Es gilt die **abgestufte Darlegungs- und Beweislast**. Der AN hat eine grobe Fehlerhaftigkeit zu behaupten, der AG sodann die Zuordnung gem § 138 I ZPO zu erläutern. Dann ist es am AN, substanziiert zu bestreiten und ggf Beweis zu erbringen.

16 Eine **Frist**, innerhalb derer eine grobe Fehlerhaftigkeit vom AN geltend gemacht werden muss, nennt das G nicht. Ähnlich wie bei der Ausübung des Widerspruchsrechts ist aber eine **unverzügliche** Geltendmachung zu fordern, damit rasch Klarheit über die Zuordnung herrscht.

17 Wie jeder Interessenausgleich hat auch ein solcher nach § 323 II **keine normative Wirkung**. Weicht der AG von ihm ab, können sich aber Ansprüche auf Nachteilsausgleich nach § 112 BetrVG ergeben. Bei abw Regelungen im Verschmelzungs- oder Spaltungsvertrag geht der Interessenausgleich vor (Kallmeyer/*Willemsen* § 324 Rn 43).

§ 324 Rechte und Pflichten bei Betriebsübergang

§ 613a Abs. 1, 4 bis 6 des Bürgerlichen Gesetzbuchs bleibt durch die Wirkungen der Eintragung einer Verschmelzung, Spaltung oder Vermögensübertragung unberührt.

Übersicht

	Rdn.			Rdn.
A. Anwendungsbereich	1	B.	Rechtsfolgen	2

A. Anwendungsbereich. Die Vorschrift verweist auf § 613a BGB und erweitert damit den Anwendungsbereich dieser Regelung von der Singularsukzession auf die Fälle der **Gesamtrechtsnachfolge** bei Verschmelzung, Spaltung und Vermögensübertragung. Trotz der wenig geglückten Formulierung sind § 613a I, IV, V und VI BGB in diesen Fällen uneingeschränkt anwendbar. Bei der formwechselnden Umwandlung bleibt hingegen die Identität des Rechtsträgers unberührt, weswegen für eine Anwendung des § 613a BGB kein Raum ist. Die Vorschrift ist Rechtsgrund- und nicht lediglich Rechtsfolgenverweisung (BAG 25.5.2000, 8 AZR 416/99, NZA 2000, 1115, 1117; Kallmeyer/*Willemsen* § 324 Rn 2). Ob der erforderliche Übergang eines Betriebs oder Betriebsteils vorliegt, ist nach § 613a BGB zu beurteilen (s dort).   1

B. Rechtsfolgen. Geht ein Betrieb oder Betriebsteil über, gehen nach § 613a I 1 BGB auch die Arbeitsverhältnisse der betroffenen AN über, und es wechselt der AG als Vertragspartner. **Der Zeitpunkt des AG-Wechsels** richtet sich nicht nach dem Umwandlungsvertrag, Plan oder Entwurf, sondern nach dem Zeitpunkt der tatsächlichen Übernahme der Leitungsmacht durch den übernehmenden Rechtsträger.   2
Zur Möglichkeit einer **Zuordnung von AN** zu bestimmten Betrieben oder Betriebsteilen s § 323 Rdn 11 ff.   3
Auch bei Vereinbarung eines Interessenausgleichs mit namentlicher Bezeichnung nach § 323 II geht § 613a BGB grds vor. Die nur beschränkter gerichtlicher Überprüfung zugängliche Zuordnung hilft aber in Zweifelsfällen.
Die betroffenen AN sind in jedem Fall nach § 613a V BGB zu **unterrichten**, und ihnen steht das **Widerspruchsrecht** des § 613a VI BGB zu. **Erlischt** allerdings der abgebende Rechtsträger, wie bei Verschmelzung und Aufspaltung, geht ein Widerspruch ins Leere (BT-Drs 14/7760, S 20), denn ein Verbleib bei diesem Rechtsträger ist nicht mehr möglich. Die Lösungsvorschläge reichten bislang vom Ausschluss des Widerspruchsrechts (*Gaul/Otto* DB 2002, 634, 636) über die Beendigung des Arbeitsverhältnisses mit Widerspruch (*Bauer/v Steinau-Steinrück* ZIP 2002, 457, 465) und die Einräumung eines außerordentlichen Kdg-Rechts für den AN (ArbG Münster 14.4.2000, 3 Ga 13/00, NZA-RR 2000, 467; Kallmeyer/*Willemsen* § 324 Rn 23; APS/*Steffan* § 324 Rn 10) bis zur Einräumung eines Wahlrechts des widersprechenden AN für den Fall der Beteiligung mehrerer übernehmender Rechtsträger (*Mertens* AG 1994, 66, 73). In einer jüngeren Entsch hat das BAG zu dieser Problematik Stellung genommen und im Wege der teleologischen Reduktion das Widerspruchsrecht des AN bei Umwandlungsmaßnahmen, bei denen der übertragende Rechtsträger infolge der Umwandlung erlischt, ausdrücklich abgelehnt. Der AN kann in einem solchen Fall jedoch von seinem außerordentlichen Kdg-Recht nach § 626 BGB Gebrauch machen, wobei die Frist des § 626 II BGB erst ab Kenntnis von der Eintragung der zum Erlöschen des bisherigen AG führenden Umwandlung zu laufen beginnt (BAG 21.2.2008, 8 AZR 157/07, DB 2008, 1578). Eine Eigen-Kdg durch Widerspruch wird man dennoch regelmäßig nicht annehmen können. So hat das BAG in dem von ihm zu entscheidenden Fall die Umdeutung des Widerspruchs als Eigen-Kdg mit dem Hinweis abgelehnt, dass der AN eine zur Beendigung des Arbeitsverhältnisses führende eigene Willenserklärung mit dem Widerspruchsschreiben nicht abgeben wollte (BAG 21.2.2008, 8 AZR 157/07, DB 2008, 1578).   4
Zur **Haftung** ist vor allem die Besonderheit zu beachten, dass nach § 134 für den Fall der Unternehmensspaltung in eine Anlage- und eine Betriebsgesellschaft, bei denen nach der Spaltung iW dieselben Personen beteiligt sind, die Anlagegesellschaft gesamtschuldnerisch für AN-Forderungen aus Sozialplänen und aus Nachteilsausgleich (§§ 111–113 BetrVG) haftet, die innerhalb von 5 Jahren begründet werden. Die §§ 134 III, 133 III–V erstrecken die Haftung auf 10 Jahre. § 613a II BGB gilt nicht.   5

§ 325 Mitbestimmungsbeibehaltung

(1) ¹Entfallen durch Abspaltung oder Ausgliederung im Sinne des § 123 Abs. 2 und 3 bei einem übertragenden Rechtsträger die gesetzlichen Voraussetzungen für die Beteiligung der Arbeitnehmer im Aufsichtsrat, so finden die vor der Spaltung geltenden Vorschriften noch für einen Zeitraum von fünf Jahren nach dem Wirksamwerden der Abspaltung oder Ausgliederung Anwendung. ²Dies gilt nicht, wenn die betreffenden Vorschriften eine Mindestzahl von Arbeitnehmern voraussetzen und die danach berechnete

Zahl der Arbeitnehmer des übertragenden Rechtsträgers auf weniger als in der Regel ein Viertel dieser Mindestzahl sinkt.
(2) ¹Hat die Spaltung oder Teilübertragung eines Rechtsträgers die Spaltung eines Betriebes zur Folge und entfallen für die aus der Spaltung hervorgegangenen Betriebe Rechte oder Beteiligungsrechte des Betriebsrats, so kann durch Betriebsvereinbarung oder Tarifvertrag die Fortgeltung dieser Rechte und Beteiligungsrechte vereinbart werden. ²Die §§ 9 und 27 des Betriebsverfassungsgesetzes bleiben unberührt.

Übersicht	Rdn.		Rdn.
A. Regelungsgehalt	1	C. Kollektivvereinbarung zur betrieblichen Mitbestimmung	3
B. Mitbestimmung im Aufsichtsrat	2		

1 **A. Regelungsgehalt.** Erneut werden 2 voneinander unabhängige Sachverhalte in einer Regelung behandelt. I befasst sich mit der **AN-Vertretung im Aufsichtsrat**. II ermöglicht hingegen freiwillige Vereinbarungen über Rechte des BR.

2 **B. Mitbestimmung im Aufsichtsrat.** Nach § 325 I gilt im Fall einer **Abspaltung** oder **Ausgliederung**, dass bei Entfallen der Voraussetzungen für eine zwingende Vertretung der AN im Aufsichtsrat nach der Umwandlung die mitbestimmungsrechtlichen Regelungen für einen Zeitraum von **5 Jahren** fortgelten (vgl zur Mitbestimmungsbeibehaltung nach Umstrukturierung Trittin/*Gilles* RdA 2011, 46 ff). Dies trifft nur den **übertragenden**, nicht den aufnehmenden Rechtsträger. Ersterer behält seinen mitbestimmten Aufsichtsrat in der Form, in der er vor der Abspaltung oder Ausgliederung bestand, für weitere 5 Jahre, sofern nicht seine Mitarbeiterzahl dauerhaft auf weniger als ein Viertel der nach dem jeweiligen Mitbestimmungsstatut erforderlichen Zahl sinkt. Der Zeitraum beginnt mit Eintragung der Umwandlung im Handelsregister. Nach seinem Ablauf und unveränderter Situation hat der übertragende Rechtsträger das **Statusverfahren** nach §§ 97 ff AktG einzuleiten.

3 **C. Kollektivvereinbarung zur betrieblichen Mitbestimmung.** Bei einer **Spaltung** oder **Teilübertragung** können AG und AN-Vertretung durch kollektive Vereinbarung Rechte des **BR** aufrechterhalten, die anderenfalls durch die Umwandlungsmaßnahme entfielen. Mit dieser Öffnungsklausel ist eine zeitlich unbeschränkte Fortschreibung von BR-Rechten möglich. Ähnlich dem § 3 BetrVG wird hier den Betriebsparteien eine gewisse Flexibilität eingeräumt. **Beteiligungsrechte** des BR sind solche nach dem BetrVG (insb §§ 38, 99, 106 I, 111 ff), **Rechte** hingegen solche, die bislang schon durch TV oder BV festgeschrieben waren. Nicht zur Disposition stehen allerdings die **Größe des BR** und die Möglichkeit der Bildung von **Ausschüssen**; die §§ 9 und 27 BetrVG gelten fort.

4 Für eine Sicherung durch **TV**, insb Firmen-TV, reicht eine einseitige Tarifbindung des AG (§ 3 II TVG). Eine BV ist **freiwillig** und nicht über eine Einigungsstelle erzwingbar (HWK/*Willemsen* § 325 Rn 15). Sie kann nur für die beteiligten Betriebe gelten und vereinbart werden; zuständig ist der nach Spaltung oder Teilübertragung zuständige BR, sodass eine **vorherige Vereinbarung** mit dem dann bestehenden BR nur bei einem **Übergangsmandat** nach § 21a BetrVG möglich ist.

Gesetz über befristete Arbeitsverträge in der Wissenschaft (Wissenschaftszeitvertragsgesetz – WissZeitVG)

Vom 12.4.2007 (BGBl I S 506) geändert durch Gesetz vom 11.3.2016 (BGBl I S 442)

Einleitung

Nachdem die Föderalismusreform die bisher in Art 75 I Nr 1a GG enthaltene Rahmenkompetenz des Bundes für die allg Grundsätze des Hochschulwesens aufgehoben hat, ist das HRG ein Gesetz auf Abbruch: Die in ihm enthaltenen Rahmenregelungen gelten bis zur geplanten, in der 16. Legislaturperiode aber nicht zustande gekommenen Aufhebung des HRG (s Gesetzentw der BReg v 25.5.2007, BR-Drs 352/07) nach Art 125a GG zwar als Bundesrecht fort, können aber durch Landesrecht ersetzt werden. Der Gesetzgeber hat dies zum Anlass genommen, die in ihrem Kern auf der Kompetenz des Bundes zur konkurrierenden Gesetzgebung nach Art 74 I Nr 12 GG basierenden Befristungsregelungen der §§ 57a ff HRG durch ein eigenes Wissenschaftszeitvertragsgesetz abzulösen. Dabei hat er sich nicht auf eine bloße Übernahme der in den §§ 57a ff HRG enthaltenen Regelungen beschränkt, sondern gravierende Änderungen vorgenommen. [1]

Diese Änderungen hat der Gesetzgeber durch das am 18.3.2016 in Kraft getretene Erste Gesetz zur Änderung des Wissenschaftszeitvertragsgesetzes v 11.3.2016 (BGBl I S 442) wieder modifiziert: Die in § 2 I zugelassene Befristung nach der Zeitdauer muss im Verhältnis zur angestrebten Qualifizierung angemessen sein (§ 2 Rdn 3). Die Dauer der in § 2 II zugelassenen Drittmittelbefristung soll dem bewilligten Projektzeitraum entsprechen (§ 2 Rdn 14). Die Möglichkeit der Drittmittelbefristung des nichtwissenschaftlichen Personals ist gestrichen worden (§ 2 Rdn RDN). Die Berücksichtigung der mit einer Kinderbetreuung einhergehenden Belastung wird mit einem Bezug auf § 15 BEEG klarer geregelt. Die befristete Beschäftigung v Studierenden mit Hilfstätigkeiten ist im neuen § 6 eigens geregelt. [2]

Das Gesetz hat das **Gesetz über befristete Arbeitsverträge mit Ärzten in der Weiterbildung** vom 15.5.1986 (BGBl I S 742) unberührt gelassen. Nach dessen § 1 I liegt ein die Befristung eines Arbeitsvertrages mit einem Arzt rechtfertigender sachlicher Grund vor, wenn die Beschäftigung des Arztes seiner zeitlich und inhaltlich strukturierten Weiterbildung zum Facharzt oder dem Erwerb einer Anerkennung für einen Schwerpunkt oder dem Erwerb einer Zusatzbezeichnung, eines Fachkundenachweises oder einer Bescheinigung über eine fakultative Weiterbildung dient. Die Höchstdauer einer solchen Befristung beträgt acht Jahre (§ 1 II-IV). Die Vorschriften dieses Gesetzes sind ebenso wie die des WissZeitVG (§ 2 Rdn 6) arbeitsrechtsfest (§ 1 V). [3]

Das Gesetz ist am 17.4.2007 im BGBl verkündet worden u damit nach seinem Art 5 am 18.4.2007 in Kraft getreten. Das Änderungsgesetz ist am 16.3.2016 im BGBl verkündet worden und nach seinem Art 2 am 17.3.2016 in Kraft getreten. § 7 (früher § 6) enthält eine Übergangsvorschrift. [4]

Ein Überblick über die Kommentierungen des WissZeitVG findet sich bei *Picker* OdW 2014, 35 (zu den Änderungen im Einzelnen *Mandler/Meißner* OdW 2016, 33 – 50). [5]

§ 1 Befristung von Arbeitsverträgen

(1) ¹Für den Abschluss von Arbeitsverträgen für eine bestimmte Zeit (befristete Arbeitsverträge) mit wissenschaftlichem und künstlerischem Personal mit Ausnahme der Hochschullehrerinnen und Hochschullehrer an Einrichtungen des Bildungswesens, die nach Landesrecht staatliche Hochschulen sind, gelten die §§ 2, 3 und 6. ²Von diesen Vorschriften kann durch Vereinbarung nicht abgewichen werden. ³Durch Tarifvertrag kann für bestimmte Fachrichtungen und Forschungsbereiche von den in § 2 Abs. 1 vorgesehenen Fristen abgewichen und die Anzahl der zulässigen Verlängerungen befristeter Arbeitsverträge festgelegt werden. ⁴Im Geltungsbereich eines solchen Tarifvertrages können nicht tarifgebundene Vertragsparteien die Anwendung der tariflichen Regelungen vereinbaren. ⁵Die arbeitsrechtlichen Vorschriften und Grundsätze über befristete Arbeitsverträge und deren Kündigung sind anzuwenden, soweit sie den Vorschriften der §§ 2 bis 6 nicht widersprechen.

(2) Unberührt bleibt das Recht der Hochschulen, das in Abs. 1 Satz 1 bezeichnete Personal auch in unbefristeten oder nach Maßgabe des Teilzeit- und Befristungsgesetzes befristeten Arbeitsverhältnissen zu beschäftigen.

Während die §§ 57a ff HRG lediglich für wissenschaftliche und künstlerische Mitarbeiter sowie wissenschaftliche und künstlerische Hilfskräfte galten, erstreckt I 1 den persönlichen Anwendungsbereich der Befristungsregelungen des WissZeitVG auf das **gesamte wissenschaftliche und künstlerische Personal**. Das trägt der veränderten Kompetenz für die Personalstruktur der Hochschulen Rechnung: Nachdem die Rahmenkompetenz des Bundes für das Hochschulrecht (früher Art 75 I Nr 1a GG) entfallen ist, liegt deren [1]

Regelung in der Kompetenz der Länder (*Löwisch* FS Otto 2008, S 317, 321). Das »Zusammenspiel« der Kompetenz des Bundes für das ArbR (Art 74 I Nr 12) und der Länderkompetenzen für das Hochschulrecht (vgl BVerfG 27.7.2004, 2 BvF 2/02, Rn 113, BVerfGE 111, 226) ergibt, dass der Bund zwar bestimmen kann, dass bes Befristungsregelungen nur für wissenschaftliche Tätigkeiten gelten sollen, dass es aber bei den Ländern liegt, zu bestimmen, für welche wissenschaftliche Tätigkeiten sie von diesen bes Befristungsbestimmungen Gebrauch machen. Das BAG hat sich dieser Konsequenz verweigert (BAG 1.6.2011, 7 AZR 827/09, EzA § 620 BGB 2002 Hochschulen Nr 8). Es steht auf dem Standpunkt, das WissZeitVG habe seinen personellen Anwendungsbereich eigenständig und abschl geregelt. Damit **unterläuft** es die Länderkompetenz für das Hochschulrecht (näher *Löwisch* FS Würtenberger 2013, S 1165, 1169 ff). Letztlich wird das BVerfG über diese Frage entscheiden müssen.

2 Auch wenn man dem BAG in seiner Vorstellung folgt, dass WissZeitVG könne seinen persönlichen Geltungsbereich eigenständig bestimmen und habe das getan, folgt daraus nicht, dass Lehrkräfte für besondere Aufgaben nicht dem wissenschaftlichen Personal zuzurechnen sind. Das BAG räumt inzwischen selbst ein, dass Lehrtätigkeiten dann wissenschaftliche Dienstleistungen sind, wenn zwar keine eigenen Forschungsergebnisse gelehrt, sondern Erkenntnisse Dritter vermittelt werden, von dem Lehrenden aber nach dem Vertragsinhalt erwartet wird, dass er diese Erkenntnisse kritisch hinterfragt, sich damit auseinandersetzt u dass er diese eigenen Reflexionen in seine Lehrtätigkeit einbringt (BAG 29.4.2015, 7 AZR 519/13, JurionRS 2015, 23386). Das trifft auf Lehrkräfte an Hochschulen insb Lektoren regelmäßig zu. Lehre an Hochschulen unterscheidet sich von der Lehre an Schulen gerade dadurch, dass die Lehrkraft wissenschaftliche Inhalte vermittelt, was eigenständige wissenschaftliche Reflexion notwendig voraussetzt (so auch *Meißner*, Entstehung und Entwicklung des Hochschulbefristungsrechts, 2. Teil § 8 C III 1 a; differenzierend *Raab*, Der persönliche Anwendungsbereich des WissZeitVG, S 119ff und *Maschmann*, NZA 2016, 257, 260f).

3 Auch der Meinung des BAG, Lektoren gehörten nicht zum wissenschaftlichen Personal, weil es für ihre Tätigkeit keiner die Innovation von Forschung und Lehre sichernden Fluktuation bedürfe, trifft nicht zu. Ein aktualitätsbezogener Sprachunterricht an den Hochschulen ist auf Dauer nur möglich, wenn ein, den Nachzug aus den jeweiligen Ländern ermöglichender, Wechsel der Lektoren gewährleistet ist. Das Ziel, auf diese Weise einen aktualitätsbezogenen Sprachunterricht an den Hochschulen zu sichern, ist, wie das BVerfG ausdrücklich sagt, »gemessen an Art. 5 Abs. 3 GG legitim«; es handelt sich um »ein Qualitätsmerkmal, das Hochschulen für ihren Unterricht verlangen dürfen« (BVerfG 24.4.1996, 1 BvR 712/86, BVerfGE 94, 268). Voraussetzung ist nur, dass die Hochschule tatsächlich ein System verfolgt, das zur Sicherung des Aktualitätsbezugs geeignet ist. Die befristete Beschäftigung von Lektoren über Jahrzehnte hinweg, lässt sich so nicht rechtfertigen (*Löwisch/Wertheimer* in Hartmer/Detmer Hochschulrecht, 2. Auflage 2011, Kap X Rn 232).

4 Zum wissenschaftlichen Personal gehören auch wissenschaftliche Mitarbeiter an **Universitätskliniken**. Entgegen *Zimmerling* (öAT 2012, 9) gilt das auch dann, wenn sie überwiegend Aufgaben der Krankenversorgung wahrnehmen. Denn die Krankenversorgung in Universitätskliniken lässt sich von der wissenschaftlichen Tätigkeit in Forschung und Lehre nicht trennen, weil diese »am Patienten« stattfindet (vgl BVerwG 15.5.1991, 6 P 10/89, BVerwGE 88, 176). Auch wissenschaftliche Mitarbeiter an Sportinstituten gehören zum wissenschaftlichen Personal (aM ArbG Dortmund 19.9.2012, 8 Ca 2498/12, nv).

5 **Hochschullehrer**, also Professoren und Juniorprofessoren, werden vom WissZeitVG nicht erfasst. Doch besteht für Juniorprofessoren, soweit sie im Angestelltenverhältnis beschäftigt werden, regelmäßig **landesrechtl** ein bes funktionsbezogener Befristungsgrund: Soweit nach den einschlägigen landesrechtl Vorschriften für Juniorprofessoren ein Angestelltenverhältnis begründet werden kann (etwa § 51 VIII LHG BW, § 102b IV BerlHG, § 39 V 4 HG NRW), erklären diese Vorschriften in unterschiedlicher Form die Bestimmungen über das Beamtenverhältnis von Juniorprofessoren und damit auch die in diesen vorgesehenen Befristungen für entspr anwendbar. Der Einwand von *Preis* (§ 1 WissZeitVG Rn 33), ohne eine ausdrückliche gesetzliche Öffnungsklausel oder eine Änderung des personellen Anwendungsbereichs des TzBfG würden Juniorprofessoren uneingeschränkt vom TzBfG erfasst, geht daran vorbei, dass § 23 TzBfG ausdrücklich bes gesetzliche Vorschriften über Befristungen unberührt lässt. Die landesrechtl Befristungsregelungen für Juniorprofessoren stellen eine solche bes gesetzliche Regelung dar, welche nach Art 72 I GG solange zulässig ist, wie nicht der Bundesgesetzgeber in Ausübung seiner Kompetenz nach Art 73 I Nr 12 GG seinerseits Befristungsregelungen für Juniorprofessoren erlässt, wie das früher mit § 48 III HRG geschehen war (BAG 11.9.2013, 7 AZR 843/11, NZA 2013, 1352; mit ausführlicher Anmerkung *Dommermuth-Alhäuser* OdW 2014, 89, 91; *Löwisch* NZA 2007, 479, 480). Für Juniorprofessoren im Dienste des Bundes gilt allerdings das TzBfG, solange der Bund für seine Juniorprofessoren keine bes Regelung erlässt.

6 Zu den Einrichtungen des Bildungswesens, die nach Landesrecht staatliche Hochschulen sind, gehören die Universitäten, die Pädagogischen Hochschulen, Fachhochschulen und Kunsthochschulen (vgl § 1 HRG). Erfasst werden auch die staatlich anerkannten Hochschulen, insbes die Bundeswehruniversitäten und die

Universitätsklinika. Soweit diese unselbstständiger Teil der Universität oder wie nach § 1 I Universitätsklinikagesetz BW eine selbstständige Anstalt des öffentl Rechts »in der Universität« sind, ist das zweifelsfrei (APS/*Schmidt* § 1 WissZeitVG Rn 9). Aber auch soweit Universitätsklinika rechtl selbstständig sind, ohne in die Universität institutionell eingegliedert zu sein, folgt aus der gesetzlich geregelten engen Kooperation zwischen Universitätsklinikum und Universität in Wissenschaft, Forschung und Lehre, dass sie iSv § 1 I 1 als Teil der staatlichen Hochschulen anzusehen sind. Zur Geltung für Forschungseinrichtungen s § 5 Rdn 1.

Für die Anwendbarkeit des WissZeitVG genügt es, dass der Angehörige des wissenschaftlichen Personals **an der staatlichen Hochschule tätig** ist. Wer sein VertragsAG ist, spielt nach der Rspr des BAG keine Rolle (BAG 1.6.2011, 7 AZR 827/09, EzA § 620 BGB 2002 Hochschulen Nr 8; BAG 24.8.2011, 7 AZR 228/10, NZA 2012, 385). Dementspr gelten die Vorschriften des WissZeitVG auch für Personal, welches den staatlichen Hochschulen von Dritten, etwa von Stiftungen, aber auch von Wirtschaftsunternehmen, zur Verfügung gestellt wird. Weil solchen Personalgestellungen regelmäßig ein Vertrag zwischen der staatlichen Hochschule und dem VertragsAG zugrunde liegt, gilt für sie allerdings grds das AÜG. 7

Die Regelungen des WissZeitVG sind **arbeitsrechtsfest** (I 5). Dies gilt auch ggü TV. Nr 8 der Sonderregelung für Beschäftigte an Hochschulen und Forschungseinrichtungen des TV-L respektiert diese Sperre, wenn er bestimmt, dass weiter gehende Regelungen iSv § 23 TzBfG unberührt bleiben. Verfassungsrechtl Bedenken bestehen insoweit nicht (BVerfG 24.4.1996, 1 BvR 712/86, EzA Art 9 GG Nr 61; aA *Hirdina* NZA 2009, 712), und zwar auch nicht, soweit sich die Drittmittelbefristung früher auf das nicht-wissenschaftliche Personal erstreckt (*Löwisch* NZA 2007, 481; ErfK/*Müller-Glöge* § 1 WZVG Rn 18; APS/*Schmidt* § 1 WissZeitVG Rn 26; aM insoweit *Kortstock* ZTR 2007, 1, 7; *Preis* § 1 WissZeitVG Rn 44; KR/*Treber* § 1 WissZeitVG Rn 64). Die in I 3 u 4 enthaltene Befugnis der TV-Parteien, für bestimmte Fachrichtungen und Forschungsbereiche von den in § 2 I vorgesehenen Fristen abzuweichen und die Anzahl der zulässigen Verlängerungen festzulegen, begegnet kompetenzrechtl Bedenken. Fachrichtungen und Forschungsbereiche zu bestimmen, in denen ein anderes Bedürfnis für Befristungsregelungen besteht, als sie in § 2 I vorgesehen sind, ist eine **genuin hochschulrechtl** Frage, sodass der Bereich des Art 74 I Nr 12 GG verlassen ist. Praktische Bedeutung hat die Frage derzeit freilich nicht, weil die TV-Parteien von entspr Regelungen bislang abgesehen haben. 8

Aus I 5 folgt auch, dass die allg Vorschriften des TzBfG auch im Anwendungsbereich des WissZeitVG gelten (s zu diesen § 2 Rdn 15 f). 9

Dem Schutzcharakter der Regelung entspr kann von den Vorschriften des WissZeitVG durch Vereinbarungen nicht zum Nachteil der Angehörigen des wissenschaftlichen Personals abgewichen werden (I 2). Eine längere als in § 2 I vorgesehene Dauer der Befristung kann vertraglich nicht festgelegt werden. Geschieht dies doch, ist die Befristung unwirksam und es entsteht ein Arbeitsverhältnis auf unbestimmte Zeit. Die Vereinbarung kürzerer Befristungen ist möglich, darf aber den AN nicht, etwa wegen seines Alters, diskriminieren (BAG 6.4.2011, 7 AZR 524/09, EzA § 620 BGB 2002 Hochschulen Nr 7). Auch kann statt eines befristeten Arbeitsverhältnisses ein Arbeitsverhältnis auf unbestimmte Zeit vereinbart werden (II). 10

Wie sich aus II ergibt, schließen die Regelungen des WissZeitVG Befristungen nach anderen gesetzlichen Vorschriften nicht aus (näher *Löwisch/Wertheimer* in Hartmer/Detmer Hochschulrecht, 2. Aufl 2011, Kap X Rn 194ff). Insb kann auch nach Ausschöpfung der nach § 2 I zulässigen Befristungsdauer eine weitere Befristung nach Maßgabe der §§ 14 ff TzBfG erfolgen (LAG Berlin-Bbg 15.3.2013, 6 Sa 2102/12, LAGE § 14 TzBfG Nr 77a). Dabei ist allerdings zu beachten, dass insoweit nach der Sonderregelung § 40 Nr 8 TV-L für Beschäftigte an Hochschulen und Forschungseinrichtungen eine Höchstdauer von 7 Jahren für den einzelnen befristeten Vertrag gilt. 11

§ 2 Befristungsdauer; Befristung wegen Drittmittelfinanzierung

(1) ¹Die Befristung von Arbeitsverträgen des in § 1 Abs. 1 Satz 1 genannten Personals, das nicht promoviert ist, ist bis zu einer Dauer von sechs Jahren zulässig, wenn die befristete Beschäftigung zur Förderung der eigenen wissenschaftlichen oder künstlerischen Qualifizierung erfolgt. ²Nach abgeschlossener Promotion ist eine Befristung bis zu einer Dauer von sechs Jahren, im Bereich der Medizin bis zu einer Dauer von neun Jahren, zulässig; wenn die befristete Beschäftigung zur Förderung der eigenen wissenschaftlichen oder künstlerischen Qualifizierung erfolgt, die zulässige Befristungsdauer verlängert sich in dem Umfang, in dem Zeiten einer befristeten Beschäftigung nach Satz 1 und Promotionszeiten ohne Beschäftigung nach Satz 1 zusammen weniger als sechs Jahre betragen haben. ³Die vereinbarte Befristungsdauer ist jeweils so zu bemessen, dass sie der angestrebten Qualifizierung angemessen ist. ⁴Die nach den Sätzen 1 und 2 insgesamt zulässige Befristungsdauer verlängert sich bei Betreuung eines oder mehrerer Kinder unter 18 Jahren um zwei Jahre je Kind. ⁵Satz 4 gilt auch, wenn hinsichtlich des

Kindes die Voraussetzungen des § 15 Absatz 1 Satz 1 des Bundeselterngeld- und Elternzeitgesetzes vorliegen. ⁶Die nach den Sätzen 1 und 2 insgesamt zulässige Befristungsdauer verlängert sich bei Vorliegen einer Behinderung nach § 2 Absatz 1 des Neunten Buches Sozialgesetzbuch oder einer schwerwiegenden chronischen Erkrankung um zwei Jahre. ⁷Innerhalb der jeweils zulässigen Befristungsdauer sind auch Verlängerungen eines befristeten Arbeitsvertrages möglich.

(2) Die Befristung von Arbeitsverträgen des in § 1 Abs. 1 Satz 1 genannten Personals ist auch zulässig, wenn die Beschäftigung überwiegend aus Mitteln Dritter finanziert wird, die Finanzierung für eine bestimmte Aufgabe und Zeitdauer bewilligt ist und die Mitarbeiterin oder der Mitarbeiter überwiegend der Zweckbestimmung dieser Mittel entsprechend beschäftigt wird; die vereinbarte Befristungsdauer soll dem bewilligten Projektzeitraum entsprechen.

(3) ¹Auf die in Absatz 1 geregelte zulässige Befristungsdauer sind alle befristeten Arbeitsverhältnisse mit mehr als einem Viertel der regelmäßigen Arbeitszeit, die mit einer deutschen Hochschule oder einer Forschungseinrichtung im Sinne des § 5 abgeschlossen wurden, sowie entsprechende Beamtenverhältnisse auf Zeit und Privatdienstverträge nach § 3 anzurechnen. ²Angerechnet werden auch befristete Arbeitsverhältnisse, die nach anderen Rechtsvorschriften abgeschlossen wurden. ³Die Sätze 1 und 2 gelten nicht für Arbeitsverhältnisse nach § 6 sowie vergleichbare studienbegleitende Beschäftigungen, die auf anderen Rechtsvorschriften beruhen.

(4) ¹Im Arbeitsvertrag ist anzugeben, ob die Befristung auf den Vorschriften dieses Gesetzes beruht. ²Fehlt diese Angabe, kann die Befristung nicht auf Vorschriften dieses Gesetzes gestützt werden. ³Die Dauer der Befristung muss bei Arbeitsverträgen nach Absatz 1 kalendermäßig bestimmt oder bestimmbar sein.

(5) ¹Die jeweilige Dauer eines befristeten Arbeitsvertrages nach Absatz 1 verlängert sich im Einverständnis mit der Mitarbeiterin oder dem Mitarbeiter um

1. Zeiten einer Beurlaubung oder einer Ermäßigung der Arbeitszeit um mindestens ein Fünftel der regelmäßigen Arbeitszeit, die für die Betreuung oder Pflege eines oder mehrerer Kinder unter 18 Jahren, auch wenn hinsichtlich des Kindes die Voraussetzungen des § 15 Absatz 1 Satz 1 des Bundeselterngeld- und Elternzeitgesetzes vorliegen, oder pflegebedürftiger sonstiger Angehöriger gewährt worden sind,
2. Zeiten einer Beurlaubung für eine wissenschaftliche oder künstlerische Tätigkeit oder eine außerhalb des Hochschulbereichs oder im Ausland durchgeführte wissenschaftliche, künstlerische oder berufliche Aus-, Fort- oder Weiterbildung,
3. Zeiten einer Inanspruchnahme von Elternzeit nach dem Bundeselterngeld- und Elternzeitgesetz und Zeiten eines Beschäftigungsverbots nach den §§ 3, 4, 6 und 8 des Mutterschutzgesetzes in dem Umfang, in dem eine Erwerbstätigkeit nicht erfolgt ist,
4. Zeiten des Grundwehr- und Zivildienstes,
5. Zeiten einer Freistellung im Umfang von mindestens einem Fünftel der regelmäßigen Arbeitszeit zur Wahrnehmung von Aufgaben in einer Personal- oder Schwerbehindertenvertretung, von Aufgaben einer oder eines Frauen- oder Gleichstellungsbeauftragten oder zur Ausübung eines mit dem Arbeitsverhältnis zu vereinbarenden Mandats und
6. Zeiten einer krankheitsbedingten Arbeitsunfähigkeit, in denen ein gesetzlicher oder tarifvertraglicher Anspruch auf Entgeltfortzahlung nicht besteht.

²In den Fällen des Satzes 1 Nummer 1, 2 und 5 soll die Verlängerung die Dauer von jeweils zwei Jahren nicht überschreiten. ³Zeiten nach Satz 1 Nummer 1 bis 6 werden in dem Umfang, in dem sie zu einer Verlängerung eines befristeten Arbeitsvertrages führen können, nicht auf die nach Absatz 1 zulässige Befristungsdauer angerechnet.

Übersicht

		Rdn.			Rdn.
A.	Befristung nach der Zeitdauer	1	D.	Anwendung der allg Befristungsvorschriften	16
B.	Drittmittelbefristung	9			
C.	Angabe des Befristungsgrundes	15			

1 A. Befristung nach der Zeitdauer. Für die Befristung nach I gilt eine **2-Phasen-Regelung**: Nach S 1 können Arbeitsverträge von Angehörigen des wissenschaftlichen Personals, die nicht promoviert sind, bis zu einer Dauer von 6 Jahren befristet werden. Nach abgeschlossener Promotion ist gem S 2 eine weitere Befristung bis zu einer Dauer von 6 Jahren zulässig. Wann eine Promotion abgeschlossen ist, bestimmt sich nach Landesrecht und den einzelnen Promotionsordnungen (BAG 20.1.2010, 7 AZR 753/08, EzA § 620 BGB 2002 Hochschulen Nr 6). Überwiegend ist nach Landesrecht die Promotion abgeschlossen, wenn das dafür notwendige Prüfungsverfahren durchlaufen ist; die Verleihung des Doktorgrades erfolgt in diesen

Ländern aufgrund der Promotion. In einer Reihe von Ländern ist die Verleihung des Doktorgrades aber in das Promotionsverfahren integriert, sodass die Promotion erst mit dieser Verleihung abgeschlossen ist. Das kann dann zu einer Lücke zwischen den beiden Befristungstatbeständen des § 2 I führen (iE *Löwisch* Anm zu BAG 20.1.2010, 7 AZR 753/08, aaO).

Ob der Angehörige des wissenschaftlichen Personals in der 1. Phase tatsächlich an einem Promotionsvorhaben arbeitet, spielt keine Rolle. Daran hat auch die ausdrückl Nennung des Qualifizierungszwecks in I S 1 nichts geändert. Denn damit will das Gesetz kein formales Qualifizierungsziel iS eines Sachgrunds für die Befristung (BT-Drs 18/6489, 10). Es genügt die Beschäftigung mit wissenschaftlichen Aufgaben (ErfK/ *Müller-Glöge* § 2 WZVG Rn 2; KR/ *Treber* § 2 WissZeitVG Rn 18). Mithin können auch mit Lehrkräften für bes Aufgaben, die nicht promoviert sind, befristete Arbeitsverträge auf 6 Jahre abgeschlossen werden. Die zulässige Befristungsdauer in der 2. Phase verlängert sich in dem Umfang, in dem Zeiten einer befristeten Beschäftigung in der 1. Phase und Promotionszeiten ohne Beschäftigung zusammen weniger als 6 Jahre betragen. Promotionszeiten ohne Beschäftigung sind dem Sinn der Vorschrift nach solche, in denen tatsächlich eine Befassung mit der Promotion erfolgt ist (LAG Berl-Bbg 15.11.2013, 10 Sa 596/13, n rkr; *Dörner* Der befristete Arbeitsvertrag Rn 686; *Löwisch/Wertheimer* in Hartmer/Detmer Hochschulrecht, 2. Aufl 2011 Kap X Rn 170; nur die Zeit der nach Maßgabe des Landesrechts erfolgten Einschreibung als Doktorand will berücksichtigen ErfK/ *Müller-Glöge* § 2 WZVG Rn 5). Zweckmäßig ist, sich eine dienstliche Erklärung des Angehörigen des wissenschaftlichen Personals über die Zeit der Befassung mit der Promotion geben zu lassen (*Löwisch/Wertheimer* aaO; so auch APS/*Schmidt* § 2 Rn 13; auf eine schriftlich Erklärung des betreuenden Hochschullehrers stellt das LAG Berl-Bbg 15.11.2013, 10 Sa 596/13 ab). Das der AN vor seiner Promotion länger als 6 Jahre befristet tätig gewesen ist, führt nicht zu einer zulässigen Verkürzung der 2. Phase (BAG 24.8.2011, 7 AZR 228/10, EzA § 620 BGB 2002 Hochschulen Nr 9).

Nach I S 3 ist die vereinbare Befristungsdauer jeweils so zu bemessen, dass sie **der angestrebten Qualifizierung angemessen** ist. Zweck dieser Bestimmung ist die Vermeidung unsachgemäßer Kurzbefristungen (BT-Drs 18/6489, 1). Einer Ausschöpfung der beiden Befristungsphasen steht sie damit v vornherein nicht im Wege. Auch wenn in einem Fach ein Promotionsvorhaben üblicherweise nur drei Jahre dauert, kann doch ein auf sechs Jahre befristeter Vertrag abgeschlossen werden. IÜ hängt die zulässige Befristungsdauer entscheidend v dem im Arbeitsvertrag festgelegten Qualifizierungsziel ab. Ist dies in der ersten Phase die Promotion oder in der zweiten Phase die Habilitation, kommt es auf die im betreffenden Fach übliche Dauer eines solchen Qualifizierungsvorhabens an (BT-Drs 18/6489, 10). Wird kein formales Qualifizierungsziel verfolgt, muss sich die Befristungsdauer daran orientieren, welche Zeiträume im Hinblick auf die angestrebte wissenschaftliche Qualifizierung sinnvoll sind. Diese können durchaus unterschiedlich sein. In der ersten Phase kann es darum gehen, erste oder auch weitere Schritte in Forschung u Lehre zu gehen, die dann im späteren Berufsleben von Nutzen sind. In der zweiten Phase kann es sich um die Mitwirkung an bestimmten Phasen eines Forschungsvorhabens oder eines Lehrprogramms handeln. In beiden Phasen kann das Qualifizierungsziel auch aus der Sicht des wissenschaftlichen Mitarbeiters v vornherein begrenzt sein, etwa wenn er schon die Absicht hat, nach einer bestimmten Zeit in einen praktischen Beruf zu wechseln. Rechtssicherheit lässt sich in diesen Fällen nur herstellen, wenn auch insoweit das Qualifizierungsziel im Arbeitsvertrag beschrieben wird (*Maschmann*, NZA 2016, 257, 263). Geschieht das, unterliegt nur die Frage der Nachprüfung, ob die vertraglich vorgesehene Dauer der Befristung in einem plausiblen Verhältnis zu dem beschriebenen Qualifizierungsziel steht.

Nach III sind auf die zulässige Befristungsdauer in beiden Phasen **alle** befristeten Arbeitsverhältnisse anzurechnen, die mit einer dt Hochschule oder einer Forschungseinrichtung iSd § 5 abgeschlossen worden sind. Ein Wechsel der Hochschule oder Forschungseinrichtung führt also nicht zu einer Verlängerung der zulässigen Befristungsdauer. Angerechnet werden auch entspr Beamtenverhältnisse auf Zeit und Privatdienstverträge iSd § 3. Auch kommt es nicht darauf an, ob eine Befristung nach dem WissZeitVG oder anderen Rechtsvorschriften, insb nach § 14 TzBfG, vorliegt. Eine sachgrundlose Befristung nach § 14 II TzBfG wird mithin angerechnet. Außer Betracht bleiben aber Arbeitsverhältnisse mit anderen als wissenschaftlichen oder künstlerischen Aufgaben (offen gelassen von LAG Berl-Bbg 8.8.2012, 15 Sa 1002/12, ZTR 2012, 659). Die Anrechnung erfolgt nur, wenn das frühere Arbeitsverhältnis mehr als ein Viertel der regelmäßigen Arbeitszeit umfasste. Die Beschränkung der Anrechnung verstößt nicht gegen § 5 Nr 1 der RL 99/70/EG, weil sie durch die Erstreckung auf die Beschäftigung bei allen Hochschulen und Forschungseinrichtungen kompensiert wird und damit bes Anforderungen einer bestimmten AN-Kategorie iS der RL Rechnung trägt (aM *Preis* § 2 WissZeitVG Rn 103 ff, *Stumpf* NZA 2015, 326, 328 ff).

Nicht anzurechnen sind nach III 3 befristete Arbeitsverhältnisse, die vor dem Studienabschluss (1. Staatsexamen, Diplom) liegen; Studienabschluss ist in konsekutiven Bachelor-Master-Studiengängen erst der Masterabschluss (APS/*Schmidt* § 2 Rn 41). Wer erst dieses Stadium, dann die 1. Phase des S 1 und danach die 2. Phase des S 2 durchläuft, kann also auf eine Befristungsdauer von 18 Jahren kommen. III 3 iVm

I 1 ist insofern auch als Zulassung der Befristung von studentischen Hilfskräften bis zu einer Dauer von 6 Jahren zu verstehen (KR/*Treber* § 2 WissZeitVG Rn 78; aM *Preis* § 2 WissZeitVG Rn 106 ff). Aus III 3 iVm III 1 folgt aber nicht, dass studentische Hilfskräfte zeitlich unbegrenzt befristet werden können. Zweck von III 3 ist nur, die 2 6-Jahresphasen nach Abschluss des Studiums wissenschaftlichen Mitarbeitern und Hochschulen ungeschmälert zur Verfügung zu stellen (so im Ergebnis auch *Haratsch/Holljesiefken* NZA 2008, 207, 209 ff; *Stumpf*, NZA 2015, 326, 331). Zu beachten ist, dass eine Reihe von Landeshochschulgesetzen, etwa § 121 III BerlHG und § 75 III HHG, die Beschäftigung studentischer Hilfskräfte zeitlich enger begrenzen. Diese Vorschriften können zwar die bundesrechtl Regelungen des WissZeitVG auf dem Gebiet des ArbR nicht derogieren (zutreffend insoweit Hailbronner/Geis/*Waldeyer* § 57e HRG Rn 24), sodass gleichwohl abgeschlossene längere Zeitverträge wirksam sind. Sie stellen aber von der Landeskompetenz für das Hochschulrecht gedeckte Organisationsvorschriften dar, an die sich die Hochschulen im Verhältnis zum Land halten müssen.

6 Nach S 3 verlängert sich die nach S 1 u 2 insgesamt zulässige Befristungsdauer bei **Betreuung eines oder mehrerer Kinder** unter 18 Jahren um 2 Jahre je Kind. Voraussetzung ist, dass die Kinderbetreuung während einer der 2 6-Jahresphasen erfolgt. Auf die Dauer des Betreuungszeitraums kommt es – bis zur Grenze des Rechtsmissbrauchs – nicht an. Es muss sich auch nicht um ein Kind handeln, für das der Mitarbeiterin oder dem Mitarbeiter die Personensorge oder ein vergleichbares Sorgerecht zusteht (aM LAG Köln 27.4.2012, 4 Sa 1320/11, ZTR 2013, 50). Vielmehr genügt es, wenn das Kind von der Mitarbeiterin oder dem Mitarbeiter oder auch von beiden in häuslicher Gemeinschaft betreut wird. Die tageweise Betreuung ohne Aufnahme in die häusliche Gemeinschaft, etwa als Tagesmutter bzw Tagesvater, kann dem Zweck der Vorschrift nach aber nicht genügen. S 3 erklärt die Verlängerung der Befristungsdauer nur für **zulässig**. Damit liegt es in der Entscheidung der Hochschule, ob sie im Einzelfall wegen eines solchen Betreuungstatbestandes zu einer Verlängerung bereit ist oder nicht. Sie muss lediglich Benachteiligungen iSd AGG vermeiden (*Löwisch* NZA 2007, 483). Auch kann sich aus einer betrieblichen Übung ein Verlängerungsanspruch ergeben.

7 Nach V verlängert sich die jeweilige Befristungsdauer nach I im Einverständnis mit der Mitarbeiterin oder dem Mitarbeiter in den dort iE geregelten Fällen (näher zu Zeiten der Inanspruchnahme v Elternzeit gem Nr 3 *Mandler* OdW 2014, 221, 229 ff). Im Unterschied zur Verlängerung nach I 3 liegt diese Verlängerung in der Hand der Mitarbeiterin oder des Mitarbeiters. Es genügt, dass sie sich für die Verlängerung entscheiden und dies ggü der Hochschule oder der Forschungseinrichtung formfrei erklären (LAG MV 14.7.2015, 5 Sa 279/14, JurionRS 2015, 24814, n rkr). Die Verlängerung nach V Nr 3 beschränkt sich auf den Zeitraum, für den tatsächlich Elternzeit in Anspruch genommen ist. Das gilt auch, wenn das Arbeitsverhältnis infolge der Befristung endet, bevor die Elternzeit in vollem Umfang in Anspruch genommen werden konnte. Die gegenteilige Auffassung des BAG (28.5.2014, 7 AZR 456/12, EzA § 620 2002, Hochschulen Nr 12) verkennt, dass die Inanspruchnahme von Elternzeit die Wirksamkeit von Befristungen unberührt lässt (§ 18 BEEG Rdn 5).

8 Im Bereich der **Medizin** beträgt die zulässige Befristungsdauer nach abgeschlossener Promotion 9 Jahre. Dies gilt nur für wissenschaftliche Mitarbeiter der medizinischen Fachrichtungen (Medizin; Zahnmedizin; Tiermedizin), nicht für andere in der medizinischen Forschung tätige wissenschaftliche Mitarbeiter (BAG 2.9.2009, 7 AZR 291/08, EzA § 620 BGB 2002 Hochschulen Nr 4). Dass der Mitarbeiter in der medizinischen Fachrichtung eingesetzt wird, der er angehört, ist nicht erforderlich (LAG Rh-Pf 4.2.2011, 9 Sa 528/10, AE 2011, 168). Zur Befristung nach dem Gesetz über befristete Arbeitsverträge mit Ärzten in der Weiterbildung s Einl Rdn 2.

9 **B. Drittmittelbefristung.** Dem dringenden Wunsch der Hochschulrektorenkonferenz und der außeruniversitären Forschungseinrichtungen folgend (vgl deren Stellungnahmen für die Anhörung des BT-Ausschusses für Bildung, Forschung und Technikfolgenabschätzung v 29.11.2006, BT-Protokoll 16/21) hat der Gesetzgeber den bis zur Einführung der Zeitbefristung in § 57b II Nr 4 HRG enthaltenen Befristungsgrund der Drittmittelfinanzierung durch II wieder eingeführt. Im Unterschied zur früheren Rechtslage ist der Befristungsgrund dabei auch auf das **nicht-wissenschaftliche und nicht-künstlerische Personal** erstreckt worden. Das ist systematisch konsequent: Werden für die Beschäftigung nicht-wissenschaftlichen Personals zeitlich befristet Drittmittel zur Verfügung gestellt, besteht für die Befristung der Arbeitsverhältnisse das gleiche Bedürfnis wie beim wissenschaftlichen Personal. Insb würden nach Auslaufen der Stellenfinanzierung auch bei diesen Personalstellen blockiert werden, die anderweitig benötigt werden.

10 Die Vorschrift ist sowohl mit dem **Europarecht wie mit dem GG vereinbar**. Europarechtl stellt die Drittmittelbefristung einen sachlichen Grund iSd § 5 lit a der durch die Befristungs-RL 99/70/EG umgesetzten Rahmenvereinbarung dar. Es handelt sich iSd Entsch des EuGH v 4.7.2006 (C-212/04, EzA EG-Vertrag 1999 Richtlinie 99/70 Nr 1 Rn 75) um einen konkreten Gesichtspunkt, der den Rückgriff auf das befristete Arbeitsverhältnis rechtfertigt (*Löwisch* NZA 2007, 482; aA *Hirdina* NZA 2009, 712, 715). Was Art 9 III

GG und damit die auch für die Drittmittelbefristung geltende Tarifsperre angeht, hat das BVerfG in seiner Entsch v 24.4.1996 (1 BvR 712/86, EzA Art 9 GG Nr 61) in Bezug auf den Eingriff in die Koalitionsfreiheit durch die nach § 57b II Nr 2 HRG der früheren Fassung mögliche Haushaltsbefristung zwar ausgeführt, dass es über das Ziel hinausschießen und die Koalitionsfreiheit verletzen würde, wenn eine pauschale Bestimmung von Mitteln für befristete Beschäftigung ohne konkrete und nachvollziehbare Zweckbestimmung als sachlicher Grund ausreichen sollte. Darum aber geht es bei der Drittmittelbefristung nicht, weil diese nach II davon abhängt, dass der Drittmittelgeber die Drittmittel gerade für eine bestimmte Aufgabe und Zeitdauer zur Verfügung stellt. Das gilt in gleicher Weise wie für das wissenschaftliche auch für das nicht-wissenschaftliche Personal (*Löwisch* NZA 2007, 482 f; aM insoweit *Kortstock* ZTR 2007, 1, 7).

Drittmittel sind nach der Rspr des BAG solche, die der Hochschule oder Forschungseinrichtung über die von ihren Unterhaltsträgern zur Verfügung gestellten laufenden Haushaltsmittel und Investitionen hinaus zufließen; das können auch Sondermittel des Unterhaltsträgers selbst sein (BAG 31.1.1990, 7 AZR 125/89, EzA § 620 BGB Nr 108). Studiengebühren sind als laufende Haushaltsmittel anzusehen (ArbG Hannover 2.12.2009, 9 Ca 72/09 Ö). Zudem dienen sie nicht der Forschung, sondern sind für die Verbesserung der Lehre bestimmt. **11**

II setzt voraus, dass die Drittmittel »für eine bestimmte Aufgabe und Zeitdauer bewilligt« sind. Diese Formulierung ist auf den ersten Blick enger als die im früheren § 57b II Nr 4 HRG enthaltene, die lediglich verlangte, dass der Mitarbeiter »überwiegend aus Mitteln Dritter« vergütet wird. Indessen besteht insofern letztlich kein Unterschied: II 1 verlangt nämlich nicht, dass die Drittmittel für eine befristete Beschäftigung bestimmt sind, wie das § 14 II 2 Nr 7 TzBfG für die Haushaltsmittelbefristung vorsieht und was das BAG dahin versteht, dass die Mittel »mit einer Zwecksetzung für die Erledigung von nur vorübergehenden Aufgaben ausgebracht werden« (BAG 18.10.2006, 7 AZR 419/05, BB 2007, 329). Vielmehr stehen in II 1 Aufgabe und Zeitdauer nebeneinander. Die Vorschrift verlangt damit nur, dass die Drittmittel für eine bestimmte Aufgabe bewilligt sind und dass die Bewilligung lediglich für eine bestimmte Zeitdauer erfolgt ist. Letztlich knüpft die Regelung so an das Verständnis an, welches das BAG der früheren Vorschrift des § 57b II Nr 4 HRG gegeben hat: Danach erforderte der Sachgrund der Drittmittelbefristung einerseits, dass es sich bei der Aufgabe, für die Drittmittel zur Verfügung gestellt werden, um ein **Forschungsvorhaben** handelte, weil Zweck des Befristungsgrundes die Erleichterung der Forschung an den Hochschulen und Forschungseinrichtungen ist (BAG 25.8.1999, 7 AZR 760/97, EzA § 620 BGB Hochschulen Nr 19). Andererseits war nicht erforderlich, dass das Forschungsvorhaben, für das Mitarbeiter eingestellt wurden, eine bestimmte Laufzeit aufwies und dass die Drittmittel für diese Laufzeit auch zugewiesen wurden. Vielmehr genügte es damals und genügt es heute, dass die Bewilligung für einen zeitlich begrenzten Teilabschnitt erfolgt und die Befristungsdauer mit diesem Zeitabschnitt übereinstimmt (BAG 22.11.1995, 7 AZR 248/95, EzA § 620 BGB Hochschulen Nr 3; LAG Köln 9.9.2009, 3 Sa 746/09, LAGE § 620 BGB 2002 Hochschulen Nr 8; *Thüsing/Fütterer/Thieken* ZfA 2014, 3, 6 ff). Verlängert sich eine zunächst befristete Drittmittelbewilligung automatisch nach Ablauf des urspr Zeitraums, liegt allerdings keine Finanzierung für eine bestimmte Dauer vor (BAG 13.2.2013, 7 AZR 284/11, EzA § 620 BGB 2002 Hochschulen Nr 10). **12**

Das LAG Köln will Drittmittelbefristungen unter dem Gesichtspunkt des **Gestaltungsmissbrauchs** eine weitere Grenze ziehen. Im Anschluss an die durch das Urteil des EuGH v 26.1.2012 (C-586/10, EzA § 14 TzBfG Nr 80) ausgelöste Rechtsprechung des BAG über die möglichen institutionellen Rechtsmissbrauch der Befristungsmöglichkeiten nach § 14 I 1 TzBfG (BAG 18.7.2012, 7 AZR 443/09, EzA § 14 TzBfG Nr 86) vertritt es den Standpunkt, viele aufeinanderfolgende, drittmittelfinanzierte Befristungen von langer Gesamtdauer könnten wegen Rechtsmissbrauchs unwirksam sein, mit der Folge, dass ein unbefristetes Arbeitsverhältnis entsteht (LAG Köln 6.11.2013, 11 Sa 226/13, juris; im Grundsatz nicht anders LAG Berlin-Bbg 15.3.2013, 6 Sa 2102/12, LAGE § 14 TzBfG Nr 77a). Dem ist entgegenzuhalten, dass die Befristung nach § 2 II ihren Grund in dem Umstand hat, dass Drittmittel vom Drittmittelgeber nur für eine bestimmte Aufgabe und Zeitdauer bewilligt werden. Wenn die Hochschule oder Forschungseinrichtung diesen Einschränkungen Rechnung trägt und Arbeitsverträge entsprechend befristet, liegt darin kein Missbrauch. Auch wäre Mitarbeitern, die über lange Zeit hinweg befristete Arbeitsverträge erhalten haben, nicht gedient, wenn ihnen ein weiterer Vertrag unter Berufung darauf versagt werden müsste, dass Drittmittel für eine nunmehr nur unbefristet zulässige Beschäftigung nicht mehr zur Verfügung stehen. Anders liegt es nur dann, wenn die Hochschule oder Forschungseinrichtung Einfluss darauf nimmt, dass Drittmittel nur für einen bestimmten Zeitraum zur Verfügung gestellt werden, damit sie einen Mitarbeiter über einen bestimmten Zeitpunkt hinaus nicht weiterbeschäftigen muss. In einem solchen Fall ergibt sich aus dem bewussten und gewollten Zusammenwirken mit dem Drittmittelgeber zum Zweck der Befristung in der Tat ein Rechtsmissbrauch (zum Rechtsmissbrauch durch bewusstes und gewolltes Zusammenwirken **13** mit Dritten bei der Vertragsgestaltung s BAG 15.5.2013, 7 AZR 525/11, EzA § 14 TzBfG Nr 93, allgemein zu Rechtsmissbrauch bei Drittmittelbefristung *Mandler* OdW 2015, 217ff).

14 Tragender Grund der Drittmittelbefristung ist die zeitlich begrenzte Zur-Verfügung-Stellung von Mitteln für bestimmte Forschungsvorhaben. Werden die Drittmittel **nicht dem Zweck** entspr verwendet, entfällt auch die Rechtfertigung für die Befristung. Hat der Drittmittelgeber zB Mittel für eine befristete Beschäftigung von Laboranten zur Verfügung gestellt, darf die Hochschule oder Forschungseinrichtung die Mittel nicht stattdessen für die Beschäftigung von Infrastrukturpersonal verwenden. Allerdings genügt die »überwiegende« Beschäftigung entspr der Zweckbestimmung. Ob das der Fall ist, richtet sich nach der Zweckbestimmung der Mittel und den erkennbaren Erwartungen des Drittmittelgebers. Dabei sind sowohl die Absichten des Drittmittelgebers als auch die von ihm erkennbaren Verhältnisse in dem von ihm beauftragten Hochschulinstitut sowie die Tätigkeiten zu berücksichtigen, die zum typischen Berufsbild des aus den Drittmitteln vergüteten Mitarbeiters gehören. Danach erfasst die Zweckbestimmung der Drittmittelfinanzierung einer bestimmten Stelle gerade auch die übliche Gesamttätigkeit des Stelleninhabers, solange jedenfalls sein Einsatz für das Drittmittelprojekt seiner Tätigkeit deutlich das Gepräge gibt (BAG 15.4.1999, 7 AZR 645/97, AP HRG § 57b Nr 18). Es ist also nur notwendig, dass die Hochschule oder Forschungseinrichtung darauf achtet, dass der Einsatz für das Drittmittelprojekt im Vordergrund der Tätigkeit des befristet beschäftigten Mitarbeiters steht. Das gilt für das nicht-wissenschaftliche Personal in gleicher Weise wie für das wissenschaftliche Personal. Allerdings werden bei Ersteren die erkennbaren Erwartungen des Drittmittelgebers häufig enger auf das geförderte Vorhaben gerichtet sein als bei Letzteren.

15 **C. Angabe des Befristungsgrundes.** Nach IV ist anzugeben, ob die Befristung auf den Vorschriften des WissZeitVG beruht. Ausreichend ist die allg Angabe, dass für die Befristung die Vorschriften des WissZeitVG maßgebend sein sollen. Eine Angabe, ob es sich um die 1. oder die 2. Phase der Befristung iSd I handelt oder ob die Befristung auf II gestützt wird, ist nicht erforderlich (BAG 1.6.2011, 7 AZR 827/09, BAGE 138, 91). Auch eine ausdrückliche Nennung des WissZeitVG im Arbeitsvertrag ist an sich nicht erforderlich, vielmehr genügt es, wenn dem Arbeitsvertrag zu entnehmen ist, dass die Befristung auf das WissZeitVG gestützt werden soll (vgl für § 57b III HRG BAG 19.8.1992, 7 AZR 560/91, EzA § 620 BGB Nr 114). Wegen des auch hier geltenden Schriftformgebots des § 14 IV TzBfG muss sich das allerdings aus dem Text des Arbeitsvertrags ergeben (*Dörner* aaO Rn 696). Zweckmäßigerweise wird deshalb im Arbeitsvertrag ausdrücklich auf das WissZeitVG Bezug genommen. Ist eine ausdrückliche oder sinngem Bezugnahme auf das WissZeitVG unterblieben, oder trägt die Befristung nach dem WissZeitVG nicht, kann noch geprüft werden, ob die Befristung nach anderen gesetzlichen Vorschriften, insb § 14 I oder II TzBfG, wirksam ist (LAG Berlin-Bbg 15.3.2013, 6 Sa 2102/12, LAGE § 14 TzBfG Nr 77a für die fälschliche Stützung einer Befristung für Abschlussarbeiten an einer Dissertation auf § 2 II 1 WissZeitVG). IV 2 schreibt für nach I befristete Arbeitsverträge vor, dass die Dauer der Befristung kalendermäßig bestimmt oder bestimmbar sein muss. Notwendig ist also die Angabe eines bestimmten Datums, zu dem das Arbeitsverhältnis enden soll, oder aber die Angabe einer bestimmten Dauer (zB »ein Jahr«), aus der sich das kalendermäßige Ende berechnen lässt. Zweckbefristungen, bei denen sich das Ende nach der Erreichung eines bestimmten Ziels, etwa dem Abschluss eines Projekts bestimmen soll, sind nur bei nach II befristeten Arbeitsverträgen zulässig.

16 **D. Anwendung der allg Befristungsvorschriften.** Auch für Arbeitsverträge, die nach § 2 befristet worden sind, gelten die allg Befristungsvorschriften des TzBfG (§ 1 Rdn 8): Beachtet werden muss das Schriftformerfordernis des § 14 IV TzBfG (BAG 20.8.2014, 7 AZR 924/12, EzA § 286 ZPO 2002 Nr 3). Spätere schriftliche Beurkundung einer zunächst nur mündlich vereinbarten Befristung genügt nicht (ArbG Bonn 25.2.2015, 2 Ca 2470/14, RDG 2015, 122). Die befristeten Arbeitsverträge enden nach § 15 I TzBfG mit Ablauf der vereinbarten Zeit, verlängern sich nach § 15 V TzBfG aber auf unbestimmte Zeit, wenn sie nach Ablauf der Zeit mit Wissen des AG fortgesetzt werden. Ist die Befristung rechtsunwirksam, gilt der befristete Arbeitsvertrag auch hier nach § 16 TzBfG als auf unbestimmte Zeit geschlossen (LAG Köln 12.2.2009, 7 Sa 1132/08, ZTR 2009, 596). Auch hier muss der AN die Rechtsunwirksamkeit innerhalb von 3 Wochen nach vereinbartem Ende des befristeten Arbeitsvertrags klageweise geltend machen (§ 17 TzBfG).

17 Eine ordentliche Kdg während der Befristungsdauer ist nach § 15 III TzBfG nur zulässig, wenn das Recht zur ordentlichen Kdg vertraglich ausdrücklich vereinbart worden ist. Auch dann bedarf die Kdg im Anwendungsbereich des KSchG der sozialen Rechtfertigung. Lässt sich eine studentische Hilfskraft exmatrikulieren, stellt dies regelmäßig einen personenbedingten Grund für die Kdg dar, weil die Hochschule oder Forschungseinrichtung ein berechtigtes Interesse daran hat, für die Ausübung der Tätigkeit an die Hochschuleigenschaft anzuknüpfen (BAG 18.9.2008, 2 AZR 976/06, NZA 2009, 425).

§ 3 Privatdienstvertrag
Für einen befristeten Arbeitsvertrag, den ein Mitglied einer Hochschule, das Aufgaben seiner Hochschule selbständig wahrnimmt, zur Unterstützung bei der Erfüllung dieser Aufgaben mit überwiegend aus Mitteln Dritter vergütetem Personal im Sinne von § 1 Abs. 1 Satz 1 abschließt, gelten die Vorschriften der §§ 1, 2 und 6 entsprechend.

Schließt ein Professor oder Juniorprofessor oder auch ein anderes Mitglied einer Hochschule, das Aufgaben selbstständig wahrnimmt, wie zB ein Privatdozent oder ein wissenschaftlicher Assistent, **selbst** einen befristeten Arbeitsvertrag mit überwiegend aus Drittmitteln vergütetem wissenschaftlichem Personal iSv § 1 I 1, gelten die Befristungsvorschriften der §§ 1 und 2 entspr. Möglich ist also sowohl eine Befristung nach der Zeitdauer gem § 2 I wie eine Drittmittelbefristung nach § 2 II. Für nicht-wissenschaftliches und nicht-künstlerisches Personal ist nur eine Drittmittelbefristung möglich (S 2). 1

Ob und mit welchen Maßgaben ein Mitglied der Hochschule solche Privatdienstverträge abschließen darf, richtet sich nach dem jeweiligen Landeshochschulgesetz. 2

Sofern nicht mehr als 10 AN gleichzeitig beschäftigt werden, kann es angezeigt sein, statt des befristeten Vertrages einen Privatarbeitsvertrag auf unbestimmte Zeit zu wählen. Denn nach § 23 I 2 KSchG besteht für die Arbeitsverhältnisse dann kein Kündigungsschutz, sodass sich der AG innerhalb der gesetzlichen Kündigungsfristen (§ 622 BGB) von dem Arbeitsvertrag lösen kann. Ein kündigungsschutzrechtl Gemeinschaftsbetrieb zwischen der Hochschule und dem Professor besteht nicht, weil die Verwaltung des vom Mitglied der Hochschule angestellten Personals allein bei diesem liegt, vgl etwa § 41 Abs 3 S 3 LHG BW. 3

§ 4 Wissenschaftliches Personal an staatlich anerkannten Hochschulen
Für den Abschluss befristeter Arbeitsverträge mit wissenschaftlichem und künstlerischem Personal an nach Landesrecht staatlich anerkannten Hochschulen gelten die Vorschriften der §§ 1 bis 3 und 6 entsprechend.

§ 4 stellt klar, dass das WissZeitVG nicht nur für die staatlichen Hochschulen gilt, sondern auch für die nach Landesrecht staatlich anerkannten Hochschulen, also insb die Bundeswehruniversitäten, die kirchlichen Hochschulen und die anerkannten privaten Hochschulen, wie etwa die Bucerius Law School in Hamburg, die EBS Universität für Wirtschaft und Recht in Wiesbaden oder die Privatuniversität Witten/Herdecke. 1

Die Vorschrift nimmt anders als § 1 Hochschullehrer nicht aus, sondern erstreckt sich auf das gesamte wissenschaftliche und künstlerische Personal (KR/*Treber* § 4 WissZeitVG Rn 3). 2

§ 5 Wissenschaftliches Personal an Forschungseinrichtungen
Für den Abschluss befristeter Arbeitsverträge mit wissenschaftlichem Personal an staatlichen Forschungseinrichtungen sowie an überwiegend staatlich, an institutionell überwiegend staatlich oder auf der Grundlage von Artikel 91b des Grundgesetzes finanzierten Forschungseinrichtungen gelten die Vorschriften der §§ 1 bis 3 und 6 entsprechend.

§ 5 erstreckt den Anwendungsbereich der Befristungsvorschriften des WissZeitVG auf das wissenschaftliche Personal an staatlichen Forschungseinrichtungen sowie an Forschungseinrichtungen, die überwiegend staatlich, institutionell überwiegend staatlich oder auf der Grundlage von Art 91b GG finanziert sind. Erfasst werden die Ressortforschung, sofern sie über eine eigene Organisation verfügt, die freie wissenschaftliche Betätigung ermöglicht (BAG 19.3.2008, 7 AZR 1100/06, EzA § 620 BGB 2002 Hochschulen Nr 3), die Institute der Max-Planck-Gesellschaft und der Fraunhofer-Gesellschaft, die Forschungseinrichtungen der »blauen Liste« und die Großforschungseinrichtungen. Forschungseinrichtungen in privater Trägerschaft, die nicht dergestalt finanziert sind, fallen hingegen nicht unter die Vorschrift, auch nicht, wenn die von ihr eingeworbenen Drittmittel staatlicher Herkunft sind (BAG 5.2.2002, 7 AZR 241/01, nv; APS/*Schmidt* § 5 WissZeitVG Rn 3). § 5 erfasst auch das wissenschaftliche Leitungspersonal, weil es nicht zur Gruppe der Hochschullehrer gehört, die nach § 1 I 1 vom Geltungsbereich des WissZeitVG ausgenommen sind (KR/*Treber* § 5 WissZeitVG Rn 12). 1

§ 5 verfolgt lediglich den Zweck personalpolitischer Flexibilität in der Forschung. Er gilt deshalb nur für **reine Forschungseinrichtungen**; andere Bildungseinrichtungen werden nicht erfasst (APS/*Schmidt* § 5 WissZeitVG Rn 2). Auch für Universitätsklinika gilt § 5 nicht. Sie fallen aber unter § 1 WissZeitVG (§ 1 Rdn 6). 2

§ 5 gilt auch für Forschungseinrichtungen der **Europäischen Gemeinschaft** wie etwa das Institut für Transurane in Karlsruhe. Deren Bedürfnis zu flexibler Gestaltung der Arbeitsverhältnisse mit dem wissenschaftlichen Personal ist dasselbe wie das deutscher staatlicher Forschungseinrichtungen. Aus Art 10 I 2 EG, 3 nach dem die Mitgliedstaaten der Gemeinschaft die Erfüllung ihrer Aufgaben zu erleichtern haben, folgt, dass die Gemeinschaft bei der Anwendung von Rechtsvorschriften keinen strengeren Schranken unterstellt wird als der jeweilige Mitgliedstaat (EuGH 21.9.1983, 205–215/82, NJW 1984, 2024). Dies aber wäre der Fall, würden der Gemeinschaft für ihre in Deutschland ansässigen Forschungseinrichtungen die Befristungsmöglichkeiten des § 5 versagt (*Löwisch* EuZA 2010, 198). Soweit **andere Mitgliedstaaten** der EU Forschungseinrichtungen in Deutschland betreiben, gilt § 5 auch für sie: Die durch Art 56 iVm Art 48 AEUV gewährleistete Dienstleistungsfreiheit kommt auch staatlichen Unternehmen zugute (Calliess/Ruffert/*Kluth* Art 57 AEUV Rn 40). Sie müssen deshalb, was die Möglichkeiten des Abschlusses befristeter Arbeitsverträge angeht, inländischen staatlichen Forschungseinrichtungen gleichgestellt werden.

4 Indem § 5 die entspr Anwendung auch v § 2 anordnet, verlangt er nunmehr auch für das wissenschaftliche Personal v Forschungseinrichtungen Qualifizierungsziele u ein angemessenes Verhältnis zwischen diesen u der Vertragsdauer. Auch hier muss es sich nicht um ein formales Qualifizierungsziel handeln. Vielmehr genügt der mit der Mitarbeit an einem Forschungsprojekt einhergehende Gewinn an Kenntnissen u Erfolgen einschließlich solcher im wissenschaftlichen Projektmanagement (*Blum/Vehling*, OdW 2015, 189, 195). Für das von § 5 auch erfasste wissenschaftliche Leitungspersonal kann diese zusätzliche Voraussetzung nicht gelten, weil es schon qualifiziert ist. Für die Befristung wissenschaftlichen Personals, das aus Drittmittel vergütet wird, gilt auch hier § 2 Abs 2.

§ 6 Wissenschaftliche und künstlerische Hilfstätigkeiten
¹Befristete Arbeitsverträge zur Erbringung wissenschaftlicher oder künstlerischer Hilfstätigkeiten mit Studierenden, die an einer deutschen Hochschule für ein Studium, das zu einem ersten oder einem weiteren berufsqualifizierenden Abschlusss führt, eingeschrieben sind, sind bis zur Dauer von insgesamt sechs Jahren zulässig. ²Innerhalb der zulässigen Befristungsdauer sind auch Verlängerungen eines befristeten Arbeitsvertrages möglich.

§ 7 Rechtsgrundlage für bereits abgeschlossene Verträge; Übergangsregelung
(1) ¹Für die seit dem 23. Februar 2002 bis zum 17. April 2007 an staatlichen und staatlich anerkannten Hochschulen sowie an Forschungseinrichtungen im Sinne des § 5 abgeschlossenen Arbeitsverträge gelten die §§ 57a bis 57 f des Hochschulrahmengesetzes in der ab 31. Dezember 2004 geltenden Fassung fort. ²Für vor dem 23. Februar 2002 an staatlichen und staatlich anerkannten Hochschulen sowie an Forschungseinrichtungen im Sinne des § 5 abgeschlossene Arbeitsverträge gelten die §§ 57a bis 57e des Hochschulrahmengesetzes in der vor dem 23. Februar 2002 geltenden Fassung fort. ³Satz 2 gilt entsprechend für Arbeitsverträge, die zwischen dem 27. Juli 2004 und dem 31. Dezember 2004 abgeschlossen wurden.
(2) ¹Der Abschluss befristeter Arbeitsverträge nach § 2 Abs. 1 Satz 1 und 2 mit Personen, die bereits vor dem 23. Februar 2002 in einem befristeten Arbeitsverhältnis zu einer Hochschule, einem Hochschulmitglied im Sinne von § 3 oder einer Forschungseinrichtung im Sinne von § 5 standen, ist auch nach Ablauf der in § 2 Abs. 1 Satz 1 und 2 geregelten jeweils zulässigen Befristungsdauer mit einer Laufzeit bis zum 29. Februar 2008 zulässig. ²Satz 1 gilt entsprechend für Personen, die vor dem 23. Februar 2002 in einem Dienstverhältnis als wissenschaftlicher oder künstlerischer Assistent standen. ³§ 2 Abs. 5 gilt entsprechend.

1 Nach I gelten für die bis zum Tag vor dem Inkrafttreten des Gesetzes, also bis zum 17.4.2007 abgeschlossenen Arbeitsverträge die bisherigen Rechtsvorschriften fort. Hierunter fällt auch die Verlängerung eines bis zu diesem Zeitpunkt abgeschlossenen Vertrages. Nach II ist der Abschluss befristeter Arbeitsverträge nach § 2 I u II mit Personen, die bereits vor dem 23.2.2002 in einem befristeten Arbeitsverhältnis zu einer Hochschule, einem Hochschulmitglied oder einer Forschungseinrichtung standen, auch nach Ablauf der in § 2 I 1 und 2 an sich geregelten jeweils zulässigen Befristungsdauer mit einer Laufzeit bis zum 29.2.2008 zulässig (dazu ArbG Düsseldorf 26.5.2010, 4 Ca 1974/10, LAGE § 620 BGB 2002 Hochschulen Nr 9). Gleiches gilt für Personen, die vor dem 23.2.2002 in einem Dienstverhältnis als wissenschaftlicher oder künstlerischer Assistent standen. IÜ ist ab Tag des Inkrafttretens, also dem 18.4.2007, der Abschluss befristeter Arbeitsverträge, die auf die bes Befristungsregelungen im Hochschulbereich gestützt werden sollen, nur noch nach den Vorschriften des WissZeitVG möglich.

§ 8 Evaluation
Die Auswirkungen dieses Gesetzes werden im Jahr 2020 evaluiert.

Zivilprozessordnung (ZPO)

In der Fassung der Bekanntmachung vom 5.12.2005 (BGBl I S 3202; 2006 I S 431; 2007 I S 1781), zuletzt geändert durch Art 3 des Gesetzes vom 11.3.2016 (BGBl I S 396).

– Auszug –

§ 850 Pfändungsschutz für Arbeitseinkommen
(1) Arbeitseinkommen, das in Geld zahlbar ist, kann nur nach Maßgabe der §§ 850a bis 850i gepfändet werden.
(2) Arbeitseinkommen im Sinne dieser Vorschrift sind die Dienst- und Versorgungsbezüge der Beamten, Arbeits- und Dienstlöhne, Ruhegelder und ähnliche nach dem einstweiligen oder dauernden Ausscheiden aus dem Dienst- oder Arbeitsverhältnis gewährte fortlaufende Einkünfte, ferner Hinterbliebenenbezüge sowie sonstige Vergütungen für Dienstleistungen aller Art, die die Erwerbstätigkeit des Schuldners vollständig oder zu einem wesentlichen Teil in Anspruch nehmen.
(3) Arbeitseinkommen sind auch die folgenden Bezüge, soweit sie in Geld zahlbar sind:
a) Bezüge, die ein Arbeitnehmer zum Ausgleich für Wettbewerbsbeschränkungen für die Zeit nach Beendigung seines Dienstverhältnisses beanspruchen kann;
b) Renten, die auf Grund von Versicherungsverträgen gewährt werden, wenn diese Verträge zur Versorgung des Versicherungsnehmers oder seiner unterhaltsberechtigten Angehörigen eingegangen sind.
(4) Die Pfändung des in Geld zahlbaren Arbeitseinkommens erfasst alle Vergütungen, die dem Schuldner aus der Arbeits- oder Dienstleistung zustehen, ohne Rücksicht auf ihre Benennung oder Berechnungsart.

Übersicht	Rdn.			Rdn.
A.	Allgemeines	1	C. Umfang	10
B.	Arbeitseinkommen (II, III)	3	D. Rechtsbehelfe	11

A. Allgemeines. Nach allg Ansicht (BLAH Einf §§ 850 ff Rn 4; *Thomas/Putzo* § 850 Rn 1; Musielak/ 1
Becker § 850 Rn 17) ist die Pfändungsbeschränkung von Arbeitseinkommen in den §§ 850 ff – mit Ausnahme der §§ 850f I, 850i I, 850k IV 1, V 4 und 850l, die nach ihrem Wortlaut lediglich auf Antrag berücksichtigt werden – im Zivilprozess vAw zu beachten, da die Pfändungsbeschränkung im öffentl Interesse erfolgt. Letzteres gründet sich in dem Gedanken, dass es die Menschenwürde gebietet, ein durch eigene Leistung finanziertes Dasein dem durch Sozialhilfe unterstützten vorzuziehen. Die Vorschriften zum Pfändungsschutz des Arbeitseinkommens sind deshalb auch **unabdingbar** und **unverzichtbar**.
Die §§ 828 ff gelten auch für die Pfändung von Arbeitseinkommen. Die zu pfändende Forderung ist mit der 2
Bezeichnung »alle Beträge aus Arbeitseinkommen« **hinreichend bestimmt** (Musielak/*Becker* § 850 Rn 17). Ein **Verstoß** gegen die Verbote aus §§ 850a–l macht die Pfändung grds nicht unwirksam, sondern **lediglich anfechtbar** (OLG Düsseldorf 5.9.1978, 3 W 207/78, NJW 1978, 2603; OLG Hamm 28.6.1978, 14 W 20/78, MDR 1979, 149). Allerdings hindert ein Verstoß gegen die Pfändungsbeschränkungen in jedem Fall das Entstehen eines Pfändungspfandrechts, sodass ein Drittschuldner seine Leistung nach § 812 I 1 Alt 1 BGB (Leistungskondiktion) vom Gläubiger zurückfordern kann (OLG Hamm 29.10.1997, 13 U 60/97, WM 1998, 789).
B. Arbeitseinkommen (II, III). Der **Oberbegriff Arbeitseinkommen** ist weit auszulegen (LAG Frank- 3
furt 10.12.1987, 9 Sa 415/87, DB 1988, 1456) und umfasst neben dem unmittelbar für geleistete Arbeit gezahlten Entgelt auch alle weiteren Ansprüche (auch Schadensersatzansprüche gegen AG, s BAG 6.5.2009, 10 AZR 834/08, EzA ZPO 2002 § 850 Nr 1), die ihre Rechtsgrundlage in gegenwärtigen oder früheren Arbeits- oder Ausbildungsverhältnissen haben (Musielak/*Becker* § 850 Rn 2). Ob die Bezüge einmalig oder wiederkehrend gezahlt werden, spielt für ihre Qualifikation als Arbeitseinkommen keine Rolle (BAG 10.2.1962, 5 AZR 77/61, NJW 1962, 1221) und hat lediglich Auswirkung darauf, ob der Pfändungsschutz vAw erfolgt oder lediglich auf Antrag hin berücksichtigt werden muss (vgl § 850i). Ferner kommt es nicht darauf an, ob die Tätigkeit geistiger oder körperlicher sowie selbständiger oder unselbständiger Natur ist. Zum Arbeitseinkommen zählt ua auch alles, was der Lohnsteuer unterliegt (BLAH § 850 Rn 3). Erfasst sind allerdings nur Geld- und keine Naturalansprüche, die aber ggf nach §§ 846 ff gepfändet werden können. Ferner gilt der Pfändungsschutz nur für Forderungen und nicht für das vom Schuldner bereits vereinnahmte Entgelt. Geld gilt als vom Schuldner vereinnahmt, wenn er frei darüber verfügen kann, wie etwa bei einer Gutschrift auf seinem Bankkonto (OLG Celle 25.2.1960, 8 W 36/60, NJW 1960, 1015), nicht

aber bei Zahlung an seinen Prozessbevollmächtigten (LG Koblenz 6.5.1955, 4 T 159/55, MDR 1955, 618; aA Musielak/*Becker* § 850 Rn 2). Kontogutschriften werden allerdings grds durch §§ 850k, 850l erfasst und unterfallen lediglich für den Fall, dass der Schuldner nicht frei darüber verfügen kann, dem Pfändungsschutz nach § 850.

4 **Beamter** iSd II ist nicht nur, wer nach Beamtenrecht förmlich in das Beamtenverhältnis berufen worden ist, sondern auch jeder Richter, Soldat, Minister, parlamentarische Staatssekretär, Abgeordneter des Europaparlaments, des BT und der Landtage sowie jeder Geistliche, wenn der Dienstherr eine Körperschaft des öffentl Rechts ist. Sofern im staatlichen und kommunalen Dienst Beschäftigte nicht Beamte sind, genießen sie als **Angestellte** den gleichen Lohnpfändungsschutz wie diese. Der Begriff der **Dienstbezüge** erfasst alle wiederkehrenden und einmaligen Bezüge nach den Beamten-, Besoldungs- und auch Versorgungsgesetzen und damit das Grundgehalt, Amts- und Stellenzulagen, Orts- und Ausgleichszuschläge, Diäten, Übergangs- und Wartegelder, alle Versorgungsbezüge, Gebührenanteile usw (*Stein/Jonas/Brehm* § 850 Rn 21).

5 Der Begriff der **Arbeits- und Dienstlöhne** erfasst Entgelte für Leistungen, bei denen der Leistende zum Entgelt Zahlenden in einem persönlichen oder wirtschaftlichen **Abhängigkeitsverhältnis** steht. Insb sind auch die Bezüge von Personen, die zwar einerseits aufgrund von Dienst- oder Werkverträgen wirtschaftlich vom Auftraggeber abhängig sind, dem Direktionsrecht des AG jedoch nicht unterliegen und damit persönlich selbstständig bleiben, als Dienstbezüge zu qualifizieren (OLG Hamm 25.11.1971, 18 U 68/71, BB 1972, 855). Da es nicht darauf ankommt, wie die Parteien die Bezüge bezeichnen, sind zB auch Provisionen und Spesen, Inkassoprämien (BAG 11.1.1978, 5 AZR 829/76, DB 1978, 942), Familien- und Kinderzulagen und Ergebnis- und Erfolgsbeteiligungen (LG Berl 28.7.1958, 81 T 454/58, Rpfleger 1959, 132) erfasst. Schließlich ist auch das Streikgeld als Ausgleich für entgangene Arbeitsvergütung nur nach §§ 850 ff pfändbar (Stein/Jonas/*Brehm* § 850 Rn 51).

6 Unter **Ruhegeldern und ähnlichen Einkünften** versteht man die nach dem einstweiligen oder dauernden Ausscheiden aus dem Dienst- oder Arbeitsverhältnis fortlaufend gewährten Leistungen, wobei es nicht darauf ankommt, von wem (zB selbstständiger Pensionskasse, BAG 6.3.1984, 3 AZR 82/82, DB 1984, 2516) diese bezahlt werden und wozu auch Versorgungsbezüge von Vorstandsmitgliedern einer AG oder von Geschäftsführern einer GmbH gehören (BGH 24.11.1988, IX ZR 210/87, NJW-RR 1989, 286, abl für den selbstständigen Gesellschafter-Geschäftsführer OLG Naumburg 17.11.2011, 4 U 101/10, BeckRS 2012, 02588). **Hinterbliebene** sind diejenigen Personen, die nach den einschlägigen gesetzlichen oder vertraglichen Bestimmungen als Hinterbliebene aufgrund des Dienstverhältnisses des Verstorbenen zu Bezügen berechtigt sind (LG Köln 25.4.1989, 22 O 331/88, NJW-RR 1990, 13).

7 **Sonstige Vergütungen** sind all jene, die für Leistungen gezahlt werden, die die Erwerbstätigkeit des Schuldners vollständig oder zu einem wesentlichen Teil beanspruchen (BGH 5.12.1985, IX ZR 9/85, NJW 1986, 2362; 8.12.1977, II ZR 219/75, NJW 1978, 756) und die aus **wirtschaftlicher oder persönlicher Selbstständigkeit** stammen, sofern die Vergütungen wiederkehrend (zu nicht wiederkehrenden Zahlungen vgl § 850i I), aber nicht notwendig in gleichen Abständen und Beträgen, zahlbar sind. Ob die Abhängigkeit wesentlich beansprucht wird, richtet sich nach den Tatsachen des Einzelfalls. Vom Begriff der sonstigen Vergütungen erfasst sind ua die Bezüge des Vorstands einer AG (BGH 8.12.1977, II ZR 219/75, NJW 1978, 756) oder des Geschäftsführers einer GmbH (BGH 24.11.1988, IX ZR 210/87, NJW-RR 1989, 286), die Ansprüche eines Kassenarztes (BGH 5.12.1985, IX ZR 9/85, NJW 1986, 2362) sowie ferner das Festgehalt und der Provisionsanspruch des Handelsvertreters (BAG 10.2.1962, 5 AZR 77/61, NJW 1962, 1221). Nicht erfasst sind hingegen fortlaufende Bezüge, die zwar dem Lebensunterhalt dienen, aber nicht auf Dienstleistung beruhen (BGH 21.12.2004, IXa ZB 228/03, NJW 2005, 681) wie zB Miet- und Pachteinnahmen oder Zinsen und Entgelte aus Verkäufen.

8 Des Weiteren ist gem III auch der materiell-rechtlich auf §§ 74, 89b HGB bzw § 110 GewO oder aber auf freiwilliger Vereinbarung beruhende **Ausgleich für Wettbewerbsbeschränkungen** unter den Oberbegriff des Arbeitseinkommens zu subsumieren. Schließlich werden auch **Renten aus privatrechtlichen Versicherungsverträgen**, die zugunsten des früheren AN oder seiner unterhaltsberechtigten Angehörigen geschlossen wurden, dann vom Pfändungsschutz erfasst, wenn die Verträge Ruhegelder oder Hinterbliebenenbezüge ersetzen oder ergänzen sollen. Unanwendbar ist § 850 III lit b hingegen bei Freiberuflern und Selbstständigen (BGH 15.11.2007, IX ZB 34/06, DB 2008, 53, OLG Frankfurt 22.2.1995, 23 U 158/94, VersR 1996, 614). Hier greift unter Umständen der Pfändungsschutz des § 851c bzw § 851d.

9 Zur Pfändbarkeit von **Zeitwertkonten** vgl *Frank* DB 2007, 1640 sowie zur Pfändbarkeit einer **privaten Berufsunfähigkeitsversicherung** vgl *Ahrens* NJW-Spezial 2010, 597.

10 **C. Umfang.** Der in IV geregelte Umfang des Pfändungsbeschl erfasst das Arbeitseinkommen als **einheitliches Ganzes** unabhängig von der Bezeichnung des gepfändeten Betrags und erstreckt sich sowohl auf

Rückstände und Vorschüsse wie auch auf nach der Pfändung fällig werdende Bezüge. Die Pfändung erstreckt sich auf mehrere Arbeitsvergütungen gegen denselben Drittschuldner, nicht aber auf andere Ansprüche gegen ihn oder auf Ansprüche gegen andere Drittschuldner. Bei mehr als einem Arbeitsverhältnis sind somit mehrere Pfändungen erforderlich. Eine Neupfändung ist dann notwendig, wenn an die Stelle des bisherigen Dienstverhältnisses ein andersartiges tritt, nicht jedoch bei § 613a BGB (LAG Hamm 29.9.1975, 3 Sa 483/75, DB 1976, 440). Ansprüche aus einem erst **künftigen Arbeitsverhältnis** können gepfändet werden, wenn im maßgeblichen Zeitpunkt der Zustellung des Pfändungsbeschl an den Drittschuldner (§ 829 III) eine rechtliche Grundlage für die Forderung besteht. Wirksam abgetretene Lohnforderungen zählen grds nicht mehr zum Schuldnervermögen, sodass eine Pfändung nur bei zeitlich befristeten (§ 163 BGB) oder auflösend bedingten Abtretungen (§ 158 BGB) wirksam sein kann.

D. Rechtsbehelfe. Gegen den **Pfändungsbeschl** ist grds sowohl für den Schuldner wie auch für den nachpfändenden Gläubiger und einen etwaigen Drittschuldner die **Erinnerung** gem § 766 das statthafte Rechtsmittel, sofern der Pfändungsbeschl vom Vollstreckungsgericht erlassen wurde. Die **sofortige Beschwerde** gem § 793, § 11 RPflG findet gegen einen Pfändungsbeschl des Vollstreckungsgerichts hingegen nur ausnahmsweise statt, wenn der Beschl nach vorheriger Anhörung des Schuldners (§ 834) ergangen ist. Gegen eine **abgelehnte Pfändung** steht nur dem Gläubiger die sofortige Beschwerde gem § 793, § 11 RPflG zu. Gegen den **Beschl des Beschwerdegerichts** kann eine Rechtsbeschwerde nach § 574 zugelassen werden. 11

§ 850a Unpfändbare Bezüge
Unpfändbar sind
1. zur Hälfte die für die Leistung von Mehrarbeitsstunden gezahlten Teile des Arbeitseinkommens;
2. die für die Dauer eines Urlaubs über das Arbeitseinkommen hinaus gewährten Bezüge, Zuwendungen aus Anlass eines besonderen Betriebsereignisses und Treugelder, soweit sie den Rahmen des Üblichen nicht übersteigen;
3. Aufwandsentschädigungen, Auslösungsgelder und sonstige soziale Zulagen für auswärtige Beschäftigungen, das Entgelt für selbstgestelltes Arbeitsmaterial, Gefahrenzulagen sowie Schmutz- und Erschwerniszulagen, soweit diese Bezüge den Rahmen des Üblichen nicht übersteigen;
4. Weihnachtsvergütungen bis zum Betrag der Hälfte des monatlichen Arbeitseinkommens, höchstens aber bis zum Betrag von 500 Euro;
5. Geburtsbeihilfen sowie Beihilfen aus Anlass der Eingehung einer Ehe oder Begründung einer Lebenspartnerschaft, sofern die Vollstreckung wegen anderer als der aus Anlass der der Geburt, der Eingehung einer Ehe oder der Begründung einer Lebenspartnerschaft entstandenen Ansprüche betrieben wird;
6. Erziehungsgelder, Studienbeihilfen und ähnliche Bezüge;
7. Sterbe- und Gnadenbezüge aus Arbeits- oder Dienstverhältnissen;
8. Blindenzulagen.

Übersicht	Rdn.		Rdn.
A. Allgemeines	1	B. Anwendungsbereich	2

A. Allgemeines. Das in § 850a genannte Arbeitseinkommen ist aus sozialen Gründen oder wegen seiner 1 Zweckbindung absolut unpfändbar, sodass das pfändbare Einkommen ohne die darin aufgeführten Beträge zu berechnen ist (§ 850e Nr 1). Von dem Gesamtbruttoeinkommen des Arbeitnehmers sind daher die nach § 850a unpfändbaren Bezüge mit dem Bruttobetrag abzuziehen.

B. Anwendungsbereich. Der Begriff der **Mehrarbeit** setzt das Bestehen eines Rechtsanspruchs auf eine 2 zusätzliche Vergütung für eine Arbeit voraus, die über die im Betrieb gewöhnlich eingehaltene Arbeitszeit hinausgeht. Darunter fällt auch die Tätigkeit bei einem anderen AG als Nebenverdienst (OLG Hamm 17.5.1955, 15 W 210/55, BB 1956, 209). Die unpfändbare Hälfte des Mehrarbeitsverdienstes berechnet sich nach dem für die Mehrarbeit bezahlten Bruttoeinkommen (*Stöber* Forderungspfändung Rn 984; aA *Wieczorek/Schütze/Lüke* § 850a Rn 11; *Hohn* BB 1966, 1725).

Urlaubsgelder sind nur das vom AG zusätzlich zu Lohn und Gehalt gewährte Urlaubsgeld, nicht jedoch das 3 während des Urlaubs fortgezahlte Urlaubsentgelt (BLAH § 850a Rn 5) und die Urlaubsabgeltung (BAG 28.8.2001, 9 AZR 611/99, NZA 2002, 323). Für die Bestimmung der **Üblichkeit** ist auf gleichartige Unternehmen abzustellen, wobei umstr ist, ob die Grenzen der Nr 4 als Maßstab herangezogen werden können (dafür *Henze* Rpfleger 1980, 456; dagegen *Pfeifer* NZA 1996, 738).

4   Die in **Nr 3 genannten Zulagen** halten sich iRd Üblichen, sofern sie innerhalb der von den Finanzbehörden als steuerfrei anerkannten Sätze liegen (BAG 30.6.1971, 3 AZR 8/71, BB 1971, 1197). Es kommt nicht darauf an, ob die Entschädigung für den Einzelfall oder als Pauschalbetrag gewährt wird. **Aufwandsentschädigungen** sind insb Reisekosten, Tagegelder, Fahrgelder, Bürogelder, Spesen sowie Kostenerstattungen an einen Stellenbewerber, Erstattungsansprüche des BR nach § 40 I BetrVG und Nachtschichtzuschläge (vgl zu letzterem LG Stendal 6.2.2015, 25 T 208/14, JurionRS 2015, 12125). Auch Entschädigungen, die für ehrenamtliche Tätigkeiten, zB als Volkszähler, Schöffe oder nicht-richterlicher Beisitzer, selbstständig gewährt werden, fallen hierunter. **Auslösungsgelder** und sonstige soziale Zulagen für eine auswärtige Beschäftigung sind eine Vergütung für die dadurch bedingten Unannehmlichkeiten und Mehrkosten, die im Einzelfall auch als Umzugskosten oder für den arbeitsbedingten Betrieb eines Pkw (LAG Düsseldorf 15.1.1970, 3 Sa 343/69, DB 1970, 256) gewährt werden kann.

5   **Weihnachtsvergütungen** werden vom Pfändungsschutz nur insoweit erfasst, als sie auf einem Rechtsanspruch beruhen und kein Geschenk darstellen, was auch dann zu bejahen ist, wenn eine verbindliche Zahlung mit dem Vorbehalt erfolgt, dass daraus für das nächste Jahr kein Rechtsanspruch entstehen soll (BAG 13.3.1964, 5 AZR 293/63, NJW 1964, 1690). Die unpfändbare Hälfte des Weihnachtsgeldes berechnet sich nach dem Betrag des monatlichen Bruttoeinkommens (LG Mönchengladbach 1.2.2005, 5 T 631/04, JurBüro 2007, 218; aA *Hohn* BB 1966, 1725; Wieczorek/Schütze/*Lüke* § 850 Rn 28) des Monats, in dem die Vergütung bezahlt wird und darf die Obergrenze von 500 € nicht überschreiten.

6   Die Pfändung von **Geburtsbeihilfen u Beihilfen aus Anlass der Eingehung einer Ehe (früher: Heiratsbeihilfen) oder Begr einer Lebenspartnerschaft** ist dann zulässig, wenn die Vollstreckung wegen der aus Anlass der Geburt oder der Eingehung einer Ehe oder Begründung einer Lebenspartnerschaft entstandenen Forderungen erfolgt, wie dies zB bei Kosten für die bei der Heirat oder Begr der Lebenspartnerschaft angeschafften Möbel oder bei Kosten für Arzt und Hebamme für die Geburt der Fall ist.

7   **Erziehungsgelder, Studienbeihilfen und ähnliche Bezüge**, gleichgültig, ob sie als Einkommensteile oder als private Zuwendungen, Leistungen der öffentl Hand oder Leistungen einer Stiftung gewährt werden, sind vollständig unpfändbar. Hierher gehören aber nicht die Unterhaltszuschüsse für Referendare und Beamtenanwärter, die echtes Einkommen sind, und auch nicht Kinderzuschläge, soweit sie als Bestandteil des Arbeitseinkommens geleistet werden (*Stöber* Forderungspfändung Rn 1002) und schließlich auch nicht das Kindergeld nach § 31 S 3 EStG oder BKGG. Ebenfalls nicht unpfändbar nach Nr 6 sind die Ausbildungsbeihilfen eines Strafgefangenen im Sinne von § 44 StVollzG (LG Kleve 4.2.2013, 4 T 12/13, ZInsO 2013, 836).

8   **Sterbe- und Gnadenbezüge** sind Leistungen, die an Hinterbliebene von Beamten oder AN gezahlt werden, wobei die Leistungsempfänger jedoch nicht deren Erben sein müssen. Von den ebenso gänzlich unpfändbaren **Blindenzulagen** werden alle zusätzlichen Blindenhilfen nach Landesrecht erfasst, soweit landesrechtliche Regelungen nicht ohnehin schon Pfändungsschutz gewähren.

§ 850b Bedingt pfändbare Bezüge

(1) Unpfändbar sind ferner
1. Renten, die wegen einer Verletzung des Körpers oder der Gesundheit zu entrichten sind;
2. Unterhaltsrenten, die auf gesetzlicher Vorschrift beruhen, sowie die wegen Entziehung einer solchen Forderung zu entrichtenden Renten;
3. fortlaufende Einkünfte, die ein Schuldner aus Stiftungen oder sonst auf Grund der Fürsorge und Freigebigkeit eines Dritten oder auf Grund eines Altenteils oder Auszugsvertrags bezieht;
4. Bezüge aus Witwen-, Waisen-, Hilfs- und Krankenkassen, die ausschließlich oder zu einem wesentlichen Teil zu Unterstützungszwecken gewährt werden, ferner Ansprüche aus Lebensversicherungen, die nur auf den Todesfall des Versicherungsnehmers abgeschlossen sind, wenn die Versicherungssumme 3 579 Euro nicht übersteigt.

(2) Diese Bezüge können nach den für Arbeitseinkommen geltenden Vorschriften gepfändet werden, wenn die Vollstreckung in das sonstige bewegliche Vermögen des Schuldners zu einer vollständigen Befriedigung des Gläubigers nicht geführt hat oder voraussichtlich nicht führen wird und wenn nach den Umständen des Falles, insbesondere nach der Art des beizutreibenden Anspruchs und der Höhe der Bezüge, die Pfändung der Billigkeit entspricht.

(3) Das Vollstreckungsgericht soll vor seiner Entscheidung die Beteiligten hören.

Übersicht	Rdn.		Rdn.
A. Allgemeines	1	C. Verfahren	6
B. Voraussetzungen	2	D. Rechtsfolgen und Rechtsbehelfe	9

A. Allgemeines. Während § 850a schlechthin zur Unpfändbarkeit führt, lässt § 850b eine bedingte 1
Pfändbarkeit dann zu, wenn das Vollstreckungsgericht die Voraussetzungen des II bejaht. Die nach § 850b
nur bedingt pfändbaren Ansprüche sind kein Arbeitseinkommen, werden aber, sofern sie ausnahmsweise pfändbar sind, nach den für die Zwangsvollstreckung in Arbeitseinkommen geltenden Vorschriften
gepfändet. § 850b findet nicht nur auf Renten, Einkünfte und Bezüge von AN und Beamten Anwendung,
sondern auch auf solche von anderen Personen, insb von Selbstständigen (BGH 15.7.2010, IX ZR 132/09,
NZI 2010, 777).

B. Voraussetzungen. **Verletzungsrenten** sind wiederkehrende Geldleistungen bei Invalidität des Schuldners. 2
Dazu gehören einerseits die gesetzlichen Geldrenten nach §§ 618 III, 843 BGB, § 8 HaftpflG,
§ 13 StVG, § 38 LuftVG, § 30 AtG, § 62 III HGB ohne Rücksicht auf ihre Höhe, nicht aber Renten nach dem Sozialversicherungsgesetz und dem BVersG, deren Pfändbarkeit sich ausschließlich nach
§ 54 SGB I bestimmt (OLG Celle 23.9.1952, 8 W 268/52, Rpfleger 1952, 598). Andererseits sind auch
auf vertraglicher Grundlage gewährte Renten nur bedingt pfändbar (BGH 25.1.1978, VIII ZR 137/76,
NJW 1978, 950), auch Ansprüche aus privater Berufsunfähigkeitsversicherung (LG Köln 17.6.2013, 26 O
272/12, ZInsO 2013, 1428).

Zu den **gesetzlichen Unterhaltsrenten** zählen die auf Geld gerichteten Ansprüche des getrennt lebenden 3
Ehegatten, des früheren Ehegatten, der ehelichen und nichtehelichen Kinder und der sonstigen Verwandten, der Unterhaltsanspruch der nichtehelichen Mutter sowie auch eine Einmalzahlung wie der Erstattungsanspruch aus begrenztem steuerlichen Realsplitting (Musielak/*Becker* § 850b Rn 3). Es ist gleichgültig, ob der Unterhaltsanspruch gerichtlich festgestellt, vertraglich anerkannt (BGH 29.1.1997, XII ZR
221/95, NJW 1997, 1441; 29.5.2002, XII ZR 263/00, NJW-RR 2002, 1513) oder durch letztwillige
Verfügung zugewendet ist. Die den gesetzlichen Unterhalt übersteigenden Beträge bleiben allerdings voll
pfändbar. Rückständige Unterhaltsansprüche genießen Pfändungsschutz (OLG Bamberg 7.3.1996, 2 UF
202/95, FamRZ 1996, 1487), ebenso ein Freistellungsanspruch (LG Münster 7.12.2004, 5 T 1197/04,
Rpfleger 2005, 271). Der **Taschengeldanspruch** gem §§ 1360, 1360a BGB des haushaltsführenden Ehegatten steht diesem zu, sofern das Einkommen das für den Familienunterhalt Notwendige übersteigt (BGH
15.10.2003, XII ZR 122/00, NJW 2004, 674). Seine bedingte Pfändbarkeit verstößt insb nicht gegen
Art 6 GG (BVerfG 13.6.1986, 1 BvR 460/86, FamRZ 1986, 773; zu Einzelheiten zur Pfändbarkeit des
Taschengeldanspruchs vgl *Neugebauer* MDR 2005, 376; *Stöber* Forderungspfändung Rn 1031 ff; BGH
19.3.2004, IXa ZB 57/03, NJW 2004, 2450; LG Konstanz 16.8.2007, 62 T 37/07, Rpfleger 2008, 37).

Aufgrund der **Fürsorge und Freigebigkeit** wird geleistet, wenn die vertragliche oder letztwillige (OLG Frank- 4
furt 20.1.2000, 26 W 170/99, NJW-RR 2001, 368) Zuwendung durch den Dritten in der Absicht erfolgt,
die Lebenshaltung des Schuldners zu verbessern oder zu erleichtern. Die Einkünfte müssen also unentgeltlich
erfolgen und dazu bestimmt sein, den Schuldner vor einer Not zu schützen (OLG Stuttgart 7.6.1985, 8 W
185/85, Rpfleger 1985, 407). Beim Anspruch aus einem **Altenteil** (der Begriff entspricht demjenigen in
Art 96 EGBGB, BGH 4.7.2007, VII ZB 86/06, NJW-RR 2007, 1390) handelt es sich um die aus Anlass
einer Grundstücksübergabe zur Altersversorgung des Schuldners und seiner Angehörigen zugewendeten
Nutzungen und wiederkehrenden Leistungen (OLG Hamm 6.1.1988, 6 UF 238/87, FamRZ 1988, 746),
die dinglich gesichert oder aber schuldrechtlich vereinbart sein können (BGH 31.10.1969, V ZR 138/66,
NJW 1970, 282). Etwas anderes gilt allerdings im Fall eines gegenseitigen Schuldvertrags mit gleichwertigen
Leistungen (LG Oldenburg 11.2.1981, 5 T 312/80, Rpfleger 1982, 298). Bzgl der zu Unterstützungszwecken gewährten Bezüge aus **Witwen-, Waisen-, Hilfs- und Krankenkassen** kommt es weder auf die Höhe
der Leistung noch darauf an, ob die Mittel für Unterstützungszwecke tatsächlich benötigt werden (*Stöber*
Forderungspfändung Rn 1019). Die Ansprüche können auf privatem Recht beruhen oder öffentl-rechtlich
begründet sein. Krankengeld und andere Bezüge von einem Leistungsträger der gesetzlichen Krankenversicherung sind als Sozialleistungen nur nach § 54 SGB I pfändbar (OLG Köln 21.8.1989, 2 W 141/89,
NJW 1989, 2956).

In Bezug auf die Regelung über die Pfändbarkeit von **Lebensversicherungen ist umstr**, ob bei Überschrei- 5
tung der Freigrenze von 3.579 € die ganze Versicherungssumme pfändbar wird oder aber ob trotz des engen
Wortlauts aus teleologischen Gründen nur der überschießende Betrag voll pfändbar wird (so ausdrücklich
BGH 12.12.2007, VII ZB 47/07, DB 2008, 1040 mit der Begr, dass es sich bei der Verwendung des Wortes »wenn« anstatt des Wortes »soweit« in § 850b I Nr 4 um ein redaktionelles Versehen handelt, ferner
bereits OLG Bamberg 19.7.1985, AZ 3 W 76/85, JurBüro 1985, 1739; Musielak/*Becker* § 850b Rn 8
mwN). Die Regelung verstößt nicht gegen Art 3 GG (BVerfG 3.5.2004, 1 BvR 479/04, NJW 2004, 2585).
Nach herrschender Ansicht werden mehrere Versicherungsforderungen zusammengerechnet (OLG Hamm
7.7.1961, 15 W 233/61, MDR 1962, 661; Musielak/*Becker* § 850b Rn 8 mwN), eine aA will hingegen auf

§ 850c ZPO   Pfändungsgrenzen für Arbeitseinkommen

die einzelnen Forderungen abstellen und deren Gesamtheit erst iRd Billigkeitsprüfung nach II berücksichtigen (OLG Düsseldorf 17.11.1960, 3 W 204/60, VersR 1961, 111). Lebensversicherungen, bei denen die Versicherungssumme auch bei Erreichen einer bestimmten Altersgrenze fällig wird, werden vom Pfändungsschutz nicht erfasst (BVerfG 3.5.2004, 1 BvR 479/04, NJW 2004, 2585; FG München 1.3.2011, 13 K 2710/08, BeckRS 2011, 96261).

6 **C. Verfahren.** Ausschließlich **zuständig** (BGH 31.10.1969, V ZR 138/66, NJW 1970, 282) ist der Rechtspfleger beim Vollstreckungsgericht, der ggf dem Richter vorlegt. In seinem Antrag hat der Gläubiger die Tatsachen geltend zu machen, die nach § 850b II ausnahmsweise die Pfändung der Bezüge rechtfertigen (*Stöber* Forderungspfändung Rn 1025). Er muss hierbei **substanziiert die konkreten Tatsachen** darlegen, aus denen sich ergibt, dass die Vollstreckung in das sonstige bewegliche Vermögen des Schuldners nicht zu einer vollständigen Befriedigung geführt hat oder voraussichtlich nicht führen wird und **welche Umstände des Falls eine Pfändung billig erscheinen lassen**. Hieran dürfen jedoch keine übertriebenen Anforderungen gestellt werden, da der Gläubiger regelmäßig Einzelheiten der privaten Verhältnisse des Schuldners nicht kennt (OLG Köln 11.5.1994, 2 W 36/94, Rpfleger 1995, 76; OLG Hamm, 15.12.1988, 4 UF 329/88, Rpfleger 1989, 207).

7 Da es sich bei der Pfändung im Fall des § 850b II wegen der gem III ausdrücklich vorgesehenen Anhörung der Beteiligten nicht um eine Vollstreckungsmaßnahme, sondern um eine Entsch des Vollstreckungsgerichts handelt, **muss der Gläubiger im Fall des Bestreitens seines Vorbringens dieses auch voll beweisen** (BGH 19.3.2004, IXa ZB 57/03, NJW 2004, 2450), bloße Glaubhaftmachung genügt nicht (*Stöber* Forderungspfändung Rn 1025 mwN). Bei der Beurteilung der Umstände des Falls und Abwägung der Interessenlagen sind insb die Art der Vollstreckungsforderung (zB aus vorsätzlicher unerlaubter Handlung, OLG Hamm 6.9.2001, 28 W 75/01, OLGR 2002, 20), die Höhe und Zweckbestimmung des zu pfändenden Anspruchs, die wirtschaftlichen Verhältnisse des Gläubigers und inwieweit dieser auf die Durchsetzung seiner Forderung angewiesen ist (BGH 31.10.1969, V ZR 138/66, NJW 1970, 282) sowie schließlich die Einkommenslage des Schuldners, der durch die Pfändung nicht sozialhilfebedürftig werden darf (Musielak/*Becker* § 850b Rn 11), zu berücksichtigen.

8 Die Entsch des Vollstreckungsgerichts wird nach dem Grds des § 286 nach freier Überzeugung gebildet und ist somit auch zu begründen (LG Düsseldorf 22.2.1983, 25 T 50/83, Rpfleger 1983, 255). Die formularmäßige Wendung, die Pfändung erfolge gem § 850b II und entspreche nach dem Vortrag des Gläubigers der Billigkeit, gibt keine ausreichende Begr für eine Prüfung der Billigkeit (KG 29.9.1981, 1 W 3964/81, MDR 1982, 417).

9 **D. Rechtsfolgen und Rechtsbehelfe.** Vor der Entsch über die Pfändung sind eine Abtretung der Bezüge (OLG Oldenburg 23.6.1993, 2 U 84/93, NJW-RR 1994, 479) und eine Aufrechnung gegen sie (BGH 24.9.1987, III ZR 49/86, NJW 1988, 819) ausgeschlossen, falls nicht der Arglisteinwand (BGH 16.6.1993, XII ZR 6/92, NJW 1993, 2105) entgegensteht. Statthafter Rechtsbehelf gegen die Entsch des Vollstreckungsgerichts ist wegen der Anhörung der Beteiligten die **sofortige Beschwerde** nach § 793 (aA OLG Frankfurt 12.3.1975, 20 W 319/74, FamRZ 1976, 154). Nur wenn die Anhörung des Schuldners entgegen § 850b III unterbleibt, findet gegen den Beschl Erinnerung nach § 766 statt (vgl auch Musielak/*Becker* § 850b Rn 14 mwN).

§ 850c Pfändungsgrenzen für Arbeitseinkommen

(1) ¹Arbeitseinkommen ist unpfändbar, wenn es, je nach dem Zeitraum, für den es gezahlt wird, nicht mehr als

1073,88	Euro monatlich,
247,14	Euro wöchentlich oder
49,43	Euro täglich,

beträgt. ²Gewährt der Schuldner auf Grund einer gesetzlichen Verpflichtung seinem Ehegatten, einem früheren Ehegatten, seinem Lebenspartner, einem früheren Lebenspartner oder einem Verwandten oder nach §§ 1615l, 1615n des Bürgerlichen Gesetzbuchs einem Elternteil Unterhalt, so erhöht sich der Betrag, bis zu dessen Höhe Arbeitseinkommen unpfändbar ist, auf bis zu

Pfändungsgrenzen für Arbeitseinkommen § 850c ZPO

... monatlich,
... wöchentlich oder
... täglich,

2378,72
547,43
109,49

und zwar ... uro monatlich
... uro wöchentlich oder
404,16 Euro täglich,
93,0...
... der Unterhalt gewährt wird, und um je
1...
Euro monatlich
Euro wöchentlich oder
Euro täglich

... fünfte Person.

... das Arbeitseinkommen den Betrag, bis zu dessen Höhe es je nach der Zahl der Perso-
... Schuldner Unterhalt gewährt, nach Absatz 1 unpfändbar ist, so ist es hinsichtlich des
... en Betrages zu einem Teil unpfändbar, und zwar in Höhe von drei Zehnteln, wenn der
... er der in Absatz 1 genannten Personen Unterhalt gewährt, zwei weiteren Zehnteln für die
... der Unterhalt gewährt wird, und je einem weiteren Zehntel für die zweite bis fünfte Person.
... Arbeitseinkommens, der 3292,09 Euro monatlich (757,63 Euro wöchentlich, 151,53 Euro
... rsteigt, bleibt bei der Berechnung des unpfändbaren Betrages unberücksichtigt.
... unpfändbaren Beträge nach Absatz 1 und Absatz 2 Satz 2 ändern sich jeweils zum 1. Juli eines
... zweiten Jahres, erstmalig zum 1. Juli 2003, entsprechend der im Vergleich zum jeweiligen Vorjah-
... eitraum sich ergebenden prozentualen Entwicklung des Grundfreibetrages nach § 32a Abs. 1 Nr. 1
... des Einkommensteuergesetzes; der Berechnung ist die am 1. Januar des jeweiligen Jahres geltende Fassung des § 32a Abs. 1 Nr. 1 des Einkommensteuergesetzes zugrunde zu legen. ²Das Bundesministerium
der Justiz gibt die maßgebenden Beträge rechtzeitig im Bundesgesetzblatt bekannt.
(3) Bei der Berechnung des nach Absatz 2 pfändbaren Teils des Arbeitseinkommens ist das Arbeitseinkommen, gegebenenfalls nach Abzug des nach Absatz 2 Satz 2 pfändbaren Betrages, wie aus der Tabelle
ersichtlich, die diesem Gesetz als Anlage beigefügt ist, nach unten abzurunden, und zwar bei Auszahlung für Monate auf einen durch 10 Euro, bei Auszahlung für Wochen auf einen durch 2,50 Euro oder
bei Auszahlung für Tage auf einen durch 50 Cent teilbaren Betrag. Im Pfändungsbeschluss genügt die
Bezugnahme auf die Tabelle.
(4) Hat eine Person, welcher der Schuldner auf Grund gesetzlicher Verpflichtung Unterhalt gewährt,
eigene Einkünfte, so kann das Vollstreckungsgericht auf Antrag des Gläubigers nach billigem Ermessen
bestimmen, dass diese Person bei der Berechnung des unpfändbaren Teils des Arbeitseinkommens ganz
oder teilweise unberücksichtigt bleibt; soll die Person nur teilweise berücksichtigt werden, so ist Absatz 3
Satz 2 nicht anzuwenden.

Übersicht	Rdn.		Rdn.
A. Allgemeines	1	C. Unterhaltsgläubiger mit eigenem	
B. Unpfändbare Freibeträge	2	Einkommen	4
		D. Verfahren	5

Anmerkung
Die unpfändbaren Beträge nach I und II 2 entsprechen der Pfändungsfreigrenzenbekanntmachung 2015 v
14.4.2015 (BGBl I 618) und gelten ab dem 1.7.2015.

§ 850c ZPO Pfändungsgrenzen für Arbeitseinkommen

1 **A. Allgemeines.** Die auf dem Sozialstaatsgebot beruhende Norm dient dazu, dem Schuldner und seinen Angehörigen das Existenzminimum zu sichern und soll zugleich verhindern, dass der Sozialleistungen einspringen muss. Ihr Anwendungsbereich erfasst alle gewöhnlichen Gläubiger, Forderungen wegen Unterhalts und aus vorsätzlicher unerlaubter Handlung die Ausnahmen mit §§ 850f II) und gilt für alle Pfändungen von laufendem Arbeitseinkommen nach §§ 850, 850b II, mehrere Bezüge gem § 850e zusammenzurechnen sind; für einmalige Bezüge gilt allerdings § 12.9.1979, 4 AZR 420/77, DB 1980, 358).

2 **B. Unpfändbare Freibeträge.** Allein die zwischen Drittschuldner und Schuldner vereinbarte nung bestimmt, ob sich der unpfändbare Freibetrag nach Tagen, Wochen oder Monaten be 13.5.1992, 1 RK 26/91, NJW 1993, 811). Dies gilt auch dann, wenn – etwa wegen Krankheit entschuldigten Fehlens – nicht voll gearbeitet wurde (BAG 24.3.2009, 9 AZR 733/07, NZA OLG Köln 10.4.1957, 2 W 61/57, NJW 1957, 879; aA LG Essen, 28.7.1956, 11 NJW 1956, 1930). Die Berechnung der Freibeträge erfolgt auf der Basis des **Nettoeinkommens** (*Becker* § 850c Rn 2; *Stöber* Forderungspfändung Rn 1037 und 1132 ff; BLAH § 850c Rn 7), das se nach § 850e Nr 1 bestimmt wird. Nachzahlungen und Rückstände werden bei dem Abrechnungsze berücksichtigt, für den (nicht: in dem) sie geleistet werden (*Stöber* Forderungspfändung Rn 1042). Be rangiger Abtretung des Lohnanspruchs an den Vermieter muss ein entspr Abzug von den in I 1 genan Freibeträgen erfolgen, da diese bereits die Miete berücksichtigen (LG Detmold 20.9.1991, 2 T 247 Rpfleger 1992, 74; AG Dortmund 30.8.1994, 140 M 9810/93, Rpfleger 1995, 222).

3 Für das Bestehen eines **erhöhten Freibetrags** nach I 2 ist maßgeblich, ob der Schuldner aufgrund gesetzlicher Verpflichtung **Unterhalt schuldet und** tatsächlich auch **gewährt** (BAG 9.12.1965, 5 AZR 272/65, NJW 1966, 903; OLG Koblenz 20.9.2004, 7 WF 567/04, FamRZ 2005, 651). Solange die Verpflichtung nicht auf Vertrag beruht, ist es unschädlich, wenn sie vertraglich näher ausgestaltet ist (BGH 29.11.1978, IV ZR 74/78, NJW 1979, 550; BGH 11.11.1959, IV ZR 88/59, NJW 1960, 572). Bei Ehegatten, die in häuslicher Gemeinschaft leben, ist grundsätzlich davon auszugehen, dass Unterhalt geschuldet und gewährt wird. Bei getrennt lebenden Ehegatten muss der Schuldner nachweisen, dass er tatsächlich Unterhalt leistet (BGH 28.08.2013, 10 AZR 323/12, Jurion RS 2013, 47264, NJW 2013, 3532). Aufgrund der Pauschalierung ist unerheblich, ob der vom Schuldner tatsächlich gezahlte Unterhalt den jeweiligen Freibetrag nach I und II erreicht oder übersteigt. Eine Reduzierung oder Staffelung der Pauschalbeträge auf den tatsächlich geleisteten Unterhaltsbetrag kommt damit grds nicht in Betracht (BGH 28.3.2007, VII ZB 94/06, NJW-RR 2007, 938; aA LG Passau 14.12.2006, 2 T 248/06, InVo 2007, 165). Personen, denen der Schuldner Unterhalt leistet, ohne gesetzlich dazu verpflichtet zu sein, werden auch dann nicht berücksichtigt, wenn sie in dessen Haushalt leben (BGH 24.6.1969, VI ZR 66/67, NJW 1969, 2007). Nicht nur für den Ehegatten, sondern auch für ein Kind als 1. unterhaltsberechtigte Person ist der erhöhte Freibetrag der 1. Stufe maßgeblich (BGH 19.5.2004, IXa ZB 310/03, NJW-RR 2004, 1370). Der **(teilw) pfändbare überschießende Betrag** nach II ist was nach Abzug des pfändungsfreien Grundbetrags vom Nettolohn verbleibt; vgl hierzu auch die gem IIa regelmäßig anzupassende amtliche Tabelle in ihrer momentan gültigen Fassung (zuletzt BGBl I 2013 S 711 ff).

4 **C. Unterhaltsgläubiger mit eigenem Einkommen.** Eigenes Einkommen des Unterhaltsberechtigten kann beruhen auf eigener, abhängiger oder selbstständiger, auch früherer, Erwerbstätigkeit, Miete, Kapitalzinsen, Versicherungsrenten, regelmäßigen Zuwendungen Dritter, wie zB Unterhalt (BGH 7.5.2009, IX ZB 211/08, NJW-RR 2009, 1279), Schadensersatzansprüchen nach §§ 843, 845 BGB, Sozialgeldleistungen wie Mutterschafts-, Kurzarbeiter-, Winter- und Winterausfallsgeld. Nicht erfasst sind hingegen Sozialhilfeansprüche, BAföG, Erziehungsgeld, Grundrenten nach BVG sowie Kindergeld und andere Leistungen für Kinder (Musielak/*Becker* § 850c Rn 11; *Stöber* Forderungspfändung Rn 1060). Bei der Anrechnung der eigenen Einkünfte des Unterhaltsberechtigten mit **Ermessensanordnung** nach § 850c IV ist die wirtschaftliche Lage des Gläubigers gegen die des Schuldners und seiner unterhaltsberechtigten Angehörigen individuell abzuwägen (BGH 4.10.2005, VII ZB 24/05, NJW-RR 2006, 568; BGH 12.12.2003, IXa ZB 207/03, NJW-RR 2004, 1439; BGH 21.12.2004, IXa ZB 142/04, NJW-RR 2005, 795). Hierbei dürfen die Einkünfte des Angehörigen nicht, auch nicht mittelbar, zur Tilgung von Verbindlichkeiten des Schuldners herangezogen werden (LG Frankfurt 26.11.1987, 2/9 T 790/87, Rpfleger 1988, 73). Im Einzelfall gebietet die Interessenabwägung die Feststellung des angemessenen Lebensbedarfs des Unterhaltsberechtigten mit eigenem Einkommen, die Festlegung des durch das eigene Einkommen bereits gedeckten Unterhaltsbedarfs und schließlich die Bestimmung des Differenzbetrags als noch zu deckender Unterhaltsbedarf des Angehörigen mit eigenen Einkünften (*Stöber* Forderungspfändung Rn 1063c f mit Rechenbsp).

...rechnung des eigenen Einkommens des Unterhaltsberechtigten gem IV erfordert ...igers, für den der Rechtspfleger zuständig ist. Der Gläubiger muss schlüssig und ...Tatsachen vortragen, die dem Vollstreckungsgericht die Feststellung ermöglichen, ob ...ehörige mit eigenem Einkommen bei der Berechnung des unpfändbaren Arbeitsein... ...htigt zu bleiben hat (LG Stade 28.3.2000, 7 T 41/00, JurBüro 2000, 378; vgl auch ...01, 3 T 152/01, JurBüro 2001, 604). Dazu gehören namentliche Bezeichnung des ... zumindest ungefähre Benennung der Art und Höhe seiner Einkünfte. 5

...ksichtigenden Freigrenzen genügt zur Bezeichnung des pfändungsfreien Betrages eine ...amtliche Tabelle durch einen **Blankettbeschl** (bzgl hinreichender Bestimmtheit, s ....2008, 8 LC 90/07, BeckRS 2008, 41211). Die Berechnung der Höhe des pfändbaren ...ittlung von deren Grundlagen obliegt dem Drittschuldner, der seine Personalunter... ...den Schuldner befragen, jedoch darüber hinaus keine eigenen Ermittlungen anstellen ...nkettbeschl ausführen zu können (Musielak/*Becker* § 850c Rn 9). 6

...ehelf gegen den Pfändungsbeschl ist für den Schuldner sowie für die nach IV unberück- ...n Angehörigen und den Drittschuldner (OLG Oldenburg 17.12.1990, 2 W 100/90, ...1; OLG Stuttgart 9.1.1987, 8 W 598/86, Rpfleger 1987, 255; aA *Stöber* Forderungspfän- ...*Henze* Rpfleger 1981, 52) die Erinnerung nach § 766. Dem Gläubiger steht, soweit eine ...rfolgt ist, die sofortige Beschwerde nach § 793 zu, sonst ebenfalls die Erinnerung. Macht ...tend, dass sich die Unpfändbarkeitsvoraussetzungen erst nach Erlass des Pfändungsbeschl gilt § 850g. 7

...dbarkeit bei Unterhaltsansprüchen

...er Unterhaltsansprüche, die kraft Gesetzes einem Verwandten, dem Ehegatten, einem frühe- ...en, dem Lebenspartner, einem früheren Lebenspartner oder nach §§ 1615l, 1615n des Bür- ...n Gesetzbuchs einem Elternteil zustehen, sind das Arbeitseinkommen und die in § 850a Nr. 1, 2 ... genannten Bezüge ohne die in § 850c bezeichneten Beschränkungen pfändbar. ²Dem Schuldner ...jedoch so viel zu belassen, als er für seinen notwendigen Unterhalt und zur Erfüllung seiner laufen- ...en gesetzlichen Unterhaltspflichten gegenüber den dem Gläubiger vorgehenden Berechtigten oder zur gleichmäßigen Befriedigung der dem Gläubiger gleichstehenden Berechtigten bedarf; von den in § 850a Nr. 1, 2 und 4 genannten Bezügen hat ihm mindestens die Hälfte des nach § 850a unpfändbaren Betrages zu verbleiben. ³Der dem Schuldner hiernach verbleibende Teil seines Arbeitseinkommens darf den Betrag nicht übersteigen, der ihm nach den Vorschriften des § 850c gegenüber nicht bevorrechtigten Gläubigern zu verbleiben hätte. ⁴Für die Pfändung wegen der Rückstände, die länger als ein Jahr vor dem Antrag auf Erlass des Pfändungsbeschlusses fällig geworden sind, gelten die Vorschriften dieses Absatzes insoweit nicht, als nach Lage der Verhältnisse nicht anzunehmen ist, dass der Schuldner sich seiner Zahlungspflicht absichtlich entzogen hat.
(2) Mehrere nach Absatz 1 Berechtigte sind mit ihren Ansprüchen in der Reihenfolge nach § 1609 des Bürgerlichen Gesetzbuchs und § 16 des Lebenspartnerschaftsgesetzes zu berücksichtigen, wobei mehrere gleich nahe Berechtigte untereinander den gleichen Rang haben.
(3) Bei der Vollstreckung wegen der in Absatz 1 bezeichneten Ansprüche sowie wegen der aus Anlass einer Verletzung des Körpers oder der Gesundheit zu zahlenden Renten kann zugleich mit der Pfändung wegen fälliger Ansprüche auch künftig fällig werdendes Arbeitseinkommen wegen der dann jeweils fällig werdenden Ansprüche gepfändet und überwiesen werden.

Übersicht	Rdn.		Rdn.
A. Allgemeines	1	D. Vorratspfändung	7
B. Voraussetzungen	2	E. Verfahren	8
C. Rangfolge	6	F. Rechtsbehelfe	9

A. Allgemeines. § 850d verringert die pfändungsfreien Bezüge nach §§ 850, 850a Nr 1, 2, 4, 850b, 850h für bestimmte Gläubigergruppen und hat damit das Ziel, die Durchsetzung gesetzlicher Unterhaltsansprüche verfahrensrechtlich zu erleichtern, damit die vom Einkommen des Schuldners bes abhängigen Gläubiger nicht auf staatliche Fürsorge angewiesen sind (BGH 5.7.2005, VII ZB 11/05, MDR 2005, 1434). Die Norm findet Anwendung, soweit sich unmittelbar aus dem Vollstreckungstitel oder einem späteren Urt ergibt, dass ein Unterhaltsanspruch der in I bezeichneten Art vorliegt. Da sie in III eine Ausnahme zu § 751 schafft, muss die Norm eng ausgelegt werden und ist nicht analogiefähig. 1

Dornbusch 2499

2 **B. Voraussetzungen.** Die in I normierte Privilegierung erfasst nur familienrechtlich[e Unter]haltsansprüche des Gläubigers (BGH 5.7.2005, VII ZB 11/05, MDR 2005, 1434; [BGH] IXa ZB 180/03, NJW 2003, 3774). Dazu gehören auch die Prozesskostenvorschusspfl[icht 2003,] IV BGB (LG Aachen 7.11.1961, 7 T 443/61, FamRZ 1963, 48; *Stöber* Forderungspfä[ndung] aA LG Brem 2.2.1970, 2 T 740/69, FamRZ 1970, 407; vermittelnd AG Köln 2.3.1959[, 2 C] MDR 1959, 848) sowie die Kosten der Zwangsvollstreckung (OLG Hamm 13.4.1976, 14 W[ ]ger 1977, 109; *Stöber* Forderungspfändung Rn 1086). Nicht erfasst sind hingegen der proze[ss]erstattungsanspruch des Unterhaltsgläubigers gegen den Unterhaltsschuldner aus einem Unte[rhalt] (BGH 09.07.2009, VII ZB 65/08, NJW-RR 2009, 1441; *Stöber* Forderungspfändung Rn 1085[) und] Ansprüche aus schuldrechtlichem Versorgungsausgleich. Werden jedoch **gesetzliche Ansprüche** lediglich näher ausgestaltet, so ist dies unschädlich, solange sie den gesetzlich normierten Betrag n[icht] steigen (BGH 29.11.1978, IV ZR 74/78, NJW 1979, 550; 11.11.1959, IV ZR 88/59, NJW 196[0,] Kommt es zu einer Rechtsnachfolge aufseiten des Gläubigers, so bleibt die Privilegierung erhalte[n, wenn] der Anspruchsübergang darauf beruht, dass der neue dem früheren Gläubiger Unterhalt gewährte[. Keine] Bevorzugung gilt allerdings bei Erben (LG Würzburg 20.7.1961, 3 T 38/61, MDR 1961, 1024) und [folgen-]gen (*Stöber* Forderungspfändung Rn 1080).

3 Der diesem zu belassende, **notwendige Unterhalt** des Schuldners berechnet sich allein nach dessen Sozial[hil-]febedarf und nicht danach, was ihm nach der Düsseldorfer Tabelle (Stand 1.8.2015) als materiell-rechtlic[h] notwendiger Selbstbehalt verbleibt (BGH 12.12.2003, IXa ZB 225/03, NJW-RR 2004, 506 f; 18.7.2003, IXa ZB 151/03, NJW 2003, 2918), was wiederum dem verfassungsrechtlichen Gebot aus Art 1 I und 20 I GG entspricht, dem Bürger an Einkommen soviel zu belassen, als er zur Schaffung der Mindestvoraussetzungen für ein menschenwürdiges Dasein benötigt (BVerfG 10.11.1998, 2 BvL 42–93, NJW 1999, 561 f). Es ist insofern auf die laufend angepassten Regelsätze nach dem 3. und 11. Kapitel des SGB XII abzustellen (*Stöber* Forderungspfändung Rn 1094; Musielak/*Becker* § 850d Rn 5).

4 Laufende, tatsächlich gewährte **gesetzliche Unterhaltspflichten** muss der Schuldner trotz Pfändung ebenfalls erfüllen können, wobei auf den angemessenen Unterhalt nach § 1610 I BGB abzustellen ist (OLG Frankfurt 13.7.1999, 26 W 52/99, NJW-RR 2000, 220; *Stöber* Forderungspfändung Rn 1098; aA Musielak/*Becker* § 850d Rn 7, der auf den notwendigen Unterhalt abstellt; offen gelassen von BGH 05.08.2010, VII ZB 101/09, RPfleger 2011, 38). Als sonstige Einnahmen müssen auch unpfändbare und bedingt pfändbare Bezüge nach §§ 850a, b insofern berücksichtigt werden, als sie für den Unterhalt des Schuldners und seiner Familie bestimmt sind und eine bes Zweckbindung nicht entgegensteht (zB Trinkgeld, LG Brem 3.5.1956, M 33 456/55, Rpfleger 1957, 84).

5 Grds gilt das Vorrecht des § 850d unbeschränkt. Lediglich seit über 1 Jahr fällige **Rückstände** sind nach § 850c pfändbar, wenn sich der Schuldner nicht **absichtlich entzogen**, dh durch zweckgerichtetes Verhalten die zeitnahe Realisierung der Unterhaltsschuld verhindert oder wesentlich erschwert hat. Dafür trägt der Schuldner auch die uneingeschränkte Darlegungs- und Beweislast (BGH 21.12.2004, IXa ZB 273/03, MDR 2005, 649; *Stöber* Forderungspfändung Rn 1090; aA OLG Frankfurt 13.7.1999, 26 W 52/99, NJW-RR 2000, 220;). Bei der Bemessung des pfandfreien Betrags sind die gesetzlichen Unterhaltspflichten des Schuldners in tatsächlicher Höhe zu berücksichtigen, auch wenn der Schuldner seiner Unterhaltspflicht nicht in vollem Umfang genügt (BGH 5.8.2010, VII ZB 101/09, WM 2010, 1754).

6 **C. Rangfolge** Die Ansprüche minderjähriger unterhaltsberechtigter Kinder haben vor allen weiteren Unterhaltsberechtigten Vorrang (AG Hannover 26.2.2009, 701 M 16530/08, FamRZ 2009, 1843). Für die weiteren Unterhaltsgläubiger schreiben § 1609 BGB und § 16 LPartG eine besondere Rangfolge vor, wenn das erweitert pfändbare Arbeitseinkommen nicht für alle Forderungen ausreicht (**Rangprinzip**). Hierdurch wird das bei der Pfändung wegen Unterhaltsansprüchen zwischen den Unterhaltsberechtigten bislang geltende **Prioritätsprinzip** abgelöst (vgl *Wolf/Hintzen* Rpfleger 2008, 337).

7 **D. Vorratspfändung.** Die **Ausnahme zu § 751 in § 850d III** ermöglicht es, zugleich wegen eines Rückstandes und wegen **künftig** fälliger Ansprüche zu pfänden. »Kann« begründet hier kein Ermessen, sodass der Beschl bei Vorliegen der Voraussetzungen zu erlassen ist (Musielak/*Becker* § 850d Rn 19). Es ist umstr, ob III auch auf andere wiederkehrende Forderungen oder Rechte anwendbar ist (dafür LG Düsseldorf 14.11.1984, 19 T 482/84, Rpfleger 1985, 119; dagegen *Thomas/Putzo* § 850d Rn 14). Eine Vorauspfändung selbst einer künftigen einmaligen Leistung ist aber jedenfalls dann möglich, wenn die Wirksamkeit der Pfändung an dem auf die jeweilige Fälligkeit folgenden Tag angeordnet wird (OLG Hamm 25.10.1993, 14 W 178/93, NJW-RR 1994, 895 mwN). Nicht möglich ist eine isolierte Pfändung allein wegen künftig fälliger Ansprüche, vielmehr muss **wegen mind 1 rückständigen Rate gleichzeitig**

werden (OLG Düsseldorf 22.7.1983, 3 W 153/83, WM 1983, 1069; LG Wuppertal MDR 1990, 640).

einem Pfändungsantrag an den zuständigen Rechtspfleger hat der Gläubiger anzu- **8**
rrechtigt pfänden will und insofern die tatsächlichen Umstände, nach denen der zu
ermittelt wird, schlüssig darzulegen. Der Schuldner wird vor der Entsch nicht gehört
Gläubiger keinen anderweitigen Antrag stellt (LG Berl 20.7.1976, 81 T 35/76, Rpfle-
stein/Jonas/Brehm § 850d Rn 42).

Wer als Beteiligter gehört wurde und beschwert ist, ist zur **sofortigen Beschwerde** nach **9**
93 befugt. Dem Gläubiger steht die sofortige Beschwerde zu, wenn ein höherer als der
ene Freibetrag bestimmt wurde. Hatte er jedoch keinen bestimmten Betrag angegeben,
rung nach § 766 statthafter Rechtsbehelf (OLG Koblenz 3.11.1977, 4 W 675/77, Rpfle-
die grds auch vom Schuldner mit der Behauptung erhoben werden kann, der Freibetrag sei
er Annahmen nicht ausreichend bemessen worden. Gleiches gilt auch für den Drittschuld-
..1961, 5 AZR 295/60, NJW 1961, 1180) und für zurückgesetzte Unterhaltsberechtigte.

rechnung des pfändbaren Arbeitseinkommens
chnung des pfändbaren Arbeitseinkommens gilt Folgendes:
itzurechnen sind die nach § 850a der Pfändung entzogenen Bezüge, ferner Beträge, die
elbar auf Grund steuerrechtlicher oder sozialrechtlicher Vorschriften zur Erfüllung gesetzlicher
chtungen des Schuldners abzuführen sind. Diesen Beträgen stehen gleich die auf den Auszah-
gszeitraum entfallenden Beträge, die der Schuldner
a) nach den Vorschriften der Sozialversicherungsgesetze zur Weiterversicherung entrichtet oder
b) an eine Ersatzkasse oder an ein Unternehmen der privaten Krankenversicherung leistet, soweit sie den Rahmen des Üblichen nicht übersteigen.
2. Mehrere Arbeitseinkommen sind auf Antrag vom Vollstreckungsgericht bei der Pfändung zusammenzurechnen. Der unpfändbare Grundbetrag ist in erster Linie dem Arbeitseinkommen zu entnehmen, das die wesentliche Grundlage der Lebenshaltung des Schuldners bildet.
2a. Mit Arbeitseinkommen sind auf Antrag auch Ansprüche auf laufende Geldleistungen nach dem Sozialgesetzbuch zusammenzurechnen, soweit diese der Pfändung unterworfen sind. Der unpfändbare Grundbetrag ist, soweit die Pfändung nicht wegen gesetzlicher Unterhaltsansprüche erfolgt, in erster Linie den laufenden Geldleistungen nach dem Sozialgesetzbuch zu entnehmen. Ansprüche auf Geldleistungen für Kinder dürfen mit Arbeitseinkommen nur zusammengerechnet werden, soweit sie nach § 76 des Einkommensteuergesetzes oder nach § 54 Abs. 5 des Ersten Buches Sozialgesetzbuch gepfändet werden können.
3. Erhält der Schuldner neben seinem in Geld zahlbaren Einkommen auch Naturalleistungen, so sind Geld- und Naturalleistungen zusammenzurechnen. In diesem Fall ist der in Geld zahlbare Betrag insoweit pfändbar, als der nach § 850c unpfändbare Teil des Gesamteinkommens durch den Wert der dem Schuldner verbleibenden Naturalleistungen gedeckt ist.
4. Trifft eine Pfändung, eine Abtretung oder eine sonstige Verfügung wegen eines der in § 850d bezeichneten Ansprüche mit einer Pfändung wegen eines sonstigen Anspruchs zusammen, so sind auf die Unterhaltsansprüche zunächst die gemäß § 850d der Pfändung in erweitertem Umfang unterliegenden Teile des Arbeitseinkommens zu verrechnen. Die Verrechnung nimmt auf Antrag eines Beteiligten das Vollstreckungsgericht vor. Der Drittschuldner kann, solange ihm eine Entscheidung des Vollstreckungsgerichts nicht zugestellt ist, nach dem Inhalt der ihm bekannten Pfändungsbeschlüsse, Abtretungen und sonstigen Verfügungen mit befreiender Wirkung leisten.

Übersicht	Rdn.		Rdn.
A. Allgemeines	1	D. Sozialleistungen und Naturalleistungen	5
B. Unpfändbare Bezüge	2	E. Gläubigerkonkurrenz	7
C. Zusammenrechnung mehrerer Arbeitseinkommen	3		

A. Allgemeines. § 850e ordnet einerseits die Berechnung des pfändbaren Arbeitseinkommens nach dem **1**
Nettolohn an (Nr 1) und regelt andererseits das Zusammentreffen mehrerer Bezüge (Nr 2–4). Zwischen
BGH und BAG ist umstr, ob die Vorschrift nur in der Zwangsvollstreckung oder auch bei einer Abtretung

§ 850e ZPO Berechnung des pfändbaren Arbeitseinkommens

gilt und ob somit die Festlegung der unabtretbaren und damit gem § 851 unpfändbaren halb des Pfändungsverfahrens dem Prozess- oder dem Vollstreckungsgericht obliegt (Proz 31.10.2003, IXa ZB 194/03, NJW-RR 2004, 494; Vollstreckungsgericht: BAG 24.4.2002, g außer- NJW 2002, 3121; vgl näher Musielak/*Becker* § 850e Rn 1a; *Stöber* Forderungspfändung Rn BGH

2 **B. Unpfändbare Bezüge.** Die nach § 850a der Pfändung entzogenen Beträge werden mit d trag abgezogen und somit nicht um anteilige Steuern gekürzt. Sodann werden die Steuern un sicherungsbeiträge, die auf das restliche, dh um die unpfändbaren Bezüge gekürzte, Bruttoeink zahlen sind, abgezogen (sog »Nettomethode« BAG 17.4.2013, 10 AZR 59/12, NZA 2013, 859) lang von der hM vertretene Ansicht, dass nach Abzug der nach § 850a unpfändbaren Bezüge ansch die auf das Gesamtbruttoeinkommen (dh einschließlich der unpfändbaren Bezüge) zu zahlenden S und Sozialversicherungsbeiträge abzuziehen sind (sog »Bruttomethode«) hat das BAG in seiner neuen scheidung mit guten Gründen abgelehnt (BAG 17.4.2013, 10 AZR 59/12, NZA 2013, 859). Eine vo Pfändung getroffene Wahl der Lohnsteuerklasse muss der Gläubiger hinnehmen, wenn nicht der Schuld sie in Gläubigerbenachteiligungsabsicht getroffen hat (BGH 4.10.2005, VII ZB 26/05, WM 2005, 232 LG Krefeld 17.6.2002, 6 T 160/02, JurBüro 2002, 547). Als Sozialasten sind schließlich ohne AG-Ante die Beiträge des versicherten Schuldners zur gesetzlichen Kranken-, Unfall-, Renten- sowie Arbeitslosen sicherung zu berücksichtigen. Als gem Nr 1 lit a, b den Soziallasten gleichgestellte Beträge sind auch Beträge, die nach Sozialversicherungsgesetzen zur Weiterversicherung gezahlt werden, und Beiträge zu Ersatzkassen und zur privaten Krankenversicherung abzuziehen. Nicht abzugsfähig sind hingegen Spenden und Beiträge zu Berufsverbänden. Einbehalte zu einem privaten Pensionsfonds sind abzuziehen, sofern sie beim Drittschuldner verbleiben (Musielak/*Becker* § 850e Rn 5). Nach st Rspr des BAG werden außerdem vor der Pfändung geleistete Vorschüsse und Abschläge auf den unpfändbaren Teil des ursprünglichen Gesamtlohns verrechnet (BAG 11.2.1987, 4 AZR 144/86, BAGE 55, 44; 9.2.1956, 1 AZR 329/55, BAGE 2, 322; einschränkend Musielak/*Becker* § 850e Rn 6).

3 **C. Zusammenrechnung mehrerer Arbeitseinkommen.** Selbst wenn mehrere Verträge bestehen, sind alle von einem AG bezahlten Vergütungen als ein Arbeitseinkommen zu qualifizieren (Musielak/*Becker* § 850e Rn 8). Leistungen einer selbständigen Pensionskasse und ein etwaiger Arbeitgeberzuschuss sind ebenfalls zusammenzurechnen (BAG 14.8.1990, 3 AZR 285/89, NZA 1991, 147). Bestehen hingegen Verträge mit mehr als einem AG, so müssen die Lohnansprüche gegen jeden Drittschuldner einzeln gepfändet werden. Da der Schuldner aber nicht durch mehrfache Zuerkennung des Existenzminimums ungerechtfertigte Vorteile erlangen soll, werden auch die von mehreren Drittschuldnern gezahlten Bezüge zu einem **Gesamtarbeitseinkommen zusammengerechnet**. Gegenstand der Zusammenrechnung sind nur Bezüge aus laufendem Arbeitseinkommen und gleichgestellten Bezügen, nicht aber nur nach § 850i zu berücksichtigende Einmalzahlungen (Musielak/*Becker* § 850e Rn 10; *Stein/Jonas/Brehm* § 850e Rn 52 f).

4 Für den **erforderlichen Antrag**, den Schuldner und Gläubiger, nicht aber ein Drittschuldner beim zuständigen Rechtspfleger stellen können, ist es ausreichend, wenn sich der Antrag schlüssig aus dem Pfändungsgesuch ergibt (OLG München 28.11.1978, 24 W 155/78, Rpfleger 1979, 224; OLG Stuttgart 11.10.1982, 8 W 229/82, DAVorm 1983, 49). Die gesetzlichen Erfordernisse der Zusammenrechnung hat der Antragsteller nachzuweisen und ggf voll zu beweisen (Musielak/*Becker* § 850e Rn 10; *Stein/Jonas/ Brehm* § 850e Rn 46). Wegen Art 2 I, 22 III GG (rechtsstaatlicher Grds eines fairen Verfahrens) muss bei einer nachträglichen Zusammenrechnung eine Anhörung des Schuldners stattfinden, die sonst wegen § 834 unterbleibt (aA LG Frankenthal 18.3.1982, 1 T 72/82, Rpfleger 1982, 231). Seinem Inhalt nach ordnet der Beschl unter Angabe, welchem Einkommen die unpfändbaren Bezüge zu entnehmen sind, die Zusammenrechnung an, bewirkt dadurch aber noch keine Beschlagnahme der anderen Einkommen, sodass der Gläubiger nur in das Arbeitseinkommen vollstrecken kann, das er gepfändet hat. Die Anordnung der Zusammenrechnung kann wie ein Pfändungsbeschl, ihre Ablehnung wie die eines Pfändungsgesuchs **angefochten** werden (*Stein/Jonas/Brehm* § 850e Rn 51).

5 **D. Sozialleistungen und Naturalleistungen.** Auch in Bezug auf Sozialleistungen bewirkt die Zusammenrechnung, dass die verschiedenen Leistungen wie ein Gesamteinkommen des Schuldners behandelt werden, wobei allerdings **nur die nach SGB pfändbaren Ansprüche** auf laufende Geldleistungen mit dem Arbeitseinkommen zusammengerechnet werden dürfen (BGH 5.4.2005, VII ZB 20/05, NJW-RR 2005, 1010; LG Berl 15.11.1977, 81 T 568/77, MDR 1978, 323). Der unpfändbare Grundbetrag ist in 1. Linie den eine sichere Einkommensquelle darstellenden Leistungen nach SGB zu entnehmen, der Gläubiger ist auf das dann entspr höher pfändbare Arbeitseinkommen zu verweisen (LG Marburg 15.10.1991, 3 T 173/91,

Rpfleger 1992, 167). Bei Anordnung einer Zusammenrechnung wirkt diese jedoch nur unter den Verfahrensbeteiligten, insb nur für den Gläubiger, zu dessen Gunsten die Anordnung ergangen ist (BAG 23.4.1996, 9 AZR 940/94, NJW 1997, 479).

Zwar werden **Naturalleistungen** bei der Pfändung des Arbeitseinkommens »in Geld« gem § 850 IV nicht erfasst, bei der Ermittlung der Pfändungsgrenzen nach § 850e ist ihr Wert jedoch zu berücksichtigen, da durch die Naturalleistungen ein Teil des Bedarfs des Schuldners gedeckt wird (LAG Hess 15.10.2008, 6 Sa 1025/07, NZI 2009, 526). IR der Gewährung eines **Dienstwagens** auch zur privaten Nutzung ist zu beachten, dass nicht nur der geldwerte Vorteil der Privatnutzung (pauschaliert nach der 1%-Regelung oder konkret mit Fahrtenbuch) in das pfändbare Arbeitseinkommen einzubeziehen ist (LAG Hess 15.10.2008, 6 Sa 1025/07, NZI 2009, 526; LG Oldenburg 15.3.2011, 6 T 144/11, BeckRS 2011, 18793 für eine individuelle Festlegung bei Vorliegen bes Umstände), sondern auch die Entfernungspauschale (LAG Hamm 10.4.1991, 2 (16) Sa 619/90, BB 1991, 1496). Bei der vom Drittschuldner anzustellenden Wertberechnung hat dieser sich an den Richtsätzen des Sozialversicherungsrechts zu orientieren und den Nettowert der erhaltenen Leistungen zugrunde zu legen (LAG Hamm 10.4.1991, 2 (16) Sa 619/90, BB 1991, 1496). Für den **Antrag** gelten die unter Rdn 4 gemachten Ausführungen. 6

E. Gläubigerkonkurrenz. Grds lässt § 850e Nr 4 die zeitliche Bestimmung der Rangfolge nach § 804 III unberührt. Kommt es nach § 850d zu einer privilegierten Pfändung nach einer gewöhnlichen Pfändung, so erfasst die bevorzugte Pfändung die Differenz zwischen dem notwendigen Unterhalt und dem allg Pfändungsfreibetrag. Kommt einem bevorzugten Gläubiger ein besserer Rang zu, so bestimmt Nr 4 S 1, dass zunächst die der erweiterten Pfändung nach § 850d unterliegenden Einkommensteile des Schuldners zu verrechnen sind und dass der privilegierte Gläubiger erst, falls diese nicht ausreichen, das nach § 850c pfändbare Einkommen des Schuldners verwenden kann. Im Fall von **Abtretungen** in den Grenzen des § 850c kann ein bevorrechtigter Pfändungsgläubiger den Unterschiedsbetrag zwischen § 850d und § 850c erlangen (OLG Hamm 13.10.1952, 15 W 431/52, BB 1953, 203; OLG Düsseldorf 12.3.1981, 12 U 116/80, DAVorm 1981, 483). Nr 4 bestimmt darüber hinaus, dass eine Abtretung an einen privilegierten Gläubiger bis zur Grenze des § 850d ggü einem nicht Bevorrechtigten wirksam ist. 7

§ 850f Änderung des unpfändbaren Betrages

(1) Das Vollstreckungsgericht kann dem Schuldner auf Antrag von dem nach den Bestimmungen der §§ 850c, 850d und 850i pfändbaren Teil seines Arbeitseinkommens einen Teil belassen, wenn

a) der Schuldner nachweist, dass bei Anwendung der Pfändungsfreigrenzen entsprechend der Anlage zu diesem Gesetz (zu § 850c) der notwendige Lebensunterhalt im Sinne des Dritten und Elften Kapitels des Zwölften Buches Sozialgesetzbuch oder nach Kapitel 3 Abschnitt 2 des Zweiten Buches Sozialgesetzbuch für sich und für die Personen, denen er Unterhalt zu gewähren hat, nicht gedeckt ist,
b) besondere Bedürfnisse des Schuldners aus persönlichen oder beruflichen Gründen oder
c) der besondere Umfang der gesetzlichen Unterhaltspflichten des Schuldners, insbesondere die Zahl der Unterhaltsberechtigten, dies erfordern

und überwiegende Belange des Gläubigers nicht entgegenstehen.

(2) Wird die Zwangsvollstreckung wegen einer Forderung aus einer vorsätzlich begangenen unerlaubten Handlung betrieben, so kann das Vollstreckungsgericht auf Antrag des Gläubigers den pfändbaren Teil des Arbeitseinkommens ohne Rücksicht auf die in § 850c vorgesehenen Beschränkungen bestimmen; dem Schuldner ist jedoch so viel zu belassen, wie er für seinen notwendigen Unterhalt und zur Erfüllung seiner laufenden gesetzlichen Unterhaltspflichten bedarf.

(3) ¹Wird die Zwangsvollstreckung wegen anderer als der in Absatz 2 und in § 850d bezeichneten Forderungen betrieben, so kann das Vollstreckungsgericht in den Fällen, in denen sich das Arbeitseinkommen des Schuldners auf mehr als monatlich 3253,87 Euro (wöchentlich 739,83 Euro, täglich 143,07 Euro) beläuft, über die Beträge hinaus, die nach § 850c pfändbar wären, auf Antrag des Gläubigers die Pfändbarkeit unter Berücksichtigung der Belange des Gläubigers und des Schuldners nach freiem Ermessen festsetzen. ²Dem Schuldner ist jedoch mindestens so viel zu belassen, wie sich bei einem Arbeitseinkommen von monatlich 3253,87 Euro (wöchentlich 739,83 Euro, täglich 143,07 Euro) aus § 850c ergeben würde. ³Die Beträge nach den Sätzen 1 und 2 werden entsprechend der in § 850c Abs. 2a getroffenen Regelung jeweils zum 1. Juli eines jeden zweiten Jahres, erstmalig zum 1. Juli 2003, geändert. Das Bundesministerium der Justiz und für Verbraucherschutz gibt die maßgebenden Beträge rechtzeitig im Bundesgesetzblatt bekannt.

§ 850f ZPO   Änderung des unpfändbaren Betrages

Übersicht	Rdn.		Rdn.
A. Allgemeines	1	C. Herabsetzung des unpfändbaren Betrags	4
B. Erhöhung des unpfändbaren Betrags	2	D. Verfahren und Rechtsbehelfe	6

Anmerkung
Die unpfändbaren Beträge nach I und II 2 entsprechen der Pfändungsfreigrenzenbekanntmachung 2015 v 14.4.2015 (BGBl I S 618) und gelten ab dem 1.7.2015.

1 **A. Allgemeines.** Die in allen Verfahren nach §§ 850 ff greifende Norm (BGH 12.12.2003, IXa ZB 225/03, NJW-RR 2004, 506) soll dazu dienen, in bestimmten Fällen sich aus den pauschalierten Regelungen ergebende Härten zu vermeiden (OLG Köln 28.8.1991, 2 W 116/91, FamRZ 1991, 1462). Zwischen BGH und BAG ist umstr, ob die Norm auch für Abtretungen gilt und damit das Prozessgericht zuständig ist (BGH 28.5.2003, IXa ZB 51/03, NJW-RR 2003, 1367; BAG 21.11.2000, 9 AZR 692/99, NJW 2001, 1443; *Walker* FS Musielak 2004, S 655; Musielak/*Becker* § 850f Rn 1).

2 **B. Erhöhung des unpfändbaren Betrags.** Der dem pauschalen Pfändungsschutz in §§ 850c, d, i vorgehende § 850f I (BGH 12.12.2003, IXa ZB 225/03, NJW-RR 2004, 506), der auch für die Pfändung laufender Sozialleistungen nach § 54 IV SGB I gilt (OLG Frankfurt 8.12.1977, 20 W 915/77, Rpfleger 1978, 265 f), erfordert, dass der Schuldner den Nachweis der Sozialhilfebedürftigkeit erbringt. Dies kann durch Vorlage einer Bescheinigung des Sozialamts über den fiktiven Sozialhilfebedarf geschehen (OLG Köln 10.6.1992, 2 W 56/92, NJW 1992, 2836), an die das Gericht aber wegen § 286 nicht gebunden ist. Der dem Schuldner für sich und seine Unterhaltsabhängigen verbleibende Freibetrag bestimmt sich allein nach SGB II und XII (BGH 12.12.2003, IXa ZB 225/03, NJW-RR 2004, 506).

3 Bes Bedürfnisse aus **persönlichen oder beruflichen Gründen** können sich insb krankheitsbedingt (BGH 7.4.1982, IVb ZR 673/80, NJW 1982, 1594; LG Krefeld 16.8.1971, 4 T 146/71, MDR 1972, 152) oder infolge eines nicht im Einkommen enthaltenen Aufwands (BGH 5.12.1985, IX ZR 9/85, NJW 1986, 2362; LG Halle 7.2.2000, 14 T 33/00, Rpfleger 2000, 285) ergeben. Jedoch rechtfertigen Kosten für medizinische Behandlungsmethoden, die von der gesetzlichen Krankenkasse nicht übernommen werden, idR keine Erhöhung des Freibetrags (BGH 23.4.2009, IX ZB 35/08, NJW 2009, 2313). Da die Härteklausel nur dem Schutz der gegenwärtigen Bedürfnisse dient, scheiden Verbindlichkeiten, deren Entstehungsgrund längere Zeit zurückliegt, wie zB alte Mietschulden, regelmäßig aus (OLG Oldenburg 24.10.1958, 2 W 192/58, MDR 1959, 134). Der **bes Umfang der gesetzlichen Unterhaltspflichten** kann durch die Zahl der Unterhaltsberechtigten oder durch deren bes Bedürfnisse bedingt sein, was eine Berücksichtigung von mehr als nur den in § 850c genannten 5 Unterhaltspflichten (BT-Drs VI 2203, S 30 f; *Stöber* Forderungspfändung Rn 1180) ermöglicht. Schließlich ist iRd Erhöhung des unpfändbaren Betrags eine **Abwägung der Interessen und Belange** von Schuldner und Gläubiger vorzunehmen, wobei insb zu berücksichtigen ist, ob bei Anwendung des § 850f I der Gläubiger selbst in eine Notlage gerät (BGH 12.12.2003, IXa ZB 209/03, FamRZ 2004, 621).

4 **C. Herabsetzung des unpfändbaren Betrags.** Zu einer erweiterten Pfändbarkeit kommt es, sofern entweder die Zwangsvollstreckung wegen einer Forderung aus einer **vorsätzlich begangenen unerlaubten Handlung** betrieben wird (II) oder aber wenn das nach § 850e Nr 1 errechnete Nettoeinkommen des Schuldners die in **III** angegebenen Beträge **übersteigt**. Von II werden außer den Ansprüchen aus § 823 BGB auch die aus Sondertatbeständen wie § 1 UWG, § 97 UrhG, § 139 PatG (Musielak/*Becker* § 850f Rn 9), nicht aber die aus Steuerhinterziehung gem § 370 AO (BFH 24.10.1996, VII R 113/94, NJW 1997, 1725) stammenden Forderungen erfasst. Auch Ansprüche, die bloß auf Gefährdungshaftung, ungerechtfertigter Bereicherung oder Vertrag beruhen, scheiden aus. Prozess- und Vollstreckungskosten (KG 29.10.1971, 1 W 12691/71, Rpfleger 1972, 66; aA LG Hannover, 11.2.1982, 11 T 16/82, Rpfleger 1982, 232) sowie Verzugszinsen (LG Stuttgart 13.7.2004, 10 T 215/04, Rpfleger 2005, 38) sind unter II zu subsumieren.

5 Der Gläubiger kann nur dann nach § 850f II privilegiert pfänden, wenn sich der Anspruchsgrund der vorsätzlich begangenen unerlaubten Handlung zumindest im **Wege der Auslegung aus dem Vollstreckungstitel** ergibt (BGH 26.9.2002, IX ZB 180/02, NJW 2003, 515). Das Vollstreckungsgericht ist dabei an die Beurteilung des Prozessgerichts gebunden (BGH 30.11.1989, III ZR 215/88, NJW 1990, 834). Ein Anerkenntnisurt genügt nur bei entspr Urteilstenor (LG Frankenthal 9.8.2005, 1 T 131/05, Rpfleger 2006, 29), ein Vollstreckungsbescheid hingegen gar nicht (BGH 5.4.2005, VII ZB 17/05, NJW 2005, 1663). Der Herabsetzung liegt stets eine **Ermessensentsch** des Rechtspflegers zugrunde, die dieser ggf nach den zu I entwickelten Kriterien vorzunehmen hat (LG Darmstadt 2.1.2003, 5 T 684/02, InVO 2003, 293) und deren **äußerste Grenze** in dem liegt, was dem Schuldner nach § 850d I 2 zusteht (LG Bochum 10.2.1997, 7 T

725/96, Rpfleger 1997, 395). Die grds nach § 804 III zu bestimmende **Rangfolge** wird nur insofern berührt, als der privilegiert Pfändende zusätzlich ein Pfandrecht an dem Teil des Einkommens erwirbt, der nach II nur für ihn pfändbar ist (BAG 26.1.1983, 4 AZR 206/80, MDR 1983, 699).

D. Verfahren und Rechtsbehelfe. Die Änderung des unpfändbaren Betrags erfolgt nur auf **Antrag** beim zuständigen Rechtspfleger. Bei I sind der Schuldner und die Unterhaltsberechtigten, nicht aber Drittschuldner antragsberechtigt (LG Essen 30.8.1968, 11 T 239/68, NJW 1969, 668; aA *Stein/Jonas/Brehm* § 850f Rn 20). Die Anhörung des Gläubigers ist hier zwingend (*Stöber* Forderpfändung Rn 1187). Der auf Abänderung abzielende Antrag ist von der auf Überprüfung der Rechtmäßigkeit abzielenden Erinnerung abzugrenzen und kann nicht mit dieser verbunden werden (OLG Köln 18.8.1988, 2 W 136/88, NJW-RR 1989, 189; aA LG Stuttgart 24.8.1993, 2 T 702/93, Rpfleger 1994, 175). Rechtsbehelf gegen den Antrag nach I ist die sofortige Beschwerde. 6

IRd Anträge nach II, III ist nur der Gläubiger antragsberechtigt, eine Anhörung des Schuldners findet wegen § 834 nur statt, wenn der Gläubiger sie von sich aus verlangt oder bei einem nachträglichen Antrag. Rechtsbehelf ist für den Gläubiger die sofortige Beschwerde; da der Schuldner nur ausnahmsweise angehört wird, kann er seine Belange hingegen nur mit der Erinnerung geltend machen (OLG Düsseldorf 31.1.1973, 3 W 243/72, NJW 1973, 1133; aA OLG Hamm 26.2.1973, 14 W 2/73, NJW 1973, 1332). 7

§ 850g Änderung der Unpfändbarkeitsvoraussetzungen

¹Ändern sich die Voraussetzungen für die Bemessung des unpfändbaren Teils des Arbeitseinkommens, so hat das Vollstreckungsgericht auf Antrag des Schuldners oder des Gläubigers den Pfändungsbeschluss entsprechend zu ändern. ²Antragsberechtigt ist auch ein Dritter, dem der Schuldner kraft Gesetzes Unterhalt zu gewähren hat. ³Der Drittschuldner kann nach dem Inhalt des früheren Pfändungsbeschlusses mit befreiender Wirkung leisten, bis ihm der Änderungsbeschluss zugestellt wird.

Übersicht
		Rdn.			Rdn.
A.	Voraussetzungen	1	C.	Verfahren und Rechtsbehelfe	3
B.	Wirkung	2			

A. Voraussetzungen. Es kommt darauf an, dass eine **Änderung der Verhältnisse** nach Erlass des Pfändungsbeschl eingetreten ist, da sonst die Erinnerung nach § 766 statthaft ist (LG Hannover 15.11.1985, 11 T 264/85, JurBüro 1986, 622; aA OLG Schleswig 10.9.1958, 7 W 156/58, JurBüro 1959, 134). Das Begehren des Antragstellers ist insofern aber sachgerecht auszulegen (*Stein/Jonas/Brehm* § 850g Rn 3). Eine Änderung liegt zB vor, wenn sich die Zahl der Unterhaltsberechtigten durch Geburt, Tod, Heirat des Schuldners oder Wegfall der Bedürftigkeit wegen eigenen Einkommens ändert (*Musielak/Becker* § 850g Rn 2). 1

B. Wirkung. Der alte Pfändungsbeschl wirkt bis zur Aufhebung, zugunsten des Drittschuldners sogar bis zur Zustellung an ihn. Die Änderung kann jedoch auch rückwirkend auf den Zeitpunkt der Änderung der maßgeblichen Verhältnisse angeordnet werden (aA LG Frankenthal 19.2.1964, 1 T 19/64, Rpfleger 1964, 346). 2

C. Verfahren und Rechtsbehelfe. Den erforderlichen, keiner Frist unterliegenden **Antrag** beim zuständigen Rechtspfleger können Schuldner, Gläubiger und Unterhaltsberechtigte, nicht aber ein Drittschuldner stellen (*Stöber* Forderungspfändung Rn 1202; aA LAG Frankfurt 23.6.1989, 13 Sa 52/89, DB 1990, 639). Vor der Entsch ist dem Antragsgegner rechtliches Gehör zu gewähren, gegen den Beschl findet die sofortige Beschwerde statt, wenn die Beteiligten gehört worden sind; anderenfalls ist die Erinnerung statthaft (aA LG Hagen 30.11.1984, 13 T 393/84, JurBüro 1985, 945). 3

§ 850h Verschleiertes Arbeitseinkommen

(1) Hat sich der Empfänger der vom Schuldner geleisteten Arbeiten oder Dienste verpflichtet, Leistungen an einen Dritten zu bewirken, die nach Lage der Verhältnisse ganz oder teilweise eine Vergütung für die Leistung des Schuldners darstellen, so kann der Anspruch des Drittberechtigten insoweit auf Grund des Schuldtitels gegen den Schuldner gepfändet werden, wie wenn der Anspruch dem Schuldner zustände. Die Pfändung des Vergütungsanspruchs des Schuldners umfasst ohne weiteres den Anspruch des Drittberechtigten. Der Pfändungsbeschluss ist dem Drittberechtigten ebenso wie dem Schuldner zuzustellen.
(2) Leistet der Schuldner einem Dritten in einem ständigen Verhältnis Arbeiten oder Dienste, die nach Art und Umfang üblicherweise vergütet werden, unentgeltlich oder gegen eine unverhältnismäßig

geringe Vergütung, so gilt im Verhältnis des Gläubigers zu dem Empfänger der Arbeits- und Dienstleistungen eine angemessene Vergütung als geschuldet. Bei der Prüfung, ob diese Voraussetzungen vorliegen, sowie bei der Bemessung der Vergütung ist auf alle Umstände des Einzelfalles, insbesondere die Art der Arbeits- und Dienstleistung, die verwandtschaftlichen oder sonstigen Beziehungen zwischen dem Dienstberechtigten und dem Dienstverpflichteten und die wirtschaftliche Leistungsfähigkeit des Dienstberechtigten Rücksicht zu nehmen.

Übersicht	Rdn.			Rdn.
A. Allgemeines	1	C.	Lohnverschleierung	4
B. Lohnverschiebung	2	D.	Rechtsbehelfe	8

1 **A. Allgemeines.** Zweck der Norm ist es, den Gläubiger davor zu schützen, dass der Schuldner im Einvernehmen mit dem Drittschuldner die Forderungspfändung vereitelt (BGH 8.3.1979, III ZR 130/77, NJW 1979, 1600).

2 **B. Lohnverschiebung.** Eine Lohnverschiebung nach I setzt zunächst nur voraus, dass ein Vertragsschuldner Arbeiten oder Dienste leistet (BAG 23.4.1996, 9 AZR 231/95, MDR 1996, 1155); auf das Vorliegen eines ständigen Arbeitsverhältnisses kommt es also nicht an, sodass **auch gelegentliche oder einmalige Dienstleistungen irgendwelcher Art** (vgl § 850i I) betroffen sind (*Stöber* Forderungspfändung Rn 1210), solange nur eine rechtliche Beziehung zwischen Leistendem und Leistungsempfänger besteht. Des Weiteren muss sich der Leistungsempfänger dazu verpflichtet haben, die Vergütung für die Leistung nach § 328 BGB an einen Dritten (häufig ein naher Angehöriger) zu bewirken. Hierbei kommt es nicht darauf an, ob Schuldner und Drittschuldner subjektiv eine Benachteiligung des Gläubigers beabsichtigt oder gewollt haben oder wie sie ihre Vereinbarung bezeichnet haben, entscheidend ist vielmehr **allein die objektive Sachlage** (BGH 8.3.1979, III ZR 130/77, NJW 1979, 1600).

3 Bei Vorliegen der Voraussetzungen des I umfasst die Pfändung des Anspruchs des Schuldners gegen den Drittschuldner **kraft G** den Anspruch des Dritten gegen den Drittschuldner (LG Lübeck 26.8.1985, 7 T 745/85, Rpfleger 1986, 99). Für die Pfändung des Anspruchs des Drittberechtigten gegen den Drittschuldner ist weder eine vorherige Zustellung an den Drittberechtigten noch eine Titelumschreibung erforderlich. Die Pfändung erfolgt vielmehr so, als ob der Schuldner nach wie vor Inhaber des ungeschmälerten Anspruchs und der Drittberechtigte nur Strohmann wäre (Musielak/*Becker* § 850h Rn 6). Die Pfändung nach I hat auch Vorrang, soweit Gläubiger des Drittberechtigten dessen Ansprüche aufgrund von Abtretung erhalten oder ihrerseits gepfändet haben, selbst wenn die Pfändung des Gläubigers nach I erst zeitlich nachfolgt (Musielak/*Becker* § 850h Rn 9; *Stöber* Forderungspfändung Rn 1214).

4 **C. Lohnverschleierung.** Das nötige ständige Arbeits- oder Dienstverhältnis kann aufgrund vertraglicher Verpflichtung bestehen oder ohne solche nach den tatsächlichen Verhältnissen gegeben sein (LAG Hamm 24.7.1996, 2 Sa 1697/95, JurBüro 1997, 273). Einmalige oder nur gelegentliche Tätigkeiten werden anders als bei I nicht erfasst. Eine familienrechtliche Mitarbeitspflicht schließt insb bei Ehegatten die Anwendung des II nicht aus (BAG 4.5.1977, 5 AZR 151/76, NJW 1978, 343; vgl dazu auch LAG Hamm 30.10.1987, 16 Sa 869/87, BB 1988, 1754; *Menken* DB 1993, 161). Zur Bestimmung, ob die Tätigkeit des Schuldners **üblicherweise gegen Vergütung** erfolgt, ist ein objektiver Maßstab anzulegen, auf eine Benachteiligungsabsicht kommt es auch hier nicht an (BAG 4.5.1977, 5 AZR 151/76, NJW 1978, 343; LAG Köln 3.11.1988, 8 Sa 702/88, NZA 1989, 686). Die wirtschaftliche Abhängigkeit eines Familienangehörigen begründet die Annahme, er sei wie ein AN tätig (BGH 23.2.1977, VIII ZR 222/75, NJW 1977, 853). Die Haushaltsführung durch den nicht berufstätigen Partner einer nichtehelichen Lebensgemeinschaft gehört nicht zu den Arbeiten und Diensten, die üblicherweise vergütet werden (BGH, 12.09.2013, VII ZB 51/12, RPfleger 2014, 92). Auch Geschäftsführer einer GmbH leisten ihre Dienste jedenfalls üblicherweise gegen Vergütung (OLG Düsseldorf 1.12.1988, 8 U 47/88, NJW-RR 1989, 390; OLG Karlsruhe 24.11.2011, 9 U 18/11, NZG 2012, 299 zur Angemessenheit der Vergütung eines AG-Vorstands).

5 Bei der **Bemessung** nach S 2 kann das Gericht unter Abwägung aller Umstände des Einzelfalls eine angemessene Vergütung erst festsetzen, nachdem es – zB durch Bezug auf den einschlägigen TV (LAG Hamm 22.9.1992, 2 Sa 1823/91, BB 1993, 795) – einen Vergleichsmaßstab entwickelt und festgestellt hat, dass der Schuldner gegen eine »unverhältnismäßig geringe« Vergütung arbeitet (BAG 24.5.1965, 3 AZR 287/64, DB 1965, 1406; LAG Hamm 24.7.1996, 2 Sa 1697/95, JurBüro 1997, 273). Die Beurteilung, ob eine solche »unverhältnismäßig geringe« Vergütung vorliegt, hat in jedem Einzelfall gesondert zu erfolgen und kann nicht grds schon dann angenommen werden, wenn die übliche Vergütung um mehr als 25 %

unterschritten wird (BAG 22.10.2008, 10 AZR 703/07, NZA 2009, 163; LAG Hamm 22.9.1992, 2 Sa 1823/91, ZIP 1993, 610 hatte eine Unterschreitung von bis zu 30 % zugelassen). Grundsätzlich prüft das Vollstreckungsgericht nicht, ob die materiellen Voraussetzungen des II vorliegen. Mit Ausnahme eventuell zu beachtender Pfändungsschutzvorschriften ist es auch nicht über Bestand und Höhe des fingierten Vergütungsanspruchs zu entscheiden. Ob und in welcher Höhe dem Gläubiger eine angemessene Vergütung gemäß II zusteht, ist gegebenenfalls vom Prozessgericht in dem gegen den Drittschuldner gerichteten Einziehungserkenntnisverfahren zu entscheiden (BGH, 12.09.2013, VII ZB 51/12, RPfleger 2014, 92).

Eine analoge Anwendung von II kann in Betracht kommen, wenn der Schuldner durch die Wahl einer für 6 ihn ungünstigen Steuerklasse sein zur Auszahlung kommendes und der Pfändung unterliegendes Nettoeinkommen verkürzt. Dies wird man jedoch nur dann annehmen können, wenn für die Wahl der Steuerklasse kein sachlicher Grund besteht und sie missbräuchlich erscheint (LG Dortmund 23.3.2010, 9 T 106/10, NZI 2010, 581).

Der durch die Festsetzung der Vergütung entstandene fiktive Anspruch wird nach allg Regeln gepfändet, 7 insb sind die Pfändungsschutzvorschriften nach §§ 850 ff zu beachten (Musielak/*Becker* § 850h Rn 17). **Rückstände** aus verschleiertem Arbeitseinkommen sind **unpfändbar**, da es sich um fiktive Ansprüche handelt, die erst aufgrund der Pfändung entstehen (BAG 12.3.2008, 10 AZR 148/07, DB 2008, 1503). Da die Pfändung nur zugunsten des Gläubigers wirkt, erlangt der Schuldner keinen Anspruch gegen den Drittschuldner, wenn er Unentgeltlichkeit der Leistung vereinbart hatte (LAG BW 4.2.1969, 7 Sa 128/68, DB 1970, 836).

D. Rechtsbehelfe. Für den Gläubiger und andere Beteiligte kommt es darauf an, ob sie gehört wurden 8 (dann sofortige Beschwerde, sonst Erinnerung). Der Drittberechtigte kann sich ggf mit der Drittwiderspruchsklage nach § 771 wehren, die Erinnerung steht ihm hingegen nicht zu (Musielak/*Becker* § 850h Rn 20). Bei einer Drittschuldnerklage aus verschleiertem Arbeitseinkommen nach II hat zwar der *Gläubiger* die Beweislast für die Angemessenheit und Verhältnismäßigkeit der Vergütungshöhe, es reicht jedoch der Nachweis von Indizien (LAG Hessen 11.07.2013, 9 Sa 1372/11, BeckRS 2013, 74932).

§ 850i Pfändungsschutz für sonstige Einkünfte

(1) ¹Werden nicht wiederkehrend zahlbare Vergütungen für persönlich geleistete Arbeiten oder Dienste oder sonstige Einkünfte, die kein Arbeitseinkommen sind, gepfändet, so hat das Gericht dem Schuldner auf Antrag während eines angemessenen Zeitraums so viel zu belassen, als ihm nach freier Schätzung des Gerichts verbleiben würde, wenn sein Einkommen aus laufendem Arbeits- oder Dienstlohn bestünde. ²Bei der Entscheidung sind die wirtschaftlichen Verhältnisse des Schuldners, insbesondere seine sonstigen Verdienstmöglichkeiten, frei zu würdigen. ³Der Antrag des Schuldners ist insoweit abzulehnen, überwiegende Belange des Gläubigers entgegenstehen.

(2) Die Vorschriften des § 27 des Heimarbeitsgesetzes vom 14. März 1951 (BGBl. I S. 191) b[leiben] unberührt.

(3) Die Bestimmungen der Versicherungs-, Versorgungs- und sonstigen gesetzlichen Vorschrif[ten über] die Pfändung von Ansprüchen bestimmter Art bleiben unberührt.

Übersicht	Rdn.		
A. Allgemeines	1	C. Heimarbeiter	...
B. Nicht wiederkehrend zahlbare Vergütung	2	D. Vorrang spezialgesetzlicher Rege[lungen]	

A. Allgemeines. Die Vorschrift wurde mWv 1.7.2010 neu gefasst. I S 1 nF dehnt den A[nwendungsbereich] 1 auf sonstige Einkunftsarten des Schuldners aus. Dem Pfändungsschutz des § 850i unt[erfallen] sämtliche Einkünfte aus selbstständiger Tätigkeit, unabhängig davon, ob sie aufgrund [von] Arbeiten oder Dienste oder durch das im Unternehmen oder Betrieb des Schuldn[ers] erzielt werden (Zöller/*Stöber* § 850i Rn 1). Da durch die Neufassung von I alle Ei[nkomm]ners gleichbehandelt werden, besteht für die Sonderregelung in II aF kein Bedürfn[is und konnte] aufgehoben werden (vgl Begr BT-Drs 16/7615, S 18).

B. Nicht wiederkehrend zahlbare Vergütung. Dem Schutz des I unterliegt [das] 2 Einkommen der freiberuflich Tätigen (vgl zu einer Aufzählung einzelner Ber[ufe ...] Rn 1233a f). Eine nicht wiederkehrend zahlbare Vergütung kann aber auc[h einm]alig aus unselbstständiger Arbeit geschuldet sein, wie dies insb bei Abfindun[gen ...] IX ZR 139/09, NJW-RR 2010, 1353; LG Essen 21.7.2011, 7 T 366, ?

zahlbaren Vergütungen nach § 615 BGB und bei Schadensersatz für entgangenen oder vorenthaltenen Lohn (Musielak/*Becker* § 850i Rn 2; *Stein/Jonas/Brehm* § 850i Rn 7) der Fall ist. Eine Zusammenrechnung mit laufenden Bezügen erfolgt jedoch nicht. Nachzahlungen wegen rückständigen Lohns werden nicht erfasst und sind dem Zeitraum zuzurechnen, für den sie erfolgen (LAG Düsseldorf 7.10.1955, 4 Sa 325/55, DB 1956, 259).

3 Dem Schuldner ist so viel zu belassen, als ihm nach freier Schätzung des Gerichts bei Einkommen aus laufendem Arbeits- oder Dienstlohn verbleiben würde. Dies bemisst sich nach den allg Regelungen in §§ 850 ff (Zöller/*Stöber* § 850i Rn 2 f). Als **angemessener Zeitraum** sind bisher sowohl 6 Wochen (OLG Dresden 19.2.1999, 13 W 1457/98, Rpfleger 1999, 283) als auch 6 Monate (LG Mainz 15.9.1999, 8 T 316/99, JurBüro 2000, 157) oder (im Einzelfall) 18 Monate (LG Bamberg 27.1.2009, 3 T 164/08, Rpfleger 2009, 327) zugrunde gelegt worden. Die Berücksichtigung der **wirtschaftlichen Verhältnisse** gem S 2 erfasst die Zeit, die der Schuldner braucht, um eine neue Arbeitsstelle zu finden (LG Mainz 15.9.1999, 8 T 316/99, JurBüro 2000, 157), sowie seine sonstigen Einnahmequellen mit Ausnahme der Sozialhilfeansprüche (OLG Köln 9.10.1989, 2 W 69/89, MDR 1990, 258). **Überwiegende Belange** des Gläubigers nach S 3 sind etwa gegeben, wenn der Gläubiger als Unterhaltsberechtigter das Geld dringend zum Leben braucht (BLAH § 850i Rn 7), ihre Berücksichtigung darf jedoch nicht dazu führen, dass der Schuldner sozialhilfebedürftig wird (Musielak/*Becker* § 850i Rn 7; *Stein/Jonas/Brehm* § 850i Rn 13).

4 Der Pfändungsschutz für nicht wiederkehrend zahlbare Vergütungen wird nur **auf Antrag** durch den Rechtspfleger des Vollstreckungsgerichts festgesetzt. Der Antrag ist abzugrenzen von der Erinnerung gem § 766, die nicht auf die Berücksichtigung neuer Tatsachen, sondern auf deren rechtliche Überprüfung abzielt. Antragsberechtigt sind der Schuldner und seine Angehörigen, die iR des Pfändungsschutzes zu berücksichtigen sind, nicht hingegen der Drittschuldner (*Stöber* Forderungspfändung Rn 1236; *Stein/Jonas/Brehm* § 850i Rn 15). Der Gläubiger ist wegen des rechtsstaatlichen Grds eines fairen Verfahrens (Art 2 I, 20 III GG) zwingend zu hören (vgl BVerfG 18.1.2000, 1 BvR 321/96, NJW 2000, 1709). Obwohl der Antrag keiner Frist unterliegt, fehlt ihm **nach erfolgter Leistung des Drittschuldners** grds das Rechtsschutzinteresse; auch für einen Bereicherungsanspruch ist insofern kein Raum.

5 **C. Heimarbeiter.** § 27 HAG unterwirft das Entgelt des **Heimarbeiters** dem Pfändungsschutz für Vergütungen aufgrund eines Arbeits- oder Dienstverhältnisses, sodass §§ 850c ff anwendbar sind, sofern ein ständiges Heimarbeitsverhältnis vorliegt. Besteht hingegen kein ständiges Heimarbeitsverhältnis, wird Pfändungsschutz nur auf Antrag nach § 850i I gewährt (BLAH § 850i Rn 11; Musielak/*Becker* § 850i Rn 13)

D. Vorrang spezialgesetzlicher Regelungen. III verweist insb auf den Vorrang der spezialgesetzlichen Vorschriften in §§ 53, 54 SGB I (vgl dazu *Stöber* Forderungspfändung Rn 1301 ff und *Stein/Jonas/Brehm* § 850i Rn 37 ff) und in § 51 StVollzG.

Der Anwendungsbereich des § 54 SGB I erfasst die Arbeitsförderung und Grundsicherung für Arbeitsuchende. Die Norm unterscheidet zwischen unpfändbaren, bedingt pfändbaren und wie Arbeitseinkommen pfändbaren Ansprüchen. Die Pfändung erfolgt nach den allg Regeln durch den Rechtspfleger des Vollstreckungsgerichts. Der Pfändungsbeschl muss als Drittschuldner die für die Leistungen zuständige Behörde oder den AG angeben, je nachdem, wer von beiden die Leistungen schuldet. Seit dem 1.1.2012 wird Pfändungsschutz nur noch durch das Pfändungsschutzkonto (§ 850k) gewährt, sodass § 55 SGB I ersatzlos entfallen ist.

Pfändungsschutzkonto

das Guthaben auf dem Pfändungsschutzkonto des Schuldners bei einem Kreditinstitut gepfändet ... der Schuldner jeweils bis zum Ende des Kalendermonats über Guthaben in Höhe des monatlichen ... betrages nach § 850c Abs. 1 Satz 1 in Verbindung mit § 850c Abs. 2a verfügen; insoweit wird ... der Pfändung erfasst. ²Zum Guthaben im Sinne des Satzes 1 gehört auch das Guthaben, ... Ablauf der Frist des § 835 Absatz 4 nicht an den Gläubiger geleistet oder hinterlegt werden ... der Schuldner in dem jeweiligen Kalendermonat nicht über Guthaben in Höhe des nach ... ungsfreien Betrages verfügt hat, wird dieses Guthaben in dem folgenden Kalendermonat ... nach Satz 1 geschützten Guthaben nicht von der Pfändung erfasst. ⁴Die Sätze 1 bis ... chend, wenn das Guthaben auf einem Girokonto des Schuldners gepfändet ist, das vor ... Wochen seit der Zustellung des Überweisungsbeschlusses an den Drittschuldner in ein ... konto umgewandelt wird.

... des Guthabens gilt im Übrigen als mit der Maßgabe ausgesprochen, dass in Erhöhung ... ch Absatz 1 folgende Beträge nicht von der Pfändung erfasst sind:

Dornbusch

1. die pfändungsfreien Beträge nach § 850c Abs. 1 Satz 2 in Verbindung mit § 850c Abs. 2a Satz 1, wenn
   a) der Schuldner einer oder mehreren Personen aufgrund gesetzlicher Verpflichtung Unterhalt gewährt oder
   b) der Schuldner Geldleistungen nach dem Zweiten oder Zwölften Buch Sozialgesetzbuch für mit ihm in einer Gemeinschaft im Sinne des § 7 Abs. 3 des Zweiten Buches Sozialgesetzbuch oder der §§ 19, 20, 36 Satz 1 oder 43 des Zwölften Buches Sozialgesetzbuch lebende Personen, denen er nicht aufgrund gesetzlicher Vorschriften zum Unterhalt verpflichtet ist, entgegennimmt;
2. einmalige Geldleistungen im Sinne des § 54 Abs. 2 des Ersten Buches Sozialgesetzbuch und Geldleistungen zum Ausgleich des durch einen Körper- oder Gesundheitsschaden bedingten Mehraufwandes im Sinne des § 54 Abs. 3 Nr. 3 des Ersten Buches Sozialgesetzbuch;
3. das Kindergeld oder andere Geldleistungen für Kinder, es sei denn, dass wegen einer Unterhaltsforderung eines Kindes, für das die Leistungen gewährt oder bei dem es berücksichtigt wird, gepfändet wird.

²Für die Beträge nach Satz 1 gilt Absatz 1 Satz 3 entsprechend.

(3) An die Stelle der nach Absatz 1 und Absatz 2 Satz 1 Nr. 1 pfändungsfreien Beträge tritt der vom Vollstreckungsgericht im Pfändungsbeschluss belassene Betrag, wenn das Guthaben wegen der in § 850d bezeichneten Forderungen gepfändet wird.

(4) ¹Das Vollstreckungsgericht kann auf Antrag einen von den Absätzen 1, 2 Satz 1 Nr. 1 und Absatz 3 abweichenden pfändungsfreien Betrag festsetzen. ²Die §§ 850a, 850b, 850c, 850d Abs. 1 und 2, die §§ 850e, 850f, 850g und 850i sowie die §§ 851c und 851d dieses Gesetzes sowie § 54 Abs. 2, Abs. 3 Nr. 1, 2 und 3, Abs. 4 und 5 des Ersten Buches Sozialgesetzbuch, § 17 Abs. 1 Satz 2 des Zwölften Buches Sozialgesetzbuch und § 76 des Einkommensteuergesetzes sind entsprechend anzuwenden. ³Im Übrigen ist das Vollstreckungsgericht befugt, die in § 732 Abs. 2 bezeichneten Anordnungen zu erlassen.

(5) ¹Das Kreditinstitut ist dem Schuldner zur Leistung aus dem nach Absatz 1 und 3 nicht von der Pfändung erfassten Guthaben im Rahmen des vertraglich Vereinbarten verpflichtet. ²Dies gilt für die nach Absatz 2 nicht von der Pfändung erfassten Beträge nur insoweit, als der Schuldner durch eine Bescheinigung des Arbeitgebers, der Familienkasse, des Sozialleistungsträgers oder einer geeigneten Person oder Stelle im Sinne von § 305 Abs. 1 Nr. 1 der Insolvenzordnung nachweist, dass das Guthaben nicht von der Pfändung erfasst ist. ³Die Leistung des Kreditinstituts an den Schuldner hat befreiende Wirkung, wenn ihm die Unrichtigkeit einer Bescheinigung nach Satz 2 weder bekannt noch infolge grober Fahrlässigkeit unbekannt ist. ⁴Kann der Schuldner den Nachweis nach Satz 2 nicht führen, so hat das Vollstreckungsgericht auf Antrag die Beträge nach Absatz 2 zu bestimmen. ⁵Die Sätze 1 bis 4 gelten auch für eine Hinterlegung.

(6) ¹Wird einem Pfändungsschutzkonto eine Geldleistung nach dem Sozialgesetzbuch oder Kindergeld gutgeschrieben, darf das Kreditinstitut die Forderung, die durch die Gutschrift entsteht, für die Dauer von 14 Tagen seit der Gutschrift nur mit solchen Forderungen verrechnen und hiergegen nur mit solchen Forderungen aufrechnen, die ihm als Entgelt für die Kontoführung oder aufgrund von Kontoverfügungen des Berechtigten innerhalb dieses Zeitraums zustehen. ²Bis zur Höhe des danach verbleibenden Betrages der Gutschrift ist das Kreditinstitut innerhalb von 14 Tagen seit der Gutschrift nicht berechtigt, die Ausführung von Zahlungsvorgängen wegen fehlender Deckung abzulehnen, wenn der Berechtigte nachweist oder dem Kreditinstitut sonst bekannt ist, dass es sich um die Gutschrift einer Geldleistung nach dem Sozialgesetzbuch oder von Kindergeld handelt. ³Das Entgelt des Kreditinstituts für die Kontoführung kann auch mit Beträgen nach den Absätzen 1 bis 4 verrechnet werden.

(7) ¹In einem der Führung eines Girokontos zugrunde liegenden Vertrag können der Kunde, der eine natürliche Person ist, oder dessen gesetzlicher Vertreter und das Kreditinstitut vereinbaren, dass das Girokonto als Pfändungsschutzkonto geführt wird. ²Der Kunde kann jederzeit verlangen, dass das Kreditinstitut sein Girokonto als Pfändungsschutzkonto führt. ³Ist das Guthaben des Girokontos bereits gepfändet worden, so kann der Schuldner die Führung als Pfändungsschutzkonto zum Beginn des vierten auf seine Erklärung folgenden Geschäftstages verlangen.

(8) ¹Jede Person darf nur ein Pfändungsschutzkonto unterhalten. ²Bei der Abrede hat der Kunde gegenüber dem Kreditinstitut zu versichern, dass er kein weiteres Pfändungsschutzkonto unterhält. ³Das Kreditinstitut darf Auskunfteien mitteilen, dass es für den Kunden ein Pfändungsschutzkonto führt. ⁴Die Auskunfteien dürfen diese Angabe nur verwenden, um Kreditinstituten auf Anfrage zum Zwecke der Überprüfung der Richtigkeit der Versicherung nach Satz 2 Auskunft darüber zu erteilen, ob die betroffene Person ein Pfändungsschutzkonto unterhält. ⁵Die Erhebung, Verarbeitung und Nutzung zu einem anderen als dem in Satz 4 genannten Zweck ist auch mit Einwilligung der betroffenen Person unzulässig.

§ 850k ZPO   Pfändungsschutzkonto

(9) ¹Unterhält ein Schuldner entgegen Absatz 8 Satz 1 mehrere Girokonten als Pfändungsschutzkonten, ordnet das Vollstreckungsgericht auf Antrag eines Gläubigers an, dass nur das von dem Gläubiger in dem Antrag bezeichnete Girokonto dem Schuldner als Pfändungsschutzkonto verbleibt. ²Der Gläubiger hat die Voraussetzungen nach Satz 1 durch Vorlage entsprechender Erklärungen der Drittschuldner glaubhaft zu machen. ³Eine Anhörung des Schuldners unterbleibt. ⁴Die Entscheidung ist allen Drittschuldnern zuzustellen. ⁵Mit der Zustellung der Entscheidung an diejenigen Kreditinstitute, deren Girokonten nicht zum Pfändungsschutzkonto bestimmt sind, entfallen die Wirkungen nach den Absätzen 1 bis 6.

Übersicht	Rdn.		Rdn.
A. Allgemeines	1	C. Pfändungsschutzkonto	6
B. Umfang des Pfändungsschutzes	3		

1   **A. Allgemeines.**   § 850k wurde mWv 1.7.2010 neu eingefügt und zuletzt mWv 16.4.2011 geändert. Das sog **Pfändungsschutzkonto** soll den Schuldnerschutz bei Pfändungen eines Giro-Kontoguthabens (nicht: Sparkonto) vereinfachen. Grundgedanke ist, dem Schuldner auf dem Pfändungsschutzkonto den für die Pfändung von Arbeitseinkommen und sonstigen Einkommen geltenden monatlichen Grundfreibetrag (§ 850c I) automatisch, dh ohne gesonderten Antrag, für die Dauer eines Kalendermonats zu gewähren, damit dieser seine laufenden Lebenshaltungskosten begleichen kann (Begr BT-Drs 16/7615, S 18).

2   Gem Art 3 des 2. G zur Änderung der Zivilprozessordnung v 12.4.2011 (BGBl I S 615) wurde § 835 ein 4. Abs und § 850k I ein neuer 2. S hinzugefügt. »Um Klarheit zu verschaffen«, wie die Begr lautet (BT Drs 17/4776, S 8), wird durch die Ergänzungen geregelt, dass der für den Gläubiger gepfändete Betrag zunächst vom Drittschuldner bis zum Ende des auf den Zahlungseingang folgenden Monats auf dem P-Konto zurückzuhalten ist. Damit soll sichergestellt werden, dass am Ende eines Monats eingehende Zahlungen nicht sogleich durch Weiterleitung an den Gläubiger dem Schuldner entzogen werden, sondern dieser 1 Monat lang (vgl Rdn 4) tatsächlich über den Freibetrag verfügen kann.

3   **B. Umfang des Pfändungsschutzes**   Anders als der bisherige Pfändungsschutz knüpft § 850k nicht an die Art der Einkünfte auf dem Pfändungsschutzkonto an. Unerheblich ist, ob es sich um Einkünfte aus abhängiger oder selbstständiger Erwerbstätigkeit oder um sonstige Einkünfte wie Renten, Pensionen, Einnahmen aus Vermietung und Verpachtung, Unterhaltsansprüche oder freiwillige Zuwendungen Dritter handelt (Begr BT-Drs 16/7615, S 18).

4   Geschützt ist der volle monatliche Freibetrag nach § 850c I 1 (derzeit 1073,88 Euro) für den Kalendermonat. Unbeachtlich ist, wann das Guthaben dem Pfändungsschutzkonto gutgeschrieben und die Pfändung in dem betreffenden Kalendermonat wirksam wurde. Guthaben, das den monatlichen Pfandfreibetrag übersteigt, gebührt dem Gläubiger (Zöller/*Stöber* § 850k Rn 4). Eine Übertragung von Guthaben, über das der Schuldner bis zur Höhe des Freibetrags im laufenden Kalendermonat nicht verfügt hat, ist nur auf den folgenden Kalendermonat zulässig (Begr BT-Drs 16/7615, S 18 f). Dabei kann aber nur ein konkretes Guthaben, nicht der abstrakte unverbrauchte Pfändungsfreibetrag ohne entsprechende Forderung gegen das Kreditinstitut übertragen werden (LG Saarbrücken 22.01.2013, 5 T 376/12, BeckRS 2013, 12760). Danach wird es von der Pfändung erfasst. Dies gilt aufgrund der Verweisung in II 2 iÜ auch für die Erhöhungsbeträge nach II 1. Kindergeld und Leistungen aufgrund sozialrechtlicher Vorschriften sind damit nicht zeitlich unbefristet geschützt.

5   In entspr Anwendung der §§ 850a, 850b, 850c, 850d I und II, 850e, 850f, 850g, 850i, 851c und 851d sowie § 54 II, III Nr 1, 2 und 3, IV und V SGB I, § 17 I 2 SGB XII und § 76 EStG kann das Vollstreckungsgericht **auf Antrag** einen von I, II 1 Nr 1, III abweichenden pfandfreien Betrag im Einzelfall in gleicher Weise wie bei Pfändung von Arbeitseinkommen und gleichgestellten Einkünften festsetzen.

6   **C. Pfändungsschutzkonto.**   Gem VII 1 muss der Einrichtung eines Pfändungsschutzkontos eine vertragliche Vereinbarung zwischen Schuldner oder dessen gesetzlichem (nicht: bevollmächtigtem) Vertreter und Kreditinstitut zugrunde liegen. Eine Umwandlung eines bestehenden Girokontos in ein Pfändungsschutzkonto innerhalb von 4 Wochen seit der Zustellung des Überweisungsbeschl an den Drittschuldner bewirkt noch den Pfändungsschutz für bereits bestehendes Guthaben (I 4). Der Vollstreckungsschutz besteht bei dem Pfändungsschutzkonto **per G**, ein gesonderter Antrag ist nicht notwendig. Die Bank darf für das Pfändungsschutzkonto keine zusätzlichen Gebühren verlangen (BGH 16.7.2013, XI ZR 260/12, NJW 2013, 3163).

7   **Vertragliche Leistung** des Kreditinstituts (V) meint die Barauszahlung, aber auch die Ausführung von Überweisungen, Lastschriften und Einzugsermächtigungen (Zöller/*Stöber* § 850k Rn 13). Pfändungsschutz für den Erhöhungsbetrag nach II wird nur dann gewährt, wenn der Schuldner dem Kreditinstitut die nicht

von der Pfändung erfassten Beträge durch eine entspr Bescheinigung nachweist. Nur wenn der Nachweis nicht geführt werden kann, setzt das Vollstreckungsgericht auf Antrag des Schuldners die Freibeträge fest. Jede Person kann nur 1 Pfändungsschutzkonto führen. Der Schuldner hat ggü seinem Kreditinstitut zu 8 versichern, dass er kein weiteres Pfändungsschutzkonto unterhält (VIII 2). Eine falsche Versicherung kann uU strafrechtliche Konsequenzen (§§ 263, 288 StGB) haben. Das Kreditinstitut darf Auskunfteien ggü mitteilen, dass es für den Schuldner ein Pfändungsschutzkonto führt (VIII 3). Nach VIII 3 aF war die SCHUFA zentrale Überwachungsstelle der Pfändungsschutzkonten. Mit Ausweitung der Regelung soll laut Gesetzesbegr der Mechanismus zur Verhinderung von Missbräuchen beim Pfändungsschutzkonto optimiert werden (vgl BT-Drs 17/3356, S 18). Mit dem Wegfall der zentralen Informationsbündelung einer einzelnen Stelle erscheint dies jedoch mehr als fraglich (vgl auch Musielak/*Becker* § 850k Rn 9). Mit VIII 5 wird der Änderung des BDSG entsprochen (vgl BT-Drs 17/3356, S 19). Führt der Schuldner mehrere Pfändungsschutzkonten, berechtigt IX den Gläubiger, ggü dem Vollstreckungsgericht zu bestimmen, welches Girokonto dem Schuldner als Pfändungsschutzkonto verbleiben soll. Die Glaubhaftmachung (IX 2) hat durch Vorlage einer Drittschuldnererklärung (§ 840 I Nr 5) zu erfolgen (BT-Drs 16/12714, S 21). Der Schuldner soll nicht angehört werden (IX 3). Einwendungen kann er im Wege der Erinnerung (§ 766) geltend machen (BT-Drs 16/12714, S 21).

§ 850l Anordnung der Unpfändbarkeit von Kontoguthaben auf dem Pfändungsschutzkonto

¹Auf Antrag des Schuldners kann das Vollstreckungsgericht anordnen, dass das Guthaben auf dem Pfändungsschutzkonto für die Dauer von bis zu zwölf Monaten der Pfändung nicht unterworfen ist, wenn der Schuldner nachweist, dass dem Konto in den letzten sechs Monaten vor Antragstellung ganz überwiegend nur unpfändbare Beträge gutgeschrieben worden sind, und er glaubhaft macht, dass auch innerhalb der nächsten zwölf Monate nur ganz überwiegend nicht pfändbare Beträge zu erwarten sind. ²Die Anordnung kann versagt werden, wenn überwiegende Belange des Gläubigers entgegenstehen. ³Sie ist auf Antrag eines Gläubigers aufzuheben, wenn ihre Voraussetzungen nicht mehr vorliegen oder die Anordnung den überwiegenden Belangen dieses Gläubigers entgegensteht.

Übersicht	Rdn.		Rdn.
A. Allgemeines 1		C. Rechtsbehelfe 5	
B. Zeitliche Beschränkung der Pfändung 2			

A. Allgemeines. Der bisherige, »nachgelagerte« Kontopfändungsschutz für Arbeitseinkommen über 1 § 850l aF entfällt. Pfändungsschutz besteht mWv 1.1.2012 nur noch für das Pfändungsschutzkonto (§ 850k). Beschl, die aufgrund von § 850l aF vor dem 1.1.2012 angeordnet wurden und sich auf künftiges Guthaben erstrecken, sind gegenstandslos. § 850l nF entspricht weitgehend der bis zum 31.12.2011 geltenden Regelung in § 833a aF.

B. Zeitliche Beschränkung der Pfändung. Auf Antrag des Schuldners kann das Vollstreckungsgericht die 2 Pfändung bis zu einer Dauer von 12 Monaten zeitlich beschränken. Eine gänzliche Aufhebung der Pfändung ist aufgrund des ausdrücklichen Wortlauts der neuen Regelung (§ 833a II 1 Nr 1 aF wurde nicht in § 850l eingefügt) nicht mehr möglich (aA wohl Musielak/*Becker* § 850l Rn 2, allerdings mit Verweis auf die Kommentierung zu § 833a aF).
Die zeitlich befristete Unpfändbarkeit ist möglich, wenn der Gläubiger nicht mit einer Befriedigung seiner 3 Ansprüche aufgrund der Kontopfändung rechnen kann. Der Schuldner muss durch Vorlage entspr Belege (zB Kontoauszüge) nachweisen, dass seinem Konto in den letzten 6 Monaten vor Antragstellung ganz überwiegend nur (insb gem §§ 850a ff, § 54 SGB I) unpfändbare Beträge gutgeschrieben worden sind. Außerdem muss er glaubhaft machen, dass auch in den nächsten 12 Monaten (ab Antragstellung) nur mit dem Eingang von nicht oder allenfalls in geringem Umfang pfändbaren Beträgen zu rechnen ist. An die Prognose sind nicht zu geringe Anforderungen zu stellen, bejaht für § 833a aF zB bei einer Berufsunfähigkeit des Schuldners, sie sind aber auch nicht zu überspannen (vgl BT-Drs 16/7615, S 17). Die erforderliche Anhörung des Gläubigers ergibt sich aus Art 103 I GG.
Die Interessen des Schuldners und Gläubigers sind gegeneinander abzuwägen. Ein Überwiegen der Gläubi- 4 gerinteressen wird insb dann anzunehmen sein, wenn es um die Vollstreckung der in § 850d genannten Forderungen geht. Der Schuldner darf jedoch nicht sozialhilfebedürftig werden (Musielak/*Becker* § 850l Rn 3).
Der Gläubiger kann beantragen, dass die Anordnung aufzuheben ist, weil entweder die Voraussetzungen

nachträglich entfallen sind oder überwiegende Gläubigerinteressen ihr entgegenstehen. Der Schuldner ist zu dem Gläubigerantrag anzuhören (Art 103 I GG).

5   **C. Rechtsbehelfe.** Gegen die Entsch des Vollstreckungsgerichts ist die sofortige Beschwerde gem § 793, § 11 RPflG statthafter Rechtsbehelf.

§ 851c Pfändungsschutz bei Altersrenten

(1) Ansprüche auf Leistungen, die auf Grund von Verträgen gewährt werden, dürfen nur wie Arbeitseinkommen gepfändet werden, wenn
1. die Leistung in regelmäßigen Zeitabständen lebenslang und nicht vor Vollendung des 60. Lebensjahres oder nur bei Eintritt der Berufsunfähigkeit gewährt wird,
2. über die Ansprüche aus dem Vertrag nicht verfügt werden darf,
3. die Bestimmung von Dritten mit Ausnahme von Hinterbliebenen als Berechtigte ausgeschlossen ist und
4. die Zahlung einer Kapitalleistung, ausgenommen eine Zahlung für den Todesfall, nicht vereinbart wurde.

(2) ^{1}Um dem Schuldner den Aufbau einer angemessenen Alterssicherung zu ermöglichen, kann er unter Berücksichtigung der Entwicklung auf dem Kapitalmarkt, des Sterblichkeitsrisikos und der Höhe der Pfändungsfreigrenze, nach seinem Lebensalter gestaffelt, jährlich einen bestimmten Betrag unpfändbar auf der Grundlage eines in Absatz 1 bezeichneten Vertrags bis zu einer Gesamtsumme von 256.000 Euro ansammeln. ^{2}Der Schuldner darf vom 18. bis zum vollendeten 29. Lebensjahr 2.000 Euro, vom 30. bis zum vollendeten 39. Lebensjahr 4.000 Euro, vom 40. bis zum vollendeten 47. Lebensjahr 4.500 Euro, vom 48. bis zum vollendeten 53. Lebensjahr 6.000 Euro, vom 54. bis zum vollendeten 59. Lebensjahr 8.000 Euro und vom 60. bis zum vollendeten 67. Lebensjahr 9.000 Euro jährlich ansammeln. ^{3}Übersteigt der Rückkaufwert der Alterssicherung den unpfändbaren Betrag, sind drei Zehntel des überschießenden Betrags unpfändbar. ^{4}Satz 3 gilt nicht für den Teil des Rückkaufwerts, der den dreifachen Wert des in Satz 1 genannten Betrags übersteigt.
(3) § 850e Nr. 2 und 2a gilt entsprechend.

Übersicht	Rdn.		Rdn.
A. Allgemeines	1	B. Voraussetzungen	2

1   **A. Allgemeines.** Die Vorschrift wurde durch das am 31.3.2007 in Kraft getretene G zum Pfändungsschutz der Altersvorsorge neu in die ZPO eingefügt und mWv 1.1.2013 durch G v. 5.12. 2012 (BGBl. I S. 2418) geändert. Ihr Ziel ist es, den Pfändungsschutz von der Altersvorsorge dienenden Einkünften auf Selbstständige sowie auf AN, die zusätzlich zur gesetzlichen Rentenversicherung eine private Altersvorsorge abschließen, auszudehnen.

2   **B. Voraussetzungen.** § 851c I erfasst nicht nur Renten, sondern grds alle vertraglichen »Ansprüche auf Leistungen«, die den kumulativen Voraussetzungen der Nr 1–4 genügen. So genannte »**Kapitallebensversicherungen**« werden jedoch von vornherein nicht erfasst, weil diese nach der üblichen Ausgestaltung der Versicherungsverträge nicht nur der Altersvorsorge, sondern allg dem Zweck der Vermögensbildung dienen und es sich dabei um Versicherungsverträge handelt, über die der Versicherungsnehmer iW frei verfügen darf und die deshalb im Rechtsverkehr als Sicherungsmittel dienen. Daran ändert sich auch durch ein dem Schuldner bei Ablauf der Versicherung eingeräumtes Rentenwahlrecht nichts, solange dies nicht wirksam ausgeübt ist (BFH 31.7.2007, VII R 60/06, BB 2007, 2275). Für die Qualifikation als »Anspruch auf Leistungen« kommt es nicht auf den Abschluss des Vertrags, sondern allein auf den Zeitpunkt des Gläubigerzugriffs an, sodass nach § 167 VVG umgewandelte Kapitallebensversicherungen dem Pfändungsschutz unterfallen (*Holzer* DStR 2007, 768; BT-Drs XVI/886, S 8).

3   Rechtsgrund für den Anspruch muss stets ein aus einem **Vertrag** resultierendes Stammrecht sein, Leistungen aus der **gesetzlichen** Rentenversicherung werden **nicht** erfasst. Die Leistungen müssen ferner regelmäßig erfolgen sowie lebenslang und nicht vor Vollendung des 60. Lebensjahres oder dem Eintritt der Berufsunfähigkeit gewährt werden. Erfasst werden auch Leistungen ab Eintritt der Berufsunfähigkeit, die zwar nicht lebenslang erbracht, aber zusammen mit den sich unmittelbar anschließenden Altersversorgungsleistungen geschuldet werden und beide zusammen lebenslang in regelmäßigen Zeitabständen eine iW gleich bleibende Leistung erbringen (BGH 15.7.2010, IX ZR 132/09, NZI 2010, 777). Der Pfändungsschutz erstreckt sich nur auf das vom Versicherungsnehmer aufgebaute Deckungskapital und die nach Eintritt

des Versicherungsfalls zu erbringenden Leistungen, nicht jedoch auf die monatlichen Beitragszahlungen (BGH 12.5.2011, IX ZB 181/10, NJW-RR 2011, 1617). Die Frage der Pfändbarkeit einer Rente aus privater Berufsunfähigkeitsversicherung ist nicht im Insolvenzverfahren, sondern auf dem Prozessweg zu klären (BGH 16.7.2009, IX ZB 166/07, NZI 2009, 824). Als **Hinterbliebene** gem § 851c I Nr 3 sind neben Kindern, Pflegekindern und Ehegatten des Verstorbenen auch Lebenspartner iSd LPartG anzusehen (*Holzer* DStR 2007, 769).

Durch die Ausnahme von **Zahlungen auf den Todesfall** vom grds Verbot von Kapitalleistungen in § 851c I Nr 4 soll eine Hinterbliebenenversorgung unabhängig davon gewährleistet werden, ob einmalige oder wiederkehrende Zahlungen vorliegen. 4

Da der Schuldner bei der privaten – im Gegensatz zur umlagefinanzierten gesetzlichen – Altersversorgung sein Vorsorgevermögen selbst ansparen muss, stellt II die zum Aufbau des Vorsorgevermögens nötigen Beträge bis zu einer progressiv ausgestalteten jährlichen Obergrenze unter Pfändungsschutz. 5

Besteht ein durch § 851c I geschützter Anspruch auf Leistungen zusätzlich zu einer Rente aus der gesetzlichen Rentenversicherung, so beurteilt sich der Pfändungsschutz nach den für die jeweilige Leistung geltenden Vorschriften. Die für die Pfändungsfreigrenzen maßgeblichen Beträge sind nach dem für entspr anwendbar erklärten § 850e Nr 2 und 2a **zusammenzurechnen**. Das gilt auch für Ansprüche aus Leistungen, die auf verschiedenen Stammrechten basieren (*Holzer* DStR 2007, 770). 6

§ 851d Pfändungsschutz bei steuerlich gefördertem Altersvorsorgevermögen

Monatliche Leistungen in Form einer lebenslangen Rente oder monatlicher Ratenzahlungen im Rahmen eines Auszahlungsplans nach § 1 Abs. 1 Satz 1 Nr 4 des Altersvorsorgeverträge-Zertifizierungsgesetzes aus steuerlich gefördertem Altersvorsorgevermögen sind wie Arbeitseinkommen pfändbar.

Die ebenfalls durch das am 31.3.2007 in Kraft getretene G zum Pfändungsschutz der Altersvorsorge neu in die ZPO eingefügte Norm schließt eine bislang im Pfändungsschutz bestehende Lücke, indem sie Leistungen aus steuerlich gefördertem Altersvorsorgevermögen dem Arbeitseinkommen gleichstellt. Laufende Leistungen aus der sog »Riesterrente« oder der sog »Rüruprente« unterfallen bei Arbeitnehmern bereits dem Pfändungsschutz des § 850 III lit. b. Der Pfändungsschutz solcher Leistungen an Selbständige, Freiberufler und Nichterwerbstätige sowie der Leistungsansprüche aus § 1 I 1 Nr 4 des Altersvorsorgeverträge-Zertifizierungsgesetzes ergibt sich allein aus § 851d (Musielak/*Becker* § 851d Rn 1). 1

Geschützt werden nur laufende Leistungen, auch wenn bis zu 12 Monatsleistungen zu einer Auszahlung zusammengefasst werden, dagegen keine Einmalkapitalauszahlungen sowie Kleinbetragsrenten-Abfindungen (Musielak/*Becker* § 851d Rn 3). 2

Stichwortverzeichnis

Halbfett gedruckte Ziffern verweisen auf den Paragraph und mager gedruckte Ziffern auf die Randnummer der Kommentierung.

A
Abberufung
- Aufsichtsrat, aus wichtigem Grund **MitbestG § 23** 3
- Aufsichtsrat, ohne wichtigen Grund **MitbestG § 23** 1
- der Unternehmensvertretung **MitbestG § 31** 6
- durch Gericht **DrittelbG § 12** 6
- Verfahren **DrittelbG § 12** 2

Abberufung als Geschäftsführer
- Umwandlung in Arbeitsverhältnis **GewO § 6** 113

Abfindung BetrVG § 112a 15, 19; **§ 113** 9; **EStG § 19** 7; **§ 24** 6; **§ 34** 8; **KSchG § 10** 1
- Abtretung **KSchG § 10** 15
- Alter **KSchG § 10** 11
- Altersdiskriminierung **KSchG § 10** 7
- Aufhebungsvertrag **KSchG § 10** 15
- Auflösungsantrag **KSchG § 9** 1
- Aufrechnung **KSchG § 10** 15
- Bemessungsfaktoren **KSchG § 10** 10
- Berücksichtigung beim Arbeitslosengeld **KSchG § 10** 21
- Besteuerung bei Wohnsitz im Ausland **EStG § 19** 8
- Betriebszugehörigkeit **KSchG § 10** 10
- Einkommensteuer **KSchG § 10** 21
- Höchstabfindung **KSchG § 10** 3
- Insolvenzgeld **SGB III § 166** 2
- Maß der Sozialwidrigkeit **KSchG § 10** 14
- Monatsverdienst **KSchG § 10** 9
- Pfändung **KSchG § 10** 15
- Pfändungsschutz **ZPO § 850i** 2
- Prozesskostenhilfe **ArbGG § 11a** 8
- Ratenzahlung **EStG § 34** 6
- Rückzahlung **EStG § 34** 14
- Ruhen des Arbeitslosengeldanspruchs **SGB III § 158** 2
- Schadensersatz bei außerordentlicher Kündigung **BGB § 628** 24, 40
- Schadensersatz wegen Verlust des Arbeitsentgelts **KSchG § 9** 42; **§ 10** 20
- Sozialplanabfindung **KSchG § 10** 22
- Sozialversicherung **KSchG § 10** 21
- Sperrzeit **SGB III § 159** 13
- Vererbbarkeit **KSchG § 10** 15
- Vergleich **KSchG § 10** 15

Abgabe einer Willenserklärung
- Vollstreckung **ArbGG § 62** 14

Abgeordnetenfreiheit AbgG § 4 1

Abgeordnetengesetz
- Abgeordnetenfreiheit **AbgG § 4** 1
- Behinderungsverbot **AbgG § 4** 5
- Benachteiligungsverbot **AbgG § 4** 6
- Bundestagsabgeordnete **AbgG § 4** 2
- Entlassung **AbgG § 4** 7
- Ersatzkandidat **AbgG § 4** 2
- Europaabgeordneter **AbgG § 4** 10
- Geltungsbereich der Schutzregelung **AbgG § 4** 3
- Kündigung **AbgG § 4** 7
- Mitteilungspflicht **AbgG § 4** 4
- Schutzdauer **AbgG § 4** 4
- Statusrechte **AbgG § 4** 1
- Wahlbewerber **AbgG § 4** 2

Abgeordneter
- Statusrechte **AbgG § 4** 1

Abhängigkeit
- Beherrschungsvertrag **AktG § 17** 4
- Entherrschungsvertrag **AktG § 17** 4
- Stimmrechtsbeschränkungen **AktG § 17** 4
- Unternehmen **AktG § 17** 2
- Vermutung der Abhängigkeit **AktG § 17** 3
- Widerlegung der Abhängigkeit **AktG § 17** 4

Abmahnung BetrVG § 102 8; **BGB § 626** 39, 163
- Löschungsanspruch **BDSG § 35** 3–5

Abschiebung
- Kosten **SchwArbG Vor § 1** 19

Abschlagszahlungen
- Anspruchsgrundlagen **BGB § 614** 13
- Begriff **BGB § 614** 12
- Lohnpfändung **BGB § 614** 15
- Rückzahlung **BGB § 614** 14
- Zuflussprinzip **EStG § 19** 16

Abschlussprüfung, Berufsausbildung
- Abschlusszeugnis **BBiG § 37** 3
- Bewertung **BBiG § 42** 1
- Entscheidung über Zulassung **BBiG § 46** 1
- Gleichwertigkeit ausländischer Berufsqualifikation **BBiG § 50** 1
- Prüfungsausschuss **BBiG § 39** 1
- Prüfungsgegenstand **BBiG § 38** 1
- Prüfungsordnung **BBiG § 47** 1
- Wiederholung **BBiG § 37** 2
- Zulassung **BBiG § 43** 1
- Zulassung bei Berufstätigkeit **BBiG § 45** 2
- Zulassung bei gestreckter Prüfung **BBiG § 44** 1
- Zulassung, vorzeitige **BBiG § 45** 1
- Zusatzqualifikationen **BBiG § 49** 1
- Zwischenprüfungen **BBiG § 48** 1

Abschlussverbote BetrVG § 99 51

Stichwortverzeichnis

Abschlussvertreter HGB § 84 2
Abschlusszeugnis
– Berufsausbildung BBiG § 37 3
Abschlusszeugnis
– Berufsausbildung BBiG § 37 3
Abspaltung
– Übergangsmandat Betriebsrat BetrVG § 21a 3
– Vermutung Führungsvereinbarung GBR BetrVG § 1 13
– wesentliche Strukturänderungen EBRG § 37 5
Abstimmungen
– im Aufsichtsrat MitbestG § 29 1
Abteilungsversammlung BetrVG § 42 6
Abweg SGB VII § 8 3
Abwehraussperrung GG Art. 9 122
Abwerbeverbot
– Leiharbeitnehmer AÜG § 9 9
Abwerbung
– sittenwidrige unerlaubte Handlung BGB § 826 4
Abwicklungsverhältnis BGB § 628 1
Abwicklungsvertrag BGB § 623 3; § 626 33
– Sperrzeit SGB III § 159 17, 46
AGG
– Abgrenzung zu deutschen Schutzgesetzen AGG § 2 13
– Alter AGG § 1 10
– Altersgrenzen in betrieblicher Altersversorgung AGG § 10 16
– Antidiskriminierungsstelle des Bundes AGG § 27 1
– Antidiskriminierungsverbände AGG § 23 1
– Anweisung zur Diskriminierung AGG § 3 18
– Anwendungsbereich AGG § 2 1
– Anwendungsbereich des § 22 AGG § 22 17
– Ausschreibung AGG § 11 1
– Behinderung AGG § 1 8
– Bekanntmachungspflichten AGG § 12 14
– Belästigung AGG § 3 12
– benachteiligende Stellenbesetzungsverfahren AGG § 11 1
– Benachteiligung durch Dritte AGG § 12 10
– Benachteiligungsgrund AGG § 7 4
– Benachteiligungsmerkmale AGG § 1 2
– Bereichsausnahmen AGG § 2 10
– Beschäftigungsbegriff AGG § 2 2
– Beschwerderecht AGG § 13 1
– Beseitigungsanspruch AGG § 21 2
– betriebliche Altersversorgung BetrAVG § 1 23, 32, 33; § 30a 1
– Darlegungs- und Beweislast AGG § 22 1
– Diskriminierungsverbot AGG § 7 1
– Diskriminierungsvorsatz AGG § 3 4
– Entgeltgleichheit AGG § 8 13
– Entschädigung und Schadensersatz AGG § 15 1
– ethnische Herkunft AGG § 1 4
– Fallgruppen AGG § 7 5
– Förderung benachteiligter Gruppen AGG § 5 1
– gemeinschaftsrechtskonforme Auslegung AGG Einl. 8
– Geschlecht AGG § 1 5
– intersektionelle Diskriminierung AGG § 4 1
– Klagefrist bei Benachteiligung ArbGG § 61b 1
– Kündigungsschutzrecht AGG § 2 13
– Leistungsverweigerungsrecht AGG § 14 1
– Maßregelungsverbot AGG § 16 1
– Mehrfachdiskriminierung AGG § 4 1
– Mitgliedschaft in Vereinigungen AGG § 18 1
– mittelbare Benachteiligung AGG § 3 5
– Nichtigkeit diskriminierender Vereinbarungen AGG § 7 11
– öffentlich-rechtliches Dienstverhältnis AGG § 24 1
– Organisationspflicht AGG § 12 1
– persönlicher Anwendungsbereich AGG § 6 1
– Pflichten des Arbeitgebers AGG § 12 1
– Rasse AGG § 1 3
– Religion AGG § 1 6
– Sanktionsverpflichtung AGG § 12 6
– Schadensersatz und Entschädigung AGG § 21 4
– sexuelle Belästigung AGG § 3 15
– sexuelle Identität AGG § 1 12
– Sonderregelungen für öffentlich-rechtliche Dienstverhältnisse AGG § 24 1
– soziale Verantwortung der Beteiligten AGG § 17 1
– steuerpflichtige Entschädigungen EStG § 24 12
– Übergangsbestimmungen AGG § 33 1
– umgekehrte Diskriminierung AGG § 5 1
– Umsetzung europäischer Richtlinie AGG Einl. 1
– Unabdingbarkeit AGG § 31 1
– Ungleichbehandlung AGG § 4 1
– unmittelbare Benachteiligung AGG § 3 2
– Unterlassungsanspruch AGG § 21 3
– Vertragsverletzung AGG § 7 15
– Weltanschauung AGG § 1 6
– Ziel AGG § 1 1
– zivilrechtliches Benachteiligungsverbot AGG § 19 1
– zulässige unterschiedliche Behandlung AGG § 20 1
– zulässige unterschiedliche Behandlung wegen beruflicher Anforderungen AGG § 8 1; § 20 1
– zulässige unterschiedliche Behandlung wegen des Alters AGG § 10 1
– zulässige unterschiedliche Behandlung wegen Religion oder Weltanschauung AGG § 9 1
Akkordarbeit
– Beschäftigungsverbot (MuSchG) MuSchG § 4 5
– Jugendliche JArbSchG § 23 1

Akkordlohn
- Vergütung   BGB § 611 124

Akkordsätze   BetrVG § 87 73

Aktenübersendung   GG Art. 19 19

Aktienkursorientierte Vergütung   GewO § 107 19

Aktienoptionen   GewO § 107 9, 19
- Abgeltung verfallbarer Anwartschaften   EStG § 24 8
- Besteuerung   EStG § 34 3
- Betriebsübergang   BGB § 613a 49
- Zuflussprinzip   EStG § 19 19

Aktionäre
- Arbeitnehmer   GewO § 6 39

Aktives Wahlrecht
- Betriebsratswahl   BetrVG § 7 1

Alkohol
- Alkoholtest   BGB § 611 77
- Annahmeverzug   BGB § 615 37
- außerordentliche Kündigung   BGB § 626 87, 202
- Gesundheitsschutz   GG Art. 2 37
- Jugendliche   JArbSchG § 31 2
- Verschulden   BGB § 611 431; EFZG § 3 34
- wichtiger Grund   BGB § 626 202; KSchG § 15 14

Alleinentscheidung des Vorsitzenden
- Anerkenntnis   ArbGG § 55 3
- Berufungsverfahren   ArbGG § 66 38
- Fallgruppen   ArbGG § 55 2
- Klagerücknahme   ArbGG § 55 2
- Säumnis   ArbGG § 55 4
- übereinstimmender Parteiantrag   ArbGG § 55 9
- Verzicht   ArbGG § 55 3

Allgemeine Geschäftsbedingungen
- allgemeine Inhaltskontrolle   BGB § 307 1
- Änderungsvorbehalt   BGB § 308 3, 9
- Anrechnungsvorbehalt   BGB § 308 8
- arbeitsrechtliche Besonderheiten   BGB § 310 9
- Aufwendungsersatz   BGB § 308 13
- Betriebsabsprachen   BGB § 310 7
- Beweislastregeln   BGB § 309 6
- Einbeziehung in den Vertrag   BGB § 305 1
- Formvorschriften   BGB § 309 7
- Freiwilligkeitsvorbehalt   BGB § 308 5
- Inhaltskontrolle   BGB § 307 1
- mehrdeutige Klauseln   BGB § 305c 3
- Rechtsfolgen bei Nichteinbeziehung   BGB § 306 1
- Rücktrittsvorbehalt   BGB § 308 2
- Rückzahlungsklauseln   BGB § 307 22; § 611 221
- Tarifverträge, Betriebsvereinbarungen, Dienstvereinbarungen   BGB § 310 2
- Übereinstimmung mit Rechtsvorschriften   BGB § 307 25
- überraschende Klauseln   BGB § 305c 1
- Unklarheitenregel   BGB § 305c 3; § 307 19
- Verhältnis zum dispositiven Recht   BGB § 307 10
- Versetzungsklauseln   BGB § 309 5
- Vertragsstrafenregelungen   BGB § 309 2
- Vorrang der Individualabrede   BGB § 305b 1
- Widerrufsvorbehalte   BGB § 308 3
- Zugangsfiktion   BGB § 308 12
- Zurückbehaltungsrecht   BGB § 309 1
- Zustimmungsfiktion   BGB § 308 10

Allgemeine Handlungsfreiheit   GG Art. 2 1

Allgemeine Prozessförderungspflicht
- Verstoß   ArbGG § 56 12

Allgemeinverbindlicherklärung   TVG § 5 1
- Antrag   TVG § 5 22
- Aufhebung   TVG § 5 27
- Beginn   TVG § 5 34
- Funktion   TVG § 5 2
- Nachwirkung   TVG § 4 46; § 5 35
- öffentliches Interesse   TVG § 5 11
- Rechtsschutz   TVG § 5 29
- Tarifkonkurrenz   TVG § 5 33
- Tarifpluralität   TVG § 5 33
- Überprüfung der Wirksamkeit   ArbGG § 98 1
- Verfahren   TVG § 5 21
- von Tarifverträgen   GG Art. 9 18
- Wirksamkeit des Tarifvertrages   TVG § 5 4
- Wirkungen   TVG § 5 32

Altenpfleger
- Berufsausbildung   BBiG § 17 1

Altenteil
- Pfändungsschutz   ZPO § 850b 4

Alter
- Abfindung   KSchG § 10 4, 11
- Alterskündigungsschutz   KSchG § 13 22
- Arbeitslosengeld I   SGB III § 158 32
- Befristung   TzBfG § 14 81

Altersdiskriminierung
- Abfindung   KSchG § 10 7
- Befristung von Arbeitsverträgen   TzBfG § 14 81
- europarechtliches Verbot   TVG Grundlagen 11
- Tarifnormen zu Altersgrenzen   TVG § 1 46

Altersgrenze   GG Art. 12 17
- Befristung   TzBfG § 3 12, 15; § 14 49
- Tarifvertrag   TVG § 1 46
- Untermaßverbot   GG Art. 20 19
- Vergütung   GG Art. 20 4

Altersrente
- Pfändungsschutz   ZPO § 851c 1

Altersteilzeit
- ALG II-Bezieher   ATZG § 3 10
- Anspruch   ATZG § 1 5
- Anspruchsvoraussetzungen   ATZG § 3 1
- Antrag auf Anerkennung   ATZG § 12 1
- Arbeitszeitverteilung   ATZG § 2 5
- Aufstockungsbetrag   ATZG § 3 3

2517

Stichwortverzeichnis

- Ausgleichskasse ATZG § 9 1
- Auszahlungszeitpunkt ATZG § 12 5
- Befristung des ATZG ATZG § 1 2
- Beschäftigtenzahl ATZG § 7 1
- Betriebsübergang BGB § 613a 41
- bisherige wöchentliche Arbeitszeit ATZG § 6 5
- Blockmodell ATZG § 2 7
- Blockmodell, Arbeitnehmerbegriff ATZG § 8 2
- Ende des Leistungsanspruchs ATZG § 5 1
- Erstattungspflicht des Arbeitgebers ATZG § 11 7
- Erstattungspflicht des Arbeitnehmers ATZG § 11 5
- Erstattungsvoraussetzungen ATZG § 3 1; § 4 1–2
- Förderung ATZG § 2 1
- Insolvenz InsO § 113 5
- Insolvenzsicherung ATZG § 8a 1
- Kleinbetrieb ATZG § 3 12, 20; § 7 2
- kontinuierliche Verringerung der Arbeitszeit ATZG § 2 6
- Kündigungsschutz ATZG § 8 3
- Leistungen der BA ATZG § 4 3
- Neueinstellung ATZG § 3 8
- Regelarbeitsentgelt ATZG § 6 1
- Ruhen des Leistungsanspruchs ATZG § 5 7
- Sachzusammenhang ATZG § 3 14
- tarifvertragliche Regelungen über den Ausgleichszeitraum ATZG § 2 11
- Überforderungsklausel ATZG § 7 6
- Überforderungsschutz ATZG § 3 22
- Urlaubsabgeltung BUrlG § 7 63
- Vergütung ATZG § 2 14
- Verhältnis zum BetrVG ATZG § 8 1
- Verlängerung des Ausgleichszeitraums ATZG § 2 10
- Voraussetzungen in der Person ATZG § 2 2
- Vorbeschäftigungszeit ATZG § 2 4
- Wiederbesetzung ATZG § 3 8
- Zweck ATZG § 1 1

Altersteilzeit-AV
- Anerkennung durch BA ATZG § 12 1
- Arbeitslosigkeit ATZG § 10 2
- Arbeitsverringerung ATZG § 2 3
- Aufstockungsbetrag ATZG § 3 3
- Befristung ATZG § 8 6
- Betriebsübergang ATZG § 2 8
- Insolvenz ATZG § 8a 3
- Insolvenzsicherung ATZG § 8a 4
- Krankheit ATZG § 10 3
- Kurzarbeit ATZG § 10 8
- Leistungsantrag ATZG § 12 5
- Mehrarbeit ATZG § 5 14
- Mitbestimmung ATZG § 8 1
- Mitwirkungspflichten des AN ATZG § 11 1
- Nebenbeschäftigung ATZG § 5 10
- Rentenversicherungsbeiträge ATZG § 3 6
- Vergütung ATZG § 2 14
- Verlängerung ATZG § 2 15
- Voraussetzungen in der Person ATZG § 2 2
- vorzeitige Beendigung ATZG § 10 1; § 12 8
- Wertguthaben ATZG § 8a 1, 4

Altersteilzeitgesetz
- Befristung ATZG § 1 2
- Zweck ATZG § 1 1

Altersteilzeitvergütung
- Aufstockungsbetrag ATZG § 3 3
- Insolvenzforderung ATZG § 8a 3
- Leistungsprämie ATZG § 6 4
- Mehrarbeit ATZG § 5 14

Altersversorgung
- Betriebsübergang BGB § 613a 41, 64, 94
- Zuflussprinzip EStG § 19 22

Altersvorsorge ZPO § 851d 1

Amtliche Auskünfte
- Behörden ArbGG § 56 4

Amtliche Mitteilungen ArbGG § 13 6

Amtsniederlegung DrittelbG § 12 4

Amtspflichtverletzung BetrVG § 103 14

Amtsverlust
- Aufsichtsrat MitbestG § 24 1

Amtszeit
- Arbeitnehmervertreter, Aufsichtsrat DrittelbG § 5 4

Anbahnung des Arbeitsverhältnisses
- Anfragen bei Dritten BGB § 611 79
- Assessment-Center BGB § 611 71
- Einstellungstests BGB § 611 70
- graphologische Gutachten BGB § 611 73
- Personalfragebögen BGB § 611 69
- psychologische Tests BGB § 611 72
- Stellenausschreibung BGB § 611 57
- Vorstellungskosten BGB § 611 58
- Vorvertrag BGB § 611 66
- vorvertragliche Pflichten BGB § 611 60

Änderung
- persönliche Verhältnisse ZPO § 850g 1
- Pfändungsbeschluss ZPO § 850g 2
- Unpfändbarkeit, Verfahren ZPO § 850g 3

Änderungskündigung BGB § 626 191
- Abgrenzung Weisungsrecht GewO § 106 9
- Auflösung iSv § 24 Nr 1 EStG EStG § 24 17, 19
- außerordentliche - BGB § 626 131; KSchG § 4 4; § 8 7
- außerordentliche -, BR-Mitglied KSchG § 15 10
- BR-Anhörung Inhalt BetrVG § 102 21
- Einspruch gegen - KSchG § 3 1
- in der Insolvenz InsO § 113 2
- Kündigungsschutzklage KSchG § 4 4, 24
- Leiharbeitsvertrag AÜG § 3 35
- Massenentlassung KSchG § 17 15
- Mitbestimmung BR BetrVG § 95 7; § 99 33
- Nachschieben von Unwirksamkeitsgründen KSchG § 6 5

Stichwortverzeichnis

- Rückwirkungsfiktion KSchG § 8 1
- Schriftform BGB § 623 2, 6
- schwerbehinderte Menschen, Kündigungsschutz SGB IX § 85 2
- Sperrzeit SGB III § 159 16
- Streitwert ArbGG § 12 15
- überflüssige - GewO § 106 10
- Unwirksamkeit GewO § 106 10
- Verhältnismäßigkeit BGB § 626 132, 186
- Vorrang der - BetrVG § 102 33
- Weiterbeschäftigung KSchG § 4 39
- Wiederherstellung der früheren Arbeitsbedingungen KSchG § 8 1
- Wirksamwerden KSchG § 7 2, 6

Anerkenntnisurteil
- Alleinentscheidung ArbGG § 55 3

Anfechtung BGB § 623 2; § 625 6
- Anfechtungsberechtigung DrittelbG § 11 2
- Anfechtungsfrist DrittelbG § 11 2
- Arbeitsvertrag BetrVG § 102 5; BGB § 626 26
- Aufhebungsvertrag BGB § 626 30
- Bestätigung BGB § 144 1
- des Arbeitsvertrags wegen Schwerbehinderung SGB IX § 85 6
- Drohung BGB § 123 11
- Eigenschaftsirrtum BGB § 119 5
- Erklärungsirrtum BGB § 119 1
- falsche Übermittlung BGB § 120 1
- Frist bei Irrtum BGB § 121 1
- Frist bei Täuschung oder Drohung BGB § 124 1
- Inhaltsirrtum BGB § 119 1
- Irrtum BGB § 119 1
- Rechtsfolge DrittelbG § 11 3
- Rechtsirrtum BGB § 119 3
- Rückwirkung BGB § 142 1
- Schadensersatzpflicht BGB § 122 1
- Täuschung BGB § 123 1
- Täuschung, Fragerecht des AG BGB § 123 4
- Verhältnis zur außerordentlichen Kündigung BGB § 611 88
- Vertrauensschaden BGB § 122 1
- Voraussetzungen DrittelbG § 11 2
- Wahl der Arbeitnehmervertreter DrittelbG § 11 1; MitbestG § 22 1
- Wahl der Delegierten MitbestG § 21 1

Angebot der Arbeitsleistung
- Ablehnungserklärung BGB § 615 23
- Entbehrlichkeit BGB § 615 27
- Leiharbeitnehmer BGB § 615 19
- Mitwirkungshandlung BGB § 615 24
- nach Arbeitgeberkündigung BGB § 615 29
- tatsächliches Angebot BGB § 615 16
- wörtliches Angebot BGB § 615 20

Angestellte GewO § 6 116

Angriffsaussperrung GG Art. 9 122

Anhörung
- leitende Angestellte BetrVG § 105 1
- Sachverständige BetrVG § 91 5
- Sachverständige, Einigungsstelle BetrVG § 76 11

Anhörungsrüge ArbGG § 78a 1; GG Art. 103 2
- Begründetheit ArbGG § 78a 6
- Besetzung ArbGG § 78a 13
- Entscheidung ArbGG § 78a 13
- Frist und Form ArbGG § 78a 8
- Kostenerstattung ArbGG § 78a 16
- Prüfung ArbGG § 78a 12
- Statthaftigkeit ArbGG § 78a 2
- Zulässigkeit ArbGG § 78a 5

Anhörungsverfahren
- EBR kraft Gesetz EBRG § 30 1
- EBR kraft Vereinbarung EBRG § 18 6
- EBRG EBRG § 1 6
- Gestaltungsfreiheit EBRG § 17 1
- Vereinbarung über grenzübergreifende Unterrichtung und Anhörung nach EBRG EBRG § 19 1

Ankündigungsfrist BGB § 620 1

Annahmeverzug BGB § 296 1
- Abdingbarkeit des Vergütungsanspruchs BGB § 615 7
- Abgrenzung zur Unmöglichkeit BGB § 615 3
- Angebot der Arbeitsleistung BGB § 615 15
- Annahme der Arbeitsleistung BGB § 615 51
- Anrechnung auf entgangenen Zwischenverdienst KSchG § 11 5
- Ausschlussfrist BGB § 615 61
- Beendigung des - BGB § 615 50
- Beendigung des Dienstverhältnisses BGB § 615 56
- Darlegungs- und Beweislast BGB § 615 77
- Durchsetzung des Verzugslohns BGB § 615 76
- Fälligkeit des Verzugslohns BGB § 615 61
- Fortsetzung des Arbeitsverhältnisses BGB § 615 54
- Grundsätze BGB § 615 1
- Kündigung des Arbeitsverhältnisses BGB § 615 52
- Leiharbeitsverhältnis AÜG § 11 18
- Leistungsbereitschaft BGB § 615 34
- Leistungsbereitschaft nach Krankheit BGB § 615 40
- Leistungsfähigkeit BGB § 615 33, 37
- Lohnausfallprinzip BGB § 615 59
- Nichtannahme der Leistung BGB § 615 44
- Rechtsfolgen BGB § 615 58
- Unmöglichkeit BGB § 615 57
- Unvermögen des Schuldners BGB § 297 1
- Unzumutbarkeit der Annahme BGB § 615 46
- Verzicht auf Verzugslohn BGB § 615 62
- Voraussetzungen BGB § 615 9
- vorübergehende Annahmeverhinderung BGB § 615 49
- Weisungsrecht GewO § 106 62

Stichwortverzeichnis

Anpassung nach oben
– Gleichheitsverstoß TV   GG Art. 9 69
Anrechnung
– anderweitig erzielter Verdienst   KSchG § 11 8
– böswillig unterlassener Verdienst   KSchG § 11 10
Anrechnung anderweitigen Erwerbs   BGB § 615 67
– anrechenbare Gegenstände   BGB § 615 66
– Arbeitslosmeldung bei der Arbeitsagentur   BGB § 615 72
– Auskunftsanspruch des Arbeitgebers   BGB § 615 78
– böswillig unterlassener Erwerb   BGB § 615 70
– Grundsätze   BGB § 615 63
– Verhältnis zu § 11 KSchG   BGB § 615 65
Anrechnung einer Tarifentgelterhöhung   BetrVG § 87 69
Anrechnung übertariflicher Zulagen
– Anrechnung   BGB § 611 191
– Anrechnungsklauseln   BGB § 611 200
– Aufstockung   BGB § 611 191
– Effektivklauseln   BGB § 611 200
– Grundsätze   BGB § 611 192
– Inhaltskontrolle   BGB § 308 8; § 611 197
Anrechnungsvereinbarung   GewO § 107 12
Anregungsrecht   BetrVG § 80 5; § 89 2; § 92 9
Anrufungsfrist
– verlängerte -   KSchG § 6 1
Anscheinsvollmacht   BGB § 173 1
Anschlussberufung
– Beschwer   ArbGG § 64 16
– Einlegung   ArbGG § 64 16
– Frist   ArbGG § 64 17
Anschlussbeschwerde   ArbGG § 87 3
Anschlussrechtsbeschwerde   ArbGG § 92 6; § 94 14
Anschlussrevision   ArbGG § 72 5; § 74 23
Anschlusssprungrechtsbeschwerde   ArbGG § 96a 12
Anschwärzung
– unerlaubte Handlung   BGB § 824 1
Anstellungsvertrag
– Mitglied des Vertretungsorgans   MitbestG § 31 7
Anteilseigner   MitbestG § 3 1
Antidiskriminierungsrecht
– Antidiskriminierungsstelle des Bundes   AGG § 27 1
– europäisches, Richtlinien   AEUV Vorbem. zu Art. 45, 157, 267 4
– Organe   AEUV Art. 45 5
– Selbständige   AEUV Art. 45 5
Antidiskriminierungsstelle   AGG § 27 1
Antidiskriminierungsverbände   AGG § 23 1
– als Beistand   ArbGG § 11 11
Anwartschaftszeit
– Arbeitslosengeld   SGB III § 142 2
– kleine -   SGB III § 142 5; § 143 4

Arbeit auf Abruf   BGB § 616 5; GewO § 6 130
– Abgrenzung zur Anordnung von Überstunden   TzBfG § 12 7
– Abweichungen durch Tarifvertrag   TzBfG § 12 30; § 22 4
– Ankündigungsfrist   TzBfG § 12 16
– Ankündigungsfrist, Berechnung   TzBfG § 12 17
– Arbeitszeitguthaben   TzBfG § 12 10
– Ausbildungsverhältnisse   TzBfG § 12 5
– Ausschluss der Anwendbarkeit   TzBfG § 12 6
– Bandbreitenregelung   TzBfG § 12 11
– Begriff   TzBfG § 12 3
– betriebliche Mitbestimmung   TzBfG § 12 33
– Entgelt   TzBfG § 12 20
– Entgeltfortzahlung bei persönlicher Verhinderung   TzBfG § 12 25
– Entgeltfortzahlung im Krankheitsfall   TzBfG § 12 22
– Feiertagsvergütung   TzBfG § 12 21
– Geltungsbereich   TzBfG § 12 2
– Leiharbeitsverhältnis   AÜG § 11 11; TzBfG § 12 5
– schwerbehinderte Menschen   TzBfG § 12 5
– tägliche Arbeitszeit   TzBfG § 12 13
– Urlaub   TzBfG § 12 26
– wöchentliche Arbeitszeit   TzBfG § 12 9
– Zweck   TzBfG § 12 1
Arbeitgeber
– Antragsbefugnis im Beschlussverfahren   ArbGG § 81 15
– Anzeige-, Melde- und Auskunftspflicht   SGB IX § 80 1
– Begriff   BGB § 611 23
– Begriff im Sinne des EStG   EStG § 19 2, 12
– Begriff im Sinne des GenDG   GenDG § 3 6
– Begriff im Sinne des JArbSchG   JArbSchG § 3 1
– Begriff im Sinne des PflegeZG   PflegeZG § 7 6
– Beitragspflicht   SchwArbG § 1 5
– Berufsbildung   BetrVG § 97 1
– Berufsbildungsförderung   BetrVG § 96 1
– Besprechungspflicht   BetrVG § 74 1
– Beteiligtenfähigkeit im Beschlussverfahren   ArbGG § 83 8
– Erörterungspflicht   BetrVG § 81 4
– Fragerecht   BGB § 611 68; GG Art. 2 28
– Fragerecht nach Schwangerschaft   MuSchG § 5 9
– Fragerecht, Datenschutz   BDSG § 4 1
– Fürsorgepflicht   HGB § 62 1; JArbSchG § 28 1; § 28a 1; § 29 1; § 30 1
– Grundsatz der vertrauensvollen Zusammenarbeit   BetrVG § 74 1
– kirchliche -   GG Art. 4 21
– Meldepflicht   SchwArbG § 1 5
– Pflichten   BGB § 611 111
– Pflichtverletzungen, BetrVG   BetrVG § 23 18
– Schutz- und Fördergebot   BetrVG § 74 2

- Tätigkeitsbericht, Betriebsräteversammlung BetrVG § 53 6
- Tätigkeitsbericht, Betriebsversammlung BetrVG § 43 5
- Teilnahmerecht Betriebsräteversammlung BetrVG § 53 3
- Überwachungsgebot BetrVG § 74 2
- Unterlassung betriebsverfassungswidrigen Verhaltens BetrVG § 23 16
- Unterlassungsanspruch Betriebs- oder Geschäftsgeheimnisse BetrVG § 79 5
- Unterrichtungspflicht BetrVG § 81 2
- Zahlungsunfähigkeit Rom I-VO Vorbem zu Art. 1, 3, 8, 9 5

Arbeitgeberbegriff
- prozessual ArbGG § 2 7
- Schwarzarbeit SchwArbG § 1 6
- Sozialversicherung SchwArbG § 1 6
- steuerlicher - EStG § 19 2
- Strafrecht GewO § 6 19

Arbeitgeberdarlehen
- Abgrenzung zum Vorschuss BGB § 614 12
- Ausgleichsklausel BGB § 611 211
- Beendigung des Arbeitsverhältnisses BGB § 611 212
- Entgelt BGB § 611 211
- Kündigung BGB § 611 212
- Mitbestimmung des Betriebsrats BGB § 611 211

Arbeitgeberhaftung, verschuldensabhängige BGB § 611 449
- Abdingbarkeit BGB § 611 464
- Einzelfälle BGB § 611 455
- Gefahren- und Schmutzzulagen BGB § 611 459
- Kilometergeld BGB § 611 460
- Rechtsgrundlage BGB § 611 450
- Schaden an PKW des Arbeitnehmers BGB § 611 455
- Umfang der Haftung BGB § 611 463
- Verschulden des Arbeitnehmers BGB § 611 461
- Voraussetzungen BGB § 611 451

Arbeitgeberpflichten
- AGG AGG § 12 1

Arbeitgeberverband
- Idealverein BGB § 22 1

Arbeitgebervereinigung
- Grundsatz der vertrauensvollen Zusammenarbeit BetrVG § 2 1
- Parteifähigkeit ArbGG § 10 3
- Prozessvertretung ArbGG § 11 6
- Teilnahme Betriebsversammlung BetrVG § 46 3
- Teilnahmerecht Wirtschaftsausschusssitzungen BetrVG § 108 6

Arbeitnehmer ArbGG § 5 1
- (Rechts-)Referendar GewO § 6 91
- Abgrenzung freier Dienstnehmer ArbGG § 5 2
- Abgrenzung Handelsvertreter ArbGG § 5 10
- Abgrenzung Selbstständiger SGB IV § 7 10
- Akademische Selbstverwaltung GewO § 6 901
- Aktionäre GewO § 6 39
- Angestellte GewO § 6 116
- Anhörungsrecht BetrVG § 82 1
- Antragsbefugnis im Beschlussverfahren ArbGG § 81 16
- arbeitnehmerähnliche Person GewO § 6 70
- Arbeitsbeschaffungsmaßnahmen GewO § 6 30
- arbeitsorganisatorische Eingliederung GewO § 6 59
- Arbeitszeit GewO § 6 48
- Artisten GewO § 6 1151
- AT-Angestellte GewO § 6 119
- Aufsichtsratsmitglied GewO § 6 109
- Auskunftspflichten GG Art. 2 30
- Außendienstmitarbeiter GewO § 6 89
- außerdienstliches Verhalten GG Art. 2 25
- befristet beschäftigter - TzBfG § 3 3
- Begriff BetrVG § 3 1; § 5 1; § 15 1; BGB § 611 22; GewO § 6 1
- Begriff im Sinne des EBRG EBRG § 3 1
- Begriff im Sinne des EStG EStG § 19 2, 10
- Begriff im Sinne des NachwG NachwG § 1 1
- Begriff iSd DrittelbG DrittelbG § 3 1
- Begriff iSd MitbestG MitbestG § 3 2
- Begriff, Umlageverfahren nach AAG AAG § 7 1
- Berufsausbildungsverhältnis GewO § 6 128
- Beschwerderecht BetrVG § 86 1
- Chefarzt GewO § 6 57
- Crowdworker GewO § 6 11, 52
- Definition ArbZG § 2 12
- Dozenten GewO § 6 90
- Ehre GG Art. 2 27
- Ehrenamt GewO § 6 35
- Ein-Euro-Jobber GewO § 6 30
- Einschränkungen BetrVG § 5 7
- Einsichtsrecht Personalakte BetrVG § 83 1
- Erläuterungsrecht BetrVG § 82 2
- Erscheinungsbild GG Art. 2 25
- Fachkräfte GewO § 6 58
- Familienangehörige GewO § 6 32
- Feststellungsklage GewO § 6 78
- Frachtführer GewO § 6 94
- Franchisenehmer BGB § 611 10; GewO § 6 93
- fremdbestimmte Arbeitsorganisation GewO § 6 61
- gerichtliche Feststellung GewO § 6 76
- geringfügige Beschäftigung GewO § 6 53
- Geschäftsführer GewO § 6 110
- Gesellschafter GewO § 6 38
- GmbH-Geschäftsführer GewO § 6 104
- Handelsvertreter GewO § 6 95
- Handlungsgehilfen GewO § 6 123
- kaufmännische - GewO § 6 123

Stichwortverzeichnis

- Kirche **GewO** § 6 121
- Lehrbeauftragte **GewO** § 6 29
- Lehrer **GewO** § 6 90
- Leiharbeitsverhältnis, Vergleichbarkeit **AÜG** § 3 22
- leitende Angestellte **GewO** § 6 118
- Medienmitarbeiter **GewO** § 6 99
- mitarbeitende Aktionäre **GewO** § 6 39
- Mitbestimmung **MitbestG** § 1 1
- Mitbestimmungsrecht Aufsichtsrat **DrittelbG** § 1 1
- Musiker **GewO** § 6 92
- Nachtarbeitnehmer **ArbZG** § 2 16
- öffentlicher Dienst **GewO** § 6 122
- Organmitglied **GewO** § 6 67, 104
- persönliche Abhängigkeit **GewO** § 6 42
- Probearbeitsverhältnis **GewO** § 6 128
- Rechtsanwalt **GewO** § 6 91
- Schiffsbesatzung **GewO** § 6 123
- Sportler **GewO** § 6 115
- Status-Feststellungsklage **GewO** § 6 76
- Steuerberater **GewO** § 6 91
- teilzeitbeschäftigter - **TzBfG** § 2 2
- Überwachung **GG Art. 2** 29
- Untersuchungen **GG Art. 2** 34
- Verbraucher **GewO** § 6 18; § 107 30
- Vereinsmitglied **GewO** § 6 34
- Verschuldung **GewO** § 107 3
- Vertreter im Aufsichtsrat **MitbestG** § 7 3; § 20 6
- Vorschlagsrecht **BetrVG** § 82 1; § 86a 1
- Vorstandsmitglied **GewO** § 6 108
- Weisungsgebundenheit **GewO** § 6 46
- wirtschaftliche Abhängigkeit **GewO** § 6 42
- Zuordnung **UmwG** § 323 11
- Zurechnung im Konzern **DrittelbG** § 2 3

Arbeitnehmerähnliche Personen **GewO** § 6 70; **TzBfG** § 1 6; § 3 3
- Abgrenzung zu Arbeitnehmer **GewO** § 6 70
- Abgrenzung zu Selbstständigen **GewO** § 6 70
- analoge Anwendung des Arbeitsrechts **GewO** § 6 75
- Anwendbarkeit des EFZG **EFZG** § 1 2
- Anwendbarkeit des TVG **TVG** § 12a 1
- betriebliche Altersversorgung **BetrAVG** § 17 5
- Definition **GewO** § 6 71; **TVG** § 12a 1
- gerichtliche Feststellung **GewO** § 6 76
- punktueller Schutz des Arbeitsrechts **GewO** § 6 74
- Rechtsweg **ArbGG** § 5 5
- Status-Feststellungsklage **GewO** § 6 76
- Unfallversicherung, gesetzliche **SGB VII** § 2 4
- wirtschaftliche Unselbständigkeit **GewO** § 6 72
- Zeugnis **BGB** § 630 2

Arbeitnehmerähnliche Selbstständige
- iSd BetrVG **BetrVG** § 5 1

Arbeitnehmeranhörung **BetrVG** § 82 1, 3

Arbeitnehmerbegriff
- als Oberbegriff **GewO** § 6 116
- Arbeitgeber **GewO** § 6 67
- arbeitnehmerähnliche Personen **ArbGG** § 5 5
- Arbeitnehmerfreizügigkeit **AEUV Art. 45** 5
- Arbeitsförderungsrecht **GewO** § 6 30
- arbeitsorganisatorische Eingliederung **GewO** § 6 59
- Bedeutung **GewO** § 6 1
- Beschäftigte zur Berufsausbildung **ArbGG** § 5 3
- Ehegatte **GewO** § 6 32
- einheitlicher - **GewO** § 6 21
- Entgeltgleichheit (EG) **AEUV Art. 157** 2
- europarechtlicher - **GewO** § 6 4
- Familienangehörige **GewO** § 6 32
- funktionaler - **GewO** § 6 43
- Gleitzeit **GewO** § 6 52
- Lebenspartner **GewO** § 6 32
- nach EBRG **EBRG** § 4 1
- Neubestimmung **GewO** § 6 68
- öffentlich-rechtliches Dienstverhältnis **GewO** § 6 28
- persönliche Abhängigkeit **GewO** § 6 42
- prozessual **ArbGG** § 5 2
- Rechtsschutz **GewO** § 6 3
- Sozialversicherungsrecht **GewO** § 6 8
- steuerlicher - **EStG** § 19 2, 10
- Steuerrecht **GewO** § 6 14
- Strafrecht **GewO** § 6 19
- Tarifdispositivität **GewO** § 6 27
- typologische Betrachtung **GewO** § 6 44
- Umfang der Tätigkeit **GewO** § 6 12
- Verfassungsrecht **GewO** § 6 2
- Weisungsgebundenheit **GewO** § 6 46
- wirtschaftliche Abhängigkeit **GewO** § 6 68
- Zivilrecht **GewO** § 6 15

Arbeitnehmerdarlehen **BGB** § 611 214

Arbeitnehmerentsendegesetz
- Allgemeinverbindlicherklärung **AEntG** § 1 3
- Anwendungsbereich **AEntG** § 1 7
- Aufhebung einer RechtsVO **AEntG** § 7 41
- Dienstleistungsfreiheit **AEntG** § 1 8
- EG-Recht **AEntG** § 1 2, 5; **AEUV Art. 45** 1
- einbezogene Branchen **AEntG** § 4 1
- Entstehungsgeschichte **AEntG** § 1 1
- Generalunternehmer **AEntG** § 14 3
- Gerichtsstand **AEntG** § 15 1
- Haftung zur Zahlung des Mindestentgelts **AEntG** § 14 3
- Klagemöglichkeit **AEntG** § 15 1
- Kontrollrechte **AEntG** §§ 16–25 1
- mehrere Tarifverträge **AEntG** § 7 5
- Meldepflicht **AEntG** §§ 16–25 1
- Mindestarbeitsbedingungen **AEntG** § 1 3; § 3 2; § 7 7
- Normzweck **AEntG** § 1 1

Stichwortverzeichnis

- Pflegebranche AEntG § 13 1
- Verabschieden der RechtsVO AEntG § 7 2

Arbeitnehmererfindungen
- Arbeitnehmerüberlassung AÜG § 11 26

Arbeitnehmererfindungsstreit
- Zuständigkeit ArbGG § 2 21

Arbeitnehmerfreizügigkeit AEUV Art. 45 1
- Anwendungsbereich AEUV Art. 45 4
- Arbeitnehmerbegriff AEUV Art. 45 5
- Beschäftigungsbedingungen AEUV Art. 45 15
- Beschränkungsverbot AEUV Art. 45 17
- Drittstaatsangehörige AEUV Art. 45 9
- öffentliche Verwaltung AEUV Art. 45 20
- persönlicher Anwendungsbereich AEUV Art. 45 4
- räumlicher Anwendungsbereich AEUV Art. 45 10
- Übergangsregelungen AEUV Art. 45 7
- Umfang AEUV Art. 45 12
- Vorbehalt AEUV Art. 45 19

Arbeitnehmerhaftung
- Beschränkung BGB § 611 418
- Darlegungs- und Beweislast BGB § 619a 1
- Haftung für Schäden Dritter BGB § 611 445
- Sachschäden des Arbeitgebers BGB § 611 418

Arbeitnehmerhaftung, Einschränkung
- Abdingbarkeit BGB § 611 421
- Begründung der Haftungsbeschränkung BGB § 611 419
- Betriebsmittelgeber BGB § 611 446
- Bezugspunkt des Verschuldens BGB § 611 428
- Darlegungs- und Beweislast BGB § 611 439
- dogmatische Einordnung BGB § 611 420
- Entwicklung der Haftungsbeschränkung BGB § 611 418
- Freistellungsanspruch BGB § 611 447
- grobe Fahrlässigkeit BGB § 611 430
- leichteste Fahrlässigkeit BGB § 611 434
- Leistungsstörungen BGB § 611 426
- Mankohaftung BGB § 611 440
- mittlere Fahrlässigkeit BGB § 611 433
- Mitverschulden des Arbeitgebers BGB § 611 438
- persönlicher Anwendungsbereich BGB § 611 422
- sachlicher Anwendungsbereich BGB § 611 424
- Schadensteilung nach Verschuldensgrad BGB § 611 427
- Versicherungsschutz des Arbeitnehmers BGB § 611 435
- Vorsatz BGB § 611 429

Arbeitnehmerstatusklage
- Feststellungsinteresse GewO § 6 79
- prozesstaktische Erwägungen GewO § 6 82
- Rechtswegzuständigkeit GewO § 6 77
- Rückwirkung GewO § 6 84

Arbeitnehmerüberlassung GewO § 6 124
- Abgrenzung anderer drittbezogener Personaleinsatz AÜG § 1 21
- Abgrenzung Dienstvertrag AÜG § 1 25
- Abgrenzung Werkvertrag AÜG § 1 22
- Abschlussverbot für Leiharbeitnehmer AÜG § 9 12
- Abwerbeverbot AÜG § 9 9
- Anwendungsbereich AÜG AÜG § 1 10
- Anwendungsbereich AÜG, Ausnahmen AÜG § 1 51
- Anzeigepflicht AÜG § 1a 6; § 7 3
- Anzeigepflicht, Ordnungswidrigkeit AÜG § 1a 8
- Arbeitnehmer AÜG § 1 15
- Arbeitnehmererfindungen AÜG § 11 26
- Arbeitnehmerüberlassungsvertrag AÜG § 1 20; § 12 1
- Arbeitsentgelt AÜG § 3 21
- Arbeitsschutz AÜG § 11 25
- Arbeitsvermittlung AÜG § 1 41
- ARGE AÜG § 1 44
- ausbeuterische Arbeitsbedingungen AÜG § 15a 3
- Auskunftsanspruch Leiharbeitnehmer AÜG § 13 1; § 13a 1
- Auskunftspflicht AÜG § 7 6
- Auskunftsverweigerungsrecht AÜG § 7 16
- Ausländerbeschäftigung AÜG § 3 12
- ausländische Verleiherbetriebsstätte AÜG § 3 39; § 18a 1
- ausländischer Antragsteller AÜG § 3 43
- ausländisches Gemeinschaftsunternehmen AÜG § 1 63
- Auszubildende AÜG § 1 15
- Baugewerbe AÜG § 1b 1
- Befristung AÜG § 1 18
- Begriff AÜG § 1 1
- behördliches Betretungs- und Prüfungsrecht AÜG § 7 10
- betriebsverfassungsrechtliche Zuordnung zum Entleiher AÜG § 14 10
- betriebsverfassungsrechtliche Zuordnung zum Verleiher AÜG § 14 2
- Bußgeld AÜG § 16 14
- Direktionsrecht AÜG § 1 16, 22
- Dokumentationspflicht AÜG § 17c 1
- Drehtüreffekt AÜG § 3 38; § 19 1
- dreipolige Rechtsbeziehung AÜG § 1 12
- Durchführung des AÜG AÜG § 17 1
- Durchsuchung AÜG § 7 12
- Einstellungsverbot AÜG § 9 9
- Einstrahlung SGB IV § 5 1
- Erklärungspflichten AÜG § 11 16; § 12 5
- Erlaubniserteilung AÜG § 2 2
- Erlaubnispflicht AÜG § 1 1
- Erlaubnispflicht, Ausnahmen AÜG § 1a 1
- Erlaubnisversagungsgründe AÜG § 3 5

2523

Stichwortverzeichnis

- Erlöschen der Erlaubnis AÜG § 2 11
- Ersatzzustellung bei ausländischem Verleiher AÜG § 18a 1
- fehlerhaftes Arbeitsverhältnis AÜG § 9 6; § 10 14
- fingiertes Arbeitsverhältnis AÜG § 10 2
- Flexibilisierung Arbeitszeit AÜG § 11 17
- gesamtschuldnerische Haftung, Vergütung AÜG § 10 16
- Gewerbsmäßigkeit AÜG § 1 33
- Gleichstellungsgebot AÜG § 3 17; § 3a 1; § 9 7; § 10 17
- Gleichstellungsgebot, Ausnahmen AÜG § 3 26
- grenzüberschreitende - AÜG § 3 39, 49
- Günstigkeitsvergleich AÜG § 3 25
- Hauptleistungspflicht Entleiher AÜG § 12 10
- Hauptleistungspflicht Verleiher AÜG § 12 7
- Hinweispflichten AÜG § 11 16
- illegaler Entleih ausländischer Leiharbeitnehmer AÜG § 15a 2
- illegaler Verleih ausländischer Leiharbeitnehmer AÜG § 15 2
- Ketten- oder Zwischenverleih AÜG § 1 12
- Klebeeffekt AÜG § 9 9, 12
- Kleinbetriebe AÜG § 1a 1
- Kollegenhilfe AÜG § 1a 1
- konzerninterne - AÜG § 1 58
- Kostenpflicht Verleiherlaubnis AÜG § 2a 1
- Leiharbeit AÜG § 1 1
- Leiharbeitsverhältnis AÜG § 11 1
- Leiharbeitsvertrag AÜG § 1 15
- Leiharbeitsvertrag, Inhalt AÜG § 11 2
- Lohnuntergrenze AÜG § 3 37; § 3a 1; § 10 1, 19; § 16 12
- Lohnuntergrenze Prüfungszuständigkeit AÜG § 17 3
- Meldepflicht AÜG § 17b 1
- Merkblatt AÜG § 11 15
- Mindestlohn AÜG § 3a 1
- Mitbestimmungsrechte Entleiherbetriebsrat AÜG § 14 14
- Mitbestimmungsrechte Verleiherbetriebsrat AÜG § 14 4
- Nachweispflicht AÜG § 11 2
- Ordnungswidrigkeiten AÜG § 16 1
- Personalvertretungsrecht AÜG § 14 23
- Pflicht zu statistischen Meldungen AÜG § 8 2
- Rechtsverhältnis Leih-AN und Entleiher AÜG § 1 29
- Reform AÜG 2011 AÜG § 1b 4; § 3 26; § 13b 1; § 16 1; § 17 3
- Rücknahme Erlaubnis AÜG § 4 1
- Schwellenwerte AÜG § 14 11
- Sonderregelungen GewO § 6 124
- Tariffähigkeit CGZP AÜG § 3 29
- Tarifvertrag AÜG § 3 27
- Überlassungsanzeige AÜG § 1a 1
- Unterrichtung offene Stellen AÜG § 13a 1
- Untersagungsverfügung AÜG § 6 1
- Unwirksamkeitsgründe AÜG § 9 2
- unzureichende Betriebsorganisation AÜG § 3 16
- Unzuverlässigkeit Verleiher AÜG § 3 6
- Vergleichbarkeit Arbeitnehmer AÜG § 3 22
- Vergütungsanspruch Leiharbeitnehmer AÜG § 3 18
- Vermeidung Kurzarbeit und Entlassungen AÜG § 1 53
- Vermittlungsvergütung AÜG § 9 13
- Versagung der Verleiherlaubnis AÜG § 3 1
- Verwaltungszwang AÜG § 6 1; § 7 5
- Verwaltungszwang, Rechtsbehelfe AÜG § 6 5; § 7 9
- Voraussetzungen AÜG § 1 14
- vorübergehende - AÜG § 1 27
- Widerruf Erlaubnis AÜG § 5 3
- wirtschaftliche Tätigkeit AÜG § 1 33
- Zeitkonten AÜG § 11 17
- Zugang Gemeinschaftseinrichtungen AÜG § 9 8; § 13b 1; § 16 14
- Zusammenarbeit Behörden AÜG § 18 2

Arbeitnehmerüberlassungsvertrag AÜG § 12 1
- Abwerbeverbot AÜG § 9 9
- Beendigung AÜG § 12 12
- Einstellungsverbot AÜG § 9 9
- Erklärungspflichten AÜG § 12 5
- Hauptleistungspflicht Entleiher AÜG § 12 10
- Hauptleistungspflicht Verleiher AÜG § 12 7
- Inhalt AÜG § 1 20; § 12 4
- Nebenpflichten Entleiher AÜG § 12 11
- Nebenpflichten Verleiher AÜG § 12 9
- Rechtsweg AÜG § 12 13
- Rückabwicklung AÜG § 9 5
- Schriftform AÜG § 12 2
- Unwirksamkeitsgründe AÜG § 9 2
- Vermittlungsprovision AÜG § 9 10
- Vermittlungsvergütung AÜG § 9 13

Arbeitnehmerunterrichtung BetrVG § 110 1
Arbeitnehmervereinigungen mit sozial- oder berufspolitischem Zweck
- Prozesshandlungsbefugnis ArbGG § 11 6

Arbeitnehmerzahl DrittelbG § 1 11
- Mitbestimmungsrecht Aufsichtsrat DrittelbG § 1 5; MitbestG § 1 10

Arbeits- und Dienstlöhne
- Begriff ZPO § 850 5

Arbeitsanweisung BetrVG § 87 19
Arbeitsausfall
- Anzeigepflicht bei der Agentur für Arbeit SGB III § 99 2
- Kurzarbeitergeld SGB III § 96 1
- witterungsbedingter -, Entgeltfortzahlung an Feiertagen EFZG § 2 16

Stichwortverzeichnis

Arbeitsbedingungen
- Befristung einzelner - TzBfG § 3 6; § 14 65, 84

Arbeitsbereich BetrVG § 99 27

Arbeitsbereitschaft
- Arbeitszeit ArbZG § 2 4; BGB § 611 365
- ausgleichslose Arbeitszeitverlängerung ArbZG § 7 16
- Begriff BGB § 611 365
- Straßentransport ArbZG § 21a 3
- Vergütung ArbZG § 2 6; BGB § 611 365

Arbeitsbeschaffungsmaßnahme GewO § 6 30
- Befristung TzBfG § 14 51
- Lohnabstandsklauseln GG Art. 9 41, 55

Arbeitsdirektor MitbestG § 33 1

Arbeitseinkommen
- Begriff ZPO § 850 3
- Berechnung des pfändbaren - ZPO § 850e 1
- Bestimmtheit ZPO § 850 2
- Bruttomethode ZPO § 850e 2
- Forderungspfändung ZPO § 850 2
- Nettomethode ZPO § 850e 2
- Pfändungsfreigrenzen ZPO § 850c 1
- Pfändungsschutz ZPO § 850 1; § 850a 1; § 850l 1
- verschleiertes - ZPO § 850h 1, 7
- Zusammenrechnung mehrerer - ZPO § 850e 3

Arbeitsentgelt EFZG § 2 19; EStG § 19 3; SGB IV § 14 1
- Abrechnung GewO § 108 1
- Abrechnungszeitraum GewO § 108 4
- Abzüge GewO § 108 6
- Akkordlohn BGB § 611 124
- Anrechnung KSchG § 11 1
- Anspruch auf - SGB III § 157 6
- Anspruchsübergang auf Leistungsträger SGB X § 115 1
- arbeitskampfunbeteiligte Arbeitnehmer TVG Anhang 40
- Arbeitsplatzteilung TzBfG § 13 11
- Auflösung des Arbeitsverhältnisses BGB § 628 9
- Auszahlung GewO § 107 10
- bargeldlose Überweisung GewO § 107 11
- Barzahlung GewO § 107 11
- Begriff BGB § 611 111
- bei außerordentlicher Kündigung BGB § 628 9
- Berechnung GewO § 107 1
- Berechnung der Sozialversicherungsbeiträge SGB IV § 14 2
- Betriebsrisiko BGB § 615 81
- Definition GewO § 107 7
- Deputate GewO § 107 22
- Eingruppierung TVG § 1 66
- Entgeltabrechnung GewO § 108 1
- Entgeltarten EFZG § 4 9
- Entgeltfortzahlung im Krankheitsfall EFZG § 4 4
- Gedinge BGB § 611 131
- Geld- und Sachzuwendungen GewO § 108 5
- Geldschuld BGB § 611 113
- Geldzahlungspflicht GewO § 107 1
- Gewinnbeteiligung BGB § 611 134
- Handlungsgehilfe HGB § 64 1
- Leiharbeitsverhältnis AÜG § 3 21
- Leistung an Erfüllungs statt GewO § 107 1
- Mindestlohn GewO § 105 17
- Mitbestimmung BR BetrVG § 87 35
- Mutterschutzlohn MuSchG § 11 1
- Naturalvergütung BGB § 611 114
- Ort und Art der Zahlung BGB § 611 233
- Personalrabatt BGB § 611 114
- Pfändungsschutz ZPO § 850 1
- Prämienlohn BGB § 611 129
- Provision BGB § 611 132
- Provision nach Beendigung des Arbeitsverhältnisses BGB § 628 13
- Rückzahlung überzahlter Vergütung BGB § 611 235
- Ruhen des Anspruchs auf Arbeitslosengeld SGB III § 157 3
- Ruhen des Krankengeldanspruchs SGB V § 49 3
- Sachbezüge GewO § 107 15
- tarifrechtliche Regelung TVG § 1 48
- Trinkgeld BGB § 611 116; GewO § 107 41
- Truckverbot GewO § 107 2
- Verwirkung BGB § 611 276
- Warenanrechung GewO § 107 29
- Werkswohnung BGB § 611 115
- Wertguthaben SGB IV § 7b 1
- Zahlung GewO § 107 1
- Zeitlohn BGB § 611 123
- Zuflussprinzip EStG § 19 15
- Zusammensetzung GewO § 108 5

Arbeitserfolg
- Werkvertrag GewO § 6 41

Arbeitserlaubnis
- Arbeitnehmerüberlassung ohne - AÜG § 15 1; § 15a 1; § 16 8

Arbeitsgemeinschaften BetrVG § 3 7
- Sonderkündigungsschutz BetrVG § 3 7

Arbeitsgenehmigung
- außerordentliche Kündigung BGB § 626 87, 211
- Entgeltfortzahlung im Krankheitsfall EFZG § 3 21

Arbeitsgerichte
- Bestellung der Kammervorsitzenden ArbGG § 19 5
- Dienstaufsicht ArbGG § 19 3
- Errichtung ArbGG § 19 2
- Fachkammer ArbGG § 19 4
- internationale Zuständigkeit ArbGG § 1 4
- Spruchkörper ArbGG § 19 4
- Zuständigkeit im Urteilsverfahren ArbGG § 2 1

Stichwortverzeichnis

Arbeitsgerichtliches Mahnverfahren
- Kosten ArbGG § 12 6

Arbeitsgerichtsbarkeit
- Ausschluss ArbGG § 4 1
- Streitigkeiten kirchlicher Bediensteter GG Art. 4 21

Arbeitsgerichtsverfahren
- Rechtsschutzgarantie GG Art. 19 12

Arbeitsgestaltung BetrVG § 91 1, 6

Arbeitsgruppe BetrVG § 28a 1
- Aufgabenwahrnehmung BetrVG § 28a 2
- Rechtsstellung der Mitglieder BetrVG § 28a 4

Arbeitskampf BetrVG § 74 6
- als Hilfsmittel der Tarifautonomie TVG Anhang 10
- Änderung der Arbeitskampfrechtsdogmatik TVG Anhang 31
- Arten TVG Anhang 3
- außerordentliche Kündigung BGB § 626 94, 200, 202, 204
- Begleithandlungen TVG Anhang 32
- Betriebsratsanhörung BetrVG § 102 7
- Definition TVG Anhang 1
- Entgeltfortzahlung an Feiertagen EFZG § 2 11
- Entgeltfortzahlung im Krankheitsfall EFZG § 3 28
- Erhaltungsarbeiten TVG Anhang 24
- formelle Anforderungen TVG Anhang 25
- grenzüberschreitender - Rom II-VO Vorbem 1
- Grundsatz der Verhältnismäßigkeit GG Art. 9 74
- Informationspflicht BetrVG § 74 12
- Kampfparität TVG Anhang 19
- kampfunbeteiligte AN TVG Anhang 40
- kollektive Koalitionsfreiheit GG Art. 9 33
- Kollision mit Eigentumsrecht des Arbeitgebers GG Art. 14 25
- Kündigung im - KSchG § 25 4
- Kurzarbeitergeld SGB III § 100 2
- Leiharbeitnehmer AÜG § 11 20
- Lohnansprüche TVG Anhang 40
- Mitbestimmungsrechte BetrVG § 74 12
- Mittel TVG Anhang 2
- Quotenarithmetik TVG Anhang 23
- rechtliche Grundlagen TVG Anhang 4
- Rechtmäßigkeit TVG Anhang 9, 18, 27
- Rechtsfolgen für Arbeitskampfparteien TVG Anhang 34
- Rechtsfolgen für das Einzelarbeitsverhältnis TVG Anhang 37
- Rechtsweg ArbGG § 2 5
- Rollentrennung BetrVG § 74 11, 20
- Ruhen des Arbeitslosengeldanspruchs SGB III § 160 2
- Sanktionen BetrVG § 74 14
- Streik bei Presseunternehmen GG Art. 5 43
- tariflich regelbare Ziele TVG Anhang 14
- Tarifsozialplan TVG Anhang 30
- Teilrechtswidrigkeit TVG Anhang 33
- Urlaub BUrlG § 1 10
- Urlaubsentgelt BUrlG § 11 22
- Verhältnismäßigkeit TVG Anhang 21
- von Berufsverbänden TVG Anhang 26

Arbeitskampfmittel
- Aussperrung GG Art. 9 121
- Flashmob GG Art. 9 115; Art. 14 25;

Arbeitskampfrecht TVG Anhang 1; GG Art. 9 70
- »kalte Aussperrungen« GG Art. 9 70
- Änderung der Dogmatik TVG Anhang 31
- Ausnahme vom Wesentlichkeitsgrundsatz GG Art. 20 7
- europäisches - TVG Anhang 6, 8
- gesetzliche Grundlagen TVG Anhang 4
- internationales - Rom II-VO Vorbem 1
- internationales -, anwendbares Recht Rom II-VO Vorbem 1
- Schlichtung TVG Anhang 44
- Schutzbereich GG Art. 9 70

Arbeitskampfrisiko GG Art. 9 86

Arbeitskleidung BetrVG § 87 18, 20; GewO § 107 20
- Aufwendungsersatz BGB § 611 208

Arbeitskollisionsrecht
- anwendbares Recht Rom I-VO Vorbem Art. 1, 3, 8, 9 4
- Anwendbarkeit einer ausländischen Rechtsordnung Rom I-VO Vorbem Art. 1, 3, 8, 9 26
- Arbeitsort Rom I-VO Vorbem Art. 1, 3, 8, 9 9
- Arbeitsverhältnisstatut Rom I-VO Vorbem Art. 1, 3, 8, 9 4
- Auslandsberührung Rom I-VO Vorbem Art. 1, 3, 8, 9 2
- Begriff des Arbeitsvertrags Rom I-VO Vorbem Art. 1, 3, 8, 9 3
- Eingriffsnormen Rom I-VO Vorbem Art. 1, 3, 8, 9 20
- engere Verbindung Rom I-VO Vorbem Art. 1, 3, 8, 9 16
- Geschäftsfähigkeit Rom I-VO Vorbem Art. 1, 3, 8, 9 4
- Günstigkeitsvergleich Rom I-VO Vorbem Art. 1, 3, 8, 9 18
- Individualarbeitsrecht Rom I-VO Vorbem Art. 1, 3, 8, 9 4
- international zuständiges Gericht Rom I-VO Vorbem Art. 1, 3, 8, 9 27
- kollektives Arbeitsrecht Rom I-VO Vorbem Art. 1, 3, 8, 9 6
- Kündigungsschutz Rom I-VO Vorbem Art. 1, 3, 8, 9 24
- Ordre public Rom I-VO Vorbem Art. 1, 3, 8, 9 26
- Rechtswahl Rom I-VO Vorbem Art. 1, 3, 8, 9 6

- zwingende Bestimmungen   Rom I-VO Vorbem
  Art. 1, 3, 8, 9 20
Arbeitsleistung
- als Gesellschafterbeitrag   GewO § 6 38
- als vereinsrechtlicher Beitrag   GewO § 6 34
- Arbeitsbereitschaft   BGB § 611 365
- Arbeitserfolg   GewO § 6 41
- Arbeitstempo   BGB § 611 348
- Art der Arbeit   BGB § 611 340
- Bereitschaftsdienst   BGB § 611 364
- Fremdnützigkeit   GewO § 6 64
- Grundsätze   BGB § 611 338
- höchstpersönliche Pflicht   BGB § 613 1
- Höchstpersönlichkeit   GewO § 6 62
- Kurzarbeit   BGB § 611 362
- Mehrarbeit   BGB § 611 361
- Ort   BGB § 611 350
- Qualität der Arbeit   BGB § 611 347
- Rechtsgrund   GewO § 6 22
- Rufbereitschaft   BGB § 611 366
- Tätigkeitsbeschreibung   BGB § 611 340
- Überstunden   BGB § 611 361
- Weisungsrecht   BGB § 611 343; GewO § 106 25
- Zwangsvollstreckung   BGB § 611 368

Arbeitsleistung, Unübertragbarkeit
- abweichende Vereinbarung   BGB § 613 3
- Grundsätze   BGB § 613 2
- Übertragbarkeit   BGB § 613 7
- Unvererblichkeit   BGB § 613 4
- Vererblichkeit   BGB § 613 5

Arbeitslohn   EStG § 19 4
- Begriff im Sinne des EStG   EStG § 19 2
- Zuflussprinzip   EStG § 19 15

Arbeitslosengeld
- Anrechnung Nebeneinkommen   SGB III § 155 2
- Anspruch auf -   GG Art. 14 10
- Anspruchsübergang auf Leistungsträger   SGB X § 115 1
- Anspruchsvoraussetzungen   SGB III § 137 1; § 138 2
- Anwartschaftszeit   SGB III § 142 2; § 143 4
- Arbeitslosmeldung   SGB III § 141 2
- Arbeitsunfähigkeit   SGB III § 157 13
- bei Ablehnung eines Arbeitsangebots aus Gewissensgründen   GG Art. 4 15
- bei Minderung der Leistungsfähigkeit   SGB III § 149 4
- Bemessungsentgelt   SGB III § 149 3
- Bemessungszeitraum   SGB III § 149 5
- Bewilligungsbescheid   SGB III § 137 2–3
- Dauer des Anspruchs   SGB III § 143 2
- Erlöschen des Anspruchs   SGB III § 159 79
- Erstattungsanspruch gegen den Arbeitnehmer   SGB III § 157 37; § 158 40
- Familienpflegezeit   FPfZG § 1 2

- fingierte Kündigungsfrist   SGB III § 158 18
- Forderungsübergang auf die BA   SGB III § 157 25
- Gleichwohlgewährung   SGB III § 157 20; SGB III § 158 36
- Höhe   SGB III § 149 2
- Krankengeld   SGB V § 44 7
- Krankenversicherung   SGB III § 157 18; § 158 43
- Leistungsentgelt   SGB III § 149 6
- Leistungssatz   SGB III § 149 7
- Nebeneinkommen   SGB III § 155 2
- Rahmenfrist   SGB III § 143 2
- Rentenversicherung   SGB III § 157 19; § 158 45
- Ruhen des Anspruchs   BGB § 628 56
- Ruhen des Krankengeldanspruchs   SGB V § 49 6
- Schwarzarbeit   SchwArbG § 1 13
- Sperrzeit   SGB III § 159 2

Arbeitslosengeld II
- Altersteilzeit   ATZG § 3 10
- Hilfebedürftige   SGB II § 19 4
- Höhe der Regelleistung   SGB II § 20 1
- Leistungen   SGB II § 19 1
- Leistungsvoraussetzungen   SGB II § 19 2

Arbeitslosengeld, Ruhen des Anspruchs
- außerordentliche Kündigung   BGB § 628 56
- bei anderen Sozialleistungen   SGB III § 156 2
- bei Arbeitsentgelt   SGB III § 157 3
- bei Arbeitskämpfen   SGB III § 160 2
- bei Entlassungsentschädigung   SGB III § 158 2
- bei Sperrzeit   SGB III § 159 2, 52
- bei Urlaubsabgeltung   SGB III § 157 12
- Dauer   SGB III § 158 16
- Schadensersatzanspruch des Arbeitnehmers   BGB § 628 56
- Zeitraum   SGB III § 157 11, 14; § 158 13

Arbeitslosenhilfe
- Eigentumsgarantie   GG Art. 14 9

Arbeitslosenversicherung
- konkurrierende Gesetzgebung   GG Art. 74 14

Arbeitslosigkeit
- Altersteilzeit-AV   ATZG § 10 2
- Transfermaßnahmen   SGB III § 110 2
- zumutbare Beschäftigungen   SGB III § 140 2

Arbeitslosmeldung
- persönliche -   SGB III § 137 1; § 141 2

Arbeitsmedizinische Vorsorgeuntersuchungen
  GenDG § 20 3

Arbeitsorganisatorische Einbindung
  SGB IV § 7 15

Arbeitsorganisatorische Eingliederung   GewO § 6 54, 59

Arbeitsort   BetrVG § 99 29
- Arbeitskollisionsrecht, Rechtswahl   Rom I-VO Vorbem Art. 1, 3, 8, 9 9

- besonderer Gerichtsstand ArbGG § 48 13
- Betriebsverlagerung BGB § 611 355
- Grundsätze BGB § 611 350
- Reisetätigkeit BGB § 611 351
- Versetzung BGB § 611 354
- wechselnder Arbeitsort BGB § 611 351
- Weisungsrecht BGB § 611 354; GewO § 106 20

Arbeitspapiere BGB § 611 466
- Ausfüllen und Herausgabe ArbGG § 2 13

Arbeitsplatz
- Berechnung Pflichtarbeitsplätze SGB IX § 74 1
- Beschäftigung schwerbehinderter Menschen SGB IX § 73 1
- freie Wahl des - GG Art. 12 8
- Gestaltung MuSchG § 2 2

Arbeitsplatzausschreibung BetrVG § 93 3

Arbeitsplatzorganisation BetrVG § 91 1

Arbeitsplatzschutz
- Arbeitssicherstellungsgesetz ArbPlSchG § 1 16
- ausländische Wehrpflichtige ArbPlSchG § 1 7
- Bundesfreiwilligendienst ArbPlSchG § 1 14
- Entwicklungshelfer ArbPlSchG § 1 15
- Wehrdienst ArbPlSchG § 1 1

Arbeitsplatzteilung
- Abweichungen durch Tarifvertrag TzBfG § 13 15; § 22 4
- betriebliche Mitbestimmung TzBfG § 13 16
- dringende betriebliche Gründe TzBfG § 13 10
- Entgelt TzBfG § 13 11
- Entgeltfortzahlung TzBfG § 13 11
- gesetzliche Ausgestaltung TzBfG § 13 6
- Kündigungsschutz TzBfG § 13 12
- persönlicher Geltungsbereich TzBfG § 13 5
- sachlicher Geltungsbereich TzBfG § 13 2
- Turnusarbeitsverhältnis TzBfG § 13 14
- Vergütung TzBfG § 13 11
- Vertretungsverpflichtung TzBfG § 13 9
- Zweck TzBfG § 13 1

Arbeitsrecht
- europäisches - AEUV Vorbem. zu Art. 45, 157, 267 1
- grenzüberschreitende Fälle Rom I-VO Vorbem Art. 1, 3, 8, 9 1
- Sonderprivatrecht GewO § 6 17
- spezifische Erscheinungsformen des Gleichheitssatzes GG Art. 3 30

Arbeitsrechtliche Angaben UmwG § 194 7
- Begründung einzelner Rechtsansprüche UmwG § 194 15
- Betriebsvereinbarungen UmwG § 194 11
- Firmentarifvertrag UmwG § 194 13
- Negativerklärung UmwG § 194 10
- Tarifverträge UmwG § 194 11, 13
- Umfang UmwG § 194 10
- Verhältnis zu Beteiligungsrechten UmwG § 194 8

Arbeitsrechtsschutz
- Dispositivität GewO § 6 24

Arbeitsschutz BetrVG § 80 13; § 89 1; § 91 1; § 104 2
- Anwendungsbereich BGB § 618 2
- Arbeitnehmerüberlassung AÜG § 11 25
- Arbeitseinstellung BGB § 618 30
- Arbeitsschutzgesetz BGB § 618 5
- Arbeitsstättenverordnung BGB § 618 14
- außerordentliche Kündigung BGB § 626 202, 204
- Beschwerde BetrVG § 86 1
- Beschwerderecht BGB § 618 40
- deliktische Ansprüche BGB § 618 37
- Erfüllungsanspruch BGB § 618 25
- europäischer -, Richtlinien AEUV Vorbem. zu Art 45, 157, 267 7
- Grenzen BGB § 618 22
- Grundsätze BGB § 618 1
- Haftungsausschluss BGB § 618 38
- häusliche Gemeinschaft BGB § 618 23
- Inhalt BGB § 618 13
- konkurrierende Gesetzgebung GG Art. 74 7, 12
- Kündigungsrecht BGB § 618 39
- Leistungsverweigerungsrecht BGB § 618 27
- Mitbestimmung BR BetrVG § 87 45
- Nichtraucherschutz BGB § 618 19
- öffentlich-rechtlicher - BGB § 618 5
- Räume BGB § 618 13
- Rechtsfolgen einer Pflichtverletzung BGB § 618 25
- Regelung der Dienstleistung BGB § 618 17
- Schadensersatzansprüche BGB § 618 32
- Sonderregeln BGB § 618 3
- Unabdingbarkeit BGB § 618 4
- Vorrichtungen und Gerätschaften BGB § 618 15
- Zurückbehaltungsrecht BGB § 618 27

Arbeitssicherheitsgesetz BGB § 618 16

Arbeitssicherstellungsgesetz
- Arbeitsplatzschutz ArbPlSchG § 1 16

Arbeitsuchende
- Sperrzeit wegen verspäteter Meldung SGB III § 159 71

Arbeitsuchende
- Meldung SGB III § 38 1

Arbeitsunfähigkeit EFZG § 3 12
- Arbeitslosengeld SGB III § 157 13
- Begriff EFZG § 3 12
- Begriff, Krankengeld SGB V § 44 3
- Beweislast im EFZ-Prozess EFZG § 5 26
- Heimarbeiter EFZG § 10 1
- Krankheit EFZG § 3 11
- Kündigung aus Anlass der - EFZG § 8 3
- Nachweis EFZG § 5 1
- Organspende EFZG § 2 12; § 3 24; § 3a 2; § 8 1

- Schwarzarbeit **SchwArbG Vor § 1** 12
- Urlaubsabgeltung **BUrlG § 7** 56
- Urlaubsabgeltung, Vertrauensschutz **GG Art. 20** 17
- Wehrdienst **ArbPlSchG § 1** 25
- Weisungsrecht **GewO § 106** 19

Arbeitsunfähigkeitsbescheinigung BetrVG § 87 18
- ab 3 Krankheitstagen **EFZG § 5** 9
- Abdingbarkeit der Anzeige/Nachweispflichten **EFZG § 5** 4
- Auslandserkrankung **EFZG § 5** 20
- außerordentliche Kündigung wegen Nichtvorlage **BGB § 626** 202; **EFZG § 5** 3
- Ausstellung **EFZG § 5** 15
- Beweiswert einer ausländischen - **EFZG § 5** 29
- Beweiswert einer inländischen - **EFZG § 5** 27
- bis zu 3 Krankheitstage **EFZG § 5** 9, 32
- Erstbescheinigung **EFZG § 5** 9
- Folgebescheinigung **EFZG § 5** 17
- Form **EFZG § 5** 16
- Inhalt **EFZG § 5** 16
- Inlandserkrankung **EFZG § 5** 5
- Sinn und Zweck **EFZG § 5** 1
- Vorlageverlangen des AG **EFZG § 5** 12

Arbeitsunfall SGB VII § 8 1
- absichtliche Herbeiführung **SGB VII § 7** 6
- Entgeltfortzahlung im Krankheitsfall **EFZG § 3** 34
- Unfallversicherung, gesetzliche **SGB VII § 7** 1

Arbeitsverhalten BetrVG § 87 17

Arbeitsverhältnis MuSchG § 1 3; **SGB IV § 7** 4
- Auflösung durch Gericht **KSchG § 9** 36
- Beendigung wegen Erreichen der Regelaltersgrenze **SGB VI § 41** 1
- Befristung **BGB § 611** 12
- Begründung des - **BGB § 611** 57
- Begründung eines neuen – während Kündigungsschutzprozess **KSchG § 12** 4
- Bestandsstreit **ArbGG § 2** 10
- Datenschutz **BDSG § 32** 4
- Datenschutzbeauftragter **BDSG § 4f** 2
- Datenverarbeitung **BDSG § 28** 1
- Doppelarbeitsverhältnis **BUrlG § 6** 4
- Eingehen **ArbGG § 2** 11
- fehlerhaftes - **ArbGG § 2** 8; **BGB § 611** 108
- GmbH-Geschäftsführer **KSchG § 14** 5
- Gruppenarbeit **BGB § 611** 16
- Leiharbeit **AÜG § 1** 15; **BGB § 611** 15
- mittelbares - **BGB § 611** 19
- nach Abberufung als Geschäftsführer **GewO § 6** 113
- Nachwirkungen **ArbGG § 2** 11; **BGB § 611** 465
- Probearbeit **BGB § 611** 14
- prozessual **ArbGG § 2** 8
- Rechtsfolgen Arbeitskampf **TVG Anhang** 37
- Spaltung **UmwG § 194** 5
- Teilzeit **BGB § 611** 13
- unmittelbarer Zusammenhang **ArbGG § 2** 14
- Unterfall des Dienstverhältnisses **GewO § 6** 15
- Wahlrecht des AN **KSchG § 12** 6
- zivilrechtliches Verständnis **GewO § 6** 16
- Zuordnung **UmwG § 194** 5

Arbeitsvermittlung SGB III § 38 1
- Abgrenzung Arbeitnehmerüberlassung **AÜG § 1** 41
- konkurrierende Gesetzgebung **GG Art. 74** 12

Arbeitsvertrag GG Art. 12 21; **Rom I-VO Vorbem Art. 1, 3, 8, 9** 4
- Abschlussfreiheit **BGB § 611** 81
- Allgemeine Geschäftsbedingungen **BGB § 305** 1
- Altersgrenzenregelung **AGG § 10** 17
- Änderung des Inhalts **BGB § 311** 3
- Anfechtbarkeit **BGB § 611** 88
- Anfechtung **SGB IX § 85** 6
- Aufhebung durch Geschäftsführer-Dienstvertrag **GewO § 6** 110
- Auftrag **BGB § 611** 6
- Ausschreibung **AGG § 11** 1
- befristeter - **TzBfG § 3** 5
- Begriff **BGB § 611** 2
- Bezugnahmeklausel **BGB § 305c** 6; **§ 307** 20; **TVG § 3** 39
- Definition im Arbeitskollisionsrecht **Rom I-VO Vorbem Art. 1, 3, 8, 9** 3
- Dienstverschaffungsvertrag **BGB § 611** 8
- doppelte Schriftformklausel **BGB § 127** 4; **§ 305b** 2; **§ 611** 50
- Form **BGB § 611** 84
- Franchisevertrag **BGB § 611** 9
- freier Dienstvertrag **BGB § 611** 3
- Gerichtsstandsvereinbarung **KSchG § 4** 14
- Geschäftsbesorgungsvertrag **BGB § 611** 5
- Geschäftsfähigkeit **BGB § 611** 83
- Gesellschaftsvertrag **BGB § 611** 7
- Gleichbehandlung **GG Art. 3** 41
- Gleichheitssatz **GG Art. 3** 26
- Konzernversetzungsklausel **GewO § 106** 24
- Mängel **BGB § 611** 87
- Minderjähriger **BGB § 113** 1
- Mitbestimmung BR **BetrVG § 99** 5
- Nichtigkeit **BGB § 611** 97
- Ort der Arbeitsleistung **GewO § 106** 20
- Parteien **BGB § 611** 22
- Scheingeschäft **BGB § 117** 1; **§ 611** 82
- Schwarzarbeit **SchwArbG Vor § 1** 5, 15
- Schwarzgeldabrede **SchwArbG Vor § 1** 5
- Sonderformen der Begründung **BGB § 611** 86
- Stellvertretung **BGB § 611** 85
- Umsetzungsklausel **GewO § 106** 22
- Verhältnis zum Tarifvertrag **TVG Grundlagen** 17

2529

Stichwortverzeichnis

- Verhältnis zur Sprechervereinbarung SprAuG § 28 4
- Versetzungsklausel GewO § 106 22
- Vertragsstrafe BGB § 628 4
- Vorbehalt des - GewO § 106 48
- vorformulierte Vertragsbedingungen BGB § 305 1
- Werkvertrag BGB § 611 4
- Zustandekommen BGB § 611 82

Arbeitsvertragliche Pflichten
- Arbeitnehmerüberlassung AÜG § 1 16

Arbeitsvertragsformular BetrVG § 94 4

Arbeitswoche ArbZG § 21a 2

Arbeitszeit BetrVG § 87 20; § 99 10, 28; JArbSchG § 4 1
- Antrag auf Neuverteilung TzBfG § 8 16
- Arbeitsbereitschaft ArbZG § 2 4
- Arbeitsbereitschaft, Straßentransport ArbZG § 21a 3
- Arbeitszeitdauer ArbZG § 7 2
- Arbeitszeitnachweise ArbZG § 16 2
- Aufsichtsbehörde ArbZG § 17 1
- Aufstockung BetrVG § 99 10
- Aufzeichnungspflicht ArbZG § 16 2
- Aufzeichnungspflicht, Straßentransport ArbZG § 21a 15
- Ausgleichszeiten ArbZG § 3 3, 5
- Ausgleichszeiten, Straßentransport ArbZG § 21a 8
- Aushang JArbSchG JArbSchG § 48 1
- Ausnahmebewilligung ArbZG § 15 1
- außergewöhnliche Fälle ArbZG § 14 3
- Bäckereien, Konditoren ArbZG § 2 13
- Bau- und Montagestellen ArbZG § 15 2
- bedarfsorientierte - TzBfG § 12 34
- Beginn ArbZG § 2 2
- Beginn, Ende BetrVG § 87 20
- Bereitschaftsdienst ArbZG § 2 5
- Bereitschaftsdienst, Straßentransport ArbZG § 21a 4
- Bergbau unter Tage ArbZG § 2 11
- Betriebsüblichkeit BetrVG § 87 28
- Binnenschifffahrt ArbZG § 21 1
- Dauer BGB § 611 356
- Dauer, zulässige - ArbZG § 3 1
- Definition ArbZG § 2 1
- EG-Arbeitszeitrichtlinien ArbZG § 2 13
- Ende ArbZG § 2 2
- Entgeltfortzahlung im Krankheitsfall EFZG § 4 21
- Flexi II ArbZG § 3 6
- Flexibilisierung ArbZG § 7 1, 20; § 14 1
- Flexibilisierung, Arbeitnehmerüberlassung AÜG § 11 17
- flexible - TzBfG § 2 3
- gefährliche Arbeiten ArbZG § 8 1
- Höchstarbeitszeit ArbZG § 3 1
- Höchstarbeitszeit, Ausweitung ArbZG § 3 3; § 7 8
- Initiativrecht Kurzarbeit BetrVG § 87 33
- Jugendliche, Ausnahmefälle JArbSchG § 21 1
- Jugendliche, Fünf-Tage-Woche JArbSchG § 15 1
- Jugendlicher JArbSchG § 8 1
- Kampagnebetriebe ArbZG § 15 4
- Kraftfahrer ArbZG § 21a 3
- Kurzarbeit TVG § 1 60
- Lage BetrVG § 99 28; BGB § 611 360
- Langzeitkonten ArbZG § 3 7
- Luftfahrt ArbZG § 20 1
- Mehrarbeit, vorübergehende ArbZG § 14 6
- mehrere Beschäftigungen ArbZG § 2 10
- Minderjährige ArbZG § 18 7
- Mitbestimmung BR BetrVG § 87 20
- Mitbestimmungsrecht BR ArbZG § 3 9; § 15 7
- Nachtarbeit ArbZG § 2 14
- Nachtzeit ArbZG § 2 13
- Nichtanwendbarkeit des ArbZG ArbZG § 18 1
- öffentlicher Dienst ArbZG § 15 6
- Reisezeit ArbZG § 2 2
- Rufbereitschaft ArbZG § 2 8
- Ruhepausen ArbZG § 2 9; § 4 1
- Ruhezeit ArbZG § 5 1
- Saisonbetriebe ArbZG § 15 3
- Sonn- und Feiertagsbeschäftigung ArbZG § 10 1
- Sonn- und Feiertagsruhe ArbZG § 9 1
- tarifrechtliche Normen TVG § 1 49
- Teilzeitbeschäftigte BetrVG § 87 24
- Tendenzschutz BetrVG § 118 15
- Umkleiden BGB § 611 357
- Veränderung durch Arbeitgeber BGB § 611 359
- Vergütung ArbZG § 2 6
- Verkürzung TzBfG § 8 1
- verlängerte -, Verzeichnis ArbZG § 16 6
- Verlängerung TzBfG § 9 1
- Verlängerung/Verkürzung BetrVG § 99 28
- Verteilung BetrVG § 87 20, 22
- vorübergehende Verkürzung/Verlängerung BetrVG § 99 28
- Waschzeit BGB § 611 357
- Wechselschicht ArbZG § 2 15
- Wegezeit BGB § 611 358
- Weisungsgebundenheit GewO § 6 48
- Weisungsrecht GewO § 106 27
- Wertguthaben ArbZG § 3 6
- Wochenarbeitszeit ArbZG § 3 2
- Zeitarbeitnehmer BetrVG § 87 23

Arbeitszeitflexibilisierung
- Angemessenheit ArbZG § 7 7
- ausgleichslose Arbeitszeitverlängerung ArbZG § 7 16

- Ausgleichszeitraum **ArbZG § 7** 4, 9, 22
- Ausnahmebewilligung **ArbZG § 15** 1
- außergewöhnliche Fälle **ArbZG § 14** 3
- Bereitschaftsdienst **ArbZG § 7** 12, 16
- durch Betriebs- oder Personalvereinbarung **ArbZG § 7** 2
- durch Tarifvertrag **ArbZG § 7** 2–3, 17
- Flexi II **ArbZG § 3** 6
- Landwirtschaft **ArbZG § 7** 13
- Mindestruhezeit **ArbZG § 7** 23
- Nachtzeitraum **ArbZG § 7** 10
- Notfall **ArbZG § 14** 1
- öffentlicher Dienst **ArbZG § 7** 15
- Pausenlänge **ArbZG § 7** 5
- Personenbetreuung **ArbZG § 7** 14
- Pflegedienst **ArbZG § 7** 14
- Rechtsverordnung **ArbZG § 7** 20
- Rufbereitschaft **ArbZG § 7** 12
- Ruhezeitverkürzung **ArbZG § 7** 6
- Schriftformerfordernis **ArbZG § 7** 21
- tariflose Bereiche **ArbZG § 7** 19
- Verlängerung der Höchstarbeitszeit **ArbZG § 7** 8
- Verschiebung des Nachtzeitraums **ArbZG § 7** 10
- werktägliche Arbeitszeit **ArbZG § 7** 3
- Zeitausgleich **ArbZG § 7** 11

Arbeitszeitgesetz
- Arbeitnehmer in häuslicher Gemeinschaft **ArbZG § 18** 5
- Aufsichtsbehörde **ArbZG § 17** 1
- Aushangpflicht **ArbZG § 16** 1
- Binnenschifffahrt **ArbZG § 21** 1
- Bußgeldvorschriften **ArbZG § 22** 1
- Gesetzeszweck **ArbZG § 1** 1
- Jugendarbeitsschutzgesetz **ArbZG § 18** 7
- Kirche **ArbZG § 18** 6
- Luftfahrt **ArbZG § 20** 1
- Nichtanwendbarkeit des Gesetzes **ArbZG § 18** 1
- öffentlicher Dienst **ArbZG § 19** 1
- öffentlicher Dienst, leitende Angestellte **ArbZG § 18** 4
- Schifffahrt **ArbZG § 18** 8
- Strafvorschriften **ArbZG § 23** 1
- Verordnungsermächtigung **ArbZG § 13** 1

Arbeitszeitkonten
- Betriebliche Altersversorgung **BetrAVG § 1** 7; **§ 1b** 36

Arbeitszeitmodelle **BetrVG § 87** 21
Arbeitszeitnachweise **ArbZG § 16** 2
Arbeitszeitverkürzung **TzBfG § 8** 1
- Änderung des Arbeitszeitmodells **TzBfG § 8** 18
- Anspruchsvoraussetzungen **TzBfG § 8** 4
- Antrag des Arbeitnehmers **TzBfG § 8** 3, 15
- entgegenstehende betriebliche Gründe **TzBfG § 8** 20
- entgegenstehende Betriebsvereinbarung **TzBfG § 8** 22
- erneutes Verringerungsverlangen des Arbeitnehmers **TzBfG § 8** 51
- Form des Antrags **TzBfG § 8** 15
- gerichtliche Durchsetzung **TzBfG § 8** 53
- gesetzliche Fiktion **TzBfG § 8** 43
- Mitbestimmungsrecht des Betriebsrats **TzBfG § 8** 64
- Mitteilung der Entscheidung durch Arbeitgeber **TzBfG § 8** 40
- Neuverteilung der Arbeitszeit **TzBfG § 8** 19
- Verfahren **TzBfG § 8** 36
- Verringerung der Arbeitszeit **TzBfG § 8** 17
- Verteilung der Arbeitszeit **TzBfG § 8** 16
- Vorlaufzeit **TzBfG § 8** 12
- Wartezeit **TzBfG § 8** 5

Arbeitszeitverlängerung
- Anspruchsberechtigte **TzBfG § 9** 4
- Anspruchsvoraussetzungen **TzBfG § 9** 3
- Anzeige des Wunsches nach - **TzBfG § 9** 5
- Darlegungs- und Beweislast **TzBfG § 9** 26
- Eignung **TzBfG § 9** 13
- Einsatz von Leiharbeitnehmern **TzBfG § 9** 11, 18, 25
- Einstweilige Verfügung **TzBfG § 9** 27
- entgegenstehende betriebliche Gründe **TzBfG § 9** 17
- freier Arbeitsplatz **TzBfG § 9** 7
- gerichtliche Durchsetzung **TzBfG § 9** 22
- Kollision mit anderen Arbeitnehmerwünschen **TzBfG § 9** 19
- Mitbestimmungsrechte des Betriebsrats **TzBfG § 9** 30
- Schadensersatzanspruch **TzBfG § 9** 28
- Zweck **TzBfG § 9** 1

Arbeitszeitverteilung
- Änderung durch Arbeitgeber **TzBfG § 8** 45
- Antrag auf Neuverteilung **TzBfG § 8** 16
- entgegenstehende betriebliche Gründe **TzBfG § 8** 33
- gerichtliche Durchsetzung **TzBfG § 8** 56
- gesetzliche Fiktion **TzBfG § 8** 44
- Mitbestimmungsrecht des Betriebsrats **TzBfG § 8** 64

Arbeitszeugnis **GewO § 109** 1
- Anschrift des Ausstellers **GewO § 109** 19
- Anspruchsentstehung **GewO § 109** 9
- Anspruchsuntergang **GewO § 109** 14
- Ausschlussfrist **GewO § 109** 17
- Ausstellung **GewO § 109** 4
- Ausstellungsberechtigung **GewO § 109** 4
- befristetes Arbeitsverhältnis **GewO § 109** 9
- Berichtigung **GewO § 109** 36
- Beurteilungsspielraum **GewO § 109** 29
- Briefkopf **GewO § 109** 19
- Darlegungs- und Beweislast **GewO § 109** 37

2531

Stichwortverzeichnis

- Datum GewO § 109 21
- Dauer der Tätigkeit GewO § 109 30
- Dienstvertrag GewO § 109 2
- einfaches - GewO § 109 29
- Fälligkeit GewO § 109 10
- Form GewO § 109 18
- fremdsprachiges - GewO § 109 22
- Geheimzeichen GewO § 109 26
- Grundsätze GewO § 109 23
- Haftung GewO § 109 40
- Holschuld GewO § 109 11
- Inhalt GewO § 109 23
- Insolvenz GewO § 109 5
- Insolvenz des Arbeitnehmers GewO § 109 71
- Leistungsbewertung GewO § 109 32
- Name des Ausstellers GewO § 109 19
- qualifiziertes - GewO § 109 31
- Rechtsstreitigkeiten GewO § 109 40
- Schadensersatzanspruch des Arbeitnehmers GewO § 109 40
- Schlussformel GewO § 109 34
- Schuldner GewO § 109 3
- Sprache GewO § 109 22
- Tätigkeitsbeschreibung GewO § 109 29
- Tod des Arbeitgebers GewO § 109 8
- Verhaltensbewertung GewO § 109 33
- Verjährung GewO § 109 15
- Verwirkung GewO § 109 15
- Verzicht GewO § 109 16
- Widerruf GewO § 109 39
- wohlwollend GewO § 109 28
- Zeugnisarten GewO § 109 29
- Zeugnisberichtigungsanspruch GewO § 109 35
- Zeugnisklarheit GewO § 109 27
- Zeugniswahrheit GewO § 109 24
- Zwangsvollstreckung GewO § 109 43
- Zwischenzeugnis GewO § 109 12

ArbPlSchG
- Geltungsbereich ArbPlSchG § 1 2

Arglist
- Culpa in Contrahendo BGB § 311 9

Arglistige Täuschung
- Anfechtung BGB § 123 1

Arrest
- Beschlussverfahren ArbGG § 85 13
- Grundsatz ArbGG § 62 17
- mündliche Verhandlung ArbGG § 62 19
- sofortige Beschwerde ArbGG § 62 18
- Vollziehung ArbGG § 62 21

Arrestanordnung
- Widerspruch ArbGG § 62 18

Art 13-Vereinbarungen
- Fortgeltung EBRG § 41 13
- Mindestanforderungen EBRG § 41 3
- Nachbesserungsmöglichkeit EBRG § 41 9
- Streitigkeiten EBRG § 41 16
- Vertragspartner EBRG § 41 5

Arthandlungsvollmacht HGB § 54 5
Artisten GewO § 6 1151
Ärzte in der Weiterbildung TzBfG § 23 8
- Befristung von Arbeitsverträgen WissZeitVG Einleitung 3

Ärztliche Untersuchung
- Lohnfortzahlung BGB § 616 9
- Nebenpflicht des Arbeitnehmers BGB § 611 393

Assessment-Center
- Einstellungstest BGB § 611 71

AT-Angestellte GewO § 6 119

Aufenthaltserlaubnis
- Arbeitnehmerüberlassung ohne - AÜG § 15 1; § 15a 1; § 16 8
- auflösende Bedingung SchwArbG Vor § 1 16

Aufenthaltsräume
- für Ruhepausen JArbSchG § 11 3

Aufhebungsklage ArbGG § 110 13

Aufhebungsvertrag BGB § 623 3, 7; § 626 28
- Abfindung KSchG § 10 15
- Arbeitsunfähigkeit EFZG § 8 11
- Auflösung iSv § 24 Nr 1 EStG EStG § 24 30, 35
- Befristung mit Sachgrund TzBfG § 14 60
- Beteiligungsrecht BR BetrVG § 102 5
- Betriebsübergang BGB § 613a 105
- Freistellungsanspruch BGB § 629 4
- Hinweis- und Aufklärungspflichten des Arbeitgebers BGB § 611 319
- Massenentlassung KSchG § 17 14
- Schadensersatz BGB § 628 20
- Schwangerschaft MuSchG § 9 35
- Sperrzeit SGB III § 159 10, 43

Aufklärungspflicht
- gerichtliche - GG Art. 103 3

Aufklärungsrüge
- Revision ArbGG § 74 17

Auflagenbeschluss
- Inhalt ArbGG § 56 3, 8

Auflösende Bedingung
- Arbeitsvertrag TzBfG § 21 1
- Diskriminierungs- und Benachteiligungsverbot TzBfG § 21 5
- Klagefrist TzBfG § 21 22
- Kündigung des Arbeitsverhältnisses TzBfG § 21 18
- nicht anwendbare Vorschriften TzBfG § 21 24
- Nichteinhaltung des Schriftformerfordernisses TzBfG § 21 21
- Rechtsfolgen unwirksamer Befristung TzBfG § 21 20
- Sachgründe TzBfG § 21 6
- Schriftform TzBfG § 21 16

Auflösung des Arbeitsverhältnisses KSchG § 9 1
- Ablauf einer Befristung EStG § 24 16
- Änderungskündigung EStG § 24 17
- Antrag KSchG § 9 3

Stichwortverzeichnis

- Antrag des Arbeitgebers   KSchG § 9 181
- Antrag des Arbeitnehmers   KSchG § 9 10
- Antrag, beidseitiger   KSchG § 9 32
- Arbeitsentgelt   BGB § 628 9
- aufgrund Insolvenz des Arbeitgebers   EStG § 24 31
- aufgrund vertragswidrigen Verhaltens des Arbeitnehmers   EStG § 24 34
- Aufhebungsvertrag   EStG § 24 30, 35
- außerordentliche Kündigung   KSchG § 13 2, 10
- Beginn eines anschließenden Arbeitsverhältnisses   EStG § 24 20
- Betriebsübergang   EStG § 24 18
- Entscheidung des Gerichts   KSchG § 9 34
- Gründe des Arbeitgebers   KSchG § 9 23
- Gründe des Arbeitnehmers   KSchG § 9 11
- Herabsetzung einer Pensionszusage   EStG § 24 17
- Kündigung durch den Arbeitnehmer   EStG § 24 34
- Prozessverhalten   KSchG § 9 26
- Teilzeitverhältnis   EStG § 24 36
- Transfersozialplan   EStG § 24 22
- Umsetzung im Konzern   EStG § 24 21
- Versetzung im Betrieb oder Unternehmen   EStG § 24 18
- vom Arbeitgeber veranlasst   EStG § 24 30
- Voraussetzungen   KSchG § 9 2
- Wechsel in Beschäftigungs- und Qualifizierungsgesellschaft   EStG § 24 22

Auflösungsantrag   BGB § 626 36
- Betriebsübergang   BGB § 613a 119
- Sperrzeit   SGB III § 159 15

Auflösungsvertrag
- schwerbehinderte Menschen   SGB IX § 86 4

Aufrechnung   BGB § 394 1
- Arbeitsentgelt   GewO § 107 12
- Aufrechnungsvertrag   BGB § 394 1
- einredebehaftete Forderung   BGB § 394 2
- Forderung aus anderem Rechtsweg   ArbGG § 2 28
- unerlaubte Handlung   BGB § 394 5
- unpfändbare Forderung   BGB § 394 4
- Zuständigkeit   ArbGG § 2 28

Aufsichtsbehörde
- Arbeitszeitgesetz   ArbZG § 17 1
- Mutterschutz   MuSchG § 20 1

Aufsichtsrat
- Beschlussverfahren   ArbGG § 2a 4

Aufsichtsrat (AktG)
- Absinken Arbeitnehmerzahl   AktG § 96 2
- Amtskontinuität   AktG § 96 1
- Angaben   AktG § 95 2
- Ausschüsse   AktG § 107 5
- Mitbestimmungsvereinbarungen   AktG § 96 2
- Quotenregelung   AktG § 96 3
- Quotenregelung, Gesamtbetrachtung   AktG § 96 3
- Vertretung gegenüber Vorstand   AktG § 112 1
- Wahlverfahren   AktG § 101 2
- Wahlvorschläge   AktG § 101 1
- Wechsel, Bekanntmachung   AktG § 106 1
- Wegfall Bildungsvoraussetzungen   AktG § 96 2
- Zahl der Mitglieder   AktG § 95 1
- Zusammensetzung   AktG § 96 1

Aufsichtsrat (DrittelbG)
- aktives Wahlrecht   DrittelbG § 5 3
- Arbeitnehmervertreter   DrittelbG § 4 3
- Beendigung des Aufsichtsratsmandats   DrittelbG § 12 3
- bei Gründung einer AG oder KGaA   DrittelbG § 1 4
- Bekanntmachung der Mitglieder   DrittelbG § 8 1
- Beschlussfähigkeit   DrittelbG § 4 2
- Ersatzmitglied   DrittelbG § 7 1
- Fortgeltung der AN-Vertretung nach Abspaltung oder Ausgliederung   UmwG § 325 2
- Gesamtverantwortung   DrittelbG § 1 9
- Geschlechterparität   DrittelbG § 4 4
- GmbH   DrittelbG § 1 10
- Größe   DrittelbG § 4 1
- interne Organisation   DrittelbG § 1 7
- Kompetenzen bei GmbH   DrittelbG § 1 13
- Rechte und Pflichten   DrittelbG § 1 8
- Verschwiegenheit   DrittelbG § 1 9
- Wegfall   DrittelbG § 12 3
- Zahl der Mitglieder   DrittelbG § 1 12
- Zusammensetzung   DrittelbG § 4 1

Aufsichtsrat (DrittelbG), Arbeitnehmervertreter
- Abberufung   DrittelbG § 12 1
- Amtsniederlegung   DrittelbG § 12 4
- Amtszeit   DrittelbG § 5 4
- Anfechtung der Wahl   DrittelbG § 11 1
- Beförderung   DrittelbG § 12 5
- Behinderungsverbot   DrittelbG § 9 1
- Benachteiligungsverbot   DrittelbG § 9 1
- Beschäftigung im Unternehmen   DrittelbG § 4 3
- Ende des Aufsichtsratsmandats   DrittelbG § 12 3
- gerichtliche Abberufung   DrittelbG § 12 6
- Wahl, Aufsichtsrat   DrittelbG § 5 1
- Wegfall der Wählbarkeit   DrittelbG § 12 5

Aufsichtsrat (DrittelbG), Wahl
- aktives Wahlrecht   DrittelbG § 5 3
- Anfechtung   DrittelbG § 11 1
- Arbeitnehmervertreter   DrittelbG § 4 3; § 5 1
- Aufsichtsratsmitglied   DrittelbG § 5 1
- herrschendes Unternehmen   DrittelbG § 2 2
- Konzern   DrittelbG § 2 2
- Mehrheitswahl   DrittelbG § 5 2

2533

Stichwortverzeichnis

- Verfahren   DrittelbG § 5 1
- Wählbarkeit   DrittelbG § 4 3
- Wahlberechtigung   DrittelbG § 2 2
- Wahlkosten   DrittelbG § 10 1
- Wahlschutz   DrittelbG § 10 1
- Wahlvorschläge   DrittelbG § 6 1
- Zurechnung von Konzernmitarbeitern   DrittelbG § 2 3

Aufsichtsrat (MitbestG)
- Anteilseigner   MitbestG § 8 1
- Arbeitnehmervertreter   MitbestG § 20 6; § 7 3
- beratende Mitglieder   MitbestG § 7 5
- Beschlussfähigkeit   MitbestG § 28 1
- Beschlussfassung   MitbestG § 25 1; § 29 1
- Ersatzmitglied   MitbestG § 20 14
- Fortgeltung der AN-Vertretung nach Abspaltung oder Ausgliederung   UmwG § 325 2
- Gewerkschaftsvertreter   MitbestG § 7 4
- innere Ordnung   MitbestG § 25 1
- Kompetenzen   MitbestG § 25 3
- Kumulation von Mitbestimmungsrechten   MitbestG § 32 1
- Mitbestimmung   MitbestG § 6 1
- ständiger Ausschuss   MitbestG § 27 4
- Statusverfahren   MitbestG § 6 2, 10
- Umfang der Beteiligungsrechte   MitbestG § 32 1
- Vorsitz   MitbestG § 27 1
- Wahl   MitbestG § 20 1
- Zusammenarbeit Aufsichtsrat Unter-/Obergesellschaft   MitbestG § 32 2
- Zusammensetzung   MitbestG § 7 1

Aufsichtsrat (MitbestG), Arbeitnehmervertreter
- Abberufung   MitbestG § 23 1
- Amtsdauer   MitbestG § 20 16
- Amtsverlust   MitbestG § 24 1
- Aufsichtsrat   MitbestG § 20 6; § 7 3
- Behinderungsverbot   MitbestG § 26 2
- Benachteiligungsverbot   MitbestG § 26 3
- Kündigungsschutz   MitbestG § 26 4
- Nachbesetzung   MitbestG § 24 3
- Wahl durch Delegierte   MitbestG § 20 6, 11
- Wahlanfechtung   MitbestG § 22 1
- Wahlordnungen   MitbestG § 39 1

Aufsichtsrat (MitbestG), Unternehmensvertreter
- Abberufung   MitbestG § 31 6
- Anstellungsvertrag   MitbestG § 31 7
- Bestellung   MitbestG § 31 2
- Vorsitzender   MitbestG § 31 4
- Wahlverfahren   MitbestG § 31 3

Aufsichtsrat (MitbestG), Wahl
- Bekanntmachung   MitbestG § 20 18
- Kosten   MitbestG § 20 18
- Urwahl   MitbestG § 20 15
- Verfahren   MitbestG § 20 3
- Wählerlisten   MitbestG § 20 4
- Wahlordnungen   MitbestG § 39 1
- Wahlschutz   MitbestG § 20 18
- Wahlvorstand   MitbestG § 20 5

Aufsichtsrat, Änderung der Größe   AktG § 95 3
- Ergänzungswahl   AktG § 95 4
- Satzungsregelung   AktG § 95 4
- Verminderung   AktG § 95 4

Aufsichtsrat, Aufgaben und Rechte
- Beratung   AktG § 111 2
- Berichterstattung durch den Vorstand   AktG § 116 2
- Bestellung des Abschlussprüfers   AktG § 111 6
- Business Judgement Rule   AktG § 116 4
- Einberufung der Hauptversammlung   AktG § 111 7
- Erteilung des Prüfungsauftrages   AktG § 111 6
- Festlegung von Zielgrößen   AktG § 111 13
- funktionsgerechte Organisation   AktG § 116 2
- Instrumente der Überwachung   AktG § 111 5
- Kontrolle   AktG § 111 2
- Sorgfaltsmaßstab   AktG § 116 2
- Überwachungspflicht   AktG § 111 2
- Verschwiegenheitspflicht   AktG § 116 3
- Verweigerung der Zustimmung   AktG § 111 12
- vorherige Zustimmung   AktG § 111 11
- Zielfestlegungen   AktG § 111 13
- Zielgröße Frauenanteil   AktG § 111 13
- Zielgrößen   AktG § 111 13
- Zielverfehlung   AktG § 111 13
- Zustimmungsvorbehalte   AktG § 111 9

Aufsichtsrat, Beschlussfassung   AktG § 108 1
- Ausübung Beteiligungsrechte   AktG § 108 4
- Beschlussfähigkeit   AktG § 108 5
- fehlerhafter Aufsichtsratsbeschluss   AktG § 108 9
- geheime Abstimmung   AktG § 108 2
- gemischte Abstimmung   AktG § 108 8
- Mehrheit der abgegebenen Stimmen   AktG § 108 3
- nichtiger Aufsichtsratsbeschluss   AktG § 108 10
- Organakte   AktG § 108 4
- positive Beschlussfassung   AktG § 108 3
- Satzungsfreiheit   AktG § 108 5
- Stichentscheid   AktG § 108 4
- Stimmabgabe   AktG § 108 1
- Stimmbotschaft   AktG § 108 1, 7
- Stimmengleichheit   AktG § 108 3
- Stimmrecht   AktG § 108 4
- Stimmrechtsausschluss   AktG § 108 4
- Stimmverbot   AktG § 108 4
- Stimmverbot bei Interessenkonflikten   AktG § 108 4
- Stimmverbot, Ausnahmen vom   AktG § 108 4
- Telefonkonferenz   AktG § 108 6
- Vetorecht   AktG § 108 4
- Videokonferenz   AktG § 108 6
- Wahl der Anteilseigner   AktG § 108 4

Aufsichtsrat, Verschwiegenheitpflicht AktG § 116 3
- Arbeitnehmervertreter AktG § 116 3
Aufsichtsratsausschuss AktG § 107 5
- Arbeitnehmervertreter AktG § 107 5
- Entscheidungsbefugnisse AktG § 107 5
- Vermittlungsausschuss AktG § 107 5
Aufsichtsratsausschusssitzungen
- Teilnahmeverbot AktG § 109 2
Aufsichtsratsmitglied GewO § 6 109
- automatischer Amtsverlust AktG § 100 5
- Bestellung AktG § 101 1
- Directors & Officers Versicherung AktG § 113 2
- einzuhaltende Sorgfalt AktG § 116 2
- Entsendung AktG § 101 1
- Entsendungsrecht AktG § 101 4
- Ersatzmitglied AktG § 101 5
- Gleichbehandlung DrittelbG § 1 9
- Inkompatibilität AktG § 105 1
- Kreditgewährung an Mitglieder des Aufsichtsrates AktG § 115 1
- persönliche Voraussetzungen AktG § 100 1
- Sorgfaltsmaßstab AktG § 116 4
- Sorgfaltspflicht AktG § 116 1
- Stellung MitbestG § 25 4
- Verträge zwischen Aufsichtsratsmitgliedern und Gesellschaft AktG § 114 1
- Vertraulichkeit AktG § 116 3
- Wahl AktG § 101 2
- Wiederbestellung AktG § 101 4
Aufsichtsratsmitglied, Abberufung AktG § 103 1
- Antragsrecht AktG § 103 3
- Arbeitnehmervertreter AktG § 103 4
- gerichtliches Abberufungsverfahren AktG § 103 3
- Mehrheit AktG § 103 1
- sachlicher Grund AktG § 103 1
Aufsichtsratsmitglied, Amtsperiode AktG § 101 1
- Differenzierung AktG § 101 3
- gerichtlich bestellte Aufsichtsratsmitglieder AktG § 101 2
- Höchstdauer AktG § 101 1
- nachträgliche Verkürzung AktG § 101 3
- Satzung AktG § 101 3
- Wiederbestellung AktG § 101 4
Aufsichtsratsmitglied, gerichtliche Bestellung
- Amtsdauer AktG § 104 4
- Antragsberechtigung AktG § 104 2
- Auswahl AktG § 104 7
- beschlussunfähiger Aufsichtsrat AktG § 104 2
- dringender Fall AktG § 104 3
- Höchstamtsdauer AktG § 104 4
- Quotenregelung AktG § 104 7
- unterbesetzter Aufsichtsrat AktG § 104 3
- Vorschläge AktG § 104 2

Aufsichtsratsmitglied, Vergütung
- Auslagenersatz AktG § 113 4
- Berechnung des Gewinnanteils AktG § 113 7
- Bewilligung AktG § 113 1
- Directors & Officers Versicherung AktG § 113 2
- Herabsetzung AktG § 113 6
- Höhe AktG § 113 3
- Nebenleistungen AktG § 113 2
- Sonderleistungen AktG § 113 2
- Vergütungsanspruch AktG § 113 1
Aufsichtsratsmitglied, Zahl AktG § 95 3
- Höchstzahl AktG § 95 2
- Mindestzahl AktG § 95 2
- variable Angaben AktG § 95 2
Aufsichtsratsniederschrift
- Abschrift des vollständigen Protokolls AktG § 107 4
- Berichtigungsverlangen AktG § 107 4
- Beschlussfassung außerhalb von Aufsichtsratssitzungen AktG § 107 4
- Beweisfunktion AktG § 107 4
- Mindestinhalt AktG § 107 4
- Protokollführer AktG § 107 4
- Protokollpflicht AktG § 107 4
- Vermutung der Richtigkeit AktG § 107 4
- Wiedergabe des Abstimmungsergebnisses AktG § 107 4
Aufsichtsratssitzungen
- Ausschluss Vorstandsmitglieder AktG § 109 1
- Einberufung durch den Aufsichtsratsvorsitzenden AktG § 110 1
- Einberufungsfrist AktG § 110 3
- Einberufungsmängel AktG § 110 6
- Einberufungsverlangen AktG § 110 1
- Mindestzahl AktG § 110 4
- Selbsteinberufungsrecht AktG § 110 2
- Teilnahmerecht AktG § 109 1
- Vertretung AktG § 109 3
Aufsichtsratsvorsitzender AktG § 107 2
- Amtszeit AktG § 107 3
- Aufgaben und Befugnisse AktG § 107 3
- Bestellung AktG § 107 3
- Stellvertreter AktG § 107 2
- Zweitstimme MitbestG § 29 2
Aufspaltung
- Übergangsmandat BR BetrVG § 21a 3
- Vermutung Führungsvereinbarung GBR BetrVG § 1 13
- wesentliche Strukturänderungen EBRG § 37 5
Aufstockungsbetrag (Altersteilzeit)
- Erstattungsvoraus ATZG § 4 2
- Erstattungsvorausngen ATZG § 4 1
- Erstattungsvoraussetzungen ATZG § 3 1
- Steuerbefreiung ATZG § 3 4
Auftrag
- Abgrenzung zum Arbeitsvertrag BGB § 611 6

Stichwortverzeichnis

- Aufwendungsersatz   BGB § 670 1
- Herausgabepflicht   BGB § 667 1

Auftraggeber
- Schwarzarbeit   SchwArbG § 1 2

Auftragsnachfolge   BGB § 613a 7, 24, 34

Auftragsvergabe
- Betriebsübergang   BGB § 613a 7, 24, 34
- Rückübertragung auf die öffentliche Hand / Betriebsübergang   BGB § 613a 37

Aufwandsentschädigung
- Unpfändbarkeit   ZPO § 850a 4

Aufwendungsausgleichsgesetz
- Ablösung des LFZG   AAG § 1 1
- Erstattungsanspruch   AAG § 1 8

Aufwendungsersatz
- als Schadensersatz   BGB § 284 1
- Anspruch des Arbeitnehmers   BGB § 670 2
- Anspruch des Arbeitsplatzbewerbers   BGB § 670 5
- Arbeitskleidung   BGB § 611 208
- Arbeitsmittel   BGB § 611 207
- Auslösung   BGB § 611 210
- Fahrt- und Reisekosten   BGB § 611 206
- Fortbildung   BGB § 670 2
- Grundsätze   BGB § 611 201
- nicht ersatzfähige Aufwendungen   BGB § 611 209
- Sanktionen für Straftaten oder Ordnungswidrigkeiten   BGB § 611 209
- Vorstellungskosten   BGB § 611 58

AÜG
- Ausnahmen vom Anwendungsbereich   AÜG § 1 51
- Durchführung   AÜG § 17 1
- Geltungsbereich   AÜG § 1 10
- Merkblatt   AÜG § 10 15
- Reform AÜG 2011   AÜG § 1 4; § 1b 4; § 3 26; § 13b 1; § 16 1; § 17 3

Aus- und Fortbildungskosten
- Beweislast bei Rückzahlungsklausel   BGB § 611 228
- Bindungsintensität   BGB § 611 222
- Ersatz   BGB § 670 2
- geltungserhaltende Reduktion   BGB § 611 223
- Rückzahlungshöhe   BGB § 611 226
- Rückzahlungsklauseln   BGB § 611 219
- tarifvertragliche Rückzahlungsklauseln   BGB § 611 220
- vorformulierte Rückzahlungsklauseln   BGB § 611 221
- Zeitpunkt der Rückzahlungsvereinbarung   BGB § 611 227

Aus- und Fortbildungsverhältnis   BGB § 611 21

Ausbilder   BBiG § 10 1
- EG-Anerkennungsrichtlinie   BBiG § 31 1
- Eignung   BBiG § 28 1
- fachliche Eignung   BBiG § 30 1
- fachliche Eignung, ausländische Vorqualifikation   BBiG § 31 1
- persönliche Eignung   BBiG § 29 1
- Pflichten   BBiG § 14 1

Ausbildung
- Rettungsassistent   BBiG § 17 1

Ausbildungsberufe   BBiG § 4 1

Ausbildungsbetrieb   BetrVG § 5 2

Ausbildungsordnung   BBiG § 5 1
- Anerkennung und Aufhebung   BBiG § 4 1

Ausbildungsstätte
- Eignung   BBiG § 27 1
- Freiheit der berufsbezogenen Ausbildung   GG Art. 12 7
- Überwachung der Eignung   BBiG § 32 1
- Untersagung des Einstellens und Ausbildens   BBiG § 33 1

Ausbildungsvergütung
- angemessene Vergütung   BBiG § 17 1
- Berufsausbildungsbeihilfe   BBiG § 17 2
- Fälligkeit   BBiG § 18 2; BGB § 614 7
- Mindestlohn   BBiG § 17 1
- Vergütungsfortzahlung   BBiG § 19 1

Ausbildungsverhältnis
- Anwendbarkeit TzBfG   TzBfG § 1 7
- Arbeit auf Abruf   TzBfG § 12 5
- Kündigung in der Insolvenz   InsO § 113 2

Ausbildungszeit
- Abkürzung   BBiG § 8 1
- Abkürzung, Vergütung   BBiG § 17 4
- Anerkennung beruflicher Vorbildung   BBiG § 7 1
- Anerkennung beruflicher Vorbildung, Vergütung   BBiG § 17 4
- Elternzeit   BBiG § 8 4
- Teilzeitausbildung   BBiG § 8 2, 5
- Teilzeitausbildung, Vergütung   BBiG § 17 4
- Verlängerung   BBiG § 8 3
- Verlängerung, Vergütung   BBiG § 17 4

Ausgleichsabgabe
- Beschäftigungspflicht schwerbehinderte Menschen   SGB IX § 71 1; § 77 1–2
- Transfergesellschaft   SGB IX § 71 1; § 77 1–2
- Unterrichtungspflicht BR   SGB IX § 77 1–2

Ausgleichsklausel
- Arbeitgeberdarlehen   BGB § 611 211

Ausgleichsquittung   BGB § 397 1
- Anfechtung   BGB § 611 256
- Inhaltskontrolle   BGB § 611 255
- Rechtsnatur   BGB § 611 252
- Umfang   BGB § 611 253

Ausgleichsverfahren
- Arbeitgeber, berechtigte   AAG § 1 3
- Arbeitsunfähigkeitsbescheinigung   AAG § 2 2
- ausländische Saisonkräfte   AAG § 1 5
- Berechnung der Beschäftigtenzahl   AAG § 1 5
- Beschränkung der Erstattung   AAG § 9 2

- Betriebsgröße AAG § 1 3
- elektronische Abwicklung AAG § 2 2
- Feststellungsverfahren AAG § 3 1
- Finanzierung AAG § 7 1
- freiwilliges - AAG § 12 1
- Heimarbeiter AAG § 1 7
- Leiharbeitnehmer AAG § 1 7
- Mittelaufbringung AAG § 7 1
- notwendige Angaben AAG § 2 2
- Rückforderung der Erstattung AAG § 4 3
- ruhende Arbeitsverhältnisse AAG § 1 6
- Satzung der Krankenkasse AAG § 9 1
- Sondervermögen AAG § 8 1
- Träger AAG § 1 2
- U1-Verfahren AAG § 7 3
- U2-Verfahren AAG § 7 3
- Umlageverfahren AAG § 7 1
- Versagung der Erstattung AAG § 4 1
- Zuständigkeit AAG § 2 1

Ausgliederung
- Vermutung Führungsvereinbarung GBR BetrVG § 1 13
- wesentliche Strukturänderungen EBRG § 37 5

Ausgruppierung BetrVG § 99 23

Aushangpflicht
- Arbeitszeitgesetz ArbZG § 16 1

Aushilfsarbeitsverhältnis
- Kündigung BGB § 622 7
- Nachweispflicht NachwG § 1 5

Auskünfte über Arbeitnehmer GG Art. 2 23

Auskunftsanspruch BetrVG § 75 2; § 76 2; § 80 14, 26; § 99 7, 34; § 108 9; § 109 1; § 110 1; § 111 20; § 121 12
- Arbeitnehmervertreter nach EBRG EBRG § 5 1
- Leiharbeitnehmer AÜG § 13 1; § 13a 1
- Sozialdaten BetrVG § 102 18

Auskunftseinholung
- Beeinträchtigung des Persönlichkeitsrechts GG Art. 2 23

Auskunftsperson BetrVG § 80 23

Auskunftspflichten des Arbeitgebers
- Aufhebungsvertrag BGB § 611 319
- Einzelfälle BGB § 611 318
- Rechtsgrundlagen BGB § 611 315

Auskunftspflichten des Arbeitnehmers GG Art. 2 30

Auskunftsverweigerungsrecht
- Arbeitnehmerüberlassung AÜG § 7 16

Ausländer
- allgemeine Handlungsfreiheit GG Art. 2 2
- Berufsfreiheit GG Art. 12 2
- Grundrechtsschutz GG Art. 19 4

Ausländerfeindlichkeit BGB § 626 202

Ausländerintegration BetrVG § 88 11

Ausländische Arbeitnehmer
- Anwendbarkeit auf - DrittelbG § 1 2; MitbestG § 1 7
- Arbeit ohne erforderlichen Aufenthaltstitel SchwArbG Vor § 1 16
- Arbeitnehmerüberlassung AÜG § 1 11; § 3 12; § 15 1; § 15a 1; § 16 8
- Arbeitnehmerüberlassung, Meldepflicht AÜG § 17b 1
- Schwarzarbeit SchwArbG Vor § 1 16; SchwArbG § 1 13
- Wehrdienst ArbPlSchG § 1 7; BGB § 626 95

Ausländisches Recht
- Untersuchungsgrundsatz ArbGG § 46 7

Auslandsberührung Rom I-VO Vorbem Art. 1, 3, 8, 9 2

Auslandsbescheinigung
- Arbeitsunfähigkeitsbescheinigung EFZG § 5 29

Auslandserkrankung
- Arbeitsunfähigkeitsbescheinigung EFZG § 5 20

Auslegung
- ergänzende - BGB § 133 5
- Vertrag BGB § 157 1
- Willenserklärung BGB § 133 1

Auslösung
- Begriff BGB § 611 210
- Entgeltfortzahlung im Krankheitsfall EFZG § 4 18

Auslösungsgelder
- Unpfändbarkeit ZPO § 850a 4

Ausschlussfrist BGB § 626 6, 35, 39, 119, 126; EinigungsV Anlage I 2, 12; GG Art. 19 14
- Annahmeverzug des Arbeitgebers BGB § 615 61
- Auslegung BGB § 611 264
- Betriebsübergang BGB § 613a 93
- Darlegungs- und Beweislast BGB § 626 246
- Dauer TVG § 4 35
- erfasste Rechte TVG § 4 34
- Fristbeginn BGB § 611 266
- Fristlauf BGB § 611 268
- Geltendmachung BGB § 611 269
- Grundsätze BGB § 611 258
- Inhaltskontrolle BGB § 307 11; § 611 261
- Kündigungserklärung, außerordentliche Kündigung BGB § 626 205
- Schadensersatz bei außerordentlicher Kündigung BGB § 628 22
- tarifrechtliche Normen TVG § 1 50
- Verstoß gegen Treu und Glauben BGB § 611 274
- Wirksamkeitsvoraussetzungen BGB § 611 260
- zweistufige - BGB § 611 272

Ausschreibung BetrVG § 99 35, 64; § 118 16; GG Art. 33 6
- Anforderungen nach AGG AGG § 11 1
- von Arbeitsplätzen BetrVG § 93 1

2537

Stichwortverzeichnis

Ausschuss
- EBR kraft Gesetz EBRG § 26 1
- EBR kraft Vereinbarung EBRG § 18 12
- EBR, Ausschusssitzungen EBRG § 27 5
- EBR, Unterrichtung und Anhörung EBRG § 30 4

Ausschuss der ehrenamtlichen Richter ArbGG § 31 7

Ausschüsse für Streitigkeiten aus Berufsausbildungsverhältnissen ArbGG § 111 2

Außendienstmitarbeiter GewO § 6 89

Außenkontakt BetrVG § 89 2

Außenvollmacht BGB § 173 1

Außerbetriebliche Ausbildungsmaßnahmen JArbSchG § 10 1

Außerdienstliches Verhalten
- Nebenpflicht BGB § 611 389
- Persönlichkeitsrecht GG Art. 2 25
- Straftat BGB § 626 73
- Tendenzbetriebe BGB § 611 391
- Weisungsrecht GewO § 106 36
- wichtiger Grund BGB § 626 202

Außerordentliche Einkünfte
- Besteuerung EStG § 34 1

Außerordentliche Kündigung BGB § 626 1; EinigungsV Anlage I 1; KSchG § 13 3
- Abkehrwille BGB § 626 202
- Abwerbung BGB § 626 202
- Alkohol(ismus) BGB § 626 88, 202
- Änderungskündigung BGB § 626 131
- Anhörung des Betroffenen BGB § 626 21, 143, 145, 147, 213
- Anhörung des BR/PR BGB § 626 13, 121, 124, 147, 215; EinigungsV Anlage I 3
- Antragsfrist, Zustimmungsverfahren SGB IX § 87 7
- Anzeigen gegen den Arbeitgeber BGB § 626 202
- Arbeitsentgelt BGB § 628 9
- Arbeitsgenehmigung BGB § 626 87, 211
- Arbeitskampf BGB § 626 94, 200, 202, 204
- Arbeitslosengeld BGB § 628 56
- Arbeitsschutz BGB § 626 202, 204
- Arbeitsverweigerung BGB § 626 94, 202
- Arztbesuch BGB § 626 202
- Auflösungsantrag KSchG § 13 2, 10
- Ausländerfeindlichkeit BGB § 626 202
- Auslauffrist BGB § 626 18, 89, 198; EinigungsV Anlage I 13
- Auslegung BGB § 626 20
- Ausschlussfrist BGB § 626 6, 35, 39, 119, 126, 205; EinigungsV Anlage I 2, 12
- außerdienstliches Verhalten BGB § 626 69, 202
- Bedrohung BGB § 626 202, 204
- befristetes Arbeitsverhältnis TzBfG § 15 17
- Begründung BGB § 626 22
- behördliche Zustimmung KSchG § 13 9; MuSchG § 9 24
- Beleidigung BGB § 626 202, 204
- Berufsausbildungsverhältnis BBiG § 22 4; BGB § 626 4
- betriebliches Eingliederungsmanagement BGB § 626 88
- betriebsbedingt BGB § 626 43, 62, 105, 196, 202, 211
- Betriebsfrieden BGB § 626 74, 202
- Betriebsübergang BGB § 626 230
- Betrug BGB § 626 202
- Beweisverwertungsverbot BGB § 626 245
- BR-Mitglied BGB § 626 13, 89, 123, 165, 216, 220; KSchG § 15 7
- Bundestagsmandat AbgG § 4 8
- Computermissbrauch BGB § 626 202
- Darlegungs- und Beweislast BGB § 626 242
- Datenschutz BGB § 626 202
- Diebstahl BGB § 626 202
- Dienstordnungsangestellte BGB § 626 34
- Drogen BGB § 626 202
- Druckkündigung BGB § 626 137, 211
- Elternzeit BGB § 626 9, 125, 217
- Entgeltfortzahlung im Krankheitsfall EFZG § 8 12
- Entzug der Fahrerlaubnis BGB § 626 202, 212
- Feststellungsklage BGB § 626 203, 239
- Freiheitsstrafe BGB § 626 90, 202
- Geltendmachung der Unwirksamkeit KSchG § 13 5
- Geltungsbereich BGB § 626 1
- Gewissenskonflikt BGB § 626 94, 164, 204
- Gleichbehandlungsgrundsatz BGB § 626 199
- Gruppenarbeitsverhältnis BGB § 626 202
- Haft BGB § 626 90, 202
- Handelsvertreter BGB § 626 6; HGB § 89a 1
- Heimarbeiter BGB § 626 1
- im Insolvenzverfahren BGB § 626 8
- Insolvenz BGB § 626 106
- Interessenabwägung BGB § 626 130, 151
- kirchliche AN BGB § 626 79
- Klagefrist BGB § 626 238; EinigungsV Anlage I 14
- Krankheit BGB § 626 87, 196, 202, 204, 211
- Kündigungsberechtigte BGB § 626 222
- Kündigungserschwerung BGB § 626 41
- Leiharbeitsvertrag AÜG § 2 9
- Massenentlassung KSchG § 17 16
- Meinungsäußerungen BGB § 626 74
- MfS-Tätigkeit EinigungsV Anlage I 1
- Mischtatbestände BGB § 626 110
- Mobbing BGB § 626 202, 211
- Motiv BGB § 626 66
- Mutterschutz BGB § 626 9, 12, 125, 217; EinigungsV Anlage I 3

– Nachschieben von Gründen BGB § 626 119, 147
– Nebentätigkeit BGB § 626 72, 202
– öffentlicher Dienst BGB § 626 43, 77, 202, 226; EinigungsV Anlage I 1
– Organ(mitglied) BGB § 626 7
– Personalratsmitglied BGB § 626 13, 89, 216, 220; EinigungsV Anlage I 3
– personenbedingt BGB § 626 86, 93, 102, 141, 196
– Pflegezeit BGB § 626 125, 217
– politische Betätigung BGB § 626 74
– Prognoseprinzip BGB § 626 69, 99
– Prozesskündigung BGB § 626 128
– Rauchverbot BGB § 626 202
– Rechtsirrtum BGB § 626 97
– Rechtskraft BGB § 626 250
– Rechtsprechungsübersicht BGB § 626 202, 204
– ruhendes Arbeitsverhältnis BGB § 626 84
– Scheidung BGB § 626 202
– Schlafen BGB § 626 202
– Schlechtleistung BGB § 626 202
– Schmiergeldannahme BGB § 626 202
– Schriftform BGB § 623 1, 6
– Schriftsatzkündigung BGB § 626 128
– Schwangerschaft BGB § 626 9, 12, 125
– Schwarzarbeit BGB § 626 202; SchwArbG Vor § 1 10, 18
– schwerbehinderte Menschen BGB § 626 12, 124, 198, 217; EinigungsV Anlage I 3; SGB IX § 91 1
– Seeschifffahrt BGB § 626 3
– sexuelle Belästigung BGB § 626 202
– Sicherheitsbedenken BGB § 626 83
– Soldaten BGB § 626 10
– Spesenbetrug BGB § 626 202
– Straftat BGB § 626 73, 100, 202, 204
– tarifliche Regelung BGB § 626 38, 43, 46
– Tarifvertrag TVG § 1 20
– Tätlichkeiten BGB § 626 202, 204
– Tendenzbetriebe BGB § 626 78
– Trotzkündigung BGB § 626 255
– ultima ratio BGB § 626 161
– Umdeutung BGB § 626 198, 235, 253; KSchG § 13 11
– unentschuldigtes Fehlen BGB § 626 202
– Unkündbarkeit BGB § 622 18; § 626 194
– Urlaub BGB § 626 202
– Verdachtskündigung BBiG § 22 4; BGB § 626 141
– verhaltensbedingt BGB § 626 92
– Verhältnismäßigkeit BGB § 626 161
– Verschulden BGB § 626 93, 95, 97, 155
– Verschwiegenheitspflicht BGB § 626 202
– vertragliche Vereinbarungen BGB § 626 38, 44–45, 227

– Vertragsstrafe BGB § 626 42
– Verzug bei Vergütungszahlung BGB § 626 204, 211
– vor Dienstantritt BGB § 626 15
– Wehrdienst ArbPlSchG § 2 6, 18; BGB § 626 10, 95
– Werkswohnung BGB § 626 204
– Wettbewerb BGB § 626 202
– wichtiger Grund BGB § 626 53, 202, 204, 249
– Wiederholungskündigung BGB § 626 255
– Zugang BGB § 626 15, 67, 115
– Zustimmungsbedürftigkeit BGB § 626 12, 41, 123, 165, 217
– Zustimmungsersetzungsverfahren BGB § 626 248

Außertarifliches Entgelt BetrVG § 87 64
Aussperrung GG Art. 9 121; KSchG § 25 1
– Abwehraussperrung TVG Anhang 20
– Angriffsaussperrung TVG Anhang 20
– Ruhen des Arbeitslosengeldanspruchs SGB III § 160 4
Ausstrahlung
– Sozialversicherungspflicht SGB IV § 4 1
Auswahlrichtlinie BetrVG § 95 1; § 99 55
– Widerspruchsgrund BetrVG § 102 30
Auszubildende BetrVG § 78a 1
– Anwendbarkeit des EFZG EFZG § 1 3
– Arbeitnehmer iSd BetrVG BetrVG § 5 2
– Arbeitnehmerüberlassung AÜG § 1 15
– Auflösungsantrag BetrVG § 78a 10
– betriebliche Altersversorgung BetrAVG § 17 3; § 1b 50
– Elternzeit BEEG § 20 1
– Interessenvertretung BBiG § 51 1
– Meldung Arbeitsuche SGB III § 38 1
– Mitteilungspflicht BetrVG § 78a 3
– Rechtsweg ArbGG § 5 3
– Übernahmezwang BetrVG § 78a 1
– Unzumutbarkeit der Weiterbeschäftigung BetrVG § 78a 5
– Weiterbeschäftigungsverlangen BetrVG § 78a 4
Aut-aut-Fall
– Zuständigkeitsprüfung ArbGG § 2 31

B
Bagatelldelikte BGB § 626 63
Bandbreitenregelung TzBfG § 12 11
Bargeldlose Überweisung GewO § 107 11
Barzahlung GewO § 107 11
Basiszinssatz BGB § 247 1
Baugewerbe
– Arbeitnehmerentsendung AEntG § 4 2
– Arbeitnehmerüberlassung AÜG § 1b 1
– Arbeitnehmerüberlassung, Ordnungswidrigkeit AÜG § 16 7
– betriebliche Altersversorgung BetrAVG § 1 15

Stichwortverzeichnis

Bausparkassenvertreter HGB § 92 1
– im Nebenberuf HGB § 92b 3
BBiG
– Anwendungsbereich BBiG § 3 1
– Unabdingbarkeit BBiG § 25 1
Beamte
– Arbeitnehmer iSd BetrVG BetrVG § 5 2
– Begriff ZPO § 850 4
– Rechtsweg ArbGG § 5 9
– Wehrdienst ArbPlSchG § 1 17
Beamtenrechtliche Krankenfürsorge GG Art. 74 17
Beauftragte
– Kündigungsschutz KSchG § 13 19
Bedarfsgemeinschaft SGB II § 19 5
Bedarfsorientierte Arbeitszeit TzBfG § 12 34
Bedienungsgeld
– Begriff BGB § 611 186
– Entgeltfortzahlung im Krankheitsfall EFZG § 4 14
– Serviersystem BGB § 611 187
– Tronc-System BGB § 611 187
Beeinträchtigungsschutz BetrVG § 78 1; § 86 1; § 121 1
Befangenheit
– Besorgnis der -, Richteramt ArbGG § 49 6
Befassungsrecht BetrVG § 80 7; § 89 1, 6
Befristetes Arbeitsverhältnis BGB § 611 12; TzBfG § 14 62
– abweichende Vereinbarungen TzBfG § 22 1
– ältere Arbeitnehmer TzBfG § 14 81
– Altersgrenze TzBfG § 3 12, 15
– Altersteilzeit TzBfG § 23 7
– Arbeitnehmerbegriff TzBfG § 3 3
– Arbeitszeugnis GewO § 109 9
– auflösend bedingte Arbeitsverträge TzBfG § 3 11; § 21 1
– Aus- und Weiterbildung TzBfG § 19 1
– befristeter Arbeitsvertrag TzBfG § 3 5
– Befristung bei Neugründungen TzBfG § 14 78
– Befristung einzelner Arbeitsbedingungen TzBfG § 3 6; § 14 65, 84
– Befristung mit Sachgrund TzBfG § 14 3
– Befristung ohne Sachgrund TzBfG § 14 66
– Diskriminierungsverbot TzBfG § 4 1
– Doppelbefristung TzBfG § 3 13
– Elternzeit BEEG § 21 1; TzBfG § 23 9
– Ende der Befristung TzBfG § 15 1
– Freistellungsanspruch zur Stellungssuche BGB § 629 3
– Hochschulbereich TzBfG § 23 10
– Höchstbefristung TzBfG § 3 15
– Information der Arbeitnehmervertretung TzBfG § 20 1
– Information über unbefristete Arbeitsplätze TzBfG § 18 1
– kalendermäßige Befristung TzBfG § 3 7
– Klagefrist (Befristungsstreitigkeit) TzBfG § 17 1
– Kündigung bei langfristigen Arbeitsverhältnissen TzBfG § 15 18
– Kündigung, außerordentliche TzBfG § 15 17
– Kündigung, ordentliche TzBfG § 15 15
– Leiharbeitsverhältnis AÜG § 1 18
– Mehrfachbefristung TzBfG § 14 61
– Meinungsäußerung GG Art. 5 33
– Mindestbefristung TzBfG § 3 14
– Mitbestimmungsrechte des Betriebsrats TzBfG § 14 96; § 15 24
– öffentlicher Dienst TzBfG § 23 11
– Probezeit TzBfG § 3 10
– Ruhen des Arbeitslosengeldanspruchs SGB III § 158 4
– Schriftform TzBfG § 14 82
– Schwangerschaft MuSchG § 9 32
– Tarifverträge des öffentlichen Dienstes TzBfG § 22 6
– unwirksame Befristung, Folgen TzBfG § 16 1
– Vergleichbarkeit zu unbefristet Beschäftigten TzBfG § 3 16
– Verlängerung BGB § 311 5
– Wehrdienst ArbPlSchG § 1 25
– Zweckbefristung TzBfG § 3 1, 8
Befristung BGB § 620 1; § 623 4
– Datenschutzbeauftragter BDSG § 4f 12
– Doppelbefristung BGB § 625 9
– Leiharbeitsverhältnis AÜG § 1 18
– Pflegezeit PflegeZG § 6 1
– stillschweigende Verlängerung BGB § 625 1
– Verleiherlaubnis AÜG § 2 7
– wissenschaftliche Mitarbeiter GG Art. 5 47
Befristung (Hochschule) TzBfG § 23 10
– Angabe des Befristungsgrundes WissZeitVG § 2 15
– Anwendung der allgemeinen Befristungsvorschriften WissZeitVG § 2 16
– Drittmittelbefristung WissZeitVG § 2 9
– Europäische Forschungseinrichtungen WissZeitVG § 5 3
– Forschungseinrichtungen WissZeitVG § 5 1
– Hochschullehrer WissZeitVG § 1 5
– Lektoren WissZeitVG § 1 2
– nach der Zeitdauer WissZeitVG § 2 1
– nichtwissenschaftliches Personal WissZeitVG § 2 9
– Privatdienstvertrag WissZeitVG § 3 1
– Ressortforschung WissZeitVG § 5 1
– studentische Hilfskräfte WissZeitVG § 2 4
– Übergangsregelungen WissZeitVG § 7 1
– Universitätsklinika WissZeitVG § 5 2
– Verhältnis von WissZeitVG zu TzBfG WissZeitVG § 1 8, 10
– Verhältnis zum Tarifvertrag im Hochschulbereich WissZeitVG § 1 7

- Verlängerung bei Kinderbetreuung im Hochschulbereich WissZeitVG § 2 6
- wissenschaftliches Personal WissZeitVG § 1 1

Befristung mit Sachgrund TzBfG § 14 3, 62, 66
- Abweichungen durch Tarifvertrag TzBfG § 22 4
- Altersgrenzen TzBfG § 14 49
- Arbeitsbeschaffungsmaßnahmen TzBfG § 14 51
- Aufhebungsvertrag TzBfG § 14 60
- Befristung im Anschluss an Ausbildung/Studium TzBfG § 14 16
- Betriebsübergang TzBfG § 14 56
- Eigenart der Arbeitsleistung TzBfG § 14 30
- Erprobung TzBfG § 14 36
- gerichtlicher Vergleich TzBfG § 14 47
- Gründe in der Person des Arbeitnehmers TzBfG § 14 39
- institutioneller Rechtsmissbrauch TzBfG § 14 63
- kalendermäßige Befristung TzBfG § 14 67
- Kettenbefristung TzBfG § 14 63, 73
- Kw-Vermerk TzBfG § 14 11, 45
- mehrfache Befristung TzBfG § 14 62
- nachträgliche Befristung TzBfG § 14 59
- Neueinstellung TzBfG § 14 73
- Pflegezeit TzBfG § 14 55
- Profisport TzBfG § 14 34
- Projektarbeiten TzBfG § 14 15
- Prozessarbeitsverhältnis TzBfG § 14 53
- Regelungen durch Tarifvertrag TzBfG § 14 76
- saisonale Arbeiten TzBfG § 14 12
- schwerbehinderte Menschen TzBfG § 14 57
- Sicherung der Kontinuität der Arbeit des BR TzBfG § 14 54
- Tendenzträger TzBfG § 14 33
- Vergütung aus Haushaltsmitteln TzBfG § 14 43
- Verstoß gegen Schriftformerfordernis TzBfG § 14 90
- Vertretung BEEG § 21 1; TzBfG § 14 22
- Vorbeschäftigungsverbot BBiG § 10 5
- vorübergehender Bedarf an Arbeitsleistung TzBfG § 14 9
- Wegfall des Sachgrundes TzBfG § 14 6
- Wiedereinstellungszusage TzBfG § 14 23, 52
- Wunsch des Arbeitnehmers TzBfG § 14 41

Befristungsabrede
- Altersteilzeit-AV ATZG § 8 6

Begünstigungsverbot BetrVG § 78 4; § 121 6
- Sprecherausschuss SprAuG § 2 3

Beherrschender Einfluss AktG § 17 1
- Gemeinschaftsunternehmen AktG § 17 2
- Sperrminorität AktG § 17 2
- Stimmbindungsvereinbarung AktG § 17 2

Beherrschungsmittel
- EBRG EBRG § 6 3

Beherrschungsvertrag DrittelbG § 2 3

Behinderte
- Arbeitnehmer iSd BetrVG BetrVG § 5 11

Behinderung
- Benachteiligung wegen - GG Art. 3 77

Behinderungsverbot BetrVG § 78 1; § 121 5
- Aufsichtsratsmitglieder DrittelbG § 9 1; MitbestG § 26 2
- Aufsichtsratswahl DrittelbG § 10 1; MitbestG § 20 18
- Sprecherausschuss SprAuG § 2 3

Behördliche Zusammenarbeit
- Arbeitnehmerüberlassung, Ordnungswidrigkeiten AÜG § 18 1
- Arbeitnehmerüberlassung, Zusammenarbeit ausländische Behörden AÜG § 18 10

Beibringungsgrundsatz
- Urteilsverfahren ArbGG § 46 7

Beistand
- Befugnis ArbGG § 11 11

Bekenntnisfreiheit GG Art. 4 10

Benachteiligungsentschädigung
- Hinausschieben der mündlichen Verhandlung ArbGG § 61b 5–6
- Klagefrist ArbGG § 61b 3
- örtliche Zuständigkeit ArbGG § 61b 4

Benachteiligungsschutz BetrVG § 86 1; § 99 56; § 112a 21

Benachteiligungsverbot AGG § 7 1; BetrVG § 75 1, 11; § 78 4; GenDG § 4 1; TzBfG § 5 1
- arbeitsrechtliches - GenDG § 21 1
- auflösend bedingte Arbeitsverhältnisse TzBfG § 21 5
- Aufsichtsratsmitglieder DrittelbG § 9 1; MitbestG § 26 3
- aus Gründen der Rasse und ethnischen Herkunft AGG § 7 5
- Beseitigungsanspruch AGG § 21 2
- Bundestagsabgeordneter AbgG § 4 6
- Darlegungs- und Beweislast AGG § 22 1
- leitende Angestellte SprAuG § 27 1
- Rechtsfolgen AGG § 7 11
- sachlicher Grund AGG § 20 1
- Schadensersatz und Entschädigung AGG § 21 4
- schwerbehinderte Menschen SGB IX § 81 2; § 123 1
- Sprecherausschuss SprAuG § 2 3
- Unterlassungsanspruch AGG § 21 3
- vertragliche Abreden AbgG § 4 1
- wegen Behinderung AGG § 7 9
- wegen der Religion oder Weltanschauung AGG § 7 7
- wegen der sexuellen Identität AGG § 7 10
- wegen des Alters AGG § 7 8

Stichwortverzeichnis

- wegen des Geschlechts   AGG § 7 6
- Wehrdienst   ArbPlSchG § 1 1
- Wehrdienst, Heimarbeiter   ArbPlSchG § 7 1
- zivilrechtliches -   AGG § 19 1
- zulässige unterschiedliche Behandlung   AGG § 20 1

Beratung   BetrVG § 86a 1; § 89 2, 4
- Einigungsstelle   BetrVG § 76 12

Beratungsrecht   BetrVG § 74 2; § 80 5; § 91 1, 3, 5, 9; § 92 8; § 92a 3, 7; § 96 7; § 97 1; § 102 50; § 106 1; § 108 4; § 111 1, 11, 21; § 112a 1; § 118 16

Bereicherung
- Anspruchsumfang   BGB § 818 1
- Gesetzesverstoß   BGB § 817 1
- ungerechtfertigte -   BGB § 812 1

Bereitschaftsdienst
- Arbeitszeit   ArbZG § 2 5; BGB § 611 364
- ausgleichslose Arbeitszeitverlängerung   ArbZG § 7 16
- Begriff   BGB § 611 364
- beschäftigungsfreie Sonntage   ArbZG § 11 1
- Mitbestimmung BR   BetrVG § 87 21
- Rechtsgrundlage   BGB § 611 364
- Ruhezeit   ArbZG § 7 12
- Sonn- und Feiertagsruhe   ArbZG § 9 1
- Straßentransport   ArbZG § 21a 4
- Vergütung   ArbZG § 2 6
- Vergütungspflicht   BGB § 611 364

Berufliche Fortbildung   BBiG § 1 4
- Berücksichtigung ausländischer Vorqualifikationen   BBiG § 55 1
- Elternzeit   BEEG § 20 1
- Fortbildungsordnung   BBiG § 53 1
- Fortbildungsprüfungen   BBiG § 56 1
- Fortbildungsprüfungsregelungen   BBiG § 54 1
- Gleichstellung von Prüfungszeugnissen   BBiG § 57 1

Berufliche Umschulung   BBiG § 1 5
- Berücksichtigung ausländischer Vorqualifikationen   BBiG § 61 1
- Elternzeit   BEEG § 20 1
- Überwachung, Beratung   BBiG § 76 1

Beruflicher Rehabilitand   BetrVG § 5 11

Berufs-/Zeitsoldaten
- Wehrdienst   ArbPlSchG § 1 3, 19

Berufsausbildung   BetrVG § 5 2
- Abschlussprüfung   BBiG § 37 1
- Altenpfleger   BBiG § 17 1
- andere Vertragsverhältnisse   BBiG § 26 1
- Ausbildungsberufe   BBiG § 4 1
- Ausbildungsordnung   BBiG § 5 1
- Ausbildungspflichten   BBiG § 14 1
- Begriff   BBiG § 1 3
- Dauer   BBiG § 8 1
- Eignung der Ausbildungsstätte   BBiG § 27 1
- Fortbildungsprüfung   BBiG § 56 1
- Freistellung   BBiG § 15 1
- Freistellung, Vergütung   BBiG § 19 1
- Lernorte   BBiG § 2 1
- Mehrarbeit   BBiG § 17 6
- Mindestlohn   BBiG § 26 1
- Rechtsweg   ArbGG § 5 3
- schwerbehinderte Menschen   BBiG § 64 1; § 65 1
- Teilzeitausbildung   BBiG § 8 2, 5
- Überwachung, Beratung   BBiG § 76 1
- Vorbeschäftigungsverbot Befristung   BBiG § 10 5

Berufsausbildungsbeihilfe   BBiG § 17 2

Berufsausbildungsverhältnis   GewO § 6 128
- Ausschüsse für Streitigkeiten   ArbGG § 111 2
- außerordentliche Kündigung   BGB § 626 4
- Beendigung   BBiG § 21 1
- Elternzeit   BEEG § 20 1
- Güteverfahren bei Kündigung   BBiG § 22 10
- Kündigung   BBiG § 22 1
- Mitbestimmung   BBiG § 10 4
- Nachweispflicht   NachwG § 1 3
- Pflichten des Ausbildenden   BBiG § 14 1
- Pflichten des Auszubildenden   BBiG § 13 1
- Probezeit   BBiG § 20 1
- Sachleistungen   BBiG § 17 5
- Schadensersatz bei Beendigung   BGB § 628 3
- Schadensersatz bei vorzeitiger Beendigung   BBiG § 23 1
- Vergütung   BBiG § 17 1
- Verzeichnis der Berufsausbildungsverhältnisse   BBiG § 34 1; § 35 1; § 36 1
- Wehrdienst   ArbPlSchG § 2 25
- Weiterarbeit nach Beendigung   BGB § 625 1
- Weiterbeschäftigung   BBiG § 24 1
- Zeugnis   BBiG § 16 1
- Zustellung Kündigung   BBiG § 22 1

Berufsausbildungsvertrag   BBiG § 10 1
- Abschluss   BBiG § 10 1
- Ausbilder   BBiG § 10 1
- Haftung   BBiG § 10 3
- Inhalt und Form   BBiG § 10 1
- nichtige Vereinbarungen   BBiG § 12 1
- Niederschrift   BBiG § 11 1
- notwendige Angaben   BBiG § 11 2
- Rechtsnatur   BBiG § 10 3
- Schriftform   BBiG § 11 1
- Schriftform der Kündigung   BGB § 623 4
- Vertragsstrafe   BGB § 628 6

Berufsausbildungsvorbereitung   BBiG § 68 1; § 69 1; § 70 1
- Begriff   BBiG § 1 2
- Elternzeit   BEEG § 20 1
- Überwachung, Beratung   BBiG § 76 1

Berufsausübungsfreiheit   GG Art. 12 6
- Rechtfertigung von Eingriffen   GG Art. 12 14
- Tragen einer Robe, Rechtsanwalt   GG Art. 12 10

Stichwortverzeichnis

962; § 97 1
Berufsbildung Betr... BBiG BBiG § 3 1
– Anwendungsbere...
– Begriff BBiG ...tung BetrVG § 97 1
– Berufsbildun...ahme BetrVG § 97 1, 3
– Berufsbildu... 20 1
– Elternzeit ...G § 96 1
– Förderu... 2 1
  ...echt des Betriebsrats BBiG
– Lerno...
  Mit...t des BBiG BBiG § 25 1
  § ...G Art. 12 1
  ...rie GG Art. 12 13
  ...G Art. 12 10
  ...chutz GG Art. 12 23
  ...useln GG Art. 12 21
  ...bsverbot HGB § 60 2
  ...ahrer ArbZG § 21a 1; BGB
  2, 212
  ...lkheit
  ...ersicherung, gesetzliche SGB VII § 7 1
  ...aktische Ausbildung BetrVG § 5 2
  ...chter
  ...strecht ArbGG § 7 2
  ...retungsverbot ArbGG § 11 10
  ...sschulpflicht JArbSchG § 9 1
  ...ufswahlfreiheit GG Art. 12 6
– Höchstaltersgrenzen GG Art. 12 17
– Zulässigkeit von Beschränkungen GG Art. 12 15

Berufung
– Anschlussberufung ArbGG § 64 16
– Begründung ArbGG § 66 27
– Begründungsfristverlängerung ArbGG § 66 22
– Berufungsbeantwortungsfrist ArbGG § 66 10
– Berufungserwiderung ArbGG § 66 33
– Berufungsschrift ArbGG § 66 11
– Beschleunigung ArbGG § 64 28
– Beschränkung ArbGG § 65 1
– Beschwerdewert ArbGG § 64 9
– Bestandsstreitigkeit ArbGG § 64 15
– Devolutiveffekt ArbGG § 64 1
– Einlegung ArbGG § 66 1
– Einlegung vor Zustellung ArbGG § 66 1
– Ergänzungsurteil ArbGG § 66 4
– formelle Beschwer ArbGG § 64 9
– Fristen ArbGG § 66 3
– Grundsatz ArbGG § 64 1
– Hemmungswirkung ArbGG § 64 1
– im einstweiligen Verfügungsverfahren ArbGG § 66 2
– materielle Beschwer ArbGG § 64 9
– neues Vorbringen ArbGG § 67 1
– Prozessfortführungsvoraussetzung ArbGG § 73 24
– Rechtsmittelbelehrung ArbGG § 66 3
– Rücknahme ArbGG § 64 12; § 66 40

– sofortige Beschwerde wegen verspäteter Absetzung des Urteils ArbGG § 72b 1
– Statthaftigkeit ArbGG § 64 5
– Streitgenossen ArbGG § 64 14
– Suspensiveffekt ArbGG § 64 1
– Terminierung ArbGG § 66 37
– Unzulässigkeit nach Rücknahme ArbGG § 66 40
– Urteil ArbGG § 69 1
– Versäumnisurteil ArbGG § 64 4, 14, 26
– Versäumnisurteil, zweites ArbGG § 64 14
– Versäumung der Frist ArbGG § 66 8
– Verwerfung ArbGG § 66 38
– Zulassung ArbGG § 64 6
– Zulassung neuer Angriffs- und Verteidigungsmittel ArbGG § 67 1
– Zulassung neuer Angriffs- und Verteidigungsmittel, Verzögerung ArbGG § 67 11
– Zulassungsentscheidung ArbGG § 64 8
– Zurückverweisung ArbGG § 68 1

Berufungsbegründung
– Frist ArbGG § 66 9
– Fristverlängerung ArbGG § 66 22
– Inhalt ArbGG § 66 27
– neue Angriffs- und Verteidigungsmittel ArbGG § 66 29
– neue Tatsachen und Beweise ArbGG § 66 32

Berufungserwiderung
– Frist ArbGG § 66 10, 33
– Inhalt ArbGG § 66 36
– neues Vorbringen ArbGG § 66 35; § 67 10

Berufungsfrist
– Beantwortung ArbGG § 66 10
– Beginn ArbGG § 66 3
– Ende ArbGG § 66 6
– Ende bei fehlender Urteilszustellung ArbGG § 66 7
– Ergänzungsurteil ArbGG § 66 4
– Rechtsmittelbelehrung ArbGG § 66 3
– Versäumung ArbGG § 66 8

Berufungsgericht
– Adressat ArbGG § 66 11
– Form ArbGG § 66 12
– Inhalt ArbGG § 66 20
– Landesarbeitsgericht ArbGG § 8 2

Berufungsverfahren ArbGG § 64 1
Beschäftigte PflegeZG § 7 2
– Begriff im Sinne des GenDG GenDG § 3 5
– Begriff im Sinne des Sozialversicherungsrechts - GewO § 6 8

Beschäftigtendatenschutz BDSG § 1 2; § 2 2; § 5 1; § 6b 2; § 27 1; § 28 1, 7; § 32 1, 18

Beschäftigtenzahl
– Altersteilzeit ATZG § 7 1

Beschäftigter
– Datenschutz BDSG § 3 11

2543

Stichwortverzeichnis

Beschäftigung
- Abgrenzung selbstständige/unselbstständige Arbeit SGB IV § 7 10
- AGG AGG § 2 2
- Definition SGB IV § 7 1
- Einstufung einzelner Tätigkeiten durch die BA SGB IV § 7 24

Beschäftigung von nicht vollzeitschulpflichtigen Kindern JArbSchG § 7 1

Beschäftigungs- und Qualifizierungsgesellschaft
- Auflösung iSv § 24 Nr 1 EStG EStG § 24 22
- Ausgleichsabgabe SGB IX § 71 1; § 77 1–2
- Beschäftigungspflicht schwerbehinderte Menschen SGB IX § 71 1; § 77 1–2

Beschäftigungsanspruch GG Art. 2 24
- Leistungsklage ArbGG § 46 12
- Vollstreckung ArbGG § 62 13

Beschäftigungsfreie Sonntage ArbZG § 11 1

Beschäftigungsgesellschaft BGB § 613a 105

Beschäftigungspflicht
- Befreiung des Arbeitgebers BGB § 611 281
- Grundsätze BGB § 611 278
- Schwerbehinderte Menschen SGB IX § 71 1; § 72 1

Beschäftigungsschwelle
- Berechnung nach EBRG EBRG § 4 2

Beschäftigungssicherung BetrVG § 92a 1

Beschäftigungsverbot BetrVG § 99 49
- betriebsverfassungsrechtliches - wegen fehlender Zustimmung BetrVG § 99 6
- Sonn- und Feiertag ArbZG § 9 1

Beschäftigungsverbot (MuSchG)
- Akkord- und Fließarbeit MuSchG § 4 5
- Arbeitsentgelt MuSchG § 11 1
- Ausnahmegenehmigung MuSchG § 8 6
- besondere Verbote MuSchG § 4 4
- Entgeltfortzahlung im Krankheitsfall EFZG § 3 22
- generelles - für werdende Mütter MuSchG § 3 7
- generelles - nach der Entbindung MuSchG § 6 2
- individuelles - für werdende Mütter MuSchG § 3 1
- individuelles - nach der Entbindung MuSchG § 6 6
- schädliche Einwirkungen MuSchG § 4 3
- schwere körperliche Arbeit MuSchG § 4 2
- stillende Mütter MuSchG § 6 7
- Zuweisung Ersatztätigkeit GewO § 106 18

Beschäftigungsverhältnis
- ärztliche Untersuchungen GenDG § 19 4
- Datenschutz BDSG § 32 6

Bescheidungsanspruch BetrVG § 86 5

Beschleunigungsgebot
- Gehörgewährung GG Art. 103 6
- Grundsatz ArbGG § 46 8; ArbGG § 9 2

Beschlussfähigkeit
- Aufsichtsrat AktG § 108

Beschlussverfahren ArbGG tbestG § 28 1
- Abgrenzung zum Urteilsverf. ArbGG § 80 1 § 2a 3
- Allgemeines ArbGG § 80 1 ArbGG
- Änderung und Rücknahme Ar
- Angelegenheiten aus dem BetrVG § 2a 2
- Angelegenheiten aus dem SprAuG, ArbGG § 2a 4
- Antrag und Begründung ArbGG § 81
- Antragsänderung ArbGG § 81 18
- Antragsbefugnis ArbGG § 81 10
- Antragsgegner ArbGG § 83 4
- Antragsrücknahme ArbGG § 81 20; § 83a
- anwendbare Vorschriften ArbGG § 80 4
- ausschließliche Zuständigkeit ArbGG § 2a 1
- Beschwerde ArbGG § 87 1
- Besetzung der Einigungsstelle ArbGG § 100 1
- Besonderheiten ArbGG § 80 4
- Beteiligte ArbGG § 83 3
- Beteiligtenfähigkeit ArbGG § 10 5; § 80 5; § 83 3; BetrVG § 21 6
- Beweisaufnahme ArbGG § 80 14
- Einstellung des Verfahrens ArbGG § 83a 4
- Einstweiliger Rechtsschutz ArbGG § 85 13
- Entscheidung ArbGG § 84 1
- Erledigung ArbGG § 83a 3
- Erledigungserklärung ArbGG § 83a 3
- Form und Inhalt des Beschlusses ArbGG § 84 2
- Fristen ArbGG § 80 8; § 81 9
- Gütetermin ArbGG § 80 19
- kirchenarbeitsrechtliches - ArbGG § 84 9
- Kosten ArbGG § 80 18
- Ladung ArbGG § 80 8
- mündliche Verhandlung ArbGG § 83 25
- nach der InsO ArbGG § 80 22
- Öffentlichkeit ArbGG § 80 12
- örtliche Zuständigkeit ArbGG § 80 20; § 82 1
- Personalvertretungsrecht ArbGG § 80 21; § 83 10
- persönliches Erscheinen ArbGG § 80 11
- Prozessfähigkeit ArbGG § 10 8; § 80 5
- Prozesskostenhilfe ArbGG § 80 7
- Rechtsbeschwerde ArbGG § 90 10
- Rechtskraft ArbGG § 84 6
- Rechtsmittel ArbGG § 83 26
- Rechtsmittelbelehrung ArbGG § 84 5
- Rechtsschutzinteresse ArbGG § 81 7
- Säumnis ArbGG § 83 24; § 84 1
- schriftliche Äußerung ArbGG § 83 23
- Streitgenossenschaft ArbGG § 80 16
- Streitwertfestsetzung ArbGG § 12 18; § 84 2
- über Tariffähigkeit oder Tarifzuständigkeit einer Vereinigung ArbGG § 97 1

Stichwortverzeichnis

- Unterlassungsantrag ArbGG § 81 2
- Untersuchungsgrundsatz ArbGG § 83 16
- Verfahren ArbGG § 80 20; § 83 1
- Verfahrensart ArbGG § 2a 1; § 80 20
- Verfahrensfähigkeit ArbGG § 10 8
- Vergleich ArbGG § 83a 1
- Verkündung ArbGG § 84 3
- Vertretung ArbGG § 11 12; § 80 6
- Widerantrag ArbGG § 81 6
- Wiedereinsetzung in den vorigen Stand ArbGG § 80 15
- Zustellung ArbGG § 80 10; § 84 4
- Zustellung des Antrags ArbGG § 81 17
- Zwangsvollstreckung ArbGG § 85 1

Beschränkungsverbot AEUV Art. 45 17
Beschwerde ArbGG § 78 1; § 83 26; § 87 1; BetrVG § 86 1
- Kollektivbeschwerde BetrVG § 86 2

Beschwerde im Beschlussverfahren
- Anhörung ArbGG § 90 5
- Anschlussbeschwerde ArbGG § 87 3
- Antragsänderung ArbGG § 87 7
- anwendbare Vorschriften ArbGG § 87 4
- Äußerung der Beteiligten ArbGG § 90 4
- Beschleunigungsgrundsatz ArbGG § 87 8
- Beschränkung ArbGG § 88 1
- Beschwerdebefugnis ArbGG § 89 2
- Beschwerdebegründung ArbGG § 87 5; § 89 7; § 90 2
- Beschwerdeschrift ArbGG § 87 5; § 89 5; § 90 2
- Einlegung ArbGG § 87 1; § 89 1
- Entscheidung ArbGG § 91 1
- Erledigung ArbGG § 90 9
- Form und Inhalt des Beschlusses ArbGG § 91 4
- Frist ArbGG § 89 3
- Kosten ArbGG § 90 11
- neues Vorbringen ArbGG § 87 8
- Rechtskraft ArbGG § 91 8
- Rechtsmittelbelehrung ArbGG § 91 6
- Rücknahme ArbGG § 87 6; § 89 10
- Statthaftigkeit ArbGG § 87 1
- Streitwertfestsetzung ArbGG § 90 11
- Suspensiveffekt ArbGG § 87 9
- Verfahren ArbGG § 90 1
- Vergleich ArbGG § 90 9
- Verkündung ArbGG § 91 7
- Vertretung ArbGG § 87 5
- Verwerfung ArbGG § 89 9
- Verzicht ArbGG § 89 11

Beschwerdebefugnis ArbGG § 89 2
Beschwerderecht AGG § 13 1
- Arbeitsschutz BGB § 618 40

Beschwerdeverfahren ArbGG § 87 1; BetrVG § 86 1
- Bescheidungsanspruch BetrVG § 86 5
- Beschwerde an den AG BetrVG § 86 3

- Beschwerde an den BR BetrVG § 86 9

Beschwerdewert
- Berufung ArbGG § 64 9

Besetzung des Gerichts
- absoluter Revisionsgrund ArbGG § 73 10

Besetzungsregeln TVG § 1 51
Besetzungswettbewerb BetrVG § 93 1
Besitzstörung BGB § 863 1
Besonderes Verhandlungsgremium (BVG)
- Abberufung einzelner Mitglieder EBRG § 11 8
- Amtszeit EBRG § 8 2; § 10 5
- Aufgaben EBRG § 8 1
- Aufgabenwahrnehmung EBRG § 13 1
- Beendigung der Verhandlungen EBRG § 15 1
- Beschlussfassung EBRG § 13 7
- Bestellung Externer EBRG § 11 2
- Bestellung Gewerkschaftsvertreter EBRG § 11 2
- Bestellung inländischer Arbeitnehmervertreter EBRG § 11 1
- Bestellung leitender Angestellter EBRG § 11 2
- Bildung EBRG § 9 1
- Einbeziehung von Arbeitnehmervertretern aus Drittstaaten EBRG § 14 1
- Entsendekreise EBRG § 10 1; § 13 8; § 18 5
- Ersatzmitglied EBRG § 10 4
- europäische Verbände EBRG § 13 2
- fehlende inländische Arbeitnehmervertretung EBRG § 11 7
- Fortbildung EBRG § 10 6
- Freistellung unter Entgeltfortzahlung EBRG § 40 2
- Geheimhaltung EBRG § 10 6; § 35 1
- gerichtliche Durchsetzung von Ansprüchen EBRG Vorbemerkung 11
- Geschäftsordnung EBRG § 13 3
- Informationspflicht, umfassende EBRG § 8 3
- Initiativrecht EBRG § 9 1
- konstituierende Sitzung EBRG § 13 1
- Kostentragung EBRG § 16 2
- Kündigungsschutz EBRG § 10 6
- Mitgliederbestellung EBRG § 11 1
- nachträgliche Änderung der Arbeitnehmerzahl EBRG § 10 3
- Neuverhandlungsgremium EBRG § 37 16
- nichtige Bestellung EBRG § 11 8
- nichtige Entsendung EBRG § 11 8
- örtliche Zuständigkeit ArbGG § 82 6
- personelle Zusammensetzung EBRG § 10 1
- Proportionalitätsprinzip EBRG § 10 1
- Rechtsstellung EBRG § 10 6
- Repräsentationsprinzip EBRG § 10 1; § 13 8
- Sachverständige EBRG § 13 9
- Schulungen und Weiterbildung EBRG § 38 2
- Selbstversammlungsrecht EBRG § 13 4
- Sitzungen EBRG § 13 1
- Stimmenmehrheit EBRG § 13 7

2545

Stichwortverzeichnis

- Übersetzungen   EBRG § 16 2
- Unterlagen   EBRG § 8 3
- Unterrichtung über die Mitglieder   EBRG § 12 1
- Vertraulichkeit   EBRG § 35 2
- Vertretung   EBRG § 10 1
- Vorsitzender   EBRG § 13 3
- wesentliche Strukturänderungen   EBRG § 37 2
- Zusammenarbeit, vertrauensvolle   EBRG § 8 5
- Zusammensetzung   EBRG § 10 1

Besprechungspflicht   BetrVG § 74 2

Bestandsstreitigkeiten
- Streitwert   ArbGG § 12 13
- Zulässigkeit der Berufung   ArbGG § 64 15

Bestätigung
- anfechtbares Rechtsgeschäft   BGB § 144 1
- nichtiges Rechtsgeschäft   BGB § 141 1

Bestechung
- als außerordentlicher Kündigungsgrund   BGB § 626 202
- als sittenwidrige unerlaubte Handlung   BGB § 826 5

Bestellung und Widerruf der Unternehmensvertretung
- Wahlverfahren   MitbestG § 31 3
- Zuständigkeit   MitbestG § 31 2

Bestimmtheitsgebot   GG Art. 20 8

Beteiligtenfähigkeit
- Beschlussverfahren   ArbGG § 10 5–6
- EBR   EBRG Vorbemerkung 11

Beteiligungsgesellschaft
- herrschendes Unternehmen   EBRG § 6 3

Betragsanpassung
- Änderung der Unpfändbarkeitsvoraussetzungen   ZPO § 850g 1
- Erhöhung   ZPO § 850f 2
- Herabsetzung   ZPO § 850f 4
- Interessenabwägung   ZPO § 850f 3
- Privilegierung   ZPO § 850f 5
- Rechtsbehelf   ZPO § 850f 6
- unerlaubte Handlung   ZPO § 850f 4
- Verfahren   ZPO § 850f 6

Betrieb
- Arbeitsstätte   BetrVG § 1 7
- arbeitstechnischer Zweck   BetrVG § 1 6
- Begriff   BetrVG § 1 5; § 4 2; BGB § 611 26
- Begriff im Recht des Betriebsübergangs   BGB § 613a 4, 19
- Begriff iSd DrittelbG   DrittelbG § 3 2
- Begriff iSd EBRG   EBRG § 1 3
- Begriff iSd KSchG   KSchG § 23 6
- Begriff iSd MitbestG   MitbestG § 3 3
- betriebsratsloser -   BetrVG § 13 8
- Betriebsstätte   BetrVG § 1 8
- einheitlicher Leitungsapparat   BetrVG § 1 7
- Gemeinschaftsbetrieb   UmwG § 322 1

- gerichtliche Klärung der Betriebsratsfähigkeit   BetrVG § 18 7
- Merkmale   BetrVG § 1 6
- Stilllegung   BetrVG § 1 10
- wesentliche Strukturänderung   EBRG § 37 7

Betriebliche Altersversorgung
- 3-Stufen-Theorie   BetrAVG § 1b 70
- Abfindung   BetrAVG § 1 3; § 1b 57, 65, 109; § 2 77; § 3 1, 12, 28; § 4 40; § 8 7; § 9 16; § 10 13, 20; § 30g 2
- Abgeltung verfallbarer Anwartschaften   EStG § 24 8
- Abgrenzung Unternehmer/Nicht-Unternehmer   BetrAVG § 17 6
- Abtretung   BetrAVG § 1b 15, 58, 60; § 11 4; BetrAVG § 2 41, 56, 61
- Allein-Gesamtgeschäftsführer   BetrAVG § 17 8
- Allgemeines Gleichbehandlungsgesetz   BetrAVG § 1 23, 32
- Altersdiskriminierung   BetrAVG § 1 32; § 1b 118
- Altersgrenze   AGG § 10 16; BetrAVG § 1 3, 19; § 2 4, 18, 24; § 6 1, 8
- Altersleistung   BetrAVG § 1 3, 5; § 2 6, 75
- Änderung der Zusage   BetrAVG § 1b 62
- Änderung von Versorgungszusagen   BetrAVG § 1b 1, 23, 62, 109
- Änderungsgründe   BetrAVG § 1b 69
- Anlass des Arbeitsverhältnisses   BetrAVG § 1 1
- Anpassung   BetrAVG § 1b 100, 116; § 2 35; § 4 37; § 7 25 § 10 20; § 16 1
- Anpassungsentscheidung   BetrAVG § 16 6
- Anpassungsgarantie   BetrAVG § 16 38; § 2 35
- Anpassungsprüfung   BetrAVG § 16 6
- Anpassungsprüfungspflicht   BetrAVG § 16 1
- Anrechnung   BetrAVG § 1b 91, 104; § 5 1, 9
- Arbeiter/Angestellte   BetrAVG § 1 20; § 2 55; § 17 3
- arbeitgeberfinanzierte BAV   BetrAVG § 1 38; § 1b 1, 3, 31
- Arbeitgeberwechsel   BetrAVG § 1b 120; § 2 13; § 4 14
- arbeitnehmerähnliche Personen   BetrAVG § 17 5
- arbeitsrechtliches Grundverhältnis   BetrAVG § 1 7, 10; § 1b 36; § 2 55; § 4 18
- Arbeitszeitkonten   BetrAVG § 1 7; § 1b 36
- Aufgabe der Betriebstätigkeit   BetrAVG § 4 35
- Aufklärungspflichten   BetrAVG § 1a 2; § 1b 45
- Ausbildungsverhältnis   BetrAVG § 1b 50; § 2 9 § 17 3
- Ausgleichsfonds   BetrAVG § 10 22
- Auskunftsanspruch   BetrAVG § 4 30; § 4a 1
- Auskunftspflicht   BetrAVG § 4a 3; § 9 3 § 11 1

Stichwortverzeichnis

- Auskunftspflicht, Ordnungswidrigkeit BetrAVG § 12 5
- außergerichtlicher Vergleich BetrAVG § 1b 90; § 7 18, 39
- Auszahlungsplan BetrAVG § 1 3, 5; § 1a 17; § 1b 10, 19; § 3 5; § 16 3, 48
- Auszehrung BetrAVG § 1b 91; § 5 1, 5
- Auszubildende BetrAVG § 17 3; § 1b 50
- Barwert BetrAVG § 3 23; § 4 41; § 8 13; § 9 16; § 10 19
- befreiende Schuldübernahme BetrAVG § 4 2, 36
- Beitragsaufkommen BetrAVG § 10 18
- Beitragsbemessung BetrAVG § 10 1
- Beitragsbemessungsgrenze BetrAVG § 1 33; § 1a 10; § 1b 10, 34; § 2 32; § 4 29; § 7 45
- Beitragsbemessungsgrundlage BetrAVG § 10 27
- Beitragsbescheid BetrAVG § 10 15; § 10a 2; § 11 18
- Beitragserstattung BetrAVG § 10a 5
- beitragsfreier Betrag, Sozialversicherung BetrAVG § 10 24
- Beitragshöhe BetrAVG § 10 24
- beitragsorientierte Leistungszusage BetrAVG § 1 25, 27; § 1a 6; § 1b 76; § 2 2, 30, 34, 39, 66; § 7 27; § 30g 1
- Beitragspflicht BetrAVG § 10 1
- beitragspflichtige Arbeitgeber BetrAVG § 10 2
- Beitragsrückstände BetrAVG § 2 41
- Beitragsvorschuss BetrAVG § 10 15
- Beitragszusage BetrAVG § 1 30
- Beitragszusage mit Mindestleistung BetrAVG § 1 29; § 2 34, 75; § 16 46
- Belange der Versorgungsempfänger BetrAVG § 16 14
- Beleihung BetrAVG § 1b 15, 58; § 2 41, 61; § 11 4
- Besitzstand BetrAVG § 1b 65, 69, 88, 99, 104; § 2 39
- betriebliche Übung BetrAVG § 1 10, 17; § 1b 95
- Betriebsübergang BetrAVG § 1b 97; § 2 13; BetrAVG § 4 4
- Betriebsübergang in der Insolvenz BetrAVG § 1b 113
- Betriebsvereinbarung BetrAVG § 1 10, 12, 14; § 1a 5; § 1b 64, 67, 87, 99; § 3 9; § 17 29; § 30g 1
- betriebswirtschaftliche Prognose BetrAVG § 16 24
- Betriebszugehörigkeit BetrAVG § 1b 39, 103; BetrAVG § 2 5, 9, 29
- Bezugsrecht BetrAVG § 1b 8, 56, 58; § 2 41, 61
- biologisches Ereignis BetrAVG § 1 3
- Blankettzusage BetrAVG § 1 11
- Bremer Ruhegeldgesetz BetrAVG § 1 16
- CTA, Contractual Trust Agreement BetrAVG § 1 7; § 1b 6, 36, 59; § 7 42; § 9 5, 7; § 10 4
- Darlegungspflicht BetrAVG § 1b 114; § 2 81; § 7 25; § 16 13, 23
- Deckungsverhältnis BetrAVG § 1b 7, 16, 18
- Definition BetrAVG § 1 1
- Direktversicherung BetrAVG § 1 7, 29; § 1a 5, 7, 11, 14; § 1b 3; § 2 1, 29, 40, 76; § 3 24; § 4 27, 51; § 4a 16; § 6 20; § 7 14; § 8 11; § 10 31; § 11 4, 15; § 16 42
- Direktzusage BetrAVG § 1 6
- Diskriminierungsverbot AGG § 2 11
- Dotierungsrahmen BetrAVG § 1 35
- Durchführung der Entgeltumwandlung BetrAVG § 1a 4
- Durchführungswege BetrAVG § 1b 2; § 7 14
- Eigenbeiträge BetrAVG § 1 40
- Eigenkapitalrendite BetrAVG § 16 22
- einseitiges Vorgaberecht des Arbeitgebers bei Entgeltumwandlung BetrAVG § 1a 6
- einvernehmliche Übertragung BetrAVG § 4 16
- Entgeltumwandlung BetrAVG § 1 15, 37–38, 41; § 1a 1; § 1b 1, 3, 31, 57, 105; § 2 2, 42, 71, 78; § 4 9, 11, 18, 27; § 5 9; § 7 45; § 8 12; § 10 2, 37; § 16 3, 57; § 17 1, 15, 24; § 30g 1
- Erlassvertrag BetrAVG § 1a 9; § 3 1
- Erstattung von Beiträgen BetrAVG § 10a 5
- Erstmeldung BetrAVG § 11 4
- Erwerbsminderung BetrAVG § 1 3
- Erziehungszeiten BetrAVG § 1b 48
- externe Versorgungsträger BetrAVG § 1 7, 21; § 1b 2
- feste Altersgrenze BetrAVG § 2 18, 24
- Festschreibeeffekt BetrAVG § 2 32
- Finanzierung der BAV BetrAVG § 1 38
- Forderungsübergang BetrAVG § 9 1, 5
- Fortsetzung der Versicherung BetrAVG § 1b 58
- freiwillige Entgeltumwandlung BetrAVG § 1 45; § 1a 14; § 1b 105
- Freiwilligkeitsgrundsatz BetrAVG § 1 4
- Fristen BetrAVG § 2 52
- gebildetes Kapital BetrAVG § 3 24; § 4 43; § 8 13
- Geldbuße BetrAVG § 12 6
- geringfügige Beschäftigung BetrAVG § 1 19
- Gesamtbetriebsrat BetrAVG § 1 36
- Gesamtrechtsnachfolge BetrAVG § 1b 96, 115; BetrAVG § 2 13
- Gesamtversorgung BetrAVG § 1 33; § 1b 91; § 2 36; § 5 1; § 6 19
- Gesamtversorgungszusage BetrAVG § 5 2
- Gesamtzusage BetrAVG § 1 10, 12; § 1b 83
- Gesellschafter BetrAVG § 1 2; § 17 4
- gesetzliche Rechtsbegründung BetrAVG § 1 16

Stichwortverzeichnis

- gesetzliche Unverfallbarkeit BetrAVG § 1b 1, 39
- gesetzlicher Forderungsübergang BetrAVG § 9 5
- gesetzlicher Insolvenzschutz BetrAVG § 7 1
- gespaltene Rentenformel BetrAVG § 1 34
- gespaltenes Bezugsrecht BetrAVG § 1b 8
- Gestaltungsfreiheit BetrAVG § 1 4, 31
- Gleichbehandlung BetrAVG § 1 18
- Gleichbehandlungsgrundsatz BetrAVG § 1 4, 6, 10, 18, 35; § 1b 7, 102; § 2 55; § 6 3
- Gleichberechtigung BetrAVG § 1 18; § 30a 1; § 6 8
- Grundsatz des Vertrauensschutzes BetrAVG § 1b 66
- Gruppenpensionsfonds BetrAVG § 1b 29; § 9 1
- Gruppenunterstützungskasse BetrAVG § 1b 29; § 9 1, 13, 15
- Haftung des Arbeitgebers BetrAVG § 1 8; § 1a 11; § 1b 2, 7, 16, 18, 26; § 2 29; § 4a 11; § 9 7, 12; § 10 13
- Hamburger Ruhegeldgesetz BetrAVG § 1 16
- Harmonierung BetrAVG § 1b 75, 107, 111
- Hinterbliebenenleistung BetrAVG § 1 3, 5, 19, 24, 32; § 1b 14, 21, 40, 118; § 2 6, 31
- Hinterbliebenenrente BetrAVG § 5 12
- Hinweispflichten des Arbeitgebers BGB § 611 333
- Höchstbegrenzungsklausel BetrAVG § 2 36; § 5 3
- Höhe der Abfindung BetrAVG § 3 22
- individuelle Versorgungszusage BetrAVG § 1 10; § 1b 65
- individueller Versorgungsvertrag BetrAVG § 1 11
- Informationspflichten BetrAVG § 1b 107
- Inkrafttreten BetrAVG § 32 1
- Insolvenz BetrAVG § 1b 6, 8, 59, 113; § 3 20; § 7 1
- Insolvenzplan BetrAVG § 9 14, 20
- Insolvenzschutz BetrAVG § 1b 6; § 7 1; § 17 1, 16
- Insolvenzsicherung BetrAVG § 13 1
- Insolvenztabelle BetrAVG § 9 10
- Insolvenzverwalter BetrAVG § 11 19
- Invalidität BetrAVG § 1 3
- Invaliditätsleistung BetrAVG § 1 3, 24; § 1b 118; § 2 6, 31
- Jeweiligkeitsklausel BetrAVG § 1b 79
- Kapital BetrAVG § 1 3, 5; ; § 1b 4, 10, 19; § 3 5, 14; § 4 8; § 6 1, 7; § 7 9, 25; § 8 3; § 10 20; § 16 1, 9; § 18a 2
- Kapitaldeckungsverfahren BetrAVG § 10 10
- Kapitalwahlrecht BetrAVG § 1 5
- Karenzentschädigung BetrAVG § 5 11
- Katastrophenfall BetrAVG § 7 52
- kollektiver Günstigkeitsvergleich BetrAVG § 1b 83
- Kombination von Durchführungswegen BetrAVG § 1b 30
- Konsortium BetrAVG § 8 3; § 9 2
- Konzern BetrAVG § 2 9; § 4 20; § 16 8, 27
- Konzernbetriebsrat BetrAVG § 1 36
- Konzernkasse BetrAVG § 1b 29
- Kündigung einer Betriebsvereinbarung BetrAVG § 1b 81
- künftige Entgeltansprüche BetrAVG § 1a 9
- laufende Beitragspflicht BetrAVG § 10 12
- laufende Leistungen BetrAVG § 3 1, 5; § 4 7; § 16 1, 9; § 30g 2
- Leistungsbescheid des PSV BetrAVG § 7 29; § 9 2
- Leistungsplan BetrAVG § 1 31
- Leistungszusage BetrAVG § 1 26; § 1a 6; § 1b 76; § 2 30
- Limitierungsklausel BetrAVG § 6 19
- Liquidation BetrAVG § 1b 112; § 4 1, 35; § 7 18
- Liquidationsversicherung BetrAVG § 1b 112; § 10 13
- Lohngleichheitsgrundsatz BetrAVG § 6 8
- Mehrheits-Gesamtgeschäftsführer BetrAVG § 17 8
- Meldepflicht BetrAVG § 11 1
- Meldepflicht des Arbeitgebers BetrAVG § 11 3
- Merkblätter BetrAVG § 13 8
- Mindestalter BetrAVG § 1b 39, 44, 57
- Mindestleistung BetrAVG § 2 31
- mischfinanzierte Systeme BetrAVG § 1 38
- Missbrauch BetrAVG § 7 43
- Mitbestimmung des Betriebsrats BetrAVG § 1 31, 35; § 1a 12; § 1b 4, 25, 29, 32, 65, 83; § 3 8; § 16 34
- mitbestimmungsfreie Entscheidungen BetrAVG § 1 35
- Mitnahmeanspruch BetrAVG § 3 6; § 4 1, 27; § 4a 8
- Mitteilungspflicht BetrAVG § 9 1–2; § 11 1
- Mitteilungspflichten des Insolvenzverwalters BetrAVG § 11 19
- Mitteilungspflichten des Insolvenzverwalters. Ordnungswidrigkeit BetrAVG § 12 4
- Mitteilungspflichten, Ordnungswidrigkeit BetrAVG § 12 2
- mittelbare Durchführungswege BetrAVG § 1 7
- Mobilitätsrichtlinie BetrAVG § 1b 121
- Nachdienstzeit BetrAVG § 2 11, 23, 82
- nachgelagerte Besteuerung BetrAVG § 1b 5, 11, 21, 27
- nachholende Anpassung BetrAVG § 16 35, 49
- nachträgliche Anpassung BetrAVG § 16 31
- Näherungsverfahren BetrAVG § 2 36
- Nebenpflichten BetrAVG § 4a 14

- Nettolohnentwicklung BetrAVG § 16 17
- Nicht-Unternehmer BetrAVG § 17 6
- nichtwirtschaftliche Gründe BetrAVG § 1b 73
- Non-profit-Organisation BetrAVG § 16 28
- Notfallleistungen BetrAVG § 1b 28
- öffentlicher Dienst BetrAVG § 1 15; § 1a 1, 9, 12; § 10 42; § 17 16, 26
- Öffnungsklausel BetrAVG § 1 15
- Ordnungswidrigkeit BetrAVG § 12 1
- Organpersonen BetrAVG § 2 84; § 3 30; § 4 52; § 16 63
- Pauschalversteuerung BetrAVG § 1b 12
- Pensionsfonds BetrAVG § 1 7, 29; § 1a 6, 11; § 1b 18, 34, 52, 58; § 2 29, 64, 76; § 3 24; § 4a 16; § 7 14, 27; § 8 6; § 9 1, 18; § 10 6, 32; § 11 4, 16
- Pensionskasse BetrAVG § 1 7, 29, 40; § 1a 6, 11; § 1b 14, 52, 58; § 2 1, 29, 40, 59, 76; § 3 24; § 4 27, 35, 51; § 4a 16; § 7 14; § 10 3; § 16 42
- Pensionskassenzusage BetrAVG § 2 40
- Pensionsrückstellung BetrAVG § 1b 4; § 2 36
- Pensions-Sicherungs-Verein (PSVaG) BetrAVG § 13 1, 6
- persönlicher Geltungsbereich BetrAVG § 17 1
- Pfandrecht BetrAVG § 9 7
- Portabilität BetrAVG § 4 1, 27
- Primärrecht der BetrAVG § 1 32
- Primärrecht der EU BetrAVG § 1b 118
- private Sicherungsrechte BetrAVG § 7 3
- Prüfungsturnus BetrAVG § 16 10
- PSVaG-Beitragsaufkommen BetrAVG § 10 18
- PSVaG-Beitragsbemessungsgrundlagen BetrAVG § 10 27
- PSVaG-Beitragspflicht BetrAVG § 10 1
- PSVaG-Meldepflicht BetrAVG § 10a 3; § 11 1, 3
- Quotierungsverfahren BetrAVG § 2 4; § 6 15; § 7 27
- Ratenzahlung BetrAVG § 1 3; § 3 5; § 6 7; § 7 9
- Rechtsanspruch BetrAVG § 1b 14, 18, 23
- Rechtsbegründungsakte BetrAVG § 1 10; § 1a 5; § 1b 1, 64
- Rechtsform des Arbeitgebers BetrAVG § 1 9
- reduzierende Betriebsvereinbarung BetrAVG § 1b 83
- Regelaltersgrenze BetrAVG § 1b 20
- Rente BetrAVG § 1 3, 5; § 1a 17; § 1b 10, 19; § 3 2, 5; § 4 8; § 6 1, 6; § 7 9, 25; § 16 9; § 18a 2
- Rentnergesellschaft BetrAVG § 1b 116; § 16 29
- Rentnerweihnachtsgeld BetrAVG § 1 17
- richterliche Unverfallbarkeit BetrAVG § 1b 38
- Riesterförderung BetrAVG § 1 40; § 1a 5, 8, 16

- Rückdeckungsversicherung BetrAVG § 1b 4, 9, 14, 26, 59; § 3 1; § 9 5, 11, 14; § 10 4
- Rückkaufwert BetrAVG § 2 56, 63
- Rückrechnungsmethode BetrAVG § 16 15
- Rückstellungsbildung BetrAVG § 16 39
- ruhendes Arbeitsverhältnis BetrAVG § 1a 11; § 1b 48; § 2 9
- Säumniszuschlag BetrAVG § 10a 1
- Schadensersatz BetrAVG § 4a 11; § 9 3
- Schadensersatz wegen Verlust des Arbeitsentgelts, Abfindung KSchG § 10 20
- Schließung des Versorgungswerkes BetrAVG § 1 4; § 1b 81, 102
- Schriftform BetrAVG § 1 11, 14; § 4a 10, 17
- Schuldbeitritt BetrAVG § 1b 112; § 9 7; § 10 13
- Schutz von Ehe und Familie GG Art. 6 12
- Sicherungsfälle BetrAVG § 7 1, 6, 17
- Sicherungsfonds BetrAVG § 10 3
- Sozialabgaben BetrAVG § 3 25
- Sozialplan BetrAVG § 3 10
- Sozialrecht BetrAVG § 1a 18; § 3 26
- Sozialversicherungsbeiträge BetrAVG § 8 5
- Sparprinzip BetrAVG § 1 27
- Statuswechsel BetrAVG § 7 13
- Sterbegeld BetrAVG § 1 3; § 1b 14
- Steuer BetrAVG § 1 5; § 1a 17; § 1b 5, 10, 17, 21, 26, 34; § 3 25; § 4 45; § 8 5
- steuerliche Förderung BetrAVG § 1a 17
- Stichtagsprinzip BetrAVG § 1 4; § 10 39; § 32 2
- Stimmbindungsvertrag BetrAVG § 17 13
- Störung der Geschäftsgrundlage/Wegfall der Geschäftsgrundlage BetrAVG § 1b 71, 73, 83, 89
- Substanzgefährdung des Unternehmens BetrAVG § 1b 73; § 16 24
- Tarifbindung BetrAVG § 1a 1
- Tarifdispositivität BetrAVG § 1 47; § 1b 122; § 2 83; § 3 29; § 4 53; § 4a 20; § 5 15; § 6 24; § 16 64; § 17 21
- Tariföffnungsklausel BetrAVG § 17 1
- Tarifvertrag BetrAVG § 1 10, 15, 47; § 1a 5, 16; § 1b 106; § 2 83; § 3 29; § 4 53; § 4a 20; § 5 15; § 6 24; § 16 64; § 17 1, 21
- Tarifvorbehalt BetrAVG § 1a 1; § 17 24, 27
- technischer Rentner BetrAVG § 4 7; § 7 7
- Teilkapitalisierung BetrAVG § 1 3
- Teilverzicht BetrAVG § 3 1
- Teilzeitarbeit BetrAVG § 1 19; § 2 17, 22; TzBfG § 4 10
- Träger der Insolvenzsicherung BetrAVG § 13 1
- Treupflichtverletzung BetrAVG § 1b 89, 93
- Übergangsgeld BetrAVG § 1 3; § 7 8
- Übernahme BetrAVG § 4 10
- Übernahme der Zusage BetrAVG § 1b 96; § 4 18; § 7 47

Stichwortverzeichnis

- Überschussanteile BetrAVG § 1b 58; § 2 45, 60; § 16 42; BetrAVG § 4 11, 37
- Überschussverwendung BetrAVG § 16 42
- Übertragung BetrAVG § 3 12; § 4 1, 10, 22; § 7 46; § 8 1; § 10 38
- Übertragungswert BetrAVG § 4 14, 40
- Überversorgung BetrAVG § 1b 71
- Umfassungszusagen BetrAVG § 1 40; § 30e 1
- umstrukturierende Betriebsvereinbarung BetrAVG § 1b 83
- Umstrukturierung BetrAVG § 1b 73
- Umwandlung BetrAVG § 1b 115; § 2 13
- Unfallrente BetrAVG § 5 10
- ungerechtfertigte Bereicherung BetrAVG § 2 57; § 3 28
- Unisex-Tarif BetrAVG § 1 6; § 4 44
- unmittelbare und mittelbare Durchführung BetrAVG § 1 7
- unmittelbare Versorgungszusage BetrAVG § 1 7, 29; § 1a 5; § 1b 3; § 2 29; § 3 23; § 4 27; § 7 14, 27; § 10 6, 28; § 11 4, 13
- Unternehmer BetrAVG § 17 6
- Unternehmerlohn BetrAVG § 1 3
- Unterstützungskasse BetrAVG § 1 7; § 1a 5; § 1b 23, 86; § 2 30, 64; § 3 23; § 4 27; § 7 14, 27; § 9 1, 11; § 10 29, 32; § 11 4, 14
- unverfallbare Anwartschaft BetrAVG § 3 1, 4; § 7 1
- Unverfallbarkeit BetrAVG § 1b 1
- Unverfallbarkeit dem Grunde nach BetrAVG § 1b 1, 37, 59, 98; § 3 4; ; § 4 7; § 30f 1
- Unverfallbarkeit der Höhe nach BetrAVG § 2 1
- Valutaverhältnis BetrAVG § 1b 7, 16, 18
- Verbraucherpreisindex BetrAVG § 16 14
- Vererbbarkeit BetrAVG § 1 3
- Verfallklausel BetrAVG § 1b 38
- Verfügungsverbote BetrAVG § 2 57; § 8 12; § 10 2
- Verjährung BetrAVG § 10a 1, 7; § 16 33; § 18a 1
- Verlangen des Arbeitnehmers BetrAVG § 1a 2, 7; § 6 21; § 7 6
- Verlustrücklage BetrAVG § 10 23
- Vermögensübergang BetrAVG § 9 1, 11
- Verpfändung BetrAVG § 1b 58; § 2 41, 61; § 7 42, 46; § 9 5; § 10 4
- Verrechnung BetrAVG § 3 1
- Verschwiegenheitspflicht BetrAVG § 15 1
- Versicherungsaufsicht BetrAVG § 1b 14, 20, 23; § 7 14
- versicherungsförmige Lösung BetrAVG § 2 1, 30, 40; § 4 28; § 7 27
- versicherungsmathematischer Abschlag BetrAVG § 2 6, 8; § 6 13
- Versicherungsprinzip BetrAVG § 1 27
- Versorgungsanwärter BetrAVG § 7 10
- Versorgungsausgleich BetrAVG § 1 3; § 1b 1
- Versorgungsempfänger BetrAVG § 7 5
- Versorgungsverhältnis BetrAVG § 1 10
- Versorgungszweck BetrAVG § 1 3
- vertragliche Anpassungsklauseln BetrAVG § 16 59
- vertragliche Einheitsregelung BetrAVG § 1 10, 13; § 1b 64, 86
- vertragliche Unverfallbarkeit BetrAVG § 1b 59
- Vertrauensschutz BetrAVG § 1b 66
- Verwaltungskosten BetrAVG § 10 21
- Verzicht BetrAVG § 1b 65, 109; § 3 1
- Verzinsung BetrAVG § 10a 1
- Verzugszinsen BetrAVG § 10a 4
- Vollendung des 30. Lebensjahres BetrAVG § 1b 44
- vollständige Beendigung der Betriebstätigkeit BetrAVG § 7 18
- Vordienstzeit BetrAVG § 1b 59; § 2 11, 23, 82; § 4 21; § 7 11
- Vorruhestand BetrAVG § 1b 55
- Vorschaltzeit BetrAVG § 1b 51; § 2 12, 23
- vorzeitige Altersleistung BetrAVG § 2 6, 8; § 6 1, 11; § 30a 2
- vorzeitiges Ausscheiden BetrAVG § 1b 40
- Wartezeit BetrAVG § 1 31; § 1b 1, 48, 51, 55, 98, 102, 118; § 2 11, 28; § 6 5
- Wechsel des Durchführungsweges BetrAVG § 1b 22, 32, 94, 110; § 4 4, 6
- Wertgleichheit BetrAVG § 1 38, 42; § 1a 13; § 1b 7, 36; § 4 11, 18, 23, 31; § 6 18
- Wertguthaben BetrAVG § 1b 36
- Wettbewerbsverbot BetrAVG § 1b 93; § 5 11
- Widerruf bei Unterstützungskassen BetrAVG § 1b 86
- Widerruf wegen wirtschaftlicher Notlage GG Art. 14 25
- Widerrufsrecht BetrAVG § 1b 23, 83, 93
- Widerrufsvorbehalt BetrAVG § 1b 89
- wirtschaftliche Gründe BetrAVG § 1b 73
- wirtschaftliche Lage BetrAVG § 16 2, 21, 42; § 1b 71, 90; § 7 18
- zeitlicher Geltungsbereich BetrAVG § 32 1
- Zinsen BetrAVG § 10a 1
- Zivildienst BetrAVG § 2 10
- Zurechnungszeiten BetrAVG § 2 7
- Zusagearten BetrAVG § 1 25
- Zusagebestand BetrAVG § 1b 39, 44, 46, 57, 103; § 2 9, 11
- Zusammenrechnungsregel BetrAVG § 17 10
- Zwangsvollstreckung BetrAVG § 10 41
- zwingende Gründe BetrAVG § 1b 71
- zwingende Vorschriften BetrAVG § 1 1
- zwingender Charakter BetrAVG § 1 1, 5; § 17 20

Betriebliche Altersversorgung/Opting out BetrAVG § 1a 2

Betriebliche Berufsbildung
- Sozialversicherungspflicht SGB IV § 7 31

Betriebliche Übung
- Ablösung BGB § 611 51
- betriebliche Altersversorgung BetrAVG § 1 10, 17; § 1b 95
- dogmatische Grundlage BGB § 611 44
- gegenläufige - BGB § 611 51
- Schriftformklausel BGB § 611 50
- Tarifgebundenheit TVG § 3 15
- Voraussetzungen BGB § 611 45
- Vorbehalt BGB § 611 46
- Weisungsrecht GewO § 106 41
- Widerruf BGB § 611 51

Betriebliche Vertrauensleute BetrVG § 3 8

Betriebliches Bündnis für Arbeit TVG § 4 27

Betriebliches Eingliederungsmanagement BGB § 626 88; SGB IX § 84 2

Betriebs-/Geschäftsgeheimnis BetrVG § 79 2; § 80 16; § 91 4; § 106 7; § 108 9; § 109 1; § 110 6; § 111 20; BGB § 611 372; § 626 202; EBRG § 29 5
- nach EBRG EBRG § 35 1
- Öffentlichkeit ArbGG § 52 6

Betriebsabsprachen
- AGB-Kontrolle BGB § 310 7

Betriebsänderung BetrVG § 111 11; § 91 9
- Betriebsübergang BGB § 613a 83
- durch Umwandlung UmwG § 194 9
- in der Insolvenz InsO § 122 2
- in der Insolvenz, betriebsübergreifende - InsO § 125 13
- in der Insolvenz, Interessenausgleich InsO § 125 3, 13
- Mitbestimmungsrecht BetrVG § 111 1
- Sprecherausschuss, Mitwirkungsrechte SprAuG § 32 3
- Transfermaßnahmen SGB III § 110 2

Betriebsbedingte Kündigung
- Altersteilzeit ATZG § 8 3
- außerordentliche Kündigung BGB § 626 105
- Betriebsratsanhörung BetrVG § 102 18
- Interessenausgleich, Insolvenz InsO § 125 6
- Wehrdienst ArbPlSchG § 2 5, 8, 20

Betriebsbegriff KSchG § 23 6
- EBRG EBRG § 1 3

Betriebsbesetzung
- als Arbeitskampfmittel TVG Anhang 2
- als Besitzstörung BGB § 863 3
- Unterlassungsanspruch BGB § 1004 2

Betriebsblockade
- als Arbeitskampfmittel TVG Anhang 2
- als Betriebsstörung BGB § 863 5
- Unterlassungsanspruch BGB § 1004 2

Betriebsbußen BGB § 626 179, 185

Betriebseinrichtung BetrVG § 91 1

Betriebsfrieden BetrVG § 74 6; § 99 66
- Grenze der gewerkschaftlichen Betätigungsfreiheit GG Art. 9 42
- Initiativrecht des BR BetrVG § 104 1
- Störung des - GG Art. 5 34
- Störung des -, wichtiger Grund KSchG § 15 14

Betriebsleiter KSchG § 14 10

Betriebsleitung BetrVG § 77 1

Betriebsobmann BetrVG § 9 1

Betriebspraktikum JArbSchG § 5 2

Betriebsrat
- Unterrichtungsrecht Ausgleichsabgabe SGB IX § 77 1-2

Betriebsrat (BR) BetrVG § 1 10
- Abstimmungsverfahren BetrVG § 33 3
- aktives Wahlrecht BetrVG § 7 1
- allgemeine Aufgaben BetrVG § 80 1
- Amtsniederlegung BetrVG § 13 5
- Amtszeit BetrVG § 13 1; § 21 1
- Antragsbefugnis im Beschlussverfahren ArbGG § 81 13
- Arbeitnehmerüberlassung AÜG § 14 1, 17; AÜG § 1a 6
- Arbeitsgemeinschaften BetrVG § 3 7
- Arbeitsgruppen BetrVG § 28a 1
- Arbeitsplatzausschreibung BetrVG § 93 1
- Arbeitsplatzorganisation BetrVG § 91 1
- Auflösung BetrVG § 23 1, 15
- Auflösung durch Gerichtsentscheidung BetrVG § 13 7
- Aufspaltung BetrVG § 1 10
- Auskunftsanspruch BetrVG § 75 2
- Ausschluss BetrVG § 23 2
- Ausschluss, Antragsberechtigung BetrVG § 23 11
- Ausschüsse BetrVG § 28 1
- Aussetzung von Beschlüssen BetrVG § 35 1; § 66 1
- Auswahlrichtlinien BetrVG § 95 1
- Beeinträchtigungsschutz BetrVG § 121 1
- Beratungsrecht Betriebsänderung BetrVG § 111 1
- Berücksichtigung von Organisationsbereichen und Beschäftigungsarten BetrVG § 15 1
- Berufsbildung BetrVG § 97 1
- Berufsbildungsförderung BetrVG § 96 1
- Beschäftigungssicherung BetrVG § 92a 1
- Beschlussfähigkeit BetrVG § 33 2
- Beschlussfassung BetrVG § 33 2
- Beschwerdeverfahren BetrVG § 86 9
- Besprechungspflicht BetrVG § 74 1
- Beteiligtenfähigkeit im Beschlussverfahren ArbGG § 83 12; BetrVG § 21 6
- Betriebsausschuss BetrVG § 27 1
- Betriebsobmann BetrVG § 9 1
- betriebsratsfähige Organisationseinheit BetrVG § 18 7

2551

Stichwortverzeichnis

- Betriebsspaltung BetrVG § 21a 2
- Betriebsübergang BetrVG § 1 10
- Büropersonal BetrVG § 40 14
- Büroräume BetrVG § 40 11
- Datenschutzbeauftragter BDSG § 4f 7
- Einsicht in BR-Unterlagen BetrVG § 34 4
- Einsicht in Lohn- und Gehaltslisten BetrVG § 80 21
- Einsicht Verzeichnis der Jugendlichen JArbSchG § 49 2
- Einspruch gegen Kündigung KSchG § 3 1
- Eröffnung des Insolvenzverfahrens BetrVG § 21 5
- Errichtung BetrVG § 1 1
- Ersatzmitglied BetrVG § 14 5; § 25 1
- Fehlen eines - BetrVG § 13 8
- freie Meinungsäußerung GG Art. 5 38
- Freistellungen BetrVG § 38 1
- Friedenspflicht, betriebsverfassungsrechtliche BetrVG § 74 6
- gemeinsame Ausschüsse BetrVG § 28 3
- geschäftsführender Ausschuss BetrVG § 27 7
- Geschäftsordnung BetrVG § 36 1
- Geschlechterproporz BetrVG § 15 2
- Größe BetrVG § 9 1
- Grundsatz der vertrauensvollen Zusammenarbeit BetrVG § 74 1
- Hinzuziehung eines Sachverständigen BetrVG § 80 24
- Homepage BetrVG § 40 13
- Informationsanspruch BetrVG § 80 14
- Initiativrecht BetrVG § 87 4
- Initiativrecht bei Störung des Betriebsfriedens BetrVG § 104 1
- Internetzugang BetrVG § 40 13
- Konkurrenzschutz BetrVG § 74 6; § 80 3
- konstituierende Sitzung BetrVG § 29 2
- Kosten BetrVG § 40 1
- Mandat UmwG § 323 7
- Mitbestimmungsrechte beim Betriebsübergang BGB § 613a 83
- Mitbestimmungsrechte, soziale Angelegenheiten BetrVG § 87 1
- passives Wahlrecht BetrVG § 8 1
- Personalfragebogen BetrVG § 94 1
- Personalplanung BetrVG § 92 1
- Pflichtverletzung BetrVG § 23 4
- Rechte bei Umwandlung UmwG § 194 7, 16–17
- Restmandat BetrVG § 1 10; § 21b 1; BGB § 613a 81
- Rücktritt BetrVG § 13 5
- Schulungs- und Bildungsveranstaltungen BetrVG § 37 17
- Schulungsanspruch BetrVG § 37 17
- Schutz- und Fördergebot BetrVG § 75 2
- Sitzungen BetrVG § 29 1
- Sitzungsprotokoll BetrVG § 34 1
- Sonderkündigungsschutz BetrVG § 21 3
- Spartenbetriebsrat BetrVG § 3 5
- Sprechstunden BetrVG § 39 1
- Stilllegung BetrVG § 1 10
- Tätigkeitsbericht BetrVG § 43 4
- Teilnahmerecht Jugend- und Auszubildendenversammlung BetrVG § 71 2
- Übergangsmandat BetrVG § 1 10; § 21a 1
- Überwachungsgebot BetrVG § 75 2
- Unterlassungsanspruch gegen den AG BetrVG § 23 16
- unternehmenseinheitlicher - BetrVG § 3 2
- Unternehmensspaltung BetrVG § 21a 2
- Unterrichtungsanspruch BetrVG § 80 14
- Unterrichtungsrecht Betriebsänderung BetrVG § 111 1
- Unterrichtungsrecht Einrichtung der Betriebe BetrVG § 91 1
- Unterrichtungsrecht Personalplanung BetrVG § 92 2
- vereinbarter - BetrVG § 3 1
- Verhältnis zum SprAu SprAuG § 2 2
- Verschmelzung BetrVG § 1 10
- Verzicht auf Mitbestimmungsrechte BetrVG § 87 7
- Vorschlagsrecht Arbeitnehmer BetrVG § 86a 1
- Vorsitzender BetrVG § 26 1
- Wahlberechtigung BetrVG § 7 1
- weitere Ausschüsse BetrVG § 28 2
- Wirtschaftsausschuss BetrVG § 106 1
- Zahl der Mitglieder BetrVG § 9 1
- Zusammenfassung mehrerer Betriebe BetrVG § 3 4
- Zuständigkeit UmwG § 194 2–3, 20

Betriebsrat, Beteiligung
- ältere Arbeitnehmer BetrVG § 80 10
- Anregungsrecht BetrVG § 80 5
- Arbeitskampf BetrVG § 74 6; GG Art. 9 100
- Arbeitsplatz BetrVG § 91 1
- Arbeitsschutz BetrVG § 89 1
- Arbeitszeit BetrVG § 80 7; § 87 20
- Aufgaben BetrVG § 80 1
- ausländische Arbeitnehmer BetrVG § 80 11
- außerordentliche Kündigung BetrVG § 103 1
- außerordentliche Kündigung BR-Mitglied KSchG § 15 1
- betriebliche Bildungsmaßnahmen BetrVG § 98 1
- Informationsanspruch BetrVG § 80 14
- Koppelungsgeschäfte BetrVG § 74 10
- Kündigungen BetrVG § 102 1
- Kurzarbeit während Sperrfrist KSchG § 19 9
- Lohn- und Gehaltsliste, Einsicht BetrVG § 80 21
- Massenentlassungen KSchG § 17 22
- personelle Einzelmaßnahmen BetrVG § 99 1

- soziale Angelegenheiten   BetrVG § 87 1
- Streitigkeiten   BetrVG § 80 26
- Überwachung   BetrVG § 75 3
- Überwachungsaufgabe   BetrVG § 75 1; § 80 1, 14, 17
- Umweltschutz   BetrVG § 89 6
- Versetzung   BetrVG § 103 9

Betriebsrat, Betriebsausschuss   BetrVG § 27 1
- Beschlussfassung   BetrVG § 33 1
- Geschäftsordnung   BetrVG § 36 1
- kleinere Betriebe   BetrVG § 27 7
- laufende Geschäfte   BetrVG § 27 5
- Mitglieder   BetrVG § 27 2
- Sitzungen   BetrVG § 29 1; § 30 1
- Sitzungsprotokoll   BetrVG § 34 1
- übertragene Aufgaben   BetrVG § 27 6
- Wahl   BetrVG § 27 3
- Zuständigkeit   BetrVG § 27 5

Betriebsrat, Ersatzmitglied   BetrVG § 25 1
- Beendigung der Ersatzmitgliedschaft   BetrVG § 25 2
- Geschlechterproporz   BetrVG § 25 6
- Nachrücken   BetrVG § 25 2
- Rechtsstellung   BetrVG § 25 5
- Reihenfolge des Eintritts   BetrVG § 25 6
- Sonderkündigungsschutz   BetrVG § 25 1, 3, 5
- Vertretung   BetrVG § 25 3

Betriebsrat, personelle Einzelmaßnahme   BetrVG § 99 1
- Anwendungsbereich   BetrVG § 99 1
- Auslandsdienstreise   BetrVG § 99 32
- Benachteiligung   BetrVG § 99 56
- Bewerbungsunterlagen   BetrVG § 99 37
- Eingruppierung   BetrVG § 99 12, 43
- Einstellung   BetrVG § 99 5, 34
- mitbestimmungspflichtige Angelegenheiten   BetrVG § 99 5
- Umgruppierung   BetrVG § 99 22
- unterbliebene Ausschreibung   BetrVG § 99 64
- Unterrichtungs- und Auskunftspflicht des AG   BetrVG § 99 34
- Verschwiegenheitspflicht   BetrVG § 99 44
- Versetzung   BetrVG § 99 26, 42
- Verstoß gegen Auswahlrichtlinien   BetrVG § 99 55
- Verstoß gegen Rechtsvorschriften   BetrVG § 99 46
- vorläufige Maßnahmen   BetrVG § 100 1
- Zeitpunkt der Unterrichtung   BetrVG § 99 41
- Zustimmung   BetrVG § 99 45
- Zustimmungsersetzung   BetrVG § 99 73
- Zustimmungsfiktion   BetrVG § 99 72
- Zustimmungsverweigerung   BetrVG § 99 45
- Zustimmungsverweigerung, Schriftform   BetrVG § 99 71
- Zustimmungsverweigerung, Verfahren   BetrVG § 99 67
- Zustimmungsverweigerungsrechte   BetrVG § 99 45
- Zwangsgeld   BetrVG § 101 1

Betriebsrat, soziale Angelegenheiten
- Akkord   BetrVG § 87 72
- Arbeitnehmererfindung   BetrVG § 87 80
- Arbeitsentgelt   BetrVG § 87 35
- Arbeitsze   BetrVG § 87 20
- ausländische Arbeitnehmer   BetrVG § 88 11
- Betriebsstrafen   BetrVG § 87 18
- Entlohnungsgrundsatz   BetrVG § 87 60
- Entlohnungsmethoden   BetrVG § 87 65
- Ethikregeln   BetrVG § 87 18
- freiwillige Betriebsvereinbarung   BetrVG § 88 1
- Gewinn-/Umsatzbeteiligung   BetrVG § 87 77
- Gruppenarbeit   BetrVG § 87 84
- Ideenmanagement   BetrVG § 87 78
- kollektiver Bezug   BetrVG § 87 2
- Lohngestaltung   BetrVG § 87 60
- Ordnung des Betriebs   BetrVG § 87 17
- Prämie   BetrVG § 87 75
- Sozialeinrichtung   BetrVG § 87 47; § 88 9
- Sprachkurse   BetrVG § 88 11
- Überwachung   BetrVG § 87 39
- Unfallverhütung   BetrVG § 87 45
- Urlaub   BetrVG § 87 36
- Verhalten der AN   BetrVG § 87 17
- Vorschlagswesen   BetrVG § 87 78
- Werkswohnung   BetrVG § 87 54
- Zielvereinbarungsvergütung   BetrVG § 87 77

Betriebsrat, vereinbarter
- »maßgeschneiderte Arbeitnehmervertretung«   BetrVG § 3 6
- Arbeitsgemeinschaft   BetrVG § 3 7
- Regelung durch BV   BetrVG § 3 10
- Regelung durch TV   BetrVG § 3 9
- Regionalbetriebsrat   BetrVG § 3 4
- Spartenbetriebsrat   BetrVG § 3 5
- unternehmenseinheitlicher Betriebsrat   BetrVG § 3 2
- Zusammenfassung mehrerer Betriebe   BetrVG § 3 4
- zusätzliche Arbeitnehmervertretung   BetrVG § 3 8

Betriebsräteversammlung
- Ablauf   BetrVG § 53 6
- Bericht des AG   BetrVG § 53 6
- Beschlussfassung   BetrVG § 53 6
- Beschlussverfahren   BetrVG § 53 2
- Einberufung   BetrVG § 53 5
- Friedenspflicht   BetrVG § 53 6
- Kosten   BetrVG § 53 4
- Ort   BetrVG § 53 4
- Teilnahmerecht   BetrVG § 53 3
- Zeitpunkt   BetrVG § 53 4
- Zweck   BetrVG § 53 1

Stichwortverzeichnis

Betriebsratsanhörung
- Adressat BetrVG § 102 14
- Änderungskündigung BetrVG § 102 21
- Anhörungsverfahren BetrVG § 102 8
- außerordentliche Kündigung BGB § 626 13, 121, 124, 147, 198, 215
- Bedenken BetrVG § 102 24
- betriebsbedingte Kündigung BetrVG § 102 18
- fehlerhafte Sozialauswahl BetrVG § 102 29
- Form BetrVG § 102 16
- Insolvenz InsO § 125 2
- krankheitsbedingte Kündigung BetrVG § 102 17
- Kündigung BetrVG § 102 1; EinigungsV Anlage I 3; KSchG § 4 9
- Kündigung eines AN BetrVG § 102 3
- Massenentlassungen BetrVG § 102 20
- Massenentlassungsverfahren KSchG § 20 4
- Rechtswirkung BetrVG § 102 34
- Unterrichtungsinhalt BetrVG § 102 8, 17
- vereinbarte Zustimmungspflicht BetrVG § 102 49
- verhaltensbedingte Kündigung BetrVG § 102 19
- Weiterbeschäftigungsmöglichkeit BetrVG § 102 31
- Widerspruch BetrVG § 102 25
- Zeitpunkt BetrVG § 102 15
- Zustimmung BetrVG § 102 22

Betriebsratsgröße BetrVG § 9 2
- betriebsangehörige Mitarbeiter BetrVG § 9 2
- ermäßigte Zahl BetrVG § 11 1
- Falschberechnung BetrVG § 9 3
- gerichtliche Klärung BetrVG § 9 3
- Schwellenwert BetrVG § 9 2

Betriebsratskosten
- anwaltliche Vertretung BetrVG § 40 6
- Büropersonal BetrVG § 40 10, 14
- Einigungsstelle BetrVG § 40 6
- Erforderlichkeit BetrVG § 40 2
- Erfüllung der Kostentragungspflicht BetrVG § 40 3
- Gemeinschaftsbetrieb BetrVG § 40 1
- Geschäftsführungskosten BetrVG § 40 5
- Informations- und Kommunikationstechnik BetrVG § 40 13
- Kostentragung durch den Arbeitgeber BetrVG § 40 1
- Räume BetrVG § 40 11
- Rechtsverfolgungskosten BetrVG § 40 6
- Reisekosten BetrVG § 40 7
- Sachaufwand BetrVG § 40 10
- Sachmittel BetrVG § 40 12
- Schulungs- und Bildungsveranstaltungen BetrVG § 40 2, 8
- Schwarzes Brett BetrVG § 40 13
- Umlageverbot BetrVG § 41 1
- Verhältnismäßigkeit BetrVG § 40 2
- Verjährung BetrVG § 40 3

Betriebsratsmitglied
- Abgeltungsanspruch BetrVG § 37 12
- Abmahnung BetrVG § 23 2
- Amtsende mit Spaltung oder Teilübertragung UmwG § 323 7
- Amtsenthebung BetrVG § 23 1, 14; § 24 6
- Amtsniederlegung BetrVG § 24 3
- Amtspflicht BetrVG § 23 2
- An- und Abmeldung beim Vorgesetzten BetrVG § 37 6
- Arbeitsbefreiung BetrVG § 37 3
- Arbeitskampf BetrVG § 37 7
- Arbeitszeugnis BetrVG § 37 2
- Ausschluss BetrVG § 23 1
- außerordentliche Kündigung BGB § 626 13, 89, 123, 165, 216, 220
- Beendigung des Arbeitsverhältnisses BetrVG § 24 4
- Begünstigungsverbot BetrVG § 78 4
- Benachteiligungsverbot BetrVG § 78 4
- Berufsschutz BetrVG § 37 16
- bezahlte Freistellung BetrVG § 37 11
- Dienstreise BetrVG § 37 6
- Diskriminierungsverbot BetrVG § 37 13
- Ehrenamt BetrVG § 37 2
- Entgeltfortzahlung BetrVG § 37 7
- Erforderlichkeit BetrVG § 37 5
- Erholungsurlaub BetrVG § 25 3
- Erlöschen der Mitgliedschaft BetrVG § 24 1
- freigestelltes - BetrVG § 38 1
- Geheimhaltungspflicht BetrVG § 79 1
- gerichtliche Feststellung der Nichtwählbarkeit BetrVG § 24 7
- Interessenkollision BetrVG § 25 4
- Kündigung BetrVG § 23 2; § 103 1
- Neutralitätsgebot BetrVG § 37 1
- Pflichtverletzung BetrVG § 23 4
- Pflichtverletzung, Beispiele BetrVG § 23 5
- Reisezeit BetrVG § 37 8
- Ruhen des Arbeitsverhältnisses BetrVG § 24 4
- Schulungs- und Bildungsveranstaltungen BetrVG § 37 17
- Schulungsanspruch BetrVG § 37 17
- Tätigkeit außerhalb der Arbeitszeit BetrVG § 37 8
- Überstundenausgleich BetrVG § 37 8
- Unterlassungsanspruch BetrVG § 78 3
- Verlust der Wählbarkeit BetrVG § 24 5
- Versetzung BetrVG § 103 9
- vertragliche Ansprüche ArbGG § 2 9
- Vertretung BetrVG § 25 3
- wirtschaftliche Absicherung BetrVG § 37 14
- Zeiterfassung BetrVG § 37 6
- zeitweilige Verhinderung BetrVG § 25 3

Betriebsratsmitglied, freigestelltes
- Abberufung BetrVG § 38 7

- Amtsniederlegung BetrVG § 38 7
- Anzahl BetrVG § 38 2
- Aufstockung BetrVG § 38 3
- berufliche Weiterbildung BetrVG § 38 11
- Freistellung durch den AG BetrVG § 38 6
- Freistellungswahl BetrVG § 38 5
- Rechtsstellung BetrVG § 38 8
- Schutz BetrVG § 38 8, 10
- Teilfreistellung BetrVG § 38 4
- Vergütung BetrVG § 38 9

Betriebsratsmitglied, Kündigungsschutz
- Amtspflichtverletzun KSchG § 15 13
- Amtszeit der BR-Mitglieder KSchG § 15 60
- Änderungskündigung KSchG § 15 6, 10
- Ausschlussfrist KSchG § 15 16
- außerordentliche Kündigung KSchG § 15 7
- Beendigung der Amtszeit KSchG § 15 26
- Betriebsstilllegung KSchG § 15 36
- Darlegungs- und Bewei KSchG § 15 34
- Darlegungs- und Beweislast KSchG § 15 22
- Ersatzmitglied KSchG § 15 29
- geschützter Personenkreis KSchG § 15 2
- Initiatoren einer Betriebsratswahl KSchG § 15 61
- Insolvenz KSchG § 15 5
- Kündigung, außerordentliche KSchG § 15 7
- Kündigung, ordentliche KSchG § 15 35
- Kündigungsschutzprozess KSchG § 15 17, 58
- Nachschieben von Kündigungsgründen KSchG § 15 19
- Nachwirkung KSchG § 15 23
- Stilllegung einer Betriebsabteilung KSchG § 15 51
- Unabdingbarkeit KSchG § 15 64
- Verweigerung der Weiterarbeit nach Kündigung KSchG § 16 3
- wichtiger Grund KSchG § 15 9
- Zustimmung des BR KSchG § 15 7
- Zweck KSchG § 15 1

Betriebsratsschulung BetrVG § 37 17
- Dauer BetrVG § 37 21
- erforderliche - BetrVG § 37 18
- Ersatzmitglied BetrVG § 37 20, 24
- Freistellungsanspruch BetrVG § 37 22, 24
- geeignete - BetrVG § 37 23
- Individualanspruch BetrVG § 37 17
- Inhalte BetrVG § 37 19
- Kollektivanspruch BetrVG § 37 17
- Teilnehmer BetrVG § 37 20
- Themen BetrVG § 37 19

Betriebsratssitzung BetrVG § 29 3; § 30 1
- Abstimmung BetrVG § 33 3
- Antragsrecht der JAV BetrVG § 67 4
- Anzahl BetrVG § 30 2
- Beschlussfassung BetrVG § 33 2
- Dauer BetrVG § 30 2
- Einberufung BetrVG § 29 3

- Einsichtsrecht Sitzungsprotokoll BetrVG § 34 4
- Information der JAV BetrVG § 67 4
- konstituierende Sitzung BetrVG § 29 2
- Ladung BetrVG § 29 3
- Leitung BetrVG § 29 4
- Protokoll BetrVG § 34 2
- Sitzungsprotokoll BetrVG § 34 1
- Tagesordnung BetrVG § 29 4
- Teilnahme der JAV BetrVG § 67 1
- Teilnahme der Schwerbehindertenvertretung BetrVG § 32 1
- Teilnahme von Gewerkschaften BetrVG § 31 1
- Teilnahmerecht BetrVG § 30 3
- Teilnahmerecht des Arbeitgeber BetrVG § 29 5
- Teilnehmer BetrVG § 30 3
- Zeitpunkt BetrVG § 30 2

Betriebsratsvorsitzender BetrVG § 26 1
- Abberufung BetrVG § 26 2
- Amtsniederlegung BetrVG § 26 2
- Anfechtung der Wahl BetrVG § 19 1; § 26 2
- Entgegennahme von Erklärungen BetrVG § 26 3
- Rechtsstellung BetrVG § 26 3
- Stellvertreter BetrVG § 26 4
- Wahl BetrVG § 26 2

Betriebsratswahl
- Abbruch BetrVG § 18 3
- allgemeine Wahl BetrVG § 14 4
- Anfechtung BetrVG § 13 6; § 19 1
- Arbeitsversäumnis BetrVG § 20 8
- ausländische Wahlberechtigte BetrVG § 18 1
- außerplanmäßige Wahlen BetrVG § 13 2
- Behinderungs- und Beeinflussungsverbot BetrVG § 20 2; § 121 2
- betriebsratsfähige Organisationseinheit BetrVG § 1 7
- Briefwahl BetrVG § 14a 1
- Einleitung der Wahl BetrVG § 18 1
- Ersatzmitglied BetrVG § 14 5
- Fehler im Wahlverfahren BetrVG § 19 2
- freie Wahl BetrVG § 14 4
- geheime Wahl BetrVG § 14 2
- Geschlechterproporz BetrVG § 14 5
- gleiche Wahl BetrVG § 14 4
- Kleinbetriebe BetrVG § 14a 1
- Kosten BetrVG § 20 6
- Leiharbeitnehmer AÜG § 14 11
- Listensprung BetrVG § 15 5
- Listenwahl BetrVG § 14 5
- Mehrheitswahl BetrVG § 14 6; § 14a 4; § 15 6
- Neutralitätspflicht des AG BetrVG § 20 5
- Nichtigkeit BetrVG § 19 9
- Nichtigkeitsgründe BetrVG § 19 10
- Personenwahl BetrVG § 14 6
- Stimmzettel BetrVG § 14 2

2555

Stichwortverzeichnis

- Stützunterschriften BetrVG § 14 9; § 14a 4
- unmittelbare Wahl BetrVG § 14 3
- vereinfachtes Wahlverfahren BetrVG § 14a 1
- vereinfachtes Wahlverfahren, einstufiges Verfahren BetrVG § 14a 6
- vereinfachtes Wahlverfahren, zweistufiges Verfahren BetrVG § 14a 2
- Verhältniswahl BetrVG § 14 5; § 15 5
- Wahl BetrVG § 13 1
- Wahlabbruch BetrVG § 18 3
- Wahlausschreiben BetrVG § 14 7; § 18 1
- Wählbarkeit BetrVG § 8 1
- Wahlberechtigung BetrVG § 7 1
- Wahlbewerber, bes Kündigungsschutz KSchG § 15 7, 33
- Wahlboykott BetrVG § 20 5
- Wahlinitiatoren, bes Kündigungsschutz KSchG § 15 61
- Wahlschutz BetrVG § 20 1
- Wahltag BetrVG § 13 1
- Wahlversammlung BetrVG § 14a 2
- Wahlvorschläge BetrVG § 14 7
- Wahlvorschlagsrecht BetrVG § 14 9
- Wahlvorschriften BetrVG § 14 1
- Wahlvorstand BetrVG § 14 2; § 16 1
- Wahlwerbung BetrVG § 20 5
- Zeitpunkt BetrVG § 13 1
- Zuordnung der leitenden Angestellten BetrVG § 18a 1

Betriebsratswahl, Wahlanfechtung BetrVG § 19 1
- Anfechtungsberechtigung BetrVG § 19 5
- Anfechtungsfrist BetrVG § 19 6
- Anfechtungsgegner BetrVG § 19 7
- Anfechtungsgründe BetrVG § 19 3
- Rechtsfolgen BetrVG § 19 8
- Rechtsschutzbedürfnis BetrVG § 19 7
- Verfahren BetrVG § 19 7

Betriebsratswahl, Wählbarkeit BetrVG § 8 1
- Altersteilzeitler BetrVG § 8 2
- ausländische Staatsangehörigkeit BetrVG § 8 1
- befristet Beschäftigter BetrVG § 8 2
- Elternzeitler BetrVG § 8 2
- Gekündigte BetrVG § 8 2
- Leiharbeitnehmer BetrVG § 8 1
- Mitglieder des Wahlvorstandes BetrVG § 8 2
- ruhendes Arbeitsverhältnis BetrVG § 8 2
- Vorbeschäftigungszeit BetrVG § 8 3
- Wählerliste BetrVG § 8 1
- Wahlvorschlag BetrVG § 8 1
- Wehr- und Zivildienstleistende BetrVG § 8 2

Betriebsratswahl, Wahlberechtigung BetrVG § 7 1
- Altersteilzeitler BetrVG § 7 4
- Arbeit auf Abruf BetrVG § 7 4
- Arbeitsunfähigkeit BetrVG § 7 6
- Aushilfskraft BetrVG § 7 4
- Auslandseinsatz BetrVG § 7 5
- Außendienstmitarbeiter BetrVG § 7 5
- Auszubildende BetrVG § 7 5
- befristet Beschäftigter BetrVG § 7 4
- Betriebszugehörigkeit BetrVG § 7 5
- Elternzeitler BetrVG § 7 6
- freier Mitarbeiter BetrVG § 7 3
- freigestellter Mitarbeiter BetrVG § 7 4, 6
- Fremdfirmenmitarbeiter BetrVG § 7 3
- Grundwehr- und Zivildienstleistende BetrVG § 7 6
- Heimarbeiter BetrVG § 7 5
- Job-Sharing BetrVG § 7 4
- Kranke BetrVG § 7 6
- Leiharbeitnehmer BetrVG § 7 1, 7
- Teilzeitkraft BetrVG § 7 4
- Urlauber BetrVG § 7 6
- Wählerliste BetrVG § 7 2

Betriebsratswahl, Wahlvorstand BetrVG § 16 1
- Amtszeit BetrVG § 16 7
- Bestellung BetrVG § 16 1
- Bestellung durch Arbeitsgericht BetrVG § 16 4; § 17 3
- Bestellung durch Betriebsrat BetrVG § 16 2
- Bestellung durch Betriebsversammlung BetrVG § 17 2
- Bestellung durch GBR/KBR BetrVG § 16 6; § 17 1
- Bestellung im betriebsratslosen Betrieb BetrVG § 17 1
- Entscheidungen BetrVG § 16 9
- Ersatzmitglied BetrVG § 16 1
- Ersetzung durch das ArbG BetrVG § 18 4
- Größe BetrVG § 16 1
- Rechtsstellung der Mitglieder BetrVG § 16 8
- Schulungsanspruch BetrVG § 20 7
- Sonderkündigungsschutz BetrVG § 16 8; § 17 4; § 103 5 KSchG § 15 7, 33
- Teilnahmerecht Gewerkschaft BetrVG § 16 1, 5

Betriebsrisiko
- Abdingbarkeit BGB § 615 89
- Arbeitskampfrisiko BGB § 615 84
- Beendigung des Arbeitsverhältnisses BGB § 615 90
- Begriff BGB § 615 81
- Einzelfälle BGB § 615 86
- Entwicklung der Betriebsrisikolehre BGB § 615 83
- Existenzgefährdung BGB § 615 85
- Wegerisiko BGB § 615 88

Betriebsrundfunk GG Art. 5 19

Betriebsspaltung
- Beteiligung des Wirtschaftsausschusses BetrVG § 106 8
- Restmandat Betriebsrat BetrVG § 21b 1
- Übergangsmandat Betriebsrat BetrVG § 21a 3
- Unterrichtung und Anhörung EBR EBRG § 29 14

Stichwortverzeichnis

- Unterrichtungsrecht Betriebsrat **BetrVG § 111** 15
- **Betriebsstilllegung BetrVG § 1** 10; **BGB § 626** 202; **KSchG § 15** 36
- als Arbeitskampfmittel **TVG Anhang** 2
- Beteiligung des Wirtschaftsausschusses **BetrVG § 106** 8
- Betriebsübergang **BGB § 613a** 23, 107
- Restmandat Betriebsrat **BetrVG § 21b** 1
- Unterrichtung und Anhörung EBR **EBRG § 29** 15
- Wehrdienst **ArbPlSchG § 2** 8
- wesentliche Strukturänderung **EBRG § 37** 7
- **Betriebsstörer BetrVG § 104** 1
- **Betriebsstrafen BetrVG § 87** 18
- **Betriebsteil BetrVG § 4** 1
- Begriff **BetrVG § 4** 2
- Begriff im Recht des Betriebsübergangs **BGB § 613a** 4
- einfacher - **BetrVG § 4** 2
- Hauptbetrieb **BetrVG § 4** 3
- qualifizierter - **BetrVG § 4** 3
- **Betriebsübergang UmwG § 194** 4
- Abgrenzung zur Auftragsnachfolge **BGB § 613a** 7, 24
- Aktienoptionen **BGB § 613a** 49
- Altersteilzeit-AV **ATZG § 2** 8
- Altersversorgung **BGB § 613a** 41, 64, 94
- Arbeitsbedingungen **BGB § 613a** 44
- Aufhebungsvertrag **BGB § 613a** 105; **§ 626** 31
- Auflösung iSv § 24 Nr 1 EStG **EStG § 24** 18
- Ausschlussfrist **BGB § 613a** 93
- Bedeutung des § 324 UmwG **UmwG § 324** 1
- Befristung **TzBfG § 14** 56
- Beschäftigungsgesellschaft **BGB § 613a** 105
- Betrieb, Begriff des - **BGB § 613a** 4, 19
- betriebliche Altersversorgung **BetrAVG § 1b** 97; **§ 2** 13; **§ 4** 4
- betriebliche Mitbestimmung **BGB § 613a** 83, 136
- Betriebsänderung **BGB § 613a** 83
- Betriebsfortführung **BGB § 613a** 21
- Betriebsmittel **BGB § 613a** 24, 32
- Betriebsmittel, immaterielle **BGB § 613a** 10
- Betriebsmittel, materielle **BGB § 613a** 7
- Betriebsrat **BetrVG § 1** 10; **BGB § 613a** 81
- Betriebsstilllegung **BGB § 613a** 23, 107
- Betriebsteil, Begriff des - **BGB § 613a** 4
- Betriebsvereinbarung **BetrVG § 77** 19; **BGB § 613a** 56
- Betriebszugehörigkeit **BGB § 613a** 52
- Bezugnahme auf einen Tarifvertrag **BGB § 613a** 72
- Darlegungs- und Beweislast **BGB § 613a** 122
- Datenschutz **BDSG § 32** 17
- Datenübermittlung **BDSG § 3** 7
- durch Rechtsgeschäft **BGB § 613a** 29
- Eigenkündigung **BGB § 613a** 105
- Entgelt **BGB § 613a** 44, 46
- Erlöschen eines Rechtsträgers **UmwG § 324** 4
- Erwerberhaftung **BGB § 613a** 90
- fehlerhafte Unterrichtung **BGB § 613a** 138
- Frist zum Widerspruch **BGB § 613a** 145
- gekündigte Arbeitsverhältnisse **BGB § 613a** 41
- Gesamt- und Konzernbetriebsvereinbarungen **BGB § 613a** 59
- Gesamtbetriebsrat **BGB § 613a** 81
- Gesamtrechtsnachfolge **BGB § 613a** 30
- Gleichbehandlung **BGB § 613a** 45, 53
- grenzüberschreitender - **Rom I-VO Vorbem Art. 1, 3, 8, 9** 23, 25
- Haftung **BGB § 613a** 86; **UmwG § 324** 5
- Haftung im Außenverhältnis **BGB § 613a** 86
- Haftungsausgleich im Innenverhältnis **BGB § 613a** 100
- hoheitliche Tätigkeit **BGB § 613a** 35
- in der Rechtsbeschwerdeinstanz **ArbGG § 92** 8
- Insolvenz **BGB § 613a** 30, 90, 109, 122; **InsO § 128** 1
- kollektiver Widerspruch **BGB § 613a** 143
- Kündigung **BGB § 613a** 41, 154
- Kündigung aufgrund eines Erwerberkonzepts **BGB § 613a** 109
- Kündigung, Beginn der Ausschlussfrist **BGB § 626** 230
- Kündigungsberechtigung **BGB § 613a** 102
- Kündigungsschutz **KSchG § 23** 14
- Kündigungsverbot / Insolvenz **BGB § 613a** 103
- Leih-AN **BGB § 613a** 40
- Mitbestimmung **BGB § 613a** 83, 136
- Nachhaftung des Veräußerers **BGB § 613a** 87
- Nachweispflicht Änderungen der Vertragsbedingungen **NachwG § 3** 4
- negative Koalitionsfreiheit **GG Art. 9** 16
- prozessuale Fragen **BGB § 613a** 116
- Qualifizierungsgesellschaft **BGB § 613a** 105
- Rechtsgeschäft **BGB § 613a** 29
- Ruhestandsverhältnisse **BGB § 613a** 41, 94
- sanierende Kündigung **BGB § 613a** 109
- Schwerbehinderung **KSchG § 4** 28
- Sozialauswahl **BGB § 613a** 111, 152
- Sozialplan **BGB § 613a** 84, 154
- Sprechervereinbarung **SprAuG § 28** 4
- Streik um Sozialtarifvertrag **GG Art. 9** 91, 103
- Tarifgebundenheit **TVG § 3** 22
- Tarifvertrag **BGB § 613a** 56
- Übergang der Prokura **HGB § 48** 6
- Übergang von Wettbewerbsvereinbarungen **HGB § 74a** 30
- Übergangsmandat Betriebsrat **BetrVG § 21a** 1
- übergehende Arbeitsverhältnisse **BGB § 613a** 39
- Übernahme der Kundschaft **BGB § 613a** 14
- Übernahme von AN **BGB § 613a** 11

2557

Stichwortverzeichnis

- Umwandlung UmwG § 324 1
- Unterrichtung über - BGB § 613a 124
- Urlaub BGB § 613a 91, 100
- Veränderungssperre BGB § 613a 68
- Vermutungswirkung Interessenausgleich in der Insolvenz InsO § 128 8
- Verschmelzung BGB § 613a 31
- Verzicht auf das Widerspruchsrecht BGB § 613a 144
- Voraussetzungen BGB § 613a 3
- während des Beschlussverfahrens ArbGG § 83 9
- Werkdienstwohnung BGB § 613a 50
- Wettbewerbsverbot BGB § 613a 51
- Widerspruch gegen den Übergang des Arbeitsverhältnisses BGB § 613a 140
- Wiedereinstellungsanspruch BGB § 613a 112; KSchG § 4 42
- wirtschaftliche Identität BGB § 613a 16
- Wirtschaftsausschuss BGB § 613a 85
- Zeitpunkt BGB § 613a 22, 38

Betriebsübergang, AN-Unterrichtung
- Darlegungs- und Beweislast BGB § 613a 125
- Form BGB § 613a 125
- Inhalt BGB § 613a 128
- Rechtsfolgen einer unterbliebenen/fehlerhaften Unterrichtung BGB § 613a 138
- Zeitpunkt BGB § 613a 125

Betriebsübliche Arbeitszeit BetrVG § 87 28

Betriebsveräußerung
- in der Insolvenz InsO § 128 1

Betriebsvereinbarung BetrVG § 77 2, 41
- ablösende - BetrVG § 77 19
- abweichende BR-Strukturen BetrVG § 3 10
- AGB-Kontrolle BGB § 310 2
- arbeitsrechtliche Angaben bei Umwandlung UmwG § 194 11
- Aufhebungsvertrag BetrVG § 77 16
- Auslegung BetrVG § 77 12
- Beendigung BetrVG § 77 16
- Beschlussverfahren BetrVG § 77 41
- betriebliche Altersversorgung BetrAVG § 1 10, 12, 14; § 1b 64, 67, 87, 99; § 3 9; § 17 29; § 30g 1
- Betriebsübergang BetrVG § 77 19
- Betriebsvereinbarungskonkurrenz BetrVG § 77 21
- Bezugnahmeklausel TVG § 3 53
- Datenschutz, Erlaubnisnorm BDSG § 4 3
- dispositives Recht BetrVG § 77 11
- Einzelvertragskonkurrenz BetrVG § 77 34
- freiwillige - BetrVG § 88 1
- Geltungsbereich BetrVG § 77 9
- Gleichheitsanforderungen GG Art. 3 39
- Grundrechtsbindung BetrVG § 77 11
- Günstigkeitsprinzip GewO § 105 21
- Inhalt BetrVG § 77 7, 10, 13
- Kündigung BetrVG § 77 16
- Kündigung einer -, betriebliche Altersversorgung BetrAVG § 1b 81
- Kündigung in der Insolvenz InsO § 120 1
- Kündigungsverbot KSchG § 13 22
- Mitbestimmungsrechte, Erweiterung und Beschränkung BetrVG § 87 5
- Nachwirkung BetrVG § 77 21
- Normwirkung BetrVG § 77 8
- Öffnungsklausel BetrVG § 77 32
- reduzierende -, betriebliche Altersversorgung BetrAVG § 1b 83
- Rückwirkung BetrVG § 77 10, 32
- Sachbezüge GewO § 107 16
- Schriftform BetrVG § 77 5
- Spartenbetriebsrat BetrVG § 3 5
- Stichtagsregelung BGB § 611 137
- Streitigkeiten BetrVG § 77 41
- Tarifvertragskonkurrenz BetrVG § 77 26
- Tarifvorbehalt BetrVG § 77 27
- Teilzeitarbeit TzBfG § 8 26
- übertarifliches Entgelt BetrVG § 77 30
- Umdeutung BetrVG § 77 15; BGB § 140 3
- umstrukturierende -, betriebliche Altersversorgung BetrAVG § 1b 83
- Unwirksamkeit BetrVG § 77 13
- Verhältnis zu anderen BV BetrVG § 77 33
- Verhältnis zum Tarifvertrag TVG Grundlagen 17
- Vertragsabschlussgebote GewO § 105 12
- Vertragsabschlussverbote GewO § 105 12
- Wegfall des BR BetrVG § 77 20
- Weisungsrecht GewO § 106 43
- Weitergeltung bei Betriebsübergang BGB § 613a 56
- Zuordnung von Betriebsteilen und Kleinstbetrieben BetrVG § 3 4
- Zusammenfassung mehrerer Betriebe BetrVG § 3 4
- Zustandekommen BetrVG § 77 2

Betriebsverfassung
- im Betriebsübergang BGB § 613a 56, 81

Betriebsverfassungsrecht
- konkurrierende Gesetzgebung GG Art. 74 11

Betriebsverlagerung
- Arbeitsort BGB § 611 355

Betriebsversammlung
- Abteilungsversammlung BetrVG § 42 6; § 43 2
- auf Antrag der Gewerkschaften BetrVG § 43 7
- außerordentliche - BetrVG § 43 6
- Befugnisse BetrVG § 42 1
- Bericht des AG BetrVG § 43 5
- Bericht des BR BetrVG § 43 4
- Durchführung BetrVG § 42 4
- Entgeltfortzahlung bei Teilnahme BetrVG § 44 4
- Fahrtkosten BetrVG § 44 5

- Friedenspflicht **BetrVG** § 45 4
- Hausrecht **BetrVG** § 42 4
- Kosten **BetrVG** § 44 2
- Leitung **BetrVG** § 42 4
- Ort **BetrVG** § 42 4
- regelmäßige - **BetrVG** § 43 2
- Teilnahme Arbeitgeber **BetrVG** § 43 5
- Teilnahme Gewerkschaftsvertreter **BetrVG** § 46 2
- Teilnahmeberechtigte **BetrVG** § 42 3
- Teilnehmer **BetrVG** § 42 2
- Teilversammlungen **BetrVG** § 42 5
- Themen **BetrVG** § 45 2
- Ton- und Bildaufzeichnungen **BetrVG** § 42 4
- Unterrichtung der Gewerkschaften **BetrVG** § 46 4
- Verhältnis zum BR **BetrVG** § 45 5
- Vollversammlungen **BetrVG** § 42 5
- Wegezeiten **BetrVG** § 44 5
- weitere - **BetrVG** § 43 3
- Zeitpunkt **BetrVG** § 44 1
- Zweck **BetrVG** § 42 1

Betriebswechsel **BetrVG** § 99 30
Betriebszugehörigkeit **BetrVG** § 7 5
- Auszubildende **BetrVG** § 7 5
- betriebliche Altersversorgung **BetrAVG** § 1b 39, 103; § 2 4, 9, 27
- Betriebsübergang **BGB** § 613a 52
- Wehrdienst **ArbPlSchG** § 1 23; § 6 3; § 12 1

BetrVG
- Ausstrahlung in das Ausland **BetrVG** § 1 2
- betrieblicher Geltungsbereich **BetrVG** § 1 3
- persönlicher Geltungsbereich **BetrVG** § 1 4
- räumlicher Geltungsbereich **BetrVG** § 1 1

Beurteilungsgrundsätze **BetrVG** § 94 1, 5
Beweglichkeit
- »neue -« **GG** Art. 9 105

Beweisaufnahme
- Augenschein **ArbGG** § 58 4
- freie Beweiswürdigung **ArbGG** § 58 5
- Grundsatz **ArbGG** § 58 1
- Parteivernehmung **ArbGG** § 58 4
- Sachverständigengutachten **ArbGG** § 58 4
- Spezialregelungen für die arbeitsgerichtliche - **ArbGG** § 58 6
- Urkundsbeweis **ArbGG** § 58 4
- Vier-Augen-Gespräch **ArbGG** § 58 4
- Zeuge **ArbGG** § 58 2

Beweisbeschluss
- Alleinentscheidung **ArbGG** § 55 10

Beweiserhebungsverbot
- verfassungsmäßige Rechte **ArbGG** § 58 3
- Video-Aufzeichnung **ArbGG** § 58 4

Beweisverwertungsverbot **BetrVG** § 87 44; **BGB** § 626 245; **GG** Art. 2 249
Bewerbungskosten **BGB** § 611 58
Bewerbungsunterlagen **BetrVG** § 99 37

Bezirkstagsabgeordnete
- Statusrechte **AbgG** § 4 9

Bezüge
- Unpfändbarkeit **ZPO** § 850a 1; § 850e 2

Bezugnahmeklausel **TVG** § 3 39
- als Gleichstellungsabrede **TVG** § 3 46
- Auslegung **TVG** § 3 42
- Betriebsübergang **BGB** § 613a 72
- dynamische - **TVG** § 3 43
- in Betriebsvereinbarung **TVG** § 3 53
- Inhalt der Klausel **TVG** § 3 51
- Leiharbeitsvertrag **AÜG** § 3 34
- statische - **TVG** § 3 43
- Unwirksamkeit des TV **TVG** § 3 52

Bildungsmaßnahmen **BetrVG** § 97 1; § 98 1
Billigkeitskontrolle
- doppelte - **GewO** § 106 52
- Ermessensspielraum **GewO** § 106 58
- gerichtliche - **GewO** § 106 58
- Weisungsrecht **GewO** § 106 50
- Zeitpunkt **GewO** § 106 51

Blankettbeschluss
- Freibeträge **ZPO** § 850c 6

Blindenzulage
- Unpfändbarkeit **ZPO** § 850a 8

Blockmodell
- Altersteilzeit **ATZG** § 2 7
- Antrag auf Vorabentscheidung **ATZG** § 12 3
- Arbeitnehmerbegriff **ATZG** § 8 2
- Insolvenzsicherung des Altersteilzeit-AV **ATZG** § 8a 1
- Krankheit während Arbeitsphase **ATZG** § 10 5
- Leistungserbringung **ATZG** § 12 6
- sozialversicherungspflichtiges Beschäftigungsverhältnis **ATZG** § 10 1

Blue-Pencil-Test **BGB** § 306 5
Bruttomethode **ZPO** § 850e 2
Bundesdatenschutz
- nicht-öffentliche Stellen **BDSG** § 2 2
- öffentliche Stellen **BDSG** § 2 1

Bundesdatenschutzgesetz
- Adressaten **BDSG** § 1 2
- Beschäftigtendatenschutz **BDSG** § 1 2; § 2 2; § 5 1; § 6b 2; § 28 1, 7; § 32 1, 18
- Subsidiarität **BDSG** § 1 3; § 4 2
- Zweck **BDSG** § 1 1

Bundesfreiwilligendienst
- Arbeitsplatzschutz **ArbPlSchG** § 1 14
- Beschlussverfahren **ArbGG** § 2a 4
- Zuständigkeit **ArbGG** § 2 18

Bundestagsabgeordnete
- Kündigung aus wichtigem Grund, Beweislast **AbgG** § 4 8
- Statusrechte **AbgG** § 4 1
- Unzulässigkeit der Kündigung **AbgG** § 4 7

Stichwortverzeichnis

Bürgerliche Rechtsstreitigkeit
- Abgrenzung zum öffentlichen Recht ArbGG § 2 2
- Abgrenzung zum Sozialrecht ArbGG § 2 3

Business Judgement Rule AktG § 116 4

Bußgeld BetrVG § 87 18; § 110 7; § 121 12

Bußgeldvorschriften
- Arbeitszeitgesetz ArbZG § 22 1

Bypass-Modell
- Vereinbarung über grenzübergreifendes Unterrichtungs- und Anhörungsverfahren nach EBRG EBRG § 19 1

C

Caritas BetrVG § 5 10

Chancengleichheit GG Art. 3 8

Chefarzt GewO § 6 57

Closed-shop GG Art. 9 26, 32

Crowdworker GewO § 6 1152

CTA, Contractual Trust Agreement
- betriebliche Altersversorgung BetrAVG § 1 7; § 1b 6, 36, 59; § 7 42; § 9 5, 7; § 10 4

culpa in contrahendo
- Aufklärungspflichten BGB § 311 12
- Enttäuschung des Vertrauens BGB § 311 8
- pflichtwidrige Herbeiführung eines Vertragsschlusses BGB § 311 9
- Rücksichtnahmepflichten BGB § 311 7
- Schadensersatz BGB § 311 11

D

Darlegungs- und Beweislast
- Allgemeine Geschäftsbedingungen BGB § 309 6
- Arbeitgeber AGG § 22 14
- Arbeitsentgeltanspruch bei außerordentlicher Kündigung BGB § 628 53
- Beweiserleichterungen AGG § 22 3
- Insolvenz InsO § 122 7; § 128 8
- Insolvenz, Vermutungswirkung Interessenausgleich InsO § 125 6
- Interessenausgleich UmwG § 323 15
- Kündigung AGG § 22 13
- Kündigungsschutzprozess, außerordentliche Kündigung BGB § 626 242
- Pfändungsschutz ZPO § 850b 7; § 850c 5
- Schadensersatzanspruch BGB § 628 50, 53
- Vermutungstatsachen AGG § 22 5
- Wehrdienst ArbPlSchG § 2 15, 22
- Zuordnung der Arbeitnehmer UmwG § 323 15

Darlehen
- Familienpflegezeit FPfZG § 3 1

Datenabgleich
- Korruptionskontrolle BDSG § 28 7

Datenerhebung BDSG § 3 4
- Beschäftigtenverhältnis BDSG § 32 4
- Direkterhebung BDSG § 32 9; § 4 4
- Einwilligung BDSG § 4a 1
- Einwilligung, Schriftform BDSG § 4a 4
- für eigene Zwecke BDSG § 28 1
- Gesundheitsdaten BDSG § 28 9
- im Auftrag BDSG § 11 1
- Informationspflicht BDSG § 4 5
- Internet BDSG § 32 9; § 4 4
- soziale Netzwerke BDSG § 32 9; § 4 4
- technische und organisatorische Maßnahmen BDSG § 9 1
- Verbot mit Erlaubnisvorbehalt BDSG § 4 1

Datengeheimnis BDSG § 5 1

Datenlöschung BDSG § 3 8

Datennutzung BDSG § 3 10
- Beschäftigtenverhältnis BDSG § 32 4
- für eigene Zwecke BDSG § 28 1
- im Auftrag BDSG § 11 1
- technische und organisatorische Maßnahmen BDSG § 9 1
- Verbot mit Erlaubnisvorbehalt BDSG § 4 1

Datenschutz
- Anonymisierung BDSG § 3 1
- Arbeitsverhältnis BDSG § 28 4; § 32 4
- Asset Deal BDSG § 32 17
- Aufbewahrung eines Personalbogens GG Art. 2 26
- Aufdecken von Straftaten BDSG § 32 18
- automatisierte Einzelentscheidung BDSG § 6a 1
- automatisierte Verarbeitung BDSG § 3 3
- Berichtigungsanspruch BDSG § 35 1
- Beschäftigtenbegriff BDSG § 3 11
- Beschäftigtendatenschutz BDSG § 32 1
- Beschäftigtenverhältnis BDSG § 32 4
- Betroffener BDSG § 3 2
- Datenerhebung BDSG § 3 4; § 4 1
- Datengeheimnis BDSG § 5 1
- Datenlöschung BDSG § 3 8
- Datennutzung BDSG § 3 10; § 4 1
- Datenschutzbeauftragter BDSG § 4f 1
- Datensparsamkeit BDSG § 3 1
- Datenspeicherung BDSG § 3 5
- Datensperrung BDSG § 3 9
- Datenübermittlung BDSG § 3 7
- Datenveränderung BDSG § 3 6
- Datenverarbeitung BDSG § 4 1
- Datenvermeidung BDSG § 3 1
- Direkterhebung BDSG § 4 4; § 32 9
- Due Diligence BDSG § 3 7; § 28 5; § 32 17
- echte Anonymisierung BDSG § 3 1
- E-Mail BDSG § 32 10
- Erhebung, Verarbeitung oder Nutzung personenbezogener Daten im Auftrag BDSG § 11 1
- Erhebung, Verarbeitung und Nutzung für eigene Zwecke BDSG § 28 1
- Erlaubnisnorm BDSG § 4 3
- faktische Anonymisierung BDSG § 3 1

- grenzüberschreitender Datenverkehr BDSG § 1 4
- heimliche Überwachung BDSG § 32 13, 18
- in der Sozialversicherung, konkurrierende Gesetzgebung GG Art. 74 16
- Informationspflicht Sicherheitsverletzung BDSG § 42a 1
- innerhalb des EWR BDSG § 1 4
- Interessenabwägung BDSG § 28 5
- Konzernunternehmen BDSG § 2 2; § 32 8
- Löschungsanspruch BDSG § 35 3
- Matrixstrukturen BDSG § 28 9; § 32 8
- Mitarbeiter-Screening BDSG § 28 6
- Mitbestimmungsrechte BDSG § 31 1; § 32 19
- Payback BDSG § 4a 3
- personenbezogene Daten BDSG § 3 1
- personenbezogene Daten, Auskunft an den Betroffenen BDSG § 34 1
- personenbezogene Daten, Benachrichtigung des Betroffenen BDSG § 33 1
- personenbezogene Daten, besondere Zweckbindung BDSG § 31 1
- private Nutzung E-Mail BDSG § 32 10
- Recht auf informationelle Selbstbestimmung GG Art. 2 26
- Schadensersatz BDSG § 7 1
- Sperrungsanspruch BDSG § 35 6
- technische und organisatorische Maßnahmen BDSG § 9 1
- Telefondatenerfassung BDSG § 28 6
- Verwertungsverbot BDSG § 32 9
- Videoüberwachung BDSG § 6b 1; § 32 13
- Whistleblowing BDSG § 28 6
- Zweckbindung personenbezogener Daten, die einem Berufs- oder Amtsgeheimnis unterliegen BDSG § 39 1

Datenschutzbeauftragter BDSG § 4f 1
- Arbeitsvertrag BDSG § 4f 2
- Befristung BDSG § 4f 12
- Bestellung BDSG § 4f 1
- Bestellung, Widerruf BDSG § 4f 9
- BR-Tätigkeit BDSG § 4f 7
- Datengeheimnis BDSG § 5 1
- Fachkunde BDSG § 4f 6
- Kündigungsschutz BDSG § 4f 13
- Mindestanforderungen BDSG § 4f 5
- Mitbestimmungsrecht BDSG § 4f 8
- persönliche Anforderungen BDSG § 4f 2
- Widerruf der Bestellung BDSG § 4f 9
- Zuverlässigkeit BDSG § 4f 7

Datensparsamkeit BDSG § 3 1
Datenspeicherung BDSG § 3 2
Datensperrung BDSG § 3 9
Datenübermittlung BDSG § 3 7
- Ausnahmen BDSG § 4c 1
- Betriebsübergang BDSG § 3 7
- Datenverarbeitung BDSG § 3 7
- Drittstaaten Datentransfer BDSG § 3 7; § 4b 1
- Due Diligence BDSG § 28 5; § 3 7
- innereuropäischer Datenverkehr BDSG § 4b 1
- Rechtsnachfolge BDSG § 3 7
- Schutzniveau BDSG § 4b 5
- Transitional Services BDSG § 3 7

Datenveränderung BDSG § 3 6
Datenverarbeitung
- Datenübermittlung BDSG § 3 7
- technische und organisatorische Maßnahmen BDSG § 9 1
- Verbot mit Erlaubnisvorbehalt BDSG § 4 1

Datenverkehr
- grenzüberschreitender - BDSG § 1 4

Datenvermeidung BDSG § 3 1
Delegation BetrVG § 77 3, 9
Delegierte
- Amtszeit MitbestG § 20 9
- Anzahl MitbestG § 20 7
- Wahl MitbestG § 20 6
- Zusammensetzung MitbestG § 20 8

Delegiertenwahl MitbestG § 20 10
- Anfechtung MitbestG § 21 1

Demonstrationsstreiks
- politische - GG Art. 9 89

Deputate GewO § 107 22
Deutsches Rotes Kreuz BetrVG § 5 10
Devolutiveffekt
- Berufung ArbGG § 64 1

Diagnostische Untersuchung GenDG § 20 4
Diakonisse AÜG § 1 15; BetrVG § 5 10
Dienstleistungen
- Schwarzarbeit SchwArbG § 1 2, 8; SchwArbG § 8 2

Dienstleistungsbetrieb
- Betriebsübergang BGB § 613a 6, 24

Dienstleistungsfreiheit
- Vereinbarkeit mit AEntG AEntG § 1 8

Dienstordnungsangestellte BGB § 626 34
Dienstreiseordnung
- AGB-Kontrolle BGB § 310 2
- Datenschutz, Erlaubnisnorm BDSG § 4 3
- Mitbestimmung BR BetrVG § 87 19

Dienstverhältnis EStG § 19 9, 14
- Dienste höherer Art BGB § 627 5
- fristlose Kündigung, Voraussetzungen BGB § 627 3
- Kündigung durch Dienstberechtigten BGB § 627 7
- Kündigung durch Dienstverpflichteten BGB § 627 8
- Kündigung eines -, Insolvenz InsO § 113 1
- öffentlich-rechtliches - GewO § 6 28; GG Art. 5 50
- Schadensersatz BGB § 627 10
- stillschweigende Verlängerung BGB § 625 1

Stichwortverzeichnis

- tatsächliche Auflösung EStG § 24 16
- Vertrauen BGB § 627 1, 6
- wichtiger Grund für Kündigung BGB § 627 9
- Zeugnis BGB § 630 1

Dienstverschaffungsvertrag
- Begriff BGB § 611 8

Dienstvertrag
- Abgrenzung Arbeitnehmerüberlassung AÜG § 1 25
- Abgrenzung zu anderen Vertragstypen BGB § 611 3

Dienstwagen
- als Arbeitsentgelt BGB § 611 117
- Berechnung des pfändbaren Arbeitseinkommen ZPO § 850e 6
- Entziehung BGB § 611 119
- Rückgabe BGB § 611 121
- Widerrufsvorbehalt BGB § 611 120

Differenzierungsklauseln GG Art. 9 19; TVG § 1 52
- Bezugnahmeklausel TVG § 1 54
- einfache TVG § 1 53

Direktionsrecht SGB IV § 7 13
- Arbeitnehmerüberlassung AÜG § 1 16, 22

Direktionsrecht des Arbeitgebers
- Gewissensfreiheit des Arbeitnehmers GG Art. 4 15
- Kollision mit Grundrechten des Arbeitnehmers GG Art. 4 18

Direktzusage
- betriebliche Altersversorgung BetrAVG § 1 7; § 1b 3

Diskriminierung GG Art. 3 57
- Quotenregelung GG Art. 3 75
- Verhältnis AGG und Grundrechte GG Art. 3 57
- wegen des Geschlechts GG Art. 3 67
- wegen des Geschlechts, Einstellung GG Art. 12 27
- wegen Tragen religiöser Kleidung GG Art. 4 8, 19

Diskriminierungsverbot AGG § 7 1; BetrVG § 75 1, 11; § 99 50
- Arbeitsbedingungen (Befristung) TzBfG § 4 24
- Arbeitsbedingungen (Teilzeit) TzBfG § 4 3
- Arbeitsentgelt und geldwerte Leistungen (Befristung) TzBfG § 4 27
- Arbeitsentgelt und geldwerte Leistungen (Teilzeit) TzBfG § 4 8
- auflösend bedingte Arbeitsverhältnisse TzBfG § 4 5
- befristet beschäftigter AN TzBfG § 4 23
- betriebliche Altersversorgung AGG § 2 11; TzBfG § 4 10
- Darlegungs- und Beweislast (Befristung) TzBfG § 4 32
- Darlegungs- und Beweislast (Teilzeit) TzBfG § 4 21
- Entgeltdiskriminierung AEUV Art. 157 7
- Entgeltgleichheit (EG) AEUV Art. 157 7
- Gleichwertigkeit universitärer und außeruniversitärer Ausbildungen AEUV Art. 45 14
- mittelbare Diskriminierung AEUV Art. 45 12; TzBfG § 4 5
- Rechtsfolgen bei Diskriminierung (Befristung) TzBfG § 4 31
- Rechtsfolgen bei Diskriminierung (Teilzeit) TzBfG § 4 16
- sachliche Gründe (Befristung) TzBfG § 4 29
- sachliche Gründe (Teilzeit) TzBfG § 4 12
- Schadensersatzanspruch (Teilzeit) TzBfG § 4 20
- soziale und steuerliche Vergünstigungen AEUV Art. 45 16
- unmittelbare Diskriminierung AEUV Art. 45 12
- Vertragspartnerwahlfreiheit GewO § 105 15
- wegen des Geschlechts (Teilzeit) TzBfG § 4 14
- Zweck TzBfG § 4 1

Dispositionsmaxime
- Urteilsverfahren ArbGG § 46 5

Dominotheorie BetrVG § 102 29

Doppelarbeitsverhältnis
- Urlaub BUrlG § 6 4

Doppelbefristung TzBfG § 3 13

Drehtürklausel
- Arbeitnehmerüberlassung AÜG § 3 38; § 19 1

Drei-Stufen-Theorie GG Art. 12 13

Dreiwochenfrist
- Wehrdienst ArbPlSchG § 2 2, 27

Drittelbeteiligungsgesetz
- Abgrenzung zu anderen Mitbestimmungsgesetzen DrittelbG § 1 18
- Anwendbarkeit auf ausländische Gesellschaften DrittelbG § 1 2

Dritter Weg GewO § 6 121; GG Art. 4 25

Drittmittelbefristung WissZeitVG § 2 9

Drohung
- Anfechtung BGB § 123 11

Druckausübung BetrVG § 74 10

Druckkündigung BGB § 626 137, 211

Due Diligence BDSG § 28 5; § 32 17
- Datenübermittlung BDSG § 3 7

Duldungsvollmacht BGB § 173 1

Durchführungspflicht TVG § 1 78

Durchführungsrecht BetrVG § 77 1

Durchsuchung
- Arbeitnehmerüberlassung AÜG § 7 12

E

EBR-Anpassungsgesetz EBRG Vorbemerkung 1

Effektivklauseln TVG § 1 56

Ehe GG Art. 6 1

Ehrenamt
- vorübergehende Verhinderung BGB § 616 15

Ehrenamtliche Ri... ArbGG § 11 10
- als Prozessvoraussetzungen ArbGG
- allgemeine P...
- § 24 3-4 ArbGG § 24 5
- Amtsens... ArbGG § 24 8
- Amts... ArbGG § 24 5
- Amts...reisen ArbGG § 24 6-7
- Am...bGG § 24 4
- au...bGG § 53 5
- ...bGG § 24 2
- ...ßnahmen ArbGG § 31 4
- ...g ArbGG § 7 3
- ...er Heranziehung ArbGG § 31 11
- ...ng ArbGG § 31 9
- ArbGG § 31 9
- ...s Richteramt ArbGG § 7 3
- ArbGG § 31 2-3
- ...ag ArbGG § 31 10
- ...gslisten ArbGG § 24 2
- ...sprinzip BetrVG § 76a 2; § 78 5;
- 8
- ...utz GG Art. 5 29
- ...um
- ...rbeitsrechtliche Aspekte GG Art. 14 24
- ausgleichspflichtige Inhalts- und Schrankenbestimmungen GG Art. 14 17
- geschütztes - GG Art. 14 4
- Grundrechtsträger GG Art. 14 2
- Nutzungseinschränkungen GG Art. 14 20
- öffentliche Vermögensrechte GG Art. 14 8
- Vergütungserwartung GG Art. 14 26

Eigentumsgarantie GG Art. 14 1
- Enteignung GG Art. 14 18, 22
- enteignungsgleicher Eingriff GG Art. 14 22
- geistiges Eigentum GG Art. 14 7
- Junktimklausel GG Art. 14 19
- Recht am eingerichteten und ausgeübten Gewerbebetrieb GG Art. 14 6, 25
- Schutz des Vermögens GG Art. 14 5

Eignungsübungsgesetz
- Kündigungsverbot ArbPlSchG § 1 20

Eignungsvoraussetzungen BetrVG § 95 4

Eilfälle BetrVG § 87 9

Einberufungsbescheid
- Wehrdienst ArbPlSchG § 1 22; § 2 2, 4, 21

Einblicksrecht
- in Lohn- und Gehaltslisten, BR BetrVG § 80 21

Ein-Euro-Job BetrVG § 5 11; GewO § 6 30; GG Art. 1 24
- Rechtsweg ArbGG § 2 8

Einfirmenvertreter
- Rechtsweg ArbGG § 5 10

Eingruppierung BetrVG § 99 12, 43, 52
- Leiharbeitnehmer AÜG § 14 8

Eingruppierungsklage ArbGG § 46 19

Einigungsstelle BetrVG § 76 1
- Amtsermittlungsgrundsatz BetrVG § 76 11
- Auslagen BetrVG § 76a 1
- Befangenheit ArbGG § 100 25
- Befangenheitsantrag BetrVG § 76 5
- Beisitzer BetrVG § 76 6
- Beschlussfassung BetrVG § 76 12, 17
- Beschwerde BetrVG § 86 11
- Beteiligung Beschlussverfahren ArbGG § 83 14
- Bindungswirkung BetrVG § 76 18
- Datenschutz, Erlaubnisnorm BDSG § 4 3
- Entscheidung über die Besetzung ArbGG § 100 1
- Ermessen BetrVG § 76 17, 20
- Errichtung BetrVG § 76 3
- freiwilliges Verfahren BetrVG § 76 8
- Funktion BetrVG § 76 1
- Kontrolle BetrVG § 76 19
- Kosten BetrVG § 76 6; § 76a 1
- offensichtliche Unzuständigkeit ArbGG § 100 8
- rechtliches Gehör BetrVG § 76 12
- Rechtsfragen BetrVG § 76 21
- Sozialplanspruch BetrVG § 112a 23
- tarifliche Schlichtungsstelle BetrVG § 76 25
- Unabhängigkeit BetrVG § 76 6
- verbindliches Verfahren BetrVG § 76 8
- Verfahren BetrVG § 76 8
- Verfahrensgegenstand BetrVG § 76 9
- Vergütung BetrVG § 76a 2
- Vorsitzender ArbGG § 100 14; BetrVG § 76 4
- wirtschaftliche Angelegenheiten BetrVG § 109 1
- Zahl der Beisitzer ArbGG § 100 17
- Zuständigkeit BetrVG § 76 9

Einkünfte
- aus nichtselbständiger Arbeit EStG § 19 3

Einkünfte aufgrund Fürsorge und Freigebigkeit
- Pfändungsschutz ZPO § 850b 4

Einlassungsfrist
- Abkürzung ArbGG § 47 2
- arbeitsgerichtliches Verfahren ArbGG § 47 2
- Zustellung im Ausland ArbGG § 47 2

Einrede
- Verjährung BGB § 214 1

Einschreiben
- Zugang der Willenserklärung BGB § 130 8

Einspruch
- unzulässiger - ArbGG § 59 12
- Versäumnisurteil ArbGG § 59 9-10
- zulässiger - ArbGG § 59 13
- zweites Versäumnisurteil ArbGG § 59 14

Einstellung BetrVG § 95 7; § 99 5, 34
- Diskriminierung wegen des Geschlechts GG Art. 12 27
- leitende Angestellte BetrVG § 105 1

Stichwortverzeichnis

Einstellungstermin BetrVG § 99 40
Einstellungstest BGB § 611 70
Einstellungsuntersuchung
– AIDS-Test BGB § 611 77
– Arztwahl BGB § 611 76
– Drogentests BGB § 611 77
– Genomanalyse BGB § 611 78
– Schweigepflicht BGB § 611 76
– Zulässigkeit BGB § 611 75
Einstellungsverbot HGB § 75f 1
– Ansprüche der Arbeitnehmer HGB § 75f 4
– gerichtliche Durchsetzbarkeit HGB § 75f 3
– Wirksamkeit HGB § 75f 2
Einstrahlung
– Sozialversicherungspflicht SGB IV § 5 1
Einstweilige Einstellung der Vollstreckung
– nicht zu ersetzender Nachteil ArbGG § 62 6
– Rechtsmittel ArbGG § 62 8
– Sicherheitsleistung ArbGG § 62 7
Einstweilige Verfügung ArbGG § 85 13
– Berufung ArbGG § 66 2
– Grundsatz ArbGG § 62 22
– örtliche Zuständigkeit ArbGG § 82 15
– Verfahren ArbGG § 62 25
– Zuständigkeit im Beschlussverfahren ArbGG § 82 15
Einstweiliger Rechtsschutz
– Arrest ArbGG § 62 17
– einstweilige Verfügung ArbGG § 62 22
– im arbeitsgerichtlichen Verfahren ArbGG § 62 16
– im Beschlussverfahren ArbGG § 85 13
– Revision ArbGG § 72 8
– Schutzschrift ArbGG § 85 19
– Schutzschriftenregister ArbGG § 85 19
– Unstatthaftigkeit der Nichtzulassungsbeschwerde ArbGG § 72a 4
Einweisung BetrVG § 81 2
Einwilligung
– Datenerhebung BDSG § 4a 1
Elektronische Dokumente
– Einreichung ArbGG § 46f 2
– vorbereitende Schriftsätze ArbGG § 46f 6
Elektronische Signatur
– Schriftsatz ArbGG § 46f 6
Elektronischer Rechtsverkehr ArbGG § 46f 1
Elternrecht GG Art. 6 17
Elternzeit BetrVG § 99 56; GG Art. 6 17
– Ablehnung des Teilzeitbegehrens BEEG § 15 26
– aktives Wahlrecht Betriebsratswahl BetrVG § 7 6
– Anspruchsvoraussetzung BEEG § 15 1
– Arbeitsverringerungsantrag BEEG § 15 25
– *befristeter Arbeitsvertrag* BEEG § 21 1
– Befristung TzBfG § 23 9
– Berufsbildung BEEG § 20 1
– Bescheinigung BEEG § 16
– Bestimmung der Mitgliederz... § 9 2
– Dauer BEEG § 15 9
– Entgeltfortzahlung im Krankhei... § 3 28
– Erholungsurlaub BEEG § 17 1
– Erwerbstätigkeit BEEG § 15 18
– gemeinsame - BEEG § 15 16
– Großeltern BEEG § 15 6
– Heimarbeiter BEEG § 20 2
– Inanspruchnahme BEEG § 16 1
– Kündigung BGB § 626 9, 125, 217
– Kündigungsfrist BEEG § 19 1
– Kündigungsschutz BEEG § 18 1
– Kürzung des Urlaubs BEEG § 17 2; BUrlG § 5 12
– passives Wahlrecht Betriebsratswahl BetrVG § 8 2
– Rechtsfolgen BEEG § 15 14
– Teilzeitarbeit BEEG § 15 22; TzBfG § 23 3
– Übergangsregelung BEEG § 27 1
– Übertragung BEEG § 15 11
– Unabdingbarkeit BEEG § 15 15
– Urlaub BUrlG § 1 7, 17
– Urlaubsabgeltung BEEG § 17 10; BUrlG § 7 53
– Urlaubsübertragung BEEG § 17 7
– Verlängerung BEEG § 16 6
– Verlängerung der Ausbildungszeit BBiG § 8 4
– Verringerung der Arbeitszeit BEEG § 15 22
– vorzeitige Beendigung BEEG § 16 6
– Zulassung der Kündigung BEEG § 18 8
E-Mail
– Datenschutz BDSG § 32 10
Empfangsbote BGB § 130 4
Entbindung
– Begriff MuSchG § 9 8
Enteignung GG Art. 14 18, 22
Entgelt
– Altersdiskriminierung GG Art. 20 4
– Änderungskündigung BetrVG § 102 21
– Anrechnung einer Tarifentgelterhöhung BetrVG § 77 30; § 87 69
– Arbeitsbefreiung BetrVG § 108 1
– Auszahlung BetrVG § 87 35
– betriebliche Lohngestaltung BetrVG § 87 11, 70
– betriebliche Lohngestaltung, Mitbestimmung BR BetrVG § 87 60
– Betriebsratsvergütung BetrVG § 76a 2; § 78 5
– Betriebsübergang BGB § 613a 44
– Eingruppierung BetrVG § 99 12, 43, 61
– Einigungsstelle, Arbeitsbefreiung BetrVG § 76a 2
– Erfüllungsort BGB § 270 5
– Erläuterung der Zusammensetzung BetrVG § 82 2

Stichwortverzeichnis

- leistungsbezogenes Entgelt   BetrVG § 87 72
- Suspendierung   BetrVG § 103 22
- Tarifvorbehalt   BetrVG § 77 27, 30
- Tendenzförderung   BetrVG § 118 15
- Tendenzschutz   BetrVG § 118 15
- Urlaubsentgelt   BetrVG § 87 37
- Vergütungserwartung   GG Art. 14 26
- während Freizeit zur Stellungssuche   BGB § 629 9
- Wirtschaftsausschussvergütung   BetrVG § 107 8

Entgeltabrechnung   GewO § 108 1
- Abrechnungszeitraum   GewO § 108 4
- Abzüge   GewO § 108 6
- Angaben   GewO § 108 5
- Erfüllungsanspruch   GewO § 108 9
- Geld- und Sachzuwendungen   GewO § 108 5
- Neuerstellung   GewO § 108 71
- Textform   GewO § 108 7
- Transparenz   GewO § 108 3
- Zusammensetzung des Arbeitsentgelts   GewO § 108 5

Entgeltbescheinigung
- Fälligkeit des Anspruchs auf -   GewO § 108 71

Entgeltdiskriminierung
- Diskriminierungsverbot (EG)   AEUV Art. 157 7

Entgeltforderungen
- Fälligkeit   BGB § 271a 3

Entgeltfortzahlung
- Betriebsratsmitglied   BetrVG § 37 7
- Feiertage   EFZG § 2 2
- Krankheit   EFZG § 3 10
- Organspende   EFZG § 3a 1

Entgeltfortzahlung an Feiertagen
- Anspruchsausschluss   EFZG § 2 22
- Anspruchsberechtigung   EFZG § 2 2
- Anspruchsvoraussetzungen   EFZG § 2 2
- Arbeit auf Abruf   TzBfG § 12 21
- Arbeitsausfall wegen Feiertags   EFZG § 2 4
- Arbeitskampf   EFZG § 2 11
- Arbeitstage vor/nach Feiertag   EFZG § 2 23
- Auseinanderfallen von Wohn- und Arbeitsort   EFZG § 2 6
- ausländischer Arbeitsort   EFZG § 2 6
- Beschäftigungsverbot an gesetzlichen Feiertagen   EFZG § 2 7
- Feiertagsbegriff   EFZG § 2 5
- Fernbleiben von der Arbeit   EFZG § 2 24
- Fernbleiben, Darlegungs- und Beweislast   EFZG § 2 27
- Freischichtenmodell   EFZG § 2 20
- Gleitzeit   EFZG § 2 20
- Heimarbeiter   EFZG § 11 1
- Höhe des Feiertagsentgelts   EFZG § 2 18
- Krankheitsfall   EFZG § 2 12; § 3 24
- Kurzarbeit   EFZG § 2 21
- Organspende   EFZG § 2 12
- Schichtarbeit   EFZG § 2 20
- Überstunden   EFZG § 2 20
- unentschuldigtes Fernbleiben von der Arbeit   EFZG § 2 25
- Urlaub   EFZG § 2 13
- witterungsbedingter Arbeitsausfall   EFZG § 2 16

Entgeltfortzahlung im Krankheitsfall
- Abweichungen   EFZG § 4 46
- Annahmeverzug des Arbeitgebers   EFZG § 3 18
- Anspruchsvoraussetzungen   EFZG § 3 1
- Arbeit auf Abruf   TzBfG § 12 22
- Arbeitsentgelt   EFZG § 4 4
- Arbeitsentgeltformen   EFZG § 4 9
- Arbeitserlaubnis, fehlende   EFZG § 3 21
- Arbeitskampf   EFZG § 3 28
- Arbeitsunfähigkeit wegen Krankheit   EFZG § 3 12
- Arbeitsunfall   EFZG § 3 34
- Arbeitsunwilligkeit   EFZG § 3 19
- Arbeitszeit   EFZG § 4 21
- Aufwendungsersatz   EFZG § 4 16
- ausländischer Arbeitnehmer   EFZG § 3 21
- Auslösung   EFZG § 4 18
- Bedienungsgeld   EFZG § 4 14
- Beendigung des Arbeitsverhältnisses   EFZG § 8 1
- Beginn   EFZG § 3 41
- Bemessungsgrundlage, abweichende aufgrund Tarifvertrag   EFZG § 4 51
- Berechnung im konkreten Krankheitsfall   EFZG § 4 39
- Berechnung, abweichende aufgrund Tarifvertrag   EFZG § 4 47
- Berechnungsfaktoren   EFZG § 4 2
- Darlegungs- und Beweislast   EFZG § 3 16, 51
- Dauer   EFZG § 3 40
- Elternzeit   EFZG § 3 28
- Ende   EFZG § 3 43
- Entgeltausfallprinzip   EFZG § 4 23
- Erfolgsvergütung   EFZG § 4 42
- faktisches Arbeitsverhältnis   EFZG § 3 2
- Feiertag, Arbeitsunfähigkeit   EFZG § 3 24
- flexible Arbeitszeit   EFZG § 4 35
- Fortsetzungskrankheit   EFZG § 3 46
- Freistellung, bezahlte   EFZG § 3 25
- Grundwehrdienst   EFZG § 3 28
- Günstigkeitsvergleich   EFZG § 12 3
- Heimarbeiter   EFZG § 10 1
- Höhe   EFZG § 4 1
- Job-Sharing   TzBfG § 13 11
- Krankheit   EFZG § 3 11
- Kurzarbeit   EFZG § 3 26; § 4 37
- Leistungsverweigerungsrecht   EFZG § 7 1
- Lohn- bzw Entgeltausfallprinzip   EFZG § 4 1

- mutterschutzrechtliches Beschäftigungsverbot EFZG § 3 22
- Naturalleistungen EFZG § 4 14
- Organspende EFZG § 3a 1
- Prämien EFZG § 4 11
- Provisionen EFZG § 4 45
- ruhendes Arbeitsverhältnis EFZG § 3 27
- Schichtarbeit EFZG § 3 31
- Schlägerei EFZG § 3 31
- Schmutzzulage EFZG § 4 18
- Schwangerschaft EFZG § 3 22
- Schwangerschaftsabbruch EFZG § 3 39
- Sechs-Monats-Zeitraum EFZG § 3 49
- Selbstmordversuch EFZG § 3 32
- Selbstverschulden EFZG § 3 29
- Sportunfall EFZG § 3 35
- Sterilisation EFZG § 3 39
- Suchterkrankungen EFZG § 3 33
- tarifdispositiv EFZG § 4 46
- tarifliche Krankenzulage EFZG § 3 43
- Trinkgeld EFZG § 4 14
- Überstunden EFZG § 4 25
- Unfälle EFZG § 3 34
- Urlaub EFZG § 3 23
- Verkehrsunfall EFZG § 3 36
- Verschulden EFZG § 3 29
- Verschulden, Darlegungs- und Beweislast EFZG § 3 38
- Verzicht EFZG § 12 4
- Wartezeit EFZG § 3 6
- wechselnde Krankheiten EFZG § 3 44
- wiederholte Arbeitsunfähigkeit infolge derselben Krankheit EFZG § 3 46
- Zulagen EFZG § 4 10
- Zwölf-Monats-Zeitraum EFZG § 3 50

Entgeltfortzahlungsgesetz
- Anwendungsbereich, persönlicher EFZG § 1 2
- Anwendungsbereich, räumlicher EFZG § 1 5
- Anwendungsbereich, sachlicher EFZG § 1 1
- Feiertag EFZG § 2 2
- Krankheitsfall EFZG § 3 1
- Unabdingbarkeit EFZG § 12 1

Entgeltgleichheit (EG)
- Anwendungsbereich AEUV Art. 157 2
- Arbeitgeberbegriff AEUV Art. 157 2
- Arbeitnehmerbegriff AEUV Art. 157 2
- Darlegungs- und Beweislast AEUV Art. 157 11
- Diskriminierungsverbot AEUV Art. 157 7
- Entgeltbegriff AEUV Art. 157 4
- Rechtfertigung AEUV Art. 157 10
- Rechtsfolgen eines Verstoßes AEUV Art. 157 12
- Vergleichsmaßstab AEUV Art. 157 9

Entgeltgruppenordnung BetrVG § 99 16
Entgeltliste BetrVG § 80 21
Entgeltschutz
- Abtretung BGB § 611 245
- Aufrechnung BGB § 611 248
- Verzicht BGB § 611 250

Entgeltsicherung GewO § 107 1
- aktienkursorientierte Vergütung GewO § 107 19
- Aufrechnung GewO § 107 12
- Aufrechnungs-/Anrechnungsvereinbarung GewO § 107 12

Entgeltumwandlung BetrVG § 87 71
Entgeltvereinbarung
- Sittenwidrigkeit BGB § 138 1

Entgeltzusammensetzung BetrVG § 82 2
Entherrschungsvertrag DrittelbG § 2 2
Entlassungssperre
- Massenentlassung KSchG § 18 1

Entlohnungsgrundsätze BetrVG § 87 60
Entschädigung
- Aufstockungszahlungen zum Kurzarbeitergeld EStG § 24 9
- Begriff EStG § 24 2
- bereits entstandene Einnahmen aus dem Arbeitsverhältnis EStG § 24 39
- einheitliche - EStG § 24 6
- Entschädigungen nach dem AGG EStG § 24 12
- für außergewöhnliche Vorfälle EStG § 24 39
- Karenzentschädigung EStG § 24 40
- kausale Verknüpfung mit Einkommensverzicht EStG § 24 38
- neuer eigenständiger Rechtsgrund EStG § 24 24
- Rechtsgrundlage in einem gesetzlichen Tatbestand EStG § 24 15
- Rechtsschutz bei überlangen Gerichtsverfahren ArbGG § 9 4; GG Art. 19 17
- Rückzahlung EStG § 34 14
- Schadensersatzleistungen EStG § 24 11
- Steuerbegünstigung EStG § 34 2
- Übergangsgeld nach § 62 BAG EStG § 24 9
- weitergezahlte Rentenversicherungsbeiträge nach § 187a SGB VI EStG § 24 26
- Werbungskosten EStG § 34 12
- Zusammenballung von Einkünften EStG § 34 4, 6
- Zusatzleistungen des Arbeitgebers EStG § 24 25; § 34 11

Entschädigung und Schadensersatz AGG § 15 1
- Fristen AGG § 15 51
- Höhe AGG § 15 35
- immaterieller Schaden AGG § 15 33
- materieller Schaden AGG § 15 7

Entscheidung nach Aktenlage
- bei Säumnis ArbGG § 59 8
- Urteilsverkündung ArbGG § 60 2

Entscheidungsgründe
- Urteil ArbGG § 61 3

Entsendekreise
- besonderes Verhandlungsgremium EBRG § 10 1; § 13 8; § 18 5

– Europäischer Betriebsrat kraft Gesetz EBRG
  § 28 2
Entsendung
– Ausstrahlung SGB IV § 4 1
– Einstrahlung SGB IV § 5 1
Entwicklungshelfer
– Arbeitsplatzschutz ArbPlSchG § 1 15
– Zuständigkeit ArbGG § 2 18
Enumerationsprinzip BetrVG § 87 3
Equal-Pay AÜG § 10 17; § 3 17
– Mitbestimmungsrechte AÜG § 14 8
Erfindungen BetrVG § 87 80
Erfüllung
– Annahme an Erfüllungs statt BGB § 364 1
Erfüllungsgehilfe BGB § 278 1
Erfüllungsort BGB § 270 1; § 611 350
– örtliche Zuständigkeit ArbGG § 2 29
Ergänzungsurteil
– Berufungsfrist ArbGG § 66 4
Erholungsbeihilfe GG Art. 9 23
Erholungsurlaub
– Elternzeit BEEG § 17 1
– Schwangerschaft MuSchG § 17 1
– Wehrdienst ArbPlSchG § 4 1
Erklärungsirrtum
– Anfechtung BGB § 119 1
Erlass BGB § 397 1
Erlassvertrag GewO § 107 12
– Abfindung, betriebliche Altersversorgung
  BetrAVG § 3 1
Erledigungserklärung
– Beschlussverfahren ArbGG § 83a 3
Erlöschen eines Rechtsträgers
– Widerspruchsrecht UmwG § 324 4
Erörterungspflicht BetrVG § 108 9; § 80 6;
  § 81 4; § 82 3; § 86 10
Ersatzmitglied
– Aufsichtsrat DrittelbG § 7 1; MitbestG
  § 20 14
– Aufsichtsrat, Nachbesetzung MitbestG § 24 3
– besonderes Verhandlungsgremium EBRG
  § 10 4
Erscheinungsbild des Arbeitnehmers
  GG Art. 2 25
– religiöse Kleidung GG Art. 4 8
– Tragen eines Kopftuches GG Art. 4 8, 19
– Tragen von Symbolen GG Art. 5 4
Erstattungsanspruch AAG § 1 8
– Abtretung AAG § 5 1
– Aufrechnung AAG § 6 2
– Beschränkung AAG § 9 2
– erstattungsfähige Leistungen AAG § 1 8
– Fälligkeit AAG § 2 2
– freiwillige Leistungen AAG § 1 8
– Höhe AAG § 1 13
– Leistungsverweigerungsrecht AAG § 4 1
– Mutterschaftslohn AAG § 1 10

– notwendige Angaben AAG § 2 2
– Rechtsweg AAG § 6 3
– Sachleistungen AAG § 1 9
– Sozialversicherungsbeiträge AAG § 1 11
– Umfang AAG § 1 9
– Verjährung AAG § 6 1
– Versagung AAG § 4 1
– Zeitraum AAG § 1 8
– Zuschuss zum Mutterschaftsgeld AAG § 1 10
– Zuständigkeit AAG § 2 1
Erstattungszeitraum
– Beginn AAG § 1 8
Erstuntersuchung
– Jugendliche JArbSchG § 32 1
Erweiterungsbauten BetrVG § 91 2
Erwerbsfähiger Hilfsbedürftiger BetrVG § 5 11
Erziehungsgeld
– Unpfändbarkeit ZPO § 850a 7
Erziehungszeiten
– betriebliche Altersversorgung BetrAVG
  § 1b 48
Erzwingungsstreik
– politischer - GG Art. 9 88
Et-et-Fall
– Zuständigkeitsprüfung ArbGG § 2 31
Ethikrichtlinien GewO § 106 37
EU-Ausländer
– Grundrechtsschutz GG Art. 19 4
– Zugang zu öffentlichen Ämtern GG Art. 33 5
Europäische Genossenschaft
– örtliche Zuständigkeit ArbGG § 82 9
Europäische Gesellschaft
– Beschlussverfahren ArbGG § 2a 4
– örtliche Zuständigkeit ArbGG § 82 8
Europäische Sozialcharta
– Rechtfertigung Unterstützungsstreik
  GG Art. 9 87
Europäische Union
– Beweisaufnahme ArbGG § 13a 3
– geringfügige Forderung ArbGG § 13a 6
– Mahnverfahren ArbGG § 13a 5
– Prozesskostenhilfe ArbGG § 13a 1
– Vollstreckungstitel ArbGG § 13a 4
– Wehrdienst ArbPlSchG § 1 8
– Zustellungen ArbGG § 13a 2
Europäische Vollstreckungstitel ArbGG § 13a 4
Europäischer Betriebsrat kraft Gesetz
– Abberufung EBRG § 23 2
– Anhörung EBRG § 1 6
– Aufgabenwahrnehmung EBRG § 25 1
– Ausschuss EBRG § 26 1; § 30 4
– außergewöhnliche Umstände EBRG § 30 3
– Beendigung EBRG § 32 1
– Beschlussfassung EBRG § 28 1
– Bestellung EBRG § 23 1
– Beteiligung Massenentlassung KSchG § 17 29
– Dauereinrichtung EBRG § 32 1

Stichwortverzeichnis

- Doppelfunktion EBRG § 33 2
- Entsendekreise EBRG § 28 2
- Errichtung EBRG § 21 1
- Flexibilitätsklausel EBRG § 37 6
- Freistellung unter Entgeltfortzahlung EBRG § 40 2
- gerichtliche Durchsetzung EBRG Vorbemerkung 11
- Geschäftsführung EBRG § 26 1
- Geschäftsordnung EBRG § 28 2
- Haftung EBRG § 39 4
- Informations- und Beteiligungsrechte EBRG § 29 1
- konstitutive Sitzung EBRG § 25 1
- Kostentragung EBRG § 39 1
- leitende Angestellte EBRG § 22 1; § 23 3
- Massenentlassung EBRG § 29 16
- Mitglieder EBRG § 22 1
- Mitgliedschaftsdauer EBRG § 32 2
- Neubestellung EBRG § 32 3
- örtliche Zuständigkeit ArbGG § 82 6
- Proportionalitätsprinzip EBRG § 22 2
- Rechtsverfolgungskosten EBRG § 39 3
- Repräsentationsprinzip EBRG § 22 2
- Sachverständige EBRG § 39 1, 5
- Schulungen und Weiterbildung EBRG § 38 1; § 40 3
- Schulungs- und Weiterbildungskosten EBRG § 39 2
- Sitzungsmodalitäten EBRG § 27 1
- Subsidiarität EBRG § 21 1
- Übergangsmandat EBRG § 37 15
- Unterlagen EBRG § 29 4
- Unterlassungsanspruch EBRG § 29 17; § 30 5
- Unterrichtung EBRG § 1 4
- Unterrichtung örtlicher Arbeitnehmer/-vertreter EBRG § 36 1
- Unterrichtung und Anhörung, außerordentliche EBRG § 30 1
- Unterrichtung und Anhörung, jährliche EBRG § 29 1
- Vertraulichkeit EBRG § 35 2
- Voraussetzungen Errichtung EBRG § 21 1
- Vorsitzender EBRG § 25 2
- Wechsel zur Vereinbarungslösung EBRG § 33 1
- wesentliche Strukturänderungen EBRG § 37 1
- Zusammenarbeit, vertrauensvolle EBRG § 34 1; § 38 4
- Zusammensetzung EBRG § 22 1
- Zuständigkeit EBRG § 1 2

Europäischer Betriebsrat kraft Vereinbarung
- Anhörung EBRG § 1 8
- Anpassungsklauseln EBRG § 18 14
- Aufgaben EBRG § 18 7
- Auslegung der Vereinbarung EBRG § 17 3
- Ausschuss EBRG § 18 12
- Bestellung der Mitglieder EBRG § 18 17
- Bestellung Externer EBRG § 18 5
- Beteiligtenfähigkeit EBRG Vorbemerkung 11
- Beteiligung Massenentlassung KSchG § 17 29
- Betroffenheit EBRG § 1 2
- Flexibilitätsklausel EBRG § 37 6
- Form EBRG § 18 2
- Geltungsbereich EBRG § 18 3
- Geltungsdauer EBRG § 18 15
- gerichtliche Durchsetzung von Ansprüchen EBRG Vorbemerkung 11
- Gestaltungsfreiheit EBRG § 18 1
- Kompetenzkatalog EBRG § 18 7
- Kostenregelung EBRG § 18 13
- Mandatsdauer EBRG § 18 6
- mehrere Europäische Betriebsräte EBRG § 18 6
- Mitbestimmungsrechte EBRG § 18 8
- örtliche Zuständigkeit ArbGG § 82 6
- Rechtsnatur der Vereinbarung EBRG § 17 3
- Rechtswahlklausel EBRG § 17 2
- Sachverständige EBRG § 18 13
- salvatorische Klausel EBRG § 17 9
- Schulungen und Weiterbildung EBRG § 18 13, 16
- Sitzungsmodalitäten EBRG § 18 11
- Sitzverteilung EBRG § 18 4
- Sprach-/Übersetzungsregelung EBRG § 18 16
- Stichtagsregelung EBRG § 18 14
- Strukturänderungen EBRG § 18 14
- Subsidiaritätsprinzip EBRG § 1 1
- Übergangsmandat EBRG § 37 15
- Unterlassungsanspruch EBRG Vorbemerkung 12
- Unterrichtung EBRG § 1 8
- Unterrichtung und Anhörung, zentrale EBRG § 18 7
- unvollständige Vereinbarungen EBRG § 17 9
- Vereinbarungslösung, autonome EBRG § 17 1
- Vertraulichkeit EBRG § 35 2
- wesentliche Strukturänderungen EBRG § 37 1, 10; § 41 6
- Zusammenarbeit, vertrauensvolle EBRG § 18 16; § 34 1
- Zusammensetzung EBRG § 18 4
- Zuständigkeit EBRG § 18 7

Europäisches Arbeitsrecht
- Anwendungsvorrang AEUV Vorbem. zu Art. 45, 157, 267 13; TVG Grundlagen 11
- europäisches Arbeitskampfrecht TVG Anhang 6, 8
- europarechtskonforme Auslegung AEUV Vorbem. zu Art. 45, 157, 267 15
- Haftungsanspruch gegen Mitgliedsstaat AEUV Vorbem. zu Art. 45, 157, 267 18
- Primär- und Sekundärrecht AEUV Vorbem. zu Art. 45, 157, 267 2

– Richtlinien   AEUV Vorbem. zu Art. 45, 157, 267 3
Europäisches Mahnverfahren
– Durchführung   ArbGG § 46b 2
– Geltungsbereich   ArbGG § 46b 1
– Implementierung in die ZPO   ArbGG § 13a 5
Europäisches Sozialrecht   AEUV Art. 45 21
Existenzminimum   GG Art. 1 19; GG Art. 9 59
Exterritorialität
– diplomatischer Dienst   ArbGG § 1 2

F
Facebook   BetrVG § 87 19, 39
Fachkammer
– ehrenamtliche Richter   ArbGG § 31 8
Fachkräfte   GewO § 6 58
Faktisches Arbeitsverhältnis   BGB § 626 27
– Beschäftigungsverhältnis   SGB IV § 7 8
– Entgeltfortzahlung im Krankheitsfall   EFZG § 3 2
Fälligkeit
– Entgeltforderungen   BGB § 271a 3
– Vergütung   BGB § 614 1
– Verzugslohn   BGB § 615 61
Familie   GG Art. 6 1
Familienangehöriger   BetrVG § 5 12
Familiengesellschaft   DrittelbG § 1 6
Familienmitarbeit   GewO § 6 32
Familienpflegezeit   FPfZG § 1 1
– Ankündigung   FPfZG § 2a 1
– Arbeitslosengeld   FPfZG § 1 2
– Arbeitszeit   FPfZG § 2 5
– Arbeitszeit Höchstdauer   FPfZG § 2 6
– Darlehen, Antrag   FPfZG § 3 1
– Dauer   FPfZG § 2 5; § 5 1
– Definition Rechtsanspruch   FPfZG § 2 1
– Ende der Förderfähigkeit   FPfZG § 5 1
– Förderung   FPfZG § 3 1
– Gesamtdauer   FPfZG § 2 7
– Minderjährige Betreuung   FPfZG § 2 1
– Mitteilungspflicht Beschäftigte   FPfZG § 5 2
– Nachweispflicht   FPfZG § 2a 6
– Vereinbarung   FPfZG § 2a 4
– Verlängerung   FPfZG § 2a 5
Fehlerhafte Eingruppierung   BetrVG § 99 23
Fehlerhaftes Arbeitsverhältnis   BGB § 616 5
– Begriff   BGB § 611 108
– Einzelfälle   BGB § 611 109
– Leiharbeitsverhältnis   AÜG § 10 14; § 9 6
– Voraussetzungen   BGB § 611 108
Feiertage
– Begriff im Sinne des EFZG   EFZG § 2 5
– Entgeltfortzahlung   EFZG § 2 2
– Heimarbeiter   EFZG § 11 1
Feiertagsruhe
– Jugendliche   JArbSchG § 18 1
Ferienbeschäftigung   JArbSchG § 5 5

Festlegung von Zielgrößen
– Aufsichtsrat   AktG § 111 13
Feststellungsklage
– Arbeitnehmerstatus   GewO § 6 76
– Eingruppierung   ArbGG § 46 19
– Fortbestand des Arbeitsverhältnisses   ArbGG § 46 17
– gegenwartsbezogene -   GewO § 6 79
– Hinweispflicht   ArbGG § 46 18
– Kündigungsschutzklage   ArbGG § 46 17; KSchG § 4 23
– rechtliches Interesse   ArbGG § 46 15
– Rechtsverhältnis   ArbGG § 46 13
– Status-Klage   ArbGG § 46 14
– Tarifvertrag   ArbGG § 46 15
– vergangenheitsbezogene -   GewO § 6 80
– Zwischenfeststellungsklage   ArbGG § 46 16
Filiale   BetrVG § 4 2
Filmfreiheit   GG Art. 5 21
Fingiertes Arbeitsverhältnis
– Arbeitnehmerüberlassung   AÜG § 10 2
Firmentarifvertrag
– Streik   GG Art. 9 90
Flashmob   TVG Anhang 32; BGB § 863 4; GG Art. 9 105, 115; Art. 14 25
– Unterlassungsanspruch   BGB § 1004 2
Flexible Arbeitszeit   TzBfG § 2 3
Föderalismusreform   GG Art. 74 1
Fördergebot   BetrVG § 75 1, 16
Forderungsübergang bei Dritthaftung (EZFG)
– Auskunftspflicht   EFZG § 6 11
– Dritter als Schädiger   EFZG § 6 5
– gesetzlicher Schadensersatzanspruch wegen Verdienstausfalls   EFZG § 6 2
– Konkurrenz zu § 116 SGB X   EFZG § 6 13
– Nachteilsschutz des Arbeitsnehmers   EFZG § 6 12
– Umfang   EFZG § 6 8
Form
– Nichtigkeit wegen Formmangels   BGB § 125 1
Formvorschrift
– tarifrechtliche Normen   TVG § 1 57
Formwechsel   DrittelbG § 1 4, 11; UmwG § 194 1
Forschung
– Arbeitszeitflexibilisierung   ArbZG § 14 7
– Sonn- und Feiertagsbeschäftigung   ArbZG § 10 32
Fortbildung
– besonderes Verhandlungsgremium   EBRG § 10 6; § 38 2
– EBR   EBRG § 38 1; § 40 3
Fortbildung, berufliche
– Begriff   BBiG § 1 4
– Berücksichtigung ausländischer Vorqualifikationen   BBiG § 55 1
– Elternzeit   BEEG § 20 1

2569

Stichwortverzeichnis

- Fortbildungsordnung BBiG § 53 1
- Fortbildungsprüfungen BBiG § 56 1
- Fortbildungsprüfungsregelungen BBiG § 54 1
- Gleichstellung von Prüfungszeugnissen BBiG § 57 1

Frachtführer GewO § 6 94
Fragebogen BetrVG § 94 1, 6
Fragerecht
- Datenschutz BDSG § 4 1

Fragerecht Arbeitgeber GG Art. 2 28
- arglistige Täuschung BGB § 123 4
- Religionszugehörigkeit GG Art. 4 17
- Schwangerschaft MuSchG § 5 9
- Schwerbehinderung GG Art. 2 28; SGB IX § 85 7

Fraktale Fabrik BetrVG § 3 7
Franchisenehmer GewO § 6 93
- Rechtsweg ArbGG § 5 5

Franchisevertrag
- Begriff BGB § 611 9
- Franchisenehmer als Arbeitnehmer BGB § 611 10

Frauenförderung GG Art. 3 72
Freibeträge
- Pfändungsschutz ZPO § 850c 2–3

Freie Berufe GewO § 6 91
Freie Entfaltung der Persönlichkeit GG Art. 2 1
Freie Mitarbeiter GewO § 6 23
- Bekleidung eines öffentlichen Amtes GG Art. 33 2

Freiheit der Person GG Art. 2 12
Freistellung
- Arbeitnehmervertreter nach EBRG EBRG § 40 2
- Berufsausbildung BBiG § 15 1
- Beschäftigungsverhältnis SGB IV § 7 7
- Entgeltfortzahlung im Krankheitsfall EFZG § 3 25
- Untersuchungen während Schwangerschaft MuSchG § 16 1

Freistellung, Stellungssuche BGB § 629 1
- angemessene Zeit BGB § 629 8
- Anspruchsvoraussetzungen BGB § 629 2
- Aufhebungsvertrag BGB § 629 4
- befristetes Arbeitsverhältnis BGB § 629 3
- Darlegungs- und Beweislast BGB § 629 12
- Durchsetzung BGB § 629 11
- Entgeltanspruch BGB § 629 9
- nach Kündigung BGB § 629 4
- Selbstbeurlaubungsrecht BGB § 629 11
- Verlangen BGB § 629 5

Freiwillige Betriebsvereinbarung BetrVG § 88 1
Freiwilliges ökologisches Jahr
- Rechtsweg ArbGG § 2 18

Freiwilliges soziales Jahr
- Rechtsweg ArbGG § 2 18

Freiwilligkeitsvorbehalt BGB § 308 5

Freizeitgewährung
- Stellungssuche BGB § 629 1

Fremdnützigkeit
- als Abgrenzungskriterium GewO § 6 64

Friedenspflicht BetrVG § 74 6; GG Art. 9 98
- absolute - TVG § 1 76
- Adressat BetrVG § 74 8
- Bedeutung für den Arbeitskampf TVG Anhang 17
- betriebsverfassungsrechtliche Konflikte BetrVG § 74 7
- relative - TVG § 1 75
- Sprecherausschuss SprAuG § 2 3
- verbotene Kampfmaßnahmen BetrVG § 74 9
- Verletzung TVG § 1 77
- Zweck BetrVG § 74 6

Fristen
- Beginn und Ende BGB § 193 1

Fristverlängerung
- Springen ArbGG § 66 22

Fünf-Tage-Woche
- Jugendliche JArbSchG § 15 1

Fünftelverfahren EStG § 34 13
- bei Veranlagung des Arbeitnehmers EStG § 34 16
- Berechnung EStG § 34 13

Funktionsträgerschutz BetrVG § 103 1
Fürsorgepflicht des Arbeitgebers
- bei Aufnahme eines Jugendlichen in häusliche Gemeinschaft JArbSchG § 30 1
- Erfüllungsanspruch des Handlungsgehilfen HGB § 62 9
- für Jugendliche JArbSchG § 28 1
- Gefährdungsbeurteilung des Arbeitsplatzes JArbSchG § 28a 1
- Gesundheitsschutz im Kaufmannsbetrieb HGB § 62 2
- gute Sitten und Anstand im Kaufmannsbetrieb HGB § 62 7
- Haftungsbeschränkung HGB § 62 10, 12
- häusliche Gemeinschaft mit Arbeitgeber (Kaufmann) HGB § 62 8
- Schadenersatzanspruch des Handlungsgehilfen HGB § 62 10
- Schmerzensgeld für Handlungsgehilfen HGB § 62 11
- Unabdingbarkeit HGB § 62 13
- Unterweisung über Gefahren JArbSchG § 29 1

G

Garantien
- Datenschutz BDSG § 4c 2

Gastschwester BetrVG § 5 10
Gaststätten
- Ruhezeit ArbZG § 5 6
- Sonn- und Feiertagsbeschäftigung ArbZG § 10 9

Gebäudereinigerhandwerk
- Arbeitnehmerentsendung AEntG § 4 3
Gebührenstreitwert ArbGG § 12 10
Gefährliche Arbeiten
- Arbeitszeit ArbZG § 8 1
- Jugendliche JArbSchG § 22 1
Gefälligkeit
- Schwarzarbeit SchwArbG § 1 16, 20
- Unfallversicherung, gesetzliche SGB VII § 2 3
Gegendarstellungsrecht BetrVG § 83 5
Gegnerfreiheit GG Art. 9 11
Gegnerunabhängigkeit BetrVG § 79 1; § 80 2, 21; § 107 3, 8; § 108 5; § 111 20; § 121 8; GG Art. 9 11, 46
Geheimhaltungsrecht
- nach EBRG EBRG § 35 1
Geheimnisverrat BetrVG § 121 8
Gehörsrüge ArbGG § 72a 24
Geldfaktor BetrVG § 87 74
Geldzahlungspflicht GewO § 107 1
Gemeindevertreter
- Statusrechte AbgG § 4 9
Gemeinsame Arbeit
- Rechtsweg ArbGG § 2 19
Gemeinsame Einrichtungen
- als Tarifnormen TVG § 1 39
- normative Wirkung der Tarifregelungen TVG § 4 37
- Tarifgebundenheit TVG § 3 25
Gemeinsame Einrichtungen der Tarifparteien
- Rechtsweg ArbGG § 2 15
Gemeinsamer Ausschuss BetrVG § 28 3
Gemeinsamer Senat der Obersten Gerichtshöfe des Bundes ArbGG § 45 11
Gemeinschaftsbetrieb KSchG § 23 11
- Abspaltung BetrVG § 1 13
- Begriff BetrVG § 1 11; UmwG § 322 1
- bei Spaltung UmwG § 322 4
- bei Umwandlung UmwG § 322 1
- Betriebsübergang bei Gründung BGB § 613a 33
- einheitlicher Leitungsapparat BetrVG § 1 12
- Ende BetrVG § 1 14
- Führungsvereinbarung BetrVG § 1 12
- GBR BetrVG § 1 14
- Konzernverhältnis BetrVG § 1 12
- Kostentragung BetrVG § 1 14
- kündigungsschutzrechtliche Stellung UmwG § 322 2
- Mitbestimmung MitbestG § 1 11
- Rechtsfolgen BetrVG § 1 14
- Schwellenwert BetrVG § 1 14
- Spaltung BetrVG § 21a 2
- Sprecherausschuss der leitenden Angestellten SprAuG § 1 2
- Vermutungstatbestände Führungsvereinbarung BetrVG § 1 13

- Voraussetzungen BetrVG § 1 12
- Wirtschaftsausschuss BetrVG § 1 14
Gemeinschaftseinrichtungen
- Zugang Leiharbeitsverhältnis AÜG § 13b 1; AÜG § 9 8
Gemeinschaftsrecht
- Anwendungsvorrang BGB § 611 33
- gemeinschaftskonforme Auslegung BGB § 611 33
- Primärrecht BGB § 611 32
- Regelungsgegenstände BGB § 611 34
- Sekundärrecht BGB § 611 32
Gemeinschaftsunternehmen MitbestG § 5 7
- beherrschender Einfluss AktG § 17 2
- EBRG EBRG § 6 5
- Konzern AktG § 18 3
Gendiagnostikgesetz BGB § 611 78
- AN-Überlassung GenDG § 3 6
- Anwendungsbereich GenDG § 19 6; § 2 1
- Arbeitgeber GenDG § 3 6
- arbeitsmedizinische Vorsorgeuntersuchung GenDG § 20 3
- arbeitsrechtliches Benachteiligungsverbot GenDG § 21 1
- Arbeitsschutz GenDG § 20 1
- ärztliche Schweigepflicht GenDG § 11 1
- ärztliche Untersuchungen GenDG § 19 4
- Arztvorbehalt GenDG § 8 1
- Aufklärungsverzicht GenDG § 8 3
- Bedenkzeit GenDG § 8 3
- Benachteiligungsverbot GenDG § 4 1; § 21 1
- Beschäftigte GenDG § 3 5
- Beschäftigtenbegriff GenDG § 3 5
- diagnostische Untersuchung GenDG § 20 4
- Einwilligung GenDG § 8 1; § 11 2
- Einwilligungsfähigkeit GenDG § 8 2
- genetische Analyse GenDG § 1 1; § 3 3
- genetische Eigenschaft GenDG § 3 4
- genetische Untersuchungen GenDG § 1 1; § 20 1
- Genproduktanalyse GenDG § 20 4
- grenzüberschreitender Datenverkehr GenDG § 2 1
- Mitteilung des Ergebnisses GenDG § 11 1–2
- mittelbare Benachteiligung GenDG § 4 5
- molekulargenetische Analyse GenDG § 20 6
- Offenbarungsverbot GenDG § 11 1–2
- Rechtsfolgen GenDG § 11 1; § 19 5; GenDG § 4 8; § 20 8; § 21 5
- sachliche Gründe GenDG § 21 4; § 4 6
- Subsidiarität GenDG § 20 5
- unmittelbare Benachteiligung GenDG § 4 5
- Ursächlichkeit GenDG § 21 3
- verantwortliche ärztliche Person GenDG § 8 1
- verantwortliche Stelle GenDG § 8 1
- Verbot genetischer Untersuchungen GenDG § 19 1

Stichwortverzeichnis

- Verbot mit Erlaubnisvorbehalt   GenDG § 20 1, 4
- Verbot ohne Erlaubnisvorbehalt   GenDG § 19 1
- Verhältnismäßigkeit   GenDG § 20 5
- Vernichtung des Untersuchungsergebnisses   GenDG § 8 4
- Verwertung   GenDG § 11 1
- zytogenetische Analyse   GenDG § 20 6

Generalhandlungsvollmacht   HGB § 54 5

Genetische Analyse   GenDG § 1 1; § 3 3; GG Art. 2 34
- arbeitsmedizinische Vorsorgeuntersuchungen   GenDG § 20 2
- Einwilligung   GenDG § 8 1
- Verbot ohne Erlaubnisvorbehalt   GenDG § 19 1

Genetische Eigenschaft   GenDG § 3 4

Genetische Untersuchungen   GenDG § 1 1; § 20 1
- arbeitsmedizinische Vorsorgeuntersuchungen   GenDG § 20 2
- Einwilligung   GenDG § 8 1
- Mitteilung des Untersuchungsergebnisses   GenDG § 11 1
- Verbot ohne Erlaubnisvorbehalt   GenDG § 19 1

Genproduktanalyse   GenDG § 20 4

Gericht
- internationale Zuständigkeit   Rom I-VO Vorbem Art. 1, 3, 8, 9 27
- ordnungsgemäße Besetzung   ArbGG § 73 11

Gerichte für Arbeitssachen
- Fachgerichtsbarkeit   ArbGG § 1 1
- Gerichtsaufbau   ArbGG § 1 1

Gerichtsgebühren
- Beschwerden   ArbGG § 12 7
- Eilverfahren   ArbGG § 12 6
- Ermäßigung   ArbGG § 12 5
- Klagerücknahme   ArbGG § 12 4
- Mahnverfahren   ArbGG § 12 6
- Revisionsverfahren   ArbGG § 12 7
- Urteilsverfahren Erster Instanz   ArbGG § 12 4
- Urteilsverfahren Zweiter und Dritter Instanz   ArbGG § 12 7
- Vergleich   ArbGG § 12 4

Gerichtskosten
- Fälligkeit   ArbGG § 12 8
- Kostenschuldner   ArbGG § 12 9
- Vorschuss   ArbGG § 12 8
- Zweitschuldnerhaftung   ArbGG § 12 9

Gerichtssprache   ArbGG § 9 3

Gerichtsstand
- Arbeitsort   ArbGG § 48 14
- internationale Zuständigkeit   Rom I-VO Vorbem Art. 1, 3, 8, 9 27
- Reisetätigkeit   ArbGG § 48 15
- Gerichtsstandsvereinbarung   ArbGG § 2 29
- durch Arbeitsvertrag   KSchG § 4 14
- durch Tarifvertrag   ArbGG § 48 17
- örtliche Zuständigkeit   ArbGG § 48 5
- Vertretungsorgane   ArbGG § 5 8

Gerichtsverfahren
- Meinungsfreiheit   GG Art. 5 6
- Rechtsschutz bei überlangen -   ArbGG § 9 4; GG Art. 19 17

Geringes Entgelt
- Schwarzarbeit   SchwArbG § 1 17

Geringfügige Beschäftigung   GewO § 6 53; SGB IV § 8 1; TzBfG § 2 8
- Arten   SGB IV § 8 2
- geringfügig entlohnte Beschäftigung   SGB IV § 8 3
- kurzfristige Beschäftigung   SGB IV § 8 5
- Pauschalbeiträge Sozialversicherung   SGB IV § 8 9
- Schwarzarbeit   SchwArbG Vor § 1 12; SchwArbG § 1 13
- Sozialversicherungspflicht   GewO § 6 12; SGB IV § 8 9
- Zusammenrechnung mehrerer Beschäftigungen   SGB IV § 8 6

Geringfügige Forderung
- Europäische Union   ArbGG § 13a 6

Gesamtbetriebsausschuss   BetrVG § 51 7
- Betriebsübergang   BGB § 613a 82

Gesamtbetriebsrat (GBR)   BetrVG § 47 1
- Amtszeit   BetrVG § 47 8; § 49 2
- Ausschüsse   BetrVG § 28 1; § 51 7
- Aussetzung von Beschlüssen   BetrVG § 35 1
- Befugnisse   BetrVG § 50 2
- Beschlüsse   BetrVG § 51 5
- Beschlussverfahren   BetrVG § 47 2; § 50 3
- Betriebsausschuss   BetrVG § 27 1
- betriebsratslose Betriebe   BetrVG § 47 4
- Betriebsübergang   BGB § 613a 82
- Entfallen als Gremium   BetrVG § 47 8
- Entsendung von Mitgliedern   BetrVG § 47 5
- Errichtung   BetrVG § 47 4
- erstmalige Konstituierung   BetrVG § 51 2
- Gemeinschaftsbetrieb   BetrVG § 47 3, 6
- Geschäftsführung   BetrVG § 51 4
- Geschäftsordnung   BetrVG § 36 1
- Geschlechterproporz   BetrVG § 47 5
- Größenänderung   BetrVG § 47 6
- Mandatierung   BetrVG § 50 9
- Mitglied   BetrVG § 47 5
- personelle Angelegenheiten   BetrVG § 50 6
- Rechte und Pflichten   BetrVG § 51 6
- Sitzungen   BetrVG § 30 1
- Sitzungsprotokoll   BetrVG § 34 1
- Stimmengewichtung   BetrVG § 47 9; § 51 5
- Teilnahmerecht Betriebsversammlung   BetrVG § 42 3

- Unternehmen BetrVG § 47 3
- Verhältnis zum BR BetrVG § 50 1; § 51 1
- Vorsitzender BetrVG § 26 1; § 51 3
- wirtschaftliche Angelegenheiten BetrVG § 50 7
- Wirtschaftsausschuss BetrVG § 106 1
- Zuständigkeit BetrVG § 50 1

Gesamtbetriebsratsmitglied
- Abberufung BetrVG § 49 6
- Amtsniederlegung BetrVG § 49 4
- Amtspflichtverletzung BetrVG § 48 2
- Ausschluss BetrVG § 48 1; § 49 5
- Ausschlussverfahren BetrVG § 48 3
- Beendigungsgründe BetrVG § 49 2
- Benachteiligungs- und Begünstigungsverbot BetrVG § 78 4
- Erlöschen der Mitgliedschaft BetrVG § 49 1
- Unterlassungsanspruch BetrVG § 78 3

Gesamtbetriebsvereinbarung
- Betriebsübergang BGB § 613a 59

Gesamthandlungsvollmacht HGB § 54 2

Gesamt-Jugend- und Auszubildendenvertretung (GJAV) BetrVG § 49 1
- Amtszeit BetrVG § 72 2
- Ausschüsse BetrVG § 28 1
- Errichtung BetrVG § 72 2
- Geschäftsführung BetrVG § 51 1; § 73 2
- Geschäftsordnung BetrVG § 36 1
- Größenänderung BetrVG § 72 3
- konstituierende Sitzung BetrVG § 73 1
- Mandatierung BetrVG § 73 2
- Sitzungen BetrVG § 29 1; § 30 1; § 73 1
- Sitzungsprotokoll BetrVG § 34 1
- Stimmengewicht BetrVG § 72 4
- Teilnahmerecht Betriebsräteversammlung BetrVG § 53 3
- Verhältnis zum GBR BetrVG § 72 1
- Verhältnis zur JAV BetrVG § 72 1
- Verkleinerung BetrVG § 72 3
- Vorsitzender BetrVG § 26 1; § 73 1

Gesamt-Jugend- und Auszubildendenvertretung, Mitglied
- Abberufung BetrVG § 49 6
- Amtsniederlegung BetrVG § 49 4
- Amtszeit BetrVG § 49 2
- Ausschluss aus der GJAV BetrVG § 49 5
- Beendigungsgründe BetrVG § 49 2
- Benachteiligungs- und Begünstigungsverbot BetrVG § 78 4
- Erlöschen der Mitgliedschaft BetrVG § 49 1
- Freistellung BetrVG § 73 2
- Stimmengewicht BetrVG § 72 4

Gesamtprokura HGB § 48 2

Gesamtschuldnerausgleich
- Betriebsübergang BGB § 613a 100

Gesamtschwerbehindertenvertretung BetrVG § 52 1

- Teilnahmerecht Betriebsräteversammlung BetrVG § 53 3
- Teilnahmerecht Wirtschaftsausschusssitzungen BetrVG § 108 6

Gesamtsprecherausschuss (GSprAu) SprAuG § 19 1
- Amtszeit SprAuG § 19 1
- Änderung der Mitgliederzahl SprAuG § 19 1
- Errichtung SprAuG § 19 1
- Mandatierung SprAuG § 19 2
- Verhältnis zum SprAu SprAuG § 19 2
- Zusammensetzung SprAuG § 19 1
- Zuständigkeit SprAuG § 19 2

Gesamtzusage BGB § 150 9; § 151 1
- Begriff BGB § 611 43
- betriebliche Altersversorgung BetrAVG § 1 10, 12
- Vertragscharakter BGB § 311 3

Geschäftsbesorgung BGB § 675 1

Geschäftsbesorgungsvertrag BGB § 611 5

Geschäftsbetrieb
- eigener - der Komplementärkapitalgesellschaft MitbestG § 4 6

Geschäftsfähigkeit
- Arbeitsvertrag BGB § 611 83

Geschäftsführer KSchG § 14 9
- Aufhebung des Arbeitsvertrags durch Dienstvertrag GewO § 6 110
- Bestellung zum - GewO § 6 110
- Gesellschafter-Geschäftsführer EStG § 19 11
- Rechtsverhältnisse KSchG § 14 5

Geschäftsführer-Dienstverhältnis
- Schadensersatz bei Kündigung BGB § 628 29

Geschäftsführer-Dienstvertrag
- Aufhebung des Arbeitsvertrags GewO § 6 110

Geschäftsgrundlage BGB § 626 25, 31
- Arbeitsverhältnis BGB § 313 3; § 314 1

Geschäftsordnung
- Betriebsrat BetrVG § 36 1

Geschäftsstelle
- Aufgaben ArbGG § 7 6

Geschäftsverteilungsplan ArbGG § 7 5

Geschlechterparität
- Aufsichtsrat DrittelbG § 4 4

Gesellschaft mit beschränkter Haftung
- Aufsichtsrat MitbestG § 6 1
- Geschäftsführer BGB § 628 29; EStG § 19 11; GewO § 6 104, 114

Gesellschafter
- Arbeitnehmer GewO § 6 38
- Mehrheitsidentität MitbestG § 4 4

Gesellschafterversammlung
- Kompetenzen DrittelbG § 1 13

Gesellschaftsvertrag
- Arbeitsvertrag BGB § 611 7

Stichwortverzeichnis

Gesetz über Europäische Betriebsräte (EBRG)
- Anhörung EBRG § 1 6
- Auslegung EBRG Vorbemerkung 10
- Beherrschungsmittel EBRG § 6 3
- Beschäftigungsschwelle EBRG § 3 1
- Bestandsschutz für Vereinbarungen vor dem 22.9.1996 EBRG § 41 1
- Betriebsbegriff EBRG § 1 3
- Betroffenheit EBRG § 1 2
- Entstehung EBRG Vorbemerkung 1
- Erstreckung EBRG § 1 3
- EU-Erweiterung EBRG Vorbemerkung 6
- Fortgeltung EBRG § 41 1
- Geltungsbereich, räumlicher EBRG § 2 2
- Geltungsbereich, sachlicher EBRG § 2 1
- herrschendes Unternehmen EBRG § 6 1
- Inkrafttreten EBRG Vorbemerkung 1
- Regelungszweck EBRG § 1 1; Vorbemerkung 2
- Reichweite EBRG § 1 3
- Streitigkeiten EBRG Vorbemerkung 11
- Umsetzung in anderen Mitgliedstaaten Vorbemerkung 5
- Unternehmensbegriff EBRG § 2 1
- Unterrichtung EBRG § 1 4
- Verhältnis zur Betriebsverfassung EBRG Vorbemerkung 3
- Vertreter Geltungsbereich EBRG § 2 3
- zentrale Leitung EBRG § 1 9
- Zweites Gesetz zur Änderung des EBRG EBRG Vorbemerkung 1

Gesetzgebungszuständigkeit GG Art. 74 2

Gesetzlicher Vertreter ArbGG § 5 8
- Rechtsweg ArbGG § 5 6
- Rechtswegvereinbarung ArbGG § 2 26
- wieder auflebendes Arbeitsverhältnis ArbGG § 5 7

Gesetzliches Verbot BGB § 134 1
- Verschulden bei Vertragsschluss BGB § 134 4

Gestaltungsklage
- Grundsatz ArbGG § 46 21

Gestellungsvertrag BetrVG § 5 10

Gesundheitsdaten
- Datenerhebung BDSG § 28 9

Gesundheitsschutz BetrVG § 80 4; § 81 2; BetrVG § 87 11, 45, 72
- Alkoholverbot GG Art. 2 37
- betriebliches Rauchverbot GG Art. 2 36
- genetische Analysen GG Art. 2 34
- Kaufmannsbetrieb HGB § 62 2

Getrenntlebensklausel GG Art. 6 12

Gewerbebetrieb
- Recht am eingerichteten und ausgeübten - GG Art. 14 6, 25

Gewerbegehilfen HGB § 83 1

Gewerbetreibender
- Schwarzarbeit SchwArbG § 1 14

Gewerkschaft
- Absprachen zum Verhandlungsverhalten TVG § 1 79
- Anfechtungsrecht, Wahl des Betriebsausschusses BetrVG § 19 5; § 27 3
- Anfechtungsrecht. Wahl des Betriebsratsvorsitzenden BetrVG § 26 2
- Antragsbefugnis im Beschlussverfahren ArbGG § 81 12
- Auskunftsanspruch nach EBRG EBRG § 5 2
- Ausschluss-/Auflösungsverfahren Betriebsrat, Antragsberechtigung BetrVG § 23 10
- Betätigungsrechte BetrVG § 2 6
- Beteiligtenfähigkeit im Beschlussverfahren ArbGG § 83 15
- Doppelmitgliedschaft GG Art. 9 46
- Einberufung Betriebsversammlung BetrVG § 43 7
- Feststellung einer BV, Antragsberechtigung BetrVG § 23 10
- Fragerecht des Arbeitgebers nach Zugehörigkeit GG Art. 2 28
- gewerkschaftliche Vertrauensleute TVG § 1 67
- Grundsatz der vertrauensvollen Zusammenarbeit BetrVG § 2 1; § 74 1
- Idealverein BGB § 22 1
- im Betrieb vertretene - BetrVG § 2 3
- Mitgliederwerbung GG Art. 9 35
- Namensrecht BGB § 12 1
- originäre Rechte BetrVG § 2 6
- Parteifähigkeit ArbGG § 10 3
- Prozessvertretung ArbGG § 11 6
- Rechtsfähigkeit BGB § 22 1
- Sonderkündigungsschutz GG Art. 9 25
- Spartengewerkschaft GG Art. 9 48
- Spartengewerkschaft, Streik GG Art. 9 106
- Sprecherausschuss SprAuG § 2 1
- Tariffähigkeit ArbGG § 97 7
- Teilnahmerecht Betriebsräteversammlung BetrVG § 53 3
- Teilnahmerecht Betriebsratssitzungen BetrVG § 31 1
- Teilnahmerecht Betriebsversammlung BetrVG § 42 3; § 46 2
- Teilnahmerecht JAV-Sitzungen BetrVG § 65 4
- Teilnahmerecht Jugend- und Auszubildendenversammlung BetrVG § 71 2
- Teilnahmerecht Sprechstunde BR BetrVG § 39 5
- Teilnahmerecht Wahlvorstand BetrVG § 16 1, 5
- Teilnahmerecht Wirtschaftsausschusssitzungen BetrVG § 108 6
- Unterlassungsanspruch gegen den AG BetrVG § 23 16
- Unterrichtung Betriebsversammlung BetrVG § 46 4

– Verfahren gegen Arbeitgeber, Antragsberechtigung BetrVG § 23 21
– Vertreter im Aufsichtsrat MitbestG § 7 4
– Wahlvorschlagsrecht BetrVG § 14 10
– Werbung im Betrieb BetrVG § 2 6
– Zugangsrecht BetrVG § 2 4; § 14 10

Gewerkschaftstätigkeit
– Kompatibilität von Betriebsverfassungsamt und - BetrVG § 74 20

Gewerkschaftsvertreter
– Aufsichtsrat MitbestG § 7 4; § 20 12
– Bestellung in besonderes Verhandlungsgremium EBRG § 11 2
– Bestellung in EBR kraft Vereinbarung EBRG § 18 5

Gewinnabführungsvertrag
– EBRG EBRG § 6 3

Gewinnbeteiligung BetrVG § 87 77
– als Arbeitsentgelt BGB § 611 134
– Arten BGB § 611 134
– Fälligkeit BGB § 611 136; § 614 6

Gewissensfreiheit GG Art. 4 1
Gewissenskonflikt BGB § 626 94, 164, 204
– Arbeitsleistung BGB § 611 409

Glaubensfreiheit GG Art. 4 1
– Kreuz im Klassenzimmer GG Art. 4 8
– Tragen religiöser Kleidung GG Art. 4 8, 15

Gläubigerkonkurrenz ZPO § 850e 7

Gleichbehandlung BetrVG § 75 1, 5, 9; § 95 1; § 103 16
– Betriebsübergang BGB § 613a 45
– Leiharbeitnehmer AÜG § 1 8
– leitende Angestellte SprAuG § 27 1
– Sozialplan BetrVG § 112a 18, 21
– Sozialplan, Alterszuschläge BetrVG § 112a 15

Gleichbehandlungsgebot TzBfG § 4 1
– Mehrarbeit TzBfG § 4 9
– Überstundenzuschläge TzBfG § 4 9
– Urlaubsanspruch TzBfG § 4 9
– Wechsel von Voll- zu Teilzeitarbeit TzBfG § 4 9

Gleichbehandlungsgrundsatz GG Art. 3 41
– arbeitsvertraglicher - GG Art. 3 41
– außerordentliche Kündigung BGB § 626 199
– Beschäftigtengruppen BGB § 611 303
– betriebliche Altersversorgung BetrAVG § 1 4, 6, 10, 18, 35; § 1b 7, 102; § 2 55; § 6 3
– Betriebsübergang BGB § 611 297
– Darlegungs- und Beweislast BGB § 611 310
– freiwillige Leistungen BGB § 611 184
– Geltungsbereich BGB § 611 287
– Grundsätze BGB § 611 285
– kollektiver Bezug BGB § 611 290
– Konzern BGB § 611 295
– Rechtfertigung einer Ungleichbehandlung BGB § 611 300

– Rechtsfolgen eines Verstoßes BGB § 611 306
– spezialgesetzliche Regelungen GG Art. 3 42
– Stichtagsregelungen BGB § 611 305
– Unisex-Tarif BetrAVG § 1 6; § 4 44
– Unternehmen BGB § 611 293
– Vergleichsgruppe BGB § 611 298
– Vergütung BGB § 611 301
– Vergütungsfragen GG Art. 3 43
– Verhältnis zum AGG GG Art. 3 42

Gleichberechtigung GG Art. 3 65
– Zusammensetzung BR BetrVG § 15 2

Gleichgeschlechtliche Lebenspartnerschaften GG Art. 6 9

Gleichheit
– Tarifnormen GG Art. 9 69

Gleichheit vor dem Gesetz GG Art. 3 1
– Bindung der Betriebsparteien GG Art. 3 25
– Bindung der Gerichte GG Art. 3 18
– Bindung der Tarifparteien GG Art. 3 22, 66

Gleichheitssatz
– Gleichheitsanforderungen an Betriebsvereinbarungen GG Art. 3 39
– Gleichheitskontrolle von Tarifverträgen GG Art. 3 30
– Rechtsfolgen bei Verstoß gegen - GG Art. 3 48

Gleichheitsverstoß
– Rechtsfolgen GG Art. 3 48

Gleichordnungskonzern
– EBRG EBRG § 6 5

Gleichstellungsgebot
– Leiharbeitnehmer AÜG § 3 17; § 3a 1; § 9 7; § 10 17; § 13b 1; § 14 17
– Leiharbeitnehmer, Auskunftsanspruch AÜG § 13 1; § 13a 1
– Leiharbeitnehmer, Ausnahmen AÜG § 3 26
– Leiharbeitnehmer, Sanktionen AÜG § 10 18

Gleitzeit BetrVG § 87 21
– Arbeitnehmer GewO § 6 52

Gleitzone
– Krankengeld SGB V § 44 6
– Sozialversicherungspflicht SGB IV § 20 1

GmbH
– Aufsichtsrat (DrittelbG) DrittelbG § 1 10

GmbH-Geschäftsführer
– abhängige Beschäftigung/selbstständige Tätigkeit SGB IV § 7 22
– freiwillige Unfallversicherung SGB VII § 6 2
– Sozialversicherungspflicht SGB IV § 2 5; § 7 22

Graphologisches Gutachten
– Lebenslauf BGB § 611 73
– Mitbestimmung des Betriebsrats BGB § 611 74

Gratifikation
– Beendigung des Arbeitsverhältnisses BGB § 628 13, 39
– Betriebsübergang BGB § 613a 46

Stichwortverzeichnis

- Schadensersatz bei außerordentlicher Kündigung BGB § 628 39
- Unpfändbarkeit ZPO § 850a 1
- Vergütungsanspruch bei außerordentlicher Kündigung BGB § 628 10

Grenzüberschreitende Arbeitnehmerüberlassung AÜG § 3 39, 49
- behördliche Zusammenarbeit AÜG § 18 10
- Ersatzzustellung AÜG § 18a 1
- Meldepflicht AÜG § 17b 1

Grenzüberschreitende Verschmelzung UmwG § 194 22

Grenzüberschreitender Arbeitskampf Rom II-VO Vorbem 1

Grenzüberschreitender Tarifvertrag Rom II-VO Vorbem 1

Größe des Aufsichtsrats DrittelbG § 4 1

Großer Senat
- Divergenzvorlage ArbGG § 45 2
- Entscheidungsbindung ArbGG § 45 10
- Grundsätze ArbGG § 45 5
- Prüfungsumfang ArbGG § 45 8–9
- Zusammensetzung ArbGG § 45 6–7
- Zuständigkeit ArbGG § 45 2

Grundrechte
- allgemeine Handlungsfreiheit GG Art. 2 1
- allgemeines Persönlichkeitsrecht GG Art. 2 7
- arbeitsrechtliche Gesichtspunkte GG Art. 2 22
- Berufsfreiheit GG Art. 12 1
- Bindungswirkung GG Art. 1 29
- Drittwirkung GG Art. 1 36
- Ehe GG Art. 6 1
- Eigentum, Erbrecht, Enteignung GG Art. 14 1
- Eingriff GG Art. 2 21
- Familie GG Art. 6 1
- freie Entfaltung der Persönlichkeit GG Art. 2 1
- Freiheit der Person GG Art. 2 12
- Glaubens- und Gewissensfreiheit GG Art. 4 1
- Gleichheit vor dem Gesetz GG Art. 3 1
- Grundrechtskonkurrenzen GG Art. 1 39
- körperliche Unversehrtheit GG Art. 2 11
- Leben GG Art. 2 9
- Meinungsfreiheit GG Art. 5 1
- Menschenwürde GG Art. 1 4
- nichteheliche Kinder GG Art. 6 1, 20
- Vereinigungsfreiheit GG Art. 9 1
- Vorrang der - GG Art. 20 2

Grundrechtsschutz GG Art. 19 1
Grundrechtsträger GG Art. 19 4

Gründung
- AG oder KGaA DrittelbG § 1 4
- eG DrittelbG § 1 17
- GmbH DrittelbG § 1 10
- VVaG DrittelbG § 1 16

Gründungs-GmbH DrittelbG § 1 10

Gründungsphase
- Mitbestimmung MitbestG § 1 6

Gründungstheorie DrittelbG § 1 2

Grundwehrdienst
- Entgeltfortzahlung im Krankheitsfall EFZG § 3 28

Gruppenarbeit BetrVG § 87 84; GewO § 6 127

Gruppenarbeitsverhältnis BGB § 611 16; § 626 202

Günstigkeitsprinzip TVG § 4 17
- abweichende Abmachung TVG § 4 19
- ausgenommene Normen TVG § 4 29
- betriebliches Bündnis für Arbeit TVG § 4 27
- Maßstab der Günstigkeit TVG § 4 26
- Vergleichsgegenstand TVG § 4 20

Günstigkeitsvergleich
- zwischen subj und obj Arbeitsverhältnisstatut Rom I-VO Vorbem Art. 1, 3, 8, 9 18

Gutachten GG Art. 2 34
Güterichter ArbGG § 54 8

Güteverhandlung
- Beschleunigungsmaßnahmen ArbGG § 61a 2
- Güterichter ArbGG § 54 8
- Inhalt ArbGG § 54 3
- Klagerücknahme ArbGG § 54 6
- Klagerücknahmefiktion ArbGG § 54 7
- Öffentlichkeit ArbGG § 52 7
- Ruhen des Verfahrens ArbGG § 54 7
- schriftliche Gegenäußerung ArbGG § 47 5
- Terminierung ArbGG § 61a 2
- Vergleich ArbGG § 54 5
- Vertagung ArbGG § 54 4
- Zweck ArbGG § 54 1

H

Haftung
- des Unternehmens SGB VII § 111 1
- Feststellung der beschränkten - SGB VII § 109 1
- gegenüber Sozialversicherungsträgern SGB VII § 110 1

Haftung im Arbeitsverhältnis
- Grundsätze BGB § 611 416

Haftung im Betrieb tätiger Personen
- Unfallversicherung, gesetzliche SGB VII § 105 1

Handelsregister
- Anmeldung UmwG § 194 16

Handelsvertreter GewO § 6 95; HGB § 84 1
- Abgrenzung Außendienstmitarbeiter ArbGG § 5 10
- Abschlussvertreter HGB § 84 2
- Aufgaben HGB § 84 2
- außerordentliche Kündigung BGB § 626 6
- im Nebenberuf HGB § 92b 1
- Kündigung, außerordentliche HGB § 89a 1
- Mindestarbeitsbedingungen HGB § 92a 1

- Pflichten HGB § 86 1
- Provision HGB § 87 1
- Provisionsausgleich nach Vertragsende BGB § 628 38
- Rechtsweg ArbGG § 5 10
- Schadensersatz bei Kündigung BGB § 628 3, 38
- Schadensersatzansprüche, außerordentliche Kündigung HGB § 89a 4
- Selbstständigkeit HGB § 84 1
- Sonn- und Feiertagsruhe ArbZG § 9 4
- Vermittlungsvertreter HGB § 84 2
- Wehrdienst ArbPlSchG § 8 1
- Weisungsrecht des Unternehmers HGB § 86 1

Handlungsgehilfe
- Begriff HGB § 59 1
- Dienstleistung HGB § 59 3
- Gehaltszahlung HGB § 64 1
- Provision HGB § 65 1
- Provisionsausschluss nach Vertragsende HGB § 65 3
- Vergütung HGB § 59 4; HGB § 64 1
- Zurückbehaltungsrecht HGB § 64 5

Handlungsgehilfen GewO § 6 123

Handlungsvollmacht
- Arthandlungsvollmacht HGB § 54 5
- Erlöschen HGB § 54 8
- Erteilung HGB § 54 1
- Generalhandlungsvollmacht HGB § 54 2, 5
- Spezialhandlungsvollmacht HGB § 54 5
- stillschweigende - HGB § 54 3
- Umfang HGB § 54 5

Handwerk
- Schwarzarbeit SchwArbG § 1 15

Hauptbetrieb BetrVG § 3 2; § 4 1
- Betriebsteile BetrVG § 4 3
- Kleinstbetrieb BetrVG § 4 7

Haushaltsscheckverfahren
- Schwarzarbeit SchwArbG § 1 6–7

Häusliche Gemeinschaft
- Jugendliche JArbSchG § 30 1

Haustürgeschäft
- Widerrufsrecht BGB § 312g 1

Heimarbeit
- Entgeltbeleg BUrlG § 12 19
- Urlaub BUrlG § 12 1
- Urlaubsentgelt BUrlG § 12 12

Heimarbeiter ZPO § 850i 5
- Anwendbarkeit des MuSchG MuSchG § 1 5
- Arbeitsunfähigkeit EFZG § 10 1
- außerordentliche Kündigung BGB § 626 1
- Betriebsübergang BGB § 613a 39
- Elternzeit BEEG § 20 2
- Feiertagsgeld EFZG § 11 1
- Pflegezeit PflegeZG § 7 4
- Rechtsweg ArbGG § 5 4
- Schwangerschaft MuSchG § 2 4 1

- Sonderkündigungsschutz nach MuSchG MuSchG § 9 3
- Sonn- und Feiertagsruhe ArbZG § 9 4
- Stillzeit MuSchG § 7 6
- Teilnahmerecht Betriebsversammlung BetrVG § 42 3
- Wehrdienst ArbPlSchG § 7 1
- werdende und stillende Mütter MuSchG § 8 5

Heimarbeitsverhältnis GewO § 6 131

Herausgabeanspruch
- ungerechtfertigte Bereicherung BGB § 812 1

Hilfebedürftige SGB II § 19 4

Hilfsantrag
- Streitwert ArbGG § 12 12

Hilfsliste
- ehrenamtliche Richter ArbGG § 31 9

Hinterbliebene
- Zusammenhangsstreit ArbGG § 2 14

Hinweispflicht
- gerichtliche - GG Art. 103 3

Höchstaltersgrenzen GG Art. 12 17

Höchstarbeitszeit ArbZG § 3 1
- Ausweitung ArbZG § 3 3; ArbZG § 7 8
- Ausweitung, Ausnahmebewilligung ArbZG § 15 1
- Sonn- und Feiertage ArbZG § 11 2

Höchstpersönlichkeit
- als Abgrenzungskriterium GewO § 6 62

I

Ideenmanagement BetrVG § 87 78

Illegales Beschäftigungsverhältnis
- Schwarzarbeit SchwArbG Vor § 1 5

In-der-Regel-Beschäftigter BetrVG § 9 2

Individualarbeitsrecht
- europäisches -, Richtlinien AEUV Vorbem. zu Art. 45, 157, 267 5

Industriepark
- Mitbestimmung BetrVG § 54 2

Informationelle Selbstbestimmung GG Art. 2 8, 26

Informationsanspruch BetrVG § 79 1; § 80 14; § 89 4; § 91 1; § 92 2; § 99 4, 34; § 100 4; § 102 8; § 105 1; § 106 3; § 111 1, 19
- Betriebsrat UmwG § 194 16
- freie Stellen AÜG § 13a 1

Informationsfreiheit GG Art. 5 9

Informationsfreiheitsgesetz GG Art. 5 10

Inhaltsirrtum
- Anfechtung BGB § 119 1

Initiativrecht BetrVG § 82 1; § 87 4, 33, 66, 83; § 91 3; § 92 9; § 93 2; § 94 2; § 95 2, 5; § 97 1, 5; § 98 3; § 99 16; § 104 1

Inkompatibilität
- Aufsichtsratsmitglied AktG § 105 1

Innenvollmacht BGB § 173 1

Stichwortverzeichnis

Innere Mission BetrVG § 5 10
Insichgeschäft BGB § 181 1
Insolvenz
- absolute Begrenzung des Sozialplans InsO § 124 7
- Altersteilzeit InsO § 113 5
- Altersteilzeit-AV ATZG § 8a 3
- Änderung der Sach- und Rechtslage InsO § 125 12
- Änderung der Sachlage InsO § 127 11
- Änderungskündigung InsO § 113 2
- anzeigepflichtige Entlassungen InsO § 125 13
- arbeitsgerichtliche Zustimmung bei Betriebsänderung InsO § 122 4
- Arbeitszeugnis GewO § 109 5
- Auflösung iSv § 24 Nr 1 EStG EStG § 24 31
- ausgewogene Personalstruktur InsO § 125 11
- Ausschluss der ordentlichen Kündigung durch Betriebsvereinbarung InsO § 120 2
- Aussetzung des Beschlussverfahrens zum Kündigungsschutz InsO § 127 12
- Auswahlrichtlinie InsO § 125 9
- Belastung der Insolvenzmasse durch Betriebsvereinbarung InsO § 120 4
- Berufsausbildungsverhältnis, Kündigung BBiG § 22 5
- Beschlussverfahren zum Kündigungsschutz InsO § 127 1, 4
- Beschlussverfahren zum Kündigungsschutz, Bindungswirkung InsO § 127 8
- Beteiligung des Betriebserwerbers am Feststellungsverfahren InsO § 128 7
- betriebliche Altersversorgung BetrAVG § 1b 6, 8, 59, 113; § 3 20
- betriebliche Altersversorgung, Insolvenzschutz BetrAVG § 7 1
- Betriebsänderung InsO § 122 2
- Betriebsbedingtheit einer Kündigung InsO § 127 10
- Betriebsratsanhörung InsO § 125 2
- Betriebsübergang BGB § 613a 30, 90, 109, 122
- Betriebsveräußerung InsO § 128 1
- Betriebsvereinbarung InsO § 120 3
- einstweilige Verfügung bei Betriebsänderung InsO § 122 9
- GmbH-Geschäftsführer GewO § 6 114
- Informationspflichten bei Betriebsänderung InsO § 122 4
- Insolvenzgeld SGB III § 165 2
- Interessenausgleich InsO § 125 3
- Interessenausgleichsverfahren InsO § 122 1
- Kündigung durch vorläufigen Insolvenzverwalter InsO § 113 4
- Kündigung einer Betriebsvereinbarung InsO § 120 1
- Kündigung eines Ausbildungsverhältnisses InsO § 113 2
- Kündigung von Betriebsratsmitgliedern InsO § 113 5
- Kündigungsfrist InsO § 113 6
- Kündigungsfrist einer Betriebsvereinbarung InsO § 120 6
- Kündigungsrecht InsO § 113 2
- Kündigungsschutz BR-Mitglied KSchG § 15 5
- Kündigungsverbot des § 613a BGB InsO § 128 5
- Lohnansprüche InsO § 128 4
- Lohnsteuer EStG § 19 25
- Massenentlassung InsO § 125 13
- Rechtsfolgen eines gültigen Sozialplans InsO § 124 10
- Rechtsmittel gegen Zustimmung zur Betriebsänderung InsO § 122 10
- relative Begrenzung des Sozialplans InsO § 124 8
- Rückforderung von Leistungen aus dem Sozialplan InsO § 124 13
- Schadensersatzanspruch bei fristloser Kündigung BGB § 628 57
- Schadensersatzanspruch Leiharbeitnehmer AÜG § 10 15
- Schadensersatzanspruch wegen Kündigung InsO § 113 7
- Sonderkündigungsschutz InsO § 113 3
- Sozialauswahl InsO § 125 8; § 127 6
- soziale Belange der Arbeitnehmer InsO § 122 6
- soziale Rechtfertigung der Kündigung InsO § 127 10
- Sozialplan BetrVG § 112a 34; InsO § 124 1
- Urlaub BUrlG § 1 5
- Urlaubsentgelt BUrlG § 11 25
- Verfrühungsschaden InsO § 113 7
- Verhältnis zum KSchG InsO § 113 1
- Vermittlungsverfahren bei Betriebsänderung InsO § 122 3
- Wertguthaben SGB IV § 7e 1
- Widerruf eines Sozialplans durch Betriebsrat InsO § 124 15
- Widerruf eines Sozialplans durch Insolvenzverwalter InsO § 124 14
- wirtschaftliche Lage des Unternehmens InsO § 122 5

Insolvenzgeld
- Anspruchsausschluss SGB III § 166 2
- Anspruchsinhalt SGB III § 165 7
- Anspruchsübergang auf BA SGB III § 157 34
- Anspruchsvoraussetzungen SGB III § 165 3
- Antragsfrist SGB III § 165 11

Insolvenzordnung
- Beschlussverfahren ArbGG § 80 22

Insolvenzschutz
- betriebliche Altersversorgung BetrAVG § 7 1

Stichwortverzeichnis

Insolvenzsicherung
- Altersteilzeit-AV ATZG § 8a 4
- Haftung Organvertreter ATZG § 8a 1

Insolvenzsicherung in der betrieblichen Altersversorgung
- Zuständigkeit ArbGG § 2 16

Insolvenzverwalter
- herrschendes Unternehmen EBRG § 6 4
- Rechtsweg bei Rückgewährklage ArbGG § 2 8

Instanzenzug ArbGG § 8 1

Integrationsamt, Zustimmung zur Beendigung des Arbeitsverhältnisses ohne Kündigung SGB IX § 92 1
- Beendigungsgründe SGB IX § 92 1
- Dienstordnungsangestellte SGB IX § 92 5
- Zeitpunkt der Beendigung SGB IX § 92 4

Integrationsamt, Zustimmungsverfahren zur außerordentlichen Kündigung
- Antragsfrist SGB IX § 91 5
- Antragsinhalt SGB IX § 91 6
- aufschiebende Wirkung SGB IX § 91 18
- Bindungswirkung SGB IX § 91 20
- Entscheidung SGB IX § 91 8
- Ermessensspielraum SGB IX § 91 13
- Form der Entscheidung SGB IX § 91 12
- Frist für Entscheidung SGB IX § 91 8
- Rechtsbehelf SGB IX § 91 17
- Verwaltungsrechtsweg SGB IX § 91 17, 19
- Verweise auf Zustimmungsverfahren zur ordentlichen Kündigung SGB IX § 91 2, 7

Integrationsamt, Zustimmungsverfahren zur ordentlichen Kündigung
- Anhörung des Arbeitnehmers SGB IX § 87 10
- Antrag des Arbeitgebers SGB IX § 87 1
- Antragsadressat SGB IX § 87 4
- Antragsfrist SGB IX § 87 7
- Antragsinhalt SGB IX § 87 8
- Auflösung von Dienststellen SGB IX § 89 1
- aufschiebende Wirkung der Rechtsbehelfe SGB IX § 88 19
- Bindungswirkung SGB IX § 88 23
- Einigung, gütliche SGB IX § 87 13
- Einschränkung von Betrieben oder Dienststellen SGB IX § 89 4
- Einstellung von Betrieben SGB IX § 89 1
- Entscheidung SGB IX § 88 2
- Entscheidung mit Auflage SGB IX § 88 12
- Ermessensspielraum SGB IX § 88 7
- Form der Entscheidung SGB IX § 88 5
- Form des Antrags SGB IX § 87 2
- Frist für Arbeitgeberkündigung SGB IX § 88 20
- Frist für Entscheidung SGB IX § 88 2
- Instanzenzug SGB IX § 88 15
- Interessenausgleich im Insolvenzverfahren SGB IX § 89 11

- mündliche Verhandlung SGB IX § 88 1
- Negativattest SGB IX § 88 13
- Präventionsverfahren SGB IX § 88 10
- Rechtsbehelf SGB IX § 88 15
- Stellungnahmen SGB IX § 87 9
- Verwaltungsrechtsweg SGB IX § 88 18
- Weiterbeschäftigungsmöglichkeit für Arbeitnehmer SGB IX § 89 7
- Widerspruch SGB IX § 88 15

Interessenabwägung
- außerordentliche Kündigung BGB § 626 151
- Datenschutz BDSG § 28 5

Interessenausgleich BetrVG § 111 1; § 112a 1; UmwG § 194 9
- Abweichen BetrVG § 113 2
- Bindungswirkung BetrVG § 112a 6
- Einigungsstelle BetrVG § 112a 3
- in der Insolvenz InsO § 125 1, 3
- Inhalt BetrVG § 112a 1
- Nachteilsausgleich BetrVG § 113 1
- schwerbehinderte Menschen SGB IX § 89 11
- Sprecherausschuss, Mitwirkungsrechte SprAuG § 32 1
- unterlassener Versuch BetrVG § 113 5
- Wirkung UmwG § 323 13
- wirtschaftliche Zwangslage BetrVG § 112a 5
- Zeitpunkt BetrVG § 112a 4
- Zuordnung der Arbeitnehmer UmwG § 323 11
- Zustandekommen BetrVG § 112a 2

Interessenvertretung
- Auszubildende BBiG § 51 1

Internationale Zuständigkeit Rom I-VO Vorbem. Art. 1, 3, 8, 9 1
- Europäische Union ArbGG § 1 5
- Grundsatz ArbGG § 1 4
- Luganer Abkommen ArbGG § 1 6
- Nicht-EU-Mitglied ArbGG § 1 6
- positive Feststellung
  - Abweisung des Verfahrens wegen Unzuständigkeit ArbGG § 1 7

Invalidität
- betriebliche Altersversorgung BetrAVG § 1 3

J

Jahresarbeitsentgeltgrenze GewO § 6 11
Job-Sharing GewO § 6 130

Jugend- und Auszubildendenversammlung
- Aufgabe BetrVG § 71 1
- Durchführung BetrVG § 71 2
- Einberufung BetrVG § 71 1
- Leitung BetrVG § 71 2
- Tagesordnung BetrVG § 71 1
- Teilnahmerecht BetrVG § 71 2
- Zeitpunkt BetrVG § 71 1

Jugend- und Auszubildendenvertretung, (JAV)
- allgemeine Aufgaben BetrVG § 70 2

Stichwortverzeichnis

- Amtszeit   BetrVG § 64 1
- Anregungsrecht   BetrVG § 70 4
- Antragsrecht   BetrVG § 67 4; § 70 2
- Arbeitsbefreiung   BetrVG § 65 1
- Aufgaben   BetrVG § 60 3
- Auflösung   BetrVG § 65 1
- Ausschluss einzelner Mitglieder   BetrVG § 65 1
- Ausschüsse   BetrVG § 28 1; § 65 1
- Aussetzung von Betriebsratsbeschlüssen   BetrVG § 66 1
- Aussetzung von Betriebsratsbeschlüssen, Antragsberechtigung   BetrVG § 35 2
- Benachteiligungs- und Begünstigungsverbot   BetrVG § 78 4
- Beschlussfassung   BetrVG § 33 1; § 65 4
- Ehrenamt   BetrVG § 65 1
- Erlöschen der Mitgliedschaft   BetrVG § 65 1
- Errichtung   BetrVG § 60 2
- Errichtung in reinen Ausbildungsbetrieben   BetrVG § 61 2
- Ersatzmitglied   BetrVG § 25 1; § 65 1
- Geschäftsführung   BetrVG § 65 1
- Geschäftsordnung   BetrVG § 36 1; § 65 1
- Geschlechterproporz   BetrVG § 62 1
- Größe   BetrVG § 62 1
- Informationspflicht   BetrVG § 67 4
- Inkompatibilität mit Betriebsratsamt   BetrVG § 61 3
- Kostentragung   BetrVG § 65 2
- Kündigungsschutz   BPersVG § 108 2
- Rücktritt   BetrVG § 64 1
- Schulungsveranstaltungen   BetrVG § 65 2
- Schutz   BetrVG § 65 1
- Sitzungen   BetrVG § 29 1; § 30 1; § 65 4
- Sitzungsprotokoll   BetrVG § 34 1; § 65 4
- Sprechstunden   BetrVG § 69 1
- Stellvertreter   BetrVG § 65 1
- Stimmrecht bei BR-Beschlüssen   BetrVG § 67 3
- Teilnahme an Betriebsratssitzungen   BetrVG § 60 3; § 67 1
- Teilnahme an gemeinsamen Besprechungen   BetrVG § 68 1
- Überwachung   BetrVG § 70 3
- Unterrichtung   BetrVG § 70 5
- Verhältnis zum Betriebsrat   BetrVG § 60 1
- Vorsitzender   BetrVG § 26 1; § 65 1
- Wahl   BetrVG § 63 1
- Zusammensetzung   BetrVG § 62 1

Jugend- und Auszubildendenvertretung, Wahl
- aktives Wahlrecht   BetrVG § 61 2
- allgemeine Aufgaben   BetrVG § 70 2
- Anfechtbarkeit   BetrVG § 63 1
- Anfechtung   BetrVG § 19 1
- Kosten   BetrVG § 63 1
- Nichtigkeit   BetrVG § 63 1
- passives Wahlrecht   BetrVG § 61 3
- Schutz   BetrVG § 63 1
- Wählbarkeit   BetrVG § 61 3
- Wahlberechtigung   BetrVG § 61 2
- Wählerliste   BetrVG § 63 2
- Wahlverfahren   BetrVG § 63 1
- Wahlvorschläge   BetrVG § 63 1
- Wahlvorstand   BetrVG § 63 2
- Zeitpunkt   BetrVG § 64 1

Jugendarbeitsschutzgesetz
- abweichende Regelungen   JArbSchG § 21a 1
- Arbeitgeber   JArbSchG § 3 1
- Arbeitszeit   JArbSchG § 4 1
- Arbeitszeit, Dauer   JArbSchG § 8 1
- Aufsichtsbehörde, Besichtigungsrechte und Berichtspflicht   JArbSchG § 51 1
- Aushang über Arbeitszeit und Pausen   JArbSchG § 48 1
- Auskunftpflicht des Arbeitgebers gegenüber Aufsichtsbehörde   JArbSchG § 50 1
- behördliche Anordnungen und Ausnahmen   JArbSchG § 27 1
- behördliche Ausnahmen für Veranstaltungen   JArbSchG § 6 1
- Bekanntgabe des Gesetzes und der Aufsichtsbehörde   JArbSchG § 47 1
- Berufsschulpflicht   JArbSchG § 9 1
- Beschäftigung von nicht vollzeitschulpflichtigen Kindern   JArbSchG § 7 1
- Betriebspraktikum   JArbSchG § 5 2
- Ferienbeschäftigung   JArbSchG § 5 5
- Geltungsbereich   JArbSchG § 1 1
- Legaldefinition Kind/Jugendlicher   JArbSchG § 2 1
- Verbot der Beschäftigung von Kindern   JArbSchG § 5 1
- Verzeichnisse der Jugendlichen   JArbSchG § 49 1

Jugendliche
- Akkordarbeit   JArbSchG § 23 1
- Arbeitszeit, Ausnahmefälle   JArbSchG § 21 1
- außerordentliche Nachuntersuchung   JArbSchG § 35 1
- Berufsschulpflicht   JArbSchG § 9 1
- Definition   JArbSchG § 2 1
- erste Nachuntersuchung   JArbSchG § 33 1
- Erstuntersuchung   JArbSchG § 32 1
- Feiertagsruhe   JArbSchG § 18 1
- Ferienbeschäftigung   JArbSchG § 5 5
- Freistellung wegen Prüfungen   JArbSchG § 10 1
- Fünf-Tage-Woche   JArbSchG § 15 1
- Fürsorgepflicht des Arbeitg   JArbSchG § 29 1
- Fürsorgepflicht des Arbeitgebers   JArbSchG § 28 1; § 28a 1; § 30 1
- gefährliche Arbeiten   JArbSchG § 22 1
- häusliche Gemeinschaft   JArbSchG § 30 1

- Nachtruhe JArbSchG § 14 1
- Nachuntersuchungen JArbSchG § 33 1; § 34 1; § 35 1
- Ruhepausen JArbSchG § 11 1
- Samstagsruhe JArbSchG § 16 1
- Schichtzeiten JArbSchG § 12 1
- Sonntagsruhe JArbSchG § 17 1
- tägliche Freizeit JArbSchG § 13 1
- tempoabhängige Arbeit JArbSchG § 23 1
- Urlaubsanspruch JArbSchG § 19 1
- Verbot der Abgabe von Alkohol und Tabak JArbSchG § 31 2
- Verbot der Beschäftigung durch bestimmte Personen JArbSchG § 25 1
- weitere Nachuntersuchungen JArbSchG § 34 1
- Züchtigungsverbot JArbSchG § 31 1

Jugendschutz GG Art. 5 28

Jugendvertretung
- Prozessfähigkeit ArbGG § 10 8

Junktimklausel GG Art. 14 19

Just-in-time BetrVG § 3 7

Justizgewährungsanspruch GG Art. 19 11; Art. 20 10
- rechtliches Gehör GG Art. 19 11; Art. 103 2

K

Kalendermäßige Befristung
- als Form der Befristung ohne Sachgrund TzBfG § 14 67
- Befristungsende TzBfG § 15 2
- Begriff TzBfG § 3 7
- Höchstdauer TzBfG § 14 69
- wesentliche Inhalte des Vertrages TzBfG § 14 72

Kammer
- Zuständigkeit ArbGG § 53 3

Kammerrechtsbeistand
- Vertretungsbefugnis ArbGG § 11 4

Kammertermin
- Vorbereitung ArbGG § 56 1

Kammervorsitzender
- Alleinentscheidung ArbGG § 53 2
- funktionelle Zuständigkeit ArbGG § 55 1
- Übermittlungspflicht ArbGG § 63 3

Kampagnebetrieb KSchG § 22 5

Kampfverbot BetrVG § 74 6

Kapitän KSchG § 14 17

Karenzentschädigung EStG § 24 9
- Anrechnung neuen (Arbeits-)Einkommens HGB § 74c 1
- Anspruch HGB § 74b 1
- Auskunftspflichten des Arbeitnehmers HGB § 74c 6
- Ausschlussfrist HGB § 74b 5
- Ausschlussklauseln HGB § 74b 5
- böswilliges Unterlassen anderweitiger Erwerbstätigkeit HGB § 74c 5
- Entschädigungscharakter EStG § 24 40
- Fälligkeit HGB § 74b 3
- gerichtliche Zuständigkeit ArbGG § 2 11
- Höhe HGB § 74a 21; § 74b 2
- Pfändungsschutz ZPO § 850 8
- Streitwert ArbGG § 12 17
- Verfallklauseln HGB § 74b 6
- Verjährung HGB § 74b 4
- Zusage HGB § 74a 17

Kassationsbeschwerde ArbGG § 72b 1

Kassenbezüge
- Pfändungsschutz ZPO § 850b 4

Kaufmännische Arbeitnehmer GewO § 6 123

Kernbereichstheorie GG Art. 9 77

Kettenbefristung TzBfG § 14 73
- institutioneller Rechtsmissbrauch TzBfG § 14 63

Kinder
- Beschäftigung von nicht vollzeitschulpflichtigen - JArbSchG § 7 1
- Definition JArbSchG § 2 1
- nichteheliche - GG Art. 6 1

Kinderarbeit
- behördliche Ausnahmen für Veranstaltungen JArbSchG § 6 1
- Beschäftigung von nicht vollzeitschulpflichtigen Kindern JArbSchG § 7 1
- Betriebspraktikum JArbSchG § 5 2
- Verbot der - JArbSchG § 5 1

Kindererziehungszeiten
- in der Rentenversicherung, konkurrierende Gesetzgebung GG Art. 74 16

Kirche
- Anwendbarkeit des ArbZG ArbZG § 18 6
- Arbeitsgerichtsbarkeit ArbGG § 1 3
- Friedenspflicht GG Art. 9 117
- Geistliche, Kirchenbeamte ArbGG § 1 3
- Kirchenarbeitsrecht BGB § 626 79; GewO § 6 121
- kirchliche Arbeitgeber GG Art. 4 21
- Mitarbeitervertretungen ArbGG § 1 3
- Mitbestimmungsrecht GG Art. 4 26
- Selbstbestimmungsrecht ArbZG § 7 18
- Streik GG Art. 9 117

Kirchenarbeitsrecht
- Beschlussverfahren ArbGG § 84 9

Klageänderung
- Revisionsinstanz ArbGG § 73 5

Klageerhebung
- Vorwirkung ArbGG § 46 9

Klageerweiterung
- Revisionsinstanz ArbGG § 73 5

Klagefrist EinigungsV Anlage I 14; KSchG § 4 15
- behördliche Zustimmung zur Kündigung KSchG § 4 28
- Berechnung KSchG § 4 21

2581

Stichwortverzeichnis

- Vergleichsverhandlungen KSchG § 5 23
- Wehrdienst ArbPlSchG § 2 2, 27
- Zugang der Kündigung KSchG § 4 17
- Zulassung verspäteter Klagen KSchG § 5 1

Klagefrist (Befristungsstreitigkeit)
- Darlegungs- und Beweislast TzBfG § 17 14
- Feststellungsklage TzBfG § 17 15
- Fristlauf TzBfG § 17 4
- Geltungsbereich TzBfG § 17 2
- Klageantrag TzBfG § 17 15
- Rechtsfolgen der Fristversäumung TzBfG § 17 10
- Weiterbeschäftigung TzBfG § 17 16
- Zweck TzBfG § 17 1

Klagerücknahme
- Alleinentscheidung des Vorsitzenden ArbGG § 55 2
- Gebührenprivileg ArbGG § 12 4
- im Gütetermin ArbGG § 54 6

Klageschrift
- Inhalt ArbGG § 46 9
- Klageantrag ArbGG § 46 10

Kleiderordnung, betriebliche BetrVG § 75 17

Kleinbetriebe
- Wehrdienst ArbPlSchG § 2 10

Kleinbetriebsklausel TzBfG § 1 8
- Anwendbarkeit KSchG KSchG § 23 3

Kleinstbetrieb BetrVG § 3 2; § 4 1, 7
- Hauptbetrieb BetrVG § 4 7

Koalition
- Austritt, Ausschluss aus - BGB § 39 1–2
- Betätigungsrechte ArbGG § 2 6; BetrVG § 2 6; GG Art. 9 33
- DGB- und CGB-Gewerkschaften TVG Grundlagen 5
- Struktur TVG Grundlagen 5

Koalitionsfreiheit
- der Koalition GG Art. 9 27
- Grundlagen GG Art. 9 5
- Inhalt und Grenzen GG Art. 9 15
- Mitgliederwerbung GG Art. 9 35
- negative - (des Einzelnen) GG Art. 9 16
- negative -, Betriebsübergang GG Art. 9 16
- positive - (des Einzelnen) GG Art. 9 15
- Regelungsbefugnis des Gesetzgebers GG Art. 9 50
- Unterlassungsanspruch BGB § 1004 4

Koalitionsmäßige Betätigungen
- Kernbereich GG Art. 9 33

Kollektivbezug BetrVG § 87 2, 38; § 88 5

Kollektive Koalitionsfreiheit GG Art. 9 27

Kollektiver Günstigkeitsvergleich BetrVG § 77 34

Kollektives Arbeitsrecht
- Aufteilung zwischen BetrVG und TVG TVG Grundlagen 1
- europäisches -, Richtlinien AEUV Vorbem. zu Art. 45, 157, 267 6

- kirchliches - GG Art. 4 24

Kollektivherrschaftsgrenze BetrVG § 75 16

Kommanditgesellschaft
- als Konzernspitze MitbestG § 5 9
- mehrstöckige - MitbestG § 4 7
- Mitbestimmung MitbestG § 4 1

Kompetenzkonflikt
- arbeitsgerichtliches Verfahren ArbGG § 48 16

Komplementärkapitalgesellschaft
- Geschäftsbetrieb MitbestG § 4 6
- Geschäftsführung MitbestG § 4 8
- Rechtsform MitbestG § 4 3

Konfusion BGB § 626 37

Konkurrenztätigkeit
- Schwarzarbeit SchwArbG Vor § 1 11, 14

Konkurrierende Gesetzgebung
- Auswirkungen für das Arbeitsrecht GG Art. 74 6
- Gegenstände der - GG Art. 74 1
- Grundlagen GG Art. 74 1
- Sperrwirkung GG Art. 74 2
- Voraussetzungen durch den Bund GG Art. 74 5

Kontrahierungszwang GewO § 105 13

Kontrollregeln BetrVG § 87 18

Konzern BetrVG § 54 1; § 58 2
- - im Konzern AktG § 18 3; BetrVG § 54 2; EBRG § 5 7; § 7 1; MitbestG § 5 6
- Abhängigkeitsvermutung nach EBRG EBRG § 6 7
- Aufnahme neuer Unternehmen BetrVG § 54 5
- Ausscheiden von Unternehmen aus dem Konzernverbund BetrVG § 54 5
- Begriff BGB § 611 28
- Begriff im Sinne des EBRG EBRG § 6 2
- Begriff iSd MitbestG MitbestG § 5 2
- Beteiligungsrecht des Aufsichtsrats MitbestG § 32 1
- Datenweitergabe BDSG § 2 2
- einheitliche Leitung AktG § 18 2
- faktischer - EBRG § 6 3
- Gleichordnungskonzern AktG § 18 5
- herrschendes Unternehmen nach EBRG EBRG § 6 2
- Konzernverhältnis, mehrstufiges AktG § 18 3
- Konzernvermutung AktG § 18 4
- mehrstufiger - MitbestG § 5 6
- Mitbestimmung MitbestG § 5 1
- potenzieller - EBRG § 6 2
- Sonderformen MitbestG § 5 6
- Teilkonzernspitze BetrVG § 54 2
- Tendenzkonzern MitbestG § 5 8
- Tendenzschutz DrittelbG § 1 19
- Unterordnungskonzern AktG § 18 1

Konzernarbeitnehmer
- Zurechnung DrittelbG § 2 3

Konzernbetriebsausschuss BetrVG § 59 2

Konzernbetriebsrat (KBR)
- Amtsniederlegung BetrVG § 54 5
- Amtspflichtverletzung BetrVG § 56 2
- Amtszeit BetrVG § 54 5
- Ausschluss von Mitgliedern BetrVG § 56 1
- Ausschlussverfahren BetrVG § 56 2
- Ausschüsse BetrVG § 28 1; § 59 2
- Aussetzung von Beschlüssen BetrVG § 35 1
- Beendigung BetrVG § 54 5
- Befugnisse BetrVG § 58 2
- Benachteiligungs- und Begünstigungsverbot BetrVG § 78 4
- Beschlussfassung BetrVG § 59 2
- Beschlussverfahren BetrVG § 58 3
- Betriebsausschuss BetrVG § 27 1
- Erlöschen der Mitgliedschaft BetrVG § 57 1
- Errichtung BetrVG § 54 1
- Errichtungsbeschluss BetrVG § 54 3
- erstmalige Konstituierung BetrVG § 59 3
- Geschäftsführung BetrVG § 51 1; § 59 1
- Geschäftsordnung BetrVG § 36 1
- Geschlechterproporz BetrVG § 55 1
- Größe BetrVG § 55 1
- Größenänderung BetrVG § 55 3
- Konzernschwerbehindertenvertretung BetrVG § 59a 1
- Mandatierung BetrVG § 58 8
- öffentlicher Dienst BetrVG § 130 1
- originäre Zuständigkeit BetrVG § 58 4
- personelle Angelegenheiten BetrVG § 58 6
- Selbstauflösung BetrVG § 54 5
- Sitzungen BetrVG § 29 1; § 30 1
- Sitzungsprotokoll BetrVG § 34 1
- soziale Angelegenheiten BetrVG § 58 5
- Stimmengewicht BetrVG § 55 2
- Teilnahmerecht Betriebsversammlung BetrVG § 42 3
- Verhältnis zum GBR BetrVG § 58 1
- Vorsitzender BetrVG § 26 1
- wirtschaftliche Angelegenheiten BetrVG § 58 7
- Zusammensetzung BetrVG § 55 1
- Zuständigkeit BetrVG § 58 1

Konzernbetriebsvereinbarung BetrVG § 58 1; § 77 1
- Betriebsübergang BGB § 613a 59

Konzern-Jugend- und Auszubildendenvertretung (KJAV)
- Amtszeit BetrVG § 73a 1
- Ausschüsse BetrVG § 28 1
- Benachteiligungs- und Begünstigungsverbot BetrVG § 78 4
- Freistellung BetrVG § 73b 1
- Geschäftsführung BetrVG § 73b 1
- Geschäftsordnung BetrVG § 36 1
- konstituierende Sitzung BetrVG § 73b 1
- Schulungen BetrVG § 73b 1
- Sitzungen BetrVG § 29 1; § 30 1; § 73b 1
- Sitzungsprotokoll BetrVG § 34 1
- Stimmgewichtung BetrVG § 73b 1

Konzernschwerbehindertenvertretung BetrVG § 59a 1

Konzernsprecherausschuss (KSprAu) SprAuG § 24 1
- Amtszeit SprAuG § 24 1
- Änderung der Mitgliederzahl SprAuG § 24 1
- Beschluss über Bildung SprAuG § 24 1
- Errichtung SprAuG § 24 1
- Geschäftsführung SprAuG § 24 2
- Mandatierung SprAuG § 24 2
- Mitgliedschaft SprAuG § 24 1
- Stimmgewicht SprAuG § 24 1
- Verhältnis zum GSprAu SprAuG § 24 2
- Zusammensetzung SprAuG § 24 1
- Zuständigkeit SprAuG § 24 2

Konzernvermutung DrittelbG § 2 2
- Widerlegbarkeit DrittelbG § 2 2

Konzernversetzungsklausel GewO § 106 24

Koppelungsgeschäft BetrVG § 74 10; § 87 10, 27

Kosten
- Beschlussverfahren ArbGG § 12 2
- Gerichtskosten ArbGG § 12 2

Kostenerstattung
- (hypothetische) Reisekosten ArbGG § 12a 4
- Auslagen ArbGG § 12a 3
- Ausschluss ArbGG § 12a 2
- bei unzuständigem Gericht ArbGG § 12a 6
- Belehrungspflicht ArbGG § 12a 5
- erstattungsfähige Kosten ArbGG § 12a 4
- im Urteilsverfahren erster Instanz ArbGG § 12a 2
- in der Zwangsvollstreckung von arbeitsgerichtlichen Titeln ArbGG § 12a 8
- Rechtsmittelverfahren ArbGG § 12a 7
- Zeitversäumnis ArbGG § 12a 3

Kostentragungspflicht
- Grundsatz ArbGG § 12a 1

Kraftfahrer
- Arbeitszeit ArbZG § 21a 3
- Ruhezeit ArbZG § 5 11
- Sonn- und Feiertagsruhe ArbZG § 9 6

Krankenfürsorge
- Anspruchsvoraussetzungen BGB § 617 2
- Ausschluss des Anspruchs BGB § 617 6
- Dauer BGB § 617 10
- Dienstverhältnis BGB § 617 2
- Grundsätze BGB § 617 1
- häusliche Gemeinschaft BGB § 617 4
- Kosten BGB § 617 11
- Krankheit BGB § 617 5
- Rechtsfolgen BGB § 617 8
- Unabdingbarkeit BGB § 619 1
- Verschulden BGB § 617 6

Stichwortverzeichnis

- Versicherung BGB § 617 7
Krankengeld
- Anspruch SGB V § 44 1
- Anspruchsübergang auf Leistungsträger SGB X § 115 1
- Arbeitslosengeld SGB V § 44 7
- Arbeitsunfähigkeit, Begriff SGB V § 44 3
- bei Erkrankung des Kindes SGB V § 45 1
- Dauer des Anspruchs SGB V § 44 8
- Entstehung des Anspruchs SGB V § 44 4
- Erstattung durch AG SGB V § 49 5
- Freistellung von der Arbeitsleistung SGB V § 49 8
- Gleitzone SGB V § 44 6
- Höhe und Berechnung SGB V § 44 5
- Kindserkrankung SGB V § 45 1
- Leistungsbeschränkung bei Selbstverschulden SGB V § 52 1
- Ruhen des Anspruchs SGB V § 49 1
- unterlassene Meldung der Arbeitsunfähigkeit SGB V § 49 7
Krankengespräch BetrVG § 87 18
Krankenhaus
- Rufbereitschaft ArbZG § 5 10
- Ruhezeit ArbZG § 5 5, 10
- Sonn- und Feiertagsbeschäftigung ArbZG § 10 8
Krankenversicherung
- Arbeitslosengeld SGB III § 157 18; SGB III § 158 43
- geringfügige Beschäftigung SGB IV § 8 10
- Sperrzeit SGB III § 159 81
Krankenversicherung, gesetzliche
- Arbeitsunfähigkeit SGB V § 44 3
- Ausgleichsverfahren AAG § 1 2
- Krankengeld SGB V § 44 1
- Leistungsbeschränkung bei Selbstverschulden SGB V § 52 1
- Versicherungsfreiheit SGB V § 6 1
- Versicherungspflicht SGB V § 5 1
Krankenzulage
- tarifliche - EFZG § 3 43
Krankheit
- Arbeitsunfähigkeit wegen - EFZG § 3 12
- Begriff EFZG § 3 11
- Entgeltfortzahlung EFZG § 3 10
- Fortsetzungserkrankung EFZG § 3 46
- wechselnde - EFZG § 3 44
- wiederholte Arbeitsunfähigkeit infolge derselben Krankheit EFZG § 3 46
Krankheitsbedingte Kündigung
- Betriebsratsanhörung BetrVG § 102 17
Kreditierungsverbot GewO § 107 24
- Abgrenzung Barverkauf GewO § 107 27
Kreistagsabgeordnete
- Statusrechte AbgG § 4 9

- Kündigung BGB § 620 3
- Anhörung des Betroffenen BGB § 620 9; BGB § 626 21, 143, 145, 213
- Anrufung Arbeitsgericht KSchG § 4 1
- Anrufung Schlichtungsausschuss ArbGG § 111 5
- auflösend bedingte Arbeitsverträge TzBfG § 21 18
- Aufsichtsratsmitglied MitbestG § 26 4
- Aushilfsarbeitsverhältnis BGB § 622 7
- Auslegung BGB § 620 4; § 626 20
- Ausschluss der ordentlichen Kündigung BGB § 620 2; § 622 18; § 626 47; GG Art. 12 32
- automatisierte Einzelentscheidung BDSG § 6a 1
- Bedingungsfeindlichkeit BGB § 620 5
- befristetes Arbeitsverhältnis TzBfG § 3 15; § 15 15
- befristetes Arbeitsverhältnis zur Vertretung BEEG § 21 9
- Begründung BGB § 620 9
- behördliche Zulässigerklärung MuSchG § 9 23
- Berufsausbildungsverhältnis BBiG § 22 1
- Berufsausbildungsverhältnis, Güteverfahren BBiG § 22 10
- Berufsausbildungsverhältnis, Schlichtungsausschuss BBiG § 22 10
- Berufsausbildungsverhältnis, Zustellung BBiG § 22 1
- Betriebsratsanhörung BetrVG § 102 1
- Betriebsübergang BGB § 613a 41, 134, 154
- Betriebsvereinbarung in der Insolvenz InsO § 120 6
- Datenschutz BDSG § 32 9
- Dienstberechtigter BGB § 627 7
- Dienstverhältnis BGB § 627 1
- Dienstverpflichteter BGB § 627 8
- diskriminierende KSchG § 13 20
- Einspruch gegen - KSchG § 3 1
- Entgeltfortzahlung im Krankheitsfall EFZG § 8 3
- Freistellungsanspruch zur Stellungssuche BGB § 629 4
- Funktionsträger BetrVG § 103 1, 11, 19
- gesetzeswidrige - KSchG § 13 18
- Gestaltungsrecht BGB § 620 3
- in der Insolvenz InsO § 113 2
- in der Insolvenz, Interessenausgleich InsO § 125 6
- Kleinunternehmen BGB § 622 8
- krankheitsbedingte - BetrVG § 102 17
- Kündigungserschwerung BGB § 622 19
- Kündigungsfristen BGB § 620 2; § 621 1; § 622 1
- Kündigungsschutzklage KSchG § 4 1
- Kündigungstermine BGB § 622 1

- Mitbestimmung BR BetrVG § 102 1
- Nachschieben von Unwirksamkeitsgründen KSchG § 6 1
- Nichtfortsetzungserklärung KSchG § 12 1
- Organ(mitglied) BGB § 623 3; § 626 7
- Probearbeitsverhältnis BGB § 622 6
- Prozesskündigung BGB § 626 128
- Rücknahme BGB § 620 12; KSchG § 4 29
- Rückzahlungsklausel BGB § 622 20
- sanierende - im Betriebsübergang BGB § 613a 109
- Schriftform BGB § 623 1, 6
- Schriftsatzkündigung BGB § 626 128
- Sittenwidrigkeit KSchG § 13 14
- Sperrzeit SGB III § 159 9
- Störung der Geschäftsgrundlage als wichtiger Grund BGB § 313 6; § 314 1
- tarifliche Regelungen BGB § 622 9
- Tarifvertrag TVG § 1 18
- Tendenzträger BetrVG § 102 6; § 118 16
- treuwidrige - KSchG § 13 23
- Trotzkündigung KSchG § 4 35
- Umdeutung BGB § 140 1; § 626 235, 253
- und Umwandlung UmwG § 323 1
- Unkündbarkeit BGB § 622 18; § 626 194
- unwirksam befristetes Arbeitsverhältnis TzBfG § 16 5
- Unzulässigkeit AbgG § 4 7
- vereinbarte Zustimmungspflicht BetrVG § 102 49
- Verhältnismäßigkeit BGB § 626 162, 167
- Vertragsstrafe BGB § 622 19; § 626 42
- Vertretung BGB § 620 6
- Videoüberwachung BDSG § 6b 2
- vor Dienstantritt BGB § 620 10; § 626 15
- wegen Tragens eines Kopftuches GG Art. 4 19
- Wehrdienst ArbPlSchG § 2 4, 18, 26
- Weiterbeschäftigungsanspruch BetrVG § 102 37
- Widerruf Bestellung Datenschutzbeauftragter BDSG § 4f 9
- Wiedereinstellungsanspruch nach Betriebsübergang BGB § 613a 112
- Wiederholungskündigung KSchG § 4 35
- Wirksamwerden KSchG § 7 1
- Zugang BGB § 622 4; KSchG § 4 15

Kündigung durch Arbeitnehmer
- Arbeitsentgelt BGB § 628 9, 14
- Wehrdienst ArbPlSchG § 2 26

Kündigung in Kleinbetrieben ArbPlSchG § 2 11

Kündigung, Mitwirkung des Personalrats EinigungsV Anlage I 3
- Anhörung des Arbeitnehmers BPersVG § 108 25
- Arbeitgebervertreter, Dienststellenleiter BPersVG § 108 16
- außerordentliche Kündigung BPersVG § 108 62
- Aussetzung des Personalratsbeschlusses BPersVG § 108 29
- Beteiligung in den Ländern BPersVG § 108 65
- Dienstvereinbarung BPersVG § 108 4
- Einleitung des Mitwirkungsverfahrens BPersVG § 108 15
- Einwendungen BPersVG § 108 40, 58
- Empfangsberechtigung für Arbeitgebererklärungen BPersVG § 108 20
- Entscheidung des Dienststellenleiters BPersVG § 108 44
- Erörterung mit Dienststellenleiter BPersVG § 108 34
- Erweiterung des Mitwirkungsrechts BPersVG § 108 4
- Fehler im Mitwirkungsverfahren BPersVG § 108 53
- Frist zur Stellungnahme BPersVG § 108 23
- Gemeinden BPersVG § 108 8
- geschützter Personenkreis BPersVG § 108 5
- Kündigung durch Arbeitgeber BPersVG § 108 11
- Kündigung durch Dienststellenleiter BPersVG § 108 61
- Länder BPersVG § 108 8
- Mängel bei Willensbildung des Personalrats BPersVG § 108 56
- Mitteilungspflichten des Diensther BPersVG § 108 15
- oberste Dienstbehörde BPersVG § 108 52
- Rückgruppierung BPersVG § 108 11
- Schweigen BPersVG § 108 33
- Schweigepflicht BPersVG § 108 30
- Sozialwidrigkeit der Kündigung BPersVG § 108 59
- Stationierungsstreitkräfte BPersVG § 108 7
- Stellungnahme BPersVG § 108 32, 43
- Stufenvertretung BPersVG § 108 49
- Tarifvertrag BPersVG § 108 4
- übergeordnete Dienststelle BPersVG § 108 48
- Unkündbarkeit BPersVG § 108 64
- Voraussetzungen BPersVG § 108 9
- Weiterbeschäftigungsanspruch des Arbeitnehmers BPersVG § 108 3, 59
- Widerspruchsrecht BPersVG § 108 3
- Willensbildung des Personalrats BPersVG § 108 25
- Zustimmung BPersVG § 108 32
- Zweck BPersVG § 108 1

Kündigungseinspruch KSchG § 3 1
- Anwendungsbereich KSchG § 3 2
- Regelungsgehalt KSchG § 3 3
- Verhältnis zu anderen Vorschriften KSchG § 3 6

Kündigungsfrist BetrVG § 102 12; BGB § 622 1

Stichwortverzeichnis

- Auswirkungen auf Arbeitslosengeldanspruch SGB III § 158 3, 16
- Berechnung BGB § 622 4
- Elternzeit BEEG § 19 1
- fehlerhafte Berechnung KSchG § 13 25
- fingierte -, Ruhen des Arbeitslosengeldanspruchs SGB III § 158 18
- in der Insolvenz InsO § 113 6
- schwerbehinderte Menschen SGB IX § 86 1
- tarifliche Regelungen BGB § 622 9; TVG § 1 58
- Wehrdienst ArbPlSchG § 2 17

Kündigungsgrund
- Nachschieben von Unwirksamkeitsgründen KSchG § 6 1
- neues Arbeitsverhältnis KSchG § 12 4
- Schwarzarbeit SchwArbG Vor § 1 10, 17
- vereinbarter - SchwArbG Vor § 1 15, 17

Kündigungsrechtliche Stellung
- Anwendungsbereich des KSchG UmwG § 323 6
- Begriff UmwG § 323 3
- bei Umwandlung UmwG § 323 1
- Bestandsschutz UmwG § 323 1
- Dispositivität UmwG § 323 10
- mittelbare Verschlechterung UmwG § 323 9
- Zuordnung der Arbeitsverhältnisse UmwG § 323 1, 11

Kündigungsschutz ArbPlSchG § 2 1
- Altersrente SGB VI § 41 1
- Altersteilzeit ATZG § 8 3
- Arbeitsplatzteilung TzBfG § 13 12
- Aufsichtsratsmitglied MitbestG § 26 4
- Beauftragte KSchG § 13 19
- Berufsfreiheit GG Art. 12 23
- besonderes Verhandlungsgremium EBRG § 10 6
- Betriebsübergang KSchG § 23 14
- Darlegungs- und Beweislast KSchG § 23 28
- Datenschutzbeauftragter BDSG § 4f 13
- Elternzeit BEEG § 18 1
- in der Insolvenz InsO § 113 1; JArbSchG § 125 1, 6; § 127 5
- leitende Angestellte KSchG § 14 1
- nachwirkender - KSchG § 15 23
- Organvertreter KSchG § 14 1
- Rechtswahl Rom I-VO Vorbem Art. 1, 3, 8, 9 24
- Schwellenwert KSchG § 23 17
- tarifrechtliche Normen TVG § 1 58
- Wahlbewerber BetrVG § 14 12
- Wechsel in Voll-/Teilzeitarbeitsverhältnis TzBfG § 11 1
- Wehrdienst ArbPlSchG § 2 3

Kündigungsschutzgesetz
- Betriebsbegriff KSchG § 23 6
- Geltungsbereich KSchG § 23 1
- Geltungsbereich des dritten Abschnitts KSchG § 23 29

- Geltungsbereich des ersten und zweiten Abschnitts KSchG § 23 2
- Geschäftsführer KSchG § 14 9
- Kleinbetriebsklausel KSchG § 23 3
- Kündigungsschutz außerhalb des - KSchG § 23 5
- leitende Angestellte KSchG § 14 7
- Luftverkehrsbetriebe KSchG § 24 1
- Organvertreter KSchG § 14 2
- Schifffahrtsbetriebe KSchG § 24 1
- Schwellenwert KSchG § 23 17

Kündigungsschutzklage
- Änderungskündigung KSchG § 4 24
- Anrufung des Arbeitsgerichts KSchG § 4 1
- Anwendungsbereich KSchG § 4 1
- Betriebsübergang BGB § 613a 116
- Darlegungs- und Beweislast für einen Betriebsübergang BGB § 613a 122
- Feststellungsklage KSchG § 4 23
- Klageerhebung KSchG § 4 10
- Klageerwiderung ArbGG § 61a 3
- Klagefrist KSchG § 4 15
- Klagegegenstand KSchG § 4 22
- Klagegegner
  - Klageverzicht KSchG § 4 11
- Klagegegner bei Betriebsübergang BGB § 613a 117
- Nachschieben von Unwirksamkeitsgründen KSchG § 6 1
- Rechtskrafterstreckung KSchG § 4 31
- Rücknahme der Kündigung KSchG § 4 29
- Schwangerschaft KSchG § 4 28
- Streitgegenstand ArbGG § 46 17
- Umfang der Rechtskraft ArbGG § 46 18
- Unwirksamkeitsgründe KSchG § 4 8
- verlängerte Anrufungsfrist KSchG § 6 1
- Verzicht KSchG § 4 31
- Wirksamwerden der Kündigung KSchG § 7 1
- Zulassung verspäteter Klagen KSchG § 5 1
- zuständiges Gericht KSchG § 4 14

Kündigungsschutzprozess
- außerordentliche Kündigung von BR-Mitgliedern KSchG § 15 17
- Begründung eines neuen Arbeitsverhältnis KSchG § 12 4
- ordentliche Kündigung von Betriebsratsmitgliedern KSchG § 15 58
- Weiterbeschäftigung während - KSchG § 4 38

Kündigungsverbot KSchG § 13 22; TzBfG § 11 1
- aufgrund Tarifvertrags KSchG § 13 22

Künstlersozialabgabe
- konkurrierende Gesetzgebung GG Art. 74 16

Kurzarbeit BetrVG § 87 25
- Altersteilzeit-AV ATZG § 10 8
- Berufsausbildungsverhältnis, Kündigung BBiG § 22 5
- Entgeltfortzahlung an Feiertagen EFZG § 2 21

Stichwortverzeichnis

...tsfall EFZG
— Entgeltfortzahlung im ... § 95 2
— ... G § 11 18
— § 3 26, § 4 37 ...tigung EStG § 24 17
— Kurzarbeitergel... TVG § 1 60
— LeiharbeitsKSchG § 19 1
— steuer...GB § 611 361; GewO
— tarif...d Sperrfrist
— ...G § 19 2
— ...ng KSchG § 19 6
— ...ung der Bundesagentur für Arbeit
  ... § 19 4
— ...eitergeld KSchG § 19 13
— ...ng der Vergütung KSchG § 19 10
— Mitbestimmung des BR KSchG § 19 8
— Voraussetzungen KSchG § 19 3
— Vorbehalt tariflicher Regelungen KSchG
  § 19 7 ...eit KSchG § 20 6
— Zuständergeld
  K...pruchsvoraussetzungen SGB III § 95 2
— ...ntrag SGB III § 99 3
— Anzeigepflicht bei der Agentur für Arbeit
  SGB III § 99 2
— bei Arbeitskämpfen SGB III § 100 2; § 160 2
— betriebliche Voraussetzungen SGB III § 97 2
— Bezugsfrist SGB III § 104 1
— erheblicher Arbeitsausfall mit Entgeltausfall
  SGB III § 96 1
— Höhe SGB III § 95 5
— Ruhen des Anspruchs SGB III § 107 1
— Sperrzeit bei Meldeversäumnis SGB III
  § 107 1
— Transferkurzarbeitergeld SGB III § 111 2
— während Sperrfrist KSchG § 19 13

Kurzpausen ArbZG § 7 5

Kürzung von Sondervergütungen
— Arbeitsentgelt EFZG § 4a 5
— Auslegung der Vereinbarung BGB § 611 166
— Ausscheiden des Arbeitnehmers BGB § 611 173
— Elternzeit BGB § 611 165
— Kürzung ohne Vereinbarung BGB § 611 169
— Kürzungsumfang EFZG § 4a 5
— Kürzungsvereinbarung EFZG § 4a 4
— Maßregelungsverbot BGB § 612a 15
— Mutterschutzzeiten BGB § 611 163
— Sondervergütungen, Begriff EFZG § 4a 2
— überproportionale Kürzung BGB § 611 167

L

Ladenschluss
— Gesetzgebungskompetenz ArbZG § 1 4

Ladungsfrist
— Abkürzung ArbGG § 47 4
— Grundsatz ArbGG § 47 4

Landtagsabgeordnete
— Statusrechte AbgG § 4 9

Landwirtschaft
— Arbeitszeitflexibilisierung ArbZG § 7 13
— Eignung der Ausbildungsstätte BBiG § 27 1
— Ruhezeit ArbZG § 5 9
— Sonn- und Feiertagsbeschäftigung ArbZG
  § 10 24

Langzeitkonten ArbZG § 3 7

Lebensgemeinschaften
— gleichgeschlechtliche - GG Art. 6 9
— nichteheliche - GG Art. 6 8

Lebensversicherungen
— Pfändungsschutz ZPO § 850b 5

Lehrer GewO § 6 90

Leibesvisitation BetrVG § 87 18

Leiharbeit BGB § 611 15
— Sonderregelungen GewO § 6 124

Leiharbeitnehmer
— aktives Wahlrecht Betriebsratswahl BetrVG
  § 7 1, 7
— Angebot der Arbeitsleistung BGB § 615 19
— Arbeit auf Abruf TzBfG § 12 5
— Arbeitszeitverringerung TzBfG § 8 32
— Bestimmung der Mitgliederzahl, BR BetrVG
  § 9 2
— Betriebsübergang BGB § 613a 40
— Gleichbehandlung GG Art. 9 18, 55
— passives Wahlrecht Betriebsratswahl BetrVG
  § 8 1
— Schwellenwert BetrVG § 111 6
— Teilnahmerecht Betriebsversammlung BetrVG
  § 42 3
— Überwachungsrecht Entleiher-BR BetrVG
  § 80 4
— Vorbeschäftigung TzBfG § 14 74

Leiharbeitsverhältnis
— Abschlussverbot AÜG § 9 12
— Abwicklungszeitraum bei Rücknahme der
  Erlaubnis AÜG § 4 6
— Abwicklungszeitraum bei Widerruf der Erlaubnis
  AÜG § 5 13
— Annahmeverzugslohn AÜG § 11 18
— Arbeitsentgelt AÜG § 3 21
— arbeitsgerichtliche Zuständigkeit ArbGG
  § 2 7
— Arbeitskampf AÜG § 11 20
— Arbeitsschutz AÜG § 11 25
— Baugewerbe AÜG § 1b 6
— Befristung AÜG § 1 18
— Beschränkung Vergütungsanspruch AÜG
  § 11 18
— betriebsverfassungsrechtliche Zuordnung AÜG
  § 14 2
— Erklärungspflichten AÜG § 11 16
— fehlerhaftes Arbeitsverhältnis AÜG § 10 14;
  § 9 6

2587

Stichwortverzeichnis

- fingiertes Arbeitsverhältnis AÜG § 10 2
- Gleichstellungsgebot AÜG § 3 17; § 3a 1; § 9 7; § 10 17
- Gleichstellungsgrundsatz AÜG § 9 7
- Günstigkeitsvergleich AÜG § 3 25
- Hinweispflichten AÜG § 11 16
- Inhalt AÜG § 1 15; § 11 2
- Kündigung AÜG § 11 13, 17
- Kurzarbeit AÜG § 11 18
- Leiharbeitsvertrag AÜG § 1 15
- Leistungsanspruch Mindestlohn AÜG § 10 19
- Lohnuntergrenze AÜG § 3a 1; § 10 1, 18; § 16 12
- Merkblatt AÜG § 11 15
- Mitbestimmungsrechte AÜG § 14 4
- Nachweispflicht AÜG § 11 2; NachwG § 1 3
- Rechtsverhältnis AÜG § 1 29
- Schadensersatzanspruch AÜG § 10 15
- Tarifvertrag AÜG § 3 27
- Unwirksamkeit, Rechtsfolgen AÜG § 10 1
- Unwirksamkeitsgründe AÜG § 9 2
- Vergütungsanspruch AÜG § 3 18
- Vermittlungsvergütung AÜG § 9 13
- Zugang Gemeinschaftseinrichtungen AÜG § 9 8; § 13b 1; § 16 14

Leistung an Erfüllungs statt GewO § 107 1
Leistungsbestimmung BGB § 315 1
- Bestimmung der Gegenleistung BGB § 316 1
- Beurteilung der Billigkeit BGB § 315 5
- Geltendmachung der Unbilligkeit BGB § 315 9
- Umfang der Arbeitsleistung BGB § 315 4

Leistungsbestimmungsklauseln TVG § 1 62
Leistungsbestimmungsrecht BetrVG § 87 6
Leistungsbezogene Entgelte BetrVG § 87 72
Leistungshindernis bei Vertragsschluss BGB § 311a 1

Leistungsklage
- Beschäftigungsanspruch ArbGG § 46 12
- Zahlung (brutto) ArbGG § 46 11

Leistungskürzung BetrVG § 87 67
Leistungsmissbrauch
- Schwarzarbeit SchwArbG § 1 12

Leistungsort
- Zahlungsort BGB § 270 1, 5

Leistungspflicht
- Unmöglichkeit BGB § 275 4
- Unzumutbarkeit BGB § 275 1, 7
- Vertretenmüssen BGB § 275 2; § 276 1

Leistungsstörung
- tarifrechtliche Normen TVG § 1 58–59

Leistungsstörungen im Arbeitsverhältnis BGB § 611 397
- Schlechtleistung BGB § 611 412
- verspätete Leistung des Arbeitnehmers BGB § 611 411

Leistungsverfügung
- Verfügungsgrund A...
Leistungsverhalten Betr...
Leistungsverweigerungsrecht
- Entgeltfortzahlung EFZG ...
- Pflegezeit PflegeZG § 2 1
- Wehrdienst ArbPlSchG § 1 12
Leistungszeit BGB § 271 1
Leitende Angestellte BetrVG § 5 13; G § 6 118; TzBfG § 1 6
- Abgrenzung BetrVG § 5 14
- Anwendbarkeit des ArbZG ArbZG § 18 2
- Anwendbarkeit des KSchG KSchG § 14 1
- Auslandsentsendung SprAuG § 1 2
- Auslegungsregeln BetrVG § 5 18
- Begriff BetrVG § 5 13; KSchG § 14 8
- Benachteiligungsverbot SprAuG § 27 1
- Bestellung in besonderes Verhandlungsgremium EBRG § 11 2
- Bestimmung der Mitgliederzahl BR BetrVG § 9 2
- Betriebsleiter BetrVG § 5 17
- Chefarzt, Anwendbarkeit des ArbZG § 18 3
- Einstellungs- und Entlassungsbefugnis BetrVG § 5 15
- Freiheitsschutz SprAuG § 27 1
- Gaststatus im EBR kraft Gesetz EBRG § 23 3
- Generalvollmacht BetrVG § 5 16
- Gleichbehandlungsgrundsatz SprAuG § 27 1
- Merkmale BetrVG § 5 15
- Mitteilung an BR BetrVG § 105 1
- Personalleiter BetrVG § 5 15
- Persönlichkeitsschutz SprAuG § 27 1
- Prokura BetrVG § 5 16
- Recht auf Einsicht in Personalakten SprAuG § 26 2
- Rechte gegenüber AG und SprAu SprAuG § 26 1
- Rechtsprechungsübersicht BetrVG § 5 23
- Sozialplan SprAuG § 32 3
- Sprecherausschuss SprAuG § 1 1
- Stabsangestellter BetrVG § 5 17
- Versammlung der SprAuG § 15 2
- Weiterbeschäftigungsanspruch SprAuG § 31 3
- Zuordnung bei Wahlen BetrVG § 18a 1

Leitender Angestellter BetrVG § 102 9
Leitung, nachgeordnete
- Geltungsbereich EBRG EBRG § 2 3
Leitung, zentrale
- andere geeignete Leitungsebene EBRG § 1 9
- Definition nach EBRG EBRG § 1 9
- Geltungsbereich EBRG EBRG § 2 2

Listensprung
- Betriebsratswahl BetrVG § 15 5

Lohn- und Gehaltslisten BetrVG § 80 21
– Erläuterungsrecht Arbeitnehmer BetrVG § 82 2
Lohnabstandsklausel GG Art. 9 41, 55
Lohnausfallprinzip
– Annahmeverzug des Arbeitgebers BGB § 615 59
Lohnersatz
– Mutterschutzlohn MuSchG § 11 2
Lohnfortzahlungsgesetz
– Ablösung durch das AAG AAG § 1 1
Lohngestaltung BetrVG § 87 60
Lohngleichheitsgrundsatz
– betriebliche Altersversorgung BetrAVG § 6 8
Lohnpfändung BGB § 626 202
– Abschlagszahlungen BGB § 614 15
– Vorschüsse BGB § 614 15
Lohnsteuerkarte
– Pflichten des Arbeitgebers BGB § 611 334
– Schadensersatz BGB § 611 334
Lohnuntergrenze
– Arbeitnehmerüberlassung AÜG § 10 1, 19; AÜG § 3 37; § 16 12
– Arbeitnehmerüberlassung, Einführung AÜG § 3a 1
– Arbeitnehmerüberlassung, Zuständigkeit Zollverwaltung AÜG § 17 3; § 17a 1
Lohnverschiebung ZPO § 850h 2
– Drittschuldner ZPO § 850h 3
Lohnverschleierung ZPO § 850h 4
Lohnwucher BGB § 138 1
Loyalitätspflicht
– Abstufung der - GG Art. 4 22
Luftfahrt
– Arbeitszeit ArbZG § 20 1
Luftverkehr
– Anwendbarkeit KSchG KSchG § 24 1

M
Mächtigkeit, soziale
– Indizien TVG § 2 8
Mahnbescheid
– Erlass ArbGG § 46a 7
– Widerspruch ArbGG § 46a 9
Mahnverfahren
– Durchführung ArbGG § 46a 5
– Entscheidung ArbGG § 46a 7
– Gerichtsgebühren ArbGG § 12 6
– Grundsätze ArbGG § 46a 2, 4
– Kosten ArbGG § 46a 13
– örtliche Zuständigkeit ArbGG § 46a 2
– Prozesskostenhilfe ArbGG § 46a 14
– Streitgegenstand ArbGG § 46a 4
Mandantenschutzklausel HGB § 74a 2, 6
Mängel des Arbeitsvertrags
– Anfechtung BGB § 611 88
– Anfechtungsfrist BGB § 611 90
– Annahmeverzug des Arbeitgebers BGB § 615 10

– Gesetzesverstoß BGB § 611 98
– Nichtigkeit BGB § 611 97
– Rechtsfolgen BGB § 611 107
– Sittenwidrigkeit BGB § 611 99
– Teilnichtigkeit BGB § 611 110
Mankohaftung
– Begriff BGB § 611 440
– gesetzliche - BGB § 611 440
– vertragliche - BGB § 611 442
Massenänderungskündigung KSchG § 17 15; § 25 4
– als Arbeitskampfmittel TVG Anhang 2
Massenentlassung BetrVG § 102 20; § 111 2; KSchG § 17 51; UmwG § 323 8
– »Junk«-Entscheidung KSchG § 17 51
– Änderungskündigung KSchG § 17 15
– Anzeigeverfahren KSchG § 17 36
– Arbeitnehmerbegr KSchG § 17 9
– Arbeitnehmerkündigung KSchG § 17 13
– Aufhebungsvertr KSchG § 17 14
– außerordentliche Kündigung BGB § 626 106, 196; KSchG § 17 16
– Beratung mit dem BR KSchG § 17 31
– Beteiligung BR KSchG § 17 22
– Beteiligung EBR KSchG § 17 29
– Betr KSchG § 17 3
– Betriebsg KSchG § 17 7
– Entlassungsbegriff KSchG § 17 11
– Entlassungssperre KSchG § 18 1
– Entlassungszeitraum KSchG § 17 19
– Entscheidung der Agentur für Arbeit KSchG § 18 10; § 20 1
– Entscheidung der Zentrale der Bundesagentur bei besonderen Betrieben KSchG § 21 1
– Form der Anzeige KSchG § 17 38
– formelle Fehler KSchG § 17 49
– Freifrist KSchG § 18 19
– Geltendmachung der Unwirksamkeit KSchG § 17 50
– Inhalt der Anzeige KSchG § 17 39
– Insolvenz InsO § 125 13
– Kündigung durch Insolvenzverwalter KSchG § 17 18
– Kurzarbeit während Sperrfrist KSchG § 19 1
– Nebenbestimmungen KSchG § 18 13
– Negativattest KSchG § 18 18; § 20 7
– Nichtigkeit der Kündigung vor Erstattung der Anzeige KSchG § 17 44
– Rechtsfolgen fehlerhafter Entlassungen KSchG § 17 44
– Rechtsmittel gegen Bescheid der Agentur für Arbeit KSchG § 20 10
– Rechtsprechungsänderung KSchG § 17 2
– Saison- und Kampagnebetri KSchG § 17 6
– Saison- und Kampagnebetriebe KSchG § 22 1
– Sperrfrist KSchG § 18 3
– Unterrichtung des BR KSchG § 17 22

- Unterrichtung und Anhörung EBR EBRG § 29 16
- Unwirksamkeitsgründe KSchG § 17 46
- Verlängerung der Sperrfrist KSchG § 18 15
- Vertrauensschutz Arbeitgeber KSchG § 18 18
- Zahlenstaffel KSchG § 17 21
- Zeitpunkt der Anzeige KSchG § 17 43
- zuständige Agentur für Arbeit KSchG § 17 37

Maßgeschneiderte Arbeitnehmervertretung BetrVG § 3 6

Maßnahmen der medizinischen Vorsorge und Rehabilitation EFZG § 9 1
- Anspruchsberechtigte EFZG § 9 2
- Anwendung des EFZG EFZG § 9 1
- Anzeige- und Nachweispflicht EFZG § 9 16
- Bewilligung EFZG § 9 9
- Dauer des Entgeltfortzahlungsanspruchs EFZG § 9 14
- Leistungsverweigerungsrecht EFZG § 9 20
- medizinische Notwendigkeit EFZG § 9 7
- medizinische Rehabilitationsmaßnahme EFZG § 9 6
- medizinische Vorsorgemaßnahme EFZG § 9 3
- Sozialleistungsträger EFZG § 9 8

Maßregelungsverbot
- Aushangpflicht BGB § 612a 21
- Benachteiligung BGB § 612a 7
- Darlegungs- und Beweislast BGB § 612a 20
- Einzelfälle BGB § 612a 10
- Entstehungsgeschichte BGB § 612a 1
- Kausalität BGB § 612a 9
- Kündigung BGB § 612a 13
- Kürzung von Sonderzuwendungen BGB § 612a 15
- Maßnahme BGB § 612a 6
- Normzweck BGB § 612a 2
- Persönlicher Anwendungsbereich BGB § 612a 4
- Rechtsfolgen BGB § 612a 18
- sachlicher Anwendungsbereich BGB § 612a 5
- Streikbruchprämien BGB § 612a 10
- tarifrechtliche Normen TVG § 1 63

Mediation
- gerichtsinterne ArbGG § 54 5, 8
- Grundsätze ArbGG § 54a 2
- im arbeitsgerichtlichen Verfahren ArbGG § 54a 5
- Mediator ArbGG § 54a 3
- Verfahren ArbGG § 54a 4

Medien
- Sonn- und Feiertagsbeschäftigung ArbZG § 10 17

Medienmitarbeiter GewO § 6 99

Mehrarbeit
- Berufsausbildung BBiG § 17 6
- Pfändungsschutz ZPO § 850a 2
- schwerbehinderte Menschen SGB IX § 124 1
- tarifrechtliche Normen TVG § 1 61
- Teilzeitarbeit TzBfG § 4 9
- Weisungsrecht GewO § 106 27

Mehrheitsbeteiligung AktG § 16 1
- Mittelbare Beteiligungen AktG § 16 2
- Stimmenmehrheit AktG § 16 1
- Stimmrechtsbeschränkung AktG § 16 1

Mehrheitsidentität
- Gesellschafter MuSchG § 4 4

Mehrstöckige Kommanditgesellschaft MitbestG § 4 7

Mehrstufiger Konzern
- Mitbestimmung MitbestG § 5 6

Meinungsfreiheit BetrVG § 74 18; BGB § 626 74; GG Art. 5 1
- arbeitsrechtliche Aspekte GG Art. 5 32
- befristetes Arbeitsverhältnis GG Art. 5 33
- Eingriff GG Art. 5 26
- Flugblätter GG Art. 5 35
- im laufenden Gerichtsverfahren GG Art. 5 6
- negative - GG Art. 5 4
- Schmähkritik GG Art. 5 6
- Tatsachenbehauptungen GG Art. 5 2
- Tragen von Symbolen GG Art. 5 4
- Unterschriftensammlungen GG Art. 5 4
- Werbung GG Art. 5 5

Menschenrechte
- Bekenntnis zu - GG Art. 1 28

Menschenwürde GG Art. 1 4

Minderjähriger
- Arbeitsvertrag BGB § 113 1

Mindestarbeitsbedingungen GewO § 105 18
- Handelsvertreter HGB § 92a 1

Mindestlohn GewO § 105 18; GG Art. 1 23; Art. 9 55; MiLoG § 1 1
- Anrechnung von Zulagen, Zuschlägen Einmalzahlungen MiLoG § 1 18
- Anspruch MiLoG § 1 9
- Arbeitnehmer MiLoG § 22 3
- Arbeitszeit MiLoG § 1 13
- Ausnahmen MiLoG § 22 12
- Einschränkung der Tarifautonomie GG Art. 9 56
- Fälligkeit MiLoG § 2 4
- Handlungsgehilfe HGB § 65 2
- Höhe MiLoG § 1 7
- Konkurrenz zum Tarifvertrag GewO § 105 19
- Leistungslohn und Naturallohn MiLoG § 1 16
- Mindestlohnkommission MiLoG § 8 1
- Pflichten des Arbeitgebers MiLoG § 20 1
- Praktikanten MiLoG § 22 4
- Übergangsregelung MiLoG § 24 1
- unwirksame Vereinbarungen MiLoG § 3 2
- Verfahren zur Festsetzung MiLoG § 8 1
- Vergütungsformen MiLoG § 1 15
- vorrangige Regelungen MiLoG § 1 20
- Zeiten ohne Arbeitsleistung MiLoG § 1 14

§ 242
 ₁G § 87 18
Zeitungszusteller BetrVG § 42 1
Mitarbeitergespräch
Mitarbeiterversam § 8 1
Mitbestimmung itnis BBiG § 10 4
Altersteilzeit nsformen MitbestG
Berufsausb
betroffer MitbestG § 1 11
§ 1 1 tG § 5 1
Ger aft MitbestG § 4 1
  nbarungen MitbestG § 1 3
im stG § 1 4
ltbestG § 1 10
MitbestG § 1 9
nen MitbestG § 1 13
weiterung/-beschränkung

esetz
ufzählung MitbestG § 1 4
MitbestG § 37 1
Unternehmen MitbestG § 1 7
nehmen MitbestG § 1 1
t MitbestG § 1 10
peae MitbestG § 1 9
rnehmen MitbestG § 1 13
arkeit MitbestG § 1 2
men in der Gründungsphase MitbestG

rang MuSchG § 30 1
tbestimmungsignoranz BetrVG § 87 13
Mitbestimmungsrecht
– abweichende Ruhezeiten ArbZG § 15 7
– Änderung der Arbeitsplätze, des Arbeitsablaufs oder der Arbeitsumgebung BetrVG § 91 7
– Arbeit auf Abruf TzBfG § 12 33
– Arbeitnehmerüberlassung AÜG § 1a 6; § 14 1
– Arbeitsplatzteilung TzBfG § 13 16
– Arbeitszeit ArbZG § 3 9
– Arbeitszeitverkürzung TzBfG § 8 64
– Arbeitszeitverlängerung TzBfG § 9 30
– Arbeitszeitverteilung TzBfG § 8 64
– Aufrechterhaltung nach Spaltung oder Teilübertragung UmwG § 325 3
– Aus- und Weiterbildung TzBfG § 10 7
– Ausübung BetrVG § 87 8
– Auswahlrichtlinien BetrVG § 95 1
– befristetes Arbeitsverhältnis TzBfG § 14 96
– befristetes Arbeitsverhältnis, Beendigung TzBfG § 15 24
– Berufsausübungsfreiheit GG Art. 12 30
– Berufsbildung BBiG § 2 4
– betriebliche Altersversorgung BetrAVG § 1 31, 35; § 1a 12; § 1b 4, 12, 25, 29, 32, 65, 83; § 3 7; § 16 34
– betriebliche Bildungsmaßnahmen BetrVG § 98 1

– Datenschutz BDSG § 31 1; § 32 19
– Datenschutzbeauftragter BDSG § 4f 8
– Einschränkung des Weisungsrechts GewO § 106 49
– Erweiterung und Beschränkung durch TV BetrVG § 87 5
– Grundsatz der vertrauensvollen Zusammenarbeit BetrVG § 2 1
– kirchliches - GG Art. 4 26
– Kompensation Nachtarbeit ArbZG § 6 3
– Kündigungen BetrVG § 102 3
– Kurzarbeit während Sperrfrist KSchG § 19 9
– Nacht- und Schichtarbeit ArbZG § 6 3
– Personalfragebogen BetrVG § 94 1
– personelle Einzelmaßnahmen BetrVG § 99 5
– Rechtsfolgen bei fehlender Mitbestimmung BetrVG § 87 13
– Ruhepausen ArbZG § 4 3
– soziale Angelegenheiten BetrVG § 87 17
– soziale Angelegenheiten, freiwillige Betriebsvereinbarung BetrVG § 88 1
– Tarifvorrang BetrVG § 87 11
– Urlaub BUrlG § 7 15
– Whistleblowing BDSG § 32 19
– Zeitkonten ArbZG § 3 9
Mitbestimmungsrecht, Betriebsänderung BetrVG § 111 1
– Beraterzuziehung BetrVG § 111 22
– Beratungsrecht BetrVG § 111 21
– Betriebsänderung BetrVG § 111 11
– Leiharbeitnehmer BetrVG § 111 6
– Regelbelegschaftsstärke BetrVG § 111 6
– Streitigkeiten BetrVG § 111 23
– Unterlassungsanspruch BetrVG § 111 25
– Unternehmensgröße BetrVG § 111 3
– Unterrichtungsrecht BetrVG § 111 19
– Zuständigkeit BetrVG § 111 8
Mitbestimmungsvereinbarungen DrittelbG § 1 12; MitbestG § 1 3
Mitgliederwerbung GG Art. 9 35
Mitteilungspflicht
– Bundestagsmandat AbgG § 4 4
Mittelbare Diskriminierung
– Diskriminierungsverbot (EG) AEUV Art. 45 12
– wegen des Geschlechts AGG § 8 16
Mittelbares Arbeitsverhältnis GewO § 6 67, 126
Mitverschulden
– Schwarzarbeit SchwArbG Vor § 1 3
Mobbing BGB § 626 202
– Begriff BGB § 611 327
– Persönlichkeitsrecht BGB § 611 327
– Schadensersatz BGB § 628 27
Mobilitätsrichtlinie
– betriebliche Altersversorgung BetrAVG § 1b 121
Molekulargenetische Analyse GenDG § 20 6

Stichwortverzeichnis

Mündlichkeitsprinzip
- nachgelassener Schriftsatz   ArbGG § 46 6

Musiker   GewO § 6 91

Mutterschaftsgeld   GG Art. 6 19; MuSchG § 13 1
- Anspruchshöhe   MuSchG § 13 3
- Anspruchsvoraussetzungen   MuSchG § 13 2
- gerichtliche Streitigkeiten   MuSchG § 13 7
- Ruhen des Krankengeldanspruchs   SGB V § 49 6
- Verhältnis zu anderen Leistungen   MuSchG § 13 6
- Zuschuss   MuSchG § 14 1
- Zuschuss, Berechnung   MuSchG § 14 6
- Zuschuss, Erstattung der Arbeitgeberaufwendungen   AAG § 1 10

Mutterschutz   GG Art. 6 18
- Aufsichtsbehörde   MuSchG § 20 1
- Beschäftigungsverbot (nach Entbindung)   MuSchG § 6 1
- Beschäftigungsverbot (vor Entbindung)   MuSchG § 3 1; § 4 1
- Erholungsurlaub   MuSchG § 17 1
- Ersatztätigkeit   GewO § 106 18
- Kündigung   BGB § 626 9, 12, 125, 217; EinigungsV Anlage I 3
- Mutterschaftsgeld   MuSchG § 13 1
- Mutterschutzlohn   MuSchG § 11 2
- Sonderkündigungsrecht   MuSchG § 9 33
- Stillzeit   MuSchG § 7 1
- Urlaub   MuSchG § 17 1
- Zuschuss zum Mutterschaftsgeld   MuSchG § 14 1

Mutterschutzgesetz
- Auslage   MuSchG § 18 1
- Geltungsbereich   MuSchG § 1 1
- persönlicher Geltungsbereich   MuSchG § 1 2
- räumlicher Geltungsbereich   MuSchG § 1 6

Mutterschutzlohn   MuSchG § 11 2
- Anspruchsberechtigung   MuSchG § 11 3
- Anspruchsvoraussetzungen   MuSchG § 11 3
- Berechnung   MuSchG § 11 7
- Darlegungs- und Beweislast   MuSchG § 11 6
- Erstattung nach AAG   AAG § 1 10

N

Nachbarschaftshilfe
- Schwarzarbeit   SchwArbG § 1 21

Nachbesetzung
- Aufsichtsrat   MitbestG § 24 3

Nachbindung   TVG § 3 32

Nachschieben von Kündigungsgründen   BGB § 626 119, 147
- BR-Mitglied   KSchG § 15 19

Nacht- und Schichtarbeit
- arbeitswissenschaftliche Erkenntnisse   ArbZG § 6 2

- menschengerechte Ges...
- Mitbestimmungsrecht
- Nachtschichtzulage   BG... ArbZG § 6 1

Nachtarbeit   GG Art. 2 11; § 6 3
- arbeitsmedizinische Unters... § 6 5
- Arbeitszeit   ArbZG § 2 14
- Begrenzung des Ausgleichszeitr... § 6 4
- dringende betriebliche Erforderni... § 6 10
- Gleichbehandlungsgrundsatz   Arb...
- Kompensation   ArbZG § 6 12
- Mitbestimmungsrecht   ArbZG § 6 3
- Mitbestimmungsrecht, Kompensation § 6 3
- Umsetzungsverlangen   ArbZG § 6 6
- Verschiebung des Nachtzeitraums   ArbZG § 7 10

Nachteilsausgleich   BetrVG § 113 1

Nachtruhe
- Jugendliche   JArbSchG § 14 1

Nachtzeit
- Arbeitszeit   ArbZG § 2 13

Nachvertragliches Wettbewerbsverbot
- Arbeitsverhältnis   HGB § 74a 14
- Aufhebung durch Ausgleichsklausel   HGB § 74a 30
- Auslegung   HGB § 74a 7
- Außerkrafttreten   HGB § 74a 30
- Beachtung der guten Sitten   HGB § 74a 19
- Begriff   HGB § 74a 5
- berechtigtes geschäftliches Interesse des Arbeitgebers   HGB § 74a 23
- Bestimmtheit   HGB § 74a 16
- Dauer   HGB § 74a 27
- Freistellung von Vertragsstrafe durch Dritte   HGB § 75c 6
- Geltungsbereich   HGB § 74a 1
- Herabsetzung der Vertragsstrafe   HGB § 75c 5
- Inkrafttreten   HGB § 74a 29
- Karenzentschädigung   HGB § 74a 17
- Lossagungsrecht des Arbeitgebers   HGB § 75 2
- Lossagungsrecht des Arbeitnehmers   HGB § 75 1, 3
- Nichtigkeit   HGB § 74a 10, 20
- Probezeit   HGB § 74a 3
- Schadensersatz bei Verletzung   HGB § 74a 31
- Schriftform   HGB § 74a 12
- tätigkeitsbezogen   HGB § 74a 8
- Umdeutung   BGB § 140 2
- Unabdingbarkeit   HGB § 75d 1
- Unbedingtheit   HGB § 74a 28
- unternehmensbezogen   HGB § 74a 8
- Unverbindlichkeit   HGB § 74a 10
- Unverbindlichkeit bei fehlendem berechtigten Interesse   HGB § 74a 24

- Vereinbarung einer Vertragsstrafe HGB § 75c 1
- Vereinbarung mit Dritten HGB § 74a 18
- Verletzung des Verbots HGB § 74a 31
- Verwirkung HGB § 75c 3
- Verzicht HGB § 75a 1
- Volljährigkeit des Arbeitnehmers HGB § 74a 15
- Volontäre HGB § 82a 1
- Vorvertrag HGB § 74a 2
- Wirksamkeitsvoraussetzungen HGB § 74a 12

Nachweisgesetz
- allgemeine Übergangsregelung NachwG § 4 1
- Anwendungsbereich NachwG § 1 1

Nachweispflicht
- Änderungsmitteilung NachwG § 3 1
- Aushilfen NachwG § 1 5
- Ausnahme von einer Änderungsmitteilung NachwG § 3 5
- Berufsausbildungsverhältnisse NachwG § 1 3
- bestehendes Arbeitsverhältnis NachwG § 4 3
- Betriebsübergang NachwG § 3 4
- Beweislast bei Altverträgen NachwG § 4 8
- Frist für Altverträge NachwG § 4 5
- Leiharbeitsverhältnis AÜG § 11 2; § 17c 1; NachwG § 1 3
- Niederschrift für Altverträge NachwG § 4 6
- Rechtsfolge der Pflichtverletzung für Altverträge NachwG § 4 7
- Übergangsregelung für Altverträge NachwG § 4 1
- Übergangsregelung für Änderungsmitteilungen NachwG § 4 2
- Unabdingbarkeit NachwG § 5 1
- Verlangen des AN bei Altverträgen NachwG § 4 4

Nachwirkung
- Allgemeinverbindlicherklärung TVG § 4 46
- Betriebsvereinbarung in der Insolvenz InsO § 120 7
- Kündigungsschutz, BR-Mitglied KSchG § 15 23
- Tarifvertrag TVG § 4 40

Nachwirkungen des Arbeitsverhältnisses BGB § 611 465

Namensschutz BGB § 12 1

NATO-Streitkräfte
- Zivilbeschäftigte ArbGG § 1 2

Naturalleistungen ZPO § 850e 6
- Entgeltfortzahlung im Krankheitsfall EFZG § 4 14

Nebenpflichten des Arbeitgebers
- ärztliche Untersuchung BGB § 611 393
- Auskunfts- und Anzeigepflichten BGB § 611 370
- Auskunftspflicht BGB § 611 315
- außerdienstliches Verhalten BGB § 611 389
- Einhalten der betrieblichen Ordnung BGB § 611 388
- Grundsätze BGB § 611 311
- nachwirkende - BGB § 611 378, 466
- Nebentätigkeit BGB § 611 382
- Rücksichtnahme auf Rechte, Rechtsgüter und Interessen des Vertragspartners BGB § 611 369
- Treuepflicht BGB § 611 369
- Verschwiegenheit BGB § 611 372
- Vorteilsannahme BGB § 611 394
- Wettbewerbsverbot BGB § 611 380

Nebentätigkeit BGB § 626 72, 202; GG Art. 12 21
- arbeitszeitrechtliche Grenzen BGB § 611 385
- Grundsätze BGB § 611 382
- Mitteilungspflicht des AN ArbZG § 16 5
- Rechtsfolgen einer unzulässigen Nebentätigkeit BGB § 611 387
- Schwarzarbeit SchwArbG Vor § 1 10

Negativerklärung UmwG § 194 10

Nemo-Tenetur-Grundsatz GG Art. 2 30

Nettolohnvereinbarung
- Fehlbeträge BGB § 611 230
- Grundsätze BGB § 611 229

Nettomethode ZPO § 850e 2

Neubauten BetrVG § 91 2

Neueinstellung
- Altersteilzeit ATZG § 3 8

Nicht zu ersetzender Nachteil
- vorläufige Vollstreckbarkeit ArbGG § 62 3–4

Nichtabhilfebeschluss
- Beschwerde ArbGG § 78 6

Nichteheliche Kinder GG Art. 6 1

Nichtfortsetzungserklärung BGB § 623 2
- Ausübung des Wahlrechts KSchG § 12 6
- Beendigung des alten Arbeitsverhältnisses KSchG § 12 9
- Fortsetzung des alten Arbeitsverhältnisses KSchG § 12 7
- neues Arbeitsverhältnis KSchG § 12 4
- Schriftform KSchG § 12 6
- Vergütungsansprüche KSchG § 12 11

Nichtigkeit
- Bestätigung BGB § 141 1
- Formmangel BGB § 125 1
- gesetzliches Verbot BGB § 134 2
- Schwarzarbeit SchwArbG Vor § 1 2
- Teilnichtigkeit BGB § 139 1
- Umdeutung BGB § 140 1

Nichtigkeitsklage ArbGG § 79 2
- Zulässigkeit ArbGG § 79 29
- Zuständigkeit ArbGG § 79 28

Nichtraucherschutz BetrVG § 75 17; GG Art. 2 11, 36
- Arbeitsschutz BGB § 618 19

Stichwortverzeichnis

Nichtverlängerungsmitteilung BGB § 623 2; § 625 9, 28
Nichtzulassungsbeschwerde ArbGG § 72a 1
– Ablehnung ArbGG § 72a 40
– absolute Revisionsgründe ArbGG § 72a 22
– Begründung ArbGG § 72a 31, 38
– Beteiligung des Beschwerdegegners ArbGG § 72a 39
– Divergenz ArbGG § 72a 15
– Entscheidung ArbGG § 72a 391
– Form ArbGG § 72a 37
– Frist ArbGG § 72a 37
– grundsätzliche Bedeutung einer Rechtsfrage ArbGG § 72a 9
– in der Rechtsbeschwerdeinstanz ArbGG § 92a 1
– Inhalt ArbGG § 72a 5
– Kosten ArbGG § 72a 45
– PKH ArbGG § 72a 46
– Rechtliches Gehör ArbGG § 72a 24
– Rechtsmittelbelehrung ArbGG § 9 8; § 91 6
– Rechtsschutzbedürfnis ArbGG § 72a 3
– Stattgabe ArbGG § 72a 41
– Verfahren ArbGG § 72a 39
– Verfahrensfehler ArbGG § 72a 21
– Verletzung rechtlichen Gehörs ArbGG § 72a 24
– Versäumnisurteil, Zweites
 – im einstweiligen Rechtsschutzverfahren ArbGG § 72a 4
– Voraussetzungen ArbGG § 72a 5
Normative Wirkung des Tarifvertrages TVG § 4 1
– Definition TVG § 4 5
– Einschränkungen TVG § 4 11
– im Geltungsbereich TVG § 4 7
– Rückwirkung TVG § 4 10
– unmittelbare Wirkung TVG § 4 2
– zwingende Wirkung TVG § 4 4
Not- und Rettungsdienste
– Sonn- und Feiertagsbeschäftigung ArbZG § 10 5
Notarielle Erklärung
– Beweismittel ArbGG § 58 6
Notfälle BetrVG § 87 10, 16
Notstands- und Erhaltungsarbeiten GG Art. 9 114

O

Öffentliche Ämter
– Besetzung, einstweilige Verfügung GG Art. 33 16
– Besetzungsverfahren GG Art. 33 6
– Zugang GG Art. 33 1
Öffentliche Arbeitgeber
– Bindung an Gleichheitsgrundsatz GG Art. 3 28
Öffentliche Ausschreibung GG Art. 33 6

Öffentliche Urkunde als Beweismittel ArbGG § 58 8
Öffentliche Vermögensrechte GG Art. 14 8
Öffentlicher Dienst GewO § 6 29, 122; GG Art. 3 3
– Abweichungen durch Tarifvertrag TzBfG § 22 6
– Anwendbarkeit des ArbZG ArbZG § 18 4
– Arbeitnehmer iSd BetrVG BetrVG § 5 2
– Arbeitszeit, Gleichstellung Beamte/AN ArbZG § 19 1
– Arbeitszeitflexibilisierung ArbZG § 7 15
– Aufsichtsbehörde ArbZG ArbZG § 17 3
– Ausnahmebewilligung ArbZG § 15 6
– Auswahlverfahren GG Art. 33 6
– Befristung TzBfG § 23 11
– Beschäftigte des - GG Art. 74 9
– betriebliche Altersversorgung BetrAVG § 1a 1; § 10 42; § 17 16;
– Bindung an Gleichheitsgrundsatz GG Art. 3 28
– Geltung BetrVG BetrVG § 130 1
– Teilzeitarbeit TzBfG § 23 5
– Wehrdienst ArbPlSchG § 1 17
– Weisungsrecht GewO § 106 14
– Zugang zu Ämtern im - GG Art. 3 12; 33 1
Öffentlichkeit
– absoluter Revisionsgrund ArbGG § 73 19
– Ausschließung ArbGG § 52 4
– Grundsatz ArbGG § 52 2
Öffentlich-rechtliches Dienstverhältnis GewO § 6 28; GG Art. 5 50
Öffnungsklausel TVG § 4 12
Ohne Arbeit kein Lohn BGB § 326 1
Ordensschwester AÜG § 1 15; BetrVG § 5 10
Ordentliche Gerichtsbarkeit
– Bindungswirkung SGB VII § 108 1
Ordnung im Betrieb
– Weisungsrecht GewO § 106 35
Ordnungsgeld ArbGG § 85 7
– ehrenamtliche Richter ArbGG § 31 5–6
Ordnungsverhalten BetrVG § 87 17
Ordnungswidrigkeit BetrVG § 92 7; § 106 9; § 110 7; § 121 12
– Schwarzarbeit SchwArbG § 8 1
Ordnungswidrigkeiten
– Arbeitnehmerüberlassung AÜG § 16 1; § 18 2
– betriebliche Altersversorgung BetrAVG § 12 1
– Überwachung, Beratung nach BBiG BBiG § 76 4
Ordre public Rom I-VO Vorbem Art. 1, 3, 8, 9 26
Organe
– Antidiskriminierungsrichtlinie AEUV Art. 45 5
Organisationsbereich
– Betrieb BetrVG § 15 1

– Entscheidung über das Vorliegen eines betriebsratsfähigen - BetrVG § 18 7
Organmitglied GewO § 6 104
– Arbeitnehmer GewO § 6 67
Organpersonen
– betriebliche Altersversorgung BetrAVG § 2 84; § 3 30; § 4 52; § 16 63
Organspende
– Arbeitsunfähigkeit EFZG § 2 12; § 3 24; § 8 1
– Entgeltfortzahlung EFZG § 3a 1
Organstellung beendet ArbGG § 5 71
Organvertreter
– Anwendbarkeit des KSchG KSchG § 14 2
– ruhendes Arbeitsverhältnis KSchG § 14 2, 4
Örtliche Zuständigkeit
– Benachteiligungsentschädigung ArbGG § 61b 4
– Beschlussverfahren ArbGG § 82 1
– Erfüllungsort ArbGG § 2 29
– Gerichtsstände ArbGG § 2 29
– gewöhnlicher Arbeitsort ArbGG § 48 13
– Home-Office ArbGG § 48 15
– Reisetätigkeit ArbGG § 48 15
– Vorabentscheidung ArbGG § 48 5
OT-Mitgliedschaft GG Art. 9 28
– Tarifgebundenheit TVG § 3 19

P
Parität GG Art. 9 74
Parkplatz
– Verkehrssicherheit BGB § 611 331
Parteifähigkeit
– Gewerkschaften und AG-Vereinigungen ArbGG § 10 3
– Grundsatz ArbGG § 10 1
– Urteilsverfahren ArbGG § 10 2
– Verein BGB § 22 2
Parteipolitik BetrVG § 74 17
Parteivernehmung ArbGG § 58 4
Parteiwechsel
– in der Revisionsinstanz ArbGG § 74 1
Passives Wahlrecht
– Betriebsratswahl BetrVG § 8 1
Passivvertretung BGB § 164 2
Payback
– Datenschutz BDSG § 4a 3
Personalabbau BetrVG § 111 12
Personalakte BetrVG § 83 1; GG Art. 2 33
– Einsichtsrecht Arbeitnehmer BetrVG § 83 1
– Einsichtsrecht leitende Angestellte SprAuG § 26 2
– Schutzpflichten des Arbeitgebers BGB § 611 329
Personalberatungsunternehmen BetrVG § 99 35
Personalentwicklungsplanung BetrVG § 92 3
Personalfragebogen BetrVG § 94 1

Personalkompetenz
– bei GmbH DrittelbG § 1 13
Personalplanung BetrVG § 92 3
Personalrabatt
– Arbeitsentgelt BGB § 611 114
Personalrat
– Nichtigkeit der Wahl BPersVG § 108 10
Personalrat / Versetzungsschutz BPersVG § 108 18
Personalrat, Kündigungsschutz
– Bezirkspersonalrat BPersVG § 108 2
– Dienstordnungsangestellte BPersVG § 108 9
– Ersatzmitglieder BPersVG § 108 6
– Gesamtpersonalrat BPersVG § 108 2
– geschützter Personenkreis BPersVG § 108 2
– Hauptpersonalrat BPersVG § 108 2
– Jugend- und Auszubildendenvertretung BPersVG § 108 2
– Schwerbehindertenvertretung BPersVG § 108 3
– Stellungnahmefrist für Personalrat BPersVG § 108 16
– Umfang BPersVG § 108 13
– Verhältnis zu § 103 BetrVG BPersVG § 108 15
– Wahlbewerber BPersVG § 108 2, 14
– Wahlvorstand BPersVG § 108 2, 14
– Zustimmungsersetzung BPersVG § 108 16
– Zustimmungsverfahren beim Personalrat BPersVG § 108 17
Personalvertretung
– Beschlussverfahren ArbGG § 80 21; § 83 10
Personalvertretungsrecht
– Arbeitnehmerüberlassung AÜG § 14 23
Personelle Einzelmaßnahmen BetrVG § 99 1
– vorläufige - BetrVG § 100 1
– Zwangsgeld BetrVG § 101 1
Personenbedingte Kündigung
– Wehrdienst ArbPlSchG § 2 8
Persönliche Abhängigkeit GewO § 6 42
– Weisungsgebundenheit GewO § 6 46
Persönliches Erscheinen
– Folgen des Ausbleibens ArbGG § 51 5
– geeigneter Vertreter ArbGG § 51 4
– Grundsatz ArbGG § 51 1
Persönlichkeitsentfaltung BetrVG § 75 1, 16
Persönlichkeitsrecht
– Video-Aufzeichnungen ArbGG § 58 4
Persönlichkeitsrecht des Arbeitnehmers GG Art. 2 22
– außerdienstliches Verhalten GG Art. 2 25
– Erscheinungsbild GG Art. 2 25
– Fragerecht des Arbeitgebers GG Art. 2 28
– Personalakte GG Art. 2 33
– unerlaubte Handlung BGB § 823 3
– Unterlassungsanspruch BGB § 1004 3
– Untersuchungen GG Art. 2 34

Stichwortverzeichnis

Pfändung
- Abfindung   KSchG § 10 15
- Änderung der Unpfändbarkeitsvoraussetzungen   ZPO § 850g 1
- Änderung des Unpfändbarkeitbetrags   ZPO § 850f 1
- Anspruch aus künftigem Arbeitsverhältnis   ZPO § 850 10
- Berechnung des pfändbaren Arbeitseinkommens   ZPO § 850e 1
- Blindenzulage   ZPO § 850a 8
- Bruttomethode   ZPO § 850e 2
- Erziehungsgeld   ZPO § 850a 7
- Geburtsbeihilfe   ZPO § 850a 6
- Heiratsbeihilfe   ZPO § 850a 6
- Nettomethode   ZPO § 850e 2
- Pfändungsbeschluss   ZPO § 850 10
- Pfändungsgrenze   ZPO § 850c 1
- Pfändungsschutzkonto   ZPO § 850k 1
- private Berufsunfähigkeitsversicherung   ZPO § 850 9
- Rechtsbehelf   ZPO § 850 11; § 850b 9; § 850c 7; § 850d 9; § 850f 6
- Studienbeihilfe   ZPO § 850a 7
- Unterhaltsansprüche   ZPO § 850d 1
- Vorratspfändung   ZPO § 850d 7
- Zeitwertkonten   ZPO § 850 9
- Zusammenrechnung mehrerer Arbeitseinkommen   ZPO § 850e 3

Pfändungsfreigrenzen
- Arbeitseinkommen   ZPO § 850c 1

Pfändungsschutz
- Abfindung   ZPO § 850i 2
- Altenteil   ZPO § 850b 4
- Altersrente   ZPO § 851c 1
- Altersvorsorge   ZPO § 851d 1
- Arbeitseinkommen   ZPO § 850 1; § 850a 1; § 850l 1
- Aufwandsentschädigung   ZPO § 850a 4
- Auslösungsgelder   ZPO § 850a 4
- Behandlung im Zivilprozess   ZPO § 850 1
- Blindenzulage   ZPO § 850a 8
- Darlegungs- und Beweislast   ZPO § 850b 7; § 850c 5
- Einkünfte aufgrund Fürsorge und Freigebigkeit   ZPO § 850b 4
- Erziehungsgeld   ZPO § 850a 7
- Freibeträge   ZPO § 850c 2; § 850k 1
- Geburtsbeihilfen   ZPO § 850a 6
- Grundfreibetrag   ZPO § 850k 1
- Heimarbeiter   ZPO § 850i 5
- Heiratsbeihilfen   ZPO § 850a 6
- Kassenbezüge   ZPO § 850b 4
- Kontoguthaben   ZPO § 850l 1
- Lebensversicherungen   ZPO § 850b 5
- Mehrarbeitsvergütung   ZPO § 850a 2
- Pfändungsgrenze   ZPO § 850c 1
- Pfändungsschutzkonto   ZPO § 850k 1
- Selbstständige   ZPO § 850 7
- sonstige Einkünfte   ZPO § 850i 1
- Sterbebezüge   ZPO § 850a 8
- Studienbeihilfe   ZPO § 850a 7
- Taschengeldanspruch der Ehegatten   ZPO § 850b 3
- Umfang   ZPO § 850 10
- Unabdingbarkeit   ZPO § 850 1
- unpfändbare Freibeträge   ZPO § 850c 2
- Unterhaltsansprüche   ZPO § 850d 1
- Unterhaltsrenten, gesetzliche   ZPO § 850b 3
- Urlaubsgeld   ZPO § 850a 3
- Verfahren   ZPO § 850b 6; § 850c 5; § 850d 8
- Verletzungsrenten   ZPO § 850b 2
- Weihnachtsgeld   ZPO § 850a 5

Pfändungsschutzkonto   ZPO § 850k 1; ZPO § 850l 1
- Gebühren   ZPO § 850k 6

Pflegebranche
- Mindestarbeitsbedingungen   AEntG § 13 1

Pflegedienst
- Arbeitszeitflexibilisierung   ArbZG § 7 14; § 14 8
- Sonn- und Feiertagsbeschäftigung   ArbZG § 10 8

Pflegezeit   PflegeZG § 3 1
- Ankündigung   PflegeZG § 3 10
- Anspruchsausschluss   PflegeZG § 3 7
- Arbeitgeber   PflegeZG § 7 6
- außerordentliche Kündigung   BGB § 626 217, 125
- Befristung   PflegeZG § 6 1; TzBfG § 14 55
- Beschäftigte   PflegeZG § 7 2
- Dauer   PflegeZG § 4 1
- Freistellung   PflegeZG § 3 12
- Grundsatz   PflegeZG § 3 1
- Heimarbeiter   PflegeZG § 7 4
- kurzzeitige Arbeitsverhinderung   PflegeZG § 2 1
- Leistungsverweigerungsrecht   PflegeZG § 2 1
- Nachweispflicht   PflegeZG § 3 8
- Pflegebedürftigkeit   PflegeZG § 7 8
- Sonderkündigungsschutz   PflegeZG § 5 1
- teilweise Freistellung   PflegeZG § 3 13
- Unabdingbarkeit   PflegeZG § 8 1
- Urlaub   PflegeZG § 3 1
- Vergütung   PflegeZG § 2 11
- vollständige Freistellung   PflegeZG § 3 12
- Voraussetzungen   PflegeZG § 3 3

Pflegezeitgesetz
- Gesetzeszweck   PflegeZG § 1 1

Pflichtverletzung   BGB § 626 92

Politische Neutralität
- des Staates   GG Art. 9 39

Politischer Streik   GG Art. 9 88

Praktikant   ArbGG § 5 3; BetrVG § 5 2

Praktikanten GewO § 6 129
Prämie BetrVG § 99 12
Prämien BetrVG § 87 75
– Entgeltfortzahlung im Krankheitsfall EFZG § 4 11
Prämienlohn
– als Arbeitsentgelt BGB § 611 130
– Begriff BGB § 611 129
Präsidium
– Geschäftsverteilung ArbGG § 7 4
Pressefreiheit GG Art. 5 12, 39
Privatdetektiv BetrVG § 87 19
Privathaushalt
– Schwarzarbeit SchwArbG § 1 6–7, 11
Privatleben des Arbeitnehmers GG Art. 2 25
Probearbeitsverhältnis BGB § 611 14; GewO § 6 128
– Kündigung BGB § 622 6
Probezeit TzBfG § 3 10
– Berufsausbildungsverhältnis BBiG § 20 1
– Berufsausbildungsverhältnis, Kündigung während - BBiG § 22 1
Prognoseprinzip BGB § 626 69, 99
Progressionsmilderung
– Berechnung EStG § 34 13
– Fünftelverfahren EStG § 34 13
– Lohnsteuer EStG § 34 16
Prokura
– Eintragung in das Handelsregister HGB § 48 4
– Erteilung HGB § 48 1
– Gesamtprokura HGB § 48 2
– Schriftform HGB § 48 3
– Umfang HGB § 48 5
– Widerruf HGB § 48 6
Pro-rata-Temporis TzBfG § 4 8
Provision BetrVG § 87 77
– als Arbeitsentgelt BGB § 611 132
– Anwendbarkeit des HGB HGB § 65 1
– Arten BGB § 611 133
– Entgeltfortzahlung im Krankheitsfall EFZG § 4 45
– Fälligkeit BGB § 614 5
– Handlungsgehilfe HGB § 65 1
– Mindestlohn HGB § 65 2
Provision des Handelsvertreters
– Abdingbarkeit HGB § 87 8; § 87a 7; § 87b 5
– Abrechnung HGB § 87c 1
– Abrechnung, Buchauszug HGB § 87c 4
– Abrechnung, Geschäftsbücher HGB § 87c 6
– Abrechnung, Inhalt HGB § 87c 3
– Abrechnung, Unabdingbarkeit HGB § 87c 9
– Abrechnung, Zeitraum HGB § 87c 2
– Anspruch HGB § 87 2
– Beendigung des Handelsvertreterverhältnisses HGB § 87 5
– Berechnung HGB § 87b 2
– Bezirksprovision HGB § 87 4

– Einzelgeschäfte HGB § 87 3
– Entstehung HGB § 87a 1
– Fälligkeit HGB § 87a 6
– Gebrauchsüberlassungsverträge HGB § 87b 4
– Höhe HGB § 87b 1
Prozessakte
– elektronische Form ArbGG § 46f 5
Prozessarbeitsverhältnis
– Befristung mit Sachgrund TzBfG § 14 53
Prozessbeschäftigung BGB § 625 24
Prozessbevollmächtigter
– Nichtzulassung ArbGG § 51 6
Prozessfähigkeit
– eigene Prozessführung ArbGG § 11 2
– Grundsatz ArbGG § 10 8
Prozessförderung
– Bestandsstreitigkeit ArbGG § 61a 1
Prozessfortführungsbefugnis
– Prüfung vAw ArbGG § 73 24
Prozessführungsbefugnis
– Grundsatz
  – Prozessstandschaft ArbGG § 11 3
Prozesskostenhilfe GG Art. 20 11
– Antrag ArbGG § 11a 4
– Antragsberechtigung ArbGG § 11a 3
– Anwaltsbeiordnung ArbGG § 11a 11
– Beschluss ArbGG § 11a 14
– Einkommensbegriff ArbGG § 11a 5
– Erfolgsaussicht ArbGG § 11a 9
  – Mutwillen ArbGG § 11a 10
– Europäische Union ArbGG § 13a 3
– gerichtliche Entscheidung ArbGG § 11a 12
– Grundsatz ArbGG § 11a 1–2
– im Beschlussverfahren ArbGG § 80 7
– Mahnverfahren ArbGG § 46a 14
– Nichtzulassungsbeschwerde ArbGG § 72a 46
– persönliche und wirtschaftliche Verhältnisse ArbGG § 11a 5–6
– Rechtsmittel
  – statthafte Beschwerde ArbGG § 11a 17
– Rückwirkende Bewilligung ArbGG § 11a 12
– Schlichtungsausschuss ArbGG § 111 9
– Übertragung auf Rechtspfleger ArbGG § 11a 15
– Vermögenseinsatz ArbGG § 11a 7
– Vermögenswerte ArbGG § 11a 7
Prozessstandschaft
– Zuständigkeit ArbGG § 3 4
Prozessvertretung
– Beschlussverfahren ArbGG § 11 12
– durch Familienangehörige ArbGG § 11 5
– durch Mitarbeiter ArbGG § 11 5
– durch Verbände ArbGG § 11 6
– erste Instanz ArbGG § 11 2
– Rechtsanwalt ArbGG § 11 4
– Richter ArbGG § 11 10
– vor dem BAG ArbGG § 11 9

Stichwortverzeichnis

– vor dem LAG ArbGG § 11 9
– Zurückweisung/Untersagung ArbGG § 11 8
Prüfungen JArbSchG § 10 1
Prüfungsausschuss BBiG § 39 1
– Beschlussfähigkeit BBiG § 41 1
– Beschlussfassung BBiG § 42 1
– Zusammensetzung BBiG § 40 1
Prüfungsordnung
– Berufsausbildung BBiG § 47 1

Q
Qualifizierter Betriebsteil BetrVG § 4 3
– eigene Zuordnung BetrVG § 4 6
– eigenständige Aufgabe und Organisation BetrVG § 4 5
– räumliche Entfernung vom Hauptbetrieb BetrVG § 4 4
Qualifizierungsgesellschaft BGB § 613a 105
Quittung BGB § 368 1
Quotenregelung GG Art. 3 75
Quotierungsverfahren
– betriebliche Altersversorgung BetrAVG § 2 4

R
Rahmenverträge BGB § 311 2
Rassismusbekämpfung BetrVG § 88 11
Rationalisierung
– Beteiligung des Wirtschaftsausschusses BetrVG § 106 8
– Insolvenz InsO § 128 1
Rauchverbot BetrVG § 75 17; GG Art. 2 11, 36
Realakte BetrVG § 87 14
Recht am Arbeitsplatz
– unerlaubte Handlung BGB § 823 5
Recht am eingerichteten und ausgeübten Gewerbebetrieb BGB § 823 4; GG Art. 14 6, 25
Recht auf körperliche Unversehrtheit GG Art. 2 7
Recht auf Leben GG Art. 2 9
Recht und Billigkeit BetrVG § 75 4
Rechtliches Gehör GG Art. 1 15; Art. 103 1
– Begrenzung GG Art. 103 5
Rechtsanwalt GewO § 6 91
– Beiordnung GG Art. 20 11
– Freiheit der Berufsausübung, Tragen einer Robe GG Art. 12 10
– Prozessvertretung ArbGG § 11 4
– Zweitberuf GG Art. 12 18
Rechtsanwaltsversorgung
– konkurrierende Gesetzgebung GG Art. 74 16
Rechtsbehelf ArbGG § 9 8
Rechtsbeschwerde ArbGG § 78 9
Rechtsbeschwerde im Beschlussverfahren ArbGG § 92 1
– Anhörung der Beteiligten ArbGG § 94 15
– Anschlussrechtsbeschwerde ArbGG § 92 6; § 94 14

– Antragsänderung ArbGG § 92 8
– Antragsrücknahme ArbGG § 92 11
– anwendbare Vorschriften ArbGG § 92 6
– Äußerungsfrist ArbGG § 95 4
– Begründungsfrist ArbGG § 94 7
– Beschwerdebefugnis ArbGG § 92 10
– Beschwerdebegründung ArbGG § 94 9
– Beschwerdegründe ArbGG § 93 1
– Beschwerderücknahme ArbGG § 92 11
– Beschwerdeschrift ArbGG § 94 6
– Divergenz ArbGG § 92 3
– Einlegung ArbGG § 94 1
– Einlegungsfrist ArbGG § 94 3
– Einstellungsbeschluss ArbGG § 92 5
– Entscheidung ArbGG § 96 1
– Erledigung ArbGG § 95 7
– grundsätzliche Bedeutung ArbGG § 92 3
– mündliche Verhandlung ArbGG § 95 5
– neues Vorbringen ArbGG § 96 3
– Nichtigkeitsantrag ArbGG § 92 9
– Nichtzulassungsbeschwerde ArbGG § 92a 1
– Rücknahme und Verzicht ArbGG § 94 16
– sofortige Beschwerde ArbGG § 92b 1
– Sprungrechtsbeschwerde ArbGG § 92 5; § 96a 1
– Statthaftigkeit ArbGG § 92 3
– Suspensiveffekt ArbGG § 92 14
– Verfahren ArbGG § 95 1
– Vergleich ArbGG § 95 7
– Vertretung ArbGG § 92 13
– Verwerfung ArbGG § 94 13; § 96 2
– Vollstreckbarkeit ArbGG § 92 14
– Zulassung ArbGG § 92 3
Rechtsfortbildung GG Art. 20 5
Rechtshilfe
– Ablehnung ArbGG § 13 2
– Ausführung ArbGG § 13 3
– Grundsatz ArbGG § 13 1
– im Ausland ArbGG § 13 5
– Kosten ArbGG § 13 3
Rechtsirrtum
– Anfechtung BGB § 119 3
Rechtskraft
– Beschlussverfahren ArbGG § 84 6
Rechtsmissbrauch BetrVG § 87 10; BGB § 626 233
Rechtsmittelbelehrung
– Beschlussverfahren ArbGG § 84 5
– fehlende oder unrichtige ArbGG § 9 10
– Grundsatz ArbGG § 9 8
– Heilung ArbGG § 9 13
– Inhalt ArbGG § 9 9
– Konkurrenz Jahresfrist und Berufungsfrist ArbGG § 9 12
– Urteil ArbGG § 61 4
Rechtsmittelgerichte ArbGG § 8 2
Rechtsmittelstreitwert ArbGG § 12 10

Rechtsnachfolger
- gesetzlich ArbGG § 3 2
- rechtsgeschäftlich ArbGG § 3 3
- Zuständigkeit ArbGG § 3 1

Rechtspfleger
- Aufgaben ArbGG § 9 6

Rechtsquelle
- Arbeitsvertrag BGB § 611 42
- betriebliche Übung BGB § 611 44
- Betriebsvereinbarung BGB § 611 41
- Gesamtzusage BGB § 611 43
- Gesetz BGB § 611 37
- Rangfolge zueinander BGB § 611 54
- Rechtsverordnung BGB § 611 38
- Richterrecht BGB § 611 53
- Satzung BGB § 611 39
- Tarifvertrag BGB § 611 40
- Verfassungsrecht BGB § 611 36
- Völkerrecht BGB § 611 29
- Weisungsrecht BGB § 611 52

Rechtsschutz
- überlange Gerichtsverfahren ArbGG § 9 4; GG Art. 19 17

Rechtsschutzgarantie GG Art. 19 9

Rechtsstaatsprinzip GG Art. 20 1
- rechtliches Gehör GG Art. 103 1

Rechtsverordnung nach AEntG und AÜG
- Überprüfung der Wirksamkeit ArbGG § 98 1

Rechtswahl Rom II-VO Vorbem Art. 1, 2, 4, 9, 14, 16 4; Rom I-VO Vorbem Art. 1, 3, 8, 9 6
- Kündigungsschutz Rom I-VO Vorbem Art. 1, 3, 8, 9 24

Rechtsweg
- Amtshaftungsansprüche GVG § 17b 3
- Arbeitnehmererfindungsstreit ArbGG § 2 21
- Arbeitskampf ArbGG § 2 5
- Arbeitspapiere ArbGG § 2 13
- Bestimmungsverfahren ArbGG § 48 2–3
- Bindung für Rechtsmittelgericht GVG § 17b 9
- Bürgerliche Rechtsstreitigkeit ArbGG § 2 2
- Darlegungs- u. Beweislast GVG § 17b 5
- Ein-Euro-Job ArbGG § 2 8
- Enteignungsentschädigung GVG § 17b 3
- gemeinsame Arbeit ArbGG § 2 18
- gemeinsame Einrichtungen der Tarifparteien ArbGG § 2 15
- Insolvenzsicherung in der betrieblichen Altersversorgung ArbGG § 2 16
- internationale Zuständigkeit Rom I-VO Vorbem Art. 1, 3, 8, 9 27
- mehrere Anspruchsgrundlagen GVG § 17b 3
- Parteivereinbarung ArbGG § 2 1
- Pensionssicherungsverein ArbGG § 2 16–17
- rechtswegfremde Aufrechnung ArbGG § 2 28; GVG § 17b 3
- Rechtswegsperre GVG § 17b 2
- Rechtswegvereinbarung ArbGG § 2 26
- Tarifvertrag ArbGG § 2 4
- unerlaubte Handlung ArbGG § 2 12, 19
- unzulässiger - GVG § 17b 5
- Urheberrechtsstreitigkeit ArbGG § 2 21
- verbundene Ansprüche GVG § 17b 3
- Vereinigungsfreiheit ArbGG § 2 6
- Vertretungsorgane ArbGG § 5 6
- Verweisung GVG § 17b 6, 11
- Vorabentscheidung GVG § 17b 6
- Vorabentscheidung, Rechtsmittel GVG § 17b 7
- Vorfrage ArbGG § 2 3
- Werkdienstwohnung ArbGG § 2 9
- Werkmietwohnung ArbGG § 2 9
- Widerklage GVG § 17b 3
- Wirkungen der Verweisung GVG § 17b 11

Rechtswegbestimmung
- Bindungswirkung GVG § 17b 4
- Grundsatz GVG § 17b 1
- Hilfsanspruch, Bindungswirkung GVG § 17b 4
- Kammerbeschluss ArbGG § 48 4
- perpetuatio fori GVG § 17b 2
- Rechtsmittel GVG § 17b 7

Rechtswegzuständigkeit
- Urteilsverfahren ArbGG § 2 2

Redaktionsrat BetrVG § 87 7

Redaktionsstatut
- freiwilliges - GG Art. 5 42

Regelarbeitsentgelt
- Altersteilzeit ATZG § 6 1

Regelungsabrede BetrVG § 77 37
- Kündigung SprAuG § 28 4
- zwischen Arbeitgeber und Sprecherausschuss SprAuG § 28 1

Regionalbetriebsrat BetrVG § 3 4

Religionsausübung BGB § 626 95
- Tragen eines Kopftuches GG Art. 4 8, 19

Religionsfreiheit
- Einzelfälle GG Art. 4 8

Religionsgemeinschaften BetrVG § 118 17; GG Art. 4 4
- Eigentumsgarantie GG Art. 14 3
- Geltung BetrVG BetrVG § 118 1
- kirchliches Tarifrecht GG Art. 4 25
- korporierte - GG Art. 4 5
- mit kirchlichem Auftrag GG Art. 4 4
- Selbstverwaltungsrecht BGB § 626 79; GG Art. 4 27

Rente
- Pfändungsschutz ZPO § 851c 1

Rentenansprüche GG Art. 14 11

Rentenanwartschaft GG Art. 14 10

Rentenversicherung
- Arbeitslosengeld SGB III § 157 19; § 158 45
- geringfügige Beschäftigung SGB IV § 8 12

Stichwortverzeichnis

- Gleitzone SGB IV § 20 4
- Sperrzeit SGB III § 159 82

Rentenversicherung, gesetzliche
- Altersrente und Kündigungsschutz SGB VI § 41 1
- selbstständig Tätige SGB VI § 2 1

Restitutionsklage ArbGG § 79 8
- Zulässigkeit ArbGG § 79 29
- Zuständigkeit ArbGG § 79 28

Restmandat
- Betriebsrat BetrVG § 21b 1

Revision
- Anschlussrevision ArbGG § 74 23
- Anträge ArbGG § 74 9
- anzuwendende Vorschriften ArbGG § 72 9
- Aufklärungsrüge ArbGG § 74 17
- Begründung ArbGG § 74 7
- Beschränkung ArbGG § 72 5
- Einlegung ArbGG § 74 1
- einstweiliger Rechtsschutz ArbGG § 72 8
- Erledigung der Hauptsache ArbGG § 75 13
- Form ArbGG § 74 4
- Fristen ArbGG § 74 2
- gegen zweites Versäumnisurteil ArbGG § 72 2
- Gerichtsgebühren ArbGG § 12 7
- Gründe ArbGG § 73 1
- Inhalt ArbGG § 74 5
- Klageänderung ArbGG § 73 5
- Kosten ArbGG § 75 14
- neue Tatsachen ArbGG § 73 6
- nicht zu berücksichtigende Rechtsverletzungen ArbGG § 73 28
- Nichtzulassungsbeschwerde ArbGG § 72 8; § 72a 1
- Prüfungsumfang ArbGG § 73 3
- Revisionsbegründung ArbGG § 74 7
- Revisionsschrift ArbGG § 74 4
- Sprungrevision ArbGG § 76 1
- Terminsbestimmung ArbGG § 74 21
- Urteil ArbGG § 75 1
- Verfahrensrüge ArbGG § 74 16
- Verkündung ArbGG § 75 2
- Versäumnisverfahren ArbGG § 75 11
- Zulässigkeit ArbGG § 74 22
- Zulassung ArbGG § 72 3
- Zulassung wegen Verletzung rechtlichen Gehörs ArbGG § 72 7
- Zurückweisung durch Beschluss nach § 552a ZPO ArbGG § 72 9
- Zustellung ArbGG § 75 10
- Zwangsvollstreckung ArbGG § 74 25

Revisionsbegründung
- Antragstellung ArbGG § 74 8
- Form ArbGG § 74 7
- Frist ArbGG § 74 2
- Inhalt ArbGG § 74 15

Revisionsbeschwerde ArbGG § 77 1
- Einlegung ArbGG § 77 6
- Entscheidung ArbGG § 77 8
- Zulassung ArbGG § 77 2

Revisionsgericht
- Bundesarbeitsgericht ArbGG § 8 2

Revisionsgründe
- absolute - ArbGG § 73 10
- absolute -, Nichtzulassungsbeschwerde ArbGG § 72a 22
- Besetzung des Gerichts ArbGG § 73 11
- nicht zu berücksichtigende Rechtsverletzungen ArbGG § 73 28
- Rechtsnormverletzung ArbGG § 73 1
- von Amts wegen zu berücksichtigende - ArbGG § 73 21

Revisionsschrift
- Form und Inhalt ArbGG § 74 4

Richter
- ordnungsgemäße Besetzung des Gerichts ArbGG § 73 11

Richterablehnung
- Ablehnungsgesuch der Partei ArbGG § 49 8
- Besorgnis der Befangenheit ArbGG § 49 6
- Entscheidung ArbGG § 49 9–10
- Gründe ArbGG § 49 7

Richteramt
- Ausschließungsgründe ArbGG § 49 4–5
- Ausschluss kraft Gesetz ArbGG § 49 3

Richterliche Aufklärungspflicht
- Inhalt ArbGG § 57 1

Richterliche Hinweispflicht
- Inhalt ArbGG § 57 1

Richtlinien BetrVG § 77 40
- 2009/38/EG EBRG Vorbemerkung 1
- 94/45/EG EBRG Vorbemerkung 1
- Ermächtigungsgrundlagen AEUV Vorbem. zu Art. 45, 157, 267 12
- europäisches Arbeitsrecht AEUV Vorbem. zu Art. 45, 157, 267 3
- Kündigung SprAuG § 28 4
- Umsetzung AEUV Vorbem. zu Art. 45, 157, 267 13
- unmittelbare Wirkung AEUV Vorbem. zu Art. 45, 157, 267 16
- zwischen Arbeitgeber und Sprecherausschuss SprAuG § 28 2

Riesterförderung
- betriebliche Altersversorgung BetrAVG § 1a 8, 16

Risikobegrenzungsgesetz BetrVG § 106 10; § 109a 1

Risikoverteilung
- tarifrechtliche Normen TVG § 1 58–59

Rückforderungsanspruch
- Entgeltfortzahlung EFZG § 7 9

Rückgruppierung BetrVG § 99 25
– korrigierende - ArbGG § 46 20
Rückrechnungsmethode
– betriebliche Altersversorgung BetrAVG § 16 15
Rücktritt BGB § 626 24
Rücktrittsvorbehalt BGB § 308 2
Rückwirkung
– echte - GG Art. 20 14
– unechte - GG Art. 20 14
Rückwirkungsverbot GG Art. 20 13
Rückzahlung des Arbeitsentgelts
– außerordentliche Kündigung BGB § 628 18
– Brutto- oder Nettobetrag BGB § 611 243
– Fälligkeit BGB § 611 240
– Grundsätze BGB § 611 235
– tarifvertragliche Ausschlussfrist BGB § 611 241
– vertragliche Vereinbarung BGB § 611 237
– Verwirkung BGB § 611 242
– Wegfall der Bereicherung BGB § 611 236
Rückzahlungsklausel BGB § 622 20; GG Art. 3 36; Art. 12 21
– Aus- und Fortbildungskosten BGB § 307 22; § 611 219
– Sonderzuwendungen BGB § 611 177
– Umzugskosten BGB § 611 217
Rufbereitschaft BGB § 611 366
– Arbeitszeit ArbZG § 2 8
– beschäftigungsfreie Sonntage ArbZG § 11 1
– Ruhezeit ArbZG § 7 12
– Sonn- und Feiertagsruhe ArbZG § 9 1
Ruhegeld ZPO § 850 6
– aus privatrechtlichen Versicherungsverträgen ZPO § 850 8
Ruhen des Verfahrens
– Güteverhandlung ArbGG § 54 7
– Mediation ArbGG § 54a 5; § 55 7
Ruhendes Arbeitsverhältnis BGB § 626 84
– betriebliche Altersversorgung BetrAVG § 1a 11; § 1b 48; § 2 9
– Entgeltfortzahlung im Krankheitsfall EFZG § 3 27
– Geschäftsführer GewO § 6 110
– neben Organstellung KSchG § 14 4
– Wehrdienst ArbPlSchG § 1 22
Ruhepausen BetrVG § 87 21
– Arbeitsunterbrechung ArbZG § 4 2
– Arbeitszeit ArbZG § 2 9
– Aufenthaltsräume JArbSchG § 11 3
– Jugendliche ArbZG § 4 4; JArbSchG § 11 1
– Mindestdauer ArbZG § 4 2
– Mitbestimmungsrecht ArbZG § 4 3
– Pausenraum ArbZG § 4 3
– Voraussetzungen ArbZG § 4 1
– zeitlicher Rahmen ArbZG § 4 2
– Zweck ArbZG § 4 1
Ruhezeit
– abweichende -, Mitbestimmung ArbZG § 15 7

– anderweitige Beschäftigung ArbZG § 5 2
– Ausgleichszeitraum ArbZG § 5 4
– Definition ArbZG § 5 1
– Gaststätten ArbZG § 5 6
– Kraftfahrer ArbZG § 5 11
– Krankenhäuser ArbZG § 5 5, 10
– Landwirtschaft ArbZG § 5 9
– Mindestruhezeit ArbZG § 7 23
– Rundfunk ArbZG § 5 8
– Sonn- und Feiertagsbeschäftigung ArbZG § 11 5
– Unterbrechung ArbZG § 5 1
– Verkehrsbetriebe ArbZG § 5 7
– Verkürzung ArbZG § 5 3, 10; § 7 6
Rundfunk
– Ruhezeit ArbZG § 5 8
Rundfunkfreiheit GG Art. 5 18, 44

S
Sachbezüge GewO § 107 15
– Definition GewO § 107 17
– Zuflussprinzip EStG § 19 16
Sachleistungen
– Betriebsübergang BGB § 613a 48
Sachverständige BetrVG § 76 6, 11; § 76a 1; § 80 17, 23; § 107 4; § 108 5; § 109 5; § 111 22;
– besonderes Verhandlungsgremium EBRG § 13 9
– EBR kraft Gesetz EBRG § 39 1, 5
– EBR kraft Vereinbarung EBRG § 16 4
– Vergütung ArbGG § 9 7
Sachverständigengutachten
– Beweis ArbGG § 58 4
Saisonbetrieb KSchG § 15 40; § 22 2
Salvatorische Klausel
– EBR EBRG § 17 9
Samstagsruhe
– Jugendliche JArbSchG § 16 1
Säumnis
– Alleinentscheidung des Vorsitzenden ArbGG § 55 4
– unverschuldet ArbGG § 59 4
Schadensersatz GenDG § 4 8; § 19 5; § 21 5
– Abfindung bei gerichtlicher Auflösung BGB § 628 24, 40
– Aufhebungsvertrag BGB § 628 20
– Aufwendungsersatz BGB § 284 1
– außerordentliche Kündigung BGB § 628 1
– bei Pflichtverletzung BGB § 283 1
– Berufsausbildungsverhältnis BGB § 628 3
– Differenzmethode BGB § 628 33
– Diskriminierung TzBfG § 4 20
– Ersatzherausgabe BGB § 285 1
– Handelsvertreter BGB § 628 3, 38
– Kausalität BGB § 628 25, 32, 44, 52
– Kündigung Dienstverhältnis BGB § 627 10
– Leiharbeitnehmer AÜG § 10 15; § 13a 4

- normative Schadensbegriff BGB § 628 33
- unerlaubte Handlung BGB § 823 1
- Vertragsbruch BGB § 628 25
- Videoüberwachung BDSG § 6b 1
- Vollstreckungsverfahren ArbGG § 85 12
- wegen Verlust des Arbeitsentgelts, Abfindung KSchG § 9 42; § 10 20

Schadensersatz bei außerordentlicher Kündigung
- Abdingbarkeit BGB § 628 2
- Abfindung BGB § 628 40
- Arbeitslosenunterstützung, Ruhen BGB § 628 56
- Auflösungsverschulden BGB § 628 25
- Ausschlussfrist BGB § 628 22
- Berufsausbildungsverhältnis BGB § 628 3
- Darlegungs- und Beweislast BGB § 628 50, 53
- entgangener Gewinn BGB § 628 50
- Erfüllungsinteresse BGB § 628 32
- Ersatzkraft BGB § 628 45, 51
- GmbH-Geschäftsführer BGB § 628 29
- Grundsätze BGB § 628 32
- Handelsvertreter BGB § 628 38
- Insolvenz BGB § 628 57
- Kausalität BGB § 628 25, 32, 44, 52
- Kündigung BGB § 628 20
- Mitverschulden BGB § 628 30
- rechtmäßiges Alternativverhalten BGB § 628 48
- Schaden des Arbeitgebers BGB § 628 32, 43
- Schaden des Arbeitnehmers BGB § 628 32, 37
- Schadensminderungspflicht BGB § 628 30, 42
- Sozialversicherungsbeitrag BGB § 628 55
- Unternehmensberatung BGB § 628 47
- Verfrühungsschaden BGB § 628 34, 49
- Verjährung BGB § 628 54
- vertragswidriges Verhalten BGB § 628 23, 25, 31
- wichtiger Grund BGB § 628 20
- zeitliche Begrenzung BGB § 628 34
- Zeitungsinserate BGB § 628 46

Schadensersatzleistungen EStG § 24 11
Schadenspauschale BGB § 289 1
Scheingeschäft BGB § 117 1; § 611 82
Scheinselbstständigkeit GewO § 6 65; SGB VII § 2 1
- Schwarzarbeit SchwArbG § 1 8

Schichtarbeit BetrVG § 87 21, 67
- Begrenzung des Ausgleichszeitraums ArbZG § 6 4
- Definition ArbZG § 6 1
- Entgeltfortzahlung an Feiertagen EFZG § 2 20
- Entgeltfortzahlung im Krankheitsfall EFZG § 3 31
- Jugendliche JArbSchG § 12 1
- Kurzpausen ArbZG § 7 5
- Mitbestimmungsrecht ArbZG § 6 3
- Sonn- und Feiertagsruhe ArbZG § 9 5
- Verschiebung der Ruhezeit ArbZG § 9 5

Schiedsgericht ArbGG § 110 5
- Aufhebungsklage ArbGG § 110 13
- Einzelschiedsvereinbarung ArbGG § 110 3
- Errichtung und Zusammensetzung ArbGG § 110 5
- Gesamtschiedsvereinbarung ArbGG § 110 2
- Schiedsgerichtsvereinbarung ArbGG § 110 2
- Schiedsspruch ArbGG § 110 10
- Verfahren vor dem - ArbGG § 110 6
- Zulässigkeit ArbGG § 4 2
- Zwangsvollstreckung ArbGG § 110 12

Schiedsgutachten
- Bedeutung ArbGG § 4 3

Schiedsrichter
- Ablehnung ArbGG § 110 5
- Rechtsstellung ArbGG § 110 5

Schiedsspruch ArbGG § 110 10
Schiedsvereinbarung ArbGG § 110 1; GG Art. 19 18
- prozesshindernde Einrede ArbGG § 110 4

Schifffahrt
- Anwendbarkeit KSchG KSchG § 24 1

Schiffsbesatzung GewO § 6 123
Schlechtleistung BGB § 626 202
- Abgrenzung zur Nichtleistung BGB § 611 414
- Begriff BGB § 611 412
- Rechtsfolgen BGB § 611 413

Schlichtung TVG Anhang 44
Schlichtungsausschuss
- Anrufungsfrist bei Kündigung ArbGG § 111 5
- Berufsausbildungsverhältnis BBiG § 22 10
- Besetzung ArbGG § 111 6
- Bildung ArbGG § 111 3
- Entscheidung ArbGG § 111 6
- Klage nach Spruch ArbGG § 111 7
- Klagefrist bei fehlendem - ArbGG § 111 5
- Kosten ArbGG § 111 9
- Prozesskostenhilfe ArbGG § 111 9
- Prozessvoraussetzung ArbGG § 111 4
- Säumnis ArbGG § 111 6
- Verfahren vor dem - ArbGG § 111 6
- Vergleich ArbGG § 111 6, 8
- Zwangsvollstreckung ArbGG § 111 8

Schlichtungsspruch ArbGG § 111 6
- Klage nach - ArbGG § 111 7

Schmiergeld BGB § 626 202
- Herausgabe BGB § 611 396; § 687 1

Schmutzzulage
- Entgeltfortzahlung im Krankheitsfall EFZG § 4 18

Schockschäden SGB VII § 104 2
Schonendster Ausgleich
- Prinzip des - GG Art. 9 38

Schriftform
- Arbeitnehmerüberlassungsvertrag AÜG § 12 2
- Aufhebung Arbeitsvertrag durch Geschäftsführer-Dienstvertrag GewO § 6 111

- Aufhebungsvertrag BGB § 623 3, 7
- Befristungsabrede TzBfG § 14 82
- Berufsausbildungsvertrag BBiG § 11 1
- Beweislast BGB § 623 10
- doppelte Schriftformklausel BGB § 127 4; § 305b 2; § 611 50; GewO § 105 24
- elektronische Form BGB § 126a 4
- Kündigung BGB § 623 1
- Paraphe BGB § 126a 1
- Rechtsfolgen bei Nichteinhaltung BGB § 623 8
- Schuldanerkenntnis BGB § 782 2
- Schuldversprechen BGB § 782 2
- tarifliche Regelungen BGB § 623 5; TVG § 1 10
- Umdeutung BGB § 623 9
- Unterschrift BGB § 126a 1, 5
- vereinbarte - BGB § 127 1; § 623 5
- Vertrag BGB § 126a 3
- Vertragsformfreiheit GewO § 105 24
- Wirksamkeit von Verträgen BGB § 150 8
- Zustandekommen des Arbeitsvertrags BGB § 154 3

Schriftformerfordernis
- elektronische Dokumente ArbGG § 46f 2

Schriftformklausel
- betriebliche Übung BGB § 611 50

Schriftliches Verfahren
- Vergleich ArbGG § 57 4

Schuldanerkenntnis
- AGB-Recht BGB § 782 7
- deklaratorisches - BGB § 782 5
- konstitutives - BGB § 782 2
- negatives - BGB § 397 4
- Schriftform BGB § 782 2

Schuldnerverzug BGB § 287 1

Schuldverhältnis BGB § 241 1
- Nebenpflichten BGB § 241 2

Schuldversprechen BGB § 782 1
- Schriftform BGB § 782 2

Schulische Ausbildung BetrVG § 5 2

Schulungen und Weiterbildung
- besonderes Verhandlungsgremium EBRG § 38 2
- EBR kraft Gesetz EBRG § 38 1; § 40 3
- EBR kraft Vereinbarung EBRG § 18 13, 16

Schutzbereich
- Koalitionsfreiheit GG Art. 9 15

Schutzgebot BetrVG § 75 1, 16

Schutzgesetze BGB § 623 6

Schutzkleidung
- Aufwendungsersatz BGB § 611 208

Schutzpflicht
- freie Wahl des Arbeitsplatzes GG Art. 12 8

Schutzpflichten des Arbeitgebers
- Eigentum und Vermögen BGB § 611 330
- Leben und Gesundheit des AN BGB § 611 323
- Obhuts- und Verwahrungspflichten BGB § 611 330
- Personalakten BGB § 611 329
- Persönlichkeitsrecht BGB § 611 324
- Schikaneverbot BGB § 611 327
- Videoüberwachung BGB § 611 325

Schutzschrift
- einstweiliger Rechtsschutz ArbGG § 85 19
- Inhalt ArbGG § 62 26

Schwangerschaft KSchG § 4 28
- Arbeitsplatzgestaltung MuSchG § 2 1
- Auskunftspflicht des Arbeitgebers gegenüber Aufsichtsbehörde MuSchG § 19 2
- Begriff MuSchG § 9 6
- Benachrichtigung der Aufsichtsbehörde MuSchG § 5 5
- Beschäftigungsverbot MuSchG § 3 1; § 4 1; § 8 1
- Eigenkündigung MuSchG § 9 33; § 10 1
- Entgeltfortzahlung im Krankheitsfall EFZG § 3 22
- Erholungsurlaub MuSchG § 17 1
- Ersatztätigkeit GewO § 106 18
- Fragerecht des Arbeitgebers GG Art. 2 28; MuSchG § 5 9
- Freistellung für Untersuchungen MuSchG § 16 1
- Gestaltung des Arbeitsplatzes MuSchG § 2 1
- Heimarbeit MuSchG § 8 5
- Mehrarbeit MuSchG § 8 2
- Mitteilungspflicht, Form und Adressat MuSchG § 5 3
- Mitteilungspflicht, Zeitpunkt MuSchG § 5 2
- Mutterschaftsgeld MuSchG § 13 1
- Mutterschutzlohn MuSchG § 11 2
- Nachtarbeit MuSchG § 8 3
- Sonderkündigungsrecht MuSchG § 9 33
- Sonderkündigungsschutz MuSchG § 9 1
- Sonn- und Feiertagsarbeit MuSchG § 8 4
- Urlaub MuSchG § 17 1
- Zeugnisvorlage MuSchG § 5 4
- Zulassung verspäteter Klagen KSchG § 5 9
- Zuschuss zum Mutterschaftsgeld MuSchG § 14 1

Schwarzarbeit SGB VII § 2 1
- Abschiebungskosten SchwArbG Vor § 1 19
- Arbeitgeberbegriff SchwArbG § 1 6
- Arbeitslosengeld SchwArbG § 1 13
- arbeitsrechtliche Folgen SchwArbG Vor § 1 1, 5
- Arbeitsunfähigkeit SchwArbG Vor § 1 12
- Arbeitsvertrag SchwArbG Vor § 1 5, 15
- AufenthaltsG SchwArbG Vor § 1 16
- Aufzeichnungspflicht SchwArbG § 1 4
- ausländischer Arbeitnehmer SchwArbG Vor § 1 16; SchwArbG § 1 13
- außerordentliche Kündigung BGB § 626 202; SchwArbG Vor § 1 10, 18

Stichwortverzeichnis

- Begriff **SchwArbG § 1** 1
- Beitragspflicht **SchwArbG § 1** 4
- Dienstleistungen **SchwArbG § 1** 2, 8; **§ 8** 2
- entfristete ordentliche Kündigung **SchwArbG Vor § 1** 13
- Familienangehörige **SchwArbG § 1** 13, 16, 19
- Gefälligkeit **SchwArbG § 1** 16, 20
- geringes Entgelt **SchwArbG § 1** 17
- geringfügig Beschäftigter **SchwArbG Vor § 1** 12; **SchwArbG § 1** 13
- Gewerbetreibender **SchwArbG § 1** 14
- Handwerk **SchwArbG § 1** 15
- Haushaltsscheckverfahren **SchwArbG § 1** 6–7
- Hinterziehung der Abgaben **SchwArbG Vor § 1** 5; **SchwArbG § 1** 4, 9
- illegales Beschäftigungsverhältnis **SchwArbG Vor § 1** 5; **SchwArbG § 1** 1
- Konkurrenztätigkeit **SchwArbG Vor § 1** 11, 14
- Kündigungsgrund **SchwArbG Vor § 1** 10, 17
- Leistungsmissbrauch **SchwArbG § 1** 12
- Meldepflichten **SchwArbG § 1** 3
- Mitteilungspflichten **SchwArbG § 1** 3, 12
- Mitverschulden **SchwArbG Vor § 1** 3
- Nachbarschaftshilfe **SchwArbG § 1** 21
- Nebentätigkeit **SchwArbG Vor § 1** 10
- Nichtigkeit des Vertrages **SchwArbG Vor § 1** 2
- Ordnungswidrigkeit **SchwArbG § 8** 1
- Privathaushalt **SchwArbG § 1** 6, 11
- Putzfrau **SchwArbG § 1** 7, 11
- Regressanspruch in der Unfallversicherung **SGB VII § 110** 4
- Schaden durch Arbeitnehmer **SchwArbG Vor § 1** 3
- Scheinselbstständigkeit **SchwArbG § 1** 8
- Selbsthilfe **SchwArbG § 1** 22
- Selbstständige **SchwArbG § 1** 8, 14
- Sozialversicherungsausweis **SchwArbG Vor § 1** 20
- stehendes Gewerbe **SchwArbG § 1** 14
- Steuerpflicht **SchwArbG § 1** 9
- Tarifvertrag **SchwArbG Vor § 1** 13
- Unfallversicherung **SchwArbG Vor § 1** 8; **SchwArbG § 1** 7
- Unternehmer **SchwArbG § 1** 7
- Urlaub **SchwArbG Vor § 1** 12
- Verdienstausfall **SchwArbG Vor § 1** 9
- vereinbarter Kündigungsgrund **SchwArbG Vor § 1** 15, 17
- Werkleistungen **SchwArbG § 1** 2, 8; **§ 8** 2
- Wertersatz **SchwArbG Vor § 1** 3
- Wirksamkeit des Vertrages **SchwArbG Vor § 1** 5
- zivilrechtliche Folgen **SchwArbG Vor § 1** 2

Schwarzgeldabrede
- Arbeitsvertrag **SchwArbG Vor § 1** 5

Schwellenwert
- Leiharbeitnehmer **BetrVG § 111** 6
- Mitbestimmung **MitbestG § 1** 10
- Wehrdienst **ArbPlSchG § 2** 10

Schwerbehinderte Menschen
- Anfechtung des Arbeitsvertrags **SGB IX § 85** 6
- Anfechtung durch Arbeitgeber **SGB IX § 69** 5
- Anzeigepflichten des Arbeitgebers **SGB IX § 80** 1; **§ 90** 4
- Arbeit auf Abruf **TzBfG § 12** 5
- Arbeitsplatz **SGB IX § 73** 1
- Ausgleichsabgabe **SGB IX § 71** 1; **SGB IX § 77** 1–2
- außerordentliche Kündigung **BGB § 626** 12, 198, 217; **SGB IX § 91** 1
- Beendigung der Gleichstellung **SGB IX § 69** 11
- Befristung mit Sachgrund **TzBfG § 14** 57
- Behinderung **SGB IX § 69** 2
- behinderungsgerechte Beschäftigung **SGB IX § 81** 3
- Benachteiligungsverbot **SGB IX § 81** 2; **§ 123** 1
- Berechnung Pflichtarbeitsplätze **SGB IX § 74** 1
- Berufsausbildung **BBiG § 64** 1
- Beschäftigungspflicht des Arbeitgebers **SGB IX § 71** 1; **§ 72** 1; **§ 81** 3; **§ 122** 1
- betriebliches Eingliederungsmanagement **SGB IX § 84** 2
- Definition **SGB IX § 69** 3
- Einstellung oder Versetzung, Zustimmungsersetzungsverfahren **BetrVG § 99** 74
- Fragerecht des Arbeitgebers **SGB IX § 85** 7
- freie Arbeitsplätze **SGB IX § 81** 1
- Gefährdung des Arbeitsverhältnisses **SGB IX § 84** 1
- Gleichstellung **SGB IX § 69** 8
- Kündigung, Beteiligung der Schwerbehindertenvertretung **SGB IX § 84** 4
- Mehrarbeit **SGB IX § 124** 1
- Nachweis der Schwerbehinderung **SGB IX § 69** 4
- Pflichtarbeitsplätze **SGB IX § 73** 1; **§ 74** 1; **§ 75** 1; **§ 76** 1
- Präventionsverfahren **SGB IX § 84** 1; **§ 88** 10
- Teilzeitarbeitsplätze **SGB IX § 81** 11; **TzBfG § 23** 6
- Transfergesellschaft **SGB IX § 71** 1
- Urlaub **BUrlG § 1** 17; **§ 3** 4
- vorübergehender Wegfall des Schutzes **SGB IX § 69** 14
- Wegfall der Schwerbehinderung **SGB IX § 69** 6
- Zusatzurlaub **SGB IX § 125** 1

Schwerbehinderte Menschen, Kündigungsschutz
- Alterssicherung **SGB IX § 90** 6
- Änderungskündigung **SGB IX § 85** 2
- Ausnahmen vom Kündigungsschutz **SGB IX § 90** 1

- außerordentliche Kündigung SGB IX § 91 1
- Beteiligung der Schwerbehindertenvertretung SGB IX § 84 2
- Beteiligung von Betriebsrat und Personalrat SGB IX § 91 23
- Darlegungs- und Beweislast SGB IX § 85 9; § 90 16
- Dauer des Arbeitsverhältnisses SGB IX § 90 2
- fehlende Mitwirkung beim Feststellungsverfahren SGB IX § 90 10
- fehlender Nachweis der Schwerbehinderung SGB IX § 90 9
- Frist für Kündigungserklärung SGB IX § 88 20; § 91 21
- Kenntnis des Arbeitgebers von Schwerbehinderung SGB IX § 85 5
- Kündigungsfrist SGB IX § 86 1
- Kündigungsschutzprozess SGB IX § 85 9
- Nachschieben von Kündigungsgründen BGB § 85 12; § 626 124
- ordentliche Kündigung durch Arbeitgeber SGB IX § 85 1
- Rechtsbehelf des Arbeitnehmers SGB IX § 85 9; § 91 28
- Rückwirkung SGB IX § 90 13
- Schwerbehinderteneigenschaft SGB IX § 85 4
- Verhältnis zum Einigungsvertrag EinigungsV Anlage I 3
- vorübergehender Wegfall des Schutzes SGB IX § 69 14
- wichtiger Grund SGB IX § 91 27
- Wiedereinstellung SGB IX § 91 32
- witterungsbedingte Entlassung SGB IX § 90 7

Schwerbehindertenvertretung BetrVG § 52 1
- Anhörung vor Kündigung SGB IX § 84 4
- Aussetzung von BR-Beschlüssen BetrVG § 35 2
- Beschlussverfahren ArbGG § 2a 4
- Interessenausgleich SGB IX § 89 12
- kirchliche Einrichtungen ArbGG § 2a 4
- Kündigungsschutz BPersVG § 108 3
- örtliche Zuständigkeit ArbGG § 82 13
- Teilnahme an Ausschusssitzungen BetrVG § 32 3
- Teilnahme an BR-Sitzungen BetrVG § 32 1
- Teilnahme an Wirtschaftsausschusssitzungen BetrVG § 108 6

Seemannsämter ArbGG § 111 1
Seeschifffahrt
- Kündigung BGB § 626 3

Selbständiger Dienstnehmer
- Abgrenzung Arbeitnehmer ArbGG § 5 2

Selbstbeurlaubung BGB § 626 202
Selbstbindung
- Weisungsrecht GewO § 106 42

Selbsthilfe
- Schwarzarbeit SchwArbG § 1 22

Selbstständige
- Antidiskriminierungsrichtlinie AEUV Art. 45 5
- Befreiung von der gesetzlichen Rentenversicherung SGB VI § 2 6
- Pfändungsschutz ZPO § 850 7; § 850i 1
- Schwarzarbeit SchwArbG § 1 8, 14
- Versicherungspflicht in der gesetzlichen Rentenversicherung SGB VI § 2 1

Selbstständiger
- Abgrenzung Arbeitnehmer SGB IV § 7 10

Sexuelle Belästigung BGB § 626 202
Shop in shop BetrVG § 3 7
Sicherheitsbeauftragter BetrVG § 89 5
Sicherungsverwahrter BetrVG § 5 11
Sic-non-Fall
- Zuständigkeitsprüfung ArbGG § 2 31

Sittenwidrigkeit
- Bürgschaftsübernahme BGB § 138 5
- Entgeltvereinbarung BGB § 138 1
- Kündigung KSchG § 13 14
- Schädigung als unerlaubte Handlung BGB § 826 1
- Tariflohn BGB § 138 2
- Vertragsinhaltsfreiheit GewO § 105 17

Societas Europeae (SE) MitbestG § 1 9
- örtliche Zuständigkeit ArbGG § 82 8

Sofortige Beschwerde
- im arbeitsgerichtlichen Verfahren ArbGG § 78 1
- im Beschlussverfahren ArbGG § 85 10
- Kassationsbeschwerde ArbGG § 72b 1
- verspätete Absetzung der Entscheidung ArbGG § 92b 1
- wegen verspäteter Absetzung des Berufungsurteils ArbGG § 72b 1

Soldaten
- Arbeitnehmer iSd BetrVG BetrVG § 5 2
- Kündigung BGB § 626 10

Solidaritätsarbeitskampf TVG Anhang 15
Sonderformen
- Gemeinschaftsunternehmen MitbestG § 5 7
- Kommanditgesellschaft als Konzernspitze MitbestG § 5 9
- Teilkonzern MitbestG § 5 10
- Tendenzkonzern MitbestG § 5 8

Sonderkündigungsrecht
- Mutterschutz MuSchG § 9 33
- Schwangerschaft MuSchG § 9 33

Sonderkündigungsschutz
- Arbeitnehmervertreter EBRG EBRG § 40 2
- Arbeitsgemeinschaften BetrVG § 3 7
- Betriebsrat BetrVG § 21 3; § 24 1, 7
- Betriebsrat, Ersatzmitglied BetrVG § 25 1, 5
- Elternzeit BEEG § 18 1
- Gewerkschaftsmitglied GG Art. 9 25
- Insolvenz InsO § 113 3
- schwerbehinderte Menschen SGB IX § 85 1
- Wahlinitiatoren BetrVG § 17 4

Stichwortverzeichnis

- Wahlvorstand BetrVG § 16 8
- Wehrdienst ArbPlSchG § 2 1, 19

Sonderkündigungsschutz (MuSchG)
- Anfechtung MuSchG § 9 34
- Aufhebungsvertrag MuSchG § 9 35
- Befristung MuSchG § 9 32
- behördliche Zulässigerklärung MuSchG § 9 23
- behördliche Zustimmung bei außerordentlicher Kündigung MuSchG § 9 24
- Dauer MuSchG § 9 20
- Eigenkündigung MuSchG § 9 33
- Entbindung MuSchG § 9 8
- Heimarbeit MuSchG § 9 3
- Kenntnis des Arbeitgebers MuSchG § 9 9
- nachträgliche Mitteilung der Schwangerschaft MuSchG § 9 12
- persönlicher Geltungsbereich MuSchG § 9 2
- Reichweite MuSchG § 9 21
- Schwangerschaft MuSchG § 9 6
- Versäumung der Mitteilungsfrist MuSchG § 9 15
- Voraussetzungen MuSchG § 9 5

Sonderkündigungsschutz (PflegeZG)
- Pflegezeit PflegeZG § 5 1

Sondervergütung
- arbeitswillige Arbeitnehmer während Arbeitskampf TVG Anhang 43
- Ausscheiden des Arbeitnehmers BGB § 611 173
- Begriff BGB § 611 156
- Freiwilligkeitsvorbehalt BGB § 611 160
- Gleichbehandlungsgrundsatz BGB § 611 184
- Kürzung EFZG § 4a 1
- Kürzungsvereinbarungen BGB § 611 163
- Rückzahlungsklausel BGB § 611 159, 177
- Trinkgeld BGB § 611 189
- Wehrdienst ArbPlSchG § 1 23
- Widerrufsvorbehalt BGB § 611 161
- Zuwendungszwecke BGB § 611 158

Sonn- und Feiertagsbeschäftigung
- Abfall- und Abwasserentsorgung ArbZG § 10 23
- abweichende Regelungen ArbZG § 12 1; § 13 1
- andere Einrichtungen ArbZG § 10 8
- Ausgleich ArbZG § 11 1
- Ausstellung ArbZG § 10 20
- Backwaren ArbZG § 10 37
- Bewachungsgewerbe ArbZG § 10 25
- Darbietungen ArbZG § 10 10
- Eil-Zahlungsverkehr ArbZG § 10 38
- Energie- und Wasserversorgung ArbZG § 10 23
- Ersatzruhetag ArbZG § 11 3
- Feuerwehren ArbZG § 10 6
- Forschungsarbeiten ArbZG § 10 32
- Freizeiteinrichtungen ArbZG § 10 13
- Fremdenverkehr ArbZG § 10 14
- Gaststätten ArbZG § 10 9
- Höchstarbeitszeit ArbZG § 11 2
- individualvertragliche Vereinbarung ArbZG § 10 4
- Instandhaltung ArbZG § 10 27
- Kommissionierung ArbZG § 10 19
- Krankenhäuser ArbZG § 10 8
- landwirtschaftliche Betriebe ArbZG § 10 24
- Märkte ArbZG § 10 20
- maximale Wochenarbeitszeit ArbZG § 11 2
- Medien ArbZG § 10 17
- Messe ArbZG § 10 20
- Misslingen von Arbeitsergebnissen ArbZG § 10 31
- Mitarbeiterzahl ArbZG § 10 36
- Museen ArbZG § 10 15
- nicht-gewerblich ArbZG § 10 11
- Not- und Rettungsdienste ArbZG § 10 5
- öffentliche Sicherheit und Ordnung ArbZG § 10 7
- Rechnersysteme ArbZG § 10 29
- Regelungen durch Rechtsverordnung ArbZG § 13 1
- Regelungen durch Tarifvertrag ArbZG § 12 1
- Reinigung- und Instandhaltung von Betriebsanlagen ArbZG § 10 27
- Ruhezeit ArbZG § 11 5
- Rundfunk ArbZG § 10 17
- Sport ArbZG § 10 12
- Tagespresse ArbZG § 10 18
- tägliche Höchstarbeitszeit ArbZG § 11 2
- Transportieren, Kommissionieren ArbZG § 10 22
- Verderben von Naturerzeugnissen ArbZG § 10 30
- Vereine ArbZG § 10 11
- Vergütung ArbZG § 10 4
- Verkäufer ArbZG § 9 2
- Verkehrsbetriebe ArbZG § 10 21
- Vermeidung von Beschädigungen ArbZG § 10 33
- Voraussetzungen ArbZG § 10 1
- wissenschaftliche Präsenzbibliotheken ArbZG § 10 16

Sonn- und Feiertagsruhe
- Jugendliche JArbSchG § 17 1
- Selbstständige ArbZG § 9 4
- Tag- und Nachtschicht ArbZG § 9 5
- Vorverlegung bei Kraftfahrern ArbZG § 9 6
- Zweck ArbZG § 9 1

Sonntagsarbeit GG Art. 4 18

Sonstige Vergütungen ZPO § 850 7; § 850i 1

Sorgfaltspflicht
- Aufsichtsratsmitglied AktG § 116 1

Sozialauswahl
- Betriebsübergang BGB § 613a 111, 152
- Wehrdienst ArbPlSchG § 2 20

Soziale Angelegenheiten BetrVG § 87 1
- freiwillige Mitbestimmung BetrVG § 88 1
- Tendenzschutz BetrVG § 118 15
- zwingende Mitbestimmung BetrVG § 87 1

Soziale Netzwerke
- Datenerhebung BDSG § 32 9; § 4 4

Sozialeinrichtungen BetrVG § 87 47; § 88 9

Sozialhilfe SGB II § 19 3; § 20 1
- Bedarfsgemeinschaft SGB II § 19 5

Sozialleistungen GG Art. 14 9; ZPO § 850e 5
- Anspruchsübergang auf Leistungsträger SGB X § 115 1

Sozialpartner
- Rahmenvereinbarungen AEUV Vorbem. zu Art. 45, 157, 267 10

Sozialplan BetrVG § 111 1; § 112a 9
- Abfindung KSchG § 10 22
- Alterszuschläge BetrVG § 112a 15
- Änderung/Beendigung BetrVG § 112a 29
- Ausgleichs- und Überbrückungsfunktion BetrVG § 112a 9
- Befristung BetrVG § 112a 18
- betriebliche Altersversorgung BetrAVG § 3 10
- Betriebsübergang BGB § 613a 84, 154
- Einigungsstelle BetrVG § 112a 23
- Elternzeit BetrVG § 112a 18
- Funktion BetrVG § 112a 9
- Geltungsbereich BetrVG § 112a 14
- Gleichbehandlung BetrVG § 112a 15, 18
- Inhalt BetrVG § 112a 15
- Insolvenz BetrVG § 112a 34; InsO § 124 4
- leitende Angestellte SprAuG § 32 3
- Neugründungsprivileg BetrVG § 112a 13
- Sozialplan Null BetrVG § 111 11; § 112a 15
- Sozialplanpflicht BetrVG § 112a 11
- Sozialplanprivileg BetrVG § 112a 12
- Sprecherausschuss, Mitwirkungsrechte SprAuG § 32 1, 3
- Streitigkeiten BetrVG § 112a 33
- Tarifsperre BetrVG § 112a 10
- vorsorglicher - BetrVG § 112a 11
- Wirkung BetrVG § 112a 9

Sozialrecht
- europäisches - AEUV Art. 45 21

Sozialstaatsprinzip GG Art. 20 20

Sozialtarifvertrag GG Art. 9 91
- Folgen eines - für Außenseiter GG Art. 9 102

Sozialversicherung
- Abfindung KSchG § 10 21
- Arbeitgeber SchwArbG § 1 6
- Arbeitslosengeld II SGB II § 19 1
- Beitragspflicht SchwArbG § 1 5
- konkurrierende Gesetzgebung GG Art. 74 14
- Meldepflicht SchwArbG § 1 5
- Schwarzarbeit SchwArbG Vor § 1 5

Sozialversicherungsabgaben
- Hinterziehung SchwArbG Vor § 1 5

Sozialversicherungsausweis
- Schwarzarbeit SchwArbG Vor § 1 20

Sozialversicherungsbeiträge
- Abfindung, betriebliche Altersversorgung BetrAVG § 3 25; § 8 5
- Erstattung AG an BA SGB III § 157 32, 35
- Schadensersatz bei außerordentlicher Kündigung BGB § 628 55

Sozialversicherungspflicht
- Anfrageverfahren SGB IV § 7a 1
- Arbeitsentgelt SGB IV § 14 1
- Arbeitsverhältnis, Legaldefinition SGB IV § 7 4
- Ausstrahlung SGB IV § 4 1
- befristetes Fortbestehen der Beschäftigung ohne Anspruch auf Arbeitsentgelt SGB IV § 7 32
- Berechnung der Beiträge SGB IV § 14 2
- Berechnung der Beiträge, Gleitzone SGB IV § 20 3
- Beschäftigung während Freistellungsphase mit Entgeltanspruch aus Wertguthaben SGB IV § 7 25
- Beschäftigung, Legaldefinition SGB IV § 7 1
- Beschäftigung, Merkmale SGB IV § 7 9
- betriebliche Berufsbildung SGB IV § 7 31
- Einstrahlung SGB IV § 5 1
- Einstufung einzelner Tätigkeiten durch Sozialversicherungsträger und BA SGB IV § 7 24
- Entsendung SGB IV § 4 1; § 5 1
- geringfügige Beschäftigung SGB IV § 8 9
- geringfügige Beschäftigung, Meldepflicht des Arbeitgebers SGB IV § 8 14
- geringfügige selbstständige Beschäftigungen SGB IV § 8 8
- Gleitzone SGB IV § 20 1
- GmbH-Geschäftsführer SGB IV § 7 22
- persönlicher Geltungsbereich SGB IV § 3 1
- räumlicher Geltungsbereich SGB IV § 3 1
- Selbstständigkeit SGB IV § 7 20
- Statusfeststellung SGB IV § 7a 1
- unerlaubte Arbeitnehmerüberlassung SGB IV § 5 2

Sozialversicherungsrecht
- Anfrageverfahren GewO § 6 88
- Familienmitarbeit GewO § 6 33

Spaltung UmwG § 194 1
- gemeinsamer Betrieb UmwG § 322 4
- Rentnergesellschaft UmwG § 194 11
- Spaltungs- und Übernahmevertrag UmwG § 194 2
- Spaltungsplan UmwG § 194 2
- Vermögensgegenstände UmwG § 194 4

Spannen- oder Abstandsklauseln GG Art. 9 19

Stichwortverzeichnis

Spartenbetriebsrat   BetrVG § 3 5
Spartengewerkschaft   GG Art. 9 48
– Streik   GG Art. 9 106
– Tarifvertrag   GG Art. 9 106
Spartentarifvertrag   GG Art. 9 48
Spätehenklausel   GG Art. 6 12
Sperrfrist
– bei Massenentlassungsanzeige   KSchG § 18 3
– Kurzarbeit während   KSchG § 19 1
Sperrzeit   GG Art. 14 26
– Arbeitslosengeld   SGB III § 159 2
– Krankenversicherung   SGB III § 159 81
– Rentenversicherung   SGB III § 159 82
Spezialhandlungsvollmacht   HGB § 54 5
Sphärentheorie   BetrVG § 102 28
Spitzenorganisationen   TVG § 12 1
– Legaldefinition   TVG § 2 3; § 12 2
– Tariffähigkeit   TVG § 2 19
– wesentliche Bedeutung im Arbeitsleben   TVG § 12 3
Sportler   GewO § 6 115
Sportunfall
– Entgeltfortzahlung im Krankheitsfall   EFZG § 3 35
Sprecherausschuss der leitenden Angestellten (SprAu)
– Arbeitsgruppen   SprAuG § 11 1
– Aufgaben   SprAuG § 25 1
– Auflösung   SprAuG § 9 1
– Ausschüsse   SprAuG § 11 1
– Betrieb   SprAuG § 1 2
– Betriebsausschuss   SprAuG § 11 1
– Errichtung   SprAuG § 1 2
– Ersatzmitglied   SprAuG § 10 1
– Friedenspflicht   SprAuG § 2 3
– Geheimhaltungspflicht   SprAuG § 26 1
– Gemeinschaftsbetrieb   SprAuG § 1 2
– Geschäftsführung   SprAuG § 11 1
– Geschlechterproporz   SprAuG § 8 4
– Größe   SprAuG § 8 4
– Kostentragungspflicht des Arbeitgebers   SprAuG § 14 3
– Mitwirkungsrechte   SprAuG § 25 1; § 30 1
– Rechte bei Umwandlung   UmwG § 194 7
– Regelungsabrede   SprAuG § 28 1, 4
– Richtlinie   SprAuG § 28 1, 4
– Sachverständiger   SprAuG § 25 2
– Sitzung   SprAuG § 13 1
– Sprechervereinbarung   SprAuG § 28 3
– Unterlagen   SprAuG § 25 2
– Unterrichtungsanspruch   SprAuG § 25 1–2
– Unterstützungsfunktion   SprAuG § 26 1
– Verbot parteipolitischer Betätigung im Betrieb   SprAuG § 2 3
– Verhältnis zum BR   SprAuG § 2 2; § 25 2
– Verschwiegenheitspflicht   SprAuG § 31 1
– vertrauensvolle Zusammenarbeit mit Arbeitgeber   SprAuG § 2 1; § 25 1
– Vorsitzender   SprAuG § 11 2
– Wahl   SprAuG § 8 1
Sprecherausschuss, Mitglied
– Arbeitsbefreiung für SprAu-Arbeit   SprAuG § 14 2
– Ausschluss   SprAuG § 9 1
– Beeinflussungsverbot   SprAuG § 2 3
– Begünstigungsverbot   SprAuG § 2 3
– Behinderungsverbot   SprAuG § 2 3
– Benachteiligungsverbot   SprAuG § 2 3
– Berufsschutz   SprAuG § 2 3
– Erlöschen der Mitgliedschaft   SprAuG § 9 2
– Ersatzmitglied   SprAuG § 10 1
– persönliche Rechtsstellung   SprAuG § 14 1
– Teilnahme an Schulungsveranstaltungen   SprAuG § 14 2
– wirtschaftliche Absicherung   SprAuG § 2 3
Sprecherausschuss, Mitwirkungsrechte
– Altersgrenzen   SprAuG § 30 3
– Änderung der Gehaltsgestaltung   SprAuG § 30 2
– Anforderungsprofile   SprAuG § 30 4
– Arbeitszeitfragen   SprAuG § 30 3
– Ausscheiden aus dem Betrieb   SprAuG § 31 2
– Beförderung zum leitenden Angestellten   SprAuG § 31 2
– bei Betriebsänderungen   SprAuG § 32 3
– Beratung   SprAuG § 30 1
– Beurteilungsgrundsätze   SprAuG § 30 4
– Degradierungen eines leitenden Angestellten   SprAuG § 31 2
– Einstellungen   SprAuG § 31 2
– Erteilung und Entzug handelsrechtlicher Vollmachten   SprAuG § 31 2
– Festlegung von Gehaltsgruppen und Gehaltsbändern   SprAuG § 30 2
– Führungsgrundsätze   SprAuG § 30 3
– Gehaltsfragen   SprAuG § 30 2
– Initiativrecht   SprAuG § 30 1
– Interessen- und Nachteilsausgleich   SprAuG § 32 1
– Kündigung eines leitenden Angestellten   SprAuG § 31 3
– Ordnung des Betriebs   SprAuG § 30 3
– personelle Maßnahmen   SprAuG § 31 1
– personelle Veränderungen   SprAuG § 31 2
– Schriftformklauseln   SprAuG § 30 3
– Sozialplan   SprAuG § 32 1, 3
– Stellenbeschreibungen   SprAuG § 30 4
– Unterlassungsanspruch   SprAuG § 30 1
– Verleihung oder Entzug interner Befugnisse   SprAuG § 31 2
– Versetzung eines leitenden Angestellten   SprAuG § 31 2
– Versetzungsklauseln   SprAuG § 30 3

- Wettbewerbsabreden SprAuG § 30 3
- wirtschaftliche Angelegenheiten SprAuG § 32 1
- Zielvereinbarungen SprAuG § 30 4

Sprecherausschuss, Wahl
- Anfechtbarkeit SprAuG § 8 1, 6
- Durchführung SprAuG § 8 1
- Grundsätze SprAuG § 8 1
- Kosten SprAuG § 8 1, 6
- Vorabstimmung der leitenden Angestellten SprAuG § 8 2
- Voraussetzungen SprAuG § 8 1
- Wählbarkeit SprAuG § 8 3
- Wahlberechtigung SprAuG § 8 3
- Wahlschutz SprAuG § 8 6
- Wahlvorstand SprAuG § 8 2
- Zuordnung von leitenden Angestellten SprAuG § 8 5

Sprecherausschussgesetz
- Entstehungsgeschichte SprAuG § 1 1
- Gebot vertrauensvoller Zusammenarbeit SprAuG § 2 1
- räumlicher Geltungsbereich SprAuG § 1 2
- Unterschiede zur Betriebsverfassung SprAuG § 1 1

Sprechervereinbarung
- Beendigung SprAuG § 28 4
- Betriebsübergang SprAuG § 28 4
- Grenzen SprAuG § 28 4
- Kündigung SprAuG § 28 4
- Nachwirkung SprAuG § 28 4
- normative Wirkung SprAuG § 28 3
- Verhältnis zu tariflichen Regelungen SprAuG § 28 4
- Verhältnis zum Arbeitsvertrag SprAuG § 28 4
- Verwirkung SprAuG § 28 4
- Verzicht SprAuG § 28 4

Sprungrechtsbeschwerde ArbGG § 92 5
- Anschlusssprungrechtsbeschwerde ArbGG § 96a 12
- Antrag ArbGG § 96a 4
- Einlegung ArbGG § 96a 9
- Entscheidung über die Zulassung ArbGG § 96a 7
- Frist ArbGG § 96a 5
- Voraussetzungen ArbGG § 96a 3
- Zurückverweisung ArbGG § 96a 11

Sprungrevision ArbGG § 76 1

Staatshaftung
- Rechtsschutz bei überlangen Gerichtsverfahren ArbGG § 9 4; GG Art. 19 17

Staatskirchenrecht GG Art. 4 23

Stalking BGB § 626 202

Standortsicherung
- tarifrechtliche Norm TVG § 1 64

Stasizugehörigkeit EinigungsV Anlage I 1

Stationierungsstreitkräfte
- Kündigung, Mitwirkung des Personalrats BPersVG § 108 7
- Wehrdienst ArbPlSchG § 1 17

Status-Feststellungsklage GewO § 6 76

Statusfeststellungsverfahren
- Sozialversicherungspflicht SGB IV § 7a 1

Statusrechte
- Abgeordnete AbgG § 4 1
- Behinderungsverbot AbgG § 4 5
- Benachteiligungsverbot AbgG § 4 6
- Dauer AbgG § 4 4
- Ersatzkandidat AbgG § 4 2
- Europaabgeordnete AbgG § 4 10
- Geltungsbereich AbgG § 4 3
- Wahlbewerber AbgG § 4 2

Statusverfahren AktG § 99 1; MitbestG § 6 2
- AltAG AktG § 99 1
- Anfechtung der Bekanntmachung AktG § 99 4
- Antragsberechtigte Organe, Gruppen AktG § 99 4
- Bekanntmachung MitbestG § 6 5
- Bekanntmachung des Vorstandes AktG § 99 2
- Beschluss des Vorstandes AktG § 99 2
- Bindungswirkung AktG § 99 3
- Elektronischer Bundesanzeiger AktG § 99 2
- Entscheidungswirkung AktG § 99 6
- gerichtliches Feststellungsverfahren MitbestG § 6 8
- gerichtliches Verfahren AktG § 99 4
- Kostenerstattung AktG § 99 5
- sozialversicherungsrechtliches Feststellungsverfahren GewO § 6 88
- Überleitung MitbestG § 6 10
- Verfahren MitbestG § 6 4

Stellenausschreibung AGG § 11 1; BetrVG § 93 1
- freie Stellen AÜG § 13a 1

Stellenausschreibung (Teilzeit) TzBfG § 7 2
- Informationspflicht gegenüber Arbeitnehmer TzBfG § 7 7
- Informationspflicht gegenüber Arbeitnehmervertretungen TzBfG § 7 16
- Rechtsfolgen bei fehlerhafter Ausschreibung TzBfG § 7 5
- Rechtsfolgen bei Verletzung der Informationspflicht (Arbeitnehmer) TzBfG § 7 14
- Rechtsfolgen bei Verletzung der Informationspflicht (Arbeitnehmervertretung) TzBfG § 7 21
- Verhältnis zu Arbeitgeberpflichten nach BetrVG TzBfG § 7 23

Stellenbesetzungsverfahren
- Absage AGG § 11 10
- Ausschreibung AGG § 11 3
- Auswahlentscheidung AGG § 11 5
- Bewerbungsunterlagen AGG § 11 11

Stichwortverzeichnis

- Folgen diskriminierender Stellenbesetzung AGG § 11 12
- Vorstellungsgespräch AGG § 11 8

Stellenprofil BetrVG § 95 4

Stellungssuche
- Freistellungsanspruch BGB § 629 1

Stellvertretung
- Arbeitsvertrag BGB § 611 85
- Erlöschen der Vertretungsmacht BGB § 173 4
- Insichgeschäft BGB § 181 1
- Passivvertretung BGB § 164 2
- Tarifvertragsabschluss TVG § 1 5
- Vertretung ohne Vertretungsmacht BGB § 180 1
- Vollmachtserteilung BGB § 173 1
- Voraussetzungen BGB § 164 1
- Wissenszurechnung BGB § 166 1

Sterbebezüge
- Unpfändbarkeit ZPO § 850a 8

Sterbegeld BetrAVG § 1 3

Steuer
- Fünftelverfahren EStG § 34 13
- Hinterziehung der Abgaben SchwArbG Vor § 1 5; SchwArbG § 1 9
- Pfändung der Bezüge ZPO § 850e 2
- steuerpflichtige Einkünfte EStG § 19 5
- Steuerprogression EStG § 34 1, 5

Steuerberater GewO § 6 91

Steuerlicher Arbeitnehmerbegriff EStG § 19 10

Stichtagsregelung GG Art. 3 37; Art. 12 21
- Betriebsvereinbarung BGB § 611 137

Stillende Mütter
- Arbeitsplatzgestaltung MuSchG § 2 1
- Beschäftigungsverbot MuSchG § 6 7; § 8 1
- Heimarbeit MuSchG § 8 5
- Mehrarbeit MuSchG § 8 2
- Nachtarbeit MuSchG § 8 3
- Sonn- und Feiertagsarbeit MuSchG § 8 4
- Urlaub MuSchG § 17 1

Stillzeit MuSchG § 7 1
- Dauer MuSchG § 7 3
- Entgeltsicherung MuSchG § 7 4
- Heimarbeiter MuSchG § 7 6

Störung der Betriebsratstätigkeit BetrVG § 78 1; § 121 5; BGB § 313 1

Strafgefangener BetrVG § 5 11

Strafhaft BGB § 626 90, 202

Straftat BGB § 626 100, 202, 204
- außerordentliche Kündigung BGB § 626 73

Strafvorschriften BetrVG § 121 1
- Arbeitszeitgesetz ArbZG § 23 1

Straßentransport
- Arbeitszeit ArbZG § 21a 1
- Aufzeichnungspflicht ArbZG § 21a 15
- Ruhezeit ArbZG § 21a 10

Streik BetrVG § 74 9; BGB § 626 202, 204
- Arbeitsvertragsverletzung KSchG § 25 3
- Bummelstreik TVG Anhang 2
- Flashmob TVG Anhang 32
- in kirchlichen Einrichtungen GG Art. 9 117
- Leiharbeitnehmer AÜG § 11 20
- politischer - GG Art. 9 88
- Ruhen des Arbeitslosengeldanspruchs SGB III § 160 4
- Streikteilnahme BetrVG § 74 11, 20
- Unterstützungsstreik TVG Anhang 3, 15
- von Spartengewerkschaften GG Art. 9 106
- Warnstreik TVG Anhang 3, 22
- wilder - TVG Anhang 11; KSchG § 25 3

Streikbruchprämie TVG § 1 63
- als Arbeitskampfmittel TVG Anhang 2
- Maßregelungsverbot BGB § 612a 10
- nachträgliche - TVG Anhang 43

Streikfolgen
- mittelbare - von Unterstützungsstreiks GG Art. 9 86

Streitgenossen
- Berufung, Beschwerdewert ArbGG § 64 14
- Beschlussverfahren ArbGG § 80 16

Streitverhandlung
- Beendigung im 1. Termin ArbGG § 57 2
- gütliche Erledigung ArbGG § 57 4
- Vertagung ArbGG § 57 3
- Vorbereitung ArbGG § 56 2

Streitwert
- allgemeiner Feststellungsantrag ArbGG § 12 14
- Änderungskündigung ArbGG § 12 15
- Berechnung ArbGG § 12 12
- Beschlussverfahren ArbGG § 12 18
- Beschwerde gegen Festsetzung ArbGG § 12 10–11
- Bestandsstreitigkeit ArbGG § 12 13–14
- Einzelfälle ArbGG § 12 17
- Grundsatz ArbGG § 12 10
- Vergütungsansprüche ArbGG § 12 14
- Weiterbeschäftigungsantrag ArbGG § 12 14

Streitwertfestsetzung
- Urteil ArbGG § 61 5

Streitwertkatalog ArbGG § 12 19

Strukturänderung
- EBR EBRG § 18 14
- wesentliche -, EBR EBRG § 37 1; § 41 6

Stücklohn BetrVG § 87 77

Studenten
- Krankenversicherung SGB V § 6 8

Studienbeihilfe
- Unpfändbarkeit ZPO § 850a 7

Stufenklage
- Streitwert ArbGG § 12 12
- Zurückverweisung ArbGG § 68 4

Subjektive Determinierung BetrVG § 102 10

Süchtiger BetrVG § 5 11

Surrogationstheorie
- Urlaub BUrlG § 13 20; § 7 59, 64

Stichwortverzeichnis

Suspendierung BetrVG § 99 28; § 103 22; § 105 3
Suspensiveffekt
- Berufung ArbGG § 64 1
- Beschwerde im Beschlussverfahren ArbGG § 87 9

Sympathiestreik GG Art. 9 76
Syndikusanwalt
- Vertretungsbefugnis ArbGG § 11 4

T

Tarifänderungen
- rückwirkende - GG Art. 20 15

Tarifautonomie GG Art. 9 44
- Einschränkungen GG Art. 9 50
- Grenzen der Berufsfreiheit GG Art. 12 31
- Mindestlohn GG Art. 9 56
- Unternehmerfreiheit GG Art. 12 32

Tarifdispositivität
- Arbeitnehmerbegriff GewO § 6 27

Tarifeinheit GG Art. 9 107
- Antragsbefugnis im Verfahren ArbGG § 99 6
- Exklusivität des Verfahrens ArbGG § 99 8
- Feststellungsantrag ArbGG § 99 4
- Mehrheitsprinzip TVG § 4a 9
- Prinzip TVG § 4a 7
- Spezialitätsprinzip TVG § 4a 8
- Tarifkonkurrenz TVG § 4a 7
- Tarifpluralität TVG § 4a 11
- Verfahren ArbGG § 99 1
- Verfahrensbeteiligte ArbGG § 99 7
- Verfahrensgegenstand ArbGG § 99 3
- Verfahrensgrundsätze ArbGG § 99 5

Tariffähigkeit AÜG § 3 29; GG Art. 9 46; TVG § 2 1
- absoluter oder relativer Begriff TVG § 2 24
- Bedeutung TVG § 2 4
- Bedeutung für den Arbeitskampf TVG Anhang 11
- Begriff ArbGG § 97 6
- des Arbeitgebers TVG § 2 15
- gerichtliche Feststellung TVG § 2 25
- Koalitionen TVG § 2 5
- partielle - GG Art. 9 47
- Tarifzuständigkeit TVG § 2 9
- von Spitzenorganisationen TVG § 2 19
- von Verbänden TVG § 2 5
- Zuständigkeit ArbGG § 2a 4

Tariffähigkeit oder Tarifzuständigkeit einer Vereinigung
- Antragsberechtigung ArbGG § 97 20
- Aussetzungspflicht ArbGG § 97 13
- Beschlussverfahren über - ArbGG § 97 1
- Beteiligte ArbGG § 97 21
- Entscheidung ArbGG § 97 22
- Exklusivität des Beschlussverfahrens ArbGG § 97 13

- Neuregelung ArbGG § 97 2
- Rechtskraft ArbGG § 97 23
- Rechtsmittel ArbGG § 97 22
- Reichweite der Rechtskraft ArbGG § 97 23
- Streitgegenstände ArbGG § 97 12
- Übergangsregelung ArbGG § 97 3; § 112 1
- Verfahren ArbGG § 97 5
- Wiederaufnahme des Verfahrens ArbGG § 97 24
- Zuständigkeit, örtliche und sachliche ArbGG § 97 4

Tariffähigkeit und Tarifzuständigkeit einer Vereinigung
- örtliche Zuständigkeit ArbGG § 82 11

Tarifgebundenheit ArbGG § 97 11; TVG § 3 1
- aufgrund Mitgliedschaft TVG § 3 7
- Beginn TVG § 3 26
- Begriff und Funktion TVG § 3 1
- bei AVE TVG § 5 7
- betriebliche Übung TVG § 3 15
- betriebs- und betriebsverfassungsrechtliche Normen TVG § 3 24
- Betriebsübergang TVG § 3 22
- des AG beim Firmentarifvertrag TVG § 3 23
- durch Bezugnahmeklausel TVG § 3 39
- Ende TVG § 3 28
- Gastmitgliedschaft TVG § 3 18
- gemeinsame Einrichtungen TVG § 3 25
- Nachbindung TVG § 3 32
- normative Wirkung des TV TVG § 4 6
- OT-Mitgliedschaft TVG § 3 19
- Umfang TVG § 3 17

Tarifkonkurrenz BetrVG § 87 11; TVG § 4a 1
- Allgemeinverbindlicherklärung TVG § 5 33
- Problematik TVG § 4a 7

Tarifliche Öffnungsklausel BetrVG § 77 32
Tarifliche Rechte
- Ausschlussfrist TVG § 4 34
- Durchsetzung TVG § 4 30
- Verzicht TVG § 4 31

Tariflohn
- Sittenwidrigkeit BGB § 138 2

Tariflose Bereiche
- Arbeitszeitflexibilisierung ArbZG § 7 19

Tarifnormen
- Abschlussnormen TVG § 1 33
- Beendigungsnormen TVG § 1 34
- Betriebsnormen TVG § 1 35
- betriebsverfassungsrechtliche Normen TVG § 1 39
- Differenzierungsklauseln TVG § 1 52
- einfache Differenzierungsklausel TVG § 1 53
- gemeinsame Einrichtungen TVG § 1 39; § 4 37
- Günstigkeitsprinzip TVG § 4 17
- Inhaltsnormen TVG § 1 32
- Unwirksamkeit TVG § 1 42

2611

Stichwortverzeichnis

- Zulässigkeit einzelner - TVG § 1 46
- **Tarifpluralität** GG Art. 9 107; TVG § 4a 5
- Allgemeinverbindlicherklärung TVG § 5 33
- Aufgabe der Anwendung des Grundsatzes der Tarifeinheit TVG § 3 48; § 4a 12
- Problematik TVG § 4a 11
- **Tarifrecht**
- kirchliches - GG Art. 4 25
- **Tarifregister** TVG § 7 1
- **Tarifsozialplan** TVG Anhang 30; TVG § 1 65
- Streik GG Art. 9 91
- **Tariftreueerklärung** GG Art. 9 18; TVG § 5 36
- **Tarifvertrag**
- »maßgeschneiderte Vertretung« BetrVG § 3 6
- Abgeltung Zusatzurlaub SGB IX § 125 1
- Abschlussgebote GewO § 105 11
- Abschlussverbote GewO § 105 10
- abweichende BR-Strukturen BetrVG § 3 1, 9
- abweichende Regelungen, JArbSchG JArbSchG § 21a 1
- abweichende Vereinbarungen TzBfG § 22 1
- Abweichungen vom EFZG EFZG § 12 2
- Abweichungen vom Entgeltausfallprinzip EFZG § 4 46
- AGB-Kontrolle BGB § 310 2
- Allgemeinverbindlicherklärung TVG § 5 1
- Altersgrenze GG Art. 12 17; Art. 20 19; SGB VI § 41 3
- Arbeit auf Abruf TzBfG § 12 30, 36
- Arbeitnehmerüberlassung AÜG § 3 27
- Arbeitsplatzteilung TzBfG § 13 15
- arbeitsrechtliche Angaben bei Umwandlung UmwG § 194 11
- Arbeitsvertragsfreiheit GewO § 105 20
- Arbeitszeitflexibilisierung ArbZG § 7 2–3, 17
- Auslegung TVG § 1 84
- Ausschluss der ordentlichen Kündigung GG Art. 12 32
- außerordentliche Kündigung TVG § 1 20
- Austauschbarkeit einer Regelung im normativen oder schuldrechtlichen Teil TVG § 1 27
- Bedeutung TVG **Grundlagen** 9
- Bedeutung im AEntG AEntG § 3 2
- Beendigung TVG § 1 16
- Befristung ohne Sachgrund TzBfG § 14 76
- Befristungsabrede TzBfG § 14 85
- Begriff TVG § 1 1
- Bekanntgabe im Betrieb TVG § 8 1
- Beteiligungsrechte des BR BetrVG § 87 5
- betriebliche Altersversorgung BetrAVG § 1 10, 15, 47; § 1a 5, 16; § 1b 106; § 2 83; § 3 29; § 4 53; § 4a 20; § 5 15; § 6 24; § 16 64; § 17 1, 21
- Bezugnahme BGB § 613a 72
- Bezugnahmeklauseln im Arbeitsvertrag TVG § 3 39
- Datenschutz, Erlaubnisnorm BDSG § 4 3

- desselben Wirtschaftszweiges AÜG § 1 48
- durch - vorgeschriebene Form BGB § 125 1
- Durchführungspflicht TVG § 1 78
- Durchsetzung und Sicherung tariflicher Rechte TVG § 4 30
- Eintragungspflicht TVG § 7 3
- Einwirkungspflicht TVG § 1 70
- Elternzeit GG Art. 6 11
- Erfüllungspflicht TVG § 1 70
- Erscheinungsformen TVG **Grundlagen** 7
- Feststellung der Rechtswirksamkeit TVG § 9 1
- Feststellungsklage ArbGG § 46 13
- Friedenspflicht TVG § 1 72
- Funktion TVG **Grundlagen** 10
- Garantiepflicht TVG § 1 71
- gerichtliche Überprüfung GG Art. 3 62
- Gleichheit GG Art. 9 69
- Gleichheitskontrolle GG Art. 3 30
- Gleichstellungsgebot, Leiharbeitsverhältnis AÜG § 3 26, 38
- Grundrechtsbindung GG Art. 9 66
- im Betrieb anwendbarer - ArbGG § 2a 4
- im Betrieb anwendbarer- ArbGG § 99 1
- Kündigungsfristen BGB § 622 9
- Kündigungsverbot KSchG § 13 22
- Lohnuntergrenze AÜG § 3 37; § 3a 1
- Mitteilungspflicht TVG § 7 6
- Nachwirkung TVG § 4 40
- negative Koalitionsfreiheit, Betriebsübergang GG Art. 9 16
- Nichtigkeit TVG § 1 14
- normative Wirkung TVG § 4 1
- normativer Teil TVG § 1 25
- ohne Tarifbindung TVG § 3 38
- ordentliche Kündigung TVG § 1 19
- örtliche Zuständigkeit ArbGG § 48 17–18
- Parteien TVG § 1 3; § 2 1
- Rechtsfolgen bei Verstoß gegen Gleichheitssatz GG Art. 3 49
- Rechtsquellenhierarchie TVG **Grundlagen** 11
- Rechtsweg ArbGG § 2 4
- rückwirkende Tarifänderung GG Art. 20 15
- Rückwirkung TVG § 4 10
- Sachbezüge GewO § 107 16
- sachlicher Geltungsbereich BetrVG § 3 9
- Schriftform TVG § 1 10
- schuldrechtliche Pflichten TVG § 1 83
- schuldrechtlicher Teil TVG § 1 26, 68
- Schwarzarbeit SchwArbG Vor § 1 13
- Sonn- und Feiertagsbeschäftigung ArbZG § 12 1
- Spartenbetriebsrat BetrVG § 3 5
- Stellvertretung TVG § 1 5
- Stufenaufstieg GG Art. 6 11
- Tariffähigkeit TVG § 2 4
- Tarifregister TVG § 7 1
- Tarifzuständigkeit TVG § 2 9

- Teilkündigung TVG § 1 24
- Übersendungspflicht TVG § 7 1
- Vergütung GG Art. 14 26
- Verhältnis zu Betriebsvereinbarungen BetrVG § 77 26; TVG Grundlagen 17
- Verhältnis zum Arbeitsvertrag TVG Grundlagen 17
- Verhältnis zur Sprechervereinbarung SprAuG § 28 4
- Verhandlungsanspruch TVG § 1 4
- Vertragsformfreiheit GewO § 105 26
- Verzichtsverbot EFZG § 12 7
- Vorbehalt des - BetrVG § 2 2
- vorübergehende Verhinderung BGB § 616 28
- Wegfall der Geschäftsgrundlage TVG § 1 23
- Weisungsrecht GewO § 106 45
- Weitergeltung bei Betriebsübergang BGB § 613a 56
- Willensmängel TVG § 1 8
- Wirkungen TVG Grundlagen 18
- Zuordnung von Betriebsteilen und Kleinstbetrieben BetrVG § 3 4
- Zusammenfassung mehrerer Betriebe BetrVG § 3 4
- Zustandekommen TVG § 1 3

Tarifvertragsparteien TVG § 2 1
- Bindung an den Gleichheitssatz GG Art. 3 22
- Bindung an die Grundrechte GG Art. 1 35; GG Art. 9 66
- Tarifgebundenheit TVG § 3 7

Tarifvertragsrecht
- Anwendbarkeit auf arbeitnehmerähnliche Personen TVG § 12a 1
- Grenzen der Berufsfreiheit GG Art. 12 31
- Inhalt TVG Grundlagen 4
- Verhältnis zum BetrVG TVG Grundlagen 2

Tarifvertragsstreitigkeiten
- Übersendungspflicht ArbGG § 63 1–2

Tarifvorbehalt BetrVG § 77 27
Tarifzensur GG Art. 9 84, 92, 96; Art. 12 31
Tarifzuständigkeit ArbGG § 97 10; TVG § 2 9
- gerichtliche Feststellung TVG § 2 25

Taschengeldanspruch der Ehegatten
- Pfändungsschutz ZPO § 850b 3

Taschenkontrolle BetrVG § 87 18
Tatbestand
- Urteil ArbGG § 61 3

Tätigkeitsbereich BetrVG § 87 19; § 99 27
Tätlichkeiten BGB § 626 202, 204
Tatsachenvergleich BGB § 779 1
Taxen
- Begriff BGB § 612 25

Technische Anlagen BetrVG § 91 2
Technische Überwachungseinrichtung
- Mitbestimmung BR BetrVG § 87 39

Teilkonzern MitbestG § 5 10
- Kapitalverbindung MitbestG § 5 10

Teilkündigung
- Form BGB § 623 2

Teilleistungen BGB § 266 1
Teilmitbestimmung BetrVG § 87 66
Teilnichtigkeit BGB § 139 1
Teilurlaub
- Entstehung BUrlG § 5 4
- gekürzter Vollurlaub BUrlG § 5 9
- Krankheit BUrlG § 9 5
- Rückforderungsverbot BUrlG § 5 13; § 13 15
- tarifliche Regelbarkeit BUrlG § 13 13
- Übertrag auf nächstes Kalenderjahr BUrlG § 5 7; § 7 46
- vor erfüllter Wartezeit BUrlG § 4 1; § 5 3

Teilzeit BGB § 611 13
- aktives Wahlrecht Betriebsratswahl BetrVG § 7 4
- Anspruch auf Teilzeitarbeit BGB § 611 367
- Bestimmung der Mitgliederzahl, BR BetrVG § 9 2
- Teilnahmerecht Betriebsversammlung BetrVG § 42 3

Teilzeit- und Befristungsgesetz
- Anwendbarkeit Berufsausbildungsverhältnis TzBfG § 1 7
- Geltungsbereich TzBfG § 1 5
- Inhalt und Zweck TzBfG § 1 1
- Verhältnis zum Wissenschaftszeitvertragsgesetz WissZeitVG § 1 8, 10

Teilzeitarbeit
- abweichende Vereinbarungen TzBfG § 22 1
- Anspruch auf geänderte Verteilung der Arbeitszeit TzBfG § 8 16
- Anspruch auf Verringerung der Arbeitszeit TzBfG § 8 4
- Aus- und Weiterbildung der Arbeitnehmer TzBfG § 10 1
- Beeinträchtigung des Arbeitsablaufs TzBfG § 8 28
- Begriff TzBfG § 2 2
- Begriff teilzeitbeschäftigter Arbeitnehmer TzBfG § 2 2
- betriebliche Altersversorgung BetrAVG § 1 19; § 2 17, 22; TzBfG § 4 10
- Betriebsvereinbarung TzBfG § 8 26
- Elternzeit BEEG § 15 22; § 18 11; TzBfG § 23 3
- entgegenstehende betriebliche Gründe (Arbeitszeitverkürzung) TzBfG § 8 20
- entgegenstehende betriebliche Gründe (Arbeitszeitverteilung) TzBfG § 8 33
- Förderung von - TzBfG § 6 1
- geringfügig Beschäftigte TzBfG § 2 8
- Kündigungsverbot TzBfG § 11 1
- Leiharbeitnehmer TzBfG § 8 32
- öffentlicher Dienst TzBfG § 23 5
- schwerbehinderte Menschen TzBfG § 23 6

Stichwortverzeichnis

- Stellenausschreibung TzBfG § 7 1
- Teilzeitanspruch, einstweilige Verfügung ArbGG § 62 23; TzBfG § 8 58
- Teilzeitanspruch, gerichtliche Durchsetzung TzBfG § 8 53
- Teilzeitanspruch, Schadensersatzanspruch TzBfG § 8 60
- Teilzeitanspruch, Wartezeit TzBfG § 8 5
- TzBfG, Geltungsbereich TzBfG § 1 5
- TzBfG, Inhalt und Zweck TzBfG § 1 1
- Überstunden TzBfG § 2 2; § 4 9
- Veränderungswunsch des Arbeitnehmers TzBfG § 7 8
- Verursachung unverhältnismäßiger Kosten TzBfG § 8 30

Teilzeitarbeitsverhältnis GewO § 6 130

Teilzeitverhältnis
- Auflösung iSv § 24 Nr 1 EStG EStG § 24 36

Telefon BGB § 626 202
- Telefondatenerfassung BetrVG § 75 17
- Telefonüberwachung BetrVG § 75 17; BGB § 611 325; § 626 245

Telefongespräche
- Mithören von GG Art. 2 29

Tempoabhängige Arbeit
- Jugendliche JArbSchG § 23 1

Tendenzbetrieb BetrVG § 118 10; GG Art. 4 21
- Einschränkungen der Meinungsfreiheit GG Art. 5 37
- Geltung BetrVG BetrVG § 118 1

Tendenzkonzern MitbestG § 5 8

Tendenzloyalität GG Art. 5 40

Tendenzschutz BetrVG § 118 1

Tendenzträger BetrVG § 102 6; § 118 1, 13, 16

Tendenzunternehmen DrittelbG § 1 19
- Mitbestimmung MitbestG § 1 13

Termine BGB § 193 1

Territorialitätsprinzip
- BetrVG BetrVG § 1 1

Testkunden BetrVG § 87 19

Textform BGB § 126b 1

Themenvorschlag BetrVG § 86a 1

Topftheorie BetrVG § 87 66

Torkontrolle BetrVG § 87 18

Transfergesellschaft
- Ausgleichsabgabe SGB IX § 71 1; § 77 1–2
- Beschäftigungspflicht schwerbehinderte Menschen SGB IX § 71 1; § 77 1–2

Transferkurzarbeitergeld SGB III § 111 2

Transfermaßnahmen
- Förderung der Teilnahme an SGB III § 110 2

Transfersozialplan
- Auflösung iSv § 24 Nr 1 EStG EStG § 24 22

Treu und Glauben
- Kündigung KSchG § 13 23
- Rechtsmissbrauch BGB § 242 3
- Verwirkung BGB § 242 4

- widersprüchliches Verhalten BGB § 242 2

Treuhand
- Entgeltfortzahlung im Krankheitsfall EFZG § 4 14
- herrschendes Unternehmen BGB § 611 189; EBRG § 6 8

Tronc-System BGB § 611 187

Trotzkündigung BGB § 626 255; KSchG § 4 35

Truckverbot GewO § 107 2

Turnusarbeitsverhältnis TzBfG § 13 14

U

U1- und U2-Verfahren
- Umlageverfahren nach AAG AAG § 7 1

Überbrückungsmaßnahmen BGB § 626 90

Übereinstimmende Erledigterklärung
- im Gütertermin ArbGG § 54 6

Überforderungsklausel
- Altersteilzeit ATZG § 7 6

Überforderungsschutz
- Altersteilzeit ATZG § 3 22

Übergangsmandat
- Betriebsrat BetrVG § 21a 1

Übermaßverbot GG Art. 20 18

Übernahme
- wesentliche Strukturänderungen EBRG § 37 3

Überstunden BetrVG § 87 25
- Abgrenzung zur Arbeit auf Abruf TzBfG § 12 7
- Entgeltfortzahlung an Feiertagen EFZG § 2 20
- Entgeltfortzahlung im Krankheitsfall EFZG § 4 25
- Freizeitausgleich BGB § 611 146
- Teilzeitarbeit TzBfG § 2 2; § 4 9
- Teilzeitbeschäftigte BGB § 611 148
- Verlangen des Arbeitgebers BGB § 611 361
- Weisungsrecht GewO § 106 30
- Zuschläge BGB § 611 145

Überstundenvergütung
- Anordnung der Überstunden BGB § 611 147
- Grundvergütung BGB § 611 145
- Zuschläge BGB § 611 145

Überstundenzuschläge
- Gleichbehandlungsgebot TzBfG § 4 9

Übertarifliche Leistungen BetrVG § 77 30; § 80 21; § 87 11, 63, 66

Überwachung
- - des Betriebsrats BetrVG § 78 3
- betriebliche - BetrVG § 75 17
- Betriebsrat, Beteiligung BetrVG § 75 3
- Mitbestimmung BR BetrVG § 87 19, 39
- Mithören von Telefongesprächen GG Art. 2 29

Überwachungsaufgabe
- Betriebsrat, Beteiligung BetrVG § 75 1; § 80 1, 14, 17

Ultima-ratio-Prinzip BGB § 626 161

Stichwortverzeichnis

Umbauten BetrVG §...
Umdeutung Betr... KSchG § 13 11
– Anfechtung ...B § 140 3
– außerordent... 1; § 623 9;
– Betriebs... B § 140 2
– Kündi... § 95 7; § 99 22, 43, 52
– ... § 6... 1 357
... ... des VA AAG § 3 1
... AAG AAG § 7 1
... AAG § 7 1
...gen AAG § 7 3
... AAG § 7 7
...G § 7 7
...ufgaben AAG § 8 1
...Arbeitgeber AAG § 7 2
...G § 7 8
... BetrVG § 87 77
...afliche
...G § 1 5
– ...htigung ausländischer Vorqualifikatio-
... G § 61 1
... BEEG § 20 1
...g BGB § 626 188
...g im Konzern
...ung iSv § 24 Nr 1 EStG EStG § 24 21
...ungsklausel GewO § 106 22
...ukturierung
...triebliche Altersversorgung BetrAVG § 1b 73
...verteilungsvorbehalt BetrVG § 77 34
...nwandlung UmwG § 194 1
– Arten UmwG § 194 1
– Aufsichtsrat DrittelbG § 1 4
– betriebliche Altersversorgung BetrAVG § 1b 115; § 2 13
– Betriebsübergang UmwG § 324 1
– Mitbestimmung UmwG § 325 1
– Umwandlungsbeschluss UmwG § 194 1
Umweltschutz BetrVG § 80 13; § 88 8; § 89 2, 4, 6
– Beteiligung des Wirtschaftsausschusses BetrVG § 106 8
Umzugskosten
– Erstattung durch den Arbeitgeber BGB § 611 215
– Rückforderung durch den Arbeitgeber BGB § 611 217
Unanwendbarkeit innerstaatlichen Rechts GG Art. 103 18
Unerlaubte Handlung BGB § 823 1
– Haftung mehrerer BGB § 840 1
– Persönlichkeitsrecht BGB § 823 3
– Recht am Arbeitsplatz BGB § 823 5
– Recht am Gewerbebetrieb BGB § 823 4
– Rechtsweg ArbGG § 2 12, 19
– Schutzgesetze BGB § 823 6
– sittenwidrige Schädigung BGB § 826 1
Unfall
– Unfallanzeigen BetrVG § 89 5
– Unfallgefahr BetrVG § 89 2
Unfallverhütung BetrVG § 89 1, 4; BGB § 618 8
– Verhütungsmaßnahmen BetrVG § 81 2; § 88 7
– Verhütungsvorschriften BetrVG § 80 1; § 81 5
– Verhütungsvorschriften, Mitbestimmung BR BetrVG § 87 45
Unfallversicherung
– Schwarzarbeit SchwArbG Vor § 1 8
– Unternehmer SchwArbG § 1 7
Unfallversicherung, gesetzliche
– Arbeitsunfall SGB VII § 7 1; § 8 1
– Berufskrankheit SGB VII § 7 1
– Beschränkung der Haftung anderer im Betrieb tätiger Personen SGB VII § 105 1
– Beschränkung der Unternehmerhaftung SGB VII § 104 1
– Bindung der Gerichte SGB VII § 108 1; § 112 1
– erfasster Personenkreis SGB VII § 2 1
– Feststellung der beschränkten Haftung SGB VII § 109 1
– Formalversicherung SGB VII § 2 5
– freiwillige Versicherung SGB VII § 6 1
– Gefälligkeitshandlungen SGB VII § 2 3
– Gerichtsverfahren SGB VII § 108 1
– Haftung gegenüber Sozialversicherungsträgern SGB VII § 110 1
– konkurrierende Gesetzgebung GG Art. 74 17
– Schwarzarbeit, Regressanspruch SGB VII § 110 4
– Unternehmenshaftung SGB VII § 111 1
– Verjährung SGB VII § 113 1
– Versicherung kraft Satzung SGB VII § 3 1
– Versicherungsfälle, Begriff SGB VII § 7 1
– Versicherungspflicht SGB VII § 2 1
– Wegeunfall SGB VII § 104 4
Unisex-Tarif
– betriebliche Altersversorgung BetrAVG § 1 6; § 4 44
Universitätsklinik GG Art. 5 53
Unkündbarkeit BGB § 622 18; § 626 194
Unmittelbare Diskriminierung
– Diskriminierungsverbot (EG) AEUV Art. 45 12
– wegen Alter AGG § 7 8
– wegen Behinderung AGG § 7 9
– wegen Geschlecht AGG § 7 6
– wegen Rasse und ethnischer Herkunft AGG § 7 5

Stichwortverzeichnis

- wegen Religion oder Weltanschauung   AGG § 7 6
- wegen sexueller Identität   AGG § 7 10

Unmöglichkeit
- anfängliche -   BGB § 275 3; § 311a 1
- der Leistung   BGB § 275 1, 4
- Entgeltzahlungspflicht   BGB § 326 2

Unmöglichkeit der Arbeitsleistung   BGB § 275 1, 4
- Abgrenzung zum Annahmeverzug   BGB § 615 3
- faktische oder praktische Unmöglichkeit   BGB § 611 401
- Fixschuldcharakter   BGB § 611 398
- Gegenleistung   BGB § 611 403
- objektive Unmöglichkeit   BGB § 611 399
- Rechtsfolgen   BGB § 611 402
- Schadensersatzanspruch des AG   BGB § 611 404
- subjektive Unmöglichkeit   BGB § 611 399
- Unzumutbarkeit   BGB § 611 405

Unpfändbarkeit   BGB § 626 202
- Änderung der Unpfändbarkeitsvoraussetzungen   ZPO § 850g 1
- Änderung des Betrags   ZPO § 850f 1
- Anwendungsbereich   ZPO § 850a 2
- Aufwandsentschädigung   ZPO § 850a 4
- Auslösungsgelder   ZPO § 850a 4
- Bezüge   ZPO § 850a 1
- Blindenzulage   ZPO § 850a 8
- Erziehungsgeld   ZPO § 850a 7
- Freibeträge   ZPO § 850c 2
- Geburtsbeihilfen   ZPO § 850a 6
- Gratifikation   ZPO § 850a 1
- Heiratsbeihilfen   ZPO § 850a 6
- Mehrarbeitsvergütung   ZPO § 850a 2
- Sterbebezüge   ZPO § 850a 8
- Studienbeihilfe   ZPO § 850a 7
- Urlaubsgeld   ZPO § 850a 3
- Weihnachtsgeld   ZPO § 850a 5

Unterhalt
- Ansprüche   ZPO § 850c 4; § 850d 1
- notwendiger -   ZPO § 850d 3
- Pfändungsschutz   ZPO § 850d 1
- Rangfolge   ZPO § 850d 6
- Verpflichtungen   ZPO § 850c 3; § 850d 4

Unterhaltsrenten, gesetzliche
- Pfändungsschutz   ZPO § 850b 3

Unterlagen   BetrVG § 80 16, 19; § 83 1; § 91 4; § 92 6; § 99 34, 36; § 102 16; § 106 6; § 108 7; § 109 2; § 111 20
- Besonderes Verhandlungsgremium   EBRG § 8 3
- EBR kraft Gesetz   EBRG § 29 4

Unterlassungsanspruch   BetrVG § 74 14; § 75 2, 19; § 77 41; § 80 16; § 87 16; § 91 5; § 92 7; § 92a 6; § 93 5; § 94 6; § 95 8; § 97 4, 9; § 100 1; § 101 2; § 111 1, 25; § 113 1
- bei unerlaubten Handlungen   BGB § 1004 1

- Betriebs-/Geschäftsge...
- Verletzung Unterrichtu... pflichten   EBRG Vorbe... § 30 5
- Verletzung Verschwiegenhe... § 35 3

Untermaßverbot   GG Art. 20 17:

Unternehmen
- abhängiges Unternehmen   AktG § 17 1
- ausländisches -   MitbestG § 1 7
- Begriff   BGB § 611 27
- Begriff im Sinne des EBRG   EBRG §
- Gründungsphase   MitbestG § 1 6
- herrschendes Unternehmen   AktG § 15 2;
- Mehrheitsbeteiligung   AktG § 16 1
- Mitbestimmung   MitbestG § 1 1
- Unternehmensbegriff   AktG § 15 2
- verbundene Unternehmen   AktG § 15 1
- wesentliche Strukturänderungen   EBRG § 37

Unternehmen, herrschendes
- Abhängigkeitsvermutung   EBRG § 6 7
- Beherrschungsmittel   EBRG § 6 3
- Bestimmung nach EBRG   EBRG § 6 1
- Insolvenzverwalter   EBRG § 6 3
- Treuhandkonstellationen   EBRG § 6 8

Unternehmensbegriff   BGB § 611 27; EBRG § 2 1

Unternehmenseinheitlicher Betriebsrat   BetrVG § 3 2
- Bildung durch Belegschaftsbeschluss   BetrVG § 3 3
- Rechtsfolgen   BetrVG § 3 2

Unternehmensführung   BetrVG § 77 1

Unternehmensgruppe
- EBRG   EBRG § 3 2

Unternehmensplanung   BetrVG § 92 3

Unternehmensspaltung
- Unterrichtung und Anhörung EBR   EBRG § 29 14

Unternehmenssprecherausschuss (USprAu)   SprAuG § 20 1
- Amtszeit   SprAuG § 20 1
- Errichtung   SprAuG § 1 2; § 20 1
- Größe   SprAuG § 20 1
- Grundabstimmung   SprAuG § 20 1
- Unternehmensversammlung der leitenden Angestellten   SprAuG § 15 1
- Vergrößerung   SprAuG § 20 1
- Verhältnis zum SprAu   SprAuG § 20 1
- Zuständigkeit   SprAuG § 20 2

Unternehmensstilllegung
- Unterrichtung und Anhörung EBR   EBRG § 29 15

Unternehmensübernahme
- Beteiligung Wirtschaftsausschuss   BetrVG § 109a 1

Unternehmensversammlung der leitenden Angestellten SprAuG § 15 1
Unternehmensvertretung
- Bestellung und Widerruf MitbestG § 31 1
- Vorrang des Mitbestimmungsgesetzes MitbestG § 30 1

Unternehmer
- als Hersteller BGB § 950 1
- Sozialversicherung SchwArbG § 1 7

Unternehmerentscheidung
- außerordentliche Kündigung BGB § 626 106

Unternehmerhaftung
- Unfallversicherung, gesetzliche SGB VII § 104 1

Unterrichtung BetrVG § 80 14; § 81 2; § 89 4; § 91 1; § 92 2; § 99 4, 34; § 100 4; § 102 8; § 105 1; § 106 3; § 110 1; § 111 1, 19; EBRG § 1 4
- Ausgleichsabga SGB IX § 77 1–2
- über einen Betriebsübergang BGB § 613a 124

Unterrichtungsanspruch
- freie Stellen AÜG § 13a 1

Unterrichtungsverfahren
- EBR kraft Gesetzes EBRG § 30 1
- Gestaltungsfreiheit EBRG EBRG § 17 1

Unterrichtungsverfahren, dezentral
- Vereinbarung über grenzübergreifende Unterrichtung und Anhörung nach EBRG EBRG § 19 1

Unterrichtungsverfahren, zentral
- EBR kraft Vereinbarung EBRG § 18 7

Untersagungsverfügung
- Arbeitnehmerüberlassung AÜG § 6 1

Unterschiedliche Behandlung wegen beruflicher Anforderungen
- Differenzierungsmerkmale AGG § 8 4

Unterschrift
- Urteil ArbGG § 69 1

Unterschriftenaktion GG Art. 9 34, 39, 43

Unterstützungskampf
- grenzüberschreitender - Rom II-VO Vorbem 1

Unterstützungsstreik TVG Anhang 3, 15; GG Art. 9 76

Untersuchung des Arbeitnehmers GG Art. 2 34

Untersuchungen
- Freistellung von Schwangeren und Müttern MuSchG § 16 1

Untersuchungsgrundsatz
- ausländisches Recht ArbGG § 46 7

Untersuchungshaft BGB § 626 202

Unterweisung BetrVG § 81 2

Unzumutbarkeit
- anfängliche - BGB § 311a 2
- Arbeitsleistung BGB § 275 7; § 611 405
- Entgeltzahlungspflicht BGB § 326 2
- Gewissenskonflikt BGB § 611 409
- Rechtsfolgen BGB § 611 410
- Weiterbeschäftigung Auszubildende BetrVG § 78a 5
- Weiterbeschäftigung Wehrdienst ArbPlSchG § 2 15

Urheberrecht
- Eigentumsgarantie GG Art. 14 7

Urheberrechtsstreitigkeit
- Zuständigkeit ArbGG § 2 21

Urkunde
- Beweis
  - Strafurteil ArbGG § 58 4
- notarielle Erklärung ArbGG § 58 6
- Vorlage bei Gericht ArbGG § 56 3

Urlaub
- Abdingbarkeit BUrlG § 13 1
- Annahmeverzug BUrlG § 1 9; § 7 8
- Anspruchsinhalt BUrlG § 1 3; § 11 1
- Arbeit auf Abruf TzBfG § 12 26
- Arbeitgeberbescheinigung BUrlG § 6 6
- Arbeitskampf BUrlG § 1 10; § 11 22
- Ausschluss von Doppelansprüchen BUrlG § 6 1
- Ausschlussfrist BUrlG § 1 15; § 7 43, 52, 59 § 11 24; § 13 8, 20, 25
- Bahn und Post BUrlG § 13 28
- Bauwirtschaft BUrlG § 13 26
- Befristung des Anspruchs BUrlG § 1 5; § 7 29
- Berechnung der Wartezeit BUrlG § 4 8
- Betriebsübergang BGB § 1 5; § 4 2; § 6 4; § 7 62; § 613a 91, 100;
- Bruchteile von Urlaubstagen BUrlG § 5 16
- Doppelarbeitsverhältnis BUrlG § 6 4
- einstweilige Verfügung BUrlG § 1 14
- Elternzeit BUrlG § 1 1, 17; § 5 12
- Entgeltfortzahlung an Feiertagen EFZG § 2 13
- Erholung BUrlG § 1 1
- Erwerbstätigkeit BUrlG § 8 1
- Freistellungsansprüche, sonstige BUrlG § 1 6
- Freistellungserklärung BUrlG § 7 1
- gerichtliche Durchsetzung BUrlG § 1 11
- Heimarbeit BUrlG § 12 1
- Inkrafttreten des BUrlG BUrlG § 16 1
- Insolvenz BUrlG § 1 5
- Jugendlicher JArbSchG § 19 1
- Krankheit BUrlG § 1 8; § 7 33, 37; § 9 1; § 10 1, 6; § 11 10
- Kürzung wegen Elternzeit BEEG § 17 2
- Maßnahmen der medizinischen Vorsorge oder Rehabilitation BUrlG § 10 1
- Mitbestimmung BR BetrVG § 87 36; BUrlG § 7 15
- Nebenpflichten BUrlG § 1 3
- Pro-Rata-Temporis-Grundsatz BUrlG § 11 5
- Rechtsmissbrauch BUrlG § 1 2, 16
- Regelungen außerhalb des BUrlG BUrlG § 1 17; § 15 1

Stichwortverzeichnis

- Ruhen des Anspruchs auf Arbeitslosengeld SGB III § 157 3
- Schadenersatz wegen Verfall des Urlaubs BUrlG § 7 50
- Schwangerschaft MuSchG § 17 1
- Schwarzarbeit SchwArbG Vor § 1 12
- schwerbehinderte Menschen BUrlG § 1 17; § 3 4; SGB IX § 125 1
- Selbstbeurlaubung BGB § 626 202
- Surrogationstheorie BUrlG § 7 59, 64 § 13 20
- Tatsachenvergleich BUrlG § 13 9
- Übertragung BUrlG § 7 30; § 13 18
- Übertragung von Teilurlaub BUrlG § 5 7; § 7 46
- Übertragung, individuelle Vereinbarungen BUrlG § 7 48
- Übertragungsfolgen BUrlG § 7 36
- Übertragungsgründe BUrlG § 7 31
- Urlaubsbescheinigung BUrlG § 6 6
- Urlaubsentgelt BUrlG § 11 1
- Urlaubsgeld BUrlG § 11 28; ZPO § 850a 3
- Verfall BUrlG § 7 37
- Verkürzung oder Verlängerung der Wartezeit BUrlG § 4 6; § 13 12
- Verzicht BUrlG § 1 15; § 11 25; § 13 8
- Wartezeit BUrlG § 4 1
- Zweck BUrlG § 1 1

Urlaubsabgeltung
- Abgeltungsanspruch bei Beendigung BUrlG § 7 53
- Altersteilzeit BUrlG § 7 63
- Arbeitsunfähigkeit BUrlG § 7 56
- Arbeitsunfähigkeit, Vertrauensschutz GG Art. 20 17
- Ausschlussfrist BUrlG § 13 20
- Betriebsübergang BUrlG § 7 62
- Elternzeit BEEG § 17 10; BUrlG § 7 53
- Insolvenzgeld SGB III § 166 3
- Krankheit BUrlG § 7 56
- Pfändung des Anspruchs BUrlG § 7 66
- Ruhen des Anspruchs auf Arbeitslosengeld SGB III § 157 3
- Sozialversicherung BUrlG § 7 67
- tarifliche Regelbarkeit BUrlG § 7 65; § 13 20
- Tod des AN BUrlG § 7 64
- Voraussetzungen des Abgeltungsanspruchs BUrlG § 7 55

Urlaubsanspruch
- Wechsel von Voll- zu Teilzeitarbeit TzBfG § 4 9

Urlaubsdauer
- Abdingbarkeit BUrlG § 13 10
- dauerhafte Änderung der Arbeitszeit BUrlG § 3 8
- flexible Arbeitszeiten BUrlG § 3 7
- Fünf-Tage-Woche BUrlG § 3 5
- in Arbeitstagen BUrlG § 3 4
- in Werktagen BUrlG § 3 1
- schwerbehinderte Menschen BUrlG § 1 17; § 3 4; SGB IX § 125 1
- Sonn- und Feiertage BUrlG § 3 11
- Umrechnung BUrlG § 3 5

Urlaubsentgelt
- (Jahres)Sonderzahlungen BUrlG § 11 9
- Änderung der Berechnungsmethode BUrlG § 11 27; § 13 23
- Arbeitsausfall BUrlG § 11 22
- Arbeitskampf BUrlG § 11 22
- Arbeitsverdienst BUrlG § 11 7
- Arbeitsversäumnis BUrlG § 11 22
- Aufwendungsersatz BUrlG § 11 11
- Ausschlussfrist BUrlG § 11 24; § 13 25
- Bezugsmethode BUrlG § 11 2
- erfolgsabhängige Vergütung BUrlG § 11 8
- Fälligkeit BUrlG § 11 23
- Geldfaktor BUrlG § 11 6, 13
- Insolvenz BUrlG § 11 25
- Kurzarbeit BUrlG § 11 21
- Lohnausfallprinzip BUrlG § 11 3
- Rückforderungsverbot BUrlG § 5 13
- Sachbezüge BUrlG § 11 12
- tarifliche Regelbarkeit BUrlG § 13 22
- Trinkgelder BUrlG § 11 11
- Überstunden BUrlG § 11 16
- Unabdingbarkeit BUrlG § 11 25
- Verdiensterhöhungen BUrlG § 11 18
- Verdienstkürzungen BUrlG § 11 20
- Vererbbarkeit BUrlG § 11 25
- Verjährung BUrlG § 11 24
- Verwirkung BUrlG § 11 24
- Verzicht BUrlG § 11 25
- Zeitfaktor BUrlG § 11 3
- zusätzliches Urlaubsgeld BUrlG § 11 28

Urlaubsgeld
- Unpfändbarkeit ZPO § 850a 3

Urlaubsgewährung
- Eindeutigkeit BUrlG § 7 8
- einstweilige Verfügung ArbGG § 62 23
- entgegenstehende betriebliche Belange BUrlG § 7 20
- Freistellungserklärung BUrlG § 7 2, 8, 14
- im Anschluss an Rehabilitation BUrlG § 7 24
- tarifliche Regelbarkeit BUrlG § 13 16
- Tilgungsbestimmung BUrlG § 7 5
- Unmöglichkeit BUrlG § 7 7
- Unwiderruflichkeit BUrlG § 7 11
- Urlaubswünsche anderer Arbeitnehmer BUrlG § 7 22
- Urlaubswünsche des Arbeitnehmers BUrlG § 7 16
- zusammenhängender Urlaubszeitraum BUrlG § 7 25

Urlaubsübertragung
- Elternzeit BEEG § 17 7

Urteil
- abgekürzte Fassung ArbGG § 60 5
- Berufungsverfahren ArbGG § 69 1
- elektronische Form ArbGG § 46f 5
- Fristüberschreitung ArbGG § 60 6
- notwendiger Inhalt ArbGG § 61 2
- Rechtsmittelbelehrung ArbGG § 61 4
- Revisionsverfahren ArbGG § 75 1
- Richterunterschrift ArbGG § 60 7
- Streitwertfestsetzung ArbGG § 61 5
- Unterschrift ArbGG § 69 1
- vollständige Abfassung ArbGG § 60 5
- vorläufige Vollstreckbarkeit ArbGG § 62 2
- Vornahme einer Handlung ArbGG § 61 7
- Zulassung der Berufung ArbGG § 64 6
- Zustellung ArbGG § 50 6

Urteilsabfassung
- Ordnungsvorschrift ArbGG § 60 6

Urteilsverfahren
- Anwendungsbereich ArbGG § 2 32
- Beibringungsgrundsatz ArbGG § 46 7
- Dispositionsmaxime ArbGG § 46 5
- Grundsätze ArbGG § 46 2–3
- Mündlichkeitsprinzip ArbGG § 46 6

Urteilsverkündung
- Ausnahmen von der Verkündungspflicht ArbGG § 60 2
- besonderer Verkündungstermin ArbGG § 60 3
- Grundsatz ArbGG § 60 2
- Inhalt ArbGG § 60 4

V

Verbandsvertreter
- Prozesshandlungsbefugnis ArbGG § 11 7
- Prozessvertretung ArbGG § 11 6, 9
- Zustellung ArbGG § 50 8

Verbesserungsvorschlag BetrVG § 87 79
Verbraucher BGB § 13 1
Verdachtskündigung BGB § 626 141, 211; EinigungsV Anlage I 7
- Berufsfreiheit GG Art. 12 25

Verdienstausfall
- Schwarzarbeit SchwArbG Vor § 1 9

Verein
- Ausschluss BGB § 39 2
- Austritt BGB § 39 1
- Haftung des Vorstands BGB § 31a 1
- Idealverein BGB § 22 1
- Mitgliederversammlung BGB § 32 1
- Mitgliedschaft BGB § 38 1
- nicht rechtsfähiger - BGB § 54 1
- Parteifähigkeit BGB § 22 2
- Vertretung BGB § 30 1
- Vorstand BGB § 30 1
- wirtschaftlicher Verein BGB § 22 3

Vereinbarung über grenzübergreifendes Unterrichtungs- und Anhörungsverfahren nach EBRG
- Auslegung EBRG § 17 3
- Beteiligtenfähigkeit EBRG Vorbemerkung 11
- Bypass-Modell EBRG § 19 1
- gerichtliche Durchsetzung Vorbemerkung 11
- Gestaltungsfreiheit EBRG § 17 1, 5
- grenzübergreifende Angelegenheiten mit erheblicher Bedeutung EBRG § 19 2
- Mindestinhalt EBRG § 19 2
- Rechtsnatur EBRG § 17 3
- Rechtswahlklausel EBRG § 17 2
- Sitzungsmodalitäten EBRG § 19 3
- Unterlassungsanspruch EBRG Vorbemerkung 12
- Unterrichtung und Anhörung EBRG § 19 1
- unvollständige Vereinbarungen EBRG § 17 9
- Vertraulichkeit EBRG § 35 2

Vereine
- Sonn- und Feiertagsbeschäftigung ArbZG § 10 11

Vereinigungsfreiheit GG Art. 9 1
- Anwendungsbereich GG Art. 9 2
- Ausschluss GG Art. 9 2
- Rechtsweg ArbGG § 2 6
- Verbot von Vereinigungen GG Art. 9 4

Verfahren vor dem Schiedsgericht ArbGG § 110 6
- Anhörung ArbGG § 110 7
- Aufhebungsklage ArbGG § 110 13
- Beendigung ArbGG § 110 9
- Beweisaufnahme ArbGG § 110 8
- Säumnis ArbGG § 110 7
- Schiedsspruch ArbGG § 110 10
- Vergleich ArbGG § 110 9
- Zwangsvollstreckung ArbGG § 110 12

Verfahrensart ArbGG § 80 20
- Vorabentscheidung ArbGG § 48 6

Verfahrensdauer
- Rechtsschutz bei überlangen Gerichtsverfahren ArbGG § 9 4; GG Art. 19 17

Verfahrensmangel
- Zurückverweisung ArbGG § 68 1

Verfahrensrüge
- Revision ArbGG § 74 16

Verfassungskonforme Auslegung GG Art. 20 2
Verfassungsmäßige Ordnung GG Art. 2 16
Verfassungstreue BGB § 626 77

Verfrühungsschaden
- Insolvenz InsO § 113 7
- Schadensersatz bei außerordentlicher Kündigung BGB § 628 34, 49

Vergleich
- Abfindung KSchG § 10 15
- Anfechtung ArbGG § 54 5
- Beschlussverfahren ArbGG § 83a 1

Stichwortverzeichnis

- Beschwerde im Beschlussverfahren ArbGG § 90 9
- Gebührenprivileg ArbGG § 12 4
- im Beschlussverfahren ArbGG § 83a 1
- Irrtum über die Vergleichsgrundlage BGB § 779 1
- nachträglicher Wegfall der Vergleichsgrundlage BGB § 779 4
- Rechtsbeschwerde im Beschlussverfahren ArbGG § 95 7
- Schiedsverfahren ArbGG § 110 9
- schriftliches Verfahren ArbGG § 57 4
- Schuldanerkenntnis, Formfreiheit BGB § 782 2
- Schuldversprechen, Formfreiheit BGB § 782 2
- Sittenwidrigkeit BGB § 138 4
- Tatsachenvergleich BGB § 779 1
- Widerruf ArbGG § 54 5

Vergütung
- Anspruch bei außerordentlicher Kündigung BGB § 628 9
- Arbeitnehmerüberlassung, fingiertes Arbeitsverhältnis AÜG § 10 11
- Berufsausbildungsverhältnis BBiG § 17 1
- Freiwilligkeitsvorbehalt BGB § 308 5
- Handlungsgehilfe HGB § 64 1
- Minderung des Anspruchs BGB § 628 14
- sonstige Leistungen BGB § 628 13
- vertragswidriges Verhalten BGB § 628 16
- Verzug BGB § 614 9
- vorausgezahlte Vergütung BGB § 628 18
- Vorschuss BGB § 614 12
- Wegfall des Interesses BGB § 628 17
- Zurückbehaltungsrecht BGB § 614 10

Vergütung, Fälligkeit
- Abdingbarkeit BGB § 614 3
- Ausbildungsvergütung BGB § 614 7
- Gewinnbeteiligung BGB § 614 6
- Provisionsansprüche BGB § 614 5
- Sonderregeln BGB § 614 4
- Vorleistungspflicht des Arbeitnehmers BGB § 614 1

Vergütungserwartung
- Darlegungs- und Beweislast BGB § 612 23
- familienrechtliche Mitarbeit BGB § 612 9
- fehlgeschlagene - BGB § 612 16
- Gefälligkeiten und Gefälligkeitsverhältnisse BGB § 612 8
- Geschäftsführer BGB § 612 10

Vergütungsregelungen BetrVG § 87 60

Vergütungsvereinbarung
- ausdrückliche - BGB § 611 112

Vergütungsvereinbarung, stillschweigende
- Darlegungs- und Beweislast BGB § 612 23
- Fehlen einer Vergütungsvereinbarung BGB § 612 5
- Grundsätze BGB § 612 1
- qualitative Mehrleistung BGB § 612 12
- quantitative Mehrleistung BGB § 612 13
- Rechtsnatur BGB § 612 2
- Sonderleistungen BGB § 612 14
- übliche Vergütung BGB § 612 26
- Unwirksamkeit einer Vergütungsvereinbarung BGB § 612 6
- Urheberrechtsfähige Werke BGB § 612 15
- Vergütungserwartung BGB § 612 7
- Vergütungshöhe BGB § 612 24
- Voraussetzungen BGB § 612 3
- Weiterbeschäftigung nach Kündigung BGB § 612 4
- wirksame Dienstvereinbarung BGB § 612 3

Verhalten im Betrieb
- Weisungsrecht GewO § 106 35

Verhaltensbedingte Kündigung
- Betriebsratsanhörung BetrVG § 102 19
- Wehrdienst ArbPlSchG § 2 8

Verhältnismäßigkeitsgrundsatz
- Grundrechte GG Art. 20 18

Verjährung
- Hemmung BGB § 203 1; § 204 1; § 205 1; § 206 1
- Leistungsverweigerungsrecht BGB § 194 1; § 214 1
- Neubeginn BGB § 212 1
- Schadensersatzanspruch des Arbeitnehmers BGB § 628 54
- Unfallversicherung, gesetzliche SGB VII § 113 1
- Unterbrechung BGB § 212 1
- Unterschied zu Ausschlussfrist BGB § 194 2
- Vereinbarungen BGB § 202 1
- Wirkung der Hemmung BGB § 209 1
- Zurückbehaltungsrecht BGB § 215 1

Verjährungsfristen
- Beginn BGB § 199 1
- Dauer BGB § 195 1; § 197 1; § 199 6
- regelmäßige - BGB § 195 1

Verkehrsbetriebe
- Arbeitszeit ArbZG § 21a 1
- Aufzeichnungspflicht ArbZG § 21a 15
- Kurzpausen ArbZG § 7 5
- Ruhezeit ArbZG § 5 7; § 21a 10
- Sonn- und Feiertagsbeschäftigung ArbZG § 10 21

Verlängerung des Arbeitsverhältnisses
- fehlender Widerspruch BGB § 625 20
- stillschweigende - BGB § 625 1
- Widerspruch BGB § 623 2

Verleiherlaubnis
- Arbeitnehmerüberlassung AÜG § 2 1
- Erklärungspflicht Verleiher AÜG § 12 5
- Erlöschen AÜG § 2 11
- Erteilung AÜG § 2 2
- Fehlen einer - AÜG § 9 2; § 12 12
- Fehlen einer -, Ordnungswidrigkeit AÜG § 16 5

- Gleichstellungsgebot AÜG § 3 17
- Gleichstellungsgebot, Ausnahmen AÜG § 3 26
- grenzüberschreitende Arbeitnehmerüberlassung AÜG § 3 39, 49
- Hinweispflicht bei Wegfall der - AÜG § 11 16
- Kosten AÜG § 2a 1
- Nebenbestimmungen AÜG § 2 3
- Nichterfüllung einer Auflage AÜG § 5 5
- Rechtsmittel AÜG § 2 12
- Rechtsschutz bei Rücknahme AÜG § 4 11
- Rechtsschutz bei Widerruf AÜG § 5 15
- Rücknahme AÜG § 4 1
- unbefristete Erlaubnis AÜG § 2 10
- unzureichende Betriebsorganisation AÜG § 3 16
- Unzuverlässigkeit Verleiher AÜG § 3 6
- Versagung AÜG § 3 1
- Widerruf AÜG § 5 3

Verletzung rechtlichen Gehörs
- Nichtzulassungsbeschwerde ArbGG § 72a 24
- Revision ArbGG § 72 7

Verletzungsrenten
- Pfändungsschutz ZPO § 850b 2

Verlust der Wählbarkeit
- Aufsichtsrat MitbestG § 24 1

Vermittlungsausschuss
- Aufsichtsrat AktG § 107 5

Vermittlungsprovision
- Arbeitnehmerüberlassungsvertrag AÜG § 9 10

Vermittlungsverfahren bei Betriebsänderung
- in der Insolvenz InsO § 122 3

Vermittlungsvergütung
- Arbeitnehmerüberlassungsvertrag AÜG § 9 13

Vermittlungsvertreter HGB § 84 2

Vermögen
- Eigentumsgarantie GG Art. 14 5

Vermögensbildung BetrVG § 88 10

Vermögensgegenstände
- Arbeitnehmer UmwG § 194 5
- Aufteilung UmwG § 194 4
- Spaltung UmwG § 194 1, 4

Versammlung der leitenden Angestellten
- Arbeitsbefreiung SprAuG § 15 2
- Durchführung SprAuG § 15 2
- Einberufung SprAuG § 15 1
- Kosten SprAuG § 15 2
- Sitzungsleitung SprAuG § 15 2
- Tagesordnung SprAuG § 15 2
- Tätigkeitsbericht SprAuG § 15 2
- Teilnahmerecht SprAuG § 15 1
- Verhältnis zum SprAu SprAuG § 15 2
- Zeit SprAuG § 15 2

Versämnisurteil, Zweites
- Einstweiliger Rechtsschutz
  - Unstatthaftigkeit der Revision ArbGG § 72 8

Versäumnisurteil
- Berufung gegen zweites - ArbGG § 64 14
- Einspruch ArbGG § 59 9
- gegen beklagte Partei ArbGG § 59 6
- gegen Klagepartei ArbGG § 59 5
- im Berufungsverfahren ArbGG § 64 26
- im Revisionsverfahren ArbGG § 75 11
- Rechtsmittel, Berufung ArbGG § 64 4
- Revision gegen zweites - ArbGG § 72 2
- Schlüssigkeit ArbGG § 59 6
- Voraussetzungen ArbGG § 59 2
- Zurückverweisung ArbGG § 68 15
- zweites - ArbGG § 59 14

Verschmelzung UmwG § 194 1
- Betriebsrat BetrVG § 1 10
- Betriebsübergang BGB § 613a 31
- grenzüberschreitende - UmwG § 194 22
- Verschmelzungsvertrag UmwG § 194 2
- wesentliche Strukturänderungen EBRG § 37 3

Verschmelzungsplan UmwG § 194 18, 21, 24

Verschulden bei Vertragsschluss
- gesetzliches Verbot BGB § 134 4

Verschwiegenheitspflicht BetrVG § 99 44; § 102 27; § 106 7; § 121 8; BGB § 626 202
- Aufsichtsrat AktG § 116 3
- besonderes Verhandlungsgremium EBRG § 35 2
- Betriebs- und Geschäftsgeheimnis BGB § 611 372
- EBR kraft Gesetz EBRG § 35 2
- EBR kraft Vereinbarung EBRG § 35 2
- nach Beendigung des Arbeitsverhältnisses BGB § 611 378
- Rechtsfolgen eines Verstoßes BGB § 611 379
- Vereinbarung über grenzübergreifendes Unterrichtungs- und Anhörungsverfahren EBRG § 35 2
- Zeugenpflicht BGB § 611 376

Versetzung BetrVG § 95 7; § 99 26, 42; § 103 1, 9, 17; BGB § 626 188

Versetzungsklausel GewO § 106 22

Versetzungswunsch BetrVG § 99 31

Versicherungsvertreter HGB § 92 1
- im Nebenberuf HGB § 92b 3
- Mindestarbeitsbedingungen HGB § 92a 2

Versorgungsansprüche GG Art. 14 13, 26

Versorgungsanwartschaften
- Insolvenzschutz GG Art. 14 26

Verspätung
- Entschuldigung ArbGG § 56 10

Vertrag
- Angebot BGB § 150 1
- Annahme BGB § 150 5; § 151 1
- Gesamtzusage BGB § 150 9; § 151 1
- Wirksamkeit bei Schriftform BGB § 150 8

Vertragsabschlussfreiheit GewO § 105 5
- Abschlussgebote GewO § 105 11
- Abschlussverbote GewO § 105 5
- Kontrahierungszwang GewO § 105 13

Stichwortverzeichnis

Vertragsarztrecht
- konkurrierende Gesetzgebung GG Art. 74 16

Vertragsbruch, Vertragsverletzung (Schadensersatz)
- Arbeitsentgeltanspruch BGB § 628 9, 14, 18
- Auflösungsverschulden BGB § 628 25
- Begriff BGB § 628 4, 16, 25
- beider Parteien BGB § 628 31
- Entschädigung gemäß § 61 II ArbGG BGB § 628 8
- Kausalität für Kündigung BGB § 628 16, 25
- Schadensberechnung BGB § 628 32
- Schadensersatz bei außerordentlicher Kündigung BGB § 628 19
- Wegfall des Interesses BGB § 628 17

Vertragsdurchführung
- Maßgeblichkeit der tatsächlichen - GewO § 6 23

Vertragsformfreiheit GewO § 105 23
- Nachweisgesetz GewO § 105 27
- Schriftformerfordernis GewO § 105 25

Vertragsfreiheit GG Art. 2 4
- Beschränkungen GewO § 105 4
- Beschränkungen durch AGB-Kontrolle GewO § 105 22
- Diskriminierungsverbot GewO § 105 15
- Rechtsgeschichte GewO § 105 1
- Vertragsabschlussfreiheit GewO § 105 5
- Vertragspartnerwahlfreiheit GewO § 105 14

Vertragsgestaltung
- Arbeitnehmerstatus GewO § 6 22

Vertragsinhaltsfreiheit GewO § 105 16
- Mindestarbeitsbedingungen GewO § 105 18
- Sittenwidrigkeit GewO § 105 17

Vertragspartnerwahlfreiheit GewO § 105 14
- Diskriminierungsverbot GewO § 105 15

Vertragsprinzip BGB § 311 1

Vertragsstrafe BGB § 339 1; § 622 19; § 626 42; § 628 4
- allgemeine Geschäftsbedingungen BGB § 309 2
- Herabsetzung der Strafe BGB § 343 1

Vertragsstrafe bei Wettbewerbsverstößen
- Freistellung HGB § 75c 6
- Herabsetzung HGB § 75c 5
- Vereinbarung HGB § 75c 1
- Verwirkung HGB § 75c 3

Vertragsübernahme BGB § 398 1

Vertragsverletzungsverfahren AEUV Art. 267 1

Vertrauensleute, betriebliche BetrVG § 3 8

Vertrauensschaden
- Irrtumsanfechtung BGB § 122 1

Vertrauensschutz
- Rückwirkungsverbot GG Art. 20 13

Vertrauensvolle Zusammenarbeit BetrVG § 2 1; § 74 1
- Adressaten BetrVG § 2 1
- Rechtspflicht BetrVG § 2 1
- Sprecherausschuss SprAuG § 2 1

- Zusammenwirken mit Koalitionen BetrVG § 2 3
- zwischen den Betriebsparteien BetrVG § 2 1

Vertretung des Unternehmens
- Abberufung MitbestG § 31 6
- Bestellung und Widerruf MitbestG § 31 1
- Vorrang des Mitbestimmungsgesetzes MitbestG § 30 1

Vertretungsorgane
- Gerichtsstandsvereinbarung ArbGG § 5 8
- Rechtsweg ArbGG § 5 6

Verwaltungsakt
- Wirkung, Feststellung der Umlagepflicht AAG § 3 1

Verwaltungssitz DrittelbG § 1 2

Verweisung
- Bindungswirkung GVG § 17b 6

Verwertungsverbot GG Art. 2 30
- Überwachung GG Art. 2 29

Verwirkung BGB § 194 3; § 626 205
- Verstoß gegen Treu und Glauben BGB § 242 4; § 626 40

Verzicht
- auf Kündigung BGB § 626 39, 181
- auf Kündigungsschutz BGB § 623 3
- EFZG EFZG § 12 4

Verzichtsurteil
- Alleinentscheidung ArbGG § 55 3

Verzögerung
- Zulassung neuer Angriffs- und Verteidigungsmittel in der Berufungsinstanz ArbGG § 67 11

Verzug BGB § 626 204, 211
- Annahmeverzug BGB § 296 1
- Schuldnerverzug BGB § 287 1

Verzugszinsen BGB § 289 1

Videoüberwachung BDSG § 32 13; BetrVG § 75 17; GG Art. 2 29
- Anwendungsbereich BDSG § 6b 1
- Beweiserhebungsverbot ArbGG § 58 2
- Beweisverwertungsverbot BDSG § 6b 2; BGB § 626 245; GG Art. 2 29
- Persönlichkeitsrecht ArbGG § 58 4; BGB § 611 325
- Rechtsfolgen BDSG § 6b 2
- Schadensersatz BDSG § 6b 1
- Verwertungsverbot GG Art. 2 29

Vollmacht BGB § 173 1
- Anscheinsvollmacht BGB § 173 1
- Außenvollmacht BGB § 173 1
- Duldungsvollmacht BGB § 173 1
- einseitiges Rechtsgeschäft BGB § 174 1
- Erlöschen BGB § 173 4
- Innenvollmacht BGB § 173 1
- Rückgabe der Vollmachtsurkunde BGB § 175 1
- Widerruf BGB § 173 5

Vollstreckungsabwehrklage
- einstweilige Anordnung ArbGG § 62 9

– Sicherheitsleistung ArbGG § 62 9
Vollstreckungsbescheid
– Einspruch ArbGG § 46a 12
– Erlass ArbGG § 46a 11
Vollzugskompetenz BetrVG § 80 3
Volontäre GewO § 6 129; HGB § 82a 1
– Rechtsweg ArbGG § 5 3
Vorabentscheidungsverfahren
– Erforderlichkeit AEUV Art. 267 2
– Gegenstand AEUV Art. 267 2
– Vorlageberechtigung AEUV Art. 267 2
– Vorlagefrage AEUV Art. 267 2
– Vorlagepflicht AEUV Art. 267 2
Vorabverfahren
– Rechtswegbestimmung GVG § 17b 1
Vorbehalt des Gesetzes GG Art. 20 6
Vorbeschäftigung
– Kettenbefristung TzBfG § 14 73
Vorlagepflicht BetrVG § 80 19
– an Betriebsrat UmwG § 194 17
Vorläufige personelle Maßnahme BetrVG § 100 1
Vorläufige Vollstreckbarkeit
– Ausschließung ArbGG § 62 3
– Grundsatz ArbGG § 62 2
Vornahme einer Handlung
– Geldentschädigung ArbGG § 61 7
Vorrangtheorie BetrVG § 77 30
Vorratspfändung ZPO § 850d 7
Vorschlagsrecht BetrVG § 80 5; § 82 1; § 86a 1
Vorschlagswesen BetrVG § 87 78
Vorschüsse
– Abgrenzung zum Arbeitgeberdarlehen BGB § 614 12
– Anspruchsgrundlagen BGB § 614 13
– Begriff BGB § 614 12
– Darlegungs- und Beweislast BGB § 614 17
– Lohnpfändung BGB § 614 15
– Rückzahlung BGB § 614 14
Vorsorglicher Sozialplan BetrVG § 112a 11
Vorstandsmitglied GewO § 6 108
– freiwillige Unfallversicherung SGB VII § 6 2
Vorstellungskosten
– Ersatzpflicht BGB § 611 58
– Stellungssuche BGB § 629 11
Vorteilsannahme BetrVG § 23 5
– Grundsätze BGB § 611 394
– Schmiergeld BGB § 611 396
Vorübergehende Verhinderung
– Abdingbarkeit BGB § 616 27
– Anrechnung BGB § 616 26
– Anzeige- und Nachweispflichten BGB § 616 23
– Arbeit auf Abruf BGB § 616 5
– Arztbesuch BGB § 616 9
– Dauer BGB § 616 19

– Dienstverhältnis BGB § 616 4
– Ehrenämter BGB § 616 15
– Einzelfälle BGB § 616 9
– Entgeltfortzahlung BGB § 616 25
– Familienereignisse BGB § 616 14
– fehlendes Verschulden BGB § 616 22
– fehlerhaftes Arbeitsverhältnis BGB § 616 5
– Grundsätze BGB § 616 1
– Kausalität BGB § 616 18
– Krankheit BGB § 616 9
– öffentliche Pflichten BGB § 616 15
– persönliche Gründe BGB § 616 7
– Pflege erkrankter Familienangehöriger BGB § 616 11
– Rechtsfolgen BGB § 616 25
– religiöse Pflichten BGB § 616 16
– Sonderregeln BGB § 616 3
– Voraussetzungen BGB § 616 4

W
Wahl
– Anfechtung DrittelbG § 11 1; MitbestG § 22 1
– Aufsichtsratsmitglied DrittelbG § 5 1; MitbestG § 20 1
– Behinderungsverbot DrittelbG § 10 1; MitbestG § 20 18
– der Unternehmensvertretung MitbestG § 20 3
– Nichtigkeit DrittelbG § 11 4; MitbestG § 21 3
– Wahlordnungen MitbestG § 39 1
Wahlanfechtung
– Betriebsratswahl BetrVG § 19 1
Wahlausschreiben
– Betriebsratswahl BetrVG § 18 1
Wählbarkeit
– Verlust DrittelbG § 12 5; MitbestG § 24 1
Wahlbeeinflussung BetrVG § 121 2
Wahlbewerber KSchG § 15 7
– Bundestagsmandat AbgG § 4 2
– Kündigungsschutz BetrVG § 14 12
Wählerlisten
– Aufsichtsrat MitbestG § 20 4
– Wahlordnungen MitbestG § 39 1
Wahlrecht, aktives
– Betriebsratswahl BetrVG § 7 1
Wahlrecht, passives
– Betriebsratswahl BetrVG § 8 1
Wahlteilnahme
– Konzern DrittelbG § 2 2
Wahlvorschläge DrittelbG § 6 1
Wahlvorstand
– Beteiligung Beschlussverfahren ArbGG § 83 14
Wahlvorstandsmitglied KSchG § 15 7
Warenanrechnung
– Anrechnungsvereinbarung GewO § 107 31
Warenanrechung GewO § 107 29

Stichwortverzeichnis

- Beschaffenheit GewO § 107 34
- Höchstgrenzen GewO § 107 39
- Pfändungsfreibeitrag GewO § 107 39
- Selbstkosten GewO § 107 32

Warnstreik TVG Anhang 3, 22; GG Art. 9 105

Waschzeit
- Arbeitszeit BGB § 611 357

Wegeunfall SGB VII § 8 3
- Unfallversicherung, gesetzliche SGB VII § 104 4

Wegezeit BGB § 611 358
- Vergütung BGB § 611 190

Wegfall der Geschäftsgrundlage
- Tarifvertrag TVG § 1 23

Wehrdienst
- Arbeitsunfähigkeit ArbPlSchG § 1 25
- ArbPlSchG, Geltungsbereich ArbPlSchG § 1 2, 17
- ausländische Arbeitnehmer ArbPlSchG § 1 7
- Auslandsbeschäftigung ArbPlSchG § 1 21
- außerordentliche Kündigung ArbPlSchG § 2 6, 18; BGB § 626 10, 95
- Beamte ArbPlSchG § 1 17
- befristetes Arbeitsverhältnis ArbPlSchG § 1 25
- Bereitstellungsbescheid ArbPlSchG § 2 21
- Berufs-/Zeitsoldaten ArbPlSchG § 1 3, 19
- Berufsausbildungsverhältnis ArbPlSchG § 2 25
- betriebsbedingte Kündigung ArbPlSchG § 2 5, 8, 20
- Betriebszugehörigkeit ArbPlSchG § 1 23; § 12 1; § 6 3
- Darlegungs- und Beweislast ArbPlSchG § 2 15, 22
- Dreiwochenfrist ArbPlSchG § 2 2, 27
- Einberufungsbescheid ArbPlSchG § 1 22; § 2 2, 21
- Erholungsurlaub ArbPlSchG § 4 1
- Ersatz Mehrkosten ArbPlSchG § 1 27
- Ersatzkraft ArbPlSchG § 2 14, 17
- Europäische Union ArbPlSchG § 1 8
- freiwilliger - ArbPlSchG § 1 1, 18
- Handelsvertreter ArbPlSchG § 8 1
- Heimarbeiter ArbPlSchG § 7 1
- Klagefrist ArbPlSchG § 2 2, 27
- Kleinbetriebe ArbPlSchG § 2 10
- KSchG ArbPlSchG § 2 3
- Kündigung ArbPlSchG § 2 4, 18, 26
- Kündigung aus Anlass des - ArbPlSchG § 2 10, 19
- Kündigung durch Arbeitnehmer ArbPlSchG § 2 26
- Kündigung in Kleinbetrieben ArbPlSchG § 2 11
- Kündigung während des - ArbPlSchG § 2 4
- Kündigung wegen Betriebsstilllegung ArbPlSchG § 2 8
- Kündigungsfrist ArbPlSchG § 2 17
- Kündigungsschutz ArbPlSchG § 2 1, 19
- Leistungsverweigerungsrecht ArbPlSchG § 1 12
- öffentlicher Dienst ArbPlSchG § 1 17
- personenbedingte Kündigung ArbPlSchG § 2 8
- Ruhen des Arbeitsverhältnisses ArbPlSchG § 1 22
- Sachbezüge des Arbeitnehmers ArbPlSchG § 3 3
- Schwellenwert ArbPlSchG § 2 10
- Sonderzahlungen ArbPlSchG § 1 23
- soziale Auswahl ArbPlSchG § 2 20
- Stationierungsstreitkräfte ArbPlSchG § 1 17
- Unzumutbarkeit der Weiterbeschäftigung ArbPlSchG § 2 15
- verhaltensbedingte Kündigung ArbPlSchG § 2 8
- Wehrpflicht ArbPlSchG § 1 2
- Wehrübung ArbPlSchG § 1 18
- Wehrübung, Versicherungs-, Beitragspflicht ArbPlSchG § 1 26
- Weihnachtsgratifikation ArbPlSchG § 1 23
- Weiterbeschäftigung ArbPlSchG § 2 15; § 6 1
- Werkswohnung ArbPlSchG § 3 1
- wichtiger Grund bei Kündigung ArbPlSchG § 2 6

Weihnachtsgratifikation
- Unpfändbarkeit ZPO § 850a 5
- Wehrdienst ArbPlSchG § 1 23

Weisung
- Rechtfertigungsgrund GewO § 106 64
- vorläufige Verbindlichkeit GewO § 106 63

Weisungsgebundenheit GewO § 6 46; SGB IV § 7 12
- fachliche - GewO § 6 55
- örtliche - GewO § 6 54
- zeitliche - GewO § 6 48

Weisungsrecht BGB § 611 52; GewO § 106 1; SGB IV § 7 13
- Änderungskündigung GewO § 106 9
- Annahmeverzug GewO § 106 62
- Arbeitsleistung BGB § 611 343; GewO § 106 13
- Arbeitsunfähigkeit GewO § 106 19
- Arbeitszeit GewO § 106 27
- außerdienstliches Verhalten GewO § 106 36
- Ausübungskontrolle GewO § 106 3
- Behinderung des Arbeitnehmers GewO § 106 61
- betriebliche Übung GewO § 106 41
- Betriebsvereinbarung GewO § 106 43
- Billigkeitskontrolle GewO § 106 50
- Dauer der Arbeitszeit GewO § 106 27
- Ethikrichtlinien GewO § 106 37
- gesetzliche Vorschriften GewO § 106 47
- Gestaltungserklärung GewO § 106 6

- Gewissensentscheidung GewO § 106 60; GG Art. 4 15
- Glaubens- und Bekenntnisfreiheit GG Art. 4 18
- Grenzen GewO § 106 38
- Grundrechte GewO § 106 54
- Inhalt GewO § 106 12
- Kernbereich des Arbeitsverhältnisses GewO § 106 48
- Konkretisierung GewO § 106 38
- Kurzarbeit GewO § 106 32
- Lage der Arbeitszeit GewO § 106 33
- Leistungsbestimmungsrecht GewO § 106 3
- Leistungsverweigerungsrecht GewO § 106 60
- Nebenleistungspflicht zur (erneuten) Ausübung GewO § 106 591
- Notfall GewO § 106 17
- öffentlicher Dienst GewO § 106 14
- Ordnung im Betrieb GewO § 106 35
- Ort der Arbeitsleistung GewO § 106 20
- Rechtsfolgen GewO § 106 62
- Rechtsstreitigkeiten GewO § 106 66
- Reflexwirkung auf Dritte GewO § 106 53
- Reichweite GewO § 106 12
- Rücksichtnahmepflichten GewO § 106 59
- Selbstbindung des Arbeitgebers GewO § 106 42
- Tarifvertrag GewO § 106 45
- Übersunden GewO § 106 30
- Verhalten im Betrieb GewO § 106 35
- Verteilungsgerechtigkeit GewO § 106 53
- Werkvertrag GewO § 106 2
- Zuordnung zum Betrieb(steil) GewO § 106 21

Weiterbeschäftigung
- Wehrdienst ArbPlSchG § 2 15; § 6 1

Weiterbeschäftigungsanspruch BetrVG § 102 37; KSchG § 4 38
- Annahmeverzug des Arbeitgebers BGB § 615 11
- betriebsverfassungsrechtlicher BGB § 615 12
- leitende Angestellte SprAuG § 31 3

Weiterbeschäftigungsantrag
- Streitwert ArbGG § 12 14

Weiterbildung
- Mitbestimmungsrecht TzBfG § 10 7

Werkdienstwohnung BGB § 576b 1; GewO § 107 18
- Betriebsübergang BGB § 613a 50
- Rechtsweg ArbGG § 2 9

Werkleistungen
- Schwarzarbeit SchwArbG § 1 2, 8; SchwArbG § 8 2

Werkmietwohnung BetrVG § 87 54; BGB § 576b 1; GewO § 107 18
- Rechtsweg ArbGG § 2 9

Werksausweis BetrVG § 87 18

Werkstätte für behinderte Menschen GewO § 6 30

Werkstätten für behinderte Menschen
- Zuständigkeit ArbGG § 2 20

Werkstattrat
- örtliche Zuständigkeit ArbGG § 82 13

Werkswohnung BetrVG § 87 54
- außerordentliche Kündigung BGB § 626 204
- Vergütung BGB § 611 115
- Wehrdienst ArbPlSchG § 3 1

Werkvertrag
- Abgrenzung Arbeitnehmerüberlassung AÜG § 1 22
- Abgrenzung zum Arbeitsvertrag BGB § 611 4

Wertgleichheit
- betriebliche Altersversorgung BetrAVG § 1 43

Wertguthaben
- Flexi II ArbZG § 3 6
- Führung und Verwaltung SGB IV § 7d 1
- Insolvenzschutz SGB IV § 7e 1
- Insolvenzsicherung ATZG § 8a 4
- Übertragung SGB IV § 7f 1
- Vereinbarung SGB IV § 7b 1
- Verwendung SGB IV § 7c 1
- Wertguthabenvereinbarung ArbZG § 3 8

Wesengehaltsgarantie GG Art. 19 3

Wettbewerbsinteressen
- Nebentätigkeit BGB § 611 384

Wettbewerbsverbot BGB § 611 380; GewO § 110 1; GG Art. 12 21
- Berufsfreiheit HGB § 60 2
- Betreiben eines Handelsgewerbes HGB § 60 2
- Betriebsübergang BGB § 613a 51
- Dauer HGB § 60 9
- Eintrittsrecht des Arbeitgebers HGB § 61 2, 5
- Einwilligung des Arbeitgebers HGB § 60 7
- entgangener Gewinn HGB § 61 3
- geheimes - HGB § 75f 1
- Geltungsbereich HGB § 60 1
- Geschäftemachen im Handelszweig des Arbeitgebers HGB § 60 5
- Hilfstätigkeiten HGB § 60 3, 5
- Inhalt HGB § 60 2–3
- Kündigung BGB § 626 202
- Kündigung des Arbeitsverhältnisses HGB § 60 9, 11
- Leiharbeitnehmer AÜG § 9 12
- nachvertragliches - HGB § 74a 1
- Rechtsfolgen bei Verletzung HGB § 60 11; § 61 1
- Schadensersatz HGB § 61 2–3
- Umdeutung BGB § 140 2
- Unterlassungsanspruch HGB § 60 11
- Verjährung HGB § 61 9
- Vorbereitungshandlungen HGB § 60 4
- Wahlrecht des Arbeitgebers HGB § 61 2

Whistleblowing BDSG § 28 6; BGB § 626 202
- Löschungsanspruch BDSG § 35 4
- Mitbestimmungsrechte BDSG § 32 19

Wichtiger Grund

2625

Stichwortverzeichnis

- Abberufung Aufsichtsrat AktG § 103 3; MitbestG § 23 3
- Arbeitslosengeld, Sperrzeit SGB III § 159 31
- außerordentliche Kündigung BGB § 626 53, 249; **EinigungsV Anlage I** 4
- außerordentliche Kündigung durch den AG, Rechtsprechungsübersicht BGB § 626 202
- außerordentliche Kündigung durch den AN, Rechtsprechungsübersicht BGB § 626 204
- Betriebsratsmitglied, Kündigungsschutz BetrVG § 103 14; KSchG § 15 14
- Darlegungs- und Beweislast BGB § 626 243; KSchG § 15 22
- Datenschutzbeauftragter BDSG § 4f 9
- Handelsvertreter HGB § 89a 3
- Kündigung Dienstverhältnis BGB § 627 9
- Schadensersatzanspruch BGB § 628 20, 26
- schwerbehinderte Menschen SGB IX § 91 27
- Wehrdienst ArbPlSchG § 2 6

Widerklage
- Streitwert ArbGG § 12 12
- Zuständigkeit ArbGG § 2 27

Widerruf
- Haustürgeschäfte BGB § 312g 1
- von Arbeitsbedingungen BGB § 623 2
- von Aufhebungsverträgen BGB § 626 32
- Widerrufsvorbehalt als Leistungsbestimmungsrecht BGB § 315 2
- Willenserklärung BGB § 130 6

Widerrufsvorbehalt BGB § 308 3; § 315 2

Widerspruch
- Arrestanordnung ArbGG § 62 18
- Erlöschen eines Rechtsträgers UmwG § 324 4
- gegen den Übergang des Arbeitsverhältnisses BGB § 613a 140
- gegen Verlängerung BGB § 623 2
- Mahnbescheid ArbGG § 46a 9

Wiederaufnahme des Verfahrens ArbGG § 79 1
- Auffinden einer Urkunde ArbGG § 79 21
- Kosten ArbGG § 79 32
- Nichtigkeitsklage ArbGG § 79 2
- Restitutionsklage ArbGG § 79 8
- Tariffähigkeit oder Tarifzuständigkeit einer Vereinigung ArbGG § 97 24
- Zulässigkeit ArbGG § 79 29
- Zuständigkeit ArbGG § 79 28

Wiedereinsetzung BetrVG § 99 9; GG Art. 19 13

Wiedereinstellungsanspruch BGB § 626 150; KSchG § 4 41
- Betriebsübergang BGB § 613a 112; KSchG § 4 42

Wiederholungskündigung BetrVG § 102 4; BGB § 626 255; KSchG § 4 35

Wiederverheiratungsklausel GG Art. 6 12

Willenserklärung
- Auslegung BGB § 133 1
- Empfangsbote BGB § 130 4
- Widerruf BGB § 130 6
- Zugang BGB § 130 1
- Zugang, Beweislast BGB § 130 8
- Zugangsvereitelung BGB § 130 5

Willkürverbot BetrVG § 75 9

Wirksamkeit einer AVE oder Rechtsverordnung
- örtliche Zuständigkeit ArbGG § 82 11

Wirkungsvoller Rechtsschutz
- Recht auf - GG Art. 19 16

Wirtschaftliche Abhängigkeit GewO § 6 42, 68

Wirtschaftliche Angelegenheiten BetrVG § 106 8; § 111 1
- Unterrichtung des Wirtschaftsausschusses BetrVG § 106 4

Wirtschaftsausschuss BetrVG § 106 1
- Amtszeit BetrVG § 107 5
- Benachteiligungs- und Begünstigungsverbot BetrVG § 78 4
- Berichtspflicht BetrVG § 108 8
- Bestellung BetrVG § 107 5
- Betriebsübergang BGB § 613a 85
- Bildung BetrVG § 106 2
- Einigungsstellenverfahren BetrVG § 109 1
- Einsichtnahmerecht BetrVG § 108 7
- Ersetzung BetrVG § 107 9
- Funktion BetrVG § 106 1
- Gemeinschaftsbetrieb BetrVG § 106 2
- Jahresabschlusserläuterung BetrVG § 108 9
- Rechte bei Umwandlung UmwG § 194 8
- Rechtsstellung BetrVG § 107 8
- Sitzungen BetrVG § 108 1
- Sitzungsteilnehmer BetrVG § 108 2
- Streitigkeiten BetrVG § 106 9; § 107 11; § 108 10
- Teilnahmerecht Betriebsversammlung BetrVG § 42 3
- Tendenzbetrieb BetrVG § 106 2
- Unterrichtungspflicht BetrVG § 106 4
- Verschwiegenheitspflicht BetrVG § 106 7
- Vorlage der erforderlichen Unterlagen BetrVG § 106 6
- Zusammensetzung BetrVG § 107 1

Wissenschaft GG Art. 5 23

Wissenschaftszeitvertragsgesetz
- Ablösung des HRG WissZeitVG Einleitung 1
- Anwendbarkeit des TzBfG WissZeitVG § 1 8, 10
- Bundes- und Länderkompetenz WissZeitVG § 1 1

Y

Yellow-dog-contract GG Art. 9 26

Z

Zeitarbeit
- Sonderregelungen GewO § 6 124

Zeitkonten

- Arbeitnehmerüberlassung AÜG § 11 17
- Arbeitszeitkonten ArbZG § 3 5
- Langzeitkonten ArbZG § 3 8
- Lebensarbeitszeitkonten ArbZG § 3 7
- Mitbestimmungsrecht ArbZG § 3 9

Zensurverbot GG Art. 5 30

Zeuge
- Beeidigung ArbGG § 58 7
- Ladung zur Streitverhandlung ArbGG § 56 5

Zeugenbeweis ArbGG § 58 2

Zeugnis GewO § 109 1
- arbeitnehmerähnliche Person BGB § 630 2
- Berufsausbildungsverhältnis BBiG § 16 1
- Berufsausbildungsverhältnis, Gleichstellung BBiG § 50 1
- Dienstverhältnis BGB § 630 1
- nachwirkende Nebenpflicht des AG BGB § 611 466
- Zwangsvollstreckung ArbGG § 62 13

Zeugnisklarheit GewO § 109 27
Zeugniswahrheit GewO § 109 24

Zielgröße Frauenanteil
- Festlegung durch Aufsichtsrat AktG § 111 13

Zielvereinbarungsvergütung
- Mitbestimmung BR BetrVG § 87 77

Zinsen
- Bruttowert ArbGG § 46 11

Zinssatz BGB § 247 1; § 289 1

Zivildienst
- betriebliche Altersversorgung BetrAVG § 2 10

Zölibatsklausel GG Art. 6 11

Zollverwaltung
- Arbeitnehmerüberlassung AÜG § 17 3; § 17a 1; § 17b 1; § 18 10

Zuflussprinzip EStG § 19 15
- Aktienoptionen EStG § 19 19
- Altersversorgung EStG § 19 22
- Arbeitslohn EStG § 19 15

Zugang
- Kündigung BGB § 622 4
- Vereitelung BGB § 130 5
- Willenserklärung BGB § 130 1

Zug-um-Zug-Leistungen BGB § 298 1

zukünftige Leistung
- Aufrechnung mit Nettobetrag ArbGG § 46 111

Zulagen BetrVG § 99 19
- Begriff BGB § 611 142
- Entgeltfortzahlung im Krankheitsfall EFZG § 4 10
- Erschwerniszulagen BGB § 611 150
- Funktionszulage BGB § 611 153
- Leistungszulagen BGB § 611 154
- Nachtschichtzulage BGB § 611 151
- Sozialzulagen BGB § 611 152

Zulassung verspäteter Klagen KSchG § 5 1
- Antrag KSchG § 5 10
- Antragsfrist KSchG § 5 11
- Einzelfälle KSchG § 5 21
- Entscheidung des Arbeitsgerichts KSchG § 5 12
- Hindernis KSchG § 5 3
- Schwangerschaft KSchG § 5 9
- Verschulden KSchG § 5 5
- Verschulden des Prozessbevollmächtigten KSchG § 5 6
- Wiedereinsetzung KSchG § 5 11, 13

Zumutbare Beschäftigungen SGB III § 140 2

Zuordnung
- Betriebsübergang UmwG § 323 13; UmwG § 324 3
- Überprüfbarkeit UmwG § 323 14

Zurechnung
- von Konzernarbeitnehmern DrittelbG § 2 3

Zurückbehaltungsrecht BGB § 626 94, 202
- Allgemeine Geschäftsbedingungen BGB § 309 1
- Arbeitsentgelt BGB § 274 1
- Aufrechnung BGB § 274 4
- Handlungsgehilfe HGB § 64 5
- Verstoß gegen Arbeitsschutzvorschriften BGB § 274 2

Zurückverweisung
- Ausschluss ArbGG § 68 5
- Berufungsverfahren ArbGG § 68 1
- Verfahrensmangel ArbGG § 68 1

Zurückweisung
- Verhinderungsstrategie ArbGG § 56 13
- verspäteter Parteivortrag ArbGG § 56 7
- Verzögerung ArbGG § 56 9

Zurückweisung der Revision durch Beschluss nach § 552a ZPO ArbGG § 72 9

Zusammenarbeit BetrVG § 74 1

Zusammenarbeit, vertrauensvolle
- besonderes Verhandlungsgremium EBRG § 8 5
- EBR EBRG § 34 1; § 38 4

Zusammenballung von Einkünften
- Begriff EStG § 34 4
- Errechnung EStG § 34 8
- Kriterien EStG § 34 6
- Nachzahlung aufgrund einer versehentlichen Falschzahlung EStG § 34 9
- Zufluss in zwei Veranlagungszeiträumen EStG § 34 9
- Zusatzleistungen sozialer Fürsorge EStG § 34 11
- zwei Abfindungen in einem Veranlagungszeitraum EStG § 34 8

Zusammenhangsklage
- anhängige Hauptklage ArbGG § 2 24–25
- Grundsatz ArbGG § 2 22

Zusätzliche Leistungen
- Kürzung EFZG § 4a 1

Zusatzurlaub

Stichwortverzeichnis

- schwerbehinderte Menschen BUrlG § 1 17; § 3 4; SGB IX § 125 1

Zuständigkeit
- internationale - Rom I-VO Vorbem Art. 1, 3, 8, 9 27

Zuständigkeit (Urteilsverfahren)
- ausschließliche ArbGG § 2 1

Zuständigkeitsbestimmung
- Bindungswirkung ArbGG § 48 10–11
- Rechtsmittel ArbGG § 48 7

Zuständigkeitsprüfung
- Aut-aut-Fall ArbGG § 2 31
- Et-et-Fall ArbGG § 2 31
- inhaltlich ArbGG § 2 31
- Prüfungsumfang ArbGG § 2 31
- Sic-non-Fall ArbGG § 2 31
- zeitlich ArbGG § 2 30

Zustellung
- arbeitsgerichtliches Verfahren ArbGG § 50 2
- Besonderheiten des arbeitsgerichtlichen Verfahrens ArbGG § 50 6
- Beurkundung ArbGG § 50 4
- fehlerhafte - ArbGG § 50 5
- im Ausland ArbGG § 50 3
- öffentliche Zustellung ArbGG § 50 3
- Zustellungsformen ArbGG § 50 3

Zustellungs- und Vollstreckungsbeamte ArbGG § 9 3

Zustimmungsersetzung BetrVG § 99 73; § 100 7
- bei Kündigung oder Versetzung eines BR-Mitglieds BetrVG § 103 19

Zustimmungsfiktion BetrVG § 99 72

Zustimmungsverweigerung BetrVG § 99 67
- bei Kündigung oder Versetzung eines BR-Mitglieds BetrVG § 103 14

Zwangsarbeit GG Art. 12 3, 9

Zwangsgeld ArbGG § 85 7; BetrVG § 101 1

Zwangsschlichtung BetrVG § 76 1

Zwangsvollstreckung ArbGG § 111 8
- Abgabe einer Willenserklärung ArbGG § 62 14
- Arbeitszeugnis GewO § 109 43

- einstweilige Einstellung ArbGG § 62 6; § 74 25; § 78a 19
- im arbeitsgerichtlichen Verfahren ArbGG § 62 1
- im Beschlussverfahren ArbGG § 85 1
- im Revisionsverfahren ArbGG § 74 25
- Kostenerstattung ArbGG § 12a 8
- Rechtsbehelf ArbGG § 62 15
- Schiedsverfahren ArbGG § 110 12
- Untersagungsverfügung Arbeitnehmerüberlassung AÜG § 6 1
- wegen Geldforderung ArbGG § 62 11
- wegen Handlung ArbGG § 62 13
- wegen Herausgabe ArbGG § 62 12
- Zeugnis ArbGG § 62 13
- Zustellung ArbGG § 50 7

Zweckbefristung
- Auslauffrist TzBfG § 15 6
- Befristungsende TzBfG § 15 4
- Klagefrist (Befristungsstreitigkeit) TzBfG § 17 6
- schriftliche Unterrichtung durch Arbeitgeber TzBfG § 15 6

Zweitstimme
- Aufsichtsratsvorsitzender MitbestG § 29 2

Zwischenfeststellungsklage
- Grundsatz ArbGG § 46 16

Zwischenprüfung
- Berufsausbildung BBiG § 48 1

Zwischenurteil
- Anspruchsgrund ArbGG § 61 12

Zwischenverdienst
- Annahmeverzug KSchG § 11 5
- Anrechnung anderweitigen Verdienstes KSchG § 11 8
- Anrechnung böswillig unterlassenden Verdienstes KSchG § 11 10
- Anrechnung öffentlich-rechtlicher Leistungen KSchG § 11 14
- Darlegungs- und Beweislast KSchG § 11 9, 16
- Höhe des Verzugslohns KSchG § 11 7

Zwischenzeugnis GewO § 109 12

Zytogenetische Analyse GenDG § 20 6